臧勵龢等編

中國人名大辭典

商務印書館

圖書在版編目(CIP)數據

中國人名大辭典/臧勵龢等編.—北京:商務印書館,1998(2019.9重印)
ISBN 978-7-100-02555-3

Ⅰ.①中… Ⅱ.①臧… Ⅲ.①姓名—中國—詞典 Ⅳ.①K82-61

中國版本圖書館CIP數據核字(1998)第00455號

編纂者

方賓觀 方 毅 王 存 何育禧
胡君復 范毓桂 徐 珂 徐壽齡
殷惟龢 高夢旦 張元濟 章乃羹
莊 俞 陸嗣章 陸爾奎 傅運森
黃士恒 董 蘅 臧勵龢 趙 震
樊炳清 蔡文森 錢智修

中國人名大辭典

商務印書館出版
(北京王府井大街36號 郵政編碼100710)
商務印書館發行
北京新華印刷有限公司印刷
ISBN 978-7-100-02555-3

1921年6月第1版 開本787×960 1/16
1998年7月影印第1版 字數4500千
2019年9月第5次印刷 印張142 1/4

定價：268.00元

出版説明

中國人名大辭典，一九二一年六月由商務印書館出版，一九五八年曾重印。該書共收人名四萬多個。起自太古，止於清末。每個人名下面注明朝代、籍貫、生平事蹟。書後附有補遺、姓氏考略、異名表、四角號碼人名索引。

由於本書收集人名較多，敘述簡明、體例簡括，特別是提供了很多與歷史人物有關的資料綫索，所以至今仍然是中國歷代人名辭典中內容最豐富的一種。現利用存版重印，以供參考。

商務印書館編輯部

一九九八年五月

緣起

吾國人名辭典。前無專書。舊有者萬姓統譜尙友錄。其嚆矢矣。然訛誤疊出。人盡知之。且意在揚善。甄錄甚隘。若其人爲元惡大憝。雖歷史上關繫綦重。亦屏不錄。至於歷代之帝王。春秋戰國之諸侯。四裔之酋長。五胡十國之君主。以及方外婦女。畸人逸士。概付闕如。下逮有淸。一代名臣大儒。專門絕特。隱晦枯槁之士。魁悍雄杰之徒。或散見志乘。或爲志乘所未及采。或有碑誌。或幷無碑誌可考。蘦落散漫。殆所在而有。尤非尋常辭書所能賅括。世變紛起。人事日繁。吾人於百務叢集之時。欲節省時間。用簡易方法。以檢查吾意中所欲得往昔之人名。恆苦無簡賅適用之辭書。可以展卷卽得。本館用是應時勢之需要。於辭源殺青之日。卽繼續爲人名辭典之編纂。其初亦未必其繁難若是。頗欲參考近世辭書。兼借材於各家傳記。以爲落落大者。不過如是而已。逮任事稍久。困難疊起。端引緒紛。舉甲遺乙。期以欲速。益復不達。乃鐲棄舊稿。一以經史志乘爲根據。旁及他書。爲革新之計畫。顧羣籍充棟。大有一部十七史。不知從何說起之苦。此中困難之點。未易悉數。而大端約可僂舉。蓋欲彙諸書於一編。縮千百萬言於尺幅之中。欲求其不漏不略。銖兩悉稱。成一有系統之撰述。擇言選粹。貴乎辭達。豐約之裁。引繩不易。此翦裁之難一也。非官書不能偏有所譽。非私史不能強有所憎。非家乘不能棄瑕而錄瑜。有美善而無疾疢。往往有一人而終始易節。賢愚互見。情感一偏。則褒譏失當。不爲佞史。即爲謗書。自非一書一傳一碑一誌。所可據爲定論。此甄錄之難一也。經史所載。皆其著者。間有訛脫。不得不別求諸金石文字。以事正補。又或其人以一言著一事傳一藝顯者。其他事蹟。語焉不詳。東雲一鱗。西雲一爪。搜遺拾墜。若補破衲。郵筒信使。昕夕往返。往往因一人一事而推尋竟日。偏徵朋交。有求之可得者。亦有竟不可得者。傳信傳疑。師心未敢。此搜采之難一也。每舉一人。姓名里籍字號。及其生平之事實。紛然雜陳。有一書而前後不符者。有經史互歧者。有經史與諸子迴異者。有史傳與志乘不同者。有官書與野史牴牾者。相沿日遠。傳聞異辭。鴻安訢梵之誤。陳倉軌革之非。李治李治之淆混。速不台雪不台之重出。凡此之類。更僕難數。此考訂之難又一也。囊括經史。包舉羣倫。同人等學識有限。未能副斯期望。然循名責實。於心所謂難者。必沿流溯源。由源竟委。得其是而後已。功多累寡。非所易言。尺短寸長。未敢自祕。其能否訢合乎世用。將來取得之報償。能否酬是勞費。則以待社會之評論。非同人之所敢自知矣。是書經始於乙卯。蕆事於庚申。歷時六載。引其緒者爲陸煒士先生。從事編纂者二十餘人。其時羣材畢集。斠畫攷校。久而後定。良非一手一足之烈。丙辰秋、余歸自蜀。時書成未半。高夢旦先生以整理之役相屬。乃日與諸君子更迭探討。斟酌規制。以底於成。就中任事諸君子。黃君少希已歸道山。他或先後遠引。或轉任他職。或中道參加。計自草創以至今日。惟胡君君復任事最久。脫稿而後。校訂審閱。又三復焉。其有漏略。以俟他日之增訂。倘不爲博聞君子之所呰。聊以供現今社會切近之應用。則同人等有厚幸矣。書既成。爰敍其緣起及此書之經歷如右。武進臧勵龢識。

例言

一本書起自太古。斷於清末。依據經史。參考志乘及私家撰著各書。偏徵金石文字。凡羣經重要人名。上古聖賢。歷代帝王諸侯。及正史有傳之人。無論賢奸。悉爲甄錄。古來之匈奴、渤海、回紇、吐蕃、南詔諸人。其國當時境土。皆在今中國領域之內。亦並加蒐採。其他經史所不載。或以著述書畫名家。或以工商醫卜及各種藝術聞世。以至有名仙釋。著稱婦女。旁及傭販屠沽。軼事流傳。咸資刊載。惟史志所載后妃、宗室、列女及忠義、孝友諸傳。往往有毫無事實。或雖有事實而無特殊之表見者。概不備錄。志乘所載。有關係較少。或語涉迷信。事類稗官者。亦從闕略。

一有清一代。聞人綦多。其有勳業德望。著作可傳。一藝名世者。上自開國。下逮宣統。朝野人物。並資揚榷。滿蒙回藏諸人。亦加著錄。惟清史未竣。各縣續修新志。亦多數未成。調查深苦未備。別爲補編。俟諸異日。

一紀載人名之書。如言行錄、先正事略等。大都以類相從。取資模範。其以姓相從者。萬姓統譜、尚友錄等最爲通行。然其中訛舛迭見。有誤一爲二者。如王璲、王汝玉、薛元超、薛元紹等。是有誤二爲一者。如漢相人陳咸、浚人陳咸。是有本無其人而誤入者。如於潛、陳倉、軌革等條。是有誤合二人之名爲一人者。如合梁鴻安丘爲鴻安、編訢李梵爲訢梵。是有甲事誤乙、乙事誤甲者。如誤子罕事爲子皮事、劉穆之事爲劉瑀事之類。其他里籍之舛。事實之訛。更難僂數。至史傳所載。亦不免間有謬誤。如舊唐書誤李白爲山東人。元史誤李治爲李冶。又誤速不台、雪不台。石抹也先、石抹阿辛完者都、完者拔都爲二人之類。本書皆廣爲考訂。期於正確。

一本書所錄。於里籍字號之外。要皆槪舉生平。備詳較著之事實。此外瑣聞軼事。擇尤酌舉。不能備錄。

一古今同姓名者。不可勝數。本書限於篇幅。未能備載。但就所錄諸人。彙相同者於一條之下。以便檢查。倘博考窮搜。則有古今同姓名錄等書在。

一本書不列單字。惟得姓源流及各族郡望。亦爲檢查所需。另爲姓氏考略一卷。附諸簡末。其人僅爲姓所自出。而毫無事實者。略見於此。書中不復贅列。至滿蒙諸人。向不以姓名連稱者。其姓氏從略。

一諸家姓氏。往往有通行已久。而溯厥源流。非其本字者。如丘之爲邱。則以避孔子諱而加阝。洗之爲洗。況之爲况。則皆傳寫之誤。今皆改從本字。

一遼金元三史人名。清時一一譯改。糾紛彌甚。今悉以三史原名爲主。清時所改者。悉從刪削。至金代宗室如兀朮、粘沒喝、斡魯補之類。本書依據金史。多作漢名。惟檢查時頗感困難。擇尤複見。以便閱者。

一歷代諸人。有字、有號、有別號、有謚。又有以官稱、以地稱者。均詳於本條之下。不再複見。其尤爲膾炙人口者。如理學家如朱文公王文成。詩家如杜工部、孟襄陽。畫家如新羅山人、白雲外史之類。擇要列表。附諸簡末至遼金諸人。往往有冠姓而史文僅稱其名者。如耶律乙辛之稱乙辛、朮虎高琪之稱高琪之類。幷於表中附見之。

一本書收錄之人。數逾四萬。若以時代相從。檢查良多不便。今從辭書通例。排比次序。一以第一字畫數爲準。上二字相同者。則以第三字畫數爲準。同畫則以部相從。其中單姓、複姓、非姓。別爲識別。單姓複姓以•爲記。如丁•寬上官•桀等。其非姓者不加•。如一行、八大山人等。有姓而無名者。亦不加•。如某公、某子、某先生等。

一本書與字書不同。故所列各字。不加音注。惟遇所列姓名。有特異之讀音者。如冒頓讀爲末突、万俟讀爲墨其之類。則於本書或姓氏考略中。兼注讀音。以免誤讀。

一本書編纂。歷時六載。從事者多至二十人。鹵莽滅裂之譏。同人雖兢兢不敢自蹈。然心思所未及。耳目所未周。罣漏訛誤。尙恐未免。甚望海內博雅。有以教之。

[illegible]

檢字

八畫

十三畫

中國人名大辭典

一畫

一如 【明】僧。居上天竺寺。曾奉命編輯禪宗語錄。後又輯法華科注・大明法數等書。

一行 【唐】高僧。張公謹之孫。武三思慕其學行。請與結交。一行逃匿。尋出家。開元中。玄宗強之至京。置於光太殿。數訪以安國撫人之道。有摭調伏藏・釋氏系錄・開元大衍曆・大日經疏等書。卒謚大慧禪師。爲中國佛教密宗之祖。曆數天文。並爲大家。

一壺先生 【明】佚其姓名。國變後往來登萊間。好飲酒。行必以一壺自隨。時稱一壺先生。佯狂自放。讀書輒欷歔流涕。清康熙間。自經於卽墨僧舍。

一寧 【元】僧。姓胡氏。號一山。宋淳祐間生於台州。幼爲僧。居普陀山。元世祖征日本。遣一寧往日本勸降。爲日本大臣北條貞時所執。囚於伊豆修善寺。尋釋之。後爲西京南禪寺主。日本後宇多皇最尊信之。卒贈國師。

一齋 【明】僧。居大同地藏菴。持戒律甚嚴。終日閉關燕坐。不與世通。或施金帛多不受。受亦隨施貧者。或雨雪則累日不舉火。苦行三十年。沐浴趺坐而死。

乙弗・弘禮 【唐】高唐人。工相術。曾相隋煬帝不得善終。又泗州刺史薛大鼎曾坐事沒爲奴。貞觀時有請於弘禮。答曰。君奴也。欲何事。請解衣視之。指腰而下曰位方岳。

乙弗后 【西魏】文帝后。洛陽人。有容儀。寡言笑。帝甚重之。其後帝納柔然可汗女郁久閭氏爲后。命后出家。徙居秦州。郁久閭后猶妬之。柔然寇邊不止。帝不得已。賜后死。年三十一。謚文。

乙弗・朗 【後魏】其先東部人。後家上樂。字通照。少有俠氣。善騎射。孝莊末避地於幷肆間。爾朱榮見而重之。以功封蓮勺子。後隸賀拔岳。從爾朱天光西討。孝武帝之禦齊神武。授朗閤內大都督。及帝西入。詔朗爲軍司。先驅靖路。封長安縣公。拜岐州刺史卒。

乙・邦才 【明】青州人。崇禎中以隊長擊賊於江南北。累著戰功。史可法鎭揚州。以邦才爲副將。城破。自刎死。

乙毘沙鉢羅葉護可汗 【唐】西突厥主。沙鉢羅咥利失可汗之姪。弩失畢部落迎立之。建庭於睢合水北。謂之南庭。貞觀中累遣使朝貢。與乙毘咄陸可汗相攻擊。兵敗被擒見殺。其地亦爲所併。

乙毘咄陸可汗 【唐】西突厥主。名欲谷設。建庭於鏃曷山西。謂爲北庭。服屬西域諸國。自恃其強。遣兵入寇。安西都護郭孝恪敗之。尋爲部下所襲。西走吐火羅。

乙毘射匱可汗 【唐】西突厥主。父賀咄乙毘可汗。射匱爲唐太宗所立。逐咄陸可汗於吐火羅。以禮送還唐使之被咄陸所囚者。且獻方物請婚。詔割龜茲・于闐・疏勒・朱俱波・葱嶺五國爲聘禮。及太宗崩。阿史那賀魯叛。射匱部落。爲其所併。

乙速孤・佛保 【後魏】北秀容胡酋。西魏大統初。梁將蘭欽來寇。陷漢中。佛保時爲都督。統兵力戰。知將敗。先城未陷。斬馬及弓。自刎而死。三軍莫不壯之。

乙速孤・神慶 【唐】太原人。本王氏。賜姓乙速孤。從太宗平亂有功。官至古虞候副率。卒年八十二。學士苗神客爲作碑銘。

乙旃・音埿 【西秦】乞伏國仁之將。國仁自稱大單于。以音埿爲左相。

乙・乾歸 【後魏】瓌子。襲父爵。有氣幹。頗習書疏。尤好兵法。尙安樂公主。除駙馬都尉。獻文時爲秦州刺史。有惠政。卒謚康。

乙・普明 【後魏】清河人。兄弟爭田。太守蘇瓊諭之曰。天下難得者兄弟。易求者田地。普明兄弟乞出外更思。分異十年。遂還同住。

乙・逸 【前燕】平原人。官東夷護軍。慕容仁之叛。逸棄城奔還。累遷幽州刺史。徵爲左光祿大夫。夫婦共載鹿車。子璋奉迎道左。隨從數十騎。服飾甚麗。逸大怒。閉車不與言。到城乃深責之。

乙・瑗 【後魏】乾歸孫。字雅珍。尙淮陽公主。除駙馬都尉。歷濟南太守。後除西兗州刺史。天平初舉兵應樊子鵠。戰敗死。

乙・瑛 【漢】字仲卿。爲魯相。元嘉時於孔子廟置百石卒史。掌廟中禮器。爲瑛所首請。有孔廟置守廟百石卒史碑。紀其事甚詳。碑爲後漢鍾繇書。爲漢碑之最完好者。

乙・瓌 【後魏】代人。其先世統部落。太武帝時瓌入貢。帝留之。瓌善騎射。手格猛獸。尙上谷公主。除駙馬都尉。從駕南征。勇冠三軍。爵爲王。拜西道都將。卒謚恭。

二畫

丁一焯【清】清泉人。字日峯。康熙時諸生。善琴。工草書。初學懷素書。不能脫窠臼。一日偶觀劇有悟。遂大進。人以比張旭故事。宜興儲大文作南嶽老人行贈之。

丁士美【明】淮安清河人。字邦彥。嘉靖進士。萬曆初歷吏部左侍郎。居官絕餽遺。與人處退然若無能。意所不可。輒怫然見辭色。遭父喪。以毀卒。諡文恪。

丁大全【宋】鎭江人。字子萬。面藍色。嘉熙進士。調蕭山尉。大全爲戚里婢壻。夤緣以取寵位。詔事內侍。貪縱淫惡。寶祐間累官右丞相。開慶初罷判鎭江府。言者相繼論劾。景定時竄貴州。移置新州。復徙海島。將官畢遷護送。舟過滕州。擠於水而死。

丁子復【清】嘉興人。字見堂。號小鶴。貢生。有見堂文鈔。

丁川【明】浙江新昌人。字大容。天順進士。授監察御史。成化中上言會昌侯孫繼宗父子權重。宜加裁損。萬妃專寵。干預外政。復上疏論諫。宜至僉都御史。巡撫延綏。進安邊十策。悉允行。母喪歸。以毀卒。

丁之鴻【明】孝感人。字漸齋。號素石。崇禎舉人。喜急難拯困。誘掖後學。其學以明道象山爲宗。有易經象意．漸齋遺書。

丁仁【宋】醴陵人。擢進士第。累遷淮蜀制幕。及高沙之變。仁諭以順逆。降之。知無爲軍。依城築堰。郡人德之。名曰丁公堰。繼解合肥之圍。進知太平軍湖北漕使。退居二十年。卒年八十四。

丁允元【宋】常州人。字叔中。淳熙中官少卿。以忠諫謫守潮州。撥田租於學以贍士。增置韓江西岸石洲四。架以梁而屋其上。民名之曰丁公橋。

丁元【宋】建炎時爲統領。遇金人於十八里洲。被圍。元大諭其徒。勉以毋得負國。一舟二百人皆鬭死。

丁元公【清】嘉興人。字原躬。布衣。工書。精繆篆。兼畫山水人物佛像。晚爲僧。名淨伊。字願庵。

丁元吉【明】鎭江人。有陸右丞蹈海錄。

丁元薦【明】長興人。字長孺。萬曆進士。爲中書舍人。甫期月。上封事萬言。極陳時弊。坐調外。起歷禮部主事。會尙書孫丕揚掌察典。爲邪黨所攻。元薦上疏力爭。黨人惡之。移疾去。天啓初起尙寶少卿。復罷歸。元薦初學於許孚遠。已從顧憲成游。慷慨負氣節。遇事奮前。通籍四十年。前後服官。不滿一載。有尊拙堂文集．西山雜記。

丁公【漢】薛人。名固。季布同母異父弟。爲項羽將。窘逐高祖。高祖顧曰。兩賢豈相戹哉。丁公引兵還。及項王滅。丁公謁見。高祖斬之。曰。使後爲人臣者毋效丁公也。

丁公著【唐】吳人。字平子。舉明經。父喪。負土作塚。李吉甫爲相。擢右補闕。充太子諸王侍讀。因著太子諸王訓十篇。穆宗立。召居禁中。累遷太常卿卒。公著清約守道。每進一官。輒憂見顏色。及卒。天下惜之。

丁天錫【宋】赤岸人。父早喪。奉母至孝。一日遇寇。掏母橐所有。欲殺之。天錫以身衞母。寇感其孝。母子俱獲免。

丁少微【宋】眞源人。爲道士。隱華山潼谷。與陳摶齊名。志尙淸潔。善服氣。年百餘歲。康強無疾。太宗召赴闕。留數月。遣還山。

丁文忠【元】偃城人。業鼓冶。母和氏疾。與弟文孝竭力調侍。母卒。文忠廬墓側。不與妻面者三年。父貴又疾。醫不能療。文忠造車一輛。兄弟共御之。載父禱於嵩山五嶽泰安河瀆諸祠。途遇異僧遺藥而愈。

丁文盛【清】奉天廣寧人。隸鑲黃旗漢軍。順治間從定山東。官至山東巡撫。以事左遷。終福建布政使。

丁日昌【清】豐順人。字雨生。以牧令起家。官至江蘇巡撫。所歷皆有名績。曾國藩之建船造器。日昌贊助之力爲多。藏書極富。校讎尤精。然皆爲吏才所掩。有撫吳公牘。

丁世貞【明】洪武初事明昇。爲文州守將。城破。遯去。已復破文州。爲傅友德所擊走。復集餘衆圍秦州。兵敗。爲其下所殺。

丁世雄【宋】溫嶺人。字少雲。挾周禮應舉。坐不如式黜。父死。世雄卽其居起高堂溫室。闢園池。招致四方名士與游。凡鄉人有官私急難。常借助之。稅役或爲代輸。疾病請藥。死而無歸。爲殯葬。時人多之。

丁丙【清】申弟。字嘉魚。別字松生。晚號松存。諸生。事親以孝聞。親沒。丙爲風木盦圖以誌哀思。居鄉好爲義舉。同治間浙撫左宗棠委辦善後。薦授江蘇知縣。不赴。家有嘉惠堂。富藏書。輯刊武林掌故叢編．武林往哲遺著．杭郡詩三輯。其自著者。有善本書室藏書志．庚辛泣杭錄．北隅贅錄．續東河櫂歌．三塘漁唱等書。

丁仙芝【唐】曲阿人。字元禎。開元進士。任餘杭尉。居官淸謹。工詩。

丁令威【漢】遼東人。學道於靈虛山。後化鶴歸遼。集城門華表柱。有少年欲射之。鶴乃徘徊空中而言曰。有鳥有鳥丁令威。去家千歲今來歸。城郭如故人民非。何不學仙冢纍纍。遂高上冲天去。

丁外人【漢】河間人。爲昭帝長姊鄂邑蓋長公主所私。帝與霍光聞之。

不絕主驕。詔外人侍長公主。

丁·玉 〔明〕河中人。初名國珍。有文武才。由九江知府歷守永州。爲平羌將軍。討賊守城。屢著功績。太祖手敕褒美。官至大都督府左都督。後坐胡惟庸姻戚誅。

丁·玉川 〔明〕江西人。工畫山水人物。

丁·申 〔清〕錢塘人。字竹舟。諸生。候選主事。咸豐間杭城再陷。文瀾閣藏書散佚。申潛拾殘書藏之。存一萬餘册。又與弟丙同編杭郡詩三輯。申溫謹博雅。於鄉邦文獻。最爲諳熟。藏書至富。

丁·立鈞 〔清〕丹徒人。字叔衡。光緒進士。官至沂州知府。以風疾告歸。主講南菁書院。猶以左手作書畫。世頗珍之。

丁·仲修 〔宋〕溫州人。字敏之。方臘黨兪道安陷樂清。將渡江。仲修帥鄉兵禦諸樂灣。力屈死之。

丁·光 〔南齊〕工畫蟬雀。

丁·好禮 〔元〕蠡州人。字敬可。精律算。累官戶部侍郎京畿漕運使。立漕運成法。人皆便之。陞戶部尚書。撙節浮費。以足國用。拜參知政事。後以論議不合去位。明兵入京城。被召不肯行。舁至齊化門。不屈死。

丁·此呂 〔明〕新建人。字右武。萬曆進士。由漳州推官徵授御史。劾禮部侍郎高啟愚。坐謫路安推官。尋召還。歷浙江右參政。以受贓謫戍邊。

丁·汝昌 〔清〕安徽人。字禹廷。官海軍提督。統北洋艦隊。中日之役。守威海衛。勢窮降日。仰藥死。

丁·汝謙 〔明〕吉州人。字子益。正德進士。授太常寺博士。擢禮科給事中。世宗初。議與獻禮。忤旨。謫曲周丞。遷永平推官。終四川安綿道。所至有廉能聲。

丁·汝夔 〔明〕霑化人。字大章。正德進士。授禮部主事。嘉靖初以爭大禮被杖。調吏部。累官兵部尚書。時嚴嵩竊權。邊帥率以賄進。疆事大壞。俺答迫都城。帝趣戰甚急。汝夔希嵩旨。不敢主戰。寇退。坐守備不設。斬於市。

丁·伯桂 〔宋〕莆田人。字元暉。嘉泰進士。端平中與李宗勉同除監察御史。鯁論剴切。遷中書舍人。韓休除節鉞。伯桂封還詞頭。嘉熙中拜給事中。方論駁余天錫召命而卒。

丁·希亮 〔宋〕黃巖人。字少詹。從葉適學。又從陳亮呂祖謙游。名言奧義。貫穿殆盡。論事深眇。皆有方幅。有丁少詹集。

丁·希顏 〔宋〕字令子。書畫皆精。所畫孝經圖。似李公麟。

丁·廷枚 〔清〕長興人。字二陶。號嗜閑老人。由貢生考授州同知。精繪事。耽吟咏。與兄爾俊有雙丁之目。

丁·皁保 〔清〕漢軍正黃旗人。號鶴亭。康熙間榷稅崇文門。崇尙寬大。而收數不絀。雍正間營繕事籍沒。嗣得白給還。擢內務府總管。乾隆間卒。年九十九。諡文恪。袁枚嘗問養生之方。答曰。薄滋味少慍怒六字而已。

丁·罕 〔宋〕潁州人。應募補衛士。以戰功累遷指揮使。淳化中爲澤州團練使。知霸州。河決。以私錢募築。民咸德之。擢領靈環路都部署。破李繼遷。有殊功。後拜密州觀察使。徙貝州卒。

丁·其譽 〔清〕如皋人。字蜚公。順治進士。官行人司行人。有壽世祕典。

丁·固 〔漢〕詳丁公條。◎〔三國吳〕覽子。字子賤。少喪父。與母居。家貧守約。色養致敬。初仕爲尚書。嘗夢松樹生其腹上。謂人曰。松字十八公也。後十八歲吾其爲公乎。孫皓時遷司徒卒。

丁·奉 〔三國吳〕安豐人。字承淵。少以驍勇聞。累立戰功。孫亮即位。爲冠軍將軍。破諸葛誕。斬孫綝。遷大將軍。領徐州牧。孫皓時遷右大司馬。奉貴而驕矜。或有毀之者。坐以事。徙家臨川卒。

丁·姓 〔漢〕梁人。字子孫。從魯榮廣受穀梁春秋。宣帝即位。徵待詔保宮爲博士。官至中山太傅。

丁·宗魏 〔宋〕金壇人。嘉定進士。以從政郎再令揚子縣。兼義武民兵軍政。時金人寇儀眞。人情洶洶。欲渡江以避。宗魏獨不肯曰。守禦之臣。職死封疆。敵至而遁。孰爲之守。卒不聽。累官朝奉大夫。知廣德軍卒。

丁·明 〔漢〕瑕丘人。寬玄孫。妹爲定陶共王姬。生哀帝。哀帝入立。明封陽安侯。爲大司馬驃騎將軍。輔政。與孔鄉傅晏同日封。時號丁傅。哀帝崩。王莽輔政。使有司舉奏丁傅罪惡。詔免官爵。徙歸故郡。◎〔宋〕金壇人。閉門讀書二十年。手編事類及諸史通考等書百餘卷。奉祠家居。及卒。鄉里私諡博雅先生。

丁·易東 〔宋〕武陵人。字漢臣。號石壇。咸淳進士。官編修。入元屢徵不仕。築石壇精舍。教授生徒以終。著周易象義。周易上下經解。大衍索隱。

丁·昌期 〔宋〕永嘉人。以明經篤行。師表後進。建醉經堂。自作記。旣沒。鄉人尊之曰經行先生。

丁·昌遂 〔清〕懷寧人。字秀崖。有典引輯要。

丁·杰 〔清〕歸安人。字升衢。一字小疋。乾隆進士。官教授。肆力經史。長於校讎。四庫館開。朱筠戴震皆延之助校勘。有周易鄭注後定。大戴禮記繹。小酉山房文集。

丁玨 【明】山陽人。永樂間里社賽神。玨誣以聚衆謀不軌。坐死數十人。帝以爲能。特擢刑科給事中。察伺百寮小過。輒上聞。居官十年。貪黷不顧廉恥。後謫戍邊。

丁邯 【後漢】陽陵人。字叔春。有高節。建武初舉孝廉。補尚書郎。邯稱疾不就。帝怒。杖之數十。詔問欲爲郎否。邯曰。能殺臣者陛下。不能爲郎者臣。詔遣出。竟不爲郎。後拜汾陰令。治有名迹。遷漢中太守。卒於官。

丁長勝 【清】湘鄉人。咸豐間從戰湖南北。同治初從王文瑞戰皖南。有功。官至總兵。後與汪海洋戰於福建。死之。諡剛介。

丁信 【後燕】字道運。事慕容盛。爲七兵尚書。盛讌羣臣。令各言其志。信時年十五。盛之舅子也。進曰。在上不驕。高而不危。臣之願也。盛笑曰。丁尚書年少。安得長者之言乎。盛以威嚴馭下。驕暴少親。多所猜忌。故信言及之。（按十六國春秋慕容盛傳作丁信。萬姓統譜作丁信言。圖書集成氏族典承之。誤。）

丁俊 【明】豐城人。字秉存。永樂進士。任御史。巡按福建。食惟豆腐。人謂之豆腐御史。以剛直忤權貴致仕。

丁度 【宋】逢吉子。字公雅。大中祥符中登服勤詞學科。仁宗時累官至端明殿學士。在經筵歲久。帝每呼爲學士而不名。後拜參知政事。罷爲觀文殿學士。再遷尚書左丞。卒諡文簡。度性淳質。不爲威儀。居一室十餘年。左右無姬侍。有邇英聖覽·龜鑑精義·編年總錄·武經總要·集韻·附釋文互註·禮部韻略·貢舉條式。

丁思孔 【清】文盛子。字景行。號泰巖。順治進士。授祕書院檢討。康熙間累擢偏沅巡撫。時三藩之亂初平。思孔撫循凋瘵。振興文教。請復嶽麓書院。日與諸生講論。旋調湖北。定夏逢龍之亂。官至雲貴總督。

丁思覲 【五代楚】馬希範牙將。希範作會春園嘉宴堂。其費鉅萬。思覲廷諫曰。奈何耗國用而窮土木。爲兒女之樂乎。希範謝之。思覲嗔目視希範曰。孺子終不可教也。乃扼喉而死。

丁昺 【明】蒙化人。字德輝。成化進士。知石阡府。先是苗叛。學宮府治俱毀。昺以次修復。賑窮恤士。多善政。卒官。囊無餘貲。

丁柔立 【唐】李德裕當國。或薦其直清可任諫爭官。不果用。大中初爲左拾遺。德裕被放。柔立上書直其冤。坐貶南陽尉。

丁泉 【明】汶上人。爲延平衞指揮同知。正統間討平羅寇。擢福建都司都指揮僉事。上杭寇起。泉從征討。提兵深入。攻破賊壘。力戰死于陣。

丁洪 【明】鉛山人。張昺所取士。弘治間官慈谿知縣。昺致仕歸。清貧自守。洪旦夕候起居。爲具蔬食。昺卒。洪爲經紀其喪。

丁茂 【後漢】合浦人。字仲虛。少孤貧。事母至孝。母卒。負土成墳。列植松柏。白鹿馴遊其下。太守察其行。舉孝廉。不受辟召。

丁茂桂 【明】壽光人。字承休。貢士。知平谷柏鄉二縣。有政績。崇禎中城陷死節。

丁飛舉 【唐】濟陽人。字翰之。讀老子莊周書。善養生。能鼓琴。居錢塘龍泓洞之左右。綸巾布裘。貌古意濟。時時書細字。作文紀事。咸有楷法。

丁原 【後漢】字建陽。本出自寒家。善騎射。累官并州刺史。靈帝崩。原將兵詣洛陽。與何進謀誅諸黃門。拜執金吾。進敗。董卓將爲亂。欲殺原。以呂布見信於原。誘使殺之。

丁恭 【後漢】東緡人。字子然。習公羊嚴氏春秋。學義精明。建武初爲諫議大夫博士。封關內侯。遷少府。諸生自遠方至者。著錄數千人。當世稱爲大儒。歷騎都尉。卒官。

丁時習 【宋】邵武人。字行可。初試有司不合。遂棄舉業。朝貴以書薦於有司。俾自持謁。時習嘆曰。使我能俯仰人。不煩書矣。屏去弗覲。晚年節益高。文益奇。未嘗以居貧見辭色。

丁晏 【清】江蘇山陽人。字儉卿。一字柘堂。早歲治經。篤好鄭學。道光初舉人。咸豐中。以在籍辦團練功。由內閣中書加三品銜。卒年八十有二。手校書籍極多。有頤志齋叢書二十二種。

丁桂 【清】歸安人。字景顏。號子香。諸生。有歐餘山房文集。

丁泰 【清】平湖人。字禮安。號卯橋。嘉慶進士。官內閣中書。有仙未廬詩集·禮記隨筆。

丁泰運 【明】澤州人。字孟尙。崇禎進士。知武陟縣。調河內。著廉直聲。後死於流賊之難。

丁璣 【明】海豐人。成化進士。授戶部主事。累遷雲南副使。正德時劉瑾用事。欲結好。璣堅不許。瑾怒。矯旨逮詔獄。瑾誅。未見用而卒。◎【清】長興人。字羽玉。號覺民。順治進士。少負奇志。好韜略奇門壬乙諸書。後悉棄去。用力於愼獨之學。閉戶四載。體驗身心。有聞知錄及詩文集。

丁鎰琳 【清】金山人。字桂山。號子香。國子生。好學。善畫蘭。能詩。孝友任卹。不永年而卒。

丁乾學 【明】浙江山陰人。字天行。萬曆進士。官檢討。天啓中典試江西。發策刺魏忠賢。忠賢怒。矯旨鐫三秩。

復除其名。已使人詐爲校尉往逮。挫辱之。竟憤鬱而卒。崇禎初謚文忠。有擁膝齋文集。

丁·埜夫 元回紇人。工畫山水人物。

丁·密 後漢岑溪人。字靖公。性清介。非家織布不衣。非己耕種不食。毫髮之饋。不受於人。遭父母喪。並廬墓三年。有雙鳧游廬旁小池。見人馴伏。人以爲孝感。

丁·從龍 宋泰寧人。紹定中以擊賊功授保義郎。復領兵克復淮安。轉忠翊郎。後於廣西懷集縣與賊戰死。

丁·常任 宋晉陵人。字卿季。博學強記。孝宗時累官戶部侍郎。極論復讎大義。後以大中大夫寶謨閣待制致仕。

丁·惟寧 明諸城人。字少濱。嘉靖進士。由縣令入爲御史。眞定有白蓮獄。株連千餘人。惟寧按之。悉爲寬釋。後官鄖襄兵備副使。會撫臣講學。取闔署爲書院。兵士忿。圍臺門而閧。惟寧馳諭立解。撫臣愧恨。嫁禍惟寧。遂拂衣歸。

丁·惟曜 明休寧人。字貞白。有海陽山水志。

丁·啟睿 明魁楚從子。萬曆進士。崇禎時累官右僉都御史。巡撫陝西。啓睿本庸才。以楊嗣昌之薦。代爲督師討賊。任重專制。莫知爲計。李自成圍開封。不得已督兵赴之。避賊入城。帝敕詔切責。啓睿會諸將於朱仙鎭。與賊相望。未戰潰。徵下吏。釋歸。福王時夤緣充爲事官。事敗。脫身歸。卒。

丁·敘之 清山陰人。工畫人物花鳥。

丁·清溪 元錢塘道士。工畫道釋人物。師李嵩·王輝·馬麟。尤善寫眞。

丁·皐 清丹陽人。字鶴洲。父新如。工寫眞。皐世其業。運思落墨。直臻神妙。隨人之妍媸老少。偏側反正。並其喜怒哀樂。皆能傳之。有傳眞心領。

丁·紹 晉譙國人。字叔倫。爲廣平太守。政平訟理。道化大行。轉冀州刺史。嘗破寇有功。假節監冀州諸軍事。號爲嚴肅。人畏而愛之。永嘉間暴疾卒。

丁·處榮 宋富順人。咸平間王均叛。處榮備牛酒宴均。擒斬之。授榮州長史。

丁·袗 五代吳金壇人。字德祥。弱冠爲楊行密都知兵馬使。後不自安。以病歸。生平不殖貨。不嗜酒。不掩人善。至宋乾德初卒。

丁·逢 宋晉陵人。字端叔。舉進士。金主遣其壻烏林答天錫來。怙貴驕黠。逢上書乞斬之。孝宗嘉其材氣可尙。召對。除國子監書庫官。終寶謨閣待制。

丁·逢吉 宋祥符人。以醫術事眞宗藩邸。好聚書。與儒者游。

丁·野雲 宋廬山清虛觀道士。工梅竹。理宗召見。問曰。卿所畫者恐非宮梅。對曰。臣所見者。江路野梅耳。

丁·野鶴 元錢塘人。棄家爲全眞於吳山之紫陽庵。一日召其妻王守素入山。付所書四句詩。坐抱一膝而逝。方外謂之騎鶴化。妻亦得道。

丁·善淵 金垣曲人。字湛然。居洪慶觀。賜紫衣。號通玄。尋授法籙。禁厲鬼有顯應。貞祐末紀邦瑞鎭葛伯城。好殺。善淵諷之。全活甚衆。

丁·善慶 清清泉人。字伊輔。號養齋。道光進士。官至翰林院侍講學士。事母至孝。精於治經。尤嗜易春秋。有左氏兵論。

丁·復 漢以越將從高祖起薛。至霸上。入漢。定三秦。破龍且於彭城。爲大司馬。討平項籍。封陽都侯。卒謚敬。◎元天台人。字仲容。延祐初游京師。被薦不就。晚歲僑寓金陵。平生所作殆數千篇。多散佚。惟檜亭集尙存。

丁·斐 三國魏沛國人。字文侯。漢末事曹操。爲典軍校尉。性好貨。數請求犯法。從征吳。以私易官牛免官。後操問斐印綬所在。斐知見戲。對曰。以易餅耳。操笑謂左右曰。我之有斐。譬如人家有盜狗而善捕鼠。盜雖有小損。而完我囊貯。遂復斐官。數歲卒。

丁·普郎 明黃陂人。初爲陳友諒將。後降太祖。授行樞密院同知。數有功。從太祖與友諒戰於鄱陽湖。自辰至午。普郎身被十餘創。首脫。猶執兵若戰狀。植立不仆。敵驚爲神。贈濟陽郡公。立廟康郎山。

丁·景鴻 清仁和人。字弋雲。號鷺峯。舉鄉薦。善畫山水。結詩畫社於兩峯三竺間。以唱酬爲樂。

丁·朝雄 清南通州人。乾隆間由行伍累擢台灣水師副將。隨征林爽文有功。官至海壇鎭總兵。

丁·湛 明彭澤人。字子一。嘉靖進士。歷禮科給事中。疏發嚴嵩罪狀。廷杖幾死。謫邵武推官。累遷浙江副使。時海禁廢弛。湛盡撤台州海門衛捕盜船。未幾海寇大作。嵩以舊恨追罪之。落職。嵩敗。遂不復仕。

丁·焴 宋福津人。字晦叔。性剛直。累官太府少卿。嘉定間爲利州路安撫使。躬知興元府。決事明白。爲吏民所信服。

丁·琳 清平湖人。字貞琳。號甘山。工繪事及行楷。好接異人。天文地理以至馬杜二氏之學。無不精通。

有香草菴草。

丁華一 【明】無爲人。兄弟五人。不忍析居。相與折梅五枝。共接一本。各識之。䋲曰。若一枝枯。卽某有異志。後五枝俱秀而實。鄉里稱爲五果丁氏。

丁詠淇 【清】錢塘人。字瞻武。號褱濱居士。有二須堂集。

丁覘 【梁】洪亭人。善屬文。工草隸。孝元在荆州。嘗記一皆使之。仕至尙書儀曹郎。後爲晉安王侍讀。隨王東下。卒於揚州。覘與智永同時。世稱丁眞永草。

丁貴嬪 【梁】譙國人。名令光。嘗擘絖於漢濱。武帝鎭樊城。見而納之。生簡文。郗后酷忌。使日舂五斛。舂每中程。若有助者。天監初立爲貴嬪。性仁恕。不好華飾。及武帝弘佛教。貴嬪茹素受戒。精持淨名經。普通中卒。謚穆。

丁開 【宋】長沙人。字復見。負氣敢言。安撫向士璧被問。開詣闕上疏。言士璧有大功。軍府小費。不宜推究。書奏。羈管揚州。

丁雲鵬 【明】休寧人。字南羽。號聖華居士。善繪事。白描人物山水佛像皆精妙。

丁傳 【清】敬子。字希曾。號魯齋。乾隆諸生。研精經術。盧文弨稱其能傳敬學。卒年七十八。有三代姓原。

丁嗣徵 【清】嘉善人。字集虛。性嗜古。喜藏書。頗耽心禪悅。有雪菴詩存。

丁嵩 【明】保山人。家貧事母孝。宣德間詔求直言。嵩上機務八策。帝嘉納。徵之。道病卒。有橫峯樵唱。

丁敬 【清】錢塘人。字敬身。號龍泓山人。又號鈍丁。隱市廛賣酒。好金石文字。窮巖絕壁。手自摹搨。證以志傳。著武林金石錄。工分隸。精篆刻。然不輕爲人作。乾隆初舉鴻博不就。有龍泓山館詩鈔。

丁會 【後唐】壽春人。字道隱。初爲盜。與朱溫俱從黃巢。溫鎭宣武。以爲都押衙。復表爲昭義軍留後。會畏溫雄猜。常稱疾者累年。天復初起爲昭義軍節度使。唐昭宗遇弒。會與三軍縞素發哀。後降於莊宗。以爲都招討使。卒於太原。

丁暐仁 【金】錡子。字藏用。冲淡寡欲。好學不倦。皇統間登進士第。調武清縣丞。縣經兵革後。無學校。暐仁召邑中俊秀教之。歷遷陝西西路轉運使。所在有治績。

丁煒 【清】晉江人。字瞻汝。一字雁水。順治間授漳平敎諭。累官湖廣按察使。刻意爲詩。力追唐宋諸家。王士禛極稱之。有涉江問山詩文集。

丁瑄 【明】正統間爲御史。沙縣寇鄧茂七僞稱剷平王。陷二十餘縣。瑄往招討。先令人齎勅撫之。不降。瑄督衆分擊。指揮劉福追斬茂七。事平還朝。景泰初出爲廣東副使卒。

丁鎬 【金】宛平人。以吏補州縣。有治聲。後致仕。鄉里有訟者。不之官而質於鎬。

丁義 【漢】從高祖起留。入漢。定三秦。破項籍軍於滎陽。爲郎騎將。破鍾離昧於固陵。封宣曲侯。卒謚齊。◎【晉】建城人。精醫術。以神方授吳猛義女秀英。鍊丹於白鶴山。猛女彩鸞嘗就學焉。後人於其地置崇玄觀。◎【明】字宜民。號芸嶼。洪武間膺薦。命賦皇都秋曉詩。授樂平知縣。陞刑部主事。有康山詩集。

丁肅 【後漢】濟陰人。靈帝時宦者。

丁道遷 【梁】丁貴嬪之父。天監初爲歷陽太守。廬陵威王之生。武帝謂之曰。賢女復育一男。答曰。莫道豬狗子。世人以爲笑。後位至兗州刺史。宣城太守。

丁鉉 【明】豐城人。字用濟。永樂進士。歷刑部郎中。正統間超拜右侍郎。嘗理茶四川。賑饑山東河南。皆著惠愛。扈駕北征。死於土木之難。謚襄愍。

丁雋 【宋】醴陵人。習春秋。時稱丁三傳。兄弟十七人。義聚三百口。五世同居。家無間言。大中祥符中。詔旌其門曰義和坊。

丁壽昌 【清】江蘇山陽人。字頤伯。號菊泉。道光進士。同治中由御史官嚴州知府。治績甚著。博學。尤精許氏說文。有臺垣疏稿・讀易會通・說文諧聲略例・山陽文徵・睦州存稿。◎【清】合肥人。字樂山。洪秀全踞金陵。壽昌集里中子弟。部勒以兵法。累戰有功。同治間轉戰江浙楚豫山東各境。勇決善戰。先後克郡縣數十。積功至直隸按察使。

丁廙 【三國魏】儀弟。字敬禮。少有才姿。博學洽聞。漢建安中爲黃門侍郎。與曹植善。操謂欲立植爲嗣。廙力贊其說。及文帝篡漢。與兄儀皆被殺。

丁福 【明】海豐人。正統舉人。事繼母以孝稱。教授河間。卓有聲譽。母卒。臥地感寒疾。遂不起。

丁綝 【後漢】定陵人。字幼春。王莽末守潁陽尉。光武略地潁陽。綝說其宰。遂與俱降。因從征伐。將兵先渡河。下河南陳留潁川二十一縣。拜河南太守。封新安鄉侯。後復徙封陵陽侯。

丁賓 【明】嘉善人。字禮原。隆慶進士。擢御史。忤張居正意。去官。久之起督操江。部內晏然。擢南京工部尚書致仕。賓官南都三十年。每遇旱潦。輒請賑貸。出家財佐之。加太子太保。崇禎時卒。諡清惠。

丁·遠　晉辟召不就。以善畫名。

丁·魁楚　明永城人。崇禎時累官兵部右侍郎。總督薊遼保定軍務。畿輔被兵。坐下吏。後放還。福王時起故官。督兩廣。唐王立於福州。封平粵伯。閩中事敗。與瞿式耜共立桂王。進東閣大學士。清兵至。魁楚奉王走岑溪。爲李成棟追獲。遂降成棟。尋被殺。

丁·鳳　明蠡縣人。字應詔。成化進士。官戶部主事。累遷應天府尹。活繫囚百數。入爲兵部右侍郎。正德間西陲報警。出提督軍務。以武功予世廕。

丁·儀　三國魏沛人。字正禮。曹操慕其才。欲妻以女。丕曰。正禮目眇。乃止。後辟爲掾。與語奇之。曰。卽使其兩目盲。尙當與女。況但眇乎。儀與曹植善。稱其才。操欲立植。儀贊之。及丕立。因職事收付獄。殺之。

丁·寬　漢梁人。字子襄。從田何受易。學成東歸。至雒陽。復從周王孫受古義。景帝時爲梁孝王將軍。拒吳楚。號丁將軍。作易說三萬言。◎南齊以善畫名。

丁·寬夫　宋昌期子。舉進士。與弟廱夫志夫。好古清修。自相師友。各以所得質於其父。不爲苟同。親喪不用浮屠。享祀一循古禮。

丁·履恆　清武進人。字若士。一字道久。號東心。嘉慶拔貢。官肥城知縣。有惠績。爲學不持漢宋門戶。詩文負盛名。尤好言經世。有春秋公羊例．左氏通義．毛詩名物志．說文諧聲類篇．宛芳閣雜著．望雲聽雨山房札記．思賢閣寫韻齋諸集。

丁·德裕　宋臨洺人。初仕周爲供奉官。宋初累官內客省使。成都初平。羣寇大起。爲西川都巡檢使。率兵討平之。後征江南。領常潤等州經略巡檢使。德裕以傾險爲衆所惡。恃勢剛很。不恤士卒。黷貨無厭。越人苦之。貶房州刺史卒。

丁·德興　明定遠人。歸太祖於濠。偉其狀貌。以黑丁呼之。屢從征伐。建大功。授鳳翔衛指揮使。後從徐達討張士誠。下湖州。圍平江。卒於軍。洪武初。追封濟國公。列祀功臣廟。福王時追諡武襄。

丁·毅　明無爲人。字士弘。永樂進士。選庶吉士。時近臣紀綱。勢傾中外。衆莫敢忤。毅獨正言與之抗。綱服其直。卒於官。

丁·潭　晉司徒固孫。字世康。與同郡孔愉．張茂齊名。號會稽三康。以愉字敬康茂字偉康也。初爲郡功曹。察孝廉。除郎中。太興中出爲東陽太守。以清潔見稱。成帝時爲侍中。蘇峻之亂。帝蒙塵於石頭。潭隨從不離。峻誅。賜爵永安伯。康帝卽位。以光祿大夫致仕。卒諡簡。

丁·澎　清仁和人。字飛濤。號藥園。順治進士。官禮部郎中。早歲工詩。與同里陸圻．柴紹炳．毛先舒．孫治．張丹．吳百朋．沈謙．虞黃昊．陳廷會．稱西泠十子。有白燕樓詩。與宋琬．施閏章．張譙明．周茂原．嚴沆．趙錦帆。酬唱日下。又號燕臺七子。後以事牽累。謫居塞上五年。卜築南岡。躬自飯牛。吟嘯自若。所著又有扶荔堂集。

丁·銳義　清長沙人。字篁村。咸豐間。募兵從胡林翼。敗古隆賢。復武漢。官至鹽運司運同。從李續賓征皖。連克潛山太湖桐城。三河鎭之敗。力戰死。贈太常寺卿。

丁·養浩　明仁和人。字師孟。成化進士。官至雲南布政使。有西軒效唐集錄。

丁·凝　清長興人。字琴山。號靜者。康熙舉人。工詩績學。舉鴻博。格於省試。後官國子監學正。遷禮部司務。有靜者詩集。

丁·璉　宋番禺人。字玉輔。元豐進士。由司戶歷遷朝議郎。元祐中夏人侵鹽州。廷議討之。璉謂夏敢跋扈。恃契丹耳。能先制契丹。則膽落矣。忤宰執意。出爲桂林教授。歷知連州。轉朝散大夫致仕。璉性廉潔。政號剛明。博學多識。退藏若愚。鄉黨稱其長者。

丁·璣　明丹徒人。字玉夫。成化進士。除中書舍人。以直諫觸帝怒。謫普安州判。孝宗初。儲巏薦之。歷廣東提學副使。璣涵養深邃。獨立不懼。自粵入覲。卒於途。

丁·穆　晉譙國人。字彥遠。積功封眞定侯。爲順陽太守。苻堅兵至。穆戰敗被執。稱疾不仕。堅傾國南寇。穆與關中人士謀襲長安。事洩遇害。

丁·積　明寧都人。字彥誠。成化進士。知新會縣。師事邑人陳獻章。爲政以敦風化爲本。善政不可勝紀。卒於官。

丁·諝　三國吳錢塘人。出於役伍。顧紹拔而友之。爲立聲譽。仕至典軍中郎。世以紹爲知人。

丁·諷　宋治平中知蔡州。歲饑。荒政修舉。全活六十萬人。籍爲兵者又數千。詔移知亳州。蔡人攀慕號呼。事聞。復還任。及代去。閉城斷橋。不得行者累日。

丁·謂　宋長洲人。字謂之。後更字公言。淳化進士。與孫何齊名。時號孫丁。累官同中書門下平章事。昭文館大學士。封晉國公。眞宗朝營造宮觀奏祥異之事。多謂與王欽若發之。寇準爲相。尤惡謂。謂媒孽其過。遂罷準相。仁宗立。知謂前後欺罔。累貶崖州司戶參軍。徙道州。明道中授祕書監致仕。卒於光州。謂機敏有智謀。憸狡過人。善談笑。尤喜爲詩。圖畫博奕音律。無不洞曉。

丁·應璧　明壽光人。字爲章。嘉靖進士。授兵部主事。值振武兵變。朝議欲分其黨。莫敢先發。應璧假他事去其魁。分置部伍。一軍乃定。官至大同兵備道。

丁·懋遜　明霑化人。萬曆進士。官餘姚知縣。有治績。入爲吏科給事中。同列李獻可疏請豫教。帝怒貶秩。懋遜疏救。廷杖削籍。里居三十年。光宗立。再起歷工部左侍郎卒。

丁·謐　三國魏斐子。字彥靖。與曹爽親善。爽輔政。引爲尚書。謐爲人外似疏略。而內多忌。與何晏鄧颺同位而皆少之。唯以勢屈於爽。爽敬之。言無不從。時有謗書。謂臺中有三狗。二狗崖柴不可當。一狗憑默作疽囊。三狗謂何鄧丁。默．爽小字也。司馬懿深恨之。後與爽等俱爲懿所殺。

丁·謙　南唐義興人。畫竹及果實園蔬。傅彩淺深。率有生意。時號第一。

丁·鴻　後漢綝子。字孝公。年十三。從桓榮受歐陽尚書。徵拜侍中。建初間詔鴻及諸儒論定五經同異於白虎觀。鴻論難最明。時人語曰。殿中無雙丁孝公。和帝時歷司徒。時竇憲兄弟擅權。鴻因日食上封事。收憲印綬。憲及諸弟皆自殺。

丁·瑨　明上元人。字仲衡。永樂進士。由御史督大同宣府軍儲。正統間麓川變叛。瑨乘傳往視。言用兵便宜。遂命撫雲南。麓川平。召爲左副都御史。所至有政聲。

丁·禮　漢從高祖爲中涓。起碭爲騎將。從入漢。定三秦。爲正奉侯。以都尉擊項羽。屬灌嬰。殺龍且。更爲樂成侯。卒謚節。◎明丹徒人。字思敬。號蘭室。耽吟詠。工書札。以耆年辟知南陽府。永樂中。獻周禮補注。又有三餘集．蘭室吟稿。

丁·鎡　明恕子。字永時。永樂中舉楷書入太學。授戶部主事。累官兩浙都轉鹽運司使。以廉能稱。後陞刑部左侍郎。

丁·鏞　明上元人。字鳳儀。成化進士。任南京刑部郎中。出守興化。嘗斷疑獄。人以爲神。未久致仕。性愛佳山水。常寄宿山寺。尤嗜文學。耽詩。

丁·黼　宋石埭人。字文伯。淳熙進士。歷官成都制置使。爲政寬大。蜀人德之。嘉熙中元兵趨成都。黼率兵夜出城南迎戰。至石筍街力戰死。事聞。詔立廟祀之。

丁·寶臣　宋晉陵人。字元珍。與兄宗臣俱有文聲。號二丁。景祐中同登進士。寶臣歷官至祕閣校理。英宗每論人物。必稱之。尤與歐陽修友善。及卒。修志其墓。

丁·寶楨　清貴州平遠人。字稚璜。咸豐進士。平苗亂及東捻西捻皆有功。任山東巡撫。誅太監安得海。尤有名於時。官至四川總督。卒謚文誠。

丁·耀亢　清諸城人。字西生。號野鶴。順治中貢生。官惠安知縣。有丁野鶴詩鈔及赤松遊．表忠記諸傳奇行世。

丁·騭　宋武進人。字公點。嘉祐進士。李定用事。辟爲屬。以疾辭。蘇軾．曾肇．孔文仲交薦之。除太常博士。改右正言。元祐間士風險競。有五鬼十物之號。騭疏請窮治。後出知處州。

丁·蘭　後漢河內人。少喪母。刻木爲像。事之如生。鄰人張叔。醉罵木像。以杖挾其首。蘭還。奮擊張叔。吏捕蘭。蘭辭木像。像爲垂涕。

丁·覽　三國吳山陰人。字孝連。清身立行。用意不苟。推財從弟。以義讓稱。仕至郡功曹。守始平長。爲人精微潔淨。門無雜賓。孫權深貴待之。未及擢用。會病卒。

丁鶴年　明回回人。元末因父官武昌。遂爲武昌人。避地四明。方國珍據浙東。最忌色目人。鶴年轉徙逃匿。明初還武昌。生母已前死。不知瘞處。慟哭行求。得骨以葬。烏斯道爲作丁孝子傳。鶴年好學洽聞。精詩律。自以家世仕元。賦詩情詞悱惻。晚學浮屠。結廬居父墓。永樂中卒。有海巢集。（元戴良九靈山房集有高士傳爲鶴年作。曰。鶴年西域人也。曾祖阿老丁。祖苦思丁。父職馬祿丁。又有從兄曰吉雅謨丁。按鶴年不言何姓。而自曾祖以下其名末一字皆丁字。不知何義。世遂以鶴年爲丁姓非。見茶香室叢鈔。）

丁·儼　元新建人。字主敬。從吳澄學。母喪。哀毀幾絕。授隆興酒務大使。未任卒。有金閨彝訓．小溪集．寓與等書。

丁·權　宋會稽人。字子卿。善畫竹。著有竹譜。

丁·瓚　明鎭江人。字點白。嘉靖進士。官溫州知府。有素問鈔補正。

丁·顯　明建陽人。字彥偉。洪武進士第一。博通經史。援筆立成。仕翰林修撰承務郎。

七十一　清滿洲正藍旗人。字椿園。乾隆進士。有西域聞見錄。

七十五　清滿洲正黃旗人。姓瓜勒佳氏。乾隆中隨征金川及廓爾喀有功。嘉慶初隨勦川楚教匪。轉戰四川。善撫士卒。後坐事繫問。其部下多痛哭者。

七格　〔清〕滿洲鑲藍旗人。姓富勒瑚氏。乾隆間以侍衞隨征金川有功。嘉慶初平貴州南籠苗。官至直隸正定鎮總兵。

乃燕　〔元〕木華黎曾孫。謙和好學。以賢能稱。父速渾察旣卒。憲宗擇於諸子。命乃燕襲爵。乃燕讓與兄忽林池。代行軍國事。忽林池襲爲國王。事無巨細。必與乃燕謀議。剖決精當。無所擁滯。卒。追封魯郡公。

乃顏　〔元〕宗室。襲爲國王。世據遼東。海都叛。乃顏潛與通謀。至元中舉兵反。世祖親征。大破其衆。擒乃顏誅之。

乃蠻台　〔元〕木華黎五世孫。性明果善斷。射能貫札。歷官皆有政續。至元中襲爲國王。後遷遼陽行省左丞相。辭職歸。卒諡忠穆。

九十　〔清〕滿洲鑲黃旗人。姓張佳氏。乾隆間。從征金川有功。嘉慶間。勦捕教匪於西安一帶。累功擢廣西提督。

九方·臯　〔春秋〕〔秦〕善相馬。伯樂之所稱。嘗爲秦穆公求馬得之。曰牝而黃。使人往取之。牡而驪。及至。果天下馬也。（按列子有九方臯。莊子有九方歅。淮南子有九方堙。實一人也。一說。九姓。方臯名。見肯綮錄。）

九隆　〔後漢〕西南夷哀牢王。其母名沙壹。居牢山。嘗捕魚水中。觸沈木若有感。因懷姙。十月生子男十人。後沈木化爲龍。與其母語。九子驚走。九隆不能去。背龍而坐。龍因舐之。及長大。諸兄以九隆能爲父所舐而黠。遂共推以爲王。世世相繼。

九嘉　〔唐〕夏津人。歷知富平高陵二縣。高祖以爲純臣。入爲翰林應奉。歿於癸巳之難。

了元　〔宋〕僧。浮梁人。號佛印。居金山寺。蘇軾次瓜步。訪之。了元曰。內翰何來。此間無坐處。軾戲曰。借和尙四大作禪牀。了元曰。山僧有一轉語。內翰言下卽答。當從所請。如稍涉擬議。請留所繫玉帶。以鎭山門。軾許之。因曰。四大本空。五蘊非有。內翰欲於何處坐。軾擬議未卽答。了元急呼侍者。取軾玉帶鎭山門。以衲裙相報。

了性　〔元〕僧。號大林。爲人剛毅。頗負氣節。至大間。太后剏普寧寺於五臺山。延了性居之。卒諡弘教。

了空　〔明〕高僧。忻州人。姓王氏。居華嚴寺。能前知。嘗遇一僧云。修行當學最上乘。前知特小乘法耳。於是苦志勵行。遂大徹悟。一夕作偈而逝。

了宣　〔宋〕高僧。四明人。肄業於寶林。精究三觀十乘之旨。修法華懺法二十七年。預知終期。端坐書偈。合掌而逝。

了然　〔宋〕高僧。號志涌。出家台州白蓮寺。講演天台教觀二十餘年。精勵後學。日惟一餐。常坐達旦。預知終期。說法書偈而逝。

了義　〔清〕僧。號松光。工詩畫。善琴棋。有妙香軒詩鈔。

二世　〔秦〕始皇帝次子。名胡亥。始皇崩。李斯·趙高矯詔殺長子扶蘇而立之。秦制。皇帝以世次。故胡亥稱二世。趙高用事。關東盜起。二世讓趙高。高弒之。在位三年。

八十六　〔清〕滿洲鑲白旗人。姓那拉氏。乾隆間。從征金川及撒拉爾有功。嘉慶間。從勦湖北教匪。累戰皆捷。官至江寧將軍。卒諡壯僖。

八大山人　〔明〕宗室。名耷。爲諸生。世居南昌。國變後爲僧。字雪個。號个山。後更號人屋·驢·屋驢·書年·驢漢。最後號八大山人。尋發狂疾。裂浮屠服焚之。一日大書一啞字署其門。自是對人不交一言。嗜飲工書。又善畫山水花鳥竹木。筆情縱恣。不泥成法。爲世所寶。

八夫人　〔明〕宛平人。姓李氏。史可法弟可則妻。可則早世。可法殉國難。家屬皆居金陵。八夫人有國色。有聶某強爲委禽。八夫人堅拒之。不聽。旋遣一婢捧盤進聶曰。奉八夫人命。恣若所爲。聶視之。則一髮髻一耳一鼻。血淋漓滿盤。聶失措遁去。

八刺　〔元〕伯八子。至元中。親王昔列吉脫鐵木兒叛奔海都。伯八願提兵往討。未得命。被襲死。八刺與弟不蘭奚亦爲所虜。居歲餘。謀爲父報仇。事泄。被害。

八思巴　〔元〕土番薩斯嘉人。一作八思馬。幼時。國人號爲聖童。世祖卽位。尊爲國師。命製蒙古新字。大要以諧聲爲宗。字成。頒行天下。升號大寶法王。

刁·士敬　〔元〕通孫。武略傑出。宛有祖風。至順中番戎叛亂。士敬率師削平之。

刁·代　〔元〕元江人。爲本路安撫使。大德中。從征八百有功。陞本路總管。勇鷙過人。部夷莫不畏服。是時洞蛟爲孽。代挾利劍入洞。頃之水盡赤。代與蛟俱死。

刁·包　〔清〕祁州人。字蒙吉。晚號用六居士。明天啓舉人。家居教授。流賊犯州城。毁家倡衆固守。城得不破。尋賊以僞命趣之。誓死拒。入清不仕。其學以謹言行爲要。尤好高攀龍之書。置主奉之。偶有過。必展謁悔謝。年六十有七。以居母憂哀毁卒。學者私諡文孝先生。有易酌。四書翼注。斯文正統。辨道錄。潛室劄記。用六集。

刁·弘　〔晉〕逵弟。字叔仁。隆安中爲冀州刺史。桓玄篡位。以爲撫軍桓修司馬。劉裕起義斬修。時弘謀起兵襲裕。裕遣劉毅討之。弘亡。不知所在。

刁·光 【唐】長安人。天復中避地入蜀。善畫湖石花卉貓兔鳥雀。工龍水。蓋黃筌、孔嵩皆師其筆。年逾八十。益不廢所學。(按畫史彙傳作刁光胤誤。)

刁·再灕 【淸】包子。字靜之。自爲諸生。卽不事科舉業。從父友王餘佑及顏元游。手錄父遺書。又貳之以質四方學者。性淸介不苟取。臨卒。猶以居官致富戒其子孫。

刁·冲 【後魏】雍曾孫。字文朗。少孤。孝慕過人。學通百氏。當世服其精博。徵爲功曹主簿。惟以講學爲心。延昌中高肇擅恣威權。冲抗表極言其事。辭旨懇直。文義忠憤。卒諡安憲先生。

刁·協 【晉】饒安人。字玄亮。少好經籍。博聞強記。累官尙書左僕射。元帝南渡初。朝廷草昧。凡所制度。皆稟於協。性剛悍。每崇上抑下。王敦構逆。上疏罪協。既而王師敗績。帝勸令避禍。行至江乘。爲人所殺。

刁·門倖 【明】初爲鎭康土知州。正統中討麓川。應募攻克。累功陞孟定知府。其子斑線爲鎭康知州。後門倖入貢京師。思氏餘孽攻鎭康。殺斑線。復攻孟定。次子孟不能支。挈家奔永昌。因安置門倖於澂江。

刁·彥能 【南唐】上蔡人。字德明。少孤貧。事母以孝聞。初爲徐溫軍校。事其子知訓於廣陵。知訓狂恣。彥能每以書切諫。而心常附李昪。及知訓見殺。李昪代吳。入爲環衛。李璟立。累官昭武軍節度使。好讀書。在鎭委任文吏。頗有治稱。性矜莊。燕處容服不少惰。所居雖傳舍。一日必葺。

刁·柔 【北齊】饒安人。字子溫。少好學。綜習經史。尤留心禮儀。性強記。氏族內外。多所諳悉。居母喪。以孝聞。累遷國子博士。魏收撰魏史。敕柔與同其事。性專固。又志存偏黨。內外通親。虛美過實。爲時所譏。

刁·約 【宋】衎孫。字景純。少卓越。刻苦學問。能文章。天聖進士。寶元中爲館閣校理。後直史館。治平中出知揚州。掛冠歸。築室潤州。號藏春塢。日游息其中。

刁·衎 【宋】彥能子。字元賓。仕南唐爲祕書郎。從李煜歸朝。授太常寺太祝。太平興國中。詔羣臣言事。衎上諫刑書。遷大理寺丞。獻文四十篇。眞宗卽位。獻所著本說。與修冊府元龜。書成。授兵部郎中卒。

刁·通 【元】山陽人。字叔達。弱冠授從征忠翊校尉。至元中從丞相伯顏討賊。勇藝絕倫。功居多。阿朮元帥乃選通領都下軍。克樊城。定鎭江淮南一帶。升征東招討使。移鎭揚州。

刁·逵 【晉】彝子。字伯道。爲廣州刺史。不拘名行。以貨殖爲務。桓玄篡位。以逵爲豫州刺史。鎭歷陽。劉裕起義。逵執裕參軍諸葛長民。檻車送於桓玄。至當利而玄敗。送人共破檻出長民。遂趨歷陽。逵棄城走。爲下人所執。斬於石頭。

刁·間 【漢】齊俗賤奴虜。間獨愛貴之。桀黠奴。人之所患。唯間收取使之。終得其力。逐漁鹽商賈之利。起數千萬。

刁·雍 【後魏】暢子。字淑和。劉裕誅桓玄。以嫌誅刁氏。雍與暢故吏奔姚興。後歸魏。以建義將軍討裕。徙鎭濟陰。賜爵東安侯。卒年九十五。諡簡。雍好尙文典。明敏多智。凡所爲詩賦頌論并雜文百有餘篇。又著敎戒二十餘篇。以訓導子孫。(按北史作雕。此從魏書。)

刁·暢 【晉】逵弟。字仲遠。隆安中爲始興相。以貨殖爲務。桓玄篡位。以爲右衛將軍。劉裕起義時。暢謀起兵襲裕。裕遣劉毅討之。暢伏誅。

刁·整 【後魏】雍孫。字景智。少有大度。頗涉書史。累官衛大將軍。卒諡文獻。整解音律。輕財好施。交結名勝。聲酒自娛。然貪而好色。爲議者所貶。

刁·遵 【後魏】雍子。字奉國。兄纂早卒。遵襲爵。少不拘小節。長更修改。累官洛州刺史。卒諡惠。

刁·彝 【晉】協子。字大倫。少遭家難。王敦誅後。彝斬讎人黨。以首祭父墓。自詣廷尉請罪。朝廷特宥之。歷官徐兗二州刺史。

刁·戴高 【淸】慈谿人。字共辰。號約山。善病。足不良行。坐臥一榻。惟吟詩作字不少間。字法顏柳。大書尤善。

刁·雙 【後魏】雍族孫。字子山。少好學。兼涉文史。孝明帝末除西兗州刺史。時盜賊蠭起。雙至境。招降盜首張桃弓。令追捕餘盜。悉擒之。州境淸謐。遷驃騎大將軍。卒諡淸穆。

刁·韙 【後漢】彭城人。字子榮。桓帝時爲侍御史。鞫陳蕃黃琬獄。坐朋黨禁錮。後陳蕃被徵。復拜議郎。遷尙書。立朝鯁直。出爲魯·東海二郡相。有明略。所在稱神。常以法度自整。家人莫見惰容。

力·牧 上古黃帝臣。帝夢人執千鈞之弩。驅羊萬羣。寤而求之。得牧於大澤。進以爲將。

力·起 【宋】古田人。嘉定進士。任處州府判。有惠政。

力·僧護 【唐】江陵人。父死。其母欲從俗鬻父。家貧不能。僧護時年五歲。請賣己以易錢。遂賣與蜀客。母以思子目盲。僧護之蜀三十年。繼父母俱亡。復還江陵尋母。得見。齋戒禱天地。爲母舐目。目遂明。人以爲孝感。

卜天生　【南朝宋】天與弟。少爲隊將。十人同火。屋後有一坑。廣二丈餘。十人共跳之皆度。惟天生墜。天生取實中苦竹。剡其端使利。交橫布坑內。更呼等類共跳。並懼不敢。天生乃復跳之。往反十餘。曾無留礙。衆歎服。以兄死節。爲孝武所眷注。大明末爲弋陽太守。泰始初與殷琰同逆。誅死。

卜天與　【南朝宋】餘杭人。善射。元嘉中爲廣威將軍。元凶劭之變。舊將皆望風屈謝。天與疾呼左右出戰。手射劭幾中。逆徒擊之。臂斷見殺。孝武卽位。諡壯侯。

卜天璋　【元】洛陽人。字君璋。至元中爲南京府史。歷遷饒州路總管。以治行第一聞。天曆中蜀兵起。拜山南廉訪使。厲風紀。淸吏治。州郡肅然。嘗條陳時政二十事。凡萬餘言。曰中興濟治策。因謝病居汴。以餘祿施其族黨。至順初卒。諡正獻。

卜式　【漢】河南人。以牧羊致富。武帝時上書願輸家財半助邊。召拜中郎。令牧羊上林。歲餘。羊肥息。帝善之。式曰。治民亦猶是矣。惡者輒去。毋令敗羣。帝奇其言。拜緱氏令。元鼎中爲御史大夫。後賜爵關內侯。言郡國不便鹽鐵而船有算可罷。貶秩太子太傅。以壽終。

卜徒父　【春秋秦】掌龜卜。穆公將伐晉。卜徒父筮之吉。曰。涉河。侯車敗。穆公疑問之。對曰。乃大吉也。三敗必獲晉君。及戰。三敗晉師於韓。果獲晉惠公以歸。（按徒父。秦之掌龜卜者。非姓。晉卜偃。魯卜楚丘。秦卜徒父。皆爲卜筮官。其後乃以爲氏。）

卜珝　【前趙】匈奴後部人。字子玉。少好讀易。能前知。隱居龍門山。劉聰嗣位。徵爲太常。時劉琨據幷州。聰使珝持節平之。攻晉陽。爲琨所敗。被殺。

卜偃　【春秋晉】獻公時。爲掌卜大夫。公伐虢。圍上陽。問偃曰。吾其濟乎。對曰。克之。童謠云。丙之辰。龍尾伏辰。均服振振。取虢之旂。鶉之賁賁。天策焞焞。火中成軍。虢公其奔。其九月十月之交乎。如期滅之。

卜大同　【明】秀水人。字吉夫。嘉靖進士。弭蘄黃盜。平苗。均有功。終福建巡海副使。有備倭記。

卜商　【春秋衞】孔子弟子。字子夏。與子游並列文學科。孔子既沒。商居西河教授。魏文侯師事之。其子死。哭之喪明。有詩序．易傳。

卜理牙敦　【元】北庭人。累官至山南廉訪使。治中興。卜理牙敦每按臨所部。威惠翕然。至正中寇犯中興。卜理牙敦力戰被執。不屈而死。（按萬姓統譜作卜理誤。）

卜舜年　【淸】吳江人。字孟碩。明亡後。佯狂卒。工畫。沒之歲。人有乞其書畫者。但題泥無身。

卜萬　【明】建文時都指揮。爲大寧守將。靖難兵起。與都督劉眞陳亨扼松亭關。忠勇善戰。亨欲降燕。畏萬不敢發。燕行反間。眞亨因執萬下獄死。籍其家。

卜靜　【三國吳】吳郡人。字玄風。與同郡陸遜齊名。終剡令。

卜顏帖木兒　【元】唐兀吾密氏。字珍卿。至正中拜江浙行省平章政事。率軍討徐壽輝。累敗之。進拔僞都。遂獨扼長江。性至孝。持身廉介。常乘花馬。時稱爲花馬兒平章云。

卜懷　【明】寧海人。父卒。母課其業。輒以杖擊之。母卒。懷祀其杖於母側。因廬於墓。詔旌其門。後以歲貢官鄖陽府通判。

三畫

万俟洛 【北齊】普子。字受洛干。慷慨有氣節。勇銳蓋世。魏天平中。隨父東歸。封建昌郡公。與諸將圍獨孤如願於金墉。及河陰之戰。洛以孤軍當敵鋒。西人畏而去。卒諡武。

万俟卨 【宋】陽武人。字元忠。登政和中上舍第。紹興初官提點湖北刑獄。岳飛宣撫荊湖。遇卨不以禮。卨憾之。入覲。希秦檜意。譖飛。構陷成獄。飛父子與張憲俱死。天下寃之。官至尚書右僕射。卒諡忠靖。

万俟普 【北齊】太平人。字普撥。其先匈奴之別種。雄果有武力。降魏歸齊。官朔州刺史。

万俟雅言 【宋】工於詞。自號詞隱。崇寧中充大晟府製撰。有大聲集。黃叔暘稱其詞平而工。和而雅。

万俟湜 【宋】大觀中知護州。公勤清約。有善政。人稱之曰。前有王琪。後有万俟。

万俟醜奴 【後魏】高平鎮人。建義初。醜奴僭號關中。署置百官。永安中。爲爾朱天光所擒。

三旦八 【元】西夏人。字山堂。號飛山子。至正間。官雲南行省右丞。善爲政。深得軍民之心。

三休 【明】僧。常居靈巖僧室。善內外丹術。亦能詩。卜人貴賤天壽如響。

三朵花 【宋】神宗時房州有異人。常戴三朵花。莫知其姓名。人因以三朵花名之。能作詩。又能自寫眞。蘇軾有詩記之。

三娘子 【明】順義王俺答之妻。先是俺答孫把漢那吉。聘襖兒都司女。即俺答外孫女。貌美。俺答奪之。時稱爲三娘子。俺答卒後。三娘子歷配三王。主兵柄。爲中國守邊保塞。衆畏服之。敕封忠順夫人。

三德 【清】滿州鑲紅旗人。姓瓜勒佳氏。乾隆間從征緬甸金川。積功累擢陝西與漢鎮總兵。又平甘肅回。官至廣西提督。

三寶 【清】滿洲正紅旗人。姓伊爾根覺羅氏。乾隆間繙譯進士。授中書。累官東閣大學士閩浙總督。嘗爲上書房總師傅。集古今儲貳之事。曰春華日覽。教授諸皇子。卒諡文敬。

三寶柱 【元】畏吾兒人。字廷珪。知瑞安州。鋤剔強梗。綏安羸弱。與學校。均役賦。辨析詞訟。除兵部員外郎。出爲浙東副使。

上成公 【後漢】密人。其初出行久而不還。後歸。語其家云。我已得仙。因辭家而去。家人見其舉步漸高。良久乃沒。

上官必克 【宋】愔曾孫。字復之。一字師善。幼警敏。八九歲已善楷書。逾冠領鄉薦。累官全州錄事參軍。

上官正 【宋】開封人。字常清。少舉三傳。雍熙中召授殿前承旨。淳化中轉作坊副使。平川蜀有功。累官西川招討使。景德中授左龍武大將軍平州防禦使。致仕。

上官后 【漢】安女。昭帝后。年甫六歲。立爲皇后。桀安滅族。后以年少不與謀。又霍光外孫。故得不廢。帝崩。后年十四五。昌邑王賀即位。尊爲皇太后。光與太后共廢賀。宣帝立。尊爲太皇太后。

上官安 【漢】桀子。女爲昭帝后。安以后父封桑樂侯。遷車騎將軍。日以驕淫。與父桀謀殺霍光。廢帝立桀。事發覺。族滅。

上官伯達 【明】邵武人。永樂間召直仁智殿。作百鳥朝鳳圖。稱旨。除官不受。以年老請歸。善寫山水神像人物。

上官佑 【明】邵武人。永樂中爲新城教諭。講習詳明。擅古人詩律。諸作皆精緻。

上官均 【宋】凝次子。字彥衡。熙寧進士。任北京留守推官。爲寶莘等明寃。謫知光澤縣。哲宗初爲御史。遇事敢言。如論罷青苗。裁冗官。劾去蔡確·張璪·李清臣。罷詩賦取士。皆切中時弊。徽宗立。遷給事中。時相欲盡循熙豐法度。爲紹述。均議不協。後入黨籍奪職。久之復龍圖閣待制。致仕卒。

上官周 【清】長汀人。字文佐。號竹莊。乾隆初布衣。工詩。尤善山水。有晚笑堂詩集及畫傳。

上官怡 【宋】邵武人。字友先。工文詞。年十六。試太學居第一。母年高羸疾。方暑。晨夕侍側以驅蚊蚋。不寢或踰月。居憂極哀毀。二兄繼沒。奉嫂撫孤。敬愛兼篤。

上官恢 【宋】均從子。字閎中。元豐中登進士第。崇寧中知深州。改南劍州。移知徽州。專務仁愛。吏民懷服。晚奉祠里居。胡安國以恢與楊時並薦。官至中大夫。

上官拯 【宋】光澤人。字公濟。慶曆中第進士。選建寧縣丞。聽訟明敏。奸黠無所肆其巧。遷上杭縣令。亦有政聲。

上官倬 【明】光澤人。字子立。嘉靖中貢生。授台州通判。性剛直至孝。父家居。以誤殺議重辟。倬即乞休。赴京三上書。願以身代。情辭悱惻。父因獲免。

上官悟 【宋】均子。字仲達。建炎中留守東京。劉豫叛降金。遣人說悟。悟斬其使。及城陷。悟行至唐州。被害。

上官桀 【漢】上邽人。武帝時官太僕。帝疾病。以桀爲左將軍。與霍光同受遺詔輔少主。封安陽侯。後謀廢昭帝事覺。族滅。

上官基 【宋】恢曾孫。字仲立。調衡州推官。趙汝愚謫零陵。道經衡陽卒。時人皆畏韓侂胄。不敢爲營辦喪事。基獨往殯殮。郡守錢鍪上其治行。遷提點鑄錢檢討官。

上官婉兒 【唐】儀女孫。辨慧能文。習吏事。武后愛之。拜婕妤。秉機政。中宗時立爲昭容。帝每引名儒賜宴賦詩。輒令婉兒第其甲乙。與崔湜亂。遂引知政事。韋后之敗。斬闕下。

上官章 【清】陝西乾州人。字闇然。有周易解翼。

上官通 【明】字一明。丰儀蒼古。善楷書。洪武初嘗爲吏。一旦棄家室。結廬於深山龍井坑。甘淡薄。不茹葷。冬不爐。夏不扇。夜不就寢。通道術。壽七十七。絕粒以終。

上官喜 【明】光澤人。號金雨。工丹青及草書。性躭詩酒。晚年書畫益工。人得其片紙。珍若拱璧。

上官愔 【宋】均子。字仲雍。政和中第進士。二帝北行。愔上宰相書。請迎康王速卽大位。西入京師。以圖興復。建炎中遷吏部員外郎。知南劍州。以剛介著政聲。致仕。有尙書小傳。論語孟子略解。及史統。史旨。

上官渙酉 【宋】邵武人。字元之。嘉定進士。端平中知池州。先事爲防江之圖。及金人入寇。知有備。引去。紹定淳祐中兩忤時相。閒居十九年。晚遷起居舍人。極言無隱。卒爲當道所忌。以集英殿修撰致仕。

上官渙然 【宋】渙酉弟。字文之。以兄奏補爲鄞縣尉。擢淳祐中進士第。拔薦幹辦行在諸軍糧料院。陛對疏論。欲正朝廷當正君心。欲明紀綱當明公道。培善類以壯君子之脈。容直言以伸公論之氣。又條陳守邊三策。除司農丞。遷右司郎中。

上官賁 【宋】邵武人。字濟叔。三領賢書。淳熙中調浮梁縣丞。陂塘渠堰。多所修築。遷貴州推官致仕。手不釋卷。歲散困米。以濟貧族。

上官超 【宋】光澤人。母病篤。超刲脅取肝進之。遂愈。縣令張碩表其門曰孝感。

上官損 【宋】恢從曾孫。字益之。幼孤。事祖母孝。博學工文。慶元中特赴廷試。授汀州武平簿。多善政。

上官鉉 【清】翼城人。字三立。號松石。明崇禎進士。順治初爲中書舍人。累遷左副都御史。疏數十上。尋以劾滇廣閩三藩跋扈狀。左遷太常卿。後三藩皆以謀逆誅。人稱其先識。有誠正齋集。

上官端義 【宋】邵武人。字方叔。以蔭授惠安縣簿。催科示民以信。民自樂輸。調寶州參軍。歲饑。被命發糴。民或有不足於直。爲出己貲補之。遷建安縣丞。攝浦城。甌寧二邑。皆有惠政。

上官粹中 【宋】均再從曾孫。字德厚。好義而嗜學。隆興初試策入第。調武岡軍簽判。在官以長者稱。零陵有重囚。獄久不決。粹中往推詰。片語而定。囚感服。

上官儀 【唐】陝州人。字游韶。貞觀進士。召授弘文館直學士。遷祕書郎。太宗每屬文。遣儀視稿。工詩。其詞綺錯婉媚。貴顯人多效之。謂爲上官體。永徽初進西臺侍郎。時武后專恣。儀爲帝草詔。將遂廢之。由是見惡於后。麟德初坐梁王忠事下獄死。籍其家。◎【明】福建沙縣人。字必達。工書畫。永樂進士。授咸寧知縣。擢知州。民扶攜泣留。遂以知州復署縣事。後改任滄州。致仕歸。

上官憕 【宋】凝孫。字正平。幼孤。從叔父均學。登元豐中進士第。調溧陽尉。改新息。遷濠州錄參。改永城縣丞。居官十餘年。廉正明決。雖不見知而自信不改。

上官藎 【明】曲沃人。字忠赤。起家鄉舉。爲順義知縣。廉執有聲。清兵至。與都指揮蘇時雨等守城。城破。藎自經死。

上官凝 【宋】邵武人。字成叔。慶曆進士。調銅陵尉。秩滿去。有老叟十數人餽藥數器。發之皆金。追而反之。歷知分寧。安邱。終尙書職方員外郎。

上官謐 【宋】邵武人。字安國。爲學務求義理。從朱熹學。益加涵養。任永州推官。爲政簡易。民甚安之。

上官鑑 【清】翼城人。字金之。順治進士。官至河南參議。有一經樓集。

上恒 【唐】僧。臨川人。貞元初居豫章龍興寺。與姜公輔。顏眞卿等相友善。坐壇二十餘年卒。白居易爲作石塔銘。

上都 【元】爲中興判官。統兵擊賊。既而東門失守。上都倉皇反鬪。爲賊所執。大罵。不屈死。

上虞寡婦 【後漢】上虞有寡婦。養姑至孝。姑壽終。夫女弟誣婦鴆其母。訟之。婦冤死。郡中連旱二年。後太守殷丹到官。刑訟女而祭婦墓。天應澍雨。穀稼以登。

上睿 【清】吳縣人。字潯濬。號目存。又號蒲室子。工畫山水花鳥。有餘習吟。

乞台 【元】察台氏。至元中爲欽察衛百戶。從土土哈征叛王失烈吉及乃顏有功。陞千戶。元貞中疾卒。

乞台薩理 【元】阿魯渾薩理父。通佛氏學。業成。師名之曰萬全。至元間入爲釋教都總統。仕至資德大夫統制使。卒封趙國公。諡通敏。

乞伏保 【後魏】高車部人。事後母至孝。襲父侯爵。例降爲伯。出爲無善鎭將。母年八十餘。保手製馬鞾。親自扶接。母亡。保解官奉喪還洛卒。

乞伏・乾歸 【西秦】國仁弟。雄武英傑。沈雅有度量。國仁死。乾歸嗣立。遣其將敗氐王楊定。盡有隴西巴西之地。遷都苑川。尋降於姚興。遣還鎭。晉義熙間朝秦被留。後逃歸。復稱秦王。在位二十四年。失國八年。年號太初。更始。爲兄子公府所弑。諡武元王。廟號高祖。

乞伏・國仁 【西秦】隴西鮮卑人。世爲酋豪。前秦封爲南單于。鎭勇士川。晉太元間乘苻堅敗死。築所鎭城都之。國號西秦。年號建義。自稱大都督大將軍大單于・秦河二州牧。據苑川。擊降鮮卑三部。在位三年。諡宣烈王。廟號烈祖。

乞伏・慧 【隋】馬邑鮮卑人。字令和。少慷慨有大節。仕北周。數有戰功。位柱國。入隋累官荆州總管。又領潭桂二州總管・三十一州諸軍事。其俗輕剽。慧躬行樸素以矯之。風化大洽。煬帝卽位。爲天水太守。遇帝西巡。坐御道不整。獻食疏薄。除名卒。

乞伏・暮末 【西秦】熾磐二子。字安石。劉宋元嘉間嗣立。北涼來攻。暮末臣服於魏。保南安。爲夏主赫連定所逼。送上邽殺之。在位四年。國亡。年號永弘。（按晉書作慕末。此從魏書。）

乞伏・熾磐 【西秦】乾歸長子。性勇果英毅。權略過人。晉義熙間嗣立。秃髮傉檀西征乙弗。熾磐攻之。遂入樂都。傉檀降。熾磐既鴆傉檀。兵強地廣。在位十六年。年號永康・建弘。卒諡文昭王。廟號太祖。

也先 【明】瓦剌丞相脫懽子。稱太師淮王。其可汗脫脫不花具空名。不復相制。正統中大舉入寇。至土木。明師大潰。英宗被虜。也先將謀逆。會大雷雨震死也先所乘馬。乃止。遂擁帝北行。景泰末送上皇歸。後逐殺脫脫不花。自立爲可汗。恃強日益驕。荒於酒色。爲阿剌知院所攻殺。

也先不花 【元】蒙古怯烈氏。裕宗封燕王。世祖命爲之傅。成宗時累遷湖廣行省平章。爲政不怒而威。不察而明。大事集議。衆論不齊。徐決一言。切中事理。咸出人意表。拜上柱國・榮祿大夫。卒諡文貞。

也先忽都 【元】太平子。名均。字公秉。少好學。有俊才。累遷翰林侍讀學士。搠思監再相。徇皇太子旨。搆成大獄。也先忽都杖死。有詩集。

也罕的斤 【元】匣剌魯人。爲千戶。數有戰功。至元中宋兵入成都。也罕的斤以兵四百人。與之相拒四日。宋兵退。追擊於眉州。大破之。累官四川行省樞密副使。

也速 【元】蒙古人。倜儻有能名。以戰功。累官中書右丞相。分省山東。明兵取山東。也速與部將哈剌章等禦於莫州。衆潰敗。乃盡掠莫州北遁。

也速拔都兒 【元】阿速人。從憲宗征蜀。至重慶。戰數有功。嘗出獵遇虎。馬搏虎。虎張吻欲噬之。以手探虎口。抉其舌。拔佩刀刺殺之。帝壯其勇。別立阿速一軍。使領其衆。從下沿江諸城。宋洪安撫旣降。復叛。誘其入城宴。乘醉殺之。

也速答兒 【元】紐璘子。勇智類其父。常以三千人至三龜九頂山。相地形勢。敗宋安撫昝萬壽兵。武宗時累功至雲南等處行中書省平章政事。加左丞相。還至成都卒。

也速該 【元】太祖父。世爲酋長。爲塔塔兒部人毒死。諡神元帝。廟號烈祖。

也速解兒 【元】康里人。常從丞相伯顏。經略襄樊。攻百丈山鶴子灘。功居最。江南平。進懷遠大將軍。領江淮戰艦數百艘。東征日本。全軍而還。大德中卒。

也蒲甘卜 【元】唐兀氏。率衆歸太祖。隸蒙古軍。從木華黎出征。以疾卒。

于・大本 【元】密州人。字德中。由教諭累官信州總管。賊犯信州。大本被執。僞王釋之。畀印一紐欲官之。大本投印於地。大罵遂遇害。

于・大節 【明】任丘人。字守正。天順進士。擢御史。巡湖廣。因京城地震。上言八事。忤中官。左遷鶴慶府推官。俗不知學。親自教授。以山東按察使卒官。

于・子仁 【明】武岡人。字伯安。洪武進士。授庶吉士。改知昌樂縣。驅虎患。有惠政。遷知登州府。以事被逮。登人詣闕訟冤。弟子禮以匠役至京養母。願以身代。太祖嘉其孝友。特免子仁。令復職。子禮偕之任。

于・什門 【後魏】代人。名簡。明元時爲謁者。使諭馮跋。聲氣甚厲。被拘留。衣裳敗壞。跋遺以衣裳。拒而不受。歷二十四年。馮弘上表稱臣。乃送什門歸。拜治書侍御史。太武下詔褒美。比之蘇武。

于公 【漢】東海郯人。爲縣獄吏郡決曹。決獄平。東海有孝婦。爲太守冤殺。公爭之不得。辭疾去。孝婦死。東海旱三年。後太守至。因公言致祭立雨。公閭門壞。父老方共治之。公謂曰。少高大。令容駟馬車蓋。我治獄多陰德。子孫必有興者。後其子定國爲丞相。孫永爲御史大夫。皆封侯。

于・公異 【唐】蘇州人。舉進士擢第。李晟表爲掌書記。嘗草平朱泚露布。德宗見而歎之。公異故與陸贄有隙。及贄當政。奏其不孝狀。詔賜孝經。

罷歸田里。由是不振而卒。

于・天麒 〔清〕金壇人。字千英。有石齋集。

于・天寶 〔南朝宋〕其先胡人。官步兵校尉。預弑前廢帝子業。元徽中封鄂縣子。阮佃夫欲廢帝而立安成王準。天寶預其謀。尋發其謀於帝。以爲清河太守右軍將軍。昇明初齊王以其反覆。賜死。

于・孔兼 〔明〕金壇人。字元時。萬曆進士。官禮部儀制郎中。三王並封詔下。孔兼與員外郎陳泰來合疏爭之。未報。孔兼又諫。事竟寢。亡何考功郎中趙南星坐京察削籍。孔兼疏救。帝積前恨。謫安吉判官。遂投牒歸。家居二十年。杜門讀書。矩矱整肅。鄉人稱之。

于・仕廉 〔明〕孔兼再從弟。字元貞。萬曆進士。累官南京戶部侍郎。有清望。官登萊副使時。耩萊州城。其後三十餘年。余九成等攻萊州七月。城堅得不破。有職掌錄。

于・可託 〔清〕文登人。順治進士。授江西撫州府推官。行取工科給事中。屢疏言事。康熙間官至戶部左侍郎。以罷軟革職。

于・永 〔漢〕定國子。少嗜酒。多過失。年且三十。乃折節修行。以父任爲侍中中郎將。長水校尉。後嗣父爵。官至御史大夫。尙館陶公主。成帝方欲相之。會卒。

于・玉立 〔明〕金壇人。字中甫。萬曆進士。官刑部員外郎。疏陳時政闕失。語極剴切。尋進郎中。時有言醫人沈令譽爲妖書者。辭連玉立。帝方下吏部按問。玉立遽疏辨。帝怒。褫其官。玉立倜儻好事。與東林通聲氣。攻東林者謂玉立遙制朝權。以是詬病東林。家居久之。數被推薦。後以光祿少卿召。終不出。

于・石 〔元〕蘭谿人。字介翁。號紫巖。晚更號兩谿。貌古氣剛。自負甚高。年三十而宋亡。隱居不出。一意於詩。有紫巖集。（按萬姓統譜作丘石誤。此從浙江通志更正。）

于・立 〔元〕南康人。字彥成。號虛白子。博學通古今。善談笑。以詩酒放浪江湖間。有會稽外史集。

于・仲文 〔隋〕顗弟。字次武。少聰敏。及長。氣調英拔。仕周歷河南道行軍總管。討尉遲迥。禽其將席毗羅。河南悉平。入隋拜行軍元帥。統十二總管擊胡。可汗見其軍容整肅。不戰而退。及還。文帝令勘錄省中事。所發擿甚多。帝嘉其明斷。煬帝時遷左翊衞大將軍。參掌文武選事。後以討高麗無功。繫獄憂恚卒。著漢書刊繁。略覽。

于・休烈 〔唐〕志寧曾孫。機鑒融敏。善文章。開元初第進士。累官集賢殿學士。肅宗時爲太常少卿。兼修國史。時史籍燔缺。休烈請州縣有得者。許上送官。一書進官一資。一篇絹十匹。又自獻五代論。帝嘉之。轉工部侍郎。仍修史。代宗時進工部尙書。封東海郡公。性恭儉仁愛。樂賢下士。推轂甚衆。卒諡元。

于・光 〔明〕部昌人。初事徐壽輝。後降明。積功爲鷹揚衞指揮使。從徐達擒張士誠。下山東。取汴梁。克陝洛。移守鞏州。王保保襲蘭州。光帥兵往援。猝遇敵。戰敗被執。使呼蘭州降。光大呼曰。公等堅守。大軍至矣。遂遇害。

于・吉 〔三國吳〕琅琊人。先寓居東方。往來吳會。立精舍燒香讀道書。能以符水治病。吳會人多事之。孫策謂其妖妄。殺吉。縣首於市。迷信者尙謂其尸解焉。

于・向 〔唐〕臨桂人。字仁忠。咸通中從高駢討安南有功。授本州團練使。黃巢入桂林。溪峒蠻響應。向出兵禦之。巢退走。又敗蠻於都狼山。孤軍深入。向被創卒。巢遂陷桂管。

于・守禮 〔明〕萊陽人。字仲儀。博聞強識。明練典故。洪武初舉明經儒士。授山西道監察御史。指陳時政。帝多採納。後遷陝西按察僉事。多惠政。卒官。民遮道泣送者萬餘。

于・志寧 〔唐〕宣道子。字仲謐。太宗引爲文學館學士。貞觀中爲太子右庶子。母喪起復舊職。時太子承乾數有過惡。志寧上疏切諫。太子怒。使刺客二人潛往殺之。二人見志寧獨處寢苫塊。竟不忍殺。後封燕國公。監修國史。高宗時拜太子太師。同中書門下三品。以華州刺史致仕。前後以預撰格式律令五經義疏。及修禮修史等功。賞賜不可勝計。卒諡定。

于・成龍 〔清〕山西永寧人。字北溟。順治間副貢。知羅城縣。招流亡。修學校。在任七年。民甚德之。後遷黃州同知。土賊何大榮反。成龍率鄉勇數千平之。成龍貌如學究。而用兵如神。善治盜。所至以清廉著。時稱天下清官第一。官至兩江總督。卒諡清端。⊙〔清〕漢軍鑲紅旗人。字振甲。以廕生授樂亭知縣。康熙時官至河道總督。自盛家道口至清河。棄中河下段。改鑿六十里。名曰新中河。又於沂河兩岸築隄一萬八千一百八十丈。卒諡襄勤。

于・材 〔明〕湖南寧遠人。字國用。成化進士。由翰林檢討陞編修。學問該博。以文名世。早卒。

于・季友 〔唐〕太和中。爲明州刺史。於州城西南四十里。築仲夏堰。溉田至數千頃。

于・定國 〔漢〕于公子。字曼倩。少學法於父。父死。亦爲獄吏。宣帝時洊擢爲廷尉。爲人謙恭。重經術。其決疑平法。務在哀鰥寡。加審愼之心。當時稱之曰。張釋之爲廷尉。天下無冤民。于定國爲廷尉。民自以不冤。後爲丞相。封西平侯。永光初以災異乞休。卒諡安。

于·宗瑛 [清]漢軍鑲紅旗人。成龍孫。字英玉。號紫亭。乾隆進士。官至江南道監察御史。善畫山水。工詩文。有來鶴堂集。

于·忠 [後魏]烈子。字思賢。本字千年。弱冠拜侍御中散。以朴直稱。孝文賜名登。宣武改名爲忠。以平元禧功。封魏郡開國公。累遷侍中領將軍。宣武崩。迎立明帝。遂秉朝政。權傾一時。嘗矯詔殺尚書郭祚·裴植。朝野切齒。靈太后臨朝。出爲冀州刺史。後除尚書右僕射。卒諡敬武。

于·玠 [元]萊陽人。字君玉。初爲萊州長史。吏莫能欺。以子貴。贈朝列大夫。河南郡伯。

于·邵 [唐]萬年人。字相門。天寶末進士。補崇文館校書郎。出爲巴道二州刺史。平獠民之亂。後以諫議大夫知制誥。朝廷大典册必出其手。德宗時爲太子賓客。貶江州別駕卒。

于·勁 [後魏]字鍾葵。有武略。以功績位沃野鎭將。拜征虜將軍。宣武納其女爲后。封太原郡公。後拜征北將軍定州刺史。卒諡恭莊。

于·奕正 [明]宛平人。字司直。崇禎諸生。有帝京景物略·天下金石志。

于·宣敏 [隋]義子。字仲達。少沈密有才思。年十一。詣周趙王招。命之賦詩。坐客莫不嗟賞。起家右侍上士。隋文帝踐祚。拜奉車都尉。奉使撫慰巴蜀。常以盛滿每懷靜退。因著述志賦以自見。未幾。卒於官。

于·宣道 [隋]義子。字元明。性謙密。仕周。位小承御上士。文帝踐祚。拜車騎將軍。進位上儀同卒。

于·洛拔 [後魏]栗磾子。少拜侍御中散。有姿容。善應對。後襲爵出爲營州刺史。以治有能名。進號安東將軍。又爲外都大官。隴西王景文等恃險竊命。洛拔討平之。轉拜侍中殿中尚書。遷尚書令。在朝祗肅。百寮憚之。太安中卒。

于·洛侯 [後魏]代人。爲秦州刺史。貪酷殘忍。嘗生拔蹕人舌。磔其手足。始斬其首。百姓一時反叛。孝文詔使者於刑人處宣告兵民。斬以謝。

于·恕 [宋]字忠甫。張九成之甥。與弟憲俱從九成游。六舉禮部不第。隱居以終。嘗纂九成答問之語爲橫浦心傳錄。

于·時躍 [清]奉天廣寧人。隸正白旗漢軍。順治間由合肥令累擢陝西按察使。聽斷如神。無留獄。民稱之曰于不落店。官至廣西巡撫。時桂林初復。李定國尙盤踞南太六郡。時躍籌兵畫餉。漸以削平。加右都御史。

于·栗磾 [後魏]代人。武藝過人。好持黑矟。能左右馳射。登國中拜冠軍將軍。嘗開井陘關路。襲慕容寶於中山。道武稱爲騾彭。後假新安公。爲河內鎭將。劉裕伐姚泓。遺栗磾書。假道西上。題曰黑矟公麾下。明元因授黑矟將軍。累遷外都大官。平刑折獄。甚有聲稱。卒贈太尉。栗磾自少總戎。迄於白首。臨事善斷。謙虛下士。其卒也。太武甚悼惜之。

于·溥 [宋]大觀中爲江陰丞。盡心水利。嘗於黃田蔡涇等處置上下閘。抉淤去壅。板築甚堅。居民無兇歲憂。省漕之卒過半。又西導中利二港。注之晉陵武進。旁邑賴之。

于·海 [明]洪武中柳州衛指揮僉事。守大同峽。洞蠻聚衆攻刦。海率兵奮勇長驅殺賊。潰散搜勦殆盡。一方遂安。

于·烈 [後魏]洛拔子。善射少言。有不可犯之色。少拜羽林中郎。累遷光祿卿。太和中大選百僚。烈子登引例求進。烈表請黜落。孝文嘉其有識。拜登爲太子翊軍校尉。又加烈散騎常侍。及穆泰陸叡謀反舊京。代人舊族同惡者多。唯烈一宗無所染豫。帝益重之。以爲節概不謝金日磾。詔除領軍將軍。宣武即位。以宰輔咸陽王禧等專擅。與烈潛謀廢之。自是長置禁中。參預機密。禧謀反。烈追執之。卒贈太尉。追封鉅鹿郡公。

于·祐 [唐]僖宗時爲學士。於御溝得一紅葉。上有詩。祐亦題一葉。置溝上流。宮女韓夫人得之。後帝放宮女。祐娶韓成禮。各於笥中取紅葉相示。乃曰。可謝媒矣。韓氏有方知紅葉是良媒句。參看韓夫人條。

于·冕 [明]謙子。字景瞻。蔭授副千戶。坐戍龍門。屢上書訟父冤。謙冤既雪。改兵部員外郎。居官有幹局。累遷至應天府尹。致仕卒。

于·敏中 [清]金壇人。字叔子。一字重棠。乾隆進士。授修撰。歷官文華殿大學士·文淵閣領閣事。資性過人。才識勤練。久直樞近。益熟習掌故。平定金川。時軍書旁午。廷諭多出其手。卒諡文襄。有臨清紀略。

于·敖 [唐]休烈孫。字蹈中。擢進士。累遷給事中。爲李逢吉所厚。三遷至戶部侍郎。出爲宣歙觀察使卒。敖修謹。家世用文學進。初爲時所稱。及居官。不忤物以自容。聲名遂減。

于·博 [明]石州人。生二歲而孤。母居村舍。博在城受書。俺答抵城下。博號泣求母。母已被執。博取石擊賊。賊就剖其心。母得遁去。

于·寔 [北周]謹子。字賓實。少和厚。以軍功封萬年縣子。尋除渭州刺史。羌東念姐率部落反。寔往破之。又討平蒲川賊郝三郎。襲爵燕國公。歷加上柱國。拜大左輔。隋開皇初卒。諡安。

于提 後魏代人。孝文時使高車。高車王阿伏至羅責其拜。提拒之。脅之降。又不從。積三歲得還。孝文嘉之。拜提隴西太守。爵五等男。

于景 後魏忠弟。字百年。自司州從事。累遷武衛將軍。謀廢元乂。乂黜爲懷荒鎮將。蠕蠕主阿那瓌叛。鎮人請糧。景不給。鎮人遂縛景及其妻殺之。

于欽 元益都人。字思容。由助教累官兵部侍郎。奉命山東。周覽山川。考水經地紀。歷代沿革。著齊乘六卷。

于琮 唐敖子。字禮用。以門資爲吏。宣宗時擢進士第。授左拾遺。尚廣德公主。僖宗時累官尚書右僕射。黃巢陷京師。欲起爲相。不屈被害。主亦自縊室中。

于琳 清平湖人。字貞瑕。性好綜覽。齊歲薦不赴。通六壬數及地理醫術。善行楷。妙繪事。晚年習禪理。有周易義參。

于嗣登 清安州人。字岱仙。少以孝聞。登順治進士。授御史。累官刑部侍郎。讞獄多所平反。時人稱爲今之于公。

于慎行 明東阿人。字可遠。更字無垢。隆慶進士。萬曆初歷修撰。充日講官。張居正奪情。偕同官具疏諫。居正怒之。以疾歸。居正卒。起故官。累遷禮部尚書。慎行明習典制。諸大禮多所裁定。累疏請早建東宮。帝怒。嚴旨詰責。遂乞休。家居十餘年。廷推閣臣。詔加太子少保。兼東閣大學士。入參職務。以疾歸。卒諡文定。慎行學有原委。貫穿百家。神宗時詞館中以慎行及馮琦文學爲一時冠。有穀城山館詩文集。

于慎思 明慎行弟。字無妄。號航隱。有麗眉生集。

于敬 明錢塘人。洪武中領鄉薦。歷任監察御史春坊中允。累陞江西布政使。才能著稱。士林重之。

于準 清山西永寧人。成龍孫。字萊公。康熙間由廕生知臨清州。累擢貴州巡撫。請立義學。將土司子弟送學肄業。並令土司子弟得與考試。皆議行。後調江蘇巡撫。坐事奪職。有正修錄。齊治錄。

于禁 三國魏鉅平人。字文則。初從鮑信。王朗薦之武帝。召拜軍司馬。前後征戰有功。武帝稱爲名將。封益壽亭侯。累遷左將軍。假節鉞。禁持軍嚴整。得財物無所私。曹仁討關羽於樊。武帝遣禁助仁。兵敗遂降。會孫權擒羽獲其衆。復在吳。文帝踐祚。權遣禁還。帝使詣鄴謁高陵。而豫於陵瓦畫禁降羽之狀。禁見。慚恚發病卒。諡厲。

于義 隋謹子。字慈恭。少謹嚴有操尚。篤志好學。周閔帝時。爲安武太守。郡人有爭財相訟者。義曰。太守恩薄不德所致。於是以家財分與之。訟者恥愧。移貫他州。封建平郡公。隋文帝討王謙。以義爲行軍總管。尋拜潼州總管。以疾免卒。諡剛。

于鈺 清敏中孫。字素田。號小孟。善畫蝶。能詩工書。不慕榮利。惟以筆墨自娛。

于源 清秀水人。字辛伯。貢生。有鐙窗瑣語。一粟廬詩稿。

于頎 唐河南人。字休明。初爲京兆士曹參軍。累遷京兆尹。性機譎。爲政煩碎。元載昵厚之。載得罪。出爲鄭州刺史。徙河南尹。盧杞以其柔佞。薦爲諫議大夫。三遷工部尚書。被劾致仕卒。

于蒨 明金壇人。字季鑾。諸生。工山水。善行楷。晚年通禪學。齊歲薦不赴。教授生徒以終。

于頔 唐河南人。字允元。廕補千牛。歷湖蘇二州刺史。爲政有績。貞元中拜山南東道節度使。吳少誠叛。頔率兵戰吳房朗山取之。於是請升襄州爲大都督。憪然有專漢南意。德宗晚務姑息。頔所奏無不允。累遷尚書左僕射。封燕國公。初襄有髹器。擅以兵取鄧州。天子未始誰何。天下以爲法。至頔驕蹇。故方帥不法者。號襄樣節度。憲宗立。頔懼入朝。拜司空。同中書門下平章事。以罪貶恩王傅。後以太子賓客致仕。卒諡厲。更賜諡思。

于寬 明陝西咸寧人。字克弘。成化舉人。在太學。友人任艮病故。艮妻攜二女治喪。寬爲贖還。告諸友合貲以助其喪。嘗知鞏縣。築隄障水。積穀救荒。除強悍。決疑獄。以賢能稱。

于德辰 後周元城人。字進明。幼敏悟。篤志好學。及射策文場。數上不調。後唐明宗鎮邢州。德辰往謁。明宗見而器之。因得假官於屬邑。後歷仕晉漢周。官至工部尚書。

于敷 北齊少失母。年十歲。求母遺物。惟得一畫扇。緘之篋。每感思。輒開篋涕泣。好讀書。能屬文。

于濬 明鄢陵人。字彥昭。少倜儻有志操。洪武中釋褐太學。爲監察御史。歷知隆德。昌樂二縣。能以清介勤政得吏民心。官至應天府尹。

于蔭霖 清伯都訥人。字次棠。咸豐進士。官山西知府。清剛勤果。不畏強禦。累擢湖北巡撫。劾貪酷吏三十餘人。貪吏始有戒心。移河南。

因事罷。

于震孫 【宋】犍爲人。以詞賦第一。調隆州錄事參軍。知廣都。人習其教令。一境大治。歷官朝奉大夫。

于興宗 【唐】志寧猶子。白有司願爲親民官以自效。遂補東陽令。及蒞官。以簡易爲治。

于懋 【明】萊陽人。字文勉。幼穎敏。第天順進士。累官河南右參議。多善政。有中貴欲發臨漳古墓取珍藏。懋惕以律令而止。巡按戴中疏薦清直。遷左參政。督理糧稅。豪強屏跡。以耿介忤時。左遷廣西參議。

于謙 【明】錢塘人。字廷益。永樂進士。宣德初授御史。以才遷兵部右侍郎。巡撫河南山西。前後在任十九年。有惠政。正統末召爲兵部左侍郎。也先入寇。英宗北狩。郕王監國。侍講徐理言當南遷。謙力折之。守議遂定。時謙已遷本部尚書。爲中外倚任。景帝遂敕謙提督軍馬。也先逼京師。謙身自督戰卻之。論功加少保。總督軍務。也先見中國無釁。遂遣使議和歸上皇。謙性忠孝。不避嫌怨。時徐理已改名有貞。以議遷都故。嘗切齒謙。石亨畏謙不得逞。尤銜謙。英宗復位。亨等誣謙迎立襄王子。遂棄市。弘治初贈太傅。諡肅愍。萬曆中改諡忠肅。有于忠肅集。

于豪 【宋】壽光人。字彭年。博學能文。喜言兵。慶曆中元昊寇邊。北人乘釁聚兵求關南地。丞相呂夷簡召豪計之。豪曰。宜治西北行宮若親征者以懾其謀。乃以大名府爲北都。二虜果靖。時仁宗春秋高。皇嗣未立。登州岠嵎山數震。豪上疏宜早定儲位以安天下。逮英宗入繼。乃由齊邸。人服其先識。

于翼 【北周】謹子。字文若。美風儀。有識度。累官左宮伯。孝閔踐祚。出爲渭州刺史。翼兄寔先蒞此州。頗有惠政。翼又推誠布信。事存寬簡。夷夏感悅。比之大小馮君。天和初遷司會中大夫。武帝以翼有人倫之鑒。皇太子及諸王等相傅以下。並委翼選置。時稱得人。歷大司徒。除幽州總管。翼素有威武。兼明斥堠。突厥不敢犯塞。隋開皇中卒。諡穆。

于謹 【北周】洛陽人。字思敬。小名巨彌。性深沈有識略。好孫子兵書。或有勸之仕者。曰。州郡之職。昔人所鄙。台鼎之位。須待時來。魏正光中廣陽王元深引爲長流參軍。宇文泰赴平涼。謹曰。關中秦漢舊都。古稱天府。今若據其要害。招集英雄。足觀時變。因進都關中策。泰大悅。歷遷大丞相府長史。拜司空。進封燕國公。遷太傅。保定中以爲三老。卒諡文。謹有智謀。善於事上。名位雖重。愈存謙抑。在功臣中特見委信。

于鵠 【唐】大曆貞元間詩人。隱居漢陽。嘗爲諸府從事。

于璽 【隋】仲文從弟。字伯符。少有器幹。仕周至右勳曹中大夫。文帝受禪。加上大將軍。歷汴郡二州刺史。並有恩惠。後遷江陵總管。州人數千詣闕請留。帝嘉歎。令回郡州。父老相賀。尋歷洛熊二州刺史。亦有惠政。卒諡靜。

于顗 【隋】寔子。字元武。身長八尺。美鬚眉。以父勳賜爵新野郡公。隋文帝以爲吳州總督。頻敗陳師。襲爵燕國公。拜澤州刺史免官。旋卒。

兀朮 【金】見完顏宗弼條。

兀良合台 【元】速不台子。平雲南。加大元帥。嘗轉鬬千里。未嘗敗北。

兀都帶 【元】安童子。器度宏達。父沒。凡賻贈之物。一無所受。以素車樸馬歸葬。事母以孝聞。成宗卽位。官大司徒。常侍掖庭。贊畫大政。卒諡忠簡。

兀魯台 【元】脣乃台子。攻樊城有功。授武節將軍。卒於建安軍中。

兀顏畏可 【金】猛安人。官安化軍節度使。土賊據九仙山爲巢穴。畏可擁衆不擊。賊愈熾。東平行省蒙古綱劾奏畏可不任將帥。朝廷不問。改鎮西軍。權經略副使。歷全安武勝軍。興定中改泰定軍。兗州破。死之。

兀顏訛出虎 【金】猛安人。大定進士。累官武寧軍節度使。坐奏軍功不實。降沂州防禦使。遷汾陽軍節度使。兼經略使。興定中城破死之。

口兒吉 【元】阿速氏。世祖時以百戶從元帥阿朮伐宋有功。成宗時命宣撫湖廣等處。訪求民瘼。至大初命充左衛阿速親軍都指揮使。

土土哈 【元】欽察國主亦納思曾孫。父卒。襲職。備宿衛。屢立戰功。累官上柱國。世祖嘗召見。慰諭之曰。昔太祖與其臣同患難者。飲班朮河之水以記功。今日之事。何愧昔人。卿其勉之。卒諡武毅。

土國寶 【清】明末太湖盜。清初歸降。洪承疇薦授蘇州巡撫。性殘暴。嘗因抗糧案株連生員數百。後交通鄭氏。爲總督麻勒吉所劾。欲逃不得。與其婦同縊死。

士尹池 【春秋】【楚】使於宋而歸。楚適興兵欲攻宋。士尹池諫王曰。宋不可攻也。其主賢。其相仁。攻之無功。爲天下笑。乃釋宋伐鄭。

士匄 【春秋】【晉】燮子。晉楚遇於鄢陵。楚晨壓晉軍而陣。軍吏患之。匄趨進曰。塞井夷竈。陳於軍中而疏行首。何患焉。後爲卿。卒諡宣子。

士成綺 【春秋】聞老子爲聖人。不辭遠道而見之。老子教以道之根本。惟至人能守其本也。

士明善 【明】清河人。字復初。永

樂舉人。幼敏篤好學。至忘寢食。嘗牧牛野外。且行且讀。既成誦。掩卷置樹上。向樹長揖。默誦以自課。往往忘其牛。或逸去蹊人之田。田主將毆之。多以其挾策而止。及長娶妻李氏。因誤失火。焚其廬。母怒出其婦。躬自養親。遂以孝聞。後遘疾沈痼。其弟走千里往視。晝夜不離側。數月。明善疾愈。弟憂勞成疾卒。明善哀慟不置。亦卒。鄉人兩賢之。

士建中　【宋】鄆州人。字熙道。孫復講學。建中同時而起。爲復與石介所推重。所著述皆醇儒之言。其後以進士授評事。或云終校書郎。

士孫張　【漢】平陵人。字仲方。爲博士。至揚州牧。受易五鹿充宗。由是梁丘有士孫之學。

士孫瑞　【後漢】扶風人。字君榮。有才謀。獻帝初爲執金吾。王允引爲僕射。謀誅董卓。瑞以允自專討卓之勞。歸功不侯。得免李傕之難。後爲國三老光祿大夫。與平中從駕東歸。爲亂兵所殺。

士孫奮　【後漢】扶風人。字景卿。少爲郡五官掾。居富而性吝。大將軍梁冀因以馬乘遺之。從貸錢五千萬。奮以三千萬與之。冀大怒。乃告郡縣。認奮母爲守藏婢。云盜白珠十斛。紫金千斤以叛。收考奮兄弟。死獄中。悉沒貲財億七千餘萬。

士壹　【三國吳】燮弟。黃琬甚器重之。董卓作亂。壹亡歸。交州刺史朱符爲夷賊所殺。州郡擾亂。燮表壹領合浦太守。其兄弟並爲列郡。雄長一州。孫權時數貢馬。權輒爲書厚加寵賜。以答慰之。

士會　【春秋晉】大夫。食采於隨。稱隨會。亦稱隨季。後更受范。稱范武子。能賤而有恥。柔而不犯。以事奔秦。秦用其謀。晉人患之。使魏壽餘誘而歸。歸晉執政。晉國之盜。逃奔於秦。光輔五君。以爲盟主。

士慶　【春秋楚】大夫。初共王蒞政。荒於聲色。將二年未出令。士慶諫曰。隱有大鳥。來止南山之陽。三年不蜚不鳴何也。王曰。不蜚以長羽翼。不鳴以觀羣臣之慝。士慶曰。所願聞已。王悅。授之相。中庶子跪而泣曰。臣尙衣冠三十年矣。王賜士慶而不賜臣何也。王曰。子與寡人言。內不及國。外不及諸侯。可富不可貴也。於是出其寶玉而賜之曰。忠信者士之行。言語者士之器也。

士蔿　【春秋晉】大夫。晉桓莊之族偪。獻公患之。士蔿曰。去富子。則羣公子可謀也已。公曰。爾試其事。士蔿與羣公子謀。譖富子而去之。

士徽　【三國吳】燮子。燮死後。遣陳時代爲交阯太守。徽發宗兵以拒。自署交阯太守。旋被誅。

士燮　【春秋晉】會子。爲大夫。景公時從伐齊。勝而歸。會曰。無爲吾望爾也乎。燮曰。師有功。國人喜以逆之。是代師受名也。故不敢。會曰。吾知免矣。卒謚文子。亦稱范文子。⊙【三國吳】廣信人。字威彥。少游學京師。治左氏春秋。察孝廉。歷遷交阯太守。獻帝時道路斷絕而燮不廢貢職。詔拜安遠將軍。封龍度亭侯。建安中孫權遣步騭爲交州刺史。加燮左將軍。復遷衛將軍。封龍編侯。燮體器寬厚。謙虛下士。中國士人往依避難者以百數。在郡四十餘年卒。

士亹　【春秋楚】大夫。莊王使亹傅太子箴。辭曰。臣不才。無能益焉。王曰。賴子之善善之也。對曰。夫善在太子。太子欲善。善人將至。若不欲善。則不善人將至。故堯有丹朱。舜有商均。啓有五觀。湯有太甲。文王有管蔡。是五王者。皆元德也。而有姦子。夫豈不欲其善。不能故也。王卒使傅之。

大公鼎　【遼】渤海人。幼莊愿。長而好學。登咸雍進士。爲良鄉令。省徭役。務農桑。建孔子廟學。部民服化。天祚中拜中京留守。時盜賊充斥。有遇公鼎於路者。叩馬乞自新。乃給以符約。俾還業。聞者接踵至。不旬日。境內清肅。

大心子成　【戰國楚】懷王時爲黃邑大夫。

大戊午　【戰國趙】肅侯游大陵。出於鹿門。午扣馬曰。耕事方急。一日不作。百日不食。肅侯下車謝。

大同　【明】僧。上虞王氏子。字一雲。號別峯。持律甚嚴。主持紹興寶林寺。傳徒甚廣。明太祖設無遮大會。被召放歸。性至孝。洪武初卒。有天柱稿．寶林類編。

大圭　【元】僧。晉江人。姓廖氏。字恒白。至正中居泉州紫雲寺。有夢觀集。

大有　【明】永川人。洪武中知遠安縣。修理廢墜。撫民有方。

大汕　【淸】僧。住廣東長壽寺。康熙中越國王阮福週聘往說法。越歲而歸。有海外紀事。

大武藝　【唐】祚榮子。開元間襲渤海郡王。大斥土宇。東北諸夷畏服之。私改年曰仁安。會黑水靺鞨入朝於唐。武藝疑有所謀。遣弟門藝發兵擊黑水。門藝諫。不從。復欲殺之。遂奔唐。武藝尋遣使朝貢。請殺門藝。玄宗依違答之。武藝恨不已。密遣使入東都行刺。未死。而武藝旋卒。其國私謚武王。

大臭　【金】遼陽人。本名撻不野。自遼歸金。從侵宋屢有功。拜太傅領三省事。封漢國王。及卒。海陵親臨哭之。賻贈甚厚。

大・明　唐鄞人。自號日華子。精於醫。深察藥性。辨極其微。集諸家本草。近世所用藥。分其門類。詳其性質。別其功用。凡二十卷。

大香　明僧。字晻嚱。故吳之詩人。姓吳名鼎芳。字凝父。年未三十。生四子。一旦祝髮於雲棲。行脚十年。孤子無侶。有雲外集・經律集錄。

大・祚榮　唐渤海酋長。本粟末靺鞨附高麗者。高麗既滅。祚榮引殘痍遁去。武后時命李楷固討之。爲祚榮所敗。祚榮遂率衆東保桂婁故地。自立爲震國王。中宗立。遣張行岌招慰之。祚榮遣子入侍。册拜爲渤海郡王。開元間卒。其國私諡高王。

大・康乂　遼渤海人。開泰間累官南府宰相。出知黃龍府。善於撫綏。東部懷服。

大款　上古顓帝師。見路史。

大章　夏禹之臣。禹使大章步自東極。至於西垂。二億三萬三千三百里七十一步。

大訢　元僧。南昌人。號笑隱。博通經典。旁及儒家道流之說。文宗時召赴闕。特賜三品文階。嘗編禪林清規。有四會語錄・蒲室集。

大野・樹兒　北周都督。爲原州民豆盧狼所害。

大善　明僧。號虛閒道人。有西溪百詠。

大然　清僧。有淸原志略。

大撓　上古黃帝史官。始作甲子。

大磐　金大臭子。本名蒲速越。累官登州刺史。襲猛安。從伐宋有功。召爲符寶郎。遷拱衛直都指揮使。磐以賞薄怨望。坐杖責解職。

大橋　三國吳皖人。橋公長女。孫策攻皖拔之。得橋公二女。皆國色。策自納大橋。周瑜納小橋。策嘗戲瑜曰。橋公二女雖流離。得吾二人作壻。亦足爲歡。

大・興國　金事熙宗爲寢殿小底。權近侍局直長。最見親信。後以事杖責。海陵謀弒。因李老僧結興國。夜開門矯詔納海陵。因弒熙宗。海陵既立。授絳陽武寧節度使。賜名邦基。海陵敗。磔死。

大壑　明僧。字元津。居杭州淨慈寺。有淨慈寺志。

大檀　後魏蠕蠕國主。社崘從弟。初居西界。國人立之。爲牟汗紇升蓋可汗。始光神䴥間。屢入寇。太武帝親討之。不利。後從崔浩計。大舉襲其庭。至栗水。大檀西奔。高車復邀擊之。部落降散。因發疾死。

大・懷眞　金遼陽人。字子正。官彰國安武軍節度使。以仁恕明察稱。

大臨　上古高陽氏才子。爲八愷之一。舜舉之使主后土。以揆百事。

大鴻　上古黃帝臣。卽鬼臾區。又作鬼容區。鬼容區兵法三篇。漢藝文志著錄。蓋後人依託爲之。大鴻死葬雍。因號其地曰鴻冢。

大顚　唐僧。姓楊氏。初居羅浮山。後歸潮陽靈山。韓愈言其聰明識道理。能外形骸。以理自勝。因與往來。造其廬。留衣服爲別。

女方　商賢人。見女鳩條。

女里　遼補積慶宮人。字涅烈袞。應曆初爲習馬不底。以母憂去。後累官太尉。性貪猥。保寧末賜死。

女叔・寬　春秋晉魏舒家臣。一名女寬。魏舒以獄將受賂。閻沒・女寬侍。當食三嘆。魏子問之。乃托辭以諷曰。或賜二小人酒。不夕食。饋之始至。恐其不足。是以歎。中置。自告曰。豈將軍食之而有不足。是以再歎。及饋之畢。願以小人之腹。爲君子之心。屬厭而已。魏舒悟。

女叔・齊　春秋晉大夫。一名女齊。又名司馬侯。魯昭公如晉。晉侯謂女叔齊曰。魯侯不亦善於禮乎。對曰。魯侯焉知禮。曰。自郊勞至於贈賄。禮無違者。何故不知。曰。是儀也。不可謂禮。禮所以守其國。行其政令。無失其民者也。禮之本末。於是乎在。而屑屑焉習儀以亟。於禮不亦遠乎。君子謂叔侯於是乎知禮。

女歧　夏澆之嫂。與澆淫佚。爲之縫裳。於是共舍而宿止。無夫而生九子。

女英　有虞氏唐堯次女。或作女瑩。亦作女匽。與娥皇同降於舜。舜爲天子。女英爲妃。後與娥皇俱死於江湘之間。俗謂之湘君・湘夫人。

女奚烈・守愚　金眞定人。字仲晦。性至孝。治家有法。明昌中進士。爲臨沂令。蝗起莒密間。獨不入臨沂境。母喪。勺飲不入口三日。終喪未嘗至內寢。貞祐中除保大軍節度使。改翰林學士。

女奚烈・資祿　金咸平人。本姓張氏。與定初官西寧州刺史。賜姓女奚烈。累遷金安軍節度使。將兵救鄜州。城破被執。不屈死。

女奚烈・斡出　金仕爲楨州刺史。與元兵戰。中流矢。花帽軍張提控脅使出降。不屈。張提控殺之。脅其妻子出降。

女媧氏　上古帝。伏羲同母女弟。嘗鍊五色石以補天。斷鼇足以立四極。殺黑龍以濟冀州。積蘆灰以止淫水。

女鳩　商賢人。伊尹去湯適夏。既醜有夏。復歸於亳。入自北門。遇女鳩女房。作女鳩女房。（房一作方。）

女嬃　戰國楚屈原姊。楚詞有曰。女嬃之嬋媛兮。申申其詈余。

女蘿　清姓綦。名含。字女蘿。冒辟疆之侍姬。長齋繡佛。精通經典。善畫山水。年十九卒。

子之 【戰國】【燕】爲噲相。噲愚暗。子之專國。蘇代及鹿毛壽說噲讓國於子之。國大亂。將軍市被與太子平舉兵攻子之。不克。反攻太子平。市被死。構難數月。齊閔王伐燕。噲死。醢子之。燕人共立太子平。

子州．支父 【國】【唐】【氏】堯以天下讓許由。許由不受。又讓於支父。支父曰。以我爲天子。猶之可也。雖然。我適有幽憂之病。方且治之。未暇治天下也。舜又讓之。亦對曰。予適有幽憂之病。方且治之。未暇治天下也。

子車．奄息 【春秋】【秦】與仲行．鍼虎三人。皆秦之良。穆公卒。以三良殉葬。國人賦黃鳥之詩以哀之。

子夜 【晉】女子。嘗造曲。聲過哀苦。後因以其名名歌。太元中瑯琊王軻之家。有鬼歌子夜。殷允爲豫章時。豫章僑人庾僧度家。亦有鬼歌子夜。後人更爲四時行樂之歌。謂之子夜四時歌。又有大子夜歌。子夜警歌。子夜變歌。皆曲之變也。

子奇 【漢】齊人。年十六。齊君使治阿。既而悔。遣使追之。使者反曰。子奇所共載者皆白首也。阿必治。後魏起兵擊阿。邑人父率子兄率弟以戰。破之。

子服．回 【春秋】【魯】大夫。椒子。謚昭伯。昭公至自晉。昭伯語季平子曰。晉之公室。其將遂卑矣。君幼弱。六卿強而奢傲。將因是以習。習實爲常。能無卑乎。平子曰。爾幼。惡識國。

子服．何 【春秋】【魯】大夫。謚景伯。哀公會吳於鄫。吳來徵百牢。景伯對曰。先王未之有也。

子服．椒 【春秋】【魯】大夫。孟獻子孫。又名湫。謚惠伯。楚子成章華之臺。太宰薳啓疆來召昭公。公將往。夢襄公祖。梓愼曰。君不果行。襄公之適楚也。夢周公祖而行。今襄公實祖。君其不行。惠伯曰。行。先君未嘗適楚。故周公祖以道之。襄公適楚矣。而祖以道君。不行何之。

子家．羈 【春秋】【魯】大夫。公若．公爲謀去季氏。昭公以告臧孫。臧孫以難告郈孫。郈孫以可勸。告羈。羈曰。讒人以君徼幸。事若不克。君受其名。不可爲也。卒謚懿伯。

子桑．戶 【春秋】與孟子反．子琴張三人相與友。曰。孰能相與於無相與。相爲於無相爲。孰能登天遊霧。撓挑無極。相忘以生。無所終窮。三人相視而笑。莫逆於心。

子發母 【春秋】【楚】將軍子發之母。子發攻秦絕糧。使人請於王。母問使者曰。士卒得無恙乎。對曰。士卒幷分菽粒而食之。又問將軍。對曰。將軍朝夕芻豢黍粱。子發破秦歸。其母閉門不內。使人數之。子發謝。然後內之。

子溫 【宋】僧。華亭人。字仲言。號日觀。又號知非子。善草書。喜畫蒲萄。其枝葉皆草書法。世號溫蒲萄。時貴贄金求之不可得。性嗜酒。好短衣。佯狂於市。宋季止杭之瑪瑙寺。

子鉏商 【春秋】【魯】家臣。哀公西狩於大野。叔孫氏之車士子鉏商獲麟。以爲不祥。以賜虞人。仲尼觀之。曰麟也。然後取之。

子賢 【元】僧。天台人。字一愚。幼聰悟絕人。住天台山寺。禪定之外。肆志作詩。有一愚集。

子嬰 【秦】始皇太子扶蘇之子。趙高殺二世。立子嬰。去帝號。稱王。在位四十六日。沛公兵至灞上。子嬰素車白馬以降。後爲項籍所殺。

小靑 【淸】初爲杭人馮生姬。亦姓馮。諱同姓。故以字稱。能詩。善音律。爲大婦所不容。置之孤山別業。菜戚諷以別嫁。不從。憂鬱而死。年僅十八。今西湖孤山有小靑墓。

小紅 【宋】范成大之靑衣。有色藝。成大請老。姜夔詣之。製暗香疏影兩曲。成大使小紅肄習之。音節清婉。成大卽以小紅贈之。夔歸吳興。自琢新詞韻最嬌。小紅低唱我吹簫。夔詩卽詠此事也。

小雲石海涯 【元】阿里海涯孫。以父名爲貫氏。見貫雲石條。

小雲石脫忽憐 【元】畏吾人。仕其國。爲吾魯愛兀赤。太祖時與其父來歸。從征回回國。還事睿宗於潛邸。以爲本路斷事官。

小橋 【三國】【吳】大橋女弟。周瑜之妻。詳見大橋條。

小蠻 【唐】白居易之家妓。善舞。居易詩有楊柳小蠻腰之句。

尸．佼 【戰國】秦相商鞅之客。鞅相秦。謀事畫計。立法理民。未嘗不與佼規。鞅被刑。佼恐幷誅。乃亡逃入蜀。著尸子二十篇。凡六萬餘言。今已十佚其八九。

山止 【淸】僧。康熙時住持西湖之韜光庵。有韜光菴紀遊集。

山．冰 【漢】黃門令。與太傅陳蕃同坐黨錮。

山．行章 【前蜀】一名章。自言晉山濤之後裔。唐末官眉州刺史。營城周遭八里有奇。名曰臥牛城。後降王建。授都押牙。出鎭黎州。坐與諸蠻交通。乃斬以徇。

山．祁 【春秋】【晉】大夫。黨於丕鄭。爲郤芮所殺。

山．靑 【明】徐州人。通古今。知大義。沈毅有勇略。從太祖起兵。以功授燕山左衞百戶。永樂初以靖難功擢都督僉事。

山．偉 【後魏】洛陽人。其先居代。字仲才。幼涉獵文史。孝明初爲侍御史。入臺五日。便劾奏其妻從叔。孝莊朝爲給事黃門侍郎。領著作。節閔帝立。除祕書監。冒守護國史功。訴求爵賞。又附爾朱世隆。遂封東阿縣伯。進侍中。孝靜初除衞大將軍中書令監起居。復領著作。卒諡文貞。偉愛尙文史。老而彌篤。不自營產。亡後賣宅營葬。士友愍之。

山康　〔唐〕僧。縉雲周氏子。十五學佛。遊諸方。貞元中至睦州。乞食得錢。誘小兒誦阿彌陀佛。衆見佛從康口中出。尋示寂。宋賜號廣道大師。

山・雲　〔明〕靑子。初襲官金吾左衞指揮使。永樂中數從駕出塞。先登却敵。宣德中佩征蠻將軍印。充總兵官。鎭廣西。在鎭先後大戰十餘。斬獲甚衆。猺獞屛跡。居民安堵。累進右都督同知。卒諡忠毅。雲沈毅多智略。用兵如神。廉正自持。淡然若儒素。與士卒共甘苦。故每戰皆捷。

山・遐　〔晉〕簡子。字彥林。爲餘姚令。時法禁寬弛。豪族多挾藏戶口。以爲私附。遐繩以峻法。蒞縣八旬。出口萬餘。坐輒造縣舍免官。後爲東陽太守。爲政嚴猛。郡境肅然。

山・圖　〔漢〕隴西人。少好乘馬。馬蹋之。折脚。遇山中道人。教令服藥。服之一歲而不嗜食。病愈身輕。復隨道人遍遊名山採藥。踰六十年。一旦歸家。持母喪期年復去。莫知所之。

山・遵　〔漢〕王莽封爲褒謀子。奉皐陶後。

山・濤　〔晉〕懷人。字巨源。少有器量。介然不羣。性好莊老。每隱身自晦。與稽康・呂安善。後遇阮籍爲竹林之遊。武帝受禪。命守大鴻臚。後爲吏部尙書。所甄拔人物。各爲題目。時稱山公啓事。濤中立於朝。晚値后黨專權。多有諷諫。帝知而不能改。嘗論用兵之本。以爲不宜去州郡武備。帝稱爲天下名言。累官至右僕射。加侍中。卒諡康。濤居榮貴。貞愼儉約。祿賜俸秩。散之親故。王戎嘗目濤爲璞玉渾金。人莫知其器云。

山・謙之　〔南朝宋〕撰有吳興統紀十卷。分吳會丹陽三都三卷。

山・簡　〔晉〕濤幼子。字季倫。性溫雅有父風。濤初不知其才。簡歎曰。吾年幾三十。而不爲家公所知。初爲太子舍人。永嘉中累遷至尙書左僕射。領吏部。疏請廣得才之路。尋出爲征南將軍。鎭襄陽。每遊習家園池。置酒池上。輒醉。名之曰高陽池。時有兒童歌以嘲之。洛陽陷後。簡遷於夏口。招納流亡。江漢歸附。卒於鎭。

工尹・路　〔春秋楚〕楚靈王狩于州來。次于乾谿。路請曰。君王命剝圭以爲鏚柲。敢請命。靈王入視之。

工師・喜　〔漢〕以舍人從破秦。以郎中入漢。以將軍定諸侯。守雒陽。封平侯。卒諡悼。

干・文傳　〔元〕平江人。字壽道。號止齋。少嗜學。十歲能屬文。延祐進士。同知昌國州。累陞婺源知州。徙吳江。所至有善政。至正中預脩宋史。書成擢集賢待制。以禮部尙書致仕。文傳氣貌充偉。識度凝遠。爲文務雅正。尤長政事。有仁里漫稿。

干・桂　〔明〕順天人。字德芳。正德進士。歷官都御史。爲政嚴明。所在豪強斂迹。

干・特　〔清〕星子人。字逵士。號存庵。康熙恩貢生。卒年七十六。服膺陸九淵之學。著志道編。

干將　〔春秋吳〕善作劍。其妻莫邪。斷髮翦爪。投於爐中。金鐵乃濡。遂成二劍。陽曰干將。陰曰莫邪。

干・鳳　〔明〕新淦人。字文瑞。弘治間任高淳教諭。制祭器。設禮容。朔旦會諸生講習。威儀甚整。聞母喪。徒步歸。

干・寶　〔晉〕新蔡人。字令升。少勤學。博覽書記。以才器聞。召爲著作郎。領國史。以家貧。求補山陰令。歷位散騎常侍。寶著晉紀。直而能婉。咸稱良史。性好陰陽術數。撰搜神記。以示劉惔。惔曰。卿可謂鬼之董狐。又嘗爲春秋左氏義外傳。注周易周官數十篇。

干・纓　〔明〕和州人。字應麐。性孝友。肆力羣書。正統間居父母喪。哀毀盡禮。廬墓三年。鄉里稱干孝子。

干・顯思　〔宋〕新淦人。六歲失怙。踰年知求父像。時拜且哭。家貧。事母能盡養。母卒。水漿不入口者數日。

弋・恂　〔明〕江陰人。永樂中知鳳縣。公勤舉職。吏民信服。

弋・諫　〔明〕金齒衞人。弘治中以太僕丞出爲湖廣僉事。以廉幹稱。

弋・謙　〔明〕代州人。永樂進士。授監察御史。坐事免歸。仁宗卽位。召爲大理少卿。以言事太激觸帝怒。已而嘉其淸直。擢副都御史。往四川治採木。中官貪橫。罷其役。宣德初出爲交趾右布政。王通棄交趾。謙論死。釋爲民。景泰初卒。

弓工妻　〔春秋晉〕平公使其夫爲弓。三年乃成。平公引弓而射。不穿一札。公怒。將殺之。其妻請見。爲王言射之道。平公以其言而射。穿七札。夫立得出。賜金三鎰。

弓里・戍　〔後漢〕騎都尉。建武中平定北州。歷訪英俊。薦溫序爲侍御史。

弓蚝　〔前秦〕爲張平養子。遂冒張姓。後降苻堅。爲虎賁中郞將。積功至侍中。封上黨郡公。稱萬人敵。

才・寬　〔明〕遷安人。字汝栗。成化進士。闊達不羈。遇事裁決無滯。正德中官兵部左侍郞。總制陝西三邊軍務。寇入花馬池。寬出擊。中流矢卒。諡襄愍。

四畫

不二頭陀 【明】僧。姓任。少爲永昌郡吏。素好道。棄家雲遊。至應天府。人感其神異。捐萬金修德普寺居之。常見其髮有五色。後坐化。

不忽木 【元】其先爲康里部大人。一名時用。字用臣。父燕眞。侍世祖藩邸。從征有功。未及大用而卒。不忽木資稟英特。受學於許衡。衡以爲有公輔器。累官刑部尙書。以剛正稱。桑哥忌之。以疾免。帝復用爲知制誥。兼修國史。桑哥誅。拜平章政事。帝大漸。與伯顏等受遺詔定大策。元貞中拜昭文館大學士平章軍國事。卒諡文貞。

不空三藏 【唐】高僧。印度錫蘭人。梵名阿目佉跋折羅。不空其灌頂號也。師事金剛智。開元時隨入中國。金剛智死。仍還印度。歷遊諸國。求諸經論五百餘部。天寶中再入唐。加號智藏國師。居京兆大興善寺。譯密嚴仁王等經七十七部。自玄宗迄代宗。皆爲灌頂國師。數顯靈異。大曆中入寂。贈司空。諡大辨廣正智三藏。

不窋 【夏】后稷棄之子。周之先世。世爲夏后稷。太康時不窋失官。竄於戎狄之間。今甘肅慶陽縣東南有不窋故城。史記索隱·路史均謂非棄子。

不·準 【晉】汲郡人。發魏襄王冢。得竹簡小傳古書十餘萬言。藏於秘府。

丑·千 【南齊】滎陽人。高帝受禪之年。千於嵩山東見天雨石。石開有玉璽。文曰皇帝運興。

丑閭 【元】蒙古人。字時中。元統初進士。知安陸府。至正中蘄賊犯安陸。城陷。被執大罵。賊怒。以刀斫之。脅斷而死。妻侯氏亦自經死。

中行說 【漢】燕人。文帝時宦者。使送公主妻匈奴。說不肯行。強之。因降單于。復事其子軍臣單于。日夜教單于候伺利害。爲漢患。

中·期 【戰國秦】辨士。秦王與中期爭論不勝。秦王大怒。中期徐行而去。或爲中期說秦王曰。悍人也。中期適遇明君故也。向者遇桀紂。必殺之矣。秦王因不罪。

丹元子 【隋】隱者。不知其名氏。著有步天歌七卷。(按唐王希明纂漢晉志釋步天歌。唐書遂以丹元子爲希明之自號。實誤兩人爲一人也。見通志天文略。)

丹巴 【元】西番托果斯塔瑪人。幼從西天竺果達木實哩。傳習梵秘。得其法要。懷孟大旱。世祖命禱之立雨。又呪食投龍湫。頃之。奇花異果。湧出波面。大德中卒。

丹丘子 【唐】姓元。慕神仙之術。李白詩集有西岳雲臺歌送丹丘子。及元丹丘歌。

丹朱 【陶唐氏】堯子。不肖。惟慢遊是好。堯曰。終不以天下之病而利一人。卒禪位於舜。

丹陽公主 【唐】高祖女。下嫁薛萬徹。萬徹蠢甚。主羞不與同席者數月。太宗爲置酒。悉召它壻與萬徹從容語。握槊賭所佩刀。陽不勝。遂解賜之。主喜。命同載以歸。

云·敞 【漢】平陵人。字幼孺。師事同縣吳章。章治尙書爲博士。王莽秉政。子宇與章謀。夜以血塗莽第門。若鬼神之戒。冀以懼莽。事覺。章坐腰斬。弟子千餘皆錮禁不得仕。敞時爲大司徒掾。自劾吳章弟子。收章屍葬之。官至中郎諫大夫。

亓·才 【明】萊蕪人。字茂育。父邦官。値邑大役。逮於官。才甫十餘歲。詣庭訟之。父得釋。由是顯名。鄉舉不第。家居孝養以終。

亓·之偉 【明】才子。字坦之。號超凡。天啓進士。兩宰劇縣。以強直聞。行取戶曹。擢河間知府。權豪大璫。悉裁以法。後遷陽和兵備。李自成渡河。脅降不從。遂遇害。

亓·斗南 【明】萊蕪人。幼孤。母呂氏撫以成立。家若懸磬。而事母所需。無不畢備。歷六十年如一日。

亓·詩教 【明】萊蕪人。萬曆末由推官入爲給事中。與趙興邦·官應震·吳亮嗣並稱爲亓趙官吳。貪污險賊。盤據言路。熹宗立。引疾去。馮銓用事。詩教以中旨累官河南巡撫。被劾罷。後入逆案。贖徒爲民。

五·梁 【蜀漢】南安人。字德山。以儒學節操稱。從議郎遷諫議大夫五官中郎將。

五鹿·充宗 【漢】官少府。石顯用事。結充宗等爲黨友。善爲梁丘易。元帝令與諸易家講難。充宗乘貴行辨。諸儒莫能抗。惟朱雲折之。時語曰。五鹿嶽嶽。朱雲折其角。顯罷免。充宗左遷玄菟太守。

井·丹 【後漢】郿人。字大春。少受業太學。通五經。善談論。京師爲之語曰。五經紛綸井大春。性清高。未嘗修刺候人。建武末五王皆好賓客。更迭請丹不能致。自是隱閉。不關人事。以壽終。

井·田 【明】邢臺人。字九疇。永樂間任戶兵刑三科給事中。爲大理評事。識達大體。所在以賢稱。

井·源 【明】田子。字永清。尙嘉興大長公主。爲駙馬都尉。雖富貴。未嘗驕人。正統中卒於土木。

亢·良玉 【明】臨汾人。爲府學生。事父母至孝。母卒。廬於墓側。朝夕哀號。正德中旌其門。

亢·樹滋 【清】吳縣人。字鐵卿。有市隱書屋文集。

什翼犍 【後魏】詳魏昭成帝條。

仁和 【清】滿洲鑲黃旗人。姓鈕祜祿氏。乾隆間襲一等子。從平金川。授甘肅提督。撤拉爾回亂。圍蘭州。仁和擊退敵衆。解蘭州圍有功。嗣因事奪職。發新疆。尋爲英吉沙爾領隊大臣。

仇士良 〔唐〕興寧人。字匡美。順宗時侍東宮。元和太和間任內外五坊使。暴甚寇盜。文宗爲所制。鬱鬱不樂。遂至大漸。武宗朝累進觀軍容使。兼統左右軍。尋乞罷。以疾卒。嘗殺二王一妃四宰相。貪酷二十餘年。亦有術自將。故恩禮不衰云。

仇台 〔後漢〕百濟國王。篤於仁信。始立其國於帶方故地。以百家濟海。因號百濟。遼東太守公孫度以女妻之。漸昌盛。爲東夷強國。

仇巨川 〔清〕順德人。字少滄。一字匯洲。號竹與。有勒竹齋集。

仇兆鰲 〔清〕鄞人。字滄柱。有盛名。康熙進士。累官吏部右侍郎。引疾歸。兆鰲少從黃宗羲游。講求性命之學。恬淡自安。有四書說約．杜詩詳註。

仇廷模 〔清〕寧波人。字季亭。康熙舉人。官知縣。有古今韻表新編。

仇成 〔明〕含山人。初從軍。充萬戶。屢遷至秦淮翼副元帥。從太祖克安慶。以成爲橫海指揮同知守其地。成撫集軍民。守禦嚴密。累功封安慶侯。已討平容美諸峒。復從征雲南。功多。予世券。卒諡莊襄。

仇牧 〔春秋宋〕閔公時大夫。宋萬弑公。牧趨至。遇於門。手劍而叱之。爲萬所害。

仇俊卿 〔明〕海鹽人。博學好古。萬曆間官國子監博士。有海塘錄．海鹽志。

仇洛齊 〔後魏〕中山人。本姓侯氏。爲外家仇氏養子。生而非男。太武帝時爲給事黃門侍郎。以從平涼州功。累拜內都大官。卒諡康。

仇相 〔明〕淄川人。字君佐。以貢生授饒陽令。性嚴毅。一毫無所取。秩滿。民詣闕乞留。旣調崞縣。雲中之變。崞實當其衝。相儲餉峙芻蕘。卒爲重鎭。踰年致仕歸。

仇英 〔明〕太倉人。移居吳郡。字實父。號十洲。善臨摹宋元名筆。畫人物鳥獸山水樓觀旗輦車容之類。秀雅鮮麗。尤工士女。神采生動。爲明時工筆之傑。

仇時濟 〔明〕長治人。爲宿州吏目。五世同居。闔門百餘口。歡然無間。嘗與弟時茂作仇氏家範。以爲世守。復與鄉人舉行藍田呂氏鄉約云。

仇桂芳 〔明〕養蒙子。字月賓。事母至孝。母病革。嘗糞知不可救。一痛幾絕。仕爲淆川令。

仇殷 〔後梁〕開平中仕至欽天監。明於彖緯曆數。精密無比。太祖數問以兵事。言皆驗。然畏慎特甚。不敢顯言。卽言。語音不可盡曉。屢貽責罰。後卒於官。

仇悆 〔宋〕益都人。字泰然。大觀進士。授邠州司法。所至有惠政。南遷知廬州。募兵復壽春。張浚視師。悆爲畫策不用。以忠義勉牛皋。皋奮勇。所向披靡。寇遂自潰。累官陝西都轉運使。秦檜以爲異己。落職。後積官至左朝議大夫。爵益都縣伯。

仇博 〔宋〕新安人。字彥文。質敏博學。善屬文。父著知梓州。嘗建至樂堂。博年十三作記。蘇軾見而奇之。撫其背曰。後生可畏。後應舉不第。慨然泛舟泝采石。謁李白祠。與之對飲。誄之以文。

仇景 〔漢〕南道人。以游俠名。

仇廉 〔明〕陝西人。以寧夏指揮使充副總兵。時蒙古也先以萬騎攻城。經旬不解。廉以忠義結人心。并力死守。賊遂引去。後卒於軍。

仇敬 〔明〕曲沃人。字中立。少與郝修己同棲紫金山。篤學礪行。洪武初舉鄉試第一。登進士。授綏德知州。遷鞏昌知府。有治績。以憂歸卒。

仇鉞 〔明〕鎭原人。字廷威。初以傭卒給事寧夏總兵府。大見信愛。會都指揮僉事仇理卒。無嗣。令鉞襲其世職。爲寧夏前衞指揮同知。正德中安化王寘鐇反。鉞以計破滅之。充寧夏總兵官。又平河南盜。論功進世侯。卒諡武襄。

仇遠 〔元〕錢塘人。字仁近。一字仁父。居餘杭溪山之仇山。自號曰山村民。宋末與白珽齊名。稱仇白。元初爲溧陽州儒學教授。工詩文。有金淵集．山村遺集。

仇璋 〔隋〕王通門人。北面受王佐之道。備聞六經之義。

仇養蒙 〔明〕富平人。萬曆間遇歲歉。以粟奉親。與妻饜糟糠。母病。躬侍湯藥。衣不解帶。父病足癰。輒吮膿血。親沒。廬墓六年。葷酒不茹。年八十。猶詣親墓灑泣如孺子。

仇應婁 〔明〕魚臺人。歲貢。積學不遇。性骨鯁。遇事敢言。後爲賊所害。

仇鎭 〔明〕汾西人。永樂舉人。正統間知膠州。仁恕恭儉。化民以德。陞贛州知府。去之日。民立祠祀之。

仇覽 〔後漢〕考城人。一名香。字季智。延熹中爲蒲亭長。務德化。尋入太學。同郡符融．郭林宗謁之。因留宿。林宗嗟歎。下牀爲拜。學畢歸鄉里。妻子有過。輒免冠自責。妻子庭謝。候覽冠。乃敢升堂。家人莫見喜怒聲色之異。後徵方正。遇疾卒。三子皆有文史才。少子玄。最知名。

仇儼 〔後趙〕洛齊養子。柔和敦敏。有長者風。太和中虎牢鎭將。卒諡靜。

仇·鸞　明鉞孫。嗣侯爵。世宗時出鎭大同。俺答寇邊。鸞爲避戰計。通俺答義子脫脫。約毋犯大同。且許通市。俺答轉犯京師。鸞入援。遇寇而潰。冒功加太子太保。總督京營戎政。尋俺答款關請市。鸞與嚴嵩深相結。遂開馬市於大同宣府。邊卒蠢撤。大遭寇侮。因罷官。恚恨而死。

仉·經　明高苑人。洪武間任高苑縣簿。累陞河南道御史。永樂初以言事謫常山知縣。有惠稱。卒官。

介子推　春秋晉亦稱介之推。之者語助。推其名也。從晉文公出亡十九年。及還。賞諸從亡者。介推不言祿。祿亦弗及。遂與其母隱於綿山。公求之不得。謂焚其山宜出。及焚山。竟不出而焚死。公哀之。以綿上爲之田。名曰介山。後人寒食之俗。或以爲由哀介推而起云。◉春秋年十五相荆。孔子聞之。使人往視。還曰。廊下有二十五俊士。堂上有二十五老人。孔子曰。合二十五人之智。智於湯武。并二十五人之力。力於彭祖。以治天下。其固免矣乎。

介·象　三國吳會稽人。字元則。通五經百家之言。陰修道法。能隱形變化。屢試神仙幻術。往往奇中。吳主徵至武昌。甚尊敬之。稱爲介君。詔令立宅。

介葛盧　春秋時國君。僖公二十九年來朝於魯。能通牛語。（按介。東夷國也。葛盧。介君名。）

允若　元僧。紹興人。字季蘅。號浮休。又號若耶。泰定間居雲門。多吟咏。爲雲門三高之一。至正間遷上竺。其山有泉久涸。允若持錫叩禱。泉復出。名曰再來泉。值世亂。爲賊所害。平生風度簡遠。不妄言笑。趙孟頫稱爲僧中御史。有內外集。

允常　春秋越無餘二十餘世孫。拓土始大。稱越王。與吳王闔廬戰而相怨伐。

允祥　清聖祖二十二子。世宗時封怡親王。領戶部。奏減蘇松賦四十五萬兩。嘉湖南昌賦十七萬兩。濬畿甸河渠。闢荒地數千里。屢承詔決大獄。多所寬釋。卒謚賢。

允堪　宋高僧。錢塘人。辨博精通。撰律宗十二部經解經傳并法門贊序等文。慶曆中賜號眞悟大師。

允禧　清聖祖二十一子。封愼郡王。卒謚靖。善書畫。自署春浮居士。有花間堂詩鈔·紫瓊巖詩鈔·據經樓詩選。

允禮　清聖祖十七子。雍正初封多羅果郡王。晉封親王。管戶部事。乾隆間卒。謚毅。有春和堂集·靜遠齋集·奉使紀行詩集。嘗屬方望溪爲輯古文約選。

元·叉　後魏繼長子。字伯儁。小字夜叉。靈太后臨朝。以叉妹夫。除通直散騎侍郎。叉妻馮翊郡君。拜女侍中。叉以此意勢日盛。恃寵驕盈。清河王懌裁之以法。叉乃誣懌大逆殺之。後有人告叉謀反。賜死。（按後魏孝文帝太和二十年改姓元氏。凡後魏宗室。在太和二十年前者。均入拓跋氏。在太和二十年後者。均入元氏。附識於此。）

元·子思　後魏子華弟。字衆念。性剛暴。恒以忠烈自許。元天穆當朝權。以親從薦爲御史中尉。元顥之敗。封安定縣子。孝靜時位侍中而死。

元·子孝　後魏欽子。字季業。好酒愛士。性寬慈。置學館於私第。以敎羣從子弟。終尙書令柱國大將軍。

元·子華　後魏萇子。字伏榮。孝莊初除齊州刺史。先是州境數經反逆。人不自保。子華撫集有方。境內帖然。齊人樹碑頌德。孝靜初除南兗州刺史。弟子思通使關西。朝廷使郭瓊收之。與子思俱死於門下省。

元仁宗　元武宗弟。名愛育黎拔力八達。成宗殂。帝偕太后奔喪。從右相哈剌哈孫之謀。殺阿忽台。迎立武宗。自爲太子。尋嗣立。性慈孝。通達儒術。妙悟釋典。其爲治一遵世祖成憲。在位九年崩。廟號仁宗。紀元二。皇慶·延祐。

元·仁惠　唐洛陽人。祖雄。後魏封武陵王。幼岐嶷有器局。大業中隱處山林。與高祖有舊。武德初爲左千牛。擢河源縣令。克己爲政。蠻貊化其忠信。終涼州刺史。

元太宗　元太祖第三子。名窩闊台。屢從太祖平定四方。有戰功。太祖卒。以宋紹定二年卽位。用耶律楚材爲相。承父志約宋滅金。都和林。降遼及高麗。以拔都爲元帥。侵入歐洲。蹂躪俄羅斯。進軍波蘭·匈牙利。會帝崩。還軍。在位十三年。廟號太宗。帝爲人忠恕。量時度力。舉無過事。華夏富庶。時稱治平。

元太祖　元開國之帝。姓奇渥溫氏。名鐵木眞。世爲蒙古部長。屬於遼金。父也速該沒時。鐵木眞年甫十三。部族多叛。及長。有雄略。用兵如神。平蔑里乞·韃靼·乃蠻·克烈諸部。以宋開禧二年。卽帝位於斡難河。號成吉思汗。以木華黎爲將。經略中原。平西遼及花剌子模。滅西夏。版圖跨歐亞二洲。武功極盛。攻金道卒。在位二十二年。廟號太祖。

元·太興　後魏拓跋子推子。襲拜長安鎭都大將。以黷貨削官爵。尋除祕書監。復前爵。爲夏州刺史。後爲沙門。更名僧懿。居嵩山。

元·天穆　後魏拓跋孤六世孫。性和厚。美形貌。善射有能名。六鎭之亂。尙書令李崇·廣陽王深北討。天穆奉使慰勞諸軍。路出秀容。爾朱榮見其法令齊整。深相結託。天穆遂爲榮腹心。累封上黨王。遷太宰。孝莊帝以其榮黨。外示寵敬。內甚惡之。與榮同時見殺。後諡武昭。

元文宗　〔元〕明宗弟。名圖帖穆爾。英宗時出居海南。泰定帝立。召至京。封懷王。出居建康。遷江陵。泰定帝殂。燕帖木兒等立之於上都。帝迎立明宗。將至京。暴崩。帝復立。以燕帖木兒及伯顏爲相。前後在位四年崩。廟號文宗。紀元二。天曆・至順。

元・文都　〔隋〕洛陽人。性鯁直。明辨有器幹。累官太府卿。甚有時譽。煬帝幸江都。以文都爲東都留守。及帝崩。文都等推越王侗爲帝。後爲王世充所殺。

元・文遙　〔北齊〕洛陽人。字德遠。解起家員外散騎常侍。時天下方亂。解官隱於林慮山。武定中徵爲大將軍府功曹。歷事文襄以下四主。明達世務。後主時以與謀逐和士開。出爲西兗州刺史卒。

元・丕　〔後魏〕拓跋謂曾孫。賜爵興平子。累遷侍中。丞相乙渾謀反。丕以奏聞。渾誅。議封東陽公。孝文時封東陽王。子超畢兵。丕應連坐。以先許不死之詔。免死爲太原百姓。景平中年八十二卒。諡平。

元・世祖　〔元〕睿宗第四子。名忽必烈。宋景定初。卽位於開平。定都燕京。改國號曰元。至元十六年滅宋。一統中國。又東征日本。南征緬甸・安南・占城・瓜哇等國。領土包有亞洲及歐洲東部。疆域之廣。前古未有。帝度量弘廣。知人善任。信用儒術。立經陳紀。規模宏遠。在位三十五年崩。廟號世祖。年號中統・至元。

元・世儁　〔後魏〕嵩子。襲高平縣侯。歷官征東將軍青州刺史。爾朱兆寇京師。詔世儁以本官爲都督。防守河橋。及兆至。世儁出迎。時論非之。孝靜初歷遷尚書令。以輕薄好去就。詔送晉陽。卒諡躁戾。

元・世遵　〔後魏〕拓跋熙孫。襲爵。宣武帝時任幽州刺史。性淸和。推誠化導。百姓樂之。孝明帝立。調荊州。頗行貨賄。散費邊儲。後除定州刺史。百姓安之。卒諡康。

元・弘嗣　〔隋〕洛陽人。歷觀州幽州總管長史。專以嚴峻任事。煬帝有取遼東之意。命往東萊海口監造船。楊玄感作亂。或告弘嗣謀應玄感。執送行在。除名。徙日南。道死。

元・正　〔唐〕萬頃孫。修名節。擢明經。授監門衞兵曹參軍。肅宗時河南節度崔光遠表置幕府。史思明陷河洛。與父匿山中。爲賊所得。誘以高位。瞋目固拒。遇害。

元・仲景　〔後魏〕太興子。性嚴峭。莊帝時兼御史中尉。京師肅然。每向臺。恒駕赤牛。時人號赤牛中尉。太昌初爲河南尹。奉法無私。豪貴寒心。出帝將西行。授仲景中軍大都督。留京師。高歡將至洛陽。仲景遂棄妻子而遁。

元・匡　〔後魏〕景穆帝孫。字建扶。性耿介有氣節。文成器之。改名匡。宣武卽位。累遷度支尚書。與尚書令高肇不平。造棺置聽事。欲輿棺詣闕。論肇罪惡。自殺切諫。降光祿大夫。孝明立。爲御史中尉。嚴於彈糾。每有奏請。任城王澄時致執奪。匡剛隘。內復不平。坐削爵除官。後爲關右都督。還京卒。諡文貞。

元后　〔漢〕元帝后。王莽之姑。名政君。平帝時后臨朝。委政於莽。莽篡位。使安陽侯舜請傳國璽。后怒罵之曰。而屬不顧恩義。狗豬不食其餘。天下豈有而兄弟耶。我漢家老寡婦。旦暮且死。欲與此璽俱葬。終不可得。已而聞舜語切。乃出璽投諸地曰。我老已死。知而兄弟今滅族也。莽因命后曰新室文母。年八十四崩。

元・好問　〔金〕德明子。字裕之。號遺山。七歲能詩。中興定進士第。仕至行尚書省左司員外郞。金亡不仕。詩文爲一代宗工。晚年尤以著作自任。有遺山集・中州集・續夷堅志・唐詩鼓吹及籤註。

元・汎　〔後魏〕字普安。父天賜封汝陰王。汎自元士稍遷營州刺史。性貪殘。人不堪命。相率逐之。汎走平州。後除光祿大夫宗正卿。於河陰遇害。

元・羽　〔後魏〕獻文帝五子。字叔翻。太和中封廣陵王。爲外都大官。有斷獄之稱。孝文遷洛。羽留守代京。內外肅然。宣武卽位。遷司州牧。私於員外郞馮俊興妻。夜爲俊興所擊。積日祕匿。卒於府。諡惠。

元・行沖　〔唐〕洛陽人。名澹。以字行。博學。尤通訓故。擢進士第。累遷通事舍人。以系出拓跋。撰魏典三十篇。事詳文約。學者尙之。開元中爲弘文館學士。玄宗自注孝經。詔行沖爲疏立於學宮。卒諡獻。

元・行欽　〔後唐〕幽州人。初爲劉守光裨將。敗降爲明宗養子。莊宗以其驍勇。賜姓名曰李紹榮。寵冠諸將。明宗反。莊宗爲伶人郭從謙所害。行欽出奔至平陸。被執。送京師。見明宗不屈。斬於洛陽市。

元・亨　〔隋〕洛陽人。字德良。一名孝才。魏恭帝時襲爵。封平涼王。入周降爲公。隋初爲衛州刺史。在職八年。風化大洽。卒諡宣。

元・劭　〔後魏〕勰嫡子。字子訥。襲封彭城王。少有氣節。善武藝。除平東將軍青州刺史。時齊州民劉均等扇動三齊。梁將蕭辨等豎擾邊陲。劭頗有防捍之效。弟孝莊即位。尊爲無上王。尋遇害河陰。追謚孝宣皇帝。

元·孚　【後魏】拓跋譚孫。字秀和。少有令譽。累遷尚書右丞。靈太后臨朝。宦者干政。孚乃總括古今名妃賢后。凡爲四卷奏之。拜冀州刺史。稱爲慈父。鄰州號曰神君。元顥平。封萬年鄉男。

元·孝友　【北齊】彧弟。襲封臨淮王。累遷滄州刺史。明於政理。甚著聲稱。善事權勢。爲正直者所譏。天保初降封臨淮縣公。拜光祿大夫。被詔入晉陽宮。出與元暉業同被害。

元·孝矩　【隋】洛陽人。西魏時拜南豐州刺史。文帝受禪。鎭洛陽。以其女爲皇太子妃。親禮彌厚。終涇州刺史。卒謚簡。

元·希聲　【唐】洛陽人。三歲便善草隸。勤有楷則。當時目爲神童。舉進士。累官吏部侍郎。景龍初卒。

元·延明　【後魏】猛子。襲爵安封王。博極羣書。兼有文藻。先爲徐州刺史。得人譽。及討元法僧。遷都督徐州刺史。招攜新故。人悉安業。孝莊時守河橋。元顥敗。奔梁。死於江南。出帝初謚文宣。所著詩賦讚頌銘誄三百餘篇。又譔五經宗略·詩禮別義注·帝王世紀·列仙傳。以河間信都芳工算圖。又集器準九篇別爲之注。

元·延祖　【唐】亨子。再調春陵丞。輒棄官去。曰人生衣食可適飢飽。不宜復有所須。每灌畦掇薪。以爲有生之役。過此吾不思也。安祿山反。召子結戒曰。而曹逢世多故。不得自安山林。勉樹名節。無近羞辱。卒。門人謚曰太先生。

元·志　【後魏】拓跋齊之孫。自少清辯強幹。歷覽書傳。頗有文才。爲洛陽令。不避彊禦。孝明時爲荆州刺史。威名爲荆楚所憚。調雍州刺史。晚年好聲伎。急聚斂。莫折念生反。詔志爲西征都督討之。爲賊所乘。被害。

元·忻之　【後魏】拓跋熙玄孫。粗武有氣力。以河渚起義之勳。賜爵東阿侯。出帝初除徐州刺史。便道之州。屬樊子鵠反。遂於中途遇害。謚文貞。

元成宗　【元】世祖孫。裕宗眞金第三子。名鐵穆耳。受皇太子號於北邊。世祖崩。還至上都卽位。尋還大都。以兄子海山鎭漠北。六年西南夷俱叛。討平之。七年遣使巡行天下。罷贓汙官吏萬八千四百七十三人。審冤獄五千一百七十六事。帝承大統。善守成。在位十三年崩。年四十二。廟號成宗。紀元二。元貞·大德。

元·坦　【北齊】禧子。魏孝莊帝時襲爵。歷司徒太尉太傅。以賣獄鬻官免。復爲冀州刺史。急聚斂。好畋漁。入爲太常。天保初進開府儀同三司。坐子世寶妄說圖讖。配北營州。死配所。

元奇　【清】僧。居溫州府北永嘉江中之江心寺。有江心志。

元·奉宗　【宋】字知禮。景德進士。知海門縣。地苦斥鹵。奉宗爲鑿池注甘泉。人甚利之。拜屯田員外郎。致仕歸。以富春多佳山水。遂居焉。

元·定　【北周】洛陽人。字願安。有勇略。從征伐。每戰必陷陣。未嘗自言其功。封長湖郡公。進位大將軍。天和中從衞公直攻陳郢州。定孤軍路絕。爲陳將徐度所執。送詣丹陽卒。

元定宗　【元】太宗長子。名庫裕克。卽帝位於昂吉蘇默託里。帝雖御極。朝政出於母六皇后。在位三年崩。年四十三。廟號定宗。時法度不一。內外離心。帝崩後。議所立未決。蓋三歲無君云。

元·忠　【後魏】景穆帝之後。孝明時位太常少卿。出帝汎舟天淵池。命宗室諸王陪宴。忠愚而無智。性好衣服。著紅羅襦。繡作領。碧紬袴。錦爲緣。帝謂曰。朝廷衣冠應有常式。何爲著百戲衣。忠曰。臣少來所愛。情存綺羅。歌衣舞服。是臣所願。帝曰。人之無良。乃至此乎。

元明宗　【元】武宗長子。名和世㻋。封周王。泰定帝崩。太子阿速吉八卽位於上都。懷王圖帖木爾入大都襲帝位。遣使迎其兄周王於漠北。懷王兵陷上都。太子不知所終。帝卽位於和寧之北。立懷王爲太子。太子入見。數日帝崩。年三十。在位一年。廟號明宗。年號天曆。

元·明善　【元】清河人。字復初。深於春秋。仁宗時累擢翰林直學士。詔節尚書經文。譯其關政要者以進。書成。每奏一篇。帝必稱善。官至翰林學士。卒謚文敏。明善早以文章自豪。出入秦漢間。晚益精詣。有文集。

元武宗　【元】順宗長子。名海山。總兵北邊。平海都。封懷寧王。成宗崩。右相哈剌哈孫迎帝。誅阿忽台阿難答。卽帝位。以母弟愛育黎拔力八達爲太子。欲創治改法。遂濫行封爵。稍變至元大德之政。在位四年崩。年三十一。廟號武宗。年號至大。

元·法僧　【梁】魏支屬。仕魏爲徐州刺史。鎭彭城。普通中魏室亂。法僧據鎭稱帝。圖匡復。魏亂定。將討之。法僧乃遣使歸款。大通中立爲東魏王。不行。累官侍中太尉領軍將軍卒。

元·法壽　【後魏】拓跋熙曾孫。累遷安州刺史。先令所親微服入境。觀察風俗。下車便大行賞罰。境內肅然。後遷光祿大夫。建義初於河陰遇害。

元·長樂　【後魏】文成帝二子。封安樂王。承明初出爲定州刺史。頓辱衣冠。多不奉法。百姓詣闕訟其過。孝文罰杖三十。貪暴彌甚。徵詣京師。後謀不軌。事發。賜死。謚厲。

元·晅 【春秋衞】大夫。成公出奔。晅奉叔武入守。晉人復之。晅出奔。公與晅訟。不勝。晉執公歸於京師。晅歸立公子瑕。已而王釋公。公使路周歂·冶廑殺晅。

元·恂 【後魏】孝文帝長子。字宣道。立爲太子。不好書學。體貌肥大。深忌河洛暑熱。每追憶北方。中庶子高道悅苦諫。恂甚銜之。孝文幸嵩岳。恂與左右欲輕騎奔代。手刃道悅於禁中。領軍元徽勒門防遏。孝文還。廢爲庶人。置之河陽。中尉李彪譖以謀逆。賜死。時年十五。

元·思敬 【唐】總章中爲協律郎。預修芳林要覽。又撰詩人秀句。

元·昭 【後魏】拓跋可悉陵弟子。爲殿中郎。孝文以其愚騃。昭遂停廢。宣武時稍遷左丞。靈太后臨朝。爲尙書河南尹。聾而佷戾。理務峭急。所在患之。出爲雍州刺史。貪虐大爲人害。後入爲尙書。諂事劉騰。進號征西將軍卒。

元·禹 【後魏】世遵弟。累官鎭遠將軍東海太守。帶峒峿戍主。頗好內學。每云晉地有福。孝昌末遂詣爾朱榮。與榮同入洛。除中軍將軍。封鄄城縣開國伯。爲幷州東面大都督。鎭樂平。榮死。土民王惡氍起義殺之。

元·胄 【隋】洛陽人。魏昭成帝六世孫。英果多武藝。美鬚眉。有不可犯之色。周時數從征伐。官至大將軍。周趙王謀害文帝。胄以身入衞得免。文帝受禪。封武陵郡公。突厥爲患。以胄有威名。拜靈州總管。坐與蜀王秀交通除名。煬帝時坐死。

元·英 【後魏】拓跋楨子。字虎兒。性識聰敏。博聞強記。便弓馬。解吹笛。微曉醫術。孝文時爲梁州刺史。帝南伐。爲梁漢別道都將。宣武時以戰功封中山王。率衆討梁。頻有斬獲。還朝除尙書僕射。卒諡獻武。

元英宗 【元】仁宗嫡子。名碩德八剌。仁宗崩。嗣立。剛明果斷。多刑戮。殺御史觀音保。遷武宗子圖帖木爾於瓊州。爲御史大夫鐵失所弒。年二十一。在位三年。廟號英宗。年號至治。

元·衍 【後魏】頤弟。字安樂。賜爵廣陵侯。性淸愼。所在廉潔。歷梁徐雍三州刺史。皆有稱績。卒諡康。

元·展成 【淸】靜海人。雍正初由歲貢知雲南阿迷州。累擢貴州巡撫。以黃平苗叛。奪職遣戍。乾隆間再起。官至甘肅巡撫。復奪職。

元·悅 【後魏】孝文帝六子。封汝南王。好讀佛經。覽書史。爲性不倫。俶儻難測。既信左道。斷酒肉粟稻。絕房中。更好男色。母兄淸河王懌爲元叉所害。悅了無讎恨。以桑落酒候伺之。盡其私佞。叉大喜。以爲侍中太尉。及爾朱榮舉兵向洛。遂南奔梁。梁立爲魏主。齊高歡既誅榮。謂悅宜承大業。乃令人示意。悅既至。淸狂如故。孝武初除大司馬開府。卒諡文宣。

元·或 【後魏】拓跋譚曾孫。字文若。封臨淮王。少有才學。時譽甚美。爾朱榮入洛。殺害元氏。或遂奔梁。武帝深相器待。孝莊踐祚。請還。武帝乃以禮遣。榮死。除或司徒公。防河陰。及爾朱兆率衆奄至。被獲。不屈。爲羣胡所毆卒。

元泰定帝 【元】顯宗甘麻剌長子。名也孫鐵木耳。初嗣爲晉王。鎭北邊。尋鐵失等弒英宗。遂迎立於龍居河。誅鐵失等。召圖帖睦爾於瓊州。帝在位但守成法以行。世稱治平。在位五年崩。年三十六。廟號泰定。紀元二。泰定·致和。

元浩 【唐】高僧。吳門秦氏子。字廣成。從荊溪湛然禪師學。默傳心要。罕爲人說。後始著涅槃經解述。元和中示疾。右脇累足。入於涅槃。時稱如來定。

元珪 【唐】高僧。伊闕李氏子。居嵩岳之龐塢。有山神來與珪辨論。受戒而去。一夕暴風雷雨。北山之松。盡移東嶺。蓋山神奉珪命而爲之云。開元中卒。

元·偉 【北周】洛陽人。字猷道。少好學有文雅。累遷少司寇。嘗報聘於齊。會武帝東討。偉遂爲齊人所執。後三年齊平。偉方見釋。武帝以其久被幽縶。加授上開府。靜帝時除襄州刺史卒。偉性溫柔好虛靜。謹愼小心。與物無忤。時人稱之。

元務光母 【隋】范陽人。姓盧氏。好讀書。造次以禮。仁壽末務光從綦良略地山東。良敗。慈州刺史上官政簿籍務光家。將逼之。不從。政怒。以燭燒其身。不屈死。

元崇 【唐】高僧。臨沂王氏子。幼而孤秀。立志夷簡。開元末從瓦官寺璿禪師諮受心要。至德初謝絕人事。歷游南北諸靈勝。於輞川別業遇王維·蕭昕。抗論彌日。鉤深索隱。維昕歎曰。佛法有人。不宜輕議矣。後居金陵鍾山二十年卒。

元康 【唐】高僧。先居山野。持誦觀音。貞觀中遊學京邑。感一異鹿。撫而馴伏。遂豢養之。常乘此鹿。以三論之文荷之於背。裝飾詭異。帝聞之。詔入安國寺講三論。遂造疏解中觀之理。別撰玄樞兩卷。後不知所終。

元·彬 【後魏】景穆帝孫。字豹兒。襲爵章武王。勇健有武用。爲朔州刺史。以貪惏削封。吐京胡反。彬討平之。除征虜將軍汾州刺史卒。

元·悰 【後魏】太興孫。字魏慶。襲封京兆王。累遷太尉青州刺史。卒諡文。徐寬和有度量。美容貌。風望儼然。性清儉。死之日。家無餘財。

元・斌 北齊魏獻文帝孫。字善集。仕至尚書左僕射。性寬和。居官重慎。爲文襄愛賞。從文宣討契丹。還至白狼河。以罪賜死。

元・朗 後魏順子。父爲鮮于康奴所害。朗時年十七。枕戈潛伏。積年乃手刃康奴。以首祭父墓。詣闕請罪。朝廷嘉之。朗涉歷書記。爲司徒屬。天平中爲奴所害。

元・淮 元臨川人。字國泉。號水鏡。至元初以軍功顯。官至溧陽路總管。有水鏡集。

元・淑 後魏字買仁。仕爲河東太守。俗多商賈。至有年三十不識耒耜。淑躬往教示。二年間家給人足。爲之謠云。秦州河東。杼軸代舂。元公至止。田疇始理。

元・深 後魏嘉子。字知遠。襲爵廣陽王。孝明時拜肆州刺史。劫盜止息。調恒州。多所受納。政以賄成。坐淫城陽王徽妃于氏。以王還第。後破六韓拔陵叛。詔深討之。前後降附二十萬人。徵爲吏部尚書。河間王琛爲鮮于修禮所敗。復除深爲大都督。以軍無鬭志。退趨定州。刺史楊津疑其有異。遣將討深。深行至博陵界。爲葛榮所獲。被害。追諡忠武。

元淨 宋僧。於潛徐氏子。字無象住持杭州上下二天竺。賜紫衣及辨才之號。學徒踰萬人。趙閱道・蘇子瞻・秦少游皆與倡酬。後居龍井聖壽院。

元・猛 後魏文成帝六子。字季烈。封安豐王。出爲鎭都大將營州刺史。寬仁雄毅。甚有威略。夷夏畏愛之。卒諡匡。

元・略 後魏熙弟。字儁興。熙敗。略潛遁江左。梁武帝甚禮敬之。略以家禍長夜哭泣。身若居喪。後遣還。累遷尚書令。與元徽並爲靈太后所寵任。後於河陰遇害。諡文貞。

元脩義 後魏汎弟。字壽安。涉獵書傳。頗有文才。爲孝文所知。累遷齊州刺史。爲政寬和愛人。孝明時官至吏部尚書。惟事貨賄。授官大小。皆有定價。終雍州刺史。卒諡文。

元・紹 後魏昭弟。字醜倫。遷尚書右丞。斷決不避彊禦。宣武詔令檢趙修獄。以修佞幸。遂加杖罰。令其致死。帝責紹不重聞。紹曰。修姦佞甚於董賢。臣若不因釁除之。恐陛下復被哀帝之名。帝以其言正。遂不罪。卒於涼州刺史。

元・處眞 後魏烈帝之後。少以壯烈聞。位殿中尚書。委以大政。甚見尊禮。吐京胡曹僕渾等叛。詔引朔方胡爲援。處眞與高涼王那等討滅之。性貪婪。在軍烈暴。坐事誅死。

元・善 隋叉孫。少隨父至江南。學通五經。侯景亂。歸北周。隋初累遷國子祭酒。善通博不及何妥。而風流醞藉。聽者忘倦。由是爲後進所歸。嘗於帝前言高熲有宰相之具。及熲得罪。善憂懼卒。◉元大名人。父有昆弟五人。客死江淮。至大中善往尋其骸骨。并迎弟姪等一十五喪歸葬。州縣以聞。旌其家。

元・弼 後魏拓跋小新成孫。字邕明。剛正有文學。以世嫡應襲先爵。季父尚書僕射麗。奪弼王爵授同母兄子誕。弼遂託疾還私第。宣武徵爲侍中。弼上表固讓。入嵩山。以穴爲室。布衣蔬食卒。永安中追諡文獻。

元復 宋僧。與僧元敬同撰武林西湖高僧事略。

元・愉 後魏孝文帝四子。字宣德。太和中封京兆王。宣武時累遷中書監。貪縱不法。出爲冀州刺史。在州謀逆。卽皇帝位。尚書李平討擒之。送京師。至野王。歔欷流涕。絕氣而死。

元・景山 隋洛陽人。字寶岳。幹略過人。仕周。從擊吐谷渾。又從平齊。破斬宇文亮。位上大將軍。文帝受禪。拜上柱國。伐陳爲行軍元帥。大著威名。後坐事免。卒諡襄。

元・景安 北齊洛陽人。沉敏有幹局。天保中賜姓高氏。從討契丹。累遷領左右大將軍。時初築長城。鎭戍未立。詔景安與諸將緣塞以備守。督領既多。且所部軍人富於財物。賄貨公行。景安纖毫無犯。武平中除豫州刺史。封歷陽郡王。綏和邊鄙。人物安之。入周以大將軍討稽胡。戰沒。

元・欽 後魏衍弟。字思若。位尚書右僕射。色黑。時號黑面僕射。尋除司州牧。欽少好學。早有令譽。及晚年貴重。不能有所匡益。識者輕之。後除司空。於河陰遇害。

元・琛 後魏文成帝孫。字曇寶。幼慧。孝文愛之。宣武時拜定州刺史。琛妃宣武舅女。高皇后妹。琛憑恃內外。多所受納。遂廢於家。劉騰受其路。爲之言。出爲秦州刺史。在州又以聚斂聞。後討汾晉胡蜀卒於軍。

元・結 唐德秀族弟。字次山。天寶進士。肅宗召詣京師。上時議三篇。帝悅之。累遷水部員外郎。代宗時以親老歸樊上。著書自娛。作元子十篇。始號猗玗子。繼稱浪士。亦曰漫郎。既客樊上。更曰聱叟。晚拜道州刺史。免徭役。收流亡。進授容管經略使。身諭蠻豪。綏定諸州。民樂其教。罷還京師卒。文章戞戞自異。變排偶綺靡之習。有次山集。又編沈千運王季友等七人之詩爲篋中集。

元・絳 宋德昭孫。德昭仕吳越。遂爲錢塘人。字厚之。天聖進士。爲廣東轉運使。儂智高反嶺南。宿軍邕州。絳供軍餉有功。累遷翰林學士。

拜參知政事。後罷知潁州。以太子太保致仕。卒謚章簡。綷所至有威名。而無特操。少儀矩。

元萇 〔後魏〕拓跋孤六世孫。性剛毅。一生不笑。孝文時除懷朔鎮都大將。宣武時官至雍州刺史。卒謚成。萇中年以後。頗自尊倨。閨門無禮。昆季不睦。性又貪虐。論者鄙之。

元貴平 〔後魏〕景穆帝孫。封東萊王。孝莊帝既殺爾朱榮。加武衛將軍兼侍中。前廢帝時以本官行青州事。屬土民崔祖螭作逆。圍東陽百餘日。貴平率城民固守。援軍至。遂擒祖螭等斬之。累遷驃騎大將軍開府儀同三司。爲幽州大都督侯淵所害。

元集虛 〔唐〕河內人。少好羣籍。仕爲協律郎。博通三教。以儒爲主。南遊愛廬山之勝。結溪亭於東南五老峯下。自稱山人。不復出仕。與白居易・柳宗元・韓愈相友善。

元順 〔後魏〕澄子。字子和。通杜氏春秋。性謇諤。淡於榮利。雅好飲酒。解鼓琴。宣武時起家爲給事中。累除給事黃門侍郎。領軍元叉憚其鯁正。出牧恆州。及叉去職。官左僕射。莊帝初於河陰遇害。謚文烈。撰帝錄及詩賦表頌數十篇。

元順帝 〔元〕明宗長子。名妥懽帖睦爾。時內政外治。紛亂日盛。方國珍・郭子興・張士誠等先後起兵。朱元璋起於濠泗。削平羣雄。移師北伐。帝棄大都北走。元亡。在位三十六年。後二年崩於應昌。年五十一。紀元三。元統・至元・至正。亦稱庚申帝。

元嵩 〔後魏〕澄弟。字道岳。孝文南伐。梁將陳顯達率衆拒戰。嵩身備三仗。免胄直前。將士從之。顯達奔潰。以功賜爵高平縣侯。宣武時歷荊恆徐揚等州刺史。屢破梁軍。威名大震。後爲蒼頭李太伯等謀害。謚剛。

元幹 〔後魏〕獻文帝三子。字思直。太和中封河南王。遷洛後改封趙郡王。車駕南討。詔幹都督中外諸軍事。貪淫不遵典法。御史中尉李彪表彈之。詔幹與元詳俱隨太子詣行在所。既至。詳獨得朝見。幹不蒙引接。了無憂悔。乃親數其過。杖之一百。免官還第。卒謚靈。

元敬 〔宋〕僧。與元復同撰武林西湖高僧事略。

元暉 〔後魏〕拓跋遵曾孫。字景襲。宣武時累遷侍中領右衛將軍。深被親寵。時人號曰餓虎將軍。遷吏部尙書。納貨用官。皆有定價。天下號曰市曹。孝明立。累官尙書左僕射。暉頗愛文學。招集儒士崔鴻等撰錄百家要事。以類相從。名爲科錄。暉疾篤。表上之。卒謚文憲。◎〔隋〕洛陽人。字叔平。仕周累官武伯下大夫。使突厥。陳說利害。可汗大悅。遣其名王隨獻方物。入隋累官魏州刺史。有惠政。卒謚元。

元暉業 〔北齊〕弼子。字紹遠。少險薄。多與寇盜交通。長乃變節。涉子史。亦頗屬文。慷慨有志節。累遷領中書監錄尙書事。以時運漸謝。不復圖全。唯事飲啗。一日一羊。三日一犢。齊初降封美陽縣公。位開府特進。後爲文宣所殺。有辨宗錄。

元溥 〔宋〕宜興人。字泉卿。號耘軒。幼業進士。輒棄去。喜爲唐詩。處約安貧。時論尙之。

元熙 〔後魏〕英子。字真與。好學。俊爽有文才。然輕躁浮動。累遷相州刺史。初熙爲清河王懌所昵。及劉騰・元叉隔絕二宮。矯詔殺懌。熙乃起兵上表。剪除元叉。熙兵起甫十日。爲其長史柳元章等所殺。謚文莊。

元照 〔宋〕高僧。餘杭唐氏子。字湛然。自號安忍子。講天台教觀。博究羣宗。以律爲本。住靈芝寺三十年。讚資持濟緣行宗・應法住法報恩諸記・十六觀小彌陀義疏。及刪定律儀本。芝園集若干卷。臨終。命諷普賢行願品。趺坐而化。

元萬頃 〔唐〕拓跋子推裔。敏文辭。從李勣征高麗。管書記。久之爲著作郎。武后諷帝召諸儒論撰禁中。萬頃與選。朝廷疑議表疏。皆密使參處。以分宰相權。時謂北門學士。武后時累遷鳳閣侍郎。後坐誅。

元詮 〔後魏〕長樂子。字搜賢。襲爵安樂王。宣武時爲涼州刺史。在州貪穢。政以賄成。調定州。及元愉反。詐言國變。在北州鎮咸疑朝廷有釁。遣使觀詮動靜。詮具以狀告。州鎮帖然。愉奔信都。詮與李平等討破之。尋以功除尙書左僕射。卒謚武康。

元詳 〔後魏〕獻文帝七子。字季豫。太和中封北海王。美姿容。善舉止。宣武初除太傅。百僚憚之。詳貪冒無厭。又蒸於元燮之妃。爲高肇所譖。云詳與茹皓謀逆。中尉崔亮又奏詳淫亂。收禁太府寺。免爲庶人死。後謚平。

元詳妻 〔後魏〕宋王劉昶女。嫁詳不見答禮。詳既得罪。始以烝元燮妃事告母。母大怒。杖詳。又杖其妻曰。新婦大家女。門戶匹敵。何所畏也。而不檢校夫壻。婦人皆妒。獨不妒也。劉笑而受罰。卒無所言。及詳死。痛不自勝。至葬訖。猶毀瘠視之。

元載 〔唐〕岐山人。字公輔。天寶初舉明莊老列文四子學。入高第。補新平尉。後附李輔國。代宗時累官中書侍郎。判天下元帥行軍司馬。輔國被殺。載陰與其謀。復結中人。使刺取密旨。縱諸子關通貨賄。擠遣忠良。進貪猥。帝盡得其狀。嘗因其獨見。深戒之。載不悛。賜自盡。

元達 〔宋〕雞澤人。初名守旻。貢

膂力善射。任俠縱酒。嘗因調役亡命山林間。爲鄉里患。太宗居晉邸。隸帳下。以善射賜名達。淳化中累遷京城巡檢。與士大夫交。能折節盡禮。人以是稱之。

元·雍 後魏獻文帝四子。字思穆。封高陽王。孝明立。進太傅。領軍于忠擅權專恣。僕射郭祚勸雍出之。忠怒。矯詔殺祚。廢雍。以王歸第。靈太后臨朝。出忠爲冀州刺史。除雍侍中太師。孝明覽政。進位丞相。與元叉同決庶政。孝莊初於河陰遇害。諡文穆。雍識懷短淺無學業。雖位居朝首。惟事唯諾。不爲時情所推。

元·嘉 後魏太武帝孫。少沈敏。封廣陽王。孝文大漸。遺詔輔政。官司徒。嘉好立功名。有益公私。多所敷奏。帝雅委付之。愛敬人物。後來才俊未爲時知者。侍坐之次。轉加談引。時人稱之。卒諡懿烈。

元·壽 隋洛陽人。字長壽。性仁孝。保定中位儀同三司。開皇初議伐陳。奉使於淮浦。監修船艦。以強濟見稱。尋從晉王伐陳。陳平。進位開府。煬帝立。壽爲楊素行軍長史。又從帝西討吐谷渾。以功累官右光祿大夫。從征遼東。道卒。諡景。

元·壽興 後魏暉從弟。少聰慧好學。宣武初爲徐州刺史。在官貪虐。暉深害其能。因譖之於帝。壽興逃匿得免。逢赦乃出。見帝自陳爲暉所譖。後又爲王顯所陷致死。靈太后臨朝。詔追雪。諡莊。

元寧宗 元明宗二子。名懿璘質班。封鄜王。文宗崩。即位。太后秉政。在位一月崩。廟號寧宗。

元·慇 晉著有樂略。

元暢 北齊高僧。金城人。洞曉經律。深入禪要。占記吉凶。無有不驗。游成都。止大石寺。入齊后山。結草爲菴。齊太子遣使徵迎。曰吾數盡矣。至京而死。

元·瑱 後魏顥弟。字寶意。累官至侍中。瑱無他才幹。以親屬早居重任。顥入洛。成敗未分。便以意氣自得。爲時人所笑。顥敗坐誅。

元·端 後魏雍子。字宣雅。美容貌。頗涉書史。歷散騎常侍。出爲青州刺史。禦梁有功。拜兗州刺史。俄而梁將復攻徐兗。圍逼州城。端拒守得全。還除都官尚書。與雍俱遇害。

元·誕 後魏拓跋小新成之孫。字曇首。襲爵。除齊州刺史。在州貪暴。大爲人患。牛馬騾驢。無不逼奪。家之奴隸。悉迫取良人爲婦。後爲御史中尉元纂所糾。會赦免。卒諡靜。

元·賓 漢以孝廉入三署。除蒼龍司馬衞尉。遷吳令。視事二稔。民用康寧。辟州從事。召拜議郎。

元·遙 後魏太興弟。字太原。有器望。累遷冀州刺史。時冀州沙門法慶聚衆作亂。遙遣輔國將軍張虯等擒斬之。卒諡宣。

元·韶 北齊魏孝莊帝之姪。字世胄。封彭城王。神武帝以魏孝武帝后配之。歷位太尉侍中。天保初降爵爲縣公。文宣嘗剃韶鬢鬚。加以粉黛。衣婦人服以自隨。譏元氏微弱。比之婦女。後幽於地牢。絕食而死。

元·勰 後魏獻文帝子。字彥和。太和中封始平王。博綜經史。雅好屬文。除侍中。長値禁內。參決軍國大政。萬機之事。無不預焉。轉中書令。改封彭城王。宣武即位。以勰爲宰輔。勰固辭。後屢破梁軍。平淮南。還朝。除錄尙書侍中。勰雅好恬素。不以勢利嬰心。小心謹愼。初無過失。爲高肇所譖。因被誅。諡武宣。莊帝即位。追號文穆皇帝。

元·德秀 唐河南人。字紫芝。少孤。事母孝。舉進士。不忍去左右。自負母入京師。既擢第。母亡。廬墓側。食不鹽酪。藉無茵席。家貧。求爲魯山令。歲滿去職。愛陸渾佳山水。乃居之。陶然彈琴以自娛。房琯每見歎息曰。見紫芝眉宇。使人名利之心都盡。天寶中卒。天下高其行。稱曰元魯山。諡曰文行先生。

元·德明 金秀容人。自幼嗜讀書。口不言世俗鄙事。放浪山水間。飲酒賦詩以自適。有東嵒集。

元·德昭 宋南城人。本姓危。字明遠。仕吳越爲丞相。後從俶內附。乾德末卒。諡貞正。

元·慶和 後魏拓跋天賜孫。拜東豫州刺史。爲梁將所攻。舉城降之。梁以爲北道總督魏王。至項城。魏出師討之。望風退走。梁武帝責之曰。言同百舌。膽若鼷鼠。遂徙合浦。

元慧 唐高僧。吳郡陸氏子。出家嘉興法空王寺。立志持三白法。諷誦五部曼拏羅。於臂上爇香炷。時稱三白和尙。嘗煉左拇指。口誦法華經。其指不逾月復生如故。乾寧中示寂。

元·澄 後魏拓跋雲子。字道鏡。襲封任城王。討蠕蠕及氐羌。以功累授尙書令。孝文謀遷都。澄贊成其事。宣武時鎭壽春。累敗梁兵。除太子太保。爲高肇間搆。常酣飲以示荒敗。孝明帝初加侍中。遷司徒。政無大小。皆引參決。事有不便。諫諍不已。內外咸敬憚之。卒諡文宣。

元·稹 唐河南人。字微之。元和初對策舉制科第一。拜左拾遺。當路者惡之。出爲河南尉。拜監察御史。遇事敢言。謫江陵參軍。長慶中由監軍崔潭峻進稹歌詞。擢知制誥。未幾入相。裴度屢劾之。遂俱罷。太和中官武昌節度使卒。稹爲詩以平易勝。與白居易齊名。時稱元白。號元和體。

宮中呼爲元才子。又與竇鞏唱和。號蘭亭絕唱。有元氏長慶集及小集。

元・誼 唐貞元中爲邢州刺史。徙漳水自州東二十里出至鉅鹿北十里。入故河。民賴之。

元・頤 後魏景穆帝孫。襲爵陽平王。累遷懷朔鎭大將。都督三道諸軍事。北討。大破蠕蠕。除朔恆等州刺史。穆泰謀反。遣使推頤爲主。頤密以狀聞。泰等伏誅。卒諡莊。

元憲宗 元睿宗長子。名蒙哥。從征伐屢有功。定宗卒。久未立君。宋淳祐十一年諸王巴圖等立之。命弟忽必烈總治漢南。與兀良合台平大理國。下吐蕃。命旭烈兀平西域諸國。留鎭之。自將分三道侵宋。入蜀。殂於釣魚山。年五十二。在位九年。追諡桓肅皇帝。廟號憲宗。

元・懌 後魏孝文帝五子。字宣仁。幼敏慧。博涉經史。有文才。善談理。太和中封清河王。孝明立。遷太尉。裁門下之事。靈太后委以朝政。懌竭力匡輔。以天下爲己任。元叉恃寵驕盈。懌裁之以法。爲叉所誣害。遠近聞懌之喪。爲之劈面者數百人。

元・暹 後魏仲景弟。字叔照。孝莊初除南兗州刺史。在州猛暴。多所殺害。元顥入洛。暹據州不屈。孝莊還宮。封汝陽王。遷秦州刺史。普泰初除涼州刺史。貪暴無極。卒贈太師。

元・樹 後魏獻文帝孫。字君立。仕魏爲宗正卿。屬爾朱榮亂。以天監中來歸。封鄴王。累官鎭北將軍。都督北討諸軍事。攻魏譙城。拔之。會魏將獨孤如願來援。遂圍樹。城陷被執。發憤卒於魏。

元璟 清僧。住浙江天童寺。字借山。居杭州時曾結西溪吟社。所與酬唱者皆一代勝流。有完玉堂詩集。

元・融 後魏衍子。字叔融。貌甚短陋。驍武過人。孝莊帝謀殺爾朱榮。以融爲直閤將軍。及爾朱兆入洛。融逃民間。◎後魏彬子。字永興。襲封章武王。孝明時累遷河南尹。恣情聚斂。爲中尉糾彈。削爵。汾夏山胡叛。詔復融封討之。融寡經略。爲胡所敗。後又爲葛榮所敗。見殺。諡莊武。

元・衡 宋吳人。字公權。紹興間以進士知袁州。改湖南常平利州路提刑。所至有清操。官終工部郎中。

元・諧 隋洛陽人。性豪俠有氣調。少與文帝同學。甚相友愛。開皇初以軍功進位上大將軍。封樂安郡公。敗吐谷渾於涼州。降其名王公侯。拜寧州刺史。有威惠。後坐事免。有人告諧謀反。伏誅。

元・徽 後魏鷙子。字顯順。襲封城陽王。出爲河內太守。孝莊帝時除太保。總統內外。及爾朱兆入。禁衞奔散。孝莊步出雲龍門。徽乘馬奔度。帝頻呼之。徽不顧而去。遂走山南。至故吏寇彌宅。見殺。送屍於爾朱兆。出帝初諡文獻。

元・禧 後魏獻文帝二子。字永壽。太和中封咸陽王。加侍中。出爲冀州刺史。清明有惠政。孝文崩。禧受遺詔輔政。進位太保。宣武既覽政。禧意不安。以謀反誅。

元・褒 隋孝矩弟。字孝整。仕周官至趙州刺史。從擊尉遲迥。以功拜柱國。開皇初拜安州總管。徙原州。有商人訟同宿者劫其金。褒察其冤。捨之。商人訟褒受金縱賊。褒卽引咎坐免。後盜發他所。帝歎異之。稱爲長者。終齊郡太守。

元・謐 後魏趙郡王幹子。宣武初襲封。出爲岐州刺史。性嚴暴。嘗無事斬人。合城兇懼。衆遂大呼。謐登樓毀梯以自固。因罷謐州。後除都官尚書。卒諡貞景。

元・彝 後魏澄四子。字子倫。頗有父風。澄卒。襲爵。及元叉專權。彝恥於託附。故不得顯職。後於河陰遇害。諡文。

元・簡 後魏文成帝四子。字叔亮。太和中封齊郡王。累官太保。孝文仁孝。以諸父零落。存者唯簡。每見。禮遇甚隆。簡性好酒。不能理公私之事。卒諡靈。宣武時改諡順。

元・懷景 唐知張說必貴。以女妻之。有屬文要義。

元・願平 後魏拓跋休次子。清狂無行。宣武初遷給事中。悖惡日甚。殺人劫盜。公私成患。乃免官。禁之別館。久之解禁還家。後拜通直散騎常侍前將軍。坐淫縱不道。處死絞刑。會赦免。黜爲員外常侍。

元・願達 後魏明元帝孫。仕魏爲中書令司州刺史。普通中北伐。攻義陽。願達舉州獻款。封樂平公。爲湘州刺史。大通中徵爲侍中卒。

元・羅 後魏叉弟。字仲綱。以儉素著稱。累遷散騎常侍。雖父兄貴盛。而虛己謙退。恂恂接物。遷靑州刺史。叉當朝專政。羅望傾四海。於時才名之士王元景・邢子才・李奬等。咸爲其賓客。從遊靑土。羅性懦怯。孝靜初爲梁州刺史。梁遣將圍逼。羅以州降。叉死之後。羅通叉妻。時人譏之。

元・羅侯 後魏繼弟。遷洛後。家於燕州之昌平。豐貲產。豪據北方。甚有聲稱。兄子叉權重。以羅侯不樂入仕。就拜昌平太守。正光末逆賊大俄佛保陷郡。見害。

元・麗 後魏拓跋小新成三子。字寶掌。位右衞將軍。時秦州屠谷王法智。推州主簿呂苟兒爲主。攻逼州郡。涇州人陳瞻亦聚衆自稱王。詔以麗爲秦州刺史。與別駕楊椿討平之。拜雍州刺史。爲政嚴酷。吏人患之。遷冀州。入爲尙書左僕射。卒諡威。

元・嚴 【金】好問女弟。文而豔。適盧氏楊思敬。夫歿。遂爲女冠。好問有貞燕詩。蓋爲嚴作。詔爲宮教。號浯溪眞隱。有浯溪集。

元・繼 【後魏】拓跋胥二子。嗣叔父京兆王黎爲孫。字世仁。襲封江陽王。孝文時累除平北將軍。鎭舊都。及靈太后臨朝。繼子叉。先納太后妹。太后數與孝明幸繼宅。徙封京兆王。後叉黜。繼廢於家。建義初復以繼爲太師・司州牧。卒諡武烈。

元・顥 【後魏】詳子。字子明。累官相州刺史。襲封北海王。顥以葛榮南侵。爾朱縱害。遂與子冠受奔梁。武帝奇之。以爲魏王。永安中稱號自立。孝莊北幸。顥遂入洛。以數千之衆。轉戰克捷。據有都邑。號令自己。自謂天之所授。頗懷驕怠。日夜縱酒。朝野莫不失望。未幾兵敗出奔。爲臨穎縣卒所斬。

元・鑒 【後魏】拓跋平原次子。字紹遠。沈重少言。寬和好士。宣武立。爲徐州刺史。屬徐兗大水。人多飢餓。鑒表加賑恤。人賴以濟。卒諡悼。

元・巖 【隋】洛陽人。字君山。好讀書。不治章句。剛鯁有器局。仕周爲內史中大夫。入隋封平昌郡公。益州總管府長史。以法令明肅稱。巖性嚴重。明達世務。正色廷諍。無所迴避。帝及公卿皆敬憚之。

元・顯和 【後魏】麗子。爲徐州安東長史。刺史元法僧叛。顯和與戰被執。命與連坐。不肯。曰。乃可死作惡鬼。不能生爲叛臣。臨刑神色自若。

元・讓 【唐】武功人。擢明經。爲太子右內率府長史。歲滿還鄉里。人有所訟。皆詣讓判。武后召拜議郎卒。

元・靄 【宋】蜀人。幼至京師相國寺。通古人相法。嘗爲太宗寫眞。其寫眞染色畢。懷中別出一小石研。磨所色蓋覆肉色之上如眞。爲衆工所不及。

元・鷙 【後魏】拓跋孤之後。字孔雀。封華山王。有武藝。木訥少言。爾朱兆爲亂。孝莊欲親討。鷙陰與兆通。以危言怵帝。及兆入殿。鷙又約止衛兵。帝見逼。京邑破。皆由鷙之謀。

元・鸞 【後魏】景穆帝孫。字宣明。襲爵城陽王。以武藝著稱。宣武時累官定州刺史。愛樂佛道。修持五戒。不飲酒食肉。積歲長齋。繕起佛寺。勸率百姓。共爲土木之勞。公私費擾。頗爲民患。卒諡懷。

公上・不害 【漢】高祖時爲太僕。擊代王陳豨有功。封汲侯卒。諡紹。

公子宋 【春秋】【鄭】字子公。楚人獻黿於鄭靈公。公子宋與子家將見。子公之食指動。以示子家。曰他日我如此。必嘗異味。公知之。食大夫黿。召子公而弗與。子公怒。染指於鼎。嘗之而出。公怒。欲殺子公。子公因與子家弒靈公。

公子欣時 【春秋】【曹】宣公庶子。字子臧。負芻殺太子而自立。諸侯執負芻於京師。將見子臧於王而立之。子臧辭曰。聖達節。次守節。下失節。爲君非吾節也。雖不能聖。敢失守乎。遂逃奔宋。

公子糾 【春秋】【齊】襄公弟。襄公殺誅數不當。羣弟恐禍及。故糾奔魯。及齊人殺無知。高國陰召小白於莒。魯亦發兵送糾。小白先至齊。已立。遺書於魯。魯人遂殺子糾於笙瀆。

公子荊 【春秋】【衞】大夫。善居室。始有。曰苟合矣。少有。曰苟完矣。富有。曰苟美矣。孔子稱之。

公子游 【春秋】【宋】南宮萬弒閔公。立子游爲君。羣公子奔蕭。公子御說奔亳。萬弟牛將兵圍亳。蕭叔大心及羣公子共擊殺牛。殺子游而立御說。

公子閭 【春秋】【楚】昭王之族。白公勝作亂。欲立閭爲王。劫之以刃。閭曰。吾聞辭諸侯者。潔其行也。今子見國而忘主。不仁。劫白刃而失義。不勇。子雖告我以利。威我以兵。吾不爲也。白公強之不可。遂殺之。

公子歸生 【春秋】【鄭】字子家。靈公欲殺子公。子公與子家謀先。子家懼而從之。遂弒靈公。春秋書曰鄭公子歸生弒其君夷。權不足也。

公山・不狃 【春秋】【魯】爲費邑宰。不得志於季氏。因陽虎欲去三桓。將饗季氏於蒲圃而殺之。以有備而敗。

公戶・滿意 【漢】魯人。高堂生弟子。以言禮能爲頌。至禮官大夫。

公父文伯母 【春秋】【魯】文伯退朝朝其母。其母方績。文伯曰。以歜之家。而主猶績。懼干季孫之怒也。其母歎曰。魯其亡乎。夫民勞則思。思則善心生。逸則淫。淫則忘善。忘善則惡心生。今我寡也。爾又在下位。朝夕處事。猶恐忘先人之業。況有怠惰。其何以避辟。文伯。季桓子從父昆弟。歜其名也。

公冉・務人 【春秋】【魯】爲惠伯宰。襄仲既殺惡及視。而立宣公。以君命召惠伯。務人止之曰。入必死。惠伯曰。死君命。可也。務人曰。若君命。可死。非君命。何聽。弗聽。遂見殺。務人奉其孥以奔蔡。

公玉・帶 【漢】濟南人。武帝欲作明堂。未曉其制。帶進明堂圖。有殿無壁。茅蓋通水。上有樓。從西南入。於是帝令奉高作明堂汶上如帶圖。

公仲・連 【戰國】【趙】烈侯好音。謂連曰。寡人有愛。可以貴之乎。連曰。富之則可。貴之則否。烈侯曰然。鄭歌者槍石二人。吾賜之田人萬畝。連諾而不與。烈侯屢問。連乃稱疾不朝。番吾君謂連曰。君實好善而未知所持。

公仲亦有進士乎。連曰。未也。曰。牛畜、荀欣、徐越皆可。連進之。畜侍以仁義。烈侯逌然。明日。欣侍。以舉賢使能。明日。越侍。以節財儉用察度功德。所與無不充。烈侯悅。乃謂連曰。歌者之田且止。以畜爲師。欣爲中尉。越爲內史。賜連衣二襲。遂拜爲相。

公羊·高 戰國齊 子夏弟子。作春秋傳。四傳至其玄孫壽。與弟子胡毋子都錄爲書。漢何休作解詁。其書遂大傳。

公羊·壽 漢 高玄孫。景帝時與弟子胡毋子都。著春秋傳於竹帛。

公西·赤 春秋魯 字子華。孔子弟子。少孔子四十二歲。嘗侍孔子言志曰。宗廟之事。如會同。端章甫。願爲小相焉。孔子曰。赤也爲之小。孰能爲之大。

公西·蒧 春秋魯 字子僑。亦作子上。孔子弟子。

公西·輿如 春秋魯 字子上。孔子弟子。

公伯·僚 春秋魯 字子周。孔子弟子。僚愬子路於季孫。子服景伯以告孔子曰。夫子固有惑志於僚也。吾力猶能肆諸市朝。孔子曰。道之將行。命也。道之將廢。命也。公伯僚其如命何。

公冶·長 春秋齊 字子長。家語云魯人。名萇。字子芝。孔子弟子。能通鳥語。孔子謂長可妻也。雖在縲絏之中。非其罪也。以其子妻之。

公沙·孚 後漢 穆子。字允慈。嘗與荀爽共約。出不得事貴勢。而爽當董卓時脫巾未百日。位至司空。孚鄙之。後相見。遂割席而坐。

公沙·穆 後漢 膠東人。字文乂。習韓詩公羊春秋。尤銳思河洛推步之術。居建成山中。依林阻爲室。後舉孝廉。以高第爲主事。累遷遼東屬國都尉。善得吏人歡心。六子皆知名。

公良·孺 春秋陳 字子正。一作子幼。孔子弟子。孔子去陳過蒲。會公叔氏以蒲畔。蒲人止孔子。孺以私車五乘從。曰昔吾從夫子遇難於匡。今又遇難於此。吾與夫子再罹難。寧我鬭死。挺劍而合衆。將與之戰。蒲人懼。遂出孔子。

公叔·痤 戰國魏 事惠王爲相。痤病。王親往問病曰。公叔病有如不可諱。將奈社稷何。曰。痤之中庶子公孫鞅。年少有奇才。願王舉國而聽之。王嘿然。王且去。痤屏人言曰。王卽不聽用鞅。必殺之。無令出境。王許諾而去。痤召鞅謝曰。今者王問可以爲相者。我言若。王色不許我。我方先君後臣。因謂王卽弗用鞅。當殺之。王許我。汝可疾去矣。不且見禽。鞅曰。彼王不能用君之言任臣。又安能用君之言殺臣乎。卒不去。

公叔·發 春秋衛 大夫。爲人廉靜。時稱其不言不笑不取。嘗薦家臣僎爲大夫。同升於公朝。卒謚貞惠文子。孔子稱其可以爲文。

公孟·子高 春秋 嘗問君子之禮於顓孫子莫。子莫曰。去而外厲。與爾內折。色勝而心自取之。公孟不知。以告曾子。曾子曰。大哉言乎。夫外厲者必內折。色勝而心自取之者。必爲人役。是故君子德行成而容不知。聞識博而辭不爭。知慮微達而外若愚。

公明·宣 春秋魯 南武城人。學於曾子。三年不讀書。曾子問之。宣曰。人子居庭。親在。叱咤不及於犬馬。應賓客。恭儉而不怠惰。居朝廷。臨下而不毀傷。三者宣悅之。學而未能也。安敢不學乎。

公明·高 春秋魯 南武城人。曾子弟子。

公明·儀 春秋魯 南武城人。子張門人。嘗誦周公之言曰。文王我師也。周公豈欺我哉。

公肩·定 春秋魯 字子中。或曰晉人。孔子弟子。(按史記作公堅定。)

公肩·假 春秋魯 季康子之母死。公輸若方小斂。般請以機封。將從之。公肩假曰。不可。夫魯有初。公室視豐碑。三家視桓楹。般。爾以人之母嘗巧。則豈不得以其母以嘗巧者乎。遂弗果從。

公·勉仁 明 蒙陰人。號西埠。弘治進士。初爲太僕卿。忤劉瑾左遷。再起巡撫大同。選將練卒。在邊十年無警。有東山集。

公·奎躋 明 蒙陰人。嘉靖進士。以工部郞出守潞安。不畏彊禦。備兵辰沅廣西。多戰功。有中巖詩草。

公乘·不仁 戰國魏 文侯與大夫飲。使不仁爲觴政。曰飲若不盡。爲浮大白。

公乘姒 春秋鄭 公乘子皮之姒。其族人死。姒哭之甚悲。子皮止姒曰。安之。吾今嫁姊矣。已過時。子皮不復言。魯君欲以子皮爲相。子皮問姒。姒曰。臨喪而言嫁。不習禮也。過時而不言。不達人事也。不可以爲相。子皮不聽。期年誅死。

公乘·陽慶 漢 臨淄人。精於醫。年七十餘無子。喜淳于意。教以古先遺傳黃帝扁鵲之脈書。五色診病。知人死生。學之三年。治病多驗。

公乘·億 唐 字壽山。咸通中登弘詞進士第。有朱方集。

公乘·輿 漢 京兆尹王尊坐免。吏民多稱惜之。輿等上書訟尊。

公夏·首 春秋魯 字子乘 。孔子弟子。

公孫·大娘 唐 教坊妓。能爲隣里曲。又善舞劍器。瀏灕頓挫。獨出冠時。吳人張旭善草書。嘗見大娘舞西河劍器。自此草書大進。大娘所教李十二娘。舞劍亦有名。杜甫有詩記其事。

公孫·丑 【戰國齊】孟子弟子。嘗慕管晏以期孟子。孟子曰。管仲。曾西之所不爲也。而子爲我願之乎。因論不動心於孟子。孟子曰。我知言。我善養吾浩然之氣。

公孫·丹 【後漢】董宣遷北海相。到官。以大姓公孫丹爲五官掾。丹新造居宅。而卜工以爲當有死者。丹乃令其子殺道行人。置屍舍內。以塞其咎。宣知。即收丹父子殺之。

公孫·文 【漢】琅邪人。從王中受公羊春秋。爲東平太傅。

公孫·弘 【漢】薛人。字季。家貧。牧豕海上。年四十餘。乃學春秋雜說。武帝初以賢良爲博士。免歸。元光中有詔徵文學。弘對策擢第一。拜爲博士。元朔中爲丞相。封平津侯。開東閣以延士。每食止脫粟。帝賢之。然爲人意忌。外寬內深。諸嘗與弘有郤者。雖陽與善。陰報其禍。殺主父偃。徙董仲舒於膠西。皆弘爲之也。

公孫·永 【晉】襄平人。字子陽。隱於平郭南山。不娶妻妾。非身所墾植。則不衣食之。年踰九十。操尙不虧。與公孫鳳俱被慕容暐徵至鄴。及見暐不拜。王公已下造之。皆不與言。雖經隆冬盛暑。端然自若。一歲餘詐狂。暐送歸平郭。卒諡崇虛先生。

公孫·光 【漢】菑川人。精於醫。善爲古傳方。授其學於淳于意。

公孫·戌 【戰國齊】孟嘗君門人。孟嘗君出行國。至楚。獻象牀。郢之登徒直使送之。不欲行。見戌曰。足下能使僕無行。先人有寶劍在。願以奉公。戌說孟嘗君勿受。孟嘗君曰諾。戌趨而去。未出至中閨。君召而返之曰。何舉足之高。志之揚也。戌曰。臣有大喜三。一喜諫而得聽。二喜諫而止君之過。三喜輸象牀。郢之登徒不欲行。許戌以先人之寶劍。孟嘗君曰善。因書門板曰。有能揚文之名。止文之過。私得寶於外者。疾入諫。

公孫·臣 【漢】魯人。文帝時上書陳終始傳五德事。言方今土德時。土德應。黃龍見。宜改正朔服色制度。遂召以爲博士。申明土德事。

公孫·何 【晉】潁川人。公孫氏之女。年十三。母爲怨家所獲。欲甘心焉。何馳出涕泣曰。老母常有篤疾。垂沒之人。未足塞忿。我是其兒。不如殺我。遂殺之而捨其母。

公孫免餘 【春秋衞】大夫。獻公時甯喜專政。公患之。免餘請殺之。乃與公孫無地·公孫臣謀。使攻甯氏。弗克。皆死。免餘復攻甯氏。殺甯喜。公與免餘邑六十。辭。公固與之。受其半。以爲少師。

公孫·良 【後魏】軌孫。字遵伯。聰明好學。爲尙書左丞。雅有幹用。爲孝文所知遇。

公孫·昂雲 【元】闓陽人。能詩。

公孫·杵臼 【春秋晉】太原人。屠岸賈既殺趙朔。朔客公孫杵臼謂朔友人程嬰曰。立孤與死孰難。嬰曰。死易立孤難耳。杵臼曰。吾爲其易者。乃謀取他人嬰兒。負之匿山中。程嬰出。謬告趙氏孤兒處。諸將發師攻公孫杵臼。遂殺杵臼與孤兒。然趙氏眞孤。乃反在。

公孫·枝 【春秋秦】岐州人。字子桑。爲大夫。薦孟明於穆公。遂霸西戎。君子謂子桑之忠也。其知人也。能舉善也。

公孫·武達 【唐】櫟陽人。從秦王討劉武周。苦戰多功。貞觀初爲肅州刺史。擊突厥於張掖河。斬獲略盡。封東萊郡公。終右武衞大將軍。

公孫·知元 【陳】剡人。事母孝。母亡以毀卒。宣帝改所居清苦里爲嘉孝里。

公孫舍之 【春秋鄭】大夫。字子展。楚伐宋。衞侯救宋師於襄牛。舍之曰。必伐衞。不然。是不與楚也。得罪於晉。又得罪於楚。國將若何。諸大夫皆以爲然。故使皇耳帥師侵衞。

公孫·表 【後魏】廣陽人。字玄元。慕容沖以爲尙書郎。後歸魏爲博士。明元初賜爵固安子。河西飢。胡劉虎反於上黨。詔表討之。爲胡所敗。帝深銜之。後爲廣州刺史。圍虎牢不克。帝積前忿。使人夜就帳中縊殺之。

公孫·段 【戰國晉】太康中汲郡人不準。發魏襄王墓。得竹書數十車。中有公孫段二篇。段與邵陟論易國語三篇。

公孫·度 【後漢】襄平人。字升濟。父延避吏居玄菟。任度爲郡吏。從舉有道。累官遼東太守。東伐高句驪。西擊烏桓。南越海取東萊諸縣。威行海外。自立爲遼東侯·平州牧。曹操表度爲永寧鄉侯。度曰。我王遼東。何永寧也。藏印綬武庫。死。子康嗣。

公孫·衍 【戰國魏】號犀首。爲秦說齊魏攻趙。破蘇秦從約。與張儀不善而去秦。儀卒。復歸秦。秦欲相之。爲甘茂所間。復之魏。

公孫·軌 【後魏】表子。字元慶。明元時爲中書郎。出從征討。太武平赫連昌。引諸將帥入其府藏。軌獨無所取。後兼大鴻臚。持節拜氏王楊玄爲南秦王。使還稱旨。拜尙書。賜爵燕郡公。出爲武牢鎭將卒。

公孫·恭 【三國魏】康弟。康死。子晃·淵等皆小。衆立恭爲遼東太守。魏文帝踐阼。拜恭爲車騎將軍。封平郭侯。恭不能治國。淵脅奪恭位。

公孫·述 【後漢】茂陵人。字子陽。哀帝時爲清水長。太守以其能。使兼攝五縣。政事修理。奸盜不發。王莽天鳳中自立爲蜀王。都成都。建武初自立爲天子。號成家。建元龍興。盡有益州之地。述性苛細。察於小事。敢誅殺而不見大體。大司馬吳漢·輔威將軍臧宮攻之。郡邑皆降。述被刺。洞胸墮馬。左右輿入城死。漢夷述妻子。盡滅公孫氏。

公孫·傁 【春秋齊】齊侯與晉會。投壺祝。傁曰。有酒如澠。有肉如陵。寡君中此。與君代興。

公孫·康 【後漢】度子。度卒。康嗣位。以永寧鄉侯封弟恭。袁尙等奔遼東。康斬送尙首。封康襄平侯。拜左將軍。

公孫·捷 【春秋齊】與田開彊·古冶子事景公。勇而無禮。晏子言於公。餽之二桃曰。三子計功而食桃。捷與田開彊各言其功。援桃而起。古冶子功可以食。不得桃。二子曰。吾勇不若子。功不逮子。取桃不讓。是貪也。刎頸而死。古冶子亦刎頸而死。

公孫敖 【春秋魯】卽孟穆伯也。文公元年。聘於齊。爲人無行。嘗爲襄仲逆女於莒。及見其美。自爲娶之。以此不容於國。遂從己氏於莒。旣又請重賂求復。未至。卒於齊。◉【漢】義渠人。以郎事景帝。武帝立。爲騎將。前後凡四爲將軍。最後以因杅將軍再出擊匈奴。至余吾。亡士多。下吏當斬。詐死。亡居民間五六歲。後覺復繫。坐妻爲巫蠱族。

公孫·淵 【三國魏】康子。明帝卽位。拜淵遼東太守。淵遣使南通孫權。權遣使立爲燕王。淵恐權遠不可恃。斬其使。明帝於是拜淵大司馬。封樂浪公。持節領郡如故。景初初遣毌丘儉等徵淵。淵遂自爲燕王。置百官有司。明年遣司馬懿征淵。斬淵父子。傳首洛陽。

公孫·閈 【戰國齊】齊王將封田嬰於薛。楚王聞之大怒。將伐齊。齊王有輟志。閈曰。封之成與不。非在齊也。又將在楚。乃爲嬰謂楚王曰。魯宋事楚。而齊不事者。齊大而魯宋小。王獨利魯宋之小。而不惡齊大何也。夫齊之削地而封田嬰。是其所以弱也。願勿止。楚王曰善。因不止。

公孫·卿 【漢】齊人。有札書。因嬖人奏之。武帝大悅。拜爲郎。卿言見仙人跡緱氏城上。帝親幸緱氏城視跡。問卿得毋效文成五利乎。卿曰。仙者非有求人主。人主求之。積以歲月。乃可致也。嗣是候神者無有效。天子益怠厭。猶羈縻弗絕。冀遇其眞焉。

公孫·景茂 【隋】阜城人。字元蔚。博涉經史。在魏爲太常博士。多所損益。時人稱爲書庫。開皇初拜汝南太守。遷息州刺史。法令清靜。德化大行。時屬平陳之役。征人在路有疾病者。景茂減俸爲饘粥湯藥。分賑濟之。賴全活者以千數。轉道州刺史。悉以秩俸買牛犢鷄猪。散惠孤弱不自存者。官終淄州刺史。卒謚康。

公孫·渾邪 【漢】義渠人。景帝時爲隴西太守。以將軍擊吳楚有功。封平曲侯。著書十五篇。(按漢書注。渾一作昆。一作混。)

公孫·賀 【漢】渾邪孫。字子叔。少爲騎士。武帝卽位。遷至太僕。後以車騎將軍從大將軍衛青出戰有功。封南窌侯。後八歲。遂代石慶爲丞相。坐事死獄中。

公孫閎 【漢】平帝時爲瑯邪太守。時太后臨朝。王莽秉政。方欲文飾太平。閎獨言災害於公府。大司空甄豐劾閎空造不祥。下獄論死。

公孫·敬聲 【漢】賀子。代賀爲太僕。父子並居公卿位。敬聲以皇后姊子。驕奢不奉法。有罪下獄。賀請捕陽陵朱安世以贖敬聲罪。安世者。京師大俠也。聞賀欲以贖子罪。笑曰。丞相禍及宗矣。遂從獄中上書。告敬聲與陽石公主私通。及使巫祠詛。遂父子死獄中。

公孫·聖 【春秋吳】夫差與兵將與齊戰。道出胥門。假寐姑蘇之臺。有所夢。召聖告之。聖曰。願大王按兵修德。遣下吏肉袒徒跣。稽首謝於句踐。國可安存。身可不死。吳王怒。顧力士擊殺之。

公孫·詭 【漢】多奇邪計。初見梁王。賜千金。官至中尉。號之曰公孫將軍。梁王怨袁盎。乃與詭屬陰使人刺殺袁盎。於是天子意梁王。乃遣使捕公孫詭·羊勝。勝詭匿王後宮。使者責二千石急。王乃令勝詭皆自殺。

公孫僑 【春秋鄭】大夫。字子產。柄國四十餘年。晉楚不能加兵。將卒。語子太叔曰。吾死。汝必爲政。唯有德者能以寬服民。其次莫如猛。夫火烈。民望而畏之。故鮮死焉。水懦弱。民狎而翫之。則多死焉。故寬難。孔子聞之。出涕曰。古之遺愛也。

公孫·僧遠 【南齊】剡人。居父喪至孝。事母及伯父甚謹。年饑。省飧減食以養母及伯父。兄弟亡。貧無以葬身。販貼與隣里。供送終之費。躬負土種松柏。兄妹未婚嫁。乃自賣爲之成禮。高帝卽位。詔表門閭。蠲租稅。

公孫鞅 【戰國衞】少好刑名之學。事魏相公叔痤爲中庶子。公叔旣死。鞅乃西入秦。見孝公。以爲左庶長。卒定變法之令。廢井田。開阡陌。改賦稅之法。行之十年。秦民大說。道不拾遺。封之於商十五邑。號爲商君。後爲惠王所誅。

公孫·鳳 晉上谷人。字上鸞。隱於昌黎之九城山谷。冬衣單布。寢土牀。夏則并食於器。令臭敗然後食。彈琴吟詠。陶然自得。人莫能測也。慕容暐以安車累徵至鄴。及見暐。不言亦不拜。衣食舉動。如在九城。貴容造請。尠得與言。數年病卒。

公孫·質 後魏軌弟。字元植。有經義。爲中書學生。稍遷博士。性好巫筮。幾敗國。後深自督厲。屢進讜言。詔遷尙書。卒諡恭。

公孫彊 春秋曹曹伯陽卽位。好田獵。彊獲白鴈獻之。且言田弋之說。說之。因訪政事。大說之。有寵。使爲司城以聽政。背晉而奸宋。遂爲宋人所滅。

公孫閼 春秋鄭大夫。字子都。鄭莊公將伐許。授兵於大宮。閼與潁考叔爭車。潁考叔挾輈以走。閼怒。及考叔登許城。閼自下射殺之。

公孫·龍 春秋楚字子石。孔子弟子。少孔子五十三歲。◎戰國趙善爲堅白異同之辯。及鄒衍過趙。言至道。乃絀公孫龍。著有公孫龍子。（按史記有兩公孫龍。一見仲尼弟子列傳。一見孟子荀卿列傳。索隱謂孟子荀卿列傳之公孫龍。卽仲尼弟子。按弟子列傳之公孫龍。少孔子五十三歲。訊堅白異同之公孫龍。則與孔穿同時。考孔子世家。孔穿乃孔子之昆孫。去孔子六世矣。索隱之說非。）

公孫獲 春秋鄭大夫。鄭伐許。許莊公奔衞。鄭莊公使許大夫百里。奉許叔以居許東偏。使獲處許西偏以佐之。

公孫嬰齊 春秋魯叔肸子。卽子叔聲伯。成公時伐宋。後從伐鄭。還至貍脤而卒。

公孫歸生 春秋楚號聲子。與伍舉善。舉將奔晉。歸生遇之於鄭郊。班荆相與食。曰。子行矣。吾必復子。舉奔晉。歸生復之。

公孫·羅 唐江都人。官沛王府參軍。無錫丞曹憲。以梁昭明文選授諸生。羅與魏模·李善相繼傳授。於是其學大行。有文選註及音義。

公孫·瓚 後漢令支人。字伯珪。舉孝廉。除遼東屬國長史。中平中以討張純等有功。拜降虜校尉。常乘白馬。烏桓憚之。更相告語。避白馬長史。

公孫·讓 明鹽城人。洪武中任安吉知縣。公平執法。人莫敢犯。囹圄一空。

公·家臣 明蒙陰人。號東塘。隆慶進士。授編修。以論奪情事。忤張居正意。吳中行·趙用賢之杖謫也。家臣遺子鼎送之潞河。居正益恚。被謫澤州判官。

公師·彧 晉襄陵人。善相人。及見劉元海。驚曰。此人形貌非常。吾所未見也。於是深相崇敬。推分結恩。

公祖·句茲 春秋魯字子之。孔子弟子。

公晳·哀 春秋齊字季次。家語作公晳克。字季兒。孔子弟子。孔子曰。天下無行。多爲家臣。惟季次未嘗仕。

公族·進階 漢北海人。危言深論。人服其高。

公都子 戰國孟子弟子。嘗問孟子好辨。孟子曰。予豈好辨哉。予不得已也。又疑匡章爲不孝。而孟子禮貌之。孟子謂其子父責善而不相遇。所以啓發之者甚至。

公·綖 明蒙陰人。父母早亡。事祖母最孝。寇亂。祖母被執。將見殺。綖救之不得免。大罵。因被害。

公綦·稠 後漢中平中爲護烏桓校尉。漁陽人張純與同郡張舉舉兵叛。攻殺之。

公賓·就 漢東海人。王莽時爲校尉。商人杜英殺莽。取其印綬。就故大行治禮。見英問綬主所在。具告之。就識斬莽首。

公儀·休 戰國魯穆公相。奉法循理。無所變更。嘗食茹而美。拔其園葵而棄之。見其家織布好。而疾出其家婦。燔其機。云吾已食祿。又奪園夫紅女利乎。

公儀·潛 戰國魯砥功礪行。樂道好善。與子思爲友。恬於榮利。不事諸侯。穆公欲以爲相。終不屈。

公劉 周后稷之後。夏后氏政衰。稷子不窋。失官。奔戎狄。數傳至公劉。復修后稷之業。遷於邠。周室之興自此始。

公緒·恭 後漢高平人。八顧之一。

公·鼐 明蒙陰人。字孝與。萬曆進士。由編修累官禮部侍郎。時羣小植援亂政。鼐屢有論列。指陳切至。引疾歸。旋落職。卒諡文介。

公輸·班 春秋魯巧人。亦稱魯班。（按墨子作公輸盤。史記集解·後漢書注·文選注·皆引作般。）

公檮·生 漢著終始十四篇。傳鄒奭始終書。藝文志入於陰陽家者流。

六十七 清滿洲人。字居魯。官至給事中。有遊外詩草·臺陽雜詠·臺海番社播風圖考。

化狄 上古黃帝臣。始作舟。（按世本云。共鼓化狄作舟。說文舟字注作貨狄。古貨化字通。發蒙記作伯益。案伯益亦作化益。益狄聲近。蓋一人。）

午·相 宋相州人。淳熙進士。知銅山縣。兄弟以儒業名家。

卞·三元 清漢軍鑲紅旗人。字月華。一字桂林。崇德舉人。康熙間累官雲貴總督。吳三桂疏辭總管雲貴軍務。三元疏留之。尋解任。卒諡恪敏。

乾隆間以附吳三桂奪諡。有公餘詩草。

卞大亨　【宋】其先泰州人。字嘉甫。由鄉舉入太學。升上舍。靖康中攜二子走行在。丞相范宗行以遺逸薦。授懷寧灝。未幾隱居象山。手植萬松於徑。行吟其間。自號松隱居士。素習養生。精醫卜之書。著松隱集·尚書類數·改註杜詩·傳信方諸書。

卞文瑜　【明】長洲人。字潤甫。號浮白。工畫山水。不名一家。（按藝芳書畫錄有河西潤甫歐云。潤甫姓徐實非卞。蓋有所避而託者也。）

卞氏　【清】永譽女。善畫花卉。工詩。

卞永吉　【清】永譽弟。字謙之。官緜州知州。有來遠堂集。

卞永譽　【清】三元子。字令之。號仙容。康熙中由福建巡撫遷刑部右侍郎。性好書畫。善賞鑒。有式古堂書畫彙考。朱彝尊論畫詩。有妙鑒誰能別苗髮。一時雖得兩中丞之句。謂永譽與宋犖。皆精於賞鑒也。

卞玉京　【明】妓女。秦淮人。名賽。字賽賽。工小楷。善畫蘭。鼓琴。年十八。僑虎邱之山塘。所居湘簾棐几。嚴淨無纖塵。嘗著黃衣。作道人裝。自號玉京道人。後歸東中一諸侯。不得意。乞身下髮。十餘年卒。

卞立言　【清】江都人。名文恆。祖邠原。父子蘭。均以弈名。立言亦究心弈理。晚年與華亭錢長澤均負盛名。有奕孝。

卞同　【明】漢陰人。景泰中知東安。鯁介勤敏。有惠政。◎【清】吳人。字孟符。有高行不仕。能詩。

卞后　【三國魏】琅邪人。文帝母。本倡家。年二十。武帝於譙納后爲妾。建安初以后爲繼室。諸子無母者。皆令后養之。文帝爲太子。左右賀后曰。當傾府藏賞賜。后曰。王自以丕年大。故用爲嗣。何爲重賜。武帝大悅。拜爲王太后。文帝立。尊爲皇太后。

卞延之　【南朝宋】濟陰人。弱冠爲上虞令。有剛氣。會太守孟顗以長官凌之。延之積不能容。脫幘投地曰。我所以屈卿者。正爲此幘耳。今已投之卿矣。卿以一世勳門而傲天下國士耶。拂衣而去。

卞和　【春秋楚】嘗於荊山得璞玉。獻之。厲王以爲詐。刖其左足。武王卽位。復獻之。又以爲詐。刖其右足。及文王卽位。乃抱璞泣。王使人問之。曰。臣非悲刖。寶玉而題之以石。貞士而名之以詐。所以悲也。王使玉人琢之。果得玉焉。封零陽侯。不就。

卞俊　【晉】冤句人。清眞有檢識。鄉人郤詵恃才傲俊兄弟。相視如讎。及詵以楊駿故吏被繫。俊時爲尚書郎。按其獄。詵懼不免。俊平心斷決之。

卞思義　【元】楚州人。字宜之。早歷位汝南相廷尉卿。年有詩名。能苦吟。對客談詩。終日不倦。以才賢辟爲掾吏。有宜之集。

卞袞　【宋】震子。字垂象。登進士。仕至刑部員外郎鹽鐵副使。景德初卒。袞明敏有吏幹。累掌財賦。清心治局。號爲稱職。然性慘毒。掊克嚴峻。專事挺楚。至有大蟲之號。

卞崇　【漢】婁人。桓帝時太守薛固爲法吏所枉。下廷尉。崇與烏程錢讓詣闕稱冤。廷尉囚崇等。以兵圍守。苦毒持之。崇讓恬然自若。枉聲彌厲。帝聞而奇之。乃赦固罪。

卞彬　【南朝齊】延之之子。字士蔚。初除右軍參軍。出爲南康郡丞。彬才操不羣。文多指刺。閭巷傳誦。性嗜飲。多詭異之行。自稱卞田居。其婦爲傅蠶室。永元中爲平越長史綏建太守。卒官。

卞敏　【清】玉京妹。工寫蘭竹。善鼓琴。

卞斌　【清】歸安人。字叔均。號雅堂。嘉慶進士。官至光祿寺卿。所至有聲績。有易經通解·尚書集解·論語經說·小箋·說文箋正·七經古文考·聲律·集古文字略·緯雅·粵西風物略·刻鵠集。

卞莊子　【春秋魯】卞邑大夫。有勇力。嘗刺虎。管豎子止之。曰。兩虎方食牛。牛甘必鬬。鬬則大者傷。小者亡。從傷而刺。一舉必有兩獲。莊子然之。果獲兩虎。齊人欲伐魯。憚卞莊子不敢過。

卞敦　【晉】俊子。壼從兄弟。字仲仁。弱冠仕州郡。征南將軍山簡以爲司馬。監河北七郡軍事。攻討沔中皆平。又伐杜弢有功。賜爵安陵亭侯。元帝中興。拜太子左衞率。石勒侵逼淮泗。除徐州刺史鎭泗口。以畏懦貶秩。從討王敦。更拜尚書。以功封益陽侯。出爲湘州刺史。蘇峻反。坐阻軍顧望。爲陶侃所劾。以憂卒。諡敬。

卞琛　【元】大名人。早游學京師。補國子生。既而丁母憂。治農於家。至正間鄰郡盜起。剽掠及境。琛率丁壯擊賊。衆潰被擒。不屈死。

卞華　【梁】壼六世孫。字昭丘。博涉有機辯。說經析理。爲當時之冠。江左以來。鍾律絕學。至華乃通焉。仕至尚書儀曹郎。出爲吳令卒。

卞壼　【晉】粹子。字望之。弱冠有名譽。永嘉中爲著作郎。明帝時至尚書令。勤於吏事。欲軌正督世。不肯苟同時好。帝深器之。成帝立。太后臨朝。與庾亮同輔政。蘇峻反。壼以尚書令領軍將軍。都督太桁東諸軍事拒之。軍敗。力疾戰死。二子眕盱同時見害。諡忠貞。

卞榮　【明】江陰人。字華伯。正統進士。官戶部郎中。性曠達。景泰間盛有詩名。有卞郎中集。

卞粹 【晉】冤句人。字玄仁。博學有懿行。惠帝初爲尚書郎。楊駿執政。人多附會。而粹正直不阿。及駿誅。超拜右丞。封成陽子。齊王冏輔政。爲侍中中書令。進爵爲公。及長沙王乂專權。粹正色立朝。乂忌而害之。粹兄弟六人。並登台輔。世稱卞氏六龍。玄仁無雙。

卞範之 【晉】冤句人。字敬祖。識悟聰敏。桓玄爲江州。引爲長史。委以心膂之任。玄僭位。以爲侍中尙書僕射。玄平。斬於江陵。

卞震 【宋】成都人。工爲詩。舉蜀進士。辟渝州判官。蜀平。仍舊職。以虢州錄事參軍卒。

卞圜 【宋】大亨子。字子東。性穎異。博極羣書。入太學有聲。人號卞夫子。登紹興進士第。授揚州倅。有論語大意。

卞諶 【明】嘉善人。字信卿。正德進士。授廣信府推官。性機警。決獄精當。府稱神明。

卞隨 【夏】湯以天下讓之。不受。自投椆水死。

卞蘭 【三國魏】開陽人。武宣后之從子。少有才學。明帝時常因侍從數切諫。帝雖不能從。猶納其款誠。

卬疏 【漢】能行氣煉形。煮石髓而服之。至數百年。往來人間。太室山中。有臥石藏枕焉。

友娣 【漢】郃陽人。任延壽之妻。字季兒。兄季宗。與延壽爭葬父事。延壽與友田建陰殺季宗。建獨坐死。延壽會赦免。妻曰。兄死而讎不報。與子同枕席。何面目以生乎。遂自經而死。

天老 【上古】黃帝七輔。著雜子陰道二十五卷。

天智 【唐】僧。于闐國人。梵言提雲般若。或云提雲陀若那。通大小乘。曉呪術禪門。武后時來華。敕令洛陽魏國東寺翻譯。成華嚴經法界無差別論等六部七卷。

天然 【唐】僧。初習儒業。將舉進士第。道遇禪客。曰。選官何如選佛。天然悟。卽謁馬大師。大師曰。我子天然。遇留卽止。後振錫南陽。見山巒疊出。方四顧之頃。一老人云。此大留二留三留之山也。遂棲止之。長慶中示寂。寶曆初謚知通禪師。

天然秀 【元】妓女。姓高氏。丰神靚雅。才藝越流輩。閨怨雜劇爲當時第一手。兩適人。均先後沒。復落樂部。性高潔凝重。爲士流所稱賞。

天遊 【宋】僧。成都鄭氏子。自號典牛。幼讀書。穎俊逸倫。棄與貫籍。既而竄名往廬山削髮。居隆興府雲巖寺。後庵於武寧。終身不出。年近百歲示寂。

太士·子牛 【春秋齊】爲景公平訟獄。

太不花 【元】以世冑入宮。累遷遼陽行省平章政事。至正中丞相太平力薦太不花可大用。召爲平章政事。太平罷。脫脫復爲相。太不花因黨脫脫謀欲害太平。會盜起。總大兵往討。驕傲不遵朝命。聞太平復相。意不平。縱賊弗擊。賊遂蔓延不可制。乃下詔削官爵。尋爲故部將所殺。

太公·任 【春秋】孔子被圍於陳蔡之間。七日不火食。太公任往弔之。曰。直木先伐。甘井先竭。子意者飾智以驚愚。修身以明汙。昭昭乎如揭日月而行。故不免也。

太史·叔明 【梁】烏程人。少善莊老。兼通孝經論語。尤精三禮。每講說。聽者常五百餘人。歷官國子助教。

太史·敫 【戰國齊】莒人。淖齒之亂。滑王子法章變姓名爲敫家傭。敫女奇其狀貌。竊衣食之。王孫賈攻殺齒。田單復齊七十餘城。立法章爲齊王。太史氏女爲后。是爲君王后。敫曰。女不媒而自嫁。非吾女也。汚吾世。終身不覩君王后。后賢。不以不覩失人子禮。

太史·慈 【三國吳】黃人。字子義。仕郡奏曹史。坐事避禍遼東。北海相孔融聞其名而奇之。數餽問其母。及融爲黃巾所圍。慈爲說劉備求援兵以解其圍。孫策東渡。以慈爲建昌都尉。慈猿臂善射。弦不虛發。年四十一卒。

太平公主 【唐】高宗女。武后所生。后在位時。張易之·張昌宗恃寵專政。公主以謀除之。睿宗時以勳勞盜威柄。專權用事。開元初陰謀廢立。玄宗與近臣定計。收其黨斬之。賜公主死。

太戊 【商】王。太甲孫。以伊陟爲相。亳有祥桑穀。共生於朝。一暮大拱。太戊懼。問伊陟。伊陟曰。臣聞妖不勝德。帝其修德。太戊從之。祥桑枯死。商復興。在位七十五年崩。稱中宗。

太甲 【商】王。成湯孫。太甲既立。縱欲敗度。伊尹放之於桐。居三年。太甲悔過自責。伊尹迺迎歸授之政。太甲脩德。諸侯咸歸。百姓以寧。在位三十三年崩。稱太宗。

太任 【商】摯國之仲女。任姓。王季之妃。文王之母。性端一誠莊。惟德之行。及其有娠。目不視惡色。耳不聽淫聲。口不出敖言。君子謂太任爲能胎敎。

太叔儀 【春秋衞】獻公既出。自夷儀使與甯喜言。求復國。甯喜許之。太叔儀曰。甯子視君。不如奕棋。奕者舉棋不定。不勝其耦。况置君而弗定乎。必不免矣。甯喜尋爲公孫免餘所殺。

太姒 【周】莘國之女。姒姓。文王之妃。號曰文母。仁而明道。思媚太姜太任。旦夕勤勞以盡婦道。生十男。

太昊 上古帝。詳伏羲條。

太姜 周姓呂氏。太王之妃。貞順率道。靡有過失。太王謀事遷徙。必與謀焉。

太康 夏王。啓子。盤於遊田。不恤民事。爲諸侯有窮后羿所逐。不得反國。在位十九年。崩於陽夏。

太毓 唐僧。金陵范氏子。兒時有志出家。往雍京安國寺受具戒。元和間止於義興芙蓉山。所居感化。自此江南多悟禪理者。寶曆間歸齊雲山。尋示寂。

太顛 周一作泰顛。文王時賢臣。

夫差 春秋吳王。闔廬子。闔廬與越王戰。敗死。夫差既報越。句踐使大夫種行成。伍子胥諫。夫差不聽。賜子胥屬鏤之劍以死。後會諸侯於黃池。欲霸中國。句踐伐之。乃引兵歸。厚幣與越平。句踐復伐之。遂滅吳。遷夫差於甬東。自剄死。在位二十三年。國亡。

夫槩 春秋吳闔廬弟。吳伐楚。至漢水。與楚夾水陳。夫槩先以其部五千人襲冒楚。楚敗。遂入郢。處之。秦救楚。敗吳師。而越亦乘隙伐吳。夫槩因先亡歸自立。闔廬聞之。引兵歸。攻夫槩。夫槩奔楚。楚王封之堂谿。爲堂谿氏。（按左傳作夫槩王。史記吳世家止作夫槩。此從史記。）

孔子 春秋魯名丘。字仲尼。儒家之祖。初仕於魯。爲司寇。攝行相事。其後不用。遂周流四方。歸魯。刪詩書。定禮樂。贊周易。修春秋。以傳先王之道。弟子三千人。身通六藝者七十二人。生於周靈王二十一年冬十月庚子。卒於敬王四十一年夏四月乙丑。年七十三。唐開元二十七年。追謚文宣王。贈弟子各公侯伯。宋大中祥符元年。加謚至聖文宣王。元大德十一年。加號大成至聖文宣王。明嘉靖九年。改稱至聖先師。從祀諸賢故所封爵皆罷去。清順治二年。定文廟謚號爲大成至聖文宣先師孔子。十四年。改稱至聖先師孔子。

孔子印 漢琳曾孫。爲諸生。特善詩禮。

孔子立 漢仲驩子。善詩書。少游京師。與劉歆友善。嘗以清論議貶史丹。史丹諸子並用事。爲是不仕。以詩書教闕里。學者數百人。

孔子建 後漢魯人。少游長安。與崔篆友善。及篆仕王莽。嘗勸子建仕。對曰。吾有布衣之心。子有袞冕之志。道既乖矣。請從此辭。遂歸。終於家。

孔子袪 梁山陰人。少孤好學。耕耘樵採。常懷書自隨。明古文尚書。爲國子助教。遷西省學士。累遷中書通事舍人。武帝撰五經講疏。及孔子正言。子袪常考閱羣書以爲義證。著尚書義·集注尚書·續朱異集注周易·續何承天集禮論。都三百卷。

孔子雲 晉會稽人。傳沈峻之學。官至五經博士尚書祠部郎。

孔仁 漢王莽抑奪下檻。仁以敢擊大臣見信任。爲捕盜將軍。下江兵起。以司命大將軍部揚州。後兵敗山東。以衆降。自剌死。

孔仁玉 後周曲阜人。九歲通春秋。姿貌雄偉。後唐長興間遷龔丘令。攝文宣公。晉天福間改曲阜令。太祖時復以爲本縣令。

孔元 元眞定人。字彥亨。驍勇有智略。數從征戰有功。世祖時累官宣武將軍右衛親軍總管。

孔元忠 宋道子。字復君。登進士第。知金壇縣。歷官皆有聲。累遷太常寺主簿。有論語鈔·編年通考。

孔元素 晉僉兄子。善三禮。有盛名。早卒。

孔元龍 宋衢州人。字季凱。孔子後。尚志篤學。從眞德秀游。任餘干縣簿。後爲柯山精舍山長。以宣教郎致仕。年至九十餘。猶手不釋卷。有柯山講議·論語集說·魯樵斐稿·奘識叢壁。

孔公恂 明彥縉族父。字宗文。景泰間舉進士。天順初超拜少詹。侍東宮講讀。成化初上章言兵事。諸武臣譁然。給事御史交章駁之。下獄謫漢陽知府。後復故秩。涖南京詹事府。卒。

孔公朝 明永樂時循吏。嘗知寧陽。坐事遣戍。部民屢叩闕乞還。不許。宣德間詔求賢。有以公朝薦者。寧陽人聞之。又相率叩闕乞公朝。時公朝去寧陽已二十餘載。帝知爲良吏。即與之。

孔午 元蕭人。孔子後。金末聚衆誓約。捍禦一境。民賴以安。元初授徐州觀察副使。

孔友諒 明長洲人。永樂進士。改庶吉士。出知雙流縣。宣宗初上言六事。帝命吏部擇外官有文學者。得友諒等。令辦事六科。未授官而卒。

孔天允 明汾州人。字汝錫。號文谷。又號管涔山人。嘉靖進士。以藩戚外補陝西提學僉事。官至浙江布政司參政。有孔文谷詩文集·霞海編。

孔文仲 宋延之子。字經父。性狷直。寡言笑。少刻苦博洽。舉進士。調餘杭尉。恬介自守。熙寧初以制舉薦對策。力論王安石理財訓兵之法爲非是。遂罷官。哲宗時官諫議。又論靑苗免役諸法。改中書舍人。同知貢舉。以勞卒。士大夫哭之皆失聲。蘇軾拊其柩曰。世方嘉軟熟而惡崢嶸。求勁直如吾經父者。今無有矣。有文集五十卷。

孔文英 明安化人。字世傑。永

欒進士。宣德初知廬陵縣。擢御史。直黃巖縣有健訟者。搆揑齊民三千人。文英奉勑鞫問。一訊卽得其羅織之情。獨械首一人。至京處治。餘悉遣去。中外服其明果。官終刑部侍郎。

孔父嘉　【春秋宋】殤公五世孫。以親盡別爲公族。仕爲司馬。爲華督所殺。其子奔魯。五傳而生孔子。

孔丘明　【秦】與駱法通等避亂玉笥山中修煉。歲久道成。不知所終。

孔去非　【宋】汝州人。善畫。淸雅可玩。工草蟲蛺蝶蜂蟬竹雀。

孔四可　【明】高淳人。字顧之。官五城兵馬司兵馬。以書法文章名於時。修身力學。至老不倦。有四游集·金闌翰墨·易解·玉闌堂集等書。

孔四貞　【清】有德女。一作思貞。又作似貞。有德死於桂林。四貞單騎突圍奔京師。疏言其父死難狀。世祖憐之。令送入宮。爲太后養女。將册立爲妃。知先字孫延齡。乃止。康熙元年。給配延齡。封和碩格格。掌定南王事。遙制廣西軍。後從延齡鎭廣西。延齡叛應吳三桂。尋爲三桂所殺。四貞被拘入滇。三桂敗。歸京師。卒。

孔平仲　【宋】武仲弟。字義甫。舉進士。爲集賢校理。紹聖中言者詆其附會當路。譏毀先烈。削校理。知衡州。坐不推行常平法。謫惠州別駕。徽宗立。帥鄜·延·環慶。黨論再起。罷主管兗州景靈宮。平仲長史學。工文辭。有續世說·良史事證等書。

孔弘泰　【明】弘緒弟。字以和。生七月而孤。奉母孝。與弘緒友愛無間言。

孔弘緒　【明】彥縉孫。字以敬。八歲襲封。英宗復辟入賀。纔十歲。進止有儀。侍婦翁大學士李賢多過舉。成化間奪爵爲庶人。令其弟弘泰襲。後改行。復冠帶。卒。

孔甲　【夏】王。少康六世孫。好方鬼神。事淫亂。夏后氏德衰。諸侯畔之。天降龍二。有雌雄。孔甲不能食。陶唐氏之後有劉累。學擾龍於豢龍氏。以事孔甲。孔甲賜之姓。曰御龍氏。龍一雌死。以食夏后。在位三十一年崩。◎漢孔鮒。亦作孔甲。詳孔鮒條。

孔白　【戰國魯】伋子。字子上。博通羣書。齊威王召爲國相。不就。

孔仲驩　【漢】子卬子。爲博士。弘農守。善春秋三傳公羊穀梁。

孔伋　【春秋魯】鯉子。字子思。受學於曾子。獨傳孔門心法。作中庸以述父師之意。後世稱爲述聖。

孔休　【漢】宛人。字子泉。哀帝初守新都令。王莽秉權。休去官歸家。及莽簒位。遣使齎玄纁束帛請爲國師。遂嘔血託病。杜門自絕。

孔休源　【梁】山陰人。字慶緒。舉秀才。除尙書儀曹郎。每逮訪前事。休源隨機斷決。曾無疑滯。任昉謂之孔獨誦。歷尙書左丞兼御史中丞。正色直繩。無所回避。普通中授宣惠將軍。監揚州事。休源風範彊正。明練政體。嘗以天下爲己任。性縝密。未嘗言禁中事。卒諡貞。有奏議彈文。

孔光　【漢】霸子。字子夏。明經學。成帝卽位舉爲博士。數使錄冤獄。行風俗。振贍流民。奉使稱旨。由是知名。是時博士選三科。光以高第爲尙書。凡典樞機十餘年。守法度。修故事。時有所言。輒削草稾。有所薦舉。唯恐其人之聞知。沐日歸休。兄弟妻子燕語。終不及朝省事。或問光溫室省中樹何木。光嘿不應。平帝初王莽權日盛。所欲搏擊。輒爲草以太后指風光上之。莽又風羣臣奏莽功德。稱宰衡。光憂懼。上書乞骸骨歸。光凡爲御史大夫丞相者再。壹爲大司徒·太傅·太師。歷三世居公輔位。前後十七年。其弟子多成就爲博士大夫者。終無薦舉。至或怨之。其公如此。元始中卒。諡簡烈。

孔仝　【元】鹿邑人。父病。刲股肉啖之愈。後卒。居喪盡哀。廬墓左。負土爲墳。日六十肩。風雨有虧。俟霽則補之。三年成墳。

孔夷吾　【晉】衍宗人。有美名。博學不及衍。而聲譽過之。元帝時累官太子左衞率。

孔守正　【宋】浚儀人。周世宗征淮南。以材勇選爲東班承旨。宋初遷驍雄副指揮使。太祖征太原。遼兵來援晉陽。守正大敗之。從太祖親征晉陽。從征范陽。擊敗遼兵。自是遼兵不敢近塞。累官昌化軍留後。改安化軍。卒。

孔安國　【漢】武子。字子國。受詩於申公。受尙書於伏生。魯共王壞孔子舊宅。於壁中得古文尙書及傳論語孝經。皆科斗文字。當時無能知者。安國以今文讀之。承詔作書傳。定爲五十八篇。以授都尉朝。謂之古文尙書之學。又爲古文孝經傳·論語訓解。武帝朝。官諫大夫·臨淮太守。◎【晉】愉子。字安國。以儒素顯。甚爲孝武所禮遇。歷侍中太常。及帝崩。安國形素羸瘦。服衰絰。涕泗竟日。見者以爲眞孝。安帝時歷尙書左右僕射卒。

孔有德　【清】漢軍正紅旗人。世居遼東。太祖取遼東。有德奔皮島投毛文龍。文龍被殺。投登州巡撫。授參將。因據登州。自稱都元帥。爲明兵所攻。不能支。歸清。順治初從入關。爲平南大將軍。率師平湖南。所向皆捷。封定南王。鎭廣西。與李定國戰。死之。諡武壯。

孔至　【唐】若思子。字惟微。歷著作郎。精氏族學。與韋述·蕭穎士·柳冲齊名。撰百家類例。時述及穎士冲皆譔類例。而至書稱工。

孔伯恭 〔後魏〕昭子。皇后親賜爵汝陰侯。性柔𢡟有才用。爲趙郡太守。進爵魯郡公。以父任拜給事中。獻文初領鎭東將軍。率兵援彭城。破宋將張永·沈攸之等。進攻下邳·宿·豫。擢散騎常侍。都督徐·南兗州諸軍事。卒謚桓。

孔克仁 〔明〕句容人。洪武間爲郎中。與宋濂同侍太祖。數與論天下形勢。及前代興亡事。旋命授諸子經。已出知江州。入爲參議。坐事死。

孔克表 〔明〕平陽人。孔子後。博學篤行。尤精史學。洪武中薦爲翰林修撰。承詔注釋羣經。賜名羣經類要。

孔克堅 〔明〕思晦子。字璟夫。襲封衍聖公。時以克堅明習禮學。徵爲同知太常禮儀院事。未幾。拜中台治書侍御史。授國子祭酒·集賢學士·山東廉訪使者。並不就。洪武間詔入覲。待以賓禮而不名。

孔希貴 〔清〕開原人。明總兵。順治初迎降。隨多鐸平河南。留鎭歸德。調懷慶總兵。加都督同知。致仕。

孔希學 〔明〕克堅子。洪武間賜襲衍聖公。好讀書。善隸法。文詞爾雅。每賓客讌集。談笑揮灑。爛然成章。承大亂之後。廟貌服物。畢力脩舉。盡還舊觀。

孔延之 〔宋〕新喻人。字長源。孔子後。幼孤貧。晝則帶經耕鋤。夜則燃松讀書。慶曆間舉進士。九遷至司封郎中。平生與周敦頤·曾鞏友善。有會稽掇英總集。以精博稱。

孔延年 〔漢〕武子。武帝時以治尚書爲博士。

孔汪 〔晉〕愉子。字德澤。好學有志行。孝武帝時位至侍中。時茹千秋以佞媚見幸於王道子。汪屢言之於帝。帝不納。終廣州刺史。甚有政績。爲嶺表所稱。

孔沈 〔晉〕羣子。字德度。有美名。辟丞相司徒掾·琅邪王文學。並不就。與魏顗·虞球·虞存·謝奉。並爲四族之儁。

孔良 〔明〕金子。有孝行。父病。刲股爲羹以進。父旋愈。比卒。廬墓哀毀。

孔車 〔漢〕主父偃貴幸時。賓客以千數。及族死。無一人視。獨車收葬焉。武帝以爲長者。

孔坦 〔晉〕愉從子。字君平。通春秋傳。解屬文。佐王導平蘇峻。累遷侍中。成帝委政導。坦每發憤以國事爲己憂。忤導出爲廷尉。怏怏以疾去職。疾篤。庾冰省之。乃流涕。坦慨然曰。大丈夫將終。不問安國寧家之術。乃作兒女相向乎。冰深謝焉。卒謚簡。

孔奇 〔後漢〕奮弟。博通經典。作春秋左氏刪。

孔季彥 〔後漢〕僖子。守其家業。門徒數百人。安帝時河西雨雹。召見。以貴臣擅權。母后黨盛爲言。舉孝廉不就卒。

孔季詡 〔唐〕禎子。字季和。永昌初擢制科。授秘書郎。陳子昂常稱其神清韻遠。可比衞玠。終左補闕。

孔宙 〔後漢〕融父。字季將。爲泰山都尉。延熹中卒。門生故吏爲立碑。石存今曲阜孔廟。書法精妙。習隸書者多以爲範。（按後漢書融傳作伷。泰山都尉碑作宙。三國志注引續漢書亦作宙。韓勅碑陰列郎中魯孔宙季將千。則融父確當作宙。其名伷者。則是一人。董卓傳。以陳留孔宙爲豫州刺史。魏志武帝紀。豫州刺史孔伷注。引英雄記。伷字公備。九州春秋作胄。乃獻帝時人。非融父也。見金石文字記。）

孔宗旦 〔宋〕魯人。爲邕州司戶參軍。度儂知高必反。以書告知州陳珙。珙不聽。後智高破橫川。即載其親往桂州。曰。吾有官守。不得去。無爲俱死也。既而州破。被執。賊欲任以事。宗旦大罵。遂被害。

孔宗軌 〔晉〕雲章弟。聰敏有識度。歷左西掾中書郎。

孔宗翰 〔宋〕道輔子。字周翰。第進士。歷陝揚洪兗諸州。皆以治聞。哲宗時累遷刑部侍郎。以寶文閣待制知徐州。未拜卒。

孔宜 〔宋〕仁玉子。字不疑。舉進士不第。乾德中詣闕上書述其家世。以爲曲阜主簿。太宗時累遷太子右贊善大夫。太宗北征。督軍餉涉拒馬河溺死。

孔尚任 〔清〕曲阜人。字聘之。康熙間授國子監博士。累官戶部員外郎。博學有文名。通音律。撰闕里新志。有岸塘文集·湖海詩集·會心錄·節序同風錄。

孔尚典 〔清〕江西新城人。字天徵。號汶林。順治中歲貢。有孔天徵文集。

孔尚質 〔清〕武陵人。字元長。有十六國年表。

孔忠 〔春秋〕〔魯〕孔子兄子。字子蔑。◎〔漢〕騰子。字子貞。有高尚之志。徵爲博士。封褒成侯。

孔承倜 〔明〕曲阜人。字永冠。孔子後。官保定令。終荆王府長史。其爲學出於王守仁。著有日言。

孔承恭 〔宋〕萬年人。字光祖。戡五世孫。由節度推官歷大理寺丞。獻宮詞託意求進。太祖怒其引喻非宜。免官放歸。太宗即位。復官。監西京酒麴。歲增課六千萬。累官大理少卿。以將作監致仕。承恭少疏縱。及長折節自勵。晚年奉佛蔬食。言多迂闊。

孔昌寓 〔唐〕山陰人。字廣成。貞

觀中對策高第。歷魏州司馬。有治狀。帝爲不置刺史。後進膳部郎中。

孔旼 【宋】字寧極。孔子後。隱居汝州灉陽城。性孤潔。喜讀書。動止必依禮法。環所居百餘里。人皆愛慕之。葬其父。廬墓三年。州以行義聞。賜粟帛。授秘書省校書郎。致仕卒。

孔武 【漢】忠子。字子威。爲文帝博士。終臨淮太守。

孔武仲 【宋】文仲弟。字常父。舉進士。元祐間歷官國子司業。嘗論科舉之弊。詆王氏學。請復詩賦。又欲罷大義而益以諸經策。累遷禮部侍郎。以寶文閣待制知洪州。坐元祐黨。奪職。所著詩書論語說．金華講義．內外制雜文共百餘卷。

孔知濬 【後周】勍從子。字秀川。仕梁爲天興軍使。同光末勍鎭昭義。時監軍皆恃恩橫暴。明宗鄴城之變。知濬有定變功。開運中歷鳳州刺史。撫士得宜。西疆無牧圉之失。後入漢。授密州防禦使。廣順中卒。

孔金 【明】淮安山陽人。父早亡。母謝氏。遺腹三月而生金。母爲大賈杜言逼娶。投河死。金長。屢訟不勝。乞食走闕下。擊登聞鼓。訴冤不得達。還墓所。晝夜號泣。里人陳其事於知府張守約。坐言大辟。死獄中。

孔奐 【陳】琇之曾孫。字休文。好學善屬文。仕梁爲丹陽尹。永定中除晉陵太守。郡中號曰神君。宣帝時爲吏部尚書。應接引進。門無停賓。加以識鑒人物。詳練百氏。凡所甄拔。莫不悅服。性耿介。絕諸請託。達於政體。後主時終弘範宮衞尉。

孔奕 【晉】全椒令。明察過人。在官有惠化。及卒。市人若喪慈親焉。

孔彥舟 【金】林慮人。字巨濟。避罪之汴。占籍軍中。已而殺人亡命爲盜。靖康初應募。累官京東西路兵馬鈐轄。後歸金。伐宋數有功。遷工部尙書河南尹。封廣平郡王卒。彥舟荒於色。然習兵事。知利鈍。臨終。遺表言伐宋。當先取河南云。

孔彥縉 【明】訥孫。字朝紳。永樂間襲封。甫十歲。命肄業國學。久之遣歸。景泰初帝幸學。彥縉率王氏子孫觀禮。賜坐彝倫堂聽講。幸學必先期召衍聖公自此始。

孔思晦 【元】字明道。孔子後。貧質端重。性簡默。讀書講求義理。不事詞章。家貧。躬耕以爲養。仁宗時襲封衍聖公。卒謚文肅。

孔昱 【後漢】魯人。字元世。少習家學。大將軍梁冀辟不應。遭黨事禁錮。靈帝徵拜議郎。補洛陽令。以師喪棄官。卒於家。

孔昭 【後魏】鄴人。始光中以密皇后親。爵魏縣侯。遷安南將軍。性柔曠。有才用。累官幽州刺史。進爵魯郡公。

孔昭孔 【清】廣居子。字微明。亦曰味茗。工刻石。有說文疑疑續．夏小正考正。

孔洙 【元】孔子後。先世自宋南渡初。寓衢州。世祖欲襲封衍聖公。召洙赴闕。洙遜於居曲阜者。世祖嘉之。命爲國子祭酒。提舉浙東學校。

孔穿 【戰國】字子高。孔子後。楚魏趙三國交聘不就。嘗與公孫龍會於平原君所。龍能爲堅白異同之辨。穿折之。平原君謂龍曰。君無復與孔子高辨事也。其人理勝於詞。公詞勝於理。詞勝於理。終必受詘。嘗著儒家之語十二篇。名曰讕言。

孔若思 【唐】禎子。以博學聞。擢明經。歷庫部郎中。嘗曰仕宦至郎中足矣。座右置止水一石。明止足之意。中宗初敬暉．桓彥範當國。以若思多識古今。凡大政事。必咨質而後行。三遷禮部侍郎。出爲惠州刺史。以清白著稱。卒謚惠。

孔衍 【晉】魯國人。字舒元。孔子後。通詩書。元帝引爲安東參軍掌記室。中興初補中書郎。明帝在東宮。領太子中庶子。練識舊典。朝議軌制。多取正焉。王敦惡之。出衍爲廣陵郡。郡鄰西賊。時人爲之寒心。而衍不形於色。大興中卒於官。

孔衍栻 【清】曲阜人。字石村。有石村畫訣。

孔貞元 【明】蕭人。字百原。以風骨著。性孝友。讀書不求解悟。遇寇難。屹然不屈。引刀自刺其心而死。

孔貞時 【明】池州人。字太華。官檢討。歷起居注。編纂六曹章奏誥敕撰文。皆酌古準今。不事文采。以勞卒。有晉齋文集。

孔貞瑄 【清】曲阜人。字璧六。號歷洲。晚號聊叟。順治舉人。官大姚知縣。有大成樂律．聊園全集．泰山紀勝。

孔貞運 【明】句容人。字開仲。孔子後。萬曆進士。授編修。天啓中充經筵展書官。纂修兩朝實錄。崇禎初入閣。尋引歸。莊烈帝哀詔至。貞運哭臨。慟絕不能起。舁歸。遂卒。

孔述睿 【唐】祖舜孫。與兄克符弟克讓篤孝。已孤。偕隱嵩山。大曆中累擢史館修撰。每一遷。即至朝謝。俄而辭疾歸。以爲常。德宗立。拜諫議大夫。後復爲史館修撰。重次地理志。本末最詳。性退讓。未始忤物。時稱長者。

孔乘 【後魏】字敬山。孔子後。博學有才藝。延興中舉孝廉。封崇聖大夫。世食邑五百戶。

孔俶玄 【梁】僉子。頗涉文學。官至太學博士。（按南史作淑玄。此從梁書。）

孔勍 〔後唐〕兗州人。字鼎文。少便騎射。事梁祖。爲唐鄧節度使。貞明中以討平王球功。授山南東道節度使。莊宗至洛陽。勍來朝。移昭義。明宗時改河陽。以太子太師致仕卒。

孔挺 〔前趙〕南陽人。爲劉曜史官丞。造渾天儀。

孔祐 〔南齊〕會稽人。至行通神。隱於四明山。太守王僧虔引爲主簿。不就。

孔祖舜 〔唐〕昌寓子。字奉先。爲監察御史。以累下除成武令。雉馴於庭。

孔祇 〔晉〕愉弟。字承祖。太守周札命爲功曹史。札爲沈充所害。故人賓吏莫敢近者。祇冒刃號哭。親行殯禮。送喪還義興。

孔素瑛 〔清〕桐鄉人。適金尚東。精小楷。得衛夫人筆意。工寫山水。畫已卽題詩自書之。時稱三絕。

孔翁歸 〔漢〕會稽人。工詩。爲南平王記室。

孔崇弼 〔後晉〕仕後唐。累官左常侍。無他才。但能談笑戲玩人物。揚眉抵掌。取悅於人。天福中遷左散騎常侍。

孔巢父 〔唐〕字弱翁。孔子後。少好學。隱徂徠山。德宗時爲魏博宣慰使。見田悅。與言君臣大義。利害逆順。數日。田緒殺悅。聽命。巢父卽以緒權軍中務。紓其難。李懷光據河中。復令巢父宣慰。罷其兵。爲亂軍所害。諡忠。

孔敏行 〔唐〕述睿子。字至之。元和進士。累官諫議大夫。少修潔。及仕宦。能交當時豪俊。有名一時。而雅操不逮其父。

孔淳之 〔南朝宋〕魯人。字彥深。孔子後。居會稽剡縣。性好山水。不就徵辟。會稽太守苦邀之。終不肯往。元嘉初徵爲散騎常侍。乃逃於上虞縣界。家人莫知所在。

孔琇之 〔南齊〕靈符從子。有吏能。歷官臨海太守。以清約著。出監吳興郡。尋拜太守。政稱清嚴。隆昌初遷晉熙王冠軍長史江夏內史行郢州事。欲令殺晉熙王。琇之辭。不許。不食死。（按南史作琇人。此從南齊書。）

孔紹安 〔隋〕奐子。蚤知名。勵志於學。陳亡。入隋。徙居京兆。閉門讀書。外兄虞世南歎異之。紹安與孫萬壽皆以文辭稱。時謂之孫孔。大業末爲監察御史。高祖擢內史舍人。詔撰梁史未成卒。有文集。

孔訥 〔明〕希學子。字言伯。洪武間襲封。命禮官以教坊樂導送至國學。學官率諸生二千餘人迎於成賢衞。自後每歲入覲。給符乘傳。帝既革丞相官。遂令班文臣首。訥性恭謹。處宗黨有恩。建文初卒。

孔勖 〔宋〕宜子。登進士第。眞宗時以殿中丞通判廣州。以清潔聞。及被召。蕃酋爭持寶貨以獻。皆慰遣之。歷尚書工部侍郎。致仕。

孔喬 〔後漢〕宛人。字子松。學古文尚書·春秋左氏傳。常幽居修志。銳意典籍。鄉里莫得瞻見。建武初公車徵不行。卒於家。

孔循 〔後唐〕不知其家世。初冒朱姓。又冒趙姓。名殷衡。梁太祖以爲副使。與蔣玄暉等共與弑昭宗之謀。入梁。始改姓名。爲人柔佞而險猾。明宗時終橫海節度使。

孔惠元 〔唐〕穎達孫。力學寡言。爲司業。累擢太子諭德。自穎達至惠元。三世司業。時人美之。

孔愉 〔晉〕山陰人。字敬康。惠帝末嘗避亂入新安山中。改姓孫氏。以耕讀爲事。信著鄉里。建興初爲丞相掾。以討華軼功。封餘不亭侯。成帝時遷左僕射。出爲會稽內史。修復漢時舊陂。溉田二百餘頃。在郡三年。乃營侯山下數畝地爲宅。草屋數間。棄官居之。卒諡貞。

孔琳 〔漢〕臧子。位至諸吏。博於學問。

孔琳之 〔南朝宋〕沈孫。字彥琳。少好文義。解音律。能彈琴。妙善草隸。桓玄以爲西閣祭酒。永初間爲御史中丞。明憲直法。無所屈撓。累遷祠部尚書。致仕。

孔登 〔梁〕休源宗人。爲少府卿。休源初到京。寓登宅。爲范雲所賞。後雲往訪。登便拂筵整帶。謂當詣己。旣而獨造休源。高談盡日。同載還家。登深以爲愧。

孔逭 〔南齊〕會稽人。抗直有才藻。製東都賦。於時才士稱之。陳郡謝瀹年少時遊會稽還。父莊問入東何見。見孔逭不。爲世見重如此。

孔逷 〔南齊〕山陰人。字世遠。好典故學。與王儉至交。宋昇明中爲齊臺尚書儀曹郎。屢箴闕禮。多見信納。永明中爲太子家令卒。

孔雲章 〔梁〕休源子。有父風。篤信佛理。徧持經戒。官至岳陽王府諮議·東揚州別駕。

孔順 〔戰國〕穿子。字子愼。嘗爲魏相。居位九月。喟然曰。言不用。居官食祿。是尸位素餐也。辭疾歸。嘗嘆曰。死病無良醫。不出二十年。天下其爲秦乎。

孔僅 〔漢〕南陽人。用鐵冶爲業。武帝時爲大農丞。與東郭咸陽領鹽鐵事。使天下鑄作器。三年中至大司農。列於九卿。

孔僉 〔梁〕山陰人。通五經。尤明三禮·孝經·論語。生徒數百人。三爲五經博士。後爲海鹽·山陰二縣令。僉不長政術。值太清之亂。卒於家。

孔·嗣之 〔南齊〕魯國人。字敬伯。宋時與齊高帝俱爲中書舍人。並非所好。自廬江郡守去官。隱居鍾山。朝廷以爲太中大夫卒。

孔·嵩 〔後漢〕南陽人。字仲山。家貧親老。乃變姓名爲新野縣阿里街卒。正身厲行。街中子弟。皆服其訓化。遂辟公府。之京師。道宿下亭。盜共竊其馬。尋問知其嵩也。乃相責讓。送馬謝之。官至南海太守。◎〔後蜀〕一名景。蜀人。工畫龍及花雀。

孔·戡 〔唐〕戣弟。字勝始。第進士。補修武尉。昭義節度使盧從史留署掌書記。從史與王承宗·田緒陰相結。戡陰爭不從。肆言折之。遂以疾歸洛陽。李吉甫鎭揚州。表置幕府。從史即誣以事。奏三上。詔以衛尉丞分司東都。未幾卒。

孔·戢 〔唐〕戡弟。字方舉。初父死難。詔與一子官。補修武尉。不受。以讓戡。擢明經書判。歷殿中侍御史。持正疾惡。累遷京兆尹卒。

孔·戣 〔唐〕巢父從子。字君嚴。擢進士第。爲侍御史。累擢諫議大夫。條上四事。憲宗異其言。又劾李涉結近倖罔上。論正李少和·崔易簡獄事。再遷尚書左丞。出爲華州刺史。歷拜嶺南節度使。交廣大治。穆宗立。還爲左丞。以老自乞。韓愈疏言在朝戣輩不過三數人。宜留之。不報。以禮部尚書致仕。卒諡貞。

孔·敬宗 〔金〕遼陽人。字仲先。遼季爲寧昌劉宏幕官。斡魯古兵至境上。敬宗勸劉宏迎降。遂爲鄉導。積功補順安令。天輔初與劉宏率懿州民內徙。授世襲猛安。累官寧昌軍節度使。徙歸德。致仕卒。

孔·溫業 〔唐〕戢子。字遜志。擧進士。大中時爲吏部侍郎。求外遷。宰相白敏中顧同列曰。吾等可少警。孔吏部不樂居朝矣。後爲太子賓客。

孔溫窟哇 〔元〕札剌兒氏。以戚里故。在太祖麾下。數立功。後乃蠻叛。太祖與六騎走。追騎垂及。而太祖馬斃。五騎相顧駭愕。孔溫窟哇以乘馬濟太祖。身當追騎。死之。太祖獲免。

孔·熙先 〔南朝宋〕默之子。博學有縱横才志。文史星算。無不兼善。文帝時爲員外散騎侍郎。不爲時所知。久不得調。以彭城王義康有恩於其父。及義康被黜。熙先密懷報效。欲要朝廷大臣。以計交范曄。謀清君側。事敗被收。望風吐款。辭氣不撓。尋伏誅。

孔·稚珪 〔南齊〕靈產子。字德璋。少涉學有美譽。高帝爲驃騎。召爲記室參軍。與江淹對掌辭筆。累遷太子詹事。稚珪風韻清疏。好文詠。不樂世務。憑几獨酌。門庭之內。草萊不翦。中有蛙鳴。嘗笑謂客曰。我以此當兩部鼓吹。（按南史作孔珪。此從南齊書。）

孔·羣 〔晉〕愉從弟。字敬林。有智局。志尚不羈。性嗜酒。仕歷中丞。

孔·道 〔宋〕商河人。靖康末以知兵干當道。不見用。南渡後。從張俊有功。嘗歎士大夫鮮盡忠者。故名子以忠。

孔·道輔 〔宋〕勖子。字原魯。初名延魯。第進士。歷知仙源縣。召爲左正言。受命日。論奏曹利用·羅重勳竊弄威柄。宜早斥去。太后可其言。乃退。權御史中丞。性鯁挺特達。遇事彈劾無所避。後出知鄆州。行至韋城病卒。

孔·道徽 〔南齊〕祐子。少勵高行。能世其家風。隱居南山。終身不窺郡邑。徵辟不就。鄉里宗慕之。

孔·靖 〔南朝宋〕愉孫。字季恭。武帝東征孫恩。屢過靖宅。靖曲意禮接。贍給甚厚。後爲會稽內史。釐整浮華。翦罰游惰。由是境內肅清。累遷吳興太守。義熙間復爲會稽內史。修飾學校。督課誦習。從平關洛。拜侍中。及帝即位。加開府儀同三司。讓累年不受卒。（按晉書作孔靜。此從南史。）

孔·僖 〔後漢〕子建曾孫。字仲和。自安國以下。世傳古文尚書毛詩。僖仕章帝爲蘭臺令史。從幸闕里。帝曰。今日於卿宗有光榮乎。僖曰。陛下崇禮先儒。增輝聖德。至於光榮。非所敢承。帝大笑曰。非聖門子孫。安有斯言。終臨晉令。

孔·嘉 〔後漢〕奮子。作左氏說。官至城門校尉。

孔·毓功 〔清〕江西新城人。字惟敍。嘗學於魏禮。有孔惟敍集。

孔·毓圻 〔清〕曲阜人。字鍾在。康熙間襲封衍聖公。工擘窠書。善畫蘭。卒諡恭慤。

孔·毓珣 〔清〕曲阜人。字東美。康熙間由恩貢授武昌通判。累擢兩廣總督。頗有善政。諳河工。調江南河道總督。卒諡溫僖。

孔·毓瓊 〔清〕江西新城人。字鍾英。嘗學於魏禮。有孔鍾英集。

孔·禎 〔唐〕山陰人。第進士。歷監察御史。門無賓謁。時識其介。高宗時再遷絳州刺史。

孔·端甫 〔金〕總孫。明昌初學士。党懷英薦其年德俱高。讀書樂道。該通古學。特賜王澤榜及第。除將仕郎小學教授。以主簿奉祠致仕。

孔·維 〔宋〕雍丘人。字爲則。乾德中以九經及第。累遷國子祭酒。以經術受知。躁進而貪。嘗私用印書錢三十餘萬。方被病。爲人所發。遽以家財償之。疾遂亟。臨終。以五經疏未畢爲恨。

孔·臧 〔漢〕安國從兄。武帝時官太常。始與博士等議勸學勵賢之法。請著功令。自是公卿大夫士吏。彬彬多文學之士。

孔·齊 【元】曲阜人。字行素。號靜齋。元末避兵居四明。有至正直記。

孔·廣 【南齊】會稽人。字淹源。美容止。善吐論。仕至揚州從事。

孔·廣居 【清】江陰人。號瑤山。工刻石。能詩文。通許氏說文解字學。有說文疑疑。

孔·廣牧 【清】曲阜人。字力堂。有禮記天算釋。先聖生卒年月日考。

孔·廣森 【清】繼涑從子。字衆仲。又字撝約。號顨軒。乾隆進士。官檢討。性恬淡。耽著述。告養歸不復出。年三十五。居大母與父喪。以哀卒。少受經於戴震。所學在公羊春秋。著公羊通義·大戴禮記注·詩聲類·禮卮言·經學卮言·少廣正負術內外篇。又喜駢文。著儀鄭堂駢儷文。江都汪中歎爲絕手。

孔·廣源 【清】正定人。嘉慶間由行伍從攻教匪。轉戰川陝楚三省。積功累官鎭還鎭總兵。

孔·廣銘 【清】曲阜人。字文箴。避亂至漢中。黃鼎延之入幕。以功授通判。駐藏大臣崇綱調司文檄。後卒於蜀。博通羣書。著公羊釋例·孟子義疏·五經異義疏證·莊子義訓·前漢書考證。皆未成書。

孔·廣翼 【清】字乙之。布衣攻學。以避寇家臨羌山中。文章直追周秦。晚益宏肆。不求聞達。有文集百卷。遺言不得刊行。

孔·德紹 【隋】會稽人。有淸才。官至景城縣丞。竇建德稱王。署爲中書令。專典書檄。及建德敗。伏誅。

孔·璋 【唐】許昌人。玄宗時李邕下獄當死。璋以布衣上書。謂邕往者折張易之角。挫韋氏之鋒。有功於國。臣無益於時。願以身代之。疏奏。配流嶺南而死。

孔·範 【陳】會稽人。字法言。爲後主狎客。仕都官尚書。容止都雅。文章贍麗。後主惡聞過失。範必曲爲文飾。稱揚贊美。時孔貴人絕愛幸。範與孔氏結爲兄妹。陳亡。隋文帝以其姦諂。流之遠裔。

孔·緯 【唐】戣孫。字化文。擢進士。遷御史中丞。方雅疾惡。中外聞風而化。三遷吏部侍郎。權要私謁。至盈几一不省。從僖宗幸蜀。拜尙書左僕射。昭宗時加司徒。以事貶均州刺史。尋擢吏部尙書。以司空門下侍郎復輔政。卒。

孔·奮 【後漢】茂陵人。字君魚。少從劉歆受春秋左氏。建武中爲姑臧長。姑臧通貨羌胡。居縣者輒致豐積。奮在職四年。財產無所增。除武都郡丞。討隴西餘賊隗茂等。賊執其妻子。置軍前。冀當退卻。而擊之愈厲。遂擒滅茂等。及拜武都太守。舉郡莫不改操。爲政明斷。甄善疾非。郡中稱爲清平。

孔·璠 【元】唐山人。字誠甫。識度不凡。至元中官陝西河渠副使。鑿鄭國渠。溉田四千五百頃。遷徽州總管府判官。以讞獄平恕稱。

孔·穎達 【唐】衡水人。字仲達。少聰敏。記誦日千餘言。隋末舉明經。煬帝召天下儒官集東都。詔國子祕書學士與論議。穎達爲冠。又年最少。老師宿儒恥出其下。陰遣客刺之。匿楊玄感家得免。入唐。累官國子司業。遷祭酒。嘗受太宗命撰五經正義。即今注疏本之五經疏也。卒謚憲。

孔·興泰 【清】睢州人。字林宗。精算學。著大測精義。求半弧正弦法。與梅文鼎正弦簡法補說。不謀而合。

孔·融 【後漢】魯國人。孔子後。字文舉。少有俊才。年十歲。謁李膺。膺與賓客莫不奇之。太中大夫陳韙獨曰。小時了了。大未必佳。融曰。想君小時。必當了了。韙大踧踖。獻帝時爲北海相。立學校。表儒術。尋拜太中大夫。值漢室之亂。志在靖難。然才疏意廣。迄無成功。嘗自謂座上客常滿。尊中酒不空。吾無憂矣。後爲曹操所忌。被誅。有孔北海集。

孔·鮒 【秦】穿子。字子魚。亦字甲。博通經史。秦始皇併天下。召爲魯國文通君。遷少傅。李斯始議焚書。鮒聞之。收其家論語尙書孝經等書藏於舊宅壁中。隱居嵩山。教弟子百餘人。後陳涉爲楚王。聘爲太傅。尋託疾而退。卒於陳。著書二十篇。名曰孔叢子。

孔·默之 【南朝宋】淳之弟。爲廣州刺史。以贓貨得罪下廷尉。賴彭城王義康保持得免。嘗註穀梁春秋。

孔·璪 【南朝宋】廢帝時官都水使者。時孔覬行會稽郡事。明帝召覬爲太子詹事。令庾業代覬。遣璪入東慰勞。璪因說覬以廢帝侈費。倉儲耗盡。若擁五郡之銳招動三吳。事無不克。覬遂發兵反。後事敗。璪投門生陸林夫。爲林夫所殺。

孔·環 【明】南宮人。字伯循。正德中以歲貢授來安知縣。忤劉瑾黨。左遷西華教諭。後盜起霸州。奄至西華。城陷被執。遇害。

孔·禧 【明】雲南永昌人。字彥和。嘉靖進士。知浮梁縣。狷介剛直。有惠政。性沈默端謹。事兄甚恭。俸給皆歸兄。又喜周人之急。有貸不能償者。輒焚其券。

孔·總 【南齊】道徽兄子。有操行。遇飢寒不可得衣食。縣令丘仲孚薦之。除竟陵王侍郎。竟不至。◎【金】字元會。孔子後。少穎悟。通左氏春秋。及襲封衍聖公。管句祀事。世宗召赴闕下。

欲留任用。總力辭。請專祀事。特授曲阜令。嚴潔祭祀。敦睦親族。終奉直大夫。

孔・褒　【後漢】融兄。張儉爲中常侍侯覽所怨。覽下州郡名捕儉。儉與褒有舊。亡抵於褒。不遇。融留舍之。後事泄。儉得脫走。因收褒兄弟。融自承舍納當坐。褒曰。彼來求我。非弟之過。請甘其罪。吏問其母。母曰。家事從長。妾當其辜。一門爭死。郡縣上其讞。竟坐褒罪。

孔・覬　【南朝宋】山陰人。字思遠。孝武時爲散騎常騎。不媚權貴。性嗜酒。醉日常多。而明曉政事。及醒判決。未嘗有壅。孝武每引見。使人覘醉醒。覬骨鯁有風力。眞素儉約。不尙矯飾。廢帝時加輔國將軍。行會稽郡事。明帝卽位。召覬爲太子詹事。令庾業爲代。時上流反叛。以孔璪言。遂發兵反。事敗被誅。

孔・謙　【後唐】魏州人。莊宗時由孔目官爲度支使。謙自少爲吏。工書算。頗知金穀聚斂之事。晉與梁相拒河上十餘年。大小百餘戰。調發供饋。未嘗缺乏。所以成莊宗之業者。謙之力爲多。及卽位。謙百計謀爲租庸使。以聚歛爲天下所怨苦。明宗立。下詔暴謙罪誅之。

孔・鮮　【南朝宋】字宣之。孔子後。倜儻有大度。好學博覽。元嘉中封崇聖侯。

孔・鯉　【春秋魯】孔子子。字伯魚。伯魚生。適魯昭公以鯉賜。孔子榮君之貺。故因以名子。嘗趨庭受詩禮之訓。年五十。先孔子卒。

孔・鏞　【明】長洲人。字昭文。景泰進士。知高州府。境內獞猺出沒。鏞單騎入賊營。諭降。歷廣西按察使。以右副都御史巡撫貴州。計擒悍苗。羣蠻震懾。弘治初召爲工部右侍郎。卒於道。

孔・嚴　【晉】奕孫。字彭祖。少仕州郡。太和中拜吳興太守。善於宰牧。甚得人和。又褒薦行義。甄賞才能。論者美爲。

孔・繼涑　【清】繼涵弟。字信夫。一字體實。號谷園。乾隆舉人。候補中書。工書。爲刑部尙書張照女夫。得其筆法。有小司寇之目。刻其書爲瀛海仙班帖。精於鑒別。碑版有玉虹樓帖・鑒眞帖・摹古帖・清朝名人法書。並行於世。

孔・繼泰　【清】崑山人。字鶴疇。號鷗莊。拔貢生。善畫山水。擅時名。所藏書畫。絕無贋本。人服其精鑒。

孔・繼堯　【清】崑山人。字硯香。號蓮鄉。工畫山水花鳥。尤精人物。

孔・繼涵　【清】曲阜人。字蒓谷。乾隆進士。官戶部郎中。深於三禮。尤精天文算術。校刻微波榭叢書七種。及算經十書。皆稱精本。所著曰紅櫚書屋集。

孔・繼檊　【清】曲阜人。乾隆舉人。官松江知府。工畫墨梅。尤善寫影。有橫斜浮動之趣。

孔・繼鑅　【清】直隸清河人。字宥函。道光進士。官刑部主事。能文章。好爲古歌詩。師事山陽潘德輿。以氣節相尙。以知府從軍江浦。死洪楊之難。有心嚮往齋和陶詩・壬癸詩錄。

孔・騰　【漢】鮒弟。字子襄。高祖過魯。以太牢祀孔子。封爲奉祀君。惠帝朝遷長沙太守。

孔・霸　【漢】延年子。字次儒。治尙書。事太傅夏侯勝。昭帝時爲博士。宣帝時拜大中大夫。授皇太子經。遷詹事。爲高密相。元帝卽位。拜太師。賜爵關內侯。號褒成君。爲人謙退。不好權勢。三讓相位。帝以是敬之。卒謚烈。

孔・靈產　【南朝齊】山陰人。宋泰始中爲晉安太守。有隱遁之志。於禹井山立館。事道精篤。頗解星文。好數術。齊高帝輔政。沈攸之起兵。靈產白高帝曰。攸之兵衆雖強。以天時冥數而觀。無能爲也。高帝驗其言。擢爲光祿大夫。

孔・靈符　【南朝宋】靖子。孝武帝時歷官尋陽王子房右軍長史。蒞職有材幹。所蒞政績修理。景和中以忤近臣。爲所讒構。遣使鞭殺之。

少正・卯　【春秋魯】大夫。亂政。孔子攝行相事。誅之。曰。天下有大惡五。而盜竊不與焉。心逆而險。行僻而堅。言僞而辯。記醜而博。順非而澤。少正卯兼有之。不可以不除。

少昊　【上古】帝。亦作少皞。名摯。修太昊之法。故曰少昊。以金德王。故亦曰金天氏。

少俞　【上古】黃帝時人。俞跗之弟。爲帝臣。醫術多與其兄同。

少康　【夏】王。帝相子。初。浞殺帝相。相后緡歸有仍。生少康。夏貴臣靡。逃於有鬲氏。收斟尋二國餘燼。殺寒浞。立少康。滅浞於過。滅豷於戈。夏統中絕四十年。而後少康中興。在位二十二年崩。

少嵩　【宋】僧。字亞愚。有漁父詞集句。

尤・大公　【宋】常州人。字無己。有勇任俠。鄰有婦與人私。里長發其事。官曲聽。入里長罪。大公奮贖之。一夕。斬二人頭遁去。

尤・山　【元】常州人。字志蕖。守節高尙。有勸之仕者。輒以醇酒飲之。

尤・文　【元】常州人。字十初。究心理學。永樂中徵孝廉。以養親固辭。蹇義・胡濙・周忱・等凡八薦。終不出。年踰八十。講學不倦。門人私謚恭靖先生。

尤世功 〔明〕榆林衛人。萬曆武舉人。以副總兵守瀋陽。熊廷弼愛其才。倚任之。清兵至。力戰死。

尤世求 〔清〕侗孫。字念修。官南充知縣。所著南園詩鈔。其詩格亦與西堂雜俎為近。

尤世威 〔明〕世功弟。崇禎初為山海總兵官。積資至左都督。後扼賊靈陝。不利。罷歸。李自成陷西安。世威與里居將帥議守禦。城陷。力戰死。

尤世祿 〔明〕世威弟。與兄世功・世威・並勇敢知名。為寧夏總兵官。累著戰功。李自成陷西安。死之。

尤台 〔宋〕安溪人。字公輔。八歲能屬文。慶元中應童子試。舉中書。不求仕進。優游林石。自號退翁而終。

尤交 〔宋〕常州人。字同父。博學能文。工書法。

尤光祓 〔明〕羅源人。字子輝。萬曆進士。守河陽。以循良稱。

尤安禮 〔明〕長洲人。字文度、為人尚義輕利。一友當遠戍。念其幼女無所託。安禮曰。吾有男當娶之。已而友死戍所。其女已得癇疾。迄踐其言。用薦為崇安教諭。歷兵部郎中・貴州參議歸。居窮巷中。屋隘甚。知府況鍾割官地益之。固辭。

尤求 〔明〕長洲人。移居太倉。字子求。號鳳丘。善畫山水人物。稱絕技。皴長白描。

尤玘 〔元〕常州人。字守元。長身美髯。才略過人。元初辟為中書掾。仕至大司徒。晚年更號知非子。有歸閒堂稿・萬柳溪邊舊話。

尤良 〔明〕常州人。號休齋。元泰定舉人。誓墓不仕。至正初徵修遼金二史。以佯狂免。洪武中累官太常卿。

尤邦志 〔明〕靖江人。少失怙。傭以養母。徽人汪姓寄一匣金。會鄰火延及舍。邦志命婦翼母出。自持匣金謹守之。數日汪至。以匣金還之。里中咸高其義。

尤侗 〔清〕長洲人。字同人。更字展成。號悔菴。晚號艮齋。又號西堂老人。以鄉貢除永平推官。坐事降調。康熙中召試鴻博。授檢討。歷官侍講。其詩詞古文。才既富贍。復多新警之思。每一篇出。傳誦遍人口。少嘗為遊戲文。流傳禁中。世祖見之。歎為眞才子。後入翰林。聖祖稱為老名士。性和易。與物無忤。卒年八十有七。所著西堂雜俎・艮齋雜記・鶴栖堂文集。凡百餘卷。

尤叔保 〔宋〕常州人。為人正直。以書畫名世。晚年頗雄於財。園亭池館。為一時勝。

尤岱 〔明〕榆林衛人。由步卒起家。至山海鐵騎營參將。數有功。忤上官。棄職歸。李自成至。岱助尤世威堅守。城陷。自殺。

尤怡 〔清〕長洲人。字在涇。號拙吾。家貧力學。業醫鬻字以餬口。所交皆一時名流。性沈靜。淡於名利。能詩。晚年治病頗煩。暇輒讀書灌花以自娛。有金匱心典集註・醫學讀書記・北田吟稿。

尤珍 〔清〕侗子。字慧珠。又字謹庸。別號滄湄。康熙進士。累官右贊善。乞養歸。有滄湄類稿・晬示錄。

尤時亨 〔宋〕無錫人。字雲耕。性至孝。傾財好客。為里人蕭氏辨冤。以勞瘁死。

尤時泰 〔宋〕常州人。舉博學弘詞。除國子監主簿。不赴。嘗得王八百丼中儲丹食之。遍游名山。年至百二十歲。無疾化去。

尤時熙 〔明〕洛陽人。字季美。舉嘉靖鄉試。習王守仁之學。歷元氏・章丘教諭。一以致良知為教。入為國子博士。學者稱西川先生。有擬學小記。

尤烈 〔明〕晉江人。字子偉。嘉靖進士。初授祁門令。治尚純約。累官雲南少參。致仕歸。性淡泊。里中咸仰其風節。

尤袤 〔宋〕時亨子。字延之。紹興進士。累遷太常少卿。光宗即位。言者以為周必大黨。遂與祠。紹熙初起知婺州。改太平州。召除給事中。上屬疾。國事多舛。袤積憂成疾卒。謚文簡。有遂初小稿・內外制。

尤棟 〔宋〕常州人。字率齋。十歲通五經。至十五。已閱萬卷。登景定進士。尋告歸。二子燾照高隱能文。一時江南金石文章。皆其父子之筆。

尤焴 〔宋〕袤孫。字伯晦。端平初徵為將作監主簿。復為淮西帥。以儒者守邊。威惠兼濟。累進禮部尚書。

尤義 〔宋〕吳縣人。字道本。洪武中以人才薦。授湖廣布政使經歷。以廉謹聞。有元史輯要。

尤實 〔明〕文弟。永樂進士。授南昌府同知。嫻律法。折獄有聲。後以勞卒。

尤維熊 〔清〕元和人。字祖望。號二娛。乾隆拔貢生。官蒙自知縣。工詩。尤長於詞。有二娛小廬詩詞鈔。

尤翟文 〔明〕世威從弟。為靖邊營副將。嘗從洪承疇敗闖賊。後與世威同守榆林。中流矢死。

尤槩 〔宋〕袤子。字與平。淳熙進士。人稱為眞書廚子。以其肖袤也。仕至太常博士。

尤蔭 〔清〕儀徵人。字實父。號水村。工詩。善寫蘭竹。名與王文治相埒。乾隆中隨和碩禮親王出塞。著出塞詩鈔。袁枚為序而行之。

尤錦 〔清〕太倉人。字尚絅。工畫山水及花卉翎毛。寫蘆汀鳧雁圖。筆極工致。尺幅之中。飛翔飲啄。動凡數十。各得生趣。

尤・錫類 明長洲人。字孝徵。萬曆進士。累擢貴州副使。值楊應龍叛。監軍事。勦撫互用。卒平播賊。晉雲南布政。致仕。

尤・繼先 明榆林衛人。萬曆中積功爲固原總兵官。徙鎭遼東。改薊州。罷歸。繼先眇一目。習兵敢戰。時稱獨目將軍。

尹・一仁 明江西安福人。字任之。歷官都水郎。以忤中貴出守歸德。多惠政。誣劾罷歸。卒之前數日。遺書其友劉陽曰。某不敢不死於君子之手。陽趨往視之。相對累日而卒。

尹・元凱 唐樂壽人。工文辭。由慈州司倉參軍坐事免。棲遲不出者三十年。後起爲右補闕。與富嘉謨・吳少微稱北京三傑。

尹・天民 宋會昌人。字先覺。爲太學博士。出知相如縣。時王黼得政。黼舊在太學。乃天民所隸齋生也。有強天民謁黼者。天民笑曰。見王丞相豈不得好官。但恐爲顏閔所笑。後除侍講不就。清議高之。

尹文 戰國齊處士。所著尹文子。本名家者流。大抵指陳治道。欲自處於虛靜。而萬事萬物。則一一綜核其實。故其言出入於黃老申韓之間云。

尹氏 西涼冀人。幼而好學。清辨有志節。初適扶風馬元正。元正卒。爲李暠繼室。自以再醮之故。三年不言。暠之創業。謀謨經略。多所匡贊。及歆嗣位。爲沮渠蒙遜敗死。尹氏潛奔伊吾卒。

尹・牙 後漢廣州人。字猛德。仕主簿。太守終寵父爲張太尉所害。寵戚戚不樂。牙感其恩遇。許以身爲報仇。遂傭僕服。託太尉門下三年。乘間殺之。持其首以報寵。事發。朝廷義之。赦不問。

尹・平 明吉水人。字伯洪。洪武中授監察御史。彈劾不避權貴。巡視湖廣。詢察民隱。考覈官吏。所至風采卓然。

尹・正 梁天水人。蕭詧蒞雍州。正爲府參軍。擒張纘。獲杜彥。皆正之力。詧稱帝。除正護軍將軍。封新野縣侯。卒諡剛。

尹・正卿 隋式族人。有儁才。名顯於世。

尹・民興 明字宣子。崇禎進士。歷知寧國・涇縣。有神明之稱。擢職方郎中。坐事除名。福王時起故官。尋謝病歸。南京陷。起義兵。城陷走免。唐王以爲御史。事敗歸。卒於家。

尹・玉 宋寧都人。贛州巡檢。秩滿。從文天祥勤王。至平江。援軍皆潰退。玉殘軍五百殊死戰。手殺數十人。箭集於冑如蝟毛。力屈被執死。餘兵無一降者。

尹・玉羽 後晉長安人。唐天福中隨計京師。有文稱。隱居杜門。無仕宦之意。梁末帝時歷雍汴滑兗從事。唐末帝時爲光祿少卿。退歸秦中。以林泉詩酒自樂。自號自然先生。高祖入洛。授少府監致仕。有武庫集。

尹・立 漢賞子。賞四子皆至郡守。立爲京兆尹。皆尚威嚴。有治辯名。

尹・吉甫 周宣王賢臣。宣王中興。修文武大業。時玁狁內侵。逼近京邑。命尹吉甫北伐。逐之太原而歸。

尹・如翁 明大冶人。賀逢聖門生。張獻忠連陷蘄黃。逼江夏。如翁走三百里。持一僧帽一袈裟來貽逢聖。逢聖反其衣。曰。子第去。無憂我。比城陷。逢聖抗節死。及大冶破。如翁亦慷慨而死。

尹・守貞 唐冀人。好學博古。能誦古史百家之言。文章草隸之則。元元本本。不舍晝夜。垂拱中以明經高第。長安初授四門助教。

尹・式 隋河間人。少有令聞。仁壽中官至漢王諒室參軍。王甚寵之。及漢王敗。自殺。

尹・伯奇 周尹吉甫之子。母死。吉甫後妻譖伯奇。吉甫怒。放伯奇於野。伯奇自傷無罪見逐。乃作履霜操。吉甫感悟。求伯奇於野。射殺後妻。

尹・仲 明宜賓人。萬曆進士。性剛寡合。歷官湖廣左右布政。以失禦流賊罷。張獻忠攻陷敘州。罵賊不屈死。

尹・克昌 明洪武初武進士。官主簿。凡有徭役。輒集耆老詢問。務在公平。獄訟必詳究情僞。重建縣治。民不知擾。

尹・廷高 元遂昌人。字仲明。號六峰。嘗掌教永嘉。秩滿至京。謝病歸。有玉井樵唱。

尹・志平 元中興人。丘處機弟子。處機卒後。世奉璽書。襲掌道教。武宗時加賜金印。

尹・更始 漢汝南人。字翁君。宣帝時以儒術進。治穀梁春秋。官至諫大夫。

尹・材 宋洛人。字處初。嘗游司馬光・邵雍之門。光入相。以遺逸薦爲學官。雍所謂洛中三賢之一也。

尹・沖 宋寧宗時令房州竹山。有惠愛。故子孫號竹山尹氏。

尹・沂 宋鄱人。幼聰明。積學好古。嘉定中建鼇山書院。延明經士以教邑中俊彥。置田百二十畝。以供祀事。贍生徒。一時士風大變。

尹・良佐 明溪川人。字志伊。隆慶進士。座主張居正才之。欲令其子從游。許之。館選。良佐不肯赴。居正銜之。就常調爲龍川知縣。撫平山寇。調丹陽。以最聞。召拜御史。侍經筵。條上治河封事。巡按河東。督理鹽政。以疾歸。

尹宗 【蜀漢】默子。傳父業爲博士。

尹怦 【唐】襄陽人。字守忠。父嗣宗居喪踰禮。怦時年十七。竭力奉養。父疾篤。怦不解衣歷年。父卒。負土成墳。朝夕號慟。高宗時刺史改其里爲南陔里。

尹拙 【宋】汝陽人。晉天福中與張昭等同修唐史。周顯德初又同詳定經典釋文。宋初以秘書監致仕。性純謹。博通經史。當時服其該博。

尹承諤 【後唐】初仕南唐爲兵馬監押。輯睦將校。人樂爲用。明宗時轉供奉官。乘驛往來。會計邊運。潔巳奉公。至老不衰。

尹旻 【明】歷城人。字同仁。憲宗時積官吏部尚書。銓拔無滯。賢愚皆悅。汪直開西廠。旻潛附之。加太子太傅·大學士。以尚書致仕。卒諡恭簡。

尹昌 【明】吉水人。字輯禎。宣德進士。授行人司正。己巳之變。扈從北征。預知勢不可爲。賦詩別故人。遂自刎而死。

尹昌隆 【明】泰和人。字彥謙。洪武進士。授翰林院修撰。改監察御史。建文卽位。視朝晏。昌隆上疏諫。未幾以地震上言。謫福寧知縣。燕兵既逼。昌隆勸帝罷兵。許燕王入朝。設有蹉跌。便舉位讓之。若沈吟不斷。進退失據。將求爲丹徒布衣。且不可得。成祖入京。以前奏貸死。後忤尚書呂震。下獄。尋被誣論死。沒其家。

尹直 【明】泰和人。字正言。景泰進士。成化中積官兵部尚書。明敏博學。練習朝章。而躁於進取。性矜忌。不自檢飭。與吏部尚書尹旻相惡。後與李孜省等陷旻父子。又構罷江西巡撫閔珪。物論譁然。孝宗薄其爲人。令致仕。卒諡文和。

尹知章 【唐】絳州人。武后時擢定王府文學。出爲陸渾令。坐事輒棄官去。覃思經術。以張說薦。爲國子博士。卒官。

尹芝僊 【清】浙江山陰人。原名瞱。字術跋。善彈琴。明崇禎間延攬天下善琴者。遂官武英殿中書舍人。賜號芝僊。一時傳爲盛事。晚居蘇門。刻有徽言祕旨。

尹長生 【宋】一作扈生。善圖繪人物故實。

尹咸 【漢】更始子。傳父左氏學。官大司農。

尹彥卿 【隋】式族人。有儁才。名顯於世。

尹思貞 【唐】長安人。以明經及第。累官工部尚書。仕高宗至玄宗。前後爲刺史十三郡。皆以清廉著聞。卒諡簡。◎【唐】天水人。字季弱。明春秋。擢高第。以親喪哀毀。除喪不仕。張說薦爲國子大成。每設奠講辨。聽者皆得所未聞。遷四門助教。撰諸經義樞·續史記。未就而卒。

尹洙 【宋】源弟。字師魯。天聖進士。遷太子中允。會范仲淹貶。洙奏仲淹臣之師友。仲淹被罪。臣不可苟免。出監唐州酒稅。爲韓琦所深知。官至起居舍人。自元昊不庭。洙嘗在兵間。於西事尤練習。性內剛外和。博學有識度。尤深於春秋。自唐末歷五代。文格卑弱。洙倡爲古文。簡而有法。世稱河南先生。有河南集。五代春秋。

尹珍 【後漢】牂柯人。字道眞。自以生於荒裔。不知禮義。乃從許愼·應奉受經書圖緯。學成。還鄉里教授。南域知學自珍始。桓帝時以經術選用。官至荊州刺史。

尹軌 【周】有道之士。穆王召之。居終南山。

尹庭 【明】肥城人。嘉靖進士。知郯縣。政治爲天下第一。尋官湖廣道監察御史。奏劾嚴嵩父子七疏。廷杖回籍。

尹泰 【清】滿洲鑲黃旗人。姓章佳氏。康熙間由筆帖式補主事。雍正間官至東閣大學士。兼兵部尚書。歷事三朝。奉職惟謹。卒諡文恪。

尹翁歸 【漢】平陽人。字子況。宣帝時爲東海太守。收黠吏豪民。案致其罪。東海大治。入守右扶風。京師畏其威嚴。爲人清潔自守。卒時家無餘財。

尹耕 【明】代州人。字子莘。嘉靖進士。嗜酒喜談兵。通知虜事。嚴嵩見而才之。累擢河南按察司兵備僉事。後爲張萬紀所劾。戍遼左。

尹耕雲 【清】江蘇桃源人。字瞻甫。號杏農。道光進士。官至河陝汝道。疏凡八九上。天下稱直臣。有奏議·心白日齋集·大學緒言·周易輯說·豫軍紀略。

尹起莘 【宋】遂昌人。字耕道。學問該博。隱居不仕。有資治通鑑綱目發明。

尹躬 【宋】字商老。宰江陵·新喻。禮耆老。正風俗。廉介自守。不畏強禦。遷江西憲屬。官至正卿。有易解·冬官解·文集。

尹堅 【明】永新人。字潮春。身長七尺。力能舉鼎。聲聞數家。常遇春伐江西。說熊天瑞以全城歸。授直殿將軍。累從征伐有功。改武略將軍。

尹埜 【清】鳳陽人。工畫驢。繪運糧圖。曲盡形態。人稱尹驢。子小埜能傳父業。

尹崇珂 【宋】天水人。徙居大名。初事周世宗。以謹厚稱。累遷爲殿前都指揮使。宋初爲淄州刺史。有善政。乾德中征嶺表。克廣州。擒劉鋹。錄功遷保信軍節度使。

尹敏 【後漢】堵陽人。字初季。初習歐陽尚書。後受古文。兼善毛詩・穀梁・左氏春秋。建武初上書陳洪範消災之術。拜郎中。帝以敏博通經記。令校圖讖。敏對以讖書非聖人所作。不納。仕終諫議大夫。

尹・淳 〔明〕崇慶人。正統舉人。官狄道教諭。言動不苟。以身率人。擢御史。巡按雲南。摘發奸宄。所至有聲。有陶冶集。

尹・略 〔南齊〕淮南人。少事高帝。曉工騎射。使爲將。昇明末爲虎賁中郎越騎校尉。建元初爲游擊將軍。以討巴東王子響見害。

尹・耜 〔清〕常熟人。字于耜。號野耕。又號介邱山人。善畫山水。與同里王翬・吳歷等游。卒年僅三十有六。

尹・莘 〔元〕淯川人。至治初游學京師。母亡。居廬蔬食。哀毀骨立。每雞鳴而起。手治祭饌。詣墓所哭奠。風雪不廢。父病疫。莘侍奉湯藥。衣不解帶。嘗糞以驗差劇。夜禱於天。願代父命。數日愈。鄉里嗟異之。(按莘。淸一統志作辛。通考作華。此從元史。)

尹・袞 〔明〕永新人。字舜章。正德舉人。由臨晉令守絳州。公署垣壞。得窖金數萬兩。禁家衆毋得私取。賦有餘。并貲以繕城郭。居恆每以愼交游遠勢要爲子孫垂訓。

尹・喜 〔戰國秦〕字公度。爲函谷關尹。老子西遊。喜望見紫氣。知有眞人當過。老子至。授道德經五千言而去。喜自著書曰關尹子。

尹・愔 〔唐〕思貞子。通老子書。初爲道士。玄宗尙玄言。召對喜甚。拜諫議大夫・集賢院學士。固辭不起。有詔以道士服視事。乃就職。專領集賢史館圖書。

尹・焞 〔宋〕源孫。字彥明。少師事程頤。嘗應舉。發策有誅元祐諸臣議。焞不對而出。終身不就舉。靖康初用种師道薦。召至。懇辭還山。賜號和靖處士。紹興初召爲崇政殿說書。兼侍講。時金人來議和。焞上疏非之。不報。乞致仕。有論語解・門人問答・和靖集。

尹・琳 〔唐〕一作林。高宗時。以善畫佛事鬼神著稱。

尹・勤 〔後漢〕南陽人。字叔梁。篤信好學。門外荆棘生。時人重其節。和帝時爲司空。後以定策立安帝。封福亭侯。

尹・暉 〔後晉〕魏州人。少勇健。爲魏帥楊師厚軍士。入唐。累遷殿衞都指揮使。高祖入洛。嘗遇暉。暉馬上橫鞭以揖高祖。高祖忿之。因譖於末帝。及卽位。官右衞大將軍。時范延光據鄴謀叛。以暉失意。密使人招之。暉懼而逃。爲人所殺。

尹・會一 〔清〕博野人。字元孚。號健餘。雍正進士。累擢襄陽府。有惠政。母李氏有婦德。會一自始仕至河南巡撫。凡所設施。皆稟母敎。官至吏部侍郎。爲學務在力行。於古今人學術純駁。審擇之而未嘗攻斥。有君鑑・臣鑑・士鑑・女鑑・增訂洛學編・小學纂註・近思錄集解・撫豫條敎・詩文集・從宜錄・讀書筆記及語錄・講習錄・呂語擇粹・尹氏家譜・賢母年譜。

尹・源 〔宋〕河南人。字子漸。博學強記。以文學知名。世稱河內先生。而自晦不矜飾。舉進士。累官通判涇州。嘗作唐說及敘兵十篇上之。最後通判慶州。范仲淹・韓琦薦其才。召試學士院。源不肯試賦。除知懷州卒。

尹・煥、 〔宋〕山陰人。字惟曉。官左司。有梅津集。

尹・虞 〔晉〕長沙人。慷慨有志操。永嘉初仕至始興太守。値杜弢之亂。戰沒。有二女爲賊所獲。曰我父二千石。終不能爲賊婦。有死而已。賊皆殺之。

尹・嘉 〔三國魏〕壽陽人。官祿福長。龐淯外祖趙安爲同縣李壽所殺。淯母娥白日刺壽於都亭前。詣縣請受戮。嘉解印綬縱娥。

尹・嘉賓 〔明〕江陰人。字孔昭。萬曆進士。除中書舍人。歷兵部郎中。東事亟。募兵海上。慨然有登白山渡黑水之思。旋陞湖廣提學副使。卒於官。工詩。兼擅書法。

尹・壽 〔上古〕堯師。居河陽。說道德經。教以無爲之道。又傳道於彭祖。

尹・夢龍 〔元〕中興人。母喪。負土爲墳。結廬居其側。手書孝經千餘卷。散鄉人讀之。

尹・夢鼇 〔明〕太和人。崇禎中知潁州。流賊破其城。夢鼇持大刀殺賊十餘人。身被數刃。投城下烏龍潭死。弟姪七人皆死之。

尹・端 〔明〕劍川人。字正之。性剛介。動必循禮。授淸浪衞知事。發摘無遺。疏指揮蔣維賢以下不法十餘人。時稱尹青天。

尹・臺 〔明〕永新人。字崇基。嘉靖進士。授編修。嚴嵩以同鄉故善遇之。欲與爲婚。竟不許。出爲南京祭酒。將行。言於嵩曰。楊繼盛言誠狂。願勿貽主上殺諫臣名。歷官南京禮部尙書。臺留意理學。鄒元標嘗稱其學不傍門戶。能密自體驗。有洞麓堂集。

尹・鳳 〔明〕南京人。字德輝。早孤。讀書嫻騎射。嘉靖中舉武科。鄉會試皆第一。官參將。備倭福建有功。萬曆初累官都督僉事致仕。

尹・齊 〔漢〕茌平人。以刀筆吏遷御史。張湯數稱其廉。武帝使督盜賊。斬伐不避貴勢。拜中尉。

尹德 〔清〕遏必隆四子。從聖祖征噶爾丹。復扈蹕寧夏。襲封二等公。累攝領侍衛內大臣。兼議政大臣。恭謹誠樸。宿衛十餘年。未嘗有過。卒謚愨敬。

尹德禧　清鑲黃旗包衣人。初名色喀通額。乾隆間隨征伊犂及金川。平鳳凰廳苗。又平臺灣林爽文餘黨。積功署湖南提督。

尹·毅　晉著有論語註解。

尹·穀　宋長沙人。字耕叟。性剛直莊厲。登進士第。調常德推官。知崇陽。所至廉正有聲。蒙古兵入寇。潭城受圍。帥臣李芾禮以爲參謀。城將破。乃與妻子訣。召弟岳秀使出以存尹氏祀。縱火自焚。鄰家往救。但於烈焰中遙見穀正冠端笏危坐。闔門少長皆死。諸生數百人往哭之。多感激死義者。

尹·緯　後秦天水人。字景亮。少有大志。貌魁梧。初事苻堅爲吏部郎。及姚萇奔馬牧。緯與尹詳·龐演等扇動羣雄。推萇爲謀主。遂爲佐命元功。性剛簡清亮。歷位尚書左右僕射。卒謚忠成。

尹·賞　漢楊氏人。以郡吏察廉爲樓煩長。舉茂材粟邑令。永始·元延間選守長安令。窮治奸惡。視事數月。盜賊止。郡國亡命散走。不敢闚長安。遷執金吾。卒官。

尹·質　宋成都人。字化元。工畫釋像。能寫貌。尤工士女人物。兼長雜畫。獨步康定·慶曆之間。性長厚。與人交有終始。

尹·勳　後漢鞏人。字伯元。家世衣冠。獨持清操。不以地勢尚人。州郡連辟。察孝廉。三遷邯鄲令。政有異迹。後舉高第。五遷尚書令。桓帝誅梁冀。參建大謀。封都鄉侯。遷汝南太守。上書解釋范滂等黨議禁錮。拜大司農。坐竇武等事下獄自殺。

尹·憲　宋晉陽人。太宗時以供奉官護府州屯兵。與鄜州三族會攻嵐州。破敵千餘衆。擒僞知州馬延忠。拔緣河諸砦。入朔州界。破寧武軍。獲人馬器甲甚衆。改護夏州兵。就知夏州。屢有戰功。後知定州卒。

尹·興　後漢明帝時爲蘇守。楚王英謀反。陰疏天下善士。有興名。英事覺。逮詣廷尉獄。赦還鄉里。

尹·默　蜀漢涪人。字思潛。游荊州。受學司馬徽·宋忠等。博通五經。專精左氏春秋。先主定益州。以爲勸學從事。及立太子。以左傳授後主。後主立。拜諫議大夫·丞相軍祭酒。

尹·應元　明漢川人。字乾泰。萬曆進士。累官僉都御史。巡撫山東。時太監陳增以礦租爲民厲。誣坐益都知縣吳宗堯。應元奏劾之。宗堯得免。

尹·襄　明永新人。字舜弼。號巽峰。正德進士。官司經局洗馬。有巽峰集。

尹·謙孫　宋萊陵人。字希呂。一字虛心。事親以孝聞。與其弟復孫自爲師友。肆力聖學。工詩文。

尹·瞻　宋溫江人。以博通知名。舉進士。通判本州。建學誨士。一日城中火且風。瞻具朝服向火拜之。已而風息火止。

尹·禮　明永新人。字內則。授御史。巡按山東。剛明果斷。韓雍稱其有古御史之風。

尹·穡　宋字少稷。高宗時與陸游同爲樞密院編修官。孝宗時賜進士出身。累遷諫議大夫。時金人來索地。張浚極言其不可。穡以爲宜與敵和。後金人入寇。穡乞取不肯撤備及棄地者劾其罪。爲言者所論。因罷去。

尹·鏜　明平鄉人。字子聲。以德清教諭選授監察御史。剛介自持。豪彊斂跡。兩淮鹽法弊甚。鏜定輕重之宜。嚴私貨之罪。後世歸重之。關中亢旱。民流離。鏜舉朱文公救荒四政行之。民賴全活。

尹·繼先　明臨洮人。成化間遊南都。亂髮鬅鬙。人呼尹蓬頭。繳道牒羊皮袋中。元時所給也。自言年三百十餘歲。容色若處子。劉瑾竊政。繼先時譏祇之。坐戍關右。過鐵鶴觀。發土。得鐵鶴。跨之飛去。

尹·繼昭　唐僖宗時人。畫人物臺閣。冠絕當時。

尹·繼倫　宋浚儀人。太祖時爲殿直。預平嶺表。下金陵。太宗即位。充北面緣邊都巡檢使。端拱中遼兵入寇。繼倫奮擊。大敗之。遼兵相戒曰。當避黑面大王。以繼倫面黑故也。累遷靈慶兵馬副都部署卒。

尹繼善　清尹泰子。字元長。晚號望山。雍正進士。累官文華殿大學士。嘗於一月兼攝將軍提督巡撫河漕鹽政上下兩江學政等官九印。案無留牘。猶與諸生論文課詩。聞者駭服。一督雲貴。三督川陝。四督兩江。而在江尤久。前後三十餘年。鮮有敗事。卒謚文端。

尹·鐸　春秋晉趙簡子使爲晉陽。請曰。以爲繭絲乎。抑爲保障乎。簡子曰。保障哉。於是損其戶數。民寬以和。

巴山　清滿洲鑲黃旗人。姓瓜爾佳氏。太宗時屢從征戰有功。順治間從入關。敗李自成。累官鎮守江寧副都統。封二等男。

巴而朮阿而忒的斤　元高昌國主。初臣契丹。聞太祖興朔方。遂來附。使尚公主也立安敦。嘗征罕勉力鎖潭·回回諸國。將部曲萬人以先。紀律嚴明。所向克捷。又從帝征你沙卜里。征河西。皆有大功。

巴奇蘭　清滿洲鑲紅旗人。姓納喇氏。天聰時從攻旅順口。偕薩穆什咯爾喀舟前進。裹創奮擊。遂克之。後征虎爾哈諸部。亦有功。授一等男。病創潰卒。

巴哈 〔清〕滿洲鑲黃旗人。姓瓜爾佳氏。衞齊四子。順治初從入關。定燕京。隨征陝西四川有功。累官少傅兼太子太傅。領侍衞內大臣。

巴哈布 〔清〕蒙古正藍旗人。姓烏武米氏。嘉慶間勦教匪於川楚。蔡牽於閩洋。滑縣教匪於河南。累擢喀喇沙爾辦事大臣。張格爾擾新疆。堵勦有功。官至江寧將軍。諡勤勇。

巴哈納 〔清〕滿洲鑲白旗人。姓覺羅氏。年十七。從征伐有功。天聰間任佐領。順治初以兵狥畿南郡縣。皆下之。復會師平定山西。從定四川。累官中和殿大學士。卒諡敏壯。

巴·思明 〔明〕山東新城人。正德進士。授行人。以劾江彬受杖。謫國子學正。世宗卽位。累遷兵科給事中。又忤權倖。外補浙江僉事。

巴海 〔清〕滿洲鑲藍旗人。姓瓜爾佳氏。順治間爲寧古塔總管。俄羅斯犯邊。巴海率兵禦戰。康熙間移邊境墨爾哲氏之衆於寧古塔附近。號新滿洲。官至鑲藍旗蒙古都統。列議政大臣。

巴泰 〔清〕漢軍鑲藍旗人。姓金氏。太宗時以二等侍衞從征。以善戰稱。多爾袞攝政。鼇拜擅權。巴泰皆不附。官至中和殿大學士。封一等子。加太子大傅。卒諡文恪。

巴特瑪 〔清〕滿洲鑲藍旗人。姓博爾濟吉特氏。崇德間任蒙古都統。順治間從入關。敗李自成。破張獻忠。封一等男。進列內大臣。◎滿洲正黃旗人。姓墨爾迪勒氏。乾隆間從攻金川及甘肅石峰堡回。積功官至正黃旗漢軍副都統。

巴務相 〔周〕巴郡南郡蠻。本有五姓。未有君長。乃共擲劍於石穴。約能中者。奉以爲君。務相獨中之。又令各乘土船。約能浮者。當以爲君。餘姓悉沈。因共立之。是爲廩君。四姓皆臣之。

巴淸德 〔清〕吉林人。隸滿洲正黃旗。姓顏扎特氏。道光間以二等侍衞從攻臺灣。征張格爾。並有功。官至鑲白旗蒙古都統。咸豐間偕向榮與洪楊軍戰。連敗之。以疾卒軍。諡果毅。

巴琿岱 〔清〕滿洲正黃旗人。康熙中任正黃旗滿洲都統。平湖廣夏逢龍之亂。又征噶爾丹有功。官至領侍衞內大臣。卒諡恪恭。

巴·肅 〔漢〕渤海人。字恭祖。與竇武。陳蕃等謀誅閹官。坐黨禁錮。中常侍曹節後聞其謀。收之。肅自載詣縣。縣令解印綬欲與俱去。肅曰。爲人臣者。有謀不敢隱。有罪不逃刑。遂被害。

巴圖爾琿台吉 〔明〕綽羅斯特酋長。一名渾台吉。本牧阿爾泰。旋據伊犂。爲四衞拉特部盟長。總稱準噶爾。恃其強。嘗侵侮諸衞拉特。其子僧格。噶爾丹。相繼嗣位。

巴圖濟爾噶勒 〔清〕厄魯特人。隸蒙古正黃旗。乾隆間從攻準噶爾有功。授鑲藍旗蒙古副都統。勦霍集占。乘霧追擊。連克之。授內大臣卒。

巴寡婦清 〔秦〕其夫得丹穴。擅利數世。家富不貲。婦能守其業。用財自衞。人不敢犯。始皇以爲貞婦而客之。爲築女懷淸臺。

巴·慰祖 〔清〕歙人。字儁堂。候補中書。富收藏。通文藝。書畫擅一時。

巴蔓子 〔戰國〕巴國人。仕巴爲將軍。周末國亂。蔓子請師於楚。許三城。楚已救巴。遣使請城。蔓子曰。藉楚之靈。克濟禍亂。誠許三城。可持吾頭往謝。城不可得也。乃自刎。使者以蔓子首報楚王。王以上卿之禮葬其首。巴亦擧其尸以卿禮葬之。

巴篤理 〔清〕世居佟佳。以地爲氏。後隸滿洲正白旗。積戰功授三等輕車都尉世職。官至禮部承政。天聰間從太宗攻明。克遵化城。中流矢卒。諡敏壯。

巴顏 〔清〕漢軍正藍旗人。李永芳五子。天聰間襲三等子。從太宗征科爾沁有功。復從圍錦州。大敗洪承疇於松山城下。任正藍旗都統。順治間略定直隸河南山西。由陝西進勦四川。又平姜瓖於大同。累功加一等伯。

心道 〔宋〕僧。眉州徐氏子。年三十得度。宣和初居常德府文殊寺。建炎中賊至。衆請南奔。心道曰。學道所以了生死。何避之有。因被殺。白乳上出。賊駭。引席覆之而去。

戈·允禮 〔明〕保山人。天啓進士。知麻城縣。邑人比之召父。擢吏科。忠言讜論。略無回曲。累官工部侍郎。

戈·永齡 〔明〕宛平人。正德中官欽天監保章正。有太陽太陰通軌。

戈·守智 〔清〕平湖人。字達夫。有漢溪書法通解。

戈·汕 〔明〕常熟人。字莊樂。善畫。鈎染細密。得北宋人風。能詩。善篆籀。

戈·叔義 〔元〕工畫墨竹。

戈·宙襄 〔清〕元和人。號小蓮。幼工辭章。以母老絕意仕進。嘗輯大儒傳道錄。名儒傳經錄。小人儒錄。著有半樹齋文。

戈·尚友 〔明〕臨淮人。知饒平縣。邑有草名斷腸。民借此作奸。尚友禁止之。遇贖罪。輒令移置此草於沿海井中。莫解其故。及海寇至。取水飲。死者過半。擢刑部主事。以平允稱。

戈登 〔清〕英國人。歷戰克里米·印度皆有功。同治間在中國領常勝軍。助勦太平軍。破福山。解常熟圍。偕程學啓攻太倉。收復崑山・吳江。進攻蘇州。說降之。學啓背盟。誘殺太平將郜雲官等八人。戈登怒。遂與學啓離。復助李鴻章諸軍。累官總兵。加提督銜。後歸英。遠征非洲之蘇丹。爲敵兵圍攻戰死。

戈源 〔清〕濤弟。字仙舟。號橋浦。乾隆進士。官至太僕寺少卿。居官多異政。每莅一官。必勤舉其職。

戈預 〔明〕梁州人。洪武初從太祖拔采石。下豫章。平武昌。陞都督。

戈諫 〔明〕永昌人。弘治舉人。歷太僕丞。出爲湖廣僉事。以廉幹稱。

戈濤 〔清〕獻縣人。字芥舟。號蓮園。乾隆進士。官至刑科給事中。工書。古文疏宕有奇氣。有獻邑志・坳堂詩集・坳堂雜著。

扎克塔爾 〔清〕滿洲鑲黃旗人。姓張氏。本金川番部人。投誠阿桂軍。獻入番捷徑。阿桂賴以成功。薦至護軍統領。川楚之役。臨陣未嘗敗北。軍中敬畏之。呼曰苗張。無敢攖其鋒者。

扎隆武 〔清〕滿洲鑲黃旗人。姓瓜爾佳氏。咸豐間與洪楊軍戰。復廬州。克舒城。拔含山。破巢縣。屢有功。官至湖南綏靖鎮總兵。同治間防勦捻匪。卒於軍。

支大綸 〔明〕嘉善人。字華平。萬曆進士。由南昌府教授擢泉州府推官。以事謫江西布政司理問。終奉新知縣。有世穆兩朝編年史、支子餘集・華萃詞。

支可大 〔明〕崑山人。字有功。萬曆進士。官禮部主事。清介自守。貴戚大璫。不可干以私。張居正欲引爲銓曹。辭不受。累官湖廣巡撫。時宦者陳奉欲構大獄。可大揭其詐。事乃得解。尋告歸。

支立 〔明〕嘉興人。字可與。事母孝。由舉人官翰林院孔目。與羅一峰友善。敦本爲己。深於經學。時人號爲支五經。

支仲元 〔前蜀〕鳳翔人。工畫神仙人物。多作奕棋之勢。率有思致。

支如玉 〔明〕嘉善人。字寧瑕。萬曆舉人。官刑部主事。有半衲庵集。

支孝龍 〔晉〕僧。淮陽人。神彩卓犖。機辯適時。與陳留阮瞻・潁川庾敳。並結知心之友。

支叔才 〔唐〕定州人。隋末荒饉。夜丐食野中。母爲賊執。叔才告以情。賊憫其孝。爲解縛。既而母病癰。叔才吮瘡注藥。及亡。廬墓。有白鵲止其旁。高宗時旌其家。

支法虔 〔晉〕僧。與支遁同學。精理入神。先遁亡。遁歎曰。昔匠石廢斤於郢人。牙生輟絃於鍾子。寶契既潛。發言莫賞。中心蘊結。余其亡矣。

支法衡 〔晉〕僧。病死三日而蘇。於是出家持齋。戒律精苦。晝夜勤思大道。爲至行沙門。

支渭興 〔元〕長寧人。至順進士。官至四川行省參政。善屬文。別號龍溪。有詩集。

支隆求 〔清〕嘉善人。字武侯。順治舉人。官沂水知縣。多惠績。致政歸。著書講學。有泊庵集。

支遁 〔晉〕僧。陳留人。字道林。世稱支公。亦曰林公。別稱支硎。本姓關氏。或云河東林慮人。隱居餘杭山。沈思道行。年二十五。始釋形入道。入吳立支山寺。俄入剡。於沃州小嶺立寺行道。哀帝初徵至都。止洛陽東安寺。留京師三載還山。太和初卒。遁善草隸。好畜馬。或謂非道人所宜。遁曰。貧道愛其神駿。

支僧敦 〔晉〕僧。冀州人。遊汧隴。歷荆雍。妙通大乘。著人物始義論。

支戩 〔五代吳〕餘干人。世爲小吏。至戩獨好學能文章。累官檢校司空。戩未遇時。戲祝於箕仙曰。請卜支秀才他日何官。箕仙畫曰。年五十餘位司空。及是果驗。

支漸 〔宋〕資州人。年七十。持母喪。負土成墳。既葬廬墓。蓬首垢面。哀號毀瘠。五色雀萬餘。悲鳴若助哀然。一鄉爲之感化。

支曇蘭 〔晉〕僧。青州人。少蔬食。耽禪理。誦經三十萬言。太元中遊剡。憩赤城山。居林泉清曠之處。數見怪異。支曇蘭恬然自得。

支曇籥 〔晉〕僧。月支人。孝武初寓居建業。少出家。戒律清苦。憩吳虎丘山。孝武從受五戒。敬以師禮。

支選 〔宋〕仁宗時官畫院祗候。

支謙 〔漢〕月支國優婆塞。字恭明。博覽經籍。世間技藝。多所綜習。兼通六國語。來遊中國。獻帝末避亂於吳。孫權拜爲博士。謙妙善方言。凡譯經四十九部。皆曲得聖意。辭旨文雅。

支曜 〔漢〕僧。靈獻間有慧學之譽。馳聲京雒。譯成具定意經及小本起等。

支鑑 〔明〕崑山人。字汝同。爲人整潔自喜。嘗戲作叢篠淵蒲。蒼翠如滴。寫生家爭寶之。

支讖 〔後漢〕僧。月支人。亦稱支婁迦讖。靈帝時遊於雒陽。操行純深。性度開敏。光和・中平間傳譯般若楞嚴寶積等經。後不知所終。

文二訓 〔清〕儀徵人。字命時。自稱點後。諸生。善畫蘭竹。秀勁拔俗。別具神韻。效其派者號文蘭。

文士弘 〔明〕江西德化人。字元任。性孝友仁慈。篤好理學。尤精周易。別有神解。私謚安節先生。

文才 〔元〕僧。號仲華。清水楊氏子。少孤。事母盡孝。性敏捷。精究墳典。尤邃理學。受具後。徧游講肆。盡得賢首之學。初隱成紀。築室樹松。人稱松堂和尙。世祖命主洛陽白馬寺。成宗時賜金印。署爲眞覺國師。大德間觀法辭衆。端坐而寂。

文不識【漢】東海人。匡衡勤學而無書。不識家富多書。衡乃爲之傭作。而不求償。不識怪問衡。衡曰。願得主人書遍讀之。不識感歎。資給以書。衡遂成大學。

文元星【清】江都人。字城百。號衡夫。諸生。工畫梅。善吟詠。有種瑤草堂集。

文元善【明】嘉子。字子長。號虎丘。善書畫。事親孝。築歸來堂以娛親。故嘉有歸來堂帖。性坦率好施。萬曆間卒。年三十有六。婦翁王穉登銘其墓。曰畫品第一。詩品第一。

文天禎【宋】天祥兄。寶祐間鄉舉。署廣濟學諭。造士有方。邑治丕變。以天祥死節。遂不仕元。

文天祥【宋】吉水人。字宋瑞。又字履善。號文山。舉進士第一。累官湖南提刑。改知贛州。德祐初元兵入寇。天祥應詔勤王。拜右丞相。使如元軍請和。被拘。至鎭江。夜亡入眞州。泛海至溫州。聞益王未立。上表勸進。召至福州。進左丞相。以都督出江西。與元兵戰於空坑。大潰。收殘兵奔循州。駐南嶺。衛王立。加少保。封信國公。進屯潮陽。元將張弘範掩至。被執。拘燕三年。元世祖知其終不屈。乃殺之。天祥臨刑。作正氣歌以見志。從容謂吏卒曰。吾事畢矣。南嚮拜而死。元主歎爲眞男子。有文山集・文山詩史。

文天錫【宋】金壇人。字純止。以特恩授寧國主簿。謝不仕。及宋亡。遂隱四平山中。皓首窮經。著述甚富。

文世光【清】從昌子。字仲英。善畫花鳥。康熙中卒。年八十有三。

文玉【宋】順慶人。號石山。少嗜學。舉進士。官至東路太守。政平訟理。禁暴戢奸。吏民畏之。

文立【晉】臨江人。蜀漢時游太學。傳毛詩三禮。師事譙周。仕至尙書。泰始中入爲太子中庶子。表請敍用諸葛亮・蔣琬・費禕等子孫。以慰巴蜀之心。詔從之。遷衞尉卒。

文同【宋】梓潼人。字與可。號笑笑先生。又稱石室先生・錦江道人。皇祐進士。官司封員外郎。善畫竹及山水。元豐間出守湖州。故亦稱文湖州。有丹淵集。

文安之【明】夷陵人。字鐵菴。天啓進士。崇禎中遷南京祭酒。被讒削籍歸。久之言官交薦。未及召而京師陷。福王時起爲詹事。唐王復召拜禮部尙書。安之方轉側兵戈間。皆不赴。永明王以瞿式耜薦。拜東閣大學士。亦不赴。順治中謁王梧州。安之敦雅操。素淡宦情。遭國變。絕意用世。至是見國勢愈危。慨然思起扶之。乃就職。其後清兵日迫。念川中諸鎭兵尙強。乃自請督師。加諸鎭封爵。王從之。後諸鎭兵散。王入緬甸。地盡失。安之鬱鬱卒。有易傭・鐵菴稿。

文行遠【清】江西德化人。字樵菴。康熙中貢生。有潯陽蹠醢。

文伯仁【明】徵明從子。字德承。號五峯。諸生。善畫山水人物。

文初【宋】彭山人。父永客汴。初尙在襁褓中。後二十年至汴訪尋之。踰年始得歸養。暨登第。封永承事郎。安輿奉養。時人稱之。

文孚【清】滿洲鑲黃旗人。姓博爾濟吉特氏。字秋潭。官內閣中書。道光間官至文淵閣大學士。卒諡文敬。有秋潭相國詩存。

文廷式【清】萍鄉人。字芸閣。號道希。自號純常子。光緒進士。授編修。德宗超授侍講學士。以勸后變法褫職。戊戌後。流徙江湖以死。工駢體。文詞超拔。意境尤高。詩備各體。

文志鯨【清】湖南桃源人。字石濤。康熙進士。官至奉天府丞。能文章。重節概。三典鄉試。稱得士。

文成公主【唐】宗室女。貞觀中嫁吐蕃王棄宗弄贊。信佛教。自中國鑄釋迦牟尼像迎奉之。

文谷【後蜀】溫江人。篤學博聞。以詞章顯於世。事後主。累官山南道節度判官。所撰備忘小抄。雜抄子史一千餘事。世多傳寫之。

文赤【清】點子。字周鼎。善畫花卉。有石室山人集・讀史記疑。

文林【明】洪子。字宗儒。成化進士。歷太僕寺丞。建言時政十四事。告病歸。後復守溫州。卒於官。林文學該博。雖堪輿卜筮。皆能通其說。尤精於易數。有瑯琊漫鈔・文溫州集。

文秉【明】震孟子。字孫符。有先撥志始。所記皆明末遺事。

文姜【春秋魯】桓公夫人。齊僖公女。桓公與文姜如齊。文姜兄襄公與文姜通。公怒。文姜以告襄公。桓公被殺。

文彥直【宋】萍鄉人。字益之。好學。避寇山中。猶誦讀不輟。紹興初補漢陽軍事判官。終淮陽軍節度推官。

文彥博【宋】介休人。字寬夫。仁宗時第進士。累官同中書門下平章事。封潞國公。熙寧中爲王安石所惡。力引去。拜司空・河東節度使。尋以太師致仕。居洛陽。元祐初命平章軍國重事。居五年復致仕。卒年九十有二。諡忠烈。彥博逮事四朝。任將相五十年。名聞四夷。平居接物謙下。尊德樂善。如恐不及。在洛嘗與富弼・司馬光等十三人爲洛陽耆英會。爲一時盛事。有潞公集。

文昭【清】宗室。字子晉。號薌嬰

居士。自署曰北柴山人。從王士禛游。辭爵讀書。康熙巳卯命宗室應鄉試。以後錫用子書語被放。有紫幢軒詩。

文・衲 〔清〕從簡子。字曲轅。號慨菴。順治間諸生。畫山水一稟祖法。工詩。甲申後奉親隱居寒山。父沒。四方賻贈豐裕。衲盡函還之。貧士成殯。大江以南稱文章節義士。門人私謚端文先生。有青雲雜志・慨菴詩選。

文・洪 〔明〕長洲人。字功大。號希素。成化舉人。官淶水教諭。有淶水集。括囊詩稿

文・俶 〔清〕從簡女。字端容。趙靈均之妻。善畫得家法。更工花鳥。接武徐黃。爲清代閨秀之冠。

文・恩 〔清〕武都太守。十姓獠反。恩討平之。後治益州事。堂郎羌叛。恩復率州兵討平之。進擊賨中・武康・臨山生獠及東山獠。並破之。

文・泰 〔清〕點孫。字萬通。諸生。能畫。善詩詞。康熙間卒。年三十有六。

文珦 〔宋〕僧。於潛人。出家於杭州。遭讒下獄。後得釋。遂遯蹟以終。工詩。多山林閒適之作。有潛山集。

文・矩 〔元〕長沙人。字子方。盧摯廉訪湖南。辟署書吏。敬其才辯。遇之殊常人。官至太常禮儀院判官。工詩文。有子方集。

文益 〔南唐〕僧。餘杭魯氏子。李昇迎住報恩寺。署號淨慧。卒謚大法眼。

文・翁 〔漢〕舒人。少好學。通春秋。景帝末爲蜀郡守。修起學官。興教化。蜀地文學。比於齊魯。武帝時令郡國皆立學校。自文翁始。卒後蜀人祀之。

文・帶 〔明〕海康人。驍勇絕倫。天順中猺賊侵境。率鄉勇禦賊。每戰皆捷。後大戰於白沙。被創而死。

文彬 〔清〕滿洲正白旗人。姓輝發那拉氏。字質夫。咸豐進士。授戶部主事。光緒間官至漕運總督。於度支吏治漕運河防。罔弗洞徹。言必可行。中外倚之。

文・從昌 〔明〕伯仁孫。字順之。號南岳。山水得家法。落筆娟秀。

文・從簡 〔清〕元善子。字彥可。晚號枕煙老人。明崇禎間廩生。善書畫。傳其家法而少變。順治間卒。

文・掞 〔清〕從簡孫。枘子。字賓日。號古香。又號洗心子。書畫傳其家學。隱居修行。終歲不出。卒後私謚貞懿先生。有十二研齋詩集。

文祥 〔清〕滿洲正紅旗人。字博川。姓瓜爾佳氏。道光進士。累擢工部侍郎軍機大臣。創立總理衙門。設南北口岸大臣。立神機營。凡所規劃。能見其大。平定髮捻。亦多發縱指示之功。同治間官至武英殿大學士。卒謚文忠。有黑龍江松花江游記。

文・勛 〔宋〕字安國。官至太府寺丞。善畫山水。好論難劇談。篆字用筆。意在篆前。得汲冢魯壁周鼓泰山之妙。

文喜 〔唐〕僧。嘉禾朱氏子。七歲出家。至豫章觀音院見仰山。了其心契。光啓間錢鏐牧杭郡。疏請住龍泉廨署。賜號無著。光化間示疾坐化。時稱禪門眞知識。

文・彭 〔明〕徵明長子。字壽承。號三橋。以明經廷試第一。仕爲國子博士。能詩。工書畫篆刻。有博士詩。

文・復之 〔宋〕合州人。字廷實。第進士。累官至湖北提刑。以起居舍人召。每切齒丁大全所爲。與人言。我見上。必極言其奸邪。大全覺之。止不得見。乞祠祿。授朝散大夫。主管成都府玉局觀。以經史自娛終其身。

文・景宗 〔明〕洪武中知徐州。時天下初定。民多流離。景宗招徠勸課。民皆安業。

文・欽 〔三國魏〕汴人。驍果麤猛。數有戰功。好增虜獲以徼寵賞。多不見許。怨恨日甚。毋丘儉以計厚待欽。情好歡洽。欽亦感戴。投心無貳。正元中有彗星起於吳楚之分。儉欽喜。以爲己祥。舉兵反。欽戰敗。亡入吳。吳以欽爲都護。假節鎭北大將軍。幽州牧。封譙侯。

文湛 〔明〕僧。字秋江。俗姓顧氏。住海鹽天寧寺。工詩。有江海羣英集。

文・皓 〔明〕垣曲人。字孔暘。弘治進士。知平原・衡水二縣。有惠政。擢御史。時劉瑾扇毒。皓奉命雪冤獄。善類多所全活。升河南按察副使。誅魯山盜王昭等。嘉靖中進階正議大夫。門人私謚溫簡先生。

文・翔鳳 〔明〕三水人。字天瑞。號太青。萬曆進士。官至太僕寺少卿。有太微經・東極篇・太青文集。

文・瑞 〔明〕介休人。成化進士。授行人。出使唐瀋二府。遺以金帛。却不受。擢御史。按畿甸。有中貴侵民田。按法平之。再巡山東。百僚震肅。官舍有妖。瑞至妖滅。後備兵遼陽卒。

文・聘 〔三國魏〕宛人。字仲業。爲劉表大將。武帝征荊州。表子琮舉州降。聘歘歔流涕。武帝愴然曰。卿眞忠臣也。以爲江夏太守。使典北兵。文帝時累功遷後將軍。封新野侯。在江夏數十年。有威恩。名震敵國。卒謚壯。

文・嘉 〔明〕徵明次子。字休承。號文水。官和州學正。善畫山水。能詩善書。萬曆間卒。有和州詩。

文・漸 〔漢〕資縣人。事親至孝。年七十。持母喪。負土成墳。廬墓哀毀。鄉人多感化者。

文・種 〔春秋越〕本楚之郢人。字會。爲越大夫。吳王夫差敗越於夫椒。越王句踐使種行成於吳。句踐既歸國。屬政於種。及滅吳，種謀居多。後以范蠡遺書。稱疾不朝。或譖種將作亂。王賜以屬鏤之劍。遂自殺。

文·綱 〔唐〕僧。會稽孔氏子。十二出家。每勤修深思。凝視反聽。淨如止水。巋若斷山。歷伽藍二十餘所。長安中於乾陵宮爲二聖內尼講四分律。開元間示寂。

文綬 〔清〕滿洲鑲白旗人。姓富察氏。雍正間授中書。乾隆間累擢陝甘總督。時值用兵金川。文綬派兵會同進征。並請於關外廣招承墾。於巴里坤設牧廠。皆議行。調四川。坐事奪職。再起四川總督。游民糾衆劫掠。土人呼爲嘓嚕子。闌入湖廣貴州。復奪職。

文·肇祉 〔明〕彭子。字基聖。號雁峯。官上林苑錄事。有圖志·錄事集。

文·臺 〔明〕徵明第三子。字允承。號祝峯。畫師李龍眠。慷慨豪俠。有國士風。

文·齊 〔漢〕梓潼人。字子奇。平帝時爲益州太守。羣夷畏服。公孫述據蜀。齊固拒之。聞光武卽位。乃遣間使自聞。徵爲鎮遠將軍。封成義侯。

文·德翼 〔明〕江西德化人。字用昭。崇禎進士。授嘉興推官。正直明允。不爲權貴所撓。以父憂歸。有宋史存·讀莊小言·慵吹錄·雅似堂文集。

文·徵明 〔明〕林子。初名璧。以字行。更字徵仲。別號衡山。幼不慧。稍長穎異挺發。學文於吳寬。學書於李應禎。學畫於沈周。爲人和而介。寧王宸濠慕其名。貽書幣聘之。辭病不赴。正德末以歲貢生詣部。授翰林院待詔。世宗立。預修武宗實錄。侍經筵。致仕歸。年九十卒。私謚貞獻先生。詩文書畫皆工。而畫尤勝。世稱其畫兼有趙孟頫·倪瓚·黃公望之長。有甫田集。

文慶 〔清〕滿洲人。咸豐初爲大學士軍機大臣。時洪楊事起。賽尙阿等皆以失律獲咎。首創重用漢人之議。氣度渾融。能斷大事。爲八旗王公所敬信。端華·肅順雖頗被裁抑。弗敢怨。卒謚文端。

文·澍 〔明〕桃源人。字汝霖。成化進士。歷南京刑部郎中。知重慶府。政尙寬平。有古循吏風。遷思南府致仕。澍富於學問。爲詩文有古澹思致。

文瑩 〔宋〕僧。錢塘人。字道溫。工詩。喜藏書。尤留心當世之務。有湘山野錄·玉壺野史·玉壺詩話。

文·質 〔元〕甬東人。字學古。隱居吳之婁江。詞章奇放。好爲長吉體。酒酣長歌。聲若金石。有學古集。

文·震孟 〔明〕徵明曾孫。字文起。天啓中殿試第一。授修撰。疏陳勤政講學。忤魏忠賢意。調外。遂歸。崇禎初召置講筵。遴劾王永光。忠賢遺黨乘機報復。及賊犯皇陵。痛陳致亂之源。擢禮部左侍郎。兼東閣大學士。與溫體仁不協。被劾落職歸卒。福王時追謚文肅。有姑蘇名賢小記。

文·震亨 〔明〕震孟弟。字啓美。天啓中以恩貢爲中書舍人。書畫咸有家風。順治初絕粒死。年六十有一。謚節愍。有長物志。

文·穆 〔後漢〕烏桓校尉。將太原上谷兵。從竇固伐西域。

文·興 〔明〕館陶人。與兄起以孝友著里閈。明初起爲里長。以收稅獲罪。坐大辟。興泣謂兄曰。兄子多。無父何怙。弟無子。可代也。詣長吏白兄寃。長吏遂以起罪罪之。後遇赦回。

文·穎 〔後漢〕字叔良。注前漢書一百三十卷。

文·鴦 〔晉〕欽子。石勒陷襄陽。王浚遣鴦救之。與王申大破勒於文石津。

文·應麟 〔宋〕天祥從孫。倜儻尙氣節。景定中隨叔璧守惠州。元兵至。城陷。應麟恥之。攜其子起南遁於東莞之東渚。遂家焉。

文謙 〔清〕滿洲鑲黃旗人。姓阿哈覺羅氏。咸豐間授長蘆鹽政。時洪秀全遣林鳳詳等北犯。以文謙爲天津巡防大臣。晝夜堵禦。以功累遷直隸布政使。同治間授馬蘭鎮總兵。兼總管內務府大臣。卒謚誠靖。

文·醜 〔後漢〕袁紹將。爲曹操所擊斬。

文·點 〔清〕震孟孫。字與也。號南雲山樵。隱居竹隖。城市罕有其跡。沖澹清介。不求聞譽。工詩文。善畫山水得家法。有南雲詩文集。

文·寶 〔宋〕寧化人。字仲賢。太平興國進士。累官陝西轉運副使。加工部員外郎。眞宗時寇準薦其熟西事。復任陝西轉運使。後除忠武軍行軍司馬卒。寶好談方略。以功名爲已任。能爲詩。善篆書。工鼓琴。有集二十卷。又撰談苑及江表志。

文·獻 〔明〕徽州人。成化舉人。爲監察御史。巡按北直雲南河南。所至貪惡吏望風遁去。擢湖廣副使。以治行卓異稱。

方·一桂 〔明〕莆田人。字世芬。嘉靖進士。督學直隸。端士習。正文體。冢宰汪鋐納賂有蹤。疏其奸。坐削籍。

方·一夔 〔宋〕逢辰孫。字時佐。自號知非子。行誼醇篤。以薦領教郡庠。未幾退隱富山。授徒講學。門人稱富山先生。有富山遺稿。

方·九敍 〔明〕錢塘人。字禹績。嘉靖進士。仕至承天知府。以伉直忤巨奄罷歸。爲人高朗善論事。家居結社湖上。有方承天遺稿。

方·勺 〔宋〕婺州人。字仁聲。爲人超然遐舉。神情散朗。有靑溪寇軌·泊宅編。

方·千里 〔宋〕信安人。官舒州簽判。有和淸眞詞。

方·士亮 〔明〕歙人。崇禎進士。累官給事中。舉劾無所避。中樞陳新甲主歉之罪。自士亮發之。待命數日。發爲之白。其論中官出鎮之弊。語尤切至。周延儒出督師。命贊軍務。延儒獲譴。並下獄。後釋歸。

方士庶 【清】江都人。字洵遠。一字儞遠。號環山。又號小師道人。善畫山水。王原祁後推第一作手。工詩。有環山詩鈔。

方士穎 【清】淳安人。字伯陽。順治末諸生。有恕齋偶存。

方士繇 【宋】豐之子。字伯謨。從朱熹游。聰明絕人。性謙厚。以講學授徒爲事。尤精於易。有遠庵集。

方大壯 【宋】适從孫。字履之。少好學。不踐場屋。專心求道。得朱熹之傳。

方大淳 【清】巴陵人。字濬生。號稼軒。道光進士。官兵部主事。有稼軒文集。

方大琮 【宋】愼從七世孫。字德潤。號壺山。開禧進士。淳祐中累官直學士。知隆興府。大琮色夷氣溫。平居言不出口。至立殿廷爭是非。雖賁育不能奪。卒諡忠惠。有鐵菴集。

方大猷 【清】烏程人。字歃虞。號崦藍。明崇禎進士。善書工詩。官直隸井陘道。李自成陷京師。大猷降之。順治初復降清。累擢山東巡撫。勒撫兗沂間土賊。屢奏績。後降調河南管河道。以科斂婪取。革職論絞。死於獄。

方大鎮 【明】桐城人。字君靜。萬曆進士。官至大理寺少卿。有荷薪義。田居乙記。

方干 【唐】新定人。字雄飛。爲人質野。喜陵侮。每見人設三拜。曰禮數有三。識者呼爲方三拜。貌寢。兼以缺脣。故有司不與科名。隱會稽之鏡湖。終身不出。沒後。宰臣張文蔚奏文人不第者十五人。干與其數。追賜及第。後進私諡爲玄英先生。

方于魯 【明】歙人。初名大激。後以字行。改字建元。初學爲詩。汪道昆招入豐干社。獎飾甚至。後得程君房墨法。乃改而製墨。其法取煙不以松膏而用桐液。和墨不以漆而用廣膠。解膠不以樗皮而用蠶草汁。名重萬曆間。著有方氏墨譜。與君房相軋。世兩譏之。又著方建元詩集。子嘉樹。能世其業。

方中通 【清】中德弟。字位伯。少承家學。以博綜稱。著度數衍·喝方問答·浮山文集。

方中履 【清】中通弟。字素伯。幼隨父於方外。晚築稻花齋於湖上。殫力著述。有汗青閣集·古今釋疑。

方中德 【清】以智子。字田伯。隱居不仕。年八十猶讀書不輟。有古事比·遂上居集。

方之泰 【宋】壬孫。字嚴仲。紹定進士。歷英德府教授。方大琮爲閩漕。辟幕府。與洪天錫·徐明叔·號三賢幕。官終袁州通判。

方元修 【宋】桐廬人。字時敏。幼有詩名。歷潛州通判。

方元采 【宋】峻子。字道輔。嘗與程頤游。書問往復。至數十紙。有曰足下非混俗之流。其志道之士。又曰老夫怕執筆。非吾故人不復作此書。仕終威武軍節度推官。

方元鹿 【清】儀徵人。字竹樓。工詩詞。善書。山水工細。墨竹尤妙。

方元蕩 【唐】旌德人。永貞初授冠軍大將軍。元和中進御史大夫。以兵從征吳元濟有功。封河南郡王。

方公袞 【宋】仙遊人。字汝補。元豐進士。擢諸王宮教授。韓琦每稱其論事剴切。立己公忠。

方公權 【宋】蒙仲子。字道立。以詞賦魁福建漕試。歷黃州教授·太常寺主簿。告歸。平生著述甚富。時稱石巖先生。景炎間興化被兵。公權見元帥。責以大義。帥爲降禮。不仕卒。

方壬 【宋】元寀曾孫。字若水。淳熙中游太學。擢第爲漳州長泰簿。時朱熹爲守。辟壬主學。條上講說課試等十事。每見民間疾苦。悉爲熹言之。

方太 【後晉】青州人。字伯宗。少事節度使楊光遠。以戰功遷安州防禦使。改鳳州。契丹入汴。命遙領洋州節度使。屯兵鄭州。號爲鄭王。太滑奔洛陽。入河南府行留守事。後爲武行德所害。

方太古 【明】蘭溪人。字元素。讀書學古。不應徵召。遍遊吳楚諸名勝。正德時隱於白雲源。會宸濠叛。乘輿南狩。江楚騷動。慨然曰。此一壺千金之日也。吾其爲不才之瓠乎。自號一壺生。作一壺生傳。嘉靖初徙居金華。晚歸故里。自號寒溪子。

方孔炤 【明】桐城人。字潛夫。號仁植。萬曆進士。崇禎間以右僉都御史巡撫湖廣。擊賊李萬慶等於承天。八戰八捷。時熊文燦納張獻忠降。孔炤條上八議。言主撫之誤。不聽。已而賊果叛。畏孔炤不敢東。後督大名軍務。命下。京師陷。孔炤南奔。馬阮亂政。遂歸隱。有周易時論合編。

方文 【清】桐城人。字爾止。號明農。順治時隱居金陵。工詩。有嵞山集。

方日升 【明】永嘉人。字子謙。有韻會小補。

方世泰 【清】世舉從弟。字貞觀。以字行。一字履安。諸生。乾隆初薦舉鴻博不就。少以南山集牽累。隸旗籍。後放歸。詩格清醇。得唐賢微旨。有南堂詩鈔。

方世舉 【清】桐城人。字扶南。一字息翁。博學篤行。不求仕進。好爲詩。

鎔鑄古今。自開生面。晚年注韓詩。酷嗜其體。乾隆初薦舉鴻博不就。卒年八十餘。有春及堂集。

方仕　【明】鄞人。字梅崖。能畫善書。有續圖繪寶鑑。

方仝翁　【明】鄞人。字希元。軫齋。博學力行。志不仕元。方國珍據有明州。致書稱宗人。欲強起爲輔。仝翁歷敍世次以自明。且勸歸國。國珍不從。遂與之絕。

方以智　【清】孔炤子。字密之。號鹿起。明季四公子之一。崇禎進士。官檢討。入清爲僧。名弘智。字無可。人稱藥地和尚。博極羣書。考據精核。所著通雅一書。論者謂在楊愼・陳耀文・焦竑三家之上。又有易袇・古今性說合觀・一貫問答・物理小識・藥地炮莊等書。

方可中　【清】江陰碑工。勤於訪古。趙之謙撰寰宇訪碑錄。可中搜訪之力居多。

方召　【明】宣城人。字虎鄰。唐王時知江山縣事。清兵至。召謂父老曰。奈何以我一人故。致合城被殃。遂冠帶北向拜。赴井死。

方必壽　【明】巴陵人。洪武進士。初知宛平。以政績著。尋擢北平太守。歷陝西按察使。操履堅確。赫然有聲。

方正化　【明】山東人。崇禎時爲司禮太監。畿輔被兵。命總監保定軍務。有全城功。後復爲總監。駐保定。登陴固守。城陷。被害。其從奄皆死。

方正珠　【清】中通子。字浦選。康熙中以歲貢生召對。示以中和樂諸法。奏對稱旨。乃進其父所著度數衍並自著乘除新法。一時學者。奉爲準繩。

方民悅　【明】麻城人。嘉靖進士。官至廣東按察副使。有交黎撫勦事略。

方民懷　【明】黃安人。字懋元。嘉靖間中鄉舉。絕迹公府者二十年。嘗寓旅舍。有女來奔。叱之。女跪曰。父爲債窘故耳。民懷急取囊金周而遣之。爲林縣令五載。多惠政。

方用　【元】望江人。字希才。與揭傒斯・朱公遷・歐陽玄・同游許謙之門。稱許門四傑。有先儒宗旨・茗谷叢說。

方申　【清】儀徵人。字端齋。少不治舉子業。年踰四十。始應童子試。道光中以經解補縣學生。尤精虞氏易。著有諸家易象別錄・虞氏易象彙編・卦象集證・互體詳述・卦變舉要。名易學五書。

方仲謀　【宋】青溪人。嘉祐進士。累官殿中丞。工詩。有雉山集。

方价　【宋】愼從孫。初名儼。熙寧進士。大觀初知安豐縣。用薦召赴都堂審察。蔡京以价不肯私謁。報罷。復知侯官縣。尋乞歸。

方向　【明】佑從子。字興義。成化進士。擢給事中。弘治初劾大學士劉吉等十一人。而詆宦官陳祖生輩尤力。爲祖生所陷。下獄謫官。終瓊州知府。

方回　【陶唐氏】仙人。堯聘以爲閭士。鍊食雲母粉。夏啓時爲宦士。爲人所劫。閉之室中。從求道。回化而得去。更以方回印封其戶。時人言得回一丸泥塗門戶。終不可開。◎【元】歙人。字萬里。號虛谷。宋景定進士。累官知嚴州。入元爲建德路總管。回初媚賈似道。似道敗。又先劾之。及守嚴州。舉城迎降於元。不齒清議。晚乃倡講道學。有桐江集・續古今考。瀛奎律髓・文選顏鮑謝詩評。

方圭　【宋】好爲惡詩。仁宗朝宋庠知揚州。圭來謁。燕於平山堂。圭誦詩不已。適見野外有牛就木磨癢。謂坐客韓訴曰。青牛恃力狂揆木。訴應聲曰。妖鳥啼聲不避人。圭悟其意。飲散擊訴。

方守　【明】莆田人。字宜約。成化進士。累官雲南參政。時土司歲相仇殺。守撫以恩信。地方寧息。官終湖廣右布政。

方式玉　【清】歙人。字玉如。順治中以明經授崑山訓導。善畫。工詩。性孝友。兄姪先後司鐸鹿城。雅樂盡缺。式玉修舉之。刊圖悉如闕里。有集杜詩一百二十首・及涉江・醉翁・石頭・晒齋等集。

方式濟　【清】登嶧子。字沃園。康熙進士。官中書舍人。父以朋友負罪・牽連戍邊。並及式濟。同沒塞外。詩格廉悍。樂府尤矯然不羣。

方有執　【明】歙人。字仲行。精醫。有傷寒論條辨・本草鈔・或問・痙書。

方有開　【宋】淳安人。字躬明。紹興進士。官至戶部侍郎。每奏對。輒陳恢復大計。歷官中外。必求其盡職。

方次彭　【宋】興化人。字公逖。皇祐進士。出知梅州。民甚愛之。在州六年。兩被褒詔。元祐初賜三品服。引老歸。

方百里　【清】善人物寫照。

方耒　【宋】元寀曾孫。字耕道。乾道進士。爲善化尉。張栻深喜之。謂世之可與共死生禍福者。耒一人耳。後栻帥荊南。奏耒爲屬。著廉直聲。

方舟　【清】桐城人。字百川。寄籍上元。爲諸生。以時文名天下。性孤特。而內行篤修。服勤盡瘁。年三十七。悉焚所論著以卒。弟苞治古文。皆舟發其端緒。

方行　【元】國珍子。字明敏。至正間授江浙行中書省參知政事。調江西。爲人蕭灑。善談名理。於書無所不讀。有東軒集。

方亨咸　【清】拱乾子。字吉偶。號邵村。順治進士。官御史。善書。精小楷。兼長山水。以江南科場案坐流寧古塔。後釋歸。

方佑 【明】桐城人。字建輔。天順進士。官監察御史。風采凝峻。人不敢干以私。凡所巡歷。人目爲眞御史。爲忌者所中。出知攸縣。終桂林知府。

方克勤 【明】寧海人。字去矜。洪武間擢濟寧知府。以德化爲治。視事三年。戶口增數倍。尋爲屬吏所誣。逮死。有汗漫集。

方孝友 【明】孝孺弟。成祖召孝孺草詔不屈。親屬皆戮。逮孝友至。孝孺目之不覺淚下。孝友口吟一絕而死。

方孝復 【明】克勤從子。洪武間坐事謫戍慶遠衞。燕師入。從兄孝孺被殺。宗族親友死者數百人。惟孝復以軍籍獲免。後子琬亦得釋爲民。

方孝聞 【明】孝孺兄。力學篤行。先孝孺死。

方孝標 【清】拱乾長子。本名玄成。後避諱。以字行。別號樓岡。順治進士。累官內弘文院侍讀學士。坐事流寧古塔。後得釋。入滇。受吳三桂僞翰林承旨。三桂敗。首先迎降。得免死。因記在滇黔時所聞所見。明季清初彼邦時事。著鈍齋文集・滇黔紀聞。戴名世著南山集。多採之。後名世被誅。孝標已死。剉骨。親族坐死及流徙者甚多。

方孝孺 【明】克勤子。字希直。一字希古。從宋濂學。及門知名士。盡出其下。恆以明王道致太平爲已任。洪武間除漢中府教授。蜀獻王聘爲世子師。名其廬曰正學。建文時爲侍講學士。燕師入。召使草詔。孝孺衰経至。號哭徹殿陛。成祖降榻勞之。顧左右授筆札曰。詔非先生草不可。孝孺擲筆於地曰。死卽死耳。詔不可草。遂磔於市。宗族親友坐誅者數百人。有侯成集・希古堂稿。學者稱正學先生。福王時追諡文正。

方宏靜 【明】歙人。字定之。嘉靖進士。官至南京戶部右侍郎。奉使入浙。擊水寨寇。論功當敍。中蜚語歸。有素園存稿。

方岑 【明】江都人。字高伯。博學善屬文。嘉靖進士。授大理寺評事。官終知杭州府。有竹素齋集。

方希仲 【明】宣城人。工畫草蟲。飛動如生。又善八分書。

方希哲 【明】從哲兄。字敬涵。諸生。從哲當國。隱居講學。不入城市。學者私諡恬節先生。

方廷玉 【明】巴陵人。字致美。永樂進士。選庶吉士。遷工部郎中。時燕京創建。上節儉休養二疏。擢浙江右布政使致仕。楊溥稱其質實而文。和易有守。

方廷實 【宋】莆田人。字公美。政和進士。紹興中拜監察御史。剛直敢言。充淮北宣諭使。見諸陵發掘。涕泣不已。秦檜使謂之曰。見上幸毋及他事。及對言所見。檜怒。出爲福建提刑。後除廣南路提刑。卒官。

方成珪 【清】瑞安人。字國憲。號雪齋。嘉慶舉人。官寧波教授。有集韻考正。

方良永 【明】莆田人。字壽卿。弘治進士。歷官浙江左布政使。錢寧以鈔二萬鬻於浙。寧方得志。公卿臺諫無敢出一語。良永訟言誅之。聞者震悚。世宗朝。拜右副都御史。卒諡簡肅。有方簡肅文集。

方見 【明】向子。字惟素。隱居赤城。敦行義。有南淙稿。

方來 【宋】永嘉人。字齊英。從葉適及黃榦學。開禧進士。歷左司諫。言事剴切。累擢兵部侍郎。知漳州卒。

方叔 【周】宣王卿士。征伐玁狁有功。

方叔完 【宋】儒子。元豐中知侯官縣。民以築港瀦水。害懷安民田。二邑交訟。叔完往按之。曰吾爲令豈私吾民耶。命改築。時曾鞏以文章學術帥郡。於人少與可。叔完獨爲所信任。檄攝節度推官。表薦之。移知祥符縣。

方受疇 【清】觀承從子。乾隆間以監生官鹽大使。嘉慶間堵禦河南教匪李文成。累擢河南巡撫・直隸總督。

方垌 【清】平湖人。字思臧。號子春。嘉慶舉人。官錢塘訓導。有生齋詩文稿。

方孟式 【明】大鎮女。字如耀。適山東布政使張秉文。志篤詩書。備有婦德。崇禎中秉文守濟南。死於城上。孟式遂投池死。能繪事。工詩。有紉蘭閣前後集。

方宗秩 【明】巴陵人。字伯序。通春秋。一試不第。遂歸隱。博學工詩。耕桑樵採以自給。天順間知縣袁綱以經明行修舉。不就。

方宗誠 【清】桐城人。字存之。師事族兄東樹。治宋學。工古文辭。同治間李鴻章總督直隸。薦授棗強知縣。治獄有聲。旋隱居著述。從游甚衆。督學貴恆重其學行。奏加五品卿銜。卒年七十一。學者稱柏堂先生。有柏堂全集。

方宙 【宋】僑子。熙寧進士。除司農丞。章惇・蔡確・蔡京交薦之。將處以臺閣。宙力請外補。得京西提舉常平。奏乞給還程頤舊田。范鎭子百揆在謫籍中。皆爲論奏。官至轉運判官。

方定 【明】淳安人。字志安。號止軒。博學善吟咏。洪武間以詩經領鄉薦。官終黍縣教諭。所至造就有方。有止軒稿・聽松集。

方岳 【宋】祁門人。字巨山。號秋崖。紹定進士。淳祐中爲趙葵參議官。移知南康軍。以杖舟卒忤押帥賈似道。後知袁州。又忤丁大全罷歸。岳才鋒凌厲。詩文不用古律。語或天出。尤工駢體。有秋崖集。

方岳貢 【明】穀城人。字四長。天啓進士。崇禎初授松江知府。累擧卓異。擢左都御史。兼東閣大學士。李自成陷京師。死節。有國瑋集。

方庚 【宋】淳安人。字彥通。宣和間擒方臘。破兀朮。累授承信郎。

方怡 【清】履籛孫。字子順。光緒優貢副貢。官至廣東知府。佐粵中大吏推行新政甚力。中年以積瘁卒。工詩文。所作多散佚。僅存韓廬文鈔一卷。

方政 【明】全椒人。襲濟陽衛千戶。正統初累進右都督。助沐晟征麓川。戰死。政廉勇善戰。號戛將。賊平。諡忠毅。

方昊 【五代】【吳】歙青溪人。字太初。生於唐末。唐亡。錢鏐招之。不肯往。隱巖谷中。聚徒講學終其身。鄉人化之。稱爲靜樂先生。

方明 【南朝】【宋】河東人。爲劉道濟參軍。與平楊難當。立功蜀土。歷潁川・南平昌太守。坐贓私免官。

方昇 【明】臨湘人。字啓東。成化進士。授御史。歷按山東四川浙江。黜陟至公。以劾奏權宦妖僧等下獄。外補江西提學副使。悒悒卒。

方昌翰 【清】桐城人。字宗屏。官新野知縣。有惠政。自免歸。以撰述自娛。有慮白室集。

方東樹 【清】桐城人。字植之。諸生。博覽經史。能詩文。中歲研究義理。一宗朱子。著漢學商兌。以攻考據家之失。又有大意尊聞・書林揚觶・一得拳膺錄。儀衞堂文集等書。

方法 【明】桐城人。字伯通。方孝孺主試應天所得士。爲四川都司斷事。成祖即位。諸司表賀。法不肯署名曰。此可見方先生地下乎。尋被逮。自沈於江。

方盱 【明】蘇州人。字文明。後改名大年。有研山山人漫集。

方直 【明】崇安人。字孟周。洪武間生員。歷泙鄉・豐城典史。以廉能著。累官監察御史。斥奸屏邪。不避權勢。改授新喻令。致仕歸。

方秉白 【宋】字直甫。號草堂。與弟秉俟隱居教授。孝宗朝以孝廉薦。不起。有草堂文集。

方芬 【清】歙人。康熙歲貢。有易經補義・濤浣亭詩集。乾隆時以詩集中有征衣淚積等句。指爲語意狂妄。悉毀之。並治其孫國泰以藏匿之罪。

方阜鳴 【宋】秉白子。字子默。嘉定初任泉州僉判。清儉不苟取。每以仕晚不得大用其才爲恨。

方亮 【唐】雉山人。杜伏威命王雄誕平歙。用亮爲睦州刺史。武德間領盧申二州諸軍事。亮當唐初。不因朝命爲刺史。其後納土歸化。鄉里得免屠戮之苦。爲時所稱。

方信孺 【宋】崧卿子。字孚若。有雋材。補番禺縣尉。韓侂冑開邊釁。假信孺朝奉郎使金。自春至秋三往返。以口舌折強敵。官終淮東轉運判官。

方勉 【明】歙人。字懋卿。永樂進士。改庶吉士。授監察御史。彈劾不避權貴。出按浙江回。力言浙江急務莫切於防倭。而防海都指揮張義年老且貪。不堪備禦。官終右參議。

方恮 【清】履籛孫。字子謹。一字退齋。英敏力學。以通經致用自勵。李鴻章招修畿輔通志。沒於保定。年僅三十。著作多散失。僅存退齋文集一卷。

方恆 【清】履籛孫。字子永。光緒舉人。官江西石城知縣。有果齋文集及說文銓雅等書。

方拱乾 【清】桐城人。字坦庵。明天啓進士。官左諭德。兼侍讀。李自成陷北京。被執。入清官少詹事。以江南科場案納賄作弊。其五子章鉞在取中之內。坐流寧古塔。後釋歸。改字甦庵。有寧古塔志・方詹事集。

方祖 【明】淳安人。字仲年。永樂進士。授行人。從英國公征南交有功。陞平原知縣。爲治簡易。祖嘗陷賊。民相率入賊中曰。奈何執吾父。皆泣拜。賊憐而還之。官終滁州同知。

方炯 【元】莆田人。字用晦。自號杏翁。又號杏林布衣。工詩。尤精醫術。有杏林肘後方・傷寒書・脈理精微書傳世。

方秋白 【清】南海人。字希文。一字寄村。好遊。足跡所至者萬餘里。有萍跡草。

方秋客 【清】宜興人。名元。父爲銀匠。人稱方小銀匠。善奕。可敵國手。然以其爲銀匠子。人多輕之。強之爲二手。

方致堯 【宋】寧國人。建炎中戚方寇寧國。致堯伏鄉兵於石嶺大破之。賊益兵至。中流矢。被執不屈死。

方苞 【清】舟弟。寄籍上元。字靈皋。號望溪。康熙進士。累官禮部侍郎。以事落職者再。論學以宋儒爲宗。其說經皆推衍程朱之學。尤致力於春秋三禮。文學韓歐。嚴於義法。非闡道翼教。有關人心風化者不苟作。爲桐城派之初祖。所著有周官辨・周官集註・周官析疑・春秋通論・春秋直解・禮記析疑・喪禮或問・儀禮析疑・春秋比事目錄、左傳義法舉要・刪定管子荀子・史記註・補正離騷正義・刪定通志堂宋元經解・望溪文集。

方若徽 【清】維甸女。字仲惠。汪元炳之妻。工詩畫篆刻。一時名人印章。多出其手。

方員 【明】永福人。字懋規。宣德進士。以行人選御史。歷廣西參政。官終廣東按察使。員嚴於持己。在廣久。精法律。政多便民。

方·夏 【明】長洲人。字南明。自號養春子。有廣韻藻。

方·峻 【宋】莆田人。字景通。天聖進士。聚徒講學。鑿井舍旁。禱曰。願子孫居官如此水。及卒。程顥爲作行狀。范祖禹爲作墓道碑。

方·振文 【明】婺源人。字尙質。有德操。樂施與。嘗選聖賢格言一編。斷以己意。名曰積善字訓。

方·時化 【明】歙人。字伯雨。萬曆舉人。官至敍州府同知。有易引。周易頌。易疑。易通。學易述談。易指要繹。中庸點綴。陰符經質斁。

方·貢孫 【元】岳從子。字去言。第進士。授金陵監。出納平均。至元中爲縣尹。歷與國路府判。在任七年。日用飮食之物。悉自其家致之。終建德路府判。

方·适 【宋】莆田人。字彥周。元符進士。以特奏對策乞復元祐皇后。又上書議時政。崇寧中入元祐黨籍。

方·乾 【淸】歙人。字又乾。一字希仙。工畫山水花鳥。超妙入神。可與宋人並轡。

方·偕 【明】莆田人。字齊古。大中祥符進士。爲溫州軍事推官。累遷御史臺推直官。澧州逃卒至農民家。誣告民事摩駝神。歲殺十二人以祭。州逮其族三百人。繫獄久不決。偕被詔就劾。卒以誣告論死。南京鴻慶宮災。偕引漢罷原廟故事。請勿復修。後以吏事進。治杭州有能聲。遷光祿卿卒。

方·啓蒙 【淸】徽州人。字凡菴。工畫墨蘭。每幅千本。淋漓可觀。

方·問孝 【明】歙人。字胥成。所著耆耳齋詩集。論者謂其風華有餘。深厚不足。蓋沿七子之派云。

方·國珍 【明】黃巖人。世以販鹽浮海爲業。至正初爲怨家所誣。國珍殺怨家。亡入海。聚衆梗海道。元招以官。擁兵侵掠自如。累進至江浙行省左丞相。衢國公。太祖克杭州。又數通好於擴廓帖木兒及陳友定。圖爲犄角。數爲明師所敗。遂乞降。授廣西行省左丞。食祿不之官。數歲卒於京師。

方·國棟 【淸】希哲孫。字干霄。號艾賢。順治舉人。官至蘇松常道。歷仕三十餘年。布衣糲食。所至有政聲。及卒。吳民號哭。送喪數十里。

方·國儒 【明】歙人。字道醇。幼孤。奉母以孝聞。天啓初舉於鄉。官保康知縣。邑小無兵。崇禎間賊再至。國儒官服坐堂上。罵賊死。

方·崧卿 【宋】廷實從子。字季申。隆興進士。知信州上饒縣。累官至京西轉運判官。所至皆有惠政。所得祿賜。半爲抄書之費。家藏書四萬卷。皆手自校讎。嘗校正韓昌黎文集。又爲韓詩編年。韓集擧正。

方·從哲 【明】其先德淸人。家京師。字中涵。萬曆進士。累拜禮部尙書。兼東閣大學士。獨相七年。無所匡正。光宗命從哲封鄭貴妃爲皇太后。從哲遽以命禮部。又擧李可灼進紅丸。服之崩。中外皆恨可灼甚。而從哲擬遺旨賚可灼銀幣。熹宗立。廷臣連劾從哲。進中極殿大學士。遣行人護歸。卒諡文端。

方·從義 【元】貴溪人。字無隅。號方壺。上淸宮道士。工畫山水。稱逸品。善古隸章草。洪武時尙在。

方·惟深 【宋】龜年子。字子通。擧進士不第。晚爲興化軍助教。王安石最愛其詩精詣警絕。謂元白陸皮有不到處。有方秘校集。

方·敏中 【元】巴陵人。私淑張栻之學。年十二。輒通春秋。高尙不仕。語學者惟以克己爲要。

方·望 【後漢】平陵人。隗囂起兵。以爲軍師。望說囂急立高廟。稱臣奉祠。囂從其言。後囂將歸更始。望以書辭謝而去。

方·淵 【明】淳安人。字宗源。明尙書。瞻詞藻。以太學生授鳳陽蒙城令。一以愛民爲主。聽事徧書先正格言以自警。有龜鶴山人吟稿。貽哂稿。

方·深道 【宋】晉江人。官奉議郎。知泉州。有老杜詩評。（按深道所著老杜詩評。見陳振孫書錄解題。確爲宋人。或作元人誤。）

方·琇 【明】臨湘人。博學有時名。尙氣節。擧洪武鄉試。授邢臺龍岡遞運所副使。燕師起。徵餉。抗不應。後謫戍順德衞。卒於官。

方·逢年 【明】雲槐孫。字書田。萬曆進士。天啓初典試湖廣。發策忤魏忠賢。削籍歸。崇禎間累遷禮部尙書。東閣大學士。罷歸。紹興破。魯王航海。逢年追不及。降於淸。已而以蠟丸書通閩。事洩被殺。有雪滁齋集。

方·逢辰 【宋】鎔子。字君錫。淳祐中廷對第一。累官兵部侍郎。國史修撰。時宰相鄭淸之。賈似道擅權。逢辰力詆其非。稱疾歸。除吏禮二部尙書。俱不拜。授徒講學。學者稱蛟峯先生。有孝經解。易外傳。尙書釋傳學庸注釋。蛟峯文集。

方·逢振 【宋】逢辰弟。字君玉。景定進士。歷官太府寺簿。宋亡歸隱。講學於石峽書院。學者稱山房先生。

方·逢時 【明】嘉魚人。字行之。嘉靖進士。隆慶初擢右僉都御史。巡撫遼東。萬曆初總督宣大山西軍務。與王崇古共決大計。邊境獲安。後入爲兵部尙書。以平兩廣功進少保。致仕歸。逢時才略明練。處置邊事皆協機宜。其功名與崇古相亞。稱方王云。

方·喜 【宋】莆田人。字良翰。辟燕山功曹掾。燕雲陷敵。喜變姓名間道逃歸。改差泉州監稅。時比之蘇武。言其在燕山十九年也。官終廣州通判。

方·堯相 明黃岡人。字紹虞。崇禎間官成都同知。兵食不足。泣請於蜀王。王不允。自投於池。以救免。張獻忠陷成都。被執。不屈死。

方·黎如 清士穎子。字若文。一字文輈。號樸山。康熙進士。官豐潤知縣。邃於經學。工古文。於制舉業尤獨闢町畦。與桐城方舟·方苞。並稱三方。有集虛齋集。

方·揚 明歙人。字思善。號初庵。隆慶進士。官至杭州知府。有方初庵集。

方·朝 清番禺人。字東華。號寄亭。太學生。與兄還齊名。稱廣南二方。有勺園集。

方·登嶧 清桐城人。字鳧宗。號屏垢。康熙貢生。官工部郎中。以朋友負罪牽連謫戍黑龍江。迨遇赦。已先死。著作見述本堂三方集中。

方·竦 唐弋陽人。字仲成。景雲進士。累官黔臺侍郎。開元封禪。爲禮儀使。竦搜舉典禮。容止閑雅。玄宗歎其知禮。

方·絢 宋莆田人。字君素。篤學力行。好爲古文。尤工詞賦。晚歲以入行舉。辭不就。工書篆。詩亦清婉。尤喜集古。隱居西山草堂。門人號濯錦先生。

方·絜 清黃巖人。字矩平。號治庵。工詩。善書畫。最善寫石。尤工刻竹。能於臂閣上刻人小影。鬚眉逼眞。有石我齋詩稿。

方·象瑛 清遂安人。字渭仁。康熙進士。舉鴻博。授編修。歷侍講。典試四川。乞假歸。自號金門大隱。工詩。有健松齋集·封長白山記。

方·軫 宋愼言孫。遷居鄞。字叔時。一字克載。元符進士。授太廟齋郎。上書論蔡京罪。編管嶺南。尋放還。政和間復進狀。乞收權獨斷。復編管永州。以恩赦放歸。官終鄞縣令。

方·鈍 明巴陵人。字仲敏。正德進士。累官戶部尚書。在部七年。廉愼無過。嚴嵩中之。乞歸。卒謚簡肅。

方·鈞 清青浦人。字範斯。號秋巖。工畫山水墨竹。

方·雲槐 明遂安人。字慕庭。幼孤。事母至孝。家貧力耕。卜葬祖父。負土成墳。晚賓於鄉。邑令表其門。

方·嵩 明咸平人。字中山。洪武舉人。邃於春秋。官終江陰教諭。嘗主考浙江江西。時稱得人。

方·愼言 宋莆田人。字應之。咸平進士。知信豐閿谿二縣。號稱神明。仁宗立。爲侍御史。丁謂貶。命愼言籍其家。得士大夫書悉焚之。不以聞。後以朝請大夫知廣州卒。

方·愼從 宋愼言弟。字惟之。景德進士。歷官郡縣。終都官郎中。所至有德政。嘗再知漳州。漳人夾道歡呼曰。吾父復來矣。其得民心如此。

方·新 明青陽人。字德新。號定溪。嘉靖進士。累官監察御史。上疏言災變外患。宜隨事自責。痛加修省。帝怒。斥爲民。穆宗卽位。復官。

方會 宋高僧。宜春冷氏子。少警敏。閱經典輒自神會。師事慈明。得悟。慶曆中住楊岐。闡明臨濟正脈。

方·會 宋莆田人。字子元。熙寧進士。知越州凡五年。爲政平易。充兩浙安撫使。繕城隍。創樓船。上水戰法。政和中歷太子詹事。累爵文安郡開國侯。

方·楷 清駿謨子。原名愷。字子可。生有殘疾。終身不仕。精天算地輿。詩古文詞亦有家法。兼工山水。有易說·四裔古國考·三統曆算式。代數通藝錄。句股全集。

方·椿 清歙人。字子橋。乾隆舉人。潛心六書。通漢儒箋注。蓄書萬卷。皆手校其譌謬。有楚頌山房詩文集·歙藝文志。

方·椿年 宋錢塘人。紹定間畫院待詔。陞祗候。工畫著色山水人物。及道釋神仙故實。

方·殿元 清番禺人。字蒙章。號九谷。康熙進士。官江寧知縣。能以經術飾吏治。引疾去。有九谷集。

方·熙 明莆田人。字孟明。宣德進士。選庶吉士。試翰林。屢居優等。言論風采。峭直英發。人頗憚之。出爲潮州府通判。有東軒集。

方·瑛 明政子。爲都指揮同知。從征麓川。率兵突賊壘。擊斬數百人。遂平其地。復從王驥破貢章·沙壩·阿嶺諸蠻。景泰中封南和伯。充總兵官。湖廣苗叛。率京軍討之。賊渠納款。進爵爲侯。瑛前後克諸砦幾二千。平苗之功。無與比者。卒諡忠襄。

方·葇如 清士穎子。字藥房。有周易通義·毛詩通義·尚書通義。

方·道叡 元逢辰曾孫。字以愚。至順進士。授翰林編修。撰后妃功臣諸傳。累遷江南行省員外郎。明初兩被召不起。有春秋集釋·愚泉集詩稿。

方·僑 宋莆田人。字次山。景祐進士。歷知循州。陰察不法吏數人流之。郡中肅然。移潮州。民喜曰。循州方君也。不教而服。兩州皆爲立祠。

方·實孫 宋字端仲。累舉不第。以布衣入史局。有淙山讀周易記。

方·琹 清號雪屏。又號抱璞山人。善行草。好作小詩。畫蘭竹雜卉。兼善山水。性豪蕩好游。不事生產。晚歲卒於僧舍。

方·漸 宋莆田人。重和進士。知梅州。清白自矢。積書數千卷。皆手自纂定。置閣藏書。榜曰富文。鄭樵曾就讀焉。子孫相傳爲富文方氏。

方·漢　明淳安人。字孔殷。領景泰鄉薦。天順間授山東道監察御史。巡按陝西甘肅等處。成化間巡按四川。時貴獠竊發。漢督軍深入賊境。設法搜捕。地方以寧。官終南京太僕寺卿。

方·演孫　宋大琮子。字景行。咸淳初知建昌軍。陛辭所言。皆關係新政。累拜大司農。

方·熊　清烏程人。字飛匡。諸生。有帶湖草堂集·南潯文獻志。

方·綱　宋青陽人。八世同爨。家屬七百口。每旦鳴鼓會食。嘗出稻五千斛賑貸貧民。景德中詔旌其門。

方·維甸　清觀承子。字南耦。號葆巖。乾隆進士。授吏部主事。累遷河南布政使。值川楚教匪未靖。維甸督兵防界。甚爲高宗所嘉。擢閩浙總督。以母老乞終養。不許。在任肅清海盜。約束械鬭。政績卓著。母卒。適值林清謀逆。詔起署直隸總督。尋回籍守制。卒諡勤襄。有心蘭室稿。

方·維儀　明姚孫棨妻。孫棨卒。請大歸。守志於清芬閣。以文史代織紝。有清芬閣集。

方·維翰　清大興人。字藕堂。號種園。又號藕船主人。工詩。官浙江布政使經歷。

方·聞一　宋舒州人。淳熙中爲郡博士。有大易粹言。（按溫陵曾穜守舒州。命聞一輯爲是書。舊序甚明。朱彝尊承宋志之誤以爲穜作。非也。）

方·蒙仲　宋莆田人。名澄孫。以字行。淳祐進士。知邵武軍。以最聞。官至秘書丞。始以文字見知於賈似道。及似道相。蒙仲獨求外補。終其身。

方·豪　明開化人。字思道。正德進士。知崑山縣。有異政。民有積逋。特疏請免。遷刑部主事。以諫武宗南巡被杖。歷官湖廣副使。以平恕稱。致仕卒。有棠陵集·斷碑集·蓉溪書屋集。

方·賓　明錢塘人。洪武時由太學生試兵部郎中。成祖卽位。累官兵部尙書。參與機密。見知於帝。賓有幹材。性警敏。能揣帝意。頗恃寵貪恣。後議親征。賓與夏原吉俱言糧餉不足。帝怒。賓懼罪。自縊死。◎明巴陵人。字仲光。弘治鄉貢。任鳳陽通判。值山東盜起。督兵禦淮。築靈璧·虹縣二城。賊至。縱擊破之。以功署知府。

方·鳳　元浦陽人。一名景山。字韶卿。容州文學。宋亡不仕。善詩。通毛鄭二家言。晚一發於詠歌。音調淒涼。有野服考·存雅堂稿。◎明崑山人。字時鳴。號改亭。正德進士。歷御史。武宗南巡。疏論七事。世宗立。數爭大禮。以災異指切弊政。出爲廣東提學僉事。謝病歸卒。有方改亭奏草。

方·儀　宋黃巖人。字儀父。性沖淡溫厚。沈思於易。至老無倦。有懋翁玩易·候樵存稿。

方·履籛　清國棟玄孫。字彥聞。嘉慶舉人。知閩縣。學問賅博。工詩詞及駢體文。善隸書。精鑑賞。尤精志乘之學。嘗撰河內·武陟·永定諸縣志。又有金石粹編補正·萬善花室文集·詩集·詞稿。

方·德初　明寧波奉化人。字孟仁。四世同居。百口共爨。自奉甚薄。而性樂施與。與弟德全並有美德。德初年八十八。德全年九十九卒。

方·德順　宋莆陽人。早以文行知名。一時長者皆折輩行與交。紹興初召對。極論講和不便。因不合而去。

方·愨　宋桐廬人。字性夫。宣和進士。歷官禮部侍郎。所至以剛廉稱。著禮記集解。朱熹嘗曰。方氏禮記解。不可以其新學而黜之。

方·樗　元鳳子。字壽父。工詩。

方·翥　宋元寀孫。字次雲。從兄略爲廣東轉運副使。作萬卷樓。儲書千二百筒。語翥曰。次雲十年不出戶。可移吾書入肝鬲矣。翥登紹興進士。不仕凡十八年。盡讀之。官至秘書省正字。

方·蔭華　清武進人。趙仁基再繼妻。字季嫻。通經史。兼涉繪事。與仁基唱和。有雙清閣詩。

方·闇　宋淳安人。字彥和。年十八與從兄閎·弟聞·同業太學。每試必迭爲之魁。時人語曰。兩浙三方。天下無雙。徽宗特賜進士出身。歷官至金紫光祿大夫。致仕。賜號龍亭居士。

方·誼　宋嘉禾人。字賓王。問學於朱熹。爲熹所稱。

方·靦　宋平江人。字叔行。受業李燔。與饒伯輿友善。安貧樂道。前後數聘皆不赴。參政魏了翁嘉其學行。

方·震孺　明壽州人。字孩未。萬曆進士。授御史。遼陽破。震孺一日十三疏陳兵事。請犒師關外。軍民感悅。遷監軍巡按。魏忠賢坐以大辟。得遣戍。崇禎初釋還。擢右僉都御史。巡撫廣西。聞闖賊陷京。慟哭勤王。馬士英憚之。勒還鎭。憂憤卒。

方·頤孫　宋福州人。理宗時爲太學篤信齋長。嘗取唐宋名人之文。標其作法。分十七格。每格綴文數段。每段綴文於其下。名其書曰大學黼藻文章百段錦。蓋當時科舉之學也。

方·儕　後漢歙人。與弟儲·儼以孟氏易自相講授。儕爲南陽太守。封關內侯。以文學知名。

方·學漸　明桐城人。字達卿。爲諸生祭酒二十餘年。領鄉薦。棄去。從事於講學。有心學宗·邇訓·桐彝。

方·曄　宋永嘉人。字聖時。幼孤。

力學篤行。自號愚迂翁。大觀初詔舉行誼。郡以應選。固辭不就。及卒。李季仲志其墓。

方・暹　〔宋〕平江人。字明甫。爲黃榦門下第一。學者稱連雲先生。

方・樸　〔明〕莆田人。字時舉。通春秋詩書三經。善講說爲文詞。元季不仕。洪武初薦充興化訓導。坐事被逮。義不受辱。自剄死。有莆陽人物志・方壺集。(按萬姓統譜作方槐生。此從福建通志。)

方澤　〔明〕僧。嘉善人。字雲望。號冬谿。居秀水精嚴寺。戒學俱高。尤工詩偈。有冬谿集・華嚴要略。

方・澥　〔明〕莆田人。字源深。正統進士。授行人。致仕歸。邃於禮經。學者稱柳東先生。

方・諫臣　〔宋〕愼從子。侍父漳州。手斷合水孽蛟死。漳人立祠祀之。後封清水侯。

方・龜年　〔宋〕莆田人。景祐進士。官至屯田郎中。有經史解題・羣書新語。

方・徵　〔明〕大琮六世孫。字可久。洪武進士。官監察御史。出知懷慶府。志節甚偉。遇事敢言。後坐事逮京卒。

方・應發　〔宋〕字君節。淳祐進士。累官國子監簿。坐忤時相。去官者再。景炎中終禮部尙書。宋亡後十年卒。應發以文章進身。平居孝友仁恕。恩意讜然。臨事剛果。有奇男子風。

方・應選　〔明〕松江華亭人。字衆甫。號明齋。萬曆進士。官至盧龍兵備副使。工詩文。有方衆甫集。

方・濬師　〔清〕安徽定遠人。字子嚴。咸豐舉人。官至直隸永定河道。有退一步齋文集。

方・濬益　〔清〕安徽定遠人。字子聽。官金山知縣。有吉金錄。

方・濬頤　〔清〕安徽定遠人。字子箴。道光進士。官至四川按察使。有二知軒文集。

方・燮　〔清〕南安人。字子和。號蠻山。工詩古文。擅八法。行楷法二王。尤工逕丈大字。少曾習畫。既棄去。間以篆隸法寫墨竹。

方・禧　〔宋〕价曾孫。爲殿中侍御史。初禧五世祖愼從宦嘉州時。手植荔枝於郡圃。賦詩有留取淸陰待子孫之句。至大觀中。禧持節按蜀部。嘉州父老擁車誦愼從詩爲賀。

方・駿謨　〔清〕履籛子。字元徵。官安徽直隸州。不求聞達。行誼卓然。有敬業述事室文稿・徐州府志。

方・儲　〔後漢〕儕弟。字聖公。講孟氏易。精圖讖。建初間舉賢良方正。對策爲天下第一。拜議郎。轉洛陽令。

方・薰　〔清〕浙江石門人。字蘭士。一字蘭坻。號樗盦。又稱槃兒鄉農。乾隆時布衣。詩書畫並妙。寫生尤工。與奚岡齊名。稱方奚。有山靜居稿。

方・覲　〔清〕江都人。字近雯。嘗從學於朱彝尊。第康熙進士。官至西安布政使。有石川詩鈔。

方・豐之　〔宋〕莆田人。字德亨。從呂本中游。仕至監鎭。工詩。

方・鎔　〔宋〕淳安人。字伯治。少以詞章名。後棄去。盡心聖賢知行之學。歷官兩淮制置使參謀官。

方・鯉　〔明〕大琮七世孫。字廷訓。永樂進士。爲監察御史。風采凜然。出知彰德。改紹興。皆以嚴明著稱。號良二千石。

方・疇　〔宋〕弋陽人。字耕道。建炎進士。紹興改元。上書言四宜憂。十宜行。一宜去。又請擇宗室爲儲貳。官終建康通判。有文集。

方・臘　〔宋〕青溪人。託左道以惑衆。時吳中困於花石之擾。臘因民不忍。於宣和二年起爲亂。自號聖公。聚衆至數萬。王黼匿報不以聞。勢益熾。後爲童貫等所擒誅。(按張端義貴耳集云。方臘舊名朕。童貫改曰臘。後不知所終。就擒者非臘也。亦是一說。)

方・鯤　〔清〕桐城人。字羽南。所著易盪。取八卦相盪之義。縱橫圖之。八卦相重。一卦盪爲八卦。故以爲名。

方・鵬　〔明〕鳳兄。字時舉。正德進士。鵬初與鳳同以學行相砥礪。比議禮。鵬獨是張璁議。官至南京太常卿。然意殊悒悒。引疾去。有貴備餘談・續觀感錄・崑山人物志・嬌亭存稿。

方・瀾　〔元〕莆陽人。字叔淵。隱居吳中。閉門讀書。訓徒以自給。平生喜吟咏。有叔淵遺稿。

方・獻夫　〔明〕南海人。字叔賢。弘治進士。歷吏部員外郎。世宗初以議大禮稱旨。驟進少詹事。恃寵放恣。累官吏部尙書。入閣輔政。獻夫飾恬退名。連被劾。中悳。雖執大政。氣厭厭不振。亦時有所救正。見帝恩威不測。三疏引疾去。卒謚文襄。有周易傳義約說・西樵遺稿。

方・儼　〔後漢〕儲弟。爲大都督。以文學知名。

方・瓘　〔明〕婺源人。與洪垣共師湛若水。若水爲建二妙樓居之。瓘絕意仕進。敦行誼。嘗自廣東還。同行友瘴死。舟中例不載屍。瓘秘不以告。與同寢累日。至韶州始發之。

方・顯　〔清〕巴陵人。字周謨。號敬齋。康熙末知恭城縣。雍正初授鎭遠知府。鄂爾泰檄理九股各苗。顯詣峒曉喩。投誠者十餘萬戶。乾隆間官至廣西巡撫。

方・觀旭　〔清〕仁和人。官庶吉士。有論語偶記。

方・觀承　〔清〕式濟子。字遐穀。號問亭。又號宜田。雍正間平郡王福彭征準噶爾。觀承爲記室。乾隆間自直隸淸河道累官直隸總督。皆掌治河。洞澈地勢。相時決機。前後數十疏。從之輒利。工詩及書。卒諡恪敏。有述本堂詩·薇香集·燕香集·問亭集。

日照 【唐】僧。中印度人。梵言釋地婆訶羅。戒行高奇。尤工呪術。高宗時來華。表請翻度。垂拱末於東西京譯大乘顯識經·大乘五蘊論等凡一十八部。◉【唐】僧。岐下人。姓劉氏。幼有宿慧。博覽經籍。長精經法。因遊嵩嶽問圓通之訣。後至衡山。登昂頭峯。有終焉之志。先後庵居三十餘年。咸通中示滅。年一百八歲。

月乃合 【元】靜州天山人。字正卿。父昔里吉思死國事時。年方十七。奮然投冠於地曰。吾父死國難。吾獨不能紓家難乎。會國兵破汴。躐關鋒鏑中。北見憲宗。辭容端謹。帝嘉賞之。命贊卜只兒斷事官事。政事修舉。累官禮部尚書。卒諡忠懿。

月·文憲 【明】巴縣人。洪武初僑居巴陵。以明經授武昌訓導。有詩集。

月赤察兒 【元】博爾忽曾孫。世祖時爲宣徽使。奏劾桑哥之奸。桑哥誅死。成宗時拜太師。討破叛王海都篤娃。功最多。武宗入繼大統。月赤察兒謀猷居多。累官右丞相。封淇陽王。卒諡忠武。

月里麻思 【元】乃馬氏。太宗時使宋議和。從者七十餘人。月里麻思語之曰。吾與汝等奉命南下。楚人多詐。倘遇害。當死焉。毋辱君命。已而馳抵淮上。宋將以兵脅之降。不從。乃囚之長沙飛虎寨。三十六年而死。

月魯不花 【元】蒙古遜都思氏。字彥明。元統進士。歷吏部尚書。招降劇賊程思忠。遷大都路達魯花赤。以忠讜著。後改山南道廉訪使。浮海北而往。遇倭船。被害。諡忠肅。

月魯帖木兒 【元】卜領勤多禮伯臺氏。幼警敏。俶儻有大志。仁宗時入宿衞。哈剌哈孫欲川爲中書蒙古必闍赤。輒辭焉。哈剌哈孫曰。汝年幼。欲何爲乎。對曰。欲爲御史爾。久之。遂拜監察御史。巡按上都。劾奏太師帖木迭兒受賕事。帝怒。碎太師印。賜月魯帖木兒鈔萬貫。至正中累拜江浙行省平章政事。卒於軍中。

月舉連赤海牙 【元】從憲宗征釣魚山。奉命修麴藥。以療師疫。繼從太子滿哥都。征雲南。戰數勝。累官四川等處行中書省參知政事。卒諡襄靖。

木·公恕 【明】本摩些蠻人。世授麗江知府。世宗時公恕襲職。英毅有幹局。綏輯諸夷。以忠順自勵。好讀書賦詩。有中土士大夫風。嘗與永昌張愈光相倡和。楊用修錄其詩。名曰雪山詩選。

木·天駿 【宋】瑞安人。字德遠。嘉熙進士。教授永州。發明張栻之學。以淑諸生。累官建昌守有聲。除大理宗丞卒。

木杆可汗 【後魏】突厥伊利可汗之弟。名俟斗。勇而多智。既嗣立。務於征伐。擊茹茹。西破挹怛。東走契丹。北方戎狄悉歸之。在位二十年卒。

木·待問 【宋】永嘉人。字蘊之。爲鄭伯熊弟子。隆興初進士第一。累官太子詹事·禮部尚書。

木·景方 【明】瑞安人。受書於朱文霆。得朱蔡微旨。爲文典雅。洪武初舉爲縣學訓導。累陞國子監助教卒。

木·華 【晉】廣川人。字玄虛。爲楊駿主簿。作海賦。文章儁麗。

木華黎 【元】札剌兒氏。沈毅多智略。猿臂善射。挽弓二石強。事太祖以忠勇稱。封太師國王。累伐金。有大功。既平河北。進圖河南。在軍中垂四十年。及疾篤。以汴京未下爲恨。卒。追封魯國王。諡忠武。

木·增 【明】雲南麗江土司。字生白。世襲土知府。以助餉征蠻功。晉秩左布政使。年甫三十卽謝職。天啓中特給誥命。以旌其忠。好讀書。多與文士往還。有雲薖淡墨。

木蘭 古之孝女。易男子裝代父征戍。十二年而歸。人無知其爲女子者。（按古樂府有木蘭篇。不著何代人。程大昌演繁露。據可汗大點兵語。以爲隋唐人。然何承天姓苑。已言木蘭任城人。承天在隋唐之前。程說不可據。時鮮卑君長已有可汗之稱。亦非起於隋唐也。獨異志載木蘭花姓。商丘人。與姓苑言任城人異。則所稱花姓。亦恐爲依託也。）

殳·邦淸 【明】秀水人。字鳳儀。七歲喪父。哀毀如成人。事母以孝聞。季父客死。邦淸負骸歸葬。妻亡。矢不再娶。二子相舜·贊舜。事邦淸曲意承歡。一門雍肅。郡守高其行。舉鄉飲賓。守道旌其廬。

殳·季眞 【南朝宋】明帝時人。得道經訣。（尙友錄題漢人。氏族典承之。按鄭樵通志作南史有殳眞得道德訣。王應麟姓氏急就篇作宋明帝時人。今據之。）

殳斨 【有虞氏】舜之臣。舜命垂作共工。垂讓於殳斨暨伯與。

殳·默 【淸】嘉善女子。字齊季。小字默姑。九歲能詩。刺繡刀尺。無不入妙。兼工小楷。

毌丘·長 【後漢】安丘人。與母俱行市。道遇醉客辱其母。長殺之而亡。入膠東爲吏所執。吳祐時爲膠東相。知其未有子。移安丘逮長妻。解其桎梏。使同宿獄中。妻遂懷孕。至冬盡行刑。長齧指吞之。含血言曰。妻若生子。名之吳生。言我臨死吞指爲誓。囑兒以報吳君。因投繯而死。

毌丘·儉 【三國魏】聞喜人。字仲恭。

明帝時爲尙書郞。累遷荊州刺史。帝圖討遼東。以儉有幹策。徙幽州。遼東平。封安邑侯。正始中數討高句驪。破走句驪王宮。追奔至肅愼氏南界。刻石記功。齊王廢。儉感明帝顧命。舉兵討司馬師。不克被殺。

毋·守素〔宋〕昭裔子。字表淳。仕後蜀官至工部尙書。奉親甚勤至。雖隆暑暮時。必朝服執簡。以申昏定之禮。蜀亡入宋。授工部侍郞。歷知容州。兼本管水陸轉運使。有惠政。卒官。(按宋史·十國春秋作母。張澍姓氏尋源。亦謂蜀之母姓。爲父母之母。字書無毋氏。通志氏族略。蜀蓬州多毋姓。今從之。)

毋·制機〔宋〕蜀人。宋末分教黃州。兼領雪堂河南兩書院。學者稱爲平山先生。

毋·思義〔明〕蓬州人。洪武舉人。工詩文。歷襄陽鳳陽教授，周府長史。

毋·昭裔〔後蜀〕河中龍門人。博學有才名。孟知祥擢爲御史中丞。昶立。拜中書侍郞同平章事。累進左僕射。以太子太師致仕。性嗜藏書。酷好古文。精經術。常按雍都舊本九經。命張德釗書之。刻石於成都學宮。又令門人句中正·孫逢吉書文選·初學記·白氏六帖。刻版行之。著有爾雅音略。

毋·恩〔明〕蓬州人。弘治進士。知臨海。有賢聲。陞御史。

毋·祥〔明〕普城人。洪武中任給事中。歷太僕少卿。從靖難有功。擢本寺卿。以忠謹聞。

毋·雅〔晉〕巴郡江州人。學宗四科。貢於朝。除涪陵漢平令。爲夜郞太守。殊俗感其惠化。致仕歸。卒年八十三。

毋·煚〔唐〕洛陽人。官右補闕。撰古今詩錄四十八卷。開元含象亭十八學士。煚其一也。

毋將·永〔漢〕蘭陵人。受沛人高相易。以爲高氏易。

毋將·隆〔漢〕蘭陵人。字君房。爲從事中郞。遷諫大夫。成帝末奏封事。言宜徵定陶王使在國邸。後帝竟立定陶王爲太子。隆遷冀州牧·潁川太守。哀帝卽位。遷執金吾。時侍中董賢方貴。帝使中黃門發武庫兵前後十輩。送董賢及帝乳母王阿舍。隆奏言武庫兵器。天下公用。以給私門。非所以示四方。帝不悅。頃之。傅太后使謁者買諸官婢賤取之。復取執金吾官婢八人。隆奏言賈賤。請更平直。左遷沛郡都尉。王莽少時與隆交。隆不甚附。坐免官。徙合浦。

比干〔商〕紂諸父。紂淫亂不止。比干曰。爲人臣者不得不以死爭。乃諫紂三日不去。紂怒曰。吾聞聖人心有七竅。剖而觀其心。

毛·一公〔明〕一鷺弟。字震卿。號明齋。萬曆進七。官至工科給事中。時國本未定。上疏力爭。罷歸。里居二十餘年。光宗立。起歷南光祿少卿。一鷺黨魏忠賢。一公輯古來閹寺事蹟爲歷代內侍考。大旨褒少而貶多。

毛·一豸〔清〕澤州人。字香林。順治進士。性廉潔。授戶部主事。濬河通州。考最。陞郞中。督餉固原。聖祖以淸官第一褒之。遷興安參議。卒無以爲殮。

毛·一鷺〔明〕遂安人。天啓末巡撫應天。黨魏忠賢。於虎丘建忠賢生祠。

毛·士毅〔宋〕富川人。仕爲化州石城令。李接反。來攻城。士毅與尉曰。吾與君當以死衞百姓。糾合義丁與賊戰。衆寡不敵。罵賊死。高宗嘉其忠。贈承事郞。

毛·士龍〔明〕宜興人。字伯高。萬曆進士。授杭州推官。熹宗卽位。擢刑科給事中。天啓初極言諸奄罪狀。因是削籍。魏忠賢憾未已。必欲殺之。士龍乃載妻子浮太湖以免。莊烈帝卽位。忠賢伏誅。詔赦其罪。復官致仕。再起漕儲副使。累擢左僉都御史。謝病歸。國變後卒。

毛女 古仙女。字玉姜。在華陰山中。形體生毛。自言秦始皇宮人。秦亡入山。食松葉。遂不饑寒。身輕如飛。

毛·子廉〔金〕長泰人。本名八十。材勇善射。遼季羣盜起。子廉以捕盜功。授東頭供奉官。天輔中招諭臨潢。子廉率戶二千六百來歸。令就領其衆。在臨潢十餘年。吏民畏愛。官至寧昌軍節度使。海陵篡位。乃致仕。

毛·之玉〔清〕太倉人。字用羽。雍正進士。官至御史。晚主虞山書院。造士頗多。工詩。尤擅塡詞。有曉珠詞·瀛洲清課·吟囊剩句·紅豆餘音·漱芳詩集·倚玉集。

毛·仁厚〔宋〕衢州人。字及之。開禧中與趙抃同發解於州。其鄉舊有義役。仁厚益緝而宏之。歲或不登。發義廩貸之。饑者不責償。會歲大侵。力疾走州縣請粟。病加劇。竟卒。後十年。抃爲之表其墓。

毛·允昇〔宋〕益子。景定時待詔。工畫花鳥。

毛·元淳〔明〕松陽人。字還樸。一字嬰中。崇禎歲貢生。有尋樂編。

毛公〔戰國〕〔趙〕處士。藏於博徒。信陵君無忌在趙。聞步從之游。甚歡。◎〔漢〕詳毛萇條。

毛·升芳〔清〕遂安人。字允大。號乳雪。一號賀菴。拔貢生。康熙中試鴻博。授檢討。有古獲齋駢體·竹枝詞。

毛·友〔宋〕西安人。字達可。守鎭江時。方臘殘睦歙。監司不以實聞。友奏言之。朱勔怒其張皇。遂與宮觀。後爲翰林學士。

毛·友誠〔宋〕平江人。字伯明。謝棄科舉。閉戶讀書。尤邃於易。太守延之入學。掌教最久。平江後進受學於朱熹者最盛。皆友誠爲之前導也。學者稱竹簡先生。

毛文昌 [宋]蜀人。字則之。畫村野人物。備具風概。

毛文錫 [前蜀]高陽人。字平珪。唐進士。事蜀爲翰林學士。累拜司徒。後降唐。未幾。復事孟氏。以小詞爲後蜀主所賞。尤工豔語。

毛文龍 [明]仁和人。字鎭南。以都司援朝鮮。逗遛遼東。自海道逃回。乘虛襲殺清鎭江守將。授總兵。累加至左都督。挂將軍印。賜尚方劍。設軍鎭皮島。數爲清兵所敗。又驕縱不受節度。袁崇煥閱兵抵島。斬之。

毛方平 [宋]開禧初。爲四川茶馬司。吳曦叛。方平與楊巨源。安丙等九人謀誅曦。斬之。自作丁卯實編紀其事。(按毛方平宋史無傳。安丙・楊巨源傳亦無其名。郭士寧平叛錄。敘其事特詳。稱九人中方平爲首。今從之。)

毛氏 [前秦]武都人。美而勇壯。善騎射。苻登立爲皇后。留毛氏及輜重於大界營。姚萇率兵襲之。營壘既陷。毛氏猶彎弓跨馬。率壯士數百。與萇交戰。及被執。萇欲納之。毛氏大罵。因被害。

毛世濟 [明]餘姚人。畫蘭工傅色。英蕊幹葉。各臻其妙。

毛弘 [後漢]梁鵠弟子。教於秘書。令八分書皆弘法也。⊙[明]鄞人。字士廣。天順進士。授刑科給事中。負氣敢言。聲震朝宇。帝頗厭苦之。而弘慷慨議論。無所屈。三遷至都給事中。得疾暴卒。

毛玉 [明]昆明人。字用成。弘治進士。正德時歷南京給事中。疏劾大學士焦芳・劉宇。羣盜擾山東河南。玉請備留都。已而盜果渡江。以備嚴不敢犯。嘉靖初爲吏科。勸帝戒嗜慾。塞蠱惑之隙。杜請託。以破僥倖之門。帝爲嘉納。時宸濠戚屬連逮者數百人。奉命往訊。多所全活。尋伏闕爭大禮。受杖下獄。竟卒。

毛先舒 [清]仁和人。字稚黃。後更名騤。字馳黃。明諸生。從陳子龍遊。又嘗從劉宗周講學。其詩音節瀏亮。爲西泠十子之首。與奇齡・際可齊名。時人語曰。浙中三毛。東南文豪。康熙中卒。先舒精韻學。有聲韻叢說・韻學通指・匡林巽書・聖學眞語・小匡文鈔・思古堂集・螺峯說錄・東苑詩文鈔・蕊雲・晚唱諸集。

毛吉 [明]餘姚人。字宗吉。景泰進士。天順中累官廣東僉事。以平賊功擢副使。巡高雷廉三府。成化初破新會賊。戰死。諡忠襄。

毛存 [宋]錢塘人。號勿齋。工畫墨竹水石。父坐韓侂胄黨流嶺表。存跋涉數千里。函骨歸葬。人稱篤孝。

毛存誠 [明]直隸人。字守一。景泰中舉於鄉。成化初任南京山東道監察御史。嘗監守皇城四門並光祿寺儲。其有餘者。合還於民。而守衛官軍擅奪之。悉按其罪。中外聞之凜凜。

毛安之 [晉]穆之弟。字仲祖。有武幹。累拜游擊將軍。孝武即位。妖賊盧悚突入殿廷。安之聞難直入。手自奮擊。既而兵集。遂勦滅之。遷右衛將軍。卒贈光祿勳。賜爵平都子。

毛安輿 [宋]洪雅人。年九歲。父死。負土營墳。廬墓側三年。知益州張方平聞之。遺以酒饌。狀其事以聞。

毛式玉 [清]掖縣人。字伊人。乾隆進士。官翰林院檢討。致仕歸。嗜金石刻。嘗騎驢裹糧。入天柱山。徧拓元魏高齊碑。

毛幵 [宋]信安人。字平仲。嘗爲宛陵及東陽州倅。爲小詞最工。有樵隱詞。

毛羽健 [明]公安人。字芝田。天啓進士。知萬縣。調巴縣。崇禎初徵授御史。首劾楊維垣八大罪。又極陳驛遞之害。帝令所司痛革。積困爲蘇。及袁崇煥下獄。主事陸澄源以羽健嘗疏譽崇煥。劾之落職。歸卒。

毛亨 [漢]魯人。作詩訓詁傳以授毛萇。時人謂亨爲大毛。萇爲小毛。

毛伯温 [明]吉水人。字汝厲。正德進士。嘉靖中累官刑部尚書。總督宣大山西軍務。邊防賴焉。受命征安南。歲餘不發一矢。而安南定。論功加太子太保。後以防事削籍歸。疽發背死。穆宗立。復官賜䘏。天啓初追諡襄懋。有毛襄懋集。

毛延壽 [漢]杜陵人。畫人形醜好老少。必得其眞。元帝嘗使畫工圖後宮美人。案圖召幸。諸宮人皆賂畫工。獨王嬙不肯。後匈奴求美人爲閼氏。帝以王嬙行。及去召見。貌爲後宮第一。帝乃窮案其事。延壽等皆棄市。

毛成肅 [清]之玉弟。字孝則。嗜學。事親能養志。工詩。有宛坻詩稿。

毛玘 [明]任人。字國珍。天順進士。知蒙陰縣。先是母久失明。玘迎養官舍。祈於天。母目復明。人稱孝感。在蒙陰有逋稅數年不完。玘召逋者諭之。寬其限。卒獲完。某參政以均徭役至。意有所需。玘曰。殘下媚上。吾不爲也。參政憾去。遂解印歸。

毛良 [明]北平人。字舜臣。號兩山居士。一作雨山。畫山水師米家法。工詩。著無聲詩。曲盡畫法之妙。

毛里孩 [明]韃靼酋長。時阿剌敗死。與孛來雄視部中。數寇塞下。成化間入據河套。旋諸部內訌。孛來弒其主。毛里孩又殺孛來。更立他可汗。尋殺所立可汗。遣使入貢。後屢寇延綏。於是議築邊牆設壘堡。又發兵搜套。以王越・趙輔等督師。迄無功。

毛佺 金恩州人。貞祐中爲盜。宣宗南渡。率衆歸國。署爲義軍招撫。哀宗遷蔡。以佺爲都尉。圍城之戰。佺力居多。城破自縊。

毛奇齡 清蕭山人。字大可。一字齊于。本名甡。字初晴。學者稱西河先生。明季諸生。明亡。髠髮竄身山谷。讀書土室中。爲人好譏議。品目嚴峻。一時士流多忌之。康熙中召試鴻博。授檢討。纂修明史。後以病乞歸。博覽載籍。著書甚富。尤好說經。其辨正圖書。排擊異學。多有功於經義。惟喜爲駁辯以求勝。凡他人所已言者。必力反其詞。文亦縱橫排奡。睥睨一世。晚年性樂易。好獎借後進。年九十四卒。所著分經集文集。經集凡五十種。文集合詩賦雜箸。凡二百三十四卷。

毛宗文 清錢塘人。字建平。號中山。更號阜亭。有扶雅堂詩集。

毛居正 宋晃子。字誼父。嘉定中詔刊正經籍。當事者聘司校讐。會有目疾罷歸。宸所校正之字。作六經正誤。又著有增修互註禮部韻略。

毛庚 清錢塘人。原名鼈。字西堂。諸生。事親孝。好施與。以刻石擅名。咸豐間杭城再陷。有墓書者。以千金謀贖之城中。而庚已死難。

毛忠 明涼州人。字允誠。初名哈喇。年二十。襲永昌百戶。膂力絕人。善騎射。正統中以邊功賜姓名曰毛忠。累擢爲甘肅左都督。封伏羌伯。成化中以討固原賊中流矢卒。謚武勇。忠爲將嚴紀律。善撫士。其卒也。西陲人弔哭相望於道。

毛忠吾 元江西新昌人。元末紅巾賊陷新昌。忠吾與張子忠等克復州治。越五日復陷。子忠被執。罵賊死。忠吾保守逍遙山。招郭克敬合兵援本州。復之。歐陽祥陷上高。忠吾退守古陽寨。七年間。大小百餘戰。州境賴以保全。後授瑞州護尉。

毛政 宋廬江人。工畫神像山水。

毛昇 明武進人。字伯時。少稱神童。七歲能詩。喪明。遇異人授以前知之術。能決人生死禍福。永樂間兩召至京師。欲官之。以老疾辭歸。

毛松 宋崑山人。善畫花鳥四時景物。

毛法仁 後魏脩之子。文成初爲金部尚書。襲爵。後轉殿中尚書。加散騎常侍。法仁言聲壯大。至於軍旅田狩。唱呼處分。振於山谷。卒謚威。

毛注 宋西安人。字聖可。第進士。官至侍御史。凡抗十六章攻蔡京。京罷。未去國。會星變。注請謫京於外。已而星果退舍。累遷諫議大夫。

毛玠 三國魏平丘人。字孝先。少爲縣吏。以清公稱。武帝爲司空丞相。玠嘗爲東曹掾。與崔琰共典選舉。所舉用皆淸正之士。務以儉率人。由是士莫不以廉節自勵。玠居顯位。常布衣蔬食。撫育孤兄子甚篤。賞賜以賑施貧族。家無所餘。遷右軍師。魏國初建。爲尚書僕射。後免黜卒於家。

毛直方 宋建安人。字靜可。咸淳中預薦舉。入元不仕。授徒講學。人爭趨之。有聊復稿。又編詩集羣玉府。詩學大成。

毛秉剛 清江山人。乾隆武進士。嘉慶初隨征黔楚苗有功。又勦川楚教匪。平之。官至右江鎭總兵。

毛附鳳 宋江山人。宋室北遷。益廣二王入閩。取道江山。元兵追急。附鳳以義兵過之。二王得入閩。而附鳳死焉。

毛信卿 宋溫州人。號貧山。屢試不售。以詩酒自娛。畫竹自給。大竹畫形。小竹畫意。爲時所寶。

毛思義 明陽信人。字繼賢。弘治進士。官永平知府。以讒下獄。謫雲南安寧知州。嘉靖中累遷副都御史。巡撫應天諸府。以治辦聞。

毛昶熙 清武陟人。字煦初。道光進士。由檢討擢御史。直聲震輦下。咸豐時督辦河南團練。勦捻有功。光緒初官至兵部尚書。卒謚文達。

毛洵 宋吉水人。字子仁。天聖進士。又中拔萃科。性至孝。凡守四官。再以親病解任。親喪荷土爲墳。廬墓側。抱疾卒。

毛炳 宋富川人。字文虎。倜儻不羈。好讀書。乾道中以平寇功。授橫貴廉三州都巡檢使。後交寇犯境。死於難。◉宋豐城人。好學不能自給。隨里人入廬山。所獲賞即市酒盡醉。後聚生徒數十。講誦於南臺山。迨數年。自書於齋壁云。先生不在此。千載只空山。因大醉。一夕卒。有詩集。

毛紀 明掖縣人。字維之。成化進士。正德中累遷禮部尚書。尋爲大學士。入預機務。嘉靖初帝欲追尊興獻。閣臣執奏忤旨。紀疏救之。傳旨切責。遂乞歸里。紀有學識。居官廉靜簡重。卒謚文簡。有密勿稿．歸田雜識．辭榮錄．鼇峯類稿。

毛茂淸 清太倉人。字林逸。顧淸振妻。有鷄雪軒草。

毛若虛 唐絳州太平人。眉長覆目。性殘鷙。天寶末爲武功丞。年六十餘。肅宗還京師。擢監察御史。數請搯天下財。巧傳於法。漸見識用。擢御史中丞。上元初以罪貶賓化尉死。

毛倫 元諸暨人。字仲庠。善寫墨牛及木石。放情吟嘯。或勸之仕。則張目不荅。◉明鄞人。字有倫。日以談經論史爲事。洪武中應薦入覲。以母老乞侍養歸。孝誠純篤。晚年以詩酒琴棋爲樂。一時賢士大夫推重之。

毛扆 清晉子。字斧季。精校勘。

著名於時。有汲古閣秘本書目。

毛晃　〔宋〕江山人。紹興進士。閉戶著書。有禹貢指南．及增注禮部韻略。晃精於字學。爲海內所宗。考訂詳愼。硯爲之穿。學者稱爲鐵硯先生。明初取其書定爲正韻。

毛晉　〔明〕常熟人。原名鳳苞。字子晉。家富圖籍。世所傳影宋精本。多所藏收。家有汲古閣。傳刻古書。流布天下。在明季以博雅好事名一時。刻津逮秘書十五集。皆宋元以前舊帙。自編者有毛詩陸疏廣要·蘇米志林·海虞古今文苑·毛詩名物考·明詩紀事。

毛桓　〔淸〕遂昌人。字克亭。號石生。寄寓西湖。日以詩酒爲樂。喜寫蘭竹山水。醉後作草書益奇。博通經史。旁涉數理岐黃。破屋數椽以終老。

毛泰　〔明〕直隸人。字時亨。生而穎異。九歲通經史。年十九。登成化進士。歷知四川重慶府。値大旱。極力賑救。全活者數十萬人。旱後疫作。設醫療視。全活亦衆。弘治中貴州苗亂。討平之。改授鎭遠。蠻夷悅服。逾年致政歸。

毛泰亨　〔明〕建文時爲吏部侍郞。與張紞同事。紞死。泰亨亦死。

毛益　〔宋〕松子。乾道中爲畫院待詔。工畫翎毛花卉。

毛起　〔明〕夾江人。字溍濱。嘉靖進士。由庶吉士讁外。歷蘇州知府。有文名。人稱靑城先生。

毛乾乾　〔淸〕字心易。別號匡山隱者。精天算。與梅文鼎友。其壻謝廷逸。於數學亦有精思。皆隱陽羨。自相師友。著述甚富。

毛健　〔淸〕太倉人。字今培。貢生。杜門家居。購唐宋以來諸家樂府。徧覽而精收之。薈萃醞釀。久而獨工。有臥荚樂府。

毛國翰　〔淸〕長沙人。字大宗。號靑垣。嘉慶時諸生。幼穎悟。能闇誦佩文韻府。爲詩多幽憂淒苦之音。裕泰督鄂。聞其名。延致幕府以終。有麋園詩鈔·靑湘樓傳奇。

毛婆羅　〔唐〕武后時爲尙方丞。以善畫名。

毛惜惜　〔宋〕高郵妓。端平間榮全據高郵以叛。與同黨王安等宴飲。惜惜恥於供給。安斥責之。惜惜曰。妾雖賤伎。不能事叛臣。全怒。以刀刃裂口。立命臠之。罵至死不絕口。封英烈夫人。

毛爽　〔隋〕受京房律法。布管飛灰。順月皆驗。又每律生五音。十二律爲六十音。因而演之爲三百六十。分直一歲之日。以配其音。

毛猛虎　〔後魏〕法仁長子。襲爵爲散騎常侍。皇興中蠕蠕犯塞。從獻文討之。有勇決之稱。卒謚康。

毛祥麟　〔淸〕上海人。字瑞文。號對山。監生。官浙江候補鹽大使。工詩畫。精醫。著述甚富。有三略類編·史乘探珠·墨餘錄·亦可居吟草·對山三話。

毛脩之　〔後魏〕陽武人。字敬文。初爲宋東秦州刺史劉義眞司馬。及赫連屈丐破義眞。脩之被俘。遂沒統萬。太武平赫連昌。獲脩之。神䴥中以脩之領吳兵。討蠕蠕大檀。以功領步兵校尉。拜吳兵將軍。後以從征平涼。封南郡公。累遷特進撫軍大將軍。太延初爲外都大官。卒諡恭。

毛莫如　〔漢〕泰山人。字少路。受易於瑯邪魯伯。仕至常山太守。（按風俗通作屯莫如。此從漢書。）

毛勝　〔五代吳越〕晉陵人。字公敵。仕錢俶爲功德判官。性善詼諧。喜雅謔。自以生居水國。饜享鑿鮮。號天饞居士。又以地產魚鰕海錯。四方所無。因造水族加恩簿。假以滄海龍君之命。品敍精奇。文章典贍。◉〔明〕字用欽。初名福壽。正統中以征破麓川功。累進左都督。還守宣武等門。寇犯京師。出禦紫荊關。充副總兵。征湖廣貴州巴馬諸處反賊。有殊功。封柱國伯。改名勝。移鎭騰衝卒。諡莊毅。

毛喜　〔陳〕陽武人。字伯武。少好學。善草隸。仕宣帝。累官給事黃門侍郞。兼中書舍人。典軍國機密。時譏北使。勅喜撰軍制十三條。詔頒天下。以定策功。封東昌縣侯。加侍中。宣帝委政於喜。喜數有諫爭。言無廻避。太子每共親幸爲長夜之宴。喜嘗言之。後主卽位。稍見疏遠。出爲永嘉內史。在郡有惠政。後徵入朝。道路追送者數百里。道卒。有遺集。

毛惠遠　〔南齊〕陽武人。師顧愷之畫馬。圖繪人物列女。爲當時第一。

毛惠秀　〔南齊〕惠遠弟。永明中待詔秘閣。善畫佛像人物故實。嘗繪漢武北伐圖。置瑯邪城射堂壁。帝遊幸。輒覽焉。

毛曾　〔三國魏〕明帝使曾與夏侯玄共坐。時人謂蒹葭倚玉樹。

毛㮚　〔宋〕江山人。字叔縝。有節操。爲歙州士曹。方臘陷城。罵賊死。

毛欽　〔後漢〕爲外黃令。張儉亡命。止李篤家。欽操兵到門。篤引欽謂曰。張儉知名天下。而亡非其罪。縱儉可得。寧忍執之乎。欽因起撫篤曰。蘧伯玉恥獨爲君子。足下如何自專仁義。篤曰。篤雖好義。明廷今日載其半矣。欽歎息而去。

毛童　〔明〕鄱陽人。工相術。容貌鄙猥。衣藍縷。每匿術。託爲傭。其相人一目輒辨。

毛萇　〔漢〕趙人。初魯有毛亨。稱大毛公。爲詩詁訓傳於家。至萇治詩尤精。是爲小毛公。以詩授同國貫長卿。萇爲河間獻王博士。官至北海太守。是時言詩者有齊魯韓三家。毛詩未得立於學官。後三家皆廢。而毛詩乃大行。◉唐入張公洞。自洞底東至太湖中洞庭山。得石穴而出。今山上有毛公洞。

毛·嵩 唐以畫名。

毛·愷 明江山人。字達和。嘉靖進士。初授御史。言事忤旨。謫寧國推官。事母至孝。歷官至刑部尙書。伉直執法。後坐事奪職。萬曆初復官。卒諡端簡。

毛·會建 淸武進人。字子霞。諸生。能文章。尤工擘窠書。嘗摩岣嶁碑。立石大別山巓。僑居武昌。因家焉。有客山詩略。

毛·溫 宋富川人。仕爲欽州靈山簿。時交寇陷廉欽諸州。守令遁去。溫糾合土豪。擊挫之。事聞。召對改秩。

毛·滂 宋江山人。字澤民。元祐中蘇軾守杭州。滂爲法曹。軾得其所爲文。深器重之。後薦於朝。擢知秀州。滂素行儇薄。其後出蔡京兄弟之門。驟得進用。詩文在北宋末。足以自成一家。有東堂集·東堂詞。

毛·稜 南齊惠遠子。師父畫法。善於布置。

毛·經 宋富川人。仕爲開封戶曹。性敏悟。一日方與客對奕。尹以疑獄執質。令罷奕。經曰。決事奕棋。兩不相妨。呼二吏讀款。目視棋局。耳聽所讀。已而奕勝。而處事中理。尹稱歎薦之。

毛·義 後漢廬江人。字少節。家貧以孝行稱。南陽張奉慕其名。往候之。坐定而府檄適至。以義爲安陽令。義捧檄而入。喜動顏色。奉心薄之。及義母死。去官行服。後舉賢良。公車屢徵不至。奉歎曰。賢者固不可測。往日之喜。乃爲親屈也。建初中下詔褒寵。

毛·萬齡 淸蕭山人。字大千。順治間拔貢。官仁和教諭。有綵衣堂集。

毛·遂 戰國趙 秦攻趙邯鄲。趙使平原君求救於楚。約門下食客文武備具者二十人偕。得十九人。餘無可取者。遂自贊於平原君。願備員而行。平原君曰。夫賢士之處世也。譬若錐之處囊中。其末立見。今先生處勝門下三年。勝未有所聞。遂曰。臣乃今日請處囊中耳。若蚤得處囊中。乃脫穎而出。非特末見而已。平原君與之俱至楚。言合從利害。日中不決。遂按劍劫楚王。定從約。楚王乃遣黃歇將兵救趙。平原君曰。毛先生以三寸之舌。彊於百萬之師。遂以爲上客。

毛·遇順 宋餘姚人。字鴻甫。嘉定進士。拜侍御史。首論史嵩之不當起復。三學諸生皆朝廷元氣。不宜斥逐。疏數十上。理宗書其名於屏。寶祐初進兩淮制置使。後論賈似道·丁大全必誤國。乞罷斥。不報。終大理卿。

毛·遐 後魏三原人。字鴻遠。世爲酋帥。正光中三輔騷擾。遐與弟鴻賓。聚鄉曲豪傑。東西略地。氐羌多赴之。追擊賊帥。七柵皆平。蕭寶夤構逆謀。遐攻破其將。寶夤遁巴中。孝武入關。遷驃騎大將軍儀同三司卒。遐世爲豪右。貲產巨億。士流貧乏者多被賑贍。自供衣食。麤敝而已。

毛·鉉 明字鼎臣。賦性方直。生平無妄交。風度爽曠。視榮利邈如也。善詩歌。備漢魏以下諸體。爲文高簡有古法。洪武中以薦授國子學錄。

毛·鼎新 宋黃巖人。字新甫。歷興國軍教授。遷改常平司準。其長有欲獻羨餘四十萬者。鼎新力爭。以置社倉。居官精密。所在有能名。

毛·暢 後魏孝明帝時爲小黃門。甚見知遇。性黠了。每承間陳元叉之惡於帝。元叉之出。暢有力焉。靈太后反政。暢恐禍及己。乃啟帝。欲詔左衛將軍楊津密往殺叉。叉妻攜之於太后。遂出暢爲頓丘太守。尋捕殺之。

毛·漸 宋江山人。字正仲。治平進士。元祐初歷江東兩浙轉運副使。浙部水溢。起長安堰。開無錫·武進·常熟·崑山·諸湖浦以入海。水不爲患。入爲吏部郎。以秘閣校理爲陝西轉運使。攝帥涇原。破夏人於沒烟砦。進直龍圖閣。知渭州。未任卒。

毛·維瞻 宋西安人。以詩名。與趙抃同邑相得。爲山林之樂。元豐中知筠州。政平訟理。時蘇轍謫筠州。相與唱和。有鳳山八詠·山房即事十絕。

毛·聚奎 淸鄞人。字象來。一字文垣。順治初官戶部郎。尋棄去。奔走山海間。屢遭名捕。行遯得免。晚年始歸。有呑月子集。

毛·肇宗 明字克敬。幼孤篤學。居僧舍卒業。三年不出戶。登永樂進士。授周王府敎授。喜吟咏。寄興高遠。有耶溪集。

毛·遠公 淸蕭山人。榜姓王。字驤聯。號季蓮。康熙舉人。工畫。善詩詞。有菽畹集·瓊枝詞。

毛·際可 淸遂安人。字會侯。號鶴舫。順治進士。授彰德府推官。改祥符令。與毛奇齡齊名。其學不及奇齡之博。亦不至如奇齡之悍僻。古文瓣香南豐。畫筆有米家風。著春秋三傳考異·松皐詩選·安序堂文鈔·會侯文鈔。

毛·碩 金甘陵人。字仲權。仕宋爲兵馬都監。宗望軍至。碩以本部迎降。歷南京路都轉運使致仕。碩文雅好事。性謹飭。每見古人行事有益於時者。常書置座右。以爲蒞官之戒。

毛·鳳起 明麻城人。字瑞東。號

道峯。諸生。究心性命之學。聞王守仁倡道東南。徒步從之。居數年有所得。歸而授徒。作心學圖・致知說以淑人士。嘉靖中詔舉賢良教行遺逸之士。有司以鳳起應。不就。

毛鳳韶 【明】麻城人。字瑞成。正德進士。授浦江知縣。有善政。擢監察御史。上弭災八事。巡按陝西雲南。墨吏皆望風解印綬去。尋謫嘉定州判。終雲南僉事。有聚峯文集・浦江志略。

毛德祖 【後魏】璟宗人。兄弟五人。皆有武幹。相攜南渡。荆州刺史劉道規以德祖爲始平太守。盧循之役。復參道規軍事。伐徐道覆於始興。轉南陽太守。從劉裕伐姚泓。所在克捷。賜爵灌陽縣男。以司州刺史戍虎牢。爲魏所沒。次弟嶷。嶷弟辯。並有志節。嶷死於盧循之難。辯沒於晉宗之役。皆奮不顧命。爲世所歎。

毛澄 【明】崑山人。字憲清。弘治進士第一。授修撰。累官禮部尚書。武宗微行巡邊。屢疏諫止。世宗欲推崇所生。復抗疏力爭。澄端亮有學術。論事侃侃不撓。世宗敬憚之。雖數忤旨。恩禮不衰。乞歸卒。諡文簡。有毛文簡集。

毛璋 【後唐】滄州人。梁末爲軍校。以滄州降晉。授貝州刺史。爲人有膽勇。晉與梁相拒河上。累戰有功。莊宗滅梁。拜璋華州節度使。在鎭多爲不法。又得魏王繼岌伐蜀餘貲。既富而驕。益爲淫侈。明宗聞而惡之。賜自盡。

毛節 【明】武進人。字伯尙。博覽經史。工詩善書。洪武中以明經中試。後舉爲鄉三老。會郡遣節貢版詣京。過金山。有擁雪作將軍形者。節留題壁間。帝幸金山見之。大稱賞。特擢御史。巡按江西。有小姑神。歲必以童男女祀。節毀其祠。一境淸寧。人稱眞御史。

毛銳 【明】忠孫。襲伯爵。弘治中出鎭兩廣。平蠻賊累有功。思恩土官岑濬反。討平之。既又討平賀縣獞賊。加太子太傅。正德中劉瑾索銳金不應。逮下獄。革其加官。已而賄瑾。起督漕運。踰年瑾誅。被劾罷。世宗卽位。復起鎭湖廣。卒諡威襄。

毛憲 【明】武進人。字式之。別號古庵。正德進士。官給事中。時內侍擅權。國事日非。憲疏大臣怙勢爲姦利者數人。內外肅然。武宗儲嗣未建。舉朝諱不敢發。憲疏請不報。謝病歸。憲敦行誼。矜名節。學者稱古庵先生。有古庵文集・諫垣奏草。

毛璞 【宋】廬州人。乾道進士。官至利州路提點刑獄。有六經解・三餘錄。自號方山子。

毛穆之 【晉】寶子。字憲祖。果毅有父風。爲安西將軍庾翼參軍。翼卒。其將于瓚等作亂。穆之討平之。又從桓溫平蜀平洛入關皆有功。封建安侯。累遷益州刺史。戍巴郡。卒諡烈。

毛翰豐 【淸】仁壽人。字鶴西。成進士。授內閣中書。官至普洱知府。卒於官。有龜林詩考・龜林駢體文及詩・南詔雜識等書。

毛嶽生 【淸】嘉定人。寶山籍。字生甫。一字鬫生。諸生。博綜經史。詩文刻削生峭。不隨人俯仰。家貧。佐人撰述。公卿皆折節與交。道光時卒。有休復居詩文集。

毛應龍 【元】豫章人。字介石。大德間官澧州教授。所著周官集傳。於諸家訓釋。引據頗博。足資發明。

毛燧傳 【淸】陽湖人。字洋溟。一字陽明。諸生。有味蓼初稿。

毛璩 【晉】穆之子。字叔連。初爲謝安參軍。累遷建威將軍・益州刺史。隆安末桓玄篡位。遣使加散騎常侍。璩執留玄使。傳檄遠近。列玄罪狀。遣巴東太守劉約之等。擊破賊將桓希於梁州。及安帝反正。進征西將軍。加散騎常侍。參軍譙縱叛。爲所害。

毛鴻賓 【後魏】遐弟。狀貌頗異。氏羌皆畏之。遐雖早立。而名在其下。及賊起。鄉里推爲盟主。後拜岐州刺史。孝明帝以爲北雍州刺史。孝武帝令鎭潼關。爲高歡所擒。憂恚卒。◎【淸】歷城人。字寄雲。號寅庵。又號菊隱。道光進士。由編修累擢御史。敢言直諫。不避權貴。胡林翼謂所言繫天下安危。二百年來第一等文字。同治間官至兩廣總督。旋坐事降調去官。

毛謨 【淸】歸安人。字吟樹。未生而喪父。母教之成立。舉嘉慶進士。官至內閣學士兼禮部侍郎。淸介自持。所至稱廉明。居京師時。嘗授徒以自給。有韻事略・說文檢字。

毛騏 【明】鳳陽定遠人。字國祥。太祖自濠趨定遠。騏挾令降。太祖善之。從渡江。擢行省郎中。與李善長協贊文書機密。尋授騏參議官。親征婺州。命騏權理中書省事。委以心膂。俄病卒。太祖親爲文哭之。臨視其葬。

毛懷 【淸】長洲人。字意香。精書法。門弟子極盛。有南園草堂集。

毛霦 【淸】掖縣人。字荆石。著平叛記。記崇禎中叛兵李九成等攻圍萊州始末。明季軍政之壞。可見一斑。

毛寶 【晉】陽武人。字碩眞。王敦以爲臨湘令。敦卒。爲溫嶠平南參軍。破蘇峻有功。爲廬江太守。後庾亮表授爲豫州刺史。守邾城。石季龍遣將來攻。城陷。寶突圍出。赴江溺死。

毛釋之 【漢】以中涓從高祖起豐。以郎騎入漢。還從擊諸侯。封張侯。卒諡節。

毛驤 【明】騏子。由管軍千戶積功擢親軍指揮僉事。從定中原。進指揮使。以討段士雄及捕倭浙東功。擢都督僉事。頗見親任。嘗掌錦衣衛事。典詔獄。後坐胡惟庸黨死。

氏叔·琮 【後梁】尉氏人。爲騎兵伍長。從擊黃巢陳許間。數有功。累遷晉州刺史。以繫晉人功拜右龍武統軍。太祖遣叔琮等弒唐昭宗。已而殺之。

水丘·昭劵 【五代吳越】臨安人。性沈厚知書。能文章。事錢弘佐爲內都監使。弘佐卒。弘倧嗣。與昭劵謀逐胡進思。未決而難作。遂遇害。進思妻聞昭劵死。曰。君子也。奈何殺之。

水·佳胤 【明】鄉謨子。字啓明。天啓進士。任禮部郎。明習典故。累調建寧兵備參議。靖白蓮妖黨之亂。改羅定道。靖粵寇。以左遷歸隱句章卒。

水·甦民 【明】無錫人。洪武初知邵武縣。廉明慈愛。爲政有方。

水·鄉謨 【明】鄞人。字禹陳。萬曆進士。授寧國知縣。調丹陽。以修荒政。積勞嘔血卒。

火眞 【明】蒙古人。初名火里火眞。洪武時歸附。爲燕山中護衛千戶。從攻眞定有功。常將騎兵。每戰輒有斬獲。衆服其勇。累遷都督僉事。封同安侯。出塞戰沒。

火源潔 【明】蒙古人。洪武時官翰林侍講。撰有華夷譯語。（按錢曾讀書敏求記作史源潔誤。）

火落赤 【明】河套酋。隨俺答西據青海。旋侵掠番族。移駐捏工川。逼近西寧。脅番族入寇河洮。大敗明軍。詔以尙書鄭洛出經略。遂徙帳去。後犯四川。爲達雲所破。

火·德光 【明】父官觀海衛指揮。德光中浙江武舉。率海舟與倭戰。倭灼火毬拋德光舟。德光輒手接之。還投倭舟。倭衆殲焉。屢立奇功。後率衆搗補陀山寇營。力屈被害。

火·濟 【後漢】從諸葛亮南征孟獲有功。封羅甸國王。

牙忽都 【元】睿宗庶子撥綽孫。年十三。襲統軍。至元中失列吉叛。爲所拘。困辱備至。已而脫走見帝。鬚髮皆白。歷事世祖成宗武宗仁宗四朝。忠讜多勇略。累功封楚王。

牛·大年 【宋】揚州人。字隆叟。慶元進士。歷官將作監主簿。入對言人主要以天命人心之所繫致念。又言士氣久靡。宜振起之。後以寶章閣待制提舉太平興國宮卒。大年清操凜然。所至以廉潔自將。

牛·元翼 【唐】趙州人。才果而善謀。王承宗時。倚其計爲彊雄。與傅良弼同爲諸將冠。王庭湊叛。穆宗授元翼深冀節度使。以攝其軍。廷湊攻元翼無所濟。後赦廷湊罪。以深州賜之。徙元翼山南東道。加檢校工部尙書。兩悅之。元翼朝京師。廷湊盡殺元翼親將百八十人。元翼聞之。憤恚卒。

牛·天畀 【清】太谷人。乾隆武進士。累擢川北鎭總兵。從征金川。轉戰有功。署貴州提督。木果木失利。溫福遇害。天畀亦戰死。謚毅節。

牛·天宿 【清】章丘人。字覲薇。康熙中官瓊州知府。有百僚金鑑。

牛·斗 【金】王晦愛將。貞祐間順州受兵。晦被執。斗亦見殺。

牛·斗星 【明】杭州人。字杓司。有檀弓評。

牛·方大 【隋】弘子。有學業。官至內史舍人。

牛·方裕 【隋】方大弟。性凶險。從幸江都。與裴虔通等同謀弒逆。

牛·仙客 【唐】鶉觚人。初爲縣小吏。遷洮州司馬。清勤不懈。以蕭嵩薦。遷太僕少卿。開元末爲朔方總管。裔事省用。倉庫積實。遷工部尙書。同中書門下三品。謹身無它。與時沈浮。累封豳國公。加左相。卒謚貞簡。

牛·弘 【隋】鶉觚人。字里仁。本姓寮。父允爲後魏侍中。賜姓牛。弘性寬裕。好學博聞。弟弼嘗酗酒射殺弘駕車牛。妻言之。弘但曰作脯。妻言至再。弘曰。已知之矣。讀書不輟。隋初爲秘書監。請開獻書之路。修五禮。立明堂。拜吏部尙書。封奇章郡公。從幸江都卒。謚憲。史稱大雅君子。有文集。

牛·光祖 【元】襄陵人。以才辟甘肅行省掾。尋陞中都留守都事。有幹局。天曆中累官雲南行省參政。致仕卒。

牛·好信 【明】單縣人。號繼軒。崇禎末授洧縣典史。到任三日寇至。固守一年。糧絕城陷。遂被執。罵不絕口。賊憐其忠。釋之。號泣不食死。

牛·存節 【後梁】博昌人。字贊正。爲人木彊忠謹。太祖愛之。以爲小校。屢戰有功。積官邢州團練使·元帥府左都押衙。太祖卽位。拜右千牛衛上將軍。遷匡國軍節度。末帝立。徙鎭天平。以功進太尉？時梁晉方苦戰河上。而存節病痟、召還京師卒。

牛老 【元】大名人。爲絲絹牙郎。號窩絲牛。畫墨竹得於性巧。不師古人。

牛·希濟 【後唐】嶠兄子。仕蜀爲御史中丞。降於後唐。以詩詞擅名。明宗時拜雍州節度副使。

牛·牢 【後漢】字君直。光武爲布衣時。與牢交游。嘗夜共講說讖言云。劉秀當爲天子。光武曰。安知非我。萬一果然。各言爾志。牢默然。旣而曰。丈夫立義。不與帝友。及光武卽位。徵牢。牢稱疾不至。

牛·邯 【後漢】狄道人。字儒卿。隗囂將。有勇力。才氣雄於邊陲。及降光武。拜護羌校尉。與來歙平隴右。

牛·金 【三國魏】爲後軍將軍。時有牛與馬共天下之讖。司馬懿忌金酖之。

牛·金星 【明】盧氏人。嘉靖舉人。

磨勘被斥。私入李自成軍爲主謀。甚見信用。自成入京師。授爲天祐殿大學士。錄用降人。皆以金星目矚之力爲衡。李巖勸自成以不殺收人心。金星譖殺之。衆遂解體。自成敗。遁亡。

牛·思純 〔宋〕思德子。傳父學。或謂思德所著太極寶局。乃思純所著云。

牛·思進 〔宋〕無極人。少從軍。以膂力聞。嘗取強弓絓於耳。以手引之令滿。又負牆立。令二力人曳其乳。不動。太平興國間知平定軍。從征河東。以功授右千牛衛上將軍。致仕卒。

牛·思德 〔宋〕自言從司馬光傳邵雍之學。有先天易鈐·太極寶局二卷。

牛·拱辰 〔宋〕文水人。天聖進士。歷倅岢嵐·定襄。進虞部郎中。知房陵。所至去苛細。寬約束。以循良稱。

牛·昭 〔唐〕善畫山水。

牛·畜 〔戰國趙〕賢士。番吾君言於公仲連。連進之烈侯。事烈侯以仁義。約以王道。烈侯以爲師。

牛·缺 〔戰國秦〕大儒。之邯鄲遇盜。盡取其衣裝車。步而去。視之無憂吝之色。盜追問其故。曰。君子不以所養害其所養。盜曰嘻。賢矣夫。旣而懼其見趙君以困己。相與追殺之。

牛·東 〔明〕蜀府護衛千戶。蜀王以陸佃埤雅未盡善。令東補正爲埤雅廣要。後人譏其龐雜餖飣云。

牛·偉 〔明〕東平人。成化間任邯鄲縣丞。以廉介自持。有才幹。勤於職業。歷任九載。終始不渝。卒官。

牛·冕 〔宋〕彭城人。字君儀。太平興國進士。歷知滁潤等州。以勤政聞。遷福建轉運使。建議廢邵武軍歸化金坑。土人便之。累官祠部員外郎卒。

牛·惟炳 〔明〕曲周人。字承庵。萬曆進士。選給事中。有旨選宮女。上疏切諫乃止。終徽寧副使。

牛·皐 〔宋〕魯山人。字伯遠。初爲射士。屢破金人。又從岳飛復襄陽。破楊么。累官荊湖南路副總管。飛死後一日。都統制田師中大宴諸將。皐遇毒卒。或言秦檜使師中毒皐云。

牛·富 〔宋〕霍丘人。勇而知義。爲侍衛馬軍司統制。戍襄陽。移守樊城。禦元軍。累戰不衂。與襄陽呂文煥爲脣齒。固守六年。城破。率死士百人巷戰。傷重赴火死。諡忠烈。

牛·景先 〔明〕官御史。燕師起。金川門開。易服宵遁。卒於杭州僧寺。已而窮治齊黃黨。籍其家。

牛·皓 〔宋〕福津人。爲川陝宣撫後軍中部將。紹興間金人犯秦川。副使吳玠遣皓伺之。皓與金兵遇。所部不滿二百。力戰死。

牛·鈕 〔清〕滿洲人。姓赫舍哩氏。字樞臣。康熙進士。官至內閣學士兼禮部侍郎。丰采峻潔。多才能。朝廷有大述作多與焉。

牛·溫舒 〔遼〕范陽人。剛正尙節義。咸雍進士。大安中累官樞密使。以使宋稱職。加中書令。

牛·運震 〔清〕滋陽人。字階平。號眞谷。雍正進士。官平番知縣。固原兵變。運震入城。令衆縛首亂。事遂平。上官忌其才。劾免其官。運震博涉羣書。通經義。於金石考據爲最深。有空山易解·金石經眼錄·空山堂春秋傳·金石圖。

牛·僧孺 〔唐〕弘裔。字思黯。第進士。憲宗時與李宗閔對策。條指失政。以方正敢言進身。累官御史中丞。穆宗時同平章事。敬宗立。封奇章郡公。文宗時與宗閔相結。懷私昵黨。排斥所憎。權震天下。時稱牛李。武宗時累貶循州長史。宣宗立。還爲太子少師卒。諡文簡。有幽怪錄。

牛·戩 〔宋〕河南人。字受禧。道士。貌古性野。不修人事。輕財賄。重信義。嗜酒工書。每於肆間飲至一斗。索紙一番以爲質。醒後必贖而毀去之。

牛·鳳及 〔唐〕長壽中撰唐書。斷自武德。終於弘道。爲百有十卷。

牛·嶠 〔前蜀〕隴西人。字松卿。一字延峯。乾符進士。博學有文。以歌詩著名。歷官拾遺。補尙書郎。後仕蜀爲給事中。有遺集及歌詩若干卷。

牛·德昌 〔金〕定安人。字彥欽。皇統進士。爲萬泉令。屬蒲陝薦饑。羣盜充斥。州縣城門晝閉。德昌到官。即日開城門。能自新者一不問。賊感激解散。縣境以安。累官廣寧太原尹卒。

牛·樞暐 〔清〕順天人。字老標。性嗜書畫。作山水師董巨。品行清高。業醫。賣藥自給。

牛·蔚 〔唐〕僧孺子。字大章。第進士。爲右補闕。大中初屢條切時政。失權倖意。貶國子博士。後爲山南西道節度使。罷歸。黃巢入京師。遁山南。故吏民喜蔚至。爭迎候。因請老。

牛·談 〔春秋晉〕爲趙簡子家臣。有勇力。

牛·諒 〔明〕東平人。字士良。洪武初舉秀才。爲典簿。與張以寧使安南。還稱旨。三遷至禮部尙書。定釋奠禮及大祀分獻禮。以不任職罷。諒工書善畫梅。著述甚多。爲世傳誦。

牛·養傑 〔明〕鳳翔人。以選貢知延津縣。博學。性剛方。坐誣去職。闖賊至。北向遙拜。罵賊死。

牛·衡 〔明〕永樂中知胙城縣。清愼有爲。勤於撫字。期年之間。民無游惰。盜賊屛息。去任。民心不忘。

牛·應貞 〔唐〕牛肅長女。適弘農楊唐源。少聰穎。年十三。凡誦佛經二百餘卷。儒書子史數百卷。嘗夢中誦左傳。一字不遺。往往眠熟與文人談論。數夜不已。年二十四卒。

牛徽 〔唐〕蔚子。舉進士。累擢吏部員外郎。乾符中選濫。吏多奸。歲調四千員。徽治以剛明。嚴杜干請。法度復振。拜諫議大夫。固辭。乞還侍親。後爲刑部侍郎。崔胤忌其正。改左散騎常侍。以刑部尚書致仕。

牛叢 〔唐〕蔚弟。字表齡。第進士。宣宗時任補闕。數言事。咸通末拜劍南西川節度使。時蠻人犯邊。設書求入朝。且曰假道。叢囚其使四十人。釋二人還之。蠻懼。即引去。還京爲吏部尚書。嗣襄王亂。客死太原。

牛鑑 〔清〕武威人。嘉慶進士。授編修。道光間累官兩江總督。鴉片之役。英人犯吳淞口。鑑駐寶山防守。陳化成戰死於吳淞。鑑自寶山遁還江寧。英人遂入長江。寶山等縣及鎭江相繼淪陷。坐革職治罪。

牛麟 〔元〕太原人。字伯祥。善書。工畫墨竹。意度蕭散。

牛釁 〔明〕濟寧人。尙魯府定陶縣主。封亞中大夫·宗人府儀賓。爲人好施與。輕財重義。正德間大饑。河決爲患。奉命修築。釁輸粟以給工役。濟民賴之。

王一寧 〔明〕仙居人。名賡。以字行。幼英敏。登永樂進士。宣宗時召試見賞。預修實錄。累官禮部侍郎。卒諡文通。

王一槐 〔明〕錢塘人。萬曆末知臨淄縣。著有玉唾壺。皆辯證經史之言。

王一翥 〔明〕黃岡人。字子雲。天啓時遊京師。魏璫欲邀爲記室。一夕遁歸。崇禎中舉於鄉。後隱廬山智林。能詩。善眞草書。

王一鵬 〔明〕松江華亭人。字九萬。號西園野夫。弘治間以貢生授泰順訓導。善畫。天趣蕭疎。氣韻生動。

王一夔 〔明〕得仁子。天順進士第一。授修撰。進左諭德。成化間彗星見。應詔陳五事。語極剴摯。被旨切責。累遷工部尚書。卒諡文莊。

王九思 〔明〕鄠人。字敬夫。號渼陂。弘治進士。授檢討。以附劉瑾官至吏部郎中。瑾敗。降壽州同知。勒致仕。九思閑美風流。不拘禮節。善歌彈。工詞曲。與康海·何景明等號十才子。年八十二卒。有渼陂集·碧山樂府·遊春記。

王九齡 〔清〕項齡弟。字子武。恬靜有雅量。康熙進士。官至左都御史。有艾納山房集·松溪詞。

王人佐 〔明〕將樂人。字艮材。號梅泉。善畫竹石蘭草。畫梅師王冕。名盛海內。生平氣度蕭爽。喜吟咏。有倦遊草。

王人鑑 〔明〕吳郡人。字德操。不食葷血。面削形癯。見者知爲枯禪逸叟。能詩。有知希齋集。

王力行 〔宋〕同安人。字近思。師朱熹。苦學善問。深得其旨趣。嘗著朱氏傳授支派圖。

王十朋 〔宋〕樂清人。字龜齡。號梅溪。幼穎悟。日誦數千言。紹興中廷對忠鯁。高宗親擢爲第一。孝宗時歷知饒夔湖泉諸州。布上恩。恤民隱。所至人繪而祠之。累官太子詹事。以龍圖閣學士致仕。卒諡忠文。有梅溪集·春秋尙書論語解·會稽三賦·東坡詩集注。

王又旦 〔清〕郃陽人。字幼華。號黃湄。弱冠舉於鄉。令潛江。建傳經書院。築說詩臺。迎孫枝蔚於江都。從受詩。比入都爲給事中。詩名遂與枝蔚埒。朱彝尊稱其能兼綜唐宋之長。有黃湄集。

王又曾 〔清〕秀水人。字受銘。號穀原。乾隆進士。官刑部主事。工詩。有丁辛老屋集。

王又華 〔清〕錢塘人。字靜齋。有古今詞論。

王又樸 〔清〕天津人。號介山。雍正進士。官至廬州府同知。有易翼述信·詩禮堂古文。

王三善 〔明〕永城人。字彭伯。萬曆進士。累遷太常少卿。天啓初擢僉都御史。巡撫貴州。安邦彥反。三善進討。大破賊衆。解貴陽圍。進擊邦彥。食盡。援兵不至。退師遇賊。衝墜馬。拔劍自刎不殊。爲賊所執。不屈被害。三善倜儻負氣。多權略。然性卞急。不能持重。故敗。

王三槐 〔清〕四川人。爲白蓮教之魁。嘉慶間爲亂於四川。勇悍善戰。勒保不能平。遣貢生劉星渠往說之。三槐留星渠爲質。而自詣大軍。勒保遂以生擒首逆奏。被誅。

王三錫 〔清〕嘉定人。字邦懷。號竹嶺。處士。善畫山水。最工尋丈松。又喜作花卉及寫意人物。

王兀堂 〔明〕建州右衞人。作王烏塔。居近寬甸。萬曆中爲遼東都督。遼東巡撫張學顏撫定之。後繼王杲稱雄建州。數侵靉陽寬甸永甸等處。總兵官李成梁及副將姚大節累破之。兀堂由是不振。

王兀愛 〔元〕至元中襲兄阿剌帖木兒職。佩金虎符。授高麗軍民總管·東征左副都元帥。討乃顏。力戰屢捷。後征哈丹禿魯。積功陞鎭國上將軍·總管高麗女直漢軍萬戶府。

王千秋 〔宋〕東平人。字錫老。號審齋。孝宗時流寓金陵。著有審齋詞。風格秀拔。卓然爲南渡後一作家。

王士 〔蜀漢〕議曹從事甫從兄。字義彊。從先主入蜀。舉孝廉。爲符節長。遷牙門將。出爲宕渠太守。丞相亮南征。徙益州太守。將南行。爲蠻夷所害。◎〔清〕柘城人。寓居商丘。字子毛。墨繪花鳥竹石。不落時蹊。

王士元 【宋】宛丘人。父仁壽能丹青。士元尤精其藝。好讀書爲儒者言。與國子博士郭忠恕爲畫友。人物師周昉。山水師關仝。屋木師郭忠恕。故皆精徽。後以薦擢南陽從事。◎【元】臨汾人。字拙菴。自號貝川道人。延祐進士。官至崇文少監。有拙菴集。◎【元】恩州人。字堯佐。泰定進士。由棣州判官累遷知磁州。改濬州。至正末賊迫濬州。州兵悉潰散。子致微侍。不忍去。賊前問曰。爾爲誰。士元叱曰。我王知州也。強賊識我否。賊欲縛士元。士元奮拳毆賊。父子幷遇害。

王士方 【遼】臨潢人。正直敢言。道宗信耶律乙辛之讒。殺其太子。無敢白其寃者。士方擊義鐘以訴。遼主感悟。卒殺乙辛。授士方承奉官。

王士平 【唐】士眞弟。以父武俊勳。補原王府諮議。貞元中選尙義陽公主。元和中累遷至安州刺史。時公主縱恣不法。士平與之爭忿。帝怒。幽公主於禁中。幽士平於私第。後釋之。以獲盜功爲左金吾衞大將軍。

王士弘 【明】知寧海縣。時靖海侯吳禎奉命收方氏故卒。無賴子誣引平民。台溫騷然。士弘條上封事。辭極懇切。詔罷之。民賴以安。

王士良 【北周】晉陽人。字君明。仕魏入齊。以功爲吏部尙書。高演時。分行郡國。但有一介之善。無不以聞。保定中宇文護圍豫州。士良舉城降。封廣昌郡公。歷幷州刺史。以疾乞休。

王士言 【宋】舉武進士。累立戰功。西北服其威名。宣和初擢河東廉訪使。欽宗時。往河東防秋。金人攻澤州。畢力守禦。城陷。巷戰死。

王士和 【明】金谿人。字萬育。崇禎舉人。後避入閩。授吏部司務。疏陳時政闕失凡數千言。擢延平知府。清兵至。召父老令出城。從容投繯死。

王士奇 【宋】福安人。字永叔。初赴省試。聞弟訃。卽往蜀護其喪歸。後就試當得官。以母老丐祠。朝廷高其行。授莆田法曹。眞德秀嘗曰。王法曹文行俱美。當於古人中求之。後以奉議郎致仕。

王士性 【明】宗沐從子。字恆叔。萬曆進士。授禮科給事中。首陳天下大計數千言。深切時弊。多讜行。已劾楊巍阿輔臣申時行。時行納巍邪媚。皆失大臣體。又請召還沈思孝·吳中行等。忤旨左遷。官終鴻臚卿。有五岳游草·廣志繹。

王士昌 【明】士琦弟。字永叔。號斗溟。歷禮科給事中。礦稅興。疏論甚切。不報。神宗將册立東宮。而故緩其期。士昌極諫。謫鎭遠典史。累擢大理丞。定張差獄。終右僉都御史·巡撫福建。善畫山水。得黃公望筆意。

王士俊 【清】平越人。字犀川。康熙進士。雍正初以知州發河南。累擢河南巡撫。墾荒勸捐。頗爲民累。爲史貽直所劾。解任。乾隆間任四川巡撫。坐事革職杖徒。有閑家編。

王士眞 【唐】武俊子。少佐父立功。更患難。既得節度。息兵善守。雖擅置吏。私賦入。而歲貢數十萬緡。比燕魏爲恭。元和初拜同中書門下平章事。卒謚景襄。

王士能 【明】濟寧人。少慕養生。不授室。飲酒食肉。成化間年百有二十。走蜀入雪山。遇一異人。後得其術。還居城東深巷敗屋中六十年。日啖棗三枚。水一勺而已。故無名。憲宗召至京師。賜之名云。

王士祜 【清】士禧弟。字子測。號東亭。十歲時。客有疑焦竑字弱侯者。卽從末坐應曰。此考工記竑其輻廣以爲之弱也。衆驚其夙慧。康熙進士。未仕卒。弟士禛搜其詩文爲古鉢山人遺集。

王士敏 【宋】太和人。北軍至。與劉士昭謀復太和縣。事敗入獄。衆多乞憐。士敏獨慷慨不撓。臨刑歎曰。恨吾病失聲。不能大罵耳。

王士琦 【明】宗沐子。進士。歷重慶知府。楊應龍叛。士琦往撫定之。尋以山東參政·監軍朝鮮有功。累擢右副都御史。巡撫大同卒。

王士隆 【隋】韶子。略知書計。尤便弓馬。慷慨有父風。大業中官至備身將軍。數討擊山賊。王世充僭號。甚禮重之。署尙書右僕射。以憂憤卒。

王士熙 【元】東平人。字繼學。官至御史中丞。善畫山水。有王魯公詩鈔。

王士祿 【清】山東新城人。字子底。號西樵。順治進士。官吏部考功員外郎。工詩。愛孟浩然。與弟士祜·士禛號三王。以母喪哀毀卒。鄉人私謚節孝先生。有司勳五種集·讀史蒙拾·炊聞詞。

王士雍 【清】海寧人。字孟英。精於醫。有潛齋醫學叢書·溫熱經緯·王氏醫案·霍亂論等書。

王士嘉 【明】武城人。字道亨。建文時知大同·山陰等縣。善決疑獄。人以爲神。宣德中累官陝西參政。以清操著。正統中終禮部右侍郎。

王士毅 【元】餘姚人。字子英。師黃叔英。所造愈粹。行愈高。自號高阜處士。

王士禛 【清】士祜弟。字貽上。號阮亭。別號漁洋山人。順治進士。由揚州司理累官刑部尙書。卒。後人避世宗諱。改名士正。乾隆中賜名士禎。謚文簡。士禛詩爲一代宗匠。與朱彝尊並稱朱王。善古文。兼工詞。其幹濟風節。多有可傳。皆爲詩名所掩。有帶經堂集·漁洋詩文集·精華錄·精華錄訓纂等數十種。

王士禧 【淸】士祿弟。字禮吉。與士祿及弟士祜·士禛。自幼以詩相唱和。三人皆成進士。而士禧獨以歲貢終。其詩綽有風調。而才地較弱。有掄山集選。

王士點 【元】東平人。字繼志。著有禁扁。詳考歷代宮殿門觀。又著祕書監志。具載至元以來建置遷除典章故事。均有裨於史學。

王士騏 【明】世貞子。字冏伯。萬曆進士。倜儻軒豁。仕至吏部員外郎。有政績。爲權要所嫉。坐妖書獄削籍歸。屢薦不起。骯髒以終。有醉花菴詩·馭倭錄·武侯全書·四侯傳。

王士鵠 【淸】士禛族兄。字志千。號太液。少工書。楷法尤精。

王士譽 【淸】山東新城人。字令子。號筆山。屏居東南鐵山下。更號鐵廢樵人。順治中舉鄉薦。興至潑墨。不名一家。有倪黃遺意。肆力於詩古文。有筆山·惑楚·毳褐·采薇諸集。

王士讓 【淸】安谿人。雍正副貢。知蘄州。乾隆初舉鴻博。報罷。留京與修三禮。有儀禮訓解。

王大任 【明】世宗時御史。分行畿輔等處。訪求方士。擢侍講學士。不爲同官所齒。後奪職。

王大年 【明】常德人。爲張獻忠所縛。厲聲大罵。割鼻不止。割耳不止。至截兩手終罵不止。碎其尸。◎【明】廬陵人。崇禎末與弟大翔避兵金華山石洞。被獲將加刃。大翔願以身代。兄弟相爭。並遇害。

王大受 【宋】饒州人。字宗可。葉適弟子。工詩。爲人豪邁。頗以經濟自負。孝宗時開府吳琚奏爲紹興驅官。琚有調劑二宮之功。大受實與密謀。後爲史彌遠所忌。編置邵武。遂放浪於詩。以終其身。

王大善 【明】黃陂人。字君翼。仗義樂施。國變後。痛哭不食死。

王大椿 【淸】聲曾孫。字八千。善畫山水。工詩。早卒。

王大經 【淸】東臺人。字倫表。號石袍。一號待菴居士。生當明季。以布衣譚天下事。多奇中。入淸屢徵不起。講學以濂洛爲宗。嘗輯泰州中十場志。自號廬阜逸史。卒年七十二。門人私諡文介先生。有石袍遺文。

王大壽 【宋】泉州人。爲左翼隊將。紹定中海寇王子淸犯圍頭。守眞德秀遣大壽領卒百人防遏。猝與賊遇。戰死。

王大寶 【宋】其先由溫陵徙潮州。字元龜。建炎初廷試第二。差監登聞鼓院奉祠。趙鼎謫潮。大寶日從講學。後知連州。張浚亦謫居。命子栻與講學。孝宗時遷禮部侍郎·諫議大夫。疏劾宰相湯思退主和誤國罪。改兵部侍郎。請致仕。後召爲禮部尙書。尋卒。

王大鶴 【淸】順天通州人。字露仲。號嘯笠。乾隆進士。官少詹事。侍仁宗並成親王讀。因避權貴。引疾歸里。高宗東巡。兩臨其家。趣之起。以母老辭。書法米芾兼趙孟頫。有嘯笠山房詩·露仲詩文集。

王子一 【明】工樂府。有雜劇曰誤入桃源。

王子中同 【漢】治尙書。

王子平 【後漢】嘗得東海員嶠山冰蠶。長六七寸。有鱗角。以霜雪覆之。則其繭抽五色絲。爲衣不濡水。

王子武 【宋】嘉興人。宣和初爲統軍。方臘作亂。攻秀州。子武簡精銳五百人啓城鼓譟而出。太守登陴擂鼓發喊以助之。賊大駭奔潰。遂退據臨安。不敢北窺江淮。

王子直 【北周】杜陵人。字孝正。魏永安初拜鴻臚少卿。大統初漢熾屠各阻兵南山。與隴東屠各共爲脣齒。周文帝令子直討破之。又從解洛陽圍。經河橋戰。歷瓜州大都督。以德化民。西土悅附。官終黃門侍郎。

王子俊 【宋】吉水人。字材臣。安丙帥蜀。嘗辟爲制置使屬官。有格齋四六。其文典雅流麗。足駿駕汪藻·孫覿。

王子音 【淸】江西武寧人。號心言。乾隆拔貢。官雲南直隸州。有宦拾錄。

王子城父 【春秋齊】惠公時大夫。長翟來。城父攻殺之。埋之於北門。

王子庸 【宋】錢塘人。從楊簡問學。自謂有疑。簡告以不假外求。本無可疑。子庸曰。非不知之。疑自若也。積十八九年。躍然如脫。爰再詣簡。

王子接 【淸】長洲人。字晉三。精醫。有絳雪園古方選註·得宜本草。

王子喬 【周】靈王太子。名晉。本姬姓。以直諫廢爲庶人。一說·晉好吹笙作鳳鳴。遊伊洛之間。道士浮丘生接晉上嵩高山。三十餘年。後見桓良。謂曰。可告我家。七月七日候我於緱氏山巓。至期。果乘白鶴駐山頭。可望不可到。舉手謝時人。數日方去。後立祠緱氏山下。

王子雲 【晉】太原人。爲閭里才子。嘗爲自弔文。甚美。

王子韶 【宋】太原人。字聖美。中進士第。王安石引入條例司。擢監察御史裏行。安石惡祖無擇。子韶迎其意。發無擇在杭時事。無擇遂廢。劉安世言熙寧初士大夫有十鑽之目。子韶爲衙內鑽。指其交結要人子弟。如刀鑽之利。縉紳共鄙之。乃出知濟州。

王子融 【宋】曾弟。字熙仲。本名皥。祥符進士。遷太常丞。嘗論次宋代以來典禮因革。爲禮閣新編上之。知河陽。又集五代事爲唐餘錄六十卷以獻。英宗時。累進兵部侍郎卒。

王子輿 【宋】莒人。字希孟。少工

文辭。太平興國進士。爲北海主簿。歷著作郎。眞宗卽位。遷殿中侍御史。充淮南轉運使。精於吏事。久掌茶鹽漕運。周知利害。裁量經制。公私便之。後拜右諫議大夫卒。

王子騫　後魏　訪道入武夷。繼而張湛等十二人。亦以修鍊來山。推子騫爲地主。相與棲隱於此。

王中　漢　琅邪人。從嚴彭祖受公羊春秋。爲元帝少府。家世傳業。◉明　登封人。家業農。未嘗知書。性至孝。母沒。廬墓三年。身披衰麻。日食飦粥。旦夕哭奠。墓側無水。浚井四丈餘不得泉。中環井再拜籲天。泉湧出。鄉里以爲孝誠所感。

王中正　宋　開封人。字希烈。補入內黃門。侍仁宗。慶曆衞士之變。中正年甫十八。以擒賊功遷鄜延環慶路公事。分治河東邊事。破西人有功。羌族據隴東路。中正不能討。後以會師失期。貶兩秩。官終嘉州團練使。

王中立　宋　岢嵐人。博學強記。家豪於財。待賓客豐腆。而自奉甚儉。妻亡不再娶。亦不就舉。後遇神僧。人覺其談吐詩翰異常。問之不言。晚年易名雲鶴。自號擬栩。臨終預尅期而逝。◉明　吳縣人。字振之。畫花鳥。筆力蒼老。

王中孚　後蜀　爲孟昶成都主簿。雅有才識。長於史學。預修國史及前蜀書。

王中陽　元　吳縣人。名珪。字均章。號洞虛子。自號中陽老人。生元盛時。棄官歸隱虞山下。慕丹術。邃於醫。有泰定養生主論。

王丹　漢　事王莽爲大司空。鉅鹿男子馬適求等謀以燕趙兵誅莽。丹發覺以聞。適求等誅死。丹封輔國侯。◉後漢　下邽人。字仲回。哀平時仕州郡。王莽屢徵不至。家累千金。隱居養志。好周急。遇農時常載酒殽詣田間。以勞勤者而誨勵其惰者。十餘年間。其化大洽。風俗以篤。鄧禹西征乏糧。丹上麥二千斛。表領左馮翊。以疾免。後徵爲太子太傅。遜位卒於家。

王丹林　清　錢塘人。字赤抒。官中書舍人。有野航詩集。

王之民　清　南匯人。字皡如。廩生。畫山水法魏成。蒼老爽健。自成一家。

王之佐　清　震澤人。字硯農。工詩。兼善畫蘭。道光間舉孝廉方正。有來青・繪水・寶印等集。◉清　南匯人。字光照。號謙齋。畫山水花鳥。動得神似。能書。工漢隸。尤妙音律。

王之孚　清　震澤人。字心莊。號誠菴。爲上舍生。寫生兼學惲王。筆情超逸。山水秀韻有致。性通達。好交游。妻吳椀桃。亦能詩。每一圖成。伉儷必相酬唱。卒年二十七。與椀桃有金海樓合稿。

王之垣　明　山東新城人。號見峯。嘉靖進士。累官戶部左侍郎。有歷仕錄。詳紀其劾誅何心隱事。

王之春　清　清泉人。字芍棠。光緒間以湖北布政使使俄。官至廣西巡撫。坐事奪職。有通商始末記・使俄草・瀛海巵言。

王之寀　明　朝邑人。字心一。萬曆進士。官刑部主事。首發張差梃擊事。天啓初上復讐疏。言方從哲・崔文昇等誤用藥之罪。累遷刑部侍郎。魏忠賢竊柄。首翻梃擊案。下獄死。

王之望　宋　穀城人。後寓台州。字瞻叔。紹興進士。孝宗朝累官參知政事。尋罷去。終知溫州。之望有文藝幹略。當秦檜時。落落不合。或謂其有守。後力附和議。以割地啖敵爲得計。敵勢益張。迄以此廢。有漢濱集。

王之渙　唐　并州人。工詩。文名動一時。嘗與王昌齡・高適同飲旗亭。有伶官幷伎數輩續至。昌齡等私約視諸伎所唱。若爲己詩。各畫壁記之。俄而高適得一。昌齡得二。獨遺之渙。之渙指諸伎中最佳者一人曰。如所唱非我詩。卽不敢與諸君爭衡。此伎果唱黃河遠上白雲間一首。正之渙得意之作也。因大諧笑。

王之鈇　清　湘陰人。字左仗。號朗川。康熙末諸生。積學篤行。舉動必依禮法。授徒玉笥山。先課以小學近思錄。始及五經百家子史。從游者甚衆。有入德津梁。

王之敬　清　福建人。字篤夫。號竹冠道人。太學生。書畫入妙品。詩古文詞。膾炙人口。

王之楫　清　太倉人。字孚舟。號坦莊。諸生。善畫。有汨存小草。

王之瑜　清　南匯人。字逸史。號石泉。爲人恬淡雅靜。畫花鳥竹石。流傳甚多。亦工詩。

王之道　宋　濡須人。字彥猷。宣和進士。對策極言燕雲用兵之非。以切直抑置下列。紹興間通判滁州。忤秦檜。淪廢二十年。南渡後以朝奉大夫致仕。有相山集・相山居士詞。

王之鼎　清　漢軍正紅旗人。康熙間以定海將軍充四川提督。恢復全蜀。提兵進援永寧。尤廷玉・胡國柱等圍之數匝。三閱月。糧盡援絕。猶率兵挑戰。城陷被執。身至貴陽。與總兵何成德等十二人同時遇害。謚忠毅。

王之綱　清　宛平人。明總兵。福王時鎭開封府。多鐸下河南。之綱走江寧。尋降。平徐州有功。授福建雲霄總兵。加都督僉事。鎭汀州。以結交內監吳良弼。革職流尙陽堡。道死。

王之誥　明　石首人。字告若。嘉靖進士。出爲河南僉事。討師尙詔有功。累官兵部左侍郎。總督宣大山西軍務。俺答陷石州。坐貶二秩。神宗立。召拜刑部尚書。張居正專政。之誥每規切之。以終養歸。卒謚端簡。

王·之銳 清河間人。字仲穎。號退菴。康熙拔貢。官國子助教。學以躬行實踐為主。通貫諸經。尤邃於詩易。

王·之翰 明絳人。萬曆間知棗陽縣。力阻開礦。被逮拷死。

王·之績 清宣城人。字懋功。有鐵立文起。鐵立其齋名也。

王·予可 金吉州人。字南雲。父本軍校。予可亦嘗隸籍。年三十許。大病後忽發狂。久之能把筆作詩文。及說世外恍惚事。落魄嗜酒。或問以故事。其應如響。所引書皆世所未見。壬辰兵亂。為順天將領所得。不數日卒。後復有見於淮上者。

王五 清光緒間京師大俠。時稱大刀王五。為人保鏢。河北山東羣盜咸戢之。王因制法律相約束。非不義之財不取。戊戌政變。王潛結壯士數百人。欲有所建立。會拳亂作。遂罹禍。

王·介 宋常山人。性強記剛直。舉制科。累官至秘閣校理。與王安石游甚款。然未嘗降意相下。◎宋金華人。字元石。從朱熹。呂祖謙游。紹熙進士。除國子錄。光宗久不朝重華宮。介上疏極諫。孝宗崩。又力請過宮執喪。言甚激切。寧宗立。以忤韓侂胄坐劾奉祠。後官京西宣撫使。卒謚忠簡。◎宋字默菴。慶元間內官太尉。畫人物山水。似馬遠·夏珪。兼善梅蘭。

王·介之 清衡陽人。字石子。號石崖。明崇禎時。與弟夫之同舉於鄉。國變後。遂隱居不出。有周易本義質。春秋四傳質·詩經尊序諸書。

王·仁 漢譚子。嗣侯。素剛直。為王莽所憚。令大臣奏遣就國。迫令自殺。謚剌。

王·仁美 明蘇州人。字安之。善相。決死生休咎多奇驗。人號王電目。

王·仁恭 隋上邽人。字元實。少剛毅修謹。工騎射。為文帝時宿將。從楊素征討。頗有戰功。嘗為汲郡太守。有能名。遷信都太守。汲郡吏民扣馬號哭。突厥為患。領馬邑太守。數擊破之。時天下大亂。仁恭頗改舊節。為其麾下校尉劉武周所殺。

王·仁皎 唐玄宗廢后父。字鳴鶴。累官開府儀同三司。封祁國公。避職不事。厚自奉養。卒謚昭。

王·仁堪 清慶雲孫。字可莊。光緒進士第一。授修撰。出知鎮江府。移蘇州。卒官。性狷傲。未嘗事權貴。在江蘇務鋤豪強。恤民隱。

王·仁裕 後周天水人。字德輦。以文辭知名。入蜀為翰林學士。唐廢帝時。詔封誥命。皆出其手。入漢歷兵部尚書。周顯德中卒。有紫泥集·江西集·入洛集·開元天寶遺事。

王·仁達 五代閩鏻從子。有智略。以討王延稟功。典親兵。性慷慨。言事無所避。為鏻所忌。誣以罪殺之。

王·仁壽 後晉宛丘人。為待詔。工畫道釋人物。兼長鞍馬。性通敏。頗涉文史。開運中為契丹所掠。宋初放還。

王·仁睿 宋年十餘歲。事太宗於晉邸。服勤左右。甚淳謹。及即位。典洛苑副使。最居親近。雍熙中卒。

王·仁績 五代閩福唐人。少有志操。王審知聞其賢。命試大理評事。仁績恥事強藩。隱居龍山終其身。

王·仁鎬 宋龍岡人。仕唐歷周。累拜安國軍節度。郡有羣盜。仁鎬遣使遺以束帛諭之。悉遁去。宋初加檢校太師。性端謹儉約。崇信釋氏。

王·仁贍 宋方城人。字子豐。少倜儻。不事生產。宋初授武德使。太宗立。拜北院使。掌計司殆十年。恣下吏為奸。怙恩寵無敢發者。以政事與僚屬爭辨帝前。辭屈。責授唐州防禦使。怏怏卒。

王·允 後漢太原人。字子師。董卓擅逆。允時為司徒。矯情屈性。扶王室於危亂之中。既而潛結呂布刺殺卓。後為卓將李傕·郭汜等所害。

王·允之 晉舒子。字深猷。從伯敦嘗與夜飲。允之辭醉先寢。敦與錢鳳謀逆。允之悉聞其言。便於臥處大吐熟眠。敦覺允之在臥。將除之。及見其狀。乃止。時父舒拜廷尉。允之求還定省。至都。以敦議白舒。即與王導俱啓帝。後以討蘇峻功封番禺縣侯。歷官江州刺史。卒謚忠。◎唐善寫眞。筆迹類孟仲暉。

王·允文 宋豐城人。字文伯。乾道進士。陸九淵弟子。有棲碧類稿。

王·允初 宋永嘉人。字元甫。登淳熙第。歷知餘杭。通判德安府。開禧間金人以重兵圍城甚急。允初率兵固守。相持一百八日。卒解圍去。遷京西提刑北運使。知鄂州。丁父憂卒。謚忠敏。

王·允成 明澤州人。字述文。萬曆舉人。除獲鹿知縣。以治行異等徵授御史。熹宗初立。上保治十事。言甚剴切。中貴劉朝·魏進忠·與保母客氏相倚為奸。允成抗論其罪。繼又專疏劾進忠。被削籍。崇禎初復官。

王·元 後漢長陵人。字惠孟。事隗囂為帥。囂將歸光武。元說囂東封函谷關。據隘自守。及囂敗。元降臧宮。遷東平相。坐墾田不實。下獄死。

王·元文 清震澤人。字睪曾。自號北溪。乾隆諸生。少家貧習賈。夜則篝火誦讀。遂工詩。沈德潛亟稱之。後更究心實用之學。嘗客山東按察使陸燿幕。論學甚契。不仕歸卒。

王元正　明盩厔人。字舜卿。正德進士。由庶吉士授檢討。武宗幸宣大。元正述五子之歌以諷。後以爭大禮謫戍茂州卒。

王元甫　晉沛人。學道於赤城靈山。服青精石飯。得吞日精丹景之法。內見五臟。永和初乘雲駕龍。白日昇舉。為中嶽眞人。

王元杰　元吳江人。字子英。至正間領鄉薦。以兵興不仕。教授鄉里以終。有春秋讞義。

王元啓　清嘉興人。字宋賢。號惺齋。乾隆進士。知將樂縣。有祗平居士集。

王元淑　清太倉人。字均一。號雲漢。又號飲香。工畫蘭竹。詩亦清雅。

王元規　隋晉陽人。字正範。少有至行。十八通春秋左氏孝經論語喪服。梁時舉春秋高第。簡文在東宮。甚見優禮。入陳歷官尚書祠部郎。每國家議吉凶大禮。常參預焉。陳亡入隋。官終秦王府東閣祭酒。有續經典大義。春秋義記等書。

王元通　宋滄州人。為人豪逸。畫山水師李成。

王元復　清善化人。字惺齋。康熙歲貢。於六經傳注程朱語錄及輿地象緯諸書。無不精究。尤邃於易。晚與車先告。李文炤倡理學於湖湘間。學者宗之。有榴園管測。

王元華　清江寧人。號稗雲。善畫蘭竹。精鑒別。富收藏。

王元逵　唐廷湊子。嗣父為節度使。識禮法。歲時貢獻如職。詔尚壽安公主。劉稹叛。武宗詔元逵為北面招討使。稹平。封太原郡公。卒謚忠。

王元感　唐鄄城人。擢明經高第。紀王愼為兗州都督。命其子往受業。天授中直弘文館。武后行郊祀。元感預草儀具。以練洽稱。轉四門博士。上所撰書糾謬。春秋振滯。禮繩愆等數十百篇。下詔褒美。官終朝散大夫。

王元道　明越人。工山水。

王元徹　宋晉江人。字子明。端洪進士。知南豐縣。有治績。擢知邵州。歷漳鄂滁。皆生祠之。

王元節　金弘州人。字子元。天德進士。雅尚氣節。不隨時俯仰。故仕不顯。以密州觀察判官罷歸。逍遙鄉里。自號遯齋。有詩集。

王元勳　清浙江山陰人。號湘州。畫山水花卉各有神理。兼工禽蟲人物。

王元翰　明雲南寧州人。字伯舉。萬曆進士。由庶吉士歷工科給事中。居諫垣四年。力持清議。世服其敢言。然毛舉鷹鷙。舉朝咸畏其口。忌者誣以奸贓。元翰乃盡出其篋篋。身置國門。縱吏士簡括。慟哭辭朝而去。莊烈帝卽位。將召用。有尼之者。元翰乃流寓南都。十年不歸。卒遂葬焉。

王元膺　前蜀建次子。字昌美。為人猳喙齙齒。蛇眼黑色。目視不正。性猜忍。頗多材藝。能射錢中孔。既為太子。日與樂工羣小嬉戲無度。後以謀亂兵敗。為衛士所殺。

王公亮　明松江華亭人。蚤失怙恃。勤學善書。舉任吏科給事中。擢應天府丞。官至廣東布政使。能聲著聞。

王公彥　宋永嘉人。字成德。紹聖進士。調江夏尉。元符末上書。論宣仁無負於先帝。司馬光無負於天下。且言章惇誤國之罪。由是廢斥入黨籍。紹興初褒錄轉官。奉祠卒。

王公道　宋工畫山水人物小景。

王公輔　宋儋州人。世傳天文。蘇軾甚重之。後折彥質亦與相厚。一日具冠帶賀折曰。夜來見天象。公當內遷。未幾彥質果遇赦移郴。公輔年一百三歲卒。

王化　蜀漢廣漢人。字伯遠。少有令望。治毛詩三禮春秋公羊傳。歷官樂涫令。以功封關內侯。遷朱提太守。⊙明馬平人。字汝贊。登鄉薦。嘉靖中知平遠縣。屢破賊。有知兵名。超擢南贛巡撫。以貪黷被劾削籍。後以僉事飭惠潮兵備。久之考察罷。

王化貞　明諸城人。字肖乾。萬曆進士。歷右參議。分守廣寧。蒙古乘機窺塞下。化貞善撫馭。不敢動。會清兵入寇。遼瀋相繼陷。廷議起用熊廷弼。進化貞右僉都御史。巡撫廣寧。輕視大敵。與廷弼牴牾。遂失廣寧。與廷弼並論死。有普門醫品。

王化振　明滁州人。字宇春。萬曆舉人。官至戶部主事。為周汝登門人。傳王守仁學。輯有諸儒要語。

王化泰　清蒲城人。字省庵。有志於性命之學。嘗賦靜中吟三章。以抒其心得。年七十。訪李顒於盩厔。遂稱弟子。日夕往復無怠色。每自謂日暮途遠。虛擲此生。欷歔不已。見者悚然。

王化基　宋鎭定人。字永圖。舉進士。歷御史中丞。嘗慕范滂為人。獻澄清略。言時事。至道中官至參知政事。性寬厚有容。卒謚惠獻。

王化隆　明廣漢人。由貢生官主簿。自號眞如子。有眞如子醒言。

王化醇　明無錫人。字和甫。號應峯。嘉靖中國子監生。有百花鼓吹。梅花鼓吹。皆雜採唐人詠花之詩。凡三十八種。

王友　宋漢州人。一作名有。字仲益。畫師趙昌。花果專尙設色。得其芳豔。⊙明荆州人。為燕山護衛百戶。從成祖定京師。授都指揮僉事。封清遠伯。率師沿海捕倭。大破之。從征交阯。以功進侯爵。後坐罪奪爵。

王友直　宋高平人。字聖益。父

佐以材武稱。友直隨侍。熟諳兵法。紹興末金人渝盟。友直結豪傑圖恢復。矯制自擬承宣使・河北等路安撫制置使。餘擬官有差。徧諭州縣勤王。得衆數萬。爲十三軍。軍置都統制。進克大名。率所部南歸。詔拜天雄軍節度使。屢立戰功。累官殿前指揮使卒。⊙〔元〕婺源人。字季溫。初師程文。已而爲鄭玉助教六年。玉蒙難。自始囚至就死。未嘗一日舍去。

王友亮　〔清〕婺源人。字景南。號葑亭。乾隆進士。官至通政司副使。少以孝弟稱。十歲能詩。工文章。時京師士大夫多奉寺僧爲師。友亮作正師篇以非之。有葑亭文集・雙佩齋集・金陵雜詠。

王友貞　〔唐〕知敬子。少爲司經局正字。母病。封股療之。母病愈。詔旌其門。素好學。訓誨子弟如嚴君。口不語人過。重然諾。時以爲君子。歷長水令。罷歸。後累被徵召。均不就。卒年九十九。

王友端　〔宋〕工畫獵犬。尤善花鳥。

王及善　〔唐〕君愕子。襲父邢國公爵。武后時拜內史。來俊臣繫獄當死。后欲釋不誅。及善不可。后納之。廬陵王之還。密贊其謀。旣爲皇太子。又請出外朝以安羣臣。及善不甚文。而清白自持。臨事不可奪。有大臣節。時二張怙勢。及善數裁抑之。后不悅。改文昌左相。卒諡貞。

王天春　〔清〕濟寧人。字晉源。順治進士。官至兵部侍郎。致仕後以吟詠自娛。有夢吟集。

王天發　〔清〕太倉人。布衣。工詞。有夢花絮語。

王天與　〔元〕吉安人。字立大。初習舉子業。後乃研精覃思。著尚書纂傳四十六卷。大德間憲使臧夢解上其書。詔授臨江路儒學教授。⊙〔明〕興寧人。字性之。正德進士。知寧都縣。爲政廉平。民甚愛之。從王守仁征橫水浰頭諸寨。屢有功。後征宸濠。沒於南昌。

王太后　〔金〕中都人。宣宗元妃。哀宗母。性端嚴。頗達古今。哀宗已爲皇太子。有過。尚切責之。及卽位。始免榎楚。嘗小捷。國勢頗振。文士有奏賦頌中興者。后恐啓帝驕怠心。不悅。正大中崩。諡明惠。

王太岳　〔清〕定興人。字基平。又字芥子。乾隆進士。弱冠入翰林。擅文名。而獨有志於經世之務。由編修累官雲南布政使。左遷司業。在西安留心水利。著涇渠志。在雲南釐正銅政。厥功甚偉。滇人祀之七賢祠。詩古文氣格高簡。有清虛山房集。

王夫之　〔清〕介之之弟。字而農。號薑齋。明崇禎舉人。張獻忠陷衡州。招夫之。走匿南嶽。賊執其父爲質。夫之引刀自刺肢體。舁往易父。父子俱得脫。瞿式耜薦於桂王。授行人。尋歸居衡陽之石船山。築土室曰觀生居。杜門著書。康熙間吳三桂僭號於衡。郡守餽粟帛請見。夫之又逃入深山。以疾辭。未幾卒。夫之論學。以漢儒爲門戶。宋五子爲堂奧。尤神契張載正蒙之說。所著船山全集凡三百二十四卷。學者稱船山先生。

王少玄　〔唐〕聊城人。隋末父死亂兵。遺腹生少玄。甫十歲。問父所在。母以告。卽哀泣求尸。時野中白骨覆壓。或曰。以子血漬而滲者父胔也。少玄鑱膚。越旬始獲。負歸以葬。創甚。彌年乃興。事聞。拜徐王府參軍。

王尹　〔明〕安福人。字莘民。號覺齋。嘗從鄒元標・高攀龍。講學於首善書院。黨禍起歸里。崇禎末陳演欲薦用。卻之。所著道學迴瀾。大旨力闢心學。

王尹方　〔清〕安邑人。字鶴汀。康熙進士。累官內閣學士兼禮部侍郎。有清望。主試江南。得士最盛。

王引之　〔清〕念孫子。字伯申。嘉慶進士。傳父聲音文字訓詁之學而推廣之。作經義述聞・經傳釋詞等書。精博過惠戴二家。累官工部尚書。卒諡文簡。

王心一　〔明〕吳縣人。字純甫。號元渚。又號元珠。一號半禪野叟。萬曆進士。天啓間官御史。以極論客氏貶。崇禎時終刑部侍郎。工畫。倣黃公望。得其神似。

王心敬　〔清〕鄠人。字爾緝。號灃川。少傳李顒之學。爲邑諸生。雍正中以賢良方正薦。兩徵不起。陳銑撫鄂。聘主講江漢書院。其論學以明心止至善爲歸。學問淹通。有康濟之志。年八十餘卒。有灃川集・關學編・四禮寧儉編・灃川易說・江漢講義・語錄。

王文　〔明〕束鹿人。字千之。初名強。永樂進士。歷官吏部尚書・謹身殿大學士。爲人深刻有城府。面目嚴冷。廷臣無敢干以私者。然中實柔媚。英宗復位。言官劾文與于謙等謀立外藩。命鞫於廷。按問無跡。卒與謙同斬於市。成化初復職。諡毅愍。

王文同　〔隋〕潁陽人。性明辨有幹用。煬帝時爲恆山郡丞。又巡察河北諸郡。誅戮非法。爲諸郡所奏。帝聞而大怒。遣使斬之。讎人剖其棺。臠其肉而噉之。斯須咸盡。

王文治　〔清〕歙人。占籍江寧。康熙朝人。工古文。⊙〔清〕丹徒人。字禹卿。號夢樓。乾隆進士。殿試第三人。官侍讀。出爲雲南臨安知府。罷歸。工書法。秀逸天成。爲文尚瑰麗。至老一歸平淡。詩亦能盡古今之變而自成體。尤精音律。嘗買僮教之度曲。行無遠近。必以自隨。一時聲華與袁枚相上下。願持佛戒甚嚴。日食惟蔬果。年七十三。趺坐室中而卒。有夢櫻詩集。

王文和 【南齊】玄菟族人。宋昇明中。歷官巴陵內史。沈攸之事起。文和斬其使。馳白武帝告變。棄郡奔郢城。永明中歷青冀兗益四州刺史。

王文秉 【南唐】善小篆。遠過徐鉉。所書紫陽石磬銘．千字文傳於世。

王文郁 【宋】新秦人。字周卿。爲府州巡檢。韓琦薦其材。累破夏人。積官秦州防禦．冀州觀察使。

王文殊 【南齊】吳興人。字令章。父沒魏。文殊思慕泣血。終身蔬食。不衣帛。不婚。不交人物。如此者三十餘年。鬱林詔榜其門。

王文淵 【明】安喜人。字巨卿。性孝友。自幼失怙。能自樹立。從學於滕安上。日益克勵。遂淹貫經史。作詩紆徐沖澹。得章孟體。不仕卒。鄉人稱之曰貞孝先生。

王文清 【清】湖南寧鄉人。字廷鑑。號九溪。少工文學。雍正進士。官岳州府教授。乾隆初以薦爲三禮律呂各館纂修官。補內閣中書。考授御史。告養歸。主講嶽麓書院。多所成就。卒年九十二。有儀禮分節句讀．周禮會要．鋤經餘草．考古源流。

王文貫 【宋】鄞人。字貫道。蚤嗜學。與鄉先生余端臣遊。登慶曆進士。教授眞州。除宗學諭。精毛詩。從遊嘗數十人。

王文統 【元】益都人。字以道。好讀權謀書。遍干諸侯無所遇。後居李璮幕府。軍旅之事。咸與諮決。歲上邊功。虛張敵勢。以固其位。用官物樹恩私。取宋漣海二郡。皆文統謀也。世祖卽位。擢平章政事。委以更張庶務。後璮反。文統實與謀。事泄伏誅。

王文雄 【清】玉屏人。字叔師。乾隆間隨征緬甸．金川。累擢副將。嘉慶間教匪之亂。轉戰湖北河南陝西諸省。功甚著。官至固原提督。與賊戰西鄉。沒於陣。追封三等子。謚壯節。

王文幹 【元】珍子。襲行軍萬戶。從哈必赤討平李璮。文幹不願增秩而願賜金。因悉頒之軍中。累遷江東建康道提刑按察使。

王文瑞 【清】鑫族叔。字鈐峯。咸豐間從鑫轉戰湖南江西邊境。後以知府從左宗棠。由江復浙。所向克捷。同治間援徽州。肅清江皖之交。善以少擊衆。官至贛南道。

王文祿 【明】海鹽人。字世廉。嘉靖舉人。著有廉矩．文脈等書。

王文誥 【清】仁和人。字見大。工畫山水。能詩。客粵三十年。注蘇文忠公集。自著有韻山樓集。

王文韶 【清】仁和人。字夔石。一字賡虞。咸豐進士。歷湖南巡撫。勦平貴州苗有功。光緒間除兵部左侍郎。改戶部。以雲南報銷案鐫級。再撫湖南。累官戶部尚書．協辦大學士。庚子聯軍入京。從德宗及太后西奔。回京。官終武英殿大學士。乞休歸。卒謚文勤。

王文潞 【清】鎭洋人。字介人。諸生。聰穎工詩詞。早卒。有義亭詩鈔。

王文轅 【明】浙江山陰人。字司輿。勵志力行。隱居獨善。每讀書。多所自得。不主先入之言。故其說多與時不類。惟王守仁與之爲友。及守仁領南贛之命。文轅欲試其所得。嘗撼激之。不動。語人曰。伯安自此可勝大事矣。

王文寶 【宋】陽武人。以任子補殿直。太平興國初累遷至軍器庫使。監泉州兵。以功領嬀州刺史。遷判四方館事。文寶歷內職二十年。雅好言外事。太祖太宗頗信任之。中外咸畏其口。出爲高陽關兵馬鈐轄。卒於官。

王斗 【戰國】齊人。嘗造門而欲見齊宣王。宣王使謁者延入。斗曰。斗趨見王爲好勢。王趨見斗爲好士。於王何如。謁者還報。王曰。先生徐之。寡人請從。王趨迎於門。斗因以用賢之說進。舉士五人。任以官。齊國大治。

王斤 【後魏】建子。明元帝時爲給事中。太武征赫連昌。斤以功加平北將軍。鎭虎牢。綏靜胡魏。甚收聲稱。後鎭長安。驕矜不順法度。坐誅。

王方 【後漢】中牟人。爲邑名士。章帝時魯恭薦之。官侍中。

王方平 【後漢】嶧人。名遠。舉孝廉。官至中散大夫。後棄官入山得道。桓帝時連徵不出。使郡國逼載詣京。閉口不語。乃題四百餘字於宮門。皆言方外事。削去復見。後還鄉。居太守陳耽家四十餘年。一夕蟬蛻去。

王方翼 【唐】祁人。字仲翔。早孤。哀毀如成人。時號孝童。後居母喪。哀瘠尤甚。其友趙持滿誅。親戚莫敢視。方翼收葬之。工書。累官庭州刺史．夏州都督。屢平寇亂。封太原郡公。武后時以王后屬流崖州。道卒。

王方魏 【清】江都人。字薌城。號大名。隱居不仕。工書。入晉人之室。

王日杏 【清】無錫人。字丹宸。號漱田。乾隆舉人。官至內閣中書。從征金川。木果木之變。受傷死。善書。於魏晉以降疊蹟石刻。無不臨摹。能於馬上盤一膝置紙作小楷。迅捷如飛。工秀獨絕。

王曰高 【清】茌平人。字登孺。一字北山。順治進士。官給事中。歷十有七年。多所建白。與王士禛兄弟相倡和。有槐軒集。

王木 【宋】善畫番馬。

王毛仲 【唐】高麗人。事玄宗於東宮。知馬駝鷹狗等坊。與誅蕭至忠等。

以功進輔國大將軍。始見飾擢。頗持法。既得志。遂求爲兵部尚書。帝不許。毛仲怏怏。移書太原索甲仗。既瀼州別駕。尋詔縊殺之。

王丘　【唐】同皎從子。字仲山。年十一擢童子科。它童盡專經。而丘獨屬文。及冠。舉制科中第。授奉禮郎。氣象清古。行止脩潔。歷官吏部侍郎。出守懷州。清嚴爲下所畏。入爲禮部尚書致仕。卒謚文。

王世及　【宋】河陰人。聚居至七百口。累數百年。詔加旌表。蠲其課調。

王世充　【隋】西域人。徙居新豐。字行滿。其父爲王粲養子。因姓王。世充捲髮豺聲。多詭詐。文帝時以軍功拜儀同。煬帝數幸江都。世充爲郡丞。善候顏色。每入言事。帝善之。大業末天下大亂。帝以世充領兵。數破賊。宇文化及弒煬帝。世充立越王侗。與李密戰。大破之。遂自稱鄭王。尋廢侗。僭即帝位。爲唐兵所攻。兵敗遂降。至長安。爲仇人獨孤修德所殺。

王世名　【明】武義人。字時望。父良爲族子俊毆死。世名年十七。恐殘父尸。不忍就理。乃佯聽其輸田議和。服闋。爲諸生。及生子數月。謂母妻曰。吾已有後。可以死矣。乃刺殺俊。詣吏請死。縣官欲開其父棺檢尸。以直世名。世名大慟。以頭觸石。血流殷地。乃止。世名遂不食死。

王世昌　【明】山東人。字歷山。工畫山水人物。

王世則　【宋】永福人。太平興國進士第一。太宗幸金明池。宴世則等瓊林苑。進士賜宴自此始。淳化初以右正言使交州。還朝。條事迹及山川形勢上之。進直史館。與尹黃裳·馮極等伏闕請立許王爲儲貳。謫蒙州。後徙知永州。

王世相　【明】潘州人。字季隣。號清溪。官延川知縣。著有醫開。

王世英　【宋】字才仲。號頤齋。效東坡墨竹甚工。

王世貞　【明】忬子。字元美。自號鳳洲。又號弇州山人。嘉靖進士。官刑部主事。楊繼盛下獄。時進湯藥。又代其妻草疏。既死。復棺殮之。嚴嵩大恨。會忬以灤河失事。嵩乃構忬於帝。繫獄。世貞與弟世懋伏嵩門乞貸。卒論死。兄弟號泣持喪歸。隆慶初伏闕訟父冤。復忬官。後累官刑部尚書。移疾歸。好爲詩古文。始與李攀龍狎主文盟。攀龍沒。獨主壇坫者二十年。其持論文必西漢。詩必盛唐。而藻飾太甚。晚年始漸造平淡。有弇山堂別集·嘉靖以來首輔傳·觚不觚錄·弇州山人四部稿·讀書後·王氏書苑·畫苑等。

王世琇　【明】清苑人。字崑亘。崇禎進士。授歸德推官。遷工部主事。李自成來犯。世琇將行。僚屬邀共守。世琇慨然曰。久官其地。臨難而去之。非誼也。遂共堅守。總督侯恂子方夏率家衆斬關出。傷守者。衆遂亂。賊乘之入。世琇遇害。

王世弼　【後魏】霸城人。魁岸有壯氣。善草隸。愛好墳典。仕齊歸誠。宣武帝時除東徐州刺史。政任於刑。有受納之響。後爲河北太守。有清稱。再遷中山內史。卒謚康。

王世欽　【明】榆林人。歷官山海左總兵官。謝病歸。李自成攻榆林。守將王定棄城走。世欽與尤世祿等拒守。城破。被執。送長安。自成親解其縛。罵不屈。被殺。

王世琛　【清】銓子。字寶傳。康熙進士。殿試第一。授修撰。歷侍講。督山東學政。崇實學。斥浮僞。青齊文體爲一變。累遷少詹事。視學未竣。以勞卒。工詩文。兼善書畫。能世其家學。

王世琮　【明】達州人。字仲發。崇禎中以舉人爲汝寧推官。討土寇。流矢貫耳。不爲動。時號王鐵耳。擢汝寧兵備僉事。闖賊陷城死節。

王世睿　【清】章丘人。字道存。康熙進士。知上海縣。有龍溪草堂集。

王世德　【明】北平人。字克承。號霜皐。明季襲錦衣衛指揮僉事。李自成陷京師。世德拔刀引決。爲僕所抱持。遂祝髮奔淮南。有崇禎遺錄。

王世積　【隋】雍子。在周以功拜上儀同。封長子縣公。文帝受禪。進封宜陽郡公。授蘄州總管。平陳之役。以功進位柱國·荊州總管。遷涼州。後其親信皇甫孝諧有罪。亡抵世積。世積不納。甚困。因上變言世積不道事。被徵入朝。竟坐誅。

王世選　【清】榆林人。明副將。天聰間降清。授總兵。隸漢軍正紅旗。崇德間隨征朝鮮。圍明錦州·松山。俱有功。順治間追李自成至潼關。從征江南浙江。又從討姜瓖。積功封三等子。致仕。

王世懋　【明】世貞弟。字敬美。嘉靖進士。累官太常少卿。好學善詩文。名亞其兄。先世貞三年卒。有王奉常集·藝圃擷餘·窺天外乘·遠壬文·卻金傳·學圃雜疏·閩部疏·三郡圖說·名山游記。

王不烈　【清】松江華亭人。字述文。號東麓。雍正進士。入詞垣。歷臺諫。仕至河南按察使。工畫。六法不由師授。直逼古人。有春暉堂集。

王仝　【五代楚】湘鄉人。馬殷時爲江華指揮使。與梅山猺將戰死。里人立廟於安化東。號王司徒廟。

王代恕　【宋】咸平人。爲潁州司法參軍。州民樂氏爲盜。會赦。出入閭里。操弓矢爲害。有朱氏募客二人謀殺之。法當死。代恕曰。爲法所以輔善而禁惡。今殺良民。爲惡盜報讎。豈法意耶。乃狀列之。朱氏得減死。

王仔昔 【宋】洪州人。始學儒。自言過許遜。得大洞隱書豁落七元之法。能道人未來事。徽宗召見。賜號沖隱處士。進封通妙先生。性倨傲。帝常待以客禮。後林靈素譖之。下獄死。

王仕京 【明】鄒人。性俠烈。父子俱善擊刺。崇禎時年已六十。糾衆與賊戰。敗之。後以衆寡不敵死節。

王仙 【宋】任蜀都統。守涪州。元兵攻圍無虛日。勢孤援絕。宋亡之二年。城始破。仙自刎。斷其吭不殊。以兩手自摘其首墜死。

王仙柯 【隋】靑城人。儀鳳中拔宅上昇。蜀僧中寤遇於龍岱門。曰。飛昇之後。何爲來此。仙柯曰。吾昔得靈藥。能飛步。今全家隱於後山。更修道法。上賓之事。吾何望焉。

王令 【宋】廣陵人。字逢源。少不檢。旣而折節力學。王安石奇其才。妻以夫人之女弟。令詩學韓孟。識度高遠。年未三十卒。有廣陵集。◎【明】渭南人。字仲錫。由拔貢生官至廣東按察使。有念西堂詩集・古雪堂文集。

王令言 【隋】樂工。煬帝幸江都。其子於戶外彈胡琵琶。作番調安公子曲。令言時臥室中聞之。歘歔流涕曰。汝愼無從行。帝必不返。此曲宮聲。往而不返之兆也。煬帝果死於江都。

王令溫 【後周】河間人。字順之。少以武勇稱。歷仕唐晉。皆有戰功。漢時爲安州節度使。周世宗時遷鎭安軍卒。

王令謀 【五代吳】故徐知誥客。太和中累拜司徒。領忠武軍節度使。素柔猾。鮮志操。屢上書知誥勸進。及知誥受禪。已前死。

王以旂 【明】江寧人。字士招。正德進士。世宗時歷官兵部尙書。代曾銑總制三邊。屢破邊寇。在鎭六年。修延綏城堡四千五百餘所。又築蘭州邊垣。比卒。軍民爲罷市。諡襄敏。有漕河奏議・襄敏集。

王以詠 【宋】建安人。字永言。第進士。知含山縣。爲劉琦所知。已而以岳飛等論薦。改秩知光澤縣。累遷知衡州。嘗誦昔人語云。治公家如私家。自符天理。惜官物如己物。乃合人情。終其任未嘗妄費。又不肯獻羨餘以求售。官至朝散大夫。

王以寧 【宋】湘潭人。字周士。由太學生任鼎澧帥。靖康初徵天下兵。以寧走鼎州乞師入援。解太原圍。建炎中以宣撫司參謀兼襄鄧制置使。有詞集。

王以衡 【清】歸安人。字署冰。號勿菴。乾隆進士。官至禮部右侍郞。平生口不言人過。視天下人無一非君子。時有長者之稱。

王去非 【金】平陰人。字廣道。嘗總舉不得志。卽屏去。督妻孥耕織。以給伏臘。家居敎授。束修有餘。輒以分人。鄰有喪。急東出。西與北皆人居。南則去非家。去非爲壞寢室。使出而葬焉。大定間年八十四卒。門人私諡醇德先生。

王去執 【金】去非弟。字明道。試進士不合。拂衣去。杜門講究經傳文學。以親病。遂精醫學。世宗時。試醫京師第一。入翰林。學者稱榆山先生。

王古 【宋】靖子。字敏仲。第進士。紹聖初累遷戶部侍郞。詳定役法。與尙書蔡京多不合。徙兵部。後知成都。入崇寧黨籍。謫衡州別駕。

王史氏 【戰國】著書二十一篇。

王可大 【明】南京錦衣衛人。字元簡。嘉靖進士。官至台州知府。輯有類書曰國憲家猷。

王可臣 【清】陝西人。隸正白旗漢軍。驍勇善戰。順治間隨征姜瓖。又從定湖南貴州。康熙初隨征水西。討平各苗目功甚偉。由騎都尉累官廣東提督。卒諡襄敏。

王可訓 【宋】京西人。熙豐時爲畫院待詔。畫山水自成一家。

王台 【明】扈倫四部之哈達部酋。嘉靖中授海西都督。隆慶末勢力南漸。威加建州衛。時建州王杲勢張甚。萬曆間杲爲李成梁所敗。遁海西依王台。王台縛杲送成梁戮之。以功累加龍虎將軍。

王加封 【明】甌寧人。字抱赤。素豪俠。崇禎國變後。散財募豪傑。從軍婺源。卒先陷賊死。

王奴 【南齊】一作奴兒。工畫。有嘯賦圖。

王尼 【晉】城陽人。字孝孫。寓居洛陽。卓犖不羈。初爲護軍府軍士。後免爲兵。東嬴公騰辟爲車騎將軍府舍人。不就。時尙書何綏奢侈過度。尼預知其必亡。洛陽陷。尼避亂江夏。父子俱餓死。

王巧兒 【元】京師妓女。色藝雙絕。後適江南陳雲嶠爲妾。陳卒。能守其家業。人多稱之。

王平 【蜀漢】宕渠人。字子均。諸葛亮征隴西。平以牙門將屬馬謖。謖違亮指大敗。惟平所領獨全。累功遷漢中太守・鎭北將軍。封安漢侯。

王幼學 【元】望江人。字行卿。幼被掠至河南。爲陳氏養子。博覽經史。宗程朱之學。至元間年六十始歸。躬耕慈湖之坂。與學者講道不輟。纂述朱子綱目爲集覽五十九卷。學者稱慈湖先生。

王弘 【南朝宋】導曾孫。字休元。少好學。以清恬知名。武帝召補鎭軍諮議參軍。以佐命功封華容縣公。元嘉中進位太保，領中書監。卒謚文昭。弘博練政體。爲人望所宗。造次必存禮法。凡動止施爲。及書翰儀體。後人皆依放之。謂之王太保家法。◎〔晉〕太原人。綸人馬甚佳

王·弘之 〔南朝宋〕鎮之弟。字方平。仕晉爲司徒主簿。家貧而性好山水。宋武帝時屢徵爲通直散騎常侍。不就。從兄敬弘嘗解貂裘與之。卽著以採藥。性好釣。垂綸上虞江上。得魚。經親故門。各以一兩頭置門內而去。及卒。顏延之欲爲作誄。自恨筆短。不足書美。竟不就。

王·弘猷 〔明〕崇禎間官百戶。爲賊所執。鋸齒斷足。罵不絕聲死。

王·弘義 〔唐〕衡水人。歷官侍御史。與來俊臣競慘刻。每移檄州縣。所至震懾。延載中流嶺南。自矯詔追還。事覺杖死。

王·弘贊 〔後唐〕唐明宗時爲衞州刺史。及潞王從珂反。愍帝出奔至衞州。遇晉高祖。弘贊知衆心不附。難以與復。卽謁高祖。以爲言。後媯殺愍帝。事晉爲鳳翔行軍司馬。

王·旦 〔宋〕祜子。字子明。太平興國進士。眞宗時累擢知樞密院。進太保。旦當國最久。事至不膠。有謗不校。軍國重事。皆預參決。薦引朝士。不令其人自知。嘗議知制誥。旦曰。可惜張師德。人問故。曰。吾於上前累言師德名家子。有士行。不意兩及吾門。狀元及第。榮進素定。當靜以待之。若復奔競。使無階而進者。當如何也。卒封魏國公。謚文正。有文集。

王·正已 〔宋〕勳子。勳卒。賈胡率錢二百萬緡爲賻。正已卻之曰。吾父以廉直聞。雖貧。猶能負喪以歸。不媿廉叔度也。官終太府卿。

王·正中 〔明〕保定人。字仲撝。崇禎進士。知長興縣。明亡。流寓紹興。魯王召知餘姚縣。事敗。隱居以終。有周易註。律書詳註。

王·正志 〔明〕祥符人。萬曆進士。富平知縣。稅使梁永·趙欽肆虐。正志捕其黨杖殺之。因極論二人不法罪。逮繫瘐死。◎〔清〕靜海人。明崇禎進士。累官戶部左侍郎。順治間授原官。改兵部。巡視延綏。大同總兵姜瓖叛。正志遣參將王永強赴河防堵。永強密與瓖通。執正志。縊死。贈右都御史。

王·正言 〔後唐〕鄆州人。早孤。從沙門學。工詩。莊宗時爲魏州觀察判官。小心端愼。歷租庸使。爲興唐尹。主諸聽命。不能稱職。官終平盧行軍司馬。

王·正貞 〔元〕杭人。先名瓚。字承之。號竹齋。又號筠溪。以宋內侍奉謝后北覲。受命佩虎符。一旦遁入道。工畫山水墨竹。

王·正雅 〔唐〕翃子。字光謙。元和進士。穆宗時京邑多盜。正雅爲萬年令。威震豪強。入爲大理卿。力爭宋申錫獄。申錫得不死。

王·正德 〔宋〕光宗時人。著有餘師錄。輯前代論文之語。當時遺籍。後不盡傳者。往往而在。

王·永 〔前秦〕猛子。清修好學。仕苻堅爲幽州刺史。長於撫字。時叛亂四起。永意氣彌勵。苻丕時拜左丞相。爲慕容永所敗。死之。◎〔宋〕華陽人。爲右補闕。吳越納土。永受命往均賦。至則悉除無名之算。或言其多弛賦租。太宗詰之。對曰。使新附民蒙天子仁恩。臣雖得罪死不恨。太宗大悅。◎〔明〕英宗時錦衣衞卒。以匿名書暴王振罪狀。事發磔死。

王·永光 〔明〕長垣人。萬曆進士。天啓初累官戶部尚書。居官廉。爲人強悍陰鷙。雅不喜東林。爲御史李應昇所論。永光乃自引歸。魏忠賢竊柄。盡逐東林。起南京兵部尚書。日以排東林爲事。後以其黨納賄事發。爲言者所論。被詰責罷去。

王·永吉 〔清〕高郵人。字修之。一字鐵山。仕明爲薊門總督。入清授大理卿。守法律。持大體。累官國史院大學士。管吏部尚書事。卒謚文通。

王·永命 〔清〕臨汾人。字九如。順治舉人。知遷安縣。以興學校。絕苞苴·勸農事爲務。邑人稱之。擢行人。告病歸。著有懷堂等集。

王·永清 〔清〕遼東人。康熙間授爵西鎮總兵。後附吳三桂。復降。磔死。

王·永積 〔明〕無錫人。字崇嚴。號蠡湖野史。崇禎進士。官兵部郎中。有錫山景物略·心遠堂集。

王·永譽 〔清〕國光子。字孝揚。襲一等男。康熙間官至本旗漢軍都統。王士禛南海集有唱和詩。

王·玄 〔漢〕高尚不仕。隱居山谷。孝景時再徵不屈。就其所居山封侯。因名侯山。唐宋之間詩曰。王玄拜隱侯。◎〔晉〕衍子。字眉子。少慕簡曠。與衞玠齊名。官陳留太守。荒弊之時。人情不附。將赴祖逖。爲盜所害。

王·玄宗 〔唐〕瑯邪人。隱嵩山。號太和先生。傳黃老術。

王·玄威 〔後魏〕北陝人。獻文帝崩。玄威立草廬於州城門外。衰裳蔬粥。哭踊無時。詔問玄威有所訴。聽爲表列。玄威云。聞諱悲號。無所求謁。至大除日。詔送白紬袴褶一具。與玄威釋服。以表異焉。

王·玄策 〔唐〕太宗時官長史。使天竺。其王拒之以兵。玄策發吐蕃尼波羅之師攻天竺。擒其王。并其妃子。獻於闕下。擢拜朝散大夫。

王·玄象 〔南朝宋〕玄謨從弟。官下

邳太守。好發冢。地無完槨。坐免官。

王玄載　【南齊】下邳人。字彥休。仕宋歷梁秦益寧四州刺史。永明中官至平北將軍・兗州刺史。雅好玄言。修士操。在梁益有淸績。卒諡烈。

王玄謨　【南朝宋】祁人。字彥德。文帝時官汝陰太守。每陳北侵之策。及大舉北征。玄謨兵大敗。孝武帝崩。被顧命。以嚴直不容。徙靑冀二州刺史。少帝狂悖滋甚。玄謨屢表諫諍。官終豫州刺史。卒諡莊。

王玄邈　【南齊】玄載弟。字彥遠。仕宋歷梁・南秦・二州刺史。入齊。官終南兗州刺史。嘗破亡命李烏奴及徐州叛民周盤龍等。卒諡壯。

王玉　【元】寧晉人。長身駢脅。多力。累功署元帥府監軍。金將武仙既降復叛。玉擊敗之。突圍而還。追者皆憚玉驍雄不敢進。眞定既平。權眞定五路萬戶。假趙州慶源節度副使卒。

王玉汝　【元】鄆人。字君璋。少習吏事。行臺嚴實入據鄆。署爲令史。耶律楚材見而奇之。授東平路奏差官。太宗將以東平地分封諸勳貴。玉汝言實以三十萬戶來歸。卒無異志。裂其土地。非所以旌有功。帝乃止。累遷泰定軍節度使。謝事歸。日以經史自娛。起爲行臺參議。視事未幾卒。

王玉廷　【淸】武威人。乾隆中由行伍積功擢雲南臨元鎭總兵。隨征緬甸。攻老官屯。玉廷親發砲。乘霧督攻。中鎗傷死。諡勤義。

王玉映　【淸】丁聖肇妻。自號映然子。工詩善楷書。有紅吟集。

王玉峯　【明】松江人。有焚香記傳奇。

王玉璋　【淸】滄州人。字鶴舟。號松巢外史　晚號厂隱山人。官雷州知府。工畫山水。時有王廉州後復雷州之譽。與戴熙齊名。稱北王南戴。有凍雲館詩。

王玉燕　【淸】文治女孫。字玳梁。書有祖風。工畫梅蘭水仙。頗有逸趣。

王玉藻　【明】江都人。字質夫。號螺山。崇禎進士。知慈谿縣。有善政。北都陷。從魯王起兵。事敗歸揚州。隱居以終。

王生　【春秋晉】爲范氏家臣。嘗薦其讐張柳朔於范吉射。使爲柏人宰。後柳朔死范氏之難。◎【漢】處士。善爲黃老言。嘗召居廷中。公卿會立。生韈解。顧謂廷尉張釋之。使結韈。釋之跪而結之。人或讓之。生曰。吾老且賤。自度終無益於張廷尉。廷尉天下名臣。故聊使結韈。欲以重之。諸公聞之。賢王生而重釋之。景帝爲太子。與梁王共車入朝。不下司馬門。釋之劾奏之。及景帝立。釋之懼誅。用王生計得免。◎【漢】龔遂爲渤海太守。王生爲議曹。宣帝遣使者徵遂。王生願從。功曹以王生嗜酒無度。不可。遂不忍逆。從至京師。遂引入宮。王生醉。從後呼曰。帝卽問君何以治渤海。宜曰皆聖主之德。非小臣力也。遂對如言。天子旣知爲王生所教。拜王生水衡丞。（按史記滑稽傳作王先生。此從漢書。）◎【宋】金陵人。瞽而善聽聲。丁謂守金陵。王生潛聽其馬蹄聲曰。參政月中必召拜相。果如其言。

王用之　【宋】輝子。善畫道釋人物。

王用予　【淸】進寶子。康熙間授副將。從進寶征討。每戰先登陷陣。所向披靡。從征四川。復納溪・江安・仁懷・合江等城。官至甘肅總兵。

王用汲　【明】晉江人。字明受。隆慶進士。官戶部員外郞。萬曆間張居正歸葬其親。湖廣諸司畢會。巡按御史趙應元獨不往。被劾除名。用汲不勝憤。乃上言之。居正大怒。削用汲籍。居正死。累官南京刑部尙書。爲人剛正。遇事敢爲。卒諡恭質。

王用龍　【宋】進賢人。字震叔。宋亡。誓不爲異國民。爲元兵所獲。欲自經。守者奪其帶。家人饋食。至碎磁器。嚼吭而死。

王田　【明】濟南人。字舜耕。以縣佐請老歸田。畫山水有規度。喜爲樂府詞。

王由　【後魏】世弼子。字茂道。好學有文才。善草隸。工摹畫佛像。仕歷東萊太守。罷郡後寓居潁川。天平初爲亂兵所害。

王由義　【元】朝邑人。爲御史。累有獻替。從幸上京。抗章論衛士縱牧踐民田。行營肅然。至大初除彰德路總管。多善政。徵兵部侍郞。

王申子　【元】邛州人。字巽卿。皇慶中充武昌路南陽書院山長。後居慈利州天門山垂三十年。有春秋類傳・大易緝說。

王白　【遼】冀州人。明天文。善卜筮。仕晉爲司天少監。太宗入汴得之。凡決禍福無不中。保寧中歷彰武興國二軍節度使。撰有百中歌。

王石隱　【淸】太倉人。佚其名。少習醫。壯而友陸世儀・陳瑚。乃勉於學。著說文論正。自云十年靜悟。十年考正。爲宇內所未有之書。

王立　【漢】元后庶弟。封紅陽侯。位特進。王商卒。立次當輔政。有罪就國。哀帝初還京師。立於王莽爲諸父。莽專政。內憚之。令大臣以罪過奏。迫令自殺。諡荒。

王立邦　【明】潛山人。字中寰。以孝聞。崇禎間爲賊所執。逼之降。不從。火烙無完膚。罵不絕口。被杖死。

王立階　【淸】湘陰人。字庭式。號勿齋。乾隆諸生。性方正。治躬甚苦。嘗作克復格。每月言動必記之。有勿齋隨筆・存古堂集。

王·立道【明】無錫人。字懋中。嘉靖進士。官編修。有具茨集詩文。

王·亥【漢】宣帝時官中郎。爲穀梁之學。甘露初與諸儒議公穀異同。

王·伉【蜀漢】蜀郡人。從呂凱力拒雍闓。封亭侯。官永昌太守。

王·份【梁】琅邪人。字季文。仕宋爲始安內史。袁粲之誅。親故無敢視者。份獨往致痛。由是顯名。累遷祕書監。梁時官至侍中。

王·企埥【清】雄縣人。字莶遠。康熙進士。官至江西巡撫。輯四家詩鈔。四家者。郭棻·楊思聖·龐塏·紀炅也。

王·休【宋】慈溪人。字蓀渚。攻戴氏禮。慶元進士。累判樞密院事。侃直立朝。無所附麗。嘉定末與柄臣不合。遂謝仕歸。休以文學著稱一時。晚歲益進。金石文多出其手。

王·仲【漢】不其人。好道術。明天文。時濟北王興居反。齊哀王襄欲委兵於仲。仲懼禍及。乃浮海奔樂浪山中。因家焉。◎【清】河南人。字仲愚。武解元。官隨州營都司。善寫蘭菊。落紙如飛。抒寫胸臆。縱橫自在。

王·仲元【元】善畫花鳥。得墨法。尤善小景。溫潤可喜。

王·仲文【元】大都人。工樂府。有救孝子等雜劇行世。

王·仲丘【唐】琅邪人。開元中歷起居舍人。時典章差駁。仲丘欲合貞觀顯慶二禮。上疏請並用之。詔可。遷禮部員外郎卒。

王·仲玉【明】洪武中以工畫召至京師。

王·仲連【南唐】北方人。仕李昪爲御史。李璟時改左散騎常侍。璟嘗謂曰。自古及今。江北文人。不及江南之盛。仲連對曰。誠如聖諭。聖祖元元皇帝降於亳州眞源縣。文宣王生於兗州曲阜縣。亦不爲少矣。璟有媿色。

王·仲舒【隋】工畫。精淑婉潤。名後官少府監。輩所推。◎【唐】祁人。字弘中。貞元中舉賢良方正高第。元和初知制誥。出爲蘇州刺史。穆宗立。每言仲舒之文。最宜爲誥。有古風。召爲中書舍人。視同列率新進少年。居不樂。除江西觀察使。歷官皆有惠政。尙義概。所居急民瘼置。自爲科條。初若煩密。久皆稱其便。卒諡成。

王·仲興【後魏】南樂人。累官光祿大夫。爲宣武所寵任。畏愼自退。封上黨郡開國公。官終幷州刺史。

王·仲寶【宋】高密人。字器之。以捕盜功累授涇原總管安撫副使。時涇原路總管任福與夏人戰。兵敗。別將朱觀被圍於姚家堡。仲寶以兵救之。拔觀出圍。時諸將皆沒。獨仲寶與觀得還。後除屯衞大將軍。致仕卒。

王先生【漢】齊人。年八十餘。多奇計。梁孝王恐誅。嘗爲畫策。令王長君與太后言。得不治。

王·先成【前蜀】新津人。本書生。世亂爲兵。當王建入西川。諸寨日出俘掠。先成扣軍門說王宗侃。又請條列七事以白建。累官夔州刺史。嘉王宗壽以先成恃功侮慢。藉事殺之。

王·光承【清】松江華亭人。字玠右。明歲貢生。博學工詩文。淡於榮利。明季屢辭徵辟。與弟烈隱居上海之新場鎭。躬耕養父。足不入城市者三十餘年卒。有鎌山堂集。

王·充【後漢】上虞人。字仲任。師事班彪。好博覽。不守章句。家貧無書。嘗游洛陽書肆。閱所賣書。一見輒能記憶。後歸鄉里。仕爲郡功曹。以數諫諍不合去。閉門潛思。著論衡八十五篇。晚年著性書十六篇。◎【宋】梁州人。游黔南。太守請以訓黔之學者。時黃庭堅被謫於州。相知甚厚。嘗爲書以頌充之德。

王·充耘【元】江西人。字耕野。元統初以書經成進士。授同知永新州事。尋棄官養母。晚益潛心尙書。考訂蔡傳。名曰讀書管見。又有書義主意。書義矜式。

王·光【北周】祁人。少雄武。有將帥材略。頻有戰功。文帝遇之甚厚。位至驃騎大將軍。封平原縣公。

王·光恩【明】均州降渠小秦王。崇禎初官鄖陽游擊。初與張獻忠輩爲賊。獻忠降而復叛。光恩斂衆據要害以拒。已叛復降。善用其下。守鄖陽。復均州。以功名終。

王·光祖【宋】荆州都監珪子。字君俞。熙寧中爲沿邊安撫副使·界河巡檢。以功除眞定鈐轄。徙梓夔。討叛獠。功第一。官至涇原河東定州路副總管卒。◎【清】吳縣人。字雲湄。奎文閣典籍。畫山水清腴可愛。間作篆書。鐫刻玉印。精琴理。通音律。明數術。醫復有名。

王·光國【清】清泉人。字文載。雍正舉人。授國子監學錄。主講石鼓書院。書法端方老重。人爭寶之。

王·光魯【明】淮安人。字漢恭。有閱史約書。古今官制沿革圖。

王·兆符【清】源子。字龍篆。別字隆川。康熙進士。從方苞學古文。以幽奇峭拔見長。尤好讀史。嘗著古今變異論九篇。史漢戰國策。俱有批解。未及成書而卒。

王·兆琛【清】福山人。原名兆璽。字獻甫。一字叔玉。嘉慶進士。官至山西巡撫。居官勤能。頗著惠政。有鄦棠書屋文集。

王·兆雲【明】麻城人。字元楨。有明詞林人物考。王氏雜記。

王·兆夢【清】碭山人。嘉慶間赴陝西協勦湖北教匪有功。官至廣東陸路提督。卒諡勇愼。

王全　【唐】鄜縣人。遭寇掠。失其幼子。謀置妾。得鄰村謝萬全婆李氏。李氏者。自鬻葬翁之孝婦也。至全所泣訴其情。全憐而全其節。逾年子自歸。李仍完節以歸於謝。

王全斌　【宋】太原人。事唐莊宗累歷內職。同光末國有內難。兵入宮城。近侍皆遁去。惟全斌與符彥卿等十數人拒戰。後仕周官都指揮使。宋初為西川行營前軍都指揮。平蜀有功。全斌輕財重士。寬厚容衆。軍旅樂為之用。官終武寧軍節度。

王冰　【唐】自號啓元子。寶應中為太僕令。篤好醫方。得元珠所藏太素及全元起書。加以編次。註素問問答八十一篇。又有元和紀用經。元珠密語・昭明隱旨・玄密等書。

王匡　【後漢】泰山人。字公節。以任俠聞。大將軍何進辟之。進敗。匡還鄉里。起家拜河內太守。

王向　【後漢】為安定大尹。隗囂攻安定。向威行邦內。獨無叛者。囂移書誨示。終不從。為囂所殺。

王同　【漢】東武人。字子中。田何以易授同暨洛陽周王孫・丁寬・齊服生。皆著有易傳數篇。淄川楊何・廣川孟但・魯周霸・莒衡胡・齊卽墨成・臨淄主父偃。皆受易於同。

王同軌　【明】黃岡人。字行父。由貢生知江寧縣。集異聞為耳談一書。

王同皎　【唐】安陽人。尙中宗女。得桓彥範等誅二張。遣同皎迎中宗。得復位。累官光祿卿。武三思淫亂王室。同皎謀誅之。事泄。為三思所誣害。睿宗立。諡忠壯。

王吉　【漢】皋虞人。字子陽。為昌邑王中尉。後王以荒淫廢。吉以常諫王得減死。髠為城旦。宣帝召為博士・諫大夫。吉上疏言得失。帝以為迂闊。謝病歸。與貢禹為友。世稱王陽在位。貢公彈冠。元帝立。復召為諫大夫。未至京。道卒。◎【漢】重泉人。字少音。許商弟子。王莽時為九卿。自表上師家大夫博士郎吏為許氏學者。各從門人。會車數百兩。儒者榮之。◎【後漢】中常侍甫子。少好誦讀書傳。喜名聲而性殘忍。年二十餘為沛相。曉達政事。發起姦伏。視事五年。凡殺萬餘人。其餘慘毒刺刻。不可勝數。為陽球所奏。死洛陽獄。◎【淸】衡陽人。由行伍起家。咸豐間從曾國藩於江西。充水師嚮導官。轉戰江西湖北安徽江蘇各省。官至狼山鎭總兵。

王吉甫　【宋】同州人。字邦憲。舉明經。練習法律。神宗時為大理評事。累官提點梓州路京畿刑獄。吉甫老於為吏。廉介不回。但一於用法。士恨其少緣飾云。

王回　【宋】侯官人。字深父。敦行孝友。資直平恕。造次必稽古人所為。不為小廉曲謹以邀名譽。舉進士第。為衛眞簿。稱病免。退居潁州。治平中以為忠武軍節度推官。知南頓縣。命下而卒。◎【宋】仙遊人。字景深。第進士。元符中為睦親宅講書。與鄒浩友善。皇后劉氏立。浩將論之。密告回。回贊其議。浩南遷。人莫敢顧。回往來經理。因逮詣詔獄。御史詰之。對曰。實嘗預議。因誦浩所上章幾二千言。除名停廢。徽宗立。擢監察御史。數日卒。

王后　【漢】槐里人。武帝母。初嫁為金王孫婦。其母臧兒卜筮。曰女當貴。奪之金氏。金氏怒。不肯與。決。乃納太子宮。生武帝。及帝立。尊為皇太后。◎【漢】王莽女。平帝后。帝崩。莽立宣帝玄孫嬰為孺子。莽攝帝位。尊為皇太后。后婉瘱有節操。自劉氏廢。嘗稱疾不朝。乃更號為黃皇室主。及漢兵誅莽。燒未央宮。后曰何面目以見漢家。自投火中死。◎【南朝宋】臨沂人。名貞風。明帝后。性剛正。廢帝卽位。尊為皇太后。廢帝失德。后每加勗譬。齊建元初卒。諡明恭。◎【唐】祁人。高宗卽位。立為皇后。武昭儀誣后挾媚道蠱上。帝信之。詔廢后及蕭良娣皆為庶人。囚宮中。已而武氏促詔杖二人百。剔其手足。反接投釀甕中。曰令二嫗骨醉。數日死。殊其尸。◎【唐】琅邪人。代宗時入宮為才人。順宗在藩。帝賜之。生憲宗。順宗卽位。疾已綿頓。后侍醫藥不少怠。將立后。會病棘而止。憲宗內禪。尊為皇太后。后深抑外家。訓屬內職。有古后妃風。卒諡莊憲。

王圭　【元】宛陵人。字敬仲。以詩名於時。尤工五言。有敬仲集。

王在復　【明】太倉人。嘉靖中倭寇之亂。以救父並遇害。兩首墜地。而手猶抱父不釋。

王如　【晉】新豐人。初為州武吏。遇亂流移至宛。結流人為亂。自號大將軍。領司雍二州牧。與石勒結為兄弟。後歸王敦。屬敦從弟稜。敦謀逆。稜每諫之。敦勸如殺稜。稜被害。敦陽驚。捕如誅之。

王如堅　【明】安福人。字介石。萬曆進士。授懷慶推官。入為刑科給事中。疏爭三王並封。帝怒甚。命戍極邊。王錫爵疏救之。得免戍為民卒。

王妃　【唐】邯鄲人。年十三。善歌舞。穆宗以賜武宗。武宗嗣位。妃陽為助畫。進號才人。狀纖頎類帝。欲立為后。李德裕諫止之。帝崩。妃自經幄下。宣宗嘉其節。贈賢妃。◎【明】燕京人。能詩工書。以才色得幸於武宗。侍幸薊州溫泉。題詩自書刻石。

王好古　【元】趙人。字進之。號海藏。性明敏。通經史。好醫學。嘗師名醫李杲及張元素。造詣甚精。任本州醫官。有醫壘元戎．醫家大法．湯液大法．湯液本草等書十餘種。

王·好書 明山東新城人。耿鳴雷之僕。人呼王老三。崇禎間亂兵陷城。呼之控馬。怒罵曰。王老三自有主。肯為汝曹作奴耶。遂被害。

王·好問 明樂亭人。字裕卿。嘉靖進士。歷官南京戶部尚書。有春照齋集。詩餘可伯仲有宋。

王·存 宋丹陽人。字正仲。慶曆進士。除密州推官。修潔自重。為歐陽修．呂公著所知。歷太常禮院。故與王安石厚。安石執政。數引與論事不合。叩謝不往。存在三館歷年。不少貶以干進。屢上書陳時政。累官戶部尚書。哲宗朝轉吏部。時朋黨論熾。存為帝言恐濫及善人。與任事者戾。出知杭州。遷右正議大夫致仕。

王·宇 漢莽子。非莽隔絕衞氏。恐帝長大後見怨。與師吳章議為變怪以驚懼之。事發。莽執宇送獄。飲藥死。◎明祥符人。字仲宏。兒時日記萬言。舉正統進士。授南京戶部主事。出為撫州知府。為政簡靜。勠強抑姦。一府大治。天順間累官大理卿。性剛介。所至有盛名。屬大理。平反為多。

王·安 漢齊王建孫。建為秦所滅。項羽封安為濟北王。漢興。安失國。齊人謂之王家。因以為氏。◎五代吳廬江人。初事楊行密為親兵。行密嘗升高望敵。安捧唾壺侍側。忽有武士持矟逕趣行密。安置壺於地。取弓射之。一發而殪。徐納弓韔中。捧器如初。行密奇之。因加獎拔。累遷袁州刺史。南唐初為百勝軍節度使。◎明雄縣人。為內侍。萬曆中侍皇長子為伴讀。有調護功。光宗卽位。擢司禮秉筆太監。中外翕然稱賢。大學士劉一燝．給事中楊漣皆重之。李選侍怙寵。光宗崩。選侍謀挾皇長子自重。安發其謀。宮幃大定。為人剛直而疏。又善病。不能數見帝。為魏忠賢所搆。降充南海子淨軍。使人撲殺之。

王·安道 宋工畫花鳥。宗李迪。

王·安中 宋陽曲人。字履道。第進士。政和中擢御史中丞。以疏劾蔡京遷翰林學士。金人來歸燕。授燕山府路宣撫使。遼降將郭藥師同知府事。藥師跋扈。府事皆專行。安中不能制。後為言者所論。責象州安置。為文豐潤敏拔。有初寮集。

王·安世 後魏猛玄孫。歷涉書傳。性開敏。自羽林監歷官華州刺史卒。

王·安石 宋益子。字介甫。號半山。小字獾郎。少好讀書。工為文。安石擢進士第。嘉祐中歷度支判官。安石議論高奇。果於自用。能以辨博濟其說。上萬言書。以變法為言。俄直集賢院。知制誥。神宗時為相。帝深倚之。謀改革政治。興青苗水利均輸保甲免役市易保馬方田諸法。物議騰沸。時名臣皆被斥而新法卒無效。罷為鎮南軍節度使。元豐中復拜左僕射。封荆國公。哲宗立。加司空。卒謚文。安石性強忮。工書畫。文章拗折峭深。人以大家目之。有周官新義．臨川集．唐百家詩選。

王·安國 宋安禮弟。字平甫。熙寧初以材行召試及第。除西京國子教授。官滿至京。賜對。神宗問卿兄秉政。外論謂何。曰。恨知人不明。聚斂太急耳。帝不悅。止授崇文院校書。後改秘閣校理。屢以新法力諫。後為呂惠卿所陷。罷官歸卒。◎清高郵人。字書城。號春圃。雍正間以一甲第二人及第。授編修。官至吏部尚書。安國起家寒素。由巡撫入為尚書。衣食器用。不改於舊。晏居退食。矻矻如老諸生。專以經學訓子孫。不雜世事。卒謚文肅。

王·安節 宋少從父堅守合州。有功。度宗時為東南第七副將。以功轉三官。守常州。元兵攻常。安節率死士巷戰。被執不屈死。

王·安禮 宋安石弟。字和甫。早登第。直舍人院。蘇軾下獄。勢危甚。無敢救者。安禮從容為神宗言之。軾得輕比。後因星變上言。甚切至。進翰林學士。知開封府。斷滯訟未三月。三獄院及畿赤十九邑。囚繫皆空。書揭府前。遼使過而見之。歎息誇異。官終知太原府。

王·守 明長洲人。字伯約。嘉靖進士。拜給事中。性畏謹。容貌毅重。動止皆有幅尺。委蛇可觀。歷都御史。撫治鄖陽。寬簡有令望。

王·守一 唐仁皎子。與玄宗廢后孿生。累進太子少保。被遇優渥。好瀆貨。后廢。貶柳州別駕。賜死。

王·守仁 明餘姚人。字伯安。弘治進士。正德初以論救言官戴銑等忤劉瑾。杖闕下。謫龍場驛丞。瑾誅。移廬陵知縣。累擢右僉都御史。巡撫南贛。平大帽山諸賊。定宸濠之亂。世宗時封新建伯。總督兩廣。破斷藤峽賊。明世文臣用兵。未有如守仁者。卒謚文成。其學以良知良能為主。謂格物致知。當自求諸心。不當求諸事物。故於宋儒特推重陸九淵。而以朱子集註．或問之類為中年未定之論。世稱為姚江派。嘗築室陽明洞中。學者稱陽明先生。有王文成全書。其文博大昌達。詩秀逸有致。卽文章亦足傳世云。

王·守庫 明扶風人。少孤。事母至孝。崇禎間寇亂。守庫與弟守德以母老相守不去。俱被執。兄弟爭死不已。寇俱殺之。

王·守恩 後周建立子。漢高祖時

爲昭義軍節度使。徙鎭靜難。改西京留守。性貪鄙。人甚苦之。時周太祖以樞密使還過洛陽。守恩以使相自處。肩輿出迎。太祖怒。立罷去。顯德中爲左金吾衛上將軍卒。

王守規　宋欒城人。仁宗時爲小黃門。禁中夜半火。守規先覺。奉帝及皇太后至延福宮。以功遷入內殿頭還。治京城水。決汴河及蔡河。水患以息。積官內侍右班副都知卒。

王守愼　唐垂拱中爲監察御史。時羅織事起。守愼因辭官。請爲僧。武后賜號往成。識鑑高雅。爲時賢所重。

王守道　元平山人。字仲履。爲眞定主簿。金末史天倪鎭眞定。爲府經歷。及金恆山公武仙降。署爲副帥。守道謂天倪曰。是人位居公下。意有不平。宜先事爲備。天倪不以爲然。未幾果爲所害。及仙反。執守道家人。以重幣誘之。守道不顧。日與史氏部曲昆弟徵發調度以復讐。卒逐仙去。中統初授眞定等路萬戶府參謀。卒謚忠惠。

王守誠　元陽曲人。字君實。泰定初試禮部第一。官太常博士。編太常集禮若干卷以進。拜禮部尚書。與修遼金宋三史。出爲河南行省參知政事。風采聳動天下。論功居諸道最。進左丞。卒謚文昭。有文集。

王守澄　唐宦官。憲宗喜方士。服柳泌藥。數暴怒。守澄與內常侍陳弘志弑帝。以暴崩告。遂援立穆宗。及文宗嗣位。守澄與有力。帝疾元和逆罪久不討。與宰相宋申錫謀。脅守澄以軍容使就第。尋賜死。

王式　漢新桃人。字翁思。爲昌邑王師。授詩。昌邑王嗣立。以荒淫廢。使者問師何以無諫書。式曰。臣以三百五篇諫。是以無諫書。於是得減死。論罷。後徵爲博士。爲江公所辱。謝病免歸。◉唐龜弟。累遷御史中丞。少節儉。巧於宦達。因鄭注以交王守澄。爲言者所劾。出爲江陵少尹。累平寇亂。官終左金吾大將軍。◉明長洲人。字無倪。工畫人物。宗宋人法。

王式丹　清寶應人。字方石。號樓村。康熙中會試殿試皆第一。授修撰。積學嗜古。淡於仕進。未久以疾歸。有樓村集。宋犖選刻江左十五子詩。以式丹爲最。

王戎　晉涼州刺史渾子。字濬沖。幼穎悟。神彩秀徹。視日不眩。裴楷稱戎眼爛爛如巖下電。阮籍與之友。常爲竹林之游。戎有人倫鑒。鍾會伐蜀。問計將安出。對曰。非成功之難。保之難也。後果如戎言。惠帝時爲賈后所用。官至司徒。立朝無所匡救。卒謚元。戎性貪吝。田園徧諸州。每自執牙籌。晝夜會計。家有好李。賣之。恐人得種。鑽其核。

王早　後魏南皮人。明陰陽九宮及兵法。善風角。明元時喪亂之後。多相殺害。有人請求勝術。早爲設法。各無告。太守徵詣軍中。令占輒驗。後以疾辭歸。

王旭　唐彝弟。累官左臺侍御史。時李嵩・李全交皆嚴酷取名。與旭埒。京師號三豹。後奉使按紀希虬贓罪。見其妻美。逼亂之。殺其夫而納贓數百萬。貶龍州尉。恚而死。◉宋祐季子。字仲明。以蔭知緱氏雍丘等縣。三遷至殿中丞。自兄旦居宰府。以嫌不任職。及旦卒。歘歷中外。卓有政績。後以兵部郎中知應天府卒。◉元東平人。字景初。家貧力學。教授四方。嘗爲碭山令所賓。游跡幾半天下。而卒未仕。與王構・王磐俱以文章名世。天下號爲三王。有蘭軒集。◉清錢塘人。字赤城。書法董其昌。鐫印宗文彭。尤工畫。霧蟬烟柳。得曉風殘月之致。

王有年　清金溪人。字硯田。以進士仕爲司理。工畫山水。饒有味致。

王有禮　明休寧人。本姓沈。字三五。居鴛鴦湖上。精軒岐術。善治傷寒。有尊生內外編。

王有齡　清閩縣人。字雪軒。貢生。咸豐間累官浙江巡撫。洪楊軍破杭州。不屈死。謚壯愍。

王朴　後周東平人。字文伯。少舉進士。世宗卽位。遷比部郎中。獻平邊策。世宗銳意征伐。朴言用兵之策。及諸國興滅次第。世宗信用之。爲人明敏多材智。通陰陽律曆之法。嘗奉詔校定大曆。削去符天流俗不經之學。爲欽天曆。又詔考正雅樂。朴依京房爲律。樂成而和。爲後世言律曆者所稱重。官終樞密使。◉明同州人。本名權。洪武進士。除吏科給事中。以直諫忤旨罷。旋起御史。性鯁直。數與帝辨是非不肯屈。一日。遇事爭之彊。帝怒。命戮之。及市召還。諭之曰。汝其改乎。對以擢辱至此。願速死。帝大怒。趣命行刑。過史館。大呼曰。學士劉三吾志之。某年月日皇帝殺無罪御史朴也。竟戮死。

王次仲　秦居大夏小夏山。以爲世之篆文。功多而用寡。難以速就。乃變篆籀之體爲隸書。始皇旣定天下。徵之不至。復召之。次仲化爲大鳥。振翼而飛。墮三翮。使者得之以進。後謂之落翮山。

王次翁　宋濟南人。字慶曾。聚徒授業。齊魯多從游者。歷知道州。除廣西轉運判官。皆有政績。後附麗秦檜。官至御史中丞。初。太后貸金於金使以犒從者。太后回鑾。金使責償。次翁爲奉迎使。堅不肯償。太后歸。泣訴於帝。帝怒。欲誅之。檜力救之。尋罷歸。

王・汝玉 【明】長洲人。本名璲。以字行。穎敏強記。永樂初由應天府訓導擢翰林五經博士。歷遷右春坊右贊善。預修永樂大典。累遷左贊善。坐解縉累。瘐死。洪熙初諡文靖。有青城山人集。

王・汝訓 【明】聊城人。字古師。隆慶進士。授元城知縣。累遷光祿少卿。疏劾吏科都給事中陳與郊。忤政府。改調南京。孟秋饗廟。帝不親行。上章極諫。三遷右副都御史。巡撫浙江。進工部右侍郎。卒諡恭介。

王・汝梅 【金】大名人。字大用。始由律學爲伊陽簿。秩滿。隱居不仕。性嗜書。動有禮法。◎【明】華陽人。字濟之。由行人歷禮科都給事中。以言事切直忤旨。會世宗從張學敬議。去孔子王號。改稱先師。汝梅偕同官力爭。出爲浙江參政卒。

王・汝謙 【清】河內人。字六吉。號益齋。博極羣書。尤專精性理。嘗取仁義禮智信五者精體之。而以求仁爲歸。家貧。隱居教授。從游者甚衆。咸豐中以諸生終。有四書記悟・尚書管窺・孟子論文・省過齋文集。

王・汝璧 【清】銅梁人。字鎮之。乾隆進士。官至刑部侍郎。居官不求赫赫之功。而所至條理精密。詩宗韓孟。卓然爲蜀大宗。有銅梁山人集。

王・汝驤 【清】金壇人。字雲衢。由貢生官通江知縣。有牆東雜著。

王・老志 【宋】臨泉人。事親以孝聞。遇異人於丐中。自稱鍾離先生。予之丹。服之而狂。棄妻子。結草廬田間。爲人言休咎。召至京。館蔡京第。徽宗頗信之。封洞微先生。後師至。責其擅處富貴。乞歸卒。

王・自中 【宋】溫州平陽人。字道甫。傲岸自喜。第淳熙進士。官分水令。召赴都堂。反覆陳數百言。徐出一疏。爲朝列所忌。旋起旋罷。光宗時知興化軍。尋卒。有王政紀原・列代年紀・孫子新略注・厚軒集。

王・至淳 【清】上元隱仙菴道士。字璞山。善寫梅。能書。工詩詞。

王・艮 【元】諸暨人。字止善。尚氣節。讀書務明理以致用。累辟爲吏。所至以廉能稱。官至淮東道宣慰副使。◎【明】吉水人。字敬止。建文進士。授修撰。與修太祖實錄・及類要・時政記諸書。一時大著作。皆綜理之。又數上書言時務。燕兵薄都城。艮自鴆而死。福王時諡文節。◎【明】泰州人。字汝止。父竈丁。役於官。艮出代父役。入定省惟謹。謁王守仁。從之學。王氏弟子遍天下。艮以布衣抗其間。聲名出諸弟子上。學者稱心齋先生。◎【清】歙人。本名煒。字無悶。號不菴。與顧炎武等游。爲文頗有法度。有易贅・鴻逸堂集。

王・行 【明】吳縣人。字止仲。自稱淡如居士。又號半軒。亦號楮園。淹貫經史百家言。富人沈萬三延之家塾。每文成酬白金。行輒麾去。洪武初延爲學校師。已謝去。隱於石湖。其二子役於京。行往視之。涼國公藍玉館於家。數薦之。後玉被殺。行父子亦坐死。行善潑墨山水。有二王法書辨。

王・行之 【宋】寧國太平人。字才仲。爲婺州士曹。宣和初方臘寇婺。官吏皆遁。行之曰。吾刑官也。分當死職。遂遇害。

王・行敏 【唐】平樂人。隋末爲盜長。後歸高祖。遷屯衞將軍。破劉武周。敗竇建德。督兵徇燕趙。死於劉黑闥之難。

王・行瑜 【唐】邠州人。初事朱玫。玫反。以行瑜爲將。兵敗懼誅。乃殺玫歸款。授邠寧節度使。景福初與李茂貞・韓建及弟行實請討楊守亮於山南。帝不許。行瑜等擅興軍擊取之。後茂貞拒覃王。殺宰相。行瑜有力焉。得賜鐵券。稍恣兵跋扈。加號尚父。謀廢帝。不克。李克用討之。行瑜悉族奔慶州。爲麾下所殺。

王・衣 【宋】歷城人。字子裳。以蔭補官。又中明法科。歷大理評事。累官刑部侍郎。質直和易。持法不阿。議者賢之。

王・亨 【明】無錫人。字仲理。洪武中官四川按察僉事。大振風紀。蜀人稱爲王鐵面。會紅苗破城。亨身被賊刃。賊去。尋卒。

王・伽 【隋】章武人。開皇末爲青州行參軍。嘗送流囚李參等七十餘人至京師。中途悉釋其縛。與期曰。某日至京師。如致前卻。吾當爲汝受死。捨之而去。流人感悅。無敢違者。文帝召見。悉赦其罪。擢伽爲雍令。政有能名。

王・伾 【唐】杭州人。以書待詔翰林。入太子宮侍書。順宗立。遷左散騎常侍待詔。伾本闒茸。無他大志。帝褻寵之。通賕賂。爲巨匱。裁竅以受珍。夜則寢其上。王叔文既居喪。伾力爲之謀起復。一日三表。皆不報。憂悸甚。太子監國。貶開州司馬死。

王・作霖 【清】會稽人。明末官中書舍人。後爲僧。名宏瑜。號月章。工書善畫。

王・佖 【唐】李晟甥。武敢嫺騎射。晟在師。佖無不從。元和中拜朔方靈鹽節度使。受吐蕃賂。吐蕃成馬蘭橋以過師。因哉入爲寇。在鎭檢下亡術。猜忌多殺人。召還爲右衞將軍。久之卒。◎【宋】淮孫。號敬巖。累官直敷文閣。福建轉運副使。嘗闡眞德秀夜氣之說。

王・何 【明】會同人。賊入寇。縣官被擄。何聞之。奮勇與敵。脫縣官於雞。而何喪首。倘提戈勒馬歸。婦聞其馬嘶出迎。始躋。

王佖　明秀水人。字聲偉。有巴山七種。

王佑　明泰和人。爲廣西僉事。按察使尋适咨以政體。廣西稱治。後知重慶州。招徠撫輯。甚得民和。坐事免官卒。◎明建陽人。字彥眞。號主石道人。又號元谷道人。善墨竹草隸。喜吟咏。精陰陽地理之術。

王佑命　清雲南新興人。通經史。尚氣節。有司聞其賢。召之不至。晚年自號種松老人。有棻根齋集。

王余照　清富順人。字朗雲。以鑿井煎鹽。爲自流井鹺賈魁。屢助軍需。獎道員。富冠全蜀。以阻丁寶楨革鹽法。奏參拏問。遁入京。中法之戰。助餉免罪。

王伯大　宋福州人。字幼學。嘉定進士。累官樞密副都承旨。進對言天下大勢。又極論邊事。曲盡事情。後爲刑部尚書。參知政事。立朝直諒。終資政殿學士。知建寧府。

王伯成　元涿州人。工樂府。有天寶遺事諸宮調行世。

王伯度　明鹽城人。崇禎中以武舉授崇明守備。瀕海多賊。伯度率兵搗賊巢。被圍。中流矢死。

王伯貞　明泰和人。洪武間以明經聘至京。時應詔者五百餘人。伯貞對第一。授試僉事。分巡廣東雷州。召還爲戶部主事。以父喪歸。建文初復以薦知瓊州府。居數年。大治。以憂歸卒。

王伯起　宋海陵人。舉進士不第。嘆曰。士不自重而獻藝求售。可恥也。於是閉門肆志於學。人莫窺其面。仁宗賜以粟帛。王覿志其墓。謂伯起不有其道而道著於朋友。不居其名而名聞於朝廷云。

王伯勝　元文安人。初爲世祖宿衛。武宗時累官遼陽等處行中書省平章政事。增懿州郡學弟子員。擇賢師教之。又度閒田。募民耕種。以廩餼之。官至武衛親軍都指揮使。卒謚忠敏。

王伯稠　明崑山人。字世周。有王世周集。

王伯當　隋初從東郡賊帥翟讓。薦李密於讓。讓推密爲主。未幾密殺讓。令伯當分統其衆。從密降唐。後密復叛。事敗。從死。

王伯龍　金雙城人。遼末聚衆爲盜。後率衆降金。從攻遼及宋。屢立戰功。積官至寧昌軍節度使。封廣平郡王卒。

王伯顏　元霑化人。字伯敬。至正間知福寧州。方國珍師至。募兵扼險擊敗之。後因馬仆見執。賊帥王善曰。聞公有惠政。爲我尹此州可乎。伯顏大罵。遂被害。伯顏既死。賊時覩其引兵出入。卒以致敗。

王佐　宋越州山陰人。字宣子。紹興中廷對第一。爲秘書省校書郎。時秦檜事政。其子熺提舉秘書省。佐未嘗交一語。熺不能平。嗾言者論去之、檜死熺斥。起爲尚書吏部員外郎。檜妻王氏。陳乞自稱沖眞先生。佐駁之。知建康府。預發妖人朱端明不軌事。知潭州。討捕柳州賊陳峒。超拜顯謨閣待制。進權戶部尚書。提舉鳳翔府上清太平宮卒。◎金霍州人。字輔之。興定中聚兵數千人。權領霍州事。累遷宣武將軍。遙授寶昌軍節度副使。元兵取青龍堡。被獲。元帥崔環質其妻子。招撫使成天祐與環有隙。佐不顧其家。與天祐謀殺環。加元帥右監軍。兼知平陽府事。徙沁州。救襄垣。中流矢卒。◎元晉寧人。字元輔。至正間從父居上都。教授里巷。不與時俯仰。賊至。被獲。佐傲岸自如。詬賊不輟。因見害。◎明河東人。占籍南海。字彥舉。與孫蕡齊名。何眞使掌書記。參其謀議。勸眞歸朝。洪武中徵爲給事中。性不樂樞要。乞歸。有聽雨軒瀛洲二集。◎明海豐人。永樂中舉於鄉。擢吏科給事中。器宇凝重。奏對詳雅。爲宣宗所知。超拜戶部右侍郎。正統中進尚書。調劑國用。節縮有方。後死土木之難。諡忠簡。◎明臨高人。字汝學。正統中舉於鄉。歷官邵武臨江二府同知。所至清廉慈愛。有雞肋集。經籍目略。原教篇。瓊臺外紀。庚申錄。珠崖錄等書。◎明潞州人。字汝弼。領鄉薦。正德中爲西平知縣。流賊攻城。佐手殺數十人。矢斃其賊帥。城陷。不屈死。

王佐才　宋崇安人。字昌輔。諸生。善書墨竹。建炎間范汝爲叛。總義兵禦賊建陽。以功補承信郎。吉州水軍統領。與賊戰。中流舟壞而沒。吉人廟祀之。◎明崑山人。字南陽。萬曆武進士。以戰功累遷狼山副總兵。年老謝病免。南都破。清傳檄至。邑中推佐才爲主。治城守具。以千人當三十萬衆。力竭城陷。不屈死。

王克　陳續孫。美容貌。善容止。仕梁歷尚書右僕射。後仕侯景。爲太宰侍中。入陳。位尚書右僕射。

王克己　元中部人。父沒。克己負土築壙。廬墓側。貊高縱兵暴掠。縣民皆逃竄。克己獨不去。俄而兵至。見其身衣衰絰。形容憔悴。曰。此孝子也。遂不忍害。終喪而歸。

王克臣　宋承衍孫。字子難。嘉祐進士。歷知鄆州。河決曹村。克臣亟築隄城下。或云河決去鄆遠。且州徙於高八十年。不知有水患。安事此。克臣不聽。役愈亟。隄成。水大至。不沒者才尺餘。事寧。皆繪像祀之。

官終龍圖閣直學士。

王・克明 宋樂平人。徙居湖州。字彥昭。紹興・乾道間以醫名。術無不驗。尤精鍼灸。張子蓋救海州。戰士大疫。克明全活者幾萬人。不以爲功。好俠尚義。常數千里赴人之急。累任醫官。後遷至額內翰林。

王・克貞 宋廬陵人。字守節。南唐進士。累官觀政院副使。宋初知漢州。太宗聞其有文詞。命直舍人院。誥命典正。時人推之。修太平廣記總類。出知滑襄梓三州。所至皆有善政。

王・克恭 宋南安人。字彥禮。淳熙進士。教授循州。以理義迪後進。講授不倦。改知寧德縣。以最聞。官終知興化軍。

王・克復 明福清人。字師仁。天順進士。歷官刑部郎中。明習法律。累遷江西左布政使。俗健訟。訟牒日山積。克復判決。庭無留者。官終南吏部右侍郎。

王・克敬 元大寧人。字叔能。初任浙江左右司都事。歷監察御史。出爲兩浙鹽運使。所在務崇寬厚。累遷南臺治書侍御史。以正綱紀自任。不縱貪墨。不阿宗戚。聲譽益著。元統中以江浙參政請老。時稱名卿。卒諡文肅。有詩文奏議。

王・利用 宋潼州人。字賓王。舉進士。官至夔州路監司。工畫山水。人物精謹。高宗尤愛其書。◎元潞人。字國賓。初事世祖於潛邸。累官安西興元兩路總管。成宗朝爲太子賓客。疏上時政十七事。帝嘉納之。以老病卒。廉希憲嘗語人曰。方今文章政事兼備者。王國賓其人也。諡文貞。

王・初桐 清嘉定人。字于陽。諸生。乾隆中官齊河縣丞。歷署新城淄川等知縣。天才藻麗。尤工倚聲。有魯齊韓詩譜・夏小正正訛・開化禮正訛・爾雅鄭樵注糾謬・五經文字九經字樣考證・資治通鑑考證・續資治通鑑長編考證・路史正訛・水經注補正等書。

王・劭 晉導子。字敬倫。美姿容。有風操。雖家人近習。未嘗見其有惰容。初爲東陽太守。歷官吳國內史。卒諡簡。◎隋松年子。字君懋。文帝時爲著作郎。上表言符命。又採人間歌謠。引圖書讖緯。依約符命。捃摭佛經。撰爲皇隋靈感志三十卷奏之。煬帝時官終秘書少監。所撰隋書八十卷。及齊書紀傳百餘卷。無足稱者。其采摘經史謬誤。爲讀書記三十卷。時人服其精博。

王・助 唐勃弟。字子功。七歲喪母。哀號。鄰里爲泣。居父憂。哀毀骨立。官監察御史裏行。

王・含 晉敦兄。字處弘。凶頑剛暴。時所不齒。以敦貴重。歷位征東將軍。都督揚州諸軍事。後從敦叛。敦敗。奔荊州。爲刺史王舒沈於江。

王・含光 清山西人。字似鶴。明崇禎進士。入清官至參政。工畫山水。脫略冠冕。

王・君公 後漢平原人。明易。爲郎。數言事。不用。乃自汙。與官婢通。免歸。詐狂儈牛。口無二價。

王・君玉 宋號夷門隱叟。有國老談苑。紀宋太祖至眞宗三朝雜事。足與史文相參考。(按書錄解題・宋史藝文志。俱稱夷門君玉。不著其姓。)

王・君房 漢長安人。以賣丹致富。

王・君愕 唐邯鄲人。沈毅有謀。隋亂。王君廓掠邯鄲。君愕說以撫納遺亡。觀時變。待眞主。及高祖入關。與君廓偕來。拜大將軍。封新興縣公。從太宗征遼。沒於陣。贈邢國公。

王・君㚟 唐常樂人。字威明。開元中爲河西隴右節度使。以擊破吐蕃功。遷大將軍。封晉昌縣伯。後吐蕃陷瓜州。回紇等四部叛。君㚟力戰死。

王・君萬 宋寧遠人。以殿侍爲秦鳳指揮使。積功擢熙河路鈐轄。洮西羌叛。圍河州。君萬以計解之。累官副總管。坐事貶鳳翔鈐轄。

王・君廓 唐石艾人。少無行。隋大業末聚衆爲盜。後降唐。從戰有功。嘗以十三人破賊萬。廬江王瑗反。君廓執之。以功授幽州都督。居職多不法。會被召。至渭南。殺驛吏。亡奔突厥。野人斬之。

王・君操 唐卽墨人。隋末父爲鄉人所殺。時君操尙幼。至貞觀時朝世更易。君操寰孤。仇家無所憚。詣州自言。君操密挾刃殺之。剔其心肝。噉立盡。遂歸有司。得貸死。

王・圻 明上海人。字元翰。嘉靖進士。擢御史。忤時相。謫邛州判官。歷官陝西布政參議。乞養歸。築室淞江之濱。種梅萬樹。目曰梅花源。惟以著書爲事。年踰耄耋。猶篝燈帳中。丙夜不輟。有續文獻通考・東吳水利考・諡法通考・稗史彙編諸書。

王・孝通 唐武德中算曆博士。累官太史丞。有緝古算經。

王・孝傑 唐新豐人。長壽初爲武威道總管。與阿史那忠節討吐蕃。克龜茲・于闐・疏勒・碎葉等城。故土盡復。後爲清邊道總管。討契丹。孝傑率兵先驅。援軍不至。兵潰。墮谷死。

王・孝詠 清吳縣人。字慧音。諸生。博洽多聞。有幹濟才。屢試不售。棄舉業游幕。陳鵬年・張大有等皆器重之。有嶺西雜錄・後海書堂遺文・煮石山房集。

王・孝籍 隋平原人。少好學。治五經。與河間劉炫友善。開皇中召入秘書。助王劭修國史。劭不之禮。孝籍鬱鬱不得志。吏部尙書牛弘。亦知其學業。而竟不得調。後歸鄉里。以教授終。有尚書及毛詩注。遭亂零落。

王孚遠 元樂安人。字允德。至正間揭徯斯薦授大同路學正。壬辰兵亂。盜賊四起。乃糾集丁壯保鄉里。官兵勦賊。孚遠條陳機宜十事。火你赤忌而殺之。

王宏 後漢字長文。少有氣力。不拘細行。初爲弘農太守。考案郡中有事宦官買爵位者。皆掠考收捕。威動鄰界。王允以爲右扶風。後爲李傕所害。⊙晉魏侍中粲從孫。字正宗。泰始中官汲郡太守。撫百姓如家人。耕桑樹藝。室宇阡陌。躬自教示。曲盡事宜。在官有殊績。徵爲衛尉。河南尹。無復能名。更爲苛碎。時以爲暮年謬妄。⊙唐濟南人。與太宗幼日同學。爲八體書。及帝卽位。訪宏所在。隱遯竟不得其處。⊙南漢少穎異。工詩賦。乾亨時由進士官翰林學士承旨。珥筆左右。甚被親信。⊙清順天人。字振遠。善人物寫照。

王宏祚 清永昌人。字懋自。號玉銘。一號思齋。明崇禎間舉於鄉。官戶部郎中。入清累遷戶部尚書。釐正宿弊。纂賦役全書。頒行天下。尋調兵部尚書乞休。卒謚端簡。

王宏誨 明瓊州安定人。字紹傳。嘉靖進士。官至南禮部尚書。初釋褐。値海瑞廷杖下詔獄。力調護之。張居正當國。又作火樹篇春雪歌以諷。爲居正所銜。有天池草。

王宏撰 清華陰人。字無異。一號山史。監生。康熙中薦鴻博。以病辭。工書能文。精金石之學。善鑑別法書名畫。居華山下。有易圖象述。華山志。砥齋集。汪琬稱其文議論馳騁今古。悉有據依。非苟作者。

王宏翰 明松江華亭人。字惠源。精於醫。有醫學原始。四診脈鑑。性原廣嗣。古今醫史等書。

王希旦 元德興人。號葵初。隱居學道。有易通解。尚書通解。五經日記。

王希夷 唐滕人。隱嵩山。師黃頤。學養生四十年。餌松柏葉雜華。玄宗東巡。見於行在。時年九十餘。與語甚悅。拜國子博士。聽還山。

王希羽 唐池州人。詞義淵博。天復初登第。時年七十餘。授秘書省正字。後與楊夔。康駢客於田頵。先是昭宗新平內難。開放新進士。知貢舉杜德祥以希羽及曹松。劉象。柯崇。鄭希顏應詔。年皆相亞。號五老榜。

王希明 唐開元時以方技爲內供奉。待詔翰林。奉敕編太乙金鏡式經。

王希呂 宋宿州人。字仲行。乾道進士。爲右正言。劾佞臣張說。直聲聞於遠邇。累官吏部尚書。求去。出知紹興府。百廢俱興。以言者落職。處之晏如。希呂性剛勁。居官廉潔。及致政。至貫屋以居。

王希逸 宋穎子。字仲莊。以蔭補供奉官。好學。尤熟唐史。聚書萬餘卷。咸平初爲殿中丞。預修册府元龜。加祠部員外郎。

王延 前趙西河人。字延元。九歲喪母。泣血三年。每至忌晨。則悲泣旬日。繼母遇之虐。延事之彌謹。母感悟。撫延如己出。年六十。仕於劉聰。官至尚書左丞。靳準之亂。抗節以死。⊙北周始平人。字子元。師華山眞人焦曠。止石室中。餐松飲泉。武帝延至都下。久之。請還西嶽。居雲臺觀。詔修觀宇。以山高無土。延默告元眞。忽於巖際湧出。其所居杜絕人寰。每賓客將至。有二青鳥先來報之。⊙隋事秦王俊。領親信兵十餘年。性忠厚。俊甚禮之。俊葬之日。延號慟而絕。⊙後周長豐人。字世美。爲人重然諾。與其弟規相友善。當時稱其家法。仕梁入周。累遷刑部尚書。以太子少保致仕卒。

王延之 南齊裕之孫。少靜默不交人事。仕宋歷官江州刺史。建元初進號鎮南將軍。延之簡素清靜。凡所經歷。務存不擾。在江州。獨處齋內。從容談詠。吏人罕得見面。後爲尚書左僕射。卒謚簡。

王延年 清錢塘人。字介眉。雍正舉人。嘗舉鴻博。熟於諸史。官至國子監司業。賜翰林院侍講。有補通鑑紀事本末。

王延政 五代閩曦弟。曦立。爲淫虐。延政爲建州刺史。數貽書諫之。曦怒。攻延政。爲所敗。延政乃以建州建國。稱殷。改元天德。立三年爲南唐所攻。出降。國亡。遷金陵。封光山王。卒謚恭懿。

王延彬 五代閩審邽子。累官檢校太尉。再任泉州刺史。前後歷二十六年。吏民安之。多藝。工詩歌。頗通禪理。後漸驕縱。密遣使貢於梁。求泉州節鎮。事覺。黜歸私第。

王延陵 明鏊三子。字子永。號少溪。以蔭授中書舍人。工畫山水。性溫厚醇謹。舉動一稟家訓。

王延嗣 五代閩審知族子。唐亡。梁太祖封審知爲閩王。延嗣力諫曰。義不帝秦。此其時也。時強藩巨鎮大都僭號。審知雖不樂其言。然因之終身不失臣節。⊙宋工畫鬼神。

王延稟 五代閩審知假子。歷建州刺史。將兵弒嗣王延翰。推鏻立之。鏻餞於郊。臨訣。輒大言無使老兄復來。鏻深憾之。後率兵攻鏻。兵敗見執。鏻曰。果煩老兄復來矣。遂見殺。

王延義 宋掖人。開寶中領橫州團練使。從征太原。親鼓士乘城。矢中其腦而卒。

王延壽 後漢逸子。有俊才。少

遊魯國。作靈光殿賦。後蔡邕亦作此賦。及見延壽所作。甚奇之。遂焚已稿。後溺水死。年二十餘。

王·延德　【宋】大名人。少給事晉邸。太平興國初補殿前承旨。再遷供奉官。使高昌國還。撰西州程記以獻。眞宗時以左千牛衛上將軍致仕。延德以攀附得官。傾險好進。時人惡之。◎【宋】東明人。太宗尹京。署爲親校。專主庖膳。歷官昭宣使。眞宗時官終東京舊城都巡檢使。所至好撰集近事。有司膳錄、皇城紀事錄、南郊錄等書。

王·延範　【宋】江陵人。形貌奇偉。喜任俠。太宗時歷江南轉運使。性豪率尚氣。尤好術數。惑卜者劉昂等言。漸有異志。事泄。伏誅。

王·延翰　【五代閩】審知長子。字子逸。唐莊宗拜爲威武軍節度使。後建國稱王。爲人長大。美皙如玉。通經史。驕淫殘暴。爲弟鏻所殺。

王·廷　【明】南充人。字子正。嘉靖進士。授戶部主事。改御史。疏劾尚書汪鋐。謫亳州判官。歷蘇州知府。有政聲。累擢左都御史。劾御史齊康懷奸黨邪。發給事中張齊奸利事。皆得罪去。高拱再相。嗾御史訟齊事。斥爲民。後復官。卒謚恭節。

王·廷周　【清】玖次子。字愷如。號鵝池。畫山水得家傳。尤饒秀致。

王·廷相　【明】儀封人。字子衡。弘治進士。選庶吉士。授兵科給事中。忤中官劉瑾、廖堂。屢蹶屢起。嘉靖中以右副都御史巡撫四川。討平芒部賊沙保。累遷左都御史。廷相博學好議論。以經術稱。卒謚肅敏。

王·廷珍　【元】祁門人。字子眞。讀書見大意。謂聖賢作經。意在言表。豈拘拘注脚者所可得。其本旨要當眞體實認。見之日用常行間。

王·廷胤　【後晉】處直從孫。一作庭胤。字紹基。性勇剽狡捷。自爲軍校。能與士卒同甘苦。唐莊宗明宗朝歷貝忻密澶隰相六州刺史。高祖時破范延光有功。累官檢校太尉卒。

王·廷陳　【明】黃岡人。字稚欽。正德進士。選翰林庶吉士。武宗南狩。疏諫。黜知裕州。失職放廢。削秩歸。屏居二十年。嗜酒縱倡樂。時衣紅紵窄衫騎牛跨馬嘯歌田野間。有夢澤集。

王·廷植　【清】廬陵人。字實丞。道光進士。官至川東道。有四書疑言。

王·廷策　【明】浙江山陰人。布衣。萬曆初召入畫院。不願授官。賜號哈仙。畫宗吳鎭、黃公望。書倣趙孟頫。時稱雅士。

王·廷湊　【唐】回紇人。生駢脅。沈鷙少言。田弘正至鎭州。廷湊構煽其衆殺弘正。自稱留後。穆宗遣使討之。不克。乃赦廷湊。授成德軍節度使。官終太子太傅。

王·廷義　【宋】景子。以善騎射。周世宗擢爲虎捷都虞候。宋初領橫州團練使。從征太原。性勇敢。親鼓士乘城。獨免冑。矢中其腦卒。

王·廷睿　【宋】廷義弟。好誇誕。每言我當代王景之子。聞者笑之。因目爲王當代。

王·廷魁　【清】吳縣人。字岡齡。號盤溪。明經。工畫。詣門徵索者。往往以文畫目之。又善帖括。工韻語。有小停雲館、古柏重青、西塘倡和、盤溪倡和諸詩詞集。

王·廷勳　【清】睢州人。字儗園。爲杭州海防同知。有惠政。工畫山水。

王·廷燦　【清】錢塘人。康熙舉人。官崇明知縣。有同姓名錄。

王·廷璧　【清】祥符人。字崑頁。順治進士。康熙中舉鴻博不遇。後由禮部郎中擢越東少參。以伉直左遷。民爲肖像以祀。擢陝西涼莊副使。有珠樹堂、聚遠樓等集。

王·廷瞻　【明】廷陳弟。字稚表。嘉靖進士。歷官御史。高拱再輔政。引疾歸。神宗立。起故官。巡撫四川。勦平諸番。督漕運。巡撫鳳陽。開越河。有殊績。進戶部尚書。乞歸卒。

王·忬　【明】太倉人。字民應。嘉靖進士。累官兵部右侍郎、薊遼總督。才本通敏。爲世宗所信任。不練主兵。惟調邊兵入衛。致寇乘虛入犯。辦寇又數以敗聞。嚴嵩乘間短之。子世貞又積忤嵩子世蕃。灤河之變。遂爲御史所論。斬於西市。

王·忳　【後漢】新都人。字少林。嘗詣京師。於客舍中見一書生病困而死。忳愍而葬之。仕郡功曹、州治中從事。舉茂才。除郿令。雪冤獄有聲。

王·忱　【晉】坦之子。字元達。自恃才氣。放酒誕節。及爲荆州刺史。威風凜然。殊得物和。末年尤嗜酒任達。卒謚穆。◎【元】玉子。字允中。幼讀書。明敏有才識。爲裕宗宿衛。授山北遼東道提刑按察司副使。時馴馬馳獵蹂民田。忱以法繩之。武宗時累拜雲南行省參知政事。未行卒。

王·志　【梁】僧虔次子。字次道。九歲居母喪。哀容毀瘠。歷仕宋齊。所至有德政。天監初爲丹陽尹。爲政清靜。官至散騎常侍。卒謚安。志善草隸。當時以爲楷法。稱書聖。家居建康馬蕃巷。門風寬恕。志尤惇厚。兄弟子姪皆篤實謙和。時人號馬蕃諸王爲長者。◎【明】臨淮人。元末率鄉兵歸太祖。從戰。屢先登。身冒矢石。持重未嘗敗衄。攻合肥。敗婁兒張。擒吳副使。爲戰功第一。進同知都督府事。封六安侯。卒謚襄簡。

王·志長　【明】志堅弟。字平仲。崇禎間中鄉舉。深於經學。尤精三禮。有儀禮周禮注疏刪翼。

王志堅 【明】崑山人。字弱生。更字淑士。亦字聞修。萬曆進士。授南京兵部主事。崇禎初以僉事督湖廣學政。禮部推爲學政第一。詩文法唐宋。肆志讀書。兼通內典。有讀商語·四六法海·古文瀆編。

王志愔 【唐】聊城人。擢進士第。神龍中爲左臺侍御史。以剛鷙爲治。所居人吏畏讋。呼爲皁鵰。累官揚州長史。所至令行禁信。境內肅然。開元中帝幸東都。志愔留守京師。權梁山反。夜犯長樂門。屯營兵悔。更斬梁山自歸。志愔慙悸卒。

王志熙 【清】嘉善人。字維清。號修竹。貢生。品誼端方。善畫山水。

王志慶 【明】志長弟。字與游。天啓舉人。有丙園詩文稿·古儷府。工詩文及行楷書。

王成 【漢】宣帝時爲膠東相。治甚有聲。以流民自占八萬餘口。賜爵關內侯。未及徵用。病卒。或言成僞自增加以蒙顯賞云。⊙【後漢】李固門生。固被收。成藏固子燮。入徐州。令燮姓名爲酒家傭。而成賣卜於市。各爲異人。陰相往來。燮從受學焉。後燮遇赦還。成卒。燮每於四節設上賓之位而祀之。

王扶 【漢】瑯邪人。從王式受魯詩。爲泗水中尉。⊙【後漢】掖人。字子元。少修節行。所在人化其德。太傅鄧禹辟之不至。後拜議郎。永平中劉復著漢德頌。盛稱扶爲名臣。

王抗 【南齊】善圍碁。爲江南上品。

王抃 【宋】初爲國信所小吏。乾道中積官至知閤門事。帝親信之。恃恩專恣。出外祠。官終福州觀察使。⊙【清】撰弟。字懌民。一字鶴尹。天姿英邁。爲詩善樂府體。與黃與堅等稱婁東十子。

王步青 【清】金壇人。字漢階。或自書罕皆。號已山。雍正進士。官檢討。性沖澹。學務質實。工文。具有法度。有四書本義匯參·王已山文集。

王沖 【陳】弘玄孫。字長深。仕粱入陳。累官光祿大夫。參定律令。有子三十人。並致通官。卒謚元簡。

王汲 【宋】達州人。嘉祐進士。爲涪州判官。歲凶。貧民爲盜。被執者盈獄。罪當死。汲省釋之。全活數百人。令彭山。豪民侵田。淹訟數十年。汲至。片言而決。歷官梓州通判。

王沔 【宋】齊州人。字楚望。太平興國進士。遷左諫議大夫。端拱初參知政事。後罷。守本官。未幾卒。沔聰察敏辨。有適時之用。性苛刻。少誠信。掌機務日。凡謁見者。必啗以甘言。既而進退非允。人胥怨之。

王沂 【元】眞定人。字思魯。延祐進士。官至禮部尚書。有伊濱集。

王沂之 【宋】晉江人。字脊伯。以蔭知新昌。有惠愛。曾祖秉。嘗立義齋延儒師誨學者。中廢。沂之遺命子起震繼其志。闢堂於家之南。捐田三百餘畝以贍師生。眞德秀表之曰義塾。

王沂孫 【宋】會稽人。字聖與。號碧山。又號中仙。工詩詞。與周公謹·唐玉潛諸人倡和。有花外集。

王沉 【晉】柔孫。字處道。少孤。養於從叔昶。事之如父。奉繼母寡嫂以孝義稱。好書。善屬文。以佐命勳累遷尚書令·散騎常侍。封博陵郡公。卒謚元。⊙【晉】高平人。字彥伯。少有俊才。出於寒素。不能隨俗浮沈。爲時豪所抑。仕郡文學掾。鬱鬱不得志。作釋時論。讀者莫不歎息。

王汶 【晉】澄弟。字茂深。與澄並辯慧有才藻。歷清顯。⊙【明】黃巖人。字希道。嘗師事葉適。又師王綽。善爲文。有東谷集。⊙【清】泰州人。以寫眞名。

王求禮 【唐】長社人。武后時爲監察御史。性忠謇敢言。以剛正名。位不達而卒。

王灼 【宋】遂寧人。字海叔。號頤堂。紹興中嘗爲幕官。有糖霜譜·碧雞漫志。

王玖 【清】翬曾孫。字次峯。號二癡。晚年移家吳門。山水一變家學。胸有丘壑。別饒佳趣。

王甫 【後漢】靈帝時爲黃門令。與曹節謀殺陳蕃·竇武。遷中常侍。又與節誣勃海王悝謀反。殺之。封冠軍侯。後司隸校尉陽球奏劾其罪。死獄中。⊙【蜀漢】郪人。字國山。爲綿竹令。遷荆州議曹從事。隨先主征吳。敗於秭歸。遇害。

王秀之 【南齊】瓚之子。字伯奮。仕宋爲吏部尚書。褚淵欲與結婚。秀之不肯。後爲晉平太守。期年求還。入齊。累官輔國將軍·吳興太守。以爲隱業所在。到郡修治舊山。移置輜重。卒謚簡。

王罕 【宋】岐國公珪季父。字師言。歷廣東轉運使。降儂智高父子。擢戶部度支副使。知潭州。爲政務適人情。有狂婦數訴事。前郡守數叱逐之。罕獨引至前。委曲徐問。久稍可曉。郡人傳爲神明。官終光祿卿。

王良 【春秋】【晉】一名郵無恤。善御。（按漢書古今人表以王良·郵無恤爲二人。此從杜預左氏注。）⊙【後漢】蘭陵人。字仲子。王莽累辟不應。建武中累拜大司徒司直。司徒史鮑恢嘗過其家。良妻布裙曳柴從田間歸。詢知爲夫人。下拜歎息而還。良後以病歸。一歲復徵。至滎陽。其友人曰。不有忠言奇謀而取大位。何其往來屑屑不憚煩也。良慚。自後連徵不應。⊙【金】唐縣人。金末爲中山府掾。時值亂後。民多以詿誤繫獄。良前後活數百人。已而棄去吏業。潛心伊洛之學。及天文律曆。無不精究。◎〔明〕祥符人。字天性。建文中歷官刑部左侍郎。出爲浙江按察使。燕王卽帝位。遣使召艮。艮執使者將斬之。衆劫之去。艮集諸司印於私第。積薪自焚死。謚忠毅。

王良臣 〔金〕潞人。承安進士。詩才敏捷。尤邃內典。興定間爲潞州元帥府參議官。元兵徇潞。死之。

王芑孫 〔清〕長洲人。字念豐。號惕甫。一號鐵夫。又號楞伽山人。乾隆舉人。官華亭教諭。性簡傲。客遊公卿間。不肯從諛。人以爲狂。詩瓌然以瘦。戛然以清。與法式善、張問陶輩相唱和。書仿劉墉。尤負重名。有淵雅堂詩文集。

王言徹 〔宋〕晉江人。字子明。端拱進士。歷倅鄂滁等州。皆有善政。鄂滁人並生祠之。時有事泰山汾陰。郡守例以子弟奉表。得推恩授官。言徹獨遣傑屬以行。曰。吾子孫但衣白袍入舉子場足矣。有琅邪集。

王足 〔後魏〕驍果多策略。隸邢巒伐蜀。所在克捷。詔行益州刺史。遂圍涪城。宣武復以羊祉爲益州。足聞而引退。遂奔梁武帝。

王邦直 〔明〕卽墨人。字子魚。官鹽山縣丞。嘉靖間上書論時政。坐閒。閉戶二十年卒。有律呂正聲。◎〔清〕磁人。字國寧。生而駢脅。有神力。人稱王千斤。弱冠補諸生。好騎射。窮韜略。以薦送大同立功。寇犯鶴鴿峪。力戰死。

王邦采 〔清〕無錫人。字貽六。諸生。中歲棄舉子業。覃精經史。好爲詩古文辭。尤工於畫。精別金石彝器。南北宋雕鐫版本。又喜箋注前人遺編。如徐節孝、晁具茨、吳淵穎諸集。於離騷更別有解會。

王邦柱 〔明〕休寧人。字砥之。萬曆舉人。與江柟同著易經會通。

王邦俊 〔明〕鄖州人。字虞卿。萬曆進士。官至貴州兵備參政。時苗民不靖。起邦俊理兵事。後以母老乞歸。有征南草。

王邦瑞 〔明〕宜陽人。字維賢。正德進士。嘉靖中歷吏部左侍郎。俺答犯都城。邦瑞總督九門。攝兵部尚書事。兼督團營。尋改兵部左侍郎。專督營務。條上興革六事。中言宦官典兵。古今大患。請盡撤提督監槍者。帝報從之。爲人嚴毅有識量。歷官四十年。以廉節著。卒謚襄毅。

王防禦 〔宋〕號委順子。以說書供奉得官。旣老。築委順堂以居。士大夫樂與往還。

王阮 〔宋〕江州人。字南卿。好學尙氣節。隆興進士。對策極言宜遷都建康。以圖進取。紹興中知濠州。修戰守具。金人不敢南侵。改知撫州。韓侂胄聞阮名。特命入奏。將誘以美官。阮不答。陛對畢。拂衣出關。侂胄大怒。批旨予祠。於是歸廬山。盡棄人間事。從容觴詠而已。朱熹嘗以阮才氣術略過人。而留滯不偶。深惜之。

王侁 〔宋〕朴子。字秘權。太平興國初預討梅山洞蠻。後使靈州通遠軍。以牙兵與邊人交結。頗桀黠難制。還言請悉代之。一歲中數往來西邊。多奏便宜。帝皆聽用。後北征。爲幷州駐泊都監。又爲雲應等州兵馬都監。性剛愎。以語激楊業。業因力戰陷陣死。侁坐除名。配金州。官終均州團練副使。

王侃 〔宋〕淮孫。字剛仲。師何基。與族父柏自爲師友。有立齋集。

王佩鍾 〔清〕三原人。字穎川。乾隆舉人。官安塞教諭。邃經義。精篆法。尤長詩古文詞。有鶴汀詩鈔。

王佩蘭 〔清〕婺源人。號錦汀。乾隆拔貢。官吳縣教諭。有松翠小蒐裘文集。

王來 〔明〕慈谿人。字原之。宣德初以會試乙榜授新建教諭。擢御史。巡按蘇松常鎭四府。數抑巨璫。帝稱其賢。景泰初以右副都御史總督貴州軍務。平叛苗有功。進南京工部尚書。英宗復辟。罷歸卒。

王來咸 〔清〕鄞人。字征南。習少林拳法。傳餘姚黃百家。

王來聘 〔明〕京師人。崇禎初中武會試。時帝重武。視文榜例。分三甲。來聘居首。卽授副總兵。武榜有狀元。自來聘始。孔有德據登州叛。官軍攻之。來聘先登中傷死。

王來覲 〔清〕遼東人。任河東分守道。降霍州知州。姜瓖之亂。以霍爲南北孔道。攻益力。來覲督兵以守。城陷。血戰死。

王協夢 〔清〕新建人。字渭南。號松廬。嘉慶進士。官至常鎭通海道。有廉明稱。有奏稿・雜文・松廬詩鈔。

王巹 〔明〕鄗人。永樂中領鄉薦。歷山東左布政使。所至有惠政。官終工部尚書。

王叔文 〔唐〕山陰人。以棋待詔。頗讀書。言治道。德宗時直東宮。宮中事咸與參訂。叔文陰結天下有名士。士之欲速進者。率諧附之。順宗立。拜翰林學士。與羣小更相倚伏。又謀領財柄取兵權以制天下之命。太子監國。尋誅死。

王叔和 〔晉〕高平人。爲太醫令。性沈靜。通經史。窮研方脈。嘗考覈遺文。採摭衆論。成脈經・脈訣・脈賦。又編次張仲景傷寒論爲三十六卷。

王叔承 〔明〕吳江人。初名允光。以字行。更字承父。晚又更字子幻。自號崑崙山人。客大學士李春芳所。性嗜酒。春芳有所譔述。常醉弗應。

久之乃謝歸。縱遊吳越山水。太倉王錫爵。其布衣交也。再召。會有三王並封之議。叔承遺書數千言規之。錫爵歎服。其詩極爲王世貞兄弟所稱。嘗縱觀西苑南內之勝。作漢宮曲數十闋。流傳禁中。又有吳越遊編。荔子編。楚遊編。嶽遊編。

王叔英 【明】黃巖人。名原采。以字行。洪武中爲僊居訓導。擢知漢陽縣。建文立。召爲翰林修撰。上資治八策。燕兵至。奉命募兵廣德。已知事不可爲。乃沐浴具衣冠。書絕命詞自經死。有靜學文集。

王和平 【後漢】北海人。好道術。有書百餘卷。藥數囊。後病沒。弟子謂其尸解。

王周 【五代漢】魏州人。事唐莊宗明宗。以功拜刺史。晉天福中歷貝州涇州節度使。涇州張彥澤爲政苛虐。多流亡。乃更爲寬恕。問民疾苦。去其苛弊二十餘事。民皆復歸。歷遷武勝保義義武成德四鎮。皆有善政。高祖立。徙鎮武寧卒。◎【明】嘉興人。字質齋。自號雁湖釣叟。屢試不售。有雁湖釣叟自在吟。

王命岳 【清】晉安人。字恥古。順治進士。官至刑科都給事中。凡所陳奏。皆關軍國大計。康熙初以聖祖沖齡。宜披覽古今以爲法戒。乃錄夏商至元明故實。名曰千秋寶鑑。書成。未及上而卒。有恥躬堂文集。

王命璿 【明】龍巖人。字君衡。萬曆進士。擢陝西道御史。時內官高寀肆害於閩。上疏極論其害。天啓間轉大理寺卿。以母憂歸。崇禎初起刑部侍郎。忤璫意閒住。國變後隱居卒。

王固 【陳】質弟。字子堅。少清正。頗涉文史。又信佛法。居喪以孝聞。天嘉中歷位國子祭酒。以其女爲皇太子妃。禮遇甚重。宣帝輔政。固以廢帝外戚。嬭媼恆往來禁中。頗宣密旨。事泄。被禁錮。後官太常卿。卒諡恭。

王坦 【清】江蘇通州人。字吉途。有琴旨。諸圖說尤能精思闡發。在近時言琴諸家。可謂不失其宗。

王坦之 【晉】述子。字文度。弱冠有重名。與郗超並爲桓溫長史。累官中書令。兼徐兗都督。封藍田侯。與謝安同輔朝政。及卒。與安書。惟以國家爲憂。言不及私。諡獻。

王坤 【明】莊烈帝時內監。監視宣府軍馬。甫踰月。即劾巡按御史胡良機落職。性狂躁敢言。朝中大吏。倚以相傾擠。言者多得罪。

王奉光 【漢】長陵人。少時好鬬雞。宣帝在民間相識。奉光有女。年十餘歲。每當適人。所當適輒死。後爲宣帝后。奉光封邛成侯。卒諡共。

王奇 【宋】汾州人。武舉中第。章惇經營湖北溪峒。以爲將領。降其酋舒光貴。縛元猛。平懿洽等州。累遷湖南都監。徙廣西。宜州蠻寇邊。奇裨將費萬戰沒。經略移書迫奇。奇不能堪。力戰死。◎【宋】贛人。少爲縣吏。令題雁詩於屏。奇密續之。令因激之使學。後遊京師。眞宗偶見其所作詩。召見賜第。奇作詩云。不拜春官爲座主。親逢天子作門生。官至侍御史。◎【明】天台人。字世英。性介直。初爲邑諸生。後遍歷江湖。以星命占筮之術稱於人。言禍福輒應。自以數奇不受室。年八十卒。

王始 【南齊】萊蕪人。以妖術惑衆。自稱太上皇帝。署置公卿百官。爲桂陽王鎮所討擒。臨刑猶狂語自若。

王孟 【漢】符離人。以俠稱江淮間。

王季 【周】太王子。文王父。名季歷。太伯。虞仲亡如荊蠻。讓位於季。太王卒。立爲公季。修太王遺道。篤於行義。傳位文王。武王即位。追尊爲王季。

王季友 【唐】豐城人。家貧賣履。博極羣書。善爲詩。李勉觀察江西時。引爲賓客。甚敬禮之。仕至御史中丞。

王季文 【唐】池陽人。字宗素。少居九華。遇異人。授九仙飛化之術。咸通進士。授祕書郎。尋謝病歸。日一浴於山之龍潭。竟仙去。

王定 【唐】貞觀時爲中書。官至中散大夫。圖佛像人物均冠當代。嘗繪本草訓誡圖。

王定保 【南漢】南昌人。唐光化進士。劉隱辟爲幕屬。劉龑時累官中書侍郎。同平章事。善文辭。有唐摭言。

王定國 【宋】福安人。字安卿。少有大志。紹興末叩閽上邊宜十策。高宗幸金陵。復進十五事。隆興間爲高郵判官。與金兵凡九十三戰。皆捷。除知高郵軍。政績甚著。終朝奉大夫。◎【宋】汴人。隨吳郡王渡江。居臨安。郡王薦入仕。賜金紫。工畫花鳥。

王宗 【唐】萬年人。巧射利。侈靡自奉。累除金吾大將軍。遙領興元軍節度使。◎【宋】陝西人。習內家拳法。在當時爲最著。

王宗巳 【宋】長溪人。字子由。紹興進士。授增城令。治爲嶺南第一。孝宗書其名於御屏。終朝奉大夫。

王宗元 【宋】居石橋。人目爲石橋王。嘗學惠崇。作池塘小景。有野趣。

王宗弁 【前蜀】建假子。本姓鹿。名弁。積功至蜀州刺史。一日稱疾。請罷歸成都。建疑其矜功觖望。加檢校太保。固辭不受。建嘉其志而許之。

王宗本 【前蜀】建假子。本姓謝。名從本。建取荊南。署開道都指揮。定夔忠萬施四州。還武泰軍留後。

王宗汭 【前蜀】建假子。王衍時充招討副使。屯秦州。唐師入境。成都路絕。宗汭由文扶而南。越不毛之地。且戰且行。至茂州。衆裁二千。未幾歸成都。爲魏王繼岌所殺。

王・宗沐 明臨海人。字新甫。嘉靖進士。授刑部主事。擢江西提學副使。修白鹿洞書院。引諸生講習其中。三遷山西布政使。歲祲。請緩征逋賦。拜右副都御史。總督漕運。疏請復海運。議者言其不便。遂寢。進刑部左侍郎。以京察拾遺罷歸。卒謚襄裕。有海運詳考・海運志・敬所文集。

王・宗阮 前蜀爽人。建假子。本獎道土豪。姓文。名武堅。善舞劍器。充開江防送進奉使。破瀘州。東川門戶。至是始通。官終知渝州。

王・宗侃 前蜀雅州人。建假子。本姓田。累戰功拜中書令。及青泥嶺之戰。宗侃爲北路行營都統。大敗。退保安遠軍。建切責之。宗侃懼。遂無功而還。王衍嗣立。封魏王。

王・宗佶 前蜀洪州人。建假子。本姓甘。累遷武信軍節度使。進太師。佐建創業功多。以求請不已。被誅。

王・宗炎 淸蕭山人。字以除。號穀塍。乾隆進士。銓取知縣。性淡退。通籍後杜門不出。築十萬卷樓。以文史自娛。有晚聞居士遺集。

王・宗信 前蜀建假子。性殘毒。喜殺人。爲左神勇軍使。無顯績。後爲招討副使。伐岐。無功而還。

王・宗威 前蜀建假子。累官山南節度使。兼侍中。唐師入境。宗威以梁開通渠臨五州迎降。

王・宗昱 前蜀建假子。歷官天雄軍節度使・同平章事。王衍東遊。唐師入境。宗昱領招討使。兵敗降唐。

王・宗茂 明京山人。字時育。嘉靖進士。以行人擢南京御史。時先後劾嚴嵩者皆得禍。中外懾其威。宗茂拜官甫三月。卽疏劾嵩負國八罪。謫平陽縣丞。以憂歸。嵩奪其父橋官。竟憤悒卒。

王・宗涑 淸嘉定人。字偉甫。咸豐間諸生。覃研經學。有周五禮考辨・考工記輪輿輈車考辨・匠人職考辨等書。

王・宗浩 前蜀建義子。有拳勇。善騎射。從建入西川爲軍使。歷興州刺史。後兵敗溺江死。

王・宗矩 前蜀易州人。本姓侯。名矩。唐天復時官夔州刺史。王宗本統軍下三峽。宗矩擧城降。王建嘉其功。復命爲夔州刺史。以爲假子。

王・宗祐 前蜀建假子。從入西川。又將兵攻東川有功。歷邛州刺史。累官侍中。

王・宗訓 前蜀建假子。本名茂權。累功爲武泰軍節度使。恃恩貪暴。驕縱踰制。不奉詔擅回成都。建命衛士撲殺之。

王・宗朗 前蜀金州人。本姓全。名師朗。初爲馮行襲親校。後降王建。爲更姓名。與諸子齒。累官中書令。王衍時以罪削官。復其姓名。

王・宗望 宋固始人。字磻叟。累擢夔州路轉運副使。哲宗卽位。行敉賞軍。萬州獠旬不給。軍士將謀亂。宗望馳至。先命給賞。斬亂首以徇。歷江淮發運使。開支氏渠。爲公私利。官終集賢殿修撰。知鄆州卒。

王・宗紹 前蜀建養子。歷官左金吾大將軍。後伐岐。爲招討副帥。軍容甚盛。青泥嶺之役。蜀軍敗績。竟無功而還。

王・宗傑 前蜀建八子。元膺既死。建欲立宗傑爲太子。後立少子衍。宗傑屢陳時政。建深賢其才。陰懷廢立之志。無何暴卒。建深疑之。

王・宗弼 前蜀建假子。本姓魏。名宏夫。從攻東川被擒。顧彥暉畜爲子。彥暉敗。復歸建。王衍立。守太師。兼中書令。判六軍輔政。內外遷除皆自宗弼出。納賄行私。唐兵至。復送款。遷建妻後宮諸王於西宮。誅殺素所不快者。後爲郭崇韜所族誅。

王・宗渥 前蜀京兆人。本姓鄭。名渥。事王建爲牙校。從攻成都。令詐降以覘虛實。宗渥旣署大將。悉得城中聲息脫歸。建嘉其功。列爲義子。後爲魏王繼岌所殺。

王・宗賀 前蜀建假子。權興元留後。擊馮行襲於金州。所向克捷。太子元膺之變。宗賀亦與有定亂功。

王・宗傳 宋寧德人。字景孟。淳熙進士。官韶州教授。有童溪易傳。

王・宗敬 周靈王太子晉子。晉旣廢。宗敬爲司徒。時人號曰王家。因以爲氏。

王・宗滌 前蜀潁川人。建假子。本姓華。名洪。累戰功爲山南東道節度使。有勇略。得將士心。建內忌之。以讒見殺。

王・宗裕 前蜀建族子。從建鎭西川。官嘉州刺史。已而與王宗侃等圍楊晟於彭州。戰功稱最。官終漢州刺史。性謙謹。建平東川時。諸將多爭功。宗裕立枯樹下。未嘗自伐。時號枯樹太保。

王・宗道 宋奉化人。字與文。嗜古人之學。窮涉討幽。第嘉定進士。爲江東提刑司幹官。有易說指圖・三禮說・書說・觀頤悟言等書。

王・宗鼎 前蜀建七子。封彭王。王衍繼立。諸王皆爲軍使。宗鼎謂昆弟曰。親王典兵。禍國之本。因固辭軍使。後死秦川驛。

王・宗壽 前蜀建族人。以同姓錄爲子。字永年。工琴弈。性恬退。喜道家之術。武成中賜爵嘉王。領鎭江軍節度使。王衍嗣立。進太子太保。

率朝請。以煉丹養氣自娛。衍淫亂。宗壽獨切諫。入後唐。官終淄州刺史。

王·宗瑤 前蜀 建義子。累有戰功。歷官中書令。受遺詔輔政。王衍嗣立。論功封臨淄王。

王·宗綰 前蜀 建假子。本姓李。名綰。累戰有功。歷官都招討。受顧命輔政。爲人寬厚謹愼。功高不矜。王衍嗣位。封臨洮王。

王·宗誠 清 懿修子。字中孚。又字廉甫。乾隆進士。道光間官至兵部尙書。以貴公子早取甲第。嘗與其父同値禁廷。海內榮之。生平嚴峻不苟。歷官皆能舉其職。

王·宗播 前蜀 本姓許。名存。故荊南節度使成訥將。降王建。建忌其勇略。頗欲殺之。後戍蜀州。王宗綰言宗播有良將材。建因爲更姓名。命爲前鋒將。力戰自奮。卽有功。稱病不伐。由是得以功名終。

王·宗稷 宋 五羊人。字伯言。紹興中嘗至黃州。有東坡年譜。

王·宗範 前蜀 母張氏。故王建後宮。宗範初隨母歸建。冒姓爲張。建畜以爲子。賜姓名。累立戰功。封夔王。長和蠻入寇。宗範鏖敗之。又破其武侯嶺十三寨。西南震恐懾服。未幾卒。

王·宗魯 前蜀 建假子。從入成都。攻拔龍州。授利州團練使。太子元膺之變。宗魯預有平亂功。官終武興軍節度使。

王·宗儔 前蜀 建養子。累官山南節度使。王衍荒淫。宗儔密與王宗弼謀廢立。宗弼猶豫未決。宗儔憂憤卒。

王·宗儒 前蜀 彭城人。本姓楊。名儒。初事陳敬瑄爲大將。助刺史毛湘守邛州。王建攻邛。宗儒登城歎曰。唐祚盡矣。王公治衆。嚴而不殘。殆可以庇民乎。遂率所部出降。建錄爲假子。

王·宗勳 前蜀 建假子。乾德中爲淸道指揮使。唐師入境。與王宗儼、宗昱爲三招討以拒之。兵敗降唐。尋爲魏王繼岌所殺。

王·宗鍔 前蜀 建假子。饒技勇。乾德末充招討馬步使。帥二十一軍屯洋州。以備唐師。後不知所終。

王·宗燿 清 鄞人。字濬哲。號筍石。貢生。少負異稟。家貧境嗇。而意氣自如。有願學堂詩鈔。

王·宗謹 前蜀 本名劍。乾寧初攻彭城有功。王建錄爲子。領鳳翔四面行營使。敗鳳翔將李繼徽於元武。

王·宗夔 前蜀 建養子。爲親校。拔龍州有功。累官中書令。受遺詔輔政。王衍卽位。封瑯邪郡王。

王·宗鐸 前蜀 建假子。爲興州刺史。兼北路制置指揮使。時建得秦鳳階州之地。宗鐸實與有功。

王·宗鐬 前蜀 建從子。少有智勇。隸建麾下。以戰功賜爵昌王。永平初蜀師與岐戰。大敗。建命宗鐬爲應援招討使。大殲岐兵。旋以病卒。

王·宗黯 前蜀 建假子。本姓吉。名諫。充行營兵馬使。以討平杜法從進秩兼侍中。太子元膺之亂。徵宗黯變幾不可測。論功封瑯邪郡王。

王·宗儼 前蜀 建假子。永平中破岐長城等關四寨有功。王衍幸秦州。署隨駕指揮使。後降唐。見殺。

王·宗顯 明 和州人。博涉經史。因胡大海見太祖。太祖喜之。以知寧越府。開郡學。延儒士。時喪亂之後。學校久廢。至是始聞弦誦之聲。

王·尙文 明 眞定人。字寶江。嘉靖武進士。累官福建總兵官。挂征蠻將軍印。萬曆中桂林·柳州·馬平等苗獞創亂。尙文勦平之。有蘊心堂集。

王·尙絅 明 郟人。字錦夫。弘治進士。官職方。改吏部有聲。出爲山西參政。年纔三十有五。三疏乞養。不待報歸。隱十五年。起歷浙江右轄。卒於官。士民遮道泣送。

王·尙廉 明 金壇人。字淸宇。貢生。寫菊得孤芳之神。有巧思。製銅鑪印章。俱精絕。

王·尙賢 明 梅溪人。善畫人物。年至九十。筆益精妙。

王·居中 明 京口人。以醫名。滑壽師事之。

王·居仁 宋 常寧人。游張栻之門。深有造詣。旣登進士。遂隱居不仕。自號習隱。

王·居正 宋 揚州人。字剛中。高宗時爲起居郞。居正素善秦檜。檜爲執政。與居正論天下事甚銳。旣相。所言皆不酬。居正疾之。言於帝。請以問檜。檜銜之。出知婺州。尋奪職奉祠。檜死。復故職。其學根據六經。楊時器之。有春秋本義·竹西論語感發·孟子疑難·竹西集·西垣集等書。⊙宋 拙子。俗以小字呼爲憨哥。有父風。師周昉士女。得其閒冶之態。

王·居安 宋 黃巖人。字資道。淳熙進士。爲右司諫。首論韓侂胄竊弄威柄。宜肆諸市朝。以謝天下。又疏言古今治本亂階。更爲倚伏。遷起居郞。出知溫州。郡政大舉。後遷大中大夫。致仕卒。居安宅心空明。待物不貳。有方巖集。

王·居卿 宋 蓬萊人。字壽明。舉進士。神宗時累官京東轉運使。靑州河貫城中。苦泛溢爲病。居卿卽城上立飛橋。設樓櫓。下建門。以時啓閉。徙河北路。河決曹村。居卿立軟橫二埽以遏怒流。水患以息。朝廷賞其功。建以爲都水法。官至河北都轉運使。

王·居巖 五代吳 當塗人。官驍騎衛長史。遭亂棄官歸。居靑山。楊行密據淮南。使人以兵迫起之。授湖州判官。不遺。尋亡去。莫知所往。

王岳 【明】正德時司禮太監。以響直稱。爲劉瑾所害。

王岫筠 【清】江南人。善斲硯。爲清初名手。

王岱 【清】湘潭人。字山長。號了菴。明崇禎舉人。入清官隨州學正。康熙中薦舉博學鴻詞。能詩。工書畫。山水奇變。尤善人物花卉。有且園近集。且園近詩。了菴文集。◎【清】常熟人。字次岳。號雲上。貢生。善寫梅。詩詞超脫。性兀傲。人以爲怪。移家南湖不返。有情田詞草。

王府尹 【明】亡其名。精青烏家言。知禹州。嘗爲成祖定陵地。陵前有小阜。勸帝去之。曰恐妨皇嗣。帝問無後乎。曰恐偏出耳。帝曰偏出何害。後果世皆驗。官至順天府尹。

王性善 【明】京口人。善畫山水。

王忠 【明】武進人。洪武間父以輸稅後期法當死。忠年十七。懇請代父。宣德間除兵部主事。以母老懇致仕。◎【明】孝感人。燕師起。與李遠同降。以戰功累遷都督僉事。封靖安侯。後從丘福出塞。征本雅失里。戰死。

王忠民 【宋】潁陽人。幼通經史。不求名祿。靖康以來。數言邊方利害。屢召不至。高宗南渡。忠民依商虢鎮撫使董先。先事以師禮。紹興初特授宣教郎。辭官不出。

王忠植 【宋】太行人。紹興間取石州等十一郡。累官河東經略安撫使。赴援陝西。爲叛將趙維清所執。械詣其帥。不屈遇害。

王忠嗣 【唐】鄭人。父海賓。玄宗時戰沒吐蕃。忠嗣時九歲。入見。伏地號泣。帝撫之。養禁中。及長。以戰功累官河西隴右節度使。權朔方河東節度。佩四將印。控制萬里。李林甫忌其功。誣以罪。當死。哥舒翰請以官爵贖罪。貶漢陽太守。徙漢東卒。

王念孫 【清】安國子。字懷祖。學者稱石臞先生。數歲能讀尚書。有神童之目。乾隆進士。嘉慶間官至永定河道。坐永定河水復溢。罷歸。念孫少受業於休寧戴震。其分古韻爲二十一部。按之羣經楚詞。斬然不紊。說者謂段顧諸家所未及。通聲音文字訓詁之學。撰廣雅疏證。凡漢以前倉雅古訓。皆搜括而通證之。尤精於校讐。著讀書雜志。正古書傳寫之誤。

王拙 【宋】河東人。字守拙。善畫佛道人物。大中祥符初營玉清昭應宮。募天下畫流。拙爲右部第一人。

王承 【晉】湛子。字安期。清虛寡欲。無所修尚。言理辨物。但明其指要。而不飾文辭。有識者服其約而能通。歷官元帝鎮東府從事中郎。爲中興名臣第一。◎【晉】睞子。字安期。歷官國子博士。時膏腴貴遊。咸以文學相尚。卒以經術爲業。惟承獨好儒業。後爲東陽太守。政存寬惠。卒謚章。

王承元 【唐】承宗弟。承宗死。衆逼爲嗣。承元密表請帥於朝。穆宗詔起居舍人柏耆宣慰。授承元檢校工部尚書。義成軍節度使。北鎮以兩河故事脅誘。承元不納。徙平盧淄青節度使。天資仁裕。所至愛利。卒年三十三。

王承休 【前蜀】事王衍爲宣徽北院使。用便佞得衍心。已欲得建節秦州。因言秦州多美婦人。當爲陛下采擇以獻。遂命爲天雄軍節度使。唐兵深入。承休南歸。爲魏王繼岌所殺。

王承宗 【唐】士眞子。士眞死。總留後事。尋抗命。詔削官爵。及吳元濟平。承宗大恐。遣子入侍。幷獻二州。詔許自新。復其官爵。其後奉法益謹。

王承美 【宋】豐州人。本河西藏才族。歷豐州刺史。累破契丹兵。擒其天德軍節度使韋太。又追北至青冢百餘里。以功累遷本州防禦使。

王承衎 【宋】承衍弟。字希悅。開寶中授閑廐使。歷太宗眞宗朝。官終左武衛大將軍。知壽州。承衎頗涉學。喜爲詩。所至爲一集。曉音律。多與士大夫游。意豁如也。

王承衍 【宋】審琦子。字希甫。雍熙中知天雄軍。會契丹入寇。候騎入冀州。去魏二百里。鄰境戒嚴。城中震恐。屬上元節。承衍策契丹不至。下令張燈設樂。與賓佐宴遊達旦。衆賴以安。明年召還。端拱初改永清軍節度。再知天雄軍。吏民千餘詣監軍請爲本道節帥。詔褒之。眞宗立。加太尉。卒謚恭肅。

王承恩 【明】崇禎時爲司禮秉筆太監。李自成犯闕。帝命承恩提督京營。城陷。帝縊於萬壽山壽皇亭。承恩亦縊於其下。福王時謚忠愍。

王承烈 【清】涇陽人。字遜功。號復庵。康熙進士。雍正初爲江南道監察御史。終刑部侍郎。歷官二十餘年。以清節著。研究宋儒書。講明心性修己治人之學。身體心驗。不在空言。有日省錄。毛詩解。尚書解等書。

王承基 【清】上海人。字竹侯。晚號竹鷗。道光選貢。官至陝西布政使。值回亂。固守兩月。以疾乞休卒。

王承裕 【明】恕子。字天宇。七歲能詩。弱冠著太極動靜圖說。恕官吏部。令日接賓客。以是周知天下賢才。選用無不當。舉弘治進士。武宗立。屢遷吏科都給事中。以言事忤劉瑾。嘉靖間累官南戶部尚書。卒謚康僖。

王承肇 【前蜀】宗佩子。小字猿兒。生時有異徵。及長。頗通兵法。累官武定節度使。國亡入唐。爲行軍司馬。

王承檢 【前蜀】事王建。賜姓名與諸孫齒。小字合郎。乾德時官秦州節度使。嘗築防蕃城。至上邽山下。獲瓦棺。其銘有乾德丙午壞者合郎語。

王政 〔遼〕熊岳人。太祖授渤海軍謀克。歷滑州安撫使。前此數州。既降復叛。政從數騎入州。釋饑民之爲盜者。發倉廩以賑貧乏。州民皆悅。不復叛。旁郡聞之。亦多降者。累遷保靜軍節度使。致仕卒。

王昕 〔北齊〕凝孫。字元景。少篤學。汝南王悅辟爲騎兵參軍。遷常侍。武帝嚴憚之。體素肥。遭喪後。遂終身羸瘠。楊愔重其德業。以爲人之師表。後文宣中譏殺之。有文集。

王昂 〔唐〕出自戎旅。累官河中節度使。貪縱不法。大曆間爲刑部尚書。不視曹事。專事奢靡。性貪悋。元載誅。貶連州刺史。過硤江。墜江而卒。

王晏 〔唐〕居衡山。號太和先生。貌如三十餘。沈潛佛教。明皇與貴妃楊氏禮謁。拜於牀下。訪以道術。晏教以修身儉約慈悲爲本。在京累年。天寶中請於高密牢山合煉修行。許之。

王昱 〔清〕世懋曾孫。字惟夏。弱冠負盛名。後以奏銷案廢。一意讀書。所撰當恕齋偶箋。時稱博洽。康熙中召試鴻博。授內閣中書。詩與黃與堅等稱婁東十子。有碩園集。

王昔剌 〔元〕保定人。世祖以其有勇略。賜名昔剌拔都。累功陞海州萬戶。授東川行樞密院同僉。後征夔府有功。鎮萬州。卒於軍。

王易 〔宋〕埜孫。號青聰。初名進思。號淳齋。善書而好吟。以兒子爲子。使出贅。斥産遺妻歸其家。而避世爲道士。◎〔宋〕鄜州人。工畫。善釋道人物。與李元濟相頡頏。

王易簡 〔宋〕萬年人。字國寶。性介特寡合。好學工詩。梁時第進士。自唐歷周。累官刑部尚書。宋初召加少傅。無疾卒。◎〔宋〕字理得。生而穎異。幼喪父。哀毀如成人。登進士第。除瑞安主簿。不赴。隱居城南。篤於倫義。事伯姊甚謹。尤賙恤其族。撫兄之諸孤如其子。多所著述。

王明 〔宋〕成安人。字如晦。仕周歷清平鄄城二縣令。太祖用兵嶺南。以功領韶州刺史。後征南唐。大破之。累官禮部侍郎。會契丹擾邊。以明知眞定府。契丹遁去。

王明清 〔宋〕銍次子。字仲言。慶元間寓居嘉禾。官泰州倅。有揮麈三錄。玉照新志。投轄錄。清林詩話。

王明弼 〔清〕陝西人。字亭二。康熙間官鳳翔府教授。有易象。周子疏解。

王明德 〔清〕高郵人。字金樵。官刑部郎中。有讀律佩觿。

王昌世 〔宋〕應麟子。字昭南。以恩補承務郎。未及祿而宋社已墟。應麟杜門不出。朝夕坐堂上。取經史諸書講解論辨。昌世甫十歲。怡怡聽受無倦。殊聞異見。靡不究悉。應麟所著述。昌世蒐輯考訂。贊助爲多。蓄書萬卷燬於火。抄纂至忘寢食。書以復完。尤精於易筮。占驗如神。

王昌會 〔明〕圻孫。字嘉侯。有詩話類編。

王昌齡 〔唐〕江寧人。字少伯。第進士。遷汜水尉。不護細行。貶龍標尉。以世亂還鄉里。爲刺史閭丘曉所殺。昌齡工詩。緒密而思清。時謂之王江寧。

王杲 〔宋〕齊州人。太宗時歷官勸州刺史。以破李順功。拜唐州刺史。◎〔明〕汶上人。字景初。正德進士。嘉靖間爲戶部右侍郎。賑河南饑。屢請發帑。全活無算。尋總督漕運。以軍民困敝。請改折兩年漕運十之三。以所省轉輸費治運艘。勿重困軍民。舊制歲漕四百萬石。杲以粟有餘而用不足。遇災傷。率改折以便民。仕至戶部尚書。給事中馬錫誣杲受賄。下獄遣戍卒。◎〔明〕范察之後。性桀驁。嘉靖中爲建州右衛都指揮。勢日盛。役屬左衛諸部。屢犯遼東。隆慶中巡撫遼東張學顏示以威。杲約海西王台送俘獲就款。學顏因而撫之。萬曆初李成梁移築寬甸六堡。杲因邊民苦役。復犯邊。誘殺撫順游擊裴承祖。爲成梁所破。走匿南關。海西都督王台執以獻。伏誅。清太祖部王杲外孫也。

王果 〔宋〕饒陽人。舉明法。歷大理寺丞。知保州。契丹謀致書求關南地。使未至。果購諜者先得其稿奏之。擢領賀州刺史。兼高陽關兵馬鈐轄。中官楊懷敏領沿邊屯田事。大廣塘水。邊臣莫敢言。果獨抗辨水侵民田。無益邊備。官終知滄州。

王東野 〔元〕永新人。精方脈。任太醫院御醫。與趙孟頫交厚。有本草經疏。

王杰 〔清〕韓城人。字偉人。號惺園。一號畏堂。乾隆間以第一人及第。授修撰。累官東閣大學士。以疾乞休。耿直清介。持文柄十二次。人不敢干以私。卒謚文端。有葆醇閣集。惺園易說。

王林 〔清〕漢軍正紅旗人。嘉慶初任廣西左江鎭總兵。會苗亂。狆匪助之。林統兵掃蕩。擒斬甚衆。以受瘴卒於軍。

王松 〔五代漢〕徽子。舉進士。晉高祖時累拜工部尚書。出帝北遷。蕭翰立許王從益於京師。以松爲左丞相。高祖入洛。先遣人馳詔東京。百官嘗受僞命者皆焚之。使勿自疑。松以手指其胸。引郭子儀自謂以語人曰。此乃二十四考中書令也。聞者笑之。◎〔清〕鎭洋人。字子喬。能詩。精音律。嘗撫琴。尤工寫蘭竹。與弟煥皆名重一時。

王松年 【北魏】遵業子。年少知名。文襄辟爲主簿。遷司馬別駕。孝昭崩。諸舊臣避形迹。無敢盡哀。惟松年哭必涕泣。武成雖怨。然以戀舊情切。亦雅重之。遷常侍。參定律令。大政咸委焉。卒諡平。

王武 【清】鏊六世孫。字勤中。自號忘菴。又號雪顛道人。以諸生入太學。善賞鑒。花卉多逸筆。神韻生動。稱爲妙品。不屑意舉子業。讀書賦詩外。若投壺蹴踘彈棋馬射技節之術。及藝花種樹豢魚籠禽之方。無不通究。

王武俊 【唐】契丹人。入居薊。字元英。幼善騎射。隸李寶臣爲裨將。王師入井陘。寶臣以恆定等五州自歸。武俊謀也。德宗授武俊恆冀觀察使。武俊怨望。與朱滔同叛。屢敗王師。自稱王。國號趙。後李抱眞使客說之。乃約馬燧盟。去僞號。詔拜檢校工部尚書。恆冀深趙節度使。進檢校太尉。卒諡忠烈。

王況 【漢】王莽時卜者。從魏成大尹李焉總造讖文。言漢冢當復興。李氏爲輔。吏告之。收捕皆死。◎【後漢】字文伯。志節高亮。爲陳留太守。善行德教。永平中蝗蟲彌衍兗豫。過陳留界。飛逝不集。五穀獨豐。

王沿 【宋】館陶人。字聖源。第進士。歷知邢州。滑州。遷龍圖閣直學士。好建明當世事。初興河北水利。論者以爲無益。已而邢州有爭渠水至殺人者。然後知沿所建爲利。有文集。唐志。

王治 【明】忻州人。字本道。嘉靖進士。歷官給事中。屢言事。隆慶中擢太僕少卿。進太僕卿。憂歸卒。

王治道 【明】錦州衞人。嘉靖間由世蔭累署都督僉事。隆慶初進署都督同知。恃勇輕敵。會薊鎭有警。率四千人赴援。一軍不知所之。獨十餘騎從。中伏死。諡忠愍。

王沛 【唐】許昌人。少勇決。爲節度使上官涚所器。署牙門將。妻以女。涚卒。它壻田稱脅涚子臨領其軍。謀殺監軍。沛知其計。密告之。支黨悉擒。德宗嘉美。即拜行軍司馬。從李光顏討平吳元濟。加兼御史大夫。復從光顏定淄青。救鹽州。敗吐蕃。以功擢寧州刺史。進拜兗海沂密節度使。軍政大治。以檢校工部尚書徙忠武軍卒。◎【明】字子大。精醫術。授益府良醫。嘉靖間倭入寇。沛集兵爲守。倭被創逸去。倭再至。兵敗遇害。

王沛恂 【清】諸城人。字書巖。官兵部主事。有匡山集。

王沛憻 【清】諸城人。字汝存。康熙舉人。議敍授漳州同知。善斷疑事。喜興事功。所至皆有異政。累官吏部右侍郎。

王炎 【宋】婺源人。字晦叔。乾道進士。爲潭州教授。以薦知湖州。與朱熹交誼頗篤。熹爲待制。侍經筵。寧宗方諒闇。熹擇日開講。炎貽書論其非禮。著易解未竟而病篤。祝天曰。願須臾毋死。以成此書。病少瘳。書成。遂卒。著作甚多。總題曰雙溪類稿。均佚。其詩文存者曰雙溪集。

王炎午 【宋】廬陵人。初名應梅。字鼎翁。別號梅邊。咸淳間補太學生。臨安陷。謁文天祥。毀家以助軍餉。天祥留置幕府。已而以母病歸。未幾。天祥被執。應梅作生祭文以勵其死。自是杜門却埽。益肆力於詩文。更其名曰炎午。名其所著曰吾汶稿。皆示不仕異代之意也。

王珏 【宋】仙居人。字叔寶。咸淳進士。累官太學博士。權知本州事。元脅太后詔台州降。珏與兵部侍郎陳仁玉·本州教授邵囦。集民增陴浚隍。堅壁以守。城陷。赴泮水死。

王玠 【宋】長洲人。一作善化人。字介玉。倜儻負氣節。孔彥舟爲舒蘄鎭撫使。聘爲幕屬。及彥舟有異志。問計於玠。玠諭以順逆。彥舟怒囚之。越數日。復問之。玠言愈切至。彥舟竟沈玠於龍眼磯。與妻子俱死。◎【明】館陶人。嘉靖中自行伍遷守備。守大同·密雲等處有功。授揚州備倭參將。倭寇逼揚州。玠設伏灣頭鐵罏廠。自引壯士誘賊。大勝之。時稱名將。

王直 【明】伯貞子。字行儉。永樂進士。授修撰。歷仕仁宗宣宗。遷少詹事。兼侍讀學士。在翰林二十餘年。稽古代言編纂記注之事。多出其手。英宗時累拜吏部尚書。秉銓十四年。爲時名臣。卒諡文端。有抑菴集。

王知敬 【唐】河內人。善隸草。工畫。武后時爲麟臺少監。

王知愼 【唐】太原人。官祕書少監。工書畫。

王知遠 【唐】聰敏通書傳。事陶弘景。傳其術。爲道士。嘗識太宗於微時。一日謂弟子曰。吾今署少室仙伯。將行。即沐浴衣冠卒。

王秉韜 【清】漢軍鑲紅旗人。乾隆舉人。累官河道總督。節減浮料。頗於河工有裨。嘉慶間因防汛卒於工。

王秉鑑 【明】扶風人。號冰壺。天啓進士。仕至山西憲副。寫衞蘭奇偃如草書。時稱傑作。

王育 【前趙】京兆人。字伯春。少孤貧。爲人牧羊。過小學。必歔欷流涕。暇即折蒲學書。同郡許子章給其衣食。使與子同學。遂博通經史。司徒王渾辟爲掾。除南武陽令。爲政清約。累遷振武將軍。追劉淵。爲淵所拘。官右光祿大夫。劉聰僭位。歷官至太傅卒。

王肯堂 明樵子。字宇泰。萬曆進士。授檢討。倭寇朝鮮。疏陳十議。留中。引疾歸。以薦補南京行人司副。終福建參政。肯堂好讀書。尤精於醫。所著證治準繩。該博精粹。世競傳之。又有鬱岡齋筆塵。論方藥者十之三四。

王芳 明太倉人。守教不殺。雖一蟶必活之。嘗道遇慈谿人費廷槐。憐其困頓。將護備至。及卒。爲營棺衾。訃告其父。父來。舉棺弗前。芳至。絮酒哭送。棺乃舉。其父謝曰。雖我爲父。莫能過君。

王芝成 清淚寗人。字思峻。諸生。自幼嗜學。好聚書。邑人知有實學。自芝成始。襲職土典史。清軍征緬。芝成督率調度。不擾民。事亦辦。又築普陀崆河壩。開新河。水患以平。所著鹽法議一篇。推行於世。

王芝藻 清溧水人。字淇瞻。順治舉人。有大易疏義。春秋類義折衷。周禮訂繹古本。政典彙編。

王芝蘭 清伊南人。有易經會意解。

王表 三國吳居臨海羅陽縣。周旋民間。語言飲食。與人無異。然不見其形。有一婢名紡績。太和初大帝遣李崇齎輔國將軍羅陽王印綬迎之。爲立第舍。說水旱小事。往往有驗。後亡去。◎明嘉定人。字孔儀。事母至孝。中正德鄉舉。母喜酒及魚膾。表以醇酒進。間日一進膾。執刀砧焉。母喜奉佛。表朝夕禮佛。或爲山歌野調以悅母。母年九十卒。表仆絕。三日不入水漿。嘉靖中旌表。

王祁 元葉城人。受學吳澄。既有得。教授鄉里。士多賴以成就。

王采薇 清武進人。孫星衍之妻。能詩好讀書。論古有識。工書。年二十四卒。有長離閣集。

王金 明鄠人。世宗朝爲國子生。授太醫院御醫。僞造諸品仙方。帝御之。稍稍火發不能愈。未幾。帝大漸。金繫獄論死。後宥死。編口外爲民。

王長文 晉郪人。字德叡。少以才學知名。閉門自守。著書四卷以擬易。名曰通玄經。後爲江源令。曰。祿以養親。非爲身也。梁王肜爲丞相。引爲從事中郎。終於洛。

王長述 隋罷孫。仕周歷襄仁二州刺史。並有能名。開皇初獻平陳之計。文帝嘉其能。後以行軍總管擊南寧。道病卒。

王陀子 唐一作陁。工畫山水。峯巒幽致。別成一家。世言山水者。稱陀子頭。道子脚。

王阿剌帖木兒 元綧子。從都元帥忽都征日本。有戰功。累陞東征左副都元帥。後復征日本。遇風濤。遂沒於軍。

王青 後漢聊城人。字公然。祖父翁從起兵攻王莽。兵敗。守節力戰而死。父隆。建武初爲都尉功曹。青爲小史。從都尉行縣遇賊。隆以身衞都尉死。青亦被矢貫咽。太守張酺以青三世忠義。擢右曹。

王亮 梁瑩從弟。字奉叔。宋末選尙公主。拜駙馬都尉。入齊。歷官晉陵太守。在職淸公。有美政。建武末累遷尙書左僕射。選用多不稱職。梁受禪。官終中書監。卒諡煬。

王亮采 明溧陽人。字仲寅。崇禎末知石州。嚴明有聲。北兵將寇汾州。猝至石城下索金帛。亮采固守不應。城破。執亮采之汾。抵郭門大呼曰。石州已陷。我死不足以自贖。城中宜堅壁以待援兵。遂遇害。

王倕 唐綝孫。字靈龜。辟范陽節度使幕府。時契丹屈烈部將謀入寇。河北騷然。倕至虜中。脅說禍福。虜乃不敢入。安祿山叛。拜博陵常山太守。河北副招討卒。

王俅 宋任城人。字子弁。一作球。字夔玉。又作夔石。有嘯堂集古錄。

王俁 宋宛丘人。字碩夫。政和進士。歷陞兩浙計度轉運使。秦檜專國。俁居家二十八年。檜死。起知明州。除工部尙書。俁節行剛方。爲中興名臣。

王俊 明城武人。母卒。舍於壟側。野火延爇將及。俊叩首慟哭。火及塋樹而止。◎明弋陽人。字機翁。弘治進士。官至禮部尙書。卒諡文莊。有濯舊稿。◎明贛榆人。字華陽。崇禎間任新蔡教諭。闖賊破新蔡。俊坐明倫堂。賊至。俊手劍殺數賊。羣賊至。抉目斷手。至死不屈。

王俊義 宋覿從子。字堯明。少有直節。以太學上舍選奏。徽宗聞其名。擢爲第一。蔡京欲見之。拒不往。僅拜國子博士。遷右司員外郎。爲王黼所惡。以直秘閣出知岳州卒。

王保 明榆林衞人。驍勇絕倫。起行伍。萬曆中積功官薊鎭總兵官。朶顏長昂數來犯。保擒其黨小郎兒。長昂懼。獻還被掠人畜。互市如初。進署都督同知。薊三協南營兵鼓譟。挾爭月餉。保誘殺數百人。遂以進秩。時論尤之。後代董一元鎭遼東卒。

王保保 元見擴廓帖木兒條。

王保晦 前蜀閬州人。雅善文才。酷無體式。而辭致曉暢。善達人意旨。王建辟置幕府。掌書記。後坐事誅。

王保義 五代南平江陵人。高季興署爲行軍司馬。多所裨益。累官平江軍節度使卒。

王保衡 北漢仕劉繼元爲中書舍人。直翰林院。博學有文名。有晉陽要錄。

王侹 明官南京工部員外郎。所著洲課條例。可考見一時鹽政之制。

王信 【宋】太原人。字公亮。少勇悍。眞宗時應募。以擒賊功補龍神衛指揮使。累功遷保州刺史。王則反貝州。信率兵執則而還。拜感德軍節度觀察留後。◎【宋】麗水人。字誠之。紹興進士。權考功郎官。銓曹以清。累官中書舍人。嘗假禮部尙書使金。歸言金人必衰之兆有四。在我當備之策有二。帝首肯之。信遇事剛果。論奏不避權貴。人多嫉之。出知紹興府。境有狹㺒湖。苦潦。信創啓斗門。導停瀦注之海。化匯浸爲上腴。民繪像以祠。更其名曰王公湖。加煥章閣待制。以通議大夫致仕卒。有是齋集。◎【明】南鄭人。字君實。正統中襲千戶。成化初積功至都指揮僉事。守備荆襄。平大盜劉千斤。移湖廣。平永順·保靖二宣慰及靖州武岡蠻。累遷都督同知。總督漕運。漕務修舉。性沈毅簡重。被服儒雅。歷大鎭。不營私產。◎【明】寧州人。父沒。廬墓三年。母沒。信年已六十。足不踰閾者三年。崇禎初知眞陽縣。爲賊所執。不屈死。

王竟 【前秦】本新平氏人。仕苻堅爲中山太守。固守博陵。爲秦拒燕。糧竭矢盡。誓不下。城破。不屈死。

王則 【北齊】太原人。字元軌。少驍果有武藝。隨叔父魏廣平王內史老生征討。屢立戰功。賜爵白水子。入北齊累官都督荆襄等六州軍事·荆州刺史。則有威武。邊人畏服。性貪。在州取受非法。舊京諸像。毀以鑄錢。卒諡烈懿。◎【宋】涿州人。歲饑。流至恩州。隸宣毅軍爲小校。慶曆末以妖幻號召徒衆。據貝州反。僭號東平郡王。建國曰安陽。年號得勝。凡六十六日。明鎬討擒之。送京師支解以徇。

王勇 【北周】武川人。性雄猛。爲當時驍將。數有功績。累官大將軍。矜功伐善。侯莫陳崇聞勇數論人短。於衆中折辱之。慙恚疽發背卒。

王勃 【唐】勮弟。字子安。六歲善文辭。麟德初對策高第。後爲虢州參軍。恃才傲物。坐事除名。父福畤坐勃故。左遷交阯令。勃往省覲。渡南海。墮水卒。年二十九。初勃以省父道出南昌。會九月九日都督閻伯嶼宴客滕王閣。勃即席作序。伯嶼歎爲天才。勃屬文。先磨墨數升。酣飲引被臥。及寤。援筆成篇。不易一字。時謂腹稿。初唐四傑。勃其一也。有王子安集。

王南美 【宋】新化人。祁國公溥之後。隱居伊溪桂巖。博通經史。尤長於易。學者宗之。有釣月臺·耕雲臺集。

王厚 【宋】韶子。字處道。少從父兵間。習羌事。爲通直郎。元祐棄河湟。厚上疏陳不可。且詣政事堂言之。不聽。元符中師出塞。累破羌衆。超拜武勝軍節度觀察留後。卒諡莊敏。

王厚之 【宋】諸暨人。字順伯。乾道進士。官至江東提刑。直寶文閣。有金石錄·考異·考古印章。

王厚孫 【明】應麟孫。少侍大父左右。由是熟於職官典故。世冑譜牒。歷郡學訓導·象山教諭。元亡。徵辟皆不就。嘗誡其子曰。承家不在名位。而在不失身。其有同流合汙以爲通。患得患失以終其身者。吾所深惡也。晚號遂初老人。

王咸 【漢】濟南人。單于和親。王莽選儒生能專對者。以咸爲大使。陳莽威德。單于不能詘。致命而還。◎【清】字與谷。號拙庵。工畫。山嵐古峭。林木蒼勁。得石田遺意。

王咸斌 【明】諸城人。崇禎末城破。咸斌守父喪。矢死不避。土寇乘機毀棺。咸斌力爭。大罵而死。

王垣 【清】蒲城人。字紫亭。乾隆舉人。有嘯雪堂集。

王奐 【後漢】武德人。字子昌。明五經。嘗賃舂灌園。恥交勢利。爲考城令。聞蒲亭長仇覽以德化人。署爲主簿。歷官漢陽太守。徵拜議郎。◎【南齊】彧兄子。字道明。武帝時累遷尙書右僕射。出爲雍州刺史。以與寧蠻長史劉興祖不睦。誣殺興祖。帝遣使收之。奐閉門拒守。誅死。◎【清】浙江山陰人。字伯倫。善仿宋人山水。佛像人物亦精妙。

王奐曾 【清】山西太平人。字元亮。別字思顯。號誠軒。康熙進士。官至湖廣道監察御史。有旭華堂文集。

王宣 【元】長山人。世襲百戶。世祖時數有戰功。累拜管軍都把總。◎【明】晉江人。弘治中舉於鄉。一赴會試不第。以親老不赴。嘗曰。學者混朱陸爲一。便非眞知。爲人廓落豪邁。俯視一世。爲蔡清有名弟子。

王屋 【明】嘉善人。字孝峙。工詞。有草賢堂詞。

王庠 【宋】夢易子。字周彥。七歲能文。十三喪父。哀憤深切。閉戶窮經史百家書傳注之學。究其旨歸。崇寧時應能書。爲首選。下第徑歸。後復舉八行。考定爲天下第一。賜號處士。尋賜出身及章服。一日四命。俱不受。卒諡賢節。

王度 【後魏】建孫。明元帝時歷官尙書。從征赫連昌。討蠕蠕。並有功。後都督秦涇梁益雍五州軍事。卒諡莊。◎【宋】會稽人。字君玉。學於葉適。以太學上舍入對。暢言當世要務。以此失上第。教授舒州。後遷太學博士。將召對。益欲發舒。以疾卒。◎【明】歸善人。字子中。洪武中薦授監察御史。建文時燕兵起。度悉心贊畫。方孝孺與度書。誓死社稷。燕王稱帝。坐方黨謫戍賀州。又坐語不遜族誅。

王度昭 【清】諸城人。康熙進士。

知浿寧縣。行取授御史。伉直敢言。累官兵部右侍郎。乞休卒。

王建　後魏廣寧人。登國初迭典庶事。參與計謀。道武遣使慕容垂。建辭色高亢。垂壯之。還爲左右大夫。諸子多不憓法。建具以狀聞。回父子皆伏誅。其謹直如此。從征伐諸國。以功累封眞定公。官終冀青二州刺史。◎唐潁川人。字仲初。大曆進士。太和中爲陝州司馬。工樂府。與張籍齊名。宮詞百首。尤傳誦人口。有王司馬集。◎前蜀舞陽人。字光圖。少無賴。以屠牛盜驢販私爲事。里人謂之賊王八。後從軍。稍遷隊將。黃巢陷長安。建奔蜀。爲宦官田令孜養子。從僖宗幸興元。以功累擢永平軍節度使。令孜敗。走成都依陳敬瑄。建攻陷成都。殺敬瑄。幷殺令孜。據有兩川。昭宗封爲蜀王。梁滅唐。建遂自立爲蜀帝。爲人多智詐。善待士。在位十二年卒。廟號高祖。年號五。武成·永平·通正·天漢·光天。

王建及　後唐即李建及。見李建及條。

王建方　唐貞觀中右武候將軍。討松州諸蠻敗之。遣使諭降。歸附者七十餘城。又遣使詣西洱河。諭以威信。其帥遂降。

王建立　後晉遼州人。仕唐累官天平軍節度使。高祖時徙鎭平盧。又徙昭義。封韓王。建立好殺人。晚惑浮圖法。戒殺生。所至人稍安之。

王建封　南唐上元人。少從軍。以任俠驍勇知名。保大時取建州。建封爲先鋒。論功第一。福州之役。以爭功致敗。尋召爲都虞候。付以親軍。建封自是泰然僭侈。無復忌憚。被誅。

王建常　淸長武人。字仲復。早棄帖括。居河渭之間。著述自娛。嘗作律呂圖說。崑山顧炎武見之。歎爲吳中未有。又有復齋錄。

王建極　明湖州人。字用五。工畫山水。能詩。

王建衡　淸威縣人。號月巖。歲貢生。候選教諭。有讀史辨惑。任菴語略。性理辨義。

王奕　元玉山人。字敬伯。任玉山教諭。有斗山文集。梅巖雜詠。玉斗山人集。

王彥　宋上黨人。字子才。性豪縱。喜讀韜略。爲淸河尉。金人攻汴。彥赴闕求自試討賊。張所異其才。擢爲都統制。屢破金兵。威名大震。後遷知荊南府安撫使。彥因荊南曠土。措置屯田。自蜀買牛千七百頭。分給官兵。以母喪乞解官。不許。除洪州觀察使。知邵州卒。彥稱名將。屢破大敵。聲振河朔。時方沮於和議。遽召之還。又奪其兵柄而使之治郡。士論惜之。◎明沔陽人。字存拙。善畫梅花。

王彥昇　宋蜀人。徙洛陽。字光烈。善擊劍。號王劍兒。唐明宗時補東班承旨。歷周。官至龍健軍都虞候。宋初累官原州防禦使。羌人有犯漢法者。彥昇不加刑。召僚屬飲宴。引手捽犯人耳啖之。四人畏服。不敢犯塞。

王彥泓　明金壇人。字次回。官華亭縣訓導。喜作豔體小詩。最多而工。詞不多作而善改昔人詞。殊有加毫頰上之致。有疑雨集。

王彥威　唐太原人。舉明經甲科。淹識古今典禮。補檢討官。采隋以來五禮沿革。條次彙分。號元和新禮。上之。拜博士。開成初爲戶部侍郎。彥威邃於儒術。亦善吏事。但經總財用非所長。官終宣武節度使。卒諡靖。

王彥章　後梁壽昌人。字子明。少爲軍卒。末帝時累遷澶州刺史。驍勇有力。持一鐵槍。騎而馳突如飛。軍中號王鐵槍。晉軍破澶州。擄彥章妻子歸太原。間遣使者招彥章。彥章斬其使者以自絕。龍德間晉取鄆州。彥章爲招討使。期以三日破敵。左右皆失笑。後果如其言。被讒罷職。唐兵攻兗州。彥章戰敗被擒。不屈見殺。彥章嘗爲俚語謂人曰。豹死留皮。人死留名。其於忠義。蓋天性也。

王彥復　五代閩審知從弟。景福初爲都統。從攻范暉於福州。親犯矢石。指授方略。遂克之。終泉州刺史。

王彥超　宋臨淸人。性溫和恭謹。能禮士。歷仕晉漢周。累官河陽三城節度使。以功加檢校太師。宋初加中書令。封邠國公。

王彥儔　南唐蔡州人。少爲州軍校。同光末諸郡多亂。彥儔樂禍思奮。給殺同列者六人。已又給殺刺史。遂自領州事。尋奔李昪。歷和州刺史。有政績。拜天威統軍。自以發迹凶亂。務爲小心謹恪。後擢康化軍節度使卒。

王恬　晉導子。字敬豫。少好武。不拘禮法。晚節更好士。多技藝。善弈。爲中興第一。遷中書郎。卒諡憲。

王恂　晉肅子。字良夫。文義通博。在朝忠正。累官河南尹。絕賂遺。抑貴勢。卒官。◎元金中山府掾良子。字敬甫。性穎悟。年十三。精九數。世祖命爲太子贊善。每侍講讀。必發明綱常之道。及歷代興亡治亂之所以然。嘗與許衡·郭守敬等定授時曆。官至太史令。卒諡文肅。◎明公安人。字用誠。宣德進士。授檢討。博學工文。操行簡素。後擢大理寺丞。巡撫貴州。蠻夷畏服。官至國子監祭酒。

王恆　明松江人。字見可。善摹古畫。董其昌深許之。徙居武林以終。◎淸紹興人。字子占。工畫。山水罨布濃淡。意象微遠。尤好爲枯木竹石。寓虎丘方丈。十年不入城市。不交人事。窮餓死。◎淸婁縣嶽廟道士。字鏤行。能鼓琴。工寫眞。善畫山水。

王思 明直曾孫。字宜學。號改齋。正德進士。授編修。乾清宮災。應詔上疏。謫潮州三河驛丞。怡然就道。王守仁講學贛州。思從之游。及討宸濠。思贊軍議。世宗立。召復故官。辭不許。與同官屢爭大禮。不報。繼以哭諫。再受杖。病創卒。

王思文 清南城人。字立民。號鶴亭。事親極孝。至老不衰。有樗櫟餘·懦夫存稿。

王思任 明浙江山陰人。字季重。號遂東。萬曆進士。累遷袁州推官。有能聲。魯王監國時。歷禮部右侍郎。郡城失守。遂隱居不仕。工畫。倣米家數點。雲林一抹。饒有雅趣。有弈律·百家論鈔。

王思同 後唐幽州人。勇敢善騎射。好學。頗喜爲詩。輕財重義。明宗時爲匡國軍節度使。鎭雄武。列柵以禦吐蕃。後爲京兆尹。西京留守。潞王從珂反。兵潰被執。見殺。

王思政 北魏祁人。魏孝武時以預定策功。封太原郡公。宇文泰柄政。信任甚深。後守潁川。抗齊傾國之師。力竭城破。被執。高澄以其忠所事。禮遇甚厚。齊受禪。爲都官尚書。

王思訓 清昆明人。字疇五。號永齋。康熙進士。累官翰林院侍讀。工詩古文辭。有滇乘·文集。

王思廉 元獲鹿人。字仲常。世祖時以儒素進。眷注優渥。累陞典瑞太監。裕宗居東宮。思廉言殿下府中宜建學宮。俾左右近侍。常親正學。必能裨輔明德。裕宗然之。官終正奉大夫。卒諡文恭。

王思義 明松江人。字允明。有宋史纂要·香雪林集·故事選要。

王思誠 元嵫陽人。字致道。天資過人。第至治進士。至正間遷國子司業。拜監察御史。累上疏言時政。朝廷多是其議。鞫獄松州。豐潤。多平反。出簽河南山西道肅政廉訪司事。陝西行臺言欲疏鑿黃河三門。立水陸站。以達於關陝。思誠度其不可。作詩歷敍其險。執政采之。遂寢其議。拜通議大夫。國子祭酒。卒諡獻肅。

王思遠 南齊晏從弟。少恬退。建元初歷竟陵王司徒錄事參軍。累官司徒左長史。初。晏贊明帝廢立之計。思遠謂晏及早引決。猶可保全門戶。旬日。晏及禍。明帝知思遠有言。遷爲侍中。卒諡貞。

王思禮 唐高麗人。以戰功授關西兵馬使。安祿山反。哥舒翰委以軍事。勸翰表誅楊國忠。翰不應。潼關失守。思禮走行在。肅宗責其不堅守。將斬之。房琯救得免。收東京。戰數有功。遷兵部尚書。後代李光弼爲河東節度副大使。卒諡武烈。

王拯 清馬平人。原名錫振。字定甫。號少鶴。道光進士。官至通政使。工古文。無桐城末流之弊。嘗服膺包拯。故更今名。有龍壁山房文集。

王拱 南宋建康府前軍統制。從都統邵宏淵收復虹縣。進取宿州。屢立奇功。隆興初禦金人。力戰死。

王拱辰 宋咸平人。字君貺。年十九舉進士第一。仁宗時拜御史中丞。數論事。頗彊直。嘗論夏竦不宜官樞密。帝未嘗遽起。拱辰至前引帝裾。竦遂罷。因逐王益柔·蘇舜欽以傾范仲淹。爲公議所薄。元豐初累官武安軍節度使。抗疏論新法之害。官終彰德節度使。卒諡懿恪。

王持 宋長安人。字正叔。號沖隱。以字行。畫翎毛竹棘師崔白。

王持厔 宋樂清人。字載仲。在太學。嘗率六館叩閽論史嵩之。士論推重。登淳祐第。後以著作兼左曹郞。吳潛罷相。持厔輪對。言於理宗曰。宰相當進賢退不肖。不當以用舍快恩讎。潛貶。爭之力。罷歸。後除大理少卿。未上卒。

王指揮 明臨淮人。佚其名。建文時與燕兵戰白溝河。被重創。脫胄付其僕曰。吾爲國捐軀。以此報家人。立馬植戈而死。人咸驚其異。

王春 北齊安邑人。少精易占。明陰陽風角。爲神武館客。每從征討。恆令占卜。其言多中。位東徐州刺史。

王昶 三國魏晉陽人。字文舒。明帝時累官司空。嘗陳治略五事。卒諡穆。有治論二十餘篇。兵書十餘篇。◎五代閩鏻長子。本名繼鵬。既弒鏻自立。更名昶。好巫。拜道士譚紫霄爲正一先生。陳守元爲天師。妖人林興以巫見幸。後興詐覺被殺。昶愈惑亂。立父婢春燕爲皇后。募勇士爲腹心以自衞。其賜予獨厚於他軍。控鶴都將連重遇以此激其軍。迎其叔父延羲立之。延羲遣從子繼業率兵襲昶及其妻子並殺之。在位三年。年號通文。廟號康宗。◎清青浦人。字德甫。號述庵。學者稱蘭泉先生。乾隆進士。從征緬甸及兩金川。前後在軍九年。官至刑部右侍郎。湛深經學。精考證。達於政事韜略。研窮性理。詩宗杜韓蘇陸。詞擬姜夔·張炎。古文宗昌黎·眉山。時稱通儒。有春融堂詩文集·金石萃編·青浦詩傳·湖海詩傳·湖海文傳·明詞綜·清詞綜等書。

王昺 清番禺人。字日永。諸生。雍正間舉鴻博不就。有柳塘集。

王昱 元夏縣人。字樨陽。事親極孝。人稱王孝子。其友李貞佐任郟縣。昱訪焉。貞佐死於賊。家人俱逃。昱獨從不去。賊命劓去耳鼻。昱仍不去。賊詰曰。令爾何人。昱曰。吾友也。爲收骸骨。賊釋不殺。人又稱王義士。◎【清】原祁族弟。字日初。自號東莊老人。又號雲槎山人。畫山水淡而不薄。疏而有致。

王昭 【北齊】昕弟。字仲亮。少好儒術。又頗以武藝自許。性敦篤。以友弟知名。官終考功郎中。◎【明】號潛軒。師陳醇。爲鄉先生。

王昭禹 【宋】字光遠。著周禮詳解。主王安石之說而加詳。後人於是書備見安石以字說經之略。

王昭素 【宋】酸棗人。篤學有志行。爲鄉里所稱。聚徒教授以自給。鄉人爭訟。不詣官府。多就昭素決之。博通九經。兼究莊老。尤精詩易。嘗著易論二十三篇。太祖召見。拜國子博士。致仕卒。

王昭被 【清】鎮洋人。字見山。號鶴道人。諸生。喜畫梅。尤善寫影。

王昭遠 【後蜀】成都人。孟昶時累官寧江軍節度使・同平章事。宋師入境。昭遠與趙崇韜帥兵拒戰。將行。手執鐵如意。指揮軍事。自方諸葛亮。將至漢源。聞劍門已破。遂股慄色戰。尋走投東川。匿倉舍下。悲嗟流涕。爲追騎所執。太祖釋之。授左領軍衛大將軍。◎【宋】繼升子。小名鐵山。太宗時累立戰功。官至并代副都部署。李繼遷擾西鄙。絕靈武糧道。命昭遠爲環州路都部署。護二十五州芻粟竟達靈武。繼遷不敢犯。官終知河陽府。頗知書。性吝嗇。所至無善政。卒謚惠和。

王昭麟 【明】太倉人。字公符。號小弇山人。官龍溪知縣。工詞章。善眞草書。天台雁蕩間碑刻往往出其手。

王朏 【隋】太原人。官至劍州刺史。工畫人物。師周昉。

王柔 【後漢】晉陽人。字叔優。與弟澤總角共候郭泰。以訪才行所宜。泰曰。叔優當以仕進顯。季道當以經術通。然違方改務。亦不能至也。後果如所言。柔後爲護匈奴中郎將。

王柟 【宋】永嘉人。字木叔。乾道進士。累官秘書少監。有忌之者。尋罷去。起知贛州。多善政。提刑者惡之。復毀柟與祠。性崖峭孤特。不輕徇物。尤工於文。有王秘監詩文集。◎【宋】倫孫。字汝良。調海門尉。孝宗時假右司郎中使金。柟歸白其母。母曰。而祖以忠死。故恩及子孫。汝其勉之。毋以吾老爲念。柟至金。和議遂決。累官知太平州。

王柏 【宋】師愈孫。字會之。少慕諸葛亮爲人。自號長嘯。後更魯齋。工詩善畫。從何基游。質實堅苦。著書疑・詩疑・魯齋集・研幾圖等書。卒謚文憲。（按日知錄稱元儒王柏。考柏以度宗咸淳十年卒。未嘗入元。炎武誤。）

王柏心 【清】監利人。字子壽。道光進士。官刑部主事。少工詩文。通籍日。卽乞養歸。以啓誘後進自任。卒年七十四。有樞言・導江三議・漆室吟・百柱堂詩選・螺洲文集。

王棶 【宋】無爲軍人。寓居山陰。字叔永。號求志老叟。嘗官淮北。有燕翼詒謀錄。爲雜史中之最有典據者。

王洋 【宋】山陽人。字元渤。中宣和甲科。官博士。歷典三郡。晚守鄱陽。洪晧以使金歸。人無敢過其居。洋獨饋其舍。坐免。寓居信州。有荷花水木之趣。因號王南池。詩亢爽自喜。文亦溫雅有典則。有東牟集。

王洙 【宋】宋城人。字原叔。舉進士。累官侍講學士。汎覽博記。至圖讖算數音律訓詁篆隸之學。無所不通。著易傳及雜文十餘篇。卒謚文。◎【明】臨海人。字一江。正德進士。嘗別擬義例。因宋史而重修之。爲宋史質一百卷。大旨以明繼宋。遼金皆列外國。元代年號亦盡削之。

王泉 【金】淩人。字巨源。少慷慨。膂力絕人。宣宗時累遷鎮國上將軍・潞滑開三州招撫使。北兵歲入。至相戒曰。黑小二戰甚銳。其鋒未可輕犯。以泉面鐵色。故軍中目之。

王洽 【晉】導三子。字敬和。於兄弟中最知名。與荀羨俱有美稱。歷官吳郡內史。穆帝徵拜中書令。固讓卒。◎【唐】能潑墨幛上。因其形似。或爲山石林泉。天成意度。米氏雲山。實始於此。◎【宋】金華人。字伯禮。天資粹雅。操行潔修。嘗知當塗縣。極爲眞德秀所稱。◎【明】臨邑人。字和仲。萬曆進士。歷知東光・任丘等縣。補長垣。廉能爲一方最。擢吏部稽勳主事。歷考功文選郎中。天啓初諸賢彙進。洽有力焉。魏忠賢專政。洽遂被斥。崇禎初擢兵部尙書。會清兵入寇。都城戒嚴。周延儒言本兵備禦疏忽。調度乖張。遂下洽獄。竟瘐死。

王洪 【宋】蜀人。工畫山水。◎【明】錢塘人。字希範。爲閩中十才子之一。年十八成進士。授翰林檢討。永樂初與修大典。歷修撰侍講。帝頒佛曲於塞外。命洪爲文。逡巡不應詔。爲同列所排。不復進用。有毅齋集。

王洪軌 【南齊】上谷人。爲晉壽太守。多贓賄。建武初官青冀二州刺史。更勵清節。侵魏兵敗。死傷塗地。招魂祭之。呼名洟酹。痛哭不自勝。發病卒。洪軌北人而清正。州人呼爲虜父使君。言之咸涙落。

王洪緒 【清】蘇州人。號洞庭山人。善卜。決人休咎如神。有卜筮正宗。

王洛 【前秦】事苻堅爲伶人。堅狩於西山。樂而忘反。洛扣馬切諫。堅悟。不復獵。◎【清】桐城人。字仲洛。號慕庵。康熙進士。官吏部郎中。有淪靈文集。饅坡詩鈔。

王·洛兒 【後魏】京兆人。明元在東宮。以善騎射給事帳下。謹愿未嘗有過。天賜末帝避難居外。洛兒冒難擁護。社稷獲全。及即位。拜散騎常侍。卒諡溫。

王·炳 【宋】南安人。字景文。紹聖進士。娶呂惠卿猶子。避呂氏權。十年不調。後爲沭陽令。秩滿入都。時蔡京當國。炳獨不往。左授海陵丞。呂蔡敗。炳獨得全。官終潮州通判。

王·炳燮 【清】元和人。字絅齋。號樸臣。光緒進士。官直隸知縣。有毋自欺室文集。

王·珂 【後梁】重榮兄子。嗣重榮爲留後。唐昭宗以爲河中節度使。縉晉以拒梁。梁太祖絕晉援。以兵攻之。晉不能救。遂降太祖。太祖以珂爲晉壻。疑其貳己。遂殺之。

王·珉 【晉】珣弟。字季琰。小字僧彌。少有才藝。善行書。名出珣右。與嫂婢有情。嫂捶撻婢甚苦。婢素善歌。而珉好捉白團扇。因制團扇歌。後代王獻之爲中書令。二人素齊名。時謂獻之爲大令。珉爲小令。◎【宋】玉山人。字中玉。第進士。官至侍從。善楷書。作步山堂。呂祖謙等皆有題詠。

王·珍 【元】南樂人。字國寶。慷慨有大志。金末以兵應太祖。署軍前都彈壓。宋將彭義斌侵據大名。珍棄其家。間道還軍中。及元兵擊走義斌。珍謂其妻子曰。吾非棄汝輩。誠不以私愛奪吾報國之心耳。後以軍功累授本路征行萬戶。

王·珍國 【南齊】廣之子。字德重。仕齊累官北徐州刺史。武帝起兵。珍國廢殺東昏歸武帝。意望台鼎。歷遷丹陽尹。卒諡威。

王·相 【宋】柏弟。字元章。幼爲童子科。學問文章。望於庠序。能傳家學。◎【元】伯顏子。從伯顏破賊。及伯顏爲賊所害。欲釋相官之。相詈曰。吾與汝不共戴天。恨不寸斬汝。乃受汝官耶。遂遇害。◎【明】光山人。正德進士。官御史。巡按山東。鎮守中官黎鑑假進貢苛斂。相檄郡縣毋輒行。鑑怒。誣奏相。逮繫詔獄。謫高郵州判官卒。◎【明】東寧衛人。嘉靖中嗣指揮職。備禦前屯。把都兒辛愛率騎二萬自新興堡入犯。守堡指揮姚大謨等戰死。相往援。與寇遇。大戰。官軍矢竭。相勇氣益倍。持刀左右擊。身被十餘創而死。◎【清】臨川人。字晉升。有尺牘嚶鳴集。

王·相如 【宋】宣城人。字次卿。孤貧嗜學。工詩文。建炎初江右盜起。相如爲盜所獲。命作檄。相如奮髯曰。有死而已。不能爲賊作牒。遂遇害。盡室殲焉。有溪堂集。

王·省 【明】吉水人。字子職。洪武中以文學徵。授浮梁教諭。後改濟陽。燕兵至。嘗坐明倫堂。伐鼓聚諸生。以頭觸柱死。福王時諡貞烈。

王·禹 【漢】常山人。成帝時爲謁者。世受河間樂。能說其義。其弟子宋曄等上書言之。下平當考試。當言曄等守習孤學。大指歸於興助教化。宜領屬雅樂。以繼絕表微。議寖寢。有記二十四篇。

王·禹偁 【宋】鉅野人。字元之。九歲能文。太平興國進士。爲右拾遺。遇事敢言。以直躬行道爲己任。文章敏贍。累遷翰林學士。有小畜集。集議　五代史闕文。詩集。

王·禹聲 【明】鏊曾孫。萬曆進士。歷知承天府。與中官忤。罷歸。雅素好學。有鬱風。

王·科 【元】樂安人。字子純。宋末補國學。與吳澄爲講友。澄嘗稱之曰。耆儒宿學。如吾子純者。寥寥若晨星。◎【明】涉縣人。字進卿。正德進士。授藍田知縣。有殊績。嘉靖間徵爲工科給事中。言事切直。李福達獄起。以劾郭勛下獄。削籍歸。

王·竑 【明】河州人。字公度。正統進士。授戶科給事中。豪邁負氣節。正色敢言。英宗北狩。郕王攝朝。羣臣劾王振誤國。請夷振族。錦衣指揮馬順叱言者去。竑怒。奮臂捽順髮。衆共擊之。立斃。也先入犯。命守禦京城。尋擢右僉都御史。鎮守居庸關。憲宗初進兵部尚書。以不合求去。卒諡莊毅。

王·約 【元】慈谿人。與趙偕同事慈湖之學。以布衣終。◎【元】眞定人。字彥博。博覽經史。工文辭。至元中爲監察御史。成宗即位。言二十二事。皆從之。遷翰林直學士。條疏京東利病十事。請發米續賑。前後存活數十萬人。仁宗在東宮。雅知約名。擢太子詹事丞。多所匡正。英宗時以集賢大學士致仕。嘗奉詔與中書省丞條定國初以來律令。名曰大元通制。頒行之。有史論。高麗志。潛丘稿等書。◎【清】慈谿人。字簡夫。號西嶼。篤志窮經。於漢儒信馬鄭。於宋儒信程朱。於近儒信段注說文。而皆能釐正其失。無所偏護。定海黃式三以爲有得於不欺之旨。道光中卒。有詩學自怡錄。說文新附緟考。段注說文私測。不遮山樓且存草諸書。

王·紀 【明】芮城人。字惟理。萬曆進士。歷僉都御史。巡撫保定。居四年。部內大治。天啓初遷刑部尚書。主事徐大化附魏璫。紀劾罷之。尋劾閹臣沈漼交結婦寺。因斥歸。崇禎初復官。卒諡莊毅。

王·者賓 【明】鳳翔人。萬曆舉人。知興濟縣。以不耐吏事歸。賀寇至鳳翔。者賓被執不屈。賊怒。殺而投之并。者賓妻亦不屈死。

王者輔 明陝西興安人。母死。寒冬抱父足臥。崇禎末賊至。將殺其父。者輔撲父身。被殺。父因得免。

王胡之 晉廙子。字修齡。嘗在東山甚貧乏。陶胡奴爲烏程令。送一船米遺之。却不肯取。直答曰。王修齡若饑。當就謝仁祖索食。不須陶胡奴米。後歷郡守。侍中。丹陽尹。

王胄 隋眘弟。字承基。大業初爲著作佐郎。以文詞爲煬帝所重。與虞綽齊名。從征遼東。進位朝散大夫。性疎率不倫。自恃才大。鬱鬱於薄宦。每負氣陵傲。諸葛穎譖之於帝。帝愛其才而不罪。禮部尚書楊玄感虛襟與交。及玄感敗。胄亡匿。潛還江左。被捕坐誅。

王致 宋鄞人。字君一。以道義化鄉里。諸生子弟師尊之。宰臣陳執中奏錄致文得一百八十篇。藏之秘閣。學者稱鄞江先生。

王致祥 明忻州人。隆慶進士。爲給事中。莊烈帝集宦豎爲內操。言者皆得罪。致祥復極論其弊。遂罷內操。歷官右僉都御史。巡撫奉天。

王若虛 金藁城人。字從之。登承安經義進士。累官直學士。金亡。微服北歸。與劉郁遊泰山。至黃峴峯。憩萃美亭。顧謂同游曰。汨沒塵土中一生。不意晚年乃造仙府。誠得終老此山。志願畢矣。垂足坐大石上良久。瞑目而逝。有慵夫集。

王華 清歷城人。字秋史。康熙進士。少有狂名。工詩古文。嘗有句云。黃葉林間自著書。王士禛絕愛之。呼爲王黃葉。官成山教授。告歸養母。所居聖水泉。元于欽所品七十二泉之第二十四泉也。有二十四泉草堂集。

王茂 梁太原人。字休遠。好讀兵書。爲臺郎。知齊將亡。求爲邊職。武帝起兵。茂爲前驅。累官至司空。性寬厚。居處方正。卒諡忠烈。

王茂元 唐栖曜子。少好學。德宗時上書自薦。徵試校書。累遷嶺南節度使。蠻落安之。家積財。交煽權貴。鄭注用事。遷涇原節度使。注敗。悉出家貲餉兩軍。得不誅。封濮陽郡侯。卒諡威。

王茂森 清先故旗籍。後以裁旗分隸常熟。自號髻浦。人呼爲王三。役游文書院。常竊聽諸生旁。遂通四聲。操筆爲韻語。有思致。有梅隱集。

王茂蔭 清歙人。字椿年。一字子懷。道光進士。同治間官至吏部右侍郎。直言敢諫。居官數十年。未嘗挈妻子侍奉。以清直稱。

王英 元益都人。字邦傑。剛果有大節。膂力絕人。襲父職爲莒州翼千戶。父子皆善用雙刀。人號刀王。至元討賊屢有功。歷官懷遠大將軍。至元閩賊李志甫起漳州。劉虎仔起潮州。時英已致仕。平章政事巴咱爾迎致之。賊平。英之功居多。至正中毛貴陷益都。英年已九十有六。水漿不入口數日卒。◎明金溪人。字時彥。永樂進士。選庶吉士。掌機密文字。與修太祖實錄。正統初累擢南京禮部尚書。英端凝持重。歷仕四朝。朝廷大制作。多出其手。卒諡文安。有泉波集。

王英明 明開州人。字子晦。萬曆舉人。精研曆算。有曆體略。其說與西法相脗合。

王英孫 宋會稽人。字才翁。號修竹。仕將作監主簿。家饒於貲。宋亡後。延致四方名士。賦詠相娛。善畫墨竹蘭蕙。爲一時士人所宗。

王衍 晉戎從弟。字夷甫。爲元城令。終日清談。而縣務亦理。每捉玉柄麈尾。與手同色。累遷司徒。後爲石勒所害。衍有盛才。明悟如神。口中雌黃。朝野翕然。謂之一世龍門。◎後魏誦弟。字文舒。名行器藝亞於誦。歷官兗州刺史。爲爾朱仲遠所擒。以其負名望。令騎牛從軍。後釋還。累官侍中。卒諡文獻。◎前蜀建子。字化源。頗知學問。有才思。好靡麗之辭。既嗣位。年少荒淫。委政宦者。日夜酣飲。嘉王宗壽流涕勸諫。衍不能用。爲唐所滅。族誅。在位八年。年號二。乾德。咸康。史稱後主。◎明字素園。崇禎時自稱百歲老人。戲作墨菊。酣墨點纈。飛舞天成。

王衍梅 清會稽人。字律芳。號笠舫。嘉慶進士。官武宣知縣。有綠雪堂遺集。

王貞 隋陳留人。字孝逸。少聰敏好學。諸子百家。無不畢覽。善屬文。不事產業。每以諷讀爲娛。開皇初汴州刺史樊叔略引爲主簿。後舉秀才。授縣尉。齊王暕鎭江都。召至。待以客禮。貞上江都賦。王厚賜之。以疾還鄉里。終於家。

王貞白 唐永豐人。字有道。乾寧間登進士第。授校書郎。嘗與羅隱方干·貫休同倡和。有靈溪集。

王貞善 明泰和人。字如性。有靜談及讀史法戒。吉水鄒元標爲之選定。題曰王氏二書選要。

王貞儀 清江寧人。字德卿。宣城詹枚妻。於學無所不聞。夜坐觀天星。言晴雨豐歉輒驗。尤精壬遁。且知醫。年三十卒。有德風亭集。緜紩餘箋。星象圖釋。籌算易知。術算簡存。沈痾囈語等書。

王貞慶 明字善甫。折節好士。有詩名。時稱金粟公子。爲景泰十才子之一。

王貞範 五代南平保義子。事高從誨爲推官。累官少監。素精於春秋。

有殿正杜預左傳注數百條。

王軌　【北周】光子。武帝時累功進位柱國。拜徐州總管。性嚴重。善謀略。皇太子多涼德。數爲帝言之。及宣帝卽位。軌自知必及於禍。欲申忠義之節。待死不爲他計。遂被誅。

王述　【晉】承子。字懷祖。性沈靜。年三十尙未知名。人謂之癡。代殷浩爲荆州刺史。初至。主簿請諱。述曰。亡祖先君。名播海內。遠近所知。內諱不出門。餘無所諱。後屢典州郡。淸潔絕倫。卒謚簡。◎【宋】工畫羅漢。

王迪簡　【元】越人。字庭吉。號戢隱。善畫水仙。

王郁　【遼】處直孼子。奔晉。爲新州防禦使。後降太祖。從略地燕趙。

王重光　【明】山東新城人。嘉靖進士。官工部主事。理呂梁洪有功。改戶部。督稅九江。歲省漕數千石。累官貴州副使。嘉靖中貴州諸蠻入寇。撫臣出師不克。重光單騎深入。諭以禍福。諸蠻羅拜。後以勞卒。

王重師　【後梁】許州人。沈默多智。善劍槊。歸太祖。爲拔山都指揮。苦戰齊晉間。威震鄰敵。累遷佑國軍節度使。甚有威惠。爲劉捍所構。賜死。

王重裔　【後周】宛丘人。幼沈厚有勇。善騎射。唐莊宗時累官禁軍指揮使。天福中以破安重榮功領貴州刺史。漢初仍典禁軍從征。歷徐州巡檢。兼知軍州。加檢校太傅。太祖卽位。加爵邑。改功臣。

王重榮　【唐】祁人。初爲列校。兄重盈皆以毅武冠軍。累官河中節度使。與楊復光、李克用討平黃巢。以功拜檢校太尉、同中書門下平章事。封瑯邪王。性酷悍多殺戮。後爲部將所殺。

王韋　【明】上元人。字欽佩。弘治進士。官至太僕少卿。爲詩婉麗多致。失之纖弱。有南原集。

王音　【漢】禁從子。官御史大夫。王鳳病。成帝臨問。鳳薦音自代。鳳卒。音遂代鳳爲大司馬、車騎將軍。封安陽侯。敢諫正。有忠節。卒謚敬。

王倪　【上古】堯之師曰許由。許由之師曰齧缺。齧缺之師曰王倪。得道義農之間。黃帝嘗問道要於王倪。

王佖　【五代】【閩】通文中積官至同平章事。爲人剛直。不畏強禦。是時王延羲官僕射。有異志。佖往往因事折之。延羲亦憚佖不敢發。及延羲立。佖已死。發冢戮其尸。面如生。

王倚　【元】東萊人。字輔臣。爲人孝友樂易。重然諾。讀書務躬行。不專事章句。世祖時侍東宮。凡時政所急。知無不言。官終太子家丞。

王倬　【明】太倉人。字用檢。成化進士。初令山陰、蘭谿。有惠政。召爲御史。首劾選曹。又劾罷尙書五人。論斥閹宦。累遷兵部侍郎。乞歸卒。

王脩　【後漢】句章人。順帝時爲錫州從事。虞翻稱其委身受命。垂聲來世。◎【三國】【魏】營陵人。字叔治。年七歲喪母。母以社日亡。來歲鄰里社。脩感念母哀甚。鄰里聞之。爲罷社。初平中孔融召爲主簿。遷高密令。移膠東。後爲袁譚別駕。勸譚兄弟相睦。譚不從。曹操禮辟脩爲司空掾。徙奉常卒。脩篤行義。雖危難無恤。又以知人稱。◎【晉】濛子。字敬仁。明秀有美稱。善隸書。起家著作郎、瑯邪王文學。轉中軍司馬。未拜而卒。

王脩玉　【淸】仁和人。字淸修。康熙間拔貢生。有松壑堂集。

王俶　【淸】彭山人。字善思。有易經一說。

王倫　【宋】旦族孫。字正道。家貧無行。爲任俠。往來京洛間。數犯法幸免。汴京失守。欽宗御宣德門。倫直造御前。自薦其才。欽宗立除兵部侍郎。倫下樓挾惡少數人。傳旨撫定。都人乃安。高宗時奉命使金。屢被拘留。及金人脅之以官。竟不受。見迫而死。後謚愍節。◎【淸】兗州人。乾隆間以淸水邪教。運氣治病。教拳勇。徒黨甚衆。壽張知縣沈齊義捕之。遂入城戕吏。連陷堂邑、陽穀。趨臨淸。圖阻運道。舒赫德督兵平之。

王倩　【淸】浙江山陰人。字曼仙。有洞簫樓詞。

王兼濟　【宋】洛陽人。畫道釋鬼神。得吳生餘趣。簡傲嗜酒。不修人事。

王剛中　【宋】樂平人。字時亨。紹興進士。忤秦檜。授洪州教授。檜死。遷中書舍人。言禦敵先務。帝韙之。以龍圖閣待制知成都府。檢身以法。不立崖塹。馭吏恩威並行。孝宗時同知樞密院事。卒謚恭簡。有易說、春秋通義等書。

王原　【明】文安人。明季父以歲荒役重遠亡。及娶婦。辭母覓父。十餘年。遇其父於輝縣夢覺寺。慟哭偕歸。以壽終。◎【淸】靑浦人。初名深。字仲深。一字令詒。康熙進士。知茂名縣。有惠政。調知銅仁。邑大治。官至工科給事中。以直言降級歸。原學有根柢。一以濂洛爲宗。有學庸正譌、論孟釋義、春秋愳聞等書凡十餘種。

王原祁　【淸】揆子。字茂京。號麓臺。康熙進士。由知縣擢給事中。改翰林春坊。供奉內廷。充書畫譜館總裁。晉戶部侍郎。工畫山水。淺絳尤稱獨絕。時常熟王翬以淸麗傾中外。原祁以高曠之品突過之。與其祖時敏及王鑑、王翬。並稱四王。工詩善文。性廉潔。不治生產。通籍後家居。蕭然如寒素。卒年七十有四。

王原傑　【元】吳江人。一作原杰。字子英。爲詩文雅健高古。至正間以春秋領鄉薦。值兵亂。隱居教授。邃於理學。時稱貞白先生。有春秋讞議。貞白英華文集·水雲清嘯詩集。

王·哲 明吳江人。字思德。弘治進士。任監察御史。巡按江西。鎮守太監董讓怙勢驕縱。哲首劾之。寧王宸濠橫甚。亦爲斂迹。累陞都察院右僉都御史。江西盜起。命哲往撫。盜皆解散。宸濠將叛。常以計去守臣之異己者。哲自宸濠所宴歸而病。人謂宸濠中以毒。遂引疾致仕。踰年毒發卒。

王·城 宋金華人。字玉成。幼穎悟。資稟溫厚。不樂華靡。篤志學問。城於王柏爲諸孫。又在弟子之列。其學粹然一出於正。補修職郎。監建康酒稅院。未及上而宋亡。不復出。

王·珽 元安仁人。字景達。端愨靜穆。寡言笑。官道州永明稅大使。師李仁。其疾也。仁視之。卒之夜。仁勉以毋弁帶。珽欣然。領之而逝。

王·夏 清膠州人。字蜀子。號大柱。乾隆時諸生。喜爲詩。尤邃於經。其持論多發前人所未發。江藩見其所作釋稷一篇。稱爲穿穴經傳。義明詞達。

王·奚 後秦驍勇有膂力。善騎射。仕姚興爲護羌校尉。拒赫連勃勃。傷而被執。奚與所親數十人自刎死。

王孫·圉 春秋楚大夫。嘗聘於晉。定公饗之。趙簡子鳴玉以相。問楚白珩之寶焉。圉曰。白珩。先王之玩也。何寶焉。圉聞國之寶六而已。聖能制議百物。玉足以庇蔭嘉穀。龜足以憲臧否。珠足以禦火災。金足以禦兵亂。山林藪澤足以備財用。則均寶之。若夫譁囂之美。楚雖蠻夷。不能寶也。

王孫·皓 漢魯人。從瑕丘江公受穀梁春秋。

王孫·卿 漢賣豉致富。以財養士。與雄傑交。王莽以爲京司市。

王孫·賈 春秋衛大夫。嘗謂孔子曰。與其媚於奧。寧媚於竈。何謂也。蓋賈意欲使孔子親昵於己。故設辭以諷。孔子嚴拒之。

王孫·滿 周定王時爲大夫。楚子伐陸渾之戎。遂至於雒。觀兵於周疆。王使王孫滿勞楚子。楚子問鼎之大小輕重。對曰。在德不在鼎。德之休明。雖小重也。其姦回昏亂。雖大輕也。周德雖衰。天命未改。鼎之輕重。未可問也。

王孫·慶 漢東郡人。有勇略。王莽居攝。從翟義起兵討莽。義敗。慶亦被捕。莽使太醫尚方與巧屠共刳剝之。

王孫·蘭 明無錫人。字畹仲。崇禎進士。歷遷廣東副使。分巡南雄·韶州。連州猺賊爲亂。馳往勸之。猺遂降。張獻忠陷長沙·衡州。韶士民聞之。空城逃。賊所設僞官傳檄將至。自縊死。

王·宰 唐蜀人。多畫蜀山。玲瓏巧峭。杜甫有戲題宰山水圖歌。

王·家彥 明莆田人。字開美。天啓進士。擢刑科給事中。彈擊權貴無所避。崇禎初疏陳太僕種馬徵銀之弊。累遷戶部右侍郎。都城被兵。命協理戎政。寢處城樓者半載。城陷。自縊死。諡忠端。

王·家相 清常熟人。字藝齋。嘉慶進士。擢御史。屢上疏論時事。官至南汝光道。有茗香堂集。

王·家珍 清容城人。順治間由貢生爲朔州知州。姜瓖　。家珍固守。城陷。被執不屈。賊支解之。每割一臠。問曰。降乎。家珍至死罵不絕口。全家並遇害。

王·家啓 清蔚縣人。順治舉人。官新會知縣。有擇執錄。

王·家屏 明大同山陰人。字忠伯。隆慶進士。累官吏部左侍郎。兼東閣大學士。入預機務。申時行當國。許國·王錫爵次之。家屏居末。每議事。秉正持法。不亢不隨。遭憂歸。服闋。召還。未幾。遂爲首輔。性忠讜。好直諫。時請冊立皇太子者甚衆。帝皆黜之。家屏引疾求罷。卒諡文端。有王文端奏疏·王文端集。

王·家幹 清睢寧人。字楨甫。道光武舉。咸豐間署六合城守。積功擢都司。戰死。

王·家禎 明長垣人。萬曆進士。天啓間以左僉都御史巡撫甘肅。松山部長擾西部二十餘年。家禎至。三犯三却之。擢戶部左侍郎。崇禎間以剿流賊撫河南。兵敗。落職閒住。李自成陷京師。家禎自經死。

王·家錄 明黃岡人。舉於鄉。崇禎間官員外郎。督餉榆林。已擢關南兵備僉事。未行。與副使都任協守。家錄命婦人運水灌城。結爲冰。賊攻稍沮。及城陷。自到死。

王·宸 清原祁曾孫。字子凝。號蓬心。又號蓬樵老蓮·柳東居士。乾隆舉人。工詩。山水稍變家法。仕至永州知府。

王·峻 梁秀之子。字茂遠。少美風姿。善容止。天監初爲中書侍郎。武帝甚悅其風采。累遷吏部尚書。處選甚得名譽。性詳雅。無趨競心。卒諡惠。◎北齊靈丘人。字巒嵩。明悟有幹略。歷事神武·文襄。爲相府佐。除營州刺史。有安邊功。歷位尚書。河清中爲南道行臺。坐罪除名配里坊。◎後周安陽人。字秀峯。少以善歌事梁節度使張鎬及租庸使趙巖。漢高祖時累遷宣徽北院使。已從太祖舉兵。太祖入立。峻自謂有佐命功。爲樞密使。兼宰相。又求兼領平盧節度使。尋貶商州司馬卒。◎清常熟人。字次山。號艮齋。雍正進士。授編修。改御史。拜命三日。即抗章劾臺長官。著直聲。以母憂歸。工書。有艮齋詩文集。

王師 【清】臨汾人。字貞甫。號莪園。雍正進士。知元城縣。有王青天之稱。乾隆時官至江蘇巡撫。

王師約 【宋】克臣子。字君授。少習進士業。尙神宗徐國公主。歷晉州觀察使。哲宗立。遷鎭安軍節度觀察留後。宣仁太后臨朝。師約屢上書言事。議者以爲職不當上言。奪其秩。官終樞密都承旨。

王師愈 【宋】金華人。字與正。紹興進士。初從楊時游。受易論語。又從呂本中游。知中朝諸老言行之懿。累官浙江提點刑獄卒。

王師道 【宋】兗州人。字居中。爲人沈勇。任吉州栗傳砦巡檢。與盜戰。每射輒斃。追擊數里。遇伏力戰死。

王師範 【唐】敬武子。敬武卒。師範年十六。自稱留後。時朱全忠已幷鄆州。遣兵攻師範。師範下之。會全忠圍鳳翔。昭宗召方鎭赴難。師範聞之。哭曰。吾爲國守藩。君危不持。可乎。乃與楊行密連盟。殺全忠守將婁敬思。全忠使從子友寧來攻。擊敗之。殺友寧。全忠怒。悉軍來。獲師範弟師克。師範請降。後爲友寧妻所訴。族誅。

王庭 【明】長洲人。字直夫。嘉靖進士。授許州知州。歷福建按察僉事。閩故多珍貨。廉毅無所侵。進江西參議。示之禮化。尤爲下所推戴。遂謝歸。處圜闠。泊然閉門。無所通往。弦誦時時不輟。言不出口。能楷模一鄉。鄉人士翕然歸之。◎【清】嘉興人。字言遠。一字邁人。順治進士。工文詞。官至山西布政使。以廉潔稱。有理學辨·浸餘草·秋澗詩集。

王庭允 【後晉】長安人。字紹基。少爲後唐晉陽軍校。勇鷙狡捷。以攻城野戰爲事。能與士卒同甘苦。莊宗甚禮遇之。入晉後。累官至檢校太尉。

王庭秀 【宋】慈谿人。字穎彥。政和進士。累官檢正中書門下省諸房公事。立朝敢言。從楊時學。旁搜遠紹。不苟趨時好。文辭俊邁宏遠。而王應麟頗撮其麈柄集論議爲謬妄云。

王庭珪 【宋】安福人。字民瞻。政和進士。紹興中胡銓上疏乞斬秦檜。謫新州。庭珪獨以詩送行。坐訕謗。流夜郎。檜死。許自便。孝宗召對內殿。除直敷文閣。有盧溪集。

王庭筠 【金】河東人。字子端。大定進士。調恩州軍事判官。有政聲。章宗時試館職罷歸。買田隆慮。讀書黃華寺。因以自號。復召爲應奉翰林文字。累官翰林修撰。庭筠善知人。所薦引皆名士。爲文能道所欲言。晚年詩律深嚴。能書工畫。尤善山水墨竹。有藂辨及文集。

王庭譔 【明】華州人。字敬卿。萬曆進士。官修撰。年未四十而沒。有松門稿。

王彧 【南朝宋】球從子。字景文。少與陳郡謝莊齊名。孝武時遷司徒左長史。明帝即位。累除尙書右僕射。帝慮彧門族彊盛。晚年不爲純臣。會帝疾篤。遂遣使送藥賜彧死。彧方與客棊。斂子入盒。從容仰藥死。追謚懿。

王恕 【明】三原人。字宗貫。正統進士。孝宗時累官吏部尙書。敭歷中外五十餘年。剛正淸嚴。始終一致。所引薦皆一時名臣。弘治二十年間。衆正盈朝。職業修理。號爲極盛者。恕力也。卒謚端毅。有玩易意見。石渠意見·王端毅奏議·王介菴奏稿·王端毅文集。◎【明】湖口人。字尙忠。景泰進士。官至廣東布政司參議。有石鐘山志。◎【清】太原人。字中安。又字恐齋。康熙進士。乾隆時官至福建巡撫。所歷皆有政績。少時讀書樓山。學者稱樓山先生。有樓山集。

王恭 【晉】蘊子。字孝伯。孝武時爲前將軍 兗青二州刺史。會稽王道子執政。恭每正色直言。爲道子所忌。後以討王愉兵敗被殺。性伉直。闇於機會。雖以簡惠爲政。然自矜貴。與下殊隔。不閑用兵。尤信佛道。臨刑猶誦佛經。自理鬚鬢。無懼容。追謚忠簡。◎【唐】白馬人。少篤學。教授鄉閭。貞觀初拜太學博士。講三禮。別爲義證。甚精博。◎【明】福建長樂人。字安中。自號皆山樵者。隱居七巖山。永樂初以薦待詔翰林。年六十餘。與修大典。授翰林院典籍。爲閩中十才子之一。有白雲樵唱集·草澤狂歌。

王悅 【晉】導子。字長豫。弱冠有高名。事親色養。導甚愛之。少侍講東宮。歷中書侍郞。先導卒。謚貞。◎【南朝宋】羲之曾孫。字少明。少厲淸操。亮直有風檢。泰始中爲黃門郞·御史中丞。還侍中。掌檢校御府太官太醫諸署。時姦巧甚多。悅按覆無所避。衆共咒詛之。以病卒官。◎【北周】藍田人。字衆喜。少有氣幹。文帝初定關隴。悅率募鄉里從軍。屢有戰功。歷大行臺左丞。侯景據河南來附。悅言景於高歡分義。有同魚水。今尙背德。豈肯盡節於朝廷。文帝納之。景尋叛。遷大行臺尙書。孝閔即位。拜大都督。遷司憲中大夫。◎【宋】莆田人。字習之。紹興中登第。性峭直。孝宗時知衢州。以慈祥稱。屬歲飢旱。發廩勸分以給食。竭誠禱雨。凡月餘日。有乞爲三日之霖。願減十年之壽之句。竟以是卒。衆爲立祠。其喪出城。號慟之聲震野外。

王恩 【宋】開封人。字澤之。以善射入羽林。歷神宗哲宗朝。數破夏羌。遷涇原副都總管。徽宗立。知渭州。

括隱地二萬三千頃。分弓箭士耕屯爲三十一都。以省餽餉。累遷武信軍節度使。以檢校司徒致仕卒。

王恩浦 【清】常熟人。字渭擕。自號海濱遺客。善畫竹。工詩。善書。篆刻尤蒼古。

王恩榮 【清】蓬萊人。字仁庵。九歲。父爲尹奇強恃勢毆殺。訟不得直。祖母及母相繼死。及恩榮長。時以斧自隨。遇奇強。屢擊不中，後卒斫殺之。自繫赴縣。法司稱其孝。釋歸。

王恩綬 【清】無錫人。字樂山。號佩綸。道光舉人。咸豐間以知縣官湖北。時洪楊軍犯武昌。恩綬縋城入。城破巷戰死。諡武愍。恩綬喜讀宋儒書。以躬行實踐爲本。工書畫及詩文。

王挹眞 【明】江右人。工畫山水。宗二米。

王振 【五代吳】仕楊行密兄弟爲史官。所著太祖本紀及討論諸將戰功。皆詳核。時稱良史。◎【明】蔚州人。少以閹選入內書堂。侍英宗東宮。爲局郎。英宗立。年少。振狡黠得帝懽。遂掌司禮監。威福刑賞。莫由朝廷。振自以爲威無不加。遂構釁瓦剌。也先大舉入寇。振挾帝親征。次土木。瓦剌兵追至。師大潰。帝蒙塵。振亦爲亂兵所殺。郕王攝政。族其家。方振盛時。帝傾心嚮之。常呼先生。公侯勛戚呼曰翁父。尚書徐晞等多至屈膝。後英宗復辟。尚念振不置。招魂祀之。祠曰旌忠。

王振聲 【清】昭文人。字寶之。道光舉人。精音韻之學。晚好桐城書。漸入宋儒。有歸文考異・文村詩古文稿。◎【清】揚州人。字星槎。嘗遊江漢間。善鼓琴。畫花卉生動有致。

王振鵬 【元】永嘉人。字朋梅。仁宗賜號孤雲處士。官至漕運千戶。善圖繪。界畫毫分縷析。神氣飛動。不爲法拘。

王效 【明】延綏人。讀書能文辭。嫻韜略。騎射絕人。中武會試。嘉靖中累官署都督僉事。充總兵官。鎮寧夏。吉囊來犯。效屢敗之。擢右都督。移鎮宣府。卒諡武襄。效言行謹飭。用兵衆謀勇。咸著西陲。爲時名將。

王效成 【清】盱眙人。字約甫。歲貢生。有伊蒿室文集。

王晏 【南齊】弘之孫。字休默。一字士彥。明帝謀廢立。晏有佐命功。領太子少傅。與帝內相疑阻。晏望開府。數呼相工自視。好屏人與賓客語。帝疑晏欲反。遂誅晏。◎【宋】滕人。少壯勇無賴。嘗爲盜。後唐同光中應募隸禁軍。開運末戍陝州。契丹遺將劉愿據陝。恣行暴虐。晏殺愿歸漢祖。擢建雄軍節度使。加同平章事。入周。授武寧軍節度。悉召故時同爲盜者誠諭之。境內安靜。太祖即位。進封韓國公。官安遠節度。致仕卒。

王晏平 【唐】智興子。以軍功累官靈鹽節度使。以父喪擅取兵械自衛歸洛陽。流康州。不即行。陰求援於河北三鎮。改撫州司馬。給事中韋溫等還詔不敢下。改永州司戶參軍。

王晏宰 【唐】晏平弟。後去晏。獨名宰。少勇果。歷光州刺史。有美政。擢邠寧節度使。破劉稹。遂節度太原。宣宗初入朝。厚結樞倖求宰相。周墀劾之。乃還軍。官終少傅。

王晏球 【後唐】洛陽人。字瑩之。爲將有機略。善撫士卒。明宗時爲招討使。大破契丹兵。平王都。拜平盧軍節度使。兼中書令。

王晏實 【唐】晏宰子。幼機警。祖智興自養之。故名與諸父齒。劉稹平。擢淄州刺史。終天雄軍節度使。

王晉卿 【宋】河朔人。乾德中爲興州刺史。移漢州。嚴武備。設方略。劇賊無敢窺境。然以賄聞。太祖惜其才不問。後戍北邊。授莫州刺史。治邊馭衆。咸有善績。

王時 【元】克敬子。以文學顯。歷仕中書。參知政事。終左丞。

王時中 【明】黃人。字道夫。弘治進士。拜御史。出按宣大。逮繫武職貪汙者百餘人。世宗時爲兵部尚書。中官黃英等多所陳請。時中皆執不可。官終刑部尚書。

王時柯 【明】萬安人。字敷英。正德進士。嘉靖初歷御史。上疏言大禮事。忤旨切責。未幾伏闕固爭。再予杖。除名戍邊。穆宗即位。復官。

王時敘 【宋】奉化人。字伯倫。乾道進士。歷任遂安縣。時郡守責逋於十年之外。甚急。時敘謂從事曰。郡侯素不困疲瘵之民。何遽變改。果爾罪去。誠甘之。守知不可奪。遂已。陸游爲郡日。極稱賞之。有文集。

王時敏 【明】上饒人。字德修。林逋弟子。逋卒。時敏爲立後。有師說。◎【清】錫爵孫。字遜之。號煙客。又號西廬老人。明崇禎初以蔭官太常。兵後隱於歸村。畫山水法大癡。得其神髓。爲清初畫家領袖。愛才若渴。四方士工畫者踵接於門。得其指授。無不知名。常熟王翬其首也。工分隸。精鑒藏。康熙中卒。年八十有九。有西田集。

王時翔 【清】鎮洋人。字皐謨。一字抱翼。號小山。以諸生薦舉。雍正間知晉江縣。乾隆時官至成都知府。爲政持大體。屢雪疑獄。有神明之稱。有小山全稿。

王時會 【宋】時敘弟。字季嘉。乾道進士。嘗知會稽。值歲霖潦。郡方督巳蠲之賦甚急。時會持不可。守不聽。乃袖告身易服立庭中。守爲奪氣。民賴以舒。會營永阜陵。吏抱文檄如林環寀立。時會省去其十之七。餘不可已者。召民給錢粟與期。民不知役而事悉集。少銳意經學。有易詩書論語訓傳・鄉飲酒辯疑數十百卷。文辭簡古。尤喜爲詩。有泰菴存稿。

王・時槐 【明】安福人。字子植。號塘南。嘉靖進士。歷太僕少卿。隆慶末出爲陝西參政。以京察罷歸。萬曆中起貴州參政・鴻臚太常。皆不赴。以講學終。有廣仁類編・友慶堂合稿。

王・時憲 【清】太倉人。字若千。號禊亭。康熙進士。由宜興教諭改翰林院庶吉士。有性影集。

王・時舉 【明】順天通州人。嘉靖間爲御史。以劾刑部尙書黃光昇去職。穆宗立。復官。後巡按貴州。不改故操。數有論列。官終大理左少卿。

王・時翼 【清】吳縣人。字又溟。與王時敏同時。善畫人物山水。

王・翀 【漢】術士。善望氣。李廣數擊匈奴有功。不得封邑。從翀相。翀問廣嘗有所恨否。廣答爲隴西守時。誘反羌八百餘人降。同日殺之。至今以爲恨。翀曰。禍莫大於殺已降。此乃將軍所以不得侯者也。

王・根 【漢】元后庶弟。字稚卿。封曲陽侯。爲驃騎將軍。以受傳太后董賂。言於成帝。徵定陶王爲太子。輔政五歲。哀帝卽位。司隸校尉解光奏根。遣就國。卒諡煬。

王・格 【明】京山人。字汝化。嘉靖進士。大禮議起。格持正論。忤張璁。出知永興縣。累遷河南僉事。分巡河北。世宗南巡。格不肯賂中官。爲所譖。被逮杖謫。穆宗時授太僕寺少卿致仕。里居五十餘年卒。有少泉集。

王・桓 【明】慈谿人。字彥珍。洪武中以通經學古薦於朝。授國子學正。知盧氏縣。務以德化。尋告歸。鄉人稱爲明白先生。有明白先生集。

王・栖霞 【南唐】生於齊魯。一名敬眞。字元隱。以神童及第。唐天祐時南渡。從道士聶師道傳道法。李昪輔吳。召之。館於玄眞觀。昪篡立。加金印紫綬。加號眞素先生。時昪餌史守沖丹藥。頗躁急暴怒。一日問栖霞以致太平之道。對曰。王者治心治身。乃治家國。今陛下尙未能去饑嗔飽喜。何論太平。凡昪所賜予。栖霞悉不受。卒歸葬雷平山。

王・栖曜 【唐】濮陽人。性謹厚。善騎射。累授試金吾衞將軍。袁鼂亂浙東。栖曜與戰。日十餘遇。生擒鼂。授浙西都知兵馬使。李希烈陷汴州。栖曜以強弩三千涉水。夜入寧陵。希烈遂不敢東。貞元初終鄜坊節度使。卒諡成。

王・殷 【後梁】工畫佛道士女。尤精外國人物。與胡翼齊名。(按宣和畫譜避宋宣宗諱作王商。圖繪寶鑑・畫史會要分爲二人。誤。)◉【後周】大名人。事母以孝聞。晉時以戰功爲奉國右廂都指揮使。漢高祖討杜重威。殷先登力戰。矢中其腦。鏃自口出而不死。高祖嘉之。以爲侍衞步軍都指揮使。後從太祖起兵。爲天雄軍節度使。領親兵。尋疑其有異志。殺之。

王・浚 【晉】散騎常侍沉子。字彭祖。嗣父爵。出補河內太守。鎭許昌。附賈后。與黃門孫慮共害愍懷太子。尋都督幽州。時朝政昏亂。浚爲自安計。結姻鮮卑。成都王穎稱兵內向。浚討穎克之。遷驃騎大將軍。大樹威令。專征伐。後爲石勒誘執。斬之。◉【清】萬全人。道光中以功擢參將。與洪楊軍戰於江南。屢敗之。官至湖北提督。攻勦丹陽。沒於陣。

王・浹 【唐】工畫人物。

王・浩 【金】初辟涇陽令。廉白爲關輔第一。哀宗時爲扶溝令。縣民欲送款於元。勸之降。不聽。被殺。◉【明】石首人。景泰進士。成化初累陞右僉都御史。有恆菴集・平西錄・恆菴遺帖。

王・泰 【梁】慈子。字仲通。幼聰敏好學。及長。通和溫雅。天監中掌吏部。不以貴賤請屬易意。後爲吏部尙書。衣冠屬望。改左驍騎將軍。卒諡夷。◉【宋】永嘉人。幼孤。鞠於伯父。元兵至。執其伯父索財不得。將殺之。泰紿之曰。釋吾伯父。吾指爾瘞物所。兵隨泰掘數處。無所得。乃涕泣告曰。家貧無貲。願代伯父死。兵怒斬之。仆地。兵去。伯父視之。頸骨截而喉未斷。急捧合其首。適有修船油灰。取塗之。越七日甦。後創合而首竟偏。

王・泰之 【元】鼎子。號竹趣。能紹父藝。

王・泰際 【清】嘉定人。字內三。明崇禎進士。値國變。以親故歸隱。足跡不入城市。四十年如一日。及卒。門人私諡貞憲。有抱冰集・過日詩選。

王・烈 【後漢】太原人。字彥方。少師事陳寔。以義行稱。鄉里有盜牛者。主得之。盜請罪。曰。刑戮是甘。勿使王彥方知之。烈聞而謝之。遺布一端。後有父老遺劍於路。行道一人見而守之。烈使推求其人。乃先盜牛者。凡有爭訟者。往質於烈。使判曲直。或至途而返。或望廬而還。其以德感人如此。察孝廉。徵辟皆不就。董卓之亂。避地遼東以終。◉【晉】邯鄲人。字長休。常服黃精及鉛。年三百三十八歲。猶有少容。入太行山中。莫知所之。

王 特起 【金】崞縣人。字正之。好學工詞賦。泰和中由進士爲眞定錄事參軍。有惠政。累遷司竹監卒。

王・珠 【宋】龍泉人。字仲淵。以孝謹聞。建炎間居父憂。芝數本生墓側。倒植竹以爲杖。復生柯葉。紹興間再羅毋憂。復有雙竹靈芝之祥。

王·珣 【晉】洽子。字元琳。小字法護。弱冠與陳郡謝玄俱爲桓溫掾。溫甚敬重之。嘗曰。謝掾年四十必擁旄仗節。王掾當作黑頭公。皆未易才也。轉主簿。後爲尙書右僕射。領吏部。以才學文章見昵於武帝。嘗夢人以大筆如椽與之。既覺。語人曰。此當有大手筆事。俄而帝崩。哀册謚議。皆珣所草。初珣與謝安有隙。聞安卒。詣而哭之甚哀。時論韙之。封東亭侯。累官散騎常侍。卒謚獻穆。◎【唐】方翼子。字伯玉。與兄璵．弟瑨並以文學稱。時號三王。天授進士。擢長安尉。因進見武后召問刑政。嘉之。詢其氏族。對曰。廢后。臣之姑也。武后不悅。因左遷。玄宗時官終工部侍郎。卒謚孝。◎【元】開義人。字君寶。武力絕人。善騎射。金末河朔兵動。豪強各擁衆據地。推珣爲長。後歸木華黎。累遷兵馬都元帥。鎭遼東。爲政簡易。賞罰明信。爲當時所稱。◎【明】曹人。字德潤。成化進士。知太康縣。以治行擢御史。行部蘇松。例獲盜三百。陞四品俸。時以盜詿誤者至數十人。珣按非實。多所平反。後至副都御史．巡撫寧夏。

王·珪 【唐】郿人。僧辯孫。字叔玠。從王通受詩。性沈濟。交不苟合。初事建成。太 召爲諫議大夫。推誠納善。每存規益。遷侍中。與房玄齡．李靖．溫彥博．戴胄．魏徵同輔政。官終禮部尙書。珪自奉濟。周恤宗族。奉寡嫂。家事必咨而後行。教撫孤姪。雖其子不過也。卒謚懿。◎【宋】開封人。少拳勇善騎射。能用鐵杵鐵鞭。康定初元昊寇鎭戎軍。珪將三千騎爲先鋒。敵圍之數重。珪奮激大破之。後爲涇原路行營都監。敵大入。從任福屯好水川。力戰死。◎【宋】華陽人。字禹玉。舉進士甲科。朝廷大典册。多出其手。哲宗時累官尙書左僕射。兼門下侍郎。封岐國公。神宗欲召司馬光。珪薦俞充帥慶。使上平西夏策。永樂之敗。死者十餘萬人。實珪啓之。卒謚文。◎【元】常熟人。字君璋。號中陽老人。嘗以材異辟同知辰州。不起。隱於虞山。澄心觀道。善鼓琴。工畫。意趣幽遠。有泰定養生論．道德經．還原奧旨．原道集．山居幽興集。◎【明】合肥人。慷慨有大志。少爲淮西廉訪司隸卒。元末兵亂。募集鄉民守廬州。自稱萬戶。尋來歸。從征渡江。復太平。仍命爲萬戶守之。積功陞右軍都督僉事。

王·珪之 【南齊】邃之從弟。有史學。撰齊職儀五十卷。永明中詔付秘閣。

王·珙 【明】常熟人。字廷珪。有竹居集。

王·益 【宋】臨川人。字舜良。祥符進士。天聖間以殿中丞知韶州。州俗男女少別。益廉奸淫傷化者。一切窮治之。屯兵將謀變。益捕首謀五人。即斷流之。事遂定。官終員外郎。

王·益之 【宋】金華人。字行甫。官大理司直。熟於兩漢掌故。有西漢年紀．漢官總錄．職原等書。

王·益柔 【宋】益恭弟。字勝之。少力學。爲文日數千言。抗直尙氣。喜論天下事。神宗朝累官龍圖閣直學士。知應天府。司馬光爲資治通鑑。獨能閱之終篇。其好學類此。

王·益恭 【宋】曙子。字達夫。爲衞尉寺丞。性恬淡。慕唐王龜之爲人。數解官就養。與浮圖隱者出游洛陽名園山水。累遷司農少卿卒。

王·益祥 【宋】閩縣人。字謙叔。號止軒。淳熙進士。紹熙中轉建康府學教授。修學校。增生徒。士風丕變。◎歷知寧國。改處州。時嚴僞學之禁。因丐祠去。後遷江東提刑。以里人陳自強居相位。引嫌歸。

王·牲 【淸】金壇人。字無量。嘗著學案。以救姚江末流之失。

王·眘 【隋】臨沂人。字元恭。博學多通。少有盛名。隋初爲學士。官終秘書郎。

王·眞 【後漢】上黨人。字叔經。年且百歲。視之面有光澤。如未五十者。自云周流五岳。能行胎息胎食之方。嗽舌下泉咽之。不絕房室。◎【明】陝西咸寧人。起卒伍。積功至燕山右護衞百戶。燕兵起。從軍。累立戰功。官都指揮使。淝河之戰。眞與白義．劉江各率百騎誘敵。斬馘無算。後軍繼。南兵圍之數重。眞被重創。自刎死。謚忠壯。

王·矩 【晉】長沙人。字令式。美姿容。每出遊。觀者盈路。初爲南平太守。預討陳恢有功。遷廣州刺史。至州月餘而卒。

王·祚 【唐】太原人。武后時諫罷萬象宮知名。開元中以大理司直馳傳決獄。所至仁平。◎【宋】祁人。爲郡小吏。自漢歷周。爲隨州刺史。移刺商州。以俸錢募人開大秦山岩梯路。行旅感其惠。後鎭潁州。導通商渠以利舟楫。郡無水患。宋初爲宿州防禦使。課民鑿井修火備。築城北隄以禦水災。以左領軍衞上將軍致仕。

王·祜 【宋】莘人。字景叔。宋初知潞州。尋代符彥卿鎭大名。以百口明彥卿無罪。世謂祜有陰德。嘗手植三槐於庭。曰。吾子孫必有爲三公者。後次子旦位宰相。天下謂之三槐王氏。太宗謂祜文章清節兼著。特拜兵部侍郎。尋卒。

王·神念 【梁】祁人。少好儒術。尤明內典。初仕魏爲潁川太守。據郡歸梁。封南城縣侯。持節都督青冀諸軍事。性剛正。所更州郡。必禁淫祠。

善騎射。既老不衰。嘗於武帝前手執二刀楯。左右交度。馳馬往來。冠絕軍伍。官至右衞將軍。卒諡壯。

王・祖庚 清項齡孫。字孫同。號礪齋。雍正進士。乾隆時舉鴻博不遇。官至知寧國府。有礪齋詩鈔。

王・祖昌 清山東新城人。字子文。號秋水。乾隆間諸生。性剛介。尙信義。工詩。有秋水亭集。

王・祖道 宋福州人。字若愚。第進士。徽宗時累官祕書少監。知桂州。蔡京開邊。祖道欲乘時徼富貴。誘王江酋楊晟免等使納土。夸大其辭。設官置城邑。蠹輸錢粟。實無尺地一民。官終刑部尙書。

王・素 南朝宋臨沂人。字休業。少有志行。家貧母老。爲廬陵王國侍郎。母卒。隱居不仕。山中有蚿蟲聲清長。聽之使人不厭。而其形甚醜。素乃爲蚿賦以自況。◎宋旦子。字仲儀。賜進士出身。歷知鄂州。仁宗擢知諫院。遇事感發。出知成都府。爲政務合人情。蜀人紀其目。號曰王公異斷。再知渭州。教民耕戰。積粟支十年。士氣感奮。敵不敢犯。官終工部尙書。卒諡懿敏。

王・素雯 清孝感人。字雲仙。蕭道藩之妻。工書。有綠窗吟稿。

王・紘 北齊狄那人。字師羅。與和中除奉朝請。文襄暴崩。紘冒刃捍禦。以忠節賜爵平春縣男。官終侍中。

王・純 明贛人。工畫水墨人物樹石。筆法蒼古。人稱石林畫史。

王・納言 明信陽人。世宗時爲戶科給事中。請斥太常卿陳道瀛等。坐下詔獄。官終陝西僉事。

王・翁 漢聊城人。與前太守翟義起兵攻王莽。義敗。餘衆悉降。翁獨守節力戰。莽遂燔燒之。

王・翃 唐翊弟。字宏肱。少治兵家學。以功擢容管經略使。時容州陷賊。前經略使皆僑治藤梧。翃至。出私財募士平之。累官東都留守。卒諡肅。◎清嘉興人。字介人。家故業染。而勤學不輟。遂以布衣工詩。時竟陵派盛行。翃獨尙唐音。陳子龍亟稱之。有秋槐堂集。

王・耕 五代吳越國善畫。尤工牡丹。爲一時丹青之冠。◎明單人。字舜耕。永樂中知山陰。貞介練達。時中官鄭和下西洋。索寶玉。遠近騷動。耕言邑產布粟。寶玉非所出也。和遂去。

王・能 宋定陶人。太宗時累官濟州團練使。知靜戎軍。建議決鮑河。斷長城口。北注雄州塘水。爲戎馬限。方舟通漕。以實塞下。又開方田。蠶靜戎・順安之境。北邊來寇。能擊走之。眞宗朝擢彰信軍節度卒。

王・虔休 唐潞人。字君佐。少涉學。有材武。以信義爲鄉黨畏慕。李抱眞聞其名招之。以功擢步軍都虞候。抱眞卒。衆謀立其子緘。虔休謂帥亡當稟天子。衆乃止。德宗嘉之。遷昭義節度使。檢校工部尙書。卒諡敬。

王・虔裕 後梁臨沂人。健勇善騎射。以弋獵爲生。少從諸葛爽擊沙陀。隨爽奔太祖。敗黃巢。禦秦宗權。大小百餘戰。虔裕常有功。歷義州刺史。後爲晉人所殺。

王・衮 宋太原人。嘗爲錢塘酒官。著博濟方。

王・訓 梁暕子。字懷範。美容儀。善進止。文章之美。爲後進領袖。歷太子中庶子。遷侍中。卒諡溫。◎清安丘人。字敷彝。順治進士。官萬全知縣。有續安丘志・二酉彙刪。

王・訓成 宋山東人。紹興時官待詔。工畫山水人物。

王・豹 春秋齊善謳。處於淇。河西之人化之。皆善謳。◎晉順陽人。爲齊王冏主簿。冏驕縱失天下心。豹切諫。爲所害。豹將死。曰。懸吾頭大司馬門。見兵之攻齊也。俄而冏敗。

王・起 唐播弟。字舉之。元和末累遷中書舍人。數上疏諫穆宗游畋。歷戶部尙書。判度支。鹽武・邠寧多曠土。奏爲營田以省餽輓。武宗時典貢舉。所舉士皆知名。終山南西道節度使。同中書門下平章事。起嗜學。書經目不忘。性孝友。卒諡文懿。

王・起宗 元工畫山水樹石。

王・起鵬 清歸安人。字翮如。雍正時拔貢生。舉鴻博不遇。官綏德知州。有裕堂詩鈔。

王・軒 清洪洞人。字霞舉。同治進士。官兵部主事。湛深經術。於六書九數。用力尤勤。詩文奇崛。嘗主講晉陽令德兩書院。沒後諸生祀之三立閣。有耨經廬詩集。

王・軏 明開平衞人。弘治進士。嘉靖時以右副都御史巡撫四川。芒部土知府隴慰死。朝議立嫡子壽。庶子政使人誘殺壽。奪其印。軏討擒之。歷劾中官韋恆・李秀等。官至兵部尙書。

王・追騏 清黃岡人。號雪洲。順治進士。改庶吉士。康熙時舉鴻博。以病未與試。官至山東武德道僉事。工詩。有雪洲詩鈔。

王・郎 後漢邯鄲人。一名昌。素爲卜相工。明星曆。以爲河北有天子氣。時趙繆王子林好奇數任俠。於趙魏間多通豪猾。而郎與之親。更始初林等遂立郎爲天子。林爲丞相。未幾爲光武所敗。郎夜亡走。追斬之。

王・郜 唐處存子。嗣處存爲留後。拜節度使。進太保。後爲朱全忠所攻。兵敗請盟。以叔父處直爲留後。郜奔太原。官終檢校太尉。

王・郡 清陝西乾州人。康熙中陝西飢。就食福建。充伍。臺灣朱一貴之亂。郡以千總赴援。自廈門一晝夜達淡水。安集民番。招撫二千餘人。奮擊復臺灣府治。累擢福建陸路提督。臺灣南北路先後有亂。皆平之。調福建水師提督。卒諡勤愨。

王釗 〔明〕安成人。字柳川。王守仁弟子。爲諸生。棄去。惟求所謂身心性命之學。時謂今之講學不空談者。柳川也。

王陟 〔宋〕上黨人。淳化進士。官至判三司鹽鐵句院。以謹幹聞。眞宗將加擢用。會有言其在貢部舉子。有納賄以成名者。事遂寢。卒於官。

王陛 〔明〕松江華亭人。字超之。萬曆進士。歷工部主事。魏忠賢擅政。欲見之。陛不往。後進太僕寺少卿。薛國觀當國。怨陛不附己。再擢山西湖廣巡撫。皆不用。謝病歸。

王隼 〔清〕番禺人。七歲能詩。娶潘梅元女孟齊。亦能詩。倡隨相得。早年隱遁。自號蒲衣。嘗入丹霞爲僧。繼遊匡廬。後返於儒。及卒。私諡清逸先生。有大樗堂集・詩經正譌・嶺南詩紀・琵琶楔子。

王高詞 〔清〕太倉人。字抒藻。號西岩。善畫。工詩。有環翠山房詩集。

王乾 〔明〕臨海人。字一清。初號藏春。又號天峯。工畫。以輕墨淺彩作禽蟲花卉。間作山石林藪。尤雋逸。

王偃 〔南朝宋〕誕兄子。字子游。尙武帝吳興長公主。偃嘗爲公主裸縛庭樹。襟凍久之。兄恢排閤詬主乃免。偃謙虛恭謹。不以世事關懷。位右光祿大夫。卒諡恭。

王偕 〔元〕琅邪人。字叔與。官崑山學教授。元亡不仕。善繪事。居荻溪之西。以荻溪翁自號。有荻溪集。

王偁 〔宋〕眉州人。字季平。旁搜九朝事蹟。著東都事略。洪邁修四朝國史。奏進其書。以承議郎知龍州。特授直祕閣。其書卓具史識。爲考宋史者所寶貴。又有西夏事略。◎〔明〕翰子。字孟敭。爲閩中十才子之一。洪武中領鄉薦。永樂初授翰林檢討。與修大典。學博才雄。最爲學士解縉所重。後以縉事連及。繫獄死。有虛舟集。

王偉 〔梁〕陳留人。少有才學。侯景表啓書檄。皆其所製。景旣得志。規摹篡奪。皆偉之謀。景敗伏誅。◎〔明〕攸人。字士英。正統進士。歷官戶部主事。英宗北狩。命行監察御史事。累擢兵部右侍郎。偉喜任智數。旣爲于謙所引。恐嫉謙者目己爲朋附。嘗密奏謙誤。英宗復辟。竟坐謙黨罷歸。成化中復官。引疾歸卒。

王偉之 〔晉〕臨沂人。少有志尙。當世詔命表奏。輒手自書寫。太元隆安時事。大小悉撰錄。歷官烏程令。

王冕 〔明〕諸暨人。字元章。號煮石山農。善畫梅。自號梅花屋主。幼貧。父使牧牛。竊入學舍聽諸生誦書。暮乃返。亡其牛。父怒撻之。已而復然。因去依僧寺讀書。韓性錄爲弟子。遂稱通儒。冕嘗曰。持此遇明主。伊呂事業不難致也。隱九里山下。太祖下婺州。物色得之。授諮議參軍。一夕病卒。◎〔明〕洛陽人。字服周。正德進士。授萬安知縣。從王守仁攻宸濠。至鄱陽湖。縱火焚宸濠舟。追執之。未及敍功。坐事落職。後錄功擢兵部主事。巡視山海關。遼賊陸雄・李眞等作亂。突入關。以護母爲賊所害。

王商 〔漢〕蠡吾人。字子威。父樂昌侯武。爲宣帝舅。卒。商嗣爲侯。哀毀踰禮。悉推財以分異母諸弟。建始間大雨。京師民訛言大水。王鳳以爲太后與帝可御船避水。商曰。此必訛言。乃止。後果無水。帝壯商之固守。數稱其議。鳳大慚恨。後拜丞相。匈奴單于來朝。見商有威重。容貌絕人。單于拜謁仰視。大畏之。遷延却退。帝聞歎曰。此眞漢相矣。後鳳誣奏其淫亂事。商免相。三日發病。嘔血卒。諡戾。◎〔漢〕元后庶弟。字子夏。封成都侯。嘗病欲避暑。從成帝借明光宮。後又穿長安城。引灃水注第中大陂。帝怒。以讓車騎將軍王音。商兄弟皆負斧質謝。後代音爲大司馬衞將軍。輔政四歲。乞骸骨。更以爲大將軍。卒諡景成。◎〔後漢〕堂曾孫。字文表。劉焉以爲蜀郡太守。有治聲。

王啓焜 〔清〕嘉善人。字東白。號南明。又號秋江。監生。官至四川鹽茶道。署布政使。能詩。集句最工。書倣董其昌。蜀中人弆爲墨寶。

王問 〔明〕無錫人。字子裕。嘉靖進士。由戶曹官至廣東按察使僉事。點染山水人物花鳥皆精妙。乞養歸。不復仕。以學行稱。年八十卒。學者稱仲山先生。

王問臣 〔明〕長洲人。字正叔。號瑚川。嘉靖進士。仕至河南按察使。時稱廉吏。畫得寫生之趣。長於古詩詞。善行篆。

王國 〔後漢〕京兆人。爲長樂太官丞。與王康等與謀迎立濟陰王。是爲順帝。封酈侯。◎〔明〕耀州人。字之楨。萬曆進士。歷官御史。張居正疾篤。薦其座主潘晟入內閣。國抗言不可。寢其命。又極論中官馮保罪。首輔申時行欲置所不悅者十九人察典。國亦力持。調外。得四川副使。移疾歸。久之。起故官。累進右都御史。巡撫保定。性剛介。與弟吏部侍郎圖並負時望。爲黨人所忌。乞休歸卒。

王國才 〔清〕雲南人。咸豐初由雲南游擊。調赴湖北。在楚數年。臨敵身先士卒。大小數百戰。所向有功。官至安義鎭總兵。由黃梅城外進駐溜港。敵擲火蛋中藥罋。焚死。諡剛介。

王國用　明太祖時爲戶部郎中。韓國公李善長誅死。國用上言雪冤。甚明切。末言今善長已死。願陛下作戒將來耳。帝得書。竟亦不罪也。

王國光　明陽城人。字汝觀。嘉靖進士。官吳江知縣。鄰邑有疑獄。質訊輒得情。隆慶時拜戶部尙書。後被劾乞罷。萬曆間起吏部尙書。會大計京朝官。徇張居正意。置吳中行等五人於察籍。國光有才智。初掌邦計。多所建白。及是受制執政。聲名頓損。爲御史所劾落職。已念其勞。命復官致仕。⊙淸漢軍正紅旗人。年十四。勇敢善戰。崇德中以副都統兼戶部參政。從克前屯衞。中後所二城。順治初討平姜瓖。擊敗李定國。破鄭成功。歷著戰功。累官兩廣總督。授鎭海將軍。駐防潮州。康熙間蕆碣石叛將蘇利等。先後敍功晉一等男。卒諡襄壯。⊙淸太倉人。字用賓。號松崖。國子生。善摹宋元山水。工漢隸。有經西草堂詩草。

王國材　淸大興人。字峴山。善畫仙釋人物。

王國昌　元高密人。初爲膠州千戶。遷左武衞親軍千戶。世祖召問軍旅之事。奏對甚悉。奉命勘視高麗境內黑山海道。泛海千餘里。風濤洶湧。從者恐。勸還。國昌不可。遂至黑山乃還。繼遣使入日本。命國昌屯兵高麗以爲援。卒於軍。

王國訓　明解州人。字振之。天啓進士。歷知金鄉·壽張·滋陽·武淸諸縣。坐大計罷。久之補調扶風。國訓性剛嚴。恥干進。故官久不遷。崇禎間流賊來犯。嬰城固守兩月。外援不至。城陷。罵賊死。

王國端　元婺源人。有扁鵲神應鍼灸玉龍經。專論鍼灸之法。具有授受。

王國綱　金元節孫。字正之。業儒術。尤長吏事。爲人端重樂易。累擢監察御史。哀宗時爲元兵所殺。

王國寶　晉坦之子。少無士操。從妹爲會稽王道子妃。道子輔政。以爲秘書丞。補侍中。遷中書令·中領軍。王恭惡其亂政。檄討之。道子乃委罪國寶。賜死。⊙淸大同人。明總兵。順治初投誠。以原官用。累擢江寧巡撫。擊敗明總兵曹田仰於福山。俘斬甚衆。後以增造營房爲名。於蘇州按廛納稅。斂銀數萬兩。又逾額濫設胥役。婪取銀數千兩。革職逮訊。畏罪自經死。

王堂　後漢郪人。字敬伯。初舉光祿茂才。永初中西羌寇巴郡。拜巴郡太守。民生爲立祠。永建中拜魯相。政存簡一。數年無辭訟。遷汝南太守。免歸卒。

王楚　宋介子。字子文。嘉定進士。淳祐間歷官兩浙轉運判官。以訪察使出視江防。由嘉興至京口。修官民兵船。守險備具。江上晏然。前後上疏言攻守八事。祈天永命十事。皆明正剴切。拜端明殿學士。與宰相不合。言者攻之。主管洞霄宮卒。

王域　明松江華亭人。字元壽。崇禎時舉於鄉。歷遷工部主事。榷稅蕪湖。都城陷。諸榷稅者多以自入。域歎曰。君父遭非常禍。臣子反因以爲利耶。悉歸之南京戶部。遷建昌知府城陷。械至南昌死。

王堅　淸字又直。李麟弟子。善畫佛像。

王基　三國魏曲城人。字伯輿。受業於鄭玄。察孝廉。累擢中書侍郎。時明帝盛修宮室。百姓勞瘁。基切諫。毋丘儉·文欽作亂。基討平之。轉鎭東將軍·都督揚州諸軍事。封東武侯。卒諡景。⊙北齊狄那人。讀書有智略。歷南兗·北豫二州刺史。所至皆好聚斂。然性和直。吏人不甚怨苦。後爲奴所害。⊙淸吳縣人。字太御。號梅菴。畫馬及人物。皆稱名手。知音律。能弈棋。不娶無子。⊙淸浙江山陰人。字濟美。善畫山水。工書。

王培　淸柘城人。字益仲。順治舉人。授新河知縣。與同官陸隴其輩講論吏治。建立義學義倉諸制。直撫于成龍薦授戶部主事。有綱目刊誤·二十一史刊誤等書。

王培基　明潛山人。字爾因。少負氣任俠。爲邑諸生。值明末寇亂。集鄉子弟。入戎幕。以功補太湖縣城守參將。城陷。不屈死。

王寀　宋韶子。字輔道。好學工詞章。登第至校書郎。感心疾。好延道流談丹砂神仙事。徽宗召之。約某日即內殿致天神。爲林靈素所陷。術不驗。下大理獄棄市。⊙宋句容人。性資英邁。博學能文。紹興中爲翰林學士。雖事文墨。而謀斷不凡。深爲劉光世器重。累官江東安撫使。

王寅　明錢塘人。膂力絕人。崇禎中擢撫標守備。詫曰。曩戚將軍練浙兵。聞天下。今若輩耶。督教之。卒始可用。遷龍江都司。禦賊陷陣死。⊙淸武陵人。原名謁。字琴樵。道光進士。官戶部主事。有蜀遊草·紱紫山房集。

王屛藩　淸奉天人。驍勇善戰。投誘吳三桂。以左都督充左營總兵。與馬寶並加倚任。旋從三桂叛。由四川進窺陝甘。數出偏師絕淸糧運。後敗於秦州。退據保寧。城破自殺。

王寂　南齊僧虔子。字子玄。性迅勵。好文章。讀范滂傳。未嘗不歎恨。王融敗後。賓客多歸之。建武中爲秘書郎。卒年二十一。⊙金玉田人。字元老。天德進士。官中都路轉運使。

文學政事。爲時所稱。卒諡文肅。有北遷錄．拙軒集。

王·崧 【清】芝成子。字樂山。嘉慶進士。選授武鄉知縣。改教職。主講晉陽書院。崧淹通經史。尤長於考據。阮元深器重之。延纂雲南通志。以疾歸。有說緯．滇南志略。

王·崇 【漢】駿子。以父任爲郎。平帝時官大司空。封扶平侯。謝病避王莽就國。歲餘爲傅婢所毒卒。國除。自吉至崇。世名清廉。而車馬衣服。自奉極鮮明。故俗傳王陽能作黃金。◎【蜀漢】化弟。字幼遠。學業淵博。雅性洪粹。爲東觀郎。著蜀書及詩賦之屬數十篇。其書與陳壽頗不同。官至上庸．蜀郡太守。◎【後魏】雍丘人。字乾邕。兄弟並以孝稱。身勤稼穡。以養二親。後仕梁州鎮南府主簿。父母沒。哀毀過禮。雖除服仍居墓側。

王·崇文 【南唐】紹子。字光福。重厚儒雅。博綜經史。自開國來三十年間。出更藩任。內典禁兵。位兼將相。終始富貴。平居褒衣博帶。與士大夫讌宴。風度蕭散。時人親重之。

王·崇之 【明】滑人。字守節。天順進士。擢御史。北虜數寇遼陽。戰備廢弛。士苦飢寒。崇之按遼。調劑振作。切中機宜。時中官汪直巡邊。貪橫不道。撫鎮以下。望風重賄。獨崇之不屈。直中傷之。謫延安府推官。

王·崇古 【明】蒲州人。字學甫。嘉靖進士。隆慶初以兵部侍郎總督陝西延寧甘肅軍務。在陝七年。功甚多。俺答降。加兵部尚書。崇古身歷七鎮。勳著邊陲。卒諡襄毅。

王·崇炳 【清】東陽人。字虎文。貢生。有學耨齋文集。

王·崇慶 【明】開州人。字德徵。正德進士。官至南京吏禮二部尚書。有周易議卦．五經心義．海樵子．山海經釋義。

王·崇節 【清】崇簡弟。字筠侶。一作字玉筠。明季舉武科。爲興州衞千總。後棄去。學畫於崔子忠。山水樓觀人物草木蟲魚。皆蕭遠閒曠。性任誕。自食其力。不矜門第。康熙中徵爲畫苑供奉。以疾引退。遂不出。

王·崇簡 【清】宛平人。字敬哉。明崇禎進士。世祖時授內翰林國史院庶吉士。累官禮部尚書。加太子太保。諳練歷朝典故。居禮官多所建白。皆折衷古今。合於經義。時議翕然歸重。工畫。卒諡文貞。有青箱堂文集。

王·崇獻 【明】珣子。字季徵。弘治進士。歷禮部主事。以劉瑾擅權。引疾歸。瑾銜之。削籍爲民。瑾誅。改兵部主事。時山東江浙多寇亂。崇獻條上六事。悉見採用。累遷尙寶卿。後引疾去。嘉靖中擢右僉都御史。巡撫寧夏。乞歸。

王·常 【後漢】舞陽人。字顏卿。王莽末起兵。劉縯說以合從之利。乃引兵與合。與光武共擊破王尋．王邑。初事更始。行南陽太守事。賜姓劉。常性恭儉。遵法度。南方稱之。光武時累功拜橫野大將軍。封山桑侯。位次與諸將絕席。卒諡節。

王·庸 【元】歸信人。字伯常。事母以孝聞。母卒。哀毀幾絕。露處墓前。旦夕悲號。

王·康 【後漢】南陽人。爲太子府史。安帝廢皇太子爲濟陰王。康常懷憤歎。附同於孫程。北鄉侯卒。與謀迎濟陰王立之。是爲順帝。康封華容侯。◎【南朝宋】鎮惡弟。武帝以爲相國行參軍。求還洛陽省母。値關陝不守。康唱集義徒。共保金墉城。封西平縣男。進號龍驤將軍。迎康家還京邑。勸課農桑。百姓甚親賴之。

王·庶 【宋】慶陽人。字子尙。崇寧進士。高宗即位。累立戰功。陞龍圖閣待制。節制陝西六路軍馬。金人大舉入寇。破潼關。秦隴皆震。統制曲端不受節制。遂陷延安。庶以失律自劾。尋拜樞密副使。秦檜主和。力詆和議凡七疏。乞免官。出知潭州。貴道州安置卒。孝宗時復原官。諡敏節。

王·彬 【晉】廙弟。字世儒。少稱雅正。與廙俱渡江。累官典軍參軍。以預討華軼有功。封都亭侯。歷侍中。從兄敦舉兵犯石頭。元帝使彬勞之。彬勃然數敦。音辭慷慨。聲淚俱下。敦幾被殺。累官尚書右僕射。卒諡肅。◎【梁】志弟。字思文。好文章。習篆隸。與志齊名。時人爲之語曰。三眞六草。爲天下寶。仕齊爲永嘉太守。天監中歷吏部尚書．祕書監。推賢接士。有士君子風。卒諡惠。◎【宋】固始人。淳化進士。歷知撫州。治州民李甲．饒英罪。州里肅然。累遷河北轉運使。部吏馬崇正倚章獻太后姻家。豪橫不法。彬發其奸贓。下吏。忤太后意。徙京東。官終太常少卿。◎【明】東平人。字文質。洪武進士。建文中爲御史。巡視江淮。燕兵至。彬與鎮撫崇剛共守揚州。時守將王禮謀舉城降。彬執繫獄。晝夜固守。會燕人射書城中言縛彬獻者官三品。其下遂執彬以降。不屈死。◎【明】工畫山水。

王·彪 【南齊】奐子。素凶剽。奐不能制。預謀殺寧蠻長史劉興祖。陳兵拒敕者。同奐誅死。

王·彪之 【晉】彬子。字叔武。累遷廷尉。桓溫下武昌。殷浩欲告退。彪之止之。溫亦果不進。簡文時爲僕射。是時溫將廢海西公。彪之知溫不臣迹已著。理不可奪。乃命定儀制。神采毅然。簡文崩。羣臣疑惑。謂當須溫處分。彪之正色曰。君崩。太子代立。

大司馬何容得異。朝議乃定。孝武即位。遷尚書令。卒諡簡。

王從政 【宋】以閤門祗候與儂智高戰於太平場。被執。罵賊不已。至以沸湯沃之。終不屈而死。

王從善 【明】襄陽人。字承吉。號鳳林。嘉靖進士。官吏部主事。有王鳳林詩文集。

王得中 【北漢】上黨人。劉旻時官樞密直學士。旻與周師戰失利。遣得中乞師於遼。還道代州。桑珪送得中於周。周世宗問契丹兵何時至。得中不肯言。願殺身以全家國。尋爲世宗所殺。

王得仁 【明】新建人。名仁。以字行。五歲喪母。哀號如成人。初爲衞吏。以才薦授汀州府經歷。以廉明勤敏稱。秩滿當遷。軍民數千乞留。詔增秩再任。擢推官。政績益著。以討沙縣賊遘疾卒。

王得臣 【宋】安陸人。字彥輔。自號鳳亭子。受學鄭獬・胡瑗。嘉祐進士。官至司農少卿。乞病歸。所著麈史。於當時制度。及考究古蹟。極爲精核。

王得貞 【元】靈州人。進士。至大間懷慶總管。能詩善草書。元末爲賊所執。不屈死。

王得祿 【清】嘉義人。字玉峯。乾隆末林爽文作亂。以武舉集義民助官軍立功。授守備。嘉慶中數從李長庚擊蔡牽。擢總兵。長庚追牽中礮卒。得祿總統閩粵浙三省舟師。擊平牽。封子爵。官至浙江提督。

王惟賢 【宋】鄞人。字思齊。王應麟弟子。與弟惟義皆以儒名。著春秋指要。本朱熹直書善惡自見之說。不用夏時冠周月。孔子初非改周制。所書春王正月。正用夏時云。

王惟儉 【明】祥符人。字損仲。萬曆進士。歷兵部職方主事。坐事削籍。光宗立。累官工部右侍郎。魏忠賢黨劾之。落職閒住。惟儉資敏嗜學。肆力經史百家。好書畫古玩。天啟間與董其昌並稱博物君子。

王捷 【後漢】阿陽人。事隗囂爲帥。囂爲漢軍所圍。捷登城呼漢軍曰。爲隗王城守者。皆必死無二心。願諸軍亟罷。請自殺以明之。遂自刎頸死。

王接 【晉】蔚子。字祖游。幼以孝稱。累官征虜將軍司馬。遷尚書殿中郎。未至而卒。接博通衆書。精禮傳。有公羊注・列女後傳・詩賦論議等。

王掞 【清】太倉人。字藻儒。一字顓庵。康熙進士。官至文淵閣大學士。風從容風議。不爲崖異。及臨大事。風節凜然。請建儲忤旨。應謫戍。以年老免行。尋致仕。

王敕 【明】歷城人。字嘉諭。成化進士。授編修官。終南京國子祭酒。博極羣書。尤善風角。習堪輿。推驗多中。有五經通旨・大成樂譜等書。

王敏 【後周】金鄉人。第進士。依杜重威。歷數鎭從事。漢初重威叛於鄴。時敏爲留守判官。嘗泣諫。入周。官終司農卿。◎【明】憲宗朝爲御馬監。罷諸傳奉官。敏請留馬房傳奉者。帝許之。爲司禮監懷恩所責。遂愧恨死。◎【明】寧海人。字進德。氣剛有廉隅。不與人爲款洽。貢入太學分教。尋拜御史。免歸。

王敔 【清】夫之子。字虎止。操履高潔。博學有文名。康熙間貢生。與邵陽車無咎・王元復・攸縣陳之駓稱楚南四家。晚築湘西草堂。學者稱蕉畦先生。有蕉畦存稿・笈雲草。

王教 【明】淄川人。萬曆間官文選郎中。佐吏部尚書陸光祖澄清吏治。坐推萬國欽斥爲民。

王教民 【明】蘄水人。父三捷。爲樂林丞。崇禎間流寇突至。執三捷將殺之。教民求代。賊遂戮教民而舍其父。

王斌 【清】秀水人。字師周。工寫眞。筆意淡遠。

王晞 【北齊】昕弟。字叔朗。淹雅好學。美容儀。有風則。孝昭帝時歷拜太子太傅。帝崩。哀慕羸敗。武成本忿其儒緩。因奏事。大被訶叱。而雅步晏然。武平初遷大鴻臚。性恬淡寡欲。雖王事鞅掌。而雅操不移。齊亡。周武帝以爲太子諫議大夫。開皇初卒。

王晞韓 【宋】興化軍人。宣和進士。紹興間樞密樓炤宣撫關陝。辟爲屬。改京秩。朝廷欲借兵西夏。犄角金人。差管押生番三百餘口歸夏國。道無疏虞。累遷大理少卿。時秦檜方主和議。誣以他獄。欲置之死。帝閔其勞。移潮州。赦歸卒。

王晙 【唐】景城人。少孤好學。擢明經第。歷殿中侍御史。景龍末除桂州都督。州人刻石頌德。進隴右羣牧使。吐蕃寇臨洮。率所部迎擊。大敗之。進幷州都督長史。討突厥有功。遷朔方行軍大總管。封清源公。累拜兵部尚書・同中書門下三品。充朔方軍節度大使。晙氣貌偉特。時謂熊虎相。感慕節義。有古人風。操下肅壹。爲吏人所畏愛。卒諡忠烈。

王晦 【金】高平人。字子明。明昌進士。遷戶部郎中。貞祐初中都戒嚴。晦募死士萬餘。衞送通州粟入中都。累功遷翰林侍讀學士。順州受兵。晦被執。不屈死。

王晟 【宋】景陵人。工畫。師張諒長而變其法。尤善山水。◎【清】平江人。字改山。以縣主簿需次浙江。與李氏子行醵。李沒。其妻以分貲不足。訴諸官。官平其枉。仍傾所有予之。衆高其義。後遷同知。改發湖北。歸總督李鴻章。闒者不爲道。棄官去。

王曼慶　【金】庭筠子。一作萬慶。字禧伯。號澹游。官至行省右司郎中。能詩。工畫。墨竹樹石絕佳。

王望　【後漢】琅邪人。字慈卿。爲青州刺史。値歲荒。行部見饑者裸行草食。以便宜出所在布粟。給其糧衣。朝廷欲議罪。以鍾離意言。乃赦之。

王朗　【三國魏】郯人。字景興。高才博雅。性嚴整。慷慨多威儀。文帝時累官司空。封樂平鄉侯。卒諡成。有易春秋孝經周官傳．奏議論記。◎【明】金壇人。王彥泓女。生而夙悟。詩歌書畫。靡不精工。尤長小詞。生平著譔甚富。均以兵亂散失。

王梴　【明】渙子。字同野。嘉靖進士。値彗星變。上封事。有直聲。授中書舍人。奉詔諭江南直隸諸郡。所司率故事致饋。一無所受。累官湖廣參政。梴慷慨負氣。善詩古文。晚更精詣。有漢唐風格。

王梁　【後漢】安陽人。字君嚴。從光武滅王莽。帝以赤伏符文曰王梁主衞。作玄武。故自野王令召拜大司空。封武彊侯。戰功甚多。官終濟南太守。改封阜成侯卒。◎【元】科子。師事吳澄。嘗作汪陂。瀕田千頃。有西齋稿。◎【明】吳江人。字紹曾。少不羈。及壯。始折節讀書。遂以詩名吳下。與王藻稱平川二王。性至孝。親喪廬墓。有親庭詩稿。

王梁材　【宋】龍溪人。字廷矜。元豐進士。上書陳朝政闕失。除京西運判。遂爲夔州路轉運使。利州路常平使。攝成都府事。以母老乞歸養。母卒廬墓。服終。起爲朝散大夫。終廣東轉運判官。

王梓　【清】郃陽人。字琴伯。官崇寧知縣。有三立編。

王涯　【唐】祚孫。字廣津。擢進士。又舉弘辭。累官中書侍郎．同中書門下平章事。代王播總鹽鐵。政刻急。變茶法。益其稅以濟用度。下益困。與李訓．鄭注等謀誅宦官。事洩被殺。

王淩　【三國魏】允從子。字彥雲。文帝時爲揚豫州刺史。甚得軍民歡心。正始初爲征東將軍。吳大將全琮數萬衆攻芍陂。淩率諸軍力戰。卻之。進太尉。假節鎭淮南。惡司馬懿不臣。且齊王不任天位。欲謀廢立。事泄。懿將兵討之。勢窮。飲藥死。

王淑妃　【後唐】邠州餅家女。有美色。號花見羞。少賣梁故將劉鄩爲侍兒。鄩卒。妃無所歸。明宗納之。及卽位。議立皇后。曹氏當立。曹氏請立妃。妃曰。后帝匹也。誰敢干之。乃立曹爲后。妃爲淑妃。妃事后甚謹。後爲劉知遠所殺。

王淵　【宋】熙州人。字幾道。善騎射。應募擊夏國。屢有功。累遷寧州觀察使。靖康初爲眞定府總管。討平叛寇。高宗卽位。爲御營司都統制。後爲劉正彥所害。諡襄愍。淵爲將。輕財好義。家無宿儲。◎【元】錢塘人。字若水。號澹軒。工畫。得趙孟頫指授。山水師郭熙。花鳥師黃筌。人物師唐人。尤精花鳥竹石。時稱絕藝。◎【明】浙江山陰人。字志默。天順進士。除南京吏科給事中。以氣節自持。憲宗卽位。坐疏論宦官。并詆斥執政李賢。逮詔獄。謫茂州判官。終順天府治中。

王淮　【宋】金華人。字季海。紹興進士。以薦擧爲監察御史。除翰林學士。知制誥。訓詞深厚。得王言體。官至左丞相。因不喜朱熹。遂攻道學。慶元僞學之禁。實始於此。卒諡文定。◎【明】慈谿人。字伯源。爲景泰十才子之一。嘗與湯公讓以博辨相奇。對語移日。公讓歎服。好作長歌。造語奇麗。有大愧稿。

王淮之　【南朝宋】彪曾孫。字元曾。家世相傳。並諳江左舊事。緘之青箱。世謂之王氏青箱學。淮之兼明禮傳。贍於文詞。晉義熙中累官山陰令。預討盧循功。封都亭侯。宋臺建。爲御史中丞。爲僚友所憚。元嘉中領吏部。出爲丹陽尹卒。淮之寡乏風素。不爲時流所重。撰儀注。朝廷遵用之。

王清　【後晉】洺州人。字去瑕。自唐入晉。爲奉國都虞候。從杜重威戰陽城。功爲步軍最。加檢校司徒。虜騎迫。清指畫形勢。請進兵。時重威有二志。遷延不進兵。清憤。力戰死。◎【明】濟寧人。字一寧。多勇略。能詩。正統中爲廣東都指揮。平大藤峽叛蠻。後援廣州死節。

王清任　【清】玉田人。字勳臣。業醫。於人身臟腑。訪驗最久。有醫林改錯。

王清叔　【宋】開封人。號星齋。又號星菴。乾道進士。官至太府卿。工詩畫。

王清惠　【宋】選入掖庭爲昭儀。元至正間伯顏入臨安。以清惠北去。清惠題滿江紅詞於驛壁。抵上都。懇請爲女道士。號沖華。

王爽　【晉】恭弟。字季明。彊直有志力。孝武崩。王國寶夜開門入。爲遺詔。爽爲黃門郎。拒之曰。大行晏駕。太子未立。敢有先入者斬。國寶懼而止。後恭起事。參預軍事。恭敗。被誅。

王猛　【前秦】劇人。字景略。少貧賤。博學好兵書。謹重嚴毅。氣度弘遠。隱居華山。桓溫入關。猛被褐詣之。談當世之務。捫蝨而言。旁若無人。後事苻堅爲丞相。秦日強盛。削平諸國。封清河郡侯。卒諡武。臨終告堅勿圖晉。堅不能用。因有淝水之敗。◎【陳】淮之玄孫。字世雄。博涉經史。兼習孫吳兵法。慷慨慕功名。宣帝時以軍功封應縣子。徙晉陵太守。郡人以比趙廣漢。累官鎭南大將軍。隋師至。緣江拒守。及審後主不死。遂歸款隋文帝。爲廣州刺史。卒諡成。

王球 南朝宋 惠從弟。字蒨玉。少與惠齊名。文帝時歷位吏部尙書。性簡貴。筵席虛靜。門無異客。居選職。不視求官書疏。而銓衡有序。除尙書僕射卒。

王斑 清 祥符人。康熙進士。知新貴縣。尋告歸。絕意仕進。生平學宗程朱。於易尤深邃。

王珻 清 孟縣人。字石和。又字韞輝。康熙進士。官檢討。有王石和文集。

王祥 晉 臨沂人。字休徵。事繼母篤孝。母欲生魚。天寒冰凍。祥解衣將剖冰求之。冰解得雙鯉。徐州刺史呂虔辟爲別駕。政化大行。魏高貴鄉公卽位。遷太尉。武帝爲晉王。祥與荀顗往謁。顗拜而祥獨長揖。帝曰。今日方知君見顧之重矣。帝卽位。拜太保。以睢陵公就第。族孫戎稱其在正始時。不在能言之流。及與之言。理致清遠。將非以德掩言乎。卒諡元。

王章 漢 鉅平人。字仲卿。嘗贅病。臥牛衣中泣。與妻訣。妻正言曰。京師尊重。誰踰仲卿。今値病厄。不自激昂。反涕泣。何鄙也。成帝時爲京兆尹。剛直敢言。雖爲王鳳所擧。不親附之。因日食奏彈鳳。鳳聞之。使尙書劾章。竟致之死。◎五代漢南樂人。累拜三司使。檢校太尉。隱帝卽位。加太尉。同平章事。征利剝下。民甚苦之。尤不喜文士。後坐事被誅。◎明武進人。字漢臣。崇禎進士。授諸暨知縣。擢御史。有直聲。賊薄都城。與給事中光時亨守阜城門。及城陷。時亨乞降。章不屈。賊攢槊刺殺章而去。抵暮。家人覓屍。猶一手據地。張口怒目。若叱賊狀。諡忠烈。

王章女 漢 章繫獄。女年十二。夜號哭曰。平日坐獄上。聞呼囚數。常至九。今八而止。我君素剛。先死者必我君也。明日問之果死。(按坐獄二字連讀。謂罪名所坐。收禁獄中者。漢書平下脫日字。坐誤作生。說者遂以平生爲先時。今據列女傳。)

王章妻 漢 章仕至京兆尹。將上封事。言王鳳不可任用。妻止之曰。人當知足。獨不念牛衣中流涕時耶。章不聽。卒致收繫下獄死。

王符 後漢 臨涇人。字節信。少好學。有志操。與馬融．張衡．崔瑗等友善。和安二帝後。世務游宦。符獨耿介。隱居著書。號曰潛夫論。以譏當時得失。不欲彰顯其名。終於家。

王紳 宋 元豐初內官。教王建作宮詞百首以獻。◎明 禕子。字仲縉。事母兄盡孝友。長博學。受業於宋濂。濂器之。往雲南求父遺骸不獲。卽死所致祭。述滇南慟哭記以歸。建文帝時爲國子博士。預修太祖實錄。卒官。有繼志齋集。

王紱 明 無錫人。字孟端。博學工歌詩。能書畫。山木竹石。妙絕一時。初隱居九龍山。自號九龍山人。又號友石生。永樂初以薦供事文淵閣。除中書舍人。性高介絕俗。有王舍人詩集。◎清延津人。字紫佩。乾隆進士。官至御史。有奏疏．詩文集。

王紫綬 清 祥符人。字金章。號鼇航。順治進士。學鴻博。後官浙江糧儲道。有政聲。有知咫堂詩集。

王紫稼 清 蘇州人。名稼。紫稼其字也。亦作子嘉。又作子玠。妖豔絕世。善爲新聲。後棄業不爲。專以賚緣關說。爲諸豪胥耳目腹心。順治間遊京師。諸貴人惑之。吳偉業爲作王郎曲。龔鼎孳亦有題贈。尋歸里。其所汚良家婦女。所受餽遺。不可勝紀。御史李森先捕治之。杖數十。枷於閶門。頃刻死。

王紹 唐 端子。爲顏眞卿所器。字之曰德素。德宗時累官戶部尙書。以謹密眷待殊厚。主計凡八年。元和初爲武寧軍節度使。蒐輯軍政。推誠示人。裨將安進達等謀亂。紹以計取之。出家貲賞士。擧軍安賴。拜兵部尙書。卒諡敬。◎元瓊山人。元初寇亂。紹父爲義兵。沒於陣。紹方弱冠。手持刀斧。奮勇赴難。竟以身殉。◎清宜興人。字越生。有曉亭詞。

王紹宗 唐 玄宗弟。字承烈。少貧倹嗜學。工草隸。善畫。客居僧坊寫書。取傭自給。傭足給一月卽止。徐敬業起兵。以幣劫之。竟不赴。武后時累進祕書少監。後坐廢。卒於家。

王紹原 明 字復初。自幼嗜學。治毛詩。刻意吟咏。値元季亂離。家以傾廢。諸弟欲求分異以自便。紹原推產與之。唯取先世墓田以供祭祀。及海內平。於所居之旁闢一軒。扁曰耕讀。觴咏自娛。有耕讀集。

王紹舒 明 青浦人。字作明。諸生。詩淸麗簡潔。有瀟園詞鈔。

王紹貴 明 霑化人。體雄健。崇禎末流賊過郡邑。擄民間丁壯以從。見紹貴。喜曰。能從我乎。紹貴不行。給賊至家。與妻罵賊同死。

王紹鼎 唐 元逵子。字嗣先。性暴。厚裒斂。累擢尙書左僕射卒。

王紹義 清 湘鄉人。少入湘軍。積功官至總兵。同治間攻江寧。戰死。諡剛毅。

王紹徽 明 陝西咸寧人。萬曆進士。擢戶科給事中。居官強執。以淸操聞。遷太常少卿。罷歸。天啓間魏忠賢召爲左僉都御史。拜吏部尙書。紹徽在萬曆朝。素以排擊東林。爲其黨所推。故忠賢首用居要地。俾除異己。紹徽乃倣水滸傳。編東林一百八人。爲點將錄。獻之忠賢。按名黜汰。忠賢益喜。後御史袁鯨列其鬻官穢狀。遂落職。逆案既定。削籍論徒。

王紹懿 【唐】紹鼎弟。嗣紹鼎爲留後。俄爲節度使。爲政簡易。及病篤。召紹鼎子景崇。誡以禮鄰藩。奉朝廷。則家業不墜。加檢校司空卒。

王翊 【後魏】肅從子。字士游。風神秀立。好學有文才。銳於榮利。歷濟州刺史。清靜愛民。孝莊初遷金紫光祿大夫卒。◎【唐】晉陽人。性謙柔。歷山南東道節度使。代宗目爲純臣。卒謚忠惠。◎【宋】鄆人。字公輔。寶慶進士。吳曦嘗招入幕。及曦叛。抗節不拜。爲陳大義。不聽。嘉祐初制置使丁黼辟爲參議官。先遣其家歸鄉里。爲文訣先墓。誓以身死報國。北兵至。翊以朝服赴井死。◎【明】餘姚人。字完勳。諸生。強毅有智略。魯王時官兵部主事。浙東潰。翊結寨於四明山。與馮京第再破上虞。遂號大蘭洞主。治軍收賦。與清相持。魯王以爲兵部侍郎。兵敗。遁入海。旋至內地招募。爲清所執。不屈死。謚烈愍。

王莘 【清】震澤人。字任菴。諸生。有治平金鑑·山林經濟·半狂集。

王莊妃 【明】京口人。嘉靖初選入宮。未得幸。題詩自歎。世宗覽而憐之。召當御。遂有寵。冊爲貴妃。主仁壽宮事。性恭儉。戒子姪毋效戚畹驕侈。年未三十而卒。謚莊。

王處士 【五代】【南平】高從誨時居江陵。以善卜名。

王處回 【後蜀】彭城人。字亞賢。性寬厚愛士。頗有機略。忠事孟知祥。累官樞密使。受顧命輔嗣主昶。臨變識大體。加侍中。領武泰軍節度使。同平章事。處回恃定策勳。位隆使相。遂專權貪縱。昶不忍置於法。黜爲武德軍節度使。聽歸私第。

王處存 【唐】宗子。累遷義武節度使。黃巢陷京師。處存號哭。不俟詔。分兵二千。間道衞乘輿。外約王重榮。遣使李克用。共平京師。論功第一。進檢校司徒·同中書門下平章事 徙節度河中。處存有大將風。外結鄰好。歲時講兵。無敢犯者。卒謚忠肅。

王處直 【後唐】處存弟。字允明。既代從子郜爲留後。與梁盟。梁太祖表爲義武軍節度使。後遣人至晉。願絕梁以自効。晉與梁戰河上十餘年。常以兵從。不數歲。復歸於莊宗。爲養子都所殺。

王處訥 【宋】洛陽人。少遇異人。精星曆占候之學。漢祖時判司天監事。廣順中周祖嘗問劉氏何以祚短。處訥以報讎殺人爲言。周祖蹶然太息。太祖卽位。上新曆二十卷。拜司天監卒。

王規 【梁】騫子。字威明。八歲居母喪。有至性。稱孝童。既長。博涉有口辯。舉秀才。襲封南昌縣侯。除中書黃門侍郎。與殷鈞·王錫等同侍東宮。俱爲昭明太子所禮。常以門宗貴盛。恆思減退。大通中累官左民尚書。遷太子中庶子。辭疾不拜。於鍾山築室居焉。卒謚章。有續漢書注·文集。（按南史作謚文。此從梁書。）

王訢 【漢】濟南人。爲被陽令。繡衣御史暴勝之過被陽。欲斬訢。訢已伏鑕。仰言曰。使君專殺生之柄。威震郡國。今復斬一訢。不足以增威。不如時有所寬。以明恩貸。令盡死力。勝之壯其言。還薦之。徵爲右輔都尉。後官至丞相。封宜春侯。卒謚敬。

王逡之 【南齊】淮之從弟。字宣約。好學博聞。以著作郎兼尚書左丞。參定齊國儀禮。王儉初撰古今喪服集記。逡之難儉十一條。更撰世行五卷。建元間上表立學。撰永明起居注。累官光祿大夫。加侍中卒。

王連 【蜀漢】南陽人。字文儀。累官蜀郡太守。所居有績。建興初拜屯騎校尉。領丞相長史。時諸葛亮將征南方。連諫不宜冒險。言輒懇至。故停留久之。封平陽亭侯。

王連瑛 【清】永城人。字戒頑。號廉夫。康熙進士。官至禮科給事中。有遺安堂集。

王通 【梁】份孫。字公達。仕梁爲黃門侍郎。侯景之亂。宮室燹焚。通兼起部尚書。專掌繕造。武帝受禪。遷左僕射。太建中加特進侍中。卒謚成。◎【隋】龍門人。字仲淹。幼篤學。仁壽間西游長安。上太平十二策。知謀不用。退居河汾教授。受業千數。如薛收·房玄齡·李靖·魏徵等皆北面受王佐之道。仿春秋作元經。又爲中說以擬論語。不爲諸儒稱道。故其書不顯。惟中說獨傳。大業中以著作郎國子博士徵。並不至。卒年三十七。門人謚曰文中子。◎【元】國昌子。襲爵爲左衞親軍千戶。世祖時從伐宋。以功遷侍衞親軍千戶。上書請屯田和林。率所部自効。帝慰勞遣之。累官屯儲衞親軍都指揮卒。◎【明】眞子。嗣父官爲都指揮使。轉戰有功。累進都督僉事。永樂中進封成山侯。仁宗時掌後府。加太子太保。宣宗立。討交阯黎利。兵敗還交州。擅與黎利盟約退師。交阯內屬二十餘年。用兵數十萬。饋餉數百萬。至是棄去。羣臣交劾。論死。特釋爲民。英宗北狩。起爲都督僉事。守京師。禦也先有功。進同知卒。

王逢 【唐】沛子。從父征伐。累功署忠武都知兵馬使。又從劉沔·石雄破回鶻。官終忠武節度使。◎【宋】當塗人。

字會之。博學能屬文。尤長於講說。少舉進士不第。教授蘇州。學者常數百人。晚始登第。累官太常博士。通判徐州。駙馬李璋嘗從學。爲逢求遷官。逢不受。與胡瑗最善。喜著書。有易傳。乾德指說。復書。◎明江陰人。字原吉。至正中作河清頌。盛臣薦之。稱疾辭。洪武中以文學徵。堅臥不起。隱於上海之烏涇。歌詠自適。自稱席帽山人。有梧溪詩集。

王逢年　明崑山人。字舜華。初名治。字明佐。號玄陽山人。爲諸生時。試經義多入古文奇字。爲有司所黜。負才傲世。尤工詩。有天祿閣外史・海岱集。

王陵　漢沛人。始爲縣豪。高祖微時。兄事陵。及高祖起沛。陵聚衆數千屬之。天下既定。以功封安國侯。爲右丞相。呂后欲立諸呂爲王。以問陵。陵曰。非約也。後又問陳平・周勃。皆曰可。陵責之。謝病免。

王陵母　漢高祖起沛。陵以兵屬之。項羽得陵母置軍中。陵使至。羽使陵母招陵。母私送使者泣曰。爲老妾語陵。善事漢王。無以老妾故懷二心也。乃伏劍死。以固勉陵。

王陶　宋萬年人。字樂道。第進士。嘉祐初爲監察御史裏行。神宗即位。遷樞密直學士。拜御史中丞。始受知於韓琦。驟加獎拔。陶欲自規重位。視琦如仇。力攻去之。帝徙陶翰林學士。旋出知蔡州。歷汝許陳三州。帝終薄其人。不復用。卒謚文恪。

王傑　北周直城人。本名文達。文帝稱爲萬人敵。數有戰功。歷涇州總管。宣帝即位。拜上柱國。卒謚威。

王傅拯　後晉吳江人。仕唐入晉。累官寧州刺史。境接蕃部。夙多弊政。傅拯下車。除弊政數十事。尋移刺虢州。百姓拆橋遮道以留之。及赴虢。治理清淨。如寧州焉。官終武州刺史。

王凱　宋全斌曾孫。字勝之。寇準奏爲三班奉職。累遷麟州都監。屢敗趙元昊。以功遷涇州觀察使。召拜武勝軍節度觀察留後。卒謚莊恪。凱治軍有紀律。善撫循士卒。與敵遇。未嘗挫衄。◎清貴筑人。乾隆間隨征金川。嘉慶間勦貴州叛苗及湖北。匪。迭有功。官至宜昌鎮總兵。後於當陽遇伏戰死。謚勇壯。

王凱泰　清寶應人。字幼軒。號補帆。原名敦敏。字幼徇。道光進士。咸豐間以參李鴻章幕有功。累擢浙江按察使。多善政。濬三江閘漲沙。洩山陰・會稽・蕭山三縣之水。尤有功於浙。同治間累官福建巡撫。生平一介不苟取。亦不苟與。遇事綜覈名實。然亦無苛求。屬吏多望而畏之。卒謚文勤。

王勝　明桐城人。喜讀書。尤好兵法。從太祖立功。累官左元帥。後攻陳友諒。取江州。鄱陽之戰。謀欲火攻。詐降。夜焚其營。乘火奮擊。大破之。勝死於火。贈封太原郡侯。祀於康郎山。

王博文　宋濟陰人。字仲明。以吏事進。多任劇繁。爲政務平恕。眞宗時累官同知樞密院事。

王博武　唐許州人。會昌中侍母至廣州。及沙涌口。暴風。母溺死。博武自投於水。節度使盧貞使吏求得其屍。葬之。表其墓曰孝子。詔爲刻石。

王卿月　宋台州人。乾道進士。嘗提刑蜀中。從邵雍後人傳其易學。論人窮達壽夭甚中。後以吏部尚書充金國生辰使。行次揚州。疽發背卒。先是取其所著書盡焚之。遂無傳。

王善　元藁城人。字子善。多智略。金末衆推爲長。率衆歸元。以戰功累官金吾衛大將軍・左副元帥。卒謚武靖。

王善櫄　清含山人。字令梴。有石壁山房稿。

王喆生　清崑山人。字醇叔。一字素巖。朱用純弟子。康熙進士。授編修。告養歸。絕意仕進。讀書敦行檢。望日重。有懿言日錄・素巖文稿。

王喬　後漢河東人。明帝時爲尚書郎。出爲葉令。有神術。朔望常自縣來朝。帝怪其來數而不見車騎。令太史伺之。將至。見有雙鳧從南來。候鳧至。舉羅張之。得舄一。乃所賜尙書履也。後天下玉棺於堂前。喬曰。天帝獨召我耶。乃沐浴寢其中。蓋便立覆。葬於城東。土自成墳。民廟祀之。或云即古仙人王子喬也。

王喬士　五代工畫佛道人物。

王喬棟　明雄縣人。舉進士。授朝邑知縣。縣人王之寀爲魏忠賢黨誣以贓。下喬棟嚴徵。喬棟不忍。封印於庫而去。巡撫將劾之。士民擁署號呼。乃止。崇禎時累遷湖廣參政。死於李自成之難。

王堯臣　宋應天府人。字伯庸。天聖進士。累擢知制誥・翰林學士。歷樞密副使。嘉祐初參知政事。帝欲除樞密使。爲當制學士胡宿所抑。乃進吏部侍郎。卒謚文忠。堯臣典內外制十餘年。文詞溫麗。有崇文總目・文集。

王奢　戰國齊坐事出奔魏。其後齊伐魏。奢登城謂齊將曰。今君之來。不過以奢之故也。義不苟生。以爲魏累。遂自剄死。

王寓　宋江州人。字元忠。父易簡爲資政殿學士。欽宗立。寓累遷翰林學士・尚書左丞。帝使副康王使金。寓憚行。假夢兆巧免。帝怒。降單州團練副使。併黜易簡。後俱死馬進之難。

王尊　漢高陽人。字子贛。爲益

州刺史。先是王陽來守是州。行至九折坂。歎曰。奉先人遺體。奈何乘此險。遂返車。尊至是問吏曰。此非王陽所畏道耶。叱其馭曰驅之。王陽爲孝子。王尊爲忠臣。在部二歲。徼外服其威信。遷東平相。王所爲不中度者。輒諫止之。成帝時爲京兆尹。被誣免官。吏民多稱惜之。湖三老公乘興等上書訟尊。於是復以爲徐州刺史。遷東郡太守。河決金堤。尊投白馬祀水神。親執圭璧。請以身塡隄次。吏民數千人爭叩頭救止。因露宿河干。至水退方還。卒官。◎【清】尤溪人。字元端。號幢壘。康熙中由太學生充纂修。工畫山水松石。筆力尤奇古。博識奕文辭。有揀字搜典。

王就學　【明】武進人。字所敬。萬曆進士。授戶部主事。三王並封議起。就學詣王錫爵規之。爲流涕。遂反並封之詔。調吏部員外。陳太后梓宮將發。詔遣官代行。就學疏奏非禮。帝不省。而心甚銜之。後斥爲民卒。

王嵒　【唐】天寶時人。字山甫。工書。筆畫奇怪。老逸不羈。時有可愛。蓋書流之狂士也。

王峴　【宋】北海人。寓居吳興。字季爽。紹淳間名士。陸游與之厚善。有北海集。

王巽　【明】閬陽人。自號秦臺子。官欽天監五官司曆。有遁甲吉方直指。

王帽仙　【前蜀】蜀人。失其名。常出入闤闠。爲人飾髻冠。號曰王帽子。後尸解去。

王弼　【三國魏】山陽人。字輔嗣。少知名。好論儒道。辭才逸辨。注易及老子。爲尙書郎。年二十餘卒。◎【明】徐州人。十歲喪父。哀毀幾絕。洪武中以薦知樂安縣。陞光祿署丞。迎母就養。母年五十卒。躬負土成墳。廬墓三年。哭泣不輟。召拜文華殿大學士。固辭。朝廷不允。欲以風勵天下。尋改通政司左參議致仕。◎【明】臨淮人。有膽略。善用雙刀。太祖時累功授大都督府僉事。封定遠侯。尋賜死。◎【明】晉江人。小名盛世。工詩文書畫。尤善寫眞。塑土爲諸仙佛像。獨造其微。

王彭　【南朝宋】盱眙人。父母亡。家貧力弱。無以營葬。兄弟二人。晝則傭力。夜則號慼。鄉里並哀之。乃各出夫力助作塼。塼須水而天旱。穿井數十丈。泉不出。彭號天自訴。忽生泉水。葬竟。水便自竭。元嘉中太常劉伯龍依事表言。改其里爲通靈里。蠲租布三世。

王復　【宋】以龍圖閣待制知徐州。高宗時金人引兵圍徐州。復率軍民力戰。外援不至。城陷。復堅坐廳事不去。粘罕欲降之。復漫罵求死。闔門百口皆被殺。謚壯節。◎【明】固安人。字初陽。正統進士。擢通政參議。也先犯京師。邀大臣出迎上皇。衆憚行。復請往。遷右通政。成化初累進兵部尙書。出視陝西邊務。在邊建置。多合機宜。後改工部。復好古嗜學。守廉約。與人無城府。當官識大體。居工部十二年致仕。卒謚莊簡。◎【清】秀水人。字敦初。號秋巖。以太學生官偃師知縣。游龍門砥柱。極山水之勝。時稱仙吏。有樹蔭堂詩。

王復元　【明】字雅賓。幼爲黃冠。習事文徵明。稔其議論風旨。因精鑒古。工詩畫。

王復禮　【清】仁和人。字需人。號草堂。性孝友。富著述。畫蘭竹得文同法。有家禮辨定、武夷九曲志、季漢五志、王子定論。

王愉　【晉】坦之子。字茂和。官江州刺史。桓玄篡位。以爲尙書僕射。劉裕義旗建。加前將軍。愉既桓氏壻。父子寵貴。又嘗輕侮裕。心不自安。潛謀作亂。事泄被殺。子孫皆死。

王惲　【元】汲縣人。字仲謀。操履端方。好學善屬文。中統初左丞姚樞宣撫東平。辟爲詳議官。上書論時政。累擢中書省都事。治錢穀。擢材能。議典禮。考制度。咸究所長。至元中拜監察御史。論列凡百五十餘章。裕宗在東宮。惲進承華事略二十篇。成宗卽位。獻守成事鑑十五篇。所論悉本經旨。官至通議大夫。知制誥。卒謚文定。有秋澗集一百卷。

王惠　【南朝宋】劭孫。字令明。恬靜不交游。未嘗有雜事。武帝以爲行參軍。宋國初建。當置郎中令。難其人。帝以惠居之。謂不減袁曜卿。少帝卽位。拜吏部尙書。客有以書求官者。得輒聚閣上。及去職。印封如初。◎【清】金華人。字芳谷。工寫照。兼長山水花卉。

王惠範　【五代南平】保義子。嗜修飾。喜讀書。由文學遷觀察推官。高從誨命掌幕中軍政。惠範頗以簿書符牒爲俗務。但以金帛購古書圖畫。日披玩焉。

王揆　【清】時敏子。字端士。一字芝廛。順治進士。康熙中薦試鴻博不就。工詩。與黃與堅等稱婁東十子。有芝廛集。

王敞　【晉】潁弟。少與兄導俱知名。時人方之鄧伯道。早卒。◎【明】善傳神。尤工畫馬。遊南畿。有武弁眇一目。求圖行樂。敞爲寫一圖。其人喜甚。謝金數斤。

王敦　【晉】導從兄。字處仲。尙武帝女襄城公主。拜駙馬都尉。出爲揚州刺史。元帝鎭江東。敦與導同心翼戴。杜弢亂。討平之。進征南大將軍。拜侍中、江州牧。敦既得志。遂欲專制朝廷。帝畏而惡之。引劉隗等爲心膂。

遂構嫌隙。敦率衆內向。以誅隗爲名。入石頭。殺周顗、戴淵。還屯武昌。帝崩。明帝起兵討之。敦病死。發瘞出尸。焚其衣冠。跪而刑之。

王敦仁 〔清〕常熟人。字性中。號素嵐。工畫山水。

王晫 〔清〕錢塘人。初名棐。號木庵。一號丹麓。自號松溪子。順治間諸生。棄舉業。杜門讀書。工詩文。有遂生集、霞舉堂集。

王晢 〔宋〕太原人。天禧中曾官翰林學士。有春秋皇綱論及春秋通義異義。

王曾 〔宋〕益都人。字孝先。微時詠梅花曰。未須料理和羹事。且向百花頭上開。又曰。平生志不在溫飽。咸平中由鄉貢試禮部廷對皆第一。仁宗立。累拜中書侍郎、同中書門下平章事。封沂國公。正色獨立。朝廷倚以爲重。太后姻家稍通請謁。曾多所裁抑。太后滋不悅。出知青州。終判鄆州。卒諡文正。有王文正筆錄。

王曾祥 〔清〕仁和人。字麟徵。康熙末諸生。有靜便齋集。

王景 〔後漢〕閎子。字仲通。少學易。廣闚衆書。又好天文術數之事。沈深多技藝。明帝時治水數有功。官終廬江太守。◎〔宋〕掖人。少倜儻。善騎射。仕唐及晉。累破契丹。官至同平章事。周太祖即位。加侍中。景起身行伍。素無智略。然臨政不尙刻削。後入朝。民數百遮道留之不獲。有截其馬鐙者。宋初加太保。封太原郡王。卒諡元靖。◎〔明〕松陽人。字景彰。洪武中爲山西參政。坐事謫雲南。建文初召入翰林。與修太祖實錄。除禮部侍郎。兼翰林侍講。永樂初陞學士。景博學。以古文自名。亦善筆札。

王景山 〔宋〕永嘉人。少敏悟。慶曆進士。時伊洛諸儒未作。景山獨能發明經蘊。作儒志一篇。學者宗之。

王景仁 〔後梁〕合淝人。少從楊行密起淮南。爲將驍勇剛悍。質略無威儀。嘗破梁軍。馳驅疾戰。戰酣退坐。召諸將飲。已而復戰。後歸太祖。官終淮南招討使。

王景昇 〔元〕杭人。開元宮道士。工畫道釋人物。

王景崇 〔唐〕紹鼎子。字孟安。嗣叔父紹懿爲留後。母卒。號慕羸毀。當時稱之。以政委賓佐。檢戒親屬不得與。嗣節度凡十四年。官終檢校太傅。卒諡忠穆。◎〔五代漢〕邢州人。明敏巧辨。善事人。仕唐入晉。累拜左金吾大將軍。常怏怏以不能用其材爲恨。高祖時拜右衞大將軍。兼鳳翔巡檢使。隱帝時爲侯益所中。遂叛。兵敗。自焚死。

王景賢 〔清〕秀水人。字頌仙。官至廣東按察使。有周易玩辭、困學瑣言、性學圖說、伊園詩文鈔。

王普 〔宋〕字伯照。官左朝散大夫。行太常博士。有官曆刻漏圖。

王智 〔南朝宋〕彧伯父。少簡貴有高名。武帝甚重之。爲五兵尙書。封建陵縣五等子。

王智深 〔南齊〕臨沂人。字雲才。武帝時爲豫章王大司馬參軍。兼記室。敕撰宋紀三十卷。遷竟陵王司徒參軍。坐事免。家貧。嘗五日不食。掘莧根食之。卒於家。

王智興 〔唐〕溫人。字匡諫。少驍銳。累立戰功。歷遷侍御史。進中丞。長慶初充武寧軍副使。屬朝廷用崔羣爲武寧節度。智興還。勒兵斬關入。殺異己者十餘輩。然後謁羣謝。朝廷不能討。即詔充本軍節度使。智興遂索財賂。交權幸。以買虛名。又以戰功封鴈門郡王。進兼侍中。改忠武河中宣武三節度卒。

王晉徵 〔清〕休寧人。字涵齋。康熙進士。官至戶部侍郎。有雙溪草堂詩集、遊西山詩。

王朝式 〔清〕浙江山陰人。字金如。沈國模弟子。嘗入證人社。劉宗周主誠意。朝式守致知。曰。學不從良知入。必有誠非所誠之蔽。宗周稱其志願大而骨力堅。明末浙中大饑。朝式倡賑粟。全活甚衆。順治初卒。

王朝佐 〔明〕臨清人。素伏義慷慨。神宗朝天津稅監率諸亡命奪人產。州民焚堂署。斃其黨。詔捕首惡。朝佐自誣禍首。論死。◎〔明〕晉江人。字邦翰。號一江。畫山水學董米。自成一家。善詩能書。文徵明見之曰。此人生在泉州。可謂黃金與土同價。

王朝忠 〔清〕吳縣人。字蘊香。號夢霞。勤學工書。尤精小楷。晚歲能於粒麻上書細字十餘。見者歎絕。善清談。恆以詩酒自娛。年七十有六卒。

王棟 〔明〕泰州人。字隆吉。號一菴。嘉靖中歲貢生。官深州學正。有一菴遺集。

王棣 〔宋〕安石族孫。字儀仲。大觀中爲顯謨閣待制。知開封府。金人寇澶淵。城陷遇害。

王棨 〔唐〕福清人。字輔之。咸通進士。官至水部郎中。黃巢亂後。不知所終。有麟角集。

王植 〔宋〕淮從子。字立之。慶元中學禁方嚴。植以宰相家子。匿姓名。舍輜重。從葉適於窮絕處。力學之士也。◎〔清〕深澤人。字槐三。康熙進士。知邳州。有四書參注、正蒙初義、皇極經世書解、韻學、韻學臆說、崇德堂集、偶存草。◎〔清〕清苑人。字叔培。號曉林。嘉慶進士。授編修。咸豐時官至江西巡撫。所歷有善政。嗜書。雖公事絡繹。猶手一編校讎。自號秉燭老人。有經解述．深柳書堂詩文集。

王棠　【遼】新城人。博古善屬文。道宗時累拜南府宰相。練達朝政。在政府修明法度。有聲於時。◎【淸】歙人。字勿翦。有知新錄。

王欽臣　【宋】洙子。字仲至。淸亮有志操。文彥博薦試學士院。賜進士及第。哲宗時還集賢殿修撰。知和州。斥提舉太平觀。徽宗立。復待制。知成德軍。平生爲文至多。所交盡名士。性嗜古。藏書數萬卷。手自校正。世稱善本。

王欽若　【宋】新喻人。字定國。擢進士甲科。累官司空門下侍郎．同平章事。欽若狀貌短小。項有附疣。時人目爲癭相。然智數過人。每朝廷有所興造。委曲遷就以中帝意。又性傾巧。敢爲矯誕。招納贓賄。眞宗封泰山。祀汾陰。天下爭言符瑞。皆欽若及丁謂倡之。與丁謂．林特．陳彭年．劉承珪爲五鬼。卒謚文穆。有翊聖保德傳。

王湛　【晉】侍中渾弟。字處沖。少有識度。寡言語。宗族以爲癡。猶子濟詒之。見牀頭周易。湛因剖析玄微。濟歎曰。家有名士。三十年而不知。濟之罪也。歷官汝南內史。稱王汝南。

王渾　【晉】魏司空昶子。字玄沖。沈雅有器量。與王濬同領兵伐吳。以功擢大將軍。錄尙書事。惠帝立。加侍中。所歷之職。前後著稱。及居台輔。聲望日減。卒謚元。◎【晉】雄子。少有令名。官至涼州刺史。封貞陵亭侯。卒於任。故吏賻贈數百萬。子戎悉不受。

王湜　【宋】潁州人。潛心邵雍之學。著有易學。

王渥　【金】太原人。字仲澤。性明俊。博學善談論。長於詞賦。第與定進士。爲時帥所知。故多在兵間。後辟寧陵令。有治績。入爲尙書省令史。使宋。應對敏給。宋人重之。

王渙　【後漢】郪人。字稚子。少好俠。尙氣力。數通剽輕少年。晚而改節。敦儒學。習尙書。讀律令。略舉大義。舉茂才。歷官洛陽令。善發姦擿伏。及卒。民爲立祠。◎【宋】太原人。官太子賓客。爲慶曆末睢陽五老之一。◎【明】象山人。字時霖。弘治進士。由長樂知縣擢御史。正德初條上應天要道五事。語々斥宦官。巡視山海關。都御史劉宇承劉瑾指劾之。逮問斥爲民。瑾誅。復官致仕。有墨池手錄。

王渙之　【宋】漢之弟。字彥舟。未冠擢上第。元祐中爲太學博士。後入黨籍。出守洪越諸州。以疾提舉明道宮。渙之性淡泊。恬於仕進。每云乘舟常以覆溺處之。乘車常以顚墜處之。仕宦常以不遇處之。則無事矣。

王焯　【淸】嘉興人。字少愷。號訥庵。乾隆舉人。官鎭海縣教諭。有白華堂集。

王無忝　【淸】孟津人。字夙夜。康熙進士。仕至金華知府。善畫山水。

王無咎　【宋】南城人。字補之。嘉祐進士。爲天台令。棄官從王安石游。好書力學。學者歸之。常數百人。◎【淸】孟津人。無黨弟。字藉茅。順治進士。官至太常寺卿。善詩文。工草書。

王無競　【唐】東萊人。宋太尉弘之遠裔。字仲列。負氣縱橫。擢下筆成章科。授欒城尉。遷殿中監察御史。會朝。宰相宗楚客．楊再思離立偶語。無競揚笏曰。朝禮尙敬。大臣不宜慢常典。後貶廣州。仇家矯制搒殺之。

王無黨　【淸】孟津人。字大羣。明末李自成破孟津。難民奔河北。無黨乘巨艦至南岸濟衆。全活數十萬。淸初授山西平陽道。姜瓖以大同叛。圍平陽。無黨誓死守。援至夾擊。瓖軍大潰。以功晉山東濟東道。未至卒。◎【淸】萬全人。康熙武進士。乾隆間累官貴州提督。與張廣泗辦理定番州苗。搜擒撲滅。時僅旬餘。調湖廣。坐事奪職。尋起川至浙江提督。卒謚壯愍。

王琰　【唐】與孔穎達等受詔撰五經義訓。詔改爲正義。

王琬　【淸】渭南人。有周易集註。

王琪　【宋】岐國公珪從兄。字君玉。兒童時已能爲詩歌。舉進士。調江都主簿。上時務十二事。仁宗嘉之。除館閣校勘集賢校理。性孤介。數臨東南諸州。政尙簡淨。以禮部侍郎致仕。

王琨　【南朝宋】華從弟。仕宋歷官右光祿大夫。高帝即位。加侍中。謙恭謹愼。儉於財用。設酒不過兩盌。鹽豉薑蒜之屬。並掛屛風。避諱過甚。父母諱並不得犯。時謂矯枉過正。

王琚　【後魏】高平人。泰常中被刑入宮禁。小心守節。孝文時累官冀州刺史。爵高平王。常飲牛乳。色如處子。卒謚靖。◎【唐】懷州人。明天文象緯。預平太平公主之亂。進戶部尙書。封趙國公。帝甚眷之。時號內宰相。歷九刺史。性豪侈。不能遵法度。爲李林甫所忌。誣以罪。殺之。

王琛　【淸】常熟人。字匪石。號古香。以國子生修書武英殿。累官知永康州。年八十乞休。琛博學能詩。寫梅蒼老。有愛敬堂詩。

王琳　【後漢】汝南人。字巨尉。幼喪父母。遭亂。舉鄉逃竄。惟琳兄弟獨守塚廬。弟季出遇赤眉。將殺之。琳自縛請先死。賊矜而俱放之。後辟司徒府。薦士而退。◎【北齊】山陰人。字子珩。本兵家。仕梁爲將帥。梁亡。立永嘉王莊於郢州。挺身歸齊。欲存梁緒。累封巴陵郡王。終特進侍中。陳將吳明徹來寇。軍敗被殺。百姓皆哭。謚忠武。琳無學業。而強記內敏。

刑罰不濫。輕財愛士。爲時稱許。

王琦 宋樂平人。爲學官。楊簡稱爲直友。◎宋建炎時爲弓門砦巡檢。金師至。琦禦之。金人立招降旗牓。改年號阜昌。衆皆拜。琦獨不屈。遂遇害。◎明仁和人。字文進。永樂舉人。歷官四川副使。居官清介。致仕歸。家無擔石儲。衣敝。綴之以紙。杭州守奏聞於朝。賜之金。固辭。竟凍餓而死。◎清錢塘人。字琢崖。有李太白詩集注。李長吉歌詩彙解。◎清杭州人。字魏公。善畫人物花鳥草蟲。

王臨 明稗登子。字亦房。以詩名。

王登 宋德安人。字景宋。少讀書。喜古兵法。慷慨有大志。淳祐進士。調興山簿。以母憂去。制置使吳淵具書幣招之。竟立奇功。後趙葵。馬光祖先後辟之。登威聲日振。爲忌者所譏。光祖疑之。出登屯郢州。開慶初登提兵援蜀。暴卒。

王登仕 宋中原人。工畫佛道。衣冠飄灑。別具一體。

王登聯 清奉天人。隸漢軍鑲紅旗。順治初由貢生授鄭州知州。累擢保定巡撫。康熙初兼理順天巡撫事。以撥圈旗地擾民。疏請令各安舊業。言甚痛切。忤鼇拜意。與總督朱昌祚同論死。鼇拜敗。復原官。諡愨愍。

王發桂 清清苑人。號笑山。道光進士。咸豐間任御史。時洪楊事起。嘗奏保胡林翼。疏劾直隸統兵大臣。同治間官至工部右侍郎。

王皓 後漢蜀郡人。平帝時爲美陽令。王莽篡位。皓棄官西歸。公孫述稱帝。遣使徵皓。皓自刎。◎北齊晞弟。字季高。少立名行。性儒緩。官終通直散騎常侍。

王稌 明紳子。字叔豐。師方孝孺。孝孺被難。與其友潛收遺骸。禍幾不測。及卒。門人私諡孝莊先生。

王竣 清常熟人。字崇瞻。號圃烟。工傳神。無不酷肖。

王策 清太倉人。字漢舒。諸生。酷嗜倚聲。尤侗賞其秀異。邀主其家。有香雪詞鈔。

王絢 南朝宋彧子。字長素。早慧。年五六歲。讀論語至周監於二代。外祖何尚之戲曰。可改耶耶乎文哉。絢應聲答曰。尊者之名安可戲。寧可道草翁之風必舅。及長。篤志好學。位秘書丞。卒諡恭。

王絲 宋蘄山人。眞宗時舉進士。歷台州軍事判官。州少井。人病之。絲淘土爲筒。引山泉入城。每五里一穴。以濟行者。官終尚書兵部員外郎。

王結 元定興人。字儀伯。生而聰穎。讀書數行俱下。從太史董朴受經。深於性命道德之蘊。歷事武宗仁宗。順帝初累官翰林學士。中書左丞。卒諡文忠。結立言制行。皆法古人。故相張珪曰。王結非聖賢之書不讀。非仁義之言不談。識者以爲名言。晚邃於易。有易說。詩文集。

王統 前秦仕苻堅。歷益秦二州刺史。攻克仇池及隴西鮮卑。累官鎮西大將軍。後降姚萇。爲萇子興所殺。

王翔 後魏叡從子。字元鳳。少以聰敏循良。詔充內侍。時文明太后好細察。翔恭謹愼密。甚被知任。官終濟州刺史。

王舒 晉導從弟。字處明。少爲從兄敦所知。以天下多故。不營當時名。恆處私門。潛心學植。明帝時爲會稽內史。及蘇峻反。與郗鑒等帥兵赴難。賊平。封彭澤縣侯。卒諡穆。◎隋寶安人。性至孝。里人皆企慕。比於曾參。名所居爲參里。

王舜 漢莽從弟。頗修飭。爲太后所信愛。莽白以爲車騎將軍。後爲太師。封新安公。莽篡位。病悸死。

王舜臣 宋爲偏將。善射。王朴討叛羌。兵敗。羌逐北。師遇險不得行。舜臣以弓掛臂。獨立敗軍後。射其酋。萬騎愕眙莫敢前。旋復來。舜臣自申及酉。矢無虛發。師因得踰險。

王舜鼎 明會稽人。字墨池。萬曆進士。歷兵部郎中。覈軍伍冊。斥絕饋遺。未嘗私一卒。累官工部尚書。卒諡恭簡。

王莽 漢禁孫。字巨君。父曼早死。諸父皆封侯。莽獨孤貧。折節讀書。事母及寡嫂。養孤子。內行修敕。外交英俊。曲事諸父。後封新都侯。爵位益尊。愈爲謙抑。虛譽隆洽。傾其諸父。拜大司馬。哀帝卽位。莽與丁傅忤。免就國。平帝立。元后臨朝稱制。委政於莽。號安漢公。女爲皇后。加宰衡。位上公。加九錫。旋弒平帝。立孺子嬰。羣臣進符命。莽遂自稱攝皇帝。居攝三年。稱假皇帝。未幾。篡位。國號新。法令煩苛。羣盜並起。光武與兄伯升起兵討之。莽敗。被殺。在位十五年。年號始建國。天鳳。地皇。

王華 南朝宋廞子。字子陵。武帝北伐長安。辟華爲主簿。文帝將入奉大統。華贊決就徵。及卽位。以華爲侍中。右衛將軍。以誅徐羨之功。遷護軍將軍。卒諡宣。◎宋景祐時爲畫院待詔。工畫花鳥。◎明守仁父。成化進士。授編修。弘治中累官學士。少詹事。在講幄最久。李廣貴幸。華講大學衍義。指陳甚切。官終南吏部尚書。

王虛之 南齊石陽人。字文靜。性至孝。喪親二十五年。鹽酢不入口。

王詔 宋舉元子。字景獻。徽宗時累官工兵戶三部侍郎。轉開封尹。歷官皆有建白。時子瓌使京西。擢洛尹。父子兩京相望。克濟其美。官終工部尚書。◎【明】直隸趙人。字文振。天順進士。弘治間以右副都御史巡撫雲南。所司入土官賄。變亂曲直。生邊患。詔不通苞苴。一斷以法。且去弊政之不便者。諸夷歸命。邊徼寧輯。召拜南京兵部右侍郎。未上卒。◎【明】松陽人。永樂後數十年。游治平寺。於轉輪藏上。得書一卷。載建文亡臣二十餘人事蹟。可識者僅九人。

王詒壽 【清】浙江山陰人。字眉子。貢生。官武康訓導。性瀟逸。好古學。工南宋人小詞。尤精駢文。光緒間卒。有縵雅堂文。笙月詞。

王象 【三國魏】河內人。字羲伯。少孤貧。爲人牧羊。而讀書不輟。楊俊嘉其才質。贖之。累官常侍。封列侯。受詔撰皇覽。使象領祕書監。京師稱爲儒宗。及俊坐罪自殺。象自恨不能濟俊。遂發病死。◎【唐】明皇時人。能書畫。繪鹵簿圖。傳於世。

王象之 【宋】金華人。嘗知江寧縣。有輿地紀勝二百卷。

王象咸 【明】山東新城人。性疏放不羈。嗜酒工草書。見古人墨蹟舊拓本。坐臥其間。至忘寢食。遂入神品。崇禎中官光祿寺署丞。

王象春 【明】象乾從弟。字季木。萬曆進士。官至南吏部考功郎中。能詩。負氣疾惡。抗論士大夫邪正。黨論異同。雖在郎署。咸指目之。用是敗歸。遂不起。

王象晉 【明】象乾弟。字藎臣。一字康宇。萬曆進士。官至浙江右布政使。優游林下二十年。有羣芳譜。清悟齋欣賞編。翦桐載筆。秦張詩餘合璧。

王象祖 【宋】臨海人。字德甫。學於葉適。爲文簡古老健。性和厚凝重。學邃行高。有故人作相。象祖已寢疾。猶草數千言規正之。其憫時憂世如此。

王象乾 【明】之垣子。字子廓。一字霽宇。隆慶進士。歷僉都御史。代李化龍經理播州。討平砂溪銅仁諸苗。巡撫宣府。在任七年。邊境無事。累官兵部尚書。崇禎初瑚敦圖入山西。時象乾年八十三。即家起總督宣大山西軍務。瑚敦圖受約束如故。象乾權譎有膽略。前後歷官督撫。威名著九邊。累加太子太師。以病乞歸卒。

王賀 【漢】東平陵人。字翁孺。元后之祖。武帝時爲繡衣御史。逐捕魏郡羣盜。時他部御史誅殺至萬餘人。賀獨縱不誅。以奉使不稱免。歎曰。吾聞活千人者封子孫。吾所活者萬餘人。後世其興乎。後以與東平陵終氏爲怨。乃徙魏郡元城委粟里。爲三老。魏郡人德之。

王貺 【宋】考城人。字子亨。學醫未精。游京師。會鹽法更變。有大賈覩揭示。失驚吐舌。不能復入。國醫不能療。其家榜於市曰。能治者謝千萬。貺利其酬厚。姑往應之。令取鍼經來。漫檢之。有穴與其疾相似者。鍼之。遂愈。名動京師。貺既小康。始盡心肘後之書。卒精於醫。宣和間爲朝請大夫。有全生指迷方。

王貴 【宋】太原人。累官淄州刺史。太宗時從潘美北征。頗立戰功。及從楊業。爲遼兵所圍。親射殺數百人。矢盡。張空弮。又擊殺數人。遂遇害。

王貴翁 【元】瑞安人。字君傳。家貧。授徒養母。至元間山寇至。貴翁舍妻子負母避北湖山。爲賊所執。賊索貲不獲。褫其母衣。貴翁哀懇。弗聽。抱母泣。爲賊所害。

王貴學 【宋】臨江人。字進叔。著有蘭譜。

王賁 【戰國秦】翦子。爲將。率兵破定燕齊地。始皇統一天下。以王氏與蒙氏功爲多。◎【宋】天台人。字蘊文。介特有守。鄉俗化之。不敢爲非。爲王柏高弟。◎【金】宛平人。士方孫。字文孺。敦厚尚義。篤於親舊。第進士。擢右三都檢法司正。政府言其廉素善論議。累遷南京路按察使卒。

王貽永 【宋】溥孫。字季長。性清愼寡言。頗通書。不好聲技。尚太宗女鄭國公主。除駙馬都尉。歷官尚書右僕射。檢校太師。兼侍中。當時無外姻輔政者。貽永在樞密十五年。迄無過失。人稱其謙靜。卒謚康靖。

王貽燕 【清】圖炳子。字翼安。號掞齋。又號香雪。精繪事。寫蘭竹極佳。工詩能書。有香雪山房遺稿。

王買德 【南朝夏】初仕秦姚興。後奔赫連勃勃。爲撫軍右長史。以克長安功拜都官尚書。加冠軍將軍。封河陽侯。

王超 【後魏】翔子。字和善。愛好人物。輕財重義。性豪華。每食必窮水陸之味。◎【宋】趙州人。太宗時歷殿前都虞候。眞宗即位。帥鎮定高陽關三路。大破契丹兵。其後累失機。罷三路帥。官終建雄節度。知青州。

王越 【明】濬人。字世昌。景泰進士。歷官兵部尚書。總制大同及延綏甘寧軍務。封威寧伯。凡三出塞。收河套地。身經十餘戰。出奇取勝。動有成算。獎拔士類。籠罩豪俊。人樂爲用。惟以前結汪直。後依李廣。爲士論所輕。卒謚襄敏。有王襄敏集。

王逸 【後漢】宜陽人。字叔師。元初中爲校書郎。順帝時進侍中。著楚辭章句及賦誄書論雜文凡二十一篇。又作漢詩百二十二篇。

王逑 【宋】宛丘人。字致君。建炎時與父偰奔餘姚。舉進士。官終國子司業。自幼至老。無一日去書。文章法先秦。詩法三百篇。書法鍾王。

王逵 【明】錢塘人。一足跛。貧窶甚。賣藥不足自給。又市卜。博究百家。客至。輒談今古。質以疑難。則應口答之。有蠡海集。

王進　後周　良鄉人。爲人勇悍。走及奔馬。少聚徒爲盜。唐明宗時隸寧衞指揮。漢高祖爲侍衞親軍指揮使。以進爲軍校。每有急遣。進馳至京師。往返不過五六日。累遷奉國軍都指揮使。後從太祖起魏。歷彰德軍節度使。卒。◎宋　前譙縣尉。與王賓同復亳州。官節度使。爲亂軍所害。進嘗應荆山之募。由間道入汴京納奏。賞以物。不受。又散家財濟貧民。以死自勵。一時甚稱之。

王進逵　五代楚　武陵人。事馬希萼爲指揮使。希萼逐武陵留後。迎劉言爲帥。自爲副。已而有隙。襲言殺之。周太祖以進逵爲武平軍節度使。世宗征淮南。授南面行營都統。與岳州刺史潘叔嗣相攻。兵敗見殺。

王進寶　清　靖遠人。字顯吾。初隨孟喬芳平河西回。授守備。順治間征貴州。康熙間討西羌。平王輔臣。累擢陝西提督。進規漢中。定四川。功績甚偉。卒諡忠勇。

王鄂　前蜀　生七歲。經利州百堂寺前。忽云。我曾有經一卷。藏寺內石龕。令家人往取之。寺僧曰。此我童子也。計其殀死年月。與鄂誕生日正符。後仕王建至令錄。

王都　後唐　處直養子。處直欲立孽子郁爲嗣。都遂殺處直。明宗惡之。都遂反。諸將有欲出降者。都伺察嚴密。殺戮無虛日。城破。自焚死。

王都中　元　積翁子。字元俞。自號本齋。年十七爲平江路總管府治中。僚吏頗易其年少。都中遇事剖析。動中肯綮。皆愕眙不敢欺。累拜參知政事。歷仕四十餘年。所至政譽暴著。卒諡清獻。有詩集。

王鈞　唐　開元間爲洛陽尉。性毒虐。笞罰人恐其不死。杖訖不放起。須其腫。乃重杖之。犯人苦楚欲死。鈞始眉目喜暢。故人吏震懾。◎明　世宗時御史。發太監張忠等罪。因以次黜譴。內臣之勢少衰。

王鈇　明　順天人。字德威。嘉靖進士。知常熟縣。濱海多大猾。匿亡命作奸。鈇悉貰其罪。倭患起。鈇語諸猾曰。何以報我。咸請効死。部署得數百人。合防卒訓練。倭來逼。斂卻之。破其寨。焚二十七艘。倭遁。鈇用小艇躡之。爲倭所夾擊。中刃死。

王鈍　明　太康人。字士魯。元末進士。知猗氏縣。洪武中徵授禮部主事。歷官福建參政。以廉愼聞。遣諭麓川蠻。卻其贈。或曰。不受恐遠人疑貳。乃受。還至雲南。輸之官庫。建文初拜戶部尚書。燕師入。踰城走。爲邏者所執。成祖詔復故官。尋敕以布政使致仕。既歸。鬱鬱死。有野莊集。

王閎　漢　譚子。哀帝時爲中常侍。時倖臣董賢爲大司馬。寵愛貴盛。閎屢諫忤旨。哀帝臨崩。以璽綬付賢曰。無妄以與人。時國無嗣主。內外惶懼。閎白元后請奪之。賢素憚閎剛直。不敢拒。乃跪授璽綬。閎馳上太后。朝廷壯之。及莽篡位。忌閎。乃出爲東郡太守。懼誅。常繫藥手內。莽敗。漢兵起。閎獨完全東郡三十餘萬戶。歸降更始。◎後漢　樂浪人。爲郡三老。更始敗。土人王調殺郡守。自稱大將軍。王遵兵至遼東。閎等共殺調迎遵。皆封列侯。閎獨讓爵不受。光武徵之。道病卒。

王閏　元　須城人。父性乖戾。閏左右承順。甚得其歡心。父嘗臥疾。閏夜燃長明燈。室中火延籬壁間。閏聞火聲。驚起馳救。突入火中。解衣蒙父抱而出。肌體灼爛。而父無少傷。

王開化　清　鑫從弟。初從鑫勦平湖南南路洪楊軍。以善戰聞。常以寡擊衆。後分帶湘勇。勦江西臨江。吉安。撫。建。功最偉。從左宗棠東征。以道員總理營務。連克建德。婺源。德興。抵廣信病卒。諡貞介。

王開沃　清　太倉人。字子良。諸生。有妙林詞。

王開祖　宋　永嘉人。字景山。皇祐進士。杜門著書。從學常數百人。以薦召試賢良方正。未赴而卒。年三十二。學者稱儒志先生。有儒志編。

王隆　後漢　雲陽人。字文山。王莽時爲郎。後避難河西。爲竇融左護軍。建武中爲新汲令。能文章。有詩賦銘書凡二十六篇。

王雅　晉　魏中領軍肅曾孫。字茂達。孝武時爲太子左衞率。拜少傅。威權甚震。而善應接。帝欲用王恭。殷仲堪。問於雅。雅不可。後二人果敗。雅在官愼默自守。遷左僕射。◎北周　新豐人。字度容。少沈毅木訥。有膽勇。善騎射。數從文帝征戰有功。封伯爵。累遷驃騎大將軍。勵精爲政。人庶悅附。明帝初除汾州刺史。

王雄　晉　祥從兄。爲人秀雅好學。不仕。人稱其有德。◎北周　太原人。少有謀略。魏永安末從賀拔岳入關。累官大將軍。行同州事。入周進柱國。封庸國公。出爲涇州總管。與齊將斛律光戰死。諡忠。◎明　官行人。弘治中大同有警。命保國公朱暉禦之。雄極言暉不足任。且請罷中官監督。謫雲南浪穹丞。◎清　甘肅寧遠人。字玉山。順治間河西回變。征勦有功。授遊擊。領兵征川。擒郝搖旗。恢復武隆等八州縣。累官至西寧總兵。

王雄誕　唐　濟陰人。少強果。膂力絕人。杜伏威用之。戰多捷。以前後功授歙州總管。封宜春郡公。後輔公祏反。奪其兵。縊殺之。雄誕愛人撫士。每破城邑。無絲毫犯。死之日。江南人皆流涕。諡忠。

王雱 〔宋〕安石子。字元澤。爲人慓悍陰刻。性敏甚。未冠已著書數萬言。年十三。得秦卒言洮河事。歎曰。此可撫而有也。後王韶開熙河。安石力主其議。蓋驛於此。舉進士。累官天章閣待制。安石更張政事。雱實導之。卒年三十三。有南華眞經新傳。

王雲 〔宋〕壽弟。字子飛。舉進士。從使高麗。撰雞林志以進。靖康初以給事中使斡离不軍。議割三鎭。因言康王宜將命。及王受命。雲爲之副。行次磁州。民以爲姦。譟而殺之。王遂南還。是役也。雲不死。王必北行。議者以是驗天命云。

王雲鳳 〔明〕和順人。字應韶。成化進士。授禮部主事。劾太監李廣下獄。降知州。後官至右僉都御史。巡撫宣府。以憂歸。遂不起。雲鳳與王瓊·喬宇。號河東三鳳。後皆爲名卿。

王順 〔戰國〕費惠公曰。王順。長息。則事我者也。言其不足爲師友。(按漢書古今人表作王愼。此從孟子。)◎〔明〕保德人。永樂時繪太廟圖。徵天下繪士詣京。順與胡頁俱往。一日畢其技。成祖見之。以御手拍順肩。稱賞不已。命繡其手於肩。

王傴 〔晉〕江夏人。官江安令。張昌搆亂。江夏士庶莫不從之。惟傴與秀才呂蕤不從。昌以三公位徵之。傴·蕤密將宗室北奔汝南。投豫州刺史劉喬。鄉人期思令李機·常安令吳鳳·孝廉吳暢。糾合善士得五百餘家。追隨傴等。不豫妖逆。

王僉 〔梁〕錫弟。字公會。初補國子生。祭酒袁昂稱爲通理。歷太子中舍人。出爲建安太守。山酋聚徒依險。屢爲民患。僉率衆平之。除寧遠將軍。盧循作亂。轉安成內史以鎭撫之。累遷太子中庶子。卒諡恭。

王嗣 〔蜀漢〕資中人。字承宗。舉孝廉。爲汶山太守。綏集羌胡。咸悉歸服。後從姜維北征。中流矢卒。戎夷會葬贈送數千人。號呼涕泣。羌胡見其子孫如骨肉。或與結爲兄弟。

王嗣宗 〔宋〕汾州人。字希阮。開寶進士第一。歷事三朝。眞宗時拜御史中丞。頗輕險好進。所至以嚴明。御下尤傲很。務以醜言淩挫羣類。官終靜難軍節度。卒諡景莊。有中陵子三十卷。

王嗣經 〔明〕上饒人。字曰常。本姓璩。善爲詩。博學多撰述。

王嗣槐 〔清〕仁和人。字仲昭。號桂山。諸生。康熙中薦試鴻博。授中書。文詞瑰麗。尤善爲賦。客大學士馮溥所。爲佳山堂六子之一。有桂山堂偶存·嘯石齋詞·太極圖說論。

王圓照 〔清〕郝懿行之妻。字瑞玉。號婉佺。博涉經史。疏解精嚴。有詩經小記·列女傳補注·列仙傳校正。

王寖大 〔明〕合肥人。字幼章。崇禎進士。有春秋說。

王寘 〔宋〕泉州人。字季達。大觀初遊太學。時蔡京當國。寘與同舍生陳朝老上書攻之。坐遷自訟齋十餘年。宣和中以特奏名補官。

王嵩 〔清〕太倉人。字穎山。諸生。工詞。有草窗夢窗之美而無其病。有別花人語。

王嵩高 〔清〕式丹曾孫。字少林。乾隆進士。官平樂知府。有小樓詩集。

王微 〔南朝宋〕弘弟子。字景元。少好學。善屬文。工書。兼解音律及醫方卜筮數術之事。素無宦情。江湛舉爲吏部郎。微不可。與何偃書。深言塵外之適。常住門屋一間。尋書玩古。終日端坐。席皆生塵埃。惟坐處獨淨。以弟喪哀痛卒。◎〔明〕揚州妓。字修微。色藝雙絕。長於詩詞。後爲黃冠。自號草衣道士。

王愷 〔晉〕坦之子。字茂仁。少襲父爵。與弟愉及國寶並貴盛。當時莫比。歷官吳郡內史卒。◎〔晉〕恂弟。字君夫。少有才力。歷位清顯。官後將軍。與石崇鬭富。後又與崇將爲鴆毒之事。有司論重罪。詔特原之。由是肆意。無所顧憚。卒諡醜。◎〔明〕當塗人。字用和。通經史。善謀斷。爲元府吏。太祖召爲太平掾。帝克衢州。命總制軍民事。常遇春屯金華。部將擾民。愷械而撻諸軍。開化馬宣等亂。先後討擒之。遷左司郎中。佐胡大海治省事。死於苗軍之亂。

王懷 〔清〕時敏曾孫。字存素。號林屋。諸生。畫得家法。山水用乾筆皴擦。不加渲染。得元人簡淡法。工詩詞。有林屋詩餘。

王感化 〔南唐〕建州人。後入金陵教坊。少聰敏。未嘗執卷而多識。善爲詞。滑稽無窮。李景嗣位。宴樂擊鞠不輟。嘗乘醉命感化奏水調詞。感化唯歌南朝天子愛風流一句。如是者數四。景悟。覆杯歎曰。使孫陳二主得此一句。不當有銜璧之辱也。

王愼中 〔明〕晉江人。字道思。初號遵巖居士。後號南江。嘉靖進士。授禮部主事。與諸名士講習。學大進。會詔簡部郎爲翰林。衆首擬愼中。大學士張璁欲一見之。辭不赴。乃稍移吏部郎中。官終河南參政。以忤夏言落職歸。愼中壯年廢棄。益肆力爲古文。卓然成家。與唐順之齊名。天下稱王唐。有遵巖集。

王愚翁 〔清〕錢塘人。佚其名。誠心待人。受人欺。或負其錢物。終不校。再求輒應。人以謂愚。叟亦自謂愚。故號愚叟。閱世百年。無一妄語。

王悳期 〔晉〕挼子。流寓江南。緣

父本意。注公羊。又集列女後傳。

王愈憤　清泰和人。字若先。康熙進士。以古文名。弟愈融。字侶薪。諸生。俱從魏禧游。有瑞竹亭合稿。

王敬臣　明庭子。字以道。歲貢生。受業魏校。性至孝。其學以愼獨爲先。尤以標立門戶爲戒。鄉人尊爲少湖先生。萬曆中徵授國子博士。辭不行。詔以所授官致仕。有俟後編。

王敬武　唐青州人。隸平盧軍爲偏校。事節度使安師儒。中和中盜發齊棣間。敬武擊定之。還逐師儒。自爲留後。因授平盧節度使。官終檢校太尉。同中書門下平章事。

王敬則　南齊南沙人。善拍張。仕宋爲員外郎。時蒼梧王狂虐。敬則以高帝有威名。傾心事之。及即位。封尋陽郡公。明帝嗣位。多殺害。敬則自疑。遂反。兵敗伏誅。

王敬銘　清嘉定人。字丹思。號味閒。康熙中殿試第一。授修撰。師王原祁畫山水。爲舉子業時。即供奉內廷。有硯癖。畫不可以貨取。投以片石。無不立應。

王敬蕘　後梁汝陰人。唐末爲州刺史。狀貌魁傑。而沈勇有力。敏拒秦宗權。州賴以全。累拜武寧節度使。左衛上將軍。

王新命　清漢軍鑲藍旗人。字純嘏。由筆帖式累遷郎中。康熙間官至河道總督。創竹絡裝石之法。灌田濟運。漕民兩便。坐事奪職。尋以浮銷錢糧擬辟。遇赦得免。

王暕　梁騫弟。字思晦。年數歲。風神警拔。有成人之度。弱冠選尚淮南長公主。天監中歷位吏部尚書。領國子祭酒。世貴顯。與物多隔。不能留心寒素。以左僕射致仕。卒諡靖。

王暐　明句容人。字克明。正德進士。除吉安推官。從王守仁平宸濠。遷大理寺副。爭大禮下獄廷杖。仕至戶部尚書。歷官著清操。有克齋集。

王暉　前蜀王建時累有戰功。王衍即位。官集州刺史。州乏水泉。會岐兵攻城。急斷水道。暉得夢兆。掘地得泉。敵解去。遷秦州節度使。國亡入唐。尋降後蜀。◎宋太原人。初從周太祖入汴。世宗時爲神武統軍。性吝嗇而貲甚富。縱部曲誅求民間。入宋官終右領軍上將軍。

王會　宋字元叟。乾道間官朝請大夫。工畫花竹翎毛。窮極精細。不遺毫髮。

王會汾　清無錫人。字潔服。號晉川。乾隆進士。改庶吉士。官至大理寺卿。有梁溪詩鈔。

王椿源　清鹽石人。字介屏。道光中宰湄縣。從征金川。死木果木之難。有嵐溪詩鈔。

王業　漢事王莽爲中黃門。領長安市。賊取於民。以省費爲功。莽聞城中饑饉。業市粱飯肉羹入示莽曰。民食咸如此。莽信之。◎明字蔚上。號冠九。嘗爲諸生。尋棄去。有五經釋義。性理約言。文集。皆不傳。存者惟王冠九文集數十首。

王楨　元東平人。字伯善。官豐城縣尹。有農書。農務集。

王楨之　晉徽之之子。字公幹。歷位大司馬長史。桓玄爲太尉。朝臣畢集。玄問楨之。我何如君亡叔。在坐咸爲氣咽。楨之曰。亡叔一時之標。公是千載之英。一坐皆悅。

王楙　宋長洲人。字勉夫。養母不仕。杜門著述。時稱爲講書君。有野客叢書。

王準　唐鉷子。爲衛尉少卿。以鬬雞供奉禁中。驕甚。過駙馬都尉王繇。以彈彈其巾。折玉簪爲樂。萬年尉韋黃裳等候準經過。饌具倡樂必素辦。無敢逆意。及鉷賜死。被誅。◎明世籍秦府儀衛司。字子推。由進士爲禮科給事中。巡視京營。劾郭勛專恣罪。又劾張璁·桂萼引私人。璁·萼罷。準亦下吏。謫富民典史。稍遷知縣。都御史汪鋐希璁指。以考察罷之。

王溫　後魏樂城人。字桃湯。與兄俱充宦者。以謹愼累官左中郎將。宣武崩。溫於臥中起孝明。扶抱入踐帝位。遷光祿卿。封武陽縣開國侯。建義初於河陰遇害。

王溫叔　宋善寫眞。人號爲水鑑處士。

王溫舒　漢陽陵人。少時椎埋爲姦。以廷尉史事張湯。遷廣平都尉。任豪惡吏十餘人爲爪牙。盜賊不敢近。廣平號爲道不拾遺。徙河內太守。盡捕郡中豪猾。連坐千餘家。流血十餘里。會春。溫舒頓足歎曰。嗟乎。令冬月益展一月。足吾事矣。其好殺行威不愛人如此。帝以爲能。遷中尉。後有人告其爲姦利。溫舒自殺。

王溥　後漢琅邪人。吉之後。安帝時家貧不得仕。乃挾竹簡插筆。於洛陽市傭書。美於形貌。又多文辭。來僦其書者。丈夫贈其衣冠。婦人遺其珠玉。一日之中。衣寶盈車。洛陽稱爲富筆。後以一億輸官。得中壘校尉。◎唐字德潤。第進士。歷刑部郎中。昭宗蒙難東內。溥與崔胤說衛軍執劉季述等殺之。帝反正。以中書侍郎同中書門下平章事。判戶部。不能有所裨益。後爲工部尚書。爲朱溫所害。◎宋祚子。字齊物。漢時舉進士第一。仕周爲中書侍郎平章事。每賓客候祚起居。溥嘗朝服侍立。客不安席求去。祚曰。學生敢勞賢者起避耶。宋初進司空。性寬厚。美風度。好汲引後進。嘗著唐會要。五代會要。有集二十卷。卒諡文獻。◎明江西安仁人。仕陳友諡爲平章。守建昌。尋降太祖。仍守建昌。拔江州。累功擢河南行省平章。初溥未仕時。奉母葉氏避兵貴溪。遇亂相失。凡十八年。至是歸貴溪求之不得。號泣三日。有人告以爲賊所迫投井死。溥求得井。母屍果在。乃卽其地葬之。◎〔明〕桂林人。洪武末爲廣東參政。以廉名。糧運由海道多漂沒。溥身至庾嶺。相度形勢。命有司修治橋梁。教民車運。民甚便之。居官數年。笥無重衣。庖無兼饌。爲吏誣逮下詔獄。寮屬饋贐皆不受。事白。得歸卒。◎〔淸〕太倉人。字雲泉。王宸弟子。官四川大竹典史。畫境蒼莽。多師梅道人。書法蘇米。兼工分隸。

王·源 〔明〕龍巖人。字啓澤。永樂進士。歷官刑部郎中。英宗立。出爲潮州知府。坐事當贖徒。尋致仕。潮人乞留不獲。立祠祀之。有章庵集·書傳補遺。◎〔明〕鎭子。字宗本。鎭卒。授錦衣衞都指揮使。家奴怙勢侵民田。爲言者所論。後源悉歸所占於民。人多其能改過。武宗時累進太傅。卒諡榮靖。◎〔淸〕大興人。字崑繩。一字或菴。康熙舉人。少喜任俠言兵。從寧都魏禧游。爲古文規橅秦漢。晚歲與蠡縣李塨師事顏元。學禮甚篤。而自負經世學益堅。客遊四方以終。有易傳·評春秋三傳·兵論·平書·或菴文集。◎〔淸〕溧陽人。字雲谷。工畫山水。◎〔淸〕鎭江人。漢軍籍。字春槎。仁和陳氏之僕。寫生得古法。

王·源中 〔唐〕字正蒙。擢進士弘辭。官左補闕。憲宗時以直諫知名。澹於名利。率身治人。政尙簡約。官終天平軍節度使。

王·昫 〔淸〕上虞人。字汾原。號空桐。乾隆舉人。官通渭知縣。幼聰穎。讀書目數行下。致力於周官儀禮三傳史漢莊列。劉墉·朱珪等爭器重之。罷官歸。主講朗江書院。有詩古音·文選七箋·國語釋文·小爾雅疏。說文五翼。

王·熙 〔明〕邵武人。字碧峰。工畫。稱名筆。有蕭疎之致。◎〔淸〕崇簡子。字子雍。一字胥庭。號慕齋。順治進士。授檢討。嫻文詞。精滿書。康熙間吳三桂反。其子應熊居京師。熙請誅之。奉命專管密本。爲漢臣與聞兵機之始。官至保和殿大學士。卒諡文靖。有寶輪堂集。

王·熙元 〔宋〕處訥子。幼習父業。開寶中補司天曆算。眞宗時拜司天少監。奉詔於後苑纘陰陽事十卷上之。名靈臺秘要。

王·熙震 〔淸〕閩中人。字曉嵐。一字惕齋。道光拔貢。歷員外郎中。外任宜昌知府。爲錦屏書院院長。卒年八十。熙震覃稽羣籍。有大戴禮記注·後漢書義證·惕齋讀書志·文集。

王·照 〔淸〕仁和人。字晉三。康熙舉人。薦鴻博。不就試。熟於兩漢。詩調敷腴圓媚。情寄特勝。有論古堂集。

王·煒 〔淸〕歙人。號不菴。有鴻逸堂集。

王·猷定 〔淸〕南昌人。字于一。號軫石。明拔貢生。少好聲伎狗馬。以豪俠傾其貲。晚寓浙中西湖僧舍。工詩古文。鬱勃多奇氣。書法亦名重一時。有四照堂集。

王·瑚 〔晉〕銓子。字處仲。少重武節。爲成都王穎冠軍參軍。積功累遷游擊將軍。時上官巳縱暴。瑚等謀誅之。爲所害。

王·瑒 〔陳〕沖子。字子輿。沈靜有器局。美風儀。文帝時累遷太子中庶子。沖嘗爲瑒辭。文帝曰。所以久留瑒於承華。正欲使太子微有瑒風法耳。宣帝時累官尙書左僕射。卒諡光。

王·瑛 〔明〕無錫人。字汝玉。嘉靖進士。官至監察御史。有王侍御集。

王·瑜 〔陳〕瑒弟。字子珪。亦知名。美風儀。使齊被囚。天嘉中還朝。官侍中。◎〔後晉〕范陽人。性凶狡。然儁辨驍果。騎射刀筆。稱於當代。高祖時擢太府少卿。以詭計代父爲東平節度副使。入爲刑部郞中。後爲侯益所殺。◎〔明〕淮安山陽人。字廷器。以總旗選隸趙王府護衞。永樂末成祖疾。不視朝。以告發中官黃儼·江保等謀立趙王事。授遼海衞千戶。仁宗立。擢左副總兵。代陳瑄鎭淮安。董漕運。有善政。累進左軍都督僉事。然性好貨。爲英宗切責。會入京議事。得疾。東兩手如高懸狀。號叫而卒。

王·瑞 〔明〕望江人。字良璧。成化進士。授吏科給事中。嘗於文華殿抗言內寵滋甚。詞氣鯁直。帝震怒。同列戰慄。瑞無懼色。居諫垣十餘年。遷湖廣右參議。致仕卒。

王·瑞枏 〔明〕永嘉人。字聖木。天啓進士。累官湖廣兵備僉事。駐襄陽。張獻忠乞撫。熊文燦許之。瑞枏以爲非計。謀俟其至執之。文燦不可。請擊之。又不從。乃列上三策。亦不用。以憂歸。明年獻忠果叛。留書於壁。言己之叛。總理使然。具列上官姓名及取賄月日。末言不納我金者。王兵備一人耳。由是瑞枏名大著。福王時官太僕少卿。旋告歸。淸兵破溫州。避之山中。有欲薦之者。乃自經死。

王·當 〔宋〕眉山人。字子思。幼好學。博覽古今。所取惟王佐大略。嘗舉進士不中。元祐中蘇轍以賢良方正薦。廷對慷慨。不避權貴。調龍游尉。後見蔡京入相。遂不復仕。嘗邃於易與春秋。皆爲之傳。又有經旨·史論。

王　盟 〔北周〕樂浪人。字子件。隨賀拔岳擒万俟醜奴。平秦隴。常先登力戰。文帝除盟原州刺史。累進太傅。

盥姿度弘雅。仁而汎愛。雖居師傅。謙恭自處。卒諡孝定。

王・禁 漢賀子。字稚君。少學法律。爲廷尉史。有大志。不修廉隅。好酒色。多娶旁妻。凡有四女八男。次女政君。卽元帝之后也。元帝立。禁以后父封陽平侯。位特進。卒諡頃。

王・祿 明新城人。舉於鄉。知福建平和縣。嘉靖間疏請建獻帝廟於安陸。封崇仁王以主其祀。不當考獻帝伯孝宗。涉二本之嫌。疏奏。卽棄官歸。命逮治。斥爲民。

王・稜 晉導從弟。字文子。少歷清顯。累官丞相從事中郞。導以稜有政事。宜守大郡。乃出爲豫章太守。稜知從兄敦驕傲自負。有罔上心。日夕諫諍。敦不能容。潛使人害之。

王・稟 宋開封人。珪孫。字正臣。靖康初總軍太原。金人入寇。稟提孤旅由平陽應援。自春至秋。救者不至。城陷。抗辭罵賊。赴火死。諡忠壯。

王・筠 梁志從子。字元禮。一字德柔。小字養。七歲能文。及長。清靜好學。擅才名。沈約嘗啓武帝曰。晚來名家。唯見王筠獨步。昭明太子統愛文學士。筠以方雅見禮。累官太子詹事。居宅爲盜所攻。驚懼墜井死。所撰文章。以一官爲一集。凡一百卷。◎淸安丘人。字貫山。號菉友。道光舉人。官山西寧鄉知縣。博涉經史。尤深說文之學。所著說文句讀。折衷段玉裁・桂馥之說。獨闢門徑。論者稱二家之勁敵。又有說文釋例・說文繫傳校錄・鄂宰四稿・禹貢正字・禮記讀・儀禮鄭注句讀刊誤・四書說略。卒年七十有一。

王・粲 三國魏高平人。字仲宣。博物多識。問無不知。蔡邕奇其才略。聞粲在門。倒屣迎之。粲年少短小。一座皆驚。避亂荆州依劉表。後仕魏。累官侍中。爲建安七子之一。

王・綏 晉愉子。少有美稱。厚自矜邁。實鄙而無行。累拜荆州刺史。坐父愉謀亂。被誅。

王・綖 明直隸開州人。字邈伯。弘治進士。拜戶部郎中。時劉瑾用事。羣奄倚勢請託。綖皆不顧。遷湖廣副使。世宗入繼大統。宦者谷大用迎駕而南。強綖長跪。綖不屈。號呼奏行在。帝遣官慰諭之。乃復赴河南。以擒礦寇功。累遷至大理卿。

王・義 元寧晉人。字宜之。有膽智。沈默寡言。讀書知大義。金主遷汴。河朔盜起。縣人推義攝縣事。太祖授寧晉令。兼趙州以南招撫使。時兵亂廢耕。所在人相食。寧晉東有藪澤周百餘里。中有小堡曰濉城。有魚藕菱芡之利。義留偏將守寧晉。身率衆保濉城。由是全活者衆。累擢深冀趙三州招撫使。擊敗金將武仙。拔冀州。平邢州盜趙大王。乃布教令。招集散亡。勸率種藝。深冀之間。遂爲樂土。

王・義山 元豐城人。字元高。宋景定進士。知新喩縣。歷永州戶曹。入元官提舉江西學事。後退居東湖。扁其室曰稼村。有稼村類稿。

王・義方 唐漣水人。淹究經術。高自標樹。舉明經。補晉王府參軍。直弘文館。顯慶初擢侍御史。會李義府縱大理囚婦淳于氏。迫其丞畢正義縊死。無敢白其姦。義方上言姦臣肆虐。殺人滅口。請下有司雜治。卽具法冠對仗。叱義府下。讀所言。帝方安義府狡佞。恨義方以孤士觸宰相。貶萊州司戶參軍。母喪。遂隱居不出。

王・翛 金涿州人。字翛然。皇統進士。歷知霸州及大興府。性剛毅。臨事果斷。吏民憚其威。雖豪右亦不敢犯。累遷至定海軍節度使。(按萬姓統譜作王修。此從金史。)

王・聘珍 淸南城人。字貞吾。號實齋。拔貢。廉介自持。爲世所重。阮元嘗延之參訂古籍。有大戴禮記解詁・儀禮學・九經學。又刊著經義考補。

王・肅 後漢磐子。磐死。肅復出入北宮及王侯邸第。及郭后薨。言者慮致貫高・任章之變。帝遂收捕諸王。更相牽引。死者以千數。◎三國魏朗子。字子雍。仕至中領軍・散騎常侍。善賈馬之學。而不好鄭氏。采會同異。爲尙書詩論語三禮左氏解。及撰定朗所作易傳。皆列於學官。其所論駁朝廷典制郊祀宗廟喪紀輕重。凡百餘篇。卒諡景。有孔子家語注。◎後魏奐子。字恭懿。太和中奐及兄弟竝爲齊所殺。肅自建業奔魏。孝文虛襟待之。肅陳說治亂。音韻雅暢。帝嗟納之。尋除大將軍長史。以破齊將裴叔業功。進號鎭南將軍。宣武以肅爲宰輔。參量憂勤。上下稱爲和輯。累封昌國縣侯。官終揚州刺史。肅頻在邊。遠近歸懷。清身好施。終始廉約。然護疵稱伐。少所推下。卒諡宣簡。

王・與之 宋樂清人。字次點。從松溪陳氏學。盡傳六官要旨。遂著周禮訂義八十卷。郡守趙汝騰進之朝。授賓州文學。遷通判泗州卒。

王・與玫 明與慧弟。字文玉。工詩。尤善行草。尺牘有蘇黃之風。嗜法書名畫及古器。崇禎末城破死節。有鷄籠館集。

王・與胤 明象晉子。字百斯。崇禎進士。官湖廣道監察御史。以劾總兵官鄧玘。忤閣臣意。謫歸。流賊陷京師。與胤聞之。涕泣不食。自壙誌訖。再拜訣其父。與妻子自經死。

王・與端 明之垣從孫。字方函。嗜學工詩。尤以金元詞曲名家。有樹齋集詞曲十餘種。

王・與慧 明象春兄子。字僧眼。

崇禎間遼叛猝發。且夕突新城。時父彖豐柩未葬。與鬱不肯行。已而城破被執。以兩鈹夾其脰。與鬱怒罵之。已得釋。無何城中火起。且延父柩。與鬱憑柩而哭。忽行火者至。愕曰。是孝子廬耶。趨水救之。父柩無恙。

王與齡 明山西寧鄉人。字受甫。嘉靖進士。累遷文選郎中。澄清銓敘。所推薦皆廉靜老成。大學士翟鑾．嚴嵩致書請託。與齡白之尚書許讚以聞。帝方信嵩。坐除名。將歸。錦衣遣使偵其裝。襆被外無長物。稱歎而去。

王葆 宋崑山人。字彥光。弱冠通諸經。舉宣和進士。紹興中累遷考功御史。秦檜專政。百司莫敢可否事。葆獨伸滯直枉。當官不避。出知廣德軍。移守漢瀘二州。皆著政績。歷浙東提刑。丐祠歸。

王萬 宋戒子。有美名而體肥。戒令食糠而肥愈盛。年十九卒。◎宋蒲江人。字萬里。嘉定省試第一。歷仕太常博士。史彌遠當國。嘗上疏論事。切中時弊。以忤當軸罷歸。後知紹興府。◎宋濠州人。字處一。嘉定進士。理宗時累官至監察御史。彈劾不避權要。以太常少卿致仕。卒謚忠惠。萬忠伉有大志。終其身言行一致。嘗知台州。日惟蔬飯。終日坐廳事。事至立斷。吏無所售。改業散去。民亦化之不復訟。有時習編及其他奏劄凡十卷。

王萬弘 前蜀岐王李茂貞養以爲子。更姓名曰李繼密。權知興元軍。後降王建。復其姓名。爲諸將所陵易。併優輩復加戲狎。萬弘不勝憤。一夕。醉投池水而死。

王萬邦 清陽高人。乾隆武進士。積功累擢貴州威寧鎮總兵。從征金川。連克碉卡有功。後進剿當噶爾拉。雪夜奮勇躍入。遂據山梁。旋卒於軍。

王萬釗 清松潘人。咸豐間與洪楊軍戰。復溧水。克鎮江。破揚州。拔秣陵關。並有功。同治間轉戰浙江福建。積功官至河南南陽鎮總兵。卒謚勇毅。

王萬祥 清會寧人。初隸王進寶麾下。每過敵。輒奮勇先登。從復臨鞏．平涼諸郡。進取漢中。攻武關。以功累官福建提督。

王萬澍 清常寧人。字霤霖。別號勉亭。又號衡湘野人。與兄萬卷及同縣張載遠等爲文社。號常寧十子。有衡湘稽古。

王著 宋成都人。字知微。孟昶時以明經及第。入宋授隆平主簿。善攻書。筆迹甚媚。太宗以字書訛舛。改著衛寺丞。史館祗候。委以詳定篇韻。累官至殿中侍御史。◎宋單父人。字成象。性豁達無城府。幼能屬文。舉漢進士。周世宗卽位。拜度支員外郎。宋初加中書舍人。宿直禁中。以酒過黜爲比部員外郎。後累遷翰林學士。著少有俊才。善與人交。好延譽後進。爲當時所稱。◎元世祖時益都千戶。素疾惡。憤宰相阿合馬之奸。密鑄大銅鎚。以計殺阿合馬。被誅。◎明涇縣人。洪武間任浙江按察司經歷。以廉能稱。嘗巡溫州。州久旱。著禱雨輒應。慈谿虎爲害。著禱於神。虎盡自斃。民遂安。累陞雲南按察司副使。

王裒 晉營陵人。修孫。字偉元。博學多能。父儀爲司馬昭所殺。終身不西向坐。示不臣晉。隱居教授。徵辟皆不就。讀詩至哀哀父母生我劬勞。未嘗不三復流涕。門人爲廢蓼莪篇。家貧躬耕。及洛陽傾覆。親族悉移渡江東。裒戀墳壟不去。遂爲賊所害。

王裕之 南朝宋廙曾孫。字敬弘。少有清尙。性恬靜。樂山水。求爲天門太守。及之郡。妻弟荊州刺史桓玄要令過己。裕之謂人曰。靈寶正當欲見其姊。我不能爲桓氏贅壻。乃遣別船送妻往江陵。彌年不迎。後轉南平。去官。桓玄篡位。屢召不起。武帝以爲車騎從事中郎。元嘉中歷遷尚書令。卒謚文貞。

王詡 戰國居鬼谷。號鬼谷先生。蘇秦．張儀嘗從之學縱橫術。在世數百歲。後不知所之。著有鬼谷子。(史記索隱云。扶風池陽．穎川陽城並有鬼谷墟。蓋其所居。)◎南齊晏弟。永明中爲少府卿。坐畜妓。禁錮十年。後拜廣州刺史。晏誅。遂并誅詡。◎南漢南海人。乾亨進士。拜中書舍人。昭陽殿成。獻賦稱第一。

王詰 清吳興人。字摩也。號心壺。一號鷗白。布衣。工畫山水。能書。有雪浪軒詩。

王該 宋致弟。字蘊之。慶曆進士。與王安石友善。以詩章相唱酬。官郢城令。官舍旁有嘉木。葉可尺許。每得一詩。取葉書之。既卒。歸橐蕭然。惟脫葉甚富。

王詵 宋太原人。徙居開封。字晉卿。尙英宗女魏國大長公主。爲駙馬都尉．利州防禦使。與蘇軾等爲友。以黨籍被謫卒。謚榮安。詵能詩善書畫。又工弈棋。作堂曰寶繪。藏古今書畫。風流蘊藉。有王謝家風。

王資深 宋山陽人。字取道。第進士。累官尚書郞。初擢御史。首論在廷大臣。草具將上。蔡京遣所親謂曰。愼勿言。當以此位相處。不答。出知揚州。尋改明州。嘗著周書及方言。

王路 明嘉興人。字仲遵。有花史左編。

王軾 明公安人。字用敬。天順進士。弘治間累官戶部尚書。督軍討平貴州普安賊婦米魯之亂。用兵五月。破賊砦千餘。改南京兵部。參贊機務。

卒諡襄簡。有平蠻錄。

王輅　【清】太倉人。字素威。諸生。有文名。尤工詞。有滓虛詞·滓虛集。

王載道　【金】沁水人。少穎敏。於書無所不讀。宋宣和間舉進士不第。未幾地屬金。遂隱居鹿臺山。後進高其行。多師事之。有思宋鹿臺文集。

王過　【宋】德興人。字幼觀。學於朱熹。學者稱拙齋先生。

王遐　【晉】述從叔。字桓子。簡文順皇后父。少以華族仕至光祿勳。寧康初追諡靖。◎【唐】遇弟。見王遇條。◎【明】吳縣人。流寓金陵。字公遠。工畫。師程邃。

王達　【明】無錫人。字達善。洪武初舉明經。任本縣訓導。薦陞國子助教。永樂初累官侍讀學士。性簡澹。博通經史。與解縉·王偁·王璲輩號東南五才子。有耐軒集。天游稿諸書。

王遇　【後魏】馮翊羌人。字慶時。自晉已來。恆為渠長。遇初坐事被腐刑。為中散。孝文時累官華州刺史。免官。性工巧。凡陵廟殿庭。皆遇監作。又長於人事。趨求勢要。宣武初拜光祿大夫卒。◎【唐】常州人。至德間與弟遐俱為賊執。將釋一人。兄弟相讓死。賊感其意。盡釋之。◎【宋】龍溪人。字子合。乾道進士。受學朱熹·張栻·呂祖謙之門。歷長樂令。通判贛州。薦章交上。時韓侂胄當國。遇不少貶。侂胄敗。召為太學博士。累官右司郎中。學者稱東湖先生。有論孟講義·兩漢博議·文集。

王遂　【宋】金壇人。字去非。嘉泰進士。為監察御史。疏奏極論進君子退小人。遷右正言。累官工部尚書。為文雅健。卒諡正肅。

王道　【宋】以保義郎充恩平郡王府指揮使。依附道流。著古文龍虎經注疏。◎【明】武城人。正德進士。方獻夫薦其學行。歷國子祭酒。諸生翕然。比之宋仲敏。官終吏部右侍郎。卒諡文定。有易詩書大學億。◎【清】漳浦人。字直夫。知金山縣。有江湖閒吟。

王道夫　【宋】番禺人。第進士。為連山尉。尋家居。端宗召樞兵部侍郎。與淩震將兵為犄角。復廣州。兼兵部尚書。宋亡不仕。以憂憤卒。

王道中　【清】禹州人。字貫一。以孝弟節儉教子孫。五世一堂。百口共食。人以為有張公藝之風。

王道古　【五代】善畫四時雀竹。當時號雀竹王。

王道行　【明】陽曲人。字明南。嘉靖進士。仕至左布政使。與石星·黎民表·朱多煃·趙用賢為續五子。有奕世增光錄。

王道亨　【宋】郫人。一作導江人。字逸民。以字行。初為僧。名紹祖。七歲。能以詩意作畫。善蟲鳥禽獸林木。徽宗命為畫家錄。詩畫俱倣周純。氣韻高邁。

王道求　【五代】工畫佛道鬼神人物龍獸及外國人物。當時名手無不推服。

王道迄　【南朝宋】烏程人。涉學善書。始與王濬以為世子師。以書補中書令史。

王道眞　【宋】新繁人。字幹叔。太宗時為畫院祇候。工山水神佛。又善畫魚。

王道純　【明】蒲城人。字懷鞠。天啟進士。崇禎時巡按山東。時李九成·孔有德叛。巡撫余大成主撫。道純疏爭。帝卽命道純監軍。道純屢請兵。而周延儒·熊明遇主撫。及總督劉宇烈進兵沙河。道純與俱。宇烈中怯不進。尋棄軍奔。帝逮宇烈。召道純還。斥為民。後李自成陷蒲城。道純抗節死。

王道堅　【宋】貴溪人。政和中赴闕。館於太乙宮。徽宗訪以修煉之術。對曰。清靜無為。軒黃所以致治。多欲求仙。漢武所以罔功。修煉非天子之事。時徽宗預知國當有厄。命禳之。對曰。修德可以回天。祈禳之說。不敢誤國。請還山。

王道焜　【明】錢塘人。字昭平。天啟初舉於鄉。崇禎時歷南雄同知。會光澤寇發。改知光澤縣。勸撫兼施。境內底定。後南還。杭州陷。自縊死。嘗與趙如源同編左傳杜林合注五十卷。

王道隆　【南朝宋】道迄弟。亦知書。初為主書書吏。明帝時遷右軍將軍。和謹自保。元徽中為賊所殺。◎【明】烏程人。字容山。有吳興名賢續錄。

王道源　【宋】太平人。善易學。南渡時。避金兵。隱於西山之麓。淳熙中遇異人。杖鐵而化。後人卽其地為清虛洞。歲旱禱雨輒應。

王鉞　【清】諸城人。字仲威。號任菴。順治進士。舉鴻博不第。知廣東西寧縣。境內無訟事。尋引疾歸。有水西紀略·粵游日記·讀書蕞殘·暑窗臆說。世德堂集。

王鈺　【明】諸暨人。永樂進士。歷官翰林編修。以疾致仕。正統間起為按察僉事。提督學政。為人踐履篤實。文學優美。所至士心悅服。

王靖　【宋】素從子。字詹叔。早孤。自力於學。好講切天下利害。歷主管北京御史臺。請復明經科。加試貢士。以策觀其所學。稍變聲律之習。後徙廣南轉運使。熙寧初廣人訛言交阯兵且至。老幼入保。中外以為憂。神宗曰。王靖在彼可無念。卽拜太常少卿。官終度支副使。

王頒　【隋】僧辯子。字景彥。梁元帝為周師所破。頒因入關。後聞其父為陳武帝所殺。號慟而絕。食頃乃蘇。周明帝嘉之。官儀同三司。隋開皇初以平蠻功加開府。獻取陳之策。尋大舉伐陳。頍從戰。及陳滅。夜密召父士卒發武帝塚。焚骨取灰。投水而飲之。自縛歸罪。文帝義之。釋不問。錄戰功加柱國。固辭。後卒於齊州刺史。

王·頍 【隋】頒弟。字景文。少好游俠。年二十尚不知書。爲其兄顒所責。遂感激誦習。遍五經。好讀諸子。偏記異書。當世稱爲博物。又曉兵法。文帝時爲國子博士。坐事配嶺南。爲漢王諒府諮議參軍。帝崩。諒舉兵反。頍數進奇策。諒不能用。兵敗。自殺。

王·頊齡 【清】廣心子。字顓士。號瑁湖。晚號松喬老人。康熙進士。授太常博士。累官武英殿大學士。太子太傅。初以文學進。洊歷卿曹。諳練典故。在政府八載。恪誠純一。以風度稱。卒諡文恭。有世恩堂諸集。

王·鼎 【宋】沿子。字鼎臣。第進士。仁宗時累官河北都轉運使。精於吏事。轉漕調發。務均勞逸。吏不能爲重輕。當官明敏。彊直不可撓。性廉不欺。嘗任其子。或勸增年以圖速仕。不從。所薦士多知名。有終身不識者。◎【宋】襄陽人。初業醫卜。後遇鍾離權。遂得異術。自號王風子。人不見其飲食。一日行江干。人見其水中有二影。驚問其故。鼎曰。若更見之乎。須臾見十影。衆皆駭異。眞宗召至禁中。旋辭去。不知所之。◎【遼】涿州人。字虛中。淸寧進士。累遷翰林學士。當代典章。多出其手。上書言治道十事。壽隆初陞觀書殿學士。尋流鎭州。召還復職。有焚椒錄。◎【元】海鹽人。字德新。工寫竹。學丁權。深悟筆意。◎【清】蒲城人。字省厓。嘉慶進士。道光時官至東閣大學士。筦刑部最久。多所平反。憤穆彰阿等欺君誤國。爲遺疏數千言。極言其罪。並薦林則徐可大用。遂服藥自盡。穆彰阿使人以危言怵其子。竟不得上。諡文恪。◎【清】順天人。字贊元。畫山水摹倣董巨。精妙亂眞。

王·僕 【南北朝】【周】以幻術治病。有奇驗。名聞當時。

王·僧祐 【南北朝】【齊】遠子。字胤宗。年未弱冠。頻居親喪。服闋。髮落殆盡。爲從兄儉所重。善老莊。不尙繁華。工草隸。善鼓琴。巋然獨立。不交當世。永明末爲太子中舍人。終黃門侍郎。

王·僧虔 【南北朝】【齊】僧綽弟。善隸書。宋文帝時爲太子舍人。僧綽爲元凶劭所害。親賓咸勸之逃。僧虔泣曰。今日之事。苦不及見耳。若同歸九泉。猶羽化也。累遷尙書令。齊受命。遷侍中。開府儀同三司。卒諡簡穆。

王·僧達 【南北朝】【宋】錫弟。幼聰敏。文帝以爲太子舍人。性好游獵。與閭里少年相馳逐。歷宣城、吳郡太守。累遷中書令。自負才地。以不得宰相爲恨。屢經犯忤。以高闍謀亂事陷之。賜死。

王·僧綽 【南北朝】【宋】曇首子。尙文帝長女。元嘉中累遷侍中。參掌大選。究識流品。任舉咸盡其分。沈深有局度。不以才能高人。文帝將廢立。僧綽謂宜速斷。及元凶劭弑逆。乃收害焉。孝武立。追諡愍。

王·僧孺 【梁】雅曾孫。字僧孺。六歲能屬文。家貧常傭書養母。仕齊歷唐令。天監中爲南海太守。再遷御史中丞。僧孺好墳籍。聚書至萬餘卷。率多異本。與沈約、任昉家書埒。有十八州譜、百家譜、東南譜集抄、文集。

王·僧辯 【梁】神念子。字君才。天監中爲湘東王繹中兵參軍。侯景反。僧辯入朝。遣歸竟陵。西就孝元。以大都督討景。與陳霸先破之於石頭城。累功加太尉。封永寧郡公。孝元崩。僧辯爲齊高洋所脅。迎立貞陽侯淵明。霸先自京口來襲。執殺之。

王·嘉 【西漢】平陵人。字公仲。哀帝朝爲丞相。封新甫侯。帝託傅太后遺詔。益封董賢二千戶。嘉封還詔書。極諫。書奏。帝不能平。乃召嘉詣廷尉。嘉仰天歎曰。幸得充備宰相。不能進賢退不肖。死有餘責。遂不食嘔血死。後追諡忠。◎【後漢】蜀郡人。平帝時爲郎。王莽篡位。棄官西歸。公孫述稱帝。遣使徵嘉。嘉聞王皓自刎。乃歎曰。後之哉。對使者伏劍死。◎【前秦】安陽人。字子年。淸虛服氣。不與世人交。鑿崖穴居。弟子數百人。苻堅累徵不起。言朱然之事。皆驗。後爲姚萇所殺。嘉死之日。有人於隴上見之。著拾遺記。

王·圖 【明】國弟。字則之。萬曆進士。以右中允掌南京翰林院事。妖書事起。沈一貫欲有所羅織。圖盡言規之。歷進吏部侍郎。圖有宰相望。爲東林推重。忌者力擠之。遂求去。天啓中爲禮部尙書。卒諡文肅。

王·圖炳 【清】頊齡子。字麟照。康熙進士。官至禮部侍郎。降官侍讀。加詹事銜。書得董其昌筆意。有授香書屋詩。

王·壽 【元】涿郡新城人。字仁卿。世祖時歷吏部郎中。出爲廉訪副使。以壻不忽木柄用。引嫌自免者再。後擢御史臺。論事剴切。武宗時累遷集賢大學士。卒諡文正。

王·壽康 【清】上海人。字保之。號二如。自號還獨老人。工書。善臨古蹟。晚年神似劉墉。

王·壽卿 【宋】陳留人。字魯翁。錮擇之之外甥。工篆書。得二李筆意。召至京師。使篆字說。辭以與王氏之學異。遂布衣終身。後爲趙明誠篆所撰古器物銘碑。

王·夢易 【宋】滎州人。父伯琪。以義聲著聞。州有鹽。籍民煎輸。惟有祿家得免。伯琪請於州。均之。爲官戶所誣。賚恨以沒。夢易登皇祐進士。爲朝奉郎。欲成父志。言於三司。得上聞。還籍沒者三百餘家。國歲額三十萬斤。嘗攝興州。部刺史以他事中之。罷歸。

王·夢松　【宋】青田人。字曼卿。葉味道弟子。篤志好學。學者稱愼齋先生。有禮記解。

王·夢篆　【清】遂昌人。字文沙。歲貢生。篤志好學。尤嗜吟咏。後遊幷冀。詩益工。有窺園詩鈔。

王·夢應　【宋】攸縣人。咸淳進士。調廬陵尉。元兵陷臨安。夢應率同邑吳希奭·陳子全起兵勤王。又遣使通桂帥。遂復郛鄉。會文天祥師潰。夢應收合潰卒奔永新。依顏明叔。闔門疫死。

王·夢齡　【清】大興人。道光間納貲爲江蘇知縣。累官江寧布政使。署漕運總督。咸豐間防禦粵捻。保全徐州。功甚著。所至亦有政績。

王·實　【梁】偃孫。爲新安太守。從兄來郡就求告。實與錢五十萬。不聽於郡及道散用。從兄密於郡市貨。還都求利。及去郡數十里。實乃知。命追之。令卒與杖搏頰。乞原得免。後爲湘州長史。長沙郡王三日出禊。實衣冠傾崎。語絕傲。坐是廢錮。

王·實甫　【元】大都人。工樂府。所著西廂記。世推北曲第一。又有麗春堂等雜劇多種。

王·寧　【元】昔剌子。爲左衞千戶。累從北征有功。陞前衞都指揮使僉事。

王·寧孫　【明】厚孫弟。字叔遠。初治詩。後治春秋。訂正各傳異同。必格其終始而止。其於文章制度。尤致意焉。不仕而終。

王·寧煒　【清】高密人。字熙甫。號直菴。乾隆進士。官御史。明習律例。章奏得大體。有在山集·學靜草廬文稿。

王·廖　【戰國】善將兵。呂氏春秋曰。王廖貴先。兒良貴後。二人者。皆天下之豪士也。

王·廓　【唐】咸通中。自荆渚將過洞庭。泊舟君山下。登山而行。見石罅中有酒。掬而飲之。陶然以醉。自此無疾。漸厭五穀。仙經云。君山有仙酒。飲之昇仙。廓所遇者此酒也。

王·彰　【元】金溪人。字伯遠。少從吳澄學。登進士。除國子博士。元亡。歸隱以終。◎【明】鄭州人。字文昭。博學有才望。洪武中累官右都御史。嚴介自持。人莫敢干以私。時劉觀爲左都御史。人謂彰公而不恕。觀私而不刻。◎【清】吳江純陽院道士。字嘉言。號蘭臯。善詩。工書畫。有蘭臯詩草。

王·慈　【南齊】僧虔子。字伯寶。少與從弟儉共學書。除秘書郎。以疾從閑任。轉冠軍將軍。卒諡懿。

王·戩　【清】漢陽人。字孟穀。博學善畫。工詩古文辭。有突星閣詩集。

王·摛　【南齊】誕從叔。以博學見知王儉。儉嘗使賓客隸事。惟廬江何憲爲勝。賞以五花簟·白團扇。摛後至。操筆便成。舉坐擊賞。乃抽簟掣扇而去。爲秣陵令。請謁不行。官終尚書左丞。

王·摶　【唐】綝九世孫。字昭逸。擢進士。乾寧中累官右僕射。中官權盛。帝欲裁抑之。摶謂朝廷多難。未可猝除。當徐以計去之。事急且有變。爲忌者所譖。累貶崖州司戶參軍。賜死。

王·概　【清】諸城人。字成木。雍正進士。官至兩廣鹽運使。有太嶽太和山紀略。

王·暢　【後漢】龔子。字叔茂。太尉陳蕃薦暢清方公正。拜南陽太守。奮厲威猛。功曹張敞諫。暢深納之。更崇寬政。敎化遂行。郡中豪族奢靡相尚。暢常以布衣皮褥矯其弊。後徵爲長樂衞尉。遷司空。以水災免。暢名在八俊。與李膺俱稱爲高士。

王·榮　【宋】定州人。少有膂力。善射。時目爲王硬弓。太宗時以功歷定州行營都部署。性麤率。所爲不中理。侵取官地蒔蔬。吝惜公錢。不以勞將士。母老不迎養。供給甚薄。責授右驍衞大將軍寄班供奉官。眞宗時終河南府駐泊都監。

王·榮世　【後魏】館陶人。爲三城戍主。梁師攻圍。力窮。知不可全。乃先焚府庫。後殺妻妾。城陷。不屈死。

王·榮祖　【元】珣子。字敬先。性沈厚。語音如鐘。勇力絕人。拔益州宣城等十餘城。授北京等路征行萬戶。後伐高麗。圍王京。高麗王奉表納貢。後移鎭高麗平壤。募民屯戍。闢地千里。盡得諸島嶼城壘。官終沿邊招討使。

王·構　【元】東平人。字肯堂。弱冠以詞賦中選。爲東平行臺掌書記。至元間授翰林國史院編修官。武宗時累拜翰林學士承旨。卒諡文肅。構歷事三朝。練習臺閣典故。凡祖宗諡議册文。皆所撰定。朝廷每有大議。必咨訪焉。有修辭鑑衡。◎【元】冀寧路樂平人。字嗣能。舉孝廉。爲寧晉令。時縣適有盜。聞構至。卽以贓歸主而去。曰恐辱賢宰也。累官同知衞州路總管府事。構性至孝。居喪廬墓六年。

王·毓　【明】鄞人。字用賢。自號香雲坡老人。嘗慕宋璟·林逋之爲人。植梅庭下。工詩歌書畫。時稱三絕。

王·毓賢　【清】漢軍鑲紅旗人。字星聚。官至湖廣按察使。勤於吏治。案無留牘。又能留心鑑賞。有繪事備考。

王·毓蓍　【明】會稽人。字元祉。諸生。跌宕不羈。受業劉宗周之門。杭州不守。宗周絕粒未死。毓蓍上書曰。願先生早自裁。毋爲王炎午所弔。俄一友來視。毓蓍曰。子若何。曰有陶淵明故事在。毓蓍曰。不然。吾讎擊色中人。虜久則難持也。一日徧召故交歡飲。伶人奏樂。酒酣。擕燈出門。投柳橋下。先宗周一月死。鄉人私諡正義先生。

王滿聰 〔後秦〕爲姚興城門校尉。興好游畋。及昏而還。滿聰被甲持杖。閉門拒之。興轉從他門入。明日。興召滿聰。進位二等。

王漢 〔明〕掖人。字子房。崇禎進士。知高平縣。調河南。屢擒巨寇。以計解李自成之圍。尋授御史。監左良玉軍。救開封。追賊朱仙鎭。連戰皆捷。擢右僉都御史。巡撫河南。總兵官劉超叛。漢密疏請討。語洩被害。

王漢之 〔宋〕常山人。字彥昭。舉進士。知直州。詔諸道經畫財用。漢之請先置都籍。使能周知。而校其登耗以待用。從之。後遂徙五州。入爲工部侍郎。累進延康殿學士卒。

王漢忠 〔宋〕彭城人。字希傑。少豪蕩有膂力。太宗時爲內殿直都知。從征太原。先登。流矢中眸。戰益急。遷東西班指揮使。累官邠寧環慶兩路都部署。坐違詔無功。責授左屯衛上將軍。出知襄州卒。性剛果。不務小節。輕財樂施。好讀書。頗能詩。喜儒士。名稱甚茂。

王漢英 〔宋〕奉化人。字彥古。淳祐進士。少聘徐氏女。因鼻病腐。自誓不嫁。父母辭曰。公盛年高科。不患無良卹。不敢以辱公。漢英曰。女有疾。非漢英誰適。既婚。相敬如賓。後爲國錄。妻沒。終身不蓄婢。

王漁 〔清〕烏程人。字二樵。監生。畫梅隱秀。又工詩。所居曰小竹里館。隱居讀書。不問外事。年逾八十。與同里吳格稱城南二老。

王漸逵 〔明〕番禺人。字用儀。號青蘿子。正德進士。官刑部主事。家居十餘年。以薦起官。言事不報。復乞歸。有青蘿文集。

王熊 〔唐〕官潭州都督。能詩。畫山水似李思訓。

王爾齊 〔清〕掖縣人。字襄哉。號止菴。一號泡齋。諸生。治經宗漢學。謂當以毛何鄭爲主。然後參以六朝唐宋元明諸儒之說。其論讀史。則正史爲主。而旁證以外史。學者以爲知言。

王睿 〔清〕西華人。字元哲。康熙間諸生。爲人輕財好施。尤嗜學。於書無所不讀。有洗心齋詩集・歷代史斷。

王睿章 〔清〕上海人。字貞六。一字曾蘺。號雪岑翁。諸生。屢困場屋。家貧。藉鐵書以自給。年九十餘卒。有花影集・印譜。

王福 〔金〕本河北義軍。宣宗時累戰功。以滄州經略副使授同知東平府事。權元帥右都監。封滄海公。擊敗羣賊。宋人入河北。羣賊復來攻。滄州危蹙。遂納款於金邳賊張林。

王福時 〔唐〕通子。官雍州司功參軍。生六子。勔・勃・勮・助・劼・勸。勔與勃勮皆著才名。故杜易簡稱三珠樹。其後助劼又以文顯。劼早卒。勸亦有文。福時嘗詫於韓思彥。思彥戲之曰。武子有馬癖。君有譽兒癖。王家癖何多耶。福時使助出其文。思彥曰。生子若是。可誇也。

王禔棄 〔宋〕濟南人。學問精深。兼通醫卜。工眞行草篆。不樂進取。屏居青崖山之兩河。

王禎 〔元〕東平人。字伯善。官旌德宰。再調永豐。山齋蕭然。終日清坐。每歲教民農桑。又圖畫爲農器。使民爲之。有農務集。◎〔明〕吉水人。字維禎。成化初授夔州通判。荊襄石和尚流劫至巫山。督盜同知王某怯不救。禎代勒所部民兵擊殺其魁。未幾賊復劫大昌。禎趣同知行。不應。指揮曹能・柴成激禎行。兩人僞許相左右。見賊卽走。兵敗被執。不屈死。

王禕 〔明〕義烏人。字子充。幼敏慧。及長。師柳貫・黃溍。遂以文章名世。太祖召授江南儒學提舉。後同知南康府事。多惠政。洪武初上疏言祈天永命。在忠厚寬大。雷霆霜雪。可暫而不可常。帝不能盡從也。明年修元史。詔與宋濂爲總裁。書成。擢翰林待制。以招諭雲南死節。謚忠文。有大事記續編・重修革象新書・王忠文公集。

王端 〔唐〕太原人。第進士。有名天寶間。與柳芳・陸據・殷寅友善。據嘗言端之莊。芳之辯。寅之介。可以名世。終工部員外郎。◎〔宋〕瓊子。字子正。好讀書。工畫。長於傳眞及人物山水花竹。敕入圖畫院。不受。官右班殿直。◎〔清〕翼城人。字子方。號任庵。少有志於聖道。年二十六。兩目失明。耳聞口誦。日有所進。其學以養心爲主。命其子錄所得爲學思錄。

王端淑 〔清〕錢塘女子。字玉映。號映然子。適丁兆聖。博學工詩文。善書畫。順治中欲援曹大家例。入禁中教諸妃主。端淑力辭。

王粹 〔金〕右北平人。年十八九。作詩便有高趣。性習專固。世事不以累其樂。時輩無能當之者。正大末爲南陽酒官。流寓襄陽。襄陽破。隻身北歸。寄食雲中。

王維 〔唐〕祁人。字摩詰。九歲知屬辭。與弟縉齊名。資孝友。開元初擢進士。歷監察御史。累遷尚書右丞。世稱王右丞。工草隸。善詩畫。名盛開元天寶間。時謂爲詩中有畫。畫中有詩。其畫山水爲畫家南宗之祖。有別墅在輞川。嘗與裴迪同游其中。賦詩爲樂。有王右丞集・畫學秘訣。

王維珍 〔清〕天津人。字穎初。一字席卿。號蓮西。一號蓮谿。又號大井逸人。咸豐進士。官通政司副使。書法歐陽詢。參以米董。有蓮西詩賦集。

王・維烈 【明】吳人。字無競。游周之冕之門。工畫花鳥。

王・維新 【明】吳人。字仲鼎。工畫花鳥。

王・維楨 【明】華州人。字允寧。嘉靖進士。累官南京國子祭酒。家居。地震壓死。維楨自負經世才。職文墨。不得少效於世。使酒謾罵。詩文效法李夢陽。有王氏存笥稿。

王・維寧 【清】常熟人。字古臣。號寒溪子。善畫工詩。好遊山水。結西湖看花社。年七十。營生壙。嘯歌其間。有司空圖風度。

王・維德 【清】吳縣人。字洪緒。著有林屋民風。林屋。洞庭西山之別名。

王・維翰 【金】龍山人。字之翰。大定進士。由貴德州軍事判官累拜參知政事。歷官皆有建白。貞祐初罷爲定海軍節度使。知孤城不可守。縱百姓避難。率吏民願從者奔東北山結營堡自守。力窮被執。不屈死。

王・綱 【宋】閩人。徙穀城。字振翀。元符進士。通判徽州。解官歸隱。平生無忿怒。時稱長者。有寇自均房來。綱曰。我若去。必殘吾鄉。因具牛酒以待。寇素聞其賢。不忍犯。⊙【明】餘姚人。字性常。有文武才。劉基薦於太祖。策以治道。擢兵部郎。潮民弗靖。除廣東參議。攜子彥達行。單舸往諭。潮民叩首服罪。還抵增城。遇海寇曹眞截舟羅拜。願得爲帥。綱諭以禍福。不從。奮罵遇害。⊙【清】合肥人。字燕友。號思齡。順治進士。官至通政司左參議。居官恆以名儒純臣自期許。晚年尤篤志理學。康熙間卒。有詩文集。

王・綸 【宋】建康人。字德言。紹興進士。爲監察御史。忤秦檜意罷去。後歷中書舍人。高宗親政。詔命塡委。多綸所草。除同知樞密院事。金渝盟。綸病肺喝。力請行以覘敵。官終知建康府。卒諡章敏。⊙【明】慈谿人。字汝言。舉進士。正德中巡撫湖廣。精於醫。原病定方。不規規泥古而卒不爽於古。論者以爲丹溪復出。有本草集要等書。⊙【明】崑山人。字理之。以字行。沈周弟子。好爲詩。善畫。又長寫貌。工篆隸楷法。⊙【清】寶山人。字子音。工畫山水人物。

王・綸之 【南齊】延之子。字元章。爲安成王記室參軍。以不掌文記爲高。永明中爲豫章太守。下車祭徐穉・許劭墓。圖畫陳蕃・華歆・謝鯤像於郡朝堂。爲政寬簡。稱良二千石。官終都官尙書。

王・綝 【唐】咸陽人。字方慶。以字顯。武后時歷官廣州都督。治號第一。累拜左庶子。封石泉縣公。綝博學。練習朝章。尤精三禮。卒諡貞。有魏鄭公諫錄。

王・綰 【五代吳】合肥人。爲海州副使。善用兵。官終百勝軍節度使。

王・綽 【宋】永嘉人。字誠叟。有氣節。葉適之畏友。尙書趙汝談等在史館。奏充編校。不就卒。有春秋傳記・王徵君集。

王・綯 【宋】審琦五世孫。字唐公。建炎初爲御史中丞。金人入寇。具陳攻守之策。宰相不能用。歷參知政事。議不合求去。爲人剛正有守。立朝無所阿附。號稱賢相。

王・綧 【元】高麗王瞮猶子。美容儀。善騎射。讀書通大義。以質子入朝。總高麗民之新附者。中統初授虎符總管。兼領軍民。至元中以疾還家卒。

王・綦 【明】吳人。字履若。諸生。工畫山水。結構奇幻。不拘成法。性狷介。杜門以畫自娛。

王・聞遠 【清】蘇州人。字聲宏。號蓮涇。藏書最多。有孝燕堂書目傳世。

王・肇坤 【明】蘭谿人。字亦資。崇禎進士。授御史。流賊破鳳陽。疏言兵驕將悍之弊。請假督撫重權。大將犯軍令者。便宜行戮。出巡山海・居庸二關。清兵入喜峯口。退保昌平。力戰死。

王・臧 【漢】蘭陵人。受詩申公。武帝時累遷至郎中令。請立明堂以朝諸侯。不能就其事。竇太后不悅儒術。得臧過。以讓帝曰。此欲復爲新垣平也。因下臧吏。臧自殺。

王・蓂 【明】金谿人。字時禎。景泰進士。官至浙江按察使。有忠義錄・東石講學錄・心學錄・大儒心學語錄。

王・蒙 【明】湖州人。字叔明。趙孟頫之甥。敏於文。工畫山水人物。元末官理問。遇亂。隱於仁和之黃鶴山。號黃鶴山樵。畫學王維。與倪瓚詩畫齊名。洪武初知泰安州事。蒙嘗謁胡惟庸於私第。惟庸旣誅。蒙坐事被逮瘐死。

王・蓍 【清】秀水人。字宓草。工詩歌。兼善山水花卉翎毛。以製造菽乳。其名有八。因呼八友。各爲寓名。撰豆區八友傳。

王・誕 【南朝宋】弘從兄。字茂世。少有才藻。襲爵雉鄉侯。爲武帝太尉長史。盡心歸奉。帝甚仗之。後爲吳國內史。母憂去職。武帝伐劉毅。起爲輔國將軍。毅旣平。誕先還卒。

王・誦 【後魏】肅從子。字國章。學涉有文才。神氣清儁。風流甚美。累官黃門侍郎。孝明崩。靈太后立幼主。於時大赦。誦宣讀詔書。音制抑揚。風神疏秀。百寮莫不歎美。孝莊初於河陰遇害。諡文宣。

王・說 【宋】致從子。字應求。登慶曆進士第。隱居教授三十餘年。建書院於桃源鄉。熙寧中以特恩補州長史。家貧。怡然自得。子孫世其學。有五經發源。

王賓 【宋】許州人。以謹愿稱。年十餘。給事宣祖左右。及長。善騎射。歷事太祖太宗。先後殆六十年。最爲勤奮。累官右羽林軍大將軍。出知揚州。徙通許鎭都監卒。◎【金】亳州人。字德卿。貞祐進士。有才略。爲尙書省令史。坐事罷歸。哀宗時以復亳州功累遷行部尙書。爲亂軍崔復哥等所害。◎【元】寬弟。字子立。亦通星曆。累官秘書監。◎【明】鄞人。字用賓。少卓犖不羣。及長。博學強記。貫穿經史百家。避地村疃。瀟然自適。號水村隱者。洪武中擧茂才。以母老不起。旣終養。復以文學薦。授休寧教諭。秩滿命供奉翰林。以老辭。教授溥郡卒。門人私謚清節先生。祀於學。有書隱・西上・南游等集。◎【明】長洲人。字仲光。通經善醫。與姚廣孝相善。事母至孝。年七十疾革。抱母不釋。已而復甦。連呼母乃絕。編有虎丘詩集。自著曰光菴集。◎【明】確山人。冬月母病思筍。不可得。賓日夕號泣。竹忽生筍。母食之而愈。及沒廬墓。芝產於側。成化中旌表。◎【清】鎭洋人。字東膠。雍正間副貢。選知懷遠縣。時義寧猺叛。賓練兵給餉。衆推其能。後調知建德。以事罷官。有楓谿詩餘。

王輔 【後漢】平陵人。學公羊傳。隱居。以道自娛。建康初詔拜郎中。陳災異。後拜議郎。安帝以公車徵不行。卒於家。◎【宋】嘉定間爲瀧水縣令。有峽山神異記。

王輔臣 【清】大同人。明末爲盜。順治間大同總兵姜瓖叛。輔臣從之。阿濟格圍大同。輔臣降。隨洪承疇定貴州雲南。累官陝西提督。駐平涼。吳三桂反。以書招之。輔臣發其書。不應。奉命征四川。中途叛附三桂。歸平涼。三桂封爲平遠大將軍・陝西東路總管。後爲圖海所破。窮蹙乞降。隨入京。道死。

王輔銘 【清】江蘇嘉定人。字翊思。輯有練音集補・國朝練音集。

王遙 【晉】鄱陽人。字伯遼。治病無不愈。一夜。忽治裝去。不復還。後三十餘年。弟子見遙在馬蹄山中。顏色更少。

王遜 【晉】魏興人。字邵伯。仕郡察孝廉。累遷上洛太守。私牛馬在郡生駒犢者。悉以付官。云是郡中所產也。轉魏興太守。惠帝末爲南夷校尉・寧州刺史。征伐諸夷。誅豪右不奉法者。在州十四年。威行寧土。卒謚壯。◎【明】崑山人。字謙伯。永樂進士。起自御史。謫上高。尋召復職。性剛廉峭刻。所治以鷹擊毛鷙爲能。人或規之曰。君不虞後患耶。曰。虞患思避。隱忠不竭。其又得全哉。竟坐法。

王遜志 【元】惲曾孫。字文敏。至正末遷太常禮儀院事。明師入燕。公卿爭出降。遜志獨家居衣冠而坐。戒其子曰。汝謹繼吾宗。遂投井而死。

王遠 【南朝宋】臨沂人。爲光祿勳。時爲之語曰。王遠如屏風。屈曲從俗。能蔽風露。言能不乖物理也。

王遠知 【隋】台州人。善易。能知人生死禍福。後仙去。有易總。◎【唐】琅邪人。少警敏。多通書傳。事陶弘景傳其術。爲道士。高祖微時。遠知密語天命。太宗欲官之。不可。及卒。或言壽盡百二十六歲云。高宗追謚升眞先生。武后改謚升玄。

王銍 【宋】汝陰人。字性之。自稱汝陰老民。記問賅洽。長於宋代故事。嘗撰七朝國史。紹興初詔給札奏御。爲樞密院編修官。會秦檜柄國中止。書竟不傳。有雪溪集・補侍兒小名錄・默記・四六話。

王銓 【晉】陳郡人。爲歷陽令。少好學。有著述之志。每私錄晉事及功臣行狀。未就而卒。◎【梁】份孫。字公衡。美風儀。善占吐。尙武帝女永嘉公主。官至侍中。銓學不及弟錫。而孝行齊焉。世謂之玉昆金友。◎【清】長洲人。字東發。號耳溪。康熙副貢。官給事中。敦氣誼。重然諾。工書。善繪事。爲時稱重。

王鉷 【唐】方翼孫。初爲鄠縣尉。歷戶部郎中。數按獄深文。玄宗以爲才。拜御史中丞。厚誅斂。縉天子意。進御史大夫。聲焰薰灼。毒流朝野。然事嫡母孝。與弟銲友愛。銲與邢縡善。謀引軍燒都門誅執政。事覺。連及鉷。賜死。

王銘 【明】和州人。字子敬。初隸元帥俞通海麾下。屢立戰功。旣還充宿衛。從太祖取江州諸處。大小數十戰。功最多。累官長淮衛指揮僉事。移溫州。繕城濬濠。悉倍於舊。又加築外城。起海神山屬郭公山。首尾二千餘丈。宏敞壯麗。屹然爲東浙巨鎭。後坐藍玉黨死。

王際華 【清】錢塘人。字秋水。乾隆進士。由編修歷官至戶部尙書。修四庫全書。際華充總裁。並兼武英殿事。頗著勤勣。卒謚文莊。

王韶 【隋】晉陽人。字子相。幼方雅。頗好奇節。在周以軍功封晉陽縣公。隋初進項城郡公。晉王廣鎭幷州。除行臺右僕射。韶性剛直。王嘗穿池起三山。韶自鎖而諫。王謝而罷之。官終幷州總管。◎【宋】德安人。字子純。第進士。熙寧初上平戎策。召問方略。以爲管幹秦鳳經略司機宜文字。因按邊。諭降俞龍珂十二萬口。皆內附。累破羌衆。拜樞密副使。韶本以鑿空開邊。驟躋政地。嗣以勸兵費財。歸曲朝廷。罷職知洪州。病疽卒。諡襄敏。⊙明泰和人。字九成。年十三。隨父出遇盜。盜將殺其父。韶冒刃抱父號曰。寧殺我。盜義之。舍其父去。⊙明湖州人。字安素。工畫山水。

王韶之 南朝宋偉之子。字休泰。家貧好學。始撰晉安帝陽秋。及成。時人謂宜居史職。卽除著作佐郎。使續後事。辭論可觀。武帝時遷黃門侍郎。少帝卽位。出爲吳郡太守。徙吳興卒。有孝傳。文集。

王韶應 唐或作韶隱。或作沼象。亦作昭隱。善畫山水及人馬鬼神。深有氣韻。

王鳳 漢禁子。字孝卿。嗣侯。成帝立。以鳳爲大司馬·大將軍·領尙書事。王氏子弟。分據勢官。滿朝廷。鳳用事。帝遂謙讓無所專。京兆尹王章劾奏鳳。鳳疏乞骸骨。太后聞之。爲垂涕不御食。帝弗忍。迺報鳳起視事。使尙書劾奏章。死獄中。自是公卿側目。輔政十一歲卒。諡敬成。⊙明常熟人。字舜儀。工畫人物。

王鳳九 清莆田人。字而軒。夙好讀書。順治舉人。知涉縣。捐築水隄。忤上官。劾歸。家居著書三十年。晚尤究心理數天文性命地理之學。於漢宋儒外多所發明。於經史子集多所論訂。有霞庵文集。

王鳳生 清婺源人。號竹嶼。嘉慶間援例以通判試用浙江。屢知縣事。所在有聲。累遷兩淮鹽運使。平生仕以爲學。每吏一方。輒審度情勢。作爲圖志。有浙西水利圖說備考·河北采風錄·漢江紀程·江漢宣防備考。詩集·學治體行錄等書。

王鳳嫺 明松江華亭人。字瑞卿。進士張本嘉之妻。有貫珠集。

王鳴盛 清江蘇嘉定人。字鳳喈。號禮堂。又號西莊。晚號西沚。乾隆進士。累官內閣學士·兼禮部侍郎。左遷光祿寺卿。告歸。居蘇州三十年。鍵戶讀書。絕不與當事交接。卒年七十有八。治經以漢人爲師。撰尙書後案。專宗鄭注。亡逸者采馬融·王肅注補之。又撰十七史商榷·蛾術編。詩學盛唐。古文亦負重名。有耕養齋集·西沚居士集。

王鳴雷 清番禺人。字震生。一字東村。諸生。有空雪樓集。

王鳴韶 清鳴盛弟。字鶴溪。工詩畫。古文清簡。補新陽縣諸生。閉關侍親。不事舉業。所居曰逸野堂。懸簦笠以見志。有春秋三傳考·十三經異義考·祖德述聞·竹窗瑣碎。

王齊翰 南唐金陵人。爲翰林待詔。善畫佛像神仙。山水花鳥。亦擅絕一時。

王與 明武進人。字廷貴。景泰進士。官至南京吏部尙書。卒諡文肅。有毗陵志·王文肅集。

王儀 三國魏修子。高亮雅直。爲司馬昭安東司馬。東關之敗。昭問於衆曰。近日之事。誰任其咎。儀對曰。責在元帥。昭怒曰。司馬欲委罪於孤耶。遂斬之。⊙明文安人。字克敬。嘉靖進士。擢御史。巡按陝西及河南。劾輔國將軍祐棕。奪爵禁錮。會儀出知蘇州。祐棕潛入都譖之。坐除名。既而以薦起知撫州。蘇州士民乞還儀。詔許之。治第一。累擢右僉都御史。巡撫甘肅。未行。俺答犯京師。詔儀鎭通州。因笞仇鸞部卒。斥爲民。

王儉 南齊僧綽子。字仲寶。宋明帝時歷官秘書丞。依七略撰七志四十卷。表獻之。又撰元徽四部書目。齊臺建。遷尙書左僕射。領吏部。封南昌縣公。時朝儀草創。皆儉議定之。儉少好禮學。尤善春秋。言論造次。必於儒教。由是衣冠翕然。並尙經術。卒諡文憲。有古今喪服集記·文集。

王儁 後漢汝南人。字子文。少爲范滂·許章所識。與南陽岑晊善。爲人外靜而內明。不應州郡三府之命。公車徵不到。避地居武陵。躬自耕釣。歸儁者百餘家。獻帝都許。復徵爲尙書。不就。

王勮 唐福畤子。第進士。長壽中爲鳳閣舍人。壽春等五王出閣。有司忘載册文。勮召五吏。執筆分占。其辭粲然。尋加弘文館學士。兼知天官侍郎。勮素善劉思禮。用爲箕州刺史。與綦連耀謀反。勮及兄勔弟助皆坐誅。

王勱 北周盟子。字醜興。性忠果有材幹。從文帝入關。及平秦隴。定關中。以功拜散騎常侍。賜爵梁甫縣公。大統初爲千牛備身。出入臥內。小心謹愼。沙苑之役。以都督領禁兵當前。傷重死。諡忠武。（按周書作勵。此從北史。）⊙陳份孫。字公濟。美風儀。博涉書史。恬然清簡。仕梁入陳。終尙書右僕射。歷官皆有政績。卒諡溫。

王墮 前秦霸城人。字安生。博學有雄才。明天文圖緯。苻洪以爲司馬。後爲相。苻健甚重之。性剛疾惡。好直言。爲董榮所害。

王墨 唐不知其名。善潑墨畫山水。時人謂之王墨。多游江湖間。性疎野好酒。凡欲畫圖幛。先飮。醺酣之後。卽以墨潑。或笑或吟。脚蹙手抹。揮掃濃淡。隨其形狀。爲山爲石。爲水爲雲。應手隨意。倏若造化。不見其墨汙之跡。

王嬌 宋女子。有殊色。能詩。與姑子申純潛通。純乞婚。其父不許。而以嬌別字。嬌抑鬱死。純亦怛喪而卒。其父悔之。舉嬌柩與純合葬於濯錦江邊。有雙鴛鴦飛翔上下。後人因名爲鴛鴦塚。李詡有嬌紅記記其事。

王・寬　【南齊】玄謨子。宋泰始初爲隨郡。値洒方反。父玄謨在都。寬棄郡歸。以母猶存。陷於賊。遂襲破隨郡。斬僞太守。拔其母。明帝使圖畫寬形。入齊。累官光祿大夫卒。◉【元】恂子。得星曆之傳於家學。歷兵部郎中。知蠡州。

王・審知　【五代閩】潮季弟。字信通。初與潮從王緒。緒被殺。衆推潮爲主。及潮拜節度使。以審知爲副使。爲人狀貌雄偉。隆準方口。常乘白馬。軍中號曰白馬三郎。潮卒。代爲武威軍節度使。封琅邪王。唐亡。梁太祖封爲閩王。雖起盜賊。性儉約。好禮下士。衣冠懷之。卒諡忠懿。後子鏻稱帝。追尊爲太祖。

王・審邽　【閩】潮弟。字次都。爲泉州刺史。喜儒術。通書春秋。善吏治。中原亂。公卿多來依以免禍。審邽作招賢院禮之。卒諡武肅。

王・審琦　【宋】遼西人。字仲寶。厚重有方略。尤善騎射。漢初隸郭威帳下。周時以戰功累官殿前都虞候。宋爲初中正軍節度。在鎭八年。爲政寬簡。後從征太原。加同平章事卒。

王・履　【宋】開封人。字坦翁。元祐初爲三班奉職。元符中上書。編置新州。入黨籍。靖康初除相州觀察使。扈駕被留。死之。◉【明】崑山人。字安道。學醫於金華朱震亨。盡得其術。工詩文。兼善繪事。嘗遊華山。作圖四十幅。奇秀絕倫。明初卒。有醫經泝洄集・百病鉤玄・醫韻統・傷寒立法考諸書。醫家宗之。

王・履端　【淸】蕭山人。字小穀。嘉慶進士。翰林院庶吉士。有重論文齋筆錄。

王・嶠　【晉】承族子。字開山。永嘉末避亂渡江。時元帝鎭建業。遷太子中舍人。以疾不拜。王敦請爲參軍。數忤敦。出爲領軍長史。咸和初拜廬陵太守。卒諡穆。

王・廞　【晉】薈子。歷司徒左長史。從王恭擧兵。誅殺異己。自謂可乘間取富貴。未幾。恭罷兵符。廞亦去職。廞大怒。迴衆討恭。兵潰奔走。不知所在。

王・廙　【晉】導從弟。字世將。能屬文。工詩畫。善音樂射御博弈諸雜技。元帝時累官荆州刺史。卒諡康。

王・廣之　【南齊】相人。字之林。少好弓馬。便捷有勇力。仕宋。以戰功爲東海太守。建武中累官侍中・鎭軍將軍。卒諡壯。

王・廣心　【淸】江南華亭人。字伊人。號農山。順治進士。巡視京通二倉。釐剔漕政之弊。疏凡三十餘上。清操凜然。雖大猾不敢撓。有蘭雪堂詩。

王・廣淵　【宋】成安人。字才叔。以進士爲大理法直官。英宗時除直集賢院。力主新法。程顥等嘗論其抑配掊克。爲王安石所右。徙使河東。知慶州宣撫使。累官龍圖閣直學士。知渭州。廣淵小有才。而善附會。所辟置類非其人。尋卒。

王・徵　【明】涇陽人。字良甫。又字葵心。天啓進士。官至登萊監軍僉事。尋告歸。李自成陷西安。脅使効力。引佩刀自矢。不肯赴。聞京師失守。七日不食死。學者私諡端節先生。有兩理略・奇器圖說・諸器圖說・了心丹・百子解・學庸解・天問辭・士約・兵約・元眞人傳・歷代發蒙辨道說・山居咏諸集。

王・徵俊　【明】陽城人。字夢卜。天啓進士。知韓城縣。流賊來犯。禦卻之。坐大計貶。後移滕縣。累官右參政。以憂歸。賊陷陽城。繫之獄。士民爭頌其德。賊乃釋之。抵家投繯卒。

王・德　【北周】武川人。字天恩。以戰功封深澤縣男。翊戴文帝。除平涼郡守。德雖不知書。斷決處分。良吏無以過。常從文帝征伐。累有戰功。官至涇州刺史。卒諡獻。◉【宋】通遠軍熟羊砦人。字子華。以武勇應募。金人入寇。德領十六騎徑入隆德府治。執僞守姚太師。左右驚擾。德手殺數十百人。遂械姚獻於朝。欽宗問狀。姚曰。臣就縛時止見一夜叉。時遂呼德爲王夜叉。建炎初以討李成功授武略大夫。紹興初平秀州水賊邵青。遷同州觀察使。時酈瓊叛。德馳赴之。瓊驚遁。策功第一。拜龍神衛四廂都指揮使。後復大敗兀朮於紫金山。官終荆南副都統制。◉【明】永嘉人。字汝修。嘉靖進士。授戶科給事中。定國公徐延德丐無極諸縣閒田爲業。德抗疏劾之。李默長吏部。怒德倨。出爲嶺南兵備僉事。與撫按爭事。落職閒住。鄉居憤倭亂。傾貲募健兒。爲保障計。倭至擊敗之。後復來犯。軍敗。罵賊死。然倭自是不敢越德鄉。

王・德元　【南齊】晏子。有意尙。官至車騎長史。初名湛。武帝謂晏曰。劉湛・江湛並不善終。此非佳名也。晏乃改之。晏誅。德元與弟德和並被誅。◉【元】邢臺人。字仲元。大安中擧經童第二人。後避兵至許。從學者數十百人。爲人豈弟敦厚。許人化之。

王・德用　【宋】超子。字元輔。初爲衛內都指揮使。仁宗時累拜檢校太保・簽書樞密院事。貌雄毅。面黑。頸以下白晳。論者言其貌類藝祖。且得士心。降知隨州。後擢樞密使。德用將家子。習知軍中情僞。善以恩撫下。故多得士心。雖屢臨邊境。未嘗親矢石。督攻戰。而名聞四夷。閭閻男婦小兒。呼爲黑王相公。卒諡武恭。

王・德完　【明】廣安人。字子醇。萬曆進士。官兵科給事中。半歲。章數十上。率軍國大計。累遷戶科都給事中。以疾歸。後起任工科。數言事。不報。時帝寵鄭貴妃。疏皇后及皇長子。德完上疏言之。帝大怒。立下詔獄。廷杖百。除其名。光宗立。召爲太常少卿。擢左僉都御史。初德完直聲震天下。及居大僚。持論每與鄒元標異。時論惜之。官終戶部左侍郎。

王·德成【清】合肥人。同治中從劉銘傳軍。轉戰江浙皖閩鄂魯等省。所向有功。官至提督。渡臺灣征生番。卒於軍。謚果敏。

王·德普【清】秀水人。字長民。諸生。善指頭畫。並長墨竹。

王·德新【明】安福人。字應明。萬曆進士。補刑部主事。工部尚書何起鳴被劾。侍中官爲援。力訐都御史辛自修。冀留用。諸御史交章論起鳴。因被譴。德新抗疏爭之。下詔獄。究主使者。刑甚酷。德新厲聲曰。死耳。終不誣他人。斥爲民。久之。擢光祿丞。母憂歸卒。

王·德溥【清】錢塘人。字容大。號濬和。諸生。事親至孝。喜聚書。所藏祕冊古槧甚多。

王·德榜【清】江華人。字朗青。咸豐間與洪楊軍。轉戰湖南江西安徽浙江福建各省。又從左宗棠平甘肅。屢有功。光緒間法人啓釁。德榜守廣西鎮南關外。大破法兵。收復諒山·文淵各城。官至貴州布政使卒。

王·德謙【宋】宦者。初爲嘉邸都監。累遷昭慶軍承宣使·內侍省押班。驕恣踰法。服食擬乘輿。爲人求官。贓以萬計。泄其事者禍立至。以臺諫劾奏。坐廢斥以死。

王·慧龍【後魏】愉孫。幼聰慧。愉合家見誅。慧龍爲沙門僧彬所匿。得免。積功授龍驤將軍。宋文帝憚之。遣刺客呂玄伯爲反間。慧龍疑之。探其懷有尺刀。玄伯請死。慧龍曰。各爲其主也。捨之。時服其量。拜虎牢鎮都副將。未至鎮卒。謚穆。

王·慶【北周】祁人。字興慶。初從文帝征伐。復弘農。破沙苑。並有戰功。授大都督。賜爵始安縣男。使吐谷渾及突厥。信著北蕃。晉公爵。歷丹中二州刺史。爲政嚴肅。吏不敢犯。官至延州總管。入隋。進爵平昌郡公。卒謚莊。

王·慶雲【清】閩縣人。字雁汀。道光進士。咸豐間累擢陝西巡撫。時洪楊軍擾及陝西。慶雲督兵防禦有功。擢四川總督。貴州教匪倡亂。思南失守。慶雲連敗之。官至工部尚書。卒謚文勤。

王·慶端【元】善子。字正甫。初爲都堯庫。進水軍提領。訓練士卒。常如臨敵。以功累遷侍衛軍都指揮使。從世祖征乃顏。與士卒同甘苦。晝夜不解甲。暇則俾士卒爲市。自相懋遷。征東之功。贊畫居多。成宗卽位。累加平章政事·僉書樞密院事卒。

王·慶麟【清】江蘇華亭人。字時祥。號希仲。一號濬淵。嘉慶舉人。有洞庭文集。

王·播【唐】太原人。字明敭。貞元進士。歷官領諸道鹽鐵轉運使。有美績。穆宗時累進中書侍郎·同平章事。時權倖競進。播賴其力至宰相。專務將迎。出爲淮南節度使。掊斂不少衰。太和初復輔政。專以錢穀進。不甚與事。卒謚敬。播微時。客揚州木蘭寺。隨僧飯。僧厭之。飯後擊鐘。比播至。飯已畢。播愧恨。題詩而去。後鎭是邦。復遊寺。見前所題詩。已碧紗籠矣。

王·撝【宋】鄞人。字謙父。嘉定進士。博學耿介。爲安吉丞。遷國子正·將作監主簿。時丞相史嵩之預政。乞補外以避。遂通判婺州。遷吏部郎中。兼崇政殿說書。嘗預修四朝史。爲輿服志六卷。後直祕閣。知溫州。

王·撰【清】揆弟。字異公。畫山水得父時敏家法。善隸書。工詩。與黃與堅及揆等稱婁東十子。有三餘集。

王·樞【宋】豐城人。字致榮。紹興進士。師胡安國。學通羣經。尤精春秋。歷官皆足紀述。終通判常德府。有東谷集。

王·樑【清】震澤人。有月湖讀畫錄·月湖賸稿。

王·槩【明】廬陵人。字同節。正統進士。官至刑部尚書。卒謚恭毅。槩爲大理寺卿時。與兩法司會讞。多所平反。有王恭毅駁稿。⊙【清】秀水人。字安節。初名匄。能詩。工畫山水。有芥子園畫譜·山飛泉立堂文稿。

王·毅【金】大興人。經義進士。官東明令。貞祐間東明圍急。毅率兵民拒守。城破被執。不屈死。⊙【元】汶上人。字栗夫。舉進士。累官翰林學士承旨。嘗論鐵木兒逞私亂政。伏闕極諫。因免官。後召用。官至中書平章政事。⊙【元】處州龍泉人。字剛淑。六歲知書。及長。盡通經史。教授鄉里。以躬行實踐爲本。有訥齋集。

王·澄【晉】濟弟。字道深。與弟汶皆辨慧有才藻。並歷清顯。⊙【晉】衍弟。字平子。少歷顯位。遷成都王穎從事中郎。穎嬖豎孟玖譖殺陸機兄弟。澄勸穎殺玖。士庶稱善。惠帝末爲荊州刺史。元帝徵爲軍諮祭酒。赴召時。王敦鎭豫章。憚澄盛名。使力士搤殺之。⊙【明】浦江人。字德輝。歲儉。出粟貸人。不取其息。有鬻產者。必增直以足之。慕義門鄭氏風。將終。集子孫誨之。其後義門王氏之名埒鄭氏。

王·潼【明】錢塘人。字本澄。工詩善畫。王守仁講道箕山。潼嘗從之游。

王・潛 【唐】同皎孫。字弘志。元和中累拜涇原節度使。穆宗初更節度荆南。疏吏惡。榜之里閭。殺尤縱者。分射三等。課士習之。不能者罷。故無冗軍。官終檢校尚書左僕射。⊙【五代吳】廬州人。楊隆演時歷官左司郎中。典選事。時喪亂之後。官失其守。甲簿湮落。潛雍容款接。坐客常滿。隨才而使。人人自以爲得。

王・潮 【唐】固始人。字信臣。僖宗入蜀。王緒合羣盜取光州。劫豪傑置軍中。潮署軍正。拔衆南走。次南安。狙縛緒以殉衆。遂歸唐。昭宗假潮福建觀察使。興學勸農。定賦斂。人皆安之。乾寧中拜威武軍節度使・檢校尚書左僕射卒。

王・潮海 【清】狄道人。吳三桂叛。潮海渡河克復臨洮・蘭州。進勦賓雞・連雲棧。又進取漢中・保寧等處。經數百戰。累官貴州提督。

王・澐 【清】松江人。字勝時。有瓠園集。

王・澍 【清】金壇人。後徙無錫。字若霖。亦自書爲篛林。號虛舟。嘗自署二泉寓客。康熙進士。官至吏部員外郎。多所建白。書法獨步一時。有禹貢譜・學庸本義・學庸困學錄・程朱格物法・朱子讀書法・白鹿洞規條目・淳化閣帖考正等書。

王・穎 【晉】導弟。少與導俱知名。時人以方溫太眞。早卒。

王・瑩 【南齊】藻弟子。字奉光。尚宋臨淮公主。拜駙馬都尉。歷守東陽・吳興諸郡。皆有惠政。齊明帝時爲中領軍。武帝卽位。累遷丹陽尹。性清愼。居官恭恪。卒諡靜恭。

王・璉 【明】長山人。師事宋濂。洪武間中鄉舉。擢史館編修。尋擢御史。按河南。爲帝所稱。

王・瑾 【明】交阯人。初名陳蕪。宣宗爲皇太孫時。朝夕給事。及卽位。賜姓名。爲御用太監。從征漢王高煦還。參預四方兵事。賞賚累巨萬。其受寵眷。他人莫逮。⊙【明】驥後。嘉靖間佩平蠻將軍印。鎭兩廣。廣東新寧・新興・恩平間。多高山叢箐。亡命者輒入諸猺中。吏不得問。衆至萬餘。瑾誅其魁。悉平諸巢。又平馮天恩等。破巢二百餘。言官劾其暴橫。召還。⊙【清】常熟人。字亦懷。畫筆直入古人之室。王翬極稱之。兼工篆刻。有印譜。

王・璣 【明】晉江人。字翼邑。號慕蓼。萬曆進士。官至浙江布政使。立身居官。矯矯自勵。有檡全集。⊙【明】浙江山陰人。字汝中。受業王守仁之門。舉嘉靖進士。歷官武選郎中。夏言斥爲僞學。謝病歸。益務講學。學者稱龍溪先生。有龍溪全集・語錄。

王・皜 【清】六安人。字又皜。號雪鴻。有六經圖。

王・磐 【後漢】莽從兄子。字子石。莽敗。磐擁貲居故國。爲人尚氣節而愛士。後坐事死洛陽獄。⊙【元】蒲子。字文炳。第正大經義進士。李璮素重磐。延致之。及璮謀不軌。磐覺之。脫身入京。因侍臣以聞。璮平。召拜翰林學士。遷太常少卿。時方伐宋。帷幄謀議。有所未決。卽遣使問之。以年老致仕。磐資性剛方。閒居不妄言笑。每奏對必以正。不肯阿意。帝嘗以古直稱之。卒諡文忠。⊙【明】高郵人。字鴻漸。詞曲警健。爲時所重。有野菜譜・西樓樂府。（按明王驥德曲律。謂世傳西樓樂府有二。一爲王磐。字鴻漸。高郵人。一爲王田。字舜耕。濟南人。二人俱號西樓。舜耕之詞。較鴻漸頗富。然不如鴻漸精練。清丁丙善本書室藏書志。磐字鴻漸。號舜耕。蓋已誤磐與田爲一人矣。）

王・稽 【戰國秦】官謁者。事昭王。奉使於魏。陰求賢人。鄭安平薦范雎。稽令夜與俱來見。語未竟。稽知其賢。遂與私約。載之入秦。及雎爲相。薦稽。拜爲河東守。三歲不上計。後坐與諸侯通。被誅。

王・稷 【唐】鍔子。歷鴻臚少卿。鍔在藩。稷常留京師。視勢高下以納貲。嘗請籍坊以廣第舍。作複垣洞穴。實金錢其中。長慶間爲德州刺史。李全利其貲。因軍亂殺之。

王・稺 【後漢】堂子。清行不仕。⊙【清】金陵人。字東皐。別字輿庵。精醫工畫。

王・稺登 【明】武進人。移居吳門。字伯穀。十歲能詩。名滿吳會。吳門自文徵明後。風雅無定屬。稺登嘗及徵明門。遙接其風。擅詞翰之席者三十餘年。同時山人布衣。以詩鳴者十數。稺登爲最。萬曆中徵修國史。未上而史局罷。卒年七十餘。有吳郡丹靑志・弈史・吳社編。（按明史作長洲人。此從蘇州府志。）

王・穀 【宋】鄢城人。字正叔。官至大理卿。有吏才。儒學之外。寓意丹靑。善圖詩意。率皆瀟灑。

王・穀祥 【明】長洲人。字祿之。號酉室。嘉靖進士。改庶吉士。歷吏部員外郎。忤尚書汪鋐。左遷眞定通判歸。穀祥工書畫。持躬峻潔。有清望。

王・範 【晉】南海人。讀書有識鑒。嘗搜羅百粵典故爲書。名交廣春秋。

王・箴 【宋】眉山人。蘇軾妻兄。九歲通經。弱冠。軾見其文甚愛之。元祐間累詔徵之。力辭而免。

王・箴輿 【清】式丹孫。康熙進士。知衞輝府事。多惠政。有孟亭詩文集。

王・箴翼 【清】式丹孫。諸生。亦能文。有金粟亭詩集。

王・節 【清】吳縣人。字貞明。號惕

齋。明崇禎舉人。順治中除桃源縣教諭。工詩畫。構別業於雁宕古里。名小輞川。人以摩詰後身稱之。周順昌被逮。吳民環聚呼冤。節偕諸人詣巡撫毛一鷺。請以民情上聞。一鷺不聽。遂直斥其黨奄狀。坐罷官禁錮。奄敗得還。有惕齋詩稿。

王緒 【晉】國寶從祖弟。爲琅邪內史。以邪佞見知。琅邪王道子倚爲心腹。後與國寶並被誅。◉【唐】壽春人。僖宗入蜀。盜起江淮。緒與劉行全合羣盜據壽州。自稱將軍。繼復取汀州。自稱刺史。時望氣者言軍中當有暴興者。緒猜視魁梧雄才。皆以事誅之。尋爲行全所殺。

王緯 【唐】太原人。字文卿。舉明經。歷長安尉。大曆中與李泌俱爲路嗣恭判官。嗣恭欲殺李泌。緯解免。泌執政。進緯給事中。擢浙江觀察使。貞元中加御史大夫。兼諸道鹽鐵轉運使。裴延齡以諸道負錢四百萬緡獻爲羨錢。緯奏此諸州經費。忤延齡意。改檢校工部尚書。居官以清白稱。

王緘 【後唐】幽州劉仁恭故吏。掌記室。博學善屬文。後從莊宗經略山東。授魏博節度副使。從征幽州。獲仁恭父子。莊宗命緘爲露布。觀其旨趣。緘起草無所辭避。士以此少之。胡柳之役。沒於亂兵。◉【明】儀子。官按察使。分巡遼陽。以知兵名。

王翦 【秦】頻陽人。事始皇爲將。定趙燕薊諸地。會議伐荆。李信謂用兵不過二十萬。翦請兵六十萬。始皇以爲怯。遂用信。翦謝病歸。信敗。卒用翦策以平荆。

王翬 【清】常熟人。字石谷。號耕煙。又號烏目山人。晚稱清暉主人。師王時敏畫山水。時稱畫聖。康熙中以布衣供奉內廷。嘗繪南巡圖稱旨。欲授以官。不就。初惲壽平以山水自負。見翬畫。度不能及。乃改寫生以避之。卒年八十有六。有清暉贈言·清暉尺牘。

王翥 【宋】成都人。字一飛。篤學尙氣。吳曦謀反來請。翥陽病風瘖。潛往安丙。謀誅曦。事定。匿巴中。爲農終身。

王蔚 【晉】猗氏人。世修儒史之學。著至機論。辭義甚美。官至夏陽侯相。◉【金】香河人。字叔文。皇統進士。性通敏。曉析吏事。以才幹歷知河中府。明昌初召拜尙書右丞致仕。

王蔭昌 【清】正定人。字子言。號五橋。道光舉人。官武定知府。少以文詞書法名。有廡齋詩·尺壺詞。

王蓮 【清】無錫人。字韻香。自幼出家。住持雙修庵。號清微道人。工詩善詞。畫蘭尤精。

王調 【後漢】渤海人。李固門生。固爲梁冀誣陷下獄。調貫械上書。證固之枉。固因得赦。

王談 【晉】烏程人。父爲鄰人所殺。談年十八。密市利鍤殺之。自詣有司請罪。得宥。元興中舉孝廉不應。卒於家。

王諒 【晉】丹陽人。字幼成。少有幹略。初新昌太守梁碩自領交阯。迎前刺史脩則子湛行州事。永興中諒爲交州刺史。誘湛誅之。謀誅碩弗克。碩遂圍諒。偪奪其節。諒固執不與。遂斷諒右臂。諒正色曰。死且不畏。臂斷何有。憤恚而卒。

王諍 【明】永嘉人。字子孝。號竹巖。嘉靖進士。官至右僉都御史。巡撫貴州。有大學衍義通略。

王誼 【隋】洛陽人。字君宜。少慷慨有大志。博覽羣言。仕周入隋。極爲文帝所禮重。以女妻其子奉孝。尋拜大司徒。奉孝卒踰年。誼上表言公主少。請除服。爲御史所劾。恩禮稍薄。因怨望被誅。

王質 【晉】衢州人。入山伐木。至石室中。見有二童子圍棋。質置斧觀之。童子以物如棗核與質食之。便不覺飢渴。童子曰。汝來已久。可還。質取視斧。柯爛已盡。亟歸家。已數百年。親舊無復存者。復入山得道。人往往見之。因名其山曰爛柯山。◉【陳】勸弟。字子貞。少慷慨。涉獵書史。仕梁爲太子中舍人庶子。侯景濟江。質頓兵宣陽門外。不戰而潰。爲桑門。元帝時歷吳州刺史。入陳。終都官尙書。卒諡安。◉【後魏】易人。字紹奴。幼下蠶室。頗解書學。孝文時累官選部尙書。出爲瀛州刺史。人庶畏服。而刑政峻刻。後爲大長秋卿。未幾卒。◉【唐】龍門人。通五世孫。字華卿。第進士。累遷諫議大夫。宋申錫爲鄭注所構。與諫官伏閤爭。申錫得不死。終宣歙觀察使。卒諡定。質清白畏愼。爲政必先究風俗。所至有惠愛。◉【宋】旭子。字子野。仁宗時通判蘇州。州守黃宗旦得盜鑄者百餘人下獄。喜形於色。質曰。以術鉤人置之死。而又喜。仁者之政。宗如是乎。宗旦慙。爲薄其罪。累擢天章閣待制。知陝州。質家世富貴。兄弟習驕侈。質獨克己好善。自奉簡素。范仲淹貶饒州。質持酒往餞。世以此益賢之。◉【宋】興國人。字景文。博通經史。善屬文。游太學。與九江王阮齊名。登紹興進士。爲太學正。孝宗屢易相國。質上疏極論。有忌之者。尋罷去。虞允文當國。薦質可右正言。時中貴用事。憚質。陰沮之。以奉祠終。◉【金】貢弟。字敬夫。大定間登進士。累官吏部主事。以才幹舉。遷昭義軍節度副使。官終禮部尙書。◉【明】泰和人。字孟瑾。永樂中由鄉舉爲訓導。擢御史。宣德末歷四川參政。行部惟啖青菜。人呼爲青菜王。累拜刑部尚書。好古博學。居身清約。為時所稱。◉明金陵人。字孟文。工畫山水。◉清海寧人。字文蘊。工畫花卉草蟲。

王賞 宋當弟。舉進士。累官禮部侍郎。兼直學士。忤秦檜意。出知和州。為文師蘇軾。有玉鑒集。

王賢 明鄒縣人。有膂力。善擊劍。崇禎末見賊衆攻城日久。自薦於巡撫。願單身入城說降。比入城。陳說利害。為賊支解。

王輝 宋青州人。靖康初應募立奇功。官至正使。寓吉州。禦茶寇。勇進。士卒不繼。為賊所得。不屈死。◉宋錢塘人。景定・咸淳間為畫院待詔。工畫道釋人物。能山水。常用左手。人因目為左手王。

王適 唐幽州人。官雍州司功參軍。工詩文。初見陳子昂感遇詩。乃請交於子昂。有文集。◉明玉山人。字太古。初充府掾。旋棄去。究詩書畫十餘年。聲名籍甚。酒酣。放筆淋漓。殊足珍玩。有太古集。

王醇 明揚州人。字先民。生而穎。讀書如夙識。弱冠善辭賦。性不羈。從季父游長安。日醉市樓。挾妓走馬。會有廝大將軍大閱將士。醇輕裘快馬。馳突演武場。引弓破的。矢矢相屬。大將軍欲舉以冠一軍。笑謝之。後歸廣陵慈雲菴為僧。有詩集。

王霆 宋東陽人。字定叟。嘉定間中絕倫異等科。累官沿江制置副使。理宗即位。出知濠州光州。戰守有功。再知高郵軍。撰沿江警邊誌一編上之。尋知壽昌。改蘄州。嘗訓其子弟曰。窮理盡性。學之本也。又嘗曰。士大夫當以世從道。不當以道從世。有玉溪集。

王震 宋鞏從子。字子發。以父任試銓優等。賜及第。上諸路學制。神宗稱其才。紹聖初累拜龍圖閣學士。知開封府。震與章惇素不相能。潁昌蓋漸有訟。許路惇子弟。震捕漸掠治。頗得蹤跡。惇懼。以獄付大理。徙震為樞密都承旨。奪職知岳州卒。◉宋嚴陵人。九歲已能文。十二三已志道。為楊簡高弟。◉明吳人。字以東。洪武初徵較大祀樂。後頒大成樂。諸郡皆聘震教習。有八音圖・彭溪稿。◉明邢臺人。字威遠。弘治進士。累陞河南參政。平羣盜。轉左右布政。陞應天府尹。致仕歸。

王鞏 宋素子。字定國。自號清虛先生。有雋才。長於詩。從蘇軾游。軾守滁州。鞏往訪之。與客游泗水。登魋山。吹笛飲酒。乘月而歸。軾待之於黃樓上。謂鞏曰。李太白死。世無此樂三百年矣。軾得罪。鞏亦竄賓州。數歲得還。豪氣不少挫。後歷宗正丞。以跌蕩傲世。終不顯。有甲申雜記・聞見近錄・隨手雜錄。

王養正 明泗州人。字聖功。崇禎進士。累遷南康知府。計殲巨寇鄧毛溪・熊高。一方賴之。清兵破南京。下江西。巡撫曠昭遁走。養正與布政夏萬亨等拒守。城破。死節。

王養端 明遂昌人。字茂成。嘉靖舉人。有震堂集。

王養蒙 明鄞人。善畫葡萄。乘醉著新草履。漬墨亂步絹上。就以為葉。布藤綴實。天趣自然。

王駘 春秋魯兀者。從之游者與仲尼相若。常季問於仲尼曰。王駘。兀者也。從之游者與夫子中分魯。立不教。坐不議。虛而往。實而歸。是何人也。仲尼曰。夫子聖人也。

王鴐 唐河中人。字大用。大順進士。仕至禮部員外郎。自稱守素先生。與司空圖・鄭谷為詩友。有詩集。

王魯復 唐連江人。字夢周。大曆間獻詩。得從事邕府。嘗謁郎中皇甫湜。久未獲見。移書責之。在京師嘗草衣騎牛。聞臺省有疑獄。白時相。願往鞫之。其清狂若此。

王凝 隋通弟。字叔恬。為著作郎。撰隋書未成卒。◉唐翊曾孫。字成庶。舉明經進士皆中。歷臺省。寖知名。擢禮部侍郎。不阿權近。出為商州刺史。遷宣歙池觀察使。時王仙芝之黨居建德勢益張。凝遣將綴賊。城守嚴。賊不能犯。會大星直寢庭墜。術家言宜上疾不視事以厭勝。凝以一方無賴。誓與城相存亡。不敢脫禍。既而賊去。未幾卒。謚貞。

王凝之 晉羲之子。工草隸。歷仕江州刺史・左將軍・會稽內史。王氏世事五斗米道。凝之尤篤。孫恩攻會稽。寮佐請為之備。凝之不從。惟入室請禱。遂為恩所害。

王勳 宋說孫。字上達。政和進士。提舉廣南市舶。一錢之利。皆歸有司。家人不識舶貨之名。◉明黟人。字曰放。有廣月令。

王叡 三國吳字通耀。官荊州刺史。孫堅討董卓。叡素遇堅無禮。堅過殺之。◉南北朝宋太原人。字元德。果敢有智略。與弟懿並起義兵。事泄。為桓玄所害。◉後魏橋子。字洛誠。少傳父業。而姿貌偉麗。興安中領太史。永安初文明太后臨朝。因緣見幸。內參機密。外豫政事。歷官尚書令。進爵中山王。卒謚宣。◉唐元和後詩人。自號炙轂子。有詩集。

王嬙 漢字昭君。晉人避司馬昭諱。改稱明君。後人又稱明妃。元帝時選入掖廷。呼韓邪單于入朝。求美人為閼氏。帝以賜之。戎服乘馬。提琵琶出塞去。號寧胡閼氏。初元帝後宮既多。不得常見。乃使畫工圖形。按圖召幸。宮人皆賂畫工。獨嬙不肯。

遂不得見。追將行召見。貌爲後宮冠。窮案其事。畫工皆棄市。後呼韓邪死。子雕陶莫皐立。爲復株絫若鞮單于。復妻昭君。卒葬於匈奴。塞草皆白。昭君墓草獨青。世稱靑冢。(按漢書作檣。西京雜記則作嬙。今通用。故從之。)

王學浩　清崑山人。字孟養。號椒畦。乾隆舉人。善詩。能畫。於書無不工。篆隸尤古勁。直追秦漢。

王學曾　明南海人。字唯吾。萬曆進士。歷官御史。累言事忤旨。降與國判官。後遷光祿丞。與少卿涂杰疏爭三王並封。削籍歸卒。

王學稼　明濟陽人。魁梧有大志。膽力絕人。嘉靖中應募北伐。臨陣先登。敵人望之辟易。後墮敵計。力殺數十人而死。

王學夔　明安福人。字唐卿。舉正德進士第一。以吏部主事諫南巡受杖。嘉靖初奏請裁戚畹。又申救言官。歷考功文選郎中。廉謹爲時所稱。累官南京吏禮兵三部尚書。致仕卒。

王寰洽　明亳州人。字仁子。天啓中以恩貢赴吏部試。授知縣。有懶園漫稿。

王導　晉覽孫。字茂弘。少有風鑒。識量清遠。元帝爲瑯邪王時。導知天下已亂。勸王收賢俊與共事。深見委仗。朝野號曰仲父。及即位。以爲丞相。桓彝初過江。見朝廷微弱。憂懼不樂。往見導。還曰。向見管夷吾。吾無憂矣。過江人士。每至暇日。相要出新亭飲宴。周顗中坐而歎曰。風景不殊。舉目有河山之異。皆相視流涕。惟導愀然變色曰。當共戮力王室。克復神京。何至作楚囚相對泣耶。後受遺詔輔明帝。又受明帝遺詔輔成帝。歷事三朝。出將入相。導功爲多。官至太傅。卒諡文獻。

王憲　漢王莽時爲弘農掾。析人鄧曄等起兵攻京師倉未下。以憲爲校尉。入左馮翊。所過迎降。公賓就等斬莽首詣憲。憲自稱漢大將軍。城中數十萬兵皆屬焉。舍東宮。妻莽後宮。乘其車服。爲將軍申屠建所收斬。◎後魏苻堅丞相猛孫。字顯則。太武時爲上谷太守。清身率下。風化大行。累官幷州刺史。卒諡康。◎明東平人。字維綱。弘治進士。武宗時累官兵部尚書。嘉靖間爲三邊總制。有破敵功。後爲兵部尚書。小王子入寇。條上平戎及諸邊防禦事宜。卒諡康毅。

王操　北周晉陽人。字子高。性敦厚。有籌略。博涉經史。在公恪勤。初爲蕭詧外兵參軍。及詧稱帝。進位柱國。封新康縣侯。蕭巋嗣位。以全江陵功遷尚書令。操雖位居朝右。每自挹損。得當時之譽。卒諡康節。

王撝　隋驍勇善射。文帝以其有將帥才。每以行軍總管。屯兵江北。禦陳寇有功。後伐陳。有殊績。官至柱國。封白水郡公。

王曄　元杭州人。字日華。能詞章樂府。所製工巧。又嘗作優戲錄。楊維楨爲之序。◎明金壇人。字韜孟。嘉靖進士。官吏科給事中。以論嚴嵩罷官。在臺嘗劾罷方面官三十九人。直聲甚著。

王曒　清絳州人。字始旦。有攓機經解。

王曇　清秀水人。又名良士。字仲瞿。乾隆舉人。工畫。好游俠。通兵家言。善弓矢。上馬如飛。慷慨悲歌。不可一世。詩文奇肆。竇光鼐評其西楚霸王廟碑。謂二千年無此手筆。有煙霞萬古樓集。

王曇首　南朝宋弘弟。幼有素尙。兄弟分財。曇首惟取圖書。爲文帝鎭西長史。帝被迎入奉大統。議者疑之。曇首勸帝行。帝未許。復力諫。及即位。以爲侍中。遷太子詹事。卒諡文。

王機　晉矩弟。字令明。美姿儀。倜儻有度量。王澄以爲成都內史。終日醉酒。不存政事。後爲廣州刺史。從杜弘俱反。爲陶侃破走。死於道。

王橋　後魏晉陽人。字法生。解天文卜筮。家貧。以術自給。官終侍御中散。卒諡敬。

王樵　宋淄川人。字肩望。博通羣書。尤善考易。咸平末契丹游騎至。舉家被掠。樵棄妻挺身入契丹求父母。累年不獲。遂與俗絕。自稱贅世翁。惟以論兵擊劍爲事。徒步千里。晚年屢游塞下。以策干何承矩。求滅遼復讐。不用。乃於城東南累磚自瓌。謂之繭室。病革。入室自掩戶卒。◎明金壇人。字明遠。嘉靖進士。歷刑部員外郎。著讀律私箋。甚精核。遷山東僉事。移疾歸。萬曆初張居正柄國。起補浙江僉事。擢尙寶卿。劉臺劾居正。居正乞歸。諸曹奏留之。樵獨請全諫臣以安大臣。居正大恚。出爲鴻臚卿。後擢右都御史。卒諡恭簡。樵恬澹誠慤。溫然長者。邃經學。易書春秋皆有纂述。

王樸　明榆林衛人。爲京營副將。崇禎間賊躪畿南。爲總兵官。屢有斬獲。擢大同總兵。以敗錦州首逃。下獄死。◎清保定人。字玉樵。以工畫人物士女名於北方。

王樹穀　清仁和人。字原豐。號無我。又號鹿公。別字恬叟。又自號文外布衣。題其所居曰栗園。善畫人物。衣紋秀勁。設色古雅。

王澤　後漢柔弟。字季道。爲代郡太守。參看王柔條。◎清蕪湖人。字子卿。嘉慶進士。官至徐州知府。善畫山水。精篆刻。有觀齋集。

王澤宏　清黃岡人。字涓來。順治進士。歷官禮部尙書。疏請移湖口關還設九江。商民便之。尤工詩。喜與名士游。有鶴嶺山人詩集。

王·濂 【明】鳳陽定遠人。字習古。太祖用爲執法官。決獄平允。歷浙江按察僉事。災異求言。濂具陳民瘼。太祖爲之緩征。及卒。太祖語李善長曰。濂有王佐才。今死。朕失一臂矣。

王·熹儒 【淸】江蘇興化人。字歙州。一字勿齋。性灑落。家素饒。喜交海內知名士。工書。

王·璜 【漢】琅邪人。字平中。受易於費直。受毛詩於徐敖。又傳古文尚書。

王·璞 【明】勵子。字伯懷。有廣月令後集。

王·璠 【唐】字魯玉。元和進士。登弘辭科。歷河南尹。再遷京兆尹。皆有名。鄭注姦狀始露。宰相宋申錫等密與璠議除之。璠反以告王守澄。注由是傾心於璠。李訓將誅宦官。授璠太原節度。令召募豪俠。訓敗。爲禁軍所捕斬。

王·璘 【唐】長沙人。詞富學博。應日試萬言科。請十書吏。皆給筆札。口授十書吏書之。未亭午。已就七千言。時路嚴當軸。召之。璘不往。嚴怒。亟罷萬言科。後放浪山水以終。

王·璡 【明】日照人。字器之。博通經史。尤長於春秋。初爲敎授。洪武末以薦授寧波知府。夜四鼓卽秉燭讀書。閱諸學課諸生。燕師臨江。璡造舟艦謀勤王。爲衞卒縛至京。成祖問造舟何爲。對曰。欲泛海趨瓜洲。阻師南渡耳。帝亦不罪。放還。以壽終。

王·璟 【明】沂州人。字廷采。成化進士。歷兩京御史。弘治間拜右僉都御史。理兩浙鹽政。振荒浙江。奏行荒政十事。多所全活。後撫山西。製火鎗萬餘。鎗藏箭。傅以毒藥。用以禦寇。寇不敢西。官至左都御史。卒諡恭靖。

王·積 【明】太倉人。字子崇。正德進士。歷官廣東參議。以憂歸。後補官。恥謁要人。久不得調。至鬻衣自給。乃上書乞休。除陝西參議。晉副都御史。巡撫山東。爲政持大體。吏民懷畏。官終兵部右侍郎。

王·積翁 【元】福寧人。初仕宋爲福建制置使。元兵入閩。積翁上閩圖籍。世祖授中奉大夫。累遷江西行省參知政事。奉使日本。至其境遇害。武宗時追諡忠愍。

王·積薪 【唐】從玄宗西幸。寓宿深溪之家。但有婦姑。夜聞姑謂婦曰。良宵無以爲適。與子手談可乎。堂內無燭。婦姑各在東西室對談。已而姑曰。子已北矣。吾止勝九枰耳。遲明請問於姥。顧婦曰。是子可敎以常勢耳。婦乃指示攻守法。積薪遂以善弈名世。

王·縉 【唐】維弟。字夏卿。少好學。與維俱有聞譽。舉草澤文辭清麗科。累拜黃門侍郎·同平章事。縉素奉佛。晚節尤謹。導帝設道場。致大曆政刑日以陵替。性復貪冒。招納財賄。事敗當死。帝憐其耄。貶括州刺史。久之遷太子賓客。分司東都卒。◎【宋】分水人。字子雲。崇寧進士。自侍御史遷右司諫。知無不言。每謂人才實難。多事之際。尤宜爲朝廷愛惜。以故不專彈擊。而惟論安危大計與所以啟沃君心者。時稱得諫臣體。尋乞外。出知常州。罷歸卒。

王·縝 【明】東莞人。字文哲。弘治進士。選庶吉士。授兵科給事中。彊直敢言。世宗時累遷右副都御史。巡撫蘇松諸府。平江西賊。官終戶部尙書。

王·翰 【唐】晉陽人。字子羽。少豪健恃才。登進士第。喜蒱酒。累官駕部員外郎。家畜聲伎。口使頤令。自視王侯。人皆惡之。出爲汝州長史。後徙仙州別駕。日與才人豪俠。喜樂游畋。坐貶道州司馬卒。有文集。（按舊唐書文苑傳作王澣。此從新唐書。）◎【宋】南宮人。母喪明。翰自抉右目睛補之。母目明如故。淳化中詔賜粟帛。◎【元】永福人。字用文。爲潮州路總管。元亡。屏居山中。黃冠野服。號友石山人。明太祖聞其賢。強起之。自刎死。◎【明】夏臺人。字時舉。元末隱居中條山。入明爲周王橚長史。王有異志。翰正諫弗納。度不可爲。卽斷指佯狂亡去。後起翰林編修。謫廉州教授。値羌亂。死節。◎【淸】浙江山陰人。字霖臣。號五峯。工詩文。善畫山水。

王·臻 【宋】汝陰人。字及之。第進士。累官三司度支判官。剛嚴善決事。所至有風跡。坐事降監察御史。知福州。俗爲之變。仁宗卽位。累遷尙書工部郎中。鞫竄姦人。都下肅然。以右諫議大夫權御史中丞卒。

王·興 【漢】陽城人。居壺谷中。無學道意。武帝上嵩高。忽見仙人。言中岳菖蒲。服之長生。興聞。採服不息。遂得長生。◎【明】漳州人。官虎賁將軍。永明王時累與清軍戰。以功封廣寧伯。及王入緬。興還守文村。相持十餘年。後闔室自焚死。諡烈愍。

王·興宗 【明】故隸人。太祖以爲金華知縣。李善長·李文忠皆以爲不可。太祖曰。興宗從我久。勤廉能斷。儒生法吏莫先也。居三年。果以治行聞。累擢河南布政使。益勤其職。卒官。

王·興福 【明】隨人。洪武間守徽州。有善政。遷杭州。杭初附。人心未安。興福善撫輯。民甚德之。擢吏部尙書。坐事左遷西安知府卒。

王·蕃 【三國吳】廬江人。字永元。博覽多聞。兼通術藝。孫皓初爲常侍。爲嬖臣所譖毀。蕃氣體高亮。不能承順。以沈醉被誅。

王·蕘 【唐】龜子。力學工文。以從兄鐸當國。不貢進士。官終右司員外郎。

王融 【南齊】僧達孫。字元長。舉秀才。累官中書郎。武帝幸芳林園。禊宴朝臣。使融爲曲水詩序。文藻富麗。稱於當世。後坐事死於獄。融文辭辨捷。倉卒屬綴皆工。世以爲賈誼·終軍之流。有文集。

王衛尉 【漢】事高帝爲衛尉。蕭何請上林空地。令民得入田。高帝以何受賈豎金。械繫之。衛尉曰。職事苟有便於民而請之。眞宰相事也。陛下距楚數歲。相國守關中。不以此時爲利。乃利賈人金乎。且秦以不聞其過亡天下。李斯之分過。又何足法哉。高帝遂赦何。

王衡 【明】錫爵子。字辰玉。萬曆進士。官編修。負才早卒。有緱山集及鬱輪袍等雜劇。

王衡仲 【宋】豐城人。字仲平。號柏軒。淳熙進士。授新昌簿。居官善推鞫以得事情。漕運使趙方捕盜數十。約至境誅之。衡仲按其事曰。非眞盜也。悉縱之。遷守建昌軍。値大旱。入境。大雨如注。郡人喜曰。眞刺史雨也。有柏軒文集。

王駮之 【清】秀水人。字甘巖。有芬響閣初稿。

王謀 【蜀漢】漢嘉人。字元泰。有容止操行。事先主爲少府。請卽帝位以纂二祖。建興初賜爵關內侯。

王諫 【漢】莽疎屬。莽欲改太后漢家舊號。諫諂附莽。上書言之。爲莽所酖殺。

王諤 【明】奉化人。字廷直。爲錦衣千戶。以繪事供奉仁智殿。畫稱能品。孝宗稱爲今之馬遠。◎【清】青浦人。字一士。號菊莊。諸生。工畫墨竹。喜考訂繪事。有今畫偶錄。

王諶 【後漢】河南尹田歆外甥。名知人。嘗送客大陽郭。遙見洛陽門下史种暠。異之。還白歆曰。爲君得孝廉矣。暠由此爲歆所知。召署主簿。舉孝廉。◎【南齊】郯人。字仲和。宋明帝時累官司徒參軍。有學義。見親遇。常在左右。帝所行慘僻。諶屢諫不從。請退。武帝時歷黃門郎。貞正和謹。時稱善人。官終征虜長史。諶少貧。嘗自紡績。及通貴。每爲人說之。世稱其志達。

王豫 【宋】大名人。字悅之。又字天悅。邵雍弟子。精於易。◎【清】長興人。字立父。有孔堂文集。◎【清】丹徒人。字應和。號柳村。諸生。有江蘇詩徵·蕉窗日記。

王豫嘉 【清】扶風人。字建侯。順治進士。官翰林侍讀。爲人有操行。博綜典籍。所著詩古文詞甚多。

王遵 【後漢】霸陵人。字子春。少豪俠有才辯。雖與隗囂舉兵。爲大將軍。常有歸漢意。數諫囂。不從。遂歸光武。拜太中大夫。封向義侯。

王遵坦 【清】益都人。字太平。好飲酒擊劍。順治間隨肅王平蜀。官至四川巡撫。有願學齋·墨甲堂諸集。

王遵訓 【清】西華人。字子循。號信初。一號湜庵。順治進士。康熙間官御史。在臺十餘年。章疏凡百十餘上。官至戶部右侍郎。有餘清軒詩集·擊楫草·疏稿焚餘·小窗雜著·初學文資。

王遵業 【後魏】瓊子。風儀清秀。涉獵經史。位著作佐郎。與撰起居注。參定服章。與孝明講筵。領黃門郎。時政歸門下。遵業從容恬素。若處丘園。及爾朱榮入洛。遵業兄弟在父喪中。以於莊帝有從姨兄弟之親。相率奉迎。俱見害。有三晉記。

王遴 【明】霸州人。字繼津。嘉靖進士。官兵部員外郎。同官楊繼盛劾嚴嵩論死。遴爲資饘粥。且以女字其子。嵩大恚。摭他事下之獄。事白。復官。及繼盛死。收葬之。累官兵部右侍郎。張居正當國。移疾歸。居正沒。起歷工戶兵三部尚書。遇事頻執爭。爲中官所嫉。構罷之。卒謚恭肅。

王鑫 【清】湘鄉人。字璞山。咸豐間募鄉勇從曾國藩。後因議論不合。別爲一軍。轉戰湖南境內。功甚著。每臨敵。先夕會諸將。令各言戰法。必定計而後戰。故百戰百勝。官至守巡道。援江西。屢奏奇捷。敵憚之。號爲虎。以病卒於軍。謚壯武。

王錫 【南朝宋】弘子。字寡光。爲江夏內史。高自位遇。太尉江夏王義恭當朝。錫箕踞大坐。殆無推敬。◎【梁】銓弟。字公嘏。年十四除祕書郎。普通初魏始連和。劉善明來聘。宴於南苑。善明偏論經史。錫與張纘隨方酬答。無所稽疑。累遷吏部郎中。時年二十四。稱疾不拜。卒年三十六。諡貞。◎【明】新建人。崇禎進士。知巴縣。累殲土寇。賊擁巨板穴城。錫瓚以熱油。多死。及被執。爲賊所慘殺。

王錫圭 【清】平湖人。字翰周。號雲莊。乾隆舉人。有禹貢地理考證。

王錫老 【宋】東平人。性嗜古。紹興中金人歸河南地。商賈往來。攜長安秦漢間碑刻以求售。多得善價。錫老貧甚。猶節口腹之奉而事此。

王錫朋 【清】寧河人。字樵傭。由武舉補兵部差官。援例得固原游擊。道光間從征張格爾。平湖南猺民。皆有功。官至壽春鎮總兵。英人陷定海去之。錫朋以壽春兵鎮其地。英人再至。與葛雲飛·鄭國鴻同戰死。諡剛節。

王錫侯 【清】江西新昌人。乾隆舉人。作字貫一書。於康熙字典頗多糾正。爲怨家王瀧南所首告。贛撫海成以聞。世宗以其凡例內將廟諱及御名開列。治以大逆之罪。海成及布政使周克開·按察使馮廷丞。皆以不能檢出悖逆重情治罪。

王錫兖 【明】祿豐人。天啓進士。崇禎間累官吏部尚書。以憂歸。土酋沙定洲作亂。詭草錫兖疏上永明王。請以定洲鎮雲南。錫兖大恨。籲天祈死。數日竟卒。

王錫祺 【清】江蘇清河人。字壽萱。長於地理之學。顏書室曰小方壺齋。輯刊輿地叢鈔及補編再補編行世。

王錫綬 【明】常熟人。字分符。號養虛。工畫山水人物。有古堂刪正・茅荽雜說。

王錫爵 【明】太倉人。字元馭。嘉靖會試第一。廷對第二。授編修。萬曆初掌翰林院。張居正奪情。將廷杖吳中行等。錫爵造居正喪次切言之。進禮部右侍郎。居正甫歸治喪。九卿亟請召還。錫爵獨不署名。累官禮部尚書。兼文淵閣大學士。首請禁詔諛。抑奔競。戒虛浮。節侈靡。闢橫議。簡工作。帝咸褒納。時册立久不行。錫爵切諫。不報。及爲首輔。以擬三王並封旨。爲言官所攻。乃自劾乞罷。不許。改吏部尚書。卒謚文肅。有王文肅集及疏草。

王錫闡 【清】吳江人。字寅旭。號曉庵。博覽羣書。精通中西天學。生於明季。當徐光啓等修新法時。聚訟盈廷。錫闡獨閉戶著書。天色澄霽。輒登屋臥鴟吻間。仰觀景象。務求精符天象。不屑屑於門戶之分。所著曉庵新法。言交食最精審。

王錡 【明】長洲人。字元禹。別號夢蘇道人。有寓圃雜記。

王錟 【清】應昌子。字長穎。官上海知縣。有讀書質疑・欲從錄。

王隨 【宋】河南人。字子正。登進士甲科。仁宗時累拜門下侍郎。同中書門下平章事。視事一年。無所建明。罷爲彰信軍節度。判河陽。隨外若方嚴。而治失於寬。晚更卞急。性喜佛。慕裴休爲人。然風跡弗逮。卒諡文惠。

王霖 【清】江寧人。字春波。工詩善飲。精隸書。尤以畫名。

王霍霖 【清】常寧人。名萬樹。以字行。號勉亭。乾隆時諸生。棄舉業遨游山水間。考訂湘楚古蹟。極有根據。有衡湘稽古・湖南陽秋。

王餘佑 【清】直隸新城人。字介祺。自號五公山人。受業於孫奇逢。學兵法。從奇逢起兵討流賊。明亡。更從奇逢講性命之學。隱居授徒。從游至數百人。其教在以忠孝務實學。嘗彙古人經世事爲居諸編・八陣圖・萬勝車圖說・兵民經略圖・涌幢草・文集。及卒。學者私諡文節先生。

王餘慶 【元】關谿人。字叔善。官江南行臺監察御史。以儒學名重當世。

王鼐 【清】婁縣人。字若源。號及峯。貢生。畫山水宗沈宗敬。工詩。有斫歌集。

王龍光 【清】會稽人。字幼譽。號耶溪。諸生。能文。客范承謨幕。耿精忠反。繫承謨。迫龍光草檄。不從。被繫三年。與承謨同殉難。

王龜 【唐】起子。字大年。性高簡。博通書傳。無貴冑氣。武宗召爲右補闕。咸通中知制誥。王鐸爲相。改太常少卿・同州刺史。牙將白約素暴橫。龜捕殺之。徙浙東觀察使卒。

王勵精 【明】蒲城人。崇禎中選貢。授廣西府通判。仁恕善折獄。遷知崇慶州。張獻忠陷成都。勵精登樓。縛利刃柱間。置火藥樓下。聞賊騎渡江。命舉火。火發。觸刃貫胸死。

王嶷 【後魏】憲子。字道長。孝文初爲南部尚書。在任十四年。時南州多事。訟者塡門。嶷性儒緩。終日昏睡。而卒得自保。官終內都大官。

王徽 【唐】京兆人。字昭文。第進士。宣宗時授右拾遺。書二十餘上。言無回忌。廣明初爲戶部侍郎・同平章事。黃巢入關。僖宗西狩。徽爲賊所執。將汙以官。徽陽瘖不答。以刃環脅。卒不動。後奔河中。詔拜諸道租庸供軍使。因說都監楊復光請赦沙陀罪令赴難。遂平京師。官終右僕射。卒諡貞。◎【明】應天人。字尚文。天順進士。除南京刑科給事中。憲宗初與同官王淵等疏陳四事。極言古今宦豎之害。因論中官牛玉奸欺。宜重譴。謫普安州判官。終陝西參議。

王徽之 【晉】羲之子。字子猷。性卓犖不羈。初爲桓溫參軍。蓬首散帶。不綜府事。嘗雪夜泛舟剡溪。訪戴逵。造門不前而返。人問故。曰。乘興而來。興盡而返。豈必見安道耶。性愛竹。寄居空宅中。便令種竹。曰。何可一日無此君。仕至黃門侍郎。棄官東歸。未幾。弟獻之卒。徽之奔喪不哭。直上靈牀坐。取獻之琴彈之。久而不調。歎曰。嗚呼子敬。人琴俱亡。因頓絕。先有背疾。遂潰裂。月餘卒。

王彌 【晉】東萊人。有才幹。惠帝末從妖賊劉伯根。伯根死。聚衆爲羣賊。人號爲飛豹。尋歸劉元海。以戰功進征東大將軍。封東萊公。與劉曜・石勒破京師。縱兵大掠。城府蕩盡。幽帝於端門。殺太子詮。石勒惡其驍勇。伏兵襲殺之。

王懋 【北周】勱弟。字小興。從父盟征伐。累遷右衛將軍。於時疆埸交兵。未申喪紀。服齊斬者並墨縗從事。及盟卒。懋上表乞終喪制。魏文帝不許。歷領軍將軍。宿衛宮禁。十有餘年。恪勤當官。未嘗有過。官終小司寇。◎【明】嘉靖初御史。以請卹議禮杖死諸臣。謫四川成縣典史。

王懋竑 【清】式丹從子。字子中。康熙進士。官安慶府教授。雍正初臨召特授編修。上書房行走。以邃於經術稱。乞病歸。杜門著書。校定朱子年譜。於文集語類。考訂尤詳。有白田草堂集・朱子年譜・讀史記疑。

王・懋德 【元】高唐人。字仁父。官至中書左丞。工詩。有仁父集。

王・應元 【明】武隆人。父醉臥。家失火。應元自外趨烈焰中。竟不能出。抱父死。

王・應孚 【清】故城人。字信甫。副貢。官刑部員外郎。有篤靜堂文集。

王・應豸 【明】掖縣人。爲戶部主事。諂魏忠賢。甫三歲。驟至右都御史。巡撫薊遼。以剋餉致薊卒鼓譟。已置毒飯中。欲誘而盡殺之。諸軍復亂。帝命巡按廉得實。論死。

王・應奇 【明】謙子。亦工畫梅。

王・應昌 【清】柘城人。字亮之。明天啓舉人。知交河縣。縣册地畝缺三千頃。率爲權璫豪右所占。應昌按籍劾徵之。大盜張某聚黨數千爲民害。應昌率健卒搗其穴殲之。清初召爲御史。歷巡按浙江安徽直隸。皆有聲。

王・應奎 【清】常熟人。號東溆。有柳南文鈔。

王・應電 【明】崑山人。字昭明。受業魏校。好周禮。覃精十數載。成周禮傳詁數十卷。又精字學。有同文備考・書法指要・六義音切等書。

王・應熊 【明】巴縣人。字非熊。萬曆進士。崇禎間拜禮部左侍郎。博學多才。熟諳典故。而性谿刻強很。人多畏之。周延儒・溫體仁援以自助。擢禮部尚書。兼東閣大學士。屢爲言路所攻。帝皆不問。後乞休去。福王立。改兵部尚書。專辦川寇。兵敗。遁入永寧山中。卒於畢節。

王・應鳳 【宋】應麟弟。字仲儀。與應麟講學忘寢食。爲文根柢左氏班馬。登寶祐進士。開慶初舉博學弘詞。終太常博士。有默齋稿及訂正三輔黃圖諸書。◉【清】鎭遠人。乾隆間從征苗疆。嘉慶間川陝楚教匪亂。應鳳赴四川從征。連戰皆捷。積功累擢江南提督。

王・應憲 【清】上元人。少負奇氣。以文行推重於鄉。隱居著述。有河漕・水利・鹽鐵諸考。

王・應遴 【明】字雲來。有逍遙游雜劇。

王・應鵬 【明】鄞人。字天宇。正德進士。知嘉定縣。以廉幹稱。擢御史。直聲大著。嘉靖中進左副都御史。上言當今國事未定。人心未一。綜核之嚴。翻成操切。時以爲至論。而帝深銜之。尋攝院事。條上職掌禮儀九十五事。方欲有所建樹。帝摘其微誤斥之。士論惜焉。

王・應麟 【宋】慶元人。字伯厚。九歲通六經。學問該博。第淳祐進士。歷浙西安撫使幹辦公事。帝御集英殿策士。召應麟覆考。帝欲易第七卷置其首。應麟讀之。乃頓首曰。是卷古誼若龜鑑。忠肝如鐵石。臣敢爲得士賀。遂置首選。及唱名。乃文天祥也。累擢祕書郎。應詔極論時政。度宗卽位。累遷禮部尚書。東歸後二十年卒。有深寧集・玉堂類稿・掖垣類稿・詩考・詩地理考・漢藝文志考證・通鑑地理考及通釋・通鑑答問・困學紀聞・小學紺珠・玉海等二十餘種。

王・檀 【後梁】京兆人。字衆美。累戰功封琅邪郡王。後鎭天平。爲帳下亂兵所殺。諡忠毅。

王・檝 【元】虢縣人。字巨川。金泰和中詣闕上書論當世務。賜進士。授副統軍。兵敗。歸太祖。以功授宣撫使。兼行尚書六部事。比圍中都。攻破河南清滄。力主保全。奉命使宋。先後凡五往。以和議未決。隱憂致疾卒。

王・檢心 【清】南陽人。初名立人。號子涵。道光舉人。歷知句容・儀徵等縣。所至有惠政。官至直隸道員。有易經說約・春秋本義・孝經本義・四書存眞・禮傳合鈔等二十餘種。

王・濬 【晉】湖人。字士治。博涉墳典。恢廓有大志。嘗起宅。開門前路廣數十步。曰吾欲使容長戟大旛。衆皆笑之。後爲羊祜參軍。薦爲巴郡太守。遷益州刺史。伐吳之役。濬治戰艦發成都。吳人置鐵鎖於江橫截之。濬燒斷鐵鎖。直抵石頭城下。孫皓迎降。吳平。官至撫軍大將軍。卒諡武。

王・濟 【晉】渾子。字武子。少有逸才。風姿英爽。便弓馬。勇力絕人。尙武帝女常山公主。每侍見。未嘗不諮論人物。及萬機得失。濟善清言。修飾辭令。諷議將順。朝臣莫能尙焉。後以白衣領太僕。先渾卒。◉【宋】饒陽人。字巨川。父恕。開寶中知秀州。盜起被殺。濟擕父骨匿山谷間。脫身謁軍帥。陳討賊之計。雍熙中試學士院。補龍溪主簿。大中祥符中徙知洪州卒。濟頗涉經史。好讀左氏春秋。性剛直。無所畏避。◉【明】烏程人。字汝舟。成化進士。累遷武庫郎中。出知臨安府。府多奇貨。夷民雜居。競起爲盜。濟廉得之。遏其亂源。屏諸奇貨。盜患以息。◉【清】吳江人。字日麟。本姓莊。諸生。有牛硯齋詩文集。

王・濛 【晉】晉陽人。字仲祖。哀靖皇后父。少時放縱不羈。晚節始克己勵行。事諸母甚謹。俸祿資產。常推厚居濟。喜慍不形於色。以清約見稱。善書畫。美姿容。性至通而自然有節。初辟司徒掾。終左長史。

王・濤 【晉】鑒弟。字茂略。與弟子戲並有才筆。歷著作郎・無錫令。早卒。

王・璵 【唐】綝六世孫。少習禮學。博求祠祭儀注以干時。玄宗在位。久崇老子。好神仙。璵上言請築壇東郊祀青帝。擢爲祠祭使。專以祠解中帝意。大類巫覡。肅宗時累官同中書門下平章事。與無他才。驟得政。中外悵駭。官終太子少師。卒諡簡懷。◉唐方翼子。與弟珣・瑨並以文學稱。時號三王。

王・環　五代趙爲人勇悍。善兵法。歷岳州都指揮使。六軍副使。前後六破吳。再破荆南。每戰。身先士卒。與同甘苦。故所向克捷。◉後周眞定人。以勇力事孟知祥。孟昶以爲鳳州節度使。世宗攻之。數爲環所敗。後復攻之。秦成階三州皆降。環獨堅守。世宗以書招之。環不答。至力屈乃就擒。世宗以環忠其所事。拜右驍衞將軍卒。

王・禧　金永年人。金末入財佐軍興。補進義副尉。元兵破永年。將屠其城。禧復傾家貲以助軍費。衆賴以免。◉淸丹徒人。以寫眞得名。

王・績　唐通弟。字無功。性簡放。隋大業中舉孝悌廉潔。授祕書省正字。求爲六合丞。以嗜酒不任事。世亂。遂還鄉。種黍釀酒。蒔藥草自供。著書東皐。自號東皐子。武德初待詔門下省。故事官給酒日三升。或問待詔何樂。曰。良醞可戀耳。侍中陳叔達聞之。日給一斗。時稱斗酒學士。貞觀初以疾罷。時太樂署史焦革家善釀酒。績求爲丞。革死。棄官去。豫知終期。命薄葬。自誌其墓。績嘗採杜康・儀狄以來善酒者爲譜。又作醉鄉記・五斗先生傳・無心子傳。與他著述合爲東皐子集。

王・績燦　明安福人。字偉奏。天啓進士。知興化縣。以治行擢御史。與給事中鄧英陳奸吏私派之弊。又進賜環起廢容諫三說。後以薦張鳳翔・李邦華・劉宗周等獲罪去。

王・羲之　晉曠子。字逸少。年十三。謁周顗。顗異之。時重牛心炙。坐客未啗。顗先奉羲之。於是知名。及長辯贍。以骨鯁稱。仕爲右軍將軍・會稽內史。世稱王右軍。臨池學書。池水盡黑。草隸爲古今冠。其最爲蘭亭序・樂毅論・黃庭經也。性愛鵝。爲山陰道士寫道德經畢。籠鵝以歸。初郗鑒使人求壻於王導。導令遍觀子弟。歸謂鑒曰。王氏諸少並佳。然聞信至。咸自矜式。惟一人東牀坦腹臥。食胡麻餅。獨若不聞。鑒曰。此佳壻也。訪之。乃羲之也。以女妻之。羲之既去官。與東土人士。盡山水之遊。弋釣自娛。卒年五十有九。

王・翺　明鹽山人。字九皐。永樂進士。正統時歷官都御史。出鎭江西陝西。改督遼東軍務。又改兩廣。皆有異績。景泰末爲吏部尚書。英宗復辟。眷顧益厚。召對便殿。稱先生而不名。翺剛明廉直。憂國奉公。忘情恩怨。爲時名臣。卒諡忠肅。

王・聯　明嘉靖時知陽武縣。以事爲巡撫胡纘宗所笞。尋被劾罷。聯性凶狡。嘗毆其父。論死。出獄。復坐殺人。求解不得。知帝喜告訐。摭纘宗迎駕詩。謂爲謗詛。又坐誣罔死。

王・聲　明吳人。字遜駿。工畫士女。倩華妍雅。爲藝林能品。

王・聰　明蘄水人。以燕山中護衞百戶從成祖起兵。以功累遷都指揮使。封武城侯。後從丘福出塞。福輕敵深入。聰諫不聽。戰死。諡武毅。

王・臨　漢莽子。莽既篡。立爲皇太子。以久病。立爲統義陽王。後謀殺莽。賜死。諡繆。◉宋廣淵弟。字大觀。起進士。簽書雄州判官。治平中歷河北沿邊安撫都監。上備禦數十策。以寶文閣待制知廣州府河中卒。

王・舉元　宋舉正弟。字懿臣。以上文章賜進士出身。知潮州。歷京東轉運使。所至皆有建白。徙河南・淮東。夏人來爭地。舉元從數騎渡河。設幕與之議。示以赤心。夏人咸服。官至給事中卒。

王・舉正　宋化基子。字伯仲。第進士。累擢知制誥。仁宗以其恬於進取。超拜右諫議大夫・參知政事。後罷爲資政殿學士。知許州。皇祐初拜御史中丞。遷觀文殿學士・禮部尚書。兼翰林侍讀學士。每進讀。及前代治亂之際。必再三諷諭。致仕卒。諡安簡。有平山集・中書制集・內制集。

王・薈　晉導子。字敬文。恬虛守靜。不競榮利。歷官吳國內史。時歲饑。人多餓死。薈以私米作粥。濟活甚衆。轉會稽內史卒。

王・薦　元福寧人。字希賢。性孝而好義。父疾甚。夜禱於天。願減己年以益父壽。父絕復甦。尋愈。母病渴。思食瓜。時冬月。瓜不可得。薦求得二瓜奉母。渴遂止。

王・襄　漢宣帝時爲益州刺史。欲宣風化於衆庶。令王褒作中和樂職宣布詩。選好事者令依鹿鳴之聲習而歌之。◉宋南陽人。初名寧。第進士。累官權知開封府事。縲繫滿獄。襄晝夜決遣。再閱月。獄爲之空。後爲吏部尚書。同知樞密院事。高宗即位。坐徵兵入援。迂道宿留。永州安置卒。◉宋鄧州人。經術登科。年未六十請老。事孀嫂如母。養孤甥如子。敎誨後進。賑恤鄉里。賜號處士。

王・褒　漢蜀人。字子淵。宣帝時益州刺史王襄薦褒有逸才。應詔作聖主得賢臣頌稱旨。與張子僑並待詔。所幸宮館。輒爲歌頌。議者多以爲淫靡。頃之擢諫大夫。方士言益州有金馬碧雞之神。遣褒祀之。道卒。◉北周規子。字子淵。博覽史傳。七歲能屬文。梁元帝時召拜吏部尚書・左僕射。褒既名家。文學優贍。位望隆重。而愈自謙損。不以位地矜物。時論稱之。尋入周。授車騎大將軍。明帝好文學。襃與庾信才名最高。特加親待。官終宜州刺史。◉明侯官人。字中美。洪武中領應天鄉薦。歷永豐知縣。永樂中與修大典。擢漢府紀善。好汲引士類。工詩文。爲閩中十才子之一。

王·謐 晉劭子。字稚遠。累官司徒。桓玄將篡。奉璽冊詣玄。玄篡。封武昌縣開國公。初。劉裕爲布衣。衆未之識。謐獨奇貴之。及裕破玄。以謐領揚州刺史。錄尙書事。卒謚文恭。

王·謙 北周雄子。字敕萬。恭謹無他才能。武帝時位上柱國·益州總管。及宣帝崩。隋文帝輔政。謙圖匡復。先無籌略。任用多非其才。兵敗被殺。◉明錢塘人。字牧之。號冰壺道人。工畫梅花。有清奇雄逸之致。

王·輿 五代吳綰弟。少爲軍校。數遇險。得不死。累功至金吾衞大將軍。南唐禪代。鎭鄂州。與監軍甄庭堅不相得。會庭堅被誣。輿爲密謀。因得免。人稱長者。

王·邁 宋仙遊人。字貫之。嘉定進士。以學問詞章發身。尤練世務。召試學士院。策以楮幣。邁援據古今。考究本末。又因楮幣以及時事。或傳史嵩之復用。邁上封事極論。官終知邵武軍。有臞軒集。

王·鍔 唐太原人。字昆吾。始爲裨將。曹王皐爲團練使。鍔誘降武岡叛將王國良。以功擢邵州刺史。尋表江州刺史。兼御史中丞。充都虞候。鍔小心。善刺軍中情僞。事無細大。皐悉知之。因推以腹心。從皐朝京師。德宗擢爲鴻臚少卿。累官河東節度使。回紇入朝。鍔示以威武。列軍五十里以迎之。回紇恐。不敢仰視。除檢校司空。同中書門下平章事。卒謚惠。

王·鍇 前蜀字鱣祥。武成中除中書侍郎。勸王建與用文教。王衍時爲宰相。無所匡救。唐師至。代草降表。復授刺史。家藏異書。多手自丹黃。每趨朝。於白藤擔子內鈔書。書法絕工。其好學亦有足取者。

王·鍾毅 清江蘇華亭人。字遠生。順治中歲貢生。有詩經比興全義。

王·隱 晉瑚弟。字處叔。以儒素自守。博學多聞。太興初召爲著作郎。令撰晉史。時著作郎虞預私撰晉書。而生長東南。不知中朝事故。數訪於隱。幷借隱所著書竊寫之。後預疾隱勝己。隱竟以謗詘。免歸。往依庾亮。亮供其紙筆。書始得成。雖勵精著述。然混淆謬舛。良不足觀。

王·霞卿 唐藍田人。會稽宰韓嵩之妾。嵩死。霞卿流落會稽。嘗題詩唐安寺。進士鄭殷彝和詩求謁。霞卿答詩拒之。

王·駿 漢吉子。爲趙內史。吉坐昌邑王被刑。戒子孫毋爲王國吏。故駿道病免。復起爲幽州刺史。遷京兆尹。先是京兆有趙廣漢·張敞·王尊·王章至駿。皆有能名。京師稱曰。前有趙張。後有三王。官至御史大夫。

王·鴻 宋雩都人。字翼道。羲之後。博學善草書。一試不第。隱居山中。嘗注太玄。從游者甚衆。◉明河津人。薛瑄曾孫壻。官石灰山關稅大使。有薛文清行實錄。

王·鴻緒 清頊齡弟。字季友。號儼齋。又號橫雲山人。康熙中以第二人及第。官至戶部尙書。有賜金園集。明史稿。張廷玉等修明史。卽據此書增損之。

王·鴻儒 明南陽人。字懋學。少工書。家貧。爲府書佐。第成化進士。累擢山西副使。武宗時遷南京戶部尙書。清正自持。爲學務窮理致用。爲世所推。卒謚文莊。有凝齋筆語。

王·嘉 金成陽人。一作壽。號重陽子。妊二十四月而生。性倜儻尙義。不拘小節。遇異人得道。大定初東遊海上。棲息登州府城南修眞觀。馬丹陽·丘長春·王玉陽·郝廣陵·譚處端。皆其弟子。

王·彝 明蜀人。字常宗。少孤貧。讀書天台山中。師事王貞文。得蘭谿金履祥之傳。洪武初與修元史。以薦入翰林。乞歸。魏觀守郡。彝嘗爲觀作文。觀得罪。連坐死。有王常宗集。

王·擴 金永平人。字充之。明昌進士。宣宗時累遷南京轉運使。因與宰相高琪不合。坐事削兩階。官終陝西東路轉運使。卒謚剛毅。擴博學多才。梗直不容物。以是不振於時。

王·攄 清抃弟。字虹友。善屬文。尤工於詩。與黃與堅等稱婁東十子。有蘆中集。

王·曙 宋河南人。字晦叔。第進士。仁宗朝累官樞密使·同中書門下平章事。居官深自抑損。方嚴簡重。得大臣體。性喜浮圖。卒謚文康。有集四十卷。又有周書音訓·唐書備問·載斗奉使錄·集漢詔議。

王·曜升 清昊弟。字次谷。亦以奏銷案罣誤。客游四方。以能詩名。與黃與堅等稱婁東十子。

王·燾 唐珪孫。爲徐州司馬。母有疾。彌年不解帶。視湯劑。數從名醫游。遂窮其術。因以所學著書。號外臺祕要。歷官給事中·鄴郡太守。治聞於時。◉明蘄水人。七世同居。少長三百餘人。庭無間言。巡方御史微服造其門。有二叟出見。一婦人抱嬰兒至。叟肅然起立。問其故。曰。此兒雖小。諸父行也。御史喜曰。不謂此間尙有古風。請於朝。旌其門曰孝義。◉明崑山人。字濬仲。少孤貧。

爲人後。族人有謀其產者。齋舉以讓之。迎養嗣祖母及母惟謹。萬曆末舉於鄉。崇禎初爲隨州知州。死於張獻忠之難。諡忠愍。

王·獵　宋長垣人。字得之。累舉進士不第。乃治生積錢。既而歎曰。此敗吾志也。悉以頒諸親族。慶曆間范仲淹薦爲藍田主簿。徙令林慮縣。俗以蒐田爲生。不知學。獵立孔子廟。擇秀民誨之。入爲諸王宮教授。英宗卽位。拜天章閣待制。兼侍講。方議濮王稱。以問獵。獵不可。帝曰。王待侍讀厚。亦持此說耶。對曰。臣荷皇恩厚。不敢以非禮名號加於王。所以報王也。帝大悟。後以工部侍郎致仕卒。

王·璧　宋鄞人。字子潤。生而穎異。登宣和進士。棄舉子業。爲古文。時方復博學弘詞科。璧首冠其選。未幾卒。士論惜之。

王·瞻　南齊玄載從子。宋明帝時爲黃門郎。素輕齊武帝。時武帝在大牀寢。瞻謂豫章王曰。帳中物亦復隨人寢興。武帝銜之。建元初爲永嘉太守。以跪對不如儀。誅死。◎梁弘從孫。字思範。少好逸遊。爲閭里患。及長。折節修士操。涉獵書記。善碁工射。後爲晉陵太守。政號廉平。梁臺建。爲吏部尙書。每飲或彌日。而精神朗贍不廢簿領。卒諡康。

王·禮　元廬陵人。字子尙。更字子讓。元末爲廣東元帥府照磨。入明不仕。工於文。嘗輯時人詩爲天地間集。著有麟原文集。◎清松子。初名學禮。字笠夫。自號戴笠山人。善書畫。工鐵筆。有劉湄書畫家紀略。

王·簡　三國魏高顯人。甘露間縣人叛。其長鄭熙被害。簡負擔熙喪。晨夜星行。遠致本州。高貴鄉公嘉其忠節。拜忠義都尉。◎清吳縣人。字惟文。康熙初以繪事供奉內庭。工寫生。

王·續　南齊或子。字叔素。武帝爲撫軍。張岱選續爲長史。呈選牒。高帝謂岱曰。此可謂素望。累官太常。卒諡靖。

王·翃　南漢大有末累官右僕射。劉龑疾篤。以越王宏昌賢。欲踰次立之。翃爲畫策。爲蕭益所止。乾和中追翃廢長立幼之罪。賜死。

王·翼　元陽城人。幼穎悟。七歲聞人誦唐詩一過。卽能記憶。及長。通律曆。工詩。尤善屬文。因染疾而精醫。療疾多奇驗。有素問注疑難·傷寒歌括。又有算術若干卷·詩五百餘篇。

王·薰　明天台人。字簡之。嘉靖中爲黃巖縣學生。有青林雜錄。

王·謨　清金谿人。字仁圃。一字汝上。乾隆進士。授建昌教授。在官肆力撰述。纂集漢魏遺書至九十六種。書成告歸。又有江西考古錄·豫章十代文獻略·經說·雜著·詩文集。

王·謹培　清太倉人。字守根。號仲益。國子生。書畫詩詞。天然佳妙。早卒。有剌紅花館詩草。

王·贊　宋泰和人。字至之。舉天禧進士。慶曆中歷天章閣待制。條陳時事。對策甚久。帝謂左右曰。五方異稟。若南士而有燕趙之氣。王贊是也。神宗時官終戶部侍郎。

王·鎣　明鄱陽人。字有成。博學能文。洪武初以明經授鄱陽教諭。召爲翰林院編修。與修國史。官終知南陽府。有詩粹·羣英雜言。

王·鎡　宋石埭人。字時可。紹興進士。累擢御史。有風力。歷中書舍人。兼侍講致仕。鎡通經術。善訓導。旁郡肄業者常數百人。有紫微集·春秋門例通解·咸里元龜·易象寶鑑。

王·鎔　後唐景崇子。襲鎭州節度使。初事梁。後事莊宗。自幼聰悟。仁而不武。閹人秉權。不親軍政。又惑於左道。尋爲其下所殺。

王·鎏　清吳縣人。字子兼。一字亮生。諸生。嗜考訂。尤志在經世。晚問古文法於族兄芑孫。辭氣激發。晚年隱於書肆。自號荷盤山人。道光中卒。有鄉黨正義·四書地理考·毛詩多識編·錢幣芻言·壑舟園文集。

王·鎭　明上元人。憲宗純皇后父。成化間累進右都督。爲人厚重清謹。雖榮寵不改其素。有長者稱。

王·鎭之　南朝宋裕之從祖弟。字伯重。初補剡·上虞令。有能名。補安成太守。後爲御史中丞。執正不撓。出爲廣州刺史。在鎭不受俸祿。蕭然寡營。武帝踐阼。卒於宣訓衞尉。

王·鎭惡　南朝宋猛孫。武帝以爲青州治中從事史。參太尉軍事。屢戰有功。從討劉毅。領前鋒。破江陵。後二十日。大軍方至。遂陷長安。佐成霸業。領安西司馬·馮翊太守。爲參軍沈田子所害。諡壯。

王·寵　明守弟。字履仁。後字履吉。號雅宜山人。以諸生貢太學。工書畫。文徵明後推第一。有雅宜山人集。◎明蒲州人。爲韓太守僕。崇禎末流賊渡河。太守夫婦皆死。寵視殮畢。視其妻妾次第縊死。亦投繯死。

王·懷　北齊字懷周。少好弓馬。有氣尙。值北邊喪亂。早從戎旅。以中興初歸魏。拜征虜將軍·第一領民酋長。旋隨神武於冀州。義旗建。以爲大都督。累戰功除車騎大將軍卒。

王·懷隱　宋睢陽人。初爲道士。住京城建隆觀。太宗尹京。懷隱以湯劑祗事。太平興國初詔歸俗。命爲尙藥奉御。三遷至翰林醫官卒。

王·曠　晉會稽人。導從弟。官淮南太守。與衞氏世爲中表。故得蔡邕書法於衞夫人。以授子羲之。

王·瀛　清常熟人。字十洲。善畫。寫香草尤妙。能詩。晚皈空門。有娛暉草。

王·爌　明黃巖人。字存納。弘治進士。嘉靖中累官南京右都御史。守備中官進表。率以兩御史監禮。爌曰。中官安得役御史。止之。入朝謁內閣夏言。言倨甚。大臣多隅坐。爌獨引坐正之。與御史潘壯不相能。壯坐大獄。詔爌提問。力白壯罪至忤旨。人稱長者。

王·瓊　後魏寶興子。字世珍。孝文時除兗州刺史。去州歸京。多年沈滯。每見道俗。乞丐無已。行事怪特可笑。王誦聞之曰。東海之風。於茲墜矣。仕終中書令。◎明太原人。字德華。成化進士。正德初歷戶部侍郎。為人有心計。善鉤校。進兵部尚書。厚事錢寧·江彬等。因得自展。世宗時督陜西三邊軍務。功最多。性險忮。與彭澤相中傷不已。亦迭為進退。卒諡恭襄。有晉溪奏議·漕河圖志·掾曹名臣錄·北邊事蹟·西番事蹟。

王·璽　明成化間以戰功累進都指揮同知。充總兵。鎮寧夏·甘肅及大同。授都督同知。璽習韜略。諳文事。勇而有謀。在邊二十餘年。為番人所憚。弘治初卒。◎明猗氏人。字荆玉。正德進士。累遷寧夏道。飭戎政。繕邊防。時慶王官校橫甚。璽繩以法。遣戍五十餘人。復監兵榆林。以疾乞歸。◎清揚州人。字鶴里。工畫山水蘭石。

王·疇　宋博文子。字景彝。第進士。英宗時累遷翰林學士。拜樞密副使。性介特。厲風操。喜言朝廷事。好治容服。坐立嶷然。吏治審密。文辭嚴麗。卒諡忠簡。◎清肇子。字壽田。號留耕。善畫山水。

王·繩曾　清無錫人。字武沂。受學於舅氏秦道然。講主敬之學。雍正進士。官揚州府教授。歸主講東林書院。嘗取春秋經傳之詞。稍加點竄鎔鑄。集為對偶。成春秋經傳類聯。

王·繹　元其先睦人。居杭州。字思善。自號癡絕。工寫眞。有采繪法。

王·羆　北周霸城人。字熊羆。性質直木彊。處物平當。州閭敬憚之。魏太和中除殿中將軍。遷雍州別駕。清廉疾惡。勵精公事。以軍功除荆州刺史。梁師圍州。羆與之戰。歷三年卒退之。歷秦涇二州刺史。文帝徵兵為勤王之舉。羆請前驅効命。遂為大都督。鎮華州。齊師來襲。衆已入城。羆徒跣持一白梃謂曰。老羆當道臥。貉子那得過。敵見驚退。改雍州。還鎮河東。卒諡忠。

王·蠋　戰國齊畫邑人。燕初破齊。樂毅聞蠋賢。令軍環畫邑三十里無入。備禮請蠋。蠋謝不往。燕人劫之。遂自經死。齊亡大夫聞之曰。蠋布衣也。義不北面於燕。況在位食祿者乎。乃求湣王子立之。樂毅封表其墓而去。(按漢書古今人表作王歜。此從戰國策。)

王·襞　明艮子。字順宗。艮開講淮南。襞相之。艮沒。遂繼父講席。往來各郡。萬曆間卒。有東厓遺集。

王·譚　漢鳳異母弟。字子元。成帝立。以太后庶弟封平阿侯。與弟成都侯商·紅陽侯立·曲陽侯根·高平侯逢時同日封。世謂之五侯。五侯爭為奢侈。然皆通敏人事。好士養賢。傾財施予。以相高尚。卒諡安。

王·贇　五代趙環子。累官岳州刺史。馬希萼引兵攻廢王希廣。贇為指揮使。大破之。尋攻岳州。贇堅守不屈。國亡歸唐。以遷延後至。見殺。◎宋青州人。元豐初父為人毆殺。贇幼未能復讐。幾冠。殺讐自首。論當斬。帝詔貸之。刺配鄰州。

王·贊　宋觀城人。少為小吏。累遷本州馬步軍都虞候。周世宗鎮澶淵。每旬決囚。贊引律令。辨析中理。令署右職。及即位。累官客省使。領河北諸州計度使。五代以來。姑息藩鎮。有司不敢繩以法。贊所至發奸摘伏。振舉綱維。建隆初平李重進。太祖以贊材幹。令知揚州。後覆舟溺死。

王·贊元　清會稽人。字蓮伯。咸豐舉人。官德清教諭。有古文近道集。

王·贍芳　清廬陵人。字曾貽。號霞九。嘉慶進士。官至雲南鹽法道。所至以能稱。有愼其餘齋文集。

王·鏊　明吳縣人。字濟之。成化間鄉會試皆第一。授編修。弘治時歷侍講學士。充講官。時中貴李廣導帝遊西苑。鏊講文王不敢盤於遊田。反覆規切。帝為動容。正德初累進戶部尚書·文淵閣大學士。時劉瑾銜韓文·劉大夏。欲殺之。又欲以他事中劉健·謝遷。鏊力救得免。未幾。以志不得行力求去。鏊博學有識鑒。文章爾雅。議論明暢。卒諡文恪。有姑蘇志·震澤集·震仲長語·春秋詞命·史餘。

王·離　秦翦孫。二世使將兵擊趙。圍趙王及張耳於鉅鹿。或謂離為秦名將。勢必舉之。客曰。不然。為將三世者必敗。以其所殺伐多也。今王離已三世將矣。未幾。項羽救趙。擊破秦軍。離竟被虜。

王·難得　唐臨沂人。天寶初為河源軍使。吐蕃贊普子郎支都者。恃驕敏。略陣挑戰。無敢校者。難得挾矛怒馬。馳斬其首。累授金吾將軍。從郭子儀攻相州。封琅邪郡公卒。

王·韞秀　唐王縉女。元載妻。縉鎮北京。以韞秀嫁元載。歲久而見輕怠。韞秀勸之游學。載遂游秦。縷陳時務。深符上旨。肅宗代宗時載為宰相。貴盛無比。後以事敗。帝命韞秀入宮。堅不從命。

王韜 【清】長洲人。字紫銓。號仲弢。晚號天南遯叟。官學省。以偏祖太平軍去職。遠適重洋。同治間歸自泰西。主講上海格致書院。能詩。工駢文。有弢園文集・普法戰紀・瀛壖雜誌・淞隱漫錄・甕牖餘談。

王韜孟 【明】金壇人。嘉靖進士。歷官南京吏科給事中。論嚴嵩奸貪。并及嵩子。出爲山東僉事。嵩藉事奪其官。歸數年卒。

王顗 【梁】僧辯子。承聖初位侍中。隨王琳入齊。爲竟陵郡守。及陳平淮南。殺琳。顗乃出郡城南。登高冢上號哭。一慟而絕。

王鬷 【宋】臨城人。字總之。七歲喪父。哀毀過人。眞宗時舉進士。後以樞密直學士知益州。爲政有大體。不爲苛察。景祐中累遷工部侍郎・知樞密院事。帝數問邊事。鬷不能對。及西征失利。議刺鄉兵。又久未決。帝怒。罷知河南府。卒謚忠穆。

王鯨 【宋】長溪人。字彥龍。熙寧・元豐間嘗兩請鄉舉。王安石退居鍾山。鯨遊金陵。薄其爲人。不登其門。與尚書黃裳・祕閣陳覓民爲文字交。蘇軾守杭州。鯨投以詩。軾稱賞焉。

王鵬 【元】緱山人。字九萬。博洽經史。至正中避亂。隱於洞庭東山之北。屢徵不起。有緱山集。

王鵬運 【清】臨桂人。字佑遐。號幼霞。晚號半塘老人。同治舉人。官至禮科給事中。有味梨詞・騖翁詞。

王黼 【宋】祥符人。字將明。多智善佞。中進士第。何執中薦擢校書郎。蔡京復相。黼與有力。京德之。除左諫議大夫。黼因執中進。乃欲去執中。使京顓國。遂疏其二十罪。宣和初拜特進少宰。京致仕。黼陽順人心。盡反所爲。四方翕然稱賢相。時朝廷欲結女眞共圖燕。黼贊之。括天下丁夫。計口出算。得錢六千二百萬緡。買五六空城以奏凱。欽宗卽位。誅死。

王寶仁 【清】太倉人。字研雲。有舊香居文稿。

王寶興 【後魏】慧龍子。少孤。事母至孝。從母緣坐沒官。寶興盡賣貨產。出塞贖歸。舉辟皆不就。閉門不交人事。襲長社侯・龍驤將軍卒。

王懿 【南朝宋】叡弟。字仲德。武帝伐盧循。懿功冠諸將。初議遷都。賴懿言而止。嗣又定遷都建業之議。三爲徐州刺史。威德甚著。卒謚桓。

王懿修 【清】青陽人。字仲美。一字春敷。乾隆進士。嘉慶時官至禮部尚書。好汲引後進。多所成就。應制諸作。典雅純正。爲時所稱。卒謚文僖。

王懿榮 【清】福山人。字濂生。光緒進士。性篤摯。讀書過目不忘。初爲訓詁金石之學。繼頗考諸經異同。補正注疏。以翰林擢侍讀。至祭酒。拳亂作。與妻同投井死。謚文敏。

王曦 【五代閩】審知少子。初名延羲。殺其姪昶而自立。遣使朝貢於晉。改元永隆。性淫虐。爲連重遇所弒。在位六年。廟號景宗。

王淪 【明】鈍子。永樂進士。仁宗時遷鄭王府長史。數以禮諫王。嘗擬荀卿成相篇。撰十二章以獻。語甚切。與王不合。召改戶部郎中。英宗卽位。擢戶部右侍郎。巡撫浙江。乞歸卒。

王獻 【明】咸寧人。字惟從。號南澧。又號木石子。嘉靖進士。官山東巡察海運副使。元時因海運別開河道。由麻灣抵海倉以達直沽。遇石而止。獻於其西燒石開道。未竟。適遷去。功遂不成。乃敘其案牘爲膠萊新河議。

王獻之 【晉】羲之子。字子敬。少有盛名。高邁不羈。工草隸。善丹青。七八歲時學書。羲之密從後掣其筆不得。歎曰。此兒後當復有大名。以選尚新安公主。累拜中書令。及去。王珉爲代。世因稱獻之爲大令。珉爲小令。卒謚憲。

王獻臣 【明】吳人。字敬止。弘治進士。擢御史。巡大同。坐事爲東廠所誣。謫廣東驛丞。官終永嘉知縣。因大弘寺廢地營別墅。後其子以博失之。歸里中徐氏。卽拙政園也。

王競 【金】彰德人。字無競。官大寧令。有幹能。累官禮部尚書。競博學能文。畫墨竹極古怪。善草隸書。尤工大字。兩都宮殿榜題。皆競所書。士林推爲第一。

王籍 【梁】僧祐子。字文海。七歲能屬文。及長。好學博涉。有才氣。齊末累遷外兵記室。天監中除安成王主簿。歷餘姚・錢塘令。並以放免。久之。除湘東王諮議參軍。歷安西府諮議參軍。帶作塘令。不理縣事。日飲酒。未幾卒。

王繼升 【宋】阜城人。性純質謹愿。嘗事太宗於藩邸。歷泉州兵馬都監。游洋洞民萬餘叛攻泉。繼升潛率精騎二百夜擊破之。官終本州團練使。

王繼文 【清】漢軍鑲黃旗人。字在茲。順治間由官學士考授弘文院編修。累擢饒南九兵備道。康熙間從平吳三桂。官至雲貴總督。

王繼弘 【後周】南宮人。少嘗爲盜。唐明宗致之麾下。晉天福中爲奉國指揮使。戍守相州。相州節度使高唐英善待繼弘。倚若親戚。唐英遣使歸款漢主。使未回。繼弘殺之。自稱留後。奉表漢祖。廣順初加同平章事。移鎭河陽卒。

王繼先 【宋】開封人。姦黠善佞。建炎初以醫得幸。其後浸貴寵。世號王醫師。遷昭慶軍承宣使。繼先遭遇。冠絕人臣。諸大帥承順下風。莫敢少忤。權勢與秦檜埒。後侍御史杜莘老勦其十罪。詔福建居住。天下稱快。

王繼忠 宋 開封人。眞宗時歷官定州副都部署。契丹南侵。繼忠力禦之。以援師畏縮。遂陷於契丹。其後南北戢兵。繼忠有力焉。繼忠對宋使必泣下。附表懇召還。帝以誓書約各無所求。賜詔諭意。聖宗時封琅邪郡王。累拜樞密使致仕卒。

王繼昌 五代閩 延政從子。鎭福州。督南都內外諸軍事。暗弱嗜酒。不恤軍士。死於李仁達之亂。

王繼英 宋 祥符人。從趙普給筆札。補中書省官。眞宗時累官樞密使。小心愼靖。以勤敏稱。卒諡恭懿。

王繼恩 宋 陝州人。由周入宋。初養於張氏。名德鈞。開寶中復姓賜名。累爲內侍行首。爲太宗所寵遇。喜結黨邀名譽。士夫輕薄好進者。每從之交往。以破李順功。官至順州路防禦使。眞宗初益豪橫。頗欺妄。漏泄機事。黜爲右監門衞將軍。均州安置卒。◉遼 棣州人。睿知皇后南征。被俘爲閹豎。性聰慧。通書及遼語。聖宗時累官內庫都提點。繼恩好清談。不喜權利。每得賜賚。市書至萬卷。載以自隨。誦讀不倦。宋使來聘。多充宣賜使。後不知所終。

王繼統 清 桐城人。字伯詳。別號蘗湖。明季諸生。明亡。隱居不出。足不履城市者二十年。有蘗湖文集。

王繼業 五代閩 審知孫。守汀州。以治績聞。連重遇之亂。繼業弑昶於陁莊。後爲行營都統。坐事賜死。

王繼勳 五代閩 審知孫。累官侍中。領泉州刺史。尋納款於唐。會李弘義爲唐威武節度使。繼勳致書修好。弘義怒其抗禮。遣弟弘通攻之。怵繼勳令避位。廢歸私第。代領其事。唐召繼勳歸金陵。◉宋 平陸人。初仕周。歷憲麟等州刺史。宋初歷本州刺史。上南漢可圖狀。王師南伐。以爲賀州道行營都監。繼勳有武勇。在軍陣。常用鐵鞭鐵槊鐵檛。軍中目爲王三鐵。◉宋 饒子。孝明皇后同母弟。性兇率無賴。以后故累官保寧軍節度觀察留後。所爲多不法。爲部曲所訟。解兵柄。繼勳以失職常怏怏。專以臠割奴婢爲樂。前後所殺百餘人。太平興國間斬於市。

王繼濤 宋 河朔人。歷仕漢周。累官和州刺史。宋初歷彭州刺史。綿州軍亂。繼濤與都監李德榮拒之。德榮戰死。繼濤身被八創。單騎走成都。被誣召入京面質。道病卒。

王繼嚴 五代閩 鏻子。封建王。判六軍諸衞事。歷泉州刺史。咸得衆心。爲曦所忌。賜鴆死。

王繻 清 睢州人。字愼夫。康熙間由東明知縣官至江蘇按察使。所至有善政。而聽訟尤明。家居常集州士爲文課。士風日盛。

王蘊 晉 濛子。字叔仁。孝武定皇后父。補吳興太守。甚有德政。遷光祿大夫。封建昌縣侯。蘊以恩澤賜爵。非三代令典。固辭。乃改都督京口諸軍事・左將軍・徐州刺史。蘊素嗜酒。晚年尤甚。然猶以和簡爲百姓所悅。◉南朝宋 彧兄子。字彥深。明帝初欲以將領自奮。每撫刀曰。龍泉太阿。汝知我者。歷晉陵・義興太守。並貪縱。後爲湘州刺史。齊高帝輔政。與沈攸之連謀。事敗。誅死。

王蘇蘇 唐 妓。工詩。善諧謔。有進士李標。飲次題詩於牕。蘇蘇答詩譏之。標性褊。爲之面赤。拂衣而去。

王藺 宋 廬江人。字謙仲。乾道進士。累官至參知政事。拜樞密使。光宗時應詔上疏願先定聖志。條列八事以聞。盡言無隱。然嫉惡太甚。同列多忌之。竟以不合去。

王蘋 宋 福清人。字信伯。程門高弟。資稟清粹。平居恂恂儒者。及語當世之務。民俗利病。若習於從政者。紹興間賜進士出身。除祕書省正字。官至左朝奉郞。有王著作集。

王藻 南朝宋 偃子。官東陽太守。尙文帝女臨川長公主。主性妬。藻別愛左右。主譖之於廢帝。下獄死。◉後蜀 仕孟昶爲翰林使。時安思謙爲將。多殺士卒。昶與藻密謀殺之。適邊吏有急奏。藻不以時聞。因幷殺藻。◉宋 工畫牛馬。◉清 吳江人。字載揚。號梅洴。好爲詩。初業販米。後游京師。乾隆初舉鴻博罷歸。好蓄宋板書靑田石印章。官國子監學正。與修一統志。有鶯脰湖莊詩集。

王覺 明 江陰人。一作武進人。號溝東。嘉靖進士。有禮記明音。

王寶奴 明 金陵角妓。號眉山。倜儻揮霍。武宗南巡。選教坊司樂妓十人備供奉。寶奴爲首。武宗回鑾。寶奴還舊籍。人咸以貴人呼之。遂長齋誦佛。爲道人裝以老。

王贍 宋 君萬子。積戰功。累官至皇城使。元符中知河州。以詐增首級奪十一官。贍欲以功贖過。乃密畫取靑唐之策。引兵入據其城。拜維州團練使。縱所部剽奪。羌衆攜貳。謀復靑唐。王吉等相繼敗沒。將士奪氣。配昌化軍。行至穰縣自縊死。

王醴 明 嘉興人。字三泉。工畫花鳥。

王鏻 五代閩 審知次子。本名延鈞。殺其兄延翰而自立。僭稱帝。信鬼神道家之說。昵小用事。荒淫無度。爲子昶及皇城使李倣所弑。在位三年。廟號惠宗。年號龍啓・永和。

王騫 梁 儉從子。字思寂。本字元成。避齊高帝諱改。性凝簡。慕樂廣爲人。有田八十餘頃。與故舊共佃之。武帝受禪。歷度支尚書．中書令。帝欲市鶩田以施寺。鶩答云。此田不賣。若敕取所不敢言。因忤旨。出爲吳與太守。臥不視事。後官給事中。卒諡安。

王·隲 〔清〕福山人。號辰嶽。順治進士。授戶部主事。康熙間擢任四川松茂道。時滇賊劉起龍圍建昌。隲轉餉濟兵。勦撫邊寨。賊平。擢浙閩總督。在官日費。皆取給於家。有清廉總督之稱。以戶部尚書乞休歸卒。

王·鶚 〔元〕東明人。字百一。幼聰悟。日誦千餘言。長工詞賦。金正大初進士第一。歷左右司郎中。世祖在藩邸。遣使聘至。進講孝經書易及治道。每夜分乃罷。及即位。首授翰林學士承旨。制詔典章。皆所裁定。阿合馬欲取相位。大臣復助之。衆莫敢言。鶚獨不附。卒諡文康。有應物集．汝南遺事．論語集義。

王·爚 〔宋〕新昌人。字仲潛。一字伯晦。嘉定進士。理宗時累官左丞相。與陳宜中不協而去。生平清修剛勁。度宗詔充上蔡書院山長。後進率多成就。著有言子。

王·甗 〔清〕陽湖人。字瑤舟。爲學宗高攀龍。其治經不倚傳注。但取經文旁推交通。嘉慶中卒。有易學五種．春秋王氏義。

王·續生 〔後魏〕京縣人。遭繼母憂。居喪。杖而後起。及終禮制。鬢髮盡落。宣武帝詔表其門。

王·續宗 〔明〕靜寧人。字繼志。幼好讀書。習騎射。正德中授河南羅山簿。時流賊猖獗。汝南州縣多陷。羅山舊無城。續宗任修理。不期月。城成。引淮水灌注爲壕塹。賊果大舉至。羅山以有備得全。都御史彭澤委以兵事。並令信陽衛指揮沈鐙與之連兵。鐙嫉功忌能。會戰方合。鐙率本部兵遁去。續宗無援。力戰被殺。

王·蘭生 〔清〕交河人。字振聲。一字坦齋。諸生。康熙間賜進士。乾隆時官至刑部右侍郎。管禮部侍郎事。善屬文。精楷法。自樂律音韻。旁及中西象數。莫不深造。凡纂輯律呂正義．數理精蘊．音韻闡微諸書。皆與爲。及卒。私諡文誠。

王·蘭英 〔唐〕獨孤師仁之姆。師仁父爲王世充所殺。師仁以年幼禁錮。蘭英請髡鉗得保養。許之。時喪亂。蘭英游丐道路以食師仁。身噉土飲水。後詐爲採薪。竊師仁歸京師。高祖嘉其義。封爲永壽鄉君。

王·覽 〔晉〕祥異母弟。字元通。母朱遇祥虐。覽年數歲。見祥受楚撻。輒涕泣抱持。其母少止。覽孝友恭恪。名亞於祥。後仕至大中大夫。卒諡貞。

王·譽昌 〔清〕常熟人。字露湑。號話山。諸生。畫山水得宋人蹊徑。爲詩刻骨煆煉。有含星堂集。

王·辯 〔隋〕蒲城人。字警略。少習兵書。尤善騎射。慷慨有大志。在周以軍功授都督。文帝時累平羣盜。後與王世充攻李密。辯攻密勝之。爲世充所誤。兵敗。溺水死。

王·鐸 〔唐〕式子。字昭範。會昌進士。累官同中書門下平章事。拜司徒。後從僖宗入蜀。加侍中。時招討大計悉屬高駢。鐸感慨王室。每入對。必噫嗚流涕。出爲義成節度使．諸道行營都統。移檄天下。黃巢戰數蹙。士氣皆起。爭欲破賊。宦者田令孜知賊必敗。欲奪其功。乃構鐸於帝。徙義昌節度使。過魏。爲樂從訓所害。天下痛之。◎〔清〕孟津人。字覺斯。明天啓進士。累擢禮部尚書。福王時爲東閣大學士。順治間降清。官至禮部尚書。卒諡文安。鐸博學好古。工詩文。善畫山水蘭竹梅石。兼善書。有擬山園帖。諸體悉備。

王·闢之 〔宋〕青州人。字聖塗。治平進士。從仕四方。志尚博雅。紹聖間退居澠水。日與賢士大夫游。每燕談問。有可取者輒記之。久而得三百六十餘事。編次成帙。題曰澠水燕談錄。（按宋史藝文志作王闢之。以闢闢形近而誤。通考引晁陳二家書目並作王闢。以傳寫脫之字也。）

王·霸 〔後漢〕潁陽人。字元伯。從光武擊破王尋．王邑兵。王郎兵起。光武至下曲陽。傳聞王郎兵在後。從者皆恐。至滹沱河。候吏還曰。河水流澌。無船不可濟。光武使霸往視之。霸恐驚衆。還卽說曰。冰堅可渡。遂前至河。河冰果合。乃令霸護渡。未畢數騎而冰解。光武卽位。累功拜上谷太守。捕擊胡虜。治飛狐道。起亭障。自代至平城三百餘里。凡與匈奴．烏桓大小數十百戰。後南單于．烏桓降服。北邊無事。在上谷二十餘歲。封淮陵侯卒。◎〔後漢〕廣武人。字儒仲。少立清節。王莽篡位。棄冠帶。絕交宦。建武中徵爲尚書。霸稱名不稱臣。有司問其故。答曰。天子有所不臣。諸侯有所不友。司徒侯霸讓位於霸。故梁令閻陽毀之。遂止。以病歸。隱居守志。連徵不起。◎〔唐〕自齊時渡江入閩。居西郊之外。於怡山鑿井煉藥。能爲黃金。歲饑則鬻金市米。以濟貧者。貞元中卽其宅建沖虛宮祀之。並祀徐登．董奉．任敦爲四仙祠。

王霸妻 〔後漢〕廣武王霸妻。同郡令狐子伯爲楚相。其子爲郡功曹。使奉書於霸。霸子耕於野。投耒而歸。見令狐子沮怍。霸目之有愧容。客去。霸臥不起。妻曰。君少修清節。奈何忘宿志而慚兒女子乎。霸起而笑曰。有是哉。遂共終身隱遯。

王·饒 〔後周〕華池人。字受益。沈毅有才幹。仕晉入漢。以功授鎮國軍節度。世宗時歷彰德軍節度。性寬厚。體貌詳雅。所莅藩鎮。民皆便之。

王儼　明華容人。字民望。成化進士。歷成都知府。治行爲天下第一。擢陝西右布政。累官戶部左侍郎。覈外戚侵民官地數萬畝。奏戍其監奴於邊。後以忤劉瑾戍遼東。瑾誅。赦還卒。

王權　後晉堯子。字秀山。舉進士。爲右補闕。仕梁入唐。累遷戶部尚書。高祖時爲兵部尚書。高祖以父事契丹。令權奉使。權以爲恥。辭不行。官終太子少傅。◎金眞定人。字士衡。從李純甫游。爲人跌宕不羈。博學無所不覽。

王歡　前燕樂陵人。字君厚。安貧樂道。專精耽學。嘗丐食誦詩。其妻患之。焚其書而求改嫁。歡笑謂之曰。卿不聞朱買臣妻耶。時聞者多哂之。歡守志彌固。遂爲通儒。慕容暐僭位。署國子博士。親就受經。暐敗。苻堅復徵爲祭酒。以太子少傅卒。

王瓘　宋維陽人。字國器。美風表。少志於畫。北邙山老子廟壁。吳道玄所畫。世稱絕筆。瓘往觀之。由是得其遺法。聲譽籍甚。爲宋作家。

王襲　後魏叡子。字元孫。爲幷州刺史。孝文幸其州。人庶多爲立銘。置於大路。處相稱美。或云襲所敎也。卒諡質。

王觀　宋如皋人。字明叟。第進士。哲宗初遷右司諫。極論蔡確等朋邪害政。章數十上。遂謫權出知陳州。士論壯之。出知蘇州。甚有惠政。吏民歌之。有吏行水上人在鏡心之語。始終持觀清修簡濬。人莫見其喜慍。始終持正。再罹讒逐不少變。徽宗時安置臨江軍。無疾而卒。

王鑒　晉堂邑人。字茂高。初爲元帝琅邪國侍郎。杜弢叛。勸帝親征。後補永興令。王敦請爲記室參軍。未就而卒。有文集。

王鑑　元眞定人。字明卿。侍父宦居吳中。長受學於虞集。遂工詩。游燕都。以茂才舉試侍儀司舍人。鑑宵遁。杜門二十餘年。家貧無甑石儲。晚節益高。有明卿集。◎明太原人。字彥昭。景泰進士。授監察御史。石亨亂政。率同列廷論之。下獄搒掠幾死。謫廣施知縣。有善政。亨敗。陞延安知府。◎明問子。字汝明。號繼山。嘉靖進士。官終太僕卿。鑑亦善畫。有言勝其父者。遂終身不復作。有禹貢山川郡邑考。◎淸世貞曾孫。字圓照。自號湘碧。又號染香庵主。明崇禎舉人。官廉州守。善畫山水。摹古尤精。與王時敏。王翬。王原祁稱四王。康熙中卒。年八十。

王鑑之　明浙江山陰人。字明仲。成化進士。性清介嚴肅。累官刑部尚書。劉瑾擅權。士大夫率卑諂以求容。鑑之獨與抗禮。

王霽　宋澤州人。崇寧時爲謀議司詳議官。上書告蔡京罪。黥配海島。欽宗復其官。從种師中戰死。

王鰲永　淸淄川人。字潤溯。明天啓進士。累官通州巡撫。順治間降淸。官戶部侍郎。巡撫山東河南。會李自成裨將趙應元戰敗。僞降鰲永於青州。鰲永遂遇害。

王龔　後漢高平人。字伯宗。安帝時爲青州刺史。劾奏貪濁二千石數人。遷汝南太守。好才愛士。後進知名之士。莫不歸心。累官至太尉。

王巘　淸吳江人。字補雲。工畫山水。喪妻不再娶。有餘貲。輒以周貧者。

王巖叟　宋淸平人。字彥霖。應明經科。省試廷對皆第一。哲宗初爲侍御史。累數十疏論蔡確罪狀。帝嘉其直。遷右丞。未幾擢知樞密院。巖叟居言職五年。正諫無隱。後劉摯罷相。巖叟連疏論救。忌者指爲黨。罷爲端明殿學士。知河陽卒。有韓魏公別錄。

王瓚　後唐重榮諸子。仕梁降唐。爲開封尹。遷宣武軍節度使。已而故梁臣相次誅死。瓚以憂卒。瓚雖爲治嚴肅。而慘酷有家風。然能優禮縉紳。抑挫豪猾。故士流敬仰焉。◎明永嘉人。字思獻。弘治進士。充經筵講官。進講舉直錯枉。以諷劉瑾。瑾怒。矯旨詰責。幾得禍。瑾誅。擢禮部侍郎。時車駕數巡幸。儲位久虛。乃疏請育宗室一人於宮中。幷乞遏鑾。語甚切直。卒諡文定。

王瓚之　南朝宋裕之子。歷官至五兵尚書。未嘗一詣朝貴。江湛謂何偃曰。王瓚之今便是朝隱。

王鑥　晉太康人。字魯公。聰慧多藝。工畫人物士女。

王顯　後魏樂平人。字世榮。少以醫術自通。爲本州從事。明敏有才用。歷御史中尉。所在著稱。宣武嘗詔顯撰醫方三十五卷。班布天下。以療諸疾。後爲太子詹事。出入禁中。奉侍醫藥。恃勢使威。爲時所疾。朝宰託以侍療無效殺之。◎宋開封人。字德明。太宗時歷官樞密使。出爲橫海軍及山南東道節度使。淳化中加同中書門下平章事。兼知定州。契丹入寇。顯大破之。梟獲名王貴將十五人。改河陽三城節度。卒諡忠肅。◎明邵武人。字希文。號西崖。工畫山水。事母以孝稱。

王顯世　宋南安人。字子亦。爲興化錄參。改秩知寧都縣。顯世博覽羣書。兼工詩。有容安稿。

王體乾　明昌平人。柔佞深險。爲尙膳太監。遷司禮秉筆。天啓初司禮掌印太監盧受被謫。王安以次當代。體乾急謀於客魏。攘其位而置安於死。一意附忠賢。爲之盡力。司禮掌印位在東廠上。體乾獨避忠賢處其下。故忠賢無所忌。逆案成。坐革職。籍其家。

王・麟瑞　清南靖人。母早喪。事繼母至孝。父沒。廬墓三年。或遺金數百。走還之。雍正間舉孝廉方正。官至四川道御史。

王・譪　宋開封人。工畫佛道人物。尤長寫貌。晉末與王仁壽皆爲契丹所掠。太祖受禪。放還。授圖畫院祗候。改翰林待詔。

王・灣　唐洛陽人。先天進士。開元初爲滎陽主簿。馬懷素欲校正羣籍。灣在選中。後爲洛陽尉。

王・觀　三國魏廩丘人。字偉臺。文帝時爲尙書郎・廷尉監。出爲南陽・涿郡太守。所在稱治。觀治身清素。帥下以儉。僚屬承風。莫不自勵。累遷司空。卒謚肅。◎宋高郵人。一作如臯人。字達叟。官翰林學士。賦應制詞。宣仁太后以其近褻。謫之。自號逐客。（一云官大理寺丞。知江都縣事。）有詞曰冠柳集。又有揚州芍藥譜。◎遼南京人。博學有才辨。中重熙進士乙科。咸雍中累拜參知政事。坐矯制修私第。削爵爲民卒。◎明祥符人。字尙賓。性耿介。儀度英偉。善談論。由鄉薦命知蘇州府。公廉有威。發奸摘伏。民憚若神。黠吏錢英屢陷官長。觀捶殺之。事聞。太祖遣行人齎敕褒之。守蘇者前有李亨・魏觀。後有姚善・況鍾。皆賢。稱姑蘇五太守。並祀學宮。

王・觀國　宋長沙人。紹興中知寧化縣。所著學林。以詳洽精核稱。

王・讚諦　宋梓潼人。少喪親。負土成墳。二十年不脫麻衣。黜陟使章正奏劍南孝子十六人。讚諦爲首。

王・讜　宋長安人。字正甫。仿世說體。記唐世名言。爲唐語林一書。所紀典章故實。多與正史相發明。所采諸書。存者亦少。後人寶之。

王・鑾　明吳江人。字汝和。正德進士。試政吏部。爲尙書楊一清所知。擢文選主事。不通請謁。人無有識其面者。歷驗封郎中。武宗南巡。上疏力諫。廷杖幾斃。踰年卒。◎明大庾人。字廷和。正德進士。歷都水主事。出轄徐沛牐河。忤織造中官史宣。逮繫詔獄。以言官論救還職。分司南旺。又捕誅中官廖堂姪廖鵬之黨。嘉靖初遷武昌知府。以與楚王爭茶稅事。遂請終養。不待報。竟歸。

王・驥　明束鹿人。字尙德。長身偉幹。便騎射。剛毅有膽。曉暢戎略。中永樂進士。累官兵部尙書。麓川之役。總督軍務。踰孟養至孟郝海。地在金沙江西。去麓川千里。爲自古兵力所不至。諸蠻震怖。凡三征麓川。還總督南京機務。年七十餘。躍馬食肉。盛聲伎如故。以兵部尙書請老歸。卒謚忠毅。

王・驥德　明會稽人。字伯驥。自號方諸生。工詞曲。與吳江沈璟商榷音律甚精。有方諸館樂府及曲律。

王・驩　戰國齊字子敖。爲蓋邑大夫。事宣王。有寵。後爲右師。孟子以齊卿出弔於滕。驩爲副使。朝暮請見。孟子未嘗與之言行事。

王・鬱　金大興人。字飛伯。覃思古學。正大間舉進士不第。西游洛陽。放懷詩酒。窮山水之樂。平日好議論尙氣。自以爲儒中之俠。從李汾・元好問等游最久。後游京師。遇兵難。上書言事不報。遂隱不知所終。

王・鸞　南燕濟南人。身長九尺。腰帶十圍。食能進一斛。慕容德奇其魁偉。拜逢陵長。政理修明。徵爲東萊太守。

五畫

且鞮侯單于 【漢】匈奴烏維單于弟。初爲左大都尉。太初間嗣立。盡歸路充國等於漢。漢使中郎將厚幣賂遺之。單于益驕倨。漢貳師將軍李廣利。騎都尉李陵。出擊之。陵被圍。降匈奴。廣利等復分道出塞。匈奴聞之。悉令其累重北徙。而以十萬衆接戰。廣利無功引歸。明年單于卒。

世·家寶 【明】北庭人。字觀益。性剛果有謀略。洪武初爲大理寺卿。讞獄詳明。進刑部尚書。以詿誤發儋州安置。後召還復官。未至卒。

世隆 【唐】南詔國王。會昌中嗣立。僭稱帝。咸通中入寇巂邕等州。爲高駢所破。乾符中復入寇越巂而卒。爲邊患殆二十年。

世瑜 【唐】僧。台州陳氏子。家貧。爲傭以自活。後爲僧。貞觀初夢有龍入心眼。遂悟三論宗旨。後住綿州大施寺。卒時。跏坐手執爐。刺史劉德威作龕坐之。三年不倒。

世·碩 【春秋】【陳】孔門七十子之弟子。著世子二十一篇。

丘·一中 【元】横山人。字履常。能文章。有聲望。仕至武學博士。吳師道稱其詩清雋警拔。多可愛。

丘·上儀 【清】武進人。字維正。明崇禎武進士。由江西都司歷海鹽參將。有惠政。與吳麟瑞·侯峒曾並稱三清。援筆賦詩。恂恂若文士。擢贛南總兵。謝病不赴。甲申後不歸故里。隱居海鹽邵灣山。躬耕奉母以卒。

丘·士元 【宋】工畫水牛。精神形似。特有意趣。

丘·士任 【清】上杭人。字昌文。號仁庵。性孝友。以父善病。發憤讀方書。以醫名於時。有脈訣類纂·經驗諸方。

丘·丹 【唐】嘉興人。令諸暨。歷尚書郎。隱臨平山。與韋應物·鮑防·呂渭諸人往還。

丘·之陶 【明】瑜子。年少有幹略。李自成陷宜城。之陶被獲。以爲本府侍郎。守襄陽。之陶以蠟丸書貽孫傳庭。約爲內應。事泄。被害。

丘·之稑 【清】瀏陽人。字穀士。監生。有律音彙攷。

丘·允 【宋】長溪人。字執中。元符進士。累官知柳州。蔡京新行茶法。豪右恃勢欺詐。官吏不敢詰。允窮治其奸。遠近敬服。時朝廷方崇尚黃老。允上疏力斥之。又論廣西鹽課之弊。朝廷下其法於兩廣。民以爲便。官終朝議大夫。

丘·元復 【清】諸城人。字漢標。號帽菴。有禮記提綱集解。

丘·元壽 【宋】邵武人。師陸九淵。連日聽教。自謂天下之樂。無以加此。

丘·天民 【清】曲江人。字獨醒。諸生。善畫翎毛枯木野仙人物。皆用臃腫怪筆。尤善畫虎。

丘·天祐 【明】莆田人。字恆吉。成化進士。授監察御史。彈劾不避權貴。忤旨下獄。尋釋之。按廣西。又按南北畿部。以疾乞歸。

丘·文播 【後蜀】廣漢人。又名潛。工畫道釋人物。兼作山水。畫牛曲盡其狀。作卿果鼠。亦奇絕。弟文曉。子仁慶·餘慶。皆以善畫名。

丘·方 【宋】連城人。字正叔。優於文學。性耿介。寶慶間任寧都丞。與學好士。政教著聲。

丘·巨源 【南齊】蘭陵人。少舉孝廉。爲宋孝武所知。歷羽林監。建元初除武昌太守。不樂。曰。古人云。寧飲建業水。不食武昌魚。乃以爲餘杭令。明帝爲吳興太守時。巨源作秋胡詩。有譏刺語。以事見殺。

丘·弘 【明】上杭人。字寬叔。天順進士。成化間官都給事中。使琉球道卒。弘與毛弘同居言路。皆敢言。人稱二弘。

丘·必明 【宋】保昌人。咸淳進士。官韶州簽判。德祐間元兵逼梅嶺。城陷。必明被執不屈。爲所殺。

丘·民仰 【明】渭南人。字長白。萬曆中舉於鄉。崇禎初擢御史。號敢言。累擢右僉都御史。巡撫遼東。清兵圍松山。與洪承疇誓死固守。外援不至。城破。承疇降。民仰不屈死。

丘·永 【清】仁和人。字星河。一字雲涇。乾隆舉人。補學正。有雲涇雜錄並雜志詩文等。

丘·禾嘉 【明】貴州新添衛人。舉萬曆鄉試。好談兵。天啓時安邦彥反。捐貲製器。協擒其黨。遷翰林待詔。崇禎間巡撫遼東。不盡其用。已而巡撫山海永平。與孫承宗不合。乞歸。

丘·仲孚 【梁】靈鞠從孫。字公信。齊永明初爲國子生。舉高第。家貧無以自資。乃結羣盜劫略三吳。後召補主簿。歷山陰令。甚有聲稱。齊末政亂。坐贓賄。竊逃。武帝踐阼。復爲山陰令。治爲天下第一。累遷豫章內史。有皇典·南宮故事等書。

丘·仲起 【南齊】武康人。字子震。嘗爲晉平郡。清廉自立。褚淵歎曰。見可欲不亂。此楊公所以遺子孫也。官至廷尉。

丘·仰文 【清】滋陽人。字襄周。號省齋。雍正進士。官四川定遠知縣。有省齋自存草。

丘·何奴 【後魏】洛陽人。工握槊。

丘·兆麟 【明】臨川人。字毛伯。萬曆進士。擢御史。崇禎初爲河南巡撫。政事舉飭。尤盡心獄事。有樂餘園·水暄亭·玉書亭等集。

丘·光庭 【五代】烏程人。官太學博士。有兼明書。

丘吉 明歸安人。字大佑。號執柔。性澹約朴素。動遵矩矱。善古文。尤長於詩。爲吳興詩人領袖。有執柔集。

丘耒 宋礪子。字少潛。紹興中知海鹽縣。治學宮。築海隄二十里。民有宿逋。檢縣藏得羨餘。悉爲代輸。郡有疑獄。率委平反。終朝奉大夫。

丘行恭 唐和子。有勇。善騎射。貞觀中討高昌有功。進右武侯將軍。高宗立。遷大將軍・冀陝二州刺史。行恭所守嚴烈。僚吏畏之。卒諡襄。

丘延翰 唐聞喜人。字翼之。范越鳳高弟。有文名。嘗遊泰山。於石室中遇神人。授玉經。卽海角經也。洞曉陰陽。依法選擇。罔有不吉。開元中詣闕陳說。拜亞大夫。有天機素書等書。

丘志廣 清諸城人。字粟海。號洪區。又號蝶菴。順治中貢生。官長清訓導。志廣少好神仙。學於道士齊本守。後乃從馬從龍講學。故其學雜出儒墨之間。有粊村集。

丘沇 晉山都縣吏。張昌據有江夏。立爲天子。改姓名爲劉尼。稱漢。建元神鳳。旋伏誅。

丘良功 清同安人。嘉慶間署臺灣副將。從李長庚勦捕蔡牽。追擊朱濆。擢浙江提督。後偕王得祿專勦蔡牽。幷力猛攻。覆其船。牽沈海死。敘功封三等男。卒諡剛勇。

丘和 唐洛陽人。後徙郿。少重氣俠。閑弓馬。長乃折節自將。仕周開府儀同三司。入隋。歷代州刺史・博陵太守。煬帝北巡。和饋獻精腆。因拜交阯太守。善撫吏士。歷官以寬惠稱。高祖受禪。拜稷州刺史。卒諡襄。

丘季智 後漢雲中人。爲郭泰所知。得以成名。

丘岳 宋字山甫。有文武才。官至兩淮制置使。誓死報國。理宗御書忠實二大字以賜。封東海侯。◎清吳縣人。字青谷。一字退谷。號五游。生明季。書畫名重一時。片楮寸縑。人咸珍異。（畫史作丘嶽。號五明。此從書獻類徵。）

丘迪 宋字彥啓。幼孤。侍舅孟潼游匡廬白鹿洞讀書。受熊天慵義理之學。不求仕進。有玉淵雜著。

丘昂 晉吳興人。字公表。家貧好學。織畚以自給。與弟給事中夷・太守矩。並以學術著聞。當時謂之三丘。

丘東周 明陝西前衛人。爲都司掾。崇禎間流賊陷城。矢志欲刺賊。志不遂。罵賊死。

丘玨 宋邵武人。字玉甫。師朱熹。有主敬問答。學禁嚴。遂謝場屋。

丘冠先 南齊烏程人。字道元。少有節義。爲給事中。使蠕蠕國。蠕蠕逼令拜。冠先執節不從。以刃臨之。冠先曰。能殺我者蠕蠕也。不能以天子使拜夷狄者我也。遂見殺。

丘奐 宋仙游人。字明遠。紹興初舉遺逸。進書數萬言。皆慨復大計。呂頤浩與語大奇之。奏除湖北安撫司幹辦公事。歷三京宣諭司幹官。時王威寇掠郡縣。奐造賊寨諭降之。後入荆南帥劉錡幕。諫殺降四。分隸諸軍。後多立功至顯官者。除登聞院。因事忤權貴。出知眞州。

丘珍 明莆田人。字若寶。世平海衛千戶。以奇節自許。嘉靖間死於倭難。

丘迴 清象升子。字爾求。雍正貢生。學問深邃。尤長於詩。有雜錄・筆記・翼堂詩稿。

丘述樂 明崇安人。萬曆間大水至。母棺在山麓。述樂抱棺哭。執棺上環。隨水漂沒。至建陽洲。棺乃止。

丘峻 明字進涉。性行質直。爲大理評事。據法審獄。不可干以私。◎清仁和人。字晴巖。有南湖紀略稿・泉刀匯纂。

丘庭溶 清庭澍弟。字鴻章。號靜堂。官安徽糧道。善山水。工書。

丘庭澍 清長洲人。宛平籍。字孟直。號雪闞。乾隆舉人。官給事中。善畫山水。

丘弱 春秋郳大夫。郳人城翼。還。將自離姑。公孫鉏曰。魯將御我。欲自武城還。弱與徐鉏・茅地・皆不從。爲魯所敗。並見獲。

丘悅 唐河南人。武后時直弘文館。善論議。仕至岐王傅。

丘泰 宋高安人。字儀仲。後更名高。淳熙間父山疾篤。泰割股以進。尋愈。父死。家徒四壁。竭力奉母。◎明莆田人。弘治進士。授廣東新寧知縣。性行剛果。蒞政仁明。善決訟。以賢良稱。

丘烈 宋常熟人。字希文。端介有守。咸淳中歷江東安撫司參議官。北兵至。使者委印去。城陷。烈護印匿民間。卒上於朝。官至奉直大夫。

丘神勣 唐行恭子。爲左金吾衛將軍。高宗崩。武后命害章懷太子。佐來俊臣等爲慘獄。瑯邪王沖起兵。神勣討之。州人殺沖出迎。神勣盡殺之。凡千餘族。卽拜大將軍。天授中以謀反誅。

丘祖德 明成都人。字念修。崇禎進士。後巡撫保定及山東。京師陷。遂南奔華陽。謀起義。清兵至。死之。

丘堆 後魏代人。美容儀。以忠謹入侍。太武監國。堆與太尉穆觀等爲右弼。及卽位。位太僕。與宜城王奚斤合軍與赫連昌相拒。斤進擊赫連定。留堆守輜重。斤爲定所擒。堆走長安。因伏誅。

丘寂之 南朝宋烏程人。字德元。年十七。爲州西曹。兼直主簿。刺史王彧行夜還。前驅已至。而寂之不肯開門。待墨旨。然後開。轉主簿。遷漳令。以廉潔御下。有能名。

丘·崈 【宋】江陰人。字宗卿。隆興進士。除國子博士。宰相虞允文奇其才。舉以自代。光宗時除四川安撫制置使·兼知成都府。崈以吳挺世掌兵爲慮。奏選他將代之。遂革世將之害。後挺子曦叛。識者服崈先見。歷知慶元府。韓侂胄議北伐。崈力論金人未必敗盟。中國當示大體。後拜同知樞密院事。卒諡忠定。

丘·從周 【明】長安小吏。長不滿三尺。李自成陷西安。從周乘醉罵之。被害。

丘·淵之 【南朝宋】烏程人。字思玄。博學有才識。文帝時歷侍中·吳郡太守。有文章一百卷。

丘·處機 【元】棲霞人。自號長春子。年十九爲全眞。學於寧海之崑崙山。師重陽王眞人。宋金之季。俱遣使召。不赴。元太祖召之。乃與弟子十八人往見於雪山。以不嗜殺人及敬天愛民清心寡欲爲言。太祖深契之。賜宮名曰長春。稱爲神仙。卒贈長春演道主教眞人。其往返雪山時。弟子李志常著西遊記二卷。

丘·訢 【漢】扶風人。字季春。少有大才。自謂無伍。傲世不與俗人爲羣。郡守召見。曰。明府欲臣訢邪。友訢邪。師訢邪。明府所以尊寵人者。極於功曹。所以榮祿人者。已於孝廉。一極一已。皆訢所不用也。郡守異之。遂不敢屈。

丘·陵 【明】蘭陽人。字志高。宣德間鄉舉第一。知平鄉。有惠政。遷淮安知府。復以治行卓異陞山西左布政使。致仕歸。有芸菴集。

丘·傑 【南朝宋】吳興人。字偉時。年十四喪母。以熟菜有味。止噉生菜。歲餘夢見母曰。汝噉生菜。遇蝦蟇毒。靈牀前有藥。可取服之。傑驚起。果得一甌服之。下蝌蚪子數升遂愈。

丘·富國 【宋】建安人。字行可。嘗受學於朱熹門人。淳祐中登第。爲端州僉判。宋亡不仕。著周易輯解·經世補遺·易學說約。發明朱子宗旨。

丘·爲 【唐】嘉興人。事繼母孝。嘗有靈芝生堂下。官至太子右庶子。年八十餘致仕。而母無恙。給以俸祿之半。善爲詩。與王維·劉長卿友善。

丘·翔 【宋】建寧人。字元鳳。博學強記。以聲律魁鄉舉。紹興中登第。歷官梧州教授。有食芹集。

丘·象升 【清】江蘇山陽人。字曙戒。號南齋。順治進士。官至大理寺左寺副。援律據經。平反大獄頗多。有斆音·入燕·嶺海·白雲·草堂諸集。

丘·象隨 【清】象升弟。字季貞。號西軒。與象升號二丘。康熙拔貢生。召試鴻博。授檢討。遷洗馬。性孝友。以積俸置義田。有西山紀年集。

丘·開來 【清】黔陽人。字覺吾。嘉慶歲貢。選郴州學不就。工詩文。嘗與同志立詩社。祀古今詩人。祖陶潛。配以杜甫·白居易。兼工畫法。爲時所重。有授山草堂詩集及詩話。

丘·陞 【明】岢嵐人。嘉靖間官游擊。倭寇至。陞屢戰屢勝。擢揚州參將。中流矢卒。

丘·集 【明】嘉定人。字子成。精三禮。家貧。或日不重炊而讀書不輟。學者稱寒谷先生。有陽春草堂集·西行山稿·橫槊小稿。

丘·雲霄 【明】崇安人。字淩漢。號止山。官柳城知縣。有南行·東遊·北觀·山中等集。

丘·園 【清】常熟人。字嶼雪。山水得潑墨法。自成一家。雪景尤妙。縱浪詩酒。善度曲。被新聲。其歲寒松·蜀鵑啼諸樂府。有元人風。

丘·敬 【宋】建寧人。幼孤。母爲寇所虜。敬求之不能得。刻木肖母像。晨昏侍奉。一夕妻餽奠。誤侵母像仆地。敬哭泣擗踴幾絕。因卜築交溪之上。服喪三年。春秋祭享。後人稱其所居里曰孝鄉。

丘·楠 【明】事方國珍。國珍許降太祖而悔。楠力爭不聽。後卒降。太祖以楠爲韶州知府。

丘·瑜 【明】宜城人。天啓進士。崇禎間歷禮部左右侍郎。因召對言督師孫傳庭出關。安危所係。愼勿促之輕出。俾鎭定關中。猶可號召諸將。相機進勦。帝不能從。尋爲東閣大學士。都城陷。死之。

丘·經 【明】安吉人。字正夫。弘治進士。擢監察御史。立朝敢言。歷山東布政司右參議。

丘·義 【宋】建陽人。字通濟。隱居不仕。穎敏博學。尤邃於易。與朱熹友善。常相往來問答。有易說傳於世。

丘·葵 【宋】同安人。字吉甫。有志朱子之學。親炙呂大圭·洪天錫之門。宋亡。居海嶼中。因自號釣磯翁。有易解義·書解義·詩口義·春秋通義·周禮補亡等書。

丘·道隆 【明】上杭人。字懋之。正德進士。知順德縣。嚴明果斷。吏民畏服。遷給事中。言事先大體。嘗大書畏天悲人四字揭之座右。以自淬厲。

丘·雍 【宋】嘗與陳彭年等重修廣韻。

丘·嘉穗 【清】上杭人。字實亭。康熙舉人。官歸善知縣。有考定石經大學經傳解·東山草堂邇言及文集。

丘·漸 【宋】黃巖人。字子木。師杜煜。講明道學。杜範爲相。漸多所贊畫。以布衣終。

丘·福 【明】鳳陽人。起卒伍。從成祖奪九門。轉戰眞定夾河等處。成祖卽位。累官太子太師。封淇國公。後以大將軍出塞。輕敵喪師。被執遇害。

丘·維屏　【清】寧都人。字邦士。明諸生。避亂。隱居翠微峯下。稱松下先生。爲易堂九子之一。魏禧嘗從之學古文。尤精泰西算術。有周易勦說及文集。

丘·銅寶　【明】清流人。正統間沙寇作亂。挈家寓汀。賊數萬攻城。銅寶擇里人善戰者數百。列陣挑戰。屢勝敵。以深入中伏死之。

丘·滕　【後漢】烏程人。光武朝歷官公卿。退居鄉邑。與其弟子築室於先人故塋居之。

丘·緒　【明】鄞人。字繼先。數歲。生母黃爲嫡母余所逐。及緒長。事余至孝。余感動。臨沒語之故。遂決意尋母。遇於台州。奉歸。孝養備至。

丘·遲　【梁】烏程人。字希範。八歲能屬文。武帝任爲中書郎。待詔文德殿。帝嘗著連珠。羣臣繼作者數十人。遲文最美。官至司空從事中郎。尋出爲永嘉太守。遲辭采麗逸。時鍾嶸評其詩曰。點綴映媚。似落花依草。其見稱如此。

丘·養浩　【明】泉州人。字以義。正德進士。拜監察御史。疏劾近侍陳欽。謫永平推官。未行。賜還職。後擢右僉都御史。巡撫四川。檄諭雜谷白草番夷。先後納款。官終江西巡撫。

丘·橓　【明】諸城人。字懋實。嘉靖進士。擢兵科給事中。以言事斥爲民。萬曆間擢左副都御史。以一柴車就道。既入朝。陳吏治積弊八事。累官南京吏部尚書。彊直好搏擊。清節爲時所稱。卒諡簡肅。

丘·錫　【明】崇安人。字永錫。領洪武鄉薦。歷官工科給事中。自陳願爲學職。除衡州教授。永樂間預脩永樂大典。改衢州教授。宣德間預脩太宗實錄。書成。仍乞學職。改建昌教授。陞正九品秩。

丘·餘慶　【宋】文播子。善畫花竹翎毛。兼長草木。風韻高雅。爲世所推。

丘·應辰　【宋】泉溪人。字詠性。博學羣書。舉靑田教諭不就。有憂憂集。

丘·懋素　【明】懋樸弟。舉崇禎鄉試。守南陽。流寇至。死之。屍橫野外。烏鵲環繞數日不散。土人異之。累塚立石以志。

丘·懋煒　【明】漳浦人。字以鄂。萬曆進士。擢兵科給事中。以建儲未定。疏請先斬鄭國泰以謝天下。然後斬臣以謝鄭妃。直聲震朝端。以忤璫調守處州。

丘·懋樸　【明】貴定人。舉崇禎鄉試。性孝友。能文章。官荆南僉事。死於流寇之難。

丘·濬　【宋】黟人。字道源。天聖進士。歷官殿中丞。讀易悟損益二卦。能通數。知未來興廢。嘗語家人曰。吾壽終九九。後果八十一卒。◉【明】瓊山人。字仲深。景泰進士。孝宗時累官文淵閣大學士。參預機務。嘗以寬大啓上心。忠厚愛士習。顧性褊隘。議論好矯激。廉介持正。性嗜學。熟於國家典故。晚年右目失明。猶披覽不輟。卒諡文莊。有大學衍義補等書。

丘·聯恩　【清】夏功子。字偉堂。咸豐間擢南陽鎭總兵。勦捻皖豫間。戰功甚著。豫省東南得稍安者數年。後轉戰至舞陽被圍。力竭沒於陣。諡武烈。生平治兵嚴紀律。臨敵果勇異常。賊畏之。號爲丘老虎。

丘·鍾仁　【清】崑山人。字近夫。康熙中舉鴻博。老不與試。賜中書舍人。治春秋。宗孟子朱子說經之義。著春秋遵經集說。

丘·鎭　【明】高唐人。崇禎間土寇竊發。鎭集鄉勇禦之。寇執其母。鎭捨身翼母。同時遇害。

丘·礪　【宋】朐山人。字師說。政和進士。除福建提刑。秦檜求婚於礪。礪丐祠。屏居常熟。

丘·鐸　【明】祥符人。字文振。元末遭寇亂。鐸奉父母供甘旨。母卒。結廬墓側。寒夜月黑。鐸輒繞墓號曰。兒在斯。兒在斯。時稱眞孝子。

丘·霽　【明】鄱陽人。字時雍。天順進士。成化中守蘇郡。性穎利強記。意度恢廓。治未一年。諸廢畢舉。

丘·鱗　【宋】連城人。字起潛。嘉定間除贛縣尉。有廉聲。歸値紹定寇發。郡檄攝城令。晝計禦寇。率民登東田巖。全活甚衆。招撫使陳韡奏其功。辟知邵武軍。

丘·靈鞠　【南齊】烏程人。好飮酒。臧否人物。宋世文名甚盛。入齊頗減。蓬髮弛縱。無形儀。不治家業。累遷長沙王車騎長史。有文集及江左文章錄序。起太興迄元熙云。

丙氏　【漢】魯人。以鐵冶起。富至鉅萬。然家自父兄子弟約。頫有拾。卬有取。貰貸行賈徧郡國。鄒魯以其故。多去文學而趨利。

丙·吉　【漢】魯國人。字少卿。爲廷尉監。宣帝生數日。以衞太子事繫獄。賴吉得全。封博陽侯。代魏相爲丞相。嘗出。逢淸道。羣鬬者死傷橫道。不問。逢人逐牛。牛喘以舌。吉問逐牛行幾里矣。掾史謂失問。吉曰。民鬬相殺傷。京兆尹職所當禁備。方春未可大熱。恐牛近行用暑。故喘。三公典調和陰陽。職當憂。是以問之。於官屬務掩過揚善。世稱其賢。卒諡定。(按史記作邴吉。此從漢書。)

丙·顯　【漢】吉子。嗣侯。爲吏至太僕。甘露中坐與官屬爲姦利。免官。奪邑四百戶。後復以爲城門校尉。始顯少爲諸曹。嘗從祀高廟。至夕牲日。乃使出取齋衣。吉大怒。謂夫人曰。宗廟至重。而顯不敬愼。亡吾爵者必顯也。夫人爲言。然後乃已。

主父・偃 【漢】臨淄人。初學縱橫術。晚乃學易春秋百家之言。元光時上書言事。拜郎中。一歲四遷爲中大夫。大臣畏其口。賂遺累千金。或謂偃太橫。偃曰。丈夫生不五鼎食。死卽五鼎烹耳。吾日暮。故倒行逆施之。後以告齊王與姊奸事。族誅。

付・吉 【明】大城人。以通經領鄉薦。永樂中爲監察御史。剛直有爲。遷陝西按察副使。

仙・立 【宋】寧國人。字紹初。故居河南湯陰。建炎初扈駕南渡。以功授殿前都虞候。尋轉武毅郎。屢立戰功。平楊幺。破戚方。仕至右武大夫惠州刺史。卒於杭。

仙・仲友 【宋】立子。字輔仁。武舉。與劉猊戰。覆其全軍。仕至宣・歙・廣德三郡都巡檢使。

仙・克謹 【明】寧國人。字仲恒。萬曆進士。知隆平縣。時苦旱。捐俸給民。穿井七百有二十。民立石識之。曰仙井。邑無城。又力成之。累擢都御史。巡撫山西。

仙・豸 【明】濟寧人。字直卿。少穎悟。嘉靖中舉人。授聞喜令。清苦自矢。不避豪強。民德之。後謝病里居。

周族姓。濟貧乏。閭里高其誼。

仙・鶴林 【清】滋陽人。嘉慶初勦湖南苗有功。鎭筸・乾州・瀘溪・河溪等處民田爲窮苗所占。鶴林按戶開導。退還安業。苗疆大定。官至湖南提督。坐事奪職。尋起用。累擢河北鎭總兵。

仝・文瑞 【元】睢寧人。任兵部尙書。鎭潼關。有功。晉秩元帥。

仝・祉 【明】睢寧人。號西廓。嘉靖中判湖州府。正直廉明。歸時。士民遮道灑泣。留衣履藏於官廨者七。碑石紀其事者三。

仝・軌 【清】郯人。字車同。康熙舉人。才敏學贍。尤邃於詩。晚歲精心洛閩之學。從學者日衆。稱爲平山先生。有夔園・眞志堂等集。

仝・寅 【明】安邑人。少瞽而聰警。學京房易。占斷多奇中。名聞四方。正統間客游大同。上皇北狩。遣大監往卜。寅筮得乾之初九。曰。大吉。庚午中秋還駕。後七年必復辟。已而悉如所言。石亨有逆謀。寅力止之。錦衣指揮盧忠誣告南宮。請卜於寅。寅以大義叱之曰。是大凶兆。忠果伏誅。寅以筮遊公卿間。年九十乃卒。

仝・姺 【明】汜水人。永樂舉人。由部郎歷官交阯布政使。恩威兼濟。沒後。土人奉以爲神。

仝・敬 【明】睢寧人。天性純篤。自幼行義多合古人。及長。淹貫經史。

遠邇稱爲廣文先生。

代・淵 【宋】本代州人。避地導江。字仲顏。性簡潔。事親以孝聞。受學於李畋・張逵。年四十。舉進士甲科。擢清水主簿。歎曰。祿不及親。何所爲耶。歸家教授。坐席常滿。安撫使舉爲鳳州團練推官。不就。知益州楊日嚴又薦之。遂以太子中允致仕。著周易指要・老佛雜說數十篇。晚年日蔬食。巾褐山水間。自號虛一子。

代善 【清】太祖第二子。英勇過人。從征哈達・輝發・葉赫等國。授貝勒。破布占泰。平葉赫。屢有戰功。兩從太宗伐明。封和碩禮親王。世祖初立。代善子碩託・孫阿達禮・謀立多爾袞。代善發其謀。俱伏誅。卒謚烈。

令玉 【梁】女僧。建康蔡氏女。出家爲淨暉尼弟子。禁行清白。邵陵王綸請爲南晉陵寺主。天監中卒。

令宗 【晉】女僧。高平滿氏女。遇亂。爲虜所獲。令宗拔其眉。僞稱惡疾。後放歸。遂翦髮入道。百姓遇災。令宗傾資賑給。不足則告乞人間。不避阻遠。賴以全活者甚多。

令狐・子伯 【後漢】太原人。與同郡王霸爲友。後爲楚相。子爲功曹。乃令子奉書於霸。車馬服從。雍雍如也。霸子方耕。見而沮怍。

令狐・仕 【後魏】猗氏人。兄弟四人。早喪父。泣墓十載。奉養其母。孝著

鄉邑。力田積粟。博施不已。

令狐・亦岱 【明】猗氏人。字太峰。官縉雲知縣。有諸儒檢身錄。

令狐・休 【北周】整弟。幼聰敏。有文武材。起家太學生。後與整同起兵逐張保。授都督。累遷大都督燉煌郡守。在郡十餘年。甚有政績。終合州刺史。

令狐・浧 【明】錕子。字伯方。壬午亞魁。官漳浦知縣。耿介直方。遇事能申公論。著四書訓註・詩韻辨音。

令狐・邵 【三國魏】冀州人。爲弘農太守。清如冰雪。是時郡無知經者。乃遣諸吏詣河東就樂詳學經。粗明乃還。由是弘農多文學之士。

令狐・峘 【唐】德棻五世孫。天寶進士。安祿山之亂。隱居南山豹林谷。司徒楊綰微時數從之遊。峘博學有口辯。綰甚稱之。及綰爲吏部侍郎。引峘入史館。拜右拾遺。遷起居舍人。修玄宗實錄一百卷。代宗實錄四十卷。後遷衡州刺史。順宗卽位。徵爲祕書少監。未至卒。

令狐・茂 【漢】上黨人。隱城東山中。去郡六十里。武帝末治巫蠱獄急。戾太子斬江充發兵。兵敗亡不得。帝怒甚。茂上書訟太子冤。帝感悟。凡害太子者。俱伏辜。

令狐・揆 【宋】安陸人。卜築滇溪南。嘗雪中跨馬詣張君房借書。令小童攜

饞甕琴以隨。友人林逸。繪圖以贈。

令狐・策 〔晉〕孝廉。夢立冰上與冰下人語。索紞曰。冰上爲陽。下爲陰。爲陽語陰。媒介事也。君當爲人作媒。冰泮而婚成。會太守田豹因策爲子求鄉人張公徵女爲子婦。仲春成婚。

令狐・楚 〔唐〕德棻裔。字殼士。以文學有聲。尤善牋奏制令。憲宗時爲中書舍人。以黨皇甫鎛・李逢吉而逐裴度。頗干清議。敬宗時內爲尚書僕射。外爲諸鎭節度。所至皆有善政。卒於山南西道節度使。爲人外嚴重而中寬厚。待士有禮。門無雜賓。當宦豎用事。頗因論奏忤仇士良等。然不能有所匡救。卒諡文。

令狐・熙 〔隋〕整子。字長熙。性嚴重。不妄通賓客。博覽羣書。尤明三禮。周時以通經爲吏部上士。轉夏官府都上士。俱有能名。高祖受禪。累遷鴻臚卿兼吏部尚書。判五曹尚書。號爲明幹。歷汴州刺史・桂州總管。

令狐・彰 〔唐〕富平人。字伯陽。初從安祿山・史思明。欲以節自顯。悉籍士馬州縣獻款。肅宗大悅。拜滑亳魏博節度使。河朔平。加御史大夫。封霍國公。母喪失明卒。方疾甚。勅其子歸東都私第。悉上軍府兵仗。財用簿最。代宗下詔褒美其門閭。

令狐・綯 〔唐〕緒弟。字子直。宣宗時爲吳興太守。白敏中稱爲宰相之器。召入知制誥。綯在翰林。夜對禁中。帝命以乘輿金蓮華炬送還院。吏望見。以爲天子來。俄傳呼曰學士歸院。累官同平章事。輔政十年。龐勛據徐州。綯爲南面招討使。勛護詞請降。而乘間襲之。勛師大敗。史稱綯性儒緩。蓋自文學以外。無可稱者。

令狐・德棻 〔唐〕熙子。居華原。博涉文史。早歲知名。高祖時爲祕書丞。時經籍已逸。德棻奏請購募遺書。數年間羣書略備。貞觀中修梁陳周齊隋五史。其議亦自德棻發之。德棻自領周書。高宗朝官弘文館學士。累遷國子祭酒。國家凡有修撰。無不參預。暮年著述尤勤。卒諡憲。

令狐・潮 〔唐〕安祿山將。張巡與戰於雍丘。敗之。

令狐・緒 〔唐〕楚子。以蔭仕。歷隨汝壽三州刺史。有善政。汝人奏請刻石頌德。緒以綯當國固讓。乃止。

令狐・整 〔北周〕燉煌人。字延保。幼聰敏。沉深有識量。魏孝武西遷。鄧彥竊據瓜州。整執彥送京師。宇文泰嘉其忠節。表爲都督。尋授壽昌郡守。整以國難未寧。欲舉宗效力。遂率鄉親二千餘人入朝。隨軍征討。累進位大將軍。歷居內外。所在見稱。卒諡襄。

令狐・錕 〔明〕猗氏人。字大任。喜周急扶危。常畜鷄。張姓失鷄。誤認不與較。赴飲鄰莊。醉或來扶。探袖中物匿之。雖覺終不言其人。其隱惡如此。

令狐・鏓 〔明〕猗氏人。字仲平。幼工文學。嘉靖中與子一槐同科。由確山教諭授朝邑令。陞合州知州致仕。性至孝。母病疽。親調盥洗之。著性理纂要・大學衍義日抄・家禮集要・保生心鑑行世。

冉・天元 〔清〕嘉慶間教匪。最驍悍。徒衆數十萬。橫行川陝。陷州縣數十。德楞泰追擊之於馬蹄岡。陷伏中。困據山巔。天元登山取之。所乘馬中矢仆。遂被殺。

冉・安昌 〔唐〕爲招慰使。以務州當牂牁要路。請置郡以輔之。後思夷等州境土之闢。夷民之附。皆自斯舉始。

冉・求 〔春秋魯〕字子有。孔子弟子。居政事科。孔子嘗曰。求也藝。於從政乎何有。仕爲季氏宰。

冉・季 〔春秋魯〕字子產。孔子弟子。勤於講道。

冉季載 〔周〕文王第十子。武王克殷。封於冉。有馴行。周公舉爲周司空。以佐成王。有令名於天下。

冉・耕 〔春秋魯〕字伯牛。孔子弟子。以德行稱。有疾將死。孔子自牖執其手曰。斯人也而有斯疾。命也夫。

冉・通 〔明〕萬縣人。洪武進士。任兵科都給事中。面折廷諍。直聲動天下。雖在竄逐。讀書不輟。

冉・虛中 〔宋〕乾道間任內江令。取前令善政次第舉行之。政通人和。頗聲懋奕。

冉・閔 〔晉〕瞻子。字永曾。幼而果銳。石季龍養之如孫。及長。善謀策。勇力絕人。歷位北中郎將游擊將軍。季龍敗於昌黎。閔軍獨全。及敗梁犢之後。威聲彌振。胡夏宿將。莫不憚之。永和間僭位。改元永興。國號魏。復姓冉氏。後爲慕容恪所擒。誅死。

冉・雍 〔春秋魯〕字仲弓。孔子弟子。居德行科。孔子嘗謂可使南面。

冉・璞 〔宋〕璡弟。見冉璡條。

冉・璡 〔宋〕播州人。與弟璞俱有文武才。辟召不起。余玠安撫四川。築招賢館以禮士。璡兄弟聞之。謁玠。爲畫築城釣魚山之策。後果賴之。

冉・孺 〔春秋魯〕字子魯。孔子弟子。少孔子五十歲。勤學好問。

冉・瞻 〔晉〕內黃人。字弘武。其先漢黎陽騎都督。累世牙門。石勒破陳午獲瞻。時年十二。命季龍子之。驍猛多力。攻戰無前。歷位左積射將軍。封西華侯。

冉・覲祖 〔清〕中牟人。字永光。號蟫庵。康熙舉人。潛心理學。殫精著述。耿介延主嵩陽書院。著爲學大指及天理主敬圖以示生徒。問業者雲集。後以進士授檢討。歸主請見書院。卒年八十有二。有五經四書詳說及詩文雜著二十種。

加・傳 〔明〕稷山人。字習夫。嘉靖舉人。知曲周縣。吏治修明。生平未嘗有所請託。當官亦未嘗受人請託。遭父喪。以毀卒。

包・大中 〔明〕寧波人。字庸之。別號三川。官建陽縣丞。嘗從征倭。有包參軍集。

包・世臣 〔清〕涇人。字愼伯。嘉慶舉人。官新喻知縣。工書。肆力北魏。躬習二王。備得古人執筆運鋒之奇。好兵家言。熟於鹽漕得失。論文亦獨闢畦徑。晚歲寓居江寧。自署曰小倦遊閣。有安吳四種。

包・令儀 〔宋〕合肥人。字肅之。進士及第。授朝散大夫。分帥南京上護軍。歷刑部侍郎。

包・弘策 〔明〕廣通人。崇禎間四川流寇大熾。弘策守新都。城陷。罵賊死。

包・立身 〔清〕諸暨人。本農家子。有膂力。咸豐末洪楊軍擾浙。立身自言能以符咒殺賊。試之屢勝。敵衆訛言立身能飛刀殺人。軍中不敢言包字。遠近依之者十餘萬人。後敵築長圍盡殺之。

包・圭 〔宋〕晉陵人。性沉毅有籌略。元兵圍常州。郡守姚訔聞圭名。引與共戰守。城陷。訔遇害。圭猶斂兵巷戰。被執大罵死。

包・何 〔唐〕融子。字幼嗣。與弟佶齊名。世稱二包。登天寶進士第。大曆中爲起居舍人。

包・孝 〔明〕節弟。字元愛。後節三年舉進士。由中書舍人爲南京御史。居臺著風采。有至性。母亡。哀毀骨立。未終喪卒。

包・希魯 〔明〕進賢人。學問賅博。操行高潔。門人受業。必先德行而後文藝。士習爲之一新。稱之曰忠文先生。有諾谷文集。

包・志道 〔明〕合浦人。字希賢。宣德初以舉人授交趾新安府經歷。交趾陷。調由州。以母喪去官。正統初薦陞廣西靈川縣。所至多善政。卒於官。

包・沐 〔明〕溥弟。字民新。少受尙書於澤。既冠爲諸生。舉止端嚴。以禮自閑。授石埭訓導。陞汜水教授。

包・見捷 〔明〕雲南臨安衞人。萬曆進士。由戶科給事中累遷右僉都御史。巡撫江西。見捷雅負清望。屬吏承風。莫敢不自厲。光宗即位。召拜吏部右侍郎。卒官。

包・佶 〔唐〕融子。字幼正。擢進士第。與韓洄・盧貞・李衡皆出劉晏門下。唐貞元以來。相繼掌天下財賦。

包・長壽 〔金〕臨洮人。貞祐初與夏人戰有功。賜姓烏古論。累官至通遠軍節度使。夏人嘗攻定西。執其弟世顯至城下。謂長壽曰。若不速降。即殺汝弟。長壽不顧。奮戰破之。

包・咸 〔後漢〕會稽人。字子良。少爲諸生。受業長安。師事博士右師細君。習魯詩論語。王莽末客於東海。爲赤眉所得。晨夜誦經自若。賊異而遣之。建武初舉孝廉。除郎中。入授太子論語。累遷大鴻臚。明帝即位。以咸有師傅恩。特加賜俸祿。咸皆散於諸生之貧者。

包・恢 〔宋〕揚子。字宏父。世父約・叔父遜・從朱熹・陸九淵學。恢少爲諸父門人。嘉定中舉進士。歷仕郡縣。所至破豪猾。去奸利。政聲赫然。官至資政殿學士。封南城縣侯。卒謚文肅。有敝帚稿略。

包・拯 〔宋〕合肥人。字希仁。始舉進士。除大理評事。知建昌縣。仁宗時除龍圖閣直學士。歷知開封府。遷右司郎中。拯立朝剛毅。貴戚宦官。爲之斂手。聞者皆憚之。人以拯笑比黃河清。童稚婦女。亦知其名。呼曰包待制。京師爲語曰。關節不到。有閻羅包老。遷禮部侍郎。卒謚孝肅。拯性峭直。惡吏苛刻。務敦厚。有奏議。

包・原明 〔明〕臨海人。宣德初由舉人授南安縣學教諭。學問淵深。訓誨不倦。時廟學頹壞。原明捐資修建。秩滿陞江西吉安教授。

包・容 〔明〕永嘉人。字蒙吉。萬曆間授中書舍人。書畫俱工。善篆刻。張居正以玉章相屬。已鐫就。促之急。乃磨而還之。拂衣歸。

包・眞 〔明〕六合人。正統中以錦衣衞校尉隨駕北征。死於鷂子嶺。

包・級 〔宋〕江寧人。父鍰爲人所殺。級年十七。與弟繡相抱痛哭。遇仇乃抉其雙目。瀝血祭父。仇家訟於官。官壯其孝義。爲直焉。

包・宋 〔宋〕宣城人。善畫虎。

包・梧 〔明〕澤子。字子沐。生而穎異。讀書過目不忘。嘉靖舉人。通判蘇州。時織造中貴怙勢傲睨。故事判庭參。梧獨長揖不屈。諸額外取索。裁革殆盡。心卿之。誣奏逮詔獄。謫無爲州同知。未幾。移成都府通判。尋陞漳州同知。梧爲文奇詭雄俊。自成一家言。有白厓集。

包・揚 〔宋〕南城人。一作建陽人。字顯道。號克堂。與兄約・弟遜・皆師象山。象山卒。揚率其生徒詣朱子。執弟子禮。嘗葺朱子語爲四卷。其問有揚平日之言。託於朱子。後黎靖德編朱子語。始削去之。

包・貴 〔宋〕宣城人。以畫虎名。世號老包。

包・超 〔唐〕隨哥舒翰西征。每陣常得勝風。又能致雪。

包・愼言 〔清〕涇人。字孟開。有公

羊傳曆譜。

包·愷　隋東海人。字子和。兄愉明五經。愷悉傳其業。又從王仲通受史記漢書。尤稱精究。大業中爲國子助教。學者以蕭該及愷二人爲宗匠。卒。門人起墳立碣焉。

包·溥　明澤弟。字民敬。弘治進士。授新泰知縣。凡六年。政成民安。陞南京監察御史。轉泉州知府。公門如水。庭鮮爭訟。明年入覲。卒於傳舍。平生廉潔自持。及死。惟遺圖書敝卷。敝衣數襲。人稱包孝廉。

包·瑜　明青田人。字希賢。景泰舉人。官教諭。致仕歸。淮王幣聘修書。進所著通鑑事類。左傳事類。王閱之甚喜。遂梓行於世。居七年告歸。投老林下。撰韻府續編。春秋講義。周易演義。讀史六事。讀書備忘。稽古齋集諸書。（按黃虞稷千頃堂書目。載包瑜周易衍義。註曰成化中浮梁知縣。是瑜實明人。四庫提要亦作明人。舊本韻府續編作元人。尙友錄作宋人。均誤。）

包·萬有　明遂昌人。字似之。行誼淳謹。事繼母盡孝。居喪三年如一日。潛心理學。建立社倉。崇禎初頒行義倉。萬有獨捐穀一百石以助。又刊綱目發明行世。

包·裕　明桂林人。成化進士。初任撫州推官。仁恕公廉。郡無冤獄。時稱爲小包。

包·鼎　宋貫子。以畫虎名家。◉明嘉興人。字汝調。與弟鼐並舉進士。授兵部主事。歷升郎中。乞改南部。俱有聲績。出知池州府。爲政務大體。不事煩苛。號爲清簡。郡中大治。年未老遽乞休。

包·寶夫　明希魯子。明經篤學。事親至孝。洪武中嘗暮歸遇虎。曳入林中。寶夫拜且告曰。食我何恨。如父母衰老缺養何。虎復曳至故處而去。人因名其地爲拜虎岡。

包·爾庚　明上海人。字長明。崇禎進士。知羅定州。鎭兵譁。守道被圍。爾庚單騎馳諭。皆下馬羅拜。一州獲靖。猺蠻跳梁。爾庚開誠布公。許其自新。渠魁感激來歸。擢兵科給事中。以母老乞歸養。清初舉山林隱逸。徵聘不起。

包·福　後漢咸子。拜郞中。以論語入授和帝。

包·聚　元蒙陰人。任都元帥。征瓜哇國有功。

包·儀　清邢臺人。字羽修。順治間拔貢。貧甚。歷遊廝城．江寧。寄食僧寺。刻志自立。有易原就正。

包·節　明鼎孫。字元達。嘉靖進士。累官御史。劾兵部尙書張瓚貪穢。出按雲南。再按湖廣。顯陵守備中官廖斌擅威福。節欲繩之。語先洩。爲斌所陷。下詔獄榜掠。謫戍莊浪衞。節念其母不克終養。日飲泣病死。有陝西行都司志．包侍御集。

包·諝　唐著河洛春秋二卷。

包·整　宋涇人。少嗜學好義。家貯書爲萬卷堂。

包·澤　明鄞人。字民望。弘治進士。拜監察御史。清戎陝西。後按湖廣。兢兢執法。奏罷藩臬不職者。勒王府侵田歸之民。所至望風解印綬去。時太和宮巨璫齊性怙寵徼福。聞澤按部。輒戢其下曰。毋縱。閻羅包老擒汝矣。巴東雜出洞蠻。難於遙制。澤乃度地宜。奏設九溪永定兵備。諸夷爲之讋服。澤天性孝友。操行介潔。一時爲名御史。有東川政績。

包·融　唐吳興人。有才名。制科擢第。官至集賢學士。與賀知章．張旭．張若虛齊名。號吳中四士。

包·衡　明秀水人。字彥平。久困場屋。因棄去。與張翼共購閱古書。採摭雋語僻事爲清賞錄。

包·繶　宋拯子。娶崔氏。通判潭州卒。崔守死不更嫁。拯嘗出其媵。在父母家生子。崔密撫其母。使謹視之。繶死後。取媵子歸。名曰綖。

包·麟　宋江陰人。字仁甫。咸淳間舉博學弘詞科。嘗注詩書易春秋。年八十三。手不釋卷。

北人·無擇　有虞氏清身潔己。疾世人濁。舜以天下讓之。不受。自投清冷之淵。

北唐·子眞　漢治京氏易。

北宮·伯子　漢孝文時寵臣。爲宦者。以愛人稱長者。

北宮·奢　春秋衞爲靈公賦斂以爲鐘。爲壇乎郭門之外。三月而成上下之縣。

北宮·錡　戰國衞嘗問周室班爵祿於孟子。

北宮·嬰兒子　戰國齊孝女。徹其環瑱。至老不嫁。以養父母。

北宮·黝　戰國善養勇。孟子謂其似子夏。

北郭·佐　春秋齊字子車。齊襄公臘日雙雞。饔人更之以鶩。慶封使析歸父以告佐。佐曰。人各有以事君。非佐之所能也。

北郭·騷　春秋齊與晏子爲友。嘗踵門見晏子。乞所以養母者。晏子使人分倉粟府金而遺之。辭金受粟。有間。晏子見疑於景公。出奔。騷召其友。告曰。晏子去齊。齊必侵矣。見國之侵。不若死。請以頭托白晏子。托而自刎。其友曰。此北郭子爲國而死。吾將爲北郭子死。亦自刎。景公聞之。乘驛自追晏子。反之。

占泰　清蒙古正黃旗人。咸豐間由侍衞累官四川提督。攻勦滇匪。轉戰四川。功甚著。親勦藍大順。遇伏死。

諡威烈。

去特若尸逐就單于 【後漢】南匈奴單于檀弟。名休利。永建間立。旬龍王吾斯畔漢。屢寇邊。詔以休利不能制下。遣使責讓。休利謝罪。旋爲漢中郎將陳龜所迫。自殺。

古之奇 【唐】嘗作縣令箴云。政不欲猛。刑不欲寬。寬則人慢。猛則人殘。小惡無爲。涓流成池。片言可用。毫末將拱。勿輕小道。大車可覆。不恕而明。不如不明。不通而清。不如不清。

古心 【明】重慶人。崇禎舉人。有篤行。事繼母孝。撫四弟盡友愛。時以爲閔子後身。有怡廬集·讀書抄。

古朴 【明】陳州人。字文質。洪武中釋褐太學。累官戶部尙書。在朝三十餘年。確然有守。不通干請。初戶部主事劉亘不檢。乞中貴人求上考。朴不可。亘後果以贓敗。

古冶子 【春秋齊】景公渡沈之河。黿銜左驂沒之。古冶子獨挾劍從之。右手持黿頭。左手挾左驂。燕躍鵠踊而出。仰天大呼。水爲逆流三百步。觀者皆以爲河伯。

古初 【後漢】臨湘人。光武時遭父喪未葬。鄰家失火。初匍匐柩上。以身捍火。火爲滅。太守鄧鄞甄異之。首薦於朝。

古成之 【宋】河源人。字亞奭。端拱初進士。淳化間李順亂蜀。張詠辟知綿州魏城令。亂俗一變。咸平間蜀又醫。詠再辟令綿竹。初。道由潭州。遇異人邀以仙術。答曰。親老祿仕。長生非所願。及登第。詠勸之。亦不爲動。至是嘆曰。今親沒。何以仕爲。慨然思賦羅浮詩。未幾卒於官。

古成詵 【晉】爲黃門侍郎。風韻秀舉。確然不羣。以天下是非爲己任。時京兆韋高慕阮籍之爲人。居母喪。彈琴飲酒。詵聞之。持劍求高。高懼。逃匿終身。

古里甲石倫 【金】以武舉登第。爲人剛悍自用。宣宗以其有勇善戰。每任用之。後以罪除名。正大間元兵入河南。以石倫爲昌武軍節度使。元軍入城。石倫投廨後井中死。

古其品 【明】永明王時郎中。孫可望謀禪代。遣人求其品畫堯舜禪受圖。其品拒不從。遂被害。

古押衙 【唐】建中時俠客。鄭尙書震有女名無雙。才色雙絕。曾許其甥王仙客。後震以受僞命處極刑。無雙遂沒入禁掖。後復供園林洒掃。一日仙客於禪下得書云。富平縣古押衙。人間有心人。今能求之否。仙客遂造訪古。卒賴其力。返無雙。

古彥輝 【明】惠州人。洪武末爲德化主簿。性敏而果。習吏事。識大體。盡心民事。尋召爲監察御史。

古迭 【遼】本宮分人。重熙中西征。以護衛爲先鋒。夏人伏兵掩之。古迭力戰。麾下士多沒。乃單騎突出。清寧中從重元涅魯古亂。與扈從兵戰敗而遁。追擒之。陵遲而死。

古革 【宋】程鄉人。字逢時。紹聖進士。調瓊州教授。蠻洞多遣子弟受教。會黎人叛。郡檄入洞招諭。蠻俗素敬革。皆降。擢守潮州。有惠政。

古弼 【後魏】代人。少忠謹。善騎射。以功賜爵靈壽侯。歷位吏部尙書。弼雖事務殷湊。而讀書不輟。口不言禁中事。弼頭尖。太武命之曰筆頭。時人呼爲筆公。數進直諫。帝曰。筆公可謂社稷之臣。文成即位。坐法死。時人冤之。

古掾曹 【漢】京兆人。學從横揣摩弄矢搖丸樗蒲之術。爲都掾史四十餘年。善諧謔。趙廣漢爲京兆尹。黜之。當時京師俳戲。皆稱古掾曹。

古道子 【北齊】河內人。有幹局。當官以強濟知名。

古道行 【明】江都人。崇禎進士。慷慨任俠。行兵按司馬法。以參將守駱馬湖。庚辰寇至。苦戰累勝。援師不至。沒於陣。

古爾布什 【清】姓博爾濟吉特氏。隸滿洲鑲黃旗。太宗時從征朝鮮及皮島。官兵部右參政。順治間擊敗李自成。敘功授二等子。卒謚敏襄。

古銑 【南北朝】著長生保要。

古譓 【宋】曲江人。母病頭瘡不能言。譓虔禱。若有神應。尋愈。

句中正 【宋】華陽人。字坦然。孟蜀時舉進士。歸宋補曹州錄事參軍。精於字學。太宗時獻八體書。授著作佐郎。直史館。被召詳定篇韻。及雍熙廣韻。又與徐鉉同校定說文模印頒行。淳化初遷屯田郎中。杜門守道。以文翰爲樂。

句井疆 【春秋衛】字子孟。孔子弟子。

句文鼎 【宋】貴陽人。自娶婦即與父母離居。感同邑支漸至行。深自悔責。自是孝養備至。

句台符 【隋】著青城山方物志五卷。

句克儉 【宋】鄖人。舉進士。累官殿中侍御史。出爲河東路轉運使。以忠清明敏聞。

句希仲 【宋】字袞臣。景德中以閤封淺儀進士起家。後除中書。分司西京。通訓詁。工篆隸書。

句延慶 【宋】字昌裔。官應靈縣令。有錦里耆舊傳。

句扶 【蜀漢】巴西人。忠勇寬厚。數有戰功。功名爵位。亞於王平。官至左將軍。封宕渠侯。

句卑 【春秋越】司馬沈尹戌家臣。吳王闔廬伐楚。敗之。戌初臣闔廬。

恥爲擒。謂其臣曰。誰能免吾首。卑曰。臣賤可乎。戍三戰皆傷。曰。吾不用也已。卑布裳。剄而裹之。藏其身而以其首免。

句處士　宋善畫。宣和間鑒賞第一。凡四方所進。必令品定。賜號處士。令待詔畫院。

句踐　春秋越王。父允常爲吳王闔廬所敗。句踐遂敗闔廬而雪其辱。闔廬子夫差復報越。困句踐於會稽。句踐以美女寶器行成於吳。用范蠡·文種十年生聚十年教訓之策。因以滅吳。渡淮水。會諸侯。受方伯之命。橫行江淮間。名震中國。

句·頴　宋紹聖初爲眞州教授。有座右書。

句龍·如淵　宋道江人。字行父。政和中登上舍第。官至御史中丞。先是秦檜力主和。諸臣多上書諫止者。檜患之。如淵爲檜謀擇人爲臺諫。使盡擊去之。檜大喜。如淵始以張浚薦召。而終乃翼秦檜。擠趙鼎。斥呂本中。逐劉大中·王庶。心迹固可見矣。

句龍·庭實　宋夾江人。政和進士。召試學士院。除校書郎。後知眉州。作通濟堰以溉民田。眉人德之。刻石記其事。

句龍·爽　宋蜀人。神宗時翰林待詔。工畫。喜爲上古衣冠佛道人物。爲一代奇筆。尤善嬰孩。得其態度。

句龍·傳　宋撰春秋三傳·分國史紀事本末。

句龍·驤　宋壽州人。字文舉。紹興進士。與朱熹同師。

句·徽　隋著周易廣說。

句·濤　宋新繁人。字景山。崇寧進士。累官史館修撰。後知潭州。秦檜嘗令人諭意。欲與共政。濤辭。乃上書論時事之害政者。高宗嘆其忠。濤長身偉貌。以忠亮自許。料邊情如在目前。知名之士。多爲薦進。有文集西掖制書奏議數十卷。

召公　周姓姬氏。名奭。武王滅紂。封召公於北燕。成王時爲三公。自陝以西。召公主之。自陝以東。周公主之。召公之治西方。甚得兆民和。常巡行鄉邑。有棠樹。決獄治政事其下。自侯伯至庶人。各得其所。無失職者。召公卒。民思其政。懷棠樹不敢伐。作甘棠詩歌詠之。諡康。

召·平　秦廣陵人。封東陵侯。秦破爲布衣。貧。種瓜長安城東。瓜有五色甚美。世謂之東陵瓜。又云青門瓜。◎漢廣陵人。嘗爲陳勝徇廣陵。聞勝敗。迺渡江矯陳王令拜項梁爲楚上柱國。◎漢爲齊相。齊哀王襄將發兵。平入衞王宮。魏勃紿平。平信之。使勃將。勃乃以兵圍相府。平自殺。

召·忽　春秋齊傳公子糾。死於其難。

召·虎　周宣王時人。時淮夷不服。宣王命虎率師循江漢討平之。

召·信臣　漢壽昌人。字翁卿。以明經甲科爲郎。累遷南陽太守。爲民興利。教化大行。號曰召父。遷河南太守。治行第一。竟寧中徵爲少府。列於九卿。卒官。

召烈台抄兀兒　元初事太祖。亦乞列思等謀奉札木合爲帝。將不利於太祖。抄兀兒知其謀。馳以告。太祖遂以兵誅札木合等。

召·馴　後漢壽春人。字伯春。習韓詩。博通書傳。以志義聞。鄉人稱之曰。德行恂恂召伯春。累仕州郡。辟司徒府。肅宗朝拜左中郎將。入授諸王經。章和中卒於光祿勳。

召·歐　漢以中涓從高祖起沛。至霸上爲連敖。後爲騎將。定燕趙有功。封廣侯。卒諡嚴。

可止　後唐僧。房山馬氏子。長近體律詩。唐乾寧中進詩。賜紫袈裟。明宗令住持洛京長壽寺。號文智大師。有三山集。

可朱渾·元　北齊字通元。寬仁有武略。少與高歡相知。天保初封扶風郡王。頻從文宣帝討山胡茹茹。累有戰功。遷太師。

可足渾氏　前燕慕容儁皇后。頗預朝政。性尤猜忌。慕容垂爲吳王。威名素著。后忌之。與太傅評密謀誅垂。垂懼奔秦。俄而后卒。追諡景昭。

可眞　明僧。吳江人。字達觀。世號紫柏大師。始居蘇州楞嚴寺。後遊大房石經。進隋僧淨琬所藏佛舍利。慈聖太后迎入宮。特賜紫伽黎。旋以獄詞牽連論死。著長松茹退集。

可頻·雄　北周太原人。本姓王。儀貌魁梧。少有謀略。大統初進爵爲公。魏恭帝時賜姓可頻氏。孝閔踐阼。授少傅。保定間從宇文護東征。與齊將斛律明月戰。明月射雄中額。至營而卒。諡忠。

可觀　宋僧。華亭傅氏子。字宜翁。紹興間主當湖德藏寺。嘗曰。松風水月。此我無盡鉢。乾道中值重九。指座云。胸中一寸灰已冷。頭上千莖雪未消。老去只宜平地坐。不知何事又登高。合掌而化。

台·元　明延安衞人。闖兵入城。兩手握石。沿街大罵。鄰人恐連禍。縛至其家。五日不食而死。

台州樵夫　明日負薪入市。口不貳價。聞燕王即位。慟哭。投東湖死。

台斐英阿　清滿洲正白旗人。姓庫雅拉氏。乾隆間以藍翎侍衞從征金川。又從赴蘭州。勦平撒拉爾及石峯堡回有功。官至散秩大臣。隨征廓爾喀。中創卒於陣。諡果肅。

吒干·苟生　北齊以儀同鎭南兗州。北齊亡。周帝敕書至。苟生自縊死。

叱奴・根 【後魏】紇奚部帥。皇始中聚黨反於陰館。南安公元順率軍討之。不克。詔安遠將軍庾岳還討滅之。

叱列・平 【北齊】代西部人。字殺鬼。世爲酋帥。襲第一領民酋長臨江伯。嘗從神武平鄴。破四部於韓陵。又平爾朱光・樊子鵠。破周文帝於邙山。以功加儀同三司。爵爲侯。天保初授兗州刺史。卒謚莊惠。

叱列・伏龜 【北周】代西部人。字摩頭陀。世爲部落大人。魏初入附。遂襲第一領民酋長。以戰功累遷征西將軍。後爲齊神武所寵任。加授大都督。沙苑之敗。降文帝。從征嘗有功。官至侍中・恆州刺史。

叱列・延慶 【後魏】代西部人。少便弓馬。有膽力。嘗從爾朱榮討擒葛榮於相州。除使持節撫軍將軍。累擢尚書左僕射・定州刺史。後韓陵戰敗。北降齊。以罪誅。

叱盧・烏孤拔 【西秦】爲乞伏國仁建威將軍。擁衆叛。國仁率騎討之。斬其部將叱羅侯。降者千餘戶。烏孤拔大懼。遂降。

叱羅・協 【北周】代郡人。少寒微。嘗爲州小吏。以恭謹見知。文帝時授撫軍將軍。頻委任之。封冠軍縣男。建德中賜爵南陽郡公卒。

史・于光 【明】晉江人。事親孝。家貧。勵志讀書。正德中授吏科給事中。以疾歸。有易經正蒙。

史・大成 【清】鄞人。字及超。號立菴。順治進士。康熙間官至禮部左侍郎。有八行堂詩文行世。

史・大奈 【唐】本西突厥特勒。入隋事煬帝。從伐遼東。積勞爲金紫光祿大夫。後隸唐高祖。桑顯和戰飲馬泉。諸軍卻。大奈以勁騎數百破之。軍遂振。以功多賜姓史。又從秦王平薛舉・王世充・竇建德・劉黑闥。封竇國公。官至右武衛大將軍。

史・子申 【宋】南溪人。博辯文雅。開禧初進士。南溪登第由子申始。後知瀘州合江縣。攝西路提點刑獄。

史・子見 【明】黃岡人。崇禎間里人毛主伯受獻賊命至新家沖招兵。子見殺之。獻忠怒。令三日不獲子見。屠其鄉。子見挺身往。爲賊所殺。

史・中 【明】江西德化人。永樂中由監生任衢州府通判。陞本府知府。時有中官貪橫。舟經其地。中搜詰密奏於朝。帝命戮之。朝野驚服。後轉陝西左參政。致仕卒。

史・丹 【漢】高子。字君仲。徙杜陵。以父蔭爲駙馬都尉侍中。詔護太子家。元帝寢疾。欲易太子。丹直入臥內。伏青蒲上涕泣固諫。太子得不易。及即位。封丹關內侯。丹爲人知足。愷悌謹密。尤見信任。極滋味聲色之樂。爲將軍前後十六年。卒謚頃。子二十人。九爲侍中。四封侯。餘皆至大夫二千石。

史・五常 【明】內黃人。父萱官廣東僉事。卒葬南海縣和光寺側。五常方七歲。母攜以歸。比長。常以不得返葬爲恨。母沒。廬墓致毀。乃往迎父櫬。時相去已五十年。寺爲水淹。櫬無可覓。五常泣禱。忽有老人指示寺址。果得父櫬。扶歸合葬。復廬墓側。

史・元八 【明】高淳人。早喪父。事母益謹。母病。籲天刲股。及卒廬墓。復刻像祀之。饋奉如生時。嘉靖間立坊旌之。

史・元鎭 【明】宜興人。其家失火。元鎭入火救母。母子俱焚死。火熄。屍猶負母。

史・公珽 【元】鄞人。字揩叟。丰姿秀爽。詞氣溫恭。通諸經子史。尤邃於易。家居教授。論宋季臺閣故事。必慷慨流涕。李堯民七喪不舉。公珽厚賙之。爲著哀詞。告其嘗所往還者。有蓬廬稿・易演義・象數發揮。

史・公鉥 【南唐】爲袁州刺史。廉明直幹。民皆安堵。時稱爲文武刺史。

史・印曾 【清】溧陽人。字綬紫。事父母至孝。母沒。長號擗踊。嘔血死。

史・天安 【元】秉直仲子。字全甫。同降木華黎。從略地關右。生擒鄜州驍將強資祿號張鐵鎗者。後武仙殺其兄天倪。天安會弟天澤併力攻走之。以功授行北京元帥府事。撫治眞定。

史・天倪 【元】秉直子。字和甫。姿貌魁傑。好學。日誦千言。嘗舉進士不第。後從木華黎屢立戰功。所向無敵。嘗朝太祖於燕。所陳皆奇謀至計。累官河北西路兵馬都元帥行府事。後爲武仙所殺。妻陳氏聞亂。亦自殺。

史・天祥 【元】秉直從子。長身駢脅。膂力絕人。從木華黎征伐。所至先登。累功授兵部都元帥。每攻城。不嗜殺人。憂國愛民之心。老而不忘。

史・天澤 【元】秉直季子。字潤甫。累官光祿大夫左丞相。平居未嘗自矜其能。年四十始折節讀書。拜相之日。門庭悄然。金末流寓之士。悉爲治其生理而賓禮之。出入將相五十年。上不疑而下無怨。人以比郭子儀・曹彬。伐宋至鄂州。遇疾還卒。謚忠武。

史・文忻 【北周】朔方人。字仲樂。從武帝以平齊功進位大將。佐高熲破尉遲迥。加上柱國。封英國公。文忻妙解兵法。馭戎齊整。當時軍中有一善事。雖非文忻所建。輒相謂曰。此必英公法也。

史・方 【宋】開封人。字正臣。累官右侍禁。天禧中下溪州蠻彭仕漢寇辰州。殺巡檢王文慶。方勒兵討捕。降其黨李順同等八百餘人。誅其尤惡者杜翹等十餘人。闢討平富順州蠻田彥晏。奉使契丹。諭以恩信。牽羊乞和。減禁兵五千徙內地。以省邊費。遷西京作坊使卒。

史世揆 【明】江寧人。字度子。父沒時。甫七齡。同里人貸其父千金。貧不能償。世揆焚其券。嘗納妾。入門悲痛不已。詰其故。曰。父負冤繫獄。鬻妾贖罪。思母無所倚耳。世揆惻然。贈金遣還。

史以仁 【明】溧陽人。一作以辰。母病莫瘳。夜禱。刲股進。隨愈。詔旌其門。時有史亞慶、史佛保。皆以刲股旌。與以仁同鄉里。

史可法 【明】應元孫。字憲之。一字道鄰。母方娠。夢文天祥入其室而生。事親至孝。舉崇禎進士。福王立。以兵部尙書大學士督師揚州。清兵至。作書寄母妻。以無子。命副將史德威爲之後。曰死葬我高皇帝陵側。城破。自刎不死。命德威刃之。德威痛哭不敢仰視。遂被執不屈死。揚民謳思。葬袍笏於郡城梅花嶺。後人稱爲史閣部。諡忠靖。清乾隆中追諡忠正。有史忠正集。

史可程 【明】可法弟。崇禎進士。擢庶吉士。京師陷。降賊。賊敗降清。後南歸。居南京。旋流寓宜興卒。

史可觀 【明】翼城人。官文華殿中書舍人。加鴻臚少卿。城陷自縊死。

史弘肇 【後周】鄭州人。字化元。從劉知遠以武功顯。太祖出鎮魏州。弘肇議帶樞密以行。蘇逢吉、楊邠以爲不可。弘肇恨之。嘗曰。安朝廷。定禍亂。直須長槍大劍。毛錐子安足用哉。後又因會飲。與逢吉不相得。將相如水火。爲忌者譖死。

史旦 【明】嵊人。畫禽鳥甚精。所爲蘆花羣雁。人尤愛重之。

史本 【宋】性至孝。父沒。廬墓悲慕。芝草生。後舉進士。通易經。寧宗稱爲江南眞秀才。仕至奉直大夫。居官廉潔。時稱孝廉。

史正志 【宋】江都人。字志道。紹興進士。陳康伯薦於朝。除樞密院編修。引孫檻築濡須塢故事。乞築和州城壘。及舒揚防守荆襄事宜。高宗視師江上。上恢復要覽五篇。車駕駐建康。正志言三國六朝形勢與今日不同。要當無事則都錢塘。有事則幸建康。詔下集議。從之。後歸老姑蘇。號吳門老圃。有建康志、菊譜。

史永安 【明】山東武定人。字磐石。萬曆進士。官監察御史。巡按貴州。已差滿。值土官安邦彥擁兵圍貴陽。永安集兵固守。自夏徂秋。城中食盡。至食草根皮韉。飲血誓衆。而兵民志堅不懈。城圍解。論功累擢右僉都御史、兵部侍郎。總督三邊。

史玄 【明】吳江人。字弱翁。少艱窶。發憤爲詩文。與吳易、趙渙相唱和。號爲東湖三子。明亡。落魄不偶。抱鬱而死。

史玉明 【明】廣濟人。父早喪。事母至孝。母卒。傭工自給。有山數弓。田一畝。以先塋所在。饑寒不以鬻人。結廬墓側。嘉靖初卒於墓舍。

史用之 【宋】眉山人。撰崇德廟碑。其文純正典則。又表壽鳳山之麓。有石刻讀書二大字。旁識云。端平二年。鶴山赴召過樂溫。爲史子作。其賢可知矣。

史申義 【清】江都人。字蕉飲。康熙進士。官至禮科給事中。與同里顧圖河用詩學相切劘。時稱維揚二妙。聖祖以詩人問陳廷敬。廷敬以申義及周起渭對。翰苑因有兩詩人之目。有樵城、使滇、過江等集。

史白 【清】鄱陽人。字堅又。有復堂雜說、村林雜記。

史立 【漢】哀帝時爲中謁者。張由誣告馮太后祝詛傅太后。使立與丞相長史大鴻臚雜治。立受太后指。冀封侯。治馮太后女弟習等死者數十人。馮太后自殺。立遷中太僕。哀帝崩。孔光奏立陷人入大辟。免爲民。徙合浦。

史立模 【明】餘姚人。進士。由給事中謫通判。陞本府同知。政尙威嚴。釐正夙弊。以法繩豪武不得逞。歲蝗。命捕之。以米斛易蝗一斗。蝗遂盡。遞馬差困。設四季馬甲法。以節逸勞。著爲令。所至登眺賦詩。感慨蹈厲。陞惠州知府。

史兆斗 【清】鑑裔孫。徙居長洲。博雜多藏書。齋居蕭然。惟事讎校。康熙初卒。年八十餘。

史匡翰 【後晉】建瑭子。尙晉國長公主。爲將沈毅有謀。接下以禮。與部曲語。未嘗不名。歷官所至。兵民稱慕。史氏世爲將。匡翰好讀書。尤喜春秋三傳。與學者終日講論無倦容。義成軍從事關徹嘗醉罵匡翰。匡翰不怒。引滿自罰而慰勉之。人皆服其量。

史吉 【宋】爲延州指揮使。夏人入寇。寨主押監引兵欲匿山中。俟賊去復歸。吉曰。如城中百姓芻糧何。吉不敢從。寨主押監慚而返。城賴以完。

史圭 【後晉】常山人。仕後唐明宗爲直學士。時宰相安重誨不知書。倚圭以備顧問。許令升殿侍立。學士升殿自圭始。高祖立。以吏部侍郎知銓事。有能名。

史守之 【宋】彌堅從子。字子仁。私淑陸九淵。仲父彌遠當國。心弗善之。每寓規諫。退居月湖之陽。彌遠甚畏之。每有所作。輒戒其家弗令十一郎知之。

史守道 【宋】丹稜人。字孟傳。讀書一覽不忘。爲文援據詳明。辭辨雄放。當時諸儒託周程諸儒先語以自標榜。守道所依惟魏了翁。賜同進士出身。嘉定間卒。有傳齋集·傳齋有用之學·奮略·詩略。周禮略。春秋統會·國朝名賢年譜。

史·安 〔明〕豐城人。字志靜。永樂進士。任禮部郎中。時交人叛。當事舉安以自助。師行入交趾。總戎有驕色。安言不聽。兵敗。安被執死之。

史·次秦 〔宋〕眉山人。舉進士。爲泰安軍教授。吳曦叛。招之甚急。乃以毒藥傳兩目。比至。目益腫。母命家詐以訃聞。乃聽還。曦誅。改利州路主管文字。仕至合州刺史。

史佚 〔周〕史官。成王與弟叔虞戲。削桐葉爲圭以與之。曰。以此封若。史佚請擇日。成王曰。吾與之戲耳。史佚曰。天子無戲言。言則史書之。禮成之。樂歌之。於是封叔虞於唐。

史伯 〔周〕太史。鄭桓公爲周司徒。問曰。王室多故。何所可以逃死。史伯曰。其濟洛河潁之間乎。是其子男之國。虢鄶爲大。若克二邑。前華後河。右洛左濟。其可以少固。後果如其言。

史·伯璿 〔元〕溫州平陽人。字文璣。少嗜學。博通經史。深得朱子宗旨。著四書管窺以發明之。又著管窺外編。辨論諸經史天文地理古今制度名物。終身隱居不仕。

史·克新 〔明〕永樂中按察副使。剛正無私。發姦擿伏如神。巡歷所部。淹滯無遺。卒於官。聞者流涕。

史·孝咸 〔清〕餘姚人。字子虛。繼沈國模主講姚江書院。嘗曰。空談易。對境難。於居處恭執事敬與人忠三語。精察而力行之。其庶幾乎。家貧。日食一粥。泊如也。順治間卒。年七十有八。

史·孝章 〔唐〕憲誠子。字得仁。本名唐。憲誠數奸命。孝章乘間切諫。文宗賢之。擢節度副使。又勸出師討李同捷。卽敕孝章統之。進檢校工部尚書。終鄜坊節度。卒年三十九。

史·岑 〔漢〕沛國人。字子孝。一字孝山。以文章顯。王莽以爲謁者。

史·序 〔宋〕京兆人。字正倫。善推步曆算。知司天監事。淳化中修儀天曆上之。又纂天文曆書以獻。

史·志可 〔明〕寧波人。知浦城縣。以公恕存心。寬和爲政。刑罰不施。姦弊屛息。尤以與學禮士爲意。

史·成 〔清〕朔州人。字薦章。康熙中以遊擊遷辰州副將。勦紅苗。突入大小天星等寨。以奇功遷寧台總兵。勦大盜陳君元。俘其黨。海盜以平。

史·成珪 〔金〕倫子。倜儻有父風。遭亂。盜賊四起。乃悉散其家財。惟存廩粟而已。

史·扶 〔宋〕瀘州人。能詩。有瀘南詩卷行世。

史·抗 〔宋〕濟源人。宣和末爲代州安撫副使。金人圍代急。城破。父子三人力戰死。

史·杠 〔元〕天澤四子。字柔明。號橘齋道人。官至湖廣行省右丞。善畫人物山水花竹翎毛。

史·良佐 〔明〕江陰人。字禹臣。弘治進士。擢南臺御史。劾劉瑾。留劉健·謝遷等。瑾矯旨下詔獄。前後杖九十。削籍南還。瑾誅。起雲南按察使副使。平十八寨苗蠻。又濬治海口。得農田千頃。尋告歸。

史良娣 〔漢〕魯國人。衛太子之良娣。生男。進號史皇孫。武帝末巫蠱事起。與太子及皇孫皆遭害。

史·叔賓 〔後漢〕陳留人。少有盛名。郭林宗見而告人曰。牆高基下。雖得必失。後果以論議阿枉敗名。

史·孟麟 〔明〕宜興人。字際明。號玉池。萬曆進士。官至太常少卿。張差一案。廷臣請究主使。御史劉光復因召對下獄。孟麟具疏救光復。因請立皇太孫被謫。潛心理學。建明道書院。一時俊彥多出其門。學者稱爲啓新先生。有亦爲堂集。

史·季温 〔宋〕容孫。字子威。進士。寶祐中官祕書少監。有山谷別集註·山谷精華錄·詩賦銘贊及雜文等書。

史·定之 〔宋〕浩孫。嘉定間知饒州。廣濬城隍。著鄉飲酒儀·太極圖論·易贊·普說·饒州志等書。

史·岩之 〔宋〕鄞人。字子尹。紹定間進士。知眞州。權淮南運判。敵犯儀眞。岩之率衆捍之。訖以無恐。

史·忠 〔明〕江寧人。字廷直。本姓徐。名端本。自號敦翁。又號癡仙。亦號癡癡道人。性豪俠不羈。蔑權貴。遇所善。無貴賤皆與款洽。作臥癡樓。位置雅潔。醉則按拍歌新詞。又善畫山水。有女及笄。壻貧不能具禮。詭攜觀燈。送至壻家。有愛妾何玉仙。號白雲道人。能畫。解音律。求兩京絕手琵琶教以南北曲。自度新聲。被之管絃。年踰八十。預命發引。已隨而行。謂之生殯。其達生玩世如此。

史·念祖 〔清〕江都人。字繩之。官至廣西巡撫。罷歸。後以副都統銜在東三省辦事卒。有俞俞齋文稿。

史承豫 〔清〕承謙弟。字衎存。諸生。才思清雋。與兄承謙並擅詩名。有蒼雪齋詩文集·蒙溪詩話·碧雲亭雜錄·蒼雪齋詞·蒼雪齋隨筆·禪宗要指·唐詩雋·唐賢小三昧集·荊南風雅等書。

史·承謙 〔清〕宜興人。字位存。諸生。工詞。其於南渡諸家。不屑屑句摹篇倣。蓋能自出杼軸。而又得體裁之正者。有小眠齋詞。

史·泳 〔宋〕餘千人。字自亭。饒魯門人。李實稱泳問答。出入微妙。學者尊為水東先生。

史・秉直 【元】成珪子。讀書尙氣義。木華黎南伐。秉直率里中老稚數千人降。旋命管領降人。秉直拊循有方。遼近附者十餘萬家。尋遷之漠北。降人道饑。秉直得所賜牛羊。悉分食之。全活甚衆。

史・靑 【唐】零陵人。聰敏強記。開元初上書自薦能詩。云曹子建七步。臣五步之內。可塞明詔。明皇試以除夕上元竹火籠等詩。應口而出。帝稱賞。授左監門將軍。

史・容 【宋】青衣人。字公儀。號鄰室居士。官至太中大夫。有山谷外集註。

史・建瑭 【後唐】敬思子。初為先鋒。梁兵數為建瑭所殺。相戒常避史先鋒。後敗梁兵於柏鄉。加檢校左僕射。又敗梁兵於下博橋。敗劉鄩於故元城。累以功歷貝相二州刺史。討張文禮於鎭州。中流矢卒。

史・彥斌 【元】邳州人。嗜學有孝行。至正中河溢。鄰邑墓多壞。彥斌母卒。葬時為厚棺。刻銘其上。及墓為水漂。彥斌縛草人浮水中。乘舟隨草人所之。行三百里。得母柩歸葬。

史・彥超 【後周】雲州人。為人勇悍驍捷。以戰守功。累拜感德軍節度使。周兵圍漢太原。契丹救漢出忻代。世宗遣符彥卿拒之。彥超為先鋒。勇憤俱發。左右跪擊。沒於陣。

史・彥瓊 【後唐】伶人。與景進・郭門高為壞政亂國之尤。趙在禮作亂。兵至館陶。鄴都巡檢使人見彥瓊。求兵禦賊。彥瓊不肯與。曰賊未至。至而給兵豈晚耶。已而賊至。彥瓊聞呼聲。棄兵走。賊遂入鄴。

史・思明 【唐】寧夷州突厥種。初名窣干。玄宗賜名思明。趮健譎狡。與安祿山共鄉里。長相善。俱為捉生。後遷大將軍。祿山反。使思明略定河北。安慶緒襲位。思明復幷其衆。歸於朝。外順命而內通賊。益募兵。僭號稱帝。以子朝義攻陝。兵敗。將誅而釋之。朝義乃與其下弒思明。

史・思賢 【明】溧陽人。母病。醫罔效。刲心以進。尋愈。

史・昭 【明】合肥人。永樂中積功至都指揮僉事・鎭西寧。上言民俗鄙悍。請設學校如中土。又以衞兵守禦。不暇屯種。其家屬願力田者。俾之耕藝。收其賦以足兵食。並從之。嗣討平散卽思。威震塞外。在寧夏十二年。老成持重。兵政修舉。

史・春谷 【元】溧陽人。善推人休咎。大德間客死當塗旅館。遺書曰。溧陽史春谷。數當盡於此。三日後。遇孔君。仁人也。願求棺殮歸。果有孔文昇至。感其言。為之棺殮以歸。

史・炤 【宋】眉山人。字子熙。父清卿。蘇軾兄弟以師事之。炤博古能文。嘗作通鑑釋文三十卷。

史・珍 【明】中子。字玉廷。景泰進士。為宿遷知縣。有父風烈。節費愛民。不畏權勢。以此獲告。尋陞鎭江府通判。晚節益堅。士論重之。

史皇 【上古】黃帝之臣。始造畫。一說卽倉頡。

史・皇 【春秋楚】大夫。蔡侯吳子唐侯伐楚。史皇謂子常曰。必速戰。三戰。子常欲奔。史皇曰。安求其事。難而逃之。將何所入。子必死之。既而楚師大敗。子常奔鄭。史皇死之。

史・致謌 【清】陽湖人。籍宛平。字士良。號子愚。道光進士。官至寧紹台道。不畏強禦。不邇聲色。守南昌時。有勇丁持刀索質庫錢。勢洶甚。適與過。立擒斬之。有愼節齋雜記。

史・致儼 【清】江都人。字容莊。號望之。又號問山。年七十後。自號榕莊老人。又號槮翁。嘉慶進士。道光時官至刑部尙書。讀書實事求是。終身不為門戶見。卒贈太子太保。

史・茅 【後漢】崇孫。襲爵。除尙書。轉鎭西將軍雍州牧。宰治得宜。寬猛相濟。時人德之。茅子洽。洽子澤。澤子鉉。世襲侯封。皆有名。

史・倫 【宋】燕之永清人。少好俠。饒於財。金末中原塗炭。乃建家塾。招徠學者。藏活豪士甚衆。士族陷為奴虜者。出金贖之。遇歲祲。發粟八萬石以賑。士爭附之。

史・恭 【漢】史良娣之兄。家本魯國。良娣生男。進號史皇孫。武帝末巫蠱事起。衞太子及史皇孫皆遭害。史皇孫一男生數月。猶坐太子繫獄。五歲乃赦。治獄使者丙吉憐曾孫無所歸。載付恭。恭養視焉。後曾孫收養於掖庭。是為宣帝。時恭已死。封三子高・曾・元皆為侯。

史・格 【元】天澤子。字晉明。從攻襄陽。襄陽下。格軍先渡江。為宋將程鵬飛所卻。格被三創。喪其師二百。尋復大戰。中流矢。鵬飛亦被七創。乃敗走。又從攻潭州・靜江。並有殊功。

史・桂芳 【明】鄱陽人。字景實。號惺堂。嘉靖進士。性耿介。宗陳獻章之學。初知歙縣。廉直愛民。督師趙文華檄取萬金犒師。不應。歷知延平・汝寧二府。專以德化民。遷兩浙運使。老幼送者數千人。有惺堂文集。

史・浩 【宋】鄞人。字直翁。紹興進士。官國子博士。為王府教授。金人犯邊。詔親征。建王請率師為前驅。浩為王力言太子不可將兵。王感悟。令浩草奏。請扈蹕以供子職。帝方怒。覽奏意頓釋。孝宗時拜相。卒諡忠定。有尙書講義・鄮峯眞隱漫錄。

史・珪 【宋】洛陽人。少以武勇隸軍籍。周顯德中選小校。太祖領禁衞。

以珪給事左右。及臨御。欲周知外事。令珪博訪。廉得數事。驗之皆實。後乃漸肆威福。以洩漏禁中語。出爲刺史。珪多智數。好以甘言小惠取譽於人。故所至不忍其去云。

史疾 【戰國】楚考烈王時。疾爲韓使楚。楚王問曰。客何方所循。曰。治列子圉寇之言。曰何。貴正。王曰。正亦可爲國乎。曰可。楚國多盜。正可以禦盜乎。曰可。曰以正禦盜奈何。頃間有鵲止於屋上者。曰。請問楚人謂之何。王曰謂之鵲。謂之烏可乎。曰不可。今王之國。有柱國令尹司馬典令。其任官置吏。必曰廉潔勝任。今盜賊公行而弗能禁也。此烏不爲烏。鵲不爲鵲也。

史翁 【清】浙江人。字南波。以詩書畫擅名當時。有鄭虔三絕之稱。左筆書尤爲獨步。於五嶽進左筆書冊。以縣丞用。成親王永瑆書法冠絕一代。亦深許翁之左筆。

史能仁 【明】鹿邑人。崇禎中令新城。大旱蝗生。單騎勸捕。曝烈日中三日。蝗尋滅。既他調。攀轅號泣者萬人。後遷兵部主事。

史記言 【明】當塗人。字司直。知陝州。地當賊衝。記言出私財募士。聘少室僧訓練之。擒斬數十人。賊憤。悉衆來犯。所練士方調他郡。城陷。遂縱火自焚。兩僧掖之出曰。死此胡以自明。乃越女牆下。被獲死之。

史記事 【明】渭南人。字義伯。萬曆進士。擢御史。敢諫有聲。歷光祿少卿。以觸權相罷。所居修竹四壁。講學著書。諸經皆有精義。

史起 【戰國】【魏】襄王時爲鄴令。引漳水溉鄴田以富河內。民歌頌之。

史起欽 【明】鄞人。字敬所。萬曆進士。官福寧知州。有太姥志。

史高 【漢】魯人。侍中貴幸。以舉發反者大司馬霍禹功。封樂陵侯。宣帝疾病。拜高大司馬車騎將軍。領尚書事。元帝卽位。輔政五年。乞骸骨。賜安車駟馬罷就第。卒諡安。

史務滋 【唐】溧陽人。官納言。武后詔務滋等十人分行天下。來子詢誣雅州刺史劉行實兄弟反。詔務滋與來俊臣雜治。俊臣言務滋與囚善。掩其反狀。后命俊臣幷治。遂自殺。

史啓元 【明】江都人。字蘿卿。萬曆進士。天啓初備兵衡永。會岷藩有變。中使往勘。羣宗譁甚。啓元至。數語折服。遂定岷封。粤寇闌入楚境。啓元於廣贛孔道設二關。募兵守之。賊不得奔逸。殲其渠魁。以病乞休。

史國禎 【明】黟人。字君祥。父早喪。事母孝。寓毗陵客舍。夜忽心痛。倍道歸。母果病。刲股和藥。病尋愈。

史崇 【後漢】杜陵人。字伯勤。建武中累官靑冀二州刺史。封溧陽縣侯。天下既平。詔遣公侯皆就封。崇治尙寬簡。不威而化。卒諡壯。子孫因家溧陽。

史彬 【元】博野人。有膽勇。木華黎南下。居民被擄。蠡守閉城自守。彬謂諸子曰。郡守棄民自保。吾與其束手以死。曷若死中求生。乃率鄉人數百家請降。木華黎書帛爲符遣還。及州破。獨彬與同降者得免。

史得 【明】儀眞人。兄能。爲指揮。坐法當死。得念兄未有嗣。請於官。願以身代。兄出獄生子。得喜曰。不負吾心矣。會赦並釋。人高其義。

史惟圓 【清】宜興人。字雲臣。有蝶庵詞。

史敏 【明】淮安山陽人。字德敏。正德進士。累官河南右參議。南陽歲饑。流賊蜂起。敏賑恤撫字。遂以寧謐。晉右參政。平生坦直無他營。工四體書。好吟咏。有松泉集。

史既濟 【清】鄱陽人。字若川。有介軒遺筆。

史晨 【後漢】河南人。字伯時。建寧間拜魯相。善書。有孔子廟碑二。

史理 【周】諫官。威公得史理。趙巽爲諫臣。去苛令三十九物。

史祥 【隋】寧子。字世休。徙居朔方。初仕周爲太子車右中士。文帝踐阼。領交州。有惠政。後從王世積伐陳破之。拔江州。又從晉王廣破突厥於靈武。煬帝卽位。進位上大將軍。旋拜燕郡太守。爲賊高開道所圍。祥稱疾不視事。城陷。開道甚禮之。會開道與羅藝通和。送祥涿郡。卒於途。

史紹登 【清】貽直孫。字倬雲。有勇力善戰。乾隆末署文山縣。有惠政。苗匪起貴州。將及文山。紹登率吏堵勦。所向披靡。嘉慶間署維西通判。擊亂民恆乍綳。平之。尋卒於官。

史通 【宋】青神人。字子深。少與兄珣以文學知名。中元祐進士。歷官通州尉。盤石令。有古循吏風。嘗著易乾坤別解。詩書義。及進世機務。鉏藝策。

史善長 【清】吳江人。字誦芬。號赤厓。諸生。工詩及駢體文。有翡翠巢詞。秋樹讀書樓集。一諫四益閣文鈔。

史堯弼 【宋】眉州人。字唐英。天姿卓絕。少以古樂府洪範等論往見張浚。浚謂其大類東坡。年十四舉於鄉。赴鹿鳴宴猶著粉紅袴。人疑其文未工。太守命賦詩。堯弼援筆立就。未授官而卒。其詩縱橫排宕。擺脫恆蹊。有蓮峯集。

史弼 【後漢】考城人。字公謙。桓帝時爲河東守。奉詔舉孝廉。中常侍侯覽遺諸生齎書囑之。弼付安邑獄拷殺之。覽怒。諷弼誹謗被逮。吏民詣闕訟之得免。嘗爲平原相。詔舉鉤黨。郡國所奏。多至數百。弼獨無所上。

責問之。弼曰。風俗不一。他郡自有。平原自無。全活者千餘人。⊙【元】彬曾孫。一名塔剌渾。字君佐。通國語。膂力絕人。嘗征爪哇。攻葛郎。以五千人渡海二十五萬里。入近代未嘗至之國。俘其王。並諭降旁近小國。元貞中仕至平章政事。封鄂國公。⊙【明】金壇人。字伯直。萬曆進士。居言路。每折閹宦。時魏忠賢方羅織正人。雖以資望內陞。旋削籍。追奪誥命。尋復官。不就。性孝友。澣衣粗食。建宗祠。置義田。里中稱爲典型。

史·惠 【明】晉江人。親喪廬墓三年。有白烏宿其樹。

史朝 【春秋衞】史官。襄公夫人姜氏無子。嬖人婤姶生孟縶。孔成子夢康叔謂己立元。史朝亦夢康叔謂己。余將命而子苟與孔烝鉏之曾孫圉相元。及婤姶生子。名之曰元。孔成子以周易筮之曰。非長之謂乎。史朝曰。康叔名之。可謂長矣。故孔成子立靈公。

史·朝清 【唐】思明子。喜田獵。牀虛似思明。淫酗過之。帳下三千人。皆剽賊輕死。爲兄朝義所殺。

史·朝義 【唐】思明子。初封懷王。弒父殺弟。遂襲位。虛懷禮下。專皆決大臣。然無經略才。時洛陽諸郡人相食。城邑榛墟。諸將皆祿山舊臣。與思明故輩行。恥爲朝義屈。召兵輒不至。會雍王。僕固懷恩等合兵討賊。大敗之。輾轉顛頓。爲李懷仙所殺。思明父子僭號凡四年而滅。

史·朝賓 【明】晉江人。字應之。嘉靖進士。任刑部郎中。楊繼盛死西市。朝賓獨爲收殮。設位以哭。降判泰州。隆慶初歷鴻臚寺卿。

史·游 【漢】元帝時黃門令。著有急就章。

史·渙 【三國魏】沛國人。字公劉。少任俠有雄氣。武帝初起。以客從行中軍校尉。從征伐。常監諸將。見親信。轉拜中領軍。

史·琰 【宋】字炎玉。博學工文詞。嫁爲張祺婦。詩詞酬唱。格調閑雅。久而盈篋。敍次之爲和鳴集。

史·琳 【明】餘姚人。字天瑞。成化進士。弘治中爲右都御史。博聞多藝。善書。工畫竹。

史·蕢 【後周】善屬文。吳王恪鎭永州。辟爲判官。謂蕢曰。逆寇未殄。君有服物才。若能垂顧。黎元有望矣。蕢乃應召。多所裨贊。境內肅然。

史·虛白 【南唐】字畏名。世家齊魯。中原亂。南渡。宋齊丘召與宴。飲酒數行。使製書檄詩賦碑頌。虛白方半醉。命數人執紙口占。筆不停輟。俄而悉就。詞采磊落。齊丘驚服。因說齊丘以湯武伊呂事。齊丘引見徐知誥。擢校書郎。未幾謝病去。往來廬山。絕意世事卒。

史·詔 【宋】簡子。字升之。頎秀豐下。少有立志。嘗受業於樓郁。以孝行聞。遇大比輒引避。嘗曰無母氏之節。已無史氏矣。誓終身母子不相離。大觀中詔舉八行。鄉人以詔應命。與母避於縣東大田山。郡守迹所往迫使就道。誓不起。鄉人稱爲八行先生。後孫浩貴。累贈太師越國公。

史·貽直 【清】溧陽人。字儆弦。號鐵崖。康熙進士。乾隆間累官文淵閣大學士。兼吏部尚書。坐事奪職。尋復相。前後居相位垂二十年。生有幹局。行政寬猛得中。務持大體。卒年八十二。諡文靖。

史·隆 【明】溧陽人。字吉甫。弟際富甲天下。隆獨儉素自持。有長者稱。子繼辰。字應之。歷官有治績。

史·雄 【北周】寧子。字世武。少勇敢有算略。年十四。從寧於牽屯山奉迎文帝。從校獵。弓無虛發。尋尚永富公主。累遷大馭中大夫。從枹罕公辛威鎭金城。卒於軍。年二十四。

史·嗣貞 【金】漁陽人。大定中爲文登令。性剛毅明敏。人不敢干以私。裁斷如流。庭無滯獄。民愛之如慈母。

史·嗣彪 【清】金壇人。字斑如。號蠹巖。乾隆間官內閣中書。善畫山水。暈潤有氣。作端楷敏捷。能日作萬字。

史·嵩之 【宋】鄞人。字子由。嘉定進士。紹定間遷刑部侍郎。端平初出師與淮閫協謀犄角。嵩之力陳非計。後師潰。帝悔不用嵩之言。累進右丞相兼樞密。淳祐間封永國公。遭父喪起復。爲公論所不容。閒居十有三年。卒諡忠簡。改諡莊肅。德祐初奪諡。

史·敬文 【宋】善繪古人故實。

史·敬奉 【唐】靈州人。事朔方軍爲牙將。元和中吐蕃數犯塞。敬奉請兵三千。齎一月糧。深入敵地。由間道出敵後。部落奔駭。因大破之。驅其餘衆於狐蘆河。敬奉走逐奔馬。矛矢在手。前無強敵。以名雄邊。

史·敬武 【元】溧陽人。字彥剛。元末抱道僻處。以小學書教其子。著有彝議·楷錢辨·憂世記·及上皇太子書。子制。負大力。儀觀豐偉。壬辰之亂。團義勇捍鄉族。孫仲和。兄弟三人相友愛。皆敬武小學之教也。

史·敬思 【後唐】雁門人。爲九府都督。從晉王入關。破黃巢。復京師。擊秦宗權於陳州。常爲先鋒。晉王東追黃巢。留宿梁驛。梁兵夜圍攻之。敬思登驛樓。射殺梁兵十餘人。晉王得與從者俱去。敬思爲梁追兵所殺。

史·敬鎔 【後唐】太原人。事晉王爲帳中紀綱。莊宗嗣位。李克寧陰構異圖。敬鎔以白貞簡太后。克寧等伏誅。以功歷金吾上將軍。

史·楫 【元】天倪子。字大濟。善撫士卒。所向有功。爲眞定兵馬都總管。

佩金虎符。民有誣愬府僚於達官者。將抵死。楫曰。誅之固足以懲後。求若宥之以愧其心。且人命至重。詎宜以妄言而加極刑。乃杖而遣之。

史・源 明溧陽人。字元傑。以才勇授驍騎千戶。永樂中從征交阯。於月常江遇賊。馬逸入陣。斬馘衝突。賊驚潰。忽爲毒鏢所中。屍載所乘馬歸營中。儼立如生云。

史祿 秦史官。始皇以史監郡。伐百粵。使祿鑿渠轉餉。導源海陽山。以湘水北入楚。灕江激行六十里。置陡門三十六。使水積漸進。故能循崖而上。建瓴而下。通舟楫。利灌漑。號爲靈渠。及漢馬援征徵側。繼疏之。賴以濟師饋餉。論者尤歸功於祿云。

史・祺孫 宋安吉人。字大年。政和間登第。以刑部郎出典贛・興國二郡。秦檜謀誅岳飛。命祺孫搜索其家交遊書劄。祺孫悉焚其書。曰。誣人以求榮。吾不忍爲也。遂致仕歸。

史・經臣 宋眉山人。字彥輔。博學能文。其思子臺賦。上擬秦皇。下逮晉惠。反覆哀切。有補於世。舉賢良不第。卒於家。

史・萬里 明長興人。名鵬。以字行。制行廉介。姿狀瑰偉。能書。尤善弓馬。洪武初爲帥府幕賓。以人才薦。爲邳州知州・吏部郎中。

史・萬歲 隋杜陵人。少英武。善騎射。好讀兵書。兼精占候。以父蔭襲封。爾朱勳以謀反誅。萬歲坐除名。配敦煌。竇榮定擊突厥。萬歲請自効。突厥遣騎挑戰。馳斬其首而還。突厥大驚引去。開皇末達頭可汗犯塞。萬歲至大斤山。與敵遇。敵聞其名。懼而引去。萬歲追擊大破之。後以楊素譖死。士庶莫不寃惜。

史・達祖 宋汴人。字邦卿。號梅溪。爲韓侂胄堂吏。頗擅權用事。工詞。姜夔稱其奇秀清逸。有梅溪詞。

史・道 明涿人。字克弘。爲兵科給事中。劾罷順天巡撫劉遠已。救吏部尙書王瓊。請宥其死。瓊得遣戍。世宗修迎立功。司禮及潛邸內官俱蔭錦衣世職。道言恩太濫。不納。遷山西僉事。後以太子少保致仕卒。

史・道碩 晉善繪故實。工人物及鵝。其兄弟四人。皆以善畫得名。

史・雋之 宋紹定初知江陰軍。李全之亂。江陰當要害。雋之下車踰月。請兵分屯。軍整民安。秋毫無擾。舉行鄉飲酒禮。觀者皆歎息感化。

史・夢蘭 清樂亭人。道光舉人。敍知縣。事母孝。杜門好學。同治間曾國藩・李鴻章聘之。皆辭不就。所學以躬行爲本。尤嚴於義利公私之辨。有迭雅・四書翼註眇枝・輿地韻編・圖書便覽・畿輔藝文考・讀書雜記。

史・寧 北周遵子。字永和。少以軍功加持節征東將軍。西魏文帝時歷涼州刺史。宕昌叛羌獠甘作亂。寧率軍討斬之。遷鎭河陽。邊民思慕威惠。後爲荆州刺史。卒諡烈。

史・榮 清鄞人。一名闕文。字漢桓。又字雪汀。諸生。工書畫。精篆刻。詩宗楊萬里。乾隆時主里中吟社。壇坫甚盛。有李長吉詩注・風雅遺音・竹東集。

史・維則 唐吳人。字天問。工八分飛白二書。在唐以八分名家者四人。韓擇木・蔡有鄰・李潮・與維則也。歷翰林學士。弟懷則亦工書。

史・維堡 明金壇人。字心傳。萬曆進士。官至工部郎中。有尙書晚訂。

史・蒙卿 宋彌鞏孫。字景正。號果齋。年十二。入國子學。通春秋周官。咸淳進士。授景陵主簿。歷江陰・平江教授。四明之學。祖陸氏而宗楊袁。其言朱子之學。自黃東發與蒙卿始。寓居臨海。自號靜清處士。有靜清集・小學紺珠。

史・誠祖 明解州人。知汶上縣。廉平寬簡。御史考覈郡縣長吏賢否。稱誠祖第一。璽書慰勞。益勤於治。屢當遷職。輒爲奏留。閱二十九年卒於任。士民留葬城南。歲時奉祀。

史趙 春秋晉太史。晉悼夫人食輿人之城杞者。絳縣人年長矣。無子而往與食。或問其年。曰。臣小人也。不知紀年。臣生之歲。正月甲子朔。四百有四十五甲子矣。史趙曰。亥有二首六身。下二如身。是其日數也。

史・際 明隆弟。字恭甫。少從王守仁・湛若水遊。嘉靖進士。官春坊乞歸。置義莊義塾。修明倫堂。捐田資貧士讀。累遇饑荒。輒捐粟以賑。後倭犯東南。際募死士邀擊。又追勦之於太湖。進尙寶卿。子繼書。以父蔭爲指揮僉事。請屯田天津。爲勦倭犄角之勢。會撫事成不果行。

史・鳴皐 清如皐人。字甯鶴。號歷亭。乾隆進士。官象山知縣。善花草竹木。與姜恭壽相上下。

史墨 春秋晉史官。魯昭公三十一年十二月辛亥朔。日有食之。趙簡子占諸史墨。對曰。六年及此月也。吳其入郢乎。終亦弗克。入郢必以庚辰。日月在辰尾。庚午之日。日始有謫。火勝金。故弗克。

史・徵 唐著周易口訣義。

史・德義 唐崑山人。隱居虎丘山。以琴書自適。或騎牛帶瓢。出入廛野。高宗聞其名。召赴洛陽。稱疾歸。天授初擢朝散大夫。

史・樞 元天安子。字子明。年二十餘。以勳臣子知中山府。有治蹟。憲宗伐宋。爲前鋒。宋立劍州。儲治於苦竹崖。前阻絕澗。深數百尺。恃險不備。樞率健卒縋而下。得致師處以聞。宋人懼。乃降。世祖時復扈駕北征。平高麗。又從丞相伯顏平宋。累官山東東西道宣慰使。

史·緒 【宋】曲沃人。字仲昌。徽宗時累遷驍衛將軍。世明法律。爲人莊毅明恕。雖家人相對無惰容。居官決獄持平。卒贈武衛大將軍。

史·調 【清】華陰人。字匀五。號復齋。晚號雲臺山人。乾隆進士。官仙游知縣。有史復齋文集。

史·震林 【清】金壇人。字岵岡。號瓠岡居士。乾隆進士。官淮安教授。善畫樹石闘竹。精八分。喜摹曹全碑。卒年八十有七。有西青散紀·華陽散稿·華陽詩稿。

史·憲忠 【唐】憲誠弟。字元貞。少爲魏博牙門將。田弘正討齊蔡。嘗爲先鋒。閱三十戰。中流矢。酣戰不解。由是著名。憲誠表爲貝州刺史。會昌中拜涇原節度使。疏涇於湟。積緡錢十萬。粟百萬斛。戍人宜之。爲人廉儉寡欲。所至懷德。終左龍武統軍。

史·憲誠 【唐】建康人。其先奚也。後內徙。三世署魏博將。憲誠以趫敢從軍。田布既死。憲誠時爲中軍兵馬使。擅總軍務。朝命卽以節度使授之。時李岕方亂。私與交通。會岕誅。謂詔使曰。我本奚。如狗也。惟知識主。雖日加箠不忍離。其猶獪類此。後爲魏軍所殺。

史·皞 【明】丘縣人。性敏捷。勤學愼行。爲鄉人所稱。任河南按察司副使。民無寃獄。時稱廉明。

史·璟卿 【宋】嵩之從子。嵩之在相位。璟卿以書諫。於用人行政及退師於鄂之失。多所指斥。言甚切至。無何暴卒。相傳爲嵩之致毒。

史·積琦 【清】會稽人。字德璋。號栗齋。乾隆進士。官至御史。在臺頗有風力。有栗齋詩存。

史·諫 【明】平鄉人。與弟誼俱以孝友稱。母嘗病革。諫籲天欲以身代。俄而母愈。後諫授官之任。過家遇父疾。親嘗湯藥。父卒。兄弟廬塚上三年。近塚水多鹹。諫誼扶木卜祝之。隨木所向掘之。果得甘泉。人皆奇之。

史·遵 【北周】建康人。初爲征鹵府鎧曹參軍。屬杜洛周構逆。六鎭自相屠陷。遵遂率鄉里二千家奔恆州。恆州破。復歸洛陽。拜樓煩郡守。及子寧著勳。追贈散騎常侍征西大將軍·涼州刺史。諡貞。

史·遷 【明】金壇人。字艮臣。篤學愼行。明初屢徵不起。知蒲城。遷嚴州。所至以治稱。工詩。有清吟集。

史·彌大 【宋】浩長子。乾道進士。累官禮部侍郞。浩在相位。彌大勸其引退。浩主和。彌大主戰守。父子異議。著有朴語數篇。

史·彌宇 【宋】浩從子。字清叔。寧宗時知武岡軍。始行鄉飲酒禮於學宮。

史·彌忠 【宋】浩從子。字良叔。第進士。歷官廬陵宰。有能名。後守南安。爲政尙安輯。守吉州。亦如之。初爲咸寧尉。官滿歸里。橐中裝視之官時良多。父漸怒。發視皆書帙也。卒諡文靖。

史·彌林 【宋】浩從子。字和旨。楊簡門人之傑。父涓爲浩同產弟。浩盛時。涓辭官不拜。用累舉恩致祿以終其身。浩沒。授官者必欲以貤其子。彌林又辭不拜。

史·彌堅 【宋】浩幼子。字固叔。以軍器監尹臨安。兄彌遠入相。以嫌出爲潭州湖南安撫使。平湖寇羅孟傳。守建寧。行義倉法。眞德秀紀其政績。以兄久相位。數勸歸。不聽。遂食祠祿於家。卒諡忠宣。

史·彌寧 【宋】浩從子。字安卿。嘉定中以國子舍生莅春坊事。帶閤門宣贊舍人知邵陽。有友林乙稿。

史·彌遠 【宋】浩三子。字同叔。韓侂胄與金人開釁。彌遠倡議誅之。尋代其位。內結楊后弄權。宰執侍從。臺諫藩閫。皆所引薦。寧宗崩。矯詔廢皇子竑。立理宗。初欲反韓侂胄之所爲。頗收召賢才。其後論者紛起。遂專任憸壬。一時君子。貶斥殆盡。終太師左丞相·兼樞密使。封會稽郡王。卒諡忠獻。

史·彌鞏 【宋】彌堅從弟。字南叔。楊簡弟子。好學彊記。登進士第。端平初入監都進奏院。嘉熙初應變上言。出提點江東刑獄。歲旱。以等第賑糶。全活百餘萬口。饒州兵籍溢數。請汰冗兵。令下初大譁。彌鞏開諭。諸營帖然。廩給亦省。

史·應元 【明】祥符人。籍大興。可法祖。官黃平知州。有惠政。語其子從質曰。我家必昌。後果生可法。

史·聲 【宋】元祐間以進士登顯官。始家貧。母先卒。侍父自養不給。及登第。迎父就養。父道卒。聲結廬墓左。日抱土培塋。墓後成一壟如山。

史·褒善 【明】大名人。歷官侍御史。按楚。有平麻陽盜功。以論守陵璫驕橫忤旨。旋與楊繼盛同官。日以國事相砥勉。倭寇猖獗。奏設沿江守備。又條陳江防六事。切中機宜。建瓜州城。倭至。民賴以全。

史·謙恕 【唐】泉州刺史。有惠政。百姓歌之曰。使君來何晚。昔日無儲今有飯。

史嚚 【春秋】【虢】太史。有神降於莘。虢公使祝應·宗區·史嚚享焉。神賜之土田。史嚚曰。虢其亡乎。國將興。聽於民。將亡。聽於神。神聰明正直而壹者也。虢多涼德。其何土之能得。

史·簡 【宋】鄞人。王致高弟。以後人貴封冀公。◉【明】鄱陽人。字文令。

輯鄱陽五家集。

史蟠 【清】溧陽人。字伯劭。嘉慶舉人。工詞。有小鬪烟語。

史顏節 【清】紹興人。字睿子。善畫墨竹。風晴雨露。無一不妙。

史謹 【明】崑山人。字公謹。號吳門野樵。王學士景善薦爲應天府推官。未幾左遷。尋罷。僑居金陵。躭吟咏。以詩工繪事。構獨醉亭。賣藥自給。以詩畫終其身。有獨醉亭詩集。

史懷德 【元】秉直弟。木華黎南伐。秉直降。懷德隸帳下。旋略地高州。拔十五城。合衆攻大寧。懷德先登。擒其二將。爲流矢所中。沒於軍。

史瓊 【五代吳越】善畫雉兔竹石。兼雪景。

史繩祖 【宋】眉山人。字長慶。魏了翁門人。官祕書監。有孝經解·學齋佔畢。

史藝 【南朝宋】工畫人物。繪古人故實。至精妙。

史譜 【清】樂陵人。字荔園。嘉慶進士。官至兵部左侍郎。居臺中言事。皆一時吏疵民病安危之所繫。不摭細故。風采甚著。

史贊舜 【明】龍陽人。字元亮。官川東副使。治兵松潘。恢疆二百四十餘里。官至南京太常寺卿。

史韜 【明】貴定人。弘治中爲新添衞指揮。後征普安。沒於陣。

史夔 【清】溧陽人。字胄司。康熙進士。官至詹事。工詩。有扈蹕·章臺·觀濤·扶胥諸集。

史寶 【明】蕭山人。字國信。精醫。通陰陽虛實之變。聞有禁方。必重購之。有傷寒要約·傷寒要格。

史懿 【後周】建瑭子。唐莊宗時爲左右廂都校。晉出帝時鎮涇原。未幾。契丹入中原。四方征鎮爲契丹所召者。靡不麕至。惟懿堅壁拒命。仍送款於漢祖。漢有天下。就拜檢校太尉·同平章事。周初封邠國公。

史繼志 【明】溧陽人。字思善。爲刑部郎中。有富人子陷大辟。當事知其寃。引嫌不爲白。繼志請於司寇曰。殺人以自潔。非法之平。郎中不爲也。遂得釋。陞浙江副使卒。有文集。

史蘇 【春秋晉】卜筮之史。獻公筮嫁伯姬於秦。史蘇占之。曰不吉。及惠公在秦。曰。先君若從史蘇之占。吾不及此夫。

史鰌 【春秋衞】大夫。字子魚。亦稱史魚。靈公不用蘧伯玉而任彌子瑕。史魚數諫不從。病將卒。命其子曰。吾生不能正君。死無以成禮。置屍牖下。靈公往弔。怪而問之。其子以告。公愕然曰。寡人之過也。於是進伯玉而退子瑕。孔子聞之。曰直哉史魚。既死。猶以屍諫。

史籀 【周】宣王時太史。又曰秦時卜士。其姓氏不詳。作大篆十五篇。時史官以教學童。

史黯 【春秋晉】太史。嘗言不及四十年。吳當亡。越圍吳急。吳王夫差使問趙孟曰。史黯何以得爲君子。對曰。黯也進不見惡。退無謗言。王曰宜哉。

史儼 【後唐】雁門人。給事於武皇。爲帳中親將。驍果絕衆。善擒生設伏。望塵揣敵。所向皆捷。其後併鍾傳。擒杜洪。剗錢鏐。成楊行密之霸迹。皆儼與李承嗣之功。

史權 【元】天倪次子。字伯衡。勇而有謀。至元間召至闕下。問以征南之策。帝善其計。授江漢大都督。總制兵馬。總管屯田。會權從父天澤言一門不可兼掌兵民之柄。乃授權鎮國上將軍眞定等路總管。兼府尹。

史鑑 【明】吳江人。字明古。於書無所不讀。尤熟於史。家居水竹幽茂。亭館相通。客至。陳三代秦漢器物及唐宋以來書畫名品。相與鑒賞。好著古衣冠。曳履揮麈。望之者以爲仙。居西村。人稱西村先生。有西村集。

◎【明】謹孫。居太倉。字元昭。工山水。畫有祖風。

史鑑宗 【清】金壇人。字遠公。乾隆舉人。官教授。精丹碧。工詩詞。能書。善奕。有青堂詩餘。

史鑄 【宋】山陰人。字顏甫。號愚齋。有百菊集譜。

史瓚 【唐】官至省郎。善畫鞍馬人物。

史顯祖 【宋】錢塘人。工畫人物山水。端平間官畫院待詔。

史纘烈 【明】弼子。任山陰知縣。瀕海民遭颶風死者十餘萬。具棺衾收瘞之。築塘壩以禦漂沒。陞黃州知府。時流寇欲下黃。取道渡江。纘烈出私帑置守具。築墩臺。日爲牛酒饗士。賊不得渡。弼嘗命以仁恕爲本。故所至有惠政。

史麟 【清】溧陽人。字仲仁。諸生。有五雲溪漁唱。

右師細君 【後漢】博士。習魯論語。

司九經 【清】寧夏人。字聖典。從征川滇及出塞。有功。累官宣化總兵。罷歸。康熙間從征西藏。遇賊死。

司五教 【明】內黃人。字敬先。崇禎時任內丘訓導。邑被兵。佐長吏拒守有功。遷城固令。流賊陷城。死之。

司允德 【元】東阿人。字執中。幼孤。事母以孝聞。由太學生累官翰林國史院修撰。母卒廬墓。有鳴鶴百餘。翔舞其上。久而始去。生徒共立瑞鶴亭於墓側。

司石磐 【明】鹽城人。崇禎末以諸生與都司鄧某同舉兵。兵敗被執。與鄧偕死。

司·良輔 【元】代州人。篤學敦行。至元中除儒學正。不就。家居教授。日講程朱之學。爲一方所宗仰。

司·居敬 【元】恩州人。至元末爲鄒縣尹。邑租歲輸膠州。民病遠涉。居敬爲請輸滕縣。民便之。又改建學宮。置學田。新孟子祠。建中庸精舍。去官後。民刻石以頌。

司·玠 【明】壽張人。幼有志操。年甫冠。爲流賊所掠。逼令爲書記。不屈死。

司空·圖 【唐】虞鄉人。字表聖。咸通進士。累官禮部郎中。避亂隱居中條山王官谷。作休休亭。號耐辱居士。時寇盜所過殘暴。獨不入王官谷。士人多依以避難。朱全忠已篡。召爲禮部尙書。不起。哀帝弒。圖不食卒。著詩品二十四。以四言韻語寫其意境。平奇濃淡。無體不備。

司空·頲 【後梁】清陽人。唐僖宗時舉進士不第。後入梁爲太府少卿。旋降晉。都虞候張裕多過失。頲屢繩以法。後爲裕所誣。莊宗族殺之。

司空·曙 【唐】廣平人。字文初。從韋皐於劍南。終虞部郎中。能詩。爲大曆中才子。

司·庠 【元】恩州人。字公序。與弟廩同舉進士。官御史。立朝鯁直。後辭官教授。四方來學者甚衆。隨器成材。俱有師法。

司城·貞子 【春秋陳】大夫。失其名。諡貞子。孔子過陳嘗主其家。

司徒·化邦 【明】溧水人。字光宇。少負不羈之才。事親孝。撫諸弟盡友于。以庠生入國學。仕上高丞。擢遼陽衞參軍。以疾乞歸。年八十四卒。

司徒·映 【唐】澤州人。官至太常卿。太和中棄職歸里。晦跡藏名。有清望。當道屢薦之。不仕。

司徒·詡 【五代漢】清河郡人。字德普。少好讀書。唐明宗命試吏於邯鄲。歷永年·項城令。皆有能名。漢初除禮部侍郎。周世宗卽位。留意雅樂。議欲考正其音。而詡爲足疾所苦。居多告假。遂命以本官致仕。

司馬·乂 【晉】武帝子。字士度。楚王瑋既誅。乂以同母。貶爲常山王。之國。乂前後殺冏·破穎軍。將士同心。皆願效死。東海王越慮事不濟。潛與殿中將收乂送金墉城。張方遣部將郅輔就金墉收乂至營。炙而殺之。三軍莫不垂涕。

司馬·子已 【宋】光七世孫。居戎州。通理學。不事科舉。以清白世其家。召補嘉定司戶參軍。

司馬·子如 【北齊】溫人。字遵業。孝昌中北州淪陷。子如南奔肆州。爲爾朱榮所禮遇。高祖入洛。以爲大行臺尙書。甚見信重。世宗入輔。以贓賄削官。未幾起行冀州事。齊受禪。以有翼贊之功。除司空。

司馬·子微 【唐】台州人。隱內方山。煉丹得仙。李白云。予昔在江陵見司馬子微。謂予有仙風道骨。可與神游八極之表。乃著大鵬遇希有鳥賦以自廣。

司馬·才章 【唐】貴鄉人。隋末爲郡博士。貞觀初房玄齡薦之。擢授國子助教。與孔穎達·顏師古等同受詔。撰定五經義訓。名曰五經正義。

司馬·允 【晉】武帝子。字欽度。封淮南王。元康中入朝。趙王倫有逆志。允潛謀誅倫。倫劫以大逆。允率國兵及帳下七百人與戰。頻敗之。司馬督護伏胤舉空版詐言有詔助允。允不之覺。爲胤所害。

司馬·文思 【後魏】休之子。繼從父尙之爲譙王。謀圖劉裕。裕執送休之。令自訓厲。休之兵敗。從詣道武降。官至懷朔鎭將。

司馬·天助 【後魏】自云晉驃騎將軍元顯之子。劉裕自立。歸魏。除東平將軍青徐二州刺史·東海公。招率義士。欲襲裕東平等地。又破裕將閭萬齡軍。前後多所虜獲。拜侍中·都督青徐兗三州諸軍事·征東將軍。後與司馬文思等南討。還又從駕北征。沒於陣。

司馬·世雲 【北齊】子如兄子。輕險無行。累遷潁州刺史。所在聚斂。仍肆姦穢。侯景反。擧州從之。景渦陽敗後。世雲復有異志。爲景所殺。

司馬·可速 【明】沂州人。貢士。性孝友。事親能以色養。尤深於考亭家禮。葬祭必遵之。

司馬·卬 【秦】爲趙將。定河內。數有功。項羽立爲殷王。王河內。都朝歌。

司馬·旦 【宋】池子。字伯康。仁宗時以父任爲祕書省校書郎。累遷至太中大夫。卒年八十二。與弟光友愛。光平時所與論天下事。旦有助焉。嘗有以罪廢貧不能自存者。月分俸以濟之。其人願以女爲妾。旦驚謝。出妻奩中物使嫁之。

司馬·申 【陳】溫人。字季和。十四便善奕棋。太清之難。父母俱沒。因此自誓菜食終身。爲秣陵令。以清能見稱。有白鵲巢於縣庭。

司馬·仲明 【後魏】官侍御史中書舍人。以謹敏著稱。出爲涼州刺史。坐貪殘免。後娶靈太后從姊爲繼室。遷大司農卿。出爲恆州刺史。

司馬·休之 【後魏】尙之弟。字季豫。晉天與中官荆州刺史。爲桓玄逼逐。玄誅。復職。頗得江漢人心。劉裕疑其有異志。攻之。休之率屬降於魏。未至道卒。贈始平公。諡聲。

司馬·光 【宋】池次子。字君實。七歲聞講左氏春秋。卽了其大旨。羣兒戲於庭。一兒登甕沒水中。光持石破甕。兒得活。寶元初進士。歷同知諫院。仁宗時請定國嗣。英宗時與議濮王典禮。均力持正論。神宗時爲御史中丞。以議王安石新法。不合去。居洛十五年。絕口不論時事。哲宗初起爲門下侍郎。拜尚書左僕射。悉去新法之爲民害者。在相位八月卒。贈太師溫國公。諡文正。居涑水鄉。世稱涑水先生。著資治通鑑。及獨樂園集。書儀等書。

司馬光妻 〔宋〕姓張氏。光爲小官時。夕遇盜。衣盡亡。天寒無纊絮。頗歎惋。張氏曰。但願身安。衣可復有。光爲之釋然。

司馬后 〔北周〕名令姬。消難之女。靜帝之后。隋文帝以后父擁衆奔陳。廢后爲庶人。後爲隋司州刺史李丹妻。

司馬安 〔漢〕汲黯姊子。少與黯爲太子洗馬。安文深巧善宦。四至九卿。昆弟以安故。同時至二千石者十人。

司馬朴 〔宋〕旦孫。字文季。少育於外祖范純仁。以純仁遺恩爲官。累遷兵部侍郎。二帝將北遷。朴貽書金人。請存立趙氏。金人挾之北去。徽宗崩。服斬衰朝夕哭。金主義而不問。嘗授朴行臺左丞。朴辭而止。後卒於眞定。贈兵部尚書。諡忠潔。

司馬池 〔宋〕夏縣人。字和中。少喪父。家貲數十萬。悉推諸父。舉進士。嘗試殿廷。母亡。友匿其報書。池心動。行至宮門。徘徊不能入。友告以母病。遂號慟而歸。後中第。歷任州縣。皆有政聲。累遷天章閣待制。知晉州卒。

司馬伷 〔晉〕亮弟。字子將。累官鎮東大將軍。代衛瓘鎮下邳。鎮御有方。得將士死力。吳人憚之。封瑯邪王。伷既戚屬尊重。加有平吳之功。克己恭儉。無矜滿之色。寮吏盡力。百姓懷化。卒諡武。

司馬冏 〔晉〕攸子。字景治。嗣封齊王。倫篡。冏因衆心怨望。起軍移檄天下。大破之。及王輿誅倫。惠帝反正。拜大司馬。輔政。沈於酒色。海內失望。後長沙王乂發兵攻冏。斬於閶闔門外。永嘉中追諡武閔。

司馬均 〔後漢〕東萊人。字少賓。隱居教授。信誠行乎鄉里。鄉人有所爭。輒曰。敢質少賓乎。不直者終無敢言。後位至侍中。

司馬孚 〔晉〕懿次弟。字叔達。仕魏至太傅。懿執政。常自退損。廢立之際。未嘗預謀。及武帝受禪。陳留王就金鏞城。孚拜辭。執王手。流涕歔欷。不能自勝。曰臣死之日。固大魏之純臣也。後封安平王。拜太宰。卒年九十三。諡獻。

司馬岐 〔三國魏〕芝子。累官廷尉。是時大將軍曹爽專權。尚書何晏·鄧颺等爲之輔翼。南陽圭泰嘗以言忤旨。考繫廷尉。颺訊獄將致泰重刑。岐面折之。颺慚怒而退。岐恐久獲罪。以疾去官卒。

司馬延義 〔陳〕暠子。字希忠。江陵之陷。隨父入關。丁母憂。喪過於禮。及暠還都。延義乃躬負靈櫬。晝伏宵行。冒履冰霜。手足皆皸瘃。及至都。以中風冷。遂至攣廢。數年方愈。遷鄱陽王錄事參軍。

司馬攸 〔晉〕武帝弟。字大猷。武帝踐阼。封齊王。咸寧中爲司空。初攸特爲文帝所寵愛。帝晚年諸子並弱。而太子不令。朝臣內外皆屬意於攸。攸知荀勗·馮紞構己。憤怨發疾而卒。諡獻。

司馬肜 〔晉〕駿弟。字子徽。武帝踐阼。封梁王。元康初都督關中。督建威將軍周處·振威將軍盧播等。伐氐賊齊萬年於六陌。肜與處有隙。促令進軍而絕其後。播又不救。故處見害。朝廷尤之。倫篡位。以肜爲阿衡。卒諡孝。

司馬里 〔宋〕池從子。字昭遠。第進士。通判鄜州。性廉靜質直。所至有惠政。每罷官至京師。未嘗有所謁。遷太常少卿卒。

司馬防 〔後漢〕溫人。字建公。少仕州郡。歷官洛陽令·京兆尹。以年老轉騎尉。養志里巷。閉門自守。諸子雖已冠成人。不命之坐不敢坐。不指所問不敢言。父子之間肅如也。

司馬叔持 〔後漢〕隴州人。明帝時白日於都市手劍父仇。視死如歸。班固爲之誄。

司馬季主 〔漢〕楚人。游學長安。賣卜東市。宋忠·賈誼過之。瞿然曰。竊觀於世久矣。未有如先生。何居之卑而行之汚耶。季主大笑曰。賢者不與不肖者同列。故學處卑以避衆。公等喁喁者也。何知長者之道乎。

司馬宗 〔晉〕羕弟。字延祚。元帝卽位。拜撫軍將軍。及帝疾篤。宗密謀爲亂。咸和初御史中丞鍾雅劾宗謀反。庾亮使趙胤收之。宗以兵距戰。爲胤所殺。貶其族爲馬氏。

司馬尚之 〔晉〕恬子。字伯道。嗣封譙王。累官豫州刺史。元顯寵倖張法順。每宴會坐起無別。尚之入朝。正色謂元顯曰。張法順驅走小人。有何才異。而暴被拔擢。因叱法順令下。擧坐失色。尚之言笑自若。後爲桓玄所害。諡忠。

司馬昌言 〔宋〕強力尚氣概。當官無所顧避。所至以威斷立名。雖屢經擯斥。未嘗少有抑損。

司馬承 〔晉〕遜子。字敬才。嗣封譙王。王敦有無君之心。帝欲樹屏藩。以承監湘州諸軍事。敦尋構難。遣魏乂等攻承。承且戰且守。相持百餘日。城遂沒。乂檻送承。荊州刺史王廙承敎旨。於道中害之。諡閔。

司馬·承禎　〔唐〕溫人。字子微。號白雲。事潘師正。傳辟穀導引術。開元中再被召命。詔於王屋山置壇室以居。以三體寫老子。刊正句文。承禎將還山。盧藏用指終南曰。此中大有佳趣。承禎徐曰。以僕視之。仕宦之捷徑也。卒年八十九。諡貞一先生。

司馬·欣　〔秦〕章邯長史。請事咸陽。趙高不見。欣報章邯曰。事無可爲者。邯乃與項羽盟。分天下以王諸侯。欣爲塞王。漢王擊三秦。欣降復叛。漢初破楚軍成皐。欣自剄死。

司馬·炎　〔晉〕詳晉武帝條。

司馬·直　〔後漢〕河內人。張讓說帝刺史二千石遷除皆責助軍修宮錢。時直新除鉅鹿太守。以有淸名。減責三百萬。直悵然曰。爲民父母。而割剝百姓以稱時求。吾不忍也。辭疾。不聽。行至孟津。上書極諫。卽吞藥自殺。書奏。帝爲暫絕修宮錢。

司馬·芝　〔三國魏〕溫人。字子華。少爲書生。避亂荆州。於魯陽山遇賊。芝獨坐守老母。賊以刃臨芝。芝叩頭曰。母老唯在諸君。賊義之。遂得免害。太祖平荆州。以芝爲菅長。歷甘陵·沛·陽平太守。所在有績。明帝賜爵關內侯。官至大司農卒。

司馬·芬　〔唐〕丹州人。事親至孝。詔旌其門。芬辭曰。小人有母。甘旨弗能備也。敢以孝名。人益稱之。

司馬·亮　〔晉〕懿第四子。字子翼。累官太宰。封汝南王。楚王瑋有勳而好立威。亮憚之。欲奪其兵權。瑋乃承賈后旨。誣亮與衛瓘有廢立之謀。矯詔執之。爲亂兵所害。瑋誅。追復亮爵。卒諡文成。

司馬·保　〔晉〕模子。字景度。少有文義。好述作。體貌豐偉。嘗自稱重八百斤。模遇害。保自號大司馬。承制置百官。愍帝卽位。累進相國。愍帝蒙塵。自稱晉王。卒諡元。

司馬·垔　〔明〕浙江山陰人。字通伯。成化進士。累官福建副使。尋乞歸。闢園亭。杜門謝人事。以詩酒相娛樂。有闢亭集。

司馬·威　〔晉〕洪子。字景曜。諂附趙王倫。倫敗。惠帝反正。曰阿皮捩吾指。奪吾璽綬。不可不殺。阿皮·威小字也。於是誅威。

司馬·恬　〔晉〕無忌子。字元愉。累遷御史中丞。簡文帝登祚。未解嚴。大司馬桓溫屯中堂吹警角。恬奏劾溫大不敬。請科罪。溫視奏嘆曰。此兒乃敢彈我。眞可畏也。孝武帝時以爲都督兗青冀幽諸州軍事。領鎭北將軍。卒諡敬。

司馬·恂　〔明〕浙江山陰人。字恂如。正統進士。拜刑科給事中。借學士倪謙使朝鮮。累官少詹事·兼國子祭酒。敦禮範衆。修明科條。諸生無敢自便。尋謝事歸。

司馬·昭　〔三國魏〕懿次子。兄師沒。嗣爲大將軍。專國政。封晉王。賜天子禮樂。武帝受禪。追尊爲文帝。

司馬·柬　〔晉〕武帝子。字弘度。封汝南王。甚貴寵。太康中徙封秦。及惠帝卽位。來朝。時楊駿伏誅。柬屢述武帝旨請還藩。汝南王亮留柬輔政。及亮與瑋被誅。時人謂柬有先識。卒時年三十。朝野痛惜之。諡獻。

司馬·洪　〔晉〕望子。字孔業。仕魏爲原武太守。武帝受禪。封河間王。卒諡平。

司馬·相如　〔漢〕成都人。字長卿。景帝時爲武騎常侍。病免。客遊梁。旋歸蜀。過臨邛。以琴心挑卓王孫寡女文君。與俱歸成都。家徒四壁。又與文君返臨邛賣酒。卓王孫恥之。與僮僕百人。錢百萬。遂爲富人。武帝時以狗監楊得意薦。召爲郎。通西南夷有功。尋拜孝文園令。病免。居茂陵。帝使取其書而相如已死。遺札言封禪事。相如工文詞。所作子虛上林大人等賦。漢魏六朝人多倣之。

司馬·苞　〔後漢〕東緡人。字仲成。爲太尉。常食粗飯。著布衣。妻子不歷官舍。會司徒楊震爲樊豐等所譖。連及苞。苞乞骸骨。未見聽。以疾卒。

司馬·貞　〔唐〕河內人。字子正。官朝散大夫·弘文館學士。撰史記索隱及補三皇紀三十卷。自號小司馬以別之。

司馬·郁　〔晉〕簡文帝三子。字深仁。幼而敏慧。封臨川王。會稽世子道生初以無禮失旨。郁數勸以敬愼之道。道生不納。郁爲之流涕。簡文帝深器異之。年十七卒。追諡獻世子。

司馬·郊　〔唐〕字子都。隱居華山十五年。禽獸同游目前。有如家馴。及卒。百禽聚於庭。悲鳴累日而去。

司馬·倫　〔晉〕懿九子。字子彝。武帝受禪。封琅邪郡王。咸寧中改封於趙。初鎭關中。刑賞失中。氐羌反叛。徵還京師。與嬖人孫秀潛謀害太子。矯詔廢賈后爲庶人。執張華·裴頠等殺之。幽惠帝於金墉。僭卽帝位。齊王冏等起兵討倫。斬秀。惠帝復位。賜倫死。

司馬·師　〔三國魏〕懿長子。字子元。懿將殺曹爽。獨與師潛畫。事平。以功封長平鄉侯。正元初旣諷帝廢后。乃廢帝。立高貴鄉公髦。毌丘儉·文欽等舉兵。師統軍征斬之。武帝受禪。追尊爲景帝。

司馬·晃　〔晉〕孚五子。字子明。武帝受禪。封下邳王。孝友貞廉。謙虛下士。甚得宗室之稱。累遷司空。卒諡獻。

司馬·晏　〔晉〕武帝子。字平度。太康中封吳王。與兄淮南王允共攻趙王倫。

允敗。貶爲賓徒縣王。倫誅。復本封。晏爲人恭愿。才不及中人。又少有風疾。視瞻不端。洛京傾覆。晏亦遇害。諡敬。

司馬・泰　【晉】懿從子。字子舒。武帝受禪。封隴西王。永熙中官至太尉。改封高密王。性廉靜。不近聲色。服飾肴膳。如布衣寒士。每朝會。不識者不知其王公也。卒諡文獻。

司馬・浩　【宋】池從兄。累擧不第。遂絕意仕進。爲人慷慨尙義。於宗族恩尤篤。司馬氏世聚居。食衆而田園寡。浩竭力營衣食以贍之。凡數十年。始終無纖怨。

司馬・消難　【北周】溫人。字道融。仕齊爲北豫州刺史。齊文宣末年。昏虐滋甚。消難常有自全之謀。頗爲百姓所附屬。文宣頗疑之。消難遂擧州降於周。入朝授大將軍。封滎陽公。

司馬・珪　【晉】孚七子。字子璋。少有才望。武帝受禪。封高陽王。泰始中入朝。以父孚年高。乞留供養。拜尙書。卒諡元。

司馬・祐　【晉】亮孫。字永猷。永安中從惠帝北征。永興初討劉喬有功。拜揚武將軍。永嘉末南渡江。元帝命爲軍諮祭酒。封威王。終散騎常侍。

司馬・耕　【春秋】【宋】向魋弟。字子牛。孔子弟子。魋作亂。入於曹以叛宋。景公使左師向巢伐之。巢不能克。魋奔衞。巢奔魯。司馬牛致其邑與珪而適齊。魋出於衞地。求夏后氏之璜與他玉而奔齊。陳成子使爲次卿。司馬牛又致其邑而適吳。自吳而返。卒於魯郭門之外。阬氏葬諸丘輿。

司馬・虓　【晉】懿從子。字元會。少好學馳譽。研玟經紀。清辯能言論。官至司徒。

司馬・通國　【宋】朴子。朴使金被留。生通國。字武子。取蘇武之意。通國有大志。結北方之豪。欲擧事。金太子以都元帥守大梁。乘十六傳而至。將以某日受任。通國謀率壯士劫之。事洩被害。

司馬・康　【宋】光子。字公休。幼端謹。至孝。敏學。博通羣書。丁母憂。毀幾滅性。以明經上第。歷校書郎。光卒。治喪皆用禮經家法。累拜右正言。數進言哲宗及太皇太后。多切至。康自父喪居廬。寢於地得腹疾。未幾以是疾卒。朝野痛之。

司馬・掀　【宋】字仲擧。嘉定中知遂昌。撫字教化。愛民如子。既去。民思慕之。

司馬・睎　【晉】元帝子。字道叔。封武陵王。累官太宰。睎無學術而有武幹。爲桓溫所忌。逼新蔡王晃使自誣與睎・綜等謀逆。徙新安郡。卒諡威。

司馬・望　【晉】孚次子。字子初。寬厚有父風。擧孝廉。辟司徒掾。景文相繼輔政。未嘗朝謁。權歸晉室。每不自安。由是求出。後代何曾爲司徒。武帝受禪。封義陽王。卒諡成。

司馬・朗　【後漢】防子。字伯達。董卓遷天子都長安。朗知卓必亡。恐見留。卽散財物以賂遺卓用事者。求歸鄉里。時歲大饑。朗教訓諸弟。不爲衰世解業。曹操辟爲司空掾。累遷兗州刺史。百姓稱之。

司馬・略　【晉】泰次子。字元簡。少有父風。元康初愍懷太子在東宮。選大臣子弟有名稱者。以爲賓友。略與華恆等並侍左右。累官征南大將軍。卒諡孝。

司馬・寇　【宋】汝州人。善畫佛像鬼神人物。宣和間稱第一手。

司馬・羕　【晉】亮三子。字延年。元康初進封郡王。永興初以長沙王乂黨廢。惠帝還洛。復羕封。太興初進位太宰。明帝寢疾。羕與王導同受顧命。成和初坐弟宗免官。及蘇峻作亂。羕詣峻稱述其勳。峻大悅。詔復羕爵位。峻平。賜死。

司馬・彪　【晉】睦長子。字紹統。少篤學不倦。然好色薄行。爲父所責。故不得爲嗣。彪由是不交人事。而專精學習。遂博覽羣籍。終其綴集之務。泰始中爲祕書丞。注莊子。作九州春秋・續漢書。

司馬・晰　【明】夏縣人。光十七世孫。字宗晦。萬曆擧人。有涑水司馬氏源流集略。

司馬・景之　【後魏】字洪略。晉汝南王亮之後。太宗時歸魏。爵蒼梧公。加征南大將軍。清直有節操。明元甚重之。卒贈汝南王。

司馬・無忌　【晉】承子。字公壽。累遷江州刺史。褚裒當之鎭。無忌及丹陽尹桓景等餞於板橋。時王廙子丹陽丞耆之在坐。無忌志欲復讐。拔刀將手刃之。裒景左右救捍獲免。御史中丞車灌奏無忌專殺人。付廷尉科罪。成帝免之。卒諡烈。

司馬・越　【晉】泰次子。字元超。討楊駿有功。封東海王。永嘉初爲丞相。恐清河王覃終爲儲副。矯詔害之。越專擅威權。朝賢名將。充於己府。而公私罄乏。上下崩離。禍結釁深。遂憂懼成疾卒。諡孝獻。

司馬・隆　【明】江寧人。字季平。少勤學。嘗從林龍谿受尙書。後繼父業。遂擅醫名。

司馬・雅　【晉】倫孫。孫秀將廢賈后。使雅夜告張華。華拒之。雅怒曰。刃將加頸。而吐言如此。不顧而出。

司馬・順　【晉】懿從子。字子思。初封習陽亭侯。及武帝受禪。順歎曰。事乖唐虞。而假爲禪名。遂悲泣。由是廢黜。徙武威姑臧縣卒。

司馬・順之　【後魏】入常山流言惑

衆。稱受天命。年二十五應爲人君。遂聚黨於封龍山。趙郡大盜趙湛。執送京師。斬之。

司馬．幹　晉懿三子。字子良。武帝踐祚。封平原王。清虛靜退。簡於情欲。齊王冏之平趙王倫也。幹獨懷百錢見冏。曰。趙王逆亂。汝能舉義。今以百錢賀汝。雖然。大勢難居。不可不愼。及冏誅。幹哭之慟。

司馬．楚之　後魏溫人。字德秀。少有英氣。能折節待士。及劉裕自立。楚之規欲報復。收衆據長社。歸之者常萬人。劉裕深憚之。明元末遣使請降。假荆州刺史。太武初封琅邪王。尋拜朔州刺史。在邊二十餘年。以清儉著聞。卒諡貞。

司馬．楙　晉望四子。字孔偉。武帝受禪。封東平王。楙善諂諛。曲事楊駿。及駿誅。依法當死。東安公繇與楙善。故得不坐。

司馬．歆　晉駿子。字弘舒。初封新野縣公。母臧太妃沒。居喪以孝聞。趙王倫篡位。齊王冏舉義兵。歆率所領導冏。以勳進封新野郡王。遷都督荆州諸軍事。爲政嚴刻。蠻夷並怨。及張昌作亂。爲所害。諡莊。

司馬．準　後魏景之兄。字巨之。除廣寧太守。悅近來遠。清儉有稱。太武嘉之。

司馬．瑋　晉武帝子。字彥度。封楚王。汝南王亮．太保衞瓘．議諸王之國。瑋甚忿之。長史公孫宏．舍人岐盛．爲瑋所昵。矯瑋命誣亮．瓘於賈后。后使惠帝爲詔。廢二公以授瑋。瑋遂勒本軍復矯詔收亮．瓘殺之。會天明。帝用張華計。收瑋下廷尉斬之。瑋性好施。能得衆心。及此。莫不隕涕。百姓爲之立祠。諡隱。

司馬．筠　梁溫人。字貞素。孤貧好學。師事沛國劉瓛。爲瓛所器。旣長。博通經術。尤明三禮。天監初除暨陽令。有清績。入拜尚書祠部郞。

司馬．紘　晉懿從孫。字偉德。初封唐邑縣公。累遷大中正．祕書監。有風疾。性理不恆。杜門讓還章印貂蟬。更拜光祿大夫。後疾甚。馳騁無度。爲御史中丞車灌劾免。

司馬．裔　北周溫人。字遵引。少孤有志操。仕魏爲北齊州刺史。入周以戰功累官西寧州刺史。爵龍門縣公。裔性清約。不事生業。所得俸祿。並散之親戚。身死之日。家無餘財。詔爲建祠。

司馬．遐　晉武帝子。字深度。封清河王。懦弱無所是非。性好內。楚王偉舉兵。使遐收衞瓘。而瓘故吏榮晦遂盡殺瓘子孫。遐不能禁。爲世所尤。

司馬．道子　晉簡文帝子。字道子。出後琅邪孝王。少以清澹爲謝安所稱。太元中進位丞相．揚州牧。於時孝武帝不親萬機。但與道子酣歌爲務。後徙封會稽。安帝時日飲醇酒。委政世子元顯。伐王恭滅之。討桓玄不克。元顯被害。道子亦爲玄所酖殺。

司馬．道生　晉簡文帝長子。字延長。帝爲會稽王時。立爲世子。官散騎侍郎給事中。性疏躁。不修行業。多失禮度。以幽廢卒。諡思。

司馬．夢求　宋敍州人。光之後。景定進士。咸淳末調江陵沙市監。德祐初元兵來攻。乘南風縱火。都統程文亮逆戰敗降。夢求朝服自經死。

司馬．暠　陳溫人。字文昇。幼聰警有至性。年十二丁內艱。每號慟必悶絕。釋褐累遷正員郞。父沒。哀毀逾甚。廬於墓側。累官太中大夫．司州大中正。卒於官。有集十卷。

司馬．槐　宋字端衡。官參議。紹興初以工畫得名。

司馬．福　五代吳國爲水軍卒。楊渥將周本．陳章圍蘇州。爲水柵環城。以銅鈴繫網沈水。以斷潛行者。福多智而善水行。乃先以巨竹觸網。淮人聞鈴聲。遂舉網。福乃過。入城中。其出也亦然。內外夾攻大敗之

司馬．端明　元號君實。善畫山水。

司馬．遜　晉懿從子。字子悌。仕魏封城陽亭侯。參鎭東軍事。武帝受禪。封譙王卒。

司馬．儁　後燕溫人。字元異。博學好古。倜儻有大度。儀狀偉岸。與衆有異。鄉黨宗族。咸景附焉。位至潁川太守。

司馬．德戡　隋扶風人。大業中遷武賁郞將。煬帝甚昵之。從至江都。隋末大亂。率驍果謀反。旣獲煬帝。與其黨推宇文化及爲丞相。化及甚忌之。以爲禮部尚書。實奪其兵。由是憤怨。乃與趙行樞等謀襲化及。遷延未發。化及執而殺之。

司馬．模　晉懿從孫。字元表。少好學。與元帝及范陽王虓俱有稱於宗室。封南陽王。永嘉初代河間王顒鎭關中。洛京傾覆。劉聰使其子粲攻長安。模降被殺。

司馬．談　漢夏陽人。秦蜀守司馬錯八世孫。學天官於唐都。受易於楊何。習道論於黃子。建元．元封之間。爲太史令。愍學者不達其意。而師誖。乃論六家之要指。談旣掌天官。不治民。天子始建漢家之封。而談留滯周南。不得與從事。發憤卒。

司馬．遷　漢談子。字子長。生龍門。耕牧河山之陽。年十歲誦古文。二十而南遊江淮。上會稽。探禹穴。窺九疑。浮沅湘。北涉汶泗。講學齊魯之邦。過梁楚以歸。仕爲郞中。奉使巴蜀。還爲太史令。李陵降匈奴。

武帝怒甚。遷極言陵忠。下腐刑。乃紬金匱石室之書。上起黃帝。下止獲麟。作史記百三十篇。序事辨而不華。質而不俚。劉向・揚雄皆稱爲良史之材。

司馬勳 晉宗室。字偉長。官謁者僕射。以勇聞。爲梁州刺史。桓溫伐關中。遷勳征虜將軍。爲政暴酷。至於治中別駕及州之豪右。言語忤意。卽於坐梟斬之。後謀逆。自號梁益二州牧・成都王。桓溫遣朱序討之。兵潰被殺。

司馬憲 後魏溫人。字景思。有學行。待詔東觀。爲學士。至殿中郎。口辯有才地。

司馬澹 晉懿孫。字思弘。封東武郡公。性忌害。無孝友之行。澹母諸葛太妃表澹不孝。澹與妻子徙遼東。太妃卒。然後得還。改封武陵王。永嘉末爲石勒所害。

司馬蕤 晉文帝孫。字景回。性強暴使酒。數陵侮弟冏。及冏輔政。詔以蕤加大將軍。領後軍侍中。又從冏求開府。冏曰宜且須後。蕤益怨。密表冏專權。與左將軍王輿謀共廢冏。事覺。免爲庶人。永寧初上庸內史陳鍾承冏旨殺之。

司馬褧 梁溫人。字元素。少傳家業。天監初。詔通儒治五禮。有司舉褧治嘉禮。除尚書祠部郎中。是時創定禮樂。褧所議多見施行。國家吉凶禮。皆取決焉。

司馬遹 晉惠帝長子。字熙祖。宮中嘗夜失火。武帝登樓望之。遹時年五歲。牽帝裾入闇中曰。暮夜倉卒。宜備非常。由是奇之。惠帝卽位。立爲皇太子。及長不好學。惟與左右嬉戲。賈后使太醫令程據合巴豆杏仁丸以害之。太子不肯服。黃門孫慮以藥杵椎殺之。賈庶人死。册復太子。諡愍懷。

司馬遵 晉元帝孫。字茂遠。襲封新寧王。時年十二。拜受流涕。哀感左右。少稱聰慧。後嗣封武陵王。桓玄篡。貶彭澤侯。會義旗興。稱受密詔使。總攝萬機。安帝反正。更拜太保卒。

司馬鄴 後梁溫人。開平初拜右武衞上將軍。使於兩浙。在海逾年。漂至躭羅國。一行俱溺。後詔贈司徒。

司馬頭陀 唐江西人。習堪輿家言。歷覽洪都諸山。一日至奉新參百丈。曰。近於湖南得一山。乃一千五百善知識所居。百丈曰。老僧可住否。曰不可。和尚骨相。非彼山主也。時華林覺爲首座。詢之不許。一見典坐靈祐曰。此爲山主人也。後往住山。竟如其言。

司馬錯 戰國秦將。秦惠王欲伐蜀。張儀以爲莫若先伐韓。後伐蜀。與錯論辨。惠王卒從錯言。遂滅蜀。因以錯爲蜀郡守。

司馬穎 晉武帝子。字章度。封成都王。鎭鄴。齊王冏舉義。穎發兵應冏。惠帝反正。穎入京都誅倫。冏擅威權。穎遂歸鄴。及顒廢太子覃。立穎爲皇太弟。穎遂有無君之心。永興初陳眕等奉大駕討穎。穎拒戰於蕩陰。王師敗績。穎奉帝幸鄴。改元建武。殺生自己。後東海王越率衆迎大駕。穎奔關中。帝詔劉弘等收捕穎。頓丘太守馮嵩執送鄴。范陽王虓・長史劉輿僞令人爲臺使。稱詔夜賜穎死。

司馬徽 蜀漢潁川人。字德操。清雅善知人。昭烈訪士於徽。徽因薦諸葛亮・龐統。時龐德公亦善品藻。稱徽爲水鏡。荆州破。爲操所得。欲大用。會病卒。

司馬繇 晉澹弟。字思元。性剛毅。博學多才。事親孝。居喪盡禮。誅楊駿。以功拜右衞將軍。進封郡王。兄澹屢搆繇於汝南王亮。遂免官。永康初徵還。復封。後爲成都王穎所害。

司馬膺之 北齊溫人。字仲慶。性方古。不諧俗。名士有素懷者。時相尋候。無雜言。惟論經史。好讀太玄經。又注揚雄蜀都賦。每云我欲與揚子雲周旋。

司馬鍠 唐河南人。武后時敕吏部糊名考判求高才。惟鍠與劉憲・王適・梁載言。入第二等。神龍初官終中書侍郎。

司馬駿 晉懿子。字子臧。有孝行。事繼母孝。奉祿不入私舍。宗室中最爲儁望。武帝踐祚。進封汝陰王。代汝南王亮鎭關中。善撫御。徙封扶風王。及卒。西土人泣者盈路。百姓爲之樹碑。

司馬騊 清江寧人。字雲臯。號溶川。明習河務。乾隆間以從九品留工效用。累官河南山東河道總督。

司馬顒 晉孚孫。字文載。封河間王。元康中鎭關中。趙王倫篡位。徵兵於顒。顒將赴之。聞二王兵盛。乃追軍迴。以應二王。惠帝反正。進位侍中太尉。納趙驤詭說。遣使邀成都王穎・長沙王乂討冏。冏敗。詔以顒爲太宰・雍州牧。顒廢皇太子。立穎爲太弟。助穎謀逆。穎敗。顒據有關中。永嘉初詔以顒爲司徒。乃就徵。南陽王模遣將扼殺之。

司馬靈壽 後魏除陳郡太守。從討蠕蠕。西征涼州。所在著功。出爲遼西太守。治有清儉之稱。

司馬騰 晉泰子。字元邁。累官并州刺史。永嘉初鎭鄴。封新蔡王。公師藩與平陽汲桑等爲羣盜。將攻鄴。騰曰。孤在并州七年。胡圍城不能剋。汲桑小賊。何足憂也。遂爲賊所害。

司馬懿 三國魏溫人。字仲達。猜忌多權變。曹操時爲太子中庶子。

每與大謀。輒有奇策。爲太子所信重。文帝時屢出師與蜀相諸葛亮相拒。故亮不能得志於中原。嘉平初殺曹爽。代爲丞相。加九錫。尋卒。孫炎代魏。追尊爲宣帝。

司馬穰苴 【春秋】【齊】本姓田。爲大司馬。故曰司馬穰苴。齊景公時晉伐阿鄄。燕侵河上。齊師敗績。景公患之。晏嬰乃薦穰苴。景公與語兵事說之。以爲將軍。燕晉之師聞之。望風解去。追擊之。盡復所亡封內故境。齊景公郊迎勞師成禮。尊爲大司馬。齊威王用兵。大倣穰苴之法。而諸侯朝齊。威王使大夫追論古者司馬兵法。附穰苴於其中。因號曰司馬穰苴兵法。（此從史記。按戰國策稱司馬穰苴。執政者也。湣王殺之。故大臣不附。意者穰苴湣王之臣。嘗爲湣王卻燕晉。而戰國雜說。遂以爲景公時耶。習學記言曰。左氏前後載齊事甚詳。使有穰苴暴起立功。不應遺落。況伐阿鄄。侵河上。皆景公時所無。大司馬亦非齊官。蓋作書之人夸大其詞。而遷信之耳。見史記考證。）

司・超 【宋】元城人。仕漢歷周。屢立戰功。累官舒州團練使。歸宋。歷遷蔡絳鄭蘄等州。超久在淮右。習知江山險易。故往往師出有功。

司・軻 【明】陽信人。精醫術。按脈察疾。療病如神。齊魯間宗之。

司・福 【明】日照人。爲縣吏。正德間流賊陷城。時福巡守官庫。賊呼令啓鑰。福力拒不可。賊怒。縱火併庫焚之。罵不絕口而死。

四水 【春秋】【越】句踐臣。越饑。句踐懼。四水諫曰。夫饑。越之福也。吳國甚富。其君好名而不思後患。若我卑辭重幣以糴於吳。吳必與我。與我則吳可取也。越王從之。

失里伯 【元】蒙古人。至元中引水軍四萬攻襄陽。宋將范文虎來援。失里伯敗其軍。進圍樊城。擒其將張貴。累官淮西道宣慰使。

失剌拔都兒 【元】阿速氏。從丞相伯顏南征有功。充阿塔赤。乃顏叛。從諸王往征。力戰有功。乃顏平。進武德將軍。尙乘寺少卿。

它・囂 【戰國】荀子嘗譏其縱情性。安恣睢禽獸之行。不足以合文通治。而持之有故。言之成理。與魏牟同譏。

尼厖古・蒲魯虎 【金】中都路猛安人。明昌進士。貞祐間急備京西。爲陝州宣撫副使。兼西安軍節度使。元兵取潼關。戍卒皆潰。蒲魯虎禦戰。兵敗死焉。

尼厖古・鈔兀 【金】曷速館人。勇敢善伺敵虛實。戰屢捷。累遷東北路招討使。與完顏思敬有隙。既而思敬爲平章政事北路招討使。鈔兀以私取諸部進馬事覺被逮。將走京師。次海濱縣。縊死。

尼厖古・鑑 【金】隆州人。識女直小字及漢字。登大定進士第。累擢近侍局直長。世宗器其材。謂宰臣曰。新進士中如徒單鎰・夾谷衡・尼厖古鑑。皆可用也。明昌中拜參知政事。卒諡文肅。

尼堪 【清】太祖孫。崇德初封固山貝子。從多鐸下江南。縛福王於蕪湖。又從豪格入蜀。俘獲無算。封和碩敬謹親王。李定國陷桂林。命征之。至衡州戰死。⊙【清】滿洲鑲白旗人。姓納喇氏。崇德間官理藩院承政。與吉思哈・葉克舒等攻瓦爾喀。朝鮮以兵二萬襲之。尼堪等設伏誘敵。殲萬餘人。順治間從定河南。討蘇尼特部。敘功累遷本部尚書。加二等子。以疾卒。

尼・養德 【明】益都人。洪武中任永年教諭。倡明禮學。啟迪後進。

左人・郢 【春秋】【魯】字子行。孔子弟子。

左・仁 【清】湘鄉人。原名輝春。字青士。號清石。道光進士。官至淮徐海兵備道。有芭蕉山館稿。

左・丘明 【春秋】【魯】太史。孔子嘗曰。巧言令色足恭。左丘明恥之。丘亦恥之。匿怨而友其人。左丘明恥之。丘亦恥之。先儒以爲丘明好惡同於聖人。故孔子作春秋爲素王。丘明爲素臣。述夫子之志而作傳。是爲左氏春秋。又作國語。司馬遷云。左丘失明。厥有國語。是也。後人因其失明。稱爲盲左。（按左氏。丘明名。相傳爲左史倚相之後。亦有以左丘爲複姓者。）

左・企弓 【遼】字君財。遼天慶末知樞密院事。金兵拔上京。北樞密院恐忤旨。不以時奏。企弓以聞。因陳守備之策。遼主將西幸。企弓諫。不聽。後降金。太祖既定燕。從初約。以與宋人。企弓獻詩以諫。太祖不聽。後爲叛將張覺所害。

左・光斗 【明】桐城人。字遺直。萬曆進士。授御史。光宗崩。與楊漣協心建議。排閹奴。扶沖主。後爲魏忠賢所害。與楊漣同斃於獄。追贈太子少保。諡忠毅。

左・光先 【明】光斗弟。由鄉舉官御史。巡按浙江。任滿既出境。許都反東陽。光先聞變疾返討平之。福王既立。馬士英薦阮大鋮。光先爭不可。後大鋮得志逮光先。會亂亟道阻。間行走徽嶺而免。⊙【明】崇禎時官總兵。與賊角陝西。功最多。自遼左遣還。廢不用。後降李自成。

左・光慶 【金】淵子。字君錫。以蔭補閤門祇候。官東上閤門使。讀書好古識大義。善爲詩。善篆隸。尤工大字。凡宮廟牓署。經光慶書者。人稱其有法。領原廟坤厚陵壽安宮工役。不爲苛峻。身躬斂職。未嘗自伐。

左光霽 【明】光斗兄。光斗既死。緘猶未竟。魏忠賢令撫按嚴追。繫其孥從十四人。光霽坐累死。

左全 【唐】蜀人。善畫。有聲於寶曆間。釋道像及樓閣樹石花鳥人物冠冕俱妙。

左匡政 【唐】涇縣人。字難當。有智力。隋末率衆保鄉里。衆推爲總管。武德中以守城功授宣城大都督。

左伯 【後漢】東萊人。字子邑。能作紙。與毛弘齊名。漢時有紙代簡。至和帝時蔡倫工爲之。伯尤得其妙。

左伯桃 【春秋燕】與羊角哀爲友。聞楚王善待士。乃同入楚。値雨雪糧少。伯桃乃併衣糧與哀。令入事楚。入樹中死。哀獨行仕楚。顯名當世。遂啓樹發伯桃之屍改葬之。亦自殺。

左克明 【元】豫章人。編古樂府行世。

左君弼 【明】合肥人。元末據廬州。太祖再攻之。走汴。守陳州。遣使招諭。歸其母。感泣納款。以副總兵底定兩江。

左延年 【三國魏】妙於音律。善鄭聲。

左良玉 【明】臨清人。字崑山。初爲都司。積功封寧南侯。擢太子太保。與張獻忠·李自成戰。拒清兵。頗有功。福王時引兵討馬士英。至九江死。

左孟誠 【明】山東人。洪武中知南雄府。因城東隙地築桑園十畝。教民種桑。自是民皆知以養蠶爲業。

左宗郢 【明】南城人。萬曆進士。官至太常寺少卿。有麻姑山志。

左宗棠 【清】湘陰人。字季高。道光舉人。咸豐初洪楊軍起。以四品京堂統軍。轉戰浙江福建等省。後又平陝甘。定天山南北路。累官總督。拜東閣大學士。封恪靖侯。卒謚文襄。有盾鼻餘瀋及奏議百二十卷。

左宗植 【清】宗棠兄。字仲基。號景喬。道光舉人。官內閣中書。有愼齋文鈔。

左忠 【明】涇縣人。性孝友。能記誦。尤精於醫。每施藥以濟貧病。分田以恤族人。有醫方行於世。

左昂 【清】輔子。字巢生。道光舉人。官安徽鳳潁同知。工詩古文詞。尤長倚聲。

左昌詩 【宋】永新人。淳熙中知眞州。建府庾。繕濬塹。開大橫河以便江舟艤泊。復以餘力重建壯觀局秀諸亭。時推能吏。

左泌 【金】企弓子。字長源。仕遼。官至棣州刺史。從企弓降金。擢西上閤門使。性夷澹。好讀莊老。從宋王宗望南伐有功。官終陝西路轉運使。

左芬 【晉】思女弟。少好學。工文詞。名亞於思。武帝納之。後爲貴嬪。姿陋無寵。以才德見稱。帝重芬辭藻。方物異寶。必詔芬爲賦頌。屢獲恩賜。所作有答兄詩書及雜賦頌數十篇。

左咸 【漢】琅邪人。受公羊春秋於冷豐。哀帝時爲郡守九卿。徒衆尤盛。

左建 【宋】西京人。善用逸筆畫村田之樂。

左彥武 【宋】涇縣人。操履方正。少有文行。舉淳熙進士。累官翰林侍講。辭歸。植松竹梅於亭。顏曰三友。

左恢 【後漢】曲阿人。官尙書左丞。京師稱其清高。遷會稽太守。

左思 【晉】臨淄人。字太沖。博學。兼善陰陽之術。作齊都賦一年乃成。復賦三都。構思十年。門庭藩溷皆著紙筆。偶得一句。卽便疏入。自以所見不博。求爲祕書郎。及賦成。張華歎爲班張之流。於是豪富之家競相傳寫。洛陽爲之紙貴。

左重 【明】蒙化人。萬曆舉人。知灌口縣。奢崇明反。力戰死。

左原 【後漢】陳留人。爲郡學生。犯法見斥。郭林宗勸令責躬。原納其言而去。後忽懷忿結客圖報仇。其日林宗在學。原愧負前言。因遂罷去。

左宰 【清】光斗曾孫。有左忠毅年譜。

左振 【唐】肅宗朝任爲黃州守。時王璵以祈禱得相。遣女巫乘傳分禱天下名山大川。振斬之。

左冕 【清】涇縣人。字子弁。諸生。有高柳堂集。

左國材 【清】光斗季子。字子厚。隱龍眠山。有易學·詩學·杜詩解頤。

左國璣 【明】大梁人。字舜齊。能書。善詩賦。名動一時。有一元集。

左悺 【後漢】平陰人。桓帝初爲小黃門史。時梁冀專橫。帝呼單超及悺議誅之。悺遷中常侍。封上蔡侯。寖縱恣。爲司隸校尉韓演劾奏。遂自殺。

左淵 【金】泌弟。性貪鄙。三任漕事。以錢穀自營。在中都凡八年。不求遷。交關賄賂。大定初官沁南軍節度使。世宗戒之曰。卿宰相子。練習朝政。前爲漕司。朕甚鄙之。若復敢爾。弗思再用。淵到懷州未幾。坐前爲中都轉運嘗盜用官材木除名。

左祥 【元】盱江人。泰定間知香山。增城。擢萬州。留心政教。講論濂洛關閩之學。卒後。香山·增城皆祠之。

左揆 【宋】永新人。字正卿。師謝諤。嗜學精進。諤爲作務本齋銘。

左景 【明】激子。字孟化。宣德間舉鄉試。任陵川訓導。累官山西道。風采獨著。按雲南監平麓川軍。討平曲靖苗。以忤重臣。補四川僉事。

左澳 【明】景子。景泰中從父鎮守白羊關。日練軍捍北寇。再歲乃還。卓有行義。

左然 【明】激孫。字允之。成化進士。家傳易學。銳意精研。積官戶部員外郎。有賞溪吟稿。

左雄 後漢涅陽人。字伯豪。安帝時舉孝廉。遷冀州刺史。奏按貪猾。無所回忌。永建初拜議郎。時順帝新立。大臣懈弛。朝多闕政。雄數言事。其辭深切。遷尚書令。雄又上言郡國孝廉年不滿四十。不得察舉。帝從之。自是牧守畏慄。莫敢輕舉。迄於永熹。察選清平。多得其人。永和中卒。

左稱 後漢悺弟。桓帝時與悺請託州郡。聚斂爲姦。賓客放縱。侵犯吏民。爲司隸校尉韓演所奏。自殺。

左經 明眉州人。字載道。洪武初由儒士歷興山教諭。博學善屬文。蜀人稱爲左五經。有武昌集。

左鼎 明永新人。字周器。英宗時以御史巡按山西。時山東河南饑。遣鼎巡視。民賴以安。又以災異偕同官陳救弊恤民七事。鼎居官清勤。卓有聲譽。御史練綱以敢言名。而鼎尤善爲章奏。京師語曰。左鼎手。練綱口。公卿以下咸憚之。官至左僉都御史。

左慈 後漢廬江人。字元放。居天柱山。得石室丹經。明六甲神術。嘗在曹操坐。操顧衆賓。欲得松江鱸魚。慈因求銅盤貯水。釣之得魚。後操欲殺之。慈卻入壁中。不知所在。後逢慈於羊城山頭。復逐之。走入羊羣。卒不可得。

左夢庚 淸良玉子。良玉死於九江。諸將推夢庚爲帥。順治間降清。授一等子。隨征大同姜瓖。克之。擢都統。卒諡莊敏。

左輔 明涇縣人。字弼之。弘治進士。官瑞州府同知。忤劉瑾黨。謫南安教授。瑾誅。起知寧州。謝病歸。有周易本義附說。太極後圖。南庠日講等集。◎淸陽湖人。字仲甫。一字蘅友。號杏莊。乾隆進士。以知縣官安徽。治行素著。能得民心。嘉慶間官至湖南巡撫。有念宛齋詩詞古文書牘五種。

左徹 上古黃帝臣。黃帝鑄三鼎於荊山之陽。鼎成而崩。徹取衣冠几杖廟祀之。

左慶延 宋永新人。年十七登第。秦檜欲妻以女。慶延辭之。坐是十年不調。終太學博士。有澹安文集。

左緯 宋黃巖人。字經臣。政和中以詩鳴。有委羽居士集。

左儒 周宣王臣。王將殺杜伯。儒爭之。王怒。儒曰。士不枉義以從死。不易言以求生。臣能明君之過。以正杜伯之無罪。王殺杜伯。儒死之。

左激 明涇縣人。字有昂。善吟咏。旁通陰陽醫卜之術。冠婚喪祭。遵古禮以倡俗。卒祀鄉賢祠。

左懋泰 明懋第弟。先降賊。後降於清。已授官。謁懋第。懋第曰。此非吾弟也。叱出之。

左懋第 明萊陽人。字蘿石。崇禎進士。福王時官至僉都御史。巡撫應天。徽州諸府。清兵破李自成。懋第使清議和。被留。南京破。死之。

左斷炎 宋涇縣人。字榮叔。治禮易二經。喜吟詠。明修煉之術。任醫學教諭。暇輒縱遊佳山水。預知終期。及期。無疾衣冠正坐而沒。

左禮 後唐成都人。善畫佛道。

左贊 明南城人。字時翊。天順進士。官至廣東布政使。謹繩尺。崇理致。精於隸。有桂坡集。

左寶貴 淸費縣人。字冠亭。同治間以行伍積功至副將。光緒間擢高州鎮總兵。率奉軍援朝鮮。守平壤。日軍至。統軍葉志超欲遁。寶貴不從。扼守城北山頂。中礮死。

左譽 宋永新人。字元規。開禧進士。奉使不辱君命。十年寇不敢南窺。◎宋天台人。字與言。嘗於錢塘遇樂籍張芸女穠。驚其色藝。爲賦詞數章。穠尋委身大將家。紹興中譽遊西湖。逢車輿甚盛。一麗人褰簾顧譽而顰曰。如今若把菱花照。猶恐相逢是夢中。視之穠也。譽豁然有悟。卽拂衣東渡爲浮屠。有筠翁長短句。

左譽謨 宋嘉定間登第。授復州景陵尉。金兵至。被執。與母妻及子同時遇害。

巨毋霸 漢王莽時連率韓博上言。有奇士。長丈。大十圍。自謂巨毋霸。軺車不能載。三馬不能勝。臥則枕鼓。以鐵箸食。此皇天所以輔新室也。願作大甲高車賁育之衣。遣大將一人與虎賁百人。迎之於道。京師門戶不容者。開高大之。以視百蠻。鎮安天下。博意欲以風莽。莽惡之。留霸在新豐。更其姓曰巨母氏。謂因文母太后而霸王符也。徵博下獄棄市。

巨然 南唐江寧人。爲本郡開元寺僧。工畫山水。李煜降宋。隨至京師。居開寶寺。聲譽日起。山水師董源。臻其妙。稱前有荊關。後有董巨。

巨敬 明平涼人。建文中爲監察御史。改戶部主事。靖難時不屈死。後謚節愍。

巨構 金平谷人。第進士。累遷橫海軍節度使。寬厚廉愼。極爲世宗所稱。

巨覽 漢順帝時梁商辟爲掾吏。與李固齊名。

市吏 春秋吳 伍子胥亡楚。至吳市。被髮佯狂。跣足塗面。乞於市。市人罔有識者。翌日。吳市吏善相者見之曰。吾之相人久矣。未嘗見斯人也。非異國之亡臣乎。乃白吳王僚召之。

市被 戰國燕 仕王噲爲將軍。惛子之專橫。與太子平謀誅之。不克死。

布丹 【清】滿洲正紅旗人。姓富察氏。太宗時從攻明大同·錦州。順治間敗唐通於一片石。遂入關。屢戰皆捷。累擢正紅旗蒙古副都統。卒諡勤毅。

布克沙 【清】滿洲鑲黃旗人。姓瓜爾佳氏。崇德間攻皮島。圍錦州。戰松山·杏山。屢敗明兵。順治間隨征李自成及蘇尼特部。累官鑲黃旗蒙古副都統·兼戶部侍郎。

布泰 【清】滿洲正黃旗人。字階平。姓瓜爾佳氏。康熙間官內閣侍讀學士。從費揚古征厄魯特。參贊軍務。累官右翼四旗總尉。

布袋和尚 【後梁】高僧。住奉化岳林寺。名契此。形裁腲脮。蹙額皤腹。出語無定。寢臥隨處。常以杖荷一布袋。凡供身之具盡貯其中。偃臥雪中。體不濡。言人禍福輒應驗。貞明中示寂。宋崇寧中賜號定應大師。

布善 【清】滿洲鑲紅旗人。姓伊爾根覺羅氏。太宗時屢從征討。官護軍統領。列議政大臣。順治間入關。從征江南。卒於軍。

布智兒 【元】從太祖征回回·斡羅斯等國。每臨陣。奮身力戰。身中數矢。太祖令人拔其矢。悶仆幾絕。命取一牛。剖其腹。納布智兒浸熱血中。移時遂蘇。後以為大都行天下諸路也可札魯忽赤。

布·景範 【元】新都人。舉進士。授芒布路僉涼州同知。李顏驢使掠。景範舉兵拒之。力戰終日。矢盡而死。

布魯海牙 【元】畏吾人。祖父俱以功為其國世臣。布魯海牙年十八。隨其主內附。充宿衛。太宗時授斷事官。執法平允。卒諡孝懿。

布顏代 【清】滿洲鑲紅旗人。姓博爾濟吉特氏。天聰間從征朝鮮。薄燕京。攻大同。累官鑲紅旗蒙古都統。順治初隨多爾袞入關。擊敗李自成。從征江南。渡黃河與敵接戰。被創卒於軍。

布顏圖 【清】滿洲鑲白旗人。姓烏亮海氏。字竹蹊。號嘯山。累官綏遠城副都統。有畫學心法·問答集古。

平·安 【明】定子。小字保兒。為太祖養子。驍勇善戰。官都督僉事。建文初從李景隆伐燕為先鋒。屢破燕軍。後兵敗被執。燕王惜其材勇。以為北平都指揮使。永樂間帝巡北京。覽章奏。見安名曰。平保兒尚在耶。安聞之。遂自殺。

平·季 【後魏】薊人。字稚穆。父雅歷新興太守。孝明帝崩。與爾朱榮等議立莊帝。除撫軍將軍中侍中。以參謀勳封元城縣開國侯。官終右光祿大夫。

（按：原書「父雅」下一行為「謀反。季坐腐刑。為小黃門。歷新與」）

平·定 【明】滁人。從太祖起兵。官濟寧指揮僉事。從常遇春下元都。戰没。

平·居誨 【宋】撰有于闐國行程記。

平·昌 【唐】代宗時為湖南觀察使。治衡州。有惠愛。人不忍名之。

平·恆 【後魏】薊人。字繼叔。耽勤誦讀。博聞多通。歷中書博士。出為幽州別駕。廉貞寡欲。不營資產。妻子不免饑寒。遷祕書丞。卒諡康。

平·思忠 【明】吳江人。字爾中。永樂時官禮部主客司主事。勤敏過人。後為陝西左參政。被誣謫戍邊。太監劉馬兒市馬西域。請以思忠從行。詔釋之。偏歷吐蕃·赤斤·蒙古·于闐諸國。還復免官。家居卒。

平·晏 【漢】當子。以明經歷位大司徒。封防鄉侯。漢興。惟平當與韋賢父子至宰相。

平·視 【後燕】薊人。仕慕容垂為征東將軍。燕兵參合之敗。視舉兵魯口以叛。兵敗。被殺。

平陽公主 【唐】高祖女。下嫁柴紹。紹從高祖起兵。主奔鄠。發家貲。招南山亡命以應帝。遣家奴馬三寶諭降名賊何潘仁。遠近咸附。勒兵七萬。威振關中。主與紹對置幕府。分定京師。號娘子軍。武德中卒。

平瑞 【清】滿洲正黃旗人。初官本旗參領。咸豐間累擢烏魯木齊都統。回叛。烏城被圍。平瑞力守危城。相持三月。食盡城陷。巷戰。自剄死。諡忠壯。

平·當 【漢】平陵人。字子思。以明經為博士。每有災異。輒傅經術言得失。成帝以當明禹貢。使行河。為騎都尉。領河隄。哀帝即位。為丞相。賜爵關內侯。明年欲封當。當病篤。或謂宜強起受侯印。為子孫計。當曰。吾居大位。已負素餐之責。受印還死。死有餘罪。今不起者。所以為子孫也。遂上書乞骸骨。帝不許。後月餘卒。

平·憲 【漢】王莽時為中郎將。多持金幣。誘塞外羌使獻地願內屬。

平·翰 【清】浙江山陰人。字樾峯。官貴州知府。工書。刻求靑閣帖行世。

平·疇 【清】浙江山陰人。字種瑤。江西候補縣丞。有耕煙草堂詩鈔。

平·鑒 【北齊】薊人。字明達。少聰敏。學詩禮。通大義。不為章句。以軍功累遷襄州刺史。神武起兵信都。鑒棄州自歸。即授本官。文襄輔政。遷懷州刺史。歷牧八州。所在立碑頌德。官終都官尚書令。卒諡文。

平·顯 【明】錢塘人。字仲微。博學多聞。詩文皆有典則。嘗知滕縣。謫雲南。黔國公沐英重其才。辟為教讀。卒。有松雨齋集。

弘充 【南朝宋】僧。涼州人。初居多寶寺。太宰江夏王義恭雅重之。明帝建湘宮寺以居充。承明中卒。註文殊問菩提經·首楞嚴經。

弘忍 【唐】高僧。黃梅周氏子。為佛教禪宗五祖。其弟子慧能・神秀。分創南北二宗。爲禪門南北宗之始。世稱南能北秀。卒諡大滿禪師。

弘昕 清宗室。字恕齋。一字醉迂。號一如居士。又號瑤華道人。封固山貝子。善畫山水花木。擅篆隸。工詩詞。有恕齋集。

弘・咨 三國吳曲阿人。孫權姊壻。諸葛瑾避亂江東。咨見而異之。薦之於權。與魯肅並見賓待。

弘・恭 漢沛人。少坐法處腐刑。爲中黃門。以選爲中尚書。宣帝時任中書令。恭明習法令故事。善爲請奏。能稱其職。元帝立。與石顯並得信任。委以政事。遂譖殺蕭望之等。權傾一時。公卿畏之。

弘演 春秋衞懿公臣。奉命還使未還。狄人攻衞。追懿公於滎澤殺之。盡食其肉。獨舍其肝。弘演至。報使於肝畢。呼天而號。曰。臣請爲表。因自刳其腹。內懿公之肝而死。

弘曕 清世宗七子。善詩詞。幼受業於沈德潛。故詞歸正音。不爲凡響。封果親王。卒諡恭。

弘濟 元僧。餘姚姚氏子。字同舟。號天岸。至正間卒。年八十六。有四教儀紀正・天岸外集。

必才 元高僧。臨海屈氏子。字大用。至正間居杭州演福寺。順帝賜號佛鑑圓照。一日忽覺頭目岑然。知緣日盡。焚香端坐。合掌而逝。有妙玄文句・止觀增治助文・法華涅槃講義・章安荊溪法智禮文詩偈。

必・沙 明雲南恕那村人。有勇力。嘉靖中安銓叛。沙抗言拒賊。賊不敢犯。救護甚衆。後爲銓用藥酒毒死。

必嚕匝納實哩 元北庭嚕瑪拉國人。大德中奉旨從帝師受戒於廣寒殿。代帝出家。至順中加號三藏國師。與安西王子等謀爲不軌。坐誅。

必蘭阿魯帶 金貞祐間官昭義軍節度使。時潼關陷於蒙古。阿魯帶奏置元帥府於潞州。與定中以帥左監軍兼山東路統軍使。旋權參知政事。行尚書省於益都。復立潞州。最有功。既而去潞州。由是漸不能守。

旦只兒 元蒙古答答帶人。與宋人戰。屢破之。累官平陽等路萬戶府達魯花赤。

本以 明僧。蘇州人。字以軒。號亦已。又號獄師叟。有蘭葉箋存。

本如 宋高僧。四明人。號神照法師。後創白蓮社。潛修淨業。皇祐間示寂。有仁王懺儀・普賢行法經疏。

本果 清僧。字曠園。住潮州靈山寺。有正宏集。

本寂 後梁高僧。莆田黃氏子。年十九出家福州雲名山。後居臨川曹山。參問者恆滿堂。有注對寒山子詩。

本晝 清僧。字天岳。號寒泉子。

居紹興平陽寺。爲詩無蔬筍氣。有直木堂詩集。

本・進忠 清西寧人。雍正間從攻噶爾丹。乾隆間從攻大金川。勦雜谷土司。屢戰皆捷。征緬甸亦有功。官至雲南提督。卒諡勤毅。

本雅失里 明韃靼裔。永樂間鬼力赤被殺。阿魯台迎於別失八里。立爲可汗。成祖命淇國公丘福討之。福深入被圍。陷沒。成祖自將征之。本雅失里大敗。以七騎遁。後爲瓦剌馬哈木所殺。

本誠 元僧。嘉禾人。初名文誠。後名道元。字覺隱。自稱輔成山人。大同山翁・凝始子。獨時圩公。寓吳下。喜佳山水。居無常處。以詩自豪。尤工畫。有凝始子集。

本濟 隋高僧。介休宋氏子。幼聰慧。於經史皆通大義。後出家。博覽經論。窮達玄奧。住西京慈門寺。有十種不敢斟量論。

札八兒火者 元賽夷人。初謁太祖於軍中。一見異之。以戰功授黃河以北鐵門以南天下都達魯花赤。札八兒火者每戰。被重甲。舞槊陷陣。馳突如飛。嘗乘橐駝以戰。衆莫能當。卒年一百一十八歲。諡武定。

朮甲・臣嘉 金北京路猛安人。襲父謀克。累破宋兵。官終元帥左都監。

朮甲・法心 金薊州路猛安人。官至北京副留守。貞祐中爲提控。與同知順州軍事溫迪罕咬查剌俱守密雲縣。法心家屬在薊州。元兵得之。以示法心。令速降。法心不許。城破死於陣。

朮甲・脫魯灰 金上京人。累立戰功。宋人有因畜牧越境者。邏卒擒之。法當械送朝廷。脫魯灰不欲復生邊釁。釋之。又嘗謂宜與宋人釋怨。論以輔車之勢。累授小關子元帥。從徒單晉典將潼關兵入援。元兵邀擊之。被執不屈。拔佩刀自殺。

朮赤 元太祖長子。驍勇善戰。不嗜殺。征和林西北諸部及西域。皆有殊績。復撫定錫爾河北儻塔之地。西踰烏拉嶺至奇卜察克東境諸部。太祖以鹹海西南與鹹海裏海之北封之。朮赤自以長子不得襲位。又封地絕遠。恆鞅鞅不樂。卒年四十九。

朮赤台 元兀魯兀台氏。有膽略。從太祖平諸部。每戰必爲先鋒。帝嘗諭之曰。朕之望汝。如高山前日影也。賜嬪御木八哈別吉引者思百。俾統兀魯兀四千人。世世無替。

朮虎・高琪 金猛安人。自護衞轉十人長。官至平章政事。專固權寵。擅作威福。力勸宣宗伐宋。置河北不復爲意。凡精兵皆置河南。不肯出一卒以應方面之急。宣宗遂因事誅之。

朮虎·筠壽 金貞祐間爲器物局直長。遷副使。工部下開封市取白牯皮治御用鞠仗。筠壽以其家所有鞠仗以進。上疏切諫。宣宗不懌。出筠壽爲橋西提控。

正考父 春秋宋爲上卿。歷佐戴武宣三公。位高益恭。生孔父嘉。別爲公族。以字爲孔氏。卽孔子所祖也。

正宗 宋僧。崇仁陳氏子。居梅山。有愚丘詩集。

正念 明僧。字西洲。出家嘉禾龍洲寺。嘗以詩中式。領袖天下禪林。有詩集。

正勉 明僧。嘉興人。字道可。與性涵同編古今禪藻集。網羅頗富。

正嵒 清僧。仁和徐氏子。本名繼思。感時爲僧。字豁堂。號菽庵。又號藕漁·耦餘。晚號南屏隱叟。主常熟三峯方丈。工畫山水。有同凡集。

正常 春秋魯季桓子之臣。桓子有疾。命正常曰。若生男。則以告於君而立之。桓子卒。其妻南氏生男。正常載以如朝。遂奔衛。

正傳 明高僧。溧陽呂氏子。號幻有。住宜興龍池。說法爲臨濟正傳。宗風大振。

正·鑑 元太原人。徙臨清。至元間。以勇力善射授武烈將軍平原路總管。

永忠 清宗室。號臞仙。封鎮國將軍。工詩。書法亦遒勁。有晉人風。常不衫不履。散步市衢。遇奇書異籍。必購得始已。雖典衣絕食不顧。

永保 清溫福子。乾隆間溫福征金川。在木果木陣亡。永保亦受石傷。累擢湖廣總督。嘉慶間勦辦教匪無功。坐奪職。後再起。官至兩廣總督。卒謚恪敏。

永恩 清康良親王傑書曾孫。字惠周。生有至性。讀書騎射。爲學日益精厲。作詩古文皆有法。論文以義法爲要。詩以清遠澹約爲宗。遇人甚厚。而己常致不給。襲封康親王。後復烈王封號曰禮親王。卒謚恭。有誠正堂稿·律呂元音·金錯臚鮮。

永素 宋高僧。紹興中居柏山院。日誦華嚴經。後住嚴州烏龍山。仍回柏山院。一日沐浴升堂說法。作偈言訖而逝。

永貴 清滿洲正白旗人。姓拜都。布蘭泰子。乾隆間由戶部主事累擢浙江巡撫。爲政務崇寬大。有廉聲。入爲禮部尚書。坐事謫守回疆。尋召還。拜協辦大學士。卒謚文勤。永貴少時值軍機。與阿桂齊名。時稱二桂云。

永瑆 清高宗十一子。乾隆間封成親王。嘉慶間在軍機處行走。精於書法。命書裕陵聖德神功碑。道光間卒。謚哲。有詒晉齋詩文集·續集·隨筆·倉龍集。

永瑢 清高宗六子。善畫山水。工詩。有九思堂詩鈔。

氾·幼春 晉有操行。七世同居。家人無怨色。

氾·昭 後漢濟北人。與戴祈·徐晏·夏隱·劉彬號濟北五龍。

氾·衷 晉與索靖·張甝·索介·索永·俱詣太學。馳名海內。人號燉煌五龍。

氾·勝之 漢成帝時爲議郎。使督三輔種麥。而關中遂穰。好田者師之。嘗撰農書言種植之事。後官黃門侍郎。子輯爲燉煌太守。因家焉。(按亦省稱氾勝。玉海漢時農書有數家。氾勝爲上。)

氾·瑗 前涼燉煌人。字伯玉。與同郡宋配·陳璵遇相者於路。相者曰。三人皆二千石。然氾生腹有逆風。當以兵死。無後。後瑗仕張軌。爲亂兵所殺。

氾·毓 晉盧人。字稚春。奕世儒素。敦睦九族。客居青州。逮毓七世。時人號其家兒無常父。衣無常主。毓少履高操。安貧有志業。父終。居墓所三十餘載。屢薦不就。清靜自守。合三傳爲解注。撰春秋釋疑·肉刑論。凡所述造七萬餘言。

氾·褘 前涼燉煌人。字休臧。嘗爲福祿令。剛直不事上府。酒泉太守馬漢遣督郵張休祖劾之。休祖謂褘曰。君不聞寧逢三千頭虎。不逢張休祖乎。褘怒。以印擊肘而就縛。縛訖。發印以告。事聞。休祖坐不解印擅縛令長。以大不敬論。褘左遷居延令。後仕張寔爲左長史。

氾·騰 晉燉煌人。字無忌。舉孝廉。除郎中。屬天下兵亂去官。還家散財以施宗族。柴門灌園。琴書自適。張軌徵爲府司馬。騰曰。門一杜其可開乎。固辭。

玄·俗 漢河間人。賣藥都市。河間王病瘕。買藥服之。下蛇十餘頭。遂愈。俗有形無影。乃呼俗日中看。實無影。王欲以女配之。俗忽亡去。後人復見於恆山下。

玄約 唐高僧。正平張氏子。居絳州龍興寺。後止長安崇聖寺。臨壇講律幷俱舍共四十餘遍。有俱舍論·金華鈔。

玄奘 唐高僧。偃師陳氏子。一作陳留人。又作緱氏人。身長八尺。眉目疎朗。世稱三藏法師。博涉經論。嘗遊五印度。入戒賢律師之門。精窮佛典。經十餘年還國。齎還經論六百五十餘部。與其弟子共譯七十五部。得千三百三十八卷。爲太宗高宗所重。佛教由是漸盛。

玄素 唐高僧。延陵人。字道清。姓馬氏。人稱馬祖。或稱馬素。出家江寧長壽寺。晚入青山幽棲寺。伏形苦節。曾無喜慍。時目之爲嬰兒行菩薩。揚州與京口道俗爭迎致之。天寶中無疾而卒。追謚大律禪師。

玄朗 【唐】僧。烏程人。姓傅氏。字慧明。九歲出家。博覽經論。搜求異同。獨坐一室三十餘年。勵行律法。天寶間薄疾而終。有法華經科文。

玄逸 【唐】僧。姓竇氏。爲玄宗從外父。風神秀朗。蕭灑拔俗。住京兆華嚴寺。有釋教廣品曆章。

玄琬 【唐】僧。華陰楊氏子。戒行貞固。貞觀初召爲皇太子及諸王等受菩薩戒。造普光寺居之。嘗以減殺等四條戒皇太子。帝爲下詔斷殺。及卒。道俗哀悼之。有佛敎後代國王賞罰三寶法及安養蒼生論．三德論。

玄．賀 【後漢】宕渠人。字文和。明帝時爲鄉佐。邑令第五倫薦於朝。後爲九江．沛二郡太守。以清謹著聞。所在化行。官至大司農。（按萬姓統譜及四川通志作元賀。此從後漢書。）

玄會 【唐】僧。安定席氏子。字懷默。精苦絕倫。每預講席。專志涅槃。其師法總嘗曰。吾非聖人。何得此子入吾室乎。貞觀中住京師宏福寺。有涅槃章義等。

玄壽 【上古】黃帝臣。作鏡。

玄暢 【唐】僧。宣城人。姓陳氏。字申之。年二十往福州兜率戒壇。受具足戒。旋遊京師。會昌中廢敎。暢上表論諫。著歷代帝王錄。奏上弗聽。大中時入內講道。賜紫袈裟。有顯正記．科六帖名義圖．三寶五運。懿宗賜號法寶。

玄應 【唐】僧。貞觀末爲大慈恩寺翻經法師。所著一切經音義二十五卷。論者謂堪與經典釋文及文選李善注抗行並稱。

玄覺 【唐】僧。姓戴氏。字明道。初謁六祖。問答相契。便欲辭之。祖留一宿。謂之一宿覺。卒謚眞覺大師。有證道歌．永嘉集。

玄續 【唐】僧。成都桑氏子。通外書。工草隸。住蜀都寶園寺。嘗於寺中製碑銘。中有彈老莊曰。老稱聖者。莊號哲人。持螢比日。用岳方塵。有道士見而惡之。與辨不能屈。

玄．覽 【南齊】與東陽陳敦．公孫度俱對策爲治中。

玄儼 【唐】僧。諸暨人。姓徐氏。證聖中出家。繼遊上京。後居越州法華山寺幾三十年。開元間恩制度人。潤州刺史齊澣等迎主其事。自廣陵迄於信安。道俗受法者萬人。有輔篇記．羯磨述章．金剛義疏。

玉子 【周】南郡人。姓章名震。幽王徵之不出。乃嘆曰。人生世間。日失一日。去生轉遠。去死轉近。乃師長桑子。具受衆術。著道書百餘篇。後入崆峒山合丹。白日昇天而去。

玉山樵者 【明】建文遜國後。居金華之東山。麻衣戴笠。終身不易。嘗爲王姓者題詩曰宗人。故疑其王姓云。

玉昔帖木兒 【元】博爾朮孫。弱冠襲爵。世祖聞其賢。驛召赴闕。侍宴內殿。起行酒。詔諸王妃皆爲答禮。宗王乃顏叛。世祖親征。至半道。玉昔帖木兒已獲乃顏以獻。官至太傅開府儀同三司。成宗立。進秩太師。卒謚貞獻。

玉保 【清】滿洲正黃旗人。姓棟鄂氏。字德符。一字閬峯。鐵保弟。乾隆進士。累官吏部左侍郎。有蘿月軒存稿。◎【清】蒙古鑲白旗人。姓烏朗罕濟勒門氏。乾隆間由筆帖式累擢正黃旗蒙古都統。阿穆爾撒納叛。率兵往勦。以功封三等男。尋以敗敵不追削男爵。解京治罪。途遇厄魯特賊。被害。

玉哇失 【元】阿速人。從丞相伯顏平宋。乃顏叛。玉哇失陷陣力戰。遂擒乃顏。海都入寇。復敗之。拔札魯花赤孛羅帖木兒之兵而出。帝喜謂諸將曰。今日大丈夫之事。舍玉哇失其誰能之。縱以黃金包其身。猶未足以厭朕志。累官鎭國上將軍。

玉眞公主 【唐】睿宗女。字持盈。與金仙公主皆爲道士。築觀京師。進號上清玄都大洞三景師。天寶中請去公主號。罷邑司歸之王府。

玉．翊 【宋】郟人。字公輔。寶慶進士。吳曦常招之入幕。及曦叛。抗節不拜。爲陳大義。曦怒欲殺之。會曦誅而免。嘉熙初爲制置使參議官。元兵至。翊募兵拒守。城破。赴井死。

玉德 【清】滿洲正紅旗人。姓瓜爾佳氏。乾隆間由官學生補中書。嘉慶間累官閩浙總督。海盜蔡牽竄擾閩．粵．臺灣一帶。李長庚追踪勦辦。請借廉造船。玉德故掣其肘。致牽益猖獗。

玉蓮兒 【元】妓女。端麗巧慧。歌舞談諧。悉臻其妙。嘗得侍英宗。名冠京師。

玉簫 【唐】相傳韋皐少游江夏。館姜氏。有小青衣曰玉簫。常令祗侍。因有情。韋歸。一別七年。玉簫殞後再世。仍爲韋侍妾。

玉麟 【清】滿洲正黃旗人。姓哈達伯喇氏。字子振。一字厚齋。號研農。乾隆進士。道光間平定回疆。授伊犁將軍。卒謚文恭。

玊．況 【後漢】京兆人。字文伯。性聰敏。建武中爲陳留太守。以德行化人。遷大司徒卒。（按後漢書侯霸傳章懷注。玊音肅。）

瓜田．儀 【漢】臨淮人。王莽天鳳中爲盜。依阻會稽長州。地皇中諸夏自請願說儀。王莽以爲中郎。使出儀。儀文降。未出而死。莽求儀尸葬之。

起冢祠。諡曰瓜寧殤男幾。以招來其餘。然無肯降者。

瓦爾喀 清滿洲鑲紅旗人。姓完顏。天聰時任前鋒校。每臨陣。奮勇爭先。中創不退。順治間從平四川雲南。康熙間任西安將軍。吳三桂反。瓦爾喀攻四川。卒於軍。諡襄敏。尋追奪原官。削諡。

瓦爾喀珠瑪喇 清滿洲正白旗人。姓那木都督氏。世居瓦爾喀渾春地。少從太宗征討。時葉赫有同名者。命稱瓦爾喀珠瑪喇以別之。屢攻明。衝鋒陷陣。擊斬甚衆。順治初從入關。破李自成。張獻忠。征姜瓖。累功授一等男。官至正白旗都統。

甘公 漢一名德。善說星。張耳敗走。欲之楚。甘公曰。漢王入關。五星聚東井。楚雖強。後必屬漢。故耳走漢。

甘·文焜 清其先本豐城人。後徙遼東。隸漢軍正藍旗。字仲明。一字炳如。康熙間爲順天府尹。以法繩下。貴幸家皆斂迹。累擢雲貴總督。時吳三桂蓄異志。文焜多所裁抑。三桂反。自刎死。諡忠果。有彙草辨疑。

甘·立 元陳留人。字允從。年少得時譽。辟爲奎章閣照磨。官至丞相掾。工詩。有允從集。

甘·禾 清汝來子。字雨書。號愛廬。雍正舉人。少聰敏有詩才。爲當世名公卿所推重。有愛廬詩鈔。

甘·同叔 宋豐城人。力學精思。工於詩。淳熙中進士。參桂州民曹。攝荔浦縣。有節軒集。

甘后 蜀漢沛人。先主在小沛。納以爲妾。隨先主於荆州。產後主。値曹操軍至。追及先主於當陽長阪。后及後主賴趙雲保護。得免於難。章武二年。追諡皇思夫人。先主崩。追諡昭烈皇后。

甘·汝來 清奉新人。字耕道。一字遜齋。康熙進士。授淶水知縣。以拘繫侍衞畢里克逮治。部議褫職。聖祖詔復原官。由此名聞天下。累官太子少保·吏部尙書·兼兵部尙書。爲時名臣。諡莊恪。有遜齋詩文奏議全集·周禮簡注·宦績紀略。

甘·伯宗 唐撰名醫傳十卷。

甘·延壽 後漢北地郁郅人。字君況。少以良家子善騎射。爲羽林期門。以材力被愛幸。稍遷至遼東太守。免官。許嘉薦爲郎中諫大夫。使西域。與副校尉陳湯共斬郅支單于。封義成侯。卒諡壯。

甘·京 清南豐人。字健齋。初爲諸生。後棄舉子業。師事謝文洊。値邑荒亂。特請免荒稅。蠲賦稅。賑饑平寇。鄉人賴之。

甘·卓 晉丹陽人。字季思。爲梁州刺史。鎮襄陽。善於綏撫。徭役悉除。市無二價。西土稱其德政。王敦稱兵。襄陽太守周慮密承敦意。詐勸卓。襲害卓於寢。太寧中追諡敬。

甘·始 後漢太原人。好道術。不飲食。嘗依容成元素之法。演益之爲一卷。治病不用鍼灸湯藥。在世百餘歲。後入王屋山。不知所終。

甘·宗佶 前蜀洪州人。王建爲忠武軍卒時掠得之。養以爲子。以軍功累遷太師。封晉國公。及皇子元膺等稍長。宗佶以養子心不自安。與鄭騫等謀求爲大司馬·總六軍·開元帥府。凡軍事。便宜行而後聞。建優容之。後爲唐道襲所譏。被殺。

甘·泳 宋崇仁人。字泳之。讀書不拘繩尺。尤工於詩。全體似李賀而不涉於怪。嘗賦雜詩一首。凡一千四百字。隨事起義。隨義鍊句。古今大篇。未或過之。性剛直。不與時俯仰。平生不娶。無子。元至元中卒。所著甚富。鰲溪刻本凡七百三十餘篇。號東溪集。

甘·雨 明永新人。字子開。萬曆進士。官至南京刑部郎中。有古今韻分註撮要·白鷺洲書院志。

甘·昭吉 宋開封人。字祐之。初以內侍殿頭爲英韶州巡檢。捕盜有功。累遷入內副都知。英宗即位之夕。昭吉直禁中。翊衛有勞。超遷康州刺史。以左龍武軍大將軍致仕。

甘·昪 宋內侍省押班。乾道中孝宗頗親昪。昪以此用事。爲入內押班。士大夫無恥者爭附之。昪用事二十年。招權市賄。帝察其姦。籍其貲廢死。

甘·泉 明貴縣人。成化舉人。授常州府推官。以憂去。後補蘇州。從征崇明海寇有功。值劉瑾用事。免官歸。有東津稿。

甘·茂 戰國秦下蔡人。事武王爲左相。武王欲窺周室。茂攻拔韓宜陽。武王遂至周。昭王時亡奔齊。

甘·英 漢永元中爲班超掾。超遣之窮臨西海而還。凡前世所未至。山海經所未詳者。莫不備知其風俗焉。

甘·風子 宋關右人。佯狂好酒。多作細筆人物。以草書法全其身體。往往列仙之流。題詩其後。傳觀既畢。往往毀裂而去。好事者藏匿僅一二。故傳世者少。一日忽別素與遊者。蕭洒題頌。擲筆而逝。

甘·振 明桂平人。字大聲。幼以孝聞。弘治中進士。爲南京戶部主事。歷員外郎。清愼自將。尙書而下交譽之。母卒後不復仕。屏居白石山。學者執經就講。

甘·茹 明富順人。字征甫。嘉靖進士。歷官山東按察司副使。性恬淡。薄宦情。方攜家至任未久。偶遊泰山。夜宿。夢神曰。可以歸矣。次日登日觀峯。挂冠歸。

甘國璧 【清】文焜子。字東屏。號立軒。康熙時以蔭授陝州知州。累官雲南巡撫。坐事罷官。命往軍前効用。後召還。官至綏遠城左翼副都統。復坐事落職。有農圃要覽・實政條要。

甘惟寅 【明】豐城人。字孔肅。元季偕弟仲肅從進士陳植講學於龍光書院。與邑人朱善・劉秩爲友。交相砥礪。知縣林弼稱之。有樗櫟集。洪武間屢薦不起。

甘望魯 【明】麻城人。幼爲人牧。奮志攻苦。研窮程朱之學。卒成大儒。黃陂有二程望魯臺。因以自號。

甘麻剌 【元】世祖孫。至元中鎭北邊。邊境以寧。嘗出征駐金山。會大雪。擁火坐帳內歡甚。謂左右曰。今日風雪如是。吾與卿猶有寒色。彼從士荷刃廬外。其苦可知。卽命饗人大爲肉糜徧賜之。其御下有恩類如此。封晉王。泰定帝卽位。追尊光聖仁孝皇帝。廟號顯宗。

甘復 【元】餘干人。字克敬。工詩。元亡後。遁跡以終。有山窗餘稿。

甘華 【明】豐城人。成化間知冠縣。法令嚴肅。杜門謝客。手不釋卷。

甘都 【清】蒙古鑲藍旗人。姓巴林氏。天聰崇德間攻寧遠。取遵化。克濟南。圍錦州。屢敗明兵。官兵部參政。順治間從入關。敗李自成。又從定陝西江南浙江。追勦唐王於福建。討金聲桓。累功封二等男。卒於軍。

甘源 【清】文焜曾孫。一作名運源。字道淵。號嘯巖。性喜讀書。以騎射爲苦。善詩古文詞。工行草書。尤精摹刻秦漢印。生平游歷半天下。留西域者四年。官至廣東巡撫。有長江萬里集・西域集。

甘瑛 【明】豐城人。正統間知嘉興府事。興學校。舉廢墜。時軍衛橫取。其弊日甚。瑛奏革之。海門山民恃險爲非。瑛復奏移近地。而籍廢寺之田給焉。

甘寧 【三國吳】臨江人。字興霸。先依劉表。後歸吳。陳計於孫權。請先取黃祖。盡獲其士衆。又從周瑜破曹操。攻曹仁。拜西陵太守。曹操出濡須。寧爲前部督。啣枚出破敵。敵驚退。時稱江表虎臣。官至折衝將軍。

甘夢英 【宋】登進士。調古田簿。選爲刑部郞。平反寃獄。直聲大振。賈似道爲相。上書陳淮襄攻守策。不報。棄官歸。

甘福 【清】江寧人。字德基。號夢六。嗜學慕古。家有津逮樓。積書至十餘萬卷。有保彝齋日記・鍾秀錄。

甘鳳池 【清】江寧人。少以勇聞。康熙間官某王府。與人角力。輒勝之。手能破堅。握鉛錫輒化爲水。年八十餘終於家。

甘瑾 【明】餘干人。一作臨川人。元末張翥居雲錦山中。與瑾往返甚歡。謂瑾詩如美女簪花。入明爲嚴州府同知。(一作翰林待制。)

甘瑩 【明】蘄州人。字德輝。別號玉聰子。成化中舉於鄉。授福寧知州。未浹旬而卒。平生涉獵經史百氏。工詩章樂府。尤尙氣節。操履亦不苟。有漫與・經學之餘・風月閒情諸稿。

甘盤 【商】高宗舊學於甘盤。踐位後以之爲相。世稱賢臣。

甘節 【明】保昌人。字克信。家貧力學。洪武中進士。坐累戍楚雄。薦起爲瑞州訓導。尤深明易理。訓學者從事根本。不尙浮華。後學宗之。在瑞十有八年。瑞人德之。

甘凝 【唐】丹陽人。字雲隱。移家南豐。舉進士不就。好道術。卜宅軍峯之下。歲旱。以竹畫地爲環。令童男女轉之。已而雷震大雨。一日召家人前曰。後四十年有聖人出。天下復平。爾等無忘忠孝。言畢而逝。

甘戰 【陳】豐城人。字伯武。有孝行。喜仙術。往從許遜。遜異其材品。凡奧文祕訣。悉命掌之。自是周游江湖。後歸豐城。布德行惠。鄉人感化。宋政和中封精行眞人。

甘澤 【明】開州人。號東閣先生。正統進士。歷御史。巡按陝西。與武清侯石亨不協。謫常熟知縣。奔父喪。與弟潤俱廬墓三年。澤卒。潤居母喪。復廬墓。

甘霖 【明】懷寧人。字沛之。洪武中舉人。建文時官御史。成祖破京城。不屈。從容就戮。子孫亦不復仕。

甘龍 【戰國秦】孝公之臣。衞鞅議變法。龍與杜摯爭持之。然孝公終不用其言。

甘濬之 【劉宋】嘗撰本草方。

甘懷園 【清】漢軍人。高其佩弟子。善指畫。

甘羅 【戰國秦】茂孫。年十二。事秦相呂不韋。使於趙。趙王郊迎。割五城以事秦。羅還。秦封羅爲上卿。復以茂之田宅賜之。

甘蠅 【上古】善射。彎弓而獸伏鳥下。

生公 【晉】高僧。嘗講經於虎丘寺。聚石爲徒。石皆點頭。世有生公說法頑石點頭之語。

生用和 【明】蓬萊人。洪武中由國子生任桐鄉知縣。經營草昧。得其領要。民皆樂之。

田一儁 【明】大田人。字德萬。隆慶中會試第一。授編修。進侍講。張居正欲廷杖吳中行。一儁疏救。格不入。乃從王錫爵詣居正。陳大義。詞獨峻。居正心嗛之。一儁告歸。居正敗。起故官。遷禮部左侍郞掌翰林院。卒。家無餘貲。

田千秋 【漢】見車千秋條。

田·大年 明宛平人。甲申流寇之變。闔門焚死。

田·大益 明四川定遠人。字博眞。萬曆進士。累遷戶科給事中。極陳礦稅六害。又極諫君德缺失。復以星變乞固根本。設防禦。罷礦稅。帝皆不省。後以久次添註太常少卿。卒官。

田·子方 戰國魏文侯以爲師。公成季謂文侯曰。田子方雖賢人。非有土之君也。君與之齊禮。設有賢於子方者。何以加之。文侯曰。子方者。仁人也。仁人。國之寶也。

田五 清甘肅回人。乾隆間蘇四十三就戮。田五詭稱官軍將盡勦新教。脅回衆爲亂於甘肅。爲提督剛塔所敗。勢蹙自戕。餘黨張文慶·馬四娃等復乘機嘯聚。死守通渭所屬之石峯堡。阿桂·福康安等討平之。藏戮近萬人。

田·仁 漢叔子。以勇壯爲大將軍衛青舍人。數從擊匈奴。衛將軍進言仁爲郎中。至二千石丞相長史。失官。後使刺三河。還奏事稱意。拜爲京輔都尉。遷司直。數歲。戾太子舉兵。仁部閉城門。令太子得亡。坐縱反者族。

田·仁恭 隋平涼長城人。字長貴。在周從宇文護征伐。數有戰功。文帝爲丞相。進位大將軍。從韋孝寬破尉遲迥於相川。文帝受禪。拜右武衛大將軍。卒諡敬。

田·仁朗 宋武子。性沉厚有謀略。頗涉書傳。雅好音律。尤臻其妙。從討李重進。征太原。皆有功。太宗時知秦·定州。所至皆有善政。遷右神武軍大將軍。

田·仁會 唐長安人。擢制舉。累官左武候中郎將。太宗征遼東。薛延陀以數萬騎掩河內。仁會擊敗之。永徽中爲平州刺史。歲旱。自暴以祈雨。穀大登。民歌之。五遷勝州都督。轉右衛將軍。卒諡威。

田·六善 清陽城人。字兼山。順治進士。知太康縣。以治行第一入爲戶部主事。累遷副都御史。知無不言。尋陞工部右侍郎。致仕。六善勇於自治。自言歷官四十年。無一念不可對天。無一事或敢欺人。有鵠棲幔坡諸集·拾瑤錄。

田·天澤 明應州人。正德初知耀州。會武宗幸榆中。自撫按太監三司。皆馳往榆中。天澤諸供應甚簡。太監索重賄。亦不與。時有令備迎駕供需。天澤度駕必不來。不厚爲備。百姓無科擾。一時賴之。

田·巴 戰國齊嘗辨於徂丘。而議於稷下。毀五帝。罪三王。一旦而服千人。

田·文 戰國齊嬰子。嬰使主家待賓客。賓客爭譽其美。請以文爲嗣。遂相齊。號孟嘗君。招致天下賢士。食客常數千人。上客皆躡珠履。名聞諸侯。嘗入秦。秦昭王欲殺之。賴其客有能爲狗盜雞鳴者。僅得免歸。後歸老於薛。湣王欲去之。乃如魏。魏昭王以爲相。西合秦趙燕伐齊破之。湣王走死。齊襄王立。孟嘗君中立於諸侯無所屬。王畏之。與連和。及卒。諸子爭立。齊魏共滅之。

田·文虎 宋字炳叔。寶慶進士。仕至樞密院檢討。出知常州。居官廉介。自奉苦淡。妻子惟衣布素。死之日。家無餘貲。

田·文鏡 清漢軍正黃旗人。康熙間任長樂縣丞。雍正間官至河南山東總督。加太子太保。懲貪除暴。不避嫌怨。然苛刻搜求。務以嚴厲相尙。豫民深恨之。卒諡端肅。

田·王孫 漢碭縣人。從丁寬受易。爲博士。施讎·孟喜·梁丘賀。並爲門人。由是易有施孟梁丘之學。

田·世福 明陽城人。官宜城訓導。崇禎間李自成寇宜城。世福死之。

田·令方 五代漢爲虢州團練使。帳中伶人靖邊庭妻有美色。令方私之。邊庭不勝忿。會陝西三叛連衡。關輔間人情大擾。邊庭夜縋入州廨殺之。

田·令孜 唐蜀人。字仲則。咸通中歷小馬坊使。僖宗即位。擢神策軍中尉。政事一委之。令孜知帝不足憚。販鬻官爵。除拜不待旨。黃巢陷東都。令孜奉帝幸成都。賊平還京。王重榮表暴令孜十罪。李克用亦上書請誅令孜。帝不從。王師敗於沙苑。克用逼京師。令孜計窮。乃劫帝出奔興元。重榮·朱玫表誅令孜。詔出爲劍南監軍。昭宗即位。爲湖南監軍。凡二歲。與敬瑄同日死。

田·布 唐弘正子。字敦禮。王師討蔡。布以戰功授御史中丞。蔡平。爲河陽節度使。弘正遇害。召布拜魏博節度使。居堊室。屏節旄。將士老者兄事之。俸祿月百萬。一不入私門。又發家錢十餘萬緡。頒士卒。朱克融據幽州。與王庭湊相唇齒。中人屢促戰。而度支餽餉不繼。魏軍又驕。會有詔分布軍救深州。衆怒。遂潰。諸將劫布行河朔舊事。布爲書謝帝。乃入至父几筵。引刀刺心曰。上以謝君父。下以示三軍。言訖而絕。諡孝。

田·弘 北周高平人。字廣略。事宇文泰多戰功。建德中累官總管襄郢昌豐唐蔡六州軍事·襄州刺史卒。弘雖武將。而動遵法式。每臨陣。摧鋒直前。身被一百餘箭。破骨者九。朝廷壯之。

田·弘正 唐廷玠子。字安道。幼通兵法。善騎射。從父承嗣愛之。謂必興吾宗。名之曰興。承嗣曾孫懷諫襲節度。年幼。政決於私奴蔣士則。時弘正爲兵馬使。衆迎弘正殺士則。於是圖魏博相衛貝澶之地。籍其入以獻。憲宗美其誠。詔充魏博節度。以討王承宗・李師道功加同平章事。長慶初王承元以成德軍請帥。帝詔弘正爲節度使。未幾軍亂。并家屬將吏三百餘人皆遇害。贈太尉。諡忠愍。

田・本 【明】新都人。清心苦行。博學好古。結廬高隱。不求聞達。年九十無疾而卒。

田・玉 【明】內江人。國子生。正統中知桐鄉。勤恤民隱。時閩浙盜起。征需繁重。玉寬假奬率。貧富適宜。民用不匱。以艱歸。父老上疏乞留。服闋。仍知桐鄉。還知池州。◎【明】萬曆中宦官。有太岳太和山志。太和山卽均州武當山也。

田・玉梅 【清】龍山人。字鼎臣。咸豐間以策干向榮。後投効河南。克正陽關。又從勝保勦捻。英法聯軍入京。帥所部勤王。爲捻所阻。戰死。官至同知直隸州。贈太僕寺卿。

田・生金 【明】麻城人。號雙南。萬曆進士。擢御史。累陞太僕卿。有復方孝儒友族家一疏。爲時所稱。

田・甲 【漢】爲蒙獄吏。韓安國坐法抵罪。甲辱之。安國曰。死灰獨不復然乎。甲曰。然卽溺之。未幾。安國爲梁內史。甲亡。安國曰。甲不就官。我滅而宗。甲肉袒謝。安國笑曰。公等足與治乎。卒善遇之。

田・白 【宋】兗州道士。善畫竹石。學東坡。

田・光 【戰國燕】處士。爲人智深而勇沈。太子丹聞其賢。與謀刺秦王事。光自辭衰老。因薦荆軻於太子。太子曰。願先生勿泄也。光曰諾。出而歎曰。夫爲行而使人疑之。非節俠也。遂自刎而死。

田・吉 【明】故城人。爲魏忠賢義子。未匝歲。連擢至兵部尚書。加太子太保。逆黨超擢未有如吉者。與崔呈秀・吳淳夫・倪文煥・李夔龍。爲五虎。莊烈帝卽位。詔逮治論死。籍其貲。

田・同之 【清】德州人。字彥威。一字在田。康熙舉人。官國子監助教。工詩。於王漁洋尤篤信謹守。有攻漁洋者必與爭。輯有西圃叢辨。

田・在宥 【唐】布子。大中時爲安南都護。頗立邊功。在宥與兄弟皆在邊上立功。累更藩鎭。以忠義爲時所稱。

田・如鼇 【宋】闢弟。舉進士。丞相呂頤浩一見器重之。高宗召問江右盜賊。對曰小寇不足慮。所憂者西北耳。官監察御史。出知道州。民樂其愷悌。

田・守忠 【明】字如心。萬曆間學道於金爐山。得舍身曆性之術。擲二木毬。晝自山下蹋鞠於上。夜則擲於下。雖崩崖亂樹中。必摸索得之。人以爲狂。一日辭衆言某日死。至期果然。

田・式 【隋】馮翊人。字顯標。性剛果。多武藝。拳勇絕人。仕周。任渭南太守。政尙嚴猛。吏民重之。隋受禪。拜襄州總管。專以立威爲務。每敕書到州。式先殺重囚。然後宣示。坐除名爲民。尋拜廣州總管卒。

田・有年 【明】扶風人。字立烝。萬曆舉人。知江寧縣。時魏璫遣內守備至留都。橫甚。有年力抗。幾陷不測。齊庶人與妖僧瑞光謀逆。有年覺察緝獲之。遂靖其變。擢戶部主事。陞知袁州。討平五溪洞叛蠻。遂告歸。

田・汝成 【明】錢塘人。字叔禾。嘉靖進士。官廣西右參議。分守右江。甚著政績。遷福建提學副使。博學工古文。尤善敍述。歷官西南。諳曉先朝遺事。撰炎徼紀聞。歸田後。盤桓湖山。窮遊浙西諸勝。著西湖遊覽志。又有田叔禾集・遼記。

田・汝耔 【明】祥符人。字勤甫。弘治末進士。累官湖廣副使。理獄訟。治屯田。修水利。事罔不飭。前後乞休者三。乃得請。既還。力田養母。以經籍自娛。有周易纂義・律呂會通・采蕣・歸田二集。

田・牟 【唐】弘正三子。寬厚明吏治。爲神策大將軍。開成初鹽州刺史王宰失羌人之和。詔牟代之。累遷鄜坊節度使。再徙天平。三爲武寧。一爲靈武。官至檢校尙書左僕射卒。

田・何 【漢】淄川人。字子莊。受易學於東武孫虞。後徙杜陵。因自號杜田生。漢與言易者宗之。何傳東武王同・雒陽周王孫・丁寬・齊服生四人。惠帝時屢徵不仕。

田・告 【宋】兗州人。纂禹元經十二篇。時稱東魯逸人。太祖召至闕下。詢以治水之道。將授以官。以親老辭歸。

田・完 【春秋陳】見陳完條。

田・希呂 【元】慈利人。字志舒。宋元之際。守節不仕。居天門山。大德中創書院以講學。誘掖後進。當路以爲書院山長。

田・延年 【漢】陽陵人。字子賓。爲河東太守。遷大司農。昌邑王淫亂。霍光憂懣不決。問於延年。延年說光白太后廢昌邑王。宣帝立。封陽成侯。尋爲怨家所告。召詣廷尉。自刎死。

田・廷玠 【唐】承嗣從昆弟。仕爲樂壽・清池・東城・河間四縣令。以治稱。遷滄州刺史。李寶臣・朱滔與承嗣不協。合兵圍滄州。廷玠固守連年。食雖盡。無叛者。徙相州。承嗣盜磁相。廷玠無所回染。及田悅代立。召爲節度副使。廷玠遂稱疾不出。

田・忌 【戰國齊】將。宣王時魏伐趙。趙與韓親。共擊魏。趙不利。戰於南梁。韓請救於齊。齊使田忌・田嬰將。孫子爲帥。救韓趙以擊魏。大敗之馬陵。殺其將龐涓。

田・志亨 【唐】齡吾人。號通眞子。父母亡。負土築塋。一日捨妻子爲黃冠師。卜居唐縣之磨巖。坐柏樹下一磨石。日丐食村落。暮宿石上。嘗有猛獸巨蛇直前。皆俛首而退。里人異之。爲搆觀居焉。壽八十終。

田·玘 宋鄜州人。作泥孩兒有名。態度無窮。效之不能及。一對至直十縑。一牀至三十千。小者二三寸。大者尺餘。

田·邑 後漢馮翊人。字伯玉。更始時爲上黨太守。繕甲養士。捍衛井土。光武卽位。邑遣使詣洛陽獻璧馬。復拜上黨太守。

田·京 宋滄州人。字簡之。舉進士。累遷右諫議大夫。京喜議論。爲人尙氣節。以倜儻聞。通兵戰及曆算雜家之術。著天人流術通儒子十數書。又有奏議十卷。

田·叔 漢陘城人。爲人廉直喜任俠。趙王張敖以爲郎中。會趙午貫高等謀弑帝。事覺。詔捕趙王及羣臣反者。唯田叔等十餘人赭衣自髡鉗。隨王至長安。敖事白得出。乃進言叔等十人。召見與語。帝說。拜叔爲漢中守。以按梁孝王殺爰盎事還爲魯相卒。

田·和 宋陝人。畫學李成。意韻深遠。筆墨精簡。熙豐間罕能及者。

田·季安 唐緒子。字夔。母微賤。公主命爲己子。寵冠諸兄。緒死時。年十五。匿喪觀變。軍中推爲留後。因授節度使。進同中書門下平章事。季安畏主之嚴。頗循禮法。及主卒。始自恣。年三十二卒。

田·宗侃 前蜀見王宗侃條。

田·宗源 宋東京人。字子濟。後居金陵。習范寬山水。尤工雜畫。

田·忠良 元中山人。字正卿。好學。通諸家言。明易學。筮卜如神。識太保劉秉忠於微時。秉忠因薦於世祖。苟有所聞。悉以正對。由太常丞累遷昭文館大學士。武宗立。進司徒。延祐中卒。諡忠獻。追封趙國公。

田·承嗣 唐盧龍人。隸安祿山麾下。祿山反。爲前驅。陷河洛。使守潁川。郭子儀平東都。承嗣以郡降。俄而復叛。史思明亂。承嗣爲賊導。及朝義敗。承嗣乃詣僕固懷恩謝。頗備行間。懷恩因建白承嗣等分帥河北。三遷至貝博滄瀛等州節度使。加同中書門下平章事。封雁門郡王。寵其軍曰天雄。承嗣盜有七州。未嘗北面。朝廷凡再興師。會國威中奪。窮而復縱。故承嗣得肆姦無怖忌。

田·松 宋舞水人。工畫道釋人物。筆法勁健。傅染輕淡。

田·武 後晉元城人。字德偉。少有拳勇。初事唐莊宗爲小校。歷遷勝節指揮使。天福初授金州防禦使。累遷潞州大都督府長史·檢校太傅。封雁門郡公。武出身戎行。性鯁正。御軍治民。咸盡其善。及卒。朝廷惜之。

田·洄 唐爲渝州刺史。能盡平劇賊。誠信廉潔。罷任之日。家徒壁立。

田·況 宋其先冀州信都人。字元均。少卓犖有大志。舉進士甲科。補江陵推官。夏竦經略陝西。辟爲判官。言治邊十四事。保州之役。況阬殺降卒數百人。朝廷壯其決。累擢觀文殿學士。卒無子。有奏議二十卷。已佚。存者惟儒林公議二卷。

田·信 隋式子。式既除名爲民。慚恚不食。欲自殺。信時爲儀同。流涕諫阻。式抽刀砍信。信走避。刃中於闔。帝以式爲罪己之深。復其官爵。

田·恂卿 明應城人。崇禎中舉人。闖逆之難。投南湖卒。

田·洫 明陽信人。字德惠。弱冠以孝友名。母沒。痛哭幾絕。葬後廬於墓側三年。

田·狩龍 明秦州人。字確夫。有德香園集。

田·玹 明奉化人。字廷玉。少警敏。家貧力學。正統進士。授刑部主事。持法不阿。門無私謁。所按無冤者。及卒。家無一錢。

田·秋 明思南人。字汝力。號西麓。正德進士。歷給事中。建白最多。嘗置義田以贍族之不能婚葬者。有西麓奏議。

田·耔 明汾州人。弘治舉人。知長清縣。居官鯁直。一介不取。事親孝養誠至。親沒廬墓。哀思骨立。旌人多化其孝。與辛彥博立忠孝祠祀之。

田·茂遇 清青浦人。字楫公。號髴淵。順治舉人。授新城知縣。不赴。薦試鴻博。歸築水西草堂。藏書萬卷。日事觴詠。所選有高言集·清平詞·燕臺文鈔等書。

田·衍 元彰德人。字師孟。居蒙城。以才選爲中書。歷知河中府。酷愛古書畫。墨竹學王曼慶。頗得雅趣。

田·重進 宋幽州人。形貌奇偉。有武力。歷事太祖太宗。從征太原伐契丹。以功累官京兆尹·永興軍節度使。爲人朴厚。太宗在藩邸。愛其忠勇。使人遺以酒炙。不受。太宗卽位。美其無私。終厚遇之。

田·章阜 元巴東人。仕至金紫光祿大夫。累世同居。詔旌其居曰義門。

田·差 春秋晉平公爲馳逐之車。立之於殿下。令羣臣得觀焉。田差三過而不一顧。平公大怒。差對曰。臣聞桀以奢亡。紂以淫敗。是以不敢顧也。平公曰善。乃命左右去其車。

田·悅 唐承嗣從子。蚤孤。母更嫁平盧戍卒。悅隨母轉側淄青間。承嗣訪獲之。及長。剽悍善鬬冠軍中。承嗣愛其才。將死。命悅知節度事。帝因詔悅爲節度使。德宗立。不假借方鎭。諸藩帥懼。悅遂合謀同叛。國號魏。僭稱王。會朱泚亂。帝出奉天。

敍悅罪。封濟陽郡王。悅阻兵凡四年。士卒苦之。從弟緒。與左右踰垣入。手刺悅死。年三十四。

田時震 【明】富平人。天啓進士。崇禎初擢御史。屢忤吏部尙書王永光。出爲江西參議。歷山西參政。罷歸。流賊陷富平。欲授以僞職。不屈死。

田浩 【明】青州人。官青州衞千戶。萬曆間東倭桀驁。朝鮮塗炭。明兵壘遼東。進援朝鮮。浩建策浮海運糧。以佐軍急。後竟沒於海。倭平。敍功進子爵。爲指揮僉事。

田益 【明】嶧縣人。字損之。天順舉人。知光山縣。政稱河南第一。擢監察御史。巡按鳳陽。獄多平反。墨吏望風解綬。官至陝西兵備僉事。

田益宗 【後魏】光城蠻。世爲四山蠻帥。受制於齊武帝。太和中奉表歸款。累官東豫州刺史。梁武帝招益宗以車騎大將軍。當時安危在益宗去就。而益宗守節不移。卒諡莊。

田眞 【漢】朝城人。與弟慶廣三人分財。堂前有紫荊一樹茂盛。共議破之爲三。未幾枯死。眞歎曰。木本同株。因分析而摧悴。況人兄弟孔懷。而可離乎。相感復合。荊亦旋茂。

田神功 【唐】南宮人。天寶末爲縣吏。會天下兵興。賊署爲平盧兵馬使。率衆歸朝。以破賊功。封信都郡王。授汴宋節度使。累加太子太師。事親孝。待宦屬折節謙損。卒贈司徒。

田祚 【宋】貝州人。十世同居。太平興國中。詔旌其門閭。復其家。

田荆 【明】閬州人。少聰慧。正德進士。由庶吉士擢兵科給事中。時京都歲荒。奏發太倉粟五千賑濟。陞四川按察司僉事。以贖鍰造木桶數萬。人笑爲迂。後遭水災。緣木桶活者數萬人。以不附權奸。被誣罷歸。

田蚡 【漢】長陵人。孝景王皇后同母弟也。竇嬰方盛時。蚡爲諸曹郎未貴。往來侍酒嬰所。跪起如子姓。及孝景晚節。蚡始貴幸。武帝卽位。蚡以舅封爲武安侯。拜太尉。竇太后崩。帝以蚡爲丞相。入奏事。所言皆聽。權移人主。誣殺嬰及灌夫。未幾蚡一身盡痛。若有擊者。諱服謝罪死。

田偉 【宋】燕人。爲江陵尉。因家焉。作傳古堂。藏書五萬七千卷。無重複者。其子鎬。撰有田氏書目。

田基 【春秋】中牟人。趙簡子居中牟。以基不從佛肸之召。欲官之。不受。乃之楚。楚王高其義。以爲司馬。

田崧 【前趙】將軍。守仇池。氐羌楊難敵襲破之。執崧令拜。崧瞋目大罵。遂遇害。

田從典 【清】陽城人。字克五。號嶢山。康熙進士。授英德知縣。行取授御史。累擢兵部侍郞兼管光祿寺。前後凡八年。不爲操切而句稽甚晰。官至文華殿大學士兼吏部尙書。卒諡文端。有嶢山詩文集。

田敏 【宋】鄒平人。梁末擧進士。歷仕梁唐晉漢周。官至工部尙書。以太子少保致仕。旣歸。多釀美酒待賓客。親授諸子經。開寶中卒。年九十二。敏篤於經學而好爲穿鑿。所校九經。頗以獨見自任。世頗非之。◉【宋】字子俊。本易州牙吏。雍熙中曹彬爲敵阻兵涿州。敏應王繼恩募。由岐溝關持書抵彬。彬上其事。太宗召見。補易州靜塞指揮使。歷官至環慶路都總管。儀州防禦使。在邊二十餘年。功伐最盛。

田旣庭 【明】靈丘鄉官。崇禎中流賊陷城。死之。

田晝 【宋】陽翟人。況從子。字承君。爲校書郎。知西河縣。有善政。

田淳 【後蜀】成都人。廣政中官龍游縣令。屢陳朝廷得失。時孟昶與周世宗交惡。疊興師旅。淳上疏切諫。未幾昶以用度不足。始鑄鐵錢。又遣使者督諸路累年逋賦。淳復疏言擾民。語甚切直。昶不能用。或勸以遜辭取貴仕。淳曰。大丈夫豈能附狗鼠以求進哉。其侃直多類此。

田琢 【金】定安人。字器之。明昌進士。宣宗時歷山東東西路轉運使。權知益都府事。時李旺等各據地爲亂。琢督兵征討。悉破之。山東諸郡縣賴以保全。

田紹斌 【宋】汾州人。初仕北漢劉鈞。周顯德間領五十騎來歸。鈞屠其家屬。世宗召補驍武副指揮使。宋初征李筠。以功遷龍捷指揮使。大中祥符中累官康州團練使。鞏縣都監卒。

田逢吉 【清】高平人。字凝只。順治進士。在翰林校試時。所取士悉成名臣。官至浙江巡撫。嘗奉使賑淮陽。奏請寬逃人禁。使流移者獲隨地收養。全活無算。

田單 【戰國齊】臨淄人。初爲臨淄市掾。燕昭王使樂毅伐齊。盡降齊城。惟莒。卽墨不下。卽墨人推單爲將軍拒燕。頃之燕惠王立。與樂毅有隙。單縱反間於燕。燕以騎劫代毅。單見燕軍懈。夜用火牛攻之。燕師大敗。盡復齊七十餘城。迎襄王於莒而立之。封安平君。

田品 【明】晉江人。字景曕。弘治進士。授南京吏部郎中。出守寶慶。剛方公恕。節用愛人。均里甲。課諸生。歲荒賑濟。活者甚衆。以親老乞歸。

田強 【漢】武陵五溪酋領。王莽欲賜強銅印。強有子七人。雄勇過人。乃曰吾等漢臣。誓不事莽。以其三子將五萬人。下屯沅東。各築一城。烽火相應。田子居上城。王子居中城。倉子居下城。

田景 【宋】慶陽人。善畫人物。有奇思。

田景咸 【宋】太原人。歷仕漢周。宋初爲左驍衞上將軍。性鄙吝。務聚歛。每使命至。惟設肉一器。賓主共食。後罷鎭。常忽忽不樂。妻識其意。引景咸徧閱蠶儲。景咸方自釋。在邢州日。使者王班至。景咸勸班酒曰。王班請滿飮。典客曰。是使者姓名也。景咸悟曰。我意王班是官爾。何不早諭我。聞者笑之。

田景陽 【明】高陽人。字時中。景泰進士。授山東道監察御史。數直諫。彈劾不避權要。累官大理寺卿。執法不骫。讞大獄多所平反。帝以璽書褒之。尋乞休歸。以吟詠自適。

田景新 【明】藍田人。泰昌間以進士令高平。寬平簡易。中革驛遞之累。力減租賦之餘。未幾調陽曲。民立祠祀之。

田景猷 【明】思南人。天啓進士。安邦彥反。景猷疏請齎勅宣諭。卽擢職方主事。時賊方圍貴陽。景猷單騎往。諭以禍福。令釋兵歸朝。邦彥不聽。欲招之。不爲動。賊恐以危禍。景猷怒。拔刀擊之。羈賊中二年。以間脫歸。從王三善擊賊。同死於內莊。贈太常寺少卿。

田景賢 【明】涿州人。字宗儒。成化進士。授給事中。疏論貴戚周壽竊權亂政。受廷杖。未幾帝悟。擢通政參議。累遷禮部尚書。劉瑾擅國。淩虐大臣。景賢簡靜自持。瑾不能中傷。

田景遷 【宋】乾德中爲珍州刺史。上言珍州連遭火災。乞改州名。太祖從之。改爲西高州。幷鑄五溪都防禦使印以賜之。

田欽祚 【宋】汝陰人。從周世宗征淮南。爲前軍都監。開寶間與何繼筠破賊兵於石嶺關。領賀州刺史。江表旣平。以功加領汾州防禦使。欽祚性剛戾負氣。所受月俸芻粟。多販鬻規利。終銀夏綏宥都巡檢使卒。

田游巖 【唐】三原人。永徽時補太學生。罷歸。母及妻皆有方外志。愛夷陵青溪。止廬其側。長史李安期表其才。召赴京師。辭疾入箕山。居許由祠旁。自號許由東鄰。高宗幸嵩山。至其門。游巖野服出拜。帝曰。先生比佳否。答曰。臣所謂泉石膏肓。煙霞痼疾者。拜崇文館學士。進太子洗馬。放還山。蠶衣耕食。不交當世。

田渭 【宋】縉雲人。字伯淸。紹興進士。爲辰州教授。推誠訓育。五溪人皆向學。自渭始。除浙東提舉常平。究心荒政。民賴以安。

田琦 【唐】雁門人。歷豫蘄許等州刺史。爲汝南太守。善畫人物。兼工八分小篆。

田登 【明】城武人。字有年。弘治進士。任樂亭知縣。以治行擢江西道監察御史。出按讞獄。多所平反。有吟呻一覽詩集。

田盛 【後漢】陳留人。字仲嚮。與郭林宗同好。亦名知人。優游不仕。以壽終。

田貴妃 【明】思宗貴妃。維揚人。性明惠沉默。寡言笑。最得帝寵。李自成入燕京。妃先一年卒。吳偉業永和宮詞。卽詠貴妃遺事也。

田雄 【元】北京人。字毅英。幼孤。能樹立。以驍勇善騎射知名。隸木華黎麾下。從征有功。太宗時總管京兆等路事。時關中苦兵革。郡縣蕭然。雄披荆棘立官府。開陳禍福。招徠未降者。又教民力田。京兆大治。⊙【淸】宣化人。明總兵。爲黃得功部將。順治間多鐸征江南。福王走蕪湖。黃得功戰死。雄縛福王以降。隨征浙江。擢浙江提督。定舟山。敗鄭成功。積功封三等侯。卒諡毅勇。

田雯 【淸】德州人。字綸霞。又字紫綸。自號山薑子。晚號蒙齋。康熙進士。累官工部郞中。督學江南。力崇古學。每按試。屏絕供張。自市蔬菜脫粟以食。遠近稱之。歷戶部侍郞致仕。雯記誦宏博。詩文皆組織繁富。煅煉刻苦。自成一家。有山薑詩選。古歡堂集。黔書。長河志籍考。

田滋 【元】開封人。字榮甫。公正有淸德。大德中累官浙西廉訪使。辨理寃獄。人稱神明。官至陝西行省參知政事。卒諡莊肅。

田瑜 【宋】壽安人。字資忠。舉進士。歷袁鄂合三州軍事推官。儂智高犯邕。瑜條上用兵禦賊十事。智高平。召對便殿。具言備守之策。累遷龍圖閣直學士。歷知青澶等州。能任繁劇。而於吏事尤盡心焉。

田稔 【明】高堂人。字慶甫。以進士官民部主事。出守蜀之保寧。時土酋不靖。稔鎭以威望。多設方略。諸酋望風逃遁。無敢窺保寧者。調貴州之思南。教化大行。居鄕有田佛子之稱。與弟共爨同居。至於沒齒。

田經 【明】黃子澄之子。子澄磔死。族人無少長皆斬。一子變姓名爲田經。遇赦。家湖廣咸寧。（此本明史。按咸寧縣志載子澄被難後。幼子仲眞潛居咸寧。易姓名爲田中直。疑中直卽經字。以子澄夷族後僅留一子。所居地又同也。參看黃表條。）

田腴 【宋】安丘人。字誠伯。後徙河南。從張載學。而與處州宿儒李潛善。每三年治一經。學問通貫。當時無及之者。建中靖國間。以曾肇薦。除太學正。崇寧初罷去。

田過 【戰國齊】宣王嘗問過曰。儒者喪親三年。喪君三年。君與父孰重。過對曰。殆不如父重。王忿然怒曰。

然則何爲去親而事君。過曰。非君之土地。無以處吾親。非君之祿。無以養吾親。非君之爵位。無以尊吾親。受之君。致之親。凡事君。所以爲親也。宣王邑邑而無以應。

田·頊 明尤溪人。字希古。正德進士。有文名。歷兵禮二部郎中。出督湖廣學政。闢濂溪書院。敎飭諸生。與講性命經濟之學。遷貴州提學副使。以母老乞養歸。母沒。頊攀號擗踴。水漿不入口。人稱其孝。有秬山稿。（按四庫提要作龍溪人。字太素。此從清一統志。）

田·僧亮 北周官至三公中郎將。入周爲常侍。工畫。師董展。野服柴車稱絕筆。

田·嘉穀 清陽城人。字樹滋。康熙進士。官編修。有易說·春秋說。

田·實 明崇禎間官指揮。擊賊百丈關。兵敗被執。罵賊死。

田·實穎 明商丘人。諸生。父病思食魚。入水溺死。妻姚氏痛夫之亡。不食而死。

田·榮 秦儋從弟。儋死。榮收儋餘兵東走東阿。齊人立故齊王建之弟田假爲王。田角爲相。田間爲將。榮怒引兵逐假。立儋子市爲王。榮相之。項羽既滅秦。榮自立爲王。羽怒。北伐齊。榮兵敗走平原。平原民殺之。

田·爾耕 明樂孫。用祖蔭。積官至左都督。天啓中魏忠賢斥逐東林諸人。數興大獄。爾耕廣布偵卒。羅織平人。入獄者率不得出。與許顯純·崔應元·楊寰·孫雲鶴。有五彪之號。累加至少師·兼太子太師。忠賢敗。言者交劾。遂伏誅。

田·瑴 金爲宰相韓企先所識拔。授吏部侍郎。所引用皆君子。而蔡松年·曹望之·許霖皆小人。求與瑴相結。瑴拒之。松年以微巧得宗弼意。宗弼當國。時時短毀瑴於宗弼。凡與瑴善者。皆指以爲朋黨。出爲橫海軍節度使。霖詆以專擅朝政。詔獄鞫之。徙海上。遇天德赦令。還鄉里卒。大定中追復爵位。

田·福 明鹿邑人。字君壽。性純朴。勤學讀書。每至夜半。雖盛寒暑不輟。貢入太學。授澤州判官。有善政。擢御史。巡按四川。發奸擿伏。吏驚若神。人謂之眞御史云。

田·維祐 明蕭山人。字裕夫。號東源居士。正德進士。官至肇慶知府。有東源讀史錄。

田·維嘉 明饒陽人。明萬曆進士。崇禎間累官吏部尚書。以贓汚及納周汝弼金被劾。引疾歸里。順治初以刑部尚書管左侍郎事。未任事卽乞歸。

田·肇麗 清雯子。字念始。號耆匡。少負儁才。屢試不第。以蔭生官至戶部郎中。著有懺堂詩文集。

田·誥 宋歷城人。好著述。聚學徒數百人。舉進士至顯達者接踵。以故聞名於朝。誥著作百餘篇。傳於世。大率迂闊。每搆思必匿深草中。絕不聞人聲。俄自草中躍出。卽一篇成矣。

田·賦 明甌寧人。字用周。選刑科給事中。奉勅催漕兩淮。尋陞知池州。改繁調淮安。賦善詩文。有齊山志·紀行錄·嚶鳴集·巡漕集·困橫集·野樵雜言。⊙清浙江山陰人。字公甫。善畫山水。筆力蒼古。

田·鳳 後漢字季宗。爲尚書郎。容儀端正。每入奏事。靈帝目送之。題柱曰。堂堂乎張。京兆田郎。

田·儋 秦狄人。故齊王族。陳涉使周市略地至狄。儋擊殺令。自立爲齊王。略定齊地。秦將章邯圍魏王咎於臨濟。儋將兵救魏。章邯夜銜枚大破齊楚軍。殺儋於臨濟下。

田·增 明易陽人。留守中衛指揮。正統中土賊作亂。增率精騎直入賊營。斬馘而還。陞都指揮同知。後扈駕北出。與大兵會土木戰沒。

田·廣明 漢鄭人。字子公。爲河南都尉。以殺伐爲治。有能名。宣帝立。封昌水侯。以祁連將軍將兵擊匈奴。出塞至受降城。受降都尉前死。喪柩在堂。廣明召其寡妻與姦。既出。不至質。引軍空還。下太僕杜延年簿責。廣明自殺闕下。

田·德懋 隋仁恭子。開皇初以父軍功。賜爵平原郡公。丁父艱。哀毀骨立。廬於墓側。負土成墳。文帝降璽書襃之。復下詔表其閭。大業中位至尚書駕部郎。

田·慶 明永樂中知泰州。清愼公勤。無私謁。爲政有條。吏不敢欺。

田·樂 明任丘人。字東洲。隆慶進士。累官監察御史。巡撫甘肅。沈毅有謀。破海酋永邵卜。建奇功。復松山千餘里。累陞太子太保·兵部尚書。卒謚文襄。

田·確 金安陽人。字叔堅。家貧好學。貌修偉。嘗懸鏡坐側。時自照曰。豈有人如此而終貧且賤乎。後登第。皇統間官至吏部尚書。

田·稷 戰國齊相宣王。受下吏之貨金百鎰。以遺其母。母曰。吾聞士修身潔行。不爲苟得。非理之利。不入於家。不義之財。非吾有也。不孝之子。非吾子也。稷慚而出。反其金。王聞之。大賞其母之義。

田·緒 唐承嗣第六子。承嗣將卒。以諸子弱。命從子悅知節度事。悅於緒頗怨望。悅既死。衆乃共推緒爲留後。遣使者聽命。詔拜緒節度使。貞元初以嘉誠公主降緒。拜駙馬都尉。封雁門郡王。遘暴疾卒。

田·諒 宋青州人。慶曆中以著作

佐郞知朝城縣。時值兵興。大河以北。賦調紛急。諒復流亡以綏內外。未期月而號太和。又創建孔子殿廷。及聖像禮器賓館廚廐。仕者賴之。

田·養盛 明開封人。萬曆中知瑞安縣。淸廉嚴重。不畏強禦。以不能事當道拂衣去。民留之。迂道登舟行。

田·學韶 清湖北人。咸豐間從烏蘭泰於粵西。與全玉貴爲左右翼。凡戰皆兩人先登。烏蘭泰戰沒桂林。學韶亦前死。

田·橫 漢榮弟。韓信虜齊王廣。橫自立爲王。高帝立。橫與其徒屬五百餘人入居海島中。帝使人召之。橫因與二客乘傳詣洛陽。未至三十里。自殺。帝拜其二客爲都尉。以王禮葬橫。旣葬。二客皆自剄。餘五百人在海中者。聞橫死。皆自殺。

田·縉 唐緒弟。字雲長。封扶風郡公。元和中拜夏綏銀節度使。王師伐蔡。縉上橐駝牛馬助軍。吐蕃寇豐州。縉設伏邀其歸。俘斬過當。入爲左衛大將軍。坐事再貶。終左領軍衛將軍。

田·興 明安丘人。生有神力。弱冠貿遷土物。徧江淮南北。至正間阻雪潁州之老子集。如廁。見太祖偃臥草堆。掖至旅舍。爲之治湯藥。備衣履。厚其資斧。使附豆船返臨淮。後太祖起兵。每下名城。與輒竄流亡中潛視軍紀。將士有劫掠爲暴者。必馳書相報。太祖以客禮待之。旣克金陵。不復至。太祖旣卽位。聞興在六合。再發詔使。堅不入朝。復遣詹同奉手書渡江。興遂野服詣闕。太祖俟之龍江。讌歡累月。明年卒於應天。太祖臨其喪曰。二十年來與我共患難而不共安樂者。斯人而已。爲之置冢。

田·興吳 明思南人。萬曆間由選貢任衡陽丞。居官廉靜。惟一子一僕相隨。督運不索常例。常奉檄勘災。自攜具往。倦則蔭於樹下。不入民舍中。暍死。止一敝笥。不滿一金。

田·興恕 清鎭筸廳人。字忠普。咸豐間以哨官隨克郴州。又隨蕭啓江援江西。所向有功。後解貴州黎平圍。破石達開於寶慶。累官貴州巡撫。時獨狆苗教各匪肆擾。與恕分路援勦。聲威大震。同治間西人文乃爾傳教入黔。與恕惡其倔強。殺之。坐褫職。

田·豫 三國魏雍奴人。字國讓。文帝初北人擾邊。使豫持節護烏丸校尉。威震沙漠。累官幷州刺史。屢辭位不聽。乃曰。年高七十而居位。譬之鐘鳴漏盡。夜行不休。是罪人也。遂引疾去。

田·錫 宋洪雅人。字表聖。太平興國進士。累官諫議大夫·史館修撰。遇事敢言。不避權貴。慕魏徵·李抗之爲人。歷事兩朝。始終以諫諍爲己任。封疏五十三卷。悉焚之。曰。直諫臣職也。豈可藏副以賣直邪。有咸平集。

田·錫田 清襄城人。字靑蕢。一字守田。號堅瓠。康熙時諸生。工書法。好收藏金石文字。有書學偶錄。

田·頵 唐合肥人。字德臣。沈果有大志。與楊行密同里。約爲兄弟。行密據廬州。表爲馬步軍都虞候。累官至太保·同中書門下平章事。頵求池歙爲屬州。行密不許。頵怨之。大募兵。與安仁義連和。攻昇州。兵敗。爲亂兵所殺。傳首至淮南。行密泣下。葬以庶人禮。

田·嬰 戰國齊威王少子。封於薛。號靖郭君。嬰言於齊王曰。五官之計。不可不日聽而數覽也。王從之。後厭之。悉以委嬰。嬰有子四十人。

田·應揚 明維澤人。萬曆間令廣昌。存心愛民。自奉儉約。淸丈地土。單騎裹糧以行。時稱淸釐第一。擢知忻州。

田·懋 清從典子。雍正中由蔭生累官御史。以敢言稱。乾隆間官至吏部侍郎。嗜酒務博。坐解任。

田·霢 清雯弟。字子益。號樂園。又號香城居士。康熙拔貢。授堂邑教諭。以病未赴。有鬲津草堂詩集。

田·歸道 唐仁會子。明經及第。使契丹。長揖不拜。將殺之。辭色不撓。乃免之。歸朝決默啜必叛。歷夏官侍郎。卒諡烈。

田·瓊 明湖廣松谿人。成化中以舉人任揚州教授。性剛毅。居常不假人以辭色。常愛校生夏易。憫其貧。捐己資爲娶。仍督誡同官。毋索寒士餽儀。同官胥畏服。

田·禮 明淸苑人。歷官都督府右都督。偕靖遠伯王驥討雲南孟養。生擒其子思機發。破其鬼哭等山寨。討貴州苗賊。身先士卒。平之。後苗賊復發。領兵追至香爐山寨。七戰七捷。諸苗請降。撫綏盡道。所至無不德之。

田·翼 隋養母以孝聞。開皇中後母患暴痢。翼謂中毒。遂親嘗穢惡。母終。翼一慟而絕。妻亦不勝哀而死。鄉人共厚葬之。

田·豐 後漢鉅鹿人。字元皓。天姿瓌傑。權略多奇。爲袁紹別駕。勸紹迎天子。紹不納。後紹敗於官渡。軍將皆泣曰。向令田豐在此。不至於是。紹還。逢紀譖於紹曰。田豐聞敗。拊掌大笑。紹曰。不用田豐言。果爲所笑。遂殺之。

田·鑄 明永淳人。字汝器。嘉靖舉人。杜門養母。足不履公庭。遭歲歉。靈竹鄉聚衆三百人剽掠。時議勦之。鑄急白縣令。請無用兵。單騎往諭。皆環聽泣下。詣縣謝罪。復爲良民。倅岳州。洞庭湖寇出沒。以計擒渠魁。餘黨解散。卒於官。

田·駢　戰國齊宣王喜文學游說之士。駢與騶衍·淳于髡等七十六人皆賜列第。爲上大夫。不治而議論。是以齊稷下學士復盛。且數百千人。駢作田子二十五篇。（按呂氏春秋不二篇陳駢貴齊。卽田駢也。）

田·疇　三國魏無終人。字子泰。好讀書。善擊劍。董卓之亂。率宗族及附從者數百人入徐無山中。躬耕養親。百姓歸之。數年間至五千餘家。道不拾遺。北邊翕然服其威信。曹操北征。署爲司空戶曹掾。後論功行封。疇固讓。終不屈。文帝高疇德義。賜其從孫爵關內侯。◎宋華亭人。字與齊。嘉定間嘗設講席於國學。六館之士皆北面焉。有易學蹊徑·四書說約。

田·懷諫　唐季安子。幼不能事。政決於私奴蔣士則。軍中推田弘正爲留後。送懷諫京師。授右監門衛將軍。

田·藝蘅　明汝成子。字子藝。以貢教授應天。博學善屬文。所著前後正續集數十卷。雜著數十種。多聞好奇。世以比之楊愼。爲人高曠磊落。至老愈豪。朱衣白髮。挾兩女奴。坐西湖花柳下。客至卽具座酬倡。斗酒百篇。人疑爲謫仙。有大明同文集·田子藝集·留靑日札。煮泉小品。

田·贊　戰國魏嘗衣儒衣而見王。王曰。先生衣何惡也。贊曰。有甚於此者。夫衣無惡於甲。冬則寒。夏則熱。王好衣人以甲。臣竊不取。王無以應。

田·寶臣　清泰州人。字少泉。幼治小學。盡通先儒之說。於文字偏旁音讀。辨證尤精。工詩。尤精律句。咸豐間卒。

田·蘭　晉幷州人。晉有汲桑者。力能扛鼎。殘忍少恩。六月盛暑。重裘。使十數人扇之。怨不清涼。便斬扇者。蘭斬之於平原。士女慶賀。◎明清苑人。字世馨。正德進士。授御史·山東道理刑。劉瑾索科道千金。蘭不從。改蒙陰令。歷官大同知府。時以邊卒缺糧久。戕及叢臣。蘭踵其後。多方處給。反側始安。以病告歸。

田·蘭芳　清睢州人。字梁紫。號賁山。順治諸生。性豪邁自喜。年四十。乃悔其失。與同里湯斌等倡志學會。踐履篤實。以不自欺爲根柢。主講道存書院。從游甚衆。及卒。門人私諡誠確先生。有逸德軒集。

田·鐸　明陽城人。字振之。成化進士。歷員外郎中。有聲。弘治初左遷知蓬州。多治績。陞廣東僉事。時劉瑾擅政。廣徵歛。鐸上疏力爭。衘之。會遷四川參議。引疾歸。瑾矯詔逮赴廣。卒於道。

田·闢　宋南康人。字思孟。天資篤實。嗜學不倦。游上庠二十年。無所成。浩然歸隱。號大隱居士。子九人。各授一經。教法甚嚴。登第及特恩者七人。時稱義方者。必曰田氏。

田·饒　戰國齊爲齊相宗衛門尉。衛被逐。召饒等二十七人而問焉。饒對曰。廚中有臭肉。則門下無死士。君不能用所輕之財。而欲使士致所重之死。豈不難乎哉。

田·穰苴　春秋齊見司馬穰苴條。

田·灝　金興中人。字默之。遼天慶中進士。歷官金部員外郎。權歸德節度使。太祖定燕。灝舉四州版圖歸朝。四遷知眞定府事。招降齊博游貴等賊衆五千餘人。已而貴復叛去。灝伺間殺之。降其衆。賊壘悉平。累官絳陽軍節度使。

田·鸞　唐陝西人。入華山。見黃冠祈請隱訣。黃冠指柏樹示之云。此卽長生藥也。鸞取柏葉曝乾。爲末服之。絕穀尸解。

由余　春秋秦本晉人。亡入戎。戎王聞秦繆公賢。使由余於秦以觀之。繆公與之語。以爲賢。因留不遣。遺戎王女樂以間之。後由余降秦。爲秦謀伐戎之策。益國十二。開地千里。遂霸西戎。

由吾·道榮　北齊琅邪人。少爲道士。好法術。隱琅邪山中。辟穀餌松朮茯苓。求長生之秘。年八十五卒。

甲·良　明高平人。字進賢。歷知招遠·良鄉·諸城三縣。並有政績。累遷戶部員外郎。嘉靖間諫大禮杖死。

申·一琴　明冠縣人。與弟一攀俱幼孤。家貧。竭力養母。母歿。廬墓三年。

申女　周召南申人之女。既許嫁於酆。夫家禮不備而欲迎之。女以夫家輕禮違制。不可以行。遂不肯往。夫家訟之於理。致之於獄。女終以禮不備。守節持義。必死不往。作詩曰。雖速我獄。室家不足。

申·不害　戰國鄭京人。相昭侯十五年。終不害之身。國治兵強。無侵韓者。其學本於黃老而主刑名。著書二篇。號申子。爲法家之祖。

申公　漢魯人。名培。少與楚元王交。俱事浮丘伯。受詩。文帝時以爲博士。始爲詩傳。號魯詩。後歸魯。退居家。弟子自遠方來受業者凡千餘人。武帝時徵入都。年已八十餘。拜太中大夫。舍魯邸議明堂事。後病免歸。

申·文炳　後周洛陽人。字國華。長興中進士。入晉。授虞部郎中·知制誥。廣順中爲學士。知貢舉。爲文典雅。有訓誥之風。性紓緩。待搢紳以禮。顯德中解職卒。

申·世寧　宋鉛山人。紹興中潘逵兵嚮鉛山。父俞年七十。未及出戶遇賊。賊意其有藏金。欲殺之。世寧年未冠。亟引頸願代父死。賊憫其孝。

兩全之。

申包胥　【春秋楚】大夫。姓公孫。封於申。故號申包胥。與伍員友善。員將亡於吳。謂包胥曰。我必覆楚。包胥曰。子能覆之。我必能興之。及吳師伐楚入郢。包胥乃入秦乞師救楚。依庭牆而哭。日夜不絕聲。勺水不入口者七日。秦哀公乃出師定其國難。昭王返國賞功。逃而不受。

申生　【春秋晉】獻公之太子。獻公寵驪姬。欲立其子奚齊。使申生居曲沃。驪姬譖之。申生自殺。

申·用嘉　【明】用懋弟。字美中。號經峪。萬曆舉人。授贛州府推官。斷獄多所平反。累遷貴州按察司副使。巡思石道。築垣練兵。境內以寧。調廣西參政。告歸卒。

申·用懋　【明】時行子。字敬中。號元渚。萬曆進士。除刑部主事。熹宗時以右僉都御史巡撫順天。悉心邊計。忤魏忠賢。罷歸閒住。崇禎初起歷兵部左右侍郎。進尚書。致仕歸卒。

申·立功　【清】長洲人。字梅溪。善奕。爲道咸時大家。

申·亥　【春秋楚】無宇子。靈王乾溪之難。王沿夏將入於鄢。亥言於無宇曰。吾父再奸王命。王勿誅。惠孰大焉。君不可忍。惠不可棄。吾其從王。乃求王。遇於棘闈。以歸。王縊於其家。亥以其二女殉而葬之。

申·自然　【清】江蘇華亭人。名浦。以字行。明季諸生。善畫山水。明亡。自然散家財。結客起義兵。事洩被捕。將斬。忽有人易之。遂得脫。鬻畫自給。後以謀脫友於獄不成。自殺。

申·舟　【戰國楚】大夫。名文之無畏。莊王使聘於齊。曰。無假道於宋。舟與宋有怨。知必死。見其子犀於王而後行。及宋。果殺之。莊王聞之。投袂而起。屨及於窒皇。劍及於寢門之外。車及於蒲胥之市。遂興師圍宋。

申伯　【周】宣王母舅。申國之伯。爲周賢卿士。築城於謝。尹吉甫作崧高之詩贈之。

申·佐　【明】永年人。字懋良。嘉靖進士。歷陝西參議。以邊功陞陽和參政。俺答乞通貢市。其子台吉謀劫盟擁兵。欲挾加歲幣。佐單騎出塞。調畫定盟。卒使稱臣獻貢。擢僉都御史。巡撫大同。尋以忤張居正罷歸。

申·克敬　【明】昭化人。洪武中由太學生入仕。以才能著稱。累官河南布政使。

申·良　【明】高平人。字延賢。嘉靖間以舉人授招遠知縣。山東盜起。良豫爲戰守具。再破走之。歷常州同知。入爲戶部員外郎。以諫受杖死。招遠民懷其政。圖像祀之。

申迅　【後蜀】唐玄宗之裔。修道青城山。有奇驗。嘗以紅梔子種兩粒。進於孟昶。昶甚愛重之。詔賜束帛。稱天師。後不知所之。有怡神論。

申·佳胤　【明】永年人。字孔嘉。崇禎進士。除儀封知縣。以才調杞縣。治行卓異。擢吏部主事。歷太僕丞。閱馬近畿。李自成破居庸。或勸佳胤毋入都。佳胤曰。固知秦師不支。如天子孤立何。疾馳入京。徧謁大臣畫戰守策。皆不省。城陷。自投井死。諡節愍。佳胤詩娟秀。有君子亭集。(按四庫提要作永平人。有申忠愍詩集。)

申叔·時　【春秋楚】大夫。莊王殺夏徵舒。因縣陳。時不慶。曰。夏徵舒弒其君。其罪大矣。討而戮之。君之義也。今縣陳。貪其富也。無乃不可乎。王曰善。乃復封陳。

申叔·儀　【春秋吳】大夫。乞糧於魯公孫有山氏曰。佩玉繠兮。余無所繫之。旨酒一盛兮。余與褐之夫睨之。對曰。粱則無矣。麤則有之。若登首山以呼曰。庚癸乎。則諾。蓋故爲隱語也。

申叔·豫　【春秋楚】令尹子馮有寵者八人。無祿而多馬。他日朝。與申叔豫立。入於人中。三從之。退朝。見之曰。子三困我於朝。吾懼。願告過。對曰。昔觀起有寵於子南。子南得罪。觀起車裂。何故不懼。子馮懼。辭八人。

申·坦　【南朝宋】恬從弟。孝武時積戰功至太子右衞率·徐州刺史。魏攻兗州。坦建議任榛亡命。宜因此翦撲。亡命者聞知。舉村逃走。坦坐棄市。沈慶之救之得免。復官驍騎將軍卒。

申·恬　【南朝宋】魏人。字公休。初爲驃騎劉道憐長兼參軍。武帝踐阼。辟東宮殿中將軍。孝武時略遷青州刺史。防禦邊境。勸課農桑。民以優實。性清約。頻處州郡。妻子不免飢寒。世以此稱之。後拜豫州刺史。以疾徵還卒。(按南史作申怙。此從宋書。)

申·相　【明】長治人。以醫名。研究脈理。尤精傷寒。有診家祕要·傷寒捷法歌。

申·香　【前秦】奄人。苻堅以爲拂蓋郎。身長一丈八尺。多力善射。每食飯一石。肉三十斤。

申徒·狄　【商】賢人。湯以天下授之。恥不以義聞已。自投於河。(按亦作司徒狄。史記留侯世家。以良爲韓申徒。徐廣曰。申徒。卽司徒耳。但語音訛轉。故字亦隨改。)

申徒·嘉　【春秋】兀者也。與鄭子產同師於伯昏無人。兀謂刖足。

申·時行　【明】長洲人。字汝默。嘉靖進士第一。授修撰。以文字受知張居正。萬曆中累官吏部尚書。繼張四維爲首輔。政務寬大。世稱長者。然務承帝意。不能大有建立。時鄭貴妃生子常洵。頗萌奪嫡意。時行屢請建儲。不從。會內閣亦有疏入。首列時行名。時行方在告。密疏辨之。言官論其巧避首事。排陷同官。求罷歸。卒諡文定。有賜閒堂集。

申·朔 漢蒼梧人。字元游。性廉愼。恆著布襦布褲。不事綺紈。鄉邑嘆慕之。舉孝廉。爲九眞都尉。後擊蠻賊有功。民頌其德。

申·泰 明無爲人。洪武間知延平府。會諸守有贓敗者。令徧搜各省知府。至延平止得米二升。鈔二貫。考天下清廉第二。

申·祐 明婺川人。字天錫。父爲虎噬。祐持梃擊之得免。正統中以舉人入國學。帥諸生救祭酒李時勉。旋登進士。拜四川道御史。以謇諤聞。死土木之難。

申·秦芝 唐洛陽人。其母夢吞芝而孕。與玄宗同日生。隱邵陽山修煉。玄宗感夢。以像求得之。後白晝沖舉。

申·棖 春秋魯一作黨。字周。孔子弟子。孔子嘗言吾未見剛者。或以申棖對。孔子曰。棖也慾。焉得剛。

申·涵光 清佳胤子。字孚孟。號鳧盟。順治中恩貢生。少以詩名河朔閒。與殷岳·張蓋稱畿南三才子。絕意仕進。累薦不就。晚年名益盛。其詩以少陵爲宗。而兼採高岑王孟之長。有聰山集·荆園小語諸書。

申·涵盼 清涵煜弟。字隨叔。順治進士。官檢討。學詩於長兄涵光。能與並驅。有西齋詩文集·通鑑評語·廣平府志·史籟。

申·涵煜 清涵光弟。字觀仲。康熙舉人。工詩善書。能寫蘭竹。有敏庵·江杭諸集。

申章·昌 漢楚人。字曼君。從梁丁姓受穀梁春秋。爲博士。至長沙大傅。徒衆尤甚。

申屠·有涯 宋居陽羨。攜瓷瓶渡舟。飲醉大吐。衆逐之登岸。忽跳入缾中不見。時號缾隱。

申屠·思恭 唐朝邑人。事親居喪著孝行。

申屠·致遠 元壽張人。字大用。世祖南征。經略使乞實力台薦爲經略司知事。軍中機務。多所謀畫。累官淮西江北道肅政廉訪司事。所至有風裁。致遠清修苦節。恥事權貴。聚書萬卷。名曰墨莊。及卒。家無餘產。有忍齋行稿·釋奠通禮·杜詩纂例·集驗方·集古印章。

申屠·剛 後漢茂陵人。字巨卿。質性方直。常慕史鰌·汲黯之爲人。漢平帝時舉賢良方正。因對策罷歸田里。王莽篡位。遂避地河西。建武中徵拜尙書令。光武嘗欲出遊。剛以隴蜀未平諫。頭觸乘輿輪。帝遂止。後以數切諫失旨。終太中大夫。

申屠·嘉 漢梁人。以材官蹶張從高祖擊項羽。累官都尉。歷淮陽守。文帝時遷御史大夫。拜丞相。封故安侯。嘉爲人廉直。不受私謁。鄧通以幸臣戲殿上。嘉欲斬之。赦至乃免。景帝卽位。晁錯用事。嘉惡之。錯穿宗廟垣。將奏誅之。錯恐。先自歸帝。及嘉請。帝曰。我使爲之。錯無罪。嘉恨爲所賣。至舍嘔血死。諡節。

申屠·澂 元諸暨人。字仲敬。與兄溶俱爲鄉里所敬憚。而澂尤寡合。工古文辭。舂容簡奧。精篆籀小楷。辟本路教授。辭疾不行。晚節益堅。有孝全撫言。

申屠·衡 明長洲人。號樹屋傭。明春秋。肆力古文。洪武中草諭蜀詔稱旨。授翰林修撰。

申屠·蟠 後漢陳留人。字子龍。九歲喪父。哀毀過禮。服除不進酒肉十餘年。家貧。傭爲漆工。郭泰·蔡邕甚重之。郡召爲主簿不行。遂隱居精學。博貫五經。兼明圖緯。見漢室陵夷。乃絕跡梁碭間。因樹爲屋。杜門養高。後董卓廢立。荀爽·陳紀輩皆爲所脅。獨蟠得全。人服其先見。

申·朝紀 清遼東人。後隸鑲藍旗漢軍。順治間以內院學士累擢山西巡撫。下車劾貪墨數十人。屬吏肅然。各省驛站銀舊額。明季撥充軍餉。驛費不足。派之里甲。朝紀請復舊。驛馬官牧。無得累民。民德之。官至宣大山西總督。

申·湛然 明宛平人。崇禎時太學生。與新其侯劉文炳友善。文炳闔門殉難。匿其祖母於湛然家。賊拷掠。終不言。體糜爛以死。

申·無宇 春秋楚爲芋尹。靈王城陳蔡不羹。使公子棄疾爲蔡公。無宇曰。五大不在邊。五細不在庭。親不在外。羈不在內。今棄疾在外。鄭丹在內。君其少戒。後陳蔡作亂。竟如其言。

申·爲憲 明永年人。由進士歷官山東副使。崇禎間清兵破城。爲憲時巳家居。殉節死。

申詳 戰國魯賢人。朱熹以爲子張之子。與泄柳同爲繆公所賓禮。

申·榮 元至正末。平章山東行省。守東昌。明兵至。榮見列郡皆降。告其父曰。城中兵少不敵。戰則萬人之命由兒而廢。但有一死報國耳。遂自殉。

申·漸高 五代吳事楊溥爲樂工。常吹三孔笛。賣藥於廣陵市。時關司斂率繁。商人苦之。會都城亢旱。中書令徐知誥詔左右曰。近郊頗得雨。都城不雨何也。漸高作諧語進曰。雨畏抽稅。不敢入京耳。知誥大笑。明日下教弛額外稅。

申·綱 明陽曲人。景泰舉人。工詩文。選監察御史。有直聲。出按河間等處。奸貪望風屏迹。歷松江·九江守。德政覃敷。二郡士民尸祝之。

申·綸　明永年人。弘治進士。累官按察司副使。性忠亮有雅度。蒞官以廉白稱。

申·輓　漢宣帝時以習公羊爲侍郎。

申·鳴　春秋楚以孝聞。楚王以爲左司馬。白公勝爲亂。劫其父以懼鳴。鳴曰。始則父之子。今則君之臣。已不得爲孝子矣。安得不爲忠臣乎。遂一戰而殺白公。其父亦死。王大賞之。鳴曰。食祿避難非忠臣。定國殺父非孝子。名不能兩全。遂自刎。

申·稷　唐大曆中爲建昌令。政平訟理。流氏復業。

申·積中　宋成都人。繦褓中。楊繪從其父起求之爲子。及長。知非楊氏。而絕口不言。年十九。登進士第。事所養父母。盡孝終身。有二弟一妹。爲畢婚嫁。始歸本族復申氏。政和中通判德順軍。擢提舉永興軍事卒。

申·蕙　明長洲人。字蘭芳。嘉興沈某妻。工詞。有縫雲集。

申·錫　明眉州人。嘗作先天太極諸書。自一歲一月一日一身。皆有圖說。又作三易圖說。六十四卦。卦爲二圖。以釋其義。明理讀書。至老不倦。

申·頲　清涵煜子。字敬立。副貢生。工書畫。詩長五言古體。有耐俗軒詩集。

申·徽　北周魏郡人。字世儀。沈密有度量。爲文帝大行臺郎中。四方書檄。皆委任之。劉彥據瓜州。徽爲河西大使。以五十騎縛之歸闕。使還。遷都官尙書。右僕射。賜姓宇文氏。出爲襄州刺史。性廉愼。畫楊震像於寢室以自戒。及代還。民吏送者數十里不絕。明帝以爲大御史。歷小司徒小宗伯。乞休卒。諡章。

申·旞　明魏縣人。字儀卿。嘉靖進士。歷官吏部郎中。性恬淡不樂仕進。屢起屢辭。爲時所稱。

申鮮虞　春秋齊與閭丘嬰同事莊公。崔杼弒公。嬰以帷縛其妻而載之。與鮮虞乘而出。鮮虞推而下之曰。君昏不能匡。危不能救。死不能死。而知匿其暱。其誰納之。後奔魯。

申·豐　春秋魯季氏家臣。季武子無嫡子。公彌長而愛悼子。欲立之。訪於豐。豐趨退。盡室將行。他日又訪焉。曰其然。將具敝車而行。乃止。

申·繻　春秋魯大夫。桓公與姜氏如齊。繻曰。女有家。男有室。無相瀆也。謂之有禮。易此必敗。既而果然。（按管子作申俞。此從左傳。）

白乙丙　春秋秦大夫。穆公使與孟明視。西乞術襲鄭。晉敗之於殽。獲乙丙等以歸。

白·乃貞　清字廉叔。號蕊淵。順治進士。官檢討。有慭齋存稿。

白·元光　唐其先突厥人。字元光。初補寧朔軍節度先鋒。安祿山反。元光領所部結義營長驅。從李光弼出土門。累遷太子詹事。封南陽郡王。爲鄜都遊奕使。歷靈武留後。定遠城使。

白·允謙　清陽城人。字子益。號東谷。明季進士。清初召入翰林。累官刑部尙書。坐事降補太常。尋乞歸。杜門卻掃。以歸庸名齋。日取六經性理諸書。研窮體究。刪朱子近思錄。薛瑄讀書錄各爲一書。訓其子弟。其學專事求仁復性。而以存誠主敬爲功。魏象樞稱爲薛文清後一人。

白公勝　春秋楚太子建子。幼在吳。子西召之還。使爲白公。後作亂。殺子西，子期於朝而劫惠王。葉公子高討之。白公勝奔山而縊。

白·天民　明鉛山人。洪武初以明經爲邑庠生。爲訓導。教人有方。以御史葉孟方薦。召至京師。授肇慶知府。有政績。

白·文珂　後周太原人。字德溫。初仕後唐。官鎭州節度使。入漢。至檢校太師。西京留守。河南尹。太祖卽位。加中書令。以太子太師致仕。封晉國公。顯德初卒。

白·文選　清吳堡人。明末從張獻忠爲盜。獻忠伏誅。文選與孫可望等並附於桂王。可望叛桂王自立。文選與李定國擊敗可望。封鞏昌王。桂王入緬甸。清軍進擊。定國走死。文選降。封承恩公。隸漢軍正白旗。康熙間加太子少師。

白·曰可　明清澗人。原名篆。字彝畫。號夷獎。博聞強識。學問淵弘。學者皆稱夷獎先生。流賊入關。避山中。自號嚴老。有敦本堂全稿。卒後門人私諡文靖。

白·永盛　明六安人。字寧夫。早孤。事母孝。兄永昌疾。奔走求醫。逮卒。哭之嘔血。事嫂如母。有溪山集稿。

白·玉娘　宋彭城程萬里妻。萬里爲鹵將張萬戶所獲。擄歸與元。以俘婢玉娘配之。越三日。玉娘見萬里面有淚痕。勸之行。萬里疑萬戶遣之試己。以告萬戶。萬戶乃鬻玉娘於人爲妾。玉娘誓不受污辱。乞爲尼。居曇花庵。後萬里官陝西行省參知政事。訪得之。具禮迎歸。年各四十餘矣。

白玉蟾　宋見葛長庚條。

白生　漢魯國奄里人。嘗與楚元王交受詩於浮丘伯。元王既至楚。以爲中大夫。使傅其孫戊。及戊卽位。與吳通謀。生諫不聽。胥靡之。衣之赭衣。使杵臼碓舂於市。

白·光　漢東海蘭陵人。字少子。與沛人翟牧同受易於孟喜。

白·再榮　五代漢唐晉之間爲護聖指揮使。契丹犯京師。再榮從契丹北歸。至鎭州。諸將推爲留後。再榮出於行伍。貪而無謀。是時李崧・和凝等皆留鎮州。再榮以兵環其居。迫而求物。高祖即位。遷義成軍節度使。罷還京師。周兵至。軍士攻再榮於第。悉取其財斬之。

白・圭 【戰國魏】文侯時人。李克務盡地力。圭樂觀時變。嘗曰。人棄我取。人取我與。吾治生猶伊呂之治國。孫吳之用兵。故天下言曰治生祖白圭。◉【戰國】名丹。圭乃其字。嘗謂孟子曰。吾欲二十而取一。孟子謂爲貉道。圭又曰。丹之治水也。愈於禹。孟子謂爲以鄰國爲壑。（按白圭一見史記貨殖傳。一見孟子。先後本不同時。其傳會爲一人。自趙岐注孟子始。閻百詩曰。韓非書。白圭相魏。鄒陽書。白圭爲魏取中山。考魏拔中山。在文侯十七年癸酉。逮孟子乙酉至梁。凡七十三年。爲國之將相者。尙能存於爾時乎。縱爾時尙存。尙能爲國築隄防治水害乎。故斷其爲兩人也。見鐙窗叢話。）◉【明】南宮人。字宗玉。正統進士。除御史。巡按山西。辨疑獄百餘。尋遷陝西按察副使。擢浙江右布政使。天順初進右副都御史。贊理軍務。湖廣災。就命圭巡撫。召爲兵部右侍郞。巡邊。敗孛來於固原州。進工部尙書。成化初剿襄賊劉通等作亂。命圭提督軍務。發兵討平之。加太子少保。改兵部尙書。兼督十二團營。卒諡恭敏。圭性簡重。公退即閉閤臥。請謁皆不得通。

白・如梅 【清】漢軍鑲白旗人。順治間由佐領累遷山西巡撫。以先後協濟陝西四川雲南等兵餉。加太子少保。擢陝西總督。尋坐事奪職。

白・守素 【宋】開封人。以蔭補官。累官鎮州鈐轄。王繼忠陷契丹。守素據橋。有矢數百。每發必中。敵不敢近。遂引去。居邊歲久。契丹畏之。仕終合州團練使。

白羊先生 【宋】賣卜臨安市中。孝宗崩。光宗疾不能喪。中外洶洶。襄陽軍官陳應詳欲乘此爲變。結約已定。一卒問卜於先生。先生曰。此占非止殺身。且將危及父母。愼勿爲也。時都統馮湛帳前有一人在旁。遂約卒告變。事定。二人及先生皆補官。

白・色純 【清】如梅子。順治間以內院副理事官累遷江西巡撫。時吳三桂・耿精忠分道略江西。色純遣兵敗耿精忠於會昌。克吳三桂於楊村。卒諡勤僖。

白・行順 【明】清澗人。字致和。成化間知濟南府。訪求治原。緩刑罰。興學校。教民耕種。招撫流散。賑恤窮獨。尋陞山西參政。士民遮留。爲之立碑。歷都御史。

白・行簡 【唐】居易弟。字知退。貞元末進士。辟盧坦劍南東川府。罷入朝。授左拾遺。累遷主客員外郞。進郞中。行簡敏而有辭。爲後學所慕尙。寶曆中卒。

白・孝德 【唐】安西人。事李光弼爲偏裨。累功至北庭行營節度。徙邠寧。僕固懷恩引吐蕃兵入寇。孝德擊敗之。永泰初吐蕃・回紇圍涇陽。郭子儀說回紇約盟。吐蕃退走。孝德大戰赤沙峯。斬獲甚衆。封昌化郡王。歷太子少傅。

白・延遇 【後周】太原人。字希望。幼從晉祖伐蜀。以趫悍見稱。累官檢校司空。周初加檢校太保。太祖征兗州。以延遇爲先鋒都校。兗州平。授齊州防禦使。改兗州。甚有德政。顯德初爲淮南軍先鋒都校。前後敗淮賊萬餘衆。後以同州節度使率衆南征。以疾卒於濠州。

白・志貞 【唐】本名琇珪。故太原史。事節度使李光弼。有智數。累擢司農卿。德宗以爲敏。遂倚爲腹心。進授神策軍使。賜今名。善窺億帝旨。言無不從。從狩奉天。懼李懷光。抑不使朝。懷光反。論斥其姦。貶恩州司馬。貞元初拜浙西觀察使卒官。

白・良玉 【宋】錢塘人。寧宗畫院待詔。工畫道釋鬼神。

白・良輔 【明】河南人。字堯佐。從薛瑄游。淹貫經史及性理諸書。登景泰進士。擢監察御史。搏擊權豪。不避艱險。按治山陝。奸宄遁跡。官至太僕寺卿。

白・叔敏 【明】洪武時知潮州。興學校。課農桑。持身清白。人不敢干以私。時潮多絕戶。荒田稅糧。令民賠納。至鬻子女不能給。敏奏除之。人懷其德。

白・奇 【漢】博士。從夏侯勝問論語。

白・奉進 【後晉】雲州清塞軍人。字德昇。初仕後唐。以戰功至檢校右僕射。唐州刺史。治郡有政績。高祖即位。徵赴闕。累官侍衛馬軍都指揮使。范延光據鄴。詔遣率騎軍北屯滑臺。滑州節度使符彥饒麾下不法。奉進斬之。明日詣彥饒謝。爲所襲殺。

白・季庚 【唐】下邽人。爲彭城令。李正己之叛。說刺史李洧自歸。累擢襄州別駕。

白・居易 【唐】季庚子。字樂天。貞元中擢進士拔萃。元和初入翰林爲學士。遷左拾遺。奏凡十餘上。後對殿中。論執強鯁。罷拜左贊善大夫。出爲江州司馬。累遷杭蘇二州刺史。文宗立。遷刑部侍郞。二李黨事興。居易恥緣黨人升。乃移病分司東都。以太子少傅進馮翊侯。會昌初以刑部尙書致仕。與香山僧如滿。結香火社。自稱香山居士。大中初卒。諡文。居易文章精切。尤工詩。平易近人。老嫗都解。雞林行賈售其國相。率篇易一金。初與元稹酬詠。號元白。又與劉禹錫齊名。號劉白。有白氏長慶集七十一卷・六帖三十卷。

白・昂 〔明〕武進人。字廷儀。性謙厚。天順進士。擢禮科給事中。嘗因災異上謹命以全大信六事。僉內臺。巡江治河有功。入司風紀。歷掌邦刑。有平恕老成之譽。致仕卒。謚康敏。

白・旻 〔唐〕一作旲。官澄城令。工畫花鳥鶻鶴。觜爪纖麗。甚得其趣。

白・金鑾 〔唐〕居易女。十歲寫北山移文。居易買石刻之。

白・南金 〔明〕臨洛人。字礪甫。精於詩。高亮擺脫蹊徑。有洛詞二集。

白・厚 〔宋〕貧士。娶富室劉純材女。送烏瓚十事。麩紙爲書。純材大笑。又使家僮答以珍珠一升。紫鴨千頭。撤燭花盈路。厚大慚。

白・建 〔北齊〕陽邑人。字彥舉。初入大丞府任騎兵曹。典執文帳。明解書計。武平末歷特進侍中中書令卒。建勤於在公。以溫柔自處。以典執兵馬。歷位卿相。

白・彥虎 〔清〕回部酋長。咸豐末乘漢回失和。竊據新疆。進擾甘肅。最爲凶悍。同治間踞高家堡。肅州。圍西寧。左宗棠督金順・劉松山征之。敗竄關外。光緒間與安集延酋阿古柏聯合。累拒清軍。阿古柏死。又助阿古柏子伯克胡里。據喀什噶爾西四城。爲劉錦棠所敗。遁入俄羅斯以終。

白・彥敬 〔金〕部羅火部族人。本名遙設。善騎射。起家爲吏。正隆中累功至北面行營都統。世宗即位。招彥敬。彥敬拒之。世宗密遣人乘夜揭榜於北京市。購以官賞。遂降。大定中以河中尹卒官。

白・思明 〔明〕平定人。字睿之。由進士知嘉定縣。持身嚴謹。政務寬平。先是瀕海之地。一夕大風。海水騰湧。人畜多溺死者。思明爲請於官。發民築土成隄。凡百五十里。水患遂已。累官大理寺少卿。

白・思謙 〔明〕樂昌人。舉洪武鄉試。授工部主事。有隆譽。擢廣西右參政。益以清白持身。擢山西右布政使。奉勅賑濟。活人數萬。

白・英 〔明〕汶上人。永樂中尚書宋禮尋元會通河故道。英獻計導百餘泉入汶。築壩戴村。橫亘五里。遏汶全流出於南旺。四分南流達於淮泗。六分北流達於漳衞。明二百餘年引東南之粟以實京師。英之力也。

白・重贇 〔宋〕樓煩人。少從軍有武勇。周廣順中授義成軍節度。在鎮日。河屢決。重贇親部丁壯。塞大程六合二堤。詔書褒美。從世宗征劉崇。又從征太原。擊走契丹兵。累遷彰義軍節度。宋開寶初改左千牛衞上將軍奉朝請。卒。

白・彧如 〔清〕江蘇通州人。與父在湄倶善琵琶。好爲新聲。吳偉業嘗於王煙客南園聞之。不覺拊掌稱善。彧如更爲朗彈一曲。乃崇禎十七年以來事。敘述亂離。豪嘈淒切。坐客相與哽咽者久之。偉業爲作琵琶行。

白・悅 〔明〕武進人。字貞夫。嘉靖進士。官至江西按察司僉事。工詩。有洛原遺稿。

白・時中 〔宋〕壽春人。字蒙亨。登進士第。累官吏部侍郎。坐事降知鄆州。復召用。政和中拜尚書右丞・中書門下侍郎。宣和中加特進太宰。封崇國公。時燕山日告危急。而時中恬不爲慮。金人入攻京城。御史劾時中孱懦不才。落職。

白・起 〔戰國秦〕郿人。善用兵。事昭王。封武安君。戰勝攻取。凡七十餘城。南定鄢・郢・漢中。北破趙括。坑趙降卒四十萬。後與應侯范雎有隙。稱病不起。免爲士伍。遷陰密。賜死。

白・啓常 〔明〕武進人。官光祿少卿。爲嚴世蕃狎客。至以粉墨塗面供歡笑。後以嵩黨被黜。

白・敏中 〔唐〕居易從弟。字用晦。少孤。承學諸兄。長慶初第進士。咸通中累拜司徒門下平章事。加中書令。以太子太師致仕卒。初居易足病廢。武宗欲召用之。宰相李德裕薦敏中文辭類其兄而有器識。即日除知誥。屢被遷擢。及德裕貶。敏中抵之甚力。議者惡之。德裕著書亦言其以怨報德。爲不可測云。

白・珽 〔元〕錢塘人。字廷玉。博綜經史。詩文一主於理。方回・劉辰翁稱其詩逼陶韋。書逼顏柳。仕至儒學副提舉。晚歸老棲霞。自號棲霞山人。有泉自竺山匯於其門。因名其居曰湛淵。亦以自號。有湛淵靜語・湛淵集。

白・善 〔春秋楚〕白公勝之族。家邊陽。爲將。勝欲亂國。召之。善曰。從子而亂其國。則不義於君。背子而發其私。則不仁於族。遂棄官治圃。以灌園自適。

白・景亮 〔元〕南陽人。字明甫。明法律。善書算。由征東行省譯史。累官衢州路總管。均徭役。興學校。儒風大振。性廉介勤苦。自奉甚薄。妻尤儉約。惟以脫粟對飯。部使者上其事。特詔褒美。改台州路總管卒。

白・登明 〔清〕蓋平人。隸漢軍鑲白旗。字林九。順治間知太倉州。蠲賦稅。除耗羨。雪冤獄。擊退海寇。開鑿劉河。民賴以安。尋調知高郵。值湖決。登明呈請蠲賑。溺者拯之。病者拊之。以病卒於官。人民醵金以殮。哭聲震野。

白・華 〔金〕隩州人。字文舉。貞祐進士。正大中累授樞密判官。有所論建。屢中事機。京師被攻。華建出就外兵之計。哀宗從之。以華爲右司郎中。帝至歸德。命華召鄧兵入援。既至鄧。以事久不濟。淹留於館。鄧入宋。華亦從至襄陽。宋署爲均州提督。後范用吉殺均之長吏送款於北朝。遂因而北歸。士大夫以華夙儒貴顯。國危不能以義自處爲貶云。

白雲　明僧。麗水人。居白雲山。洪武中詔起天下名僧。力辭。強起之。既赴卽還。居杭之虎跑寺。後回白雲。五日。索筆書偈而逝。◎明僧。大理人。戒行精嚴。萬曆間至陽寶山探幽搜勝。直窮藪澤。山故多虎。主僧止之。弗聽。齎糧坐澤中。凡八日。時方大雪。僧所止有鹿臥其地。雪亦弗及。虎蹤並絕。

白・雲上　清河內人。字秋齋。乾隆武進士。由侍衛任江南都司。遷漕標中軍副將。工詩。善草書。在官緝捕救災。愛民戢士。美政甚多。

白・雲霽　明道士。上元人。字朗之。號在虛子。有道藏目錄評註。

白・楹　明莘縣人。字礎之。少有文名。登天啓進士。授平陽司理。擊彈不避強禦。後遷盧氏令。闖賊陷城。強之降。不屈死。

白進泰　清滿洲正黃旗人。賜姓他塔喇氏。字健齋。號雪村。由筆帖式內府主事受知世宗。累擢福建將軍。乾隆時官至山東巡撫。坐事發香山監工。以老病卒。

白・煥彩　清華州人。字含貞。號泊如。出馮從吾門。後與同州黨湛・蒲城王化泰等。以道義相切劘。有關中文獻之目。（按清先正事略作奐彩。此從李二曲集。）

白・瑜　明武進人。字楚英。永樂中爲鈞州判官。廉勤有爲。均平賦役。凡利於民者卽興之。妨於民者卽去之。秩滿留任。始終如一。◎明永平人。字紹明。萬曆進士。授兵科給事中。帝既册立東宮。上太后徽號。瑜請推廣孝慈。以敦儉持廉惜人才省冤獄四事進。皆引祖訓及先朝事以規時政。帝不能用。天啓初累拜刑部左侍郎。卒官。有爽齊志。

白・鉞　明圭子。字秉德。成化進士。累官太子少保・禮部尚書。習典故。以詞翰稱。卒謚文裕。

白・夢鼐　清江寧人。字仲調。號孟新。又號蝶菴。勤學尚氣節。明末嘗以公論忤權貴。陷獄。國變得釋。康熙間成進士。官至大理寺評事。有天山堂稿。

白爾赫圖　清滿洲正白旗人。姓納喇氏。順治初從入關。擊敗唐通於一片石。定陝西江南浙江福建湖南山東貴州。皆有功。攻雲南。敗李定國。戰功尤著。封一等男。康熙間族人蘇克薩哈爲鼇拜所陷。坐死。鼇拜敗。追謚忠勇。

白・精忠　明潁州人。字輔乾。幼孤家貧。母食糠覈。而以精者哺兒。精忠知之。每餐必先啖其惡者。天啓中舉於鄉。流賊陷潁州。精忠以母年老。不忍獨去。遂遇害。

白齊文　清美國人。同治初投効中國。統常勝軍。與洪楊軍戰。旋通款於李秀成。謀據松江城爲內應。李鴻章黜之。乃降於秀成。不得志。復往投漳州。爲郭松林所殺。

白・履忠　唐浚儀人。博涉文史。隱居大梁城。時號梁丘子。景雲中徵拜校書郎。棄官去。開元時徵赴京師。辭老病不任職。詔拜朝散大夫。乞還。嘗註老子及黃庭內經。有文集。

白・廣恩　清陝西人。明崇禎間積功官薊州總兵。尋鎭山海關。清軍由山東北旋。廣恩合唐通等邀擊於密雲之螺山。悉潰敗。後歸陝。數與李自成戰。敗奔固原。遂降於自成。封桃源伯。順治間阿濟格定陝西。廣恩投誠。授騎都尉世職。未幾死。

白・慧元　明清澗人。字次如。崇禎進士。爲任丘令。善祛蠹。吏民畏之。清兵臨城。慧元防禦甚力。城破。一門俱死。

白・潢　清漢軍鑲白旗人。字近微。由筆帖式授內閣中書。康熙間累擢江西巡撫。諮詢利弊。以次興除。尤惓惓於農田水利。官至文華殿大學士。乞休後緣事奪職。

白・瑩　明思謙孫。字潤礡。正統進士。授戶科給事中。忠鯁自持。疏錄死難諸臣之後。又疏罷樂昌河泊所及減桑絲紅船稅額。諫垣重之。

白・範　明字以中。學行爲世所推重。齊魯典教勳戚家。動有典型。諸弟子遵其敎。習服清素。革紈袴淫靡之習。擢青州府同知。政以寬簡而治。卒於官。有詩文傳於世。

白・輝　宋良玉子。字用和。寶祐中畫院待詔。能世其學。

白・樸　元華子。字太素。一字仁甫。號蘭谷。生金末。學問博覽。逮國亡。力辭徵辟。以詩酒優游。尤工於曲。與馬致遠・鄭光祖・關漢卿稱四大家。有天籟集及梧桐雨等雜劇。

白・整　後魏因事處腐刑。少掌宮掖碎職。以恭敏著稱。太和末爲長秋卿。賜爵雲陽侯。

白・諤　宋紹興間爲右武大夫。自金從太后歸。宣言洪皓名聞華夷而不見用。秦檜奏繫諤大理寺。諤客張伯麟題太學壁譏訕。乃流諤萬安軍。

白・聳　唐馬平人。仕爲義勝都將。光啓中寇入郡境。盡驅其民。掠其財帛。聳率所部敗賊。奪而歸之。

白・鍾山　清漢軍正藍旗人。字毓秀。號玉崚。雍乾時官至河東河道總督。歷任兩河四十餘年。於河道情形。

工程利弊。無不周知。卒謚莊恪。有豫東宣防·南河宣防等錄。

白·鎔 【清】順天通州人。字小山。嘉慶進士。道光時官至工部尙書。性至孝。母鄧素畏雷。每夏秋日夜侍幃榻不敢違。居官剛正自持。不肯苟同於人。東南錢漕。積蠹日甚。賴鎔力疏其弊。民困以甦。

皮·日休 【唐】襄陽人。字襲美。一字逸少。性傲誕。能文章。隱鹿門山。自號間氣布衣。又號醉吟先生。亦稱醉士。又曰酒民。與陸龜蒙爲友。有松陵唱和詩集。時稱皮陸。咸通中舉進士。官太常博士。黃巢陷長安。署爲翰林學士。使爲讖文。疑其譏己。遂及禍。有皮子文藪及詩集。（按該聞錄言皮日休陷黃巢。爲翰林學士。巢敗被誅。唐書取其事。全唐詩小傳又謂日休爲巢所殺。尹洙河南集有大理寺丞皮子良墓誌。稱日休避廣明之難。奔錢氏。子光業爲吳越丞相。陸游老學庵筆記。亦以爲日休終於吳越。並無陷賊之事。未知孰是。）

皮·仲容 【宋】仁宗時人。登進士第。景祐初爲郎官。偶出街衢。一輕浮子遽前賀曰。聞君有臺憲之命。仲容遜謝。徐問何以知之。對曰。今新制。臺官必用稀姓。故以君姓知之耳。蓋是時三院御史。乃仲簡·論程·掌禹錫也。聞者傳以爲笑。

皮·光業 【五代吳越】日休子。字文通。十歲能屬文。美容儀。善談論。見者以爲神仙中人。少辟錢鏐幕府。天福中吳越國建。拜丞相。卒謚貞敬。有皮氏見聞錄。

皮·東山 【明】攸縣人。正德中由舉人知永川縣。有廉能稱。徵拜御史。巡按大同宣府。以威稜見忌。左遷評事卒。

皮·信 【隋】景和子。機悟有風神。徵涉書傳。仕北齊至開府儀同三司。於勳貴子弟中。稱其識鑒。後降周。入隋。終洮州刺史。

皮·容 【漢】琅邪人。受齊詩於滿昌。位至大官。徒衆甚盛。

皮·豹子 【後魏】漁陽人。少有武略。太武帝時歷官征西將軍。封淮陽公。累破宋師。積功擢內都大官。豹子沈勇篤實。一時推爲名將。卒謚襄。

皮·宿達 【隋】景和少子。有才藻檢行。初仕北齊。開皇中爲通事舍人。丁母憂以毀卒。

皮·喜 【後魏】豹子子。初以名臣子擢爲侍御中散。歷著戰績。孝文帝時以其父鎭仇池有威信。假喜廣川公。仍鎭其地。喜申恩布惠。夷民歸附。累官豫州刺史。卒謚恭。

皮·景和 【北齊】琅邪人。少通敏。善騎射。以親信從神武。趫捷有武用。每有戰功。天統初累遷侍中。景和於武職中兼長吏事。故頻有美授。積功封文城郡王。官至尙書令。別封西河郡開國公。

皮·瑕叔 【唐】襄陽人。舉進士有名。以剛柔不合時。受蜀聘爲幕府。官至刺史。

皮·滑 【元】清江人。字昭德。嘗從吳澄游。得其領要。以父南雄總管蔭補邵陽丞。廉潔有惠政。秩滿歸家。三召始起爲平江路通判。流通泉貨。公私便之。

皮裘生 【元】洪洞人。修眞玉峯山。冬夏服一皮裘。雲遊金陵。後不知所往。

皮·龍榮 【宋】醴陵人。字起霖。一字季遠。淳祐進士。累官參知政事。封壽沙郡公。立朝伉直。賈似道當國。龍榮不能降志。遂爲所黜。論削一官。詔徙衡州居住卒。有文集。

皮·璨 【五代吳越】光業子。仕爲元帥府判官。有鹿門家鈔詩詠。璨三世皆以文雄江東。士論榮之。

皮羅閣 【唐】南詔王。羅晟孫。姓蒙氏。開元中以破洱蠻功封雲南王。賜名歸義。時南詔強大。五詔微弱。皮羅閣會五詔宴飲松明樓。舉火焚滅五詔。盡有雲南之地。又破吐蕃。卜築太和城。自蒙舍徙居之。遣其孫鳳伽異入朝。授鴻臚少卿。妻以宗女。

目夷 【春秋宋】襄公茲父庶兄。字子魚。初桓公有疾。太子茲父固請曰。目夷長且仁。君其立之。公命子魚。子魚辭曰。能以國讓。仁孰大焉。臣不及也。且又不順。遂走而退。襄公即位。使爲司馬。宋爲鹿上之盟。以求諸侯於楚。目夷曰。小國爭盟。禍也。不聽。及與楚人戰於泓。楚人未既濟。請擊之。公不可。既濟。未成立。又以告。又不可。既陳而後擊之。宋師敗績。襄公尋以傷卒。

目講僧 【明】僧。隱其姓字。或云元進士。晦跡於僧。或云。嘗爲陳友諒參謀。兵敗逃爲僧。明初至鄞。善堪輿術。爲人卜葬。無不奇驗。嘗曰。吾當以目講天下。故皆稱爲目講。（按浙江通志作幕講僧。此據寧波府志。）

石·一鰲 【宋】義烏人。字晉卿。號蟠松。王世傑弟子。覃思於易。有周易互言總論。

石·九奏 【明】冀州人。字伯成。萬曆進士。官至右參政。有石伯成詩稿。

石·三畏 【明】交河人。由知縣薦授御史。諂附魏忠賢。爲忠賢十孩兒之一。又倚崔呈秀爲薦主。鍛成楊左之獄。一日赴戚畹宴。魏良卿在焉。三畏醉。誤令優人演劉瑾酗酒一劇。忠賢聞大怒。削籍歸。忠賢殛。借忤璫名。起故官。爲南京御史朱純所劾罷。

石·大用 【明】豐潤人。正統中國子監生。上章願代祭酒李時勉荷枷。名勳京師。仕至戶部主事。

石・子章 元 大都人。與元好問同時。工樂府。有竹窗雨等雜劇行世。

石・中立 宋 熙載子。字表臣。疎曠好諧謔。初補西頭供奉官。擢直集賢院。校讐祕書。凡更中立手者。人皆重之。景祐中拜參知政事。以少師致仕。卒謚文定。中立練習臺閣故事。喜賓客。及卒。至不能辦喪。

石・介 宋 奉符人。字守道。天聖進士。歷鄆州南京推官。篤學有志尙。樂善疾惡。遇事敢爲。丁父母憂。躬耕徂徠山下。以易教授。魯人號徂徠先生。慶曆中擢太子中允。時范仲淹・富弼・韓琦同時執政。歐陽修・余靖等並爲諫官。介遂作慶曆聖德詩。人多指目。不自安。求出濮州。未赴卒。有徂徠集。

石・公恕 宋 江津人。以武功大夫知威州。有能名。嘗作文刻碑。戒子孫不得分異。有御製八行碑刻於學。

石・公弼 宋 越州新昌人。字國佐。登進士第。大觀中累官御史中丞。劾蔡京罪惡。章數十上。京始罷。及劉逵主國柄。公弼復論其廢紹述良法。啓用元祐邪黨學術。人頗以是譏之。進兵部尙書。以樞密直學士知襄州。京再輔政。謫台州安置。遇赦歸卒。

石・公揆 宋 公弼從弟。字道任。一作道佐。政和進士。高宗時拜侍御史。疏論秦檜之奸。章十上。檜再相。下公揆建昌獄。不釋而卒。

石・公孺 宋 待旦曾孫。字長孺。穎悟孝友。有經術。高隱不仕。高宗詔求遺逸。使者朱異薦其長於三傳。召對稱旨。授迪功郎。進其所作春秋類例。命藏館閣。再授監南岳。不久還山卒。

石・元孫 宋 保興子。字善長。仁宗時爲瀛州巡檢。徙知莫州。有治績。累遷鄜延副都總管・緣邊安撫使。康定初夏人寇延州。元孫戰敗見執。及元昊納款。縱歸。帝貸元孫死。安置許州。還京師卒。

石・允常 明 台州寧海人。字恆德。洪武進士。官河南僉事。廉介有聲。坐事謫常州同知。建文末帥兵防江。軍潰棄官去。後追論廢周藩事戍邊。

石・天柱 明 岳池人。字季瞻。正德進士。歷都給事中。武宗北巡。欲幸宣府。天柱刺血書疏以進。遂止。忤尙書王瓊。出爲臨安推官。嘉靖初復職。遷大理寺丞卒。

石・天祿 元 珪子。襲父爵孛魯。授東平路元帥。屢立戰功。提兵掠亳及徐。所過望風附降。復破考城。降歸德。改授濟兗單三州管民總管卒。

石・天應 元 興中永德人。字瑞之。善騎射。豪爽不羈。木華黎授以興中府尹。從南征。臨機應變。捷出如神。其旌旗色用黑。人目之曰黑軍。從木華黎大小二百餘戰。常以身先士卒。以功累遷兵馬都元帥。屯河中。金兵來攻。天應力戰死之。

石・天麟 宋 禹勤子。字文祥。元豐間南北江蠻事起。募勇敢士。天麟與李資同應募。由陝州入諭蠻酋。動以禍福。皆相率降。會資戮降者。天麟止之勿聽。蠻復叛。天麟力戰死。

◎ 元 順州人。字天瑞。好學不倦。習諸國書語。初事太宗爲斷事官。憲宗時遣使海都。被拘二十八年。始得還。世祖大悅。拜中書左丞。時權臣用事。天麟獨言其姦。無所顧忌。武宗時累進平章政事卒。追封冀國公。謚忠宣。

石戶之農 有虞氏 與舜爲友。舜以天下讓之。農於是夫負妻戴攜子以入於海。終身不返。

石・文光 宋 增城人。景炎中元兵下廣。二王航海。文光從。陳宜中借兵占城。察其無還意。遂率所部兵回廣。時盜蜂起。民賴其捍禦之功。既沒。立廟祀之。號爲石神。

石文晟 清 廷柱孫。性豁達多才略。爲政務舉大綱。由蘇州府同知累官湖廣總督。

石・文德 後魏 蒲坂人。有行義。太平眞君初縣令黃宣喪亡。宣單貧無期親。文德祖父苗。以家財殯葬。持服三年。奉養宣妻二十餘載。自苗逮文德。刺史守令卒官者。制服送之。五世同居。閨門雍睦。詔標榜門閭。

◎ 五代楚 連州人。弱冠讀范曄後漢書。摘其瑕百條。爲之辨駁。先達見曰。公羊墨守不能過也。馬希範秦國夫人卒。文德作挽歌。希範異之。授水部。號其鄉曰儒林鄉。後以抗直坐貶。有大唐新纂。

石・斗文 宋 越州新昌人。字天民。隆興進士。任臨安府學教授。史浩薦其學行。遷樞密院編修。雖非諫官。而能抗論朝政。寧宗嘉之。遷知武康軍。

石・丕 五代 同安人。字彥成。登進士第。自綿州鹽泉尉。歷官朝議大夫。諳練邊事。所蒞州郡。輒備禦修舉。嘗於江淮間卜葬。晚得地於揚子縣甘露鄉石家山。乃嘆曰。吾閩人也。而此有石家山。豈偶然哉。遂葬二夫人於其旁。而虛其中。比卒。諸子違治命以葬。

石・世 後趙 虎幼子。封齊公。方十歲。立爲皇太子。虎死。卽位。尊劉氏爲皇太后。臨朝。石遵入鄴。廢爲譙王。尋殺之。

石・弘 後趙 勒第二子。字大雅。幼有孝行。以恭謙自守。勒僭位。立爲太子。勒死。虎執弘逼立之。命太子宮曰崇訓宮。勒妻劉氏以下徙居焉。後殺之。弘親齎璽綬詣虎諭禪位意。

虎殿弘爲海陽王。元康初幽弘於崇訓宮。尋殺之。在位一年。年號延熙。

石正行【宋】眉州人。後徙居江安。自號笑齋。淳熙進士。力學不倦。尤工書。得黃庭堅筆法。有毫芒集。

石永【元】紹興新昌人。事親至孝。元末兵亂。父謙孫年八十。被執。亂兵欲殺之。永亟抱父請代。兵遂殺永而釋其父。（按明史及萬姓統譜作永壽。此從元史及一統志。）◎【明】威縣人。字壽卿。嘉靖進士。歷御史。巡山海關。按淮揚·四川。皆振風紀。爲陝西副使。濬泉溉田。民甚德之。巡撫延綏。禦寇於環慶有功。總督川湖貴州軍務。擒苗酋沈亞當等。累擢戶部左侍郎。歷官以淸節稱。

石玉【明】藁城人。字大器。天順進士。官山東按察使。發奸擿伏。人稱其明。疑獄數言而決。全活甚衆。

石申【戰國魏】作天文八卷。見史記正義。今傳星經一卷。題漢甘公石申著。則與楚人甘公合爲一云。

石甲父【春秋鄭】大夫。王子帶之亂。襄王出居於鄭之氾。文公與甲父及孔將鉏·侯宣多省視官具於氾。

石旦【宋】同安人。字彥明。嘉祐進士。累遷司農寺幹當公事。熙寧中淮浙江東饑。從司農張諤出賑。所至盡發府庫。置場給散。又募人收養遺棄小兒。全活甚衆。終陝西運屬。有文集。又編漢唐名臣奏議五十卷。

石仲元【宋】桂林人。居七星山爲道士。負能詩名。學詩者不遠千里而至。天禧中卒。有桂華集。

石仲覽【唐】江都人。疏財接客。士多依之。仕爲駕部郎中·御史中丞。

石全彬【宋】知題孫。字長卿。由小黃門累遷西頭供奉官。元昊叛。全彬監鄜州兵救延州。解圍去。儂智高寇廣南。全彬爲湖南江西路安撫副使。力戰於邕州。南方平。後遷福延宮使。卒謚恭僖。

石光【宋】介子。爲岳州通判。有功德及民。後寓大雲山卒。民慕之。立祠致祭。

石光霽【明】泰州人。字仲濂。受學於張以寧。洪武中以明經舉。授國子學正。進博士。作春秋鉤玄。能傳以寧之學。（按萬姓統譜作光霄。此從明史。）

石存禮【明】益都人。字敬夫。號來山。弘治進士。官至知府。歸田後。與藍田馮裕·劉澄甫·陳經·黃卿·劉淵甫·楊應奎·結詩社於北郭禪林後。編輯所作曰海岱會集。

石守信【宋】浚儀人。仕周領洪州防禦使。太祖卽位。改領歸德軍節度。李筠叛。守信討平之。移鎭鄆州。乾德初累拜中書令。加檢校太師。封魏國公。卒謚武烈。

石安民【宋】臨桂人。字惠叔。紹興進士。爲象州判官。決獄平恕。分教廉藤二州。文風大振。晚知吉陽軍。未赴而卒。安民早從沈晦·胡寅游。尤受知於張浚。弟安行·安持與兄齊名。人號三石。有文集。

石安琬【元】佐中子。襲父職。從征太理。討李璮。皆有功。累官懷遠大將軍。授大同等處萬戶。領兵屯田紅城。大德中李萬戶當戍和寧。親老且病。安琬請代其行。及還。以病卒。

石汝璋【明】陝西咸寧人。字秀峯。少讀書。通文藝。親沒。貧未能爲小影。嘗自憶爲之。竟肖貌。由是有聲。關中推爲第一。

石汝礪【宋】英德人。精通五經。尤深於易。嘗進所著易解易圖於朝。爲王安石所抑。蘇軾謫惠州。與論易理。竟日不忍別。又以琴準樂律。著碧落子琴斷。鄭樵稱之。

石亨【明】渭南人。嗣世父職。爲寬河衞指揮僉事。善騎射。每戰輒摧破。正統中遷都督僉事。協守萬全路。及英宗北狩。數立奇功。所向無敵。累官至鎭朔大將軍。封武清侯。總帥京軍團營。景帝病。亨與曹吉祥迎英宗復辟。進爵忠國公。眷顧特異。勢焰薰灼。以私憾殺于謙·范廣等。蓄材官猛士數萬。中外將帥。半出其門。後以從子彪謀鎭大同事發。下詔獄瘐死。

石作蜀【春秋】成紀人。字子明。孔子弟子。

石佐中【元】天應從子。天應死事時。佐中在軍中。伺敵少懈。突城而出。趨木華黎營。求得蒙古兵數千。回與敵戰敗之。木華黎嘉其勇。奏授金符行元帥。尋授與中府千戶。

石伯元【元】京兆人。舉鄉貢進士。已而隱不仕。其學受於賈仲元。所著周易演說。悉棄諸儒傳注。獨取河洛二圖。以明象爲要。

石余亨【宋】越州新昌人。字成己。石氏世爲講學家。余亨守先緒。以咸淳進士官明衢二州。見宋且亡。棄去隱沃洲。自號休休子。又號遯翁。

石君立【後唐】趙州昭慶人。亦謂之石家財。隸李嗣昭爲牙將。嗣昭每出征。俾君立爲前鋒。敵人畏之。王檀逼晉陽。莊宗在魏博。不暇救應。君立率五百騎至。一戰敗之。後將兵屯德勝。邀擊汴軍糧餉。伏起被執。不屈死。

石君寶【元】平陽人。工樂府。有曲江池等雜劇行世。

石孝友【宋】南昌人。字次仲。乾道進士。有金谷遺音。

石孝忠【唐】韓魏間人。事李愬爲前驅。韓愈撰平淮西碑。多歸功裴度。而愬特以入蔡功居第一。孝忠熟視恚怒。因推去其碑。吏執詣獄。又以枷尾拉殺一吏。憲宗怒。親訊之。孝忠頓首明怨功。請就刑。帝數之。詔更碑文。

石‧延年 【宋】宋城人。字曼卿。氣節自豪。不務世事。爲文勁健。詩尤工。累舉進士不中。眞宗時以爲三班奉職。歷大理寺丞。上書章獻太后。請歸政。久之遷太子中允。同判登聞鼓院。嘗進備邊策。不報。已而西方用兵。始思其言。延年喜劇飲。嘗與劉潛造王氏酒樓。對飲至夕。無酒色。世疑爲酒仙。

石‧延慶 【宋】嗣慶弟。字光錫。舊名韜。紹興進士。質性純雅。襟懷磊落。高宗深奇之。特賜今名。授明州教授。遷諸王宮教授。通判台州卒。

石‧延翰 【五代吳越】明州人。父渝。兄延偉。皆應辟用顯貴。延翰獨恥仕強藩。隱居沃洲山白雲谷。以書史自娛。後贈白雲先生。

石廷柱 【淸】遼東人。姓瓜爾佳氏。隸漢軍正白旗。天聰間從攻大淩河城。納降祖大壽。崇德間從征朝鮮及皮島。松山。屢有功。順治間累官鎭海將軍。駐防京口。戢兵安民。民間稱爲石佛。封一等伯。卒謚忠勇。

石‧成金 【淸】揚州人。字天基。號惺齋。事親孝。重然諾。著有傳家寶四集。都百餘種。取居家尋常事。演以俚俗語。意存激勸。頗行於世。乾隆初卒。年八十餘。

石‧邦柱 【明】蒼梧人。字安國。弘治進士。知彬州。時猺與流賊間比爲亂。邦柱撫諭猺。使各安業。賊勢孤。往捕多所斬獲。累補工部郎。忤執政意。出守瑞州。以疾罷歸。

石‧邦哲 【宋】紹興初爲大理評事。言近僞徐王李懋帝姬阿易之來。遣使迎逆。絡繹於道。有以見陛下之親睦。既察其詳。付之有司。又有以知陛下之明斷。李懋阿易之事。已播告四方。尙恐皇族有自虜中脫身南歸。宜令州縣驗實。許以推賞。庶得其眞。以茂本支。庚申。詔吏部徧牒諸路。

石‧邦憲 【明】淸平衞人。字希尹。嘉靖中嗣世職爲指揮使。累功署都督僉事。充總兵官。鎭貴州。臺黎砦苗闕保倡亂。邦憲討平之。進署都督同知。隆慶初勦平鎭遠苗。部內帖然。邦憲生長黔土。熟苗情。善用兵。大小數百戰。無不摧破。威鎭蠻中。時稱名將。卒於官。

石‧奉頵 【後蜀】晉高祖宗屬。一名頵。出帝時官鳳州防禦使。廣政中以鳳州降於孟昶。遂爲蜀中名將。宋師入境。奉頵請聚兵堅壁以敝之。昶不能從。奉頵竟不知所在。

石‧定子 【宋】一鰲子。字安叔。端敏純孝。繼母朱。性嚴毅。定子奉養不倦。無慍色者三十年。

石‧宗昭 【宋】斗文弟。字應之。與斗文同問學於朱呂陸三氏之門。初爲九淵所喜。後惑於異說。九淵駁之。封其異時書問一束。題曰石應之公案。以進士第授無爲教授。官至侍從。

石抹‧也先 【元】遼人。年十歲。從其父問宗國之所以亡。卽大憤曰兒能復之。及長。勇力過人。善騎射。多智略。豪服諸部。太祖起朔方。來歸。爲先鋒入東京。不費一矢。移師圍北京。破之。授御史大夫。領北京達魯花赤。後從木華黎攻蠡州北城。先登中石死。年四十一。（按元史石抹阿辛傳。官職子孫。與石抹也先並同。此詳彼略。一人兩傳。）

石抹‧元 【金】胡土虎猛安人。字希明。七歲喪父。號泣不食者數日。十三居母喪。如成人。嘗爲擊鞠戲。馬踣。歎曰。生無兄弟。而數乘此險。設有不測。奈何。由是終身不復爲之。爲同知淄州軍州事。劇盜劉奇。久爲民患。一日捕獲。方訊鞫。聞赦將至。亟命杖殺之。闔郡稱快。累官山東西路按察轉運使。移知濟南府卒。

石抹‧元毅 【金】咸平府路酌赤烈猛安莎果歡仙謀克人。本名神思。除同知亳州防禦使事。錄陝右五路刑獄。無冤人。遷同知武勝軍節度使事。別郡有殺人者。屢鞫不服。元毅訊不數語。卽具服。後以邊警授撫州刺史。會邊將失守。芻糧馬牛。焚剽殆盡。元毅率吏卒三十餘人。出州經畫軍餉。與敵遇。被害。

石抹‧卞 【金】本名阿魯古列。年十三能射。連獲二鹿。睿宗奇之。賜以良馬及金吐鶻。屢破宋軍。以功累遷大名尹。爲鄭州防禦使。時有水牛數百頭。自淮南走入州境。僚佐欲收之充官用。卞不聽。復驅過淮還之。累遷洮南尹卒。

石抹‧世勣 【金】元毅子。字景略。幼勤學。爲文有體裁。以父死王事。收充擎執。承安中登詞賦經義科進士。累官禮部尙書。兼翰林侍講學士。天興初哀宗北渡。以世勣從行。明年走蔡州。城破。死之。

石抹‧仲温 【金】懿州胡土虎猛安人。本名老斡。除同知武寧軍節度使事。宿直將軍。器物局使。坐前在武寧造馬鞍虧直。章宗原之。改左衞將軍。貞祐中宋人攻秦州。仲温率兵敗之。除鎭南軍節度使致仕。

石抹‧孛迭兒 【元】契丹人。仕金爲霸州平曲水寨管民官。木華黎率師至霸州。孛迭兒迎降。木華黎察其智勇。奇之。擢爲千戶。始從征伐。及後爲將。大小百戰。所至有功。累陞龍虎衞上將軍。霸州等路元帥卒。

石抹‧宜孫 【元】繼祖子。字申之。

性警敏。嗜學問。於書務博覽。而長於詩歌。嘗借嫡弟厚孫廕襲父職。爲沿海上副萬戶。守處州。及弟長。卽讓其職還之。退居台州。方國珍起海上。江浙行省檄宜孫守溫州。明兵取蘭谿。宜孫赴援敗績。爲亂兵所害。謚忠愍。

石抹・明安 [元]桓州人。性寬厚。不拘小節。太祖破金之撫州。明安來降。命領蒙古軍。料敵制勝。算無遺策。積功累官蒙古漢軍兵馬都元帥。封邵國公。

石抹・明里 [元]曷魯孫。世典膳。中統初明里入見。世祖令侍臣送明里於裕宗。令典膳事。已而帝親討反者於北方。明里請備持矛。師還第功。賜白金百兩。位至司徒卒。

石抹・狗狗 [元]少從征伐。以壯勇稱。至元中宋將昝萬壽襲成都。狗狗以蒙古軍二千擊敗之。朝廷錄其前後功。賜金虎符。行省也速帶兒討都掌烏蒙蠻子諸蠻。戰於鴨樓關。狗狗最有功。又以蒙古軍八百從征散貓蠻。敗之。累遷懷遠大將軍・夔路萬戶。移戍重慶卒。

石抹・按只 [元]契丹人。世居太原。父大家奴。率漢軍五百人歸太祖。按只代領其衆。累立戰功。宋兵沿江撤橋據守。按只相地形。自馬湖以達合江・涪江・清江。立浮橋二十餘所。及四川平。浮橋之功居多。中統中授河中府船橋水手軍總管。從征建都蠻。力戰降之。軍還。道卒。

石抹・曷魯 [元]契丹人。世典內膳。曷魯事太祖。睿宗嘗求之於帝。帝以其僚十人往。睿宗嘗從太宗西征。在道絕汲。曷魯聚草上霜。煮羹以進。師還。賜金帛甚厚。年八十卒。

石抹・查剌 [元]也先子。亦善射。襲御史大夫。領黑軍。從攻益都。久不下。及降。衆欲屠其城。查剌止之。由是遂免。及南征。盡以黑軍爲前列。敗金將白撒官奴於河。渡河再戰。盡殺之。長驅破汴京。入自仁和門。收圖籍而還。太宗嘉其功。授眞定北京兩路達魯花赤。

石抹・榮 [金]字昌祖。父惕益仕遼。遼主奔天德。惕益挺身赴之。時榮方六歲。母忽工特滿攜之流離道路。宗室神谷得之。納爲次室。榮就養於神谷家。及年長。事秦王宗翰。天眷中充護衞。熙宗宴飲。命胙王元與榮角力。榮勝之。連仆力士六七人。熙宗親飲之酒。大定中累官臨洮尹卒。

石抹・繼祖 [元]查剌曾孫。字伯善。襲父職爲沿海上副萬戶。馭軍嚴肅。平寧都寇有戰功。且明達政事。講究鹽策。多合時宜。爲學本於經術。而兼通名法縱橫天文地理術數方技釋老之說。見稱搢紳間。

石・承藻 [清]湘潭人。字鏡庭。嘉慶進士。官至工科給事中。降光祿寺署正。詩有雄直氣。有桐葉山房詩草。

石・抱忠 [唐]長安人。善屬文。爲殿中侍御史。進檢校天官郎中。與侍郎劉奇・張詢古共領選舉。稱廉潔。坐綦連耀伏誅。

石・昂 [後晉]臨淄人。家有書數千卷。延四方之士。就學問。不求仕進。節度使符習高其行。以爲臨淄令。監軍楊彥朗諱石。更其姓曰右。遂解官歸。高祖詔求孝悌之士。昂應詔至京師。以爲宗正丞。遷少卿。出帝卽位。晉政日壞。昂數極諫不聽。乃稱疾歸。

石・明三 [元]餘姚人。家貧喪父。獨與母居。一日以事出。母爲虎害。明三歸。慟哭持斧求虎殺之。一日凡殺五虎。明三亦死。僵立不仆。張目如生。所執斧牢不可拔。

石・牧之 [宋]越州新昌人。字聖咨。慶曆進士。姿韻沈雅。嗜讀書。試祕書省校書郎。移天台令。有能名。時王安石知鄞縣。陳襄令仙居。號江東三賢宰。最後知溫州。有母訟子逆者。牧之勸諭之。卒成孝子。卒年七十九。有易論解・經訓傳・及雜文歌詩等。

石・玠 [明]玉子。字邦秀。成化進士。正德中累拜兵部右侍郎。海西部數犯邊。泰寧三衞與別部相攻。久缺貢市。詔遣玠往遼東巡視。皆受約束。累擢戶部尚書。帝在宣府。需銀百萬兩。玠持不發。會廷臣諫南巡跪闕下。玠獨論救。有旨切責。遂引疾歸。

石・知顒 [宋]眞定人。形貌甚偉。建隆中爲宦者。授內中高品。天禧初至幷代州鈐轄。兼管句麟府路軍馬卒。

石芳 [清]滿洲人。字蘭汀。一字雲樵。康熙舉人。官佐領。兼散騎郎。有自怡堂詩草。

石・虎 [後趙]勒從子。字季龍。趫捷凶暴。所向無敵。勒死。虎廢其子弘。自立爲大趙天王。改元建武。自襄國徙都鄴。後稱帝。改元太寧。僭位後。發民衆至數十萬。荒游廢政。多所營繕。軍旅不息。百姓騷然。僭立十五年而死。謚武帝。廟號太祖。先是諸子已自相殘殺。虎死。遺胤復爲冉閔先後覆滅。石氏遂無遺類。

石・金 [明]黃梅人。字南仲。正德進士。授侍御史。會張璁・桂萼用事。臺中爭附之。金獨侃侃不阿。嘉靖中以論皇嗣得罪。下錦衣衞。謫戍宣府。尋宥歸。詔起用。不出。

石・俊 [晉]苞子。字景倫。清儉有識鑒。敬愛人物。位至黃門侍郎。早卒。

石・保吉 [宋]保興弟。字祐之。景德初累官武寧軍節度。同平章事。帝幸澶淵。爲駕前東西面都排陣使。遼騎數萬驟至。保吉不介馬而馳。當其鋒。遼人引去。大中祥符初加檢校太師。

卒。謚莊武。

石保興 【宋】守信子。字光裔。以蔭補供奉官。累遷銀夏綏府都巡檢使。至道初擊党岌伽羅膩數族。殲之。咸平中知威虜軍。夏人入鈔。保興發官庫給戰士。主者不可。保興曰。城急如此。安暇中覆。事定。覆而不允。願以家財償之。拜棣州防禦使。徙知澶州。以疾還京師卒。

石垣 【晉】北海劇人。字洪孫。居無定所。不娶妻妾。不營產業。遇異人得道。能分其身爲數十。又能關中取物。如畫無差。姚萇之亂。莫知所終。

石建 【漢】奮長子。建元時竇太后重奮家躬行。以建爲郎中令。建老白首。奮尙無恙。每洗沐歸謁。猶親澣中帬廁牏。奮卒。建哭哀思。歲餘亦死。奮子孫皆孝。以建爲最。

石彥誠 【明】南昌人。字誠之。洪武進士。知徐聞縣。多惠政。大學士楊溥以學術醇正薦。未及徵用卒。

石後 【明】亨從孫。天順進士。助亨籌畫。都督杜淸出亨門下。後造妖言。有土木掌兵權語。蓋言杜也。事覺伏誅。

石待旦 【宋】越州新昌人。字季平。登進士。勇於爲義。隱居石溪山水之間。首創義塾三區。以上中下爲別。身自督教衣廩之。四方來學者甚衆。范仲淹尊禮之。稱石城先生而不名。

石待問 【宋】眉山人。字則善。少以詩賦名。累官太常丞。時丁謂畏其直。錢易奇其文。楊億·李謂服其議論。

石待舉 【宋】越州新昌人。字寶臣。幼奇俊。博學能文。第天聖進士。知上饒縣。一邑大治。會河陝用兵。除通判保州。逆卒乘間爲亂。待舉聞難。徙步率州兵得數百人。與州將劉繼宗討賊。轉鬭於市。賊鋒銳不可敵。州兵潰。左右具筏請渡隍避之。待舉不可。遂遇害。

石憝 【宋】禹勳孫。字敏若。自號橘林。元符進士。中博學弘詞科。閹宦梁師成當事。或勸憝一見。憝曰。腐夫弄柄。愧未能手批蠹根。奈何因取富貴。遂被排擯。

石恪 【宋】郫人。字子專。性滑稽。有口辯。工畫佛道人物。蜀平。至闕下。被旨畫相國寺壁。授以畫院之職。不就。力請還蜀。詔許之。

石星 【明】東明人。字拱宸。嘉靖進士。擢吏科給事中。隆慶初上疏言內臣恣肆。詔杖黜爲民。萬曆初起故官。累進兵部尙書。加少保。倭入朝鮮。朝鮮乞援。星力主沈惟敬封貢議。及封事敗。奪星職。未幾。倭破南原閑山。帝大怒。逮星下獄死。

石柱國 【明】黃梅人。號念恒。萬曆舉人。官萬載令。以不阿當事致仕。有苦心北遊二稿。

石洪 【唐】河陽人。字濬川。先姓烏石蘭。後獨以石爲氏。有志行。舉明經。爲黃州參軍。歸隱十餘年不出。烏重胤鎭河陽。求賢自重。乃具書幣邀辟。後詔書召爲集賢校理。

石洪慶 【宋】臨漳人。字子餘。與同郡施允壽先後爲本州學正。朱熹守漳日。復並延至學。

石禹勤 【宋】蕪湖人。字力臣。元祐進士。通判辰州。撫諭北江蠻酋。皆聽命。遷知撫州。後爲提舉曾孝廉所陷。卒於獄。

石英中 【明】上海人。字子珍。嘉靖進士。官刑部主事。以事褫罷去官。有石比部集。

石苞 【晉】南皮人。字仲容。雅曠有智局。容儀偉麗。不修小節。時人爲之語曰。石仲容。姣無雙。縣召爲吏。後販鐵於鄴市。沛國趙元儒見苞異之。期爲公輔。由是知名。稍遷中護軍司馬。文帝敗於東關。苞獨全軍而還。帝指所持節謂苞曰。恨不以此授卿。以究大事。武帝踐祚。累官大司馬。封樂陵郡公。加侍中。在位忠勤。帝委任焉。泰始中卒。謚武。

石茂良 【宋】字太初。有避戎夜話。

石茂華 【明】存禮孫。字君采。嘉靖進士。知濬縣。歷知揚州府。有破倭功。累遷右都御史·總督陝西三邊軍務。値旱饑。至人相食。茂華日夜露禱。得大雨。復奏請蠲賦發倉。全活者萬計。居秦六月。積勞卒。謚恭襄。

石衍之 【宋】字克美。幼聰穎。年十二。能屬文。登慶曆進士。爲懷仁縣尉。時其父通判保州。死於難。而賊以窘降。詔原之。衍之徒跣詣闕乞誅賊。書五上不報。衍之追葬毀瘠。終喪。歷弋陽·靑流二縣。元豐中以大理寺丞致仕。遷右散郎卒。

石重信 【後晉】敬瑭次子。字守孚。爲人敏悟守善。天福初以左驍衛上將軍拜河陽三城節度使。有善政。敬瑭襃之。爲張從賓所殺。追封沂王。

石重義 【後晉】敬瑭三子。字弘理。爲人好學。頗知兵法。敬瑭僭位。拜左驍衛大將軍。敬瑭幸汴州。以爲東都留守。張從賓反。攻河南。見殺。追封壽王。

石重睿 【後晉】敬瑭七子。貌類敬瑭。敬瑭臥疾。以重睿託馮道。敬瑭死。大臣以國家多事。議立長君。出帝立。以重睿爲檢校太保開封尹。契丹滅晉。重睿從出帝北遷。不知所終。

石家奴 【金】蒲察部人。以戰功爲謀克。從攻興中。累伐宋。天眷間授侍中駙馬都尉。再以都統定邊部。封蘭陵王。除東京留守。致仕卒。

石家紹 【淸】翼城人。字瑤辰。一字民儂。道光進士。歷知江西龍南·上饒·南昌等縣。所至得民心。折獄尤謹密。發奸摘伏。有神明之號。署饒州府。卒官。

石·晉老　宋晉江人。字子明。政和進士。以先人貲產盡遜其兄。居鄉敦讓。一語不欺。傅康稱爲篤行君子。

石·泰　宋扶風人。號杏林。又號翠元子。初張紫陽眞人得道於海蟾。海蟾曰。異日有爲汝脫韁解鎖者。當以此授之。餘皆不許。其後紫陽三傳非人。三遭禍患。誓不妄傳。乃作悟眞篇行於世。曰使宿有仙風道骨者讀之自悟耳。復罹鳳州太守怒。坐黥竄。經由邠境。會天大雪。紫陽與護送者俱飲酒村肆。遇泰。邀同席。泰問故。紫陽乃具以告。泰與邠守有故舊之好。因爲之先容。紫陽獲免。德之。遂授以丹法。道成。亦作還元篇行世。

石·珪　元新泰人。膂力過人。倜儻不羈。金貞祐南渡。珪率少壯負險自保。後歸木華黎。承制授濟兗單三州兵馬都總管·山東路行元帥。領兵破曹州。與金將鄭從宜戰。被擒至汴。金主誘以名爵。不屈。蒸殺於市。

石·珤　明玠弟。字邦彥。成化末與玠同舉進士。改庶吉士。授檢討。正德間累官禮部左侍郎。帝始遊宣府。珤力諫不報。廷臣諫南巡。禍將不測。珤疏救之。世宗立。遷吏部尙書。兼文淵閣大學士。廷臣爭大禮。珤助之。及議定。復疏諫。帝欲奉章聖太后謁世廟。又上疏爭。帝大慍。珤遂致仕。歸裝襆被車一輛而已。都人嘆異。謂自來宰臣去國。無若珤者。卒諡文隱。隆慶初改諡文介。所爲詩淹雅清峭。有熊峯集。

石·祖興　後魏常山九門人。太守田文彪·縣令和眞等喪亡。祖興營護喪事。孝文嘉之。賜爵二級。後拜寧陵令。卒諡恭。

石·祇　後趙虎庶子。封新興王。石鑑死。祇稱尊號於襄國。改元永寧。爲魏冉閔所攻。去帝號。改稱趙王。乞師於慕容儁及姚弋仲。敗閔軍。立一年。爲其將劉顯所殺。後趙亡。

石·荊山　晉吳縣人。善琴。爲獨孤及所重。與之游。荊山每操常以十合小豆爲準。盡一升而移品。

石·起宗　宋同安人。字似之。乾道進士。除祕書正字。再擢權倉部郎官。上言君子小人之情狀。與天下治亂安危之機。一時稱之。遷吏部員外郎。又奏乞取仁宗洪範政鑒與敬天圖列置座右。帝嘉歎久之。

石·高山　元德興府人。居廣平。世祖時授管軍總管。鎭息州。軍令嚴肅。寇不敢窺。從下江南。以功陞顯武將軍。領兵戍和林。因屯田以給軍儲。歲不乏用。乃顏叛。督戰有功。賜三珠虎符。蒙古侍衛親軍都指揮使。守衞東宮。成宗時卒。

石·勒　後趙本羯種。居上黨武鄉。字世龍。年十四。行販洛陽。倚嘯上東門。王衍見而異之。謂將爲天下患。遣收之。勒已行矣。長爲羣盜。歸劉淵。淵使將兵。略州郡甚衆。乃據襄國。晉太興中叛前趙稱王。旋殺劉曜稱帝。十六國中。最稱強盛。盡有冀幷幽司豫兗青徐雍秦十州之地。嘗自言大丈夫行事。宜磊磊落落。終不能如曹孟德·司馬仲達欺人孤兒寡婦。狐媚以取天下。咸和中卒。在位十五年。諡明帝。廟號高祖。年號太和·建平。

石·執中　明閿鄉人。永樂中爲刑部主事。讞獄平允。累官山東右布政使。直而不華。勤而能愼。官至浙江布政使。以老致仕卒。

石·崇　晉苞次子。字季倫。生於青州。故小名齊奴。少敏慧。爲散騎郎。元康初累遷荊州刺史。嘗劫遠使商客。致富不貲。於河陽置金谷別墅。復拜衞尉。與潘岳諂事賈謐。謐與之親善。號曰二十四友。與貴戚王愷·羊琇之徒。以奢靡相尙。及賈謐誅。崇以黨與免官。時趙王倫專權。崇有妓曰綠珠。美而艷。孫秀使人求之不與。秀怒。乃勸倫矯詔殺之。一門皆被害。

石·崇德　明字峻吾。爲臨洮衞指揮僉事。流賊寇隆德。崇德從本道陸夢龍出兵禦之。賊勢盛。圍夢龍兵數重。崇德血戰出重圍。又聞夢龍被困。復殺入救援。與夢龍俱死於陣中。

石·崙森　清湘潭人。字天際。歲貢生。少負儁才。尙氣節。康熙中詔蠲免丁糧。湖廣諸守土者征斂如故。崙森憤。單騎詣闕訟冤。事得直。官吏咸切齒崙森。摭拾他事殺之。

石·康　清湖南人。同治末賣藥京師市上。初無知其能醫者。後漸著名。達官貴人皆乞治疾。尋歸。不知所之。

石·彪　明亨從子。驍勇敢戰。以舍人從軍。積功至指揮同知。英宗北狩。彪從亨數戰有奇功。陞都督僉事。爲大同右參將。天順時以邊功封定遠侯。一門兩公侯。恃勢而驕。多行不義。後謀鎭大同。與亨表裏握兵柄。爲帝所疑。下獄死。

石·得一　宋開封人。爲內侍黃門。累官內殿承制。神宗時管幹皇城司。四遷入內副都知。元祐初御史劉摯言其斃皇城十年。縱遣邏者。恣爲殘刻。上下相顧以目。坐降左庫藏使卒。

石·晝問　宋公揆子。字叔訪。公揆下獄時。晝問年十四。奉母屏居苦學。及秦檜死。上書訴父冤。詔復職。晝問補將仕郎。論兩淮互市營田官莊之弊。皆切時務。官至朝請大夫。

石·清吉　清沙河人。字祥瑞。由武進士官鄖陽鎭守備。每出戰。建飛虎大旗。遂以飛虎名其軍。援皖。破盧州。官至總兵。捻酋張總愚入鄂。回援。戰於蘄水關口。陷陣死。諡威毅。

石・球　【清】嘉定人。字鳴虞。著有闇書屋存稿。

石・皐　【金】定州人。補郡吏。廉潔自持。稱爲長者。從晉王闍母攻膏州。州人堅守不降。闍母怒。及城破。命皐計州民人數。將使諸軍分掠有之。皐緩其事。隨守定州。唐縣人王八謀爲亂。書其縣人姓名於籍。無慮數千人。事發。皐覆其籍爐火中。盡焚之。止坐爲首者。餘皆得釋。

石・處道　【宋】晉原人。字元叟。少聰敏篤學。登元豐進士。知松江縣。以清白稱。有松江集。

石・喬　【晉】苞子。字弘祖。歷尚書郎・散騎侍郎。帝嘗召喬不至。深疑苞反。及苞至。有慚色。謂之曰。卿子幾破卿門。喬遂終身不仕。徙頓丘。與弟崇同被害。

石・奢　【春秋楚】昭王相。廉直堅正。無所阿避。嘗行縣。道有殺人者。追之。乃其父也。縱其父而自殺。

石・揚休　【宋】眉州人。字昌言。少孤力學。登進士。累官刑部員外郎。知制誥。仁宗朝上疏力請廣言路。尊儒術。防壅蔽。禁奢侈。其言皆有益於國。時人稱之。

石・普　【宋】其先幽州人。徙居太原。仁宗時累官左屯衛大將軍。倜儻有膽略。兩平蜀盜。大小數十戰。擢鋒與賊角。衆推其勇。頗通兵書陰陽六甲星曆推步之術。◎【元】徐州人。字元周。至正進士。累陞樞密院都事。守淮安。張士誠據高郵。丞相脫脫命普權山東義兵萬戶討之。抵寶應。與賊戰。大敗之。賊遁入高郵城。普先士卒追蹑。力戰死。

石・景衔　【宋】越州新昌人。字順思。元豐進士。爲天台尉。歲歉即賑饑。民有貰酒不與。奪而往。酒家擊之斃。令欲寘其死。景衔曰。貰弗與。從而奪之。盜也。安有擊盜而入於死乎。令屈服。用薦擢仙居令。轉知黃巖縣。以母年高。請折資就筦庫。得監越州稅。不赴。後以朝奉大夫致仕卒。(按衔古述字。)

石・琚　【金】皐子。字子美。博通經史。能文章。天眷進士第一。累擢左諫議大夫。奉命詳定制度。遷吏部尚書。封莘國公。進拜右丞相。世宗親信優渥。大小之政。悉咨之而後定。卒諡文憲。◎【明】益都人。字仲方。嘉靖舉人。業成均。都下從游者甚衆。有六子要。左氏敘略。

石琳　【清】廷柱四子。由佐領兼郎中。康熙間歷官山東河南浙江湖廣雲南。所至皆有政績。督兩廣。卒於官。

石華善　【清】廷柱二子。吳三桂反。爲安南將軍。帥師防守鎮江。尋改授定南將軍。進湖南。駐守茶陵。擊敗吳國貴。范齊於永州。旋卒。

石・象之　【宋】字簡夫。慶曆進士。歷壽安尉。黃巖簿。義烏令。解冠致仕。時年四十八。既歸。於第之西南開圃種花木。與賓客賦詩。尤善奕棋。後轉太常丞。優游二十年卒。

石・超　【晉】苞子。成都王穎起義。以超爲折衝將軍。討孫秀。以功封侯。後爲豫州刺史劉喬繼援。范陽王虓逆擊斬之。

石・雄　【唐】徐州人。少爲牙校。敢毅善戰。會昌初回鶻入寇。詔雄爲天德防禦副使。佐劉沔屯雲州。直擣烏介帳。斬首萬級。迎公主還。李彥佐討劉稹。以雄爲晉絳行營諸軍副使。雄勒兵越烏嶺。破賊五壁。雄臨財廉。賜與輒分士伍。繇是衆皆感奮。進檢校兵部尚書。徙鎮河陽。大中初卒。(按萬姓統譜作不雄誤。此從唐書。)

石・嗣慶　【宋】待旦七世孫。字光遠。性沈靜端潔。不妄言笑。宣和進士。歷平江簿。嚴州教授。監行在諸司糧料院。通判明州。知江陰軍卒官。

石・敬威　【後晉】敬瑭弟。字奉信。唐廢帝時爲彰聖右第三都指揮使。領常州刺史。聞敬瑭舉兵太原。謂友曰。生而有死。人孰能免。吾兄方舉大事。吾不可偷生取辱。見笑一時。遂自殺。天福中追封廣王。

石・敬暉　【後晉】敬瑭弟。字德昭。爲人厚重剛直。勇而多智。敬瑭尤愛之。官曹州防禦使。以廉儉見稱。卒於官。追封韓王。

石・敬瑭　【後晉】見晉高祖條。

石・敬贇　【後晉】敬瑭弟。字德和。少無賴。竄身民間。敬瑭求得之。補太原牙將。及即位。以爲飛龍皇城使。出帝時爲曹州節度使。以貪暴召還。張彥澤兵犯京師。敬贇夜走墮沙濠死。

石・熙載　【宋】洛陽人。字凝績。周顯德中進士。疎俊有量。居家嚴謹有禮法。太宗尹京邑。表爲開封府推官。及即位。累擢至尚書右僕射。卒諡元懿。熙載性忠實。遇事盡言。無所顧避。人有善即薦之。時稱長者。

石盞・女魯歡　【金】正大間以行樞密院事守歸德。哀宗次黃陵岡。遣人至歸德徵糧。女魯歡送糧千五百石。達蒲城東二十里。六軍給糧盡。因留船不聽歸。且命張布爲幄。帝遂用此舟以濟。及帝來歸德。官奴爲亂。矯女魯歡殺之。

石・碏　【春秋衛】大夫。仕莊公。公子州吁有寵而好兵。公弗禁。碏諫弗聽。其子厚與州吁游。禁之不可。桓公立。乃老。其後州吁弑桓公。與厚如陳。碏請陳人執之。而使其宰獳羊肩涖殺厚於陳。君子稱其大義滅親。

石・達開　【清】貴縣人。咸豐間從洪

秀全起事。封翼王。韋昌輝殺楊秀清。復將殺達開。達開遁。由江西入湖南。犯桂林。不克。再走湖南。犯粵境。遺黨分擾滇黔。皆不得志。復渡金沙江。擬由邊地土司小徑入川。至大渡河。爲川軍唐友耕所敗。進至老鴉漩。勢窮乞降。送成都斬之。所部數千人無脫者。達開能詩。素蓄大志。頗能籠絡其下。及滅。太平之勢益孤

石·演芬　【唐】本西域人。事李懷光至都將。畜爲假子。懷光與朱泚連和。演芬使客郜成義到行在。言懷光無破賊意。成義走告懷光子。懷光召演芬罵曰。爾爲我子。奈何欲破吾家。演芬曰。天子以公爲股肱。公以我爲腹心。公負天子。我何不負公。懷光使士臠食之。皆曰烈士也。以刀斷其頸。德宗聞。贈演芬兵部尚書。

石·𡼖　【宋】其先新昌人。大父公孺。始遷臨海。字子重。警悟不羣。究心理學。與朱熹交好。熹嘗稱其論仁之體要甚當。登紹興進士。歷知南康軍卒。學者稱克齋先生。有中庸集解及文集。（按宋元學案·萬姓統譜均作石𡼖。此從紹興府志。）

石·廣均　【清】宿松人。字方塤。一字燦生。道光進士。官兵部主事。數月即告歸。性好善。鄉里多受其惠。有內訟齋隨錄·亦聞詩鈔。

石·慶　【漢】奮少子。竇太后以爲內史。嘗爲太僕。御出。武帝問車中幾馬。慶以策數馬畢。舉手曰六馬。其謹愼類如此。出爲齊相。齊大治。自沛守爲太子太傅。遷御史大夫。代趙周爲丞相。封牧丘侯。卒諡恬。

石·撰　【明】平定人。以學行稱。洪武中用薦爲寧王府長史。燕王舉兵。撰輒爲守禦計。每以臣節諷寧王。王心敬之。及大寧陷。不屈。支解死。

石·深　【前蜀】故唐樂工。別號石司馬。亦云琵琶石深。少時爲宰相令狐綯所賞。亂後入蜀。多遊顯官家。以賓客待之。◎【宋】光化人。仕爲朝散郎。博通今古。其詩淡泊。時出偉麗。晚自晦田里。有滄浪集。

石·澄　【明】字士廉。習春秋。天順進士。除刑科給事中。嘗劾奸臣不軌事。稱旨意。命籍其名於屏几。陞本科右給事中。總六科事。成化間陞鴻臚寺右少卿。後乞歸。

石·範　【宋】浦江人。字宗卿。從呂祖謙游。第紹熙進士。調奉化尉。歲饑。貧民將爲變。範賑之。不誅一夫而定。遷知婺源縣。俄權通判袁州。峒獠弄兵。範練軍旅。廣儲蓄。備守禦。峒獠不敢犯。轉通判泉州卒。

石·偉　【三國·吳】南郡人。字公操。少好學修節。舉茂才賢良方正。皆不就。孫休即位。特徵。累拜光祿勳。及皓立。朝政昏亂。以老耄辭疾乞身。晉太康初以爲議郎。加二千石。偉遂佯狂爲盲。不受晉爵。

石·輝祖　【元】字光遠。事親孝謹。佐兄明遠治家政。尺帛斗粟。不入私房。有司科徭。身獨任之。歲大儉。出粟賙鄉閭。遭世多故。不復仕進。發爲聲詩。意趣沖澹。如與世相忘者。

石·銳　【明】錢塘人。字以明。畫得盛懋法。金碧山水。界畫樓臺人物。賦色鮮明。著名於時。

石·震　【明】武進人。字瑞章。精醫。嘗云治病必先固其元氣。而後伐其病根。不可以欲速計功利。有愼柔五書·愼齋三書·脈學正傳·運氣化機·醫案。

石駘仲　【春秋·衛】大夫。仲卒。無適子。有庶子六人。卜所以爲後者。曰沐浴佩玉則兆。五人者皆沐浴佩玉。石祁子曰。孰有執親之喪而沐浴佩玉者乎。不沐浴佩玉。石祁子兆。衛人以龜爲有知也。

石·奮　【漢】溫人。高祖過河內。奮年十五。爲小吏侍高祖。愛其恭敬。召其姊爲美人。以奮爲中涓。文帝時積功至太中大夫。景帝朝爲九卿。長子建。次甲。次乙。次慶。皆以馴行孝謹官至二千石。景帝號奮爲萬石君。以上大夫祿歸養於家。元朔中卒。

石·樸　【後趙】苞曾孫。字玄眞。爲人謹厚。無他材藝。沒於胡。石勒以樸同姓。俱出河北。引樸爲宗室。特加優寵。位至司徒。

石·璟　【明】臨淮人。字廷用。成化舉人。累試春官不第。以明經成就後學。及卒。門人私諡貞文先生。

石·璞　【明】臨漳人。字仲玉。永樂中舉於鄉。選授御史。歷江西副使。著聲績。累遷兵部尚書。景泰時討苗賊有功。致仕歸。英宗即位。用李賢薦。召爲南京左都御史。罷歸卒。◎【明】華州人。素知兵。正統間敵犯邊。璞詣京。補勇士籍。與敵數千遇於猥山。奮身格鬬。敵不敢近。戰遂勝。以功陞留守中衞指揮。◎【明】崑山人。字元素。號蕉菴。翛然不樂仕進。畫竹石寄意。筆興閒放。晚年多畫山水。書法蔡襄。尤善吟咏。

石·璜　【清】如皐人。字夏宗。別號匏菴。有匏菴遺集。

石·興祖　【元】天祿子。襲千戶。官武略將軍。從伐宋。攻郢州。抄沿淮諸郡。攻常州爲先鋒。功在諸將上。宋亡。第功陞宣武將軍·管軍總管。戍溫州卒。

石·豫　【宋】寧陵人。第進士。徽宗時以安惇薦爲監察御史。坐羅織鄒浩事。降通判亳州。崇寧初召拜殿中侍御史。遂同錢遹造廢元祐皇后議。遷御史中丞。後爲戶部侍郎。兼侍讀。以調度不繼降秩一等。徙刑部卒。

石·遵　【後趙】虎九子。虎死。世即

位。劉氏臨朝。以遵爲丞相。時遵屯河內。移檄至鄴。劉氏懼。以遵領大司馬大都督。遵因假劉氏令。僭稱帝。廢世爲譙王。冉閔自以勳高。遵忌而不任。閔總兵權。使其將士執遵殺之。

石頭和尙 唐詳希遷條。

石・應岳 明龍巖人。字鍾賢。隆慶進士。歷官應天府尹。時海瑞爲御史。一時有總憲淸似水京兆白如霜之謠。後以少司徒致仕。

石濤 清僧。名道濟。石濤其字也。號淸湘老人。又號大滌子。苦瓜和尙・瞎尊者。明楚藩後。與八大山人同時。精分隸書。善畫山水蘭竹。筆意縱恣。大江以南推第一。有苦瓜和尙畫語錄。（按石濤嘗乞書畫於八大山人。有致山人書云。款書大滌子大滌草堂。莫書和尙。濟有冠有髮之人。向上一齊滌等語。是石濤蓋逃於釋而非釋也。）

石霜 唐高僧。名慶諸。新淦陳氏子。住潭州石霜山。後參道吾有省。避世混俗於長沙瀏陽。人莫能識。僖宗聞其名。專使賜紫。堅辭不受。光啓末坐化。敕諡普會大師。

石・曜 北齊聞喜人。字白曜。以儒學進。居官淸儉。武平中爲黎陽郡守。時斛律武都出爲兗州刺史。性暴貪。先過衞。縣令丞以下斂絹數千匹遺之。至黎陽。令左右諷勸。曜手持一縑謂武都曰。此是老石機杼。聊以奉贈。此外並須出於吏民。一毫不敢輒犯。武都亦知曜淸素純儒。笑而不責。位終譙州刺史。著石子十卷。

石・簡 明浙江寧海人。字槃伯。正德進士。知高州府。居官廉靜嚴毅。人莫敢干以私。巡撫雲南卒。

石・藏用 唐江都人。仕爲右羽林大將軍。明於曆數。嘗召家人謂曰。天下將有變。而蜀爲最安處。乃去依其親眉州刺史李濤。遂家焉。

石・贊淸 清貴州人。字襄臣。咸豐時知天津府。英法犯天津。總督以下多受辱。惟贊淸不屈。敵人令其去。曰。取吾頭以往。官舍不可讓也。英法居津數月。贊淸終不離署。後官刑部侍郎。剛直不阿。治獄明允。

石・韞玉 清吳縣人。字執如。號琢堂。乾隆進士。廷試第一。川楚敎匪之亂。韞玉佐勒保軍幕。多所贊助。定分兵策。竝用堅壁淸野法。賊漸解。賊首次第就僇。官至山東按察使。有獨學廬詩文稿。

石・龐 清安徽太湖人。字天外。有天外談。

石・曦 宋太原人。敬暉子。後晉天福中爲右神武將軍。歷後周入宋。累遷左驍衞大將軍。護秦州屯兵。西人犯邊。曦率所領擊破之。歷知霸州。計擒陳廷山。淳化中卒。

石・礪 宋永嘉人。字商老。平居以功名自許。宣和中方臘猖獗。礪爲學職。與敎授劉士英協謀。率義民死守之。功績最多。

石・繼芳 明益都人。字克宵。嘉靖舉人。知桐城縣。峻潔忠厚。桐民肖像祀之。陞知延安府。會寧夏副將哱拜有叛萌。繼芳請增牙兵以備之。事未集而難作。遂以身殉。

石・巍 明曹縣人。字民望。成化進士。官兵部主事。上安邊六事。後爲李孜省所忌。遷爲永州府通判。累陞蘇州知府卒。巍講授學徒。多所成就。學者稱雪齋先生。有小學家禮・周易論語集旨・西征紀・劾奸疏。

石・續 明曹縣人。字士櫝。幼肆力於學。工文詞。旣冠。學益富。凡天官地志古今沿革。以及曆象形占。旁而點畫文字內典丹經。莫不淹貫。嘗構一亭曰咸六。學者稱咸六先生。

石・鑒 晉厭次人。字林伯。出自寒素。雅志公亮。仕魏。歷尙書郎・御史中丞。多所糾正。朝廷憚之。出爲幷州刺史。武帝受禪。入爲司隸校尉。累遷右光祿大夫。開府領司徒。武帝崩。鑒與中護軍張劭監統山陵。時有告汝南王亮欲舉兵討楊駿者。駿請帝詔鑒及劭統陵兵討亮。賴鑒保持不速發。論者稱之。山陵訖。封昌安縣侯。元康初爲太尉。卒諡元。◎後趙虎三子。字大朗。鎭關中。遵僭位。以鑒爲侍中。冉閔殺遵。鑒乃自立。改元青龍。謀誅閔。閔率甲入守鑒於御龍觀。殺之。◎宋邕州人。字大觀。舉進士。儂智高攻邕州。鑒挾策干余靖。說諭諸洞酋長。使不附智高。以功授大理丞。累官本州經略安撫使。

石・巖 元京口人。字民瞻。仕爲縣尹。善畫山。兼工隸書。

石・顯 漢濟南人。字君房。坐法腐刑。爲中黃門。元帝立。代弘恭爲中書令。帝被疾。政事無大小。因顯白決。貴幸傾朝。以殺蕭望之。衆論洶洶。因薦貢禹禮事之。成帝卽位。遷長信中太僕。失權。丞相御史條奏顯舊惡。免官徙歸故郡。不食。道病死。

立山 清滿洲人。字豫甫。光緒間官至戶部尙書。拳禍作。力言其不足恃。莊王載勛誣其私通外人。執而殺之。和議成。復原官。諡忠貞。

立智理威 元亦力撒合弟。初爲裕宗東宮必闍赤。典文書。至元中蜀初定。世祖擇近臣撫安。以立智理威爲嘉定路守。時方以闢田均賦弭盜息訟諸事課守令。立智理威奉詔甚謹。民安之。累轉湖廣左丞。卒諡忠惠。

六畫

亥・唐　春秋晉賢人。隱居不仕。平公之於亥唐。入云則入。坐云則坐。食云則食。

亦力撒合　元察罕從孫。至元中以貴族子被召爲速古兒赤。甚見親幸。稱秀才而不名。遷河東提刑按察使。累發大吏不法事。諸道竦動。官至四川行省左丞。

亦不剌　明蒙古部酋。正德間竄據青海。迫脅洮岷諸番寇西寧。總制彭澤往討之。遁去。及軍還。仍返海上。侵及諸番衞。總制王瓊撫定諸番族以削其勢。會河套吉囊大破亦不剌。患始戢。

亦納思　元世爲欽察國主。太祖征蔑里乞。其主火都奔欽察。亦納思納之。太祖遣使諭以相還。不聽。乃命將討之。亦納思已老。國中大亂。其子忽魯速蠻。遣使自歸於太祖。忽魯速蠻之子班都察。遂舉族降。

亦黑迷失　元畏吾兒人。至元中入備宿衞。嘗使海外八羅孛・僧迦刺・馬八兒等國。與其國人來貢方物。官至平章政事。致仕。仁宗念其屢使絕域。詔封吳國公卒。

亦憐眞班　元西夏人。性剛正。動有禮法。仁宗召入宿衞。至正中官御史大夫。選中外廉能。置諸風憲。一時號稱得人。歷江西行省左丞相。時盜起蘄黃。亦憐眞班既至。風采一新。羣盜咸謀歸款。卒官。謚忠獻。

仰・忻　宋永嘉人。字天旣。力學篤行。年五十餘。執母喪盡孝。躬自負土廬墓側。有慈烏白竹之瑞。

仰・瞻　明長洲人。永樂中由虎賁衞經歷遷大理丞。以忤王振謫戍大同。景泰初召爲右寺丞。執法愈堅。在位者多不悅。移疾歸。

仲・大年　宋淳熙中知內江。嘗謂政教如五穀。種之必生。食之必飽。不宜專用刑罰。故敷教寬平。人咸德之。

仲・子崔　春秋衞由子。由赴蒯聵之亂。爲守門者狐黶所殺。子崔既長。乃入衞。與黶決戰。其日黶持蒲弓木戟。與子崔戰而死。

仲・子陵　唐峩眉人。舉賢良方正。擢太常博士。通后倉大小戴禮。典黔中選補。終門司員外郎。

仲山甫　周宣王時卿士。食采於樊。爵爲侯。字仲山甫。宣王料民於太原。仲山甫諫。佐成中興之治。尹吉甫嘗作烝民之詩以美之。(按古今人表作中山父。國語稱樊仲山父。或簡稱山父。權德輿曰。魯獻公仲子曰仲山甫。入輔於周。則山甫爲姬姓。史記正義毛萇云。仲山甫樊穆仲也。穆當爲山甫謚。)

仲・仁　宋僧。會稽人。住衡州華光山。酷好梅花。工畫墨梅。有華光梅譜。

仲・元熙　淸吳江人。字澄生。廕襲雲騎尉。有澄生文稿。

仲・永檀　淸濟寧人。乾隆進士。授監察御史。抗直敢言。多所建白。劾步軍統領鄂善受賄。鞫實。擢僉都御史。與鄂容結黨。坐奪職。

仲・由　春秋魯卞人。字子路。一字季路。孔子弟子。性好勇。喜聞過。事親孝。嘗爲親百里負米。有政事才。初仕魯。後仕衞。爲孔悝邑宰。孔悝母伯姬與豎良夫謀立太子蒯聵。迫孔悝盟而劫出公。出公奔。子路將入。子羔止之。子路曰。食焉不避其難。遂入。蒯聵使人攻子路。以戈擊之。斷纓。子路曰。君子死。冠不免。結纓而死。

仲・宏道　淸嘉興人。字開一。有增定史韻。讀史小論。

仲・旱　後漢成都人。少受學於嚴季后。季后爲汶江尉。以書召之。會夷反斷道。旱期於必往。途中歷瀕危。數年始達。爲季后陳策。俱得免難。

仲・并　宋江都人。字彌性。紹興進士。以張浚薦召至闕。爲秦檜所阻。改倅京口。孝宗即位。擢光祿丞。出知蘄州。幼好學強記。其母嘗屏所觀書。几上惟餘臺曆一册。明旦默記。纖悉不誤。及長潛心問學。力排王氏之說。工詩文。有浮山集。

仲長・子光　唐洛陽人。字不曜。無妻子。隱居北洛。非其力不食。守令至者皆親謁。子光辭以痼疾。未嘗交言。獨與王績善。嘗對酌甚懽。有請道者。劍畫老易二字示之。

仲長・敖　唐有集二卷。

仲長・統　後漢高平人。字公理。少好學。性俶儻。敢直言。默語無常。時人以爲狂生。尚書令荀彧舉爲尚書郎。後參丞相曹操軍事。每論說古今及時俗行事。恆發憤歎息。因著論。名曰昌言。

仲・恆　淸錢塘人。字道久。號雪亭。有詞韻。

仲・是保　淸常熟人。字龔梅。號翰村。有翰村詩稿。

仲・春　明官軍府千戶。神宗時請開礦助大工。從之。

仲虺　商湯左相奚仲之後。湯歸自夏。至于大坰。仲虺作誥以告湯。(按尙書正義曰。伯仲叔季。人字之常。或字仲而名虺。古人名不可審知。縱使是字。亦得謂之名云。又按仲虺史記作中䴢。)

仲孫・何忌　春秋魯大夫。即孟懿子。貜子。昭公之伐季氏。使郈孫逆懿子。叔孫氏救季氏。孟氏執郈孫殺之。遂伐公徒。公奔於齊。

仲孫・湫　春秋齊事桓公爲大夫。

赴魯省難歸。桓公曰。魯可取乎。對曰不可。猶秉周禮。君其務寧魯難而親之。

仲孫蔑 【春秋魯】大夫。卽孟獻子。嘗曰。畜馬乘。不察於雞豚。伐冰之家。不畜牛羊。百乘之家。不畜聚歛之臣。時稱爲賢大夫。襄公時卒。

仲孫貜 【春秋魯】大夫。卽孟僖子。蔑曾孫。相昭公如楚。病不能相禮。乃講學之。及將死。召諸大夫曰。禮人之幹也。無禮無以立。有達者曰孔丘。聖人之後也。我若獲沒。必屬說與何忌事之。故說與何忌師事孔子。

仲容 【上古】高陽氏才子。爲八愷之一。舜舉之使主后土。以揆百事。

仲殊 【宋】承天寺僧。姓嗜蜜。字師利。蘇軾素與交善。號曰蜜殊。工詩詞。有寶月集。

仲康 【夏】王。太康弟。時羲和湎淫。廢時亂日。帝命胤侯征之。作胤征。在位十三年崩。

仲堪 【上古】高辛氏才子。爲八元之一。舜舉之使布五教於四方。

仲雍 【周】見虞仲條。

仲寧 【宋】九江碑工。崇寧間詔郡國刊元祐黨籍姓名。太守召仲寧。辭曰。小人家舊貧寠。因刊蘇學士黃內翰詞翰。遂至飽暖。今日以奸人爲名。誠不忍下手。守義之。從其請。

仲熊 【上古】高辛氏才子。爲八元之一。舜舉之。使布五教於四方。

仲簡 【宋】江都人。字畏之。以貧傭書楊億門下。億教以詩賦。遂舉進士。官至天章閣待制。出知廣州。儂智高犯邕。州人告急。簡輒囚之。以是人不復爲避賊計。智高至。始令民入城。民蹂踐至死者甚多。坐落職。

仲鶴慶 【清】泰州人。字品崇。號松嵐。乾隆進士。工詩。善畫蘭。

仵正臣 【元】樂安人。字眞卿。操履端方。辭官奉親。以孝聞。

仵瑜 【明】蒲圻人。字忠父。正德進士。世宗初爲禮部主事。疏陳勤聖學。篤親親。近大臣。開言路等十事。已而與羣臣伏闕爭大禮。死杖下。

仵操 【明】鳳陽人。字時傑。本姓午。明初應求賢舉。爲英山縣令。尋遷翰林學士。賜姓仵。官至文華殿大學士。

任士林 【元】其先綿竹人。再徙鄞。字叔實。號松鄉。爲文沈厚正大。一以理爲主。後講道會稽。授徒錢塘。至大初以薦授安定書院山長。有中庸論語指要。松鄉文集。

任太椿 【清】江蘇興化人。字幼植。又字子田。乾隆進士。累官御史。通禮經。嘗充四庫纂修。禮經裒輯爲多。尤長名物。有弁服釋例。深衣釋例釋繒。吳越備史注。小學鉤沈。字林考逸。及詩集。

任子昭 【元】仁發子。工畫人馬。

任山 【宋】平晉人。嘗法春秋作通記。擬井田作中田圖。應詔言事。富弼厚遇之。有晉溪集。

任不齊 【春秋楚】字選。孔子弟子。(尙友錄作字子選誤。)

任中正 【宋】濟陰人。字慶之。第進士。歷通判大名府。太宗召爲秘書丞江南轉運副使。累擢樞密直學士。代張詠知益州。在郡五載。遵詠條教。蜀人便之。仁宗時拜兵部尚書。中正素與丁謂善。謂貶。中正營救。坐貶。

任中師 【宋】中正弟。字祖聖。第進士。陳堯叟判河中府。辟掌箋奏。累官樞密直學士。知益州。先是轉運使韓瀆急於籠利。自薪芻蔬果之屬莫不有算。中師盡奏蠲之。以呂夷簡薦。召爲樞密副使。改戶部侍郎致仕。中師平居儉約。晚知養生之術。號大塊翁。卒謚安惠。

任仁發 【元】上海人。一作元發。又作霆發。字子明。號月山。年十八。中鄉舉。元兵南下。主帥見而器之。令招安海島。仕爲都水監。自黃河江浙及吳淞江淤塞。皆隨處疏而通之。官至浙東道宣慰副使。有浙西水利議荅錄。

任公 【漢】宣曲人。其先爲督運倉吏。楚漢相距滎陽。豪傑金玉。盡歸任氏。任氏以此起富。折節爲力田。善富數世。然任公家約。非田畜所生不衣食。公事不畢。不得飲酒食肉。故富而主上重之。◉【漢】淄川人。爲少府。受公羊春秋於顏安樂。

任天寵 【金】定陶人。字清叔。明昌進士。貞祐初爲中都路都轉運使。時京師戒嚴。糧運艱阻。天寵悉力營辦。嘗出家貲以濟饑者。全活甚衆。遷戶部尚書。中都不守。天寵走南京。中道遇兵。死之。謚純肅。

任文公 【後漢】閬中人。父文孫。明曉天官風星秘要。文公少修父術。辟司空掾。平帝即位。稱疾歸家。王莽篡漢。推數知當大亂。乃課家人負物百斤。環舍趨走。日數十。人莫知其故。及亂作。惟文公大小負糧捷步。攜妻子奔子公山。十餘年不被兵革。武擔石折。文公歎曰。西州智士死。吾乃當之。後三月果卒。

任文薦 【宋】閩縣人。紹興進士。歷監察御史。浙江提刑。王十朋嘗稱其直道立朝。有六經章句。

任文獻 【明】郯城人。字國光。弘治進士。任御史。侃直敢言。

任氏 【晉】皇甫謐叔母。謐出後叔父。年二十。游蕩無度。任氏曰。昔孟母三徙以成仁。曾父烹豕以存教。豈我居不擇鄰。教有所闕。何爾魯鈍之甚也。因對之流涕。謂遂感激嚮學。因以成名。

任·布 [宋]河南人。字應之。第進士。補安肅軍判官。上疏請飭邊備。眞宗識其名。累遷樞密副使。布純約自守。及秉政。無所建明。改蔡州。授太子少保致仕。卒諡恭惠。

任·末 [後漢]新繁人。字叔本。少習齊詩。遊京師。教授十餘年。友人董奉德於洛陽病沒。末躬載奉德喪致其墓所。由是知名。爲郡功曹。辭以病免。後奔師喪。於道物故。臨命。勑兄子造必致喪師門。造從之。◉[宋]年十四。便勤學。或依林木之下。編茅爲菴。削荊爲筆。夜則映月望星。暗則燃蒿自照。觀書有合意。則題其衣裳及掌裏。以記其事。門徒悅其勤學。更以淨衣易之。

任·永 [後漢]僰道人。字君業。好學博古。公孫述累徵。辭以目眚不赴。及述敗。笑曰。世幸平。目卽清。光武聞而旌之。

任生 [宋]建康人。工畫士女。

任·申先 [宋]象先弟。父伯雨被陷。蘇人復逮申先。鍛鍊無所傅數。得釋。居海上三年而歸。以布衣特起至中書舍人。

任·光 [後漢]宛人。字伯卿。更始初爲信都太守。及王郎起。郡國皆降。光武自薊還。不知所向。聞信都獨爲漢堅守。卽馳赴之。拜光左將軍。使將兵從。旬日之間。兵衆大盛。遂屠邯鄲。建武初封阿陵侯。

任·兆麟 [清]震澤人。字文田。一字心齋。諸生。舉孝廉方正。嘗注夏小正。王鳴盛稱其確當。又有字林考逸補正·述記·竹居集。

任·安 [漢]滎陽人。字少卿。嘗爲大將軍衛青舍人。後青故人門下多去事霍去病。輒得官。獨安不肯去。後爲益州刺史。以太子事下吏誅死。◉[後漢]綿竹人。字定祖。少好學。隱居不營利名。時人稱曰任孔子。連辟不就。讀史記魯連傳。歎曰。性以潔白爲怡。情以得志爲樂。遂終身不仕。時人號爲任徵君。◉[宋]汴人。入畫院。工界畫。

任·守忠 [宋]字稷臣。廕入內黃門。累遷入內都知。仁宗未有嗣。屬意英宗。守忠居中建議。欲援立昏弱。以徼大利。及英宗卽位。又交亂兩宮。司馬光論其離間之罪。乞斬之。貶保信軍節度副使。蘄州安置。中外快之。久之起爲左武衛將軍。致仕卒。

任·旭 [晉]章安人。字次龍。舉孝廉。除郎中。因辭歸。永康初惠帝博求清節之士。太守仇馥薦旭。辭疾不行。陳敏作逆。江東名豪。並見羈縶。惟旭與賀循不爲屈。元明二帝屢徵不至。咸和初卒。

任·亨泰 [明]襄陽人。洪武中擢進士第一。歷官禮部尙書。太祖重其學行。每呼襄陽任而不名。出使安南。爲蠻邦所重。

任·伯雨 [宋]孜子。字德翁。邃於經術。文力雄健。中進士。仕爲右正言。居諫省半歲。凡上一百八疏。曾布畏其多言。俾權給事中。密諭以少默卽爲眞。伯雨論益力。旣而欲劾布。布覺之。徙度支員外。尋入黨籍。編管通州。徙昌化。三年歸卒。淳熙中賜諡忠敏。

任·克溥 [清]聊城人。順治進士。由南陽府推官行取授吏科給事中。劾李振鄴·張我樸科場納賄事。論如法。官至刑部左侍郎。尋奪職。

任·孝恭 [梁]臨淮人。字孝恭。幼孤。事母以孝聞。精力勤學。與武帝有舊。召入西省撰史。太清中侯景寇逼。爲賊所害。有文集。

任·孜 [宋]眉山人。字遵聖。以文學氣節推重鄉里。與蘇洵埒。累官至光祿大夫。與弟伋知名於時。稱爲大任小任。

任·宏嘉 [清]宜興人。字葵尊。別字丹菽。康熙進士。擢御史。以敢言稱。巡視北城。有某王所嬖優人。馳馬突其前。宏嘉身自逐抵王府。索而杖之。又有馬三爺者。爲國戚。其弟登城私。宏嘉執鞭之。告其兄。強項聲震朝野。官至通政使參議。

任·希夷 [宋]伯雨曾孫。徙居邵武。字伯起。號斯庵。從朱熹學。篤信力行。熹稱爲開濟士。登淳熙進士。開禧初官禮部尙書。以周敦頤·程顥·程頤昌明絕學。乞定議賜諡。朝廷從之。累官端明殿學士。卒諡宣獻。

任·延 [後漢]宛人。字長孫。年十二。明春秋詩易。顯名太學。學中號爲任聖童。年十九爲會稽都尉。衆驚其少。首聘嚴子陵。待以師禮。建武中徵爲九眞太守。九眞俗不知耕種。嫁娶無禮法。延教以墾闢配匹之道。於是穀稼豐衍。人知種姓。生子多以任爲名。徼外蠻夷。咸知慕義。後歷潁川河內太守。卒官。

任·延皓 [後晉]幷州人。業術數風雲之事。高祖寵任之。累官至殿中監。恃寵使氣。後流於麟州。至貶所。劉崇令人殺之。

任·廷貴 [清]常熟人。字雨生。號紫卿。又號南沙。嗜古愛畫。精琴。工篆書。其畫以蘭竹石爲上。蒼秀古潤。別有生趣。

任·志 [元]壺關人。歸木華黎充元帥。與金人戰有功。金人擒其長子以招之。志曰。我爲大朝帥。豈愛一子。親射殪之。後爲金人所害。

任·良弼 [明]平遙人。弘治進士。累遷吏科都給事中。彈劾不避權貴。

陞通政使左參議。忤劉瑾。戍遼陽。瑾誅。起右參議。居官以淸節聞。

任辰旦〔清〕蕭山人。字千之。號待庵。幼奇慧。與毛奇齡齊名。順治進士。知上海縣。治稱最。官至大理寺丞。有介和堂集・言近錄。

任侗〔唐〕貞元中爲明州刺史。郡有廣德湖。歲久湮塞。侗爲之浚築。漑田四百餘頃。民咸賴之。

任宗誼〔宋〕博平人。字仲宜。以父任爲太廟齋郎。累薦監眞州轉運倉。除知淄州。性闊達好義。有氣略。明吏事。所至多有可紀。

任忠〔陳〕汝陰人。字奉誠。少孤微。不爲鄉黨所齒。及長。譎詭多計略。尤善騎射。州里少年皆附之。隨梅伯龍討侯景。以功歷衡陽內史。太建中遷南豫州刺史。後主嗣位。入爲領軍將軍。尋出爲吳興內史。降隋。授開府儀同三司卒。

任昉〔後漢〕成都人。字文始。爲尙書令。梁冀憚之。出爲平原太守。冀誅後。昉復爲尙書令。歷司隸校尉。◉〔梁〕博昌人。字彥昇。八歲能屬文。初仕齊爲太學博士。王儉・沈約皆稱之。武帝時爲義興新安太守。爲政清省。吏民便之。所著文章數十萬言。昉家貧。聚書至萬餘卷。率多異本。武帝使學士賀縱共沈約勘其書目。官無者就昉家取之。卒諡敬。（任昉有文章緣起一卷・述異記二卷。按隋書經籍志載任昉文章始一卷。稱有錄無書。故後人疑爲僞託。又按隋志有祖沖之述異記十卷。唐志以昉之述異記爲祖沖之之書。亦悞。且其中舛誤勦竊之處甚多。殆並出於僞託。）

任昂〔明〕河陰人。字伯顒。元末舉進士。洪武初起爲襄垣訓導。累官禮部尙書。帝加意太學。命昂增定監規八條。又條上科場成式。取士之制始定。奏毀天下淫祠。正祀典稱號。命以鄉飲酒禮頒天下。復令制大成樂器。分頒學宮。署吏部。予告歸。

任果〔北周〕南安人。字靜鸞。世爲方隅豪族。仕於江左。性勇決。志在立功。魏廢帝時率所部來附。文帝嘉之。以益州未下。命果從尉遲迥征蜀。及成都平。除始州刺史。入朝。進爵安樂郡公。尋爲刺客所害。

任玠〔宋〕成都人。通五經。緯候音律。琴棋繪畫。皆得其妙。眞宗令試學士院。玠撰詩一千二百韻以進。賜進士。授汝州團練推官。玠野服捧告身。詣登聞院陳納。

任玥〔清〕高密人。字少玉。號希庵。順治進士。由知縣累擢御史。所至有聲。善書。有敬事初編。

任直亮〔唐〕開元中直集賢院。以畫名。直亮・一作貞亮。

任勉〔明〕松江華亭人。字近思。洪武間令鄱陽縣。以禮義開導。有寡婦欲再適。反以饑寒訟夫兄。勉書其背曰。餓死事極小。失節事極大。俗由是恥失節者。累官福建參政。

任奕〔後漢〕句章人。官御史中丞。朱育稱其爲文章之士。立言粲盛。燁若春榮。著有任子。

任扃〔明〕滁州人。字啓敬。通經術。能詩。有玉山樵唱集。

任思謙〔清〕吳江人。字純仁。少讀皇極經世書外篇有省。焚香默坐。徹夜者三月。既而受業於陸隴其弟子張漢瞻。益篤志儒先之學。著易要一書。陳弘謀歎其理精詞得。以歲貢生終。

任星元〔清〕長沙人。咸豐間由武生從攻洪秀全。轉戰湖北江西安徽各省。同治間從攻金柱關。連破敵壘。進規九洑洲。肅清江面。積功官至廣東水師提督。

任柱〔清〕亳州人。同治間爲捻匪各股總頭目。稱魯王。自河北擾山東。飄忽善戰。後爲劉銘傳所破。其黨潘貴升殺柱以降。

任洛〔明〕鈞州人。字仲伊。進士。正德初知桐鄉。有循良之稱。官至都御史。

任珍〔清〕宜陽人。明副將。守河州。順治間阿濟格定陝西。珍迎降。隸孟喬芳標下。賀珍犯西安。珍守城西門。鏖戰八晝夜卻之。累擢興安總兵。積功晉左都督。加太子太保。授三等子。後坐事論斬。免死徙遼陽。

任迪簡〔唐〕萬年人。擢進士第。李景略表佐其軍。軍中悅其長者。景略卒。舉軍請爲帥。德宗授迪簡豐州刺史天德軍使。入爲太常少卿。改易定節度使。三年。上下完充。除太子賓客卒。諡襄。

任原〔明〕休寧人。字本初。明兵下徽州。原出佐軍。募兵捍禦。以功至顯武將軍雄峯翼管軍萬戶。有詩文集。

任峻〔三國魏〕中牟人。字伯達。魏武表爲騎都尉。每征伐。峻常居守以給軍。時歲饑。軍食不足。潁川棗祗建置屯田。以峻爲典農中郎將。數年中所在積粟。以功封都亭侯。遷長水校尉。卒諡成。

任座〔戰國魏〕文侯問羣臣曰。寡人何如君也。皆曰。仁君也。任座曰。君得中山不以封君之弟。而以封君之子。何謂仁君。文侯怒。座趨出。次問翟璜。對曰。仁君也。文侯曰。何以知之。對曰。君仁則臣直。向者任座之言直。是以知之。文侯悅。使璜召任座而反之。迎以爲上客。

任栻〔元〕官太常博士。著有太常沿革。

任啓運〔清〕荊溪人。字翼聖。居

近古鈞璽。世稱鈞璽先生。雍正進士。改庶吉士。授編修。官至宗人府府丞。啓運於儀禮研究鉤貫。精覈與鄭注相參。有周易洗心。宮室考。肆獻祼饋食禮。四書約指。經傳通纂。清芬堂文集等書。

任·從一 【宋】開封人。仁宗時翰林待詔。工畫龍水海魚。

任·敖 【漢】沛人。少爲獄吏。素善高祖。高祖東擊項羽。以爲上黨守。陳豨反。敖堅守。封爲廣阿侯。高后時爲御史大夫。卒謚懿。

任·淵 【宋】新津人。字子淵。紹興初以文藝類試有司第。官至潼州憲。有山谷內集註。后山詩註。精華錄。

任·祥 【北齊】廣寧人。字延敬。初從葛榮爲賊。榮敗。擁所部先降。後隨神武起兵。累封魏郡公。進位開府儀同三司。天平初遷滁州刺史。在州大有受納。然爲政不殘。禮敬人士。不爲民所疾苦。（按北齊書作任延敬。北史則以延敬爲祥字。此從北史。）

任·章 【戰國魏】知伯索地於桓子。桓子弗予。章曰。何故弗予。桓子曰。無故索地故弗予 章曰。無故索地。鄰國必恐。重欲無厭。天下必懼。君予之地。知伯必憍。憍而輕敵。知氏之命不長矣。桓子從之。知氏遂亡。

任·速哥 【元】渤海人。性倜儻。有古俠士風。爲右衛千戶。英宗待以心腹。將擇重職處之。未幾英宗遇弒。遂引去。居常扼腕。或醉歸。慟哭過市。時人目爲狂。泰定帝崩。倒剌沙踰月不立君。物情洶洶。速哥乃與平章政事速速等。立文宗。擢禮部尚書。終都水使者。人或詢以翊戴之事。往往遜謝。終無所言。

任·陳晉 【清】江蘇興化人。字似武。號後山。亦曰以齋。乾隆進士。官徽州府教授。所著易彖大意存解。以明簡稱。

任·惠 【明】灤州人。弘治進士。正德初爲南京吏科給事中。以劾中官高鳳廷杖除名。後起山東僉事。未任卒。

任·旐 【後漢】博昌人。字子旟。漢末黃巾起。到博昌。相謂曰。夙聞任子旟。天下賢人也。可入其鄉耶。相率去。舉孝廉。歷酸棗。祝阿令。

任·曾貽 【清】荊溪人。字淡存。工詞。獨抒性靈。不襲宋人體貌。而能吸其神髓。有矜秋閣詞。

任·棠 【後漢】上邽人。有奇節。隱居教授。太守龐參初到。先候之。棠不與言。但以薤一大本。水一盂。置戶前。自抱孫兒伏戶下。參思其微意。良久曰。水者。欲吾清也。拔大本薤者。欲吾擊強宗也。抱兒當戶。欲吾開門恤孤也。歎息而還。

任·棟 【明】永壽人。崇禎中由貢生爲萊州通判。李自成等叛。力拒之。圍解論功。累遷保定監軍僉事使。從援開封。會左良玉大潰於朱仙鎮。賊來追。棟力戰死。

任·渭南 【清】江寧人。名丙。善奕。爲道咸時十八國手之一。設局於秦淮河畔。

任·象先 【宋】伯雨長子。登世科。又中詞學兼茂科。舉秦州戶曹掾。聞父被謫。棄官歸養。終身不復仕。

任·都 【明】祥符人。字弘若。萬曆進士。備兵榆林。李自成遣將李遇來寇。任誓死固守。城陷被執。不屈死。

任·愷 【晉】博昌人。字元褒。尙魏明帝女。官員外散騎常侍。武帝時爲侍中。封昌國縣侯。遷吏部尚書。選舉公平。盡心所職。爲賈充黨所譖免官。愷性豪侈。既失職。縱酒逸樂。一食萬錢。猶云無可下筯處。後起爲太僕。轉太常。以憂卒。謚元。

任·貴 【金】易州人。善畫。有才幹。喜談兵。

任·敬臣 【唐】棣州人。字希古。五歲喪母。哀毀過制。問其父曰。若何可以報母。父曰。惟揚名顯親可也。乃刻志讀書。舉孝廉。累官太子舍人。

任·源 【宋】漢州人。少隸軍籍。工畫。爲張希賢入室弟子。⊙【宋】徽宗時宦者。字道源。自號眞常子。畫山水可觀。善枯木怪石。卒於紹熙間。

任·源祥 【清】宜興人。本名元祥。字王谷。自號善卷子。學者稱息齋先生。諸生。有鳴鶴堂集。既沒。詩文貧不能梓。妻黃氏鬻績剞劂。積十餘年。爲刻詩十卷。

任·熙 【晉】成都人。字伯遠。治毛詩京房易。通五經。事親至孝。察孝廉。除南鄭令。以病去官。轉梓潼令。爲政清靜。辭疾告歸。太康中徵給事中。以疾辭。後卽家拜朱提太守。讓不之官。好述作。詩誄論難皆燦豔。

任·瑷 【清】江蘇山陽人。字恕菴。號東澗。年十八。棄舉子業。講學靜坐者三年。既而悔之。乃取孔孟程朱之書。潛玩力索。久乃有得。嘗佐父宗延守延平。平順昌巨寇。與淮安水利。俱有成效。有朱子文類纂注。論語困知錄。中庸困知錄。大學困知錄。周易筆解。易學象數傳心錄。太極圖說析疑。通書測。讀經管見。小泉筆記。困學恐聞。反經說。陽明傳習錄辨。小泉集。知言劄記。朱子年譜。讀史衡說。史記論文。史記筆談。六溪山房文稿。六有軒存稿。寒山吟浸錄。拊缶集。六有軒詩漫抄。蠹林。

任·裕德 【清】遇亨從子。字厚齋。年十一。有土惡因積怨刃其父。裕德以身蔽父奪其刃。厲氣正辭以曉之。土惡感而去。事父母至孝。父沒。哀毀骨立。三年如一日。

任·詢 【金】貴子。字君謨。號南麓。

爲人慷慨多大節。書爲當時第一。畫亦入妙品。登正隆中進士第。歷僉都句判官北京鹽使。致仕卒。

任·道遜 〔明〕瑞安人。字克誠。號坦然居士。又號八一道人。七歲能賦詩。作字徑數尺。有司以神童薦。宣宗面試其書。命爲國子生。累官太常卿。又善寫梅。

任·遇亨 〔清〕崑山人。字崋宇。有至性。膂力過人。盜劫其父。遇亨突入盜藪。負父歸。腹傷腸出。遇神醫治之得不死。時稱任孝子。

任·隗 〔後漢〕光子。字仲和。清靜寡欲。章和初歷官司空。義行內修。不求名譽。與司徒袁安同心畢力。持重處正。鯁言直議。無所回隱。永元中卒。

任·嘏 〔三國魏〕旐子。字昭先。八歲喪母。以至性見稱。年十四始學。三年中誦五經皆究其義。兼包羣言。無不綜覽。邑中爭訟。皆詣嘏質之。其子弟有不順者。父兄竊數之曰。汝所行豈可令任君知耶。其禮敎所化率如此。文帝時爲黃門侍郎。累遷河東太守。所在化行。

任·漢 〔明〕溫江人。字寧海。弘治進士。任御史。巡按南畿。朝貴斂迹。時稱眞御史。官至都御史大理寺卿。

任·熊 〔清〕浙江山陰人。字渭長。工畫人物花鳥。與弟薰族子頤稱三任。有名於同光間。有劍俠高士先賢等傳。

任·熊祥 〔金〕圜後。後晉時北遷。遂爲燕人。字子仁。遼天慶進士。官至太子少師。以廉直稱。事母甚孝。

任·盡言 〔宋〕華亭人。字元受。舉進士。居下僚。論事慷慨。秦檜死。朝廷召湯鵬舉爲臺官。盡言投啓賀之云。每愧朱雲之請劍。未聞林甫之斷棺。帝聞。黜檜黨。釋趙鼎子汾罪。

任·福 〔宋〕開封人。字祐之。咸平中補衛士。累遷至忻州團練使。知慶州。與子懷亮平骨咩等四十一族。康定初朝廷欲發涇原鄜延兵西討。詔福詣涇原計事。韓琦行邊。聞元昊謀寇渭州。亟趨鎮戎軍。使福將兵。趨得勝砦。諜傳敵兵少。福等頗易之。俄伏發。福力戰而死。

任·端書 〔清〕蘭枝子。字念齋。乾隆進士。官編修。以憂歸。不復出。有南屏集。

任·粹 〔宋〕誼從子。工畫著色山水。

任·鄙 〔戰國秦〕力士。武王好力。鄙叩闕自鬻。與烏獲孟說皆至大官。

任·儀 〔明〕閩中人。以進士授御史。遇權宦以內命建佛會於興隆寺。知縣王嶽乘馬過寺門被辱。儀上疏劾之。時劉瑾用事。謫西安同知卒。

任·廣 〔宋〕浚儀人。字德儉。所著書敘指南。皆采取經傳成語。以備尺牘之用。

任·德成 〔清〕吳江人。字彙元。諸生。篤於儒行。奉朱子白鹿洞規。因集自漢及明先正格言。與洞規相發明者爲一編。曰洞規大義。雍正初舉賢良方正。固辭不出卒。

任·誼 〔宋〕字才仲。官澧州通判。凡經歷江山佳處。輒吮墨成圖。又善花卉人物。

任·諒 〔宋〕眉山人。徙汝陽。字子諒。少孤力學。舉進士。歷河南戶曹。以兵書謁樞密曾布。旣見不能合。逕去。累官徽猷閣待制。知京兆尹。以憂去。徽宗將有事於燕。諒曰。中國其有憂乎。乃貽書宰相。又言郭藥師必反。不省。後皆如諒言。迺復起諒爲京兆。未幾卒。

任·頤 〔清〕熊族子。字伯年。少孤。事母孝。善畫人物花卉。間作山水。亦別具丘壑。

任·賢 〔明〕裕州人。弘治間中鄉舉。爲監察御史。正德間流賊掠裕州。賢方里居。招邑子共守。城陷不屈死。

任·圜 〔後唐〕三原人。爲人明敏。善談辯。明宗時累官同中書門下平章事。後與安重誨交惡。因請致仕。卒被害。

任·壇 〔明〕鄞人。字廷堅。第進士。累官江西按察使僉事。剛介有守。以憂歸。守令謁弔。惟哭踊對之。不接一語。

任·澤 〔宋〕仙遊夫人母弟。字天錫。英宗入繼大統。召授西頭供奉官。神宗時拜嘉州刺史。卒諡恭僖。澤起田里。際會恩寵。能自安繩檢。

任·蕃 〔後蜀〕字憲相。察孝廉。由新都令任涪陵太守。涪民懷其德。

任·薰 〔清〕熊弟。字阜長。工畫花鳥。

任·濤 〔唐〕高安人。累舉不第。工詩。李騭廉察江西。見其詩。特免郡役。濤詩清婉。人多傳誦。有援例訟者。騭判曰。江西界內。有詩似濤者。即與免役。

任·濬 〔清〕益都人。明崇禎進士。累官兵部右侍郎。兼右僉都御史。李自成陷京師。濬被執不屈。旋得釋。順治間累官刑部尚書。以年老致仕。

任·環 〔明〕長治人。字應乾。號復菴。嘉靖進士。遷蘇州同知。禦倭數有功。在行間與士卒同寢食。所得悉分給之。嘗書姓名於肢體。曰戰死庶得收葬。將士皆感激。故所向有功。官至山東右參政。爲文高簡有法度。有山海漫談。

任·舉 〔清〕大同人。雍正武進士。歷官固原城守營參將。營卒糾衆夜劫提督署。舉領五十人擊破之。尋馳赴金川軍營。擢總兵。奮勇直前。多所破獲。乘勝追殺。沒於陣。諡勇烈。

任·瞻 〔晉〕字育長。少有令名。神情可愛。時人謂育長影也好。

任瞻山 【清】湘陰人。字師韓。精於醫。能隔垣辨聲。決人生死。有任氏醫案。

任禮 【明】臨漳人。字尙義。起行伍。累官都督同知。從征樂安及兀良哈俱有功。正統初進左都督。以破阿台功封寧遠伯。鎭甘肅。沙州衞都督喃哥兄弟乖異。禮乘其釁。督兵徑詣其地。收其全部而還。卒諡僖武。

任顓 【宋】壽光人。字誠之。舉進士。得同學究出身。上其文。乃賜第。擢鹽鐵判官。夏人納款。遣使要請十一事。顓押伴一切。曉以大義。折而去。夏使數來。仁宗輒使押伴。旋爲諒祚册禮使。采摭西夏風物山川道里出入攻取之要。爲治戎精要三篇。官至戶部侍郎。

任瀚 【明】南充人。字少海。嘉靖進士。廷對獻替剴切。名動一時。官翰林院檢討。引疾歸。瀚少懷用世志。旣家居。研究六經。闡明聖學。晚潛心於易。深有所得。文亦高簡。

任繩隗 【清】宜興人。字青際。順治舉人。有直木齋集。

任鏜 【明】夏邑人。母卒。廬墓三年。時河決將齧塋。鏜伏地號哭。河卽南徙。嘉靖中旌表。

任獻夫 【宋】蒲圻人。字安世。政和進士。歷荊門刑曹。有異績。

任瓌 【唐】合淝人。字瑋。早孤。年十九。試守靈溪令。遷衡州司馬。陳亡。瓌棄官去。仁壽中調韓城尉。未幾罷。高祖討捕於汾晉。瓌上謁。高祖卽位。授穀州刺史。王世充數攻新安。瓌拒破之。後以討平徐圓朗及輔公祏。拜邢州都督遷陝州卒。

任囂 【秦】始皇時。拜南海尉。定揚粵之亂。秦亡。築關隘以遏寇。南海晏然。人忘兵革。將死。召尉佗行南海尉事。號南越。

任蘭生 【清】震澤人。字畹香。咸豐末納貲爲同知。投効皖營。同治間守雉河集。與捻相持至四十餘日。援師至。因大破之。官至鳳潁六泗道。

任蘭枝 【清】溧陽人。字香谷。一字隨齋。康熙進士。授編修。雍正間累擢內閣學士兼禮部侍郎。宣諭安南。乾隆間授禮部尙書。蘭枝自登六卿。在禮部且十年。凡吉凶賓嘉之事。皆所總治。少喜爲詩。工古文辭。有南樓文集詩集。

任觀瀛 【清】蕭人。字子登。或作紫登。康熙進士。官至陝西潼商道。有夢鼎堂文集。若溪集。

伊小乙 【宋】溧水人。性至孝。嘗剖腹取肝。以療母疾。乾道中旌表。

伊尹 【商】一名摯。耕於莘野。湯以幣三聘之。遂幡然而起。相湯伐桀救民。以天下爲己任。湯尊之爲阿衡。湯崩。其孫太甲無道。伊尹放之於桐。三年。太甲悔過。復歸於亳。年百歲卒。帝沃丁葬以天子之禮。孟子稱爲聖之任者。

伊巴罕 【清】滿洲正白旗人。姓格濟勒氏。初授三等侍衞。順治間從攻桂王。康熙間討耿精忠·吳三桂。轉戰江西湖廣。積功累遷盛京將軍。召還京。授前鋒統領。以老乞休。

伊用昌 【五代】【唐】南嶽道士。有異術。學士廖匡圖母病。思鱠。值江水漲。魚不可得。用昌出木獺。長三寸許。投江中。須臾。波浪騰沸。擒一巨鱗出。作鱠食之。廖母病尋愈。

伊克唐阿 【清】黑龍江旗人。字堯圃。由副都統進黑龍江將軍。甲午防遼陽。未爲日陷。名漸著。遷盛京將軍。卒諡清惠。

伊里布 【清】滿洲鑲黃旗人。嘉慶進士。道光二十年鴉片戰爭起。爲欽差大臣。赴浙江督軍務。旋與英將義律約休戰。明年約破。免職。已而英軍陷廈門·定海·鎭海·寶山·上海。進逼江寧。復以伊里布爲欽差大臣。與英議和於江寧。爲中國外交失敗之始。官至廣東將軍。卒諡文敏。

伊念曾 【清】秉綬子。字少沂。嘉慶拔貢。官嚴州府同知。殉洪楊之難。工隸法。善山水梅花篆刻。有守研齋詩鈔。

伊昌阿 【清】蒙古正紅旗人。姓烏勒甲特氏。乾隆間從勦甘肅石峯堡回。嘉慶間從勦湖北教匪。敗姚之富等。官至雲南開化鎭總兵。

伊秉綬 【清】朝棟子。字組似。號墨卿。乾隆進士。守惠州。再知揚州。力持風雅。父憂歸。闢秋水園以養母。工詩。尤善隸法。好蓄古書畫。頗究性命之學。有留春草堂集。

伊長孺 【上古】堯初生時。其母在三阿之南。寄於伊長孺之家。故從母所居爲姓。

伊恆 【明】吳縣人。字宗有。永樂中以善書召侍東宮。官至尙寶少卿致仕。爲人恭勤靜退。時稱長者。

伊拜 【清】滿洲正藍旗人。姓赫舍里氏。崇德間屢與明戰。擒洪承疇於松山。順治間官正藍旗蒙古都統。從入關。平湖南。封三等男。卒諡勤直。

伊盆生 【後魏】馥孫。驍勇有膽氣。初爲統軍。累立戰功。遂爲名將。賜爵平城子。官至西道都督。後戰沒。

伊乘 【明】江寧人。字德載。成化進士。累遷四川按察僉事。每分巡郡縣。視學畢。卽審理寃滯。一方稱神。三載乞養歸。不復仕。

伊桑阿 【清】滿洲正黃旗人。姓伊爾根覺羅氏。順治進士。授禮部主事。康熙時累官文華殿大學士。兼吏部尙書。在政府鎭靜和平。實心任職。尤留心刑獄。卒諡文端。

伊陟 〔商〕尹子。太戊時繼父爲相。亳有祥桑穀共生於朝。一夕大拱。太戊懼。伊陟曰。妖不勝德。帝之政豈有闕歟。太戊從其言而修德。祥桑枯死。

伊推 〔漢〕官侍郎。通公羊學。甘露初召五經名儒。大議殿中。平公羊穀梁同異。推與其議。

伊敏生 〔明〕上元人。嘉靖中官御史。時嚴嵩擅權。敏生彈劾無所避。官至山東參政。

伊理布 〔清〕滿洲正白旗人。姓他塔喇氏。康熙間官至本旗滿洲都統。列議政大臣。吳三桂反。勒爾錦討之。伊理布參贊軍務。屢有戰功。守永興。沒於陣。諡武壯。

伊勒都齊 〔清〕蒙古正黃旗人。姓莽努氏。崇德間從攻錦州及前屯衞有功。順治間從入關。敗李自成。克潼關。定江南浙江湖南。累官正黃旗滿洲副都統。兼刑部侍郎。封二等男。康熙間吳三桂反。勒爾錦征湖南。伊勒都齊以護軍統領參贊軍務。卒於軍。

伊勒愼 〔清〕世居薩齊庫。後隸滿洲鑲黃旗。姓費莫氏。天聰間統兵鎭海州。封三等男。明將造巨艦百餘。橫截遼河。爲戰禦計。伊勒愼沿河立寨。明兵望風遁。後坐事論死者再。均奪職鞭百。順治間爲牛莊城守卒官。

伊婁穆 〔北周〕代人。字奴干。爲文帝帳內親信。以機辯見知。邙山之役。力戰有功。封安陽縣公。建德初授總管府長史。甚得匡贊之譽。入爲小司馬。從討吐谷渾。以疾卒。

伊婁謙 〔隋〕鮮卑人。字彥恭。後以字行。性忠直。善辭令。仕周至前驅中大夫。賜爵濟陽縣侯。文帝受禪。進爵爲公。拜澤州刺史。清約自處。甚得人和。

伊陵尸逐就單于 〔後漢〕南匈奴單于。名居車兒。建和初立。不能統理國事。其部屬數寇掠邊郡。張奐破之。降其衆。拘居車兒。上書請更立單于。詔不許。立二十五年卒。

伊屠於閭鞮單于 〔後漢〕南匈奴單于。名宣。元和間立。時漢武威守孟雲。上言乞還南部所掠生口。以慰北部。詔許倍雇南部所得生口。以還北虜。其南部計功受賞如常科。於是南匈奴掩擊北匈奴尤力。立三年卒。

伊都立 〔清〕伊桑阿三子。字學庭。康熙舉人。雍正間累官雲貴總督。書學李邕。有嘉樂堂詩集。

伊湯安 〔清〕滿洲正白旗人。姓拜都氏。字小尹。號耐圃。乾隆舉人。嘉慶間守嘉興。成郡志。阮元謂其體例有三善。官至內閣學士。

伊斯瑪音 〔元〕西域寶喇人。回回氏。善造礮。所擊無不摧陷。至元中以功命爲回回礮手總管。

伊朝棟 〔清〕寧化人。字用侯。乾隆進士。累官刑部郎中。治事勤恪。以愼獄有不平。必力爭。喜讀性理書。以愼獨爲本。持身尤耿介。後以光祿卿告歸。所著南窗叢書。多發先儒疑義。詩尤有高韻逸氣。有賜硯齋集。

伊愼 〔唐〕兗州人。字寡悔。通春秋，國策，天官五行書。善射。爲折衝都尉。屢立戰功。累官檢校右僕射右衞上將軍。封南兗郡王。卒諡壯繆。

伊溥 〔明〕吳縣人。字紹方。讀書工詩。隱居不仕。自號天闕山樵。年八十餘。猶徒步涉山不倦。每荷薪歸。倦則以薪易酒。與田夫野老班荊吟嘯。有伐柯吟。

伊嘉 〔漢〕元帝時黨附石顯。官御史中丞。顯敗。左遷雁門都尉。時五鹿充宗亦謫玄菟太守。牢梁．陳順並免官。皆顯黨也。長安謠曰。伊徙雁。鹿徙菟。去牢與陳實無賈。

伊圖 〔清〕滿洲鑲紅旗人。姓覺羅氏。順治間由祕書院學士累擢兵部尚書。鄭成功略鎭江。議降級。貰之。官至弘文院大學士。卒諡文僖。

伊爾登 〔清〕滿洲鑲黃旗人。姓鈕祜祿氏。天命初築界藩及薩爾滸城。有勞績。太宗初列十六大臣。從濟爾哈朗攻錦州。洪承疇統兵十三萬來援。軍松山。凡四合圍。悉破之。列議政大臣兼內大臣。封二等伯。卒諡忠直。

伊爾德 〔清〕滿州正黃旗人。姓舒穆祿氏。揚古利從子。天聰崇德間從征大淩河城。圍錦州。敗松山兵。順治初從多鐸平江南。又征金聲桓於江西。勦李成棟於信豐。敗魯王餘黨於舟山。累官寧海大將軍。封一等侯。後征桂王。自貴陽進克雲南省城。卒於軍。諡襄敏。

伊瑪喇 〔清〕滿洲人。姓那木都魯氏。順治間平四川。康熙間平王輔臣。皆有功。授參領。襲一等男。

伊福納 〔清〕滿洲人。字兼五。一字覆吾。又字抑堂。雍正進士。由員外郎累官御史。有白山詩鈔。

伊說 〔晉〕仕爲樂安王友。撰尙書義疏。

伊遜 〔清〕滿洲鑲白旗人。姓瓜爾佳氏。費英東弟子。從太祖征伐。屢立戰功。天聰間累官兵部承政。兼管副都統。卒諡襄壯。

伊馛 〔後魏〕代人。性忠謹。勇健善射。走及奔馬。太武時官侍郎。涼州之役。馛贊助軍謀。所見與崔浩同。帝奇賞之。出刺東雍州。恩化大行。拜司空。爲政舉大綱。不爲苛碎。

伊審徵 〔宋〕幷州人。字申圖。初隨父仕後蜀。歷官武泰軍節度使。進掌機務。入宋仕至右屯衞上將軍。審徵與孟昶少相親狎。常以康濟爲己任。

及宋師入。首奉表詣降。時人笑焉。

伊·廣 〔唐〕兗州人。僖宗時刺忻州。遇天下大亂。乃自結於李克用。善占對。累遷檢校司徒。乾寧中從征劉仁恭。克用兵敗。廣沒於賊。

伊·樂堯 〔清〕錢塘人。字遇夔。咸豐舉人。少與仁和邵懿辰交。於漢唐經注及近世爾雅說文之學。均研精覃思。所詣甚邃。尤好程朱書。以躬行爲鄉里倡。從游者甚衆。有孝經指解說注·孝經辨異·指解補正。

伊興額 〔清〕蒙古正白旗人。姓伺圖哩氏。字松坪。本名伊清阿。咸豐間從征粵捻。轉戰江蘇安徽河南山東等省。官至副都統。後追捻於東平。力戰死。諡壯愍。

伊稚斜單于 〔漢〕匈奴軍臣單于弟。初爲左谷蠡王。軍臣死。攻敗太子而自立。武帝時屢寇邊。爲衞青霍去病所敗。單于潰圍走。自後匈奴遠遁。幕南遂無王庭。

伊·籍 〔三國〕〔蜀漢〕山陽人。字機伯。少依劉表。遂往來自託於先主。從入益州。爲從事中郎。擢昭文將軍。奉使適吳。孫權聞其才辯。欲逆折以辭。方入拜。權曰。勞事無道之君乎。曰。一拜一起。未足爲勞。其機捷類如此。

伊齡阿 〔清〕滿洲人。字精一。官至侍郎。工詩能書。善畫梅蘭。

伊·闢 〔清〕直隸新城人。字盧源。別字翕菴。順治進士。康熙間巡撫雲南建昌畢節等處地方。贊理軍務。卒於軍。性恬退。與物無競。喜撫晉人帖。入能品。

伍·子胥 〔春秋〕〔楚〕名員。父奢兄尙。爲平王所殺。子胥奔吳。佐吳伐楚。入郢時平王已卒。乃掘其墓。鞭尸三百。後吳敗越。越王句踐請和。夫差許之。子胥諫不聽。太宰嚭讒之。夫差使使賜子胥屬鏤之劍。子胥告其舍人曰。抉吾眼。懸吳東門之上。以觀越寇之入滅吳也。夫差聞之大怒。取子胥尸。盛以鴟夷革。浮之江。後九年。越滅吳。

伍·文仲 〔宋〕正已五世孫。字仲成。七歲能屬文。目爲神童。年十六魁鄉薦。累七舉。紹興中第進士。應博學弘詞科。

伍·文定 〔明〕松滋人。字時泰。弘治進士。知吉安府。與王守仁平宸濠有功。累官兵部尙書。豪宕不羈。兼資文武。尙節義。喜談兵法。有儒將風。卒諡忠襄。

伍·仕階 〔宋〕德慶人。累官奉議郎。知封州。秩滿即掛冠東歸。究心禪理。訓教子孫。其後俱以忠孝顯。

伍·正已 〔唐〕寧化人。初名愿。字公謹。大中進士。累遷御史中丞。蒞官略細故。存大體。因朋黨漸熾。遂告歸。

伍民憲 〔明〕晉江人。嘉靖中倭寇殺其父。民憲挺身與賊鬭。賊斷其手。臥草中。口呢喃呼父三日而絕。

伍·仲休 〔宋〕正已五世孫。字通遠。博學善屬文。第大觀進士。知河源縣。丁母憂哀毀致疾。終承直郎。

伍·光瑜 〔清〕江寧人。字孚尹。號屏秋。歲貢生。候選訓導。邃於易。能詩。有補園集。

伍·全 〔宋〕長汀人。狀貌雄偉。膂力過人。紹興間以土豪應募。攻賊贛州。全披鐵鎧攀援登城。持百觔鐵戟。轉戰啓關納諸軍。大破之。擢廣州摧鋒軍第十七將。後以武功賜金甲名馬。終武顯大夫。

伍·安貧 〔梁〕武陵人。博雅嗜學。屢聘不起。嘗撰武陵圖志。（按萬姓統譜作安賓。常德府志作安貧。玆以府志爲準。）

伍·佐 〔明〕新化人。字文峰。弘治舉人。授河南府通判。遷贛州府同知。征龍南叛猺。深入力戰。擢知思南府。居官二十年。以廉介稱。

伍·孚 〔後漢〕字德瑜。獻帝時爲越騎校尉。怒董卓凶毒。乃朝服懷佩刀見卓。孚語畢辭出。卓送至閤。以手撫其背。孚因出刀刺之。不中。卓呼左右執殺孚。孚大言曰。恨不得磔裂奸賊於都市以謝天地。言未畢而斃。

伍·希淵 〔明〕安福人。字士淵。憲宗時知廣州府。爲政以通人情爲先。興革利害。雖險不避。士民稱之。

伍·成章 〔明〕榮縣人。於六經子史。多所貫穿。尤長於詩書。太祖時舉明經。分教州學。終始無倦。成祖時與修大典。致仕歸卒。

伍·良臣 〔元〕高安人。字雲從。淡榮利。致力經籍。壯游京師。不諧於俗。後辟臨江經歷。尋棄去。有中流一壺集。

伍·典章 〔宋〕汴人。失其名。宋末爲翰林典章。元兵攻臨安。百官奔散。端宗·帝昺幸廣州。典章扈從至匡山不去。宋亡。遂遁居縣之西鄉文章里。

伍·宗堯 〔元〕清流人。至正間鄧克明犯境。宗堯率邑人禦之。弗克。寇使人說其降。不可。與其子希稷希明希周希孔率兵決戰。父子五人。俱死於難。

伍·尙 〔春秋〕〔楚〕奢長子。費無忌既讒奢。言於平王曰。伍奢有二子皆賢。不誅且爲楚憂。王使召二子。尙往。與父同被害。員出亡。

伍·長華 〔清〕上元人。字實生。號雲卿。嘉慶進士。由編修累擢雲南布政使。體察銅鑛衰旺及歷任弊端。著雲南銅法志。旋擢湖北巡撫。坐事奪職。善畫花卉。兼善行楷書。

伍·洪 〔唐〕正己子。兄泳·濆·濬。皆以父蔭補官。洪獨不肯仕。隱武陵源。自號抱朴居士。◎明安福人。字伯宏。洪武進士。官上元知縣。以母老不復仕。讓資產與弟。獨隱居養母。有異母弟得罪逃。使者捕弗獲。執其母。洪泣訴求代。竟死於市。

伍貞 明無爲州人。性孝友。好學。樂施與。有隴耕野人集。

伍祐 宋正巳曾孫。字祐之。大中祥符進士。歷知雩都·海昌。以廉能稱。尋差楚州團練推官。州有鹽場久廢。祐議興復。役不及民。甫期而就。歲入緡錢數萬。人稱伍祐場。官至太常博士。

伍袁萃 明吳縣人。字聖起。萬曆進士。歷官廣東海北道副使。執法不避貴倖。所撰林居漫錄·彈園雜志。多貶斥當世公卿大夫。而於李三才·于玉立尤甚云。

伍參 春秋楚莊王之嬖人。莊王伐鄭。晉救之。參欲戰。孫叔敖曰。戰而不捷。參之肉其足食乎。參曰。若事之捷。孫叔敖爲無謀矣。不捷。參之肉將在晉軍。可得食乎。卒說莊王與晉戰而敗之。

伍崇曜 清南海人。字紫垣。父秉鑑。當時粵中有十三洋行。秉鑑爲最後辦行者。崇曜中鄉舉。嘗刊有粵雅堂叢書·嶺南遺書·廣東十三家集·楚庭耆舊遺詩。

伍梁 後漢犍爲人。以節操見稱。建興間諸葛亮領益州牧。其所選皆妙簡舊德。梁舉秦宓·杜微。並見徵用。梁爲功曹。遷五官中郎將。

伍清源 明運城人。博學善詩文。洪武初辟訓導。嗣應明經舉。授工部主事。

伍被 漢楚人。或言子胥後。以材能稱。爲淮南中郎。淮南王安招致英雋以百數。被爲冠首。久之淮南陰有邪謀。被數微諫。王怒。繫被父母。囚之三月。被乃爲畫策。事覺伏誅。

伍喬 南唐廬江人。性嗜學。以淮右無出己右者。遂渡江入廬山。勤學苦節自守。李璟時舉進士第一。官考功郎中卒。

伍奢 春秋楚舉子。事平王爲太子太傅。費無忌譖太子。王召奢。奢力諫。被殺。

伍朝 晉漢壽人。字世明。少有雅操。閒居樂道。不修世事。性好學。以博士徵不就。刺史劉弘薦爲零陵太守。又不就。卒於家。

伍鈍 明鄞人。字文璉。幼倜儻好文史。才識出羣。富於詞辨。人多勸之仕。嘗欣然志於有爲。母陳氏不欲鈍去左右。遂絕口不言仕進。爲志奉養。纖悉盡禮。母沒。廬墓三年。哀毀骨立。鄉里稱爲伍孝子。

伍隆起 宋新會人。三世仕宋。宋末。隆起率義兵從帝昺於厓山。與元將張弘範力戰不屈。其麾下謝文子殺隆起。以首降弘範。宋相陸秀夫惜之。刻木爲首以葬。又募人執文子。戮以祭墓。

伍雲 明鳳陽定遠人。以荊州護衛指揮使從征交阯有功。調昌江衛。仁宗初隨方政討黎利。陷陣死。

伍福 明禮弟。字天錫。正統舉人。授咸寧教諭。歷官陝西按察副使。提督學政。致仕卒。福風格高邁。詩文典雅。兼工書法。有咸寧縣志·陝西通志，苹野纂聞·三吳水利論·南山居士集·雲峯清賞集。(按四庫提要作伍餘福。玆據臨川縣志。)◎清江寧人。字貽堂。國子生。工畫。擅長寫意山水。亦工書。精鑒別。

伍維壽 清長沙人。咸豐間從軍。與洪楊軍轉戰江西安徽屢有功。同治間攻江寧。維壽率兵自倒口搶入。遂克之。官至寧夏鎮總兵。

伍誥 宋安福人。字純甫。治平進士。英宗時知石城縣事。爲文上法孟軻。下及司馬子長。王安石薦其文行過人。起爲諸王教授。性剛直寡合。故不大顯。

伍擇之 宋祐子。字元賓。博洽有器識。淡於進取。仁宗時出宰長樂。時諸司酷暴相矜。輒與大獄。擇之戚然。即日乞歸。遂不復出。

伍彌泰 清蒙古正黃旗人。姓伍彌。雍正間襲三等伯。任散秩大臣。以勤愼稱。後官西安將軍。撒哈爾回民叛。伍彌泰率兵往援。解蘭州圍。軍威大振。官至東閣大學士。持大體。決事無稽遲。阿桂歎爲眞宰相才。卒謚文端。

伍舉 春秋楚大夫。參子。邑於椒。亦曰椒舉。王子牟以罪亡。楚人曰。舉實送之。舉恐。將奔晉。蔡聲子遇於鄭郊。班荊相與坐而言復故。及聲子如楚。說令尹子木而返之。

伍禮 明臨川人。字天秩。英宗時知曹州。有權倖據民田六千七百餘頃。恃強淩轢。居民流散。禮爲復所侵地。有南坡集。

伍瓊 後漢官城門校尉。爲董卓所信任。瓊所舉皆出宰州郡。後皆合兵討卓。卓疑瓊賣己。斬之。

伍讓 明衡陽人。字子謙。萬曆進士。累遷河南參議。時汝南經馬鞍山賊叛後。道殣相望。讓悉心安輯。所活甚多。餘黨據高老山。讓出奇兵捕之。斬獲略盡。後遷南贛道副使。

伍驥 明新會人。字弘道。號訥翁。平生爲義不奪於利。積書至數千卷。一時名士皆與之交。雖富甲鄉邑。而儉朴如寒畯。◎明安福人。字德良。景泰進士。英宗時巡按福建。時盜賊充斥。驥詣賊壘諭以禍福。咸感泣歸順。賊首李宗政負固不服。驥提兵深入。擒之。賊遂平。旋以冒瘴癘得疾卒。

伏女 〔隋〕伏勝女。名羲娥。勝老不能正言。使其女傳尙書於鼂錯。

伏允 〔唐〕吐谷渾呂夸子。隋開皇末國亂。國人殺其兄而立伏允。煬帝卽位。令鐵勒擊破之。伏允東保西平境。復破之。伏允遁客党項。大業末始復其故地。高祖卽位。與通和。貞觀間以拘留唐使故。詔李靖等往討破之。其子順舉國降。伏允自經死。

伏后 〔後漢〕完女。名壽。獻帝興平中立爲皇后。曹操殺董貴人。后與父書。言操殘逼之狀。令密圖之。事泄。操逼帝廢后。使郗慮・華歆・勒兵入宮。牽后出。后被髮徒跣。過帝前曰。不能復相活耶。帝曰。我亦不知命在何時。遂下后暴室。幽殺之。

伏・完 〔後漢〕無忌孫。尙桓帝女陽安公主。女爲孝獻皇后。曹操殺后誅伏氏。國除。自伏勝以後。世傳經學。淸靜無競。東州號爲伏不鬬云。

伏虎禪師 〔梁〕僧。武帝時居拾寶巖。或半月休糧。或經旬入定。夜行山中。虎輒避去。故賜號伏虎禪師。

伏・恭 〔後漢〕湛兄子。字叔齊。爲從父黯後。少傳黯學。以任爲郎。建武中除劇令。以公廉聞。累遷司空致仕。章帝行饗禮。以恭爲三老。元和初卒。

伏・挺 〔梁〕暅子。字士標。博學有才思。任昉見之曰。此子日下無雙。武帝至新林。挺迎謁。引爲征東參軍。後除南臺書侍御史。有邇說・文集。

伏・晨 〔後漢〕湛孫。謙恭博愛。好學尤篤。女孫爲順帝貴人。

伏・曼容 〔梁〕滔曾孫。字公儀。善老易。倜儻好大言。仕宋爲尙書外兵郎。齊初爲通直散騎侍郎。梁臺建。以曼容舊儒。拜司馬。官終臨海太守。有周易毛詩喪服集解。老莊論語義。

伏・理 〔漢〕東武人。字君游。從匡衡受齊詩學。官至高密王太傅。由是齊詩有匡伏之學。

伏・勝 〔漢〕濟南人。字子賤。故爲秦博士。世稱伏生。文帝時求能治尙書者。勝時年九十餘。老不能行。使鼂錯往受之。得二十九篇。卽今古文尙書是也。撰有尙書大傳。

伏・湛 〔後漢〕理子。字惠公。少傳父業。教授數百人。更始時爲平原太守。時天下兵起。一郡賴湛以全。光武徵拜大司徒。封陽都侯。徙封不其侯。遣就國。徵尙書卒。

伏・無忌 〔後漢〕湛玄孫。嗣侯爵。順帝時爲侍中屯騎校尉。詔與議郎黃景校定五經諸子百家藝術。又自采集古今。刪著事要。號曰伏侯古今注。

伏・隆 〔後漢〕湛子。字伯文。以節操立名。光武時張步據齊地。隆爲大中大夫。移檄告以順逆。青齊羣盜皆降。步遣使隨隆詣闕下。光武拜隆光祿大夫。遣使於步。步欲自王。留隆共守二州。隆不從。爲步所殺。

伏・暅 〔梁〕曼容子。字玄曜。仕齊爲鄞令。武帝踐阼。兼五經博士。出爲永陽內史。治務安靜。徵爲東陽太守。民賦稅不登者。輒以太守田米助之。遷豫章內史卒官。暅外雖退靜。內不免心競。然能推薦士類。常若不及云。

伏・滔 〔晉〕安丘人。字玄度。有才學。桓溫引爲參軍。從溫伐袁眞。至壽陽。以淮南屢叛。著論二篇。名曰正淮。壽陽平。以功封聞喜縣侯。太元中累遷游擊將軍。卒官。

伏・適 〔周〕著有醫苑。

伏羲 〔上古〕帝王。姓風氏。有聖德。象日月之明。故稱太昊。教民佃漁畜牧。養犧牲以充庖廚。故又曰庖犧。始畫八卦。造書契。都陳。在位一百十五年。（按或作宓羲。亦作虙羲。又作伏戲。）

伏・黯 〔後漢〕湛弟。字稚文。明齊詩。作詩解九篇。位至光祿勳。

伏・儼 〔後漢〕琅邪人。字景弘。有前漢書糾謬。

休蘭尸逐侯鞮單于 〔後漢〕南匈奴單于長弟。名屯屠何。章和間立。時北匈奴大亂。降者相繼。南單于上言。願幷北庭。於是與耿秉・竇憲等出朔方。大破北部。北單于敗亡。立六年卒。

充・尙 〔秦〕燕人。爲方僊道形解銷化。依於鬼神之事。

充・虞 〔戰國〕孟子弟子。

兆惠 〔淸〕滿洲正黃旗人。姓吳雅氏。字和甫。雍正間由筆帖式入直軍機處。補內閣中書。累擢參贊大臣。駐伊犂。擊敗厄魯特。平霍集占。降安集延諸部。封一等武毅謀勇公。授協辦大學士。加太子太保。卒謚文襄。

兆勳 〔淸〕滿洲人。字佑辰。號牧亭。又號牧牛子。有牧牛詩錄。不堪持贈吟。

先・丹木 〔春秋晉〕大夫。獻公使太子申生伐東山皐落氏。公衣之偏衣。佩之金玦。先丹木曰。是服也。狂夫阻之。曰盡敵而反。敵可盡乎。雖盡敵。猶有內讒。不如違之。以羊舌大夫諫而止。

先・友 〔春秋晉〕大夫。獻公使太子申生伐東山皐落氏。公衣之偏衣。佩之金玦。先友曰。衣身之偏。握兵之要。在此行也。子其勉之。偏躬無慝。兵要遠災。親以無災。又何患焉。

先・且居 〔春秋晉〕軫子。一稱霍伯。襄公以其父死敵。命將中軍。初文公之世。諸侯朝晉。獨衞不朝。襄公謀伐衞。且居曰。效尤禍也。請君朝王。臣從師。晉侯遂朝王於溫。

先·汪 【唐】瀘州人。七歲日誦萬言。貞元中舉神童。爲合江令。尋退居安樂山講學。

先·長文 【宋】元豐間人。字伯原。能書。所纂墨池編。書家皆祕重之。

先·軫 【春秋晉】大夫。一稱原軫。城濮之役。將中軍。敗楚師。文公卒。秦師伐鄭。襄公從軫之謀。敗秦師於殽。獲孟明視·西乞術·白乙丙以歸。公從文嬴請釋之。軫聞之怒。不顧而唾。狄伐晉。軫曰。匹夫逞志於君。而無討。敢不自討乎。免冑入狄師死焉。狄人歸其元。面如生。

先·著 【清】瀘州人。遷居金陵。字遷夫。工書。

先·蔑 【春秋晉】大夫。一稱士伯。襄公卒。靈公少。晉人以難故。欲立長君。使先蔑·士會如秦。逆公子雍。秦送公子雍於晉。穆嬴日抱太子以啼於朝。趙宣子患之。且畏逼。乃背先蔑而立靈公。以禦秦師。先蔑遂奔秦。

先賢撣 【漢】匈奴單于從兄。元帝時降漢。封歸德侯。卒諡靖。

先·穀 【春秋晉】大夫。一稱彘子。楚圍鄭。晉師救鄭。荀林父將中軍。先縠佐之。及河。聞鄭及楚平。荀林父欲還。彘子不可。以中軍佐濟。又不設備。遂大敗於邲。

先·鐵 【梁】武帝時奉使綏定夷獠。立戎州。遂爲本州刺史。多有勞績。

光·時亭 【明】桐城人。字羽聖。崇禎進士。擢刑科給事中。李明睿以賊耗急。建議親征。爲南遷計。時亭疏劾之。既而京師陷。時亭南歸。馬士英等誚時亭阻南遷。殺之。

光·祚 【後燕】清河人。本宦者。初事苻堅。慕容垂在長安。祚告堅。垂非久爲人下者。堅以告垂。及堅敗。降垂。垂赦之。垂見祚語舊事流涕。祚亦欷歔。悲動左右。垂以爲忠。待之彌厚。使爲中常侍。

光·逸 【晉】樂安人。字孟祖。初爲博昌小吏。胡毋輔之見而奇之。呼與談。果俊器。後舉孝廉。爲州從事。輔之薦於太傅越。尋避亂渡江。與輔之謝鯤等酣飲。時人謂之八達。元帝以逸補軍諮祭酒。官終給事中。

光·楚客 【唐】樂安人。開元初爲安南大都護。蠻渠梅叔鸞叛。據海南。楚客與宦者楊思勗率兵由馬援故道。出賊不意。大敗之。封尸爲京觀而還。後歷桂州都督。封松滋縣侯。

光儀 【唐】僧。本琅邪王沖子。沖以起兵復唐室族誅。光儀方在襁褓。乳母負而匿之。後遇老僧薙度爲僧。會中宗卽位。求沖後。光儀始自陳。至京讓襲爵。誓願爲僧。因居法興寺。恆居寂定。或言將來事。頗有驗。

仝·大成 【明】金谿人。字希孔。父寢疾數月。大成衣不解帶。時曾祖母及祖母俱在堂。大成哭父輒欲絕。祖母泣謂曰。若再死。吾兩人無存日矣。大成乃強起節哀。後祖母患目盲。大成日夕以舌舐之。得復明。

仝·子樓 【晉】爲文自課。一文必三草。十年後悟其淺近。盡付於火。平生凡三焚其所集之文。

仝·元起 【隋】精於醫。名與巢楊相埒。治法一本內經。一時士大夫無不敬慕如神。有內經訓解。

仝·玉貴 【清】鎮遠人。咸豐間從烏蘭泰粵西。後隨和春援廬州。官至壽春鎮總兵。因傷卒。玉貴每戰輒衣白裲襠。驍勇冠羣。世稱白袍將。以比之唐薛仁貴云。

仝后 【宋】會稽人。理宗母慈憲夫人姪孫女。侍其父往返江湖。備嘗艱險。理宗以母故詔入宮。以配家嫡。成淳中册爲皇后。宋亡。從瀛國公入元。後爲尼正智寺而終。

仝·良絕 【明】沂州人。字心矩。萬曆中鄉薦第一。登進士第。累遷河南按察副使。兼管河道。時汴口水患數年。涖任三月。遂著治績。建平成店四十里。以壘旋里。值教匪之變。捐貲守城。沂人成德之。尊爲中恪先生。

仝·彥 【明】晉孫子。號遯翁。晉孫傳楊簡之學。以世其家。洪武中有詔徵彥。辭不就。而傳其學於黃潤玉。潤玉嘗曰。吾幸識理趣於穉年。皆吾師遯翁之教也。

仝·思誠 【明】上海人。字希賢。博雅弘粹。少負文名。洪武中以耆儒徵。官至文華殿大學士。以老致仕。

仝·柔 【三國吳】錢塘人。漢靈帝時舉孝廉。補尚書右丞。值董卓亂。棄官歸。孫策入吳。柔舉兵先附。表爲丹陽都尉。孫權爲車騎將軍。以柔爲長史。徙桂陽太守。

仝·師雄 【後蜀】成都人。廣政末官文州刺史。兩川既爲宋滅。宋帥王全斌不恤軍務。蜀人苦之。遂作亂。衆至十餘萬。推師雄爲帥。全斌戰敗。退保成都。師雄勢益張。太祖命丁德裕·曹彬等討之。師雄敗走金堂病死。

仝·晉孫 【元】謙孫弟。字本心。事詳謙孫條。

仝·祖望 【清】鄞人。字紹衣。一字謝山。雍正舉人。乾隆初舉鴻博。會成進士選庶吉士。不與鴻博試。散館以知縣用。遂不復出。爲人負氣迕俗。有風節。於學靡不貫串。而尤以網羅文獻表章忠義爲事。家居後。修黃宗羲宋元學案。校水經注。續選甬上耆舊詩。所撰有丙辰公車徵士小錄·漢書地理志稽疑·經史問答·句餘土音·結琦亭集。

仝·純 【明】無錫人。字原赤。事母盡孝。母卒。哭歲餘而瞽。巡撫周忱聞之。餉以粟布。固辭。曰使純能孝。

則目不盲矣。怴歎曰。如是純目當復明。已而果然。

全·耆 〔元〕鼎孫子。受學於從父謙孫。自署味道子。

全·景文 〔南齊〕吳郡人。字弘達。少有氣節。仕宋爲驃騎參軍。泰始初討薛索兒。以功除寧朔將軍。神武卽位。授南瑯邪太守。終光祿大夫。

全普庵撒里 〔元〕高昌人。字子仁。初爲中書省檢校。時太師汪家奴擅權用事。臺諫無敢言者。普庵撒里拜監察御史。首劾汪家奴十罪。被黜。後以功拜江西行省參政。分省於贛。陳友諒遣兵圍贛。力戰四月。兵少食盡。自剄死。諡敏哀。

全·琮 〔三國吳〕柔子。字子璜。柔嘗使琮將米數千斛入吳市易。琮悉以賑士夫之貧者。柔奇之。後仕吳爲奮威校尉。領東安太守。治富春。招集流亡。數月之間。得萬餘人。加綏南將軍。封錢塘侯。官終右大司馬左軍師。

全順 〔清〕蒙古正藍旗人。姓薩[illegible]圖拉氏。咸豐進士。勦捻於直魯豫等省。積功官至西安左翼副都統。後隨僧格林沁勦捻匪。於曹州中伏陣亡。諡忠壯。

全·鼎孫 〔元〕謙孫兄。字本然。事詳謙孫條。

全魁 〔清〕滿洲鑲白旗人。姓尼奇哩氏。乾隆進士。以侍講偕編修周煌冊封琉球國王。還京。進所纂琉球國志略。官至侍講學士。

全慶 〔清〕滿洲正白旗人。姓葉赫納喇氏。道光進士。累擢喀喇沙爾辦事大臣。於庫車·阿克蘇·烏什·葉爾羌·和闐·喀什噶爾·伊拉里克·喀喇沙爾諸地。墾田至數千萬畝。官至體仁閣大學士。卒諡文恪。

全·節 〔清〕廣寧人。明參將。天聰間隨孔有德降清。順治間從孔有德於桂林。李定國陷桂林。節間道乞援於尙可喜。復桂林。積戰功官至左江鎭總兵。卒贈太子少保。

全·緒 〔三國吳〕琮子。幼知名。累遷揚武將軍。孫亮卽位。遷鎭北將軍。東關之役。緒與丁奉建議破魏軍。封一子亭侯。

全·緩 〔陳〕錢塘人。字弘立。受易於博士褚仲都。得其精微。通老莊二氏。談玄者皆推之。太建中累遷南始興王府諮議參軍。卒官。

全·懌 〔三國吳〕琮次子。領兵救諸葛誕於壽春。出城先降。魏以爲平東將軍。封臨湘侯。

全·整 〔明〕鄞人。字修齋。少受業於族父鼎孫·晉孫。修明楊簡之學。不樂仕進。居剡源第五曲。顏其室曰三石草堂。永樂初徵修永樂大典。不就。有三石山房集。

全·謙孫 〔元〕鄞人。字眞志。與弟晉孫同學於陳塤之門。私淑楊簡。自謙孫父汝梅·兄鼎孫·季弟頤孫·及鼎孫子耆。三世置義田贍宗人。謂之義田六老。

全豁 〔唐〕高僧。泉州柯氏子。初遊長安。後居鄂州巖頭院。光啓間狂賊剽掠。賊責弗供饋。怒揮刃。略無懼色。僖宗賜諡清嚴。

全·彝 〔三國吳〕丹陽都尉。女爲吳主亮后。

共·敖 〔秦〕爲義帝柱國。將兵擊南郡。以功立爲臨江王。都江陵。

共鼓 〔上古〕黃帝臣。帝命共鼓·化狄。刳木爲舟。剡木爲楫。以濟不通。

刑·國璽 〔明〕長葛人。字韞斯。崇禎進士。授濰縣知縣。改石城。有循績。入爲戶部主事。時議開膠萊河。國璽力陳其便。擢登萊兵備僉事。經理河道。畿輔戒嚴。詔入衛。至龍崗遇清大兵。力戰墮馬死。

列·和 〔晉〕善吹笙。官協律郎。

列禦寇 〔戰國鄭〕劉向以爲與穆公同時。柳宗元則以爲與繻公同時。其學本於黃帝老子。有列子一書。蓋傳其學者所追記。唐封沖虛眞人。詔號其書爲沖虛眞經。

匡·才 〔元〕丞人。衡後。好讀孫吳書。仕金爲徐邳兵馬都巡使。金亡。率所部歸元。還守邳。屢破宋城邑。平叛亂。進沂邳東河元帥。會宋兵大入境。戰死。

匡·如桐 〔明〕膠州人。性至孝。重然諾。有柳莊詩集。

匡·昕 〔南齊〕廬陵人。有至性。隱金華山。服食不與俗人交。母亡經日。昕奔還號叫。母卽蘇。時稱孝感。

匡·俗 〔周〕字子孝。當武王時。生而神靈。比長學道。得神仙之術。隱於南障山。定王徵之不見。使使者訪之。則有廬存焉。邦人遂呼匡山。又曰廬山。（按尙友錄作匡裕。圖書集成氏族典承之。誤。）

匡·咸 〔漢〕衡子。明經。歷位九卿。

匡·國政 〔元〕才子。爲歸德府判官。母病。刲股以進。病愈。已復病。又剔胸和藥愈之。及卒。廬墓終喪。

匡·愚 〔明〕字希賢。善醫術。嘗隨鄭和三使外國。以醫名於時。

匡·福 〔明〕膠州人。元至正間累官河南行省參政。嘗與孛羅帖木兒擊劉福通於衛輝。見孛有異志。解甲去。尋歸太祖。爲騎尉。守東海。擊倭有功。授武德將軍。世守膠州。

匡·輔之 〔清〕安徽懷遠人。字伯佐。諸生。有汲修齋文鈔。

匡·衡 〔漢〕東海人。字稚圭。善說詩。諸儒爲之語曰。無說詩。匡鼎來。匡說詩。解人頤。累官至太子少傅。朝廷有政議。傅經以對。元帝時爲相。

封樂安侯。石顯用事。銜畏之不敢失其意。成帝時爲王曾所劾。尋以事免。

匡·翼之 〔明〕膠州人。成化進士。巡按貴州。千戶王壽豪強奸法。廉得其狀。案之。忤劉瑾。改四川副使。土蕃寇擾。翼之躬詣會營。諭以禍福。土蕃悉降。官終廣東按察使。

印宗 〔唐〕高僧。吳郡印氏子。母劉氏始娠。夢一沙門入舍。頓厭葷羶。及長出家從師。通經典。精涅槃經。咸亨間從蘄春東山弘忍大師諮受禪法。復於番禺遇慧能禪師。後還鄉里。有心要集。

印段 〔春秋鄭〕大夫。字子石。鄭伯享晉趙孟。子石賦蟋蟀。趙孟稱善。謂爲保家之士。

印·應飛 〔宋〕字德遠。初爲永嘉尉。歷官至戶部侍郎淮東總領。知鎭江府。元兵圍鄂。帥師往救。圍以解。景定中卒。

印·應雷 〔宋〕通州人。知溫州。州卒作亂。詔率處婺州兵討之。應雷辭。攜一僕赴任。用計設宴。賊來覘者斬之。餘黨悉散。人咸歎服。

印簡 〔元〕高僧。俗姓宋。世業儒。年十一祝髮。於佛書無所不通。後游雲中。住華嚴寺。年五十六示寂。荼毘之日。焰烟所至。皆成舍利。

印·寶 〔明〕六合人。字廷用。成化舉人。授重慶通判。陞知澧州。終黃州府同知。以幹練稱。

印·寶 〔元〕高僧。榆次人。俗姓康。戒行甚高。住汾州法興院。荼毘之日。烈焰中有金光。獲舍利數千粒。

危·子安 〔明〕光澤人。性古樸。有大度。豪鄰盜葬其祖壙。族衆忿激。子安爲解於衆曰。吉凶非人謀也。姑聽之。後盜葬之家。子孫衰絕。危族轉盛。

危·止 〔明〕江西人。字公定。讀書好謀略。明初獻策。隸常遇春麾下。征陳友諒。降熊天瑞。定廣州。皆用其謀。歷中書省右司郎中。卒於官。

危·仔昌 〔後梁〕全諷弟。乾符間江淮寇盜充斥。仔昌從兄聚丁衆。立壁壘。鄉里安集。遂破賊兵。據土地。朝廷因命以官。歷虔州防禦使·信州刺史。後歸吳越。子孫皆仕於其國。

危·亦林 〔元〕南豐人。字達齋。精於醫。全活甚衆。任本州醫學教授。有世醫得效方。

危·全諷 〔後梁〕南城人。乾符末與韓師德分據撫吉諸州。降鍾傳。以女妻傳子匡時。匡時敗。開平中全諷起兵。謀復鍾氏故地。爲楊隆演將所敗。江西遂入於吳。

危·行 〔明〕邵武人。字世隆。弘治進士。授樂安令。行清苦自厲。有訟者。必盡情剖析。徵輸羸餘。一介不取。擢監察御史。以勞卒。

危·和 〔宋〕稹弟。字祥仲。開禧初以進士爲上元主簿。立祠以祀程顥。眞德秀爲之記。知德興縣。有惠政。有蟾塘文集。

危·建侯 〔宋〕邵武人。字利用。元豐進士。知寧化縣。專務德教。民懷其仁。生子多以危名者。官至金紫光祿大夫。

危·昭德 〔宋〕邵武人。寶祐進士。歷官侍御史。擢工部侍郎。在經筵累以經義進講。規正甚多。有春山文集。

危·貞昉 〔明〕臨海人。字孟陽。邑諸生。洪武中父孝先坐法輸作。貞昉詣闕求代。太祖許之。貞昉卽解儒服易短衣。雜傭衆力作。以勞卒。

危·素 〔明〕金谿人。字太樸。一字雲林。少通五經。游吳澄·范梈門。元至正間以薦授經筵檢討。與修宋遼金三史。纂后妃等傳。事逸無據。素買餳餅饋宦寺。叩之得實。乃筆諸書。卒爲全史。累遷翰林學士承旨。明初爲翰林侍講學士。與宋濂同修元史。兼弘文館學士。備顧問。論說經史。他日帝御東閣側室。素行籬外。履聲橐橐然。帝曰誰。對曰老臣危素。帝曰。朕謂文天祥也。而乃爾。遂謫和州。守余闕廟。歲餘幽恨卒。有危學士集。

危·翁一 〔宋〕光澤人。家貧業樵。靖康中聞二帝北行。哭三日而死。

危·復之 〔元〕撫州人。字見心。宋末爲太學生。博覽羣書。好讀易。尤工於詩。至元中累徵不應。隱紫霞山中。及卒。私謚貞白先生。

危·德昭 〔五代吳越〕仔昌子。字明遠。錢鏐賜姓元。錢元瓘命掌文翰。被信任。官至丞相。厚重多謀。性嗜酒。雖沉醉無怠事。卒謚貞正。

危·德華 〔元〕光澤人。博覽經史。不慕榮達。善屬文。精於詩。同時危素等皆推重之。有北溪·觀海等集。

危·稹 〔宋〕臨川人。字逢吉。淳熙進士。以文章爲洪邁。楊萬里所賞。薦遷秘書郎。言事忤宰相。出知潮漳二郡。俱有名績。久之提舉崇禧觀。與鄉里耆艾七人。爲眞率會。有巽齋集。

危·龍光 〔清〕南昌人。字二爲。又字在闕。諸生。受業謝文洊。與黃熙等稱程山六君子。善事繼母。以呂氏鄉約法約其族人。有告以過者。辭雖厲勿忤。人曰今之子路也。

危·應宗 〔明〕光澤人。國變荒亂。親族中幼孤無依者。應宗輙收養之。曰。與其獨飽。無寧同饑。今幸我存。忍令若屬失所乎。人皆以爲難。

合剌普華 〔元〕岳璘帖木兒子。習畏兀書及經史。記誦精敏。累官廣東都轉運鹽使。丞相唆都督兵征占城交趾。屬護餉道。爲賊所害。謚忠愍。

合浦公主 〔唐〕太宗女。嫁房玄齡

子遺愛。與浮圖辯機亂。帝誅浮圖。永徽中與遺愛謀反。賜死。

合博·胡害 【漢】以越戶將從破秦入漢。定三秦。以都尉擊項籍。封蕢侯。諡齊。

吉·人 【明】長安人。字惟正。成化進士。授中書舍人。弘治初與劉概·湯鼐輩爲文會。四川饑。人薦鼐可爲巡按。坐朋黨削籍。

吉·士瞻 【梁】蓮勺人。字梁容。事武帝。以功歷巴東相。建平太守。後爲梁秦二州刺史。入爲太子衞率。遷南陽·武昌太守。在郡清約。家無餘積。

吉·中孚 【唐】鄱陽人。大曆間與盧綸等皆以能詩名。號大曆十才子。官至戶部侍郎。

吉·孔嘉 【明】洋縣人。幼時愬父冤於巡按御史。以孝聞。舉崇禎鄉試。累遷順德知府。清兵臨城。孔嘉悉力拒守。城破。與妻子俱死。

吉·本 【後漢】官太醫令。建安中與耿紀·韋晃等謀誅曹操。不克被殺。

吉·永祚 【明】輝縣人。爲鳳縣主簿。謝事將歸。會流賊至。知縣棄城遁。永祚倡義拒守。城陷。罵賊死。

吉·志通 【元】耆陽人。博學洽聞。居武當山。十年不火食。但餌黃精蒼朮。精神清澈。行步如飛。一日召弟子戒以珍重修道。言訖而逝。

吉·旼 【唐】官御尉卿。年八十八卒。名列九老會。

吉思哈 【清】滿洲鑲白旗人。姓烏蘇氏。天聰間先後征東海虎爾哈部·黑龍江·朝鮮·瓦爾喀。屢有功。官至吏部參政。

吉·茂 【三國魏】池陽人。字叔暢。好書。建安初隱處武功南山。精思數歲。州舉茂才。除臨汾令。居官清靜。吏民不忍欺。後拜議郎。景初中卒。

吉·挹 【晉】朗孫。字祖沖。孝武初苻堅陷梁益。桓豁表挹爲魏興太守。以拒堅功。拜員外散騎侍郎。堅將韋鍾攻魏興。屢挫其銳。其後賊衆繼至。城陷。不言不食而死。

吉·翂 【梁】蓮勺人。字彥霄。世居襄陽。天監初父爲原鄉令。爲吏所誣。當大辟。翂年十五。撾登聞鼓乞代父命。武帝疑其受教於人。敕廷尉脅誘取實。翂對終不屈撓。乃宥其父。丹陽尹王志欲舉充純孝。翂恥因父買名。拒之而止。後監萬年縣。攝官期月。風化大行。初翂以父陷罪成悸疾。後因疾發卒。

吉勒塔布 【清】滿洲正紅旗人。姓李佳氏。康熙間擢正紅旗蒙古副都統。率師擊耿精忠及鄭錦。以功遷兵部尙書。列議政大臣。噶爾丹屢侵喀爾喀。吉勒塔布大敗之於烏闌布通。官至正紅旗滿洲都統。

吉·惟善 【明】開州人。性恬淡。邃於性理之學。不事舉業。永樂中以經明行修舉。辭不就。署州學事。儀矩整肅。爲後學宗師。卒於家。

吉·祥 【宋】平陽人。工畫佛像星辰及人物。

吉·朗 【晉】蓮勺人。愍帝時爲御史丞。西朝不守。朗歎曰。吾智不能謀。勇不能死。何忍君臣相隨。北面事賊虜乎。乃自殺。

吉·溫 【唐】頊從子。性陰詭。天寶初爲新豐丞。李林甫引用之。與羅希奭椎鍛治獄。相勗以虐。號羅鉗吉網。擢戶部郎中。兼侍御史。坐受賕貶端溪尉。楊國忠遣人殺之。

吉·頊 【唐】河南人。性陰克。敢言事。以進士及第。武后朝擢右肅政中丞。進天官侍郎。同鳳閣鸞臺平章事。張易之兄弟以寵盛思自全。頊教以請召還廬陵王。相王以副人望。昌宗乘間言之。后意乃定。坐弟冒僞官貶琰川尉。尋徙始豐尉卒。中宗之立。頊實倡之。睿宗初贈御史大夫。

吉·夢熊 【清】丹陽人。字毅揚。號渭厓。乾隆進士。官至通政使。總閱四庫書。區門類。讐譌缺。罔勿精審。有研經堂集。

吉爾杭阿 【清】滿洲鑲黃旗人。姓奇特拉氏。字雨山。咸豐間官江蘇巡撫。平劉麗川於上海。移師攻鎭江。克寶蓋山。進救高資。中礮死。諡勇烈。

吉慶 【清】滿洲正白旗人。姓覺羅氏。乾隆間考授中書。嘉慶間官至兩廣總督。在任十年。几榻蕭然。渾如儒素。博羅會匪滋亂。吉慶率師平之。巡撫瑚圖禮素銜吉慶。密劾吉慶疲輭失機。解任質審。自戕死。

吉·翰 【南朝宋】池陽人。字休文。參武帝中軍事。清謹勤正。爲帝所知賞。元嘉中歷任梁·南秦·二州刺史。徙益州刺史加督。在任著美績。遷徐州刺史。監豫州梁郡諸軍事。卒官。

吉藏 【唐】高僧。其先爲波斯人。避仇居金陵。俗姓安氏。父出家稱道諒。吉藏從學於三論宗之法朗。法朗沒。避陳亂。居嘉祥寺。注中論·百論·十二門論·維摩經等。世號嘉祥大師。隋文帝·煬帝爲之建慧日道場於揚州。清禪·日嚴等寺於長安。武德中沒。臨終作死不怖論。年七十五歲。三論宗至吉藏而大成。

吉蘭泰 【清】蒙古鑲藍旗人。姓伊拉里氏。乾隆間由馬甲累擢寧夏鎭總兵。平鹽茶廳回。嘉慶間赴西安擊教匪。積功至甘肅提督。

吉囊 【明】韃靼酋長。爲小王子從父。嘉靖間據河套。西破亦不剌·卜兒孩兩部。旋掠宣府·大同·涼州·莊浪等處。其子小十王戰死。因遣使求款。詔卻之。遂與俺答分道內犯。入掠平定・壽陽・及朔州。累敗明軍。尋卒。

同・恕 元 繼先子。年十三。以書經魁鄉校。弟子來學者千數。仁宗初卽家拜國子司業。不赴。延祐中以右贊善召見。拜集賢學士。以老疾辭。家聚書數萬卷。鄉里稱爲先生而不姓。卒諡文貞。有榘庵集。

同・寅 明 安邑人。字景明。年十二失明。習卜筮術。言禍福多奇中。英宗北狩。遣使問期。筮言悉驗。

同揆 淸 大理府文殊寺僧。字輪菴。有洱海叢談。

同蹄・智壽 唐 同官人。父爲族人所害。智壽與弟智爽狙擊之。相率歸有司。爭爲首。三年不決。或言弟始謀。乃論死。臨刑日。讎已報。死不恨。智壽自投地委頓。身無完膚。舐智爽血盡乃已。見者傷之。

同・繼先 元 奉元人。博學能文。廉希憲宣撫陝右。辟掌庫鑰。家世業儒。同居二百口無閒言。

同・蠡 明 交阯人。正統間知邵武縣。有循良之稱。

名・初 唐 晉人。撰有公侯政術。

名・義 明 祥符人。永樂間征迤北有功。官都指揮使。

后・能 明 岷州人。宣德初鎭守岷州二十餘年。號令嚴明。番夷畏服。

后・處 春秋 魯 字子里。孔子弟子。

后・蒼 漢 郯人。字近君。事夏侯始昌。通詩禮。宣帝時爲博士。官至少府。詩授翼奉・蕭望之・匡衡。衡授琅邪師丹・伏理斿君。由是齊詩有翼匡師伏之學。又從東海孟卿受禮。說禮數萬言。號曰后蒼曲臺記。授梁戴德・戴聖・慶普。由是禮有大戴小戴慶氏之學。

后稷 周 始祖。母姜嫄踐巨人之跡而有娠。生子以爲不祥。初欲棄之。因名棄。堯時爲農師。舜時爲后稷。因亦稱棄爲后稷。十五傳而至武王。遂有天下。

吐延 晉 鮮卑吐谷渾子。雄姿魁傑。羌虜憚之。號曰項羽。性酷忍不能恤下。爲羌酋姜聰所害。

吐谷渾 晉 遼西鮮卑徒河涉歸之子。涉歸死。少子廆代統部落。吐谷渾與廆不協。遂西度隴。止於甘松之南・洮水之西。南極白蘭山數千里之地。其後遂以吐谷渾爲國氏焉。

吐突・承璀 唐 閩人。字仁貞。以黃門直東宮。累官左神策中尉。惠昭太子卒。承璀請立澧王不從。踰年憲宗崩。穆宗銜前議殺之。

吐迷度 唐 回紇酋長。與諸部攻薛延陀。幷有其地。自號可汗。署官吏一似突厥。貞觀間遣使入貢。太宗幸靈武。受其降款。爲置六府七州。授懷化大將軍兼瀚海都督。後爲其姪烏紇所殺。

吐萬・緒 隋 代郡鮮卑人。字長緒。在周襲爵元壽縣公。文帝平陳。拜夏州總管。漢王諒舉兵。詔緒從楊素擊破之。大業初轉光祿卿。賀若弼遇讒。緒明其無罪免官。劉元進作亂。攻潤州。帝徵討。破之。尋忤帝意。徵詣行在所。發疾卒。

向・士虎 宋 子諲孫。字伯虎。七歲時。聞祖誦陶靖節南山詩。竦聽若有所得。子諲大異之。授茂名尉。不忍去親側。遂不仕。適意賦詩。每有物外之趣。

向・士璧 宋 常州人。字君玉。紹定進士。累官大理卿直龍圖閣。合州告急。制置使馬光祖命士璧赴援。數立奇功。後爲湖南安撫使兼知潭州。元兵圍城。力戰退之。進兵部侍郎兼轉運使。賈似道疾其功。誣殺之。

向・子忞 宋 子韶弟。字宣卿。紹興中用薦召對。除直秘閣。嘗知衡州。鋤豪達隱。後以誣罷奉祠。衆聚提刑司擊鼓留之。晚居伊山。名所居曰有裕堂。吟咏以自適。

向・子韶 宋 敏中玄孫。字和卿。淸約如寒士。強學自厲。登元符進士。建炎初知淮寧府。金人犯境。子韶親率諸弟守城。城陷。不屈死。諡忠毅。

向・子諲 宋 臨江人。敏中玄孫。字伯恭。仕至戶部侍郎。罷知平江府。金使議和將入境。子諲不肯拜金詔。忤秦檜意。乃致仕。退閒十五年。號所居曰薌林。有薌林家規・薌林集。

向・化 明 靜海衞人。父上爲衞指揮。坐罪。憤而投海死。化求屍不得。亦投海。已與父屍並浮出。衆收葬之。

向・文敏 明 沅州人。字懋學。宣德初任湖口訓導。淸修自好。士類賴其造就。卒於官。與陳實・林純合祀。號三先生。

向・文煥 淸 黔陽人。字亦庵。積學淹貫。性崖異不諧俗。明亡。絕意仕進。肆力於詩歌古文。有孤雲亭集。

向・充 蜀漢 寵弟。歷射聲校尉尚書梓潼太守。諸葛亮初亡。所在各求爲立廟。朝議不聽。百姓多私祭之於道陌。充與步兵尉習隆共上表。言宜近其墓立廟沔陽。斷其私祀。從之。

向・戌 春秋 宋 大夫。有賢名。華元自晉歸。使向戌爲左師。以靖國人。晉楚爭霸。戌欲以弭兵爲名。徧告於諸侯。諸侯皆許之。

向・朴 明 壽子。字遵博。洪武末以人材召見。授獻縣知縣。靖難師起。縣無城郭。朴集民兵與燕將譚淵戰。被執。懷印死。福王時諡莊惠。

向・伯奮 宋 樂平人。字元伯。靖康時監在京市易務。尋聞有僞詔。棄官去。高宗召知建州。帥襄陽。皆有功。孝宗時拜戶部侍郎。尋得祠。劉樾・王宣竊發廣西。起知靜江。至則皆約日出降。有時論奏稿及詩集。

向沈 〔宋〕子韶子。字深之。子韶死難。其家幾無噍類。沈以逆婦於胡安國家得免。遂從安國講春秋。沈痛心家國。澹於祿仕。言者以子韶忠節。當錄用其後。尚書下符促召。竟不往。前後五監南嶽廟。以右通直郎致仕。

向秀 〔晉〕懷人。字子期。清悟有遠識。少爲同郡山濤所知。雅好老莊之學。註莊子。妙行奇致。大暢玄風。唯秋水至樂二篇。未竟而卒。或云郭象之註莊子。大半竊自秀也。秀素與嵇康·呂安善。康被誅。乃作思舊賦以哀之。後爲黃門侍郎散騎常侍。在朝不任職。容迹而已。卒於位。

向侃 〔明〕巢縣人。字希顏。永樂舉人。宣德中任靖寧州判官。潔己愛民。不避艱苦。尋陞監察御史。出爲知府。砥礪名節。清約如寒士。性尤孝友。兄弟五人。白首同居。

向宗回 〔宋〕傳範子。字子發。嘗知蔡州。擒劇賊。殲其黨類。歲飢發廩與役。飢者得濟。而官舍帑廩一新。徽宗朝拜檢校司空。封郡王。崇寧初有告其陰事者。削官竄流郴州。行二日。聽家居省咎。後起奉朝請。卒諡榮縱。

向宗良 〔宋〕傳範次子。字景弼。歷寧海軍節度使。封永嘉郡王。欽聖后臨朝。時陳瓘論其與蔡京相結。及預政事。亦能恪共自守。宣和中卒。

向長 〔後漢〕朝歌人。字子平。隱居不仕。性尚中和。通老易。貧無資給。好事者饋之。取足而反其餘。嘗讀易至損益卦。喟然嘆曰。吾已知富不如貧。貴不如賤。但未知死何如生耳。建武中男女嫁娶既畢。遂肆意與北海禽慶俱遊五嶽名山。不知所終。

向拱 〔宋〕河內人。字星民。少倜儻負氣。客周祖門下。在周屢立勳績。仕至檢校太尉河南尹西京留守。宋初加兼侍中。尹河南凡十餘年。以縱情酒色。政務廢弛。移鎮安州。後封秦國公。雍熙中卒。

向柳 〔南朝宋〕靖少子。字玄季。有學義才能。歷始興王濬征北中兵參軍始興內史南康相。臧質反。召柳至尋陽。與之俱下。質敗。下獄死。

向貞 〔宋〕麻陽人。熙寧間爲峽州軍衙頭指揮使。會蠻叛。身先士卒。前驅力戰。被執不屈。遂遇害。

向條 〔晉〕朗子。字文豹。博學多識。歷官江陽太守。南中軍司馬·御史中丞。

向栩 〔後漢〕長後。字甫興。性卓詭不倫。恆讀老子。狀如學道。又似狂生。徵拜趙相。遷侍中。每朝廷大事。侃然正色。百官憚之。會張角作亂。栩上言不必興兵。但遣將於河上北向讀孝經。賊自滅。中常侍張讓讒殺之。

向浯 〔宋〕子諲仲子。字伯源。從胡安國講學。靜重端確。緯有父風。官邵陽通判未久。掛冠歸。

向敏中 〔宋〕開封人。字常之。太平興國進士。知廣州。召爲工部郎中。以廉直超擢右諫議大夫·同知樞密院事。眞宗朝拜右僕射。門闌寂然。宴飲不備。帝聞之歎曰。敏中大耐官職。以衰疾屢辭不許。卒諡文簡。敏中性端厚。豈弟多智。諳曉民政。善於采拔。居大任三十年。人以重德目之。

向朗 〔蜀漢〕宜城人。字巨達。少師事司馬德操。先主以爲巴西太守。後主時領長史。建興間免官。朗少以吏能見稱。及去職。潛心典籍。不干時事。執政以下皆敬重焉。

向淇 〔明〕沅陵人。字子瞻。嘉靖進士。累官南京戶部郎。聚四方同志。講學於甘泉書院。後歷雲南兵備副使。號令嚴明。諸蠻懾服。

向欽 〔明〕慈谿人。字德恭。自幼嗜學。爲諸生。操履端潔。言不及利。家貧。授徒以養父母。從學者日衆。以貢授宜春訓導。遷新淦教諭。父卒終喪。遂致仕。

向雄 〔晉〕山陽人。字茂伯。初仕郡主簿。以小譴繫獄。司隸鍾會自獄中辟爲都官從事。及會見誅。無人殯殮。雄迎喪葬之。太康初爲河南尹。賜爵關內侯。齊王攸將歸藩。雄固諫忤旨。起而徑出。遂以憤卒。

向傳範 〔宋〕敏中子。字仲模。以父任爲衛尉丞。歷知相恩邢陝鄆諸州。所至有能稱。官終密州觀察使。卒諡惠節。嘗以貲千餘萬。葬族人六十四喪。鄉里高其義。

向經 〔宋〕傳範從姪。字審禮。欽聖后父。以濰州防禦使知陳州。遇事皆自省決。歲中閱囚。活重辟三人。西華令掠人至死。誣以疾。吏莫敢言。經得其情。窮治如法。歲大雪。輒弛公私僦錢以寬民。卒諡康懿。

向靖 〔南朝宋〕山陽人。字奉仁。小字彌。名與武帝祖同。故改稱小字。與武帝少有舊。從參軍事。屢立戰功。進號冠軍將軍。北青州刺史。武帝受禪。以佐命功封曲江縣侯。徙太子左衞率。加散騎常侍。靖立身儉約。不營室宇。無田園商賈之業。時人稱之。

向壽 〔元〕慈谿人。敏中後裔。字樂中。學者稱爲樂齋先生。生而謹愨。稍長。精思力學。從趙偕受業。自以家世宋臣。恥事元。遂絕意仕進。有從政章十一篇。

向榮 〔清〕四川大寧人。字欣然。以軍功累官提督。能用兵。洪楊亂初起時。爲欽差大臣。稍有功。然卒不能平亂。沒於軍。諡忠武。

向綜 〔宋〕經弟。字君章。知歙縣。歷隨鼎漳汾密棣沂七州。性寬裕。善治劇。於姦惡不少恕。官至中散大夫。

向·遜 元宜都人。自宋末及元。九世同爨。人無間言。稱爲義門。

向·德星 清歙浦人。字雲路。有易義便覽。

向·錦 明慈谿人。字中美。弘治進士。除東流令。擢鳳陽同知。値歲大祲。賑濟有方。民食其德。知廉州府。安南國亂。居民百餘。越屯廉界中。欽州以獲寇申。御史方偉其功。奐皆論死。錦審得實。力爭於御史。止罪首惡。餘悉遣還。御史銜之。竟免歸。錦博學強記。爲詩近盛唐。有寓廉集。

向·璿 清浙江山陰人。字荊山。號惕齋。初從王行九講良知之學。集里中人爲輔仁會。後得高攀龍年譜讀之。遂以程朱爲宗。嘗言事事反躬。刻刻畏天。一刻不畏天。便是罪過。一事不反躬。便涉怨尤。家貧。或終日不舉火。而手不釋書。雍正中卒。有志學錄。四書記疑。

向·魋 春秋宋大夫。一名桓魋。孔子去曹適宋。與弟子習禮大樹下。魋欲殺孔子。拔其樹。孔子去。魋有寵於景公。後得罪。公討之。魋入於曹以叛。民叛之。奔衞。

向·寵 蜀漢朗兄子。先主時爲牙門將。秭歸之敗。寵營獨全。後主立。封都亭侯。後爲中部督。典宿衞兵。時諸葛亮當北行。表稱寵性行淑均。曉暢軍事。還中領軍。延熙間征漢嘉蠻寇。遇害。

向·寶 宋鎭戎軍人。善騎射。嘗至太原。梁適使試射。四發三中。適曰。今之飛將也。神宗稱其勇。以比薛仁貴。仕至嘉州團練使。⊙明進賢人。字克忠。洪武進士。洪熙中官至右都御史。兼詹事。宣德中致仕。寶有文學。寬厚愛民。持身廉直。平居言不及利。卒之日。家具蕭然。

向·騰蛟 清慈谿人。字文赤。順治武進士。官副將。善畫水墨葡萄。士大夫家多珍之。

回回 元康里氏。不忽木子。字子淵。累官中書右丞。明宗崩。流涕不能食。自是杜門不出者數年。以疾卒。與弟巙巙皆爲時名臣。世號雙璧。

回紇·承宗 唐爲瀚海大都督。後流瀼州。

因·綱 明禮子。字叔大。精楷書。工古文辭。成化舉人。授滄州知州。正大廉慈。素衣如貧士。民稱布圓領因爺。民猾法。矜而諭之。不悛始加以刑。既卒。上下贈賻得歸櫬。附載紡車一具。觀者莫不流涕。

因·禮 明曲沃人。字恭遜。景泰舉人。歷清澗·禹城教諭。與御史白行中相善。行中憐其才。欲代囑當道。禮曰。如之何愛我而玷我哉。卒不許。

夙沙氏 上古炎帝時諸侯。煮海爲鹽。不用帝命。其臣箕文諫而被殺。帝益修厥德。夙沙之民。遂攻其君而來歸。

夙沙·衞 春秋齊奄人。襄公命伐萊。取路而還。

夙沙·釐 春秋仕於鼓。晉中行伯既克鼓。以其孥行。軍吏執之。穆子召之曰。鼓有君矣。爾止事君。吾定爾祿爵。對曰。臣委質於狄之鼓。未委質於晉之鼓也。

夙·道遲 明松溪人。字志彰。素以行義爲鄉人所推服。景泰初強賊攻縣治。道遲奉檄親詣賊巢撫諭。生擒賊首。天順末流賊聚劫縣境。道遲復奉檄招募民快。斬獲賊首張記得等。境內以安。以功授知縣。督捕盜事。

多·卯 漢軍子。嗣封。延和間坐與趙文王將兵追反虜到弘農。擅棄兵還。贖罪免。

多·岳 後蜀天彭人。後主遣使徵之不就。潛寓鐵峯。教授生徒。門下多知名士。

多·軍 漢武帝時以東粵將軍降於漢。封無錫侯。

多隆武 清滿洲鑲白旗人。姓庫雅勒呢瑪奇氏。乾隆間以侍衞隨征廓爾喀及苗疆有功。嘉慶間累擢四川提督。隨勦四川教匪。協勦山東曹州教匪。平黑河夷。擊敗瞻對酋。戰績甚著。官至黑龍江副都統。

多隆阿 清蒙古正白旗人。字禮堂。咸豐初屬僧格林沁。後從都興阿援湖北。克武漢。破小池口。復九江。李續賓敗於三河。遂專領皖事。宿松太湖之戰。功尤著。累官將軍。封一等男。同治間征回。肅清關輔。藍大順陷盩厔。馳軍圍之。礮傷目。卒於軍。贈太子太保。謚忠武。

多貴 清滿洲鑲黃旗人。姓金佳氏。嘉慶間從勦川陝楚教匪。屢破其衆。官至伊犁領隊大臣。

多爾袞 清太祖十四子。多智謀。勇略絕人。收察哈爾全部。以功封和碩睿親王。世祖初立年幼。與濟爾哈朗同輔政。破李自成。定京師。迎世祖入關。攝行政事。封攝政王。卒於喀喇城。尋追削王爵。乾隆間復封號。謚忠。

多爾濟達爾罕 清姓博爾濟錦氏。隸鑲黃旗蒙古。崇德間從攻明。順治間官內大臣。列議政大臣。卒謚順僖。

多頗羅 清滿洲鑲黃旗人。姓瓜爾佳氏。順治間從入關。破流賊。累官蒙古副都統。隨征滇黔。沒於陣。

多積禮 清滿洲正紅旗人。姓棟鄂氏。天聰·崇德間從圍大凌河。征瓦爾喀及烏扎喇部。敗洪承疇。所至有功。官至本旗副都統。

多鐸 清太祖十五子。封和碩豫親王。從太宗征朝鮮。累戰有功。遂降朝鮮。世祖入關。平陝西。定江南。平蘇尼特。封輔政王。

夷之 【戰國】治墨家之學。因孟子弟子徐辟求見孟子。因有悟於墨學之非道。

夷牟 【上古】黃帝時人。帝命揮作弓。夷牟作矢。以威天下。

夷堅 【上古】之博物者。宋洪邁志怪鬼事。因取夷堅之名以名其書。

夷逸 【周】逸民。隱居不仕。輕世肆志。或勸之。答曰。吾譬則牛也。寧服軛以耕於野。豈忍被繡入廟而爲犧。

夷詭諸 【周】大夫。夷其采地也。初晉武公伐夷。執夷詭諸。蔿國請而免之。既而弗報。及子國作亂。謂晉人曰。與我伐夷而取其地。遂殺夷詭諸。

夸父 【上古】不自量力。欲追日影。逐之於暘谷之際。渴死。棄其杖。膏肉所浸。化爲鄧林。

如山 【清】滿洲鑲藍旗人。姓赫舍里氏。字冠九。道光進士。官至直隸按察使。潛心內典。工小品文字。皆禪門機鋒語爲多。書入北朝堂奧。指頭畫嶔崎有致。有寫秋軒詩存。

如耳 【戰國】【魏】哀王時伐衛。拔列城二。衛君患之。如耳見衛君曰。請罷魏兵免成陵君可乎。衛君曰。先生果能。孤請世世以衛事先生。如耳說成陵君曰。衛將西事秦。與其以秦醳衛。不如以魏醳衛。成陵君諾之。又見魏王曰。衛之心以爲攻衛醳衛。不以王爲主。故寶器雖出。必不入於王。臣竊料之。先言醳衛者。必受衛者也。魏王聽其說。罷兵。免成陵君。按如耳。戰國策注作韓臣。史記正義作魏大夫。列女傳同。今從之。)

如姬 【戰國】【魏】安釐王之姬。秦圍趙邯鄲。魏王使晉鄙救之。畏秦不敢戰。信陵君以侯生謀請如姬。如姬德信陵君爲其父報仇。許之。盜兵符以出。信陵君遂奪晉鄙軍以却秦。

如海 【唐】僧。周氏子。曾爲成都主簿。後爲僧。晚居長沙。即其處而成室宇。遂爲寶應禪寺。去至湘西。人又從之。爲龍安寺。柳宗元有碑。

如乾 【清】僧。四川人。字憨休。嘗主陝西與善燉煌等寺。有敲空遺響。

如敏 【後唐】僧。住韶州靈樹院。爲人寬綽純篤。時南漢劉氏偏霸番禺。每迎如敏決疑難。所占皆有驗。號爲知聖大師。

如淳 【三國】【魏】馮翊人。爲陳郡丞。注漢書。

如湛 【宋】僧。永嘉焦氏子。紹興間示寂。有淨業記·護國記。

如愚 【明】僧。江夏人。字蘊璞。居金陵碧峯寺。從詩僧洪恩學。周汝登。曹學佺等皆與之游。有空華·飲河·止啼·石頭菴·寶善堂等集。

如會 【唐】僧。韶州人。大曆間止國一禪師門下。後歸大寂法集。衆僧請問。室不能容。牀爲之折。時號折牀會。後居長沙東寺。相國崔羣與爲師友。長慶間示寂。敕諡傳明大師。

如曉 【明】僧。蕭山人。字萍蹤。幼不知書。年二十餘。以罪逃臨安山中。獨棲古廟十餘年。深山月朗。見竹影在地。豁然有省。折桂畫爐灰。遂善書。崇禎間結茅烏石峯側。名曰巖艇。

如璧 【宋】僧。臨川饒氏子。名節。博學能文。尤長於詩。後爲僧。有倚松老人集。參看饒節條。

如蘭 【明】僧。富陽人。善相術。于謙少時博戲市中。如蘭見之曰。少年何不自愛。異時救世才也。時有道人在傍曰。相如斯已乎。如蘭更熟視曰。惜不令終。道人曰。和尚可教矣。問其姓名。不答而去。

宇文士及 【唐】述三子。字仁人。尚隋煬帝女。從幸江都。兄化及謀弒逆。以主壻忌之。弗告。已弒帝。乃封蜀王。高祖召之。從討王世充等有功。進爵郢國公。武德中拜中書令。涼州都督。改蒲州刺史。政尙寬簡。人皆宜之。終殿中監。士及好周卹親故。然奉養務極豐侈。卒諡縱。

宇文之邵 【宋】綿竹人。字公南。舉進士。爲曲水令。神宗時上疏論時政。不報。遂致仕。以太子中允歸。時年未四十。自強於學。不易其志。日與友朋爲經史琴酒之樂。學者稱止止先生。司馬光·范鎭·極推重之。

宇文什肥 【北周】顥子。早孤。事母以孝聞。永安中宇文泰入關。什肥不能離母。遂留晉陽。爲齊神武所害。保定間追諡景。

宇文公諒 【元】吳興人。字子貞。通經史百氏言。弱冠有操行。登至順進士第。爲國子助教。日與諸生辨析諸經。官至嶺南廉訪使僉事。平居雖暗室必正衣冠端坐。晝有所爲。暮則書之。其不可書者。即不敢爲。門人私諡純節先生。有折桂·觀光諸集。

宇文化及 【隋】述長子。性兇險。不循法度。長安謂之輕薄公子。煬帝時爲許公。從駕江都。追北方亂。化及弒煬帝。立秦王浩。自爲大丞相。擁衆而西。與李密戰不利。弒浩。自稱許帝。後與竇建德戰。兵敗被殺。

宇文光 【宋】黎城人。字仲明。博極羣書。尤好春秋左傳。曰。不讀此。不足以斷大事。崇寧初詔天下以三舍取士。光以文學取重。靖康中金兵南下。被執。不屈死。

宇文百之 【宋】新井人。性孝友。數世不異居。庭前六燕同巢。紫荊異本合幹。人以爲孝友之應。

宇文孝伯　【北周】深子。字胡三。性沈正謇諤。好直言。宣帝卽位。授小冢宰。帝忌齊王憲。欲除之。孝伯叩頭力諫。帝不懌。漸疎之。尋賜死。

宇文延　【後魏】福子。字慶壽。位員外散騎侍郎。以父老。詔聽隨侍瀛州。屬大乘妖黨突入州城。延率奴客戰。身被重創。賊縱火燒齋閣。福時在內。延突入抱福出外。肢體灼爛。鬚髮盡燼。勒衆與賊苦戰。賊乃散走。以此見稱。累遷直寢。後與万俟醜奴戰死。

宇文忻　【隋】貴子。字仲樂。嘗追尉遲迥於鄴。不利。士庶觀者數萬人。忻射走觀者。轉相騰藉。聲如雷霆。乃傳呼曰。賊敗矣。衆復振。齊力擊之。遇迥大敗。進封英國公。文帝受禪。遇之甚厚。後以怨望謀起兵。事洩被殺。

宇文虬　【北周】武川人。字樂仁。少從征討。累以功封南安侯。擒竇泰。復弘農。及沙苑・河橋之戰。皆有功。又從獨孤信討梁企定破之。累遷驃騎大將軍・開府儀同三司。虬每經行陣。必身先士卒。故上下同心。戰無不克。後除全州刺史・大將軍卒。

宇文忠之　【後魏】洛陽人。涉獵文史。頗善筆札。天平初除中書侍郎。裴伯茂與之同省。常侮忽之。以忠色黑。呼爲黑宇。武定初爲安南將軍・尚書右丞。修國史。以事除名。

宇文招　【北周】泰七子。字豆盧突。好屬文。學庾信體。詞多輕豔。封趙王。積功拜太師。隋文帝輔政。加招殊禮。文帝將遷周鼎。招密圖匡社稷。事覺。被殺。諡僭。有文集。

宇文昌齡　【宋】雙流人。字伯修。第進士甲科。累遷太常少卿。詔議郊祀合祭。論者不一。昌齡曰。祭地於圜丘。以氣則非所合。以類則非所應。後竟用其議。徽宗立。徙戶部侍郎。知開封府。

宇文直　【北周】泰六子。字豆羅突。性浮詭。貪狠無賴。保定初位柱國。轉大司徒。封衛王。嘗從帝校獵而亂行。帝怒。對衆撻之。自是憤怨滋甚。及帝幸雲陽宮。直在京師。舉兵謀反。被誅。諡剌。

宇文洛生　【北周】泰兄。少任俠。尚武藝。及壯。有大度。好施愛士。葛榮破鮮于修禮。乃以洛生爲漁陽王。仍領父肱餘衆。洛生善將士。帳下多驍勇。爾朱榮心憚之。尋爲榮所害。保定初追封莒國公。諡莊。

宇文胄　【北周】什肥子。什肥見害。以年幼下蠶室。天和中與齊通好。胄始歸關中。爲滎州刺史。大象末舉州兵應尉遲迥。與楊素戰敗。追獲斬之。

宇文述　【隋】武川人。字伯通。本姓破野頭。役屬鮮卑。後從其主爲宇文氏。仕周。積功拜上柱國。開皇初以平陳功拜安州總管。煬帝嗣位。封許國公。與蘇威常典選舉。參預朝政。性貪鄙。知人有珍異之物。必求取之。征高麗。述爲扶餘道軍將。軍潰不可禁止。九軍敗績。斥爲民。旋復官爵。卒諡恭。

宇文弼　【隋】洛陽人。字公輔。慷慨有大節。博學多通。仕周爲內史都上士。建德中大舉伐齊。弼苦戰不息。以功封平昌縣公。開皇初爲尚書左丞。當官正色。爲百寮所憚。歷朔代吳三州總管。皆有能名。煬帝卽位。拜禮部尚書。弼旣以才能著稱。歷職顯要。聲望甚重。帝忌之。竟坐誅死。天下冤之。有尚書・孝經注及辭賦二十餘萬言。

宇文泰　【後魏】武川人。小名黑獺。仕於後魏。爲關西大都督。孝武帝謀伐高歡。歡擁兵至洛陽。帝西走依泰。爲西魏。泰酖殺之。立文帝。自爲太師。總攬諸政。其子覺篡西魏爲北周。追尊爲太祖文皇帝。

宇文神舉　【北周】泰族子。建德中授幷州刺史。勵精爲治。遠邇悅服。以功封東平郡公。轉司武上大夫。幽州人盧昌期反。詔神舉率兵擒之。齊黃門侍郎盧思道亦在反中。賊平。將伏法。神舉素欽其才名。乃釋而禮之。卽令草露布。其待士禮賢如此。宣帝卽位。忌神舉名望。鴆殺之。

宇文常　【宋】昌齡子。字樞可。政和末知黎州。有上書乞於太渡河外置城邑以便互市者。詔以訪常。常言太祖自畫大渡河爲境。歷百五十年。無西南夷患。今若於河外建城立邑。邊隙寖開。非中國之福也。尋提舉成都路茶馬。盡革宿弊。馬遂溢額。累進祕閣修撰・中大夫。

宇文康　【北周】孝閔帝子。字乾定。封紀王。總管利始等五州大小劍二防諸軍事。驕矜無度。繕修戎器。陰有異謀。事覺賜死。諡厲。

宇文深　【北周】測弟。字奴干。數歲便以草石作軍陣之勢。父永遇大喜。謂後日必爲名將。孝武西遷。事起倉卒。人多逃散。深以都督領宿衛兵。撫循所部。並得入關。賜爵長樂縣伯。大統中進爵爲侯。歷東雍州刺史。吏民懷之。官至司會中大夫。

宇文紹奕　【宋】廣都人。字卷臣。一作袞臣。博雅好古。以承議郎通判劍州。民間乏食。親行山谷。隨時措置。皆有條理。守臨邛・廣漢。有能名。以謗黜。有原隸・臨邛志。

宇文紹節　【宋】廣都人。字挺臣。登進士第。累遷寶謨閣待制。出知廬州。至郡。修城造砦爲固圉計。時韓侂胄方以書讓紹節。議用兵。召爲兵部侍郎。後吳曦據蜀。紹節謂安丙素懷忠義。授以密旨。必能討賊成功。

卒用其言誅暾。累官端明殿學士。卒諡忠惠。

宇文·逌 北周泰十三子。字尔固突。少好經史。解屬文。武成初封滕國公。建德中征稽胡。逌破其渠帥穆友等。還除河陽總管。後爲隋文帝所害。諡聞。

宇文·智及 隋化及弟。幼頑凶。好與人羣鬭。初以父功賜爵濮陽郡公。烝淫醜穢。無所不爲。江都弒逆之事。智及之謀也。竇建德破聊城。斬之。

宇文·測 北周泰族子。字澄鏡。性沉密。仕魏位司徒右長史。從孝武西遷。封廣川公。歷位侍中開府儀同三司。行汾州事。政尚簡惠。頗得人和。轉行綏州事。突厥入掠。測敗走之。卒諡靖。

宇文·盛 北周代人。字保興。志力驍勇。初爲宇文泰帳內。從破侯莫陳悅。授威烈將軍。封忠城郡公。宣帝卽位。拜上柱國卒。◎北周泰十子。字立久突。天和中封越國王。平幷州及鄴有功。拜相州總管。大象初還太保。爲隋文帝所害。諡野。

宇文·虛中 宋華陽人。字叔通。大觀進士。官中書舍人。宋謀引女直夾攻契丹。虛中諫不聽。南渡後使金被留。累官翰林學士知制誥。金人號爲國師。被誣謀反。全家焚死。宋人以其不忘故國。贈諡肅愍。

宇文·貴 北周其先昌黎大棘人。徙居夏州。字永貴。少受學。輟書歎曰，男兒當提劍汗馬以取公侯。何能爲博士。仕魏爲大將軍。屢著戰功。孝閔帝踐阼。進位柱國。封許國公。歷官太保。卒諡穆。貴好施愛士。時人頗稱之。◎北周憲子。字乾福。少聰敏。便騎射。始讀孝經。便謂人曰。讀此一經。足爲立身之本。封安定郡公。建德中册拜齊國世子。出爲豳州刺史。遇事明察。衆憚服之。

宇文·愷 隋忻弟。字安樂。博覽書記。多技藝。文帝時領營新都副監。決渭水達河。以通運漕。煬帝時累拜工部尚書。終金紫光祿大夫。卒諡康。撰東都圖記·明堂圖議·釋疑。

宇文·達 北周泰十一子。字度斤突。武成初封代國公。建德初爲荊州刺史。在州有政績。進爵爲王。後爲隋文帝所害。諡奰。

宇文·福 後魏洛陽人。少驍果有膂力。太和初拜羽林郎將。以擊蠕蠕功授顯武將軍。破蠕蠕別部。除都牧給事。歷瀛州刺史。性忠清。在公嚴毅。以信御人。甚得聲譽。卒諡貞惠。

宇文·審 唐融子。擢進士第。累遷大理評事。以夏楚大小無制。始創杖架。以高庳度杖長短。又鑄銅爲規。齊其巨細。楊國忠顓政。以審爲嶺南監決處置等使。活者甚衆。

宇文·慶 隋洛陽人。字神慶。周初受業東觀。頗涉經史。以功授都督。破高緯。拔高壁。克幷州。下信都。禽高湝。功並居最。進大將軍。封汝南郡公。開皇初拜左武衞將軍。除涼州總管。

宇文·晶 隋慶孫。字婆羅門。少養宮中。後爲千牛左右。煬帝甚親昵之。宮中號宇文三郎。化及弒煬帝。晶爲亂兵所害。

宇文·賢 北周明帝子。字乾陽。封畢王。官至上柱國雍州牧太師。性強濟有威略。慮隋文帝傾覆宗社。言泄爲所害。諡刺。

宇文·震 北周泰二子。字彌俄突。幼敏達。年十歲誦孝經論語毛詩。後受禮記尚書於盧誕。尚魏文帝女。早卒。追封宋國公。諡獻。

宇文·導 北周顥子。字菩薩。少雄豪。有仁惠。泰愛之。從討侯莫陳悅。導追斬之。以功封饒陽縣侯。嘗大破齊神武軍。進爵章武郡公。卒諡孝。導性寬明。善撫御。爲吏民所附。其卒。華戎會葬萬餘人。悲號滿野。相率負土成墳而去。

宇文·憲 北周泰五子。字毗賀突。少受詩傳。成綜機要。得其指歸。年十六治益州。善撫御。聽受不疲。蜀人懷之。累以戰功進封齊王。宣帝卽位。以憲屬尊望重。忌而殺之。諡煬。

宇文·興 北周恭帝時舉賢良。除長隰縣令。保定初詔與始附屬籍。高祖尊禮之甚厚。封大寧郡公。累拜宗師。卒諡靖。

宇文·融 唐萬年人。弼裔孫。開元中爲監察御史。獻策請括天下游戶羨田以佐軍需。由是擢爲覆田勸農使。諸道得客戶八十萬。田亦稱是。歲終羨錢數百萬緡。累官同平章事。有司劾融贓饋狼籍。詔流巖州。道卒。

宇文·徽 後周洛陽人。爲禮部上士。嘗奉使至鄧國及黑龍洞諸羌。前後降服三十餘部。

宇文·籍 唐字夏龜。登進士第。宰相武元衡出鎮西蜀。奏爲從事。以咸陽尉直史館。與韓愈同修順宗實錄。遷監察御史。後貶江陵府戶曹參軍。考滿入爲侍御史·史館修撰。

宇文·護 北周顥子。字薩保。孝閔帝受禪。以護爲大冢宰。封晉國公。專權驕恣。弒帝立明帝。又弒明帝立武帝。爲武帝所誅。諡蕩。

宇文·顥 北周泰長兄。性至孝。其父肱與衞可孤戰。墜馬。顥奔救。肱得上馬引去。顥遂戰沒。保定初追贈邵國公。諡惠。

宇文·顯和 北周武鄉人。容止矜莊。聲名藉盛。能彎弓挽強。左右騎射。從魏入關。爲宇文泰所信用。歷官車騎大將軍。封長廣縣公。

守干 [宋]僧。襄城人。居龍興寺。性聰慧。無幽不燭。元祐間賜號迴照大師。以紙衣一襲付其徒。至旬。乃易衣誦經。合掌而逝。

守仁 [明]僧。富陽人。字一初。號夢觀。發跡四川延慶寺。住持靈隱。洪武中徵授僧錄司右講經。甚見尊禮。升右善世。能詩。有夢觀集。

安·大卷 [明]雲夢人。自號曲湖逸人。性沖澹不樂仕進。博學好古。兼精緯候。正德末年夜觀列星異之。曰。帝星明於江漢。其應在安陸州。踰年世宗果從興邸入繼。

安·元信 [後唐]代北人。字子言。便騎射。事晉王爲鐵林軍使。追拒梁師。累立戰績。莊宗時爲大同軍節度使。移橫海軍。末帝時自歸德軍節度移鎭潞州卒。晉初諡忠懿。⊙[後晉]馬邑人。初從唐明宗征討有功。擢捧聖軍使。清泰中遷雄義都指揮使。屯代州。晉祖起太原。率部曲歸附。開運初終復州防禦使。

安太妃 [後晉]代北人。出帝母。老而失明。從出帝北遷。自遼陽徙建州。卒於道。臨卒謂出帝曰。當焚我爲灰。南向颺之。庶幾遺魂得反中國也。

安·文憲 [元]延祐中守廬州。興學重農。視民如子。卓有異績。

安·文璧 [明]安陽人。字仲書。萬曆進士。宦御史。首劾都尉不法。貴戚斂手。出按淮揚·順天。陞大理丞。卒官。文璧性孝友。周給困乏。終其身如一日。

安·丙 [宋]廣安人。字子文。淳熙進士。歷知大安軍。有惠政。以誅吳曦功。授四川宣撫使。還知潭州。紅巾賊張福等叛。四川大震。詔起丙爲安撫使。擒福斬之。進少保。卒諡忠定。有晶然集。

安·世通 [宋]本西人。隱居青城山爲道人。吳曦反。獻書蜀帥楊輔。欲其舉義討曦。言甚切至。輔不能決。乃東如江陵。請吳獵討之。未幾曦敗。獵使蜀。薦士以世通爲首。

安·世鼎 [清]漢軍鑲紅旗人。字鑄九。宦至江西巡撫。有章江集。

安·世鳳 [明]商丘人。字鳳引。萬曆進士。官定海知縣。有燕居功課·墨林快事。

安丘·望之 [漢]長陵人。字仲都。少治老子經。恬靜不仕。號曰安丘丈人。成帝聞欲見之。辭不肯。著老子章句。扶風耿況·王汲等。皆從受老子。道家宗焉。

安令首 [後趙]女僧。東莞徐氏女。性虛談。以佛法自娛。後住建賢寺爲尼。一時道衆宗之。從出家者數百人。石虎敬之。以其父忡爲清河太守。

安·吉 [清]無錫人。字甕占。乾隆舉人。閉戶窮經。兼深音學。以叶韻爲非。以爲韻有古今。無所用叶。有夏時考·韻準。

安·民 [宋]長安石工。熙寧間頒蔡京所書元祐黨碑。刻石於州縣。民被役。乞免鐫安民二字於石末。聞者愧之。⊙[明]山西大寧人。字熙寰。由貢士知襄城縣。事母至孝。居鄉醇謹。人稱爲古君子。崇禎末殉難。

安·民志 [明]龍泉司長官。播州楊應龍叛。民志築堡拒守。後堡破。爲應龍所殺。及播平。改龍泉爲縣。巡撫郭子章請於朝。許其子孫世襲土縣丞。以旌其忠。

安·同 [後魏]遼東胡人。性端嚴明惠。道武寵異之。太武時進爵高陽公。除征東大將軍·冀青二州刺史。同在官明察。長於校練。家法修整。爲世所稱。晚在冀州。頗殖財貨。大興寺塔。爲百姓所苦。卒諡恭惠。

安·如山 [宋]廣漢人。字汝止。善擊劍。能左右射。端平中安撫曹友聞辟掌書記。不起。友聞戰死。如山往收其骨。乃東下。老於會稽。⊙[明]無錫人。字子靜。嘉靖進士。出知裕州。會戶部括天下田。因履畝丈量。方始事而部輒更令。如山卒竟其役。民利之。官至四川僉事。

安·宅 [元]鄒平人。字仁甫。博通經史。不樂仕進。家黄山下。以耕讀爲業。年踰七十。不入城市。

安·守忠 [宋]審琦子。字信臣。仕周至衛州刺史。淳化中爲雄州防禦使。方與僚佐宴飲。有軍校謀變。擐甲及閫。守忠言笑自若。顧坐客曰。此輩酒狂爾。擒之可也。人服其量。至道初拜威德軍節度觀察留後。徙宋州卒。

安·伸 [明]傳弟。號葵盟。萬曆進士。初令武強。邑濱滹沱。易成災。伸設法築隄。民永賴之。擢御史。巡視京通二倉。積弊一清。崇禎初官至太僕少卿。有柱史草·蠶麓漫吟。

安·孝忠 [明]思南人。弱冠領弘治鄉薦。授寧國府通判。操守清介。治事明敏。尋乞歸。

安·岐 [清]天津人。字儀周。號麓村。亦號松泉老人。顏所居曰沽水草堂。代明珠鬻鹽淮南。聲勢赫奕。以好士稱。江淮間文士之貧而不遇者。多依以爲生。精鑑賞。收藏之富。甲於海內。有墨緣彙觀。(按百宋一廛賦謂麓村爲賣骨董者。內自訟齋文集謂儀周朝鮮人。)

安·希范 [明]無錫人。字小范。號我素。萬曆進士。授禮部主事。疏請復高攀龍·吳弘濟官。忤旨斥爲民。希范恬靜簡易。與東林講學之會。熹宗嗣位。將起官。先卒。有天全堂集。

安·赤紱 [明]聊城人。洪武間爲平山衞指揮使。燕師起。調守濟南。成祖遊戰。赤紱挺槍大呼。欲得之。張玉救免。赤紱復殺玉於陣。成祖定鼎。械送京。成祖愛其才勇。將釋之。赤紱不屈死。

安邦彥 明彝臣弟。天啓間其兄子位爲宣慰司。年幼。邦彥挾之叛應永寧奢崇明。與宋萬化陷畢節。破安順。圍貴陽。爲巡撫王三善所敗。遁走。尋復振。自號四裔大長老。崇禎初總督朱燮元敗之於永寧。邦彥與崇明皆授首。位亦降。

安効良 明四川烏撒人。萬曆間襲烏撒土知府。勢頗強。奢崇明之叛。効良附水西安邦彥助之。先後爲雲南巡撫閔洪學。副總兵袁善等所破。敗死。

安叔千 後晉沙陀三部落人。字胤宗。善騎射。唐明宗時從擊契丹。以功拜昭武軍節度使。叔千狀貌堂堂而不通文字。時謂之沒字碑。出帝時契丹犯京師。迎見耶律德光於赤岡。德光勞曰。是安沒字否。以其前嘗通款。命爲鎭國軍節度。漢初罷歸。後爲郭威軍士所籖掠。旋以傷重卒。

安坤 清水西苗。康熙間爲亂。吳三桂遣兵平之。以其地置大定府。

安忠 宋叔千孫。形魁岸。不知書。事太宗於藩邸。及卽位。累遷東上閤門使。充淮南諸州兵馬鈐轄。

安昌期 宋恭城人。皇祐間舉進士。官永淳縣尉。棄官不仕。縱游山水。愛廣州清遠縣峽山。久不復返。後見石壁題詩有丹竈非無藥青雲別有梯之句。人傳爲羽化云。

安金全 後唐代北人。驍果工騎射。能擒生踏伏。數從莊宗用兵有功。官至刺史。嘗病居太原。力疾破梁將王檀。梁人畏之。目爲安五道。明宗時拜振武軍節度。召還京。以疾卒。

安金藏 唐長安人。在太常工籍。時睿宗爲皇嗣。有誣皇嗣反者。武后命來俊臣鞫狀。金藏曰。公旣不信金藏之言。請剖心以明皇嗣不反。卽引佩刀自剖其胸。腸出而仆。后令舁入宮。傅以藥。經宿始蘇。后臨視太息。卽詔停獄。景雲時累擢右驍衛將軍。爵代國公。卒諡忠。

安俊 宋太原人。字智周。仁宗立。補右班殿直。累遷侍衛步軍都虞候。陵州防禦使。俊久在邊。羌人識之。知環州。种世衡得俘虜。問曰。若屬孰畏。曰畏安太保。指俊於坐曰。此長髯將軍是也。

安彥威 後晉崞縣人。字國俊。善射知兵法。初事唐明宗爲牙將。以謹厚見信。入晉拜北京留守。徙鎭歸德。河決滑州。彥威出私錢募兵治隄。遷西京留守。遭歲大飢。鎭撫寬貸。民愛之。拜北面行營副都統。以疾卒。

安思 明長安人。字曰睿。工詩文。萬曆中以貢士官岳陽知縣。多善政。擢衡王府審理。不就。歸里。有嶽麓山房集・掇古一咉・四書宗朱・詩經宗朱等書。

安思承 元磁州人。拜監察御史。改戶部郎中。仕至山東肅政廉訪使。歷官淸儉。卒諡貞肅。有竹齋詩集。

安思謙 後蜀初爲茶酒庫使。後主時擢山南西道節度使。將兵救鳳翔。師久無功。已而歸成都。領左匡聖馬步都指揮使。思謙慙懼不安。多誅戮以示威。後主積不能平。乘其入朝。命力士撲殺之。

安致遠 清壽光人。字靜子。一名如磐。字拙石。貢生。順治・康熙間屢舉不售。有安靜子集。

安重阮 後唐上黨人。字晉臣。唐末累任諸衛將軍。梁初頻使吳越。所獲橐裝。悉充貢奉。末帝時自靑州兵馬留後入爲諸衛上將軍。唐天成中授黔南節度使。尋移鎭夔州。歸晉。改晉州。以老病致仕卒。

安重榮 後晉朔州人。小字鐵胡。善騎射。初爲振武巡邊指揮使。高祖起太原。以十騎叛歸。高祖卽位。拜成德軍節度使。時高祖與契丹約爲父子。重榮憤然。數以非諳。及安從進反襄陽。重榮亦率兵向鄴。高祖遣杜重威逆之。戰敗。被斬。

安重晦 後唐應州人。少事明宗。甚見親信。及卽位。累加侍中。兼中書令。自以佐命功臣。處機密重任。頗欲內安社稷。外制強鄰。後以威福自出。怨望者衆。被讒死。

安重霸 後唐雲州人。狡譎多智。初事晉王。得罪奔梁。又奔蜀。結託宦者。得爲秦州節度副使。蜀破降唐。明宗用爲閬州團練使。後爲京兆尹西京留守。徙鎭大同。以病罷歸。

安原 後魏同子。雅性矜嚴。沈勇多智略。明元任爲將。鎭守雲中。寬和得衆。屢破蠕蠕。太武卽位。遷尙書左僕射。加侍中征南大將軍。後以謀逆事洩伏誅。

安師建 唐官彭州馬步軍使。勇而有禮。守將楊晟愛之。王建攻彭州。殺晟。執師建。欲使爲將。謝曰。嘗與司徒同死生。不忍復戴日月。建殺之。

安珠瑚 清滿洲正黃旗人。姓瓜爾佳氏。順治間任參領。從征湖南。尼堪沒於陣。安珠瑚突入敵陣。得尼堪屍以還。康熙間官至盛京將軍。尋奪職。改授索倫總管。

安祐 元磁州人。弱冠上書。世祖奇之。授以近侍。每有委用。規模宏遠。官至集賢大學士。卒贈平章。追封與國公。諡文康。

安國單于 後漢南匈奴單于宣之弟。永元間立。初爲左賢王。無稱譽。疾左谷蠡王師子。與降胡謀。欲殺之。旣立。舉兵誅師子。不克。被殺。在位一年。

安·國 明綏德衛人。字良臣。初爲諸生。通春秋子史。後襲世職爲指揮僉事。正德間中武會舉第一。進署指揮使。赴陝西三邊立功。劉瑾要賄不得。抑之。瑾誅。始以故官分守寧夏西路。累遷右副總兵。協守延綏。敗寇於偏頭關等處。進都督同知。國端謹練戎務。所至思盡職。卒諡武敏。◉明無錫人。字民泰。富於資。居膠山。因山治圃。植叢桂於後岡。因自號桂坡。好古書畫彝鼎。購異書甚多。

安國·少季 漢元鼎中奉命往南越諭王王太后入朝。比內諸侯。王年少。太后中國人。嘗與少季通。比奉使往。復與私通。呂嘉等反。攻殺王太后及漢使者。

安·從進 後唐振武索葛部人。唐明宗時爲保義彰武軍節度使。清泰中徙鎮山南東道。高祖卽位。加同平章事。時藩鎮多慕高祖所爲。各蓄異志。從進與安重榮陰相結託。厚置兵力。及高祖北幸鄴。以防重榮。從進遂自襄陽舉兵反。爲李建崇等所敗。自焚死。

安·得海 清宦者。有寵於慈禧太后。同治間矯旨出都。舟過德州。僭擬無度。丁寶楨以聞。詔擒捕正法。

安·惇 宋廣安軍人。字處厚。上舍及第。紹聖初官諫議大夫。章惇·蔡卞造同文誘獄。使蔡京與惇雜治。誣司馬光。劉摯等大逆不道。遷御史中丞。又鞫鄒浩事。被禍者七八百人。天下怨之。徽宗時放歸田里。蔡京爲相。復拜兵部尚書。同知樞密院卒。

安·惟學 明臨汾人。字行之。成化進士。歷工部郎中。出知平涼府。遷左布政。尋以右副都御史巡撫寧夏。值安化王寘鐇謀逆。遇害。

安清 後漢安息國王太子。字世高。幼以孝行見稱。好學外國典籍。及七曜五行。醫方異術。乃至鳥獸之聲。無不綜達。王薨嗣位。服闋。遂出家修道。博曉經藏。桓帝初入中夏。頗著靈異。

安·紹芳 明無錫人。字懋卿。號研亭居士。後更名泰來。字未央。工詞翰。善寫竹石。

安·堯臣 宋惇族子。徽宗時蔡京童貫議約金人夾攻契丹。復燕雲。堯臣上書力言其不可。帝然之。命以官。後竟爲姦謀所奪。

安期生 秦琅邪阜鄉人。賣藥海上。受學於河上丈人。時人皆言千歲翁。秦始皇東游。請與語三日夜。賜金璧値數千萬。出阜鄉亭。皆置之而去。留書與赤玉舄爲報。曰後數十年。求我於蓬萊山下。後始皇遣人入海求之不可得。立祠阜鄉亭邊十數處云。(按漢書蒯通傳。有齊人安其生與蒯通善。嘗干項羽。羽不能用其策。安其生卒不受羽封。皇甫謐高士傳以爲卽一人也。)

安·然 明祥符人。徙居潁州。元季以左丞守萊州。歸附於明。洪武初授起居注。尋擢山東參政。撫綏流移。俸餘悉給公用。帝嘉之。後官左中丞。坐事免。已而復召爲四輔官。然久歷中外。練達庶務。眷注特隆。尋卒。

安童 元木華黎四世孫。中統初世祖追錄元勳。召入長宿衛。年方十三。位在百寮上。每退朝必與老成人語。未嘗狎一少年。世祖深重之。官至中書右丞相。卒贈上柱國。東平忠憲王。

安費揚古 清滿洲鑲藍旗人。姓覺爾察氏。弱冠從太祖征伐。攻哈達。征東海窩集部。滅烏喇。征薩哈連部。破明經略楊鎬兵。滅葉赫。隨取瀋陽遼陽。功績甚著。與額亦都等俱爲開國功臣之首。官一等大臣。佐理國事。

安·傳 明淄川人。字執中。號岸監。萬曆舉人。署滕縣教諭。累遷刑部郎中。獄多平反。出知衛輝府。政績著聞。有蛩音集。

安·煦 元熙弟。號素菴。伯仲自爲師友。宗濂洛性理之學。熙卒。煦事父松甚得歡心。撫其孤如己出。凡受學於門者。隨材立教。人咸有得。憲府交辟皆不起。

安·熙 元藁城人。字敬仲。號默菴。慕保定劉因之學。將造門而因已沒。乃從因門人烏沖問其緒說。卽篤信力行。家居教授。垂數十年。四方來學者。多所成就。有默菴集。

安祿 清滿洲鑲黃旗人。姓多拉爾氏。海蘭察子。乾隆間襲一等超勇公。嘉慶間擢頭等侍衛。從勦川省教匪。沒於陣。諡壯毅。

安·祿山 唐營州柳城胡人。本姓康。初名阿犖山。又作軋犖山。少孤。隨母嫁安延偃。乃冒安姓。及長。忮忍多智。善億測人情。通六蕃語。張守珪異之。拔爲偏將。擢至平盧節度。入朝。奏對稱旨。玄宗欲專用蕃將。故加寵信。遷范陽節度兼河北採訪使。仍領平盧軍。祿山請爲楊貴妃養兒。帝許之。由是逆謀日熾。廣布爪牙。又求兼河東。遂拜雲中太守河東節度使。既兼制三道。意益侈。遂舉兵反。陷京師。自稱雄武皇帝。國號燕。建元聖武。踰年。爲其子慶緒所弒。

安達立 清滿洲正紅旗人。姓納喇氏。太宗時從攻永平。隨纛臣冒鏃矢先登。戰松山。杏山。連戰皆捷。順治間從入關。擊李自成。攻太原。定陝西。追擊自成於武昌。累官護軍統領。

安·寶 明崇安人。字子仁。本姓哀。師事熊禾。刻苦務學。志剛理邃。

嘗三預計偕。抑鬱以卒。

安·毓懋 〔明〕長山人。字習董。明末棄舉子業。杜門隱居。有問以避難者。捫心答曰。惟此方寸地可避耳。

安·賓 〔清〕致遠次子。字青士。有綺樹閣稿。

安·劉 〔宋〕汴人。居鄢之小溪。以詩義冠多士。善清言。三歷秘丞郎官。嘗爲賈似道客。而以科名自持。卒不得用。

安·審信 〔後周〕審琦從兄。字行光。習騎射。在唐歷同陝許三州馬步都指揮使。率部曲歸晉。累官檢校太尉。同平章事。移鎭許兗。所至以聚斂爲務。漢初移鎭同州。入爲左衞上將軍。周初轉右金吾上將軍。以病致仕。卒諡成穆。

安·審通 〔後唐〕金全猶子。幼事莊宗。累有戰功。天成中授齊州防禦使。奉詔北征。營於盧臺。以平亂兵功授滄州節度使。後沒於陣。

安·審琦 〔後周〕金全子。字國瑞。幼事唐莊宗。清泰中領順化軍節度。鎭邢州。降於晉。晉祖卽位。充天平軍節度使。漢初授襄州節度使。封齊國公。入周進封陳王。加守太師。審琦在鎭。嚴而不殘。威而不暴。民懷其惠。後移平盧軍節度使。入朝於京師。未幾爲隸人安友進等所害。

安·審暉 〔後周〕審琦兄。字明遠。起家長直軍使。從唐莊宗征伐數有功。歷鳳翔徐州節度副使。河東行軍司馬。入晉遷河陽節度使。歷鎭鄜鄧邢諸州。以老致仕。封魯國公。卒諡靜。

安·德 〔明〕汝州人。幼警敏。博通經史。元季隱居授徒。洪武初郡守舉爲州學訓導。後以明經徵。入對稱善。擢湖廣左參政。

安·德裕 〔宋〕重榮子。字益之。一字師皐。重榮敗。其軍校秦習匿而養之。因姓秦氏。習世兵家。德裕孩提卽喜筆硯。及就學。遂博貫文史。精於禮傳。習卒。德裕行三年喪。乃還本姓。開寶初舉進士甲科。累官金部郎中。出知睦州。還判太府寺。咸平中卒。有集四十卷。

安·慶緒 〔唐〕祿山子。以祿山擅勢。未冠授鴻臚卿。祿山既僭位。封晉王。祿山愛段夫人子慶恩。慶緒懼不立。乃與帳下李豬兒謀。殺祿山。矯稱傳位慶緒。改元載初。王師討之。敗走鄴。求救於史思明。爲思明所殺。

安樂公主 〔唐〕中宗女。適武三思子崇訓。三思與韋后通。專朝政。公主恃勢驕橫。至以墨勅斜封授官。人號斜封官。崇訓死。公主素與武延秀亂。卽嫁之。帝爲御承天門大赦賜酺。公主欲皇后臨朝。而以己爲皇太子。乃於餅餤中進毒弑帝。睿宗子隆基起兵。韋后及公主皆伏誅。

安·磐 〔明〕嘉定人。字公石。號頤山。弘治進士。歷吏兵二科給事中。屢抗疏直諫。進兵科都給事中。大禮議起。伏闕力爭。廷杖除名。卒於家。有頤山詩話。

安·頡 〔後魏〕同子。辯慧多策略。初爲內侍長。察舉百寮。無所迴避。以擒赫連昌功賜爵西平公。鎭蒲坂。善綏士卒。拜冠軍將軍。攻宋師於洛陽。斬獲甚衆。卒贈征南大將軍。諡襄。

安·燾 〔宋〕開封人。字厚卿。幼警悟。登第後。累官門下侍郎。章惇與燾布衣交。及爲相。覬其助己。燾不可。由是有隙。及燾疏救諫官常安民。惇譖其相表裏。出知鄭州。徽宗立。復知樞密院。以老避位。知河南。將行。疏言黨禍已萌。願戒履霜之漸。崇寧初坐棄湟州。議罪貶官。久之復通議大夫。還洛卒。

安·疆臣 〔明〕世居水西。管苗族。萬曆間襲貴州宣慰司。有犯被按。以助討播州楊應龍功得宥。巡撫郭子章並許酬還烏江故地。總督王象乾又責其歸所侵播州地。久持不決。朝議多右疆臣。得地增秩。水西益強。

安·璽 〔明〕宛平人。正德進士。官刑部主事。以諫大禮受杖死。隆慶中贈光祿少卿。

安·難 〔後魏〕同從子。有巧思。陽平王杜超攻宋。難參征南軍事。以功表爲清河太守。後諸將頻征和龍。皆以難爲長史。鑿山堙谷。督力辦功。遷給事中。賜爵清河子。

安·儼 〔宋〕邵陽人。舉進士。歷大理評事。太子右贊善。祕書著作郎。帝嘗謂曰。卿以文章純粹。爲時名器。可懋乃德功。沃朕心。去時患。轉右司諫。出知鄆州蘇州。皆多美績。

安·鰲 〔明〕四川馬湖土知府。極橫恣。曲銳誘執之。置之法。

州吁 〔春秋〕〔衞〕莊公庶子。州吁既弒桓公而自立。思求寵於諸侯以和其民。石碏乃說以朝陳。已而訴其罪。陳人執之。使右宰醜蒞殺州吁於濮。

州·泰 〔三國〕〔魏〕南陽人。好立功業。善用兵。官至征虜將軍。假節都督江南諸軍事。卒諡壯侯。

州綽 〔春秋〕〔晉〕大夫。平公伐齊。入平陰。追齊師。殖綽、郭最殿。州綽射殖綽中肩。兩矢夾脰。曰止。將爲三軍獲。不止。將取其衷。殖綽遂就縛。後奔齊。事莊公。死於崔氏之難。

州·韶 〔南朝〕〔宋〕汝南人。字伯和。太始中隱身求志。築室方山中。徵爲員外散騎侍郎。皆不應。

年·汝鄰 〔清〕順天人。居揚州。字寄濤。號瘦生。又號不朽居士。善畫山水竹石。

年·希堯 〔清〕遐齡子。字允恭。累

官工部右侍郎。雍正間奪職。有視學測算．刀圭面體比例倾覽．對數廣運．萬數平立方表．算法纂要總綱．

年．富 〔明〕懷遠人。字大有。永樂中以會試副榜授德平訓導。歷官戶部尚書。卒諡恭定。富廉正強直。始終不渝。號稱名臣。然頗好疑。屬吏黠者。故反其意嘗之。多爲所賣。

年．遐齡 〔清〕漢軍鑲黃旗人。由筆帖式授兵部主事。康熙間累官湖廣巡撫。雍正初以次子羹堯功。加太傅一等公。羹堯獲罪。坐奪職。

年．羹堯 〔清〕遐齡次子。號雙峯。康熙進士。累官四川總督．定西將軍。平西藏。授川陝總督。羅卜藏丹津叛。侵掠青海諸部。羹堯疏請進勦。授撫遠大將軍。青海平。以功封一等公。晉太保。功既高。益驕恣。世宗忌之。會內外諸臣交章劾之。列羹堯大罪九十二款。賜自裁。

忖乙 〔春秋〕〔齊〕爲管仲所誅。孔子以比少正卯。謂小人之雄桀。不可不誅也。(按荀子作付里乙。說苑作史附里。通志作忖乙。)

忙兀台 〔元〕蒙古達達兒氏。伐宋。屢立戰功。累拜銀青光祿大夫。鎮江西。謹約束。勦強暴。威德並著。

忙哥撒兒 〔元〕搠阿孫。從征斡羅思．阿刺．欽察諸部，常身先諸將。以所俘寶玉頒諸將。己一無所取。憲宗既立。以其奉法不阿。委任益專。

戎．昱 〔唐〕荊南人。至德間以文學登進士。衞伯玉辟爲從事。京兆尹李鑾欲妻以女。命改姓。昱拒之。德宗初歷任辰楚二州刺史。

戎．洵 〔明〕鄞人。字君實。宣德間官黃州府推官。執法不阿。持身潔介。郡中翕然頌爲神明。及卒。貧不能斂。州人醵金歸其喪。

戎．益 〔宋〕信德人。紹興間知平江府。值歲飢。勸率上戶。得米一萬七千有奇。民賴以全。◎〔元〕內丘人。志行高古。至正間參知政事。

戎．賜 〔漢〕以連敖從入漢。定三秦。遷都尉。破項籍軍。封柳丘侯。卒謚齊。

戎．憲 〔明〕句容人。幼喪母。事父孝。父卒。叔無子。憲迎養如己親。人曰。何厚如此。憲曰。叔與父同氣。薄之。是薄吾父也。

戎．簡 〔明〕句容人。儒士。有膽識。語太祖曰。主上向者敗陳氏於九江。何不乘勝抵武昌。今雖克之。費力亦多矣。他日驗諸將曰。前日戎簡所言。吾雖不從。然當時將校亦有勸我邀之。軍中皆以爲奇謀。勿以此遂輕儒者。

托津 〔清〕滿洲鑲黃旗人。乾隆間由筆帖式充軍機章京。嘉慶間官至東閣大學士。管理戶部事務。歷事三朝。在官五十餘年。擒林清。平滑縣教匪李文成餘黨。皆有功。卒謚文定。

旭烈兀 〔元〕憲宗弟。受命征西域諸國。八年平之。擒其王。遂世鎮其地。建伊兒汗國。大德間自西域遣使貢方物。

曲沃負 〔戰國〕〔魏〕大夫如耳之母。哀王爲太子納妃而美。王將自納焉。負謂其子曰。王亂於無別。汝胡不匡之。如耳未遇間。會使於齊。負款王門上書。王曰善。遂與太子妃。賜負三十鍾。如耳還而爵之。

曲沃桓叔 〔春秋〕〔晉〕穆侯子。名成師。昭侯封之於曲沃。曲沃地大於晉都。桓叔好德。晉國之衆皆附之，潘父弒昭侯而迎桓叔。桓叔欲入晉。晉人拒之。桓叔敗還曲沃。數年卒。

曲沃武公 〔春秋〕〔晉〕見晉武公條。

曲沃莊伯 〔春秋〕〔晉〕桓叔子。名鱓。莊伯弒孝侯於翼。晉人攻之。復入曲沃。晉人立鄂侯。鄂侯卒。莊伯伐晉。周平王使虢公將兵伐曲沃。莊伯走保曲沃。旋卒。

曲．珍 〔宋〕隴干人。字君玉。以才武稱。忠樸好義。善騎射。從劉溫潤討羌有功。累遷環慶路副總管。破夏人於涇原。進忠州防禦使卒。

曲．廉 〔明〕蓬萊人。正統間任甯田知縣。初縣東西濱漳水。蕩沒膏腴。逋亡日衆。廉至。決其流以順水性。築隄障之。漭澤既涸。躬率墾闢。植以桑棗。又立社學。定三等科差。流逋四歸。獄九年無重囚。

曲．端 〔宋〕鎮戎人。字正甫。知書善屬文。長於兵略。歷涇原路將，夏人入寇，力戰敗之。金兵攻陝西。端治兵涇原。招流民潰卒。道不拾遺。張浚宣撫川陝。承制拜端宣州觀察使。知渭州。頗恃才凌物。後浚畏端難制。送恭州獄。九竅流血死。陝西士大夫莫不惜之。及浚得罪。追謚壯愍。

曲樞 〔元〕西土人。爲裕聖皇太后宮臣。大德中讒人亂國。仁宗侍皇太后之國於懷。未幾復之雲中。曲樞跋涉艱險。無倦色。成宗崩。仁宗奉太后入朝。戡姦黨。迎武宗卽帝位。仁宗爲皇太子。天下以安。拜曲樞榮祿大夫。平章政事。

曲．銳 〔明〕萊陽人。字朝儀。成化進士。歷僉都御史。巡撫寧夏。劉瑾怒其不附己。勒令閒住。瑾誅復官。銳有吏能。所至獄無滯囚。人民德之。

曲．環 〔唐〕安邑人。喜兵法。善騎射。天寶中從哥舒翰討吐蕃。授果毅別將。安祿山反。守鄧州。與諸將討史朝義。平河北。大曆中數破走吐蕃。威名大振。累遷開府儀同三司。封晉昌郡王。卒贈司空。

有．若 〔春秋〕〔魯〕字子有。孔子弟子，少孔子十三歲。孔子既沒。弟子思慕。有若狀似孔子。弟子相與共立爲師。

師之如夫子。他日弟子進問。有若默無以應。弟子起曰。有子避之。此非子之座也。

有巢氏 上古聖人。教人以居處之法者。編茎而離。粗溜而廬。民始免木處而顛。號爲有巢氏。

朱一是 清海寧人。字近修。明崇禎舉人。明亡後。披緇衣授徒。工詩。主文社。有史論·爲可堂集。

朱一貴 清臺灣人。康熙時臺灣知府王珍稅斂繁苛。奸民潛謀爲變。以一貴朱姓。可託明裔。因奉之爲渠。陷臺灣。稱中興王。水師提督施世驃等討平之。

朱一新 清義烏人。字鼎甫。號蓉生。光緒進士。官至監察御史。初論海軍用人不當。繼劾內侍李蓮英。降主事。乞歸。掌教廣雅書院。課諸生以經訓性理史事詞章有用之學。有無邪堂答問·漢書管見·佩絃齋詩文雜著。

朱九濤 清廣東人。道光間創上帝教。洪秀全與馮雲山師事之。其後黨徒日盛。奉秀全爲教主。遂有洪楊之亂。

朱九齡 清頓丘人。字曲江。善畫山水花卉。

朱上林 清錢塘人。字根石。舉孝廉。好吟詠。有根石詩鈔。

朱士完 明潛江人。字符禹。崇禎舉人。鄉試揭榜夕。夢黑幟墮其墓門。粉書亂世忠臣四字。闖寇陷潛江。士完被執。械送襄陽。道由泗港。齧指血書已盡節處。遂自經。

朱士彥 清寶應人。字休承。號詠齋。嘉慶進士。以翰林充國史館纂修。成河渠一書。故於河淮最熟。疏進河防五策。均如其言以行。道光時官至吏部尚書。卒謚文定。

朱士曾 清浙江山陰人。字敬身。自號鑑湖漁子。又稱越州髯僧。以布衣薦試博學鴻詞。工書能詩。

朱士鼎 明崇禎時以武進士官漢陽巡江都司。張獻忠陷漢陽。被執。欲用之。士鼎戟手大罵。賊斷其兩手。不死。賊退。令人縛筆於臂。能作楷字。招集舊卒。訓練如常。

朱大典 明金華人。字延之。萬曆進士。崇禎中巡撫山東。時寇亂。據登圍萊。大典集兵數萬攻之。賊平。擢總督漕運兼巡撫。移鎮鳳陽。屢有破賊功。尋被劾罷歸。福王時以兵部尚書總督上江軍務。清兵南下。還守婺城。城破。闔門死之。

朱大韶 明松江華亭人。字象玄。嘉靖進士。官南雍司業。未幾解任歸。築精舍藏書。構文園。以友朋文酒爲事。⊙清婁縣人。字仲鈞。有實事求是齋經義。

朱子眞 唐明皇時人。居南山下。別墅甚盛。出遊。常以繡衣女子數人自隨。長安少年趙穎造之求飲。令侍女及木鳳歌舞侑酒。子眞自歌。仍取一丸丹賜穎。穎服丹得二百餘歲。鑾輿幸蜀。忽失子眞家。

朱子奢 唐吳人。少從鄉人顧彪習左氏春秋。善屬文。貞觀初官國子助教。高麗·百濟·同伐新羅。假子奢持節諭之。平三國之憾。累遷弘文閣學士。帝欲見起居紀錄臧否。子奢以爲開後世史官之禍。不可。爲人樂易能劇談。以經誼緣飾。帝待之恩禮甚篤。卒於官。

朱山 清烏程人。字懷仁。號壽巖。又號蛻翁。乾隆進士。爲灤州知州。工畫水墨牡丹。及古松山水。有壽巖詩。

朱才 三國吳治子。字君業。精敏善騎射。少以父任爲武衛校尉。隨從征伐。屢有功捷。既嗣父爵。遷偏將軍。折節學兵法。名聲聞於遠近。⊙北齊吳都人。字待問。蕭莊在淮南。以才兼散騎常侍。副袁奭入朝。莊敗留鄴。稍遷國子博士·諫議大夫。齊亡。客遊信都而卒。

朱中 宋義烏人。鄉貢進士。爲徐僑弟子。著太極演說·經世補遺。

朱之俊 明汾陽人。字滄起。天啓進士。官至翰林院侍講。有周易纂·春秋纂。

朱之宣 清湘陰人。字子昭。少有學行。負氣節。明亡。隱於樵。自號砍柴行者。戊子起義師。楚人多與謀。因成大獄。之宣與焉。數年始解。

朱之純 宋休寧人。寶祐間游太學有聲。時閹宦董宋臣之黨用權。天下側目。之純率諸生抗疏請斥去妖邪。以清肅朝綱。咸淳間授平江府教授。以祿不及親。隱居不出。

朱之弼 清延平人。順治進士。以選授禮科給事中。累官工部尚書。以惜人才重國體爲急。遇事有不可。輒獨爲一議。同官迫之不能奪。手輯先儒遺書。刻之家塾。

朱之馮 明大興人。字樂三。天啓進士。崇禎時巡撫宣府。李自成陷大同。集將吏於城樓設太祖位。歃血誓死守。盡出所有犒士。人心已散。莫爲效力。城破。自縊死。謚忠毅。

朱之瑜 明餘姚人。字魯璵。號舜水。諸生。崇禎末兩奉徵辟。福王時以薦授江西按察副使。皆不就。清兵陷南都。依黃斌卿於舟山。乞師日本。既許而師不果出。舟山陷。轉輾日本·交趾間。既而往來於張煌言·陳煇軍。事敗。赴日本。日本水戶藩主德川光國賓禮之。然乞師之舉終不就。遂卒於日本。之瑜精研六經。學無不通。有稗於日本學術不尠。日本學者私謚文恭先生。有舜水文集。

朱之蕃 [明]金陵人。字元介。號蘭嵎。一作茌平人。字元升。工書畫。萬曆進士第一。仕至吏部侍郎。出使朝鮮。盡却其贈賄。朝鮮人來乞書。以貂參爲贄。橐裝頓反厚。盡以買法書名畫古器收藏之。卒贈尙書。有奉使稿。

朱之榛 [清]平湖人。號竹石。官淮揚道。歷署江蘇按察使。盲於目。然精稽核。江蘇釐金利弊。洞然胸中。人不能欺。

朱之錫 [清]義烏人。字夢九。號梅麓。順治進士。累官兵部尙書。河道總督。治河殫竭心力。每當各工並急。則南北交馳。寢食俱廢。條上治河十事。皆如所請行。有寒香館河防疏略。徐兗淮揚間。盛傳之錫死爲河神。豫河兩岸往往肖像立廟。稱爲朱大王。高宗南巡。封助順永寧侯。後加封號曰佑安。

朱仁軌 [唐]永城人。字德容。隱居養親。嘗誨子弟曰。終身讓路。不枉百步。終日讓畔。不失一段。及卒。私謚孝友先生。

朱元 [宋]沈丘人。本姓舒。少倜儻。通左氏春秋。事南唐李璟。爲駕部員外郎。周師入淮南。命從李景達救壽州。復舒和蘇三州。爲監軍使陳覺所譖。舉寨降周。世宗以爲蔡州團練使。太祖受禪。改白皮兵馬都監卒。

朱元旭 [後梁]棗陵人。字君昇。頫涉子史。神宗末以才用爲尙書度支郎中。天平中拜尙書左丞。性多機數而無風操。後除義州刺史。卒官。

朱元昇 [宋]平陽人。字日華。號水齋。登右科。官政和縣巡檢。所著三易備遺。家鉉翁表進之。

朱元英 [清]上元人。字師晦。康熙進士。有左傳拾遺。

朱元璋 [明]見明太祖條。

朱元龍 [宋]義烏人。字景雲。嘉定進士。歷除宗正丞兼權左司郎官。屢上封事。自宮禁以及百官萬民。皆痛切言之。史嵩之入相。遂斥去罷祠。學者稱勵志先生。

朱公遷 [元]以實子。字克升。有家學。歷婺處二州教授。避兵轉徙無定。已而以病歸里卒。嘗題其室曰高明之所。學者稱爲明所先生。有四書通旨。四書約說。餘力稿。詩經疏義。

朱升 [明]休寧人。字允升。元末舉鄉薦。爲池州學正。避盜棄官隱石門。學者稱楓林先生。太祖召爲翰林學士。定宗廟時享齋戒之禮。尋命與諸儒修女誡。請老歸卒。升於五經皆有旁註。而易尤詳。別有前圖二卷。又著有楓林集。

朱友文 [後梁]太祖養子。字德明。本姓康。名勤。幼美風姿。好學善談論。太祖受禪後。封博王。留守東都。太祖病。召友文欲立之。以友珪爲萊州刺史。友珪弒太祖。遣丁昭溥殺友文於東都。末帝立。復友文官爵。

朱友孜 [後梁]太祖子。目重瞳子。嘗自負當爲天子。末帝卽位。封康王。末帝德妃卒。將葬。友孜使刺客夜入寢中。末帝寤。得刺客手殺之。遂誅友孜。

朱友倫 [後梁]存子。幼明敏。通論語小學。曉音律。累官寧遠軍節度使。太祖東歸。留友倫宿衞京師。伺察昭宗所爲。友倫擊鞠墜馬死。太祖卽位。追封密王。

朱友恭 [唐]壽春人。本姓李。名彥威。朱全忠畜爲己子。積功至武寧軍留後。昭宗東遷。徵拜左龍虎統軍。以衞宮闕。受全忠密旨弒昭宗。既而全忠自河中至。執友恭斬之。⊙[宋]西安人。爲涇原路第一副將。捍金人數有功。會金兵大集。友恭力戰被執。誘以官。以不屈遇害。

朱友珪 [後梁]太祖子。字遙喜。太祖略地宋亳間。與逆旅婦人野合而生。受禪後封郢王。太祖病。欲立友文。友珪使馮廷諤弒帝。卽帝位。改元鳳曆。侍衞袁象先以禁兵討之。自殺。追廢爲庶人。

朱友能 [後梁]全昱子。封惠王。爲宋滑二州留後。陳州刺史。所至爲不法。旋以陳州兵反。敗降。末帝赦爲房陵侯。四京師。唐師入汴。殺之。

朱友裕 [後梁]太祖子。字端夫。幼善騎射。從太祖征伐。能以寬厚得士卒心。累官忠武軍節度使。邠州楊崇本叛。太祖遣友裕攻之。卒於永壽。

朱友寧 [後梁]存子。字安仁。太祖以爲軍校。善用弓劍。王師範叛梁。圍齊州。友寧引兵擊之。奪馬千匹。斬首數千級。昭宗還京師。拜建武軍節度使。復遣攻師範。戰於石樓。兵敗墜馬見殺。太祖卽位。追封安王。

朱友誨 [後梁]全昱子。封邵王。爲陝州節度使。欲以州兵爲亂。末帝召還京師。被幽囚。唐師入汴。見殺。

朱友諒 [後梁]全昱子。初封衡王。後嗣廣王。繼歷藩郡。多行不法。坐弟友能反。四京師。唐師入汴。見殺。

朱友謙 [後唐]許州人。字德光。初名簡。爲陝州軍校。殺節度使王珙。附於梁。梁太祖錄以爲子。更名友謙。表爲陝州節度使。太祖卽位。封冀王。徙鎮河中。友珪弒太祖。友謙附於晉。封西平王。莊宗滅梁。入洛。賜友謙姓名曰李繼麟。加守太師尙書令。一時恩寵無比。宦官伶人。多求賂於友謙。友謙無以應。被讒死。

朱壬林 [清]平湖人。原名霞。字禮卿。號小雲。嘉慶進士。官直隸清河道。後以憂歸。有當湖文繫。小雲廬詩文。

朱·天球 【明】漳浦人。字君玉。嘉靖進士。授工部主事。楊繼盛就刑西市。招同志薛天華·楊豫孫·董傳策往哭之。當日有四君子之稱。萬曆中歷工部左侍郎。會南掌院缺。朝論以天球有風裁。陞都御史。上疏乞休卒。

朱·天貴 【清】莆田人。字尊士。初爲賊所掠。陰結豪勇往來漳泉間。康熙間歸降。授平陽鎭總兵。攻臺灣。中礮死。謚忠壯。

朱·天麟 【明】吳江人。徙居崑山。字游初。崇禎進士。授饒州推官。擢翰林編修。永明王居武岡。召爲禮部尚書。尋拜東閣大學士。王奔南寧。天麟奉命經略左右兩江土司。以爲勤王之助。未集。清兵逼南寧。王出走。天麟扶病從之。道卒。有易鼎三然。

朱·孔暘 【明】松江華亭人。永樂中中書舍人。陞順天府丞。工書。筆力遒勁。朝廷凡有題額。皆出其手。

朱·孔彰 【清】長洲人。字仲我。光緒舉人。有中興將帥別傳。

朱·文山 【明】常寧人。號仰泉。官鎭江府訓導。與徐邦佐·陳朝用同撰京口三山續志。

朱·文正 【明】太祖從子。早孤。依太祖。比長。涉獵傳記。饒勇略。積功至大都督。太祖再定江西。命文正統元帥趙徳勝等鎭洪都。陳友諒來攻。文正數摧其鋒。堅守八十有五日。江西之平。文正功居多。後以錫功未至。坐怨望免官。安置桐城卒。

朱·文治 【清】餘姚人。字詩南。號少仙。乾隆舉人。官海寧學正。幼孤。育於姑。生平篤於孝友。治家嚴正。以姑有撫字恩。報養備至。有繞竹山房詩鈔。

朱·文進 【五代閩】永泰人。爲拱宸都將。與連重遇相結。共弒王延羲。自稱閩主。以重遇總六軍。遣使如唐。唐因其使。將伐之。文進復自稱威武留後。稱藩於晉。後爲其下所殺。

朱·文德 【明】義州衛人。後家錦州。崇禎時積戰功至松山副將。忤監視中官高起潛斥罷。已起故官。及城被圍。文德率前鋒拒守甚力。城破不屈死。

朱·文震 【清】歷城人。字青雷。號去羨。少孤貧。好學不倦。精篆刻。善畫工詩。以太學生充方略館謄錄。授西隆州同知。有政聲。後開四庫全書館。授詹事府主簿。充篆隸校對官。有雪堂詩稿。

朱·文嶸 【清】武進人。字竣三。號西巖。乾隆舉人。爲興化教授。工畫山水。能書。

朱·文藻 【清】仁和人。字映滑。號朗齋。乾隆諸生。精六書金石學。王昶著金石萃編。文藻校正之力爲多。又精史學。有碧溪草堂集。

朱·方旦 【清】漢陽人。號爾枚。又號二眉道人。自謂前知。與人決休咎。康熙間以左道惑衆被逮。尋得釋。吳三桂反。勒爾錦駐荆州。方旦入其軍中。後遊江浙。王鴻緒得方旦所刻中質秘書。以三大罪劾之。被誅。

朱·方莘 【明】錢塘人。字在三。號雪田。又號麓樵。官太醫院吏目。善寫山水。墨花亦佳。

朱·方藹 【清】桐鄉人。字吉人。號春橋。貢生。工詩詞。兼通書理。載酒江湖。扁舟來往。好事者輒倒屣迎之。有紅橋載酒·吳與紀遊諸集。及小長蘆漁唱。

朱·日輝 【明】婺源人。字充美。於書無所不讀。後專治岐黃家言。按脈審方。一以儒理爲權衡。有醫學元要·加減十三方·試奇方·聞見錄等書。

朱·白藩 【明】應登子。字子价。號射陂。嘉靖進士。官至九江知府。雋才博學。以文章名家。有山帶閣集。

朱·丕戭 【清】秀水人。字愷仲。號菊隧。貢生。有亞鳳巢詩稿。

朱·世揚 【清】無錫人。字淇瞻。善岐黃術。有誠求集。

朱·世潤 【清】朱熹裔孫。襲五經博士。有朱子年譜。

朱·世繡 【清】固始人。字桐音。自號逸休道人。工詩古文。有適我集。

朱·仕玠 【清】建寧人。字璧豐。號筠園。乾隆拔貢。官內黃縣。能古文。尤工詩。有筠園詩稿·谿音·音別·鴻雁集·和陶集·龍山漫錄。

朱·仕俊 【元】蘄州人。字時英。至正中守湖州。土豪金元佑僞立名號。仕俊策擒之。遷建寧同知。致仕歸。自號白雲道人。更號東村叟。

朱·仕琇 【清】仕玠弟。字斐瞻。號梅崖。乾隆進士。官夏津知縣。改福寧府教授。主講鼇峯書院卒。工古文。始學韓昌黎。其後更博采秦漢以來諸家之長。醇古沖澹。自成一家。有梅崖居士集。

朱·以海 【明】魯王檀九世孫。明末轉徙台州。張國維等迎居紹興。號監國。清兵克紹興。以海遁入海。久之居金門。鄭成功禮待頗恭。旋卒。或云成功使人沈之海中。

朱·以實 【元】樂平人。號梧岡。師事吳中。紹朱子之傳。

朱·令昭 【清】歷城人。字次公。少與淄川張元·膠州高鳳翰等結柳莊詩社。繪畫篆刻皆能留意。有冰鑑詩鈔。

朱·令贇 【南唐】匡業從子。初爲小校。趫捷善射。椎首鷹目。軍中號朱深眼。累遷至鎭南節度使。宋師圍金陵。李煜召令贇赴難。至虎蹲洲合戰。令贇以火油縱燒。宋師不能支。會北風反焰自焚。水陸諸軍不戰而潰。令贇赴火死。

朱·右 【明】臨海人。字伯賢。一作序賢。自號鄒陽子。學於陳德永。明初徵赴史局。累官晉府右長史。有白雲稿・春秋類編・三史鉤玄・秦漢文衡・深衣考誤・歷代統紀要覽・元史補遺。

朱・台符　【宋】眉山人。字拱正。少好學。敏於詞賦。舉淳化進士。累官工部員外郎。景德初爲陝西轉運。台符俊爽好謀。然頗以刻碎爲舉職。與楊覃聯事。不協。徙知洪州卒。

朱・右曾　【清】嘉定人。字尊魯。一字亮甫。道光進士。累官遷義知府。以桐梓民楊漋倡亂。失守屬邑罷官。旋以破賊功復職。覃思著述。尤精訓詁。有周書集訓校釋・詩地理徵・春秋左傳地理徵・左氏傳解誼・汲冢紀年存眞・穆行堂隨筆・春暉軒古文及吟草。

朱・夰　【清】歸安人。字公放。又字山漁。自號蕘稗道人。諸生。肆志金石篆刻。後從事於音律。凡五聲相逐。七均相轉。十二律相終始。以及九宮三變之微旨。皆能指析毫芒。有摹印篆・印律・山漁刻印稿・宮調譜・迦鸞新曲・玉尺樓傳奇。

朱・弁　【宋】婺源人。字少章。弱冠入太學。建炎初議遣使問安兩宮。弁奮身自獻。詔借吉州團練使。爲通問副使。至雲中。見粘罕。邀說甚切。粘罕不聽。使就館。守之以兵。迫仕劉豫。弁守節不屈。和議成。得歸。轉奉議郎卒。有聘遊集・書解・曲洧舊聞・風月堂詩話。

朱・弘昭　【後唐】太原人。少事明宗爲客將。累遷山南東道節度使。明宗病。秦王從榮禍起有端。大臣皆求去。以弘昭及馮贇爲樞密使。乃殺秦王而立愍帝。潞王從珂反。愍帝召弘昭計事。弘昭投井死。

朱・本　【清】江蘇甘泉人。字澥夫。號素人。善畫。性孤傲。嘗游京師。與其兄野雲・滌齋並以畫著。有長安三朱之稱。

朱・正色　【明】南和人。字應明。號和陽。萬曆進士。歷官甘州憲副。水泉告變。正色分守要害。設伏出奇。以大捷聞。寧夏有變。帝遣正色往討。縛哱承恩・劉東陽俘獻闕下。晉右副都御史。後致仕卒。有涉世雄談。

朱・永　【明】謙子。字景昌。景泰中嗣爵。分領宣威營。積功進爵爲侯。前後凡八佩將軍印。內總十二團營。列侯勛名無與比。卒封宣平王。諡武毅。

朱・永祐　【明】上海人。字爰起。明末官吏部左侍郎。從魯王至舟山。城破死之。

朱・玉　【宋】錢塘人。號柳林。寶祐時待詔。善畫天神雷將。◎【元】崑山人。字君璧。從王振鵬游。盡得其技。嘗奉命圖繪藏經佛像。又作紫霧龍宮翠蓬神閼二圖。妙入神品。元季海寇犯境。邑人棄家避難。玉獨抱二圖坐樓上。寇遙望城中。虹氣貫月。蹤跡而至。疑有至寶。擄之。見二圖。大怒。裂碎而去。楊維楨名其樓曰虹月。◎【清】建陽人。朱熹十六代孫。輯有朱子文集大全類編。

朱・用行　【清】新建人。字翼承。有大易合參講義。

朱・用純　【清】集璜子。字致一。明末集璜殉難死。用純慕王褒攀柏之義。自號曰柏廬。其學確守程朱。知行並進。而一以主敬爲程。康熙中或欲以鴻博薦。固辭乃免。及卒。私諡孝定先生。所著治家格言。尤膾炙人口。有愧訥集及大學中庸講義。

朱・由崧　【明】常洵子。崇禎末襲封福王。京師陷。由崧避賊至淮安。鳳陽總督馬士英等迎入南京。稱監國。旋稱帝。號弘光。由崧性闇弱。湛於酒色。委任士英及阮大鋮。二人日以鬻官爵報私憾爲事。未幾。僞太子王之明獄起。左良玉舉兵武昌。以救太子誅士英爲名。而清兵亦至。由崧走至蕪湖被執。死於北方。

朱・由榔　【明】常瀛子。崇禎時封永明王。亦稱桂王。清兵取汀州。唐王聿鍵被執。兩廣總督丁魁楚・廣西巡撫瞿式耜等。推由榔監國。旋立於肇慶。號永曆。兵敗奔南寧。爲孫可望所劫。遷居安隆所。李定國至。奉由榔走雲南。後逃入緬甸。緬人執送清軍。爲吳三桂所殺。

朱・亥　【戰國魏】大梁人。有勇力。隱於屠肆。侯嬴薦之公子無忌。秦兵圍趙。無忌欲救之。使亥袖四十斤鐵椎擊殺晉鄙。奪其軍。遂退秦兵存趙。

朱・亦棟　【清】上虞人。原名芹。字獻公。號碧山。乾隆舉人。官平陽訓導。有十三經札記・羣書札記。

朱・休度　【清】秀水人。字介裴。號梓廬。乾隆舉人。知山西廣靈縣。有善政。尤善決獄。有訴曲直者。折以數語。輒悅服去。嘉慶間引疾歸。有學海觀瀾錄・皇本論語經疏考異・小木子詩集。

朱・先　【明】嘉興人。嘉靖時起家武舉。募海濱鹽徒爲一軍。隸胡宗憲。屢勝倭寇。以功授都司。宗憲被逮。先解官護行。御史按福建巡撫王詢侵軍費。檄先證之。先不從。坐論死繫獄。時論以爲有國士風。萬曆初用薦起廣東福建總兵官。以年老謝事歸。

朱・光　【宋】滏陽人。後徙河曲。宋初以翊戴功爲龍捷右廂指揮。乾德中河決。奉詔治河。製祝文誓神。祝畢伐鼓。萬夫齊力。決河遂塞。◎【元】諸暨人。字吉甫。元兵下江南。遺裨將至縣招撫。光與同邑張軫等率鄉兵抵禦。被執。不屈死。

朱光庭　宋景子。字公掞。嘉祐進士。哲宗卽位。司馬光薦爲左正言。首乞罷提舉常平官保甲青苗等法。又劾章惇・蔡確鉏。宣仁后喜其守正。遷左司諫。後貶知潞州卒。光庭始學於孫復。後從二程於洛。其爲諫官。奮不顧身。以衞師門。時稱洛黨之魁。

朱光普　宋汴人。字東美。南渡補入畫院。善畫村田故實。兼善山水。

朱全忠　後梁見梁太祖條。

朱全昱　後梁太祖長兄。少與母寄食劉崇家。及太祖貴。乃歸宣武。封廣王。太祖將受禪。有司備禮前殿。全昱視之。顧太祖曰。朱三。爾作得否。爾碭山一民。天子用汝爲四鎭節度使。於汝何負。而滅唐家三百年社稷乎。太祖不悅。全昱亦不樂在京師。常居碭山故里。貞明中卒。

朱匡業　南唐延壽子。李昪輔吳。拔爲軍校。積功至神衞統軍。周侵淮南。以匡業爲內外巡檢使。嚴而無私。犯令無所貸。李璟時貶撫州團練使。煜嗣位。召拜神武統軍。加中書令卒。

朱吉　明德潤子。字季寧。洪武中以薦授戶科給事中。首疏請寬胡藍黨禁。以安反側。後以善書改中書舍人。尋改侍書。出爲湖廣僉事。有文學。著三畏齋集。

朱后　北周吳人。名滿月。宣帝爲太子。后被選掌帝衣服。帝年少。召而幸之。遂生靜帝。后本非良家子。又年長於帝十餘歲。以靜帝故。特尊崇之。班亞楊皇后。隋開皇初出爲尼。名法淨。

朱同　明升子。字大同。號朱陳村民。又號紫陽山樵。洪武中舉明經。仕爲禮部侍郎。有文武才。工圖繪。時稱三絕。懿文太子愛其書。甚重之。坐事死。有覆瓿集。

朱同善　元義烏人。字聖與。從許謙講究經旨。學者稱爲裕軒先生。

朱在　宋熹季子。字叔敬。以恩補承務郎。歷官至工部侍郎。侍經筵日。讀父四書。帝訪問不已。因請黜揚雄。乞以二程張載從祀。帝嘉納之。

朱圭　清吳縣人。字上如。雕刻書畫。精細工緻。以河南畫家淩源所繪淩煙閣功臣像。影而雕刻之。尤爲絕倫。選入養心殿供事。以効力得官。授鴻臚寺序班。

朱多炡　明權六世孫。字貞吉。號瀑泉。封奉國將軍。善詩歌。行草宗米芾。兼工山水寫生。嘗變姓名曰來相如。字不疑。蹤跡遍吳楚。卒。私謚清敏先生。有五游・勧游諸集。

朱多煃　明權六世孫。字用晦。封奉國將軍。因南昌余曰德入七子詩社。王世貞作續五子詩。多煃與焉。有朱用晦集。

朱多煩　明南昌人。權之裔。字以昭。號斗齋。有古雪齋近稿。

朱多燌　明權六世孫。字宗良。以詞賦名。草書宗孫虔禮。筆法茂密。其詩初名石闌館稿。王世貞改題爲國香。

朱多燌　明宗室。字恆佐。號崇謙。一號覺菴。封奉國將軍。家有清暉樓。法書名畫。盈積几架。善畫墨菊及仙道人物。力學不倦。

朱如日　清蓮花廳人。字洞彝。號荷軒。有大易理數觀察。

朱存　後梁太祖仲兄。初與太祖俱從黃巢攻廣州。存戰死。太祖卽位。追封朗王。⊙南唐金陵人。保大時嘗取吳大帝及六代興亡成敗之迹。作覽古詩二百章。地志家多援以爲證。

朱存理　明長洲人。字性甫。博學工文。聞人有異書。必訪求。以必得爲志。纂集鐵網珊瑚・野航漫錄・吳郡獻徵錄・旌孝錄・鶴岑隨筆等書。

朱安泧　明橚玄孫。弘治初封博平王。勤於治生。賓客造門。傾己納之。時稱名德。輯有貽後錄・養正錄諸書。

朱安沠　明橚玄孫。官將軍。一歲喪母。事父以孝聞。兼精名理。與中尉睦㮮齊名。人稱睦㮮爲大山。安沠爲小山。

朱守仁　明徐州人。字元夫。元末以保障功官樞密同知。洪武問徵爲工部侍郎。尋以餽餉不繼。謫蒼梧知縣。進知容州・高唐州。皆有善政。知楚雄府九年。境內大治。拜太僕卿。首請立草場於江北滁州等處。牧放馬匹。馬大蕃息。馬政之修。自守仁始。

朱守殷　後唐少事莊宗爲奴。名會兒。莊宗卽位。以守殷爲軍使。好言人陰私長短以自給。遷蕃漢馬步軍都虞候使。郭從謙作亂。莊宗急召守殷軍。守殷按軍不動。聞莊宗已崩。遣人趣明宗入洛。遷宣武軍節度使。明宗幸汴州。守殷不自安。乃閉城反。兵敗自殺。

朱守謙　明文正子。少名鐵柱。又名煒。封靖江王。國桂林。守謙知書而好比羣小。粵人怨咨。召還戒諭之。守謙作詩怨望。太祖怒。廢爲庶人。尋復其爵。累徙雲南鳳陽。復以罪錮京師卒。

朱异　梁選之子。字彥和。徧覽五經。尤明禮易。以明山賓薦。召直西省。兼太學博士。甚爲武帝所重。累遷散騎常侍。加侍中。方鎭改換。朝儀國典。詔誥敕書。並爲所掌。异博解多藝。圍棋上品。而貪財冒賄。欺罔視聽。在朝莫不側目。及侯景降。魏相高澄欲更申和睦。异以和爲允。武帝從之。景累啓絕和。不聽。遂舉兵反。以討异爲名。异慚憤卒。有禮易講疏及儀注文集。

朱有合 〔清〕桂陽人。年十四刲股愈母病。從叔居六里外。宵必定母寢。終母身勿衰。妻胡無子。誓弗納妾。曰是與吾共事母者也。後竟舉四子。

朱有燉 〔明〕橚長子。洪熙初襲封周王。博學善書。爲世子時。有東書堂法帖。尤工詞曲。著誠齋樂府傳奇若干種。音律諧美。有金元風範。又有誠齋錄。誠齋新錄諸集。卒諡憲。

朱有爌 〔明〕橚子。永樂初封鎮平王。嗜學工詩。作道統論數萬言。又採歷代公族賢者作賢王傳。

朱朴 〔唐〕襄陽人。以三史舉。乾寧初爲國子博士。爲人木強無他能。道士許巖士出入禁中。言朴有經濟才。昭宗召見。對以經義。甚悅。卽日拜諫議大夫。同中書門下平章事。數月。巖士爲韓建所殺。朴貶郴州司戶參軍卒。◎〔明〕海鹽人。字元素。工詩。有西郵詩集。

朱次琦 〔清〕南海人。字子襄。號稚圭。咸豐間以進士知襄陵。煦民若子。訓諸生猶師。其去也民皆懷之。隱居九江鄉。以啓迪後進爲務。學者稱爲九江先生。有論史口說．大雅堂詩集。次琦之學。平實敦大。不爲性命高談。居家孝友。居官慈惠。當辭受取與去就之交。則介然有執。工八法。晚年疾作。盡燔其稿。人得其寸紙隻字。珍以爲寶。

朱江 〔清〕江都人。字東注。有讀易約編。

朱汝諧 〔元〕濮州人。父子明。嘗命與兄汝弼別產。子明卒。汝弼家盡廢。汝諧泣請共居。又迎養仲父子昭．子玉甚謹。鄉人義之。州縣以名聞。表其閭。

朱百年 〔南朝宋〕山陰人。家貧。母以冬月亡。衣無絮。百年自此不衣綿帛。嘗寒時就孔凱宿。凱以臥具覆之。百年不知。旣覺引去。謂凱曰。綿定奇溫。因流涕悲慟。百年知玄理。工詩。親亡。攜妻孔氏入會稽南山。以樵採爲業。常以薪置路傍。行人知是朱隱士所賣。留錢而去。累徵不就。卒於山中。太守以米百斛餉孔氏。孔氏遣婢詣郡門。奉辭固讓。時人美之。以比梁鴻妻。

朱百度 〔清〕寶應人。字午橋。有漢碑徵經。

朱缶 〔宋〕邵武人。大觀進士。知柳州。恥出秦檜之門。以母老乞歸。屢召不起。號悠然居士。

朱聿鍵 〔明〕太祖八世孫。崇禎中襲封唐王。國南陽。以倡義勤王得罪錮高牆。福王立。被赦出。鄭鴻逵等奉入閩。稱監國。遂立於福州。號隆武。以蘇觀生．黃道周爲大學士。時李自成竄死。其衆降於聿鍵。一時增兵十餘萬。聿鍵發福州。駐延平。擬出師江西。淸兵克延平。聿鍵走至汀州。被執死。

朱行先 〔五代吳越〕海鹽人。字蘊之。善射。時人稱曰小由基。事湖州刺史高彥。屢立戰功。彥子澧敗。率衆歸吳越。爲靜海鎮遏使。在鎮恩威並行。寶大初卒。

朱衣 〔明〕漢陽人。字子宜。正德進士。授御史。淸軍江北。値大饑。人相食。衣便宜賑濟。全活甚衆。是時方爭大禮。世宗召羣臣議門下。衣直言忤張璁。罷職家居。

朱伺 〔晉〕安陸人。字仲文。少有武勇。以謙恭稱。陳敏作亂。陶侃時鎮江夏。以伺能水戰。署爲左甄。破敏前鋒。以功封亭侯。又隨侃討杜弢有功。累加廣威將軍。領竟陵內史。王廙代侃爲荆州。遣伺歸。爲杜曾等所圍。被創卒。

朱佐日 〔唐〕吳郡人。兩登制科。三爲御史。武后嘗吟詩曰。白日依山盡。黃河入海流。欲窮千里目。更上一層樓。問是誰作。李嶠對曰。御史朱佐日詩也。賜綵百疋。轉侍御史。

朱伯起 〔宋〕師事永嘉鄭伯熊。伯熊稱其醇實近道。嗜地理學。著書二十篇曰陰陽精義。葉適爲之序。

朱伯陽 〔宋〕歙人。字士元。嘉定間推恩補將仕郎。調湖州長興簿。邑俗悍戾。伯陽以柔道化服之。咸稱曰佛子。官至朝奉大夫。

朱伯驥 〔明〕通山人。號南溪。成化鄉舉。爲廣州推官。往從陳獻章游。棄官歸。日課其子。橫經講學。時放歌山谷。自適其志。

朱克融 〔唐〕滔孫。爲張弘靖偏校。長慶初幽州亂。囚弘靖。推克融領軍務。詔以劉悟爲節度使馳往。而瀛冀皆附克融。悟不得入。因以克融代之。敬宗初遷檢校司空。封吳興郡王。軍亂被殺。

朱吾弼 〔明〕高安人。字諧卿。萬曆進士。官南京御史。有直聲。時禮部侍郎郭正域以楚事繫。吾弼抗章申理。忤旨。遂移疾去。召爲大理右丞。熹宗立。召還。累遷南京太僕寺卿。爲御史吳裕中劾罷。

朱孝純 〔清〕倫瀚子。字子穎。號海愚。乾隆進士。累官兩淮鹽運使。能畫。詩力雄放。姚鼐．王文治盛推服之。有寶扇樓詩集。

朱完 〔明〕南海人。字季美。自號白岳山人。萬曆末諸生。家富饒。任俠好義。賓客到門。不問貴賤。無不款接。工詩。善畫墨竹。得蘇軾法。有虹岡漫錄．白岳山人集。

朱宏仁 〔清〕清豐人。字完一。雍正進士。知昌樂縣。居官持大體。折獄務察情實。在任四年。民大悅。去官後。以事過縣。民相率逆諸境。數千里不絕。

朱・宏祚 清昌祚弟。字徽蔭。一字厚庵。順治舉人。任盱眙令。以卓異擢刑部郎。發奸摘伏。寃獄多所開釋。累遷至僉都御史。巡撫兩粵。首革庾嶺役夫。請裁粵東芻茭扉屨浮徵至百餘萬。上鹽法八疏。悉中機宜。改督浙閩。後修南河。卒於工所。

朱・希周 明崑山人。徙吳縣。字懋尙。弘治初殿試第一。累遷禮部右侍郎。時方議大禮。數偕其長爭執。廷臣諫去本生之號。皆跪伏左順門。希周走告諸閣臣曰。羣臣伏闕。公等能坐視乎。亦與羣臣伏闕以請。嘉靖中遷南京吏部尙書。與桂萼不協。乞休。卒諡恭靖。

朱・希眞 宋延康朱將仕女。小字秋孃。年十六。適同邑商人徐必用。徐頗解文義。久客不歸。希眞作閨怨詞。有名於時。

朱・希晦 元樂清人。至正末隱居瑤州。與四明吳主一・蕭臺趙彥銘游詠雁山中。稱雁山三老。有雲松巢集。

朱・希彩 唐大曆初隸幽州盧龍節度使李懷仙爲兵馬使。尋殺懷仙而代之。封高密郡王。既得位。暴橫自恣。無禮於朝廷。爲孔目官李瑗所殺。

朱・序 晉義陽人。字次倫。世爲名將。興寧中爲梁州刺史。鎭襄陽。苻堅遣將來攻。城陷。序被執。後謝石與堅戰肥水。序唱言堅敗。遂大潰。序乃得歸。拜龍驤將軍豫州刺史。

朱・延壽 唐舒城人。楊行密妻弟。驍勇善戰。人稱朱三郎。積功至壽州團練使。昭宗在鳳翔。擢奉國軍節度使。田頵附朱全忠。陰約延壽絕行密。行密佯病目。召延壽至揚州。擒殺之。

朱・延禧 明聊城人。字允修。萬曆進士。歷官禮部右侍郎日講官。熹宗稱爲講官第一。拜東閣大學士。累遷吏部尙書。以論楊漣等爲魏忠賢所嫉。嗾言官劾之。辭歸。卒諡文恭。

朱・廷旦 明嘉善人。字爾兼。號旋菴子。天啓貢生。有擣堅錄。

朱・廷立 明伯騏子。字子禮。號兩崖。受學王守仁。登嘉靖進士。巡順天。督修河道。四川土酋亂。廷立戰平之。捷聞賜金幣。旋督北畿學政。倡正學。精藻鑑。人稱朱夫子。以禮部右侍郎致仕。有鹽志・馬政志・家禮節要・兩崖集。

朱・廷煥 明單縣人。字中白。崇禎進士。歷官大名知府。流賊劉宗敏移檄諭降。廷煥作書其父。然後縛僞使。以大礮向賊營擊之。賊怒。城陷。支解之。

朱・廷鄗 明桂七世孫。崇禎中爲鞏昌府通判。署秦州事。有廉直聲。流賊陷秦州。被執。賊欲活之。大呼曰。今日惟求一死。遂見害。

朱・廷熺 清富平人。字山輝。順治進士。官至河南布政司參政。有循寄堂詩稿。

朱・廷聲 明進賢人。字克諧。弘治進士。正德中官御史。時中官橫恣。廷聲與同官趙佑等交章極論。劉瑾指爲奸黨。勒罷之。嘉靖中終刑部右侍郎。

朱・志㙺 明樉孫。宣德中襲封秦王。好古嗜學。卒諡康。有默菴集。

朱・成 清吳縣人。字聖和。號澗東。寫蘭風韻清疎。別開生面。工詩。

朱・成點 清湖南寧鄉人。字司衡。諸生。有寧遠堂詩集。

朱・冲 晉南安人。字巨容。少有至行。好學而貧。常以耕藝爲事。咸寧中召補學士。不應。每聞徵書。輒逃入深山。冲居近夷俗。羌人奉之若君。冲亦以禮讓爲訓。邑里化之。路不拾遺。⊙宋蘇州人。狡獪有智數。以善治園圃名。蔡京居錢塘。過蘇。欲建僧寺。冲願獨任。京器其能。以冲及其子勔姓名屬童貫竄置軍籍中。皆得官。遂與勔相濟爲惡。

朱・沆 清大興人。字達夫。官兩淮運判。工畫山水人物。尤善草書。

朱・彤 前秦京兆人。以王猛薦爲尙書侍郎。領太子庶子。積戰功拜祕書監。嘗請苻堅誅鮮卑。堅不從。後勸堅銳意攻晉。卒致敗滅。

朱・良 宋吳郡人。字良伯。少穎悟。中世儒科。建炎中爲海鹽尉。金兵入境。良集所部百餘人奮擊金兵。衆爲披靡。力不敵。竟死。

朱・良育 明吳縣人。字叔英。正德間貢生。有草堂詩集。

朱・良實 元吳江人。字子誠。讀書好古。入明隱居不仕。以詩文自娛。號百拙老人。有松陵續集・濡唱稿。

朱・見浚 明英宗第七子。封吉王。國長沙。刻先聖圖及尙書於嶽麓書院。以授學者。卒諡簡。

朱・見澍 明英宗第五子。封秀王。國汝寧。長史劉誠獻千秋日鑑錄。見澍朝夕誦之。就藩時。慮途中擾民。令幷日行。卒諡懷。

朱・見濟 明景帝太子。初英宗北狩。立見深爲皇太子。而以景帝監國。帝卽位。久欲易太子。會廣西土目黃竑以私怨殺其兄。欲迎合帝意以自解。乃上疏請易太子。疏入。帝大喜。乃更封見深爲沂王。立見濟爲太子。卒諡懷獻。憲宗立。降稱懷獻世子。

朱・邑 漢舒人。少爲桐鄉嗇夫。廉平不苛。吏民愛敬之。舉賢良。遷北海太守。治行第一。入爲大司農。病且死。屬其子曰。我故爲桐鄉吏。其民愛我。必葬我桐鄉。後世子孫奉嘗我。不如桐鄉民。及死。其子葬之桐鄉西郭外。民果共爲起冢立祠。歲時祀祭不絕。

朱・邦　明字正之。號九龍山樵。亦稱隱叟。工畫山水人物。與鄭顚仙張路學齊。

朱邪・赤心　唐執誼子。執誼死。赤心嗣。遷朔州刺史。龐勛亂。以突騎三千從康承訓敗之。勛平。進大同軍節度使。賜氏李。名國昌。後得罪。與子克用奔韃靼。會黃巢反。赦還。討賊有功。進代北軍節度使。

朱邪・執誼　唐沙陀人。元和初款靈州塞。節度使范希朝以聞。詔置陰山府。以執誼爲府兵馬使。帝伐鎭州。執誼爲前鋒。又隸李光顏破蔡人。留宿衛。拜金吾將軍。

朱・並　後漢山陽人。承望中常侍侯覽意旨。告張儉與同鄉二十四人別相署號。共爲部黨。圖危社稷。

朱・京　宋軾子。字世昌。博學淹貫。登進士甲科。爲太學錄。神宗數召見論事。擢監察御史。風神峻整。見者目爲眞御史。官至國子司業。

朱・典楧　明太祖七世孫。嘉靖中襲封伊王。國洛陽。在國多不法。常奪民舍以廣其居。築崇臺連城擬帝闕。強取民間子女七百餘。詔禁典楧高牆。除世封。

朱・協　宋昂弟。以純謹著稱。仕至主客郎中・雍王府翊善。告老歸。兄弟皆眉壽。知府陳堯咨署其居曰東西致政坊。

朱・周生　清江蘇華亭人。有詩畫癖書癖茶癖酒癖。少有俠概。足跡半天下。著秋興譜。

朱・奇穎　清嘉定人。字九愚。順治拔貢。官平遙知縣。有周易纂註。

朱・奇齡　清海寧人。字與三。號拙齋。康熙貢生。有春秋測微・拙齋集。

朱・季平　三國吳善書。

朱・季埈　明楨孫。正統中襲封楚王。事母鄧妃至孝。英宗賜書獎譽。卒諡憲。嘗著東平河間圖贊。爲士林所誦。又有駛秀軒集・維藩清暇錄。

朱・孟約　明臨川人。善畫蘭蕙竹石。

朱・孟震　明新淦人。字秉器。隆慶進士。官副都御史。巡撫山西。有河上楮談・汾上續談・浣水續談・游宦餘談・朱秉器集・玉笥詩談。

朱・定安　明吉子。字士隆。工古篆。嘗積其書草瘞之。名曰篆冢。春坊吳均有篆冢記。弟章安。永安。亦善篆札。皆清修篤學。不墜其家聲。

朱・宗文　元信安人。字彥章。嘗充蒙古字學弟子。有蒙古字韻。

朱・宗洛　清無錫人。字紹川。乾隆進士。知天鎭縣。有易經觀玩篇。

朱・宗翼　宋供奉畫院。工畫山水人物。兼善寫照。

朱・尙雲　清上元人。字槐里。別號羽南。明季諸生。明亡後。常閉戶涕泣。晚學浮屠法。有羽南集。

朱・忠亮　唐浚儀人。字仁輔。事昭義節度使薛嵩爲裨將。朱泚亂。率麾下四十騎至奉天。封東陽郡王。爲定難功臣。憲宗立。授涇源四鎭節度使。改封丹陽。卒諡靈。

朱・承綵　明樗爵孫。字國華。居金陵。以文彩風流厚自標植。萬曆中開大社於金陵。會海內名士百二十人。授簡賦詩。秦淮妓女馬湘蘭以下四十餘人侍宴。一時傳爲豔事。

朱・承錫　清秀水人。字九思。號香山。善畫山水。兼工人物寫眞。

朱・承爵　明江陰人。字子儋。號舜城漫士。又號左庵。爲文古雅有思致。能畫。好蓄書。嘗以愛妾換宋刻漢書云。有存餘堂詩話・灼薪劇談。

朱・放　唐襄州人。字長通。隱居剡溪。貞元初召爲拾遺。不就。有詩一卷。

朱・昂　宋葆光子。字舉之。少好讀書。時朱遵度稱朱萬卷。昂稱小萬卷。眞宗時累官翰林學士致仕。閒居以諷誦爲樂。自稱退叟。有資理論。及卒。門人諡曰正裕先生。

朱・昂之　清文嶸子。字青立。號津里。善山水。間寫花卉梅竹蘭石。清逸超縱。行草爲時所珍。

朱・昌祚　清高唐人。隸漢軍鑲白旗。字懋功。號雲門。康熙間官至直隸山東河南三省總督。遇事執法。無少婾嬰。鼇拜圈地。昌祚上疏極陳不便。鼇拜怒。率職逮問。矯旨立絞。鼇拜敗。特旨昭雪。諡勤愍。

朱・昌頤　清海鹽人。字朶山。道光進士。官至給事中。去官歸里。主講敷文書院。學者奉爲模楷。有鶴天鯨海稿。

朱・昆田　清彝尊子。字西畯。一字文盎。少有才稱。京師呼爲小朱十。工詩。有漁笛小稿。

朱・服　宋臨子。字中行。熙寧進士。元豐中爲御史。章惇欲見而用之。不可。尋劾之。紹聖初累官禮部侍郎。知廬州。坐與蘇軾游。貶興國軍。

朱・服遠　清雲南南寧人。積書萬卷。日以考定經史爲事。有聖門言行錄。

朱・松　宋婺源人。字喬年。中進士第。除祕書省正字。累官司勳吏部郎。秦檜決策議和。松與同列上章極言其不可。檜怒。風御史論松懷異自賢。出知饒州。未上卒。學者稱韋齋先生。有韋齋集。◉明太祖第二十子。封韓王。性英敏。恭謹無過。卒諡憲。

朱松妻　宋姓祝氏。事舅姑以孝謹聞。松卒。子熹年幼。祝氏辛勤撫教。俾知所向。家極貧。處之怡然。

朱杲 清無錫人。字曉蒼。乾隆進士。知諸城縣。不久告歸。囊無長物。工畫山水。

朱東光 明浦城人。字元曦。隆慶進士。官分巡淮徐道。嘗以老子在亳。莊子在濠梁。管子在潁。淮南子在壽春。爲編中都四子集。

朱杰 清浙江山陰人。字宸章。善寫照。

朱治 三國吳故鄣人。字君理。從孫堅討賊有功。已勸孫策平江東。領吳郡太守。建安中孫權表爲九眞太守。征討夷越。佐定東南。擒截黃巾餘類。拜安國將軍。封故鄣侯。

朱泚 唐昌平人。代宗時爲盧龍部將。節度使朱希彩爲下所殺。衆推泚知留後。代領其鎭。尋以弟滔攝後務。而自請入朝。德宗立。拜太尉。姚令言督兵過京。軍變。帝出奔奉天。令言遂奉泚爲皇帝。號大秦。建元應天。泚自將兵圍奉天。尋更號漢。改元天皇。李晟復京師。泚出走彭原。爲其部將所殺。

朱泙漫 周學屠龍於支離益。殫千金之家。三年技成。而無所用其巧。

朱炎 清海鹽人。字桐川。號笠亭。乾隆進士。官阜平知縣。有陶說及楓江。湖樓諸集。

朱牧 宋閩縣人。字子文。第進士。有文名。爲隆興府法曹。宋亡死之。鄉人私謚文貞先生。

朱玫 唐邠州人。少以材武爲州戍將。合兵討黃巢。以功擢晉州刺史。進邠寧節度使。封吳興侯。僖宗幸鳳翔。玫劫嗣襄王熅奉爲帝。自號大丞相。專決萬機。及王行瑜敗歸。聞購得玫者以邠寧節度畀之。即倍道趨長安。爲軍人所斬。

朱秉鑑 清浦城人。字清如。號鹿坪。乾隆進士。官福寧府教授。有茹古堂文集。

朱育 三國吳山陰人。少好奇字。仕郡門下書佐。嘗與太守濮陽興問對。條答會稽古今人物。及漢以來郡治遷徙。甚詳敏。後位至侍中。

朱肱 宋湖州人。自號無求子。善醫。尤邃於傷寒。徽宗朝授醫學博士。

朱虎 有虞氏八元之一。舜命益作虞。益讓於朱虎。

朱采 清嘉興人。字亮生。咸豐優貢。工技擊。明弈理。李鴻章器其才識。密疏薦之。累官雷瓊道。有清芬閣集。

朱金芝 清鄞人。字漢生。明亡後。別署道人。不知所之。學極博。尤長於易。能書。著作甚多。均佚不傳。

朱長文 宋吳縣人。字伯原。未冠舉進士。築室樂圃坊。著書不仕。吳人化其賢。名動京師。元祐中召爲秘書省。元符初卒。六經皆有辯說。又著吳郡圖經續記。墨池編。琴臺志。樂圃餘稿等書。

朱長生 後魏代人。孝文時爲員外散騎常侍。使高車。既至。高車王阿伏至羅責長生拜。長生拒之。至羅以兵脅之降。長生不爲動。積三歲乃得還。孝文以長生守節。拜河內太守。賜爵五等男。

朱長春 明烏程人。字大復。萬曆進士。官至刑部主事。有管子榷。

朱亮 明東吳人。字伯亮。號婁東散人。善寫山水。能識古器物及畫格高下。藉商以給衣食。故又號商潛。

朱亮祖 明六安人。元授義兵元帥。兵敗歸太祖。累功授廣信衞指揮使。攻陳友定。功最多。會攻桐廬。圍餘杭。遷浙江行省參政。副征南將軍廖永忠取廣東廣西。以功封永嘉侯。鎭廣東。亮祖勇悍善戰而不知學。所爲多不法。太祖召至。與其子暹俱鞭死。

朱俊格 明桂裔孫。嗜學。善隸文。聚書數萬卷。尤好古篆籀。手模六十餘卷勒石。名崇理帖。

朱俊嶸 明桂五世孫。字若訥。博學有盛名。不慕榮利。築居五姓湖。輕舟蠟屐。與諸名士登臨吟嘯。自號蘆花散人。

朱勃 後漢扶風人。字叔陽。官至雲陽令。勃少與馬援爲友。及援遇讒。勃以其爵土不傳。上書陳狀。明帝即位。賜勃子穀二千斛以旌之。

朱勇 明能子。性至孝。居喪哀毀。正統中從駕至土木戰死。追封平陰王。謚武愍。勇修幹魁顏。善騎射。待士卒有恩。尤重文士。工大書。縉紳咸推重之。

朱南桂 清長沙人。咸豐間由行伍從羅澤南軍。轉戰湖南湖北安徽江西等省。縱橫馳擊。所向披靡。同治間攻江寧。南桂由地道先破神策門。克之。官至歸德鎭總兵。卒諡勤勇。

朱南雍 明浙江山陰人。隆慶進士。萬曆初爲太僕卿。畫山水木石法沈周。倪瓚。清勁絕俗。

朱厚烷 明仁宗五世孫。嘉靖中襲封鄭王。讀書能文。世宗修齋醮。厚烷進四箴。演連珠十章。以神仙土木爲規諫。帝怒。適宗人祐橏求復郡王爵。怨厚烷不爲奏。摭四十罪。以叛逆告。遂削爵錮鳳陽。隆慶初復爵。萬曆中卒。謚恭。

朱厚章 清長洲人。一作崑山人。字以載。號藥亭。豪於才。能五官並用。乾隆時以廩生舉博學鴻詞。未與試卒。工書。有多師集。

朱厚煜 明高燧五世孫。正德中襲封趙王。性和厚。構一樓名思訓。常獨居讀書。文藻贍麗。自號枕易道人。嘉靖中卒。謚康。有居敬堂集。

朱·耷 【明】詳八大山人條。

朱·宣 【唐】下邑人。少販鹽爲盜。後隸曹全晸。以戰功積官天平軍節度使。朱全忠鎭宣武。以兄事宣。全忠已襲取滑州。欲并吞諸鎭。遂發兵攻之。宣敗走。爲葛從周所執。斬於汴橋下。(按舊唐書及舊五代史作朱瑄。此從新唐書及新五代史。)

朱·建 【漢】楚人。嘗爲淮南王黥布相。布欲反。諫止不聽。漢旣誅布。賜建號平原君。徙家長安。辟陽侯聞而納交。惠帝欲誅辟陽侯。建以計出之。孝文時淮南厲王誅辟陽侯。孝文聞建爲其策。使吏捕治。建自剄。

朱·建子 【清】彝尊從子。字辰起。有服制圖考。

朱·建平 【三國魏】沛國人。善相術。文帝爲五官將。坐上會客三十餘人。文帝問己年壽。又令徧相衆賓。後無不如其言。

朱·彥博 【宋】萍鄉人。嘉祐進士。通判順州。上神宗書。極言當世利害。歷知處虢解三州。所至有聲。嚴而不苛。明而不察。官吏畏之如神。

朱·恬焯 【明】胤移第五子。嘉靖中封鎭康王。自號西巖道人。工詩。萬曆中卒。謚恭裕。有西巖漫稿。

朱·恬燇 【明】胤移第七子。嘉靖中封安慶王。自號西池道人。樂善忘勢。立葆眞亭入子會。海內名士樂與之游。萬曆中卒。謚端懿。有嘉慶集。

朱·拱樋 【明】樋五世孫。字匡南。封奉國將軍。有瑞鶴堂集·爽臺稿。

朱·昭 【宋】府谷人。宣和末爲震武城兵馬監押。金人入寇。昭以死守。城將陷。召諸校謂曰。丈夫暴骨境內。一生之事畢矣。第妻子不可爲賊所汚。因令盡殺之。乃與賊戰。殺獲甚衆。馬蹶墜塹。伏劍死。

朱·柏 【明】太祖第十二子。封湘王。國荊州。性嗜學。開景元閣招納俊乂。日事校讐。膂力過人。嘗從楚王楨討古州蠻有功。尤善道家言。自號紫虛子。建文初有告柏反者。柏懼。闔宮焚死。謚戾。永樂初改謚獻。

朱·洪章 【清】黎平人。字煥文。咸豐間從曾國荃轉戰江西安徽。積功擢總兵。同治間從攻江寧。洪章率所部首先登城。城立拔。官至狼山鎭總兵。

朱·洪實 【後唐】以武勇累歷軍校。秦王爲元帥。頗寵待之。及秦王兵叩端門。洪實領兵出逐。時康義誠貳於秦王。陰銜之。遂以謀反互訐。愍帝不能辨。誅洪實。人皆以爲冤。

朱·洪範 【宋】熹從孫。字子翁。學易於胡師夔。登寶祐進士第。歷任縣尉·臨江軍教授·武夷書院山長。一以古道。釐鹽度日。俸有餘。輒以裨公用。嘗曰。士大夫居官得如假館授徒足矣。聞者高其廉。

朱·炳如 【明】衡陽人。字雅文。嘉靖進士。由御史出守泉州。單騎入境。與一老蒼頭相臥處。好獎拔士類。泉士比之眞德秀·王十朋。歷兩浙運使·陝西布政使。砥勵名節。坐不附張居正罷。

朱·珍 【後梁】豐人。少從太祖爲盜。及爲將。善治軍選士。破秦宗權。東并兗鄆。常勇出諸將。拜淄州刺史。後以殺李唐賓觸怒太祖。自縊死。

朱·紈 【明】長洲人。字子純。正德進士。嘉靖中累擢右副都御史。巡撫南贛。倭寇起。改提督浙閩海防軍務。巡撫浙江。旣至。首嚴通番禁。海濱始靡。紈憤閩浙勢家多庇賊。上疏言之。士大夫皆與爲怨。賄御史劾紈擅殺。罷職聽勘。紈聞。慷慨仰藥死。朝野痛之。有茂邊紀事·甓餘集。

朱·約佶 【明】守謙之裔。號雲仙。又號弄丸山人。專以修煉爲事。有觀化集。所載詩。皆論內丹之旨。

朱·約淳 【清】餘姚人。字博成。順治進士。官泰安知縣。有閱史津逮。

朱·胤移 【明】太祖六世孫。嘉靖中襲封瀋王。素嗜談禪。詩亦妙悟。自號南山道人。卒謚憲。有清秋唱和集·保和齋詩。

朱·胤樝 【明】胤移弟。有儁才。自號南岑道人。嘉靖中封德平王。萬曆中卒。謚榮順。有集書樓稿。

朱·芾 【明】松江華亭人。字孟辨。洪武初官編修。改中書舍人。善山水人物。能詩。工草書篆隸。

朱·英 【戰國楚】考烈王病。英說春申君黃歇殺李園。歇不聽。英恐禍及身。乃亡去。及王卒。園果殺歇。◎【明】桂陽人。字時傑。正統進士。授御史。景泰間議易儲。英泣陳不可。弗聽。總制兩廣。兼巡撫。首薦陳獻章膺辟召。招撫諸山猺獞。歸山復業。增戶口二十餘萬。累加太子少保。卒謚恭簡。◎【清】珪孫。字宣初。官山東知府。精六書。善畫。

朱·衍 【清】松江人。字蕉林。工詩畫。山水仿雲林。歷游閩粵燕晉。後客塞外。有交山堂集。

朱·重光 【明】浮梁人。以貲選任經歷。善畫喜鵲。數十年後。有彭生家黏於壁。鵲忽聚噪。其妻怪而焚之。

朱·修之 【南朝宋】序孫。字恭祖。以司徒從事中郎。隨到彥之北伐。留戍滑臺。遂陷於魏。太武嘉其守節。以爲雲中鎭將。妻以宗室女。後潛南歸。孝武初爲寧蠻尉。以敗南郡王義宣功封南昌縣侯。修之治身清約。凡所贈貺。一無所受。惟以撫納羣蠻爲務。位至太僕。卒謚貞。

朱·修來 【清】青浦人。字懷遠。號

愛林。父紹展早世。母郭氏守志撫孤。家貧甚。修來入塾。師講孝經至謹身節用。以養父母。卽終身誦述不衰。後備買奉母。有所獲。毋敢私。在肆力作不苟。動循禮法。人無間言。

朱·倉〔戰國魏〕辯士。魏太子嗚爲質於齊。王欲見之。倉謂王曰。何不稱病。臣請說嬰子曰。魏王之年長矣。今有病。公不如歸太子以德之。⊙〔後漢〕什邡人。字雲卿。受學於蜀郡張寧。飡豆飲水。諷誦不輟。同業憐其貧。資給米肉。終不受。爲郡功曹。州辟治中從事。以諷詠自終。有河洛解。

朱·倬〔宋〕閩縣人。字漢章。宣和中舉進士。除福建廣東西財用所屬官。忤秦檜。出教授越州。累遷尚書右僕射。金人犯江。陳戰備應三策。又策敵必妄意絕江。果如所料。孝宗卽位。降資政殿學士。致仕卒。⊙〔元〕建昌新城人。字孟章。至正進士。官遂安縣尹。壬辰寇至。吏卒逃散。倬獨坐公所以待盡。及寇焚廨舍。乃赴水死。有詩疑問。

朱·倫瀚〔清〕歷城人。隸漢軍正紅旗。字涵齋。又字亦軒。號一三。康熙武進士。乾隆間官至本旗副都統。工指頭畫。高麗國王嘗具厚幣乞畫。一時傳爲美談。能詩。有閒青堂集。

朱·夏〔元〕金谿人。字元會。一字好謙。游吳澄門。數舉進士不第。益杜門治經史。爲文不及於古不止。賀某在相位。欲薦入史館。不就。至正時紅寇起。竟罹其禍。有鳴陽集。

朱·娥〔宋〕上虞朱回女。母早亡。養於祖嫗。十歲時。里人朱顏與嫗競。欲殺嫗。娥哭前救護。嫗得脫。顏忿恚。斷其喉以死。會稽令董爲娥立像於曹娥廟。歲時配享。

朱·家〔漢〕魯人。以俠聞。所藏活豪士以百數。趨人之急。如己之私。嘗陰脫季布之厄。及布貴。終身不見。自關以東。莫不延頸願交。

朱·家仕〔明〕河州人。字翼明。崇禎進士。歷大同兵備副使。李自成犯大同。總兵姜瓖開門降。家仕盡驅妻妾子女入井。而已懷敕印從之。一家死者十六人。

朱·家民〔明〕曲靖人。字同人。萬曆舉人。歷任貴陽知府。著能聲。擢貴州監軍道。勦安邦彥之亂。建城十七座。更建盤江鐵鎖橋。以勦賊功世襲指揮使。

朱·容重〔明〕權九世孫。字子莊。封奉國中尉。隱居南昌蓼洲。善蘭竹小品。有礿吟草。

朱·宸濠〔明〕權玄孫。弘治中襲封寧王。交通肘腋。黨羽甚衆。時武宗無儲嗣。遊幸不時。人情危懼。宸濠遂謀亂。會帝遣人收其護衛。乃決計反。稱奉太后密旨。自南昌起兵。攻南康．九江。浮江東下。攻安慶。將據南京。王守仁巡撫南贛。以兵攻南昌。宸濠回救。守仁破擒之。誅於通州。

朱·射斗〔清〕貴筑人。字文光。乾隆間從征緬甸．金川。屢立戰功。在金川時經大小一百八十八戰。身被九創。殺敵無算。官至川北鎮總兵。臨陣奮勇。賊畏之。號爲朱虎。嘉慶間勦賊於蓬溪。沒於陣。諡勇烈。

朱·庭傑〔宋〕永福人。字世英。崇寧進士。建炎中爲北流令。值金人犯闕。官屬皆遁。庭傑堅守不動。城隅有水。度虜至必飲之。投以野葛。飲者中毒死。俄而他兵至。力不能拒。罵賊死之。

朱·恕〔明〕泰州人。字光信。樵薪養母。一日過王艮講堂。歌曰。離山十里。薪在家裏。離山一里。薪在山裏。艮聞而異之。恕聽艮講學。浸浸有味。每樵必造階下聽之。門弟子有宗姓者。貸以金。使別尋活計。不受。胡直爲學使。召之不往。以事役之。短衣徒跣入見。直與之成禮而退。

朱·振采〔清〕高安人。字冕玉。號纖梅。嘉慶舉人。博聞強識。爲阮元所稱。性伉直喜言事。江西大水。當事議發賑而未果。作沙井行以諷。時稱詩俠。藏書逾三十萬卷。留意桑梓文獻。尤汲汲治漢學。有服氏左傳解疏證．經典質疑．江城舊事．九芝仙館詩文鈔。

朱·振祖〔清〕彝尊曾孫。字繩武。號香谿。書宗歐陽。指墨花卉。生動可觀。又善度曲。

朱·書〔清〕宿松人。字字綠。文章雅健。尤熟於明代遺事。康熙時以選貢入太學。聲譽蔚然公卿間。尋舉進士。官編修。乞假歸。築室其邑之西山曰杜谿。有杜谿文稿。⊙〔清〕上海人。字擁予。號湘城。諸生。以醫名。好吟詠。旁通堪輿家言。有醫學述要．醫方一得。

朱·桓〔三國吳〕吳郡人。字休穆。孫權爲將軍。桓給事幕府。除餘姚長。有惠政。後爲濡須督。魏曹仁步騎奄至。桓以計破之。封新城侯。遷奮武將軍。桓輕財貴義。愛養吏士。卒之日。舉營號慕。

朱·桃椎〔唐〕成都人。澹泊絕俗。披裘曳索。人莫測其所爲。長史竇軌遺以衣服。逼爲鄉正。桃椎委地去。結廬山中。夏則裸。冬則緝樹皮自覆。贈遺無所受。每織芒屩置路傍。見者皆言朱居士屩也。易米置本處。輒取去。終不見人。高士廉爲長史。備禮以請。降階與之語。不答。瞪視而出。士廉拜曰。祭酒其使我以無事治蜀邪。乃簡條目。薄賦斂。州大治。

朱·桂〔明〕太祖第十三子。封代王。國大同。性暴。建文時以罪廢爲庶人。

成祖卽位。復爵。已復有告其不軌者。賜敕列其三十二罪讓之。桂已老。尙時時與諸子窄衣禿帽。遊行市中。袖錘斧傷人。正統中卒。謚簡。

朱·桂楨　清上元人。字幹臣。號樸庵。嘉慶進士。道光間官至廣東巡撫。兼治兩廣總督。在粵數年。莠民革面。西洋諸國奉約束惟謹。以病乞休。卒謚莊恪。

朱·浮　後漢蕭人。字叔元。年少有才能。從光武爲偏將軍。拜幽州牧。遂討定北邊。每辟召州中名宿。發諸郡穀贍其妻子。因此與漁陽太守彭寵有郤。爲寵所攻。入爲執金吾。尋爲大司空。封新息侯。好陵轢同列。永平中爲人所告。賜死。

朱·浚　宋熹孫。字深源。累官兩浙轉運使兼工部侍郎。尙理宗公主。元兵入建寧。浚與公主入福州。督與知府王剛中死守。迨剛中以城降。浚與公主俱飲藥死。

朱·淳甫　元濟陰人。工畫山水人物。樹石梅竹。俱有佳致。

朱·泰　宋武康人。家貧。鬻薪養母。一日入山。爲虎所攫。負之而去。泰已瞑眩。忽少醒。厲聲曰。虎爲暴食我。恨母無託爾。虎忽棄泰於地。匍匐而歸。母持以泣。鄉里聞其孝感。以金帛遺之。人目爲朱虎殘。

朱·泰貞　明海鹽人。字道子。萬曆進士。官至監察御史。有禮記意評。

朱·泰卿　宋桴弟。字亨道。師事陸九淵。嘗從鵝湖之會。謂朱熹欲人先博覽而後返之守約。九淵欲先發明其本心而後使之博覽。以此不合。然發明之說。不可誣也。

朱·珔　清涇縣人。字玉存。一字蘭坡。嘉慶進士。官至贊善。以母病歸。不復出。卒年八十二。有說文假借義證。文選集釋。小萬卷齋集等書。

朱·珪　清大興人。字石君。號南厓。乾隆進士。授仁宗學。官至體仁閣大學士。卒謚文正。性孝友。於經術無所不通。在官持大體。不親細務。清操亮節。海內仰之。

朱·寘淤　明太祖五世孫。成化中封鼒王世子。嘉靖中卒。謚靖。詩調高古。言邊塞事尤感慨有意。有星海集。

朱·祖文　明先孫。字完夫。自號三復居士。諸生。少負氣節。與周順昌善。順昌以閹禍被逮。祖文間行詣都。爲納饘粥湯藥。及徵贓令急。又爲之奔走稱貸。順昌櫬歸。祖文哀慟病死。有北行日譜。

朱·祖義　元廬陵人。字子由。有尙書句解。

朱·祐　後漢南陽宛人。字仲先。爲人質重。尙儒學。事光武爲護軍。從征河北。常力戰陷陣。累立奇功。拜建義大將軍。封鬲侯。

朱·祐杬　明憲宗第四子。封興王。國安陸。在藩嗜詩書。絕珍玩。卒謚獻。卒二年。世子厚熜入嗣大統。是爲世宗。世宗立。命禮官議追崇典禮。禮官執成例。不愜帝意。辯論紛紜。歷三年之久。卒用張璁。桂萼等言。尊爲皇考。廟號睿宗。羣臣聚哭闕下力諫。坐此下獄者二百餘人。史稱大禮議。

朱·祐榰　明憲宗第九子。封壽王。國德安。校尉橫擾市民。知府李重抑之。奏逮重。安陸民劉鵬隨重詣大理對簿。重卒得白。祐榰聞而悔之。後以賢聞。卒謚定。

朱·祐檳　明憲宗第六子。封益王。國建昌。性儉約。巾服澣至再。日一素食。好書史。愛民重士。無所侵擾。卒謚端。

朱·秩炅　明栴季子。正統中封安塞王。性通敏。過目不忘。善古文。自稱滄洲野客。又稱樗齋。有隨筆。

朱·素娥　明妓女。名斗兒。能詩。善畫山水。陳魯南授以筆法。與魯南聯句。爲時所稱。

朱翁　唐鄂州道士。精縮地法。築石穿池。環布藥蔬。手植松柏成十圍。與將士陳士明鄰。士明幼而勇。好鬭雞。每侮翁。翁曰。吾試與汝戲。飲之酒。使歸。士明家相去二三百步。自辰至酉不達。度其行逾五十里。顧視未百步。乃拜翁求恕。翁笑而去之。後不知所終。

朱·能　明鳳陽懷遠人。字士弘。嗣父職爲燕山護衛副千戶。沉毅有智略。從成祖靖難。屢建勳勞。永樂初累進左軍都督府左都督。封成國公。兼太子太傅。安南叛。率師討之。以疾卒於龍州。追封東平王。謚武烈。

朱·荃　清桐鄉人。字子年。號香南。乾隆中由生員舉博學鴻詞。授編修。視學四川。以事被劾。遂棄官走。不知所終。有香南詩鈔。

朱·豹　明上海人。字子文。正德進士。官至福州知府。有朱福州集。

朱·軒　清國盛次子。字韶九。號雪田。貢生。善書畫。工詩。

朱·高煦　明成祖第二子。輕趫善騎射。以雄武自負。成祖起兵靖難。高煦爲軍鋒。屢轉敗爲功。永樂初封漢王。國雲南。不肯行。時媒孽東宮謀奪嫡。以不法徙封樂安。益怨望蓄異謀。仁宗每優容之。至宣宗卽位。遂舉兵反。帝親征至樂安。高煦出降。錮於逍遙城。覆以巨鼎。燃炭炙殺之。

朱·高燧　明成祖第三子。封趙王。居守北京。侍寵多不法。成祖不豫。高燧令護衛指揮孟賢等結內侍造僞詔。謀進毒於帝。廢太子而自立。事發。賢等伏誅。高燧以太子力解得免。仁宗卽位。之國彰德。及宣宗擒高煦歸。錮運高墻。帝命收其護衞。卒諡簡。

朱·偓 後蜀長興初孟知祥命張武爲峽路行營招收討伐使。偓以善戰爲先鋒將。分兵趣黔涪二州。偓至涪。唐武泰節度使楊漢賓出走。遂取黔南。克涪州。黔涪底定。偓之力居多。

朱·健 明進賢人。字子强。博聞强記。與弟給事徽。長夕淬勵。期以著作名當世。鍾陵二朱。一時比之機雲軾轍。天啓舉人。授邵武推官。坐冤誣死。有蒼崖子。古今治平略。

朱·偁 淸熊弟。字夢廬。深得其兄畫法。

朱·勔 宋沖子。諂事蔡京。時徽宗垂意花石。勔語其父密取浙中珍異以進。後歲歲增加。至政和中極盛。舳艫相銜於淮汴間。號花石綱。勔擢至防禦使。豪奪漁取。流毒州郡者二十年。時謂東南小朝廷。遂有方臘之亂。靖康難起。欽宗黜之循州。遣使斬之。

朱·啓鴻 淸臨桂人。字少香。道光進士。知枝江縣。性恬靜。十年不調。時洪楊勢甚。啓鴻建議不能用。遂引疾歸。有搔痾集。

朱·國治 淸漢軍正黃旗人。順治中由拔貢知固安縣。以政最累擢江蘇巡撫。於江南錢糧案。殺諸生倪用賓等十八人。株連縉紳生監萬餘。後官雲南巡撫。吳三桂反。被害。

朱·國祚 明秀水人。字兆隆。萬曆進士第一。授修撰。進諭德。擢禮部右侍郎。時儲位未定。國祚爭國本至數十疏。後因災異請修省。被讒乞歸。光宗卽位。拜禮部尙書。兼東閣大學士。入參機務。素行淸慎。能持大體。世稱長者。乞歸卒。諡文恪。

朱·國盛 明松江華亭人。字敬韜。號雲來。萬曆進士。官至工部尙書。能畫。有南河志。

朱·國禎 明烏程人。一作國楨。字文寧。萬曆進士。天啓初拜禮部尙書。兼文淵閣大學士。魏忠賢竊國柄。國禎佐葉向高多所調護。及向高·韓爌相繼罷去。國禎爲首輔。累加太子太保。爲逆黨李蕃所劾。遂引疾去。卒諡文肅。有大政記·湧幢小品。

朱·國寶 元寶坻人。以水軍千戶累從世祖攻伐有功。宋張世傑由閩踏海。南恩新州何華·張翼舉兵興復。軍勢復盛。國寶率精銳擊破之。累遷輔國上將軍。以軍事至贛州。卒於傳舍。

朱·埜 宋熹次子。字文之。以蔭補迪功郎。差監湖廣德清縣戶部贍軍酒庫。卒贈朝散大夫。

朱·堅 淸浙江山陰人。字石梅。工畫梅。創造錫壺砂裏。精鐫刻。有壺史。

朱·寅仲 明雲南人。自號適意道人。晝專學北苑。得山水眞趣。

朱·崇德 明富平人。字沌菴。居鄉有厚德。流賊陷富平。脇崇德往長安。中道稱病。僵臥不起。賊見其老。以爲果病。聽之歸。自縊死。

朱·常洵 明神宗第三子。封福王。營洛陽邸第。費錢十倍常制。奪民田以自益。崇禎時日閉閤飲醇酒。所好惟婦女倡樂。李自成陷永寧宜陽。總兵王紹禹引兵至洛。賊至。紹禹親軍開門納賊。常洵被執遇害。諡恭。

朱·常浩 明神宗第五子。封瑞王。國漢中。性好佛。崇禎時流寇逼秦中。將吏不能救。遂奔重慶。隴西士大夫多挈家以從。張獻忠陷重慶。被執遇害。從死者甚衆。

朱·常淓 明翊鏐子。襲封潞王。國衞輝。崇禎中流賊擾秦晉河北。常淓疏請選護衞助守。捐歲入萬金資餉。不煩司農。時諸藩中能急國難者。推周潞二王。後賊躪中州。常淓轉徙至杭。降於淸。

朱·常瀛 明神宗第七子。封桂王。國衡州。崇禎末衡州陷。走廣西。居梧州。淸兵平江南。福王被執。在籍尙書陳子壯等將奉常瀛監國。會唐王立於福建。遂寢。卒諡端。

朱張 周字子弓。隱逸不仕。

朱·彬 淸寶應人。字武曹。號郁甫。乾隆舉人。少與劉台拱齊名。從事經傳訓詁聲音文字之學。性方正。人不敢干以私。有經傳考證·禮記訓纂·游道堂詩文集。

朱·得之 明靖江人。一作烏程人。字本思。號近齋。貢爲江西新城丞。邑人稱之。從學於王守仁。其學頗近於老氏。有參玄三語·莊子通義·宵練匣。

朱·悰 南唐師尹繼昭。與衞賢並以畫稱。

朱·晞 宋休寧人。字子淵。知廣濟。徙知靖州。言襄漢通吳蜀。宜移武昌大軍戍襄陽以控漢沔。孝宗嘉納之。

朱·朗 明蘇州人。字子朗。號淸溪。師文徵明。稱入室。時有金陵客寓於吳。遣童子送禮於朗。求作徵明贋本。童子誤送徵明宅。徵明笑而受之曰。我畫眞衡山。當假子朗可乎。一時傳以爲笑。

朱·桴 宋金谿人。字濟道。與其弟泰卿。皆年長於陸九淵而師事之。嘗與九淵泰卿同與鵝湖之會。

朱·梓 明太祖第八子。封潭王。國長沙。好學善屬文。嘗召府中儒臣設醴賦詩。親品其高下。賚以金幣。其妃於顯女。顯與其子琥坐胡惟庸黨誅。梓懼。與妃俱焚死。

朱梅閭 元善畫花竹。

朱·淸 元富陽人。字元之。自幼力學。以氣節自許。宋末。與熊李爲同門生。甚契。已而李以攻賈似道。投漳州。友朋莫敢往省。清獨往與之訣。且具酒食服用之需。覿護送出二千里外。及似道罷。李竟歸。清餞之江上。相見無一語相勞。第勉之以風節自終。至元間李居左掖。士趨附恐後。清獨漠然。若未始有一日之雅者。李敬遣人邀致之。卒不往。終以布衣居邑之東山。鄉人稱東山先生。

朱清仁 〔明〕黃州人。流寓南昌爲道士。號懷白。別號含素子。有含素子壓譚。

朱淑眞 〔宋〕錢塘人。一作海寧人。自稱幽棲居士。幼警慧。善讀書。嫁市井民家。抑鬱不得志。作詩多憂怨之思。宛陵魏端禮輯其詩詞。名斷腸集。

朱淛 〔明〕莆田人。字必東。號損巖。嘉靖進士。授御史。昭聖皇太后生辰。有旨免命婦朝賀。淛上疏力爭。時帝亟欲尊所生。而羣臣必欲帝母昭聖。疏入。帝怒。欲殺之。閣臣固請。乃杖八十。除爲民。有天馬山房遺稿。

朱深 〔清〕松江人。字雲璧。工畫山水。

朱理堦 〔明〕宗室。隆慶初襲封淄水王。工詩喜士。卒諡康僖。有滄海披沙集。

朱理 〔清〕涇縣人。字燮臣。號韶齋。乾隆進士。嘉慶間累官貴州巡撫。所至有善政。得民心。卒於貴陽。柩發。送者數十里不絕。

朱研 〔清〕休寧人。寓居吳縣。字子成。號紫岑。貢生。工篆書。一家子姪。以倚聲唱和。與諸名流詩酒流傳。吳中以爲佳話。

朱紹宗 〔宋〕隸畫院。工人物花鳥。描寫精邃。

朱紱 〔宋〕仙遊人。字君珉。治平進士。紹聖初章惇當國。人爭附之。紱獨陳正心誠意知人安民之說。除都官員外郎。以鄒浩貶贐金特厚。追一官勒停。後除給事中。編入元祐黨籍。

朱紳 〔明〕河州人。景泰進士。授江西道監察御史。勸閩郡王事。允協輿情。帝嘉之。即以御筆書之屏曰。御史朱紳。老成忠厚。陞浙江副使。巡督海道。有惠政。轉貴州左布政使致仕。自號遜辛老人。

朱翊鈺 〔明〕瞻墹六世孫。字匡鼎。自號隱眞子。萬曆中襲封樊山王。父載岑以文行稱。翊鈺世其家學。尤好爲詩。與弟翊鏊·翊鋆共處一樓。號花萼社。楚藩多強橫。獨樊山一派以文雅著。有廣讌堂集。

朱翊鏐 〔明〕穆宗第四子。封潞王。國衛輝。居京時。王店王莊徧畿內。比之藩。悉以還官。遂以內臣司之。皇店皇莊自此益侈。居藩多請贍田食鹽。田多至四萬頃。後福王常洵奪民田以益己。洛[illegible]騷然。實翊鏐爲之倡也。卒諡簡。

朱翌 〔宋〕龍舒人。字新仲。政和進士。紹興中爲中書舍人。秦檜惡其不附己。謫居韶州十九年。名山勝景。遊覽殆遍。有湘江集。

朱蒞恭 〔清〕休寧人。寓居長洲。字叔會。號桂泉。貢生。風神韶令。塡詞幽倩。

朱逌然 〔清〕義烏人。字肯甫。以翰林督湖南四川學政。所至有聲。官至詹事。卒於四川任。少治訓詁。通六書。廣王筠意爲說文廣例。復博綜名物。治毛詩周禮。及穀梁春秋。

朱凱 〔元〕字士凱。工樂府。有雜劇昊天塔行世。（按元曲選題無名氏撰。此據錄鬼簿。）◎〔明〕長洲人。字堯民。工詩畫。與同里朱存理齊名。人稱兩朱先生。有堯民集·句曲紀遊詩。

朱博 〔漢〕杜陵人。字子元。伉俠好交。爲督郵書掾。御史中丞陳咸下獄。博以計出之。由是顯名。成帝時歷櫟陽雲陽平陵長安四縣令。累遷冀幷二州刺史。行部決遣如神。入爲左馮翊。網絡張設。敢於誅殺。每易官。輒以奇譎服人。哀帝即位。拜御史大夫。代孔光爲丞相。封陽鄉侯。後以附傅晏下廷尉。自殺。

朱巽 〔宋〕荆門軍人。震弟。字子櫟。所學甚富。時號二朱。

朱勝 〔明〕湯溪人。字仲高。永樂舉人。累遷知蘇州。廉靜精敏。下不能欺。嘗曰。吏貪吾不多受賕。隸貪吾不行杖。獄卒貪吾不繫囚。由是公庭清肅。民安而化之。居七年。超遷江南左布政使卒。

朱勝非 〔宋〕蔡州人。字藏一。崇寧初以上舍登第。建炎中爲中書舍人。權直學士院。草制辭氣嚴重。上疏論仁義大柄。高宗嘉之。累官尚書右僕射。兼御營使。平苗傅·劉正彥之亂。保護之力居多。卒諡忠靖。

朱善 〔明〕豐城人。字備萬。號一齋。九歲通經史大義。能屬文。事繼母以孝聞。洪武初爲南昌教授。廷對第一。授修撰。累官至文淵閣大學士。終於家。正德中諡文恪。有詩經解頤。史輯·一齋集·遼海集。

朱寓 〔後漢〕沛人。與李膺。王暢等爲八俊。

朱弼 〔宋〕建州人。字君佐。初在南唐舉明經第一。知廬山國學。盧絳·劇鱉等飲博不還。患苦諸生。學官依違無敢問者。及弼至。一切繩以禮法。升堂講說。座下肅然。生徒自四方來者數倍平時。國亡後歸宋。補衡山主簿。秩滿。求爲南嶽令卒。

朱彭年 〔清〕富陽人。字仲鏗。號莘潛。同治進士。歷官江西興國·貴溪知縣。所至表章先賢。整飭風化。爲士民所愛戴。古文私淑惲敬。有春渚草堂詩文集。

朱敦儒〔宋〕洛陽人。字希眞。號巖壑。志行高潔。屢辭薦辟。避亂客南雄州。紹興初蘇諫言其深達治體。有經世才。召爲廸功郞。旣至。奏對稱旨。賜進士。累遷兩浙東路提點刑獄。敦儒善山水。工詩及樂府。有巖壑老人詩文集。獵較集。

朱普〔漢〕九江人。字公文。受歐陽尙書於平陵平當。爲博士。◎〔後漢〕廣都人。字伯禽。爲郡功曹。太守與刺史王寵有隙。枉被劾。普詣新都獄。掠笞數月。肌膚焦腐。卒證太守無事。敕其子曰。吾死。載喪詣闕。使天子知我心。

朱景〔宋〕鄖師人。字伯晦。舉進士。調榮澤簿。累遷知壽州。入爲光祿卿。所至有能績。臨卒。遺表皆經國大計。無一語及私。

朱景元〔唐〕吳郡人。官翰林學士。有唐朝名畫錄。

朱景英〔清〕武陵人。字幼芝。一字梅冶。晚號研北翁。乾隆舉人。官至北路理番同知。有畬經堂集。

朱景環〔五代吳越〕算術神妙。天寶中錢元瓘鎭中吳軍。景環居盤門驛上書云。莅任後法當三十年安寧。元瓘以其說甚遠。未之奇。至天福子丑間忽憶其事。召而叩之。曰。算數定矣。願大王計後事。已而竟如其言。

朱朝瑛〔清〕海寧人。字美之。號康流。晚號罍菴。明崇禎進士。知旌德縣。嘗從黃道周游。道周稱其沈靜淵懿。所目經史。洞見一方。入清。隱居不仕。康熙中卒。有五經略記。罍菴雜述。金陵遊草等書。

朱㭎〔明〕太祖第三子。封晉王。國太原。修目美髯。顧盻有威。多智數。然性驕。在國多不法。帝怒欲罪之。以懿文太子力救得免。時帝欲諸子習兵事。㭎與燕王尤被重寄。數命將兵出塞及築城屯田。卒諡恭。

朱植〔明〕太祖第十五子。封遼王。國廣寧。在邊習軍旅。屢樹軍功。建文中靖難兵起。召植還京。改封荆州。成祖卽位。以植初貳於己。削其護衞。卒諡簡。

朱森〔宋〕銳弟。工畫山水人物。

朱欽〔明〕邵武人。字懋恭。成化進士。累遷山東副使。所至有清望。弘治間吏部舉天下治行卓異者僅六人。欽與焉。武宗時歷右副都御史。巡撫山東。疏斥劉瑾。瑾銜之。因事逮問。斥爲民。瑾誅復官。

朱欽相〔明〕臨川人。字如容。萬曆進士。擢吏科給事中。熹宗時侯震暘論客氏。欽相抗疏繼之。帝怒放歸。後復官。巡撫福建。討賊梏六鰲三鍾六等有功。旋以忤魏忠賢除名。

朱無瑕〔明〕金陵妓。字泰玉。通文史。工詩善書。萬曆中秦淮有社。會集名士。無瑕詩出。人皆自廢。有繡佛齋集。

朱然〔三國吳〕治姊子。字義封。本姓施。爲治嗣子。累遷臨川太守。呂蒙病篤。薦然自代。因假節鎭江陵。魏曹眞等攻江陵。文帝自住宛爲其勢援。攻圍凡六月乃退。由是然名震敵國。封當陽侯。後拜左大司馬。右軍師。然氣候分明。內行修潔。出師輒有功。卒之日。孫權爲素服舉哀。

朱爲弼〔清〕休寧人。字右甫。號茮堂。嘉慶進士。由主事擢御史。屢上書言事。有直聲。累官漕運總督。所至卻供張。以淸操著。林則徐比之于淸端。時漕政積壞。交射利。爲弼剔弊速濟。行之稱便。有蕉聲館詩文集。積古圖釋。

朱琦〔清〕桂林人。字濂甫。號伯韓。道光進士。官編修。改御史。數上章言事。與蘇廷魁。陳慶鏞。號諫垣三直。洪楊事起。家居辦團練。張國樑之降。以全家保之。後以道員守杭州。城陷死難。詩古文以梅曾亮爲師友。有怡志堂集。

朱異〔三國吳〕桓子。字季文。以父任除郞。後拜騎都尉。代桓領兵。敗魏將文欽兵。遷揚武將軍。尋假節爲大都督。爲孫綝所害。

朱統鍥〔明〕謀㙉族子。字仲韶。工畫花卉。無塵俗氣。

朱舜庸〔宋〕建康人。好古博雅。嘗編金陵遺事。積二十年。自里巷口傳仙佛之書。無不硏綜。慶元中留守吳琚爲之銓次。目曰續建康志。

朱華圉〔明〕積七世孫。字仲叔。敦敏好學。崇禎末隱桃谿。易名陶范公。別號五湖長。有鸞湖桃谿二集。

朱虛〔清〕曹州人。字邵齋。號可菴。又號介菴。順治進士。官至紹興知府。善畫山水。有古今疏。

朱象先〔宋〕松陵人。字景初。號西湖隱士。善畫。馳名紹聖。元符間。

朱買臣〔漢〕會稽吳人。字翁子。家貧。賣薪自給。行歌誦書。妻羞之。求去。買臣曰。我年五十當富貴。今已四十餘矣。待我富貴。報汝功。妻不從。聽去。適田夫。武帝時嚴助薦買臣。拜會稽太守。乘傳入吳。見故妻與夫治道迎官。買臣命後車載其夫婦舍園中。給食一月。婦慙而縊。買臣後爲丞相長史。張湯行丞相事。陵折之。買臣怨。告湯陰事。湯自殺。帝亦誅買臣。◎〔南齊〕夏丘人。武帝卽位江陵。西魏入寇。兵至城下。胡僧祐出戰皆敗。買臣按劍進曰。惟斬宗懍。黃羅漢。可以謝天下。以二人勸帝都荆門。而不都建康也。

朱超石〔南朝宋〕齡石弟。果銳警

驕乘。進爛尺牘。爲桓謙行參軍。義熙中北伐。以超石爲先鋒。魏軍百餘俱發。超石以大槌槌之。遂進克蒲坂。除中書侍郎。封興平縣侯。關中亂。武帝遣超石慰勞河洛。濟河。與齡石俱沒。爲赫連勃勃所殺。

朱軫 漢 以舍人從高祖起沛。以隊帥先降翟王董翳。虜雍王章邯。封都昌侯。卒諡嚴。

朱進 漢 以執矛從高祖入漢。以中尉破曹咎。高后時以呂相封中邑侯。卒諡貞。

朱隆禧 明 崑山人。由進士歷順天府丞。坐大計黜。世宗好長生。隆禧因陶仲文以所傳長生祕術及所製香衲進。帝悅。賜白金飛魚服。加太常卿致仕。卒於家。隆慶初褫官。

朱集璜 明 崑山人。字以發。貢生。學行爲鄉里所推。教授弟子數百人。南京既亡。崑山議拒守。推舊將王佐才爲帥。集璜等共舉兵應之。城陷。投河死。

朱雲 漢 平陵人。字游。少輕俠。年四十。折節從師。受易。論語。能傳其業。元帝時少府五鹿充宗貴幸。爲梁丘易。雲與之論難。連拄五鹿君。諸儒語曰。五鹿嶽嶽。朱雲折其角。成帝時爲槐里令。上書願借上方劍。斬佞臣張禹。帝怒。欲斬之。御史將雲去。雲攀折殿檻呼曰。臣得從龍逢。比干游地下足矣。帝赦之。命勿易檻。以旌直臣。

朱雲翔 清 元和人。字遂佺。諸生。工詞。時謂擬之朱竹垞。可與代興。有蝶夢詞。

朱雲燝 清 江陵人。號蓴源。善畫山水。師同里郭士瓊。有畫鏡。

朱雲煇 清 雲燝從兄。字天霞。號嚼園。善畫花鳥山水。名聞荊楚。

朱勣 宋 建炎初以武校尉隨閣進至金。金人拘留使者散處之。勣分在粘罕所。數日。遽求妻室。粘罕令擇所擄內人妻之。取最醜者。不半月亡去。追還。含笑死梃下。蓋勣求妻者。所以固粘罕也。

朱嗣孟 宋 樂平人。字道鳴。宣和進士。爲廣德司戶。兼司理。叛卒戚方犯廣德。守奇嗣孟膽略。遣往招安。嗣孟詣賊壘。爲陳逆順禍福。方以迕己殺之。

朱嗣壽 元 仙居人。字得仁。少以文雄於曹。後棄去。從事於性命之旨。以躬行爲主。泰不華欲薦於朝。以祿不逮親力辭。晚治別業曰東園。蒔菊甚盛。學者稱鞠隱先生。

朱寘鐇 明 㮵曾孫。襲封安化王。素狂誕。正德中以誅劉瑾爲名。與其黨指揮周昂等舉兵反。遊擊將軍仇鉞。佯以兵隸賊營。乘昂來問疾。刺殺昂。因率衆縛寘鐇。檻送京師賜死。

朱嵩 清 浙江山陰人。字中峯。畫山水善用濕筆。由淺而深。由疎而密。望之極淋漓滃鬱之致。

朱廉 明 義烏人。字伯清。幼力學。從黃溍學古文。洪武初召修元史成。拜翰林編修。久之辭疾歸。取朱子語類摘其要。名曰理學纂言。

朱敬則 唐 仁軌弟。字少連。博學重氣節。咸亨中授洹水尉。武后稱制。遷正諫大夫。兼修國史。韋安石閱其草。歎曰。董狐筆也。進同鳳閣鸞臺平章事。張易之構魏元忠。無敢言者。敬則獨力救之。得不死。俄改成均祭酒。冬官侍郎。易之等繪武三思等十八人像以爲圖。欲引敬則。固辭不與。世潔其爲人。出爲鄭州刺史。貶涪州。代還卒。睿宗即位。追謚元。

朱敬鑴 明 楧八世孫。字進父。萬曆中官奉國中尉。有梅雪軒詩稿。

朱新堞 明 棡七世孫。家汾州。崇禎末由宗貢生爲中部知縣。有事他邑。署事者聞賊且至。亟欲解印綬去。新堞毅然受之。屬父老速去。誓必死。妻妾三人請先死。許之。有女數歲。拊其背而勉之縊。遂死難。

朱暉 後漢 南陽宛人。字文季。蚤孤。有氣節。同縣張堪於太學中見之。把臂語曰。欲以妻子託朱生。暉不敢對。堪亡後。暉聞其妻子貧困。自往候視。厚賑贍之。永平初爲衞士令。再遷臨淮太守。吏人畏愛。爲之歌曰。彊直自遂。南陽朱季。累遷爲尚書令。以老病乞身。和帝即位。竇憲北征匈奴。暉上疏諫。頃之病卒。

◎ 明 永子。字東陽。屢從永塞下。多歷行陣。弘治中嗣爵。分典神機營。火篩連小王子大入延綏。命暉佩大將軍印往禦。而以中官苗逵監其軍。暉貪緣受任。非制勝才。廷臣劾之。帝先入逵等言。皆被賚。武宗即位。復命暉禦寇宣府。以功加太保卒。

朱楷 後漢 山陽人。與田槃。疎耽等爲八及。靈帝時罹黨禍。

朱楨 明 太祖第六子。封楚王。國武昌。嘗與湯和。周德興討平銅鼓。思州諸蠻。時初設宗人府。以楨爲右宗人。永樂初進宗正。卒謚昭。

朱椿 明 太祖第十一子。封蜀王。國成都。博綜典籍。容止都雅。帝嘗呼爲蜀秀才。既之國。聘方孝孺爲世子傅。表其居曰正學。以風蜀人。永樂中卒。謚獻。有獻園集。

朱楩 明 太祖第十八子。封岷王。國岷州。改雲南。建文初西平侯沐晟奏其過。廢爲庶人。永樂初復王。與晟交惡。擅收諸司印信。殺戮吏民。詔削其護衞。洪熙初徙武岡。卒謚莊。

朱滔 唐 泚弟。初爲朱希烈主帳下。泚領節度。滔謀奪其兵。說泚入朝。詔以滔爲節度使。封通義郡王。

後與王武俊等僭立國號。滔號冀。爲盟主。及泚反。召滔趨洛陽。滔素強。調斂武俊等不能堪。武俊遂與李抱眞合兵擊滔。滔大敗。俄而京師平。滔不能軍。走還幽州。上書待罪。貞元初死。

朱・溫 【後梁】見梁太祖條。

朱溫母 【後梁】單父人。姓王氏。少寡。攜其三子。傭食蕭縣人劉崇家。溫從黃巢爲盜。後降唐破巢。鎭宣武。溫遣人迎母於崇家。封晉國太夫人。溫剛暴殺戮。母每誡之。多賴以全活。溫大順中卒。溫卽位。追尊文惠皇后。

朱・煥文 【宋】安吉人。字寶甫。弱冠有聲胄監。初署廸功郎。教授池州。後以湖州教授致仕。煥文明敏清麗。尤善於詩。有北山稿。

朱・煦 【明】仙居人。父季用。爲福州知府。洪武中詔逮積歲官吏赴京師築城。季用居官僅五月。亦被逮。病不能堪。時令嚴。訴枉者死。煦曰。等死耳。倘吾父因訴獲免。亦無憾。乃上疏奏訴。太祖憫其意。遂赦季用而復其官。

朱・瑞 【後魏】桑乾人。字元龍。長厚質直。敬愛人士。爾朱榮引爲大行臺郎中。甚見親任。以爲黃門侍郎。及元顥內逼。從車駕於河陽。除侍中。兼吏部尚書。莊帝還洛。封樂陵郡公。瑞善處朝廷間。帝頗賞遇之。時爾朱天光擁衆關右。帝以瑞爲西道大行臺。遂慰勞之。都督斛斯椿譖之於世隆。遂見殺。太昌初諡恭穆。

朱・瑤 【五代】字溫琪。畫學吳道玄。世稱神筆。

朱・瑛 【明】寶子。字君求。崇禎時以工畫名。山水蒼古有詩意。

朱・當沍 【明】檀玄孫。弘治初封歸善王。正德中流賊攻兗州。當沍乘城射卻之。降敕獎諭。名遂著。數與卒袁質、舍人趙巖校射。仇者告變於楊一清。帝遣吏按問。無所得。乃以違祖制廢爲庶人。送之高牆。當沍卽日觸牆死。聞者傷之。

朱・睦㮮 【明】橚五世孫。字灌甫。號西亭。封鎭國中尉。覃精經學。尤邃於易春秋。萬曆中舉周藩宗正。初明代藏書之富。推江都葛氏、章丘李氏。睦㮮傾貲購之。起萬卷堂諷誦其中。論者以方漢之劉向。學者稱西亭先生。有五經稽疑、授經圖傳、韻譜、明帝世表、周國世系表、建文遜國褒忠錄、陂上集諸書。

朱・稚征 【明】纓季子。號三松。善畫山石叢竹。尤善畫驢。刻竹亦精。

朱・筠 【清】珪弟。字竹君。一字美叔。號笥河。乾隆進士。由翰林院侍讀學士降編修。博聞宏覽。好獎掖後進。承學之士。望爲依歸。所居椒花吟舫。聚書至數萬卷。好金石文字。著十三經文字同異未成。書法參六書。有隋以前體。詩文曰笥河集。

朱・粲 【隋】亳城父人。隋大業中從軍伐賊長白山。亡命爲盜。號可達汗賊。自稱迦樓羅王。度淮。屠竟陵、沔陽。轉剽山南。僭號楚帝。建元爲昌達。所至殘戮無遺。軍匱。掠婦人小兒烹食之。兵敗奔菊潭。乞降高祖。尋奔王世充。東都平。斬洛水上。

朱・蕑 【元】錢塘人。字敬之。善畫枯木竹石。

朱・與言 【明】萬安人。字一鶚。永樂進士。宣德中歷四川副使。以平合州盜擢合州同知。正統初召爲南京右副都御史。年老致仕卒。與言剛方廉愼。爲政務大體。數建白。多切時弊。

朱・董祥 【清】長洲人。字熊占。有讀禮紀略、經史辨疑。

朱・葆光 【唐】渼陂人。天復末徙家南陽。朱全忠篡唐。葆光與唐舊臣顏蕘、李濤輩挈家南渡。寓潭州。每正旦冬至。必序立南嶽祠前。北望號慟。殆二十年。後濤北歸。葆光遂家於衡。

朱・萬年 【明】黎平人。萬曆舉人。知萊州府。有惠政。崇禎中叛將李九成來犯。萬年率衆固守。城陷被執。不屈死。

朱・裕 【元】延陵人。字敏道。畫山水師李成。

朱・袞 【明】鄖西人。字崇晉。嘉靖舉人。官武功知縣。抑豪強。祛積弊。關中呼爲鐵漢。遷揚州同知。倭入犯。擊敗之沙河。殲其酋。未幾復大至。袞督兵奮擊。兵潰死之。

朱・詡 【漢】沛人。爲董賢所厚吏。王莽劾免賢自殺。贏詐其尸。詡自劾去大司馬府。買棺衣收賢尸葬之。莽大怒。以他罪擊殺詡。

朱・詹 【梁】義陽人。好學家貧。累日不爨。時呑紙以實腹。寒無氈被。抱犬而臥。猶不廢業。卒成學士。官至鎭南錄事參軍。爲孝元所禮。

朱・軾 【宋】南豐人。字器之。嘗從曾鞏學。性寬夷。輕財急義。悉以祖業讓弟軫。獨取故居。曰。此先人廬。不可失也。仕爲房州司戶。◉【清】高安人。字若瞻。一字可亭。康熙進士。知潛江縣。有惠政。行取授刑部主事。督學陝西。表章橫渠之學。以禮教變化氣質。關中正學大明。累官文華殿大學士。兼吏部尚書。與怡賢親王共治畿輔營田水利。蓄洩得宜。溉田六千頃。卒諡文端。有易春秋詳解、禮記纂言、周禮注解、儀禮節略、訂正大戴記、呂氏四禮翼、溫公家範、顏氏家訓、歷代名臣名儒循吏傳、廣惠編。

朱・載埒 【明】仁宗六世孫。嘉靖中襲封樊山王。折節恭謹。以文行稱。譔易窮理。有大隱山人集。

朱・載堉 【明】厚烷世子。字伯勤。

號句曲山人。篤學有至性。痛父非罪見繫。築土室宮門外。席藁獨處者十九年。厚烷卒。載堉讓爵於祐檡之孫載璽。詔許之。仍封其子孫爲東垣王。載堉究心律數。嘗上曆算歲差之法及所著樂律全書·律呂正論。考辨詳確。識者稱之。卒諡端清。

朱載震 〔淸〕潛江人。字悔人。知石泉縣。有循聲。著東浦集。

朱載壑 〔明〕世宗第二子。世宗將南巡。立爲皇太子。甫四歲。帝得方士段朝用。思習修攝術。諭禮部具皇太子監國儀。太僕卿楊最諫。杖死。監國之議亦罷。贊善羅洪先。趙時春。唐順之請太子出閣講學文華殿。皆削籍。卒諡莊敬。

朱道誠 〔宋〕全州人。字信中。幼喪父。奉母至孝。母卒。廬於墓側。感冬筍生瑞竹雙其墓。州以聞。詔賜絹米。其子揚善。孝亦如之。至和中詔賜絹米如父恩。

朱零 〔後漢〕汝南征羌人。爲郡書佐。時太守宗資用李頌爲吏。功曹范滂以非其人。寢而不召。資遷怒捶零。零曰。范滂淸裁。猶以利刃齒腐朽。今日寧受笞死。而滂不可違。資乃止。

朱鼎 〔明〕崑山人。字永懷。有玉鏡臺傳奇。

朱鼎延 〔淸〕聊城人。字元孚。官至工部尚書。乞養歸。潛心程朱之學。時以正心誠意。持己訓人。澹泊自甘。不營貲產。

朱嘉徵 〔淸〕海寧人。字岷左。別號止谿圃人。明崇禎舉人。任推官。有樂府廣序·止谿詩文集。

朱塾 〔宋〕熹長子。字受之。從呂祖謙學。以蔭補將仕郞。蚤卒。贈中散大夫。

朱壽 〔明〕以萬戶從太祖渡江。下江東郡邑。進總管。收常婺。克武昌。平蘇湖。轉戰南北。積功爲都督僉事。督漕有功。封舳艫侯。後坐藍玉黨死。

朱壽昌 〔宋〕天長人。字康叔。以父巽蔭守將作監。歷知閬州。有政績。母劉氏。巽妾也。方娠而出嫁民間。壽昌生數歲始歸。母子不相聞五十年。熙寧初壽昌棄官刺血寫金剛經。行四方求之。得於陝州。乃迎母幷二弟歸。由是以孝聞。士大夫自王安石·蘇軾以下多歌詩美之。仕終司農少卿。

朱壽命 〔淸〕餘干人。康熙間遭亂失母。日夜泣。徒步走京師。行乞尋母。卒得母以歸。母性卞急。嘗批其頰。壽命益嬉笑承之。

朱壽隆 〔宋〕諸城人。字仲山。以蔭知九隴縣。歷仕有政績。終少府監知揚州。壽隆爲人和厚而不屈於權貴。狄青討賊。欲殺裨將不用命者。壽隆極論罪不當死。青感其言而止。

朱壽鏞 〔明〕檀八世孫。家兗州。崇禎中爲雲南通判。有聲績。永明王由榔在廣西。以爲右僉都御史。使募兵。値沙定州亂。兵不能集。孫可望兵至。脅之降。不從。從容題詩於壁。遂遇害。

朱夢炎 〔宋〕熹五世孫。字明叔。幼穎悟。以蔭授將仕郞。轉眞州司法參軍。稱廉敏。性倜儻善持論。見義必爲。有欒江唱和集。◎〔明〕進賢人。字仲雅。元至正進士。太祖召居賓館。命集古事爲質直語。敎公卿子弟。名曰公子書。遷翰林編修。累進禮部尙書。帝方稽古右文。夢炎援古證今。剖析源流。帝甚重之。卒於官。

朱察卿 〔明〕豹子。字邦憲。爲太學生。慷慨任俠。有朱邦憲集。

朱實 〔明〕嘉興人。字肖海。臨摹元人舊本。精妙入神。

朱慈烺 〔明〕莊烈帝太子。李自成陷京師。僞封宋王。及賊敗西走。太子不知所終。由崧時。有駙馬都尉王昺孫王之明者。自北來。冒稱太子。驗之僞。繫獄中。南京士民譁然不平。左良玉起兵。亦以救太子爲名。一時眞僞莫能知。由崧奔太平。南京亂兵擁王之明立之。越五日。降於淸。

朱寧 〔淸〕黃陂人。字眞一。有尊道集。

朱榑 〔明〕太祖第七子。封齊王。國青州。性凶暴。多行不法。建文初有告變者。召至京。廢爲庶人。成祖卽位。令王齊如故。益驕縱謀爲亂。帝因其來京留禁之。會有稱小齊王謀不軌者。事覺被誅。榑及三子皆暴卒。

朱㰘 〔明〕太祖第十六子。封慶王。建文初徙國寧夏。好學有文。忠孝出天性。成祖善之。正統初寧夏總兵史昭奏㰘圖爲亂。㰘請徙國避昭。英宗不可。貽書慰諭。卒諡靖。

朱榮 〔明〕沂人。字仲華。以總旗從沐英征雲南。累官大寧副千戶。靖難師起。降成祖。論功授都督僉事。征交趾有功。復從北征。破兀良哈。封武進伯。以總兵鎭遼東。卒諡忠靖。

朱榮祖 〔明〕汝陽人。崇禎末累以戰功授遊擊。團練鄉勇。値土寇爲亂。知府李攀容授計。給賊入城殺之。榮祖力居多。後城陷。偕妻孫氏自焚死。

朱漢賓 〔後唐〕譙人。字績臣。有膽力。梁太祖以爲養子。時梁方攻鄆。鄆州朱瑾募軍中驍勇者。黥雙雁於其頰。號雁子都。太祖乃更選勇士號落雁都。以漢賓爲指揮使。人稱朱落雁。歷磁滑宋亳曹五州刺史。安遠軍節度使。莊宗滅梁。罷爲右龍武統軍。明宗入立。以太子少保致仕卒。晉高祖時。賜諡貞惠。

朱熊 〔明〕江陰人。字維吉。有救荒活民補遺書。◎〔淸〕秀水人。字吉甫。號夢泉。又號蝶生。性耽書畫。工花卉。精篆刻。蒼秀得古法。

朱爾漢 【清】餘姚人。字麗江。嘉慶間知鞏昌府。川楚教匪之亂。餘賊竄甘肅。爾漢前後數十戰。皆大勝。甘肅教匪平。功第一。官至廣西按察使。

朱爾邁 【清】嘉徵子。字人遐。號日觀。諸生。有平山堂集。

朱端 【明】海鹽人。字克正。號一樵。善畫山石花鳥及人物墨竹。亦善畫。

朱綽 【晉】沛人。兄憲及斌。為袁眞將佐。桓溫伐眞。眞以與溫潛通。殺之。綽逃歸溫。攻戰常居先。壽陽平。眞已死。綽發棺戮尸。溫怒。將斬之。溫弟沖苦請得免。綽為人忠烈。受沖更生之恩。事沖如父。位西陽廣平太守。及沖卒。嘔血死。

朱綬 【清】崑山人。元和籍。字仲環。又字仲潔。號酉生。道光舉人。以詩古文有聲大江南北。有三正堂詩文集。詞集及清詞選。

朱綸 【明】蘇州人。字理之。善畫山水。與唐寅同時。

朱綱 【清】宏祚子。字子聰。由貢生捐授兵部主事。雍正間累擢雲南巡撫。劾署巡撫楊名時。名時坐奪職。後調福建。卒諡勤恪。綱與兄緗、絳皆學詩於王士禎。有蒼雪山房稿。

朱維京 【明】衡子。字大可。萬曆進士。累官光祿丞。火落赤敗盟。經略鄭洛主和。督撫魏學曾、葉夢熊主戰。維京請召洛還。專委學曾等經理。及學曾以寧夏事被逮。復抗疏救之。三王並封詔下。維京上疏切論。詔黜為民。家居卒。

朱蒙 高麗始祖。相傳夫餘王得河伯女。感日光而生。其國言朱蒙者善射也。及壯。因從獵。所獲居多。夫餘之臣請殺之。朱蒙乃棄夫餘東南走。建國自號高句驪。以高為氏。

朱蒙正 【宋】邵武人。字養源。元豐進士。嘗為茶陵丞。大觀中以司農寺丞通判德順軍。時郡守武人。越常例遺之甚厚。蒙正辭弗獲。乃以所遺寄公帑。後守坐贓除名。而蒙正無所累。

朱裳 【明】沙河人。字公垂。正德進士。歷官右副都御史。清信自堅。自號安貧子。既顯。改安齋。自都御史守制還。居無賓堂。土壁席門。自奉常茹菜。為御史按山東時。魯人稱曰長齋公。隆慶中卒。諡端簡。

朱誠泳 【明】樉玄孫。弘治初襲封秦王。性孝友恭謹。嘗銘冠服以自警。建正學書院。又旁建小學。擇軍校子弟秀慧者。延儒生教之。工詩。自號賓竹道人。卒諡簡。有經進小鳴集。

朱誠洌 【明】誠泳從弟。弘治中襲封汧陽王。事父及繼母以孝聞。父卒。鹽醬醯酪不入口。以母馬妃早卒不逮養。追服喪。食蔬者三年。雪中萱草生華。咸謂孝感所致。卒諡安裕。

朱賓占 【清】嘉興人。字仲立。性恬澹。與物無忤。工畫人物。

朱輔 【宋】字德臣。就學自高。隱居不仕。有茶山錄。⊙【宋】桐鄉人。字季公。有溪蠻叢笑。

朱鎔 【明】長沙人。字文衡。號谿仙。工畫山水人物及竹。能詩。

朱銘 【清】上元人。字補堂。善畫人物蘭竹花卉。

朱韶 【清】南昌人。字仲韶。善畫山水。

朱鳳台 【清】江蘇靖江人。字慎人。號驥潛。順治進士。官兵部主事。有追思堂集。

朱鳳標 【清】蕭山人。字桐軒。號建霞。道光進士。累擢左都御史。以洪秀全軍逼河南。疏陳防勦事宜六條。同治間官至體仁閣大學士。卒諡文端。

朱儁 【後漢】上虞人。字公偉。好義輕財。鄉閭敬之。累官諫議大夫。黃巾起。拜為右中郎將。與皇甫嵩討平之。以功封西鄉侯。拜河南尹。董卓議徙都長安。儁止之。卓惡其異己。儁棄官奔荊州。李傕徵為太僕。錄尚書事。郭汜與傕相攻。獻帝詔儁譬汜。汜留質之。儁素剛。即日發病卒。

朱儉 【明】上蔡人。字子岷。幼孤。每逢父忌日。輒臥壕大慟。向母問父形容。繪像事之。母卒。茇舍於野。累土為墳。隆冬盛雪不少輟。及葬。群鵲來巢。枯木復榮。天順中旌表。

朱厲附 【周】莒人。事莒穆公。不見識。冬處於山林。食芋栗。夏處洲澤。食菱藕。穆公以難死。厲附曰。始我以為君不吾知也。今君死而吾不死。是果不知我乎。吾將死之以激天下不知其臣者。遂往死之。

朱審 【唐】吳興人。一作吳郡人。工畫山水人物。建中時頗知名。

朱履端 【清】桐鄉人。字端升。號澹谷。嘉慶進士。官兵部主事。善畫。工詩文詞曲。

朱嶟 【清】通海人。嘉慶進士。道光間累擢內閣侍讀學士。劉夏駒條奏銀錢畫一章程。嶟疏言其利及辦法共數千言。歷禮部尚書。卒諡文端。

朱廣之 【南齊】錢唐人。字處深。善清言。官臨川王常侍。時顧歡著三名論。廣之與之論難。才理精詣。

朱德潤 【元】睢陽人。流寓吳中。字澤民。工畫山水人物。能詩。延祐末以趙孟頫薦授翰林應奉。兼國史院編修。尋授鎮東儒學提舉。後移疾歸。至正間再起。官至杭湖二郡守。攝守長興。有存復齋集及續集。

朱慶聚 【明】宗室。字仲賢。號似碧。工畫山水枯木竹石。

朱慶餘 【唐】越州人。名可久。以

字行。寶曆進士。受知於張籍。工詩。

朱·樟　清錢塘人。字亦純。一字鹿田。號慕巢。康熙舉人。官澤州知府。有觀樹堂詩集。

朱·樉　明太祖第二子。封秦王。國西安。以多過失召還。令太子標巡視關陝。太子還。爲之解。命歸藩。率平羌將軍寧正平西番於洮州。卒諡愍。妃王保保女弟。以死殉。

朱·標　明太祖長子。馬皇后出。太祖爲吳王。立爲世子。洪武初立爲皇太子。尋命巡撫陝西。經略建都事宜。比還。以病卒。諡懿文。子五。次爲建文帝。建文初追尊爲孝康皇帝。廟號興宗。燕王卽帝位。復稱懿文太子。

朱·潮遠　清揚州人。字卓月。自稱朱子之後。有四本堂座右編。

朱·濆　清嘉慶間與蔡牽爲盜於閩浙洋面。後爲許松年所擊。敗死。濆弟渥率衆降。

朱·潯　五代吳以文章名家。有啓霸集。

朱·澄　南唐事李璟爲翰林待詔。工畫屋木。嘗與高太沖等合畫雪景宴圖。時稱絕手。

朱·熠　宋瑞安平陽人。端平武舉第一。累官監察御史。其居言官。彈劾最多。一時名士若徐清叟·呂中·尤焴·馬廷鸞亦皆不免。景定初知樞密院事。兼參知政事。爲監察御史胡用虎論罷。送處州居住。咸淳中還鄉。尋卒。

朱·瑾　唐宣從弟。從宣居鄆州。補軍校。兗州節度使齊克讓以女妻之。瑾因親迎襲克讓。自稱留後。僖宗立。拜瑾泰寧軍節度使。爲朱全忠所攻。敗奔淮南。楊行密表瑾諸道行營副都統。領平盧軍節度使。行密死。渥及隆演相繼立。徐溫與其子知訓專政。瑾欲除之。瑾乃殺知訓。遂自刎。

朱·瑩　宋幾族人。工畫人物牛馬。

朱·稻孫　清昆田子。字稼翁。一字芋陂。晚號娛村。雍正貢生。能嗣家學。乾隆初舉鴻博。工書。有六峯閣詩稿。

朱·節　明浙江山陰人。字守中。號白浦。從王守仁游。守仁稱其明敏。舉正德進士。以御史巡按山東。流賊之亂。勤事而卒。

朱·緗　清宏祚子。字子靑。號橡村。康熙時候補主事。學詩於王士禛。具有法程。早年夭逝。有橡村集。

朱·緒曾　清上元人。字述之。道光舉人。官至知府。好讀書。於爾雅用力尤深。藏書甲於江浙。所著有續宋文鑑·中論注·論語義證·金陵舊聞·金陵詩匯·年譜·曹子建集考異·昌國典詠·續棠陰比事·北山集·開有益齋集·讀書志·金石文字跋尾。

朱·緯　清宏祚從子。字義敘。由歲貢生官丘縣訓導。有夢村集。

朱·蔚　明松江華亭人。字文豹。萬曆武進士。以韜鈐爲閫帥。善畫蘭。得文氏風。

朱·顩　宋義烏人。字仲文。受學於呂祖謙。登紹熙進士。累官至右正言。權吏部侍郎。有易說舉要。◎明長洲人。字吟餘。工畫山水人物。

朱·賡　明浙江山陰人。字少欽。隆慶進士。萬曆中累官禮部尙書·兼東閣大學士。參預機務。沈一貫·沈鯉去位。賡獨當國。時朝政日弛。中外解體。御史宋燾·給事汪若霖相繼劾賡。既而燾及若霖先後見黜。衆謂賡修郤。攻不已。旋卒於官。諡文懿。賡醇謹無大過。與沈一貫同鄉相比。故蒙詬病云。有朱文懿文集。

朱·銳　宋河北人。宣和畫院待詔。紹興間授迪功郎。畫山水人物師王維。好寫騾綱雪獵盤車等圖。形容布置。曲盡其妙。

朱·震　後漢陳留人。字伯厚。桓帝時爲州從事。奏濟陰太守單匡臧罪。并連匡兄中常侍超。三府諺曰。疾惡如風朱伯厚。後爲銍令。其友陳蕃被害。家屬徙於北京。宗族門生故吏皆斥免禁錮。震聞。棄官哭之。收葬蕃尸。匿其子逸於甘陵界中。事覺繫獄。合門桎梏。震受拷掠。誓死不言。逸遂得免。◎宋荊門軍人。字子發。政和進士。累官翰林學士。紹興中謝病丐祠卒。震經學深醇。人稱爲漢上先生。有漢上易傳。◎宋安吉人。字震之。號坦齋。幼穎異。從父官靑陽。朱熹見而奇之。長學於袁潔齋之門。義理該洽。持敬存誠。有益泉集。

朱·震亨　元義烏人。字彥修。師事許謙。爲高第弟子。其淸修苦節。絕類古篤行之士。所至人多化之。尤精於醫。得羅知悌之傳。時稱丹溪先生。有局方發揮·金匱鉤元·格致餘論等書。其說謂陽易動。陰易虧。獨重滋陰降火。創爲陽常有餘陰常不足之論。張介賓等力攻之。

朱·霄外　五代吳越國台州道士。素有道術。爲錢俶所知。遂命葺台州之白雲菴爲棲霞宮。以霄外主之。

朱·頡　後漢暉子。修儒術。安帝時仕至陳相。及卒。私諡貞宣先生。

朱·勳　清江蘇靖江人。字晉齋。號慮舟。監生。官至陝西巡撫。値川楚匪亂。籌辦防勦。地方以安。坐事降官。有讀易集說·四書通·性理約。

朱·學勤　清仁和人。字修伯。咸豐進士。官至大理寺卿。時粵捻並起。學勤多所建白。曾國藩以學足論古才足幹時稱之。性嗜學。過目不忘。有集三十卷。又有讀書跋識·樞垣日記。

朱·憲㷆　明植六世孫。嘉靖中襲

遼王。以奉道爲世宗所寵。賜號清微忠教眞人。聰明絕世。行多縱佚。隆慶初以罪降庶人。國除。有味祕草堂集。

朱據 【三國吳】吳郡人。字子範。黃武初拜五官郎中。補侍御史。孫權追思呂蒙，張溫。以據才兼文武可以繼之。拜左將軍。封雲陽侯。據謙虛接士。輕財好施。遭二宮構爭。擁護太子。義形言色。左遷新都郡丞。被譖死。

朱櫄 【明】太祖第十九子。封谷王。國宣府。燕兵起。走還京師。開金川門迎降。成祖卽位。改封長沙。恃功驕恣。欲伺隙爲變。會蜀王椿子悅㷐逃櫄所。櫄謂建文尙在。將爲申大義。椿上疏告變。帝廢櫄爲庶人。

朱澤生 【清】休寧人。寓居長洲。字時霖。號芝田。天才幽雋。於詞不學而能。有鷗邊漁唱。

朱澤澐 【清】寶應人。字湘陶。號止泉。雍正中直隸總督劉師恕欲薦之朝。不應。講道錫山。通書鄒中。皆闡明紫陽之學。年六十七。吟邵子詩別親友。怡然而逝。有朱子聖學考略·王學辨·止泉文集。

朱熹 【宋】松子。字元晦。一字仲晦。松爲政和尉。熹因僑寓建州。登紹興進士第。歷事高孝光寧四朝。凡所奏聞。皆正心誠意齊治平均之道。累官轉運副使·煥章閣待制·祕閣修撰。終寶文閣待制。慶元中致仕旋卒。嘉泰初謚文。寶慶中贈太師。追封信國公。改徽國。熹原籍婺源。婺源於梁陳時爲新安郡。故其署款多稱新安。故居崇安時。牓廳事曰紫陽書堂。故稱紫陽。又搆草堂於建陽之雲谷。牓曰晦菴。自稱雲谷老人。亦曰晦翁。晚卜築於建陽之考亭。作滄洲精舍。自號滄洲病叟。又號遯翁。考亭爲講學之所。故人稱考亭學派。其學出於李侗·羅從彥。盡得程氏之傳。大抵窮理以致其知。反躬以踐其實。而以居敬爲主。所著有易本義啓蒙·蓍卦考誤·詩集傳·大學中庸章句或問·論語孟子集注·太極圖通書西銘解·楚辭集注辨證·韓文考異·晦菴集。所編次有論孟集議·孟子指要·中庸輯略·孝經刊誤·小學書·通鑑綱目·宋名臣言行錄·家禮·近思錄·河南程氏遺書·伊洛淵源錄。淳祐時從祀孔廟。清康熙中升位於十哲之次。

朱穆 【後漢】頡子。字公叔。幼以孝稱。及壯就學。舉孝廉。授侍御史。感時澆薄。作崇厚論。又著絕交論。永興初出爲冀州刺史。部令長聞穆濟河。解印綬去者四十餘人。後拜尙書。祿仕數十年。家無餘貲。及卒。貧不能斂。蔡邕與門人謚爲文忠先生。

朱賁 【清】江都人。字二亭。號市人。諸生。放情山水。以吟詠自適。有二亭詩鈔。

朱衡 【明】萬安人。字士南。嘉靖進士。歷官工部尙書。經理河道。在部禁止工作。裁抑浮費。所節省甚衆。性強直。遇事不撓。不爲張居正所喜。萬曆初言官劾其剛愎無人臣禮。乞休歸卒。有道南源委錄。

朱諤 【宋】秀州華亭人。字聖與。初名紱。進士第二。崇寧初由太常丞累擢至侍御史給事中。以同蔡籍人姓名。故改名。大觀初拜尙書右丞。諤出蔡京門。善附合。無所建白。卒謚忠靖。

朱諫 【明】樂清人。號蕩南。弘治進士。官至吉安知府。有雁山志。

朱謀垔 【明】權七世孫。字隱之。號厭原山人。有書史會要續編·畫史會要。

朱謀㙔 【明】權七世孫。字鬱儀。封鎮國中尉。貫串羣籍。通曉朝廷典故。萬曆中管理石城王府事。宗人咸就約束。暇則閉戶讀書。著易象通·詩故·春秋戴記·魯論箋·駢雅耽及他書百十有二種。皆手自繕寫。及病革。猶與諸子說易。私謚貞靜先生。詩文曰枳園近稿。

朱謀墿 【明】多炡子。變姓名爲來鯤。字子魚。出遊三湘吳越間。有集。

朱謀晉 【明】權七世孫。字康侯。更字公退。築室龍沙。躬耕賦詩以終。有燕雁·淹留·蕪城·巾車四集。

朱謀轂 【明】多炡從子。字用虛。工畫花鳥。擅名蚤歲。

朱謀搖 【明】多炡從子。字霞中。號西滸。嫻於文藻。工畫山水。

朱謀⿱殹金 【明】多熿子。字文之。號四溟。工畫花鳥。

朱謀⿰埶鳥 【明】多炡子。字太沖。號鹿洞。工畫山水花鳥。

朱遵度 【南唐】本青州書生。好藏書。隱居不仕。保大中卜築金陵。有鴻漸學記·羣書麗藻·漆經等書。

朱選之 【南齊】錢唐人。字處林。有志節。著辯相論。幼時顧歡見而異之。以女妻焉。官至江夏王參軍。（按南史作巽之。此從南齊書。）

朱錦繡 【元】侯耍俏妻。善雜劇旦末。藝超流輩。又善院本。

朱靜庵 【明】周濟妻。生成弘間。博覽羣書。酷嗜吟詠。有靜庵集。

朱龍文 【宋】安吉人。字鼎臣。自幼刻意問學。父早世。母教之甚嚴。遂以易魁鄉試。比登第。爲高郵興化主簿。會寶應有訟葑田者。久而未成。漕司檄使按治。片言而服。咸淳間爲揚州僉廳。賈似道專政。士奔走其門。龍文終身不與交。其不干進如此。

朱儒子 【三國吳】永嘉人。幼師道士王元眞。居大若巖。常登山嶺採黃精。爲服餌。歷十餘年。一日就溪畔濯蔬。得二枸杞。根形如犬。堅若石。挈歸煮食之。謝別元眞。昇雲而去。

朱彌鉗　(明)宗室。號秋江翁。封文成王。有學行。卒諡恭。追封唐王。有謙光堂詩集。

朱徽煠　(明)楩子。封廣通王。景泰中遣家人段友洪及蒙能・陳添仔等誘諸苗爲亂。陽宗王徽焟亦與通謀。友洪歸。爲鎭南王徽𤏲所執。帝幽徽煠於京師。錮徽焟於鳳陽。蒙能叛入廣西。稱蒙王。糾生苗爲亂。歷六年始平。

朱應元　(宋)震子。字見則。初教授靖江府。歷除監察御史。崇政殿說書。首劾時宰去之。爲丁大全所忌。左遷。尋復爲監察御史。陞右文殿侍講。會星變。賈似道當國。衆畏縮莫敢言。應元極陳時政。由是遷起居舍人。卽日斥去。

朱應辰　(明)吳江人。字文奎。號脊翁。洪武初爲本郡儒學訓導。改江陰卒。應辰多伎能。篆籀法古。善白描人物。有湫芳集。

朱應祥　(明)松江人。字岐鳳。號鳳山。又號玉華外史。成化鄉貢進士。博學工詩。善寫竹。爲時所重。

朱應登　(明)寶應人。字升之。弘治進士。詩宗盛唐。與李夢陽・何景明等稱十才子。詩調高古。所至以文學飾吏事。歷陝西提學副使。遷雲南參政。致仕卒。有淩溪集。

朱橚　(明)太祖第五子。初封吳王。尋改封周王。國開封。建文初以橚燕王母弟。頗疑憚之。橚亦時有異謀。會有告變者。因執竄蒙化。已復召還京錮之。成祖卽位。復爵歸舊封。洪熙初卒。諡定。橚好學能詞賦。嘗作元宮詞百章。又以國土夷曠。庶草蕃廡。考核其可佐饑饉者四百餘種。繪圖疏之。名救荒本草。

朱檀　(明)太祖第十子。封魯王。國兗州。好文禮士。善詩歌。餌金石藥。毒發傷目。卒諡荒。

朱濆　(漢)以卒從高祖起豐。入漢。以都尉擊項籍・臧荼。封僞陵侯。卒諡嚴。

朱燮元　(明)浙江山陰人。字懋和。萬曆進士。由大理評事歷官四川左布政使。天啓中以永寧奢崇明及貴州安邦彥反。加燮元兵部尚書。總督貴州雲南廣西諸軍務。移鎭遵義。以平賊功。加少保。崇禎中進少師。卒於官。燮元狀貌奇異。飲啖兼二十人。鎭西南久。治事明果。行軍務持重。不妄殺人。苗民懷之。卒諡襄毅。有督蜀疏草・朱襄毅疏草。

朱績　(三國吳)然子。字公績。以父任爲郎。隨潘濬討五溪蠻。以膽力稱。太平初拜驃騎將軍。孫綝秉政。大臣疑貳。績恐吳必擾亂而魏乘釁。乃密書結蜀。使爲幷兼之慮。位至左大司馬。復姓施氏。

朱巘　(元)江南人。晝牛得名。布景無塵俗。

朱翊　(南唐)官朝散大夫。行祕書省校書郎。與徐鍇同時。鍇著說文繫傳。翊爲反切。

朱臨　(宋)烏程人。字正夫。從胡瑗受春秋。瑗著春秋辯要。惟臨所得爲精。晚年好唐陸淳之學。以薦入官。歷光祿寺丞致仕。有春秋說二百餘篇。

朱襄　(上古)伏羲命爲飛龍氏。造書契。

朱襄　(淸)無錫人。字贊皇。康熙時諸生。工詩。嘗與邑中呂莊頤・鮑景先輩爲詩會。客京師。紅蘭主人蘊端禮爲上賓。有纜碧山吟・易章。

朱謙　(明)夏邑人。永樂初爲指揮僉事。正統中以都指揮同知充右參將。守備萬全左衞。英宗北狩。也先擁帝至宣府城下。令開城。謙不應。遂去。進左都督。充總兵官。鎭守宣府。景泰初以敗敵功。封撫寧伯。卒於鎭。諡武襄。

朱謙之　(南齊)選之弟。字處光。數歲。父昭之爲族人幼方焚死。謙之不勝哀泣。及長。不婚娶。卽手刃殺幼方。自詣縣獄。令上其事。武帝嘉其義。慮相報復。遣西行。將發。爲幼方子惲所殺。兄選之又刺惲。武帝以其皆義事。悉赦不問。

朱貔孫　(宋)浮梁人。字興甫。淳祐進士。累擢監察御史。首疏論丁大全誤國之罪。遷殿中侍御史。董宋臣復出。朝論紛然。貔孫力斥其姦。升侍讀。屬疆埸多事。屢陳備禦之策。時理宗倚成賈似道。貔孫隨事進諫。不肯阿附。度宗卽位。以華文閣學士知寧國府。似道諷言者論罷之。尋起知袁州卒。有文集。

朱蹇翁　(淸)長洲人。佚其名。幼負奇志。明末從軍。隸左良玉麾下。入淸補武生。尋棄去。閉戶讀禮。本儀禮禮記。參以宋元先儒之說。定爲喪祭之儀。名曰讀禮記略。魏象樞爲鋟板行之。名重公卿間。晚隱居教授。所著又有經史辨疑・經史緒言。

朱鍾　(淸)涇縣人。字崟陽。號紅橋。一字毓臣。嘉慶進士。官山東新泰知縣。改沂州府教授。有紅橋集。

朱隱老　(明)城人。字子方。號灊峯。有皇極經世書說。

朱霞　(淸)南豐人。字耕方。號初晴。以明經選高郵教諭。學問淵博。善寫生。畫雞最工。有一拂樓集・鶴松堂集・詠史詩。◎(淸)建寧人。字天錦。號出廬。康熙貢生。性孝友。博學工詩文。所輯有樵川二家詩・綏安存雅・國海雜記・國海風雅・廟學全書。著有勉致摘述・勉致問答・勉貽集・曲廬詩集等書。

朱駿聲〔清〕吳縣人。字豐芑。號允倩。道光中以舉人授黟縣訓導。時詔海內文學士獻所著書。駿聲呈所自譔說文通訓定聲。賞國子監博士銜。旋升揚州府教授。引疾未之官。寓居黟。著書甚富。諸經皆有成稿。

朱鴻〔清〕秀水人。字雲陸。亦字筠麓。號小梁。嘉慶進士。累官湖南糧儲道。精算學。有考工記車制參解。

朱鴻瞻〔清〕瑞安人。字表民。號默齋。官訓導。有竹園類輯。

朱鴻謨〔明〕益都人。字文甫。隆慶進士。授吉安推官。識鄒元標於諸生。厚禮之。擢南京御史。元標及吳中行等以論張居正得罪。鴻謨疏救。語侵居正。斥爲民。既歸。杜門講學。居正卒。起故官。出按江西。擢撫應天蘇州十府。皆有政聲。歷官刑部右侍郎。卒諡恭介。

朱彝尊〔清〕國祚曾孫。字錫鬯。號竹垞。又號驅舫。晚稱小長廬釣魚師。少肆力古學。博極羣書。客遊南北。所至以搜剔金石爲事。康熙中舉鴻博。授檢討。與修明史。體例多從其議。後入直內廷。引疾罷歸。其學長於考證。工古文。詩與王士禛稱南北兩大宗。又好爲詞。與陳維崧稱朱陳。卒年八十一。著有曝書亭全集。又輯有經義考・明詩綜・詞綜・日下舊聞等書。

朱彝鑒〔清〕彝尊弟。字千里。精篆法。善畫。兼工篆刻。嘗聽經師講詩小戎章。諳其味於車制。乃削木爲小戎。市絹人馬。御輪執轡。欲觀者出示之。有笏在堂遺稿。

朱爵〔明〕直隸開州人。萬曆進士。歷吏科給事中。嘗論時政闕失。因疏趙志皐・張位寢閣壅蔽罪。尋切諫三王並封。且論救朱維京・王如堅等。坐謫山西按察知事。卒於家。

朱瞻垍〔明〕仁宗第九子。封梁王。國安陸。性友愛。襄王瞻墡過安陸。留連不忍去。臨別。悲慟不自勝。左右皆泣下。卒諡莊。

朱瞻埏〔明〕仁宗第十子。封衛王。國懷慶。孝謹好學。以賢聞。卒諡恭。

朱瞻堈〔明〕仁宗第六子。封荊王。國建昌。宮中有巨蛇蜿蜒自梁垂地。或凭王座。瞻堈大懼。請徙蘄州。景泰中請朝。不許。卒諡憲。

朱瞻埈〔明〕仁宗第二子。封鄭王。國鳳翔。仁宗崩。與襄王瞻墡同監國。正統中遷懷慶。性暴厲。斂斃人杖下。英宗以御史周瑛爲長史。稍戢。卒諡靖。

朱瞻墡〔明〕仁宗第五子。封襄王。國長沙。正統初徙襄陽。莊敬有令譽。英宗北狩。諸王中瞻墡最長且賢。衆望頗屬。太后命取襄國金符入宮。不果召。及英宗復辟。石亨等以迎立外藩誣譖。帝頗疑之。久之得瞻墡所上請立皇長子及請景帝省問英宗二書。而襄國金符固在太后閣中。乃賜書召瞻墡。比二書於金縢。禮遇之隆。爲諸藩所未有。卒諡獻。

朱簡章〔五代〕江夏人。善畫人物屋木。嘗繪故實。

朱翼中〔宋〕自號大隱翁。僑居湖上。以工醫起爲博士。坐事貶達州。有北山酒經。

朱謹〔清〕貴山人。號雪鴻。有中庸本旨・普陀山志。

朱蹕〔宋〕安吉人。字子美。建炎中知錢塘縣。金人犯餘杭。守臣康允之退保赭山。蹕自允之率弓手土軍前路拒敵。使杭民爲逃死計。行二十里。遇金兵。蹕兩中流矢。猶率兵禦敵。數日遇害。

朱邇邁〔清〕海寧人。字人遠。別號日觀子。明季諸生。負才思。喜遊歷。遊屐所至。必有詩成集。又有仲尼弟子傳・經世書。

朱雞石〔秦〕符離人。項梁別將。章邯至栗。梁使雞石與戰。兵敗走胡陵。梁引兵入薛。誅雞石。

朱睢模〔清〕錢塘人。字皐亭。號南廬。善畫山水。有農政證治醫書。

朱寵〔後漢〕京兆人。字仲威。初辟鄧隲府。稍遷潁川太守。治理有聲。順帝時。拜太尉。錄尚書事。封安鄉侯。◎〔明〕漢陽人。字德承。嘉靖進士。擢監察御史。適嚴嵩柄政。草疏欲劾之。聞父卒。乃痛哭去。居鄉講求姚江之學。與前御史朱衣。並以品望標重於時。人目衣曰東朱。寵曰西朱。

朱懷英〔宋〕建安人。字晉老。建炎初以文武才略薦。從幸揚州。上書請衡命折虜。責之以義。而以大兵繼進。時方議和。不果用。

朱懷幹〔明〕歸安人。字守正。嘉靖進士。授刑部主事。以議皇親張延齡獄。謫泰州同知。歷知揚州。郡稱大治。進鮮貴璫橫索夫價。拒不納。遂誣奏下詔獄。謫韶州同知。晉思南知府。復以直忤監司歸。性孝友。尤儉素。屢遭貶黜。不易所守。士林重之。

朱懷瑾〔宋〕錢塘人。寶祐畫院待詔。景定間爲福王府使臣。工畫山水人物樹木窠石。

朱懷樸〔清〕歷城人。字素存。諸生。工詩。有鷺浦集。

朱繡〔清〕休寧人。字綵章。號筤村。工畫山水花草。得惲格筆法。好遊覽。所至山水輒有圖。嘗挾册遊黃山。踞蓮花峯頂。作黃山全圖。時稱韻事。

朱藻〔宋〕縉雲人。紹興進士。知

浦城縣。下車延耆宿周詢幽隱。約民墾荒田。滿三歲乃征。至期戶稅倍增。興學校。修孔子廟。暇則召屬吏訓以詩書法律。歲旱祈禱輒雨。考滿陞江陵知府。終煥章閣待制。（萬姓統譜作朱渙。此從處州府志。）

朱黼 宋瑞安平陽人。字文昭。學於陳傅良。不事舉業。嘗著記事備遺一百卷。統論一卷。始堯舜迄五代。若呂武莽丕等。皆削其紀年。躬耕南蕩山以老。◎清江陰人。字與村。號畫亭。乾隆間拔貢。善畫山水。工詩。有畫亭詩鈔。

朱繼祚 明莆田人。萬曆進士。授編修。天啓中與修三朝要典。尋罷去。崇禎初復官。累遷南京禮部尙書。又以人言罷去。南都失。唐王召爲東閣大學士。從至汀州。王被擒。繼祚奔還鄉。魯王監國。繼祚起兵應王。攻取興化。旣而清兵至。城破。死之。

朱耀 明固始人。崇禎中流寇圍城。耀父子四人。力戰却之。明年賊復至。耀領兵奮擊。手馘賊數十級。陷伏中。爲賊所得。大罵死。

朱齡石 南朝宋綽子。武帝克京城。以爲建武參軍。齡石有武幹。又練吏職。帝甚親委之。平盧循有功。爲西陽太守。伐蜀爲元帥。蜀平。封豐城侯。爲雍州刺史。督關中諸軍事。城陷見殺。

朱蘭 清餘姚人。字久香。號耐庵。道光進士。官至內閣學士。立朝侃侃。風采儼然。不喜俗學。以詩爲餘事。有補讀室詩文集。日記。師友言行錄。孟晉錄。羣籍擷聞。

朱蘭泰 清滿洲正白旗人。姓舒穆魯氏。字庸伯。號會侯。康熙進士。累官侍講學士。有於止齋詩。

朱鵠 明松江華亭人。徙嘉定。字子鳴。號松隣。性孤介絕俗。工韻語。兼雕刻圖畫。所製簪匜。世人寶之。得其器者。不以器名。直名之曰朱松隣。

朱鶴齡 清吳江人。字長孺。明諸生。甲申後棄去。自號愚庵。與顧炎武相友善。長於箋疏之學。所撰毛詩通義。尙書埤傳。禹貢長箋。讀左日鈔。能發明宋儒集註集傳所未及。又有春秋集說。易廣義略。愚庵小集。杜工部李義山詩註。

朱櫟 明太祖第二十五子。封伊王。國洛陽。好武。不樂居宮中。時挾彈露劍。馳逐郊外。奔避不及者。手擊之。髡裸男女以爲笑樂。卒諡厲。

朱權 明太祖第十六子。封寧王。國大寧。永樂初改封南昌。恃靖難功。頗驕恣。晚年託志沖舉。自號臞仙。涵虛子。丹丘先生。均其別號也。好宏獎風流。羣書有祕本。莫不刊布之。著漢唐秘史等書數十種。自經子九流星曆醫卜黃治諸術皆具。卒諡獻。（按傳奇荊釵記。亦權所撰。舊題柯丹丘撰。蓋不知丹丘先生爲權道號。故誤以爲柯敬仲耳。說見近人曲錄。）

朱鍇 宋婺子。字子明。以蔭補廸功郎。累遷湖廣總領。寶慶間遷居建安之紫霞洲。建祠於所居之左。有朱文公易說。詩傳遺說。◎明晉江人。字用明。舉鄉試。授蒲圻教諭。以薦擢御史。按行湖廣廣東。禁奸戢暴。所至肅然。正統中陞山西左參政。土木之變。鑑勒兵勤王。以遏南侵。陞山西巡撫。保障雁門要害。前後奏疏數十上。皆邊防大計。致仕卒。◎明銓弟。字文籐。號墨壺。一作墨湖。工畫山水人物。

朱纓 明鶴子。字清父。號小松。工小篆及行草。畫山水長於氣韻。善刻竹木爲古仙佛像。性嗜飲。貴勢人召之終不往。有小松山人集。

朱顯 元正定人。至元中祖父已分財。至治中顯念姪彥昉等年幼無恃。謂弟耀曰。父子兄弟本同一氣。可異處乎。乃會拜祖墓下。取分券焚之。復與同居。

朱顯忠 明如皐人。爲張士誠守將。降太祖。以指揮僉事從傅友德克文州。遂留守之。蜀將丁世珍召番數萬來攻。食盡無援。或勸走避。不聽。裹創力戰。城破。爲亂兵所殺。

朱顯槐 明楨五世孫。嘉靖中封武岡王。嘗上書條藩政。請設宗學。卒諡保康。顯槐雅善文墨。尤好詩歌。有少鶴山人集。

朱鶯 明吳人。初名家棟。字白民。自稱西空老人。寫竹法文梅兩家。韻致灑落。工古文詞。博學閎覽。尤邃於易。性至孝。有建文書法擬。名山游草。

朱讓栩 明椿五世孫。正德中襲封蜀王。喜儒雅。不邇聲伎。孝宗賜書。以河間禮樂江夏忠勤爲比。卒諡成。有長春競辰稿。

朱靈 三國魏清河人。字文博。初爲袁紹將。後歸武帝。從征伐有功。官至後將軍。封高唐侯。卒諡威。

朱觀鎂 明檀五世孫。以詩畫著名。

朱驥 明大興人。字尙德。嗣祖職爲錦衣衞千戶。兩奉使湖廣浙江。贈遺無所受。尙書于謙器之。妻以女。成化初擢本衞指揮僉事。畿內多盜。上弭盜安民六事。輦下爲清。尋陞掌衞事。奉法循理。未嘗妄與一事。輕繫一人。明世論典獄之使。率推稱驥爲首。弘治中官終都指揮使。

朴不花 元高麗人。皇后奇氏微時。與朴不花同鄉里。相爲依倚。及選爲宮人有寵。遂爲第二皇后。朴不花以閹人入事皇后有年。皇后愛幸之。情意甚膠固。累官榮祿大夫。資正院使。氣焰薰灼。與吹斯戩相爲表裏。四方警報。皆抑而不聞。內外解體。後爲博囉特穆爾所殺。

朴・素 [明]新安衞左所鎭撫。幼孤。事母孝。年十六喪母。旣葬。墓去家十里。素每日至墓泣拜。雨雪無間。鄉人敬慕之。

朴賽因不花 [元]肅良合台人。字德中。累官中書平章政事。明兵逼京師。以羸卒數百守順承門。城陷不屈死。

朶里不花 [元]蒙古人。字端甫。由宿衞累擢遼陽行省平章政事。陳友諒陷江西。詔拜江西行省平章政事。與平章政事阿兒渾沙等分道進討。土寇金元祐爲亂。朶里不花被執。爲所殺。

朶兒只 [元]木華黎之後。生一歲而孤。稍長。備宿衞。事母至孝。喜讀書。累官中書右丞相。爲政務存大體。與太平並號賢相。

朶兒赤 [元]西夏寧州人。字道明。年十五。通古注論語孟子尙書。世祖以西夏子弟多俊逸。欲試用之。乃授中興路新民總管。凡三載。賦額增倍。遷雲南廉訪使卒。

朶爾直班 [元]木華黎七世孫。字惟中。順帝時累官中書平章政事。以扶持名教爲己任。凡伊洛諸儒之書。未嘗去手。喜爲五言詩。於字畫尤精。嘗采前賢遺言。各以類次。爲書凡四卷。帝覽而善之。名曰治原通訓。

朶羅台 [元]唐兀氏。從萬戶也速解兒・玉哇赤等。累戰有功。積官昭信校尉。後以疾退。

汝・可起 [明]吳江人。字君喜。崇禎末以明經入廷試。授常州訓導。南歸。値寇騎充斥。間行宿韓生家。數騎突入。衆散走。可起整衣危坐。罵不屈。騎斫殺之。

汝・郁 [後漢]陳國人。字叔異。和帝朝以賈逵薦。累遷魯相。以德化人。流民歸者八九千戶。

汝・訥 [明]吳江人。字行敏。成化舉人。以善書薦。累擢汀州知府。後補南安。威惠大行。

汝・爲 [宋]豐縣人。建炎中陳邊事。假開州刺史使金。嘗致書劉豫。豫誘以官。固辭。後亡歸。獻恢復方略。又上丞相書三要。秦檜欲械送金人。乃變姓名入蜀。有忠嘉集。

江・乙 [戰國][楚]本魏人。後仕楚。惡昭奚恤於楚王。又說安陵君曰。以財交者。財盡而交絕。以色交者。華落而交渝。是以嬖女不敝席。寵臣不敝軒。願君必請從死。以身爲殉。必長得重於楚國。安陵君從王遊雲夢。如言以請。王大說。封壇爲安陵君。君子謂乙爲善謀。

江乙母 [戰國][楚]乙爲郢大夫。當恭王時。有入王宮中盜者。令尹以罪乙。請於王而絀之。旣而母亡布八尋。乃往見王曰。昔孫叔敖爲令尹。道不拾遺。今令尹之治。盜賊公行。與令尹使人盜何異。王曰。令尹不知。母曰。吁。妾子亦豈知之哉。王乃復召乙而用之。（按江乙見國策。當楚宣王時。列女傳載江乙母。作楚恭王時。疑誤。）

江・士怡 [明]仁和人。字友于。工畫山水。喜作峰巒巖壑草木烟雲之狀。

江・大賓 [淸]泰寧人。生數月。父遠遊不歸。及長。艱苦跋涉尋父於漢中。竟得父以歸。

江・子一 [梁]考城人。字元貞。少好學有志操。以家貧闕養。遂終身蔬食。起家王國侍郞。歷官戎昭將軍。與弟子四・子五。俱死侯景之難。諡義。有續黃圖及班固九品。幷辭賦文筆數十篇。

江・之蘭 [淸]歙人。字含微。有醫津筏。

江・介 [南齊]謐子。建武中爲吳令。治深切。民間榜死人髑髏爲謐首。棄官而去。

江公 [漢]瑕丘人。受穀梁春秋及詩於魯申公。盡傳其學。徒衆最盛。時稱大江公。以別於博士江翁云。

江・公望 [宋]睦州人。字民表。舉進士。建中靖國初由太常博士拜左司諫。抗疏極論時政。時內苑蓄珍禽奇獸。公望力言非初政所宜。帝悉從之。蔡京爲政。編管南安軍。遇赦還卒。

江・天一 [明]歙人。諸生。國亡。從其師金聲起義兵。兵敗被執死。

江・孔殷 [明]泰寧人。字而九。號豹隱。幼以孝聞。善畫山水花草翎毛。

江・少虞 [宋]常山人。字虞仲。政和進士。爲天台學官。寇至。守倅遁去。少虞獨率弱卒堅守。射殺渠魁。賊遂潰。歷建饒吉三州守。治狀皆第一。有宋朝類要・及雜著經說奏議百餘卷。

江・文斗 [明]徽州人。字煥之。以善畫名。

江・文遙 [後魏]悅之子。永平初爲咸陽太守。治稱最。累官安州刺史。時杜洛周・葛榮等相繼叛逆。文遙介在羣賊之外。孤城獨守。鳩集荒餘。且耕且戰。百姓皆樂爲用。建義初卒官。

江・文蔚 [南唐]建陽人。字君章。後唐長興中舉進士。爲河南府撫官。不避權勢。坐劾宰相馮延己等貶江州。後延己罷相。召還。累官禮部侍郞。卒諡簡。有唐吳英秀賦・桂香賦集。

江・日彩 [明]泰寧人。號完素。萬曆進士。由金谿令徵入臺諫。遼事急。日彩力薦袁崇煥。時以爲知人。

江氏 [南朝][宋]南平王鑠妃。鑠以事被殺。景和末廢帝召江氏入宮。使左右逼之。江氏不肯。乃殺其三子。鞭江氏一百。其夕帝亦殞。

江·以東　明全椒人。字貞伯。隆慶進士。官至江西提學副使。有江岷歙文集。

江·以遠　明貴溪人。字子顧。號午坡。嘉靖進士。官湖廣提學副使。廉介方剛。不避權勢。居楚數年。為楚藩所構。削籍。有江午坡集。

江·弘濟　明開化人。字本深。成化進士。授清豐令。以清廉明恕得民。擢御史。持重有操。不淩不矜。嘗云御史綱紀所係。糾察在當人心。論諫在識大體。識者韙其言。

江·正　宋江南人。字元叔。為越州刺史。越有吳越時書。正借本謄寫。遂并其本有之。及破江南。又得其逸書。號吳越所得。殆數萬卷。老為安陸刺史。遂家焉。卒後藏書悉散佚。

江·永　清婺源人。字慎修。康熙時諸生。博通古今。專心十三經注疏。而於三禮功尤深。嘗一至京師。桐城方苞。荊溪吳紱。質以禮經疑義。皆大折服。讀書好深思。長於比勘。步算鍾律聲韻尤精。休寧戴震之學。得力於永為多。世稱江戴。乾隆中卒。有周禮疑義舉要。禮記訓義擇言。深衣考誤。禮書綱目。律呂闡微。春秋地理考實。讀書隨筆。古韻標準。四聲切韻表。音學辨微。推步法解。七政衍。金水二星發微。冬至權度恆氣注。曆辨。歲實消長辨。曆學補論。

中西合法擬草。

江·白　宋禹錫子。景德進士。為鄞縣尉。父卒。負土營葬。廬於墓側。藝蕘芑屬。晝夜號泣。終制猶然。詔賜粟帛。

江·立　宋熙寧初登第。以文學顯。工於題詠。其詩膾炙人口。◎清舊居杭州。移籍儀徵。字玉屏。號雲溪。有宋板金石錄。題其齋曰金石錄十卷人家。有小齊雲館詩鈔。

江·任　宋建昌人。景德中登第。有詩名。以秘閣校理知泰州卒。

江·仲明　宋台州人。宣和寇亂。奉母入山。猝遇寇。迫使就降。不屈死。

江·休復　宋陳留人。字鄰幾。舉進士。仕藍山尉。騎驢之官。據鞍讀書。至迷失道。累遷尚書刑部郎中卒。為人內行甚飭。文章淳雅。尤長於詩。善草隸琴奕。有嘉祐雜志。春秋世論。及文集。

江·充　漢邯鄲人。字次倩。本名齊。得罪於趙太子。亡入關。武帝拜為直指繡衣使者。督三輔盜賊。不避權貴。頗用事。因與太子據有隙。恐武帝晏駕後。為太子所誅。會帝有疾。充遂誣太子以巫蠱術厭帝。太子收斬充。舉兵反。事敗。太子亦自殺。

江·夷　南朝宋考城人。字茂遠。補主簿。豫討桓玄功。累遷琅邪內史。武帝受命。大司馬府琅邪國事。一以委焉。終右僕射。歷任以和簡稱。

江妃　古仙女。二女遊於江濱。逢鄭交甫。遂解佩與之。交甫受佩而去。數十步。懷中無佩。女亦不見。

江·安止　宋知麗水縣。囹圄常空。案牘無積。又練鄉兵以禦寇盜。邑賴以安。

江·式　後魏陳留人。字法安。世傳篆籀詁訓之學。歷官驍騎將軍。洛京宮殿門牓。皆式所書。延昌間撰集字書四十卷。號曰古今文字。

江·志　清工畫山水。

江·沅　清吳縣人。聲孫。字子蘭。一字鐵君。優貢生。傳聲之學。有說文音均表。說文釋例。

江·見龍　清杭州人。字壽水。康熙中諸生。有周易清解。

江·念祖　清歙人。字遙止。工書畫。晚年隱金衢間。閉門深山。罕與人接。

江·忠信　清忠源族弟。字誠夫。咸豐間從忠源軍。驍捷敢戰。常為軍鋒。援長沙。戰湖北。解江西省城圍。皆在事有功。累官副將。攻桐城。力戰死。諡壯節。

江·忠珀　清忠義從弟。同治間率師征黔苗。攻克鎮遠府衛二城。官至記名提督。中礮亡。諡武愍。

江·忠源　清湖南新寧人。字岷樵。道光舉人。洪楊亂起。清軍屢敗。忠源與曾國藩等練鄉勇。出境力戰。累官安徽巡撫。戰死廬州三河鎮。諡忠烈。

江·忠義　清忠源從弟。字味根。咸豐間從忠源轉戰湖北江西。同治間積功累官廣西提督。援江西。敗黃文金。解青陽圍。卒於軍。諡誠恪。忠義饒膽略。善調度。軍暇研究圖史。於民生利病。尤惓惓焉。

江·忠濟　清忠源弟。字汝舟。咸豐間從忠源戰。屢有功。累官道員。勦賊通城。賊衆數萬來攻。衆寡不敵。力戰死。營勇三千死幾盡。諡壯節。

江·昉　清歙人。寓居揚州。字旭東。號橙里。又號硯農。工詞。意境清遠。有練溪漁唱集·山中白雲詞。

江·東　明朝城人。嘉靖進士。廉毅有大略。所至清寧。累陞宣大總督。軍務尚書。以勤王功賜蟒玉。卒諡恭襄。

江·東之　明歙人。字長信。萬曆進士。擢御史。首發馮保·徐爵奸。受知於帝。復因事貶知霍州。累官右僉都御史。巡撫貴州。以討楊應龍敗績。黜為民。有瑞陽阿集。

江·東偉　明開化人。字青來。號壺公。萬曆舉人。有芙蓉鏡孟浪言。

江·泌　南朝齊考城人。字士清。少貧。以研屧為業。夜讀書。隨月光握卷升屋。母早亡。泌以生鈇供養爲歎。過鮭不忍食。食菜不食心。以其有生意也。爲南康王子琳侍讀。子琳被害。泌往哭。涙盡繼以血。族人兗州治中與泌同名。世謂泌爲孝江泌以別之。

江玨 【明】金谿人。字玉成。弘治進士。由華州牧擢刑部員外郎。武宗南巡。玨首倡十三司連名疏諫。帝怒。罰跪午門三日。廷杖革職。世宗卽位。首詔褒之。◎【清】歙人。字豕甫。嘉慶間副貢。官溧水教諭。工篆隸。善畫花鳥。◎【清】徽州人。字荔田。善鼓琴。能擘窠書。精於刻石。居黃山數十年。號天都山人。常於山中懸崖。令采炭人縋己下臨萬丈。於崖壁上刻方丈大字。或曰荔田讀書處。或曰荔田彈琴處。

江玭 【明】仁和人。字用亘。景泰進士。授禮科給事中。諫濫度僧道。訟按察使陳璇冤。劾武清侯石亨罪。致聲震一時。成化中官至山東參政。致仕歸。囊橐蕭然。世業悉以讓兄弟。

江秉之 【南朝宋】考城人。字玄叔。少孤。撫育弟妹甚篤。歷烏程、建康、山陰令。累遷新安、臨海太守。所至皆有政績。以簡約稱。

江秉謙 【明】歙人。字兆豫。萬曆進士。由鄞令擢御史。入臺侃侃言事。以論熊廷弼忤權貴。後魏忠賢竊柄。乘隙被謫家居。憂憤卒。

江采蘋 【唐】莆田人。開元中高力士使閩。選歸侍明皇。大見寵幸。帝以其性喜梅。名曰梅妃。後楊太眞擅寵。遷之上陽宮。帝念之。適夷使貢珍珠。帝以一斛賜之。妃不受。賦詩以謝。帝命樂府度以新聲。名一斛珠。

江長貴 【清】鹽亭人。由行伍歷官千總。咸豐間與洪楊軍戰於安徽。所向有功。官至福建陸路提督。

江恂 【清】儀徵人。字于九。號蔗畦。乾隆拔貢。官至鳳陽知府。工詩。能隸書。喜寫藕花。華湛可愛。

江思遠 【晉】陳留圉人。庾亮辟爲儒林參軍。善畫。有孝行。

江昱 【清】江都人。字賓谷。一字松泉。乾隆時廩生。嗜學安貧。所居淩寒竹軒。擁書萬卷。治經深於書。嘗與程廷祚辨論尚書古文。至日晡忘食。袁枚目爲經癡。兼工詩詞。考訂金石。尤稱精審。有尙書私學、瀟湘聽雨錄、清泉志、松泉詩、梅鶴詞。

江柏 【明】浮梁人。字廷節。號青峯。嘉靖進士。官至光祿寺卿。有青峯存集。

江柟 【明】休寧人。字楚餘。與王邦柱同著易經會通。

江洪 【梁】濟陽人。爲建陽令。與蕭文琰、丘令楷等並以文稱。擊鉢立韻。響絕詩成。皆可觀覽。坐事死。

江炳炎 【清】錢塘人。字研南。工詞。妙於審音。有琢春詞。

江盈科 【明】湖廣桃源人。字進之。號綠蘿山人。萬曆進士。官至四川提學副使。有明十六種小傳。

江禹錫 【宋】南城人。有節義。高年不仕。躬自教授。眞宗時獻策封詩十五篇。詔嘉美。賜粟帛。歲時存問。

江貞 【明】婺源人。字吉夫。官紹興府教授。有歙硯志。

江革 【後漢】臨淄人。字次翁。少失父。遭亂負母避難。數遇賊。輒哀求。言有老母。辭氣愿款。賊不忍犯。卒與母歸。鄉人稱曰江巨孝。母終。廬墓不除服。永平初舉孝廉。建初初舉賢良方正。累拜諫議大夫。◎【梁】考城人。字休映。六歲解屬文。年十六喪母。以孝聞。初仕南齊。入梁爲御史中丞。彈奏權豪。一無所避。後隨豫章王鎭彭城。及失守。爲魏人所執。厚相接待。革稱脚疾不拜。遂放還。累遷度支尚書。卒諡彊。革歷官數十年。傍無姬侍。家徒壁立。世以此高之。有集。

江師古 【明】蒲圻人。字克承。弘治進士。授工部主事。管清江浦閘。時中貴往來。作威淩轢。師古不爲屈。正德初劉瑾柄國。抗疏歸。性儉樸。緻衣糲食。翛然自得。

江悅之 【後魏】考城人。字彥和。仕齊爲輔國將軍。梁初劉季連據蜀。悅之討滅有功。進號冠軍將軍。夏侯道遷與悅之謀。以梁州附魏。被圍。衆心危沮。悅之盡出家財散軍。晝夜督戰。圍解。正始中與道遷俱至洛陽。尋卒。追封安平縣開國子。諡莊。

江時途 【明】婺源人。字正甫。幼善病。遍閱方書。精研奧旨。投劑輒效。有醫學原理、丹谿發明等書。

江浩 【明】歙人。字敬夫。舉鄉貢。授廣昌令。有能稱。正統間閩寇鄧茂七掠境。浩率兵控禦。民賴以安。以功擢知府。累官兩浙運使。◎【清】字靜涵。工畫士女花鳥。設色流麗。

江矩 【後周】爲廬江守。以廉稱。歸裝船輕。載土實之。

江祏 【南齊】考城人。字弘業。姑爲景皇后。少爲明帝所親愛。明帝卽位。封安陸縣侯。累遷右衞將軍。以外戚親要。勢冠當時。永泰初轉右僕射。永元中東昏失德旣彰。祏議立江夏王寶玄。事覺。見殺。

江紑 【梁】蒨子。字含潔。性至孝。年十三父患目。紑侍疾。夜夢一僧云。患眼者飲慧眼水必差。及覺訪之。見草堂寺智者法師。法師曰。慧眼見眞。能渡彼岸。乃舍里舍爲寺。及創造。濬故井。水清洌。取以洗眼煮藥遂差。人謂孝感。後父喪。以毀卒。

江翁 【漢】魯人。一稱江公。爲博士。號魯詩宗。韋茂學於長安。事翁習詩禮。

江致堯 【宋】惠安人。以特奏任法曹。通經學。工詩。與丘崇齊名。有周禮解。

江致虛 【宋】休寧人。與弟致一俱以鄉薦入太學。靖康間凡六詣闕上書。乞斬蔡京等六賊。復李綱相位。指陳軍國大事。尋中知兵科。授承信郎。高宗卽位。有旨特換文資。與正錄。力辭不就。

江起龍 【淸】歙人。本名汪瑞儀。幼有勇力。明思宗末。說永歷起兵逐張李。領左軍都督。嗣窺永歷無遠謀。慟哭去。更姓名曰江起龍。從淸軍定閩粵。破仙霞關。累擢都督僉事。鎭海安。後死於海。謚英佑。

江側 【宋】建陽人。字處中。熙寧進士。性純一。以儒學教授其鄉。游定夫・施景明・葉祖洽皆從之游。後爲將作監簿。

江參 【宋】江南人。字貫道。形神淸臞。嗜茶。善畫山水。

江常 【宋】晉江人。字少明。崇寧進士。帥福州。建州土賊迫州城。常登陴呼其魁。諭以禍福。賊羅拜去。靖康中州卒驕橫。譟譁牙門。常踪得其尤黠者。因事置諸法。士始識紀律。尋奉祠歸。晚益薄榮利。居父喪廬墓。有外制及文集。

江惇 【晉】彪弟。字思悛。性孝友好學。儒玄並綜。嘗著通道崇檢論。以維禮教。爲時所稱。徵辟皆不應。養志二十餘年卒。

江彬 【明】宣府人。狡黠強狠。善騎射。武宗召見大悅。擢都指揮僉事。出入豹房。與同臥起。命統四鎭軍。帝戎服臨之。與彬聯騎。權勢莫比。廷臣諫者皆得禍。帝崩。與四子並伏誅。籍其家。得黃金七十櫃。白金二千二百櫃。時京師久旱。彬誅。遂大雨。

江梓 【淸】士怡孫。字文遐。善畫山水花鳥人物。

江淹 【梁】考城人。字文通。早有文譽。少孤貧好學。宋武帝時起家南徐州從事。後仕齊。歷御史中丞。彈劾不避權貴。梁天監中遷金紫光祿大夫。封醴陵侯。嘗宿冶亭。夢一丈夫自稱郭璞。曰吾筆在卿處多年。可見還。淹乃探懷中。得五色筆還之。後爲文。絕無美句。時人謂之才盡。卒謚憲。世稱江郎。有前後集及齊史十志。

江淮淸 【宋】工畫道釋人馬。

江淵 【明】江津人。字世用。宣德進士。正統中以侍講入文淵閣肄業。郕王監國。淵陳固守之策。超遷刑部侍郎。景泰初遂入閣預機務。英宗復辟。謫戍遼東。

江逌 【晉】陳留人。字道載。少孤。有友悌之譽。避亂屛居臨海。翦茅結宇。耽玩載籍。有終焉之志。後累官太常。在職多所匡諫。著阮籍序贊。逸士箴。及詩賦奏議數十篇。

江復 【明】泰寧人。字來初。崇禎末。挈家隱邑之石輞山。兩京陷。與兄豫俱慷慨就義。

江景防 【宋】常山人。字漢臣。事錢俶爲侍御史。時吳越以一隅捍四方。賦稅之額。加舊數倍。宋平諸國。定稅悉仍舊籍。錢氏納土。景防當上圖籍。歎曰。豈可使民困無已。吾寧以身任之。遂沉圖籍於河。自劾失亡狀。太宗怒。謫沁水尉。遂屛居田里以卒。吳越減稅。由景防始也。

江智淵 【南朝宋】夷弟子。辭采淸贍。謝莊・沈懷文並與友善。懷文稱之曰。人所應有盡有。人所應無盡無。孝武深相知待。每獨蒙引進。未嘗有喜色。論者以此多之。累拜寧朔將軍。議貴妃殷氏謚爲帝所銜。憂卒。（按南史作智深。此從宋書。）

江湛 【南朝宋】夷子。字徽淵。善彈棋鼓琴。兼明算術。元嘉中仕至吏部尚書。死於元凶劭之難。湛家極貧。不營財利。無兼衣餘食。嘗被召。遇澣衣。稱疾經日。衣成然後赴。孝武初追謚忠簡。

江爲 【南唐】文蔚族子。嘗游廬山白鹿洞。師事陳貺學詩。居二十年。遂以詩名。李璟雅重之。屢徵不至。

江爲龍 【淸】桐城人。字我一。康熙進士。知宜春縣。以直恕聞。累官吏部主事。有六經圖。

江琦 【淸】寧夏人。字恩韓。世爲衛職。琦生而英勇。從討川滇。征噶爾丹。皆有功。歷河北・延綏總兵。擢甘肅提督。所至有威惠。

江統 【晉】陳留人。字應元。靜默有遠志。時人爲之語曰。嶷然稀言江應元。襲爵亢父男。除山陰令。嘗作徙戎論。帝不能用。未十年而亂。人服其遠識。官至散騎常侍。永嘉中避難成皋卒。有賦頌表奏傳於後。

江軻 【南齊】濟陽人。字伯倫。貞嚴有行。宗人江概位至侍中。素性豪侈。惟見軻深相敬挹。

江塤 【宋】崇安人。字叔文。嘉定進士。學於眞德秀。知永平縣。通判靖州。均以淸白稱。遷知南平軍。嘗條奏五事。皆切中時弊。改閤封卒。

江暉 【明】瀾子。字景孚。正德中入翰林。時錢寧勢傾天下。欲妻以女。暉峻拒之。武宗南巡。暉疏諫。受廷杖幾斃。謫授廣德州。到官卽治其豪梗者。旋再召入翰林。世宗朝擢河南僉事。未行。以病歸。

江滋 【明】崇安人。字益之。舉進士。授來陽令。始至。新學舍。作諭學詩。以勵士子。繼知長社縣。時蘇轍退居潁上。杜門謝客。惟滋每造。得容接唱和。有潁川集。

江·源　【明】番禺人。字一原。成化進士。由上饒令徵擢戶部郎中。以忤權貴出爲江西按察僉事。擢四川副使。乞休歸。優游泉石。以詩鳴於時。

江·祿　【梁】考城人。字彥遐。餽資產。工書善琴。爲湘東王參軍。有列仙傳。

江·鎬　【清】長洲人。字震滄。乾隆舉人。博雅好古。尤長於三禮三傳。晚年失明。以教授自給。有儀禮記。

江·萬里　【宋】都昌人。字子遠。少神雋有鋒穎。鄉舉入太學。有文聲。度宗朝累官至左丞相。以峭直爲賈似道所惡。加特進予祠。萬里鑿池芝山後圃。扁其亭曰止水。及元兵至。萬里赴水死。謚文忠。

江·僧寶　【宋】善畫人物。

江·夢孫　【五代吳】溧陽人。字聿修。博綜經史。立行高潔。太和中爲天長令。踰年。棄官還家。事繼母盡孝。早暮潔衣冠視膳。母食既徹。即爲諸生講禮釋經義。遠郡負笈者數百人。

江·福山　【清】清泉人。咸豐中應募入長江水師。從平安徽江蘇浙江。功甚偉。官至總兵。攻太湖夾浦鎭。沒於陣。謚武烈。

江·端友　【宋】休復孫。字子我。靖康初以吳敏薦召見。爲承務郎。賜進士出身。諸王宮教授。上書辯宣仁誣謗遭黜。渡江寓居桐廬之鸕鷀源。後爲太常少卿。有七里先生自然菴集。

江·蒨　【梁】斅子。字彥標。居父憂。廬墓以孝聞。起家祕書郎。方雅有風格。仕至光祿大夫。蒨好學。諳悉朝儀故事。撰江左遺典三十卷。未就卒。謚肅。有文集。

江·德中　【清】秉謙孫。字漢若。官至廣西布政司參議。有西粵對問·巵壇對問。

江·德量　【清】恂子。字成嘉。一字秋史。乾隆進士。授編修。改御史。精於小學。好藏碑版名書畫古錢。著泉志。又撰廣雅疏。未成而卒。

江·德藻　【陳】革子。字德藻。好學善屬文。仕梁歷官中書侍郎。入陳仕至通直散騎常侍。出補新喻令卒。有文筆及北征道里記。

江·徵　【明】南城人。字景奐。成化進士。歷知建平·寧海·黟·三縣。所至廉靜有聲。累官四川僉事。

江·標　【清】元和人。字建霞。號萱圃。光緒進士。官編修。博學工詩文。嘗刻靈鶼閣叢書。

江·潮　【明】貴溪人。字天信。第進士。提學廣東。有知人鑒。嘗謂霍韜必魁天下。金山必連第。復置山於二等。責曰。汝本有才。何杜撰呂申公格言以欺我。後日事君。不可如此。後山果陷宸濠黨。官至副都御史。巡撫山西。坐事革職歸。

江·學庭　【元】南城人。泰定進士。仕至國子祭酒。以文章事業。推重當時。後進仰之若山嶽。卒謚文正。

江·曉　【明】瀾子。字景熙。正德進士。累官應天府尹。時仍歲旱蝗。民多轉徙。曉所至力籌賑撫。全活數十萬人。後擢工部侍郎。坐事斥爲民。

江·錡　【宋】建陽人。字全叔。宣和進士。文行爲時所重。官終徽猷閣學士。有春秋經解·辯疑·語孟說。

江·默　【宋】崇安人。字德功。乾道進士。知建寧縣。有政聲。嘗考本朝典章。爲書名曰綱集凡三十六卷上之。又有易訓解·四書訓詁等書。

江·彪　【晉】統子。字思玄。本州辟舉秀才。累官國子祭酒。簡文帝爲相。每訪政事。多所補益。

江·應曉　【明】徽州人。字覺卿。嘉靖末官涪州州判。有對問編。

江·濬源　【清】懷寧人。字岷雨。乾隆進士。官臨安知府。有介亭文集。

江·總　【陳】紑子。字總持。仕梁歷太子中舍人。侯景之亂。流寓嶺南。入陳爲太子詹事。後主即位。擢僕射尙書令。不持政務。日與後主游宴後庭。人多爲豔詩。號爲狎客。君臣昏亂。以至滅亡。入隋。復拜上開府。卒於江都。世稱江令。

江·績　【晉】灌子。字仲元。有志氣。多所規諫。除祕書郎。後爲會稽王道子主簿。出爲南郡相。會荆州刺史殷仲堪舉兵以應王恭。要績與俱。不從。被徵爲御史中丞。奏劾無所屈撓。卒於官。

江·聲　【清】吳縣人。字叔澐。一字鱷濤。晚號艮庭。年三十五。師事惠棟。爲尙書之學。其說多閻惠二氏所未及。精小學。以說文解字爲主。說文所無之字。必求假借之字以代之。性耿介。生平筆札皆用古篆。嘉慶初舉孝廉方正。有尙書集注音疏·六書說·恆星說·艮庭小慧。◎【清】常熟人。字飛濤。號白沙。工畫墨竹。詩文之外。尤嗜書。校勘精確。有匏葉齋稿。

江·鷹　【明】長洲人。字元御。天啓舉人。工詞。有寸碧堂集。

江·謐　【南齊】秉之孫。字令和。仕宋爲于湖令。入齊累官侍中。封永新縣伯。尋爲左民尙書。遷掌吏部。謐才長刀筆。所在事辦。後以怨望賜死。

江·瓊　【晉】陳留人。字孟琚。爲馮翊太守。善蟲篆訓詁。永嘉之亂。棄官西奔。遂仕張軌。子孫因居涼土。世傳家業。

江·贄　【宋】崇安人。字叔圭。初游上庠。與龔深之以學易著名。後隱居。徵召不赴。政和中太史奏少微星見。

因詔舉遺逸。命下。三聘不起。賜號少微先生。有通鑑節要。

江閬 清歙人。籍貴陽。榜姓越。字晨六。康熙舉人。舉鴻博。官解州知州。爲政簡靜不擾。有河汾集。

江藩 清江蘇甘泉人。字子屏。號鄭堂。監生。少受學於元和惠棟·吳縣余蕭客·江聲。博綜羣經。尤熟於史事。阮元督漕淮安時。禮爲麗正書院山長。有漢學師承記·經師經義目錄。甄錄清代諸儒及諸家撰述。一以篤守漢儒家法者爲斷。又有宋學淵源記·周易述補·隸經文。爲文自言無八家氣。有炳燭室雜文。

江韜 清休寧人。字六奇。明諸生。入清後爲僧。名弘仁。字漸江。工詩文。善畫山水。卒後。友人於其墓種梅數百本。因稱爲梅花古衲。

江斆 南齊湛孫。字叔文。少有孝行。仕宋爲中書郎。入齊累遷侍中。領驍騎將軍。不爲權倖降意。時人重其風格。卒諡敬。

江瀾 明玭子。字文瀾。成化進士。歷官禮部尚書。守官勤慎。嚴管鑰。不通尺書。著目錄以自檢。以忤劉瑾改官。卒諡文昭。

江灌 晉逌從弟。字道羣。爲吳與太守。性方正。視權貴蔑如也。召拜侍中。爲桓溫所中傷。溫卒。復爲吳郡太守。

江蘭 清歙人。由貢生捐主事。乾隆間累升雲南按察使。從總督福康安勦松桃廳苗有功。擢巡撫。嘉慶間黑猓及黔苗粵苗相繼爲亂。皆平之。旋授兵部左侍郎。以事革職。

江瓘 明歙人。字民瑩。諸生。以病棄舉子業。專事吟咏。兼工醫。有名醫類案·江山人集。

江灝 宋崇安人。字巨源。宣和進士。授上高尉。高宗渡江。以勤王功遷建浦丞。統義兵捕盜有功。歷知柳象二州。有廉名。

池生春 清楚雄人。字籥庭。別字劍芝。道光進士。官至國子監司業。動止有儀法。以不欺爲本。工書。有入秦日記·直廬記·詩文剩稿。

池浴德 明同安人。號明洲。嘉靖進士。知遂昌縣。聽斷明決。累遷太常寺少卿。致仕歸。

池斌 明福寧人。字士全。正統間鄧茂七黨徒作亂。擄斌父。熾火炙之以脅財。斌聞耗。至賊所。號泣請代。賊釋其父而炙斌。至焦爛不死。因得與父放歸。以疾卒。

池顯方 明浴德子。字直夫。天啓舉人。工詩文。有晃岩集·南參集。

牟大昌 宋黃巖人。字逢時。性驍勇絕倫。景炎中應文天祥義檄。與姪天與起兵勤王。浙東提刑杜滸辟爲都將。天與副之。台州陷。力戰死。元兵屠其家。

牟子才 宋井研人。字存齋。學於魏了翁。嘉定進士。累官權禮部尚書。立朝剛介。時丁大全與董宋臣表裏。濁亂朝政。子才累疏辭歸。後復用。忤賈似道。致仕。卒諡清忠。子才事親孝。判吉州時。識文天祥於童子。即以遠大相期。所薦士如李芾等。後皆爲忠義士。有存齋集。

牟天壹 宋其先閬州人。後居通州。好古力學。事母至孝。母卒。啜粥廬墓三年。與弟同居。尺布斗粟無所私。

牟仲甫 宋隨州人。善畫猿獐猴鹿。作雞有意趣。

牟全 元棲霞人。至元間東征日本。全領戰船。創開水道。累陞武略將軍。

牟羽可汗 唐回紇酋長。葛勒可汗次子。名移地健。其妻僕固懷恩女也。代宗時詔以雍王适爲元帥。東會回紇。助懷恩等平史朝義。進收東都及河北。遂册爲可汗。永泰初懷恩反。誘回紇·吐蕃入寇。懷恩卒。回紇與郭子儀結盟而去。建中時牟羽欲入寇。其相頓莫賀諫。不從。爲頓木賀所擊殺。

牟完 明黃巖人。字元亮。洪武間廷試首選。擢燕府紀善。仁宗爲世子。受業焉。有四禮家儀。

牟谷 宋字子沖。眞宗時授翰林待詔。善傳寫。工相術。

牟長 後漢臨濟人。字君高。習歐陽尚書。建武初拜博士。稍遷河內太守。講者常千餘人。著錄前後萬言。著尚書章句。俗號爲牟氏章句。復徵爲中散大夫。賜告。卒於家。

牟紆 後漢長子。隱居教授。門生千人。章帝欲徵之。以爲博士。卒於道。

牟若晙 元黃巖人。字子南。號南軒。少從黃宏游。與潘伯修等爲友。善詩文。有擊甌吟·覆瓿集。

牟俸 明巴人。景泰進士。累官右副都御史。巡撫蘇松。盡心荒政。性嚴厲。摧抑過甚。怨謗紛然。爲中官汪直所陷。謫戍湖廣。踰年卒。

牟倫 明青城人。字秉常。永樂進士。工詩。任監察御史。以直諫謫戍甘肅。

牟益 宋字德新。一作德彩。理度二宗時人。畫入能品。晚年喜篆書。深究古文。嘗取石鼓鐘鼎文爲辨證一篇。以糾繹文之謬。

牟康民 明內江人。萬曆間朱燮元討平蜀寇。當兵未起時。康民語人曰。蜀且有變。平之者朱公乎。已而果然。

牟斌 明字益之。官指揮僉事。正德中劉蒨·戴詵等。以忤劉瑾下詔獄。

賦曲爲營護。及上獄詞。璉令去疏首櫃奄二字。不可。璉矯旨廷杖除其名。璉誅。復爲知府。劉祥與中官相訐。下詆治。中官賄賦。不聽。爲東廠張雄所中。奪職置武昌。疾卒。

牟·卿 漢周堪弟子。受夏侯尚書。爲博士。

牟·楷 元黃巖人。號九溪。王柏再傳弟子。篤志於正心誠意之學。學者稱爲靜正先生。

牟·魯 明烏程人。爲莒州同知。洪武間青州民孫古朴爲亂。襲州城。執魯欲降之。不屈死。

牟·融 後漢安丘人。字子優。少博學。以大夏侯尚書教授。門徒數百人。名稱州里。明帝朝舉茂才。永平中拜司空。舉動方重。甚得大臣節。進太尉卒。

牟·應龍 元巘子。字伯成。宋咸淳進士。對策忤賈似道。調定城尉。宋亡不仕。父子自爲師友。討論經學。於諸經皆有成說。學者稱隆山先生。

牟·巘 宋子才子。字獻甫。徙吳興。爲大理少卿。以忤賈似道去官。宋亡不出。討論六經。尤雄於文。有陵陽集。學者稱陵陽先生。

牟·麟 後漢融子。融卒後。除麟爲郎。章帝以融餘子幼弱。飭太尉掾史。教其威儀進止焉。

甪里先生 漢軹人。或曰吳人。姓周名術。字元道。避秦居商山中。四皓之一也。甪里一作祿里。參看東園公條。

百里 春秋鄭大夫。莊公伐許。許莊公奔衞。鄭使百里奉許叔居許東偏。

百里·奚 春秋秦本虞人。字井伯。少時家甚貧。流落不偶。出游以干諸國。嘗之齊。齊不用。又之周。周不用。又轉而之他。後歸虞。事虞公爲大夫。知其將亡。不諫而先去之。適秦。繆公將以爲媵。奚恥之。走宛。楚鄙人執之。繆公聞其賢。以五羖羊皮贖之。授以國政。相秦七年而霸。及其沒也。秦國男女流涕。童子不歌謠。舂者不相杵。澤流於後世。而秦卒賴焉。人號五羖大夫。

百里奚妻 春秋秦百里奚去虞。將適秦。其妻以門關烹雞母餞之。後奚爲秦相。堂上樂作。所賃澣婦自言知音。因援琴撫絃而歌。問之。乃其故妻。還爲夫婦。

百里·嵩 漢封丘人。字景山。爲徐州刺史。値天旱。嵩行部所經。甘雨隨降。號爲刺史雨。

百家奴 元唆都子。至元中與宋人戰。江淮以南皆下。遂亡宋。累擢鎭國上將軍·都元帥。武宗時遷鎭江路總管卒。

百祥 清蒙古鑲白旗人。姓烏朗哈爾吉們氏。嘉慶間勦湖北教匪。復竹山。平孝感。累戰皆捷。官至甘州提督。

百齡 清遼東人。姓張氏。先世從入關。隸正黃旗漢軍。字子頤。號菊溪。乾隆進士。累官協辦大學士。管兩江總督。治河五年。首治海口。海口暢。乃求效於河。大要以謹守東清壩爲第一義。卒謚文敏。有除邪紀略。守意龕集。

竹·多同 漢夜郎國之侯。不知漢廣大。常與漢使言。漢孰與我大。侯始倚南粵。及南粵滅。遂入朝。武帝以爲夜郎王。後殺之。

竹·承構 唐開元末爲宣州刺史。務戢奸宄。黜貪黷。境內以清。與班景倩同風。時有班竹之號。

竹·夢松 南唐溧陽人。潛心圖畫。長於人物士女。泊宮殿景致。仕爲東川別駕。

竹·魯 漢東莞人。下邳相。

竹禪 清僧。梁山王氏子。避難出家。游蹤徧吳越。善畫水墨人物。老樹怪石。光緒間返蜀示寂。

米·友仁 宋芾子。字元暉。一字尹仁。小字虎兒。自稱懶拙老人。力學嗜古。亦善書畫。世號小米。仕至敷文閣直學士。

米·立 宋淮人。三世爲將。江西制置使黃萬石署爲帳前都統制。元兵略江西。立迎戰。被執不降。繫獄。行省遣萬石諭之。立曰。侍郎國家大臣。立一小卒耳。何足道。但三世食趙氏祿。趙亡。何以生爲。遂遇害。

米·志誠 五代吳事楊行密爲牙校。勇敢有膂力。以善射名。累遷泰寧軍節度使。爲徐溫所害。

米·貝 明彭縣人。苦學制行。事繼母盡孝。讓其產於異母弟。當事表其閭曰獨行之士。

米里哈 元妓。回回旦色。歌喉清婉。妙入神品。

米·放 唐襄陽人。字長通。隱居剡溪。曹王皋鎭江西。辟爲節度參謀。後召爲拾遺。不赴。詩文多行於世。

米·芾 宋襄陽人。嘗居吳。世稱米襄陽。字元章。號海嶽外史。爲文奇險。特妙於翰墨。沈著飛翥。得王獻之筆意。畫山水人物。自名一家。精於鑒裁。過古器物書畫。竭力求取。必得乃已。多蓄奇石。有潔癖。性不能與世俯仰。累官禮部員外郎。知淮陽軍卒。有寶晉英光集。書畫硯諸史。

米·信 宋少勇悍。以善射聞。太宗時敗契丹於新城。契丹復來戰。師稍却。信獨率麾下三百禦之。被圍數重。矢下如雨。信持大刀率從騎大呼殺數十人。以百餘騎突圍得免。坐失律當死。詔原之。官終彰武軍節度使。

米思翰 清滿洲鑲黃旗人。姓富察氏。哈什屯之子。康熙時由侍衞總管內務府。累官戶部尙書。撤藩議起。吳三桂反。力治軍需。以勞卒。諡敏果。

米·萬鍾 〔明〕關中人。籍順天。字友石。萬曆進士。官江西按察使。爲魏忠賢所惡。削籍。後爲太常少卿卒。生平蓄奇石甚富。稱友石先生。又善書畫。有篆隸訂譌。

米·嘉榮 〔唐〕長慶間人。善歌。劉禹錫詩云。唱得涼州意外聲。故人惟有米嘉榮。又云。三朝供奉米嘉榮。能變新聲作舊聲。子和。尤善琵琶。

米·壽圖 〔明〕宛平人。崇禎間由舉人知新鄉縣。以治行徵授御史。福王立。馬士英薦阮大鋮。壽圖論劾之。出按四川。號召諸將。漸復川南郡縣。唐王立。撫貴州。死於賊。

米·漢雯 〔清〕萬鍾孫。字紫來。號秀嵓。順治進士。歷知長葛建昌二縣。康熙中舉鴻博。授編修。遷中允。好學工詩。兼善小令。書畫承其家法。時呼小米。有始存集。

米·肇灝 〔清〕辰州人。字梁若。一字大程。明崇禎歲貢。入清後。遯居城東。蔬食菜羹。行吟不輟。有踞松吟。

米魯 〔明〕雲南霑益土知州安民女。適貴州普安州土判官隆暢。被出。暢老。前妻子禮鬩。父子不相能。米魯因令營長阿保諷禮迎己。禮烝之。暢殺禮。阿保攻暢。米魯復毒暢死。遂反於普安。自號無敵天王。屢敗官軍。後爲王軾等所破。就擒伏誅。

米·璞 〔宋〕耀州人。登政和進士。通判源州。劉豫欲官之。杜門謝病。卒不汚僞命。紹興中轉官奉祠卒。

羊·士諤 〔唐〕泰山人。貞元進士。累遷宣歙巡官。元和初拜監察御史。性傾險。坐誣論宰相。出爲資州刺史。

羊·仁 〔元〕廬江人。至元初元兵南下。仁父被殺。母及兄弟皆散去。仁年七歲。賣爲人奴。力作二十餘年。蹤跡得母及兄弟所在。百計經營。更六年。得還。復聚居。孝友甚篤。

羊公 〔漢〕嘗設義漿給行人三年。一人飲訖。懷中出菜子一升。與之。且曰種此生美玉。并得好婦。後娶北平徐氏女。於所種處得白璧以爲聘。生十男。皆俊異。位至卿相。

羊氏 〔前趙〕南城人。名獻容。晉惠帝皇后。洛陽既陷。沒於劉曜。曜僭位。立爲皇后。因問之曰。吾何如司馬家兒。氏曰。陛下開基之聖主。彼亡國之暗夫。何可並言。曜甚寵之。遂干預政事。生三子。卒諡獻文。

羊·可立 〔明〕汝陽人。字子豫。萬曆進士。擢御史。劾張居正以私憾搆遼庶人獄。累擢太常卿。復以直言出爲瑞州通判卒。

羊·永德 〔宋〕縉雲人。歷徽州通判。有春秋發微。

羊·玄之 〔晉〕琇從子。惠帝后父。初爲尙書郎。以后父拜光祿大夫。進爵爲公。成都王穎之攻長沙王乂也。以討玄之爲名。遂憂懼而卒。

羊·玄保 〔南朝宋〕泰山人。爲武帝鎭軍參軍。補宣城太守。又歷丹陽尹。會稽太守。爲政雖無殊績。而去後常令人思。官終散騎常侍。卒諡定。

羊·戎 〔南朝宋〕玄保子。文帝好與玄保棊。嘗中使至。玄保曰。今日上何召我耶。戎曰。金溝清泚。銅池搖颺。既佳光景。當得劇棊。玄保嘗嫌其輕脫。云此兒必亡我家。戎官至通直郎。與王僧達謗議時政。賜死。

羊·百章 〔秦〕博士。著有羊子四篇。漢書藝文志列之儒家。

羊舌·赤 〔春秋晉〕職子。佐郤午爲中軍尉。世號赤曰銅鞮伯華。孔子曰。國有道。其言足以興。國無道。其默足以容。蓋銅鞮伯華之所行。既卒。孔子歎曰。銅鞮伯華無死。天下有定矣。

羊舌·肸 〔春秋晉〕赤弟。一名叔肸。字叔向。博議多聞。能以禮讓爲國。介聘於楚。楚欲傲以所不知而不能。鄭人鑄刑書。肸詒書子產以規之。仲尼稱爲遺直。

羊舌·虎 〔春秋晉〕肸庶弟。一名叔虎。初叔向之母妒叔虎之母美而不使。其子皆諫其母。其母曰。深山大澤。實生龍蛇。彼美。余懼其生龍蛇以禍女。余何愛焉。使往視寢。生叔虎。美而有勇力。欒盈嬖之。盈出奔楚。羊舌氏之族及於難。

羊舌·鮒 〔春秋晉〕大夫。肸庶弟。一名叔鮒。字叔魚。晉治兵於邾南。鮒攝司馬。次於衞地。鮒求貨於衞。淫芻蕘者。邢侯與雍子爭鄐田。命叔魚斷之。雍子納女於叔魚。叔魚蔽罪邢侯。邢侯怒。殺叔魚雍子於朝。

羊舌·職 〔春秋晉〕大夫。晉侯請於王。以黻冕命士會將中軍。且爲太傅。於是晉國之盜逃奔於秦。羊舌職曰。吾聞之。禹稱善人。不善人遠。此之謂也。後佐郤奚爲中軍尉。

羊·希 〔南朝宋〕玄保兄子。字泰聞。少有才氣。爲尙書左丞。泰始初出爲廣州刺史。以劉思道領軍伐俚。師道違節度。失利。希遣收之。思道遂作亂。爲所殺。

羊角·哀 〔周〕燕人。與左伯桃爲友。與俱入楚。值雨雪糧少。伯桃乃并衣糧與哀令往。自餓死空樹中。哀至楚。爲上大夫。備禮以葬伯桃。

羊·侃 〔南朝梁〕梁甫人。祉子。字祖忻。少博涉書記。尤好左氏春秋孫吳兵法。自魏歸梁。授徐州刺史。累遷都官尙書。侯景陷歷陽。侃副宣城王都督城內諸軍事。景執侃長子鷟以示之。侃不爲動。數日復持來。因引弓射之。

賊感其忠義。亦不之害。卒贈侍中軍師將軍。侃性豪侈。善音律。姬妾侍列。窮極奢靡。嘗置酒。客於醉中失火。焚船七十餘艘。所焚金帛不可勝數。侃都不挂意。待之如初。

羊・固 〔晉〕拜臨海太守。饌客甚盛。竟日皆美。時羊曼爲丹陽尹。客來早者得佳設。日晏則否。不問貴賤。論者謂固之豐腆。不如曼之眞率。

羊・欣 〔南朝宋〕泰山人。字敬元。少靜默。無競於人。泛覽經籍。尤長隸書。父不疑爲烏程令。欣時年十二。王獻之爲吳興太守。甚知愛之。文帝以爲新安太守。稱病免歸。欣好黃老。善醫術。撰藥方十卷。

羊・牧 〔後漢〕江夏人。王莽末天下大亂。牧等起雲杜綠林。號下江兵。

羊・亮 〔晉〕祜從子。字長玄。有才能。多計數。累轉大鴻臚。時惠帝在長安。亮與關東聯謀。內不自安。奔幷州。爲劉元海所害。

羊・祉 〔後魏〕鉅平人。琇六世孫。字靈祐。性剛愎。好刑名。爲司空令輔國長史。假節龍驤將軍。屢坐事免。高肇執政。復起爲光祿大夫。假平南將軍。卒諡景。祉當官不憚彊禦。朝廷以爲剛斷。時有檢覆。每令出使。然頗爲深文。所經之處。人號天狗下。

羊・茂 〔三國魏〕字季寶。爲東郡太守。冬月坐白羊皮。夏月坐一榆木板牀。出界。買鹽豉食之。

羊・烈 〔北魏〕祉從子。字信卿。少通敏。好讀書。能言名理。以玄學知名。天保中累遷左右戶部郎中。在官稱職。終兗州大中正。

羊・祜 〔晉〕泰山南城人。續孫。字叔子。歷官秘書監。武帝受禪。累官尙書右僕射。都督荊州諸軍事。綏懷遠近。甚得江漢之心。輕裘緩帶。身不披甲。與陸抗對境。務修德以懷吳人。後入朝面陳伐吳之計。舉杜預自代。尋卒。南州聞祜喪。莫不號慟。吳守邊將士亦爲之泣下。追贈太傅。諡成。祜在襄陽時。常登峴山。卒後。人立碑其地。望其碑者。莫不流涕。杜預因名爲墮淚碑。

羊・聃 〔晉〕曼弟。字彭祖。少不經學。時論皆鄙其凡庸。先是兗州有八伯之號。其後以江泉能食爲穀伯。史疇以大肥爲笨伯。張嶷以狡妄爲猾伯。而聃以狼戾爲瑣伯。以擬古之四凶。聃官廬陵太守。恃國戚縱恣暴虐。睚眦之嫌。輒加刑殺。後坐殺簡良等二百餘人除名。未幾死。

羊・陟 〔後漢〕梁父人。字嗣祖。少清直。舉孝廉。遷冀州刺史。奏案貪濁。所在肅然。累拜尙書令・河南尹。計日受俸。常食乾飯茹菜。會黨事起。免官禁錮。卒於家。

羊・崇 〔南朝宋〕希子。字伯遠。爲尙書主客郎。丁母憂。哀毀過禮。及聞廣州亂。卽日徒跣出新亭。不能步涉。父葬畢。不勝哀卒。

羊・曼 〔晉〕祜從孫。字祖延。元帝以爲丞相主簿。委以機密。歷晉陵太守。以公事免。任達放縱。好飲酒。時州里稱阮放爲宏伯。郗鑒爲方伯。胡母輔之爲達伯。卞壼爲裁伯。蔡謨爲朗伯。阮孚爲誕伯。劉綏爲委伯。而曼爲黯伯。號兗州八伯。以擬古之八儁。尋爲王敦右長史。知敦不臣。終日酣醉諷議而已。歷丹陽尹。蘇峻作亂。曼勒衆不動。因被害。

羊・深 〔後魏〕祉次子。字文淵。早有風尙。學涉經史。孝莊帝時除太府卿。弟侃爲泰山太守。外招梁寇。深在彭城得侃書。憮然流涕。斬使表聞。遷齊州刺史。爲東魏軍所討破。死於陣。

羊・琇 〔晉〕祜從弟。字稚舒。涉學有知算。少舉郡計。參鎭西鍾會軍事。會謀反。琇正言苦諫。還賜爵關內侯。武帝爲太子時。琇常爲畫策。甚有匡救。及踐阼。累遷中護軍。加散騎常侍。齊王攸出鎭。琇以切諫忤旨。左遷太僕。發憤病卒。諡威。

羊・勝 〔漢〕齊人。梁孝王招延四方豪傑。勝與公孫詭。鄒陽之屬皆往歸之。孝王怨袁盎。與勝詭謀。使人刺殺盎。後事亟。王令自殺。

羊・愔 〔唐〕括蒼人。以明經授夾江尉。後隱於括蒼山。一日與靑蘿館道士飲於阮客洞。獲靑靈芝食之。入委羽山仙去。

羊・敦 〔後魏〕祉從子。字元禮。性尙閑素。學涉書史。除給事中。出爲本州別駕。歷廣平太守。俱有能名。卒諡貞。

羊・斟 〔春秋宋〕鄭伐宋。宋華元・樂呂禦之。斟爲華元御。華元殺羊食士而不及斟。將戰。斟曰。疇昔之羊子爲政。今日之御我爲政。與入鄭師。遂敗。華元被獲。後元歸。斟奔魯。

羊・瑗 〔梁〕著有分王年曆。

羊・肅 〔北齊〕深子。以學尙知名。累官武德郡守。

羊・鴉仁 〔梁〕鉅平人。字孝穆。少驍果有膽力。普通中封廣晉縣侯。征伐靑齊間。累有功績。大同間歷北司州刺史。陷於侯景。景以爲五兵尙書。鴉仁常思奮發。遂出奔江陵。爲北徐州刺史荀伯道諸子所害。

羊・曇 〔晉〕泰山人。謝安之甥。爲安所重。安卒後。輟樂彌年。行不由西州路。嘗因大醉。不覺至州門。左右白曰。此西州門。曇悲感不已。以馬策叩扉。誦曹子建詩曰。生存華屋處。零落歸山丘。慟哭而去。

羊・徽 〔南朝宋〕欣弟。字敬猷。武帝鎭京口。以爲記室參軍掌事。河東太守。武帝嘗稱徽爲一時美器。

羊·羅　【春秋邾】魯昭公時邾襲鄅。鄅人將閉門，羊羅攝其首焉。遂入之。盡俘以歸。

羊·鵾　【梁】侃子。字子鵾。隨侃在臺城。城陷。侯景待之甚厚。及景敗。鵾密圖景刺殺之。武帝以爲青州刺史。封昌國縣公。後征陸納。平峽中。破郭元建。累遷東晉州刺史。爲侯瑱所破。遇害。

羊·闌　【南齊】爲大中大夫。明帝崩。闌入臨。披髮號慟。俯仰悶憒遂脫地。東昏徹哭。大笑曰。禿鶖啼來乎。

羊·續　【後漢】平陽人。字興祖。累官廬江南陽二郡太守。討平諸寇。敝衣羸馬。清介自持。府丞嘗送生魚。續懸於庭。丞又進。續出所懸者以杜其意。靈帝欲以爲太尉。時拜三公者皆輸東園禮錢千萬。令中使督之。續舉縕袍示之曰。臣之所資。惟此而已。遂不登公位。徵爲太常。病卒。

羊·鑒　【晉】泰山人。字景朗。歷官少府。討蘇峻有功。封豐城縣侯。

羽公　【漢】俠士。

羽·素蘭　【明】女子。邑里不詳。或曰吳人。名孺。字靜和。解音律。推律得羽聲。遂自命爲羽氏。能書。善畫蘭。故以素蘭自號。嫁後不得意。爲漚子十六篇以見志。嘗令女侍爲胡奴裝。跨駿騎遊行。春秋佳日。扁舟自放。吳越山川。遊跡殆遍。天啓中爲人磔殺。

老上單于　【漢】匈奴單于冒頓子。名稽粥。初立。漢文帝遣宗女爲閼氏。使宦者中行說傅以行。說降單于。爲之謀主。由是屢寇邊。漢使使遺單于書。單于亦報謝。復言和親事。尋卒。

老古　【春秋晉】文公逐夔而失之。問於農夫老古。老古以足指曰。如是往。文公曰。寡人問子。以足指何也。老古振衣而起曰。一不意。吾君乃至此也。因託物諷諫。言人君之不可輕出。文公悟。載老古以歸。

老成·方　【周】宋大夫。著書十篇。言黃老之道。

老·候　【宋】合江人。善畫猿鹿花果。

老聃　【周】見李耳條。

老商氏　【周】列禦寇嘗師之。列子曰。自吾學七年後。從心所念更無是非。從口所言更無利害。老商始一引吾並席而坐。

老·麻　【宋】關中人。以工畫花鳥稱於熙寧間。

老萊子　【周】楚人。事二親孝。行年七十。作嬰兒戲。著五彩斑襴之衣。上堂作跌爲兒啼。以樂其親。耕於蒙山下。楚王聞其賢。欲聘之。恐不來。駕至老萊之門。王既去。其妻歸。謂老萊曰。妾聞之。可食以酒肉者。可隨以鞭捶。可授以官祿者。可隨以鈇鉞。妾不能爲人所制。遂投其畚萊而去。至江南而止。老萊子乃隨其妻而居之。一年成落。三年成聚。著書十五篇。言道家之奧。不知所終。

老龍吉　【上古】嘗爲神農之師。

老藏丹貝　【清】蒙古人。入裔籍爲趙氏。順治中挂錫五臺。沖淡疎朗。解文義。工翰墨。聖祖西巡。獎賚之。

臣瓚　【晉】不知氏姓。嘗注漢書。（按劉孝標類苑以爲于瓚。酈道元水經注以爲薛瓚。姚察訓纂云。于瓚爲庾翼主簿。是東晉人。而瓚所採衆家音義。自服虔·孟康以外。並因晉亂湮滅。不傳江左。是非于瓚可知。穆天子傳目錄。有祕書校書郎中傳瓚校。今漢書音義臣瓚所案。多引汲書。疑卽傅瓚。瓚時職典校書。故稱臣。）

自回　【宋】高僧。臨海籍。世業石工。目不識字。求人口授法華。遂投大隨和尚供役。一日鑿石。火光迸出。忽然徹悟。大隨因爲薙度。居台州釣魚臺。上堂談禪。玄妙絕倫。

自·勖　【明】貴溪人。由舉人官臨淄令。好學而敏於政。訟無停獄。

自然老人　【元】祁州人。姓劉氏。善畫墨竹花鳥。

自新　【後晉】僧。臨淄孫氏子。隱廣德山中。錢元瓘征苑陵。攜歸見鏐。應對無所屈。鏐造應瑞院居之。假號廣現大師。後充浙中寶塔寺主卒。

自當　【元】蒙古人。英宗時由速古兒赤擢監察御史。治獄明斷。文宗時除浙西肅政廉訪使。時有以駙馬爲浙江行省丞相者。其官豎恃公主勢。令有司強買民物。不從。輒毆之。自當逮之。械以令衆。自是丞相府莫敢爲民害者。

自融　【清】僧。有南宋元明僧寶傳。

至仁　【元】僧。字行中。別號熙怡叟。主蘇州萬壽寺。博綜經傳。尤工詩文。有澹居稿。

臼季　【春秋晉】大夫。卽胥臣。字季子。食采於臼。故稱臼季。官司空。又稱司空季子。嘗從晉文公出奔。後以使命過冀。見冀缺耨。其妻饁之。相待如賓。乃舉於文公。文公以爲下軍大夫。

舟之僑　【春秋虢】大夫。虢公敗犬戎於渭汭。之僑曰。無德而祿。殃也。遂奔晉。其後虢果爲晉滅。

艮·當　【漢】嘗注樂經。

艾·元徵　【清】濟南人。順治進士。康熙間累擢戶部右侍郎。疏除私派之弊。官至刑部尚書。

艾·仲儒　【宋】至道中爲兩浙鹽官。運使劉文質奏其治績。璽書褒諭。

艾·自修　【明】鄧川州人。兄自新粹於理學。所著希聖錄。得宋儒宗旨。自修常纂其要。學者咸宗之。聞於朝。旌曰當代賢儒。

艾·君瑜　【宋】永豐人。性至孝。母疾。封股和藥以進。果愈。母喪廬墓側。大觀中郡守以聞。詔復其家。

艾希淳 明米脂人。字欢伯。嘉靖進士。官至戶部侍郎。

艾易 元字仲和。至正初父坐事編遺。請代得還。子二。濟．達。析居時。濟以達多子。推多與之。達辭不獲已乃受。他日達以消貧。復還所讓。曰。既與復取。非義也。達計其值。密付濟子。其孝義相傳如此。

艾南英 明江西東鄉人。字千子。好學。無所不窺。萬曆末場屋文腐爛。南英與同郡章世純．羅萬藻．陳際泰以興起斯文爲任。世人翕然歸之。天啓中舉於鄉。對策有譏刺魏忠賢語。罰停三科。崇禎初詔許會試。卒不第。而文日有名。負氣陵物。人多憚其口。兩京覆。入閩。見唐王。陳十可憂疏。授兵部主事。改御史。未幾卒於延平。有天傭子集。

艾宣 宋鍾陵人。工畫花竹翎毛。尤長野趣。蘇軾嘗有詩詠其畫。

艾洪 明濱州人。字德裕。弘治進士。擢兵科給事中。多所彈劾。忤劉瑾削籍歸。後起官。終福建左參政。

艾若納 宋紹興中爲吳興令。留心撫字。嚴於馭吏。尤惡鄉胥舞文。嘗大書座屏曰。愛民如恤血。擿吏勝看經。悴折鄉胥手。何勞誦大乘。

艾晟 宋眞州人。字子先。崇寧進士。政和中試宏詞。中一等。擢秘書省校書郎。兼編修六典文字。尋判隰灃越三州。所至有聲。終考功員外郎。

艾淑 宋建安人。字景孟。號竹坡。爲寧海軍節度判官。善畫龍。兼工竹石。

艾傑 明崇陽人。字世英。成化中舉人。授四川江安教諭。每晨衣冠坐講不懈。力變文體。擢成都府學教授。有崇陽志。

艾萬年 明米脂人。由武學生從軍。積功至神木參將。崇禎中授孤山副總兵。戍平涼。遇賊戰沒。

艾毓初 明希淳曾孫。字孩知。崇禎進士。授內鄉知縣。屢遷至右參議。分守南陽。卻賊有功。以食盡援絕。題詩城樓。自縊死。

艾貌 元拔部康里氏。初從雪不台征欽察。攻河西城。收西關。破河南。繼從定宗略地阿奴。皆有功。又從四太子南伐。命充怯憐口阿答赤孛可孫。又從渡江攻鄂。以疾卒。

艾儒略 明意大利人。遊歷中國。天啓間撰職方外紀進之。又著西學凡。

艾璞 明南昌人。字德潤。成化進士。累官右副都御史。詔求直言。璞陳修德六事。皆人所難言。勸戚與民爭田。勘實。悉歸之民。坐忤劉瑾逮獄。成嶺海。瑾誅致仕。

艾穆 明平江人。字和父。以鄉舉累遷刑部員外郎。張居正遭喪奪情。抗疏諫。杖戍涼州。居正死。復起員外郎。累遷僉都御史。巡撫四川。以病歸。

艾顯 清字無山。嗜金石。工書畫。嘗避囂入桃源深谷。構小茅廬。署曰石耕小隱。性孤岸。不與世接。所琢大小篆甚工。

行丕 明高僧。鄞人。字大基。宗說兼通。爲時名僧。初由天台佛隴升主寶陀。洪武中於寺之南嶺建清淨境亭。學士宋濂爲之記。

行本 宋高僧。贛縣農家姜氏子。七歲不能言。召至京師。寄僧舍爲徒。入宮忽能語。仁宗令削髮。賜名行本。還鄉創爲大寺。累年功甫畢。行本對佛合掌跏趺而逝。

行均 遼僧。姓于氏。字廣濟。通小學。有龍龕手鑑。

行巡 後漢平襄人。事隗囂。囂以爲大將軍。

行明 唐高僧。吳郡魯氏子。初歷五臺．峨嵋。文殊普賢爲現金銀色相。後遊衡嶽。遁祝融峯下。與秦布納交契。

行保 明高僧。南城人。幼慕禪教。入慈眞院爲僧。洪武中住持天寧寺。大振宗風。後舉天下高僧十一人。行保與焉。

行思 唐高僧。安福劉氏子。初見六祖慧能。慧能深器之。後居青原山。傳法於希遷。開元中卒。諡弘濟大師。爲曹洞宗始祖。

行修 後唐高僧。泉州陳氏子。號法眞。生而兩耳垂肩。同光初至杭之法相院。依石爲室。禪定其中。吳越王以生日飯僧永明寺。僧延壽謂王曰。長耳和尙乃定光佛應身也。王趣駕參禮。但云永明饒舌。卽跏趺而逝。賜號宗慧大師。

行森 清高僧。號茆溪。博羅黎氏子。居杭州龍溪菴。有語錄。雍正間追封明道正覺禪師。

行瑫 後周高僧。長城陳氏子。後唐天成中寓於越。住大善寺。募道俗置看經道場。於寺之西北隅構別院。供四方僧。顯德中卒。有大藏經音疏五百餘卷。

行端 元僧。臨海何氏子。字景元。一字元叟。自稱寒拾里人。年十一。得度於餘姚之化城院。主徑山作大護持者二十年。工詩文。有寒拾里人稿。

行儒 唐僧。景福初菴居山中。有虎嚙人。鄉人集衆捕之。師忽騎虎出迎。衆驚異之。因號伏虎禪師。今中峯寺有伏虎壇。石迹猶存。

行機 明高僧。天台楊氏子。住國清寺。適有江州圓通之命。欣然曳杖應之。登座說法。聞者絕倒。

衣守信 明棲霞人。字復齋。諸

生。性闊達。能容橫逆。一鄉稱其盛德。

西乞術　【春秋秦】穆公時大夫。與孟明視．白乙丙同毀鄭。爲晉師所獲。

西方．鄴　【後唐】滿城人。父再遇爲州軍校。鄴居軍中。以勇力聞。年二十。莊宗以爲孝義指揮使。從征伐有功。累官寧江軍節度使。卒於鎮。

西王母　【古】仙人。姓楊。一作姓侯。名回。一名婉衿。居崑崙之山。周穆王西征。享王母於瑤池之上。賦詩往來。辭義可觀。漢武帝時。王母與帝仙桃三顆。帝收其核。母曰。此桃三千年一生實。中夏地薄。種之不生。帝乃止。因授以五嶽眞形圖。明旦乃去。

西成　【清】滿洲鑲黃旗人。字有年。號樗園。雍正進士。乾隆時舉鴻博。官至太常寺卿。有玉汝堂集。

西林布　【清】滿洲鑲紅旗人。姓達爾呼阿勒丹氏。咸豐初隨軍河南。旋赴援直隸山東江蘇安徽湖北。疊著戰功。官至協領。與陳玉成戰於潛山。力竭死之。

西門．君惠　【漢】道士。王莽時人。好天文讖記。爲衛將軍王涉言劉氏當復興。

西門．季玄　【唐】懿宗時官神策中尉。性剛鯁。時懿宗昵寵優人李可及。謂可及曰。汝以巧佞惑天子。當族滅。嘗見其受賜。謂曰。今載以官車。後籍沒亦當爾。

西門．豹　【戰國魏】文侯時爲鄴令。發民鑿十二渠。引河水灌田。而民賴其利。鄴俗素信巫。歲選良民處女投河中。謂爲河伯娶婦。豹投巫於河。其俗乃革。豹性急。常佩韋以自緩。

西施　【春秋越】諸暨苧羅村西鬻薪之女。亦稱西子。有姿容。嘗病心而矉。其里之醜人見而美之。歸亦捧心而效其矉。越王句踐敗於會稽。范蠡取西施獻於吳王夫差。吳亡。西施復歸范蠡。從遊五湖。或云吳亡。沈西施於江。以報鴟夷。未知孰是。

西密揚阿　【清】滿洲正紅旗人。姓覺羅氏。字文暉。官杭州副將。工指頭畫。山水蒼渾有氣勢。雜卉尤佳。

西淸　【清】鄂爾泰曾孫。字研齋。有黑龍江外紀。

西陵氏　【上古】黃帝元妃。又稱嫘祖。始教民蠶。治絲繭。後世祀爲先蠶。

西陵阿　【清】滿洲正白旗人。姓果博勒氏。道光間英人擾寧波鎭海。西陵阿再燔其舟。咸同間迭與髮捻戰於江南浙江直隸山東等省。屢有功。官至察哈爾都統。卒謚勇毅。

西．鳴岐　【明】東平人。徙居濮陽。字鳳竹。初鳴岐有事逮東平獄。鄉大夫吏部梁某救之。後七年。梁爲東藩長史。傲監司。監司怒其擅造兵甲。熒惑親王。當錄大辟。盡收其從者。鳴岐自縛詣捕者首曰。是梁監造兵甲者。吏疑其詐。榜笞數千。備極楚毒。言如初。竟解長史獄。鳴岐出。不見長史。夜逃去。

邛疏　【周】封史。能行氣鍊形。煑石髓而服之。謂之石鐘乳。

邢子　【漢】蜀人。相傳逐犬入山穴。遇仙與以符藥。由是得道。蜀人立祠於穴口。常有鼓吹傳呼聲。西南數千里。共奉祠焉。

七畫

亨·祐 【元】石屏人。天曆初托卜佳作亂。祐與朱寶翼共守和龍島。賊來攻。連碎數十舟。斬首數百級。受圍七旬。會救至。得免。

伯八 【元】姓兒合丹氏。世祖卽位。以舊臣子孫擢爲萬戶。領諸部軍馬屯守欠欠州。至元中親王昔列吉·脫鐵木兒叛奔海都。伯八以聞。且願提兵往討。未得命。爲所襲。死之。

伯牙 【春秋】善鼓琴。嘗學於成連。與鍾子期善。子期死。伯牙不復鼓琴。痛世無知音也。

伯夷 【有虞氏】舜命爲秩宗。典三禮。◉【商】孤竹君之子。其父將死。遺命立其弟叔齊。父卒。叔齊遜伯夷。伯夷曰。父命也。遂逃去。叔齊亦不立而逃。周武王伐商。夷齊叩馬而諫。及勝商有天下。夷齊恥食周粟。隱於首陽山。採薇而食。遂餓死。

伯·州犂 【春秋】【楚】宗子。康王時爲太宰。公子圍弒郟敖自立。殺州犂於郟。

伯冏 【周】穆王賢臣。穆王命爲太僕正。作冏命。

伯成·子高 【陶唐氏】堯治天下。子高立爲諸侯。堯授舜。舜授禹。子高辭爲諸侯而耕。禹趨就下風立而問焉。子高曰。子賞罰而民且不仁。德自此衰。刑自此立。後世之亂自此始矣。偪偪乎耕而不顧。

伯邑考 【周】文王長子。質於商。爲紂御。紂囚文王於羑里。烹以爲羹賜文王。

伯·宗 【春秋】【晉】大夫。賢而好以直辯淩人。每朝。其妻常戒之曰。盜憎主人。民慢其上。夫子好直言。枉者惡之。禍必及身矣。不聽。及欒弗忌之難。三郤譖而殺之。

伯帖木兒 【元】欽察人。充哈剌赤。以忠謹授武節將軍。至元中偕徹里帖木兒討哈丹。敗之。上其功於朝。賜金帶衣服鞍馬弓矢銀器等物。

伯昏·無人 【春秋】【鄭】子產之師。

伯虎 【上古】高辛氏才子。爲八元之一。舜舉之。使布五教於四方。

伯益 【有虞氏】舜命爲虞。佐禹治水有功。禹崩。以天下授益。益辟居箕山之陽。(按史記秦紀作柏翳。此從書。)

伯虔 【春秋】【魯】字子析。孔子弟子。少孔子五十歲。

伯高氏 【上古】黃帝時人。爲黃帝臣。佐帝論脈經。窮究義理。附素問中。

伯勒赫圖 【清】滿州正白旗人。姓納喇氏。崇德中從圍錦州。戰松山杏山。分兵略寧遠。並有功。順治初擊敗流賊李自成於一片石。及安肅望都等處。壁之潼關。下江南。平福建湖南。執明大學士何騰蛟。剿山東。平雲南。爵三等子。卒諡忠勇。

伯常·騫 【春秋】仲尼問於太史大弢。伯常騫。狶韋曰。夫衛靈公飲酒湛樂。不聽國家之政。田獵畢弋。不應諸侯之際。其所以爲靈公者何耶。伯常騫曰。夫靈公有妻三人。同監而浴。史鰌奉御而進所搏幣而扶翼。其慢若彼之甚也。見賢人若此其肅也。是其所以爲靈公也。

伯答沙 【元】延祐中拜中書右丞相。時承平日久。朝廷清明。一時號稱極治。至順中卒。

伯都 【元】博羅歡子。幼穎異。不以家世自矜。長嗜書史。延祐中移江浙行省平章政事。入爲太子賓客。上書陳古先聖王正心修身之道。帝嘉納之。英宗卽位。命爲江南行臺御史大夫。以疾辭。泰定初卒。

伯禽 【周】周公子。初受封之魯。三年而後報政。周公曰。何遲也。曰。變其俗。革其禮。喪三年然後除之。故遲。及卽位。淮夷徐戎並反。率師伐之。作費誓。遂平徐戎定魯。在位四十六年卒。

伯達 【周】成王時人。或以爲宣王時人。伯達。伯适。仲突。仲忽。叔夜。叔夏。季隨。季騧。是稱八士。

伯德·窊哥 【金】西南路咩糺奚人。壯健沈勇。元兵克西南路。鄰郡皆降。窊哥獨不屈。招集義軍。披荆棘。復立州事。定興初授東勝軍節度使。東勝被圍。城中糧盡援絕。窊哥率衆潰圍。走保長寧寨。復被圍。死之。

伯德·特离補 【金】天會初與父撻不也歸朝。授世襲謀克。以京兆尹致仕。特离補招降松山等州未附軍民。累遷崇義軍節度使。未幾歸田卒。性孝謹。爲政以簡靜稱。

伯德·梅和尚 【金】泰州人。性鯁直尚氣節。累陞武勝軍節度使。移鎭崇義軍。會敵入臨潢。梅和尚聲輔衛闢合土等領軍逆擊之。孤軍無繼。爲流矢所中死。

伯德·履信 【元】平定人。字順之。少聰慧過人。篤志好學。博通經史。大德初以鄉薦領忻州學事。正己率人。人皆化之。

伯奮 【上古】高辛氏才子。爲八元之一。舜舉之。使布五教於四方。

伯嬴 【春秋】【楚】平王夫人。昭王之母。秦穆公之女。吳師入郢。昭王亡。吳王闔閭盡妻其後宮。次至伯嬴。伯嬴持刃不從。吳王慙而退。伯嬴與其阿保閉永巷之門。皆不釋兵。三旬秦救至。得免。

伯顏 【元】蒙古八隣部人。長於西域。至元初入事世祖。與謀國事。恆出廷臣右。時大舉伐宋。拜中書左丞相。領河南等路行中書省。行軍有法律。東南之平。伯顏之功爲多。成宗卽位。拜開府儀同三司太傅。錄軍國重事。卒年五十九。伯顏深略善斷。將二十萬衆伐宋。如將一人。諸帥仰之若神明。畢事還朝。歸裝惟衣被而已。未嘗言功也。大德中追封淮安王。謚忠武。◎元蔑爾吉解氏。幼弘毅深沈。侍武宗於藩邸。從征累捷。功爲諸將先。武宗卽位。拜吏部尙書。順帝時至中書右丞相。唐其勢謀爲亂。伯顏奉詔誅之。命爲大丞相。加號元德上輔。獨秉國鈞。專權自恣。漸有姦謀。帝患之。出爲河南行省左丞相。尋徙南恩州陽春縣安置。道病死。◎元哈剌魯氏。一名師聖。字宗道。至正中以隱士徵至京師。授翰林待制。與修金史。旣畢。辭歸。四方來學者千餘人。河南賊蔓延河北。伯顏乃渡漳北行。從之者數十萬家。遇賊。不屈。與妻子俱死。謚文節。平生修輯六經。多所著述。皆燬於兵。

伯顏子中 元其先西域人。仕江西。因家焉。由東湖書院山長辟爲分省都事。使守贛州。陳友諒破贛。伯顏子中間道走閩。出奇計復建昌。浮海如元都獻捷。累遷吏部侍郎。後知事不可爲。乃變姓名。遊行江湖間。常齎鴆自隨。洪武中詔以幣聘。使者至。伯顏子中爲歌七章。飮鴆而死。

伯顏不花的斤 元長吾兒氏。字蒼崖。一作字蒼巖。倜儻好學。曉音律。至正中授衢州路達魯花赤。陳友諒遣黨寇信州。伯顏不花的斤自衢引兵援之。力守孤城而死。謚桓敏。

伯顏守仁 元姓蒙古氏。爲平江教授。時張士信柄政。伯顏守仁遂放遊九峯三泖間。寫竹石以見志節。士林高之。

伯・嚭 春秋楚州犂孫。奔吳。夫差時爲太宰。夫差伐越敗之。句踐使文種因嚭以行成。伍子胥諫。不聽。越旣滅吳。以嚭爲不忠。誅之。

伯麟 淸滿州正黃旗人。乾隆舉人。嘉慶間累擢雲貴總督。剿平邊外猓夷。累官協辦大學士。兵部尙書。卒謚文愼。

伶・元 漢潞水人。字子于。由司空小吏歷官淮南相。有飛燕外傳。（按四庫提要謂飛燕外傳爲後人所依託。非伶元撰。）

伶倫 卽泠倫。詳泠倫條。

伶悝 周周武君使人刺悝於東周。悝僵。令其子速哭。刺者聞。以爲死也。周以爲不信。因厚罪之。

佀・海淸 明鍾曾孫。字永若。有雋才。弱冠舉於鄉。益攻苦。閉戶著述。以詩酒自娛。有玉樹館集。

佀・璞 明鍾子。狷介靜重。父卒。廬墓三年。以孝著。

佀・鍾 明鄆城人。字大器。成化進士。除御史。巡按浙江。還掌諸道章奏。汪直諷鍾劾馬文升。鍾不可。被譖杖闕下。尋再起。擢大理寺丞。官至戶部尙書。屢疏言事。他皆報可。而事關權倖者。終格不行。尋乞歸。

伽婆羅 梁高僧。扶南國人。一名僧養。又名僧鎧。齊末至都。能解數國書語。天監中被召。武帝禮接甚厚。譯有大育王經・解脫道論等。

但・元行 明安陸人。洪武中知武陵。開荒田。興水利。民咸賴之。

但・存學 明蒲圻人。字宗儒。成化舉人。授敍州府推官。持躬端恪。禮士恤民。陞重慶府通判。承辦采木之役。親歷險阻。調度有方。

但・欽 漢王莽時爲西域都護。莽失威信。焉耆叛漢。執欽殺之。

但・應隆 明蒲圻人。以功擢指揮。從太祖征陳友諒於鄱陽湖。敍功不及格。逃去。其後御史羅洪論列其功。拜武德將軍。

位・志高 明萊陽人。世力農。性至孝。父沒。値歲旱。民欲發冢擊魃。志高聞之。挾刃潛伏。衆至。迎跪乞哀。不許。遂自刃。衆驚散。父墓獲全。其後歲旱。有司禱墓卽雨。

住力 隋僧。陽翟褚氏子。隋煬帝時居揚州長樂寺。嘗自竭資建塔造寺。隋末道俗流亡。住力誓以身命守護殿閣。卒賴以存。武德中輔公祏叛。毀寺宇佛像。住力積柴自焚死。

何・人鶴 淸綿州人。字鳴九。諸生。少有至性。以父仇殺人詣獄。遇赦免。工詩。有蠶山詩草。

何・三傑 明定州人。崇禎間署邵陽縣。張獻忠陷城。執至衡陽。衣帶間藏舍生取義四字。赴水死。

何・士祁 淸會稽人。字竹薌。嘉慶進士。官同知。博學工書。藏書之富。甲於江浙。

何・士晉 明宜興人。字武莪。父其孝得士晉晚。族子利其貲。結黨致之死。繼母吳氏匿士晉外家。讀書稍懈。母輒示以父血衣。士晉感厲。與人言。未嘗有笑容。舉萬曆進士。持血衣愬之官。罪人皆抵法。初授寧波推官。擢工科給事中。彊直敢言。天啓初累官兵部右侍郎。總督兩廣。爲御史所誣。遂除名。憤鬱卒。

何・士閎 淸南陵人。有族人破其祖母塚以葬親。士閎訟之不得直。巡撫檄兩縣令會勘。族人健訟。仍未白。士閎觸墓碑死。令乃勒族人起棺。治其罪而葬士閎。

何・大正 宋大庾人。博通諸經。元祐間入國學。雖老師宿儒。莫不推遜。爲上庠三傑之一。官至南雄州司理。

何・大猷 宋義烏人。字少嘉。陳亮婦弟。師亮。亮在獄。竭力營救。嘗曰。吾未知前輩所謂不傳之學安在。

而敢自棄乎。亮又稱其事母孝事兄謹而行甚修謹云。

何大節 【宋】知黃州。金人犯黃。投江死。

何子平 【南朝宋】濟人。少有至行。事母至孝。文帝時爲吳郡海虞令。得祿惟以供母。不及妻孥。母喪去官。哀毀踰禮。每哭踴。頓絕方蘇。孝武末東土饑荒。繼以師旅。八年不得營葬。晝夜號哭。常如初喪。蔡興宗爲會稽太守。甚加矜賞。爲營冢壙。

何子朗 【梁】思澄宗人。字世明。早有才思。工清言。初思澄與宗人遜及子朗俱擅文名。時人語曰。東海三何。子朗最多。歷官員外散騎侍郎。卒年二十四。有文集。

何中 【元】樂安人。字太虛。宋末舉進士。以古學自任。其學弘深該博。至順間爲龍興學師。有易類象。書傳補遺。通鑑綱目測海。知非堂集。

何中立 【宋】長社人。字公南。幼警邁。第進士。累官樞密直學士。有吏材。頗以文詞自喜。然嗜酒無行。慶曆中蘇舜卿得罪。中立有力焉。

何丹 【漢】湞陽人。字伯張。鴻嘉中舉茂才。累遷中散大夫。以讜言忤王莽。出爲松滋令。慈祥愷悌。比卒。士民悲悼。葬於河西。每歲六月二日。酬奠者不絕於途。

何之元 【陳】灊人。好學有才思。爲梁司空袁昂所重。辟爲五官掾。尋除信義令。太建中歷湘州刺史。始興王叔陵諮議參軍。及叔陵誅。之元屏絕人事。著梁典三十卷。移居常州之晉陵。隋開皇間卒。

何亢宗 【清】江寧人。字聿修。善畫山水。

何元英 【清】秀水人。字蕤音。順治進士。官通政使參議。工書。

何元卿 【清】華陽人。乾隆間從征金川。攻臺灣。勦廓爾喀。擊黔楚苗。嘉慶間從勦白蓮教。積功官至與漢鎮總兵。尋以力戰沒於陣。

何元錫 【清】錢唐人。字夢華。又字敬祉。號蜨隱。官主簿。精於簿錄之學。家多善本。嗜古成癖。後遊粵中客死。有秋神閣詩鈔。

何友晏 【清】奉賢人。字九陛。工書畫。能詩。兼精醫術。有南北遊草。

何天駿 【元】蒲圻人。字國正。嗜經史。博洽不羣。皇慶中歷湘鄉學正。

何天衢 【明】阿迷人。字升宇。有勇略。土酋普名聲招爲頭目。崇禎間名聲反。天衢不爲用。率衆歸附。累功進副總兵。請兵餉皆不應。食盡。舉家自焚死。天衢◎【明】永州人。字道亨。弘治進士。擢監察御史。劉瑾柄用。朝臣諂附。天衢恥之。遂被中傷。禁錮家居。瑾敗。起知河南府。嘉靖初陞都御史。巡撫河南。討平鑛寇。進工部侍郎。

何文淵 【明】廣昌人。字巨川。永樂進士。歷官刑部侍郎。正統間兩議獄不當。下獄得釋。朝議征麓川。文淵疏諫。不省。景帝時起吏部尙書。加太子太保。英宗復位。削其加官。而景泰中易儲詔書。父有天下傳之子。語出文淵。或傳朝命逮捕。懼而自縊。

何文煌 【清】海陽人。字昭夏。號竹坡。查士標弟子。工書畫。能詩。

何文輝 【明】滁人。字德明。太祖嘗撫爲子。及長。授總制。以征南副將軍與平章胡美由江西取福建。降元同僉達里麻。入城秋毫無犯。汀泉諸州縣相次歸附。遷河南衞指揮使。從取陝西。尋從平蜀。留守成都。文輝號令明肅。軍民皆德之。遷大都督府同知。移鎮雁門。以疾召還卒。

何曰愈 【清】香山人。字雲陔。官會理知州。有存誠堂文集。

何比干 【漢】平陵人。字少卿。經明行修。兼通法律。武帝時爲汝陰縣獄吏決曹掾。所活數千人。後爲丹陽都尉。獄無冤囚。淮汝號曰何公。

何世仁 【清】寄浦人。字元長。自號福泉山人。初嗜書畫篆刻。後精醫。所治輒應手愈。尤善望聞之法。决生死無不中。有醉山草堂集。福泉山房醫案。治病要言。

何世昌 【宋】值淳熙畫院。工畫花鳥。

何世華 【清】瀏陽人。咸豐間以武童從攻洪秀全。連戰皆捷。尋復剿平松潘諸番。勦清黔苗。積功官至古州鎮總兵。

何世隆 【明】元季羣雄割據。世隆糾義兵。守滁城。以信義爲衆嚮慕。歸太祖。授萬戶。守滁城。陞右副都元帥。盡心撫綏。衆賴以安。

何世璂 【清】山東新城人。字澹庵。康熙進士。由檢討授御史。出爲兩淮運使。潔已奉公。累官直隸總督。卒諡端簡。

何仙姑 【唐】零陵何氏女。幼遇異人。與桃食之。遂不饑。自是能逆知禍福。鄉人神之。爲構樓以居。景龍中仙去。世謂之何仙姑。(按俗傳何爲八仙之一。又何仙姑名瓊。見陶白齋雜記。又福建通志謂仙姑世居武平南巖。歙縣志謂仙姑歙人。未知孰是。此從魏泰東軒筆錄。)

何令通 【宋】宜春人。賜號紫霞。南唐時爲國師。精堪輿。言牛頭山不利。謫休寧。止芙蓉峯。更名慕眞。一坐四十年。天禧中正席趺坐。忽心火自灼。頃刻而化。

何以尙 【明】興業人。世宗時官戶部司務。疏請釋海瑞受杖錮獄。已得釋。又以劾高拱坐謫。後爲南京鴻臚卿。

何·占鼇 〔清〕成都人。乾隆間隨征廓爾喀及黔楚苗有功。嘉慶間赴湖北助勦教匪。累敗之。又平滑縣教匪。官至甘肅提督。卒諡襄勤。

何·去非 〔宋〕浦城人。字正通。學問該博。有深識。元豐中對策論用兵之要。擢優等。除武學教授。使校兵法七書。尋擢博士。後爲富陽縣。通判滄州。咸有政聲。有文集。司馬法講論。備論。

何·可綱 〔明〕遼東人。天啓中佐袁崇煥軍事。典中軍。加都督僉事。更定軍制。戢省餉百二十萬有奇。累功加左都督。會築城大淩河。可綱與祖大壽監護版築。清兵十萬來攻。大壽欲降。可綱堅守不從。遂被害。

何·失 〔元〕昌平人。負才氣。能詩賦。至正間公卿交薦。以親老不就。爲揭奚斯所推重。

何·幼璵 〔南齊〕伯璵弟。少好佛法。持行清苦。與兄俱勵節操。

何·弘中 〔宋〕代州人。字定遠。幼以奇節自負。宣和末賊擾江左。弘中決策破之。授河東北路統制撥應使。使金不屈。名益著。尤長詩文。有成眞通理二集。

何·弘仁 〔明〕浙江山陰人。字仲淵。崇禎進士。擢御史。兩京沒。弘仁投於台之白峯下。死而復甦。有土人負之入陶介山。削髮苦行死。

何·弘敬 〔唐〕進滔子。本名重順。進滔死。重順襲。武宗諭朝京師或割地自效。不聽命。乃授福王綰節度大使。以重順自副。賜名弘敬。帝討劉稹。加東面招討使。弘敬倚稹相脣齒。無深入意。澤潞平。加同中書門下平章事。懿宗初封楚國公。

何·旦 〔宋〕宜州人。神宗時以邊賞補三班借職。官至武經郎。爲海南四川都巡檢使。時蘇軾謫海外。旦與友善。及還無所有。惟藏軾手書甚富。

何·正臣 〔宋〕新淦人。字君表。第進士。元豐中爲御史裏行。後爲吏部侍郎。嫚於奉職。銓擬多牴牾。歷刑部侍郎。知宣州。

何·永紹 〔清〕桐城人。字令遠。號存齋。諸生。有寶樹堂稿。

何·玉粱 〔清〕錢塘人。字章江。號樟亭。雍正進士。官編修。與修一統志。有韶齕吟。賢鑒堂詩存。南齋記聞。史論。柳浦集。

何·中 〔明〕建文時官中書。使蜀至峽口。聞燕王即位。嘔血疽發背死。

何·白 〔明〕永嘉人。一作樂清人。字无咎。工畫山水竹石。能詩。幼爲郡小吏。龍君御爲郡司李。爲延譽於海內。遂有盛名。西遊酒泉。南窮湘沅。歸隱梅嶼山中。崇禎初卒。有汲古閣集。

何·休 〔後漢〕樊人。字邵公。質朴吶口而雅有心思。精研六經。善曆算。尤好公羊春秋。爲太傅陳蕃所辟。蕃敗。坐廢錮。乃作春秋公羊解詁。覃思不闚門者十七年。世傳爲何氏學。又有公羊墨守。左氏膏肓。穀梁廢疾等書。黨禁解。拜議郎。屢陳忠言。再遷諫議大夫。光和中卒。

何·充 〔晉〕灊人。字次道。風韻淹雅。文義見稱。初辟爲王敦主簿。以忤敦左遷東海王文學。成帝時爲吏部尙書。永和初爲宰相。輔幼主。雖無澄正改革之能。而彊力有器局。凡所選用。皆以功臣爲先。性好釋典。崇修佛寺。糜費巨億。而親友貧乏。無所施遺。以此獲譏於世。卒諡文穆。◎〔宋〕德陽人。通判黎州。攝州事。元兵至。充自刺不死。軍帥許以不殺。充曰。吾三世食趙氏祿。爲趙氏死不憾。自是水飮不入口。敵知不可強。殺之。◎〔宋〕姑蘇人。舉秀才。能寫貌。東南無出其右。

何·兆瀛 〔清〕汝霖子。字通甫。號青粡。道光舉人。官至兩廣鹽運使。博涉多通。尤嫻習朝章國故。服官但持大體。不殖生產。以文章詩酒自娛。有老學後庵文集。心盦詩存。

何·光裕 〔明〕梓潼人。字思問。嘉靖進士。屢遷兵科給事中。仇鸞開馬市。光裕極諫。被杖卒。

何·光遠 〔後蜀〕東海人。字輝夫。好學嗜古。廣政初官普州軍事判官。著廣政雜錄。又輯唐以來君臣事蹟可爲法誡者。著鑑戒錄。

何·全皥 〔唐〕弘敬子。弘敬死。全皥襲。拜節度。平龐勛。遷檢校司空同中書門下平章事。年少好殺戮。後軍中互傳朘減糧帛。衆叛。被殺。

何后 〔後漢〕宛人。家本屠者。以選入掖庭。生皇子辯。光和中立爲皇后。王美人生皇子協。后酖殺美人。靈帝崩。辯卽位。后臨朝。董卓入洛陽。廢辯立協。是爲獻帝。卓遷后於永安宮。因進酖弒之。諡思。◎〔唐〕梓州人。從昭宗狩華州。冊爲皇后。光化中劉季述脅帝內禪。與帝同幽東宮。賊平。反正。帝旣威柄盡喪。左右皆悍逆。后侍膳服。無須臾去側。及帝遇弒。哀帝卽位。尊爲皇太后。爲朱全忠所縊殺。

何·在田 〔清〕江西廣昌人。字鶴年。乾隆舉人。能詩。寄居南昌僧舍。蔣士銓見其詩壁間。與訂交。始知名。有至耕堂詩集。

何·如申 〔明〕如寵兄。萬曆進士。官戶部郎中。督餉遼東。有淸操。軍士請復留二載。終浙江右布政使。

何·如瑛 〔唐〕新興人。少讀兵書。善騎射。從觀察使李勉爲折衝都尉。以平盜功遷左威將軍。充桂州防遏使。盧愼微代勉節度。言其入廣州時。多匿貨寶。遂以誅死。徐浩爲訟冤。代宗下詔褒贈。厚恤其家。

何如璋 清大埔人。字子峩。光緒間以侍讀出使日本。累官少詹事。督辦福建船政。馬江之役。法軍轟燬船廠。坐奪職。

何如寵 明桐城人。字康侯。萬曆進士。累官禮部尙書・武英殿大學士。卽乞休。疏九上乃允。陛辭。陳惇大明作之道。抵家。復請時觀通鑑。察古今理亂忠佞。語甚切。卒諡文端。如寵操行恬雅。與物無競。難進易退。世尤高之。

何宇度 明萬曆中官夔州通判。有益部談資。

何宇新 明博羅人。字子完。幼孤。事母至孝。母亡。廬墓。其師陳獻章以詩貽之。弘治中舉鄉試。官至宗人府經歷。

何安泰 清舒城人。咸豐間從攻洪秀全。轉戰浙江江蘇。官至總兵。攻嘉興。奮勇先登。死之。

何有志 清黟人。咸豐間以武生從塔齊布征討。克武漢。平沿江諸壘。常爲先鋒陷陣。積功擢都司。攻九江。受槍傷卒。

何汝霖 清江寧人。字雨人。一字潤之。道光間補工部主事。累官禮部尙書。直軍機處幾四十年。歷勘東南兩河。振災讞獄。皆能盡職。卒諡恪愼。

何自學 明金谿人。字思學。宣德進士。官陝西按察使。繫囚衆。審問不旬日。囹圄一空。後死土木之難。

何伯祥 元易人。從張柔歸太祖。定河朔。攻汴梁。破蔡州。論功授易州等處軍民總管。世祖南伐。伯祥參預軍事。多所獻納。卒諡武昌。

何伯璵 南齊廬江人。與弟幼璵俱厲節操。養兄孤子。及長爲婚。推家業盡與之。安貧枯槁。誨人不倦。鄉里號爲何展禽。

何佟之 南齊尙之弟。官太常。⊙梁灊人。字士威。父歆。齊奉朝請。佟之少好三禮。師心獨學。齊建武中爲鎮北記室參軍。當時國家吉凶禮則。皆取決焉。入梁爲尙書左丞。時百度草創。佟之依禮定議。多所裨益。

何兌 宋邵武人。字泰和。宣和進士。馬伸辟置幕府。授以中庸。且告以平生出處大節。伸以言事謫死。兌歸守其學。終身不少變。鄉人愛敬。至以中庸何公目之。於他經亦無所不學。尤盡心於易。作集傳若干卷。紹興中通判辰州。忤秦檜。竄眞陽。自號龜津。學者稱龜津先生。

何初 明常山人。博通經史。洪武中知成化縣。遷巴東教諭。召修書傳。會選書成。調開化。造就人才。士風爲之益振。

何劭 晉曾子。字敬祖。少與武帝同年。有總角之好。及卽位。累遷侍中尙書。惠帝卽位。遷左僕射。劭博學善屬文。陳說近代事。若指諸掌。驕奢簡貴有父風。然優遊自足。不貪權勢。卒諡康。

何君佐 清恩安人。乾隆間從攻黔楚教匪。有戰功。嘉慶間攻勦教匪。轉戰陝西四川。官至湖北提督。

何吾騶 明香山人。萬曆進士。崇禎間擢禮部尙書。旋入閣。以事與溫體仁不協。罷去。唐王立。召爲首輔。與鄭芝龍議事。輒相牴牾。閩疆失。永明王以原官召之。又爲趙昱等所攻。引疾去。

何妥 隋細胡子。字棲鳳。少機警。有才名。文帝時累官國子祭酒。嘗言蘇威不可信任。又上八事以諫。威大銜之。出爲龍州刺史。卒諡肅。有周易講疏・孝經義疏集要・文集。

何希之 宋樂安人。咸淳進士。署零陵教授。宋亡後。遁跡以終。有雞肋集。

何廷仁 明雩都人。初名秦。以字行。改字性之。性和厚。與人接。誠意盎溢。初慕陳獻章。後師王守仁。嘉靖初舉於鄉。除新會知縣。士民愛之。遷南京工部主事。分司儀眞。滿考卽致仕。學者稱善山先生。

何廷矩 明番禺人。字時振。爲郡諸生。及師陳獻章。卽棄舉子業。獻章作詩稱之。

何廷魁 明威遠衛人。字汝謙。萬曆進士。歷官黎平知府。遼事棘。遷副使。分巡遼陽。袁應泰納降。廷魁爭不聽。清兵渡濠。請乘半濟擊之。俄薄城。圍未合。又請盡銳出禦。應泰並不聽。遼陽破。遂死之。諡忠愍。

何廷蘭 元鳳翔人。薦登臺省三十餘年。納忠陳善。秉節不阿。

何求 南齊偃從子。字子有。元嘉末歷丹陽郡丞。後爲太子中舍人。泰始中還吳。除辟皆不就。永明間拜太中大夫。復不就。初。求父以風疾害求母。坐法死。求兄弟以此無宦情。⊙宋閩中人。裒次閩苑記三十卷。號閩苑詩。後同縣曾無忌又增二十六卷。

何汶 後漢英孫。深於學。著世務三十卷。

何良臣 明會稽人。字惟聖。弱冠棄諸生從軍。嘉靖間官至薊鎭遊擊。有陣紀・軍權二書。

何良俊 明松江華亭人。字元朗。與弟良傅皆負俊才。時人以二陸方之。少篤學。二十年不下樓。藏書四萬卷。涉獵殆徧。以歲貢授翰林院孔目。有何氏語林・四友齋叢說・何翰林集。

何良傅 明良俊弟。字叔度。嘉靖進士。歷南京禮部郎中。學益成。體素羸。然立身守官甚嚴。與人坦易。

不設城府。

何邦彥　清永豐人。字司直。有寄迂草堂文集。

何采　清桐城人。籍江寧。字濮源。順治進士。歷官翰林院春坊。工詩詞。有讓鄔集・南澗集・南澗詞。

何並　漢平陵人。字子廉。爲長陵令。道不拾遺。後爲潁川太守。鋤擊豪強。表善好士。一郡清靜。史稱其節亞尹翁歸云。

何其仁　清海鹽人。字元長。貢生。累官崖州知州。善畫墨蘭。信手揮灑。花葉縱橫有趣。亦善墨竹。

何其偉　清其侯弟。字石民。號我堂。康熙舉人。官遂昌知縣。有我堂詩古文集。

何其侯　清石屏人。字天成。號六谷。別號洞虛子。康熙時廩貢生。學問淵醇。工詩文。善作蘇書。又多歷名山大川。有滇江圖說・元師平滇道路考・西藏圖說・墨雨樓集。

何叔度　南朝宋灊人。恭謹有行業。姨與母情愛甚篤。母卒。奉姨若所生。姨亡。朔望必致哀。官終金紫光祿大夫。吳郡太守。以清身潔己稱。

何和里　清滿州正紅旗人。姓棟鄂氏。從征烏喇。徇瑚爾哈路。圍札庫塔城。皆有功。性寬和。識量宏遠。事太祖三十餘年。與費英東・額亦都・扈爾漢・安費揚古爲五大臣。爵至三等子。卒諡溫順。

何坦　宋建昌軍廣昌人。字少平。少貧好學。舉淳熙進士。歷官廣東提刑。以清廉爲嶺南首稱。卒諡文定。有西疇常言・百川學海。

何孟春　明郴州人。字子元。弘治進士。師李東陽。學問該博。歷遷右副都御史。巡撫雲南。討平十八寨叛蠻。嘉靖初爲禮部侍郎。大禮議起。孟春上疏力爭。又偕百官伏闕號泣。奪俸調南京工部。引疾歸。卒諡文簡。有何文簡疏議・餘冬序錄・何燕泉詩・家語註。

何宗　蜀漢郫人。字彥英。師事廣漢任安。學問精博。先主定益州。辟爲從事祭酒。多所獻替。遷大鴻臚。

何宗彥　明隨州人。字君美。萬曆進士。累遷禮部右侍郎。清修有執。攝尚書事六年。遇事侃侃敷陳。時望甚隆。其時齊黨勢甚。非同類率排去之。宗彥無所附麗。卒不安其位而去。光宗立。卽家拜禮部尚書。兼東閣大學士。天啓間屢加吏部尚書・建極殿大學士。卒諡文毅。

何宗英　宋和州人。紹興間以布衣上書數萬言。皆切中時弊。後竟避世不出。時論高之。

何宗韓　清文縣人。字桐藩。一字對溪。雍正進士。官大理寺少卿。其學以忠恕爲主。弟子先後數百人。有敦仁堂集。

何定江　清香山人。乾隆武進士。嘉慶初任澎湖水師副將。會勦蔡牽。屢敗之。累官浙江提督。尋以勦捕蔡牽。自閩至浙。病卒。

何宜　明福清人。字行義。正統進士。累遷兵部職方司郎中。成化初疆圉多事。邊報沓至。皆職方司主之。宜從容區畫上聞。裁處多稱意旨。及其施行。人皆以爲得宜。一時卿佐極加器重。凡有大議。皆倚以諮決。終江西左布政使。所至以廉謹稱。

何尚之　南朝宋叔度子。字彥德。少時頗輕薄。好樗蒱。既長。折節蹈道。以操立見稱。武帝時爲左衛。領太子中庶子。雅好文義。從容賞會。文帝時爲尚書令。時有諫諍。累官左光祿。開府儀同三司。卒諡簡穆。

何庚　宋紹興間知雷州。循水利。築堤溉田。數千頃皆成膏腴。

何忠　明江陵人。字廷臣。永樂進士。拜監察御史。廉愼人莫敢干以私。出知政平州。民安其政。陳洽征交阯。爲所敗。忠請兵於朝。謀泄被害。諡忠節。

何忠相　清崇明人。僑居常熟。號二山。乾隆副貢。有文集。

何忠駿　清平江人。咸豐舉人。洪楊事起。治鄉兵力保平江。戰屢捷。積功官至同知直隸州。後從李續賓掌書記。續賓入皖。連戰皆勝。忠駿以爲常勝之家。常憂之。三河鎮之敗。竟及於難。贈太僕寺卿。

何承天　南朝宋郯人。儒史百家。莫不該覽。歷官皆有建白。性剛愎。武帝時爲尚書祠部郎。頗以所長侮同列。出爲衡陽內史。不能公清。累官御史中丞。文帝每有疑議。必先訪之。坐漏洩密旨免官。卒於家。嘗刪幷禮論。改定元嘉曆。有文集行世。

何承光　明鎭遠人。萬曆舉人。崇禎中歷夔州同知。寇至。承光攝府事。率吏民固守。城陷被害。

何承矩　宋繼筠子。字正則。太宗時歷制置河北治邊屯田使。瀕海廣袤數百里。悉爲稻田。民賴其利。旋知雄州。推誠御衆。同其甘苦。邊民有告機事者。與之款接。無所猜忌。故契丹動息。皆能前知。眞宗時累拜齊州團練使。

何承裕　宋晉天福末進士。有儁才。好爲歌詩。而嗜酒狂逸。初官盩厔・咸陽二縣令。爲治清而不煩。醉則露首跨牛趨府。往往召豪吏接坐引滿。吏因醉挾私白事。承裕曰。此見罔也。當受杖。杖訖復與飲。其無檢類此。開寶間遷監察御史。累知忠萬商三州。

何昌期　唐陽山人。幼健捷。力制奔牛。天寶間與安祿山將高秀嵓戰有功。拜千牛衞上將軍。封寧國伯。

何·昌寓 〔南齊〕佟之子。字儼望。獨立不羣。所交皆當世名士。歷郡以清白稱。建武中爲吏部尚書。終侍中。卒謚簡子。

何·易于 〔唐〕爲益昌令。刺史崔朴春遊出益昌。索民牽挽。易于腰笏引船。朴驚問。對曰。百姓春耕且蠶。不可役。惟令無事。可任其勞。朴大慚疾驅去。後遷羅江令。

何·東序 〔明〕猗氏人。字崇教。號肖山。嘉靖進士。守徽州。剛毅有執。後巡撫榆林。母喪。徒步千里。廬墓三年。以忤高拱歸田。幾四十年。有九愚山房詩集。門人私謚文欽。

何·林 〔清〕紹興人。寓金陵。號春圃。善畫寫意花卉翎毛。

何·武 〔漢〕郫人。字君公。居官好奬士類。士多歸之。所居無赫赫名。去後常見思。爲揚州刺史。行部九江。得郡守戴聖不法狀。聖懼自免。後毀武於朝。聖子賓客以盜賊繫廬江。武平心決之。得不死。聖大慚服。累官大司空。哀帝時爲王莽所誣。遂自殺。謚刺。◎〔唐〕壽州人。嘗被誣枉。至州投石自明。守釋之。未幾。盜起。請於守。領偏裨入樅陽。盜發叢翳間。兵盡駭潰。武獨鬭死。

何·采 〔清〕如寵子。字滌原。號南磵。又號省齋。亦號蘆莊。順治進士。官左中允。工書。

何·金蘭 〔清〕鎮江人。字相如。康熙進士。知桐鄉縣。有善政。累官給事中。以敢言稱。工詩古文。有集。

何·長敦 〔清〕光澤人。字厚勉。號禮堂。晚更號禮門。嘉慶舉人。官博野知縣。有愷樂堂經辨·雜著·及駢文詩文集·棋譜等。

何·長瑜 〔南朝宋〕東海人。與謝靈運以文章賞會。共爲山澤之遊。

何·長壽 〔唐〕師張僧繇。善繪神佛山水牛羊雞犬。態度具有生意。

何·青年 〔宋〕錢塘人。善畫釋道人物。

何侯 〔夏〕唐堯時隱蒼梧。慕長生術。虞舜南狩。嘗止侯家。夏禹時仙去。

何·南青 〔清〕湘鄉人。咸豐間積汝航以舟師渡洞庭。南青爲先鋒。焚敵舟百餘。保訓導。城陵磯之敗。戰死。

何·屋 〔明〕江西新城人。字朝舉。弘治進士。性至孝。居官介甚。嘗爲郎。劉瑾聞屋有一古琴。諷欲得之。屋曰。琴非所惜。惜毀吾行耳。竟不與。出爲程番知府。境內苗獠雜居。屋善撫綏。有易經諸解。

何姬 〔三國吳〕句容人。太子和之姬。生皓。和廢。亮卽位。孫峻輔政。徙和居新都。賜死。嫡妃張氏亦自罪。姬曰。若能從死。誰當養孤。遂拊育皓。皓卽位。尊爲皇太后。

何·封 〔漢〕爲王駿佐帥。駿出西域。命封爲別將。焉耆伏兵殺駿。封後到。擊老弱而還。王莽封爲集胡男。

何·建 〔後蜀〕回鶻人。仕晉累官檢校太傅。鎮秦州。晉亡。舉秦階成三州降後主。歷官中書令。（按舊五代史注引九國志作何重建。此從舊史正文。）

何·建鼇 〔清〕漢軍鑲紅旗人。道光間武舉。咸豐間從攻粵捻。轉戰有功。同治間從僧格林沁勦捻於曹州。被重創。力竭死之。謚果毅。

何·彥先 〔唐〕齊州人。王義方門人。義方死。與員半千行喪。蒔松柏冢側。三年乃去。武后時位天官侍郎。

何·彥猷 〔宋〕高唐人。紹興中爲大理丞。時秦檜誣岳飛下獄。彥猷言飛無罪。万俟卨劾其撓法罷黜。

何·思登 〔明〕武昌人。字一舉。正德進士。官翰林院編修。有翼正錄。

何·思敬 〔元〕爲祕監丞。至元時畫山水有名。

何·思澄 〔梁〕敬叔子。字元靜。少勤學。工文辭。起家爲南康王侍郎。遷治書侍御史。終武陵王錄事參軍。有文集十五卷。

何·洛會 〔清〕滿州鑲白旗人。崇德間授本旗滿州都統。初隸豪格麾下。後附多爾袞。訐豪格將謀亂。豪格坐削爵。從入關。敗李自成。討平金聲桓·李成棟。封三等子。尋坐事磔死。

何·洪 〔宋〕慶元間知新淦縣。崇尚禮教。不施鞭朴而民自畏服。◎〔明〕全椒人。嗣世職爲成都前衞指揮使。憲宗時累功擢都督僉事。巡撫汪浩留洪四川。趙鐸連番衆反。洪數敗之。乘勝陷陣。爲賊所圍。力竭而死。洪勇敢善撫士。號令嚴明。蜀將無及之者。

何·洲 〔明〕海州人。仕履不可考。與宋和·郭節友善。素以忠義相勗。靖難後遂相約棄官爲卜者。客死異域。

何·炯 〔梁〕胤從弟。字士光。從胤受業一朞。並通五經章句。白皙美容貌。從兄求·點每曰。叔寶神清。弘治膚清。今觀此子。復見衞杜在目。舉秀才。累遷治書御史。父喪毀卒。◎〔明〕晉江人。官靖江教諭。有清源文獻。

何·相劉 〔明〕崇禎間官華亭訓導。賊至。教諭鄒姓者。援曾子居武城義欲避去。相劉曰。吾輩委質爲臣。安可以賓師自待。乃率諸生共守。城陷。俱死之。

何·祇 〔蜀漢〕宗族人。字君肅。爲人寬厚通濟。補成都令。時郫縣令缺。諸葛亮以祇兼二縣。二縣戶口繁多。饒諸姦穢。祇常眠睡。值其覺寤。輒得姦詐。衆成畏其發摘。無敢欺者。汶山夷不安。以祇爲汶山太守。民夷信服。後遷廣漢太守。

何·禹疏 〔明〕盱眙人。字平九。崇

法宋人。善人物。

何秋濤 〔淸〕光澤人。字願船。道光進士。官刑部主事。懋勤殿行走。於經史小學靡不研究。尤長於輿地。有朔方備乘・北徼彙編・一鐙精舍甲部稿。

何胤 〔梁〕點弟。字子季。好學。師事沛國劉瓛。受易及禮記毛詩。又入鍾山定林寺聽內典。其業皆通。而縱情誕節。齊武帝時爲建安太守。政有恩信。人不忍欺。每伏臘放囚還家。依期而反。後隱會稽。武帝卽位。起爲光祿大夫。辭不受。遷居秦望山。啓學舍。別爲小閣。寢處其中。著百法論・十二門論。注周易・毛詩統集・毛詩隱義・禮記隱義・禮答問。

何若瑤 〔淸〕番禺人。字石卿。道光進士。官至右春坊右贊善。勤學嗜古。有公羊注疏質疑・兩漢攷證・海陀華館詩文集。

何英 〔後漢〕郪人。學通經緯。著漢德春秋十五卷。◎〔明〕鄱陽人。字積中。性警敏不事詞章。學於王逢。造詣益深。累薦不起。有四書釋要・詩經增釋・易經發明。

何述 〔宋〕浦城人。字明道。元豐進士。知當塗縣。後除徽猷閣待制。知永興軍。有禮記解・事類領要・廬江集。

何倫 〔明〕江山人。事親至孝。一日盜入舍。覺之不呼。將取釜。乃語曰。請留釜。備吾晨炊。以供吾母。盜愧。盡還所盜。

何剛 〔明〕上海人。字愨人。崇禎間舉於鄉。見海內大亂。慨然有濟世之志。交天下豪俊。入都上書。擢職方司。上疏言用人之道。時不能用。後佐史可法守揚州。死於事。

何家駿 〔淸〕惠安人。字曰千。善寫蘆雁。詩有雋語。棋爲泉中國手。

何師心 〔宋〕知敍州。因夷叛。修戰守之具。置鎖崖岸以保居民。鄉人德之。其崖石上鑴鎖江二字。明時尙存。

何師韞 〔宋〕金谿人。字秀才。嫁臨川饒氏。四十而寡。所居有孀㷀樹。遂榜室曰孀㷀。有詩集。

何時 〔宋〕樂安人。字了翁。理宗時第進士。文天祥起兵。辟署帥府機宜。天祥開府劍南。時起兵趨與國接引。又聚兵復崇仁縣。元軍至。兵敗。削髮爲僧。竄跡嶺南。自號堅白道人。

何晏 〔三國魏〕進孫。字平叔。性自喜。動靜粉白不去手。行步顧影。美姿儀而絕白。明帝疑其傅粉。夏日與熱湯餅。旣啖。大汗隨出。以朱衣自拭。色轉皎然。尙魏公主。累官侍中尙書。爵列侯。與夏侯玄等競爲清談。士大夫效之。遂成一時之風氣。後與曹爽等陰謀反逆。爲司馬懿所誅。嘗作道德論及諸文賦數十篇。傳於世者有論語集解。

何栻 〔淸〕江陰人。字廉昉。號悔餘。道光進士。官至吉安知府。工詩古文。善書。有悔餘庵全集。

何桂芳 〔淸〕鄱陽人。初名國華。字小亭。咸豐進士。官至順天府丞。有戶部漕運全書九十六卷。

何桂芬 〔淸〕字茂垣。原名其盛。又字新甫。道光進士。同治間官至陝安道。適捻匪竄潼關。桂芬築堡寨爲堅壁清野計。賊不敢犯。尋卒於官。有自樂堂遺文。

何桂珍 〔淸〕師宗人。字丹畦。道光進士。官編修。數抗疏言軍事得失。咸豐間出爲徽寧池太廣道。大府旋檄桂珍募勇隨征。破捻魁李兆受。降之。又進克蘄水・英山。餉竭師潰。後爲兆受所戕。同治間謚文貞。

何桂清 〔淸〕昆明人。字根雲。咸豐進士。嘗督學江蘇。值洪楊軍起。桂清疏劾僨事疆吏。語頗切直。文宗奇之。改簡浙撫。以疾罷。尋起督兩江。駐常州。專主餉事。和春・張國樑戰死丹陽。桂清棄常州。遁至上海。奪職逮問。伏法。

何浩 〔宋〕畫花鳥宗李迪。◎〔淸〕字照公。工畫青綠山水。清潤秀逸。有宋人風致。

何涉 〔宋〕南充人。字濟川。刻苦讀書。自六經百家及山經地志醫卜之術。無所不學。過目終身不忘。舉進士。累官知合州。遷司封員外郎。涉長厚有操行。未嘗談人過惡。有治道中術・春秋本旨・廬江集。

何淳之 〔明〕江寧人。字仲雅。號太吳。萬曆進士。官御史。工畫山水蘭竹。行書得晉人意。

何浤 〔淸〕福淸人。字郢生。畫山水得宋元法。兼能寫照。

何絜 〔淸〕丹徒人。字雍南。諸生。有晴江閣集。

何眞 〔明〕東莞人。字邦佐。少英偉。好書劍。元時歷廣東行省右丞。時中原大亂。嶺表隔絕。或勸眞效尉佗故事。不聽。太祖時累官湖廣布政使。在官頗著聲望。尤喜儒術。封東莞伯。福王時謚恭靖。

何耕 〔宋〕字道夫。紹興中守蜀之嘉州。有惠政。與何逢原・孫松壽・宋誨・號四循良。民繪像祀之。

何衷 〔明〕字惟孝。舉進士。授刑部主事。進員外郎。四川巡撫與鎭守官訐奏。朝議推衷往訊。比至。有賂千金者。拒不納。卒正其辜。遷南京大理丞。卒官。貧無以殮。有靜齋稿。

何起門 〔唐〕建德人。事親至孝。父死。廬墓。累有異徵。大曆中刺史蕭定以狀聞。詔旌之。

何偃 〔南朝宋〕尙之子。字仲弘。

元嘉中位太子中庶子。歷侍中。掌詔誥。時尚之爲司空尚書令。偃居門下。父子並處樞要。曲得時譽。偃好談玄。註莊子逍遙篇傳於世。孝武帝時遷吏部尚書。與顏竣有隙。心不自安。遂得悸疾。孝武遇偃厚。備加治療得瘥。卒謚靖。

何偉然 【明】仁和人。字仙臞。有快書。廣快書。四六霞肆。

何參 【宋】夷陵人。博學好義。不求聞達。歐陽修守夷陵時。常與之遊。

何國材 【清】江西新城人。字維楚。有虛谷遺書。

何國宗 【清】大興人。康熙進士。雍正初巡閱黃運河道。督修北運河減水壩並引河。乾隆中以明習算法。率西洋人往伊犂測繪地圖。官至禮部尚書。坐事再奪職。以禮部侍郎終。

何執中 【宋】處州龍泉人。字伯通。第進士。知海鹽縣。有吏才。徽宗時累官中書門下侍郎。一意謹事蔡京。遂代爲尚書左丞。累遷少師。封榮國公。以太傅致仕。卒謚正獻。執中在位。戒邊吏弗生事。重改作。惜人才。寬民力。至於迎順主意。贊飾太平。則始終不能自克。

何基 【宋】金華人。字子恭。師黃榦。窮伊洛之源。淳固篤實。絕類漢儒。咸淳初授史館校勘兼崇政殿說書。卒謚文定。有大學發揮。中庸發揮。大傳發揮。易啓蒙發揮。近思錄發揮。及文集三十卷。居金華山。人稱北山先生。

何婧英 【南齊】灊人。鬱林王之妃。王即位。立爲后。性淫亂。嘗與帝左右楊珉之通。及帝廢。貶爲王妃。

何常 【宋】京兆人。字德固。第進士。知秦州。諜告夏人多築堡柵。朝議出兵牽制。常言羌人生長射獵。今困於版築。違所長。用所短。可拱手以待其斃也。從之。坐事謫昭化軍節度副使。終右文殿修撰。

何彬然 【明】蘄州人。字文長。一字寧野。有茱約。

何從義 【元】洛川人。祖父母亡。從義廬於墓側。旦夕號慕。惟啖蔬食。事父母孝養尤至。伯叔祖父母叔父母皆無子。比亡。從義咸爲治葬。祭奠以禮。時人義之。

何敏中 【明】洪武中以才行卓異任祁門知縣。上書言時政得失。陞徽州知府。轉嘉興府。所至有政聲。

何晝 【宋】少讀書廬山白鹿洞。南唐時屢黜。乃渡江入汴。謁宋祖。陳所爲書二十卷。後登進士第。官至鳳翔觀察推官。

何淩漢 【清】道州人。字雲門。一字仙槎。嘉慶進士。道光間官至戶部尚書。卒贈太子太保。謚文安。淩漢於吏戶工三部。皆久任。主持公議。熟思利弊。一無所苟。以文章道德。繫中外望者數十年。尤善書。有雲腴山房集。

何淵 【宋】在畫院。專師高克明。往往逼真。

何清 【明】許州人。任環縣訓導。奔母喪。徒步二千里。徑詣墓所。廬居三年。

何琇 【清】宛平人。字君琢。號勵庵。雍正進士。官至宗人府主事。有樵香小記。

何祥 【明】內江人。字克齋。嘉靖舉人。官至正郎。師事趙貞吉及歐陽德。一言一動。必籍記之。以爲學的。耿定力嘗稱貞吉法言危語。砭人沈痼。祥溫辭粹論。輔人參苓。其使人反求而自得本心一也。有識仁定性解。

何細胡 【隋】西域人。通商入蜀。遂家郫縣。事武陵王紀。主知金帛。因致巨富。號爲西川大賈。

何紹正 【明】淳安人。字繼宗。弘治進士。正德間擢吏科給事中。中官廖堂鎮河南。倚劉瑾勢。至奏保方面。紹正劾之。瑾銜之。謫海州判官。屢遷池州知府。築銅陵五十餘圩。以備旱潦。宸濠叛。攻安慶。池人震恐。紹正登陴固守。遷江西參政致仕。池人爲立祠。與宋包拯並祀。

何紹京 【清】紹祺弟。字子愚。道光舉人。候選道員。書宗平原。晚兼華亭。與兄紹基。紹業。紹祺。時稱何氏四傑。

何紹基 【清】淩漢子。字子貞。號東洲。一號猿叟。道光進士。官編修。博涉羣書。於六經子史。皆有著述。尤精小學。旁及金石碑版文字。凡歷朝掌故。無不了然於心。論詩喜宋東坡山谷。書法具體平原。上溯周秦兩漢古篆籀。下至六朝南北碑。皆心摹手追。卓然自成一家。草書尤爲一代之冠。有惜道味齋經說。說文段註駁正。詩文集。

何紹業 【清】紹基弟。字子毅。廕生。精繪事。力追宋元。花鳥人物。清超絕俗。亦精算學。

何紹祺 【清】紹業弟。字子敬。號勗潛。道光舉人。官至浙江道員。署糧儲道。書法平原。能承家學。

何通 【明】松江人。字不違。有印史。

何逢禧 【清】閩縣人。字敬儒。號念修。乾隆進士。授戶部主事。累官吏部左侍郎。熟習掌故。喜爲詩。氣體沈厚而出之蘊藉。尤喜中晚人絕句。

何郯 【宋】陵州人。徙成都。字聖從。第進士。仁宗時遍歷三院。有直聲。晚節頗回畏。聲名損於御史時。

何雪澗 【明】福寧人。善畫龍虎。累官龍圖閣直學士。

何卿 【明】成都衛人。正德中嗣世

職爲指揮僉事。累破番寇。先後鎭松潘二十四年。軍民戴之若慈母。倭寇海上。充副總兵。總理浙江及蘇松海防。以不諳海道。兵與將不習。竟不能有所爲。爲御史劾罷卒。

何・喬新 【明】文淵子。字廷秀。景泰進士。累拜刑部侍郎。孝宗嗣位。萬安・劉吉等忌喬新剛正。出爲南京刑部尙書。既而刑部尙書杜銘罷。遂代銘。忌者復摭他事中之。遂致仕。卒諡文肅。有元史臆見・周禮集注・策府羣玉續編・勸賢琬琰集・椒丘集。

何・喬福 【明】廣昌人。字延錫。讀書不事章句。善畫花竹水石禽魚。墨竹尤精。

何・喬遠 【明】晉江人。字穉孝。號匪莪。萬曆進士。崇禎間累官南京工部右侍郎。立朝持正敢言。博覽好著書。嘗輯明季十三朝遺事爲名山藏。又纂閩書百五十卷。頗行於世。然援据多舛云。

何尊師 【宋】居衡嶽。人問其氏族年壽。但曰何何。問其鄉里。亦曰何何。因號爲何尊師。頗喜繪事。

何・復 【明】平度人。字見元。崇禎進士。累官保定知府。李自成東犯。復與同知邵宗元僇力固守。謁文廟。與諸生講見危致命章。講畢登城。賊火箭中城西北樓。遂焚死。

何・復漢 【清】江西廣昌人。字楚玉。性孝好學。博極羣書。有古今粹言。

何・悝 【清】鍾祥人。字君慄。號象山。明季諸生。入清後。隱居不出。晚精岐黃術。活人甚多。有考槃居集・武備指南・本草歸一・針灸圖・保嬰摘要諸書。

何・敞 【後漢】比干六世孫。字文高。性公正。自以趨舍不合時務。每請召。常稱疾不應。元和中辟太尉宋由府。歛論議高。常引大體。多所匡正。以高第拜侍御史。後拜爲尙書。數切諫。言諸竇過惡。出爲濟南太傅。以寬和爲政。百姓化其恩禮。永元間三遷五官中郎將。坐事抵罪。卒於家。

何・景明 【明】信陽人。字仲默。弘治進士。正德間歷官陝西提學副使。志操耿介。與李夢陽並有國士風。兩人所爲詩文。初相得甚驩。名成後互相詆諆。然天下語詩文。必並稱何李。又與邊貢・徐錚卿並稱四傑。有大復集・大復論・雍大記。

何・景福 【元】淳安人。字介夫。自號鐵牛子。以所遇非其時。累辟不赴。有鐵牛翁集。

何・曾 【晉】夔子。字穎孝。好學博聞。與同郡袁侃齊名。仕魏累拜司徒。封朗陵侯。武帝受禪。拜太尉。進爵爲公。性奢豪。日食萬錢。猶曰無下箸處。以附賈充。爲正直所非。卒諡元。

何・朝舉 【元】廣濟人。有志操。師事饒魯。養志岩阿。不樂仕進。

何・棟 【明】長安人。正德進士。歷官右都御史。總督薊遼軍務。材能幹局。深達經濟。有時名。

何・棟如 【明】無錫人。字子極。萬曆進士。居官守正。爲稅監陳奉所害。下獄削籍歸。天啓間累官太僕少卿。充軍前贊畫。志銳而才疏。及疏論熊廷弼・王化貞功罪。御史交章劾之。棟如疏辨。因請非時考察京官。用清朋黨。朝貴大恨。下詔獄。坐贓戍滁陽。崇禎初復官致仕。有明祖四大法。

何・欽 【宋】基子。與王成齋以風流文雅相尙。爲忘年交。

何・湛 【宋】通判瀘州。權郡事。蠻酋乞弟率衆迫城。湛單騎至賊營。開說利害。乞弟亦單騎送湛入城。歃飲畢。引賊遠遁。民賴以安。

何・湯 【後漢】豫章人。字仲弓。桓榮高弟。以才學知名。拜郎中。守開陽門。光武微行夜還。湯閉門不納。明旦詔詣太官賜食。後拜虎賁中郎將。

何・無忌 【晉】郯人。少有大志。忠亮任氣。爲廣武將軍。桓玄簒位。與劉裕等起義兵。與玄戰。玄敗走。以興復功封安城郡開國公。後爲盧循戰敗。厲聲曰。取蘇武節來。躬執督戰而死。諡忠肅。

何無忌母 【晉】劉建女。弟牢之爲桓玄所害。常思報復。及無忌與劉裕謀。夜於屏風裏草檄。母登梯窺之。泣曰。吾讎恥雪矣。乃說桓玄必敗義師必成之理。以勸勉之。

何・焯 【清】長洲人。字屺瞻。晚號茶仙。先世曾以義門旌。學者稱義門先生。爲諸生即負盛名。所選制義行遠集。爲學者所宗。康熙中以拔貢生值南書房。賜舉人。復賜進士。官編修。坐事逮問。尋免罪。直武英殿修書。其學長於考訂。所居曰賚硯齋。多蓄宋元舊槧。參稽互證。丹黃稠疊。評校之書。名重一時。有義門讀書記。

何・琦 【晉】充從兄。字萬倫。好古博學。事母至孝。爲涇縣令。母亡。隱居不交人事。躭翫典籍。以琴書自娛。豐約與鄉鄰共之。辟命皆不就。著三國評論。凡所撰錄百許篇。

何・琪 【清】錢塘人。字東甫。號春渚。又號南灣漁叟・二介居士。布衣。後得馬湘蘭所用硯。復號湘硯生。有小山居稿。

何・琬 【宋】處州龍泉人。字子溫。舉進士。神宗疏其姓名於御屏云。政事何琬。官至龍圖閣學士。

何・異 【宋】崇仁人。字同叔。紹興進士。孝宗時官右正言。奏疏多峻切。累遷工部尙書。異高自標致。有詩名。著月湖詩集。

何・喬雲 【清】錢塘人。字令名。號

曾國。康熙進士。授中書。改湖南桂東知縣。行取陞吏部主事。晝山水宗宋元。與王時敏・王翬相上下。

何・詞 〔南漢〕累官至宮苑使。唐莊宗滅梁。劉龑聞之懼。遣詞覘中朝強弱。還言唐主驕淫不足畏。龑自是不復通中國。踰年莊宗被弒。人皆多詞有先知之哲。

何・詔 〔明〕浙江山陰人。字廷綸。弘治進士。初任工部主事。出知永平府。中官侍劉瑾勢。誣其鄰爲盜。已鍛鍊成獄。詔廉出之。守邊太監王弘倨視郡縣。詔不往見。弘銜之。欲中傷竟無所得。世宗朝累遷至南京工部尚書卒。

何・進 〔後漢〕宛人。字遂高。靈帝朝以女弟爲皇后。徵拜侍中。遷大將軍。以發賊黨奸。封愼侯。何太后臨朝。進爲太傅。後以謀誅中官。反爲所害。

何・進滔 〔唐〕靈武人。世爲本軍校。少事田弘正。從討李師道。以功兼侍御史。史憲誠死。拜留後。進節度。居魏十年。民安之。累遷檢校司徒・同中書門下平章事。卒諡定。

何・鈞 〔明〕河南人。字仲衡。成化進士。累官戶部侍郎。明習法律。所至有聲。

何・嗣焜 〔清〕武進人。字眉孫。一字定葊。以諸生從軍。光緒間歷參張樹聲・倪文蔚・盛宣懷幕事。官至知府。嘗總理上海南洋公學。規畫頗閎遠。拳匪之亂。以經營章牘積勞卒。

何・嵩 〔晉〕遵子。字泰基。寬弘愛士。博觀墳籍。尤善史漢。少歷清官。領著作郎。

何・戡 〔唐〕長慶間人。善歌。劉禹錫詩云。舊人惟有何戡在。更與殷勤唱渭城。

何・戢 〔南齊〕偃子。字慧景。初仕宋。尚山陰公主。拜駙馬都尉。歷官司徒左長史。高帝時遷吏部尚書。戢美容儀。動止與褚淵相慕。時人呼爲小褚公。卒諡懿子。

何・敬叔 〔南齊〕郯人。爲餘杭令。性清廉。不受禮儀。夏節至。忽榜門受餉。數日得米二千餘斛。悉以代貧民租。

何・敬洙 〔南唐〕廣陵人。官天威軍都虞候。建州之役。以功最拜楚州團練使。常微服遊里巷。察民疾苦。與賓坐譚讌。民有訴事者。立引入親加剖析。無不饜服。遷武昌節度使。周人來侵。李璟命敬洙清野入保。敬洙格詔出城。除地爲戰場。曰。敵至吾與民俱死於此。會敵去。人重其決。官至右衞上將軍。封芮國公。諡威烈。

何・敬容 〔梁〕昌寓子。字國禮。尚齊武帝女長城公主。拜駙馬都尉。天監中歷官並有美績。累遷尚書左僕射。聰明識達。勤於簿領。簡文頗於玄圃自講老莊二書。敬容謂人曰。昔晉氏喪亂。頗由祖尚虛玄。胡賊遂覆中夏。今東宮復襲此。其將爲戎乎。侯景難作。敬容自府移家臺內。卒於圍中。

何・新之 〔宋〕西安人。仕至樞密院編修官。嘗採唐宋詩爲詩林萬選。行於世。後知忠安軍。死節。

何・㮚 〔宋〕仙井人。字文縝。政和進士。徽宗時拜御史中丞。論王黼姦邪專橫十五罪。欽宗時進尚書右僕射。力阻割三鎭。京城失守。從幸金營。遂留不返。既陷北庭。㮚仰天大慟。不食而死。

何・楷 〔晉〕吳郡城南有何山。楷嘗讀書於此。後爲吳郡太守。因以其姓名山。◎〔明〕鎭海衞人。字元子。博綜羣書。尤邃經學。第天啓進士。值魏忠賢亂政。不謁選而歸。崇禎間遷工科給事中。舉劾無所避。楊嗣昌奪情入閣。楷劾之。忤旨貶二秩。福王命掌都察院。幾爲忌者所害。漳州破。抑鬱以卒。有古周易訂詁・詩經世本古義。

何・源 〔宋〕大庾人。字清卿。通諸經。授長子衛亭春秋。登寶祐進士。授次子光龍禮記。登咸淳進士。授門人莫如德易。登淳祐進士。父子師友。淵源可遡。◎〔明〕吳江人。初名德源。字幼澄。洪武間中乙榜第一。擢知本州。爲政廉明。州人號曰賽包家。正統初遷江西布政使。自號東吳遺老。◎〔明〕喬新五世孫。字仲深。號心泉。嘉靖進士。官吏部文選司主事。張居正以親故託之。拒弗應。引疾歸。及爲南京吏部侍郎。京察黜陟公允。爲海瑞所稱。官至刑部左侍郎。卒諡靖惠。有心泉集。

何・源澄 〔明〕鄒人。天性孝友。膂力過人。天啓間妖賊攻城。源澄時年十七。負祖護父母遁。行數里。遇賊。源澄力鬬。繼又遇賊千餘人。源澄泣訴。卒免於難。

何・準 〔晉〕充弟。字幼道。高尚寡欲。州府交辟不就。初充爲驃騎將軍。勸令仕。準曰。第五之名。何減驃騎。準兄弟中準於次爲第五。故云。充居宰輔。權傾一時。而準散帶衡門。不及人事。唯誦佛經而已。女爲穆皇后。

何・溥 〔南唐〕字令通。有靈城精義。◎〔宋〕永嘉人。字通遠。天資傀偉。屬詞渾厚雄贍。登紹興第。通判婺州。忤秦檜罷。檜死。以薦除監察御史。遷左正言・右司諫。彈劾不避。除諫議大夫。在言路六年。知無不言。除翰林學士兵部尚書。屬軍事旁午。而因事爲文。各盡其妙。以疾請補外。授龍圖閣學士致仕。歸卒。

何・熙 〔後漢〕陽夏人。字孟孫。體貌魁梧。善爲容儀。舉孝廉爲謁者。

贊拜殿中。音動左右。和帝嘉之。歷位大司農。永初間南單于與烏丸俱反。以熙行車騎將軍事征之。暴疾卒。

何·熙仲 [南齊]爲記室參軍。撰秦書八卷。多記苻健等事。

何·熙志 [宋]龍游人。有文名。紹興進士。晁公武薦爲臺屬。除御史臺檢法。

何·煊 [清]蕭山人。原名炳。字允彪。號寅士。嘉慶進士。由主事累擢雲南按察使。於疑獄多所平反。官至雲南巡撫。

何·煟 [清]浙江山陰人。字謙之。雍正間以州同投効江南河工。乾隆間累官河南巡撫。加總督銜。兼管河務。歷官數十年。與河務相終始。於河道機宜。尤稱諳熟。卒謚恭惠。

何·瑋 [元]伯祥子。始以平宋功累拜中書。參知政事。時宰執凡十一人。瑋以政出多門。請損之。不從。遂乞代。改授御史中丞。奏當世要務十條。成宗嘉納。立朝正直不阿。武宗時歷官河南行省平章政事。卒謚文正。

何·瑄 [明]鎭遠土同知。爲人沉毅剛果。有遠識。正統中苗叛。瑄率土兵破諸寨。擒劇賊。內撫外攘。政務修舉。士民賴之。

何·稠 [隋]妥從子。字桂林。有智思。開皇中累遷太府丞。博覽古圖。多識舊物。製作絕巧。開皇末桂州俚李光仕爲亂。稠討平之。著信蠻夷。以勳授開府。煬帝時麾幢文物。增損極多。遼東之役。宇文愷造遼水橋不成。稠造橋二日而就。又製行殿。高麗驚爲神功。從幸江都。遇宇文化及亂。以爲工部尙書。及敗。陷於竇建德。建德敗。歸唐。授少府監卒。

何·粲 [宋]字從玉。有亢倉子註。

何·綏 [晉]遵子。字伯蔚。位至侍中尙書。自以繼世名貴。奢侈過度。性既輕物。翰札簡傲。劉輿潘滔譖於東海王越。遂被誅。

何·羣 [宋]西充人。字通夫。嗜古學。喜激揚論議。慶曆中師石介於太學。介使弟子推以爲學長。同舍目爲白衣御史。請復古衣冠。又上書言文辭害道。莫甚於賦。請罷去。既而議不行。出太學。遂不復舉進士。嘉祐中賜號安逸處士。

何·美 [晉]遵子。爲離狐令。既驕且吝。陵駕人物。鄉閭疾之如讎。

何·裕城 [清]煟子。字福天。號愼菴。乾隆間以例捐道員。累擢河東河道總督。築格隄。加挑水壩。疏伊家河。並著成績。後官至安徽巡撫。

何·遇 [南唐]長水人。畫宮室池閣。摹衛賢筆法。尤善山水樹石。

何·道生 [清]靈石人。字立之。號闌士。乾隆進士。官至九江知府。工畫山水。詩疎爽雄健。出入昌黎劍南間。有方雪齋集。

何·道旻 [明]泰寧人。字伯清。洪武末爲大理評事。讞獄多平反。宣宗即位。陞知永州府。歷官四十年。所至皆著能績。

何·道柔 [元]景州人。號全陽子。年十五。遇異人。得仙術。自定死期於三十年前。知發棺於數百年後。大德間卒。

何·鈺麟 [清]長沙人。字梅閣。諸生。有吟梅閣文稿。

何·鼎 [唐]番禺人。大中進士。累遷邕管經略使。專意招徠。洞賊梁宗煽叛。鼎單車往說之。賊皆拜泣。鼎善星曆。時朱全忠強逆不臣。鼎誡諸子曰。以勢覘之。全忠必將改玉。揆之星象。則唐當復興。晉分野有王氣。其在河東乎。鼎沒後。友珪弑全忠。莊宗滅友貞。悉如所言。◉[明]餘杭人。一名文鼎。性忠直。弘治初爲長隨。上疏請革傳奉官。爲儕輩所忌。忤壽寧侯張鶴齡。下獄死。◉[清]浙江山陰人。字晴山。康熙舉人。官長葛知縣。有香草詞。

何·壽 [漢]宣帝時爲郡守。時何武爲郡吏。壽知武有宰相器。以其同姓。故厚之。並見其兄子。後爲大司農。

何·壽朋 [明]金華人。字德齡。窮經守志。洪武初舉孝廉。以親老辭。父沒。舍所居宅易地以葬。學者因其自號。稱曰歸全先生。

何·夢桂 [宋]淳安人。字岩叟。號潛齋。咸淳進士。爲太常博士。歷監察御史。宋亡不仕。精於易。有易衍。中庸致用。潛齋集。

何·夢瑤 [清]南海人。字報之。號西池。雍正進士。官奉天遼陽州。富於著述。旁通百家。而尤以詩名。有匊芳園詩文鈔。莊子故。皇極經世易知錄。賡和錄。

何·實 [元]北京人。字誠卿。太祖時從木華黎選充前鋒。以功爲帳前軍馬都彈壓。從取大同。雁門。石。隰等州。悉平之。引兵掠太原。平陽。河中。京兆諸城。所向欵附。累功賜金虎符。便宜行元帥府事。

何·榮祖 [元]本太原人。徙廣平。字繼先。以吏累擢御史臺都事。後折節讀書。日記數千言。累官參知政事。時桑哥專政。亟於理算錢穀。人受其害。榮祖數請罷之。與桑哥不合。以病告。桑哥敗。起中書右丞。多所建白。卒謚文憲。有大畜十集。學易記。載道集。觀物外篇。

何·槐孫 [元]天駿子。字德孚。號龍岡。泰定進士。居官有聲。至正間歷慶元路總管府推官。有善政指南書及碑碣諸文行世。

何·瑱 [南漢]仕劉龑爲左僕射。有容觀姿貌。饒文采。大有初與越王錢錫卒。瑱承命致祭。言論舉止。大得嗣王歡心。璵深喜之。

何・瑭 【明】武陟人。字粹夫。號柏齋。弘治進士。初任翰林修撰。不屈於劉瑾。出爲開州同知。歷工戶禮三部侍郎。晉南京右都御史。卒諡文定。有醫學管見・柏齋三書・柏齋集。

何・禎 【晉】廬江人。字元幹。有文學器幹。容貌甚偉。仕魏歷幽州刺史。廷尉。入晉爲尙書光祿大夫。

何・福 【明】鳳陽人。洪武初爲金吾後衞指揮使。屢立戰功。成祖時積官寧夏總兵。招徠遠人。邊陲無事。因請置驛屯田積穀定賞罰。爲經久計。封寧遠侯。帝北征。從出塞。數違節度。羣臣有言其罪者。福快快有怨言。爲都御史所劾。福懼。自縊死。

何・福進 【後周】太原人。少從軍。以驍勇聞。爲唐莊宗宿衞軍校。出死力禦郭從謙。淸泰中從范延光平鄴。以功歷鄭隴二州防禦使。開運中拜左驍衞大將軍。與李筠等合謀力戰。盡逐契丹。漢祖以爲曹州防禦使。太祖入平內難。拜忠武軍節度使。不數月。移領鎭州。數年之間。北鄙無事。累加同平章事。

何・維柏 【明】南海人。字喬仲。嘉靖進士。歷官福建巡按。疏劾嚴嵩奸貪。下詔獄廷杖除名。家居二十餘年。隆慶初復官。遷左副都御史。疏請日御經筵。召執政大臣謀政事。萬曆初歷吏部左右侍郎。以忤張居正。爲所排。卒諡端恪。有天山草堂存稿。

何・蒙 【宋】洪州人。字叔昭。少精春秋左氏傳。南唐時舉進士不第。因獻書言事。署錄事參軍。太宗時通判廬州。遷司門。歷官皆有建白。眞宗時爲水部郞中。上所著兵機要類十卷。歷知濠州。

何・遜 【梁】承天曾孫。字仲言。文章與劉孝綽並稱。世謂之何劉。天監中官尙書水部郞。終廬陵王記室。遜在揚州時。廨宇有梅盛開。遜嘗吟詠其下。後居洛陽。思梅不得。固請再往揚州。既至。適花盛發。大開東閣。延文士笑傲終日。有何水部集。

何・遠 【梁】郯人。字義方。武帝時歷官東陽太守。疾強富。憐貧弱。豪右畏憚。公淸第一。凡所典郡。百姓爲立生祠。終征西諮議參軍司馬。◎【清】江蘇華亭人。字履芳。善畫山水人物。工詩。事父母至孝。李雯有何孝子詩紀其事。

何・鳳 【宋】基從子。字天儀。號遯山。許謙方羈孤時。落落不偶。莫從之遊。鳳令三子就學。且勉以義。令求其遠者大者。悉出藏書使觀。率其鄉之子弟共師之。由是謙遂決意於學。以成名焉。

何・墨君 【唐】一作君墨。善畫。

何・履旭 【清】福清人。字君章。性至孝。母病篤。嘗封股和藥以進。母病得愈。有心鳴集。

何・廣 【明】上海人。洪武中舉明經。累陞湖廣參議。歷官皆有聲。嘗著律解辨疑。法家宗之。

何・德 【明】光州人。元季江淮兵起。德來歸。從定江左諸郡。屢立戰功。累陞左都督僉事。卒諡莊毅。

何・慶元 【清】桂陽人。字積之。號灦石。道光進士。爲文沈浸六籍。涵茹百家。有知新閣散體文。

何・滔 【晉】準孫。字季玄。淸正有器望。歷官祕書監太常中護軍。孝武帝深愛之。以爲冠軍將軍。吳國內史。安帝時累遷尙書左僕射。◎【宋】長沙人。善畫神佛。傅染簡淨。不假重色。◎【元】世祖時人。能畫人物。◎【明】江陰人。字彥澤。號竹鶴老人。永樂間舉於鄉。官至郡守。初以部郞言事忤旨。謫武當。宣德中薦擢知袁州。有政聲。畫山水不減高益・巨然。梧竹蒲石尤佳。正統中卒。年九十有九。◎【明】英宗時知安福。被劾。民詣闕乞留。命還任。大興水利。秩滿當遷。侍講劉球爲民代請。復留。

何・澄粹 【唐】池州人。親病。澄粹封股肉進。親疾爲瘳。後親沒。以毁卒。

何・適 【明】眞後。徙蘄州。又居常熟。字達生。號天游。自號白石道人。又號天台山人。工畫蘭竹。詩有宋人風韻。

何・鞏道 【清】香山人。字皇圖。諸生。明亡。徜徉自廢。有越巢稿。

何・頡之 【宋】黃岡人。字斯舉。初名頏。後以字行。自號樗叟。篤學善屬文。蘇軾謫居齊安。頡之因侍教焉。

何・憲 【南齊】廬江人。字子思。博通羣籍。任昉・劉渢共執祕閣四部書。試問其所知。自甲至乙。每說一書。并敍述作之體。連日累夜。莫見所遺。武帝時位本州別駕・國子博士。

何・機 【晉】遵子。爲鄒平令。性矜傲。責鄉里謝鯤拜。或戒之曰。禮敬年爵。以德爲主。令鯤拜勢。懼傷風俗。機不以爲慚。

何・澤 【後唐】鼎子。少好學。長於歌詩。舉進士。爲洛陽令。莊宗明宗時。數切諫。外雖直言。內實邪佞。以太僕少卿致仕。年七十。尙希仕進。詣闕上章。請立秦王爲皇太子。秦王素驕多不軌。遂成其禍。晉高祖入立。召爲太常少卿。卒於家。

何・澹 【宋】處州龍泉人。字自然。乾道進士。寧宗時累官知樞密院。澹美姿容。善談論。少年取科第。急於榮進。阿附權奸。斥逐善類。主僞黨之禁。其後凶黨俱逐。澹以早退幸免。優游散地幾二十年。

何・澹玉 【清】武陵妓。才色艷麗。爲人放誕風流。年十八卒。

何・璟 【清】香山人。字小宋。道光進士。授編修。擢御史。英人陷廣州。璟抗論洋務。先後入疏。凡數萬言。光緒間官至閩浙總督。法越之役。法人入長門。璟與張佩綸同任防守。大敗於馬江。坐奪職。

何・蕃 【唐】和州人。爲太學生。學成行高。諸生不敢與齒。朱泚反。同舍將往附。蕃正色叱之。故六館無受汚者。

何・遵 【晉】曾子。字思祖。少有幹能。起家散騎黃門郎。累轉大鴻臚。性奢忲。役使御府工匠作禁物。又鬻行器。因免官。太康初遷太僕卿。又罷。卒於家。⊙【明】江寧人。字孟循。正德進士。授工部主事。與同官上疏乞罷巡幸。極言江彬怙權倡亂。帝怒。廷杖四十。越二日遂卒。當遵草疏時。家僮前抱持哭曰。主縱不自計。獨不念老親幼子乎。遵執筆從容曰。爲我謝大人。兒子勿令廢學。我願足矣。福王時追謚忠節。

何・遷 【明】安陸人。字益之。號吉陽。永樂進士。歷官刑部侍郎。受業於湛若水。其學出入王湛。別爲一義。詩有中唐風。有吉陽集・友問。

何・選 【明】宛平人。字靖卿。萬曆進士。擢御史。廷臣爭國本。多獲譴。選語鄭貴妃弟國泰。俾妃自請。國泰猶豫。選厲色責之。國泰入告。帝不懌。已知出選指。銜之。尋斥爲民。

何・鐔 【明】常熟人。字子端。通內典。工小楷。好藏古書。嘗擬元人書何遜集一卷。字字有法。

何・隨 【晉】江陽人。舉孝廉不就。即家拜本郡太守。邦人言議平當者稱何江陽。⊙【後蜀】郫人。後主時爲安漢令。蜀亡去官。時巴土飢。送吏取民芋以自給。隨即以綿繫其處償之。有譚言。

何・應龍 【明】南陵人。字子驤。涉獵經史。膂力絕人。元末起義兵。以功授民兵千戶。洪武初詔世其官。從徐達北定中原。還留宿衛。後從征西卒於途。遺誡睦族。子孫同居者九世。

何・懋永 【清】浙江山陰人。字念修。有讀古紀源。

何・濤 【明】喬新五世孫。字仲平。舉嘉靖鄉試第一。授安慶府推官。到官三日。吏白當伏謁監司。即棄官去。有平山堂詩文集。

何・燮 【明】晉江人。字中理。舉於鄉。崇禎中知亳州。盡心拊循。營戰守具甚備。山東河南土寇迭至。燮生擒其魁。撫降者數千人。後李自成陷河南。被執不屈死。

何・薊 【宋】灌子。官至閤門宣贊舍人。從父戰。箭貫左臂。病創死。

何・謙 【晉】東海人。字恭子。從謝玄征伐。驍勇多權略。

何・點 【梁】求弟。字子晳。方雅眞素。博通羣書。善談論。遨遊人世。歷宋及齊。與兄並絕婚宦。時人號爲通隱。雅有人倫鑑。多所甄拔。哀樂過人。與武帝有舊。及踐阼。賜以鹿皮巾。欲拜爲侍中。點以手捋帝鬚曰。乃欲臣老子邪。尋辭疾歸。

何・璧 【明】福清人。字玉長。使酒縱博。聚里黨少年陰爲部署。有事一呼而集。上官聞而捕之。璧踰城走。匿清流王若家。盡讀其藏書。後遊新安。以詩撼邑令張濤。濤大驚。延爲上客。及濤開府於遼。璧往從之。濤將疏薦以布衣拜大將。會濤罷鎭而止。濤死。亦鬱鬱以終。

何・禮 【明】清苑人。洪武初以才行異等舉用。歷任勤能。物論推重。官至兵部尙書。

何・蘧 【宋】去非子。字子遠。號韓青老農。有春渚紀聞。

何・鎬 【宋】兌子。字叔京。少承家學。又從朱熹游。講辨精密。一意操存。歷上杭丞。數行縣事。用寬仁爲治。調潭州善化令。未行而卒。學者稱臺溪先生。

何・顒 【後漢】襄陽人。字伯求。友人虞偉高有父讎未報。將終。顒往候之。偉高泣而訴。顒感其義。爲復讎。以頭醊其墓。與陳蕃・李膺善。遂爲宦官所陷。亡匿汝南間。所至皆親其豪傑。有聲荊豫之域。黨事解。辟司空。與荀爽・王允等共謀董卓。以它事爲卓所繫。憂憤卒。

何・攀 【晉】郫人。字惠興。武帝時爲廷尉平。廷尉卿諸葛冲以攀蜀士輕之。及斷疑獄。始歎服。尋以功封西城侯。邑萬戶。賜絹萬匹。攀讓所封及絹之半。餘所受者。分給中外宗族。後除兗州刺史。固辭不就。攀居心平允。莅官整肅。爲梁益二州中正。引致遺滯。雖居顯職。家甚貧。無妾媵伎樂。惟以周濟貧乏爲事。

何・鏜 【明】處州衛人。字振卿。號賓巖。嘉靖進士。官至江西提學僉事。有括蒼彙紀・古今遊名山記。

何・麗天 【宋】南充人。宦遊中都。久未得歸。賦懷親十三篇。隨表上進。以求外補。朝廷嘉其志。詔嶺南遠官皆許迎養。

何・齊 【宋】營道人。後更名棄。政和進士。性剛介。議論不屈。倅隨州。守廉州。俱擅聲稱。後守雅州。亦以最聞。累官朝請大夫。

何・夔 【三國魏】陽夏人。字叔龍。武帝辟爲司空掾。遷長廣太守。海賊寇暴樂安・濟南界。武帝以夔有威信。拜樂安太守。到官數月。諸城悉平。文帝時封成陽亭侯。卒謚靖。

何·競 【明】蕭山人。字邦直。父舜賓爲御史。坐事謫戍。赦歸。忤令鄒魯。被害。競召親黨爲復讎。必欲殺之。爲衆所止。事聞。魯坐死。競編管。正德初赦還。

何·繼高 【明】浙江山陰人。字汝登。萬曆進士。官至江西布政使參政。與馮學易·閔遠慶·同撰長蘆鹽法志。

何·繼筠 【宋】福進子。字化龍。幼時與羣兒戲。必分行伍。爲戰陣之象。仕後唐至周。歷行營都監。太祖時累拜建武節度。深沈有智略。前後備邊二十年。與士卒同甘苦。得其死力。善揣邊情。敵人畏伏。多畫像祠之。

何·鏷 【明】泰興人。萬曆舉人。正德間其祖棐以御史監軍征蜀寇。鏷以其事編爲繡斧西征錄。

何·騰蛟 【明】黎平衞人。字雲從。天啓舉人。由南陽知縣歷官湖廣巡撫。左良玉興師東下。邀與偕。不從。走長沙。招降李自成餘衆。唐王封爲定興伯。令謀恢復。桂王立。爲武英殿大學士。後殉難。謚文烈。◉【清】惠安人。字雨生。諸生。工畫山水。

何·屬乾 【清】江西廣昌人。字不息。由副貢官永新訓導。有又尙巢。

何·灌 【宋】祥符人。字仲源。武選登第。累官河東河北制置副使。數有戰功。靖康初金師寇京城。灌入援。旣至。令控守西隅。背城拒戰。凡三日。被創沒於陣。

何·霸 【宋】以繪船水著名。

何·鑄 【宋】餘杭人。字伯壽。政和進士。紹興中拜御史中丞。秦檜誣岳飛。令鑄鞫之。鑄白其冤。檜不悅。鑄曰。僕豈區區爲一岳飛者。強敵未滅。無故戮一大將。失士卒心。非社稷之長計。檜語塞。諷万俟卨使論鑄私岳飛。欲竄嶺南。帝不從。官至資政殿學士。再使於金。卒謚恭敏。

何·鑑 【明】浙江新昌人。字世光。成化進士。武宗時累官刑部尙書。時大盜並起。四方告急。鑑以次蕩平。陳善後方略。裁抑奸倖。爲所忌。嗾詞事者發鑑家僮取將校金錢。言官交章劾鑑。遂致仕。

何·瓚 【後唐】閩人。唐末第進士。爲人明敏。通吏事。明宗時爲西川行軍司馬。初。孟知祥在北京。爲馬步都虞候。而瓚留守太原。知祥以軍禮事瓚。瓚常繩以法。及知祥反。罷瓚司馬。置之私第。瓚飲恨而卒。

何·顯周 【明】內黃人。洪武初爲四輔官。賜坐。講論治道。命工圖其像。賜待漏院記及誥命以旌之。

何·麟 【明】沁水人。爲布政司吏。武宗微行。由大同抵太原。城門閉。不得入。怒而還京。遣中官逮守臣不啓門者。巡撫以下皆大懼。麟曰。朝廷未知主名。請厚賄中官。麟與俱往。卽聖怒不測。麟一身獨當之。及抵京上疏。辭甚欵切。帝怒稍解。廷杖六十釋還。餘不問。

何·觀 【明】晉江人。景帝初爲中書舍人。謫九溪衞經歷。轉知象山縣。致仕歸。善草書。隱跡古元山中。

佗·羽 【漢】東道人。字公子。以游俠名。實盜跖而居民間者。

佗鉢可汗 【北周】突厥木杆可汗弟。旣立。以兄子攝圖爲爾伏可汗。統其東面。又以其弟子爲步離可汗。居西方。控弦數十萬。周齊爭結姻好。傾府藏以事之。在位十年。

佘·大綱 【明】襄陽人。字邦憲。負氣節。好讀書。弘治舉人。歷黔江知縣。守正不阿。囊無私蓄。

佘·興亭 【明】廣州人。好遊名山。有佘山人詩集。

佘·可材 【明】銅陵人。舉鄉貢。任襄陽府學訓導。上書願試繁劇。擢吏部驗封司主事。練達政事。遷通政司左通政。

佘·生 【明】貴州前衞人。少好文。雅善騎射。有勇略。屢從征討。自部卒累遷至指揮。

佘·良弼 【明】巴陵人。舉人。歷交河教諭。畿輔旱。上荒政八事。全活百萬戶。遷東光令。治爲三輔最。尋遷延安郡丞。修城堡。申斥堠。軍政肅然。

佘·侃 【明】銅陵人。入監授衞經歷。以清勤考最。慨然有山林想。遂致仕。家居孝友豁達。樂施予。里人德之。

佘·承德 【明】無爲人。崇禎間流賊至。承德掖其祖母劉母魏及妻妹出避。祖母爲盜獲。將加刃。承德號泣擁護。並遇害。

佘·起 【宋】銅陵人。一門義聚千三百餘口。子孫皆以科第顯。

佘·翔 【明】莆田人。字宗漢。號鳳臺。嘉靖舉人。爲全椒令。存心愛物。會議里甲。與御史左。卽拂衣去。放遊山水以終。工詩。有薛荔園詩稿。

佘·隆 【明】大梁衞指揮僉事。從太祖累戰有功。陞福建都指揮僉事。後沒於海。

佘·熙璋 【清】其先揚州人。居宛平。善畫。爲王原祁高弟。供奉啟祥宮。

佘·夢鯉 【明】福清人。字有徵。萬曆進士。歷官廣東參政。弭盜綏民。威惠並著。以平黎功轉湖廣按察使。

佘·鳴化 【明】沅陵人。字時舉。號蓋庭。萬曆進士。官戶部主事。持正不阿。出使西域。進秩戶部郎中。

佘·錫純 【清】廣東順德人。字衆五。貢生。官訓導。敦尙氣誼。爲士林所重。有語山堂集。

佘·應桂 【明】雲南人。字夢徵。嘉靖舉人。幼孤事母至孝。嘉靖中爲灌口令。歷官南康知府。有政聲。

佘應龍 明銅陵人。沈酣典籍。以古人自期。隱泉山。以詩酒自娛。有泉山集。

佘翹 明銅陵人。字聿雲。幼穎異絕倫。稍長讀書。目數行下。善屬文。中應天鄉試。屢上春官不第。治一畫舫。往來湖上。築學圃著書其中。

佘耀 明莆田人。字叔炫。永樂進士。知進賢縣。廉介不阿。政平訟理。後遷同知。

佘觀國 清熙璋子。字顒若。號石癡。又號竹西。爲曲靖府屬巡檢。工寫蘭竹。兼長篆刻。所居爲朱彝尊故址。仍以古籐書屋名其詩。

佘一元 清山海衞人。字占一。號潛滄。順治進士。官至禮部郎中。有潛滄集。

余士瑺 明黃岡人。字季美。崇禎進士。爲九江府推官。左良玉兵叛。抗節不屈。斷其左臂。父老泣扶出城。越十日卒於廬山。

余大雅 宋良弼子。與游敬仲同時。從朱熹游。深得求放心之旨。熹深契之。

余子俊 明青神人。字士英。性孝友。沈毅寡言。景泰進士。官戶部。以廉幹稱。出守西安。治行稱最。洊擢延綏巡撫。力主沿邊築牆建堡之策。寇以大衂。尋移撫陝西。於西安開渠。經漢故城以達渭。人號余公渠。凡所興作。皆數世之利。孝宗時官終兵部尙書。卒謚肅敏。

余子錦 清辰谿人。字陶石。順治貢生。與米元偶・劉恂・劉澤長稱辰谿四才子。好吟詠。善草書。古文清峭近柳州。有敬志堂集。

余才 明內江人。正德進士。官禮部郎中。以議大禮死於杖。

余允文 宋建安人。字隱之。讀書精研正學。以司馬光作疑孟。李覯・鄭原著常語及藝圃折衷。皆於孟子有毀詞。作尊孟辯三十餘條闢之。

余元一 宋仙遊人。字景思。淳熙中以詩學魁南宮。登進士乙科。爲朱熹門人。始見日。以仁義禮知信分作五論。及自著文集爲贄。熹敬愛之。知同安縣。號稱清嚴。終池州通判。

余元甲 清江都人。字茁村。一字柏巖。號葭白。雍正諸生。少饒於財。以好施致貧困。乾隆初薦鴻博。辭不就。詩宗韓孟。有濡雪堂集。

余元泰 宋羅源人。文辭淹雅。登景定進士。嘗采邑先賢事實可裨名教者。類編成書。名曰鐘幢嘉話。

余元遴 清婺源人。字秀書。一字蘂齋。少好學。家貧。兼行樵汲。補縣學生。受業於同縣汪紱。紱沒。寫其遺書數百卷。上之學使朱筠。家居授徒以終。有庸言及詩文集。

余化淳 明將樂人。字元卿。萬曆舉人。知儋州。黎人出沒爲患。化淳練兵扼險。緝句引者置之法。民乃安堵。擢惠州同知。海寇猖獗。獲其渠魁。餘黨悉平。移官湖州。以病歸。

余卞 宋良肱子。字洪範。以平蠻功爲奉議郎。奉使湖北。會五溪蠻叛。斷渠陽道扼官軍。帥授卞節制諸將。選死士銜枚間道繞出賊背。大破賊。後免官終於家。

余天錫 宋昌國人。字純父。性謹愿。丞相史彌遠延爲弟子師。時彌遠欲有廢置。會沂王無後。乃使天錫覓宗子賢厚者爲沂王後。天錫得理宗於全保長家。引見彌遠。未幾遂召入嗣沂王。天錫舉嘉定進士。及理宗即位。累官參知政事。封奉化郡公。以觀文殿學士致仕。卒謚忠惠。

余文本 清吳縣人。字仁山。號友芝。工山水蘭竹。兼長大松。精醫。

余文植 清吳縣人。字樹人。號侶梅。善鑒藏。嗜金石。詩畫有奇氣。金農後未易多覯。

余文龍 明古田人。字起潛。萬曆進士。官至南京工部主事。有史臠。

余日強 元其先古田人。後居崑山。字伯莊。號淵默叟。奉母以孝聞。有隱操。周覽經史。時號博雅。有尙書補注・淵默叟集。

余日華 宋仙遊人。字君實。嘉泰進士。知潮陽縣。嗜詩史。工文翰。所居擷英閣。藏書萬卷。法書名畫。參錯其間。有兌齋文集・淩江唱和集。

余日新 明龍游人。字君又。崇禎進士。任漳浦縣令。有治行。擢御史。巡按山東。時方被兵。登陴拒守。劾兵部尙書陳啟新。後以太僕卿致仕。

余曰德 明南昌人。初名應舉。字德甫。嘉靖進士。官至福建按察副使。有余德甫集。

余世本 清攸縣人。字立齋。乾隆拔貢。爲宋儒之學。篤於倫理。手繪父母眞容。出告反面。事之如生。終生不易。題所居曰守事山房。歷主玉潭・三江・玉溪書院講席。學者稱五雲先生。

余丙 元遂安人。幼喪母。泣血成疾。父亡。不忍葬。結廬古山。下殯其中。日閉戶守視。一夕野火延殯廬。丙與子慈亟撲不止。投身火中。俄暴雨火滅。並得生全。◎清禹州人。字敬捷。有學宮輯略。

余古 宋錢塘人。光宗初以布衣上書。痛陳俳優宦寺之弊。言過切直。帝覽書震怒。特旨編管。

余本 明鄞人。字子華。正德中進士。授編修。乾清宮災。應詔陳時事。言皆剴切。出爲廣東提學副使。以正風俗作人才爲己任。終南京通政。有皇極釋義・禮記拾遺・周禮考誤・

春秋傳義·孝經刊誤諸書。

余·正元 〔清〕睢陽衛人。字居環。自號雪匪老人。明崇禎進士。知直隸清河縣。入清後。屢薦不起。日吟詩自娛。善書工畫。有詩集。

余·正健 〔清〕古田人。字乾行。康熙進士。由編修累遷國子監祭酒。督學江南。苞苴請謁。無一及者。召爲順天府尹。剔奸弊。督囹圄。勤於奉職。官至副都御史。

余·永麟 〔明〕鄞人。嘉靖進士。官蘇州府通判。有北窗瑣語。

余·永鸞 〔明〕辰谿人。以貢授巴縣令。清介如水。邑有餽者盡却之。僅受一瓜。歷三年。以忤上官免歸。

余·仲宇 〔明〕萬曆時寓湖南辰谿。性嗜酒。談未來事奇中。尤善針術。在辰谿數年。一日徧覓相知者。曰明晨將遠行。君輩可同來一餞。衆如期至。則已逝矣。數日後。又有人見其賣藥他縣云。

余·仲敬 〔元〕芭舒孫。號靜學。世傳朱熹之學。絕意仕進。以道自任。江淮兵起。里中豪傑欲舉事。共推之。以爲不可。乃止。避亂深山。流離顚沛。講學不輟。太守陶安重之。薦於朝。累徵不起。有讀書日錄·靜學先生文集。

余·光 〔明〕江寧人。嘉靖中官御史。巡按廣東。時安南莫登庸篡黎氏。世宗定計征討。光疏諫不納。繼復言道里懸遠。臣已遣官責其修貢。乞假便宜。疏中引用五季六朝事。被論。尋削籍。

余·光庭 〔宋〕羅源人。初以胄監及第。唱名居前。以兄校文。避嫌奏黜之。大觀中復中第。廷唱仍在前。帝識其名。異之。知南陽郡。金人至。不屈而死。

余·光耿 〔清〕婺源人。字觀文。父懋衡。於明末遭黨禍。光耿少孤苦。中多感慨。往往託塡詞以自遣。有一漑堂詩集·蓼花詞。

余·安行 〔宋〕德興人。字勉仲。號月石老人。紹興中上書言事被斥。竟廢於家。讀書樂道。作春秋新傳以寄其意。李綱爲之序。

余·汝庸 〔清〕德清人。字啟愚。納貲爲戶部員外郎。母喪不出。傾貲振直豫晉災。家因以匱。後爲道士。旋去之均州武當山。卒於紫清宮。

余·汝弼 〔明〕宜都人。勤學好問。居家孝友。能傾己濟人。惠聲溢於鄉里。永樂中由舉人歷官屯田郎中。清操自勵。人服其有守。

余·克濟 〔宋〕安溪人。字叔濟。慶元進士。由侯官尉遷知梅州。時州境盜發。或勸徐行。克濟曰。乘其未集。可亟破也。遂單車就道。盜卒退。克濟勇於爲義。所至有治績。其學邃於春秋。著通解十五卷。

余·廷燦 〔清〕長沙人。字卿雯。號存吾。乾隆進士。官檢討。充三通館纂修。以母老告養歸。家貧。取與不苟。居喪以孝聞。精天文律曆句股六書之學。詩古文尤醇茂。卒年七十。有存吾文集。

余·廷瓚 〔明〕鄱陽人。字伯獻。正德進士。授行人副司。武宗將南巡。廷瓚上疏陳十不可。下獄杖死。追謚忠愍。

余·志 〔明〕建寧人。字志學。天順進士。官刑部主事。陳備邊策。出判廣州。陞石阡知府。致仕歸。有橘門·秋蠹等集。

余·步雲 〔明〕廣安人。嘉慶間由鄉勇從勦川楚等匪。積功官至浙江提督。道光間英人擾定海。步雲守鎮海招寶山。定海陷。步雲不戰遁。退保寧波。逮捕入京。伏誅。

余·甸 〔清〕福清人。字田生。康熙進士。官至順天府丞。剛方清簡。精於吏治。仕宦三十年。屢起屢躓。直聲震天下。其文章書法。亦冠一時。

余·良肱 〔宋〕洪州人。字康臣。第進士。歷知虔明潤宣諸州。治爲江東最。以言事忤執政。遂請老奉祠。

余·良弼 〔宋〕順昌人。字巖起。建炎進士。歷官直祕閣。聚書萬卷。有龜山文集。子大雅·大猷。均受學朱熹之門。良弼嘗爲訓子詩。詞淺意切。爲時所稱。

余·芭舒 〔元〕季芳子。號息齋。爲朱熹之學。每日讀書暇。則整襟端坐。書辟補學錄不就。有讀蔡氏書傳疑·書傳解·易解·讀孝經刊誤·息齋集。

余·季芳 〔宋〕德興人。字子初。少孤力學。登淳祐進士。言於吏部。乞歸養。部臣以聞。特授九江司法以榮之。旣歸。講道授徒。昌明朱熹之緒。弟子稱爲桃谷先生。有桃谷尙書義。桃谷集。

余·忠 〔宋〕宜興人。字行老。熙寧中登進士第一。常州有劍井。先一歲瑞氣氤氳。上騰數日。時人以爲大魁之驗。

余·旻 〔清〕上元人。字秋農。貢生。有翠玉山房詞。

余·玠 〔宋〕蘄州人。字義夫。少爲白鹿洞諸生。家貧落魄。喜功名。因事亡命。入趙葵幕。以功補官。淳祐初特命爲四川安撫制置使。大更敝政。遴選守宰。築招賢館以待士。用播州冉氏兄弟策。築靑居·大獲·釣魚·雲頂·天生凡十餘城。皆因山爲壘。星分棋布。屯兵聚糧。修學養士。輕徭薄征。自寶慶以來。蜀帥未有能及之者。累官資政殿學士。

余·知古 〔唐〕官將仕郞守太子校書。有渚宮舊事。

余彥誠　明德興人。洪武時知安陸州。以徵稅愆期。當就逮。州之父老。伏闕乞留。太祖賜宴。嘉賞遣還。父老亦預宴。後擢守永州。終河東鹽運使。

余昂霄　清仁和人。字松巖。乾隆舉人。知密縣。後改歸安教諭。喜繪事。學問淹雅。工吟詠。居官以廉潔稱。

余珊　明桐城人。字德輝。正德進士。由行人擢御史。巡鹽長蘆。發中官之奸。被誣謫安陸通判。以討平梅花峒賊遷四川兵備副使。嘉靖中應詔陳十漸。反覆萬數千言。官至四川按察使。珊律己清嚴。居官有威惠。士民德之。

余省　清瑚子。字曾三。號魯亭。供奉內廷。善畫花鳥蟲魚。尤善畫蝶。態工蘭竹水仙。

余美英　清錢塘人。一名珣。字敷伯。有遜代陽秋。

余胤緒　明應城人。字思孝。嘉靖進士。官吏部考功郎中。以考察秉公。忤權貴免歸。再起官終戶部侍郎。爲人孝友端方。篤聖賢之學。門人私諡愼修先生。

余重謨　明將樂人。工墨竹。飛白宗朱熹·蘇軾。楷草似祝允明。海內寶之。喜吟詠。善奕棋。

余庭　明蘄州人。萬曆中以諸生貢盛名。與時落落不合。督學試第一。庭進曰。願受撻。問何故。曰。願棄諸生耳。督學怒。撻之。徐徐起出。耕耨自食。每長歌田野間。自號三槐山人。

余恭　明順昌人。字克讓。天順間知來賓縣。獞猺村民曾爲流賊。主帥欲進勦。恭以十口保之。招徠皆內附。後他賊侵境。聞之悉斂刃而過。及致政歸。獞猺遣子弟護送出險。涕泣拜辭而去。

余時言　宋浮梁人。紹興進士。金亮入寇。疏贊親征。隆興初爲吏部侍郎。尋出知漢州。値蜀大歉。時言所部獨發粟先賑。全活二十餘萬。官終敷文閣待制。

余泰　明將樂人。成化舉人。知興寧縣。邑俗健訟。尙攻訐。泰修明禮敎。立祠祀宋縣令顏衮等。率父老拜謁。民始知義。有春庵集。

余泰符　宋字慶會。好讀書。有才略。景定間授承節郎。德祐初饒睦二州寇亂。上言宜先保徽以固根本。優敕奬答。勗以忠義。進官都督府帥幹。國變後終於家。

余珣　清常熟人。字荀若。號荊山。善寫生。梅雀草蟲。筆有韻致。

余祚徵　明永豐人。字符之。號文齋。崇禎中會試副榜。授鳳陽府推官。時唐王聿鍵遭錮。祚徵待之有禮。及聿鍵自立。而祚徵已卒。贈應天府丞。諡忠貞。有文齋文集。

余祐　明鄱陽人。字子積。弘治進士。官刑部。以事忤劉瑾落職。再起歷福州守·徐州兵備副使。復先後爲中官所扼。逮獄謫官。在獄中撰性書三卷。嘉靖初官終雲南布政使。有文公先生經世大訓。

余祖奭　宋莆田人。字景召。元符進士。通判蘭州。會地大震。城郭廬舍盡陷。祖奭若有神物置之隙地。得不死。亟起拯救傷殘。活數百人。擢知南恩州。控制有道。海寇平戢。召對指陳時弊。忤秦檜意。引疾乞祠歸。

余國柱　清大冶人。順治進士。授兗州府推官。康熙間官至武英殿大學士。在內閣票擬。承順明珠指麾。輕重任意。結黨納賄。爲郭琇所劾。奪職。

余國楨　清遂安人。字瑞人。別號劬庵。明崇禎進士。官富順知縣。有見聞記憶錄。

余寀　清浙江山陰人。字同野。有塞程別紀。

余寅　明鄞人。字君房。晚年改字僧杲。萬曆進士。官至太常寺少卿。有乙未私志·同姓名錄·農丈人文集。

余崇龜　宋仙遊人。字景望。淳熙進士。歷官祕書丞。韓侂胄當國。欲處以要津。崇龜力乞補外。出知江州。侂胄敗。除監察御史。金人議和。索侂胄首。廷臣咸欲予之。獨崇龜以爲辱國。遂不附議。後官至兵部侍郎。

余常安　唐衢州人。父叔皆爲里人所殺。常安八歲。卽以復仇爲志。憲宗時卒殺仇。時年十七。竟抵死。

余授　宋仙遊人。熙寧進士。博學能文。多所著作。歷官校書郎。出爲京西提舉。

余深　宋羅源人。元豐進士。諂附蔡京。援引入政府。京失勢。累被彈劾。降官臨江府居住。京姦謀詭計。得深助爲多。惟當時福建以取花果擾民。深以鄉土疾苦。嘗爲一言。爲徽宗所不喜。

余爽　宋卞弟。字荀龍。以父任授校書郎。博學有幹略。元豐初應詔上便宜十五事。元祐末復極言請太皇太后還政事。章惇憾之。坐謗訕竄封州。後起知明州。崇寧中入黨籍。

余逢辰　明宣城人。字彥章。有學行。薦授燕王府伴讀。王信任之。得聞異謀、乘間力諫。知變將作。貽書其子誓必死。兵起復泣諫。言君父兩不可負。遂死之。

余喆　宋龍溪人。字若蒙。淳熙進士。歷官通直郎。主管嶽祠。嘗上書論韓侂胄罪狀。又極論邊事。力闢和議之非。著述甚富。進呈者爲皇朝職志·高宗政範·古鑑錄·資時十論。

天門類例・括象志等書。又著有周禮解・禹貢攷・春秋地理增釋・五音姓譜。

余堯臣 明永嘉人。字唐卿。元末寓居吳中。與高啓・王行等稱十才子。啓家北郭。堯臣等卜居皆相近。又號北郭十友。初爲張士誠客。士誠敗。徙濠梁。洪武初放還。授新鄭丞。

余復 宋寧德人。紹熙初應制科射策。帝覽其對。曰。余復直而不訐。擢置第一。後入史館。兼實錄檢討。有禮經類說。

余欽 唐初官四門直講。開元中句校祕書。詔爲修書學士。與殷踐猷等共纂成羣書四錄二百卷上之。元行沖知麗正院。又奏欽入校麗正書。後官至集賢院學士。

余發林 宋古田人。字希莖。咸淳進士。授崇安縣尉。博學有俊才。有愛梅集。

余象 宋仙遊人。慶曆進士。歷官光祿丞。首奏王安石議論詭辯。名實炫耀。爲國家之巨蠹。黨安石者惡之。蔡襄・余靖力救獲免。終知宣州。

余鄂 清仁和人。字慈柏。號起潛。晚號志慈。善畫梅。

余隆九 明江西樂安人。幼篤孝。正德間閩廣流寇破縣。執其父去。隆九亟奔賊營。乞代父命。賊欲併殺之。忽狂風揚塵蔽目。已而大雷雨。賊曰。此人能感天心。父子併獲免。

余集 清仁和人。字蓉裳。號秋室。乾隆進士。官至侍講學士。善畫山水。尤工美人。有余美人之目。著秋室詩鈔。

余[illegible] 清青神人。字生生。號鈍庵。明季貢生。明亡。謀起兵殺流賊。不克。逃之江南。參人軍事。復不濟。乃寓居鄞之西湖。署其居曰借鑑樓。有增益軒詩草。

余㮚 宋溧水人。字祇若。崇寧中以上舍賜進士第。僉書鎭南軍判官。薦歷御史中丞。陳士風六弊。累遷兵部尚書。後以述古殿學士知江寧府。

余煌 明會稽人。字武貞。天啓中進士第一。授修撰。崇禎中乞假歸。魯王監國紹興。拜煌兵部尚書。督師。紹興破。赴水死。◎清婺源人。字漢卿。嘉慶舉人。精天文算術。所著書皆能援證古今。有春秋求故・夏小正星候考・二十八宿距度推步考要・句陳星度日星測時新表・歲實星名異同錄・天官考異・衍談錄・讀書度圜記・弧角簡法・句股三角八線纂要等書。

余熙 清桐城人。字晉齋。有八綫測表圖說。

余萬言 清江寧道士。號秋霞。善畫蘭菊。

余萬清 清金華人。道光武進士。以營守備累擢湖南提督。咸豐間洪秀全犯桂林。萬清赴援有功。後攻勦鎭江。疊獲勝捷。終鶴麗鎭總兵。

余詮 明吉安人。洪武初以明經老成被薦。召入京。賜坐顧問。年踰七十矣。翌日。命爲文華殿大學士。以老疾固辭。遂放還。

余載 元三山人。字大車。官福州路儒學錄。以養親辭官。篤行授徒以終。有韶舞九成樂補。

余靖 宋曲江人。字安道。少不羈。以文學稱鄉里。天聖初登第。游擢右正言。以論范仲淹謫官事。與尹洙・歐陽修同被貶。由是益知名。與修・王素・蔡襄。稱爲四諫。時論重之。三使契丹。習外國語。儂智高叛。經制南事。爲帥十年。不載南海一物。廣州有八賢堂。靖其一也。官至工部尚書。卒謚襄。有武溪集。

余熂 明崑山人。字茂本。少有俊才。從陳潛夫學。得春秋之傳。洪武初歷官至吏部尚書。

余瑱 明合肥人。官北平都指揮。與同官謝貴密謀拒靖難師。貴死。瑱走居庸關練兵。將襲北平。成祖命將擊之。被執死節。

余禎 明奉新人。字與邦。正德進士。嘉靖初爲兵部主事。以伏闕爭大禮。廷杖死。穆宗立。贈光祿少卿。

余福 明惠安人。字萬祥。永樂中以進士官行人。使交州。慰撫降附。士人餽贐。皆不受。後帝幸北京。福巡南都。劾權要得罪。詔徵行在。賴帝親鞫平反。後竟爲讎所擠。去官。

余端禮 宋龍游人。字處恭。第進士。孝宗時累官吏部侍郎。光宗召拜吏部尚書。擢同知樞密院事。寧宗立。遷知樞密院事。兼參知政事。平時論議剴正。及爲相。受制於韓侂胄。壹鬱不愜志。卒謚忠肅。

余際昌 清穀城人。咸豐初由行伍從征。轉戰湖北安徽。屢有功。同治間勦捻於河南。官至河北鎭總兵。遇伏戰死。謚威毅。

余韶 宋龍溪人。字道夫。隱居積學。舉八行不就。號東湖居士。有棲靜堂集。

余齊民 南朝宋晉陵人。少爲邑吏。有孝行。父亡。齊民自外歸。號擗殯所。須臾便絕。有司奏改其里爲孝義里。

余增遠 清會稽人。字謙貞。一字若水。明崇禎進士。知寶應縣。棄歸。逃之山中。與老農雜作。高隱以終。

余璀 南唐古田人。後移家將樂。字崑美。仕爲左拾遺。善唐律。有拾遺集。

余穉 清省弟。字南州。供奉內廷。畫花鳥別出新意。

余鋐 清會稽人。字子愼。善畫山水小景。又工詩善書。

余學夔 明寧海人。邑諸生。魏澤謫官寧海典史。得方孝孺遺孤。萬方羅匿。學夔知之。變形色。佯狂乞食於市。澤會其意。乃密致書劄。將孝孺文稿。併稚子盡託之。學夔逃匿島嶼。日治畲網。易米以給。方氏有後。學夔之力也。

余濂 明都昌人。字宗周。弘治進士。官御史。多所糾劾。巡按遼東。以勘張天祥獄。爲東廠所噬。謫雲南布政司照磨。武宗時終雲南副使。

余璜 清珣弟。字渭徵。工寫生。人物尤勝。

余穎 清海陽人。字在川。善寫眞。

余縉 清諸暨人。字仲紳。號浣公。順治進士。官河南道御史。有大觀堂集。

余嶸 宋端禮幼子。字景瞻。幼學於劉景。淳熙中擢第。官至寶謨閣學士。端禮號南渡名宰。嶸接緒言而傳心印。克爲名卿。眞德秀尤重之。

余應桂 明都昌人。字二磯。萬曆進士。歷宰三縣有治績。徵授御史。以劾首輔周延儒貶秩歸。再起出按湖廣。時流賊漸熾。應桂主勦。與諸帥議撫者忤。下獄遣戍。潼關陷。復用爲督師。入對。以無兵餉。見帝而泣。尋死於難。

余懋杞 清諸暨人。字罍庵。康熙舉人。官內閣中書。有東武山房文集。

余懋孳 明婺源人。字舜仲。萬曆進士。官至給事中。有奠言。

余懋學 明婺源人。字行之。隆慶進士。萬曆初擢給事中。忤張居正斥爲民。後累遷南戶部侍郎。夙以直節著稱。十蠹一疏。尤爲時所重。所言好勝必致忿爭。終且激成朋黨。後果如其言。天啓初追謚恭穆。有說頤。

余懋衡 明婺源人。字持國。萬曆進士。由永新令徵授御史。極論殿工礦稅之弊。出按陝西。監稅中官梁永賄膳夫再毒懋衡不死。上奏不省。尋以憂去。天啓中授南吏部尙書。以璫勢方盛。堅臥不起。既而奸黨醜詆講學諸臣。以懋衡及馮從吾。孫愼行爲首。遂削籍。崇禎初復官。有語錄。經翼。關中集諸書。

余濬 明慈谿人。成化進士。官御史。孝宗初請永除納粟入監令。劾中官後湖墾田事及鎭守中官張慶。韋眷等不職狀。因薦大臣堪任內閣及吏部者。與同官姜綰等俱逮治。貶平度州判官。終知府。

余濟 元芭舒子。字心濡。少承家學。元初累辟不就。有谷雲集。

余聯沅 清孝感人。字搢珊。光緒進士。累擢蘇松太道。會北方拳亂。聯沅稟承南洋大臣與各國領事議訂東南保護約欵。地方以安。性廉儉。嗣書循舊例餽銀八千兩。悉以充龍門書院經費。官至浙江巡撫。

余蕭客 清長洲人。字仲林。號古農。年十五通九經。尤耽古籍。聞有異書。必假鈔錄。嘗輯注雅別鈔。就質惠棟。遂著弟子籍。直隸總督方觀承聘修畿輔通志。以目疾歸。教授鄉里。時稱其學在王應麟・顧炎武之間。乾隆間以布衣終。所撰古經解鉤沈。凡唐以前舊說。自諸家經解所引。旁及史傳類書。片語單詞。悉著其目。又有文選雜題・文選音義・選音樓詩拾諸書。

余謙一 宋莆田人。字子同。咸淳進士。知化州。入元不仕。好古博學。著述甚富。

余嘉 宋漳州人。官新州教授。攻慶元僞學。上書乞斬朱熹。

余爵 明禹州人。字天有。崇禎進士。累遷兵部職方司主事。罷歸。楊嗣昌出督師。請以故官參謀軍事。尋又從督師丁啓睿於河南。破賊鄧州。開封圍急。監左良玉軍往援。戰敗被執。罵賊死。

余翺 明定遠人。字大振。正德進士。知歷城縣。清直有治績。擢御史。以劾太監張佐被杖戍邊。後赦還。

余鎬 唐建陽人。字周京。咸通進士。除校書郎。僖宗荒嬉。鎬疏諫不納。以父老乞歸。黃巢陷建州。鎬避居莆田。王審知據閩。辟召不應。耕隱壺山以終。

余闕 元廬州人。字廷心。唐兀氏。世家武威。父官於廬。遂家焉。元統初第進士。累官參知政事。守安慶。死陳友諒之難。余闕爲政嚴明。治軍與士卒同甘苦。有古良將風。留意經術。五經皆有傳注。文章氣魄深厚。篆隸亦古雅。明初追謚忠宣。有靑陽集。

余懷 清莆田人。字澹心。一字無懷。號曼翁。又號曼持老人。生於明季。僑居江寧。嘗賦金陵懷古詩。王士禛以爲不減劉禹錫。撰板橋雜記。記狹邪事。哀感頑豔。又有東山談苑。味外軒稿。

余韞珠 清揚州女子。工仿宋繡。繡仙佛人物。曲盡其妙。嘗爲王士禛繡神女洛神浣沙諸圖。皆極工。

余鵬年 清懷寧人。初名鵬飛。字伯扶。乾隆舉人。與弟鵬翀並有才名。貌清癯。工詩善畫。豪於酒。有飲江光閣詩鈔・夢牋書屋詞。

余鵬翀 清鵬年弟。字少雲。諸生。博覽典籍。出語驚人。與修一統志。痛加勘訂。蕆事歸卒。工詩詞。善畫水墨山水。有韓文公文集編年考・喪大禮考・息六齋文集・詞曲遺稿。

余繼登 明交河人。字世用。號雲衢。萬曆進士。歷禮部侍郎。攝部事。請罷一切誅求開採之害民者。又請躬祀郊廟。册立元子。停礦稅中官。皆不省。鬱鬱成疾。連章乞休。不許。卒謚文恪。繼登寡言笑。當大事。讜論侃侃。居家廉約。病革時。擁粗布衾。羊裘覆足而已。有典故紀聞·淡然軒集。

佘·蘅　【清】常熟人。字芳洲。號藥亭。工畫花鳥得徇派。長於潑墨。縱逸可觀。

佘·覺華　【元】建安人。字欒甫。有修眞捷徑。

佘·鍒　【清】龍游人。字金聲。號菊區。諸生。善寫蘭竹。書宗蘇米。

佚·之狐　【春秋】【鄭】大夫。晉秦圍鄭。之狐言於文公。使燭之武夜縋而出。見秦穆公。

佛尼埒　【清】滿州鑲紅旗人。埒亦作勒。姓科奇理氏。康熙間任西安副都統。討王輔臣。克秦州。又自興安會師保寧。進定四川。戰績甚著。累授建威將軍。卒謚莊靖。

佛印　【宋】僧。見了元條。

佛肸　【春秋】【晉】中牟大夫。以中牟畔。召孔子。孔子不往。

佛陀波利　【唐】僧。北印度罽賓國人。儀鳳初訪道至五臺山。旋又返國取經至。譯爲佛頂尊勝陀羅尼經。後不知所終。

佛倫　【清】滿州正白旗人。姓舒穆祿氏。初由筆帖式遷兵部主事。康熙間累擢戶部尚書。命勘河工屯田二事。佛倫徇靳輔意覆奏。坐解任。再起官至文淵閣大學士。

佛馱耶舍　【晉】僧。罽賓人。姚興迎至長安。譯四分律并長阿含等經。後至廬山。躬自負鐵於紫霄峯頂鑄塔。以如來舍利藏其中。江州刺史王毅之捨宅爲歸宗寺居之。

佛圖澄　【晉】僧。天竺人。本姓帛。通玄術。永嘉中適洛陽。從石勒征伐。言勝負吉凶輒中。勒僭稱皇帝。敬禮彌篤。事必諮而後行。號曰大和尚。季龍僭位。尤傾心事之。卒於鄴宮寺。後有沙門稱見澄西入關。季龍掘而視之。惟有一石而無尸。

佟·世南　【清】遼陽人。一作世男。字梅岑。有東白堂詞選初集及篆字彙。

佟·世思　【清】國正次子。字儼若。一字葭沚。又字退庵。康熙間以任子爲臨賀知縣。調思恩。有與梅堂遺集。附耳書·鮓話。

佟·世晉　【清】襄平人。字康侯。善畫山水。蝦蟹亦佳。

佟·世德　【清】國印子。康熙間授副都統。隨征王輔臣於平涼。以紅衣礮擊敗之。後隨圖海規復漢中·興安。卒於軍。

佟·岱　【清】養量弟。順治間從克太原。征陝西。累擢湖廣總督。從孔有德征湖南。進至廣西全州。走明總督何騰蛟。又從征大同·渾源等城。官至浙閩總督。坐事免。康熙初卒。

佟·國正　【清】養性從孫。順治初由拔貢知無爲州。康熙間擢江西巡撫。時吳三桂·耿精忠相繼叛。分犯江西。國正駐贛州。防禦有功。事平。加兵部尚書銜。

佟·國印　【清】養性從孫。崇德間從攻杏山·塔山·中後所。有功。順治初擢工部右侍郎。封三等男。

佟·國佐　【清】遼東人。字吉臣。康熙間由筆帖式累官安徽巡撫。不建威。不市名。實心行實政。民以清靜。歷官所至。皆有政績。

佟·國瑤　【清】養性孫。順治間授副都統。康熙間吳三桂反。授鄖陽提督。往駐防。襄陽總兵楊來嘉。鄖陽副將洪福叛應三桂。國瑤分兵勦擊。大敗之。封一等伯。累官福建將軍。卒謚忠愍。

佟·國維　【清】圖賴次子。康熙間授領侍衛內大臣。封一等公。聖祖兩征噶爾丹。國維皆從。卒謚端純。

佟·國綱　【清】圖賴長子。康熙間襲封一等公。授都統。偕索額圖等與俄羅斯定尼布楚之約。征噶爾丹。國綱參贊軍務。沒於陣。謚忠勇。

佟·國鼐　【清】養性從孫。順治間官福建巡撫。時巡按周世科專用嚴刑。國鼐濟以寬仁。多所全活。國人歸心焉。

佟·國器　【清】養性從孫。順治間累官浙江巡撫。時浙東初定。叛獄繁多。國器平情訊鞫。全活者多。以勞卒官。

佟·國瓏　【清】遼東人。字信侯。康熙間知文登縣。營兵因事大譟。國瓏趨出當礮立。曰。吾不忍見爾曹族誅。衆皆色動。事遂平。在任數年。一邑安謐。擢知澤州。會平陽民變。國瓏單騎往。民皆額手曰。佟公至。吾屬無憂矣。安堵如故。

佟·景文　【清】遼東人。字敬堂。一字艾生。由翰林歷滇黔道府。治邊久。雅尚教化。其學以修身爲主。務絕覺悟空虛之說。道光中以安徽布政使卒官。有性理修身說·絅齋劄記等書。

佟·圖賴　【清】養正季子。一名盛年。天聰間從太宗征大凌河。以功授參將。生長行間。熟諳兵法。與士卒同甘苦。圍錦州。下太原。定河南。克寶慶。下全州。所向克敵。身經百戰。官至太子太保。卒謚襄勤。贈一等公。

佟·毓秀　【清】襄平人。隸旗籍。字鍾山。仕至甘肅巡撫。善畫山水。

佟·鳳彩　【清】養性從孫。字高岡。由香河知縣累官河南巡撫。所蒞有聲。卒謚勤僖。有樓友堂集。

佟·賦偉　【清】襄平人。字青士。官寧國知府。有二樓紀略。

佟・養正 【淸】遼東人。先世爲滿洲。世居佟佳。以地爲氏。天命間駐守朝鮮界之鎭江城。時城守中軍陳萬策潛通明將毛文龍。據城叛。養正被執。不屈死。雍正間追封一等公。謚忠烈。

佟・養甲 【淸】養性從兄弟。字陸海。順治間以內閣學士隨博洛南征。下杭州。平福建。署兩廣總督。與提督李成棟率兵定廣東。事平。成棟授廣東提督。未兼兩廣。意不平。叛受桂王封爵。以兵劫養甲。擁至肇慶。被害。

佟・養性 【淸】養正從弟。天聰間掌紅衣礮。從攻大淩河城。克之。卒謚勤惠。

佟・養量 【淸】養性從弟。順治間從克太原・江南・揚州・江陰。皆以紅衣礮有功。累官宣大總督。

克什圖 【淸】蒙古正白旗人。姓博爾濟吉特氏。康熙中從征福建。敗鄭錦。又從征吳世璠。攻準噶爾。屢有功。官至領侍衛內大臣。卒謚勤恪。

克文 【宋】僧。閿鄉鄭氏子。字雲庵。元豐中賜號眞淨大師。有雲庵語錄。

克・耕 【明】山西人。洪武時任潁上縣丞。有政績。

克新 【明】僧。鄱陽余氏子。字仲銘。自號江左外史。又稱雪廬和尚。元末住嘉興水西寺。洪武初召至南京。嘗奉詔往西域招諭吐番。有雪廬南詢稿・元釋集。

克興阿 【淸】滿州正白旗人。姓倭勒氏。咸豐初與洪楊軍轉戰湖北直隸等省。歷著戰功。官至鑲黃旗滿州副都統。

冶・大雄 【淸】成都人。康熙末由行伍從征西藏。克裏塘・巴塘。準噶爾犯邊。以兵二千當賊二萬。轉戰七晝夜。積功累擢大同總兵。乾隆間隨征金川。授雲南提督。坐事奪職。

冶・區夫 【春秋魯】大夫。昭公時叔弓圍費。弗克。敗焉。季平子怒。令見費人執之。以爲囚俘。冶區夫曰。非也。若見費人。寒者衣之。飢者食之。爲之令主。而共其困乏。費來如歸。南氏亡矣。民疾而叛。爲之聚也。若諸侯皆然。費人無歸。不親南氏。將焉入矣。平子從之。費人叛南氏。

冶・廑 【春秋衞】大夫。衞侯將歸國。恐元咺拒己。使賂周顓及廑曰。苟能納我。吾使爾爲卿。周冶殺元咺及子適・子儀。周冶旣服。將命。周顓先入。及門。遇疾而死。廑懼。辭卿。

冷・士嵋 【淸】丹徒人。字又湄。有江冷閣文集。

冷・世光 【宋】常熟人。字賓王。紹興進士。歷知寧國・龍游等縣。朱熹爲常平使者。常委用之。除監察御史。遷殿中侍御史。彈劾無所避。人謂之冷面御史。尋知嚴州致仕。有奏議彈章・東堂類稿・刀筆。

冷・世修 【宋】世光弟。字良器。紹興進士。知上元縣。民有互訟者。世修諭之曰。骨肉相爭。非美事也。今以法繩汝。則終身不可復聚。以恩義化之。民感泣爭讓。通判和州。秩滿知南康軍丐祠。有詩文及詞科類要。

冷・平 【南朝宋】臨淄人。太上間沙門僧智夜入平舍淫其寡嫂。平與弟安國殺之。郡縣按平兄弟。欲以一人坐殺人論死。平與弟各引自殺競死。詔俱赦之。

冷・廷叟 【宋】爲光祿卿。以詩酒終。與黃庭堅爲友。

冷・枚 【淸】濟寧人。字吉臣。號金門畫史。焦秉貞弟子。工畫人物。供奉內廷。與繪萬壽盛典圖。

冷・暘 【明】南漳人。歲貢。任肇慶推官。母不豫。血淚交下。母沒。親爲負土。肩穿指血。廬墓三年。

冷僧機 【淸】滿州正黃旗人。姓納喇氏。順治初列內大臣。累封一等伯。以誣稱兩黃旗大臣誓立肅親王及阿諛睿親王諸罪論斬。從寬免死。後復坐事伏誅。

冷・壽光 【後漢】與華佗同時。年可百五六十歲。行容成公御婦人法。常屈頸鷮息。鬚髮盡白。而色理如三四十時。

冷・齊賢 【元】高安人。善讀書。樂於爲善。至正間出粟以賑。全活甚衆。鄉里德之。

冷・應澂 【宋】分寧人。字公定。寶慶進士。調廬陵主簿。以廉能著。景定間累升直寶章閣・知廣州。分時理務。不擾不劾。聞蠻獎受圍。日繕器械裕財粟以備倉卒。後卒賴其用。壓平大寇。未嘗輕殺。答杖以降。亦加審愼。至其臨事剛斷。雖勢要不爲撓奪。

冷・謙 【明】武林人。字啓敬。道號龍陽子。洪武初以善音律仕爲太常協律郎。在元末壽已百歲。初與趙孟頫同觀李將軍畫。效之。遂得其法。郊廟樂章。多所撰定。永樂中仙去。有修齡指要。

冷・曦 【明】新昌人。字景暘。洪武間任御史。剛正不阿。劾都御史劉觀井各道壞法御史。百司震恐。人稱爲冷鐵面。

冷・麟 【明】山東人。洪武間爲鄞令。精敏廉愼。一介不苟取。量事難易。與民立期限。性仁恕。不忍輕決。時有被一笞一鞭者。衆必賤之。故人皆知愧而犯之者少。陞本省都事。聲績尤著。

初・言 【明】潛江人。生而能言。故名言。字幼嘉。廉吏之後。負薪自給。一日忘歸。覓之。則手持論語臥於儒學東廡下。由是知名。中嘉靖鄉舉。未仕卒。

初·杲 〔明〕潛江人。字啓昭。正德進士。嘉靖初授御史。議大禮。引經抗疏。忤旨廷杖幾斃。後劾都御史席書。憸邪側目。尋轉河南僉事。擢雲南參政乞休。

初·貞 〔明〕濱州人。正德中流賊入城。欲傷其父。貞大呼奮前。以身蔽之。賊怒。砍貞二指。貞抱護如故。賊釋之。濡其血書孝子二字於垣而去。

初·彭齡 〔清〕萊陽人。字紹祖。乾隆進士。授編修。擢御史。耿直敢言。官至工部尚書。

初·進忠 〔明〕潛江人。少持剛正。里人多就之折是非。洪武中以懷材抱德舉。授衞輝府推官。數規守不法事。守中傷之。謫沙縣。卒於任。

初·暐 〔宋〕膠水人。第進士。歷官集賢院。知濰州。母喪廬墓。衰麻蔬食經六冬。詔賜粟帛。

初·虞世 〔宋〕字和甫。精於醫。深究素難之理。見解甚超。有超見論源。養生必用。古今錄驗方等書。

初·灝 〔明〕進忠子。宣德中舉賢良方正。授淸河縣主簿。有淸操。

別·之傑 〔宋〕郢川人。字宋才。嘉定進士。累官知江陵府。湖北安撫副使。進端明殿學士。加兵部尚書。淳祐中拜參知政事。

別里古台 〔元〕太祖季弟。明敏多智略。幼從太祖平諸部落。帝嘗曰。有別里古台之力。哈撒兒之射。此朕之所以取天下也。江南平。加賜信州路及鉛山州二城戶一萬八千。

別的因 〔元〕乃蠻部人。襲父職爲副萬戶。鎭守隨潁等處。多力善刀舞。尤精騎射。士卒畏服。世祖卽位。以爲壽潁二州屯田府達魯花赤。大德中累進昭武大將軍。台州路達魯花赤卒。

別兒怯不花 〔元〕燕只吉解氏。字大用。世爲八番宣撫司長。英宗授懷遠大將軍八番宣撫司達魯花赤。旣至。宣布威信。峒民感悅。至正初累拜江浙行省左丞相。在鎭二年。雖兒童婦女。莫不感其恩。召還除中書右丞相。尋謫居渤海。卒諡忠宣。

別·修 〔唐〕朝邑人。安祿山叛。倚衡舉義兵討賊。署修爲牙將。

利·元吉 〔宋〕盱江人。字文伯。登紹熙進士。爲金溪縣丞。元吉爲陸九淵高弟。九淵子持之嘗欲師事之。元吉謝不敢。

利·本堅 〔明〕英德人。由監生任贛縣主簿。調四川安岳縣丞。愛民節用。爲衆論所推許。

利·申 〔宋〕大庾人。字仲通。元豐間游學江都。名傾同輩。有廣陵集。

利涉 〔唐〕僧。西域人。結侶東遊。開元中住京兆大安國寺。時有韋玎請廢釋道二教。玄宗將從之。利涉抗言力爭。事遂罷。有立法幢論。

利·幾 〔漢〕項羽將。爲陳令。羽敗降。高祖侯之穎川。及高祖至雒陽。嘗召通侯。幾自以羽將故恐而反。高祖自擊破之。

利瑪竇 〔明〕意大利人。爲教士。萬曆間至廣東。後入北京傳教。建天主教堂。是爲中國有教堂之始。嘗齎進萬國圖志。言天下有五大洲。當時頗奇其說。神宗嘉其遠來。假館授餐厚賜之。寓居中國三十年。通華字華語。後卒於京。有乾坤體義。辨學遺牘。二十五言。天主實義。畸人十篇。西琴曲意。交友論等書。又譯幾何原本。則徐光啓所筆受也。泰西科學輸入中國。亦始於此。

利·鑾孫 〔金〕盱江人。字士貴。有春秋提奇圖。

努三 〔清〕滿洲正黃旗人。姓瓜勒佳氏。乾隆間以侍衞助勦瞻對及準噶爾並有功。官至正藍旗滿洲都統。卒諡恪靖。

努山 〔清〕滿洲正黃旗人。姓九庫塔氏。每從太祖征伐。輒先驅覘敵。授前鋒參領。天聰崇德間屢與明戰。順治初從入關。破李自成。定河南江南浙江。進征福建。擒唐王。攻湖廣。擒何騰蛟。敍功封二等男。擢內大臣。

君牙 〔周〕穆王命爲大司徒。書有君牙篇。（按書傳或作君雅。）

君陳 〔周〕周公旦之子。是爲周平公。周公旣沒。成王命君陳分正東郊成周。書有君陳篇。

君疇 〔陶唐氏〕堯舉於君疇。

吳·一元 〔明〕青陽人。萬曆中知星子縣。中官李道以監稅至江西。過縣擾甚。一元力與之抗。道怒。誣以阻撓國稅。逮下刑部獄。星子民詣闕爲一元申辨得釋。天啓中贈尙寶少卿。

吳·一魁 〔明〕安陸人。父道東以誣論辟。一魁年十二。徒跣赴京師。値肅宗郊祀。伏道旁陳冤狀。帝嘉其孝。宥其父。賜帛馳驛歸里。

吳·一貫 〔明〕海陽人。字道夫。成化進士。由上高知縣入爲御史。弘治中擢大理右寺丞。以忤劉瑾。謫嵩明州同知。歷遷江西副使。討華林賊有功。進按察使。行軍至奉新卒。士民立忠節祠以祀之。

吳·一鵬 〔明〕長洲人。字南夫。號白樓。弘治進士。世宗初累擢禮部左侍郎。與尙書毛澄。汪俊力爭大禮。俊去。一鵬署部事。累進尙書。入內閣典誥勅。張璁·桂萼忌之。出爲南京吏部尙書。乞歸。卒諡文端。有吳文端集。

吳·九州 〔宋〕燕人。畫牛鹿馬。窮盡其態。

吳·三桂 〔清〕遼東人。字長白。明崇禎時以武舉累官總兵。封平西伯。鎭山海關。李自成陷京師。三桂以愛妾陳圓圓爲自成所得。遂引淸兵入關。

破自成。封平西王。鎭雲南。聖祖議撤藩。三桂叛之。稱天下都招討兵馬大元帥。旬月間有雲南貴州四川湖南廣西之地。耿精忠等皆響應。因稱周帝。置百官。旋病死。其孫世璠爲清所滅。

吳·三錫 〔清〕吳縣人。字師中。號秋村。以書名一時。尤工小楷。求書者麕集。性好客。座上常滿。

吳·士 〔北齊〕雙盲。妙於聲相。世宗歷試之。不爽。

吳·士功 〔清〕固始人。字惟亮。號滲雲。一號湛山。雍正進士。乾隆時累遷御史。有直聲。官至福建巡撫。縛誅盜魁。寬臺灣私渡之禁。傾閩粵人之在臺著業者。得迎父母妻子以自完其家。臺民德之。後坐事落職。

吳·士玉 〔清〕吳縣人。字荆山。爲諸生時。即以文名天下。康熙進士。累官禮部尚書。好扶植人倫。與徐乾學·韓菼均以宏獎爲己任。卒諡文恪。有映劍集。

吳·士奇 〔明〕歙人。字無奇。萬曆進士。官至太常寺卿。以拒魏閹致仕。有史裁·綠滋館稿·明副書等書。

吳·士冠 〔明〕蘇州人。字相如。善書畫。山水墨花。頗有別趣。

吳·士矩 〔唐〕湊子。文學蚤就。喜與黎英游。開成初爲江西觀察使。饗宴侈縱。一日費十數萬。軍用單匱。無所仰事。文宗流諸端州。

吳·士琇 〔明〕當塗人。字君玉。崇禎中以拔貢任徽州府訓導。敎士重大節。清兵下徽州時。士琇署祁門縣事。城破不食死。

吳·士義 〔明〕歸安人。字以行。爲長沙縣丞。崇禎中流賊困城數月。城陷。賊舉刃相向。士義駡不絕口。遂遇害。全家殉焉。

吳·士模 〔清〕武進人。字晉望。篤嗜理學。著謹心悅人語錄。一以高攀龍爲宗。又治詩。於漢宋無所偏主。著詩經申義。嘉慶中卒。

吳·士熹 〔清〕莆田人。字仲初。官齊河知縣。有淪齋文集。

吳·士龍 〔宋〕江潭人。字子雲。幼器識不羣。善談兵。淳祐間以韜略登武科。授建康帥司幹官制置。隨任安慶望江宰。値時患。親拯療之。活民數萬。以母年八十歸養。撫孤姪如己子。貧產一無所私。鄉邑稱之。

吳·大本 〔明〕宣城人。字性夫。正德進士。授進賢知縣。儀賓李貴橫暴。以私讎殺人。大本論治之。擢御史。三疏摘大學士張璁不職狀。出爲廣東僉事。終兵備副使。

吳·大有 〔宋〕嵊人。字勉道。號松壑。寶祐間遊太學。率諸生上書言賈似道姦狀。不報。遂退處林泉。以詩酒自娛。元初辟爲國子檢閱。不赴。有千古功名鏡。

吳·大廷 〔清〕沅陵人。字桐雲。咸豐舉人。官至臺灣兵備道。仕久不達。恒著書自娛。有小西腴山館詩文鈔。

吳大帝 〔三國吳〕姓孫氏。名權。字仲謀。吳郡富春人。性度弘朗。仁而多斷。好俠養士。兄策卒。以事授權。西破黃祖。助劉備敗曹操軍於赤壁。卒擅江表。成鼎峙之業。曹丕稱帝。權陽遣使稱藩。封爲吳王。魏徵任子。權不受。遂改年黃武。臨江拒守。越七年乃正尊號。都建業。稱帝凡二十四年而薨。諡曰大皇帝。紀元四。黃龍·嘉禾·赤烏·太元。

吳·大桂 〔清〕黃安人。字仲宣。號玉坡。晚號海嶽遊人。事親至孝。飽學工文詞。有讀書記·暎蔗編·聞見錄·姓氏大全。

吳·大素 〔元〕會稽人。字秀章。號松齋。能畫山礬水仙。尤善畫梅。有譜傳世。

吳·大鈞 〔清〕溧陽人。字叔平。號廉山。又號雲源。工山水人物。尤長墨龍。愈大愈妙。善鼓琴。工詩文。爲人外和中介。有鏡香·西有堂諸稿。

吳·大經 〔明〕常熟人。字元常。有叢桂軒集。

吳·大澂 〔清〕吳縣人。字淸卿。號恒軒。又號愙齋。同治進士。累官湖南巡撫。嘗勘界吉林。立銅柱於中俄交界之地。自以大篆勒銘其上。光緒甲午中日之戰。督師出山海關。兵敗革職。大澂工篆書。中年以後。又參以古籀文。書法益進。兼長丹青。有愙齋詩文集·愙齋集古錄·古籀補·古玉圖考·權衡度量考·恒軒吉金錄。

吳·大勳 〔清〕青浦人。字建猷。乾隆舉人。官麗江知府。有喜雨齋雜著。

吳·子玉 〔明〕休寧人。字瑞穀。嘉靖貢生。授應天訓導。有大鄣山人集。

吳·子孝 〔明〕一鵬子。字純叔。嘉靖進士。仕至湖廣參政。直道自信。言事必究極是非。不能詘曲下人。有玉涵堂集·玉霄仙明珠集。

吳·子良 〔宋〕臨海人。字明輔。號荆溪。寶慶進士。官至湖南運使·太府少卿。忤史嵩之罷職。幼從陳耆卿學。亦嘗登葉適之門。耆卿之統。傳於子良。有荆溪集。

吳·子陵 〔明〕松江華亭人。一作子麟。又作子璘。善畫山水枯木竹石。

吳·子騏 〔明〕貴陽人。字九逵。萬曆舉人。知興寧縣。以母老棄官歸。崇禎中蠻賊烏謎叛。陷大方城。總督朱燮元遣子騏諭六廣說降諸目。後流賊入黔。被執不屈死。

吳·山 〔明〕高安人。字曰靜。嘉靖進士。累官禮部尚書。與嚴嵩同鄉里。嵩子世蕃欲與婚姻。山不可。世蕃不悅而罷。帝欲用山內閣。嵩密阻之。

後被劾歸。穆宗立。召爲南京禮部尙書。不赴。卒諡文端。有治河通考。

吳·山秀 【清】震澤人。字人虬。號晚靑。乾隆貢生。善山水及寫生。工詩文。讀書敦行。不涉時習。

吳·山濤 【清】歙人。籍仁和。字岱觀。號塞翁。明崇禎舉人。歷成縣令。以建少陵七歌堂被誣去官。終老於吳山。善書畫。工詩。有塞翁集。

吳·中 【宋】樂平人。字中行。號準軒。早慕伊洛之學。從饒魯游。盡得其緒論。體認精詳。隱居不仕。名藉藉當時。◎【明】武城人。字思正。爲營州後屯衞經歷。成祖取大寧。迎降。歷官工部尙書。時營建三陵及京城宮殿。皆中董役。規畫井然。然不恤工匠。又湛於聲色。時論鄙之。卒諡榮襄。◎【明】浙江山陰人。字孟庸。舉進士。拜監察御史。奉天殿災。應詔極論時政闕失。帝怒甚。坐他事論死。餓得赦。爲山西左參政。車駕北征。中總理饋餉。以瘁卒。

吳·中立 【明】浦城人。字公度。隆慶進士。絕意仕進。結廬武夷山中。以著述爲事。袁洪愈等上其淸修。授禮部主事。以病乞歸。有易詮·古本學庸大旨·道德經注·圓覺經注·河上遺旨諸書。

吳·中行 【明】武進人。字子道。號復菴。隆慶進士。授編修。萬曆中張居正遭父喪。奪情視事。中行上疏極論。居正怒。廷杖之幾斃。居正死。累遷侍講學士。被劾歸卒。有賜餘堂集。

吳·中秀 【明】松江人。字端所。工岐黃之學。有醫林統宗·傷寒備覽。

吳·中復 【宋】仲舉子。字仲庶。景祐進士。累官殿中侍御史。風節峻厲。仁宗飛白書鐵御史三字賜之。先後彈罷宰相梁適·劉沆。改右司諫。歷成德軍·成都府·永興軍。有善政。後知荆南。坐事免官。中復樂易簡約。好周人之急。士大夫稱之。

吳·丹 【晉】鄮邑人。年十一母死。居墓側五年。哭聲振林木。後遇異人。傳煉服術。曹操召拜左奉駕郎。不就。至餘干。遂結茆居之。吳猛·許遜·葛洪·郭璞每過之。猛以師事焉。義熙間卒。年百有七十餘歲。

吳·之仁 【明】臨川人。字育萬。萬曆進士。授御史。魏忠賢有兄雙樓。恣睢於市。之仁縛而笞之。京師肅然。忠賢矯詔勒閒住。崇禎初累遷湖廣布政。聞自成陷京師。不食卒。

吳·之佳 【明】長洲人。字公美。萬曆進士。爲襄陽知縣。以治行徵授刑科都給事中。時禮科都給事中以請豫教元子得罪。之佳疏救。與張棟·葉初春並斥。時稱吳中三諫。

吳·之俊 【明】歙人。字彥章。號芝房。萬曆進士。官武強知縣。有獅山掌錄。

吳·之茂 【清】錦州人。官至總兵。吳三桂犯四川。之茂與巡撫羅森並降。率兵犯秦州。後屢敗。竄入松潘。所至焚掠。清軍克保寧。被擒。伏誅。

吳·之振 【清】浙江石門人。字孟舉。康熙時貢生。官中書科中書。家有名園曰黃葉村莊。藏書多祕本。嘗與呂留良選宋詩鈔行世。自著詩頗近宋人。有黃葉村莊集。

吳·之登 【清】餘姚人。字雲客。工詞。幽想長思。徑致獨絕。有粵游詞。

吳·之騄 【清】歙人。字耳公。康熙舉人。官鎭江府教授。有孝經類解。

吳·之鯨 【明】錢塘人。字伯裔。萬曆舉人。官浮梁知縣。有武林梵志。

吳·之黼 【清】江都人。字竹屏。官至江西按察使。工書。善畫山水蘭竹。喜收藏金石。

吳·之驎 【清】歙人。字子野。工詩畫。性豪放。有求畫者。必先爲置酒。之驎乘醉染翰。生氣盎然。久寓邗江。時稱其獨得元明人祕傳。

吳·仁度 【明】悌子。字繼疎。萬曆進士。授中書舍人。三王並封議起。仁度抗疏爭之。累官右僉都御史。巡撫山西。與魏允貞齊名。天啓中拜工部左侍郎。魏忠賢以仁度與趙南星·楊漣等善。勒令致仕。有吳繼疎集。

吳·仁傑 【宋】其先洛陽人。居崑山。字斗南。一字南英。自號蠹隱。博洽經史。講學於朱熹之門。登淳熙進士第。歷羅田令·國子學錄。有古周易·洪範辨圖·漢書刊誤補遺等書。

吳·仁璧 【五代吳越】蘇州人。字廷寶。少習星緯家言。唐大順中登進士第。已而入浙。家貧。常佯狂乞於市。錢鏐聞其名。待以客禮。叩以天象。辭非所知。欲辟幕僚。固辭。及秦國太夫人薨。請爲墓銘。堅不肯屬草。鏐大怒。投仁璧於江中死。

吳·仁歡 【唐】祁門人。永泰間賊方清陷池之石埭。據黟赤山鎭。僞置閶門縣。仁歡率鄉人數千擊破之。改立祁門縣。以仁歡爲令。有惠政。

吳·允嘉 【清】仁和人。字志上。號石倉。嗜學好古。手抄書可數百册。有石甑山房詩·吳越順存集·浮梁陶政志。

吳·允誠 【明】蒙古人。名把都帖木兒。居甘肅塞外塔溝地。官至平章。永樂中率部落來降。賜姓名。授右軍都督僉事。使領所部居涼州耕牧。嘗從出塞敗本雅失里。又追闊脫赤至把力河獲之。累進左都督。封恭順伯。卒諡忠壯。

吳·元 【明】亮弟。字又于。萬曆進士。歷任江西布政。性剛介。深嫉東林。著吾徵錄。詆毀不遺餘力。又有率道人集。

吳・元美 〔宋〕永福人。字仲實。宣和進士。紹興中爲福建安撫司機宜。有文名。嘗作夏二子傳。其鄉人鄭煒與有隙。以上之丞相秦檜。誣其指斥國家。譏毀大臣。謫容州。

吳・元音 〔清〕海鹽人。字立安。又字遜牧。性嗜學。近師陸隴其。遠紹朱子。著四書宗朱明辨大全・音學條辨・天旋圖說・延陵家訓・求放齋詩文集等書。以歲貢生終。

吳・元炳 〔清〕固始人。咸豐進士。時捻擾河南。元炳在籍辦團。驍捷善戰。所向披靡。肅清汝光一帶。官至安徽巡撫。

吳・元扆 〔宋〕延祚子。字君華。性謹讓。喜讀春秋左傳。太宗選尙公主。眞宗時累官安州觀察使。歷知鄆定潞徐等州。有憂民心。待賓佐以禮。卒謚忠惠。

吳・元珪 〔元〕鼎子。字君璋。簡重深沉。世祖時以後衛經歷擢樞密都事。江南既定。樞密奏裁定官屬。均俸祿。給醫藥。設學校。置屯田。多元珪所論建。大德初除吏部尙書。武宗卽位。拜樞密副使。詔議政中書。所建白皆切於世務。卒追封趙國公。謚忠簡。

吳・元盛 〔清〕嘉應人。流寓婆羅洲。乾隆末與戴燕土蠻戰。破之。王其國。

吳・元瑜 〔宋〕開封人。字公品。官武功大夫・合州團練使。善畫花鳥人物。山林學崔白。自描纖細。傅染鮮潤。兼善傳神。

吳・元載 〔宋〕延祚子。建隆初授太子右春坊・通事舍人。雍熙中知秦州。州民李益家饒於財。恃勢橫恣。元載逮捕斬之。民皆飯僧相慶。後元載以成都知府受代歸闕。益子仕衡爲華州通判。遣人閱行裝。收關稅。元載拒之。仕衡抗章疏其跡。坐責郢州團練使。以疾授左衛將軍。致政卒。

吳・元滿 〔明〕歙人。字敬甫。萬曆時布衣。精字學。有六書正義・六書總要・六書泝原直音・諧聲指南。

吳・元輔 〔宋〕延祚子。字正臣。好學善筆札。周廣順中以父任補供奉官。宋初授左驍衛將軍。累官至澶州鈐轄。

吳・元澄 〔清〕休寧人。字湛若。得畫家六法。師王翬・王原祁。晚歲筆墨蒼秀。卓然成家。

吳・元龍 〔清〕江南華亭人。字長仁。號臥山。康熙進士。官工部郎中。旋舉鴻博。授侍講。事親以孝聞。有問月堂集。

吳・元濟 〔唐〕少陽子。少陽死。元濟匿不發喪。以病聞。僞表請元濟主兵。倚蔡州刺史董重質爲焚劇。關東大恐。詔以李愬爲唐鄧隋節度使討之。執元濟。斬於長安。

吳・六奇 〔清〕豐順人。字鑑伯。別字葛如。具勇力。略涉書史。好飲博。蕩其產。明末行乞吳越間。每偃臥雪中。無寒餓之色。人皆稱爲鐵丐。海寧查繼佐見而異之。遂與痛飲。贈資遣歸。後附桂王爲總兵。以舟師踞南澳。尙可喜下韶州。迎降。請爲嚮導。招徠旁邑。擢潮州總兵。累與鄭成功戰。敘功加太子太保。卒謚順恪。有忠孝堂文集。（按六奇貧時遇查繼佐事。見王士禛香祖筆記。世皆豔稱。吳騫拜經樓詩話。引繼佐語謂實無其事。然王士禛撰六奇別傳及鈕琇粵觚。言之鑿鑿。茲從之。）

吳公 〔漢〕上蔡人。文帝時爲河南太守。治平爲天下第一。徵爲廷尉。因薦賈誼於帝。帝召誼爲博士。

吳・公約 〔五代吳越〕餘杭人。字處仁。負膽略爲縣豪。爲十三都公之一。以功署西桂鎭遏使。從董昌禦黃巢於西鄙。加御史中丞。徐約陷蘇州。錢鏐委公約專征。扞禦疆域。屢挫敵鋒。遷工部尙書。

吳・公誠 〔宋〕莆田人。字君與。大觀中登第。爲古田尉。積階朝散大夫。清介有聞。歷官三十年。始終儉約。死之日。家無餘貲。

吳・升 〔宋〕婺源人。字潛夫。晚號定庵。淳祐進士。入史館。授國史編校。嘗以知縣洪從龍屬。撰星源圖志。著有四書增釋・又注朱子感興詩及丁巳雜詩。卒年八十四。

吳・及 〔宋〕靜海人。字幾道。進士。爲侯官尉。累遷太常博士。時仁宗無子。及因推言閹寺以及繼嗣事。帝異其言。擢右正言。句管登聞檢院。久之。遷右司諫。句管國子監。在職數年。以勁直稱。後出知桂州卒。

吳夫人 〔後漢〕孫堅妻。本吳人。徙錢塘。早失父母。堅聞其才貌。欲娶之。吳氏親戚。嫌堅輕狡。將拒之。堅甚慚恨。夫人謂其親戚曰。何愛一女以取禍乎。遂許之。生四子。及權統業。夫人助治軍國。甚有補益。◎〔五代吳越〕安國人。錢鏐夫人。閨門整肅。孝敬盡節。鏐性嚴急。常怡顏以諫之。每歲春必歸衣錦軍。鏐寄語曰。陌上花開。可緩緩歸矣。時人用其語以爲歌曲。卒謚莊穆。有子十三人。◎〔清〕計東之妻。善排調。東故貧士。嘗置一妾。夫人揶揄之曰。古聞糟糠之妻。不聞糟糠之妾。如何。

吳・孔嘉 〔清〕歙人。字元會。別號天石。明天啓進士。官編修。順治初郡民驚竄。孔嘉冒鋒刃見提督。請不戮一人。民賴以安。有玉堂睎草・臣鑑彙編・知非錄・後樂堂集。

吳・少陽 〔唐〕清池人。少誠養以爲弟。表爲申州刺史。少誠死。少陽殺其子。自稱留後。憲宗遂以少陽領留後。進拜節度使。時時掠壽州茶山。劫商賈。招亡命。不肯朝。然屢獻牧馬以自解。帝亦因善之。久之死。

吳·少微 唐新安人。登進士第。長安中爲晉陽尉。與武功富嘉謨友善。屬詞本經學。雄邁高麗。時人慕之。稱爲吳富體。韋嗣立薦爲監察御史。聞嘉謨死。哭之慟。亦卒。

吳·少誠 唐潞人。初爲庾準牙門將。從入朝。道襄陽。度梁崇義必反。密畫計。李希烈以其事聞。擢封通義郡王。希烈死。德宗以少誠爲申蔡光等州節度使。久之以兵叛。詔削其官爵。尋上章求昭雪。帝赦之。盡還其官爵。貞元中死。

吳巴海 清姓瓜爾佳氏。世居烏喇。後隸滿州鑲藍旗。從太祖征尼堪外闌。以功授佐領。天聰時征察哈爾。破旅順口。征東海虎爾哈部·喀木尼漢部。皆斬獲有功。授三等子。

吳·文元 明甌寧人。字善長。晚號今是翁。成化進士。歷浙江按察副使。巡視海道。勢家違禁造巨艦泛海。文元力加禁絕。又建議海道便宜十事。皆中時弊。陞河南按察使致仕。

吳·文奎 明歙人。字茂文。有蓀堂集。

吳·文度 明晉江人。字憲之。成化進士。歷南京御史。偕同官論妖僧繼曉被杖。尋遷汀州知府。正德初歷南京右都御史。巡撫雲南。劉瑾壓責賄。不應。令以南京戶部尚書致仕。

吳·文英 宋慶元人。字君特。號夢窗。淳祐間人。工於詞。以研鍊見長。有夢窗甲乙丙丁四稿。張炎譏其如七寶樓臺。炫人眼目。拆碎下來。不成片段。然其詞實爲南宋一大宗派。

吳·文泰 明吳縣人。字文度。性耽詩。常從事幕府。文書堆案。一無所省。與丁敏爲友。每日夕吟不休。至忘寢食。洪武中同知涿州。坐累謫徙雲中卒。

吳·文華 明連江人。字子彬。嘉靖進士。萬曆中巡撫廣西。討平陸平周塘板寨猺。及昭平黎福莊父子。遷總督兩廣軍務。巡撫廣東。岑江賊李珍·江月照拒命久。文華購擒月照平珍。尋入爲南京工部尚書。引疾去。卒諡襄惠。有濟美堂集。

吳·文溥 清嘉興人。字博如。號澹川。諸生。有南野堂集。

吳·文煒 清南海人。字山帶。康熙舉人。藏書甚富。工詩。有金茅山堂集。

吳·文澂 清歙人。字南薌。能詩。尤工書畫。精篆刻。性簡傲。嘉慶間上書言事放歸。

吳·文鎔 清儀徵人。字甄甫。號雲巢。一號竹孫。嘉慶進士。咸豐間官至兩湖總督。洪楊之亂。武昌戒嚴。巡撫崇綸思移營城外。爲自脫計。文鎔強要死守。崇綸銜之。圖解。進薄黃州。崇綸遇事掣其肘。以衆寡不敵。自投塘水死。諡文節。

吳·文獻 明婺源人。字三石。幼好岐黃術。補邑諸生。猶不廢方書。久而曰。古人不爲良相。則爲良醫。竟辭博士籍。有三石醫教·藥性標本。

吳·方 元字季仁。自號懶庵居士。嘗受學於陸子方之門。延祐中有司薦爲處州儒學錄。不就。築港務官虧稅錢。將鬻女以償。方爲之代輸。其人請以女備使令。拒弗納。寓官有受代死無所歸者。方讓所治壽域葬之。

吳王僚 春秋吳餘昧子。一作壽夢庶子。餘昧卒。季札讓逃去。吳人乃立僚。公子光自以當立。使專諸刺殺之。在位十三年。

吳·世忠 明金谿人。字懋貞。弘治進士。擢兵科給事中。謇諤自許。能言人所難言者。歷陞至右僉都御史。巡撫延綏。以病乞歸。有學庸通旨·太極圖解·洪範考疑等書。又自輯奏議若干篇。題曰愚錄。

吳·世杰 清高郵人。字子萬。康熙進士。讀書期實用。三藩亂後。捐錙贖被掠婦女。資送還里。邑大水。躬率民夫。拯生瘞死。療其病者。郵苦役重。有公正排年等名。世杰陳於巡撫。悉蠲除之。有甓湖草堂詩文。

吳·世俊 清漢軍正黃旗人。崇德間從攻錦州及杏山·塔山·寧遠。屢有戰功。順治間招撫山西。定浙江。積功擢正紅旗漢軍副都統。

吳·世涵 清遂昌人。字淵若。道光進士。知會澤州。質敏力學。博極羣書。有又其次齋詩文集·平昌詩草。

吳·世賢 清南匯人。字古心。號掌平。乾隆進士。知湖南靖州。以練達稱。所畫蘭竹。雅有別趣。詩有蓬勃之氣。詞句拈題立就。有香草齋集。

吳·仕 明宜興人。字克學。號頤山。正德進士。官至四川布政司參政。有頤山私稿。

吳·令 明吳人。字信之。號宜遠。又號幻漚。工畫花卉禽鳥。山水絕似元人。

吳·可幾 宋安吉人。與弟知幾均好古博學。著千姓編。凡姓氏所出。悉有源委。時號二吳。父死。兄弟廬墓三年。忽平地泉出。因號孝子泉。

吳·可當 宋字時文。登進士第。立朝有讜言直節。終於司農少卿。有補劇叢稿。

吳·可箕 明歙人。字豹文。國子生。明末城破。題詩衣衿。縊死於雞鳴山關忠義祠。

吳·可讀 清皐蘭人。號柳堂。道光進士。同治時官御史。以劾甘肅提督成祿罷職。光緒間復起用。請爲穆宗立後。於薊州寺中繕寫封章。自殺。

吳·台碩 清嘉定人。字位三。陸

朧其門人。有心印正說。

吳·弘濟【明】秀水人。字春陽。萬曆進士。由蒲圻知縣擢御史。高攀龍以趙用賢去國疏爭之。與鄭材·楊應宿相訐。攀龍謫揭陽典史。弘濟力爭。斥爲民。

吳·必大【宋】興國人。字伯豐。以父任爲吉水丞。會禁僞學。遂致仕。必大早事張栻·呂祖謙。晚師朱熹。深究理學。爲儒林所重。

吳·必明【宋】崇安人。字若愚。用蔭入官。調侯官縣丞。以廉聞。後通判汀州。未赴而葉儂·范汝爲竊發。必明竭家財集民兵。防護鄉井。除知邵武軍。轉廣東提舉。

吳·旦【明】南海人。字而待。號蘭皋。嘉靖舉人。官歸州守。治行第一。擢山西按察司僉事。幼穎悟。十歲卽善屬文。與歐大任等結社南園。爲南園後五子之一。有蘭皋集。

吳·本清【明】懷寧人。諸生。母喪廬墓。有甘泉芝草之瑞。

吳·本泰【明】錢塘人。字藥師。崇禎進士。官吏部郎中。有綺語障。

吳·正治【清】漢陽人。字當世。號賡庵。順治進士。累擢刑部侍郎。釋江南無辜諸生二百餘人。康熙時官至武英殿大學士。重修太祖實錄。編輯會典·一統志等書。並爲總裁官。居揆席五載。以功名終。卒諡文僖。

吳·正倫【明】歙人。字子敍。自號春岩子。精於醫。有脈證治方·養生類要·慮車錄·活人心鑑。

吳·正肅【清】江都人。字靜嫺。黃履岳妻。山水師沈周。一洗纖弱之態。

吳·玉【明】壽陽人。天啓進士。崇禎初擢御史。有直聲。官至河南布政司參議。

吳·玉搢【清】江蘇山陽人。字山夫。康熙中由廩貢官鳳陽府訓導。深於六書假借之學。著別雅·說文引經考·六書述部敍考·山陽志遺·金石存。

吳·玉楫【清】江蘇山陽人。字非木。諸生。精天官家言。謂分野不足以定疆域。惟里差爲可據。作淮安里差考。又爲太陽出入里數通軌說。

吳·玉綸【清】固始人。字香亭。號麥園。乾隆進士。官至兵部右侍郎。歷掌文衡。以事罷歸。有香亭文稿。

吳·玉墀【清】焯次子。字蘭陵。號山谷。乾隆舉人。官貴陽長寨同知。有味乳亭集。

吳·甘來【明】江西新昌人。字和受。崇禎進士。擢刑科給事中。抗直敢言。累遷戶科都給事中。賊薄都城。兄泰來官禮部員外。甘來屬歸事母。城陷。投繯死。福王時諡忠節。

吳·申【宋】甌寧人。字景山。皇祐進士。爲國子監說書。英宗初爲睦親宅都講。初宗室座序以爵自賓主。講官位席設於東隅。申上疏爭之。講正席自申始。神宗擢爲御史。尋知諫院。出知舒州卒。◉【清】歙人。字蕙姬。錢東之妻。工畫花卉。有雙梧小草。

吳·任臣【清】仁和人。名志伊。以字行。號託園。諸生。康熙中舉鴻博。授檢討。淹貫經史。兼精天官樂律奇壬之術。爲顧炎武所推服。有周禮大義·禮通·春秋正朔考辨·十國春秋·山海經廣注·字彙補·託園詩文集。

吳·仰賢【清】嘉興人。字牧騶。咸豐進士。官雲南迤東道。有小匏庵詩存·詩話·南湖百詠。

吳·仲舉【南唐】永興人。字太沖。仕李煜爲池陽令。曹彬平江南。仲舉殺彬所招降使者。城陷。彬義而釋之。

吳·充【宋】育弟。字沖卿。未冠。舉進士高第。爲吳王宮教授。以嚴見憚。熙寧中代王安石爲同中書門下平章事。因乞召還司馬光等十餘人。蔡確預政。充罷爲觀文殿大學士西太一宮使。卒諡正憲。

吳·兆【明】休寧人。字非熊。少警敏。善爲傳奇曲。萬曆中游金陵。與鄭應尼作白練裙雜劇。譏嘲馬湘蘭。有樊川輕薄之名。已而自悔。改弦爲歌詩。名甚盛。爲人率眞自放。好窮山林花鳥之致。後客死新會。有金陵·廣陵·姑蘇·豫章諸稿。

吳·兆宮【清】兆寬弟。字文夏。有椒亭詩稿。

吳·兆崙【清】靈山人。字懸璵。工詩能書。明末諸生。世亂憂死。有集。

吳·兆寬【清】吳江人。字宏人。諸生。與弟兆宮·兆騫俱負盛名。稱三鳳。有愛吾廬稿·古香堂文集。

吳·兆璧【明】金谿人。字文煥。一字子穀。號豐麓。萬曆間以廩貢生官連州學正。有豐麓集。

吳·兆騫【清】兆寬弟。字漢槎。順治舉人。少有儁才。名聞遐近。科場事發。覆試。戰慄不終卷。審無情弊。遣戍寧古塔。在塞外二十餘年。日與羈臣逐客飲酒賦詩。氣壯而才麗。徐乾學爲言於納蘭性德。顧貞觀亦爲乞援。性德未卽許。貞觀乃作金縷曲二闋寄兆騫。性德見之泣下。言於明珠。得納鍰贖歸。逾年卒。有秋笳集。

吳·光【清】武進人。字與殿。明太學生。究心經濟。爲文清明調暢。有韓歐風。甲申後。絕意人事。日惟玩易自適。自號野翁。有易粕十箋·野翁日錄·五願齋文集。◉【清】歸安人。字迪前。號長庚。順治進士。官編修。康熙間奉命册封安南。贈遺一無所受。風節凜然。有南山草堂集·使交集。

吳·光悅【清】陽湖人。字星一。號見樓。嘉慶進士。由中書累擢御史。所建白務權濟緩急。求其切於施行者。官至江西巡撫。

吳全節 【元】安仁人。字成季。從張留孫學道於龍虎山。至治初嗣留孫爲玄教大宗師。總攝江淮荊襄等處道教。雅好結士大夫。振窮周急。時稱其有俠氣。

吳匡 【後漢】河內人。字伯康。少服職事。號爲敏達。爲侍御史。與黃瓊共佐清河王。瓊爲司空。舉匡拜尚書。遷弘農太守。班詔勸耕。聞瓊卒。即發喪制服上病。載輦車還府。

吳后 【唐】濮陽人。選入掖廷。玄宗以賜太子。生代宗。帝大喜。顧高力士曰。可與太子飲。一日見三天子。樂哉。后性謙柔。太子禮之甚渥。年十八卒。代宗即位。追尊爲皇后。

吳名揚 【宋】金谿人。咸淳進士。歷官浙西制幹。文天祥招徠天下士。名揚與焉。後奏除兵禮二部駕閣。踴躍赴義。傾動一時。

吳好直 【元】浦城人。父沒。事繼母孝。兄弟嘗求分財。好直勸諭不能止。即以己所當有。悉推與之。出從師學。淡泊三十年。無少悔。

吳如愚 【宋】錢塘人。字子發。康熙間官至秉義郎。爲人孝友忠恕。安貧樂道。有準齋雜說。

吳存 【元】鄱陽人。字仲退。私淑饒魯之學。部使者爭勸以仕。不答。延祐初強起爲本路學正。調寧國教授。未久引年歸。有程朱傳義折衷・月灣集。

吳存義 【清】泰興人。字和甫。道光進士。官至吏部左侍郎。學有經術。不避權貴。超然榮利之外。有榴實山莊詩文集。

吳存禮 【清】奉天人。官至江南巡撫。有梅里志。

吳宇英 【明】廣元人。官至戶科給事中。家居。崇禎末舉義兵討賊。不克死。

吳安 【明】丹徒人。景帝母吳皇太后兄。累官前府左都督。封安平伯。英宗復辟。太后復稱賢妃。安亦降官。尋爲錦衣衞指揮使。

吳安國 【宋】處州人。字鎭卿。宣和初太學博士。累遷考功郎中。以太常少卿使金。金人渝盟拘留。脅服之。安國毅然不屈曰。吾首可得。吾節不可奪。金人不敢犯。靖康初遣還。後知袁州。◉【明】長洲人。字文仲。萬曆進士。官至寧波知府。有纍瓦三編。

吳守一 【清】歙人。字萬先。有春秋日食質疑。

吳守進 【清】遼陽人。後隸漢軍正紅旗。崇德間從攻明錦州・塔山・松山・杏山。屢克捷。順治間隨征江南。下揚州・江陰。並克嘉興。官至定西將軍。駐劄漢中。旋卒。

吳玗 【宋】滁州人。字正仲。紹聖間中弘詞科。靖康中官翰林承旨。使金被留。金人欲立張邦昌。令玗與莫儔傳道意旨。往返數四。京師人謂之捷疾鬼。建炎後安置永州。移韶州。有優古堂詩話。

吳式芬 【清】山東海豐人。字子苾。道光進士。官至內閣學士。好金石文。凡鼎彝碑碣漢磚唐鏡之文。皆拓本藏之。於古人書畫尤工鑑別。善鼓琴。有攈古錄・封泥考略。

吳旭 【清】吳縣人。字皋若。善山水人物寫照。

吳朴 【明】詔安人。字華甫。書過目不忘。天文地理古今事變四裔山川道路遠近險易。無不涉心。有龍飛紀・醫齒問難・樂器・渡海方程・九邊圖本諸書。

吳汝玠 【清】遼陽人。明錦州遊擊。崇德間清軍取錦州。乞降。隸漢軍鑲紅旗。順治間隨征山西陝西。以副都統駐防杭州。定舟山。敗鄭成功。皆有功。以老病致仕。

吳汝納 【唐】澧州人。李宗閔之黨。會昌時爲永寧尉。弟湘爲江都尉。以受贓娶民女論死。時議者謂吳氏世與宰相有隙。疑李紳織成其罪。詔遣御史崔元藻覆按。李德裕惡元藻持兩端。奏貶崖州司戶參軍。宣宗立。德裕去位。紳已卒。汝納爲湘訟枉。時宗閔故黨令狐綯等當路。詔削紳三官。貶德裕等。擢汝納左拾遺。

吳汝綸 【清】桐城人。字摯甫。同治進士。工古文。久客曾國藩・李鴻章幕掌奏議。性恬淡。官冀州知州。光緒時充北京大學堂總教習。加五品卿銜。遊日本。考察教育制度。著東遊叢錄。後稱病引歸。有易說・詩說・深州風土記・詩文集。

吳百朋 【明】義烏人。字惟錫。嘉靖進士。巡撫南贛汀漳。全師破倭。擢兵部右侍郎。萬曆初奉命閱視宣大山西三鎭。進邊圖。凡關塞險隘。番族部落。士馬強弱。亭障遠近。歷歷如指掌。累官刑部尚書卒。◉【清】仁和人。字錦雯。舉人。官南和知縣。有異政。沒後百姓建祠祀之。詩文負盛名。與丁澎等稱西泠十子。有樸菴集。

吳羽文 【明】南昌人。字長卿。萬曆進士。崇禎中歷官吏部文選郎中。痛絕諸弊。數與溫體仁牴牾。賊毀皇陵。有詔肆赦。體仁令刑部以逆案入詔內。羽文執止之。而議起錢龍錫・李邦華等。體仁搆之。坐謫戍。久之復官。

吳聿 【宋】楚東人。字子書。有觀林詩話。

吳自守 【明】廣濟人。字介夫。嘉隆間王守仁之學盛行。自守深究其旨。尤邃於易。蘄陽顧日嵓特建庵延自守。曰讀易庵。學者稱爲易庵先生。及卒。門人諡之曰聞道。

吳・自牧 【宋】錢塘人。有夢粱錄。

吳・自高 【清】桐城人。字若山。有善卷堂四六註。

吳・伯昂 【明】廣西歸德人。學問該博。元末隱居不仕。洪武初以儒士徵至京師。儀度老成。特拜國子監祭酒。造就人才有法。

吳・伯宗 【明】金谿人。名祐。以字行。洪武初廷試第一。授禮部員外郎。以忤胡惟庸謫鳳陽。上書論時政。因言惟庸專恣。辭甚剴切。帝得奏召還。歷官武英殿大學士。後降檢討。踰年卒於官。

吳・伯理 【明】廣信人。龍虎山道士。號巢雲子。永樂中居嘉定之鶴鳴山。善畫枯木竹石。博通經史。工詩書。精篆隸。

吳・伯與 【明】宣城人。字福生。萬曆進士。官至廣東按察司副使。有宰相守令合宙。

吳・兌 【明】浙江山陰人。字君澤。嘉靖進士。隆慶中累擢僉都御史。巡撫宣府。時俺荅初封貢。而昆都力・辛愛陰持兩端。助其主土蠻爲患。兌有智計。操縱馴伏之。萬曆中推欵貢功。加兵部右侍郎。未幾擢尙書。御史魏允貞劾其歷附高拱・張居正。乃去職。

吳・克忠 【明】允誠子。本名答蘭。襲爵更名。洪熙初進侯。正統中征兀良哈有功。加太子太保。土木之變。爲後拒。力戰而沒。追封邠國公。諡壯勇。

吳・克恭 【元】毘陵人。字寅夫。好讀書。致力詩古文。至正中以從逆伏誅。有寅夫集。

吳・克誠 【宋】德興人。有天玉經外傳・四十八局圖。

吳・克勤 【明】克忠弟。官都督。與克忠同死土木之難。贈遵化伯。諡僖敏。

吳・均 【梁】吳興故鄣人。字叔庠。好學有俊才。天監初柳惲爲吳興刺史。辟爲郡主簿。日與賦詩。士多效之。號吳均體。仕至奉朝請。有後漢書注・錢塘先賢傳・齊春秋・通史・續文釋等書。

吳・玫 【宋】蘄山人。從胡瑗學。嘉祐・治平間有名經帷。捨住宅爲學宮。玫鳴太守張伯玉至。以便服坐堂上。玫鳴鼓行學規。伯玉欣然受罰。陳襄嘗薦之。有尙書大義。

吳・宏 【明】餘干人。以元江西行省參政歸明。鎭饒州。尋遣率兵取撫州・南昌諸郡。又從征下武昌。以功拜中書左丞。宏涉獵經史。能詩工書。事母至孝。見重於士大夫。⊙【清】金谿人。字遠度。家江寧。爲金陵八子之一。山水宗宋元。入能品。墨竹飛舞絕俗。有吳君潑墨雄江東之譽。

吳・宏道 【元】蒲陰人。字仁卿。官江西省檢校掾史。有中州啟劄。

吳・序 【明】字季長。工畫。樹石俱有深致。濃淡有無。極映帶之妙。又善指畫。

吳・希賢 【明】莆田人。字汝賢。幼敏異。精毛氏經。第天順進士。授檢討。預修英宗實錄。以侍讀學士卒官。

吳・延祚 【宋】太原人。字慶之。事周太祖爲親校。累官左驍衛上將軍・檢校太尉。宋初爲雄武軍節度使。改鎭京兆。卒贈侍中。延祚性至孝。好學。聚書萬餘卷。尤崇奉釋氏。

吳・廷 【元】浮梁人。字仲迂。博學明經。隱居著書。有四書語錄・五經發明・春秋記聞等書。⊙【明】休寧人。一作廷羽。字左干。畫佛像精雅。與丁雲鵬同稱絕詣。山水法李唐。

吳・廷剛 【清】成都人。乾隆間從攻黔楚苗。嘉慶間從勦教匪。轉戰於甘陝楚各省。功甚著。官至廣東陸路提督。

吳・廷桂 【清】無錫人。字東山。精岐黃。於傷寒洞悉微奧。有傷寒析義・灰餘集。

吳・廷紹 【南唐】爲李昇太醫令。昇因食飴喉中噎。醫莫能爲。廷紹用楮實湯。一服疾頓已。馮延已苦腦中痛。廷紹密詰廚人。知其平日多食山雞鷓鴣。投以甘豆湯。亦愈。或叩之。答曰。噎因甘起。故以楮實湯治之。山雞鷓鴣皆食烏頭半夏。故以甘豆湯解其毒也。(按尙友錄以爲三國時人誤。此從十國春秋。)

吳・廷康 【清】桐城人。字贊甫。一字康甫。號元生。又號晉齋。晚號茹芝。工篆隸鐵筆。兼善畫梅蘭。有慕陶軒古甎錄。

吳・廷華 【清】錢塘人。字中林。號東壁。康熙舉人。官興化府通判。乾隆初薦修三禮。撰儀禮章句。於喪禮尤爲精當。又有三禮疑義・曲臺小錄・東壁書莊集。

吳・廷琛 【清】元和人。字震南。號棣華。嘉慶進士。道光間官至雲南按察使。權藩篆。清釐銅庫。嚴杜中飽。銅政大起。有歸田集。

吳・廷棟 【清】霍山人。字彥甫。一字竹如。晚號拙修老人。道光拔貢。授刑部七品小京官。同治間官至刑部右侍郎。其學以明體達用爲本。服官四十年。清操絕俗。告歸後日食不給。處之晏然。有拙修集。

吳・廷楨 【清】長洲人。字山掄。夙慧工文。康熙舉人。以寄籍被黜。聖祖南巡。獻迎鑾詩。賜復舉人。召入南薰殿。尋成進士。官左諭德。纂修佩文韻府・月令輯要。卒官。有南村集。

吳・廷鉁 【清】常熟人。後改名贊。字偉卿。道光進士。官刑部員外郎。有塔影樓詞。

吳·廷舉 明梧州人。字獻臣。成化進士。除順德知縣。毀淫祠二百五十所。正德中歷廣東副使。發中官潘忠二十罪。忠亦訐廷舉他事。逮繫詔獄。劉瑾矯詔枷之。戍雁門。旋赦免。以討賊功擢右副都御史。宸濠逆有端。疏陳江西軍政六事。爲預防計。嘉靖初以右都御史致仕。卒諡清惠。

吳·彤 明臨川人。字文明。用守臣薦。爲國子監博士。改嚴州同知。吳元年召還。議卽位郊祀儀注。洪武初累遷北平副使。有山居南遊諸集。

吳·志淳 明無爲人。字主一。能詩善書。仕元爲縣主簿。滁泗兵起。徙家豫章。與陶主敬·劉基·高啓齊名。

吳·志興 宋揚子人。世篤孝義。其家世七代約三百餘年不分異。積善好施。鄉人稱爲吳善三公。高宗封爲迪功郎。卒年九十三。

吳·成 明蒙古人。初名買驢。與父通伯降太祖。更今名。建文初以永平衛百戶降燕。累進都督僉事。宣宗初封清平伯。高煦反。復爲前鋒。事定。出守興和。又從帝北征。敗賊於寬河。進侯。卒諡壯勇。

吳·成佐 清吳縣人。字贊皇。號懶庵。有經史論存·懶庵偶存稿。

吳·成器 明休寧人。嘉靖間由小吏爲會稽典史。倭三百餘劫會稽。爲官兵所逐。走登龜山。成器遮擊盡殪之。又破之於曹娥江。大小數十戰皆捷。身先士卒。進止有方略。所部無秋毫犯。士民率於其戰處立祠祀之。

吳·材 宋處州龍泉人。字聖取。中進士第。累遷左司諫。徽宗時元祐黨論復起。材首論范純禮爲朋附黨與。其後受曾布指。疏劾韓忠彥罷之。性鷙忍。疾視善類。累官工部侍郎卒。

吳·沆 宋崇仁人。字德遠。幼孤。事母孝。博通經史。政和中與弟澥獻書於朝。不用。隱環溪。著易論語發微·老子解·環溪集。

吳·沈 明蘭谿人。字濬仲。早以學行聞。太祖下婺州。召沈進講經史。已命爲縣學訓導。洪武初召侍左右。尋擢東閣大學士。初。帝謂沈曰。聖賢立教有三。曰敬天。曰忠君。曰孝親。散在經傳。未易會其要。爾等以三事編輯。書成。賜名精誠錄。命沈撰序。後改國子博士。踰年以老致仕。

吳·求 清休寧人。初名倈。字彥侶。能詩工畫。人物學仇英。思致雋異。每一稿成。舉國倣效。假名以贍厚利。怡然不怪。人服其雅度。

吳·良 漢臨淄人。字大儀。通大夏侯尚書。初爲郡吏。永平中以薦爲議郎。後遷司徒長史。每處大議。輒據經典。不希旨偶俗以徼時譽。坐事免。復拜議郎。卒於官。⊙明鳳陽定遠人。初名國興。賜名良。從太祖起濠梁。並爲帳下前部先鋒。江南既定。以指揮使守江陰。與張士誠相拒十年。數破其兵。累官大都督府僉事。封江陰侯。後征廣西蠻寇有功。卒贈江國公。諡襄烈。

吳·良能 明薊州人。崇禎時知滕縣。城破。拜辭其母。單騎犯陣死。

吳·見思 清武進人。字齊賢。詮釋杜詩作意。成杜詩論文五十六卷。

吳·迂 元浮梁人。字仲迂。從饒魯游。嘗應科舉不第。遂棄之。辟兵積塘。講學不廢。皇慶間浮梁牧延之爲師。以訓學者。時稱可堂先生。著四書語錄·五經發明·孔子世家·先儒法言粹言·重定綱目。

吳·邦傑 金登州軍事判官。寓居日照之村墅。爲元兵所得。驅令攻城。邦傑曰。吾荷國恩。詎忍攻吾君之城。與之酒食。不顧。乃殺之。

吳·邦慶 清霸州人。字霽峯。嘉慶進士。由編修擢御史。遇事敢言。道光間官至河東河道總督。革除河工諸弊。省國帑以數萬計。坐事落職。賞編修。爲學不專務考據。好爲詩。有畿輔水利叢書。

吳·佺 明工畫。作林泉平遠溪友釣徒。皆有幽致。

吳·其彥 清固始人。字美存。嘉慶進士。官至兵部右侍郎。屢掌文衡。所得士皆有名於時。

吳·其泰 清固始人。字希郭。號橘生。嘉慶進士。咸豐間任江西糧儲道。值洪秀全進攻省城。巡撫張芾倚以防守。凡九十六日。得援解圍。遷江蘇按察使。以母喪歸。有一帶十七實齋全集·地理纂要。

吳·其濬 清其彥弟。字瀹齋。號雩婁農。嘉慶進士。官至山西巡撫。精研植物學。著植物學書頗多。植物名實圖考。最著稱於世。

吳·卓信 清常熟人。字頊儒。號立峯。諸生。長於經學古文。晚年遊歷四方。究心輿地之學。有喪禮經傳約·瀹成居文鈔·漢書地理志補注·漢三輔攷·釋親廣義·三國志補表。

吳·叔元 清休寧人。寓儀徵。字思堂。又號思翁。性情孤迥。行誼修潔。能詩工畫。山水蒼渾。卒於如皐。

吳·叔告 宋莆田人。字君謀。狷介寡合。端平初理宗始親政策士。擢第一。授爲祕書郎。輪對皆切時政。出知撫州。以正風教扶善良爲先。尋除刑部郎。以不善迎合。爲中外所攻。寢新命貶一秩。景定中召爲尙右郎官。歷大理少卿。祈免得請。歸裝蕭然。

吳·坤 清紹興人。字皆六。諸生。工畫山水。鐫印章。亦善歌。風流倜儻。爲洙上飲中十友之一。

吳·坤修 清新建人。字竹莊。成

覺間從戎。積功官至安徽布政使。署巡撫。敦尙氣節。所居之室。輒榜曰結識寒綠館。酷嗜書籍。刊半畝園叢書三十種。多有關於吏治民生者。自著有三恥齋集。

吳·坰 宋見吳埧條。◎清宣城人。字季野。諸生。有吳季野遺集。

吳·奇貴 清定海人。嘉慶間屢從勦捕海盜。積功擢福建金門鎭總兵。尋被劾革職。復以屢獲海盜。擢守備。

吳·孟明 明兌孫。襲錦衣千戶。佐許顯純理北司刑。天啓初讞中書汪文言。頗爲之左右。顯純怒。拷訊削籍歸。崇禎初起故官。累遷都督同知。掌衛事。孟明居官貪。以附東林。頗得時譽。

吳·孟琦 清浙江山陰人。字伯蘊。舉武孝廉。善繪竹。

吳·孟勤 明永新人。詩文清麗。尤善楷書。學士胡廣。其甥也。薦孟勤入翰林。孟勤薦楊士奇以自代。士奇由此召用。人稱孟勤爲知人。官至楚府教授。

吳·承範 後晉魏州人。字表微。好學善屬文。後唐長興中擢進士第。清泰中充史館修撰。高祖革命。遷尙書屯田員外郞。知制誥。少帝時以禮部侍郞卒官。

吳·定 明安陽人。字子靜。萬曆進士。官御史。疏請停內操。忤旨奪俸。歷官大理卿。會御史傅好禮以諫稅使被黜。定抗疏救之。亦除名。後爲雲南巡撫。罷歸卒。◎清歙人。字殿麟。號澹泉。諸生。嘉慶初舉孝廉方正。從桐城劉大櫆游。論文嚴於法。姚鼐有所作。必以示定。有周易集註·紫石山房詩文集。

吳·定翁 元臨川人。字仲谷。一字北齋。清修文雅。善爲詩。揭傒斯稱其幽茂疎澹。可比盧摯。薦辟交至。終身不爲動。嘗曰士無求用於世。應求無愧於世。人以爲名言。

吳·定璋 清吳縣人。字友篁。蒐集歷代文士生於太湖七十二峯間者。錄其所作。爲七十二峯足徵集。

吳·宗周 明宣城人。字子旦。號石岡。少孤。嘗封股療母疾。母卒。廬墓三年。登弘治進士。給事中龐泮等以言事得罪。抗疏救之。歷官臨江知府。有來蘇吳氏原泉詩集。

吳·宗堯 明歙人。字仁叔。萬曆進士。授益都知縣。性強項。中官陳增以開礦日徵千人鑿山。多捶死。又誣富民盜礦。三日捕繫五百人。宗堯盡發增不法事。列狀奏聞。帝得疏意動。持不下。會給事中包見捷極論增罪。同官郝敬復請治增罪。帝不悅。責宗堯狂逞要名。削其籍。增因劾宗堯阻撓礦務。逮下詔獄拷訊。繫經年釋爲民。未幾卒。天啓時贈光祿少卿。

吳·宗儒 明休寧人。字次魯。號黃麓。晚號止耕。有巢雲軒詩集。

吳·尙鉉 清江浦人。字惟鼎。諸生。有膽略。康熙中耿精忠反。尙鉉練鄉勇爲守禦計。賊大至。力戰死。

吳·尙賢 清石屛人。流寓緬甸。乾隆時得開鑛權於緬東之卡瓦部。設茂隆銀廠。著有成績。旋說緬甸王上表稱藩。事未竟而緬亂起。爲滇督以事陷害。斃於獄。銀廠因停輟。

吳·尙禮 明星子人。嘉靖中由監生除歸善主簿。蠻寇入境。尙禮督兵勦賊。遂爲所害。

吳·居仁 宋建陽人。字溫父。以特科歷古田尉·攸縣丞·融州節度推官。所至以儒飾吏。聽事必以八倫大義斷曲直。部使者下其所斷爲州縣式。居官奉法。不妄有所取。比沒。無以爲斂。朱熹稱爲眞廉吏。

吳·居厚 宋洪州人。字敦老。嘉祐進士。熙寧初爲武安節度推官。奉行新法盡力。計勞得大理丞。元豐間累升副使。時帝方興鹽鐵。居厚精心計。收羨息錢數百萬。擢天章閣待制都轉運使。後以武寧節度使知洪州卒。

吳·忠 明靜樂人。孝事繼母。嘉靖中土寇至。家人驚走。忠母老疾。不能行。忠負之走。賊不能及。

吳·昕 清徽州人。字仲徵。流寓杭州。工畫山水人物。

吳·昂 明海鹽人。字德翼。舉進士。知新建。會寧王權橫虐民。民結寨丁家山以拒。權謂爲反。宜兵之。昂曰。百姓爲王乃附。非反也。入山喻其黨。皆叩頭散去。累陞福建按察僉事。所至有善政。及歸如未仕。儲書滿家。有周禮音釋等稿。

吳·昊 明臨川人。字仁甫。精於曆象。成化中爲監正。每天象有異。必直書以奏。又言元授時曆。起至元辛巳。今已二百一十年。與歲行差三度餘矣。失今不改。恐漸疎謬。詔下禮部。議如其說。鑄爲新儀經緯。皆與天合。正德初進太常寺卿。

吳·昇 明懷寧人。字亨晦。宣德進士。擢工科給事中。有直氣。遇事敢言。正統間閩浙礦徒爲亂。昇以浙江布政司參議往輯之。衆賊屛息。政績著聞。後致仕歸。

吳·昆田 清江蘇清河人。字稼軒。道光舉人。官刑部員外郞。有漱六山房文集。

吳·昌 明振子。字昌伯。畫山水能世其業。

吳·昌時 明嘉興人。有幹材。頗爲東林効奔走。崇禎中官文選郞。周延儒相。極信用昌時。昌時通廠衛。把持朝官。嘗以年例出言路十人於外。同朝咸嫉之。延儒敗。昌時棄市。

吳·昌裔 宋寶章閣學士泳弟。字

季永。與泳師事黃榦。得程頤·張載·朱熹諸書。研繹不倦。舉嘉定進士。調眉州教授。昌裔揭白鹿學規以教。士習丕變。端平中拜監察御史。著直聲。後以寶章閣待制致仕。卒諡忠肅。著有儲鑑·蜀鑑·四書講義·鄉約口議·諸老記聞·容齋議禮文集。

吳昌齡　〔元〕西京人。工樂府。有張天師等雜劇。

吳明徹　〔陳〕秦郡人。字通昭。幼孤。性至孝。以軍功累遷安南將軍。宣帝議北征。明徹決策請行。詔加侍中。總衆軍。進克仁州。封南平郡公。逼壽陽。擒王琳等。詔爲車騎大將軍。進攻彭城。又大破齊軍。位司空。都督南兗州刺史。尋與周徐州總管梁士彥相拒。周遣王軌遏斷船路。明徹潰於呂梁。窮蹙被執。卒於長安。

吳易　〔明〕吳江人。字日生。崇禎末成進士。福王時授兵部主事。監史可法軍。募兵屯長白蕩。唐王授兵部侍郎。進尙書。魯王監國。封長興伯。師敗被執死。有東湖倡和詩。（按明詩紀事作吳昜。此從明史。）◎〔明〕上海人。字素友。崇禎時授中書舍人。畫山水出董其昌之門。幾莫能辨。

吳枋　〔宋〕江陰人。字木方。有宜齋野乘。

吳東發　〔清〕海鹽人。字侃叔。號耘廬。又號芸父。乾隆時諸生。少工詩文。後乃澄心經學。尤邃於尙書。工古隸。善畫山水。中歲專心金石之學。錢大昕引爲畏友。有羣經字考·尙書後案質疑·鐘鼎款識釋文·澉浦詩話·邐道堂詩文集。

吳松年　〔宋〕表臣子。字公叔。以任子累官知南劍州。善折獄。暇則至學宮與諸生講經義。課政以最。入朝。政府將以爲郎官。孝宗以其治郡有聲。再令知潭州。未之官而卒。有江湖集。

吳欣之　〔南齊〕晉陵利城人。宋元嘉末弟慰之爲武進縣吏。隨王誕起義。高帝遣軍主華欽討之。見執將死。欣之詣欽。乞代弟命。兄弟皆見原。建元中詔蠲表之。

吳武陵　〔唐〕信州人。元和進士。吳元濟叛。武陵遺詩曉之。元濟不悟。裴度東討。韓愈爲司馬。武陵數因愈獻策。決賊必亡。太和初爲太學博士。後出爲韶州刺史。以贓貶潘州司戶參軍卒。

吳泳　〔宋〕潼川人。字叔永。嘉定進士。累官直舍人院。輪對。言願陛下養心以清明。約己以恭儉。進德以剛毅。又因災應詔上書。言甚切至。累遷吏部侍郎。兼直學士院。疏言謹政體正道揆厲臣節綜軍務四事。權刑部尙書。進寶章閣學士。知泉州。以言罷。有鶴林集。◎〔宋〕崇仁人。字子克。景定中鄉舉。德祐初元兵至。不屈遇害。

吳治　〔明〕吳人。字孝甫。學趙子固畫墨梅。枝榦盤折。花蕊疎秀。清寒之氣。沁入肺腑。

吳法通　〔唐〕丹陽人。有文學。試舉子業不利。入茅山爲道士。僖宗遣使受大洞籙。尊爲度師。賜號希微先生。天祐中潛入巖洞。不知蹤跡。

吳炎　〔宋〕邵武人。字濟之。紹熙進士。開熙初累遷太學博士。時韓侂胄擅權。炎丐外。通判建寧軍。陛辭。極言諸法紛更。大失人心。至郡寬征商用。改興化軍。政績甚多。奉祠歸。◎〔清〕吳江人。字赤溟。又字如晦。號媿庵。後更號赤民。明諸生。亂後隱居教授。初以詩文自豪。所擬古賦及今樂府。皆傳誦於時。既而與潘檉章共撰明史。書未成。遭烏程莊氏史案。遂及於難。有吳赤溟集。

吳玠　〔宋〕隴干人。徙居永洛城。字晉卿。少沈毅有志節。建炎初以戰功累遷涇原路副總管。徙秦鳳。張浚承制。用爲都統制。金人寇漢陽。劉子羽以蠟書招玠。玠夜馳三百里赴之。撤離喝驚其神速。兵遂潰。與弟璘戮力協心。據險抗敵。卒保全蜀。官終四川宣撫使。卒於仙人關。諡武安。孝宗時追封涪王。

吳玨　〔宋〕字摶叟。宣和中爲光州固始令。令民有罪。皆入古器自贖。既而罷官。得五六十器。遇葉夢得於汴上。出以示。有三代物十數器。◎〔宋〕興化人。字仲玉。孝宗時爲龍巖令。益學廩以養士。會有建議增諸邑轉輸者。玨力爭止之。終通判漳州。

吳直　〔清〕桐城人。字生甫。乾隆舉人。潛心義理。著四書雜辨·學庸釋義。皆辨明諸儒之說不合於朱子者。又有經義藥石·學庸附贅書·詩古文集。同里劉大櫆師事之。

吳直方　〔元〕浦江人。元統間以薦官長史。時權臣有欲爲亂者。脫脫丞相議出之。直方實協贊焉。帝念其功。解所繫金帶賜之。以集賢院大學士致仕卒。

吳秉鈞　〔清〕元音子。字自成。諸生。不屑科舉業。嘗一入鄉闈。未終場即棄去。鍵關力學。足不入城市。著拙存等稿。學者稱貞隱先生。

吳育　〔宋〕待問子。字春卿。少奇穎博學。中進士甲科。慶曆中拜諫議大夫。參知政事。遇事敢言。性明果。所至作條教。易行而不可犯。後以資政殿大學士·尙書左丞。知河中府。卒諡正肅。有集五十卷。◎〔清〕兆騫曾孫。字山子。不事科舉。工篆書。博學多聞。與方履籛交最篤。履籛宦游所至。皆相依。履籛沒。客游四方。不知所終。有私艾齋文集。

吳芮　〔漢〕番陽人。秦時爲番陽令。

甚得江湖間民心。號曰番君。英布歸芮。芮妻以女。因舉兵應漢。封長沙王。都臨湘。卒謚文。

吳芷 清吳江人。字艾菴。善寫意花卉。曾偕王暈繪六名家歲朝圖。

吳芳培 清涇縣人。字霽霄。號雲樵。乾隆進士。官至兵部左侍郎。工詩。尤擅七律。有雲樵詩集。

吳表臣 宋永嘉人。字正仲。晚號湛然居士。大觀進士。高宗時累官吏部尚書。秦檜欲與金議地界。指政事堂曰。歸來可坐此。表臣不答。又以議大禮忤意罷去。起知婺州。提舉太平興國宮。

吳金陵 明浙江龍泉人。字邦識。善畫鷹。能傳神。有畫鑑。

吳長 清常熟人。字軼羣。號薖伯。工詩。善丹青。花鳥有逸趣。有超然堂詩鈔。

吳長慶 清廬江人。字筱軒。同治間以守備從李鴻章援江蘇。積功官至廣東水師提督。光緒中朝鮮內亂。日本使館被焚。長慶率師定亂。紀律嚴明。執李昰應送天津。因駐師朝鮮。韓人德之。卒謚武壯。

吳亮 元錢塘人。字明卿。性恬淡。精於經術。有忍經。◎明來安人。初爲旗手衛指揮僉事。英宗時討新淦賊。破曾定蠻。平沙苗。累進右都督。以討雲南賊無功。左遷都督僉事。鎮湖廣貴州。討平四川都掌蠻。尋召還。視事右府卒。亮性寬簡。不喜殺戮。所至蠻人懷附。◎明中行子。字宋于。萬曆進士。官至大理寺少卿。尚志節。與顧憲成諸人善。有昆陵人品紀·遯世編·名世編。◎清長洲人。字啓明。號既白。善畫山水。

吳亮思 清廣濟人。字幼睿。號瘦鶴。明季貢生。入清隱居不出。以吟詠自娛。有石巖子集。

吳俊 清吳縣人。字奕千。一字蠡濤。晚年自號蠡牖居士。乾隆進士。官至山東布政使。所至有捕盜功。爲人博聞強識。通達世務。詩古文皆深入古人堂奧。有莊子解·槃性堂詩集。

吳俊升 清沅江人。字宅三。乾隆進士。官編修。讀書窮理。務求實踐。從學者甚多。有芷泉詩集。

吳俊臣 宋江南人。淳祐間官畫院待詔。善畫人物山水。

吳信中 清雲子。字閱甫。嘉慶進士。官至侍讀學士。有玉樹樓稿。

吳保安 唐魏州人。字永固。睿宗時李蒙爲姚州都督。討姚巂蠻。保安以郭仲翔薦。得掌書記。後仲翔被蠻人所執。責千縑爲贖。保安留巂州。居貨十年。得縑七百。又求助於都督楊安居。始得仲翔以歸。及保安以彭山丞客死。仲翔瘞其骨。歸葬魏州。

吳則禮 宋富川人。一作永興人。字子副。官至直祕閣。知虢州。晚居豫章。自號北湖居士。有北湖集。

吳勉學 明歙人。字肖愚。有河間六書·唐樂府。

吳沓 清武進人。字聖俞。官山東鹽大使。工書。善畫花卉魚鳥。刻印尤精。零縑片石。爲人所珍。有續三十五舉·適園印存。

吳垕 元杭州人。字從禮。臨摹院畫。咄咄逼眞。

吳奎 宋北海人。字長文。舉五經。仁宗時累官判登聞檢院。奉使契丹。遇其主加旌號。邀使者入賀。奎自以使事有職不爲往。神宗即位。拜樞密副使。踰月知政事。以譏王安石新法。黜知青州。卒謚文肅。

吳宣 明崇仁人。字師尼。景泰舉人。授左都督府經歷。坐劾長傑不法。繫獄十年。始得白。改中府。陞鎮遠知府卒。有野菴文集。

吳彥芳 明歙人。字延祖。天啓進士。授莆田知縣。崇禎中擢御史。疏論孫承宗。又駁故尚書呂純如辨冤之謬。尋以疏薦劉宗周等削籍歸卒。

吳彥國 清徽州人。字長文。好遊覽名山勝景。足跡半天下。又喜搜閱宋元名蹟。畫山水靈妙。布置得宜。名重當時。尤精堪輿之學。

吳待問 宋浦城人。字子禮。與楊億同州里。每造億。億厚禮之。門下少年多易之。億曰。彼他日非若曹可望也。累官禮部侍郎致仕。

吳恢 後漢長垣人。爲南海太守。欲殺青簡以寫經書。其子祐年十二。以跡涉嫌疑諫之。恢乃止。撫其首曰。吳氏世不乏季子矣。

吳恬 唐青州人。字建康。處士。夢神仙指授山水。曲盡其能。好爲頑石。氣象深險。爲雲亦氣象蓊裕。

吳思忠 清江寧人。字孝侯。貫生。善寫生。山水有高岑意致。詩筆雄奇。

吳思達 元蔚州人。仕爲開平主簿。兄弟六人。嘗以父命析居。延祐間父卒。治葬畢。泣告其母曰。吾兄弟別處十餘年。今多破產。以一母所生。忍使苦樂不均耶。即以家財代還其逋。更復共居。事聞。表其閭。

吳思道 宋金陵人。以詩爲蘇軾·劉安世諸人鑒賞。官至團練使。宣和末致仕。後寓新安。野服蕭然。如雲水道人。

吳思齊 宋永康人。字子善。由任子入官。爲嘉興丞。忤賈似道。隱居浦陽。値宋改物。家無擔石。有勸之仕者。輒謝曰。譬猶處子已嫁。不能更二夫也。與方鳳·謝翱善。每登嚴陵山慟哭西臺。自號全歸子。學者爭師事之。年六十四。手編聖賢順正考終之事。曰俟命錄。錄成。賦詩別諸友。遂卒。

吳拜　清滿洲正白旗人。姓瓜爾佳氏。太祖太宗時屢從征伐。所向有功。順治間從入關。擊李自成。敗蘇尼特部。斬獲甚多。官內大臣。封二等伯。卒諡果壯。

吳昶　宋休寧人。字叔夏。號友堂。少刻志爲學。淳熙中朱熹歸省先塋。昶首執禮館下。後僞學禁作。弟子多更名他師。而昶徒步走寒泉精舍。就正所學。有易論·書說。熹深嘉之。

吳映　清晉江人。字沐日。有周易會緝。

吳柔勝　宋宣州人。字勝之。幼聽其父講伊洛書。知持敬之學。登淳熙進士。歷太學博士。始以朱熹四書與諸生誦習。於是士知趨向。後以祕閣修撰奉祠。卒諡正肅。

吳洪　明吳江人。字禹疇。成化進士。官廣東副使。釐剔奸弊。人以爲神。遷福建按察使。矯矯有風節。正德時終南京刑部尚書。忤劉瑾。致仕歸。卒贈太子少保。

吳洪德　宋淳安人。字長翁。淳祐進士。歷官金部員外郎。元兵入臨安。抗節死。

吳炳　宋毘陵人。紹興中爲畫院待詔。賜金帶。善畫折枝花鳥。◎明宜興人。萬曆進士。崇禎中歷官江西提學副使。永明王擢爲兵部右侍郎。兼東閣大學士。王奔靖州。令炳扈王太子走。被清兵執送衡州。不食。自盡於湘山寺。

吳炯　宋紹興間官至浙西提舉。有五總志。◎明松江華亭人。字晉明。萬曆進士。爲兵部主事。乞假歸。久之起故官。天啓中累遷南京太僕卿。魏忠賢黨人石三畏。追論炯黨庇顧憲成。落職閒住。崇禎初復故官。有叢語。

吳爰　明上海人。本姓陸。以父贅於吳。故冒其姓。初名瑗。後去玉旁。字翼夫。有雪窗詩。

吳珉　明靈石人。成化進士。歷吏部郎中。巡撫甘肅。恩威並著。遷南京右副都御史。以亢直稱。

吳盈盈　明妓女。色藝雙絕。與魏人王山契。未幾。夢玉女召掌奏牘而卒。王山弔以詩。

吳省欽　清南匯人。字充之。號白華。乾隆進士。由編修累遷左都御史。工詩文。刻琢凝鍊。援引精密。嘉慶間川楚教匪亂。秀水王曇能作掌心雷。省欽薦之。以誕妄奪職。有白華初稿。

吳省蘭　清省欽弟。字泉之。乾隆舉人。賜進士。官至工部左侍郎。降補侍講。陞侍讀學士。自少博聞強記。與省欽齊名。輯刊藝海珠塵八集。壬癸二集。則其壻錢熙輔所續成也。

吳眉　明金陵女子。字眉生。初名娟。字眉仙。博雅自好。工文詞。能書善畫。人爭以女詞人名之。有萍草諸集行世。

吳秋士　清歙人。字西湄。有天下名山記鈔。

吳脈鬯　清蓬萊人。字瀣先。有易象圖說。

吳致堯　宋順昌人。字恪文。又字聖任。政和進士。除安化令。以事忤當路去官。因屏居衡麓。自次其文。號歸愚集。

吳苞　南齊鄄城人。字天蓋。善三禮及老莊。宋泰始中過江聚徒講學。隆昌初詔徵爲太學博士。不就。始安王蕭遙光及江祏。徐孝嗣。共爲立館鍾山下教授。當時稱其儒者。

吳芾　宋仙居人。字明可。紹興進士。遷祕書正字。與秦檜舊故。及檜專政。芾退然如未嘗識。檜諷言者論罷。後除監察御史。兩淮戰不利。勸高宗親征。帝至建康。請駐蹕以繫中原之望。終不能用。孝宗卽位。累遷禮部侍郎。以剛直見忌出外。終龍圖閣學士致仕。自號湖山居士。卒諡康肅。有湖山集。

吳若　宋官建康通判。與陳克同撰東南防守利便三卷。蓋專爲南宋立言也。知建康呂祉上其書。

吳英　宋邵武人。字茂實。紹興進士。從朱熹學。有論語問答略。◎清莆田人。字爲高。號媿能。康熙間從征耿精忠。轉戰浙閩。所向克捷。後偕施琅平臺灣。累官福建水師提督。加威略將軍。卒贈太子少保。

吳英樾　清湘陰人。字子略。號西橋。道光進士。官浙江奉化知縣。有西橋集。

吳苑　清歙人。字楞香。康熙進士。累官祭酒。振飭士習。時稱其賢。有北黟山人集·大好山水錄。

吳貞毓　明宜興人。字元聲。崇禎進士。唐王時爲吏部文選主事。後預立永明王。累擢戶部尚書。拜東閣大學士。從王至南寧。孫可望自雲南遷貴陽。議移王自近。貞毓言不可。王既入安隆所。與貞毓謀。密勅李定國入衛。事洩。貞毓坐絞罪。臨刑賦詩。大罵而死。後諡文忠。

吳迪　宋杭州人。字泰之。號心玉道人。善畫梅蘭竹石。蕭散可喜。

吳郁　明休寧人。字文盛。成化進士。官工部郎中。以廉能稱。出爲雲南布政司左參議。分守安普道。寬猛得中。民夷悅服。有永潭稿。

吳革　宋華陽人。字義夫。從涇原軍。以秉義郎幹辦經略司公事。使粘罕軍。責其貪利敗約。粘罕少屈。爲追回威勝諸屯兵。歸拜閤門宣贊舍人。金人犯京師。欲立張邦昌。革謀先誅范瓊輩。瓊纍紿革入帳。脅以從逆。不屈死。

吳・韋 〔清〕南海人。字山帶。更名文煒。康熙舉人。工畫竹石花卉。畫竟輒繫以詩。論者謂不減青藤風韻。有金茅堂集。

吳・倫 〔宋〕零陵人。字子常。受業張栻。栻帥江陵。以倫從。臨終謂倫曰。蟬蛻人欲之私。春容天理之妙。

吳・俶 〔清〕太倉人。字愼修。自號海鷗子。畫翎毛花卉。秀雅生動。

吳・倬 〔清〕江蘇華亭人。字啓明。工畫人物山水。

吳・修 〔清〕海鹽人。字子修。號思亭。貢生。官布政使經歷。工詩古文。有青霞館論畫詩・吉祥居稿・湖山吟嘯集・續疑年錄・居易居小草・思亭近稿・居易居文集・曝書亭詩集集注・紀元甲子表・昭代名人小傳佳句錄。平生精於鑑別。手搜清代人名尺牘印行之。多至六百餘家。

吳・剛 〔漢〕西河人。學仙有過。謫伐月中桂。桂高五百丈。斫之。斧伐隨合。

吳・勔 〔唐〕元和間由水曹入翰林。年四十即致仕。初自延陵遷濮陽。後樂貴溪山水之秀。遂居焉。好學善文。屢辟不就。

吳・城 〔清〕焯長子。字敦復。號鷗亭。監生。承其先業。好聚書。搜求校勘。數十年丹黃不去手。

吳・師仁 〔宋〕錢塘人。字坦求。篤學厲志。不事科舉。親喪廬墓下。日倚旁寺僧造飯一鉢以充饑。不復置庖爨。郡守陳襄以遺逸薦於朝。元祐初召爲太學正。後爲吳王宮教授卒。

吳・師尹 〔元〕永新人。字萃樂。至正進士。授吉州永豐縣丞。有善政。元季棄官居蓮理之桂岡。時稱桂岡先生。工詩。勵宕蒼楚。後進多師之。

吳・師古 〔宋〕宜興人。舉進士。紹興中秦檜決策主和。金使以詔諭江南。時樞密編修胡銓抗疏論之。坐貶。師古鋟木傳其疏。金人募其書千金。爲人所訐。師古流袁州。

吳・師服 〔宋〕甌寧人。字夢得。歷知蒙州。儂智高犯境。師服籍郡儲。屬諸大姓塋而藏之。獨佩州印以守。賊知無所得。引去。改邵武軍。後以職方郎中致仕。元符中卒。壽百歲。

吳・師道 〔元〕蘭谿人。字正傳。與許謙同師金履祥。登至治進士第。延祐間爲國子博士。其教一遵許衡成法。以禮部郎中致仕。終於家。有易詩書雜說・春秋胡傳附辨・戰國策校註・敬鄉錄・禮部集。

吳・師禮 〔宋〕師仁弟。字安仲。太學上舍賜第。徽宗初擢右司諫。改右司員外郎。師禮工翰墨。帝嘗訪以字學。對曰。陛下御極之初。當志其大者。臣不敢以末伎對。聞者歎其得體。以直祕閣知宿州卒。

吳・唐林 〔清〕陽湖人。字子高。號晉壬。別號若綠。咸豐舉人。官浙江知府。工分隸。有橫山草堂全集。

吳・庭暉 〔元〕吳興人。工畫青綠山水。花鳥亦精密。

吳・恕 〔元〕錢塘人。字如心。家貧。工岐黃術。後官太醫院御醫。嘗本傷寒論・活人書。約爲賦。以發其隱。復纂指掌圖。以示初學。

吳・悌 〔明〕金谿人。字思誠。別號疏山。嘉靖進士。任御史。嚴嵩擅政。悌惡之。引疾家居。垂二十年。起故官。隆慶初歷刑部侍郎。卒謚文莊。悌學宗王守仁。然清修果介。反躬自得爲多。學者稱疏山先生。有吳疏山集。

吳・挺 〔宋〕璘子。字仲烈。從璘征伐。仕至知興州利州西路安撫使。加太尉。卒贈少師。挺少起勳閥。弗居其貴。拊循將士。人人有恩。

吳・振 〔明〕松江華亭人。一作元振。字振之。號竹嶼。又號雪鴻。畫山水秀潤。每繪一圖不愜意。輒投之水火。峻潔孤高。時慮衣冠塗炭之浼。

吳・振臣 〔清〕兆騫子。字南榮。小字蘇還。兆騫遣戍寧古塔。生於戍所。兆騫遇赦。從入關。終身不仕。有寧古塔紀略。

吳・振武 〔清〕秀水人。字威中。官寶坻知縣。善畫花卉草蟲。筆意秀雅。山水得王原祁指授。綦長指墨。

吳・振棫 〔清〕錢塘人。字仲雲。號毅甫。晚號再翁。嘉慶進士。官至雲貴總督。所至皆有善政。有奏議・養吉齋叢錄餘錄・黔語・花宜館詩鈔・杭郡詩續輯。

吳・振纓 〔明〕歸安人。字長組。天啓進士。授中書舍人。選廣東道御史。有顧石齋詩集。

吳・晉 〔清〕安徽人。遷居常熟。字日三。號進之。爲人淵雅樸慤。居恆精研字學。於大小篆分隸書。皆洞悉源流。篆刻亦深得古趣。◎〔清〕莆田人。字平子。善畫墨蘭。

吳・晉元 〔清〕長洲人。字錫康。別字雪舫。號一峰山人。諸生。善山水。

吳・時 〔宋〕邛州人。字伸道。舉進士甲科。徽宗時爲辟雍司業。出提舉河東常平。童貫經略北方。時因進對。言其必速亂。王黼怒。斥爲腐儒。尋以徽猷閣待制奉祠卒。時敏於爲文。未嘗屬稿。人目之曰立地書廚。

吳・時來 〔明〕仙居人。字惟修。嘉靖進士。擢刑科給事中。出使琉球。將行。劾嵩父子招權不法。嵩陷之下詔獄。戍橫州。隆慶初復故官。萬曆中累遷左都御史。委蛇執政間。連被彈劾。乞休卒。謚忠恪。尋奪謚。有江防考。

吳格　〔宋〕休寧人。淳熙間登第。歷官左曹郎官。直祕閣。帥紹興。越有定例浮財物力等錢。大爲民害。格急爲代輸。求免科率。官至樞密都承旨起居舍人。

吳栻　〔宋〕甌寧人。字顧道。舉進士。知蘇州。累官龍圖閣直學士。再帥成都。陛辭。徽宗稱其淸謹循良。後知中山府卒。⊙〔明〕休寧人。字去塵。號遁道人。工書畫。爲詩淸古澹雋。又精琴理。製墨及漆器精妙。人爭寶之。

吳桂芳　〔明〕新建人。字子實。嘉靖進士。歷揚州知府。禦倭有功。累遷兵部右侍郎。提督兩廣軍務。羣盜李亞元等連歲爲患。新舊倭繼至。桂芳次第討平之。累官工部尙書。卒贈太子少保。有師暇裒言。

吳桂森　〔明〕無錫人。字叔美。與顧憲成・高攀龍。講學東林書院。同郡錢一本善易。從之游。盡得其旨要。有周易象逃・書經說・曲禮說・息齋筆記・眞儒一脈。

吳泰　〔漢〕吳人。能筮。會稽盧氏。失博山香爐。使筮之。泰曰。此物質雖爲金。其象實山。有樹非林。有孔非泉。闔閭晨興。見發青煙。此香爐也。語其處。求得之。

吳泰來　〔清〕長洲人。字企晉。號竹嶼。乾隆進士。召試賜內閣中書。少無宦情。家有遂初園。藏書數萬卷。寢饋其中。畢沅巡撫陝西。招主關中書院。後又隨至開封。有淨名軒集。

吳海　〔明〕閩縣人。字朝宗。元季以學行稱。絕意仕進。洪武初守臣欲薦諸朝。力辭免。嘗言楊墨釋老諸書。賊害人心。宜釐定書目。使學者生長不涉異聞。因著書禍以發明之。有聞過齋集。

吳浩　〔清〕歸安人。字天濤。貢生。性孝友。四世百口同居。讀書淹貫古今。工詩古文。著書凡數十種。⊙〔清〕江蘇華亭人。字養齋。有十三經義疑・三傳三禮字疑。

吳浩然　〔清〕河南新安人。明季至常熟。愛其山水。因家焉。入清閉門不出。以著書爲事。有春秋析義。

吳烜　〔清〕固始人。字旭臨。一字鑑庵。乾隆進士。嘉慶間累官禮部右侍郎。宗其鄉呂新吾・湯文清・孫夏峯・湯潛庵之學。耿直光明。通達治體。嘗輯歷代名臣言行。手錄一帙。類記往哲格言。論斷以己意爲家誡。

吳琉　〔明〕長興人。字汝秀。善詩文。留心性理之學。築室董塢山。號太古居。自號甘泉子。幽棲屏跡。善邵子皇極數。與尙書劉麟等結社。號爲五隱。有三才廣志・史類等書。

吳牲　〔明〕揚州興化人。字鹿友。萬曆進士。天啓中由知縣徵授御史。忤魏忠賢削籍。崇禎初起故官。累擢禮部尙書。兼東閣大學士。襄陽・荊州・承天連陷。帝令牲督湖廣師。牲畏賊勢。遲回不肯行。帝怒。遣戍金齒。明亡後。久之卒於家。

吳益　〔宋〕開封人。字叔謙。高宗吳皇后弟。建炎末以恩補官。帝后皆喜翰墨。益得師法。亦以書名。娶秦檜長孫女。又與王繼先交相薦引。三家姻族皆躐美官。累陞敷文閣待制。孝宗時進太師。卒諡莊簡。追封衞王。

吳祖修　〔清〕吳江人。字愼思。有柳唐詩集。

吳祐　〔後漢〕恢子。字季英。年二十喪父。家無儋石而不受贍遺。牧豕長垣澤中。舉孝廉。仕至齊相。梁冀表爲長史。及冀誣奏李固。馬融爲具章草。祐謂融曰。卿何面目見天下人乎。冀怒。出祐爲河間相。因自免歸家。不復仕。

吳祕　〔宋〕甌寧人。字君謨。從劉牧學。第景祐進士。歷侍御史知諫院。以言事出知濠州。提點京東路刑獄。改守同安。有周易通神・揚子注・太玄箋。

吳舫　〔清〕揚州人。字方州。善白描人物兼寫照。⊙〔清〕常熟人。字衡皐。善畫山水。書學趙松雪。

吳虔裕　〔宋〕許州人。歷仕漢周。官至右衞左金吾衞二大將軍。太平興國中遷右千牛衞上將軍。仍判左街仗事。掌金吾三十餘年。性簡率。言多輕肆。每朝會及從遊宴。太宗憐其壽高。常慰撫之。卒年八十八。

吳起　〔戰國〕衞人。嘗學於曾子。善用兵。初仕魯。聞魏文侯賢。往歸之。文侯以爲將。拜西河守。後爲魏相公叔所忌。譖之。起奔楚。相楚悼王。南平百越。北卻三晉。西伐秦。諸侯皆患楚之強。悼王死。楚之貴戚大臣多怨起者。攻起。起伏王尸而死。有吳子。

吳起元　〔清〕震澤人。字復一。有詩傳叶音考。

吳起孫　〔元〕高安人。字誠甫。九世同居。至正中表爲義門。

吳高增　〔清〕秀水人。號敬齋。有敬齋集。

吳偉　〔明〕江夏人。字次翁。號小仙。工畫。憲宗召授錦衣衞鎭撫。待詔仁智殿。好劇飲。一日醉中命作松泉圖。偉跪翻墨汁。信手塗成。帝歎爲仙筆。孝宗授錦衣百戶。賜印章曰畫狀元。後稱疾歸金陵。中酒卒。

吳偉業　〔清〕太倉人。字駿公。一字梅村。崇禎進士。官至少詹事。與馬士英・阮大鋮不合。假歸。康熙時有司力迫入都。累官國子祭酒。尤長於詩。少時才華豔發。後經喪亂。遂多悲涼之作。論者方之庾信。畫山水淸疏韶秀。得董黃意。有梅村集・綏寇紀略・太倉十子詩選。

吳・商 〔晉〕長城人。字彥聲。通經術。徵爲東宮校書。四方從學者甚衆。官至侍中。

吳・啟昆 〔清〕江寧人。字宥涵。康熙進士。官編修。有索易臆說。

吳・國才 〔明〕浙江奉化人。善相術。門人袁柳莊侍成祖。問其所與。以國才對。召試果然。將錫以官。國才以福薄辭。尋卒。

吳・國夫 〔南朝宋〕義興人。有義讓之美。人有竊其稻者。乃引還。爲設酒食。以米送之。

吳・國倫 〔明〕興國人。字明卿。嘉靖進士。擢兵科給事中。楊繼盛死。倡衆賻送。忤嚴嵩。謫南康推官。嵩敗。起建寧同知。累遷河南左參政。大計罷歸。國倫才氣橫放。好客輕財。工於詩。與李攀龍等號後七子。有甔甀洞稿。

吳・國琦 〔明〕桐城人。字公良。崇禎進士。官兵部主事。博洽能文。深於經術。晚年尤精詩律。有水香閣集。

吳・國梅 〔清〕海鹽人。字調和。諸生。善畫。不輕作。流傳甚少。曾爲董邦達代筆。不求聞達。絕意仕進。

吳・國對 〔清〕國縉弟。字玉隨。又字默巖。順治進士。累官翰林院侍讀。工詩。有詩乘數十卷。

吳・國縉 〔清〕全椒人。字玉林。順治進士。有詩韻更定。

吳・國擎 〔清〕福清人。嘗封股療父。父沒。值寇警。負母以竄。母病。封股如前。亦愈。

吳・國寶 〔元〕雷州人。性孝友。父喪廬墓。大德中境內蝗害稼。惟國寶田無損。人以爲孝感。

吳・國鑑 〔宋〕海康人。紹聖中爲太廟齋郎。退居於家。蘇轍安置雷州。國鑑特築室館之。未幾坐罪。無悔意。

吳・執中 〔宋〕松溪人。字子濰。嘉祐進士。歷官州縣。同門壻呂惠卿方貴盛。不肯附以進取。大觀中爲御史中丞。阿附蔡京。劾張康國。帝怒。黜知滁州。後奪職卒於家。

吳・執御 〔明〕黃巖人。字朗公。天啓進士。除濟南推官。德州建魏忠賢祠。執御獨不赴。崇禎中徵授刑科給事中。屢上疏極諫。以劾首輔周延儒。薦劉宗周等。下獄釋歸。

吳・崧 〔五代吳越國〕唐末與韓必・吳珙・吳頊・皮光業・林昇・羅隱・何黯同居長城八座山。號曰八友。錢鏐時。崧與必偕隱於洛塢。日以煉丹爲事。遣羅隱招之。兩人隱入石壁中。人稱二仙石壁。

吳・崇節 〔明〕弋陽人。字介甫。嘉靖舉人。官武岡知縣。有古史要評・狎鷗子摘稿。

吳・崇禮 〔明〕寧陽人。字彬卿。別號節庵。萬曆進士。知蒲縣。欽取西臺。李廷機拜相。臺省九列皆具保疏。崇禮獨不可。曰。吾臺省聞有參駁。不聞有保舉也。未幾諸保者斥。一時服其識力。累遷南京刑部尚書。有政聲。卒諡定襄。

吳・彩鸞 〔唐〕自言西山吳眞君之女。太和末書生文簫遊西山。與彩鸞遇。約與俱歸。簫貧不自給。彩鸞日寫孫愐唐韻一編。鬻以度日。如是十載。後往吳越王山。各跨一虎仙去。

吳・彬 〔明〕莆田人。流寓金陵。字文中。萬曆間以能畫薦授中書舍人。歷工曹。嘗於都門閱邸報。見魏璫擅權之旨。批評而訾議之。被邏者所偵。逮繫削奪。

吳・從義 〔明〕浙江山陰人。字裕強。崇禎進士。授長安知縣。甫之官。值比歲兵荒。練丁壯三百人殺賊。後李自成破秦。投井死。

吳・從龍 〔宋〕奉化人。字子雲。官建康府統制。紹定初李全犯揚州。從龍爲先鋒被擒。使至泰州城下誘降。不屈死之。詔廟祀揚泰二州。

吳・惟華 〔清〕順天人。明諸生。順治初多爾袞至京師。惟華縋城投順。請招撫山西自効。隨征太原。克之。汾州・平陽・潞安俱下。擢總兵。鎮太原。敘功封恭順侯。官至戶部右侍郎。總督漕運。先後坐貪婪不職交結內監等事。論死者再。均寬免。尋卒。

吳・悉達 〔後魏〕聞喜人。兄弟三人並幼。父母爲人所殺。及長。報仇避地永安。兄弟同居四十餘載。閨門和睦。悉達後欲改葬。亡失墳墓。推尋勿獲。晝夜號泣。忽於足下地陷。得父銘記。因遷葬曾祖以下三世九喪。傾盡資業。有司奏聞。標閭復役。

吳・敏 〔宋〕眞州人。字元中。大觀中辟雍私試首選。擢浙東學事司幹官。欽宗時累遷少宰。以主和議與太宰徐處仁議不合。罷爲觀文殿大學士・醴泉觀使。再貶崇信軍節度副使。紹興初爲廣西湖南宣撫使。卒於官。

吳・敏樹 〔清〕巴陵人。字本深。號南屏。道光舉人。官瀏陽訓導。工古文。曾國藩稱其字字如履危石。落紙乃遲重絕倫。詩主黃山谷。爲人澹於榮利。罷官後。讀書吟詠自樂。有柈湖詩文集。

吳・晟 〔明〕當塗人。元至正中陳友諒陷姑孰。晟爲所執。不屈被殺。

吳・梅山 〔元〕工畫山水人物。

吳・梅鄉 〔宋〕仙居人。字清淑。嘉定特舉。仕至忠州文學。從朱熹游。有經說・語錄。

吳・梅溪 〔元〕工花鳥雜畫。

吳・淵 〔宋〕柔勝子。字道父。嘉定進士。調建德簿。史彌遠與之語。欲授以開化尉。淵謝曰。甫得一官。何敢躁進。爾遠改容不復強。寶祐中以援川蜀功。拜參知政事。卒贈少師。著易解及退菴文集·奏議。

吳淑 〔宋〕丹陽人。字正儀。以薦試學士院。授大理評事。預修太平御覽·太平廣記·文苑英華。嘗獻九弦琴五弦阮頌。太宗賞其優博。又獻事類賦百篇。詔命注釋。淑分注成三十卷上之。累遷職方員外郎。淑性純靜好古。善書。尤工篆籀。有集及說文字義。江淮異人錄。祕閣閒談等書。

吳涵 〔清〕浙江石門人。字容大。康熙進士。由編修歷官副都御史。疏請禁止湖南加派。安插四川流民。累官吏部右侍郎。兼翰林院掌院學士。釐清銓法。吏不得上下其手。陞左都御史。以病告歸。

吳涵虛 〔唐〕江西人。字含靈。出家爲道士。居南嶽。俗呼爲吳猱。好睡。經旬不飲食。常言曰。人若要閒卽須懶。好勤卽不閒也。清泰間羽化。宋乾祐中有人於嵩山見之。

吳淳夫 〔明〕晉江人。萬曆進士。天啓中歷官兵部郎中。由崔呈秀進爲魏忠賢義子。擢太僕少卿。歲中六遷。至工部尚書·太子太傅。與呈秀等號稱五虎。莊烈帝卽位。逮治論死。

吳猛 〔晉〕豫章人。少有孝行。夏月手不驅蚊。恐其去而噬親。邑人丁義授以神方。嘗渡江値風。以白羽扇畫水而渡。觀者異之。庾亮爲江州刺史。迎猛問疾。猛辭以算盡。請具棺服。旬日而死。未及大殮。遂失其尸。

吳球 〔宋〕政和人。字元璞。建炎中赴廷試。首言用相非人。太學生陳東以直諫誅。恐他日有指鹿爲馬。無敢發其奸者。又言高宗無規恢遠略。降卞州助教。未幾復進士出身。歷泰州·興國軍·福州·明州教授。

吳珵 〔明〕吳江人。字元玉。號石居。成化進士。官至郎中。性好學。詩文未嘗屬草。工畫。山水法戴進。有石居遺稿。

吳皐 〔元〕臨川人。字舜舉。嘗官臨江路儒學教授。元亡後。抗志不出。遯跡以終。有吾吾類稿。

吳章 〔漢〕平陵人。字偉君。受大夏侯尙書於長安許商。商分門人爲四科。章列言語。王莽時官博士。徒衆甚盛。後被誅。◎〔明〕金齒衛人。字廷獻。問學於王守仁。授長壽教諭。倡明理學。教人以致知力行。學者宗之。

吳紹古 〔宋〕安仁人。字子嗣。從陸九淵游。任茶鹽幹辦官。

吳紹先 〔清〕稷山人。字伯宗。父母俱沒。有二弟。先後失蹤。紹先負販以迹之。南出襄洛。西歷劍州。東至黑龍江。卒同時得之以歸。

吳紹宗 〔清〕江西新城人。字二璧。諸生。事父至孝。康熙中父病甚。齋沐禱太華山。投身舍身崖下。似有神助。得以不死。世皆稱之。

吳紹詩 〔清〕山東海豐人。字二南。雍正時以諸生爲七品小京官。乾隆間累官吏部侍郎。以老疾引歸。在官四十有六年。縮職以十數。所至輒有聲績。卒諡恭定。

吳紹麟 〔清〕羅定人。原名紹璘。嘉慶間由武生襲雲騎尉世職。屢獲海盜。阮元稱爲水師第一出色人員。官至陽江鎮總兵。

吳翌 〔宋〕建寧人。字晦叔。游學衡山。師事胡宏。聞其論學一以明理修身爲要。遂捐科舉之學。宏沒。又與張栻游。築室衡山下。取程子澄濁求清之語。榜之曰澄齋。淳熙中卒。

吳翌鳳 〔清〕吳縣人。字伊仲。號枚庵。嘉慶時諸生。少好學。手抄書數千百卷。多藏書家所未見。工詩。所撰吳梅村詩集箋注。能正舊注之失。又有與稽樓叢稿·唐詩選·懷舊集·卬須集等書。

吳處厚 〔宋〕邵武人。字伯固。皇祐進士。元祐間知漢陽軍。蔡確嘗從處厚學賦。及作相。處厚通牋乞憐。確無汲引意。遂與確有隙。會確知安州。作游車蓋亭詩。引用郝甑山事。處厚乃箋釋上之。云譏謗切害。非所宜言。確遂南竄。擢處厚知衛州。士大夫由此畏惡之。有青箱雜記。

吳訥 〔元〕休寧人。字克敏。學兵法。習騎射。至正間授建德路判官。守徽州。隨元帥阿魯輝退屯浙西札溪。戰敗不屈。自刎死。◎〔明〕常熟人。字敏德。號思菴。永樂中以知醫薦至京。洪熙初用薦拜監察御史。累官南京左副都御史。剛介有爲。憲度振舉。正統中致仕。卒諡文恪。有小學集解·文章辨體諸書。◎〔清〕杭人。字仲言。工畫山水及花卉。

吳貫勉 〔清〕江寧人。字尊五。諸生。工詞。有秋屏詞。

吳通玄 〔唐〕海州人。舉神童。又擢文詞清麗科。授同州司戶參軍。德宗立。召爲翰林學士。知制誥。與竇參相結。謀傾陸贄。帝惡其誣構。罷通玄泉州司馬。賜死長城驛。

吳通微 〔唐〕通玄弟。有文名。德宗時官職方郎中。與通玄並知制誥。通玄死。通微白衣待罪於門。帝宥之。

吳陳琬 〔清〕錢塘人。字寶崖。有春秋三傳同異考·讀園雜志·通玄觀志·鳳池集。

吳傑 〔明〕武進人。字士奇。以善醫徵至京。積官至太醫院使。武宗南巡還。至臨清得疾。遣使召傑。比至。疾已深。遂扈歸通州。時江彬執兵居左右。慮帝宴駕已得禍。力請幸宣府。傑憂之。語近侍百方勸。帝始還京。

甫還而帝崩。彬伏誅。中外宴然。傑有力焉。尋致仕。⊙〔明〕杞縣人。字漢甫。性孤介。舉於鄉。猶躬耕不輟。母亡。貧不能葬。適流寇至。居民皆逃。傑獨守母柩不去。賊歎其孝。戒勿犯。後爲靈寶知縣卒。竟無以治殮。

吳·博垕　〔清〕吳江人。號補齋。工畫花鳥。寫水族尤佳。

吳·喜　〔南朝〕〔宋〕臨安人。從沈慶之征蠻。爲孝武所知。遷河東太守。明帝時四方反叛。假喜建武將軍。率兵東討。所至克捷。封東封縣侯。明帝病。以喜素得人情。疑其將來不能事幼主。乃賜死。

吳·喬　〔清〕太倉人。或云崑山人。一名殳。字修齡。有西崑發微。

吳·幾復　〔宋〕汝州人。登進士第。皇祐中爲太學直講。知蓬州。秩滿去。父老拜送。歌曰。使君來兮父母鞠我。禮化行兮民無寒餓。使君去兮不可復留。人心悵悵兮淚雙墮。歷鎭荊南。

吳·復　〔元〕富春人。字子中。後改字見心。號雲槎。少拓落不羈。中年折節讀書。晚遊湖海間。工詩。尤善樂府。有雲槎稿。⊙〔明〕合肥人。字伯起。元末集衆保鄉里。歸太祖於濠。以從征張士誠功。授安陸衛指揮使。從沐英再征西番。擒三副使。得納鄰哈七站之地。論功封安陸侯。卒贈黔國公。諡威毅。

吳·復古　〔宋〕揭陽人。字子野。趣味清逸。父爲侍講。嘗蔭官。乃遜於弟。去其妻子。築菴麻田山中。絕粒不食。閒游四方。蘇軾兄弟盟一時名士。咸傾心下之。

吳·愀　〔清〕道行季子。字去惰。號損庵。明季諸生。國變後。率妻子躬耕。屢聘不起。有古今日錄·擬古樂府·三異筆餘·存園應草·索隱草·停雲錄·懷霜錄。

吳·惠　〔明〕吳縣人。字孟仁。弘治進士。授行人。使占城。陞桂林知府。時洞蠻扇亂。朝議進兵討之。惠單車抵巢。撫諭蠻首。遂服。在郡十年。陞廣東參政。性慷慨。疎財篤義。居官三十年。田廬不改其舊。

吳·曾　〔宋〕崇仁人。字虎臣。高宗時獻所著書得官。累遷工部郎中。出知嚴州。致仕卒。有能改齋漫錄。考證頗爲精核。

吳·曾貫　〔宋〕浙江石門人。號淵蒓。嘉慶進士。官渭南知縣。有淵蒓詩選·補硯齋詩集·仕津要言·渭南河渠考。

吳·普　〔三國〕〔魏〕廣陵人。從華佗學醫。多所全濟。佗嘗授普五禽之戲。以當導引。普施行之。年九十餘。耳目聰明。齒牙完固。

吳·景　〔三國〕〔吳〕錢塘人。女兄爲孫堅妻。隨堅征伐有功。拜騎都尉。袁術以景爲廣陵太守。術僭號。景委郡東歸。孫策表景爲廣武將軍。領丹陽太守。卒於官。⊙〔明〕南陵人。字伯陽。弘治進士。正德中歷官四川僉事。守江津。重慶盜曹弼來寇。景迎擊被執。不屈死。

吳·景旭　〔清〕歸安人。字旦生。有歷代詩話。

吳·景奎　〔元〕蘭谿人。字文可。薦署興化縣儒學錄。以母老辭不就。有藥房樵唱。

吳景帝　〔三國〕〔吳〕大帝第六子。名休。字子烈。封琅邪王。及弟亮承統。出居丹陽。徙會稽。孫綝廢亮。迎帝入立。旋因臘會。以計誅綝。夷其三族。在位七年薨。諡景。年號永安。

吳·景道　〔清〕廣寧人。天聰時擢吏部啟心郎。順治初擢河南巡撫。歷平大河南北諸巨寇。以功累晉兵部尚書。卒諡懿僖。

吳·景鸞　〔宋〕德興人。字仲祥。得其父所受陳摶青囊書。精究有驗。官司天監正。後佯狂髡髮。修眞白雲山洞。端坐而逝。有理氣心印·吳公解義。

吳·期遠　〔清〕丹徒人。字子遠。善畫山水。仿黃公望。筆法韶秀。

吳·棫　〔宋〕建安人。字才老。重和進士。官泉州通判。明恕能斷。有書稗傳·詩補音·論語指掌·考異續解·楚辭釋音·韻補。又作字學補韻。朱熹謂近代訓釋之學。唯才老爲優。遂據以叶三百篇之韻。

吳·植　〔明〕嚴州人。字子立。自號白玉壺。工詩。善草書。以處士徵授藤州知州。

吳·極　〔明〕漢陽人。字元無。萬曆進士。官知縣。有易學。

吳·棠　〔清〕盱眙人。字仲宣。以舉人大挑。補江蘇桃源縣。咸豐間累擢漕運總督。建清河縣城。築運河東西二圩。以禦粵捻。功甚著。官至四川總督。乞病歸。卒諡勤惠。有望三益齋存稿·讀詩一得。

吳·欽　〔宋〕休寧人。中漕舉。補府學教授。宋亡。題其所居之屏曰。殷周雖代而首陽自存。晉室雖更而陶徑自若。時論高之。

吳·湊　〔唐〕溆弟。德宗初爲福建觀察使。美譽四騰。還爲京兆尹。爲人強力。劬儉罌罌。未嘗擾民。上下愛向。進兼兵部尚書。卒諡成。

吳·湛　〔清〕宜興人。字濟明。一字又鄴。自號匪吟子。明崇禎諸生。鼎革後。以詩酒自娛。有粵遊日記。⊙〔清〕睢陽人。字伯其。號冉渠。有選詩定論。

吳·澳　〔明〕洪曾孫。字文叔。萬曆進士。崇禎初爲四川道監察御史。上疏論太監崔文昇等。又言劾死諸臣如楊漣等。宜旌表。皆施行。尋命督軍餉。請白糧分載漕艘。免民運之苦。

以病歸卒。

吳・湑　宋浦江人。字清翁。號潛齋。嘗官義烏令。入元後。退居吳溪。立月泉吟社。輯其社中諸人所作爲月泉吟社一卷。

吳・湘　明鄞人。字白洋。工畫人物。師盧鎮。兼長詞賦弦歌。所得贈遺。多以待賓客。及贍親友之貧乏者。◉明全椒人。字江鷟。善畫能書。工詩古文。恬淡自適。不求聞達。輯巢由以下若干人。爲尙友論。

吳・焯　清錢塘人。字尺鳧。號繡谷。工詞。喜聚書。所藏多宋雕元槧。與舊家善本。瓶花齋藏書之名。稱於天下。有藥園詩稿・陸渚飛鴻集・玲瓏簾詞。◉清海門人。字俊之。善寫眞。工山水人物。

吳・爲龍　清海鹽人。字思雲。又字汝納。康熙中以布衣薦鴻博。力辭不赴。詩宗六朝初唐。文工駢體。熟於史事。有諸史拾遺。再續澉水志・樹萱軒賦稿・詩稿。

吳・琚　宋益子。字居父。一字雲壑。陳傅良在太學時。琚執弟子禮。惜名畏義。不以戚畹自驕。尤工翰墨。孝宗常召之論詩作字。與趙汝愚定策立寧宗。黨事既起。多所保全。爲韓侂胄所忌。歷帥荊襄鄂三路。終於鎭安軍節度使。判建康府。卒諡忠惠。有雲壑集。

吳・琳　明黃岡人。字朝陽。太祖下武昌。以詹同薦爲國子助教。與同並教胄子。琳文采不如同而經術過之。洪武中累官吏部尙書。致仕卒。

吳・琛　明繁昌人。字與璧。景泰進士。擢御史。巡按四川。明達果斷有聲。英宗復位。石亨專權自恣。琛與同官劾之。出知遷安縣。五日。天變雨雹。命還臺職。累加右僉都御史。巡撫甘肅。總督兩廣。卒於官。

吳・琠　清沁州人。字伯美。順治進士。知確山縣。累官保和殿大學士。兼刑部尙書。居官清介。熟於朝廷故事。中外章奏可否。見輒洞然。卒諡文端。

吳・琯　明漳浦人。隆慶進士。有唐詩紀。◉清無錫人。工畫人物。

吳・發　宋歙人。字伯韞。十歲能屬文。幾冠登第。授潘陽簿。調江陵士曹。臨川法掾。多所平反。爲信州判官。遇事益剛烈。授龍泉丞。嘉定中委往慶元慮囚。或罪或釋。悉遣還家。歡聲載道。代歸即告老。

吳・盛藻　清和州人。字觀壯。由拔貢生官至廣東按察司副使。有天門詩文集。

吳・程　五代吳越國山陰人。字正臣。錢宏倧時授威武軍節度使。南唐侵福州。程密示諸軍方略。獲其將查文徽。歸與元德始同爲丞相。周世宗伐江南。徵吳越兵西擊蘇州。程大敗。錢俶怒。奪程官。後卒。復原官。諡忠烈。

吳・絳仙　隋煬帝殿腳女。嫁爲玉工萬羣妻。有寵於煬帝。號爲崆峒夫人。帝嘗賜以合歡水果。絳仙以紅箋進詩謝。帝曰。絳仙才調。女相如也。

吳・絳雪　清永康人。徐孟璋之妻。有國色。工詩。年二十四。夫沒。耿精忠叛於閩中。僞總兵徐尙朝寇浙東。至永康。宣言以絳雪獻者免。邑人聚謀以絳雪紓難。絳雪遂行。至三十里坑。投崖死。一邑民命賴以全。

吳・統持　明秀水人。字巨手。崇禎中與妻項佩隱鴛湖。焚香讀易。饘粥不繼。嘗賣卜於四方。偏歷齊魯燕趙之墟。或稱齊山樵子。有明月樓集。項名珮。有藕花樓集。

吳・舒帷　清震澤人。字濟儒。一字古餘。乾隆進士。授編修。歷充武英殿國史館纂修官。分校四庫全書。丁憂歸。主講雲間書院卒。有六經異同得失考・廿一史紗略等書。

吳・舒鳧　清吳縣人。一名逸。字吳山。有易大象說錄。

吳・菘　清歙人。字綺園。黃山僧雪花嘗以黃山所產諸卉繪爲圖。菘因各爲作箋。成箋卉一卷。

吳・萊　元直方子。字立夫。七歲能屬文。延祐中以春秋舉上禮部不利。退居深褭山中。益窮諸書奧旨。著尙書標說・春秋世變圖・春秋傳授譜・古職方錄・孟子弟子列傳・楚漢正聲・樂府類編・唐律刪要等書。後以御史薦調長薌書院山長。未上卒。門人私諡淵穎先生。

吳・評　宋崇安人。字正詞。景祐進士。神宗朝以太常少卿判太常禮院。有譖評於丞相者。出知萊州。請祠歸里。趙抃・陳襄・蘇頌。皆謂評才氣過人。不宜處之散地。詔除禮院。不拜致仕。官至中大夫。累贈開國侯。

吳・貽詠　清桐城人。字惠連。號種芝。乾隆進士。官吏部主事。文名滿海內。詩多新句。有芸暉館詩集。

吳・超　陳明徹兄子。字逸世。少倜儻。以幹略知名。隨明徹征伐有功。官至忠毅將軍・桂州刺史。封汝南縣侯。卒諡節。

吳・逵　晉烏程人。家極貧。値歲荒。合門疫死者十三人。逵晝則傭賃。夜燒塼甓。期年成七墓十三棺。時有賻贈。一無所受。太守張崇義之。以羔雁之禮禮焉。◉清婁縣人。字遇鴻。號心禪。禮部儒士。工畫花草人物。

吳・進　宋江南人。善畫龍水。兼善篆隸及鐵筆。

吳・進義　清寧朔人。由行伍隨征準噶爾。以功擢守備。乾隆間官至浙江提督。以事被謫。坐奪職。事白。起爲古北口提督。卒諡壯愍。

吳鈞 【清】江蘇華亭人。字陶宰。自號玉田生。乾隆時布衣。工詩文。旁通天文勾股篆隸刻印之術。有獨樹園詩．鼠璞詞．陶齋印存。◎【清】秀水人。字念曾。號曇隱。善畫山水。通醫理。善養靜。年七十外。精神如壯。

吳階升 【清】上海人。字南吉。號芝田。諸生。工寫棧道。

吳隆元 【清】歸安人。號易齋。康熙進士。官至太常寺少卿。有易宮讀易管窺．孝經三本管窺。

吳雄 【後漢】河南人。字季高。順帝時爲廷尉。斷訟平。後拜司徒。子訢．孫恭。三世廷尉。爲法律名家。◎【宋】平江人。字仲英。居臨安。師朱熹。深明性命之學。歸建陽平書院。日講學其中。學者稱陽平先生。◎【元】諸暨人。字一飛。受業胡長孺。辟爲本州學正不就。有地理書．卜筮考。學者稱碧崖先生。◎【明】仁和人。弘治中爲應天府尹。風局嚴整。以廉清爲任。時大璫任留臺者。恃勢侵擾。縣官不敢違。雄皆裁之以法。其勢少沮。嘗曰任怨吾不辭。但不至瘠吾百姓耳。

吳雲 【明】宜興人。字友雲。性明敏。善詩詞。工山水。元翰林待制。仕太祖爲湖廣行省參政。使招諭雲南。鐵知院令雲詐爲元使。改制書共給梁王。雲誓死不從。遂見殺。諡忠節。又◎【清】歸安人。字平齋。晚號退樓。號愉庭。歷署蘇州知府。篤學考古。至老不疲。有兩罍軒彝器圖釋．古銅印存．古官印考．考印漫存．焦山志。◎【清】吳縣人。字玉松。號潤之。乾隆進士。官御史。彈劾權要。直聲震朝野。終彰德知府。有醉石山房詩文鈔。

吳雯 【清】蒲州人。本貫遼陽。字天章。康熙間以諸生召試鴻博不遇。博覽羣籍。旁及釋老內典。尤工於詩。峻潔微遠。自露天眞。王士禛目爲仙才。有蓮洋集。

吳雯炯 【清】豐城人。字鏡秋。工詞。兼南唐北宋之勝。有香草詞。

吳雯清 【清】休寧人。初名元石。字方漣。號魚山。順治進士。官溥州司李。峒寇薄城。民驚竄。雯清堅守不動。城賴以全。遷御史。有雪嘯軒集。

吳順 【明】朔州衛人。父病閉結。藥不能通。泣而舐之。又病痍。嘗其糞苦。喜曰。可無患矣。果愈。父思雞羹。遍索不得。忽雞飛墮其家。遂取以供。父卒。順年七十矣。猶哀毀廬墓三載。年百餘歲卒。

吳嗣爵 【清】錢塘人。字尊一。號樹屏。又號瀞軒。雍正進士。乾隆時累官江南河道總督。在南河最久。深悉利病。浚雲梯舊口以暢其流。展東西壩以洩洪澤之水。水有所容。得以無害。後以吏部右侍郎致仕。

吳埍 【宋】樂平人。字仲和。與弟坰俱學於楊簡。簡嘗曰。埍敏。不踰月而至矣。坰踰年亦嘗知德。

吳嵩梁 【清】江西東鄉人。字蘭雪。乾隆初召試鴻博不遇。旋舉於鄉。官內閣中書。詩才與黃景仁埒。所著香蘇山館集。朝鮮吏曹判書金魯敬。以梅花一龕供奉之。稱爲詩佛。

吳愼 【清】歙人。字徽仲。諸生。初遊無錫。受業於高世泰。已而歸歙。與同志會講紫陽還古兩書院。其學以敬爲主。號曰敬菴。有周易粹言．大學中庸章句翼。

吳愷 【清】太倉人。字敦和。號靜菴。工山水。耽吟詠。喜撫琴。

吳敬 【明】無爲人。母疾。割肝煎湯。母愈而敬不傷。事聞。太祖官以贊禮郎。

吳敬臣 【明】龍泉人。字伯一。萬曆中領鄉薦。官雲南定遠知縣。善詩畫。能琴。崇禎初致政歸。有竹林百詠．擷璘．唾壺餘玉。

吳敬忠 【五代吳國】於潛人。從錢鏐討劉漢宏有功。及鏐出師助淮南討田頵。敬忠先登陷陣。卒奏捷而歸。梁太祖封鏐王吳越。敬忠亦以積功授正國功臣浙西營田副使。累加太師。

吳敬梓 【清】全椒人。字敏軒。一字文木。諸生。乾隆初舉鴻博不赴。精於文選。詩賦援筆立就。性豪。好施與。以此傾其貲。著儒林外史說部。人爭傳寫。詩文有文木山房集。

吳會 【宋】箕子。博聞強記。登紹熙進士第。爲金陵糾曹。時丘崇爲帥。吏胥側足。會不肯詭隨。平反甚衆。任滿不復出仕。家居十餘年卒。◎【元】金谿人。字叟伯。至正間舉鄉薦第一。入明不仕。有書山遺集。◎【明】震弟。字指雲。亦工畫。與震同得名。

吳暐 【明】萊蕪人。字瞻城。萬曆進士。初仕歸德推官。以毅直觸巡按御史怒。被劾。歷官薊州兵備副使。勅將領一切支收勿得裁扣。軍中懽呼。民兵安堵。升大同分巡。忤大璫。遂爲所中。解組歸。

吳暉 【清】憔川人。字秋朗。工畫能詩。行楷多逸致。圖章倣文氏。以多技稱。

吳楫 【宋】崇安人。字公濟。幼穎悟。紹興末鄉試不第。退居田里。閉戶讀書。與李郁．朱熹．往復講明性理之學。及儒釋之辨。熹顏其讀書之所曰悅齋。遣其子師事之。晚年以特恩補官。調臨桂主簿。

吳極 【明】漢陽人。字元無。號十華。萬曆進士。歷官廣南知府。有吳氏易學．聖學統宗．朱學蒸益．石經大學疏旨。

吳椿 【清】歙人。嘉慶進士。授編修。道光中任左都御史。督辦浙江海塘。定議建條塊石塘並添築坦水。海塘以固。官至戶部尙書。

吳・楙 〔清〕無錫人。字朝英。別字逸泉。善畫。嘗繪竹雲圖。自謂天機所到。直奪造化。

吳・楚材 〔宋〕南城人。名炎。以字行。德祐初建昌降元。楚材糾集民兵。率衆攻城。元兵三道蹴之不勝。事聞。益王元帥府承制授楚材宣議郎。知建昌軍。俾聚軍圖再舉。以乏援與其子應登同被執遇害。益王贈官朝奉郎。卽邵武立廟。賜名忠勇。

吳・楚奇 〔清〕亳州人。字南英。康熙解元。常游名山。輒自繪圖賦詩。有游覽詠・鴻皐集・瑣說・龍津史談。

吳・源 〔宋〕荆門人。咸淳中官統制。援襄陽圍。五戰皆捷。元兵夾攻之。力戰死。◎〔明〕莆田人。字性傳。洪武中以林廷綱薦。授四輔官。兼太子賓客。以老乞歸。後復召爲國子司業。卒官。有文集及莆陽諸名公事跡。

吳・源起 〔清〕吳江人。字準菴。有北嶽游記・硯山吟稿。

吳・滔 〔清〕浙江石門人。字伯滔。號疏林。又號鐵夫。工詩。善山水。名重一時。有來鷺草堂遺稿。

吳・溥 〔明〕崇仁人。字德潤。洪武進士。歷官翰林修撰。永樂初遷國子司業。爲人清愼嚴重。動必以禮。其教學必致力本原。居官二十餘年。操守如一日。雖家貧。常分俸以給親族。及卒。無以爲殮。有古崖集。

吳・照 〔清〕南城人。字照南。號白厂。乾隆拔貢。官教諭。跌蕩不羈。能詩。通六書。工畫竹。有聽雨樓詩集・說文字原考略・老子說略。◎〔清〕歙人。字清暉。號雨香。工白描人物。善寫眞。

吳・熙 〔宋〕儀從弟。字季明。博學厲隱操。與儀稱雙璧。元祐間陳瓘以熙兄弟學行言於郡守。守延二人詣學講經。仍以遺逸薦於朝。得召赴闕。◎〔明〕嘉善人。字止仲。工詞。有非水居詞。◎〔清〕海鹽人。字太沖。號石帆。乾隆舉人。少失怙恃。事繼母孝。有春星草堂詩稿。

吳・熙載 〔清〕儀徵人。原名廷颺。字讓之。號晚學居士。諸生。從包世臣學。善各體書。兼工鐵筆。餘事作花卉。亦高雅有致。

吳・瑞登 〔明〕武進人。字雲卿。由貢生官光州訓導。有兩朝憲章錄・繩武編。

吳・瑛 〔宋〕遵路子。字德仁。治平中官虞部員外郎。尋致仕歸蘄。臨溪築室。種花釀酒。賓至必醉。有臧否人物者。不酬一言。人莫不愛其樂易而敬其高尙。輕財重義。人有負錢數十萬而母老。卽焚其劵。哲宗朝有薦之者。召爲吏部郎中知蘄州。皆不起。

吳・當 〔元〕澄孫。字伯尙。通經史百家。澄沒。四方從游者。悉就當卒業。仕至翰林直學士。江南兵起。授江西廉訪使。募民兵殲建昌渠兇鄭天瑞。又平撫州劇寇胡志學等。後爲撫州總管。退歸豫章。杜門著書。有周禮纂言及學言詩稿。

吳・祿貞 〔清〕雲夢人。字綬青。武備學堂畢業生。光緒末督辦吉林邊務。日本侵佔延吉。祿貞往復論難。卒歸中國管領。旋授副都統。派赴德法兩國觀操。歸任第六鎭統制。駐保定。上書政府。要求實行立憲。灤州駐軍不靖。祿貞前往宣慰。曉諭將士。謀改革大計。事洩。清廷亟防阻之。會太原民軍起事。乃命祿貞署晉撫。陰募人刺之。至石家莊。爲帳下將所害。

吳・筠 〔唐〕華陰人。字貞節。通經誼。美文辭。性高鯁。隱居南陽倚帝山。天寶初召至京。筠請隸道士籍入嵩山。嘗召見問道。筠開陳皆名教世務。以微言諷帝。帝重之。高力士短之於帝。固求還嵩山。後東入會稽剡中卒。弟子謚爲宗元先生。有宗元集。

吳・粲 〔三國吳〕烏程人。爲曲陰長。有治績。黃武初與呂範等拒魏將曹休於河口。値天大風。諸船綆絕。軍多溺水。攀粲船請援。左右以爲船重必敗。粲曰。船敗當俱死。爾奈何棄之。所活甚衆。官至太子太傅。

吳・綃 〔清〕長洲人。字素公。號冰仙。通判水蒼女。巡道許瑤妻。能琴。工小楷。善丹青。有嘯雪庵稿。

吳・經 〔清〕奉賢人。字梅里。號恆齋。諸生。舉賢良方正不就。工畫蘭竹。善詩文。有梅里集。

吳・肅公 〔清〕宣城人。字雨若。號晴嵒。又號街南。有詩問・姑山事錄・明語林・讀禮問・廣祀典儀・街南文集。

吳・肅雲 〔清〕徽州人。字竹蓀。號盟鷗。工山水。

吳・與 〔宋〕漳浦人。字可權。元豐進士。累官通判潮州。故人張天覺當國。或諷之使見。與曰。平生與天覺語皆忠義。反呈身千進乎。卒不往。家藏書二萬卷。鄭樵稱海內藏書四家。與其一也。

吳・與弼 〔明〕溥子。字子傳。年十九。見伊洛淵源圖。慨然嚮慕。遂罷舉子業。躬耕讀書。四方來學者。教誨不倦。屢辭徵聘。天順初徵至京。授左春坊左諭德。固辭。留兩月。稱疾篤放還卒。著日錄。悉言平生所得。胡居仁・陳獻章・皆其弟子也。學者稱康齋先生。有康齋文集。

吳・葵 〔宋〕東陽人。字景陽。家雄於貲。有安田書院。延唐仲友等主之。日從名師儒經鬻史。尤好賙濟。淳熙大荒。匝其居數十里。皆爲之養生送死。累官通山縣簿有聲。民皆化之。

以監利濟局奉祠卒。

吳・萬福 【清】遂陽人。初仕明為守備。清軍圍松山。萬福降。隸鑲紅旗漢軍。順治初從征李自成。擢福寧總兵。加右都督。耿精忠叛。嬰城固守。死之。全家遇害。謚忠愍。

吳・裕中 【明】江夏人。字磊石。號敬菴。萬曆進士。由順德知縣擢御史。熊廷弼其姻也。廷弼之禍。大學士丁紹軾與有力。裕中因疏劾紹軾。為奄黨杖死。

吳・詠 【後漢】張掖人。為護羌校尉馬賢所辟。後為太尉龐參掾。參賢相誣罪應死。各引詠為證。詠計理無兩直。遂自刎死。參賢慚悔。自相和釋。後涼州刺史張軌祭其墓。而旌其子孫。

吳・農祥 【清】錢塘人。字慶百。號星叟。家富藏書。與弟農復登樓去梯。盡發而讀之。遂工詩古文。尤悉明代史事。康熙中以諸生召試鴻博。客大學士馮溥所。與陳維崧・毛奇齡・吳任臣・王嗣槐・徐林鴻・稱佳山堂六子。卒年七十有七。有梧園集。

吳・道 【宋】浦城人。字眞常。學於陳襄。從為河陽學舍都講。遂遊太學。以進士為棠縣尉。襄薦之韓琦。謂能知無不為。剛直不撓。可任以大事。

吳・道玄 【唐】陽翟人。字道子。少孤貧。未弱冠。窮丹青之妙。稱畫聖。初授瑕丘尉。明皇知其名。召入內供奉。為內教博士。嘗於大同殿圖嘉陵江三百餘里山水。一日而畢。所畫景雲寺地獄變相。見之而懼罪改業者。往往有之。又善畫佛像。

吳・道行 【明】善化人。諸生。為惜陰書院山長。人稱嶁山先生。有嶁山集・易說・讀史闕疑・嶽麓志。

吳・道南 【明】崇仁人。字會甫。萬曆進士。授編修。累擢禮部右侍郎。署部事。遇事有操執。明達政體。屢因災異進讜言。朝鮮貢使請市火藥。執不予。土魯番貢玉。請勿納。拜禮部尚書。兼東閣大學士。輔大政不為詭隨。頗有時望。後以科場事為言官所攻。力求去。卒謚文恪。有日講錄・巴山草・曙谷集・河渠志・祕笈新書。

吳・達 【清】紹興人。字行生。號墨莊。善山水。

吳・達之 【南齊】義興人。嫂亡無以葬。自賣為十夫客。以營冢槨。從弟敬伯夫婦。荒年賣為人傭。達之貨田贖之。遂與同處。郡命為主簿。固以讓兄。又讓世業舊田與族弟。弟亦不受。田遂閑廢。

吳・達可 【明】儼從孫。字安節。萬曆進士。歷知會稽・上高・豐城。並有聲。選授御史。視鹽長蘆。歲祲。繪上饑民十四圖。力請賑貸。改按江西。稅使潘相不法。達可力折之。尋陳新政大計。痛規首輔沈一貫。累遷通政使。乞休卒。有奏疏遺稿・三忠文選。

吳・達老 【宋】惠安人。字信遇。政和進士。知惠州。大興學校。有承節郎謝華者。遣徒劫仇家。殺其主。焚所居室。獄具。達老慮賊或奪囚。先處決之。乃自劾待罪。改知潮州卒。

吳達善 【清】滿洲正紅旗人。姓瓜勒佳氏。乾隆進士。授戶部主事。累擢湖廣總督。嚴毅善治盜。盜賊斂跡。後官陝甘總督。卒謚勤毅。

吳達禮 【清】滿洲正藍旗人。姓納喇氏。順治間隨征河南陝西福建。諭降鄭芝龍。累官吏部尚書。

吳・載堅 【宋】宜興人。字節齋。寶祐進士。授四川提刑按察使。疏陳親賢遠佞選將練兵四事。不報。復與文天祥起兵。敗歸。築土室居之。家人罕見其面。

吳・雷發 【清】震澤人。字起蛟。號夜鐙。諸生。性倜儻不羈。詩文清矯拔俗。工書法。中年以後。潛心理學。有說詩菅蒯・寒塘詩話・琴餘集・農鐙錄・香天談藪。

吳・鼎 【元】廣平人。字國器。為人特達。博通經史。歷官大司農。累遷河北道提刑按察副使。不事苛細。百職凜然。卒封壽國公。謚憲穆。有古今農桑輯要。◎【元】燕人。字鼎臣。至元中見裕宗於東宮。命入宿衛。至大初為保定路總管。時太后欲幸五臺。言者請開保定西五迴嶺以取捷徑。鼎力諫。太后為寢其役。召授資善大夫。同知中政院事。兩浙財賦隸中政者鉅萬計。前往者率多取贏。鼎治之一無所私。延祐中進崇祥院使卒。追封薊國公。謚孝敏。◎【明】錢塘人。字維新。號泉亭。又號支離子。正德進士。官至廣西布政司參議。有過庭私錄。◎【清】金匱人。字尊彝。號易堂。乾隆舉人。薦舉經學。官至翰林院侍講。深於易。有易例舉要・十家易象集說・東莞學案。

吳・鼎臣 【宋】棣州人。仁宗時為侍御史。時同官李京。以論事忤宰相賈昌朝。鼎臣希昌朝意。發京私書排去之。論者譏其傾險。官至天章閣待制。河北都轉運使。

吳・僧哥 【金】西南路唐古乙剌乣上沙鸞部落人。拳勇善騎射。貞祐初權順義軍節度使。朔州失守。僧哥復取之。眞授同知節度使事。元兵至朔州。戰七晝夜有功。朝廷以應州已破。朔為孤城不可守。遷朔之軍民九萬餘口。分屯於嵐石隰吉絳解之間。僧哥且戰且行者數十里。力憊馬蹶死之。

吳・兢 【唐】浚儀人。少厲志。貫知經史。魏元忠・朱敬則・薦兢才堪論撰。詔直史館。修國史。累遷起居郎。明皇時屢陳得失。帝頗納之。封長與縣男。卒。兢敘事簡核。號良史。初與劉子玄撰武后實錄。敘張昌宗誘張說謏執魏元忠事。及說爲相。壓以情懇改。辭曰。狥公則何名實錄。卒不改。世稱董狐云。又撰貞觀政要・大唐春秋・樂府古題要解。

吳・嘉允　明松江華亭人。字繩如。天啟舉人。歷官戶部主事。南京破時。方奉使出城。聞變。亟還。謁方孝孺祠。從容投繯死。

吳・嘉言　明分水人。世以醫名。盡得素難等書之玄妙。授太醫院吏目。有當世名醫之譽。有醫學統宗・鍼灸原樞。

吳・嘉枚　清錢塘人。字个臣。號介菴。諸生。寓居吳門。搆靈山草堂。嘯歌自得。工畫。點染精妙。好臨池。善鑒古。

吳・嘉淦　清吳縣人。字清如。道光進士。官戶部員外郎。詩出入唐宋。不拘一格。古文則專法廬陵。有珠塵集・秋綠詞・儀宋堂詩文集・乘桴小草等書。

吳・嘉紀　清泰州人。字賓賢。號野人。布衣。居安豐場。瀕於海。苦吟無知者。周亮工盛稱之。由是著名。有陋軒集。

吳・嘉賓　清南豐人。字子序。道光進士。選庶吉士。授編修。坐事落職。戍軍臺。咸豐間以內閣中書治鄉兵。禦洪楊。城陷死之。其學邃於經。爲古文宗姚鼐・朱仕琇。尤得歸有光法。有五經說・四書說・求自得之室文鈔。

吳・壽昌　宋邵武人。字大年。初謁佛者疏山。喜談禪。後游朱熹之門。著問答略。嘗論張栻・呂祖謙。謂南軒非所敢知。東萊博學多識則有之。守約恐未也。熹深然之。⊙清浙江山陰人。字泰交。號蓉塘。乾隆進士。官翰林院侍講。性耿介。不附權貴。淡於仕進。有虛白齋詩。

吳・夢暘　明歸安人。字允兆。性強直。不避權貴。好吟詩。善度曲。晚遊金陵。徵歌顧曲。齒齲牙落。猶嗚嗚按拍云。有射堂詩鈔。

吳・實　明福建長樂人。字中美。後復姓林。永樂進士。授監察御史。立朝直言。不避權要。時謂之吳鐵面。遷廣西按察司僉事致仕。有樸齋集。

吳・寧　明歙人。字永清。宣德進士。累官兵部職方郎中。郕王監國。于謙薦擢本部右侍郎。謙禦敵城外。寧掌部事。時寇既退。畿民猶日數驚。相率南徙。或議召勤王。寧曰。是益之使驚也。莫若告捷四方。人心自定。因具奏行之。景泰改元。以疾乞歸。

吳・暢春　明漢陽人。字梅初。爲潛山天堂寨巡檢。崇禎中流寇蔓延。暢春謂天堂雖小鎮。賊所必爭。遣器械。積糗糧。募勇敢士。書誓死報國於衣裾間。史可法備兵安慶。知暢春賢。馳札勞曰。官有尊卑。忠義無兩。暢春太息曰。士爲知己者死。況國事乎。一日賊百人誘戰。暢春追至梅家寨。伏兵四起。力竭被執。暢春大罵不屈死。

吳・慈鶴　清吳縣人。字韻皐。號巢松。嘉慶進士。官翰林院侍讀。有鳳巢山樵求是外編。

吳・榮光　清南海人。字荷屋。號伯榮。嘉慶進士。由編修擢御史。巡視天津漕務。肅清積弊。道光間官至湖南巡撫。平江華猺有功。兼署湖廣總督。坐事降福建布政使。工書畫。精鑑金石。有歷代名人年譜・筠清館金石錄・白雲山人詩稿・吾學錄・綠伽南館諸集。

吳・毓嘉　明長汀人。天性孝友。繼母父以食榴斃。見榴輒悲啼不食。繼母病目矉視。每飲食。毓嘉必舐之。比卒廬墓。嘉靖中被旌。後以貢爲湖口教諭。

吳・漵　唐濮陽人。肅宗吳皇后弟。初授太子詹事。累遷金吾衛大將軍。循循有禮讓。見重朝廷。時朱泚叛。德宗遣漵請持節諭慰之。由是爲泚所害。德宗悲哭。贈太子太保。諡忠。

吳・漢　後漢南陽宛人。字子顏。家貧。給事縣爲亭長。王莽末亡命至漁陽。以販馬自業。後歸光武。拜偏將軍。勇鷙有智謀。諸將鮮能及者。伐蜀。與公孫述戰。八戰八克。又北擊匈奴。位至大司馬。封廣平侯。卒諡忠。

吳・漢月　五代吳越錢塘人。以婉淑侍錢元瓘。生俶。善鼓琴。頗尙黃老學。居常被道士服。惟布練而已。每聞王決重刑。必顰蹙以仁恕爲言。乾祐中封吳越國順德太夫人。卒諡恭懿。

吳・漢英　宋江陰人。字長卿。乾道進士。官湖南運幕。時陳傅良將漕。講學嶽麓。漢英標毋自欺之旨。大爲傅良所重。以薦知繁昌。通判滁州。皆有聲。嘉定中累陞大宗正丞。權兵部郎。丞相錢象祖倚漢英爲重。史彌遠忌之。因其乞外。罷官予祠。有歸休集。

吳・熊光　清昭文人。字望崑。別字槐江。乾隆舉人。兩舉中正榜。授內閣中書。以軍機章京入政府。六月。和珅不便其所爲。出爲直隸布政使。累官兩廣總督。坐事戍伊犂。尋召還。授主事。乞休。性樸直。奏對必以誠。能言人所不敢言。有伊江別錄・春明補錄・葑溪筆錄。

吳・爾塤　明崇德人。字介之。崇禎進士。授庶吉士。參史可法軍事。其父之屏方督學福建。爾塤斷一指寄之。請悉出私財餉軍。如不歸。則以指葬。後守揚州新城。投井死。

吳碭 〔後漢〕揭陽人。字叔山。察孝廉。爲安城長。吳孫權使呂岱取長沙郡。碭據縣以拒。權遣魯肅圍攻之。碭突出曰。碭知有漢而不知有吳。權後統有交廣。遣步騭爲交州刺史。亦義碭無纖介言。碭亦不仕。

吳福 〔明〕鄞人。字好德。洪武進士。授禮科給事中。使琉球。陞尙寶少卿。歷陝西參政。有聲績。遷福建右布政使。治行益著。以年老歸。

吳福孫 〔元〕杭州人。字子善。善楷書。兼工篆籀。趙孟頫極稱許之。至正中授上海主簿。自號清容野叟。

吳禎 〔明〕良弟。初名國寶。賜名禎。助良守江陰。數敗吳兵。敗張士誠水寨。累功授親軍指揮使。尋副湯和討方國珍。大敗之。進兵破延平。擒陳友定。自大都督府僉事封靖海侯。後累禦倭海上。俱有功。卒贈海國公。諡襄毅。

吳箕 〔宋〕新安人。字嗣之。乾道進士。主仁和簿。分教臨川。與陸九淵諸人講明義理。宰當塗縣。剖析民訟。編類成聽詞類稿十二册。爲趙汝愚所重。召主審察。以疾卒。有常談。

吳綺 〔清〕江都人。字園次。號豐南。一號聽翁。又號紅豆詞人。寄居歙縣。順治拔貢。薦授祕書院中書舍人。奉詔譜楊椒山傳奇稱旨。以楊官官之。任湖州知府。多惠政。四方名流。過從文讌無虛日。人稱三風太守。卒以是去官。既歸。爲春江花月社。有求詩文者。以花木爲潤筆。因名園曰種字林。工詩及四六。其塡詞小令。兒童婦女皆能習之。有林蕙堂集・藝香詞・宋金元詩選・嶺南風物記。

吳維嶽 〔明〕孝豐人。字峻伯。嘉靖進士。歷官右僉都御史。巡撫貴州。平巨酋。諸夷畏服。嘗與李攀龍倡詩社。爲嘉靖廣五子之一。有天目山齋歲編。

吳肇 〔明〕無錫人。字友山。洪武中舉經明行修。拜監察御史。建文嗣位。見齊黃削奪諸藩過急。嘗從容諷諫。靖難兵起。京師失守。變姓名從亡楚蜀間。正統中縶解而歸。卜築於孟墅。以行醫終。

吳蓋 〔宋〕益弟。字叔平。紹興中以恩補官。亦有書名。官至武寧軍節度使。累升少保。孝宗時卒。追封鄭王。

吳賓 〔清〕江蘇華亭人。字魯公。善界畫。工花鳥人物山水。

吳輔 〔宋〕劍浦人。天聖進士。調道州推官。會有寇至。郡僚欲毀橋城守。輔曰。自橋而南。皆吾民也。安可棄民以自全邪。聞者壯其言。◎〔宋〕休寧人。嘉定進士。授崇安簿。適汀邵寇作。輔督軍餉。賑民饑。眞德秀甚器之。後擢監察御史。歷崇政殿說書。制詞極其褒獎。輔感勵。首列四疏上之。皆嘉納。尋以老乞歸。

吳鳴鏘 〔清〕吳江人。字深堂。一字鑄生。道光歲貢。有睫巢文集。

吳儆 〔宋〕休寧人。初名偁。字益恭。紹興進士。歷知泰州。朱熹・張栻・呂祖謙等皆與之友善。栻稱其忠義果斷。緩急可仗。以親老請祠。餘閒與從游者窮經論史。分齋肄業。如安定湖學之法以爲教。卒諡文肅。有竹洲集。

吳儀 〔宋〕劍浦人。字國華。清修力學。榮利不入於心。漁釣橋溪上。超然自適。人莫窺其際。大爲楊時所重。羅從彥嘗師事之。自號審律。時稱審律先生。

吳儀一 〔清〕錢塘人。字瑹符。一字舒鳧。髫年游太學。名滿都下。尤工於詞。王士禛盛稱之。有吳山草堂詞。

吳儀洛 〔清〕海鹽人。字遵程。精醫。有成方切用・傷寒分經。

吳儁 〔清〕江陰人。字子重。號冠英。品醇性敏。工詩書畫。以三絕稱。寫眞尤得古法。

吳億 〔宋〕南渡時人。字大年。有溪園自怡集。

吳寬 〔明〕長洲人。字原博。號匏菴。以文行有聲諸生間。成化中會試廷試皆第一。授修撰。侍孝宗東宮。每進講。閑雅詳明。孝宗卽位。以舊學遷左庶子。預修憲宗實錄。累遷掌詹事府。入東閣。專典誥勅。進禮部尙書。卒諡文定。寬行履高潔。不爲激矯。而自守以正。於書無所不讀。作詩文有典則。兼工書法。有家藏集。

吳履 〔明〕蘭谿人。字德基。少從聞人夢吉學。通春秋諸史。李文忠鎭浙東。聘爲郡學正。舉於朝。授南康丞。居六年。百姓愛之。遷安化知縣。晉知濰州。會改州爲縣。召還。民皆涕泣奔送。履遂乞骸骨歸。◎〔清〕秀水人。字竹虛。善山水花卉。工詩能書。精篆刻。有苦櫧菴詩。

吳嶠 〔隋〕霅溪人。精天文。袁天剛師事之。煬帝時嘗過鄴中。告其令曰。中星不守太微。主君有嫌。而王氣流萃於秦地。子知之乎。令不之信。及唐高祖卽位。始知其言不誣。

吳廣 〔秦〕陽夏人。字叔。二世時發閭左戍漁陽。廣與陳勝皆爲屯長。失期當斬。乃召徒屬起兵。入據陳。勝立爲王。以廣爲假王。後諸將矯勝令殺之。◎〔明〕翁源人。萬曆中以副總兵禦倭朝鮮。甫班師。時李化龍征播州。以廣爲總兵官。賊平。廣中毒矢失聲。絕而復甦。以本官鎭四川卒。

吳德信 〔清〕九江人。字成友。有周易象義合參。

吳德旋 〔清〕宜興人。字仲倫。諸生。以古文鳴。與惲敬・呂璜以文相砥鍊。詩亦高濟絕俗。道光間卒。年七十有四。有初月樓集。

吳徹 明 江夏人。字文通。善吟詠。家貧。落魄好奇節。陳友諒置諸親密。呼爲先生。徹行覘探。爲太祖所獲。令賦詩。刺詭譎秀才四字於徹面。遣還。後友諒次子陳理守武昌。久不下。太祖怒。將屠城。徹復稱詭譎秀才求見。作詩以諷。帝遂班師。還建康後。屢下詔物色之。徹辭不出曰。吾面目可憎矣。人多以范增目之。

吳慶之 南朝宋 濮陽人。字文悅。江夏王義恭爲揚州。召爲西曹書佐。及義恭誅。慶之自傷爲吏無狀。終身蔬食。不復仕。

吳慶孫 清 金山人。字授棠。諸生。工山水。能詩詞。

吳戭 宋 龍泉人。字叔才。以行義見推。甘於隱遯。康定中郡守孫沔奏以教授州學。部使者薦於朝。授將作監主簿卒。門人私諡沖和先生。

吳標 清 常熟人。字召臣。號雨亭。工書。善寫竹。能花卉。

吳毅 明 南城人。字尚志。學者稱學海先生。洪武初徵拜博士典籤。預修大明律令。尋致仕歸。教授鄉里。爲文古雅。不事彫琢。有學海集。

吳潛 宋 淵弟。字毅夫。嘉定進士第一。歷官至江東安撫留守。嘗應詔陳九事。以正直忤時相。罷奉祠。淳祐中由紹興府入爲參知政事。累進左丞相。封許國公。會論丁大全・沈炎・高鑄之奸。卒爲炎論劾。謫建昌軍。歷徙循州安置卒。德祐初復官。贈少師。有履齋遺集。

吳澄 元 崇仁人。字幼清。幼穎悟。既長。用力聖賢之學。至大初爲國子監司業。遷翰林學士。泰定初開經筵。以澄爲講官。會修英宗實錄。命總其事。實錄成。即移疾。詔加資善大夫。澄答問亹亹。以斯文自任。四方之士負笈從學者。不下千數百人。暇即著書。於易・書・春秋・禮記・各有纂言。著學基學統二篇。又校定皇極經世書。又校正老・莊・太玄經・樂律・八陣圖・郭璞葬書。所居草屋。程鉅夫題曰草廬。故稱草廬先生。卒謚文正。

吳瑾 明 克忠子。嗣侯。天順初曹欽反。瑾聞變。椎長安門上告。門閉。欽攻不得入。遂縱火。瑾將五六騎與欽力戰死。贈涼國公。謚忠壯。

吳璋 明 保山人。字廷獻。弘治舉人。至浙問學於王守仁。居三年。所養益粹。授長壽教諭。教人以良知力行。學者宗之。稱執齋先生。◎清 婁縣人。字漢田。畫花鳥有名於時。

吳稼竳 明 孝豐人。字翁晉。官南京光祿寺典簿。累遷雲南通判。少以詩見稱於王世貞。工樂府。如健兒騎駿馬。左右馳突。靡不如意。有元蓋副草。元蓋。天目山別名。副草。謂尚非其正本也。

吳範 三國吳 上虞人。字文則。治曆數。知風氣。孫權起於東南。範委身事之。每有災祥。輒推數言狀。其術多效。權以爲騎都尉。領太史令。初權爲將軍時。範嘗曰。江南有王氣。亥子之間。有大福慶。權曰。若終如言。以君爲侯。後論功行封。以範爲都亭侯。黃武中卒。

吳節 明 安成人。字與儉。號竹坡。宣德進士。官至太常寺卿。兼侍讀學士。有吳竹坡文集。

吳鼒 唐 山陰人。有盛名。大中時觀察府召以署吏。不應。帥高其概。言諸朝。賜號文簡先生。

吳蓮 清 江都人。字余嘉。有尙書注解纂要。

吳蔚光 清 昭文人。字悊甫。號竹橋。乾隆進士。官禮部主事。有古金石齋詩集・素修堂文集・小湖田樂府。

吳闇 明 武進人。字朝言。正德進士。選河南道御史。持大體。謇謇無所忌諱。宸濠反。詔親征。闇率同列力諫。又疏論江彬・錢寧・谷大用・諸奸罪狀。世宗立。復疏請攬朝綱究奸邪抑奔競防蠱惑。忌者中以考功法罷歸。

吳調元 清 石城人。字雨蒼。以舉人官教諭。有同歸集。

吳質 三國魏 濟陰人。字季重。才學通博。爲五官將。出爲朝歌長。遷元城令。文帝時官至震威將軍。假節都督河北諸軍事。封列侯。質與孔融・陳琳・王粲・徐幹・阮瑀・應瑒。稱建安七子。爲陳思王文章之友。

吳賡枚 清 桐城人。字登虞。號春麓。嘉慶進士。官至御史。數上疏。皆以人心風俗爲急。以憂歸。論學一宗朱熹。學者稱春麓先生。有疏稿及詩文集。

吳賢湘 清 寧化人。號清夫。嘉慶進士。官邵武教授。有清夫文集。

吳鋌 清 陽湖人。字耶谿。諸生。從宜興吳德旋學。工古文。道光間卒。年僅三十三。有因時論。

吳震 明 松江人。字足聚。工畫。有聲於時。

吳震方 清 浙江石門人。字青壇。康熙進士。官至監察御史。有讀書正音・晚樹樓詩稿・嶺南雜記・朱子論定文鈔。

吳震生 清 仁和人。字長公。號可堂。累試不第。入貲爲刑部主事。旋乞歸。耽吟詠。尤工金元樂府。諧南北宮調。行世者凡十二種。又有葬書或問・性學私談・太上吟・金箱璧言・豐南人事考・大藏摘髓・摘莊諸書。

吳鼐【清】無錫人。字大年。乾隆進士。授工部主事。幼嗜學。沈酣六經。撰三正考以駁胡安國夏時冠周月之謬。於易三禮尤深。有易象約言。

吳叡【元】杭州人。字孟思。自號雲濤散人。少好學。工翰墨。尤精篆隸。

吳學【明】無錫人。字遜之。成化進士。授行人。擢御史。條上十事。武宗甚重之。常呼爲長面御史。巡按河南。勦流賊有功。歷山東按察使。劉瑾惡之。請老歸。

吳學炯【清】南城人。字星若。廣搜博覽。潛心古學。有秋雨堂集。

吳擇仁【宋】中復從孫。字智夫。以父任爲雍丘主簿。建中靖國初畿內多盜。以擇仁知大鹿縣。賊相戒不入境。擢熙河路轉運判官。從招討使王厚領兵深入。克蘭廓城柵十三。進集賢殿修撰。爲京畿都轉使。多善政。終徽猷閣直學士。

吳暾【元】淳安人。字朝陽。八歲能詩文。留心性理之學。接夏希賢之傳。以春秋教授。成泰定進士。歷官峽州路經歷。所至有聲。未幾解印綬去。授徒講學以終。追贈翰林修撰。有吳修撰集。

吳樸【明】詔安人。字華甫。有龍飛紀略。

吳樾【清】桐城人。字孟俠。品學頗高。以暗殺黨先鋒自任。屢失敗。光緒間派五大臣赴各國考察憲政。樾飾爲僕役。擲炸彈炸之。未成而死。

吳樹【後漢】下邳人。爲宛令。之官。辭梁冀。冀賓客布在縣界。以情託樹。樹對曰。小人姦蠹。比屋可誅。多託非人。誠非敢聞。冀不悅。樹到縣。遂誅殺冀客爲人害者數十人。由是深怨之。後爲荊州刺史。臨去。冀爲設酒。因鴆之。樹出。死車上。

吳歷【清】常熟人。字漁山。號墨井道人。工畫。山水宗元人。尤長大癡筆法。秀潤與王翬齊名。年八十有六卒。

吳激【金】建州人。字彥高。米芾之壻。工詩能文。字畫俊逸。得芾筆意。尤精樂府。造語清婉。將宋命至金。以知名留不遣。命爲翰林待制。皇統中出知深州。到官三日卒。有東山集。

吳獬【宋】龍溪人。兩領鄉舉。又領漕舉。退爲學者師。稱省齋先生。陳知柔謂其銳古心古學古文古。有省齋集。

吳璘【宋】玠弟。字唐卿。少好騎射。從玠攻戰。紹興初遷統制和尚原軍馬。兀朮大入。與玠以死守之。金兵十萬至仙人關下。璘血戰連日。金兵大敗。自是不敢窺蜀。累遷秦鳳路經略安撫使。歷知熙秦二州。節制陝西軍馬。四川宣撫使。孝宗時拜太傅卒。追封信王。諡武順。

吳璜【宋】延陵人。畫竹師文同。

⊙【清】會稽人。字方甸。號鑑南。康熙進士。官澄州知州。用兵金川。璜入蜀治糧事。番人來攻。死之。喜爲詩。人笑爲詩癖。有蘇門紀游・黃琢山房詩。

吳璟【清】偉業子。一作名暻。字元朗。康熙進士。累官給事中。工詩。近體清穩。尤稱雅音。有西齋集。

吳穎【清】溧陽人。字見末。號長眉。順治進士。仕至湖州知府。工畫山水。有尊饕堂集・溧詩閣史。一時有瀨江文獻之目。

吳穎芳【清】仁和人。字西林。幼赴童子試。爲隸所訶。恥之。遂不復應試。壹志讀書。與厲鶚交。從之學詩。尤精六書音樂。著吹豳錄・說文理董・音韻討論・臨江鄉人集諸書。後習梵行。精研唯識論。自號樹虛。著輯之書甚衆。乾隆中卒。年八十。

吳縝【宋】成都人。字廷珍。嘗以朝散郎知蜀州。後歷典數郡。皆有嘉政。有新唐書糾謬・五代史纂誤。

吳興【唐】莆田人。神龍中以家貲築延壽陂。溉田萬餘頃。瀕海爲田。築長堤以障海水。時有蛟爲孽。堤數潰。興攜刃入水斬蛟。卒與蛟俱死。鄉人建祠祀之。

吳興祚【清】浙江山陰人。入正紅旗籍。字伯成。號留邨。以貢知萍鄉縣。康熙間從征耿精忠有功。累官兩廣總督。後徙古北口都統。有宋元詩聲律選・史遷句解・粵東輿圖。

吳蕃昌【清】海鹽人。字仲木。諸生。與張楊園講學。並從蕺山先生游。著日月歲三儀以自範。爲闡職三儀以範其家。遭母喪哀毀卒。私謚孝節先生。有祗欠庵集。

吳融【唐】山陰人。字子華。力學富辭調。龍紀初及進士第。爲翰林學士。拜中書舍人。昭宗反正。御南闕受賀。融最先至。帝有所指授。叠十許稿。融跪作詔。少選成。語當意詳。帝咨賞良厚。進戶部侍郎。以翰林承旨卒官。有唐英歌詩。

吳豫杰【清】繁昌人。字次謙。通音律。善吹洞簫。尤善畫墨竹。當時稱爲第一。

吳遵世【北齊】渤海人。字季緒。少學易入恒山。忽見一老人授以開心符。遵世跪吞之。遂明占卜。後出游京洛。以卜筮知名。武成謀起兵。令遵世筮之吉。及即位。授中書舍人。以老疾辭。有易林雜占。

吳遵路【宋】淑子。字安道。第進士。累官殿中丞。爲祕閣校理。後知永興軍卒。遵路博學知大體。爲政簡易。不爲聲威。立朝敢言。平居廉儉無他好。既沒。室無長物。

吳錡【清】字補之。畫師沈銓。尤

吳於松。

吳錫綬 〔清〕會稽人。字棻卿。順治武進士。爲羅定都司。從傅弘烈集兵恢復平樂。亙戰五撓。賊衆猝至。錫綬奮力鏖戰。糧盡矢絕。自剄以殉。從死者數百人。贈昭武將軍。

吳錫疇 〔宋〕敞從孫。字元倫。研精理學。所居蘭闋以自況。有蘭皐集。

吳錫麒 〔清〕錢塘人。字聖徵。號穀人。乾隆進士。由編修官至祭酒。詩境超妙。得力於宋人者爲多。兼工倚聲。其駢體文清華明秀。尤名重一時。有有正味齋集。高麗使臣出餅金爭購。廠肆爲之一空。

吳錄 〔清〕秀水人。字禹錫。畫師藍瑛。摹黃公望。小景頗雋妙。

吳鼐 〔清〕全椒人。字及之。又字山尊。號抑菴。嘉慶進士。官侍講學士。駢體文沈博絕麗。詩以孟韓皮陸爲宗。歸田後。主講揚州書院最久。有夕葵書屋集。

吳龍見 〔清〕武進人。字惆士。乾隆進士。歷陝西布政使。有薛帷文鈔。

吳龍翰 〔宋〕歙人。字式賢。號古梅。咸淳中貢於鄉。以薦授編校國史院實錄院文字。至元丙子鄉校。請充教授。尋棄去。有古梅吟稿。

吳孺子 〔明〕蘭谿人。字少君。志行高尚。好離騷老莊。工詩。日閉門危坐。或問之。曰。吾尋味好客話耳。後居僧寺。自稱破瓢道人。隆慶末卒。

吳嶽 〔明〕汶上人。字汝喬。嘉靖進士。清望冠一時。持躬嚴整。尚書馮森・言平生見廉潔士二人。嶽與譚大初耳。累官南吏部尚書。卒諡介肅。

吳嶽秀 〔明〕懷寧人。字幼鍾。萬曆進士。授中書舍人。與顧憲成講學東林。以道德文章相砥礪。遷給事中。直聲大震。卒以忤權貴。出爲河南右布政。未幾乞歸。

吳懋 〔宋〕晉陵人。字禹功。崇寧進士。累遷禮部員外郎。靖康末金人立張邦昌。王時雍用事。坐政事堂。懋罵之曰。反虜。吾不能斃汝如段秀實耶。後吳幵・莫儔以表狀詣金營。懋不屈歸。高宗即位。擢知明州。改知吉州卒。

吳懋謙 〔清〕江蘇華亭人。字六益。早從陳子龍・李雯諸人遊。力追七子之派。又與北地申鳧盟齊名。時稱南吳北申。論詩多以漢魏盛唐爲宗。晚歸里。築獨樹園。自號獨樹老夫。卒。門人私諡貞碩先生。有華亭初集・苧菴二集。

吳應和 〔清〕海鹽人。原名寧。字子安。號榕園。敦行力學。善詩古文詞。並精音韻之學。有榕園吟稿・文鈔・詞韻。

吳應枚 〔清〕應棻弟。字穎菴。號小穎。官至大理寺卿。善畫山水。師王原祁。工詩。

吳應棻 〔清〕歸安人。字小眉。號眉菴。又號青鹽山人。康熙進士。官至兵部侍郎。工詩。善寫竹石小景。

吳應逵 〔清〕鶴山人。字鴻來。乾隆舉人。有雁山文集。

吳應筵 〔清〕應箕弟。字山賓。後名非。善書畫。工鐵筆。每遊山水。所至必自鐫名於巖石。應箕殉節。爲撫其孤。有三唐編年・二十一史異同攷。

吳應賓 〔明〕桐城人。字客卿。一字尙之。萬曆進士。授編修。以目眚告歸。居鄉四十載。閉戶著述。深於性命之旨。天啓中以理學召。不赴。加左春坊。門人私諡宗一先生。有學易齋集・宗一聖論。

吳應箕 〔明〕貴池人。字次尾。善今古文。意氣橫厲。阮大鋮以附璫削籍居南京。聯絡南北附璫失職諸人。劫持當道。應箕與復社諸生爲留都防亂公揭討之。中崇禎副榜。貢入京。後大鋮得志。謀殺周鑣。應箕獨入獄護視。大鋮聞。急捕之。應箕夜亡去。南都不守。起兵應金聲。敗走被獲。慷慨就死。有樓山堂集・讀書止觀錄。

吳應箕妻 〔明〕池州人。姓李氏。應箕初貧。李氏斷蘿夜績以助之。及應箕以文名盛海內。賓朋若槐。躬執不爲勞。後被兵執。出襟帶中藏金賂使速殺。兵破其腦以去。越五月腦復合。人欽其烈。

吳應澍 〔元〕黃安人。博學多能。以德義爲鄉里所欽。兄東山南山早逝。應澍撫其遺孤。以所置產業與己子均分之。天曆中以不求聞達徵。不起。御書西山二字褒之。人稱西山先生。

吳應鵬 〔明〕通城人。字圖南。萬曆舉人。官溫州司李。有平海寇功。與武將王大寧不睦。掛官歸。崇禎末楊嗣昌欲起之。力辭。有補朱易義。

吳檠 〔清〕全椒人。字青然。乾隆進士。官刑部主事。博學有詩名。有咫聞齋詩鈔・陽局詞鈔。

吳潾 〔宋〕表臣曾孫。初名濤。字子量。世其家學。篤志窮經。登淳祐進士第。監平江府大軍倉。秩滿。注贊田令歸。嘉定間葉味道・陳埴・以朱學顯。而潾從游之士過之。

吳燧 〔宋〕同安人。字茂新。紹定進士。累官監察御史。上疏以正紀綱開言路爲首務。除大理寺卿。不拜而去。後擢殿中侍御史兼侍講。時洪天錫論奏宋臣甚力。燧請行其言。改禮部侍郎奉祠。度宗立。召爲兵部侍郎。

◎〔清〕上海人。字蕃宣。康熙副貢。學問純粹深博。性恬退。居家孝友。鄉黨稱爲。張照・張起鱗・顧成天輩。皆從其學。有存初文集。

吳璥 〔清〕嗣爵子。乾隆進士。高

宗召詢河務情形。甚爲諳悉。授河南開歸陳許道。歷官河東河道總督。嘉慶閒兩河興舉大工。多派往督辦。官至吏部尚書。協辦大學士。

吳·環照 【清】嘉興人。名永徹。幼出家於精嚴寺。性恬澹。精金針術。能開一二十年瞽目。兼善寫蘭竹。

吳·襄 【明】三桂父。崇禎初官錦州總兵。坐失機下獄。起提督京營。李自成陷京師。脅襄以書招三桂。三桂聞歌女陳沅爲賊將所得。作書絕父。迎清兵入關擊賊。自成執襄殺之。盡屠其家。◎【清】青陽人。字七雲。號懸水。康熙進士。由編修累官禮部尚書。充明史·八旗通志總裁。工詩。品極高。不肯流入三唐以下。卒諡文簡。

吳·謙 【元】安仁人。字尊光。學於陳苑。紹陸九淵之傳。與祝蕃·李存·舒衍。號江東四先生。

吳·謙牧 【清】海鹽人。字裒仲。號志仁。諸生。與兄蕃昌並從蕺山講學。亦以母喪哀毀卒。時稱東海兩孝子。有繭窩集·困勉齋集。

吳·邁遠 【南朝宋】好爲篇章。明帝召見之曰。此人連絕之外。無所復有。邁遠好自誇而蚩鄙他人。作詩得稱意語。輒擲地呼曰。曹子建何足數哉。

吳·鍾巒 【明】武進人。字巒稺。號霞舟。受業顧憲成·高攀龍。爲心性之學。崇禎中舉進士。累官桂林推官。福王立。遷禮部主事。晉王起兵。以爲禮部尚書。往來普陀山中。清兵至寧波。鍾巒渡海入昌國衞。自焚死。有周易卦說·霞舟語錄·十願齋文集。

吳·隱之 【晉】鄄城人。字處默。博涉文史。以儒雅標名。事母孝謹。執喪哀毀過禮。與韓康伯鄰居。康伯母謂康伯曰。汝居銓衡。當擧如此輩人。解褐輔國功曹。累遷晉陵太守。廣州刺史。皆著清操。盧循寇南海。隱之率將士固守。城陷。爲循所得。循表朝廷。以隱之黨附桓玄。宜加裁戮。詔不許。義熙中以中領軍致仕卒。

吳·霞所 【元】龍虎山道士。善畫龍。

吳·駿 【宋】浦城人。字晞遠。元豐進士。調潞州上黨簿。張商英持節行部。首加薦引。擢縣令。政和初通判饒州。未幾告老。有詩解·文集。

吳·鴻錫 【清】晉江人。字允康。年七歲。從父避兵浙江。父卒。育於滿洲噶尼希。噶尼希沒。鴻錫爲力持門戶。撫其孤以至成立。平生善治生。持躬嚴整。見者皆敬憚之。康熙間卒。

吳·擴 【明】崑山人。字子充。以布衣遊縉紳間。工詩。自號山人。徧游南北諸名勝。至老不衰。嘉靖中避倭亂居金陵。嘗以元日賦詩寄懷分宜相公。當時傳爲笑談。

吳·獵 【宋】醴陵人。字德夫。登進士第。光宗時。召試守正字。上疏請覲重華宮。以祕閣修撰知江陵府。金人犯境。分道夾攻。金人遁去。吳曦反於蜀。命獵充四川安撫制置使。召還。卒諡文定。有畏齋文集·奏議。

吳·瞻泰 【清】歙人。字東巖。有陶詩彙註。

吳·簡 【元】吳江人。字仲廉。至正中就鄉試不利。遂杜門力學。尋以薦授郡學訓導。遷紹興路學錄。明洪武中授崑山主簿。不就。優游林泉。號月潭居士。爲詩文溫厚古雅。有論語提要·詩義·史學提綱·守約齋集。

吳·鎮 【元】嘉興人。字仲圭。性高介。隱居不仕。工詞翰。善畫山水竹石。每題詩其上。時稱爲三絕。以愛梅。自號梅花道人。至正間卒。有梅花道人遺墨。

吳·鎰 【宋】曾從弟。字仲權。隆興進士。知義章縣及武岡軍。均有惠政。累官司封郎中。極言罷歸。有雲巖集。

吳·騏 【明】松江華亭人。字日千。諸生。入清遁迹不出。詞工小令。生色眞香。在離卽之間。有顚頷集。

吳·懷 【宋】江南人。善畫龍水。

吳·懷珍 【清】錢塘人。字子珍。咸豐擧人。治古文主蘇軾。兼習兵家言。慷慨自負。與譚獻友善。沒後。獻刻其遺著爲待堂文。

吳·懷賢 【明】休寧人。天啓中由國子監生授內閣中書舍人。楊漣劾魏忠賢疏出。懷賢書其上讚之。卽時遣戍。又與吳昌期書。有反正不遠語。忠賢大怒。遂矯旨詔下獄。拷掠死。

吳·瓊仙 【清】震澤人。號珊珊。嫁徐達源。有寫韻樓詩草。

吳·鵬 【明】秀水人。字萬里。嘉靖進士。參議黔中。福會違命。奉詔往諭。福伏地謝罪。安南遂定。又討擒黠賊陳日輝。平諸洞。督理漕河。敗師尙詔。官至工部尙書。有飛鴻亭集。

吳·麒 【清】寶山人。字子仁。善水墨山水。手錄圖繪寶鑑。又著圖繪寶鑑續纂。

吳·寶秀 【明】浙江平陽人。字汝珍。萬曆進士。知南康府。時稅監李道橫甚。寶秀不與通。道大怒。疏劾寶秀阻撓稅務。逮詔獄。其妻陳氏請同行不得。自縊死。時大學士趙志皐等上疏力救。部民伏闕訟冤。帝皆不省。會皇太后亦聞陳氏之死。爲言於帝。乃釋爲民。踰年卒。士民立祠祀之。

吳·寶信 【宋】宣城人。字叔誠。以蔭爲龍泉令。元兵入臨安。寶信從張世傑等奉二王如福州。復還泉州。會蒲壽庚亂。率淮兵百人力戰死。

吳·寶書 【清】郴孫。字松崖。工畫花果蘭竹。著墨無多。風神秀朗。不媿家法。

吳·曦 【宋】挺子。慶元中官武寧軍承宣使。韓侂胄謀開邊。曦潛畜異志。

因附侂胄求還蜀。遂命曦爲四川宣撫副使。兼知興州。未幾。兼陝西河東招撫使。曦獻關外階成和鳳四州於金。求封爲蜀王。因僭王位於興州。遣人至成都治宮殿。將徙居之。興州合江倉官楊巨源倡義討逆。斬其首獻於朝。

吳・璦 【宋】琚弟。工晝竹。

吳・繼仕 【明】徽州人。字公信。有七經圖・音聲紀元。

吳・繼序 【明】休寧人。字季常。流寓金陵。官中書舍人。工畫山水佛像。

吳・繼善 【明】太倉人。字志衍。崇禎進士。知成都縣。圖繪有元人風。工詩文。後爲張獻忠所執。被害。

吳・繼勳 【明】楚雄人。授楚雄衛指揮。萬曆中督軍征緬。屢捷。孤軍無援。沒於陣。

吳・藻 【清】錢塘女子。字蘋香。號玉岑子。精繪事。工詞翰。飲酒讀離騷。蓋抱天壤王郎之恨。有花影簾詞。

吳・蘂仙 【清】吳縣女子。名琪。能詩工畫。有香谷焚餘草。

吳・鐐 【唐】乾寧中爲會稽令。董昌反。詔鐐問策。鐐曰。王爲眞諸侯。遺榮子孫而不爲。乃自取滅亡。昌怒。叱出斬之。幷滅其家族。

吳・闡思 【清】武進人。字道賢。有匡廬紀游。

吳・驌 【明】浙江山陰人。字文英。工爲古文辭。時李東陽稱文章宗匠。見賓所爲駱賓王廟碑。歎賞不已。其志乘傳記。皆得體裁。有紹興先達傳。

吳・騫 【清】當塗人。字益存。號槃園。康熙進士。官至惠州知府。有惠陽山水紀勝。⊙【清】海寧人。字槎客。號兎牀。貢生。藏書五萬卷。築拜經樓藏之。長夕展誦。黃丕烈顏其室曰百宋一廛。騫聞之。自題其居曰千元十架。謂有千部元板也。能畫工詩。嘉慶間卒。年八十一。有拜經樓詩文集。

吳・蘭亭 【清】歸安人。字胥石。乾隆舉人。與仁和吳長元齊名。時號二吳。有五代史纂誤補・南雲草堂詩集。

吳・蘭修 【清】嘉應人。字石華。嘉慶舉人。官信宜訓導。藏書頗富。顏其室曰守經堂。有南漢紀・宋史地理志補正・端溪硯史。

吳・㷍文 【清】浙江山陰人。字璞存。一字樸庭。雍正中監生。屢舉不第。生平游歷。寄諸吟詠。有樸庭詩稿。

吳・霸 【漢】山陽人。字子公。少才勇。嘗禦侮至滇陽。招徠流徙。民感其仁。旌所駐山曰吳山。徙廣鬱都尉。威震夜郎。遷牂牁太守。爲夜郎竹王立後。由是蠻裔畢服。昭帝時。罷象郡。分屬鬱林・牂牁。霸族在桂陽者。欲往廣鬱就腴田。霸不許。惟令墾近土。廬居番禺縣之西。民服其不私。今吳氏布蒦嶺表。皆其後云。

吳・儼 【明】宜興人。字克溫。成化進士。歷侍講學士。劉瑾竊柄。聞儼家多貲。昭以美官。儼峻拒之。罷官。瑾誅。復職。升南京禮部尙書。武宗北巡。儼切諫不報。卒諡文肅。有吳文肅公摘稿。

吳・巒 【後晉】虞縣人。字寶川。後唐清泰中爲大同沙彥珣節度判官。晉高祖起太原。召契丹爲援。彥珣爲契丹所虜。巒主州事。閉門拒守。高祖立。以雲州入於契丹。而巒猶守城不下。契丹圍之凡七月。高祖義巒所爲。召爲武寧軍節度副使。後代王令溫守貝州。契丹來攻。牙將邵珂開門引契丹入城。巒投井死。

吳・瓘 【元】嘉興人。字瑩之。多藏法書名畫。善作窠石墨梅及寒雀。

吳・霽 【清】錢塘人。字倬雲。號竹堂。乾隆進士。善畫山水及竹。工詩古文詞。嘗主湖北書院。又主吳中平江講席。

吳・瓚 【明】仁和人。字器之。弘治進士。歷知南通州。乞歸。有武林紀事。

吳・麟 【明】季豐人。字允祥。嘉靖進士。官河南道監察御史。按治廣東。執法勁峻。時宰有着頭橫於部下。麟竟收治之。遂爲所擠。謫判泰州。歷山東按察副使。告歸侍養。有茗源存稿。⊙【明】常熟人。一作天麟。字瑞卿。從沈周遊。工人物山水。寫花卉如生。臨宋元名家尤精。性溫謹。善清言。

吳麟 【清】滿洲鑲黃旗人。姓吳查拉氏。字子瑞。號晚亭。別號黍谷山樵。康熙舉人。官內閣中書。乞休。乾隆中薦舉鴻博。與修明史。本紀出其手。工山水。有黍谷山房集。

吳・麟徵 【明】海鹽人。字聖生。一字來皇。號磊齋。天啟進士。崇禎中在諫垣有直聲。累官太常少卿。賊薄京師。麟徵守西直門。募死士縋城擊賊。多斬獲。城陷遂自經。福王時。諡忠節。有家誡要言。

吳・觀禮 【清】仁和人。字子儁。號圭庵。同治間隨左宗棠肅清全閩。宗棠入粵及督師秦晉燕齊。皆參與戎幕。後以目疾辭歸。應試成進士。官編修。有圭庵詩錄。

吾也而 【元】珊竹氏。太祖時。克金東京有功。又從太師木華黎取北京。領兵先驅下之。捷聞。授金紫光祿大夫・北京總管都元帥。自後每戰皆捷。太宗立。會征遼東及高麗有功。充北京・東京・廣寧・蓋州・平州・泰州・開元七路征行兵馬都元帥。憲宗時卒。年九十六。

吾丘・壽王 【漢】趙人。字子贛。從董仲舒受春秋。高材通明。遷侍中中郎。後爲光祿大夫侍中。丞相公孫弘請禁民不得挾弓弩。帝下其議。壽王對善。帝以難弘。弘屈服焉。

吾・定保　清海鹽人。字爰立。號築巖。歲貢生。早歲能詩。晚愈精邃。有築巖詩鈔。

吾・彥　晉吳人。字士則。有文武才幹。初仕吳至建平太守。時王濬將伐吳。造船於蜀。彥請增兵爲備。孫皓不從。彥乃爲鐵鎖。橫斷江路。逮晉師至。諸城皆潰。惟彥不下。吳亡歸晉。武帝以爲金城太守。累轉南中都督交州刺史。在鎮二十餘年。恩威宣著。徵爲大長秋。卒。

吾・衍　元衢州人。家於錢塘。一作吾丘衍。字子行。嗜古學。通經史百家言。操行高潔。不求榮進。隱居教授。居於樓。坐學童樓下。遣高弟子遞授之。廉訪使徐琰來訪。衍從樓上呼曰。此樓何堪當貴人登也。願明日走謁謝。琰笑而去。明日竟不謝。後以無妄被逮。義不受辱。赴水死。人稱貞白先生。有周秦刻石釋音・學古編・閒居錄・竹素山房詩集。

吾・尋　明開化人。字景端。通書易春秋。以鄉舉入太學。就江浦教諭。乞養歸。尋學專爲己。不溺於記誦詞章之習。四方來學者履常滿。即其所居稱之曰文山先生。有朱子讀書法・還山稿・五箴解。

吾・紳　明開化人。字叔縉。永樂進士。官刑部主事。治獄有聲。歷郎中。拜禮部侍郎。正統中卒於官。紳清彊有執。澹於榮利。仕宦二十餘年。蕭然如寒士。

吾・粲　三國吳烏程人。字孔休。黃武初爲參軍校尉。以舟師拒魏。綆紲斷絕。或遭覆溺。衆皆攀緣號呼。吏士恐船傾沒。皆不受。粲曰。船重當俱死耳。人窮奈何棄之。所活者百餘人。累遷太子太傅。吳主欲廢太子和而立魯王霸。粲抗言執正。被譖誅。

吾・慶　明開化人。字善有。舉博學。歷東莞教諭。爲文不屬稿。人稱吾夫子。

吾・豫　明開化人。任訓導。景泰初齊薦至京。屢言邊事防禦之方。甚得體要。本兵奏用於邊。

吾・謹　明開化人。字惟可。正德進士。總角能詩。博綜經傳子史天文地理兵家陰陽釋道等書。得第後。歸隱少華山。與何景明・孫一元・李夢陽相頡頏。天下稱四才子。

呂・一龍　明浙江永康人。陳時芳弟子。言動不苟。學者宗之。

呂・乂　蜀漢南陽人。字季陽。先主定益州。擢綿竹令。百姓稱之。遷巴西漢中太守。後爲尚書令。爲政簡而不煩。號爲清能。然持法刻深。好用文俗吏。故居大官。名聲損於郡縣。

呂・人龍　宋淳安人。字首之。景定進士。爲錢時高弟。胸次灑落。日與學者指點浴沂風雩之樂。仕止小官。學者稱爲鳳山先生。有鳳山集。

呂・士元　宋巢人。元祐時立十科取士法。士元上疏懇切。未報。又累試不第。乃歸。自憤曰。當今蔡確・章惇四害未除。吾等困老田園。其如與世無補何。乃去東山二里許。至橋。抱所誦讀書自沈。

呂・士榮　宋湯陰尹。多惠政。教民孝弟。幾於無訟。去任。民爲立碑焉。

呂・大川　明浙江新昌人。字中源。成化進士。守惠州。才識精敏。判決如流。人誦之曰。呂惠州之政。霜雪內有陽春。戎馬中行俎豆者也。

呂・大圭　宋南安人。字圭叔。楊昭復弟子。淳祐進士。累官國子編修實錄檢討官。知漳州軍。節制左翼屯戍軍馬。未行。蒲壽庚降元。令大圭署降表。大圭變服逃入海。爲壽庚所追殺。有易經集解・春秋或問・學易管見。

呂・大防　宋大忠弟。字微仲。由進士第歷監察御史裏行。英宗時首言紀綱賞罰。未厭四方之望。議濮王稱考。是顧私恩。違公議。章累十數上。元豐初知永興軍。神宗以彗星求言。大防陳三說九宜。累數千言。時用兵西夏。調度百出。有不便者。輒上聞。務在寬民。元祐初封汲郡公。拜尚書左僕射。兼門下侍郎。與范純仁同心輔政。進退百官。不可干以私。不市恩嫁怨以邀聲譽。八年始終如一。後爲章惇等所搆。貶死。追謚正愍。

呂・大宗　明貴州清平人。性純孝。父病危篤。藥必親嘗。衣不解帶。夜必祝天。衣食溺器。咸以身親之。

呂・大忠　宋汲郡人。徙藍田。字進伯。皇祐進士。爲簽書定國軍判官。熙寧中王安石議遣使諸道。立緣邊封溝。大忠陳五不可。遂罷不遣。元豐中爲河北轉運判官。上生財養民十二事。紹聖中知渭州。與章惇等議不合。徙知同州。致仕卒。

呂・大鈞　宋大防弟。字和叔。嘉祐進士。授秦州司理監。改知三原縣。移巴西・侯官・涇陽。以父老皆不赴。父喪。家居數年。會伐西夏。鄜延轉運使檄爲從事。卒。大鈞從張載學。能守其師說。關中化之。

呂・大器　宋本中從子。字治先。累官尚書倉部郎。與弟大倫・大猷・大同・築豹隱堂以講學。汪應辰謂其所講釋。莫非前言往行之要。蓋皆有得於家學云。◎明遂寧人。字儼若。崇禎進士。歷右僉都御史。巡撫甘肅。定西陲有功。擢兵部右侍郎。大器性剛躁。負才善避事。見天下多故。懼當軍旅任。力辭。且投揭吏部。言己好酒色財。必不可用。帝趣令入京。詭稱疾不至。嚴旨切責。亦不至。越年始至。以本官總督保定山東河北軍務。福王立。以疏劾馬士英削籍逮治。後與丁楚魁等擁永明王監國。督西南諸軍。旋卒。諡文肅。

呂·大臨 宋 大鈞弟。字與叔。初學於張載。載卒。乃東見二程。與謝良佐·游酢·楊時號程門四先生。大臨博極羣書。能文章。至是涵養益粹。元祐中爲祕書省正字。范祖禹薦爲講官。未及用而卒。有攷古圖十卷。

呂·子臧 唐 河東人。隋大業末爲南陽郡丞。高祖入京師。遣馬元規慰輯山南。獨子臧堅守。隋亡。子臧爲故君發喪訖。送款。就拜鄧州刺史。封南陽郡公。武德初朱粲圍城。會霖雨城壞。子臧率麾下數百人赴敵死。

呂·才 唐 清平人。善音律。貞觀時召直弘文館。參論樂事。帝嘗覽周武帝三局象經不能通。試問才。退一昔卽解。具圖以聞。由是知名。累擢太常博士。受詔刪定陰陽家書。詔頒天下。又詔造方域圖。及教飛騎戰陣圖。屢稱旨。擢太常丞。麟德中卒。

呂·不用 明 浙江新昌人。字則耕。初名必用。字則行。從金華黃溍學。洪武初以經明行修。辟授本縣訓導。時兵革初靖。不用疏六緯四籍諸史之學授生徒。一時翕然向化。後以聾解官。自號石鼓山聾。有得月稿。

呂·不韋 秦 陽翟人。爲大賈。家累千金。時莊襄王質趙。以不韋計得歸嗣位。不韋爲相。封文信侯。不韋嘗納邯鄲姬。有娠。獻之莊襄王。生子政。卽始皇也。始皇尊不韋爲仲父。通於太后。畏罪自殺。嘗著呂氏春秋。置於咸陽之城門。曰。有能增損一字者予千金。

呂·中 宋 字敬伯。眞德秀門人。德秀稱其有求道之志。因示以入道之要。佩服仁誠敬三字。終身不忘。◎ 宋 晉江人。字時可。淳祐進士。遷國子監丞。兼崇政殿說書。奏乞晚輪二員說書。夜輪講官直宿以備顧問。又言進講經史。乞依正文進講。不宜節貼避忌。不惟可察古今治亂。亦以革臣下諂諛之習。當路忌其直。徙汀州。有演易十圖·皇朝大事記·治蹟要略。

呂·中孚 金 南宮人。字信臣。能詩。有清漳集。

呂·元亨 宋 金陵人。工畫花鳥。

呂·元泰 唐 清源尉。中宗時上書言時政。甚切至。不報。

呂·元善 明 海鹽人。字季可。號冠洋。天啟中官山東布政司都事。後殉流寇難。有聖門志·三遷志。

呂·元膺 唐 東平人。字景夫。策賢良高第。調安邑尉。歷蘄州刺史。元和中復刺同州。旣謝。帝問政事。所對詳洽。進御史中丞。俄拜東都留守。東都有李師道留邸兵。與山棚謀竊發。事覺。元膺禽破之。改河中節度使。時方鎭多姑息。獨元膺秉正自將。入拜吏部侍郎。改太子賓客卒。

呂公 漢 單父人。名文。字叔平。好相人。高祖微時。呂公見而異之。曰。臣相人多矣。無如季相。有息女。願奉箕帚。呂媼怒。呂公曰。此非兒女子所知也。卒與之。高祖爲漢王。封爲臨泗侯。呂公女。卽呂后。◎ 漢 樓護故人。無子。歸護。護奉養終身。

呂·公弼 宋 公綽弟。字寶臣。賜進士出身。仁宗時樞開封府。嘗奏事退。帝目送之。謂宰相曰。公弼甚似其父。英宗初。拜樞密副使。陳升之建議。衛兵年四十以上稍不中程者。減其廩。徙之淮南。公弼曰。旣使去本土。又削其廩。倘二十萬衆皆反側。爲之奈何。韓絳議復肉刑。公弼力陳不可。帝皆爲之止。王安石立新法。公弼數言宜務安靜。遂罷爲觀文殿學士。知太原府。俄判秦州。卒諡惠穆。

呂·公著 宋 公弼弟。字晦叔。舉進士。累官御史中丞。元祐初拜尙書右僕射兼中書侍郎。與司馬光同心輔政。務一切持正。光疾革。以國事託之。獨當國三年。辭位。卒封申國公。諡正獻。史稱其識量深敏。量閎學粹。

呂·公綽 宋 夷簡子。字仲祐。天聖中爲館閣對讀。累遷翰林侍讀學士。歷官多所建白。性通敏有才。父知政時。多涉干請。喜名好進者趨之。嘗漏洩除拜以市恩。時人比之竇申。

呂·公孺 宋 公著弟。字稚卿。仁宗時歷知澤潁廬常四州。元豐初知永興軍。徙河陽。洛口兵以久役思歸謀變。觀聽洶洶。諸將請出兵掩擊。公孺遣牙兵諭之。索倡首者黥一人。餘衆帖息。後遷刑部侍郎。知開封府。爲政明恕。官終戶部尙書。

呂·升 明 浙江山陰人。字升章。洪武中鄉貢。永樂初爲溧陽教諭。以薦擢江西按察僉事。改福建。所至有清愼聲。入爲大理少卿。

呂·午 宋 歙人。字伯可。嘉定進士。累官監察御史。糾正官邪。不顧忌觸。史嵩之欲疏之。遷浙東提刑。復入爲御史。兼崇政殿說書。遷起居郎。以論諫切直名。有左史諫草。

呂·天成 明 餘姚人。字勤之。別號棘津。又號鬱藍生。諸生。工詞章。尤精音律。著有曲品。評明代曲家優劣。

呂·天倖 清 崇慶人。嘉慶間從勦陝西及河南滑縣教匪。皆有功。道光間擢漢中鎭總兵。討張格爾。大敗之。敍功升烏魯木齊提督。

呂·天策 宋 江陰人。字彥發。善詩。尤工書。能兼數體。有石刻十卷藏於家。徽宗時被詔不就。號呂詔君。

呂·太乙 唐 爲戶部員外郎。戶部與吏部鄰。吏部移檄戶部。令牆宇悉樹棘。防令史交通。太乙報牒曰。眷彼吏部。銓總之司。當須簡要清通。何必設雜種棘。省中嘗其俊拔。

呂·文仲　【宋】新安人。字子臧。南唐進士。入宋歷少府監丞。預脩太平御覽廣記·文苑英華。以文史字學爲太宗所知。值祕閣爲侍讀。眞宗時累官刑部侍郎·集賢院學士。文仲富詞學。器韻淹雅。其使高麗也。善應對。清淨無所求。遠近悅之。有集十卷。

呂·文度　【南齊】會稽人。宋元徽中爲射雉典事。武帝鎮盆城。拒沈攸之。文度知軍隊雜役。以此見親。及即位。爲員外郎。甚有勢要。

呂·文祖　【後魏】洛拔子。獻文帝時補龍牧曹奏事中散。以牧產不滋。坐徙武川鎮。文祖以舊語譯注皇誥。辭義通辨。超授陽平太守。後坐事伏法。

呂·文燧　【明】浙江永康人。字用明。元末盜掠永康。文燧募壯士破走之。三授官不受。太祖命知縣事。擢知嘉興。會松江民亂。文燧請援於李文忠。移兵擒之。諸將欲屠城。力爭得免。後奉詔持節諭闍婆國。次興化。疾卒。

呂·文顯　【南齊】臨海人。初爲宋孝武齋幹直長。昇明初爲高帝錄尚書事。武帝時除寧朔將軍。中書通事舍人。以刻覈被知。與茹法亮等並見親倖。四方餉遺數百萬。歷建武·永元。終尚書右丞少府卿。

呂·方穀　【唐】才子。七歲能誦經。太宗召見賜束帛。長爲右衛鎧曹參軍。母喪以毀卒。布車從母葬。友人鄖餘令以白粥玄酒生芻祭路隅。世共哀之。

呂·切問　【宋】好問弟。字舜從。守官會稽。或譏其不求知。切問對曰。勤於職事。其他不敢不忍。乃所以求知也。

呂·台　【漢】澤子。呂后時與呂產並爲將。居南北軍。封呂王。卒諡肅。

呂·布　【後漢】九原人。字奉先。初事丁原。原見殺。繼事董卓。誓爲父子。嘗小失卓意。幾見殺。又通卓婢。不自安。因與王允共殺卓。授奮威將軍。封溫侯。爲卓餘黨所敗。往依袁術。復投袁紹。縱殺之。後據濮陽及下邳。爲曹操所敗。縊殺之。布嘗御良馬曰赤兔。時人語曰。人中有呂布。馬中有赤兔。陳登嘗言其勇而無謀。輕於去就云。

呂·弘　【後涼】纂弟。初呂光欲立弘爲世子。會聞嫡子紹在仇池。乃止。弘由是憾紹。及紹嗣位。弘與纂共圖之。後弘恐不爲纂所容。遂起兵。兵潰。出奔廣武。纂遣力士拉殺之。

呂·本　【明】壽州人。懿文太子次妃父。仕元爲元帥府都事。後歸太祖。累官太常司卿。以奉職不謹免官。罰役功臣廟。尋復官。◎【明】餘姚人。字汝立。嘉靖進士。累官太子太保·文淵閣大學士。吏部尚書李默下獄。本掌部務。阿附嵩意。請考察去留諸大僚。列爲三等。凡不附嵩者皆屏斥無遺。加少保。母喪去位。嵩敗。失援。不復召。卒諡文安。

呂·本中　【宋】好問子。原名大中。字居仁。以蔭補承務郎。累遷中書舍人兼直學士院。本中初與秦檜同爲郎。相得甚歡。檜既相。私有引用。本中封還除目。趙鼎業主元祐之學。謂本中公著後。故深相知。檜怒。風御史蕭振劾罷之。提舉太平觀卒。諡文清。學者稱爲東萊先生。有春秋解·童蒙訓·師友淵源錄·東萊詩集·紫微詩話等書。其詩得黃庭堅·陳師道句法。

呂·永吉　【隋】文帝外家呂氏族微。開皇初濟南郡上言有男子呂永吉。自稱有姑字苦桃。爲楊忠妻。勘驗知是舅子。因追贈外祖上柱國太尉。封齊郡公。永吉襲爵。大業中授上黨郡太守。性識庸劣。職務不理。後去官。

呂·由誠　【宋】誨季子。字子明。以父恩得官。宰相唐恪薦由誠剛直有家法。宜任臺臣。召至京。與恪議不合。求退。差知襲慶府。前後數被金人攻圍。屹然自立。後金人百道攻城。城陷被執。金人欲降之。不屈。乃殺其子仍於前。由誠不顧。遂被害。子偰與其家四十口皆被執。無生還者。

呂·申　【明】清苑人。字文甫。弱冠入邑庠。後棄舉子業。博求天官輿地。及壬奇太乙孤虛風角諸書。手錄成帙。悉能背誦。占玩卜筮。什不失一。尤精堪輿家言。遠近呼爲呂先生。

呂·兆祥　【明】海鹽人。有宗聖志·陋巷志·東野志。

呂·光　【後涼】始祖。略陽氏人。字世明。初事苻堅。略平西域。還師至姑臧。聞苻堅被害。遂自稱涼州牧。後稱三河王。又稱天王。在位十三年。卒諡懿武皇帝。改元三。太安·麟嘉·龍飛。

呂·光午　【明】浙江新昌人。號四峯。有膂力。喜談兵。嘉靖中倭攻桐鄉急。督學院鶚被困。光午單騎破圍救鶚出。萬曆初關白犯朝鮮。徵天下知將略者七人。光午居第二。辭不赴。

呂·光洵　【明】浙江新昌人。字信卿。嘉靖進士。擢御史。巡按蘇松。用餘皇破海寇大洋。還京與仇鸞爭馬市。一日章十三上。歷右都御史。巡撫雲南。先後討平諸叛蠻。進攻武定。斬土官鳳繼祖。陞工部尚書。致仕。有元史正要·三巡奏議·皆山堂稿·可園詩鈔。

呂·光復　【清】陽湖人。字雨純。號石農。乾隆舉人。補內閣中書。善寫山水。

呂后　【漢】單父人。名雉。高祖后。爲人剛毅。佐高祖定天下。所誅大臣多后力。生惠帝。惠帝崩。后取後宮子爲少帝。臨朝稱制。凡八年。背高祖約。封呂氏四人爲王。使居南北軍。廢殺少帝。立恒山王義爲帝。后崩。周勃・陳平等族誅諸呂。

呂・向 【唐】涇州人。字子回。學通古今。尤工草隸書。能一筆環寫百字。若縈髮然。世號連綿書。玄宗召入翰林。時帝歲遣使擇天下姝好。納之後宮。號花鳥使。向奏美人賦以諷。因數校獵。向又獻詩規諷。並嘉納進官。嘗以李善釋文選爲繁。與呂延濟・劉良・張銑・李周翰等更爲詁解。時號五臣注。終工部侍郎。

呂夸 【隋】吐谷渾主。自北周至隋開皇時。數寇邊。爲隋元諧所破。率屬遁逃。其名王十餘人各率部落降。在位年久。屢因喜怒廢其太子而殺之。其後太子懼見廢辱。謀率部落降。文帝慰撫之。平陳之後。寇盜始絕。

呂・夷簡 【宋】壽州人。字坦夫。第進士。多智數。眞宗嘗問蒙正曰。卿諸子孰可用。對曰。諸子皆豚犬。有姪夷簡。宰相才也。仁宗時官至同平章事。帝初立。太后臨朝。十餘年間。天下晏然。夷簡之力爲多。而郭后之廢。夷簡實贊成之。以此頗爲清議所非。封許國公。以太尉致仕。卒謚文靖。有集二十卷。

呂・好問 【宋】希哲子。字舜徒。以蔭補官。坐黨人子弟廢。蔡卞得政。諷之曰。子少親我。則列顯階。好問笑而不答。靖康中爲御史中丞。數建大議。尋遷吏部侍郎。及金人入寇。委曲以成中興之業。建炎初爲尙書右丞。後以資政殿學士知宣州。封東萊郡侯。

呂・安 【三國魏】東平人。字仲悌。有濟世念。與嵇康友善。每一相思。千里命駕。嘗造康。値康不在。子喜迎之。不入。書鳳字於門而去。喜以爲善。康曰。鳳字凡鳥也。後爲兄巽誣安不孝。康爲明其誣。鍾會勸司馬昭因此除之。殺安及康。

呂・安國 【南齊】廣陵人。宋明帝時以破殷琰功。封湘南縣男。高帝以爲湘州刺史。永明初徵爲光祿大夫。安國欣有文授。詔其子曰。汝後勿作袴褶驅使。單衣猶恨不稱。當爲朱衣官也。累遷散騎常侍。卒謚肅。

呂・佐 【淸】休寧人。字西侖。號卓亭。工畫金魚。有在藻集。皆所題跋語積成也。

呂・希周 【明】崇德人。字師旦。嘉靖進士。官至通政司。有東匯詩集。

呂・希哲 【宋】公著子。字原明。少從焦千之・孫復・石介・胡瑗學。復從二程張載遊。聞見益廣。務躬行實踐。元祐中爲崇政殿說書。導帝以正心誠意爲本。徽宗時知曹相邢三州。遭崇寧黨禍罷祠。爲人樂易有至行。晚年名益重。遠近皆師尊之。有呂氏雜記。

呂・希純 【宋】希績弟。字子進。登第爲太常博士。哲宗時拜中書舍人。宣仁太后崩。希純慮奸人乘間進說搖主聽。上疏極言之。內侍梁從政等除內省押班。希純持不行。由是閹寺側目。後爲張商英・曾布所忌。入崇寧黨籍。

呂・希煜 【明】黃岡人。字孟陽。爲諸生。有文名。性至孝。値母喪。哀毀骨立。扶櫬歸。徒步行三千里。後執父喪。寢苦枕塊。一遵古禮。生平慷慨尙義。能濟人之急。鄉里德之。

呂・希道 【宋】公綽子。字景純。慶曆進士。歷知解和滁等州。皆有惠政。累遷少府監。熙寧・元豐間。士急於進取。希道獨雍容安分。遇事有不可。必力爭。及元祐初。吏道寬平。希道雅量自如。亦不改其故。以此甚爲時所稱。

呂・希績 【宋】希哲弟。字紀常。師邵雍。雍與之甚厚。以庶官入元祐黨籍。紹聖間責光州居住。

呂・延濟 【唐】見呂向條。

呂・步舒 【漢】廣川人。董仲舒弟子。爲丞相長史。遼東高廟災。仲舒居家推說其意。主父偃竊奏之。武帝以示諸儒。步舒不知其師書。以爲大愚。下仲舒吏。

呂・沆 【宋】午子。字叔朝。以恩補將仕郎。端平中銓試第一。知於潛縣。重因逸。聞沆至。自歸。旋通判婺州。朱君章訟爭田四十二年。吳王府爭墓二十九年。沆皆決之。後以忤賈似道意。與靈鑾觀。起知興國軍及全州。皆不赴。德祐初三學伏闕訟沆屈。召赴行在。沆不復出。卒年八十一。

呂・沖之 【宋】聲之從弟。字大老。慶元進士。師陳傅良。簽判南康軍。講道白鹿書院。有壁經宗旨。

呂・良才 【宋】字賢甫。眞德秀弟子。淳祐進士。任潭州善化尉。改京秩。辭歸。

呂・良佐 【元】上海人。字輔之。好學有才氣。與楊維禎・陸居仁游。嘗爲應奎文會。至正兵起。總帥欲版華亭尹。辭請以白衣議事。帥賢之。因俾自集白甲保障鄉里。全活者千餘家。

呂・邦耀 【明】順天人。錦衣衞籍。字元韜。萬曆進士。官至通政司右參議。有續宋宰輔編年錄。

呂・佺孫 【淸】陽湖人。字堯仙。道光進士。官至福建巡撫。凡所陳奏。洞切事理。鑑賞甚精。蒐輯古甎甚富。著秦漢百甎考。何紹基・趙之謙均推爲海內藏甎家之冠。

呂・和 【明】鄞人。字克中。生有異質。弘治進士。積官山東按察僉事。有王尙書弟倚勢殺人。當道莫敢誰何。竟致之辟。長淸縣令內結權貴。貪酷靡忌。痛繩之。即誣和。下詔獄。久之始白。遷陝西副使。積蠹振刷。緒漢中·寧羌諸城。立南鄭·金州諸學。酌丁差之規。停更番之戍。州縣各立祠祀之。進四川按察使。

呂坤 【明】寧陵人。字叔簡。號心吾。萬曆進士。歷官山西巡撫。留意風教。舉措公明。擢刑部侍郎。立朝持正。以是爲小人所不悅。欲中以奇禍。遂致仕。年八十三卒。坤少時資質魯鈍。讀書不能成誦。乃澄心體認。久之了悟。十五讀性理書。欣然有會。遂孜孜講學。以明道爲已任。有呻唫語·四禮疑·四禮翼·交泰韻·閨範·實政錄·去僞齋文集。

呂季重 【唐】歙州刺史。以俸募士鑿車輪灘。遂成安流。人號呂公灘。

呂尙 【周】東海人。四岳之裔。本姓姜氏。從其封姓。故曰呂尙。字子牙。文王將出獵。卜之曰。非龍非彲。非熊非羆。所獲者霸王之輔。果遇尙於渭水之陽。時年已七十餘。與語大悅。曰。吾太公望子久矣。號曰太公望。立爲師。武王尊爲師尙父。佐武王滅紂。有天下。封於齊營丘。成王時得專征伐。爲大國。

呂岱 【三國吳】海陵人。字定公。孫權統事。岱詣幕府出守吳丞。處法應問。甚稱權意。累平巨寇。積功封番禺侯。後討廖式之亂。年已八十。體素精勤。躬親王事。張承稱其功以權成。化與道合。君子嘆其德。小人悅其美。孫亮卽位。拜大司馬。卒年九十六。

呂拙 【宋】開封人。工畫。至道中爲畫院祇候。授翰林待詔。不就。願爲本宮道士。仍得賜紫。

呂昇 【宋】萊州人。父櫎失明。昇剖腹探肝。和藥以進。父服之。復能視。昇亦不死。淳化中詔賜粟帛。

呂柟 【明】高陵人。字仲木。號涇野。正德進士第一。授編修。累官禮部侍郎。立朝持正敢言。學守程朱。與湛若水·鄒守益共主講席三十餘年。家無長物。終身未嘗有惰容。及卒。高陵人爲罷市三日。四方學者咸設位持心喪。諡文簡。有周易說翼·尙書說要·毛詩說序·禮問·春秋說志·四書音問·宋四子鈔說·涇野子內篇·涇野詩文集等書。

呂武 【宋】太平州步卒。文天祥出使。武應募從行。偕脫鎭江之難。沿淮東走海道。賴武力爲多。天祥開府南劍。武以武功補官。遣結約州縣。起兵相應。道阻。走數千里。會天祥於汀梅。挺身患難。化賊爲兵。後出江西。以遇士大夫無禮。死於橫逆。武忠鯁出天性。不避彊禦。而好面折人過。多觸忌諱。故及於禍。

呂治平 【淸】海寧人。號愚菴。順治中歲貢生。官德淸教諭。有五經辨譌。

呂秉南 【宋】字景陽。紹定進士。授崇安尉。調寧國法曹。獄無停囚。改吉州。治疑獄有聲。拜司農卿。屢遷無私謝。言者以其傲免歸。尋遷朝議大夫。

呂南公 【宋】南城人。字次儒。熙寧中士方推崇王肅·馬融·許愼之業。剽掠臨摹之藝大行。南公度不能逐時好。一試禮闈不遇。退築室灌園。益著書。且借史筆以寓褒貶。遂以衮斧名齋。元祐初立十科薦士。曾肇疏稱之。欲命以官。旋卒。有灌園先生集。

呂律 【宋】郾城人。講性命之學。爲曹州判官。夏大旱。往定陶慮囚。釋遣寃滯。後退居峗山書院。教授生徒。元祐中起爲祕書少監。既致仕。居濮之富春園。自號蘊齋。⊙【淸】浙江石門人。徙吳江。字賓六。寫道釋人物。奇崛生動。工隸書。能詩詞。有天涯草。

呂思誠 【元】平定人。字仲實。泰定進士。至正初爲浙西廉訪司事。時南臺御史大夫與江浙省臣有隙。嗾思誠誣劾之。不聽。已而聞行省平章左吉貪墨。劾奏其罪。流之海南。後官至光祿大夫·大司農。卒諡忠肅。有文集及兩漢通紀。

呂思禮 【北周】壽張人。舉秀才。對策高第。除相州功曹參軍。葛榮圍鄴。思禮有守禦勳。賜爵平陸縣伯。文帝卽位。累遷都官尙書。從擒竇泰。進爵爲侯。大統中以謗訕朝政賜死。思禮好學有才。雖務軍國。而手不釋卷。夜讀書。令蒼頭執燭。燼數升。沙苑之捷。命爲露布。食頃而成。所爲碑誄頌表。並傳於世。⊙【唐】長於論難。諸生語曰。講書論易。談鋒難敵。

呂星垣 【淸】陽湖人。宮五世孫。字叔訥。乾隆廩貢。歷知贊皇·河間縣。輕減徭賦。民甚便之。工詩古文詞。高古簡潔。自成一家。兼善畫。有白雲草堂文集。

呂昭 【明】崑山人。字克明。嗜學敦行。永樂中授徐州訓導。升沁州知州。天寒。尙未挾纊。其弟子爲買一裘以行。子旦舉進士。昭遺書戒之曰。進士美官。然不能廉。終非吾子。死亦不歆汝祀。其廉介如此。

呂洙 【元】永康人。字宗魯。許謙弟子。有周易圖說·太極圖說·大學辨疑。

呂流 【元】汾陽人。字彥甫。少潛心性理之學。歷江南諸道監察御史。上疏條八事。黜貪吏。弭蜀寇。天曆初由南臺都御史陞海北海南道肅政廉訪使。所至皆著政績。卒諡簡肅。

呂洛拔 【後魏】代人。以壯勇知名。文成帝時鎭平原。張永侵武原。洛拔擊敗之。賜爵成武侯。

呂洞賓 【唐】京兆人。名嵒。一作

巖。字洞賓。喜戴華陽巾。衣黃白襴彩。繫大皁縧。狀類張子房。咸通中及第。兩調縣令。値黃巢亂。移家終南得道。莫測所往。唐詩鼓吹中有呂洞賓詩一首。別號純陽子。亦稱回道人。卽俗傳八仙之一。又稱爲呂祖。宋史又稱呂洞賓爲關西逸人。有劍術。百餘歲而童顏。步履輕疾。頃刻數百里。世以爲神仙。數來陳摶齋中云。

呂·祉【宋】建陽人。字安老。建炎初爲右正言。以論事忤執政。紹興間遷兵部尙書。張浚命王德爲都統制。以酈瓊爲之副。瓊與德素不協。乃命祉往廬州節制之。祉密奏乞罷瓊兵權。事泄。瓊遂叛降劉豫。祉遇害。妻吳氏自縊以殉。

呂·紀【明】鄞人。字廷振。弘治間供事仁智殿。爲錦衣指揮使。工畫翎毛。間作山水人物。生氣奕奕。時極貴重。應詔承制。多立意進規。孝宗嘗稱之曰。工執藝事以諫。呂紀有之。

呂·重庚【宋】嘉興人。博學能文。端平間登進士。官至大理正。自號九山。有九山集。

呂·原【明】秀水人。字逢原。正統進士。授編修。歷左春坊大學士。天順初入內閣。石亨，曹吉祥等用事貴倨。獨敬原。原與岳正列其罪狀。疏留中。原在內閣。守正持重。與李賢．彭時相得甚歡。庶政稱理。進翰林學士。遭母喪。歸葬。以毀卒。諡文懿。

呂·夏音【清】浙江新昌人。字大昭。雍正舉人。官知縣。有律呂新書衍義。

呂·夏卿【宋】晉江人。字縉叔。舉進士。編修唐書。遷祕閣同知禮院。仁宗選任大臣。求治道。夏卿陳時務五事。且言天下之勢。不能常安。當於未然之前救其弊。事至而圖之。恐無及矣。朝廷頗采其策。學長於史。貫穿唐事。博采傳記雜說數百家。折衷整比。又通譜學。創爲世系諸表。於新唐書頗有功。有唐書直筆。

呂·宮【清】武進人。字長音。一字蒼忱。號金門。明末舉於鄉。順治初擢一甲一名。授內翰林祕書院修撰。累官弘文院大學士。太子太保。立朝矜尙氣節。雖持大體。不立異同。獨辨流品。於前明閹黨。屏之尤嚴。著撰甚富。

呂·師賢【明】字愚卿。幼失怙恃。叔父無子。訓育之。欲使爲嗣。師賢不可。顧事其叔父如父。叔父沒。服三年喪。師賢天性敏悟。純實而樂善。質直而尙義。每食啖肉一斤。年老步趨如少壯。洪武中無疾而終。年一百零三歲。人稱百歲老人。

呂·師濂【清】浙江山陰人。本曾孫。字黍字。游於滇。善書。工古文及塡詞。有守齋詞。

呂·恭【唐】渭子。字恭叔。尙氣節。喜縱橫孫吳術。終嶺南府判官。弟儉．讓。皆美材。

呂·時臣【明】鄞人。一名時。字中父。早歲有詩名。以避仇遠遊。歷齊梁燕趙間。食諸王門下。爲人貞介廉潔。爲諸王所重。衡莊王尤愛其詩。爲刻甬東野人稿。年七十。客死涉縣。

呂·祜【元】晉江人。至正末郡城破。有卒拔刃脅其母。索財不得。欲斫其母。祜奪其刃。手指盡裂。被傷仆地。良久而甦。開目視曰。母幸無恙。死無憾矣。遂瞑目而死。

呂·祜之【宋】鉅野人。字元吉。太宗時拜殿中侍御史。眞宗時擢翰林侍講。性純謹。所至無顯譽。備顧問。不能有所啓發。有集三十卷。

呂·祖泰【宋】祖儉從弟。字泰然。性疏達。尙氣誼。慶元初祖儉以言事安置瑞州。祖泰徒步往省之。留月餘。祖儉沒。乃詣登聞鼓院。上書論韓侂胄有無君之心。請誅之以防禍亂。又請誅蘇師旦。罷陳自強。用周必大。遂配欽州。侂胄誅。詔雪其冤。特補上州文學。改授迪功郎。監南嶽廟。喪母無以葬。至都謀於諸公。得寒疾卒。

呂·祖儉【宋】祖謙弟。字子約。受業祖謙如諸生。監明州倉。將上。會祖謙卒。乞終其喪。寧宗卽位。除太府丞。韓侂胄用事。趙汝愚罷相。祖儉上封事極論。安置吉州。在謫所讀書窮理。賣藥以自給。每出。必草履徒步。爲踰嶺之備。遇赦量移高安。尋卒。嘉熙初諡忠。有大愚集。

呂·祖謙【宋】大器子。字伯恭。隆興進士。復中博學弘詞。官至直祕閣著作郎國史院編修。與朱熹．張栻齊名。稱爲東南三賢。少時性褊急。一日誦孔子躬自厚而薄責於人語。平時忿懥。忽渙然冰釋。其文詞閎肆辨博。淩厲無前。於詩書春秋。多究古義。於十七史皆有詳節。故詞多根柢。學者稱東萊先生。卒諡成。後改諡忠亮。有古周易．春秋左氏傳說．東萊左氏博議．大事紀．歷代制度詳說．少儀外傳．呂氏家塾讀詩記．東萊集．等書。

呂·翀【明】永豐人。字天翰。弘治進士。爲刑部給事。武宗踐祚。閣臣劉健．謝遷去位。翀抗章乞留。語侵劉瑾。廷杖削籍。後起雲南僉事。遷四川副使。修成都江堰。以資灌溉。水利大興。

呂·虔【三國魏】任城人。字子恪。太祖在兗州。聞虔有膽策。以爲從事。將家兵守湖陸。後遷徐州刺史。用瑯邪王祥爲別駕。民事一以委之。世多其能任賢。

呂·陟【宋】零陵人。字昇卿。與張栻游。栻萬里稱爲飽學之士。累官監司。

呂·馬童【漢】以郎騎將擊龍且。復共斬項籍。烏江之敗。馬童追項王。王顧而言曰。若非吾故人乎。吾聞漢購我頭千金。邑萬戶。吾爲若德。遂自刎死。後封中水侯。卒諡嚴。

呂高 【明】丹徒人。字山甫。嘉靖進士。爲嘉靖八才子之一。歷官山東提學副使。鄉試錄文。舊多出學使者手。巡按御史葉經乞唐順之文。高心慊。寄書京師友人。言經紕繆。嚴嵩惡經。遂置之死。及大計。高亦以此斥歸。於八子中名最下。

呂埢 【元】河內人。字伯充。從許衡學。衡爲祭酒。薦埢爲伴讀。輔成教養。其功爲多。至元中授四川行院都事。勸主帥李德輝不殺王立。未幾立降。巴人感德。立祠祀之。累官翰林侍讀學士。卒諡文穆。

呂堅 【清】番禺人。字介卿。號石䃚。歲貢生。工詩古文。幽豔陸離。不肯作一常語。與黎簡·張錦芳·黃丹書稱嶺南四家。有遲刪集。

呂崇烈 【清】安邑人。字伯承。明季進士。清初除翰林弘文院檢討。累遷禮部左侍郎·兼祕書院侍讀。少從曹善繼講學。以程朱學爲己任。顏其齋曰慶見。學者稱見齋先生。

呂從慶 【唐】大梁人。字世賡。從其祖官於金陵。廣明中黃巢攻金陵。從慶走歙之堨田。及朱溫篡唐。遂遁跡旌德萬山中。有豐溪存稿。

呂淵 【明】字希顏。號復庵。幼好學。爲文有奇氣。任監察御史。巡歷湖湘。斥姦捕寇。風裁凜然。以雲南布政使休致。居家罕接人事。有復庵集。

呂產 【漢】澤次子。高后時封梁王。高祖爲相國。居南軍。高后戒之曰。高祖與大臣約。非劉氏王者。天下共擊之。今王呂氏。我崩恐變。必據兵衞宮。愼毋送喪。爲人所制。后崩。爲周勃等所誅。

呂祥 【晉】凱子。爲南夷校尉。子孫世爲永昌太守。李雄破寧州。諸呂獨不附。舉郡固守。

呂紹 【後涼】光世子。嗣位。恐爲庶兄纂所害。欲以位讓之。纂不可。纂從弟超勸紹圖之。紹不聽。旋爲纂所逼。自殺。

呂逢時 【宋】仙居人。字原道。陳襄爲令。首執弟子禮。仙居人知學自此始。入太學。辟舉皆不就。隱居白巖山終身。

呂陶 【宋】成都人。字元鈞。號淨德。皇祐進士。應熙寧制科。時王安石從政。改新法。陶對策。枚數其過。安石怒。讁通判蜀州。哲宗立。除殿中侍御史。上疏論蔡確·韓縝·章惇之奸。進給事中。又以集賢院學士知潞州。後入元祐黨籍奪職。徽宗立。復集賢殿修撰。知梓州。致仕卒。有淨德集。

呂凱 【蜀漢】不韋人。字季平。雍闓叛。移檄永昌。意在迫脅。凱時爲郡功曹。以檄答闓。詞旨嚴正。諸葛亮南征。以凱爲雲南太守。封陽遷亭侯。後爲叛夷所害。

呂勝己 【宋】建陽人。字季克。從張栻·朱熹講學。工隸書。得漢法。歷倅江州。知杭州。官至朝請大夫。自號渭川居士。

呂喬年 【宋】祖儉子。字巽伯。能守家學。議論勁正不阿。

呂強 【後漢】成皋人。字漢盛。少以宦者爲小黃門。靈帝時例封宦者。強固辭。黃巾賊起。強請先誅左右貪濁者。大赦黨人。料簡刺史二千石。帝納之。中常侍趙忠等構陷之。帝使持兵召強。強怒曰。吾死。亂起矣。丈夫欲盡忠國家。豈能對獄吏乎。遂自殺。

呂復 【元】攝長樂縣尹。明兵至。復曰。吾世食君祿。今雖攝官。若不以死報國。則無以見先人於地下。遂引繩自經死。

◎【明】鄞人。字元膺。少孤貧。以母病求醫。遇名醫衢人鄭禮之。遂謹事之。因得其古先禁方及色脈藥論諸書。務窮其奧。以術問世。取效若神。晚年自號滄洲翁。歷舉仙居臨海教諭·台州教授。皆不就。

呂惠卿 【宋】晉江人。字吉甫。舉進士。初與王安石論經義。意多合。因薦於朝。爲太子中允。事無大小必與謀。凡所建請。章奏皆出其手。逢合朋姦。驟致執政。安石去位。凡可以害王氏者無不爲。至發其私書於上。安石退處金陵。往往寫福建子三字。蓋深悔爲惠卿所誤也。旋罷相。出判江寧府。雖章惇·曾布·蔡京當國。咸畏惡其人。不敢引入朝。以是轉徙外服。迄於死。

呂景初 【宋】酸棗人。字沖之。舉進士。累官侍御史。張貴妃薨。有司請依荊王故事輟朝五日。後又增至七日。景初言禮官希旨。使恩禮過荊王。不可以示天下。妃既追冊爲皇后。又詔立忌。力爭乃罷。時兵冗用度乏。景初力請裁汰。官至天章閣待制。

呂朝龍 【清】廣元人。乾隆中隨征金川·西藏·廓爾喀。皆有功。又平湖南苗及川楚教匪。累官松潘鎭總兵。

呂棠 【明】鄞人。字小村。工畫翎毛。

呂渭 【唐】河中人。字君載。舉進士。貞元中累遷禮部侍郎。時中書省有古柳枯死。德宗自梁州還。復榮茂。人以爲瑞柳。渭令貢士賦之。帝聞。不以爲善。又與裴延齡爲姻家。擢其子操上第。會入閣。遺私謁之書於庭。出爲潭州刺史卒。

呂渭老 【宋】秀州人。一作濱老。字聖求。宣和末朝士。有詞一卷。婉媚深窈。與周邦彥·柳永相伯仲。

呂·猶龍 清三韓人。字雨村。歷福建浙江巡檢。工畫山水。

呂·琛 明字景潤。性友愛。制行方執。由鄉貢授縣令。潔己守法。不事迎謁。由是忤權貴。調新會。邑雜夷苗。負固逋官租鉅萬。琛撫以恩信。諸苗樂輸。後謝事歸。邑人輒移狀問安焉。

呂·琦 後晉安次人。字輝山。美風儀。重節概。少喪其家。游學汾晉間。唐莊宗鎮太原。以爲軍事推官。廢帝入立。待琦甚厚。時晉高祖鎮河東。有貳志。琦言太原之患。必引契丹爲助。不如先與契丹通和。議爲薛文遇所格。後高祖果引契丹爲助。遂以亡唐。琦事晉。累官兵部侍郎。

呂·留良 清浙江石門人。字莊生。又名光綸。字用晦。號晚村。八歲善屬文。與張履祥等發明程朱之學。明亡後。著書多種族之感。誓不仕清室。郡守以隱逸薦。乃削髮爲僧。取名耐可。字不昧。號何求老人。沒後。雍正時以曾靜文字獄牽涉。闔門被禍。著述均被毀。

呂·超 後涼纂從弟。小字胡奴。嘗勸兄紹曰。纂統戎積年。威震內外。臨喪不哀。步高視遠。觀其舉止亂常。恐成大變。宜早除之。紹不聽。果被害。後超刺殺纂。讓位於兄隆。

呂·陽 清無錫人。字全五。明崇禎進士。入清官至浙江布政司參議。有薪齋集。

呂·隆 後涼光從子。字永基。美姿貌。善騎射。既即位。多殺豪望以立威。內外囂然。人不自固。累爲姚興將姚碩德所敗。遂降於姚興。自光至隆。僭立十有三載。國亡。後隆坐與子弼謀反誅。

呂·雅 蜀漢乂子。官謁者。清厲有文才。著格論十五篇。

呂·雯 明安州人。字天章。天順舉人。授御史。成化間累遷右僉都御史。巡撫延綏。築榆林邊牆三百餘里。敵六萬猝至。雯擊却之。秦饑民流入境。或慮爲變。請拒之。雯不許。全活數十萬人。召爲兵部侍郎卒。

呂·圓登 宋夏縣人。嘗爲僧。後以良家子應募。扞金人淆澠間。李彥仙保三觜。圓登功最多。爲愛將。城垂破。以兵來援。身重創。方臥。聞城陷。遽起戰死。

呂·椿 宋晉江人。字之壽。從丘葵學。有尚書直解·春秋精義。

呂·溫 後魏顯子。字晞陽。有文武才略。太武帝伐赫連昌。以溫爲幢將。先登陷陣。每戰必捷。拜宣威將軍。出爲上黨太守。有治名。卒諡敬。

⊙唐渭子。字和叔。一字化光。貞元進士。因善王叔文。遷左拾遺。副張薦使吐蕃。會順宗立。吐蕃留溫不遣。比還。柳宗元等皆坐叔文貶。溫獨免。溫藻翰精富。一時推重。性險躁譎詭而好利。坐誣罔累貶衡州刺史。治有善狀。有呂衡州集。

呂·溱 宋揚州人。字濟叔。舉進士第一。仁宗時累官翰林學士。嘗疏論宰相陳執中姦邪。仁宗還其疏。溱曰。以口舌論人。是陰中大臣也。願出以示執中。使得自辨。神宗時知開封府。精識過人。辨訟立斷。終樞密直學士。

呂·溥 元洙弟。字公甫。學於許謙。講究經旨。爲文有奇氣。詩動盪激烈可喜。冠昏喪祭。一依朱子所定禮行之。有大學疑問·史論·竹溪集。

呂·源 宋工畫花鳥。

呂·煥成 清餘姚人。字吉文。善畫人物花卉。

呂·祿 漢釋之子。高后時封趙王。爲上將軍。居北軍。高后崩。爲周勃等所誅。

呂·經 明寧州人。字道夫。正德進士。授禮科給事中。乾清宮災。上疏極論義子番僧邊帥之害。遷吏科都給事中。復極論馬昇女弟入宮事。又劾方面最貪暴者四人。羣小咸惡之。謫爲蒲州同知。世宗時累官右副都御史。巡撫遼東。以兵變謫戍茂州。隆慶初復官。

呂·義山 宋大鈞子。字子居。請業程門。叔大臨嘗致書程頤。令義山傳講席往復之語。頤與大臨解中字不可即謂之性。義山對以中者性之德。頤以爲近之。

呂·道貴 隋永吉從父。性頑騃。言詞鄙陋。文帝甚恥之。不許接對朝士。拜上儀同三司。出爲濟南太守。每與人言。自稱皇舅。數將儀衞出入閭里。從故人遊宴。官民咸苦之。後郡廢。終於家。

呂·僧珍 梁東平范人。世居廣陵。字元瑜。武帝命爲中兵參軍。委以心膂。及兵起。以僧珍爲輔國將軍·步兵校尉。出入臥內。宣通意旨。軍次江寧。東昏將李居士來戰。大破之。武帝受禪。封平固縣侯。尋拜南兗州刺史。從父兄子先以販葱爲業。僧珍至。乃求州官。僧珍曰。汝等自有常分。當速反葱肆。僧珍既有大勳。任總心膂。性甚恭慎。卒諡忠敬。

呂·嘉 漢爲南粵王興相。相三王。貴重得衆心。王及太后欲附漢。嘉不可。因欲誅嘉。嘉遂攻殺王及太后。立術陽侯建德爲王。後爲漢兵所敗。嘉及建德皆被擒。南粵遂亡。

呂·嘉問 宋公弼從孫。字望之。以蔭入官。熙寧初攝戶部判官。黨於王安石。紹聖中擢寶文閣待制。知開封府。專附章惇·蔡卞。多殺不辜。徽案牘以滅口。徽宗時履暴其宿惡。安置歸州。然爲蔡氏所右。不久輒起。以龍圖閣學士大中大夫卒。嘉問嘗竊公弼論新法奏稿以示王安石。公弼以是斥於外。呂氏號爲家賊。

呂・摭 宋頤浩子。高宗時官至朝散郎。貶梧州。秦檜追憾頤浩。竄摭。雖在貶所。以詩書自娛。無幾微見辭色。

呂・漸 宋洛陽人。畫釋像威儀雄偉。山水窠石。深得位置。

呂・種玉 清長洲人。字藍衍。有言鯖。

呂・端 宋餘慶弟。字易直。太祖時爲太常丞。太宗時拜戶部侍郎・平章事。或謂端糊塗。太宗曰。端小事糊塗。大事不糊塗。卒相之。太宗疾大漸。內侍王繼恩等謀立楚王元佐。李后命繼恩召端。端知有變。鎖繼恩於閣內。使人守之而入。后曰。立嗣以長。如何。端曰。先帝立太子。正爲今日。乃奉太子之殿中。眞宗既立。端平立殿下。不拜。請捲簾升殿審視。然後率羣臣拜呼萬歲。眞宗每見輔臣入對。惟於端肅然拱揖。不以名呼。端爲相持重識大體。以清簡爲務。後被疾。以太子太保罷。卒贈司空。諡正惠。

呂・端俊 明善畫竹。

呂・維祺 明河南新安人。字介孺。號豫石。萬曆進士。擢吏部主事。光熹之際。上疏請愼起居。擇近侍。防微杜漸。與楊左相唱和。升郎中告歸。崇禎間爲南京兵部尙書。賊至不屈遇害。諡忠節。有存古約言・四禮約言・音韻日月燈・明德堂文集。

呂・蒙 三國吳富陂人。字子明。爲橫野中郎將。與周瑜破曹操於烏林。拜偏將軍。又從權拒操於濡須。數進奇計。後定荊州。以蒙爲南郡太守。封孱陵侯。權嘗論蒙少時不辭劇易。果敢有膽。及身長大。學問開益。籌略奇至。可以次於公瑾云。◉宋父卒。居墓下久不返。子琰乃卽其母所葬曰龍巖者。築室迎父。蔬食四十年。一日焚香危坐而逝。琰舉大事。悉以家事屬諸子。自居龍巖舊廬不返。

呂・蒙正 宋河南人。字聖功。太平興國中擢進士第一。累擢中書侍郎。兼戶部尙書・平章事。蒙正質厚寬簡。有重望。以正道自持。遇事敢言。至道初判河南府。政尙寬靜。委任僚屬。事多總裁而已。咸平中授太子太師。封蔡國公。改封許。景德中歸洛。帝謂曰。卿諸子孰可用。對曰。有姪夷簡。宰相才也。富弼年十餘歲。蒙正一見驚曰。此兒他日名位與吾似。而勳業遠過於吾。其知人類如此。卒諡文穆。

呂・誨 宋端孫。字獻可。第進士。神宗朝拜侍御史中丞。王安石執政。時多謂得人。誨言其不通時事。疏劾之。三居言責。皆以彈奏大臣而去。居病困。猶旦夕憤歎。以天下事爲憂。既革。司馬光往省之。至則目已瞑。聞光哭。蹶然起。張目強視曰。天下事尙可爲。君實勉之。光曰。更有以見屬乎。曰。無。遂卒。

呂・誠 元崑山人。字敬夫。工吟咏。詩格清麗。與同里郭翼・陸仁・袁華相唱和。嘗於園林蓄一鶴。後有鶴自來爲伍。因築來鶴亭。有來鶴亭詩。

呂・飴甥 春秋晉惠公時爲大夫。食采於陰。謂之陰飴生。會秦穆公伐晉。執惠公。飴甥會秦伯盟於王城。遂奉惠公以歸。

呂・鳴世 明福建人。崇禎間知麟游縣。兵燹後撫居民有恩。城陷。賊不忍加害。絕食六日卒。

呂・鳴珂 明括蒼人。字聲甫。號蒼南。嘉靖進士。仕至工部侍郎。以丹青擅名。有太常記。

呂・儁孫 清陽湖人。字曼叔。道光舉人。官陝西。贍識過人。同治間回亂。在同州以守城功。擢潼商道。有見素抱璞之齋詩存。

呂・嬃 漢樊噲妻。呂太后妹。封臨光侯。高后時用事顓權。高后崩。酈寄紿祿出游。過嬃。嬃大怒曰。若爲將而棄軍。呂氏今無處矣。乃悉出珠玉散堂下。曰。無爲他人守也。尋爲大臣所誅。

呂・履恆 清河南新安人。字元素。號坦庵。康熙進士。官至戶部侍郎。有夢月巖集・冶古堂集。

呂・堯 唐京兆人。尹繼昭弟子。僖宗朝翰林待詔。隨駕至蜀。授將佐郎。守漢州雒縣主簿。賜緋魚袋。善畫道釋人物。

呂・廣問 宋夷簡從曾孫。字仁夫。宣和進士。履辟主管機宜文字。尋罷。後除集賢殿修撰。歷知池州徽州。少時家貧。賓客過之。蔬食菜羹。終日講論道義不厭。

呂・常 明原子。字秉之。憲宗時官禮部郎中。好學能文。諳掌故。以薦進太僕少卿。累遷南京太常卿。輯典故因革若干卷。

呂・潛 明涇陽人。字時見。號愧軒。師事呂柟。舉動咸以爲法。舉嘉靖鄉試。講學谷口洞中。從學者甚衆。薦授國子學正。行柟學約。終工部司務。◉清遂寧人。字孔昭。號半隱。又號石山農。明崇禎進士。官行人。入清後。隱居不出。工詩善畫。用筆放縱而不越矩矱。有懷歸草堂・守閒堂・課耕樓三集。

呂・潤蕃 清文登人。字孝衍。號楚巖。有鶼燕堂集。

呂・稽中 宋本中兄弟行。字德元。

尹焞門人。張浚宣撫川陝。辟爲計議官。焞入蜀。稽中依之。焞謂之曰。吾老矣。此事當屬之子。學者來問。焞以屬稽中。曰。不殊吾也。

呂·範 三國吳細陽人。字子衡。避亂壽春。孫策見而異之。後領宛陵令。破丹陽賊。孫權征江夏。範留守。拜揚州牧。性奢靡。然勤事奉法。故權悅其忠。不怪其侈。後遷都督。

呂·緝熙 清六安人。字敬甫。篤志潛修。不事科舉業。順德羅惇衍視學安徽。諭士子讀書勵行。以緝熙爲則。所著書名求志編。惇衍以爲似明儒呂坤。道光中卒。

呂·誼 明七歲能文。洪武中舉神童。召見。命讀大誥。應對豁然。授翰林院博士。

呂·調元 明歸州人。闖賊至。士民望風皆降。調元獨率義勇與賊戰。死之。

呂·調陽 明臨桂人。字和卿。嘉靖進士。授編修。歷官禮部尚書。侍穆宗經筵。每講。輒先齋沐。期以精誠悟主。往往援引經傳。列古義以規時政。帝嘉悅之。神宗時進文淵閣大學士。以朴忠受知。卒謚文簡。有帝鑑圖說。

呂·賢 明漳州府學生。靖難繼統詔至。賢隨教授陳思賢集於明倫堂。不出迎詔。設舊君位哭如禮。郡人執送京師。與思賢皆死。◎明鄞人。字艮器。早游邑庠。父喪。遂棄業歸養。母嘗三遘疫。日夜扶侍。及卒。値旁室火災。勢迫母棺。賢呼天觸地。俄而反風轉燄。賢得移柩丈許。有皇極經世·律呂新書·正蒙諸解。鶴峯遺稿。

呂·賢基 清旌德人。字鶴田。道光進士。累擢給事中。伉直敢言。咸豐間署工部錢法堂事務。以洪楊之亂。赴安徽辦理團練。舒城陷。死之。謚文節。

呂·震 明臨潼人。字克聲。洪武鄉舉入太學。永樂間累官禮部尚書。仁宗卽位。進太子太保。然無學術。不知大體。爲人傾險佞諛。有精力。能強記。爲他人所不及。

呂·頤浩 宋其先樂陵人。徙齊州。字元直。第進士。徽宗時歷官至河北都轉運使。高宗南渡。起知揚州。兩入政府。同中書門下平章事。後以少傅醴泉觀使致仕。卒贈太師秦國公。謚忠穆。頤浩在相位時。顓肆自用。力排李綱·李光諸人。創立月椿錢。爲東南患。然宣和伐燕之役。頤浩隨轉運。奏燕山河北危急五事。請議長久之策。一時稱其切直。至建炎中苗傅等爲逆。頤浩與張浚創議勤王。卒平內難。又少長西北兩邊。嫻於軍旅。應詔上戰守諸策。條畫頗備。有忠穆集。

呂·疑之 宋蜀人。字澤父。張行成門人。淳熙間以知閬州入覲。奏陳經世之學。留爲太府丞。

呂·學 清烏程人。字時敏。號海山。工畫人物佛像及駝馬。兼善山水。

呂·學簡 明零陵人。字敬甫。家貧嗜學。研討甚博。善古文辭。隱六清亭。號六清散人。

呂·據 三國吳範子。字世議。數討山賊。以功拜偏將軍。孫峻殺諸葛恪。遷據爲驃騎將軍。帥師侵魏。未及淮。聞孫峻死。以從弟綝自代。引兵還。欲廢綝。綝遣從兄慮逆據於江都。據遂自殺。

呂·機 元權弟。字審言。師許謙。通春秋左氏。尤精於資治通鑑。有篤行。

呂·澤 漢呂后長兄。以客從高祖入漢。定三秦。將兵下碭。漢王敗彭城。往從之。佐定天下。封周呂侯。卒謚肅。後追尊爲悼武王。

呂·璜 清廣西永福人。字禮北。號月滄。嘉慶進士。官浙江西塘海防同知。有月滄文集。◎清崑山人。字渭占。號耘陶。寄跡吳門。善畫人物山水。

呂·與周 明臨桂人。萬曆進士。授禮部主事。遷郎中。時鄭貴妃專寵。神宗將並封三王。舉朝無敢言。與周疏爭。中外韙之。

呂·諤 宋嘉興人。天禧進士。天聖景祐間與弟詢·評相繼登進士。嘉興登進士者。自諤兄弟三人始盛。

呂·諲 唐河東人。開元末第進士。調寧陵尉。哥舒翰節度河西。表度支判官。勤總吏職。翰敗潼關。諲西趨靈武。肅宗拜御史中丞。陳事無不順納。尋擢同中書門下平章事。知門下省。累封須昌縣伯。上元中拜荆州長史·澧朗峽忠等五州節度使。諲爲治不急細務。決大事。剛果不撓。始在河西。悉知諸將能否。及爲荆州。奏取材者數十人。總牙兵。故威惠兩行。以善治聞於當時。卒謚肅。

呂·錡 春秋晉大夫。與楚戰於鄢陵。錡夢射月中之。及戰。射楚共王。中目。養由基射錡。中項死。

呂·餘慶 宋琦子。本名胤。犯太祖偏諱。因以字行。厚重簡易。太祖領藩鎭。爲僚屬。及卽位。趙普·李處耘皆先進用。餘慶恬不爲意。旋參知政事。拜尚書左丞。會趙普忤旨。左右爭傾普。餘慶獨辨明之。時稱長者。

呂·嬰 漢從高祖破秦入漢。以都尉定諸侯。死事。

呂·徽之 宋仙居人。家萬山中。以耕漁自給。一日攜楮幣。詣富家易穀種。値大雪。有客分韻作雪詩。一人得滕字。苦吟未就。徽之笑曰。何不舉滕王蛺蝶事耶。衆遂迎入。請足成之。援筆而就。問其姓字。不答徑出。遣人跡其後。雪晴造訪。惟草屋一間。寂無人跡。絕米桶中有聲。乃其妻也。問徽之安在。曰。方捕魚溪上。至彼果見之。曰。諸公先過舍。我得魚。當換酒飲諸公也。少頃攜酒歸。盡歡而散。後有人復訪之。則已遷居矣。

呂・應蛟 〔明〕保定右衛人。歷官密雲副總兵。謝事歸。流賊李自成攻城。應蛟率鄉人共守。城破。短兵鬬殺十餘賊而死。

呂・應鍾 〔明〕江陰人。夔孫。字元聲。爲太醫院吏目。得禁方而變化之。能望氣決人生死。或於談笑之間。療人痼疾。治效甚多。有葆元行覽・治效單方。

呂・聲之 〔宋〕新昌人。字大亨。以能詩名。師陳傅良而友蔡幼學。同升太學。壁記題名。在陳下蔡上。會陳蔡登進士。聲之獨不第。或戲之曰。所謂厄於陳蔡之間者也。嘉定間累官昭信節度推官。有沃州雜詠。

呂・謙恆 〔清〕履恆弟。字天益。又字澗樵。康熙進士。雍正間累官光祿寺卿。以老致仕。謙恆讀書青要山。凡數十年。工詩。以烹鍊勝。有青要集。

呂・璹 〔宋〕惠卿父。習吏事。令漳浦。縣處山林蔽蠻閩。民病瘴霧蛇虎之害。璹教民焚燎而耕。害爲衰止。後知開封府司錄。鞫中人史志聰。吏多爲之地。璹窮治之。終光祿卿。

呂・懷 〔明〕永豐人。字汝德。號巾石。嘉靖進士。累官南太僕寺少卿。受學於湛若水。以爲天理良知。本同宗旨。只在變化氣質。故作心統圖說。以河圖之理明之。有周易卦變圖傳・律呂古義・曆考廟議。

呂・羅漢 〔後魏〕溫子。弱冠以武幹知名。太武時隨溫秦州。隴右氐楊難當來寇。羅漢射其隊將及兵士二十三人。應弦而殪。及出戰。衆皆披靡。後累功遷羽林中郎幢將。爵山陽公。後爲秦益二州刺史。累破諸羌。撫以威惠。終內都大官。卒謚莊。

呂・鏜 〔宋〕旌德人。幼孤。事母以孝聞。操行端介。因薦授迪功郎。再調鳳陽府判官。⊙〔明〕晉州人。弘治進士。授武進知縣。有治行。擢御史。首劾劉瑾所昵侍郎四人。瑾銜之。諷吏部出爲山西參議。矯旨再下獄。杖死。

呂・鏞 〔明〕蘄水人。正統間知清流縣。撫字有方。鄧茂七寇縣境。鏞盡力保障。城破。冠服坐堂皇罵賊死。

呂・夔 〔明〕江陰人。字大章。本姓承。依舅氏呂。因以爲氏。初業儒。後學醫。精研傳訪。其術遂神。人以呂仙呼之。有運氣發揮・經絡詳據・脈理明辨・治法捷要。⊙〔明〕永豐人。字祖邦。弘治間以工部主事分司江淮。時値旱饑。夔約己省事。全活甚衆。遷杭州太守。爲人潔修而文雅。好吟咏。有草堂餘興集。

呂・獻 〔明〕浙江新昌人。字不文。成化進士。授刑科給事中。出使交趾。卻贈金不受。因災異陳八事。皆見納。壽寧侯張鶴齡兄弟怙勢擅權。獻反覆極論。杖闕廷。累官順天府丞。忤劉瑾久不調。後以南京兵部侍郎致仕。

呂・纂 〔後涼〕光庶長子。字永緒。少便弓馬。好鷹犬。不好讀書。惟以交結公侯聲樂爲務。忌弟弘功名崇重。弘遂起兵東苑。爲纂所敗。纂縱兵大掠。以東苑婦女賞軍。弘妻子亦被辱。後因昏醉爲從弟超刺死。

呂纂妻 〔後涼〕弘農人。姓楊氏。美而豔。有義烈。纂爲從弟超所殺。超將妻之。迫其父桓。氏曰。大人幼賣女與氐。以圖富貴。其可復使女辱於二氏乎。遂自殺。謚穆后。

呂・耀斗 〔清〕陽湖人。字庭芷。道光進士。官至直隸永定河道。爲學靡所不綜。愛才如命。文士一藝之長。譽不容口。有鶴緣詞。

呂・耀曾 〔清〕謙恆子。字宗華。號樸巖。康熙進士。乾隆間官至倉場侍郎。在官三十餘年。樸誠端厚。不務虛名。關於軍國事。力求至當。論者推爲國器。

呂・藿 〔明〕零陵人。嘉靖進士。歷吏部郎中至僉都御史。器宇淵深。才識敏練。在銓部。人服其公。

呂・釋之 〔漢〕呂后次兄。以客從高祖擊秦。高祖入漢。使歸豐衛太上皇。封建成侯。卒謚康。後追尊爲趙昭王。

呂・騰 〔漢〕以郎中共擊斬項羽。封涅陽侯。卒謚嚴。

呂・鐸 〔明〕德化人。字文振。由進士積官浙江參政。爲人寬簡。與物無競。嘗給內帑賑邊。不私羨餘。以廉能著於朝野。

呂・權 〔元〕永康人。字子義。師許謙。嘗於夢中得句曰。青壁雖萬里。白雲只三尋。已而三十八歲卒。

呂・綸 〔明〕昆明人。舉人。成化中知隨州。數歲。外戶不閉。卒祀名宦。

呂・顯 〔後魏〕字子明。性廉直。鄉人有忿爭者。皆就質焉。慕容垂以爲河間太守。皇始初以郡降道武。拜鉅鹿太守。清身奉公。妻子不免飢寒。

呂・讓 〔明〕平度人。字克遜。洪武進士。爲行人。安南內侵。上遣讓往諭之。讓乃爲書與安南國王。後王饋黃金及沉檀香。讓卻之曰。尉佗以區區之越。與天子抗衡。是召禍者也。陸賈受其金以分諸子。是苟利者也。王顧以尉佗自處。而以陸賈處人。何其陋哉。後授監察御史。終陝西僉事。

夾谷・山壽 〔元〕女眞人。延佑中任崇安縣尹。其境有梨嶺。路險隘。行者苦之。山壽鑿境成途。又修建縣學。士民頌之不忘。

夾谷·之奇 【元】滕州人。字士常。少孤。舅杜氏攜之至東平。因授濟寧教授。至元中累遷翰林學士。吏部尙書。之奇明於治體。爲文簡嚴有法。多傳於世。

夾谷·石里哥 【金】上京路猛安人。明昌進士。累遷宿州提控。與山東宣撫完顏弼。攻大沫堌。賊衆千餘逆戰。石里哥以騎兵擊之。盡殪。興定中破宋兵於宿州。以功授定海軍節度使卒。

夾谷·守中 【金】咸平人。本名土古。大定進士。大安中累官通遠軍節度使。夏兵數萬人入鞏州。守中乘城。兵少不能支。城陷。守中獨不屈。夏人壯之。遂載而西。至平涼。要以招降府人。守中佯許。至城下卽大呼曰。外兵矢盡且遁矣。愼勿降。遂被害。

夾谷·吾里補 【金】暗土渾河人。嘗從太祖攻臨潢。面被重創。奮擊自若。賞以遼宮女二人。累立戰功。官至孛特本部族節度。以老致仕。封芮國公。卒年一百有五歲。

夾谷·查剌 【金】失撒古河人。謝奴子。善女直·契丹書。天德初以功臣子充護衛。後爲東北路招討使。兼德昌軍節度使。治有勤績。邊境以安。道不拾遺。遷臨潢尹。兼本路兵馬都總管。蕃部畏服。改西北路招討使。

夾谷·胡剌 【金】上京宋葛屯猛安人。初在元帥撻懶帳下。以戰功授武德將軍。正隆末山東盜起。胡剌爲行軍猛安討敗之。復敗宋兵。後伐宋沒於陣。

夾谷·淸臣 【金】胡里改路桓篤人。以戰功積官樞密副使。明昌初以其女爲昭儀。眷倚益重。累進平章政事。拜左丞相。初議征討。淸臣主其事。既而領軍出征。雖屢獲捷。而貪小利。遂致北邊不寧者數歲。天下尤之。

夾谷·衡 【金】山東西路三十一猛安益打把謀克人。本名阿里不山。大定進士。補東平府教授。調范陽主簿。世宗謂宰臣曰。進士中才傑之士。蓋亦難得。如夾谷衡。有用才也。承安中拜平章政事。封英國公。卒謚貞獻。

夾谷·櫶 【金】大安初授贊皇簿。禮以接士。嚴以治奸。時値蝗旱。民大飢窘。櫶規畫賑救有法。民賴以存。縣境有塘產蓮。歲久不開。自櫶來。蓮歲發花。人以爲異政所感。

夾谷·謝奴 【金】納魯悔河人。長身多髯。善騎射。通女直·契丹大小字及漢文。太祖時領左翼護衛。嘗遇敵於隘。身先士卒。射殺先鋒二人。從攻和尙原。出仙人關。克之。自大禹鎮掩其伏兵。宋兵敗走。除平涼尹·昭義軍節度使。

妙明 【宋】僧。臨川人。姓胡氏。號無相。常面壁靜坐。遂頓悟。能詩文。名公多與之交。晚年結菴常淸觀之西。趺坐而化。

妙空 【唐】僧。名守納。嗣法於雲峯卯一齋。住嘉祐禪院。南唐李氏三召之。不至。

妙音 【晉】女僧。幼出家。及長。有才致。善文章。聲譽籍甚。太元中以爲簡靜寺主。荆州刺史王忱死。時桓玄在江陵。利殷仲堪才弱。乃陰使妙音薦仲堪爲荆州刺史。帝然之。遂以仲堪代忱。妙音由是聲勢大盛。權傾一朝。◉【明】思宗宮人。國破後。出居民間。祝髮於北城之文殊菴。談宮中舊事及甲申三月事甚悉。吳兆騫有白頭宮女行。

妙普 【宋】僧。漢州人。號性空。品格高古。吹鐵笛以自娛。好吟咏。建炎中徐明反。肆意殺戮。妙普直詣賊所。賊怒將斬之。妙普索飯爲文以自祭。事畢。大呼求斬。賊駭異送之出。民多賴以全。紹興間趺坐一盆。口吹鐵笛。順流至海。自沉死。

妙虛 【明】僧。紹竹人。自幼出家。戒行甚高。叢林爭歸之。洪武初將辭世。說偈畢。端坐瞑目。衆悲泣良久。妙虛開目曰。爲汝輩再住三年。後果如期坐化。

妙諦 【明】僧。嘉靖中倭寇沿海而入。嘉興被禍尤酷。嘗掠貲財婦女貯之三塔灣僧寺中。而率衆往攻桐鄉。寺僧妙諦以酒醉守者。開門放之。已獨留。倭歸。叢矢射殺之。

妙應 【宋】僧。六合人。姓李氏。精相術。蔡京罷居錢塘。相其貌似虎。書壁有看取明年作宰相。舞爪張牙喫衆生之句。又書衆生受苦。兩紀都休。悉如其言。

妙·應方 【宋】善相。名聞天下。高宗駐維揚。應方館於張浚家。一日自外歸。語浚曰。適見城中人有死氣者十七八。必金兵將至之兆。宜勸帝南渡。浚卽入奏。帝欲留元夜觀燈未決。俄粘罕寇至。城中死者無數。

妙聲 【明】僧。吳縣人。字九皐。元末居景德寺。後主平江北禪寺。與袁桷·張翥·危素等相友善。詩文頗有士風。有東皐集。

妙鑠 【元】僧。大德中自沅州至沅陵。風彩神異。建普安寺於縣東。歷三年。功始畢。尋投寺前井中。後怡溪人報妙鑠尸在淸浪灘。往視之。果然。解其袈裟。得一頌。乃歸葬之。越數月。人見之巴東。其走如飛。追之不及而止。

妥得璘 【淸】陝西回人。假星命遊蕩金積河湟間。同治間赴烏魯木齊。索漢章據漢城反。推妥得璘爲主。陷哈密·吐魯番·庫爾喀喇烏蘇。妥得璘自稱淸眞王。後與安集延酋帕夏戰。大敗。走綏來死。

孛朮魯·定方 【金】內吉河人。本名阿海。材勇絕倫。海陵素聞其名。天德初召授武義將軍。海陵南伐。定方爲神勇軍都總管。大定初宋人陷汝州。定方將兵四千往取之。遂復汝州。宋李世輔陷宿州。定方從戰於城下。時天大暑。馳突敵陣中。出入數四。渴甚。因出陣下馬取水。被害。

孛朮魯·阿魯罕　金隆州琶离葛山人。初爲黃龍府路萬戶令史。貞元間僕散忠義討窩斡。辟置幕府。掌邊關文字。甚見信任。窩斡既平。阿魯罕招集流亡復業者數萬人。遷武勝軍節度。爲兵民所畏愛。累官參知政事。終北京留守。

孛朮魯·翀　元其先隆安人。後家順陽。字子翬。勤學隱居不仕。學行爲州里所敬。大德末用薦授襄陽縣教諭。文宗時累遷集賢直學士。兼國子祭酒。帝師至京。有旨朝臣皆郊迎。大臣俯伏進觴。帝師不爲動。惟翀舉觴立進曰。帝師釋迦之徒。天下僧人師也。余孔子之徒。天下儒人師也。請各不爲禮。帝師笑而起。舉觴卒飲。衆爲之慄然。除江浙行省參知政事。卒諡文靖。翀爲學一本於性命道德。而記問宏博。文章簡要典雅。深合古法。學者仰爲儀表。有文集六十卷。

孛朮魯·遠　元翀子。字明道。以廕調祕書郞。轉襄陽縣尹。需次南陽。賊起。遠以忠義自奮。傾財募丁壯。得千餘人。與賊拒戰。俄而賊大至。遠被害死。妻雷氏。爲賊所執。將辱之。雷號哭大罵不從。乃見殺。舉家被害。

孛朮魯·海裕　金隆安路猛安人。本名蒲剌都。貞祐中官至參知政事。兼簽樞密院事。將大名·河間等兵救中都。幷護糧運。坐弛慢兵期罪。責授益都知府。

孛秃　元亦乞列思氏。善騎射。太祖嘗潛遣朮兒徹丹出使。至也兒古納河。孛秃知爲帝所遣。值日暮。因留止宿。及還。待之有加。朮兒徹丹具以白帝。帝大喜。妻以皇妹帖木倫。乃蠻叛。帝召孛秃以兵至。大敗之。皇妹卒。復妻以皇女火臣別吉。從征西夏。卒諡忠武。

孛來　明韃靼酋長。景泰·天順間每因入貢。屢寇塞下。互有勝敗。成化間與其部入據河套。抄掠延綏無虛日。未幾諸部內爭。孛來弑其主。尋爲其屬毛里孩所殺。

孛兒速　元脫脫忒氏。世祖時直宿衞。扈駕征哈剌章還。帝駐蹕高阜。見河北有駕舟而來者。孛兒速解衣徑渡。揮戈刺死舟尾二人。挐其舟就岸。帝命左右悉擒舟中人。哈剌章平。以功論賞。

孛魯　元木華黎子。沈毅魁傑。寬厚愛人。通諸國語。善騎射。太祖時爲功臣之首。宋將李全陷益都。已而勢窮。出降。諸將欲誅全。孛魯不可。以全爲山東淮南楚州行省。郡縣聞風款附。於是山東悉平。年三十二卒。封魯國王。諡忠定。

孛羅帖木兒　元高昌人。字國賓。由宿衞官至襄陽路達魯花赤。至正中盜起。孛羅帖木兒捕斬之。已會諸軍同討賊。迭破之。以援絕被執。遇害。

孛蘭奚　元應昌人。雍吉烈氏。幼孤。能自刻勵如成人。暇日習弓馬。夜則讀書。襲父官爲齊王司馬。世祖親征乃顏。孛蘭奚以兵從。躍馬陷陣。斬其旗。所嚮披靡。乃顏兵遁走。世祖大悅。授信州路達魯花赤。期年。郡中大治。尋卒。

孝義保　周魯孝公稱之保母。臧氏之寡也。初孝公父卒。長兄戲立。是爲懿公。仲兄括之子伯御。攻殺懿公而自立。求公子稱於宮。將殺之。孝義保乃衣其子以稱之衣。臥於稱之處。伯御殺之。稱得免。稱舅殺伯御而立稱。是爲孝公。魯人高之。

宋一韓　明陳州人。萬曆中任漢中推官。遷兵科給事。立朝忠直。每疏論時事。切中利弊。號爲諫垣鳴鳳。

宋一鶴　明宛平人。崇禎舉人。累官汝南兵備僉事。討流賊有功。擢右僉都御史。巡撫湖廣。李自成連陷襄陽·德安·荆州。一鶴趨承天。護獻陵。賊犯陵攻承天。城陷。自經死。

宋九嘉　金夏津人。字飛卿。少遊太學。有能賦聲。長從李純甫讀書。爲文有奇氣。至寧初進士。歷藍田·高陵·三水·扶風四縣令。咸以能稱。後入爲翰林應奉。正大中以風疾去。死國難。一云病卒於道。

宋士宗　淸星子人。字司秩。號崑圃。雍正舉人。官南豐教諭。有史學正藏·學統存。

宋士素　北齊游道子。沈密少言。有才識。與弟士約均稱善士。累官散騎常侍。領黃門侍郞。處機要近二十年。周愼溫恭。甚有聲譽。

宋士堯　宋馬平人。皇祐中儂智高寇邕州。士堯率兵救之。與智高戰不勝。被害。贈屯衞大將軍。

宋大鐏　淸仁和人。字左彝。一字茗香。乾隆舉人。官國子監助教。有學古集·牧牛村舍詩鈔。

宋子房　宋滎陽人。迪猶子。字漢傑。官至正郞。工畫山水。有六法六論。

宋子貞　元長子人。字周臣。工詞賦。金末避亂趙魏間。宋將彭義斌辟爲安撫司計議官。義斌沒。率衆歸元。東平行臺嚴實招置幕府。甚委信之。中統中拜右三部尚書。時新立省部。典章制度。多所裁定。後拜中書平章政事。以年老乞退。特敕中書。凡有大事。即其家訪問。

宋子賢　隋唐縣人。善爲幻術。每夜樓上有光明。能變作佛形。自稱彌勒佛出世。遠近信惑。聚衆千百人。逐潛作亂。事洩。坐誅。

宋子環 明 吉水人。字文瑩。號瑩菴。永樂進士。選庶吉士。預修永樂大典。官至梁王府長史。爲人寬厚夷坦。孝弟出於天性。居兩京三十餘年。足跡未嘗涉權貴。宣德中卒於官。

宋之才 宋 瑞安人。字廷佐。學於楊時。登進士。教授京兆府。每言士皆可入聖賢之域。患速售爾。故深務韜養。積十八年。不易初官。執政薦召試。除正字。母憂服除。入爲校書郎。累遷司業。權禮部侍郎。乞去。以敷文閣待制奉祠。起知衢州。卒謚文簡。有雲海敝帚集。

宋之珍 宋 永嘉人。字國寶。登紹聖第。歷吉州司理・常熟縣丞。所至以廉介著。坐上書言事削官。入元符黨籍。大觀末除籍。終文林郎。

宋之問 唐 令文子。字延清。一名少連。武后時累轉尚方監丞左奉宸內供奉。以詩與沈佺期齊名。學者號爲沈宋。以媚附張易之貶。景龍中復官考功員外郎。諂事太平公主。卒坐賕餉狼藉。下遷越州長史。睿宗時流嶺南賜死。

宋之望 唐 玄宗時人。善寫眞。

宋之盛 清 星子人。字未有。明崇禎舉人。講學髻山。以明道爲宗。識仁爲本。與謝文洊交最篤。晚讀胡居仁居業錄。持敬之功益密。康熙初卒。學者稱髻山先生。

宋之源 宋 雙流人。字積之。更字深之。與弟之潤・之江俱朱熹門人。官龍游令。吳曦之變。解印去。賊平。詔進秩知什邡縣。累知雅州。夷人盜邊。撫而又至。之源絕其餉道。示必盡之。夷誓死無犯。璽書褒嘉。進知嘉定府卒。

宋之儁 明 靈石人。天啓進士。崇禎中歷官登萊監軍副使。忤巡按謝三賓。互訐落職。歸。流賊破邑城。不屈死。

宋仁宗 宋 眞宗第六子。名禎。母李宸妃。章獻太后養爲己子。遂嗣位。年僅十三。太后稱制凡十一年。太后崩。始親政。任富弼以和契丹。任韓琦・范仲淹以拒西夏。恭儉仁恕。愼刑愛民。爲有宋第一仁主。在位四十一年崩。廟號仁宗。紀元九。天聖・明道・景祐・寶元・康定・慶曆・皇祐・至和・嘉祐。

宋元之 宋 餘姚人。字伯允。舉進士。光宗立。應詔陳言。召赴行在賜對。請得劇邑自效。知弋陽。輔臣薦其可任臺諫。乃自廬州判擢御史。抗章言蘇師旦不法。以中旨罷。

宋元俊 清 安徽懷遠人。字甸芳。乾隆武進士。任阜和營游擊。從攻兩金川有功。被劾革職。卒於軍。

宋元徵 清 廬江人。字式虞。號鶴岑。康熙進士。官刑部郎中。決獄平恕。有文集。

宋太元 宋 高安人。字一翁。景祐進士。以大理評事爲開封府戶曹。司馬光薦爲衛尉寺丞。再薦知如皋縣。陞鄆州。掌書記。太守富弼深器之。後守潯州。弼薦爲尚書都官員外郎。改漕湖北。所至有治績。

宋太初 宋 晉城人。字永初。太平興國中舉進士。授大理評事。通判戎州。以善政聞。累官四路都轉運使。權御史中丞。先是御史按劾有罪。必豫請旨。及太初權御史中丞。以爲失風憲體。獄成然後上聞。時論以此韙之。

宋太宗 宋 太祖弟。名匡義。後改光義。卽位後改名炅。輔太祖創業有功。封晉王。太祖崩卽位。陳洪進・錢俶相繼納土。未幾取太原。乘勝欲取幽冀地。敗於契丹。遂開契丹之釁。始有西夏之患。帝沈謀英斷。以慈儉爲治。號稱賢君。在位二十二年崩。廟號太宗。紀元五。太平興國・雍熙・端拱・淳化・至道。

宋太祖 宋 開國之帝。涿郡人。姓趙。名匡胤。仕周爲殿前都點檢・歸德節度使。將軍拒契丹。至陳橋驛。將士大譟。擁之南還。受周禪。卽帝位。國號宋。以李處耘・王全斌・潘美・曹彬爲將。荊南・後蜀・南漢・江南相繼平。削藩鎭兵權。以文臣知州事。繩贓吏重法。務農興學。愼刑薄斂。與世休息。性孝友節儉。不事矯飾。在位十七年崩。廟號太祖。又稱藝祖。紀元三。建隆・乾德・開寶。

宋天顯 明 賢孫。字敬夫。崇禎中薦授內閣中書舍人。京城陷。爲賊所執。逼書僞詔。罵賊觸階死。

宋少帝 南朝宋 武帝長子。名義符。小字車兵。膂力絕人。善騎射。解音律。居喪無禮。好與左右狎暱。遊戲無度。徐羨之・傅亮・謝晦等以太后令廢帝爲營陽王。遷於吳。尋弒之。在位二年。年號景平。

宋无 元 蘇州人。字子虛。舉茂才。以親老不就。專工爲詩。有寒齋冷語・翠寒・啽囈・鯨背諸集。

宋尹文 元 太倉人。字文璧。用薦爲翰林簡閱官。學琴於秋山徐氏。得其傳。大德間魯國長公主聞其名。召至。奏胡笳十八拍。後歸老報本寺。精六壬遁甲術。推測多奇中。

宋文 明 祥符人。字彥周。天資醇厚。學行兼備。洪武中河南參政鄭居貞。以隱士薦送京師。授山西按察司副使。以廉能著。

宋文才 唐 彭山人。遊峨嵋山中。嘗一老人引之徐行。見有道士奕棋。青童採藥。問其地。乃峨嵋洞天眞仙所居也。及出山。已半月矣。

宋文公 春秋宋昭公弟。名鮑。昭公子因公母弟須。與武繆戴莊桓之族爲亂。公盡誅之。出武穆之族。以華元爲右師。在位二十二年。卒諡文。

宋・文仲 宋安陸人。字伯華。張栻門人。歷官萍鄉丞。桂陽錄事。參軍陳傅良知桂陽。聞其名。就訪之。文仲獻本軍會稽錄一卷。訪以九郡利病。無不周知。傅良器之。薦於朝。

宋文帝 南朝宋武帝第三子。名義隆。小字車兒。博涉經史。善隸書。永元初封宜都王。少帝廢。傅亮等迎帝立之。帝誅徐羨之。傅亮。謝晦舉兵反。帝自將討之。晦伏誅。遣到彥之・檀道濟伐魏。尋殺道濟。太子劭始與王濬共爲巫蠱。琢玉爲帝像。埋於含章殿前。事覺。赦不誅。明年。劭遂弑帝。諡文。廟號太祖。在位三十年。年號元嘉。帝稚重文儒。躬勤政事。於時政平訟理。江左稱治。

宋・文運 清南宮人。字開之。順治進士。知滋陽縣。累遷順天府尹。釐革宿弊。豪猾歛跡。進刑部侍郎。以刑獄至重。戒諸司毋得瞻徇紛更。加太子少保。卒諡端懿。

宋・世良 後魏廣平人。字元友。拜清河太守。郡東南有曲隄。盜之所萃。世良施八條之制。盜奔他境。民謠曰。曲隄雖險賊何益。但有宋公自屏跡。値大赦。郡先無一囚。率羣吏拜詔而已。代至。傾城祖道。莫不攀轅涕泣。卒於東郡太守。

宋・世軌 北齊世良弟。幼好法律。天保時爲大理少卿。執法寬平。時蘇珍之爲大理正。亦以明敏稱。寺中語曰。決定嫌疑蘇珍之。視表見裏宋世軌。時人以爲寺中二絕。

宋・世景 後魏翻弟。性孝友。博覽羣書。舉秀才。對策上第。累官滎陽太守。寮屬皆畏威改肅。終日坐廳事。未嘗寢息。發姦擿伏。有若神明。

宋・世犖 清臨海人。字卣勛。號确山。乾隆舉人。知扶風縣。有周禮故書疏證・儀禮古今文疏證。台州叢書・确山樓駢體文・紅杏軒詩鈔。

宋・令文 唐汾州人。富文辭。工書。有力絕人。世稱三絕。高宗時爲東臺詳正學士。子之問。以詩名。之悌驍勇。之遜精草隸。世謂皆得父一絕。

宋・令詢 後唐閔帝在藩時。爲都押衙。輔政有時譽。帝嗣位。以舊臣爲用事者所忌。出爲磁州刺史。及聞帝遇害。自經卒。

宋・以方 明靖州人。字義卿。弘治進士。官瑞州知府。吏民愛之。宸濠謀叛。以方繕城練兵。豫爲之備。宸濠忌之。劾繫南昌獄。宸濠反。脅之降。不可。械赴舟中。至安慶。斬之。事聞。贈光祿卿。

宋・可 金武陟人。字予之。其姑適槀氏。夫及子皆死於兵。姑以槀氏金遺可。後姑立槀氏疎族爲後。可舁金歸槀。鄉里義之。元兵聞可名。質其子使人招之。不從。曰。吾有子無子。與吾兒死生。皆有命焉。豈以一子故。倂平生所守者亡之。後竟無子。

宋・弁 後魏廣平列人人。字義和。少有美名。尚書李沖異之。曰。此人一日千里。王佐才也。孝文帝時。除尚書殿中郎中。帝頗寵遇之。因賜名爲弁。然好言人陰短。以是爲人所怨。帝崩。遺詔以弁輔政。而弁已先卒。

宋・弘 後漢長安人。字仲子。哀平間官侍中。光武卽位。徵拜太中大夫。旋爲大司空。封宣平侯。嘗薦沛國桓譚。後帝每令譚鼓琴。弘悔於薦舉。責讓譚甚至。帝聞之。改容謝。帝姊湖陽公主新寡。欲妻弘。難斥言。帝令主坐屏後。從容謂弘曰。諺言貴易交。富易妻。人情乎。弘曰。臣聞貧賤之交不可忘。糟糠之妻不下堂。帝顧謂主曰。事不諧矣。弘在官所入租俸。悉分贍九族。以清行稱。

宋・必達 清黃州人。字其在。順治進士。知寧都。多善政。康熙間耿精忠攻寧都。必達嬰城固守。尋去官。道出豫章。爲盜所擒。夜半。有寧都民逾垣擁以去。得脫歸。褐衣蔬食終其身。

宋・本 元大都人。字誠夫。至治初進士第一。泰定初官監察御史。以敢言稱。元統中累轉至集賢學士。兼國子祭酒。卒諡正獻。本性高抗不屈。持論堅正。居官清愼自持。仕至通顯。猶僦屋以居。有至治集。

宋・永年 宋臨江人。後居金陵。善寫梅。

宋・永錫 宋蜀人。工畫花竹禽鳥魚蟹。善傅色。

宋・永譽 清永年人。字葆祉。順治間由舉人授鄖縣知縣。賀珍作亂。永譽爲戰守備。以死自誓。城陷被執。不屈死。

宋・玉 戰國楚鄢人。屈原弟子。爲大夫。原旣放逐。玉作九辨。述其志以悲之。又有神女高唐二賦。皆寓言託與之作。⊙明高陵人。字廷珍。自幼好書。道路不廢。人號宋五經。舉正德經魁。任訓導。終瀋府教授。歸鄉。從學者甚衆。

宋・用臣 宋開封人。字正卿。以父蔭隸職內省。神宗朝。歷董大役。性敏給。善傳詔令。故多訪以外事。朝士往往詔附之。徽宗時遷蔡州觀察使。入內副都知。爲永泰陵修奉鈐轄。

宋・申錫 唐字慶臣。擢進士第。累遷至翰林學士。文宗惡宦官。召申錫俾與朝臣謀去王守澄等。未幾拜尚書右丞。進同中書門下平章事。有漏言者。守澄黨得其謀。使人誣告申錫謀反。貶開州司馬。

宋・白　宋大名人。字太素。建隆進士。乾德初試拔萃高等。授著作佐郎。太宗擢爲左拾遺。權知兗州。歲餘召還。會劉繼元降。白奏平晉頌。太宗召至行宮褒慰。雍熙中召與李昉等纂文苑英華一千卷。嘗三掌貢舉。頗致譏議。仕終吏部尚書。卒諡文安。

宋・充國　宋庠子。性剛介。刻意向學。以鄉書試禮部。既自謂宰相子。輒罷舉。仁宗召試。賜進士。累官知太常禮院。孝於奉親。平居每得微物。必先薦家廟乃敢嘗。官至大中大夫卒。

宋・兆鶴　清長洲人。字開士。號雲岑。康熙進士。寄情蘭竹。有孝行。杜門課子。嘗采禮經注疏彙爲一編。以證其失。乾隆中詔修三禮。以勞瘁疾卒。

宋光宗　宋孝宗第三子。名惇。帝有疾。壽皇購得良藥。欲因帝至宮授之。初帝欲誅宦官。近習懼。謀離間三宮。至是。宦者訴於皇后李氏。謂太上合藥一大丸。俟宮車過卽授藥。萬一不虞。奈宗社何。后泣訴於帝。帝遂不朝。在位五年。壽皇崩。帝稱疾不出。太皇太后詔太子卽位。尊帝爲上皇。慶元六年崩。廟號光宗。年號紹熙。

宋・存標　明松江華亭人。字子建。崇禎間貢生。候補翰林院孔目。有史疑・國策本論。

宋・守之　宋慶曆間知瓊州。暇日躬爲諸生講授五經。建尊儒亭於先聖廟。州人由是始知向學。

宋・守約　宋酸棗人。累官步軍副都指揮使・威武軍留後。神宗以禁旅驕惰爲簡練之法。守約率先推行。或言其持軍太急。帝密戒之。對曰。臣爲陛下明紀律。不忍使恩出於臣而怨歸陛下。帝善之。涖職十年。士始怨終服。卒諡勤毅。

宋・旭　明嘉興人。一作湖州人。字石門。工繪事。萬曆間名重海內。

宋・有元　清元和人。字孚交。號寄軒。官太平府通判。善畫牡丹。詩宗三唐。有鶴巢吟草。

宋・江　宋鄆城人。以三十六人橫行河朔。轉掠十郡。官軍莫敢嬰其鋒。知亳州侯蒙上言。江才過人。不若赦之。使討方臘以自贖。徽宗命蒙知東平。未赴而卒。江聲言將至海州。知州張叔夜。募死士設伏。擒其副賊。江乃降。

宋・汝爲　宋豐人。字師禹。建炎中陳邊事。高宗嘉納。補修武郎。假武功大夫使金。完顏宗弼劫而奪之。一無懼色。瀕死數四。後亡歸。紹興中作恢復方略獻於朝。遂上丞相書。秦檜將械送金人。汝爲變姓名爲趙復。徙步入蜀死。有忠嘉集。

宋・臣　明秣陵人。字子忠。號二水。善畫山水人物。臨摹宋元名筆。皆能亂眞。

宋・自遜　宋南昌人。字謙父。號壺山。工詞。有漁樵笛譜。

宋・至　清犖子。字山言。晚號方庵。康熙進士。官編修。督學浙江。工詩。有緯蕭草堂詩・牂牁集。

宋・伯仁　宋廣平人。一作湖州人。字器之。號雪巖。工詩。善畫梅。作梅花喜神譜上下卷。後係以詩。圖形百種。各肖其形。嘉熙時爲鹽運司屬官。有西塍集・煙波漁隱詞。

宋・伯義　明西華人。剛介有守。洪武中入太學。以才行選擢山東右參政。永樂初轉陝西布政使。治聲益彰。

宋・克　明長洲人。字仲溫。少任俠。周流無所遇。益以氣自豪。杜門染翰。日費千紙。遂以善書名天下。張士誠羅致之。不就。洪武初官鳳翔同知卒。

宋・圻安　清浙江建德人。字臣稅。號吉山。又號雙甫。自稱春山樵。拔貢生。工畫。善行楷書。詩文敏捷。家中老幼。俱知繪事。

宋・均　後漢安衆人。字叔庠。建武中爲九江太守。郡多虎暴。常募設檻穽。而猶多傷害。均曰。今爲民害。咎在殘吏。其務退姦貪。進忠善。可一去檻穽。其後虎皆東遊渡江去。楚沛多蝗。其飛至九江界者。輒東西散。明帝朝拜尚書令。旋出爲河內太守。政化大行。以疾乞免。

宋孝宗　宋太祖七世孫。名昚。字元永。高宗無子。立爲皇太子。受內禪。卽位後銳志恢復。以符離之敗復通和。時金世宗稱賢主。無隙可乘。乾道初魏杞使金還。始正敵國禮。稱大宋姪皇帝。帝聰明英毅。以賢孝稱。在位二十七年。傳位太子。尊帝爲壽皇。紹熙五年崩。廟號孝宗。紀元三。隆興・乾道・淳熙。

宋孝武帝　南朝宋文帝第三子。名駿。字休龍。小字道人。初封武陵王。太子劭弒文帝。帝入討。至新亭卽位。誅劭及濬。帝裁損王侯制度。內史相及封內官長。止稱下官。不得稱臣。嘗壞武帝所居陰室。起玉燭殿。壁上挂葛燈籠・麻蠅拂。侍中袁顗因盛稱武帝儉素。帝曰。田舍翁得此。已爲過矣。在位十一年崩。諡孝武。廟號世祖。紀元二。孝建・大明。

宋・延壽　唐爲壽州刺史。謀絕楊行密。行密以計誘殺之。妻王氏知事敗。卽部家僕。授兵器。方闔扉。而捕騎至。王氏呼天曰。我誓不爲仇人辱。赴火死。

宋・廷芬　唐貝州清陽人。世以儒聞。廷芬能辭章。生五女皆警慧。善屬文。秉性素潔。鄙薰澤靚妝。不願歸人。欲以學名家。亦不欲與凡裔爲婣對。貞元中李抱眞表五女才德。德宗召試。悉留宮中。擢廷芬爲饒州司馬。廷芬男獨愚不可教。爲民終身。

宋成公 〔春秋宋〕襄公子。名王臣。楚公倍楚盟親晉。以有德於文公也。楚伐宋。宋告急於晉。文公救宋。楚兵去。在位十七年。卒諡成。

宋杞 〔元〕錢塘人。字授之。鄉貢進士。邃於經史。工詩。畫學馬夏。能得其妙。

宋沂 〔元〕清江人。字子與。由成均諸生擢藝文監掾。遷常山縣尹。有春詠亭稿。

宋汝 〔清〕崑山人。善畫竹。尤工書翰小楷。篆隸狂草。各臻其妙。好讀書。能詩。

宋沆 〔宋〕湜從弟。性剛率。喜談兵。太平興國進士。咸平中爲環慶路部監。以擅發兵擊敵。責授供奉官。後爲文思副使·京西提點刑獄卒。

宋甫 〔明〕澤州人。成化舉人。性至孝。父沒廬墓三載。感芝草瑞烏之異。被旌。弘治間知忠州。政教幾舉。爲時良牧。

宋邦綏 〔清〕長洲人。字逸才。號況梅。乾隆進士。由編修累擢湖北巡撫。以摸稜瞻徇革職。尋起用。官至廣西巡撫。查出軍田十二萬餘畝。成守有資。帝頗嘉之。後官戶部侍郎卒。

宋邦輔 〔明〕東流人。字子相。官南京御史。時馮恩上疏。論大臣邪正得罪。獄中語及邦輔。遂并逮邦輔。奪職歸。躬耕養親。妻操井臼。子樵牧。歲時與田夫會飲。醉卽作歌相和。高風動遠邇焉。

宋和 〔清〕歙人。字介山。號岸圃。有橋西草堂文集。

宋宓 〔清〕長洲人。初名德寬。後改德宸。旋又改今名。字御之。別字儉齋。康熙舉人。以文章風義知名江左。有存笥稿·玉壺堂詩集。

宋宜 〔宋〕天聖中與陳侁·藍承·趙誠。同讀書於泉州朱明院。後皆登科。同時爲列卿。故郡有四卿堂。

宋忠 〔明〕洪武末爲錦衣衛指揮使。建文中以都督總兵三萬。屯開平備燕。燕兵起。守懷來。戰敗。被執死。

宋性 〔明〕德州人。洪武中以貢入國學。嘗代所知草疏。帝奇其文。召見。除刑部主事。永樂初位至北京刑部右侍郎。因病告歸。被譏籍其家。無餘資。帝知其廉。賜地十頃。免其租。

宋承庠 〔清〕江蘇華亭人。字養初。光緒舉人。官至湖廣道監察御史。庚子拳亂殉難。贈四品卿銜。

宋抱一 〔唐〕開元時人。善寫貌。

宋昇 〔宋〕喬年子。字景裕。由譙縣尉累進殿中少監。時喬年尹京。父子皆依憑蔡氏。喬年貶。昇亦分司南京。擢顯謨閣學士。徽宗將西幸。昇治宮城。創廊屋。會髹漆。至灰人骨爲胎。斤直錢數千。盜發洛城二十里古冢。用是遷殿中監。卒諡恭敏。

宋昌 〔漢〕以家吏從高祖起山東。後爲代王中尉。大臣既平諸呂。使人迎代王。郎中令張武等。議皆以爲不可信。願稱疾無往。昌獨勸王勿疑。於是代王入卽帝位。是爲文帝。昌以功封壯武侯。孝景時有罪。奪爵一級。封關內侯。

宋昌言 〔宋〕敏求從弟。字仲謨。以蔭爲澤州司理參軍。州有殺人獄。昌言疑其冤。堅請迹捕。果得眞犯者。累擢都水監丞。會河決棗強而北。昌言建議障使東流。或沮之。朝廷遣司馬光往視。如其策。不兩月決口塞。以功累遷少府監卒。

宋昌祚 〔宋〕官和州鈐轄。建炎中金人圍攻和州。州人推昌祚權領軍事。備禦不怠。城破死。

宋明 〔明〕濬縣人。字惟遠。初授戶部主事。督倉臨淸。中官監儲橫肆。明一裁以法。遷員外郎。有中貴乞莊田。濫及容城諸邑。明往按廉得其情。抗疏釐正之。後爲兩浙鹽運使卒。

宋明帝 〔南朝宋〕文帝第十一子。名彧。字休景。小字榮期。封湘東王。弒廢帝子業卽位。帝風姿端雅。好讀書。在藩時撰江左文章志。續衛瓘所注論語。卽位後寬仁待物。衆爲之用。末年好鬼神。多忌諱。有犯必誅。更忍虐好殺。翦落宗族。經略淮泗。府藏空竭。而自奉過度。民不堪命。宋業遂衰。在位八年崩。諡明。廟號太宗。紀元二。泰始·泰豫。

宋松年 〔宋〕字德操。紹興進士。耽嗜史學。尤留意唐代事。爲嚴陵戶曹。秩滿。調信州錄參。卽官所結閣。名曰紬書。網羅羣籍。公退校讎。寒暑不倦。尹賢良有紬書記紀其事。

宋果 〔漢〕扶風人。字仲乙。性輕悍。喜與人報讎。爲郡縣所疾。郭泰訓戒之。遂感悔改節。辟公府侍御史·并州刺史。所在能化。

宋武帝 〔南朝宋〕開國之帝。彭城人。徙京口。姓劉氏。名裕。字德輿。小字寄奴。家貧。奉繼母以孝。晉安帝時。平孫恩·盧循。爲下邳太守。桓玄稱帝。帝起兵京口討玄。大破之。安帝復位。又滅南燕。後秦。累封宋公。晉元熙初受禪於建康。國號宋。帝性儉。微時躬耕於丹徒。及受命。耨耜之具頗有存者。命藏之以留於後。在位三年崩。諡武。廟號高祖。年號永初。

宋泌 〔宋〕長安人。太平興國進士。官至起居郎直史館·越王府記室參軍。與弟湜皆有時名。

宋炎 〔宋〕陝縣人。官秉義郎。金人圖陝城。炎以勁弩數百。發毒矢。殺千餘人。城陷。力戰死。

宋·珏 【明】莆田人。流寓金陵。亦作穀。字比玉。自號荔枝仙。國子生。善畫山水。寫松尤秀。兼善八分書。小詩亦工。

宋·玫 【明】萊陽人。字文玉。天啓進士。累官工部侍郎。淸兵攻登州。玫與邑人趙士驥·族兄應亭·知縣陳顯際。悉心城守。城破。並死之。

宋·直方 【宋】晉江人。字順中。熙寧進士。知犂縣。犂有橋。水歲敗之。直方令父老疏橋柱。以殺水怒。益伐石爲隄。邑人利之。被劾移王屋縣。卒。

宋·祁 【宋】庠弟。字子京。與兄庠同舉進士。累遷龍圖閣學士·史館脩撰。與歐陽修同脩唐書。旋出知亳州。自是十餘年間。出入內外。常以史稿自隨。唐書成。遷左丞。進工部尙書。踰月拜翰林學士承旨。卒諡景文。有宋景文集·益部方物略·筆記。

宋·長白 【淸】浙江山陰人。原名俊。以字行。有柳亭詩話·增補嶺南風物紀。

宋·長春 【淸】蒲圻人。字柏山。事母以孝聞。從征吳三桂。平岳州。征福建。授都督僉事。累官雲南副總兵。誅叛苗陸尙賢。餘悉宥之。廣南平。卒官。

宋·亮 【明】魚臺人。字均禮。初名克剛。字毅夫。嘗讀諸葛武侯傳。慕其爲人。遂更名亮。博通經史。洪武中辟本縣儒學訓導。尋進福建右參政。撫綏有聲。後以獲告罷歸。

宋·俠 【唐】淸漳人。以醫術名。官至朝散大夫藥藏監。

宋·則 【後漢】漢子。字元矩。爲鄢陵令。有名跡。子年十歲。與蒼頭共弩射。蒼頭弦斷矢激。誤中之。即死。奴叩頭就誅。則察而恕之。時人美焉。

宋前廢帝 【南朝宋】孝武帝長子。名子業。小字法師。性狷暴。即位後凶悖日甚。大臣宗室。誅殺相繼。時有訛言云湘中出天子。帝將南巡荆湘以厭之。欲誅諸叔然後發。湘東王彧密結帝左右壽寂之等。弑帝於華林園。年十七。在位一年。年號永光·景和。

宋·南強 【宋】山東人。寓紹興。字子居。淳祐間知沙縣。有德政。勸農桑。與學校。繕修橋梁道路。迨解職。民爲立甘棠碑以頌之。

宋·咸 【宋】建陽人。字貫之。天聖進士。知邵武軍。立學置田以養士。移守韶州。奏除悍卒。境內肅然。狄靑經制廣西。移咸爲漕。以功轉職方員外郎。奏乞於瓊管立學。賜經史以變夷風。官至都官郎中。有易訓·毛詩正紀外義·論語增注·法言註·朝制要覽諸書。

宋·奎光 【明】字培巖。萬曆舉人。官餘杭教諭。有徑山志。

宋宣公 【春秋宋】厲公六代孫。名力。在位十九年。有太子與夷。公將卒。讓其弟和曰。父死子繼。兄死弟及。天下通義也。我其立和。和亦三讓而受之。卒諡宣。

宋帝昺 【宋】度宗庶子。名昺。初封廣王。改衛王。端宗崩。即位於碙州。尋遷新會之厓山。元張弘範襲厓山。張世傑禦之。兵潰。陸秀夫負帝入海死。在位二年。年號祥興。宋亡。

宋·庠 【宋】安陸人。後徙雍丘。字公序。初名郊。與弟祁俱以文學名。人稱二宋。以大小別之。天聖初舉進士。累試皆第一。官至兵部尙書·同平章事·樞密使。英宗時封鄭國公。出判亳州。以老乞致仕。卒諡元獻。有國語補音·紀年通譜·掖垣叢志·尊號錄·宋元獻集。

宋·度 【後漢】豫章人。字叔平。除謁者。嘗奏罷大鴻臚。京師稱曰。宋叔平一史奏罷九卿。爲定陵令。食麥飯飮水。人稱其淸。

宋度宗 【宋】理宗同母弟子。名禥。景定中立爲皇太子。理宗崩。即位。以賈似道有定策功。加太師。似道以去要君。帝至拜留之。有言邊事者。輒加貶斥。由是邊事日急。無敢言者。在位十年崩。廟號度宗。年號咸淳。

宋·彥筠 【後周】雍丘人。初仕唐莊宗。歷維渝二州刺史。周世宗時以太子太師致仕。性好貨殖。畏鬼佞佛。侍婢數十人。令削髮披緇。以侍左右。

宋後廢帝 【南朝宋】明帝子。名昱。字德融。小字慧震。帝母李道兒妾。明帝納之。故人呼帝爲李氏子。帝亦自稱李將軍。及即位。每微行。蕭道成陰結帝左右楊玉夫·楊萬年。使伺機便。會帝至新安寺偷狗飮酒。醉還仁壽殿熟寢。玉夫·萬年弑之。年十五。在位四年。年號元徽。追廢爲蒼梧王。

宋·思仁 【淸】長洲人。字藹若。號汝和。爲山東糧道。引疾歸。性孝友。居處儉約。善奕嗜吟。工畫蘭竹。好鑒古。精篆刻。多蓄古印章。有古蹟必訪求而表章之。居官廉惠。勇於興革。在粵西撰太平便覽。在山東撰泰山記。兼通星卜堪輿。能決人窮通休咎。年七十八卒。有棗餘存稿·廣輿吟。

宋·思玉 【淸】松江華亭人。字楚鴻。幼慧。時稱神童。以諸生終。有綠尊倡和詞。

宋·思禮 【唐】字過庭。事繼母徐氏至孝。補蕭縣主簿。會大旱。井池涸。母羸疾。非泉水不適口。思禮憂懼且禱。忽有泉出諸庭。味甘寒。日不乏汲。縣人異之。

宋·思顏 【明】太祖克太平。以思顏居幕府。贊謀畫。及定集慶。任爲參議。已建大都督府。復兼參軍事。太祖嘗視事東閣。天暑。汗沾衣。左右更以衣進。皆斂經浣濯者。思顏曰。主公躬行節儉。可示法子孫。願終始如一。太祖嘉其直。賜之幣。後出爲河南道按察僉事。坐事死。

宋·昰 明浙江山陰人。字懼聞。明末諸生。入清後。遯迹不仕。嘗讀大學。病朱熹改本之顚越紛更。別作古本解疏匡救之。又有匏堂詩鈔。

宋昭公 春秋宋成公少子。名杵臼。公無道。國人不附。公弟鮑。賢而下士。襄公夫人欲通於鮑。鮑不可。乃助之施於國。公出獵。襄公夫人使衞伯攻殺公而立鮑。在位九年。謚昭。

宋·紀 後魏維弟。字仲烈。頗涉經史。而浮薄無行。父弁嘗言維性疎險。紀識慧不足。終必敗吾業也。孝明帝末。爲北道行臺。卒於晉陽。

宋·若昭 唐廷芬次女。文高性潔。李抱眞表其才。德宗召入禁中。高其風操。不以妾侍命之。穆宗時拜尙宮。歷憲穆敬三朝。皆待以師禮。寶曆初卒。贈梁國夫人。

宋·若莘 唐廷芬長女。誨諸妹如嚴師。著女論語十篇。妹若昭又爲傳申釋之。貞元中召入宮。呼爲學士。總領祕禁圖籍。卒贈河內郡君。(按舊唐書作若華。此從新唐書。)

宋·若憲 唐廷芬四女。貞元中召入宮。文宗時以若憲善屬辭。粹論議。尤禮之。太和中李訓·鄭注用事。惡宰相李宗閔。譖言因駙馬都尉沈生厚路若憲求執政。帝怒。幽若憲外第。賜死。訓注敗。帝悟其讒。追恨之。

宋英宗 宋太宗曾孫。濮王允讓第十三子。名曙。仁宗立爲皇子。嗣位後。詔議崇奉濮王典禮。司馬光以爲爲人後者爲之子。不得顧私親。歐陽修引喪服大記。以爲服可降而名不可沒。久之。詔稱濮王爲親。謫呂誨等。在位四年崩。廟號英宗。年號治平。

宋·迪 宋道弟。字復古。以進士擢第爲司封郎。畫山水師李成。運筆高妙。畫松頗有奇致。草木禽鳥。妙絕一時。◎明賓州人。字吉之。性至孝。親有不悅。肅衣冠待罪。必俟釋乃退。天順時舉於鄉。授廣南府通判。盡心民事。改補順寧府判。稱廉吏。

宋·剛仲 宋文仲弟。字仲濬。張栻門人。嘗知高安。與兄齊名。

宋哲宗 宋神宗第六子。名煦。帝卽位沖幼。太皇太后高氏同聽政。召司馬光·呂公著入相。罷新法。貶章惇·蔡確等。元祐末高后崩。帝親政。以章惇爲相。罷范純仁·蘇軾等。盡復王氏新法及經義。追奪司馬光等謚。重修神宗實錄。在位十五年崩。廟號哲宗。紀元三。元祐·紹聖·元符。

宋·師襄 明耀州人。字一衷。萬曆進士。歷官御史。以敢言著。忤魏忠賢貶。崇禎初起用。累遷至太常卿。致仕歸。流賊陷耀州。死之。

宋·恕 唐璟子。以都官郎中。爲劍南採訪判官。以贓敗。流海康。

宋恭帝 宋度宗子。名㬎。四歲卽位。謝太后臨朝。元兵日迫。詔籍賈似道家。以文天祥爲右丞相。如元軍。伯顏執天祥。時浙江潮三日不至。元兵入臨安。執帝北去。封瀛國公。後爲僧。在位二年。號恭帝。年號德祐。

宋·扆 金宛平人。正隆進士。仕至沁南軍節度使。元兵至懷州。城破死。

宋·振麟 清淳化人。字子禎。號中巖。順治恩貢生。母病目盲。振麟曲意事之。日夕以舌舐其目。三載。母目復明。人咸異之。爲學博雅。旣而與同邑姚開先·羅萬藻。討論性命之學。康熙中舉鴻博不起。有中巖集。

宋·旅 宋莆田人。字庭賓。第進士。知剡縣。方臘犯越。越盜起應之。旅激勸士卒備敵。盜至。力不敵。死之。

宋·晉 清溧陽人。字錫蕃。號雪帆。道光進士。咸豐時累擢禮部左侍郎。粵寇陷金陵。極陳各省蹂躪情形。籌畫攻勦勝算。連劾不職大吏與貽誤戎機者。一歲之中。章數十上。終戶部左侍郎。有水流雲在館奏議詩集。

宋·晉之 宋樂清人。舊名孝先。字舜卿。幼穎悟。日誦數千言。弱冠從王十朋遊。同學者莫能及。以經魁南省。歷知臨海·光化·奉化等縣。通判信州。以朝散郎致仕。自號樟坡居士。有樟坡集。

宋桓公 春秋宋閔公弟。名禦說。南宮萬奔陳。宋以賂請於陳。陳人歸萬。公醢之。公病。太子茲父讓其庶兄目夷爲嗣。公義太子意。竟不聽。在位三十一年卒。謚桓。

宋·珪 金燕人。本名乞奴。爲內侍殿頭。宣宗嘗欲元夕觀燈。珪諫云。棄社稷作燈戲。有何看耶。宣宗杖之二十。旣而悔之。後蒲察官奴爲變。殺從官多人。哀宗頗爲所制。珪陰與人謀。乘官奴入見時殺之。及蔡城破。哀宗自縊。珪從死。

宋·甡 宋金華人。字茂叔。紹興進士。主高安簿。漕帥邱崈重之。引爲上客。崈使金。引爲書狀。歸除融州掾。秩滿。辟廣西鹽事司主管官。甡於經史皆究本原。亦工於詩。卒官。

宋·益 晉青州人。爲番禺令。棄官隱黃梅之黃齡洞。有道術。後人立祠洞前祀之。

宋·益齊 金青城人。隱居教授終身。不應辟命。行誼孤高。以誠信服衆。人有爭者。輒曰。寧爲官府所加。不爲宋公所短。其爲世欽重如此。

宋眞宗 宋太宗第三子。名恆。初封壽王。以太子嗣位。景德初契丹寇澶州。帝自將禦之。契丹請盟而退。大中祥符初王欽若謀作天書。見於承天門。帝封泰山禪社首。丁謂上封禪祥瑞圖。示百官於朝堂。在位二十五年崩。廟號眞宗。紀元五。咸平．景德．大中祥符．天禧．乾興。

宋矩 【晉】敦煌人。字處規。慷慨有志節。張重華據涼州。以矩爲宛戍都尉。穆帝永和中。石季龍遣將麻秋進陷大夏。護軍梁式執太守宋晏。以城應秋。秋遣晏以書誘矩。矩不從。先殺妻子。自刎而死。

宋祐 【元】樊城人。六歲喪父。事母至孝。友愛二弟。母沒。寢苦枕塊。啜粥十五年。鄉黨稱之。

宋神宗 【宋】英宗長子。名頊。初政可觀。未幾詔王安石越次入對。創制置三司條例司。行新法。廢逐元老。擯斥諫士。國內騷動。欲取靈夏。滅西羌。功不成。飲恨而卒。在位十八年。廟號神宗。紀元二。熙寧．元豐。

宋耕 【宋】蜀州人。號雪溪先生。紹興中爲閬中令。棄官去。不知所終。其孫德之。聞其在四明。親往訪焉。至雪竇山。有蜀僧。言聞諸耆老云。山後有爛平山。有三居士。其一宋宣教也。德之躋攀至爛平。果見丹竈。置祠其上而歸。

宋衷 【後漢】南陽章陵人。字仲子。爲荊州五業從事。與劉表共定五經章句。有世本注。

宋高宗 【宋】徽宗第九子。名構。字德基。始封康王。徽欽爲金人所捕。乃卽位於建康。李綱爲相。宗澤守汴。力謀恢復。然帝素怯懦。爲黃潛善．汪伯彥所惑。復南遷避敵。定都臨安。相秦檜。殺岳飛。乞和於金。稱臣納幣。遂成偏安之局。是爲南宋。在位三十六年。無子。傳位於孝宗。帝稱太上皇帝。淳熙十四年崩。年八十一。廟號高宗。紀元二。建炎．紹興。

宋偓 【宋】洛陽人。本名延渥。後唐莊宗之外孫。後漢高祖之壻。宋初加檢校太師。太祖納偓長女爲后。封邢國公。

宋務光 【唐】汾州西河人。字子昂。一名烈。擢進士第。遷右衞騎曹參軍。神龍初大水。應詔陳言。不見納。以考最進殿中侍御史。遷右臺。卒。

宋國永 【清】衡陽人。字長慶。以水勇從鮑超於衡州。超轉戰各省。國永無役不從。官至提督。

宋國興 【明】合肥人。年十八。以總管與陳埜先戰南臺。太祖解白龍袍衣之。敵誤爲太祖。攢槊刺之至死。

宋康王 【戰國】【宋】文公九世孫。名偃。攻其兄剔成。自立爲王。東敗齊。南敗楚。西敗魏。乃盛血以韋囊。懸而射之。命曰射天。淫於酒婦人。羣臣諫者輒射之。於是諸侯皆曰桀宋。立四十七年。齊滑王與魏楚伐宋。殺偃。遂滅宋而三分其地。（按戰國策．呂氏春秋。皆謂偃諡康王。）

宋敏 【元】魏郡人。字好古。天曆中爲藝文監照磨。工寫竹石。初有人以其墨竹進明宗。明宗曰。此眞士大夫筆。京師人名其竹爲勅賜士大夫竹。

宋敏求 【宋】綬子。字次道。賜進士及第。嘗預修唐書。又私撰唐武宗以下實錄。熟於朝廷典故。治平中爲仁宗實錄檢討官。起居注。知制誥。累遷龍圖閣直學士。元豐初卒。自父綬以來家富藏書。皆嘗經校讐三五遍者。家住春明坊。士大夫喜讀書者。多僦居其側。以便借讀善本。宅值至爲之昂。有春明退朝錄．唐大詔令集．長安志。

宋斌 【宋】袁州人。少登朱熹之門。方學禁嚴時。斌羈旅困沮。年且八十。趙與懽延之。事以父行。奏乞用旌禮布衣故事。卒葬西湖。歲一祭之。

宋晟 【明】鳳陽定遠人。字景陽。從太祖渡江。積功至都督僉事。太祖晚年宿將殆盡。晟數有戰功。建文中出鎭甘肅。成祖卽位。入朝。擢左都督還鎭。尋以招降功。封西寧侯。晟凡四鎭涼州。前後二十餘年。威信著絕域。病卒。

宋曹 【清】鹽城人。字彬臣。一字邠臣。號射陵。明崇禎時官中書。入清後。隱居不仕。工詩善書。

宋涵 【清】溧陽人。字叔邃。諸生。康熙中召試鴻博。罷歸。徜徉泉石以終。工詩古文詞。有閱楚堂集。

宋清 【唐】長安人。居善藥。長安醫工。得清藥輔其方。輒易售。有不持錢者。皆與善藥。積券如山。未嘗詣取値。歲終度不能報。輒焚券。長安人爲之語曰。人有義聲。賣藥宋清。

宋牼 【戰國】【宋】嘗欲以利說秦楚罷兵。孟子勸其舍利而言仁義。荀子謂其言足以欺惑愚衆。（按荀子墨子作宋鈃。此從孟子。）

宋理宗 【宋】太祖十世孫。初名貴誠。改名昀。史彌遠稱詔立之。紹定末彌遠卒。始親政。端平初孟珙以蒙古兵入蔡州。滅金。趙葵．趙范請復三京。兵潰於汴。由是兵連禍結。境土日蹙。而丁大全．賈似道相繼弄權。帝亦怠於政。在位四十年崩。廟號理宗。紀元八。寶慶．紹定．端平．嘉熙．淳祐．寶祐．開慶．景定。

宋球 【宋】守約子。累官樞密副都承旨。嘗使契丹告哀。至則使易吉服。球不從。契丹不能奪。

宋莊公 【春秋】【宋】穆公子。名馮。穆公使出居鄭。立殤公。華督弑殤公。迎立之。自爲相。公立十九年卒。

宋處宗 【晉】沛國人。名宗。官兗州刺史。得一長鳴雞。愛養窗間。後作人語。與之論談極妙。由是玄學大進。

宋訥 【明】滑縣人。字仲敏。性持重。學問該博。元至正進士。任鹽山尹。棄官歸。洪武中徵儒士十八人。編禮樂諸書。訥與焉。事竣不仕歸。久之以杜斅薦。授國子助教。說經爲學者所宗。歷官翰林學士．文淵閣大學士。遷祭酒。卒謚文恪。有西隱集。◎明沁源人。由歲貢累官大名知府。靖難兵起。死之。

宋．勝之　漢安衆人。字卽子。少孤。孝慕甚篤。家於殺城聚中。聚中人皆化之。每行。見老人擔負。輒以身代。獵得禽獸。卽分與所親者。貧依姊居。數歲乃至長安受易。以信義聞。遊太原。從郇越牧羊。以琴書自娛。丞相孔光聞而就太原辟之。不至。元始中卒於太原。

宋．單父　唐洛人。字仲儒。善吟詩。亦能種藝術。凡牡丹變易千種。紅白鬬色。上皇召至驪山。植花萬本。色樣各不同。賜金千餘兩。內人皆呼爲花師。

宋．喬年　宋庠孫。字仙民。以父蔭監市易。坐事失官。以女嫁蔡京子。使依附蔡氏。崇寧中以龍圖閣學士知河南府。京罷相。貶保靜軍節度副使。蘄州安置。及京復相。還舊官知陳州。卒謚忠文。

宋．就　戰國梁大夫。嘗爲邊縣令。與楚隣界。梁楚之邊亭皆種瓜。梁人劬灌而瓜美。楚人稀灌而瓜惡。楚亭人惡之。夜竊搔梁亭瓜。梁亭人覺之。欲報焉。尉以聞於就。就不可。每暮。令人竊往楚亭。善灌其瓜。瓜日以美。楚王聞而賢之。乃謝以重幣而請交於梁。

宋．惠直　宋當塗人。字子溫。崇寧進士。任太常博士。事親孝。建炎中周公望使金。辟惠直自隨。或勸之辭。曰。天步方艱。豈臣子擇利時乎。兼程而進。至高郵。疾卒。

宋．景　隋西河人。開皇中爲南宮令。志懷廉狷。百姓歌曰。劉寵一錢。楊震四知。流風餘澤。今在於茲。◎明奉新人。字以賢。弘治進士。官山西副使。民飢爲盜。殺守禦指揮。景樹幟。令被脅者赴之。賊咸歸命。乃擒斬其魁。仕至左都御史。卒謚莊靖。

宋景公　春秋宋文公四代孫。名頭曼。曹倍宋。又倍晉。公伐曹。晉不救。遂滅曹有之。三十六年熒惑守心。心．宋之分野。公憂之。司星子韋曰。可移於相。公曰。相吾之股肱。曰。可移於民。公曰。君者待民。曰。可移於歲。公曰。歲饑民困。吾誰爲君。子韋曰。君有君人之言三。熒惑宜有動。候之。果徙三度。在位六十四年卒。謚景。

宋．景雲　明博興人。字祥禎。萬曆進士。官至監察御史。巡按湖廣。有毛詩發微。

宋．景業　北齊廣宗人。爲陰陽緯候之學。魏末任北平太守。引易稽覽圖之說。勸高澄當代魏。天保初授散騎侍郎。

宋．棐　宋莆田人。字子戚。政和進士。紹興中爲金部郎中。扈從幸建康。請召中外採訪勇力權略之士。以備採擇。從之。因留總領大軍。展轉外藩凡二十年。召爲太府少卿。徙太常。擢權禮部侍郎兼侍講。除敷文閣待制奉祠。棐和易寬通。臨事屹然不可回奪。卒贈宣奉大夫。

宋．欽　明蒼梧人。爲湖廣參議。正統中麓川亂。尙書王驥西征。欽督餉不避艱險。歷官湖廣布政致仕。天順中寇陷梧州。不屈死。

宋欽宗　宋徽宗長子。名桓。帝在東宮。未嘗失德。及卽位。聲伎音樂。一無所好。金人陷京師。劫帝及上皇后妃等三千人北去。在位二年。年號靖康。紹興三十一年崩。廟號欽宗。

宋．渾　唐璟子。與李林甫善。官平原太守。暴歛求進。轉東京採訪使。強納寡婦。以贓敗。流高要。旋起爲太子諭德。物議薄之。流死江嶺。

宋．湜　宋泌弟。字持正。早孤。勵志篤學。事母孝。太平興國進士。咸寧中累官至給事中．樞密副使。從眞宗北巡。卒贈吏部侍郎。

宋．湘　清嘉應人。字煥襄。號芷灣。嘉慶進士。由編修官雲南永昌知府。奇灣甸土州景在東據州爲亂。凡五六年。當事怯不敢發。湘自捐軍輸。七日平之。後遷湖北糧道。卒年七十有一。湘性豪邁。下筆具倜儻雄奇之概。詩磊磊落落。自成一家。有不易居齋集．豐湖漫草．燕臺滇蹄諸集。

宋．游道　北齊廣平人。繇曾孫。事母以孝聞。仕魏爲殿中侍御史。臺中語曰。見賊能討宋游道。後累官御史中尉。天保初兼太府。性過剛直。治獄嚴酷。嘗劾吉寧等五人同死。有欣悅色。朝士甚鄙之。然重交游。存然諾之分。歷官嚴整。而時大納賄。分及親故之艱匱者。嘗戒諸子。吾執法大剛。子孫不足以師之。諸子奉父言。遂以柔和謙遜聞於時。

宋．湯齊　明肥鄉人。崇禎間爲諸生。聞京師陷。與諸生郭珩．王拱辰等。起兵討李自成。爲自成將張汝行所殺。

宋．無　宋字子虛。宋亡不仕。工詩。有翠寒集。

宋．琪　宋薊人。字叔寶。長於文學。尤通史術。後晉時舉進士中第。歷任記室。太平興國中自兵部員外郎。四遷至尙書爲相。旋以其素好詼諧。無大臣體。罷守本官。端拱中拜右僕射卒。

宋．琰　明奉化人。字廷書。性溫雅。居家以孝友聞。永樂中進士。選庶吉士。預修永樂大典。授中書舍人。累遷河南右參政。時汝陽旱蝗。琰至。籲天自咎。蝗弭而歲轉豐。仕終兵部侍郎。

宋·琮 【明】泰和人。洪武中劉三吾等主會試。琮第一。是年北士無預選者。人言三吾等南人。私其鄉。帝親試。更擢北士六十一人。時謂之南北榜。又云春夏榜。琮坐是遣戍。建文中起刑部檢校。宣德中以檢討掌助教事卒官。

宋·琬 【清】萊陽人。字玉叔。號荔裳。順治進士。官浙江寧紹台道。登州于七爲亂。琬族子因宿憾。以與聞逆謀告變。下獄三年。後起爲四川按察使。卒於京。琬詩入杜韓之室。感時傷事之作。多淒清激宕之音。與施閏章齊名。世稱南施北宋。有安雅堂集。

宋·登 【後漢】漢弟。字叔陽。少傳歐陽尚書。教授數千人。爲汝陰令。政令明。稱神父。入爲尙書僕射。順帝以登明識禮樂。使持節臨太學。奏定典律。轉拜侍中。數上封事。抑退權臣。由是出爲潁川太守。

宋·登春 【明】新河人。字應元。少能詩。善畫。年二十餘。即棄家遠游。晚依其兄子。居江陵之天鵝池。自號鵝池生。徐學謨守荊州。深敬禮之。後學謨致仕歸。登春訪之吳中。買舟浮錢塘。徑躍入江死。所著詩稱宋布衣集。

宋·翔 【宋】崇安人。字子飛。幼穎敏。七歲時。劉子翬命賦燈詩。援筆立成。大爲稱賞。紹興進士。累官國子監簿。受知張浚。爲浚十客之一。章太后既歸。獻紹興樂府十二章。尋差湖南帥司參議官。以朝散大夫致仕。有梅谷集。

宋·翔鳳 【清】長洲人。字于庭。嘉慶舉人。官知州。精研經學。有浮溪精舍叢書。

宋閔公 【春秋】【宋】莊公子。名捷。宋水災。魯使臧文仲弔焉。公曰。孤實不敬。天降之災。又以爲君憂。拜命之辱。文仲善之。既而聞之曰。公子御說之辭也。後伐魯。魯獲南宮萬。既而歸之。公靳之曰。始吾敬子。今子。魯囚也。吾弗敬子矣。萬病之。遂弒公於蒙澤。在位十一年。諡閔。（按閔。史記作湣。又湣公共。厲公父也。）

宋·雄 【宋】幽州人。初仕契丹。後歸宋。累官光祿少卿。在官職務修舉。公私倚任。雄涉獵文史。善談論。與宋琪齊名燕薊間。號二宋。

宋順帝 【南朝宋】明帝第三子。名準。字仲謀。小字知觀。初封安成王。後廢帝被弒。入即位。昇平末蕭道成令帝下詔禪位。王敬則勒兵入迎。帝泣曰。願後身世世。勿復生帝王家。在位三年。年號昇平。齊廢帝爲汝陰王。置兵守衛之。尋爲衞士所弒。年十三。諡順。國亡。

宋·嗣宗 【唐】南和人。太和中令奉化。利澤深厚。民甚德之。唐亡。遂家邑之斗門橋。

宋·意 【後漢】均族子。字伯志。父京。以大夏侯尙書教授。官至遼東太守。意傳父業。舉孝廉。以召對合旨。擢拜河陽相。建初中徵爲尙書。遷司隸校尉。多所獻替。

宋·準 【宋】雍丘人。字子平。開寶中舉進士擢甲科。雍熙中判大理寺。旋被病遷金部郎中。準美風儀。善談論。辭采清麗。涖官所至。皆有治聲。

宋·溫和 【宋】眉山人。知光化縣。嘗與金兵相持。多戰功。尋知光化軍。剛介公正。遠近悅服。

宋·煜 【宋】棐子。字伯華。淳熙間知循州。新黌舍。勸開墾。州民以茅覆屋。恆多火災。煜乃量戶高下。貸以官錢。又輟城兵相其役。民用安居。以時還所貸。改知賓州。徙惠州。善政頗多。州人德之。

宋·照 【清】長洲人。字謹涵。號喜墨。康熙進士。選庶吉士。以撰文忤旨放還。旋薦修三禮。病卒。有禮經彙解·史閒·息軒雜文等書。

宋·瑄 【明】晟子。建文中爲中軍右衞指揮使。數從諸將禦靖難兵。有功。靈壁之戰。躍馬先登。斬首數級。諸營兵敗。瑄猶格鬭。力屈死之。

宋·瑛 【明】沅陵人。由貢生官平樂通判。正德中柳州諸洞苗猖獗。撫臣洪範檄瑛以討捕。至楊頭砦。苗合九砦餘黨攻之。身被數創。越二日。援兵不至。遂遇害。

宋·筠 【清】犖子。字蘭揮。又號晉齋。康熙進士。歷事聖祖世宗兩朝。官至奉天府尹。坐事鐫級調用。有綠波園詩集·使滇錄。

宋·義 【漢】故楚令尹。從項梁伐秦。梁破秦軍。有驕色。義諫曰。戰勝而將驕卒惰者敗。梁不聽。卒爲秦將章邯所破。楚懷王以義爲上將軍。諸別將皆屬。號卿子冠軍。北救趙。至安陽。留不進。項羽即其帳中斬之。

宋·葆淳 【清】安邑人。字帥初。號芝山。又號隆陬。乾隆舉人。官解州學正。長於金石考據。善鑒別。工畫山水。得北宋人法。

宋·詡 【明】松江華亭人。字久夫。有竹嶼山房雜部。內種植尊生二部。爲其子公望所撰。

宋·道 【宋】洛陽人。字公達。以進士擢第爲郎。善畫山水。

宋·雷 【明】湖州人。自號市隱居士。好博覽史傳稗官小說。有西吳里語。

宋·僖 【明】餘姚人。初名元僖。後更名。字無逸。號庸菴。元至正舉人。補繁昌教諭。洪武中徵修元史。事竣不受職。尋典試福建。有庸菴詩文集。（按四庫提要作宋禧。）

宋·嘉禾 【元】上黨優人。潛心書畫。善畫人物。亦能墨竹。小景絕佳。

宋·夢鼎 【元】淳安人。字翔仲。私

淑愓簡、錢時之學。至順進士。累官知奉化州。

宋·實穎 【清】長洲人。字旣庭。號湘尹。順治舉人。官與化縣教諭。淹貫經史。博綜旁搜。當時推爲名宿。有讀書堂·老易軒·玉磬山房等集。

宋寧宗 【宋】光宗次子。名擴。初封嘉王。受內禪。引拔善類。未幾韓侂冑用事。削朱熹官。籍僞學趙汝愚等五十九人。嘉泰中弛禁。復諸貶者官。嘉定初王柟至自汴。議與金世爲伯姪之國。增歲幣。函韓侂冑·蘇師旦首畀金。易淮陝侵地。國體以虧。在位三十年崩。廟號寧宗。紀元四。慶元·嘉泰·開禧·嘉定。

宋·愿 【元】蒲圻人。字文齋。生而穎敏。力學不倦。崇尚經術。至忘寢食。皇慶中授濂溪書院山長。轉澧州學正。

宋·慈 【宋】建陽人。字惠父。歷湖襄提刑。以朝請大夫直煥章閣。帥廣東。慈居官所在有聲。嘗作洗冤錄。卒贈朝議大夫。理宗御書墓門旌之。

宋·摶 【宋】掖人。字鵬舉。治毛詩。眞宗朝官司封員外郎·河東轉運使。在任凡十一年。時邊事未息。摶經制漕運。以幹治稱。景德中入爲戶部副使。仕終刑部郎中。

宋·漢 【後漢】弘從孫。字仲和。以經行著名。舉茂才。四遷至西河太守。永建初爲度遼將軍。以恩威著。還太僕。拜太中大夫。

宋·犖 【清】槐子。字牧仲。號漫堂。又號西陂。康熙間以任子入官。累擢江蘇巡撫。在官持大體。以淸節著。官至吏部尚書。加太子少師。精鑒藏。善畫。淹通典籍。練習掌故。詩與王士禛齊名。有西陂類稿·筠廊偶筆·滄浪小志·漫堂墨品·怪石贊·縣津山人詩集。

宋端宗 【宋】度宗庶子。名昰。封益王。判福州。恭帝北去。陳宜中奉之即位於福州。李庭芝·姜才赴召至泰州。兵叛降元。帝走潮州。明年。文天祥兵潰。帝遷潮州之淺灣。尋入海至七里洋。又明年崩。在位三年。廟號端宗。年號景炎。

宋·端儀 【明】莆田人。字孔時。成化進士。官禮部主事。雲南缺提學官。部議屬之。偶爲吏所洩。端儀曰。啓事未登。已喧傳衆口。人其謂我何。力辭。進員外郎。擢廣東提學僉事。力祛積弊。抑奔競。時望翕然。有考亭淵源錄·立齋閒錄。

宋·綬 【宋】平棘人。字公垂。父皐直集賢。父子同在館閣。世以爲榮。綬博通經史百家。家藏書萬餘卷。親自校讐。王旦嘗稱其文有永貞元和風格。四入翰林。仁宗朝參知政事。朝廷大議論。多所裁定。卒謚宣獻。

宋·維 【後魏】弁子。字伯緒。少襲父爵。自員外郎遷給事中。清河王懌輔政。薦爲通直郎。靈太后臨政。委任元叉。叉恃寵驕盈。頗恨懌。乃謀於維。維誣告韓文殊父子謀逆立懌。懌被錄禁中。鞫無反狀。卒以叉言不反坐維。及叉殺懌專政。起還通直常侍。除洛州刺史。靈太后反政。以叉黨除名。尋追論前誣告事。賜死。

宋·維藩 【清】浙江建德人。字价人。貢生。候補州同。康熙間召試鴻博。有白雲閣詩集。

宋·綿初 【清】高郵人。字守端。乾隆拔貢。官訓導。邃經術。尤長於說詩。有韓詩內傳徵·困知錄。

宋·綸邦 【清】元和人。字殿傳。號釣川。乾隆間監生。善畫蘭竹。

宋·聚業 【清】長洲人。字嘉升。康熙進士。官吏部郎中。性剛直。以忤年羹堯死。有南園詩稿。

宋·賓 【明】洛陽人。性剛直。洪武間爲太學生。授淸紀郎。遷眞定知府。爲政有方。吏民信服。官至陝西右布政使。

宋·賓王 【清】婁縣人。字蔚如。起家市井。藏書極富。苦心讐勘。精當無比。

宋·際 【清】松江人。字峨修。有闕里廣志。

宋·鳳翔 【明】秀水人。字羽皐。萬曆舉人。有秋涇筆乘。

宋·齊丘 【南唐】本廬陵人。家洪州。字子嵩。好學工屬文。尤喜縱橫長短之說。以游客干李昪。累遷右僕射平章事。及昪受禪。自右丞相進司徒。心懷不平。出爲鎭南節度使。李璟立。召拜太保中書令。坐植黨罷。意怏怏。請歸隱九華山。從之。賜號九華先生。再起爲中書令。封楚國公。齊丘好權利。植朋黨。矜功忌能。有言其謀簒者。乃放歸九華山。自經卒。諡醜繆。

宋·儋 【唐】廣平人。字藏諸。高尚不仕。戶部侍郎宇文融薦授祕書省校書郎。善書法。呂總評儋書云。春秋花發。夏柳低枝。開元末舉場中後輩多師之。

宋·儀望 【明】永豐人。字望之。嘉靖進士。知吳縣。禁火葬。創子游祠。惠績甚著。徵授御史。陳時務十二策。劾胡宗憲·阮鶚等奸貪狀。爲嚴嵩所忌。坐浮躁貶。嵩敗。擢霸州兵備僉事。萬曆中仕至大理卿。忤張居正。被劾歸。儀望學宗王守仁。有華陽館文集。

宋厲公 【春秋宋】湣公子。名鮒祀。湣公卒。公弟煬公立。鮒祀弒煬公而自立。曰。我當立。卒謚厲。

宋·廣之 【南齊】錢唐人。字處深。善清言。初顧歡著三名論。以正四本之失。尚書劉澄與廣之並立論難。與之往復。廣之才理尤精詣。

宋廣業 清長洲人。字澄溪。康熙中官至濟東道。有羅浮山志會編。

宋徵 明建文時爲宗人府經歷。嘗建議親藩不順。宜削其屬籍。燕師入。被誅。

宋徵輿 清松江華亭人。字直方。一字轅文。順治進士。官至副都御史。爲諸生時。與陳子龍。李雯等倡幾社。以古學相砥礪。其詩以博贍見長。聲譽亞於子龍。有林屋詩文稿。

宋徵璧 明松江華亭人。原名存楠。字尚木。有左氏兵法測要。（按兵法測要。華亭縣志作徵輿撰。此從四庫提要。）

宋德之 宋江源人。字正仲。慶元中知閬州。召爲兵部郎官。朝論有疑安丙意。丞相史彌遠首以問德之。德之對曰。蜀無安丙。朝廷無蜀矣。忤時相意。遂罷。安丙深感德之。請醫不許。論者賢之。

宋德方 元號披雲子。隱居太原昊天觀。鑿石洞七龕。爲修煉所。至元中贈玄通披雲眞人。

宋德宜 清長洲人。字右之。順治進士。累官吏部尚書。文華殿大學士。每議國家大事。必獨攄所見。平黔滇蜀粵。疏言俘獲婦女。宜聽收贖。一時得贖者數千。卒謚文恪。

宋慶 清蓬萊人。字祝三。咸同間從攻粵捻。先後數百戰。積功官至四川提督。光緒間中日失和。慶督兵力戰。不少却。和議成。總統武衞左軍。拳匪之亂。幫辦北洋軍務。卒封三等男。謚忠勤。

宋慶之 宋字元積。登成淳第。監慶元府鹽倉。辟浙東幕。公車交薦。未引見而卒。有飲冰集。

宋慶禮 唐永平人。以習識邊事。拜河南河北營田使。嘗承詔。與邵宏等築治營州故柳城。三旬畢事。授營州都督。開屯田八十餘所。追拔漁陽淄青沒戶。復舊田宅。不數年居人蕃集。倉廩充盈。卒謚敬。

宋殤公 春秋宋宣公子。名與夷。時鄭及諸侯數伐宋。公即位十年而十一戰。太宰華督豔孔父嘉之妻。乃使人宣言國中曰。民不堪命。皆孔父爲之。遂攻殺孔父而取其妻。公怒。督遂弒公。謚殤。

宋練 唐高安人。爲長沙掾。四世同居。以孝行聞。咸通中詔旌表其門。賜束帛。

宋緒 明餘姚人。字公傳。以字行。成祖時預修永樂大典。時同邑被徵者五人。及書成。皆授官。緒獨辭歸。有元詩體要。

宋衜 元長子人。字弘道。善記誦。初避地襄陽。後北歸居河內。趙璧經略河南。咨以軍事。歷官翰林修撰。太常少卿。祕書監。太子重其書德。命侍講經幄及詹事府。首命爲太子賓客。有柜山集。

宋賢 明松江華亭人。字及甫。號定宇。嘉靖進士。令新昌。會凶歲。賢盡力備禦。得大稔。徵拜御史。按甘肅。邊屢擾無寧日。賢前後上十七疏。切中時宜。丁父憂歸。哭泣喪明。年七十五卒。

宋賢都 清奉天人。順治間知城武縣。時李化鯨兵變。賢都猝不及備。先以甘言怠其謀。化鯨遂攻曹縣。賢都募死士夜薄其營。化鯨覺。還攻城武。賢都力戰死。闔門二十八人皆被屠戮。

宋輝 宋紹興初以朝議大夫直龍圖閣。歷發運副使。祕閣修撰。知臨安府三衙。奏定臨安府左右廂巡之制。又請檄免本府酒稅課利。從之。明年除宮祠。

宋駒 宋綬之後裔。字廐父。徙居紹興。從葉適究心學。於古今倫貫物變終始。用功甚銳。家居或踰月不出。野宿或兼旬不返。以讀書爲樂。由進士知壽春縣卒。

宋儒 明望江人。字交卿。初爲弟子員。治尚書。及長。仕爲錦衣衞千戶。典告密。治獄尚寬。獄囚故無藉臥。輒僵死。儒奏以牧象草藉之。四缺食。儒奏以無主盜贓食之。咸爲例。有山東盜既服辜。儒奏原其父母妻子。暮夜有饋金。輒却之。於時錦衣官之廉與惠者獨稱宋文卿云。

宋學朱 明長洲人。字用晦。崇禎進士。爲御史。疏劾楊嗣昌。田惟嘉。時論壯之。巡按山東。方行部。淸兵攻濟南急。聞警馳還。與布政張秉文等。分門死守。援兵不至。城陷死之。

宋懌 明濂孫。字子夷。奉母孝。蜀獻王時賜粟帛賙其家。專心力學。書益工。建文即位。念濂與宗舊學。特召懌入翰林爲侍書。

宋濂 明浦江人。字景濂。元至正中薦授翰林院編修。以親老辭不赴。隱東明山著書。歷十餘年。明初以書幣徵。除江南儒學提舉。命授太子經。修元史。累轉至翰林學士承旨。知制誥。以老致仕。長孫愼坐法。舉家謫茂州。道遇疾卒。正統中追謚文憲。濂博極羣書。孜孜聖學。爲文醇深演迤。與古作者並。一代禮樂制作。多所裁定。有宋學士全集。龍門子。浦陽人物記。篇海類編。

宋澤 清酉陽人。字理卿。咸豐間以廩生辦團練。累敗洪楊軍。積功官訓導。精相墓術。並精許氏學及兵法水利家言。有勞人集。湘上吟。

宋澥 宋沆弟。工畫山水。有淸節。居長安不仕。與种放。魏野遊。多篇什酬唱。

宋·璜 明威縣人。庠生。正德中流賊陷城。賊入璜家。初無害意。有邑人馬姓者。竊賊銀。賊怒甚。縛璜父昇。欲害之。璜哀告。願代父死。且紿之曰。吾知銀處。賊隨之覓不得。竟遇害。父因得免。

宋·璟 唐南和人。耿介有大節。第進士。武后時以鳳閣舍人。遷左臺御史中丞。因人告張易之·昌宗等謀反。固請窮治。后不能奪。卒許收易之等就獄。俄詔原之。勑二張詣璟謝。璟不見。時朝士多呼易之五郎。昌宗六郎。璟獨卿之。睿宗立。以吏部尚書同中書門下三品。太平公主謀不利於太子。璟奏出主於外。坐貶楚州刺史。開元初以廣州都督召拜刑部尚書。遣內侍楊思勗迎之。中途未與思勗交一言。累封廣平郡公。進尚書右丞相。卒諡文貞。璟與姚崇相繼爲相。崇善應變以成務。璟善守文以持正。故唐代賢相。前稱房杜。後稱姚宋焉。璟工文辭。嘗作梅花賦。皮日休歎曰。余疑宋廣平鐵腸石心。然觀此賦清便富豔。殊不類其爲人也。

宋穆公 春秋宋宣公弟。名和。立九年。病。召大司馬孔父謂曰。先君舍太子與夷而立我。我不敢忘。我死。必立與夷。使其子馮出居於鄭。公卒。諡穆。與夷立。

宋·褧 元本弟。字顯夫。泰定進士。累官至翰林直學士。卒諡文清。與兄本齊名。人稱二宋。有燕石集。

宋·諾 明故城人。字子重。號金齋。嘉靖進士。官兗州知府。有金齋集。

宋·霖 清江蘇通州人。字六雨。廩貢生。官淮南訓導。畫山水花卉。皆有奇致。

宋徽宗 宋神宗第十一子。名佶。嗣哲宗立。深通百藝。書畫尤工。惟窮極土木。崇奉道教。自稱教主道君皇帝。羣小競進。任用蔡京·梁師成·李彥·朱勔·王黼·童貫等。時稱爲六賊。籍司馬光等百二十餘人爲奸黨。刻石端禮門。又與金啓釁。致金師深入。帝懼。傳位太子。是爲欽宗。尊帝爲道君太上皇帝。在位二十五年。紀元六。建中靖國·崇寧·大觀·政和·重和·宣和。靖康末金人陷汴京。虜二帝北去。紹興五年。崩於五國城。廟號徽宗。

宋·應昌 明仁和人。字桐岡。嘉靖進士。累官山西副使。巡撫山東。上海防事宜。預策倭爲患。進選將練兵積粟三策。已而語驗。廷議服其先見。拜兵部右侍郎。經略朝鮮。假便宜行事。與李如松襲取平壤。進收開城·黃梅·平鐵·江源四道悉下。時兵部尚書石星。惑於封貢之說。議撤兵。應昌請留兵協守。星不聽。應昌度事難辦。引疾乞休。後敘平壤功。加右都御史。

宋·應然 宋儒生。通兵法。出入行陣三十餘年。爲諮議官。寓秦州。德祐中元兵入秦州。與其妻自縊死。

宋·濤 宋瀞弟。端拱進士。歷殿中丞。知襄城縣。以政績聞。累遷監察御史。知虢州。

宋·璫 宋渭南人。字寶臣。乾德中進士及第。擢著作佐郎。知綿州。太宗時歷知秦州·益州。皆有善政。淳化中改知蘇州卒。璫性清簡。官三十年。未嘗問家事。惟聚書以貽子孫。

宋·璲 明濂仲子。字仲珩。善詩。精篆隸。工眞草書。洪武中召爲中書舍人。其兄子愼。亦爲儀禮司序班。祖孫父子共官內庭。衆以爲榮。愼坐胡惟庸黨。得罪。璲亦連坐。並死。(按明史作璲。字伯珩。據明詩紀事引遜志齋集·名山藏·詩藪·明學案并作璲。字仲珩。)

宋·繇 後魏燉煌人。字處業。早孤。有大志。從師酒泉。閉室誦書。博通經史諸子。呂光時舉秀才。除郎中。後奔段業。以業無遠略。復西奔李暠。沮渠蒙遜平酒泉。得繇。歎曰。孤不喜剋李歆。欣得宋繇耳。拜尚書吏部郎中。蒙遜將死。以子託之。進右丞。旋奉使京師。太武帝拜爲河西王·左丞相。

宋襄公 春秋宋桓公子。名茲父。好言仁義。以庶兄目夷爲相。繼齊桓公爲諸侯盟主。與楚爭霸。目夷諫。不聽。戰於泓。被傷而卒。在位十四年。諡襄。

宋·隱 後魏列人人。字處默。性至孝。專精好學。道武平中山。拜尚書吏部郎。轉行臺右丞。尋以母喪歸。既葬被徵。乃棄妻子匿於長樂。數年而卒。臨終謂其子經曰。汝等苟能入順父兄。出悌鄉黨。仕郡幸而至功曹吏。以忠清奉之。則足矣。不勞遠詣臺閣。恐汝不能富貴。徒延門戶累耳。

宋·駿業 清吳縣人。字聲求。初登副貢。官兵部侍郎。善畫山水。作宋元人小品。清韻可挹。

宋·燾 明泰安人。字繹田。萬曆進士。自庶吉士授御史。任氣好搏擊。出按應天諸府。疏斥首輔朱賡。坐論救姜士昌。謫平定判官。旋請假歸。

宋·禮 明河南永寧人。字大本。洪武中以國子監生。擢山西僉事。永樂初歷官工部尚書。開通會河有功。卒祀南旺湖上。(按宋禮。清一統志互列於山西江西。此據明史及河南通志。)

宋·簡 清元和人。字粹心。又字長文。號西樵。乾隆進士。歷雲貴山東知縣。精篆隸。工詩文。寫梅學金俊明。兼作墨蘭。工白描人物士女。

宋·翼 三國魏鍾繇弟子。常作書有說文餚聲。

如算子。繇叱之。翼三年不敢見。後得繇筆勢論讀之。書法乃大進。每畫一波三折筆。作一戈如百鈞弩。作一點如高峯墜石。作一牽如百歲枯籐。作一放縱如驚蛇入草。◉元高平人。字雲舉。舉明經茂才。由永寧簿歷御史。至僉太常禮儀院事。該洽經傳。旁通百家。居官能直言。有善政。

宋·鎔　清長洲人。字亦陶。又字奕巖。號悅研。乾隆進士。官至兵部左侍郎。降鴻臚寺卿。官順天府尹時。治林清案。分別首從定罪。不濫不寬。朝野稱之。

宋·瓊　後魏列人人。字普賢。少以孝行稱。母病。季秋之月。思瓜不已。瓊夢想求之。求而遂獲。時人稱異。母終。州郡屢辟。皆不就。

宋·藝　前蜀蜀郡人。爲翰林待詔。工寫貌。

宋·獻策　明初爲卜者。長三尺餘。緣牛金星從流賊李自成。上讖記云。十八子。主神器。自成大悅。後以爲軍師。自成敗。爲清師所執。

宋·纁　明商丘人。字伯敬。號栗菴。嘉靖進士。官至吏部尙書。卒諡莊敬。纁凝重有識。議事不苟。中外陳奏。帝多不罪。或稱帝寬大。纁曰。言官極論得失。要使人主動心。槩置勿問。則如痿痺。不可療矣。後果如其言。有四禮初稿。

宋·藻　宋棐從子。字去華。紹興中以布衣上十君論。召對補官。尋擢第。既而憂金人渝盟。上時議二十篇。及金人遁。朝命藻追躡。藻恐昧利深入。爲敵所掩。詣行闕奏陳。即日議班師。擢知江陰軍。乾道初召對。乞令戍師各以其兵屯淮郡。以寬東南民力。除浙東提舉。劾溫州守臣忤當路。奉祠歸。講學里社。著詳經滯穗百篇。

宋·飜　後魏弁族弟。字飛烏。少有操行。宣武時爲河陰令。摧抑豪右。威振京師。孝莊時除河南尹。晚節頗憚權勢。數昔日之名大損。卒諡貞烈。(按飜。北史作翻。)

宋·權　清纁族孫。字平公。號雨恭。明天啓進士。崇禎末爲順天巡撫。視事三日。京師爲李自成所破。權帥所部降清。仍巡撫順天。在鎭二年。京畿肅清。擊降解散者凡數萬。拜內翰林國史院大學士。居相位六年。致政歸。自號歸德老農。卒諡文康。

宋·鑑　明陽城人。字克明。成化進士。性孝友。由縣令擢御史。執法不避權勢。出知廬州府七年。治績爲天下最。◉清安邑人。字元衡。號半塘。乾隆進士。官南雄通判。傳閻若璩之學。重輯古文尙書疏證爲尙書考辨。又采經史方言釋名廣韻水經注諸書。爲說文解字疏。時稱詳贍。

宋·纖　晉燉煌人。字令艾。一作令文。少有遠操。隱居酒泉南山。弟子受業者三千餘人。太守馬岌具威儀造之。拒不見。岌歎曰。名可聞而身不可見。德可仰而形不可覩。今而後。知先生人中龍也。年八十二卒。諡曰玄虛先生。

宋·顯　漢宣帝時爲侍郎。甘露元年召諸儒大議於殿中。平公穀異同。顯論公羊家。◉北齊燉煌人。初事爾朱榮爲軍主。魏普泰初遷晉州刺史。齊神武以爲行臺右丞。討樊子鵠有功。拜西兗州刺史。在州多所受納。然勇決有氣幹。後沒於行陣。

宋·顯章　明濮州人。字文光。諸生。有醇行。父沒廬墓。正德中流賊至。曰此孝子里也。相戒勿犯。年四十卒。無子。妻辛氏。殮畢自經以殉。

宋·鼈　明光化人。以貢生爲建平縣丞。倭入寇。上官檄禦之。城陷死。

完者都　元欽察氏。驍勇善射。而樂善好施。聽讀史書。聞忠直則喜。遇姦諛則怒。以材武從軍。累立戰功。至元間積官江浙行省平章政事。卒諡武宣。(按元史完者都事同完者拔都。一人兩傳。)

完澤　元土別燕氏。初爲裕宗王府僚屬。裕宗爲皇太子。署詹事長。入參謀議。出掌環衛。太子甚器重之。至元中拜中書丞相。革桑哥弊政。世祖崩。完澤受遺詔迎成宗。恪守成憲。不急功利。故吏民守職樂業。世稱賢相。卒諡忠憲。

完顏·九住　金宗室子。官武州刺史。貞祐間元兵取九住子姪抵城下。謂曰。不速降。且殺之。九住曰。當以死報國。遑恤家爲。城破力戰死。

完顏·兀不喝　金會寧府海姑寨人。選充女直字學生。兼通契丹文字。天德間除吏部主事。累遷橫海軍節度使。讞獄得情。人以爲不冤。卒官。

完顏·允恭　金世宗第二子。大定初立爲皇太子。專心學問。與儒臣講議於承華殿。燕閑觀書。乙夜忘倦。改葬明德皇后於坤陵。徒行挽靈車。過大風雪。左右進雨具。却之。二十五年。崩於承華殿。賜諡宣孝。章宗即位。追諡光孝皇帝。廟號顯宗。

完顏·元　金熙宗弟。本名常勝。爲北京留守。海陵謀廢立而心忌元。會河南軍士孫進。自稱皇弟按察大王。使特思鞫之。無狀。海陵知熙宗疑元。因曰。孫進反有端。不稱他人。乃稱皇弟大王。陛下弟止有元·査剌。特思鞫不以實。故出之矣。熙宗以爲然。使唐括辯等按問特思。特思自誣服故出元罪。於是乃殺元及其弟査剌。

完顏·元宜　金名阿列。一名移特輦。本姓耶律氏。父愼思。天輔間降金。賜姓完顏。元宜便騎射。善擊毬。累官兵部尙書。與納合斡魯補共殺海陵歸世宗。拜平章政事。封冀國公。罷爲東京留守卒。

完顏·六斤 【金】中都人。大安中以蔭補官。累遷保大軍節度使。興定間鄜州破。六斤投崖死。

完顏·可喜 【金】宗室子。累官唐括部節度使。降忻州刺史。聞世宗卽位。棄州至中都。除兵部尙書。可喜材武過人。狠戾好亂。自以太祖孫。頗有異志。事敗。被誅。

完顏·奴申 【金】素蘭弟。字正甫。登策論進士第。歷仕淸要。元兵攻汴。哀宗親出捍禦。以奴申參知政事。兼樞密副使。留守京師。時汴京內外不通。道殣相望。奴申死守無策。元帥崔立爲變。率甲殺之。

完顏·朮魯 【金】宗室子。從攻高麗。敗遼兵。以功爲謀克。天輔間卒。

完顏·永中 【金】世宗子。本名實魯剌。又名萬僧。封鎬王。大定中判大興尹。改判大宗正。顯宗卒。永中奔喪後期。章宗怒。頗意其有輕慢心。藉事誅之。泰和間賜諡厲。

完顏·永元 【金】神土懣子。本名元奴。字惇禮。幼聰敏。善左氏春秋。天德初海陵殺永元弟檀奴阿里白。永元與弟耶補兒逃匿得免。世宗卽位。永與耶補兒俱來歸。慰勞甚厚。累官興中尹·彰德軍節度使。歷典大藩。所至稱治。

完顏·永功 【金】世宗子。本名宋葛。又名廣孫。勇健絕人。好書畫。大定間官大興尹。嚴治豪猾。畿內肅然。進封越王。卒諡忠簡。

完顏·永成 【金】世宗子。本名鶴野。又名婁室。風姿奇偉。博學善屬文。大定間始封瀋王。章宗時累官沁南軍節度使。判平陽府。封豫王。卒諡忠獻。永成自幼喜讀書。晚年所學益醇。每暇日引文士相切磋。未嘗見驕色。自號樂善居士。有文集。

完顏·永蹈 【金】世宗子。初名石狗兒。本名銀朮可。封鄭王。明昌初判定武軍。崔溫·郭諫等與永蹈家奴畢慶壽私說讖記災祥。永蹈深信其說。謀不軌。事泄伏誅。泰和間賜諡剌。

完顏·白撒 【金】末帝承麟兄。名承裔。自幼爲奉御。興定間爲元帥左都監。行帥府事於鳳翔。擢平章政事。白撒居西垂幾十年。當宋夏之交。雖頗立微功。皆出諸將之力。性貪愎。入爲相。專愎尤甚。後以禦元兵敗績。下獄死。

完顏·石土門 【金】耶懶路完顏部人。漢字一作神徒門。體貌魁偉。臨事果斷。世爲本部部長。世祖卽位。以兵從擊高麗。伐遼。功尤多。卒封金源郡王。

完顏·石古乃 【金】爲護衛。至寧初紇石烈執中作亂。入自通玄門。石古乃與完顏糾陽召大漢軍五百人赴難。不勝而死。

完顏·石柱 【元】祖德住仕金。父拿住歸太祖。從征西域有功。賜號八都兒。石柱與宋兵戰有功。授征行萬戶。累遷四川行省參知政事卒。

完顏·仲 【金】金源郡王婁室子。本名石古乃。通女直·契丹·漢字。累官天德軍節度使。政尙忠信。決獄公平。藩部不敢寇邊。改北京留守卒。

完顏·仲元 【金】中都人。本姓郭氏。大安中應募。數有功。累官至永定軍節度使。賜姓完顏氏。仲元爲將。沈毅有謀。在當時兵最強。號花帽軍。人呼爲郭大相公。

完顏·仲德 【金】合懶路人。本名忽斜虎。泰和中進士。累官參知政事。行尙書省事於陝西。哀宗以蠟丸徵諸道兵。仲德間關入援。勸帝幸陝不果。金亡。赴水死。仲德狀貌踰常。喜怒未嘗妄發。在軍賞罰明信。號令嚴整。至危急死生之際。士無異志。忠亮無瑕。爲南渡後將相最。

完顏·光英 【金】海陵王子。本名阿魯補。天德中立爲皇太子。嘗誦孝經。一日忽謂人曰。經言三千之罪莫大於不孝。何謂不孝。對者曰。今民家子博奕飲酒。不養父母。皆不孝也。光英默然良久曰。此豈足爲不孝耶。蓋指言海陵弒母事。後完顏元宜軍變。被殺。

完顏·匡 【金】始祖九世孫。本名撒速。大定中充太子侍讀。中禮部策論進士。章宗卽位。遷翰林直學士。章宗崩。受遺詔立衞紹王。拜尙書令。封申王卒。匡致位將相。怙寵自用。官以賄成。帝不以爲罪。

完顏·合住 【金】葛速館菍里海水人。仕遼爲靜江中正軍節度使。歸金。以助糧餉從伐宋功。遷眞定府路安撫使。授菍里海水世襲猛安。

完顏·合達 【金】名瞻。字景山。少長兵間。習弓馬。貞祐間授臨潢府推官。累擢平章政事。封芮國公。後與元兵戰於鈞州三峯山。兵潰被殺。合達熟知敵情。習於行陣。重義輕財。與下同甘苦。衆樂爲用。時稱良將。

完顏·安國 【金】上京人。字正臣。本名闍母。善騎射。能以少擊衆。以功遷威遠軍節度使。進拜樞密副使。封道國公卒。安國在軍。號令嚴明。指麾伍卒如左右手。善伺敵人虛實。諸部入貢。能一一呼其祖先弟姪名字以戒諭之。故所向克捷。鄰國畏服。

完顏·守貞 【金】希尹孫。本名左靨。貞元間襲祖謀克。剛直明亮。喜推轂善類。爲時所重。累擢平章政事。封蕭國公。出知濟南卒。金禮樂刑政。因遼宋舊制。章宗卽位。乃更修正。其儀式條約。多守貞裁酌。故明昌之治。號稱淸明。

完顏・守純　【金】宣宗子。本名盤都。封濮王。拜平章政事。晉英王。元光末帝病危。守純趨入侍。哀宗聞。召集東宮衞軍屯東華門外乃入。是夕宣宗崩。哀宗卽位。進封荊王。罷平章政事。崔立之亂。與諸宗室皆死青城。

完顏・守道　【金】本名習尼列。以祖谷神功。擢應奉翰林文字。大定初以右諫議大夫馳驛規畫山東兩路軍糧。及賑民饑。守道籍大姓戶口。限以歲儲。使盡輸其贏入官。復給其直。以是軍民皆足。拜參知政事。遷左丞相・太子太師。卒諡簡靖。

完顏・佐　【金】本姓梁氏。初爲武清縣巡檢。久之爲都統。戍直沽寨。貞祐初劉永昌等來招降。佐拒殺之。遷奉國上將軍。遙授德州防禦使。賜姓完顏氏。

完顏・伯嘉　【金】北京路訛魯古剌猛安人。字輔之。明昌間進士。官中都左警巡判官。孝懿皇后妹晉國夫人家奴。買漆不酬直。伯嘉鉤致晉國用事奴由是豪右屏跡。累擢御史中丞。權參知政事卒。伯嘉純直。不能與時低昂。嘗曰。生爲男子。當益國澤民。其他不可學也。

完顏・治訶　【金】神隱水完顏部人。爲其部勃堇。與把里諸勃堇歸金。金自此益大。與歡都常在世祖左右。謀議行陣。未嘗不在其間。天會間卒。諡忠濟。

完顏・吾札忽　【金】婆盧火曾孫。累善騎射。從征有功。授修武校尉。累擢胡里改節度使卒。吾札忽性聰敏。有才智。善用軍。常出敵不意。能以寡勝衆。號爲鶻軍。

完顏・希尹　【金】歡都子。本名谷神。金人初無文字。太祖命希尹撰本國字。希尹乃倣漢人楷字。因契丹字制度。合本國語。製女直字。其後熙宗亦製女直字。同行於時。因名希尹所撰謂女直大字。熙宗所撰謂小字。累官左丞相・儀同三司。爲相身先執咎。坐事賜死。後追封金源郡王。諡貞憲。

完顏・宗尹　【金】阿离合懣孫。本名阿里罕。以宗室子充護衞。累官平章政事。封代國公。宗尹治家嚴密。而處事迷錯。乞致仕。世宗曰。此老不事事。從其請可也。於是賜甲第一區。凡宴集畋獵皆從焉。

完顏・宗亨　【金】宗室子。本名撻不也。性忠謹。充護衞。擒宗磐・宗雋有功。大定中爲西北路兵馬都統。討契丹。大縱軍士取賊所棄驝橐人畜。多自有之。坐是降爲寧州刺史。

完顏・宗秀　【金】晉助子。一作崇秀。本名斷里忽。字實甫。涉獵經史。通契丹大小字。善騎射。與平宗磐・宗雋之亂。授定遠大將軍。天德中歷平陽尹昭義軍節度使。封廣平郡王卒。

完顏・宗浩　【金】漢國公昂子。字師孟。本名老。貞元中爲海陵庶人入殿小底。累擢樞密使。封榮國公。會宋開邊。宗浩以都元帥馳至汴。大張兵勢。親赴襄陽巡師。責宋稱臣割地縛送姦臣三事。其後宋竟以叔爲伯。增歲幣。函韓侂胄・蘇師旦首以獻。卒諡通敏。

完顏・宗敍　【金】闍母第四子。本名德壽。奇偉有大志。喜談兵。遷兵部總管。世宗卽位。授寧昌軍節度使。宋兵據海州。將謀深入。詔以宗敍爲元帥右監軍。往禦之。宗敍駐山東。分兵據守要害。宋兵不得西。後召至京。拜參知政事卒。

完顏・宗敏　【金】太祖子。本名阿魯補。天眷初封邢王。領行臺尙書省事。海陵謀弒立。畏宗敏屬尊。且材勇。欲構誣以除之。及弒熙宗。使葛王召宗敏入宮。海陵使僕散忽土殺之。大定間詔復官爵。

完顏・宗望　【金】太祖第二子。本名斡魯補。又作斡离不。江南呼爲二太子。喜道教佛教。人稱爲菩薩太子。啓伐宋之策。與宗翰率兵攻宋。陷汴京。立張邦昌爲帝。俘徽欽二帝。後欲釋宋帝南歸。宗翰不許。卒諡桓肅。

完顏・宗弼　【金】太祖第四子。本名斡啜。又作兀朮。亦作斡出。或作晃斡出。善騎射。屢侵宋。江南呼爲四太子。嘗爲韓世忠困於黃天蕩。宗弼乃因老鸛河故道。開三十里通秦淮。一日夜而成。乃得至江寧。與岳飛相拒於朱仙鎭。將北還。會秦檜殺飛。遂與宋和。累官太師都元帥。領行臺尙書事。卒諡忠烈。

完顏・宗雄　【金】康宗長子。本名謀良虎。多智略。孝敬謙謹。人愛敬之。太祖舉兵。宗雄以所部敗渤海兵。以功授世襲千戶謀克。摧鋒力戰。身先士卒。遼兵大潰。克西京。迎謁太祖於鴛鴦濼。從至歸化州。卒封楚王。諡威敏。

完顏・宗幹　【金】太祖庶長子。本名斡本。太祖伐遼。宗幹等下金山縣。從都統杲取中京。太祖卽位。與杲同輔政。天會初獲遼主於應州西余睹谷。始議禮制度。正官名。定服色。興庠序。設選舉。治曆明時。皆自宗幹啓之。熙宗卽位。與宗翰等並領三省事。進太師。皇統初卒。封遼王。諡忠烈。

完顏・宗義　【金】遼王杲第九子。本名孛吉。天德間爲平章政事。海陵已殺太宗子孫。尤忌杲諸子盛強。因殺之。大定間追復官爵。

完顏・宗道　【金】系出景祖。本名八十。通周易孟子。善騎射。大定間充閤門祗候。累官知河中府。所至有惠政。移知臨洮卒。

完顏・宗寧　【金】阿离合懣孫。本名

阿土古。性勤厚有大志。擢歸德軍節度使。時方旱蝗。宗寧督民捕之。得死蝗一斗。給粟一斗。數日捕絕。累官平章政事卒。宗寧儉約如寒素。臨事明敏。所至人皆愛之。

完顏宗磐 金太宗子。熙宗時累拜太師。領三省事。後浸驕跋扈。謀反有狀。被誅。

完顏·宗賢 金宗室子。本名阿魯。太祖伐遼。從攻寧江州·臨潢府。太宗監國。選侍左右。甚見親信。再遷歸德軍節度使。政尚寬簡。境內大治。封景國公。以婆速路兵馬都總管致仕卒。⊙金習不失孫。本名賽里。以戰功封豳國公。官至右丞相。兼都元帥。不附悼后及海陵。海陵弒熙宗。幷殺之。

完顏·宗憲 金撒改次子。本名阿懶。年十六。選入學。通契丹字及漢字。從宗翰伐宋。汴京破。宗憲獨載圖書以歸。以功授昭武大將軍。修國史。官至右丞相卒。

完顏·宗翰 金撒改子。本名粘沒喝。漢語訛爲粘罕。性彊勇。議伐遼。與太祖意合。爲右軍。大敗遼人於達魯古城。克中京。以精兵六千襲遼主。遼主遁。太宗卽位。爲左副元帥。屢侵宋。攻克汴州。熙宗卽位。拜太保·尙書令。領三省事。卒封秦王。謚桓忠。

完顏·宗璧 金山西人。少恬靜好學。同知石州軍事。淸白自持。民甚愛之。及去。父老作去思堂。繪其像於堂壁。莫布撰善政碑頌之。

完顏·定奴 金綱弟。與綱俱知名。累官同知眞定府。從僕散揆伐宋。加平南虎威將軍。貞祐中官至刑部尙書參知政事卒。

完顏·忠 金石土門弟。本名迪古乃。字阿思魁。太祖器重之。將舉兵伐遼。忠以兵會師。天輔初代石土門爲耶懶路都勃堇。累官同中書門下平章事。卒追封金源郡王。

完顏·承立 金白撒從弟。一名慶山奴。字獻甫。儀觀甚偉。而內恇怯。宣宗以爲西京留守。甚見寵幸。正大間李全據楚州。以承立爲元帥禦之。敗於盱眙。降定國軍節度使。又以賄奪一官。後與元兵遇於歸德。被殺。

完顏·承暉 金本名福興。字維明。章宗時由近侍局使歷山東路統軍使。彊直有聲。宣宗遷汴。拜右丞相。兼都元帥。與皇太子留守中都者朞年。高琪忌其成功。諸將皆觀望。承暉知事不可爲。作遺表論國家治亂之本。歷指當時邪正者數人。從容仰藥死。謚忠肅。承暉於五經皆經師授。謹守力行。不爲虛文。常置司馬光·蘇軾像於書室。曰。吾師司馬而友蘇公。

完顏·承裕 金宗室子。本名胡沙。大安中累官參知政事。行省成邊。元兵至野狐嶺。承裕率兵南行。元兵躡擊之。大潰。承裕脫身走宣德。衞紹王薄其罪。僅除名。貞祐初改臨海軍節度使卒。

完顏·昌 金穆宗子。本名撻懶。宗翰·宗望伐宋。昌爲六部路都統。覆其三營。天會中宗磐爲宰相跋扈。昌附之。持兵柄謀反有狀。以尊屬有大功。釋不問。出爲行臺尙書左丞相。昌至燕京。愈驕肆不法。復謀反。坐誅。

完顏·昂 金世祖幼子。本名吾都補。累官平章政事。皇統間封鄆王。⊙金景祖弟。本名奔睹。太祖伐遼。昂從平燕。策功賜甲第一區。世宗卽位遼陽。昂使人殺皇太子光英於南京。遣子奉表賀。封漢國公。拜元帥太保。昂在海陵時。縱飲沈酣。數日不醒。海陵常面責之。海陵死。不復飲。人問之。曰。向時不以酒自晦。海陵殺我久矣。今遭明時。是以不飲。聞者稱之。

完顏·杲 金世祖第五子。本名斜也。天會間爲忽魯勃極烈。都統內外諸軍。克高恩回紇三城。取西京。太宗卽位。杲爲諳班勃極烈。與宗幹俱治國政。天會初伐宋。領都元帥。卒封遼王。謚智烈。⊙金安帝六代孫。本名撒离喝。雄偉有才略。太祖愛之。常在軍中。天眷間嘗以輕騎取涇州。敗宋兵。官右副元帥。封應國公。海陵升蒲州爲河中府。杲爲河中尹。海陵念杲久握兵在外。頗得士心。忌之。以爲行臺左丞相。誣杲父子謀反。殺之。大定初追封金源郡王。謚莊襄。

完顏·玠 金顯宗子。本名謀良虎。幼穎秀。性溫厚。好學。章宗卽位。加開府儀同三司。封溫王。卒謚悼敏。

完顏·秉德 金宗翰孫。本名乙辛。皇統間拜平章政事。因事爲熙宗所杖。怨望謀廢立。海陵因之爲亂。後又與海陵有隙。被誅。

完顏·阿里不孫 金曷懶路泰申必刺猛安人。明昌進士。官安豐令。累擢參知政事。權副元帥。死於胡土之亂。阿里不孫寬厚愛人。敏於吏事。能治劇要。其死人皆惜之。

完顏·阿离合懣 金景祖第八子。健捷善戰。數有功。太祖卽位。阿离合懣與宗翰以耕具九爲獻。祝曰。使陛下毋忘稼穡之艱難。太祖敬受之。爲國論乙室勃極烈。爲人聰明辯給。凡一聞見。終身不忘。卒封隋國王。謚剛憲。

完顏·阿鄰 金宗雄子。穎悟辯敏。通女直契丹大小字及漢字。爲順天軍節度使。海陵南伐。以爲神勇武平等軍都總管。爲先鋒。世宗卽位於遼陽。海陵死。大軍北還。及入見。帝聞阿鄰淮上戰功。遷兵部尙書。⊙金本姓郭氏。以功賜姓。宣宗遷汴。阿鄰將所部兵駐淸滄。控扼山東。遷鎭海軍節度使。破紅襖賊郝定。擒送京師斬之。興定初出秦州伐宋。得粟二千餘石。是時三月宿麥方滋。阿鄰留兵守之。已而宋兵大至。兵敗戰沒。

完顏·阿魯補 金治訶子。為人魁偉。多智略。勇於戰。襲遼主下義州。宗望伐宋。與郭藥師戰於白河。宗望命阿魯補以二謀克先登。奮戰。賞賚特異。累遷歸德軍節度使。後以在汴時。取官舍材木構私第。事覺論死。阿魯補歷官有惠愛。得民心。及死。人皆惜之。

完顏·亮 金見金廢帝條。

完顏·按答海 金宗雄子。又名阿魯縮。性端重。有父風。天眷間封魏王。除濟南尹。正隆間例奪王爵。改廣寧尹。世宗即位於東京。赦令至廣寧。弟燕京勸拒弗受。按答海受之。遷勸農使。進封金源郡王致仕。

完顏·思烈 金南陽郡王襄子。幼入宮。充奉御。甚見寵幸。當宣宗嗣立。胡沙虎跋扈時。思烈尚在髫齡。嘗涕泣言曰。願早誅權臣。以靖王室。帝急掩其口。自是甚器重之。哀宗時以參知政事守中京。元兵圍中京未下。崔立遣人監思烈子於城下。招之降。思烈不顧。令軍士射之。既而知崔立已以汴京歸元。得病數日死。

完顏·思敬 金神土懣子。本名撒改。初名思恭。避顯宗諱改。從其兄習室攻太原。下洛陽。圍汴。皆有功。累官平章政事。疏請女直人依漢人以文理選試。其後女直人完顏匡輩皆由此致宰相。實思敬啓之。在職善以微諫匡主失。大定間卒。世宗輟朝哭之。

完顏·活女 金金源郡王婁室子。年十七。從攻寧江州。力戰創甚。扶出陣間。太祖親撫慰賜藥。歎曰。此兒他日必為名將。從軍恒以寡擊衆。遇敵奮先。所向立破。積功累遷元帥左監軍。終京兆尹。封隋國公。卒諡貞濟。

完顏·盆納 金安帝孫。佐世祖有功。勇毅善射。當時有與同名者。嘗有貳志。目之曰惡盆納。天會中贈開府儀同三司。

完顏·突合速 金宗室子。嘗領偏師破雲中諸山寇盜。及伐宋。以八謀克破石嶺關屯兵數萬。殺戮幾盡。及再舉伐宋。突合速以五百騎為前驅。先據黃河津。宋兵萬餘背水陣。進擊敗之。遂降河陽。汴京平。天眷初除彰德節度使。封定國公卒。

完顏·胡十門 金曷蘇館人。善漢語。通契丹大小字。勇而善戰。攻保州。遼將以舟師遯。胡十門邀擊敗之。降其士卒。仕為曷蘇館七部勃堇。

完顏·胡石改 金宗室子。從太祖攻寧江。敗遼兵於達魯古城。破遼主親兵。皆有功。累遷汴京留守。

完顏·胡沙補 金完顏部人。累戰有功。高永昌詐降於斡魯。斡魯使胡沙補·撒八往報。會高禎降。言永昌非眞降者。斡魯進兵。永昌怒。遂支解胡沙補及撒八。天會中贈遙鎮節度使。

完顏·晏 金阿离合懣子。本名斡論。明敏多謀略。通契丹字。海陵遷都。晏留守上京。世宗即位。遣使召晏。晏遂率宗室數人入見。拜左丞相。封廣平郡王。大定中進拜太尉致仕。

完顏·海里 金金源郡王婁室族子。體貌豐偉。善用矟。從婁室追及遼主於朔州阿敦山。遼主從數十騎逸去。婁室遣海里往見遼主。諭之使降。遼主巳窮蹙。待於阿敦山之東。婁室因獲之。睿宗經略陝西。海里戰卻吳玠軍於涇邪之南。尋遣修棧道。宋人恐棧道成。以兵來拒。破其兵。累官廣寧尹卒。

完顏·烏帶 金阿魯補子。熙宗時累官大理卿。與丞相秉德同弒熙宗。海陵即位。為平章政事。封許國王。妻唐括氏淫佚。舊與海陵通。及烏帶出為崇義軍節度使。海陵使唐括氏殺烏帶。而納為貴妃。

完顏·神土懣 金宗室子。大定中累官曷速館節度使。與紇石烈志寧敗契丹於長濼。戰窩瀚河。皆有功。改婆速路兵馬都總管卒。

完顏·素蘭 金一名翼。字伯揚。至寧策論進士。累遷金安軍節度使。兼同華安撫使。奔行在。道中遇害。素蘭蒞官修謹。每進言多有補益。居父喪不飲酒。廬墓三年。時以為難。

完顏·衷 金世祖曾孫。本名醜漢。累官寧海蠡州刺史。除順義軍節度使。移鎮鎮西。泰和中致仕。衷孝弟貞謹。深悉時制婚禮。皇族婚嫁。每令相之。治復有能稱。在寧海蠡州。平賦役。不苛擾。民立石頌遺愛。

完顏·骨赧 金治訶子。善騎射。有材幹。從討桓赧·散達·烏春·窩謀罕·留可之叛。皆有功。太祖伐遼。以力戰受賞。宗翰伐宋。骨赧凡四戰皆破之。天眷初以天德軍節度使致仕。累遷開府儀同三司卒。

完顏·偉 清滿州鑲黃旗人。乾隆間任江南河道總督。高宗以黃河大溜逼近清口。每倒漾為患。命開陶莊引河。道黃使北。偉以引河功不易。奏於河南岸設水龍挑溜。以圖補偏救弊。高宗獨決意開之。河始會清東下。倒漾之患永絕。調左副都御史卒。

完顏·勖 金穆宗第五子。本名烏野。字勉道。好學。國人呼為秀才。宗翰·宗望定汴州。太宗使勖就軍中往勞之。載書數車而還。官至太師。海陵篡立。令宰臣就勖第商議。入朝不拜。勖遂稱疾篤不言。上表請老。封金源郡王卒。勖剛正寡言。能以契丹字為詩文。撰定女直郡望姓氏譜及他文甚衆。

完顏·婁室 【金】完顏部人。字斡里衍。太祖命爲萬戶。守黃龍府。進都統。追遼主於白水濼。獲其內庫寶物。遂攻破西京。後破朔州。復襲獲遼主於余都谷。又連敗宋軍。克河中府。降絳磁隰石等州。又取陝西諸州。睿宗總陝西征伐。時婁室有疾。左翼軍已却。婁室以右翼軍力戰。遂敗張浚軍。卒贈金源郡王。謚莊義。⊙【金】內族。時有三婁室。以其名同。故各以長幼別之。大婁室官鷹揚都尉。正大間慶山奴棄京兆。適大婁室運軍器至白鹿原。遇元兵與戰。兵刃旣盡。以條繫掉金牌。力戰而死。⊙【金】世稱中婁室。天興初哀宗走歸德。中婁室以同知簽樞密院事。爲總帥。守息州。蔡州凶問至。降宋被殺。⊙【金】世稱小婁室。以副點檢爲元帥。與中婁室同守息州。天興末蔡州凶問至。諸帥送款於宋。舉城南遷。北兵追及之。無有免者。且誅索行省已下官屬於宋。宋人令官屬入城。託以犒賞。從萬戶以上六七百人。皆殺之。

完顏·婆盧火 【金】安帝五世孫。太祖使討直撚里部。降之。太祖取燕京。以婆盧火爲右翼。大敗遼師。取居庸關。以功官至平章事。卒謚剛毅。

完顏·從坦 【金】宗室子。興定初權元帥左監軍。行元帥府事。與參知政事李革守平陽。元兵至。城破自殺。贈武昌軍節度使。

完顏·從善 【元】武宗時知鄭平縣。興學敎民。斷獄明允。邑無寃民。及去。民爲之立石。

完顏·從憲 【金】顯宗子。本名吾里不。大定間賜名琦。章宗卽位。加開府儀同三司。封瀛王。從憲風儀秀峙。性寬厚。善騎射。卒謚敦懿。

完顏·習不主 【金】年十六從伐宋。功居最。從睿宗經略陝西。以兵七百人入丹州。敗盜三千。又以五千兵敗吳玠之衆三萬。累官河南尹卒。

完顏·習不失 【金】昭祖孫。健捷能左右射。太祖伐遼。使領兵千人。夾侍左右。天輔間太宗與習不失居守。尋卒。追封金源郡王。謚忠毅。

完顏·習室 【金】石土門子。太祖攻寧江州。習室擢鋒力戰。授猛安。後從斜也克中京。襲遼主於鴛鴦濼。與婁室同獲遼主。至汴。殄平寇盜。招集流亡。四境以安。卒謚威敏。

完顏·訛可 【金】內族。時有兩訛可。皆護衛出身。訛可每得賊。好以草火燎之。故號草火訛可。正大中元兵攻河中。以兩訛可將兵三萬守之。及被攻。軍士殊死鬬。力盡城陷。訛可戰數十合被擒。死之。⊙【金】內族。嘗誤以官中牙牌報班齊者爲板子。故時人目爲板子訛可。與草火訛可均由護衛爲元帥。河中旣陷。訛可提敗卒三千。奪船走。詔責以不能死。杖殺之。

完顏·訛古乃 【金】冶訶子。體貌魁偉。年十四。隸秦王宗翰軍中。常領兵行前爲偵候。累遷臨洮尹卒。

完顏·陳和尚 【金】豐州人。名彝。字良佐。以小字行。正大間官忠孝軍提控。軍皆回紇乃滿羌渾及中原被俘避罪來歸者。鷙狠淩突。陳和尚御之皆中程式。嘗以其軍四百破元兵八千於大昌原。名動天下。授定遠大將軍。後與元兵戰於鈞州。死之。

完顏·麻吉 【金】銀朮可母弟。年十五隸軍中。從破高麗兵。平係遼女直。克黃龍府。皆身先力戰。以功爲謀克。繼領猛安。後戰於高州境。目中矢。遂卒。謚毅敏。

完顏·寓 【金】西南路猛安人。本名訛出。大定進士。遷右司郎中·翰林待制。貞祐中中都圍急。詔置招賢館。士庶言事。得不次除官。由是細民無賴。衒鬻求售。寓皆薦於朝。遷安化軍節度使。與定間以本官權元帥左都監。密州破。爲亂軍所殺。

完顏·弼 【金】蓋州猛安人。從丞相襄戍邊功最。累官山東西路宣撫副使。元兵圍東平。弼百計應戰。圍解卒。弼喜讀書。暇則延接儒士。歌詠投壺。軍民相安。有古良將風。

完顏·琮 【金】顯宗子。本名承慶。儀觀豐偉。機警淸辯。性寬厚。好學。及長。輕財好施。善吟咏。騎射繪塑。皆造精妙。累官開府儀同三司。封鄆王。卒謚莊惠。

完顏·絳山 【金】哀宗時爲奉御。蔡城破。哀宗縊於幽蘭軒。絳山舉火焚之。火方熾。元兵入執。問曰。汝爲誰。絳山曰。吾奉御絳山也。吾君終於是。吾候火滅灰寒。收瘞其骨耳。果瘞吾君。死不恨。帥曰。奇男子也。許之。絳山瘞畢。號哭將死。軍士救得免。後不知所終。

完顏·跋黑 【金】昭祖子。世祖初立。跋黑有異志。誘桓赧·散達·烏春等離間部屬。使貳於世祖。世祖患之。使爲勃菫而不令典兵。後食於其愛妾父家。肉張咽而死。

完顏·轂英 【金】銀朮可子。幼警敏有志膽。年十六從軍。屢立奇功。從攻宋。嘗奮勇當先。攻無不破。積功拜平章事。恃功自專。己所欲輒自奏行之。世宗怒。降濟南尹。終上京留守。

完顏·僕忽得 【金】宗室子。以功領行軍千戶。從破黃龍府。戰於遼登古城。皆有功。天輔中往鼈古河籍軍馬。被害。

完顏·摑保 【金】昭祖族人。從昭祖耀武於青嶺白山。還至姑里甸。昭祖得疾。寢於村舍。洞無門扉。乃以車輪爲蔽。摑保臥輪下爲扞禦。已而賊至。刃於輪輻間。摑保洞腹見膂。恐昭祖知之。乃然薪取膂以爲炙。

完顏·斡帶　金世祖子。爲裨將。破留可。拔斡豁。均有奇功。早卒。斡帶剛毅果斷。服用整肅。臨戰決策。有世祖風。軍旅之事。多專任之。天會間追封魏王。謚定肅。

完顏·斡魯　金始祖子。始祖明懿皇后生德帝烏魯。季曰斡魯。女曰注思版。皆福壽之語。以六十後生。故皆以嘉名名之。◎金景祖曾孫。收國初。以破高永昌功。爲南路都統。遼主在陰山青塚之間。斡魯爲西南路都統。往襲之。奄至遼主營。盡俘其妻子宗族。得其傳國璽。及宗翰伐宋。斡魯行西南西北兩路都統。天會中卒。追封鄭王。

完顏·斡魯古　金宗室子。從太祖伐遼。以功爲咸州軍帥。遼師來襲。連敗之。斡魯古恃功自恣。被劾去職。卒謚莊翼。

完顏·福壽　金曷速館人。父合住歸金。授猛安。天眷間襲父職。累加金吾衞上將軍。正隆末歸東京。欲共立世宗。世宗卽位。遷與平軍節度使卒。

完顏·綱　金本名元奴。字正甫。明昌中爲奉御。遷左拾遺。與裔守等編陳言文字。泰和間與宋連兵。以綱爲蜀漢路安撫使。誘致吳曦歸金。及宋殺曦奪階。衞紹王卽位。累官尙書左丞。後爲胡沙虎所殺。

完顏·蒲剌都　金西南路按出灰必刺罕猛安人。充護衞。除泰定軍節度副使。崇慶初遷鎭武節度使。備禦有功。遷兵部尙書卒。

完顏·蒲查　金天德人。初爲元帥府札也。領猛安。性廉潔忠直。臨事能斷。大定中歷婆速路兵馬都總管。西北路招討使卒。

完顏·蒲家奴　金景祖孫。又名昱。天輔間爲吳勃極烈。遂爲都統。使襲遼帝。遼帝遯去。兵遂潰。所殺甚衆。天會間爲司空。封王。天眷間卒。後例封豫國公。

完顏·銀朮可　金宗室子。嘗如遼取阿疎事。是時遼主荒於政。上下解體。銀朮可還。具以遼政事人情告太祖。且言遼國可取之狀。太祖決意伐遼。蓋自銀朮可發之。銀朮可凡九陷陣。輒戰而出。大敗遼軍。攻黃龍府。敗遼兵萬餘。遼主西奔天德。銀朮可以兵絕其後。遼主遂見獲。累遷中書令。封蜀王。卒謚武襄。

完顏·齊　金穆宗曾孫。本名素赫。大定中累遷刑部員外郎。出爲磁州刺史。治以寬簡。未嘗留獄。明昌中爲兗王傅。王府家奴。無敢犯者。移利涉軍節度使。留守上京卒。齊明法識治體。所至有聲。

完顏·撒合輦　金內族。字安之。累遷同簽樞密院事。元光中宣宗病篤。以推戴功爲哀宗所親信。正大中出爲中京留守。兼行樞密院事。後元兵至洛。立砲攻城。撒合輦疽發於背。不能軍。城破。投濠死。

完顏·撒改　金景祖孫。敦厚多智。長於用人。家居純儉。好稼穡。官至國相。能馭服諸部。訟獄得其情。以宗臣爲內外所倚重。加國論胡魯勃極烈。卒贈金源郡王。謚忠毅。◎金上京納魯渾河人。身長多力。善用槍。從王師南征。睿宗爲右副元帥。置之麾下。其後從軍泰州路。軍帥以撒改爲萬戶。戍北邊。數有戰功。累官安武軍節度使卒。

完顏·鄭家　金鄆王昂子。皇統初以宗室子授定遠大將軍。爲益都尹。海陵伐宋。爲浙東道副統制。以舟師自海道趨臨安。至松林島。阻風泊島間。敵至見無備。卽以火砲擲之。鄭家赴水死。（按鄭家。宋史作鄭家奴。松林島。宋元通鑑作陳家島。此悉據金史。）

完顏·鄯陽　金宗室子。爲符寶祗候。至寧初紇石烈執中作亂。入自通元門。鄯陽與石古乃召大漢軍五百人赴難。與執中戰於東華門外。不勝而死。贈宣武將軍。順天軍節度副使。

完顏·閭山　金蓋州明安人。明昌進士。累官沁南軍節度使。入爲工部尙書。知鳳翔府事。改知平涼。屢敗宋人。召爲吏部尙書。廷議選戶部官。多舉聚斂苛刻以應詔。閭山曰。民勞至矣。復用此輩。將何以堪。識者稱之。

完顏·霆　金寶坻人。本姓李氏。善騎射。輕財好施。得鄉曲之譽。貞祐間縣人共推爲四鄉部頭。招集離散。糾合義兵。衆賴以安。累遷棣州防禦使。賜姓完顏氏。

完顏·撻懶　金宗室子。事太祖未嘗去左右。出河店之役。撻懶手殺數人。太祖壯之。後以攻宋遼功。官至銀青光祿大夫。世襲猛安。

完顏·謀衍　金金源郡王婁室子。勇力過人。善用長矛突戰。大定間出爲北京留守。封榮國公。謀衍性忠厚。善擊毬射獵。勇敢頗肖其父。

完顏·襄　金海陵母弟。本名永慶。爲輔國上將軍卒。天德中追封衞王。再贈司徒。大定中追降銀青光祿大夫。◎金昭祖五世孫。本名唵。幼有志節。才武過人。大定初從伐契丹。論功第一。又敗宋兵於清流關。累拜平章政事。封南陽郡王。屯北京。民方艱食。乃減價糶倉粟以濟。或以兵食方闕爲言。襄曰。烏有民足而兵不足者。卒行之。民皆悅服。卒謚武昭。

完顏·謝里忽　金安帝子。昭祖將定法制。國人不悅。執昭祖將殺之。謝里忽亟往彎弓注。矢射於衆中。衆乃散去。昭祖得免。

完顏·賽不　金始祖弟活保里後。沈厚有大略。累官右丞相·樞密使。兼左副元帥。封壽國公。嘗奉詔出兵河北。引兵救河東。戰屢捷。正大間詔行尚書省事於徐州。賽不先病疽。久不視事。時蔡已被圍。徐州將士以朝命阻絕。且逼大兵。議出降。賽不弗從。自縊於州第。

完顏・闍母 【金】世祖第十一子。佐斡魯討高永昌。闍母以所部先濟。大破之。代斡魯古爲咸州路副統。攻遼取臨潢府。克西京。破馬邑。平興中。後又破張覺。敗宋師。積功官至元帥左都監。卒贈魯王。諡莊襄。

完顏・璹 【金】永功子。本名壽孫。字仲實。一字子瑜。資質簡重。博學有俊才。善詩賦。工眞草書。累封密國公。奉朝請四十年。日以講誦吟詠爲事。與文士雷淵・元好問輩交善。天興初已臥病。時曹王出質。璹請副之。哀宗憐止之。平生所著詩文甚多。自刪其詩三百首。樂府一百首。號如庵小稿。

完顏・贍 【金】字景仁。宣宗時以保延安功。遷元帥左監軍。權參知政事。行省事於京兆。正大初陝西旱甚。贍齋戒請雨。是歲大稔。延安旣殘毀。贍令於西路買牛付主者。招集散亡。助其耕墾。自是延安人民稍復耕稼之利。

完顏・謾都本 【金】景祖孫。孝友恭謹。多謀善戰。年十五隸軍中。從攻寧江州。取黃龍府。破高士昌。取春泰州。皆有功。後攻興中府。中流矢卒。諡英毅。

完顏・懷德 【金】宗室子。字輔之。至寧中選臨淄令。有三善政。不事科細。不喜榜掠深文。不好宴樂。吏民便之。

完顏・瓌 【金】顯宗子。本名桓篤。重厚寡言。工詩。精騎射書藝。大定間封崇國公。進封瀛王。章宗稱其性忠孝。嘗令在左右。卒諡文敬。

完顏・鐵哥 【金】性淳直。體貌雄偉。粗通書。襲父職。授廣威將軍。御下惠愛察廉。除臨海軍節度副使。遷東北路招討使。兼德昌軍節度使。累有戰功。蒲鮮萬奴爲宣撫使。忌鐵哥兵強。因下獄被害。諡勇毅。

完顏・鶴壽 【金】鄆王昂子。本名吾都。累官耶魯瓦羣牧使。不五院部人老和尚將作難。招鶴壽與俱反。鶴壽曰。吾宗室子。受國厚恩。寧殺我。不能從賊。遂被殺。

完顏・歡都 【金】完顏部人。世祖初襲節度使。歷事四君。出入四十年。征伐之際。遇敵則先戰。廣廷大議。多用其謀。肅宗時委任冠近僚。穆宗嗣位。凡圖遼事。皆專委之。康宗以爲父叔舊人。尤加敬禮。卒贈代國公。諡忠敏。

宏世祿 【清】滿州鑲紅旗人。姓瓜爾佳氏。順治中爲護軍參領。隨征雲南。獲明桂王於緬甸。康熙間勦察哈爾・征吳世璠。均有功。官至副都統。

尾生 【周】魯人。與婦人期不來。水至。抱梁柱而死。或以爲卽微生高。

尾・敦 【後漢】劉虞故吏。虞爲公孫瓚所害。敦於路劫虞首。歸葬之。

局・天祚 【明】松滋人。字白石。天啓進士。知南充縣。擢戶部主事。請裁冗費。數忤中官。憂憤卒。

岐伯 【上古】黃帝臣。帝使岐伯嘗味草木。典主醫病。與論醫。更相問難。著素問靈樞。總爲內經十八卷。爲醫書之祖。脈理病機治法鍼經運氣。靡不詳盡。

岐・盛 【晉】惠帝時爲楚王瑋舍人。有才而薄於行。爲瑋所昵。時汝南王亮・太保衛瓘。建議使瑋就國。兼欲收盛。盛遂與長史公孫宏謀。矯詔下瑋收殺亮瓘。盛因說瑋。可因兵勢。誅賈模・郭彰。匡正王室。以安天下。瑋猶豫未決。旋亦見殺。盛夷三族。

岐・裕齋 【元】解州人。逸其名。隱居不仕。以昌明聖學爲己任。嘗於所居西南。建孔顏曾燕居堂。堂後建學舍。歲時率鄉人修祀事習禮儀。敘鄉飲少長之節。鄉人化之。

岑・之敬 【陳】棘陽人。字思禮。五歲讀孝經。每焚香獨坐。親戚嘆異之。十六擢高第。仕梁爲晉安王記室參軍。入陳累遷征南府諮議參軍。博涉文史。雅有詞筆。以篤行稱。有集十卷。

岑・文本 【唐】棘陽人。字景仁。年十四。父之象坐獄。文本詣司隸理冤。辨對哀暢。命作蓮花賦。合臺稱賞。父冤遂直。性沉敏。善文辭。貞觀中擢中書舍人。詔告皆所草定。敏速過人。遷侍郞。封江陵縣子。踰年爲中書令。從伐遼東。至幽州病卒。諡憲。生平口未嘗言家事。或勸其營產業。歎曰。吾漢南一布衣。未嘗有汗馬勞。徒以文墨位至宰相。俸入已重。尙何殖產業耶。

岑・文昭 【唐】文本弟。太宗時任校書郞。多交輕薄。帝不悅。謂文本曰。卿弟多過。朕將出之。文本曰。臣少孤。母所鍾念者弟也。不欲離左右。今若外出。母必憂。無此弟。是無老母也。泣下嗚咽。帝愍其意。召文昭讓勅之。卒無過。

岑・用賓 【明】順德人。字允穆。嘉靖進士。官南京戶科給事中。多所論劾。並及大學士高拱。拱深銜之。出爲紹興守。寬和立教。務在德化。謫宜川丞卒。有小谷集。

岑・安卿 【元】餘姚人。字靜能。所居近栲栳峯。因以自號。志行高潔。窮阨以終。有栲栳山人集。

岑孝子 【明】貴縣人。逸其名。家貧。傭於鄰家。日必三省。及親喪。鄉鄰爲斂資助葬。仍傭於鄰。日必至墓哀拜。有司月給祿米。旌其門。

岑宗旦 〔宋〕開封人。字子文。慶曆初以父遺表。通籍壁門。年十七。棄官徧遊東南山水。工書。嘗取自漢迄唐善書者十一人。爲論以評。治平中英宗遣使令書十扇以進。甚嘉賞之。

岑長倩 〔唐〕文本從子。永淳中累官兵部侍郎。同中書門下平章事。垂拱初拜文昌右相。封鄧國公。與諸武忤。罷爲武威道行軍大總管。征吐蕃。未至。召還下獄。來俊臣脅誣長倩謀反。斬於市。五子同賜死。

岑俊 〔明〕慈谿人。字子英。隱雲巖。通經史百家。工篆隸。古詩出入漢晉。正統間舉經明行修。以親老辭。平生悃愊無華。口不言人過。年九十卒。

岑晊 〔後漢〕棘陽人。字公孝。有高才。與郭泰等相友善。雖在閭里。慨然有董正天下之志。太守成瑨請爲功曹。不避豪勢。時語曰。南陽太守岑公孝。弘農成瑨但坐嘯。宛富賈張汎用勢縱橫。晊勸瑨收捕。遇赦。竟誅之。瑨坐是下獄死。晊亡匿齊魯之間。會赦出。徵辟皆不就。及李杜之誅。因逃竄。終於江夏山中。

岑豹 〔明〕廣西泗城土知州。宣德間殺其伯父瑄職。性獷悍。攻奪利州。掠其叔顏妻子財物。四致仕女土官盧氏。屢爲親族所揭告。朝使數敕諭之。不悛。成化初復聚衆攻殺上林長官司。朝議將征之。豹旋卒。

岑參 〔唐〕文本後。登天寶進士。肅宗時杜甫薦爲左補闕。後出爲嘉州刺史。退居杜陵山中。屬中原多故。客死於蜀。參夙佐戎幕。善屬文。其詩風調尤高。世稱爲岑嘉州。

岑猛 〔明〕廣西田州土知府。弘治間襲職。年幼。土目黃驥與李蠻爭權。挾猛奔思恩。久乃釋之。後降授福建衞千戶。重賂劉瑾。得留攝府事。撫輯遺民。兵復振。助平江西盜。以功還指揮同知。嘉靖間攻克泗城。與知州岑接相訐告。詔下勘處。時有上思州之役。奉徵不至。總督姚鏌奉命征之。猛懼出奔。爲歸順岑璋誘殺。

岑善方 〔北周〕彭後。字思義。清愼有器局。博通經史。善於辭令。累官散騎常侍。卒諡敬。有文集。

岑彭 〔後漢〕棘陽人。字君然。王莽時衆推爲本縣長。漢兵起。率衆附更始。封爲歸德侯。光武徇河內。彭從而說之。拜刺姦大將軍。從平河北。光武卽位。拜廷尉。行大將軍事。以功封舞陰侯。奉勅擊蜀。長驅入關。所至皆奔散。公孫述震駭。彭所營地名彭亡。聞而惡之。日暮。蜀刺客詐爲亡奴降。夜刺殺彭。諡壯。彭持軍嚴整。秋毫無犯。永平中圖形雲臺。

岑熙 〔後漢〕彭五世孫。少爲侍中。遷魏郡太守。招聘隱逸。與參論政事。無爲而化。視事二年。輿人歌之。

岑瑛 〔明〕思恩人。爲本地土知州。謀略過人。正統中常奉征調。加都指揮使。屢著功勳。遂晉州爲府秩。

岑義 〔明〕邳州人。母目盲。日舐之而愈。每問安。必拜跪。母卒。負土成墳。廬墓三年。景泰中旌表。

岑道願 〔隋〕江陵人。隋初避難。泝三峽至萬州江南山巖下修煉。食黃精。百餘歲蛻迹而去。

岑毓英 〔清〕西林人。字彥卿。號匡國。道光間以諸生從軍。轉戰雲貴。功甚偉。光緒時越南之役。規地營法。敗法兵。官至雲貴總督。加太子太保。居官無聲色之好。所至勞求民隱。滇人雖婦孺皆知之。卒諡襄勤。

岑濬 〔明〕瑛孫。弘治間襲思恩土知府。嘗助田州土目黃驥。約分岑猛地。不得。攻劫田州。據舊田州。劫龍州印。擅築石城。屢撫不服。總督潘蕃調兵勦之。濬敗死。

岑羲 〔唐〕文本孫。字伯華。第進士。武后時爲金壇令。後還中書舍人。敬暉欲上表削諸武。衆畏三思。不敢爲草。羲獨爲之。進吏部侍郎。官至侍中。封南陽郡公。自文本至羲。一門三相。在清要者數十人。羲歎曰。物極則反。可以懼矣。然不能抑退。坐豫太平公主謀誅。籍其家。

岑闍梨 〔隋〕僧。住襄州禪居寺。有先知之明。寺中養鼠數千頭。能服從其言。

巫子秀 〔明〕興寧人。英勇絕人。家居羅岡。近賊巢。弘治中賊起。獨能保其鄉。又設奇略擒賊親斬之。獻馘於官。請官勦之幾盡。賊懾之。一夕圍其家。盡殺之。

巫子肖 〔明〕龍川人。字孝元。萬曆舉人。知新喻。孝友廉介。民號青天。以催科不及鐫級歸。卹鄰勸善。著勸懲八鑑最善錄以警世。

巫臣 〔春秋〕〔楚〕見屈巫條。

巫妨 〔上古〕精於醫。著有小兒顱顖經。以占夭壽。判疾病生死。世相傳授。始有小兒方。蓋幼科之最早者也。

巫咸 〔陶唐氏〕堯臣。爲堯之醫。能祝延人之福。愈人之病。祝樹樹枯。祝鳥鳥墜。◎〔商〕太戊之臣。治王家有成。作咸乂。

巫馬施 〔春秋〕〔魯〕字子期。一作陳人。字子旗。孔子弟子。嘗宰單父。以星出。以星入。日夜不處。以身親之。而單父治。問於宓子賤曰。子鳴琴而單父治。一不見其勞。何也。子賤曰。我任人。子任力。任人者佚。任力者勞。施曰。是施之未至也。

巫彭 〔上古〕黃帝臣。帝嘗命彭與桐君。處方盄餌。湔澣刺治。而人得以盡年。

巫都 〔漢〕著養生經。

巫凱 〔明〕句容人。由廬州衞百戶樞功至都指揮使。宣宗時以都督僉事充遼東總兵官。英宗立。進都督同知。性剛毅。饒智略。居鎮三十餘年。威惠並行。邊務修飭。卒於官。

巫賢 〔商〕咸子。佐祖乙。爲賢相。

希白 〔宋〕僧。潭州人。字寶月。作書有晉人風度。慶曆中嘗以淳化閣帖模刻於潭之郡齋。有古法帖十卷。

希卑 〔戰國〕〔趙〕秦攻趙。鼓鐸之音。聞於北堂。希卑曰。夫秦之攻趙不至此。此召兵也。必有大臣欲衡者。王且日贊羣臣而訪之。先言衡者。則其人也。建信君果先言衡。

希陵 〔元〕僧。義烏何氏子。字西白。世祖召見。說法稱旨。賜號佛鑑。卒謚大辯。有瀑巖集及語錄。

希當阿 〔清〕滿洲正黃旗人。姓瓜爾佳氏。乾隆間從征烏什・金川・臺灣。屢有功。官至直隸總兵。尋坐事奪職。

希運 〔唐〕僧。閩人。幼出家於黃蘗山。額間隆起。號爲肉珠。晚謁江西馬祖。馬祖已示寂。乃往石門參百丈師。後觀察使裴休迎住龍興寺。大中間示寂。謚斷際禪師。有語錄。

希爾根 〔清〕滿洲正黃旗人。姓覺爾察氏。太宗時屢從征討。順治間從破李自成・定張獻忠。平姜瓖。列內大臣。封一等男。康熙間耿精忠反。希爾根定江西。以副將軍守南昌。還京卒。

希福 〔清〕滿洲正黃旗人。姓赫舍里氏。通蒙古文漢文。專任文館。崇德初授弘文院大學士。常奉使察哈爾・喀爾喀・科爾沁諸部。頒法律。平獄訟。帝恒稱善。卒謚文簡。

希遷 〔唐〕高僧。端州陳氏子。在曹溪薙染。得法於青原。衡山有石狀如臺。乃結菴其上。時號石頭和尚。長慶中敕謚無際大師。著參同契二百餘言。

希・績 〔宋〕儀眞人。字祀常。元豐間爲淮南發運副使。行已有堅操。坐元祐黨籍廢。

希覺 〔五代〕〔吳〕〔越〕僧。晉陵商氏子。字順之。幼家貧。傭書於羅隱家。年二十五。出家於溫州開元寺。錢元瓘造十佛伽藍。召爲寺主。署曰文光大師。能詩文。長於易。有會釋記・增暉錄等書。

延・岑 〔後漢〕南陽人。字叔牙。始起據漢中。後降公孫述。述敗死。降漢。族滅之。

延・定之 〔明〕平定人。字主靜。舉人。成化間知寧州。爲政聰決有紀律。豪猾肅然。號爲能吏。

延陵・玉 〔戰國〕〔趙〕襄子謀臣。

延壽 〔宋〕僧。杭州王氏子。字仲玄。號抱一子。棄吏出家。吳越時住永明寺。開寶間卒。賜號智覺禪師。有宗鏡錄。

延・廣 〔漢〕爲膠東太守。治有異等。太初中遷御史大夫。

延・篤 〔後漢〕犨人。字叔堅。博通經傳及百家之言。以文章名於時。舉孝廉。桓帝時徵拜議郎。累官京兆尹。爲政寬仁。梁冀遣客齎書詣京兆。並貨牛黃。篤收客殺之。冀慚而不得言。有司承旨欲求其事。篤以病免歸。教授家巷。永康初卒。篤論解經傳。多所校正。後儒以爲折衷。所著詩・論・銘・書・應訊表・教令。凡二十篇。

廷俊 〔明〕僧。樂平人。字用章。甫齔出家。元至正末主錢塘之淨慈寺。明初徙寓鐘山。端坐而逝。有泊川集。

廷桂 〔清〕滿洲正白旗人。姓輝發那拉氏。字芳宇。道光舉人。官永州知府。有仿玉局黃樓詩集。

廷雍 〔清〕滿洲人。姓覺羅氏。官至直隸布政使。光緒庚子。以有附義和拳嫌疑。爲各國聯軍所殺。

弄玉 〔春秋〕〔秦〕穆公女。有蕭史善吹簫作鳳鳴。穆公以弄玉妻之。蕭史遂教弄玉吹簫。後弄玉乘鳳・蕭史乘龍飛昇去。

志言 〔宋〕僧。壽春許氏子。落髮東京景德寺。時從屠酤游。飲啗無所擇。衆以爲狂。或陰卜休咎。書紙揮翰甚疾。字體遒壯。初不可曉。其後多驗。

志念 〔隋〕僧。信都陳氏子。於經論備探玄奧。時迦延本經脫落四紙。志念推測上下文補成之。一如原作。大業中卒。有迦延雜心論疏及廣鈔。

志・能 〔元〕知歸德府。廉明剛斷。民有宿冤不直者。皆奔走來訴。立爲剖決。

志鈞 〔清〕滿洲人。光緒間充乾清門侍衞。委散秩大臣。拳亂作。聞各國聯軍至。遣諸奴護幼子走匿鄉村間。即與妻妾長子皆對縊於中堂。謚貞愍。

志寬 〔唐〕僧。河東姚氏子。博覽諸經。以涅槃地論爲心要。邑多虎暴。都督張遜命志寬禳之。患遂息。貞觀中蒲晉旱。志寬曝烈日中。須臾大雨。合境霑足。

志德 〔元〕僧。東昌鄒氏子。號雲巖。學慈恩宗。至元間被選爲主講。居金陵天禧寺三十餘年。賜號佛光大師。

志磐 〔宋〕僧。咸淳中住四明東湖。有佛祖統紀。

志銳 〔清〕滿洲鑲紅旗人。字伯愚。光緒進士。性慷爽。嗜文學。與盛昱等爲友。官至伊犁將軍。清末民軍起義。殉節。謚文貞。

成・三郎 〔唐〕漁陽人。光宅間爲左豹韜衞長上果毅。李孝逸討徐敬業。以爲前鋒。兵敗。唐之奇執給衆曰。此李孝逸也。三郎大呼曰。我是果毅成三郎。不是將軍李孝逸。官軍行破爾軍矣。之奇怒。殺之。事平。謚勇。

成・大心 〔春秋〕〔楚〕得臣子。字孫伯。嗣父爲令尹。事穆王。

成・元震 〔清〕文水人。字東檣。康熙武舉。由守備歷官至甘肅提督。安飭蕃人。奏改牧廠水草地。隨事設宜。有益軍屯多類此。

成公【漢】自隱姓名。常誦經。不交世利。時人目爲成公。成帝出游問之。成公不屈節。帝曰。朕能富貴人。能殺人。子何逆朕。成公曰。陛下能貴人。臣能不受陛下之官。陛下能富人。臣能不受陛下之祿。陛下能殺人。臣能不犯陛下之法。帝不能屈。使郎官二人就受政事十二篇。

成公・段【後趙】爲石虎左校令。嘗造庭燎於崇杠之末。高十餘丈。上盤置燎。下盤置人。絙繳上下。虎試而悅之。太保夔安等文武五百九人勸虎稱尊號。安等方入。而庭燎油灌下盤。死者七人。虎大怒。腰斬段於閶闔門。

成公・英【三國魏】金城人。爲軍師。封列侯。從行出獵。有三鹿走過前。英射之。三發三中。皆應弦而倒。黃初間遣英佐涼州平隴右。病卒。

成公・綏【晉】白馬人。字子安。性寡欲。不營資產。家貧歲饑。晏如也。少有俊才。詞賦甚麗。張華雅重綏。薦之太常。徵爲博士。歷遷中書郎。每與華受詔並爲詩賦。又與賈充等參定法律。有詩賦雜筆十餘卷。

成公・興【後魏】膠東人。字廣明。爲太武時大儒。山居隱跡。殷紹從求九章要術。

成公・簡【晉】東郡人。字宗舒。性朴素。不求榮利。潛心味道。默識過人。張華每言其簡靜比揚子雲。默識比張安世。後官至散騎侍郎。永嘉末奔荀晞。與晞同沒。

成・及【五代吳越】錢塘人。字弘濟。爲杭州團練副使。與錢鏐同事。攻討密謀。多出於及。累官保大彰義等軍節度使。

成・文【明】大同山陰人。弘治進士。擢御史。按甘肅。戎騎入寇。鎮守中貴等匿不以聞。殺民冒首功。文疏劾之。遂被遠斥爲民。嘉靖中起用。累官右副都御史。巡撫遼東。致仕卒。

成文【清】滿洲鑲黃旗人。姓鈕祜祿氏。嘉慶間從攻湖南苗。連戰皆捷。又平維西廳猓匪。官至騰越鎮總兵。

成・功【明】新泰人。字文煥。永樂間舉於鄉。宣德中擢四川按察司僉事。時西番強欲假道以吞小姓。功親詣其地。諭以禍福。土人遂款塞來貢。官終湖廣副使。有登庸錄。

成・玄【隋】著公穀總例十卷。

成・玉【元】官行府提控都管。從郝經使宋。經拘留七年。而從經者格鬬相殘。索經於室。經乘昏踰牆。伴使來救。經脫而玉死之。

成吉思汗【元】詳元太祖條。

成・回【春秋】子路弟子。學於子路三年。恭敬不已。子路問其故。對曰。夫人爲善者少。爲讒者多。行年七十。常恐行節之虧。是以恭敬待大命。子路稽首曰。君子哉。

成・伯璵【唐】著尚書斷章。毛詩斷章。毛詩指說。

成・克鞏【清】基命子。字子固。號青壇。明崇禎進士。順治間起用。官至祕書院大學士。參與機務。知無不言。康熙間致仕。晚年於宅中築鼇學臺。旦夕讀書其中。有倫史編。

成・廷珪【元】揚州人。字原常。一字元章。又字禮執。好學不求仕進。奉母居市廛。植竹院庭。有山林意趣。扁其燕息之所曰居竹軒。晚遭亂。避地吳中。有居竹軒集。

成・汭【唐】青州人。少無行。使酒殺人。亡爲浮屠。入蔡賊中。爲賊帥假子。更姓名爲郭禹。當戍江陵。亡爲盜。後詣荊南節度使陳儒降。張瓌囚儒。汭襲取歸州。自稱刺史。昭宗使爲荊南留後。復故姓名。後爲李神福所破。投江死。

成・始終【明】無錫人。字敬之。正統進士。授行人。拜監察御史。土木之變。督兵紫荊關。守要害地。擢湖廣按察僉事。敏於疏決。以戇直忤當道乞歸。有濬軒集。

成・宗道【宋】長安人。工畫人物。兼善刻石。

成明【清】滿洲鑲藍旗人。姓葉赫納喇氏。咸同間從征粵捻。轉戰河南山西江蘇等省。又勦回於陝西。官至鑲黃旗蒙古副都統。

成・明楫【明】曹州人。號元洲。萬曆間舉於鄉。嗜古博學。旁通太乙六壬三垣諸書。有在阿館稿。

成・芳【唐】隱麥林山。剝苧織布。爲短褐寬袖之衣。著以酤酒。稱隱士衫。

成・竟【清】大名人。字睿公。以鄉貢爲經歷。善畫山水花鳥。

成・勇【明】山東樂安人。字仁有。天啟進士。崇禎時擢南京御史。楊嗣昌奪情入閣。言者獲譴。勇憤。上疏詆之。削籍戍寧波衛。福王時起御史。不赴。披緇爲僧。有消閒錄。周易發。西銘解。（按山東通志。勇爲青州樂安人。明史作安樂人。誤。）

成・封【後漢】夏人。與桓郁等論定五經同異於白虎觀。官至少府。

成・彥雄【南唐】字文幹。進士。有梅嶺集。

成・洙【明】南和人。字懷魯。篤志嗜學。洪武中以明經授本縣儒學訓導。

成・軌【後魏】居庸人。字洪義。少以罪刑入事宮掖。用謹厚稱。孝文意有所欲。軌瞻候顏色。時有奏發。輒合帝心。建義初累官衞將軍。封始平縣侯。卒諡孝惠。

成書【清】滿洲鑲白旗人。姓穆爾察氏。字倬雲。號誤菴。乾隆進士。官至戶部右侍郎。有多歲堂集及古詩選。

成袞扎布 〔清〕外蒙古人。策棱子。襲封親王。乾隆間其族青滾雜卜反。成袞扎布率諸喀爾喀蒸部兵追捕。擒之。用兵多合古法。掌大將軍印幾四十年。未嘗戮一偏卒。

成·務 〔明〕湖廣興國人。字惟幾。洪武中舉於鄉。授廣元教諭。適御史按其邑。率諸生郊迎。已望見。遽麾諸生返。御史至。問故。對曰。大人行李甚盛。恐士子見之壞心術。已麾之去矣。御史奇之。薦擢行人。官終貴州按察使。

成·基命 〔明〕大名人。字靖之。萬曆進士。崇禎時累拜禮部尚書·東閣大學士。性寬厚。每事持大體。日夜籌畫邊事。奏疏數十上。成中機宜。以疾乞歸。卒諡文穆。

成·得臣 〔春秋楚〕卿。字子玉。成王時伐陳有功。子文使爲令尹。傳政與之。後與晉兵戰於城濮。兵敗自殺。晉文公聞其死。喜曰。莫余毒也已。

成·淹 〔後魏〕居庸人。字季文。好文學。有氣尙。累除羽林監。領主客令。小心畏法。典客十年。四方貢聘。不納私遺。至衣食不充。景明中除平陽太守。卒諡定。

成·翊世 〔後漢〕平輿人。字季明。爲郡吏。深明道術。安帝初諫和熹鄧后歸政。鄧氏誅。徵爲尙書郎。延光中皇太子廢。翊世連上書訟之。詔免歸。順帝立。以廣翊等薦爲尙書。在朝正色。百僚敬之。

成連 〔春秋〕伯牙嘗從學琴。三年而成。於精神情志未能專一。成連云。吾師子春在海中。能移人情。遂與俱至蓬萊山。曰。吾將迎吾師。刺船而去。旬時不返。但聞海水汨沒崩澌之聲。山林窅冥。羣鳥悲號。愴然歎曰。先生將移我情。乃援琴歌之。曲終。成連刺船還。伯牙遂爲天下妙手。

成·凱 〔明〕敬子。景泰進士。有俊才。初登第。卽病且死。景帝謂敬曰。爾子平時志何官。敬泣對曰。凱願出入禁闥。奈薄福何。帝歎息。授凱吏科都給事中。聞命遂卒。

成·景儁 〔後魏〕范陽人。字超。父安樂爲魏睢陽太守。爲常邕和所殺。景儁購人刺邕和。並殲殺其子弟。後除北豫州刺史。有政績。卒諡忠烈。

成·無已 〔金〕聊攝人。世業醫。至無已尤精。有傷寒論注·傷寒明理論·論方等書。於君臣佐使之義。闡發甚明。

成·無玷 〔宋〕武康人。字士懲。舉進士。爲江山令。以李綱薦。授刪定官。紹興初金人犯順。呂頤浩薦守永州。兼鄂岳安撫使。修築城壘。教閱士伍。時論多之。

成·象 〔宋〕流江人。以詩書訓授里中。事父母以孝聞。淳化中李順據郡縣。象父母觸悴死。象號泣營葬。廬墓側。每慟。聞者戚愴。

成·閔 〔宋〕邢州人。字居仁。靖康初從高宗南渡。屢立戰功。後從韓世忠入見。世忠指閔曰。臣在南京。自謂天下當先。使當時見此人。亦避一頭矣。後拜慶遠軍節度使。率兵拒金主亮。亮死。閔引兵渡江。金人渡淮北去。遂奏克復淮東。爲御史所論。奪節婺州居住。乾道時復節致仕。

成·愆 〔周〕靈王時爲蔿邑大夫。靈王崩。儋括欲立王子佞夫。佞夫弗知。儋括圍蔿。逐成愆。

成·敬 〔明〕永樂進士。選庶吉士。改晉府奉祠。坐事謫戍。自訟冤。宣宗下之腐刑。爲內官監。不招權。不乞恩澤。侍景帝。甚見親。

成瑞 〔清〕滿洲正黃旗人。姓伊爾根覺羅氏。乾隆間從勦甘肅回。嘉慶間從勦湖北教匪。積功官至廣州副都統。卒。

成·裔 〔清〕吳縣人。與金俊明同時。工畫水墨花卉。

成·嘉 〔春秋楚〕若敖曾孫。字子孔。穆王時爲令尹。時羣舒叛。嘉討平之。

成·熊 〔春秋楚〕大夫。郟敖時被譖見殺。

成·瑨 〔後漢〕弘農人。字幼平。少修仁義。以清名見。舉孝廉。桓帝時爲南陽太守。郡舊多豪強。瑨下車欲振威嚴以檢攝之。聘岑晊爲功曹。獎善糾違。肅清朝府。以捕殺帝乳母中官貴人外親張汎。下獄死。

成·蓉鏡 〔清〕寶應人。字芙卿。有周易釋文例·尙書歷譜·禹貢班義述·春秋日至譜·春秋世族譜拾遺·鄭志考證·釋名補證·史漢駢枝·宋史地理志校勘記·絅思堂答問·漢太初考·心巢文錄。

成·德 〔明〕霍州人。字玄升。崇禎進士。授滋陽令。性剛介。清操絕俗。以忤溫體仁戍邊。後復起爲武庫主事。京城陷。聞帝殉國。觸地流血。哭奠梓宮。闔門死難。諡忠毅。

成·樂 〔明〕石首人。號龍山。正德進士。官兵部侍郎。征白蓮教黨有功。卒諡端肅。

成·毅 〔清〕湘鄉人。字忍齋。道光進士。官岳州教授。有求在我齋文集。

成·賢 〔明〕官寧夏衛指揮同知。膽氣勇力。冠絕一時。嘉靖間套寇數萬來犯。賢從總兵王効爲前鋒。率八百騎迎戰。敵併力攻賢。死之。

成·霄 〔後魏〕淹子。字景鸞。涉學好爲文詠。但詞彩不倫。率多鄙俗。歷官治書侍御史卒。

成·器 〔明〕餘姚人。正統間聞侍講劉球以劾中官王振下錦衣獄死。乃卽邑中龍泉山頂爲壇祭球。

成·璡 〔明〕興化人。洪武中歷蔚州知州。爲政清肅。與守將協修邊備。民賴以寧。官終北平布政司參議。

成·諟 清大名人。字伯顧。號省齋。畫山水得王翬秀逸之致。

成·諾 明興化人。字和仲。少負奇節。好擊劍。得六壬數。自詫當立功異域。補邑諸生。總督翁萬達招之入幕。嘉靖間大同有寇警。諾勒兵與戰。殲其半。敵憤。合數萬人圍之。力戰死。

成·遵 元穰人。字誼叔。元統進士。授翰林國史院編修官。拜監察御史。是歲言事幷舉劾凡七十餘事。皆指訐時弊。執政者惡之。出爲陝西行省員外郎。累官中書左丞。所至有聲績。用事者嫉人誣遵受贓。鍛鍊成獄。竟杖死。中外寃之。

成·濟 三國魏爲太子舍人。黨於司馬昭。昭專政。魏主髦率衆攻昭。濟前刺魏主髦。刃出於背。昭乃歸罪於濟。捕殺之。

成覵 春秋齊事景公。性勇果。嘗謂景公曰。彼丈夫也。我丈夫也。吾何畏彼哉。

成·藻 北燕仕晉爲南宮令。有惠政。及去。百姓攀車不得行。後爲馮跋輔相。及卒。跋甚痛之。

成·嚴 明山東樂安人。永樂中授監察御史。彈劾不避權貴。帝嘗諭貴戚曰。爾輩犯罪。朕或容之。成回子不汝貸也。以嚴多鬍大鼻。故云。後巡按河南。官傑望風股栗。召還卒。

我子 戰國好著書。

戒法 唐僧。本于闐人。名尸羅達摩。通華梵語。貞元中至北庭。節度使楊襲古與龍興寺僧請爲譯主。譯有十地經及迴向輪經。

扶·少明 漢著道德經譜三卷。

扶·克儉 明光山人。字共之。萬曆進士。由庶吉士改御史。巡按山東。遼東其所轄也。奏禁買功竊級諸弊。邊人震聳。坐劾李成梁。李世達謫蘄水丞。遣歸里居。天啓中起歷刑部右侍郎。李恒茂論其衰朽。落職。崇禎初復官。卒諡忠毅。

扶·猛 北周上甲黃土人。字宗略。其種落號白獸蠻。仕梁。位南洛北司二州刺史。魏廢帝初以衆降周文。以爲羅州刺史。從賀若敦南討信州。梯山捫葛。備歷艱阻。遂入白帝城。撫慰夷人。莫不悅附。以功進開府儀同三司。封臨江縣公卒。

扶·卿 漢魯人。傳論語。

扶·嘉 漢朐䏰人。初嘉母於湯溪水側遇龍。後生嘉。長占吉凶。巧發奇中。高祖爲王時。與嘉相遇。嘉勸定三秦。高祖以嘉志在扶翼。賜姓扶氏。官至廷尉。食邑朐䏰。

扶蘇 秦始皇長子。始皇坑諸生。扶蘇諫之。始皇怒。使監蒙恬軍。後始皇崩。趙高矯詔賜死。

抄兒 元陽武人。姓別速氏。從太祖收附諸國。有功。從征金。沒於陣。

抄思 元乃蠻部人。又號曰答祿。從太祖征伐。會太宗命睿宗平金。抄思執銳以從。與金兵戰。所向無前。制受萬戶。移鎮潁。以疾歸大名卒。

把匝剌瓦爾密 元世祖第五子雲南王忽哥赤之裔。封梁王。鎮雲南。撫治有威惠。順帝北去。中國無元尺寸地。而把匝剌瓦爾密守雲南自若。久之。明太祖命傅友德等征之。把匝剌瓦爾密知事不可爲。驅妻子赴滇池死。夜入草舍自經。

把胡魯 金宣宗時由諫議大夫累遷參知政事。爲人廉直忠孝。公家之利。知無不爲。西北兵攻延安。把胡魯遣將調兵。城賴以完。官至平章政事。

抗·徐 後漢見杭徐條。（按抗徐見後漢書度尙傳。江南通志作杭徐。尙友錄杭徐抗徐並收。圖書集成氏族典承之。考說文杭爲抗之重文。徐鉉云。俗作胡郎切。是抗杭本一字也。）

折·可與 宋雲中人。徽宗時同張忠輔守崞縣。金人攻城急。可與出戰。被執。不屈死。

折·可適 宋克行從子。少補殿侍。隸延州。屢與夏人戰。皆敗之。論前後功。至成州團練使。夏人有桀黠用事者。哲宗詔可適密圖之。可適遣兵夜襲。俘其族屬。遂取天都山。以其地爲西安州。累拜淮康軍節度使。中謗知渭州卒。

折·克行 宋繼閔子。字遵道。初仕軍府。夏人寇環慶。克行與戰於葭蘆州。大敗之。擢知府州事。討夏國。每戰必勝。夏人畏之。益左廂兵。專以當折氏。克行在邊三十年。善拊士卒。戰功最多。羌人呼爲折家父。官至秦州觀察使卒。

折·彥質 宋可適子。字仲古。紹興中官至簽書樞密院事。後秦檜爲相。以彥質爲趙鼎所引。安置郴州。有葆眞居士集。

折·從阮 後周雲中人。字可久。居父喪以孝聞。唐莊宗鎭太原。以爲牙將。後以爲府州刺史。晉出帝與契丹敗盟。從阮以兵攻契丹。取其城堡十餘。還本州團練使。漢高祖入立。於府州建永安軍。以從阮爲節度使。控扼西北。中國賴之。太祖入立。歷徙宣義保義靜難三鎭。顯德中卒。

折·御卿 宋御勳弟。從太宗征河東。破岢嵐軍。淳化中拜永安軍節度使。契丹兵入。御卿大敗之於子河汊。歲餘被病。契丹諜知之。率衆來侵。御卿力疾出戰。翌日卒。

折·御勳 宋德扆子。字世隆。太祖征太原。以爲永安軍留後。改泰寧軍節度使。留京師。太平興國中卒。

折・惟忠 【宋】惟昌弟。字蓋臣。繼惟昌爲六宅使。知府州事。累拜雲麾將軍卒。惟忠知兵事。天聖中契丹與夏國會兵境上。聲言嫁娶。惟忠覘得其實。率麾下往備之。得無患。

折・惟昌 【宋】御卿子。爲洛苑使。知州事。咸昌中趙保吉入寇。惟昌敗走之。又破言泥族。拔黃砦。累拜興州刺史。河東民運糧赴麟州。惟昌力疾領步騎屯寧遠砦爲援。疾亟卒。

折・像 【後漢】廣漢雒人。字伯式。幼有仁心。通京氏易。好黃老言。知世將亂。散父貲財。周施親族。自知亡日。召賓客九族飲食。辭訣卒。（按後漢書方術傳作折像。尚友錄作折象。萬姓統譜既列折象。復並列析伯式・析像。姓氏尋源引後漢書作析像。考漢書地理志無折縣。析縣屬弘農郡。字從木。不從手。姓氏辨誤云。今漢書析像傳。刋本皆誤作折。是折當爲析之誤。然相沿已久。姑仍之。）

折・德扆 【五代】從阮子。世居雲中爲大族。漢高祖時爲府州團練使。周世宗入立。遷永安軍節度使。時從阮鎭邠寧。父子俱領節度。顯德中德扆率師攻下河市鎭。宋初破沙谷砦。屢敗太原軍。擒其將。尋卒。按宋史。周世宗建永安軍。以德扆爲節度使。又按五代史。漢高祖入立。於府州建永安軍。以從阮爲節度使。明年從阮徙鎭武勝。拜德扆爲府州團練使。是漢高祖時已建永安軍。周世宗時德扆特從團練使遷節度使耳。茲從五代史。）

折・繼世 【宋】繼祖弟。爲延州東路巡檢。嵬名山內附。繼世以騎步萬軍於懷寧砦。分名山之衆居大理河。夏人來攻。再戰皆捷。錄功領忠州刺史。說韓絳城囉兀以撫橫山。因畫取河南之策。絳然之。以果州團練使卒。

折・繼祖 【宋】繼閔弟。字應之。嗣知府州事。累轉成州團練使。韓絳城囉兀。繼祖爲先鋒。深入敵帳。降部落戶八百。加解州防禦使卒。

折・繼閔 【宋】惟忠子。字廣孝。嗣州事。慶曆中元昊兵攻麟州。不克。進圍州城。城險且堅。遂引去。繼閔以城守勞。遷晉州刺史。皇祐中卒。

攸哈剌拔都 【元】渤海人。初名興哥。善騎射。降木華黎。從攻通州。獻計一夕造砲三十・雲梯數十。附城。州將懼。出降。太祖聞之。賜名哈剌拔都。累官都元帥。鎭太原。武仙兵至。戰沒。

改・琦 【清】松江人。字伯蘊。號香伯。又號七薌。別號玉壺外史。工畫人物佛像。愈拙愈妙。跌宕入古。山水花草蘭竹小品。亦運思適別。世以新羅山人比之。詩不多作。獨善倚聲。

更・嬴 【戰國】【魏】善射。能引弓虛發而下鳥。

李・一 【唐】玄宗子。生而韶秀。以母寵故。鍾愛之。命之曰一。未免懷卒。贈夏王。謚悼。時帝在東都。故葬龍門東岑。欲宮中望見云。

李・一元 【明】池州建德人。字調卿。嘉靖進士。歷官兵部右侍郎。巡撫江西。引疾歸。嘉隆間在朝有四君子。一元以清得與。

李・乂 【唐】房子人。字尚眞。第進士茂才異等。長安中擢監察御史。劾奏無避。睿宗時累遷吏部侍郎。知制誥。請謁不行。時人語曰。李下無蹊徑。改黃門侍郎。制敕不便。輒駁正。太平公主干政。欲引乂自附。乂深自拒絕。官終刑部尙書。卒謚貞。乂沉正方雅。識治體。時稱有宰相器。兄尙一・尙貞。俱以文章名。弟兄所著同爲一集。號李氏花蕚集。

李・人鳳 【清】長汀人。字亦凡。諸生。爲祖母舐癰。父歿七日不食。弟人彪亦刲股療親病。時稱一門兩孝子。

李・八百 【周】蜀人。莫知其名。歷夏商至周。年八百歲。因號李八百。一云動則行八百里。因以爲號。穆王時居金堂山。號紫陽眞君。後仙去。

李・八師 【宋】依政人。佚其名。道士。工畫道門尊像。

李・几 【後】【魏】安平人。七世同居共財。長幼濟濟。風禮著聞。至於作役。卑幼競進。鄉里嗟美。標其門閭。

李・三才 【明】順天通州人。字道甫。萬曆進士。累遷右僉都御史。巡撫鳳陽諸府。疏諫礦稅。以折稅監得民心。擢戶部尙書。會有忌之者。遂引去。三才才大而好用機權。善籠絡朝士。撫淮十三年。結交徧天下。性不能持廉。以故爲衆所毀。

李・三畏 【清】海門人。字吉六。號柏阜。工墨竹。設色山水及墨龍。香火畫。好談古今逸事。

李・三錫 【金】安昌人。字懷邦。遼季盜攻錦州。州人推三錫主兵事。城賴以完。授左承制。後降於金。累官河北西路轉運使。政事強明。所至稱治。

李・上交 【宋】贊皇人。寓鍾陵。有近事會元。紀唐以來至五代雜事。

李・上金 【唐】高宗子。封澤王。歷五州刺史。載初中武承嗣諷周興誣以謀反。下詔獄。自經死。

李・上達 【金】濟陰人。字達道。在宋時累官東平府司戶參軍。後歸金。積官山東西路轉運使。上達長於吏治。能治繁劇。猾吏不能欺。所至稱之。

李・久 【後漢】遼東人。安帝時海賊張伯路寇東萊。兵敗。逃至遼東。久率鄉勇共斬之。遼地以寧。

李・千里 【唐】恪子。本名仁。嗣恪爲鬱林縣男。歷岳州別駕。自天授後宗室多株戮。惟千里褊躁不情。數進符瑞諸異物得免。中宗反正。改王成紀。

從節愍太子誅武三思。太子敗。誅死。

李士安 【宋】字永和。以特奏同學究出身。爲人不妄喜怒。累爲州牧。後請老。得養生之術。視聽不衰。年九十七卒。官至朝奉大夫。

李士行 【元】衎子。字遵道。官黃巖知州。畫竹石得家學。而妙過之。尤善山水。

李士昉 【唐】果奴孫。敬宗時爲待詔。筆蹟類其祖。而寫貌極妙。

李士棻 【清】忠州人。字芋仙。道光拔貢。博學工詩。同治初知彭澤縣。移臨川。政聲卓著。去官後。貧不能歸。流寓上海幾二十年。光緒間卒。有天瘦閣詩草・天補樓行記。

李士傳 【元】薊丘人。字仲芳。善畫山水人物。尤善仿宋徽宗墨戲。

李士楨 【清】都昌人。號毅可。本姜姓。康熙時官至廣東巡撫。經營南北。幾四十年。歷官河南山西浙江。均有治績。

李士達 【明】吳人。號仰槐。畫人物山水。氣韻天然。其論山水。以蒼逸奇遠韻爲五美。嫩板刻生痴爲五惡。人謂深得畫理。

李士實 【明】新建人。成化進士。官至右都御史致仕。善畫工詩。以附宸濠伏法。有世史積疑。（按世史積疑。舊本題爲元人。並改竄其自序爲至正紀年。誤。）

李士興 【元】藁城人。幼從安熙游。博求深造。以隱遁終居鄉里。多有訓彝。人爭師之。

李士夔 【宋】字和甫。慶曆間登第。仕至職方郎中。剛正不撓。所至吏民畏愛。

李士謙 【隋】平棘人。字子約。幼孤。事母至孝。年十二。魏廣平王辟爲參軍。北齊時屢徵辟不就。善談玄理。家故富。出粟數千石貸鄉人。値歲飢。召債家設酒燔券。至春又給糧種。入隋不仕。比卒。趙郡士女聞而流涕。會葬者萬餘人。相與樹碑於墓。

李士璸 【清】同州人。字文伯。號玉山逸史。貢生。不求仕進。殫心著述。性孝友。父病疽。士璸口吮疽毒而愈。年七十餘。執贄李顒之門。日閱先儒語錄。手抄成册。至老不倦。有文學正譜・羣書擧要・玉山前後集。

李士瞻 【元】新野人。徙居荆門。字彥聞。至正初中大都路進士。中書辟充右司掾。官至樞密副使・翰林學士承旨。封楚國公。有經濟文集。

李大本 【清】安丘人。字立之。雍正擧人。乾隆間知湖南益陽縣。勤於吏事。所規多遠略。教縣民樹桑。後賴其利。號曰李公桑。官至長沙知府。

李大同 【宋】大有弟。字從仲。嘉定進士。學於朱熹。首陳謹獨之戒。官右正言兼侍講。遷工部尙書。以寶謨閣直學士知平江府。有羣經講義。◎【宋】嘉魚人。富於學問。能文章。咸淳中以周禮擧第一。授國子監學錄。後歸隱不仕。

李大有 【宋】東陽人。字謙仲。慶元進士。私淑呂祖謙兄弟之學。判通州。民田苦旱。大有鑿五狼山石甃。引江水入河以漑之。自是歲大稔。厄商舶亦通。官至太常博士。嘗因輪對推言理學之有益於治道。師儒之官。當以此意風厲作成。毋徒爲襲取利祿計。聞者是之。◎【清】辰溪人。咸豐間從攻洪秀全。轉戰江西安徽廣東福建。勦回於陝西。身經百戰。奮勇絕倫。官至總兵。戰沒於正寧之四村原。諡武壯。

李大性 【宋】積中子。字伯和。少力學。習本朝典故。以父任入官。累遷工部郎。光宗時歷戶部尙書。開禧間將用兵於金。大性條陳利害。忤韓侂胄。出知江陵府。除刑兵二部尙書。再知平江府。丐祠卒。諡文惠。與弟大異・大東。並爲名臣。

李大亮 【唐】涇陽人。有文武才略。高祖入關。授土門令。太宗時累官劍南道巡省大使。以討吐谷渾功。進爵武陽公。拜右衞大將軍。兼右衞率・工部尙書。性忠謹。外若不能言。內剛烈不可干。廷爭是非無回撓。見妻子未嘗有惰容。卒諡懿。

李大師 【唐】相州人。多識前世舊事。常以宋齊梁陳齊周隋天下參隔。其史於本國詳。他國略。往往訾美失傳。思所以改正。擬春秋編年刊究南北事。未成而沒。

李大濬 【清】安溪人。有周禮拾義。

李大臨 【宋】華陽人。字才元。嘉祐進士。累官祕閣校理。仁宗嘗遣使賜館閣官御書。至大臨家。貧無皂隸。方自秣馬。使者還奏。帝曰。眞廉士也。神宗時知制誥。上言青苗法有害無益。李定除御史中丞。大臨封還詞命。詔諭數四。爭不已。官終天章閣待制。

李子安 【明】常熟人。善傳神。

李子和 【唐】蒲城人。本郭氏。仕隋。以罪徙榆林。大業末郡饑。子和與死士十八人執丞王才。斬之。開倉賑窮乏。自號永樂王。建元丑平。南連梁師都。北事突厥。始畢可汗册爲平楊天子。不敢當。乃更署爲屋利設。武德初獻款。授靈州總管。從平劉黑闥有功。賜姓。封夷國公。歷黔州都督。

李子勉 【宋】南康人。失名。爲王蘋學侶。蘋嘗稱其剛毅不屈。而勗以弘毅云。

李子通 【唐】沂州丞人。少貧。以漁獵爲生。家有餘則以賙人。隋大業末依長白山賊左才相。以武力雄其間。後據江都。僭帝位。國號吳。建元明政。旋爲輔公祏所敗。東走太湖。鳩吳郡。據餘杭。東擧會稽。南距嶺。西抵宣城。北太湖。盡有之。武德間杜伏威討之。敗降。以有異圖伏誅。

李子隆【清】芷江人。字闇齋。乾隆初人。善畫拐仙。兼工山水翎毛。家故貧。囊空即洒墨數張。賣諸街頭以自給。

李子雄【隋】脩人。弱冠從周武帝平齊。以功授帥都督。文帝受禪。爲驃騎將軍。伐陳之役。以功進位大將軍。煬帝時擒幽州竇抗。破漢王諒。累官右武候大將軍。會楊玄感反。詔鎖子雄送行在。子雄殺使者亡歸玄感。及玄感敗。伏誅。

李子雲【後漢】平原人。與逢萌·徐房·王君公相友善。曉陰陽。懷德穢行。養徒千人。

李子敬【元】定襄人。博學能詩。善騎射。至元間以平變功。官至軍民鎮撫。⊙【元】三原人。嫁不能嫁者五十餘人。葬不能葬者五十餘喪。焚逋券四萬餘貫。大德中旌之。

李山【金】官祕書監。嘗作風雪松杉圖。用筆瀟灑有致。出蹊徑外。⊙【元】陽信人。以畫名。酒酣縱筆揮灑。煙雲萬狀。人求之。瞪目不應。⊙【清】長洲人。字少華。號頑石居士。明末貢生。福王時官太常博士。挂冠歸。能文。兼工繪事。⊙【清】錢塘人。字紫珉。善指頭畫。林木清奇古勁。馬有骨肉。均得古法。⊙【清】鄞人。以寫生擅名。

李山甫【唐】咸通中累舉不第。爲魏博幕府從事。文筆雄健。名著一方。

李己【明】磁人。字子復。嘉靖進士。任禮科給事中。隆慶中以言獲罪。神宗立。薦起都給事中。立朝侃侃。不改其故。又因小故被謫。兩遭擯抑。頗專營進。希張居正指。累官右僉都御史。巡撫保定。

李丑父【宋】莆田人。字艮翁。先名綱。字汝礪。端平進士。歷官太學博士。遷諸王宮教授。忤丁大全意。遂罷。終禮部郎中。爲人篤實清修。胸次灑然。詩文溫潤清新。有集藏於家。

李中【南唐】隴西人。字有中。爲淦陽宰。有碧雲集。⊙【明】吉水人。字子庸。正德進士。授工部主事。武宗自稱大慶法王。建寺西華門內。用番僧住持。廷臣莫敢言。中拜官三月。即抗疏諫。謫廣東通衢驛丞。王守仁檄參軍事。預平宸濠。世宗時累官副都御史。總督南京糧儲。師同里楊珠。沈潛邃密。所居里名谷平。學者稱谷平先生。有谷平文集。光宗時追謚莊介。

李中正【明】盧氏人。天啟間官兵部主事。崇禎初謝病歸。賊至。中正勸家衆及里中壯士奮擊。力戰死。

李中師【宋】開封人。字君錫。舉進士。神宗時累官龍圖閣直學士。知河南府。一以嚴整齊之。號爲治辦。然用法刻深。煩碎無大體。唯厚結中人。希指多取於民。權發遣開封府卒。

李中梓【明】上海人。字士材。諸生。因善病。自究方書。遂以醫名。有刪補頤生微論·雷公泡製藥性解。

李中敏【唐】隴西人。字藏之。元和進士。性剛峭。拜侍御史。太和間因旱上書請斬鄭注。不省。告歸。注誅。召還給事中。仇士良以開府階蔭其子。中敏曰。謁者監安得有子。士良慚恚。由是復棄官去。

李中簡【清】任丘人。字廉衣。號文園。乾隆進士。官侍講學士。有嘉樹山房集。

李中馥【清】太原人。字鳳石。明天啟舉人。性剛鯁。進退不苟。爲李自成授僞官。臥不顧。姜瓖叛。登陴畫守禦方略。一邑賴之。有石鼓考·從好集·本草目錄·銀杏園文集。

李之才【宋】青社人。字挺之。天聖進士。性樸率自信。爲古文。語直意遂。師河南穆修受易。得其傳。授於邵雍。嘗爲澤州僉署判官。澤人劉羲叟從受曆法。世稱羲叟曆法。遠出古人。實之才授之。官至殿中丞。(按宋史作青社人。青社非地名。考史記三王世家注。齊在東方。故稱青社。又益都縣有青社驛。古人文字。類稱青州爲青社。史文因沿之。)

李之劭【宋】建炎初爲新喻尉。隆佑太后幸虔州。扈從後軍叛。之劭捍之。兵敗。不屈死。賊酋壯其節。誅害之劭者。

李之沆【明】武鄉人。崇禎末流賊至境。扶父避匿。道遇賊被執。父善醫。賊強之診視。不肯。賊欲殺之。之沆請身代不許。伏屍號泣。賊並殺之。

李之芳【清】山東武定人。號鄴園。順治進士。爲金華推官。以治最入爲刑部主事。累擢左副都御史。在臺十三年。章數十上。皆有關治體。詞旨切直。耿精忠反。之芳總督浙江軍務。大小百四十餘戰。所向克捷。師遂入閩。尋以吏部尚書入爲文華殿大學士。卒謚文襄。之芳性介直。以誠正自矢。清而不刻。有棘聽草·奏疏·別錄。

李之彥【宋】永嘉人。號東谷。咸淳中嘗游湖海五十年。爲老塾師。著東谷所見。皆憤世疾俗語。

李之純【宋】無棣人。字端伯。舉進士。神宗哲宗朝累官御史中丞。持論得大臣體。董敦逸·黃慶基論蘇軾託詞命以毀先帝。蘇轍以名器私所親。皆以監司譏。之純疏其誣罔。乃更黜之。以疾改工部尚書。紹聖中劉拯劾其阿附轍。出知單州。

李之素【清】麻城人。字定菴。有孝經正文及內傳外傳。

李之紹【元】平陰人。字伯宗。從李謙學。至元末薦授翰林國史院編修官。爲文援筆立成。至治間積官翰林侍講學士。知制誥。同修國史。告老歸。之紹以性優游少斷。號杲齋以自勵。有文集。

李之經 〔明〕永興人。由貢生爲應城教諭。崇禎末值張獻忠亂。衆議避去。之經曰。吾職在師儒。義不可去。因率民同守。城破死。子應泰殉焉。

李之鉉 〔清〕柘城人。字子金。以字行。順治諸生。以能文主蘇門社。旋棄舉子業。專意經史。其論學以開物成務適於實用爲主。著隱山鄙事十二種。年八十。猶欲收拾秦漢以來儀文度數。以續三禮。未及脫稿卒。

李之儀 〔宋〕之純從弟。字端叔。師范純仁。元豐進士。官原州通判。徽宗初提舉河東常平。坐爲純仁遺表。作行狀。編管太平。終朝請大夫。之儀能文。尤工尺牘。蘇軾稱其入刀筆三昧。有姑溪前後集。姑溪詞。

李之藻 〔明〕仁和人。字振之。萬曆進士。官至太僕寺少卿。與徐光啓篤信西洋人利瑪竇之學。有頖宮禮樂疏。圜容較義。新法算書。渾蓋通憲圖說。天學初函。同文算指前編通編。又譯名理探。爲名學最初之譯本。

李仁 〔明〕南陽唐縣人。初仕陳友諒。後歸太祖。由給事中擢吏部侍郎。銓法秩然。歷官尚書。坐事謫青州。官終戶部侍郎。

李仁孝 〔西夏〕乾順子。紹興九年嗣爲夏國主。設科取士。立翰林學士院。始建學校於國中。立小學於禁中。親爲訓導。復建內學。選名儒主之。雖未入貢。亦未爲宋患。在位五十五年卒。廟號仁宗。年號大慶。人慶。天盛。乾祐。

李仁罕 〔後蜀〕陳留人。字德美。以擊敗李紹琛。得善戰名。孟知祥時累功衛聖諸軍馬步軍指揮使。旋受遺詔輔政。漸跋扈。求判六軍。孟昶雖曲狥其請。而不勝其忿。尋以事誅之。

李仁表 〔前蜀〕少工詩。唐末寓居許州。時薛能爲節鎮。仁表以詩爲贄。能大加禮待。妻以女。王建時累官刑部侍郎。

李仁垕 〔宋〕德興人。字載叔。胡泳弟子。官鎮江都稅院監。事泳甚謹。

李仁矩 〔後唐〕明宗時爲客省使。左衞大將軍。恃恩驕恣。見藩臣不以禮。幾爲東川節度董璋所殺。還言璋必反。尋分東川之閬州爲保寧軍。以仁矩爲節度使。仁矩至鎮。伺璋動靜。璋遂反。仁矩出戰。兵潰被殺。

李仁章 〔宋〕并州人。學吳道玄畫。長於神鬼。與盧稜伽並見稱於時。

李仁實 〔唐〕頓丘人。官至左史。有格論通曆。

李仁福 〔後唐〕開平間爲蕃部指揮使。會夏州亂。衆迎仁福充定難軍節度使。終梁世。奉正朔而已。莊宗時官至檢校太師。兼中書令。封朔方王。

李介 〔明〕高密人。字守貞。成化進士。選庶吉士。改御史。遇事不可。輒論奏。忤帝意。兩撻於廷。弘治間遷右僉都御史。巡撫宣府。歷兵部左右侍郎。北寇謀犯大同。介往經略。邊人感悅。先後條上便宜二十事。卒官。

李允正 〔宋〕謙溥次子。字修己。以蔭補供奉官。祥符間累遷河州團練使。徙知永興軍卒。允正性嚴毅。疏財。喜自修飭。素病傴。以是罕在要近。屢典邊任。多殺戮。

李允則 〔宋〕謙溥子。字垂範。少以才略聞。歷知滄雄等州鎮定高陽三路行營兵馬都監。仁宗時領康州防禦使。允則不事威儀。間或步出。遇民有可語者。延坐與語。以是洞知人情。訟至立斷。善撫士卒。皆得其用。在河北二十餘年。功最多。其方略設施。雖寓於游觀亭傳間。後人亦莫敢墮。至於國信往來費用儀式。多所裁定。

李允簡 〔明〕融縣人。字可大。嘉靖舉人。歷官思州知府。時許保挾黑苗爲亂。參將石邦憲等討之。許保突思州。劫執允簡以求厚贖。允簡乃傳語邦憲。令亟進兵。自投盤山關崖下。賊棄之去。思人舁還。至清浪衞而卒。

李元中 〔宋〕舒州人。元祐進士。工書翰。追蹤鍾王。與李公麟・李亮工同時登第。號龍眠三李。

李元平 〔唐〕本宗室疏裔。好論兵。李希烈叛。德宗授元平汝州別駕。元平始至。築郛浚隍。希烈陰使亡命應募。賊將至。應募者縛元平見希烈。遺矢於地。僞署宰相。有告其貳者。元平斷一指自誓。後流死賀州。

李元本 〔唐〕惟簡子。輕薄無行。長慶末與薛渾私侍襄陽公主。事敗。主幽禁中。元本流嶺南。

李元白 〔宋〕寧化人。名齊。以字行。博覽強記。不能俛就舉子業。乃大肆力於詩。出入少陵集中。幾逼眞。纂杜詩爲押韻。又集其句爲一編。行於世。嘗集大觀昇平詞若干首以進。得初品官。卽歸隱以終。◎〔宋〕佾子。字景平。累官國子博士。深於詩禮。其論荒政。極有條理。皆得之舒璘云。

李元吉 〔唐〕高祖子。小字三胡。封齊王。初爲并州總管。猜鷙好兵。居邊久。益驕侈。爲劉武周所攻。委軍奔京師。帝怒。自是常令從秦王征討。不復顓軍。時秦王有功而太子不爲中外所屬。元吉欲并圖之。事泄。殺於臨湖殿。貞觀間追封巢王。諡剌。

李元名 〔唐〕高祖子。封舒王。高祖之在大安宮。太宗晨夕使尚宮問起居。元名纔十歲。保媼言尚宮有品當拜。元名曰。此帝侍婢耳。何拜爲。太宗壯之曰。眞吾弟也。及長。矜嚴疏財。未嘗問家人生業。歷五州刺史。爲治廉威。武后時以子亶被罪。坐遷利州死。

李・元亨　【唐】高祖子。封鄭王。貞觀初授荆州刺史。太宗憐其幼。數遣使勞問。賜金醆以娛樂之。卒諡惇。

李・元扶　【明】劍州人。諸生。流賊陷州城。執其母。欲殺之。元扶哀求全母。賊許之。殺元扶。

李・元忠　【北齊】靈曾孫。累爲魏清河王懌所辟。有巧思。以母病遂精醫術。性仁恕。有舉貸。每焚券免責。鄉人甚敬重之。魏孝明時盜起。清河有五百人西戍還。以道梗共投元忠。元忠遣奴爲導曰。若逢賊。但道李元忠遣送。奴如其言。賊皆捨避。永安初就拜南趙郡太守。棄官還家。神武時累官驃騎大將軍。封晉陽縣伯。

李・元昌　【唐】高祖子。封漢王。有勇力。善騎射。數觸軌憲。太宗手詔誚督。乃怨望。附太子承乾通饋謝。事敗賜死。

李・元直　【清】高密人。字愚村。康熙進士。雍正間授御史。直言敢諫。入臺諫僅八月。章奏凡數十上。侃侃無所避。都人呼爲戇李。尋被讒左遷。告歸。

李・元亮　【宋】抱才尙氣。崇寧中處太學。時蔡嶷爲學錄。元亮輕之。後嶷守和州。元亮猶布衣。過州不謁。嶷命駕先至其館。元亮以啟謝。嶷餉以錢五十萬。且致書延譽。遂登科。

李・元則　【唐】高祖子。字彝。封彭王。貞觀中爲遂州都督。以冠服奢僭免。後爲澧州刺史。更折節厲行。卒諡思。

李・元度　【清】平江人。字次青。一字笏庭。自號天岳山樵。晚更號超然老人。道光舉人。咸豐間禦洪楊軍。輾轉皖浙間。屢有功。累擢浙江鹽運使。以徽州失守罪落職。再起勦平楚蜀教匪。復原官。終貴州布政使。工文。稔掌故地理。有四書廣義・國朝先正事略・南岳志・國朝彤史・名賢遺事錄・天岳山館文鈔・詩集。

李・元軌　【唐】高祖子。封霍王。多材藝。爲壽州刺史。帝崩。去官毀瘠甚。服除。遂菜食布衣終身。歷絳徐定三州刺史。所至閉閤讀書。謙愼未嘗與物忤。每朝。數上疏陳得失。多所裨正。後爲襄青二州刺史。越王敗。坐嘗通謀。徙黔州。檻車載至陳倉卒。

李・元振　【清】柘城人。字正孟。號惕園。康熙進士。授翰林院編修。官至工部左侍郎。釐剔積弊。人莫能欺。性嗜學。老益不休。平生不干進。不苟得。不飾僞以釣名。不挾詐以御物。

李・元珪　【元】河東人。字廷璧。酷志讀書。不好交游。工詩。書法亦能曲盡其妙。有廷璧集。

李・元紘　【唐】道廣子。字大綱。早修謹。仕雍州司戶參軍。時太平公主勢震天下。百司順望風指。嘗與民競碾磑。元紘還之民。長史竇懷貞大驚。趣改之。元紘大署判後曰。南山可移。判不可搖也。開元間累擢中書侍郎・同平章事。封清水縣男。元紘當國。務峻涯檢。抑奔競。夸進者憚之。後罷爲曹州刺史。起爲太子詹事。卒諡文忠。

李・元素　【唐】敬玄弟。爲武德令。刺史李文暕橫調民黃金。造常滿尊以獻。元素固爭。文暕爲少損。延載中累遷鳳閣侍郎。同平章事。爲武懿宗所構。誅死。◎【唐】字太朴。德宗時爲御史。按獄東都。雪大將令狐運寃。遂知名。累官工部尙書・鄭滑節度使。元和初召爲御史大夫。中外企聽風采。旣而容容持祿。衆失望。以溺姬侍出其妻。妻訴諸朝。詔免官。◎【金】熙宗時人。善畫。

李・元崇　【宋】字繼姚。官縣令。生平好畫成癖。師范寬。淸潤可喜。尤工雪景。

李・元淸　【南唐】濠州人。周師侵淮南。元淸聚鄉里義士。襞紙爲鎧。號白甲軍。與官軍同守濠州水寨。兵潰。元淸徙金陵。李煜時爲永新制置使。治境累年。邊障寧晏。國亡。不仕卒。

李・元祥　【唐】高祖子。封江王。四爲州刺史。性庸鄙。所至營財無厭。時滕蔣虢三王皆貪暴。凡爲其府官者。皆不願行。時語曰。寧向儋崖振白。不事江滕蔣虢。

李・元弼　【明】廣東人。字靖吾。萬曆中居於江皐。友朋唱和。集所作爲江皐小築集。

李・元景　【唐】高祖子。封荆王。永徽初進位司徒。房遺愛謀反。坐子則與往還繫獄。並賜死。

李・元開　【淸】浙江山陰人。字春田。寓廉州。畫花卉翎毛。精撫惲壽平。

李・元陽　【明】雲南太和人。字仁甫。嘉靖進士。知江陰縣。有政績。入爲御史。遇事敢言。巡按關中。墨吏望風解綬。尋罷歸。

李・元愷　【唐】邢州人。博學。善天步律曆。性恭愼。未嘗敢語人。宋璟嘗師之。旣當國。厚遺以束帛。將薦之朝。拒不答。

李・元裕　【唐】高祖子。封鄧王。好學。善談名理。與盧照鄰爲布衣交。五爲州刺史。遷兗州都督。卒諡康。

李・元鼎　【淸】吉水人。字梅公。明天啓進士。官至光祿寺少卿。李自成陷京師。元鼎從之。順治初投誠。累官兵部右侍郎。坐事論絞。免死。杖徙折贖。有石園集。

李・元嘉　【唐】高祖子。字元嘉。封韓王。年十五。爲潞州刺史。母喪毀甚。少好學。藏書萬卷。以古文字參定同異。與弟靈夔友愛。燕見終日。

如布衣禮。武后專政。元嘉爲中宗詔。督諸王發兵。謀泄。后逼令自殺。

李·元瑠 〔明〕連城人。字世玉。父常患癰。元瑠爲吮之。正德間以貢官袁州訓導。祝寧王壽。適宸濠反。脅諸教官爲檄。元瑠毀裂冠裳。躍入水中得免。歸白知府請兵。應王守仁討賊。人稱其忠孝。

李·元綱 〔宋〕錢塘人。字國紀。孝宗時上庠生。有聖門事業圖·厚德錄。

李·元輔 〔宋〕眞宗時王端寫御容於石壁。未竟而卒。令元輔畢之。

李·元審 〔後唐〕元應弟。藝與兄同。

李·元慶 〔唐〕高祖子。封道王。授豫州刺史。高宗時歷滑州刺史。以治績聞。還徐沁衞三州刺史。事母謹。及喪。請躬修墳墓。詔不聽。卒謚孝。

李·元諒 〔唐〕安息人。本安氏。少爲宦官駱奉仙所養。冒姓駱。名元光。驚敢有謀。李懷讓節度鎭國署。奏以自副。德宗時與李晟收京師。京師平。讓功於晟。貞元間吐蕃劫盟平涼。元諒備之。得免。因賜姓名。更節度隴右。西戎憚之。卒謚莊威。

李·元嬰 〔唐〕高祖子。封滕王。爲荊州刺史。遷洪州都督。驕縱失度。屢坐法受譴。武后時進拜開府。

李·元應 〔後唐〕善畫馬。

李·元濟 〔宋〕太原人。工畫釋道人物。精吳道子筆法。

李·元禮 〔唐〕高祖子。封徐王。善騎射。爲絳州刺史。有治名。永徽中兼潞州。以子茂不孝。有疾。屏其藥膳。遂不食卒。諡康。◎〔元〕眞定人。字庭訓。性莊重。累官太常博士。一時禮文。多所詳定。元貞初拜監察御史。彈劾無所回撓。後改國子司業。

李·元懿 〔唐〕高祖子。封鄭王。歷鄭潞絳三州刺史。喜經術。數斷大獄。務寬平。卒諡惠。

李·元護 〔後魏〕襄平人。少有武力。仕蕭道成。歷官馬頭太守。後歸孝文帝。景明初官齊州刺史。殄叛民柳世明。徵爲濫酷。値歲饑。隱恤賑貸。捐其賦役。而部曲侵擾。城邑苦之。元護身長八尺。美鬚髯。既而縱情聲色。支骨消削。鬚髯一時落盡而卒。

李·公年 〔宋〕曾爲浙江提刑獄公事。畫山水有風格。

李·公柱 〔明〕嘉善人。初名松。字子喬。崇禎進士。官歙縣知縣。有學脈正編。

李·公逸 〔唐〕雍丘人。與族弟善行。以義勇爲衆所歸。始附王世充。策其必敗。乃歸高祖。拜杞州總管。封陽夏郡公。後與善行俱爲世充所害。

李·公緒 〔北齊〕渾族子。字穆叔。博通經傳。尤善陰陽圖緯。魏末爲冀州司馬。屬疾去官。天保初以御史徵。不就卒。有典言·質疑·喪服章句·古今略記·玄子·趙語等書。

李·公懋 〔宋〕建昌人。建炎進士。累擢監察御史。高宗駐蹕建康。大臣請還臨安。公懋力排秦檜。以爲不可。疏三上不報。出爲湖北提刑。終湖南漕。

李·公麟 〔宋〕舒州人。字伯時。元祐進士。爲後省刪定官·御史檢法。好古博學。長於詩。多識奇字。自夏商以來鐘鼎尊彝。皆能考訂世次。辨別款識。尤善畫山水佛像。山水似李思訓。佛像近吳道子。元符末致仕。歸老居龍眠山莊。自爲圖。號龍眠山人。

李·化熙 〔清〕長山人。明崇禎進士。官至兵部右侍郎。總督三邊。順治初降清。累官刑部尙書。條奏愼刑五事。下部議行。以母老乞養歸。

李·化龍 〔明〕長垣人。字于田。萬曆進士。擢右僉都御史。巡撫遼東。討平邊塞讋服。總督湖廣川貴軍務。討平楊應龍之亂。又以工部右侍郎總理河道。開泇河。由畜河入泇口。抵夏鎭二百六十里。避黃河呂梁之險。爲漕渠永利。累加柱國少傅。卒諡襄毅。有平播全書·治河奏疏·場居集。◎〔清〕齊東人。乾隆武進士。以都司隨征緬甸。平金川。征臺灣林爽文。皆有功。官至廣東左翼鎭總兵。從孫士毅征安南。與阮光平戰於市球江口。墜水死。

李·升 〔宋〕永平人。進士。爲吏有廉名。靖康之難。升翼其父以背受刃卒。◎〔元〕濠梁人。字子雲。號紫質生。工畫山水墨竹。

李·及 〔宋〕其先范陽人。後徙鄭州。字幼幾。歷知杭州鄆州應天河南府。拜御史中丞。資質清介。所治簡嚴。喜慰薦下吏。樂道人善。在郡數年。不市吳中一物。比去。惟市樂天集一部。

李·及之 〔宋〕文定公迪從子。字公達。由廕登第。歷通判安肅軍河南府。入判刑部。撰次唐史有益治體者。爲君臣龜鑑八十卷。王堯臣上其書。韓琦亦以館職薦之。除直祕閣。及之吏事精明。所居皆稱職。以大中大夫致仕。

李·友直 〔宋〕工畫山水。

李·天林 〔清〕恩安人。乾隆中隨征金川有功。嘉慶間從勦教匪。轉戰湖北陝西。官至太原鎭總兵。

李·天勇 〔宋〕臨川人。字致宏。從謝枋得學。尙氣節。元兵迫饒州。枋得援之。天勇會戰於團湖坪。兵敗死之。

李·天植 〔明〕廣德人。字性甫。隆慶進士。任吏科給事中。鄒元標·趙用賢糾張居正奪情被杖。天植疏救甚力。有旨選閹寺。天植爭之。言甚切至。後歷曹濮兵備。◎〔清〕平湖人。字因仲。學者稱蜃園先生。明崇禎舉人。性豁散。絕意仕進。嘗誨學者曰。無欲則心清。心清則識朗。識朗則力堅。子觀卒。痛自刻責。改名確。字潛夫。自號龍湫山人。國變後。賣文織屨以佐食。以羸餓死。所著曇圖集。已佚。惟續修乍浦九山志。世有傳本。

李·天經　明崇禎中爲光祿寺卿。與徐光啓、李之藻及西洋人龍華民、鄧玉函、羅雅谷、湯若望等修新法算書。

李·天篪　元吉水人。得劉因道學之傳。有詩書經疏。

李·天澤　元從化人。大德進士。爲新州總管府通判。性至孝。操履清潔。居官寬而能察。有威惠。盜賊聞其名。不敢入新州界。

李·天馥　清合肥人。字湘北。號容齋。七歲能詩。稱神童。順治進士。由庶吉士累擢戶部左侍郎。調吏部。以揚清激濁爲己任。前後在戶部四年。吏部五年。而一無所私。官至吏部尙書。武英殿大學士。詔徵博學鴻詞。天馥舉陸隴其、邵嗣堯、彭鵬。世稱其有人倫鑒。卒諡文定。有容齋集。

李·天寵　明孟津人。嘉靖間爲徐州兵備副使。却倭通州如皋。巡撫浙江。倭掠紹興。殲焉。未幾。寇復犯嘉善等處。爲趙文華所譖。賜死。◎關鼎徵子。字世來。號鑑堂。康熙進士。官編修。邃於經學。以注經講道爲業。

李·天麟　明武定人。字公振。萬曆進士。由牧馬千戶所軍籍中式。官至湖廣巡按御史。有楚臺記事、詞致錄。（按天麟由牧馬千戶所軍籍中式。因自稱燕人。四庫提要遂誤爲二人。今據大興縣志考正。）

李夫人　漢延年女弟。妙麗善舞。延年有寵於武帝。夫人因平陽公主言於帝。亦得幸。蚤卒。帝圖其形於甘泉宮。思念不已。方士齊人少翁。言能致其神。乃夜張燈設帷帳。令帝居他帳遙望。見好女如夫人焉。◎後唐西蜀名家女。善屬文。尤工書畫。郭崇韜伐蜀得之。夫人常鬱悒不樂。月夕獨坐南軒。見竹影婆娑可喜。模寫窗紙上。生意具足。人間效之。遂有墨竹。

李·孔昭　清薊州人。字潛夫。明崇禎進士。朝事壞。不赴廷對。以所給牌坊銀助軍需。去隱盤山。國變後清廷屢徵不起。隱居教授。成就甚衆。及卒。門人私諡安節。

李·孔修　明南海人。字子長。號抱眞子。受業於陳獻章。好讀書。善周易。擅詩畫。工書。家貧。糲食不給。不肯投合於時。嘗著朱子深衣。入夜不違。二十年不入城市。學者稱子長先生。

李·少君　漢臨淄人。武帝時以祠竈却老方見帝。嘗言祠竈則致物。致物而丹砂可化爲黃金。黃金成以爲飲食器。則益壽。而海中蓬萊仙者乃可見之。其他夸誕類此。久之少君病死。

李·少良　唐以吏治由諸帥府累遷殿中侍御史。羈遊京師。不見調。憤元載不法。疏論之。代宗欲究其事。尋爲載所害。

李·少雲　宋女子。及笄適人。無子。棄家著道士服。往來江淮間。喜爲詩。無脂粉氣。又喜煉丹砂。其法精於魏伯陽。有方書、詩集。

李·尤　後漢廣漢雒人。字伯仁。少以文章顯。和帝時侍中賈逵薦尤有相如揚雄風。拜蘭臺令史。安帝時爲諫議大夫。受詔與劉珍等俱撰漢記。順帝時遷樂安相。有詩賦銘誄等二十八篇。

李·心原　元吉水人。師吳澄。通五經。確守朱熹之學。尤善推演其說。

李·心傳　宋舜臣子。字微之。慶元初下第。閉戶著書。晚年爲史館校勘。賜進士。修中興四朝帝紀。又踵修十三朝會要。端平間成書。擢工部侍郎。以言罷。有高宗繫年錄、學易編、誦詩訓、春秋考、禮辨、讀史考、舊聞證誤、建炎以來朝野雜記、道命錄、西陲泰定錄、辨南遷錄、詩文集。

李·文　明英從子。宣德間累官都指揮使。天順初冒迎駕功。進都督僉事。鎭大同。寇犯威遠。文率師敗之。封高陽伯。李來入寇。文按兵不戰。降都督僉事。立功延綏。進都督同知。弘治初卒。

李·文子　宋方子弟。字公瓚。號耘叟。紹熙進士。歷知綿閬潼州。從朱熹學。爲學者宗師。在官蒐采史傳。命賓中郭允蹈爲蜀鑑。

李·文才　後蜀華陽人。工畫松石。尤善寫貌。事孟昶爲翰林待詔。

李·文田　清廣東順德人。字仲約。號芍農。咸豐進士。官至禮部左侍郎。其學出於鄭夾漈、王深寧。金元故實。西北水地。旁及醫方壬遁形家言。靡不精綜。詞章書翰。特其餘事。有宗伯詩文集。

李·文仲　元世英從子。本說文作字鑑五卷。辨正點畫。刊除俗謬。於諸家皆有駁正。

李·文利　明莆田人。字乾遂。號兩山。成化舉人。官思南府教授。有大樂律呂元聲、律呂考註。

李·文成　清滑縣人。爲八卦教魁。以善觀天文預言人事爲人所尊信。黨徒數萬。嘉慶間林清約文成同起事。謀定。爲滑縣知縣強克捷所聞。擒文成。旋爲其黨劫去。據道口鎭及滑縣城。後爲官軍所蹙。自焚死。

李·文秀　明昆明人。黔寧王沐英閹豎。所著鐙鼎逸事。紀英行事。與史傳互有出入。

李·文來　清婺源人。字昌期。有李氏醫鑑。

李·文忠　明盱眙人。字思本。小

字保兒。太祖姊子。洪武間累功仕至大都督府左都督。封曹國公。器量沈閎。臨敵踔厲奮發。遇大敵。膽氣益壯。好學問。通曉經義。爲詩歌。雄駿可觀。家居恂恂若儒者。家故多客。嘗以客言勸帝少誅僇。又諫帝征日本及宦者過盛。以是積忤。不免譴責。及卒。追封岐陽王。諡武靖。

李文昊 (清)常寧人。字岳泉。道光間江華猺趙金龍蠢動。文昊召鄉勇守隘口。並以策獻主兵者。猺賴以平。家有藏書樓。文昊坐臥樓上。朝夕孳攻。聞見博洽。趙金龍之亂。藏書盡毀。有十三經音義叢考・聽鸞堂書目・湖湘逸事・睡餘軒雜鈔等書。

李文姬 (後漢)固女。趙伯英妻。固既策罷。知不能免。乃遣三子歸鄉里。文姬賢而有智。密與二兄謀。匿其季燮。難作。二兄受害。燮乘江東下入徐州界。變姓名爲酒家傭。梁冀誅。遇赦。燮始還鄉里。

李文炳 (元)許衡門人。文炳死。衡哭之痛。有喪予之歎。

李文炤 (清)善化人。字元朗。號恒齋。康熙舉人。官穀城教諭。於書無所不讀。一以朱子爲歸。性純孝。躬行實踐。以扶持世教爲任。主講嶽麓書院數年。從游甚衆。有周易拾遺・周禮集傳・春秋集傳・太極通書拾遺後錄・西銘拾遺後錄・正蒙集解・近思錄集解・家禮拾遺・恒齋文集。

李文郁 (明)襄陽人。字允實。洪武中由歲貢生爲行人。永樂中累遷戶部侍郎。佐夏原吉治河。坐事謫遼東二十年。洪熙初召爲通政參議。性介直。持守堅正。致仕卒。

李文耕 (清)昆陽人。字心田。號復齋。後更字墾石。嘉慶進士。官至貴州按察使。所至以崇正學挽澆風爲己任。推本程朱。發爲治術。在山東最久。政績尤著。有喜聞過齋全集。

李文淵 (宋)富順人。治平進士。累官朝議大夫。蔡京奇其才。欲用之。乃謝病還鄉。◎(清)益都人。字靜叔。有左傳評。其所著醫方曰得心錄。

李文祥 (明)麻城人。字天瑞。成化進士。孝宗立。上封事。謫陝西咸寧丞。以薦召爲兵部主事。監司以下餽贐皆不納。未踰月。復貶貴州興隆衛經歷。都御史鄧廷瓚征苗。咨以兵事。大奇之。欲薦爲監司。固辭不得。乃請齎表入都。乞告歸。疏再上不許。還經商城。渡冰陷死。年僅三十。

李文博 (隋)博陵人。性貞介鯁直。留心名教。開皇中爲羽騎尉。特爲吏部侍郎薛道衡所知。恒令在聽事帷中披檢書史。并察己行事。時朝政寖壞。人多贓賄。惟文博不改其操。論者以此貴之。遭亂播遷。不知所終。有治道集。

李文詠 (明)崑山人。萬曆間諸生。父寢室被火。文詠突入救父。俱焚死。火息入視。屍猶覆其父。

李文察 (明)嘉靖中官遼州同知。表進所著李氏樂書。詔授太常寺典簿。

李文鳳 (明)宜山人。字廷儀。嘉靖進士。官至雲南按察司僉事。以疾歸。性簡亮。博識書傳。有月山叢談・越嶠書。

李文蔚 (元)眞定人。官江州路瑞昌縣尹。工曲。有燕青博魚等雜劇。

李文燦 (清)廣東順德人。字輿韜。號韞菴。貢生。嘗困賊中七日。談笑自若。素有李書櫃之目。有天山草堂集。

李文燭 (明)丹徒人。字晦卿。號夢覺道人。著有黃白鏡。

李文瀚 (清)宣城人。字雲生。有紫荊花等傳奇四種。

李文藻 (清)益都人。字素伯。號南磵。乾隆進士。官桂林府同知。好聚書。所藏數萬卷。皆手自讐校。有恩平・潮陽・桂林諸集。

李文纘 (清)鄞人。字昭武。一字夢公。明季以諸生薦授兵部郎中。後以謀恢復爲清吏所繫。旋得釋。善畫。與詩書稱三絕。遨遊四方以老。有鹿溪新語・賜隱樓集等書。

李方子 (宋)昭武人。字公晦。朱熹高弟。端謹純篤。天資近道。自號果齋。登嘉定進士。累官國子錄。通判辰州。有禹貢解傳・道精語等書。

李方玄 (唐)遜子。字景業。第進士。累爲池州刺史。鉤檢戶籍。差量徭賦。皆有科品程章。吏不得私。官終處州刺史。

李方叔 (唐)自號西河山人。元和中以工畫山水人物名。

李方膺 (清)江蘇通州人。字虬仲。號晴江。又號秋池。善畫松竹梅蘭及諸小品。雍正時以諸生保舉爲合肥令。有惠政。人德之。去官後窮老無依。益肆力於畫。寓金陵最久。

李日知 (唐)滎陽人。及進士第。天授中歷司刑丞。時法令嚴。吏爭爲酷。日知獨寬平無文致。安樂公主館第成。中宗臨幸。燕從官賦詩。日知卒章獨以規諫。睿宗立。拜侍中。先天中罷爲刑部尚書。致仕卒。

李日宣 (明)吉水人。字晦伯。萬曆進士。擢御史。天啓時遼陽破。請帝時召大僚。面決庶政。以濫薦逐臣。停俸三月。旋出理河東鹽政。崇禎間擢吏部尚書。復以忤旨戍邊。後赦還卒。

李日茂 (明)青縣人。字文華。號培吾。萬曆進士。官至山東按察司副使。其爲御史時。有諫三王並封疏。詞頗激直。有永思齋文集。

李日煋 (清)安溪人。字省甫。康熙中陳平海五策。授邵協副將。調臺灣。陳辛倡亂。日煋率五百人收捕。

海外帖然。擢永州總兵。乞歸。

李日華 【明】嘉興人。字君實。號竹懶。又號九疑。萬曆進士。官至太僕少卿。恬淡和易。與物無忤。工書畫。精鑑賞。世稱博物君子。王惟儉與董其昌並。而日華亞之。有官制備考・姓氏譜纂・檇李叢談・書畫想像錄・紫桃軒雜綴・竹懶畫賸・六研齋筆記諸書。

李日榮 【清】中衞人。字君寵。幼從軍。王輔臣之亂。從王進寶復臨洮。又隨征四川。累官廣東順德總兵。

李日輔 【明】南昌人。字元卿。萬曆中舉於鄉。爲成都推官。與巡撫朱燮元計兵事。偕諸將攻復重慶。崇禎間擢南京御史。時中官四出。日輔切諫。謫廣東布政使照磨。歸隱西山香城寺。讀濂洛書不輟。十餘年卒。

李日燝 【清】安溪人。字葆甫。明貢生。能文章。有幹略。順治間所在盜賊劫掠。日燝練鄉兵攻之。嘗以二十人敗賊數百。境內悉平。好讀書。所著古文詞多奇氣。

李日芃 【清】遼東人。隸漢軍正藍旗。太宗時以生員入內院理事。順治間累遷操江巡撫。抗勦金聲桓・張名振有功。官至兵部尚書。卒諡忠敏。

李日滁 【清】臨川人。字亦白。明歲貢生。有文名。鼎革後累徵不起。有竹裕園筆語。

李氏 【後蜀】太原人。故唐莊宗嬪御。莊宗以賜孟知祥。明德初封貴妃。生後主孟昶。昶踐阼。尊爲皇太后。性慈儉。後從昶歸宋。及昶沒。歎曰。汝不能死社稷。苟生以取羞。吾所以不死者。以汝在也。吾今何用生爲。因不食死。◎【明】劉理順妻。崇禎末寇至。理順繼室既縊。李氏曰。吾獨未食君祿乎。亦投繯死。理順並拜之。然後就義。◎【明】定州人。歸同里郝生。崇禎末州被兵。生奉親避山中。留李氏與二子居其母家。比城破。藏二子他所。入井死。◎【清】上蔡諸生張文燧妻。文燧與子俱死於賊。婢僕盡散去。井臼樵採。悉自爲之。所居殘屋斷村。人迹罕至。苦守三十餘年以終。

李王逋 【清】嘉興人。字肱枕。有蚓菴瑣語。

李丕 【唐】善長短術。爲潞將歸誠。以破楊弁功遷晉汾二州刺史。大中初拜振武節度使。檢校刑部尚書。党項叛。徙鄜坊卒。

李丕則 【清】曲沃人。自號龍巖山人。順治進士。官金溪知縣。有龍巖子集。

李丕緒 【宋】仕衡子。仁宗時爲尚書虞部員外郎。解官就養。居十餘年。仕衡死。服除。久之不出。大臣爲言。累遷司農卿。居官廉靜。不爲矯激。家多圖書。集歷代石刻爲百數卷藏之。

李世民 【唐】見唐太宗條。

李世忠 【清】固始人。本名兆受。爲捻首。初降何桂珍。未幾戕桂珍。附李秀成。後復以滁州投誠於勝保。更名世忠。以功累擢江南提督。幫辦袁甲三軍務。敗太平軍。克天長・六合・江浦。又率所部剷平苗圩。收復懷遠。招撫捻匪李允等。後因事革職。復以凶暴恣肆被誅。

李世芳 【清】奉新人。字蔚文。號如民。嗜書史。工擊劍。中康熙武舉人。從征滇黔。大小數十戰。官至左都督。

李世則 【清】昭文人。字思若。號昧霞。一號語石。精醫。善琴曲。工畫山水。

李世南 【宋】安肅人。字唐臣。明經及第。官終大理寺丞。畫長山水寒林。

李世英 【元】長洲人。字伯英。精書學。作韻類。其義以字爲本。音爲幹。義訓爲枝葉。自一而二。井井不紊。凡十年而書成。

李世倬 【清】三韓人。隸漢軍籍。字漢章。號穀齋。官至副都御史。工書畫。山水得王翬・馬逸指授。花鳥果品得舅氏高其佩之傳。

李世哲 【後魏】崇子。爲三關別將。討破羣蠻。斬梁將文思之等。性傾巧。善事人。亦以貨賂自達。世號爲李錐。後除鎭西將軍・荊州刺史卒。

李世傑 【清】黔西人。字漢三。一字雲巖。乾隆時由巡檢累擢四川按察使。征金川。總理南路軍糧。無纖毫貽誤。官至兵部尚書。卒諡恭勤。

李世弼 【元】東平人。從外家受孫明復春秋。得其宗旨。金貞祐初三赴廷試不第。授彭城簿。壹鬱不樂。遂復求試。一夕。夢在李彥牓下。及閱計偕之士。無之。子昶年十六。已能爲程文。乃更其名曰彥。興定間父子廷試果如夢徵。晚授東平教授卒。

李世祺 【明】青浦人。字壽生。天啟進士。崇禎間擢刑科給事中。言事甚切直。以疏劾大學士溫體仁・吳宗達等得罪去職。官終太僕寺卿。

李世達 【明】涇陽人。字子成。嘉靖進士。萬曆間累官刑部尚書。劾治貴倖。執法不阿。改左都御史。與吏部尚書孫鑨同主京察。斥政府私人殆盡。卒諡敏肅。

李世熊 【清】寧化人。字元仲。號媿庵。自號寒支道人。明季廩生。國變後。累徵不出。生平於六經諸子百家之言。靡不貫究。爲文沈深峭刻。雄偉悽麗。居檀河。世稱檀河先生。有寒支集・錢神志・史感・物感等書。

李世賢 【清】洪秀全之將。封侍王。與陳玉成同敗李續賓於三河。連陷浙江郡邑。後率師援金陵。金陵破。自江西合汪海洋竄福建。入廣東。尋爲汪海洋所殺。

李世藩 〔明〕懷慶衛千戶。年少。貌文弱而精悍敢戰。崇禎末禦賊靈保。爲伏弩中股。拔之而進。復中臂。猶力戰。及中腦。毆軍而還。數日卒。

李仕開 〔元〕鄞人。操履方正。當元季四方驛騷。閉門不妄交。惟善武林楊彝・台州陸德曜。令子弟受學焉。

李仕魯 〔明〕濮人。字宗孔。洪武初詔求傳朱學者。郡吏以仕魯應。累官大理寺卿。帝好釋氏緇流。應對稱旨。輒擢大官。徒黨橫肆。譏毀大臣。仕魯章數十上。力爭不聽。因乞歸。遂得罪死。

李仕學 〔清〕揭陽人。字亨敏。號遜齋。有初學藝引。

李仕衡 〔宋〕成紀人。後家京兆。字天均。第進士。調鄠縣主簿。寇準薦其材。累遷度支員外郎。歷荆湖北路陝西轉運使。知天雄軍青州。入爲三司使。仁宗初拜尙書左丞。前後管計事二十年。才智過人。然素貪。家貲至累鉅萬。官終左衛大將軍。

李仙根 〔清〕遂寧人。字南津。順治進士。授編修。康熙間使安南。累官戶部侍郎。工書法。贈文簡。有安南使事紀要。

李令 〔五代〕〔後〕唐時假秩至評事。世亂年老。無復宦情。築室廣陵法雲寺西。嘗夢東草加首。口銜一刀。兩手各持一刀。入水而行。意甚異之。後李瓊薦爲荔浦令。與前夢遂合云。

李令問 〔唐〕靖孫。玄宗時以協贊功遷殿中少監。預誅竇懷貞。封宋國公。進散騎常侍。恩待甚渥。然未嘗干政。游畋自娛。厚奉養。侈飲食。坐其子與回紇部酋承宗連婚。貶撫州別駕卒。

李以篤 〔清〕漢陽人。字雲田。才高淪落。好遊狹邪。龔鼎孳爲賦老蕩子行。

李可大 〔明〕杞縣人。精醫術。治病多奇中。

李可玖 〔清〕鋭子。字次玉。號小香。諸生。孤貧力學。工詩詞及駢體文。遊幕皖江歸。舟覆以死。有愁紅草。

李可秩 〔清〕夏邑人。字萬宗。順治舉人。性峻潔。事親以孝聞。有貧不能讀書者。延塾師教之。多所成就。有詩古文辭行世。

李可從 〔明〕盩厔人。字信吾。以壯武從軍爲材官。崇禎間督師汪喬年討賊。可從從監紀孫兆祿以行。臨發。抉一齒與其婦彭曰。戰危事。不捷。當委骨沙場。子其善教兒矣。亡何。喬年死事。可從衛兆祿亦死。彭瘞可從之齒曰齒塚。教子顯成大儒。

李可登 〔明〕輝縣人。字思善。弘治末舉於鄉。嘉靖初爲兵部司務。以忠義自許。及爭大禮。廷杖死。

李可舉 〔唐〕茂勳子。代父爲盧龍節度使。惡李克用彊大。約吐渾都督赫連鐸等共圖之。遣將李全忠圍易州。兵敗。懼得罪。反攻幽州。可舉度不支。自燔死。

李右讜 〔明〕豐城人。天啟進士。擢御史。號敢言。崇禎中出按淮陽。時中官在外率橫恣。衆莫敢言。右讜獨列上太監楊顯名貪恣事狀。請并治其黨。被誣調他曹。後復官。

李左車 〔漢〕初仕趙。封廣武君。韓信・張耳引兵擊趙。左車說陳餘曰。韓信・張耳。乘勝遠鬬。其鋒不可當。臣聞千里餽糧。士有飢色。樵蘇後爨。師不宿飽。今井陘之道。車不得方軌。騎不得成列。糧食必在其後。願假臣奇兵三萬人。從間道絕其輜重。足下深溝高壘勿與戰。不十日。兩將之頭可致麾下。陳餘自稱義兵。不用詐謀奇計。信遂用背水陣。斬陳餘。擒趙王。信募生得左車者予千金。有縛至麾下者。信解其縛。東向坐。師事之。遂用其策。下燕齊諸城。

李巨 〔唐〕虢王邕子。剛鋭果決。略通書史。爲玄宗所信任。兼統嶺南黔中南陽三節度。尋拜太子太師。兼河南尹・東畿採訪使。征乘牛之出入市者。斥所得佐用度。然稍自盜沒。其妃卽張皇后從女弟。內不睦。巨還府縣官備使令。妃亦引猾博少年分黨招貨賂。撓政事。宗正卿李遵素私殟。發巨贓事。貶遂州刺史。後爲段子璋所殺。

李巨川 〔唐〕逢吉從曾孫。字下己。乾符進士。河中王重榮辟掌書記。重榮討黃巢。書檄奏請。皆屬巨川。黃巢之敗。人言巨川有助力。重榮死。復爲節度使楊守亮記室。守亮爲韓建所擒。巨川械以從。題木葉遺建祈哀。建釋縛置幕府。日夜導建不臣。光化初朱全忠陷河中。將攻潼關。建遣巨川詣軍納款。因言當世利害。爲全忠所殺。

李平 〔後魏〕頓丘人。字曇定。涉獵羣書。有文才。宣武時累官相州刺史。徵拜度支尙書。京兆王愉反於信都。平都督諸軍討平之。孝明時遷尙書右僕射。卒諡文烈。平自在度支至於端副。夙夜在公。孜孜匪懈。凡處機密十有餘年。有獻替之稱。

李平西 〔宋〕平江人。元符進士。知澧州。專務德化。累遷樞密院承旨。金人寇汴。平西奏守禦策。又乞詔諸道勤王兵決策一戰。時不能用。

李平鈞 〔唐〕宗室。爲江陵府法曹參軍。歷陳留令。畫山水冠絕一時。

李幼序 〔後魏〕趙國人。工握槊。

李幼良 〔唐〕叔良弟。封長樂郡王。貪暴急。高祖數曉勑不悛。有盜其馬者輒殺之。詔杖之百。乃釋去。爲涼州都督。嚼不遑爲左右。市里苦之。太宗立。或告王陰養士交境外。遂賜死。

李·幼武 【宋】廬陵人。字士英。好講學。有名臣言行錄續集·別集·外集。

李·幼卿 【唐】隴西人。字長夫。大曆中以右庶子領滁州刺史。滁州有庶子泉。以幼卿得名。

李·弘 【漢】字仲元。居成都。里中化之。廉讓成風。嘗被召爲令。邑人共餞之。酣飲月餘。旋遁去。揚雄曰。不夷不惠。居可否之間。◎【唐】高宗子。顯慶初立爲皇太子。性仁孝。賓禮大臣。未嘗有過。數拂武后旨。遇鴆卒。追謚孝敬皇帝。

李·弘皐 【五代】【楚】馬殷時由營道令累遷都統。掌書記。馬希範開天策府。弘皐遂與十八學士之列。希範卒。張少敵議立馬希萼。弘皐固爭。後事敗。希萼命壯士臠殺之。

李·弘節 【五代】【楚】弘皐弟。少有文學。與弘皐同居幕府。馬希範置天策府學士。弘節亦與其選。後與弘皐同死於難。

李·必恆 【清】高郵人。字北岳。一字百藥。諸生。能詩。宋犖選江左十五子詩。必恆其一也。有三十六湖草堂集。

李·旦 【明】獻縣人。字啓東。成化進士。官刑部主事。因星變陳十事。且言神仙佛老外戚女謁聲色貨利奇技淫巧。皆陛下素所惑溺。而左右近習。交相誘之。言甚切。貶鎮遠通判。

李·旦華 【清】集子。字憲吉。優貢生。有周易象義·十六國世系表·青蓮館詞稿。

李·本 【元】榮孫。字伯宗。學於吳澄。澄沒。就學者皆依李氏。與從弟棟講明濂洛之學。

李·本固 【明】汝陽人。字叔茂。萬曆進士。由知縣擢御史。巡視十庫。出按三秦及雲南。皆有聲。疏請冊立東宮。削籍歸。光宗立。起歷南大理卿卒。有汝南遺事。◎【明】臨清人。字維寧。萬曆進士。官至太僕寺少卿。有古易彙編。

李·本深 【清】甘肅西寧人。初爲明總督洪承疇部將。福王時官至提督。順治初率部兵十三萬降。從平江南。授三等子。隨承疇進勦湖廣。取貴州。累官貴州提督。加太子太保。吳三桂反。本深叛應之。貝子彰泰復貴陽。本深降。械至京。磔死。

李·正己 【唐】高麗人。爲營州副將。事侯希逸爲兵馬使。沈毅得衆心。尋代爲節度使。本名懷玉。至是賜名。遂有淄青齊海登萊沂密德棣十州地。嗣又取曹濮徐兗鄆五州。賦繇均約。號最強大。政令嚴酷。所在不敢偶語。威震鄰境。歷檢校司空·加同平章事。封饒陽郡王。徙治鄆。建中初聞城汴。遂約田悅等偕叛。會發疽死。

李·正民 【宋】揚州人。字方叔。政和進士。累官兩浙江西湖南撫諭使。請依法具奏官吏能否。民間事實係冤抑者。並聽陳訴。即爲申理。從之。紹興間終徽猷閣待制。有己酉航海記。大隱集。

李·正臣 【明】字端彥。內臣。爲文思院使。寫花竹禽鳥。各盡其態。作叢棘疎梅。有水邊籬落幽絕之趣。

李·正藻 【隋】騊駼子。明敏有才幹。北齊武平末判集書省事。以父沒於陳。便謝病歸。居處飲食。若在喪之禮。開皇中終宜州長史。

李·永 【唐】文宗子。太和間立爲皇太子。稍事燕娛。不能壹循法。楊妃數譖之。議廢立。羣臣固爭。得免。然太子終不能自白其讒。行己亦不加修。尋暴卒。帝悔之。謚莊恪。

李·永年 【宋】嵩從子。咸淳中畫院祗候。世其家傳。

李·永奇 【宋】清澗人。世襲蘇尾九族巡檢。金人陷延安。授永奇及其子顯忠官。會劉豫令顯忠率兵赴汴。永奇密戒曰。汝得乘機。即歸本朝。毋以我故貳其志。及豫廢。金授顯忠知同州。以計執金帥撒里。急遣人告永奇。挈家出城。爲金人所及。家屬二百口皆遇害。顯忠奔夏。

李·永昌 【明】休寧人。字周生。畫倣元人。嘗宗董氏。自署曰黃海。收藏稱富。有詩集曰畫響。皆闡揚畫理者。

李·永芳 【清】鐵嶺人。明時官游擊。守撫順所。太祖攻撫順。永芳迎降。從征鐵嶺·瀋陽·遼陽有功。擢總兵官。又從征朝鮮。結盟而還。封三等子。

李·永貞 【明】直隸通州人。萬曆間爲坤寧宮內侍。犯法被繫十八年。光宗朝復執役坤寧宮。天啓間陞司禮秉筆。匝月五遷。與王體乾等共爲魏忠賢心腹。崇禎間以僞草李實奏伏誅。

李·永錫 【宋】惟清子。以廕至光祿寺丞。頗涉學屬辭。尙氣少檢。喜交結。眞宗將幸河朔。永錫猶服父喪。上章列詆近臣。自謂有致太平滅敵之術。選爲戶部判官。因對。袖表以獻。又自薦揚。試策不中。貶瀧水縣主簿。尋官光祿寺丞。坐交游非類監和州稅。終右贊善大夫。

李·玄通 【唐】藍田人。爲隋鷹揚郎將。降高祖。拜定州總管。爲劉黑闥所破。愛其才。欲以爲將。不聽。囚之。故吏有餉飲饌者。玄通曰。諸君見哀。吾能一醉。遂縱飲。謂守者曰。吾能舞劍。可借刀。守士與之。乃潰腹死。

李·玄植 【唐】趙州人。受三禮於賈公彥。撰三禮音義行於代。兼習春秋左氏傳於王德韶。受毛詩於齊威。博涉漢史及老莊諸子之說。貞觀中累遷太子文學·弘文館學士。高宗時與道士沙門在御前講說經義。辨論甚美。中規諷。帝甚禮之。後坐事左遷氾水令。卒官。

李・玄道 唐隴西人。世居鄭州。貞觀初累遷給事中。封姑臧縣男。出為幽州長史。佐都督王君廓。持府事。君廓不法。每以義裁糾之。後為常州刺史。以風績稱。

李・玉 明六安衛千戶。字成章。善針灸。多奇效。兩京號神針李。兼善方劑。能使病痿者立起。

李・玉品 清江夏人。諸生。工畫墨竹。

李・玉珪 唐連州人。少以義勇聞。後為郭子儀部將。子儀愛其膽力。嘗置左右。平安史。復兩京。與有力焉。

李・玉簫 前蜀王衍宮人。有寵。衍宴近臣於宣華苑。命玉簫歌己所撰月華如水宮詞。聲音委婉。抑揚合度。一座無不傾倒。

李・甘 唐字和鼎。長慶進士。擢侍御史。鄭注求宰相。甘曰。宰相當先德望。後文藝。鄭注何人。欲得宰相。白麻出。我必壞之。既而麻出非是。甘坐輕肆。貶封州司馬卒。

李生 唐佚其名。吳道玄弟子。善畫地獄佛像及諸經變相。

李・生光 清絳州人。字闇章。諸生。聞辛復元倡學河汾。往受業。明亡。焚其青衿。自號汾曲逸民。構草堂。讀書授徒。以二南大義程朱微言為教。成就甚衆。有儒教辨正・崇正黜邪編・正氣猶存・西山閣筆・友于集・山人詩。

李・生寅 明鄞人。字賓父。有李

李・用 宋東莞人。字叔大。讀周程書。杜門三十年。踐履甚篤。宋亡。使其壻熊飛起義兵勤王。飛敗。用東走日本。乞師為恢復計。事不濟。乃流離於日。以詩書教授。日人咸稱之曰夫子。通日語。所傳皆濂洛之學。及卒。日人以樂隊一部送其喪歸。

李・用及 宋開封人。畫天廐馬法韓幹。人物宗吳道玄。

李・用和 宋杭州人。字審禮。章懿皇太后弟。少窮困居京師。鑿紙錢為業。仁宗時歷官永清軍節度觀察留後。改眞定府定州路。累遷同中書門下平章事。列位將相。小心靜默。推遠權勢。論者以此稱之。卒諡恭僖。

李・用清 清平定人。字澄齋。號菊圃。同治進士。累官貴州巡撫。坐事奪職。再起為陝西布政使。尋復罷去。主講河東晉陽書院十年。其教人以存誠為首務。其律己以主敬為旨歸。晚年尤喜讀易。

李・用敬 明益都人。字仲學。嘉靖進士。由知縣擢給事中。時相嚴嵩忌言事者。用敬獨論劾無所畏避。既劾仇鸞。復疏救尙書張經。被廷杖落職。隆慶中起歷光祿卿。以母喪歸。

李・用謙 宋滕縣人。幼警敏。博通經典。舉紹興進士。累官祭酒。學行為世所宗。

李・甲 宋嘉興府華亭人。字景元。自號華亭逸人。善畫翎毛。兼工寫竹。能塡詞。

李・白 唐蜀之昌明人。字太白。生於青蓮鄉。號青蓮居士。天才英特。然喜縱橫術。擊劍為任俠。賀知章見其文。歎為謫仙。言於玄宗。供奉翰林。甚見愛重。白嘗侍帝醉。使高力士脫鞾。力士恥之。摘其清平調詩句以激楊貴妃。帝欲官白。妃輒阻止。白自此益驁放。後至江州。永王璘辟為府僚佐。璘起兵。逃還。璘敗當誅。初白遊并州。見郭子儀奇之。嘗犯法。白為救免。至是。子儀請解官以贖。詔長流夜郎。會赦還。代宗立。以左拾遺召。而白已卒。所為詩高妙精逸。與杜甫並稱。有李太白集。（舊唐書白傳稱山東人。新唐書作隴西成紀人。按舊書稱白為山東人。本於杜詩。然杜詩殆指其所寓而言。白集有我家寄東魯句。則山東非本籍可知。至隴西成紀。四庫提要謂係唐時李氏以郡望通稱。當時無此郡縣。考唐書地理志。隴右道秦州天水郡有成紀縣。則紀說亦不足據。李白集魏顥序稱白本隴西。因家於緜。身既生蜀云云。則白為蜀人。成紀其祖籍也。又摭言謂李白遊采石江中。因醉入水中捉月而死。按李陽冰草堂集序。草稿萬卷。手集未修。枕上授簡。俾予為序。李華作太白墓志。亦云賦臨終歌而卒。則摭言所云。亘不足信。）

李白孫女 唐嫁為民妻。進止有風範。元和末宣歙觀察使范傳正祭白塚。訪後裔。惟二孫女。既見泣曰。先祖志在謝家青山。頃葬東麓。非本意。傳正為改葬。告二女將改妻士族。辭不願。傳正嘉歎。復其夫徭役。

李・石 唐神符五世孫。字仲玉。元和進士。文宗時以戶部侍郎同中書門下平章事。進中書侍郎。石以身狥國。不恤近倖。張權綱。欲強王室。收威柄。仇士良疾之。遂罷去。武宗時拜留守。⊙宋資州人。字知幾。官成都倅。間作小筆。風調遠俗。既登第。薦任太學博士。直情徑行。不附權貴。出主石室。閩越之士萬里而來。刻石者幾千人。有方舟易學・方舟集。⊙金遼陽人。字子堅。貞懿皇后弟。世宗朝以定策功拜參知政事。旋為御史大夫。安化軍節度使徒單子溫。平章政事合喜之姪也。贓濫不法。石劾奏之。石司憲久。年寖高。奏對不稱旨。以太保致仕。卒諡襄簡。

李・立 明南豐人。永樂進士。為監察御史。廉重剛正。貪墨者望風避去。嘗告歸。道經巡鹽官舍。見雞毛委積如山。卽命館人以一雞令試拔之。得毛幾何。計贓奏黜其官。時人謂之李雞毛。終按察司副使。

李亘〔宋〕乾封人。字可大。大觀進士。擢尙書郎。建炎末金人犯淮南。亘不及避。劉豫使守大名。與淩唐佐謀。密陳豫可取狀告於朝。事泄坐死。

李伍漢〔清〕臨川人。字聖水。號半谷。諸生。爲文雄儕伍。晚舉明經。詩酒獨娛。更號剩叟。有李半谷詩集。

李仲元〔清〕三原人。字筱乾。一字蒙石。光緒中舉順天鄉試。大挑教職。不就。後精於醫。時稱李半仙。

李仲光〔宋〕崇安人。字景溫。開禧進士。趙汝騰一見稱爲奇才。每以才高見忌。自雷陽分教歸。養晦十餘年。自號肯堂。工詩文。出觸湖南幕屬而卒。有肯堂集。

李仲和〔唐〕漸子。工畫。有父風。

李仲尙〔後魏〕伯尙弟。貌甚美。少以文學知名。二十著前漢功臣序讚及季父司空沖誄。景明中坐兄事賜死。

李仲昌〔唐〕尹琳弟子。工寫眞。

李仲芳〔元〕與李衎同時。工戲墨。⊙〔明〕宜興陶工。及時大彬門。爲高足第一。製漸趨文巧。其父督以敦古。仲芳嘗手一壺視其父曰。老兄者箇何如。俗因呼其所作爲老兄壺。後入金壇。卒以文巧相競。今所傳大彬壺。亦有仲芳作之而大彬自署款識者。時人語曰李大瓶，時大名。⊙〔明〕麟子。能紹父藝。

李仲宣〔宋〕字賢象。爲內侍省供奉官。工畫。始專窠木。後能寓意於燕雀之微。

李仲容〔宋〕濤孫。字儀父。舉進士。眞宗時累官戶部侍郎卒。性醇易。喜飲酒。與人言。未嘗及勢利。然於吏事非所長。自集制草爲冠鳳集。

李仲琁〔後魏〕曒從弟。爲弘農太守。先是宮牛二姓阻險爲害。仲琁示以威惠。並卽歸服。天平初遷都於鄴。仲琁爲營構將作。後除將作大匠。所歷並清勤有聲。

李仲略〔金〕晏子。字簡之。大定進士。累官戶部郎中。充經義讀卷官。終山東東西路按察使。工畫山水。性豪邁有父風。剛介特立。臨事明敏無留滯。所至稱治。卒謚襄獻。

李仲寓〔宋〕煜子。字叔章。少聰慧。能屬文。多才藝。入宋爲千牛衞大將軍。宗族百餘口。貧不能給。上書自陳。太宗憐之。授郢州刺史。在郡十年。爲政寬簡。部內甚治。

李仲華〔金〕善畫湍流高樹。

李仲遵〔後魏〕韶從弟。累官營州刺史。時州鎮叛亂相續。州民有異心。仲遵單車赴州。以恩信懷誘。卒皆怡悅。孝明帝時盧同爲行臺。北出慰勞。同疑彼人情難信。聚兵將往。城民劉安定等有異志。還相恐動。遂遇害。

李任〔明〕浙江永康人。從成祖起兵。累功擢遼東都指揮同知。宣德初從征交阯。守昌江。黎利悉力攻之。任與指揮顧福死守九月餘。前後三十戰。糧竭力盡。賊入。猶率敢死士敗之。賊大至。自剄死。事聞。贈都督同知。

李休〔後漢〕宛人。字子材。王莽竊位。漢祚中移。休游心典謨。窮覽妙旨。古今疑義。剖判靡不明晰。凡朝臣優禮請者。皆不就。永壽間卒。

李充〔後漢〕陳留人。字大遜。和帝時公車徵。不行。延平中徵爲博士。遷侍中。以與大將軍鄧騭不合。見非於貴戚。遷左中郎將。年八十。以爲國三老。安帝常特進見。賜以几杖。卒於家。⊙〔晉〕江夏人。字弘度。善楷書。妙參鍾索。爲王導記室參軍。幼好刑名之學。深抑虛浮之士。遷大著作郎。於時典籍混亂。充刪除繁重。以類相從。分作四部。祕閣以爲永制。累遷中書侍郎。卒官。⊙〔隋〕成紀人。少慷慨有英略。開皇中頻以行軍總管擊突厥有功。官至上柱國·武陽郡公。拜朔州總管。甚有威名。爲敵所憚。後有人譖其謀反。徵還京師。帝譴怒之。充性素剛。憂憤卒。⊙〔宋〕字仲實。元祐進士。歷知臨海縣。盜起胥溪。二浙州郡相繼失守。充有全城功。遷奉議郎。宣和末山東盜賊猖獗。遠近騷驛。充遂以徵文引去。隱居以終。

李充嗣〔明〕內江人。字士修。成化進士。正德中舉治行卓異。巡撫河南應天。皆有聲。進工部尙書。修蘇松水利。嘉靖間改南京兵部尙書。卒謚康和。

李兆先〔明〕東陽子。字徵伯。以廕爲國子生。早卒。有李徵伯存稿。

李兆洛〔清〕武進人。字申耆。嘉慶進士。官鳳臺知縣。工詩古文。精考證。尤長於輿地之學。罷官後。主講暨陽諸書院。成就人才甚衆。有李氏五種·養一齋集。

李先〔後魏〕中山盧奴人。字容仁。仕苻堅。後爲慕容永謀主。從道武帝破慕容驎。每一進策。所向剋平。累遷博士。官終內都大官。卒謚文懿。⊙〔宋〕兌從弟。字淵宗。登進士。擢吉州永新令。知信州南安軍。撫楚州。歷利梓江東淮南轉運使。所至治官如家。積官至祕書監。致仕卒。

李先芳〔明〕監利人。寄籍濮州。字伯承。號北山。嘉靖進士。官至尙寶司少卿。有讀詩私記·江右詩稿·李氏山房詩選。

李先復〔清〕南部人。字曲江。康熙舉人。知山東曹縣。再知湖廣大治縣。有惠政。累官兵部侍郎。西陲用兵。輓運軍需至巴里坤。遷工部尚書。致仕卒。

李光　【宋】上虞人。字泰發。師事劉安世。崇寧進士。除太常博士。遷司封。首論士大夫佞諛成風。語甚切至。王黼惡之。貶陽朔縣。高宗時累擢吏部尚書。參知政事。所論皆根本大計。以忤秦檜罷去。卒諡莊簡。有讀易詳說・莊簡集。

李光地　【清】安溪人。字晉卿。號厚庵。康熙進士。由庶吉士授編修。乞假在籍。會耿精忠反。置疏蠟丸。間道陳破敵策。又言施琅習海上形勢。可重任。用其言。遂平臺灣。累官直隸巡撫・文淵閣大學士。在官以清勤自厲。後以忌之者衆。益慎重寡言。其學誠明並進。尤篤信程朱。卒諡文貞。有周易通論・周易觀象大指・尚書解義・洪範說・詩所・孝經全註・古樂經・大學古本說・中庸章段・中庸餘論・論語孟子劄記・離騷經注・參同契注・握奇經注・陰符經注・曆象本要・二程遺書・朱子語類四纂・韓子粹言・古文精藻・榕村全集。

李光地母　【清】姓吳氏。康熙間光地以侍讀學士假歸。遇耿精忠之亂。光地孤守一村。勢甚危。吳氏謂曰。等死耳。吾不懼。汝惟義之爲。勿吾顧也。光地遂密請主兵者進兵。卒不爲精忠所屈。

李光坡　【清】光地弟。字耜卿。廩膳生。家居不仕。性至孝。父病篤。炷香燕掌禱於天。果愈。爲學宗宋儒。專意三禮。有三禮述注・皐軒文編。

李光型　【清】光地弟。字儀卿。雍正進士。署彰德府管河同知。舉鴻博未用。深通經術。嘗充經史館校對。條辨異同。頗爲精核。有易通正・洪範解・詩六義說・文王世子解・天問解・農書輯要。

李光美　【北漢】河南人。劉旻自立於太原。署光美客省使。朝廷制度儀注。一出其手。頗得大體。時人比於晉王彪之・唐裴冕云。

李光弼　【唐】柳城人。嚴毅沈果有大略。善騎射。起家左衛親府左郎將。肅宗朝拜節度使。平安史之亂。與郭子儀齊名。世稱李郭。光弼用兵。謀定後戰。能以少擊衆。中興戰功。推爲第一。尋代子儀鎭朔方。營壘士卒麾幟無所變更。而光弼一號令之。氣色乃益精明。未幾爲天下兵馬都元帥。代宗朝封臨淮郡王。卒諡武穆。

李光進　【唐】其先河曲諸部。姓阿跌氏。貞觀中內屬。以其地爲雞田州。隸朔方軍。肅宗自靈武觀兵。光進從郭子儀破賊收兩京有功。大曆時歷檢校工部尚書。振武節度使。賜姓李。光進有至性。母喪。三年不歸寢。弟光顏先娶。委以家事。及光進娶。母已亡。弟婦籍貲貯納管鑰於姒。光進命反之。曰。弟婦逮事姑。且嘗命主家。不可改。因持光顏泣。乃如初。◎【唐】光弼弟。字太應。初爲房琯裨將。自至德後與李輔國並掌兵。委以心膂。累遷太子太保。

李光瑛　【清】嘉興人。字子中。有觀妙齋金石文考略。

李光壂　【明】祥符人。字康侯。貢生。崇禎中李自成攻汴。光壂率民兵屢與賊戰。敘功以知縣用。有守汴日志。

李光翰　【明】新鄉人。弘治進士。授南京戶科給事中。正德間以災異求言。光翰疏劾太監苗逵等。帝不省。旣削籍歸。後起知台州府。治行卓異。

李光顏　【唐】光進弟。字光遠。初從馬燧爲裨將。討李懷光・楊惠琳有功。憲宗討蔡。擢忠武軍節度使。詔以其軍當一面。光顏先破賊。裴度宣慰諸軍。還言光顏勇而義。必立功。韓弘挾賊自重。惡光顏忠。飾名姝相遺。光顏嚴辭謝之。將卒皆感泣。氣益勵。賊悉銳士當光顏。李愬得乘虛入蔡。蔡平。加檢校司空。敬宗初拜司徒・河東節度使。卒諡忠。

李光顯　【清】同安人。乾隆間從征林爽文於臺灣。嘉慶間勦蔡牽。皆有功。累擢廣東水師提督卒。

李全　【宋】北海人。本農家子。檣語善下人。弓馬趫捷。能運鐵槍。時號李鐵槍。楊安兒妹四娘子狡悍善騎射。衆萬餘。全以衆附。邇焉。四娘子遂嫁之。時高忠皎集忠義民兵。全因附忠皎。合兵攻克海州。數敗金人。寧宗時累進承宣使。許國爲淮東安撫制置使。待之倨。遂圖國。繼而北剽山東。元兵攻青州。全戰不利。乃降元。授山東行省。求南歸。浸爲宋患。◎【清】陽曲人。乾隆間由行伍累擢雲南永昌鎭總兵。從明瑞勦緬甸。大破之。以傷死。

李全忠　【唐】范陽人。仕爲棣州司馬。有蘆生其室。一尺三節。怪之。以問別駕張建。建曰。蘆茅類生於澤。茅土兆也。傳節者其三世乎。秩滿罷歸。事李可舉爲牙將。可舉死。衆推爲留後。光啓初拜盧龍軍節度使卒。

李全略　【唐】本王氏。名日簡。事王武俊爲偏裨。穆宗時累官橫海軍節度使・滄德棣州觀察使。賜姓名。全略陰規傳久計。選材武。以所私結士心。未幾死。

李冰　【戰國】【秦】昭王時爲蜀郡守。鑿離堆以灌漑諸郡。沃野千里。而無水患。號爲陸海。蜀人德之。

李匡乂　【唐】勉從子。字濟翁。官南濟守。所著資暇集。足資考證。

李匡威　【唐】全忠子。全忠死。領留後。進節度使。性豪爽。恃燕薊勁兵處。斬然有雄天下意。後爲其弟匡籌所逐。留深州。圖殺王鎔據其地。士衷甲刼鎔入牙城。匡威戰不勝。被殺。

李匡遠　後蜀事孟昶爲鹽亭令。時盜賊充斥。匡遠擒捕無虛日。時號健令。性卞急。一日不斷刑。則慘然不樂。常聞捶楚之聲曰。此一部肉鼓吹也。官終鹽鐵判官。

李匡籌　唐匡威弟。官兵馬留後。檢校司徒。逐匡威。自爲留後。卽授節度使。匡威歎曰。兄失弟得。皆吾之宗。無所恨。然其材恐不足以守。後果爲滄州節度使盧彥威所殺。幽州地遂歸李克用。

李吉　宋開封人。爲畫院藝學。工畫花鳥。

李吉甫　唐栖筠子。字弘憲。以蔭補倉曹參軍。元和初累官同平章事。吉甫連蹇外遷十餘年。究知閭里疾苦。嘗病方鎭強恣。從容爲帝言。使屬郡刺史。得自爲政。則風化可成。遂出郎吏十餘人爲刺史。自德宗以來。姑息藩鎭。有終身不易地者。吉甫爲相歲餘。凡易三十六鎭。殿最分明。旋因事乞免。及再相。天下想望丰采。而稍修怨。帝知其專。進李絳。遂與有隙。數辨爭殿上。然畏愼奉法。不忮害。顧大體。史稱鯁正不及父。卒諡忠懿。所著元和郡縣志。隋唐以來圖志之傳於今者。以此書爲最古。體例亦最善。後來言地志者。皆祖述焉。

李同　戰國趙邯鄲舍人吏子。秦圍邯鄲急。且降。同說平原君。散財饗士。平原君從之。得敢死士三千人。同率之往。秦軍却三十里。會楚魏救至。圍解。同戰死。(按同本名談。司馬遷避父諱。故稱同。)

李同芳　明崑山人。字濟美。號晴原。萬曆進士。累官廣東按察使。所至有惠政。擢副都御史。巡撫山東致仕。自錄其生平善績著視履類編。

李同軌　後魏義深弟。好醫術。學綜諸經。兼通釋氏。官著作佐郎。典儀注。修國史。遷國子博士。出帝幸平等寺。僧徒講說。勅同軌論難。音韻閑朗。往復可觀。後延諸儒於顯陽殿。講孝經禮記諸篇。同軌經義素優。辨析兼美。而不得執經。深爲慨恨。遷中書侍郎。卒諡康。

李同捷　唐全略子。全略死。同捷領留後事。重賂鄰藩。求領父節。敬宗持久詔不下。文宗立。拜兗海節度使。不受命。兵敗伏誅。

李后　戰國楚李園女弟。園爲春申君舍人。乃取其女弟與春申君。知有身。會考烈王無子。園使女弟說春申君。春申君乃出園女弟言之王。王召而幸之。遂生子悍。園貴用事。殺春申君以滅口。後公子負芻之徒襲殺后。盡滅李園之家。◎後魏蒙縣人。姿貌美麗。爲永昌王仁所得。及仁誅。后與其家人送平城宮。文成帝登白樓。望見美之。幸於齋庫中。遂有娠。生獻文帝。拜貴人。後諡元皇后。◎北齊李希宗女。名祖娥。容德甚美。天保中立爲后。武成踐祚。逼后淫亂。帝殺后子紹德。后大哭。帝裸后撻之。投之渠水。載送妙勝尼寺。因爲尼。齊亡入關。隋時還趙郡。◎北周楚人。名娥姿。于謹平江陵。后被籍沒。至長安。太祖以賜武帝。得親幸。立爲后。生宣帝。靜帝時尊爲太帝太后。隋開皇初出俗爲尼。改名常悲。◎後晉唐明宗女。高祖后。爲人彊敏。高祖嚴憚之。出帝立。尊爲皇太后。馮后用事。后數訓誡之。出帝不從。乃及於敗。隨帝北遷。卒於建州。◎五代晉陽人。高祖后。晉開運末帝起兵太原。帑藏不足。欲斂於民。以后諫得免。隱帝立。尊爲皇太后。帝年少。與小人游戲。后切責之。及周太祖爲軍士擁立。尊爲昭聖皇太后。顯德初崩。◎宋安陽人。字鳳娘。光宗后。性妒悍。帝嘗觀宮人手白。悅之。他日后送食合於帝。啓之。則宮人兩手也。時帝久不朝太上。羣臣連章請之。帝感悟。趣命駕朝重華宮。帝出至御屛。后挽帝入曰。天寒。官家且飲酒。遂傳旨罷。還宮。慶元中死。諡慈懿。

李向中　明鍾祥人。字立齋。崇禎進士。授長興知縣。福王時歷蘇松兵備副使。唐王以爲尙寶卿。魯王監國。進兵部尙書。舟山破。清帥召之不赴。發兵捕之。向中以衰絰見。死之。

李回　唐德宗裔。字昭度。本名躔。字昭回。長慶中累遷起居郎。爲人彊幹。所涖猝辦。武宗時同中書門下平章事。宣宗時以事貶賀州長史卒。

李因　清武陵女子。字今生。號是庵。工水墨畫。能近體詩。詠盆梅。有一枝留待晚春開之句。葛介龕異而納之。介龕死。守志終老。

李因培　清晉寧人。字其材。乾隆進士。博學工詩文。由編修擢內閣學士。歷任山東江蘇浙江學政。清介威重。所在畏其嚴肅。而樂其取士得實。後巡撫湖南。以劾屬員虧空不實。降四川按察使。尋逮治。賜自盡。

李因篤　清富平人。字天生。一字子德。明季諸生。見天下大亂。走塞上訪求奇傑士。與殺賊報國。無應者。歸而鍵戶讀經史。貫穿注疏。負重名。甲申乙酉間。與顧炎武兩謁莊烈帝攢宮。康熙中薦鴻博。授檢討。尋以母老辭歸。遂不復出。其學以朱熹爲宗。工詩。尤精音訓。有受祺堂集。漢詩音註。

李在　明雲南人。字以政。宣德時與戴進同直仁智殿。工畫人物山水。

李在靑　清湘潭人。字貫時。號

白檔。嘉慶進士。官至中書。爲文清勁刻露。書法入趙孟頫室。

李・圭　清江寧人。字小池。同治間司寧波關文牘。光緒間美國以立國百年。開會稱頌。圭往與會。著環游地球新錄。上之政府。官至海寧知州。又有蠡測罪言。

李・多祚　唐其先靺鞨酋長。驍勇善射。高宗時以軍功累遷羽林大將軍。從張柬之討張易之・昌宗。中宗復位。封遼陽郡王。節愍太子誅武三思。多祚率兵至玄武樓下。爲其下所殺。

李・夷簡　唐元懿四世孫。字易之。擢進士第。憲宗時歷官山南劍南節度使。同平章事。李師道方叛。裴度當國。帝倚以平賊。夷簡自謂才不能過度。求外遷。拜淮南節度使。夷簡致位顯處。以直自閑。未嘗苟辭氣悅人。歷三鎮。家無餘貲。病不迎醫。將終。戒毋厚葬。毋事浮屠。毋碑神道。世謂行己能有終始者。

李・好文　元東明人。字惟中。至治進士。除太常博士。纂成太常集禮五十卷。至正中皇太子入學。命好文以翰林學士兼諭德。乃摘諸經要略。取史傳及先儒論說有關治體而協經旨者。倣大學衍義之例。爲書十一卷。名曰端本堂經訓要義。又集歷代帝王故事總百有六篇。以爲太子問安餘暇之助。又取古史爲書曰大寶錄・大寶龜鑑。皆錄以進。官終翰林學士承旨。又有長安志圖。

李・好古　元保定人。或云西平人。工曲。有張生煮海等雜劇行世。（按宋末元初有兩李好古。一作碎錦詞者。自署鄉貢免解進士。一字敏仲。見趙聞禮陽春白雪。此李好古。或即二人中之一。然曲家多以字行。則恐又是一人矣。）

李・好義　宋下邽人。開禧初爲興州正將。吳曦叛。好義與兄謀。陰結忠義共誅曦。乘時取關外四州。下西和。欲乘勝徑取秦隴。以牽制淮寇。而宣撫司令謹守故疆。士氣皆沮。遂以中軍統制知西和州。尋曦將王喜遣劉昌國害之。謚忠壯。

李・如一　明江陰人。本名鶴翀。後以字行。更字貫之。家世力耕給公上。其餘悉以購書。補闕正譌。校讐同異。雖病不輟。

李・如月　明東莞人。永明王時御史。王駐安龍時。孫可望獲叛將陳邦傳父子。去其皮。傳屍至安龍。如月劾可望擅殺。而請加邦傳惡謚。以懲不忠。如月遂被杖除名。可望怒。執如月剔皮斷肢。實草皮內懸通衢。

李・如玉　明同安人。精周禮。爲會要十五卷。嘉靖間詣闕上之。得旨嘉獎。賜冠帶。

李・如圭　宋廬陵人。字寶之。紹熙進士。官福建撫幹。朱熹與之校定禮經。有儀禮集釋・儀禮釋宮・儀禮綱目。（按吉安府志作吉水人。此從宋元學案。）

李・如松　明成梁長子。字子茂。以父蔭充寧遠伯勳衛。驍果敢戰。少從父諳兵機。萬曆間討平哱拜。破倭寇平壤。授遼東總兵。土蠻來寇。如松率輕騎擣巢。中伏力戰死。謚忠烈。

李・如柏　明如松弟。字子貞。從父出塞有功。歷薊鎮副總兵。進貴州總兵官。改鎮寧夏。破著力兔。進右都督。以疾歸。家居二十年。復以故官鎮遼東。父兄故部曲。已無復存。如柏暨諸弟放情酒色。中情恇怯。爲清師所敗。言者論劾不已。遂自裁。

李・如梅　明如樟弟。字子清。代兄如松爲遼東總兵官。坐擁兵畏敵劾罷。成梁諸子。如松最果敢有父風。其次如梅。然躁動非大將才。獨楊鎬深信之。後復倚其兄如柏。卒以致敗。

李・如芳　清高陽人。字仲淵。祖父當明末皆死於亂。如芳間關冒死訪遺骸於兵火之中。後登順治進士。知酆都縣。有行素堂詩集。

李・如楨　明如柏弟。以蔭爲指揮使。並在錦衣。列環衛者四十年。雖將家子。然未列行陣。不知兵。後鎮遼東。屯瀋陽。清兵至。如楨擁兵不敢救。爲言官所劾。免死充軍。

李・如雷　宋臨武人。宋亡。隱居力學。凡所作直紀歲。不題元號。愛月溪山水之奇。結廬其間。因自號月溪逸士。

李・如實　後蜀事梁末帝於東宮。以清直著名。末帝嗣位。數規諫。貶汝州副使。如實至州。自製一臥車。命小僮十餘輩載入衙衢。四顧朗吟。觀者多竊笑之。梁亡後入成都。孟昶知其賢。拜戶部侍郎。

李・如樟　明如楨弟。以父蔭爲都指揮僉事。從兄如松征寧夏。先登有功。歷廣西延綏總兵官。

李・如篪　宋崇德人。字季臞。少游上庠。博學能文。晚以特科官桐鄉丞。有東園叢說。

李妃　明熹宗妃。時有范慧妃者。生悼懷太子不育。復失寵。妃因侍寢。密爲慧妃乞憐。客魏知之怒。幽妃於別宮。妃預藏食物簷瓦間。閉宮中半月不死。斥爲宮人。崇禎初復位號。

李・存　元江西安仁人。字明遠。一字仲公。師事陳苑。弱冠慕古人無所不通之爲大儒。慨然致心於天文地理醫藥卜筮釋道之書。從游者滿齋舍。中丞御史交章薦。不就。學者稱俟菴先生。有俟菴集。

李・存乂　後唐克用六子。封睦王。娶郭崇韜女。是時妖人楊千郎用事。存乂等往往朋湼於其家。崇韜被族。莊宗遣宦官陰察外議。而宦官因欲盡誅崇韜親黨。誣言存乂過千郎家號泣怨望。遂被族。

李存孝 後唐 飛狐人。本姓安。名敬思。給事太祖。賜姓名。以爲子。常從爲騎將。累有功。存孝猨臂善射。手舞鐵檛。出入陣中。以兩騎自從。戰酣易騎。上下如飛。積官邢州留後。爲李存信所譖。乃附梁通趙。太祖自將兵圍之。被誅。

李存信 後唐 回鶻部人。本姓張氏。少善騎射。能四夷語。通六蕃書。從太祖入關。破黃巢。累功爲馬步軍都指揮使。賜姓名。以爲子。材勇不及李存孝。而存信不爲之下。存孝所爲。存信每沮激之。存孝卒得罪死。

李存勗 後唐 見唐莊宗條。

李存進 後唐 振武人。本姓孫。名重進。太祖賜姓名。養爲子。從入關。破黃巢。以爲義兒軍使。莊宗時代李嗣昭爲招討使。戰沒於陣。

李存賓 明 金陵人。善畫山水草樹。時稱能品。

李存璋 後唐 字德璜。從太祖入關。破黃巢。累遷義兒軍使。莊宗時爲河東馬步軍使。晉自先王時。常優假軍士。故多犯法踰禁。存璋一切繩之以法。境內爲之清肅。累功大同軍節度使卒。

李存賢 後唐 許州人。本姓王。名賢。少爲軍卒。善角觝。太祖賜姓名。養爲子。後爲義兒軍副兵馬使。遷沁州刺史。力拒梁兵。莊宗時拜右武衞上將軍。遷盧龍軍節度使卒。

李存瓌 北漢 唐莊宗從弟。仕明宗爲供奉官。入蜀宣慰孟知祥。大得知祥心。仕晉。授趙州刺史。劉旻時累官忠武軍節度使・同平章事。

李存霸 後唐 克用三子。封永王。歷昭義天平河中節度使。郭從謙反。莊宗中流矢崩。存霸奔太原。比至。麾下皆散走。乃剪髮衣僧衣。謁符彥超曰。願爲山僧。冀公庇護。彥超欲留之。爲軍衆所殺。

李守 後漢 宛人。身長九尺。容貌絕異。爲人嚴毅。居家如官廷。初事劉歆。好星曆讖記。爲王莽宗卿師。因子通欲歸於光武。事覺被誅。

李守正 元 守忠弟。累功河東南路兵馬都元帥。以計解汾州之圍。後累有戰功。金人完顏合達攻平陽。褒創戰沒。

李守忠 元 伯溫子。代弟守正爲河東南路兵馬都元帥。兼知平陽府。從攻益都。北還。軍將彭智孫乘間據義州叛。守忠長驅抵城下。力戰復之。金人襲擊平陽。出援兵潰。被執。誘以高爵。守忠罵之。金人怒。置守忠鐵籠中火炙死。⊙明 自成父。以無子禱華山。夢神告曰。以破軍星爲若子。遂生自成。

李守貞 五代 晉 河陽人。晉高祖鎭河陽。以爲客將。後累功拜同平章事。旋降契丹。爲司徒。高祖入京師。拜太保・河中節度使。高祖崩。杜重威死。守貞懼不自安。遂起兵反。兵敗。自焚死。

李守恩 宋 漢超子。少驍果善戰有父風。克用時從父軍中。會契丹遣兵援河東。守恩領數千騎戰敗之。擒首領二十七人。累官至隴州刺史。知靈州。與轉運使部芻糧過瀚海。爲賊所邀。沒焉。

李守素 唐 趙州人。秦王署天策府倉曹參軍。通姓氏學。世號肉譜。虞世南與論江左山東人物。尙相酬對。至北地則笑而不答。歎曰。肉譜定可畏。

李守欽 明 汜水人。字肅菴。聰明善悟。値危病。得異醫治而愈。因從受業。走峨眉。遇異人授岐伯要旨。歸從黃冠游。尤精太素脈。能預知人事。有方書一得・太素精要等書。

李守誠 清 宜黃人。字次生。道光舉人。咸豐間知六合縣。洪楊軍起。晝警餉。夜巡徼。城破。自縊死。

李守德 唐 爲人奴。善騎射。景龍中從臨淄王還長安。以功進武衞將軍。嘗遇故主於道。迎至第。親上食奉酒。主流汗不敢當。數日入奏。請解官授故主。帝嘉其志。擢爲郎將。後與王毛仲相倚爲姦。謫嚴州。

李守賢 元 義州人。字才叔。太祖時歷知平陽府事。兼本路兵馬都管。太宗時會師圍汴。守賢屯嵩汝。金兵十餘萬保少室山。守賢以三千人破之。連天・交牙・蘭若、香爐諸寨。望風俱下。未嘗妄殺一人。及攻河南。降其帥。關東洛西遂定。累遷洺磁路總管卒。

李守禮 唐 賢子。始名光仁。以父得罪。與睿宗諸子閉處宮中十餘年。唐隆初封邠王。睿宗立。遷司空。開元初累爲州刺史。弋獵酣樂不領事。多嬖寵。子六十餘人。無可稱者。

李安 成漢 字武龍。元康初避地入蜀。從李特征伐。以勇烈聞。特遂子之。爲李驤帳下督護。數有戰功。羅尙遣苻成・隗伯攻陴城。驤戰敗。被傷落馬。士衆皆散。賴安救得免。⊙隋 狄道人。字玄德。高祖作相。引之左右。爲職方中大夫。安叔父璋時在京師。與周趙王謀害高祖。安陰白之。及趙王等伏誅。將加官賞。安俯伏流涕。悲不自勝。高祖爲特存璋子。及即位。以平陳功位上大將軍。累封趙郡公。卒謚懷。⊙明 遠子。洪熙初爲交阯參將。失律。謫爲事官。已從王通棄交阯。還下獄。謫赤城立功。正統間充總兵官。鎭松潘。副定西伯蔣貴征麓川。貴令安駐軍潞江護餉。而自率大軍進。賊破。安恥無功。進擊餘賊。爲所敗。謫戍獨石卒。⊙【明】富川人。常熟主簿李昭宗養子。嘉靖中倭來犯。安從昭宗爲前鋒。脛殺賊。後以力不支遇害。

李安仁　【唐】綱孫。永徽中爲太子左庶子。太子忠廢還邸。寮屬奔散。獨安仁泣拜而去。終桓州刺史。

李安世　【後魏】祥子。天安初拜中散。以溫敏敬愼稱。累遷主客給事中。時民困饑流散。豪右多有占奪。安世力言其弊。孝文深納之。遂開均田之制。後出爲相州刺史。甚有惠政。

李安民　【南齊】蘭陵承人。宋文帝時以功封邵武縣子。高帝在淮。安民遙相結事。及卽位。爲中領軍。封康樂侯。武帝時爲安東將軍。吳興太守。卒諡肅。

李安全　【西夏】乾順孫。宋開禧中廢純佑而自立。在位六年卒。廟號襄宗。年號應天。皇建。

李安忠　【宋】宣和畫院成忠郎。工畫花鳥走獸。尤工山水。

李安國　【宋】豫章人。少穎悟能詩。歷官知建昌軍。剖決精明。累進司農卿。錙無名逋十八萬。省楮幣百萬。三年。積緡錢斛米千百萬。淳熙初擢戶部侍郎。

李安期　【唐】百藥子。七歲能屬文。父貶桂州遇盜。將加以刃。安期跪泣請代。盜哀釋之。高宗時累遷中書舍人。預決國事。帝厭責侍臣不能進賢。安期曰。比見公卿有所薦進。皆劾爲朋黨。所以人爭噤默避謗。帝納之。尋檢校東臺侍郎。出爲荊州大都督。自德林至安期。三世掌制誥。卒諡烈。⊙【宋】邵武人。字泰伯。淹貫經史。以詩游江湖間。一日謁四川茶馬使王濉。濉將以賢良薦。因弈爭道。遂拂衣而去。有蒙谷詩集。

李安遠　【唐】夏州人。父徹爲隋上柱國雲州刺史。世爲將家。以財雄。少無檢。以博破產。晚乃折節嚮書。襲爵城陽公。補正平令。高祖授右武翊統軍。從破突厥通。又數從秦王征討。累封廣德郡公。貞觀初統邏騎都下督盜賊。歷潞州都督。懷州刺史。皆以幹用顯。然急刻少恩。由是損名。卒諡安。

李安靜　【唐】安仁弟。天授中爲右衛將軍。武后革命。羣臣皆勸進。安靜獨無所請。及繫獄。來俊臣問狀。安靜曰。以我唐舊臣。殺之可也。若詰其狀。吾誰欺。俊臣誣殺之。

李式　【晉】充從兄。以平隱著稱。善楷隸。中興初仕至侍郎。⊙【後魏】敷弟。字景則。學業知名。歷兗州刺史。自以家據權要。心慮危禍。常勅津吏。臺有使者。必先啓告。旣而使人卒曉至。給津吏。突入執式。與兄俱死。

李托　【南漢】封川人。事劉鋹。爲玩華宮使內侍監。政事皆訪托而後行。宋太祖伐鋹。遣人勸鋹降。托堅沮。軍敗。縱火焚府庫。及就擒。被殺。

李早　【金】工畫人物樹石。兼工畫馬。

李旭升　【清】蔚州人。字東生。康熙進士。由中書洊歷戶工兩部侍郎。閩省沿海大饑。旭升往賑。計口授食。無遺濫。又轉吏部左右侍郎。在任十二年。雍正間致仕歸卒。

李有　【元】燕人。初名立義。字仲芳。官兩浙鹽運使經歷。工畫古木竹石。通雅博洽。尤善古隸。

李有棠　【清】萍鄉人。光緒間官峽江縣訓導。著遼金二史紀事本末。考訂頗詳。詔給內閣中書銜。

李朴　【宋】興國人。字先之。紹聖進士。歷官西京國子教授。程頤獨器許之。移虔州教授。以嘗言隆祐太后不當廢處瑤華宮。忌者欲擠之死。朴泰然無懼色。徽宗卽位。召對。言甚切直。蔡京惡之。復以爲虔州教授。又罷爲四會令。高宗初除祕書監。未至卒。居官所至有聲。有章貢集。豐清敏遺事。⊙【明】朝邑人。字繼白。萬曆進士。由彰德推官入爲戶部郎中。以朝多朋黨。清流廢錮。疏請破奸黨錄遺賢。帝不能用。齊楚浙三黨勢盛。稍持議論者。羣噪逐之。遂謫州同知。自後黨人盡用事。遂以京察落職。天啓初起用。歷官參議卒。

李次山　【宋】工畫山林人物。

李汝珍　【清】大興人。字松石。通聲韻之學。撰李氏音鑑。定春滿堯天等三十三母。徵引浩繁。淺學者多爲所震。然實未窺等韻門徑。又有鏡花緣及李刻受子譜。

李汝華　【明】睢州人。字茂夫。萬曆進士。以右僉都御史巡撫南贛十四年。威惠甚著。積官戶部尚書。兼吏部。練達勤敏。立朝無黨阿。官戶部久。於國計贏縮。邊儲虛實。及鹽漕屯牧諸大政。皆殫心裁劑。歲比不登。意常主寬恤。獨加賦之議。不能力持。馴致萬方虛耗。內外交訌。天啓初致仕。卒諡恭敏。

李汝龍　【清】嘉興人。字海門。乾隆時諸生。幼篤內行。能爲古文辭。專心濂洛之學。日有課程。嚴自刻厲。有楊園年譜發明。寸碧山堂詩文集。

李汝燦　【明】南昌人。字用章。崇禎時爲刑科給事中。久旱求言。陳回天四要。極論財用政事之弊。帝怒。削籍歸。國變。衰絰北面哀號。作祈死文。尋卒。

李百藥　【唐】德林子。字重規。性疏脫。喜劇飲。初仕隋。後歸唐。高宗時累官宗正卿。爵爲子。嘗侍父母喪還鄉。徒跣數千里。服雖除。容貌癯齊者累年。好奬薦後進。得俸錄。與親黨共之。翰藻沈鬱。尤長於詩。樵歌皆能諷之。卒謚康。承德林之業。輯有北齊書。

李老僧 金舊爲將軍司書吏。與近侍局直長大興國有親。海陵秉政。興國屬諸海陵。以爲省令史。及將舉事。使老僧結興國取符鑰。遂成海陵弑逆之禍。海陵立。惡韓王亨。老僧爲伺察構致之。卒殺亨。大定初以謀反誅。

李耳 周楚之苦縣人。字伯陽。一名重耳。外字聃。亦稱老聃。相傳母懷之八十一歲而生。故號爲老子。爲周守藏史。孔子往問禮焉。孔子退曰。鳥吾知其能飛。魚吾知其能游。獸吾知其能走。至於龍。吾不能知其乘風雲而上天。今見老子。其猶龍乎。後見周衰。乃西出函關。隱去。著道德經五千餘言。莫知所終。

李臣 明萊陽人。諸生。流賊至。臣守城。城陷衆逃。賊欲殺其父。臣號呼揮刃遮父。賊怒。並殺之。

李臣典 清邵陽人。字祥雲。咸豐間從曾國荃轉戰江西。常爲軍鋒。克安慶。破雨花臺。官至提督。補歸德鎭總兵。合攻江寧。創龍脖子地道之謀。工成。拔之。功第一。尋卒於軍。錫一等子。謚忠壯。

李自成 明米脂人。幼牧羊於邑大姓艾氏。長充銀川驛卒。闘很無賴。數犯法。崇禎初從其舅馬賊高迎祥爲裨將。迎祥死。賊衆推爲闖王。其勢遂盛。時朝廷方防戍遼瀋。以流賊爲癬疥之疾。不甚措意。督師者如陳奇瑜．熊廷燦等。又皆主撫。故自成屢窮蹙。仆而復起。竄擾晉豫湖廣巴蜀。所過城邑。焚掠屠戮至慘。又陷鳳陽。焚皇陵。始大徵兵討賊。勢已蔓延不可制。崇禎末稱王於西安。僭號大順。率衆東趨。所至皆破。遂陷京城。莊烈帝自縊死。吳三桂引兵入關。自成西走。清兵追之。竄於九宮山。爲村民所困。自縊死。

李自良 唐泗水人。天寶中爲牙將。鮑防代總節度事。會回紇入寇。以不從自良策致敗。自良由是知名。馬燧代防。表爲軍候。功在諸將右。德宗罷燧兵。以自良代。自良以事燧久。不敢當。帝終以河東近胡。令充河東節度使。居東九年。舉不愆法。上下諧附。卒於官。

李至 宋眞定人。字言幾。幼沈靜好學。及長。辭華典贍。舉進士。太宗時累拜右諫議大夫．參知政事。時議親征范陽。至切諫。以目疾求解機政。旋判國子監。請刊刻二傳二禮孝經論語七經疏。又引吳淑等檢正譌謬。與李沆裁處之。眞宗卽位。拜工部尙書．參知政事。又以目疾求解。授武信軍節度使。剛毅簡重。人士罕登其門。徙河南卒。

李至剛 明松江華亭人。名鋼。以字行。洪武間舉明經。成祖時爲右通政。與修太祖實錄。朝夕在帝左右。稱說洪武中事。甚見親信。以事坐繫十餘年。仁宗時爲左通政。爲言者所劾。出爲興化知府卒。至剛爲人敏給。能治繁劇。善傅會。首發建都北平議。請禁言事者挾私。成祖從之。旣得帝心。務爲佞諛。所建白多不用。

李至清 明江陰人。字超無。少負軼才。跅弛自放。年十二。負笈游四方。友其名人魁士。遇里中兒。輒慢罵。或向人作驢鳴。曰聊以代應對耳。里人逐之。後薙髮於堯峯。旋復棄去。漸游江外。時時醉眠妓館。有富人怨其嘩罵。藉被盜誣之。遂爲縣令所曲殺。有問世集。

李至遠 唐素立孫。初名鵬。治左氏春秋。復撰周書。起后稷至赧王爲傳紀。令狐德棻許爲良史。高宗時歷天官侍郎。知選事。疾令史受賄謝。多所紬易。吏肅然斂手。其知選事。以內史李昭德薦。不肯往謝。昭德銜之。出爲壁州刺史卒。

李舟 唐隴西人。有文學倢辨。高志氣。善書。以尙書郎出爲刺史。

李行 元衎子。官至黃巖知州。畫竹石得家學。尤善山水。

李行中 宋吳興人。徙居松江。字無悔。高尙不仕。以詩酒自娛。晚治園亭。號醉眠。蘇軾與之游。

李行之 北齊璵從子。性友愛。風素夷簡。爲士友所稱。

李行言 唐隴西人。中宗時爲給事中。能唱步虛歌。七月七日兩儀殿會宴。帝命爲之。行言於御前長跪作三洞道士音詞歌數曲。時論鄙之。◎唐宣宗時爲海州刺史。先是帝獵於苑北。遇樵夫。問其縣曰涇陽人。曰令爲誰。曰李行言。爲政何如。曰性執。有強盜數人。軍家索之竟不與。盡殺之。帝歸。帖其名於寢殿之柱。及除海州刺史。入謝。帝賜之金紫。取帖示之。

李行道 元絳州人。一作行甫。工樂府。有雜劇灰闌記行世。

李行簡 宋馮翊人。字易從。家貧勤學。嘗聚木葉學書。筆法遒勁。中進士第。眞宗時累擢龍圖閣待制．尙書刑部郎中。帝數幸龍圖閣。命講周易。問訪大臣能否。行簡所對。無怨昵各道其所長。人以爲長者。官終知虢州府。

李亨伯 宋龍溪人。治平進士。崇寧間累遷永州團練使。知全州。諸蠻皆服其威名。終忠州防禦使。

李伯玉 宋餘干人。字純甫。端平進士。歷官太學博士。召試館職。

歷詆貴戚大臣。直聲暴起。累拜工部侍郎。以不容於賈似道罷歸。尋擢禮部尙書。度宗以其舊學。進之臥內。欲用以參大政。尋病卒。有斛峯集。

李·伯宗　【宋】河陽人。字會之。第進士。徽宗時知內丘咸陽太康等縣。括縣壯丁爲兵得千餘人。上其名數與按閱之法。提舉京畿保甲使。增籍二萬。累遷刑部侍郎。卒諡縈。

李·伯倘　【後魏】輔子。少有重名。孝文時官通直散騎侍郎。勅撰太和起居注。宣武帝時坐與咸陽王禧謀反誅。

李·伯昇　【明】初事張士誠。至司徒。降太祖。仍故官。進中書平章同知詹事府事。嘗將兵討平湖廣慈利蠻。又爲征南右副將軍。從吳良討靖州蠻。後坐胡惟庸黨死。

李·伯敏　【宋】高安人。字敏求。一字好古。少時嘗與其宗人交訟於官。劉淸之爲說易之訟家人二卦。伯敏瞿然。卽以訟貲市程傳歸。遂爲學者。又嘗以書通問朱熹。熹告以爲學當專心致志。伯敏遂終身爲象山之學。不名他師。

李·伯溫　【元】守賢曾孫。行平陽元帥府事。鎭靑龍堡。專任東征。金人悉衆來攻。城陷。伯溫登堞樓。令左右皆去。拔劍殺家屬投井中。以刃植柱。剌心而死。

李·伯誠　【宋】朱熹門人。嘗曰。打坐時意味也好。熹曰。坐時固是好。須是臨時接物。長如坐底事方好。

李·佐　【後魏】輔弟。字季翼。有文武才幹。孝文初兼散騎常侍。使高麗。稱旨。還拜常山太守。歷懷相二州刺史。所在有稱績。後官荆州刺史。威信大行。邊民悅附。前後歸之者二萬許家。徵兼都官尙書。卒諡莊。

李·佐之　【唐】累調河南尉。號強直。劉從諫署觀察府支使。因娶其從祖妹。從諫薄疏屬。資媵寒闕。佐之亦薄之。不甚答。從諫病亟。佐之奴告佐之交通賓客。漏軍中虛實。爲從諫從子稹所殺。

李·佐明　【淸】雲南廣西州人。勤學好古。性慈惠。嘗貲藥濟人。有五峯詩集·萃古名言·古今人物考。

李·佑　【明】淸平人。字吉甫。嘉靖進士。歷官江右副使。數敗賊。進右參政。偕總兵官俞大猷大破劇賊李亞元。後巡撫廣東。屢敗海寇林道乾。山寇張道南等。隆慶中被劾罷歸。

李·佑厚　【淸】平江人。字奉軒。咸豐間以哨官從李元度。轉戰江西皖浙之交。官至提督。善觀敵陣。鬭有瑕。卽乘隙攻之。以故經百戰無挫衄。後勦回於陝甘。中礮死。諡忠壯。

李·克用　【後唐】本西域突厥種。居沙陀磧。因以爲國。其父貞元中歸唐。討賊有功。因賜國姓。少驍勇。軍中號曰李鴉兒。黃巢陷京師。克用率沙陀兵大破之。功稱第一。封晉王。朱全忠忌其能。欲襲殺克用。二人因有隙。旋與王重榮起兵犯闕。唐僖宗出奔鳳翔。然實忠於唐室。唐亡。淮蜀燕岐皆擬帝制。晉獨守臣節。子存勗卽位。追諡武。廟號太祖。

李·克家　【元】富州人。字肖翁。至正末任本學敎諭。遷遼陽儒學提擧。有戎事類占。

李·克恭　【後唐】克脩弟。代克脩爲昭義軍節度使。橫暴不法。又不習軍政。潞人皆怨。後爲牙將所殺。

李·克脩　【後唐】克讓弟。字崇遠。從討龐勛。以功拜朔州刺史。又從討黃巢爲先鋒。晉取潞州。表克脩昭義軍節度使。數出山東擊孟方立。與李罕之攻寇懷孟之間。其後太祖自將擊方立。還軍過潞。克脩性儉嗇。供饋甚薄。太祖詬而笞之。慚憤發疾卒。

李·克寧　【唐】澄子。澄死。克寧閟不發喪。欲自領事。墨經加卒。嬰城將爲亂。劉洽以兵屯境上。遣使諭止。遂自戢。護喪歸。悉索府中財。軍士從剽之殆盡。追至京。猶賜莊一區。錢千緡。粟麥千石。◉【後唐】克恭弟。爲人仁孝。諸兄弟中最賢。事太祖。小心不懈。軍事無大小皆參決。太祖病。以莊宗屬克寧。或以兄亡弟及爲言。克寧不可。其後惑於羣言。竟以誅死。

李·克睿　【西夏】彝興子。累官定難軍節度使。開寶間率兵攻北漢吳堡砦。多所斬獲。又俘砦主以獻。終檢校太尉。

李·克讓　【後唐】克用弟。爲振武軍校。從討王仙芝。以功拜金吾衞將軍。留京師宿衞。克用起兵雲中。唐發兵討之。捕克讓。克讓與十餘騎彎弧躍馬。突圍而出。越年。克用歸唐。克讓還京師。黃巢犯長安。克讓守潼關。爲所敗。匿佛寺。爲寺僧所殺。

李·兌　【宋】臨潁人。字子西。登進士第。仁宗時由殿中侍御史知諫院。在言職十年。凡所論諫。不自表襮。故鮮傳世。歷守名郡。爲政簡嚴。終工部尙書。卒諡莊。

李·冏　【後魏】奕弟。字道度。太和中累拜度支尙書。性鯁烈。敢直言。彈駁公卿。無所回避。孝文優禮之。

李·冶　【唐】女冠。烏程人。字季蘭。性蕩。工詩。劉長卿稱爲女中詩豪。五六歲時詠薔薇。有句云。經時未架却。心緒亂縱橫。父恚曰。此必爲失行婦。後竟如其言。有詩集。◉【元】卽李治。史誤作李冶。詳李治條。

李·初平　【宋】慶曆間爲郴郡守。時周敦頤令郴。初平知其賢。不以屬吏遇之。旣聞敦頤講學。初平歎曰。吾欲讀書何如。敦頤曰。公老無及矣。

請爲公言之。初平遂悉心聽數。二年而有得。

李君球 【唐】義滿子。少任俠。頗涉書籍。貞觀中以功擢游擊將軍。高宗時累遷揚州大都督府長史。政尚嚴肅。人吏憚之。

李君羨 【唐】武安人。高祖時從破宋金剛。討王世充。破竇建德・劉黑闥。所向必先登摧其鋒。又與尉遲敬德擊破突厥。封武連縣公。拜蘭州都督。貞觀初太白數晝見。太史占曰女主昌。又謠言當有女武王者。會內宴爲酒令。各言小字。君羨自陳曰五娘子。帝愕然。又君羨官邑屬縣皆武也。忌之。出爲華州刺史。藉事誅之。

李君奭 【唐】宣宗時爲醴泉令。帝校獵渭上。有父老十數聚於佛祠。帝問之。對曰。醴泉百姓也。縣令李君奭有異政。考滿當罷。詣府乞留。故祈佛冀諧所願耳。遂除懷州刺史。

李含 【晉】狄道人。僑居始平。字世容。少有才幹。兩郡並舉孝廉。安定皇甫商年少恃豪族。以含門寒微。欲與結交。含拒之。後爲始平令。及趙王倫篡位。河間王顒表含爲征西司馬。甚見信任。商爲趙王倫所任。倫敗詣顒。顒撫之厚。含諫顒不宜數與相見。又與商兄重構隙。商愬於長沙王乂。遂被殺。

李含光 【唐】江都人。本名弘。神龍初以清行度爲道士。居茅山。幼年頗工篆籀。隸書尤妙。客或賞之曰。賢於其父。因投筆不書。天寶中命中官齎璽書徵之。延入禁中請傳道法。辭疾而退。賜號玄靖。

李含章 【宋】自少隱居土山。好學工文詞。太平興國中第進士。歷官知本州。政崇簡易。訟獄大省。在郡二年罷。有仙都集。

李含渼 【清】琪枝子。字南溟。工畫山水。與周熙載同應靳輔聘繪黃河圖。進呈稱旨。兼長花卉草蟲。兄含淑・弟含瀠・含漋皆以畫名。

李呈祥 【清】隰州人。字麟埜。明崇禎舉人。官至兵部郎。順治初任分守大梁道。築河堤數百里。開陳橋舊河直南路。至今便之。官至工部侍郎。⊙【清】霑化人。字吉津。號木齋。明崇禎進士。順治初官至詹事府少詹。以建言謫居奉天。赦還卒。有東村集。

李呂 【宋】郁從子。字濱老。一字東老。學於郁。年四十。棄科舉。爲易義說。縱覽百家。尤留意通鑑。聚族千指。昕夕擊鼓。聚衆致禮享堂。不以寒暑廢。教人循循善誘。有澹軒集。

李圻 【明】嘉魚人。字景曾。萬曆進士。歷吏科給事中。中官張鯨肆橫。圻疏言陛下往年畀馮保。近日逐宋坤。鯨之惡百於保而萬於坤。流傳謂鯨廣獻金寶。多方請乞。虧損聖德。夫豈淺鮮。帝震怒。杖六十。斥爲民。

李壯祖 【宋】相祖弟。嘉定進士。爲閩清尉。眞德秀薦之。稱爲人物典型。

李妙法 【唐】博野孝女。避亂他徙。聞父亡。間道奔歸。至則父已葬。號踊開父墓視之。後母病。妙法終日不視匕箸。及死。刺血書於母臂而葬。廬墓終身。

李孚 【三國魏】鉅鹿人。字子憲。建安中袁尚以爲冀州主簿。曹操圍鄴。孚以計出入圍城中。後歸操。終陽平太守。本姓馮。後改姓李。⊙【後魏】靜弟。字仲安。恭順篤厚。初官鎭北府公曹參軍。孝莊初以外親超拜滄州刺史。

李孚青 【清】天馥子。字丹壑。康熙進士。官編修。時年十六歲。人以黑頭公目之。早卒。有野香亭集。

李孜 【明】保昌人。字日孜。博學多聞。中正統鄉舉。歷官淮安教授。性狷介。爲文典贍有法。尤喜蒐輯郡中故實。時號博雅。有林塘集。

李孜省 【明】南昌人。以布政司吏待選京師。憲宗好方術。孜省學五雷法。厚結中官梁芳等。以符籙進。授上林苑監丞。益獻淫邪方術。漸干預政事。縉紳進退。多出其口。累擢禮部侍郎。孝宗立。下詔獄。瘐死。

李孝元 【明】滑縣人。字松喬。嘉靖中官都司經歷。嘗以投壺之法。圖之成壺譜。凡一百三十餘式。

李孝本 【唐】宗室。依李訓・鄭注以求進。官至權知中丞事。訓謀竊發之日。孝本從入殺內官十餘人。知事不濟出走。爲追騎所捕。被誅。

李孝先 【宋】含章孫。累官虞部員外郎。通判池杭二州。力學好修。有柯山集。

李孝光 【元】樂清人。字季和。少博學。志篤復古。隱居雁宕山五峯下。四方之士。遠來受學。泰不花以師事之。至正間以祕書監著作郎召。陞文林郎祕書丞。孝光以文章負名當世。其文一取法於古人。而不趨世尙。非先秦兩漢語弗道。有五峯集。

李孝伯 【後魏】曾子。太武帝徵爲中散。轉侍郎・光祿大夫。委以軍國機密。甚見親寵。以功進爵宣城公。官終秦州刺史。孝伯體度恢雅。明達政事。朝野貴賤。咸推重之。卒謚文昭。

李孝怡 【後魏】曄族弟。字悅宗。從中山王英破梁武帝及臨川王蕭宏於梁城。累遷相州刺史。孝莊帝時以功封趙郡公。累遷左光祿大夫。

李孝美 【宋】字伯揚。所著墨譜。持論剖析毫芒。具有精理。自署趙郡人。

李孝貞 【隋】騫從子。字元操。仕齊爲司徒府參軍。簡靜不妄通賓客。後拜給事中。入周爲吏部下大夫。文帝時歷官蒙州刺史。吏民安之。每暇日輒引賓客絃歌對酒。終日爲歡。徵拜內史侍郎。參典文翰。無幹劇之用。出爲金州刺史。有文集。

李・孝恭 【唐】宗室。虎曾孫。封河間王。少沉敏有識量。高祖已定京師。拜山南招慰大使。徇巴蜀。下三十餘州。進擊朱粲破之。諸將請坑之。孝恭勸弗殺。繇是膽檄所至輒下。又與李靖破蕭銑。擒輔公祏。江南悉平。貞觀初爲禮部尚書。性豪奢。後房歌舞伎百餘。然寬恕退讓。無矜伐色。始隋亡。盜賊徧天下。皆太宗自討定之。謀臣騎帥。並隸麾下。無特將專勳者。惟孝恭獨有方面功。卒諡元。

李・孝基 【唐】宗室。虎孫。封永安王。武德初劉武周寇太原。夏人呂崇茂以縣應賊。詔孝基爲行軍總管攻之。陝州總管于筠請急攻城絕外援。獨孤懷恩挾異計紿孝基。遂大敗被執。爲賊所害。諡壯。◎【宋】東之子。字伯始。第進士。晏殊・富弼薦其材。任館閣。欲一見之。孝基曰。名器可私謁邪。竟不往。知汝陰雍丘。判閬州舒州。知隨州。所治雖劇。事來亟斷。不爲證佐回枉。以養親求監崇福宮。判西京國子監。凡就閒十年。累官光祿卿。與父東之同謝事歸。時以比二疏。

李・孝逸 【唐】神通子。少好學。頗屬文。四遷益州大都督府長史。武后時入爲左衛大將軍。被親遇。以破徐敬業功。進鎮軍大將軍。封吳國公。爲武承嗣等所讒。流儋州死。

李・孝壽 【宋】文定公迪從孫。字景山。爲開封府戶曹參軍。元符中呂嘉問知府事。受章惇・蔡卞指。鍛鍊上書人。孝壽攝司錄事。成其獄。徽宗時歷官開封尹。殘忍苛虐。終龍圖閣學士。

李・孝稱 【宋】及之子。字彥聞。以附蔡京。累官工部尚書。

李・孝謙 【明】仕開子。與弟悌謙・忠謙皆孝友嗜學。永樂中總修郡志。有經書問難・通鑑考證等書。

李・完 【金】馬邑人。字全道。登詞賦進士第。由澄城主簿補尚書省令史。時以縣令闕人。世宗選能吏八人按行天下。完其一也。累遷南京按察使。完習法律。長於吏治。所至姦惡屏迹。民皆傾之。

李・宏 【晉】憲孫。字世彥。少有清節。永熹末歷給事黃門侍郎・散騎常侍。◎【明】北流人。永樂進士。擢御史。嘗上時政十事。皆經國正論。多見施行。◎【清】漢軍正藍旗人。字濟夫。一字用茲。號湛亭。乾隆時以州同知薦。歷江南河庫道。疏濬淮揚徐海鳳潁泗各郡縣支幹河道百數十處。官至河東河道總督。

李・宏道 【明】襄陵人。字汝大。萬曆進士。擢兵科給事中。以直言出爲潁州僉事。歷官監司。告歸。生平篤學窮理。有易補傳・春秋會傳・周禮解。

李・巡 【後漢】汝陽人。靈帝時爲中常侍。時宦官縱橫。巡獨守清忠。不爭威權。見諸博士試甲乙科。爭第高下。至有行賂定蘭臺漆書經字。以合其私文者。乃白帝與諸儒共刻五經文於石。於是詔蔡邕等正其文字。五經一定。爭者用息。

李・希孔 【明】三水人。字子鑄。萬曆進士。擢南京御史。累有陳劾。泰昌初陳時政七事。天啓初上折邪議以定兩朝實錄疏。又請出客氏於外。請誅崔文昇。忌者甚衆。指爲東林黨。未幾卒於官。

李・希宗 【後魏】憲子。字景玄。性寬和。儀貌雅麗。涉獵書傳。有文才。起家太尉參軍。齊神武時累擢都督中外府長史。希宗以人望兼美。深見禮遇。官終上黨太守。卒諡文簡。

李・希明 【明】字濬文。父唐。爲元東陽教授。洪武初希明以薦累官監察御史。出爲江西參政。陳友諒餘孽尚蠢動。朝議出師勦之。希明主撫。從之。終刑部侍郎。

李・希烈 【唐】遼西人。初爲李忠臣偏裨。忠臣被逐。代宗使希烈專留後事。德宗立。拜淮西節度使。進南平郡王。李納叛。詔希烈往討。希烈約納爲唇齒。與朱滔・田悅等連和。旋破汴。僭即皇帝位。國號楚。親將陳仙奇陰令醫毒殺之。

李・希喬 【清】歙人。字遷于。號石鹿山人。爲人沈靜多藝。工書能畫。兼工篆刻雙鉤法帖。又刻竹爲臂閣及界尺。鏤刻如寫生。稱絕技。

李・希閔 【元】薊丘人。字之孝。工畫山水竹石。

李・希顏 【明】郟人。字愚菴。隱居不仕。太祖徵爲諸王師。規範嚴峻。諸王有不率教者。或擊其額。擢左春坊右贊善。諸王就藩。希顏歸隱。宴集常著緋袍戴笠。客問故。笑曰。笠・本質。緋・君賜也。

李・序 【元】東陽人。字仲倫。從許謙游。爲文以左國史漢爲標格。隱東白山。與陳樵相倡和。士類引爲師表。

李・延之 【宋】官至右班殿直。善畫魚蟲草木禽獸。寫生尤工。

李・延年 【漢】中山人。李夫人兄。初給事狗監。以夫人貴。善歌。爲變新聲。武帝方興天地諸祠。延年承意造詩曲。爲協律都尉。佩印綬。與臥起。漸與中人亂。李夫人卒。愛弛。遂被誅。

李・延昰 【清】上海人。初名我生。字辰山。亦曰寒村。以醫藥自給。有延之治疾者。雖遠必往。不責報。有南吳舊話錄・放鷴亭集・藥品化義・醫藥口訣・脈訣彙辨・痘疹全書。

李·延孫 北周長壽子。賀拔勝表爲荆州都督。鎭清碣路。頗有功力。魏孝武西遷。朝士流亡。多攜妻子來投。延孫率衆衞送。咸達關中。齊神武患之。遣慕容紹宗等數道來攻。延孫大破之。於是義軍更振。累授大都督。延孫旣蒙重任。每以克清伊洛爲己任。頻以寡擊衆。威振敵境。大統間爲其長史楊伯蘭所害。

李·延寶 後魏沖子。字禧。莊帝元舅。帝卽位。超授侍中太保。封濮陽郡王。延寶以太保犯祖諱。又以王爵非庶姓所宜。抗表固辭。爾朱兆入洛。以外戚見害。出帝初贈太師。謚孝懿。

李·延渥 宋進卿子。咸平初歷知平戎寧邊順安軍保州威虜軍鈐轄。又知冀州。徙瀛州。會契丹大舉擾邊。延渥力戰却之。獲鎧甲兵矢竿牌數百萬。終左武衞大將軍。

李·延鄴 南唐鄱陽人。李璟時官濠州錄事參軍。周師攻城急。團練使郭廷謂謀送款。令延鄴草降表。延鄴責以忠孝。不爲具草。廷謂以兵脅之。終不從。遂遇害。

李·延壽 唐大師子。字遐齡。貞觀中官御史臺主簿。直國史。追述父志。作南北史一百八十篇。其書頗有條理。刪落釀辭。過本書遠甚。時人見年少位下。不甚稱其書。遷符璽郎。兼修國史。又撰太宗政典。高宗覽之。咨美直筆。賜帛褒之。

李·延興 明北平人。字繼本。少以詩名。至正進士。授太常奉禮。兼翰林檢討。値元末之亂。隱居不仕。河朔學者多從之。洪武間典邑校於深。尋告歸。有一山文集。

李·廷臣 清廣元人。乾隆間由行伍從征金川及黔楚教匪。累戰有功。嘉慶間從攻四川教匪。官至蘄州鎭總兵。

李·廷忠 宋於潛人。字居厚。號橘山。淳熙進士。官至夔州通判。有洞霄詩集·橘山四六。

李·廷相 明濮州人。字夢弼。弘治進士。官南京戶部尚書。好藏書。卒謚文敏。

李·廷珪 唐南陽子。第進士。以司勳員外郞知制誥。累遷尚書左丞。朱全忠兼四鎭。廷珪以宣諭使汴。客將先見。諷其拜。廷珪佯不曉。曰。吾何德。敢受令公拜。及見。竟不肯加禮。◎南唐墨工。本姓奚。後賜姓李。故或稱奚廷珪。或稱李廷珪。自易水渡江居歙州。其製墨。自宋以來推爲第一。其墨用藤黃犀角眞珠巴豆等十二物爲之。堅如玉。紋如犀。印文作邽字者爲上。圭次之。珪又次之。其云奚廷珪者最下。格古要論云。李廷珪墨有二品。龍紋雙脊者爲上。一脊者次之。◎宋太原人。少隸孟知祥帳下。後從入蜀。知祥僭號。以戰功歷總兵柄。拒宋師於劍關。狼狽而還。所經州縣。盡焚其儲蓄。歸闕後爲右千牛衞上將軍。乾德中卒。

李·廷機 明晉江人。字爾張。萬曆進士。累官禮部尚書。入參機務。遇事有執。性廉潔。然刻深偏愎。不諳大體。言路以其與申時行·沈一貫輩密相授受。交章逐之。遂乞休。卒謚文節。

李·志 後魏彪子。字鴻道。博學有才幹。累官典作副將。所在著績。擢南荆州刺史。建義初叛入於梁。

李·成 宋京兆人。徙青州。字咸熙。別號營丘。性曠蕩。嗜酒喜吟詩。善琴弈。工畫山水。登開寶進士。爲光祿丞。周樞密使王朴將薦其能。會朴卒。鬱鬱不得志。乾德中衞融知陳州。召之。成日以酣飮爲事。醉死客舍。◎金歸信人。字伯友。勇力絕倫。宋宣和初。累官淮南招捉使。聚衆爲盜。後歸金。累官安武軍節度使。號令甚嚴。衆莫敢犯。臨陣身先諸將。士卒未食不先食。有病者親視之。或告成反。宗弼使成自治。成杖而釋之。其不校如此。以故士樂爲用。所向克捷。坐事廢。正隆間起爲眞定尹卒。

李·成大 宋建昌人。字實夫。迪從子。寶祐進士。知金壇日。元兵至。力戰不勝。被執榜掠。不肯降。殺其二子以懼之。終不屈。遂遇害。謚忠節。

李·成文 清圖南子。字仲彭。諸生。性介潔。境極困。授徒自給。歲終。以徒學未成。引爲愧。束修有半受者。有全卻者。其徒益感憤自勵。嘗應舉。以贐餽。固辭。或遺其家。旣而知之。卽酬以古琴。

李·成名 明太原衞人。字寰知。萬曆進士。擢吏科給事中。疏陳銓政失平。吏部侍郞方從哲中旨起官。抗疏劾之。並及其子恣橫狀。時黨人日攻東林。遂移疾歸。天啓間巡撫南贛。崇禎初拜戶部左侍郞。專理邊餉。京師戒嚴。帝召對平臺。區畫兵事甚悉。數月而罷。卒於家。

李·成梁 明朝鮮人。字汝契。世爲鐵嶺指揮僉事。成梁英毅驍健。有大將才。萬曆初累官遼東左都督。其始銳意封拜。師出必捷。威震絕域。貴極而驕。奢侈無度。以乾沒之資輸權門。爲之左右。去遼十年。邊備益弛。乃命再鎭遼東。敍勞加太傅卒。

李·成棟 清遼陽人。初爲明總兵。守徐州。順治間多鐸南征。成棟率所部降。從定江南浙江。又隨博洛定浙東。進取福建。累官兩廣提督。與佟養甲合兵定廣東。以爭功有隙。遂據南雄叛。納款明桂王。後兵敗墜水死。

李·成謀 清湘鄉人。字與吾。成豐初曾國藩創水軍。成謀應募隸楊載福戲下。轉戰湘·鄂·潯陽。擢副將。連克沿江要隘。自湖口以下七百餘縣。

江西肅清。功稱最。官至長江水師提督。諡勇愍。

李・攸 宋蜀人。字好德。官承議郎。嘗上書秦檜。戒以居寵思危。紹興初張浚自川入朝。約與俱。以家事辭。有宋朝事實及通今集。

李・材 元京兆人。字子構。詩多奇句。年十七。與趙孟頫同賦海子上即事詩。孟頫驚歎。以爲雜於唐人詩中。未易辨也。早亡。有子構集◎明遂子。字孟誠。別號見羅。嘉靖進士。授刑部主事。隆慶間歷官雲南按察使。數破倭寇。收孟養・蠻莫兩土司以制緬甸。以功擢右僉都御史。會有言材虛張功伐。詔下獄。後戍鎮海衞。材所至聚徒講學。學者稱見羅先生。有李見羅書・將將紀・觀我堂摘稿。

李・杞 宋平江人。字良仲。號木川。慶元初韓侂胄欲逐趙汝愚。因以盡除天下之不附己者。名以僞學。朱熹去國。寓西湖靈芝寺。送者漸少。惟杞獨從叩請。得窮理之學。◎宋眉山人。字子才。號謙齋。有用易詳解。(按是書焦竑經籍志作謙齋詳解。朱彝尊經義考作周易詳解。杞自序稱經必以史證。後世歧而爲二。離經太過。反入於虛無。無以見經爲萬世有用之學。故取文中子之言以用易名編云。)

李・汶 明習子。字宗茂。博學多才。善漢隸。國初召爲史館編修。與修元史。授巴東南和令。晚年歸隱鄉里。扁其所居曰兼山艮所。號石泉翁。

李・汾 金平晉人。字長源。爲人尙氣。跌宕不羈。善讀史。工詩。雄健有法。舉進士不中。用薦爲史館書寫。恒尋上書言時事不合。去客唐鄧間。恒山公武仙署行尙書省講議官。既而仙與參知政事完顏思烈相異同。頗謀自安。懼汾言論。欲除之。汾覺。遁泌陽。仙令總帥王德追獲之。鎖養馬牢。絕食而死。

李・沂 明嘉魚人。字景魯。萬曆進士。改庶吉士。授吏科給事中。中官張鯨掌東廠。橫肆無忌。言者皆得罪。沂極諫。帝震怒。下詔獄廷杖。斥爲民。有中祕草。

李・沆 宋肥鄉人。字太初。太平興國進士。咸平初累遷平章政事。在位日取四方水旱盜賊奏之。王旦以爲細事不足煩帝聽。沆曰。人主少年。當使知四方艱難。不然。血氣方剛。不留意於聲色犬馬。則土木甲兵禱祠之事作矣。吾老不及見。此參政他日之憂也。其他遠慮先識皆類此。時稱聖相。性直諒。內行修謹。言無枝葉。識大體。居位慎密。不求聲譽。人莫敢干以私。卒諡文靖。

李・沖 後魏寶子。字思順。孝文時累遷尙書僕射。領少傅。爲文明太后所幸。賞賜月至數十萬。虛己接物。垂念羈寒。褒舊淪屈。由之躋敍。時以此稱之。性機敏有巧思。北京明堂圜丘太廟。及洛都初基。安處郊兆。新起堂寢。咸資於沖。然顯貴門族。務益六姻。後以李彪見貿。倨傲無禮。遂發病。荒悸而卒。諡文穆。◎唐貞子。封琅邪王。勇而才。累遷博州刺史。中宗廢。與貞起兵反正。兵敗死。◎元字用之。工畫山水。

李・沖昭 唐咸通間道士。有南嶽小錄。(按鄭樵通志作仲昭。)

李・灼 清嘉定人。字松亭。與黃晟同著至聖編年世紀。

李・秀 明會稽女子。幼攻書史。年及笄。適燕客。自嗟不偶。大婦虐遇之。遂題詩亭壁自盡。錢謙益有新嘉驛壁題會稽女子詩。

李・秀成 清廣西人。爲洪秀全將。驍勇善戰。秀全據江寧。轉戰江浙。賴秀成與官軍相持者數年。封忠王。同治初曾國荃破江寧。秀成被獲死。

李・秀林 後魏順族人。太和中自中書博士爲頓丘相。豪右畏之。景明初守博陵郡。抑彊扶弱。以威嚴爲名。累官定州大中正。

李・系 後魏靈曾孫。字乾經。少聰惠。有才學。與舅子河間邢昕少相倫輩。梁武帝遣使朝貢。系爲尙書南主客郎。頗爲稱職。武定間使梁。與其二兄先後將命。時人稱之。官終太子家令。卒諡文。

李・罕之 後梁項城人。拳勇趫捷。少學爲儒不成。又爲僧。以其無賴。所至不容。遂爲盜。隨黃巢渡江。降於高駢。與李克用深相結。罕之雖有胆決。雄猜翻覆。御下苛暴。性復貪冒。不得士心。嘗私克用將。爲請一鎭。克用不許。遂歸太祖。爲河陽節度使。

李・肯龍 宋增城人。字叔膺。咸淳進士。攝長樂縣事。立團堡法以禁盜。禁邪巫。正婚姻。興學校。課農桑。四境晏然。累遷朝請大夫。致仕。

李・良 秦陳涉初起兵。趙王武臣使良畧常山。已又畧太原。秦將詐稱二世使。使遺良書以間良。良往邯鄲請兵。道逢王姊。以爲王。伏謁道左。王姊不知其將。使騎謝之。良得秦書。欲反趙未決。因此怒。追殺王姊。襲邯鄲。殺武臣。走歸章邯。◎明保安衞人。字士賢。爲指揮同知。勇力敢戰。不矯飾。不苛擾。士卒皆服從之。正德中逐流賊於燕薊齊魯鄭衞間。累有戰功。一日在陣墜馬。被圍死。

李・良年 清秀水人。字武曾。少與兄繩遠・弟符齊名。號三李。又與朱彝尊齊名。稱朱李。康熙中以國子生召試鴻博。未遇。徐乾學開志局於洞庭西山。聘主分修。有秋錦山房集。

李・良佐 清閩縣人。字凝和。善寫眞。兼工蘆雁。

李芃 唐趙州人。字茂初。德宗時累拜河陽節度使。與馬燧等破田悅。遷檢校尚書右僕射。以疾將請老。謂所親曰。救敵莫若德。方鎭之臣。宜先退讓。以死權錮祿爲戒。固求罷歸。

李言恭 明景隆七世孫。字惟寅。守備南京。好學能詩。折節寒素。

李辰 明四明人。一作宸。字奎南。工畫翎毛。

李迅 宋泉州人。字嗣立。官大理評事。以醫著名。有集驗背疽方。

李邦彥 宋懷州人。字士美。大觀間上舍及第。試符寶郎。俊爽美風姿。爲文敏而工。然生長閭閻。習猥鄙事。應對便捷。善謳謔。能蹴鞠。每綴街市俚語爲辭曲。自號李浪子。宣和間拜少宰。都人目爲浪子宰相。欽宗時升太宰。建炎初以主和誤國。責授建武軍節度副使。潯州安置。

李邦華 明吉水人。字孟闇。萬曆進士。授御史。以敢言聞。性好別黑白。以僉都御史巡撫山東。崇禎初爲兵部侍郎。銳意淸釐。戎政大飭。尋罷職。後起爲左都御史。李自成陷京師。縊於文信國祠。諡忠文。

李邦瑞 元臨潼人。字昌國。以字行。初爲金將小史。從守闕漫山寨。後歸木華黎。從諸王闊出經畧河南。凡所歷河北陝西州郡四十餘城。繪圖以進。授金符宣差軍儲使卒。

李邦寧 元錢塘人。字叔固。故宋小黃門。給事世祖內庭。警敏稱帝意。累遷禮部尚書。陳諫頗得大體。仁宗時官終集賢院大學士。

李邦獻 宋邦彥弟。官至直敷文閣。有省心雜言。

李防 宋內黃人。字智周。舉進士。眞宗時歷官陝西路梓州路江南轉運使。知延耀潞三州。防好建明利害。所至必有論奏。精力過人。在江南。晏殊以童子謁見。防命賦詩。使還薦之。後至宰相。

李京 宋趙州人。字伯升。歷知魏縣。奉法嚴正。遷監察御史。授右正言。數上書論事。宰相賈昌朝不悅。◎元河間人。字景山。自號鳩巢。起家掌故樞府。大德中官至烏撒烏蒙道宣慰副使。兼管軍萬戶。工詩。有鳩巢漫稿。◎淸高陽人。字元伯。有字學正本。

李佩金 淸長洲女子。字紉蘭。嘗集古今女士書爲簪花閣帖。

李佾 宋奉化人。建炎之難。張俊·劉洪道棄郡走。蔣安義迎降。列城瓦解。佾奮然與董之邵等起義兵。金兵至。三戰三卻之。奉化以是得全。事定不言功。賞亦弗及。

李侃 明東安人。字希正。正統進士。授戶科給事中。矯抗有直聲。廷議易儲。大臣唯唯。侃泣諫。天順間擢山西巡撫。力振風紀。貪墨屛跡。以母喪歸。軍民擁泣不得行。家居十餘年卒。

李佸 明扶溝人。垂年供靑衣之役。年三十始折節讀書。詩成一家言。士大夫禮重之。

李來泰 淸臨川人。字石臺。順治進士。督學江南。所拔皆知名士。尋任蘇松常道。歷官淸愼。康熙中召試鴻博。授侍講。古文奧博。不肯一語猶人。詩獨以平正通達稱。有蓮龕集。

李來章 淸襄城人。名灼然。以字行。號禮山。康熙舉人。知廣東連山縣。有循跡。其學以愼獨爲主。著書四十餘種。行世者有禮山園詩文集·連陽八排風土記·洛學編。

李侍堯 淸漢軍鑲黃旗人。永芳六世孫。字昭信。乾隆時授滿洲副都統。任廣東將軍。機警過人。凡案籍經目。終身不忘。性貪黷驕奢。任雲貴總督時。以納賄論斬。帝宥之。後歷陝甘兩廣閩浙總督·武英殿大學士。貪黷如故。卒諡恭毅。

李侗 宋南劍人。字愿中。從學羅從彥。爲所稱許。退而結茅山田。謝絕世故。飲食或不充。怡然自得。朱熹嘗師事焉。世號延平先生。隆興初卒。諡文靖。有延平問答及語錄。

李典 三國魏乾從子。字曼成。事曹操。以功遷破虜將軍。封都亭侯。典好學問。貴儒雅。不與諸將爭功。敬賢士大夫若不及。軍中稱其長者。卒諡愍。

李卑 明榆林人。字倬平。天啓間官山海關游擊。坐事罷歸。崇禎間討延慶回賊有功。起延安參將。累擢臨洮總兵官。討賊湖廣。盧象昇方倚辦賊。遽以疾卒。卑善持紀律。所至安堵。爲人有器度。當倉猝。鎭靜如常。

李叔仁 後魏隴西人。驍健有武力。以軍功累封陳郡公。除鎭西將軍。節閔帝時除涼州刺史。遣使密通款於高歡。事覺見殺。

李叔正 明靖安人。字克正。年十二能詩。長益淹博。爲江西十才子之一。洪武初以薦爲學正。累官禮部尚書。所歷多稱職。

李叔良 唐宗室。虎孫。武德初鎭涇州。捍薛仁杲。仁杲內史令翟長孫以衆降。時大饑。叔良不恤士。損糧以漁利。下皆怨。乃出金勞軍。委事於長孫。乃克安。後討突厥。中流矢道斃。

李叔明 唐新政人。字晉。肅宗時擢明經。歷東川節度使。遂梓二州刺史。代宗時以破吐蕃功。加檢校戶部尚書。德宗幸興元。出家貲助軍。加太子太傅。封薊國公。初東川承兵盜。鄉邑凋破。叔明治之二十年。撫接有方。華夷遂安。卒諡襄。

李叔虎 後魏修人。好學博聞有

識度。孝文帝時官本國中正。性清直。有公平之稱。高陽王雍重其器操。除假節行華州事。卒諡穆。

李叔義 〔明〕閩人。字文宜。爲廣昌訓導。終貴州僉事。善丹青。工書。

李周 〔後晉〕內丘人。字通理。初事後唐。晉王以爲萬勝黃頭軍使。從戰常有功。其於用兵。善守。與士卒同甘苦。數拒梁兵。歷武寧安遠永興宣武四鎮。所至多善政。後晉出帝時拜開封尹卒。◎〔宋〕馮翊人。字純之。第進士。調長安尉。歷洪洞·雲安令。皆有惠政。司馬光將薦爲御史。欲使來見。周曰。聞薦而往。所爲呈身御史也。卒不往。哲宗立。召爲職方郎中。朝廷議和西夏。欲棄蘭州。周以爲非秦蜀利。遂不果棄。官至集賢殿修撰。周自爲小官。沈晦自匿。未嘗私謁執政。以是不偶於世。

李周望 〔清〕旭升子。字渭湄。康熙進士。由檢討累擢戶部左侍郎。與謝履中同著國學禮樂錄。雍正間官至禮部尚書。

李和 〔隋〕其先隴西狄道人。後居朔方。本名慶和。少勇敢有識度。狀貌魁偉。爲州里所推。初爲賀拔岳帳內都督。後仕周。歷夏洛二州刺史。賜姓宇文氏。名意。隋初進上柱國。改名和。卒諡肅。和立身剛簡。老而愈勵。諸子趨事。若奉嚴君。

李固 〔後漢〕郃子。字子堅。少博學。陽嘉初公卿舉固對策。順帝多所采納。即時出趙阿母還舍。諸常侍悉叩頭謝罪。朝廷肅然。而阿母宦者疾固言直。因詐飛章以陷其罪。久乃得拜議郎。沖帝時固爲太尉。及沖帝崩。質帝遇弒。固與杜喬欲立清河王蒜。梁冀竟立桓帝。誣固下獄。遂見害。二子並死獄中。

李固言 〔唐〕趙人。字仲樞。第進士。文宗時爲華州刺史。旋召爲吏部侍郎。大豪何延慶橫猾譁衆。遮道使不得去。固言杖殺之。尸諸道。既領選。按籍自擬。先收寒素。扼吏姦。累官同平章事。宣宗時拜太子太傅。固言口吃。接賓客頗謇緩。然每議論人主前。乃更詳辨。

李坤 〔清〕廣東鎮平人。以守備積戰功調赴廣西。署總兵。禦吳三桂兵於藤縣。馬蹈失足。亡於陣。諡忠烈。

李坤臣 〔宋〕臨邛人。以大父母及父相繼卒。哭泣喪明。授徒自給。尤邃於易。三禮最該暢。魏了翁嘗與之共相討論。

李垂 〔宋〕聊城人。字舜工。咸平進士。上兵制將制書。累遷館閣檢理。上導河形勝書三卷。欲復九河故道。時論重之。以不附丁謂。罷知亳州。明道中還朝。李庚伯謂曰。諸公欲用君爲知制誥。但宰相以未嘗相識。盍一往見。垂曰。我若昔謁丁崖州。則乾與初已爲翰林學士矣。人已老大。焉能看人眉睫。以冀推輓乎。執政知之。出知均州卒。

李奇玉 〔清〕嘉善人。字元美。崇禎進士。官至汝甯知府。有雪園易義。

李奈 〔明〕蒙陰人。字時珍。宣德進士。由行人授御史。不避權要。尤惡貪暴人。號鐵板李御史。補陝西參議。署理河西邊儲。治民無寃獄。西人號爲李佛。景泰中乞歸卒。

李奉先 〔元〕葉縣人。性至孝。父卒既葬。結菴墓側。晝夜臨哭其中。植樹數百株。時呼爲孝子林。

李奉貞 〔清〕孟羣從妹。知書。工騎射。奉母不字。孟羣奉胡林翼檄。督師討賊。奉貞戎裝從行。往往建奇功。後戰死漢陽。年二十餘。

李奉珪 〔唐〕善畫人物。

李始 〔成漢〕特子。雄異母兄。字伯起。雄既僭位。累遷太保。善撫士衆。衆多歸之。及從子期殺其兄班。以始爲征東將軍。鎮江陽。始欲附從弟壽。謀共討期。壽不從。始怒。說期討壽。期又不許。後壽襲破成都。期自殺。始亦被誅。

李孟 〔元〕上黨人。字道復。博學強記。通貫經史。世祖時累薦不就。成宗立。孟侍仁宗於宮中。日陳善道。多所進益。武宗立。特授平章政事。後爲鐵木迭兒所譏構。降授侍講學士。孟宇量閎廓。材畧過人。三入中書。民間利害。知無不言。進拔賢士。遊其門者後皆知名。卒諡文忠。

李孟元 〔後漢〕治易論語。畧通大義。與從弟就同居。就有痼疾。孟元推所有田園悉以讓就。夫婦紡織自給。

李孟傳 〔宋〕光子。字文授。光南遷之日方六歲。以光遺表恩累官至太府丞。韓侂胄願見之。不可。由是出知江州。以朝請大夫直寶謨閣。致仕。有磐溪詩文稿等數十卷。

李孟羣 〔清〕固始人。字鶴人。道光進士。知廣西靈川縣。有政聲。咸豐間從曾國藩統水師。破城陵磯。克武漢。旋改統陸軍。轉戰湖北安徽各省。官至安徽巡撫。與陳玉成戰。被執。自刭死。諡武愍。

李季芳 〔唐〕道州人。代宗時處士。道州刺史元結請於朝曰。季芳介直自全。退守廉遜。乞令州縣遣舍給田。免其戶役。從之。

李季烈 〔唐〕適子。亦能文。學明經博學宏辭。肅宗時爲中書舍人。代宗時累官散騎常侍。在朝薦進才髦。與人交有終始。時稱恢博君子。

李季凱 〔後魏〕仲尚弟。孝明帝時除并州安北府長史。帝崩。爾朱榮陰圖義舉。季凱豫謀。普泰初。爾朱世隆以榮之死。謂季凱通知。於是見害。

李·季鼎 【明】大興人。永樂初以國子生拜爲左春坊贊善。講經書。深見禮待。爲人博學強記。當時號爲書庫。及致仕。猶訪以時政。

李·宗可 【元】蘄州人。有勇畧。善槊。余闕妻以兄女。擢爲州判統軍。陳友諒攻安慶。城破。宗可横槊入賊中。擊殺甚多。聞闕死。驅其家屬盡殺之。乃自剄。

李·宗成 【宋】鄜時人。工畫山水寒林。破墨潤媚。取象幽奇。林麓江皋。尤爲工妙。

李·宗昉 【清】江蘇山陽人。字靜遠。號芝齡。嘉慶進士。道光間官至禮部尚書。專心盡職。不以矯激沽名。有聞妙香室詩文集・黔記・致用叢書等書。

李·宗易 【宋】宛丘人。字簡夫。少好學。詩效白居易。詳於吏治。慶曆間官至太常少卿。與晏殊相知尤深。後歸。優游林泉者十六年。蘇轍爲宛丘博士。常與之游。

李·宗泗 【明】昆明人。字希顏。倜儻有智畧。成化進士。累官御史。時馬政多弊。宗泗一一釐清之。陞江西按察副使。會長河等峒賊攻掠郡邑。宗泗出奇設伏。屢以捷聞。以勞卒官。

李·宗勉 【宋】富陽人。字彊父。開禧進士。端平間累拜左丞相。守法度。抑僥倖。召用老成。尤樂聞讜言。趙汝騰嘗稱宗勉爲公清之相。卒謚文清。

李·宗思 【宋】建安人。字伯諫。學於朱熹。教授蘄學。熹嘗以主敬致知擢驕破吝相勗。

李·宗城 【明】言恭子。少以文學知名。萬曆中倭犯朝鮮。以薦授都督僉事。充正使。指揮楊方亨副之。宗城至釜山。倭來益衆。道路藉藉。言且劫二使。宗城恐。逃歸。下獄論戍。

李·宗埴 【清】長洲人。字範方。號曉鼂。又號珊崖。官候選鹽大使。善畫山水蘭竹。書法唐人。兼學漢隸。工詩詞。好金石。多蓄古銅鏡錢。有錢譜。

李·宗渭 【清】嘉興人。字秦川。康熙舉人。有瓦缶集。

李·宗訥 【宋】昉子。字大辨。太宗居藩邸時。每有篇詠。令昉屬和。前後數百章。皆宗訥繕寫。帝愛其楷麗。擢國子監丞。官終比部郎中。

李·宗閔 【唐】元懿四世孫。字損之。擢進士。調華州參軍事。舉賢良方正。以言忤時宰。流落不偶。穆宗即位。進中書舍人。又以託所親於典貢舉。爲李德裕等所揭。坐貶。由是樹黨相磨軋。凡四十年。搢紳之禍不能解。太和中遷同平章事。後再貶柳州司馬卒。宗閔初爲裴度引拔。及度薦德裕可爲相。遂與爲怨。韓愈作南山猛虎行規之。宗閔崇私黨。薰刺中外。卒以是敗。

李·宗潮 【清】嘉興人。字坤四。號蕉窗。乾隆舉人。舉鴻博未遇。知廣西灌陽縣。工詩古文詞。尤精音律。有秦蜀游草・二守齋詩鈔。

李·宗諤 【宋】昉子。字昌武。七歲能屬文。恥以父任得官。獨由鄉舉第進士。又獻文自薦。眞宗時累拜右諫議大夫。初昉居三館兩制之職。宗諤不數年。並踐其地。風流儒雅。藏書萬卷。內行淳至。尤好勤接士類。奬拔後進。工隸書。有文集六十卷。內外制三十卷。預修太祖實錄・續通典。又作家傳談錄。並行於世。

李·宗羲 【清】四川開縣人。字禹亭。道光進士。知安徽太平縣。洪秀全據江寧。宗羲隨軍協理糧餉。同治中累官兩江總督。時日本搆釁。宗羲添築烏龍山・江陰・吳淞・下關・都天廟等砲臺多處。江防以固。歷官所至。皆有政績。

李·宗謨 【明】永安人。號小樵。又號古栟子。與董其昌同時。工畫人物。寫山水白描。精緻秀雅。

李·宗瀚 【清】臨川人。字公博。一字北溟。又字春湖。乾隆進士。道光時官至工部左侍郎・浙江學政。喜聚書。癖嗜金石文字。工詩。有椒湖酬唱詩略。書法尤推重一時。

李·宗蘗 【清】仁和人。字芝圃。諸生。工畫馬。兼長人物花卉。

李·定 【宋】揚州人。字資深。少受學於王安石。登進士第。爲定遠尉・秀州判官。神宗召問青苗事。定極言其便。於是諸言新法不便者。皆不聽。拜太子中允・監察御史裏行・知制誥。坐庶母死匿不爲服。改崇政殿說書。累官御史中丞。以劾蘇軾怨謗。爲公論所惡。而不孝之名益著。

李·定國 【明】延安人。一作綏德人。字一人。又字寧宇。初名如靖。少從張獻忠爲賊。獻忠收爲養子。與孫可望・劉文秀・艾能奇號四將軍。獻忠死。四人分其兵。而推可望爲首。後與可望同歸永明王由榔。封晉王。旋與可望有隙。遂奉永明王入滇。與可望戰。大敗之。清兵入雲南。定國拒戰屢敗。永明王走緬甸。緬酋劫之。定國與緬力戰。索其主。終不得。後緬酋以永明王父子獻清軍。死於雲南。定國聞耗。病卒。

李·尚隱 【唐】趙郡人。舉明經。玄宗時累官戶部尚書。性剛亮。論議皆披心示誠。尤詳練故實。三入御史府。輒繩惡吏。不以殘鷙失名。官終太子賓客。卒謚貞。

李·岸 【清】松江人。字新之。善畫花卉人物。尤工寫照。善長嘯。高山吐音。巖谷俱響。

李·庚 【宋】臨江人。流寓天台。字子長。紹興進士。歷官監察御史。知宣州。有集號詅癡符。◉〔明〕侯官人。字長白。善畫山水草蟲。

李忠 〔後漢〕黃人。字仲都。仕爲郎。以好禮修整稱。更始時與任光同奉光武。光武會諸將問所得財物。惟忠獨無所掠。王郎攻信都。收忠母妻。忠不顧。累功封中水侯。又從平寵萌．董憲等。遷豫章太守。雲臺二十八將。忠其一也。◉〔唐〕高宗子。字正本。初立爲皇太子。後立武后子弘甫。降封梁王．梁州都督。俄徙房州刺史。忠懼。至衣婦人衣。備刺客。數有妖夢。嘗自占。事露。廢爲庶人。許敬宗誣以謀反。賜死。

李忠臣 〔唐〕薊人。本姓董。名秦。少從軍。以材力奮。戇直不通書。肅宗時以戰功賜姓名。代宗時歷汴州刺史。同中書門下平章事。封西平郡王。性貪婪嗜色。爲李希烈所脅逐。跳奔京師。以失兵柄怫鬱。朱泚反。僞署司空。泚敗。伏誅。

李念慈 〔清〕涇陽人。字屺瞻。號劬菴。順治進士。官天門知縣。康熙中召試鴻博不第。隱居峪口山。詩畫皆擅時名。吐屬渾雅。有峪口山房集。

李忽闌吉 〔元〕隴西人。一名庭玉。以從征西川功。爲管軍總領。取合江大獲山。憲宗南征。忽闌吉掌橋道饋餉事。大獲山守臣楊大淵納款。已而逃歸。憲宗怒。將屠其城。忽闌吉急追之。單騎至城下。下馬執大淵手。遂與偕來。城民獲全。自後累有戰功。成宗時積官陝西等處行中書省右丞。卒謚襄敏。

李性傳 〔宋〕舜臣子。字成之。嘉定進士。歷幹辦行在諸軍審計事。進對言有崇尚道學之名。未遇其實。帝曰。實者何在。性傳對曰。在陛下格物致知以爲出治之本。累進同知樞密院事。致仕卒。

李承 〔後魏〕寶子。字伯業。少有策略。初。寶謀歸款。民僚多有異議。承年十三。勸寶速定大計。議遂決。太武深相器異。賜爵姑臧侯。承方裕有鑒裁。爲時所重。文成時官滎陽太守。爲政嚴明。卒謚穆。◉〔唐〕高邑人。擢明經。德宗時累拜晉絳觀察使。廉正有雅望。遷山南東道節度使。時李希烈猶據襄州。承以單騎入。希烈迫脅萬端。承晏然誓以死守。希烈遂大掠去。襄漢蕩然。承輯綏撫安。二年完復。希烈之死。亦承首謀云。遷檢校工部尚書．湖南觀察使卒。

李承之 〔宋〕肅之弟。字奉世。性嚴重有忠節。英宗時官明州司法參軍。郡守覷法。承之毅然力爭。神宗命察訪淮浙常平農田水利差役事。還奏役書二千篇。又察訪陝西。時郡縣昧於奉法。斂羨餘過制。承之悉裁正其數。官至樞密直學士。

李承宏 〔唐〕守禮子。爵廣武王。坐交非人。貶房州別駕。還爲宗正卿。代宗時吐蕃入京師。帝如陝。虜宰相馬重英立承宏爲帝。賊退。放華州死。

李承約 〔後晉〕薊州人。字德儉。從唐莊宗破夾寨。戰臨清。累遷洺汾二州刺史．潁州團練使．邠州節度使毛有璋異志。承約諭以禍福。璋卽日受代。明宗拜承約黔南節度使。勸農興學。以恩信撫諸夷落。天福初遷左驍衞上將軍。

李承乾 〔唐〕太宗子。字高明。太宗卽位。立爲皇太子。甫八歲。特敏惠。帝在諒闇。使裁決庶政。有大體。及長。好聲色漫遊。過惡寖聞。後廢爲庶人。徙黔州。卒封常山王。謚愍。

李承勛 〔明〕嘉魚人。字立卿。弘治進士。正德間巡撫遼東。時邊備久弛。牆堡墩臺。圮廢殆盡。承勛疏請疏築。會世宗立。發帑銀四十餘萬兩。承勛身負畚鍤先士卒。招逋逃。開屯田。累官兵部尚書。卒謚康惠。

李承嗣 〔五代吳〕雁門人。故河東驍將。爲汴兵所逼。奔於楊行密。署淮南行軍副使。行密待之厚。故爲盡力。竟死不復歸。

李承福 〔後晉〕漢陽人。字德華。少事元行欽。掌皂棧之役。高祖時累官齊州防禦使．檢校太保。性鄙狹。好察人微事。多所詆訐。然自任所見。無所準的。故人多薄之。

李承箕 〔明〕嘉魚人。字世卿。號大厓。成化舉人。師陳獻章。久之有所悟。歸隱黃公山不復仕。與兄進士承芳。皆好學。稱嘉魚二李。有大厓集。

李承勳 〔後唐〕爲牙將。善於奉使。名聞軍中。累遷至太原少尹。劉守光僭號。莊宗遣承勳往使。問其釁端。承勳見守光。如藩方聘問之禮。謁者強之行朝禮。終不屈。遂沒於燕。

李抱玉 〔唐〕河西人。武德功臣安興貴之裔。始名重璋。嫺騎射。少從軍。爲人忠謹。沈毅有謀。玄宗以其戰河西有功。爲改今名。祿山亂。守南陽。上書恥與逆臣共宗。賜姓李。徙籍京兆。代宗時累官兵部尚書。兼三節度三副元帥。時稱良將。卒謚昭武。

李抱眞 〔唐〕抱玉從弟。字太玄。沈慮而斷。代宗時僕固懷恩反。用抱眞策。起用郭子儀。懷恩敗。歷澤懷二州刺史．懷澤潞觀察留後。凡八年。繕甲淬兵。遂雄山東。德宗時領昭義軍。朱滔．李希烈等相繼反。抱眞獨以數州橫絕離沮。爲羣盜所憚。又說降王武俊共破滔。後惑方士言。餌丹過多而卒。

李放 〔唐〕德宗時人。善寫眞。

李政 〔宋〕爲雲騎第六指揮。以戰功授河北將官。冀州駐劄。金兵來攻城甚急。有登城者。政呼曰。事急矣。有能躍火而過者有重賞。於是有十數人皆以濕氈裹身持仗躍火而過。大呼力戰。金人敗走。未幾政死。城遂陷。

李·昂 【明】仁和人。字文舉。天順進士。成化間知青州。有惠政。尋擢江西巡撫。改督漕運。創開康濟等河。濬安平河諸源。未幾卒。妻陳氏。名德懿。通達經典。諳練時務。晚尤工詩詞。有詩集。

李·昆 【明】介子。字承裕。弘治進士。歷禮部主事。彊直敢言。正德初羣小用事。請黜邪枉。進忠直。杜宦戚請乞。節中外修費。皆不報。累官兵部左侍郎卒。

李·昇 【前蜀】成都人。小字錦奴。善畫人物。寫蜀中山水尤妙。時亦有小李將軍之稱。

李·昉 【宋】饒陽人。字明遠。仕漢周歸宋。三入翰林。太宗朝拜平章事。端拱初邊警急。詔羣臣各進策。昉引漢唐故事。以屈己修好弭兵息民爲言。時論稱之。昉性和厚。在位無赫赫稱。好接賓客。居中書日。有求進用者。雖知其材可取。必正色拒之。已而擢用。或不足收用。必和顏溫語待之。卒諡文正。奉勅撰太平御覽·文苑英華·太平廣記等書。

李·昊 【後蜀】字穹佐。前後仕蜀五十年。前蜀降唐。昊草其表。後主降宋。其表亦昊所爲。蜀人潛署其門曰。世修降表李家。有樞機應用集。

李·昌 【清】仁和人。字爾熾。號謹菴。康熙舉人。工畫花鳥草蟲。

李·昌泉 【清】鄞人。中武舉。字復琦。號海若。指畫古雅不俗。

李·昌祚 【清】漢陽人。字文孫。號劍浦。別號過廬。又號來園。順治進士。官至大理寺卿。自幼力學。邃於洛閩之指。平居矢志以利人濟世爲務。而不屑屑於詞章之末。所至皆有可稱。有眞山人集。

李·昌祺 【明】廬陵人。名禎。以字行。永樂進士。選庶吉士。預修永樂大典。僻書疑事。人多就質。歷廣西河南左布政使。並有惠政。致仕二十餘年。屏跡不入公府。伏臘不充。故廬裁蔽風雨。有運甓漫稿。

李·昌齡 【宋】楚丘人。字天錫。太平興國進士。官銀州通判。京師開金明池。昌齡獻詩百韻。擢右拾遺。後知廣州。不能以廉自守。累官參知政事。頗選愞無所建明。

李·明 【宋】工畫山水。

李·明友 【宋】成都人。字題儒。工畫竹。

李·明性 【清】蠡縣人。字洞初。號晦夫。明諸生。事親以孝聞。甲申後謝世事。一意聖學。顏其齋曰主一。讀書潛玩默體。務期實致之躬。博陵顏元見其手錄日記及所輯性理通鑑諸書。大歎服。揭姓氏於座上。出入拱揖。康熙中卒。學者私謚孝懿先生。

李·明香 【清】蜀人。李八百之妹。初修道於華山之元秀峯。後不知所終。

李·明復 【宋】合陽人。亦名俞。字伯勇。嘉定中太學生。有春秋集義。

李·明遠 【明】善畫菊花。

李·明德 【元】上高人。讀書有志操。孝行篤至。至正間亂兵陷袁州。掠上高。兵執其父欲殺之。明德泣告願代父死。遂被害。父得免。

李·杭 【清】星沅子。字梅生。一字孟龍。七歲能詩。通經史。尤留心經世之學。道光進士。官編修。有小芋香山館集。

李·林甫 【唐】思誨子。小字哥奴。工書。善畫。性柔佞狡黠。有權術。玄宗時累拜兵部尚書·同中書門下三品。進兼中書令。厚結宦官妃嬪。察帝動靜。故奏對皆稱旨。在朝十九年。專政自恣。卒釀成安史之亂。

李·林松 【清】上海人。字仲熙。號心庵。嘉慶進士。官戶部員外郎。母卒不復出。經術邃深。尤精漢學。有周易述補·通韻便覽。

李·東 【宋】邵武人。綱族孫。字子賢。受業於朱熹。號精敏。登紹熙進士。爲廬陵簿。遷知萬安縣。◉【宋】理宗時人。善圖繪村田景致。

李·東宣 【清】歸州人。由武生隨勦黔楚苗有功。嘉慶間隨勦川陝楚教匪。累著戰績。道光間官至大名鎭總兵。

李·東陽 【明】茶陵人。字賓之。號西涯。天順進士。孝宗朝官至文淵閣大學士。預機務。多所匡正。受顧命。輔翼武宗。立朝五十年。清節不渝。當劉瑾用事時。東陽潛移默奪。保全善類。而氣節之士多非之。卒謚文正。工篆隸書。自明興以來。宰臣以文章領袖縉紳者。楊士奇之後。東陽一人而已。有懷麓堂集。

李·杲 【金】眞定人。字明之。自號東垣老人。世以貲雄鄉里。幼好醫學。從易人張元素學。盡傳其業。於傷寒癰疽眼目病尤長。時稱神醫。有內外傷辨惑論·脾胃論·蘭室祕藏等書。

李·果 【清】長洲人。字碩夫。號客山。康熙時布衣。工詩。格律蒼老。晚年名益盛。有石閭集。

李·果奴 【唐】工寫貌人物。筆蹟調潤。士女及僧佛稱妙。

李·欣 【宋】莆田人。字公愉。太宗時爲推官。以清謹聞。擢通判耀州。時關輔盜賊充斥。欣陳討捕之策。踰月悉平。仁宗朝遷諫議大夫卒。

李·治 【元】欒城人。字仁卿。登金進士第。授高陵主簿。辟知鈞州事。金亡北渡。講學著書。祕演算術。以道德文章自守。至老不衰。至元間以學士召。就職踰月。以老病辭歸。有敬齋文集・壁書叢削・泛說・古今難・測圓鏡海・益古衍疑・敬齋古今黈等書。（元史作李治。施國祁禮耕堂叢說謂係李冶非李治。按元王惲中堂紀事卷三。徵君李冶。授翰林學士。同修國史。金少中大夫程震碑。欒城李冶題額。石本作冶。是治當爲冶無疑。

李・治運 〔淸〕吳江人。字寧人。號漪亭。雍正進士。以禮部郎中督學山東。累官安徽浙江按察使。所至有治績。寫墨蘭得趙孟頫法。有漪亭集。

李・洞 〔元〕滕州人。字溉之。生有異質。以薦授翰林國史院編修。泰定初除翰林待制。以親喪未葬辭歸。天曆初以待制召。特授奎章閣承制學士。會詔修經世大典。洞力疾同修。書成。謁告歸。遂卒。洞爲文章。奮筆揮灑。縱橫奇變。意之所至。臻極神妙。尤善書。篆隸草眞皆精詣。爲世所珍愛。有文集。

李・泌 〔唐〕魏柱國弼六世孫。徙居京兆。字長源。七歲能文。玄宗召試禁中。張說稱爲奇童。張九齡尤所獎愛。嘗引至臥內。九齡與嚴挺之・蕭誠善。以嚴苦勁。蕭軟美。欲召蕭。泌在旁率爾曰。公起布衣。以直道至宰相。而喜軟美者乎。九齡改容謝之。因呼小友。及長博學。常游嵩華終南間。慕神仙不死之術。天寶間以翰林供奉東宮。太子遇之甚厚。楊國忠疾之。因隱居穎陽。肅宗卽位靈武。泌至進謁。處以賓友。入議國事。出陪輿輦。中與方略。悉與謀議。爲李輔國所疾。去隱衡山。代宗立。復召之。又爲元載・常袞所疾。出歷楚州杭州刺史。德宗在奉天。召赴行在。旋拜中書侍中。同平章事。遇事多所匡救。德宗欲廢太子。感泌切諫而止。封鄴侯卒。

李・法 〔後漢〕南鄭人。字伯度。博通羣書。性剛而有節。和帝時累遷侍中光祿大夫。上疏失旨。免爲庶人。在家八年。徵拜諫議大夫。正言極辭。無改於舊。出爲汝南太守。有聲績。◉〔淸〕與化人。字子薦。博雅善書。尺楮寸縑。人爭寶之。

李・波 〔後魏〕廣平人。宗族強盛。殘掠生民。百姓爲之語曰。李波小妹字雍容。褰裙逐馬如卷蓬。左射右射必疊雙。婦女尙如此。男子那可逢。後爲李安世誘斬於鄴。

李・昃 〔唐〕工山水雜畫。

李・牧 〔戰國趙〕北邊良將。常居代雁門備匈奴。以便宜置吏。市租皆輸入幕府。日擊牛享士。習騎射。謹烽火。多閒諜。弗與戰。亦弗亡失。後大破之。匈奴十餘年不敢犯趙邊。又大破秦軍。以功封武安君。秦患之。多與嬖臣郭開金。使言牧欲反。趙王斬牧。秦遂滅趙。

李・玨 〔唐〕趙郡人。字待價。舉進士。擢右拾遺。穆宗荒酒色。憲宗初葬。期九月九日大宴羣臣。又鹽鐵使王播請增茶稅。玨皆上疏極論。出爲下邽令。開成中同中書門下平章事。武宗新聽政。玨數稱道無逸篇以勸。終檢校尙書右僕射，淮南節度使。卒諡貞穆。◉〔唐〕以販糴爲業。每斗惟取利二文。以供父母。有來糴者。卽授以升斗。俾自量。丞相李玨節制淮南。夢入洞府。見石壁塡金書姓名。內有李玨字。方自喜。有二仙童云。此乃江陽部民李玨爾。◉〔宋〕從訓子。淳熙間爲畫院待詔。能世其業。◉〔[illegible]〕吉水人。字元暉。號鶴田。又號廬陵民。年十二通書經。召試館職。官閤門宣贊舍人。宋亡後不出。有雜著及錢塘百詠行世。

李・玝 〔成漢〕雄子。李班嗣位。玝與弟期・越皆來奔喪。玝勸班遣越還鎭。班猶豫未許。期・越竟殺班於喪次。玝奔晉。歷巴郡・襄陽・宜都太守。永和間從征西。至山陽戰死。

李・玢 〔唐〕玄宗子。仁愛有學。封延王。遙領安西大都護。帝入蜀。玢凡三十六子。不忍棄。故徐進。數日見行在所。帝怒。漢中王瑀申救得解。聽歸靈武。

李・玫 〔五代吳〕天祐時爲舒州倉曹官。自言少時因病遂見鬼。爲人言禍福多中。

李・玭 〔唐〕黃梅人。開元時立廬山使者廟。詔所在學士製碑文。獨玭文稱旨。詔舉博學弘詞。不赴。或勸之。玭曰。世所謂詞學。何如張九齡・裴耀卿賢。今概以相李林甫罷去。予安能保克終。築室東山廨林塢。稱衡門居士。以壽終。◉〔宋〕宗城人。力耕事母。母卒。讓田於弟。廬墓所。晝夜號泣。負土築墳。又以二代及諸族父母藁葬者。盡禮葬之。凡三年。不食肉衣帛。不預人事。墳成。復留守三年。常令兄子賣藥以自給。

李・直夫 〔元〕女眞人。居德興府。一稱蒲察李五。工樂府。有虎頭牌等雜劇行世。

李・直方 〔宋〕東陽人。字德方。少以世業治尙書。舉進士不第。退治濂洛之學。宋末隱居教授以終。

李・直養 〔宋〕廣陵人。字無害。淳熙中爲海鹽丞。甚著名績。紹熙初改令。興學課士。置鄉底堰八十餘所。又自藍田廟開浦十八里。以便鹽運。民被其利。

李・知本 〔唐〕元氏人。涉經術。事親篤至。與弟知隱雍順。子孫百餘。貲用僮僕無間。隋大業末盜賊過閭不入。相戒曰。無犯義門。往依者五百餘室皆免。貞觀初爲夏津令。

李·知孝 【宋】光孫。字孝章。嘉定進士。紹定間累官兵部尙書。後鐫秩徙瑞州。知孝起自名家。苟於仕進。排斥諸賢殆盡。世指知孝及梁成大·莫澤爲三凶。卒以貶死。天下快之。

李·知柔 【唐】業曾孫。始擢京兆尹。累官同中書門下平章事。昭宗出莎城。獨知柔從。乘輿器用庖頓皆主之。巨細畢給。歷清海軍節度使。終檢校太傅兼侍中。儉德廉潔。爲宗室冠。

李·知損 【後周】大梁人。字化機。少輕薄無行。梁時以險刺篇詠。出入內臣之門。因得虛名。時人目之爲李羅隱。歷右司郎中。以受賂謫。入漢。使江浙。所過強貸。行止穢雜。責授棣州司馬。世宗素聞知損狂猾。好上封事。謂有可采。命徵還。知損日貢章疏。多斥讒貴近。自謀進取。世宗怒。除名配沙門島。

李·祀 【宋】平江人。字亘仲。從朱熹游。輯池州語錄。

李·祁 【宋】字肅遠。官不顯。與王俊義首建正論於宣和間。當是時。諸公卿稍知分別善惡邪正。兩人力也。

⊙【元】茶陵人。字一初。號希蘧。元統進士。累官浙江儒學副提舉。元將亡。隱居永新山。明初徵聘不起。自稱不二心老人。有雲陽集。

李·秉 【明】曹縣人。字執中。正統進士。景泰間擢右僉都御史。參贊軍務。旋兼理巡撫事。憲宗立。累拜左都御史。自遼東抵大同。整飭邊備。未幾命爲總督。出塞大捷。賜麒麟服。進吏部尙書。秉誠心直道。夷險一節。與王竑並負重望。卒諡襄敏。

李·秉常 【西夏】諒祚子。嗣爲夏國主。宋自熙寧用兵以來。凡得葭蘆·吳保·義合·米脂·浮圖·塞門六堡。而靈州·永樂之役。官軍熟羌義保死者六十萬人。錢粟銀絹以萬數者不可勝紀。神宗臨朝悼痛。而夏人亦困敝。遂言和。在位二十年卒。廟號惠宗。年號乾道。天賜禮盛國慶·大安·天安禮定。

李·秉德 【清】吳縣人。字蕙級。號浩江。自稱龍池山人。諸生。以獻畫供奉內廷。得官鹽場。善山水花卉。

李·秉衡 【清】奉天人。號鑑堂。光緒間由冀州知州累官山東巡撫。懲貪革弊。頗著清望。以曹州教案罷職。後巡閱長江水師。拳匪起。附和載漪。剛毅。排外仇教。禦各國聯軍於通州。不戰而潰。遂自盡。和議成。追奪官。

李·秉彝 【元】潞人。字仲常。穎悟好學。十歲能習古篆隸。至元初官工部尙書·兩浙轉運使。嘗名其室曰閑邪。世稱閑邪公。

李·肯堂 【後魏】高平人。性強記。有巧思。善楷書諸篆。號西溪。有西溪法帖。

李·育 【後漢】漆人。字元春。少習公羊春秋。沈思專精。博覽書傳。爲班固所重。章帝時拜博士。詔與諸儒講論白虎觀。爲時通儒。累遷至侍中。

⊙【清】江都人。字梅生。工寫意花卉木石。能綜各家所長。有心手相和色墨並施之妙。

李·育德 【唐】趙州人。世富於財。家僮百人。天下亂。乃私完械甲。嬰武陟城自保。隋亡。以郡來降。拜涉州刺史。後代兄守殷州。引兵拔賊河內堡三十一所。王世充悉銳攻之。城陷戰沒。

李·芬 【清】皐蘭人。乾隆中隨征回部霍集占。善占。多奇中。官至甘州參將。

李·芳 【明】潁上人。永樂進士。歷刑科給事中。宣宗數御便殿。與大臣議事。芳言洪武中大臣面議時政。必給事中二人與俱。請復其舊。帝是之。芳輒自矜。百司所爲。少不如意。即詣帝前奏之。後黜爲海豐丞。棄官歸。

⊙【明】穆宗朝內官監太監。帝初立。以能持正見信任。時司禮諸閹滕祥等爭傾國帑飾奇技淫巧以悅帝意。芳切諫。被杖錮獄。後得釋。充南京淨軍。

⊙【明】泰州人。字繼泉。號湘洲。嘉靖進士。爲給事中。善畫山水。

李·芳華 【清】文炤族弟。字寶庵。雍正舉人。學宗程朱。與文炤互相師友。文炤有纂述。多與商訂。有通鑑綱目集義·杜詩選注·濟園詩文集。

李·芾 【宋】衡州人。字叔章。以蔭歷知永州溫州。咸有聲績。德祐初知潭州。元軍圍城。芾親冒矢石。城垂陷。闔門死之。諡忠節。芾爲人剛介。臨事精強過人。好賢禮士。爲衆所歸。

李·虎 【北周】武川人。暠五世孫。西魏時賜姓大野氏。唐高祖之祖也。官至太尉。與李弼等八人。佐周代魏有功。皆爲柱國。卒封唐國公。諡襄。唐高祖受禪。追尊爲景皇帝。廟號太祖。

李·迎 【宋】濟源人。字彥將。累官安撫司機宜文字。通判明州。自聞伊洛之說。日鈔聖賢治心養性之學。有濟溪老人遺稿。

李·邴 【宋】任城人。字漢老。崇寧進士。累遷翰林學士。高宗即位。擢兵部侍郎。苗傅·劉正彥反。邴諭以逆順禍福之理。且密勸殿帥王元。俾以禁旅擊賊。後爲資政殿學士。上戰陣守備措畫綏懷五事。不報。卒諡文敏。有草堂集一百卷。

李·金全 【南唐】吐谷渾人。爲唐明宗斷養。驍勇善騎射。積功至彰武軍節度使。務爲貪暴。晉高祖時爲安遠軍節度使。以事獲罪歸李昪。歷官潤州節度使。後卒於江南。

李·金墉 【清】無錫人。字秋亭。以同知投效李鴻章軍。光緒間開辦黑龍江漢河金礦。頗著成績。官至吉林道員。

李·長庚 【宋】寧遠人。紹興進士。歷仕五十年。官至朝議大夫。廉潔自守。不事生業。積書數千卷。號其讀書之室曰冰壺。有冰壺集。◎【宋】新昌人。字子西。調湘潭丞。元兵至。同官皆遁。長庚獨攝諸司印。居守。被執。不屈死。◎【明】麻城人。字西卿。萬曆進士。歷江西左右布政使。所在勵清操。擢副都御史。巡撫山東。盡心荒政。民賴以蘇。旋爲戶部左侍郎。出督遼餉。百務坌集。長庚悉辦治。崇禎間歷吏部尙書。以忤溫體仁斥爲民。◎【清】同安人。字超人。號西巖。乾隆武進士。嘉慶間官至浙江提督。熟悉海島形勢。風雲沙線。與海盜戰。數有功。後以勦海盜蔡牽。中礮死於潮州之黑水洋。追封三等壯烈伯。諡忠毅。長庚究心韜略。能詩文。有水戰紀略。及詩文遺集。

李·長茂 【清】海澄人。字齡侯。四世同居。男女千指。共爨而食。無閒言。著家規十法十戒以示子孫。立義學。捐居積。以訓族人。助貧乏。

李·長祥 【清】達州人。字研齋。明崇禎時官庶吉士。後佐魯王舉兵於浙。官至兵部左侍郎。翁洲師潰。被羈於江寧。旋逸去。及天下定。隱居毘陵以老。有天問閣集。

李·長琨 【清】興化人。字越石。善書。狂草尤妙。

李·長熙 【清】永安人。字師禹。號天倚。工繪事。善書法。

李·長壽 【後魏】伊川人。性雄豪。有武藝。少與蠻酋結託。屢相招引。侵滅關南。孝昌中朝議恐其爲亂。以爲防蠻都督。長壽冀因此遂得任用。盡其智力。防遏羣蠻。伊川左右。寇盜稍息。永安後歷河北河內郡守。以猛烈聞。討捕頻有功。孝武西遷。長壽率勵義士拒東魏。遷廣州刺史。後爲侯景所敗。遇害。

李·長樂 【清】盱眙人。同治間以外委隸淮軍。與洪楊軍轉戰江蘇浙江福建。勦捻於河南山東。所向克捷。積功官至直隸提督。卒諡勤勇。

李·阿 【後漢】蜀人。常乞食於成都市。有古強者。試隨阿所之。乃入青城山中。恐有虎。私持其父刀。阿曰。汝隨我行。何畏虎也。取強刀擊石。刀折毀。且視之。刀復如故。

李·亮 【後魏】館陶人。少學醫術。太武帝時奔劉義隆於彭城。就沙門僧坦研習衆方。針灸授藥。莫不有效。亮大爲廳事。以舍病人。死者就而棺殯。親往弔視。累遷府參軍督護。

李·係 【唐】肅宗子。封越王。九節度兵潰河北。係充天下兵馬元帥。後奉張皇后命。勒兵討李輔國。程元振。被害。◎【唐】乂子。善屬文。得父典實。太和間歷官右補闕。宋申錫被誣。文宗怒甚。係與左常侍崔元亮涕泣苦諍。申錫得不死。懿宗時累官東都留守。

李·俊 【明】岐山人。字子英。成化進士。屢遷都給事中。帝以李孜省爲太常寺丞。俊偕同官嚴劾之。會天變求言。俊率六科諸臣上疏極論。旋出爲湖廣布政司參議。弘治中官至山西參政。

李·俊民 【元】澤州人。字用章。得程氏之學。金承安中舉進士第一。應奉翰林文字。棄官教授鄉里。從之者甚盛。後隱於西山。世祖以安車召之。延訪無虛日。乞還山。遣中貴人護送之。卒諡莊靖先生。俊民明邵雍皇極數。能前知。所言多驗。有莊靖集。

李·保殷 【後唐】洛陽人。昭宗朝自處士除太子正字。累官大理卿。撰刑律總要十二卷。同光初授殿中監。以素明法律。拜大理卿。尋謝病歸。

李·信 【蜀漢】敏子。敏去後。信追求積年。浮海出塞。竟無所見。後以憂卒。◎【明】浮山人。洪武時爲吏部尙書。始定內外封贈廕敍之典。◎【明】杞縣人。舉人。父精白官尙書。名隸逆案。崇禎間信嘗出粟賑饑民。民德之。會繩伎紅娘子反。擄信。強委身焉。信逃歸。官以爲賊。囚獄中。紅娘子來救。饑民應之。共出信。遂投李自成。改名巖。爲自成謀主。後爲牛金星等所譖殺。

李·信圭 【明】泰和人。字君信。洪熙時舉賢良。知清河二十二年。俗爲之變。歷知蘄州處州。皆有善政。

李·冠 【宋】歷城人。以文學稱京東。調乾寧主簿。有東皋集。

李·則 【唐】宗室。官宣歙觀察使。善畫。兼工草篆。好老莊之學。

李·則之 【唐】巨子。嗜學。年五十餘。尙執經太學。貞元初遷左金吾衞大將軍。坐與從甥竇申善。貶昭州司馬。

李·勉 【唐】擇言子。字玄卿。少好學。沈雅清整。肅宗擢爲監察御史。代宗時爲滑亳節度使。居鎭八年。不威而治。諸帥暴桀者。皆尊憚之。德宗時以檢校司空同平章事。在朝鯁亮廉介。爲宗臣表。嘗引李巡·張參爲幕府。二人卒。至宴飮。仍設虛位沃饋之。善鼓琴。卒諡貞簡。◎【宋】深弟。字安道。元祐進士。知尤溪順昌二縣。素負氣節。多忤於時。遂謝事休致。入黨籍。

李·南 【後漢】句容人。字孝山。少篤學。明風角。永元中太守馬棱坐盜贓事當詣廷尉。南謁賀。謂明日日中時。應有吉問。故來稱慶。及期果然。後舉有道辟公府。病不行。終於家。

李·南公 【宋】鄭州人。字楚老。神宗時累官龍圖閣直學士。爲吏六十年。幹局明銳。然反覆詭隨無特操。識者非之。

李南壽　〔宋〕龍泉人。字元衡。高宗初守道州。擢起居舍人。一日值前論郡守賢否。因乞外補。孝宗語之曰。卿道州政事甚美。如卿等姓名。當書屏間。朕忍令卿去朕側。尋改禮部侍郎。

李厚　〔五代吳〕蔡州人。以驍勇名。嘗以兵數百破汴勁卒萬餘。淮南人無不駭服。歷官楚州團練使。光州王售作亂。楊隆演命厚討平之。令權知州事。

李咸　〔後漢〕西平人。字元卓。學魯詩春秋公羊傳三禮。靈帝初自大鴻臚拜太尉。自在相位。約身率下。以老乞歸。悉還所賜物。乘敝牛車。使子男御。晨發京師。百僚追送不得見。◎〔五代吳越〕在錢鏐幕府。徐許之變。鏐召咸占之。咸曰。大王霸業方永。但分野小災耳。請弗慮。後卒如言。其他所言亦多驗。

李咸用　〔唐〕與來鵬同時。工詩不第。嘗應辟爲推官。有披沙集。

李品芳　〔清〕東陽人。字春皐。道光進士。官至內閣學士。陳情養母。不復出。

李奕　〔後魏〕式弟。字景世。美容貌。有才藝。早歷顯職。與兄同死。

李威　〔前秦〕渼陽人。字伯龍。苻堅時爲左僕射。重王猛之賢。勸堅以國事任之。累官侍中。◎〔清〕龍溪人。字長吾。乾隆舉人。官廉州知府。受業於大興朱筠。深六書之學。有說文解字定本。

李娃　〔唐〕長安娼女。節行瓌奇。有常州刺史滎陽公之子。試京師。悅之。貲裝罄盡。娃與其母互設詭計逐之。生貧困。傭於凶肆。爲父所知。捶死而棄於野。遇救得蘇。流爲乞丐。以乞食至娃之門。娃憐而留之。督令勤學。登第。授成都府參軍。累遷清顯之任。娃封汧國夫人。

李客師　〔唐〕靖弟。累戰功封丹陽郡公。致仕居昆明池南。善騎射。喜馳獵。雖老猶未衰。自京南屬山西。際灃水。蹤跡皆徧。每出。鳥鵲輒從之翔噪。人謂之鳥賊。

李宣茂　〔後魏〕靈從孫。太和初爲中書博士。累官定州大中正。以受賄除名爲民。從征新野。討樊鄧。除平陽太守。正始初遷光祿大夫。宣茂議明堂之制。以五室爲長。與游肇往復。肇善之。遷幽州刺史。卒謚惠。

李宥　〔宋〕覺子。字仲嚴。眞宗時舉進士。知蘄州。有惠政。善決獄。終判留司御史臺。性清介。與物無忤。好獎拔士人。

李封　〔後漢〕魏郡人。建武中爲尙書令。韓歆上疏欲爲左氏立博士。遂以封爲左氏博士。後羣儒蔽固者數廷爭之。及封卒。光武重違衆議。因不復補。

李峘　〔唐〕褘子。玄宗時拜睢陽太守。清簡爲二千石最。累官持節都統・江淮節度宣慰使。宋州刺史劉展有異志。密詔峘與揚州長史鄧景山圖之。戰敗。貶袁州司馬卒。

李庠　〔成漢〕特弟。字元序。元康間拜中軍騎督。稱疾去官。性任俠。州黨爭附之。與六郡流人避難梁益。營護振施。大收衆心。至蜀。趙廞深器之。及有異志。委以心膂。以討叛羌功。表庠爲威寇將軍。被誅之日。六郡士庶莫不流涕。

李度　〔宋〕洛陽人。周顯德中舉進士。工於詩。樞密使王朴移書錄其句薦之。卽擢度爲第三人。歷官欽州從事。嘗以所著詩刻於石。石本傳入禁中。太宗見之。命直史館。奉使交州。未至卒。

李建　〔唐〕遜弟。字杓直。與兄俱客荊州。鄉人爭鬬。不詣府而詣建。建平決無頗。母憐其孝。每字之曰。矮子勸吾食。吾輒飽。進藥。吾意其瘳。德宗擢爲左拾遺・翰林學士。官終刑部侍郎。以清儉稱。

李建中　〔宋〕京兆人。字得中。太平興國進士。累官太常博士。嘗表陳時政。後歷知曹解潁虢四州。終判太府寺。性簡靜。恬於榮利。好遊山水。多留題。自稱巖夫民伯。善書札。草隸篆籀俱妙。有集。

李建及　〔後唐〕許州人。本姓王。以功賜姓名。莊宗時累立戰功。雄勇冠絕。又善撫御。所得賞賜。皆分給部下。會遭讒構。不改其操。顧以有功見疑。憤鬱而卒。

李建成　〔唐〕高祖子。小字毗沙門。荒色嗜酒。畋獵無度。所從皆博徒大俠。高祖卽位。立爲皇太子。而秦王世民數平劇寇。功冠天下。英豪歸之。建成恐。與齊王元吉通謀。內結妃御以自固。會突厥寇邊。建成薦元吉北討。欲因其兵作亂。尉遲敬德勸世民先圖之。建成・元吉至臨湖殿。秦王射殺之。謚隱。

李建泰　〔清〕曲沃人。明天啓進士。官至大學士。崇禎末督師西勦流寇。及京師陷。遂降賊。順治間起授弘文院大學士。坐事罷歸。姜瓖據大同叛。建泰據太平遙應之。爲清軍所攻。勢迫降。伏誅。

李建崇　〔後周〕潞州人。仕唐歷晉。以武功顯。漢初爲右衛大將軍。年逾七十。神氣不衰。太祖卽位。授左監門衛上將軍。

李建勳　〔南唐〕隴西人。字致堯。好學能詩文。李昪鎭金陵。用爲副使。預禪代之策。拜中書侍郎・同平章事。昇元中放還私第。李璟召拜司空。以司徒致仕。賜號鍾山公。有詩文集。

李弇　〔宋〕崇安人。字季純。紹興進士。宰汀之連城。俗好鬬。弇政務寬平。教以孝友。人不忍欺。

李彥　【後魏】韶弟。字次仲。孝文帝時歷官秦州刺史。時破落汗拔陵等反於北鎮。二夏豳涼。所在蜂起。彥刑政過猛。其下怨叛。遂被害。◉【北】閭下邑人。字彥士。魏廢帝初拜尚書左丞。在職十五年。庶務殷繁。斷決如流。賜姓宇文氏。累授軍司馬。彥性謙恭有禮節。好施愛士。時論以此稱之。卒謚敬。◉【宋】楊戩死。代其職。天資很愎。密與王黼表裏。置局汝州。括民間美田。使他人投牒告陳。指爲天荒。魯山闔縣。盡括爲公田。焚民故券。訴者輒加威刑。致死者千萬。發物供奉。大抵類朱勔。靖康初削官賜死。籍其家。

李彥仙　【宋】彭源人。字少嚴。有大志。所交皆豪俠士。嫺騎射。家極邊。每出必陰察山川形勢。或瞯敵人縱牧。取善馬以歸。累破金人。高宗時積官寧州觀察使。被圍城陷。自投河死。彥仙以孤城扼敵越兩年。大小二百戰。金人不得西。至城陷。民無二心。雖婦女亦升屋以瓦擲金人。哭李觀察不絕。

李彥忠　【元】永平人。性至孝。父喪廬墓。八年不至家。

李彥威　【唐】朱全忠養子。冒姓朱氏。名友恭。見朱友恭條。

李彥珣　【後晉】邢州人。素無檢節。忤其親。絕供饋。初仕唐。歷河陽軍司馬。范延光叛。署步軍都監。委以守陴。招討使楊光遠欲撓延光而誘彥珣。訪得其母。令於城下招之。彥珣射殺其母。旋隨延光出降。授坊州刺史。以贓誅。

李彥從　【五代漢】孝義人。字士元。少習武藝。出行伍間。高祖典禁軍。以鄉里之舊。任爲親信。累功授濮州刺史。治有政能。百姓悅之。

李彥章　【清】侯官人。字蘭卿。嘉慶進士。官至山東鹽運使。工詩。善書。精鑒藏。有榕園文鈔。

李彥德　【前蜀】初事岐王茂貞。爲成州刺史。永平末王宗綰克成州。虜彥德送成都。署爲大將。彥德素驍勇。常冠牛革帽。披漆甲。跨黑馬。執斫刺刀。軍中目爲薄地鴉。

李彥穎　【宋】德清人。字秀叔。紹興進士。累官參知政事。彥穎在東府三歲。實攝相事。內降繳回甚多。出知紹興府。勤約有惠政。致仕後家居凡十載。自奉濟約。卒謚忠文。

李彥頵　【後周】太原人。字德循。本以商賈爲業。太祖鎮鄴。置之左右。世宗時歷官延州兵馬留後。頗以殖貨爲意。窺圖贏利。侵漁蕃漢。羣情大擾。世宗南征。蕃部圍迫州城。彥頵閉壁自守。獲鄰道救兵乃解。後改滄州。處置乖方。大爲物情所鄙。受代歸卒。

李彥韜　【後晉】太原人。少爲皂隸。後隸高祖帳下。以纖巧承委用。少帝時爲宣徽南院使。遙領陳州節度。與宦官近臣締結。致外情不通。陷少帝於危亡。後與少帝同北遷。卒於幽州。

李待問　【明】海南人。字葵孺。萬曆進士。累陞僉都御史。巡撫應天。時魏璫熾焰。中外頌功德。生祠偏吳中。待問抵江寧詣陵畢。卽疾馳履任。崇禎間終都御史。有詩文集。◉【明】松江華亭人。字存我。崇禎進士。官中書舍人。工文章。兼精楷法。南京失守。列城望風下。待問偕沈猶龍等募壯士城守。清兵至。死之。

李思安　【後梁】陳留人。字貞臣。善飛矟。所向披靡。每從太祖征伐。有奇績。統戎臨敵。不大勝。必大敗。歷官相州刺史。以不得節鎮。日循晏安。無意爲政。太祖北征。以候騎之誤。落然無所具。又壁壘荒圮。帑廩空竭。貶柳州司戶。尋賜死。

李思行　【唐】趙州人。隋末避仇太原。唐公將起。使覘調長安還。具論機策。贊大議。授左三統軍。從破霍邑。平京師。累擢嘉州刺史。封樂安郡公。卒謚襄。

李思沖　【唐】敬玄子。神龍初歷左羽林軍將軍。從節愍太子誅武三思。見殺。

李思忠　【清】撫順人。隸漢軍正黃旗。天聰間從太宗取遵化。思忠留守之。屢却明兵。順治間從敗李自成。破潼關。趨江南。克揚州。招撫江北州縣。以功累遷陝西提督。爵一等男。

李思衍　【元】餘干人。字昌翁。一字克昌。號兩山。至元中丞相伯顏渡江。以思衍權樂平。累遷禮部侍郎。副禿盧招諭安南。以不受贐餽拜南臺御史。工詩。有兩山稿。

李思訓　【唐】叔良孫。字建見。爲江都令。武后多殺宗室。思訓棄官去。中宗復位。以耆舊擢宗正卿。開元間進右武衞大將軍。思訓善畫。世稱李將軍山水。

李思誨　【唐】思訓弟。官揚州參軍。善丹青。卒贈禮部尚書。

李思誠　【明】春芳孫。字次卿。萬曆進士。天啟間累擢禮部尚書。兵部尚書王永光疏請票擬還歸政府。以弭天變。爲魏忠賢所側目。思誠疏稱永光有大臣敢言氣。以是忤忠賢。奪官。

李思齊　【明】羅山人。字世賢。元末與察罕同起義兵。擢四川行省右丞。封邠國公。察罕死。擴廓總軍事。以檄檄思齊。思齊怒。連兵拒擴廓。洪武初歸太祖。擢中書平章事。遣往招諭擴廓。至則待以禮。尋使騎士送之歸。至塞下辭曰。主帥有命。願留一物爲別。思齊曰。吾遠來無所齎。騎士曰。願得公一臂。思齊知不免。遂斷與之。

李思廣 【宋】吉水人。字景淵。放意山水間。得錢即易酒。或醉臥市中。政和間至螺川。止習溪橋。有酒媼頗異之。每飲不問其直。一日忽告媼當別去。晨起則已死矣。乃報所親殮葬之。後有自衡岳來者。爲思廣致書謝媼。啓其塚惟空棺。

李思摩 【唐】突厥頡利可汗族人。貞觀中與頡利同被擒。太宗嘉其忠。賜姓李氏。令統頡利舊部於河南之地。封懷化郡王。後徙河北。立爲乙彌泥孰俟利苾可汗。其下相率叛之。遂入朝。從征遼東。中流矢。太宗親爲吮血。

李思賢 【宋】工畫人物山水。

李思穆 【後魏】承從子。字叔仁。有度量。善談論。工草隸。孝文帝時以功賜伯爵。鎭揚州。出爲京兆內史。在郡八年。頗有政績。官終營州刺史。卒謚宣。

李思聰 【宋】贛縣人。祥符宮道士。遇異人與一寶鏡。覺有神異。懸鏡而臥。移日方興。輒憶所遊洞天海岳。模寫爲圖。並題咏之。皇祐間呈府郡。郡守爲之驛上。以祝聖壽。賜號洞淵太師沖妙先生。

李恂 【後漢】臨涇人。字叔英。少習韓詩。諸生常數百人。累拜侍御史。持節使幽州。所過皆圖寫山川屯田聚落百餘卷。悉封奏上之。後復持節領西域副校尉。珍寶一無所受。北匈奴敕斷西域道。恂設賞購斬虜帥。道路清夷。恩威並行。遷武威太守。後坐事免。徙步歸鄉里。與諸生織席以自給。◎【西涼】歆弟。歆爲沮渠蒙遜所殺。恂自立於敦煌。稱冠軍將軍・涼州刺史。蒙遜攻之。以水灌城。城陷。自殺。

李恆 【元】其先爲西夏國主。字德卿。世祖時爲淄萊路奧魯總管。累伐宋有功。積官參知政事・蒙古漢軍都元帥。敗文天祥於空坑。破張世傑・陸秀夫等於崖山。嶺海悉平。後征交趾。奪天長府。交趾空其國。航海而遁。會盛夏霖潦。遂班師。蠻兵追躡。恆殿後。中毒矢卒。謚武愍。◎【元】慈谿人。字可道。趙偕門人。偕謂其聞蛙聲而悟。

李恆茂 【明】邢臺人。爲禮科給事中。劾罷侍郎扶克儉等。皆不附忠賢者也。與李魯生・李蕃日走吏兵二部。交通請託。時人爲之語曰。官要起。問三李。後爲御史鄒毓祚劾罷。

李恢 【蜀漢】俞元人。字德昂。先主領益州。以恢爲別駕從事。章武初。庲降都督鄧方卒。先主問恢誰可代者。恢對曰。先零之役。趙充國曰。莫若老臣。臣竊不自揆。惟陛下察之。先主乃以恢爲庲降都督。領交州刺史。後隨諸葛亮南征。以功封漢興亭侯。

李恪 【唐】太宗子。善騎射。有文武才。其母隋煬帝女。地親望高。中外所向。太宗初以晉王爲太子。又欲立恪。以長孫無忌固爭而止。永徽中房遺愛謀反。因遂誅恪以絕天下望。後追封鬱林王。

李持正 【宋】字季秉。少與諸父宗師馳名太學。號大小李。先後第政和進士。歷知德慶南劍潮陽三郡。在南劍日。適寇入州境。諸將督捕急。持正力爭。以愚民無知。戮其渠魁數人。餘悉令歸業。

李拯 【唐】隴西人。字昌時。咸通進士。僖宗召拜考功郎中。襄王熅僭位。逼爲翰林學士。及王行瑜殺朱玫。京師亂。拯爲亂兵所殺。妻盧氏伏尸哭。王行瑜兵逼之。不從。脅以刀。亦死。

李星井 【明】溫縣人。字聚東。善六壬奇門梅花諸數。爲人占往往奇中。

李星沅 【清】湘陰人。字子湘。別號石梧。道光進士。由編修累官兩江總督。咸豐時勦洪楊軍於粵西。所向克捷。卒謚文恭。有芋香山館集。

李春 【元】工畫佛道人物。◎【明】無爲人。字景陽。正統進士。官兵科給事中。有直聲。轉福建參議。汀盜起。春親抵巢穴諭降。進江西左參政。撫諸洞反側。歷兩藩。俱著聲績。

李春芳 【明】興化人。字子實。號石麓。嘉靖進士第一。以修撰超擢翰林學士。累官禮部尚書。參預機務。性恭愼。居政府。持論平恕。不事操切。時人比之李時。才力不及。而廉潔過之。隆慶初爲首輔。益務以安靜。進吏部尚書。卒謚文定。有貽安堂集。

李春叟 【宋】東莞人。字子先。寶祐間授惠州司戶。有賢能聲。累除肇慶府司理。嘗辨冤獄。當路不從。即投告身請歸。事竟白。元兵欲勦東莞。春叟扁舟往謁其帥。以死爭。遂已。

李春熙 【明】建寧人。字皡如。號溱階。萬曆進士。官至南京戶部郎中。有元居集。

李春鷰 【五代閩】王延鈞宮人。有色。延鈞長子昶烝焉。延鈞已病。昶因陳后以求春鷰。延鈞怏怏與之。昶嗣位。立爲賢妃。已而立爲皇后。連重遇之亂。昶與春鷰出至梧桐嶺。爲從子繼業所殺。

李昭 【宋】鄄城人。字晉傑。官江州德化尉。工畫山水疊竹。尤善墨花小筆。精篆學。

李昭玘 【宋】濟南人。字成季。少與晁補之齊名。擢進士。以李清臣薦。累官提點京東路刑獄。坐元符黨奪官。徽宗立。用爲起居舍人。崇寧初詔以昭玘每改元豐敕條。倡從寬之邪說。罷主管鴻慶宮。遂入黨籍中。閒居十五年。自號樂靜先生。有樂靜集。

李昭亮 【宋】繼隆子。字晦之。仁宗時累拜武寧軍節度使。歷殿前副都指揮使。時承平久。將士多因循樂縱弛。昭亮本將家子。習軍中事。既統宿衛。政尚嚴。多所建請。終昭德軍節度使。卒謚良僖。

李·昭述 〔宋〕宗諤子。字從祖。歷官河北轉運使。江陵屯兵譁言倉粟陳腐。欲以動衆。昭述取以爲俸。且以飯其僚屬。衆乃定。徙湖南。潭州戍卒憤監軍酷暴、欲爲亂。或指昭述謂曰。如李公長者何可負。竟寢其謀。累遷尚書右丞。卒謚恪。

李·昭象 〔唐〕字化文。父方玄爲池州刺史。因家焉。懿宗末以文干相國路巖。巖器重之。薦於朝。將召試。會巖貶。遂還秋浦。移居九華。與張喬、顧雲輩爲方外友。

李·昭道 〔唐〕思訓子。官中書舍人。太原府倉曹。直集賢院。工畫山水鳥獸。時言山水者稱爲小李將軍。

李·昭遘 〔宋〕宗諤從子。字逢吉。幼時楊億嘗過其家。億命爲賦。既成。億嘉歎。後薦授館閣校勘。復爲鹽鐵判官。初議罷天下職田及公使錢。昭遘以爲不可。累擢天章閣待制。知鄭州卒。性和易。不忤物。能守家法。

李昭儀 〔蜀漢〕後主宮人。蜀亡。魏以蜀宮人賜諸將之無妻者。昭儀曰。我不能二三屈辱。乃自殺。

李·昭德 〔唐〕乾祐子。武后時爲鳳閣侍郎。初王慶之請立武承嗣爲皇太子。以昭德言而止。時來俊臣、侯思止舞文法。數誅陷大臣。人皆懾懼。昭德每奏其誣罔不道狀。卒搒殺思止。其黨稍摧沮。然頗怙權。爲衆指目。後俊臣誣以謀反。與俊臣同誅。時人無不痛昭德而快俊臣。

李·昂英 〔宋〕番禺人。字俊明。寶慶進士。累官吏部侍郎。在職不畏強禦。史嵩之、賈似道等俱爲所劾。理宗嘗謂其南人無黨。卒謚忠簡。有文溪存稿、文溪詞。

李·昶 〔北周〕彪孫。小名那。少有文名。累官御正中大夫。封臨黃縣公。甚爲文帝所信任。兵馬處分。專以委之。詔册文筆。皆昶所作。常言文章之事。不足流於後世。經邦致治。庶及古人。故所作文筆。了無稿草。惟留心政事而已。出爲昌州刺史卒。◎〔元〕世弼子。字士都。讀書如夙習。興定初廷試二甲。行臺嚴忠濟辟爲經歷。忠濟怠於政事。昶勸諫甚切。以父憂去官。一時名士。皆出其門。世祖聞昶名召見。屢進規諫。累官吏部尚書。品格條式選舉禮文之事。多所裁定。凡議大政。宰相延致上座。傾聽其說。有春秋遺意。孟子權衡遺說。

李·昺 〔明〕安邑人。薛瑄弟子。由舉人官清水教諭。學使者歎其賢。薦昺代己。命未下而卒。周蕙從之久。學益邃。◎〔明〕浙江西安人。字光遠。號柯耕。授禮部司務。善畫松竹。工楷書。

李·昺 〔後漢〕鄴人。字子然。篤行好學。習魯詩京氏易。州郡前後禮請不應。舉茂才。除召陵令。未赴卒。

李·昞 〔隋〕虎子。唐高祖之父。襲封唐公。爲安州總管、柱國大將軍。卒謚仁。唐高祖受禪。追尊爲元皇帝。廟號世祖。

李·昱 〔明〕錢塘人。字宗表。號草閣。洪武中官國子助教。有草閣集。

李·昇 〔唐〕叔明子。以少卿從德宗梁州。叔明殿敕以死報。故昇有功。擢禁軍將軍。貞元初坐郜國公主貶羅州別駕卒。◎〔南唐〕徐州人。字正倫。少孤。流寓濠泗間。楊行密攻濠州得之。奇其貌。養以爲子。楊氏諸子不能容。行密以乞徐溫。乃冒姓徐。名知誥。仕吳。累官參知政事。出鎭金陵。受吳禪稱帝。爲南唐開國之主。禪代後志在守吳舊地。無復經營之略。然吳人亦賴以休息。在位七年卒。廟號烈祖。年號昇元。

李·枏 〔清〕江蘇興化人。字木庵。康熙進士。累官左都御史。居官持大體。務平恕。有律令牋注、大還堂集。

李·柏 〔清〕郿人。字雪木。少爲酒家傭。旋入太白山讀書十年。成大儒。與盩厔李顒、富平李因篤稱關中三李。公卿多欲致之。卒不就。山居力耕。昕夕謳吟。拾槲葉書之。門人都其集曰槲葉集。

李·東 〔後魏〕遵弟。字休賢。辟功曹。以父憂去職。遂終身不食酒肉。屛居鄉里。孝明帝時司空王澄以爲參軍。歷任城濟北二郡太守。孝莊初遷濟州刺史卒。

李·東之 〔宋〕文定公迪子。字公明。曉當代典故。仁宗朝歷侍御史。判西京留司御史臺。英宗即位。富弼薦其學行。神宗時以太子太保致仕。出都門。即幅巾白衣以見客。再遷少師卒。

李·洞 〔唐〕京兆人。字才江。慕賈島爲詩。鑄其像事之如神。時人但誚其僻澀。而不能貴其奇峭。唯吳融稱之。昭宗時不第。遊蜀卒。

李·津 〔明〕四會人。字濟之。弘治進士。知寧海州。以計禦劇賊劉七。賊遂引去。擢南京刑部郎中。歷守南寧、鄖陽。俱有治績。遷兩淮都轉運司。罷歸。南海吳允禎繼任。爲權貴所忌。亦以廉介稱。每自訟曰。得無愧吾鄉濟之否。其爲人敬服如此。

李·洧 〔唐〕正己從兄。署徐州刺史。建中初正己卒。子納叛。攻宋州。洧挈州自歸。封潮陽郡王。遷檢校戶部尚書。會疽發背。少間。肩輿過市。市人叫歡。洧驚。疽潰卒。

李·洧孫 〔元〕寧海人。字甫山。師事舒津。咸淳進士。大德中爲杭州儒學教授。以黃巖州判致仕。人稱彝峯先生。

李洪 〔成漢〕廣漢人。聚流民數千入定陵作亂。自稱李勢子。太和中刺史劉季連失於撫綏。巴西人趙續伯・蜀人李金銀共推洪爲主。季連討斬之。◉〔前燕〕平陽人。初帥流民入定陵。王浚假署爲雍州刺史。後歸慕容皝。歷內史右司馬。石虎攻棘城。洪弟普勸洪出避禍。洪曰。吾受慕容氏大恩。義無所去就。當就死於此耳。由是以忠篤著名。王猛克鄴。隨入長安。拜駙馬都尉。◉〔宋〕正民子。歷知溫州・藤州。有芸菴類稿。◉〔宋〕廬陵人。字子大。與弟漳・泳・淦・淛。著李氏花萼集。

李洪之 〔後魏〕恆農人。本名文通。少爲沙門。晚乃還俗。眞君中爲狄道護軍。會永昌王仁隨世祖南征。得元后姊妹。洪之以宗人潛相餉遺。結爲兄弟。頗得元后在南兄弟名字。乃改名洪之。以外戚爲河內太守。嚴設科條。勸農務本。盜賊止息。誅鋤姦黨。過爲酷虐。後爲懷州刺史。御戎夷頗有威惠。而刻害之聲。聞於朝野。又頗多受納。遂爲孝文帝所誅。

李洪信 〔宋〕晉陽人。漢昭聖太后弟。初隸後唐明宗帳下。歷事四朝。太祖時累官左驍衛上將軍。無他才術。徒以外戚致位將相。斂財累鉅萬。而吝嗇尤甚。

李洪度 〔唐〕成都人。善人物圖繪。筆蹟妍麗。元和時稱妙手。

李洪建 〔五代漢〕高祖母李太后母弟。事高祖爲牙將。累遷馬步軍都虞候。鄴兵南渡。命洪建誅王殷之族。洪建不卽行。但遣人監守其家。仍令給饌。竟免屠戮。周太祖入京城。洪建被執。殷感其恩。爲祈免死。不從。遂殺之。

李洪義 〔宋〕洪信弟。後漢時累官鎭寧軍節度。王殷屯澶州。少帝遣供奉官孟業齎密詔殺之。洪義性素怯懦。慮殷覺。引業見殷。殷乃錮業。周祖起兵。少帝又詔洪義扼河橋。及兵至。遂降。周世宗時累遷永興軍節度。宋初移鄜州。代歸卒。

李炳 〔清〕儀徵人。字振聲。號西垣。精醫。喜爲貧人賤士治疾。聞召卽往。有金匱要略・辨疫瑣言。

李炳旦 〔清〕棟子。字震男。康熙進士。工畫山水。善詩。能書。有三絕之譽。

李珉 〔明〕烏撒人。字美中。成化進士。授寧國知縣。減官租。清糴弊。公私稱便。擢御史。疏劾中官。直聲甚著。官終四川僉事。

李珍 〔唐〕惠宣太子業子。嗣惠文太子範爲岐王。儀觀豐偉。肅宗時爲宗正員外卿。與蔚州鎭將朱融善。融言珍似上皇。因有陰謀。事覺賜死。

◉〔明〕嘗坐事失官。會銑從徒中錄用。積戰功至參將。以不黨嚴嵩誣銑尅餉。酷刑拷治。卒不承。竟論死。

李畋 〔宋〕華陽人。以學行爲鄉里所稱。初蜀士不樂仕宦。知州張詠敦勉就舉。畋遂登第。累官知榮州。自號谷子。有歌詩雜文・張詠語錄等書。

李相 〔五代閩〕壽州人。少跅弛。好走馬屠博。與王緒爲刎頸交。緒擧兵。相隸緒部下。從入閩。前鋒將殺緒。相匿其遺孤建齊於山中。以其少子與建齊易名而呼。少子遂被殺。相卒與建齊從軍居閩縣。而建齊竟冒李姓數世。

李相祖 〔宋〕閎祖弟。用心精切。編書說三十餘卷。

李禹 〔漢〕敢子。有寵於太子。然好利。亦有勇。嘗與侍中貴人飲。侵陵之。莫敢應。愬之武帝。帝召禹使刺虎。禹絕纍將刺虎。帝壯而止之。會禹從兄陵降匈奴。人告禹謀欲亡從陵。下吏死。

李突地稽 〔唐〕靺鞨人。爲酋長。隋末率其屬千餘內附。授遼西太守。武德初奉朝貢。以其部爲幽州。授總管。以戰功封耆國公。徙部居昌平。高開道以突厥兵攻幽州。突地稽邀擊敗之。貞觀初進右衛將軍。賜氏李。

李紀 〔明〕金谿人。字大正。有史略詳註補遺大成。

李約 〔唐〕元懿玄孫。字在博。官兵部員外郎。善畫梅。精楷隸。以至行雅操知名當時。

李美 〔清〕延平人。字景仙。工畫人物。馬尤精。

李胤 〔晉〕信子。字宣伯。幼孤以孝聞。容貌質素。頹然若不足者。而知度沈邃。言必有則。武帝時積官司徒。稱爲任職。卒諡成。

李苗 〔後魏〕涪人。字子宣。出後叔父略。略爲蕭衍所害。苗年十五。思報讐。延昌中歸魏。陳圖蜀之計。會西伐而帝崩。遂班師。苗以大功不就。家恥未雪。慷慨上書。時孝明幼沖。不能納。孝莊帝殺爾朱榮。榮從弟世隆擁衆逼都邑。百僚恇懼。苗以一旅衆徑斷河梁。尋以失援浮河而沒。謚忠烈。

李若水 〔唐〕齊物族弟。累官至左金吾大將軍。兼通事舍人。容貌甚偉。在館三十年。多識舊儀。每宣勞贊導。周旋俯仰。有可觀者。◉〔宋〕曲周人。字清卿。靖康初以上舍登第。爲太學博士。金人入寇。選若水爲使。見粘罕於雲中。及粘罕攻汴。以若水爲吏部侍郎。金人邀帝出郊。計中變。逼帝易服。若水抱持而哭。詆金人爲狗。遂遇害。諡忠愍。有忠愍集。

李若初 〔唐〕趙郡人。事劉晏爲宂職。歷太康令。勸刺史李芃斂羨錢。

交權倖。芃厚遇之。累遷浙西觀察諸道鹽鐵使。時天下錢少貨輕。州縣禁錢不出境。商賈不通。若初始奏縱錢以起萬貨。詔可。持剛檢下。吏民畏服。

李若谷【宋】豐人。字子淵。舉進士。仁宗時累官資政殿大學士。性資端重。在政府論議常近寬厚。治民多智慮。愷悌愛人。其去多見思。卒諡康靖。

李若拙【宋】萬年人。字藏用。舉進士。累官祕書監。太宗時使交州。先是黎桓制度踰僭。若拙既入境。卽遣左右戒以臣禮。桓聽命受詔。盡恭燕饗。使還。遷起居舍人。後桓復南侵。又詔若拙充使。至則桓復稟命。眞宗時官終右諫議大夫。

李若星【明】息縣人。字紫垣。萬曆進士。擢御史。首劾南京兵部尚書黃克瓚。巡視庫藏。陳蠹國病商四弊。天啟間巡撫甘肅。陛辭。發魏忠賢•客氏之奸。以讒去職。崇禎間總督川湖雲貴軍務。兼巡撫貴州。討安位餘孽安隴璧及苗仲諸賊。皆有功。解職歸。桂王召爲吏部尚書。未赴。遭亂死於兵。

李若琳【淸】山東新城人。明天啟進士。官檢討。順治初歸淸。授原官。累擢禮部左侍郎。坐與馮銓朋比爲奸。奪職罷歸。

李英【金】益都人。字子賢。明昌進士。補尚書省令史。大安間上疏言兵事。不報。宣宗初高琪辟爲經歷官。又上書言邊事。後遷翰林待制。因獻十策。累官御史中丞。中都久圍。英收河間淸滄義軍救中都。御衆無紀律。會被酒。與元兵遇。死之。諡剛貞。◉【明】西番人。爲西寧衛指揮僉事。永樂間討叛番有功。進都指揮僉事。番僧張答里麻肆惡十餘年。英發其事。磔死。仁宗命討安定曲先。有功。宣宗朝擢右府左都督。恃功而驕。所爲多不法。下獄論死。尋釋之。◉【明】邳州人。家貧。力作以養母。母病。嘗其糞甜。大憂懼。及母喪。廬墓三年。

李茂【後魏】承弟。字仲宗。文成時襲父爵。孝文帝時入爲光祿大夫。例降爲侯。性謙愼。以弟沖寵盛。託老疾還私第。◉【唐】元禮子。險薄無行。元禮疾。姬趙氏有美色。茂逼烝之。元禮切責。茂恚。屏侍衛藥膳曰。爲王五十年足矣。何服藥爲。元禮遂不食而卒。後事泄。流死振州。◉【明】畫人物淸麗可愛。◉【元】大名人。徙家揚州。父與壽卒。奉母孟氏益謹。母失明。茂禱於泰安山三年。目復明。母沒。居喪哀慟。大德中揚州再火。延燒千餘家。火及茂廬。有返風之異。

李茂枝【明】永安人。諸生。放情詩酒。喜寫墨蓮。尤精人物。

李茂春【明】杞縣人。字蔚元。萬曆進士。有鹽梅志。

李茂貞【後唐】博野人。本姓宋。名文通。爲博野軍卒。唐光啟初累拜武定軍節度使。賜姓名。昭宗時封隴西郡王。寖跋扈。其後昭宗爲宦者所廢。旣反正。宰相崔胤欲誅諸宦者。召梁太祖以軍至同州。韓全誨等劫昭宗幸鳳翔。梁軍圍之踰年。茂貞窮迫。與梁約和。斬韓全誨等二十餘人。傳首梁軍。梁圍解。昭宗雖得出。梁遂劫之東遷。而唐遂亡。茂貞亦自困。不敢同諸侯僭稱帝。但稱岐王。莊宗入洛。乃上表稱臣。莊宗尊其老。改封秦王。卒諡忠敬。

李茂勳【唐】本回鶻阿布思之裔。張仲武時與其侯王皆降。仲武器之。任以兵。積功賜姓名。尋襲殺燕健將陳貢言。因舉兵。主州務以聞。宣宗詔拜節度使。進尚書右僕射致仕。

李衍【隋】弼子。字拔豆。少專武藝。慷慨有志略。仕周累遷義州刺史。從韋孝寬鎭玉壁城。數與賊戰。敵人憚之。及平齊。以軍功進授上大將軍。開皇間討叛蠻。伐陳。並有功。官終安州總管。◉【明】隆慶人。字文盛。景泰進士。成化初歷官參議。督四川松潘糧儲。行部至彭索河。知生蠻擾邊。民不得耕。衍以計誅其渠帥。乃以要害築亭障。墾荒田千餘頃。累遷戶部左侍郎。權尚書事。河北連歲饑。郡縣當輸粟塞下者。稟銀就糴。穀騰貴。衍請輸銀京師。以太倉米給邊。軍民便之。總督關陝。引渭水爲渠。漑民田。召爲戶部尚書。以老告歸。

李衎【元】薊丘人。字仲賓。號息齋道人。博學多通。皇慶中官至浙江行省平章政事。卒諡文簡。衎善畫竹石窠木。有竹譜。

李貞【唐】太宗子。封越王。善騎射。涉文史。武后初累遷太子太傅•豫州刺史。中宗廢居房陵。貞乃與韓王元嘉等謀反正。倉卒起兵。衆無鬭志。兵潰。仰藥死。開元間追諡敬。◉【唐】德宗時人。善畫四面花鳥。兼工神鬼禽獸。◉【明】南靖人。永樂進士。授翰林院編修。與修五經四書大全。後以不肯修佛書。貶高州府教授卒。

李貞佐【明】安邑人。字無欲。少以學行著。舉於鄉。崇禎間知郟縣。多惠政。李自成來寇。城陷死之。友人王昱收葬之於南郊。歲寒食。鄉人傾邑祭奠。廣其冢至二畝餘。

李軌【唐】姑臧人。字處則。略知書。有智辨。家以財雄邊。好賙人急。隋大業中補鷹揚府司兵。薛舉亂金城。軌與同郡曹珍•安修仁等計。欲據河右以覬天下變。以讖書李氏當王。遂共聽命。軌自稱大涼王。署官屬。武德初高祖璽書慰結。稱軌從弟。拜涼王。旋僭帝號。建元安樂。以譖殺謀主梁碩。故人不爲用。修仁等潛引諸胡兵圍其城。執送之。斬於長安。自起至亡凡三年。

李述來 〔清〕武進人。字紹仔。工書善畫。詩筆清雅。有陳渡草堂集。

李述芳 〔清〕合州人。字贊芝。康熙間趙艮棟入川。述芳隨師進勦吳三桂餘寇。收復滇黔。累官貴州提督。苗蠻懾服。晉太子少保卒。

李迥秀 〔唐〕大亮族孫。字茂之。第進士。少聰悟。通賓客。武后時檢校夏官侍郎。領選事。號稱職。張易之兄弟貴驕。因撓意諂媚。士論頗減。中宗時累拜兵部尙書卒。

李迨 〔宋〕東平人。通判濟州。高宗以大元帥過濟。迨應辦軍需無缺。會勸進。乘輿儀物未備。迨諳熟典故。裁定其制。不日而辦。帝深歎賞。金人歸三京。命迨爲京畿都轉運使。或告迨曰。北人以兵至矣。迨曰。吾家食祿二百年。萬死不足報。如果然。吾將極罵以死。告者悚然而去。終龍圖閣待制。

李迪 〔宋〕其先趙郡人。後徙幽州。字復古。景德初舉進士第一。累官資政殿大學士。同平章事。當章獻太后臨朝時。正色危言。時稱賢相。卒諡文定。◎〔宋〕河陽人。宣和畫院成忠郎。紹興畫院副使。工畫花鳥竹石。間作山水小景。亦能畫火。

李郁 〔後魏〕瑒弟。字永穆。博通經史。自著作郎爲廣平王懷友。遷國子博士。朝夕教授。謙虛雅寬。永熙中於顯陽殿講禮。羣難鋒起。無廢談笑。出帝及諸王公凡預聽者莫不嗟善。◎〔後晉〕濤從兄。字文緯。唐明宗時累遷宗正卿。性平允。所歷無愛憎毀譽。高祖時爲光祿卿。一日晝寢。夢食巨棗。覺而有疾。謂其親友曰。吾聞棗字重來。呼魂之象也。余神氣逼抑。將不免乎。尋卒。◎〔宋〕深子。字光祖。少從楊時學。時妻以女。聞時之說。湛心十八年。渙然有得。紹興初被召入對。除删定官。秦檜用事。歸隱西山。學者稱西山先生。有易傳·參同契·論孟遺稿·詩文集。

李郃 〔後漢〕南鄭人。字孟節。通五經。善河洛風星。和帝遣二使者觀風俗。向益州。宿候舍。郃時爲候吏。因問曰。二君發京師時。寧知朝廷遣二使耶。二人驚問。曰。有二使星向益州分野。故知之耳。大將軍竇憲納妻。天下官皆通禮慶。守遣郃往賀。郃諫曰。竇將軍恃寵驕縱。危可立待。幸勿與交。守不聽。郃乃行。道次固爲遲留。至扶風而憲已敗。凡交通門下者悉免官。惟漢中守不與。後累官至司空。數陳得失。有忠臣節。以司徒致仕卒。◎〔唐〕延唐人。字子玄。太和間舉賢良方正。擢進士第一。調河南府參軍。時劉蕡對事切直。考官不敢取。郃曰。劉蕡下第。我輩登科。能不厚顏。乃上疏極論之。帝不納。後歷賀州刺史。

李重 〔晉〕鍾武人。字茂曾。爲始平王文學。上疏陳九品之弊。太熙初再遷中書郎。每大事及疑議。輒參以經典。處決多見施行。遷尙書吏部郎。務抑華競。留心隱逸。由是羣才畢舉。卒諡成。

李重允 〔後梁〕下邑人。狀貌雄武。初在黃巢黨中。推爲剛鷙。後歸太祖。署先鋒步軍都頭。數立功。以違節度與李讜同誅死。

李重俊 〔唐〕中宗子。神龍初立爲皇太子。性明果。然少法度。武三思挾韋后勢。將圖逆。內忌太子。子崇訓尙安樂公主。常教主辱重俊。重俊恚忿。遂率李多祚等發左羽林及千騎兵殺三思·崇訓。幷其黨十餘人。自率兵趨章華門。斬關入。索韋后·安樂公主所在。帝據檻語千騎。士倒戈。旋爲其下所殺。睿宗立。諡節愍。◎〔後晉〕從璋子。仕唐。歷諸衛將軍。少帝時授虢州刺史。以贓敗。尋典商州。坐與妹私及前後不法事。賜死。

李重美 〔後唐〕廢帝子。歷官同中書門下平章事。封雍王。石敬塘反。帝欲北征。重美謂宜持重。固請無行。後爲劉延皓等所迫。遂如河陽。留重美守京師。居民出城藏竄。門者禁止之。重美曰。國家多難。不能與民爲主。而欲禁其避禍可乎。因縱民出。晉兵至。死之。

李重茂 〔唐〕中宗第四子。神龍中封溫王。授右衛大將軍。中宗崩。韋后立以爲帝。韋后敗。重茂遂遜位。開元中轉房州刺史。卒諡殤皇帝。

李重華 〔清〕吳江人。字實君。雍正進士。官編修。工詩。性好遊。入巴蜀。客山左。留覽秦關楚塞。詩益嶔嶔歷落。得江山之助。有玉洲詩集。

李重貴 〔宋〕河陽人。姿狀雄偉。善騎射。太宗時歷衛州團練使。咸平初契丹南侵。康保裔大陣爲敵所襲。重貴與張凝赴援。腹背受敵。自申至寅。力戰退敵。凝議上將士功狀。重貴喟然曰。大將陷沒。而吾曹記功。何面目也。累官羽林大將軍。致仕卒。

李重進 〔後周〕滄州人。太祖時歷官武信軍節度。從世宗征淮南有功。歷廬壽等州招討使。吳人以重進色黔。號黑大王。重進與宋太祖俱事周室。分掌兵柄。常心憚太祖。暨太祖立。不自安。既命移鎭青州。遂懷異志。兵敗。自焚死。

李重福 〔唐〕中宗次子。封譙王。以韋后譖貶濮州員外刺史。徙合均二州。不領事。睿宗立。徙集州未行。洛陽男子張靈均說重福陰幸東都。殺留守。

擁兵西據陝。徇河南北。天下可圖。重福遂稱制改元。除官屬。兵潰死。

李·重誨 【宋】金城人。嘗爲契丹都指揮使。太宗時爲潘美所擒。補鄧州馬步軍都指揮使。累官緣邊十八砦招安制置使。却北兵有功。官終皇城使。

李·重潤 【唐】中宗長子。本名重照。生東宮。立爲皇太孫。中宗失位。貶庶人。帝復位。封郡王。大足中或譖重潤與其女弟永泰郡主及主壻竊議。武后怒。杖殺之。重潤秀容儀。以孝友稱。神龍初贈太子。謚懿德。

李·革 【金】河津人。字君美。大定進士。歷觀州刺史。治中知府徙單南平貴倖用事。遣所親以進取誘革。革拒之。宣宗時累拜參知政事。立朝侃侃。罷爲絳陽軍節度使。後知平陽府。元兵至。城陷自殺。

李·香君 【明】金陵教坊女。名香。時稱香君。母貞麗。有俠氣。香君爲其養女。亦俠而慧。畧知書。能辨別士夫賢否。許身侯方域。故開府田仰謀奪之。香君堅拒。血濺扇面。楊文驄因血點畫成桃花一枝。清孔尚任爲作桃花扇傳奇。

李·乘雲 【明】高陽人。舉於鄉。崇禎初知浮山縣。流賊數萬來寇。乘雲手發一矢斃其魁。衆遂遁。累遷河南大梁道。死於李自成之亂。

李·修 【後魏】亮子。字思祖。太和中常在禁內。高祖及文明太后時有不豫。修侍針藥。治多有效。在東宮撰諸藥方百餘卷。皆行於世。領太醫令。

李·修己 【宋】永豐人。字思永。乾道進士。參與國軍事。從朱熹・張栻游。兩令寧鄉遂鄉皆有聲。將召用。以哭趙汝愚忤宰相。通判成都。尋知成州。又以忤韓侂冑不得召。有李成州集。

李·修易 【清】海鹽人。字乾齋。號子健。工畫山水花草。俱合古法。與妻徐氏合筆尤佳。

李·倖 【明】聞喜人。萬曆進士。歷刑部郎中。張差梃擊之事。語涉逆謀。同官相顧不敢錄。倖力爭。乃得入獄詞。遂爲鄭氏黨所惡。以京察奪官。

李·倓 【唐】肅宗三子。英毅有才畧。善騎射。安祿山亂。護車駕度渭。百姓遮道留太子。太子喻遣之。倓進說今四海分崩。不因人情圖興復。雖欲從上入蜀。而散關以東。非國家有。當募豪傑。趣河西。與李光弼・郭子儀謀興復。於是議定。後爲張良娣・李輔國所譖。賜死。大曆間謚承天皇帝。

李·倜 【元】太原人。字士宏。號員嶠眞逸。官至集賢院侍讀學士。工畫墨竹。以好書名天下。

李·兼 【宋】宣城人。歷知台州。居官有守。既卒。吏民爲之巷哭罷市。自號雪巖。有雪巖集。

李·原名 【明】安州人。字資善。洪武間以通經儒士舉御史。及使平緬歸。稱旨。擢禮部尙書。自是遠方之事多諮之。又以帝命行養老之政。申明府州縣歲貢多寡之數。定官民巾服之式。訂郊廟祭祀之禮。諸禮臣惟原名在任久云。

李·原祐 【元】貴池人。元季紅巾煽亂。原祐與羅友賢同起兵保障鄉閭。封總管。後爲帳下所殺。首已落地。猶躍馬馳三里。至家始仆。

李·哥 【元】霸州倡女。母教之歌舞。泣不從。因是不粉澤。不茹葷。有召者必先詢主客名。人亦相戒毋戲狎。知州闍其貞。聘爲子婦。紅巾入寇。將殺其夫而取之。哥抱夫項大哭。寇并殺之。

李·唐 【五代楚】隸馬殷麾下。從秦彥暉等平嶺北。破永州道州。與許德勳・李瓊同稱名將。◎【宋】河陽人。字晞古。徽宗朝補入畫院。建炎間授成忠郎畫院待詔。善山水人物。尤工畫牛。能詩。◎【元】東陽人。字仲宏。號靜學。從許謙游。爲詩文以理勝。仕爲本郡文學教授。有靜學齋・尙絅齋二集。

李·唐咨 【宋】龍溪人。字堯卿。以月旦評推重。朱熹守郡。延於學。爲諸生楷式。

李·唐賓 【後梁】陝人。初爲尙讓偏將。後降太祖。與朱珍威名畧等。而驍勇過之。珍每小卻。唐賓佐之。乃大勝。後不協。珍斬之。

李·孫宸 【明】香山人。字伯襄。少警敏淹博。中萬曆進士。教習庶吉士。崇禎間終南禮部尙書。性孝友廉介。詩祖三百篇。字祖晉魏。草篆隸楷皆工。有建霞樓等集。

李·家明 【南唐】泰和人。善詼諧滑稽。名重一時。李璟時爲伶官。常侍宴。爲俳戲。隨事託諷。往往得解。李煜時老而無寵。

李·宸妃 【宋】杭州人。初入宮爲章獻太后侍兒。得幸於眞宗。生仁宗。太后以爲己子。妃嘿處先朝嬪御中。未嘗自異。人畏太后。亦無敢言。明道中疾卒。進位宸妃。呂夷簡謂入內都知羅崇勳曰。宸妃當以后服殮。用水銀實棺。異時勿謂夷簡未嘗道及。及太后崩。人言帝實宸妃生。妃死於非命。仁宗號慟。發棺視之。玉色如生。冠服如皇太后。乃遇劉氏加厚。尊妃爲皇太后。謚莊懿。

李·容瑾 【元】字玉琰。工山水及界畫。

李·峴 【唐】恪孫。折節下士。長吏治。天寶中累遷京兆尹。玄宗歲幸溫湯。甸內巧供億以媚帝。峴獨無所獻。後爲零陵太守。時京師米翔貴。百姓乃相與謠曰。欲粟賤。追李峴。代宗時官終兵部尚書。

李峻　明鄞人。字公起。墮地而瞽。年數歲。其父以御史卒於遼陽。訃至。號慟無晝夜。乃更啞。取先世藏書盡讀之。遂博通羣籍。晚年好種植。家有斐園．竹波軒．青蘿閣．諸勝。著作自娛。與一時名士交。有盟鷗集．郢雪編．永響錄．研史。

李師中　宋楚丘人。字誠之。年十五上封事言時政。由是知名。舉進士。累官中允。提點廣西刑獄。攝帥事。邊人化德。稱李大夫不敢名。熙寧初拜天章閣待制。知秦州。爲政持重總大體。乞召司馬光．蘇軾等置左右。爲呂惠卿所排。貶和州團練使卒。師中嘗言王安石他日必亂天下。每進見。多陳君臣大節。以進賢退不肖爲宰相考課法。杜衍．范仲淹．富弼皆薦其有王佐才。雖屢黜。氣未嘗稍衰。

李師古　唐納子。襲本軍節度使。進同中書門下平章事。德宗崩。師古幸國喪。欲攻掠州縣。順宗立。乃罷。累加檢校司徒。兼侍中卒。

李師師　宋名妓。徽宗好微行。嘗至其家。賜予甚多。以微服夜行。不能常繼。因築潛道通其宅。帝禪位。師師乞爲女冠。金人破汴。主帥欲生得師師。張邦昌等蹤跡之以獻金營。師師折金簪吞之死。

李師晦　唐劉悟辟致幕府。見悟子從諫稍恣橫。假言求長生術。不與事。後擢伊闕令。

李師雄　金雁門人。字伯威。有材力。喜談兵。宋宣和中以騎射登科。累官臨清尉。金師至。師雄出降。正隆末歷官河州防禦使。累有戰功。

李師愈　宋高安人。字好古。博學多聞。從劉子澄講學廬山。乾道間領鄉薦。

李師道　唐師古弟。師古死。知留後。自正已以來。嘯引亡叛。以嚴法持下。故能脅汗士衆。傳三世。憲宗討蔡。師道遣客燒河陰漕院錢米以援蔡。又使人殺武元衡。傷裴度。蔡平。諷令割地質子。師道上書。以軍不協爲解。後爲部將劉悟所殺。

李師夔　金永興人。字賢佐。初爲本州麴監。天輔間太祖襲遼主於鴛鴦濼。郡守委城遁去。師夔主郡事。乃搜卒治兵。迪古乃兵至奉聖州。師夔出降。顧無以兵入城。詔領節度。劇賊張勝以萬人逼城。師夔僞與之和。使人刺殺之。別賊至。又破之。後賊衆不敢入境。累遷東路轉運使。

李庭　元本金人蒲察氏。金末來中原。改稱李氏。世祖時伐宋數有功。積官漢軍都元帥。平河西。擒乃顏。親獲塔不台金剛奴。世祖崩。定策立成宗。庭翊贊之功爲多。拜平章政事。卒謚武毅。

李庭芝　宋隨人。字祥甫。嘉熙末荆帥孟珙以庭芝權建始縣。期年。民皆知戰守。淳祐初舉進士第。辟珙幕中主管機宜文字。珙卒。棄官歸。後主管兩淮制置使事。守揚州。破李壇兵。咸淳末元兵圍揚。遣使招降。庭芝悉誅之。既而益王遣使召庭芝。庭芝至泰州。裨將以城降。庭芝赴蓮池。水淺不得死。被執至揚。遇害。

李彧　後魏延實子。字子文。尚莊帝姊豐亭公主。歷官廣州刺史。性任俠。交遊輕薄無行。爾朱榮之死。武毅之士。皆彧所進。孝靜初以罪棄市。

李息　漢郁郅人。事景帝至武帝。凡三爲將軍。皆無功。其後常爲大行。

李惆　清尉氏人。家貧。父病。乞食以養。得賑穀一石。舂以供父。而自食糠秕。父病劇。抱父足死。其父亦一慟而絕。

李悝　戰國魏事文侯。作盡地力之教。又創平糴法。國以富強。

李振　後梁抱眞孫。字興緒。太祖領鄆州。表振節度副使。劉季述廢昭宗。振勸太祖仗義立功。其後昭宗之弒。朱友恭之誅。皆振謀也。嘗舉進士咸通．乾符中。不中。尤憤唐公卿。及裴樞等賜死白馬驛。振謂太祖曰。此輩常自言清流。可投之河。使爲濁流也。太祖笑而從之。及卽位。累遷戶部尚書。唐莊宗滅梁。伏誅。

李振祜　清太湖人。字受之。號錫民。嘉慶進士。官至刑部尚書。以清愼稱。卒謚莊肅。

李振裕　清吉水人。字維饒。號醒齋。康熙進士。由庶吉士歷官刑工戶禮四部尚書。有白石山房文稿。

李挺　明陝西咸寧人。字正立。一作正五。正嘉間諸生。從呂柟學。孤直不隨時俯仰。後死於盜。人皆惜之。

李時　明任丘人。字宗易。號松溪。弘治進士。授編修。世宗朝入相。時素寬平。旣入相。益鎭以安靜。雖無大匡救。而議論恆本忠厚。廷論咸以爲賢。卒謚文康。有南城召對錄。

李時行　明番禺人。字少偕。號青霞。嘉靖進士。官至南京駕部主事。力學追古。與歐大任．梁有譽．黎民表．吳旦稱南園後五子。有駕部集．青霞漫稿。

李時芳　明知華陰縣。有華嶽全集。

李時亮　宋博白人。字端夫。嘉祐進士。知廉州。有政聲。嘗獻平邊十策。又疏時政得失。累遷檢校散騎常侍。兼御史大夫。時亮善屬文。尤長於詩。與陶弼賡和。詩號李陶集。

李時勉　明安福人。名懋。以字行。永樂進士。選庶吉士。正元間官至國子監祭酒。以直節重望。爲士類所依歸。卒諡忠文。有古廉集。

李時珍 明蘄州人。字東璧。官楚王府奉祠正。讀書不治經生業。獨好醫書。窮搜博采。歷時三十年。閱書八百餘家。成本草綱目一書。又有奇經八脈考．瀕湖脈學等書。

李時敏 明時雍弟。字致道。官朝請郎。有吏才。兄弟皆以書畫名冠一時。尤工大字。有詩意圖。藏宣和內府。◉明平樂人。成化時爲信宜知縣。以材武稱。嘗與孔鏞共平猺賊。以功遷知化州。粵人並稱孔李。

李時雍 宋成都人。字致堯。號適齋。以書畫名於時。爲書學博士。崇寧間官至殿中丞。能擘高出米芾。能以襟袖濡墨走筆作大字。敕以絳紗封臂。非被旨不許輒書。

李時漸 明嘉光人。字伯鴻。號磐石。嘉靖進士。官至陝西按察司副使。曾守台州。有三台文獻錄。

李時澤 宋遂寧人。一作時擇。初爲僧。遊中原。見武洞清所繪羅漢。豁然曉解。得其筆法。兵亂歸蜀。卽以畫名。

李晏 金高平人。字致美。倜儻尚氣。登皇統進士。歷衞州防禦判官。世宗素識其才名。擢翰林直學士。章宗立。晏畫十事以上。皆採納之。終昭義軍節度使。卒諡文簡。

李栖筠 唐趙人。字貞一。莊重寡言。有遠度。文章勁迅有體要。第進士。肅宗時累官給事中。魁然有宰相望。元載忌之。出爲常州刺史。以治行封贊皇縣子。旋拜浙西觀察使。杜許杲姦謀。代宗欲相栖筠。憚載而止。栖筠見帝依違。憂憤卒。自爲墓誌。生平喜獎善。而樂人攻己短。天下歸重。稱贊皇公。

李栗 後魏雁門人。少辨捷有才能。兼有將略。道武帝時數有戰功。累遷左將軍。以簡慢矜寵。不率禮度。帝積其宿過誅之。

李根 漢許昌人。有道術。有超買聞其父祖言已見根。比買事根。年已八十四。而根年少自若。有得根素書讀之。其自記云。以漢元封中學道於某甲。計之已七百餘歲矣。◉清侯官人。字阿靈。一字雲谷。工畫佛像。精篆籀小楷。得魏晉法。

李栻 明豐城人。字孟敬。嘉靖進士。官至浙江按察司副使。有困學纂言。◉清棟弟。字楷士。號爛眞。諸生。性恬淡。善畫。精篆書。

李格 宋滑子。篤行如其父。兼工文辭。紹興中知上元縣。早卒。

李格非 宋濟南人。字文叔。時方以詩賦取士。格非獨留意經學。著禮記說數十萬言。登進士。累官禮部員外郎。工詞章。有洛陽名園記。

李桐客 唐衡水人。仕隋爲門下錄事。煬帝謀徙都丹陽。左右皆希意。桐客極言不可。貞觀初累爲通州巴州刺史。政尚清平。民呼慈父。

李桓 元上元人。字晉仲。由進士累官江浙儒學副提舉。以文鳴江東。紓餘豐潤。學者多傳之。◉清星沅子。字叔虎。號黼堂。以廕官至廣東布政使。罷歸。家居二十年。成耆獻類徵七百二十卷。閨媛類徵十二卷。於清代道光前人物掌故。搜羅甚富。又有寶章齋類稿。

李殷 五代漢薊州人。仕唐及晉。累爲郡守。出帝時授定州節度使。將行。啓出帝曰。臣之此行。破敵必矣。及至郡。威略無聞。敵再至。首納降款。旋歸高祖。爲貝州節度使。

李泰 唐太宗四子。字惠褒。封魏王。好士。善屬文。卽府置文學館。得自引學士。奏撰括地志。歷四期著成。詔藏秘閣。皇太子承乾病蹇。泰以計傾之。太子敗。泰幽將作監。高宗卽位。進封濮王。卒諡恭。◉明鹿邑人。字淑通。洪武進士。官詹事府通事舍人。有四時氣候集解。

李浦 唐射洪人。著補履十卷。皆孟軻．揚雄之旨。以宰相張延賞表薦。拜右拾遺。正色抗辭。當朝敬憚。

李浩 唐字太素。隱青城山牡丹坪。與仙人爾朱先生遊。作大丹詩百首。或傳舉家仙去。◉宋綏州人。字直夫。好學通兵法。以戰功官廣西都監。襄西北疆事。著安邊策上之。神宗召對。改管幹麟府兵馬。未行。從章惇於南江。擊降懿州。遂城懿州。進討黔江蠻。復城黔江。擢熙河鈐轄。後以復蘭州功。知蘭州卒。◉宋建昌人。字德遠。紹興進士。孝宗時累官吏部侍郎。浩質直渾厚。少力學爲文辭。及壯。益沈潛理義。立朝慨然以時事爲己任。忠憤激烈。以此見忌。帝察其忠。始終全之。◉元滕縣人。性嗜方術。慕倉公之爲人。常往來東平間。爲人治病。決生死。其驗如神。有素問鉤玄．仲景或問。◉明曲沃人。字師孟。成化進士。累遷兵部員外郎。清畿內土田。奪豪右侵占者還之民。歷順天府尹。劉瑾擅政。無名需求。浩一切裁抑。瑾偵其過無所得。官至禮部尚書。卒諡莊簡。

李涓 宋遵勗曾孫。字浩然。知鄂州崇陽縣。靖康初京城被圍。召天下兵。鄂兵皆未集。涓募土多市人。不能軍。涓出家錢買牛酒激犒之。卽日引而東。遇敵。血戰死。

李涉 唐洛陽人。初與弟渤同隱廬山。後應陳許辟。憲宗時爲太子通事舍人。尋謫峽州司倉參軍。太和中爲太學博士。復流康州。自號淸溪子。

李流 成漢特弟。字玄通。少好學。便弓馬。兄庠爲趙廞所殺。流從特平廞。以功拜奮威將軍。特死。蜀人多叛。流與兄子蕩・雄收遺衆還赤祖。自稱大將軍・大都督・益州牧。流以特蕩並死。宋岱・孫阜軍至。甚懼。將降之。賴雄力。軍復振。流疾篤。謂諸將曰。前軍英武。殆天所相。可共受事。以爲成都王。遂死。雄僭號。追諡秦文王。

李・流芳 〔明〕嘉定人。字茂宰。又字長蘅。號香海。又號泡庵。晚稱愼娛居士。萬曆間舉人。工詩善書。尤精繪事。鄞人謝三賓知嘉定縣事。合唐時升・婁堅・程嘉燧及流芳詩刻之。號嘉定四先生集。

李・流謙 〔宋〕德陽人。字無變。以文學知名。官雅州教授。虞允文宣撫全蜀。置之幕下。頗有贊畫。終通判潼州府事。有澹齋集。

李・特 〔成漢〕宕渠人。本巴氏族。字玄休。雄武善騎射。晉永康間聚衆爲寇盜。朝廷以討趙廞功。拜宣威將軍。太安初自稱益州牧・都督梁益二州大將軍・大都督。改元建初。在位二年。爲羅尚所襲。兵敗。被殺。子雄僭號。追尊景皇帝。廟號始祖。

李・珙 〔唐〕玄宗二十一子。封豐王。廣德初吐蕃入寇。代宗幸陝。將軍王懷忠劫諸王西迎寇。遇郭子儀。懷忠曰。上東遷。宗社無主。今僕奉諸王西奔。以係天下望。公爲元帥。惟所廢置。子儀未對。珙輒曰。公何如。司馬王延昌質責珙。子儀亦讓之。卽護送行在所。語不遜。賜死。⊙〔唐〕山東人。世儒家。珙獨尚材武。有崖岸。元和中征淮西。烏重胤表爲都將。終右武衛上將軍。⊙〔宋〕永福人。字溫之。少以功名自奮。金人犯闕。珙募勇士三千餘人兼程而進。遇賊。力戰死。

李・珪之 〔南齊〕鍾武人。字孔璋。官至游擊將軍。兼少府。歷職以清能稱。

李・珣 〔前蜀〕梓州人。以小詞爲後主所賞。有瓊瑤集。⊙〔宋〕璋弟。字公粹。以蔭爲閤門祇候。累遷相州觀察使。爲劉永年等所論。命遂寢。熙寧中遷宣州觀察使。哲宗初進泰寧留後。提舉萬壽觀。復知相州卒。

李・班 〔成漢〕雄兄蕩子。字世文。雄立爲太子。謙虛博納。敬愛儒賢。雄寢疾。班晝夜侍側。有孝誠。雄死。班嗣位一年。爲雄子越所殺。諡哀帝。

李・益 〔唐〕揆族子。長於詩。與李賀相埒。每一篇成。樂工爭求之。至征人早行等篇。天下皆施之圖繪。少癡而忌刻。防閑妻妾甚嚴。世謂妬爲李益疾。憲宗召爲集賢殿學士。負才傲物。衆不能堪。坐降秩。太和初以禮部尙書致仕卒。時有太子庶子李益同在朝。故世言文章李益以辨云。⊙〔明〕利津人。字守謙。洪武初由太學生擢戶部主事。居官清謹。數年衣不再更。會聖誕節。詔百官俱服錦繡進賀。益借千戶服色。帝詰之。以實對。命搜其家。止得俸米數升於皂靴中。太祖嗟歎良久。官至山西布政使左參議。

李・矩 〔晉〕平陽人。字世迴。梁王肜以爲牙門。伐氏齊萬年有殊功。後爲滎陽太守。以破石勒功。加冠軍將軍。封陽武縣侯。劉聰遣從弟暢將步騎三萬卒至。矩未暇爲備。詐降於暢。夜襲之。暢僅以身免。後爲勒將石良所逼。率衆南走。墜馬卒。

李・眞童 〔元〕妓。張奔兒女。色藝無比。有閨閣風致。許嫁達天山。期來年相會。李遂爲女道士。杜門謝客。及期適天山。天山沒。復爲女道士。

李・祐 〔後魏〕閻子。字長禧。篤穆友于。由給事中歷官博陵太守。所至以清幹著稱。⊙〔唐〕太宗七子。字贊。封齊王。領齊州都督。使客燕弘亮募劍客。溺羣小。好弋獵。長史權萬紀繩以法。暴祐罪於朝。祐遂射殺萬紀。支解之。遂發兵。詔兵部尙書李勣等往討之。執送京師。賜死。⊙〔唐〕字慶之。初事吳元濟。後歷帥夏綏銀宥。治兵有法。羌戎畏服。終右龍武統軍。⊙〔宋〕河內人。工畫花竹翎毛。

李・祐之 〔宋〕東京人。紹興間居臨安。善寫佛像鬼神。尤工牛馬。

李・祖昇 〔北齊〕平棘人。文宣帝李皇后之兄。儀容瓌麗。垂手過膝。睦姻好施。文學足以自通。仕至齊州刺史。爲徒兵所害。

李・祖陶 〔淸〕上高人。字邁堂。一字欽之。嘉慶舉人。博覽經史百家。名盛一時。有邁堂文略・淸朝文錄。

李・祖勳 〔北齊〕祖昇弟。文宣受禪。除秘書丞。及女爲濟南王妃。除侍中。封丹陽王。居官無可稱述。性貪慢。妻崔氏驕豪干政。以數坐贓免官。

李・祇 〔唐〕禕弟。嗣吳王。出爲東平太守。安祿山反。陳留・滎陽・靈昌相繼陷。祇募兵拒賊。玄宗壯之。遷陳留太守。大曆間以太子賓客爲集賢待制。

李・祚 〔宋〕豐人。親喪。廬墓側。凡二十七年。家人百計勉諭不聽。眞宗特詔旌表。

李・祝 〔後唐〕工畫學吳道玄。與韓求齊名。稱韓李。性倜儻。有才略。退藏不仕。後以李克用聽讒。誘溺死。

李・神 〔後魏〕洪之子。少有膽略。建義初除衛將軍。時葛榮爲亂。民多流散。神志氣自若。撫勞兵民。葛榮盡銳攻之。久不能剋。官終相州大中正。

李・神威 〔北齊〕義深族弟。幼有風裁。傳其家業。禮學粗通義訓。又好音樂。撰集樂書近百卷。魏孝武末爲尙書左丞。天保初卒。

李・神軌 〔後魏〕世哲弟。累出征伐。孝昌中爲靈太后所寵。權傾朝野。累遷給事黃門侍郎。後爲爾朱榮所害。諡烈。

李神祐 【宋】神福弟。太祖時宦者。從征太原。伐廣川。隨曹彬南征。太宗時再從征太原。禦契丹。皆有功。眞宗東封還。內侍將遷秩。帝令神祐第其勤狀。坐品第非當削職。性謹愿。曉音律。頗好篇詠。

李神符 【唐】太祖孫。字神符。高祖時遷幷州總管。頡利可汗盜邊。神符與戰汾東及沙河有功。遷揚州大都督。自揚州渡江。治隋江都故郡。揚人利之。然少威嚴。不爲下所畏。累遷開府儀同三司。封襄邑王。卒諡恭。

李神通 【唐】太祖孫。少輕俠。隋大業末在長安。高祖兵興。從平京師。爲宗正卿。典兵宿衞。武德初拜山東安撫大使。擊宇文化及。賊糧盡。願降。神通利賊破取其玉帛。不肯受。又忌趙君德功。止軍不進。其後敵勢復張。遂爲竇建德所虜。建德滅。從平劉黑闥。還左武衞大將軍。封淮安王。卒諡靖。

李神福 【五代吳】洺州人。事楊行密爲親校。積功至都指揮使。其後破孫儒。討蔡儔。擊杜洪。禽田頵。歷官寧國節度使。⊙【宋】太宗時宦者。從征太原。往來梯衝間。宣傳詔命。及太宗不豫。神福朝夕左右。躬侍藥膳。眞宗時句當三班。歷官宣慶使。領昭州防禦使。性恭愿和易。在禁闥五十年。人稱爲長者。然久掌三班。遠近失敘。不能拒請託。人以此譏之。

李神儁 【後魏】東弟。孝莊帝時以功累官吏部尙書。爾朱兆入京。乘輿幽執。神儁遂逃竄民間。出帝初始來歸。孝靜初除侍中。神儁風韻秀舉。博學多聞。好汲引後生。然性通率。不持檢度。識者譏之。

李納 【唐】正己子。代宗時擢殿中丞。正己署爲淄青二州刺史。又爲濮徐兗沂留後。正己死。秘喪不發。以兵會田悅於濮陽。復與李希烈·朱滔·王武俊連和。自稱齊王。興元初復歸命。進同平章事。封隴西郡王。以破李希烈功加司空卒。

李紓 【唐】字仲舒。始仕校書郎。德宗時累官吏部侍郎。性樂易。喜接後進。其自奉養頗華裕。不爲崖檢。奉詔爲與元紀功述及它郊廟樂章。論撰甚多。⊙【南漢】仕劉龑爲諫議大夫。雅有風采。文辭贍對。觀者傾竦。

李純 【明】昆明人。正統間巡按遼東。土木之難。純選精騎嚴兵固守。也先入寇。純擊之。斬獲無算。論功陞遼東巡撫。後改榆林卒。

李純甫 【金】襄陰人。字之純。擢承安經義進士。爲文法莊周·列禦寇·左氏·戰國策。後進多宗之。喜談兵。慨然有經世志。章宗南征。兩上疏策其勝負。給送軍中。多如所料。宣宗時擢翰林。正大末坐事出倅坊州。未赴。改京兆府判官。卒於汴。純甫晚年喜佛。力探其奧。自類其文。所解楞嚴金剛經等書。頗爲名教所貶云。

李純佑 【西夏】仁孝子。宋紹熙四年嗣爲夏國主。在位十四年。爲李安全所廢。遂卒。廟號桓宗。年號天慶。

李純德 【宋】光澤人。字德之。少治周禮兼左氏春秋。爲文簡古。不逐時好。嘗領本邑民兵。爲制戰陣擊刺之法。以時閱習。甚有可觀。紹興間以特奏恩將入奉廷對。先卒。朱熹銘其墓。以好德有常之士稱之。

李紘 【前蜀】王建時爲將作監。梁太祖殂。命紘如汴弔之。紘有專對才。國人頗稱其不辱君命。⊙【宋】昌齡從子。字仲綱。第進士。歷知於潛·南安。俱有惠政。拜監察御史。累進龍圖閣直學士。紘方介有吏才。復篤於友誼。范仲淹被謫。朝士無送者。紘獨出郊餞之。與劉顏爲友。顏死。請移任子恩官顏之子。人皆以爲難。⊙【清】紱第六弟。字巨州。雍正進士。闢南園以養母。不仕。乾隆時召試鴻博。有南園答問·南園稿。

李素立 【唐】高邑人。武德初擢監察御史。民有犯法不至死者。高祖欲殺之。素立諫曰。三尺法天下所共。一有動搖。則人無所措手足。帝嘉納之。擢侍御史。貞觀中轉揚州大都督府司馬。突厥鐵勒內附。卽其地置瀚海都護府。詔素立領之。諭降闕泥熟別部。夷人感其惠。率馬牛以獻。素立祇受酒一杯。乃開屯田。立署次。虜益畏威。後歷綿州蒲州刺史。卒諡平。

李素貞 【清】江蘇甘泉人。朱重慶妻。工詩。善楷書。重慶應京兆試。素貞寄以詩。有閒拋纖落黃花瘦。枉逐風塵白髮生之句。都下盛傳之。

李素節 【唐】高宗四子。封許王。歷申岳諸州刺史。載初中武承嗣誣以謀反。逮赴都。道聞遭喪哭者。謂左右曰。病死何可得。而須哭哉。尋被縊。

李翀霄 【清】絳州人。字息六。選貢生。官中書。從征湖南。參贊軍前。累遷四川按察使。平反脅從株連繫獄者三百人。殲其渠首。餘悉釋之。終江西布政使。

李翃 【清】晉寧人。字和之。號夢山。別號雲華生。嘉慶進士。官御史。工詩善畫。有雲華詩鈔·敬業載言。

李耆壽 【宋】江陵人。字南公。嘗學於朱熹·陸九淵。攝沔州事。時有金寇。耆壽斥關候。增棧道。收潰散。又會師救六安。招降巴山盜。出知隆慶府及蓬州。皆有聲。以言者罷。後守達。尤崇教化。

李茲 【後漢】基弟。字季公。見李基條。

李茹旻　〔淸〕臨川人。字覆如。康熙進士。官中書。嘗預修廣西通志·撫州府志。有二水樓詩文集。

李虔　〔後魏〕彥弟。字叔恭。宣武帝時歷官長樂太守。與都督元遙討平冀州賊。孝莊初進號驃騎將軍。

李虔縱　〔唐〕洛陽人。以醫術知名。自則天·中宗以後。諸醫咸推虔縱·張文仲·韋慈藏三人爲首。

李衷燦　〔淸〕含山人。號梅村。官荆門知州。有拳拳錄·顏巷錄·晚問篇。

李訓　〔唐〕揆族孫。字子垂。始名仲言。字子訓。擢進士第。辟河陽節度府。從父逢吉爲宰相。以訓陰險善謀事。厚賂之。坐武昭獄流象州。文宗欲誅夷宦官。訓因鄭注進。一歲至宰相。欲先誅宦豎。乃謀復河湟。攘夷狄。歸河朔諸鎭。意果而謀淺。因欲閉止諸宦人。伏甲盡誅之。事泄。訓及其黨皆被害。

李貢　〔明〕賓弟。字惟正。號舫齋。與贊同登進士。累官右都御史。以忤劉瑾罷官。瑾誅。歷兵部右侍郎。貢學問閎富。文詞淸贍。居家杜門。不妄通賓客。有舫齋集。

李起　〔後蜀〕成都人。性婞直。廣政中官右補闕。李昊嘗謂之曰。以子才。苟能愼默。當爲翰林學士。起曰。喉無舌。乃不言耳。

李躬　〔後漢〕永平中拜爲三老。以二千石祿養終身。

李邕　〔後魏〕諧弟。字修穆。幼而儁爽。有逸才。官著作佐郎。凡所交遊。皆倍年儁秀。才藻之美。爲時所稱。年二十五卒。諡文。⊙〔唐〕鳳孫。娶韋后妹。累遷祕書監。及韋后敗。邕殺其妻。送首於朝。議者鄙之。貶沁州刺史。後遷衛尉卿。⊙〔唐〕善子。字泰和。善注文選。邕補益之。附事見義。兩書並行。既冠。覽祕閣書。了辨如響。玄宗時。官北海太守。故稱李北海。善書。文名滿天下。盧藏用嘗謂邕如干將莫邪。難與爭鋒。但終虞傷缺耳。後爲李林甫所害。邕天資豪放。不矜細行。所在賄謝。畋游自肆。終以致敗。有李北海集。

李郛　〔宋〕宜黃人。文學浩博。嘗著北事罪言三十篇。欲遷都建康。爲興復計。不遇。退而著書。人號爲書廚。有緯文瑣語。

李劍　〔晉〕毅子。除尙書外兵郎。毅死於李雄之亂。劍自表赴難。至牂牁。不得進。經年。以寧州城中無穀。父疾病未知吉凶。不食穀。惟茹草。後官朱提·越巂太守·西夷校尉。

李高遷　〔唐〕岐州人。客太原。高祖引致左右。執高君雅等有功。以右三統軍從下霍邑。圍長安。有戰功。累遷西麟州刺史。突厥寇馬邑。詔高遷助守。賊盛。夜斬關走。所將皆沒。除名徙邊。後歷資州刺史卒。

李乾　〔三國魏〕鉅野人。有雄氣。合賓客數千家在乘氏。初平中從曹操破黃巾。又從擊袁術·呂布。遂還乘氏。慰勞諸縣。呂布別駕薛蘭等招乾。乾不聽。遂被殺。

李乾祐　〔唐〕長安人。貞觀初爲殿中侍御史。歷治書。有能名。永徽初擢御史大夫。爲褚遂良所惡。出爲邢魏二州刺史。乾祐雖彊直而昵小人。嘗爲書與所善吏。刺取朝庭事。迷隱其辭。爲吏所賣。坐流驩州。後爲司刑。太常伯。又坐泄漏禁中語免官卒。

李乾順　〔西夏〕秉常子。宋元祐初嗣爲夏國主。時年三歲。自宋哲宗歷高宗四朝。叛服不常。數爲宋患。始建國學。設弟子員三百。在位五十四年卒。廟號崇宗。年號天儀治平·天祐民安·永安·貞觀·雍寧·元德·正德·大德。

李乾德　〔明〕西充人。字雨然。崇禎進士。歷右僉都御史。撫治鄖陽。改湖南。轉徙衡永。賊至輒先避。永明王時以兵部侍郎巡撫川南。死節。

李偉　〔明〕漷縣人。字世奇。神宗生母李太后父。神宗立。封武淸侯。偉嘗有過。太后召入宮切責之。以是益小心畏愼。有賢聲。卒諡莊簡。

李偲　〔金〕安喜人。字子友。天眷進士。大定間累官戶部侍郎。改同知北京留守·沂州防禦使。恤農利民。時稱能吏。

李勖　〔明〕浙江山陰人。字文勉。性卓犖不羈。好與文士游。攻苦力學。遂成名儒。詩宗晚唐。

李參　〔宋〕須城人。字淸臣。英宗時累官樞密直學士。知秦州。神宗知其才。書姓名於殿柱。以知永興軍。未赴卒。參無學術。然剛果嚴深。喜發擿姦伏不假貸。事至卽決。時稱能吏。

李商隱　〔唐〕河內人。字義山。又號玉溪生。開成進士。累官工部員外郎。爲文瑰邁奇古。詩與溫庭筠齊名。庭筠多綺羅脂粉之詞。而商隱則感時傷事。頗得風人之旨。王安石謂唐人能學老杜而得其藩籬者。惟商隱一人。宋楊億等摹擬其詩。作西崑唱酬集。遂稱西崑體。有李義山詩集。

李國用　〔元〕登州人。嘗爲卒。遇神仙教以觀日之法。能洞見肺腑。世稱神相。自北至杭。能望氣占休咎。善相人。崖岸倨傲。權貴敬之。

李國臣　〔唐〕河西人。本姓安。力能扶闕。積功擢雲麾大將軍。賜姓李。從李光弼守河陽。累封臨川郡王。官終揚州刺史。

李國宋　〔淸〕江蘇興化人。字湯孫。

號大村。康熙舉人。有蠮隱居集。論者謂自陸放翁後。詩之多而工。無以踰之。

李國昌 【唐】見朱邪赤心條。

李國亮 【清】海州衛人。字朗菴。康熙舉人。選陝西蒲城縣。累官河南巡撫。所至以興利除弊爲己任。坐薦舉失人。致仕。

李國柱 【清】天津人。雍正間隨征科布多有功。乾隆間累官湖廣提督。值水災。隄將決。國柱親荷土壅水。官民從之。隄得不潰。調貴州提督。勦平古州苗。復任湖廣提督致仕卒。

李國相 【唐】善書。

李國英 【清】遼東人。明總兵。順治初降清。隸正紅旗漢軍。隨豪格取蜀。殲流寇張獻忠。以總兵留鎮保順間。勦平餘寇。擢四川巡撫。官至太子太保。兵部尚書。總督陝西三邊四川軍務。康熙間平李來亨。破建昌猓夷。保釐全蜀者二十有一年。卒謚勤襄。

李國貞 【唐】神通裔孫。上元間歷晉絳慈隰沁等州觀察處置使。既至。糧乏民貧。不忍遽斂。軍中讟謗。突將王振給之爲變。遂被害。國貞清白善用法。世稱能吏。然峻於操下。故其衆思得郭子儀。振因肆其惡云。

李國梁 【清】豐順人。乾隆武進士第一。由頭等侍衛累擢湖廣提督。嚴防咽匪有功。調直隸。卒謚恪愼。

李國祥 【明】南昌人。字休徵。天啓中官開封同知。嘗輯古今濡削選章。所選皆四六書啓。

李國楝 【清】威寧人。嘉慶初從征南籠苗。勦川陝楚教匪。戰績甚著。官至浙江提督。卒謚襄恪。

李國楨 【明】濬九世孫。有口辨。崇禎間嘗召對。指陳兵事甚悉。命總督京營。倚任之。而國楨實無他能。李自成犯京師。三大營兵不戰而潰。城陷。國楨解甲聽命。賊責賄不足。被拷折踝。自縊死。

李國瑞 【明】銘誠子。銘誠卒。當嗣爵。其庶兄國臣與爭產。言父遺貲四十萬。願輸以佐軍興。遂詔借餉如國臣言。國瑞不能應。帝怒奪爵。遂悸死。

李國標 【清】浙江奉化人。字君龍。別號梅岑。明季貢生。官嘉興知縣。入清後。日徜徉山水以自娛。有圭羅考疑．外史．讀史諸書。

李國𣚴 【明】高陽人。字元治。萬曆進士。天啓間擢禮部尚書入閣。釋褐十四年。即登宰輔。魏忠賢以同鄉故援之也。然每持正論。崇禎初進吏部尚書。卒謚文敏。有文敏遺集。

李國翰 【清】漢軍鑲藍旗人。字伯藩。天聰．崇德間圍大凌河城。攻錦州。克塔山杏山。俱有功。順治間定山西陝西。勦李自成於湖廣。征張獻忠於四川。封三等侯。卒謚敏壯。

李埴 【宋】璧弟。字季允。紹熙進士。知常德府。以安靜爲治。時蜀患未靖。潰卒內訌。埴繕兵訓戒。盜不敢犯。改知夔州。召爲禮部侍郎。以持論侃直。出爲沿江制置副使。兼知鄂州。復與諸司爭曲直。不相能。罷去。後累遷資政殿學士。卒謚文肅。有李文肅集。

李培源 【清】興化人。字道圜。一字薰畝。乾隆拔貢。官訓導。工楷書。鐫印章亦精妙。

李基 【後漢】固子。字憲公。與弟茲並爲長史。聞固策免。並棄官亡歸。詔下郡殺固二子。二子託服藥死。具棺器。欲因出逃。驗實皆被誅。◎【北周】植弟。字仲和。幼有聲譽。美容儀。善談論。涉獵羣書。尤工騎射。文帝令尙義歸公主。魏廢帝即位。與文帝猜隙彌深。文帝諸子並幼沖。惟託意諸壻。以爲心膂。基爲武衛將軍。掌禁旅。孝閔即位。出爲海州刺史。武成初除江州刺史。卒謚孝。

李基和 【清】漢軍人。字協萬。一字梅崖。康熙進士。累官江西巡撫。以清節著稱。罷官後寓居僧寺。清苦自甘。尋卒。有梅崖詩集。

李堂 【明】鄞人。字時升。成化進士。官至工部右侍郎。有堇山集。◎【清】泗陽人。字肯菴。乾隆進士。官至湖州知府。居官多善政。能書。詩字尤工。

李堅 【後魏】易人。字次壽。文成帝時因事爲閹人。文明太后臨朝。遷給事中。小心謹愼。常在左右。孝文帝時授太僕卿。檢課牧產。多有滋息。宣武帝時出爲瀛州刺史。所在受納。家產巨萬。官終光祿大夫。◎【元】長清人。精於風鑑。賣卜長安市。凡壽夭窮通。言之無不切中。居麻衣洞。故稱麻衣先生。年百餘歲。聲若巨鐘。走及奔馬。後預言卒日而蛻化。◎【明】唐縣人。正統進士。改翰林院庶吉士。拜監察御史。時帝求翠羽於諸省。堅上章止之。坐是外補桐廬知縣。民稱其清介。◎【清】祥符人。字敬堂。號琴浦。乾隆進士。官刑部主事。治獄務持大體。有錢譜。

李寀 【宋】字亮卿。弱冠第進士。高宗南渡。遷監察御史。挺直敢言。權倖側目。累乞外補。紹興間出爲廣南西路提點刑獄。奉祠歸。

李寅 【清】吳江人。字露禎。號東崖。康熙歲貢生。工詩文。尤邃於易。隱居教授。及卒。門人私謚文孝先生。有易說要旨．學庸要旨．淇園集。◎【清】江都人。字白也。畫法唐宋。與蕭晨齊名。作桃花楊柳稱神品。

李密 【晉】武陽人。字令伯。一名

虔。父早亡。母更適人。鞠於祖母劉氏。武帝徵爲太子洗馬。詔書屢下。密上表固辭。乃停召。劉終服闋。復徵爲洗馬。密有才能。常望內轉。及遷漢中太守。自以失分懷怨。免官卒。◎北齊平棘人。字希邕。少有節操。母病積年。名醫療之不愈。乃精習經方。洞曉針藥。母病得治。由是以醫知名。屬爾朱兆弒逆。與渤海高昂爲報復計。後從神武舉義。封容城縣侯。位襄州刺史。在州十餘年。威信聞於外境。天保初授散騎常侍。◎隋襄平人。字玄邃。一字法主。趣解雄遠。多策略。初爲隋煬帝宿衛。謝病去。感勵讀書。聞包愷在緱山。往從之游。以漢書一帙掛牛角。行且讀。楊素見而奇之。令子玄感傾心結納。玄感起兵。密爲之謀主。以不能用其策而敗。又與翟讓據洛口。稱魏公。江淮以北。遠近響應。旋爲王世充所敗。歸唐。拜光祿卿。以失望復叛。盛世彥討斬之。密素得士心。哭之者多嘔血。

李專美 後晉萬年人。字翊商。仕梁爲舞陽令。性廉謹。大著政聲。唐末帝時歷檢校尙書右僕射。高祖時遷鴻臚、大理卿。時崔盧李鄭爲望族。浮薄自大。惟專美未嘗以氏族形於口。人以此多之。

李崇 後魏績子。仕馮跋爲吏部尙書、石城太守。太武帝至和龍。崇率十餘郡歸降。帝禮遇之。呼曰李公。拜北幽州刺史。卒謚襄。◎後魏頓丘人。字繼長。文成皇后兄誕之子。孝文初爲荆兗二州刺史。俱有稱績。遷梁州刺史。討平氐蠻。延昌初都督淮南諸軍事。崇沈深有將略。寬厚善御衆。在州十年。所向屢破邊寇。號曰臥虎。然好財貨。販肆聚斂。爲時論所鄙。官終開府相州刺史。卒謚武康。◎隋賢子。字永隆。隨宇文護伐齊。以功擢授儀同三司。文帝爲丞相。進爵郡公。開皇間除幽州總管。突厥犯塞。崇輒破之。奚霫契丹等懾其威略。爭爲內附。其後突厥大爲寇掠。崇轉戰十餘日。退保砂城。城荒廢難守。力戰無所食。乃挺刃突賊。卒於陣。謚壯。

李崇矩 宋上黨人。字守則。仕漢及周。太祖時拜樞密使。與趙普相厚善。太平興國初出爲瓊崖儋萬四州都巡檢使。時黎賊擾動。崇矩悉抵其洞穴撫慰之。衆皆懷附。官終金吾街仗兼六軍司事。性純厚。信奉釋氏。又喜黃白術。雖知其詐。猶以爲神仙試已。終無悔恨。卒謚元靖。

李崇祖 北齊業興子。字子述。文襄命盧景裕講易。崇祖時年十一。論難往復。景裕憚之。文宣營構三臺。材瓦工程。皆崇祖所算。封屯留縣侯。後坐事伏誅。

李崑瑜 淸丹徒人。名琳。善弈。爲咸同時名手。

李崧 五代漢饒陽人。仕後唐。遷戶部侍郎、端明殿學士。契丹入雁門。明宗選將捍太原。崧曰。非石敬瑭不可。晉高祖深德之。其後高祖入京師。拜崧同中書門下平章事。耶律德光犯京師。拜崧太子太師。漢高祖入京。崧爲葛延遇告變。自誣伏族誅。◎淸無錫人。字靜山。號芥軒。康熙時布衣。工詩。善畫蘆雁。居鵝湖之洗香園。妻子奴婢。蕭然自得。年八十餘。兩目盡盲。猶口占詩。令其幼孫書之。有芥軒詩集、浣香詞。

李巢 唐義琰子。幼豪俊。善騎射。而不治細行。義琰嘗拘之。絕其交游。後亡走闕下。獻書陳利害。拜監察御史。遷殿中尙書。坐事忤旨。貶龍編主簿。

李常 宋建昌人。字公擇。皇祐進士。熙寧中爲右正言。王安石與之善。時安石立新法。常極言其不便。安石遣所親密諭意。常不爲止。哲宗時累拜御史中丞。少讀書廬山白石僧舍。旣擢第。留所抄書萬卷於室。名曰李氏山房。有文集奏議、詩傳、元和會計錄。

李常孚 淸合肥人。同治間從征江南浙江有功。又勦捻於山東河南安徽。戰績甚著。官至提督。光緒間征臺灣番社。卒於軍。謚莊簡。

李庶 北齊諧子。風流規檢。甚有家風。稍遷臨漳令。魏收撰魏書出。庶與盧斐等訟其不平。繫獄死。

李康 宋度弟。工詩。太平興國進士。官至太子右贊善大夫。◎元桐廬人。字寧之。事母篤孝。工詩文。書畫琴弈。冠絕一時。有桐城詩派。

李康年 宋江夏人。字樂道。好古博學。小篆尤精。

李彪 後魏衞國人。字道固。舉孝廉。孝文帝時累遷祕書丞。參著作事。從遷固之體創爲紀傳表志之目。前後六度使齊。南人奇其謇諤。遷御史中尉。以嚴酷稱。後以事忿爲李沖所劾。除名還鄉。宣武帝時在祕書省。同王隱故事。白衣修史。除通直散騎常侍。卒謚剛憲。有文集。

李彬 明鳳陽定遠人。字質文。太祖時爲濟川衞指揮僉事。燕師起。爲前鋒。轉戰有功。累遷右軍都督僉事。破安南西都。備倭海上。鎭交阯。數平強寇。卒謚剛毅。◎明四明人。字文中。工畫寫意人物。

李得春 淸湘陰人。字東垣。道光進士。官永州教授。有敏學齋文稿。

李從周 宋臨邛人。字肩吾。所著字通。極爲魏了翁所稱。

李從昶 後晉茂貞子。仕唐。歷涇州三峯許田三鎭。累遷左龍武統軍。

無尤政。無苛法。吏民安之。天福中卒官從。迺少習華侈。而音律圖畫。無不通曉。晉接賓客。復篤信釋氏。

李從訓【宋】杭人。宣和待詔。紹興間補承直郎。工畫道釋人物花鳥。

李從晦【宋】神符裔。寶曆進士。累官銀青光祿大夫。姿質偉岸。所至以風力聞。善獎目後進。名知人。楊收方布衣。進謁從晦。一見如雅識。即待以公輔。後收果至宰相。

李從敏【後周】從溫弟。字叔達。爲人沈厚寡言。善騎射。唐明宗時歷鎭橫海·義武·成德·歸德·保義·昭義·河陽。封涇王。漢高祖時爲西京留守。封秦國公。周廣順初卒。謚恭惠。

李從善【宋】煜弟。字子師。在南唐封鄭王。官太尉·中書令。後降宋。封南楚國公。開寶中奉方物來貢。遂留京師。官至通許監軍。

李從溫【後晉】從璋弟。字德基。爲人貪鄙。多作天子器服以自僭。唐明宗諸子八人。至晉出帝時。六已亡沒。惟從溫及弟從敏在。太后常曰。吾惟有一兄。豈可繩之以法。從溫由此益驕。嘗誣親吏薛仁嗣等爲盜。籍其家貲數千萬。帝釋不問。徙河陽三城卒。

李從榮【後唐】從璟弟。長興初歷河南尹。兼判六軍諸衞事。從璟死。從榮於諸皇子次最長。又握兵柄。爲人輕儁而鷹視。頗喜儒學。爲歌詩。多招文學之士。賦詩飲酒。故後生浮薄之徒。日進諛佞。以驕其心。明宗頗知其非。而不能裁制。以謀弒逆伏誅。

李從璋【後晉】從璨弟。字子良。唐明宗時鎭保義。徙河中。晉高祖立。徙鎭威勝。從璋爲人貪鄙。自鎭保義。始折節自修。在南陽頗有遺愛。

李從璨【後唐】明宗從子。初爲右衞大將軍。爲人剛猛不少屈。性倜儻。輕財好施。爲安重誨所忌。明宗幸汴州。以從璨爲大內皇城使。嘗於會節園酒酣登御榻。爲重誨所奏。賜死。

李從璟【後唐】明宗子。爲人驍勇善戰。而謙退謹敕。從莊宗戰。數有功。爲金槍指揮使。莊宗如汴。將士多亡。獨從璟不去。明宗渡黎陽。帝欲遣從璟通問。元行欽以爲不可。遂殺之。

李從曮【後晉】茂貞子。唐莊宗時授鳳翔節度使。後移鎭汴州。末帝時再鎭鳳翔。入晉累封秦王岐王。少敏悟。善書畫筆札。性柔和無節操。但進退閑雅。慕士大夫之所爲。故岐陽父老。願其復用焉。

李惇【清】高郵人。字成裕。一字孝臣。治經通敏。尤深於詩及春秋三傳。晚好曆算。通宣城梅氏書。篤內行。恂恂退讓。遇友朋患難。則執義不回。嘗以諸生高第。將舉拔萃科。試之前夕。往理友人喪。遂罷試。尋舉乾隆進士。注選知縣卒。有歷代官制考。考工車制考。說文引書字異考。左傳通釋。杜氏長曆補。渾天圖說。羣經識小錄諸書。

李惇頤【宋】陽信人。字子修。熙寧中青苗法行。計息推賞。否則黜秩。吏畏罪希進。貸散惟恐不多。惇頤知祥符縣。獨貸三之一。宰相怒甚。遂通判廣信軍。

李惟岳【唐】寶臣子。少爲行軍司馬·恆州刺史。父死。求襲位不許。遂與田悅·李正己等謀拒命。府屬邵眞泣諫。惟岳悟。使眞作奏。將吏議不可。惟岳又從之。戰敗。爲部將王武俊所殺。

李惟清【宋】下邑人。字直臣。太祖時爲涪陵尉。蜀民尚淫祀。病不療。坐聽於巫覡。惟清教以醫藥。稍變風俗。時遣宦官督輸造船木。縱恣不法。惟清奏殺之。由是知名。太宗時累官同知樞密院。惟清倜儻自任。有鉤距才。臨事峻刻。所至稱強幹。然以俗吏進。無人望。眞宗時除御史中丞。旣去樞要。怫鬱尤甚。遂肆情彈擊云。

李惟誠【唐】惟岳異母兄。尚儒術。性謙裕。父寶臣愛之。使決軍事。以惟岳正嫡。固讓焉。四爲州刺史。

李惟賢【宋】昭亮子。字寶臣。仁宗時累遷榮州團練使。知冀州。終四方館使。惟賢善宣辭令。習朝儀。仁宗頗愛之。

李惟簡【唐】惟岳弟。惟岳叛。惟簡奉母奔京師。德宗命拘於客省。及出奉天。惟簡斬關出。道更七戰。得及行在。比還。封武安郡王。憲宗時爲鳳翔節度使。市耕牛佃具給農。歲增墾數十萬畝。◉【宋】穆子。以父任爲將作監丞。多才藝。性沖澹不樂仕進。去官家居三十餘年。眞宗特拜太子中允。致仕。

李敏【蜀漢】襄平人。爲河內太守。去官歸鄉里。遼東太守公孫度欲彊用之。敏乘輕舟浮滄海。莫知所終。◉【隋】崇子。字樹生。美姿儀。善騎射。歌舞管絃。無不通解。尚樂平公主女。授柱國。煬帝時加光祿大夫。或言敏一名洪兒。帝疑洪字當讖。嘗面告之。冀其引決。敏由是大懼。竟坐誅。◉【唐】玄宗十五子。貌豐秀若圖畫。甫晬卒。追贈懷王。謚思。◉【明】襄城人。字公勉。景泰進士。授御史。天順初奉敕撫定貴州蠻。還巡按畿內。憲宗時巡撫大同。累官戶部尚書。爲時名臣。卒謚恭靖。

李敏之【宋】迪之後。字仲通。博學好古。事母以孝聞。歷知江寧縣。有循吏風。

李斌【宋】青州人。太宗在晉邸。

聞其狀貌魁偉。召置左右。歷官萊州洺州團練使。勤於政理。至道初拜桂州觀察使。仍判洺州。徙滄州。有循績。咸平初卒。

李晦　唐孝恭子。乾封中爲營州都督。以治狀聞。遷右金吾將軍。檢校雍州長史。摧擿姦伏無留隱。高宗將幸洛。詔晦居守。治有異績。武宗時遷秋官尚書卒。⊙宋長樂人。字隨甫。所著論語疑義。爲黃榦所稱。後遂學於榦。

李晟　唐臨潭人。字良器。德宗時平朱泚。收復京師。以功累官至司徒。封西平王。德宗嘗曰。天生李晟。以爲社稷。非爲朕也。晟性疾惡。臨下明。雖斷養小善。必記姓名。尤惡下爲朋黨者。篤分義。隆於故舊。治家以嚴。子姪非晨昏不輒見。所與言未嘗及公事。卒諡忠武。

李朗　北齊義從子。才辭亞於義。兼有吏能。位中書舍人。

李梓發　宋上猶人。字材甫。德祐初爲南安巡檢。元師圍上猶。梓發拒守有功。文天祥表爲團練使。已而元師復至。圍城七旬。城陷屠之。梓發巷戰力屈。回家酌別老幼。令健卒殺其全家四十七口。梓發與子舉火自焚死。

李涪　唐官國子祭酒。王行瑜作亂。涪盛陳其忠。謂必悔過。及行瑜傳首京師。涪亦放死嶺南。所著刊誤一書。皆考究典故。引舊制以正唐末之失。又引古制以糾唐制之誤。可以訂正禮文。

李涵　唐孝基曾孫。簡素忠謹。爲宗室儁。郭子儀表爲關內鹽池判官。再遷宗正少卿。寶應初母喪奪情。持節宣慰河朔。所至州縣。非公事不言。飯蔬飲水。席地以眠。使還。固請終制。許之。德宗時官終尚書右僕射。

李淑　後漢豫章人。更始初爲軍師將軍。時所授官爵皆羣小賈豎。淑上書諫。更始怒。繫淑詔獄。⊙宋若谷子。字獻臣。眞宗時賜進士及第。累遷龍圖閣學士。警慧過人。博習諸書。詳練朝廷典故。凡有沿革。帝多諮訪。制作誥命。爲時所稱。性傾側險陂。嘗修國朝會要．三朝訓鑒圖．閤門儀制。著有別集百餘卷。

李淑通　明河南人。登進士。官詹事府通事舍人。有五行類事占徵驗。

李淦　元世祖時官揚州儒學。舉桑哥黨葉李之罪。詔以爲教授。以旌直言。

李深　宋諮子。字叔平。熙寧進士。爲制敕所詳檢役法文字。因與蔡京．章惇爭。奪一官。已遷朝散郎。以言事罷。崇寧中安置復州。入元祐黨籍。有杭州集。

李淳　明茶陵人。號頤菴。精楷書。嘗衍永字入法。變化三十二勢。及結構八十四例。並爲著論。景泰間上之。

李淳風　唐雍人。幼通羣書。明步天曆算。貞觀初以將仕郎直太史局。製渾天儀．著法象書七篇上之。累遷太史令。太宗得祕讖。言有女武代王。欲求武姓者殺之。淳風曰。天之所命。不可去也。若殺之。復生壯者。陛下子孫無遺種矣。乃止。凡占候吉凶。若符契然。以勞封昌樂縣男。有典章文物志．已巳占等書。

李淵　唐見唐高祖條。

李淶　明容城人。嘉靖中由世蔭累遷山西總兵官。數有禦賊功。已賊自大同入山西。巡撫趙時春親擊之。遇伏。淶力戰而死。諡忠愍。⊙明零都人。字源甫。號養愚。隆慶進士。拜戶科給事中。張居正遭父喪奪情。已又充大婚册使。淶疏言此大典不宜以親喪將事。居正怒。出爲山東僉事。累遷右僉都御史。巡撫應天。致仕歸。

李清　清春芳玄孫。字心水。號映碧。晚號天一居士。明崇禎進士。官至大理寺左丞。居言路。中立無倚。康熙間徵修明史。辭以年老不至。有澹寧齋集史論．女世說．史略正誤．南北史南唐書合註．正史外史摘奇．二十一史同異．南渡錄．三垣筆記．明史雜著。

李清臣　宋魏人。字邦直。舉進士。中才識兼茂科。神宗召爲兩朝國史編修官。撰河渠律曆選舉諸志。文直事詳。人以爲不減史漢。哲宗朝范純仁去位。獨顓中書。復青苗免役諸法。激帝怒罷蘇轍官。徽宗立。爲門下侍郎。尋爲曾布所陷。出知大名府卒。清臣寬洪不忮害。起身窮約。以儉自持。至富貴不改。居官奉法。毋敢撓以私。然志在利祿。不公於謀國。一意欲取宰相。故操持背謬。竟不如願以死。

李清時　清天鑑子。字授侯。乾隆進士。累官山東巡撫。長於治水。精經濟義理之學。纂有周易經義合編．朱子語類或問．著有竇書．汎歸約言．治河事宜。

李清冕　清安溪人。字嘯樵。足有疾。人稱拐仙。工書畫。喜吟咏。

李清植　清鍾佐子。字立侯。號穆亭。康熙進士。授編修。出督浙江學政。課士務崇實黜華。論學者從宋儒以梯航六經。累遷三禮館副總裁．禮部左侍郎。有儀禮纂輯錄．詩文集。

李清照　宋李格非女。號易安居士。湖州守趙明誠之妻。工詩文。尤以詞擅名。卓然爲宋代大家。有漱玉詞。（按苕溪漁隱叢話。稱其再適張汝舟。繫年要錄又載其與後夫構訟事。確否無可考。）

李清馥 〔清〕鍾倫次子。字根侯。以蔭授兵部員外郎。官至廣平知府。有閩中理學淵源考・閩學志略。

李清藻 〔清〕鍾倫子。字信侯。別號疑之。康熙舉人。舉鴻博。知興國縣。以勞卒官。熟於歷代典章制度。尤精音學書法。有經史新記・壁經梅賾辨覽・詩文集。

李烱 〔清〕元和人。字濬成。乾隆進士。知茂名縣。以慈惠爲政。尋爲太守勒罷。既歸。卜居靈巖山下。野服翛然。以山水自樂。

李率泰 〔清〕永芳子。隸漢軍正藍旗。初名延齡。太祖賜今名。太宗時從征察哈爾・朝鮮・錦州・山東。並有功。順治間累遷兩廣總督。破李定國。調閩浙。鄭成功屢爲所敗。八閩悉平。卒諡忠襄。

李珽 〔後梁〕燉煌人。唐末拜御史。趙匡凝辟掌書記。太祖破匡凝。得珽。喜曰。此眞書記也。及卽位。累拜左諫議大夫。友珪立。除右散騎常侍。爲亂軍所殺。

李琀 〔成漢〕蕩子。有才望志尚。與弟稚討武都氏。深入無繼。被殺。

李產 〔前燕〕范陽人。字子喬。初依祖逖。後仕石氏。爲本郡太守。及慕容儁南征。衆潰請降。產曰。犬馬爲主。豈忘自効。但以孤窮勢蹙。僶俛歸死。實非誠款。儁嘉其慷慨。歷位尙書。

李皐 〔唐〕太宗裔孫。字子蘭。嗣曹王。德宗時拜湖南觀察使。部將王國良反。皐遺書降之。李希烈反。遷江西節度使。以功遷荆南。吳少誠擅命。徙鎭山南東道。練兵峙糧市戰馬。歲時大畋以教士。少誠畏之。皐性勤儉。能知人疾苦。參聽微隱。盡得下吏短長。教爲戰艦。駛於陣馬。又嘗創意爲欹器。卒諡成。

李皎 〔後魏〕先子。師事寇謙之。遂服氣絕粒。隱於恒山。年九十餘。顏如少童。一旦沐浴冠帶。坐卒。

李研齋妻 〔明〕少攻筆墨。金陵人以鍾山秀才目之。善畫墨竹。有婢名墨池。每作畫。輒令墨池以口受筆退其墨。後貧甚。以墨池適人。未幾墨池死。

李祥 〔後魏〕孝伯兄。字元善。太武帝時除中書博士。時南土未服。韓元與率衆出靑州。祥爲軍師。略地至於陳汝。降民七千餘戶。遷之於兗豫之南。置淮陽郡以撫之。拜太守。文成帝時累拜中書侍郎。卒諡憲。◉〔宋〕開封人。爲入內黃門。資曉銳。善騎射。用材武中選。授涇原儀渭同巡檢。累戰功爲兵馬都鈐轄。在熙河二十餘年。終宣慶使內侍押班。◉〔宋〕無錫人。字元德。隆興進士。爲臨安尹錄參。累官國子祭酒。丞相趙汝愚以言去國。祥抗疏力爭。除直龍圖閣。尋爲言者劾罷致仕。卒諡肅簡。

李祥和 〔清〕湘鄉人。咸豐間從羅澤南東征。屢立奇功。由行伍累擢參將。後從曾國荃連克安慶・太平・蕪湖。進克江寧。功稱最。官至提督。勦捻於陝西。在宜川戰死。諡武壯。

李章 〔後漢〕懷人。字第公。習嚴氏春秋經。歷州郡吏。數從光武征伐。拜平陽令。時趙魏豪右。往往屯聚。淸河趙綱起塢壁。繕甲兵。所在爲害。章手劍斬之。歷琅邪太守。北海安丘大姓夏長思等反。章越界破斬之。後坐度人田不實徵。免歸。◉〔五代吳〕爲楊行密騎將。累遷雄武軍都虞候左衛使。章雖老而心尙壯。善撫士卒。勤於職務。楊溥時出爲百勝軍節度使。禁戢左右。賓禮僚屬。南唐受禪。鎭廬州。加中書令。◉〔宋〕從訓後。善畫人物著色山水。◉〔元〕東平人。字君章。晚年畫墨竹有高致。性通簡。又工書。

李符 〔宋〕內黃人。字德昌。太祖時歷官京西南面轉運事。奏便宜百餘條。凡四十八事。命著爲令。太祖欲幸西京。符上書陳八難。太宗時知開封府。坐事貶寧國軍行軍司馬。徙知春州卒。符無文學。有吏幹。好希人主意。以求進用。終以致敗。◉〔宋〕襄陽人。工畫花竹翎毛。◉〔明〕嘉興人、字分虎。號耕客。早受知於曹溶。又與朱彝尊等結詩社。故其學頗有淵源。善詩詞。工駢體。有香草居集・來邊詞。

李符清 〔清〕合浦人。字仲節。號載園。乾隆舉人。官東鹿知縣。有海門文鈔。

李紱 〔清〕臨川人。字巨來。號穆堂。以康熙進士入翰林。累官工部右侍郎。爲田文鏡所困。幾死。兩次決囚。世宗命縛至西市。以刀置頸。問此時知田文鏡好否。對曰。臣雖死。不知田文鏡好處。尋得赦。繫獄時日讀書飽啖熟眠。人歎爲鐵漢。乾隆初召授戶部侍郎。其學原本象山。在先立乎其大者。博聞強識。下筆千言。李光地許其與歐曾代興。王士禎稱其有萬夫之禀。論者謂紱能集江西諸先正之長。有穆堂類稿・續稿・別稿・春秋一是・陸子學譜・朱子晚年全論・陽明學錄。

李紱麐 〔清〕天津人。字桐園。工畫花卉。以牡丹得名。時稱李牡丹。與李育稱南北李。

李紳 〔唐〕敬玄曾孫。字公垂。工詩。元和進士。擢翰林學士。與李德裕・元稹同時。號三俊。穆宗召爲右拾遺。爲李逢吉所排。出爲江西觀察使。紳入謝自陳。改戶部侍郎。武宗時累官尙書右僕射・門下侍郎。卒諡文肅。有追昔遊集。

李紹 【唐】工畫花鳥。◎【明】安福人。字克述。宣德進士。授檢討。土木之敗。京師戒嚴。朝士多遣家南徙。紹曰。主辱臣死。奚以家爲。卒不遣。紹累擢禮部侍郎致仕。紹好學問。居官剛正有器局。能獎掖後進。◎【清】江蘇華亭人。字承芳。工畫山水。

李紹文 【後唐】鄆州人。本姓張。名從楚。初事梁祖。爲四鎭牙校。後歸莊宗。從討劉守光。破劉鄩。明宗時從破王彥章。討西川。官終武信軍節度使。◎【明】江蘇華亭人。字節之。有藝林彙百。明世說新語。

李紹祖 【清】大興人。乾隆武進士。嘉慶間隨勦川楚教匪。屢敗之。官至高廉鎭總兵。後在湖北遠安縣戰死。諡果壯。

李紹賢 【明】巢人。正德進士。除行人。篤學敦行。以小臣抗疏諫南巡。被杖死。

李習 【明】當塗人。字伯羽。治尙書。旁通諸經。元延祐舉人。薦授書院山長。太祖渡江。習偕其門人陶安暨父老出迎。年已八十餘矣。授太平知府卒。有橄欖集。

李莆 【宋】莆田人。字子誠。好施與。嘗於境內造橋梁三十餘所。建炎初粘罕來侵。莆率義兵隸韓世忠麾下。授承信郎。宣使張淵聞莆富材略。辟充殿前統制司幹官。弗就辭歸。

李處士 【唐】善水墨畫。著稱於憲宗時。

李處恭 【唐】鹿泉人。與張義貞祖父。自唐初以來。異姓同居。閱三代百有餘年。開元初御史奏請旌表。

李處耘 【宋】上黨人。晉末隨兄處疇至京師。遇張彥澤斬關而入。縱士卒剽略。處耘年未冠。獨當里門。射殺十數人。里中賴之。後隸太祖帳下。臨機決事。謀無不中。累拜樞密副使。取荆南。處耘功獨多。慕容延釗吏士不戢。處耘責之。交相論奏。謫淄州刺史卒。

李處廉 【宋】程頤弟子。爲永嘉令。紹興間以贓敗。詔貸死籍其資。論者以之攻頤。

李處溫 【遼】析津人。儼從子。儼卒。蕭奉先薦處溫爲相。處溫因奉先有援己力。傾心阿附。以固權位。而貪汙尤甚。保大初金人陷中京。天祚奔夾山。處溫結都統蕭幹立魏王淳。淳卒。幹以后命召處溫至。數其前罪賜死。

李處權 【宋】淑曾孫。字巽伯。宣和間與陳叔易·朱希眞以詩名。南渡後嘗領三衢。有崧菴集。

李訢 【後魏】幽州刺史崇子。字玄盛。小字眞奴。聰敏機辨。甚爲太武帝所知。除中書助教博士。入授高宗經。及卽位。遷儀曹尙書。旋出爲相州刺史。治爲諸州最。加賜衣服。自是遂有驕矜自得之志。多所受納。幾不免。後爲范檦所譖。伏誅。

李訥 【唐】建子。字敦止。第進士。歷浙東觀察使。性疏卞。遇士不以禮。爲下所逐。貶朗州刺史。召爲河南尹。時久雨。洛暴漲。訥行水魏王堤。懼漂泊。疾馳去。水遂大毀民廬。官終兵部尙書。遺命葬不請鹵簿。避贈諡。詔聽之。

李逖 【唐】善書。工畫蠅蝶蜂蟬之類。

李通 【後漢】守子。字次元。仕王莽爲五威將軍從事。出補巫丞。有能名。莽末百姓愁怨。通素聞守說讖云。劉氏當興。李氏爲輔。私常懷之。且居家富逸。爲閭里雄。以此不樂爲吏。乃自免歸。與光武密定大計。更始立。以戰功拜大將軍。封平西王。光武卽位。通常居守京師。旋爲前將軍。擊漢中賊。破公孫述。屯田順陽。累拜大司空。卒諡恭。圖形雲臺。◎【三國】【魏】平春人。字文達。以俠聞於江汝間。與郡人陳恭共起兵於朗陵。後歸曹操。通妻伯父犯法。朗陵長趙儼收治之。通妻子號泣以請。通曰。方與曹公戮力。義不以私廢公。以功累封都亭侯。拜汝南太守。卒諡剛。◎【金】得幸於海陵。累拜參知政事。海陵欲大肆征伐以一天下。通與翟小盛談江南富庶。逢其意而先導之。遂以通爲謀主。舉國騷然。後以衆怨被殺。

李通玄 【唐】高僧。太原人。開元間齎新華嚴經自定襄至盂縣。日食棗與柏葉餅。掩室著論無虛時。後移南谷之土屋凡五載。著有所造論·總括·決疑論。書成。坐化土龕中。宋乾德中閩僧惠研重更條理。名曰華嚴經合論。

李通理 【清】崇明人。字位淸。工寫蘭竹。尤以學行稱於時。

李逢 【明】遂弟。字邦吉。由進士爲吏科給事中。侍郎劉源淸下吏。逢救之。並繫得釋。進戶科給事中。以諫南巡。謫永興典史。終德安知府。

李逢吉 【唐】隴西人。字虛舟。第進士。憲宗時累官同中書門下平章事。性忌刻險譎。裴度討淮西。逢吉慮成功。密圖沮止。趣和議者請罷諸道兵。憲宗知而惡之。出爲劍南東川節度使。穆宗召爲兵部尙書。敬宗時其黨有張又新等八人。傅會者又八人。皆任要劇。號八關十六子。有所求請。先路關子。後達於逢吉。無不得所欲。終尙書左僕射。卒諡成。

李陵 【漢】廣孫。字少卿。少爲侍中·建章監。善騎射。愛人下士。武帝時拜騎都尉。將勇敢五千人。教射酒泉·張掖以備胡。貳師將軍李廣利伐大宛。帝召陵。欲使爲貳師將輜重。

陵自請願以少擊衆。自當一隊。遂將步卒出居延北。行三十日至浚稽山。與單于相值。數敗之。擊殺數千人。廣不利。欲去。矢且盡。會軍候管敢為校尉所辱。亡降匈奴。言陵軍無後救。單于使騎並攻。陵力竭降。帝聞之。族陵家。單于壯陵。以女妻之。立為右校王。在匈奴二十餘年卒。

李陶 〔宋〕大臨子。字唐父。學於司馬光。最賢而通經。

李陶眞 〔宋〕有道術。好吹鐵笛。熙豐間游武夷山。因臘節。諸道各招飲。陶眞皆赴。笛聲一時並發。後過通仙巖。留詩別衆。不知所適。

李頃 〔後晉〕罕之子。仕梁太祖。掌禁兵。末帝誅友珪。頃預其謀。入唐官右神武統軍。高祖時累遷左領軍衛上將軍。性溫雅。剌郡統衆。頗有畏愛。

李傑 〔唐〕滏陽人。本名務光。擢明經。歷天官員外郎。為吏詳敏。以採訪使行山南。時戶口逋蕩。細弱下戶。為豪力所兼。傑為設科條區處。檢防亡匿。復業者十七八。先天中為河南尹。傑既精聽斷。雖行坐食飲。省治不少廢。府無淹事。終御史大夫。◎〔宋〕邵陽人。熙寧進士。歷守永州絳州。提刑東川。元豐中出帥湖南。所至皆有能聲。官至大理卿。

李傕 〔後漢〕北地人。字稚然。官校尉。董卓分遣傕及郭汜·張濟略陳留。潁川。卓死。傕等遂合兵圍長安。放兵劫略。傕為車騎將軍。池陽侯。領司隸校尉。與汜相疑。戰鬭長安中。傕質獻帝於營。燒宮殿城門。略宮寺。盡收乘輿服物置其家。以濟和解。帝乃得出。建安初為曹操所族誅。

李勝 〔後漢〕維人。字茂通。有文才。為東觀郎。有詩誄頌論數十篇。◎〔三國魏〕南陽人。字公昭。有才智。明帝以其浮華。抑黜之。曹爽任為腹心。以為荊州刺史。令伺察司馬懿。懿稱疾困篤。示以羸形。勝謂信然。勝前後所宰皆稱職。後與爽同被誅。

李博乂 〔唐〕宗室。昞孫。封隴西王。高宗時累擢吏部尚書特進。驕侈不循法度。伎妾數百曳羅紈。放於聲樂以自娛。其弟奉慈亦荒縱。皆為帝所鄙。各賜市書絹以愧切之。卒諡恭。

李善 〔後漢〕淯陽人。字次孫。本同縣李元蒼頭。元家俱疫死。惟孤兒續始生數旬。而貲財千萬。諸奴欲謀殺續分其財。善潛負續逃亡。及長。為理舊業。告奴婢於官。悉殺之。光武聞其行。詔拜善及續並為太子舍人。明帝時辟公府。以能理劇稱。還舊里。脫冠帶掃元墓。祭泣數日乃去。後遷九江太守。未至卒。◎〔唐〕江都人。有雅行。淹貫古今。不能屬辭。故人號書簏。顯慶中擢崇賢館直學士。兼沛王侍讀。為文選注。敷析淵洽。表上之。除潞王府記室參軍。為涇城令。坐事流姚州。遇赦還。居汴鄭間講授。傳其業者號文選學。◎〔元〕東平人。字元善。游慈谿。講學趙偕之門。嘗言三代之政。可以施於今日。偕嘗謂善因大士觀音解脫之訓。如脫桎梏。見聞圓融。無有分隔。則其學殆毆而非純。

李善長 〔明〕鳳陽定遠人。字百室。少習法家言。策事多中。佐太祖定天下。位左丞相。封韓國公。外寬內忮。貴富極。意稍驕。後坐胡惟庸黨。幷其妻女弟姪家口七十餘人誅之。

李善蘭 〔清〕海寧人。字壬叔。號秋紉。少治訓詁。兼涉詞章。於算學用心尤深。其精到處自謂不讓西人。同治間充同文館算學總教習。官至三品卿銜戶部郎中。有則古昔齋算學。凡十三種。補譯幾何原本後七卷。

李喜住 〔金〕宿州衆僧奴下宣差。天興間亳州王進反正。制旨以喜住為振武都尉。將兵三千應援。時元兵圍亳。步騎十萬。喜住獨與三人間道入城。進即以兵付喜住。元兵攻八日不能下。擢集慶軍節度使。後投宋。

李喬崑 〔明〕高陵人。字孕厚。天啟進士。知洪洞縣。縣多李氏。有持族譜干以私者。謝卻之。及在眞定。中官欲加以屬禮。不屈。闖賊至。授以官。望闕百拜死。

李喬基 〔清〕嘉應人。名安善。以字行。善搏擊。得少林法。尤輕財任俠。乾隆間客臺灣。林爽文起事。喬基從清軍復彰化·諸羅。大小二十餘戰。皆帕首著短後衣。持長桿衝堅陷陣。一以當百。敵以萬金購其首。被獲。罵賊死。

李堪 〔明〕應城人。號楚愚。諸生。屢試不售。有道家說曰玉洞藏書。

李堯文 〔清〕鐵嶺人。字宛林。號香湖。乾隆舉人。官至淮安知府。有香湖文存詩鈔。

李堯民 〔明〕濟寧人。字耕堯。萬曆進士。官至工部右侍郎。有快獨集。

李堯棟 〔清〕上虞人。字東采。又字松雲。乾隆進士。官至湖南巡撫。以三品京堂候補。為政知大體。能因地措施以宜民。而不為趨避矯激之行。有寫十三經堂詩集·樂府詞·奏疏等。

李富 〔明〕將樂人。字尚禮。諸生。以母多病。絕意仕進。居常非慶弔不履市廛。年六十喪母。廬墓號哭。釋服。謂其子曰。吾早喪父。未能為服。遂設位而哭。三載如母喪之儀。

李富孫 〔清〕嘉興人。字薌沚。嘉慶拔貢。精小學。有李氏易解賸義·易經詩經春秋三傳異文釋·夏小正分箋·夏小正異義·說文辨字正俗·鼠徵後錄。校經廎文稿，漢魏六朝墓銘纂例。㵣書亭詞注。續梅里志等書。

李尊師 【唐】玄宗時道士。善畫松。

李尋 【漢】平陵人。字子長。治尚書。好洪範災異。又學天文月令陰陽事。大司馬王根薦於哀帝。尋極言宜抑外親。選舉德行道術之士。帝雖不從。然采其語。每有非常。輒問尋。對屢中。以尋言有水災。拜騎都尉。使護河隄。時齊人甘忠可詐造天官曆。夏賀良等學之。劉向奏其罔上惑衆，下獄。尋白賀良等。得召見。賀良等又欲妄變政事。以誅死。尋徙敦煌。

李崿 【唐】趙人。字伯高。事元德秀爲門弟子。擢制科。遷南華令。安祿山亂。與客清河。爲乞師於平原太守顏眞卿。一郡獲全。歷廬州刺史。

李崶 【清】雄縣人。字霞表。精於易。嘗與孫奇逢讀易於蘇門聞嘯樓。參定讀易大旨。理學宗傳。奇逢謂其眉端無煩惱。胸中無機械。口中無雌黃。號爲三無道人。

李巽 【唐】贊皇人。字令叔。舉明經拔萃。歷官湖南江西觀察使。銳於爲治。持下以法。順宗時官鹽鐵轉運使。用劉晏理財法。歲增百八十萬緡。再遷吏部尚書。長於吏事。治家亦句校案牘簿書如公府。吏有過。秋毫無所縱。股慄脅息。常如與巽對。爲人忌刻校怨。有所憎恨。輒殺之。◎【宋】光澤人。字仲檻。博學能文。舉進士。爲江西提刑。明恕第一。遷兩浙運使。

李庚 【宋】天禧中守明州。善地理學。有幻術。在郡浚東錢廣德二湖以溉田。民甚利之。

李弼 【北周】襄平人。字景和。魏永安初從爾朱天光西討。以功拜征虜將軍。封石門縣伯。後隸侯莫陳悅爲大都督。及悅害賀拔岳。文帝自平涼進軍討悅。弼知悅必敗。擁衆歸文帝。從平竇泰。又從平弘農。累拜太師。封趙國公。卒諡武。

李彭 【宋】建昌人。字商老。博覽強記。詩文富贍。有日涉園集。

李彭年 【唐】景伯子。有才。剖析明悟。歷遷吏部侍郎。與李林甫善。典常慕山東著姓爲婚姻。引就清列。典選七年。卒以贓敗。長流臨賀郡。後擢馮翊太守。玄宗幸蜀。陷於賊。脅以僞官。憂憤死。

李復 【唐】齊物子。字初陽。歷官容州刺史。嶺南節度使。南裔翕然。收瓊州。置都督府以綏定其人。貞元中官終鄭滑節度使。卒諡昭。◎【宋】長安人。字履中。師張載。元豐進士。紹聖間爲西邊使者。喜言兵。於書無所不讀。尤工詩。學者稱潏水先生。後知秦州。死於金寇。有潏水集。

李復圭 【宋】壽朋弟。字審言。慶曆初賜進士出身。熙寧初累進直龍圖閣。知慶州。以貪邊功致敗。謫保靜軍節度副使。後復召用。累官集賢殿修撰。知荊南卒。復圭臨事敏決。稱健吏。與人交不以利害避。然輕率躁急。獨爲王安石所知。故既廢即起。

李復亨 【金】榮州人。字仲脩。登進士。調臨晉主簿。發奸如神。宣宗時累拜參知政事。兼修國史。復亨有會計才。號能吏。當時推服。故驟至通顯。既執政。頗矜持。以私自營。譽望頓減。後坐事出爲安國軍節度使。元光初城破自殺。

李復言 【唐】著有續玄怪錄。

李惎 【唐】晟子。累官至右龍武大將軍。沈湎酒色。恣爲豪侈。積債至數千萬。其子貸回鶻錢不償。爲回鶻所訴。文宗怒。貶惎爲定州司法參軍。

李惠 【後魏】蓋子。獻文帝思皇后父。歷位征南大將軍。長於思察。吏民莫敢欺犯。後爲青州刺史。歷政有美績。惠素爲文明太后所忌。誣將南叛。被誅。◎【元】東陽人。字公澤。志行高潔。博通經史。隱居石門以終。有適菴集。

李惠登 【唐】柳城人。初爲平盧軍裨將。安祿山反。自拔來歸。累拜隋州刺史。州數被亂。人無處業。惠登雖朴素無學術。而視人所謂利者行之。所謂害者去之。率心所安。暗與古合。爲政清靜。居二十年。人歌舞之。官終檢校國子祭酒。

李暉 【後魏】順弟。字善祖。小字藥藝。少有高名。爲中書侍郎。從太武帝征涼州戰沒。時人惜之。◎【唐】太宗八子。封蔣王。拜安州都督。永徽間徙梁州。造器用服玩。多至四百車。所過騷然。爲有司劾奏。貸不問。上元中遷箕州刺史。錄事參軍張君澈誣告惲反。惲惶懼自殺。◎【北漢】陽武人。字孟深。漢乾祐中舉進士。劉崇署州從事。累官司空平章事。太宗時官終忠武軍行軍司馬。性疏達。善談名理。

李愔 【後魏】裔族人。與從父兄普濟並應秀才舉。時人謂其所居爲秀才村。◎【唐】太宗六子。封蜀王。爲岐州刺史。數游畋爲非法。帝頻責數不悛。徙虢州。復出馳弋。敗民稼。典軍楊道整叩馬諫。愔捽擊之。貶黃州刺史。吳王恪得罪。愔以母弟廢爲庶人。後封涪陵王。卒諡悼。

李揆 【唐】隴西人。字端卿。開元進士。性警敏。善文章。乾元中拜中書侍郎同平章事。美風儀。善奏對。帝曰。卿門第人物文章當世第一。信朝廷羽儀。故時稱三絕。揆決事明當。然銳於進。且近名。兄楷有時稱。滯冗官不得遷。呂諲政事出揆遠甚。以故宰相鎭荊南。揆懼復用。遣吏至諲所。構抉過失。諲密訴諸朝。帝怒。貶揆宦州長史。以楷爲司門員外郎。德宗時官終尙書左僕射。卒謚恭。

李・敢　漢廣子。以校尉從征。奪匈奴左賢王旗鼓。斬首多。賜爵關內侯。怨衞靑殺其父。擊傷靑。靑匿諱之。後敢從帝獵甘泉。靑甥霍去病亦從帝獵。惡敢傷靑。射殺之。

李・斯　秦楚上蔡人。從荀卿學帝王術。西仕於秦。爲客卿。始皇既定天下。斯爲丞相。定郡縣之制。下禁書令。變倉頡籀文爲小篆。始皇崩。斯聽趙高計。矯詔廢太子扶蘇。二世立。高居中用事。爲高所構。誣斯子由與盜通。腰斬咸陽市。臨刑。斯顧爲中子曰。吾欲與若復牽黃犬俱出上蔡東門逐狡兎。豈可得乎。遂父子相哭而夷三族。

李・景　隋天水人。字道興。驍勇善射。文帝時以軍功累官左武衞大將軍。景智略非所長。而忠直爲時所許。帝每呼李大將軍而不名。帝令景營遼東戰具於北平。爲高開道所圍。守孤城歲餘。士卒患脚腫而死者十六七。景撫循之。一無離叛。遼東軍資。多在其所。既逢離亂。景無所私焉。後還幽州。爲賊所害。契丹靺鞨。素感其恩。聞之莫不流涕。◎南唐昇子。初名景通。後改爲璟。又改爲景。字伯玉。昇卒。嗣立。攻拔建州。降王延政。擊楚。滅馬氏。保大末周師南征。取滁州。景懼。奉書願效貢賦。陳兄事之禮。世宗不答。尋割江北地稱臣。奉周正朔。周始罷兵。遂去帝號。稱國主。後徙都洪州。以太子煜留守金陵。景好學能詩詞。在位十九年卒。廟號元宗。年號保大・中興・交泰。(按宋史。李景本名景通。後改爲璟。避周廟諱。復改爲景。五代史云。改名璟。以避周廟諱。考舊五代史。郭威高祖諱璟。則避周廟諱。當以改璟爲景爲是。)◎前蜀王建時以布衣上封事數千言。切中機宜。擢爲眉山主簿。

李・景年　前趙前部人。字延祐。少孤貧。嘗牧羊。後從博士乞得百餘字。牧羊之暇。折草木寫之。後仕劉淵。以功封鄒侯。歷虎牙將軍。

李・景伯　唐懷遠子。中宗宴侍臣。使各爲迴波詞。或以諂言媚上。或要丐榮寵。景伯時爲諫議大夫。獨爲箴規語以諷帝。終右散騎常侍。

李・景孟　宋字仲淳。善畫馬。尤精鑒別。

李・景威　五代南平長陽人。爲水手都指揮。宋建隆中假道江陵以討張文表。景威恐宋襲己。欲伏兵禦之。少監孫光憲固謂不可。景威扼吭而死。

李・景略　唐良鄉人。德宗時累官侍御史・豐州刺史。州當回紇通道。前刺史軟柔。虜使至。與抗禮。景略折之。虜不敢抗。以父行呼之。威名顯聞。後拜受降城都防禦使。窮塞氣寒。地瘠鹵。景略以勤儉率衆。儲備完實。雄於北邊。

李・景隆　明文忠子。讀書通典故。每朝會。進止雍容甚都。歷掌左軍都督府事。燕師起。建文以爲大將軍。北伐。景隆不知兵。惟自尊大。諸宿將不爲用。兵屢敗。遂迎降。授左柱國。永樂初以廷劾。禁錮私第卒。

李・景溫　唐景讓弟。字德己。累遷尙書右丞。盧攜當國。弟隱由博士遷本部員外郎。材下資淺。人疾其言。無敢繩。景溫不許赴省。時故事久廢。景溫既舉職。人皆韙其正。

李・景遊　南唐善畫人物。

李・景儉　唐瑀孫。字寬中。第進士。彊記多聞。善言古成敗王霸大略。竇羣任中丞。引爲監察御史。羣貶。景儉亦爲戶曹參軍。穆宗時拜諫議大夫。性矜誕。使酒縱氣。語侵宰相蕭俛。貶建州刺史。以元稹爲之助。乃免。後又因醉至中書慢罵宰相王播等。更爲遜言厚謝乃去。坐貶漳州刺史。旋爲少府監。湮阨不得志卒。

李・景遺　北齊元忠族叔。有膽力。好結聚亡命。共爲劫盜。神武起義。景遺赴軍門。以擒爾朱羽破爾朱兆功。除左將軍。天平初出爲潁州刺史。爲前潁川太守元洪威所襲殺。

李・景讓　唐憕孫。字後己。寶曆初爲右拾遺。淮南節度使王播獻錢十萬。求領鹽鐵。景讓極論不可。遂知名。事母孝。雖老猶受笞。敕起。復欣欣如初。宣宗時累官太子少保。性好獎拔士類。簡素寡欲。門無雜賓。卒謚孝。

李・智雲　唐高祖四子。初名稚詮。善射。工書弈。隋大業末從建成寓河東。高祖初吏捕智雲送長安。爲陰世師所害。武德初追封楚王。謚哀。

李・曾　後魏以教授爲業。道武帝時徵拜博士。出爲趙郡太守。令行禁止。并州丁零憚不入境。賊於常山界得一死鹿。謂趙郡地也。賊長責之。還令送鹿故處。卒謚懿。

李・曾伯　宋邦彥孫。字長孺。理宗時累官沿海制置使。咸淳初爲殿中侍御史陳宗禮論劾罷職。德祐初追復原官。曾伯初與賈似道俱爲閫帥。邊境之事。知無不言。似道卒嫉之。使不竟其用。有可齋雜稿。

李・朝斌　清善化人。字質堂。本姓王氏。咸豐間入水軍。隸楊載福戲下。從克武昌湖口沿江城隘。累敘至總兵。同治間拔蕪湖金柱關。克九洑洲。統太湖水師。平沿湖諸壘。官至江南提督。在官十餘年。整飭戎行。江防鞏固。彭玉麐每歎其賢。後乞病歸。

李・朝隱　唐三原人。字光國。中宗時官吏部員外郎。時政出權幸。內授官但斜封其狀付中書。卽宜所司。朝隱執罷千四百員。怨誹讙騰。無所避屈。開元中官御史大夫。不爭引大體。惟先細務。由是名稍衰。終嶺南採訪處置使。

李期 〔成漢〕雄四子。字世運。旣殺班。卽帝位。輕諸舊臣。信任尚書令景騫・尚書姚華田。褒宦豐許涪等。多所誅夷。籍沒婦人資財。以實後宮。從父壽廢期爲邛都縣公。期自縊死。在位三年。諡幽。年號玉恆。

李棟 〔清〕商州人。字東木。晚號睡庵。又號蚡鮒老人。歲貢生。官麟遊訓導。其論學以心爲主。嘗謂敬守此心。勿令放失。萬事當前。天理澄湛。卽此是道。康熙中卒。有詩經古韻。◎〔清〕高郵人。字吉士。號松嵐。康熙舉人。工畫。善篆隸。所著詩文甚富。

李棠 〔北周〕蓨人。字長卿。初仕東魏。高仲密爲北豫州刺史。棠爲掾。共謀歸文帝。拜棠衛將軍。封廣宗縣公。魏廢帝初從魏安公尉遲迥伐蜀。蜀人未卽降。棠入城諭之。遂被害。◎〔明〕縉雲人。字宗楷。宣德進士。授刑部主事。爲尚書魏源所器。金濂代源。以剛嚴懾下。棠與辨論是非。譴訶不爲動。濂亦器之。景帝時巡撫廣西。以清節顯。◎〔明〕長沙人。字石塘。隆慶進士。萬曆間巡撫南贛。討平韶州山賊。終南京吏部右侍郎。仕宦三十年。以介潔稱。卒諡恭懿。

李棠階 〔清〕河內人。字樹南。號文園。又號強齋。道光進士。同治間官至禮部尚書・軍機大臣。潛心理學。嘗手鈔湯文正全書以自勵。晚歲融貫諸儒。無所偏主。專以聖人克己兩言爲把握。故凡問學者。皆以實做工夫勗之。卒諡文清。

李森 〔明〕歷城人。字時茂。天順進士。授戶科給事中。負氣敢言。憲宗立。上疏請禁朝觀官科斂徵求。又以名爵日輕宜擇人授爲言。帝皆報可。後坐事出爲懷慶通判。未幾。投劾歸。◎〔明〕安溪人。家巨富。天順中以賑饑旌。鄧茂七反。其黨掠泉州。森率敢死士掩擊之。生擒會黨百餘人。招撫及奪回被擄無算。授漳州巡檢。

李森先 〔清〕平度人。籍掖縣。字琳枝。或作琳芝。明崇禎進士。官博士。李自成破京師。受僞職。爲祠祭司從事。淸順治間官御史。巡按江南。以風力著聞。三遮和尚及優人王紫稼。淫縱不法。森先捕之。立枷於閶門。三日而死。宰相金之俊宗人又文。恃勢驕橫。有殺人事未白。復聚全吳名妓考定上下。爲臚傳體。森先亦收捕斃之。尋中讒被逮入都。當鞫時凡四十一棍。幾死。帝怒解。還原官。入西臺理事。復言事下獄。戍尚陽堡。尋赦還。

李棲鳳 〔清〕盛京廣寧人。隸鑲紅旗漢軍。字瑞梧。順治間由內院副理事官累擢廣東巡撫。與尚可喜・耿繼茂定廣州。力抑兩藩威燄。民受其福。擒李元允。敗李定國。官至兩廣總督。加太子少保。

李植 〔北周〕遠子。文帝時官相府司錄參軍。掌朝政。及晉公護執權。恐不被任用。密欲誅護。謀泄。被害。◎〔宋〕臨淮人。字元直。兩舉於鄉。靖康初補迪功郎。高宗時累官戶部員外郎。秦檜當國。植丐祠奉親。十九年不仕。後歷知數州。以寶文閣學士致仕。卒諡忠襄。有臨淮集。◎〔宋〕京兆人。字化光。善畫山水。◎〔明〕江都人。字汝培。萬曆進士。選庶吉士。授御史。以風節自許。抵排羣枉。累官右僉都御史。巡撫遼東。被劾。家居卒。

李棽 〔漢〕仕王莽爲侍中・掌牧大夫。莽以讖言荆楚當興李氏爲輔。欲厭之。乃拜棽爲大將軍・揚州牧。賜名聖。使將兵擊上谷。後爲漢兵所敗。格鬬死。

李款 〔唐〕字言源。長慶間第進士。爲侍御史。劾鄭注。言甚切至。帝不省。後注用事。款被斥去。注死。累遷江西觀察使。終潭王傅。

李渤 〔唐〕洛陽人。字濬之。刻志於學。隱少室山。元和初以右拾遺召。不赴。後強起之。數上章。以峭直觸要臣意。謝病歸。穆宗時歷諫議大夫。勁正不顧患。通章封無闕日。帝雖幼昏。亦感悟。擢給事中。出爲桂管觀察使。太和中拜太子賓客卒。◎〔宋〕樂昌人。嘉祐進士。以學行稱。郡人稱爲夫子。知白州。

李湊 〔唐〕穆宗四子。少雅裕有尋矩。長慶初始王漳。文宗時爲鄭注所譖。黜爲巢縣公。及注誅。帝哀湊被譖死。追贈懷懿太子。◎〔唐〕林甫姪。爲廣陵倉曹。貶明州刺史。工畫。師閻立本。綺羅人物。筆蹤疎散。

李渭 〔宋〕其先西河人。後家河陽。字師望。第進士。官太常博士。河決滑州。天聖初上治河十策。爲修河都監。歷鳳州兵馬都監。兼階成州鈐轄。初屬戶寇陷階州沙灘砦。由都校趙釗援之。渭奏流釗道州。以恩信諭酋帥。復其砦。累遷四方館使。趙元昊反。累貶白波兵馬都監卒。◎〔明〕貴州安化人。字湜之。嘉靖中由鄉舉知華陽縣。隆慶時歷官雲南參政。所至有惠愛。渭初問學於蔣信。及官南都。師事耿定向。復與羅汝芳相得。所學以萬物一體爲主。而歸之於自然。嘗守韶州。時郡多盜。諭寮屬曰。無欲是弭盜根本。弭山中盜易。弭心中盜難。聞者悚息。

李渾 〔北齊〕魏曾孫。字季初。除給事中。時四方多難。乃謝病。求爲齊州征東府司馬。李母攜妻子偕往。未幾。爾朱榮入洛。衣冠殲盡。論者以爲知機。普泰中爲征東軍都官尚書。生擒崔社客。爲東郡太守。以贓徵還。天保間除海州刺史。坐妾郭氏干政納貨。免官卒。◉【隋】穆子。字金才。仕周爲左侍上士。後歸文帝。以功封安武郡公。從楊素破突厥。進位大將軍。初穆孫筠卒。帝議立嗣。渾謂其妻兄宇文述曰。若得襲封。當以國賦之半。每歲奉公。述因入白得封。累遷右驍衛大將軍。後二歲。不以俸物與述。述大恚。告渾反。宗族三十餘人皆誅死。

李・湖 【清】南昌人。字又川。乾隆進士。累官廣東巡撫。以清嚴爲政。擒誅海盜二百有奇。海盜肅然。卒謚恭毅。有李恭毅公遺稿。

李・湘 【明】泰和人。字永懷。永樂中知東平州十餘年。訓誡吏民。若家人然。正統初擢懷慶知府。東平民泣送數十里。懷慶有軍衛素挾勢厲民。湘隨時裁制。皆不敢犯。

李・湛 【唐】義府子。字與宗。沈厚有度。六歲授周王府文學。從張柬之誅二張。累遷左領軍衛大將軍。初義府以立武后故得宰相。而湛爲中興功臣。世不以父惡貶之。

李・湛園 【清】江蘇通州人。名海門。善弈。爲咸豐時國手。居京師最久。衣敝履穿。不修邊幅。而王公大人多與之相狎。後歸石港死。

李・無惑 【宋】同安人。爲翰林待詔。善小篆。李斯・陽冰之後。未見其比。

李・爲憲 【清】崑山人。字匡吉。號巨山。諸生。以旌德訓導擢通許知縣。有惠政。給事得其舅王原祁眞傳。

李・猶龍 【清】洵陽人。明兵部主事。福王時監左夢庚軍。遷太僕寺少卿。順治間隨夢庚降。巡撫江南安慶。改天津巡撫。擒誅賊首楊四海・任萬金等。時積寇尚多。猶龍以招撫爲名。赴賊營會飲。事覺革職。

李・琚 【唐】玄宗七子。封光王。領廣州都督。勇力善騎射。與太子瑛俱爲李林甫所構陷。尋遇害。

李・琛 【唐】太祖曾孫。字仲寶。木訥少文。隋義寧初與太常卿鄭元璹持女伎聘突厥。還授刑部侍郎。武德初封襄武郡王。歷利蒲絳三州總管。宋金剛陷澮州。稽胡多叛。詔琛鎭隰州。政寬簡。夷夏懷之。

李・琨 【唐】恪子。武后時歷六州刺史。皆有名。聖曆中爲嶺南招慰使。安輯叛獠。甚得其宜。卒贈張掖郡王。

李・琪 【後唐】珽弟。字台秀。少舉進士博學弘辭。唐亡。事梁太祖爲翰林學士。末帝時作相。唐莊宗時爲國計使。明宗時爲御史中丞。安重誨用事。殺殿直馬延。琪不敢彈糾。又懼諫官論列。乃託宰相任圜先白重誨而後糾。然猶依違不敢正言其事。遷尚書右僕射。以太子少傅致仕。爲人重然諾。喜稱人善。以文章自負。◉【宋】華陰隱士。自言唐開元中郎官。已數百歲。人罕見者。數來陳摶齋中。◉【宋】伊闕人。太宗時歷官富州刺史。性素鄙。歷事三朝。而行不加修。太宗知之。改授屯衛大將軍。顧曰。吾欲置琪於無過之地耳。加左武衛大將軍卒。◉【國】吳郡人。字開伯。官國子司業。有春秋王霸列國世紀編。

李・琪枝 【明】日華孫。字雲連。號奇峯。諸生。工畫。有清暑續錄。

李・琬 【唐】玄宗六子。封榮王。爲京兆牧。累兼單于安北大都督。安祿山反。詔琬爲征討元帥。會卒。琬風格秀整。有素望。中外倚之。及卒。衆皆悵恨。詔贈太子。謚靖恭。

李・琮 【唐】玄宗長子。始名嗣直。又名潭。開元中封慶王。領涼州都督。天寶間兼河東諸軍節度大使。卒贈太子。謚靖德。肅宗立。追贈奉天皇帝。◉【宋】江寧人。字獻甫。第進士。調寧國軍推官。知陽武縣。時役法初行。琮處畫盡理。旁近民相率撾登聞鼓。願視以爲則。哲宗時累官寶文閣待制。知河南瀛州。琮長於吏治。而所至掊克。爲士論嗤鄙。

李・琰 【唐】玄宗四子。封棣王。天寶初爲武威郡都督經略。會妃韋氏以過置別室。而二孺人爭寵不平。求巫者密置符琰履中以求媚。孺人告琰厭魅上。帝責問。囚鷹狗坊。以憂卒。

李・琰之 【後魏】韶族弟。字景珍。再官史職。孝莊帝時遷荊州刺史。琰之雖以儒素自業。自言家世將種。猶有關西風氣。及至州後。大射獵以示威武。少機警善談。經史百家。無所不覽。朝廷疑事。多所訪質。休暇閉門讀書。不交人事。出帝初遷侍中・車騎大將軍。卒謚文簡。

李・琳 【宋】信州人。十五世同居。淳化間詔旌其門。

李・畬 【唐】至遠子。字玉田。初歷汜水主簿。遇事鋒銳。雖廝豎。一聞輒記姓名居業。累官國子司業。母喪以毀卒。

李・登 【明】上元人。字士龍。號如眞生。官新野縣丞。著有六書指南・摭古遺文・書文音義便考私編。

李・登鼇 【清】關陽人。字冠蓬。順治舉人。授廣東南雄府推官。愼刑罰。恤民命。釋疑獄積滯者數十案。大辟可矜者七人。性耿介。不能承上官風旨。乞歸。書笥外無長物。

李・發甲 【清】河陽人。字蘅仙。康熙舉人。官至湖南巡撫。剔蠹鋤奸。澄清吏治。所至有聲。

李・皓 【國】世南孫。字雲叟。避亂

入蜀。居成都。善畫山水。

李盛山 【清】羅源人。母遘重疾。刲肝療之。母卒。盛山亦死。

李晛 【西夏】封南平王。宋寶慶中嗣德旺爲國主。立二年。爲元所滅。國亡。

李裕 【唐】昭宗長子。封德王。帝幸華州。韓建立裕爲皇太子。劉季述等幽帝東內。奉裕卽皇帝位。季述誅。詔還少陽院。復爲王。朱全忠自鳳翔還。見王春秋盛。標宇軒秀。忌之。帝被弑。其黨崔玄暉置酒邀諸王九曲池。飲酣。皆殺之。投尸水中。

李程 【唐】神符五世孫。字表臣。擢進士弘辭。德宗時官翰林學士。學士入署。常視日影爲候。程性嬾。日過八磚乃至。時號八磚學士。敬宗時遷同平章事。帝好宮室畋獵。程切諫。爲人辨智。然簡倪無儀檢。官終東都留守。卒諡繆。

李筌 【唐】居少室山。有將略。嘗著太白陰經。於行軍制勝之術。指畫甚詳。仕至荆南節度副使・仙州刺史。後入山訪道。不知所終。

李絡秀 【晉】汝南人。周顗之母。少時在室。顗父浚嘗出獵遇雨。過止其家。會其父兄不在。絡秀與一婢宰猪羊具數十人之饌。甚精辦。而不聞人聲。浚覘之。獨見一女子甚美。浚因求爲妾。生顗及嵩・謨。中興時顗等並列顯位。

李絢 【宋】依政人。字公素。能屬文。尤工歌詩。擢進士第。仁宗時累遷龍圖閣直學士・起居舍人。權知開封府。治有能名。絢疏明樂易。少周遊四方。頗練世務。數上書言便宜。仁宗春秋高。未有繼嗣。絢因祀高禖還獻賦。以還嬖寵近賢良爲諫。帝嘉納之。性嗜酒。卒以致疾死。

李絳 【唐】贊皇人。字深之。擢進士弘辭。元和中歷中書舍人。數賜對三殿。甚敬憚之。每有詢訪。隨事補益。累拜中書侍郎・同中書門下平章事。言愈切直。以足疾求免。罷爲禮部尚書。寶曆初拜尚書右僕射。絳以直道進退。望冠一時。屢爲讒邪所中。文宗時爲山南西道節度使。累封趙郡公。爲亂兵所害。諡貞。有李深之文集。

李翕 【後漢】河陽人。字伯都。建寧間爲武都太守。郡之西狹閣。道逼梁益。危難阻峻。翕改高卽平。正曲廣阨。遂成夷塗。又治析里橋郙閣。使其平坦。有李翕西狹頌。析里橋郙閣頌。記其事甚詳。（按集古錄作李會誤。）

李舜臣 【宋】井研人。字子思。四歲知讀書。八歲能屬文。少長通古今。推跡興廢。尤邃於易學。中乾道進士。歷知饒州德興縣。專尚風化。聞詣學講說。邑士皆稱蜀先生。遷宗正寺主簿。有尋經義・書小傳・文集。江東十鑑・鏤玉餘功錄等書。 ◉【明】山東樂安人。字懋欽。一字夢虞。號愚谷。又號未邨居士。嘉靖進士。歷官太僕寺卿。性簡重愼詳。讀經謂漢儒註疏去古未遠。其言足據。復用六書正其舛誤。爲文力浣脂澤。專崇風味。有愚谷集。

李舜弦 【前蜀】梓州女子。王衍立爲昭儀。有辭藻。著蜀宮應制詩・隨駕詩・釣魚不得詩諸篇。多爲文人賞鑒。

李舜舉 【宋】神福曾孫。字公輔。少補黃門。熙寧中進內侍押班。制置涇原軍馬。舜舉入奏事。退詣中書。王珪迎勞之曰。朝廷以邊事屬押班。無西顧之憂矣。舜舉曰。四郊多壘。此卿大夫之辱。相公當國而以邊事屬內臣可乎。內臣止供禁廷灑掃。豈可當將相之任。聞者代珪愧焉。轉嘉州團練使。沈括城永樂。遣舜舉計議。被圍急。斷衣襟作奏曰。臣死無所恨。願朝廷勿輕此賊。尋以死聞。諡忠敏。

李菡 【清】寶坻人。字豐垣。號滋園。道光進士。以少詹任安徽學政。待士甚厚。尤喜成就寒畯。同治間官至兵部尚書。卒諡文恪。

李華 【後魏】靈孫。字寧夏。歷官直閣武衛將軍。膂力過人。頗有將略。每從征伐。頻著戰功。賜爵欒城子。 ◉【唐】贊皇人。字遐叔。擢進士弘辭科。少曠達。外若坦蕩。內謹重。尙然許。天寶間官監察御史。按劾不撓。爲權倖所嫉。後去官隱山陽。戒子弟力農。安於窮槁。晚事浮圖法。不甚著書。文辭緜麗。少宏傑氣。時謂不及蕭穎士。有李遐叔文集。 ◉【清】溧陽人。父沒。居喪毀瘠。母疾。華衣不解帶者十餘年。有田十餘頃。穀貴。平價食其一方。

李華之 【清】諸城人。字秀實。康熙進士。由中書觀察粵東。時瓊州洞黎叛。華之單騎往諭。更爲布置營伍。兵黎相安。香山・澳門海寇竊發。奉檄往勦。不兩月而平。官至刑部侍郎。

李華國 【清】江陵人。字西池。號竹溪老人。康熙初武探花。師徐鼎作山水。名重於時。

李虛己 【宋】建安人。字公受。第進士。太宗時歷沈丘縣尉。遷殿中丞。知遂州。有治行。眞宗稱其儒雅循謹。累遷工部侍郎。分司南京。有雅正集。

李虛中 【唐】魏尙書僕射沖之八世孫。字常容。第進士。元和中官至殿中侍御史。韓愈爲作墓誌。稱其最深五行書。以人之生年月日所直日辰干支推壽夭貴賤。百不失一。（按世傳李虛中命書三卷。題鬼谷子撰。虛中注。其書後半。多稱四柱。與韓愈墓誌言不及生人時刻干支者不合。所舉職官稱謂。亦多宋制。蓋宋人所依託也。）

李許 【宋】端愿子。字持正。由東頭供奉八遷皇城使。旋爲樞密都承旨。所論事頗多。或見施行。然天資刻薄。招權不忌。多布耳目。采聽外事自效以爲忠。僥倖進用。中外側目。累官成州團練使。知蔡州卒。

李象 【後魏】叔虎從孫。字孟則。清簡有風概。博涉羣書。初襲爵爲徐州平東府功曹參軍。遷冀州治中。有勸績。累官散騎常侍。卒諡文簡。

李象古 【唐】皐子。元和中自衡州刺史擢安南都護。貪縱不法。後爲牙門將楊清所害。

李象坤 【宋】畫藝與李用及同。

李象鵾 【清】長沙人。字雲皐。號雙圃。嘉慶進士。累官貴州布政使。所至皆有政績。

李貴 【明】豐城人。字廷亘。嘉靖進士。改庶吉士。輯程周張朱陸菼民之事。爲宋五先生郡邑政績。

李貽德 【清】嘉興人。字天彝。號次白。嘉慶舉人。少工韻語。治經長於詩。嘗僑寓金陵。以詩百韻投陽湖孫星衍。延爲上客。星衍晚年所著書。多貽德爲之卒業。有詩考異。詩經名物考。十七史考異。攬青閣詩鈔。夢春廬詞存。

李賀 【唐】宗室。字長吉。七歲能辭章。韓愈・皇甫湜過其家。使賦詩。援筆輒就。如素構。自目曰高軒過。二人大驚。自是有名。每旦出。騎弱馬。從小奚奴。背古錦囊。得句卽投其中。不先立題。暮歸。母探囊見所書多。卽怒曰。是兒要嘔出心乃已耳。舉辭尙奇詭。以父名晉肅。不肯舉進士。憲宗朝爲協律郎。晝見緋衣人持一板。書云上帝成白玉樓。召君作記。遂卒。年二十七。家於福昌縣之昌谷。有昌谷集。

李超 【宋】信都人。爲禁卒。常從潘美軍中主刑刀。美好乘怒殺人。超每潛緩之。美怒解。輒得釋。以是全者甚衆。人謂其有陰德。子濬。第進士。景德中官至樞密直學士。

李超孫 【清】嘉興人。字奉墀。號引樹。乾隆舉人。官會稽教諭。剖析經術。尤深於詩。有詩氏族考・拙守齋詩文鈔。

李超瓊 【清】合江人。字紫璈。同治舉人。歷官陽湖・江陰・上海知縣。有循聲。善詩文。有石船居士賸稿。

李軼 【後漢】通從弟。素好事。通將歸光武。軼與通共議曰。今四方擾亂。新室且亡。漢當更興。南陽宗室。獨劉伯升兄弟汎愛容衆。可與謀大事。通笑曰。吾意也。軼遂與光武舉兵於舂陵。以功封舞陰王。後爲朱鮪所殺。

李進 【後漢】高要人。字子賢。永和初爲武陵太守。破荆蠻叛寇。在郡九年。中平間代賈琮爲交趾刺史。奏請依中州例貢士。後阮琴以茂才仕至司隸校尉。交趾士人得與中州同選。◉【唐】嵩從子。好從當世賢士游。累擢給事中。至德初從廣平王東征。以工部侍郎署行軍司馬。爲回紇鞭之幾死。遷兵部卒。◉【元】曲陽人。幼隸軍籍。憲宗西征。史天澤爲河南經略大使。命進爲總把。道由陳倉入興元。度米倉關。伐木開道七百餘里。破定遠七十關。得其堡守之。諸軍盡度。至元末積功爲左翼屯田萬戶。

李進卿 【宋】晉陽人。晉天福中從杜重威破安重榮有功。擢與順軍校。宋初從太祖伐蜀。爲歸州路行營步軍都指揮使。拔巫山砦。下夔萬二州。累官靖江軍節度卒。

李鈞 【元】黎陽人。字伯衡。與弟鉉積戰功至懷遠大將軍。討砦寇於清流。戰沒。弟鉉亦死事。閩人號曰雙忠。

李開先 【明】章丘人。字伯華。號中麓。嘉靖進士。官至太常寺少卿。罷歸。治田產。蓄聲伎。詩歌豪放。尤工詞曲。嘗作百闋傍妝臺。爲康海所賞。所著曰閒居集。◉【明】江陵人。字石麓。天啓中舉於鄉。有時名。崇禎間李自成據襄陽。設僞官。遣使具書幣徵之。使至。開先瞋目大罵。頭觸牆死。◉【清】四川長壽人。字傳一。受易學於鄉人來知德。有周易辨疑。

李開芳 【明】永春人。字伯東。號還素。人稱鷗池先生。萬曆進士。遷南京太僕寺卿。歷兩廣藩臬。工書畫。有天風堂集。

李開葉 【清】福清人。字奕夫。號磁林。康熙進士。官吏部員外郎。以避權貴引退。有崇雅堂詩鈔・儀禮輯要・教學纂述・教學源流等書。

李閎祖 【宋】光澤人。字守約。嘉定進士。官臨桂主簿。父呂。與朱熹爲友。閎祖篤志精思。熹留之家塾。爲編中庸或問輯要。

李陽 【後趙】武鄉人。石勒幼時。與陽鄰居。陽性剛愎。每歲與勒爭漚麻池。共相撲打。勒既貴。賜里第一區。除始與太守。

李陽冰 【唐】趙郡人。字少溫。白之從叔。乾元間爲縉雲令。後遷當塗令。官至將作監。工篆書。舒元輿謂其書不減李斯。(元吾丘衍謂陽冰卽杜甫之甥。名潮。按陽冰工篆書。潮工八分。趙氏金石錄載城隍神祠記・忘歸臺銘・孔子廟記・先塋碑・三墳記等。爲李陽冰篆書。慧義寺彌勒像碑・彭元曜墓誌。爲李潮書。則陽冰與潮。顯係二人。又世譌陽冰爲陽凝。亦非。陽冰之冰。當爲冰凍之冰。非凝字也。陽冰之名。取海賦陽冰不治之義。故字少溫。說文。仌・凍也。冰・水堅也。俗作凝。魚陵切。說文蓋以冰爲凝。大於隸楷。不能成文。故後人加冰。凝之从冫从冰無義。當從今文。見金石文字記。）

李陽孫　〔宋〕崇仁人。慶曆初爲豐州簿。宦滿。徒走而歸。晏殊深器重之。仕至殿中丞。

李隆　〔明〕濬子。字彥平。雄偉有將略。數從北征。出奇料敵。成祖器之。命留守南京。仁宗初鎭山海關。未幾。復守南京。隆讀書好文。論事侃侃。淸愼守法。尤敬禮士大夫。英宗時入總禁軍。嘗巡大同邊。賜寶刀一。申飭戒備。內外凜凜。訖還。不戮一人。

李隆萼　〔清〕湖南寧鄉人。字棣春。號郘靑。道光舉人。官貴州台拱同知。署興義知府。有文集。

李雄　〔成漢〕特三子。字仲儁。晉永興初僭稱成都王。旋卽帝位。南得漢嘉涪陵。遠人繼至。下寬大之令。降附者皆假復除。虛己愛人。授用皆得其才。益州遂定。寧州刺史尹奉降。復有南中之地。在位三十年卒。諡武帝。廟號太宗。年號建興・晏平・玉衡。◉〔隋〕高邑人。字毗盧。少慷慨有大志。習騎射。周太祖時從達奚武平漢中。定興州。討汾州叛寇。又從韋孝寬略定淮南。雄以輕騎數百。說下十餘城。文帝受禪。拜鴻臚卿。進爵高平郡公。晉王廣出鎭。以雄爲河北行臺兵部尙書。雄當官正直。侃然有不可犯之色。王甚敬憚。吏民稱焉。◉〔宋〕北海人。太宗時祗候畫院。工畫佛道鬼神。

李雅　〔隋〕穆子。少有識量。仕周。以軍功拜大都督。從征吐谷渾。爲賊所躡。雅與僞和。縱奇兵擊破之。文帝作相。鎭靈州以備胡。開皇初遷荆州總管。進爵爲公。◉〔隋〕爲滕王（或作秦王）庫直。好畫。師張僧繇。佛像鬼神。殆與顧頏。

李集　〔北齊〕爲典御丞。面諫北帝有甚於桀紂。帝令置中流。沈沒久之。復令引出。謂曰。吾何如桀紂。集曰。向來彌不及矣。帝又令沈之。引出。更問。如此數四。集對如初。帝大笑曰。天下有如此癡漢。方知龍逢・比干。非是俊物。遂解放之。又被引入見。似有所諫。腰斬。◉〔清〕嘉興人。字繹初。號敬堂。乾隆進士。嘗知郞縣。多惠政。晚精經學。有周易顧學編・尙書信古錄・毛詩無邪訓・孝經玉律・六忍居詩文集・鶴徵錄。

李集鳳　〔清〕山海衞人。淹通羣籍。尤精春秋。著春秋辨疑六十五卷。官終洛陽丞。

李雯　〔清〕上海人。字舒章。力學好古。與陳子龍齊名。順治初廷臣交薦雯才可用。授內院中書。

李雲　〔後漢〕甘陵人。字行祖。初舉孝廉。再遷白馬令。桓帝時中常侍單超等皆以誅梁冀功封列侯。專權選舉。雲露布上書。有曰。帝者諦也。今官位錯亂。小人諂進。財貨公行。政化日損。是帝欲不諦乎。因下獄死。◉〔宋〕興國人。少時欲合數百人爲盜。一日見陸九淵。翻然自悔。遂請業焉。後以良將稱。其家祠祀九淵。以報其成就之恩。◉〔明〕夷陵人。崇禎間知潁州。有惠政。謝事歸。流賊熾。大書名義至重鬼神難欺二語於牖以自警。城陷。絕食死。

李雲翔　〔明〕江都人。字爲霖。有諸子拔萃。

李雲鵠　〔明〕內鄉人。字黃羽。萬曆進士。與朱吾弼・蕭如松・孫居相皆官南京御史。因同輯留臺奏議。

李雲麟　〔清〕漢軍旗人。字雨蒼。從曾國藩參戎幕。師事國藩。爲古文及經世之學。歷官至郞中。擢四品京堂。督陝西漢南軍務。尋罷。授托倫海辦事大臣。以事戍黑龍江。

李順　〔後魏〕靈從弟。字德正。博涉經史。有才策。神瑞中拜中書侍郞。從征蠕蠕。以籌略賜爵平棘子。太武討赫連昌。至統萬。大破昌軍。順謀居多。及克統萬。帝賜諸將珍寶雜物。順惟取書數千卷。又從擊赫連定於平涼。三秦平。進爵爲侯。遷四部尙書。沮渠蒙遜內附。順使涼州十有二返。太武稱其能。以納蒙遜金寶。掩其罪釁。並以涼州乏水草爲言。沮帝親征。涼州平。順差次羣臣爵賞。頗有受納。品第不平。坐誅。後追封高平王。諡宣。

李順興　〔北周〕杜陵人。號稱李練。能知未來事。及將卒。從文帝乞驪山下二畝地。後至湯泉遇患卒。初順興謂帝曰。可於沙苑北作老君象。面向北作笑狀。帝曰。何爲。答曰。令笑破蠕蠕。時未解其意。及蠕蠕國滅。帝思其言。遂作順興象於老君側。

李傳　〔宋〕通州人。元豐進士。欽宗居東宮時。爲侍講。及卽位。賜水晶斧以旌其明斷。後知漢州。

李傳敏　〔清〕平江人。字慧超。一字遜吾。道光舉人。官新田訓導。有課雲樓詩文集。

李勢　〔成漢〕壽子。字子仁。壽死。僭卽帝位。驕吝荒淫。不恤國事。後降於桓溫。送建康。封歸義侯。在位五年。年號太和・嘉寧。始李特以晉惠帝太安元年起兵。至此六世。凡四十六年。以穆帝永和三年滅。

李勣　〔唐〕離狐人。字懋功。本姓徐。初從李密。武德初密歸唐。勣統其地。未有所屬。乃錄郡縣戶口。以啓密。請自上之。高祖喜曰。純臣也。詔授黎州總管。封英國公。賜姓李。從秦王征伐。平竇建德。俘王世充。又從破劉黑闥。徐圓朗。貞觀初拜幷州都督。降突厥。破薛延陀。屢有功。高宗立。拜尙書左僕射。進司空。率兵討高麗。平其國。卒贈太尉。諡貞武。

李・嗣　明南海人。景泰進士。累官戶部右侍郎。僉都察院左都御史。居官三十餘年。篋中惟白金十兩。田園無增。時稱其淸介。

李・嗣本　後唐鴈門人。本姓張氏。太祖養爲子。賜姓名。從擊居庸關。以功遷義兒軍使。又從破王行瑜・攻羅弘信。莊宗時累戰功遷振武節度使。號威信可汗。天祐末契丹入代北。嗣本戰沒。

李・嗣京　明句容人。字嘉錫。崇禎進士。擢浙江道御史。所建白有屯田水利刑名勦撫諸疏。巡按福建。捐贖鍰千金刻册府元龜。爲士類所稱。有冷吟齋・匡山吟諸集。

李・嗣肱　後唐克脩子。少有膽略。從周德威數立戰功。爲馬步軍都虞候。梁太祖圍滄。嗣肱從李存審救滄。梁軍解去。功最多。歷官新州刺史・山北團練使。

李・嗣昭　後唐太谷人。本姓韓氏。太祖出獵至其家。取以爲子。爲內衙指揮使。數立戰功。後從莊宗擊契丹於望都。莊宗被圍數十重。嗣昭以三百騎決圍取之以出。遷昭義軍節度使。後代閻寶攻張文禮於鎭州。鎭兵出掠。嗣昭以奇兵擊之。賊矢中腦。嗣昭顧箙中矢盡。拔矢於腦。射殺一人而卒。

李・嗣恩　後唐吐谷渾部人。本姓駱。少事太祖。能騎射。爲鐵林軍將。以功遷突陣指揮使。賜姓名。以爲子。與梁兵力戰。矟中其口。戰不已。遷遼州刺史。莊宗時累官振武節度使。

李・嗣眞　唐柏人人。字承胄。多藝數。審樂律。調露中爲始平令。風化大行。時章懷太子作寶慶曲。嗣眞曰。宮不召商。君臣乖也。角與徵戾。父子疑也。死聲多且哀。若國家無事。太子任其咎。俄而太子廢。永昌初以御史中丞知大夫事。來俊臣獄方熾。嗣眞上書諫甚切。出爲潞州刺史。俊臣誣以反。流藤州。久乃得還。自筮死日。預具棺歛。如言卒。諡昭。有續畫品錄。

李・嗣業　唐高陵人。字嗣業。長七尺。膂力絕衆。開元・天寶中從討十姓蘇祿及勃律。安祿山反。詔與郭子儀等相犄角。常爲先鋒。以巨棓笞鬭。戰功甚偉。及平長安。收東都。加衞尉卿。封虢國公。與郭子儀等圍相州。獨嗣業披堅數奮。爲諸軍冠。中流矢臥帳中方愈。忽聞金鼓聲。知與賊戰。大呼創潰。血流數升卒。諡忠勇。

李・圓通　隋涇陽人。少給使文帝家。爲監廚。性嚴整。及作相。委以心膂。周氏諸王。圖爲不利。數賴保護得免。由是參預政事。授相國外兵曹。文帝卽位。累官刑部尙書。煬帝時轉兵部。以判宇文述田還民。述訴其受賂。坐免官。憂懼卒。

李・塨　淸明性子。字剛主。號恕谷。康熙舉人。官通州學正。博學工文辭。師博野顏元。又從毛奇齡論樂律。其學以實用爲主。解釋經義。多與宋儒立異。大抵本之顏氏。有大學辨業・聖經學規・小學稽業・易詩春秋四書傳注・李氏學樂錄・瘳忘編・習齋年譜・恕谷後集。

李・嵩　宋錢塘人。從訓養子。工畫山水人物。尤長界畫。得從訓遺意。光寧理三朝官畫院待詔。⊙明東強人。字影石。天啓進士。官至布政使。有按晉疏草・自雪堂集。

李・廌　宋華州人。字方叔。少以文爲蘇軾所知。軾亡。廌哭之慟。走許汝間相地卜兆授其子。中年絕意進取。謂潁爲人物淵藪。始定居長社。喜議論古今治亂。辨而中理。當喧溷倉卒間。如不經意。睥睨而起。落筆如飛馳。元祐求言。上忠諫書・忠厚論。幷獻兵鑒二萬言論西事。時禽羌酋鬼章。將致法。廌論利害。以爲殺之無益。當時韙其言。有師友談記・濟南集・德隅齋畫品諸書。

李・廉　元廬陵人。字行簡。至正中以春秋舉於鄉。第進士。而通籍頗晩。閉戶著書。後官信豐令。遇寇亂死節。有春秋諸傳會通。

李・彙　唐光弼子。有志操。性廉介。從賈耽爲裨將。累遷涇原節度使。罷軍中雜徭。出俸錢贖將士質賣子還其家。

李・愈　金正平人。字景韓。正隆間詞賦進士。授曹王傅。從王宴賜北部還。上表言事。章宗嘉其忠。納用焉。累擢河南路提刑使。憲臺廉察九路提刑。以愈爲最。泰和初帝將幸長樂川。愈切諫。不從。復諫。出爲河平軍節度使。改知河中府。卒諡淸獻。有狂愚集。

李・愍　北齊元忠宗人。字魔憐。少有大志。年四十不仕。惟招致姦俠。以爲徒侶。孝昌末兵起。愍潛居林慮山。覘候時變。累有戰功。後以數千人赴神武。鎭鄴城。出爲南荊州刺史。開立陂渠。灌稻千餘頃。公私賴之。終散騎常侍。

李・意其　蜀漢生漢文帝時。三國時尙在。先主欲伐吳。迎意其問吉凶。意其不答。但求紙筆畫作兵馬器仗數十紙。已便一一裂壞之。又畫作一大人掘地埋之。便徑去。先主敗還。發憤病死。衆乃知其意。

李・愻　後唐無棣人。爲人謹重寡言。好學。爲古文。劉季述幽唐昭宗於東內。愻以書說韓建。使圖興復。其言甚壯。建不能用。舉進士弘辭。旋事梁末帝。拜崇政殿直學士。莊宗時拜主客郎中。翰林學士。伐蜀之議。以愚言而決。明宗時爲相。言多迂闊。潞王從珂嘗目愚爲粥飯僧。

李感　〔唐〕勣季弟。年十五。有奇操。李密敗。陷於王世充。世充令作書召勣。對曰。兄尙節義。今已事主。昆弟不能移也。固不從。被殺。

李愷　〔明〕惠安人。字克諧。嘉靖進士。終辰沅兵備副使。有處苗近事。

李慎　〔唐〕太宗十子。封紀王。貞觀中爲襄州刺史。治最。文明初累遷太子太師。貝州刺史。少好學。善星步。與越王貞齊名。當世號紀越。

李戡　〔唐〕宗室。字定臣。幼孤。年十歲。即好學。掇薪自爨。夜無膏燃。默念所記。年二十。明六經。舉進士。就禮部試。吏唱名乃入。戡恥之。徑返江東。隱陽羨里。人有鬬爭弗決者。不之官。悉詣戡以辯。常惡元白詩纖豔不逞。乃集詩之類古者。斷爲唐詩。以譏正其失。

李播　〔北齊〕元忠子。字德況。少聰敏有才藝。音律博弈之屬。多所通解。嘗採諸聲。別造一器。時人稱其思理。累官尙書儀曹郎。天保間卒。

李敬　〔清〕六合人。字聖一。號退菴。順治進士。官至監察御史。巡按湖南。有惠政。其學以白沙定山爲宗。有退菴集。

李敬玄　〔唐〕譙人。該覽羣籍。尤長於禮。高宗在東宮。馬周薦其材。召入崇賢館侍讀。歷遷西臺侍郎。咸亨中進吏部尙書。撰次禮論及他書數十百篇。

李敬族　〔後魏〕歷太學博士。孝靜帝時。命當世通人正定文籍。以敬族爲內校書。別在直閣省。

李敬義　〔後唐〕德裕孫。初名延古。昭宗時官司勳員外郎。坐不朝貶衞尉寺主簿。莊宗定河朔。拜工部尙書。太原監軍張承業甚濰敬義。鬱憤而卒。

李敬謨　〔清〕江南通州人。字思耕。鉤勒花鳥蟲魚。以推妍稱。善行草。工詩。

李新　〔宋〕仙井人。字元應。登進士第。劉涇嘗薦於蘇軾。元符末上書奪官。謫遂州。流落終身。有跨鼇集。⊙〔明〕濠州人。從太祖渡江。數立功。累遷中軍府都督僉事。命改建帝王廟於雞鳴山。新有心計。將作官吏。視成畫而已。時諸勳貴稍僭肆。新首建言公侯家人及儀從戶各有常數。餘宜歸有司。又督開胭脂河於溧水。西達大江。東通兩浙。以利漕運。民甚便之。後以事誅。⊙〔明〕字克明。天性剛直。洪武末由太學生任兵馬指揮。歷監察御史。振舉憲度。轉工部郎中。能聲益著。官至戶部右侍郎。多所建白。宣宗常呼李鐵而不名。其見重如此。⊙〔明〕蘄州人。字即巖。崇禎舉人。官陝西僉事。後里居爲鄉官。流賊至。新舉家被執。賊欲屈之。不可。抱父屍就刃死。

李新芳　〔明〕潞州人。字元德。別號漳埜。嘉靖進士。官至監察御史。有漳埜文集。

李暉　〔後周〕東城人。字順光。事漢祖。歷官河陽節度使。太祖加同平章事。尋移鎭滄州。世宗時歷邠州鳳翔節度使。性貪鄙。好小惠以邀虛譽。

李會　〔後魏〕元護子。延昌中除宣威將軍。頗驍好酒。妻爲清河房伯玉女。有姿色。會不之答。房乃通於其弟機。因會飲。醉殺之。

李椿　〔宋〕升子。字壽翁。歷官寧國軍推官。吏材精強。張浚辟以自隨。椿奔走淮甸。綏流民。布屯戍。察軍情。相視險要。周密精審。所助爲多。孝宗時累除吏部侍郎。進敷文閣直學士致仕。椿年三十始學易。其言於朝廷。措諸行事。皆得易之用。

李椿年　〔宋〕浮梁人。政和進士。歷司農丞。度支郎中。後知婺州。有易傳及文集。

李楠　〔宋〕侯官人。字和伯。與弟樗俱有盛名。受業於呂本中。得伊洛之傳。尤精春秋。旁搜衆說。以會其趣。衆說所未安。然後斷以己意。書未成卒。

李楨　〔元〕字幹臣。其先西夏國族子。金末楨以經童中選。入爲質子。以文學得近侍。太宗嘉之。後從大將察罕下淮甸。以功授軍前行中書省左右司郎中。師圍壽春。楨單騎入敵壘。曉以利害。翊日。與其將二人率衆來降。終襄陽軍馬萬戶。

李楨扆　〔明〕任丘人。字華麓。有尙書解意。

李楷　〔明〕中族人。字邦正。中死。門人羅洪先等傳其學。楷又傳洪先之學。由舉人歷知青田縣。禦倭寇有功。改知昌樂。亦以治行聞。⊙〔清〕朝邑人。字叔則。一字岸翁。由舉人知寶應。以直蹷。康熙初董修陝西通志。善古賦。文樸茂。錢謙益亟稱之。人稱河濱夫子。有河濱全集百卷。

李楷洛　〔唐〕光弼父。本契丹酋長。武后時入朝。累官左羽林大將軍。封薊郡公。吐蕃寇河源。楷洛率精兵擊走之。初行。謂人曰。賊平吾不歸矣。師還。卒於道。贈營州都督。謚忠烈。

李業　〔後漢〕梓潼人。字巨游。志操介特。習魯詩。平帝時舉明經爲郎。王莽以業爲酒士。隱山谷不出。公孫述僭位。徵爲博士。羞不能致。使人持詔命奉毒酒劫業。業飲毒死。⊙〔唐〕睿宗五子。封薛王。以好學授祕書監。開元初拜太保。歷州刺史。母早卒。

從母賢妃鞠之。後迎賢妃外邸。事之甚謹。其女弟淮陽涼國二公主亦早卒。撫蟧與己子均。及卒。追贈太子。諡惠宣。⊙五代漢高祖李皇后之弟。用事無顧憚。隱帝時與聶文進等爲廋語相誚戲。業欲得宣徽使。大臣楊邠等以爲不可。業謀殺邠等。又以詔書殺郭威於魏州。威不受詔。舉兵反。漢兵敗。業取內庫金寶懷之以奔。爲人所殺。

李業興 後魏長子人。志學精奮。師事徐遵明。後乃博涉百家。尤長算曆。爲校書郎。造戊子元曆上之。孝莊帝時以造曆勳賜爵長子伯。武定間出除太原太守。高歡每出征討。時有顧訪。高澄引爲中外府諮議參軍。後坐事禁止。乃造九宮行碁曆。尋死於禁所。

李歆 西涼暠子。字士業。小字桐椎。史稱涼後主。始拒沮渠蒙遜。大敗之。歆用刑頗嚴。又繕築不止。後戰敗。爲蒙遜所殺。在位四年。年號嘉興。自暠迄歆。據河右凡二十一年。宋武帝永初元年滅。

李源 唐憕子。代宗授河南府參軍。遷司農主簿。以父死賊。常慼憤。不仕不娶。絕酒葷。依憕舊墅惠林佛祠居。闔戶日一食。過先寢必趨。自營墓。時時偃臥埏中。長慶初御史中丞李德裕表薦之。帝自遣使持詔書賜袍笏絹物。源附表謝。辭吐哀懇。一無所受。⊙明上杭人。字小山。又號松山。工畫翎毛山水。

李源道 元關中人。字仲淵。號衡齋。官學三川。歷四川行省員外郎。延祐中官至雲南行省參知政事。工詩。有仲淵集。

李溥 宋河南人。初爲三司小吏。陰狡多智數。時太宗勵精政事。欲更革財賦。溥條上二十七事。即日擢左侍禁。累遷宮苑使。內倚丁謂。寖爲不法。屢以贓敗。終千牛衛將軍。

李溶 唐穆宗子。封安王。初楊賢妃得寵於文宗。晚稍多疾。妃陰請以溶爲嗣。以宰相李珏言而止。及帝崩。仇士良立武宗。欲重己功。即擿溶嘗欲爲太子事殺之。

李滋 唐宣宗子。封通王。乾寧中李茂貞以兵入覲。詔滋與諸王分統諸軍衞京師。韓建惡諸王有兵權。矯詔盡殺滋及諸王。以反聞。天下冤之。

李煇 宋建昌人。字晦叔。嘗受易詩禮於朱熹。

李熙 後魏順族弟。字仲熙。神䴥中與高允俱被徵。拜中書博士。以使北涼有功。封元氏子。⊙明上元人。弘治進士。擢御史。力言鸞帖之害。正德初復以災異偕御史陳十事。世宗立。歷浙江副使。以清操聞。

李熙靖 宋晉陵人。字子安。徽宗時累官中書舍人。旣拒張邦昌之命。憂憤廢食卒。

李煜 南唐景子。字重光。史稱後主。爲人仁孝。善屬文。工書畫。豐額駢齒。一目重瞳子。旣嗣位。嘗怏怏以國蹙爲憂。日與羣臣酣宴。愁思悲歌不已。性驕侈。好聲色。又喜浮圖。高談不恤政事。奉宋正朔。稱江南國主。尋爲宋太祖所滅。封隴西郡公卒。在位十六年。自昇迄煜。據江南凡三十九年。

李煦 清天津人。乾隆間武進士。由侍衞累擢貴州古城鎭總兵。平金川有功。陞貴州提督。坐事奪職。再起官至處州鎭總兵。

李煥 後魏秀林從弟。字仲文。有幹用。少與酈道元俱爲李彪所知。自給事中轉治書侍御史。景明中荆蠻擾動。勅煥兼散騎常侍慰勞之。降者萬餘家。以討斬氐王楊定進遇害。

李煥章 清樂安人。字象先。有織齋集。

李猷 宋四明人。高宗時陳東爲黃潛善等所害。猷贖其尸瘞之。⊙宋河內人。善畫鷹鶻。精神態度。曲盡其妙。

李瑁 唐玄宗十八子。封壽王。母武惠妃。頻姙不育。及瑁生。寧王請養邸中。元妃自乳之。故封比諸王最後。開元間遙領益州大都督。初帝以永王等尚幼。詔不入謁。瑁七歲。請與諸兄衆謁。拜舞有儀矩。寧王卒。又請制服以報私恩。

李瑋 宋璋弟。一作煒。字公炤。善作水墨竹石。平生喜吟詠。才思敏妙。又能章草飛白。尙仁宗女兗國公主。以樸陋與主不協。官駙馬都尉。終建武軍節度使。卒諡修恪。

李璦 唐太祖曾孫。字德圭。封廬江王。累遷山南東道行臺右僕射。討蕭銑無功。更爲幽州都督。璦素懦。朝廷恐不任職。乃以右領軍將軍王君廓輔行。君廓。故盜也。勇而陰險。璦倚之。時隱太子有陰謀。厚結璦。太子死。太宗召璦。璦懼。君廓勸璦反。璦從之。爲所賣。被縊死。

李瑛 唐玄宗二子。開元初立爲皇太子。瑛母趙麗妃。初以倡進。善歌舞。及武惠妃有寵。生壽王。愛與諸子絕等。太子頗怏怏。惠妃訴於帝。帝將廢太子。以張九齡諫而止。及李林甫當國。卒被搆害。⊙宋安忠子。紹興時爲畫院待詔。善畫花竹禽獸。

李瑒 後魏安世子。字琚羅。延昌末爲高陽王友正主簿。時民多絕戶而爲沙門。瑒上疏極論。尋轉尙書郎。從蕭寶夤西征。招募雄勇。每有戰功。軍中號曰李公騎。建義初遇害於河陰。

李瑀 唐憲子。早有材望。儀觀英偉。玄宗時封漢中王。知音。嘗早朝。過永興里。聞笛音。顧左右曰。

是太常工乎。曰然。他日識之。曰何故臥吹笛。工驚謝。又聞康崑崙奏琵琶。曰琵聲多。琶聲少。是未可彈五十四絲大絃也。肅宗時貶蓬州長史。

李·當戶 漢廣子。爲郎。武帝與韓嫣戲。嫣少不遜。當戶擊嫣走。帝以爲勇。早卒。

李·稚廉 北齊義深弟。永安中奉朝請。天平中神武擢爲泰州開府長史。平北將軍。稚廉輯諧將士。軍民樂悅。文襄帝時爲幷州長史。常在文襄第內。與隴西辛術等六人號爲館客。待以上賓之禮。天統間累官幷省都官尚書。(按北史作幼廉。此從北齊書。)

李·筠 隋穆孫。開皇間襲爵。初筠與從弟瞿曇有隙。叔父渾證之。瞿曇坐斬。邳公蘇威奏筠不義。骨肉相殺。請絕其封。帝不許。後渾忿其吝嗇。陰遣兄子善衡賊殺之。◎後周太原人。善騎射。仕後唐爲控鶴指揮使。晉開運末契丹犯汴京。其將趙延壽召筠置帳下。契丹北去。留耶律解里。筠乘衆怨逐去之。送款漢祖。爲博州刺史。周祖表爲先鋒指揮使。累官檢校太尉。宋太祖加兼中書令。遣使諭以受周禪。筠拒命。兵敗赴火死。

李·筠嘉 清上海人。字修林。候選光祿寺典簿。藏書至四千七百種。論議臚注至三十九萬言。有李氏藏書志。

李·粲 唐滑州人。徙萬年。本姓丙。仕隋爲屯衛大將軍。煬帝使督京西二十四郡盜賊。撫循能得士心。高祖與之厚。及兵入關。以衆歸。授宗正卿。封應國公。賜姓李。後爲左監門大將軍。卒諡明。

李·經 金錦州人。字天英。作詩極刻苦。喜出奇語。再舉不第。拂衣去。南還後其鄉帥有表至。士大夫識經手筆。命倅是州。後不知所終。

李·經世 清禹州人。字函子。嗣父果珍。明季以非罪陷獄。經世方弱冠。冒死出之。補諸生。從上蔡張沐游。其學以仁孝爲本而主於敬。謂持敬則志氣自定而能靜。沐爲題其學道之室曰靜菴。人稱靜菴先生。有尋樂集·一得錄。

李·經綸 明南豐人。字大經。諸生。讀書好深湛之思。以理學自負。時精心著述。作詩教考·禮經類編。時王守仁·湛若水二家之學盛行。經綸申程朱之義。作衛道錄·大學稽中傳。倭患起。復條時務七事獻之。不遇。中暍卒。

李·羣 後唐宗室。字文幹。善畫人物。爲世所稱。

李·羣玉 唐澧州人。字文山。文采藻麗。長於詞賦。不樂仕進。大中間裴度薦之。詔授弘文閣校書郎。有李羣玉集。

李·義 晉鄴人。時盜起荊湖。義傾家貲市兵器。率土人擊破之。後從陶侃屢立戰功。鄉民立祠於故居。號其地曰太尉原。

李·義山 宋修己子。字伯高。嘉定進士。授大宗正。以言罷。出知吉州。後以湖南提舉攝師曹。楚俗尚鬼。義山斬妖巫。毀其祠。歷階至中正大夫。有後林遺稿·思過錄。

李·義壯 明番禺人。字稚大。嘉靖進士。累擢僉都御史。巡撫貴州。歷官多有建樹。工古文詞。有三洲稿。

李·義府 唐饒陽人。太宗時爲太子舍人。崇賢館直學士。以文翰顯。高宗時累官吏部尚書。義府貌柔恭。與人言。嬉怡微笑。而陰賊褊忌著於心。時號義府笑中刀。又以柔而害物。稱爲人貓。後以罪流巂州死。

李·義深 北齊高邑人。學涉經史。有當世才用。初爲濟州征東府功曹參軍。後歸神武。以爲大行臺郎中。見爾朱兆兵盛。遂叛神武奔之。兆平。神武恕其罪。以爲大丞相府記室參軍。累遷左光祿大夫·相府司馬。所經稱職。武定中除齊州刺史。多所受納。天保初除散騎常侍。陽夏太守段業告其在州聚斂。被禁止。

李·義琛 唐義琰從祖弟。第進士。歷監察御史。貞觀中文成公主貢金。遇盜。主名不立。太宗召羣御史至。目義琛曰。是人神情爽拔。可使推捕。義琛往。數日獲賊。帝喜。爲加七級。終岐州刺史。

李·義琰 唐昌樂人。第進士。博學有知識。高宗時歷官同中書門下三品。高宗欲使武后攝國政。義琰與郝處俊固爭。事得寢。每顧問。必鯁切不回。尋致仕。垂拱初起爲懷州刺史。辭不拜卒。

李·義滿 唐平陵人。隋亂。糾合宗黨。保固村閭。外盜不敢侵逼。以功累授齊郡通守。後歸高祖。拜總管。封平陵郡公。

李·僑 唐字倚。起寒賤。由莊憲太后姬壻得進。歷坊絳二州刺史。無他才。爲政粗辦。性纖巧。飾廚傳。結納閹寺求善譽。憲宗以爲才。累官浙西按察使卒。

李·肅 三國吳南陽人。字偉恭。少以才聞。善論議。臧否得中。薦述後進。題目品藻。曲有條貫。孫權擢以爲選舉。號爲得才。出爲桂陽太守。吏民悅服。◎後魏秀林族子。字彥邕。歷官員外常侍。初詔附侍中元暉。後以左道事侍中穆紹。紹愛之。薦爲黃門郎。躭酒而狂。熙平初爲有司所彈劾。出爲章武內史。後遷夏州刺史卒。◎宋穆弟。字季雍。少警敏。舉進士。性嗜酒。歷濮博二州從事。遷保定軍節度推官。詔方下。一夕與親友會飲。酣寢而卒。⊙〔宋〕浩子。字仲欽。學於陸九淵。淳熙進士。歷官衡州教授。訓士諄至。生徒甚盛。

李・肅之 〔宋〕文定公迪從子。字公儀。歷官有異政。神宗時累加龍圖閣直學士。知鄆州。肅之內行修飭。母喪。廬墓三年。不入城郭。季弟承之。生而孤。鞠育誨道。至於成人。遂相繼爲侍從。帝稱其一門忠孝。

李・萬全 〔宋〕吐谷渾部人。善左右射。仕周累官彰武軍節度。宋初加橫海節度。乾德中代歸。太祖數召於苑中宴射。萬全無將略。惟挽強弓。老而不衰。帝亦以此賞之。

李・萬超 〔宋〕太原人。初仕晉。以功累遷肅銳指揮使。入漢。歷懷州刺史。周祖開國。以功歷官蘄登二州團練使。所至有善政。宋初爲左驍衞大將軍。開寶中卒。

李・萬實 〔明〕南豐人。字少虛。嘉靖進士。歷浙江按察司副使。爲給事中時。嘗以疏論權璫改官。有崇質堂集。

李・萬榮 〔唐〕爲劉玄佐部將。玄佐死。子士寧自立。忍暴淫亂。萬榮寬厚得衆心。伺隙逐之。旋授宣武軍節度。及病。遂署子迺爲司馬。勒大將李湛等往外鎭。尋皆令殺之。迺旋爲軍士所逐。萬榮亦病死。

李・萬慶 〔明〕延安人。崇禎初與張獻忠・羅汝才等並反。賊中稱爲射塌天。起陝西。蔓延山西畿南河北。渡河殘河南。出沒湖廣四川。後降左良玉。授副總兵。與劉國能守鄖陽。張獻忠陷襄陽。鄖守如故。又從總督汪喬年討賊。至襄城軍潰。入城。賊攻圍之。固守五日。城陷。不屈死。

李・著 〔金〕眞定人。字彥明。高才博學。工詩文。善書畫。承安中舉經義第一人。累官彰德治中。⊙〔明〕金陵人。字潛夫。號墨湖。童年學畫於沈周。每仿吳偉筆。善山水人物花木翎毛。

李・虞仲 〔唐〕端子。字建之。第進士弘辭。寶曆初歷吏部侍郎。簡儉寡欲。時望歸重。

李・裔 〔後魏〕秀林子。字徽伯。孝昌中爲定州鎭軍長史。時賊杜洛周陷州城。封裔爲定州王。洛周尋爲葛榮所滅。裔仍事榮。及爾朱榮擒葛榮。裔幾不免。孝靜帝時以預定策功。封固安縣開國伯。除陝州刺史。爲宇文泰所害。

李・裕 〔元〕東陽人。字公饒。從許謙學。上至治聖德頌。英宗召見。補國子生。登天曆進士。歷道州路總管府推官。⊙〔明〕豐城人。字資德。景泰進士。授御史。天順中巡按陝西。上安邊八事。有強直聲。憲宗時李孜省貴幸用事。吏部尙書耿裕頗持正。孜省等謀去之。以裕代。裕本廉介。以此名頗損。

李・詠 〔後魏〕虔從子。字義興。莊帝時積官散騎常侍。爾朱榮之誅。弟義邕與其事。後同時爲爾朱仲遠所害。

李・詡 〔明〕江陰人。字厚德。少爲諸生。坎坷不第。號戒菴老人。有戒菴漫筆。

李・詢 〔隋〕賢子。字孝詢。沈深有大略。仕周。以軍功加位大將軍。賜爵高平郡公。文帝爲丞相。以平尉遲迥。進位上柱國。改封隴西郡公。開皇初引杜陽水灌三畤原。民賴其利。終隰州總管。卒謚襄。

李・資坤 〔明〕昆陽人。字伯生。正德中由舉人屢遷銅仁知府。所至多異政。爲天下廉吏第一。性剛介寡言。動必以禮。老而彌篤。

李・載 〔宋〕黎陽人。字伯熙。少苦學。登進士第。知冠氏縣。呂夷簡薦其才。性篤孝。凡六爲州。以寬厚稱。仕至光祿卿。

李・載仁 〔五代南平〕開平初避亂來江陵。高季興署爲觀察推官。性迂緩。不厭衆心。高從誨時。稍遷至郎中。與妻閽異室而居。一日。閽忽叩閣至。載仁亟取百忌曆視之。大驚曰。今夜河魁在房。那可就宿。其舉止多此類。

李・載義 〔唐〕性矜蕩。好與豪傑游。力挽強搏鬬。敬宗時以功授檢校戶部尙書・盧龍軍節度使。封武威郡王。文宗詔同中書門下平章事。歷河東節度使。始回鶻使者歲入朝。所過爲暴。載義申明約束。迄無犯者。進兼侍中卒。

李・遂 〔唐〕浦孫。好興利。操下以嚴。累拜沂兗海觀察使。資褊刻。盛夏治署舍。程督慘峭。爲其下所殺。⊙〔明〕豐城人。字邦良。嘉靖進士。歷右僉都御史。提督操江。倭寇海門。遂悉討平之。前後二十餘戰。累擢南京參贊尙書。遂博學多智。長於用兵。然亦善逢迎。由此益眷遇。卒謚襄敏。有督撫經略疏。

李・遇 〔五代吳〕從楊行密起兵。以功累遷宣州觀察使。楊渥嗣位。徐溫秉政。遇內不平。後爲溫所攻。踰月不下。時遇少子爲廣陵牙將。遇絕愛之。溫執其子示宣州城下。其子啼號求生。遇由是不忍戰。遂出。被害。

李・遇孫 〔清〕集孫。富孫從弟。字慶伯。號金瀾。嘉慶優貢。官處州訓導。淹貫經術。耽金石。有隸古釋文・括蒼金石志・金石學錄・芝省齋集。

李・過 〔宋〕興化人。字季辨。有西谿易說。⊙〔明〕自成兄子。善戰。後改名錦。自成亡。降於何騰蛟。唐王立。賜名赤心。號其軍曰忠貞營。永明王時封興國侯。尋死。

李・遐 〔後魏〕茂孫。字智遠。有几案才。累官河間太守。爾朱榮稱兵向洛。次其郡境。莊帝潛濟河北相會。遐既聞榮推奉莊帝。遂開門謁候。仍從駕南渡。及河陰。爲亂兵所害。⊙【後晉】兗州人。高祖封皇子。知遐強幹有守。除西京留守判官。使之佐理。兼委監西京左藏庫。會張從賓作亂。使人齎取繒帛。遐不許。因被害。

李·遐周 【唐】有道術。開元中召入禁中。後求出住玄都觀。天寶末安祿山跋扈。遐周一旦遁去。但於其所居壁上題詩。言祿山、哥舒翰及幸蜀之事。時人莫曉。後方驗。

李·道 【宋】相州人。字行之。初聚衆歸宗澤。澤卒。依襄陽鎮撫使桑仲。後屬岳飛選鋒軍。收復襄陽等郡。又平武興變。擒楊再興。累官湖北副總管。卒諡忠毅。

李·道古 【唐】臯子。傾佞傾下。游公卿間。少盜美名。憲宗時累官左金吾將軍。帝喜服餌。道古欲自媚。薦所善柳泌。俄帝崩。斥爲循州司馬。終以服丹歐血死。

李·道平 【清】安陸人。有周易集解纂疏。

李·道玄 【唐】太祖曾孫。封淮南王。性謹厚。習技擊。然進止都雅。年十五從秦王擊宋金剛於介州。又從討竇建德。每赴敵。飛矢著身如蝟。氣益厲。後爲山東行軍總管。討劉黑闥。率史萬寶戰下博。越滹沱。約萬寶繼進。萬寶素少之。不肯前。遂戰沒。諡壯。

李·道安 【前蜀】不知其爵里。王建時倉庾爲蟲所食。道安上疏言今粒食中皆生蜂蠆。竊疑在位貪鄙。奪民農時。又蟲皆曳米而行。恐邊鄙不寧。饋輓相繼。願恐懼修省以消災異。

李·道宗 【唐】璋孫。字承範。封江夏郡王。年十七。從秦王討劉武周。追戰滅之。出爲靈州總管。其後數有戰功。太宗時從李靖破突厥。親執頡利可汗。授鄂州刺史。坐贓免。旋授禮部尚書。嘗以百騎度遼。窺高麗形勢。與李勣爲前鋒。大破敵衆。永徽初爲長孫無忌所誣。流象州。道病卒。

李·道彥 【唐】神通子。封膠東郡王。幼孝謹。貞觀初爲岷州都督。以父喪解。李靖擊吐谷渾。詔道彥爲赤水道總管。帝厚以利啖党項。使爲鄉導。相要約。道彥至闊水。見無備。因掠其牛羊。諸羌怨。即引兵障野狐峽。因大敗。詔戍邊。久之。召爲嶲州都督卒。

李·道殷 【五代】道士。與鄭遨、羅隱之友善。世目爲三高士。有釣魚術。釣而不餌。又能化石爲金。

李·道泰 【清】福建德化人。字子交。順治進士。除建昌縣時。吳三桂倡亂。山寇竊發。道泰設法勦捕。城賴以完。後知開化府。卒於官。有纓溪文集。滇行籙書草等。

李·道純 【元】儀眞人。字元素。號瑩蟾子。亦曰清菴。住長生觀。遇異人指授。得道飛昇。故又號其觀曰昇仙。有中和集。道德經注。

李·道傳 【宋】舜臣子。字貫之。少讀程氏書。至忘寢食。擢慶元進士。歷蓬州教授。吳曦反。曦冀脅道傳。道傳以義折之。棄官歸。嘉定間累進著作郎。時薛極、胡榘等皆以新進用事。賄賂成風。道傳遂求補郡。歷兵部侍郎。出知果州。卒諡文節。有江東十考。道傳篤於踐履。氣節卓然。嘗以疾告謁。眞德秀造之。臥榻屏間。大書喚起截斷四字。其用功愼獨如此。

李·道裕 【唐】大亮從子。貞觀末爲將作匠。有告張亮反者。衆皆言亮當誅。獨道裕謂反形未具。帝不暇省。斬之。歲餘。刑部侍郎闕。宰相屢進名。不可。帝曰。朕得之矣。是嘗議張亮者。遂命道裕。終大理卿。

李·道廣 【唐】粲孫。武后時爲汴州刺史。有善政。突厥、契丹寇河北。議發河南兵擊之。百姓震擾。道廣悉心撫定。人無離散。累遷鳳閣鸞臺平章事。封金城侯。卒諡成。

李·道興 【唐】道宗弟。封廣寧縣公。貞觀間爲交州都督。以南方瘴癘。恐不得年。頗忽忽憂悒。卒於官。

李·達 【明】汴人。善畫山水。好作沙汀遠岸含蓄不盡之意。時稱妙手。⊙【明】鳳陽定遠人。永樂初以都指揮使鎮洮州。征西寧申藏諸族破之。進都督僉事。在鎮四十年。爲番漢所畏服。

李·鉉 【北魏】南皮人。字寶鼎。家素貧。常春夏務農。秋冬入學。從浮陽李周仁受毛詩尙書。章武劉子猛受禮記。常山房蚪受周官儀禮。漁陽鮮于靈馥受左氏春秋。又詣大儒徐遵明受業。嘗撰定孝經、論語、毛詩、三禮義疏。及三傳異同。周易義例。合三十餘卷。又以去聖久遠。文字乖謬。遂覽說文倉雅。刪正六藝經注中謬字。名曰字辨。文宣帝時。累遷至國子博士。⊙【元】鈞弟。字伯鼎。守延平。擒宣化寨寇及解福州海寇圍。進擊福安寨寇。弗克。賦詩自弔。遂戰死。

李·鉞 【明】祥符人。字虔甫。弘治進士。除御史。正德間論中官李興等罪。而請斥尙書李孟暘。都督神英。武宗不能用。世宗即位。歷兵部左右侍郎。出總制陝西三邊軍務。鉞長軍旅。料敵多中。既因驟諫不用失帝意。且知爲近倖所嫉。遂乞歸。卒諡恭簡。

李·雍熙 【清】長山人。字洽秋。性孝友而任俠。晚年篤好內典。手寫金剛、法華、觀世音諸經。康熙間卒。有孝行庸言。

李·靖 【唐】三原人。字藥師。通書史。其舅韓擒虎每與論兵。歎曰。可與語孫吳乎。非斯人尙誰哉。高祖時拜行軍總管。平蕭銑。擒輔公祏。太宗踐祚。授刑部尙書。兼檢校中書令。尋破突厥。取定襄。擒頡利。斥地自陰山北至大漠。封代國公。遷尙書右僕射。懇乞骸骨。帝嘉美聽之。吐谷渾寇邊。復起爲西海道行軍大總管。進兵殘其國。更立其王而還。改衞國公。卒諡景武。後人錄其論兵語。爲李衞公問對。

李·頎　唐東川人。開元進士。調新鄉縣尉。有詩集傳於世。論者謂其律詩當與高適並驅。◎宋字粹老。少舉進士。得官棄去。徧歷湖湘。晚樂吳中山水。隱居臨安。嘗畫春山橫軸。幷題詩以遺蘇軾。

李·預　後魏先賢孫。字元愷。孝文帝時授征西大將軍長史．馮翊太守。罷郡居長安。每羨古人餐玉之法。屑玉爲食。云有效驗。而寢食不禁節。好酒損志。卒以致死。

李·鼎元　清綿州人。字墨莊。乾隆進士。官兵部主事。久滯冷官。自甘窮約。有師竹齋詩集。

李·鼎祚　唐資州人。官著作郎．祕閣學士。常集子夏．孟喜至孔穎達三十餘家爲周易集解。以經術稱於時。

李·鼎徵　清光地季弟。字安卿。舉人。精算學。爲梅文鼎刻方程論於泉州。幾何補編成。手爲謄寫。仕至嘉魚令。

李·僑　宋臨邛人。紹熙進士。時光宗不豫。定省久闕。僑初釋褐。即慨然上疏乞致仕。有曰祿不逮養。乞將所得官貲回贈二親。冀以感動帝意。朝論偉之。

李·嘉祐　唐趙州人。字從一。天寶間擢第。授秘書正字。坐事謫鄱江令。調江陰。入爲中臺郎。大曆中爲袁州刺史。與嚴維．劉長卿．冷朝陽諸人友善。爲詩麗婉。有齊梁風。

李·嘉福　清浙江石門人。字笙漁。號北溪。官江蘇知府。僑居吳門。工書畫。精鑒賞。收藏金石書畫甚富。

李·嘉端　清大興人。字吉臣。號鐵梅。道光進士。累官安徽巡撫。坐事奪職。一生正直。無所依傍。人呼之曰鐵大人。

李·嘗之　清平江人。字伯艱。年十五隸學官。旋棄去。徧遊名勝。自號五視居士。康熙中嘗佐綏遠將軍蔡世榮幕。滇平。其功居多。有布飄夢．綠陽臺等集。

李·圖南　清連城人。字開士。號簡庵。康熙舉人。究心濂洛關閩書。以反躬切己爲務。嘗謂學者惟利名之念爲害最大。越此庶可與共學。雍正中以縣令赴京學習政事。隸戶部湖廣司。以母病歸卒。

李·壽　成漢驤子。字武考。將僭位。命筮之。占者曰。可數年天子。其臣解思明曰。數年天子。孰與百世諸侯。壽曰。朝聞道。夕死可矣。遂於晉咸康中僭即帝位。壽初爲王。好學愛士。及稱帝。輒以殺立威。又務奢侈。百姓思亂。在位五年而死。諡昭文帝。廟號中宗。年號漢興。

李·壽朋　宋淑子。字延老。性疏雋任俠。慶曆進士。仁宗時遷羣牧判官。擊斷甚敏。以縱游無度。出知汝州及滄州。有異政。司馬光薦其能。累遷戶部鹽鐵副使。奉祠西太乙宮卒。

李·壽卿　元太原人。官將仕郎。除縣丞。工樂府。有伍員吹簫等雜劇。

李·壽儀　後蜀邛州道士。工畫。有李水墨之名。多畫道門尊像。

李·夢辰　明睢州人。字元居。崇禎進士。授兵科給事中。言兵事甚悉。屢遷通政使。坐事削籍。賊逼睢州。時州缺正官。夢辰歸。即乘城主守。無何賊入。擁夢辰見羅汝才。汝才逼客勸之降。且進之酒。夢辰覆杯於地。太息起。扼吭而卒。

李·夢符　後梁開平初人。在洪州日與布衣飲酒狂吟。嘗以釣竿懸魚唱賣。好事者爭買之。得錢便入酒家。或抱冰入水。及出。身上氣如蒸。後不知所在。

李·夢陽　明慶陽人。徙開封。字獻吉。弘治進士。授戶部主事。武宗時代尙書韓文屬草。劾劉瑾。下獄免歸。瑾誅。起官江西提學副使。以事奪職。家居益跅弛負氣。自號空同子。工詩古文。才思雄驚。與何景明．徐禎卿等號十才子。有空同子集。

李·夢箕　清連城人。字季豹。康熙舉人。性介潔。不通干謁。自號穩臥先生。學宗朱子。家苦儉。而好施捨。邑大饑。民相聚劫掠。過夢箕門則相戒毋犯。有四書訓蒙．穩臥軒詩文集。

李·夤　宋建安人。有清節。仕江南李氏至諸司使。宋初授官不拜。舉進士。爲衢州司理參軍。以母在江南。棄官歸。

李·奬　後魏平子。字遵穆。自太尉參軍累遷相州刺史。初元叉擅朝。奬爲其親待。頻居顯要。靈太后反政。削除官爵。孝莊初起爲河南尹。元顥入洛。以奬兼尙書右僕射。慰勞徐州。遂被害。

李·寀　唐善畫雞。

李·實　唐元慶四世孫。德宗時官京兆尹。怙權作威。公卿爲讒短遷斥者甚衆。以掊取殘忍爲政。順宗在諒闇。不踰月。實殺數十人於府。貶死虢州。◎明合州人。字孟誠。正統進士。爲人恣肆無拘檢。有口辨。景泰初爲禮科給事中。使也先。至則見上皇。頗得也先要領。還言也先請和無他意。

及楊善往。上皇果還。擢湖廣巡撫。有奉使錄。

李·寧【宋】華陰人。隱士。太宗時召至闕下。精於藥術。老而不衰。以藥施人。不受報。眞宗賜號正晦先生。

李·愬【唐】憲弟。字元直。有籌略。善騎射。元和中以討吳元濟。爲唐鄧節度使。愬以軍初傷夷。士氣未完。不爲斥候部伍。務推誠待士。故能張其卑弱而用之。又洞知山川險易與賊情僞。居半歲。雪夜入蔡州。擒元濟。淮西平。歷山南東道節度使。封涼國公。以破李師道。進同中書門下平章事。累官至太子少保。卒諡武。

李·愿【唐】晟子。元和初領夏綏銀宥節度使。政簡而嚴。徙鎭鳳翔。遂邇聲色。穆宗時徙宣武。以威刑操下。牙將李臣則等乘衆怨爲變。愿逸去。貶隋州刺史。復拜河中晉絳等州節度使。軍政愈弛。惟結納權近。幾釀亂。尋卒。

李·慈銘【清】會稽人。字㤅伯。號蓴客。光緒進士。官山西道監察御史。數上封事。不避權要。中日事起。敗問至。感憤扼腕。卒於官。慈銘精思閎覽。最致力於史。詩文尤負重名。性簡略。議論臧否。不輕假借。人多忌之。然虛中樂善。後進一言之合。譽之不容口。門下著錄甚衆。著書甚富。已刻者有湖塘林館駢體文鈔·白華絳柎閣詩初集·越縵堂日記鈔。

李·暠【後漢】魏郡人。爲美陽令。貪暴爲民患。爲與中常侍具瑗交通。督郵蘇謙所論治。暠旋爲司隸校尉。以事收謙。掠死獄中。又刑其屍。謙子不韋日夜圖報。暠捕求不能得。憤恚發病歐血死。⊙【西涼】成紀人。字玄盛。性沈敏寬和。美器度。通涉經史。尤善文義。及長。頗習武藝。誦孫吳兵法。呂光末年京兆段業自稱涼州牧。署暠效穀令。尋被推爲寧朔將軍。稱藩於業。晉隆安中據燉煌·酒泉。自爲涼公。立十七年卒。諡武昭王。廟號太祖。年號建初。⊙【唐】神通玄孫。開元初爲汝州刺史。爲政嚴簡。有治稱。歷官吏部尚書。暠美風儀。以莊重稱。當時有宰相望。

李·榕【清】劍州人。字申夫。道光進士。咸豐間從曾國藩辦理營務。贊畫之力居多。援江西防皖南亦有功。官至湖南布政使。坐事罷。有十三峯書屋全集。

李·榮【元】臨川人。至元初爲行軍令史。宜黃盜起。時內附未久。守吏欲以威服。軍中又利其子女玉帛。議盡地以兵殲之。榮抗議不可。主將引弓欲射之。亦不屈。主將愧悟。從其計。卒擒盜。鄉民以安。⊙【清】仁和人。字散木。工畫山水花卉。

李·榮陛【清】萬載人。字莫基。號厚岡。乾隆進士。官雲南知縣。有厚岡文集。

李·構【北齊】平子。字祖基。少以方正見稱。官至譙州刺史。

李·毓之【清】雍熙子。字喆生。性方正。寡言笑。有警心錄。

李·毓昌【清】即墨人。字皋言。嘉慶進士。以知縣發江南。總督使勘核山陽縣賑事。得縣令王伸漢浮開飢戶冒賑狀。將謁知府。山陽令以利啗毓昌僕。鴆殺之。事白。仁宗爲作愍忠詩。勒其墓上。

李·漁【清】錢塘人。字笠翁。康熙時流寓金陵。著一家言。能爲唐人小說。尤精譜曲。時稱李十郎。有風箏誤等傳奇十種。

李·演【金】任城人。字巨川。泰和進士。除應奉文字。再丁父母憂。貞祐初元兵迫任城。演墨衰爲濟州刺史畫守禦策。召集州人爲兵。衆皆市人不能戰。演被執。不屈死。

李·漢【唐】道玄裔。字南紀。少事韓愈。通古學。屬辭雄蔚。爲人剛略類愈。愈以子妻之。第進士。累遷左拾遺。敬宗侈宮室。漢極諫。坐婞訐出佐興元幕府。文宗時擢史館修撰。論次李吉甫事不假借。與其子德裕交惡。遂不復振。宣宗召拜宗正少卿卒。

李·漢臣【宋】荊州人。字仲真。求科舉不遂。依駙馬曹詩門。以恩補郊廟齋郎。調漢陽尉。獲盜數十人。或曰。此可市美官。漢臣曰。吾寧殺人爲利耶。終理定令。

李·漢卿【金】東平人。工畫草蟲。

李·漢超【宋】雲中人。初仕周。宋初爲關南兵馬都監。有訟漢超強取其女爲妾及貸而不償者。太祖責而遣之。密諭漢超還其女并所貸。漢超感泣。誓以死報。在郡十七年。政平訟理。吏民愛之。太宗時遷應州觀察使。漢超善撫士卒。與同甘苦。死之日。軍中皆流涕。

李·漢韶【後蜀】存進子。字享天。初事唐莊宗爲定安軍使。以破契丹功。歷官蔡州刺史·洋州節度使。末帝時奔蜀。累官中書令。

李·漢舉【宋】善畫墨竹。

李·漢瓊【宋】洛陽人。有膂力。性木強。使酒難近。仕晉及周。宋初領洮州觀察使。從征江南。以功領振武軍節度。太宗時從征太原。漢瓊先登。矢集其腦。并中指。傷甚。猶力疾戰。太原平。改鎭州兵馬鈐轄。以破契丹功。加檢校太尉卒。

李·漢賓【宋】漢瓊弟。太平興國初補供奉官。嘗監高陽關平戎軍。乘傳衛婺二州。捕劇賊程白眉等數十人。悉殲焉。累仕崇義使。知寧州卒。

李·漱芳【清】渠縣人。字藝圃。乾隆進士。官御史。彈劾不避權貴。傳恆家人樂大。恃勢肆行市衢。漱芳捕大。番得實。具疏嚴劾。朝貴憚之。

李·漸 〔唐〕官沂州刺史。善畫人物番馬。畫虎亦有名。

李·熅 〔唐〕肅宗裔孫。性謹柔。材無過人者。僖宗幸興元。熅爲朱玫所劫立。改元建貞。王重榮執殺之。廢爲庶人。

李·瑱 〔唐〕玄宗十九子。封恆王。好方士。常服道士服。代宗時卒。

李·穀 〔清〕嘉興人。字中玉。號介石。嘗刲兩股以療父母疾。嘉慶間舉孝廉方正。善書工詩。有介石詩鈔·人海韻編。

李·禎 〔明〕廬陵人。字昌祺。永樂進士。官河南左布政。有僑菴詩餘。◉〔明〕慶陽安化人。字維卿。隆慶進士。遷御史。萬曆初傅應禎以直言下詔獄。禎與同官喬巖等擁入護視之。坐謫。累遷兵部左侍郎。數上方略。規畫頗當。性質直方剛。坐事致仕。起南京刑部尚書。引疾徑歸。奪職閒住。◉〔清〕善化人。字佐周。同治歲貢。有畹蘭齋文集。

李·福 〔蜀漢〕涪人。先主時爲成都令。建興初遷巴西太守。爲江州督。入爲尚書僕射。封平陽亭侯。尋以前監軍領司馬。福爲人精識果銳。敏於從政。◉〔唐〕石弟。字能之。太和進士。宣宗時授夏綏節度使。以善政聞。會蠻侵蜀。拜劍南西川節度使。與蠻戰。敗績。貶蘄王傅。僖宗時改鎮山南東道。以禦王仙芝功。累進太子太傅卒。◉〔清〕吳縣人。字備五。號子仙。嘉慶舉人。擅詩詞及行楷書。亦明畫理。有嘯月軒集·拜玉詞·古今體詩存。

李·福泰 〔清〕濟寧人。字星衢。道光進士。以知縣發廣東。累擢布政使。治軍平會匪。屢有功。在粵二十餘年。官至廣東巡撫。調撫廣西。卒於官。

李·福培 〔清〕無錫人。字仲謙。又字心畬。道光舉人。咸豐間知廣東從化縣。洪楊軍陷縣城。死之。諡剛烈。

李·福智 〔明〕善畫釋道人物。

李·褘 〔唐〕琨子。少有志尚。事繼母謹。撫異母弟祗以友稱。當襲封。固讓祗。中宗時累爲州刺史。治嚴辦。遷禮部尚書·朔方節度使。累破吐蕃·契丹。褘功多。執政害之。賞不讐。爲當時所恨。天寶初以太子少師致仕。

李·端 〔唐〕趙州人。大曆十才子之一。從郭曖游。曖嘗進官。大集賓客賦詩。端最工。錢起曰。此素爲之。請賦起姓。端立獻一章。又工於前。客乃服。仕至杭州司馬。有詩集。◉〔宋〕汴人。宣和間爲畫院待詔。工畫梨花鴿子。高宗雅愛之。◉〔元〕鎭江人。以監察御史晉寧國路權茶提舉。至治間建言朝廷記注。宜悉付史館。英宗從之。居官潔己愛人。公餘講學。因家於中市。◉〔元〕字彥章。善畫山水。學李成·郭熙。◉〔明〕棗陽人。字表正。成化進士。官御史。剛毅質直。中官汪直憾之。誣以事。下錦衣獄。謫永寧經歷。後遷溫州知府。有善政。◉〔明〕郴州興寧人。字正宗。天順進士。知固安縣。築甄家口。除水患。流亡復業者七百餘戶。擢知灤州。政治益進。民謠曰。大戶怕。小戶喜。再過一二年。家家有餘米。累遷知杭州府。所至有異績。

李·端行 〔宋〕無錫人。字正達。大觀進士。呂頤浩嘗師之。逮貴。猶責弟子禮。爲太學博士。作詩詆蔡京。出宰鄞縣。發憤終身不復仕。

李·端愿 〔宋〕端懿弟。字公謹。以母獻穆公主恩。七歲授如京副使。歷知襄郢二州·本路轉運使。獻羨財數十萬。英宗時同提舉在京諸司庫務。帝以疾拱默。端愿言陛下當躬攬權綱。以繫人心。不宜退託。失天下望。神宗時河東城囉兀。端愿手寫趙普諫太宗北伐疏以聞。哲宗立。進太子太保卒。

李·端愨 〔宋〕端愿弟。字守道。累遷東上閤門使·幹辦三班院。嘗侍宴翠玉殿。仁宗獨賜珠花飛白字。歷官安德軍留後。卒諡恭敏。

李·端懿 〔宋〕遵勗子。字元伯。性和厚。喜問學。工書畫。兼通醫術陰陽星經地理之學。七歲授如京副使。侍眞宗東宮。稍長。出入宮禁如家人。累官寧遠軍節度使。知澶州。嘉祐中密請建儲。卒諡良定。

李·綬 〔清〕宛平人。字佩廷。號沓浦。又號竹溪。乾隆進士。官至左都御史。性喜讀書。暮年尚手錄文選。作詩不下數千首。文章亦具有法度。

李·維 〔宋〕沆弟。字仲方。第進士。爲保信軍節度推官。眞宗初獻聖德詩。擢直集賢院。仁宗朝歷官陳州觀察使。維博學。少以文章知名。至老。手不廢書。景德以後。巡幸四方。典章名物。多所參定。嘗預定七經正義。修續通典·册府元龜。性寬易。喜慍不見於色。獎借後進。嗜酒善謔。好爲詩。

李·維鈞 〔清〕嘉興人。雍正初爲直隸巡撫。奏要政多合機宜。擢總督。初與年羹堯相結。後復劾羹堯。冀脫罪。羹堯獲咎。維鈞亦擬斬。尋病卒。

李·維楨 〔明〕京山人。字本寧。隆慶進士。萬曆間遷提學副使。浮沈外僚幾三十年。天啓初以布政使家居。年七十餘。召修神宗實　。累官禮部尚書。性樂易闊達。博聞強記。文章弘肆。負重名垂四十年。然多率意應酬之作。有史通評釋·黃帝祠額解·大泌山房集。

李·維煌 〔清〕寶山人。字裕光。年十歲。父病沒。哀慕逾常兒。人呼小孝子。事母亦至孝。力求甘脆奉母。己則長齋淡食。先母卒。

李·維翰 【明】睢州人。萬曆間以右副都御史巡撫遼東。遼三面受敵。無歲不用兵。自稅使高淮朘削十餘年。軍民益困。先後撫臣皆庸才玩愒。遼事大壞。總兵官張承廕覆沒。維翰猶獲善歸。天啓初下吏論死。

李·綱 【唐】蓨人。字文紀。少慷慨尙風節。仕周爲齊王憲參軍。宣帝將殺憲。召僚屬誣坐其罪。綱矢死無撓辭。憲誅。故吏奔匿。綱撫棺號慟。爲瘞訖乃去。高祖受禪。拜禮部尙書。兼太子詹事。頻諫太子不聽。固請老。解尙書。貞觀中復爲少師。以足疾賜步輿乘至閣。問以政事。卒諡貞。◎【宋】邵武人。字伯紀。政和進士。靖康初爲兵部侍郎。金人來侵。力主迎戰被謫。高宗卽位。首召爲相。修內治。整邊防。講軍政。力圖恢復。黃潛善等沮之。七十餘日而罷。卒諡忠定。綱負天下重望。以一身用舍爲社稷人民安危。每宋使至燕山。必問李綱。趙鼎安否。其爲遠人畏服如此。詩文雄深雅健。以喜談佛理。爲南宋諸儒所不道。有易傳內外篇。論語詳說。梁溪集。◎【明】長淸人。字廷張。天順進士。授御史。出按南畿浙江。劾贓吏四百餘人。時目爲鐵御史。還遷太僕寺少卿。按冀州。遇盜。問隸人曰。太僕李公耶。是何從得金。不敢犯而去。成化中遷左僉都御史。出督漕運卒。

李·綸 【北周】輝弟。最知名。有文武才用。以功臣子少居顯職。歷吏部內史下大夫。並獲當官之譽。位至司會中大夫。早卒。

李·綽 【唐】趙郡人。字肩孟。有尙書故實。

李·肇 【唐】元和中爲翰林學士。坐薦柏耆。自中書舍人左遷將作少監。有翰林志。唐國史補。◎【後蜀】汝陰人。仕孟知祥。積功授昭武軍節度使。孟昶立。肇恃先朝功。不時入朝。扶杖見昶。稱疾不拜。坐徙邛州死。

李·肇亨 【明】日華子。字會嘉。號珂雪。又號醉鷗。精畫理。有古今婦女雙名記。

李·蓋 【後魏】中山人。少知名。歷位殿中都官二尙書。尙太武帝妹武威長公主。蓋妻與氏。以是而出。官終尙書左僕射。卒諡莊。

李·蓘 【明】內鄉人。字子田。嘉靖進士。官至提學副使。曾雜綴瑣聞。著黃谷瑣談。又有宋藝圃集。元藝圃集。李子田文集。

李·誕 【宋】河間人。工畫叢竹。筆鞭簳節。形態畢肖。宣和體也。

李·誡 【宋】管城人。字明仲。官通直郎。試將作少監。工篆籀。善畫。藏書數萬卷。手鈔者數十卷。奉敕撰營造法式。又著有續山海經。古篆說文。續同姓名錄。琵琶錄。馬經。六博經。

李·誠之 【宋】東陽人。字茂欽。慶元初爲饒州教授。歷知蘄州。金人犯淮南。黃州不保。力戰死之。誠之嘗謂眞德秀曰。篤信好學。守死善道。吾輩八字箴也。至是果不負所學。

李·誥 【宋】光澤人。以進士官至太常博士。陳瓘稱其眞率樂易。有古人風。

李·說 【唐】神通裔。字巖甫。德宗時累拜河東節度使。檢校禮部尙書。在鎭六年。初勤心吏職。後遇疾。軍府之政。悉監軍主之。事多隳紊。軍幾亂。卒贈尙書右僕射。

李·賓 【明】梁山人。字烟客。編八代文鈔。

李·輔 【成漢】特兄。字元政。銳勇有武幹。特承制拜爲驃騎將軍。特在蜀時。輔謂特曰。中國方亂。不足復還。特遂有雄據巴蜀之意。後輔亦爲羅尙所敗。見殺。◎【後魏】茂弟。字督眞。有人望。官中書博士。太和初除潁川太守。帶長社戍。綏懷招集。甚得邊和。卒諡惠。

李·輔明 【明】遼東人。累官副總兵。崇禎間連破賊嵩縣。汝州。確山。又追破之於滁州。加都督僉事。擢山西總兵官。被劾罷。復官。清兵攻寧遠。力戰死。

李·輔國 【唐】本名靜忠。玄宗時以閹奴爲閑廐小兒。旋侍皇太子。陳元禮等誅楊國忠。輔國與謀。又勸太子分中軍趨朔方。收河隴兵。圖興復。太子至靈武。勸卽位以繫天下心。故爲肅宗所親近。擢元帥府行軍司馬。任以肱膂。輔國外謹密而內賊深。及帝還京。擅權用事。又遷太上皇於興慶宮。代宗立。尊爲尙父。進司空。封博陸郡王。愈跋扈。帝遣俠者夜刺殺之。諡醜。

李·遙 【清】睢州人。字襄水。順治進士。授彭澤知縣。縣苦里役。當之者輒破產。遙畫爲均平之法。歲省民間數千金。後知當陽縣。以病歸。遙內行純備。有學庸說注。易經注疏。春秋三傳鈔。

李·遜 【唐】趙州人。字友道。憲宗時累官給事中。故事。天子以晦日聽政。對羣臣。遜奏請下有所陳。當不時上。勿限以日。從之。歷山南東道。忠武軍節度使。爲政抑彊扶弱。賞罰均一。所至有績可紀。終刑部尙書。卒諡貞。

李·遠 【北周】賢弟。字萬歲。魏正光末天下鼎沸。遠昆弟率勵鄉人圖拒守。而外無救援。城陷。遠間行入朝。授武騎常侍。後隸文帝麾下。從征竇泰。復弘農。並有殊勳。孝閔帝時進位柱國大將軍。以子植欲誅晉王護謀澀。遂幷被害。◎【唐】蜀人。太和進士。宣宗時令狐綯擬授遠杭州刺史。帝曰。吾聞遠詩云。長日惟消一局棋。安能理人。綯曰。詩人託此以遺興耳。未必實然。帝曰。且令往試觀之。遠至。政果不廢。◎【明】懷遠人。成祖時累功爲都督僉事。封安平侯。沈毅有膽略。言論激昂。自許忠義。從丘福出塞。至臚朐河。福輕敵。遠諫不聽。率突騎陷陣死之。諡忠壯。◎【清】益都人。字君宏。工近體詩。吐屬恬雅。有拙齋集。

李鄘 【唐】北海太守邕從孫。字建侯。第進士。李懷光辟致幕府。累擢監察御史。懷光反。鄘刺賊虛實。及所以攻取者白諸朝。爲懷光所囚。懷光敗。召爲吏部員外郎。憲宗時歷官淮南節度使。監軍吐突承璀薦諸朝。拜同平章事。鄘恥由宦幸進。至京師。引疾固辭。以太子少傅致仕。鄘所至稱治。猛決少恩。在淮南七年。生殺多委軍吏。往往陷非法。議者以此少之。卒諡肅。

李銖 【宋】元本弟。好學多識。有儒者風。

李銘誠 【明】偉孫。嗣爵武清侯。天啓末頌魏忠賢功德。建祠名鴻勛。莊烈帝定逆案。銘誠幸獲免。

李鉤 【宋】溧水人。字仲和。號竹山。第進士。爲無爲軍節制官。工書法。有稽古韻。存古正字編。

李韶 【後魏】承子。字元伯。孝文帝時除撫軍將軍。有定秦隴功。孝明帝時遷吏部尚書。在選曹不能平心持正。出爲冀州刺史。政績之美。聲冠當時。後轉定州。百姓素聞風德。州內大治。卒諡文恭。◎【唐】工畫花鳥。◎【宋】彌遜曾孫。字元善。嘉定進士。嘉熙中累官禮部侍郎。與杜範並以廉直著。時稱李杜。淳祐間擢翰林學士。所論事皆正大切至。不爲依違。性純實簡澹。無聲色貨利之好。默坐一室。門無雜賓。以端明殿學士致仕卒。

李頎 【南唐】一作波。又作坡。南昌人。畫竹氣韻飄舉。不求小巧。而多放情率筆。

李魁春 【清】長洲人。字元英。晚號鷄叟。明末諸生。國變後。高隱不仕。逍遙林壑間。喜種竹。方曲屏障悉畫竹。名其齋曰竹隱。生平纂述甚富。多散佚。惟春秋三傳訂疑行世。

李鳳 【唐】高祖十四子。字秀成。封虢王。歷虢豫青三州刺史。喜畋游。遇官屬尤嫚。卒諡莊。

李鳳苞 【清】崇明人。字丹崖。肄業同文館。光緒間以候選道率員弁赴各國學習文藝兵法。旋署出使德國大臣。有使德日記。

李鳴復 【宋】瀘州人。字成叔。嘉定進士。歷官侍講。進對言荊襄制臣有當戒者三。曰去私禁暴懲怒。累官知樞密院。兼參知政事。出知福建安撫使。予祠卒。

李齊 【元】廣平人。字公平。元統進士。知高郵府。有政聲。爲張士誠所害。

李齊物 【唐】神通孫。字道用。天寶中歷官太子賓客。性苛察少恩。喜發人私。然廉潔自喜。吏無敢欺者。

李齊運 【唐】惲孫。德宗時累官禮部尚書。帝與參決大事。既無學。又暗於大體。第以甘言阿匼而已。臥疾滿歲不能謁。每除吏。往往遣使即家咨。逮晚。以妾爲妻。具冕服行禮。士人嗤之。

李儀 【明】涿州人。永樂間薦授戶部主事。宣宗時出知九江府。有惠政。英宗初以僉都御史巡撫大同宣府。盛有所建置。會以小事被責。下吏瘐死。

李劉 【宋】崇仁人。字公甫。號梅亭。嘗從眞德秀游。嘉定進士。仕至中書舍人。直學士院。寶章閣待制卒。有詩文類稿。

李緫 【後魏】趙郡人。字小同。恬靜好學。有聲趙魏。追武帝平中原。聞緫已亡。哀惜之。贈蘭陵太守。

李嬌兒 【元】妓女。姝麗閑雅。時人號爲小天然。花旦雜劇。特妙江浙間。

李嶠 【唐】贊皇人。字巨山。第進士。舉制策甲科。累遷給事中。來俊臣構狄仁傑等獄。將抵死。嶠復驗。列其枉。忤武后旨。出爲潤州司馬。久乃召爲鳳閣舍人。文冊大號令。多主爲之。神龍中以特進同中書門下三品。玄宗時坐事累貶廬州別駕卒。嶠富才思。前與王勃・楊炯接。中與崔融・蘇味道齊名。晚爲文章宿老。學者取法焉。

李嶟瑞 【清】盱眙人。字蒼存。工詩。王士禛稱其縱橫有奇氣。有後圃編年稿。

李廞 【晉】式弟。字宗子。好學善草隸。與式齊名。躄疾不能行坐。常仰臥彈琴。嘗爲二府辟。號李公府。

李廣 【漢】成紀人。文帝時以擊匈奴有功。爲郎騎常侍。武帝時爲北平太守。猨臂善射。匈奴畏之。號飛將軍。避之數歲。不敢入右北平。廣行無部曲行陣。就善水草舍止。人人自便。不擊刁斗自衛。士卒樂爲用。與匈奴大小七十餘戰。然數奇。未得封侯。後從大將軍衛青擊匈奴。以失道。責廣幕府對簿。廣遂自剄死。一軍皆哭。百姓聞之。無不垂涕。◎【成漢】勢弟。官大將軍。封漢王。廣以勢無子。求爲太弟。勢弗許。馬當・解思明以爲言。勢疑當等與廣有謀。遣人襲廣。貶臨邛侯。廣自殺。◎【北齊】范陽人。字弘基。博涉羣書。有才思。少與趙郡李謇齊名。

魏王延明鎭徐州。署參軍。崔暹精選御史。皆是世胄。廣獨以才學兼御史。修國史。天保初欲以爲中書郎。會病篤而止。有文集。◉明孝宗時太監。以符籙禱祠蠱帝。因爲奸弊。勸帝建毓秀亭於萬歲山。亭成。幼公主殤。未幾。清寧宮災。日者言廣建亭犯歲忌。太皇太后恚。廣懼自殺。

李廣利　漢李夫人之兄。武帝時爲貳師將軍。發屬國六千騎及郡國惡少年數萬人。至貳師城取善馬。不克。益發惡少邊騎牛馬橐駝數萬。閱四歲。得善馬數十匹。中馬以下三千餘匹。立昧蔡爲宛王而還。以功封海西侯。後復擊匈奴。兵敗而降。爲單于所殺。

李徵　明湖廣桃源人。字誠之。嘉靖進士。官至布政司參議。歸田。廬於元光洞。有元光漫稿。

李德　明番禺人。字仲修。洪武間歷義寧教諭。俗荒陋。德至。文教漸興。德初好爲詩。晚究洛閩之學。後人輯其詩。與黃哲。王佐。趙介爲廣州四先生集。

李德元　淸順天人。精內外醫術。善針灸。頗能斷人生死。穆宗時任太醫院判。卒於官。

李德休　後唐絳孫。進士。天祐初兩京喪亂。乃寓跡河朔。王處直辟爲從事。莊宗朝官至禮部尙書。

李德成　明淶水人。洪武舉人。有至性。被旌爲孝子。建文中燕兵逼濟南。德成以尙寶丞往諭令還兵。燕兵不退。以辱命下吏。尋得釋。官至陝西布政使。

李德明　南唐落魄負大節。有口辨。李景時累官工部侍郎。周世宗南侵。景遣德明副鍾謨使軍前請稱臣。德明盡獻江北之地而還。陳覺等譖其賣國。斬德明於都市。後追謚忠。◉西夏繼遷子。小字阿移。宋眞宗時奉表歸順。授都督夏州諸軍事。夏銀綏宥靜等州管內觀察處置押蕃落等使。封西平王。遼主亦册爲大夏國王。在位二十七年卒。子曩霄立。追尊爲太宗。

李德林　隋安平人。字公輔。該博墳典。陰陽緯候。無不通涉。善屬文。辭覈而理暢。北齊天保中舉秀才。累官通直散騎侍郎。典機密。周武帝克齊。授內史上士。後佐高祖定大計。及卽位。授內史令。陳平。授柱國。爵郡公。被譖。出爲懷州刺史。卒謚文。有文集。◉淸廣東順德人。字宗博。貢生。性穎悟。綜覽羣書。選化州訓導。未任卒。有柯山草堂集。

李德昭　宋莆田人。字子晉。崇寧進士。建炎初知建州。卒三百人先屯廣州。至是聞葉儂賊平。徑還郡。或疑其從叛。請殺之。德昭力言不可。得全活。苗傅。劉正彥之亂。德昭擒傅送京師。尋謝病歸。建人祠之白鶴山。

李德柔　南唐鄱陽人。字子懷。起家小吏。善伺人陰私。捕獲亡命。所至必得。人號曰李猫兒。李景時累遷大理卿。持法苛峻。本無學術。妄矜博洽。每呼馬爲韓盧。染工爲伶倫。縉紳無不掩口。◉宋河東人。字勝之。道士。幼喜讀老莊書。工詩文。宣和時爲紫虛大夫。凝神殿校籍。賜號妙應。工畫神仙故實。寫眞妙絕一時。所設朱鉛。多以土石爲之。爲世俗所不能。

李德茂　宋廸子。淳祐時官待詔。工畫。能世其業。

李德珫　後晉金城人。少善騎射。高祖時鎭涇原。累加同平章事。少帝時移廣晉尹。幼與唐明宗俱事唐太祖。故後之諸將多兄事之。時謂之李七哥。所治之地。雖無殊政。然以寬恕及物。家無濫積。亦武將之廉者。

李德裕　唐吉甫子。字文饒。少力學。卓犖有大節。敬宗時爲浙西觀察使。因帝狎比羣小。數出遊幸。上丹扆六箴。文宗立。裴度薦其材堪宰相。而李宗閔。牛僧孺等深銜之。擯不得進。武宗時由淮南節度使入相。當國六年。弭藩鎭之禍。決策制勝。威權獨重。宣宗立。爲忌者所構。貶崖州司戶卒。有次柳舊聞。會昌一品集。

李德誠　五代吳事楊行密。以功拜潤州刺史。歷鎭南軍節度使。南唐受禪。累封趙王。德誠事楊氏最久。至南唐爲佐命臣。首率百官勸進。初無大功。特以際會至高位。富貴壽考。世罕及者。然爲人謙恭沈厚。終始如一。

李德輝　元潞人。字仲實。天性孝悌。操履清愼。世祖時爲太原路總管。凡可以阜民者。皆力爲之。川蜀之平。德輝有全功。後爲安西行省左丞。招降羅施鬼國。及卒。蠻夷哭之如私親。立廟祀之。

李德饒　隋徹孫。字世文。弱冠爲校書郎。直內史省。參掌文翰。轉監察御史。糾正不避貴戚。大業初遷司隸從事。每巡四方。理雪冤枉。褒揚孝弟。雖位秩未通。其德行爲當時所重。後爲金河長。時賊帥格謙等聚衆於渤海。勅許其歸首。謙等遣使奏曰。若使德饒來者。卽相率歸首。帝遣德饒往。行至冠氏。會他賊攻陷縣城。遂被害。

李徹　隋和子。字廣達。剛毅有器幹。偉容儀。多武藝。周武帝時從皇太子西征吐谷渾。又從帝破齊師。錄功拜開府。車騎將軍。文帝時總幷州晉王府軍事。突厥犯塞。徹領行軍總管擊破之。左僕射高熲得罪。以徹素與熲善。被忌不復任使。後出怨言。爲帝鴆死。

李慶　明順義人。字德孚。洪武中

以國子生歷紹興知府。永樂初召爲刑部侍郎。性剛果。有幹局。馭下甚嚴。改左都御史。中外凜其風采。進工部尙書。仁宗立。改兵部。宣德初柳升討黎利。慶參贊其事。升輕賊。慶以告。不聽。中伏死。慶已病篤。亦死。

李·慶良　〔清〕通州人。字賓卿。號友鶴。又號蝯乃。同治舉人。工畫花鳥。卓然成家。有海棠巢題畫記。

李·慶來　〔清〕陽湖人。字章有。號鹿籽。貢生。博學工詩文。又工書。有肯堂文稿·北山詩草·纘涵齋隨筆·蝦復齋臨帖石刻行世。

李·慶嗣　〔金〕洛人。少舉進士不第。棄而學醫。讀素問諸書。洞曉其義。天德間歲大疫。慶嗣攜藥與米遺貧民。全活甚衆。年八十餘。無疾而終。有傷寒纂要·傷寒論·針經·改證活人書。

李·慶緒　〔梁〕鄴人。字孝緒。父爲人所害。時慶緒年九歲。日夜號泣。自投州將陳顯達。後白日手刃其仇。自縛歸罪。州將義而釋之。天監中爲東莞太守。母沒。每慟。嘔血數升。後爲巴郡太守。號良吏。遷衞尉卒。

李·憕　〔唐〕汶水人。舉明經。歷官有任事稱。裁抑權倖。天寶初除清河太守。遷廣陵長史。民爲立祠賽祝。歲時不絕。旋徙河東太守。安祿山反。憕繕城壘。勵士卒。遏賊西鋒。擢禮部尙書。後城陷。被害。諡忠懿。憕通左氏春秋。頗殖產伊川。占膏腴。自都至闕口。疇墅彌望。時謂地癖。

李·愷　〔清〕桐城人。字長康。畫品高遠平淡。有追蹤荊關之稱。書法二王。工詩。

李·撝　〔唐〕睿宗二子。本名成義。初生。武后以母賤。欲不齒。以示浮屠萬回。回詭曰。此西土樹神。宜兄弟。開元間累官司徒。性寬裕。儀貌瓌重。卒贈太子。諡莊惠。

李·撰　〔宋〕吳縣人。字子約。受業曾肇。官至通判袁州。以興學校爲先務。有文翁·常袞風。有毛詩訓解·孟子講義·文集·史論。

李·撒赤哈　〔明〕海西兀者前衞都指揮。成化中入貢。指揮管某。主開原驗放夷人之事。向索珍物。撒赤哈訴諸朝。管懼。賄兀者本衞都督產察。令證言無此事。撒赤哈聞之。聲言將入寇。遼東疆吏招撒赤哈至廣寧對質。中途爲開原守將所阻。撒赤哈不得直。遂結建州衞指揮脫羅擾邊。

李·敷　〔後魏〕順子。字景文。給事東宮。又爲中散。內參機密。出入詔命。性謙恭。有文學。爲文成所寵遇。累官內外秘書。爲李訢所譖。誅死。

李·樂　〔明〕歸安人。字彥和。號臨川。隆慶進士。官至福建按察司僉事。有見聞雜記。

李·樗　〔宋〕楠弟。字迂仲。受業於呂本中。注毛詩解。博引諸說。而以己意斷之。其學以孝悌忠信窮經博古爲主。與楠俱以鄉貢不第早卒。自號迂齋。學者稱迂齋先生。

李·標　〔明〕高邑人。字汝立。萬曆進士。天啓中拜禮部右侍郎。以師趙南星。黨人忌之。列名東林同志錄中。標懼禍。引疾去。莊烈帝時拜禮部尙書。兼東閣大學士。持大體。中立無黨。卒諡文節。◎〔明〕銅仁人。性耿介。工畫山水。能詩。

李·毅　〔晉〕鄴人。字允剛。初爲王濬參軍。吳平。封關內侯。後爲寧州刺史。討夷部五十八部。李雄叛。死之。諡威。

李·潛　〔宋〕興國人。字君行。師劉師正。篤行自守。治平中第進士。歷官蘄州。遂請老。元祐末羣賢咸在朝。潛不求進。羣賢亦以不附己。不甚引之。後召對。管句宗學。尋引疾歸。

李·潭　〔後魏〕清河人。明元帝時以善鍼見知。

李·澄　〔唐〕襄平人。以勇剽隸江淮都統李垣爲偏將。又從永平節度李勉軍。勉帥汴。表澄滑州刺史。李希烈陷汴。澄以城降。潛奉表詣行在。封武威郡王。賊備單。燔旗節自歸。貞元初遷尙書左僕射·義成軍節度使卒。

李·澄中　〔清〕諸城人。字渭清。號漁村。拔貢生。康熙時舉鴻博。授檢討。典試雲南。累遷侍讀。相傳其生時。父夢李攀龍入室。旣長。工詩。故人以爲攀龍後身。有臥象山房集·滇程日記。

李·澄之　〔唐〕尉氏人。善五言詩。蹉跌不偶。神龍中爲宋州參軍卒。

李·滿住　〔明〕阿哈出孫。始居婆豬江。正統中與建州衞都指揮。爲朝鮮所迫脅。退居竈突山。部落繁衍。景泰初遼東奏開原·瀋陽有寇。係滿住爲鄉導云。實則左衞董山所爲。董山旣誅。詔趙輔討之。並令朝鮮應援。滿住敗遁兀彌府。爲朝鮮軍所捕斬。

李·潢　〔清〕鍾祥人。字雲門。乾隆進士。官至工部左侍郎。博綜羣書。尤精算學。推步律呂。俱臻微妙。有九章算術·細草圖說。

李·瑩　〔宋〕洛陽人。字正白。善詞賦。後周廣順進士。乾德初歷官度支判官。使江南。坐受李從善賂遺。貴授右贊善大夫。

李·瑾　〔後魏〕韶子。字道瑜。清河王懌辟爲參軍。後與給事黃門侍郎王遵業·尙書郎盧觀典領儀注。王彧謂瑾等曰。卿等三儁。共掌帝儀。可謂舅甥之國士。盧即瑾之外兄也。莊帝初於河陰遇害。◎〔唐〕範子。落魄不飭名檢。沈酒色。封河東王。◎〔明〕隆子。寬弘下士。成化間爲總兵官。征四川都掌蠻。與兵部尙書居中節制。盡破諸蠻寨。分其地。設官建治控制之。師還。累加太保。卒諡壯武。

李・璆 【唐】素節子。天寶初拜宗正卿。性友悌聰敏。宗子有一善。無不薦延。故宗室在省闥者。多璆所啓。◉【宋】汴人。字西美。政和進士。知房州。宣和間廷議將取燕。璆上疏切諫。責監英州清溪。尋試中書舍人。建言元祐名臣子孫。久被廢錮。宜稍寬之。宦官譚稹出師河北。以無功廢。將復進用。璆不肯書行。紹興間累官四川安撫制置使。政多可紀。有清溪集。

李・璋 【唐】太祖四子。仕周爲梁州刺史。與趙王祐謀殺隋文帝。不克死。◉【宋】用和子。字公明。以章懿皇后恩補三班借職。累遷殿前都指揮使。英宗時以定武軍節度知鄆州。京東盜白日殺縣令。略人道中。璋信賞罰擒捕。盜爲衰止。發卒城州西關。調夫修路。緣數十里夾道植柳。人指爲李公柳。終振武軍節度使・知鄆州。

李・璀 【唐】懷光子。懷光解奉天圍。德宗以璀爲監察御史。寵待甚厚。及懷光屯咸陽不進。璀密言懷光必反。帝曰。果爾。卿何以自免。璀曰。臣父敗則與之俱死。使臣賣父求生。陛下亦安用之。後懷光兵敗。璀先刃二弟。乃自殺。

李・彝 【宋】嚴州人。學於陳淳。淳嘗以此問學者。皆江西之流。惟彝舍舊從新爲可嘉云。

李・磎 【唐】鄘孫。字景望。大中進士。累遷戶部郎中。分司東都。黃巢陷洛。磎挾尚書八印走河陽。時留守劉允章爲賊脅。遣人就磎索印信。拒不與。允章悟。亦未臣賊。高駢受僞命。磎苦諫。入爲中書舍人。乾寧中進禮部尚書・同中書門下平章事。崔昭緯・李茂貞等嫉之。罷爲太子少師。尋爲茂貞等所害。後復官爵。諡文。磎好學。家有書至萬餘卷。世號李書樓。所著文章及詩解諸書傳甚多。

李・稷 【宋】絢子。字長卿。神宗時官東路轉運判官。餞提舉蜀部茶場。甫兩歲。羨課七十六萬緡。擢陝西轉運使。與李察皆以苛暴稱。後以拒夏人。城永樂。稷齎金銀鈔帛充其中。守之不去。夏人圍急。遂及於難。◉【元】滁州人。字孟豳。泰定進士。至正初爲監察御史。所論奏甚多。累官御史中丞。終山東廉訪使。出入臺省二十年。始終無疵。爲時名卿。卒諡文穆。

李・穀 【宋】汝陰人。字惟珍。少任俠。後發憤從學。所覽如宿習。周廣順初拜平章事。世宗用穀策平淮南。累封趙國公。乞歸。太祖即位。就賜器幣。爲人厚重剛毅。深沈有城府。雅善談論。議政事。言多詣遠。辭氣明暢。人主爲之聳聽。尤好汲引寒士。既歸洛中。昭義李筠貽錢五十萬。穀受之。既而筠叛。憂恚而終。

李・範 【唐】睿宗四子。始名隆範。從玄宗誅太平公主。歷爲州刺史。遷太子太傅。卒追贈太子。諡惠文。範好學工書。愛儒士。無貴賤爲盡禮。又聚書畫。皆世所珍者。後燬於火。

李・緘 【唐】抱眞子。爲殿中侍御史。抱眞死。緘匿喪。詭抱眞令。令緘典軍。德宗遣使者馳入軍。詔以事屬大將王延貴。緘讓若抱眞疾。請詣朝見。凡三日。緘乃出見使者。使者具言狀。緘愕然曰。詔不許。若何。衆不對。乃遣以印鑰上監軍。歸東都。

李・緯 【宋】紘弟。累遷河北緣邊安撫副使。韓琦薦知保州。以左騏驥使・榮州刺史知雄州。治軍頗嚴。不事廚傳。數與宦者爭利害。積公使錢。貯米三千斛爲常平倉。奏下其法他州。遷西上閤門使卒。

李・翥 【北齊】柏人人。字彥鴻。弱冠以文章知名。位東平太守。以文章飾吏事。後除通直散騎常侍。貧無居宅。寄止佛寺中。常著巾帔。終日對酒。招致賓客。風調詳雅。

李・蓮英 【清】宦者。爲孝欽后所寵。擢爲總管太監。聲勢赫奕。孝欽失德及拳匪之亂。說者謂多爲其所誘導。孝欽既沒。退居宮外。尋死。

李・蔚 【唐】隴西人。字茂休。擧進士書判拔萃皆中。懿宗時拜監察御史。累擢尚書右丞。帝惑浮屠。嘗飯萬僧禁中。自爲贊唄。蔚切諫。不聽。僖宗時累拜河東節度使。同平章事卒。

李・蔡 【漢】廣從弟。積功至二千石。武帝時從大將軍擊右賢王有功。封樂安侯。爲丞相。蔡爲人在下中。名聲出廣下甚遠。然廣不得爵邑。官不過九卿。而蔡爲列侯。位至三公。後坐侵景帝園壖地。當下吏。遂自殺。

李・蔭祖 【清】漢軍正黃旗人。字繩武。順治間由蔭生授戶部員外郎。累擢兵部尚書。兼右副都御史。總督直隸山東河南三省。流賊高鼎踞五奎山。蔭祖撫降之。調湖廣總督。以疾罷。

李・調元 【清】綿州人。字雨村。號墨莊。乾隆進士。官潼商道。藏書數萬卷。愛才若渴。嘗輯函海一書。多至二百餘種。有童山詩集・雨村詩話。

李・諒祚 【西夏】曩霄子。幼養於母族訛龐。訛龐因專國政。諒祚忌之。或告訛龐將叛。諒祚討殺之。夷其族。已而請去蕃禮從漢禮。宋仁宗朝求九經唐史册府元龜及宋正至朝賀儀。旋叛旋服。在位二十年卒。廟號毅宗。年號五。延嗣寧國。天祐垂聖・福聖承道・奲都・拱化。

李・誼 【唐】邈子。德宗取爲己子。初名謨。封舒王。李希烈反。拜誼爲揚州大都督・荊襄江西沔鄂節度使・諸軍行營兵馬都元帥討之。未及行而涇原兵士反。從帝出奉天。朱泚攻城。誼晝夜傳勞諸軍不解帶。永貞初卒。

李・賜　【清】密子。字宗石。少能屬文。嘗爲玄鳥賦。詞甚美。州辟別駕舉秀才。未行而卒。

李・賡芸　【清】嘉定人。字生甫。淹貫經史。通六書蒼雅三禮。慕許愼之學。自署許齋。乾隆進士。知浙江孝豐等縣。爲浙良吏最。嘉慶間累官福建布政使。坐事被誣。自經死。閩人建遺愛祠祀之。有稻香吟館詩集。

李・賢　【北周】成紀人。字賢和。魏永安中万俟醜奴叛。爾朱天光擊破之。其黨万俟道洛等猶據原州。賢紿道洛。出奔牽屯山。後爲文帝數立功。授原州刺史。遷驃騎大將軍。歷河州總管。羌渾斂迹。武帝念舊恩。徵拜大將軍。卒謚桓。◉【唐】高宗六子。字明允。上元初皇太子卒。遂立賢爲太子。俄詔監國。處決明審。又詔集諸儒共注後漢書。時明崇儼以左道爲武后所信。調露中帝在東都。崇儼爲盜所殺。后疑出賢謀。遣人發太子陰事。廢爲庶人。及后得政。迫令自殺。睿宗立。追贈皇太子。謚章懷。◉【明】韃靼人。洪武間來歸。通譯書。太祖賜姓名。授燕府紀善。靖難師起。有勞績。累遷都指揮同知。凡塞外表奏及朝廷所降詔敕。皆命賢譯。賢亦屢陳所見。成祖皆採納之。仁宗時進右都督卒。◉【明】鄧人。字原德。宣德進士。景泰初由文選郎中超拜吏部侍郎。英宗復位。命兼翰林學士。入直文淵閣。進尙書。憲宗卽位。進少保・華蓋殿大學士。知經筵事。當石亨・曹吉祥用事。賢顧忌不敢盡言。然每從容論對。所以裁抑之者甚至。陳論持大體。尤以惜人才開賢路爲急。憲孝之世。名臣相望。猶多賢所識拔。卒謚文達。嘗奉勅編明一統志。有古穰集・古穰雜錄・天順日記。

李・賢者　【唐】高僧。大理人。又名買順。戒律精嚴。南詔建崇聖寺。蒙化問以何佛爲尊。賢者曰。我爲中尊。蒙化怒其不遜。流於騰越之南甸。主家有婦難產。賢者摘一念珠使吞之。珠在兒手中出。棄之於地。叢生珠樹。每苞百八枝。後坐化。

李・質　【唐】汴牙將。李介爲留後。邀師節。質以計誅首亂。送介京師。詔韓充鎭汴。充未至。質權州事。衛兵二千人。日給酒食。物力爲耗。充將至。質曰。不可留此弊以遺吾帥。遂處分停日膳而後迎充。召爲金吾將軍卒。◉【明】德慶人。字文彬。號樵雲。有材略。元末隸何眞麾下。洪武初從眞降。爲都督府斷事。強力執法。進刑部尙書。後拜靖江王右相。王罪廢。質坐死。質工詩。有樵雲集。

李・輝　【北周】弼子。大統中歷鎭南將軍。輝常臥疾朞年。太祖憂之。日賜錢一千。供藥石之費。天和間進位柱國。尋出爲總管十州諸軍事・梁州刺史。時渠蓬二州生獠積年侵暴。輝至州撫綏。並來歸附。位至開府卒。

李・輝武　【清】衡山人。同治間由行伍從軍。與洪楊軍戰有功。尋攻滇匪於四川。連挫敵鋒。又勦平四川諸番。擊敗陝西回。官至甘肅提督。

李・輝祖　【清】蔭祖從弟。字元美。別字蒲陽。康熙時由佐領累官湖廣總督。肅綱紀。飭吏治。潔己率下。力絕苞苴。糾彈大吏。無所鯁避。驁傑肅然。以刑部侍郎內召卒。

李・適　【唐】萬年人。字子至。舉進士。官猗氏尉。武后時預修三教珠英。睿宗時遷工部侍郎卒。嘗夢與人論大衍數。知年壽且盡。勅其子營墓霸陵原西。及未病時。衣冠往寢石榻上。置所譔九經要句及素琴於前。士貴其達。

李・適之　【唐】承乾孫。開元中累官刑部尙書。喜賓客。飲酒至斗餘不亂。夜宴娛。晝決事。案無留辭。天寶初爲左相。爲李林甫所構陷。仰藥自殺。

李・銳　【清】元和人。字尙之。一字四香。諸生。邃於算學。窮究天元一術。於古法多所闡明。嘉慶中阮元撫浙。延至西湖校禮記正義。元輯疇人傳。銳之力爲多。有天元句股細草・弧矢算術細草・開方說諸書。

李・鈜　【明】大同右衛人。累功進都督僉事。江西賊王浩八據裴源山。賊高發矢石。官軍幾不支。鈜下馬持刀督將士殊死鬭。賊乃走。追數十里擒之。復以次討平劉昌三・胡浩三等。未幾。疽發背。卒於軍。

李・閎光　【宋】紹興中參大政。與秦檜議論不合。謫瓊州。與胡銓海外唱和。

李・震　【宋】汴人。靖康初金人迫京師。震時爲小校。率所部三百人出戰。殺傷過當。已而被執。臠割之。膚肉垂盡。腹有餘氣。猶罵不絕口。◉【明】南陽人。字懋學。襲職指揮使。正統間從征兀良哈有功。進都指揮僉事。屢從王驥・王來・方瑛征諸苗。以功充總兵官。代瑛鎭貴州湖廣。復以猺獞作亂。專鎭湖廣。屢破廣西猺獞。西南苗獠聞風畏懾。呼爲金牌李。論功封興寧伯。

李・靚　【宋】龍泉人。字彥和。幼孤。母督之學。不肯卒業。志在功名。以策干張浚。累功授承信郎。紹興間金人遣其將翟將軍犯境。爲靚所擒。乘勝逐北。會金兵大至。死之。

李・鞉　【宋】富陽人。字彥淵。登進士。中弘詞科。宣和初提舉廣東市舶。居官廉直。遷吏部郎。秦檜欲以子與鞉女爲壻。却之。遷將作監。檜屢遣子受學。鞉不可。遂丐外。晚年謂貪興癡已絕。獨嗔未盡去。因牓其小室曰去嗔。有去嗔居士集。

李·頤　明餘干人。字惟貞。號及泉。隆慶進士。爲中書舍人。博習典故。負才名。萬曆初擢御史。忤張居正。出知河南府。累擢右僉都御史。巡撫奉天。在鎭十年。威望大著。進工部侍郎。管理河道。以勞卒。有奏議。

李·養沖　明永年人。歷兵部右侍郎。巡撫宣府。崇禎初旣謝事。御史吳玉劾其侵盜撫賞銀及冒功諸狀。論死。斃於獄。

李·魯生　清霑化人。明萬曆進士。累擢兵科右給事中。諂事魏忠賢。列十孫兒之一。後又諂附馮銓·崔呈秀。忠賢伏罪。入逆案。謫山西平定州。遇李自成亂。遁歸。順治初起用。授順天府丞。尋以年老乞休。

李·儒用　宋平江人。字仲秉。長於春秋。師朱熹。學者稱練溪先生。

李·勳　清鎭遠人。雍正間以平苗有功。累官雲南提督。時値用兵緬甸。勳親赴孟艮。督率追勦。安撫邊民。頗著名績。卒謚莊毅。

李·璧　明字白夫。弘治中舉於鄉。任關谿教諭。從章懋講學。蒐輯三禮經傳。考訂鍾律及鄉射冠婚儀。累官戶部員外郎。有名儒錄·明樂譜諸書。

李·壇　清嘉應人。字道登。號杏墅。乾隆舉人。官教諭。天文樂律醫經及丹青篆刻。無所不通。有退學軒詩文集。

李·學孔　清渭州人。字瞻黃。順治中嘗官大寧衛斷事。有皇王史訂。

李·學梅　明麻城人。母死。守墓三年。力不能廬。獨棲草間。暑雨一蓋。寒冬一藁。朝出營食。夜必返墓次。父死亦如之。師里人張高。得聞王守仁之學。爲耿定向所重。

李·學裕　清洛陽人。字餘三。雍正進士。官至安徽布政使。工詩善書。

李·學遜　宋綱九世孫。博學洽聞。善天文。尤邃於易。爲文典雅。有易精解·中星儀象等圖。

李·寰　唐德宗時守博野有功。敬宗時歷官保義夏綏節度使。治無可言。然王廷湊之亂。聯軍十五萬無成功。而樂壽·博野。截然峙中者累歲。梗其吞暴。議者以爲難。

李·嶧　清浙江山陰人。字孔殿。工畫蘭竹。兼善花鳥山水。

李·憙　晉銅鞮人。字季和。少有高行。博學研精。與北海管寧以賢良徵不行。宣帝復辟憙爲太傅屬。固辭疾。郡縣扶輿上道。時憙母疾篤。乃竊踰泫氏城而徒還。遂遭母喪。論者嘉其志節。後爲并州別駕。歷官御史中丞。當官正色。不憚強禦。累遷司隸校尉。朝野稱之。泰始初封祁侯。遷太子太傅。卒謚成。

李·憲　後漢許昌人。仕王莽爲偏將軍。擊破江賊王州公等。莽敗。憲據廬州自守。自稱淮南王。建武時僭爲天子。越三年而滅。◎後魏式子。字仲軌。善風儀。好學有器度。雅爲孝文所賞。孝明帝時累官揚州刺史。會蕭衍遣將逼壽陽。憲力屈降。後還國。坐女壻安樂王鑒反。賜死。◎唐睿宗長子。武后以睿宗爲皇帝。故憲立爲皇太子。睿宗降爲皇嗣。更册爲皇孫。與諸王俱出閤。帝將建東宮。以憲嫡長。而楚王有大功。故久不定。憲辭曰。儲副天下公器。時平則先嫡。國難則先功。重社稷也。遂涕泣固讓。及卒。追謚讓皇帝。先是涼州獻新曲。憲曰。宮離而不屬。商亂而暴。君卑逼下。臣僭犯上。臣恐一日有播遷之禍。及安史亂。世乃思憲審音云。◎唐晟子。性仁孝。長喜儒。以禮法自矜制。太和初由江西觀察使遷嶺南節度使。所歷皆以吏能顯。◎宋祥符人。字子範。皇祐中補入內黃門。神宗時數論邊事合旨。哲宗時歷官永興軍路副都總管。憲以中人爲將。雖能拓地降敵。而罔上害民。終貽中國患。◎明岐山人。武宗時爲吏科給事中。諂事劉瑾。每率衆請事於瑾。盛氣獨前。自號六科都給事中。瑾敗。虞禍及。亦劾瑾六事。瑾在獄笑曰。李憲亦劾我乎。卒坐除名。

李·憲喬　清高密人。字子喬。號少鶴。乾隆間召試舉人。官歸順知州。性狷介。工詩文。有少鶴詩鈔。

李·懌　後唐京兆人。少好學。工文辭。唐末舉進士。仕梁爲翰林學士。天成中累遷刑部尚書。分司洛陽卒。

李·擇言　唐元懿孫。累爲州刺史。封安德郡公。以吏治稱。張嘉貞爲益州都督。性簡貴。接部刺史。倨甚。擇言守漢州。獨引同榻坐。講繹政事。名重當時。

李·整　三國魏乾子。乾卒。將乾兵與諸將擊關封。從平兗州諸縣有功。遷青州刺史。

李·暹　明長安人。少好學。洪武中舉於鄉。永樂中授戶部主事。使西域。凡五往返。遍歷諸國。咸得其歡心。歷任戶部左侍郎。

李·暾　清鄴嗣子。字寅伯。一字東門。康熙時太學生。負才任氣。性好遊。詩爲黃宗羲所稱賞。與同郡萬承勳·鄭性·謝諸章號爲四友。合刻集曰四明四友詩。

李·曇　後漢潁川人。字雲。陳蕃薦其德行純備。桓帝乃以安車備禮徵之。不至。養親行道。以終於家。

李·曉　北齊虔子。字仁略。官員外侍郎。爾朱榮之難。朝士將行。曉衣冠爲鼠所噬。遂不成行。以免於禍。

後寓居清河。訓勗子姪。武定末以世道方泰。乃入都從仕。除頓丘守。

李・曄 後魏 順族子。字季顯。涉歷書史。官冠軍中散大夫。正光初南荆州刺史桓叔興叛。破之。除尙書左丞。◎清 湖州人。字白臣。工畫山水。

李・樸 清 吳中朝眞觀道士。字天木。號雪齋。又號紫中道人。揮染妙絕一時。善書工詩。順治間掛瓢於甫里圓白堂。康熙間卒。私謚沖夷先生。

李・樹穀 清 夏邑人。字季方。號東川。晚號方翁。乾隆舉人。爲祁陽知縣。能詩。寫山水寥寥數筆。自足生趣。篆刻直逼秦漢。有東川集。

李・樹聲 明 岐山人。知猗氏縣。廉靜不擾。闖寇僭號。徵之仕。曰。吾家世受國恩。今安往乎。呼天而逝。

李・樗 明 鄞人。字長孺。萬曆進士。歷廣東鹽法僉事。巡撫貴州。安邦彥。奢崇明反。樗與巡按御史史永安等百計守禦。賊圍急。樗奮臂一呼。士卒雖委頓。皆強起斫賊。被圍十月。援兵至。解去。進兵部侍郎。卒謚忠毅。有粵東鹽政考。

李・歷 後漢 郤從子。字季子。清白有節。博學善交。與鄭玄・陳紀等相結。爲新城長。政貴無爲。亦好方術。官至奉車都尉。

李・澣 宋 濤弟。字日新。幼聰敏。慕王操盧駱爲文章。後晉時再爲學士。契丹入汴。遂陷塞北。廣順間曾密啓周祖。言契丹衰微。可出師討伐。屬中原多事。不能用其言。宋初卒。濤收澣文章編之。爲丁年集。

李・澥 金 相州人。字公渡。自號六峰居士。官京兆轉運使。得畫法於王庭筠・趙秉。兼工詩。

李・濂 明 祥符人。字川父。正德進士。歷官山西僉事。嘉靖間免歸。少負俊才。慨然慕信陵君・侯生之爲人。初受知李夢陽。後不屑附和。里居四十餘年。以古文名於時。有祥符鄉賢傳・祥符文獻志・汴京遺蹟志・李氏居室記・醫史・觀政集・嵩渚集。

李・熹吾 明 新興人。遊江湖。學道七十餘年。歸至廣通羅川寺中。一日謂人曰。吾其逝矣。沐浴具衣冠卒。

李・燔 宋 建昌人。字敬子。紹熙進士。授岳州教授。未上。往建陽從朱熹學。熹沒。學禁嚴。燔率同門會葬不少怵。尋添差江西幹辦公事。會洞寇作亂。燔遣辯士諭逆順。皆帖服。改通判潭州。眞德秀爲長沙帥。府事咸諮燔。不數月辭歸。卒謚文定。

李・璜 宋 江都人。後寓四明。字德劭。少負雋才。恥從進士舉。蕭散觥觶。以終其身。有檗庵集。

李・璟 南唐 見李景條。

李・璞 後魏 訢弟。字季眞。性淳厚。多識人物。訢任用范檦等。璞謂訢曰。范檦善能降人以色。假人以辭。未聞德義之言。但有勢利之說。不早絕之。後悔無及。訢不從。卒爲所害。璞歷官太常卿。

李・璣 明 豐城人。字邦在。號西野。嘉靖進士。官至南京禮部尙書。有西野遺稿。

李・璘 唐 玄宗十子。封永王。領荆州大都督。俄又領山南江西嶺南黔中四道節度使。璘生宮中。於事不通曉。至江陵。見其富強。遂有闚江左意。起兵未久。兵敗被殺。◎宋 河間人。晉開運末父爲陳友所害。乾德初璘隸殿前軍祗候。友爲軍小校。璘與之遇。手刃之而不遁。自言復父讎。案鞫得實。太祖壯而釋之。

李・璡 唐 讓皇帝憲子。性謹潔。善射。玄宗愛之。封汝陽王。歷太僕卿。

李・穆 隋 賢弟。字顯慶。從周太祖。以功賜鐵券。授原州刺史。拜嫡子惇爲儀同三司。穆以家門貴盛。深懼盈滿。辭不受拜。太祖不許。宇文護執政。兄遠及子植俱被誅。穆當從坐。先是穆知植非保家之主。勸遠除之。以此獲免。植弟基當坐戮。穆請以二子代。護義而兩釋焉。文帝作相。穆知天命有在。奉表勸進。拜太師。卒謚明。◎宋 陽武人。字孟雍。幼能屬文。有至行。周顯德間以進士爲右拾遺。宋初拜左拾遺。知制誥。詞令雅正。太宗時知開封府。剖判精敏。豪右屛迹。遷參知政事。爲人質厚忠恪。善篆隸。工畫。常諱其事。篤信釋典。好談名理。性寬厚。家人未嘗見其喜慍。喪母。以毀卒。◎清 郃陽人。字元谷。號鈍翁。明季諸生。有率意稿。

李・積中 宋 四會人。元豐進士。官至御史・翰林直學士。以直言入元祐黨籍。

李・穎 清 泰州人。字箕山。工畫雋筆山水。

李・篔橋 元 崑山人。字仲和。號雪村。善畫墨竹。

李・篤 後漢 外黃人。張儉亡命止篤家。外黃令毛欽操兵到門。篤引欽謂曰。張儉知名天下。而亡非其罪。寧忍執之乎。欽歎息去。篤後又送儉出塞。以故得免。

李・縕 宋 絢弟。字仲淵。舉進士。調奉符縣尉。同門姜潛居於奉符之太平鎮。會有大水。潛幾不免。縕爲借縣弓手營救之。遂以私役人獲罪去。

李・翮 清 金鄉人。字春麓。乾隆進士。官浙江杭嘉湖道。有文集。

李・翰 唐 華宗子。工爲文。擢進士第。天寶末房琯・韋涉俱薦爲史官。翰所善張巡死節。睢陽人媢其功。以爲降賊。肅宗未及知。翰表巡功狀。帝感悟。巡大節白於世。義士多之。累遷翰林學士。病免卒。

李翰臣 【明】大同人。正德進士。官御史。巡按山東。吏部主事梁穀誣歸善王當沍謀叛。翰臣劾穀挾私。近倖方欲邀功。責翰臣爲叛人掩飾。逮繫詔獄。謫德州判官。終山東副使。

李興 【晉】密子。字僑石。有文才。刺史羅尙辟爲別駕。又爲劉弘參軍。弘立諸葛亮•羊祜碣。使興俱爲之文。甚有辭理。◎【唐】安豐人。有至行。父病惡疾。興劖股肉。假託饋獻。父死。捧土就墳。旁作小廬。蒙以苫茨。伏匿其中。柳宗元爲作孝門銘。

李興元 【清】遵化人。字若始。康熙間爲雲南按察使。吳三桂之變。拘禁六年。終不屈。被害。

李興生 【明】樂安人。年十六七。患瘋痱遺餘。丐食以食。然頗能詩。董時望未第時。在鄉會中。丐至。衆令獻時望詩。須臾就呈。時望禮而食之。欲使養於官。以母老辭。

李興銳 【清】瀏陽人。字勉林。咸豐間以諸生從曾國藩。光緒間官至兩江總督。卒謚勤恪。任江西巡撫時。結教案二千餘。償恤八十萬金。皆撙節營餉以彌其闕。不肯捐擾下。民頗德之。

李蕃 【宋】成都人。字元翰。善畫釋道人物。◎【明】內江人。永樂舉人。博涉羣書。授漢中訓導。不就。洪熙改元。上端本十六策。宣宗卽位。擢兵科給事中。巡視沿邊城堡。還言關堡空虛。請城獨石等處。淸軍河南。獻安養軍民十餘事。有奏議詩文十餘卷。◎【明】日照人。萬曆進士。官御史。爲魏忠賢心腹。同官排擊忠良。多其代草。出督畿輔學政。建祠天津•河間。眞定。呼忠賢九千歲。忠賢敗。被劾罷。◎【清】通江人。字錫徵。號懶菴。順治舉人。知黃縣。在官以興利除弊爲事。有雪鴻堂文集。

李蕘 【後晉】孟人。高祖時爲開封府推官。使契丹還。上言屈節外國。非久長策。時高祖方父事契丹。不悅其言。出爲魯山令。

李蕩 【成漢】特次子。字仲平。好學有容觀。特承制拜鎭軍將軍。特初稱制進河間王。攻張微。與蕩分爲二營。特爲微所扼。蕩持長矛大呼直前。遂大破之。追殺微。後爲叛將所殺。

李衞 【清】碭山人。字又玠。入貲爲戶部郎。雍正時官至直隸總督。不甚識字。而遇文人甚敬。負氣好勝。遇權要人。務出其上。嘗劾年羹堯•田文鏡•鄂爾奇等。中外側目。卒謚敏達。

李衡 【三國吳】襄陽人。字叔平。聞羊道有人物之鑒。往干之。道曰。多事之世。尙書劇曹郎才也。是時校事郎呂壹操弄威柄。大臣莫敢言。道曰。非李衡無能困之者。遂共薦爲郎。孫權引見。衡口陳壹奸短數千言。權有愧色。數月。壹被誅。衡大見顯擢。後爲丹陽太守。加威遠將軍。◎【晉】能畫番馬。戎夷部落。鷹犬鳥獸。盡得其妙。◎【宋】江都人。字彥平。第進士。授吳江主簿。有部使者怙勢作威。衡拂衣歸。後知溧陽縣。專以誠意化民。累拜侍御史。會外戚張說以節度使掌兵柄。衡力疏其事。廷爭移時。遂請老。以祕閣修撰致仕。居崑山。聚書踰萬卷。自號樂菴。

李諤 【隋】趙郡人。字士恢。性公方。明達世務。文帝受禪。歷遷治書侍御史。見禮教凋敝。文體輕薄。當官者好自矜伐。俱上書論之。帝以前後所奏頒示天下。四海靡然向風。諤在職數年。務存大體。不尙嚴猛。以年老出拜通州刺史。未幾卒官。

李諧 【後魏】獎弟。字虔和。風流閑潤。博學有文辯。當世才俊。咸相欽賞。襲父爵。累官金紫光祿大夫。元顥入洛。以爲給事黃門侍郎。顥敗。除名。孝靜初官散騎常侍。使梁。江南稱其才辯。還除祕書卒。有文集。

李諮 【宋】新喻人。字仲詢。幼有至性。眞宗朝舉進士。累官翰林學士。仁宗時知永興軍。境內肅然。遷戶部侍郎。知諫院事。諮性明辨。周知世務。處煩猝若閒暇。吏不敢欺。在樞府專務革濫賞。抑僥倖。人以爲稱職。卒謚憲成。

李豫亨 【明】松江人。字元薦。有推篷寤語。三事遡眞。多涉釋道家言。

李遵 【後魏】佐子。爽儁有父風。仕至司空司馬。◎【明】善畫人物。有女孝經圖傳世。

李遵勗 【宋】繼昌子。字公武。擧進士。眞宗時尙萬壽長公主。累官鎭國軍節度使。知許州。於時政多所補助。師楊億爲文。億卒。爲制服。及知許州。奠億之墓。痛哭而返。通釋氏術。將死。與浮圖楚圓爲偈頌。卒謚和文。有間宴集•外館芳題。

李遵頊 【西夏】宗室。登進士第。爲大都督府主。宋嘉定間嗣立。金衞紹王遣使册爲夏國王。遵頊嘗遣使詣宋西邊。欲與共圖金人。復侵地，不報。金人議徙都長安。遵頊又議與宋夾攻秦鞏。卒無功。旋傳位於子德旺。自號上皇。在位十二年。年號光定。廟號神宗。

李遷 【明】新建人。字子安。嘉靖進士。隆慶間以南京兵部左侍郎提督兩廣。兼巡撫廣東。平銀豹。討惠潮山寇。皆有功。晉刑部尙書。引疾歸。年近七十。母終廬墓。卒謚恭介。

李遷哲 【北周】安康人。字孝彥。初仕梁。後歸文帝。以功除直州刺史。與田弘同討信州。率驍勇爲前鋒。凡下十八州。拓地三千餘里。屢破陳師。武帝時進位大將軍。封安康公。鎭襄陽。遷哲累世雄豪。性華侈。妾媵百數。緣漢千餘里間。第宅相次。每鳴笳導從往來其間。縱酒飲讌。盡生平之樂。卒謚壯武。

李遹 金欒城人。字平甫。自號寄菴老人。少擢第。有能聲。南渡授東平府治中。後致仕居鈞臺。畫山水龍虎入妙品。工詩。

李遺元 後魏熙孫。初除趙郡王幹東閣祭酒。後為京兆王愉參軍。為愉所親。愉逼與同反。愉敗。遺元逃竄。會赦得雪。拜殷州征北將軍長史卒。

李鄴 後唐魏州人。莊宗時歷亳州刺史。為政貪穢。奴隱其金。鄴殺之。其家上訴。訐其陰事。遂賜死。

李鄴嗣 清鄞人。原名文胤。以字行。一字杲堂。明諸生。入清。棄巾服。日以著書為務。甬東詩社延定甲乙。糊名易書。一聯之賞。遠近喧傳。詩品刊落凡庸。不肯一語緇人。有笑讀齋集。又輯甬上耆舊詩。

李錡 唐國貞子。德宗時累官浙西鹽鐵轉運使。多積奇寶。歲時奉獻。帝昵之。因恃恩驁橫。天下榷酒漕運。錡得專之。養兵圖叛。繼為鎮海節度使。罷領鹽鐵轉運。憲宗立。不假借方鎮。詔拜尚書僕射。錡無入朝意。署判官王澹為留後。澹數趣行。錡令衆殺而食之。監軍使遣牙將慰諭。又殺食之。未幾。兵敗伏誅。

李錦 明陝西咸寧人。字在中。號介菴。受業於周蕙。通洛閩之學。舉順天鄉試。入國學。為祭酒邢讓所知。讓坐事下吏。錦率衆抗章白其冤。性至孝。布衣糲食。以主敬窮理為歸。然諾辭受。一切不苟。成化中選松江同知。卒於官。

李錦眉 清巢縣人。號若雲。畫山水空濛浮動。出自天然。人物亦佳。

李錦麟 清鎮遠人。乾隆間隨征黔楚苗。嘉慶間赴四川從勦教匪。屢敗之。官至廣西提督。

李錫 明歙人。隆慶間為福建總兵官。破海寇曾一本。錫功最鉅。加征蠻將軍。鎮廣西。萬曆初討平獞猺。一年內破賊巢二百餘。獲首級萬二千餘。進秩二等。擢浙江總兵官。錫功多不蒙殊賞。明季武功。所由不競。

李錫秦 清寶山人。字瞻仲。號研農。少負異才。長通韜略。練習騎射戈矛超距之技。雍正間以舉人知廣西羅城縣。冒矢石。勦平猺峒諸寨。官至廣西巡撫。有義寧紀略。

李錫蕃 清長沙人。字晉夫。通曉算學。有借根方句股細草。

李錫疇 清太倉人。字範卿。敦品勵行。為文出入歸有光・汪琬間。晚年館虞山瞿氏鐵琴銅劍樓。樓多宋本書。錫疇為撰書目。咸豐中卒。有菘耘文稿。

李靜 後魏元讓弟。景明初拜前將軍。性貪忍。兄亡未斂。便剝脫諸伎服玩。及餘財物。終天水太守。

李頻 唐壽昌人。字德新。大中進士。少秀悟。多所記覽。尤長於詩。宣宗時遷武功令。豪猾屏息奉法。縣大治。懿宗時擢侍御史。守法不阿。表丐建州刺史。以禮法治下。更布條教。卒於官。有棃岳集。

李餘 蜀漢涪城人。年十三。兄殺人亡命。母下吏。餘乞代母死。吏不許。遂自殺。郡以狀聞。詔圖像於府庭。

李餘慶 宋天聖中知常州。政嚴猛。吏民震慄如神明。先是餘慶偶得疾。有醫者素作姦。常懼為餘慶所發。因乘間進利藥。洞泄不已。餘慶召醫立杖殺之。歸臥及席而死。◎宋連江人。字昌宗。判秀州。境多鹽盜。餘慶作華亭海鹽二監。俾業鹽者歲入常繒以杜私販。又為石隄。自平望至吳江。捍禦水患。民賴其利。

李默 明甌寧人。字時言。正德進士。嘉靖間累官翰林學士。為趙文華所構。下獄瘐死。為人博雅有才辨。以氣自豪。不附嚴嵩。然性褊淺。以恩威自歸。士論亦不甚附之。萬曆間追謚文愍。有建寧人物傳・羣玉樓集。

李龜年 唐宗室子。僖宗時嘗使南詔。至善闡。得其要約。與唐為甥舅。◎唐嘗至岐王宅聞琴。曰。此秦聲。良久。又曰。此楚聲。主人入問。則前彈者隴西沈研。後彈者揚州薛滿。

李龜禎 前蜀京兆人。乾德末官知制誥。切直不畏權貴。王衍嘗宴近臣。酒酣。脫冠露髻。男女無別。不復有上下之禮。龜禎諫曰。君臣沈湎。不憂國政。臣恐啟北敵之謀。衍不為意。未踰年。國亡。

李彌大 宋彌遜弟。字似矩。崇寧進士。建炎初知淮寧府。杜用等夜叛。彌大縋城出。賊敗散乃還。坐貶秩。尋遷戶部尚書・兼侍讀。呂頤浩視師。以彌大為參謀官。彌大奏邊圉無他。頤浩不宜輕動。又言已為天子從官。非宰相可辟。陛下必欲留臣。當別為一司。伺察頤浩過失。忤旨奪職歸。起知靜江府。入為工部尚書。未幾罷去。

李彌遜 宋撰子。字似之。大觀進士。政和間累官起居郎。以封事剴切。貶知廬山縣。垂二十年。靖康間歷知饒州。復還起居郎。鯁切如初。秦檜當國。贊和議。彌遜極論之。遂引疾去。知端漳二州。歸隱西山。十餘年間。常憂國無怨懟意。有奏議・外制・議古・及詩文。

李應占 清海鹽人。字南人。道光舉人。善寫梅蘭。兼擅擘窠書及篆隸飛白。有小方仙館詩鈔。

李·應奇 明平涼人。字鶴崖。有崆峒山志。

李·應昇 明江陰人。字仲達。萬曆進士。授南康推官。士民服其公廉。天啟間徵御史。屢上疏譏切近習。爲魏忠賢所害。福王時追謚忠毅。

李·應祥 明九谿衞人。以武生從軍。萬曆間積功至都督同知·貴州總兵官。應祥爲將。謀勇兼資。所至奏績。平松茂諸番及建昌番酋王大咱·邛部屬夷膩乃等三大寇。其功最多。

李·應貴 清成都人。乾隆間隨勦臺灣林爽文。征廓爾喀及黔楚苗。均有功。嘉慶間隨征川陝楚教匪。功甚偉。官至汀州鎮總兵。尋與海盜朱濆戰。中礮死。

李·應禎 明長洲人。字貞伯。中景泰鄉舉。成化間以善書選爲中書舍人。弘治初歷太僕少卿。尙道義。善文詞。甚負時譽。

李·應龍 元深後。字玉林。博學有節操。至元間兩薦俱不起。有春秋纂例·孝經集注。

李·應薦 明恩縣人。天啟時官御史。以附魏忠賢。麗名逆案。崇禎間清兵至山東。應薦捐貲募士。佐有司勦城守。城破被創死。

李·懋 金有異術。正大間游京兆。哀宗召之。遣近侍密問國運否泰。言無避忌。朝士日走問。懋能道隱事及吉凶之變。人以爲神。帝惡其言太洩。遣使殺之。使者持酒殽入寺。懋出迎笑曰。是矣。使者曰。何謂也。懋曰。我數當盡。今日復何言。痛飲就死。

李·懋緒 清江陵人。字汝時。號正所。學宗姚江。然不爲明季門戶之見。有荆樹居文略。

李·懋檜 明安溪人。字克蒼。萬曆進士。遷刑部員外郎。帝憂旱。懋檜上疏幾獲罪。已留中。又疏請七事。亦寢不行。給事中鄒庶因論劉世延。刺及建言諸臣。懋檜極論之。帝責其沽名。降湖廣按察使經歷。終太僕少卿。

李·曒 後魏肅從弟。字景林。有學識。累官廷尉少卿·殷州大中正。

李·樫 宋當塗人。字與幾。精易學。宣和進士。紹興間累遷監察御史。以忤秦檜意。出知信州。樫善星曆占候。歷知饒州致仕。一日。召門人朱章入臥內。講易說。既終篇。正席挽鬚而卒。

李·欄 北周弼子。字靈傑。短小驍悍。少從爾朱榮以別將破元顥。及榮被害。欄從爾朱世隆奉榮妻奔河北。又隨爾朱兆入洛。大統初爲文帝帳內都督。從復弘農。破沙苑。其後累有戰功。武成間終延州刺史。

李·濟清 清湘鄉人。咸豐間投效水師。從攻洪楊軍。轉戰湖南湖北江西安徽各省。所至有功。同治間官至綏靖鎮總兵。

李·濤 五代吳趙州人。事楊行密爲牙將。秦彥來攻。軍勢甚盛。親校言衆寡不敵。請堅壁自守。濤時在行間。怒曰。吾以順討逆。何論衆寡。濤願帥所部爲前鋒。保爲公破之。行密壯其志。卒破彥師。鹵獲無算。⊙宋京兆萬年人。字信臣。仕梁及唐。晉祖時歷官刑部郎中。涇帥張彥澤殺記室張式。奪其妻。晉祖以彥澤有功。赦其罪。濤抗疏請置於法。植笏叩階。聲色俱厲。漢祖至洛。以爲翰林學士。入周。歷戶部尙書。宋初拜兵部尙書。濤慷慨有大志。以經綸爲己任。工爲詩。筆札遒媚。性滑稽。亦未嘗忤物。⊙清德州人。字紫瀾。居家以孝友聞。別字述齋。康熙進士。選庶吉士。授編修。累擢廣西布政使。以太常少卿內召。庫有羨金萬餘。具冊封識而去。官終刑部右侍郎。

李·濬 唐宗室。歷潤虢潞三州刺史。以誠信號良吏。開元中終劍南節度使。謚誠。⊙宋超子。字德淵。舉進士。咸平中爲御史臺推直官。屢上書言事。景德中累擢樞密直學士。尋知開封。能檢察隱微。遷右司郎中。出知秦州。暴疾卒。⊙明和州人。洪武中官燕山左衞副千戶。從起兵奪九門。破南軍於眞定。轉戰山東爲前鋒。至小河。猝與敵遇。帥敢死士先斷河橋。成祖至。遂大敗之。累遷都指揮使。封襄城伯。永樂初鎭江西。⊙清太康人。字又哲。一字秋圃。咸豐歲貢。官嵩縣訓導。重道義。輕貨利。有秋圃齋文集。捻匪紀略。

李·燮 後漢固子。字德公。固既遇害。時燮年十三。姊文姬以燮託父門生王成。成將燮入徐州界。變姓名爲酒家傭。十餘年。梁冀既誅。始還鄉里。後徵拜議郎。廉方自守。靈帝時拜安平相。先是安平王續爲張角兵所掠。贖還。燮奏續不宜復國。已而續竟歸藩。未滿歲。果坐不道誅。乃擢燮河南尹。時以貨賂爲官。燮上書陳諫。辭義深切。帝乃止。在職二年卒。

李·璨 後魏靈弟。字世顯。獻文帝時以參定徐州功。賜爵始豐侯。

李·璥 唐玄宗第三十子。封汴王。初封纔數歲。容貌秀澈。有成人之風。帝愛之。官千牛衞大將軍。卒謚哀。

李·璬 唐玄宗第十三子。初名澐。封潁王。喜讀書。好文辭。開元間遙領安東都護。安祿山反。詔領劍南節度大使。視事數月。人便其寬。

李·璮 元濰州人。全子。或謂全養子。全死。璮遂襲爲益都行省。仍得專制其地。世祖朝加江淮大都督。專制山東者三十餘年。挾敵國以要朝廷。而自爲完繕益兵計。未幾反。兵敗伏誅。

李績　【前秦】產子。字伯陽。少爲郡功曹。時石季龍親征段遼。師次范陽。軍供有闕。季龍大怒。太守惶怖避匿。績爲言百姓困弊。遣廢之罪。情在可矜。季龍見績年少有壯節。嘉而恕之。後歸慕容儁。累遷太子中庶子。慕容暐立。不慊於績。績遂憂死。

李繁　【唐】泌子。少才警無行。爲弘文館學士。出爲亳州刺史。州有劇賊。他刺史不能擒。繁出兵捕斬之。怨家翻其獄。詔賜死。繁下獄。知且死。恐先人功業泯滅。從吏求廢紙。著家傳十篇。史稱其言多浮侈不可信。

李義叟　【唐】商隱弟。字聖僕。會昌進士。累爲賓佐。商隱稱其特善古文。

李聯琇　【清】宗瀚子。字季瑩。一字小湖。道光進士。咸豐間官至大理寺卿。致仕歸。主講鍾山惜陰兩書院。請業者雲至。學綜漢宋。氣節文翰。冠絕一時。有好雲樓初二集·采風劄記·治忘日錄·臨川問答·師山詩存等。

李膺　【後漢】襄城人。字元禮。桓帝時爲司隸校尉。以事殺張讓弟。諸黃門常侍。皆鞠躬屏氣。休沐不敢復出宮省。時朝廷日亂。綱紀頹弛。膺獨持風裁。以聲名自高。士有被其容接者。名爲登龍門。後宦者坐以黨事免官。靈帝時復列於朝。與竇武謀誅宦官未成。被殺。

李覯　【宋】南城人。字泰伯。俊辨能文。舉茂才異等。親老。以教授自資。學者常數十百人。皇祐初范仲淹薦爲試太學助教。上明堂定制圖。嘉祐中歷太學說書卒。學者稱盱江先生。有周禮致太平論·士書·平禮論·退居類稿·皇祐續稿等書。

李謐　【後魏】安世子。字永和。少好學。博通諸經。周覽百氏。初師事小學博士孔璠。數年後。璠還就謐請業。徵辟皆不就。覽考工記大戴禮盛德篇。以明堂之制不同。遂著明堂制度論。延昌中卒。詔諡貞靖處士。

李謙　【元】鄆人。字受益。世祖時爲太子諭德。侍裕宗於東宮。陳十事。裕宗崩。傅成宗於潛邸。成宗卽位。陞學士。引疾還家。仁宗召見於行在。疏言九事。帝嘉納焉。遷集賢大學士。謙文章醇厚有古風。學者宗之。號野齋先生。有野齋文集。

李謙亨　【元】曲沃人。英宗時歷內臺御史。時創西山寺。謙亨與御史上疏切諫。決杖文面。安置於奴兒干。由是海內知名。後召還。授浙東海右道廉訪使。封隴西郡侯。卒諡忠肅。

李謙溥　【宋】彞子。字德明。慷慨重然諾。周世宗時守隰州。卻并人有功。太祖時復守隰州。在州十年。敵人不敢犯境。旋爲濟州團練使。後邊將失律。復爲晉隰緣邊巡檢使。邊民聞之喜。爭相迎勞於道左。

李鍇　【清】輝祖子。字鐵君。號豸青山人。當得官。不就。其婦翁爲太傅索額圖。聲勢隆赫。鍇遠避之。偕妻隱於盤山。買田豸峯下。雜山甿以耕。乾隆初嘗舉鴻博。不遇。爲詩古奧峭刻。有含中集·南史稿。

李鍼　【清】吳縣人。字含奇。康熙進士。工詩。有遺集。

李鍾佐　【清】光地次子。字世諧。諸生。年十三。張玉書見其文奇之。稱爲畏友。精中西算術。早卒。

李鍾旺　【清】鍾僑弟。字世賚。康熙舉人。考授中書。潛心洛閩之學。有憶訓錄·重申錄·周官劄記·諸經經解等書。

李鍾泗　【清】江蘇甘泉人。字濱石。嘉慶舉人。書一覽不忘。治經精左氏春秋。撰規過一書。抑劉申杜。焦循歎服之。

李鍾倫　【清】光地長子。字世得。康熙舉人。初受三禮於叔父光坡。又與宣城梅文鼎等游。其學具有本原。有周禮訓纂。

李鍾峨　【清】通江人。字雪原。康熙進士。授檢討。官至太常寺少卿。著保寧志。文獻獨備。經史詩賦。人多傳誦之。

李鍾僑　【清】天寵弟。字世邠。號抑亭。康熙進士。官編修。嗜學能文。閉戶窮經術。有論語孟子講蒙·詩經測義·易解等書。

李鍾衡　【明】晉江人。善畫。作翎毛花石。生趣非一狀。呂健稱其神腕。兼工詩文。有畫譜。

李鍾璧　【清】蓄子。號鹿嵐。康熙舉人。官平南知縣。有雪鴻堂文集。

李隱　【宋】五原人。工畫山水。危峯疊嶂。遠水疎林。均極秀美。

李鴻章　【清】合肥人。字少荃。道光進士。洪楊軍起。鴻章率鄉勇轉戰安徽江蘇各地。世稱淮軍。爲人英斷。具世界知識。各國條約多其手訂。光緒甲午中日之馬關條約。庚子聯軍之北京條約。其最大者也。累官太子太傅·文華殿大學士。封肅毅伯。卒贈侯爵。諡文忠。

李鴻裔　【清】中江人。字眉生。別號香嚴。咸豐舉人。官至江蘇按察使。罷官後。家蘇州。以居近蘇子美滄浪亭。又號蘇鄰。精書法。工詩古文。晚又好釋典。有蘇鄰詩集。

李鴻賓　【清】江西德化人。字鹿苹。嘉慶進士。館選改御史。時值林清之變。數上疏言朝廷利弊。洞中竅要。仁宗嘉之。立擢河東副總河。道光間官至兩廣總督·協辦大學士。坐事奪職遣戍。尋釋歸卒。

李鴻藻　【清】高陽人。字蘭孫。咸豐進士。值上書房。授穆宗讀。累官協辦大學士。吏部尚書。性剛耿。光緒間中日事起。鴻藻主戰尤力。同治初母憂歸。七詔奪情不起。時論佳之。卒贈太子太傅。諡文正。

李嚞　【宋】開封人。宣和進士。建炎中知彭陽縣。爲金人所獲。金人欲官之。不可。其後金人以爲歸附。命爲儒林郎。嚞言於所司曰。昔爲俘獲。不敢受歸附之賞。還其牒。劉麟聞其賢。以禮招致。嚞力拒之。紹興中卒。

李彝超　【後唐】夏州人。仁福子。仁福卒。自立爲留後。初邊將多言仁福北通契丹。恐爲邊患。明宗因其卒。乃以彝超爲延州刺史。徙彰武安從進代之。彝超不受代。從進以兵圍之。明宗釋不攻。以彝超爲定難軍節度使。修貢如初。

李彝興　【宋】彝超弟。代彝超爲定難軍節度使。歷事唐晉漢周。宋初加太尉。北漢劉鈞寇麟州。彝興禦之。鈞衆引去。建隆初獻馬三百匹。太祖大喜。親視攻玉爲帶。賜之。卒於鎭。追封夏王。爲西夏之遠祖。

李戴　【五代吳】唐末舉進士第。爲人簡略無威儀。唐亡奔吳。授起居郎。◉【明】延津人。字仁夫。隆慶進士。萬曆中爲陝西按察使。張居正尚名法。四方大吏。承風刻覈。戴獨行之以寬。累官吏部尙書。秉銓六年。溫然長者。然璧望出陸光祖諸人下。趙志皐・沈一貫柄政。戴不敢爲異。以是久於其位。而銓政因益頹廢。

李濛　【清】江蘇興化人。字鏡月。順治舉人。不仕。徧游名山大川。足跡所至。多爲詩文以發其意。有敦好堂詩文集・經濟考・廬山志・懿行編。

李濱　【宋】瑩子。字長源。淳淡好古。博覽經史。不求仕進。聚書畫。嗜酒。往來中條山。所居木石幽勝。談唐室以來衣冠人物。歷歷可聽。眞宗召見。辭足疾不起。自陳家世儒墨。避世習靜之意。一日。自知將卒。亟取瑩集七十編洎書畫付諸子。促家人置酒。頃之卒。

李燾　【宋】丹稜人。字仁甫。一字子眞。號巽巖。年甫冠。憤金讎未復。著反正議十四篇。登紹興進士。博極羣書。作續資治通鑑長編。累官禮部侍郎。進敷文閣學士。同修國史。卒諡文簡。燾以名節學術知名海內。長編一書。用力四十年始成。又有易學・春秋學・六朝通鑑博議・說文解字五音韻譜・文集等。總數百卷。

李壁　【宋】燾子。字季章。號雁湖居士。少英悟。日誦萬餘言。屬辭精博。第進士。爲正字。寧宗時附和韓侂胄。累官參知政事。後謫居撫州。又起知遂寧府。卒諡文懿。有雁湖集・淸塵錄・中興奏議・內外制・臨汝閒書・王荊公詩註。凡數百卷。(按四庫提要云。璧當作壁。燾三子。壁兄曰垕曰塾。弟曰埴。皆從土。四川通志亦作璧。茲仍從宋史。)

李璵　【北齊】韶子。字道璠。溫雅有識量。仕魏爲太尉行參軍。累遷東徐州刺史。稱疾不仕。齊受禪。進前將軍。璵意不願策名兩朝。遂絕朝請。◉【明】蘇州人。字惠時。有羣芳清玩。

李瞻　【金】玉田人。遼天慶進士。天會間遷大理少卿。金兵圍汴。宋人請割河北三鎭。瞻與禮部侍郎李天翼安撫河北兩路。略定懷濬衞等州。衞湯陰等縣。累遷德州防禦使。爲政寬平。民懷其惠。官終忠順軍節度使。◉【明】儀眞人。字小塘。以眼科著名。有七十二向。按七十二候。以明內外障之得失。有育神夜光丸方・蓮子金鋮鼠尾・金鋮說等書。

李禮成　【隋】狄道人。字孝諧。沈深有行檢。周時以軍功拜車騎大將軍。時朝廷有所徵發。禮成度變必爲亂。上表固諫。周武帝從之。從伐齊。拜北徐州刺史。未幾徵爲民部中大夫。文帝受禪。進封絳郡公。終寧州刺史。

李簡　【前蜀】故王建牙將。署行營都指揮使。景福初斬楊晟將呂堯有功。已而遮擊楊守忠。又破楊守厚。官邛州刺史。◉【五代吳】上蔡人。爲楊行密親將。行密爲孫儒所困。簡率敢死士救之。以功歷官常州刺史。後與李遇等頗不平於徐溫。及遇誅死。除武昌軍節度使。◉【元】仁宗時曾官泰安倅。著有學易記。

李繪　【宋】婺源人。字參仲。絕意科舉。築室鍾山。朱熹極稱其文。有論語西銘解。

李翺　【唐】趙郡人。一作成紀人。字習之。貞元進士。元和初爲國子博士・史館修撰。再遷考功員外郎。性峭鯁。仕不顯。怫鬱無所發。嘗面折宰相李逢吉之過。出爲廬州刺史。後拜中書舍人。歷山南東道節度使卒。翺始從韓愈爲文章。辭致渾厚。見推當時。故亦諡曰文。有論語筆解・五木經・李文公集。

李翼　【元】習弟。字仲羽。延祐舉人。官教授。早卒。翼與習齊名。江左稱二李。吳萊稱習文簡密嚴奧。翼文豐腴縟麗。

李蟠　【清】洋縣人。字根生。性強項不畏事。咸豐間知常山。年已七十。洪楊軍將由廣信犯常山。知衢州府徐相在嘗設防。以舟作寓。曬妓談香。聞警。促開船。蟠力沮之曰。請與公同死此。何遽行。相無語。卒回衢。蟠公服坐堂皇待賊。賊因羅澤南追之急。不敢深入。常山得保無恙。及卒。民立祠祀之。

李謨　【清】富順人。字朵臣。康熙舉人。慷慨好義。嘗數千里歸友人之喪。知太康縣。有廉名。致仕歸。授徒講學。學者稱崟山先生。

李諶交 〔宋〕成都人。幼穎異。讀書輒能暗誦。年十四。舉進士。仁宗命中黃門引入內賜坐。官至鄂州觀察推官。

李謹行 〔唐〕靺鞨人。突地稽子。容貌偉瑰。勇冠軍中。累遷營州都督。高宗時破高麗。討新羅。破吐蕃。以功封燕國公卒。

李豐 〔後魏〕文明太后時宦官。出入禁闥。積貲巨萬。◎〔清〕如皋人。字鬬亭。善飲。因號醉磬子。工畫墨竹。

李贊 〔明〕晉江人。字卓吾。萬曆中爲姚安知府。士大夫好禪者。往往從贊游。小有才辨。一旦自去其髮。冠服坐堂皇。上官勒令解任。居黃安。日引士人講學。雜以婦女。專崇釋氏。卑侮孔孟。北游通州。爲給事中張問達所劾。逮死獄中。

李邈 〔蜀漢〕字德餘。官犍爲太守。嘗面折昭烈。以忠鯁稱。◎〔唐〕代宗次子。好學以賢聞。寶應中封鄭王。淄青牙將李懷玉逐其帥侯希逸。詔邈爲平盧淄青節度大使。大曆初代皇太子爲天下兵馬元帥。卒贈太子。諡昭靖。◎〔宋〕清江人。字彥思。少有才略。宣和間知霸州。時童貫將連金人夾攻契丹。邈上書言其不可。遂免官。久之復起知嚴州。貫收復燕山。邈歎曰。禍亂自此始矣。金人犯京師。詔趨入見。出知眞定府。金人至。邈且戰且守。相持四旬。城破。巷戰被執。遂遇害。將死。顏色不變。南向再拜。端坐就戮。燕人爲之流涕。諡忠壯。

李鎧 〔清〕江蘇山陽人。字公凱。順治進士。康熙中召試鴻博。授編修。官內閣學士。著讀書雜述·史斷·惺庵集。王士禛稱爲有本之學。

李顏子 〔元〕花縣人。元末抱道不仕。時寇盜蜂起。顏子築郭塘鎮捍賊。一方以安。及何眞據廣東。以策干之。眞愛其才。眞之歸附。顏子力居多。

李顒 〔清〕可從子。字中孚。性至孝。年十九。隻身赴襄城。訪父遺骸。顧炎武爲作襄城紀異詩。名動海內。其學無師自通。於經史百家。無不周覽。而大致主象山。以靜坐爲始。悔過自新爲宗。嘗主講關中書院。學者日至。康熙中前後以隱逸眞儒薦。至拔刀自刺乃免。因署曰二曲土室病夫。杜門不出以終。年七十有九。學者稱二曲先生。有四書反身錄·垩室錄感·二曲集。

李顒母 〔清〕彭氏。可從死節後。無以爲生。或語彭。可令兒傭。取直以養。或給事縣庭。彭不可。令顒從師學。脩脯不具。省謝之。乃謂顒經書固在。何必師。顒遂取所讀學庸。恍惚辨認。就途人叩字義。久之博通羣書。爲一代大儒。母卒歷奇苦以終。

李騊駼 〔隋〕義深子。有才辨。官尚書郎。武平初聘陳。爲陳人所稱。後爲壽陽道行臺左丞。與王琳等同陷。周末逃歸。開皇初爲永安太守。終絳州刺史。

李懷 〔明〕見呂懷條。(按明史洪垣傳作呂懷。明儒學案同。湛若水傳作李懷。誤。)

李懷仁 〔宋〕姑蘇道士。豪飲不羈。嘗呼龍松江之上。狎而觀之。畫龍遂入神品。

李懷仙 〔唐〕柳城胡。世事契丹。守營州。智數敏給。安祿山以爲裨將。後爲幽州盧龍軍節度使。還檢校兵部尚書。爵武安郡王。會僕固懷恩反。邊羌紛擾。朝廷方勤西師。懷仙等治城邑甲兵。自署文武將吏。私貢賦。代宗不能制。後爲麾下朱希彩等所殺。

李懷民 〔清〕高密人。名憲噩。以字行。號十桐。又號石桐。乾隆諸生。工詩。嘗依張爲主客圖例。蒐集元和以後諸家五律。奉張籍·賈島爲主。名重訂中晚唐主客圖。有十桐草堂集。

李懷光 〔唐〕靺鞨人。本姓茹。父常徙幽州。爲朔方部將。賜姓李。德宗時懷光以戰功爲都虞候。勇鷙敢誅殺。雖親屬無所回貸。郭子儀委以紀綱。軍中畏之。旋爲寧慶晉絳慈隰等州節度使。從鎮朔方。帝奔奉天。被圍急。懷光率所部奔命。以破朱泚功進副元帥。懷光爲人疏而愎。誦言宰相京兆尹過失。謂天下之亂皆由此。吾見上且請誅之。盧杞說帝敕懷光駐便橋。懷光恚恨甚。數暴杞罪。帝爲貶杞等。懷光益自疑。嶇強拒命。尋爲部將所殺。

李懷忠 〔後周〕晉陽人。初事唐莊宗。累功爲滄州都指揮使。晉祖受命。以懷忠故人。召典禁兵。遷左武衞上將軍。廣順中以太子太傅致仕。◎〔宋〕范陽人。初隸太祖帳下。從征晉陽。時盛暑欲班師。懷忠不可。會大熱。戰不利。懷忠中流矢。戰益奮。還授都指揮使。太宗時官終步軍都指揮使。

李懷信 〔明〕大同人。由世蔭歷都指揮僉事。掌山西都司。廉勤數被推薦。萬曆中遷定邊副總兵。時邊患棘。懷信勇敢有謀。寇入輒敗。延綏人爲立生祠。擢甘肅副總兵。邊人恃以無恐。遼東急。充援勦總兵官。累有功。熊廷弼負氣淩諸將。遂引疾去。

李懷袞 〔宋〕蜀郡人。工畫花竹翎毛。與夏侯延祐相頡頏。兼善山水。

李懷遠 〔唐〕柏人人。字廣德。少嗜學。擢四科第。累官同中書門下三品。爵趙郡公。懷遠久貴。益素約不治居室。嘗乘款段馬。僕射豆盧欽望謂曰。公貴顯。顧當然耶。懷遠曰。吾幸其馴。不顧它駿。卒諡成。

李懷儼　【唐】懷志從子。以文才著名。歷蘭臺侍郎。受制檢校。寫四部書進內。以書有汙。左授鄂州刺史。

李攀龍　【明】歷城人。字于鱗。少孤家貧。稍長嗜詩歌。已益厭訓詁學。日讀古書。里人共目爲狂生。舉嘉靖進士。歷陝西提學副使。家居十年復出。累遷河南按察使。母喪。以毀卒。詩以聲調勝。毀之者謂爲模擬剽竊。好之者推爲一代宗匠。與謝榛・吳維岳・梁有譽・王世貞稱五子。又與吳國倫・徐中行稱後七子。有古今詩刪・李滄溟集。

李瀚　【後晉】勉族人。官翰林學士。好飲。多酒過。高祖稱其浮薄。有蒙求集註。◉【清】遼陽人。隸漢軍鑲黃旗。字文瀾。雍正舉人。乾隆時知山東榮城縣。累擢兗沂曹道。所至不擾。吏胥束手。官至雲南巡撫。卒於途。

李瀚章　【清】鴻章兄。字筱荃。以拔貢生官湖南知縣。洪楊軍起。從曾國藩軍主饋事。累官兩廣總督。引疾歸。卒諡勤恪。

李瓊　【唐】末處士。善畫海濤。◉【五代楚】隸馬殷帳下。驍勇饒膽略。冠絕一時。平連郡郴衡道永六州。又降桂管劉士政。取桂宜嚴柳象五州地。累遷桂州刺史・靜江軍節度使。加同平章事卒。瓊善飲食。每一飯。肉十斤。劉大鬱而咲之。軍中謂之李老虎。◉【後晉】饒安人。字隱光。少爲騎將。與晉高祖俱隸唐明宗麾下。高祖爲契丹所圍。瓊引高祖衣與俱遯。追兵且及。賴瓊得免。高祖建國。以爲護聖都虞候。久之。拜相申二州刺史。晉亡。契丹入京師。以瓊爲威州刺史。行至鄭州。遇盜見殺。◉【宋】幽州人。字子玉。幼挾策詣太原。唐莊宗募勇士。瓊應募。與周太祖等十人約爲兄弟。又知周祖非常人。刺臂爲誓。世宗時歷官安州防禦使。治郡寬簡。入宋累官右驍衛上將軍。◉【宋】仁和人。以鬻繒爲業。事母孝。夜常十餘起省母。母喜食時新。瓊百方求市。得必十倍酬其直。

李繩遠　【清】良年兄。字斯年。號尋壑。諸生。入國子監。考授州同知。與良年及弟符稱三李。有尋壑外言。又編刊其曾祖應徵以下之詩爲澄遠堂三世詩存。

李繪　【北齊】渾弟。字敬文。神情朗儁。其舅邢晏與繪清言。歎其高遠。魏天平初文襄用爲丞相司馬。每朝罷。君臣對揚。繪先發言端。音詞辨正。風儀都雅。聽者悚然。天保初爲司徒右長史。質性方重。未嘗趨事權勢。以此久屈卑位。卒諡景。

李繹　【宋】若拙子。字縱之。第進士。仁宗時歷官江淮發運使。內出絹五十萬匹。貴貿於東南。繹曰。百姓饑。不宜重擾。輒奏罷之。甫半年。漕課視常歲增五之一。繹所至稱治。自以久在外。意不自得。作五知先生傳。謂知時知難知命知退知足也。終右諫議大夫。

李羅漢　【後梁】滑臺人。善畫羅漢。人因呼爲李羅漢。

李藩　【唐】趙州人。字叔翰。少沈靖有檢局。姿致閑美。敏於學。累官給事中。裴垍白憲宗。謂有宰相器。拜門下侍郎同平章事。制敕有不可者。就敕尾批却之。帝嘗問神仙長年事。藩極陳荒妄誕謾不可信。藩材能不及章貫之・裴垍。然人物清整。是其流亞。卒諡貞簡。◉【清】江蘇華亭人。字介人。善畫山水人物。

李蟾妃　【南漢】事劉晟。得殊寵。南海有蘇氏園者。雅稱幽勝。晟攜妃微行至此。憩酌綠蕉林中。大書蕉葉曰扇子僊。後人購亭於上以志異。名曰扇子亭。

李諴　【宋】南公子。字智甫。紹聖間知章丘縣。累任鄜延帥。徙永興。僞爲蟾芝以獻。徽宗疑之。坐罔上。貶散官安置。後歷數郡卒。

李譔　【蜀漢】涪人。字欽仲。從尹默講學。五經諸子。無不該覽。後主以爲太子庶子。太子愛其多知。然體輕脫。好戲啁。故世不能重。景耀中卒。有古文易尚書毛詩三禮左傳太玄指歸。皆依準賈馬。異於鄭玄。與王肅殊隔。初不見其所述。而指歸多同。◉【唐】元嘉子。工辭章。出爲通州刺史。辭疾歸。父舉兵。死於難。時籍沒者衆。惟譔及越王沖家書爲多。皆文句詳正。祕府所不及。

李贇　【明】蕪湖人。字惟誠。成化進士。授吏部文選主事。正德中歷浙江左布政。有惠政。以忤劉瑾致仕。

李贇元　【清】山東海陽人。原名立。順治進士。授御史。巡視兩淮鹽政。剔除積弊。征課溢額。康熙間官至兵部督捕右侍郎。告歸卒。

李鏞　【清】嘉興人。字山濤。善畫山水。兼精金石篆刻。

李闕　【元】廣東海陽人。字子羽。早喪父。事母至孝。通春秋。餘經諸子。皆知其大略。至正間隱居教授。貧者助其筆札。尤精醫術。鄉人賴之。號北源先生。有文集。

李離　【春秋晉】事文公爲理獄官。過聽殺人。自繫請死。文公曰。失在下吏。非子之罪。離曰。臣居官爲長。受祿爲多。今以罪下吏。非所聞也。伏劍而死。◉【成漢】特甥。初爲梓潼太守。晉遣建平太守孫阜進次德陽。離與李雄襲阜軍敗之。雄即成都王位。進爲太尉。晉永嘉初關中流民鄧定等叛。被圍。離赴援。大破巴西太守張燕。盡徙漢中民於蜀。遂屯據梓潼。

其後爲部將所殺。

李．霨　清高陽人。字景霱。別字坦園。順治進士。累官太子太師．戶部尚書．保和殿大學士。大拜時年裁三十有四。內介外和。朝野倚以爲重。聖祖初輔政諸臣多專決。或失當。霨調燮之力居多。居相位久。嫻掌故。朝廷大典。必以屬之。卒諡文勤。詩文沖和雅正。有心遠堂集。

李．韜　宋河朔人。有膽勇。善用矟。爲禁軍隊長。周祖討三叛。韜從白文珂攻河中。李守貞來襲。韜力戰破之。由此知名。累遷軍校。出爲趙州刺史。乾德中卒。

李．鯤　清濟寧人。字化鵬。工行草篆隸。嗜金石。收藏鐘鼎碑版甚富。

李．鵬飛　元池州人。兒時。生母不爲嫡母所容。改嫁朱氏。鵬飛年十九。思慕哀痛。誓學醫以濟人。願早見母。行術三歲。至蘄州羅田縣得之。迎還奉養。久之復歸朱氏。時渡江省覲。既卒。歲時攜子孫祭墓終其身。有三元參贊延壽書。

李．黼　元穎州人。字子威。性至孝。登泰定中進士第一。累官宣文閣監書博士。兼經筵官。數與勸講。每以聖賢心法爲言。至正中江南寇起。出守江州路總管。捍賊有功。詔爲行省參政。賊大至。城陷巷戰。叱曰。殺我無殺百姓。遂死之。諡忠文。◉明無錫人。著有二禮集解．王制考。

李．黼平　清嘉應人。字繡子。又字貞甫。嘉慶進士。博學工詩。官昭文令。坐事免。阮元聘主學海堂。旋主講寶安書院。有毛詩紬義及詩集。

李．龏　宋菏澤人。字和父。號雪林。有翦綃集。

李．嚴　蜀漢南陽人。字正方。少爲郡職吏。以才幹稱。劉璋用爲成都令。後歸昭烈。以功拜尚書令。昭烈疾革。嚴與諸葛亮並受遺詔。輔幼主。統內外軍事。封都鄉亭侯。尋遷驃騎將軍。改名平。亮軍祁山。平催督運事。值天霖雨。運糧不繼。平呼亮來還。亮退軍。平乃更說軍糧饒足。何以便歸。又表後主說軍僞退。欲以誘賊與戰。亮具其前後手筆書疏。表廢平爲民。◉後唐幽州人。事莊宗爲客省使。使蜀還。具言可取之狀。遂以嚴爲三川招討使。與康延孝以兵五千先行。延孝至漢州。王衍告曰。得李嚴來卽降。衆皆以嚴不宜往。嚴聞之喜。卽馳騎入益州。衍見嚴。以妻母爲託。遂以蜀降。其後孟知祥倔強於蜀。嚴乃求爲西川兵馬都監。爲知祥所害。

李．夔　宋邵武人。字師和。經書一覽成誦。文不停綴。與楊時友善。登元豐進士。嘗爲華亭縣尉。有政聲。累官右文殿修撰。終龍圖閣待制。以子綱貴贈太師魏國公。

李．夔龍　明福建南安人。由進士歷吏部主事。被劾罷去。天啟間夤緣復官。進郎中。事承崔呈秀指。引用邪人以媚魏忠賢。累遷左副都御史。莊烈帝卽位。逮治論死。

李．寶　後魏西涼李暠孫。字懷素。小字衍孫。沈雅有度量。驍勇善撫接。伯父歆爲沮渠蒙遜所滅。寶北奔。臣於蠕蠕。遺民頗歸附。屬沮渠無諱爲太武帝所敗。棄城遁走。寶遂修繕城府。規復先業。奉表歸誠。拜鎮西大將軍．敦煌公。入朝。除內都大官。文成帝時官鎮北將軍。卒諡宣。◉宋河北人。嘗陷金。自拔歸。金人渝盟。將由海道襲浙江。高宗任寶浙西路副總管。督海舟捍禦。拒戰於唐島。大勝之。除靖海軍節度使．沿海制置使。金主亮聞敗大怒。召諸酋約以三日渡江。未幾內變被殺。論者多歸功於寶。◉金安邑人。冬夏披中衣。寒暑不侵。談笑遊市廛。見者輒獲利。人圖其像。以爲利市神。大定中詔賜方外衣。不受。朝退。失履而去。自燕至安邑二千餘里。不二日還。

李．寶臣　唐范陽內屬奚。字爲輔。初爲范陽將張鎖高假子。冒其姓。名忠志。叛服不常。累事安祿山．史思明。思明死。獻恆趙深定易五州。擢禮部尚書。賜姓名。封趙國公。名其軍曰成德。拜節度使。遂有恆定易趙深冀六州地。財用豐衍。招徠亡命。雄冠山東。後與田承嗣交構。爲所賣。德宗立。拜司空。寶臣晚節尤猜忌。以子惟岳暗弱。恐下不服。多殺骨鯁將。衆乃攜貳。旋爲妖人所害。

李．寶嘉　清武進人。字伯元。號南亭亭長。光緒間僑居上海。肆力小說。借以諷世。撰庚子國變彈詞．官場現形記．中國現在記．文明小史．活地獄等書。每一脫稿。人以先睹爲快。卒以憤世嫉俗。鬱鬱以終。

李．懿曾　清江蘇通州人。字漁衫。諸生。有天海樓集。

李．燨　清安陸人。字晴沙。好吟詠。尤喜垂釣。人稱釣魚先生。有僅存詩稿。

李．獻可　金石子。字仲和。大定間第進士。世宗喜曰。太后家有子孫舉進士。甚盛事也。累遷山東提刑使。◉明同安人。字堯俞。萬曆進士。除武昌推官。課最。屢遷都給事中。率諸臣疏請豫教元子。神宗大怒。摘疏中誤書弘治年號。以違旨侮君貶秩。尋除名。

李．獻民　宋延津人。字彥文。有雲齋廣錄。

李．獻甫　金獻能從弟。字欽用。有幹局。心所到則絕人遠甚。時人稱其精神滿腹。舉興定進士。歷行臺令史。

正大初夏人來請和。獻甫爲書表官。夏使有口辨。索歲幣。獻甫折之。和議乃定。後遷鎭南軍節度副使。死蔡州之難。有天倪集。

李獻明 明壽光人。字思皇。崇禎進士。淸兵至遵化。獻明以保定推官。察核官庫駐城中。或謂此邑非君所轄。去無罪。獻明不可。城破死之。

李獻能 金河中人。字欽叔。苦學博覽。尤長於四六文。貞祐間特賜詞賦進士。廷試第一人。弘詞優等。授應奉翰林文字。在翰苑凡十年。哀宗時歷官河中帥府經歷官。元兵破河中。奔陝州行省。權左右司郎中。値兵變遇害。

李瓌 唐太祖曾孫。封漢陽王。高祖時持幣遺突厥頡利可汗。言和親事。頡利始見瓌。倨甚。瓌開說。示以厚幣。乃改容加禮。後復聘頡利。留不遣。瓌意象自若。不爲屈。卒以禮遣還。後爲荊州都督。政務淸靜。畿外酋豪皆如約不敢爲亂。官終散騎常侍。

李繼 明宣宗時太學助教。侍讀李時勉以譏受枷。繼爲營救得釋。繼不拘檢柙。時勉嘗規切之。繼不能盡用。然心感其言。至是竟得其用。

李繼先 明嘉靖間官通政司經歷。時諸臣以爭大禮獲罪。迨大同告變。繼先疏言乞錄卹已死。赦還謫戍。迨復去國諸臣。而在位者委任寬假之。使各陳邊計。帝不省。

李繼岌 後唐莊宗長子。封魏王。爲西南面行營都統。與郭從韜等同伐蜀。功最多。然軍政號令。一出崇韜。宦者李從襲等迫繼岌殺崇韜。遂班師。聞明宗已反。兵入京師。道阻未得進。左右皆潰。謂從者李環曰。吾道盡途窮。子當殺我。環縊死之。

李繼周 宋金明人。太宗時累破蕃族。敗西夏兵。爲先鋒入賊境。焚積聚。殺人畜。獲器甲凡六十餘萬。眞宗時官終西京作坊使。

李繼和 宋繼隆弟。字周叔。咸平中領平州刺史。習武藝。好談方略。頗知書。所至幹治。然性剛忍。御下少恩。部兵終日擐甲。常如寇至。及校閱之際。杖罰過當。人多怨焉。終端州防禦使。◉宋開封人。以父任爲內侍黃門。慶曆中爲河北西路承受。保州兵叛距守。繼和獨上南關門。密呼所結內應者。諭以禍福。賊平。遷兩秩。沙苑闕馬。詔秦州置場。以券市之。繼和領職。不數月。得馬千數而人不擾。累遷入內副都知。

李繼忠 後晉繼韜弟。字化遠。從父征討有功。唐莊宗時歷官成德軍司馬。高祖時歷單隰澤三州刺史。繼忠母楊善治產。積財鉅萬。高祖起兵於太原。楊已終。繼忠舉族家晉陽。時諸軍方困。韜以取足。高祖旣濟大事。感而奇之。故繼忠連領大郡。

李繼昌 宋崇矩子。字世長。開寶間遷如京副使。眞宗時累遷左神武軍大將軍。性謹厚。爲治尙寬。所至民懷之。出知涇州卒。

李繼宣 宋浚儀人。本名繼隆。以與明德皇后兄同姓名。改焉。乾德中以材武補殿直。年纔十七。命捕虎陝州。凡殺二十餘。生擒二虎一豹以獻。太宗授以邊任。與契丹戰。未嘗不捷。嘗與秦翰．楊延昭等會師於威虜。臨陣。馬中矢。凡三易之。延昭等皆引去。獨繼宣引所部接戰。大克捷。積官至四方館使。

李繼貞 明太倉人。字徵尹。萬曆進士。歷遷兵部職方主事。天啟間典試山東。坐試錄刺魏忠賢。削籍。崇禎間起職方郎中。幹用精敏。爲人強項。在事淸執。請謁不行。歷兵部右侍郎．兼右僉都御史。後巡撫天津。督薊遼軍餉。大興屯田。十餘年間。起廢者屢。卒於官。

李繼捧 西夏繼筠弟。太平興國間率族人入朝。自上世以來未嘗親覲者。宋太宗嘉之。累授彰德軍節度使。族弟繼遷數爲邊患。遂以邊事委繼捧。賜姓名趙保忠。終金吾衛上將軍。

李繼隆 宋處耘子。字霸圖。屢立戰功。又數敗契丹。眞宗時遷開府儀同三司。善騎射。曉音律。感慨自樹。深沈有城府。嚴於御下。好讀春秋左氏傳。賓禮儒士。能以謙謹保身。卒諡忠武。

李繼筠 西夏克睿子。克睿卒。權知夏州事。授定難軍節度。宋太宗征北漢。繼筠率蕃漢兵列陣渡河。略太原境。以張軍勢。尋卒。

李繼勳 宋元城人。初仕周。歷官安國軍節度。太祖以爲昭義軍節度。戰功甚著。累歷藩鎭。所至無善政。然以質直稱。信奉釋氏。與太祖有舊。故特承寵遇。

李繼遷 西夏繼捧族弟。開寶中授定難軍管內都知蕃落使。繼捧歸宋。繼遷遁去。起夏州。西人多歸之。漸以強大。遂册爲夏國王。繼遷自以李氏世有西土。將謀興復。宋命繼捧往討。不克。遂招降之。賜姓名趙保吉。終太宗朝。屢煩征討。叛服不常。眞宗授夏州刺史．定難軍節度．夏銀綏宥靜等州觀察處置押蕃落等使。未幾復叛。集蕃部陷靈州。遂都之。詔議和。割河西銀夏等五州與之。繼遷又攻麟州。大敗。旋卒。子德明立。追尊皇帝。後諡神武。廟號太祖。

李繼韜 後唐嗣昭子。少狡獪無賴。嗣昭卒。莊宗命爲安義軍留後。旋通於梁。莊宗平河南。繼韜懼。將脫身亡契丹。有詔赦之。乃齎銀數十萬兩詣闕。賂伶閹。寵待如故。後不自安。求歸本鎮。復潛以書諭弟繼遠。欲軍城更變。曁莊宗遣己安撫。事泄伏誅。

李覺 宋成子。字仲明。性強毅聰敏。太平興國中舉九經。起家將作監丞。通判建州。遷知泗州。轉祕書丞。命與孔維等校定五經正義。奉使交州還。遷國子博士。太宗幸監。召覺講泰卦。從臣皆列坐。覺因述天地感通君臣相應之旨。帝甚悅。賜帛百匹。官終司門員外郎。覺累上書言時務。述養馬漕運屯田三事。太宗嘉其詳備。令送史館。◎宋京師人。字民先。自號方平九友。初爲明節皇后掌閤牋。後流落廣州。善畫山水。每被酒則綳素於壁。以墨潑之。隨即成象。曲盡自然之態。能書善琴。

李鏻 五代漢唐宗室子。少舉進士累不中。客河朔間。自稱清海軍掌書記。輾轉事王鎔爲從事。其後張文禮弒鎔自立。遣鏻聘唐莊宗於太原。鏻爲人利口敢言。陰爲莊宗畫文禮可破之策。文禮敗。莊宗以鏻爲支使。明宗時累遷戶部尙書。意希大用。及潞王從珂立。終不用爲相。後事晉。遷太子太保。漢高祖卽位。拜司徒。

李騫 後魏希宗弟。字希義。博涉經史。富文藻。年十四。以聰達見知。嘗著釋情賦及贈盧元明·魏收詩。爲時所稱。官終給事黃門侍郎。卒諡文惠。

李隲 宋成都人。字顯夫。官至朝散大夫。以能書名。得眞行草三昧。而眞尤勝。蘇軾嘗師之。

李騰芳 明湘潭人。字子實。萬曆進士。改庶吉士。好學負才名。屢遷左諭德。與崑山顧天埈善。天埈險陂無行。被劾去。騰芳亦投劾歸。時遂有顧黨李黨之目。崇禎初以禮部尙書協理詹事府。京師戒嚴。條畫守禦。多稱旨。有李湘州集。

李騰蛟 清寧都人。字力負。別號咸齋。明季諸生。甲申後。入翠微山講易。於易堂中年最長。魏禧等皆兄事之。後別居三巘峯。以經學教授。有周易賸言。

李鶚翀 明江陰人。字如一。有洹詞記事鈔。明良記。

李齡壽 清吳江人。字辛垞。諸生。有抱齋遺集。

李曩霄 西夏德明子。本名元昊。從祖繼捧。宋賜姓趙氏。故亦稱趙元昊。性雄毅多大略。善繪畫。能剏制。曉浮屠學。通蕃漢文字。不甘臣宋。仁宗明道初襲位。寶元初僭號。都興州。據有河內外列郡二十二。宋將任福·葛懷敏征之。大敗。曩霄雖數勝。然死亡創痍者相半。因乞和。封爲夏國主。仍帝國中。在位十七年卒。諡武烈皇帝。廟號景宗。年號顯道·開運·廣運·大慶·天授禮法延祚。

李棆 明長洲人。萬曆中以貢生官德州學正。有萬曆德州志。

李灌 清邵陽人。字向若。幼警敏。明崇禎舉人。甲申難作。薙髮爲僧。浪遊太華黃河間。清初累徵不就。性孝。負經濟才。詩文清奇。自成一家。晚歲鑿石室於乳羅山。名小桃花源。

李續宜 清續賓弟。字克讓。號希庵。咸豐間參羅澤南軍事。再克武昌·漢陽。皆有功。屢與洪楊軍戰。均破之。克小池口。破陳玉成於挂車河。功尤著。威名與塔齊布相頡頏。官至安徽巡撫。卒諡勇毅。

李續賓 清湘鄉人。字克惠。號迪庵。受學於羅澤南。洪楊軍起。從澤南轉戰湖南江西湖北。克武漢。破田家鎭。功尤偉。武昌陷。再復之。又平九江。入安徽。與陳玉成戰於廬州之三河。以衆寡不敵。陷陣死。官至浙江布政使。贈總督。諡忠武。

李蘩 宋晉原人。字清叔。第進士。孝宗時累官倉部郎中。總領四川財賦軍馬錢糧。所至舉荒政。蠲苛賦。梁洋間至繪像祠之。擢太府少卿。著書十八種。有桃溪集百卷。

李譽 宋桂陽軍人。字遣道。元豐進士。知靈川縣。地多峒苗。譽以德化之。涖任三年。民皆謝刀劍。務農桑。

李鐵拐 隋峽人。名洪水。小字拐兒。又名鐵拐。常行丐於市。後以鐵杖擲空化爲龍。乘龍而去。一說。鐵拐本偉丈夫。遇老君得道。後出神往朝老君。與其徒約以七日不返。焚其尸。後六日。其徒以母疾。遽焚而去。鐵拐還。附一丐者尸起。故足跛而貌更醜惡。

李鐩 明湯陰人。字時器。成化進士。授工部主事。弘治初應詔陳十二事。歷工部尙書。劉健·謝遷在位。鐩頗欲有以自見。及劉瑾竊權。鐩乃專務容悅。瑾死。特以強直取名。後權倖益用事。鐩一切不敢違。其位益固。世宗初罷歸。

李韡 明番禺人。萬曆中官至武定知府。有海珠小志。

李鶴章 清鴻章弟。字季荃。咸豐間以生員從攻洪秀全。拔嘉定。克江陰·無錫·常州。並有功。官至甘涼道。

李儼 五代吳唐宰相張濬少子。初名休。一名播。昭宗賜姓名。爲江淮宣諭使。拜楊行密東面行營都統·中書令。以討朱全忠。已而全忠殺濬。儼留廣陵不敢歸。行密甚尊崇之。待以王人之禮。久之貧困無所依。寓居海陵。顧與朱瑾交好。徐知訓之死。

徐溫疑儼通謀。遂被殺。⊙【遼】析津人。太康初爲將作少監。累官參知政事。與蕭奉先友舊。執政十餘年。善逢迎取媚。天祚帝亦寵任之。

李・巒 【清】安陸人。字亦山。號秋池老人。工畫山水。多水墨。評者謂在王翬下顧昉上。郡守以賢良方正薦。不赴。有晚秋書屋・快雨山房・邗上・豫章諸集。

李・樵 【宋】錢塘人。咸熙間爲畫院祗候。工畫山水人物。

李・聽 【唐】晟子。字正思。憲宗時以戰功還左驍衛大將軍。敬宗時爲義成節度。封涼國公。號帥魏博。以還延不赴致魏亂。罷爲太子少師。聽素以路遺得權倖心。故多爲助力。文宗時拜太子太保。卒官。聽治官苛細。急聚斂。盛飾車馬服玩。或誡之。聽曰。家聲在人。若示衰薄。恐不見忠功之效。吾欲夸而勸之也。好方書。擇其驗者。題於帷帟墻屋皆滿。

李・襲吉 【後唐】洛陽人。爲晉王掌書記。博學多知唐故事。遷節度副使。官至諫議大夫。晉王與梁通和。使襲吉爲書諭梁。辭甚辨麗。多傳於世。爲人恬淡。以文辭自娛。

李・襲志 【唐】狄道人。徙安康。字重光。隋大業末盜賊起。襲志爲始安郡丞。傾私產募士拒守。蕭銑・林士弘屢攻不下。固守二年。力窮援絕。爲銑所陷。署工部尚書・桂州總管。武德初高祖召之。襲志約嶺南酋永平郡守李光度潛圖歸國。及銑平。嶺南六十餘州皆送款。後拜上柱國。歷官桂州都督。守桂二十八年。政尚清省。南荒便之。

李・襲譽 【唐】襲志弟。字茂實。通敏有識度。高祖召授太府少卿。累擢揚州大都督府長史・江南巡察大使。多所黜陟。揚州俗喜商賈。不事農。襲譽爲引雷陂水。築句城塘。溉田八百頃。民多歸本。爲人嚴懿。以威肅聞。遷涼州都督。改同州刺史。坐在涼州以私憾杖殺番禾丞劉武當死。廢爲民。流泉州卒。

李・鑑 【宋】寧德人。字汝明。嘉定進士。歷官廣東提舉。平易近民。尤曉兵事。嘗問學於黃榦。與同邑龔剡創講壇。推明師說。有和鳴集。⊙【明】安化人。字明遠。正統進士。博學工詩。歷官惠州知府。政事精敏。有慎菴集。⊙【清】安縣人。明崇禎進士。累官宣化巡撫。順治初歸清。授原官。捕斬李自成餘黨。劾貪酷。執法無私。官至寧夏巡撫。加右副都御史卒。

李・巖 【唐】至遠從子。中宗祀明堂。以近臣子弟執籩豆。巖年十餘歲。進止中禮。授右宗衛兵曹參軍。累官兵部侍郎。巖善草隸。爲參軍時。製一裘。服終身。⊙【清】青浦人。字築夫。號南山。初業漆工。爲人綵繪。精巧過人。改學畫。善寫眞。工人物花鳥。尤長棧道及驢馬之屬。

李・巘 【唐】祗子。累官刑部尚書。性介直。歷官清白。家無留儲。

李・瓚 【後漢】膺子。位至東平相。初曹操微時。瓚異其才。將沒。謂子宣等曰。時將亂矣。天下英雄。無過曹操。張孟卓與吾善。袁本初汝外親。雖爾勿依。必歸曹氏。諸子從之。並免於亂世。⊙【後魏】瑾弟。字道璵。少有風尚。辟司徒參軍。神龜中卒。⊙【元】姑蘇人。字子粲。一字子氈。自號弋陽山樵。多才能文。旁通浮屠莊周之學。有弋陽山樵稿。

李・嚼 【清】孝感人。字伯若。順治間以貢生知將樂縣。始至。葺龜山書院。召諸生肄業。時至村落間。問民疾苦。導之以善。縣人悉向化。以事去官。縣人焚香號哭。繪像祀之。

李・纓 【宋】師事陸九淵。爲弟子冠。九淵甚愛重之。

李・顒 【明】湖廣桃源人。字榮宗。成化進士。授戶部主事。以清慎著聞。知南康府。倣朱熹白鹿洞規。興學勸士。乞休歸卒。

李・顯忠 【宋】青澗人。忠勇絕人。紹興間屢立大功。爲中興名將。官至太尉。孝宗朝數破金兵。幾復河南之地。爲邵宏淵牽掣致敗。功以不就。卒諡忠襄。

李・顯達 【後魏】陽翟人。父喪。水漿不入口。七日鬢髮墮落。形容枯悴。廬墓六年。哭不絕聲。殆於滅性。州牧高陽王雍以聞。詔旌其門。

李・鱓 【清】江蘇興化人。字復堂。號宗揚。博學能詩文。工書畫。康熙舉人。官滕縣知縣。爲政清簡。士民懷之。以忤大吏罷歸。築浮漚館於城南。嘯詠以終。

李・麟 【唐】濬子。累擢兵部侍郎。出與楊國忠同列。國忠怙權。疾之。出爲河東太守。有清政。玄宗還京。進同中書門下平章事。封襄國公。張皇后挾李輔國浸撓政。苗晉卿等皆附離取安。獨麟守正不阿。輔國忌恚。乾元初罷爲太子少傅。卒諡德。⊙【明】鄞人。字次公。善白描佛像。尤長寫貌。自署龍眠後身。⊙【清】咸陽人。字振公。征吳三桂。擊噶爾丹。以功累擢化林營參將。打箭爐蠻人恃險不服。平之。策妄阿喇布坦擾西藏。麟隨軍進討。西藏平。遷固原提督。雍正間授內大臣・鑾儀使。以年老乞歸卒。

李・麟友 【清】嘉興人。字振公。父自明。官揚州學官。明亡自縊學宮。麟友求父尸不得。遂棄舉子業。工詩。慷慨奔放。不落凡近。有醒齋吟草。

李・麟光 【清】武進人。號容洲。有臺灣記略。

李·灝 〔清〕南豐人。字柱文。乾隆時以生員薦試鴻博不遇。後官永寧訓導。有易範同宗錄·問蔭堂集。

李·讓夷 〔唐〕隴西人。字達心。擢進士第。武宗時累官同中書門下平章事。宣宗立。進司空·門下侍郎。廉介不妄交。位雖顯劇。猶以儉約自將。爲世咨美。

李·靄之 〔梁〕華陰人。善畫山水泉石。又喜畫貓。爲羅紹威所厚。建金波亭以居之。因號金波處士。

李·靈 〔後魏〕緦子。字虎符。太武帝徵拜中書博士。以學優溫謹。選授文成帝經。賜爵高邑子。文成卽位。除洛州刺史。卒諡簡。

李·靈省 〔唐〕憲宗時人。工畫山水竹樹。又以篆名家。

李·靈夔 〔唐〕高祖十九子。封魯王。篤學。善草隸。通音律。歷五州刺史。垂拱初徙相州。坐與越王貞謀起兵。流振州。自殺。

李·觀 〔唐〕洛陽人。少沈厚寡言。以策干朔方節度使郭子儀。子儀遣佐坊州刺史吳伷爲防過使。以親喪歸。吐蕃內寇。代宗幸陝。觀隱盩厔。率鄉兵千人守黑水。虜不敢侵。旋爲嶺南節度楊愼微偏將。數捕平劇賊。德宗時攝四鎭北庭行軍·涇原節度使。官終檢校工部尙書。⊙〔唐〕華從子。字元賓。貞元進士。舉弘辭。授太子校書郎。卒年二十九。觀屬文不襲沿前人。時謂與韓愈相上下。有李元賓文編。⊙〔宋〕袁州人。字夢符。自號玉谿叟。慶曆間試南宮。賦偶落韻。有司愛其策。爲取特旨。由是登第。以著作佐郎知清江縣。嘗爲太學官。出判處州。請監南嶽廟以歸。終日醉吟溪上。於世味淡如也。⊙〔清〕昆明人。字文瀾。號仙舟。又號大可山人。乾隆武舉。嘗從征緬甸。棄官隱於畫。

李·觀正 〔清〕湘潭人。字端友。號雲壑山人。博雅工書。嗜酒。醉則百幅立就。好神仙鬼怪之術。所言多奇中。

李·觀象 〔宋〕臨桂人。五代時依湖南周行逢。爲掌書記。行逢殘忍多誅殺。觀象懼及禍。清苦自勵。行逢頗加信任。軍府之政。一皆取決。觀象涉經史。有文辭。忌才怙寵。行逢臨終。託以後事。令子保權善待之。其後宋師壓境。觀象勸歸朝。不從。及湖湘平。太祖以爲左補闕。

李·讜 〔後梁〕臨晉人。勇悍多力。甚有氣誼。初仕黃巢。後歸太祖。署都將。從討蔡賊秦宗權。伐兗鄆。皆有功。郴王友裕攻澤州。太祖令讜將兵越太行。以違節度無功誅死。

李·鑾宣 〔清〕靜樂人。字石農。乾隆進士。授主事。嘉慶間累官雲南按察使。緣事謫戍。尋釋回。官至雲南巡撫。有堅白石齋詩集。

李·驤 〔成漢〕特弟。字元龍。驍銳武幹。與諸兄弟等。特承制拜驍騎將軍。屢立戰功。特子雄卽王位。以驤爲太傅。永嘉間焦登據涪城。驤攻登。生得之。巴西·梓潼遂盡爲雄有。進大將軍·錄尙書總統。卒諡漢獻王。及子壽僭位。追諡獻皇帝。⊙〔北漢〕眞定人。慷慨善談兵。有幹略。漢天福末高祖以劉旻爲太原尹。擢驤少尹以佐之。隱帝遇害。侍中郭威遣馮道等迎湘陰公贇於徐州。驤陰說旻曰。郭公舉兵犯順。其勢不能爲漢臣。必不爲劉氏立後。公不如疾引兵逾太行。據孟津。俟徐州相公卽位。然後還鎭。則郭公不敢動矣。不然。必爲所賣。旻大罵曰。驤欲離間吾父子耶。命斬之。旻已而威果自立。弑湘陰公於宋州。

李·驥 〔明〕郯城人。字尙德。洪武間入國學。授戶科給事中。歷新鄉·東安。皆有惠政。宣德間擢河南知府。行火甲法。道不拾遺。驥持身端恪。晏居雖几席必正。及卒。民祠祀之。⊙〔明〕麟弟。字次德。亦工寫眞。嘗渡錢塘。負擔者攫其行李而去。跡之無所獲。乃想像其貌而圖揭於道。同侶見而笑曰。某也。果得之。

李·驥元 〔清〕綿州人。字鳧塘。乾隆進士。官至右中允。有雲棧詩稿。多危苦蕭颯之音。

李·鬱 〔宋〕平陽人。畫人物極精贍。

李·顥 〔宋〕洛陽人。字端伯。登進士第。元祐中爲祕書省校書郎。程頤極稱之。

杜·乂 〔晉〕錫子。字弘理。性柔和。美姿容。有盛名於江左。王羲之見而目之曰。膚若凝脂。眼如點漆。神仙中人也。桓彝亦曰。衞玠神清。杜乂形清。辟公府掾。爲丹陽丞。早卒。女爲成恭皇后。後諡穆。

杜·三策 〔明〕東平人。字毅齋。天啓進士。官給事中。魏忠賢擅權亂政。三策特疏劾之。忠賢矯旨逮三策。至德州。忠賢伏誅。放還。崇禎初起戶科給事中。册封琉球。卻金。得使臣體。

杜·大成 〔明〕金陵人。一作吳人。字允修。自號山狂生。善畫禽蟲花木。嗜聲詩。工音律。

杜·大珪 〔宋〕眉州人。第進士。有名臣碑傳琬琰集。

杜·大綬 〔明〕吳縣人。字子紆。畫山水有逸趣。兼精端楷。年七十餘。書華嚴經八十一卷。藏天宮寺。

杜·子春 〔後漢〕緱氏人。生西漢之末。受周禮於劉歆。値兵革疾疫。弟子多死。惟子春至永平初尙存。年且九十。家於南山。鄭衆·賈逵並往受業。周禮之學始傳。⊙周隋間人。縱酒閒游。資蕩盡。有老人數與錢。又盡之。老人與登華山雲臺峯。使守藥鑪。猛虎毒蛇無所餓。尋爲人殺。轉身爲女。爲盧珪妻。生一男。二歲抱與之言。不應。盧怒。持兒撲殺之。子春愛生於心。不覺失聲云噫。噫聲未息。身坐故處。老人亦在。歎曰。向使子無噫聲。吾之藥成。子亦上仙矣。歎恨而歸。

杜子恭 〔晉〕錢唐人。有道術。東土豪家及京邑貴盛。並事之爲弟子。

杜子野 〔宋〕宜黃人。王安石幼師之。及爲相。子野來見。安石問所欲。但指壁間顏眞卿所書東方朔畫像贊。安石曰。墨本何足貴。石在河北德州。致之亦易。於是輦石。併以金帛遺之。子野受石。他無所取。

杜子瓌 〔前蜀〕成都人。一作華陰人。字懷玉。工畫佛道圓光。自謂非丹青家所及。

杜不愆 〔晉〕廬江人。少就外祖郭璞學易。卜筮有驗。後爲桓嗣建威參軍。

杜中立 〔唐〕羔子。字無爲。以蔭歷太子通事舍人。文宗時尙眞源長公主。數求自試。遷左右金吾大將軍。再遷司農卿。繩吏急。反爲中傷。左徙慶王傅。官終義武節度使。

杜之偉 〔陳〕錢唐人。字子大。家世儒學。以三禮專門。之偉幼精敏。有逸才。年十五。遍觀文史及儀禮故事。時輩稱其早成。仕梁爲東宮學士。兼太學博士。陳武帝受禪。除鴻臚卿。勅譔梁史。爲文溫雅博贍。有文集。

杜仁偉 〔宋〕達州人。爲馬步軍都指揮。淳化中李順作亂。仁偉罄家貲助官軍討賊。斬獲甚衆。以功授檢校太子賓客。

杜仁傑 〔元〕長清人。字仲梁。一字善夫。工詩。至元中屢徵不起。以子元素貴。贈翰林承旨．資善大夫。卒諡文穆。有善夫先生集。

杜元枝 〔清〕長洲人。字友梅。善畫工細人物。乾隆時直內廷。曾繪十八學士登瀛洲圖。甚工緻。假歸卒。

杜元穎 〔唐〕如晦五世孫。貞元末第進士。歷翰林學士。敏文辭。爲憲宗所賞歎。穆宗以元穎多識朝章。尤被寵。不一年至宰相。尋爲西川節度使。斂取苛重。戎備不修。賊至輒潰。貶循州司馬卒。

杜元寶 〔後魏〕遺子。位司空。進爵京兆王。及歸而遭父喪。當入謝。元寶欲以表聞。文成帝未知遺卒。怪其遲。召之。元寶將入。或謂宜以家憂自辭。元寶欲見其寵。不從。冒哀而入。未幾以謀反伏誅。

杜公瞻 〔隋〕官著作佐郎。兼散騎常侍。所著類書曰編珠。後人疑出僞撰。然採擷詞華頗絢麗。

杜友 〔晉〕東郡人。字季子。魏正元中爲侍御史。毌丘儉之誅。黨羽七百餘人。友治其獄。惟舉首事十八人。餘皆奏免。仕晉歷冀州刺史．河南尹。

杜友開 〔唐〕字陽父。卜居君山之麓。家貧。授徒以自給。大曆間歲大饑。生徒散亡。食盡。或勸以鬻墓樹。友開謝不可。竟餓死。妻吳氏不忍苟活。遂相枕藉而卒。

杜太后 〔宋〕安喜人。歸太祖父宣帝。太祖卽位。尊爲皇太后。嘗謂太祖曰。周有長君。天下豈爲汝有。汝百歲後。當傳位於汝弟。太祖頓首泣曰。敢不如教。太后顧謂趙普曰。爾同記吾言。不可違也。崩諡昭憲。

杜文 〔金〕雲中人。字華老。工畫山水。

杜文秀 〔清〕雲南回人。本居永昌。咸豐間踞大理府。大理以東回民相率應之。占領至五十三城。同治間岑毓英平迤東。文秀尙據迤西。進攻省城。爲毓英所敗。楊玉科復自四川進勦。文秀乞降。被誅。據滇西凡十八年。

杜文明 〔明〕慈谿人。倭寇至。團結鄉勇以禦之。自爲部長。子槐死於敵。文明已老。擊倭敗之。倭人稱爲杜將軍。後戰沒奉化楓樹嶺。

杜文煥 〔明〕桐子。字敬武。神宗時以蔭累官寧夏總兵。延綏被寇。赴救大破之。尋鎭延綏。諸部叛服不常。屢爲文煥所摧破。因相繼納款。熹宗時寇大張。深入以洩憤。文煥度不能制。謝病去。崇禎時陝西羣盜起。文煥數敗賊。賊亦日益多。後此起廢者屢。官終浙江總兵。

杜文瀾 〔清〕秀水人。字小舫。官至江蘇道員。署兩淮鹽運使。曾國藩甚重其才。有曼陀羅華閣瑣記．采香詞．詞律校勘記．古謠諺．平定粵寇記略。

杜令昭 〔唐〕開元中官海州刺史。值海潮漲。居民漂溺。令昭築永安隄以防之。民免於患。閭里歌之。

杜可大 〔宋〕蜀人。邃於術數之學。廖應淮配漢陽軍。抵漢江濱。可大預知之。授以邵雍先天易數。

杜幼文 〔南朝宋〕驥子。薄於行。明帝初以軍功封邵陽縣男。尋坐巧佞奪爵。後以發太尉廬江王禕謀反事。拜黃門侍郎。廢帝時爲散騎常侍。所在貪橫。女伎絲竹。晝夜不絕。坐誅。

杜幼安 〔梁〕崱弟。性至孝。寬厚雄勇。太清中爲西荊州刺史。屢討侯景。敗之。後因兵敗降景。遂被害。

杜弘文 〔南朝宋〕慧度子。繼父爲刺史。文帝時被徵。就路得重疾。或勸表待病瘉。弘文曰。吾杖節三世。常欲投軀帝庭。況被徵命而可晏然乎。旋卒於道。

杜本 〔元〕清江人。字伯原。博學善屬文。武宗時被召至京師。未幾歸隱。順帝時召爲翰林待制。復稱疾固辭。本湛靜寡欲。與人交。尤篤於義。

工篆隸。有詩經表義·清江碧嶂集·谷音等書。學者稱爲清碧先生。

杜·正玄 【隋】鄴人。字愼徽。性聰敏。博涉多通。開皇末舉秀才。嘗於帝前賦白鸚鵡。援筆立成。辭理華贍。楊素歎爲眞秀才。授晉王行參軍。轉豫章王記室。卒官。

杜·正倫 【唐】洹水人。隋末舉秀才。調武騎尉。太宗表直秦王府文學館。貞觀中累進中書侍郎。論事稱旨。顯慶初進同中書門下三品。遷中書令。封襄陽縣公。李義府同執政。不能下。出補橫州刺史卒。

杜·正華 【晉】東陽人。諸生。工畫竹。好吟咏。

杜·正藏 【隋】正玄弟。字爲善。好學善屬文。大業中舉秀才。著碑誄銘頌詩賦百餘篇。又著文章體式。大爲後進所寶。時人號爲文軌。海外百濟·高麗。亦共傳習。稱爲杜家新書。

杜·玉林 【清】金匱人。字凝臺。一字曲江。乾隆進士。累擢四川鹽驛道。時用兵金川。命督運糧儲。軍食無匱。累官刑部右侍郎。坐事戍伊犂。詔起爲刑部郎中。以疾卒於路。

杜生 【唐】許州人。善易占。有亡奴者。問所從追。杜生曰。自此行。逢使者。懇丐其鞭。若不可。則以情告。果値使者於道。如杜生語。使者異之曰。去鞭。吾無以進馬。可折道旁叢代之。乃往折叢。見亡奴在其下。獲之。其他奇驗皆類此。◎【宋】潁昌人。隱士。不知其名。縣人呼爲杜五郎。所居去縣三十里。有屋兩間。與其子並居。不出門者三十年。黎陽尉孫軫往訪之。時盛寒。布袍草履。室中枵然。而氣韻閑曠。言辭清簡。軫嗟歎流連。久之乃去。

杜·立德 【明】寶坻人。字純一。明崇禎進士。順治初以薦授中書。考選給事中。累遷太子少保·刑部尚書。每讞重辟。必周詳審愼。反覆爲求生路。尋授保和殿大學士。兼禮部尚書。殫心獻納。遇事持大體。卒謚文端。

杜·伏威 【唐】章丘人。隋末爲盜。狡譎多謀。乃共推爲主。衆至數萬。江淮羣盜咸附之。後獻款高祖。入朝拜太子太保。留京師。伏威好神仙長年術。餌雲母。被毒卒。

杜·充 【宋】相人。字公美。喜功名。性殘忍好殺。而短於謀略。第紹聖進士。靖康初知滄州。時金人南侵。郡中僑寓皆燕人。充慮爲內應。盡殺之。建炎中代宗澤爲留守。拜尚書右僕射·同平章事。充短於撫御。兩河忠義之士。往往引去。後兵敗降金。終行臺右丞相。

杜·光庭 【唐】括蒼人。字賓聖。道號東瀛子。初喜讀經史。工詞章翰墨之學。懿宗設萬言科選士。不中。入天台山爲道士。僖宗幸蜀。光庭始充麟德殿文章應制。王建據蜀。賜號廣成先生。進戶部侍郎。後歸老青城。有文集。

杜后 【晉】預曾孫。名陵陽。成帝成康中。拜爲皇后。少有姿色。長猶無齒。及帝納采之日。一夜齒盡生。年二十一崩。謚恭。

杜·圮 【宋】炤子。字受言。以父蔭提舉江南西路茶鹽常平事。以治行再任。事母以孝聞。圮嘗師事時相。紹興間以祠官家居者十六年。嘗戒子孫曰。仕宦當審取舍。汝曹勉之。有碔砆集。

杜·夷 【晉】崧弟。字行齊。少而恬泊。操尙貞素。居甚貧窘。不營產業。博覽經籍百家之書。算曆圖緯。靡不畢究。寓居汝潁之間十載。足不出門。年四十餘。始還鄉里。閉門教授。生徒千人。元帝時爲國子祭酒。卒謚貞子。

杜·如晦 【唐】杜陵人。字克明。少英爽。以風流自命。內負大節。太宗卽位。爲尙書右僕射。封萊國公。與房玄齡共筦朝政。時天下新定。臺閣制度。憲物容典。率二人裁定。如晦長於斷而玄齡善謀。故二人深相契。當世稱良相。必曰房杜。卒謚成。

杜·宇 【秦】蜀主。蜀嘗大水。宇與居民避長平山。後鼈靈開峽治水。人得陸處。宇因禪位鼈靈。自居西山。得道上昇。時適二月。子鵑啼。故蜀人悲思曰。吾望帝也。因呼爲杜鵑。

杜·守一 【宋】蕭山令。先是邑有虎。守一爲政二年。虎負子渡江去。時人方漢劉琨。

杜·守元 【宋】彥圭子。開寶中爲冀州監軍。契丹入邊。固守城壁。奪獲生口羊馬。太宗時連爲井·代·鎭定·高陽關鈐轄卒。

杜·安 【後漢】潁川人。字伯夷。年十三入太學。號奇童。貴戚慕其名。或遺之書。安不發。鑿壁藏之。後諸與書者獲罪。推捕所與交通者。吏至門。安乃發壁出書。印封如故。當時皆嘉其慮遠。後拜宛令及巴郡太守。甚有政聲。◎【元】孟縣人。少有謀略。從世祖累立戰功。授龍虎衞指揮使。擢振遠大將軍。南蠻叛。遣安討之。安撫以威信。不戰而平。

杜·安世 【宋】京兆人。字壽域。有壽域詞。

杜·式方 【唐】佑子。字考元。弟從郁痼疾。躬爲營方藥羞膳。及死。期而泣。世稱其篤行。官終員外郎。

杜·汝霖 【宋】邵武人。字仁翁。嘗學於胡瑗。甚爲李公擇所稱道。其孫陵傳其家學。生五子。卽伯高·仲高·叔高·幼高·季高。時稱金華五高。

杜伯 【周】宣王大夫。無罪見殺。

杜·位 【唐】甫從子。至德中與甫同在尙書嚴武幕。後貶新州。十年得還。

甫寄以詩。後爲夔府司馬。

杜佑 唐希望子。字君卿。以父蔭補濟南參軍。歷嶺南·淮南節度使。德宗·憲宗初兩攝冢宰。進司徒。封岐國公。以太保致仕。卒諡安簡。佑嗜學。雖貴。夜分猶讀書。先是劉秩摭百家。倂周官六法。爲政典三十五篇。佑以爲未盡。因補其闕漏。參益新禮。爲二百篇。名曰通典。考唐以前掌故者。以茲編爲淵海。其後鄭樵作通志。馬端臨作文獻通考。悉以是書爲藍本焉。◎元邳州人。河南行省署爲三叉亦馬站提領。父成病於家。佑忽心驚。體沾汗。即棄職歸。父病始三日。禱神求代。嘗糞以驗疾。及父卒。廬墓盡哀。有馴兔之瑞。

杜君澤 明蘇州人。流寓高郵。字小癡。工畫山水。善楷書。

杜孝 宋巴郡人。事母以孝聞。母嗜魚膾。孝役成都。買魚盛水竹筒。投之江。祝曰。願母得此作膾。婦出汲。見而取之。持歸曰。夫所寄也。然以進姑。聞者歎爲孝感。

杜宏義 後蜀晉原人。小字老朱。工畫佛像羅漢。

杜希全 唐醴泉人。以裨將隸郭子儀。積功至朔方節度使。治軍嚴整。請城鹽州。以別軍深入吐蕃。牽掣之。使不得犯塞。執築凡六千人。閱二旬畢。由是虜憚不輕入。然居河西久。頗越法橫肆。帝數容掩之。

杜希望 唐萬年人。重然諾。所交游皆一時俊傑。玄宗時爲鄯州都督。破烏莽衆。時置鎭西軍。希望引師部分塞下。吐蕃懼。遣書求和。會虜悉衆爭壇泉。希望大小數十戰。俘其大酋。焚積蓄。居數歲。芻粟金帛豐餘。官終西河刺史。

杜延年 漢周子。字幼公。昭帝立。初補軍司空。遷諫大夫。因發上官桀逆謀。封建平侯。擢爲太僕。右曹給事中。霍光持刑罰嚴。延年輔之以寬。數言宜修孝文時政。以儉約寬和順天心悅民意。光納其言。舉賢良。議罷酒榷鹽鐵。皆自延年發之。霍光卒。延年坐免官。召拜北地太守。徙西河。徵入爲御史大夫。病篤。賜安車駟馬就第。卒諡敬。

杜杞 宋鎬子。字偉長。以蔭補將作監。累官京西轉運按察使。會廣西區希範·白崖山蠻蒙趕反。嶺外騷然。杞爲廣南西路安撫使。攻破之。誘趕降。伏兵誅殺七十餘人。又得希範。醢之。以遺諸蠻。拜天章閣待制·環慶路安撫使。官終知慶州。杞博覽書傳。通陰陽術數之學。有奏議。

杜求仁 唐正倫從子。有雅才。高宗時爲監察御史。後與徐敬業舉兵。死於難。

杜甫 唐審言從孫。字子美。居杜陵。自稱杜陵布衣。又稱少陵野老。少貧。舉進士不第。玄宗時以獻賦待制集賢院。安祿山作亂。玄宗入蜀。肅宗立。甫自州走鳳翔上謁。拜右拾遺。房琯敗陳濤斜。罷相。甫疏救。出爲華州司功參軍。棄官客秦州。流落劍南。依嚴武。武表爲檢校工部員外郎。大曆中游耒陽。一夕大醉卒。甫博極羣書。善爲詩歌。渾涵汪洋。千態萬狀。憂時即事。世號詩史。元稹謂詩人以來。未有如子美者。有杜工部集。時人以別於杜牧。稱爲老杜。

杜秀 晉軫子。字彥穎。爲羅尚主簿。州爲氐賊李驤所據。欲用爲司馬。不受。被害。

杜邦舉 明富平人。官鄢陵典史。李自成之亂。與知縣劉振之同守城。城陷。自成欲降之。邦舉大罵。賊抉其舌。含血噴之。遂遇害。

杜防 遼歸義人。開泰進士。累遷起居郎。知制誥。人以爲有宰相器。重熙間參知政事。益信任。拜南府宰相。後拜右丞相。加尚父。卒諡元肅。

杜亞 唐京兆人。字次公。肅宗在靈武。上書論當世事。擢校書郎。累遷諫議大夫。亞自以當衡柄。悒悒不悅。遷給事中。出爲江西觀察使。德宗立。召還。所建奏疏闊不稱旨。罷爲陝虢觀察。興元初入遷刑部侍郎。又拜淮西節度使。大興水利。然承陳少游後。專率煩重。又雅意丞弼。厭外官。往往不親事。恣爲侈靡。旋罷歸。以檢校吏部尚書留守東都。卒諡肅。

杜京產 南齊道子。字景齊。少恬靜。不樂仕進。隱於會稽日門山。聚徒教授。建武初徵爲員外散騎侍郎。辭疾不就。

杜叔毗 北周襄陽人。字子弼。早孤。事母以孝聞。仕梁爲宜豐侯蕭循府直兵參軍。兄君錫·從子映·映弟晰各領部曲。爲曹策等所害。循降周。策至長安。叔毗白日手刃策。請就戮。文帝舍之。累遷陝州刺史。後從南伐。爲陳人所擒。將降之。叔毗辭色不撓。遂被害。

杜叔高 宋汝霖曾孫。名斿。嘗問道於朱熹。與辛棄疾諸人游。端平初以布衣召。入館閣校讐。年已八十餘。陳亮嘗云。叔高之詩。如干戈森立。有呑虎食牛之氣。而左右發春妍以輝映於其間。又云仲高之詞。叔高之詩。皆入能品。非獨一門之盛。蓋可謂一時之豪矣。

杜受田 清濱州人。字芝農。道光進士。咸豐間官至刑部尚書·協辦大學士。直上書房十有七年。朝夕輔導。未嘗一日離。平居敬愼。所蒞事不煩擾而輒就理。卒諡文正。

杜周 漢杜衍人。爲張湯廷尉史。少言重遲。而內深次骨。其治大抵倣張湯。而善伺帝意。爲中丞十餘歲。終御史大夫。

杜和　元歷山人。字彥謙。順帝時知瑞安州事。性明敏介潔。遇事不苟。爲政不尙虛名。不畏強禦。庶事井井有條。至正間方國珍入寇。和躬率民格戰。賊遂退。州民德之。

杜坦　南朝宋預玄孫。頗涉史傳。武帝征長安。從南還。文帝任遇甚厚。歷青冀二州刺史。南平王鑠右將軍司馬。時晚度北人。常以傖荒遇之。坦慨然借金日磾事與帝言。帝默然。

杜奇　明北平人。成祖初起兵。欲廣置羽翼。令舉賢良方正。有司以奇名上。奇極諫當守臣節。成祖怒。立斬之。並族其家。

杜孟　宋普州人。讀書太學。因童貫・蔡京用事。幡然而歸。嘗訓子孫曰。忠孝吾家之寶。經史吾家之田。時號爲寶田杜氏。

杜季良　後漢京兆人。名保。以字行。光武帝時官越騎校尉。豪俠好義。仇人上書訟其爲行浮薄。亂羣惑衆。免官。馬援在交阯。還書誡兄子。謂效季良不得。陷爲天下輕薄子云。

杜岸　梁嶷弟。字公衡。少有武幹。好縱橫之術。元帝時爲北梁州刺史。後攻襄陽遇害。

杜并　唐審言子。審言坐事貶吉州司戶參軍。司馬周季重・司戶郭若訥構其罪。繫獄將殺之。并年十三。袖刃刺季重於坐。并亦被殺。季重將死曰。審言有孝子。吾不知。若訥故誤我。

杜弢　晉成都人。字景文。初以才學著稱。州舉秀才。南平太守應詹愛其才而禮之。後爲醴陵令。時巴蜀流人聚衆擾荆湘。共推弢爲主。弢自稱梁益二州牧・湘州刺史。縱兵侵暴。前後數十戰。將士多物故。乃請降。許之。加巴東監軍。諸將攻擊不已。遂復叛。爲陶侃所敗。後不知所終。

杜易簡　唐審言從兄。九歲能屬文。長博學。第進士。咸亨初歷殿中侍御史。嘗道遇吏部尙書李敬玄不避。敬玄召爲考功員外郞屈之。易簡上書言敬玄罪。敬玄曰。襄陽兒輕薄乃爾。因奏易簡險躁。貶開州司馬。

杜杲　北周杜陵人。字子暉。學涉經史。有幹略。明帝時爲司命上士。累使陳。有辭辨。嫻於占對。官至同州刺史。入隋終兵部尙書。◎宋邵武人。字子昕。理宗朝官至刑部尙書・龍圖閣學士。數禦元兵。皆有功。杲淹貫經史。善行草急就章。爲文麗密。晚歲專意理學。嘗言吾兵間無悖謀左畫。得於四書。

杜松　明桐弟。字來青。萬曆間累軍功爲寧夏守備。遷東路副總兵。松爲將廉。有膽智。尙氣不能容物。嘗因小忿。薙髮爲僧。尋起孤山副總兵。頻失利。自後起廢者屢。時多惜其勇而惡其僨事。會薊遼多事。令松以總兵官鎭山海關。恃勇輕進。爲清兵所敗。沒於陣。

杜松贇　隋北海人。性剛烈。重名義。爲石門府隊正。大業末楊厚來攻北海。松贇覘賊被執。使說城中降。松贇至城下。大呼曰。我邂逅被執。非力屈也。官軍大來。賊旦暮禽翦。遂遇害。

杜林　後漢鄴子。字伯山。博洽多聞。時稱通儒。初客河西。逼於隗囂而不屈節。弟成卒。聽林持喪歸。遣劍客楊賢遮殺之。賢見其身推鹿車。自載弟喪。歎曰。我雖小人。何忍殺義士。因亡去。光武召爲侍御史。官至大司空。

杜牧　唐佑孫。字牧之。善屬文。第進士。歷殿中侍御史・內供奉。時劉從諫守澤潞。何進滔據魏博。驕蹇不循法度。牧追咎長慶以來朝廷措置無術。復失山東。嫌己不當位而言。實有罪。故作罪言。後澤潞平。略如其策。會昌中遷中書舍人。牧剛直有奇節。不爲齪齪小謹。敢論列大事。指陳利病尤切。詩情致豪邁。人號爲小杜。以別於杜甫。有樊川集。

杜知仁　宋燁弟。字方山。少爲詩文。既乃棄去。卽六經語孟。考論諸儒風旨。得紫陽書。曰。道在是矣。所著詩文十五卷。訂禮讀易說詩。多所論述。未及衰而卒。

杜知耕　淸柘城人。字臨甫。號伯瞿。舉人。精算學。著幾何論約及數學鑰圖注。梅文鼎謂其九章顓中肯綮。

杜育　晉字方叔。幼岐嶷。號神童。及長。美丰姿。有才藻。時人號曰杜聖。

杜芥　淸濬弟。字蒼略。號些山。明諸生。與兄行同而趣異。退然自同於衆。所著詩文弗示人。室穢終歲不掃除。每日中不得食。然意色間無幾微不自適者。有些山集。

杜亮采　淸上海人。字殿六。嘗知垣曲縣。工畫山水。沖和潤澤。爲時所稱。又工詩。

杜俁　宋成都人。字碩甫。父沂與蘇軾友善。俁幼從軾游。家藏書畫甚富。工詩。隱居自適。鄉黨尊禮之。有詩集。

杜厚　淸江蘇人。字載爲。號拙齋。生平專攻漢隸書。臨寫無虛日。

杜咸　唐正倫從孫。累遷右臺監察御史。牂牁反。咸監軍。以計破賊。擒其酋。遂平之。遷侍御史。開元中爲河北按察使。坐用法深。貶睦州司馬。

杜契　三國吳杜陵人。字廣平。

初依孫鏡。黃武初學道。隱居華陽。

杜・宥 〔明〕江陰人。景泰進士。擢御史。時多災異。偕同官言事。謫典史。尋遷英德知縣。移龍州通判。謝病歸。

杜・庠 〔明〕長洲人。字公序。景泰進士。除攸縣知縣。罷歸。放情詩酒。往來湖浙間。自稱西湖醉老。嘗過赤壁題詩。人呼爲杜赤壁。有楚游・江浙・歌風諸集。

杜・度 〔後漢〕字伯度。工草書。崔瑗・崔寔父子繼之。羅暉・趙襲。亦能此藝。襲與張芝相善。故芝云。上比崔杜不足。下方羅趙有餘。

杜度 〔清〕褚英子。從攻明有功。取封貝勒。天聰・崇德間從征朝鮮。取江華島。敗朝鮮水師。克其城。又從岳託由牆子嶺入明境。岳託卒於軍。遂代之。略明山東寧錦諸地。戰松山三戰三捷。尋卒。

杜・建徽 〔五代吳越〕新城人。字延光。少強勇。有大志。從錢鏐征伐。輒單騎入陣。累立大功。自武安都將累遷昭化軍節度使・吳越國丞相。

杜・彥 〔隋〕雲中人。性勇敢。善騎射。初仕周。以戰功拜大都督。文帝時復以戰功晉爵爲公。突厥數爲邊患。然甚憚彥。後乃不敢犯塞。

杜・彥圭 〔宋〕審瓊子。開寶中領饒州防禦使。坐事責授饒州刺史。遷沙州觀察使。雍熙中北伐。副米信爲幽州西北道行營都部署。以不容軍士晡食。設陣不整。以致亡失。左遷均州團練副使卒。

杜・恆燦 〔清〕三原人。字杜若。號蒼舒。順治副貢生。歷爲郎廷極・賈漢復・梁化鳳諸人客。畢生出入幕府中。以賣文爲活。考職授通判。未仕卒。有春樹草堂集。

杜・旃 〔宋〕金華人。字叔高。嘗問道於朱熹。與辛棄疾諸人游。端平初以布衣召爲祕閣校讐。

杜・毗 〔晉〕軫子。字長基。舉秀才。遷尚書郎。及洛陽覆沒。毗南渡江。授益州刺史。杜弢遣軍要毗。遂遇害。

杜・洩 〔春秋魯〕叔孫氏家臣。叔孫豹卒。杜洩葬叔孫。將周王所賜之路車葬。且盡卿禮。季孫使杜洩舍路。不可。乃使以葬。季氏舍中軍。以書使杜洩告於殯曰。子固欲毀中軍。既毀之矣。故告。杜洩曰。夫子唯不欲毀也。故盟諸僖閎。詛諸五父之衢。受其書而投之。帥士而哭之。既葬而行。

杜・洪 〔唐〕鄂州人。爲里俳兒。僖宗時黃巢亂江南。永興刺史募民雄彊者爲土團以禦盜。於是人人知兵。洪爲州將。有功。逐岳州刺史居之。既又乘虛入鄂。自爲節度留後。即拜本軍節度使。陰附朱全忠。絕東南貢道。昭宗時爲李神福・劉存所敗。誅死。

杜・炤 〔宋〕杞子。字自明。官朝奉郎。少與王雱友善。自其父安石變法。尚新經。天下翕然歸之。炤遂不復與雱接。炤好學能文。尤工詩。

杜・秋娘 〔唐〕金陵女子。年十五。爲李錡妾。錡滅。入宮。穆宗命爲皇子傅姆。漳王廢。賜歸故鄉。

杜・茂 〔後漢〕冠軍人。字諸公。初歸光武。爲中堅將軍。常從征伐。拜大將軍。擊五校賊於魏郡・清河・東郡。悉平諸營堡。道路流通。拜爲驃騎大將軍。後引兵屯田晉陽・廣武。鎭守北邊。封參蘧鄉侯卒。

杜・衍 〔宋〕山陰人。字世昌。總髮厲操。尤篤於學。大中祥符初擢進士甲科。歷知外郡。不以刑威督下。吏民憚其清整。仁宗特召爲御史中丞。奏大臣宜迭召見。賜坐便殿。以盡獻替。兼判吏部流內銓。吏不能爲奸。拜樞密使。與富弼・韓琦・范仲淹共事。欲盡革衆弊。修紀綱。衍勁正清約。尤裁抑僥倖。每內降恩。率寢格不行。積詔旨十數。輒納帝前。拜同平章事。小人寖不悅。爲相百日而罷。以太子少師致仕。封祁國公。卒諡正獻。

杜・重威 〔五代漢〕朔州人。尚晉高祖女弟宋國大長公主。累從征伐。積功拜成德軍節度使。無行。不知將略。攻破安重榮於鎭州。悉取府庫及重榮貲產。高祖知而不問。在鎭重斂其民。戶口凋敝。後率晉軍十萬降契丹。遼遷鄴。漢高祖定京師。重威固守。食盡乃降。高祖崩。大臣共誅之。

杜・韋娘 〔唐〕妓。劉禹錫詩云。高髻雲鬟宮樣粧。春風一曲杜韋娘。司空見慣渾閒事。斷盡蘇州刺史腸。

杜・首昌 〔清〕江蘇山陽人。字湘草。善行草書。家有綰秀園。水石花木。勝甲一郡。

杜・兼 〔唐〕正倫五世孫。字處弘。建中初進士。後爲濠州刺史。性浮險。尚豪侈。知帝意厭兵。刺史至歷年不徙。兼謀自固。即修武備。募勁兵。帝以爲才。益橫恣。元和初改蘇州刺史。擢河南尹。所至殺戮聚斂。適幸其時。未嘗敗。卒年七十。家聚書至萬卷。署其末。戒子孫以鬻爲不孝。

杜・原款 〔春秋晉〕太子申生之傅。以驪姬譖見殺。

杜・庭珠 〔清〕臻子。字怡谷。官知縣。工畫山水。與杜詔同編唐詩叩彈集。

杜・庭睦 〔唐〕工畫道釋人物。喜寫故實。風神氣骨。別有會心。

杜・恕 〔三國魏〕畿子。字務伯。太和中爲散騎黃門侍郎。推誠以質。不治飾。少無名譽。在朝八年。不結黨援。專心向公。論議亢直。後爲幽州刺史。爲程喜劾奏。徙章武郡卒。恕倜儻任意。而思不防患。終以致敗。

杜旟　【宋】旟弟。字仲高。嘗占湖漕舉首。有杜詩發微、癖齋稿。

杜時昇　【金】信安人。字進之。博學知天文。不肯仕進。承安泰和間宰相數薦時昇可大用。時風俗侈靡。紀綱大壞。乃南渡河。隱居嵩洛山中。以伊洛之學敎人。至大末卒。

杜棲　【南齊】京產子。字孟山。從劉瓛受學。善清言。能彈琴飲酒。名儒貴游。多敬待之。爭相辟召。以父老歸養。父沒。水漿不入口七日。晨夕不罷哭。不食鹽菜。朔望節歲。絕而復蘇。吐血數升。時何胤、謝朏並隱東山。遺書曉譬。誡以毀滅。祥禫朞。夢見其父。慟哭而絕。初何點見棲歎曰。卿風韻如此。雖獲嘉譽。不永年矣。卒年三十六。

杜根　【後漢】安子。字伯堅。性方實。安帝初舉孝廉。爲郎中。時鄧太后臨朝。權在外戚。乃與同時郎上書直諫歸政。太后大怒。執根等。令盛以縑囊。於殿上撲殺之。得蘇。逃爲酒家保。鄧氏誅。拜侍御史。順帝時遷濟陰太守。去官還家卒。

杜桐　【明】崑山人。字來儀。萬曆時累官延綏總兵。襲破套賊。馘其部長。徙鎮寧夏。番衆大舉入寇。桐連破之。賊喪氣納款。桐有將才。自偏裨至大帥。屢立首功。時服其勇。

杜烈　【晉】軫弟。明政事。察孝廉。歷平康、安陽令。有異績。遷衡陽太守。聞軫亡。因自表兄子幼弱。求去官。詔轉犍爲太守。蜀土榮之。終成都王穎郎中令。

杜眞　【後漢】綿竹人。字孟宗。少有孝行。習易春秋。誦百萬言。師事同郡翟酺。酺後繫獄。眞上疏訟之。受笞六百。竟免酺難。京師壯之。眞性慷慨。嘗散財施宗族。不應公府辟命。長吏每交於門。乃斷髮以自絕。

杜純　【宋】鄄城人。字孝錫。以蔭爲泉州司戶參軍。泉有蕃舶之饒。純絕無所私。久之爲大理正。以忤王安石罷歸。哲宗初范純仁等交章薦之。除河北轉運判官。擢侍御史。累官兵部侍郎。純好易中庸。能釋其義。浮屠老莊。亦探索微妙。有詩文奏議。

杜紘　【宋】純弟。字君章。第進士。神宗朝由永年令爲大理評斷。每議獄。必傅經誼。哲宗時爲夏國母祭奠使。夏人初不遜。紘折之。始長懼加敬。讀書至老不倦。長於禮經。有文集。奏議、易說數十篇。

杜羔　【唐】兼從弟。貞元進士。遭兵。父死母離。不知所之。羔號終日。及兼爲澤潞判官。鞫獄。因得其母。後至佛寺。得柱間文字。乃父所記。因識其墓。元和中爲萬年令。歷振武節度使。以工部尙書致仕卒。諡敬。

杜能嘉　【明】臨武人。事親一循古禮。

杜荀鶴　【後梁】牧季子。字彥之。自號九華山人。唐大順進士。善爲詩。自成一家。尤長於宮詞。入梁授翰林學士。知制誥。恃太祖勢。凡搢紳間己所不悅者。將謀盡殺之。事未發。遘疾卒。有唐風集。

杜迹　【明】知慈利縣。處己廉介。賦役均平。嘗入蠻谿採官木。夷獠爭來迎勞。奉之如父母。

杜偉　【明】吳江人。字道升。六歲時祖母疾盲。舐之而愈。嘉靖間舉於鄉。江西羅洪先聞其賢。聘爲子弟師。偉即從受學。時與靜坐石蓮洞。學益進。萬曆間授南陽推官。治行冠河南。遷工部主事。權稅荊州。不私一錢。嘗渡鄱陽湖。盜入其舟。詢之爲偉。羅拜而去。

杜國寶　【宋】邛州人。在乳時其父游東吳不歸。後四十年。國寶南至荊渚。以父名出處。手揭以行。間關萬里至韶州。得父。因迎還鄉。

杜堇　【明】丹徒人。本姓陸。後改杜。字懼南。號檉居古狂、青霞亭長。成化中占籍京師。舉進士不第。絕意進取。工畫。時稱白描第一手。能作飛白體。爲文奇古。兼通六書。

杜密　【後漢】陽城人。字周甫。少有厲俗志。爲司徒胡廣所辟。累遷北海相。宦官子弟爲令長有姦惡者。輒捕案之。後去官還家。桓帝時徵拜尙書令。轉太僕。以黨事免。後復爲太僕。坐黨事徵。自殺。密與李膺齊名。世稱李杜。

杜崧　【晉】灊人。字行高。有志節。惠帝時俗多浮僞。著任子春秋以刺之。

杜常　【宋】衞州人。字正甫。昭憲太后族孫。折節學問。無戚里氣習。嘗跨驢讀書。不覺觸桑木而墮。登進士第。累官工部尙書。崇寧中以龍圖閣學士知河陽軍。會苦旱。及境而雨。大河決。常親護役。郡賴以安。

杜庶　【宋】杲子。字康侯。幼倜儻有大志。從父兵間。習邊事。未入仕。已立戰功。累官直祕閣。安撫廬州。民歡迎如見慈父。終江西轉運副使。

杜康　【周】善造酒。

杜悰　【唐】式方子。字永裕。尙憲宗女岐陽公主。爲駙馬都尉。武宗時累進尙書左僕射。罷爲劍南東川節度使。鎭淮南。尋同平章事。懿宗朝加太傅卒。悰雖出入將相。而厚自奉養。未嘗薦達幽隱。時號禿角犀。

杜惟熙　【明】東陽人。字子光。號見山。其學以復性爲宗。克欲爲實際。持己接物。眞率簡易。其教人迎機片語。卽可證悟。年八十餘小疾。語諸友曰。明晨當來作別。及期。焚香端坐曰。諸君看我如是而來。如是而去。可用得意見安排否。門人請益。曰極深研幾。遂瞑。

杜措 【後蜀】成都人。一作楷。工畫山水。兼長道釋神仙。

杜塗 【宋】江夏人。自稱漢陰老人。居泗水上。躬督耕墾。十五年遂致富。嘗謂人曰。夫忍恥入仕。不因妻子衣食者幾希。彼忍恥。我勞力。皆衣食耳。顧我何如。

杜淹 【唐】如晦叔父。字執禮。材辯多聞。隋開皇中與其友韋福嗣謀曰。上好用隱民。蘇威以隱者召。得美官。乃共入太白山。文帝惡之。謫戍江表。赦還。累擢御史中丞。高祖時爲吏部尚書。參預朝政。所薦贏四十人。後皆知名。但無淸白者。卒諡襄。

杜理 【三國魏】恕弟。字務仲。少而機察精要。父畿奇之。故名之曰理。年二十一卒。

杜衆 【後漢】弘農人。延熹中爲五官掾。時白馬令李雲送北寺獄。衆傷雲以忠諫獲罪。上書願與雲同日死。遂并下廷尉。俱死獄中。

杜翊世 【宋】華陽人。通判懷遠軍。靖康初夏人入寇。翊世率衆守禦。城陷。舉家皆投烈焰中死。

杜荷 【唐】如晦子。性暴詭不循法。尚城陽公主。官至尙乘奉御。封襄陽郡公。以與承乾反謀坐誅。

杜莘老 【宋】青神人。甫之後。字起莘。紹興進士。累官殿中侍御史。後以直顯謨閣知遂寧府。嘗歎曰。臺諫當論天下第一事。若有所長。姑言其次。是欺其心。不敬其君者也。及任言責。直言無隱。聲振一時。都人稱骨鯁敢言者必曰杜殿院。

杜處逸 【元】采石人。號道堅。又號南谷子。年十四得異疾。入茅山作道士。住邑之昇元觀。皇慶間授隆道沖眞崇正眞人。創通元觀。作覽古樓。聚書萬卷。後住宗陽宮卒。

杜貫道 【明】浙江山陰人。洪武中知休寧縣。政事文章。邑人稱頌。

杜陵 【宋】汝霖孫。能傳家學。

杜勝 【唐】黃裳子。字斌卿。寶曆進士。楊嗣復數薦材堪諫官。不爲鄭覃所佑。因自陳。拜給事中。遷戶部侍郎。欲倚爲宰相。爲中人沮毀。遷檢校禮部尚書。出爲天平節度使。不得意卒。

杜博聞 【明】陵川人。字景預。以明經爲令。果斷有爲。嘗以公勤廉儉四字銘座隅以自警。

杜喬 【後漢】林慮人。字叔榮。順帝時爲大司農。時梁冀子弟五人及中常侍等以無功並封。喬上書切諫。不省。嗣又累與冀忤。先是李固見廢。內外喪氣。惟喬正色無所回撓。爲朝野所瞻望。後卒爲冀所譖。死獄中。

杜崱 【梁】岸弟。幼有志氣。居鄉里以膽勇稱。元帝時討平侯景。累立戰功。官江州刺史。卒諡武。

杜弼 【北齊】陽曲人。字輔玄。起家征虜府墨曹參軍。孝昌初除太學博士。遷曲城令。爲政淸靜。累遷大行臺郎中。又引典機密。密勸神武受禪。以預定策功遷衞尉卿。後鎭臨海。除梁州刺史。以譖誅死。追諡文肅。弼耽好玄理。所在廉潔。吏人懷之。

杜復 【淸】浙江人。善傳神。明天啓間周順昌被逮。文震孟慮其必及於難。邀復爲寫小影。順治間卒。

杜景佺 【唐】武邑人。性嚴正。舉明經。累遷司刑丞。與徐有功·來俊臣·侯思止專治詔獄。時稱遇徐杜者生。來侯者死。延載初同鳳閣鸞臺平章事。武后嘗季秋出梨花示宰相。以爲祥。衆賀。景佺獨曰。陰陽不相奪倫。瀆則爲災。今草木黃落而復華。瀆陰陽也。臣位宰相。助天治物。治而不和。是臣之咎。后曰眞宰相。歷秋官尚書。出爲并州長史。道病卒。

杜景祥 【唐】善寫貌。

杜智 【明】蕪湖人。字仲才。儀幹魁梧。性敏嗜學。洪武間任隨州知州。有治聲。以不忍峻征逋稅。例當謫戍。廷臣具政績以聞。詔乘傳入見。陞北平知府。永樂初官至右都御史致仕。

杜曾 【晉】新野人。少驍勇絕人。始爲鎭南參軍。遷南蠻司馬。凡有戰陣。勇冠三軍。永嘉之亂。荆州荒梗。故牙門將胡亢聚衆於竟陵。自號楚公。假曾竟陵太守。曾又斬亢而并其衆。後爲周訪所破斬。◎【宋】濮州人。爲吏號知法。嘗言國朝因唐大中制。故殺人雖傷未死。已死更生。皆論如已殺。請格弗用。又言赦令。殺人已傷未死者。皆得原減。非律意。請從保辜法。死限內者勿赦。皆著爲令。

杜植 【宋】鎬子。以文雅知名。累官少府監。善吟咏。皇祐中嘗有詩刋石州治。

杜欽 【漢】緩弟。字子夏。少好經書。茂陵杜鄴與欽同姓字。俱以材能稱。京師謂欽爲小冠杜子夏。鄴爲大冠杜子夏。成帝時大將軍王鳳以外戚輔政。奏請欽爲武庫令。深博有謀。帝爲太子時。以好色聞。及卽位。皇太后詔采良家女。欽因說鳳建九女之制。後以病免。徵詣大將軍幕府。國家政謀。常與計議。史稱當世善政。多出於欽。以壽終。

杜詔 【淸】無錫人。字紫綸。康熙進士。官庶吉士。以詩受知於聖祖。逾年乞養歸。與高僧結九龍三逸社。嘗選唐詩叩彈集。皆中晚名作。自著有雲川閣集·浣花詞·鳳髓詞·蓉湖漁笛譜。

杜超 【後魏】魏郡人。字祖仁。密皇后之兄。少有節操。泰常中爲別駕。始元中太武帝思念舅氏。以超爲陽平公。尙南安長公主。拜駙馬都尉。旋爲征南將軍・太宰。進爵爲王。鎭鄴。爲帳下所害。謚威。

杜越 【清】容城人。字君異。號紫峯。明諸生。講學不仕。康熙中舉鴻博。至都。以老乞歸。有紫峯集。

杜軫 【晉】成都人。字超宗。博涉經書。爲郡功曹史。鄧艾至成都。命復爲功曹。軫固辭。察孝廉。除建寧令。導以德政。風化大行。將歸。羣蠻追送。賂遺一無所受。又除池陽令。治爲雍州十一郡最。累遷尙書郎。拜犍爲太守。甚有聲譽。當遷病卒。

杜黃裳 【唐】萬年人。字遵素。擢進士第。中弘辭。郭子儀辟佐朔方府。入爲侍御史。爲裴延齡所惡。十期不遷。貞元末累遷太常卿。王叔文用事。黃裳未嘗過其門。壻韋執誼輔政。黃裳勸請太子監國。執誼不聽。卽拂衣出。皇太子總軍國事。擢門下侍郎・同中書門下平章事。劉闢叛。黃裳堅請討之。因奏罷中人監軍。而專委高崇文。蜀平。帝目黃裳曰。卿之功也。始德宗務姑息方鎭。黃裳每具言宜鑒貞元之弊。整法度。朘損諸侯。則天下治。帝嘉納之。由是削平藩鎭。綱紀整肅。赫然號中興。終河中晉絳節度使。封邠國公。卒謚宣獻。

杜微 【蜀漢】涪人。字國輔。少受學於任安。建興中諸葛亮領益州牧。妙簡舊德。並徵微。微固辭。亮曰。君但當以德輔時耳。不責君軍事。拜爲諫議大夫。以從其志。

杜慆 【唐】悰弟。懿宗時爲泗州刺史。龐勛反。圍城十月。慆數以計殺賊。外援旣絕。慆拊循吏士。殊死奮會救至。得解。遷義成軍節度使・檢校工部尙書卒。

杜敬安 【後蜀】子瓌子。一作覩龜子。爲翰林待詔。工畫佛像。尤善傅彩。

杜楚客 【唐】如晦弟。少尙奇節。貞觀中爲蒲州刺史。有能名。後爲魏王府長史。遷工部尙書。攝府事。以威肅聞。揣帝意滯承乾。乃爲王譖媚用事臣。數言王聰睿可爲嗣。人或以聞。帝隱恚。及王貶爵。楚客廢於家。尋授處化令卒。

杜業 【漢】緩子。爲太常。數言得失。不事權貴。坐法免官。哀帝卽位。上書言王氏世權日久。朝無骨鯁之臣。又言宜爲恭王立廟京師。以章孝道。帝崩。王莽秉政。憂恐發病死。謚荒。

杜溥 【元】嘉興路總管。廉正仁厚。勸課農桑。尤以興學爲務。教化大行。

杜煦 【清】浙江山陰人。字春暉。號尺莊。嘉慶舉人。博極經史。服膺陽明・蕺山之學。刊王子詩帖・劉子全書。改建王門沈忠愍祠。刊劉門祁忠惠集。釐正臥龍山詩巢祔位。獲前賢遺跡。多爲摹勒以公諸世。其著述長於文而自慊於筆。有蘇甘廊詩文集。道光末舉孝廉方正。未赴卒。

杜瑗 【晉】朱鳶人。字道言。安帝時爲日南・九德・交阯太守。初九眞太守李遜父子勇壯有權力。威制交土。聞刺史騰遯之當至。斷遏水陸津要。瑗收衆斬遜。後又破林邑王兵。擢交州刺史。進號冠軍將軍卒。

杜瑛 【元】時昇子。字文玉。金末避地河南緱氏山中。盡讀諸書。究其旨趣。間關轉徙。教授汾晉間。世祖南伐。召見問計。帝納其言。中統初詔徵瑛不就。左丞張文謙宣撫河北。奏爲懷孟・彰德・大名等路提舉學校官。瑛貽書執政力辭。杜門著書。不以窮通得喪動其志。優游道藝以終。將卒。遺命其子曰。吾死後。當表吾墓曰緱山杜處士。有春秋地理原委・語孟旁通・皇極引用及律曆禮樂雜志・文集諸書。天曆中追謚文獻。

杜稜 【陳】錢唐人。字雄盛。少落泊。不爲時知。初仕梁。累功爲右衞將軍・丹陽尹。永定初位侍中中領軍。歷事三帝。官至右光祿大夫。卒謚成。

杜詩 【後漢】汲人。字君公。少有才能。仕郡功曹。有公平稱。建武初三遷爲侍御史。安集洛陽。時將軍蕭廣放縱兵士。暴橫民間。詩敕曉不改。遂格殺廣。還以狀聞。世祖賜以棨戟。復使之河東誅降逆賊楊異等。歷轉汝南都尉。所在稱治。遷南陽太守。政治清平。時人以方召信臣。語曰。前有召父。後有杜母。詩身雖在外。盡心朝廷。讜言善策。隨事獻納。後被徵。會病卒。

杜道 【南齊】錢唐人。爲鞠州從事。善彈碁。世傳爲五斗米道。

杜道堅 【宋】當塗人。武康計籌山昇元觀道士。字南谷。有文子纘義。

杜預 【晉】恕子。字元凱。博學多通。泰始中爲河南尹・秦州刺史。拜度支尙書。在內七年。損益萬機。不可勝數。朝野號曰杜武庫。拜鎭南大將軍。都督荆州諸軍事。以平吳功封當陽縣侯。公家之事。知無不爲。凡所興造。必考度始終。鮮有敗事。當在襄陽時。修召信臣遺跡。用滍淯諸水浸原田萬餘頃。衆庶賴之。號曰杜父。預身不跨馬。射不穿札。而用兵制勝。諸將莫及。功成之後。耽思經籍。爲春秋左氏經傳集解。又參考衆家譜第。謂之釋例。又作盟會圖・春秋長歷。備成一家之學。嘗對武帝嘗曰。臣有左傳癖。卒贈征南大將軍。謚成。

杜鼎昇 【宋】字大峯。鬻書自給。年至八十。筋體強壯。耳目聰鑒。每寫文字。無點竄之誤。至死方閣筆。

杜僧明 【陳】臨澤人。字弘照。驍氣過人。有勇力。善騎射。初仕梁。頗征俚獠有功。後從武帝征伐。累功封臨江縣侯。領晉陵太守。卒諡威。

杜嘎爾 [清]滿洲正藍旗人。姓哈勒斌氏。咸豐間洪楊軍起。轉戰皖鄂間。授佐領。江西小池口之戰。奮勇登城。功稱最。同治間勦回於陝甘。亦有功。官至烏里雅蘇臺將軍。卒諡武靖。

杜榮 [明]蘭州人。字景華。任山西朔州知州。値歲荒歉。賑恤招徠。民賴蘇息。崇學校。興人材。公廉明恕。吏民懷之。

杜槐 [明]文明子。字茂卿。倜儻任俠。嘉靖中倭寇境。縣僉文明爲部長。令團結鄉勇。槐傷父老。以身任之。數敗倭。副使劉起宗因委槐守餘姚·慈谿·定海。遇倭定海之白沙。一日戰十三合。身被數創。墜馬死。

杜滸 [宋]範從子。字貴卿。少負氣游俠。恭帝詔勤王。滸時宰縣。糾集民兵應之。文天祥開閫平江。往附焉。天祥北行。客無敢從者。滸慨然請行。間關相從。屢脫天祥於險。益王卽位。授司農卿。及崖山兵潰被執。憂憤感疾卒。

杜漢徽 [宋]長安人。有膂力。善騎射。晉漢周時戍邊州。屢破遼兵。宋初領茂州刺史。改潮州。從平李筠·李重進。錄功居多。累官雄武軍使。

杜淶 [清]濱州人。字子灝。號湄村。順治進士。官至河南參政。家世工書。至淡尤遒媚。

杜熊 [漢]欽弟。歷五郡二千石三州牧刺史。有能名。

杜碩 [後漢]篤子。性豪俠。以貨殖聞。

杜綰 [宋]衍孫。字季揚。號雲林居士。有雲林石譜。

杜臺卿 [隋]弼子。字少山。少好學。博覽書記。仕齊歷官中書黃門侍郎。周武帝平齊。歸鄉里。以禮記春秋講授弟子。開皇初被徵入朝。嘗採月令觸類而廣之。爲書十二卷。名玉燭寶典。拜著作郎致仕。有集及齊記。

杜蒼 [漢]穉季子。字君敖。以游俠聞。名出穉季右。

杜銓 [後魏]京兆人。預五世孫。字士衡。學涉有長者風。太武時被徵爲中書博士。初密太后父豹喪在濮陽。太武欲令迎葬於鄴。謂司徒崔浩曰。天下諸杜。何處望高。朕今改葬外祖。欲取京兆中長老一人。以爲宗正。營護喪事。浩因言博士杜銓。爲諸杜之最。遂召見銓。以爲宗正。累遷中書侍郎。卒諡宣。

杜魁光 [清]阜寧人。乾隆武進士。嘉慶中任南澳鎮總兵。時海盜蔡牽在閩洋出沒行劫。魁光與李長庚等連敗之。旋以病解官。

杜鳳凰 [後魏]超子。超卒。襲超爵。太武帝追思超不已。欲以鳳凰爲定州刺史。鳳凰不願違離闕庭。乃止。

杜審言 [唐]襄陽人。字必簡。擧進士。爲隰城尉。恃才傲世。嘗語人曰。吾文章當得屈宋作衙官。吾筆當得王羲之北面。累遷洛陽丞。坐事貶吉州司戶。武后時官膳部員外郎。中宗朝官至修文館直學士卒。初審言病甚。宋之問·武平一等往省候。答曰。甚爲造化小兒所苦。然吾在。久壓公等。今且死。固大慰。但恨不見替人。審言少與李嶠·崔融·蘇味道爲文章四友。世號崔李蘇杜。融之亡。審言爲服緦。

杜審琦 [宋]安喜人。昭憲太后兄。世居常山。以積善聞。仕後唐爲義軍指揮使。明帝初卒。

杜審進 [宋]審肇弟。太祖時累官保義軍節度使。太宗時授右衛上將軍。終靖江軍節度使。鎭陝二十餘年。勸農敦本。民庶便之。卒諡恭惠。

杜審肇 [宋]審瓊弟。乾德中歷右驍衛上將軍。出知澶州。太祖以審肇未嘗歷郡務。乃命司封郎中姚恕通判州事。以左右之。會河決。太祖怒其不卽時上言。坐免官。卒諡溫肅。

杜審瓊 [宋]審琦弟。太祖時積官右衛大將軍。兼點檢侍衛步軍司事。性醇質。在公畏愼。徼巡京邑。里閈清肅。人皆稱之。卒諡恭僖。

杜審權 [唐]元穎從子。字殷衡。第進士。擢拔萃。爲右拾遺。宣宗時累遷翰林學士承旨。懿宗立。進同中書門下平章事。出爲鎭海軍節度使。入爲尚書左僕射。封襄陽郡公。繼領河中忠武節度使卒。審權清重寡言。性長厚。居翰林最久。終不漏禁近語。在方鎭視事有常處。非日入不就內寢。坐必斂衽。常若對大賓。與杜悰俱位將相。悰先進。世謂審權爲小杜公。

杜寬 [晉]理子。字務叔。清虛元靜。敏而好古。擧孝廉。除郎中卒。有刪集禮記·春秋傳解。

杜廣 [前趙]初爲劉景麾卒。景問其意。廣申敘有條。景執其手曰。吾久負賢者。告其妻曰。爲女求夫三十年。不覺麾中有麒麟。於是以女妻之。後廣爲殷州刺史。

杜慧度 [南朝宋]瑗子。晉安帝時以討破盧循功封龍編縣侯。武帝卽位。進號輔國將軍。率文武萬人南討林邑。奪還前後所抄掠。林邑乞降。慧度布衣蔬食。儉約質素。禁斷淫祀。崇修學校。歲荒民飢。則以私祿賑給。爲政纖密。有如治家。由是威惠霑洽。姦盜不起。至城不夜閉。道不拾遺。景平中卒。(按南史作杜慧慶。此從宋書。)

杜慶 [後魏]字公良。善鍾律。絲竹八音。靡所不能。爲大樂令協律都尉。

杜摯 三國魏河東人。字德魯。初上笳賦。署司徒軍謀吏。後舉孝廉。除郎中。補校書卒。

杜撫 後漢武陽人。字叔和。受業於薛漢。定韓詩章句。歸里教授。沈靜樂道。弟子千餘人。後爲東平王蒼所辟。及蒼就國。掾吏皆自劾歸。撫爲大夫不忍去。建初中爲公車令。其所作詩題約義。通學者傳之曰杜君法。

杜樞 宋杞弟。性強敏。爲比部員外郎。溫成皇后母越國夫人客張某。坐奸利論死。辭連越國夫人。有司不敢窮治。執政亦不復詰。獄上。中書遣樞慮問。樞揚言將駁正。亟改用諫官陳升之。權倖切齒。黜監衡州稅卒。

杜瑋 明雞澤人。私治舉人。授鄒縣尹。流賊圍鄒。瑋力禦之。城陷。冠帶危坐。辭色慷慨。賊逼之。碎其襟袖。卒不屈。欲殺之。縣丞某求以身代。賊義而釋之。

杜畿 三國魏杜陵人。字伯侯。建安中荀彧薦之曹操。拜河東太守。在郡十六年。崇寬惠。與民無爲。課以農桑牧畜雞豚犬豕。咸有章程。於是修戎講武。開學宮。親執經教授。文帝時官終尚書僕射。卒諡戴。

杜穉季 漢霸陵人。成帝時大俠。侯文爲東部督郵。欲治之。穉季杜門不通水火。穿舍後牆爲小戶。持鉏自治園。不敢犯法。

杜範 宋黃巖人。字成之。受學朱熹。嘉定進士。轉軍器監丞。入對言君相之私未去。更新之效未覩。及爲御史。以言事忤時相去職。淳祐間累拜右丞相。上五事。繼上十二事。盡革舊弊。卒諡清獻。有古律詩歌詞・雜文・奏稿・外制・故事・經筵講義。

杜緩 漢延年子。本始中以校尉從蒲類擊匈奴。遷雁門太守。延年卒。拜太常。每冬月封具獄日。常去酒省食。元帝時穀貴民流。元光中西羌反。緩輒上錢穀以助用。前後數百萬。

杜誼 宋黃巖人。字漢臣。事父母至孝。父母繼喪。晝夜號慟。及卜葬。徒跣負土爲墳。廬墓終孝。以祖蔭官至贊善大夫。嘗知永城縣。父老稱其政爲不可及。後通判梓州卒。

杜醇 宋慈谿人。爲詩質而清。孝友稱鄉里。經明行修。學者以爲模楷。慶曆中鄞與慈谿始建學。醇爲之師。二邑文風之盛自醇始。

杜霄 五代吳越工畫士女。尤善蜂蝶。

杜冀龍 明字士良。善畫山水。

杜勳 漢元帝時陳湯矯制斬郅支單于。勳在軍中。爲軍候假丞。斬單于首。得漢使節二。既還不賞。王莽時追封討狄侯。

杜整 隋杜陵人。字皇甫。少有風槩。九歲丁父憂。哀毀骨立。事母以孝聞。及長。驍勇有力。好讀孫吳兵法。從周武帝平齊。累加上儀同。隋受禪。拜左武衛將軍。開皇中突厥犯塞。密陳進取之策。帝善之。於是以行軍總管鎮襄陽。卒諡襄。

杜暹 唐濮陽人。自高祖至暹五世同居。暹尤恭謹。事繼母孝。擢明經第。補婺州參軍。歷鄭尉。俱以清節顯。開元中以監察御史覆屯磧西。拜安西副都護。守邊四年。爲夷夏所服。召拜同中書門下平章事。終禮部尚書。卒諡貞孝。

杜曇永 梁號元老。有道術。天監中乘舟載家南上玉笥山。構清眞宮。蕭子雲助錢百萬成之。自爲記書之於壁。武帝賜號金闕先生。後仙去。

杜曉 後梁讓能子。字明遠。曉以父死無罪。居喪哀毀。服除自廢。或以山濤勸嵇紹語相勉。曉乃起。唐時積官翰林學士。入梁。累遷禮部尚書。曉博贍有詞藻。兄有心疾。每作輒暴怒追撲。曉事之愈恭。後爲亂兵所殺。

杜澤 明沂水人。字子潤。洪武中由文學授本縣訓導。進詹事府丞。澤樸實持重。言動不逾禮。累官吏部尚書。掌銓衡。愼守不欺。爲帝信任。以年老致仕。

杜篤 後漢延年曾孫。字季雅。少博學不修小節。大司馬吳漢卒。光武召諸儒誄之。篤時繫獄。爲誄稱最。帝美之。賜帛免刑。後仕郡文學。章帝時以從事中郎從馬防擊西羌。戰沒。有明世論十五篇。

杜篤祜 清蒲州人。明崇禎舉人。順治間授延安府推官。康熙間累官左都御史。嘗疏請編輯賦役全書。及清釐關弊等事。皆下部議行。後以原官致仕。

杜臻 清秀水人。字肇余。順治進士。歷官吏部侍郎。康熙間耿尙餘黨悉降。議以海壖棄地處之。臻往視形勢。偏歷沿海。區置有方。轉禮部尙書。以疾歸。臻好宏獎人材。詩文剴切中條理。有經緯堂集・閩粵巡視紀略・海防述略。

杜蕙 明任丘人。字德馨。正德進士。歷麗江府同知。因忤權貴棄官歸。孝讓睦族。四世同居。父卒。廬墓三年。母年九十九得疾。蕙侍疾維謹。母沒。復廬墓三年。卒年九十七。

杜蕡 春秋晉膳宰。詳屠蒯條。

杜遺 後魏超從弟。超卒。太武帝授遺安南將軍。開府相州。入爲內都大官。進爵廣平王。遺性忠厚。頻歷州郡。所在著稱。

杜鄴 漢繁陽人。徙茂陵。字子夏。累官涼州刺史。寬舒少威嚴。以病免。元壽初加后父傅晏・帝舅丁明爵。鄒應直言詔。謂昔鄭伯隨姜氏之欲。終有殺段之禍。襄王迫惠后之難。而遭居鄭之厄。不可不戒也。時不能用。尋卒。

杜·錫 晉預子。字世嘏。爲太子中舍人。性亮直忠烈。屢諫愍懷太子。言辭懇切。後轉衛將軍長史。孫秀求交於錫。錫拒之。秀雖銜之。憚其名高。不敢害。惠帝反政。遷尚書左丞卒。

杜·默 宋歷陽人。字師雄。師事石介。介謂其詩歌甚豪。嘗作三豪詩贈之。與石曼卿·歐陽修並稱。默爲詩多不合律。後人因言事不合格者爲杜撰。

杜·嬰 宋字大醇。善讀書。其言近莊。爲人曠達而廉清。自託於醫。時時空乏。幾不能以自存。而未嘗有不足之色。多爲賢士大夫所知。

杜·孺休 唐佑孫。字休之。大順初錢鏐遣弟破蘇州。以沈粲行刺史事。而昭宗更命孺休爲之。以粲爲制置指揮使。孺休爲粲所攻。曰勿殺我。當與爾金。粲曰。殺汝金焉往。與兄洮休同死。

杜·嶷 梁懷寶子。膂力過人。兼善騎射。敵人憚之。號爲杜彪。仕梁爲荆州刺史。

杜·應然 宋武陵人。隨父流寓廣西。專心慕道。寄迹黃冠中。徧游名山。年八十餘卒。

杜·濬 清黃岡人。字于皇。號茶村。明季諸生。入清隱居金陵不出。詩文豪健。有變雅堂集。

杜·濬之 宋旃孫。字若川。明春秋。領鄉貢。宋亡。矯行晦迹。寄食西峯僧寺以終。

杜·環 明金陵人。好學工書。明初被薦。除學錄。太祖善其書。尋入侍春坊。爲人謹飭重然諾。好周人急。仕終太常丞。

杜·謙 明昌黎人。字益之。早失恃。事繼母甚謹。舉景泰進士。由工部主事參政兩浙。入尹京兆。官至工部侍郎。並有聲譽。

杜·鴻漸 唐鵬舉子。字之選。第進士。安思順表爲朔方判官。安祿山之亂。皇太子按軍平涼。未知所適。鴻漸力勸太子至朔方。即具上兵馬招輯之勢。勸即皇帝位。以係中外望。太子至靈武即位。是爲肅宗。累遷河西節度使。兩京平。又節度荆南。代宗時進中書侍郎。崔旰據成都。命以宰相往鎮撫之。鴻漸性畏怯。無他遠略。晚節溺浮圖。畏殺戮。既至成都。憚旰雄武。禮遇之。反委以政。議者疾其長亂。進門下侍郎。卒諡文憲。

杜·曙 清杞縣人。字旭初。性孤高狷僻。善畫水墨花草。兼長山水。

杜·豐 元西河人。字唐臣。倜儻有大志。通兵法。仕金爲平遙義軍謀克。入元。授兵馬都提控。累功遷河東兵馬都元帥。以本部取沁州。陞沁州長官。有德政。沁人立祠祀之。

杜·鎬 宋無錫人。字文周。舉明經。太宗時累官直祕閣。大中祥符中進秩禮部侍郎卒。鎬博聞強記。年踰五十。猶日治經史數十卷。性和易清素。有懿行。士論推重之。

杜·顒 後魏銓族孫。字思顏。孝明帝時累官西征軍司。行岐州事。蕭寶夤起逆。顒據州不從。孝莊帝時除涇州刺史。時万俟醜奴爲亂。關右不行。乃命顒爲都督。防守岐州。醜奴攻之不克。事寧。除征西將軍。沒於關西。

杜·懷寶 梁杜陵人。少有志節。天監中累有軍功。又立功南鄭。官至梁秦二州刺史。卒諡桓。

杜·旝 宋旞弟。字幼高。善屬文。有碎裘集。

杜·旞 宋叔高弟。字季高。與弟旝文相上下。

杜·瓊 蜀漢成都人。字伯瑜。少受學於任安。精究安術。先主領益州。以瓊爲議曹。後主時累遷太常。瓊靜默少言。闔門自守。不與世事。蔣琬·費禕皆器重之。有韓詩章句十餘萬言。◉明吳縣人。字用嘉。自號鹿冠道人。晚家東原。學者稱東原先生。性至孝。薦舉皆不就。博綜今古。工書畫。詩文亦古雅。卒後門人私諡淵孝。有東原集·紀善錄·耕餘雜錄。

杜·韜 南唐京兆人。工畫。深得其師衛賢之要。

杜·顗 唐牧弟。字勝之。舉進士。爲李德裕賓佐。德裕貴盛。賓客無敢忤。惟顗數諫正之。及貶袁州。歎曰。門下愛我皆如顗。吾無今日。顗善屬文。與牧相上下。以喪明卒。

杜·鵬舉 唐暹族兄弟。隱白鹿山。以母疾受醫蘭陵蕭亮。遂窮其術。歷右拾遺。玄宗東行河。因游畋。鵬舉上賦以諷。終安州刺史。

杜·夔 三國魏河南人。字公良。漢靈帝時以知音爲雅樂郎。初依劉表。後入魏。爲軍謀祭酒。參太樂事。因令創制雅樂。黃初中爲太樂令。左延年等雖妙於音。咸善鄭聲。其好古存正莫及夔。文帝嘗令夔於賓客之中。吹笙鼓琴。夔有難色。帝意不悅。遂黜免以卒。

杜·斅 明壺關人。字致道。舉元鄉試第一。除臺州學正。歸家教授。通易詩書三經。自號拙菴老人。洪武中建四輔官。召斅主夏官。薦宋訥爲國子助教。旋致仕卒。有四輔集。

杜·旟 宋陵子。字伯高。呂祖謙門人。同時陸游·陳亮等咸稱其文。淳熙間兩以制科薦。有橘齋集。

杜·燁 宋黃巖人。字真仲。嘉定

進士。師事朱熹十餘年。自謂向來彼此相梗。今皆融會合一。人稱南湖先生。

杜‧纂 後魏常山人。字榮孫。少以清苦自立。宣武時歷武都漢陽二郡太守。並以清白名。明帝初拜清河內史。勸督農桑。甚有恩紀。遷太中大夫。孝昌中復還郡。爲葛榮圍逼。以郡降。榮以爲常山太守。榮滅。卒於家。纂歷任好行小惠。而輕財潔己。時號貞守。

杜‧蘭香 後漢自稱南陽人。有漁父於湘江洞庭之岸。聞兒啼。四顧惟一三歲女子。憐而舉之。十餘歲。天姿奇麗。忽有青童靈人自空而下。攜女去。臨昇。謂其父曰。我仙女杜蘭香也。有過謫人間。今去矣。其後降於洞庭包山張碩家。授碩以道。碩仙去。漁父亦學道不食。不知所之。

杜‧襲 三國魏根孫。字子緒。避亂荆州。劉表待以賓禮。知表不足爲。南適長沙。漢建安初曹操以爲西鄂長。時長吏皆斂民保城郭。不務農桑。襲遣老弱分散就田。留丁壯備守。吏民感恩。咸爲用命。後領丞相長史。操東還。當選留府長史鎭守長安。選多不當。操令曰。釋騏驥而不乘。爲皇皇而更索。遂以襲爲之。文帝踐阼。爲尚書。明帝時封平陽鄉侯。爲大將軍軍師。以疾徵還。拜太中大夫。卒謚定。

杜‧鐸 宋圯子。字文振。清介自勵。爲時所稱。

杜‧龕 梁崱從子。少驍勇。善用兵。從諸父歸元帝。爲鄖州刺史。從王琳等破侯景。論功授東揚州刺史。累遷南豫州刺史。敗陳文帝軍。好飲酒。終日恒醉。其將杜泰降。龕尙醉不覺。文帝遣人負出項王寺前斬之。

杜‧鼇 淸金華人。字海山。號一齋。拔貢生。善指墨山水。花卉極精雅。畫石亦妙。工詩善書。

杜‧覰龜 前蜀秦人。少博學。避安祿山亂。居蜀。爲翰林院待詔。工畫道釋兼寫眞。始師常粲。後自成家。

杜‧讓能 唐審權子。字羣懿。擢進士第。以孝聞。僖宗狩蜀。奔謁行在。爲翰林學士。讓能思精敏。凡號令行下。處事值機。無所遺算。帝走寶雞。進狩梁。讓能未嘗暫去帝側。擢兵部侍郞‧同平章事。昭宗立。封晉國公。進太尉。景德初討李茂貞。讓能諫。帝不可。且以事委讓能。宰相崔昭緯密遣人語茂貞曰。上不喜兵。一出太尉。茂貞迎戰至三橋。讓能請歸死以紓國難。帝泣下。不得已賜死。後贈太師。

杜‧驥 南朝宋坦弟。字度世。元嘉中爲青冀二州刺史。惠化大著。自義熙至於宋末。刺史惟羊穆之及驥爲吏人所稱頌。後徵爲左軍將軍卒。

杜‧鸞 明陝西咸寧人。字羽文。正德進士。授大理評事。嘉靖初以爭大禮被杖。長沙盜李鑑行刼被獲。席書撫湖廣。劾知府宋卿故入鑑罪。逮至京。鸞會御史訊無異詞。因劾書。張寅之獄。鸞司其牘。力斥郭勛奸邪。已而桂萼等力反前獄。鸞坐除名。

東‧元嘉 宋合肥人。官通城簿。攝縣令。以政最聞。後知秦州。歷官樞密都承旨。引老歸。猶課諸孫讀書。至夜分不倦。

東‧宗庚 元吳郡人。字章孟。善畫人物。

東‧崇芳 元丹陽人。德祐時北兵俘其父國寶。崇芳詣軍門號泣。請以身代。於是釋國寶留崇芳。俾從軍掌文檄。久之。憫其孝。縱歸。

東‧淸 明丹徒人。洪武初知萬載縣。性廉介。自奉儉約。民或逋租。自鬻衣帶以代償。其愛民如此。

東‧晳 晉元城人。字廣微。博學多聞。少游國學。作玄居釋以擬客難。張華見而奇之。召爲掾。華爲司空。復以爲賊曹屬。轉佐著作郞。撰晉書帝紀十志。遷博士。著作如故。太康時汲郡人盜發魏襄王墓。得竹書數十車。蓋魏國之史書。晳在著作。得觀竹書。隨疑分釋。皆有義證。遷尙書郞。趙王倫請爲記室。晳辭疾。罷歸卒。元城市里。爲之廢業。有五經通論‧發蒙記‧補亡詩‧文集。

杞子 春秋秦大夫。晉與秦圍鄭。鄭人與秦盟。秦使杞子‧逢孫‧楊孫戍之。杞子自鄭使告於秦曰。鄭人使我掌其北門之管。若潛師以來。國可得也。後事洩。杞子奔齊。逢孫‧楊孫奔宋。

杞‧原慶 明德興人。質美好學。父德宗爲鄉人胡士謙誣訟。原慶冒父名就繫。廷鞫時自誣服。遂受誅。

杞梁 春秋齊名殖。與華周俱爲大夫。莊公伐莒。與以五乘之兵。至莒。二人出獲甲首三百。莊公曰。子止。與子同齊國。梁曰。君不死梁。與五乘。是少吾勇也。臨敵止我以利。是汚吾行也。深入多殺。臣之事也。而齊國之利。非吾所知也。遂與華周進鬬而死。

杞梁妻 春秋齊杞梁既戰而死。莊公歸遇其妻。使使者弔之。妻曰。賤妾有先人之敝廬在。不得與郊弔。於是莊公乃詣其室。成禮而去。杞梁無子。其妻無所歸。乃枕其夫之屍於城下而哭。七日而城爲之崩。既葬。遂赴淄水而死。

步大汗‧薩 北齊狄那人。始從爾朱榮。後從兆。兆敗。降齊神武。以爲第三領民酋長。時茹茹寇鈔。屢爲邊害。神武撫納之。遣薩將命。還拜儀同三司。神武受禪。封義陽郡公。

步叔．乘 【春秋魯】字子車。孔子弟子。

步．非煙 【唐】武公業之妾。貌纖麗。好文墨。比隣趙象見而悅之。題詩通意。唱和數四。遂與之私。後爲公業所知。笞死。

步．熊 【晉】發干人。字叔熊。少好卜筮術數。門徒甚盛。趙王倫聞其名。召之。熊謂諸生曰。倫死不久。不足應也。倫怒。遣兵圍之數重。熊以計得脫。後爲成都王穎所辟。穎敗。見誅。

步魯合答 【元】弘吉剌氏。至元中宋將昝萬壽攻成都。禦之。流矢中右頰。拔矢戰愈力。大敗其軍。又從征八百媳婦國。至車盤。破其寨。其地悉平。授雲南萬戶府達魯花赤卒。

步．闡 【三國吳】騭子。繼父業爲西陵督。及被召。懼有讒禍。據城降晉。晉以爲都督西陵諸軍事。吳遣將陸抗攻之。城陷被斬。

步．騭 【三國吳】淮陰人。字子山。避世江東。種瓜自給。晝勤夜讀。博研道藝。靡不貫覽。孫權爲討虜將軍。召爲主記。累遷右將軍左護軍。封臨湘侯。及稱尊號。拜驃騎將軍。領冀州牧。前後薦達屈滯。救解患難。多所濟益。及爲丞相。被服居處如儒生。在西陵二十年。鄰敵敬其威信。性寬弘得衆。喜怒不形於聲色。而內外肅然。尋卒。

求．仲 【漢】隱士。與羊仲皆以治車爲業。蔣詡舍中竹下開三徑。二人嘗從之游。時稱二仲。

求．琰 【明】新昌人。字信圭。宣德中授九江府通判。時推刑者多刻。琰曰。立法雖嚴。行之貴恕。民感之不訟。

汪．一中 【明】歙人。字正叔。嘉靖進士。歷江西副使。鄰境賊入寇。瀕泰和。當路以討賊屬之。先是泰和巡檢劉芳力戰死。一中祭之。誓滅賊。後兵潰死之。諡忠愍。

汪．一元 【清】江都人。字兆初。諸生。通算學。嘗以今法遡推朔閏中節。事親至孝。連遭父母喪。以毀卒。從兄一崧。亦有孝行。時稱汪氏二孝子。

汪．一初 【明】淳安人。字陽復。有詩名。洪武中以白衣侍講。授儒學提舉。尋乞歸。後召見。對策第一。擢太常寺卿。辭不就。遂命白衣巡撫山西。卒於潁州。

汪．一龍 【元】休寧人。字遠翔。號定齋。宋咸淳進士。爲句容尉。攝縣事。歲大饑。仿朱熹南康遺規。民無瘠殍。時京口瓜州失守。奉母南歸。宋亡不仕。至元間起主紫陽書院。學者稱定齋先生。

汪．人驥 【清】上海人。籍巢縣。字逸如。諸生。主講廣方言館。時劉熙載提倡理學於龍門書院。人驥投身爲弟子。熙載以老友視之。晚益嗜學。喜鈔書。病中猶不輟。

汪．三郎 【金】蘭州芭俄族都管。內附後賜姓完顏。後爲西方名將。

汪．士通 【清】黟人。字宇亭。號東湖。乾隆舉人。知蕭山縣。工書畫。兼善篆刻。卒私謚文潔先生。有書經講義．陶詩宗派知新．東湖詩文集．延青閣詞選。

汪．士慎 【清】歙人。家揚州。字近人。號巢林。善分書。工畫梅。暮年目雙瞽。爲人作書畫。工妙勝於未瞽時。有巢林集。

汪．士遜 【元】休寧人。字宗禮。至元間以例舉授南軒書院山長。勤於教育。嘗謂人曰。凡讀書以踐履致用爲本。立身以孝弟爲先。苟不由此。非聖賢之道。化洽鄉閭。人多悅服。

汪．士韶 【清】太倉人。字虞九。號藥園。其學以陸世儀爲歸。世儀著思辨錄。士韶爲序而行之。

汪．士鋐 【清】鈞弟。字文升。號退谷。康熙進士。官左中允。工詩古文。尤善書法。與姜宸英齊名。有長安宮殿考．全秦藝文志．三秦紀聞．玉堂掌故．瘞鶴銘考．華嶽志．元和郡縣志補闕．近光集．四六金桴．賦體麗則．秋泉居士集。

汪．士鐘 【清】長洲人。字閬源。好藏書。黃丕烈所藏書多歸之。有藝芸精舍宋元本書目。摹刻宋本孝經義疏．儀禮單疏．劉氏詩說．郡齋讀書志諸書。讐對精審。舉世珍之。

汪．士鐸 【清】江寧人。字振菴。別字梅村。道光舉人。初治三禮。後精輿地學。爲水經注釋文。於戴趙二家外。搜補疏櫛。釋以今地。而於山川阨塞陂池水利。尤特詳盡。胡林翼撫鄂。聘入幕府。所論議多裨時局。旋歸金陵。築屋曰磚丘。隱居以終。卒年八十有六。著述累數十萬言。大半煨燼。已刊者有南北史補志．水經注圖．附漢志釋地略．漢志志疑及詩文筆記。

汪．大本 【明】徽州人。洪武初知武昌府。勤於撫字。教養有法。甫下車。即募財捐俸以構講堂。由是武昌多學者。

汪．大圭 【宋】安誠人。布衣。秦檜以其訕謗。斬之。

汪．大年 【明】臨清人。字未央。貢生。與陳繼儒．沈景文交善齊名。嘗晝寢夜讀。十年不出戶。督漕吳邦臣．知州金堡數造其廬。不納。曰。汪生怪人藁灼。暮夜屏儀從。角巾徒步往訪。乃見一老婢侍茶。炊紅粱煑野蔌對餐怡然。曰先生人中龍也。贈以金帛不受。有類篤．茗柯堂然否集。

汪．大有 【明】普定人。正德舉人。授金華知縣。居官廉慎。以病歸。有宋元品藻．陶陶亭集。

汪大度 【宋】金華人。字時法。受業呂祖謙。慶元初祖謙弟祖儉忤權奸。貶韶州。大度從至貶所。久之乃還。經紀其家事甚至。

汪大淵 【元】南昌人。字煥章。至正中嘗附賈舶浮海。越數十國。紀所聞見。著島夷志略一書。

汪大章 【宋】大度弟。號約叟。從呂祖謙游。祖謙弟祖儉卒。時距秋試纔四日。大章舍之就道。護喪以歸。◉【明】普定人。弘治進士。歷官參議。聲名籍甚。以事忤劉瑾。告歸。

汪大猷 【宋】忠溫子。字仲嘉。紹興進士。歷官吏部郎。爲莊文太子侍講。多寓規戒。權刑部侍郎。孝宗每訪以政事。多所建白。又言有司用新制。棄舊法。輕重舛牾。舞文之吏。得售其姦。請明詔編纂。書成。帝大悅。官終敷文閣學士。大猷與丞相史浩同里。未嘗附麗。有適齋存稿・備忘訓鑒。

汪大經 【宋】革從子。字淳夫。能傳其家學。博學多聞。有臨川書舊傳。◉【清】嘉興人。字書年。號秋白。貢生。能書。善散體文。有借秋山居文鈔。

汪子祜 【明】石門人。字受夫。別號石西。喜爲詩。自二十歲至七十歲。皆編年爲詩。有石西集。

汪山 【明】歙人。字仁夫。成化進士。拜監察御史。巡按雲南。時孟密蠻婦曩罕弄與木邦宣慰罕定法相讐殺爲邊患。山至。諭以威德。遂効順。歸侵地。擢浙江按察司僉事卒。

汪中 【清】江都人。字容甫。乾隆拔貢生。家貧。事母至孝。以母老竟不朝考。絕意仕進。治經宗漢學。於清代諸儒。最服膺顧炎武・閻若璩・梅文鼎・胡渭・惠棟・戴震。於時彥不輕許可。見負盛名者。必譏彈其失。治古文不取韓歐。以漢魏六朝爲則。畢沅總督兩湖。聘入幕。屬撰琴臺銘・黃鶴樓記。好事者爭傳誦之。後校四庫全書於浙江之文宗閣。卒於西湖僧舍。有廣陵通典・周官徵文・左氏春秋釋疑。而述學內外篇尤有名。

汪之林 【宋】鄞人。字德仲。工尺牘。樂道人善。晚守汀州歸里。以清約終。

汪之瑞 【清】休寧人。字無瑞。豪邁自喜。善畫山水。以懸肘中鋒。運渴筆焦墨。多麻皮荷葉等皴。字學李北海。生勁可喜。

汪之鳳 【明】崇禎間爲參將。從張令擊張獻忠。解柯家坪圍。後守夔州土地嶺。獻忠來攻。之鳳走他道免。

汪之璞 【明】潛山人。字石生。英敏曠達。善兵法。崇禎末感中原鼎沸。慷慨聚衆。與陳文露爲之長。張獻忠環攻之。屢出奇計。多所斬獲。嘗上勦撫八策於撫軍黃配元。留麾下。後以歸省遇寇。不屈死。

汪之寶 【明】鉛山人。一作貴溪人。字麗陽。號凝頤。與劉端陽同學。以詩文書畫相友善。嘉靖間至武夷。創道院於接筍峯。閉戶清修。人稱高士。有野懷散稿。

汪介然 【宋】婺源人。字彥準。少領鄉薦。入太學。不第。後從岳飛及韓清軍。以戰功補進義校尉。嘗使金。洪皓附以蠟丸書。介然請剖股納之。還奏於朝。累官觀察使卒。

汪元亮 【清】元和人。字明之。號竹香。乾隆舉人。少工詩古文。既乃究心經義及六書之學。其論學推戴震及程瑤田。論詩文推余蕭客。從游者甚衆。隱居著述以終。

汪元春 【宋】奉化人。字景新。貧苦卓立。博極羣書。尤長於詩。早游京師。不妄交游。登淳祐進士。宰錢塘。貴勢不敢干以私。後以宗學博士守興化。比沒。士民巷哭。祀於郡學。

汪元量 【宋】錢塘人。字大有。度宗時以善琴出入宮掖。宋亡。隨三宮北去。後爲黃冠。自號水雲子。還錢塘。往來匡廬・彭蠡間。人以爲仙。有湖山類稿・水雲集。其詩慷慨悲歌。多紀國亡北徙事。後人推爲詩史。

汪元錫 【明】婺源人。字天啓。正德進士。歷都給事中。時車駕數出幸。屢疏切諫。帝將親征宸濠。元錫復諫阻。宸濠就執。偕同官累申前請。封章數十上。多與近倖爭執。世宗卽位。遷太僕寺卿。李福達獄起。忤張璁。下獄奪職。後起官。終戶部侍郎。

汪元爵 【清】鎭洋人。字伯孚。號竺君。嘉慶舉人。官刑部郎中。有涇西書屋稿。

汪元麟 【清】休寧人。字石恬。善山水。以畫長隄春柳得名。

汪文 【明】工畫花鳥。善設色。

汪文言 【明】歙人。初爲縣吏。智巧任術。負俠氣。入京輸貲爲監生。用計破齊楚浙三黨。察東宮伴讀王安賢而知書。與談當世流品。傾心結納。光熹之際。外廷倚劉一燝。而安居中以次行諸善政。文言交關之力爲多。天啓初大學士葉向高用爲內閣中書。後爲阮大鋮所惎。廷杖褫職。

汪文和 【後漢】字國輔。建安中以龍驤將軍爲會稽令。避地新安。子孫遂爲新安望族。

汪文柏 【清】桐鄉人。字季青。號柯庭。善畫墨蘭。尤工詩。官北城兵馬指揮使。著柯亭餘唱。朱彝尊序之。謂非僅開宋元之奧窔。直造唐人之室而嚌其胾。又著杜韓集韻・古香樓吟稿。

汪文炳 【明】歙人。字炳叔。洪武初授祕書典籤。講說稱旨。除都昌知縣。陳友諒兵至。援絕被執。賊奇其才。欲官之。不受。遂抗詈而死。

汪·文振 宋休寧人。字子滑。淳熙進士。歷司農少卿。提點浙西刑獄。剖決無滯。時旱蝗民飢。官吏督逋。監錮甚衆。文振盡釋之。期以秋。民歌頌之。改福建憲使卒。

汪·文桂 清桐鄉人。字周士。一字鷗亭。歲貢生。官內閣中書。有鷗亭漫稿·六州噴飯集。

汪·文盛 明崇陽人。字希周。正德進士。累官右僉都御史。巡撫雲南。安南之役。功成於毛伯溫。然伐謀制勝。文盛功爲多。召爲大理卿。道病。致仕卒。文盛知福州時。有惠政。民爲立節愛祠。有節愛汪府君詩集。

汪·文輝 明婺源人。字德充。嘉靖進士。隆慶中官御史。高拱以內閣掌吏部。權勢烜赫。門生韓楫等並居言路。日夜走其門。專務搏擊。文輝亦拱門生。心獨非之。疏陳四事。專責言官。出爲寧夏僉事。神宗立。召爲尙寶卿。尋告歸。後召用。未赴卒。

汪·文諒 宋涇縣人。字叔達。累世同居。至一千三百口。天禧中詔旌之。

汪·文燝 元常山人。字良辰。泰定進士。累官廉訪副使。以國難憂憤不食卒。有居朝稿·明農稿。

汪·斗建 元淳安人。倜儻有奇志。宋時在京學。率同舍生上書攻賈似道誤國。至元間從方逢辰講道石峽書院以終。

汪·日宣 清青浦人。字在三。號有堂。諸生。工畫花卉翎毛。尤長於鷺。

汪·曰楨 清烏程人。字剛木。號謝城。又號薪甫。咸豐舉人。官會稽教諭。精史學。尤精算學。喜習古今推步諸術。有歷代長術輯要·四聲切韻表補正·玉鑑堂詩存·櫟寄詩存。

汪·世顯 元鹽川人。字仲明。仕金屢立戰功。官至鎭遠軍節度使。後降皇子闊端。從南征。太祖錫金符。易其名曰中山。克漢州。第功拜便宜總帥。秦鞏等二十餘州事。皆聽裁決。卒謚義武。封隴西王。

汪·以興 元淳安人。甫一歲。生母聶氏見逐於嫡。旣長始覺。周歷徧訪。乞食至宣城得遇。迎歸侍養以終。

汪·可受 明黃梅人。號靜峯。萬曆進士。官至少司馬。神宗旌爲天下清廉第一。

汪·台符 五代吳歙人。少好學。博貫經籍。善爲文章。楊溥時上書陳九患及利害十餘條。又嘗請括定田賦。太和末徐知誥行其法。南唐昇元中田稅之制。亦用其言。宋齊丘始字超回。台符貽書誚之曰。聞足下齊先聖以立名。超亞聖而稱字。齊丘慚而更字。由是大怒台符。密使人誘台符乘舟痛飮。至石頭蚵蚾磯下沈殺之。

汪·必達 宋黟人。字兼善。登進士第。官至太常主簿。嘗知旌德縣。有父訟其子者。必達曰。父子至恩。忍以私庭言語聞官乎。授父以杖。使自笞其子。已而感悟。父子如初。

汪·本銓 清陽湖人。字衡甫。道光進士。官至浙江布政使。句稽精審。無稍瞻徇。署巡撫。乞養歸。會洪楊軍陷江寧。在籍辦團練。以疾卒。有澹庵遺稿。

汪·正 明歙人。字惟中。成化進士。授福州長樂知縣。鋤強植弱。杜絕私謁。權貴銜之。久之。陞南京戶部主事。後陞郞中。在部九年。操守一致。擢辰州知府。卒官。

汪·玉 明鄞人。字汝成。正德進士。歷湖廣按察司僉事。撫辰沅兵備。宸濠反。陷九江。防禦有功。累陞僉都御史。巡撫奉天。楊恭倡亂。玉指授方略。恭就擒。尋乞休歸。有四書粹義·書經存疑·雜錄記·敝篋留稿。

汪·玉軫 清吳江女子。字宜秋。號小阮主人。工詩善書。所適不偶。賣文自活。

汪·由敦 清休寧人。字師茗。號謹堂。雍正進士。乾隆間官至吏部尙書。文章典重有體。儤直內廷幾三十年。金川用兵。廷諭皆出其手。卒謚文端。有松泉詩文集。由敦書法秀潤。卒後帝命詞臣摹勒上石。曰時晴齋帖。

汪·立中 宋嘉定間知武岡軍。工詩好學。作興士類。

·汪·立名 清婺源人。號西亭。官工部主事。通六書。有鐘鼎字源。並輯白香山詩集·唐四家詩。

汪·立信 宋澈從孫。淳祐進士。歷知江陵府。勸賈似道盡國中兵沿江分屯置府。聯絡固守。否則輸歲幣以緩師期。以修守備。俱不用。咸淳末似道督師次江上。以立信爲招討使。募兵援江上諸郡。卽日上道。與似道遇蕪湖口。曰。某去尋一片趙家地死爾。至高郵。欲控引淮漢爲後圖。尋聞似道師潰。慟哭三日。扼吭而死。

汪·价 清嘉定人。字介人。一字三儂。諸生。幼慧。九歲能詩歌。長益博洽。游幕半天下。順治末河南巡撫賈漢復聘修通志。有儂雅·中州雜俎·三儂嘯旨·半舫詞等書。

汪·份 清長洲人。字武曹。康熙進士。官編修。爲文辭氣雄邁。未第時。與同里何焯。評選有明以來諸家制義。又增訂四書大全。名重一時。有遄喜齋集。

汪·仲山 明蘭谿人。太祖下婺州。令與吳沈等進講經史。

汪·仲鈖 清孟鋗弟。字豐玉。乾隆舉人。與孟鋗俱以詩名。有桐石草堂集。

汪·光爔 清儀徵人。字晉蕃。諸

生。父彬。官員外郎。與戴震・惠棟輩爲莫逆交。光爔承庭訓。飫聞緒論。遂博通經史。著萁稗釋。又辨惠氏易爻辰圖之謬。

汪同　(明)叡弟。元末與兄集衆保鄉里。胡大海克休寧。設星源翼分院。同爲院判。後將兵爭鄱陽不克。爲張士誠所殺。

汪回顯　(明)祁門人。字汝光。正統進士。授戶部主事。北寇犯邊。督芻餉於畿甸。奉行勸借賑恤之令。人得甦息。景泰初買牛具於河南。轉送大同。濟軍民耕種。於時饑莩塞路。發廩賑恤。全活甚衆。民立祠生祀之。歷知廣惠二府。以老致仕歸。

汪如玉　(明)歙人。字德溫。居家以孝友稱。所得學廩。輒分濟其族人。經明行修。爲士人所宗。後以貢授福寧州訓導。因材施教。語及義利之際。尤致意焉。故諸生咸興起多文行。

汪如洋　(清)秀水人。字潤民。號雲壑。乾隆進士。官修撰。工詩。有葆沖書屋集。

汪存　(宋)紹子。字公澤。授西京文學。言時政得失。不報。時紹設義塾教子弟。存遂棄官就學。學者稱四友先生。◎(明)歙人。字廷堅。少好學。日侍親側。父久病。當暑。存日夜爲驅蚊。母疾篤。存割股作糜。母啜而愈。隨父商。父舍舟先歸。人言前路有虎。存冒雨雪追四十里始及父。果遇虎。存泣告天曰。寧傷己。毋傷吾父。虎不動。人謂孝感所致。尋卒。

汪守和　(清)江西樂平人。字惟衣。一字巽泉。嘉慶進士。累官禮部尚書・左都御史。根柢實學。歷官四十餘年。以恭謹聞。卒贈太子太保。

汪安行　(宋)績溪人。字伯壽。紹興進士。尉蘄山。倅常德。尋權澧州。入奏。孝宗謂宰相王淮曰。此朴直佐家老子。政事何如。淮對曰。舊攝澧州。民咸有去思。遂以守澧陽。官至朝散大夫。

汪有訓　(明)休寧人。字得時。貧而力學。明易。著周易句解。洪武中卒。

汪汝正　(明)嘉靖時御史。以發胡宗憲奸欺事。言官且訐汝正受賕。與宗憲並下獄。後得釋。

汪汝淮　(清)字禹績。號溶川。康熙舉人。窮治經史。工文詞。尤講求經世之學。有明堂圖攷辨・詩文集。

汪汝懋　(元)歙人。徙淳安。字以敬。歷官定海縣尹凡五年。以慈恕簡靜稱。而折獄如神明。暇則與諸生講學。以老病請致仕。不許。一夕扁舟宵遁。客於鄞之沈氏。因講學焉。有春秋大義・深衣圖考・禮學幼範・善行啓蒙・歷代紀年・山居四要・遯齋稿。

汪自強　(宋)淳安人。字之行。紹定進士。知錢塘縣。時值孟饗赤縣。出班起居。人物清修。帝目送之。中書因薦其才。除監察御史。累遷大理寺卿。

汪行恭　(清)錢塘人。字仲行。號子儔。光緒舉人。官內閣中書。精於許氏學。下筆無俗字。說經專主鄭康成。有景高密齋經說。

汪亨龍　(明)泰寧人。傳冠弟子。清兵下江西。冠走匿亨龍家。亨龍執而獻之。

汪伯彥　(宋)祁門人。字廷俊。登進士。高宗時擢右僕射。專權自恣。不能有所經畫。尋劾罷。帝後思之。拜檢校少傅。保信軍節度使。卒諡忠定。

汪佃　(明)偉弟。正德進士。歷官翰林院。充經筵講官。以議禮不合左遷松江同知。尋告歸。嘉靖間累官詹事府正。有東麓遺稿。

汪佑　(清)休寧人。字啟我。號星溪。生於明季。篤好小學近思錄。每日遵朱子課程。作半日靜坐。半日讀書工夫。甲申後。隱居教授。與同志振興紫陽大會。所著明儒通考。辨別極嚴。無錫高世泰千里借鈔。以爲得見此書。雖瞑目無憾。又有四書闡要・星溪文集等書。

汪克寬　(明)華孫。字德輔。一字仲裕。十歲時。父授以雙峯問答之書。輒有悟。後問業於吳仲遷。學益篤。舉元泰定中鄉試。會試以答策切直見黜。棄科舉業。盡力於經學。教授宣歙間。學者稱環谷先生。洪武初聘修元史。書成將授官。以老疾辭歸卒。有春秋經傳附錄纂疏・程朱易傳義音考・詩集傳音義會通・禮經補逸・環谷集。

汪希旦　(宋)歙人。字周佐。大觀進士。歷官知泗州。時劇賊宋江橫行及濠。希旦嚴爲守備。賊不敢犯。歷知袁江舒三州。致仕。

汪廷珍　(清)江蘇山陽人。字瑟庵。乾隆進士。道光間官至禮部尚書。卒諡文端。廷珍風裁峻整。出入內廷。進止不失尺寸。有實事求是齋詩文集。

汪廷美　(宋)婺源人。孝友純至。義居數十年。聚族衆數百口。旦暮食必同席。嘗以秋冬出糴。或勸須春。廷美曰。貧人覓食甚難。乃欲蓄藏待價乎。子姪諸孫有過。未嘗形諸言。但訓以自昔與替之事。郡守欲奏表門閭。力辭之。

汪廷訥　(明)休寧人。字昌朝。一字無如。官鹽運使。工樂府。有環翠堂集・雜劇廣陵月・傳奇獅吼記等行世。

汪廷榜　(清)黟人。字自占。乾隆舉人。官旌德訓導。初讀書鍾山。從宣城梅鈖得句股法。由是精通算學。有仰山文集。

汪志伊　(清)桐城人。字稼門。乾隆舉人。以知縣累官兩湖總督。所至勵清節。飭吏治。處事堅定。嘉慶初值白蓮教初平。兩湖多盜。志伊治用猛。多所誅埔。去久而民益思之。調閩浙。坐事奪職。有近腐齋集。

汪·志曾　【清】婺源人。字養可。工畫山水。能以筋代筆。畫竹尤入神。有得其長幅懸堂中者。羣燕爭棲。性幽僻。尚氣誼。非所善雖百金弗作。工詩。篆刻精妙。年七十有五。猶善行草。

汪·杞　【宋】婺源人。字南美。建炎進士。知英德曲江兩郡。仕至朝散大夫。韶州知府。所在有政績。

汪·汲　【宋】績谿人。字子遷。嘉祐進士。嘗爲慈溪令。以太平州推官鞫贊善大夫陳知規獄。方暑。繫者百餘。多疾病。汲解釋浣浴飲食之。訊得其情。知規復官。繫者出爲佛齋以報。性廉潔。與物無忤。而政稱強明。元豐中卒。

汪·沆　【宋】字濟遠。靖康間金人犯闕。結盟去。沆時爲太學生。逆知必渝盟。上書極論求才練兵。爲守禦備。不報。明年。金人再至。沆以書抵粘罕。陳華夷大義。用兵利害。遂東歸。遇李綱。又投書言不足慮實深可慮者四。綱韙之。旋以國耻未雪。憤惋而卒。◎【清】錢塘人。字師李。一字西灝。號槐塘。諸生。少從厲鶚學。博極羣書。康熙時試鴻博不遇。客天津查氏水西莊。南北論詩者奉爲壇坫。著湛華軒雜錄·小眠齋讀書日札。槐塘詩文集。

汪·罕　【元】官主簿。善畫工書。所至醉墨淋漓。人爭取之。以爲奇玩。

汪·良臣　【元】德臣弟。年十六七。從兄出征。每戰。輒當前鋒。以功擢稗帥。世祖時累官鞏昌等二十四處便宜都總帥。以平蜀功授中書左丞。行四川中書省事。卒謚忠惠。

汪·來　【明】天津衞人。字君復。嘉靖進士。官慶陽知府。有北地紀。

汪·叔詹　【宋】歙人。字至道。少敏於文。歷官河南憲使。有惠愛。

汪·坦　【明】鄞人。字仲安。號誠環。有石盂集。屠隆稱其詩諸體靡所不詣。紀昀謂核其所作。不出七子之體。

汪·孟鋗　【清】森曾孫。字康古。號厚石。乾隆進士。官吏部主事。能詩。兼通術數。有厚石齋詩集。

汪·季良　【宋】廣信人。開禧間知平陽縣。政治寬恕。立條約以諭民。曲盡人情法理。又修塘埭斗門以興水利。民甚便之。

汪·宗元　【明】崇陽人。號春谷。嘉靖進士。官至總理河道·右副都御史。有南京太常寺志。

汪·宗伊　【明】文盛從子。字子衡。嘉靖進士。累官兵部郎中。忤嚴嵩自免歸。隆慶間歷應天府尹。裁諸司供億。歲省民財萬計。萬曆間累官戶部尚書。卒謚恭惠。有南京吏部志。

汪·宗沂　【清】歙人。字仲伊。亦號弢廬處士。光緒進士。官山西知縣。加五品卿銜。研精禮經。洞悉樂呂。有周易學統·尚書今古文輯佚·管樂元音譜·聲譜·漢魏三調樂府詩譜·金元十五調南北曲譜·詩說·詩經讀本·孟子釋疑·三家兵法·三湘兵法·黃庭經注。

汪·宗姬　【明】歙人。字肇部。有儒函數類。所錄故實。皆以數統計。

汪·宗洙　【清】婺源人。字魯源。順治初以歲貢知內丘縣。捍禦盜寇。撫輯流亡。政績甚著。府推官閱囚至其境。繫獄僅二人。歎其不煩。有古循吏風。卒於官。貧至無以爲殮。

汪·宗器　【明】繁昌人。字鼎夫。成化進士。授監察御史。巡按湖南廣東。薦賢斥貪。不避權貴。陞南京大理少卿。蒞獄平恕。時劉瑾撓法。遂乞終養。疏五上允之。特進光祿卿致仕。

汪·承詔　【明】崇禎時以御史巡按湖廣。時李自成已陷洛陽。丁啓睿督師。將由承天赴荊州。承詔言大寇在河南。荊襄幸息警。無煩大軍。遂盡匿漢津船。啓睿不得渡。

汪·承霈　【清】由敦子。字春農。號時齋。又號蕉雪。乾隆間以主事入直軍機處。累官左都御史。署兵部尚書。被劾致仕。工畫花卉人物。善詩古文。有時晴齋集。

汪·昉　【清】陽湖人。字叔明。道光舉人。官萊州府同知。工詩。善書。好論畫。能寫山水。豪飲善詼諧。有夢衲盦詩集。

汪·昂　【清】休寧人。寄籍麗水。號訒庵。明諸生。好集醫方。有本草備要·醫方集解·靈素類纂。

汪·杲　【明】休寧人。字廷輝。天順進士。擢曲靖軍民府知府。時羅雄土官自相仇殺。杲抵其地。諭以威德。四境帖然。以老致仕。

汪·武　【唐】婺源人。乾符中爲鎭將。屯弦高。戰守有功。楊行密錄其績。以爲節度押衙·檢校司空。始武以私積市民地。置城堡。治戰守。數歲遷爲縣。因以制置。二十餘年。民無寇患。陶雅爲刺史。暴增民賦。武不爲屈。後爲雅所害。邑人立祠祀之。號汪司空廟。

汪·河　【明】舒城人。少倜儻有大志。師余闕。以文章名。太祖渡江。官行中書省掾。進大都督府都事。遣使河南擴廓帖木兒。被留六年。完節不屈。歸後備陳西征方略。拜晉王左相卒。

汪·泗綸　【明】垍孫。字自魯。萬曆進士。授漳浦令。調福清。以慈明爲治。徵授山東道御史。建言請杜內批。又請召還楊漣·李若琏。巡按江西。敦重持大體。歷掌河南京畿道。陞太僕寺少卿卒。嘗識黃道周於童子試。按江西。首拔章世純。陳際泰。人服其精鑒。

汪炎昶　元宋遺民。與江凱賦詩飲酒。上下古今以相娛樂。

汪直　明大藤峽猺獞。成化時御馬監太監。領西廠。設官校刺事。仇殺誣陷。又思立邊功以自固。詔直巡邊。爲監軍。論功監督十二團營。威勢傾天下。後以御史言。寵日衰。罷西廠。降直奉御。褫逐其黨。直竟良死。◉明歙人。嘉靖時據五島。煽諸倭入寇。島人呼爲老船主。後與養子滶歸胡宗憲。巡按御史王本固疑之。下獄論死。

汪肩吾　明字君山。性恬退。屢辟不就。博學宏才。著述甚多。

汪芳藻　清休寧人。字磬洲。乾隆時貢生。知興化縣。因事落職。才華博贍。揮灑千言。嘗遊都門。諸公卿爭相羅致。尤工駢偶文。有春暉樓集。

汪近聖　清績溪人。號鑑古。製墨精妙。乾隆間子兆瑞被召入京。於內庭監製。名播一時。

汪金　明武宗時官刑部主事。帝欲南幸。金疏陳九不可。且極言酗酒當戒。帝不省。

汪長源　宋知阮州。增浚城池。軍需悉備。時巨寇曹成來攻阮。長源多方禦之。成遂遁去。民懷其惠。祀於忠賢祠。

汪佽　明貴溪人。字克敬。嘉靖進士。累官副都御史。巡撫鄖陽。除興山·保康之賊。抑中官之橫。凡先後建白。皆於國計有補。

汪俊　元徽州人。延祐中上變誣富人反。省臣遣照磨王克敬往驗之。克敬開陳禍福。俊悔。將對簿。自仰藥死。◉明弋陽人。字抑之。弘治進士。授編修。正德中與修孝宗實錄。以不附劉瑾·焦芳。調南京工部員外郎。武宗時累官禮部尚書。時議興獻王尊號。與喬宇·毛澄輩上疏力爭。遂乞休歸。卒贈少保。謚文莊。俊行誼修潔。立朝光明端介。學宗洛閩。與王守仁交好而不同其說。學者稱石潭先生。

汪俊明　明永樂時御史。瓊州所屬七縣八洞生黎皆向化。惟羅活諸洞未歸附。用俊明策。亦相繼歸化。

汪勃　宋黟人。字彥及。紹興進士。累官僉書樞密院。與秦檜不合。求出。以端明殿學士再領外祠。凡六年。復起知湖州。爲政安靜。不尙鞭扑。比退居。專以教訓子孫爲務。

汪垍　明休寧人。字仲弘。嘉靖進士。歷福建兵備僉事。分守福寧。禦倭有功。擢貴州參議。尋忤太宰李默罷歸。三十餘年。足跡不入城市。

汪奎　明婺源人。字文燦。成化初進士。爲秀水知縣。擢御史。以星變偕同官疏陳十事。言甚切直。居數月。出爲夔州通判。弘治中屢遷右副都御史。巡撫貴州致仕。性簡靜。不苟取與。以篤實見稱。

汪建　明徽州人。字元植。善畫。

汪彥份　清昉子。字同孫。官湖北候補同知。性高潔。工書畫。兼工小詩及古篆籀。

汪彥博　清鎭洋人。字潞勳。一字厚夫。號文軒。乾隆進士。累擢御史。有直聲。官至青州知府。通經史。善談名理。工詩。有養泉齋文集奏疏。

汪待舉　宋衢州人。字懷忠。紹興中知處州。爲政寬厚。曲盡下情。民有訟。呼之使前。面究曲直。不以屬吏。故庭無留事。箠楚罕用。

汪後來　清番禺人。字鹿岡。一字伯岸。康熙武舉人。從宣武將軍爲參軍。乾隆中舉博學鴻詞。託病不出。工詩。兼善書畫。有王右丞詩箋·杜工部詩註·畫史·鹿岡詩集。

汪思　明婺源人。字得之。正德進士。歷廣東右參議。性情溫雅。與世無忤。而內蘊剛正。人莫敢犯。擢雲南副使。

汪思溫　宋洙子。政和進士。累官至太府少卿。鄉之士族有喪不能舉。孤女不能嫁者。思溫割田給助。爲鄉里倡。

汪昱　清江寧人。號墨史。工畫花卉翎毛。畫貓尤佳。

汪泉　明世爲金吾指揮使。正統間以女孫爲郕王妃。旋正位。累進左都督。

汪洙　宋鄞人。字德溫。九歲善賦詩。稱神童。元符進士。任明州教授。累官觀文殿大學士。提舉台州崇道觀。築室西山。集諸儒講學。鄉人稱崇儒館。卒謚文莊。

汪洪　明蒲圻人。字克容。成化舉人。官至山東參議。忤尹旻。謫知錦州。創石盤七堰。溉田數千頃。土酋叛。遇害。

汪珍　元寧國太平人。字聘之。隱居黃山下。博學工詩。當時推重之。有南山先生集。

汪珊　明貴池人。字德聲。正德進士。授監察御史。嘉靖初疏陳十漸。帝頗納其說。未幾出爲河南副使。巡撫貴州。討都勻叛苗有功。終南戶部侍郎。

汪相　元祁門人。字魏夫。與弟華皆學於饒魯。兩人問難叩擊。悉得其蘊奧。祁邑理學之盛。自二人發之。

汪若容　宋叔詹從子。字正夫。紹興進士。歷知洪州。召對反覆數千言。皆切中時弊。除將作監丞。金人犯淮甸。慨時危主憂。抱憤以卒。臨終。書辭滿幅。皆國家事。時人傷之。

汪若海 【宋】歙人。字東叟。豁達高亮。深沈有度。恥爲章句。爲文操筆立就。靖康中以金人侵擾。詔求知兵者。若海應詔上書。請立康王爲大元帥。鎮撫河北。及二帝北行。走謁康王於濟州。請卽位以圖中興。其後說李允文及其徒歸朝。獻平寇策。劉忠・曹成等皆降。湖湘遂安。累官直祕閣。知江州。丁父憂卒。有若海集・麟書。

汪若楫 【宋】休寧人。字作舟。崇寧間爲紫陽書院山長。歷官宣城尹。精研理學。尤工詩。有秀山集。

汪若霖 【明】光州人。字時甫。萬曆進士。擢戶科給事中。因屢進直言。失帝意。出爲潁州判官卒。

汪革 【宋】臨川人。字信民。紹聖進士。呂希哲門人。分教長沙。蔡京當國。召爲宗正博士。不就。性篤實剛勁。時謂不免墮禪學。然其言曰。咬得菜根斷。則百事可做。固名言也。有青谿類稿・論語直解。

汪倫 【唐】涇縣人。李白遊涇縣桃花潭。倫常醞美酒以待。白贈倫詩。有桃花潭水深千尺。不及汪倫送我情之句。

汪家禧 【清】仁和人。字漢郊。諸生。有東里生燼餘集。

汪師韓 【清】錢塘人。字抒懷。雍正進士。官編修。有上湖分類文稿。

汪庭桂 【元】婺源人。字秋芳。舉進士。爲紫陽書院山長。宋亡不仕。後薦授本省左司郎中。辭不就。

汪恭 【清】休寧人。字恭壽。號竹坪。工書。仿王文治。兼工山水花卉人物。又妙音律。

汪挺 【清】嘉興人。字無上。更字爾陶。明崇禎進士。福王時官工部主事。工書。有會城遺稿。

汪時中 【元】克寬弟。字天麟。博學善吟。不樂仕進。元季隱查山。與兄講學。學者稱查山先生。有三分稿。

汪晏 【後周】世宗時。與王溥等同時將相。皆有父在洛陽。與柴守禮朝夕往來。惟意所爲。洛陽人號十阿父。

汪桂芬 【清】安徽人。額廣。人以大頭呼之。幼習戲。十五後閉音。不復能唱。習胡琴。從程長庚爲技手。長庚死。復肆力於唱。喉亦日佳。名遂大起。孝欽時傳入演劇。給五品銜。晚年病瘵死。

汪泰來 【清】休寧人。占籍錢塘。字陛交。康熙間賜進士。授中書。善畫花卉松石。

汪浩 【明】石首人。字弘初。進士。官僉事。天順末成夔潼嘉盜羣起。連跨州郡。鎮巡束手。委於浩。浩多設疑兵。深入擒斬之。陞僉都御史。巡撫四川。討平劇賊趙鐸。陞副都御史。⊙【明】揚州人。字小村。工畫山水人物。

汪海洋 【清】咸豐間從洪秀全起事。封康王。同治間守杭州。爲左宗棠所破。由徽州竄江西。自福建入廣東。與清軍戰於嘉應州。中礮死。其黨降者萬餘人。太平餘衆至此始盡。

汪砢玉 【明】徽州人。寄籍嘉興。字玉水。崇禎中官山東鹽運使判官。有古今鹺略・珊瑚網。

汪蓍英 【元】休寧人。至正間黃巾賊起。與弟漢英倡義保鄉里。一日與賊戰。陷於阱。大呼曰。吾弗生矣。汝亟脫身以養親。漢英殊死戰。賊退。兄弟俱免。乃挈家避地。耕讀養親。

汪起鳳 【明】吳縣人。字無朋。萬曆進士。歷江西右參政。分巡南瑞。妖民程鵬倡亂。建僞號。聚衆萬計。起鳳密捕杖殺之。累官廣東左布政使。

汪軏 【清】江西武寧人。字魚亭。乾隆優貢生。官吉水訓導。工詩。古體追漢魏。近體師李白・孟浩然。皆尚高格。與鉛山蔣士銓相親如昆弟。性疎狂。酒酣輒罵座。有魚亭詩鈔。

汪偉 【明】俊弟。字器之。弘治進士。授檢討。歷南京祭酒。武宗南巡。率諸生請幸學。不從。江彬矯旨取玉硯。曰獨有秀才時故硯。可持去。彬乃已。嘉靖初歷吏部侍郎。數爭大禮。尋爲陳洸劾罷。⊙【明】休寧人。字叔度。崇禎進士。擢檢討。充東宮講官。賊陷承天・荊襄。偉以留都根本可慮。上江防綢繆疏。前後所言。皆切時務。及賊犯都城。守兵乏餉。不得食。偉出貲市餅餌以餽。已而城陷。偉貽子觀書。勉以忠孝。自經死。諡文烈。

汪啓 【清】西昌人。乾隆間由行伍從征緬甸・金川。擊闌州回。平黔楚苗。嘉慶間從額勒登保勦川楚教匪。積功擢寧夏鎮總兵。尋因事奪職。

汪啓淑 【清】歙人。字秀峯。號訒庵。官工部郎中。寓居杭州。嗜古有奇癖。藏書百廚。乾隆間詔訪遺書。啓淑進呈六百餘種。工詩。有焠掌錄・水曹清暇錄・小粉場雜識。

汪國 【清】鄞人。字幼眞。號菱湖。乾隆舉人。官上虞教諭。有空石齋文集。

汪康年 【清】錢塘人。字穰卿。晚號恢伯。光緒進士。官內閣中書。甲午後時事日亟。康年創時務報於上海。後改中外日報。又設京報・芻言報。於京師。持論嚴正。爲時所憚。生平建議不主激烈。一一中於時病。清末卒。

汪基 【清】休寧人。字警齋。有三禮約編。

汪惟正 【元】德臣子。字公理。幼穎悟。藏書二萬卷。喜從文士論議古今治亂。尤善談兵。時出游獵。勒從騎爲攻守狀。世祖時累戰功官中書左丞。卒諡貞肅。

汪惟憲 【清】仁和人。字子宜。一

字積山。號水蓮。雍正拔貢。工書。有尊聞錄·積山詩文集。

汪·梅 【清】富陽人。字燮和。道光拔貢。官雲南白井大使。甫蒞任。有回民與姚州·永昌諸回謀作亂。梅偵知。密捕首謀誅之。羽從槪置不問。事遂定。甚爲林則徐所器。歷中甸同知。南安知州。所至以廉勤著。民呼爲汪青天。

汪·梅鼎 【清】休寧人。字瀞雲。號映琴。又號蓼塘。乾隆進士。官至御史。建言務持大體。工書畫。尤長於詩。有瀞雲詩鈔。

汪·梧鳳 【清】歙人。字在湘。號松溪。古文師桐城劉大櫆。又事婺源江永治經學。於爾雅說文三禮三傳史記西漢八家之文。皆有是正論說。尤邃於詩。有詩學女爲·松溪文集。乾隆中以諸生終。

汪·涯 【宋】漢陽人。字萬頃。賈似道爲宣撫時延爲客。元世祖圍武昌。似道乞和。師退。欲作露布獻功。涯瞋目曰。啗以利而退其師。又兒弄主上。何露布爲。似道愬。搤殺之。

汪·淇 【清】錢塘人。字瞻漪。一字右子。有濟陰綱目箋釋·保生碎事·尺牘新語。◎【清】新安人。儒居常熟。字竹里。號白嶽山人。善書畫。工詩。

汪·深 【元】休寧人。字萬頃。時新安儒宿。率皆讀朱熹之書。深年未二十。游眞揚二州間。講學平山堂。學者稱主靜先生。宋景定間官安吉教諭。賈似道日益專政。深辭歸。大德間卒。

汪·淳 【宋】金華人。受業呂祖謙。勵志於學。金華自祖謙兄弟卽世。後來講學者咸歸重焉。

汪·淮 【明】休寧人。字禹乂。有汪禹乂詩集·徽郡集。

汪·清 【明】蒲圻人。太祖旣平陳友諒。清扈從征討。累立戰功。歷官觀海衞指揮。◎【明】固始人。景泰初官御史。以上言謫典史。英宗復辟。授知縣。

汪·清卿 【宋】婺源人。字湛仲。朱熹自考亭歸。寓清卿家。與鄉人講學。因嘉其事親孝。顏其齋曰愛日。又爲作敬齋銘。

汪·皐會 【宋】黟人。字元贊。紹興進士。歷官潭州醴陵令。所至吏事修舉。家居後以書自娛。著書數十卷。學者稱醴陵先生。

汪·紱 【清】婺源人。初名烜。字燦人。號雙池。家貧困。傭於江西景德鎭。爲畫碗之役。後之閩中。館楓嶺浦城間。從游者甚衆。乾隆中以諸生終。其學博綜儒經。以宋五子爲歸。因隴其著讀禮志疑。乃作參讀禮志疑。多得經意。又著周易尚書四書詮義·春秋集傳·禮記章句·樂經律呂通解·理學逢源·儒先晤語等二十餘種。

汪·紹 【宋】婺源人。字子傅。好義樂施。闢義學教鄉里子弟。延舊邑簿呂廣問爲師。割田三百以充費。學者無裹糧束脩之勞。

汪·舸 【清】婺源人。流寓揚州。字可舟。性不諧物。偃蹇貧病以卒。有[illegible]崌山人集。

汪·莘 【宋】革弟。字叔耕。呂原明門人。學行亞於其兄。以詩名。爲洪州推官。有歸愚集·方壺存稿。

汪·逢辰 【元】歙人。字虞卿。年四十。始教授鄉校。調饒州路鄱江書院山長。轉嘉興路崇德州教授。有鳴球集·忠孝集·稽古編·七經要義·太平要覽等書。

汪·野 【清】長洲人。字立間。號荔幢。善畫山水。能詩。

汪·善 【明】歙人。字存初。永樂進士。官吏科給事中。彈奏不避權貴。終永州府同知。有循吏風。

汪·喜孫 【清】中子。一名喜荀。字孟慈。嘉慶舉人。由員外郎出爲懷慶知府。有惠政。博覽羣籍。於文字聲音訓詁。尤所究心。有且住庵詩文稿。

汪·喬年 【明】遂安人。字歲星。天啓進士。崇禎間歷青州知府。以治行卓異。遷登萊兵備副使。擢右僉都御史。巡撫陝西。時李自成已破河南。總督傅宗龍敗沒於項城。詔擢喬年兵部右侍郎。總督三邊軍務。喬年收散亡。調邊卒。率總兵賀人龍等出潼關。賊方圍左良玉於郾城。甚急。而其老寨屯襄城。喬年遂定攻襄解郾之策。已而賊果解郾圍。救襄城。人龍等未陣而奔。良玉救不至。城陷巷戰。喬年自剄不殊。爲賊所執。大罵。賊割其舌磔殺之。◎【清】壽州人。字修齡。號繡林。工畫山水。尤長白描人物。善草書。能詩。少孤。習帖括不售。遂入貲爲郞。旋罷歸。有碧玉壺天題畫詩·繡圃詩話·尺牘·金臺紀行·梨花樓詩。

汪·復 【宋】婺源人。字希顏。寶慶進士。歷通判揚州致仕。元至元間部使者至邑。強請見。或勸之仕。不可。

汪·復慶 【清】歙人。善琢硯。一本古法。尤善度材。能就石理而得模型。異樣天成。不假雕琢而邊幅整嚴。時稱名手。

汪·循 【明】休寧人。字進之。弘治進士。官至順天府通判。正德初劉瑾擅權。循一月三抗疏。請裁革中官。又上內修外攘十策。言甚剴切。爲瑾所忌。罷歸。有仁峯文集。

汪·援甲 【清】錢塘人。字鱗先。號漚亭。康熙舉人。知山西絳縣。博覽能文。有夕秀齋詩鈔。

汪·景純 【明】休寧人。名宗孝。以字行。稱江左大俠。有姬曰孫瑤華。字靈光。舊籍曲中。能詩。與景純卜築六朝古松下。景純歸里。孫有寄衣詩云。閑妾深閨惟有夢。憐君故國豈無衣。人傳誦之。

汪景望 〔清〕宜興人。字企山。舉人。工草書。深於易。有易論。

汪智 〔清〕歙人。字容生。工畫山水。善雕刻桃花石。山水樓閣。人物花鳥。精巧獨創。

汪晫 〔宋〕績溪人。字處微。九歲喪父。哀慕如成人。奉祖母及母以孝聞。博學多通。郡守欲見之。以編氓辭。輯曾子・子思子。著有康範詩集。

汪棣 〔清〕儀徵人。字韡懷。號對琴。一號碧溪。廩監生。官刑部外員郎。蓄異書。好賓客。有持雅堂集。

汪森 〔清〕桐鄉人。字晉賢。號碧巢。康熙拔貢。官戶部郎中。讀書好友。輯蟲天志・名家詞話・粵西詩載文載叢載。著有小方壺存稿。

汪渢 〔清〕錢塘人。字魏美。少孤貧力學。與人落落寡語。人號曰汪冷。明崇禎舉人。國亡。奉母入山。後反錢塘。僑寓郭外。時湖上有三高士之目。渢其一也。終於寶石僧舍。

汪游龍 〔明〕懷寧人。字六御。崇禎進士。累拜監察御史。侃侃能言。按閩防海皆有聲。

汪爲霖 〔清〕如皋人。字春田。官廣西思恩知府。畫蘭竹超妙越絕。爲人倜儻權奇。有材勇。多技能。

汪琬 〔清〕長洲人。字苕文。號鈍菴。晚居堯峯。因以自號。又號玉遮山樵。順治進士。授戶部主事。累官刑部郎中。以事降北城兵馬司指揮。再遷戶部主事。所歷官皆有名績。康熙中舉鴻博。授編修。與修明史。以疾假歸。遂不出。其文根柢六經。出入廬陵・震川間。於易書詩春秋三禮喪服。皆有發明。時魏禧・侯方域並以古文擅名。與琬稱三家。而琬尤醇正。性狷介。遇人褒譏不稍寬假。卒年六十有七。有鈍翁前後類稿・堯峯詩文鈔。

汪琳中 〔明〕永樂間官清軍御史。與四川都指揮郭寳交通爲奸利。爲羅通劾奏逮治。

汪統 〔宋〕寶慶間忠義統領王文信反。謀取揚州。其徒告變。時統知州事。兼提點刑獄。或請說止文信兵。而以單騎入。俟入城而殺之。旣入。統躊躇不敢發。文信知事泄。遂回屯楚州。

汪舜民 〔明〕奎從子。字從仁。成化進士。由御史累遷右副都御史。撫治鄖陽。好學砥行。矯矯持風節。尤負時望。

汪舜舉 〔宋〕祁門人。字伯俞。紹聖進士。仕至信州通判。時清溪洞方臘反。蹂躪十二州。至信州。舜舉伏兵柳家都大破之。寇平。授朝散大夫・直祕閣。除江東提刑卒。

汪華 〔唐〕績溪人。少以勇俠聞。隋末保據郡境。併有宣杭睦婺饒五州。建號吳王。部內賴以平安者十餘年。武德間爲王雄誕所敗。遂降。授總管歙宣杭睦饒婺六州軍事・歙州刺史。封越國公。卒於長安。郡人汪氏。皆華之後。◎〔元〕相族弟。字榮夫。號東山。受業於饒魯。與燕公楠爲同門友。至元初公楠將薦諸朝。華固辭而止。參看汪相條。

汪萊 〔清〕歙人。字孝嬰。號衡齋。十三經注疏。能背誦如流水。而又能心通其義。尤善曆算。通中西術。嘉慶中以優貢生入史館修天文志。官石埭訓導卒。有衡齋算學。

汪覃 〔宋〕績溪人。字天才。少有奇才。聽舉八行科。蘇軾見而異之。後隱不仕。號水月居士。

汪貴 〔明〕歙人。字良貴。成化進士。授嘉善知縣。富民買田不納稅。令小民代納。貴悉覈正之。爲豪滑所誣。送吏部。民數千人擁舟攀號。請留其衣。作留衣亭。邑人上書訟其冤。尙書王恕爲請復職。後改固始。卒官。

汪越 〔清〕南陵人。字季超。一字師退。康熙舉人。精史學。著讀史記十表。考訂詳確。詩古文亦沖淡與博。又有二樓小志・綠影草堂集。

汪逸 〔明〕歙人。字遺民。有汪遺民詩。

汪進 〔明〕婺源人。字希顏。天順進士。官刑曹郎。執法不阿。治獄多所平反。陞山西僉事。歷陝西左布政司卒。進性峭直。事親孝。撫孤姪曲盡恩意。官三十餘年。家無餘資。

汪逵 〔宋〕應辰子。字季路。嘗官司業。時丞相留正稱吳璘爲當今第一教官。逵首欲薦璘。或謂璘舉員已足。逵曰。吾職當舉教官。舍斯人將誰先。卒剡薦之。逵累官吏部尙書・端明殿學士。

汪都 〔明〕婺源人。字瀛海。官亳州吏目。工書畫。以雙筋代筆。作山水人物。點染頗佳。

汪鈞 〔清〕份弟。字右衡。康熙舉人。官句容教諭。善屬文。嘗箋注陸宣公集。

汪開之 〔宋〕王柏之友。與柏同著論語通旨。

汪雄圖 〔宋〕休寧人。字思遠。淳熙進士。歷峽州教授。轉建昌軍教授卒。雄圖博學強記。以明經講授。所居據平坡植李。四方學者築室其旁。號李傾先生。有李傾集。

汪鳦 〔清〕烏程人。字子清。號蓮渠。有濾玉盦詩鈔。

汪敬 〔明〕婺源人。字思敬。一字益謙。宣德進士。官戶部主事。以廉能著。有易傳通釋・學易象數舉隅。

汪新 〔清〕仁和人。字又新。號芍

陂。乾隆進士。嘉慶初官至湖北巡撫。勦平教匪有功。卒諡勤僖。

汪·楚材 宋休寧人。字太初。又字南老。紹熙進士。歷湖南安撫司幹辦公事。轉廣西運使幹官。楚材喜問學。嘗以書通朱熹·吳儆。二人俱器重之。告以聖門為學工夫次第。及佛老之弊。楚材遂以儒碩知名。

汪·楫 清休寧人。僑居揚州。字舟次。歲貢生。康熙間舉鴻博。授檢討。充册封琉球正使。不受餽贈。國人建卻金亭誌之。官至福建布政使。工詩。所作以古為宗。以清冷峭蒨為致。尤善書。有中洲沿革志·琉球奉使錄·悔齋詩文集·山聞正續集·觀海集。

汪·杰 清江都人。字中也。畫倣倪高士。尤精金石學。

汪·溥 明績溪人。字源學。舉鄉貢。授薊州知州。興學課農。秩滿再任。擢廣西慶遠知府。歷按察副使。所在有政績。卒於官。◎清鎮洋人。字永思。號芝田。又號問政山樵。善畫山水。以清潤冷雋稱。

汪·煇 明高縣人。號柱河。萬曆進士。累官禮部侍郎。會魏忠賢建生祠。欲得煇文記其事。煇不可。削奪歸里。忠賢敗。復官。

汪·煥 南唐歙人。開國時第進士。後主佞佛無度。諫者多得罪。煥死諫。後主不之罪。擢校書郎。而言卒不用。

◎清宜興人。字雲章。一字鈞莊。乾隆進士。知崇安縣。四充鄉試同考官。頗稱得士。於學靡不淹貫。工詩古文辭。有見山書屋文鈔·詞鈔·歷代紀年通表。

汪·照 清嘉定人。初名景龍。字緅青。一字少山。貢生。負詩名。精考證。工八分書。嘗佐王昶分纂金石萃編。游陝右。歷主華原橫渠書院。有大戴禮解詁。（照一作炤。亦作照。）

汪·瑛 明泉子。正統間以女為郕王妃。授中城兵馬使指揮。食祿不視事。妃正位。與父並擢左都督。終錦衣指揮僉事。

汪·瑄 明江陵人。字德卿。成化進士。初知華亭。擢監察御史。時權閹季廣敗。瑄疏劾之。數其黨護及壞選法事。貪墨者望風解綬去。

汪·琭 清浙江山陰人。字芙生。一字越人。號玉泉。又號穀庵。少隨父游粵東。文辭冠其曹偶。光緒間歷客學督劉坤一·曾國荃幕。辦理中外交涉。以才略著稱。性貞簡。晚歲耽情文史。隱居著述。有隨山館集·無聞子松煙小錄·旅譚尺牘。

汪·筠 清琬長子。字禹吹。少補吳江學諸生。有箸菴遺稿。

汪·義和 宋勃孫。字謙之。淳熙進士。倅紹興。守武岡。每大比。附試於郡。歲貢一名。義和謂郡統溪洞。民尚武健。欲變其俗。莫若崇尚學校科舉。乃請於朝。闢貢院。增貢員。後為太常博士。充館伴正旦使。官終侍御史。

汪·義榮 宋勃孫。字煥之。登第知崇仁縣。姦猾望風知讋。遇事。究心荒政。後知沭陽。値寇變。城堞圮毀。經畫抗禦。賊遁去。終大理丞。

汪·與立 明金華人。字師道。受業范祖幹。其德行與何壽朋齊名。而文學過之。隱居教授。不求聞達。以高壽終。

汪·與成 宋銅陵人。一家百八十口。盡死於建炎之難。獨遺與成。後三年。改葬其父。念母骸骨不存。刻木削形。侍養十年。而後祔葬焉。

汪·萬於 唐歙人。字叔振。有詩名。憲宗時仕為江陵府戶曹參軍。

汪·道亨 明懷寧人。字雲陽。萬曆進士。知福建泉州府。政尚仁慈。累遷廣東布政使。平欽州賊有功。入為應天府尹。以右副都御史巡撫宣府。繕修亭障。撫輯邊人。塞上無警。卒於官。

汪·道昆 明歙人。字伯玉。嘉靖進士。令義烏。教民講武。人人能投石超距。世稱義烏兵。後備兵閩海。與戚繼光募義烏兵破倭寇。擢司馬郎。累官兵部侍郎。乞養歸。嘗與李攀龍·王世貞輩切劘為古文辭。世貞稱道昆為文簡而有法。由是名大起。世貞亦嘗貳兵部。天下稱兩司馬。有副墨及太函集一百二十卷。

汪·道貫 明道昆弟。字仲淹。性強記。氣槪英邁。工詞賦。旁及篆籀眞行。多所通解。督學吳公路呼為小司馬。與從弟道會齊名。時稱二仲。有汪次公集。

汪·道會 明道貫從弟。字仲嘉。礦事興。中官劉朝用至新安。議伐冢夷居。人心惶懼。道會往說之。朝用遽散其黨還金陵。聞譽與道貫埒。有小山樓稿。

汪·道誠 清江西樂平人。字勉旃。嘉慶武進士。官至雲南提督。野夷倡亂。勦之。擒其渠。卒諡勤果。道誠通兵家言。創六合長矛陣。有圖說。

汪·靖 明祁門人。一家百口同爨。尺布不私。薦授交河知縣。居官清愼。民甚安之。後改武平縣。卒於官。

汪·嘉禧 清仁和人。字選樓。嘉慶時諸生。肄業詁經精舍。長於考證。西湖六一泉有木主數百。皆明季逸老。其事蹟無所見。嘉禧為撰六一神位考。閱書積千種。有意林翼·東里學人集。

汪·夢斗 元績溪人。字以南。號杏山。宋景定中以明經發解江東。漕試授承節郎。江東司制幹官。咸淳中遷史館編校。與葉李等議上書劾賈似道。李等坐罪。夢斗亦遁歸。宋亡。謝昌言篇於元世祖。被召至京。不受官。放還。有北游集·雲間集。

汪·澈　〔明〕直子。初與父同歸胡宗憲。令立功。澈遂累破倭寇。後爲巡按御史王本固所誅。

汪·漢　〔宋〕歙人。字瀚美。重然諾。尙氣義。鄉人以是非來取直者。徐以利害開諭。莫不感服。紹興初張琪兵薄城。邑人逃匿殆盡。乃攜家走西坑山側。一日賊至。漢奮前與語。因推隨身貲與之。賊戒其徒曰。好善人勿得殺。後以國母壽恩授右迪功郎。

汪·漢年　〔清〕歙人。善弈。繼周懶予而起。論者謂其善於狹卷中短兵相接。有弈悟。

汪·漢英　〔元〕耆英弟。見汪耆英條。

汪·漢卿　〔元〕黟人。綱孫。字景亘。號菊友。累官翰林修撰。爲人謙和樂易。博聞強記。筆札尤精。在翰苑十年。凡中朝討論典故。衆人所不能識者。叩之。應對不窮。有養浩集。

汪·漣　〔清〕仁和人。華嵒女弟子。錢機之妻。字文水。號文道人。工畫山水花鳥。得新羅之祕旨。

汪·禔　〔明〕祁門人。字介夫。號檗菴。其學深於禮。有家禮叱俗·投壺儀節·檗菴集。

汪·端　〔清〕憲女孫。陳裴之妻。字允莊。號小韞。聰穎天授。七歲能詩。裴之亦天資高縱。拈韻分箋。互爲商推。詩好高青丘。選有明詩初二集。有知人論世之識。道光間卒。

汪·端光　〔清〕儀徵人。字劍潭。又字磵疊。號睫巢。乾隆舉人。官廣西鎭安知府。工詩詞。有沙江·晚霞·才退諸集。

汪·綬　〔宋〕義榮子。歷官知興國軍。備述沿江利害。切中時弊。撫御兵民。創葺戎器戰守之具。罔不備。擢軍器監丞。知太平州。治行有聞。官終朝散大夫。

汪·維恕　〔清〕四川定遠人。字心如。廩貢生。工辭章。好爲狹邪游。妻死。去淩雲寺爲僧。已復歸。卒年三十。有楠園文集·秋心館詩詞集·古賦考證·春明冷夢錄。

汪·綱　〔宋〕義和子。字仲舉。淳熙中中銓試。累除外任。所至有政聲。歷知紹興府。主管浙東安撫司公事。尋直龍圖閣。理宗立。詔爲右文殿修撰。加寶謨閣待制。紹定初召赴行在。言臣下先利之心。過於徇義。爲身之計。過於謀國。宜有以轉移之。權戶部侍郎。越數月。上章致仕。特畀二秩。守戶部侍郎。仍賜金帶卒。綱學有本原。多聞博記。凡兵農醫卜陰陽律曆諸書。靡不研究。機神明銳。遇事立決。有恕齋集·左帑志·漫存錄。

汪·肇　〔明〕休寧人。字德初。號海雲。豪放不羈。畫山水人物。出入戴進·吳偉。翎毛花卉。自成一家。

汪·肇龍　〔清〕歙人。字松麓。少家貧。資篆刻以活。遂通六書。後游婺源江永之門。專力治經。嘗觀太學石鼓文。著石鼓文考。定爲史籀所篆。而於尊彝鍾鼎諸古篆。雲鳥蝌蚪之文。暗中可手捫而識之。論者尤推絕學。乾隆中以副貢終。

汪·輔　〔明〕嘉靖時元江土官百戶。土酋那鑑反。尋死。輔入城撫諭其衆。擒賊首及戕土官殺巡撫者。後升千戶。

汪·輔之　〔宋〕宣州人。字正夫。神宗時爲北京運判。時文彥博以侍中判北京。輔之密劾其不治事。神宗批曰。輔之小臣。敢爾無禮。

汪·遠孫　〔清〕憲曾孫。字久也。號小米。又號借閒漫士。嘉慶舉人。官內閣中書。溺苦於學。盡發先世藏書讀之。有詩考補遺·國語考異發正古注·漢書地理志校勘記·借閒生詞。

汪·際會　〔清〕裔年子。號蓮塘。以諸生爲浙江縣丞。善畫能詩。體格傲岸。饒有父風。亦工鐵筆。

汪·鳴珂　〔清〕吳江人。字宣綸。號瑤圃。仕爲廣西知州。工畫山水。能詩詞。善書。

汪·鳴鑾　〔清〕錢塘人。字柳門。號郋亭。同治進士。光緒間任國子司業。累有陳奏。歷官吏部侍郎。旋在總理衙門行走。中日戰後。兩宮猜忌日甚。鳴鑾以奏對失旨。革職廢置終身。

汪·齊　〔宋〕涇縣人。字子思。慶曆進士。累官尙書都官員外郎。時行青苗免役法。齊詣朝堂力言不便。王安石不悅。出判池州。

汪·儀鳳　〔宋〕歙人。字祥甫。度宗時以功充淮東制置大使。同幹辦公事。尋致仕。性嗜學。手不釋卷。居鄉好施與。病不服藥。將終。沐浴衣冠。端坐而卒。年八十四。晚築山泉亭。因以自號。有山泉類稿·程文。

汪·廣洋　〔明〕高郵人。流寓太平。字朝宗。元末舉進士。太祖召爲元帥府令史。歷江西陝西參政。封忠勤伯。旋爲右丞相。久之左遷廣東參政。尋復拜右丞相。以事誅。廣洋少事余闕。淹通經史。善篆隸。工爲歌詩。爲人寬和自守。與胡惟庸同位而不能去。故及於禍。有鳳池吟稿。

汪·德臣　〔元〕世顯子。字舜輔。襲爵爲鞏昌等二十四路便宜都總帥。憲宗素聞其名。及入覲。所陳悉嘉納。以驍勇著。所向有功。後攻釣魚山。守將王堅負險不下。德臣單騎至城下諭降之。幾爲飛石所中。遂感疾卒。諡忠烈。封隴西公。

汪·德鉞　〔清〕懷寧人。字崇義。一字銳齋。又字三藥。嘉慶進士。官禮部員外郎。學宗程朱。深識天下事利病。遇義慷慨敢爲。有讀經札記·周易義撰・周易雜卦反對互圖・七經餘記・女範等書。

汪慶　明歙人。號雲山。善畫仙佛。

汪憐憐　元湖州角妓。美姿容。善雜劇。嫁涅古伯經歷爲妾。涅沒。汪髡髮爲尼以終。

汪潮生　清江都人。字汝信。號飲泉。諸生。工畫花卉。尤精塡詞。有昉溪漁隱詞。

汪澄　明仁和人。正統間按福建。以鄧茂七亂。檄浙江江西會討。尋以賊方議降。止兵毋進。既知賊無降意。復趣進兵。而賊已不可制。兵部劾澄失機。棄市。

汪澈　宋饒州人。字明遠。第進士。高宗時爲殿中侍御史。時以和戎弛備。澈陳養民養兵自治豫備之說凡數千言。左相湯思退不協人望。與陳俊卿劾罷之。歷官參知政事。與宰相陳康伯同贊內禪。孝宗卽位。銳志恢復。張浚使江淮。以澈督軍荆襄。後以議不合。奉祠去。澈知人能薦士。嘗曰。臣起寒微。所以報國者。惟無私不欺耳。卒諡莊敏。有文集・奏議。

汪漋　清休寧人。籍江夏。康熙進士。雍正間累官廣西江西等省巡撫。坐事鐫級內用。修築兩淮高家堰隄工及浙江海寧・仁和海塘。乾隆間辦理江南水利工程。在官以老成謹飭著稱。

汪穀　宋婺源人。字次元。皇祐進士。授撫州宜黃尉。調泰州及太平軍推官。俱有異政。尋致仕歸。治田桑。保墳墓。歲時書問。無貴賤必躬治唯謹。詞翰可師。人皆珍藏之。◎清休寧人。字琴田。號心農。僑居吳中。工寫蘭竹。精鑑賞。收藏甚富。與王文治友善。愛其書法。手摹勒石。嘉慶中卒。

汪膺敏　清江都人。字公碩。號春泉。性廉介。書法歐褚。

汪賜　明正德時御史。希劉瑾旨劾叢蘭。

汪賦祈　明池州建德人。九歲遭亂。賊執其父炮烙逼財。賦祈以身蔽父。遂遇害。

汪踦　春秋魯童子。哀公時與齊戰於郎而死。魯人欲弗殤。仲尼曰。能執干戈以衛社稷。可無殤也。

汪輝祖　清蕭山人。字煥曾。號龍莊。乾隆進士。知湖南寧遠縣。治事廉平。尤善色聽。剖條發蘊。不爽錙銖。律之所窮。通以經術。所決獄詞皆曲當。有神明之頌。教民廣種植。興禮讓。惜廉恥。節昏喪。風俗爲之大變。及罷官歸。老幼泣擁輿前。不得行。嘉慶間卒。有元史本證・讀史掌錄・史姓韻編・九史同姓名略・二十四史同名錄・二十四史希姓錄・遼金元三史同名錄・龍莊四六稿等書。

汪鋐　明婺源人。字宣之。弘治進士。嘉靖間擢右副都御史。巡撫南贛汀漳諸府。鋐初以才見。頗折節取聲譽。爲人機深。外疏直而內傾險。善窺時好爲取舍。累官吏部尙書。兼兵部。排陷善類。威權日甚。後被劾引疾歸。卒諡榮和。

汪鋆　清儀徵人。字硯山。工詩善畫。尤邃於金石。有十二硯齋金石過眼錄。

汪勳　宋黟人。嘉定進士。紹定初歷官辰溪宰。地雜夷獠。當路欲移近地。勳謂臣子之職。不當趨易避難。單車至邑。夷獠帖服。卒於官。賴賻賵以斂。

汪叡　明婺源人。字仲魯。元末與弟同集衆保鄉邑。助復饒州。授浮梁州同知。不受。洪武間授左春坊左司直。踰年請假歸。叡敦實閒靜。不妄言笑。及進講。遇事輒言。帝嘗以善人呼之。

汪璧　明商城人。弘治進士。官御史。正德間抗疏劾劉瑾。爲權璫排陷而死。

汪學金　清太倉人。字敬箴。號杏江。晚號靜厓。乾隆進士。官至左庶子。有井福堂文稿・靜厓詩集。

汪憲　明黃巖人。字尙鎰。歷將樂知縣。以廉平課最。擢知寧州。宸濠變作。憲從王守仁討平之。引疾歸卒。◎清仁和人。字千陂。號魚亭。乾隆進士。官刑部員外郎。好著書。有說文繫傳考異・苔譜・易說存悔・振綺堂稿。

汪樸　清休寧人。字素公。工畫山水。善賞鑑。性至孝。父失明。樸舌舐三年復明。人以至行稱之。

汪機　明祁門人。字省之。父渭。精醫。機爲邑諸生。棄去。肆力於醫。異證奇疾。治之輒愈。有石山醫案・醫學原理・本草會編・素問鈔・脈訣刊誤・內經補註・外科理例・痘證理辨・鍼灸問對・傷寒選錄・運氣易覽。

汪澤　明廬江人。太祖時爲千戶。從征陳友諒。戰死。立祠康郎山。

汪澤民　元婺源人。字叔志。延祐進士。歷數郡推官。所至人服其明。後以禮部尙書致仕。退居宣州。值長槍賊來寇。或勸其去。澤民不可。參畫戰守之策。累敗賊兵。及城陷。不屈死。諡文節。編有宛陵羣英集。

汪澥　宋旌德人。字仲容。少從胡瑗學易。又學於王安石。登熙寧進士。累官國子監祭酒。改大司成。以議學制不合。出知婺州。澥自布衣爲學錄。而學正・司業・祭酒。迄於司成。官以儒名者三十年。然守安定之學不終。而染於新經之說。論者惜之。

汪濆　唐華後。字清光。乾符間以衙前都虞候分戍三吳嶺。累有戰功。

景福間授歙州團練使。後以拒賊死。

汪・縉 清吳縣人。字大紳。乾隆貢生。工古文。覃思奧賾。游刃百家。其學出入儒佛。與彭紹升・羅有高相講貫。有汪子文錄。

汪・興祖 明巢人。爲張德勝養子。嗣張職。太祖時累功至大都督。遂復姓。後征蜀。中飛石死。

汪・遵 唐涇縣人。初爲吏。善爲絕句詩。而深晦縝密。一旦辭役就貢。卒登第。

汪・錢 明錢塘人。字劍池。有青燕記傳奇。

汪・霖 明六安人。字潤夫。景泰進士。擢監察御史。出按雲南浙江。所至振紀綱。洗冤滯。不察察爲明。終右僉都御史。

汪・龍 明寧波人。號潤軒。正德時官金谿主簿。善畫墨竹花鳥。工詩。

⊙清歙人。字叔辰。一字蟄泉。乾隆舉人。揀選知縣。深於毛詩。精究數十年。成毛詩異義・毛詩申成二書。尤熟於許氏說文。段玉裁註說文。多採其說。道光中卒。年八十有二。

汪・徽 明婺源人。字仲徽。性傲岸。工詩。善畫山水。擅八分書。俱精妙。尤工秦漢圖章。稱四絕。

汪・應元 宋歙人。字節卿。紹定進士。調潭州戶曹。嘗奉臺檄出武岡之綏寧。會洞猺嘯聚。從者請避之。不可。卽前往召酋長。以理諭之。皆服。後以直祕閣提點浙東刑獄。卒官。

汪・應辰 宋玉山人。初名洋。字聖錫。紹興進士第一。初爲祕書省正字。時秦檜主和議。應辰上疏力言因循無備上下相蒙之可畏。忤檜意。出通判建州。檜死。始還朝。累官吏部尙書。剛方正直。敢言不避。中貴多側目。以端明殿學士出知平江府。連貶秩。遂致仕不起。應辰少從呂居仁・胡安國游。精於義理。好賢樂善。殆出天性。卒諡文定。學者稱玉山先生。有文定集。

汪・應泰 明臨淸人。號和宇。進士。知諸暨。擒盜魁七林等。累官松潘兵備。協討播寇楊應龍。平之。

汪・應蛟 明婺源人。字潛夫。萬曆進士。授南京兵部主事。累遷至南京戶部尙書。天啓初改北部。爲人亮直有守。視國如家。帝保母客氏求墓地踰制。應蛟持不予。遂見忤。致仕去。陛辭猶疏陳聖學。引宋儒語以宦官宮妾爲戒。久之卒於家。有古今夷語・中銓。

汪・應軫 明浙江山陰人。字子宿。正德進士。選庶吉士。以諫南巡被杖。出知泗州。州土瘠民惰。不知農桑。應軫教以蠶繰織作。由是民足衣食。世宗立。召爲戶科給事中。歲餘上三十餘疏。咸切中時弊。後官江西提學僉事。父艱歸卒。有青湖文集。

汪・應銓 清常熟人。字杜林。康熙進士第一。累官贊善。罷歸。主講鍾山書院。工書。有閑綠齋文稿・容安齋詩集。

汪・懋麟 清江都人。字季甪。號蛟門。康熙進士。授內閣中書。以刑部主事入史館充纂修官。與修明史。撰述最多。吏才尤通敏。旋罷歸卒。工詩。受業王士禛門。而才氣縱橫。視士禛爲別格。有百尺梧桐閣集。

汪・濮 明武城人。以經明行修舉於鄉。官至肇慶知府。淸廉仁愛。一方安之。

汪・璲 清歙人。字文儀。號默菴。年十六卽手錄先儒書。朝夕觀省。旣長。篤於躬行。嘗受業於無錫高世泰。著書以維閩爲宗。其讀易質疑。尤見推於時。又有語餘漫錄・儀典堂文集。

汪・膺 明長洲人。字元御。號玉淙。天啓舉人。童年卽喜爲詩。有寸碧堂稿。

汪・襄 宋汲孫。字公弼。仕南陵主簿。始在太學時。以薦爲教諭。會內舍三試不中。當退舍。以梁師成言得免。襄自陳願得退舍。強之不可。及登第。師成欲薦爲館職。又不可。師成寖怒。秩滿。改宣教郎。

汪・曙 清黟人。字曉山。號牛窗。善指畫。兼工山水。

汪・繪世 明鄞人。字漢文。洪武初授太平府同知。嚴明馭下。吏民不忍欺。事恆先期而集。陞湖廣按察司副使。姦欺多所摘發。然寬以濟明。未嘗鉤摘隱伏。陷人於罪。論者稱之。

汪・瀚 元灝弟。字幼海。以薦授衢州路學錄。不赴。參看汪灝條。

汪・繩英 清休寧人。家桐鄉。字祖肩。一字靜巖。富收藏。善畫山水。能詩。

汪・繹 宋勃曾孫。字仲成。以蔭補承務郎。累遷知興國軍。召對極言守江之策。後知寧國府。惠政甚多。

⊙清常熟人。字玉輪。號東山。康熙進士。殿試第一。授修撰。年少高科。文詞贍敏。而謙退不矜。蘊藉多風韻。臚唱日。馬上口占有句云。浮生祇辦十年官。旋予告歸。校全唐詩於揚州而卒。時以爲詩讖。有秋影樓集。

汪・繹辰 清泰來子。字陳也。諸生。亦工畫。

汪・鏜 明鄞人。字振宗。號遠峯。嘉靖進士。官至禮部尙書。掌詹事府。兼翰林院大學士。歷官三十年。所至簡練得體。有餘清堂稿。

汪・霦 清錢塘人。字朝采。號東川。康熙進士。官行人。舉鴻博。授編修。官至戶部侍郎。有西泠唱和集。

汪・鵬 清字翼倉。號竹里山人。善畫工詩。有袖海編。

汪·瀾 【明】玉山人。字子芳。貢生。授開化訓導。致仕家居。嘉靖間廣兵憲三從浙駐玉山。瀾窺其將亂。往三營。諭以禍福。三曰。公長者。宜爲我謀主。迫之行。瀾罵不絕口。被害。

汪·繼宗 【宋】歙人。當淳祐間。見國勢不競。有恢復之志。福王召見。愛之。妻以女。宋亡。不食而卒。

汪·繼昌 【清】歙人。字徵五。號悔岸。順治進士。官至湖廣按察司副使。既解官。浮家漢上。絕口不談時務。布袍盛榼往來山水間。酷嗜書。長於尺牘。工詩。

汪·繼燝 【清】嘉興人。字倬雲。號恬邨。康熙舉人。官至吏科給事中。性好學。經史之外。百氏書皆能言其崖略。有雙椿草堂集·覗璽草。

汪·藻 【宋】德興人。字彥章。崇寧進士。歷著作佐郎。王黼與藻同舍。素不合。終黼之世不得用。高宗踐祚。召試中書舍人。累拜翰林學士。屬時多事。詔令多出其手。嘗論所以待將帥者三事。後卒如其策。紹興中知湖州。上所修日曆凡六百六十五卷。陞顯謨閣學士。出知徽州·宣州。奪職居永州卒。藻通顯三十年。無屋廬以居。博極羣書。老不釋卷。工儷語。所爲制詞。人多傳誦。有浮溪集。◎【明】字文潔。幼以奇童稱。成化進士。由翰林歷參政。首劾汪直·王越亂政。章上。貶直·越。藻在朝有半朝汪之稱。

汪·騰龍 【清】昌平人。乾隆間武進士。由侍衛累官陝西提督。平小金川有功。兩因事被劾罷職。仍以參將銜隨征。卒於軍。

汪·鑒 【清】餘姚人。嘗扶父柩自雲南歸。至漢江遇風。舟且覆。鑒繞棺號哭。忽風回。得泊沙岸。衆呼汪孝子。爲人矜尙志節。後從勞史學。所詣益醇。

汪·體仁 【宋】休寧人。字濟仲。生有異質。一目重瞳。第紹熙進士。授房州竹山縣尹。有治行。◎【清】長洲人。字景瑤。號石匏。乾隆舉人。善畫山水。有佐觴草。

汪·麟 【宋】立信子。爲內書寫機宜文字。在建康不肯從衆降。崎嶇走閩以死。

汪·灝 【元】慶元奉化人。字季夷。父懋卿與弟森卿同貢。並因宋亡不仕。灝與弟瀚治易春秋。從陳嵩伯講學。有詩文曰蠟臺稿。◎【清】臨清人。字文漪。一字天泉。康熙進士。官至內閣學士·禮部侍郎。巡撫河南。蒞事明決。所部肅然。尋以督修河工積勞成疾。乞歸卒。有倚雲閣詩集。◎【清】字石梁。號竹農。性古雅。工詩畫。

汪·鑾 【明】懷寧人。修偉有健力。正德間宸濠擁衆攻城北。鑾遇賊被執。脅令諭城中出降。鑾至城下大呼曰。王師已破南昌。可堅守。遂遇害。

汲·固 【後魏】梁城人。孝文時爲兗州從事。刺史李式坐事被收。時式子憲。生始滿月。式大言於衆曰。程嬰·杵臼。何如人也。固曰。今古豈殊。遂抱憲歸藏之。及捕者收憲。屬有一婢產男。以婢兒授之。事尋泄。固乃攜憲逃遁。遇赦始歸。後高祐爲兗州刺史。嘉固節義。以爲主簿。

汲·黯 【漢】濮陽人。字長孺。性倨少禮。好游俠。尙氣節。景帝時爲太子洗馬。以嚴見憚。武帝即位。爲謁者。往視河內火災。以便宜發倉粟賑民。出爲東海太守。以清靜治民。東海大治。召爲主爵都尉。以數直諫。不得久居位。帝嘗問嚴助曰。汲黯何如人也。曰。使黯任職居官。無以踰人。至其輔少主守成。雖自謂賁育不能過也。帝曰。古有社稷之臣。黯近之矣。後爲淮陽太守。居十歲而卒。

沂·川 【元】爲沭陽尹。招徠流亡。課農興學。民俗以變。

沃內 【清】滿洲正黃旗人。姓性佳氏。崇德間從攻明定州。先登克之。授參領。順治間隨博洛攻明唐王。討姜瓖。臨陣輒身先士卒。所至有功。官至盛京將軍。討布爾尼無功。罷職。

沃申 【清】滿洲正紅旗人。姓鈕祜祿氏。順治間入關敗李自成。下直隸諸郡。攻山西。又攻舟山。積功爲杭州副都統。康熙間先後從攻耿精忠·鄭錦。轉戰浙江福建有功。尋坐事奪職。

沃·墅 【明】蕭山人。洪武初官溫縣知縣。時民艱於食。墅令開闢荒蕪。樹藝桑棗。比代去。民遮道留之。

沃赫 【清】滿洲鑲黃旗人。費英東孫。康熙間襲三等公。署副都統。攻吳三桂。轉戰湖南貴州雲南。屢立功。累擢鑲黃旗蒙古都統。列議政大臣卒。

沃·頖 【明】定海人。成化進士。以監察御史左遷知內鄉。興革利弊。禁奸保良。公署學校。皆其所建。積穀十餘萬石以備賑。擢知荊州府卒。

沈·一貫 【明】鄞人。字肩吾。隆慶進士。萬曆間累官戶部尙書·武英殿大學士。自一貫入內閣。朝政已大非。礦稅使四出爲害。其所誣劾逮繫者。悉滯獄中。一貫等數諫。不省。及帝有善意。一貫骫骳不能持。後繫獄及言事者。因他人言省釋一二。礦稅之禍。遂終神宗之世。至楚宗妖書京察三事。獨犯不韙。論者醜之。卒諡文恭。著有易學·敬事草·經世宏辭·吳越游稿。編有弇州稿選。

沈·三曾 【清】歸安人。字尹斌。康熙進士。由庶吉士歷官贊善。恭謹恬退。不妄交一人。家居伏處荒村。經年不入城市。敦本睦族。子孫能守家法。人稱懷庭先生。

沈千運 〔唐〕吳興人。詩文力矯時習。元結篋中集序有云。千運獨挺於流俗之中。強攘於已溺之後。窮老不惑。五十餘年。凡所爲文。皆與時異。

沈士充 〔明〕松江華亭人。字子居。出宋旭・趙左之門。工畫山水。丘壑蒨葱。皴染淹潤。爲雲間正傳。

沈士則 〔清〕錢塘人。字志可。諸生。師應撝謙。以力行古禮爲己任。尤詳於喪禮。雖功緦之喪。亦必成服。終年常冠素冠。旣以禮律身。卽以禮爲教。鄉人化之。

沈士柱 〔明〕蕪湖人。阮大鋮以附璫削籍。僑居南京。聯絡南北附璫失職諸人。劫持當道。吳應箕等爲留都防亂揭。公討之。士柱與其事。

沈大成 〔清〕江蘇華亭人。號沃田。康熙諸生。博聞強識。以詩古文辭名江左。晚游維揚。客運使盧見曾所。交惠棟・戴震・王鳴盛輩。益潛心經學。校定書籍甚富。有學福齋詩文集。

沈大廉 〔宋〕躬行從子。字元簡。紹興進士。除監察御史。遇事敢言。周葵以封駁忤旨去官。大廉力爭之。不報。力求外補。以直祕閣提刑福建卒。

沈大經 〔宋〕大廉弟。字元誠。以身體力行爲教。後進登其門。咸有所裁正。在家尤嚴肅。妻子莫不化之。用累舉恩主漳浦簿。

沈不負 〔清〕平湖人。字集九。號次山。晚號東樂。諸生。有老雲齋詩。

沈不害 〔陳〕武康人。字孝和。天嘉初爲嘉德殿學士。自梁季喪亂。未立國學。不害上書請建儒宮。又表定樂章。仕終通直散騎常侍。不害治經術。善屬文。雖博綜墳典。而家無卷軸。每製文。操筆立成。曾無尋檢。有五禮儀及文集。

沈仁昌 〔清〕嘉興人。字醴泉。工畫。稱妙品。天性純孝。築環碧草堂。奉親游憩。

沈仁業 〔清〕青浦人。又名壽。號眉亭。善畫能詩。隱於醫。

沈介 〔宋〕德清人。字德和。累官兵部尚書。出爲荆湖制置使。卓有清聲。豪猾斂跡。

沈介之 〔清〕江寧人。名祺。善弈。師任渭南。年十六卽成國手。至京以弈得官。選廣西巡檢。與張介軒齊名。稱二介。

沈元素 〔明〕懷安人。元時赴都。寫金字經。授福州教授。謝歸。洪武初舉授古田學訓。擢僉憲。書篆琴畫皆工。

沈元滄 〔清〕仁和人。字麟洲。號東隅。康熙副貢。知文昌縣。有滋蘭堂集・禮記類編。

沈升 〔明〕海寧人。永樂進士。授刑部主事。與修五經四書性理大全。仕至太僕少卿。

沈友 〔三國吳〕吳人。字子正。年十一。爲華歆所知。及冠。博學善屬文。兼好武事。注孫子兵法。又辯於口。時稱其筆舌力三絕。

沈友琴 〔清〕吳江人。字參行。周鉦妻。有靜閑居詞。

沈天成 〔清〕江蘇華亭人。名上章。以字行。康熙間耿精忠反。執總督范成謨。天成在幕。亦被械繫。歷三載不屈。及成謨殉節。卽自經死。善卜易。工詩。在獄時著有聽鵑集・花譜。

沈心 〔清〕仁和人。字房仲。雍正時諸生。早從查愼行游。其詩頗有查氏法。有孤石山房詩集。

沈文秀 〔後魏〕慶之弟子。字仲遠。仕宋爲青州刺史。時魏人攻青州甚急。文秀嬰城固守。自夏至春始剋。文秀取所持節。衣冠坐齋內。魏兵入。執而裸送於慕容白曜。左右令拜。文秀曰。兩國大臣無相拜理。孝文帝嘉其忠。除懷州刺史。守清貧而政寬。不能禁止盜賊。大興水田。公私有利。卒官。

沈文季 〔南齊〕慶之子。字仲達。以寬雅正直見知。初慶之之死也。沈攸之以被掩殺之。攸之反。高帝加文季冠軍將軍。督吳興錢塘軍事。遂收殺攸之宗族以復舊怨。累遷侍中・左僕射。時東昏肆行殺戮。文季託老疾不預朝機。未幾。召入華林省見害。朝野冤之。後諡忠憲。

沈文阿 〔陳〕峻子。字國衡。少習父業。研精章句。治三禮三傳。察孝廉。仕梁爲國子博士。尋領步兵校尉。兼掌儀禮。斟酌裁撰。一時禮度。皆出其手。文帝時累官通直散騎常侍。

沈文奎 〔清〕會稽人。字清遠。明諸生。北游遵化。太宗下遵化。文奎降。隸漢軍鑲白旗。順治初授保定巡撫。擒斬土寇李聯芳等。擢漕運總督。底定海濱。革除漕弊。頗有名績。坐事奪職。再起。仍官漕運總督。坐以催運稽遲。降補陝西督糧道。卒於官。

沈文彪 〔宋〕鄞人。號清遐居士。楊簡講友。以奧學峻行。與簡爲忘年交。

沈方 〔明〕桐鄉人。字大愚。崇禎中以副貢授荆門州同知。李自成・羅汝材等亂河南。方甫至。巡撫宋一鶴檄使禦賊。方以舟師破之江上。川兵二萬應調過荆門。知州以疾去。州人惶竄。方馳還。攝州事。詣營中勞問。開曉大義。軍皆肅然無犯。賊逼城。方率民兵死守。城陷不屈。遂遇害。

沈曰霖 〔清〕吳江人。字驤展。號紉芳。布衣。工愁善病。長於駢體。有晉人麈・粵遊詞・粵西瑣記・小瀟湘詩草。

沈月田 【元】工藍林木樹石。

沈月溪 【元】松江華亭人。工畫山水人物。學馬遠。往往亂眞。

沈木 【宋】崇德人。字子謙。嘉定進士。知石城縣。時汀寇入境。邑豪熊子開等爲寇鄉導。巡尉司妄指同姓者捕之。木察其非是。破械使捕子開等。衆謂其縱虎。已而果縛子開以獻。人服其明。繼倅建昌。守郢。所至有古循吏風。

沈世 【清】錢塘人。字卜周。又字瘦生。父祖爲隸。世以家貧承舊業。應役歸。輒究心翰墨。工詩。尤精篆刻。藩司某物色之。俾鐫名印。賚以金。辭勿受。後令改從織媚。以逐時尚。世卽於廳事前階下磨去之。辭以不能。年三十七。抑鬱而死。有鼓泉集。其所刻印。選入飛鴻堂印譜。

沈世勛 【清】長洲人。字芳洲。好古人書畫。臨摹甚勤。凡宋元以下各家山水花鳥人物。及蘇米趙董字跡。脫手無不亂眞。小楷法文徵明。亦精絕。

沈仕 【明】仁和人。字懋學。一字子登。號青門山人。雅好詩翰。多蓄法書名畫。善畫花鳥山水。入妙品。

沈功宗 【清】蕭山人。字孚先。工詩。兼善醫。

沈可均 【清】海鹽人。字師衡。號半桐。晚號竹林村學究。才長學博。儲經籍古金石刻。悉鉤稽辨審。備極源委。工古文辭詩歌。尤擅八分書。

沈可培 【清】嘉興人。字養原。號蒙泉。晚號向齋。乾隆進士。官江西知縣。工書畫。有夏小正注・星度釋略。

沈右 【元】吳人。字仲說。號御齋。本世家子。能去豪習。刻志詩書。恂恂若諸生。年四十無子。買一妾。問知爲故人女。卽召其母擇婿厚嫁之。有清輝樓稿。

沈正 【南朝宋】淵子子。字元直。淹詳有器度。美風姿。善容止。好老莊之學。歷參隨王誕安東軍事。元嘉末元兇弒逆。以誕爲刺史。正勸顧琛說誕討逆。官至長水校尉。孝建初移青州。鎭歷城。除寧朔將軍・齊・北海二郡太守。未拜卒。◎【宋】海陵人。端拱初父爲屯田院衙官。使酒毆平人死。正中途見父恐懼。卽號呼褫衣。就毆其屍。巡警者捕送官。獄具。怡然就戮。聞者悲之。

沈永令 【清】吳江人。字聞人。順治副貢。官韓城知縣。時湯斌爲潼關道。以循良重之。手有枝指。自號一指。詩詞書畫。並入能品。

沈永年 【清】江蘇華亭人。字青原。號息非。畫山水得元人意。精醫學。官太醫院使。年六十七。無疾而終。

沈永禋 【清】吳江人。字克將。有選夢亭詩稿・聆缶詞。

沈玄 【明】吳人。字以潛。以字行。宣德初徵爲醫士。後擢御醫。工詩好琴。有潛齋集。

沈用熙 【清】合肥人。字薪甫。一字石坪。歲貢生。官寧國訓導。學書於包世臣。初喜漢分。晚年一意眞草。臨摹晉唐北朝碑刻。秒黍不失。八十後自號石翁。所作益趨簡變。光緒中卒。年九十。

沈用濟 【清】錢塘人。字方舟。少以詩鳴。康熙時國子生。足跡半天下。至嶺南。與屈大均・梁佩蘭定交。所詣益邃。歷遊關塞。客右北平最久。入京師。紅蘭主人岳端極重之。詩皆燕趙聲。有方舟集。

沈田子 【南朝宋】淵子弟。字敬光。從武帝克京城。進平京邑。參鎭軍軍事。帝北伐鮮卑。田子領偏師爲前鋒。力戰。其後討盧循。破姚泓。皆有大功。累官安西中兵參軍・龍驤將軍・始平太守。以殺安西長史王鎭惡。安西將軍劉義眞。長史王修遂收殺田子。

沈甲 【清】仁和人。字春瑤。諸生。書似趙孟頫。旁及繪事。寫生折枝。俱得神韻。

沈甲秀 【明】浙江石門人。字凝芝。善畫花鳥草蟲。長於詩文。博通篆學。

沈白 【清】荃弟。字濤思。號貫園。又號天庸子。諸生。高隱不仕。工書。善畫山水。

沈立 【宋】歷陽人。字立之。舉進士。僉書益州判官。提舉商胡埽。采摭大河事迹古今利病。爲書曰河防通議。治河者皆宗之。遷兩浙轉運使。累判都水監。出爲江淮發運使。居職辦治。初立在蜀。悉以公粟售書。積數萬卷。神宗問所藏。立上其目及所著名山水記三百卷。徙宣州。提舉崇禧觀卒。

沈仲玉 【南朝宋】伯玉弟。泰始末爲蜀郡太守。益州刺史劉亮卒。仲玉行府州事。巴西李承明爲亂。仲玉遣司馬王天生討平之。廢帝詔以爲安成王撫軍中兵參軍。沈攸之請爲征西諮議。未拜卒。

沈充 【晉】武康人。字士居。少好兵書。頗以雄豪聞於鄉里。王敦引爲參軍。敦有不臣之心。明帝將伐敦。遣其鄉人沈禎諭充。許以爲司空。充謂禎曰。三司具瞻之重。豈吾所任。且丈夫共事。寧可中道改易。禎復切勸。不納。及敗。歸吳興。亡失道。誤入其故將吳儒家。爲儒所殺。

沈兆澐 【清】天津人。字雲巢。嘉慶進士。咸豐間以江安督糧道代理河南布政使。洪楊軍攻開封。兆澐登陴固守。力保危城。陞浙江布政使。卒諡文和。有捕蝗備要・戒訟說・易義韓聞・義利法戒錄・織簾書屋詩文鈔・詠史詩鈔等書。

沈兆霖 【清】錢塘人。字朗亭。道光進士。咸豐間累官戶部尙書。同治間署陝甘總督。平定撤回。肅清戎循一帶。師旋。在途猝遇山水漲發。被水衝沒。諡文忠。兆霖工詩文。善篆隸。尤精刻印。有全集。

沈·先榮 【清】漢軍正白旗人。字觀如。康熙間知河內縣。爲政務德化。不用敲朴。民懷其德。

沈·光 【隋】吳興人。字總持。略綜書記。微有詞藻。常慕立功名。交通輕俠。爲京師惡少年之所朋附。少驍捷。時號肉飛仙。大業中從伐遼有功。爲折衝郎將。及江都之難。潛構義勇。將爲帝復讐。語洩被害。麾下數百人皆鬭而死。無一降者。

沈·光文 【清】鄞人。字文開。一字斯庵。明季貢生。桂王時官太僕寺卿。尋至臺灣依鄭成功。卒於諸羅。在臺三十餘年。結社吟詩。海東文獻。推爲初祖。有花木雜記·古今體詩及文集。

沈·光曾 【清】秀水人。官高郵知州。嘗輯明清兩朝修治南河大要。爲書曰安瀾文獻。

沈·冰壺 【清】浙江山陰人。字心玉。號梅史。廩生。性孤峭不合於時。熟於子史。有古調自彈·抗言在昔等集。其學識頗拔俗。而有意示高。或流於譎。

沈·名蓀 【清】仁和人。字澗芳。又字磵房。康熙舉人。與秀水朱昆田同編南北史識小錄。自著者有梵夾集·蛾術堂文集·筆錄·史觽·冰脂集。

沈后 【陳】武康人。名妙容。文帝后。廢帝卽位。尊爲皇太后。時政歸宣帝。后憂悶。計無所出。乃密賂宦者。令誘建安人張安國。使據郡反。事發被誅。宣帝卽位。以后爲文皇后。陳亡。歸江南卒。◎【陳】君理女。名婺華。後主之后。後主寵張貴妃。后未嘗忌怨。將廢之。會國亡不果。及後主薨。后自爲哀辭。文甚酸切。後於毘陵天靜寺爲尼。名觀音。唐貞觀初卒。◎【唐】吳興人。開元末入東宮。太子以賜廣平王俶。生德宗。天寶之亂。賊囚后東都掖廷。王入洛。復留宮中。時方北討。未及歸長安。而河南爲史思明所沒。遂失后所在。德宗卽位。遙尊爲太后。憲宗立。始爲發喪。諡睿眞。

沈·在廷 【清】高郵人。字楓墀。乾隆舉人。官內閣中書。有經餘書屋詩鈔。

沈·如美 【明】善畫美人。

沈·如筠 【唐】句容人。爲橫陽主簿。有異物志·古異記。

沈·守正 【明】錢塘人。又名迂。字無回。萬曆舉人。官至巡撫。工畫。擅詩文。有詩經說通·四書叢說。

沈·屺懋 【清】吳江人。或作屺瞻。字樹奇。少以畫竹得名。雙松大幅。亦極高古。爲人清介絕俗。晚年棄家。卒於三高祠。

沈·戎 【後漢】烏程人。字威卿。爲九江從事。說降劇賊尹異。光武封爲海昏侯。辭不受。

沈·有容 【明】寵孫。字士弘。幼馳馬擊劍。好兵略。舉萬曆武鄉試。嘗從李成梁出塞。又累敗倭寇。歷官溫處參將。天啓初遼瀋相繼覆。熊廷弼建三方布置之議。以陶朗先巡撫登萊。而擢有容都督僉事。充總兵官。登萊遂爲重鎭。尋以年老乞歸卒。

沈·有開 【宋】常州人。字應先。歷官太學博士。與諸生講學罷。杜門讀書。進祕書丞。不事請謁。歷知太平州致仕。

沈·自南 【清】吳江人。字留侯。有文名。順治進士。官蓬萊知縣。失大吏意。被劾去。所著藝林彙考。博贍有根柢。又有歷代紀事考異·樂府箋題。

沈·自徵 【明】吳江人。字君庸。工樂府。有雜劇鞭歌妓等行世。

沈·行 【明】錢塘人。字履德。有貫珠編貝集。皆集句詩。◎【清】嘉興人。字行嘉。工寫眞。

沈·伯玉 【南朝宋】淵子季弟子。字德潤。溫恭有行業。能爲文章。少除武陵國侍郎。孝武卽位。歷句容令。有能名。還爲衛尉丞。孝武舊臣故佐皆升顯。伯玉自守私門。朔望未嘗問訊。由是官次不進。出爲晉安王子勛參軍。子勛卽僞位。以爲中書侍郎。子勛敗。伯玉下獄見原。歷永世·永興令。皆有能名。

沈·伯儀 【唐】吳興人。武后時爲太子右諭德。議明堂事。終修文館學士。

沈·作喆 【宋】湖州人。字明遠。號寓山。紹興進士。淳熙間以左奉議郎爲江西漕司幹官。以詩忤漕帥魏道弼被劾。奪三官。所著已意·寓林集。久佚。其存者有寓簡。考證古事有特識。

沈·作賓 【宋】歸安人。字賓王。以父任入仕。所至有聲。慶元中知平江府。招降盜黨。海道無警。召爲戶部侍郎。時軍與力耗。見存金穀僅支旬日。作賓考逋負。柅吏姦。閱三月卽有半年之儲。歷江西安撫。兼知隆興府。在郡撙錢二十餘萬緡。傑屬請獻諸朝。作賓謂平生未嘗獻羨。以半歸帥司犒師。半隸本府。以顯謨閣學士致仕卒。

沈·初 【宋】無錫人。字子深。熙寧進士。文詞典麗。時爭效之。元祐中尙詞賦。朝廷以初之宗強賦及林希之佚道使民賦等。頒天下爲格。初賦流傳至西夏。夏人織爲文錦。其稱賞如此。◎【清】平湖人。號雲椒。乾隆進士。官至戶部尙書。卒諡文恪。有蘭韻堂集。

沈·君公 【陳】君游弟。有幹局。美風儀。文章典正。仕梁歷御史中丞。

自都官尚書爲義興王璥師。從璥奔陳。授侍中。隋平陳。以璥同謀渡江。誅死。

沈君玉 〔清〕吳縣人。善雕刻。以橄欖核雕跎子一枚。棕帽鬍鬚。眉有補綴。手持一扇。扇有詩四句。又刻楊梅核爲獼猴。眉目畢具。其技特精。或云能畫。

沈君高 〔陳〕君理弟。字季高。少知名。性剛直。有吏能。太建中歷官廣州刺史。嶺南俚獠世相攻伐。君高本文吏。無武幹。推心撫御。甚得民和。卒諡祁。

沈君理 〔陳〕吳興人。字仲倫。博涉有識鑒。尚會稽長公主。武帝受禪。拜駙馬都尉。封永安亭侯。出爲吳郡太守。是時兵革未寧。百姓荒弊。君理招集士卒。修治器械。民下悅附。深以幹理見稱。文帝嗣位。爲左民尚書。累遷右僕射。卒諡貞憲。

沈君游 〔北周〕吳興人。博學有詞采。位至散騎常侍。有文集。

沈均安 〔清〕高郵人。字際可。官江西蓮花廳。以廉潔稱。能詩工書。

沈孝子 〔明〕丐者。每丐食。貯之筒饍以遺母。或潛偵其所爲。丐至一岸。坐地。出簞中飲食整理之。擎至船。船陋而甚潔。嫗坐其中。丐登舟。陳食母前。傾酒跪奉之。起跳舞。唱山歌。母食盡。苟無餘則自受餒。凡數年母沒。丐始不見。

沈宏正 〔明〕嘉定人。有蟲天志。

沈希遠 〔明〕崑山人。洪武中寫御容稱旨。授中書舍人。又工山水。

沈希儀 〔明〕貴縣人。字唐佐。嗣世職爲奉儀衛指揮使。機警有膽勇。智計絕人。正德中屢破義寧・荔浦・臨桂・灌陽・古田等賊。進署都指揮同知。嘉靖時田州屢叛。總督姚鏌・王守仁多用希儀計。遂平之。以參將駐柳州。渠魁宿猾。誅捕殆盡。諸猺畏威。不敢爲盜。柳城四旁數百里。無攘敓者。積功至都督同知・貴州總兵官。希儀爲人坦率。居恆諧笑。洞見肺腑。及臨敵。應變出奇。人莫能測。尤善撫士卒。嘗得危疾。部兵多自戕以禱於神。其得士心如此。時稱名將。

沈希稷 〔宋〕溫州人。字濟叔。宣和初知龍泉。睦賊洪載入寇。諸邑皆陷。龍泉民情洶洶。希稷毅然爲守禦計。賊至與戰。大破之。在邑五年。比去。邑人立三賢堂於玉峯寺祀之。

沈廷松 〔明〕號石閭。嘗編明百家小說。

沈廷芳 〔清〕仁和人。字椒園。一字晼叔。乾隆初由監生召試鴻博。授庶吉士。累官河南按察使。受詩學於查慎行。受古文法於方苞。尤究心經術。有十三經正字・續經義考・古文指授・盥蒙雜著・隱拙齋詩文集。

沈廷炤 〔清〕吳縣人。字芷橋。諸生。作設色蘭蕙。雅有韻致。又精小楷。工詩文。明音律。

沈廷揚 〔明〕崇明人。字季明。崇禎中由國子生爲中書舍人。時山東運道多梗。廷揚陳海運之策。帝喜。即命造海舟試之。廷揚乘舟由淮安入海抵天津。僅半月。加光祿少卿。及南都陷。廷揚航海至舟山。福王授兵部右侍郎。督舟師北上。至鹿苑。颶風起。舟膠於沙。爲清兵所執。不屈死。妾張氏廬墓側二十年。

沈廷瑞 〔唐〕高安人。有道術。嗜酒。寒暑一單褐。數十年不易。常跣行日數百里。林棲露宿。多在玉笥淨雲二山。老而不衰。化後。人猶見之。

◎〔清〕宣城人。字樗崖。號頑仙。布衣。善畫山水。筆意疎落。尤工詩。

沈廷勷 〔清〕嘉興人。字克齋。康熙副貢生。官至商州知州。有身易實義。言以心言易。未若以身體易之爲實。以身體易。又必以易見諸用之爲實。故以名其書。

沈彤 〔清〕自南曾孫。字冠雲。號果堂。諸生。乾隆初召試鴻博不遇。與修三禮及一統志。書成。授九品官。以親老辭歸。篤志羣經。尤精三禮。論者謂亞於惠士奇而醇於萬斯大。及卒。門人私諡文孝先生。有周官祿田考・儀禮小疏・春秋左氏傳小疏・尚書小疏等書。其果堂集。多訂正經學之文。又有釋骨一書。取內經所載。參以諸說。多所辨正。

沈志祥 〔清〕遼東人。從父世魁。明末爲皮島總兵。崇德間阿濟格征皮島。世魁戰死。志祥遂降清。授總兵。封續順公。隸漢軍正白旗。順治間從入關。敗李自成。又從孔有德征湖南。皆有功。尋卒。

沈志禮 〔清〕會稽人。字範先。官至廣東按察使。有曹江孝女廟志。

沈攸之 〔南朝宋〕慶之從父兄子。字仲達。少孤貧。隨慶之征討。屢有功。爲太子旅賁中郎。明帝時召入直閤。會四方反叛。以攸之爲寧朔將軍。大破賊於赭圻城外。進號輔國將軍。監郢州諸軍事。封貞陽縣公。移鎮荆州。順帝即位。進開府儀同三司。時蕭道成專政。攸之遂發兵反。攻郢州。衆潰。誅死。

沈杞 〔宋〕紹興初知廉州。時本州科舉附雷州。杞奏請自置科場。詔從之。士益奮志。後立祠祀之。

沈束 〔明〕會稽人。字宗安。嘉靖進士。歷禮科給事中。以論總兵周尚文及死事董暘・江瀚宜予卹典。忤嚴嵩。廷杖。錮獄十六年。衣食屢絕。惟日讀周易爲疏解。嵩敗。束妻張氏上書請代。不報。乃與妾潘氏治女工。給槖饘。後釋還。隆慶初擢南京右通政。以疾辭不赴卒。

沈·沖 南齊 懷文子。字景綽。涉獵文義。仕宋歷位撫軍正佐兼記室。及懷文得罪被殺。沖兄弟行謝。情哀貌苦。見者傷之。沖兄弟以此知名。武帝時累遷御史中丞。與兄淡·淵名譽有優劣。世號腰鼓兄弟。卒謚恭。

沈·汾 南唐 有續仙傳。(按陳振孫書錄解題曰。汾或作玢。)

沈·良才 明 泰州人。字德夫。又字鳳岡。嘉靖進士。累官兵部侍郎。以疏劾嚴嵩落職。有沈鳳岡集。

沈·亦然 清 德清人。字韞山。號梅村。乾隆舉人。官豐潤知縣。有強項名。著公穀異同合許·寒夜叢談·寄傲軒隨筆·五硯齋詩文鈔。

沈·迅 明 萊陽人。崇禎進士。授兵部主事。累遷禮科給事中。迅本由楊嗣昌進。繼隨衆詆毀嗣昌。時論訾薄之。後以事謫國子博士。乞假歸。復故官。未赴京師陷。迅家居。與弟迓設砦自衞。捕勦土寇略盡。清兵至。迅闔門死之。

沈·亞之 唐 吳興人。字下賢。學於韓愈。工詩。第元和進士。官至殿中侍御史。有沈下賢集。

沈·佳 清 仁和人。字昭嗣。號復齋。康熙進士。官安化知縣。有明儒言行錄。佳之學出於湯斌。然斌參酌於朱陸之間。佳則一宗朱子。殆陰以救王門末流之失云。

沈·佺期 唐 內黃人。字雲卿。第進士。由協律郎累除給事中考功。受賕被劾未究。會張易之敗。遂長流驩州。神龍中爲修文館學士。魏建安後。詩律屢變。至沈佺期·宋之問皆靡麗如錦繡。爲中唐名家。學者宗之。號沈宋。帝詔學士等舞回波。佺期爲弄辭悅帝。賜牙緋。終太子少詹事。開元初卒。有文集。

沈·叔任 南朝宋 勁孫。少有幹質。朱齡石伐蜀。以叔任爲建威府司馬。平蜀之功。亞於元帥。封寧新縣男。後拜益州刺史。

沈·叔埏 清 嘉興人。字劍舟。一字埴爲。號雙湖。乾隆進士。官吏部主事。有頤綵堂集。

沈·叔淳 明 更名自新。號曼倩。畫有元人風格。字學眉山雙井。又善篆籀。

沈·受先 明 字壽卿。有三元記傳奇。

沈·受宏 清 太倉人。字台臣。歲貢生。有白漊文集。

沈·周 宋 知泉州。治尚簡易。訟有可已者。輒諭以義。使歸思之。獄以故少。州舊多盜。日暮市門盡閉。禁民勿往來。周至。除其禁而盜亦止。◎ 明 恒吉子。字啓南。號石田。又號白石翁。博覽羣書。文學左氏。詩擬白居易·蘇軾·陸游。字仿黃庭堅。尤工於畫。與唐寅·文徵明·仇英並稱爲明之四家。爲人耿介獨立。年十一游南都。作百韻詩上巡撫侍郎崔恭。比長。郡守欲以賢良薦。筮易得遯之九五。遂絕意隱遁。風神蕭散。如神仙中人。正德間卒。年八十有三。世稱石田先生。有客坐新聞·石田集·江南春詞·石田詩鈔·石田雜記。

沈·固 明 丹陽人。中永樂鄉舉。正統間爲理餉侍郎。也先擁英宗至大同城下。固與霍瑄等出謁。叩馬號泣。衆露刃叱之。不爲動。後以石亨薦。累官戶部尚書。亨敗。乞休去。

沈·孟監 元 工畫花鳥。

沈·季友 清 平湖人。字客子。康熙副貢生。所著檇李詩繫。甄綜頗備。又有學古堂詩集。毛奇齡爲作序。稱爲才子。

沈·季詮 唐 豫章人。字子平。少孤。事母孝。未嘗與人爭。貞觀中侍母渡江。遇暴風。母溺死。季詮號呼投江中。少選。持母臂。浮出水上。都督謝叔方具禮祭而葬之。

沈·宗敬 清 荃子。字南季。一字恪庭。號獅峯。康熙進士。官太僕寺卿。書得家法。善畫山水。

沈·宗騫 清 吳興人。字熙遠。號芥舟。自號研溪老圃。諸生。工書畫。有芥舟學畫編·淳化閣石刻。

沈·宜修 明 吳江人。字宛君。葉紹袁妻。工吟詠。生三女。皆貌豔能詩。後以三女小鸞長女紈紈相繼死。宜修痛之。旋卒。紹袁集其妻女之作。都爲午夢堂十集。

沈·尚忠 清 字劍南。號心齋。善畫山水。工詩文。書兼篆隸。

沈·岸登 清 嘉興人。一作平湖人。字覃九。號南渟。又號惰耕村叟。工詩詞。善書畫。有三絕之目。詩瘦削無俗韻。而邊幅微狹。有黑蝶齋詩詞鈔·古今體詞韻·春秋紀異。

沈·忠 宋 德祐中爲李芾帳下卒。芾守潭州。元兵圍之急。城陷。芾召忠遺之金曰。吾力竭。分當死。吾家人亦不可辱。汝盡殺之而後殺我。忠伏地叩頭。辭以不能。芾固命之。忠泣而諾。取酒飲其家人盡醉。乃徧刃之。芾亦引頸受刃。忠縱火焚芾居。還家殺其妻子。復至火所。大慟舉身投地。自刎死。◎ 明 歸德衞人。祖母患瘡生蛆。忠泣取吞之。曰。寧食吾心。勿傷吾祖母。吮之而愈。父疾。籲天乞減己算一紀。以延父壽。父卒。果及其數。暨母卒。俱廬墓三年。二子滐瀚。並有孝行。◎ 清 吳江人。字德芳。號丹崖。工畫。兼精鑒賞。亦通醫。

沈·所安 明 潛山典史。素苛急。崇禎間流賊至。奸民導賊執之。不屈死。

沈承昆　清烏程人。字硯亭。丹青篆刻。皆能深入前人堂奧。

沈承煥　清映輝弟。字文陶。號炳若。工詩。畫花鳥古雅秀潤。

沈承禮　五代吳國烏程人。累官兩浙都鈐轄。宋師征江南。錢俶遣承禮率水陸數萬人助平毗陵。因攻潤州。丹陽平。遂率兵抵建業。李煜歸朝。錄功授福州節制。宋太平興國初俶盡獻浙西地。徙承禮鎮密州卒。

沈政　明通海人。字行之。景泰中領鄉薦。爲岳州通判。憲宗時以給事夤緣至太常少卿。請斂天下貨財充內府。帝怒。下獄杖。謫廣西慶遠通判。⊙明閩人。字以政。官順天府丞。直仁智殿。工畫花竹翎毛。

沈昇之　南齊吳興人。徐孝嗣故吏。嘗謂孝嗣曰。昇之與君。俱有項領之功。君受恩二祖。更參惟新之政。以君爲反覆人。事成則無所逃咎。孰與超然謝病。高枕家園。則與松柏比操。風霜等烈。豈不美耶。孝嗣改容謝之。

沈易　明松江華亭人。字巽之。游學北方。南還鄉里。爲童子師。其教人一以躬行爲主。又集淺近通俗之作。編五倫詩以課蒙。

沈昌宇　清秀水人。字泰叔。號定嚴。少有文名。與兄昌寅有鴛湖雙沈之目。雍正中會試第一。殿試第二。授編修。督學廣東。列讀書規則以教多士。時謂惠士奇後一人。使還。旋卒。

沈明臣　明鄞人。字嘉則。諸生。爲胡宗憲筦書記。有詩名。宗憲嘗宴將吏於爛柯山。酒酣樂作。明臣作鐃歌十章。援筆立就。中有云狹巷短兵相接處。殺人如草不聞聲。宗憲起捋其鬚曰。何物沈生。雄快乃爾。命刻於石。寵禮與徐渭埒。有越草・豐對樓詩選・荆溪唱和詩・吳越游稿。

沈明遠　明浙江道士。工畫竹石。

沈昀　清仁和人。字朗思。一字甸華。明諸生。從劉宗周游。甲申之變。棄諸生。刻苦自勵。其學以誠敬爲宗。以適於用爲主。性介特。嘗絕粒數日。取階前馬齒草食之。或餽米數斗。時昀餓甚。宛轉辭謝。益困。遂仆於地。既甦。笑曰。其意良可感。然適以困老夫耳。有士喪禮說・四子略・五子要言・家法論・升降編・言行錄・居求編諸書。

沈林子　南朝宋田子弟。字敬士。少有大度。從武帝克京城。伐南燕。破盧循。敗姚紹。威聲遠聞。三輔震動。關中豪右。望風請附。累官鎮西諮議・建威將軍・河東太守。卒諡懷。

沈治　清秀水人。字約庵。諸生。工畫山水。

沈法興　隋恪子。隋大業末爲吳興郡守。義寧間江都亂。法興自以世居南土。遠近慴服。起兵據毗陵。嗣定江表十餘州。自署江南道總管。聞越王侗立。乃上書稱大司馬錄尚書事。承制置百官。武德間稱梁王。建元延康。自意南方諸城。可鼓而平。專事威戮。由是將士攜解。會兵敗。將投吳郡賊。賊遣將迎之。法興中悔。將殺賊將。爲所覺。自沈於江而死。

沈泂　明松江華亭人。字臨秋。性至孝。崇禎進士。官刑部主事。國變自縊。鄉人救之不獲死。遂削髮爲僧。名宏忍。號無躲。住會稽東山國慶寺。後歸寓城南之梅溪。坐臥一庵卒。有易憲・東山遺草・懷謝軒詩文集。

沈炎　宋嘉興人。字若晦。寶慶進士。歷官侍御史。嘗按劾福建轉運使高斯得・觀文殿學士李曾伯・沿江制置司參謀官劉子澄・左丞相吳潛然。論罷右丞相丁大全及其黨與。皆爲公論。景定間累拜大學士。致仕卒。

沈直　後漢鸞子。字伯平。州舉茂才。有清名。

沈秉成　清歸安人。字仲復。咸豐進士。累官安徽巡撫。署兩江總督。所至皆有名績。在皖時創設經古書院。以課經史實學。皖士遂多通經之士。

沈芳　明杭州人。一名洪。字子旋。諸生。畫宗大癡。間爲雲林小景。兼工花鳥。能書。

沈近思　清仁和人。字位山。號闇齋。研窮理學。中康熙進士。出知臨穎縣。建社倉。設義家義學。有政聲。雍正間累官左都御史。近思自縣令起家。洞悉閭閻疾苦。凡事關創革。必熟籌其利弊。於民生有裨益而後已。卒諡端恪。有夙興錄・讀論語偶見錄・天鑒堂文集。

沈迓　明迅弟。短小精悍。馬上舞百斤鐵椎。清兵至。與迅俱死之。

沈邵　南朝宋林子子。字道輝。美風姿。涉獵文史。文帝時爲鍾離太守。有惠政。夾淮人民慕其化。遠近投集。歷通直郎。時帝多行幸。邵啓事陳論。前後密陳政要。深相寵待。後爲安成相。以寬和恩信。爲南土所懷。

沈采　明號練川。有千金記傳奇。

沈金鼇　清無錫人。字芊綠。庠貢生。從華希閔治詩經尚書。從秦蕙田治易。從顧棟高治春秋。著尚書隨筆等書。晚潛心醫學。著沈氏尊生書。自號尊生老人。

沈亮　南朝宋田子子。字道明。清操好學。善屬文。未弱冠。州辟從事。轉西曹主簿。始與王濬爲揚州。復爲主簿・秣陵令。善擿奸伏。歷南陽太守。邊蠻畏服。教化大行。爲隨王誕後軍中兵。領義成太守。蒞官清約。甚爲文帝所嘉。

沈信　清鎮洋人。字孚中。諸生。有盡樓詩草。

沈俊 【明】松江人。字梅菴。工畫諸家山水。亦擅花鳥。

沈勁 【晉】充子。字世堅。充既殺。勁當坐誅。鄉人錢舉匿之得免。其後竟殺讐人。勁少有節操。痛父死於非義。志欲立勳。以雪前恥。升平中慕容恪侵逼山陵。時陳祐守洛陽。衆不過二千。勁自表求配祐効力。補冠軍長史。頻以寡制衆。而糧盡援絕。祐懼不能保全。假他事去。留勁以五百人守城。勁志欲致命。城陷死之。

沈勃 【南朝宋】演之子。好爲文章。善彈琴。能圍棋。而輕薄逐利。泰始中官給事中。時欲北伐。使勃還鄉里募人。多受貨賄。徙西埀令。元徽初以例得還。結事阮佃夫．王道隆等。復爲司徒左長史。爲廢帝所誅。

沈咸 【明】萬曆時人。工詩。畫多詩意。又善畫蘭。

沈垚 【清】烏程人。字子惇。道光優貢。有落帆樓文集。

沈客卿 【陳】武康人。美風姿。善談論。博涉羣書。累遷至中書舍人。聰明有口辯。頗知故事。後主盛修宮室。窮極耳目。府庫空虛。客卿每立異端。惟以刻削爲事。尋掌機密。隋軍入。戮之。

沈宣 【宋】梁人。母亡。既葬。不塞墓門。歷三年。晝負土。夜拊棺而臥。爲墳廣百尺。元豐中褒賜粟帛。◎【明】仁和人。字明德。萬曆中以歲貢爲安慶府訓導。銳意攻古文辭。尤長於詩。工畫山水。

沈度 【宋】播曾孫。字公雅。師陳淵幾二十年。紹興間令餘干。有善政。民謳歌之。累官兵部尙書。◎【明】松江華亭人。字民則。與弟粲俱善書。度以婉麗勝。粲以遒逸勝。度博涉經史。爲文章絕去浮靡。洪武中舉文學弗就。成祖時累官侍講學士。度書名出朝士右。凡金版玉册。必命之書。

沈建 【後漢】丹陽人。自幼好道。學導引服氣之術。能治病。應手而愈。嘗遠行。寄僕婢并牧羊於人。各與藥一丸。皆不復食。既還。復與藥。乃食如故。後不知所終。

沈彥誠 【明】錢塘人。一作彥成。工畫山水。

沈思 【宋】歸安人。字持正。隱於縣東之東林。因號東老。家頗藏書。喜賓客。能釀十八仙白酒。一日。有客自稱回道人。與之飲。終日不醉。薄暮去。蓋卽呂洞賓也。

沈思孝 【明】嘉興人。字純父。隆慶進士。萬曆間累官右都御史。思孝素以直節高天下。然倘氣好勝。動輒多忤。頗被物議。引疾歸。有秦錄．晉錄．溪山堂草。

沈恆吉 【明】貞吉弟。字同齋。一作名恆。字恆吉。善畫。虛和瀟灑。不在宋元諸賢下。

沈恪 【陳】武康人。字子恭。深沈有幹局。仕梁爲廣州參軍。除員外散騎侍郎。侯景圍臺城。恪晝夜拒戰。及武帝討景。恪起兵相應。賊平。監吳興郡。武帝受禪。令恪勒兵衞敬帝如別宮。恪謝曰。恪身經事蕭家來。今不忍見此事。分受死耳。決不奉命。帝嘉其意。不復逼。後官廣州刺史。綏懷安輯。嶺表賴之。卒謚元。

沈括 【宋】遘從弟。字存中。嘉祐進士。神宗時累官太子中允。提舉司天監。置渾儀景表。招衞朴造新曆。轉太常丞。時籍民車。禁蜀鹽。以括言而止。使契丹。擢知制誥。遼蕭禧來理河東黃嵬地。括閱故牘得議疆地書。指古長城爲境。遣括往聘。凡六會。契丹知不可奪。遂舍黃嵬。括圖其山川風俗而還。拜翰林學士。出鎭宣州。命廛市良家子馳射角勝。越歲得徹札超乘者千餘。威聲遠聞。坐事謫均州。以光祿少卿分司居潤卒。括博學善文。於天文方志律曆音樂醫藥卜算。無所不通。有長興集．夢溪筆談．蘇沈良方。

沈拱辰 【元】吳縣人。字國祥。至元間尹安吉。鋤強植弱。姦豪屛迹。事至立決。吏民愛之。

沈映輝 【清】婁人。荃族孫。字朗乾。號庚齋。又號雅堂。附貢生。畫山水得宋元風度。兼好古。工詩文。高宗南巡。獻詩畫。帝親擢第一。給事禁中。有庚齋偶刪存稿。

沈春澤 【明】常熟人。字雨若。諸生。工書蘭竹。善草書。詩有唐人風格。有雨若吟稿。

沈昭 【明】長洲人。一作浙江人。字秋孳。善畫大劈斧山水。尤善靑綠。

沈昭光 【南齊】昭略弟。昭光聞收至。家人勸逃去。昭光不忍捨母。遂見獲。被殺。

沈昭略 【南齊】文季兄子。字茂隆。性狂儁。使酒仗氣。無所推下。昇明末爲相國西曹掾。高帝賞之。及卽位。累遷侍中。東昏侯恣行殺戮。永元中與文季同被害。

沈昭遠 【宋】紹興間知袁州。初民輸義倉米。倉吏違令倍斂。昭遠力爲減其半。時四邑歲以羨餘錢米上。昭遠曰。此非天降。乃地出。無非虐取於民。盡却之。民皆感服。

沈昭興 【清】嘉興人。字硯怡。諸生。游福康安幕中。從征西藏。積功仕至瀘州直隸州知州。工書法。晚年鬻書自給。有穀梁補注。

沈洙 【陳】武康人。字弘道。少方雅好學。治三禮春秋左氏傳。精識強記。問無不答。仕梁爲尙書祠部郎。武帝入輔。除國子博士。累官尙書左丞卒。

沈津 【明】蘇州人。字潤卿。正德中選入太醫院。有鄧尉山志・吏隱錄。◎【明】慈谿人。嘉靖中官含山教諭。有百家類纂。

沈洪 【清】松潘人。乾隆間從攻黔楚苗。嘉慶間從攻教匪。皆力戰有功。官至江南提督。

沈炯 【陳】瑀孫。字禮明。少有儁才。爲時所重。仕梁爲吳令。元帝時領尙書左丞。爲西魏所擄。授儀同三司。以母老在東。恆思歸國。恐魏人愛其文才而留之。恆閉門却掃。時有文章。隨卽棄毀。不令流布。嘗經漢武通天臺。爲表奏之。陳己思鄉之意。尋獲東歸。武帝卽位。加通直散騎常侍。軍國大政。多預謀謨。文帝又重其才用。欲寵貴之。會有寇亂。帝欲使炯因是立功。乃解中丞。加明威將軍。遣還鄉里收合徒衆。以疾卒於吳中。諡恭。有集。

沈炳 【宋】煥弟。字季文。師事陸九淵。研窮性理之學。趙汝愚以遺逸薦之。不就。◎【清】嘉興人。字勉齋。善畫山水。兼工花卉。

沈炳垣 【清】海鹽人。字紫卿。一字曉滄。道光進士。咸豐間官中允。視學廣西。按試梧州。洪楊軍突至。城陷死之。諡文節。工詩文。有斲硯山房詩鈔・祥止室詩鈔・讀漁洋詩隨筆。

沈炳巽 【清】炳震弟。字繹旃。著水經注集釋訂譌。歷九年而成。雖不能盡出前人範圍。亦頗有鉤索考證之功。

沈炳震 【清】歸安人。字寅馭。號東甫。歲貢生。乾隆初舉鴻博不遇。專攻古學。考訂博辨。著新舊唐書合鈔。爲時所重。又有九經辨字瀆蒙・廿一史四譜・唐詩金粉・井魚聽編。歷代帝系紀元歌。兼工韻語。出入蘇黃范陸之間。有增默齋集。

沈紀 【清】秀水人。字聿修。工寫眞。

沈約 【梁】武康人。字休文。篤志好學。博通羣籍。善屬文。仕宋及齊。累官司徒左長史。武帝受禪。爲尙書僕射。遷尙書令。卒諡隱。約歷仕三代。該悉舊章。博物洽聞。當世取則。時謝玄暉善爲詩。任彥昇工於筆。約兼而有之。然自負高才。昧於榮利。頗累清談。用事十餘年。未嘗有所薦達。政之得失。唯唯而已。有晉書・宋書・齊紀・梁武紀・邇言・諡例・宋文章志・及文集百卷。又撰四聲譜。窮其妙旨。自謂入神之作。帝雅非所好。竟不遵用。

沈紉蘭 【明】嘉興人。字閒靚。參政黃承昊妻。工詩。有效顰集。

沈虹 【清】長洲人。字衞梁。一字渭梁。號蓬莊。雍正舉人。官句容教諭。學問博洽。工詩。乾隆間薦舉鴻博不遇。有蓬莊詩鈔。

沈衍慶 【清】石埭人。字子符。號槐卿。道光進士。知鄱陽縣。多善政。時稱循吏。咸豐間太平軍抵境。力守鄱陽。戰死。有槐卿遺稿・槐卿政蹟。

沈貞 【元】長興人。字元吉。元末隱居纖玉山中。號茶山老人。性介篤學。博通經史。尤長於詩。安貧樂道。有茶山集。◎【明】崑山人。字士怡。精於醫。患傷寒難治。因以仲景論爲主。取李浩或問。郭雍補亡。由漢迄今。凡論傷寒者。集爲專書。名傷寒會通。

沈貞吉 【明】澄子。字南齋。一作名貞。字貞吉。與弟恆吉皆能詩。又皆善繪素。貌人畜工絕。亦不肯爲人作。家庭之間。自相唱和。下至僕隸。悉諳文墨。所居几圃蕭逸。有林泉之勝。當時稱其簡貴。

沈重 【北周】武康人。字子厚。學業該博。爲當世儒宗。仕梁爲五經博士。周武帝禮聘至京師。詔令討論五經。校定鍾律。授驃騎大將軍・開府儀同三司・露門博士。後復歸梁。有周禮義・儀禮義等書。

沈俶 【宋】著有諧史。所錄皆汴京舊聞。以多諷嘲之語。故名。

沈倫 【宋】太康人。初名義倫。避太宗名。止名倫。字順儀。少習三禮。講學自給。建隆間累官給事中。清介純謹。從王師伐蜀。諸將皆以賄敗。倫東歸。篋中惟圖書而已。擢樞密副使・中書侍郎・同平章事。後以左僕射致仕卒。諡恭惠。

沈修齡 【清】平湖人。字遐庵。諸生。工詩古文辭。家故饒。以好施與至不自給。恬然安之。有蜜香紙閣詞。

沈宸荃 【明】慈谿人。字友蓀。崇禎進士。福王立。擢御史。疏陳五事。皆切時病。已論羣臣醜正黨邪。請王臥薪嘗膽。爲雪恥報讎之計。時朝政大亂。宸荃獨持正。爲要人所疾。後從魯王泛海。遭風沒焉。

沈容 【清】錢塘人。字二川。號春蘿。乾隆時諸生。工詩詞。善寫山水花卉。無畫家習氣。

沈峻 【三國吳】字敬山。有名譽而性儉吝。張溫使蜀。贈布一端曰。欲以送卿。爲無粗者。◎【梁】武康人。字士嵩。家世農夫。至峻好學。師事宗人沈麟士。遂博通五經。尤長三禮。仕爲國子助教。時吏部郎陸倕與僕射徐勉薦峻精於周官。大開講肆。羣儒劉喦・沈宏之徒。並執經下坐。北面受業。莫不歎服。尋補西省學士。奉勅助賀瑒撰梁官儀。書成。入兼中書通事舍人。出爲武康令。卒官。

沈峻曾 【清】仁和人。字廊菴。順治副貢生。有漣漪堂遺稿。皆談理之語。頗近陳繼儒小品。

沈恩嘉 【清】天津人。字鹿苹。爲

軍機章京。幾二十年。性敏練。慷慨敢任事。以諳習故事稱於時。

沈・敕 〔明〕宜興人。字克寅。嘗輯錄其邑藝文人物。自漢迄明。採摭詳贍。爲荆溪外紀一書。

沈・時升 〔宋〕晉川人。宣和末令慈谿。誠心撫字。愛民如子。俗咸化之。旣去。父老立祠。名沈公堂。

沈・栻 〔清〕淑子。字欽伯。號宗斐。又號古雲。乾隆進士。仕至河東鹽運使。善畫。工八分書。居官以廉潔稱。(按畫史彙傳作沈拭。此從蘇州府志。)

沈・桂芬 〔清〕吳江人。寄籍宛平。字經笙。道光進士。光緒時官至兵部尚書・協辦大學士。爲軍機大臣十餘年。自奉若寒素。而未嘗以清節自矜。人以爲難。卒謚文定。

沈・浚 〔晉〕憲孫。字叔源。少涉學有才幹。太清中歷山陰・建康令。累遷御史中丞。時臺城爲侯景所圍。外援並至。景表請和還江北。及許盟。景復緩去期。簡文使浚往景所。景橫刀瞋目叱之。浚乃正色責其翻背。徑去不顧。景歎曰。是眞司直也。然密銜之。又勸張嵊起義。嵊敗。爲景所殺。

沈・烜 〔清〕鄞人。字再中。一字午亭。嘉慶間由武生從勦蔡牽。積功官至廣東提督。卒謚勤毅。

沈・珩 〔三國吳〕吳郡人。字仲山。少綜經藝。長於春秋內外傳。有智謀。能專對。使魏。隨事響應無所屈。還封永安鄉侯。官至少府。⊙〔清〕海寧人。字昭子。號耿巖。又號稼村。康熙進士。由中書召試鴻博。授編修。乞歸。嘗爲嘉興同知孫曰恕言轉運船場之利病。後水師平海寇。大得其力。有耿巖文鈔・詩集。

沈・珮 〔清〕桐鄉人。字飛霞。吳起代妻。有繡閒殘稿。

沈・珒 〔明〕琮弟。字公貴。與琮並舉進士。稱奇童。居父母喪。兄弟廬墓六年。不茹葷。終監察御史。有風裁。

沈・益 〔清〕烏程人。字友三。一字竹亭。乾隆副貢。性滑稽。所向傾倒。工畫人物山水。有小石田之目。書似梁同書。嘗署同書名。人不能辨。

沈・眞眞 〔唐〕柳將軍之家妓。容色妖豔。好文辭。太常博士鄭還古將調西都。柳張筵以餞。出家妓謳歌。還古窺眞眞有眷眷意。賦詩定情。還古抵京。拜伊闕令。得重疾。馳書告柳。柳送眞眞赴京。還古執眞眞手。長吁而卒。

沈・祖惠 〔清〕吳江人。嘉興籍。字屺望。一字虹舟。乾隆進士。官高安知縣。有雍肅堂集・西秦游草。

沈・祚昌 〔清〕吳縣人。字乘時。號虹橋居士。諸生。性友愛。工詩。精篆刻。有虹橋印稿。

沈・秩 〔明〕烏程人。字仲庸。以福建行省都事使渤泥。旣至。其王馬合謨沙倨坐不爲禮。秩折之。乃率官屬受詔如禮。遂以其使至。

沈・荃 〔清〕江蘇華亭人。字貞蕤。號繹堂。別號充齋。順治進士。授編修。累官詹事府詹事。兼翰林院侍讀學士。於民生利弊。時政人才得失。劃切詳言。略無瞻徇。爲人經術湛深。喜獎拔後進。工書。晚年得力於米元章・董其昌至深。詩秀偉卓犖。其高者出入三唐。卒謚文恪。有充齋集。

沈・起 〔宋〕鄞人。字興宗。第進士。歷知海門縣。有惠政。遷監察御史。知蘄楚二州。皆有建樹。後拜天章閣待制。知桂州。王安石用事。始求邊功。起亦言交阯可取。遂一意事攻討。交人疑懼。連陷廉白欽邕四州。死者數十萬。貶團練使。安置秀州卒。⊙〔清〕秀水人。字仲方。明諸生。後爲沙門。有今國語・宗門近錄・墨菴經學・學圃集。

沈・起元 〔清〕太倉人。字子大。康熙進士。乾隆時官至光祿寺卿。口不言生產。不以得失動其心。待後進慊慊如不及。而視權貴蔑如。在官禁餽獻。明賞罰。晚歲杜門。日誦先儒書。有周易孔義集說・詩傳叶音考・學古錄・敬亭詩文集。

沈・起鳳 〔清〕啓裔孫。籍吳縣。字桐威。號薲漁。乾隆舉人。歷官祁門・全椒訓導。以度曲知名吳中。詞亦清新。有吹雪詞及諸雜劇。

沈・起鯨 〔清〕海鹽人。字庚生。官吳縣主簿。善畫山水。得北苑房山神髓。亦兼二米之妙。

沈・躬行 〔宋〕永嘉人。字彬老。好古學。講明禮經喪葬之制。初師林石。已師程頤。其學以中庸大學爲本。篤信力行。卓然以聖賢爲依歸。

沈・郢 〔周〕沈丘人。文王十一子聃之裔。有高行。秦徵爲相。不就。作沈亭於潁濱。遊釣終身。

沈・陞 〔清〕杭州人。字左臣。號小休。能文。善畫墨竹。

沈・偕 〔宋〕湖州人。字君與。家饒於財。少遊京師。好狎遊。時蔡奴聲價甲都下。偕欲訪之。呼一賣珠人於其門首茶肆中議價再三不售。撒其珠於屋上。而依其所索還錢。蔡大驚。後數日詣之。拔之甚至。豪侈之聲滿三輔。旣而擢第。盡買國子監書以歸。

沈・國模 〔清〕餘姚人。字求如。明諸生。少以明道爲己任。嘗從劉宗周會講證人社。歸闢姚江書院。與管宗聖・史孝咸輩。講明良知之說。言行敦潔。世推醇儒。明亡。屏居石濱。講學益勤。順治間卒。年八十二。

沈・崇傃 〔梁〕武康人。字思整。六歲喪父。哭踊過禮。及長。事母至孝。母喪旣葬。廬墓三年。武帝遺使慰勉。

令釋服。擢爲太子洗馬。崇傃雖釋服而溯泣如居喪。固辭不受官。經年。除永寧令。自以祿不逮養。怛恨愈甚。至縣卒。

沈·崑 清平湖人。字玉山。一字禾疇。康熙進士。知徐溝縣。著政績。擢戶部員外郎。有味菜山房集、禾疇詩餘。

沈·崧 五代吳越閩人。字吉甫。唐乾寧初進士。因歸省。過臨安。錢鏐留爲鎭海軍掌書記。遷檢校兵部尚書。及元瓘襲位。拜丞相。卒諡文獻。當時書檄表奏。多崧所撰。有集。

沈·啓 明吳江人。字子由。號江村。嘉靖進士。官至湖廣按察使副使。坐事罷歸。啓博覽羣籍。凡陰陽律曆五行水利之學。靡不研究。有吳江水利考、及南廠南船二志、家居諸集。

沈·康 明歸安人。字士寧。別號雪月。敦朴謹愿。性至孝。母患瘡疾將不起。康以舌舐之。又封股然香。母尋愈。父喪值嚴冬。康袒括徒跣。日夜哀號。旣而母喪。哀毀亦如之。性好書。究心於禮。年八十一。無疾而終。

沈·彬 南唐高安人。字子文。讀書能詩。隱雲陽山。初仕吳。授校書郎。以尚書郎致仕。南唐時絕不求進。李景甚見優禮。彬嘗手植一樹。命諸子曰。吾死葬此。及彬卒。得石槨一。因就葬焉。或謂彬學仙尸解而去。◎

明武康人。字原質。正統進士。官至刑部郎中。居官以強幹著。不以詩文自鳴。有闃軒集。

沈·得衞 明連城人。字輔之。善爲詩。元末陳友定重其才。欲官之。辭勿受。隱居蓮峯山。洪武初辟爲本學訓導。講訓有方。有東崖樵唱集。

沈·御月 清吳江人。字纖阿。皇甫鑄妻。有空翠軒詞。

沈·惟耀 明孝感人。字斗伯。以貢入京師。楊漣出都門。人莫敢餞。惟耀獨送於盧溝。以少女字其子而別。漣死。惟耀具衣冠歸其喪。官終廣東平遠知縣。

沈·敎 明慈谿人。字敬敷。正德進士。知桐城縣。擢御史。巡按雲南。土酋安銓構亂。武定土舍鳳朝文應之。六詔震動。敎夙夜籌策。數月不解帶。卒以底定。終提督南京糧儲。致仕卒。

沈·斌 後晉下邳人。字安時。仕梁及唐。以軍功歷隨趙等八州刺史。開運間爲祁州刺史。契丹犯塞。至於榆林。斌以州兵邀之。契丹將趙延壽攻斌。城陷自盡。

沈·旋 梁約子。字士規。爲太子僕。以母憂去官。因蔬食辟穀。服除。猶絕粳粱。官至招遠將軍、南康內史。卒諡恭。注約所著邇言行於世。

沈·旣濟 唐吳人。經學該明。楊炎薦其有良史才。召拜左拾遺、史館修撰。請省天后紀。合中宗紀。議不行。德宗立。銳於治。詔兩省分置待詔官。權公錢收子贍用。旣濟諫止。後爲吏部員外郎。撰建中實錄。時稱其能。

沈·晦 宋遘孫。字元用。宣和進士。紹興間歷知鎭江府。期年後。京口成強藩。後爲廣西經略。兼知靜江府。招誘諸酋。喻以威信。皆詣府乞降。進徽猷閣直學士。知潭州卒。晦膽氣過人。不能盡循法度。貧時尤甚。累致人言。然當官才具。亦不可掩。

沈·淑 清萬育孫。字季和。一字立夫。號頤齋。雍正進士。入詞館。以峭直寡合告歸。所學長於毛詩周禮儀禮。有周禮翼疏、經玩。

沈·淵子 南朝宋穆夫子。字敬深。少有志節。從武帝克京城。封繁時縣五等侯。爲太尉參軍。從征司馬休之。沒於軍。

沈·淸臣 宋鹽官人。字正卿。紹興進士。爲國子學錄。有薦爲館職者。執政不許。晚乃召用。以直諒稱。初從張九成學。時人或以禪學譏之。淸臣固自得也。有晦巖集。

沈·淸瑞 清起鳳弟。籍長洲。初名沅南。字吉人。號芷生。乾隆進士。少慧。有小鴻博之譽。工詩文。年未四十卒。有沈氏羣峯集、韓詩故、孟子逸語、史記補註。

沈·珵 明嘉定人。字君玉。母病目。舐之而愈。父病傴僂。醫欲灼艾鍼之。珵試之痛甚。固請止。病尋愈。後父沒。廬墓三年。

沈·皐 清歸安人。字聞天。諸生。生而警敏。讀書過目輒成誦。絲竹篆刻。無不精妙。有六泉印譜。

沈·衆 陳旋子。字仲師。頗有文才。仕梁爲太子舍人。侯景圍臺城。衆率宗族入援。軍容甚整。城陷。衆降於景。景平。累官左民尚書。武帝卽位。遷中書令。性吝嗇過甚。朝士共譏其所爲。衆遂忿恨。歷詆公卿。非毀朝政。坐是賜死。

沈·紹賓 清江蘇華亭人。字廷作。貢生。官靑陽訓導。博學工詩古文。藏書五萬卷。皆手自評閱。有月麓山房稿。

沈·莊可 宋分宜人。宣和進士。知錢塘縣。嗜菊。庭植常數百本。後以九月九日死。朱熹哭以詩。

沈·野 明吳人。字從先。爲人孤僻寡合。不治生產。敎授里中以自給。雖甚饑寒。人不得而衣食之。嗜飮工詩。有臥雪、閉門、燃枝、榕城諸集。

沈·野雲 明歸安人。名道寧。幼有道術。大旱祈雨有應。成祖北征。仁宗監國。問事多奇驗。仁宗嘗御製道人傳。封爲至道高士。

沈·陵 晉矯子。字景高。元帝爲鎭東將軍。命參軍事。徐馥作亂。陵討平之。◎後魏文秀族子。字道通。太和間孝文南伐。陵歸降。陵姿質妍偉。辭氣暢辯。孝文奇之。累官南徐州刺史。持節冠軍將軍。孝文崩。叛走。爲下邳戍人所射殺。

沈雪坡　元嘉興人。善寫梅竹。

沈喻　清爲內務府司庫。康熙間與畫避暑山莊圖。

沈寓　清崇明人。字寄廬。有白華莊藏稿。

沈嵛　清嘉興人。善畫山水。

沈巽　明吳興人。字士偁。號巽翁。善畫山水。尤工雜畫。

沈復　宋德清人。字德之。紹興進士。累遷知樞密院事。議論伉直。以資政殿大學士出知荆南四川鎭江福州。所至風采聳然。卒諡簡肅。有四益齋集。眞德秀序其文。謂有古大臣體。◎元嘉興人。字復之。初爲僧。名慧。善畫蘭。◎清元和人。字三白。工畫花卉。

沈揚　明吳縣人。詳顏佩韋條。

沈景修　清秀水人。字蒙叔。晚號寒柯。同治拔貢。官分水教諭。善詩詞雜文。尤工書。時稱其得楊少師韭花帖眞傳。有蒙廬詩·井華詞。

沈景筠　晉烏程人。性至孝。母畏雷。及卒。葬宅西。每雷鳴。輒至墓所號哭云。墓在此。賀知章爲撰孝德傳。

沈朝初　清吳縣人。字洪生。號東田。康熙進士。累官侍讀學士。憂歸。以毀卒。工詩文。有不遮山閣稿。

沈欽圻　清長洲人。字得輿。諸生。能詩。往復陶杜。自攄胸臆。未嘗求工而自中繩削。

沈欽韓　清吳縣人。字文起。號小宛。嘉慶舉人。官寧國訓導。淹通經史。旁及諸子百家古今別集。尤長於訓詁考證。所著以兩漢書疏證。最爲精博。又有左傳補注·左傳地名補注·三國志訓故·水經注疏證·韓昌黎集補注·王荆公詩補注·范石湖集注等書。詩文華贍。有幼學堂集。

沈湄　清周孫。字伊在。畫學趙孟頫。布景設色。造詣獨絕。亦工詩。

沈湘雲　清江陰人。字綺琴。王氏青衣。工詞。有峽水餘音。

沈猶龍　明松江華亭人。字雲升。萬曆進士。歷官福建巡撫。破妖賊張普薇等。後總督兩廣。福王召理部事。不就。乞葬親歸。清兵至。猶龍募壯士守城。城陷。出走。中矢死。

沈琪　宋躬行從弟。字東美。行義如其兄。聚族而居。饔舍飲食。皆仿古制。學者稱嘉慶先生。

沈琮　明平湖人。字公禮。正統進士。爲南京武庫主事。景泰中弟瑋亦舉進士。爲御史。父母沒。並廬墓終喪。瑋竟卒於墓所。琮官終廣州知府。

沈琯　宋德清人。字次律。宣和間任兩浙漕運。後奉使燕雲。金人犯邊。爲郭藥師所執。遣同李鄴來議和。琯首陳虛實。乞邀擊之。不用。著南歸錄以攄忠憤。自號柯田山人終老。

沈登瀛　清烏程人。字金坡。號柳橋。諸生。性篤厚。好周急。有府志記疑·南潯備志·深柳堂文集·雜著。

沈華　元浙江山陰人。一名華范。字祗臣。善畫工詩。

沈焱　清宗敬曾孫。字殿秋。畫山水擬秀。頗得家傳。性疎冷不耐治生。通六書。精篆刻。

沈虛中　宋廣德人。字太虛。宣和進士。歷官吏部尙書。有資治通鑑事類·左傳國語要略·桐川集等書。

沈貴珤　宋德興人。字誠叔。董夢程高弟。有正蒙疑解·四書及諸經說。學者稱毅齋先生。

沈越　明南京錦衣衞人。字韓峯。嘉靖進士。官至監察御史。有嘉隆兩朝聞見紀。朱之蕃謂爲野史之亘。

沈進　清嘉興人。字山子。諸生。工詩。與同里周篔並稱周沈。遊京師歸。自號知退叟。居藍村半巢。陶然自適。有文言會粹。行國錄·藍村集。

沈雄　清吳江人。字偶僧。有古今詞話。柳塘詞。

沈雲英　明蕭山人。道州守備至緒女。工書。通經史。至緒爲張獻忠所攻。沒於陣。雲英聞父變。持矛趨賊壘。奪父屍還。賊環擲之。雲英左右支格。卒保道州。以功授游擊將軍。繼父任。夫賈萬策戰死荆州。雲英遂辭職。扶櫬歸。隱居里中教授。年三十八卒。

沈雲祚　明太倉人。字子凌。崇禎進士。知華陽縣。有奸民爲猺黃賊耳目。設策捕戮之。賊破夔門。成都大震。雲祚走謁蜀王。陳守禦策。不聽。城陷。不屈死。

沈傳師　唐既濟子。字子言。治春秋。工書。貞元進士。授太子校書郎。累遷湖南觀察使。寶曆間拜尙書右丞。復出爲江西觀察使。以廉靖聞。終吏部侍郎。性夷粹無競。更二鎭十年。無書賄入權家。及卒。鬻宅以葬。

沈嗣選　明嘉興人。字仁舉。貢生。崇禎間奉母避兵葭川。羣盜知爲老孝子。戒勿犯。有儉娛堂集。

沈嵩　後魏文秀族子。聰敏有筆札。文秀以爲司馬。文秀卒。依宋王劉昶。昶遇之無禮。憂愧饑寒而卒。

沈意　漢王莽時爲陳定大尹。莽敗。意守郡不降。爲漢兵所誅。

沈愚　明崑山人。字通理。號倥侗生。工詩。爲景泰十才子之一。善行草。曉音律。詩餘樂府。傳播人口。業醫授徒以終。有篔籟集·吳歈集。

沈愷　明松江華亭人。字舜臣。

號鳳峯。嘉靖進士。歷湖廣參政。忤朝貴乞歸。家居杜門著書。與物無競。爲文章頗尙古雅。有夜燈管測・環溪集。

沈・愷曾 【清】歸安人。字虞士。號樂存。康熙進士。官至御史。疏數十上。皆切直無所瞻徇。有東南水利議・西臺奏疏・來雨吟稿・四書義名・蘋洲偶存等書。

沈・敬 【明】松江人。正統間任浙江按察僉事。持身嚴。執法不私。聲名藉甚一時。未幾致仕。

沈・業富 【清】高郵人。字既堂。進士。官至河東轉運使。工行書。風韻天然。

沈・源 【明】海澄人。字澄之。天順進士。爲南京御史。因天變陳修德弭災十事。皆切時政。巡視上江。諸勳貴不便。爲所中。貶盧氏知縣。

沈・溍 【明】錢塘人。字尙賢。洪武進士。累官兵部尙書。禁武臣預民事。時干戈甫息。武臣暴橫。數扞文法。至是始戢。明初衛所世襲及軍卒句補之法。皆溍所定。然名目瑣細。簿籍煩多。吏易爲奸。終明之世。頗爲民患。而軍衛亦日益耗減。

沈・漼 【明】節南子。字銘縝。萬曆進士。歷官南京禮部侍郎。光宗立。召爲禮部尙書。兼東閣大學士。天啓初密結內豎。請募兵隸錦衣衛。進文淵閣。再進太子少保。被劾。不自安。求去。卒諡文定。

沈・煥 【南朝宋】淵子從子。字士蔚。少爲駙馬都尉。元凶劭入弒。煥時兼中庶子直坊。逼從入臺。劭旣自立。以爲羽林監軍。辭不拜。仍除南昌令。有能名。遷晉平王休祐驃騎中兵記室參軍。同僚皆以諂進。煥獨不。轉諮議參軍。後廢帝元徽中以爲寧遠將軍。交州刺史。未至鎭病卒。◎【宋】僉判銖子。字叔晦。乾道進士。歷太學錄事。蚤暮延見學者。孜孜誨誘。同僚忌其立異。調高郵軍教授。後通判舒州。閒居雖病。猶不廢書。拳拳然以母老爲念。善類凋零爲憂。卒諡端憲。有定川集。

沈・瑜 【後漢】直子。父亡。瑜十歲。弟儀九歲。居喪毀瘠。過於成人。外祖盛孝章撫慰之曰。汝兄弟並黃中通理。終成奇器。何爲踰制。自取殄滅耶。瑜早卒。

沈・瑞 【元】松江華亭人。工畫。得黃公望法。木石幽潤。山水清遠。人物器具。點綴極精。

沈・瑀 【梁】武康人。字伯瑜。初仕齊。竟陵王子良引爲參軍。轉揚州從事。武帝時爲餘姚令。豪右屛跡。累官潯陽太守。又爲蕭穎達長史。瑀性倔強。每忤穎達。穎達銜之。一日。於道爲盜所殺。時多以爲穎達害焉。

沈・畸 【宋】德清人。字德侔。第進士。崇寧中擢監察御史。疏陳十事。言花石擾民。土木弊國。及論當十夾錫錢。最爲剴當。進殿中侍御史。蔡京與蘇州錢獄。欲陷章綖兄弟。株逮千百。徽宗命畸往按。畸至。卽日決釋無佐證者七百人。閱實平反以聞。京大怒。貶監信州酒稅卒。

沈・筠 【清】仁和人。字開平。號晴巖。康熙進士。以庶吉士召試鴻博。授編修。閱三年卒。筠學博行修。未究其用。有斗虹集。

沈・粲 【南齊】善畫。專工屛幛。◎【明】度弟。字民望。工書。成祖時自翰林待詔遷侍讀。進大理寺少卿。與兄齊名。時號大小學士。兄弟並賜織金衣。鏤姓名於象簡。泥之以金。

沈・義 【明】洪武間知確山縣。操守廉介。好尙儒雅。不一年民氣和洽。風俗醇美。

沈・義父 【宋】吳江人。字伯時。宋亡。隱居不仕。長於詞曲。有樂府指迷。

沈・與求 【宋】德清人。字必先。政和進士。高宗時累官御史中丞。知無不言。前後凡四百奏。言甚切直。還吏部尙書。兼翰林學士。金人入寇。贊高宗親征。進知樞密院事。卒諡忠敏。有龜溪集。

沈・萬三 【明】吳縣人。名富。字仲榮。行三。人因以萬三秀呼之。亦稱沈萬三。富甲江南。太祖定金陵。欲廣其外城。府庫虛乏。難以成事。萬三願與對半而築。先完三日。太祖不悅。適萬三築蘇州街。以茅山石爲心。因收殺之。家財入官。

沈・萬育 【清】常熟人。字和卿。明末負母避亂。遇盜將殺其母。求代得免。性好義。敦行慈善。以成母志。

沈・葆楨 【清】侯官人。字翰宇。一字幼丹。道光進士。咸豐時洪楊兵起。所至城邑。官吏皆望風逃潰。時葆楨守廣信府。與夫人林氏誓以身殉。林氏刺指血作書。乞援於玉山鎭總兵饒廷選。七戰而城圍遂解。以此名聞天下。夫人林文忠公則徐女也。葆楨以功洊擢江西巡撫。後官兩江總督。卒諡文肅。

沈・詢 【唐】傳師子。字誠之。會昌進士。咸通間累官昭義節度使。治尙簡易。人皆便安。奴私侍兒。詢將戮之。奴懼。結牙將爲亂。夜攻詢滅其家。

沈・該 【宋】歸安人。字約文。紹興間爲禮部侍郎。出知夔州。召還。除參知政事。該邃於易。嘗撰小傳六卷上之。高宗降詔襃美。

沈・詵 【宋】德清人。字宜之。累官戶部尙書。有龍溪集。

沈・遇 【明】吳縣人。字公濟。號臞樵。工畫。宣德・正統間聲名藉甚。

沈・道虔 【南朝宋】武康人。隱居石山精舍。與諸孤兄子共庾釜之資。困不改節。受琴於戴逵。郡州府凡十二命皆不就。鄉里年少。相率受學。文帝敕郡縣隨時資給焉。

沈・道寬 【清】宛平人。字栗仲。嘉慶進士。官湖南桃源知縣。有話山草堂文鈔。

沈・鉉 【明】錢塘人。字鼎臣。博學。邃於春秋。元末居嘉興。教授生徒。張士誠據平江。屢徵不屈。洪武初召修禮書。授太常博士。尋以母老辭歸。復徵至京卒。有希賢集。

沈・鼎 【明】昭兄。善畫山水。◎【清】常熟人。字燮堂。號香郊。諸生。善畫花卉。能詩。

沈・僧昭 【梁】攸之從孫。別名法朗。少事天師道士。常以甲子日及甲午日夜醮於私室。時記人吉凶。頗有應驗。自云為太山錄事。幽司中有所收錄。必僧昭署名。中年為山陰縣。太清初預知喪亂。苦求東歸。不許。遷廷尉卿。及亂。百口皆殲。

沈・僩 【宋】永嘉人。字仲莊。學於朱熹。精地理。

沈・嘉然 【清】浙江山陰人。字滕友。以能書名。後入江南憲幕。嘗病封神傳小說俚陋。因別撰一編。以大禹治水為主。按禹貢所歷。而用山海經傳衍之。曹寅欲為梓行。以事涉神怪力辭。後返越。覆舟吳江。書沈於水。嘉然亦感寒疾。歸卒。

沈・嘉轍 【清】錢塘人。字樂城。與吳焯・陳芝光・符曾・趙昱・厲鶚・趙信等同著南宋雜事詩。

沈・壽民 【明】懋學從孫。字眉生。為諸生有聲。崇禎中行保舉法。巡撫張國維以壽民應詔。至即疏劾兵部尚書楊嗣昌奪情。及總督熊文燦主撫之罪。由是名動天下。未幾移疾去。隱居講學以終。有遺集及閑道錄。

沈・壽崇 【明】有容子。字宗山。崇禎武進士。累官留守。闖賊攻承天。圍城急。時崇壽已解職三月。應巡撫宋一鶴請。共守禦。每自吟國恥非難雪。君恩未易酬句。城陷。朝服北面拜。賊斫之仆。曰。得死所矣。

沈・壽康 【明】海鹽人。字原懋。性至孝。與崇德程本立友善。期以聖賢實學。薦官不就。鄉人稱孝隱先生。

沈・壽蕘 【明】壽崇弟。金聲起兵績溪。壽蕘與同邑諸生麻三衡等俱起兵。壽蕘陣沒。

沈・夢麟 【明】歸安人。字元昭。少有詩名。元末以乙科授婺州學正。遷武康尹。以疾辭。洪武間五主文衡於閩浙。年九十三卒。有花溪集。

沈・寧 【唐】善畫松石山水。

沈・演之 【南朝宋】叔任子。字臺真。家世為將。折節好學。讀老子日百遍。以義理業尚知名。舉秀才。為嘉興令。元嘉中累官吏部尚書。性好舉才。申濟屈滯。而謙約自持。卒謚貞。

沈・漢 【明】吳江人。字宗海。正德進士。授刑科給事中。嘉靖初因災異陳時政缺失。指斥甚切。及刑部尚書林俊去位。復抗章爭之。李福達之獄。執法大臣皆下吏。漢執奏。幷除名。家居二十年卒。有疏草。

沈・爾燝 【清】烏程人。字翼昭。號鳳宇。康熙進士。知公安縣。工小令。有月團詞。

沈・碩 【明】長洲人。字直謙。號龍江。學畫三年不下樓。臨摹山水人物。遠效趙劉。近倣仇唐。尤善白描翎翅。

沈・端節 【宋】吳興人。字約之。淳熙間官至朝散大夫。有克齋詞。吐屬婉約。頗具風致。

沈・綺 【清】常熟人。字棐君。諸生殷壎妻。博通經史。兼精律曆。有管窺一得・環碧軒詩文集・駢體文・唾花詞・徐庾補注等書。

沈・維炳 【清】孝感人。明萬曆進士。崇禎中官至吏部左侍郎。李自成至。不能死。受拷掠。順治初降清。仍任原官。坐事革職。

沈・維鐈 【清】嘉興人。字子彝。一字鼎甫。號小湖。嘉慶進士。累官工部左侍郎。五任學政。所拔皆知名士。喜讀宋五子書。務尚身心有用之學。所校刊之書頗多。

沈・誠 【明】金陵人。字文實。號味菜居士。工畫。興到落筆。自成一家。

沈・賓 【明】仁和人。字永嘉。號雪齋。畫蘭竹參倪趙之祕。又善山水。工書。

沈・輔 【明】嘉定人。字良弼。性至孝。嘗他出。忽心動汗流。驚曰。得非二親不安乎。馳歸。則母癰潰不可救。哭踊絕水粒者三日。父患末疾。數焚香祝天。願以身代。及沒。廬墓三年。妻瞿事姑孝養備至。弘治間旌其門曰雙孝。

沈・遘 【後周】睢陽人。字朗遠。弱冠登進士第。世宗時仕終中書舍人。為人謹和。勤於接下。每文士投贄。必擇其賢者而譽之。故當時後進之士多歸焉。◎【宋】錢塘人。字文通。皇祐進士。歷知杭州。為人疏雋博達。明於吏治。遷龍圖閣直學士。知開封府。拜翰林學士。判流內銓。丁母憂。既葬。廬墓下。服未竟而卒。有西溪集。

沈・銓 【清】天津人。字師橋。號青來。善畫山水花卉。摹黃山之勝。至歙。見古松及奇葩異卉。成為繪圖。無不逼真。◎【清】湖州人。字南蘋。工畫花鳥。設色妍麗。日本國遣使迎之。留海外三年歸。得金帛。散給友朋。蕭然以終。

沈・銖 【宋】揚子人。字子平。少從王安石學。舉進士。遷審官主簿。坐虞蕃事免歸。元祐間置訴理所。被罪者爭自列。銖獨不言。遷中書舍人。兼侍講。後以龍圖閣待制知宣州卒。⊙宋定海人。字公檝。紹興進士。僉書鎮東判官。終承務郎。嘗學於焦瑗。傳程氏之學。事瑗極恭。其後諸生事銖一如之。雖已極貴。莫敢廢銖家法。

沈・韶 清嘉興人。寓金山。字爾調。曾鯨弟子。工寫眞。人物士女。秀媚絶俗。

沈・鳳 清江陰人。字補蘿。號凡民。工書畫篆刻。初以國學生効力南河。七擢縣篆。於吏事非所喜。嘗在宣城訊竊雞者。畫雞賊面以恥之。雞之神色有畏懼欲飛之狀。合邑笑以爲神。

沈・鳴遠 明錢塘人。工畫道釋神像。無不入妙。

沈・齊義 清烏程人。字立人。乾隆擧人。知壽張縣。王倫糾衆爲亂。脅齊義降。齊義大罵不屈。遂遇害。

沈・齊賢 清錢塘人。字寤伊。明諸生。思宗殉社稷。齊賢立木主於里社。署其楹曰臣身誓死。君讐必報。及聞李闖死。大快。寢疾數日而卒。

沈・儀 後漢瑜弟。字仲則。篤學有雄才。以儒自業。守道不移。州郡交辟不就。

沈・儆炌 明歸安人。字叔永。號泰垣。萬曆進士。官河南左布政使。以治行卓異遷右副都御史。巡撫雲南。奏錮貿金。討擒叛酋段進志。安邦彥反。諸土目並起。儆炌遣將屢破賊兵。盡復諸陷地。遷南京兵部侍郎。晉工部尙書。爲魏忠賢黨石三畏所劾。落職閒居。崇禎初復官。卒謚襄敏。

沈・嶠 唐烏程人。丁父憂。廬墓六年。不櫛不沐。醯鹹不入口。哭則嘔血。刺血書經。年三十而卒。

沈・徽 南唐武康人。博學好古。隱江口山。孝弟力田。累徵不起。縣丞韋承慶名其所居爲茂德鄉。

沈・德符 明嘉興人。字景倩。一字虎臣。萬曆擧人。其祖父皆以進士官京師。德符自幼習聞故事。中年南還。仿集古錄例。撰野獲編。清桐鄉錢枋又爲之分類排纂。萬曆前之朝章國故里巷瑣語。靡不備載。又有秦璽始末・飛鳧語略・顧曲雜言・敝帚軒剩語。

沈・德威 隋吳興人。字懷遠。少有操行。梁太清末遁於天目山。築室以居。雖處亂離。篤學無倦。天嘉中累官國子助教。每自學還私室。卽講授。道俗受業者數十百人。遷太常丞。兼五禮學士。後爲尙書祠部郞。陳亡入隋。官至秦王府主簿卒。

沈・德潛 清欽圻孫。字確士。號歸愚。乾隆間擧鴻博未遇。及成進士。年已將七十。高宗稱爲老名士。召對論歷代詩源流升降。大賞之。命値上書房。擢禮部侍郞。以年力就衰。許告歸。原銜食俸。高宗賜詩極多。入都祝嘏。與錢陳羣並與香山九老會。稱大老。卒年九十七。贈太子太師。謚文慤。高宗懷舊詩。以德潛與陳羣並稱爲東南二老。有五朝詩別裁・古詩源・竹嘯軒詩鈔・歸愚詩文鈔・西湖志纂。

沈・慶之 南朝宋武康人。字弘先。晉末孫恩作亂。慶之未冠。隨鄉族擊之屢捷。以勇聞。年四十。未知名。後爲寧遠中兵參軍。竟陵蠻屢爲寇。慶之爲設規略。每擊破之。由是致將帥之稱。元嘉中累功爲建威將軍。討平諸蠻。元凶劭弑逆。慶之佐孝武討劭。旬日間內外整辦。時謂神兵。孝武卽位。論功封始興郡公。竟陵王誕反。又討平之。進侍中・太尉。廢帝凶暴。誅戮大臣。慶之盡言諫爭。遂被害。明帝立。追謚襄。

沈・標 南齊善畫寺壁。

沈・樞 宋德淸人。字持要。紹興進士。官至太子詹事・光祿卿。卒謚憲敏。著通鑑總類。門目繁碎。便於採觚數典。

沈・播 宋武康人。天聖進士。歷貴池令。嘗攝銅陵縣。有兄弟爭財者。爲辨其曲直。卒令感悟讓財。去官。兩縣人追送涕泣。性好學。未嘗一日廢書。早卒。

沈・澄 明長洲人。字孟淵。洪武中以徵命入。將授以官。見其擧止迂緩。目爲腐儒。罷之。周忱撫吳時。數訪以時政。澄長於詩。士之爲詩者多就之。金閶坐事繫都司。澄納槖饘之饋。凡十年無怠。年幾九十卒。⊙清道士。仁和人。字一秋。本諸生。善畫工詩。有眠鶴庵詩稿。

沈・瑩 三國吳丹陽太守。晉伐吳。後主皓使張悌督瑩等渡江逆之。至牛渚。瑩曰。晉傾國大擧。必悉益州之兵。浮江而下。我上流諸軍。無有戒備。宜奮衆力。待來一戰。今渡江逆戰。勝不可保。若或喪敗。則大事去矣。悌曰。吳之將亡。賢愚所知。吾恐蜀兵一至。衆必駭懼。不可復振。今宜渡江決戰。若其喪敗。則同死社稷。坐待敵至。君臣俱降。無一人死難。不亦辱乎。遂渡江戰。吳軍大敗。瑩與悌皆爲晉軍所殺。

沈・璇 清錢塘人。字亞斗。號巨門。順治擧人。有巨門合集。

沈・瑋 金永興人。字之達。歷官山西路都轉運副使。從伐宋。汴京平。衆爭趨貲貨。瑋獨無所取。惟載書數千卷而還。後同知太原尹。張覺聚黨抄掠。招之不肯降。瑋往招之。卽日降。累遷鎭西軍節度使。致仕卒。

沈・節甫 明烏程人。字以安。號錦宇。嘉靖進士。歷祠祭郞中。萬曆間累官工部左侍郞。疏請省浮費。核虛冒。止興作。減江浙織造。停江西瓷器。不報。中官傳奉。節甫持不可。又嘗獻治河之策。語甃鑿可用。致仕卒。天啓初追諡端靖。喜藏書。有玩易樓藏書目錄。又有紀錄彙編。

沈・鞏【宋】嘉禾人。字元吉。學於楊簡。稱高弟。與葉祐之齊名。

沈・魯【明】愚弟。字誠學。號玄谷子。博學工古文。奇麗閎肆。一時稱爲作者。有經制機略・人倫師表・老成集。

沈・鼐【清】長洲人。字枚臣。貢生。官雲南瑯鹽井鹽課提舉。有瑯鹽井志。

沈・儒通【明】仁和人。字宗福。中崇禎鄉舉。魯王建號。儒通慷慨赴義。凡營壘調遣。動中機要。王甚倚之。爲同列所忌。因被害。

沈・憲【南齊】演之從祖弟子。字彥璋。少有幹局。仕宋爲駕部郎。補烏程令。甚著政績。以吏能累遷少府卿。後爲西陽王冠軍長史・廣陵太守。當時稱良吏。

沈・曇慶【南朝宋】武康人。孝武帝時歷官徐州刺史。謹實清正。所蒞有稱績。在徐時殿中員外將軍裴景仁戍彭城。裴本傖人。多悉戎荒事。曇慶使撰秦記十卷。累遷祠部尙書卒。

沈・樹本【清】歸安人。字厚餘。康熙進士。官編修。生平恬澹。喜奬進後學。有德本錄・鯩翁詩集。

沈・樹玉【清】杭州人。一作澍玉。號蘧夫。工寫生花鳥。曾奉詔寫鶺鴒百隻。宛然如生。衆工篆籀。

沈・樹鏞【清】南匯人。字韻初。咸豐舉人。官內閣中書。收藏金石書畫甚富。與趙之謙同纂續寰宇訪碑錄。

沈・燕【清】臺灣嘉義人。善製漆器。兼能雕漆。臺爲日有。日人徵其入廠授技。不應。強之。飲雅片死。

沈・璟【明】吳江人。字伯英。號寧庵。世稱詞隱先生。萬曆進士。官光祿寺丞。罷官後放情詞曲。精研音律。有南九宮譜及義俠記等傳奇。

沈・璞【南朝宋】林子子。字道眞。童孺時神意閑審。文帝召見奇之。歷揚州主簿。時范曄爲長史。行州事。性頗疏。在職八年。州大治。璞有力焉。累遷宣威將軍・盱眙太守。元凶劭弑立。璞以奉迎之晚見殺。

沈・暐日【清】平湖人。字融谷。號柘西。以貢生知廣西來賓縣。歷辰州郡丞。工詩詞。有楚燕遊草・柳慶集・柘西精舍詞。

沈・穆夫【晉】警子。字彥和。少好學。通左氏春秋。王恭命爲前軍主簿。孫恩作亂。以爲餘姚令。恩破。見殺。

沈・積中【宋】常州人。賜進士出身。徽宗時歷知河間・眞定府。積中本王黼所引拔。黼方圖燕地。使覘邊隙。中書舍人程振語之曰。當思異時覆族之禍。積中感其戒。至鎭。以書謝振。盛言其不可。振宣告於朝。已而師敗於白溝。童貫還。罷積中提舉上清寶籙宮。既得燕山。又命以資政殿學士同知府事。未行而卒。

沈・諸梁【春秋楚】字子高。葉縣尹。僭稱公。白公作亂。葉公入至北門。或遇之曰。君胡不胄。國人望君如望慈父母焉。又一人曰。君胡胄。國人望君如望歲焉。白公既誅。楚國以定。遂老於葉。

沈・豫【清】蕭山人。字小數。號補堂。道光時諸生。善四六文。治春秋獨取服氏。蒐輯服注一書。卒年七十一。

沈・遼【宋】遘弟。字叡達。少趣操高爽。不喜進取。熙寧初爲西院主簿。遼故受知王安石。安石當國。遼與之議論寖咈意。後爲華亭縣。以嫌奪官。流池州卒。遼始至池。築室齊山。名曰雲巢。工文章。尤長歌詩。有雲巢編。

沈・錦【明】臨湘人。好讀秦漢文。不求聞達。或戲之曰。既不試。學將何用。錦正色曰。下士晚聞道。將以自修。豈專爲青紫哉。學益力。

沈・錫【宋】銖弟。字子昭。崇寧初爲講議司檢討。蔡京方銓次元符上書人。欲定罪。錫曰。恐非敦世勵俗之道。尋以徽猷閣待制知江寧。張懷素誅。朝廷疑其黨有脫者。江淮間往往以誣告興獄。錫具疏於朝。皆得釋。歷海泰汝宣四州。以通議大夫致仕卒。

沈・靜專【明】宜修妹 。字曼君。歸吳氏。工詞。有適適草。

沈・龍【明】泓從弟。字友夔。崇禎進士。明亡不仕。有雪初堂集。

沈・應【明】長洲人。字德乾。博學工詩。洪武間選入文華殿說書。除江西布政使參議。後轉山東卒。有東澗集。

沈・應山【明】杭州人。字萬松。爲畫院祕丞。畫山水宗馬夏荊關。更善人物鬼怪。海水異獸。

沈・應奎【明】武進人。字伯和。萬曆舉人。歷裕州知州。歲大旱。饑民嘯聚山谷。上官遣兵勦之不克。應奎單騎曉以禍福。衆卽解散。尙書孫丕揚道其境。不迎謁。丕揚突入其署。應奎方焙餅炙韭。邀與共食。丕揚異之。入朝稱其廉。召爲刑部主事。歷汀州知府。終南京光祿少卿。

沈・應霖【清】烏程人。字仁甫。號萱皐。官寶慶府通判。善畫山水。

沈・應龍【明】烏程人。字翔卿。嘉靖進士。仕刑曹。以明愼聞。理冤獄殆數百計。歷副都御史。巡撫山東。値歲大祲。請賑疏累上。全活八十餘萬。轉南京刑部侍郎。乞歸。

沈・懋學【明】龍子。字君典。萬曆進士第一。授修撰。吳中行等攻張居正奪情。居正怒不測。懋學擬疏救。爲人所持。不果進。乃貽居正子嗣修書。又與工部尙書李幼滋書以爭之。引疾歸卒。追謚文節。有郊居遺稿。

沈·濤 清嘉興人。原名爾政。字西雅。號匏廬。未冠領嘉慶鄉薦。由知縣歷官江西道員。洪楊之役。隨巡撫張芾嬰城拒守四十九日。圍解。授興泉永道。未之官卒。生平學尙考訂。兼嗜金石。有論語孔注辨僞·說文古本考·常山貞石志·銅熨斗齋隨筆·交翠軒筆記·十經齋文集·柴辟亭詩集。

沈·矯 晉吳興人。字仲桓。以氣節立名。初仕孫皓。有將帥之稱。吳亡入晉。徵爲鬱林·長沙太守。並不就。

沈·義 南齊躬耕於野。後棄耕具而亡。家人求之不得。子孫以爲仙去。永明間歸訪舊里。呼諸孫而謂之曰。汝四世祖在西蜀之西。以符藥治病。有活人功。上帝授我白玉簡。爲碧落侍郎。今歸以告汝。倏忽不見。邑人駭異。遂建道觀塑像以奉之。

沈·襄 明鍊子。字小霞。以蔭補官。仕至郡守。工畫墨梅。

沈·謐 明秀水人。字靖夫。號石雲。嘉靖進士。歷江西僉憲。平生專事王守仁良知之學。不尙文辭。所作皆發明道學之旨。

沈·謙 清仁和人。字去矜。號東江。諸生。篤學工詩文。崇禎末與丁澎等稱西泠十子。初喜溫李。後乃循漢魏以窺盛唐。其意貞而不濫。其聲和而不流。有東江集。

沈·豳 明周弟。字翊南。亦工畫。

沈·鍊 明會稽人。字純甫。嘉靖進士。知溧陽。忤御史。調茌平。入爲錦衣衞經歷。性剛直。嫉惡如讐。會俺答犯京師。詔廷臣博議。鍊昌言敵由嚴嵩父子。上疏劾嵩十大罪。帝大怒。杖之數十。謫佃保安。邊人慕鍊忠義。多遣子弟就學。鍊恨嵩父子。縛草象李林甫·秦檜及嵩。令子弟攢射之。總督楊順·巡按路楷承嵩旨。誣鍊與白蓮妖人閻浩等謀亂。遂棄市。後追諡忠愍。有青霞集。

沈·翼 明淮安山陽人。字克敬。宣德進士。累擢南戶部尙書。持己清介。蒞政勤愼。屬吏無廢事者。⊙清進子。字寅中。原名敬。字習之。號榮畦。歲貢生。以孝廉方正薦。不赴。工八分行草。爲朱彝尊入室弟子。書法酷似之。

沈·翼機 清海寧人。字西園。號澹初。康熙進士。官至翰林院侍讀學士。有澹初詩稿。

沈·邈 宋弋陽人。字子山。第進士。慶曆初爲侍御史。時呂夷簡罷相。輔臣皆進官。邈言今邊鄙屢警。未聞廟堂謀折外侮。而但無功進秩。下何勸焉。又論夏竦陰交內侍。外專機務。累官刑部郎中。知延州卒。

沈·顏 五代吳德清人。字可鑄。唐天復進士。入吳。累遷翰林學士。順義中卒。顏少有詞藻。琴弈皆臻神境。時稱下水船。言爲文精速無不載也。嘗疾當世文章浮靡。著聱書·解聱書等。

沈·鯉 明歸德人。字仲化。嘉靖進士。授檢討。神宗立。進左贊善。累遷吏部左侍郎。屏絕私交。好推轂賢士。不使人知。拜禮部尙書。詳稽先朝典制。定中制頒天下。又奏行學政八事。請復建文年號。修景帝實錄。拜東閣大學士。加少保。進文淵閣。首勸帝聽言圖事。以薦賢爲第一義。極陳礦稅害民狀。幾得停止。與沈一貫共事相左。遽致仕歸。卒諡文端。有亦玉堂稿·文雅社約。

沈·麐生 清宣城人。父壽嶽。死國事。麐生遂祝髮事洪儲爲師。後居姚江。名大瓠。

沈·寵 明宣城人。字長思。舉嘉靖鄉試。官至廣西參議。師貢安國·歐陽德。又從王畿·錢德洪游。知府羅汝芳創講會。御史耿定向聘寵與梅守德共主其席。自是邑人皆與於學。

沈·寵綏 明吳江人。字君徵。以度曲家沿流忘初。往往聲乖於字。調乖於音。有度曲須知·弦索辨譌。

沈·懷文 南朝宋曇慶從弟。字思明。少好玄理。善文章。孝武時爲會稽撫軍長史。訊五郡九百三十六獄。衆咸稱平。入爲侍中。屢忤帝旨。出爲廣陵太守。坐事免官禁錮。既免官。賣宅還東。帝大怒。收付廷尉賜死。

沈·瀛 宋吳興人。字子壽。少入太學。仕四十餘年。紬於王官。再入郡。三佐帥幕。平生嗜文字若性命。有竹齋詞。

沈·瓊蓮 明烏程女子。字瑩中。以父兄皆仕於朝。得通籍掖廷。嘗試守宮論。孝宗擢第一。給事禁中。爲女學士。吳興人傳爲女閣老。能詩。

沈·譓 明合肥人。字用正。景泰進士。知東昌府。政尙嚴明。折獄明允。常祿外不入一錢。銓注天下廉能官第一。

沈·鏜 宋僉判銖弟。與弟銘並師焦瑗。終日拱立。不以學成而假借。瑗卒。心喪三年無失禮。

沈·韜文 五代吳越烏程人。性介潔。好學。能屬文。爲元帥府典謁。參畫軍務。多所裨益。累官左衞上將軍。改湖州刺史。以清操自勵。雖時擾攘。不爲習俗所移。

沈·顗 梁演之從孫。字處默。幼清靜有至行。讀書不爲章句。著述不尙浮華。常獨處一室。人罕見其面。事母兄孝友。爲鄉里所稱。徵爲著作郎·太子舍人。俱不赴。齊末兵荒。顗與家人并日而食。或有饋粱肉者。不受。惟樵採自資。怡怡然不改其樂。天監中卒於家。

沈·鯨 明平湖人。號涅川。有雙

珠記傳奇。

沈麐 【明】秀水人。字天鹿。號蕘菴。少孤。事母孝。性警慧。博通載籍。工詩文。尤邃於詞。明末遯跡武林天目九峰三泖間。有籟閣詞箋．琴嘯軒樂府．南都游草．九峯游草．吳門雜咏．旅詞．禽言．緱賓詩集．蕘菴文集。

沈嚴 【宋】德清人。字德寬。監洪州武寧茶場。兼領縣事。吏畏其廉。民懷其愛。及卒。貧不能葬。太守滕元發爲葬於德清之永和鄉。

沈寶麟 【清】嘉興人。字孔徵。號紱齋。嘉慶舉人。官湯溪教諭。有雙琴齋文集。

沈瀾 【清】烏程人。字維涓。號泊村。又號法華山人。雍正進士。乾隆間舉鴻博未遇。後官瑞州知府。以廉潔自守。輯有西江風雅。自著曰雙清草堂詩。

沈繼宗 【宋】倫子。字世卿。歷知單州。使京東。計度財賦。濮州土貢銀。課民織造。不折省稅。鄆州節度配屬縣納藥物。皆爲民病。繼宗歸。歷言於帝。以除其弊。至道末領淮南轉運使。終光祿少卿。

沈繼美 【明】保寧守禦所人。字子充。第進士。爲吏科給事中。以言事謫海豐丞。嘉靖間陞任知縣。民甚宜之。居常布衣蔬食。燕坐恬然。事有定體。而政亦修舉。終浙江參政。

沈繼孫 【明】蘇州人。隱居吳市。燒墨以自給。著墨法集要。敍次詳核。各有條理。爲近代造墨家所祖。

沈繼祖 【明】吳郡人。字公繩。後以字行。更字宜孫。工畫山水。宛轉森鬱。寫閨閣中人有逸態。有聲萬曆時。

沈警 【晉】武康人。字世明。惇篤有行業。爲東南豪士。無仕進意。謝安辟爲參軍。甚相敬重。未幾謝病歸。王恭鎮京口。復引爲參軍。尋復謝職。

沈酆 【後漢】戎子。字聖通。永平中爲郡主簿。後爲零陵太守。爲政愼刑重法。鞭朴不舉。市無刑戮。僚友有過。亦不暴言。有善必述。在任七年。建初間有紫芝甘露之瑞。論者以爲酆治化所應。

沈顥 【清】吳縣人。字朗倩。號石天。諸生。性豪放好奇。工書畫詩文。有枕瓢．焚硯等集。

沈鶴齡 【清】德清人。字海鱗。號銀查子。工繪事。尤善臨摹古人仙佛神鬼士女及龍虎鸞鶴之屬。或自出機軸。亦深得古人妙意。

沈巑之 【南朝宋】武康人。性疎直。爲丹徒令。在縣以清廉不事左右被繫。武帝召問之。答曰。臣坐清所以獲罪。帝問清何以獲罪。曰。無以承奉要人。帝曰。要人爲誰。巑之以手板四面指曰。此赤衣諸郎皆是。帝知其無罪。復除丹徒令。

沈驎士 【南齊】武康人。字雲禎。幼俊敏。長博通經史。居貧織簾誦書。口手不息。鄉里號爲織簾先生。常苦無書。因遊都下。歷觀四部畢。歸不與人物通。養孤兄子。義著鄉曲。隱居餘干吳差山。講經教授。從學者數百人。永明中沈約表薦不就。著周易兩繫．莊子內篇訓註．孝經．喪服．老子要略數十卷。梁天監初與何點同徵。又不就。卒於家。（按南史作麟士。此從南齊書。）

沈禴 【清】常熟人。字石民。工書畫篆刻。聖祖南巡。凡離宮榜額。皆出其手。名著一時。

沈纕 【清】長洲人。字蕙孫。林衍潮妻。工詞。有翡翠樓詞。

沈體仁 【宋】瑞安人。字仲一。躬行自汴都搨石經春秋以歸。戒子孫世守之。體仁築深明閣以奉之。志意閎雅。鄙遠聲利。師陳傅良。老而益恭。

沈麟 【元】杭州人。字秋澗。工畫山水。兼能寫貌。◉【明】沭陽人。諸生。正德中流賊犯淮。麟守母病不去。郡守井縣丞被執。復詣賊壘。開陳利害。願以身代。賊義而俱釋之。

沈觀 【明】錢塘人。字用賓。畫山水學馬遠．盛懋。亦工雜畫。

沈鸞 【後漢】戎孫。字建光。少有高名。州舉茂才。公府辟州別駕從事史。

沐天波 【明】朝弼玄孫。崇禎間襲封黔國公。鎮雲南。土司沙定洲作亂。天波奔永昌。母陳氏妻焦氏均自焚死。亂定。天波復歸滇。永明王由榔入滇。天波任職如故。已從奔緬甸。緬人欲劫之。不屈死。

沐並 【三國魏】河間人。字德信。正始中爲三府長史。晚出爲濟陰太守。年六十餘。自慮身無常。豫作終制。戒其子以儉葬。

沐昂 【明】晟弟。字景高。以都指揮同知代晟鎮雲南。累遷至右都督。思任發叛。昂統兵征勦。遂平賊寨。號令嚴明。夷人讋服。卒謚武襄。有素軒集。

沐春 【明】英子。字景春。襲父爵。鎮雲南。先後討平維摩十一寨．越巂蠻阿資．寧遠酋力拜爛等。刀幹孟逐麓川宣慰使思倫發叛。帝命春總滇黔蜀兵攻之。未發而卒。謚惠襄。

沐英 【明】鳳陽定遠人。字文英。初爲太祖養子。積功至大都督府同知。以破吐番功。封西平侯。尋從傅友德平雲南。戰功最著。留鎮其地。宣布恩惠。招懷番酋。得其懽心。先後鎮雲南十年。墾田至百餘萬畝。疏節闊目。民以便安。卒於鎮。軍民巷哭。追封黔寧王。謚昭靖。配享太廟。

沐特恩 【清】滿洲鑲白旗人。姓烏蘇氏。乾隆中隨征金川。功稱最。官至甘肅西寧鎮總兵。平蘇家堡回。爲勸保所劾。落職。

沐・崑 明璜孫。琮撫爲子。字元中。遂嗣琮爵。先後討平龜山竹箐諸蠻。加太子太傅。通路權近。所請無不得。卒諡莊襄。

沐・斌 明晟子。字文輝。幼嗣公爵。居京師。叔父昂卒。始之鎮。時思任發子思機發復據孟養。詔遣王驥發兵討之。斌爲後拒。督餉無乏。卒諡榮康。

沐・晟 明春弟。字景茂。繼春爵。鎮雲南。撫夷人有恩惠。遠近化服。永樂中以平交阯有功。進封黔國公。在鎮四十年。地方寧謐。卒贈定遠王。諡忠敬。晟用兵非所長。善事朝貴。以故得中外聲。

沐・紹勛 明崑子。嗣父官。有勇略。嘉靖中討平尋甸・武定之亂。加太子太傅。弇歲祿。老撾・木邦・孟養・緬甸・孟密相仇殺。紹勛使使者歷諸蠻諷喻之。皆懾伏謝罪。南中悉定。諡卒敏靖。

沐・朝弼 明紹勛子。代兄朝輔鎮雲南。朝輔子融・融相繼卒。朝弼遂得嗣。隆慶初平武定叛酋鳳繼祖。破賊巢三十餘。後以驕恣被劾錮南京卒。

沐・琮 明斌子。字廷芳。斌卒。琮尚幼。故以璘・瓚相繼代任。成化初琮始之鎮。時廣西土官爲亂。琮請更設流官。民大便之。以次討平馬龍・麗江諸叛蠻。卒諡武僖。

沐・璘 明昂孫。字廷章。以都督同知代斌鎮雲南。素儒雅。滇人易之。旣而號令。嚴明不可犯。天順初卒。

沐・瓚 明璘弟。以都督同知代璘鎮雲南。先後討平霑祿諸寨。勸還諸蠻侵地。然頗黷貨。後以副總兵移鎮金齒。

沙・世堅 宋素號武勇。嘗守宜州。平劇賊。

沙・玉 明永樂初知涉縣。慮民無恆產。乃設酒饌召富民。親爲立券借財。買牛具以給貧乏。督民每丁種蔬一畝。以備饑饉。民遂足食。嘗於禾稼熟時。督民晝夜收穫。未畢。飛蝗大至。鄰邑禾食盡。而涉民得保全。

沙・立 宋宣和間接伴使傅察爲金人所害。將官武漢英裹其骨。立時爲虎翼卒。漢英命負以歸。立至涿州。金人得而繫諸土室。凡兩月。伺守者怠。毀垣出。歸以骨付其家。

沙・全 元本姓哈剌魯氏。初名杪兒赤。五歲爲宋軍所虜。使以沙爲姓。名全。居劉整幕下。久居宋。備知險固。中統中劉整來歸。全從之。宋軍追之。全力戰得脫。後從攻江南。累官松江萬戶府達魯花赤卒。

沙吒利 唐爲番將。奪韓翃妾柳氏。虞候許俊復計取柳氏歸翃。詳許俊條。

沙・良佐 明武進人。洪武初知新城。廉愼愛民。篤於學校。未幾。人足衣食。庭無訟者。百姓戴之。

沙・定洲 明雲南蒙自土舍。時阿迷普明聲妻萬氏者。狡而淫。夫死贅定洲。定洲遂兼有蒙自阿迷二司。以萬氏爲謀主。叛襲黔國公沐天波。據雲南省城。天波走永昌。孫可望・李定國・劉文秀・艾能奇等以兵突之。定洲兵大敗。遁歸。後李定國益師進攻。執定洲及萬氏至省。磔之。

沙・金 明延安人。嘉靖中任威茂參將。廉仁不刻。立言行事。恂恂若儒者。時論謂其無愧古名將。

沙・神芝 清嘉興人。字笠甫。工篆隸書。狂草尤雄健。

沙納哈 清滿洲正黃旗人。姓伊爾根覺羅氏。順治間以參領隨征姜瓖。定舟山。均有功。康熙間征耿精忠・吳三桂。每戰輒臨前敵。功甚偉。官至正黃旗蒙古都統。列議政大臣。

沙・張白 清江陰人。初名一卿。字介臣。號定峯。有讀史大略・定峯文選・定峯樂府。

沙理布 清姓博爾濟吉特氏。隸蒙古鑲白旗。授一等侍衞。順治間累遷本旗都統。鎭守湖南。與桂王軍戰。屢勝之。進征雲南。沒於陣。諡襄壯。

沙・嫩兒 清金陵妓。名宛。能詩。有蝶香集。

沙・瑞 明黃梅人。字鳳翔。事親至孝。以歲貢任寧府紀善。宸濠反。瑞泣諫。宸濠恚。因被囚。自經死。

沙鉢略可汗 隋突厥主。名攝圖。一稱伊利俱盧設莫何始波羅可汗。稱雄漠北。妻爲宇文氏女千金公主。傷周之亡。累寇邊郡。旋敗遁。會所部內亂。因千金公主以臣服於隋。高祖遣使報之。賜其妻姓楊氏。改封大義公主。於是歲具貢獻。

沙鉢羅咥利失可汗 唐西突厥主。名同俄。貞觀中入貢。尋分其國爲十姓部落。會部衆攜貳。西部並立欲谷設爲乙毘咄陸可汗。兩軍相戰多傷亡。因與咄陸中分其地。旋爲部下所逼。窮蹙出奔死。

沙漠汗 後魏見魏文帝條。

沙爾虎達 清姓瓜爾佳氏。隸滿洲鑲藍旗。天聰間圍錦州。沙爾虎達任前鋒參領。累戰皆捷。崇德間列議政大臣。順治間隨征庫爾喀及黑龍江。追擊李自成。取江寧。進杭州。討金聲桓。所在力戰有功。官至都統。卒諡襄壯。

沙・維杓 清長洲人。字斗初。初隱於商。往來江西湖北間。長鬚巨顙。爲酒豪劍客。有耕道堂集。

沙囉巴 元僧。積寧人。善吐番音。說諸妙法。兼解諸國文字。世祖命譯中國未備顯密諸經。辭旨明辯。賜大辯廣智之號。授江浙等處釋教都總統。旋改統福廣。忤同列罷職。至大中復召拜光祿大夫。大司徒。太子諸王嘗問法要。詔給麋。館於慶壽寺。延祐初示寂。

牢・修 【後漢】河內人。張成弟子。李膺既殺成。修因上書。誣告膺等養太學游士。交結諸郡生徒。更相驅馳。共爲部黨。誹訕朝廷。疑亂風俗。帝震怒。班下郡國。逮捕黨人。

牢・梁 【漢】官中書僕射。與石顯爲黨友。顯敗。免官。

狂・狡 【春秋宋】大夫。鄭公子歸生伐宋。宋華元。樂呂禦之。宋師敗。華元。樂呂皆被獲。狂狡輅鄭人。鄭人入於井。倒戟而出之。獲狂狡。左氏謂其失禮違命。宜其爲擒。

狂・矞 【周】東海居士。(按韓非子作狂矞。爲太公望所誅。此從姓氏急就篇。)

狄・山 【漢】博士。諫武帝伐匈奴。帝怒。使其乘鄣而守。月餘匈奴斬其頭而去。

狄・仁傑 【唐】太原人。字懷英。舉明經。高宗初累遷大理丞。斷久獄萬七千人。時稱平恕。充江南巡撫使。毀吳楚淫祠千七百所。爲豫州刺史。活詿誤論死者二千餘人。所至民愛仰之。武后時屢躓屢起。神功初以鸞臺侍郎同平章事。居位以舉賢爲意。凡所薦進。若張柬之。桓彥範。敬暉。姚崇等。皆爲中興名臣。有知人之目。特被恩遇。尤以調護母子爲務。武后欲立武三思爲太子。仁傑以姑姪母子之喩動之。后感悟。迎廬陵王於房州。唐祚賴以匡復。卒贈文昌右相。諡文惠。睿宗時追封梁國公。

狄・文宗 【明】寧州人。成化間知沁水縣。抑強扶弱。以剛廉著。吏民不敢欺。

狄・光嗣 【唐】仁傑子。聖曆初爲司府丞。武后詔宰相各舉尙書郎一人。仁傑薦光嗣。以稱職聞。歷淄許貝三州刺史。母喪。奪情爲太府少卿。固讓。睿宗嘉其誠。許之。累遷揚州長史。以罪貶歙州別駕卒。

狄・呈祥 【明】溧陽人。字際泰。性至孝。父病思食鴨。及進鴨。病甚不能食。因終身不忍食鴨。交徧海內。焦竑。湯賓尹。鍾惺等爲最著。

狄・沖 【明】溧陽人。字仲虛。嘉靖進士。授獨山知州。時阿得獅子孔殺溫畲。畲告變。詔命撫臣治之。下獨山。將窮誅。沖命幕客往覘。無叛意。因單騎深入彼地撫之。衆皆羅拜。事靖後。陞南工部郎中。卒官。檢其橐。惟半月俸錢。有春溪詩集。

狄・承嗣 【宋】蓬州人。母年八十而病。承嗣湯藥必親嘗。夜則焚香叩天。願以身代。母卒。負土成墳。廬墓三年。

狄・明遠 【宋】大觀進士。知撫州。爲政清明。字民有方。邦人祀之。

狄・青 【宋】汾州西河人。字漢臣。善騎射。尹洙薦於韓琦 范仲淹。仲淹授以左氏春秋。青由是折節讀書。精通兵法。爲人愼密寡言。尤喜推功將佐。仁宗時西夏叛。青爲延州指使。臨敵被髮帶銅面具。敵望之如神。後宣撫荆湖南北路。經制廣南盜賊事。時廣源州蠻儂智高反。青至賓州。値上元節。張燈設宴。三鼓。以奇兵奪崑崙關。一晝夜破賊。還至京師。拜樞密使。卒諡武襄。

狄・兼謨 【唐】仁傑族孫。字汝諧。及進士第。辟襄陽府使。剛正有祖風。文宗朝授左拾遺。數上書言事。累遷御史中丞。江西觀察使吳士矩擅用上供錢數十萬。兼謨劾奏之。士矩貶蔡州別駕。兼謨官至東京留守卒。

狄・栗 【宋】棐弟。字孟章。嘗知穀城。民多豪猾。一以法繩之。歲饑米貴。發常平倉以賑。有司劾其擅。帝原之。歷官大理寺丞。歐陽修稱爲廉吏。

狄・斯彬 【明】溧陽人。嘉靖進士。官御史。因劾中官杜泰。謫邊方雜職。

狄・棐 【宋】長沙人。字輔之。咸平進士。寇準薦通判益州。遷知廣州。代還。不以南海物自隨。人稱其廉。拜右諫議大夫。龍圖閣直學士。歷知陝。鄭州。河中。河南府。棐在河中時。有中貴過郡。言將援棐於帝前。棐答以他語。退謂所親曰。我湘潭一寒士。今官侍從。可以老而自汚耶。其爲政愷悌。不爲表暴。死之日。家無餘貲。

狄・琮 【元】保德人。字子玉。尙氣節。至元中梁王開藩雲南。改封晉。鎭西陲。皆爲司馬。忠實無欺。府中事知無不言。王每嘉納。王卒。琮哭之慟。嘔血而死。

狄・黑 【春秋衞】字晳。一作字哲之。孔子弟子。

狄・億 【清】溧陽人。字立人。號向濤。康熙進士。改庶吉士。有洮河漁子集。

狄・諮 【宋】青子。字君謀。熙寧中爲閤門使。上父遺書平蠻記及戰陣圖。

狄・遵度 【宋】棐子。字元規。少頴悟。篤志於學。每讀書意有所得。即仰屋瞪視。人呼之勿聞也。以父任爲襄陽主簿。居數月棄去。好爲古文。又嗜杜甫詩。著春秋雜說。多所發明。除侍御史卒。有集。

狄・遵禮 【宋】遵度弟。字子安。試祕書省。歷知通州。所至有能聲。七遷尙書駕部郎。改朝議大夫致仕卒。

狄・燠 【宋】仁傑之後。字子炎。寄居南嶽。以林泉自適。喜吟詩。

皂旗張 【明】逸其名。官都指揮。能力挽千斤。建文時與燕兵戰。輒麾皂旗先驅。軍中呼皂旗張。死時猶執旗不仆。

禿忽魯 【元】字親臣。自幼入侍世祖。命之從許衡學。嘗宴見。屢開說古今治亂政要。多所裨益。至元中官至樞密副使。卒謚文肅。

禿剌 【元】太祖次子察合台四世孫。少以勇力聞。成宗崩。左丞相阿忽台等潛謀立安西王。中外洶洶。仁宗歸自懷孟。引禿剌入內。縛阿忽台等以出。誅之。大事遂定。武宗卽位。封越王。禿剌居常怏怏。有怨望意。帝疑其有異志。命丞相脫脫等鞫之。辭服。遂伏誅。

禿髮氏 【西秦】傉檀之女。太子虎臺之妹。傉檀旣降西秦。乞伏熾磐納爲王后。拜傉檀爲左南公。已而殺之。后密與虎臺謀弑熾磐。其妹爲熾磐左夫人。有寵。知其謀而告之。因被害。

◉【西秦】傉檀次女。爲乞伏熾磐左夫人。有寵。讒殺其姊。乞伏暮末時與暮末弟軻殊羅私。暮末知而禁之。軻殊羅懼。與叔父什寅謀殺暮末。暮末收其黨與盡殺之。氏遂自殺。

禿髮・利鹿孤 【南涼】烏孤弟。以晉隆安中卽位。徙治西平。尋僭稱河西王。率師伐呂隆。大敗之。在位三年卒。謚康。年號建和。

禿髮・烏孤 【南涼】樹機能從弟務丸之玄孫。樹機能在晉泰始中盡有涼州之地。後敗降。及烏孤嗣立。雄勇有大志。復規取涼州。呂光遣使署爲假節冠軍大將軍・河西鮮卑大都統。遂大興師。諸部皆來降附。晉隆安初自稱大單于・西平王。建元太初。尋更稱威武王。治樂都。後因酒墜馬傷脅死。在王位三年。謚武。廟號烈祖。

禿髮・傉檀 【南涼】利鹿孤弟。少機警有才略。晉元興初襲位。更稱涼王。還治樂都。承累捷之銳。摧呂氏。取姑臧。擅雄羣虜。旣而窮兵以逞。數爲沮渠蒙遜・赫連勃勃所敗。後降於乞伏熾磐。被鴆死。在位十三年。謚景。年號弘昌・嘉平。南涼自烏孤至傉檀。共三主。以晉義熙十年爲西秦所滅。凡十八年。

禿髮・樹機能 【晉】鮮卑部族人。世居河西。樹機能壯果多謀略。泰始中殺秦州刺史胡烈。敗涼州刺史蘇愉。咸寧中又斬涼州刺史楊欣。盡有涼州之地。後爲馬隆所敗。部民沒骨殺之以降。

系・謹 【唐】揚子人。仕至補闕。善占夢。一人夢松生戶前。一人夢棗生木上。謹言松丘隴間所植。棗字重來。呼魄之象。其不久乎。二人果俱卒。

罕父・黑 【春秋】【魯】字子索。孔子弟子。(按家語作宰父黑。此從史記。)

罕禿忽 【元】別里古台子。性剛猛知兵。從憲宗征伐。多立戰功。及攻釣魚山還。道由河南。招來流亡百餘戶。悉以入籍。

罕・虎 【春秋】【鄭】公孫舍之子。字子皮。代父爲上卿。時鄭饑。以父命餼國人粟。戶一鍾。是以得民。故罕氏常掌國政。知子產賢。授之以政。及卒。子產哭之曰。吾無與爲善矣。(尙友錄子皮下有宋人得玉以獻云云。按左傳襄公十五年。宋人得玉獻諸子罕。非子皮事。尙友錄誤。)

肖乃台 【元】姓禿伯怯烈氏。以忠勇侍太祖。從木華黎爲先鋒。金亡。肖乃台功爲多。以老病卒。

良价 【唐】僧。諸暨俞氏子。大中末行禪法於新豐山。後盛化於洪州洞山。咸通中坐化。時緇徒悲號。良价忽開目而起。延七日復卒。謚悟本禪師。

良佐 【春秋】【鄭】仕莊公爲卿。陳及鄭平。鄭使良佐如陳涖盟。知陳之將亂。

良秀 【唐】僧。蒲津郭氏子。披削於中條山柏梯寺。後住京師西明寺。貞元間詔與罽賓國般若三藏同譯大乘理趣六波羅蜜經。一年而成。

良弼 【清】滿洲人。字賚臣。光緒間以諸生畢業日本士官學校。富有軍事學識。歸國任禁衛軍統制。官至軍諮使。頗思以立憲弭革命。故推轂漢人甚力。及武漢民軍起。良弼結合禁衛軍。冀與民軍抗。爲民黨彭家珍炸斃。

良・賀 【後漢】宦官。爲長秋長。清儉退厚。忠於爲國。詔舉武猛。賀獨無所薦。帝問之。對曰。昔衞鞅因景監以見。有識知其不終。今得臣舉者。匪榮伊辱。故辭之。

良賁 【唐】僧。虞鄉郭氏子。代宗請爲菩薩戒師。因新出仁王護國經。敕令撰疏解判。曲盡經意。以所住青龍寺爲疏目。並撰念誦儀軌。承明殿講密嚴經對御記。大曆間示寂。

良・霄 【春秋】【鄭】穆公庶子公子去疾孫。去疾字子良。霄以王父之字爲氏。故姓良氏。字伯有。爲卿。性汰侈。嗜酒。爲窟室。欲使公孫黑如楚。不肯。將強之。黑怒。攻而殺之羊肆。死而爲厲。殺駟帶及公孫段。子產立其子良止爲大夫。以嗣其後。乃止。

良・爕 【後漢】上黨人。字惟和。篤學敦行。安帝聘爲博士。

芒・文縝 【明】臨川人。任國子學正。洪武中爲貴州儒學教授。訓導有方。人始知學。

芒・卯 【戰國】【齊】一作孟卯。爲魏相。有賢名。

芒慈母 【戰國】【齊】孟陽氏之女。芒卯之後妻。有三子。前妻之子有五人。皆不愛。慈母遇之甚異。猶不愛。前妻中子犯令。當死。慈母憂戚悲哀。魏安釐王聞之。高其義。乃赦其子。

自此五子親附。八子咸爲魏大夫。

角里先生 〔漢〕見角里先生條。（按角里先生。姓周名術。見陳留志。資暇錄云。角音祿。今多讀覺。誤。改角里爲甪里。尤謬。考官本漢書注。角作甪。遂相承稱甪里先生。沿用巳久。茲姑仍之。）

角·閎 〔後漢〕光武時據汧洛。後降吳漢。

言·友恂 〔清〕湘潭人。字雲笙。道光舉人。官敎諭。有琴源山房文集。

言·芳 〔明〕鄒平人。字時榮。成化進士。博學謹守。知廣平府。多善政。

言·偃 〔春秋吳〕字子游。孔子弟子。習於文學。仕魯爲武城宰。以禮樂爲教。知澹臺滅明賢而取之。（按家語作魯人。此從史記。）

谷·士恢 〔後魏〕纂弟。字紹達。少好琴書。除奉朝請。正光中入侍。甚爲孝明寵待。歷官至鴻臚少卿。封元城縣侯。靈太后嬖幸鄭儼。懼士恢間構於帝。誣其罪殺之。

谷·大用 〔明〕正德時。提督西廠太監。分遣官校。遠出偵事。誣籍民產甚衆。劉六劉七反。詔以大用總督軍務。因陸完破賊功。封大用弟大亮爲永淸伯。其兄大寬先亦封高平伯。世宗立。以迎立功賜金幣。後籍其家。

谷·子敬 〔明〕有城南柳雜劇。

谷·永 〔漢〕吉子。字子雲。本名並。以尉氏樊並反。更名永。博學經書。工筆札。建昭中爲太常丞。數上疏言得失。成帝時王氏方盛。五侯兄弟爭名。永與樓護俱爲五侯上客。長安語曰。谷子雲筆札。樓君卿脣舌。言其見信用也。永於經書汎爲疏達。於天官京氏易最密。故善言災異。累遷光祿大夫。前後所上四十餘事。專攻帝身與後宮。而已黨於王氏。帝知之。亦不甚親信。由北地太守徵爲大司農。歲餘病免卒。

谷·吉 〔漢〕長安人。爲衛司馬。使送郅支單于侍子。爲郅支所殺。

谷·利 〔三國吳〕本孫權左右給使。以謹直爲親近監。性忠果亮烈。言不苟且。權愛信之。以功拜都亭侯。

谷·廷珪 〔元〕官襄陽縣尹。鐵木哥兵入境。官吏皆遁。廷珪與主簿張德獨不去。被執。不屈死。

谷·那律 〔唐〕昌樂人。淹識羣書。褚遂良嘗稱爲九經庫。貞觀中累遷諫議大夫。兼弘文館學士卒。

谷·春 〔漢〕櫟陽人。成帝時爲郎。病死而尸不冷。三年。更著冠幘坐縣門上。家人發棺視。有衣無尸。留門上三宿。去之長安。止橫門上。復去之太白山。立祠於山上。時來至祠中止宿焉。

谷·洪 〔後魏〕闡子。字元孫。太武以洪機敏有祖風。令入授文成經。文成即位。累遷尚書。賜爵榮陽公。性貪奢。獻文時以贓罪誅。

谷·倚 〔唐〕魏郡人。爲太原主簿。以文詞著名。與富嘉謨・吳少微稱北京三傑。

谷·倚相 〔唐〕那律孫。爲祕書正字。讎覆圖書。多所刊定。

谷·衮 〔後燕〕昌黎人。膂力兼人。彎弓三百斤。仕慕容垂。位廣武將軍。

谷·崇義 〔唐〕倚相子。天寶末爲幽州大將。以雄敢聞。歷左金吾衛大將軍。遂客薊門。

谷·從政 〔唐〕崇義子。略涉儒學。有風操。事李寶臣。歷定州刺史。封清江郡王。及寶臣子惟岳知節度。與田悅謀拒天子命。從政諫不納。因移疾不出。惟岳日伺之。從政懼。仰藥死。

谷·朗 〔漢〕耒陽人。字義先。事繼母以孝聞。仕至大中大夫。交南叛。朗往征之。恩威大著。遷九眞太守。

谷·景通 〔明〕房山人。弘治間知陽城縣。廉介自持。爲政有紀律。人不敢干以私。以杖小吏。爲上官所扼。憂憤卒。民皆惜之。

谷·渾 〔後魏〕衮子。字元沖。任俠好氣。晚乃折節受經。道武時以善隸書爲內侍左右。太武時累遷侍中、儀曹尚書。賜爵濮陽公。在官廉直。爲太武所器重。卒諡文宣。

谷·楷 〔後魏〕渾曾孫。有幹局。官奉車都尉。時沙門法慶反。詔楷追捕獲之。楷眇一目。而性甚嚴忍。時人號曰瞎虎。累遷城門校尉卒。

谷·際岐 〔清〕趙州人。字西阿。乾隆進士。嘉慶間官至禮科給事中。有直聲。以事降調。遂引疾歸。其學以自守爲本。有用爲宗。工書。有五華講義。

谷·儉 〔晉〕桂陽人。少博涉經史。元帝時舉秀才。試高第。除中郎。於時南土凋荒。經籍道息。儉不能遠求師友。惟在家精研。雖所得實深。未有名譽。尋棄官歸。終身不仕。

谷·應泰 〔清〕豐潤人。字賡虞。順治進士。官浙江提學僉事。所拔士爲陸隴其等。多一時名俊。性嗜博覽。工文章。後益肆力經史。有明史記事本末・築益堂集。

谷·纂 〔後魏〕闡孫。字靈紹。頗有學涉。解褐太學博士。累官營州大中正。纂前爲著作郎。又監國史。不能有所緝綴。

谷·闡 〔後魏〕渾子。字崇基。少侍東宮。累遷外都大官。延興中卒。諡簡。

豆·代田 〔後魏〕代人。明元時以善騎射爲內細射。從攻虎牢。登樓射賊。矢不虛發。以功遷內三郎。從討赫連昌。拜勇武將軍。累功封長廣公。官至統萬鎮大將。卒諡恭。

豆·如意　【漢】以校尉從衛青破匈奴有功。封關內侯。

豆·斌　【清】固原人。雍正初由行伍積功累擢總兵。乾隆中以安西提督赴巴里坤辦事。勦賊集占於庫車。兆惠被圍。斌馳救。中礮創甚。猶奮力攻殺。賊大敗。尋卒。諡壯節。

豆盧·革　【後唐】世為名族。唐末亂。革避地至中山。莊宗以革名家子。召為行臺左丞相。及卽位。拜平章事。革雖唐名族。而素不學問。除拜官吏。多失其序。俯仰默默無所為。以天下多故。方服丹砂鍊氣以求長生。天成初坐事竄謫。尋賜自盡。

豆盧·欽望　【唐】寬孫。中宗時擢尚書左僕射。居相位十餘年。方張易之。武三思等竊間王室。不能有所裁抑。獨謹身自全。卒諡元。

豆盧·通　【隋】寧子。字平東。一名會。弘厚有器局。在周少以父功賜爵臨貞縣侯。開皇初爵南陳郡公。尚文帝妹昌樂長公主。自是恩禮漸隆。歷夏洪二州總管。並稱寬惠。卒諡安。

豆盧·勣　【隋】通弟。字定東。聰悟有器局。周明帝時為左武伯中大夫。勣自以經業未通。請解職遊露門學。帝嘉之。武帝時為渭州刺史。甚有惠政。入隋。累戰功拜夏州總管。卒諡襄。

豆盧·瑑　【唐】河東人。字希貞。大中進士。乾符中與崔沆同日拜平章事。宣制日。大風雷雨拔樹。及黃巢犯京師。從僖宗出開遠門。尋遇害。

豆盧·寧　【北周】徒河人。字永安。少驍果有志氣。身長八尺。美容儀。善騎射。仕魏以軍功累官侍中。明帝踐祚。授柱國大將軍。卒諡昭。

豆盧·毓　【隋】勣子。字道生。少英果有氣節。漢王諒出鎮并州。毓以妃兄為王府主簿。煬帝卽位。徵諒入朝。諒謀發兵作亂。毓苦諫不從。尋發兵閉城拒諒。兵敗。見害。諡愍。

豆盧·寬　【唐】通子。隋大業末為梁泉令。及高祖定關中。寬與郡守蕭瑀率豪姓進款。由是累授殿中監。貞觀中歷左衛大將軍。封芮國公。卒諡定。

豆·霽　【清】斌孫。乾隆間官辰州協副將。從平黔楚苗。嘉慶間從平川楚教匪。以功累官登州鎮總兵。休致卒。

貝和諾　【清】滿洲正黃旗人。姓富察氏。濟什哈孫。康熙間往山東經理閘河。又往朝鮮中江監視貿易。俱稱職。官至禮部尚書卒。

貝·恆　【明】上虞人。字秉彝。以字行。永樂進士。授邵陽知縣。以憂去。改知東阿。仁察明恕。甚得民心。將內召。耆老百餘人詣闕乞留。從之。考滿入都。詔進一階。仍還東阿。嘗坐累罰役京師。民競代其役。三罰三代。乃復官。後卒於任。

貝·泰　【明】金華人。字宗魯。少以文行聞。永樂舉人。累官國子祭酒。泰前後在太學四十餘年。六館之士翕然從化。致仕歸卒。

貝·欽世　【宋】上虞人。知江陰縣。有惠政。縣有運河久湮。欽世欲浚治之。大姓爭捐金為助。不踰月而成。

貝·琳　【明】金陵人。字宗器。幼業儒。兼通天官學。被薦入欽天監。正統景泰間從征。占候有功。成化間因災異疏陳弭變圖治六事。居家以孝友稱。

貝·翺　【明】瓊子。字季翔。洪武中以明經官楚府紀善。有平澹集。

貝·瓊　【明】崇德人。字廷琚。一名闕。字廷臣。元末領鄉薦。遭亂退居殳山。博覽經史。尤工於詩。洪武初徵修元史。除國子監助教。與張美和聶鉉齊名。時稱成均三助。有清江集。

赤斧　【漢】巴人。能煉丹砂與硝石。服之身輕。毛髮盡赤。

赤松子　【上古】神農時雨師。服水玉以教神農。能入火不燒。往往至崑崙山上。常止西王母石室中。隨風雨上下。炎帝少女追之。亦得仙。至高辛時復為雨師。

赤將·子輿　【上古】黃帝時人。不食五穀而噉百草花。至堯時為木工。能隨風雨上下。時時於市中貨繳。亦謂之繳父。

赤張·滿稽　【周】與門無鬼觀於武王之師。滿稽曰。不及有虞氏乎。故離此患也。

赤須子　【列國秦】豐人。穆公時主魚吏。數道豐界災害水旱。十不失一。好食松實天門冬石脂。齒落更生。髮墮再出。後去吳山下。莫知所之。

赤盞·布　【元】肅慎貴族。畫墨菊有新意。喜讀書為詩。善鼓琴。

赤盞·合喜　【金】性剛愎好自用。朝廷以其有才幹任之。累遷蘭州刺史。貞祐間用兵西夏。侍諸將石盞蝦蟆等。屢著功績。哀宗立。拜參知政事。汴城受圍。以曹王為質。元師始退。合喜卽圖稱賀。元師再至。合喜屯中牟。聞敗。棄輜重走。免為庶人。居汴中。快快懷異圖。尋為崔立所殺。

赤盞·君實　【元】女眞人。居燕城。善畫竹。頗有意趣。

赤盞·尉忻　【金】上京人。字大用。襲其父謀克。不願就。中明昌策論進士第。累官參知政事。正大初拜尚書右丞。哀宗欲修宮室。尉忻極諫。帝悚然從之。致仕居汴中。崔立之變。自縊死。

赤盞·暉　【金】字仲明。其先附於遼。後家萊州。慷慨有志略。遼季以破賊功授禮賓副使。領萊隰遷潤四州屯兵。天輔中降金。仍領其衆。宋人乘間陷海州。帥府以登萊沂密四州委暉經畫。敵無敢窺其境者。為定海軍節度使。

遷尚書右丞。累封榮國公。卒諡武康。

赤盞·顯宗 元魚臺人。字遂貞。爲濟寧錄事判官。撫民以誠。轉閩省廉訪司經歷。累陞同知兩浙都轉運鹽使。鹽法大行。國用以濟。延祐中以恩晉中順大夫。封濟寧郡伯。

赤冀 上古神農臣。作杵臼。又作鉏耨錢鎛釜甑井竈。民無腥液之患。

車·千秋 漢本姓田氏。其先齊諸田。徙長陵。千秋爲高寢郎。會衞太子爲江充所譖敗。千秋訟太子冤。武帝感悟。拜爲大鴻臚。數月遂爲丞相。封富民侯。千秋謹厚有重德。昭帝時以老年朝見。得乘小車入宮殿中。因號車丞相。子孫因氏焉。卒諡定。

車·大任 明邵陽人。字子仁。號春涵。萬曆進士。由南豐知縣累官溫處參政。所歷有聲。有螢囊閣正續集。又輯述古今喻言。

車·以遵 明大任子。字孝則。又字孝思。號劬園。貢生。入清後卒。工詩。有高露堂集。

車布登札布 清三音諾顏部額駙策淩子。初授一等台吉。雍正間隨征準部。乾隆間析封中右旗。以勦撫烏梁海平伊犂功。累授札薩克多羅郡王。與兄成袞札布平車臣汗郡王青滾雜卜之亂。卓著戰功。後繼兄任定邊左副將軍。兼充議政大臣。

車·任遠 明上虞人。字梶齋。有蕉鹿夢雜劇。

車·伊洛 後魏焉耆胡。世爲東境部落帥。延和中封前部王。招諭叛酋來歸。又率部衆伐高昌。討破焉耆東關七城。拜上將軍。卒諡康。

車·安行 宋黃巖人。字正路。號韶溪。師陳埴。嘗曰聖賢窮達。自關世道。於人何與。工詩。有鐵冰集。

車·似慶 宋瑾子。字石卿。號隘軒。潛心理學。隱居樂道。年已及耄。觀書猶至夜分。有五經論·閒居錄·隘軒集。弟似度與其子景山俱老於儒。(按台州志誤作車卿。字似慶。王梓材校宋元學案。據全謝山節錄杜清獻文原注改正。今從之。)

車克 清滿洲鑲白旗人。姓瓜爾佳氏。從太宗征伐。屢有功。順治初入關。敗李自成。征姜瓖。勦鄭成功。累官祕書院大學士。卒諡文端。

車·成 後漢梁郡人。字子威。兄弟並爲赤眉所執。將食之。成叩頭乞以身代。賊哀而兩釋之。

車·政 明新都人。博學隱居。父卒。政年十四。居喪哀毀。母病革。祈天減壽益母。病果愈。人以爲孝感。

車·明興 明長葛人。字埜雲。生一月卽能言。自稱呂紀後身。畫不假師授。善山水人物。尤喜畫牛。

車·垓 宋安行從子。初名若綰。字經臣。號雙峯。傳安行之學。咸淳中授迪功郎·浦城縣尉。不赴。有內外服制通釋。

車·胤 晉浚曾孫。字武子。少時恭勤博學。家貧不常得油。夏月常囊螢以照書。以桓溫辟。遂顯於朝廷。歷官征西長史。胤既以寒素博學。知名於世。又善於賞會。當時每有盛坐而胤不在。皆云無車公不樂。孝武時累官護軍將軍。時王國寶諂王道子。諷八座。啓以爲丞相。胤執不可。隆安間遷吏部尙書。爲元顯所害。

車·若水 宋黃巖人。字清臣。師事王柏。講明性理。博學。工古文。自號玉峯山民。有宇宙略記·玉峯冗稿·腳氣集。

車·倬 宋似慶子。字章甫。能世其家。以身爲鄉社倚重者四十年。

車·浚 三國吳南平人。天璽初爲會稽太守。在公清忠。値歲荒旱。民無資糧。表求賑貸。孫皓謂浚欲樹私恩。遣使斬之。

車·泰 明金谿人。字子謨。與兄弼宗·弟亭俱受業吳與弼。樂道不仕。其學以小學爲階梯。而要歸於禮。尤邃於易春秋。以敦復名齋。有敦復遺稿。

車·梁 明山西永寧人。弘治進士。爲御史。條列時政。言東廠事。下獄得釋。終漢陽知府。

車·惠疇 隋江寧人。字迪之。善畫山水。工書能琴。

車·景山 宋瑾孫。號密林。博學能文。舉鄉科。上春官不第。遂老於家。

車·無咎 清邵陽人。字補旃。康熙歲貢。研綜墳籍。與同縣王元復齊名。尤精心性之學。有尙書口義·切己錄·齋雅堂文集諸書。

車犂單于 漢屠耆單于使烏籍都尉備呼韓邪單于。是時呼揭王自立爲呼揭單于。右奧鞬王聞之。卽自立爲車犂單于。烏籍都尉亦自立爲烏籍單于。凡五單于。屠耆自將擊車犂單于。烏籍·車犂皆敗。西北走。與呼揭合兵。烏籍·呼揭皆去單于號。共尊輔車犂單于。屠耆復自將擊之。車犂敗走。後屠耆與呼韓邪戰敗自殺。車犂乃東降呼韓邪單于。

車·順 漢千秋子。嗣侯。官至雲中太守。宣帝時以虎牙將軍擊匈奴。坐盜增鹵獲自殺。國除。

車·敬 明洪武初知南陽。性清愼方介。興學勸農。吏治甚著。

車·歇 後魏伊洛子。伊洛征焉耆。命歇守城。安周引蠕蠕三道圍歇。歇固守。連戰久之。城陷。遂奔伊洛。爲太武帝所稱。皇興末拜使持節平西將軍·豫州刺史。

車·萬合 明以遵子。字造父。天啓舉人。善古文辭。有京兆外篇。

車·萬育 清邵陽人。號鶴田。康

縣進士。官至兵科給事中。在諫垣二十餘年。抗請謁。發積弊。當路嚴憚之。有歷代君臣交儆錄及雜著詩文。

車・路頭 【後魏】代人。少時爲明元帝帳下帥。謹愼無過。帝卽位。累拜散騎常侍。帝性明察。羣臣多以職事遇譴。路頭不任事。侍左右。從容談笑而已。性無害。每至評獄。常獻寬恕之議。以此見重於朝。卒謚忠貞。

車・道政 【唐】開元時人。善寫貌。繪佛事蹟。以簡健稱。

車・鼎晉 【淸】萬育子。字麗上。號平巖。康熙進士。授編修。時開書局揚州。選詞臣校輯全唐詩。鼎晉與焉。有四書辨體・審音考異・天竹山房詩集・雜著諸書。

車・寧 【明】閩縣人。字子靜。正統進士。性磊落有權略。博學強記。歷湖廣參議・廣東參政。陞廣西左布政使。兩廣蠻獠出沒。叛服不常。寧撫諭之。蠻悉歸附。

車爾布 【淸】滿洲鑲紅旗人。姓完顏氏。葉臣子。順治初從入關。敗李自成。定湖廣。列議政大臣。從征張獻忠。分徇遵義・夔州等處。斬獲甚衆。又平姜瓖。定舟山。敗鄭成功。累封一等伯。官至鑲紅旗蒙古都統。

車爾格 【淸】滿洲鑲黃旗人。姓鈕祜祿氏。額亦都三子。幼從太祖於軍中。屢建功績。太祖時征瓦爾喀大勝。後征朝鮮。略明錦州・松山。攻皮島。皆有功。累官戶部承政。順治間卒。

車・誠 【明】洪武初知潁上。守職廉謹。以誠信治民。政化大行。陞知光州。

車・輔 【明】安平人。爲新興站百戶。弘治中米賊之亂。輔率兵死拒。以衆寡不敵。沒於陣。

車鼻可汗 【唐】突厥酋長。姓阿史那氏。初設牙於金山之北。頡利敗亡。被推爲大可汗。勇烈有謀略。爲薛延陀所忌。遂竄歸舊所。自稱乙注車鼻可汗。貞觀末徵入朝。不至。遣高偘擊之。擒送京師。高宗赦之。拜左武衞將軍。

車鼻施啜蘇祿 【唐】西突厥突騎施別種。初爲娑葛部將。娑葛敗死。蘇祿裒集餘衆。自爲可汗。善撫下。復雄西域。開元間遣使來朝。冊爲忠順可汗。妻以史懷道女金河公主。蘇祿尋交通吐蕃・突厥。亦納二國女爲可敦。晚年部下攜貳。爲大首領莫賀達干所殺。

車・瑾 【明】黃巖人。字元瑜。號敬齋。究心理學。隱居馬家山以終。

車・霆 【明】石州人。成化進士。任平涼知州。嚴以御吏。宗室不能干以私。性直戇。不拘小節。陞都御史。

車・濟 【晉】敦煌人。字萬度。永和初爲金城令。爲石虎將麻秋所陷。濟不屈。秋必欲降之。乃臨之以兵。濟曰。吾雖才非龐德。而受任同之。身可殺。志不可移。乃伏劍死。

車・騰芳 【淸】番禺人。字圖南。一字蓼洲。康熙舉人。乾隆初薦試鴻博。以後期告養歸。事父至孝。性尤狷介。四方從學者甚衆。後爲海豐教諭卒。有螢照閣詩文集。

辛・大德 【隋】天水人。煬帝時爲信安令。甚得民和。虞綽因楊玄感黨亡命。大德舍之。及事發。與綽俱爲使者所執。會有詔死罪得以擊賊自效。信安吏民詣使者叩頭曰。辛君人命所懸。辛君若去。亦無信安矣。使者留之以討賊。帝怒。斬使者。大德獲全。

辛・子馥 【後魏】穆子。字元穎。早有學行。累官平原相。元顥入洛。子馥不從。天平中除太尉府司馬。白山連接三齊瑕丘數州之界。多有盜賊。子馥受使檢覆。因辨山谷要害宜定鎭成之所。朝廷從之。後卒於清河太守。

辛・元馭 【唐】武后時爲屯田郎中。嘗云兒子從官者。有人來云貧乏不能自存。此是好消息。如聞貲貨充足。衣馬輕肥。此是惡消息。

辛・公義 【隋】狄道人。早孤。母氏親授晉傳。周天和中選任太學生。以勤苦著稱。武帝時召入露門學。每月集御前。與大儒講論。數被嗟異。從平齊。還掌治上士。開皇初除主客侍郎。從平陳。以功除岷州刺史。合境呼爲慈母。遷牟州刺史。亦有異政。仁壽中爲司隸大夫卒。

辛・少雍 【後魏】祥弟。字季和。有孝行。尤爲祖父紹先所愛。紹先性嗜羊肝。及卒。少雍終身不食肝。性仁厚有義禮。門內之法。爲時所重。稍遷司空高陽王雍田曹參軍。清正不憚強禦。積年久訟。造次決之。時稱賢明。正始中遷給事中卒。

辛・文房 【元】西域人。字良史。能詩。有唐才子傳。

辛・文悅 【宋】以五經教授。太祖幼時從肄業。逮卽位。召見。授太子中允。判太府事。時周鄭王出居房州。太祖以文悅長者。命知房州以保全之。累遷至員外郎。

辛・甲 【周】故商臣。事紂凡七十五諫而不聽。去至周。文王親自迎之。以爲公卿。封於長子。

辛・仲甫 【宋】孝義人。字之翰。少好學。及長。能吏事。周廣順中爲郭崇掌書記。歷外任。累雪冤憤。有治績。太祖問羣臣誰爲文武兼全者。趙普以仲甫對。太平興國初遷起居舍人。使遼。遼主欲留之。仲甫以死誓。遼主竟不能屈。累拜給事中。參知政事。加太子少傅卒。

辛・仲景 【北周】慶之族人。好學有雅量。年十八。舉文學。對策高第。拜司空府主簿。建德中位內史下大夫。

卒於家。

辛．全【明】絳州人。字復元。號天齋。幼稱神童。家貧廢學。年十五復讀。見程朱語。歎曰。吾固謂天地間當有此等人也。錄其言行。以爲師法。兒童婦女。亦呼爲辛夫子。父沒。哀毁盡禮。事母兄以孝友聞。崇禎中歲貢。以特薦授知府。未及赴官而卒。門人私諡文敬先生。有衡門芹・經世碩畫。

辛．匡【後魏】貢弟。字季政。有文學。永安初釋褐封丘令。加威烈將軍。時經河陰之役。朝士多求出外。故匡爲之。後卒於通直散騎侍郎。

辛．有【周】大夫。平王東遷。有適伊川。見被髮而祭於野者。曰。不及百年。此其戎乎。其禮先亡矣。其後秦晉遷陸渾之戎於伊川。

辛．次兄【漢】茂兄子。素與平帝從舅衛子伯相善。兩人俱游俠。賓客甚盛。及呂寬事起。王莽按次兄父子誅殺之。(按兄亦讀如況。)

辛．次膺【宋】萊州人。字起季。政和進士。紹興中累擢右正言。力諫和議。爲秦檜所怒。流落者二十年。孝宗即位。召爲中丞。次膺每以名實爲言。多所裨益。帝呼其官而不名。湯思退等朋比奸罔。皆被論罷。每章疏一出。天下韙之。旋拜參知政事・同知樞密院事。以疾祈免。提舉洞霄宮卒。次膺孝友清介。立朝蹇諤。爲政貴清靜。先德化。所至人稱其不煩。善屬文。尤工於詩。

辛．自修【明】襄城人。字子吉。嘉靖進士。隆慶初累官禮科都給事中。有直聲。擢太僕少卿。引疾歸。萬曆中起歷右僉都御史。巡撫保定六府。後入爲左都御史。時大計京官。自修上奏。請勿以愛憎爲喜怒。帝善其言。而執政不悅。爲言官所訐。罷歸。後起爲南刑部尚書。卒諡肅敏。

辛伯【周】桓王時大夫。子儀有寵於桓王。桓王屬諸周公黑肩。辛伯諫曰。並后匹嫡。兩政耦國。亂之本也。周公勿從。其後周公欲弒莊王而立子儀。辛伯告王。遂與王殺周公。

辛．成【宋】隸軍籍。工畫虎。

辛．京杲【唐】雲京從弟。信安王褘節度朔方。京杲以策干說。褘許諾加異。後從李光弼出井陘。督戰甚力。肅宗異之。召見曰。鯨彭關張之流乎。累遷鴻臚卿。召爲英武軍使。代宗立。還左金吾衛大將軍。進晉昌郡王。後爲工部尚書致仕。朱泚盜京師。以老病不能從。西嚮慟而卒。

辛．旻【唐】京杲弟。從李光弼定恆趙。後署太原三城使。擊走史思明軍。東都陷。退守河陽。卒於屯。

辛．昂【北周】慶之族子。字進君。數歲便有成人志。尉遲迥平蜀。表爲龍州長史。領龍安郡事。行成都令。俱有惠績。累遷小吏部。天和初陸騰討信州蠻。詔昂運糧饋之。屬巴州萬榮郡人反叛。昂募人倍道兼行。出其不意。又令其衆皆作中國歌。直趨賊壘。望風瓦解。進位驃騎大將軍。時宇文護執政。昂稍被親待。武帝頗銜之。及誅護。加之捶楚。因此遂卒。

辛．武賢【漢】狄道人。宣帝時爲酒泉太守。以勇武顯聞。嘗請擊罕幵。帝嘉納其册。拜爲破羌將軍。以趙充國奏罷歸酒泉。後復爲破羌將軍。征烏孫。至敦煌。後不復出。病卒。

辛．俊【後魏】悠弟。字叔義。有文才。魏子建爲山南行臺。以爲郎中。有軍國機斷。還京。於滎陽爲人劫害。

辛．勉【晉】狄道人。字伯力。博學有貞固之操。懷帝時爲侍中。隨帝至平陽。劉聰將署爲光祿大夫。勉固辭不受。聰遣使齎藥酒逼之。勉引藥將飲。使者止之曰。相試耳。聰貴其貞節。深敬異之。爲築室平陽西山。月致酒米。勉亦辭不受。年八十卒。

辛．威【北周】隴西人。初從賀拔岳征討有功。假輔國將軍・都督。及宇文泰統岳衆。見威奇之。引爲帳內。從擒竇泰。復弘農。戰沙苑。並先登陷敵。勇冠一時。爲河州刺史・本州大中正。頗得人和。累封宿國公。遷少傅卒。

辛．彥之【隋】狄道人。九歲而孤。博涉經史。文帝初除太常少卿。累拜禮部尚書。與祕書監牛弘撰新禮。吳興沈重名爲碩學。彥之與重論議。重不能抗。爲隨州刺史。遷洛州。俱有惠政。卒諡宣。撰墳典・六官・祝文・禮要・新禮・五經異義各一部。

辛．彥博【明】平遙人。初名彥德。洪武中由歲貢入太學。擢監察御史。賜名彥博。陞僉都御史。調山東浙江按察使。永樂中陞浙江左布政使。所至有聲。

辛．毗【三國魏】陽翟人。字佐治。初從袁紹。曹操表爲議郎。遷丞相長史。文帝踐阼。遷侍中。好直諫。帝欲徙冀州士家十萬戶實河南。毗諫不聽。帝起入內。隨而引其裾。帝遂徙其半。明帝時封潁鄉侯。出爲衛尉。卒諡肅。

辛．炳【宋】侯官人。字如晦。元符進士。累官殿中侍御史。以疏蔡京發運之弊。謫監南劍州。尋知袁州。累官直龍圖閣・知潭州。以懦怯罷。高宗時召爲侍御史。遷中丞。力言和議不可恃。宜講求守禦攻戰之策。以疾請外。除顯謨閣學士。知漳州。未赴卒。

辛．珍之【後魏】琛族子。少有氣俠。武定中歷位光祿少卿。持節爲廣洛北荆揚雍襄六州慰勞大使。招納有稱。尋敕行平州卒。諡恭。

辛．茂【隋】慶忌少子。由水衡都尉

出爲郡守。與兄道・遵皆有將帥風。王莽秉政。見三子皆能。欲親厚之。時甄豐・甄邯威震朝廷。茂不肯詘事。爲所構。父子兄弟皆被殺。

辛・恭靖　晉狄道人。少有器幹。隆安中爲河南太守。姚興陷河南。被執。至長安。欲官之。恭靖厲色曰。我寧爲國家鬼。不爲羌賊臣。興幽之別室。經三年。始遁歸江東。帝嘉之。桓玄請爲諮議參軍。以病卒。

辛・浩　明江夏人。字養正。正統進士。任監察御史。彈劾不避權勢。謫戍遼陽。俗不尙文學。浩自選將校子弟教之。皆成名士。天順中復官。

辛・祕　唐隴西人。貞元中擢明經第。其學於禮家尤洽。憲宗時拜湖州刺史。李錡反。祕乘賊未至。召牙將夜開城收壯士得數百。逆賊大戰。斬其將。進焚營堡。錡平。累遷始義軍節度使。卒諡懿。

辛・從益　清萬載人。字謙受。一字筠谷。乾隆進士。以編修累官禮部左侍郞。督學江蘇。胸懷坦白。不設城府。遇所不可。則觚稜峭厲。不能爲當路屈。其爲學務適於用。自經史諸子以及天文律算地理小學家言。皆能通其說。有詩文集。公孫龍子注。

辛・悠　後魏琛子。字元壽。早有器業。爲侍御史。監揚州軍。賊平。錄勳書。時李崇爲刺史。欲寄人名。悠不許。崇深美之。早卒。

辛・淵　西涼狄道人。字子深。仕李暠爲驍騎將軍。暠子歆亦厚遇之。歆與沮渠蒙遜戰於蓼泉。軍敗失馬。淵以乘馬授歆。而身死於難。以義烈見稱西土。

辛・理　西涼隴西人。美容貌。張軌欲奪其妻。以寡妹妻之。理割鼻自誓。軌不能強。徙爲燉煌太守。以憂死。

辛・祥　後魏紹先孫。字萬福。舉司州秀才。再遷司空主簿。咸陽王禧妃。即祥妻妹。及禧構逆。親知多罹塵謗。祥獨不預。後除郢州龍驤府長史。帶義陽太守。白早生反。梁遣衆來援。祥堅城固守。州境獲全。神龜初卒。

辛・紹先　後魏淵子。涼州平。紹先內徙家於晉陽。有至性。丁父憂三年。頭不櫛沐。髮盡落。自中書博士轉神部令。皇興中爲下邳太守。爲政不苛激察。舉其大綱。卒於郡。諡惠。

辛・術　北齊儁弟。字懷哲。少明敏有識。仕魏累遷散騎常侍。武定中侯景叛。除東南行臺尙書。與高岳等破景。擒蕭明。齊天保初景徵江西租稅。術率諸軍渡淮斷之。燒其稻數百萬石。還鎭下邳。隨術北渡淮者三千餘家。及王僧辯破景。術招攜安撫。城鎭相繼款附。於是移鎭廣陵。歷遷吏部尙書。銓衡爲當時所稱。卒官。

辛・普明　南齊河南人。字文達。少就關康之受業。家貧。與兄共處一帳。兄亡。以帳施靈座。夏月多蚊。不以露寢見色。兄將葬。士子高其行。皆送金爲賻。後至者不復受。曰。本以兄墓不周。故不逆親友之意。今實已足。豈可利亡者餘贈耶。豫章王嶷徵爲議曹從事。不就。

辛・替否　唐萬年人。字協時。景龍中爲左拾遺。時置公主府官屬。而安樂府補授尤濫。築第侈貴。盛與佛寺。替否上疏諫。不省。睿宗立。稍遷右臺殿中侍御史。雍令劉少微恃權貪贓。替否按之。少微坐死。累遷潁王府長史卒。

辛・棄疾　宋歷城人。字幼安。號稼軒居士。少與党懷英同學。號辛党。耿京聚兵山東。棄疾爲掌書記。勸京奉表歸宋。會張安國殺京降金。棄疾趨金營。縛之以歸。獻俘行在。授承務郞。孝宗時以大理少卿出爲湖南安撫。治軍有聲。仕至龍圖閣待制。進樞密都承旨。未受命卒。棄疾性豪爽。尙氣節。素與朱熹友善。熹沒。時黨禁方嚴。棄疾獨爲文往哭之。德祐時追諡忠敏。雅善長短句。縱橫慷慨。與蘇軾並稱。世號蘇辛。有稼軒詞・稼軒集。

辛・琛　後魏狄道人。字僧貴。歷滎陽郡丞。景明中爲揚州征南府長史。刺史李崇多事產業。琛每諍折。後帶南梁太守。卒於官。琛寬雅有度量。涉獵經史。當官奉法。所在有稱。

辛・賁　後魏祥子。字叔文。少有文學。識度沈雅。武定中官至某郡太守。吏民懷其恩惠。還卒於鄴。

辛・進　西秦隴西人。字國都。仕乞伏熾磐。至尙書。初爲散騎常侍。從熾磐彈飛鳥。誤中暮末之母。傷其面。及暮末即位。卽日收進殺之。宗族皆被害。

辛・雄　後魏纂從父弟。字世賓。有孝性。居父憂。殆不可識。清河王懌爲司徒。辟爲左曹參軍。雄用心平直。加以閑明政事。經其斷割。莫不悅服。歷尙書駕部三公郞。有疑義。雄與公卿駮難。事多見從。孝莊時累除度支尙書。兼侍中。永熙中進吏部尙書。時近習專恣。雄懼其譖愬。不能守正。論者譏之。齊神武至洛。見誅。

辛・雲京　唐金城人。世爲將家。有膽決。以擒生斬馘常冠軍。積功遷太常卿。史思明屯相州。雲京以銳兵襲滏陽。追破其衆。授代州都督。太原軍亂。帝以雲京沈毅。授太原尹。封金城郡王。數年。太原大治。加檢校尙書右僕射・同平章事。進左僕射卒。諡忠獻。

辛・廖　春秋晉大夫。畢萬筮仕於

晉。遇屯之比。廖占之曰。吉。屯固比入。吉孰大焉。公侯之子孫。必復其始。後獻公賜畢萬魏。以爲大夫。及春秋之後。三家分晉。而魏爲諸侯。後人以爲筮之驗也。

辛·愿 【金】福昌人。字敬之。博極書史。作文有繩尺。詩律精嚴。有自得之趣。性野逸。不修威儀。貴人延客。愿以麻衣草屨。坦然於其間。後爲河南府治中高廷玉客。廷玉被誣。愿益貧困。有詩數千首。常貯竹橐中。正大末沒於洛下。

辛·賓 【晉】勉族弟。愍帝時爲尙書郎。及帝蒙塵於平陽。劉聰使帝行酒洗爵。賓抱帝大哭。遂遇害。

辛·德源 【隋】子馥子。字孝基。博覽書記。少有重名。仕齊累官中書舍人。入周爲宣納上士。隋文帝受禪。隱林慮山。著幽居賦以自寄。祕書監牛弘奏與著作郎王劭同修國史。後爲蜀王秀諮議參軍卒。有集注春秋三傳·揚子法言注·文集。

辛·慶之 【北周】狄道人。字慶之。少以文學徵詣洛陽。對策第一。除祕書郎。大統中歷度支尙書·南荊州刺史。位遇雖隆。而率性儉素。志量寬和。有儒者風度。爲當時所重。又以其經明行修。令與盧誕等教授諸王。後拜祕書監。卒官。(按北史作字餘慶。此從周書。)

辛·慶忌 【漢】武賢子。字子眞。少以父任爲右校丞。屯田烏孫赤谷城。有戰功。元帝初舉茂材。遷郎中車騎將軍。朝廷多重之。遷張掖太守。徙酒泉。所在著名。成帝時。大將軍王鳳薦爲光祿大夫。坐法左遷。旋復徵爲光祿勳。後拜左將軍。朱雲以張禹阿附王氏。請誅之。帝怒。欲誅雲。慶忌免冠解印綬叩頭救之。雲得免。慶忌居處儉敬。食飲被服尤節約。爲國虎臣。匈奴西域。敬其威信。年老卒官。

辛·澄 【唐】建中時游蜀中。善畫釋像。

辛·憑 【前涼】狄道人。字士彥。仕張茂爲燉煌太守。惟有一子髦。至狄道省墓。遇辛晏反。爲晏所執。憑勸茂討晏。茂曰。髦在彼如何。憑曰。人臣奉主。豈顧子乎。茂嘉其忠。賜爵關內侯。

辛·憲英 【三國魏】毗女。羊耽妻。聰明有才鑒。文帝得立爲太子。抱毗項謂之曰。辛君知我喜不。毗以告憲英。憲英曰。太子代君主宗廟社稷者也。代君不可以不戚。主國不可以不懼。宜戚而喜。魏其不昌乎。羊祜嘗送錦被。憲英嫌其華。反之。其明識儉約類如此。泰始初卒。

辛·穆 【後魏】紹先子。字叔宗。舉茂才。東雍州別駕。初隨父在下邳。與彭城陳敬文友善。敬文病臨卒。以雜綾二十四。託穆與其弟敬武。穆久訪不得。經二十年。始於洛陽見敬武。以物還之。封題如故。世稱其廉信。歷東荊州司馬。帶義陽太守。有恤民之稱。正光中除平原相。卒官。諡貞。

辛·諶 【後魏】潁川人。有文學。江悅之等以梁州內附。諶參其勳末。歷步兵校尉·濮陽上黨二郡太守卒。

辛·應乾 【明】安丘人。字伯符。嘉靖進士。選長治令。以才名。歷郎署郡臬。皆有善政。累陞至都御史。巡撫山西。方黃酋亂。飭兵修備。日行遠塞。與士卒同甘苦。三關倚爲長城。仕至兵部侍郎。性孝友。居鄉樂易。宗閭皆推服之。

辛·謐 【晉】狄道人。字叔重。博學善屬文。工草隸書。恬靜不妄交游。累徵不起。永嘉末徵散騎常侍。慰撫關中。長安陷。劉聰辟爲太中大夫。不受。及石勒·石虎之世。並不應辟命。冉閔僭號。徵爲太常卿。謐作書諷之。不食而死。

辛·攀 【前涼】狄道人。字懷遠。兄鑒·曠。弟寶·迅。並有才識。時諺曰。五龍一門。金枝玉昆。攀年七歲。隨父在京師。程曉謂之曰。犂牛騂犢。孺子之謂。攀曰。戲及人親。非雅訓也。曉及賓客大異之。建安中爲晉大鴻臚。使涼。遂留仕張軌。

辛·纂 【後魏】琛族孫。字伯將。學涉文史。溫良雅正。爲太尉騎兵參軍。每爲府主清河王懌所賞。歷臨淮王彧·廣陽王淵長史。拜諫議大夫。梁將曹義宗攻新野。詔纂爲荊州軍司。善撫將士。人多用命。永熙中累官河內太守。兼尙書南道行臺·西荊州刺史。蠻酋樊五能破析陽應西魏。纂攻之不剋。被執。遇害。

辛·讜 【唐】雲京孫。學詩書。善擊劍。重然諾。龐勛攻杜慆於泗州。讜趨泗口。貫賊柵。入城見慆。乃夜踰淮至洪澤。見戍將郭厚本告急。厚本付兵五百。即濟淮。與慆表裏擊賊。大破之。圍三月。救兵外敗。城益危。讜復夜斬賊柵。出見淮南節度使令狐綯。詣浙西見杜審權。合兵五千。與賊衆戰。圍乃解。以功拜亳州刺史。乾符末終嶺南節度使。

辰泰 【清】滿洲鑲黃旗人。姓鈕祜祿氏。額亦都孫。初以護軍參領從攻錦州。超伍直入。搴纛以麾於陣。明兵遂亂。大敗之。順治初破李自成。平福建。累官寧南靖寇大將軍。征湖廣。以疾卒於軍。諡忠襄。

邑夷 【上古】黃帝之臣。始作車。

邑姜 【周】武王后。太公望女。成王之母。娠成王於身。立不跛。坐不差。笑不喧。獨處而不倨。雖怒而不詈。胎教之謂也。

邢天榮 宋潭州人。爲歐陽逢泰之諍友。與董舒・尹穀等俱工詞賦。務爲典雅。人爭效之。由是湖賦與閩浙頡頏。

邢文偉 唐全椒人。以博學聞。咸亨中爲太子典膳丞。太子罕接宮臣。文偉切諫。由是知名。武后時累遷鳳閣侍郎。坐事貶珍州刺史。會他使者至。文偉內悸。自經死。

邢世材 宋會稽人。字邦用。呂祖謙門人。旣舉進士得官。棄故學。徧從長者游。旋遷金華縣丞。未上卒。

邢巨 唐揚州人。神龍中爲監察御史。以文辭俊秀。名揚於上京。

邢后 宋煥女。高宗居康邸。以婦聘之。從三宮北遷。上皇遣曹勛歸。后脫所御金環使內侍持付勛曰。幸爲吾白大王。願如此環。得早相見也。高宗憐之。及卽位。遙册爲皇后。紹興中崩於五國城。帝虛中宮以待者十六年。顯仁太后回鑾。始得崩聞。謚憲節。

邢旭 明沂子。字景暘。永樂進士。官至四川布政使。所至革弊救荒。恩威並著。土司王永壽等啓釁。旭親詣其寨。諭以禍福。皆釋甲待罪。致仕卒。有退省集。

邢有都 明江寧人。喜星曆算數。不由師傳。獨契其解。嘗自製漆毬。爲渾天儀及布算諸法。質之精於星曆者。皆毫髮無誤。偶登友人樓。望長干浮圖曰。此影可射而入也。遂閉牖戶。塗塞諸竅。止留一隙。斜對日光。塔影果入焉。

邢君牙 唐樂壽人。少從軍。以戰功歷果毅折衝郎將。代宗時以扈從功累封河間郡公。德宗幸奉天。李晟率君牙倍道赴難。晟入朝。代爲鳳翔節度使。吐蕃歲犯邊。君牙勸耕講戰以爲備。戎不能侵。俄領節度・檢校尙書右僕射。卒官。

邢址 明埴弟。字汝立。嘉靖進士。歷御史。終山東鹽運使。以清操聞。

邢沂 元金華人。從范祖幹游。以詞翰知名。

邢虬 後魏祐從子。字神虎。舉秀才上第。累官司徒。轉尙書左丞。多所糾正。臺閣肅然。母喪。哀毀過禮。爲時所稱。卒謚威。

邢侗 明臨清人。字子愿。萬曆進士。官終陝西行太僕卿。善書能詩文。書爲海內所珍。與董其昌・米萬鍾・張瑞稱邢張米董。琉球使者入貢。願小留。買侗書去。家貲鉅萬。築來禽館於古犂丘。減產奉客。遂致中落。有來禽館集。墨蹟刻石曰來禽館帖。

邢典 淸烏程人。初名大典。字綺封。號書城。諸生。與楊鳳苞・施國祁稱南潯三先生。家貧博學。有書城詩文鈔・雲水堂薈萃集。

邢和璞 唐好黃老。善知人天壽。卜居嵩潁間。著潁陽書。開元間玄宗召令相張果生死。懵然莫知其端。後莫知所之。

邢奇 明長清人。字彥美。天資穎悟。議論敏捷。當道薦於朝。以直言忤大臣。授河泊官。有繩菴集。

邢尙巽 明高淳人。兩中副車。畫山水有王維筆意。亦善詩文。

邢居實 宋恕子。字惇夫。有異材。八歲爲明妃引。知名於世。所宗師者司馬光等。所從游者蘇軾・黃庭堅等。卒年十九。有呻吟集。

邢抱朴 遼應州人。好學博古。與弟抱質俱受經於母陳氏。保寧中累官翰林學士承旨・參知政事。嘗按察諸道。黜陟守令。大協人望。官至南院樞密使卒。抱質以儒術顯。官至侍中。時人榮之。

邢昂 宋太原人。高蹈不仕。時宰相寇準・文彥博・王曙・陳堯佐・范仲淹咸推重之。

邢昉 淸高淳人。字孟貞。一字石湖。明季諸生。主復社有名。入清。棄舉子業。築室石臼湖濱。沽酒以自給食。爲詩淸眞古澹。王士禛最推賞之。有石臼前後集。

邢昕 後魏巒從子。字子明。幼孤好學。早有才情。天平初累遷通直常侍。興和中副李象使於梁武帝。昕好忤物。人謂之牛。是行也。談者謂之牛象鬪於江南。卒謚文。

邢秉仁 元延祐中任廣平路總管。善平反冤獄。發擿奸伏。興學勸農。善政甚多。

邢邵 北齊臧弟。字子才。以字行。十歲能屬文。雅有才思。日誦萬言。有書甚多。不甚讐校。嘗謂日思誤書。更是一適。少在洛陽。與時名彥專以山水遊宴爲娛。文章典麗。旣贍且速。年未二十。名動衣冠。初仕魏。官中書侍郎・國子祭酒・中書監。入齊。授特進卒。劭率情簡素。內行修謹。兄弟親姻之間。稱爲雍睦。有集。子大寶。有文情。孽子大德・大道。略不識字焉。

邢宥 明文昌人。字克寬。正統進士。擢監察御史。出按福建・遼東・河南。風裁震一時。歷台州蘇州知府。當官廉介。終僉都御史・應天巡撫。

邢峙 北齊巒從子。字士峻。通三禮左氏春秋。舉孝廉。官國子助教。以經入授皇太子。峙方正純厚。有儒者風。廚宰進太子食。菜有邪蒿。峙令去之曰。此菜有不正之名。非殿下宜食。文宣聞而嘉之。累遷清河太守。有惠政。謝病卒。

邢昺 宋濟陰人。字叔明。太宗時擢九經及第。累遷金部郎中。眞宗初置翰林侍講學士。以昺爲之。命坐講春秋於殿上。因數陳時事。尋召昺與杜鎬・孫奭等校定三禮三傳孝經論語爾雅等書義疏。官終禮部尚書。

邢昭　明洪武間司新會稅。貧而能廉。或日中無食。人遺之米。亟命持去。及去職。父老贐之。一無所受。◉明三河人。弘治進士。以監察御史巡視兩浙鹽政。忤劉瑾。廷杖一百不死。人稱鐵邢。

邢貞　三國魏爲太常奉策。使吳。觀吳諸將徐盛等慷慨英雄。歎曰。吳有將相如此。非久下人者也。

邢飛翰　元霍州人。性剛果。以薦爲內臺御史。伯顏專政。飛翰面折其非。參議佛家驢奸邪。復廷劾之。後以兩淮鹽運使同知致仕。元末兵亂。被執不屈死。諡忠毅。

邢倞　宋居實弟。靖康初爲少卿。奉詔館金國使。被紿召寇。倞時出知岳州。坐削籍。

邢恕　後魏臧子。涉學有識悟。◉宋陽武人。字和叔。從程顥學。元祐初補御史。累官御史中丞。後奪職。久之復顯謨閣待制卒。恕本從程門。得游公卿間。蚤致聲名。而天資反覆。爲司馬光客。即陷光。附章惇。卽背惇。至與蔡京等爲腹心。則至死弗替。

邢晏　後魏巒弟。字幼平。美風儀。博涉經史。善談釋老。以太學博士累官輔國將軍・滄州刺史。爲政清靜。吏民安之。卒諡文貞。

邢珣　明當塗人。字子用。弘治進士。歷官郎中。坐忤劉瑾罷。瑾誅。起知贛州。招降劇盜。王守仁征橫水桶岡諸賊。珣常爲軍鋒。功最。繼從平濠。累陞江西右布政使致仕。

邢祐　後魏巒叔祖。字宗祐。少有學尚。知名於時。徵除著作郎。使於宋明帝。以勞授建威將軍・平原太守。賜爵平城男。政清刑肅。百姓安之。

邢祚胤　清湖廣桃源人。博學工文。明季高蹈不仕。有桃源拾遺。

邢神留　宋陸澤人。父超以毆死里胥。罪當死。神留年十六。詣吏求代。特詔減死。

邢參　明量孫。一作量族孫。字麗文。教授鄉里。以著述自娛。遇雪累日。囊無粟。兀坐如枯株。苦吟所得句以自喜。時稱有道君子。

邢國璽　明長葛人。崇禎進士。授濰縣知縣。盡心民事。累擢登萊兵備道。畿輔戒嚴。國璽督兵入衛。遇清兵。搏戰墮馬死。

邢埴　明珣子。字汝器。嘗學於張璁。嘉靖初登鄉薦。璁屢招之。不應。授浦城知縣。有徐浦者。役公府。埴一見異之。令與子同學。爲娶妻。後登第爲給事中。其家世世祀埴。

邢產　後魏祐子。字神寶。善屬文。舉秀才。除著作佐郎。使於齊武帝。父子世將命。時人美之。累官太子中庶子。卒諡定。

邢傑　清歸安人。字柳漁。諸生。有綠雲山房詩編。

邢凱　宋武寧人。著坦齋通編。考證經史。頗多精核之語。

邢喬　晉顒曾孫。字曾伯。有體量局幹。美於當世。歷清職。元康中爲尚書吏部郎。稍遷至司隸校尉。

邢敦　宋字君雅。家於雍丘。太平興國初舉進士不第。慨然有隱遁之意。性介僻。不妄交游。耽經史。精術數。工繪畫。或詢以休咎。多不之語。里中號邢夫子。乾興中卒。

邢量　明長洲人。字用理。隱居葑門。以醫卜自給。性狷介。與人無將迎。足跡不出里門。長日或不舉火。客至。相與清坐而已。其學無所不通。朝士有欲過之者。固謝不納。

邢雲路　明安肅人。字士登。萬曆進士。官至陝西按察司副使。有古今律曆考。戊申立春考證。

邢溫　元安陽人。字孟直。喜爲詩。累遷大名路總管。改京畿漕運使。卒諡康肅。

邢煥　宋祥符人。字文仲。女爲康王妃。高宗卽位。煥以后父。累遷樞密都承旨。屢奏馬伸言事切當。宗澤忠勞可倚。黃潛善・汪伯彥誤國。其言多所裨益。未嘗恃恩私請。擢慶遠節度使。卒諡恭簡。

邢瑞　明井陘人。永樂舉人。授監察御史。擢湖廣副使。撫輯苗夷。甚有恩紀。秩滿。父老懇留。卒官。

邢羣　唐字渙思。會昌間自戶部員外郎刺處州。政尚嚴明。吏人畏之。去之日。老稚泣送於途。

邢臧　後魏虬子。字子良。幼孤博學。舉秀才上第。永安初除東牟太守。清愼奉法。吏民愛之。性和雅信厚。有長者之風。爲時人所愛敬。累官濮陽太守。卒諡文。有文筆百餘篇。(按魏書邢巒傳。臧虬長子。臧本傳作虬長孫誤。)

邢遜　後魏巒子。字子言。貌雖陋短。頗有風氣。孝靜時官終大司農。遜銳於財利。議者鄙之。

邢增捷　明浙江新昌人。習儒不就。改學醫。精素問內經丹溪東垣諸書。治病無不立效者。有醫案心法・本草輯要・傷寒指掌詳解・脈訣刪補。爲醫家指南。

邢澍　清階州人。字雨民。號佺山。乾隆進士。官南安知府。精各史表志之學。有全秦藝文志・兩漢希姓錄・金石文字辨異・守雅堂詩文集。

邢寰　明黃梅人。字伯宇。正德進士。官給事中。數言事。有直聲。官終南昌知府。

邢穎　後魏鄚人。字宗敬。以才學知名。太武帝時拜中書侍郎。假通直常侍寧朔將軍平城子使宋。卒諡康。

（按魏書邢巒傳作河間鄚人。北史作河間鄭人。後魏鄭縣二。一屬荊州襄城郡。一屬華州華山郡。無屬河間者。鄭縣在當時屬瀛州河間郡。今從北史。）

邢濟 唐乾元初爲桂管經略使。時西源蠻叛。濟擊平之。擢爲防禦使。

邢憲 宋嘉定中以通直郎出守明州。政尚寬平。濬九里河。修境內河渠。咸有成績。橋梁舍館園池器物之飾。煥然一新。

邢簡 明陝西咸寧人。字居敬。景泰進士。知眞定府。治行稱最。成化中爲順天府尹。亦有聲。終戶部右侍郎。爲人廉介強明。及卒。囊無餘貲。

邢顒 三國魏鄚人。字子昂。舉孝廉。不就。曹操辟爲冀州從事。時人語曰。德行堂堂邢子昂。操爲諸子高選官屬。以顒爲平原侯植家丞。顒防閑以禮。無所屈撓。與植不合。庶子劉楨書諫植曰。邢顒北土之彥。少秉高節。眞雅士也。後遷太子太傅。文帝時拜尚書僕射。賜爵關內侯。

邢獻之 明高淳人。讀書能文。嘗以胡桃給十八羅漢及屋宇松竹。卽雕鏤於上。咏題亦無所不備。弟日之。亦工雕刻。

邢巒 後魏穎孫。字洪賓。少好學。博覽書史。有文才幹略。累官散騎常侍。兼尚書。屢與梁戰。有功。官終殿中尚書。卒諡文定。

邢讓 明襄陵人。字遜之。正統進士。授檢討。景泰初疏請遣使奉迎上皇。成化初擢國子祭酒。力以師道自任。痛懲謁告之弊。以此見稱。而謗者亦衆。爲人負才狹中。名位相軋者多忌之。遷禮部右侍郎。後坐法贖爲民。

那木都魯坤 清滿洲正黃旗人。姓那木都魯氏。太宗圍松山城。明總兵曹變蛟突衝正黃旗營門。那木都魯坤獨立門中。力戰卻之。順治間從征廣東。敘功擢內大臣。加太子太保。康熙間攻王輔臣。復秦州。連戰皆捷。年老授散秩大臣。旋卒。

那彥成 清滿洲正白旗人。姓章佳氏。阿桂孫。字韶九。一字東甫。號繹堂。乾隆進士。歷仕乾隆·嘉慶·道光三朝。官至直隸總督。加太子太保銜。坐事三奪職。工詩能書。遇事有執持。於樞要人無所屈。勦辦川陝楚及滑縣教匪尤有功。卒諡文毅。

那連提黎耶舍 隋高僧。北天竺烏場國人。年十七出家。歷遊諸國。北齊天保中至中國。文宣帝甚禮之。使住天平寺。請爲翻譯。開皇初住廣勝寺。爲外國僧主。卒年百歲。前後所譯經論。有菩薩見實·月藏·日藏·法勝毗曇等共八十餘卷。

那提三藏 唐高僧。中印度人。性汎愛。好奇尙。歷遊諸國。不憚遠險。永徽中至京師。住慈恩寺。顯慶初敕往崑崙諸國採取異藥。南海諸王歸敬。爲別立寺。龍朔初還。眞臘國復請之往。遂不返。有大乘集義論等。

那嵩 明沅江土官。世爲知府。嵩嗣職。循法無過。李定國號召諸土司兵。嵩起兵應之。已而城破。登樓自焚。合家皆死。

那蘇圖 清滿洲鑲黃旗人。姓戴佳氏。字羲文。康熙間授藍翎侍衞。乾隆間累官直隸總督。加太子太保。歷任七省總督。卒之日。家無擔石。其撫苗一疏。豫識末年紅苗之亂。尤爲卓見。卒諡恪勤。

那鑑 明雲南土官。嘉靖中殺其姪土知府那憲。奪其印。密約交蠻爲亂。旣降復叛。兵敗自殺。

酉牧 三國魏陳留人。年七十。有至行。高堂隆爲陳留太守。舉爲計曹掾。明帝嘉之。特除郎中以顯焉。

里克 春秋晉獻公時爲大夫。公使太子申生伐東山皐落氏。里克諫不聽。見太子。太子曰。吾其廢乎。里克曰。子懼不孝。無懼弗得立。修己而不責人。則免於難。後太子因驪姬之讒。自縊死。

里析 春秋鄭大夫。魯昭公時宋衞陳鄭皆火。初里析告子產曰。將有大祥。民震動。國幾亡。吾身泯焉。弗良及也。國遷其可乎。子產曰。雖可。吾不足以定遷矣。及火。里析死矣。未葬。子產使輿三十人遷其柩。

里革 春秋魯宣公大夫。公濫於泗淵。里革斷其罟而棄之。公聞之曰。吾過而里革匡我。不亦善乎。是良罟也。使有司藏之。師存侍。曰。藏罟。不如寘里革於側之不忘也。

里鳧須 春秋晉爲守府。重耳出亡。鳧須竊其寶器而逃。及反國。乃請見。文公見之曰。若猶見我耶。鳧須曰。君反國。國之半不自安也。君赦鳧。衆知罪重如鳧者猶赦之。況輕者乎。文公遂赦之。晉國皆安。

阮大成 宋寧德人。字希聖。政和中以三舍升國學。靖康時李綱罷斥。大成偕陳東等上書斥李邦彥·白時中等之奸。乞復用李綱。欽宗從之。

阮大鋮 明懷寧人。字圓海。崇禎時附魏忠賢。名列逆案。失職。後避流賊居南京。頗招納遊俠。時復社名士顧杲等作留都防亂揭逐之。大鋮懼。閉門謝客。獨與馬士英深相結。福王立。士英秉政。以爲兵部侍郎。旋進兵部尚書。旣得志。專翻逆案。中外憤怒。清兵渡江。走金華。爲紳士所逐。轉投方國安。尋降清。從攻仙霞嶺。僵仆石上死。

阮子郁 宋四會人。少學浮屠氏。不茹葷妄言。能持戒定。時人號爲阮道者。一日作偈端坐卒。理宗時勅封慈應大師。

阮·中度 宋思道從子。字正甫。博學。尤邃於易。端拱進士。知密城縣。居官仁恕。徵拜御史。終員外郎。

阮·之鈿 明桐城人。字實甫。崇禎時以諸生授穀城知縣。未至。張獻忠襲據其縣以求撫。之鈿上撫勦二策。時不能用。獻忠反。之鈿仰藥未絕。獻忠遣使索印。堅不與。遂被害。

阮·元 清儀徵人。字伯元。號芸臺。乾隆進士。道光時官至體仁閣大學士。加太傅。歷官中外。所至以提倡學術自任。在史館倡修儒林傳。在粵設學海堂。在浙設詁經精舍。又輯經籍籑詁。校刊十三經注疏。彙刻學海堂經解等書。所著曰揅經室集。卒諡文達。

阮·友彰 明廬陵人。洪武初官福建按察使。以廉幹稱。尋爲交阯副使。交阯新附。友彰至未三月。政令大行。

阮·文中 明南昌人。字用和。由太僕卿陞右僉都御史。巡撫貴陽。時有巨寇擁兵僭號。垂三十年。有司不能制。因不以聞。文中擒斬之。一境以寧。以功晉副都御史。巡撫湖廣。卒官。

阮·以頤 明常寧人。母胡年七十有六。値崇禎寇變。臥疾不能起。以頤侍側以死衞。旋傷於兵。而母得全。

阮·弘道 明滁人。太祖駐兵於滁。弘道侍左右。歷宣徽院使。雅嗜文學。練達政體。洪武初歷福建江西行省參政。俱有聲。以疾終於任。

阮·安 明交阯人。成祖時中官。有巧思。奉命營北京城池宮殿及百司府廨。目量意營。悉中規制。工部奉行而已。正統時重建三殿。治楊村河。並有功。景泰中治張秋河道卒。囊無十金。

阮·佃夫 南朝宋諸暨人。明帝初出閤。選爲主衣。嗣任爲世子師。景和末明帝被拘於殿內。爲前廢帝所疑。大禍將至。佃夫與王道隆等謀弒前廢帝。明帝卽位。封建城縣侯。遷龍驤將軍·司徒參軍。權亞人主。大通貨賄。後廢帝立。擢豫州刺史·歷陽太守。帝倡狂好出游。佃夫復謀廢立。事泄賜死。

阮·孚 晉瞻弟。字遙集。元帝朝爲安東參軍。終日酣縱。爲有司所按。繼遷黃門常侍。嘗以金貂換酒。復被彈劾。帝宥之。孚性好屐。有詣之者。見自理蠟屐。因自歎曰。未知一生當着幾量屐。神色閑暢。成和初太后臨朝。政歸舅氏。孚謂所親曰。亂將作矣。遂苦求出。除鎮南將軍·廣州刺史。未至鎮卒。尋蘇峻作亂。識者以爲知幾。

阮·孝緒 梁尉氏人。字士宗。幼至孝。年十三。徧通五經。既冠。屛居一室。非定省未嘗出戶。外兄王晏貴顯。屢至門。孝緒穿籬逃匿。不與相見。及晏誅。竟獲免。天監初御史中丞任昉望而歎曰。其室則邇。其人甚遠。姊爲鄱陽王妃。王嘗命駕訪之。鑿垣而遁。後於鍾山聽講。母王氏忽有疾。兄弟欲召之。母曰。孝緒至性冥通。必當自到。果心驚而返。大同初卒。門徒追諡德行。諡文貞處士。有七錄削繁等百八十一卷。

阮·廷瓚 明桐城人。字邦器。早失怙恃。既長。痛親不存。事兄猶父。家政一以爲主。兄少恩。數窘辱之。瓚怡然不以介意。嘗以千金之產讓之。略無難色。後兄疾。親侍湯藥。至廢寢餐。既卒。哀祭盡禮。不以久懈。鄉人咸以悌弟稱之。

阮·玘 明安福人。字廷用。天順進士。爲御史。清直任事。所至肅然。平生篤行。動以古人自期。

阮·卓 陳尉氏人。幼聰敏。篤志經籍。尤工五言詩。性至孝。天康中爲新安王府記室參軍。奉使招慰交阯。珍怪之產。一無所取。時服其廉。後爲德教殿學士。除南海王府諮議參軍。不之官。退居里舍。以文酒自娛。

阮·放 晉修族弟。字思度。除太學博士。歷遷吏部郎。甚有稱績。成帝時爲揚威將軍·交州刺史。卒官。放素知名。而性清約。不營產業。爲吏部郎。不免飢寒。王導·庾亮以其名士。常供給衣食。

阮·昌齡 宋思道子。字大年。咸平進士。知劍州。有異政。爲張詠所知。薦於朝。終殿中丞。

阮·知誨 後蜀成都人。一作知悔。爲翰林待詔·銀青光祿大夫·檢校尙書左僕射。善繪事。兼長寫貌。給事兩朝。多畫皇姑貴戚影像。

阮·長之 南朝宋裕孫。字景茂。一字善業。年十五喪父。有孝性。哀感旁人。服除。疏食者猶積載。閑居篤學。未嘗有惰容。初爲諸府參軍。元嘉中累遷臨海太守。在官常擁敗絮。母亡葬畢。不勝憂。遂卒。

阮·咸 晉籍從子。字仲容。任達不羈。與籍齊名。仕爲散騎侍郎。咸與籍居道南。諸阮居道北。北阮富。南阮貧。七夕日。北阮曝衣皆錦綺。咸以竿挂一大布犢鼻於庭曰。未能免俗。聊復爾耳。咸妙解音律。荀勗自以爲遠不及。疾之。出補始平太守卒。

阮·思道 宋建陽人。字元恭。中南唐進士。後歸宋爲史館檢討。歷守紹衢永三州。有政聲。終駕部員外郎。

阮·思聰 宋固始人。字仲謀。弱冠膂力絕人。善騎射。喜讀左氏春秋及兵家書。積戰功累官吉州團練使·知黃州事。歷官所至有聲。後居建康。嘗遣人詣賈似道。欲以重兵守鹿門山。又言當由海道以擣靑齊。則襄圍自解。

皆不見聽。

阮恆　【明】諸生。福王末與麻三衡·阮善長·吳太平·劉鼎甲·胡天球·馮百家同時起兵。號七家軍。旋兵敗俱死。

阮种　【晉】尉氏人。字德猷。弱冠有殊操。爲嵇康所重。察孝廉。爲公府掾。舉賢良對策第一。轉中書郎。种進止有方。正已率下。朝廷莫不憚其威容。每爲駁議。事皆施用。後遷平原相卒。

阮美　【明】魯王監國時。官澄波將軍。乞師日本。有僧湛微自日本來。言以普陀山慈聖李太后所賜藏經爲贄。日師必發。阮進·張名振請以美爲使。至五島山。長崎王知船中有湛微。大駭。蓋湛微在日本。狡獪多變。嘗爲其所逐也。美知爲所賣。遂載經返。

阮美成　【宋】舒城人。元豐進士。知巢縣。爲政豈弟。移守柳州。喜吟咏。時號阮絕句。

阮修　【晉】咸從子。字宣子。好易老。善清言。性簡任。不喜見俗人。家貧晏如。王衍自以論易略盡。然有未了。研之終莫悟。及與談。言寡而旨暢。乃歎服焉。常作大鵬贊以自況。後爲鴻臚丞。轉太子洗馬。避亂南行。爲寇所害。

阮恩灤　【清】儀徵人。字媚川。增生洗霖元妻。有慈暉館詞鈔。

阮浪　【明】交阯人。景帝時爲御用監少監。英宗居南宮。浪入侍。賜鍍金繡袋及鍍金刀。浪以贈門下皇城使王瑤。錦衣衞指揮使盧忠上變。言浪傳上皇命。以袋刀結瑤謀復位。景帝下浪·瑤於獄。皆磔死。詞終不及上皇。

阮珩　【明】順德人。字國用。少游邑庠。兄死告歸。事親孝。暇則致力於理學。不求仕進。親喪不飲酒食肉。形羸骨立。提學潘府爲四難文以彰之。

阮翁仲　【秦】身長一丈三尺。氣質端勇。異於常人。少爲縣吏。爲督郵所笞。因入學究書史。始皇併天下。使翁仲將兵守臨洮。聲振匈奴。翁仲死。遂鑄銅爲其像。置咸陽宮司馬門外。匈奴至。有見之者。猶以爲生。

阮惟德　【後蜀】知誨子。事後主爲翰林待詔。工畫。有父風。尤善狀宮闈禁苑貴戚富貴之事。

阮研　【梁】陳留人。字文幾。官至交州刺史。善書。其行草出於王羲之。甚精熟。而研筋力最優。

阮善長　【明】諸生。見阮恆條。

阮渾　【晉】籍子。字長成。有父風。太康中爲太子庶子。

阮湛　【晉】著三禮圖九卷。

阮琳　【明】莆田人。字廷佩。號晶山。官教諭。有圖書紀愚。

阮逸　【宋】建陽人。字天隱。天聖進士。景祐初知杭州。鄭向上其所撰樂論十二篇。與胡瑗俱被召。同校鐘管十三律。分造鐘磬各一簴。康定初上鐘律制議并圖三卷。皇祐中更鑄太常鐘磬。召逸與近臣·太常議祕閣。遂典樂事。遷屯田員外郎。有易筌·王制井田圖等書。

阮進　【明】魯王監國時爲張名振營將。精水戰。累官太子太保。封蕩湖伯。守舟山。以火舟與清兵戰於橫水洋。風返自焚。人舟俱燼。

阮勤　【明】本交阯人。其父爲長子典史。遂占籍焉。勤字必成。舉景泰進士。授大理寺評事。歷知台州府。清愼有惠政。成化時以右副都御史巡撫陝西。入爲兵部侍郎。調南京刑部。皆有治稱。

阮瑀　【三國魏】尉氏人。字元瑜。少受業於蔡邕。建安中都護曹洪欲使掌書記。瑀不爲屈。曹操以爲司空軍謀祭酒。管記室。始文帝爲五官將。及平原侯植。皆好文學。瑀與山陽王粲·北海徐幹·廣陵陳琳·汝南應瑒·東平劉楨並見友善。徙爲倉曹掾屬卒。

阮與子　【宋】香山人。天性純篤。讀書通大義。事親盡孝。父病劇。與子旦夕稽顙北辰。願以身代。而病不愈。乃籲天懇禱。開胸割肝。取一臠以療。病卽爲瘥。

阮萬齡　【南朝宋】裕孫。少知名。爲孟昶長史。時袁豹。江夷爲昶司馬。時人謂昶府有三素望。文帝時累遷金紫光祿大夫。

阮葵生　【清】江蘇山陽人。字寶誠。號吾山。乾隆進士。官至刑部右侍郎。治獄以明察平允見稱於時。有茶餘客話。記前型。搜逸事。考證典物。多有未經人道者。又有七錄齋集。

阮裕　【晉】放弟。字思曠。以德業知名。爲王敦主簿。甚被知遇。裕以敦有不臣之心。乃終日酣觴。以酒廢職。出爲溧陽令。復免。由是得違敦難。後拜臨海東陽二郡太守。屢辭徵聘。常以人不須廣學。正應以禮讓爲先。故終日靜默。無所修綜。而物自宗焉。還剡山。屢徵不就卒。

阮詵　【唐】奉化人。字孝翬。通開元禮·穀梁春秋。動有程法。歷臨黃東海尉。東海有父子異居者。子不爲養。詵使人問之。對曰。無以奉也。遺之米肉。且以其羸貸之。其子卒悔悟。

阮爾詢　【清】宣城人。字于岳。康熙進士。補御史。多所建白。官至工部左侍郎卒。

阮福　【明】北海人。畫道釋佛像。亞於蔣子誠。◉【清】儀徵人。有孝經義疏補注。

阮肇　【後漢】永平中與劉晨入山採藥。失道行數里。至溪滸。有二女候迎引入洞。食以胡麻飯。後求去。指示原路。至家。子孫已七世矣。天台人廟祀之。

阮·閎　宋舒城人。字閎休。高宗初知袁州。初至訟牒繁。乃大書依本分三字。印榜四城牆壁。郡民化之。乃榜四廳爲無訟堂。有郴江百詠·詩總。

阮·應商　清大河衞人。字次賡。號越軒。康熙進士。官至吏科給事中。直聲著聞。有春秋彙傳析義。

阮·濬　清字季子。明遺民。築草堂龍山下。冬夏一衲。因自號一衲。工畫。嗜酒。謂友劉鴻儀云。死即葬我草堂之側。磨片石題曰酒人阮一衲之墓。及卒。鴻儀如約。題所居曰一衲菴。鴻儀每歲宴。必攜酒澆其墓。

阮·謙　明順天人。字存乾。甲申之變。謂其父文相曰。父食君祿。不可不死。父死。子不可不從。母妻亦不可辱於賊。於是一門自縊死者九人。

阮·謙之　南朝宋徐聞人。仕郡功曹。遷奮威將軍。元嘉初從征林邑。大敗之。振旅而還。其後人多居遂溪。今猶有阮家村。

阮·鍾僊　宋銅陵人。十一世同居。鍾僊天性純厚。爲時所稱。終祕書郎。

阮·駿　宋仙遊人。字千里。紹聖進士。爲河南府少尹。金兵南下。駿率部兵擁護神御殿。兵敗。抱神御指敵大罵。死之。

阮·瞻　晉咸子。字千里。性清虛寡欲。神氣沖和。嘗見司徒王戎。戎問曰。聖人貴名教。老莊明自然。其旨同異。瞻對曰。將無同。戎咨嗟良久。卽命辟之。時人謂之三語掾。永嘉中爲太子舍人。素執無鬼論。忽有客通名詣瞻。與言鬼神之事。變形而滅。瞻意色大惡。歲餘病卒。

阮·韜　南齊裕玄孫。字長明。爲南兗州刺史別駕。江夏王劉義恭逆求資費錢。韜曰。此朝廷物。執不與。宋孝武選侍中四人。並以風貌。王彧·謝莊爲一雙。韜與何偃爲一雙。明帝時爲江州長史。桂陽王休範數出游。韜性方峙。未嘗隨從。

阮·籍　三國魏瑀子。字嗣宗。容貌瓌傑。志氣宏放。博覽羣籍。尤好莊老。嗜酒。能嘯。善彈琴。曹爽召爲參軍。以疾辭。及爽誅。時人服其遠識。司馬懿命爲從事中郎。封關內侯。徙散騎常侍。屬天下多故。不與世事。以酣飲爲常。司馬昭初欲爲子炎求婚於籍。籍沈醉六十日。不得言而止。鍾會欲致之罪。皆以酣醉獲免。拜東平相。乘驢到郡。法令淸簡。昭引爲大將軍·從事中郎。籍聞步兵廚善釀。貯酒三百斛。求爲步兵校尉。景元中卒。籍能爲青白眼。見禮俗之士。以白眼對之。時率意獨駕。不由徑路。車轍所窮。輒慟哭而返。作詠懷詩八十餘篇。爲世所重。又著達生論及大人先生傳。

阮·鶚　明桐城人。字應薦。嘉靖進士。累官浙江提學副使。世宗時倭薄杭城。鄉民避難入城者。有司拒不許入。鶚手劍開門納之。全活甚衆。以附趙文華等。擢右都御史。巡撫浙江。改福建。鶚初不主撫。及兵敗。惟以賂寇爲事。斂括民財。動千萬計。被劾黜爲民。

防·年　漢景帝時因繼母陳殺其父。遂殺陳。廷尉以大逆讞。帝疑之。武帝以爲繼母殺父。母道已絕。是父仇也。不宜以大逆論。得減死。

防叔　周宋人。微子之後。孔子之曾祖。

防·廣　後漢堂邑人。爲父報讐繫獄。聞母死。廣哭泣不食。邑宰鍾離意憐之。乃聽廣歸殯。丞掾皆爭不可。意竟不聽。廣斂母畢。果還獄。得減死。

八畫

亞三 明武宗南巡。其使火者亞三。因江彬侍帝左右。帝時學其語以爲戲。亞三驕甚。從駕入都。見提督主事梁焯不屈膝。焯怒撻之。武宗崩。亞三下吏。自言本華人。爲番人所使。乃伏法。

亞栖 唐僧。洛陽人。經律之餘。喜作字。得張顚筆意。光化中對殿庭草書。兩賜紫袍。一時榮之。

京房 漢頓丘人。字君明。本姓李。推律自定爲京氏。治易。事梁人焦延壽。其說長於災變。好鍾律。知音聲。以孝廉爲郎。永光建昭間數上疏。所言屢中。石顯·五鹿充宗疾之。出爲魏太守。後卒爲所中。下獄死。有京氏易傳。◉漢少從淄川楊何受業。武帝時爲大中大夫。出爲齊郡太守。梁丘賀嘗從學易。（按漢書師古注云。自別一京房。非焦延壽弟子。）

京相璠 晉著春秋土地名三卷。

京鏜 宋豫章人。字仲遠。紹興進士。高宗之喪。金人遣使來弔。鏜受命使金報謝。以喪故不肯受宴樂。使還。擢權工部侍郎。出帥蜀。蜀以大治。慶元中拜左丞相。時韓侂胄權勢震天下。鏜既得位。一變其素守。但奉行侂胄風旨而已。又薦劉德秀。興僞學之禁。以年老乞休。卒謚莊定。

佼長生 南朝宋廣平人。爲縣將。大府以其有膂力。召爲府將。朱脩之拒魯秀。長生有戰功。後官參軍。南討有功。封陵縣侯。

佽非 春秋一作次飛。又作茲非。荊勇士。嘗得寶劍。遂涉江。至中流。兩蛟繞其舟。非謂舟人曰。汝嘗見兩蛟夾舟而舟中之人有全活者乎。舟人對曰。未見。非曰。若此。吾乃江中腐肉朽骨耳。復何愛。乃攘臂拔劍。赴江刺殺蛟。衆賴以全。荊王聞之。官以執圭。孔子知而歎曰。腐肉朽骨。猶能除害。壯哉。

來大千 後魏初眞子。驍果善騎射。永與中爲內幢將。典宿衞禁旅。用法嚴明。上下齊肅。太武踐阼。爲常侍。累從征伐。以戰功賜爵廬陵公。鎭雲中。巡撫六鎭。吐京胡反。以大千爲都將。討平之。卒謚莊。

來子珣 唐萬年人。永昌初上書。擢左臺監察御史。無學術。語言蚩惡。武后倚以按獄。多徇后旨。賜姓武。字家臣。誣雅州刺史劉行實謀反。遷游擊將軍。俄流死愛州。

來之邵 宋咸平人。字祖德。登進士第。哲宗時累官殿中侍御史。資性奸譎。與楊畏合攻蘇頌。又論范純仁不可復相。乞進用章惇·安燾。呂惠卿。惇旣相。再遷刑部侍郎。張商英論之。以直龍圖閣出知蔡州卒。

來汝賢 明蕭山人。字子禹。嘉靖進士。官至禮部主事。有菲泉存稿。

來初眞 後魏代人。從道武避難叱候山。參創業功。官至後將軍武原侯。與在八議。

來和 隋長安人。字弘順。少好相術。識文帝於微時。開皇末進位開府。著相經四十卷。

來宗道 明蕭山人。萬曆進士。累官太子太保。兼內閣大學士。預機務。宗道官禮部時。爲崔呈秀父請䘏典。中有在天之靈語。編修倪元璐屢疏爭時事。宗道笑曰。渠何事多言。詞林故事。止香茗耳。時謂清客宰相。後定逆案。坐贖徒爲民。

來忠 蜀漢敏子。博覽經學。有敏風。與尙書向充等並能協贊大將軍姜維。維善之。以爲參軍。

來知德 明梁山人。字矣鮮。幼有至行。舉爲孝童。嘉靖時舉於鄉。歸養不出。其學以致知爲本。盡倫爲要。尤邃於易。萬曆間薦授翰林待詔。不赴。有周易集注。省覺錄。省事錄。瞿塘日錄。理學辨疑等書。

來秉衡 明洛陽人。萬曆舉人。李自成陷洛。爲賊將劉宗敏所執。令易服欲官之。不可。并其母劉妻吳暨幼子皆遇害。

來阿八赤 元寧夏人。憲宗時爲宿衞。監伐宋軍。世祖卽位。屢有戰功。累官湖廣等處行中書省右丞。征交趾陳日烜。中毒矢卒。

來俊臣 唐萬年人。天資殘忍。天授中上書。累擢侍御史。按詔獄數稱旨。拜左臺御史中丞。引擊不逞飛語誣衊公卿。上急變。而與朱南山輩作羅織經。按以從事。凡鞫囚必注醯於鼻。掘地爲牢。非死不得出。武后陰縱其慘。脅制羣臣。前後夷千餘族。後以謀反誅。

來保 淸滿洲正白旗人。姓喜塔臘氏。字學圃。年十三爲聖祖御前侍衞。容貌眉目如畫。聖祖呼爲人樣子。善騎射弋獵。而被服造次必於儒者。乾隆間官至文華殿大學士。舒赫德征伊犁。以糧盡誤軍機。高宗遣內使斬之。來保力救得免。善相馬。高宗嘗賜以相馬歌。卒謚文端。

來恭 明三原人。洪武中由貢士累官僉都御史。正色立朝。彈劾不避權勢。有讒恭者。太祖私幸其第。見夫人紡綿。恭鋤菜。遂誅讒而益重恭。

來敏 蜀漢豔子。字敬達。避亂入蜀。爲劉璋賓客。涉獵書籍。善左氏春秋。尤精倉雅訓詁。先主定益州。署敏典學校尉。後主時累遷光祿大夫。以言動不節。數被貶削。後終執愼將軍。

來復 明三原人。字陽仲。萬曆進士。官至江西右布政使。性絕穎。詩文援筆立就。書畫之外。有琴碁劍器百工藝術等事。著述存詩集十餘卷。

來復 〔明〕僧。豐城人。字見心。少出家。明內典。通儒術。善爲詩文。元時與虞集・歐陽原功諸人游。明初以高僧召至京。與宗泐齊名。有蒲庵集。

來斯行 〔明〕蕭山人。字道之。萬曆進士。授刑部主事。出爲天津兵備道。白蓮教搆亂。身率將卒破之。擒賊首徐鴻儒。終福建右布政使。有經史典奧。

來集之 〔明〕蕭山人。字元成。崇禎進士。官安慶府推官。有讀易隅通・卦義一得・易圖親見・倘湖樵書・博學彙書。

來漢 〔漢〕新野人。以才力事武帝。爲光祿大夫。副樓船將軍楊僕擊破南越朝鮮。

來瑱 〔唐〕曜子。略知書。尚名節。安祿山反。瑱守潁州。俘殺甚衆。賊目爲來嚼鐵。以功封潁國公。累官山南東道襄鄧均房等州節度使。代宗立。入朝。拜兵部尚書。同中書門下平章事。旋爲程元振所譖。貶播川尉賜死。

來儀 〔明〕臨朐人。字爻先。幼有奇氣。崇禎進士。令蘭陽。李自成入汴。儀募民兵設守。屢卻自成大隊。兵敗被執。脫歸。謁當事陳賊可圖狀。撫按上聞。詔命參督撫軍。而賊已陷京師。儀謀起兵赴難。爲土寇所害。

有幽憤集・一斗集・山房小錄。

來歷 〔後漢〕歙孫。字伯珍。少襲爵。安帝時累遷太僕。時侍中周廣・謝惲等讒陷太尉楊震。歷以其傷害忠良。絕不與交。皇太子廢爲濟陰王。歷要結光祿勳祋諷等十餘人。俱詣鴻都門證太子無過。帝使中常侍奉詔脅之。羣臣皆退。歷獨守闕連日不肯去。帝怒。免其官。順帝卽位。朝廷咸稱社稷臣。拜車騎將軍大鴻臚卒。

來整 〔隋〕護兒子。驍勇善戰。討擊羣盜。所向皆捷。諸賊爲作歌曰。不怕官軍千萬乘。只怕榮公第六郎。仕至虎賁郎將・右光祿大夫。宇文化及反。遇害。

來歙 〔後漢〕漢六世孫。字君叔。初事更始爲吏。後歸光武。官至中郎將。說隗囂歸漢。囂叛。復以精兵襲破之。隴右遂安。進攻公孫述。蜀人大懼。使刺客刺殺之。歙有信義。憂國忘家。忠孝彰著。帝聞。贈歙征羌侯。謚節。

來蕃 〔清〕蕭山人。字成夫。別字北沙。明亡後。棄舉子業。善詩古文詞。精六書。有北沙集。

來嶷 〔梁〕廣陵人。幼有奇節。侯景陷臺城時。嶷說廣陵太守祖皓起兵討賊。爲募勇士耿光等百餘人。襲殺景黨董紹先。邵陵王承制。除步兵校尉秦郡太守。及皓敗。嶷并兄弟子姪死者十六人。

來濬 〔明〕關中人。字梅岑。有金石備考。

來濟 〔唐〕護兒次子。擢進士。高宗時累遷中書令。帝將以武氏爲后。濟疏諫。后銜之。尋坐褚遂良事貶庭州。突厥入寇。濟拒之。不介冑而馳入。沒焉。

來曜 〔唐〕永壽人。起行間。開元末持節磧西副大使。四鎮節度使。著名西邊。終右領軍大將軍。

來護兒 〔隋〕江都人。字崇善。幼而卓犖。好立奇節。賀若弼鎮廣陵。深相禮重。以平陳功。進位上開府。從楊素擊高智慧於浙江。追至閩中。餘黨悉平。進大將軍。除泉州刺史。累擊賊有功。大業中帥師渡海。至卑奢城。高麗舉國來戰。護兒大破之。累轉左翊衛大將軍。封榮國公。江都之難。爲宇文化及所害。

來儼然 〔明〕三原人。字望之。萬曆進士。官至兵部主事。有自愉堂集。

來豔 〔後漢〕歷子。字季德。好學下士。開館養徒。少歷顯位。靈帝時再遷司空。

侍其沔 〔宋〕字國紀。貫穿經傳。與人交似淡薄。遇其急。奮義以往。不避艱險。累舉不遇。退爲鄉先生。

侍其良器 〔宋〕官左朝散大夫。知池州軍事。嘗摭周興嗣千字文所遺之字。爲續千字文。詞采亦頗可觀。

侍其曙 〔宋〕字景昇。舉進士。眞宗時知登州。會歲飢。請漕江淮米以賑貧民。活者甚衆。

侍蓮 〔清〕女道士。無錫人。字脩梅。號瀛香。又號瀞華道人。所居在城南曰寶香水榭。工畫蘭。楷法遒媚。間事吟詠。

供春 〔明〕吳頤山之家僮。亦作龔春。爲宜興陶工之著名者。頤山讀書金沙寺。供春於給役之暇。得寺僧淘土之訣。遂爲陶工。今傳世者。栗色闇然。如古金鐵。甚不易得。

依克唐阿 〔清〕滿洲人。光緒間由佐領累擢黑龍江將軍。中東之役。駐守九連城。禦敵於草河嶺。有功。調盛京將軍。整理東邊稅釐。增加收入。頗著成效。

兒良 〔戰國〕善兵家權謀之學。著書一篇。

兒念四 〔元〕絳州人。至元中任鄆城縣達魯花赤。有治行。卒於官。

兒單于 〔漢〕匈奴烏維單于子。名詹師廬。元封間嗣立。年少好殺伐。國中不安。左大都尉欲殺單于以降漢。期漢出兵而發。於是漢築受降城。使趙破奴出朔方以迎之。事覺。左大都尉被誅。破奴還軍。爲匈奴所擒。單于遂攻受降城。未下而卒。

兒湯 〔漢〕高祖時爲中謁者。時讖天子所服。當法天地。順四時。每一時衣服禮物朝祭百事。以一人主之。湯奉命舉秋。宣帝時魏相奏復其制。

兒萌 【漢】齊國人。字子明。與兄同見執於赤眉。赤眉將食其兄。萌乞以身代。賊哀而釋之。

兒寬 【漢】千乘人。溫良有廉知。善屬文。家貧賃作。帶經而鋤。武帝時射策補廷尉文學卒史。代掾史爲奏。可帝意。因從問尚書一篇。遷左內史。吏民信愛。以負租課殿當免。民爭輸租。課更以最。後拜御史大夫。

其石 【漢】高祖時以中謁者從定諸侯。封陽河侯。卒諡齊。

其思革子 【春秋】與戶文子。叔衍子爲友。聞楚成王賢而好士。三人俱往見。中途衣寒糧乏。度不能俱活。二子以革子爲賢。推衣糧與之。革子往見楚王。王升琴而進。革子援琴而鼓。作相與別散之音。王問之。具以告。乃以革子爲相。命左右收二子而葬之。

具瑗 【漢】元城人。桓帝初爲中常侍。帝誅梁冀。瑗以與謀封東武陽侯。自是權歸宦官。所在蠹害。時稱瑗爲具獨坐。言驕貴無偶也。後司隸校尉韓演奏瑗兄沛相恭臧罪。瑗詣獄謝。召貶爲都鄉侯。卒於家。

典韋 【三國魏】己吾人。形貌魁梧。膂力過人。任俠。爲襄邑劉氏報讎。豪傑義之。初屬夏侯惇。以功拜司馬。武帝討呂布於濮陽。賊矢如雨。韋持十餘戟大呼起。所抵無不應手倒者。布退。拜韋都尉。引至左右。將親兵數百人。常繞大帳。遷爲校尉。性忠至謹重。嘗晝立侍終日。夜宿左右。稀歸私寢。張繡襲武帝營。韋戰於中門。創重死。

到仲舉 【陳】洽子。字德言。立身耿正。文帝居鄉里。嘗詣其家。及爲吳興太守。引爲郡丞。既嗣位。以侍中遷尚書左僕射。封建昌縣侯。文帝崩。宣帝受遺詔入輔臨海王。仲舉與王暹。劉師知。殷不佞等宣旨遣宣帝還東府。事發被廢。復以其子郁有異謀。井下獄賜死。

到沆 【梁】撝子。字茂瀣。善屬文。工篆隸。天監初爲太子洗馬。遷太子中舍人。沆爲人謙敬。口不論人短。卒於北中郎諮議參軍。有詩賦百餘篇。

到彥之 【南朝宋】武原人。字道豫。武帝討孫恩。以鄉里樂從。每有戰功。武帝即位。進爵爲侯。彥之佐守荆楚。垂三十年。士庶懷其威信。元嘉中改封建昌縣公。遷南豫州刺史。伐魏無功。免官。起爲護軍。卒諡忠。

到洽 【梁】溉弟。字茂㳂。清警有才學。覩時方亂。築室幽居。人號居士。任昉訪之。歎曰。此子日下無雙。武帝問侍詔丘遲曰。到洽何如沆溉。遲對曰。正清過於沆。文章不減溉。加以清言。殆將難及。即召爲太子舍人。侍宴華光殿。賦二十韻詩。辭最工。賜絹二十匹。帝謂任昉曰。諸到可謂才子。累遷御史中丞。出爲尋陽太守。卒諡理。

到溉 【梁】撝弟子。字茂灌。少孤貧。與弟洽俱知名。時人比之二陸。歷御史中丞吏部尚書。坐事左遷。俄授國子祭酒。因疾失明。以散騎常侍金紫光祿大夫就第卒。溉所蒞以清白自脩。性率儉。不好聲色。居喪盡禮。毀瘠過人。家門雍睦。兄弟相友愛。溉特被武帝賞接。每與對棊。其齋前有奇礓石。戲與賭之。置石華林園。世謂到公石。既致仕。蔬食禮佛。帝每月三致淨饌。恩禮甚篤。

到撝 【南朝齊】彥之孫。字茂謙。資藉豪富。自奉甚厚。才調流贍。善納交遊。宋明帝時擢太子洗馬。武帝即位。以與撝有舊。一歲三遷。永明初爲御史中丞。撝恃舊。酒後多狎侮朝列。致遭劾免。後爲五兵尚書卒。

到藎 【梁】鏡子。歷尚書殿中郎。嘗從武帝幸京口。登北顧樓賦詩。藎受詔便就。帝以示其祖溉曰。藎定是才子。恐卿從來文章。假手於藎。因賜絹二十疋。後除丹陽尹丞。太清亂。赴江陵卒。

到鏡 【梁】溉子。字圓照。五歲便口授爲詩。婉有辭況。位太子舍人。作七悟文甚美。先溉卒。

卓人月 【明】仁和人。字珂月。有癖歌詞。王言遠稱其有意出新。獨闢生面。但於宋人蘊藉處。不無快意欲盡之病云。

卓子 【春秋晉】奚齊弟。里克殺奚齊。荀息立卓子。里克殺之於朝。鞭殺驪姬於市。

卓小仙 【明】蜀人。善畫。好吟詠。嘉靖間寓番禺。後不知所之。

卓天寅 【清】仁和人。字火傳。號亮庵。順治副貢。居塘棲鎮。盛交遊。投贈詩文滿天下。有傳經堂集。

卓文君 【漢】王孫女。司馬相如飲於卓氏。文君新寡。相如以琴心挑之。文君夜奔相如。與馳歸成都。相如家徒四壁立。因又之臨邛。令文君當壚賣酒。王孫恥之。分與文君財物。文君乃與相如歸成都。買田宅爲富人。後相如將聘茂陵人女爲妾。文君作白頭吟以自絕。相如遂止。相如以消渴疾死。文君爲誄。傳於世。

卓氏 【秦】其先趙人。用鐵冶致富。秦破趙。遷卓氏至臨邛。卓氏即鐵山鼓鑄。富擬人君。

卓王孫 【漢】臨邛人。家甚富。有女名文君。

卓布泰 【清】滿洲鑲黃旗人。姓瓜爾佳氏。衛齊次子。崇德間從攻錦州。屢與明兵戰於松山杏山間。順治間從入關。擊敗李自成。轉戰陝西湖廣江南浙江福建湖南各省。擢內大臣。任鑲黃旗都統。封二等男。尋命爲征南將軍。攻桂王於雲南。卒諡武襄。

卓·田 〔宋〕字稼翁。號西山。紹興間文士。工小詞。有三衢買舟詞。

卓·立 〔宋〕福清人。字志道。中特科。有西溪文集八十卷。

卓·明卿 〔明〕錢塘人。字澂甫。萬曆中由國子監生官光祿寺署正。有卓氏藻林·卓光祿集·卓澂甫詩續集。

卓·秉恬 〔清〕華陽人。字靜遠。號海帆。嘉慶進士。由檢討擢御史。官至武英殿大學士。鯁直敢言。封事無慮月。嘗以左都御史兼順天府尹。迄於大拜。凡十八年。羣吏肅然。咸豐間卒。諡文端。

卓·茂 〔後漢〕宛人。字子康。元帝時學於長安。事博士江生。習法禮及曆算。稱爲通儒。性寬仁恭愛。初辟丞相府史事。後以儒術舉爲侍郎。給事黃門。遷密令。視人如子。舉善而教。數年。教化大行。道不拾遺。及王莽居攝。以病免。更始立。以茂爲侍中祭酒。光武即位。訪求茂。以爲太傅。封褒德侯。

卓·英璘 〔遼〕金州人。兄英倩。爲元戎主書。甚見委用。英璘豪制鄉曲。聚無賴少年以伺變。時載秉權。牧宰莫敢問。載誅。英璘盜庫兵據險以叛。刺史孫道平擒殺之。

卓·迪 〔明〕奉化人。字民逸。善寫水墨山水。嘗師朱自芳。得其心妙。而筆法精微過之。兼能篆隸。永樂中入翰林。將授官而卒。

卓·恕 〔三國吳〕嘗客建康。還會稽。辭太傅諸葛恪。恪曰。何日復來至。恕言某日。至日。恪爲主人。停不飲食。欲以須恕。賓客咸曰。會稽建康。相去千里。道阻江湖。風波難期。俄而恕至。一座盡驚。

卓·得慶 〔宋〕莆田人。字善夫。號樂山。紹定進士。歷官秘書著作郎。以忤賈似道出知漳州。尋召還。景炎中除古文殿修撰戶部尙書。元兵逼城。得慶與其二子規檝並死於難。黃仲元銘其墓。稱爲忠孝父子。

卓·晚春 〔明〕莆田人。生嘉靖間。自號無仙子。人呼爲小仙。幼孤行乞。言休咎事皆奇中。初不識字。十四能詩。十六善草書。後於杭州化去。

卓·琮 〔宋〕永春人。字廷瑞。從陳淳游。嗜學堅苦。以積累成功。凡所講論。能暢淳所授之旨。

卓·敬 〔明〕瑞安人。字惟恭。洪武進士。爲給事中。遇事敢言。建文初密疏請徙燕王於南昌。事不行。燕王即位。執敬數之。憐其才。命繫獄。遣人諷之仕。不屈。乃斬之。夷其三族。成祖嘗嘆曰。國家養士三十年。惟得一卓敬。有詩文五十卷。遺書十卷。發明周邵之學。福王時諡忠貞。

卓·爾康 〔明〕仁和人。字去病。萬曆舉人。爲大同諫官。遷兩淮分司。罷歸。賊陷京師。悲憤卒。官大同時。盧象昇方爲總督。延之上座咨兵事。爾康抗談。漏下乃已。象昇用其策多效。有易說·詩學·春秋辨義諸書。

卓·爾堪 〔清〕漢軍人。字子立。自號寶香山人。康熙間從征耿精忠。爲右軍前鋒。工詩。有近青堂集。

卓羅 〔清〕滿洲正白旗人。一作卓洛。姓佟佳氏。順治間會攻雲南。屢敗白文選·李定國兵。平桂王。駐守雲南。敘功封二等伯。卒諡忠襄。

卓·巖明 〔後唐〕閩雪峯寺僧。李仁達作亂。以巖明素爲衆所重。迎立爲帝。巖明無他方略。但於殿上噀水散豆。作諸法事。仁達因大閱戰士刺殺之。

叔弓 〔春秋魯〕大夫。叔老子。聘於晉。晉侯使郊勞。辭曰。寡君使弓來繼舊好。固曰。女無敢爲賓。敢辱郊使。請辭。叔向稱其知禮。諡敬子。

叔仲·會 〔春秋魯〕字子期。孔子弟子。少孔子五十歲。與孔璇年相比。執筆迭侍孔子。

叔先·雄 〔後漢〕犍爲人。父因乘船墮水死。雄號泣晝夜。至父落水處。自投水死。後六日。與父相持浮於江上。郡縣表言。爲雄立碑圖像其形焉。

叔老 〔春秋魯〕公孫嬰齊子。一名子叔齊子。襄公時吳告敗於晉。叔老副季孫宿以會於向。爲吳謀楚故也。自是晉人輕魯幣而益敬其使。

叔肸 〔春秋魯〕宣公母弟。以宣公殺子赤自立。嘗非之。公與之財。則曰我足矣。織屨而食。終身不食宣公之食。穀梁稱爲賢人。

叔姬 〔春秋晉〕大夫羊舌子之妻。姓楊氏。羊舌子好正。不容於晉。去而之三室之邑。邑人相與攘羊而遺之。羊舌子不受。叔姬曰。是又不容於三室之邑矣。不如受而埋之。後二年事發。都吏至。羊舌子曰。吾受之不敢食。發而視之。則骨存焉。因得免。

叔孫·俊 〔後魏〕建子。字醜歸。內侍左右。謹密無過行。道武崩。清河王紹閉宮門。明元在外。俊說紹歸明元。明元即位。遷衞將軍。賜爵安城公。朱提王悅懷刃將爲逆。俊覺舉劾有異。執悅殺之。明元以俊前後功重。軍國大計。一以委之。卒諡孝元。

叔孫·建 〔後魏〕代人。道武帝拜爲平原鎭大將。封丹陽王。加征南大將軍。擊走宋將檀道濟。拔滑臺。沈敏多智。東西征伐。常爲謀主。又雅尙人倫。禮賢愛士。魏初名將。尠有及之。卒謚襄。

叔孫・豹　【春秋魯】大夫。謚穆子。亦曰穆叔。穆姜淫於僑如。將亂。豹奔齊。僑如知事敗。亦奔齊。乃召豹於齊而立之。後寵用豎牛。二子被殺。已亦爲所餓斃。嘗如晉。范宣子逆之問焉。曰。古人有言曰。死而不朽。何謂也。穆叔曰。太上有立德。其次有立功。其次有立言。雖久不廢。此之謂不朽。

叔孫・得臣　【春秋魯】大夫。謚莊叔。從文公如晉。及晉侯盟。晉侯享公。賦菁菁者莪。莊叔以公降拜曰。小國受命於大國。敢不愼儀。君貺之以大禮。何樂如之。抑小國之樂。大國之惠也。晉侯降辭。登成拜。公賦假樂。

叔孫・通　【漢】薛人。拜博士。號稷嗣君。漢王爲皇帝。去秦儀法爲簡易。通說帝徵魯諸生共起朝儀。爲緜蕞野外習之。長樂宮成。諸侯羣臣朝。莫不震肅。高帝曰。吾乃今日知爲皇帝之貴也。拜通爲奉常。徙太子太傅。

叔孫・婼　【春秋魯】豹庶子。謚昭子。豹卒。豎牛立昭子而相之。昭子卽位。朝其家衆曰。豎牛禍叔孫氏。使亂大宗。殺嫡立庶。必速殺之。豎牛奔齊。孟仲子之子殺之於塞關之外。仲尼曰。叔孫昭子之不勞。不可能也。

叔豹　【上古】高辛氏才子。爲八元之一。舜舉之。使布五教於四方。

叔帶　【周】趙造父七世孫。周幽王無道。去周如晉。事晉文侯。始建趙氏於晉國。

叔梁紇　【春秋魯】孔子之父。爲郰邑大夫。身長十尺。武力絕倫。諸侯之師伐偪陽。縣門發。紇抉之以出門者。娶顏氏三女名徵在。禱於尼丘而生孔子。孔子生三歲。叔梁紇卒。

叔詹　【春秋鄭】大夫。與堵叔。師叔同執政事。有賢名。

叔達　【上古】高陽氏才子。爲八愷之一。舜舉之。使主后土以揆百事。

叔齊　【周】孤竹君子。伯夷弟。名智。字公達。詳伯夷條。

叔獻　【上古】高辛氏才子。爲八元之一。舜舉之。使布五教於四方。

受申　【金】一名忙哥。累功遷軍中總領。宣宗詔鳳翔軍討李文秀於秦州。受申在軍中有罪。當死。宣宗赦之。以爲德順節度使。正大中元兵來攻。受申守禦二十晝夜。力盡死。

呢瑪善　【清】嘉慶間由閑散隨征湖北教匪。累有功。官至成都將軍。遣往雲南平果洛克番。卒謚勤襄。

周・一敬　【明】衛州人。崇禎進士。官至監察御史。有苑洛易學疏。

周・乃武　【明】黃梅人。武科聯捷。授寧波游擊。禦倭屢建奇功。一日爲倭所襲。勒降不屈死。

周・一南　【明】雲南人。字汝爲。崇禎間由選貢爲長沙通判。與蔡道憲深相得。擢岳州通判。士民固留。後死於賊。

周・卜曆　【明】郏人。字鼎泰。崇禎舉人。授內黃知縣。以父喪旋里。流賊李自成執而欲官之。不從。被殺。

周・士威　【元】永嘉人。至正間方明善據郡。柵千佛寺爲巢。與兄士行輪守柵。因劉公寬夜襲。罪守柵者。囚士行於獄。士威請以身代。吏憐而易之。士威死焉。

周・士晉　【清】嘉定人。字康侯。生有至性。母病。命妻棄九月兒以乳乳母。越十二年。於僧寺獲兒。母猶健在也。人以爲孝感所致。

周・士彬　【清】婁人。字介文。康熙副貢生。世居千山。論詩以眞朴爲主。尤喜讀宋儒語錄。有山舟堂集。

周・士樸　【明】商丘人。字丹其。萬曆進士。泰昌初徵禮科給事中。性剛果。不能委蛇隨俗。尤好與中官相搘柱。深爲魏忠賢所惡。崇禎初官工部尚書。以事削籍歸。李自成陷商丘。與妻妾子婦同日縊死。

周・大章　【明】吳江人。字章之。號禹川。嘉靖間舉於鄉。糾鄉勇禦倭有功。授兵備道。力辭。乃官其子崇仁爲蘇州衛千戶。世襲。有周禹川集。

周・大韶　【明】松江華亭人。與張內藴同撰三吳水利考。於諸水之源流。諸法之利弊。極爲詳核。

周・大樞　【清】浙江山陰人。字元木。一字元牧。幼工詩。與同里胡天游在江東詩社中最稱傑出。尤與秀水萬光泰善。乾隆初舉鴻博不遇。後舉於鄉。官教諭。有居易堂稿。

周・大禮　【明】崑山人。字子和。嘉靖進士。歷知興化府。會大饑。米價騰踴。所在平糶。大禮獨出令故高其價。商販輻輳。價爲立減。又與太湖障水之役。以備旱潦。累官河南參政。

周・子文　【明】無錫人。字岐陽。萬曆進士。嘗輯明人論詩之語爲藝藪談宗。大致以王世貞爲圭臬云。

周・子良　【梁】汝南人。寓居丹陽。字元畝。幼從陶弘景學符籙。遂通眞靈。有冥通記。◎【明】錢塘人。永樂間應求賢詔。累官兵部郎中。以廉謹稱。有樂稼軒詩稿。

周・子恭　【明】李中門人。能傳中之學。

周・子義　【明】無錫人。字以方。嘉靖進士。官國子祭酒。訓士有方。歷吏部左侍郎。掌詹事府。研窮經術及濂洛關閩之說。學日邃。卒謚文恪。

周・小松　【清】江都人。名鼎。善弈。爲咸豐時大家。嘗客皖江。與曾國藩對弈。小松授國藩以九子。裂其棋爲九品。僅乃得活。國藩大怒。有皖遊奕萃・餐菊齋棋評。

周・山圖 【晉】義興人。字季寂。雖家世寒賤。氣力絕衆。恆願爲將。勇健而不閑弓馬。於書題甚拙。謹直少言。與人周旋。白首不異。宋元嘉間積官直閣將軍。好酒多失。明帝數加怒誚。後遂自改。累遷淮南太守。時盜發桓溫冢。大獲寶物。客竊取以遺山圖。山圖薄以還官。高帝輔政。密啓沈攸之久有異圖。宜爲之備。又預策攸之之敗。後皆如所言。武帝時終黃門郎。

周・中 【宋】濰州人。建炎中金人攻城。率家人乘城拒守。中之弟辛家最富。盡散其財以享戰士。城陷。中闔門百口皆死。

周・中孚 【清】烏程人。字信之。別字鄭堂。嘉慶拔貢。長於目錄之學。考諸史藝文經籍。著讀書記。條最篇目。甄敘卷部。更旁臚其紗槧得失。最數十萬言。繼主上海李筠嘉。又爲其斠訂藏書。道光初舉副貢卒。著書甚富。多散佚。存者惟餘鄭堂札記。

周・中鋐 【清】浙江山陰人。字子振。康熙中知江南華亭縣。有惠政。擢知松江府。督濬淞婁諸水。淩險指揮。倉卒覆舟死。

周・丹 【明】永嘉人。洪武進士。授新化縣丞。在官以廉勤稱。驗民貧富及丁稅多寡。第爲上中下籍記之。遇有賦役。隨輕重使之。故民不擾而事易集。陞考功主事。

周・之士 【明】齊興人。字士貴。號四明居士。有游鶴堂墨藪。

周・之茂 【明】黃麻人。字松如。崇禎進士。歷官工部郎中。服闋需次都下。賊搜得之。不屈而死。

周・之訓 【明】黃岡人。字無逸。萬曆進士。崇禎中官濟南副使。清兵下濟南。之訓望闕再拜死。

周・之冕 【明】長洲人。字少谷。善畫寫意花鳥。設色鮮雅。蹊徑異趣。兼善古隸。

周・之屏 【明】湘潭人。字鶴昂。嘉靖進士。歷官布政使。初知吉安。有譁卒入府門。僚吏散走。之屏嚴鼓升堂。語之曰。若輩有所訴。守能爲若白。若爲亂。則守不懼死。汝曹罪不貸矣。卒皆釋戈拜。一郡獲安。

周・之琦 【清】祥符人。嘉慶進士。由編修累官廣西巡撫。疏言築隄賑災等事。凡數十上。以病乞休。

周・之翰 【元】松江華亭人。字申甫。博究羣書。通象數之學。有乾坤闔闢・天地生成・陰陽變化・山川流峙四圖幷贊。以發明其奧。講授於鄉以終。◉【明】荆門人。字景玉。萬曆進士。任戶部郎中。監稅通州。因礦稅使四出。之翰抗疏極諫。忤旨罷歸。仇黨中途截其行裝。檢視惟圖書數卷而已。

周・仁俊 【宋】開寶間嶺南初平。朝命仁俊知瓊州。既至。擇僞官驕崇璨等四人。令分知儋・崖・振・萬安四州。因其俗而治之。綽有政績。

周・仁美 【宋】深州人。開寶中累以軍功遷右班都知。戍環州。時牛耶泥族累歲爲寇。仁美擊破之。至道初復叛。因誘縛酋長二十八人。自是諸族慴畏。嘗召見。奏請備員宿衛。留補馬步軍副都軍頭。終端州防禦使。

周・仁榮 【元】敬孫子。字本心。承其家學。又師同郡楊珏・陳天瑞治易禮春秋。工爲文章。署美化書院山長。美化人不知學。仁榮舉行鄉飲酒禮。士俗爲變。泰定初累遷集賢待制。

周・允元 【唐】安城人。字汝冝。武后時爲檢校鳳閣侍郎。后宴宰相。詔陳書傳善言。允元曰。恥其君不如堯舜。武三思劾奏語指斥。后曰。聞其言足以誡。安得爲過。卒官。

周・元眞 【元】道士。嘉興人。字元初。至正中居吳縣葑門外報恩道院。能以符篆召鶴。自號鶴林先生。事母至孝。受五雷秘文。禱雨輒應。一時文士多以詩文投贈。其徒郭本中爲編鶴林類集。

周・元豹 【後唐】燕人。精袁許之術。狀入形貌。比諸龜魚禽獸。目視臆斷。咸造其理。後歸晉陽。張承業信重之。元豹預知明宗之貴。莊宗署元豹北京巡官。明宗即位。以金帛厚賜之。授光祿卿致仕。

周・元理 【清】會稽人。字秉中。乾隆舉人。以知縣用。累擢直隸總督。王倫作亂於山東。督兵會勦。悉誅之。累官工部尚書。引疾乞休。

周・元懋 【清】鄞人。字桂礎。別字德林。明末知思南府。以母憂未赴。國難作。魯王建國。破家輸餉。江上失守。削髮入灌頂山。終日縱飲。以醉和尚稱。

周公 【周】武王弟。名旦。爲子孝。及武王即位。輔武王伐紂。既克殷。封於曲阜爲魯公。不就。留佐武王。武王有疾。公乃告於太王王季文王。藏其策金縢匱中。成王立。公攝政當國。管叔流言於國曰。公將不利於孺子。公乃避居東都。作鴟鴞之詩以貽王。天大雷電以風。邦人大恐。王啓金縢之書。得公代武王之說。乃逆公歸。公營成周雒邑。遂國之。成王長。公乃還政於王。北面就臣位。王賜天子禮樂。以褒公德。

周・升桓 【清】嘉善人。字稺圭。號山茨。乾隆進士。以侍講出爲廣西蒼梧道。書法東坡。有皖遊詩存。

周・天佐 【明】晉江人。字子弼。嘉靖進士。爲戶部主事。御史楊爵劾大學士夏言・尚書嚴嵩等下獄。天佐疏救之。尋被杖詔獄。絕其飲食而死。

穆宗立。諡忠愍。

周天受 〔清〕新都人。字百祿。咸豐間由把總從向榮征廣西。轉戰兩湖江南安徽浙閩。官至湖南提督。督辦寧國軍事。寧國陷。戰死。

周天度 〔清〕仁和人。字心羅。號讓谷。乾隆進士。官許州知州。有十誦齋集。

周天祚 〔明〕松滋人。字白石。天啓進士。官戶部主事。因請裁冗費。敷忤中璫。遂齎志以沒。

周天培 〔清〕天受弟。咸豐間洪楊軍起。天培轉戰江蘇浙江。以功累擢湖北提督。嗣以扼勦浦口。沒於陣。諡武壯。

周天球 〔明〕太倉人。字公瑕。號幼海。隨父徙吳。從文徵明游。善寫蘭草。尤善大小篆古隸行楷。一時豐碑大碣。皆出其手。

周天駿 〔宋〕字子美。從眞德秀游。德秀謂其質性渾厚。若在璞之玉。其學以持敬爲主。德秀書敬齋二字遺之。

周天爵 〔清〕東阿人。字敬修。嘉慶進士。道光初任懷遠知縣。咸豐間官至安徽巡撫。時安慶陷。以廬州爲行省。卒於軍。諡文忠。天爵出身科第而武藝絕倫。每戰親自督陣。士卒有不前者。手誅之。所嚮多捷。生平篤信王陽明良知之説。最嚴義利之辨。天性尤剛正。治尚威猛。江淮荆楚之間。咸稱包孝肅復生云。

周太王 〔周〕一稱古公亶父。初居邠。狄人侵之。遷於岐山之下。邠人皆從之。始改國號曰周。去戎狄之俗。武王追尊爲太王。

周太祖 〔後周〕姓郭氏。名威。堯山人。本常氏子。幼隨母適郭氏。故冒其姓。少賤。黥頸爲飛雀。世目爲郭雀兒。仕漢爲鄴郡留守。旣弒隱帝。遂出禦契丹。至澶州自立而還。悉出漢宮中寶玉器碎之。帝如曲阜。謁孔子祠。拜其墓。左右曰。孔子陪臣也。不當以天子拜之。帝曰。孔子百世帝王之師。敢不敬乎。在位三年崩。是爲太祖。年號廣順。

周太素 〔唐〕官至尚書郎。善花鳥佛像。

周孔教 〔明〕臨川人。字明行。萬曆進士。官至右僉都御史。蘇州大饑。孔教極力賑之。民感其惠。有周中丞疏稿·救荒事宜。

周文 〔秦〕陳人。嘗爲項燕軍視日。事春申君。自言習兵。陳勝與之將軍印。西擊秦。爲章邯所敗。自刎死。

周文 ◎〔漢〕任城人。名仁。以醫見。景帝初爲郎中令。爲人陰重不泄。常衣敝補衣溺袴。以是得幸景帝。武帝時病免。

周文元 〔明〕爲周順昌輿隸。天啓間順昌爲東廠所逮。衆譟擁毆擊旗尉。衆散。文元等五人論大辟。臨刑。延頸就刃。

周文王 〔周〕太王孫。名昌。生有聖德。爲西伯。積善累德。諸侯嚮之。紂乃囚之於羑里。閎夭之徒。求美女獻之。紂大悅。賜弓矢斧鉞。使得征伐。虞芮之人。有獄不能決。乃如周。入界。耕者讓畔。俗皆讓長。遂慙而還。俱讓而去。由是諸侯歸西伯者。四十餘國。後七年而崩。諡文。

周文玘 〔宋〕官試秘書省校書郎。嘗取古來諷諧事。爲書曰開顏集。

周文育 〔陳〕陽羨人。字景德。本新安人。姓項。名猛奴。少孤貧。義與人周薈養爲己子。教之書計。文育曰。誰能學此。取富貴但有大槊耳。薈教之騎射。文育大悅。以戰功最。進爵壽昌縣公。官終散騎常侍開府儀同三司。爲熊曇朗所害。諡忠愍。

周文泉 〔清〕自號練情子。工樂府。所著傳奇八種。總名補天石。

周文矩 〔南唐〕句容人。美風度。學丹青。頗有精思。仕爲待詔。能畫冕服車器人物子女。

周文敏 〔宋〕安仁人。篤學敦行。不求聞達。嘗與周敦頤講學廬山。爲敦頤所稱。

周文華 〔明〕蘇州人。字含章。嘗敘述江南花果。及栽種之法。著汝南圃史。

周文靖 〔明〕莆田人。宣德間以陰陽訓術。徵直仁智殿。御試枯木寒鴉第一。授大庾縣典史。歷鴻臚序班。畫山水人物花鳥。俱有高致。

周文質 〔元〕其先建德人。居杭州。字仲彬。善丹青。學問該博。元統間卒。

周文褒 〔明〕永嘉人。學行卓異。尤善楷書。永樂中登進士。擢河南左布政。居官勤勵。軍民利病。輒陳奏興革云。

周文璞 〔宋〕陽穀人。字晉仙。號方泉。又號野齋·山楹。有方泉集。

周止 〔漢〕以舍人從高祖起沛。定三秦。爲騎郎將。破項籍東城。封魏其侯。卒諡嚴。

周王孫 〔漢〕雒陽人。受易於杜陵田何。後丁寬復從受古義。號周氏傳。

周世臣 〔清〕宜興人。字穎侯。一作名世沛。字允侯。崇禎進士。官福建興化司理。善山水。長於詩歌。有集。

周世宗 〔後周〕龍岡人。姓柴氏。名榮。太祖養子。通書史。帝即位。勵精圖治。取秦隴。平淮右。復三關。威武之聲。震懾夷夏。延儒學文章之士。考制度。修通禮。定正樂。議刑統。皆可法於後世。廢天下佛寺三千三百三十六。時中國乏錢。詔悉毀天下銅佛像以鑄錢。在位六年崩。是爲世宗。年號顯德。亦稱柴世宗。

周·世金【清】衡山人。字仲閾。有易解拾遺·周易句讀讀本。

周世南【宋】邵陽人。少好學。遊上庠。聘董氏女。未婚而女失明。女父請改婚。南不可。既第成婚。士論高之。累官駕部郎中。以少卿致仕。

周·世選【明】故城人。字文賢。嘉靖進士。官至南京兵部尙書。以風節著於時。有衛陽集。

周·丘【漢】下邳人。客吳王濞所。景帝時濞反。賓客皆爲將。丘上謁。請一漢節。馳入下邳。一夜得三萬人報濞。遂將其兵至城陽。兵十餘萬。聞濞敗走。引兵歸下邳。癰發背死。

周·仔肩【元】仁榮弟。字本道。以春秋登延祐進士。終惠州路總管府判官。與其兄俱以文學名。

周·匝【後唐】莊宗嬖伶。爲梁人所得。其後滅梁復得之。喜甚。匝曰。身陷仇人。而得不死。教坊使陳俊內園栽接使儲德源之功。願乞二州以報。莊宗許之。皆以爲刺史。

周·去非【宋】行己族孫。隆興進士。通判紹興。淳熙中移桂林。有嶺外代答。於法制財計。足補正史所未備。

周·古言【唐】中宗時人。善人物寫貌。圖繪宮禁婦女故實。布景命意。意在筆外。世稱名筆。

周·古象【元】蘄水人。宋末元兵南下。古象被掠至幽薊。贅蒙古氏。生子未嘗喜。妻問故。曰。母在鄉。欲得歸省。妻許之。及歸。母尙無恙。古象奉母盡孝。母沒廬墓。其妻亦終身不嫁。

周·召【清】衢州人。字公右。號拙菴。康熙初官鳳縣知縣。所著雙橋隨筆。大旨崇禮教。斥異端。於明末士大夫陽儒陰釋空談性命之弊。尤爲言之深切云。

周·巨【蜀漢】犫子。能傳父術。

周·市【秦】魏人。陳勝命使徇魏地。既下。欲立之爲魏王。市不可。謂必立魏王後。齊趙使車各五十乘。立之爲王。市不受。迎魏咎於陳立之。後爲章邯所擊殺。咎亦自刎。

周平王【周】幽王子。名宜臼。犬戎既殺幽王。諸侯乃卽申侯。共立故太子宜臼爲王。遂東遷雒邑。時周室衰微。諸侯彊并弱。齊楚秦晉始大。政由方伯。在位五十一年崩。謚平。

周·弘正【陳】捨從子。字思行。年十歲。通老子周易。十五補國子生。仍於國學講易。諸生傳習其義。後爲梁平西邵陵王府諮議參軍。弘正知玄象。善占候。大同末預知侯景之亂。又善清談。爲梁末玄宗之冠。入陳累官尙書右僕射。卒謚簡子。有周易講疏·論語疏·莊子疏·孝經疏·及集。

周·弘直【陳】弘讓弟。字思方。方雅敦厚。仕梁累遷昌州刺史。入陳。位太常卿。太建中卒。有集。

周·弘祚【五代吳】本子。徐知誥將受禪。衆諷本勸進。弘祚懼家禍。代署表上之。本初不知。臨川王濛既廢居和州。率兩騎走詣本。弘祚拒閉中門。令外執濛。濛遂誅死。

周·弘祖【明】麻城人。嘉靖進士。擢御史。隆慶初司禮中貴及藩邸近侍。陞錦衣指揮以下至二十餘人。弘祖引祖制切諫不報。以詔市珍寶。復切諫。尋遷福建提學副使。終南京光祿卿。

周·弘謨【明】麻城人。字元文。萬曆武解元。成進士。守備靖州。以功遷河南都司宣府游擊。與李如柏等戰平壤。大捷。會有倭警。弘謨同沈惟敬往議款。推誠侃論。倭爲讋服。

周·弘綸【明】麻城人。字元孚。倜儻負奇。好射獵。萬曆進士。爲順天通判。上疏指斥朝貴。謫代州判官。尋爲尙寶丞。大興水利。以將材薦哱承恩等。承恩等反。坐謫。投劾歸。

周·弘讓【陳】弘正弟。性簡素。博學多通。始仕不得志。隱於句容之茅山。晚仕侯景。爲世所譏。天嘉初以白衣領太常卿。

周·必大【宋】廬陵人。字子充。一字洪道。紹興進士。孝宗時除起居郎。應詔上十事。皆切時弊。權給事中。繳駁不避權倖。嘗觀·龍大淵得幸。並遷知閤門事。必大不書黃。旬日申前命。必大格不行。遂請祠去。後除秘書少監。張說再除簽書樞密院。必大不具草。予宮觀。後拜右丞相。封濟國公。光宗問當世急務。奏用人求言二事。寧宗卽位。求直言。奏四事。慶元初以少傅致仕。自號平園老叟。著書八十一種。有平園集二百卷。卒謚文忠。

周·必剛【宋】必大弟。字子栗。必大謂其仁而剛。敬而和。敏而好學。事母孝。從兄順。與人交忠信廉遜云。

周·必彊【宋】必剛弟。字子柔。剛明孝友。爲詩文皆驚人語。眞德秀嘗序其集曰。假之以年。必將追躡人而與遊。望聖門而力進云。

周·本【五代吳】宿松人。有勇力。嘗獨格猛虎。隸楊行密帳下。勇冠三軍。領精卒七千大破撫州軍。擒危全諷。江西始定。唐莊宗入洛。召爲雄武統軍。拜太尉。封西平郡王。徐知誥將受吳禪。其子弘祚代署表上之。本初不知。愧恨卒。謚恭烈。

周·札【晉】玘弟。字宣季。性矜險好利。外方內荏。少以豪右自處。不應辟命。以討錢璯功。賜爵漳浦亭侯。王敦以爲右將軍會稽內史。時札一門五侯。貴盛無比。敦深忌之。爲敦所陷殺。

周·正【清】萊陽人。字公端。號方山。康熙進士。官浦城知縣。有取此居文稿。

周．永年 明吳江人。字安期。諸生。少負才名。工詩文。晚遭亂。居吳中西山。未幾而沒。著詩累萬首。信筆匠心。不以推敲刻鉥爲能事。有鄧尉聖恩寺志．吳都法乘．懷響齋詞。◎清歷城人。字書昌。結茅林汲泉側。因稱林汲山人。乾隆進士。召修四庫書。改庶吉士。授編修。生而好學。棄產營書。凡積五萬卷。約曲阜桂馥築借書園。祀漢經師伏生．許叔重諸人。聚書其中。招致來學。其學淹博無涯涘。自謂之拙。不存稿。亦不著書。

周．永春 明金鄉人。官禮科都給事中。齊黨方熾。永春與亓詩教爲之魁。後爲遼東巡撫。値喪敗之後。調度軍食。拮据勞瘁。越二年罷歸。天啓初言官追論開原失陷罪。遣戍。

周．永清 宋美孫。字鼐之。龐籍言其忠勇。加閤門祗候。押時服賜夏國。夏人受賜不跪。永清詰之。乃跪。知德順軍。擊賊有功。徙知代州。契丹求地。命永清貳韓縝分畫。入對言疆境不可輕與人。不願往。固遣之。復上章陳利害。竟以母病辭。終東上閤門使。

周．玄 明閩縣人。字微之。與黃玄皆出林鴻之門。稱二玄。永樂中以文學徵拜祠部尚書郎。玄嘗挾書數千卷。止長樂高棅家。讀十年。卒業辭去。盡棄其書曰。學在吾腹笥矣。

周．玉 明賢子。字廷璧。初爲偏裨。及鎮宣府。甚有名。卒諡武僖。

周．玉立 清丹徒人。字靜植。號富峰。諸生。植學砥行。詩文負盛名。乾隆初舉鴻博。辭不就。與陳鵬年輩唱和。有繪雪堂集。

周．玉質 明海澄人。勇力絕人。嘉靖間山寇亂漳泉間。官兵不能制。玉質率鄉兵禦之。斬首數百級。賊大潰。玉質窮追被傷死。

周．玉衡 清樂陵人。字器之。號潤山。嘉慶舉人。官至江西按察使。咸豐間與洪楊軍戰於吉安。城陷死之。諡貞恪。

周．玉簫 明閩人。武人方輿之妾。輿建議撫紅夷。忤大帥旨。繫獄七年。遣玉簫。誓死不去。輿事解。詣闕上書。會國變。不得歸。玉簫感慕病沒。有詩一百三十篇。玉簫好譚古今節義。常采古列女懿可法。佚可戒者。各爲詩一篇。比於彤管。

周．玉麒 清長沙人。字韓城。道光進士。官至內閣學士。兼禮部侍郎。居官守經據古。不阿於世。在諫垣持大體。有思益堂詩賦．述家訓。

周．生．烈 三國魏燉煌人。魏初徵士。明帝時注經傳。頗傳於世。（按裴松之注。姓周生。名烈。）

周．用 明吳江人。字行之。弘治進士。授行人。仕至吏部尚書。端亮有節概。卒諡恭肅。有周恭肅集。

周．白 宋工畫山水。

周．石珍 梁建康厮隸。武帝時歷位直閤將軍。封南豐縣侯。臺城未陷。已射書與侯景相結。景篡位。制度羽儀。皆石珍是出。景平。腰斬於江陵。

周．立勳 明松江華亭人。字勒西。崇禎中與倡幾社。詩文恆以慨歎出之。後就試金陵。寓妓館。以客死。

周．仲明 後蜀以術數擅名。孟知祥病危。司空趙季良召仲明問知祥壽幾何。仲明曰。帝合爲眞王。食蜀中二十年。又問國祚修短。仲明曰。二紀外有眞人出。天下一統。後其言皆驗。

周．仲孫 晉光子。興寧初督寧州軍事。爲寧州刺史。在州貪暴。人不堪命。桓溫以梁益多寇。周氏世有威稱。除監益豫梁州之三郡。終光祿勳。

周．光 晉撫弟。有父風。王敦以爲寧遠將軍。尋陽太守。及敦舉兵。光率千餘人赴之。既至。敦已死。乃捕錢鳳詣闕贖罪。後從平蘇峻。力戰有功。卒官。

周．光輔 後唐德威子。年十歲。補幽州中軍兵馬使。有成人之志。德威以牙軍委之。麾下咸取決焉。德威卒。授嵐州刺史。從莊宗平梁。歷陳懷磁三郡。高祖卽位。授蔡州刺史。皆無濫政。

周．全 元光州人。仕宋爲廣南西路馬步軍副總管。至元間丞相伯顏下江南。全率衆來歸。授明威將軍。從攻廣州。全功爲多。陞管軍總管。後鎮守龍興。去官卒。

周．吉言 宋工畫人物士女。

周．吉祥 明孝肅太后弟。兒時出游。去爲僧。家人莫知所在。孝肅一夕夢伽藍神來言。英宗亦同時夢。且遣黃門物色得之伽藍殿中。召入見。欲爵之不可。厚賜遣還。憲宗爲建大慈仁寺。賜莊田數百頃。

周后 明其先蘇州人。徙居大興。莊烈帝卽位。立爲皇后。性嚴慎。崇禎末都城陷。帝泣語后曰。大事去矣。后頓首曰。妾事陛下十有八年。卒不聽一語。至有今日。乃撫太子二王慟哭。遣之出宮。遂入室闔戶。先帝崩。清順治初諡愍。

周．在 明太倉人。字善卿。正德進士。授寶坻知縣。忤太監王孜。械繫獄廷杖。尋擢御史。嘉靖中桂萼力薦王瓊。在疏論瓊陰賊險狠。下鎮撫。再杖出爲吉安推官。終浙江參政。

周．在浚 清亮工子。字雪客。官經歷。有雲烟過眼錄．晉稗．黎莊集．秋水軒集．天發神讖碑釋文。

周夷王 周穆王曾孫。懿王之子。

名變。懿王弟孝王崩。諸侯立之。王德諸侯。始下堂而見。降與抗禮。命虢公伐太原之戎。獲馬千匹。在位十六年崩。諡夷。

周．如齋　元杭人。工畫山水。

周．安　明宣宗時以指揮僉事守備乂安。黎利勢張。安至富良江。陷於賊。謀侯官軍至爲內應。賊收安將殺之。安躍起奪賊刀自刎死。

周．安節　清常熟人。字承五。諸生。供奉內廷。善花卉。疎淡可愛。能詩。

周．守忠　宋號榕菴。有養生雜纂．古今諺．姬侍類偶。

周．有德　清漢軍鑲紅旗人。順治間由貢生授弘文院編修。康熙間累官雲貴總督。時吳三桂反。大兵進剿。有德主輸送糧餉。卒於常德。

周．朴　唐福州人。字大朴。黃巢入閩。得朴將用之。謝曰。我爲處士。尚不屈天子。安能從賊。遂被害。

周．汝舟　清吳江人。字道夫。雍正時諸生。有悅江詩稿。

周．汝登　明嵊人。字繼元。萬曆進士。累官南京尚寶卿。其學欲合儒釋而會通之。輯聖學宗傳。雜採先儒語類禪者以入。蓋萬曆世士大夫講學者多類此。

周．江　明溶化人。善騎射。有膽智。流賊至。江戒鎮民毋譁。毋閉戶以示整暇。而持餅餌覘醪獨身前迎之。賊駭愕。縱使歸。江於賊中盤馬。絕而復馳。賊益大駭懼。因斂刃去。鎮以獲免。

周．池　清湖口人。字商濂。著唐鑑偶評．駢語類鑑．鈍根雜著。

周．羽步　清松陵女子。名瓊。一字飛瓊。詩才淸俊。與吳蕊仙同著比玉新聲集。

周．羽翀　宋官儒林郎試秘書省校書郎。有三楚新錄。可備讀五代史之參考。

周考王　周定王三子。名嵬。攻殺思王而自立。初王子朝之亂。餘黨皆在王城。敬王畏之。徙都成周。至是。王以王城故地。封其弟揭。以續周公之職。在位十五年崩。諡考。

周．聿　宋青州人。紹興中召對。陳經綸匡濟策稱旨。累官戶部侍郎。有春秋文義．易說。

周．臣　明南通州人。字元弼。弘治進士。刑部主事。有大臣子坐法。執讞不撓。坐左遷薊州同知。正德初擢順天府推官。以窮治劉瑾黨下獄。瑾矯旨廷跪中暍死。◎明吳縣人。字舜卿。號東村。善畫山水人物。爲世所寶。以畫法授唐寅。及寅以畫名世。或仍倩其代作。非具眼不能辨也。

周．自強　宋江山人。字勉仲。入棘寺三十餘年。先時仕嶺南者沒。其妻若女不能自存。咸流落爲人婢。自強奏請官爲嫁之。又置接濟庫。計口給錢米。使其子孫得出嶺南。且慮不能久。乃捐己俸買田三十頃。聞於朝。刻石著其事。◎元新喻人。字剛善。以文法推擇爲吏。泰定間廣西洞猺反。自強往說以禍福。僉立罷兵納款。超授廣西兩江道宣慰司都事。歷義烏縣尹。周知民情。而性度寬厚。不爲刻深。民畏且愛。部使者數以廉能薦於朝。爲江州路總管致仕。

周．舟　明洪武間與化丞。以績最擢吏部主事。民爭乞留。乃遣還之。

周．行己　宋永嘉人。字恭叔。風儀秀整。語音如鐘。師事程頤。元祐初第進士。爲本州教授。發明中庸之旨。邑人始知有伊洛之學。有周博士集。

周．行通　後蜀成都人。工畫人物鬼神番馬服械鳥獸。川原放牧。盡得其妙。

周．行逢　五代楚武陵人。事馬希萼爲軍校。別將兵破益陽。殺李景兵二千餘人。擒其將李建期。王逵爲武安軍節度使。拜行逢集州刺史。爲逵行軍司馬。顯德初拜武清軍節度使。權知潭州軍府事。宋初加中書令卒。行逢能儉約自勉勵。性勇敢。麾下將吏素恃功驕慢者。一以法繩之。一境畏服。

周．西　清定海人。字方人。學者稱勁草先生。性孝。喜讀書。往往自夜達旦。有痛定集．勁草亭諸編。

周．伯琦　元應極子。字伯溫。至正間累官參知政事。招諭平江張士誠。士誠留之十餘年。士誠滅。乃得歸。尋卒。伯琦儀觀溫雅。粹然如玉。博學工文章。尤以篆隸眞草擅名。嘗著六書正譌．說文字源二書。又有詩文稿若干卷。

周．伯陽　周讀史知周之亡。

周．位　明鎮洋人。字元素。洪武中取入畫院。宮掖山水。多出其手。

周．位庚　清桂林人。字介亭。乾隆進士。官至澤州知府。工山水。宗法元人。甚有意趣。

周．克明　宋茂元子。字昭文。精術數。開寶中累遷春官正。頗修詞藻。喜藏書。太宗召賜中書。賜同進士出身。拜太子洗馬殿中丞。皆兼翰林天文。屬修兩朝國史。其天文律曆。皆克明參之。

周．克開　清長沙人。字乾三。號梅圃。乾隆舉人。官至杭嘉湖海防道。所至有名績。善治獄。多所平反。性亢廉介。死後家無餘貲。天下稱廉吏。

周．利貞　唐神龍初累擢侍御史。阿附權強。承崔湜旨。矯殺敬暉．桓彥範等。先天中爲廣州都督。顓事剸剗。夷獠苦其殘虐。皆起爲寇。開元中嘩子訟父寃。賜死。

周・劭〔三國吳〕泰子。以騎都尉領兵。曾仁出濡須。戰有功。又從攻破曾休。進位裨將軍。

周・孚〔宋〕濟南人。寓居丹徒。字信道。乾道進士。官眞州教授。工詩。詞旨淸拔。文章不事雕繪。近於自然。有蠹齋鉛刀編。

周・孚先〔宋〕晉陵人。字伯忱。從程頤學。頤嘗謂氣質淸明。可以入道。由鄉薦入太學。調四明鹽場。改建德尉。不就。

周・孝〔明〕揭陽人。少孤。力田養母。朝出必整冠肅揖。暮歸亦如之。正德中歲旱。爲有司禱雨而驗。遂有秋。人稱爲孝子粟。

周・孝壎〔清〕吳縣人。初名蘭穎。字愚初。號通梅。官刑部主事。工詩古文詞。有選讀小廬詩・性理析疑・韻學參考・春暉堂文集。

周・宏〔元〕遷安人。至正間官昌黎尹。程思忠作亂。宏率其民赴永平拒守。城陷被執。不屈死。

周・宏起〔清〕平湖人。字雲蚪。號道腴。歲貢生。官青田訓導。有易經集義・四書集義・望古堂詩文集。

周・希孟〔宋〕侯官人。字公闢。遍通九經。尤邃於易。與陳烈・陳襄・鄭穆爲友。閩人號四先生。知州劉夔・曾穎叔・蔡襄・皆親至學舍質問經義。授將仕郎。試國子監四門助教。充本州教授。力辭不許。有易義・詩義・春秋義・幷文集行世。

周・希聖〔明〕零陵人。字維學。萬曆進士。累官南戶部尙書。楊漣劾魏璫奸。坐黨削籍。

周・序培〔清〕丹徒人。字殷士。號竅生。善畫山水人物花鳥。整密秀潤。獨開生面。

周・延〔明〕吉水人。字南喬。嘉靖進士。歷兵科給事中。時議王守仁罪。將奪其爵。延抗疏訟之。謫太倉州判。歷遷左都御史。延居官方峻。砥節奉公。翛然不滓。卒諡簡肅。

周・延儒〔明〕宜興人。字玉繩。萬曆進士。崇禎初拜大學士。參與機務。性警敏。善伺意旨。莊烈帝甚信任之。旋爲溫體仁所排擠。乃引疾歸。體仁敗。帝益加尊禮。然延儒實庸懦無才略。且性貪。所引者皆招搖罔利之人。淸兵略山東。還至近畿。延儒自請視師。駐通州不敢戰。惟與幕客飲酒娛樂。而日騰章奏捷。淸兵去。論功加太師。旋廷臣及中官盡發所刺軍中事。且劾其十大罪。帝乃大怒。削職賜死。籍其家。

周・廷用〔明〕華容人。字子賢。正德進士。官至江西按察使。有八厓集。

周・廷徵〔明〕麻城人。字公賢。正德中以教諭擢御史。按陝西。安化王寘鐇反。廷徵擒之。旣而太監張永至。盡奪寧夏將士功。寧夏幾再變。廷徵力爲撫定。陞九江兵備。卒。

周・忱〔明〕吉水人。字恂如。永樂進士。宣德初超遷工部右侍郎。巡撫江南。在任二十二年。惠政大著。諸所建明。皆著爲令。景泰中以工部尙書致仕。卒諡文襄。

周・成〔漢〕苛子。以父死事封高景侯。孝文間謀反下獄死。◎〔明〕海陽人。字朝美。陳獻章高弟。由舉人除歙縣訓導。有志於性理之學。立教以孝弟爲先。圖冠祭二儀節於講堂壁間。朔望躬率諸生講習之。終日具衣冠端坐。雖盛暑不暫釋。在任八年。遷國子監助教。上治安通義保太安邊二策。不報。授翰林院檢討致仕。

周成王〔周〕武王子。名誦。王諒闇。周公旦爲冢宰。管蔡與紂子武庚作亂。王命旦伐之。誅武庚管叔。作周官。與禮樂。立制度。而民和睦。頌聲作。營東都。定鼎郟鄏。在位三十七年崩。諡成。

周・杞〔宋〕處州人。建炎間知常州。値苗劉之亂。杞倡義勤王。以功除右文殿修撰。

周・沈珂〔明〕吳縣人。敦頤裔。編周元公集。

周・沂〔宋〕江山人。少與趙抃友善。不歆榮利。抃嘗稱爲天下士。

周・沆〔宋〕益都人。字子眞。第進士。歷開封府推官。湖南蠻盤唐二族寇暴殺居民。官軍數不利。以沆爲轉運使。用沆策。二族皆降。儂智高亂定。沆安撫廣西。徧行郡邑。英宗時進樞密直學士。知成德軍。俗尙棄親事佛。沆按閱。斥數千人還其家。以戶部侍郎致仕卒。

周・玘〔晉〕處子。字宣佩。强毅沉斷有父風。名重一方。舉秀才。除議郎。張昌・陳敏・錢璯反。玘率合鄉里義衆俱討平之。三定江南。開復王略。封烏程縣侯。歷吳興南郡太守。玘宗族彊盛。人情所歸。帝疑憚之。而玘自以不得內調懷怨望。陰謀誅諸執政。事泄。憂憤發背卒。諡忠烈。

周・良〔宋〕南城人。字元忠。嘉定進士。師陸九淵最久。九淵謂其篤實躬行。非泛泛可及。其所長處。每就而取決焉。

周・邠〔宋〕錢塘人。字開祖。嘉祐進士。元豐中爲溧水令。仕至朝請大夫輕車都尉。蘇軾倅杭。多與酬唱。

周・邦式〔宋〕錢塘人。字南伯。元豐進士。嘗爲尙書度支郎中。而夷澹不樂中都官。乃出提點淮西刑獄。徙兩浙。又徙江東。京師營土木。命輸殿材。邦式奏言非地所産。有嬖醉妄斥宮禁事者。被命治詔獄。其人自分必死。獄成。僅坐遠徙。

周·邦彥 （宋）錢塘人。字美成。疏儁少檢。不爲州里推重。而博涉百家之書。元豐中獻汴都賦。召爲大樂正。居五歲不遷。益盡力於辭章。徽宗時累官徽猷閣待制。提舉大晟府。未幾。知順州。徙處州卒。邦彥好音樂。能自度曲。著樂府長短句。詞韻淸蔚。爲北宋詞家大宗。有片玉詞。

周·防 （後漢）汝陽人。字偉公。十六爲郡小吏。光武帝召掾史試經。防尤能誦讀。拜守丞。防以未冠謁去。師事徐州刺史蓋豫。受古文尙書。舉孝廉。拜郎中。撰尙書雜記三十二篇。太尉張禹薦補博士。稍遷陳留太守。

周·亞夫 （漢）勃子。封條侯。文帝時匈奴大入寇。亞夫爲將軍。屯細柳。帝自勞軍。不得入。於是遣使持節詔將軍。成禮而去。景帝時吳楚反。拜太尉。擊吳楚。大破之。拜丞相。後以子爲父買尙方甲楯。可以葬者。取庸苦之。上變告。事連亞夫。入廷尉。不食五日嘔血死。

周·京 （淸）錢塘人。字西穆。一字少穆。號穆門。晚號東雙橋居士。貢生。考授州同知。薦鴻博不就試。工書。負詩名。有死悔齋集。

周·侍虞 （明）蘇州人。以醫名吳中。精於度曲。每中秋坐生公石。歌伎負牆。簫管喧呶。不可辨。侍虞一發聲。林木飄沓。廣場寂然。然行義斬斬。有古一行之風。年九十卒。

周·其永 （淸）上海人。字涵千。布衣。工眞草書。能詩善畫。有二雲山人稿。

周·坦 （明）羅浮人。號謙齋。仕爲縣令。自幼有志聖賢之學。從學於薛侃。後出游。徧親講席。衰老猶與徐魯源相往復云。

周·奉叔 （南齊）盤龍子。勇力絕人。少隨盤龍征討。所在暴掠。爲東宮直閤將軍。尋爲鬱林王所親寵。陵轢朝士。竊弄威權。常翼單刀二十口。出入禁闥。每云周郎刀不識君。明帝作相。出奉叔爲青冀二州刺史。將之鎭。慮其不可復制。因以計誅之。

周·孟中 （明）廬陵人。字時可。成化進士。累遷廣東布政使。治行爲當時最。宏治中終右副都御史。其學本於主敬。自號畏齋。

周·孟陽 （宋）其先成都人。徙海陵。字春卿。醇謹夷毅。第進士。爲諸王府記室。英宗卽位。命直秘閣。同知太常禮院。數引對。訪以時務。神宗初拜天章閣待制卒。

周·孟簡 （明）述從弟。永樂進士。授編修。在翰林二十年。始遷詹事府丞。出爲襄王府長史。性謙退不伐。生平無睚眦於人。

周·季畹 （淸）宜興人。一作季琬。字禹卿。號文夏。順治進士。官湖廣巡按。善山水。工詩。有夢墨軒集。

周·季鳳 （明）寧州人。字公儀。歷湖廣左布政使。平郴寇有功。累官南京刑部侍郎。卒謚康惠。

周·宗 （南唐）廣陵人。字君太。少事李昪爲給使。嫻於擯相辭令。昪內禪。累遷侍中。淳謹自守。久之。罷爲鎭南軍節度使。後徙寧國軍。入覲賜宴。李景親爲褶襆頭脚。以表殊禮。復出。留守東都。以司徒致仕。

周·宗建 （明）吳江人。字季侯。萬曆進士。由知縣擢御史。天啓初魏忠賢客氏亂政。宗建首疏劾之。明年璫勢益熾。宗建復三疏彈劾。忠賢矯旨削籍。誣以臟罪。下獄死。崇禎初謚忠毅。

周宗建妾 （明）姓宋氏。宗建參魏閹。宋曰。諫而聽。國之福。不聽。臣之分。主無以親爲念。盡忠所以盡孝也。及宗建罹禍。宋年僅二十一。

周·宗濂 （淸）江蘇華亭人。字簡菴。雍正拔貢生。官潛山縣教諭。有恥亭遺書·文獻通攷節貫。

周·官 （明）吳縣人。與張靈同時。善山水人物。無俗韻。白描尤精絕。所圖飮中八仙。衣冠古雅。尤深得醉鄉意態。

周定王 （周）襄王曾孫。名瑜。楚莊王伐陸渾之戎。遂至于雒。觀兵於周疆。王使王孫滿勞之。莊王問鼎之大小輕重。對曰。在德不在鼎。周德雖衰。天命未改。鼎之輕重。未可問也。楚兵乃去。在位二十一年崩。謚定。

周·尙文 （明）西安後衛人。字彥章。幼讀書。粗曉大義。多謀略。精騎射。年十六。襲指揮同知。屢出塞有功。嘉靖間累官大同左都督。淸約愛士。得士死力。善用間。俺答頻擾邊。諸宿將皆前死。惟尙文威名最盛。卒謚武襄。

周·岳 （唐）陬溪人。字峻昭。與雷滿狎。因獵。宰肉不平而鬬。欲殺滿不克。見滿已據朗州。悉衆趨衡州。逐刺史。僖宗詔授衡州刺史。又敗閔頊。自稱欽化軍節度使。後爲邵州刺史鄧處訥所攻殺。

周·庚 （明）吳縣人。字原已。家世業醫。而庚工古文詞。隱居養親。成化中以名醫徵。歷太醫院院判。爲人淸愼。詩沈健有奇氣。尤善行楷。然皆不苟作。

周·忠 （明）金谿人。字伯厚。太祖兵起。忠力勸王溥歸命。從征湖廣。命參謀左右。復獻太平十六策。尋使沙漠。不知所終。

周·怡 （明）太平人。字順之。號訥溪。嘉靖進士。歷吏科給事中。立朝僅一歲。所搏擊率當時有勢力大臣。以救尙書許讚。錮獄者再。隆慶初擢太常少卿。陳新政五事。語多刺中貴。忤旨。出爲登萊青兵備僉事。卒謚恭節。有訥溪奏疏。

周·拔 〔清〕江蘇通州人。字清漢。號挺生。善寫蘭竹。梅菊尤佳。

周·於禮 〔清〕嶍峨人。字立崖。一字綏遠。號亦園。乾隆進士。官至大理寺少卿。決獄必準情法。書法東坡。有敦彝堂集。

周·昂 〔金〕眞定人。字德卿。大定進士。調南和簿。有異政。拜監察御史。昂孝友喜名節。學術醇正。既歷臺省。爲人所稱。謫東海上十數年。後入翰林。言事愈切。出佐宗室承裕軍。城陷。與從子嗣明同死於難。

周·防 〔唐〕京兆人。字仲朗。一作字景元。爲宣州長史。善寫貌。人稱韓幹得形似。昉得精神姿致。至佛像眞仙人物士女。皆稱神品。兼繪撲蝶。名播中外。爲當時第一。好屬文。能書。◎〔清〕崑山人。原籍錢塘。字滄明。諸生。善寫山水人物花鳥。工詩文。能篆刻。世宗朝與寫藏經。分校一統志。性孝友。奮志功名不售。卒於京。

周·昌 〔漢〕苛從弟。秦時爲泗水卒吏。從漢王入關破秦。爲中尉。拜御史大夫。後封汾陰侯。爲人強力敢直言。口吃。高祖欲廢太子。昌盛怒曰。臣期期以爲不可。後爲趙相。呂后酖殺趙王。昌謝病。三年而卒。謚悼。

周明帝 〔北周〕宇文泰長子。名毓。小名統萬突。宇文護廢閔帝。迎帝立之。武成初以稱王不足以威天下。始稱皇帝。建年號。帝明敏有識量。護憚之。遂進毒弒帝。廟號世宗。謚明。在位三年。年號武成。

周·昕 〔三國〕〔魏〕會稽人。字大明。師事太傅陳蕃。明於風角。善推災異。官丹陽太守。武帝起兵。昕前後遣兵萬餘助之。袁術在淮南。昕惡其淫虐。不與通。

周·東 〔明〕阜城人。字伯震。號雨村。成化進士。歷官大理寺少卿。以伉直忤劉瑾。命勘事陝西。王寘鐇之變。殉節死。有雨村集。

周·東侯 〔清〕六安人。名勳。蚤卒。與黃鶴士齊名。論者有龍士如龍。東侯如虎之稱。有二子譜。四子譜。

周·杲 〔清〕吳江人。字楚撰。好讀書。寫眞得曾鯨之奥。山水人物。氣韻生動。名重京師。

周·武 〔明〕開州人。洪武間從定江東。滅漢。收淮東。平吳。積功爲指揮使。又從沐英討西番甘朶。封雄武侯。卒謚勇襄。

周武公 〔周〕惠公長子。赧王末年。秦入寇。武公入秦獻地。其民不樂屬秦。遂東亡。於是秦取周九鼎寶器。遷西周公於憚狐聚。西周亡。卒謚武。（按遷於憚狐之西周公。司馬貞以爲武公子文公。武公卒而立。爲秦所遷。而東周亦不知其名號。戰國策雖有周文君。亦不知滅時定當何主。蓋周室衰微。略無紀錄。太史公雖考衆書以卒其事。然二國代系甚不分明。）

周武王 〔周〕文王子。名發。嗣爲西伯。與師伐紂。遂革殷命。釋箕子囚。封比干墓。表商容閭。大賚於四海。即天子位。都鎬。改國號曰周。以建子月爲歲首。大封建諸侯於天下。在位十九年崩。謚武。

周·武仲 〔宋〕浦城人。字憲之。紹興中官左司員外郎。嘗使金還。言宜講求禦戎之策。童貫惡之。謫居黃州。高宗召爲刑部侍郎。進尚書。

周武帝 〔北周〕宇文泰四子。名邕。字禰羅突。明帝遺詔立之。建德初誅宇文護。始親政。禁佛道二教。悉毀經像淫祠。乘齊之衰。滅之。統一北方。在位十八年崩。廟號高祖。謚武。紀元四。保定。天和。建德。宣政。

周·治 〔明〕字之治。善繪事。力貧自給。終身不娶。工詩歌。◎〔清〕江蘇華亭人。字再熙。一作熙載。號竹岡。性孝友。詩文爲時所重。工篆隸。善畫。有擁書閣詩文集。

周·法尚 〔隋〕炅子。字德邁。少果勁有風概。好讀兵書。仕陳歸周。戰功甚著。文帝受禪。拜巴州刺史。累功歷檢校潞州事。煬帝即位。拜武衛將軍。破黔安夷向思多。討吐谷渾。出爲敦煌太守。卒於軍。謚僖。

周·炎 〔清〕蕭山人。字西序。號青瑤。諸生。工詩詞。古文刻厲精粹。乾隆時舉鴻博。與試未用。有幽恩草。可耕堂集。

周·炅 〔陳〕安成人。字文昭。少豪俠任氣。有將帥才。初仕梁爲江州刺史。入陳封龍源縣侯。田龍升以江北叛入於齊。授炅爲江北道大都督。討龍升斬之。進號平北將軍。卒謚壯。

周·玨 〔宋〕紹興時人。以畫水名。

周·玭 〔明〕嘉善人。景泰中兄當戍。玭年十七。慨然請代。父兄不可。玭請益力。遂許之。

周·知裕 〔後唐〕幽州人。字好問。初爲劉仁恭騎將。後奔梁。梁太祖厚待之。特置歸化軍。以知裕爲指揮使。梁與莊宗相距河上十餘年。擢堅陷陣。惟恃歸化一軍。梁亡。欲自殺。爲賓客故人所止。遂降莊宗。歷宿州團練使。安州留後。所居皆有善政。弊俗爲革。罷爲右神武統軍卒。

周·舍 〔春秋〕〔晉〕事趙簡子。立簡子之門三日夜。簡子使人問之曰。子何以教我。舍曰。願爲諤諤之臣。墨筆操牘。隨君之後。伺君之過而書之。其後舍死。簡子益念舍。由此能附趙邑而懷晉人。

周·虎 〔宋〕臨淮人 字叔子。慶元初中武舉第一。除閤門舍人。開禧間金會諸道兵犯和州。時虎知州事。誓衆効死。數與金人戰。殺金驍將以十數。最後射殺右帥石矻礶。金人氣沮引去。而和議以堅。

周・金 明 武進人。正德進士。歷官戶科都給事中。疏請罷中官。誅都督馬昂。言甚切至。嘉靖間撫宣府。改保定。官至戶部尚書。卒謚襄敏。

周・金然 清 上海人。字廣居。號廣庵。康熙進士。官洗馬。工書善詩。有廣庵全集。

周・長發 清 浙江山陰人。字蘭坡。號石帆。雍正進士。選庶吉士。改教諭。乾隆初召試博學鴻詞。授編修。才思敏贍。入直上書房。官至侍講學士。有賜書堂文集。

周・長孺 宋 澶淵人。字士彥。第進士。爲衛州共城縣令。性剛。遇事輒發。師邵雍。雍告以先天之學。自是卽淡然若無意於世者。治平末以都官員外郎知普城縣卒。

周・亮工 清 祥符人。字元亮。一字緘齋。又號櫟園。學者稱之曰櫟下先生。明崇禎進士。官御史。李自成陷京師。亮工奔福王於江寧。多鐸下江南。亮工詣降。累擢福建左布政使。官至戶部右侍郎。爲閩督所劾。赴福建聽審。會海寇犯福州。亮工手發大礮。殲其渠帥三人。城賴以完。康熙初再起爲江安糧道。坐事論絞。遇赦得釋。尋死。工古文詞。一稟秦漢風骨。喜爲詩。宗仰少陵。然機杼必自出。有賴古堂詩鈔。

周・保權 五代 楚 衡 行逢子。行逢卒。保權年十一。英爽有膽氣。宋太祖授武平軍節度使。後討張文表。乞師於宋。宋師至。文表已平。懼爲襲取。相與拒守。兵敗被獲。周氏鎭湖南。凡二世八年。太平興國初知并州。雍熙初卒。

周・信 漢 高祖時以卒從起單父。爲呂后舍人。嘗免后於難。封成陰侯。卒謚夷。◎明 天長人。字惟實。號草庭。工畫。山水竹石及烟雨圖皆入妙。

周・勃 漢 沛人。以織薄曲爲生。常爲人吹簫給喪事。從高祖起兵。木彊敦厚。高祖以爲可屬大事。佐帝定天下。封絳侯。諸呂欲危劉氏。勃以計誅之。漢室以安。文帝立。拜右丞相。卒謚武。

周・南 宋 平江人。字南仲。年十六。游吳下。視時人業科舉。心陋之。從葉適講學。頓悟捷得。文詞雅麗精切。而皆適於時用。登紹熙進士第。爲池州教授。開禧間召試館職。上書對策詆權要。爲言者所劾罷。有山房集。◎明 縉雲人。字文化。成化進士。擢御史。出按畿輔廣東。彈劾不避權要。擢右副都御史。巡撫大同。母喪歸。復起督南贛軍務。擊平汀州大帽山賊張時旺等。進右都御史。總督兩廣軍務。乞休歸卒。

周・南瑞 元 安成人。字敬修。能文詞。有天下同文集。

周・厚堉 清 婁縣人。字仲育。諸生。高才淹雅。工詩。富藏書。乾隆間開四庫全書館。厚堉進書數百種。

周・厚基 清 婁縣人。字涵中。號閒翁。曾任順天府治中。降保定府通判。善蘭竹。能詩。有閒翁詩詞草。

周・厚轅 清 湖口人。字載軒。一字駕堂。乾隆進士。官至戶科給事中。詩與書神似東坡。有遊蜀草。

周・垕 宋 字艮載。署江東提刑幹辦。咸淳進士。元兵至。衆推垕署降表。罵且泣。因遁去。垕明經博學。倜儻尚氣節。世稱梅山先生。

周・奎 明 蘇州人。莊烈帝周皇后父。崇禎間封嘉定伯。李自成陷京師。帝諭奎倡勳戚捐。奎堅謝無有。不得已捐萬金。且乞皇后爲助。及自成陷京師。掠其家得金數萬計。人以是笑奎之愚。

周威烈王 周 考王子。名午。在位二十三年。初命晉大夫魏斯・趙籍・韓虔・爲諸侯。是年九鼎震。明年崩。在位二十四年。謚威烈。

周・宣 三國 魏 樂安人。字孔和。善占夢。初爲郡吏。文帝以爲中郎。屬太史。其占夢十中八九。世以比建平之相。◎明 東廠校尉。嘉靖間御史楊爵以言事下獄。宣以左右爵得罪。

周宣王 周 厲王子。名靜。長於召公家。厲王崩於彘。周召二相立之爲王。二相輔之。法文武成康之遺風。諸侯復宗周。命秦仲征西戎。尹吉甫伐玁狁。方叔征荆蠻。召虎平淮夷。周道復興。爲中興之主。在位四十六年崩。謚宣。

周・宣武 清 長沙人。字燮軒。乾隆進士。有詠史六言。

周宣帝 北周 武帝長子。名贇。字乾伯。爲太子時。常爲武帝所捶扑。既即位。卽逞奢欲。捫其杖痕大罵曰。死晚矣。閱視宮人。偪而幸之。在位一年。傳位於太子。自稱天元皇帝。立五后。明年崩。謚宣。年號大成。傳位後。改元大象。

周・宣猷 清 長沙人。字辰遠。雍正進士。官至浙江鹽運通判。有史斷・史記雜字・南北史擷・雪舫詩鈔・柯椽集。

周幽王 周 宣王子。名宮涅。王納褒姒而嬖之。生子伯服。王廢太子宜臼而立伯服。又廢太子母申后。申侯與犬戎攻殺王於驪山下。在位十一年。謚幽。其子平王東遷。遂爲東周。

周・巽卿 元 嘉定人。善畫道釋人物。

周彥曾　清海鹽人。字抱孫。號美齋。諸生。精繪事。尤長墨蘭。工詩。兼善楷書行草漢隸。有鐵珊吟草。

周思茂　唐漳南人。高宗時爲太子舍人。帝召諸儒論譔禁中。思茂與選。累遷崇文館學士。垂拱中下獄死。

周思兼　明松江華亭人。字叔夜。號萊峯。工書畫。嘉靖進士。除平度知州。擧治行第一。累官湖廣僉事。岷府宗室五人封爵皆將軍。殺人掠貲財。監司避不入武岡者二十年。思兼捕繫其黨於獄。五人懷利刃入。思兼婉諭之。皆沮退。乃列其罪奏聞。悉錮之。後以憂去官。不復出。卒。私諡貞靖先生。有周叔夜集。學道紀言。

周思得　明錢塘人。少穎悟。從張宇初讀道書。永樂中召至京。嘗扈從北征。屢著靈異。年九十二卒。贈通靈眞人。

周思敬　明麻城人。號友山。隆慶進士。官民部郎。爲張居正所賞。以救援臺官忤其意。時論賢之。累官至工部侍郎。

周特　後魏孝明帝時爲奉車都尉。長於陰陽卜筮。

周恢　晉汝南人。賈充外甥韓謐好學有才思。繼佐命之後。開閣延賓。海內輻輳。恢傅會於謐。居二十四友之列。

周拱辰　清桐鄉人。字孟侯。歲貢生。有莊子影史。離騷草木史。離騷拾細。公羊墨史。南華眞經影史。聖雨齋詩文集。

周星垣　清江蘇通州人。名兆奎。喜奕。專心致志。嘗期以六月不下樓。爲道光時十八國手之一。

周星詒　清星譽弟。字季貺。福建知府。有竊櫝詩稿。寶瑞瓜堂詩鈔。

周星譽　清浙江山陰人。祥符籍。字畇叔。一字叔雲。道光進士。由庶吉士累官兩廣鹽運使。少工詩詞及駢儷文。尤善畫花卉。爲御史。疏劾王有齡。何桂清。有直聲。及官粵西。多善政。法越有事。徵兵籌餉尤力。有傳忠堂古文。鷗堂賸稿。鷗堂日記。

周春　清海寧人。字芚兮。號松靄。晚號黍谷居士。乾隆進士。官岑溪知縣。潛心著述。四部七略。靡不瀏覽。有海昌勝覽。松靄遺書。

周春年　宋浦城人。字春卿。爲象山簿。海盜伺賈舶。殺人越貨。春年籍其名。犯者輒寘於辟。惡俗大變。遷撫州判官。疏和買害民於部使者。江西一路。俱得裁損。終道州通判。

周昭　三國吳潁川人。字恭遠。著書稱步隲及嚴畯等爲中書郎。坐事誅。

周昭王　周康王子。名瑕。時王道微缺。王南巡狩。反濟漢。漢濱人以膠船進。至中流。膠溶船解。王及祭公皆溺焉。在位五十一年。諡昭。

周是修　明泰和人。名德。以字行。洪武末擧明經。建文間爲衡府紀善。留京師。預翰墨纂修。好薦士。陳說國家大計。燕兵陷京城。是修留書別友人。付以後事。具衣冠。爲贊繫衣帶間。自經於尊經閣。

周毖　後漢武威人。字仲遠。獻帝時官尙書。爲董卓所信任。卓用其所擧韓馥等出宰州郡。馥等至官。皆合兵討卓。卓以爲毖通情。斬之。

周津　明慈谿人。字文濟。成化進士。歷南京御史。守備中官蔣琮氣陵百僚。求見津。津始終拒之。遷九江知府。瑞州盜起。津上書請倣漢世聽盜自相斬捕。除其罪。果獲其效。官終廣東左布政使。

周洪　明上海人。字廷詣。成化進士。授蒲圻令。有威惠。尤盡心於農桑。高田制筒車。下隰創坡堰。民賴饒給。脩學舍。鄉置社學。置田三十畝。令生徒父母合力耕稼。復其徭。爲敎讀資。官終監察御史。

周洪陞　明霍州人。諸生。性至孝。從父煥任山東新城縣丞。賊至城陷。賊執煥將加刃。洪陞代父死。

周洪謨　明四川長寧人。字堯弼。正統進士。授編修。博聞強記。善文詞。熟當代典故。喜談經濟。景泰初疏勸帝親經筵勤聽政。因陳時務十二事。憲宗時復陳時務。言人君保國之道。累遷禮部尙書致仕。卒諡文安。有羣經辨疑。箐齋讀書錄。◎明浙江山陰人。字宗稷。萬曆進士。授延平府推官。天啓中行取補戶科給事中。疏劾魏忠賢。王體乾等。不報。後自劾去。崇禎初起吏科給事中。尙書王永光改亂銓法。復疏劾之。卒官。

周洽　南齊曲阿令。廉約無私。視民如子。擢都水使者。卒之日。無貲爲殯。吏民買棺葬之。◎清青浦人。字載熙。少有才稱。尤工畫。康熙中客河督靳輔幕。嘗偏歷兗豫雍冀四州。度河勢迂直緩急及隄閘要害之處。爲看河紀程。繪圖以獻。晚讀王守仁書。潛心理學。有攤詩閣文集。

周泗　明曹縣人。與其弟浙爲商河南。還至梁晉口。其兄江逆於途。賊卒至。欲盡殺之。兄弟告賊願留一人以養母。且爭死。賊感而釋之。尋兄弟爲鄕人所殺。泗潰圍出。已而還請同死。亦殺之。

周炳　明舞陽人。事母孝謹。母病甚。炳籲天願以身代。母思獐肉。炳求之不得。悲痛愈切。晚忽有獐入室。殺以啖母。病遂愈。

周炳謨　明無錫人。字仲覲。萬曆進士。天啓間爲禮部侍郎。時詔修光宗實錄。炳謨載神宗時儲位驍嘵。及妖書梃擊諸事。直筆無所阿。爲魏忠賢黨所劾去。卒謚文簡。

周・眉 清吳人。字白公。畫山水後逸有詩意。

周・祈 明蘄州人。官民部郎。所著名義考。訂訛析謬。可取之處爲多。

周・紓 後漢徐人。字文通。建初中爲渤海太守。免歸。廉潔無資。常築墼以自給。章帝憐之。復以爲郎。終將作大匠。

周・美 宋回樂人。字之純。少隸朔方軍。以材武稱。眞宗幸澶淵。美慷慨自陳。願假數騎縛契丹將致闕下。帝壯之。常令宿衛。累遷鄜延副都統總管。在邊前後十餘戰。平族帳二百。復城堡甚多。每邊書至。諸將各擇便利。美未嘗辭難。然所向輒克。諸將以此服之。卒謚忠毅。

周・苛 漢沛人。高帝時御史大夫。爲帝守滎陽。項羽拔滎陽。生得苛。羽謂苛爲我將。以公爲上將軍。封萬戶侯。苛罵曰。若不趣降漢。今爲虜矣。若非漢王敵也。羽烹之。

周・茂元 宋傑子。生而穎異。能繼父志。世其學。事南漢劉龑。至司天少監。從劉鋹降宋。授監丞。

周・茂源 清江蘇華亭人。字宿來。順治進士。知處州府。山路險仄。募民開鑿二百餘里。招集流亡。給牛種墾田一千八百餘頃。罷官家居。日事著述。有鶴靜堂集。

周・茂蘭 明順昌子。字子佩。號芸齋。崇禎初刺血上疏。請誅倪文煥等。私謚端孝先生。有參同契衍義。

周・迪 陳南城人。少居山谷。有膂力。侯景之亂。從宗人續起兵。續爲部將所殺。推迪爲主。迪乃據有臨川之地。梁元帝授迪高州刺史。封臨汝縣侯。武帝受禪。恐迪爲變。厚撫之。文帝徵迪出鎭湓城。迪不至。陰與留異相結。兵敗。走山谷。後爲臨川太守駱文牙所誘斬。

周迪妻 陳豫章人。從迪貨利於廣陵。遇亂不能歸。妻曰。兵荒若是。必不相全。君親老家遠。不可與妾俱死。願見鬻於屠民。則君歸裝濟矣。迪從之。以所得之半賂守城者求去。守城者往驗。見其妻之首已在肉案。莫不歎異。迪收其餘骸歸。

周・述 明吉水人。字崇述。永樂進士。授編修。詔解縉選曾棨等二十八人讀書文淵閣。述與從弟孟簡皆與焉。宜給紙筆膏燭。擇近宅居之。性溫厚簡靜。文章爾雅。累官左庶子。有東墅詩集。

周・述學 明浙江山陰人。字繼志。號雲淵子。讀書好深湛之思。尤邃於曆學。自曆以外。圖書皇極律呂輿地算法。凡諸術數之學。各有成書。凡千餘卷。統名神道大編。仇鸞・胡宗憲・欲招致之。不可。以布衣終。

周郊婦人 周敬王時王子朝爲亂。大夫尹固附之。晉師納王。尹固出奔。數日還。婦人遇之曰。處則勸人爲禍。行則數日而反。其能過三歲乎。後三年。京師果殺尹固。

周郁妻 後漢沛郡人。姓趙氏。字阿。少習儀訓。閑於婦道。而郁無行。郁父謂曰。新婦賢者女。當以道匡夫。郁之不改。新婦過也。趙氏退謂左右曰。我言而不用。必謂我不奉教令。則罪在我矣。若言而見用。是子違父而從婦。則罪在彼矣。乃自殺。

周・乘 後漢安成人。字子居。天資聰明。高峙岳立。陳蕃歎爲眞治國之器。舉孝廉爲泰山太守。甚有惠政。

周・倫 明崑山人。字伯明。號貞翁。弘治進士。官至南京刑部尙書。卒謚康僖。有貞翁淨稿。

周・修 元新會人。字望舒。博通經史。辟邑訓導。性剛直疾惡。元季人多效逆。雖士類亦有之。修面折人過。或讓以書。多切直。賊帥黃斌劫致之。不屈死。

周・秉 清海寧人。工畫士女。衣紋淸古。設色雅淡。

周・城 清嘉興人。號石匏。有宋東京考。

周・宸藻 清嘉善人。字端臣。號質庵。順治進士。官陝西道監察御史。歷陳時務。皆中窾要。巡兩淮鹽課罷歸。擅書工詩。有柿葉齋集。

周・家楣 清宜興人。字小棠。咸豐進士。官至通政使。署吏部左侍郎。慷慨好施。不以境之豐約易其心。實心任事。所至有聲。有全集。

周・家祿 清海門人。字彥昇。工詩文。客吳長慶幕。有詩集及朝鮮紀事詩。

周・容 清鄞人。字茂三。明諸生。國變後爲僧。已以母在返初服。蹤跡徧天下。所交皆一時遺民。繪松林枯石。蕭然遠俗。有以鴻博薦者。以死拒。有春涵堂詩文集。

周・師厚 宋鄞人。字敦夫。從王致游。皇祐進士。仕至荊湖南路轉運判官。時役法方行。師厚言不宜概賦。章惇以溪洞變擾辰沅二州。議輸常平粟以備邊。師厚持不可。謂當使邊卒廣屯田爲便。朝議是之。

周・恭先 宋孚先弟。字伯溫。師程頤。篤於信道。釋褐授坑冶幹官。每以沽名爲戒。謂子孫曰。吾沒後。毋爲誌文碑銘。以重吾德。

周恭帝 後周世宗四子。名宗訓。七歲卽位。立八月。遜位於宋。降封鄭王。開寶中崩。謚恭。

周・悅讓 清萊陽人。字孟伯。道光進士。官禮部主事。有倦游庵文集。

周・恕 元奉元人。字寬甫。未冠。以書經魁鄉校。至元間選部曹。辭不赴。仁宗立。累召不起。領脊齊書院掌敎。從學甚衆。旋以左贊善召見東宮。英宗立。以疾歸。卒諡文貞。恕學本程朱。與蕭輿齊名。有榘菴集。

周・或 〔明〕能子。孝肅太后仲弟。成化時累官左府都督同知。封長寧伯。弘治中或與壽寧侯張鶴齡經營私利。至聚衆相鬭。都下震駭。爲尙書屠滽等所劾。後進太保。

周・振采 〔淸〕江蘇山陽人。字白民。號崧睉。年十五補郡庠生。家故豐裕。悉推產讓其弟。潛心經學。以時文名世。自標淸醇一格。桐城方苞亟稱之。乾隆中先後以孝廉。鴻博。經學薦。皆不就。以選貢終。

周・振業 〔淸〕吳江人。字右序。雍正副貢。有義亭集。

周・時中 〔明〕龍泉人。嘗爲徐壽輝平章。後降太祖。策熊天瑞必叛。後果如其言。累官吏部尙書。出爲鎭江知府。歷福建鹽運副使卒。

周・時從 〔明〕戶部員外郞。弘治初疏請置先朝遺奸汪直。錢能。蔡用覺於重典。而察核兩京及四方鎭守中官。諸宦官摘其奏中宗社字不越格。命法司逮治。已而釋之。

周・晉 〔宋〕湖州人。字明叔。工書。酷嗜書籍金石。藏書四萬餘卷。紹定中宰富陽。民稱爲周佛子。

周・栩 〔後漢〕爲東平憲王蒼吏。以蒼敬賢下士。不忍去之。遂爲王家大夫數十年。事祖及孫。章帝愍其淹滯。擢議郞。至上蔡令。

周桓公 〔周〕考王弟。名揭。王封揭於河南。以續周公之官職。卒諡桓。

周桓王 〔周〕平王孫。名林。初鄭武公莊公爲平王卿士。平王貳於虢。鄭莊公怨平王。於是周鄭交質。及王卽位。將畀虢公政。鄭使祭足帥師取溫之麥。又取成周之禾。王伐鄭。鄭人射王中肩。在位二十三年崩。諡桓。

周・泰 〔三國吳〕下蔡人。字幼平。隨孫策數戰有功。孫權愛之。請以自給。策討大縣山賊。權住宣城。山賊數千猝至。泰奮激衞權。身被十二創。良久乃蘇。補春穀長。積功拜漢中太守。封陵陽侯。

周・浚 〔晉〕安成人。字開林。性果烈。以才理見知。有人倫鑒。初仕魏。積官揚州刺史。封射陽侯。後隨王渾伐吳。以功進封成武侯。鎭秣陵。賓禮故老。搜求俊乂。甚有威德。

周・烏生 〔唐〕以畫擅名。

周・琥 〔明〕應城人。字潤夫。嘉靖進士。官吏科給事中。世宗南巡。疏擊權貴。詔下獄。杖謫邊方典史。後擢兵部右侍郞。討傜功垂成。以病免。

周・益祥 〔明〕侯官人。字履吉。崇禎貢生。有采芝堂集。

周・砥 〔明〕吳人。字履道。博學工文辭。與宜興馬治善。遭亂客治家。治爲具舟車。盡窮陽羨山溪之勝。其鄕多富人。與治善者。咸置酒招砥。砥心厭之。一日貽書別治。夜半遁去。游會稽。沒於兵。有荆南唱和集。

周・祖培 〔淸〕商城人。字叔滋。一字芝臺。嘉慶進士。累官體仁閣大學士。加太子太保。凡處大議。卒大政。博咨集思。未嘗自專。咸豐末奸黨傾側。大獄數起。祖培力持正論。不爲同異。卒諡文勤。

周・祚 〔明〕浙江山陰人。字天保。正德進士。徵拜兵科給事中。以疾歸隱。善文辭。工詩。

周・秩 〔宋〕穜弟。熙寧中與穜同登第。歷官有聲。紹聖中革元祐時政。文彥博子及甫有私語忤時相。以秩爲京西轉運使推治之。秩至。雪其冤。

周・秬 〔宋〕星子人。博雅好古。淹貫經史諸子百氏之書。工詩賦。後集朱子語錄。類爲別集。學者宗之。

周・純 〔宋〕華陽人。字忘機。後久留荆楚。自稱楚人。少爲浮屠。弱冠游京師。以詩畫知名。士大夫多與之游。初王寀最與相親。寀會朝士。大尹盛章在焉。謂純曰。能爲我作梅。狀遙知不是雪。爲有暗香來之意乎。純曰。此臨川詩。須公自有此句。我始爲之。未幾寀敗。章猶爲尹。故純被禍獨酷。坐累編管惠州。不許生還。適隣郡建神霄宮。本路憲舊知其人。請朝廷敕能畫人周純來作繪事。故得釋。⊙〔宋〕龍巖人。字濳文。治平進士。元祐初蘇轍擧純善治財賦。自御史臺主簿提擧江南常平。救荒多所全活。官至京西運判。淮南提刑。

周・純明 〔宋〕長孺子。字全伯。長孺受業邵雍。早卒。雍撫純明如子。敎之讀書。因爲求婚於程頤。雍沒。純明從頤卒業焉。

周・級 〔晉〕天門人。爲宜都內史。聞譙王承立義湘州。命從子該至湘州。見承申款。級由是免王敦之難。

周・能 〔明〕昌平人。字廷擧。憲宗生母孝肅皇太后父。英宗復位。授能錦衣衞千戶。賜賚甚渥。卒諡榮靖。

周・荃 〔淸〕長洲人。字靜香。號花溪老人。工畫。淸兵下江南。荃首爲向導。授開封知府。遷觀察。

周・虓 〔晉〕瑣子。字孟威。歷官西夷校尉。領梓潼太守。寧康初苻堅將楊安寇梓潼。虓遣騎送母妻。爲堅將所邀獲。虓遂降於安。堅欲以爲尙書郞。不可。每入見堅。輒箕踞而坐。呼爲氏賊。後又與堅兄子謀襲堅。事泄。徙太原。以病卒。

周・袞 〔宋〕金谿人。嘉祐末擧進士。王安石奇其才。時行新法。以袞鄕人必附己。欲用之。議不合。以員外郞出知滕縣卒。

周·起 宋鄒平人。字萬卿。父意。知衛州。坐事削官。起才十三。詣京師訟父冤。父迺得復故官。舉進士。通判齊州。知開封河中府。所至有風烈。累官樞密院副使。起性周密。藏書至萬餘卷。與弟超俱能書。嘗集古今人書爲說苑。卒諡安惠。

周·起元 明海澄人。字仲先。萬曆進士。天啟間爲右僉都御史。巡撫蘇松十府。公廉愛民。以忤魏忠賢矯旨逮獄拷掠死。諡忠愍。改諡忠惠。有周忠愍奏疏。

周·起莘 清蕭山人。字次修。廩監生。康熙間舉鴻博。與試未用。

周·起渭 清貴陽人。字漁璜。康熙進士。累官詹事。工詩。時姜宸英·湯右曾。顧圖河等。以詩古文詞負盛名。起渭相與角逐不相讓。所作萬佛寺大鐘歌。時推傑作。

周·乾 清錢塘人。號松泉。乾隆時布衣。私倣奚岡畫。岡見之不能辨。遂教之。得名。

周·健 明吳縣人。本姓吳。家貧。贅周襄家。因冒周姓。襄挾幼子與甥飲壻家夜歸。遇賊。衆驚潰。健急前。與賊抱持。襄得脫。旣而賊大至。亂斫之。創重嘔血死。

周·冕 明鄞人。字服御。號訥菴。永樂中與修大典。除正字。遷右春坊。善繪梅竹山水。能書。◎明敦頤十二代孫。景泰間授翰林院五經博士。子孫世襲。奉敦頤祀事。◎明資縣人。嘉靖進士。爲御史。屢以言事被謫。慷慨無所屈。數遷至武選郎中。以劾嚴嵩及嚴效忠冒功。下獄斥爲民。

周·啓 明吉安人。字公明。以教官被召。廷試第一。有溪園集。◎明貴溪人。字孟啓。洪武中以文學薦授太常司贊禮郎。遷後軍都督府經歷。坐事自經死。啓少從張孟循·夏柏承學古文。以才見稱。有詠桀詩稿。

周·啓明 宋處州人。字昭回。初以書謁翰林楊億。億以示同列。自是知名。四舉進士皆第一。景德中舉賢良方正科報罷。歸教弟子百餘人。仁宗即位。累除太常丞。啓明篤學。藏書數千卷。多手寫而能口誦之。有古律詩賦。牋啓雜文千六百餘篇。

周·啓嶲 清宜興人。字立五。順治進士。官庶子。有滄木齋文集。

周·執羔 宋弋陽人。字表卿。宣和進士。官至禮部尙書。在經筵二十年。帝稱其忠。執羔立朝無朋比。屢勸帝辨忠邪。納諫諍。孝宗嘉納之。平生手不釋卷。尤通於易。

周·寅 明嘉善人。字汝欽。性醇篤。安貧守義。鄉人重之。初學於周鼎。後鼎有所疑。必咨及焉。

周·密 晉馥子。字泰玄。性虛簡。時人稱爲清士。位至尙書郎。◎後周應州人。字德峯。初事後唐。累從莊宗征戰有功。歷河東馬步軍副都指揮使。入晉。鎭晉州延州。後隨漢祖歸汴。廣順初授太子太師致仕。◎宋先世濟南人。字公謹。號草窗。又號蕭齋。以流寓吳興弁山。又號弁陽嘯翁。工詩詞。淳祐中官義烏令。宋亡不仕。自號泗水潛夫。有蠟屐集。蘋洲漁笛譜。癸辛雜識。齊東野語。武林舊事。雲烟過眼錄。澄懷錄。絕妙好詞。

周·崎 晉邵陵人。爲湘州從事。王敦之難。譙王承使崎求救於外。爲魏乂偵人所執。乂謂崎曰。汝爲我語城中。外援俱絕。我當活汝。崎僞許之。至城下大呼曰。王敦敗於湖。努力堅守。賊今散矣。乂殺之。

周·常 宋建州人。字仲修。中進士第。元符中擢起居舍人。鄒浩得罪。常於講席論救。坐貶。後爲禮部侍郎。蔡京用事。奪職居黎州。

周·康子 後魏定襄人。受學於王柔。因以成名。

周·康王 周成王子。名釗。徧告諸侯以文武之業。作康誥。命畢公尹東郊。作畢命。時海內晏然。百姓興於禮義。刑措不用者四十餘年。有唐虞之風。在位二十六年崩。諡康。

周·庸 漢陳人。以豪聞。爲景帝所誅。

周·彬 南唐永新人。李昇鎭金陵。彬竊文而往。會有事圜丘。募人爲文。乃用彬所著。累官大理司直。歸宰本邑。爲政廉平。官終尙書郎。

周·惟簡 宋鄱陽人。隱居好學問。明易義。南唐李煜召爲國子博士。集賢侍講。頃之致仕。宋師圍金陵。復召惟簡爲給事中。奉使至京師。太祖召見詰責。惟簡惶恐。反言曰。臣本居山野。無仕進意。李煜强遣來耳。素聞終南山多靈藥。事寧後願得栖隱。江南平。爲國子周易博士。判監事。旋致仕。又上表求用。終水部員外郎。

周·捨 梁顒子。字昇逸。博學多通。武帝時拜尙書祠部郎。禮儀損益。多自捨出。歷遷太子右衞率。雖居職屢徙。而常留省內。預機密二十餘年。稱賢相。性儉素如布衣。以右驍衞將軍知詹事卒。

周·敍 明吉水人。字公敍。永樂進士。官至侍讀學士。署南京翰林院侍講學士。數上書論時政。敍負氣節。篤行誼。欲修宋史。不克就而卒。有石溪文集。◎明九溪衞人。字子厚。正德進士。爲大理寺正。以諫南巡詔獄。官終工部尙書。

周·敎 明武進人。工畫鍾馗。倣古巧慧。三代鼎彝唐宋諸窰。出數手可以亂眞。裁古籐爲几杖。又復工緻。

周·敖 明河州衞人。正統末聞英宗北狩。大哭不食七日死。

周·斌 明寧德人。字質夫。洪武間領鄉薦。爲建寧教授。撰賀雲南平表稱旨。賜金幣。秩滿。陞齊府左長史。以疾卒。⊙明昌黎人。字國用。景泰進士。官御史。以劾石亨。曹吉祥諸違法事。遣戍。後知江陰。擢開封知府。並有惠政。終廣東右布政使。

周·旋 明慈谿人。字克敬。由進士官北京戶科給事中。在科九年。屢上疏。論事剴切。已而出參廣藩。討平蘇孟凱之亂。有四溪小稿。杜詩質疑。東湖十詠。慈谿志等書。

周·朗 南朝宋嶠弟。字義利。愛奇雅。有風義。爲江夏王義恭太尉參軍。孝武初除建平王宏中軍錄事參軍。上書陳述得失。多自矜誇。忤旨去職。後以居喪無禮。爲有司所糾。詔鏁付邊郡。於道殺之。

周·淙 宋長興人。字彥廣。紹興三十年。金渝盟。邊事方興。淙守濠梁。立約束。結保伍。金主亮傾國犯邊。民賴以全活者不可勝計。孝宗時張浚視師。駐都梁。見淙謀。輒稱歎。後從錢端禮宣諭淮東。淙極力招撫。按堵如故。勸民植桑柘。開屯田。累官右文殿修撰。知臨安府。致仕卒。有乾道臨安志。具有條理。於南宋地志中爲最古之本。考武林掌故者。必以是書稱首焉。

周·淦 清元和人。字東田。號鐵叟。善畫山水。渾厚蒼秀。遠追大癡。近宗婁東。嘉慶時卒。年八十餘。

周·淵明 明壽昌人。字孟潛。洪武中以能書薦。擢中書舍人。官至四川布政司參議。

周·清元 清湘陰人。字玉泉。咸豐間應募隸楊載福麾下。以功拔充哨官。攻克岳州。武。漢。進勦蘄。黃。田家鎭。皆有功。官至參將。每戰必身先士卒。不受創不止。再克武昌。受礮傷。卒於軍。諡貞愍。

周·清原 清武進人。字雅楫。號蝶園。康熙間舉鴻博。官至工部侍郎。工書與詩。有雁宕山游記。

周·球 清來安人。順治武進士。由守備署南贛營都司。康熙間耿精忠反。球督師轉戰。所至克捷。贛州城孤懸。郵傳皆絕。球置甲募兵。力爲戰守。城賴以完。積功官至眞定總兵。

周·碧 陳寶安子。爲偏將軍。征歐陽紇。平定淮南。並有功。封江安縣伯。歷晉陵。定遠太守。太建中卒。

周章 周仲雍曾孫。武王克殷。求棄伯仲雍之後。得周章。周章已君吳。因而封之。

周·章 後漢隨人。字次叔。初爲郡功曹。大將軍竇憲方免就國。章從太守行春。太守欲謁之。章進諫不聽。拔刀絕馬鞅。乃止。及憲被誅。公卿多以交關得罪。太守幸免。以此重章。舉孝廉。六遷爲五官中郎將。殤帝崩。鄧太后立安帝。章時爲司空。以衆心不附。密謀誅鄧騭兄弟。廢太后而立平原王。事覺自殺。

周·笠 清顥族子。字牧山。工畫山水。晚以藝事游淮揚間。人爭購置之。與顥稱大小周。

周·紫芝 宋宣城人。字少隱。紹興中登第。歷官右司員外郎。知興國軍。爲政簡靜不擾而事亦治。自號竹坡居士。有太倉稊米集。竹坡詩話。

周莊王 周桓王子。名佗。周公黑肩欲弒王而立王子克。辛伯告王。王殺周公。王子克奔燕。在位十五年崩。諡莊。

周·處 晉魴子。字子隱。少孤。不修細行。州里患之。與南山之虎。長橋之蛟。稱爲三害。處乃射虎斬蛟。入吳從二陸求學。勵志爲善。仕吳爲東觀左丞。歸晉。遷御史中丞。齊萬年反。力戰死。諡孝。有風土記。

周·訪 晉潯陽人。字士達。少沈毅謙讓。元帝渡江。命參鎭東軍事。尋以爲揚烈將軍。斬華軼。破杜弢。平杜曾。爲中興名將。積官梁州刺史。訪在襄陽。輔農訓卒。勤於採納。慨然有平河洛之志。聞王敦有不臣之心。恆切齒。敦雖懷逆謀。終訪之世。未敢爲非。卒諡壯。

周·貫 宋膠東人。自號木雁子。治平·熙寧間往來西山。日酣飲。嘗一大瓢。晚以爲溺器。工詩。

周·傑 南漢精於曆算。嘗著極衍二十四篇。登開成進士。歷官封州錄事參軍。天復中棄官南來。劉隱待以上賓。數問天道災變。傑自以年老。嘗策名中朝。恥以星術事人。時或稱疾不起。官終太常少卿。⊙清亳州人。字漢宮。善寫驢及牡丹。尤工書。

周·凱 清富陽人。字仲禮。號芸皋。嘉慶進士。知襄陽府。有治績。擢臺灣道。卒官。爲文學惲敬。作畫學董誥。卓然負重望。有內自訟齋詩文集。

周·善敏 宋雙流人。喪父廬墓側。母病。割股肉以啖之。遂愈。

周·喜同 元河西人。由承徽寺經歷調南陽縣達魯花赤。妖賊攻南陽。城陷見執。被殺。一家死者二十餘人。

周·喆 清錢塘人。字曙巖。號桐岡。又號聾癡。諸生。善畫山水。不多作。畫松亞於李方膺。而秀逸過之。工書。能詩。

周·堪 漢齊人。字少卿。事大夏侯勝受尚書。宣帝時論於石渠。經爲最高。後爲太子少傅。元帝卽位。領尚書事。與太傅蕭望之等同心輔政。爲石顯等所譖。免官。尋擢爲光祿勳。左遷河東太守。後以災異下詔褒堪。徵拜光祿大夫領尚書事卒。

周·堪賡【淸】湖南寧鄉人。字仲聲。號五峯。明天啓進士。自縣令累遷南戶部尙書。所至有聲績。尋以言不見用乞歸。入淸不仕。順治時卒。有巡察治河諸奏疏。黃河紀。五峯文集。

周·堯敏【宋】海鹽人。字禹卿。號學山。畫竹宗文同。頗有逼眞處。

周·堯卿【宋】永明人。字子俞。警悟強記。以學行知名。天聖進士。官至太常博士。范仲淹薦其經行可爲師表。未及用而卒。有詩春秋說及文集。

周·巽【元】吉安人。字巽亨。號巽泉。以軍功授永明簿。有性情集。

周·幾【後魏】代人。少以善騎射爲獵郎。明元帝卽位。以軍功封交阯侯。太武以幾有智勇。遣征河南。威信著於外境。後襲陝城卒於軍。諡桓。

周·弼【宋】汝陽人。一作汶陽人。字伯弜。善墨竹。有汶陽端平詩雋。三體唐詩。

周·復【淸】度弟。字文生。畫竹石極森秀。山水人物。設色妍妙。

周·復俊【明】崑山人。字子籲。嘉靖進士。官至南京太僕寺卿。有東吳名賢記。涇林集。全蜀藝文志。玉峯詩纂。

周·循【後漢】犍爲人。楊統從循習圖讖之學。

◎【三國】【吳】瑜子。尙公主。拜騎都尉。有瑜風。早卒。

周惠公【周】西周君。代威公立。爲西周惠公。顯王時封少子班於鞏。以奉王室。仍襲父號。曰東周惠公。

周惠王【周】釐王子。名閬。初莊王嬖姬姚。生子頹。有寵。及王卽位。奪其大臣園以爲囿。故大夫邊伯等五人作亂。謀召燕衞師伐王。王奔溫。已居鄭之櫟。立釐王弟頹爲王。樂及偏舞。鄭虢君怒。伐殺王頹。復入惠王。在位二十五年崩。諡惠。

周·惠達【北周】文安人。字懷文。幼有節操。好讀書。美容貌。初事蕭寶夤。後歸文帝。爲府司馬。帝出鎭華州。留惠達知後事。乃營造戎仗。儲積食糧。以濟軍國之務。及拜吏部尙書。與禮官損益舊章。儀軌稍備。雖居顯職。性謙退。盡心勤公。愛拔英士。拜儀同三司卒。

周·敦吉【明】爲四川永寧參將。永寧宣撫奢效忠卒。子崇明幼。其妾奢世續與妻奢世統。爭印相攻者十餘年。後崇明襲職。世續猶匿印不予。敦吉遂盡掠子女聚積。擒世續以歸。其部目逐大掠於永寧。事聞。敦吉論死。遼東告警。敦吉從軍自效。鏖戰死。

周·敦頤【宋】營道人。字茂叔。初爲分寧主簿。調南安軍司理參軍。移桂陽令。治績甚著。又徙知南昌。富家大姓黠吏惡少。惴惴焉不獨以得罪爲憂。而又以汙穢善政爲恥。熙寧初知郴州。用趙抃。呂公著薦。爲轉運判官。以洗冤澤物爲己任。以疾求知南康軍。因家廬山蓮花峯下。胸懷灑落。如光風霽月。著太極圖說及通書。爲宋理學之開祖。二程皆其弟子。卒諡元公。所居曰濂溪。世稱濂溪先生。

周·斯盛【淸】鄞人。字屺公。順治進士。官卽墨知縣。嘗以事論繫。出獄後。奔走燕趙吳楚間。足迹半天下。有證山堂集。

周·景【後漢】興子。字仲饗。辟大將軍梁冀府。遷河內太守。拔才薦善。常恐不及。及官司空。與太尉楊秉舉奏。黜免奸猾五十餘人。官終太尉。

◎【宋】景城人。家富。好交結。歷仕唐漢周。習水利。嘗浚汴口。導鄭州郭西水入中牟渠。修滑州河隄。官終右領軍衞上將軍。

周景王【周】靈王子。名貴。王鑄大錢及無射。單穆公及泠州鳩諫。不聽。在位二十五年。田北邙山。崩於榮錡氏。諡景。

周·智光【唐】少賤。爲魚朝恩所薦。累遷同華二州節度使。永康初吐蕃寇奉天。智光邀戰澄城破之。逐北至鄜州。素與杜冕仇。時冕家在鄜。因害冕宗屬。火民舍而去。朝廷召。懼不赴。聚不逞數萬恣剽掠。大曆初郭子儀奉詔討之。未行。智光爲帳下所斬。

周·智爽【唐】智壽弟。詳周智壽條。

周·智壽【唐】同官人。永徽初父爲族人所害。智壽與弟智爽擊殺之。兄弟相率歸罪。爭爲謀首。數年不能決。或證智爽先謀。臨刑。神色自若。智壽頓絕衢路。流血徧體。又收智爽屍。舐取其血。食之盡。見者傷之。

周·曾【唐】本李希烈部將。與王玢。姚憺。韋清志相善。號四公子。希烈反。與玢等謀取希烈。事泄被害。

◎【宋】工畫山水。

周·朝瑞【明】臨清人。字思永。萬曆進士。天啓中爲禮科左給事中。數抗疏言事。值天變。朝瑞請帝修省。而嚴敕內外臣工。毋鬭爭誤國。繼又請帝親政。毋停經筵。後以忤魏忠賢逮獄。搒掠死。福王時諡忠毅。

周·期雍【明】寧州人。字汝和。正德進士。官南京御史。強直敢言。嘉靖間遷浙江參議。討平溫處礦盜。官至刑部尙書。

周·棐【元】四明人。字致堯。嘗爲宣公書院山長。工詩。有山長集。

周·棠【淸】浙江山陰人。字少白。號闕西。諸生。官光祿寺署正。以畫石名。朝鮮人來京師。每乞其畫歸。張之萬稱爲淸代畫石第一。閒作山水亦佳。

周·欽【宋】武岡人。宣和中峒蠻叛。欽挺身往諭。酋感激輸誠。以功擢德州刺史。金兵南下。帥師勤王。死之。

◎【明】嘉靖進士。任監察御史。杜奸弊。

立厲禁。巨璫斂服。出按陝西。後改官。以陳邊事遠謫。起國子監丞。遷吏部主事。薦紳畏其清節。以抗疏出判河間。落職家居。不通官府。出閭巷。徒行如布衣。

周欽若 〔宋〕鉛山人。初有聲三舍間。不就祿仕。積書敎子。病亟。索筆書二百餘字戒子曰。吾平生敎汝等。非爲干祿。欲敦義厚俗耳。後諸子自父訓於官。給令守之。

周渭 〔宋〕恭城人。字得臣。建隆初上書言時務。爲白馬主簿。縣吏犯法。渭卽斬之。擢右贊善大夫。乾德中通判興州。監軍傲很。縱其下爲暴。渭馳往。諭以禍福。斬其軍校。衆皆懾服。太宗初爲廣南諸州轉運副使。定田賦。興學校。移書交阯。諭以威信。黎桓懼。遣使入貢。終彰信軍節度副使。

周湛 〔宋〕穰人。字文淵。第進士。官至右諫議大夫知相州。其治繁劇。能得其要。所至喜條上利害。天資強記。胥吏滿前。一見輒憶其姓名。又善射弩。雖隔屋亦中的云。

周湞 〔明〕鄱陽人。字伯寧。江西十才子之一。官至刑部尙書。

周爲漢 〔清〕山丹人。字嶓東。一字倬雲。道光時官縣主簿。受業楊芳燦。文宗唐人。詩刻峭雄肆。有枕善齋集。

周琦 〔明〕馬平人。字廷璽。邃於理學。登成化進士。爲南戶部員外郎。時獞賊猖獗。上疏指陳。多中時弊。時論韙之。有東溪日談。

周琬 〔明〕江寧人。洪武時父爲滁州牧。坐罪論死。琬叩闕請代。帝疑受人教。命斬之。琬顏色不變。帝異之。命特宥父死。謫戍邊。琬復請就死以贖父戍。帝怒。命縛赴市曹。復察其誠而釋之。尋授兵科給事中。

周盛波 〔清〕合肥人。字海舲。同治間以守備從李鴻章。肅清蘇浙江皖之交。平東西捻。累擢涼州鎭總兵。乞假歸。光緒間法越之役。詔起募兵防津沽。官至湖南提督。仍統軍衛畿疆。卒諡剛敏。

周盛傳 〔清〕盛波弟。字薪如。同治間以哨官從李鴻章。攻勦江南各縣。累擢總兵。又勦捻於河南山東。勦匪於陝西。授天津鎭總兵。官至湖南提督。卒諡武壯。

周舒 〔蜀漢〕閬中人。字叔布。少學術於廣漢楊厚。數被徵。終不詣。

周菽 〔清〕蘇州人。字儼則。隱虎丘山。少好學。工詩畫。足迹窮塞外。得金輒以周人。兼曉河道。詢以修防事。議論蜂涌。年七十一卒。

周詔 〔明〕富順人。號鼇山。嘉靖中官衡州知府。有石鼓書院志。

周象明 〔清〕太倉人。康熙舉人。性行端潔。臺司延請講學。象明正容就席。爲說洪範九疇大旨。及先賢敬一箴。極爲精切。有七經同異錄。尙友編。事物考辨。蘇松田賦備考。共數百卷。

周赧王 〔周〕顯王孫。名延。時東西周分治。王徙都西周。益微弱。秦入寇。西周公盡獻三十六邑以入秦。王崩。在位五十九年。國亡。號赧王。以其輕微危弱。寄住東西周。足爲慙赧。故名。或曰。赧王雖居天子。爲諸侯所役逼。負債於民。無以歸。乃上謻臺避之。周人名其臺曰逃債臺。

周超 〔宋〕起弟。亦能書。累官主客郎中。

周軫 〔明〕莆田人。戶部主事。成化間星變求言。軫請誅梁芳．李孜省。并汰內侍。言甚切。終山東運使。◎〔清〕新陽人。字逸雲。工畫。尤善篆隸書。

周鈇 〔明〕榆次人。字汝威。嘉靖進士。以御史巡按陝西。邊將殺降民冒功。鈇請嚴禁。有執降五人以上者賞之。後爲右春坊清紀郎。俺答將入寇。鈇以中樞無籌策。請早爲計。謫知廬州府。又以忤嚴嵩貶河間通判。尋褫職爲民。

周閑 〔清〕秀水人。字存伯。官新陽知縣。畫花卉渾樸高古。好客。豪飲。喜遠游。有范湖草堂詩文稿。

周閔 〔晉〕顗子。字子騫。方直有父風。積官秘書監。卒諡烈。

周閔帝 〔北周〕宇文泰第三子。名覺。字陁羅尼。西魏宇文護以帝幼弱。欲早使正位以定人心。以魏主詔。禪位於帝。帝自稱天王。在位一年。護廢帝爲略陽公。尋弑之。諡孝閔。無年號。

周陽由 〔漢〕景帝時爲郡守。武帝卽位。吏治尙循謹甚。然由居二千石中。最爲暴酷驕恣。所愛者撓法活之。所憎者曲法誅滅之。所居郡必夷其豪。爲守視都尉如令。爲都尉必陵太守。後爲河東都尉。坐爭權相訐棄市。

周階 〔明〕安鄉人。字伯升。通春秋。博洽子史。永樂初以經明行修徵。因母老不就。有井蛙遺響集。

周雲耀 〔清〕邵陽人。字光庭。道光間平李沅發於新寧。咸豐間洪楊事起。轉戰湘粵邊境。屢有功。官至副將。援永明。戰死。諡節愍。

周順昌 〔明〕吳縣人。字景文。號蓼洲。萬曆進士。授福州推官。捕治稅監高寀爪牙不少貸。天啓中歷文選員外郎。署選事。力杜請寄。抑僥倖。清操嶙然。乞假歸。以忤魏忠賢。爲其黨所誣陷。斃獄中。崇禎初諡忠介。有燼餘集。

周嗣明 〔金〕昂從子。字晦之。嘗主涑水簿。自學問。長議論。自號放翁。與雷淵．宋九嘉．張瑴．李雅相顗頑。

周·塤　【宋】敦頤九世孫。字伯和。世傳家學。隱居獨善。

周·嵩　【晉】顗弟。字仲智。狷直果俠。每以才氣淩物。元帝朝累遷御史中丞。時帝以王敦勢盛。漸疏忌王導等。嵩上疏諫。帝感悟。導等獲全。及敦既害顗。使人弔嵩。嵩曰。亡兄天下人。爲天下人所殺。復何所弔。敦甚銜之。後爲所誣害。

周·廉則　【金】善畫鷹。

周·愷　【明】長洲人。字晉卿。善畫山水。◎【清】常熟人。字長康。號雪航。又號劍溪子。畫山水學大癡。尤精人物士女。工詩。

周·戩　【元】文宗時官萬戶。帝令直抵羅羅斯界。以控扼諸番。

周·搖　【隋】洛陽人。字世安。少剛果有武藝。性謹厚。動遵法度。仕魏。官至開府儀同三司。周閔帝受禪。賜姓車非氏。從帝平齊。每戰有功。拜晉州總管。文帝受禪。復姓周氏。時突厥寇邊。拜幽州總管。在鎮六載。邊民以安。卒諡恭。

周·敬心　【明】山東人。太學生。太祖詔求曉曆數者。賜以爵祿。敬心上疏極諫。且及時政。言皆激切。

周敬王　【周】景王子猛之母弟。名匄。王既立。子朝之徒復作亂。尹氏立王子朝。王出居狄泉。晉定公納王於成周。逐王子朝。朝奉周之典籍以奔楚。王在位四十四年崩。諡敬。

周·敬孫　【宋】台州人。太學生。師事王柏。受性理之學。有易象占·尙書補遺·春秋類例。

周·新　【明】南海人。洪武中大理評事。以善決獄稱。成祖即位。爲監察御史。多所彈劾。貴戚震懼。目爲冷面寒鐵。累官浙江按察使。後爲奸人所誣。命逮之。新伏陛前抗聲辨。帝怒。命戮之。

周·暉　【後漢】景孫。以洛陽令去官歸。兄弟好賓客。雄江淮間。出入從車常百餘乘。後代皇甫嵩爲太尉。以災異免。復爲衞尉。從獻帝東歸洛陽。◎【明】上元人。字吉甫。弱冠爲諸生。老而好學。博古洽聞。多識往事。有金陵舊事及瑣事。

周·楚　【晉】訪子。字元孫。從訪入蜀。拜犍爲太守。訪卒。監梁益二州。襲爵建城公。楚世在梁益。甚得物情。數平叛亂。卒諡定。

周·楨　【明】江寧人。歷大理卿。太祖以唐宋皆有成律。惟元以一時行事爲條格。胥吏易爲奸欺。詔楨與李善長·劉基等定律令。書成。太祖稱善。洪武初爲刑部尙書。帝懲元寬縱。用法太嚴。奉行者重足立。律令既具。吏士始知循守。其後數有釐正。皆以楨書爲權輿云。◎【清】常熟人。字幹臣。工畫山水。

周·歂　【春秋】【衞】大夫。成公爲晉人所逐。使路冶厪及歂曰。苟能納我。吾使爾爲卿。二人殺元咺及子適·子儀。公入祀先君。二人服卿服。將命。歂先入。及門。遇疾而死。厪辭卿。

周·準　【清】長洲人。字欽來。號迂村。有迂村文鈔。

周·滉　【唐】工畫水石花竹禽鳥。作遠江近渚竹溪蓼岸。能盡四時風物之變。

周·煇　【宋】淮海人。字昭禮。紹興間居錢塘。嗜學工文。隱居不仕。當世名公卿多折節下之。藏書萬卷。父子自相師友。有清波雜志。（按今本清波雜志題周煇。舊本紹熙四年張貴謨序書中俱作燀。）

周·煌　【清】涪州人。字景垣。號海山。乾隆進士。授編修。以文學著名。歷典試事。嘗以侍講充册封琉球副使。官至左都御史。卒諡文恭。有琉球國志·海山存稿。

周·照　【宋】供職畫院。工畫狗。閒作竹石及獸子。殊有別趣。

周·瑛　【明】壽子。封殖過於父。嘉靖中於河西務設肆。邀商貨。虐市民。虧國課。爲巡按御史所劾。怙惡如故。時已革外戚世爵。瑛卒。遂不得嗣。◎【明】莆田人。字梁石。成化進士。知廣德州。弘治初爲四川參政。進右布政使。咸有善績。尤勵清操。其學以居敬爲主。學者稱翠渠先生。有書纂·翠渠類稿。

周·瑜　【三國】【吳】舒人。字公瑾。長壯有姿貌。孫堅子策與瑜同年相友善。推道南大宅以舍策。升堂拜母。建安間策授瑜建威中郎將。時年二十四。吳中皆呼爲周郎。後事孫權。敗曹操於赤壁。拜偏將軍。領南郡太守。擬進取蜀。卒於巴丘。年三十六。瑜少精音樂。有闕誤必知之。知之必顧。故時人謠曰。曲有誤。周郎顧。

周·瑞　【明】吳江人。福王時邑人吳易舉兵。清兵至。敗走。瑞聚衆長白蕩。迎易入其營。事洩。死之。

周·瑄　【明】陽曲人。字廷玉。正統中除刑部主事。善治獄。官刑部久。屬吏不敢欺。意主寬恕。不爲深文。成化間累官刑部尙書。卒諡莊懿。

周·筵　【晉】札兄子。卓犖有才幹。元帝時爲黃門侍郎。徐馥之亂。筵族兄續聚衆應之。筵輕騎還陽羨誅續。不歸家省母。逕去。後爲王敦所害。

周·經　【明】瑄子。字伯常。天順進士。武宗時官至禮部尙書。剛介方正。好強諫。雖重忤旨不恤。宦官貴戚皆憚而疾之。卒諡文端。

周經　【明】僧。正德間居九華。王守仁登九華。周經謁之。守仁與語有契。贈以詩。嘉靖中去九華。不知所之。

周・羣 【蜀漢】舒子。字仲直。少受學於父。專心氣候業。所言多中。先主定蜀。署儒林校尉。先主欲與曹操爭漢中。羣曰。當得其地。不得其名也。若出偏軍。必不利。後悉如羣言。遂舉茂才。

周・義山 【漢】汝陰人。字季道。勃之後。年十六。讀書外常以平旦日出時。東向嗽咽。服氣百數。後遇仙人蘇子元及羨門子。遂白日昇天云。

周・聘 【明】桐城人。諸生。事親至孝。親沒。鄉俗拘忌形家。且難得地。聘欲附葬其親於先塋。宗人阻之。哀奠至十年。不釋服。邑令表宅助葬資。宗人乃許之。蓋居喪十二年云。

周・聖楷 【明】湘潭人。字伯孔。有楚寶。編錄楚中人物名勝極詳。

周・與權 【宋】長沙人。畫佛道鬼神。筆法勁爽。

周・葵 【宋】宜興人。字立義。宣和進士。調徽州推官。高宗時除御史。在職兩月。言事至三十章。且歷舉所行不當事凡二十條。孝宗時參知政事。加資政殿大學士致仕。晚號惟心居士。卒諡惠簡。有文集・奏議。

周・詩 【明】崑山人。字以言。爲人倜儻。精醫理。自謂張仲景以下不能過。嘗以詩游公卿間。少試方藥皆神驗。將以尙醫官之。拂袖去。游武林。寓僧寺中。後卒於虞山孫氏。平生著作委散。晚年始存之。有內經解・虛巖山人集。

周・詩雅 【明】武進人。字廷吹。萬曆進士。有南北史鈔。

周・詢 【宋】錢塘人。工界畫樓閣。

周・該 【晉】級從子。性果烈。以義勇稱。雖不好學。而率由名教。級命潛至湘州。口陳至誠。譙王承大悅。會王敦遣其將魏乂圍承。該間出反命。爲乂所執。考之。至死不言其故。級由是獲免於難。

周・路 【明】敖子。諸生。方讀書別墅。聞父死。痛哭奔歸。以頭觸庭槐而死。

周・農 【清】烏程人。字稻孫。號七橋。布衣。性孤介。終身不娶。隨身一鐵瓢。一鐵笛。自署鐵瓢道人。善篆隸飛白。尤長寫梅。以金農自擬。詩幽峭。與同里奚疑唱和相友善。

周・遇吉 【明】錦州衛人。少有勇力。好射生。後入行伍。爲京營游擊。累破賊。擢山西總兵官。李自成犯代。遇吉憑城固守。殺賊無算。食盡援絕。退保寧武。比城陷。遇吉巷戰。身被矢如蝟。賊執之。叢射死。闔門殉難。城中士民感其忠義。巷戰殺賊。死亡略盡。福王時諡忠武。

周・達武 【清】湖南寧鄉人。由把總擢游擊。隨駱秉章入蜀。論擒石達開功。遷總兵。又以功授貴州提督。達武矯捷悍銳。擊賊恆出不備。行軍常爲士卒先。然無紀律。黔人惡之。調陝西提督。旋卒。

周・達觀 【元】溫州人。元貞中遣使招諭眞臘。達觀隨行。閱三年歸。所著眞臘風土記。至爲賅贍。

周・道登 【明】吳江人。萬曆進士。天啓時爲禮部左侍郎。頗有所爭執。以病歸。崇禎初入閣。素無學術。奏對鄙淺。後以黨護樞臣劾罷。

周・鉞 【清】浙江山陰人。字汝盤。號晚菘。康熙間諸生。性至孝。研精經學。類纂左事成二十二卷。又著有粵東雜記。

周・靖 【清】順昌曾孫。字敉寧。所著篆隸攷異。不徇俗。不戾古。至爲精核。

周・馳 【元】聊城人。字景遠。自號如是翁。歷官南臺監察御史。少有文名。尤工書法。有如是翁集。

周・鼎 【明】嘉善人。字伯器。博極經史。正統中征閩寇。參贊軍務金濂辟置幕下。以功授沭陽典史。爲王竑所惡。罷歸。遨遊三吳。求文者日集其門。有桐村・疑舫・土苴・三集。◎【明】襲錦衣衛鎮撫。以畫名。◎【明】湖州人。畫宗馬夏。尤工詩。◎【明】六安人。字玉鉉。工寫眞。嘗爲左良玉繪出師圖。累十餘丈。戈甲綺錯。復饒疏秀。爲良玉所歎賞。◎【清】鄞人。工於傳神。

周・鼎臣 【宋】工畫道釋人物。

周・嘉 【後漢】安城人。字惠文。燕四世孫。仕爲郡主簿。王莽末羣賊入汝陽。嘉從太守何敞討賊。白刃交集。嘉以身捍敞而呵賊。賊相視曰。此義士也。給車馬送之。後舉孝廉。拜尙書郎。光武問以遭難之事。稱爲長者。遷零陵太守。視事七年卒。

周・嘉冑 【明】揚州人。字江左。殫二十餘年之力。爲香乘一書。采摭極博。談香事者。必以是書稱首焉。

周・嘉棟 【明】黃州人。字隆之。萬曆進士。官至御史。有正韻彙編。

周・嘉緗 【清】湘陰人。字書城。嘉慶歲貢。性強記。家貧無所得書。嘗借鈔於藏書家。自謂一誦可記六十年。故涉獵最富。有宅心齋集。

周・嘉謨 【明】漢川人。字明卿。隆慶進士。神宗朝爲吏部尙書。受顧命。輔皇長子卽位。正色立朝。中外倚以爲重。光熹相繼踐阼。嘉謨大起廢籍。耆碩滿朝。以忤魏忠賢削籍。崇禎初爲吏部尙書。尋卒。

周・墀 【唐】汝南人。字德升。第進士。爲監察御史・集賢殿學士長史。文宗雅重之。累遷中書侍郎。屬辭高古。議河湟事不合。罷爲劍南東川節度使。尋拜檢校尙書右僕射卒。

周・壽 【明】能子。成化間封慶雲侯。

壽以太后弟。頗恣橫。卒諡恭和。

周·壽昌　清長沙人。字應甫。一字荇農。晚號自庵。道光進士。由編修累遷內閣學士兼禮部侍郎。洪楊之難。劾督師賽尙阿·總兵和春逗遛不戰。光緒初罷官居京師。以著述爲事。詩文書畫俱負重名。於漢書用力尤深。卒年七十一。有思益堂詩文集·思益堂日札·前漢書注校補·後漢書注補正·三國志注證遺·五代史注纂注補續·宮閨文選。

周·夢暘　明南漳人。字啓明。萬曆進士。官至工部都水司郎中。有水部備考·常談考誤。

周·暢　後漢嘉從弟。字伯持。性仁慈。爲河南尹。永初間夏旱。久禱無應。暢因收葬洛城傍客死骸骨凡萬餘人。應時而雨。位至光祿勳。

周·榮　後漢舒人。字平孫。章帝時舉明經。辟司徒袁安府。安舉奏竇景與竇憲爭立北單于事。皆榮所具草。竇氏客徐齮深惡之。脅榮。榮曰。蒙先帝大恩。縱爲竇氏害。誠所甘心。常敕妻子。若卒遇飛禍。無得殯斂。冀以區區腐身。覺悟朝廷。及竇氏敗。名遂顯。官終山陽太守。◎明蓬萊人。字國華。洪武間爲靈璧丞。坐累逮下刑部。耆老羣赴闕下稱其賢。擢靈璧知縣。及知河南。亦有聲。官至河南左布政使。

周·榮起　明江陰人。字研農。能詩文。工篆書。常熟毛子晉校刻古書。多其刋正。年八十七卒。

周·渠　明吉水人。字仲方。洪武進士。工詩。侍從翰林。累官台州同知。謫戍廬陵。以通經故。起爲廬陵訓導。復入治河尙書夏原吉幕。用經義治水。吳人稱之。

周·漁　清興化人。字大西。順治進士。官編修。有加年堂講易。

周·漢卿　明松陽人。醫兼內外。針灸尤神。

周·熊　清洽孫。字孚來。號瓊邱。以畫名。山水人物花鳥草蟲。皆入能品。寫盧雁尤得神。

周·福　後漢甘陵人。字仲進。桓帝微時。受學於福。及卽位。擢福尙書。時語曰。因師獲印周仲進。時同郡河南尹房植有名當朝。二家賓客互相譏揣。各樹朋徒。漸成尤隙。由是甘陵有南北部。黨人之議自此始。

周·福高　清湘鄉人。字子祥。從羅澤南援勦江鄂。擢守備。後從李續賓。以戰功遷游擊。三河鎭之敗。死之。諡愍烈。

周·端朝　宋去非從子。字子靜。其學得張栻之傳。趙汝愚爲奸人所攻。罷相。端朝時爲太學生。與同舍生救之。爲首者六人。端朝受禍極酷。轉徙十七年。後放還。舉嘉定進士。官終刑部侍郎。卒諡忠文。

周·端禮　宋字應和。嘉定間使金。金主聞使至。輒伏盜剽劫禮幣。然後以使者失職啓釁。端禮及境。察知其意。乃遷幣他邸。夜果邏舟數十間宋使者無所得。黎明。募壯夫倍道至金。金主弗知。令判使索書幣甚亟。端禮具以進。金主大驚怍。臣僚相顧失色。贈遺甚厚。

周·綺生　明妓。嘉興人。名文。舉止言論如士人。後以所適非偶。毀容禮佛。時作小詞寓意。悒鬱而死。

周·維持　明應秋弟。天啓中爲御史。請刋黨籍。盡燬天下書院。俄劾兵部尙書趙彥等。並削籍。以應秋在位引嫌歸。崇禎初按浙江。被劾罷。

周·綰　宋遂昌人。字彥級。舉進士。典五郡。入爲國子祭酒·吏部侍郎·敷文閣待制。時號蓮峯先生。出入中外六十餘年。始終以廉節知名。

周·綵　清吳縣東洞庭山人。字萊衣。號嬾漁。富於收藏。寫生得天趣。隸法出入曹全禮器。兼工詩詞。

周·綸　明京口人。字龍淡。工畫大幅山水。◎清茂源子。字鸞垂。康熙歲貢。授國子監學正。生平以經世爲志。爲王士禎所知、湯斌巡撫江蘇。綸數上書言事。有芝石堂文稿·不礙雲山樓稿·八峯詩稿·石樓臆編。

周·聚　漢從高祖擊項籍有功。英布反。定吳郡。封博陽侯。卒諡節。

周·聞孫　元廬陵人。字以立。以進士入史館。以論修宋史不合。出爲鼇溪書院山長。旋授袁州教授。未及赴而遭亂。遂不仕。有書經一覽·五經纂要·學詩舟楫·鼇溪文集。

周·肇　清太倉人。字子俶。順治舉人。官教諭。工詩。與黃與堅等稱婁東十子。有東岡集。

周·輔成　宋敦頤父。世居濂溪。登進士。歷官多善政。終貴州桂嶺令。

周·遠　清江寧人。字子安。善畫蘭。能琴。

周·銓　清秀水人。字巨衡。工花鳥。尤長荷鷺。人稱周荷。◎清上海人。字緯蒼。諸生。博學工詩文。爲姜宸英入室弟子。有欲薦之者。以母老辭。晚年益窘。以賣文爲活。

周·銖　宋鍔弟。崇寧進士。兄弟偕隱。鄉人慕之。

周·銘　清松江人。字勒山。嘗采女子之詞。自宋元明及清。爲林下詞選一書。

周·鳳岐　明永康人。字宇和。萬曆進士。崇禎初爲四川副使。苗人爭界。爲立碑畫疆以定之。改右參政。分守澧州。張獻忠來犯。糧盡援絕。城陷。罵賊死。

周·鳳翔　明浙江山陰人。字儀伯。

崇禎進士。官至南京國子司業。歷論德。爲東宮講官。因召對。陳滅寇策。言論慷慨。帝爲悚聽。京師陷。題詩壁間。自經死。諡文節。

周鳳鳴 明崑山人。字於岐。正德進士。嘉靖初歷刑部郎中。調兵部職方。一歲中疏百餘上。擢大理寺丞。忤張孚敬奪官。鳳鳴性孝友。勵廉隅。以無罪去。士論惜之。

周齊曾 清鄞人。字思沂。號唯一。明崇禎進士。知廣東順德縣。有治行。值國變。遯入剡源。盡去其髮。自稱無髮居士。爲詩文機鋒電激。汪洋自恣。寓言常十九。

周儀 宋武岡人。雍熙初舉進士。官至諫議大夫。爲嘉祐直臣。◎宋宣和畫院待詔。紹興間賜金帶。善畫人物。謹守法度。清秀入格。◎清吳縣人。字確齋。工書。

周儀暐 清陽湖人。字伯恬。嘉慶舉人。官鳳翔知縣。卒年七十。工六朝文詞。尤深於詩。與同里陸繼輅·李兆洛並著盛名。有芙椒山館詩集。

周勰 後漢舉子。字巨勝。以父任爲郎。自免歸。梁冀貴盛。前後三辟不能屈。常隱處竄身。杜絕人事。巷生荊棘。十有餘歲。至延熹二年乃開門延賓。遊談宴樂。及秋梁冀誅。年終而勰卒。時年五十。蔡邕以爲知命。◎晉玘子。字彥和。因吳人之怨。稱叔父札命以合衆。札告亂於義興太守。勰遂罷兵。爲札所責。失志歸家。淫侈縱恣。終臨淮太守。

周厲王 周夷王子。名胡。好利。以榮夷公爲卿士。芮良夫·召虎皆諫。王不聽。暴虐侈傲。諸侯不朝。國人謗王。王使衛巫監謗。以告則殺之。國人莫敢言。道路以目。三年乃相與叛襲王。王出奔彘。在位三十四年。周召二公行政。號曰共和。又十四年王崩於彘。諡厲。

周奭 宋湘鄉人。字允升。張栻講學潭州。奭受業稱高弟。嘉定間眞德秀帥潭。命主濂溪書院教事。

周審玉 宋勳子。太祖時爲供奉官。雍熙中監定州軍。禦契丹。以勇聞。領順州刺史。咸平初知鳳翔府。有桑門乘傳而西。以市木爲名。威動府縣。審玉按詰之。盡得奸狀。母喪。請老歸卒。

周履靖 明嘉興人。字逸之。好金石。工篆隸章草晉魏行楷。專力爲古文詩詞。編籬引流。雜植梅竹。讀書其中。自號梅顚道人。有夷門廣牘·梅塢貽瓊·梅顚稿選。

周嶠 南朝宋安成人。尙武帝女。元嘉末爲吳興太守。賊劭弑立。隨王誕舉義。劭加嶠冠軍將軍。誕檄又至。嶠不知所從。爲府司馬丘珍孫所殺。

周廣 唐吳人。精於醫。觀人顏色談笑。便知疾之淺深。玄宗聞其名。徵至京師。令於掖庭中。召有疾者使驗焉。治之輒愈。帝深加禮。欲官之。固辭還吳中。◎宋密子。字大均。幼爲牙校。漢初授供奉官。從周祖討慕容彥超。以功累遷鎭淮軍兵馬都監。又從世宗征淮南。既得江北。即命廣勞來安集。民甚德之。入宋。從征太原。累官右屯衛大將軍卒。◎明崑山人。字充之。弘治進士。歷知莆田·吉水。正德中以治最徵授御史。疏陳四事。幾爲武宗義子劉寧所害。世宗時官南京刑部侍郎。居二年暴疾卒。有玉巖集。

周廣中 明江山人。字子容。洪武間雷震謹身殿。三上章不報。遂懇致仕。後以直道死。

周廣業 清海寧人。字勤補。號耕厓。乾隆舉人。有蓬廬詩文集·孟子四考。

周德成 明海康人。洪武中以明經擢休寧令。多惠愛。邑故衝。四方遊者接軫。民不勝役。乃自懸一車於縣。強索者身代舁之。後非使命至者。噤不敢請。在任七年。以他故逮法曹。民詣闕訟得還。又逮至兵部。民詣之如初。比得白。以病卒。

周德威 後唐馬邑人。字鎭遠。小字陽五。勇而多智。能望塵以知敵數。事晉王。以功遷內衙指揮使。當梁晉之際。周陽五之勇聞天下。累敗梁軍。破劉守光。拜盧龍節度使。雖爲大將。常務持重。伺敵之隙以取勝。後遇梁軍。莊宗不聽德威言。德威遂沒於陣。

周德淸 元高安人。字挺齋。有中原音韻。

周德興 明濠人。從太祖征討。功最多。署中立府行大都督事。累平蠻寇。建防海之策。後以子驥亂宮。坐誅。

周慶 漢梁人。字幼君。從榮廣受穀梁春秋。甘露初與諸儒論公羊穀梁同異。爲博士。

周慶增 清常熟人。字燕孫。號屺瞻。順治進士。康熙中舉鴻博。授編修。有硯山遺稿。

周憬 唐壽春人。從王同皎等謀殺武三思。事泄。同皎等死之。憬遁入比干廟自剄。將死。謂人曰。武三思亂朝。虐害忠良。滅亡不久。可竿吾頭國門。見其敗也。

周撫 晉訪子。字道和。彊毅有父風。王敦命爲從事中郎。爲敦爪牙。敦敗。亡走入蠻中。尋詔原敦黨。咸和初爲江夏相。從溫嶠討蘇峻。峻平。遷監沔北軍事。鎭襄陽。永和間以破蜀寇功。累進鎭西將軍。卒諡襄。

周敷 陳臨川人。字仲遠。爲郡豪族。膂力勁果。性豪俠。侯景之亂。

鄉人周續率衆討賊。俄而部下殺續以降周迪。迪倚數族望。深與交結。梁孝元授數信武將軍。封西豐縣侯。武帝受禪。以平王琳功授平西將軍．豫章太守。天嘉間累遷南豫州刺史。未幾。爲迪所害。

周·樂 〔元〕瑞安人。父日成。通經能文。方國珍據溫州。拘日成置海舟上。樂隨往。事其父甚謹。一日賊會遣人沈日成於水。樂泣請曰。我有祖母。幸留父侍養。請以己代。不聽。遂抱父同死焉。◎〔明〕永樂中雲南按察司副使。操履清介。終於官。惟存經史數帙。官爲棺殮而歸。

周·模 〔清〕儀封人。有律呂新書註。

周·潤祖 〔元〕臨海人。字彥德。隱居教授四十年。至正中被召。既沒而恩命始下。鄉人相與即其所居尊稱之曰紫巖先生。有紫巖集。

周·瑩 〔宋〕景子。太宗初補殿直。領武騎卒巡警泉福。以功遷供奉官。後知樞密院事。眞宗時歷知澶州。瑩居樞近。無他謀略。及涖軍旅。歷藩鎮。無大過人者。卒謚忠穆。◎〔明〕永康人。字德純。問學於王守仁。既有所得。遂講學於五峯。

周·璆 〔後漢〕臨濟人。字孟玉。以高潔稱。前後郡守招命莫肯至。惟陳蕃爲太守能致焉。蕃每見璆。字而不名。特爲置一榻。去則懸之。

周·盤龍 〔南齊〕北蘭陵人。膽氣過人。便弓馬。爲右將軍。建元間與子奉叔奮擊陷陣。大破魏軍。武帝時歷兗州刺史。以年老還爲散騎常侍卒。

周·磻 〔陳〕弘直子。字士潛。美容儀。寬大有行檢。博涉經史。篤好玄言。位都官尚書。

周·磐 〔後漢〕安成人。字堅伯。好禮有行。居貧養母。和帝時舉拜謁者。遷陽夏重合令。後思母。棄官還鄉里。母沒哀毀。服終。廬冢側。教授生徒常千人。公府三辟皆不應。

周·篁 〔清〕秀水人。字林於。別字鷗塘。監生。有鷗塘詩集。

周·篆 〔清〕吳江人。字籀書。號草亭。諸生。有草亭文集。

周·緤 〔漢〕沛人。以舍人從高祖起沛。至霸上。西入蜀漢。還定三秦。封蒯成侯。卒謚貞。

周·膺 〔漢〕陳人。以豪聞。後爲景帝所誅。

周·衝 〔明〕宜興人。字道通。游湛若水．王守仁之門。由舉人授高安訓導。至唐府紀善。嘗曰。湛之體認天理。即王之致良知也。與同門蔣信集師說爲新泉問辨錄。兩家門人各相非笑。衝爲疏通其旨焉。

周·賢 〔明〕滁人。景泰初累功至都指揮僉事。天順初寇駐塞下。賢爲都督僉事。以會師失期下獄。及得釋。感激誓死。後以故官赴寧夏追寇死。謚武僖。

周·賢宣 〔明〕萬安人。字仲含。第進士。歷延平守。以厚風俗正士習爲首務。時時引博士弟子。誦說經義。而一歸於實踐。擢海道副使。屢敗倭寇。時軍務倥傯。賢宣方講道芝山書院。擢右布政。罷官後。惟講學訓迪後進。素恥干謁。邑有大利病。輒盡誠以告。鄉人多賴其德焉。

周·震 〔明〕永明王時官中書舍人。居全州。慷慨尚氣節。武岡失。全州危。震遨文武將吏。誓死拒守。瞿式耜題爲御史。監全州軍。無何諸將議舉城降。震力爭不可。遂被殺。

周·霆震 〔元〕安福人。字亨遠。以先世居石門田西。自號石田子。多從宋諸遺老游。得其緒論。延祐中再試不售。遂專意詩古文。霆震親見元代之亡。其詩感憤至深。敍述亂離。沈痛酸楚。殆元末之詩史。有石初集。

周·頡 〔宋〕字元吉。歷官左右司郎中。直龍圖閣福建運使。有通菴集百卷。與楊萬里．程大昌．洪邁相唱和。

周·魴 〔三國吳〕陽羨人。字子魚。黃武中彭綺作亂。魴守鄱陽。與胡綜合討之。生擒綺。又以密計破曹休。誘殺董嗣。在郡十三年卒。

周·鼎 〔南齊〕江寧人。字公調。善畫山水。和暈可觀。蘭竹尤妙。

周·勳 〔宋〕開封人。以親校事唐明宗。累立戰功。太平興國中官至隰州團練使。

周·學古 〔明〕行巳孫。字會卿。兩薦不第。遂息意場屋。以風雅自娛。居謝池坊。窟山宅水。自成深致。

周·學汝 〔清〕烏程人。字禮傳。道光舉人。治許鄭之學。著說文經字考。又校定虞世南北堂書鈔。洪楊難作。居鄉主防守。城陷。闔戶自經死。

周·學霆 〔清〕邵陽人。自署夢覺道人。工詩文。後精導引術。診病多奇中。有醫學百論．外科便覽．三指禪醫案存．夢覺道人詩集。

周·棨 〔唐〕天寶間作牧泌陽。世以翰墨稱。喜懷素書。心摹手追。作草字得師法。有贈懷素草書歌者。棨親筆之。故字畫尤奇崛。宋時藏於御府。

周·憲 〔宋〕永豐人。字可則。從呂本中游。而卒業於王蘋。輯震澤記善錄。朱熹頗不以是錄爲然。王守仁極稱之。◎〔明〕安陸人。字時敏。弘治進士。累官江西按察使。正德間征華林寨寇。援絕。死之。謚節愍。

周·曇研 〔南齊〕以畫名。

周·樹槐 〔清〕長沙人。字星叔。嘉慶進士。官吉水知縣。有壯學齋文集。

周·澤 〔後漢〕安丘人。字稺都。少習公羊嚴氏春秋。中元初爲澠池令。吏人愛之。永平中拜太常。果敢直言。

盡敬宗廟。嘗臥病齋宮。妻哀澤老病。窺問所苦。澤大怒。以其干犯齋禁送獄。後拜侍中騎都尉致仕卒。◎〔明〕商城人。字右石。性篤孝。人比之黃香。兄洋爲里黨所誣陷。澤時年十二。挺身代罪。幽囹圄者二十四年。後巡按御史得其情。嘉歎釋之。

周澹 〔後魏〕鄴人。多方術。尤善醫藥。爲太醫令。明元嘗苦風頭眩。澹治得愈。封成德侯。神瑞間京師饑。朝議將遷都於鄴。澹與博士祭酒崔浩不可。明元大然之。卒謚恭。

周燕 〔漢〕安成人。字少卿。宣帝時爲郡決曹掾。太守欲枉殺人。燕諫不聽。四家守闕稱冤。詔遣覆考。燕見太守曰。願悉以罪推燕。乃收繫獄。屢被掠楚。辭無屈撓。當下蠶室。不食而死。

周璕 〔清〕江寧人。字崑來。號嵩山。工畫人物花卉龍馬。嘗以所畫龍張於黃鶴樓。標值百金。臬司某見之。賞玩不已。遂以贈之。由是知名。

周穆王 〔周〕昭王子。名滿。卽位時年已五十。得八駿馬。西巡狩。樂而忘返。四方諸侯爭訟無所質正。咸歸於徐。朝之者三十六國。王懇。長驅而歸。使楚人伐徐。徐子走彭城而死。命呂侯作呂刑以告四方。王征犬戎。祭公謀父諫。不聽。得四白狼四白鹿以歸。自是荒服者不至。在位五十五年崩。謚穆。

周積 〔唐〕金壇人。永徽間四境盜起。積糾合鄉人拒之。賊誘之從爲亂。積怒。手刃數十人自刎死。

周穎 〔宋〕江山人。字伯望。受業於胡瑗。以行義稱。召試賜進士第。授校書郎。王安石禮敬之。問新法如何。對曰。歌謠甚盛。安石喜叩其詞。穎高誦曰。市易青苗。一路蕭條。後出守樂清。穎氣岸雄豪。行事似張乖崖。門人私謚正介。有正介先生集。

周篔 〔清〕嘉興人。字青士。別字簹谷。少遭明末兵亂。棄舉子業。受廛賣米。嘗得故家書一船。於肆中讀之。遂工詩。爲秀水朱彝尊所賞。性儻蕩好交遊。有匱乏。輒傾貲給之。後客遊四方以終。有采山堂集。

周縉 〔明〕武昌人。字伯紳。攝永清令。成祖舉兵。守令相率迎降。永清地尤近。縉獨爲守禦計。已度不可爲。懷印南奔。道聞母卒。歸終喪。復糾義旅勤王。聞京師不守。乃走匿。成祖卽位。遣戍興州。

周興 〔後漢〕滎子。少有名譽。安帝時尚書陳忠薦興。拜尚書郎。◎〔唐〕萬年人。武后時歷遷秋官侍郎。屢決制獄。文深峭妄。有人告興與謀反。詔來俊臣鞫狀。與方對俊臣食。俊臣曰。囚多不服。奈何。興曰。納之大甕。熾炭周之。何事不承。俊臣乃取甕熾炭。謂興曰。請君入甕。興駭汗服罪。流嶺表。在道爲讐人所殺。

周興嗣 〔梁〕項人。字思纂。善屬文。武帝時拜安成王國侍郎。帝每令興嗣爲文。如銅表銘・柵塘碣・檄魏文・次韻王羲之書千字。每奏。輒稱善。終給事中。所撰文集及皇帝實錄・皇德記・起居注職儀等百餘卷。

周蕙 〔明〕泰州人。字廷芳。爲臨洮衛卒。戍蘭州。年二十。聽人講大學首章。惕然感動。從州人段堅學。研究五經。又從安邑李昶遊。學益邃。後居泰州之小泉山。幅巾深衣。動必由禮。州人多化之。稱爲小泉先生。以父久遊江南不返。渡揚子江求父。舟覆溺死。

周諝 〔宋〕尤溪人。字希聖。熙寧進士。知新會縣。時行新法。郡縣風靡。諝獨持不可。上書力陳其弊。乞歸。著孟子解義・禮記說。學者宗之。

周鄴 〔五代梁〕本子。少驍勇。從本征討。有戰功。臨川王濛被執。歎憤逾月。國人稱其有義。已而仕南唐。官至廬州節度使。

周錫珪 〔明〕會稽人。字禹錫。著有唐碑帖跋。

周靜帝 〔北周〕宣帝長子。名闡。本名衍。宣帝傳位於帝。在位二年。年號二。大象・大定。楊堅篡位。廢帝爲介公。國亡。尋遇弒。年九歲。謚靜。宇文泰子孫皆死。

周龍藻 〔清〕吳江人。字漢荀。號恆齋。歲貢生。有恆齋集。

周嬰 〔明〕莆田人。字方叔。崇禎中以貢生知上猶縣。所著卮林。體近類書。而考訂經史。辨證極爲賅洽。

周應合 〔宋〕武寧人。自號溪園。淳祐進士。官至實錄院修撰。以劾賈似道謫饒州通判。景定中撰建康志。

周應治 〔明〕鄞人。字君衡。萬曆進士。官觀察使。編有霞外麈談・廣廣文選。

周應秋 〔明〕金壇人。萬曆進士。歷官工部侍郎。生平無特操。黨於魏忠賢。尋爲左都御史。家善烹飪。每魏良卿過。進豚蹄留飲。時號煨蹄總憲。進吏部尚書。與文選郎李夔龍鬻官分賄。盡逐清流。爲忠賢門下十狗之首。莊烈帝嗣位。遣戍死。

周應極 〔元〕饒州人。至大間仁宗爲皇太子。召見。獻皇元頌。武宗以爲翰林待制。後爲皇太子說書。日侍英邸。仁宗卽位。遷集賢待制。終池州路同知總管府事。

周應楨 〔明〕中都留守衛人。號東陽。官浙江都司僉書。嘉靖間統兵禦倭。追奔至放雁山。遇伏。石中其首。馳回越宿而沒。所乘馬亦不食三日死。

周應賓 〔明〕鄞人。萬曆進士。官

至禮部尚書。有九經攷異・普陀山志・舊京詞林志・同姓名錄補。

周濟 【明】洛陽人。字大亨。永樂中以舉人入太學。正統初擢御史。大同鎮守中官以驕橫聞。敕濟往廉之。濟變服負薪入其宅。盡得不法狀。已巡按四川。威州土官相讐殺。詔濟督兵進討。濟不可。檄諭之遂解。後爲安慶知府。卒官。民皆罷市巷哭云。◉【清】荊溪人。字保緒。一字介存。號未齋。晚號止庵。嘉慶進士。官淮安府教授。少與同郡李兆洛・涇縣包世臣。以經世學相切劘。兼通兵家言。習擊刺騎射。淮北梟徒爲亂。制府畀以偵緝之任。屢敗擒之。以所得貲購妖姬。養豪客。意氣盛極一時。後悉棄去。隱居金陵春水園。潛心著述。所著書以晉略爲最著。又有說文字系・韻原・介存齋詩・味雋齋詞・史義。

周濟川 【金】熙宗時人。以畫名。

周燦 【清】吳江人。字光甫。號闇昭。明崇禎進士。巡按江西。聞京師失守。脫身懷印歸里。以詩畫自適。有西巡政略。◉【清】臨潼人。字星公。順治進士。官南康知府。嘗奉使安南。安南舊有鬼門關。燦易其名曰畏天關。有願學堂集。

周燮 【後漢】安成人。字彥祖。燕之後。生有醜狀。母欲棄之。父不聽。曰。吾聞聖賢多有異貌。與我宗者必此兒也。幼知廉讓。十歲通詩・禮・易。不讀非聖之書。非身所耕漁不食。舉孝廉賢良方正。安帝又以玄纁羔幣聘之。燮皆以疾辭。年七十餘卒。

周矯 【晉】密弟。字正玄。有才幹。

周穜 【宋】泰州人。字仁熟。少有遠度。王安石一見奇之。熙寧中登第。調江寧府右司理。元祐初蘇軾舉爲鄆州教授。穜上疏乞以安石配享神宗。朝士愕然。軾即自劾舉官不當。議雖不合。然議者猶取其拳拳師表之意。久之擢著作佐郎兼崇正殿說書。陳瑩中復薦之。擢起居舍人。

周舉 【後漢】防子。字宣光。姿貌短陋。而博學洽聞。爲儒者宗。順帝時遷并州刺史。後爲諫議大夫。時連有災異。召對於顯親殿。遣八使巡行風俗。皆選素有威名者。拜舉侍中。於是劾奏貪猾。表薦公清。朝廷稱之。遷河內太守。徵爲大鴻臚卒。

周襄王 【周】惠王子。名鄭。後母弟叔帶。與戎翟謀伐王。王欲誅叔帶。叔帶奔齊。齊桓公使管仲平戎於王。王以翟女爲后。已而絀翟后。翟人入周。王奔鄭。居於氾。叔帶立爲王。取王所絀翟后與居溫。晉文公納王。遂誅叔帶。在位三十二年崩。諡襄。

周邁 【唐】工畫人馬。

周醜 【戰國燕】字子家。受易於馯臂子弓。

周鍔 【宋】師厚子。字廉彥。元豐進士。嘗官桐城。辭不赴。益究治六籍諸子百氏之說。悉著論其本旨。乃游潁昌。訪其舅范純仁。過洛。見文彥博・司馬光。咸見器重。後知南雄。以言事入黨籍。退休於家。著文二十卷・雜集數卷。

周隱 【五代吳】舒州人。性戇直。忠於所事。而不識物情。楊行密時官淮南節度判官。疾革。命隱召楊渥。隱謂非保家主。餘子皆幼。未能駕馭諸將。請以劉威權領軍府。俟諸子長以授之。後卒召渥。隱遂被殺。

周韓起 【清】莆田人。字聘伊。號華野。順治間諸生。善畫墨竹。或以金幣求。必大詬之。性嗜荔子。每暑月。人令販子擔過之。輒飽啖殆盡。索價無以償。販子出素練求畫。便欣然揮灑。

周鴻圖 【明】即墨人。字子固。積軍功至知府。天啓間監胡從儀及都司張雲鵬軍。分道搜山。所向摧破。進副總兵。駐平越。終陝西參政。

周彝 【晉】鄒弟。少知名。元帝辟爲丞相掾。早亡。◉【清】婁縣人。字策銘。康熙進士。官編修。有華鄂堂集。

周懶予 【清】嘉興人。名嘉錫。本字覽予。聲訛作懶。其大父嘉松善弈。懶予五六歲時輒從旁觀。解攻守應變之法。數年間遂成國手。時過百齡方負第一手之譽。懶予數與對局。多勝之。後與姚顧儒對弈十局。未旬日而下世。有圍碁譜。（此本兼山堂弈譜。周質作懶予傳。言人傳懶予在西部爲王者遮留。或曰東浮島夷。其君長崇以師禮而教其國人。皆誤。）

周瑢 【明】洪武末以天策衞知事建言。擢左僉都御史。燕王稱帝。與茅大芳並見收。不屈死。◉【明】善畫松。里居未詳。或云無錫人。以能詩工楷書名鄉里。

周禮 【清】宜黃人。字愔晭。號月巖。工古文。有月巖集。◉【清】長洲人。字令邑。工畫花鳥。

周翼 【晉】郗鑒外甥。少遇饑亂。賴鑒得存。鑒亡。翼爲剡縣令。解職歸。心喪三年。官至少府卿。

周謨 【晉】顗弟。王敦死後。詔贈戴若思・譙王承等而未及顗。時謨爲後軍將軍。數上疏言之。得追贈顗官。謨歷侍中中護軍。封西平侯。卒諡貞。◉【宋】建陽人。字舜弼。聲敏嗜學。朱熹守南康。謨執贄受學。後移武彝及臨漳。謨皆從之。熹沒。僞禁嚴。謨徒步會葬。於康廬間講學。性孝友。治喪用古禮。鄉人多效之。◉【明】瀏陽人。博通經史。爲士類所推。洪武中薦於朝。拜河南布政司左參政。

周釐王 【周】莊王子。名胡齊。一作僖王。立三年。齊桓公始霸。四年。

命曲沃武公爲晉侯。在位五年崩。

周鎬 【清】金匱人。字懷西。號犢山。乾隆舉人。官至漳州知府。署汀漳龍道。性澹泊。自束髮至晚年。未嘗廢學。有犢山類稿。

周顒 【南齊】顗七世孫。字彥倫。初爲宋益州主簿。宋明帝頗好玄理。以顒有辭義。引入殿內。帝所爲慘毒。顒不敢顯諫。輒誦經中罪福事。帝亦爲之小止。建元中爲始興王前軍諮議。直侍殿省。終國子博士。顒音辭辨麗。工隸書。兼善老易。長於佛理。著三宗論。四聲切韻。

周馥 【晉】浚從弟。字祖實。惠帝時爲平東將軍。都督揚州諸軍事。與周玘等討陳敏。封永寧伯。馥每欲維正朝廷。以東海王越不盡臣節。又覩羣賊孔熾。洛陽孤危。建策請都壽春。後爲越所襲。馥敗之。越求救於元帝。帝遣甘卓等攻馥於壽春。馥衆潰。奔項。爲新蔡王確所拘。憂憤發病卒。

周懷政 【宋】并州人。太宗時給事禁中。眞宗朝領英州團練使。日侍內廷。權任尤甚。附會者頗衆。性識凡近。酷信妖妄。朝臣屢言之。遂漸疏遠。懷政憂懼。謀殺丁謂等。事泄伏誅。

周瓊 【晉】楚子。勁烈有將略。爲梁州刺史。領西戎校尉。羌人竇衝反。欲入漢川。皇甫釗等謀納衝。瓊密收釗等斬之。尋卒。

周璽 【明】遷安人。字廷玉。爲開平衞指揮使。負氣習兵書。善騎射。成化間以力戰破邊寇功。累官都督同知。◎【明】廬州衞人。字天章。號荊山。弘治進士。武宗朝累官順天府丞。論諫深切。率與中官牴牾。爲劉瑾所陷。搒掠死。有垂光集。

周羅睺 【隋】潯陽人。字公布。少時任俠放蕩。收聚亡命。陰習兵書。初仕陳。與齊師及周師戰。勇冠三軍。累拜散騎常侍。晉王廣伐陳。都督巴峽緣江諸軍事。陳主被擒。羅睺與諸將大臨三日。然後降。進位大將軍。煬帝即位。進授上大將軍。陳主卒。羅睺請一臨哭。遂縗絰送至墓所。葬還釋服而後入朝。後征漢王諒餘黨。中流矢卒。諡壯。

周鏜 【元】瀏陽人。字以聲。篤學通春秋。登泰定進士。歷衡陽縣尹。累遷四川行省儒學提舉。便道還家。無何盜起。欲推以爲主。鏜罵賊而死。◎【明】懷安衞人。爲都指揮參將。以老致仕。嘉靖間敵逼懷安。守臣畏怯不敢出。鏜憤甚。率十餘人逐之。以力不敵死。

周顗 【晉】浚子。字伯仁。少有重名。神采秀徹。歷尚書左僕射。王敦作亂。王導詣臺待罪。顗申救甚至。而導不知。後奉詔詣石頭見敦。敦問導周顗何如。導不答。遂被殺。後導見顗申救之表。泣曰。我雖不殺伯仁。伯仁由我而死。後追諡康。

周顚 【明】建昌人。無名字。年十四得狂疾。走南昌市中乞食。語言無恆。人呼之曰顚。年三十餘。忽有異狀。長官初至。必入謁曰告太平。後隨太祖至金陵。顚愈甚。太祖厭之。及征陳友諒。攜與偕行。惡其妄言惑軍心。命投於江。師次湖口。復來見。尋去。後往廬山物色之不可得。太祖親撰周顚仙傳紀其事。

周鯤 【清】常熟人。字天池。祇候內廷。善畫山水人物。

周鵬 【明】永明人。字萬里。成化進士。官潮州知府。築三洌溪隄。溉田數千頃。陳憲章爲碑記之。官至雲南參政。◎【清】鷗弟。工畫山水。

周麒 【明】保安衞人。正德間以正千戶赴京領操。得入內侍。時江彬弄權。一日武宗與彬對弈。彬言笑自若。略無忌憚。麒適在旁。因斥彬名。責以大義。後爲彬陷害而死。

周寶 【唐】盧龍人。字上珪。武宗時累官檢校工部尚書。節度涇原。務力耕。聚糧至二十萬斛。號良將。中和初進同平章事。兼天下租庸副使。以功封汝南郡王。部將劉浩・才頵與薛朗叛。寶出奔至常州。爲錢鏐所殺。

周寶安 【陳】文育子。字安民。少習騎射。以貴公子驕蹇游逸。及文育繫於王琳。便折節讀書。綏御文育士卒。甚有威惠。文育既被害。徵寶安爲猛烈將軍。領其舊兵。仍令南討。文帝深器之。官終左衞將軍。卒諡成。

周寶俟 【清】江寧人。字月漪。又號二石居士。紅杏村樵。諸生。善寫竹石山水。工詩詞。

周寶鐙 【清】江夏女子。名炤。一字絡隱。丰神纖媚。性敏給知書。後歸漢陽李以篤。李固有大婦。炤常不樂。李客遊。嘗携炤殘箋數幅示人。又藏炤自寫坐月浣花圖。雙鬟如霧。烘染欲絕。

周懿王 【周】穆王孫。名囏。王自鎬徙都犬丘。時王室衰。詩人作詩刺之。在位二十五年崩。諡懿。

周瓌 【後晉】晉陽人。少端厚。善書計。自高祖時歷鎮藩翰。用爲腹心。累職至牙門都校。凡帑廩出納。咸以委瓌。經十餘年。未嘗以微累見譴。高祖即位。授安州節度使。臨民有惠。御軍甚寬。一境安之。後爲威和指揮使王暉所害。

周繼瑜 【明】松江同知。建文時勸王詔下。榜募義勇入援。極言大義。感動人心。械至京。磔於市。

周繼聖 【明】長沙人。號鏡亭老人。張獻忠蹦湖廣時。繼聖聚鄉勇自守。獻忠招授僞官不從。劫繫其母妻以脅之。皆罵賊死。繼聖亦被斷腕。後潛逃以免。卒伺隙破賊復讎。敘功授教授。曾孫宣智裒其行狀墓銘之類。爲念貽牘紀。

周・鐈　清南和人。字若柯。順治中諸生。屢試不售。棄舉業。專力爲詩。有葭里集。

周・騰虎　清陽湖人。字韜甫。官主事。工詩。讀書通知古今。豪於論辨。曾國藩特保常州四人。騰虎與焉。有餐芍華館遺文詩集隨筆。

周・騰蛟　明香河人。崇禎間氾水知縣。有循績。後遷縣治於摩天砦以過賊衝。賊至。相持十餘日。勢不支。砦臨河。可渡以免。騰蛟不可。遂自投於河而死。

周・黨　後漢太原廣武人。字伯況。束身修志。州里稱高。王莽竊位。託疾杜門。後賊暴縱橫。唯至廣武過城不入。建武中徵爲議郎。以病去職。復被徵引見。自陳願守所志。遂隱居澠池。著書而終。

周・竈　漢以卒從高祖起碭。以連敖入漢。爲長鈹都尉。擊項籍。封隆慮侯。卒諡克。

周・續之　南朝宋雁門廣武人。字道祖。其先居豫章。豫章太守范寗於郡立學。續之年十二。詣寗受業。尋通五經五緯。號曰十經。名冠同門。既而閑居讀老易。入廬山。事沙門慧遠。與劉遺人。陶淵明俱不應徵。謂之尋陽三隱。武帝北討。世子居守。迎續之館於安樂寺。延入講禮月餘。復還山。景平初卒。

周・蘭　明江陰人。偉幹豐頤。鬚髯如戟。嘉靖初海寇劫人於江。蘭應募駕艅艎擒斬之。寇繼至。蘭自投於水而死。

周・鐵虎　南朝梁膂力過人。便馬槊。事梁河東王蕭譽。以勇敢聞。王僧辨討譽。於陣獲之。將烹焉。鐵虎呼曰。侯景未滅。奈何殺壯士。僧辨宥之。每戰有功。授潼川刺史。封沌縣侯。後降武帝。以功遷太子左衞率。西征王琳於沌口。兵敗遇害。

周・鐸　清上海人。本姓張。冒外家姓。字可大。諸生。善畫工詩。一生好遊。每自擔竹笥。中貯詩文筆墨。自署曰翰遊擔夫。終身不娶。所至繪爲圖而系以詩。

周・霸　漢魯人。受易於王同。以易至大官。亦能言尚書。

周・顥　清嘉定人。字晉瞻。號芷巖。亦號髯癡。讀書不應科舉。精於畫。尤好畫竹。刻竹極精。

周・權　元處州人。字衡之。號此山。工詩。游京師。以詩贄袁桷。桷深重之。薦爲館職。報罷。有此山集。

周・覽　清秀水人。銓弟。字元覽。工寫生。早卒。

周・鑑　明麻城人。字以人。正統進士。授監察御史。巡按江西。有大學士陳循子所爲不法。鑑按置大辟。還所奪田廬子女。官終山東按察使。

周・鑣　明維持從子。字仲御。崇禎進士。授南京禮部主事。以極論內臣言官二事。斥爲民。鑣以世父應秋叔父維持附魏忠賢。並麗逆案。恥之。通籍後。即交東林。矯矯樹名節。及被放。讀書茅山。後爲禮部郎中。爲人好名。頗飾僞。尋罷歸。福王時爲阮大鋮所誣。賜死。有遜國忠記。

周・顯　明合肥人。精悍有膽氣。饒勇過人。洪武中累官指揮使。後從北征戰死。

周顯王　周威烈王孫。名扁。秦會諸侯於周。王致伯於秦。又致文武胙於秦惠王。惠王稱王。後諸侯皆稱王。在位四十八年崩。諡顯。

周・體觀　清遷化人。字伯衡。順治進士。官參議道。工詩。有晴鶴集。

周・麟之　宋海陵人。字茂振。紹興進士。歷官兵部侍郎。兼給事中。充金國哀謝使。言辭詳雅。金人爲加禮。後拜同知樞密院事。有海陵集。

周・讓　明無爲人。字克遜。倜儻尚氣節。以劉基薦任給事中。永樂初兩使西域。被拘。徙之荒野。瀕死者數。終不屈。卒令番人隨之入貢。有寶使古剌集。

周靈王　周定王孫。名泄心。生而有髭。在位二十七年崩。諡靈。

周・靈甫　南朝宋增城人。元嘉中以孔熙先薦得官。累遷伏波將軍。熙先謀立彭城王義康。以錢六十萬使靈甫於廣州合兵。靈甫諫之不從。乃長往不返。尋聞熙先就擒。遂縱酒憤歎。盡散所與錢以賙貧者。扼腕而死。

周・觀　後魏代人。驍勇有膂力。累戰功封金城公。位高平鎮將。善撫士卒。號有威名。眞君初討禿髮保周於張掖。徙其民數百家。將置於京師。至武威。輒與將士私分之。黜爲侯。後爲秦州刺史。復爵。討薛永宗中流矢。太武幸蒲坂。觀聞帝至。驚怖而起。創重遂卒。帝怒。絕其爵。◎明洪武末爲按察使。稟性剛直。彈劾不避權貴。

周・觀政　明浙江山陰人。洪武間擢監察御史。嘗監奉天門。有中使將女樂入。觀政止之。中使曰有命。觀政執不聽。中使慍而入。頃之出報曰。御史且休。女樂已罷不用。觀政又拒曰。必面奉詔。已而帝親出宮諭之。官至江西按察使。

周・鑰　明海陽人。弘治進士。爲兵科給事中。勘事淮安。所善知府趙俊許貸千金。既而不與。恐劉瑾索賄無以應。遂自刎而死。

周・驢駒　後魏澹子。襲父術善醫。

延興中位至散令。

呼子先 【漢】漢中關下卜師。老壽百餘歲。與酒家老嫗騎龍上華陰山。

呼文如 【明】萬曆間江夏營妓。能詩善琴。與楚人丘齊雲訂于歸之約。丘父母力尼之。後卒成禮。丘有遙集編。皆與文如往來贈答者。

呼良朋 【明】福清人。字如蘭。以鎭東衞千戶從戚繼光防倭。戰於海上。屢奏奇捷。累陞廣西總兵。佩征蠻將軍印。平昭州。征府江。尋乞歸卒。

呼延謨 【前趙】事劉曜爲太守。有陝婦人。嫠居事叔姑甚謹。叔姑病死。有女誣婦殺其母。有司不能察而誅之。其境經歲不雨。謨至郡。既知其寃。乃斬此女。設少牢以祭婦墓。諡爲孝烈貞婦。其日大雨。

呼延贊 【宋】太原人。以材勇授驍雄軍使。淳化中官至康州團練使。贊有膽勇。善使鐵鞭棗槊。常言願死於敵。徧文其體爲赤心殺賊字。諸子耳後別刺字。曰出門忘家爲國。臨陣忘死爲主。服飾詭異。性復鄙誕不近理。盛冬以水沃幼孩。冀其長能寒而勁健。其子嘗病。贊刲股爲羹療之。

呼都而尸道皋若鞮單于 【後漢】匈奴烏累若鞮單于弟。名輿。新莽天鳳間嗣立。更始時遣使授單于漢舊制璽綬。單于對使者辭語頗驕慢。及光武中興。使命常通。而匈奴數與盧芳共侵北邊。其左部復轉居塞內。後因盧芳歸漢。頒賞未及。入寇尤深。緣邊無復寧歲。建武中卒。

呼廚泉單于 【後漢】南匈奴持至尸逐侯單于弟。與平中立。以兄被逐。不得歸國。建安中車駕還許。始得歸。後朝漢。曹操因留於鄴。遣右賢王去卑監其國。

呼韓邪單于 【漢】匈奴虛閭權渠單于子。名稽侯狦。握衍朐鞮時出亡。漢神爵末姑夕王與烏禪幕及左地貴人共立之。未幾。國內紛爭。郅支單于復與之相抗。左伊秩訾王勸令歸漢。從之。於是得漢助。民衆漸盛。遂歸北庭。國中亦安。及陳湯誅郅支。呼韓邪復入朝。元帝以後宮王嬙賜爲閼氏。建始初卒。

呼蘭若尸逐就單于 【後漢】南匈奴單于。名兜樓儲。初在京師。漢安間立之。護送歸南庭。立五年卒。

和士開 【北齊】安子。字彥通。爲武成帝倖臣。嘗謂帝云。自古帝王。盡爲灰土。堯舜桀紂。竟復何異。陛下宜及少壯。恣意行之。帝大悅。於是三四日乃一坐朝。後主立。除尚書令。封淮陽王。武成時士開與太后亂。至是益放恣。爲瑯邪王儼所誅。

和元恕 【金】西平縣尹。勸農興學。折節好賢。不爲衰暴。民有訟。不加鞭扑。惟諭以曲直。人知改悔。

和文 【明】平定人。字希文。呂思誠高弟。學行過人。洪武中擢用。以勤能著。官至刑部侍郎。

和仲 【陶唐氏】堯時治西方之官。掌秋天之政。

和安 【後魏】歸孫。恭敏善事人。稍遷中書舍人。孝靜嘗夜與朝賢講集。命安看斗柄所指。安曰。臣不識北斗。齊神武聞之。以爲淳直。啓除給事黃門侍郎。位儀州刺史。卒諡文貞。

和安禮 【金】泰安州刺史。貞祐初山東被兵。或勸其去。安禮曰。我去城誰與守。元兵至。城陷。不屈死。

和有禮 【明】丘縣人。字範六。以明經考縣丞不就。遂以講學爲事。淸兵至。死之。

和孝中 【元】長子人。性至孝。家貧。力農供甘旨。父沒。廬墓三年。

和其奴 【後魏】代人。文成帝時累官平尚書事。在官愼法。不受私請。遷司空。皇興初長安鎭將東平王道符反。其奴領征西將軍以討之。未至而道符敗。卒贈平昌王。諡宣。

和叔 【陶唐氏】堯時治朔方之官。掌冬天之政。

和尚 【元】玉耳別里伯牙吾台氏。世祖時以戰功陞行省郎中。從國兵圍潭州。城破。諸將利於虜略。欲屠城。和尚力持不可。一城賴以全活。累官江南浙西道提刑按察使。卒諡莊肅。⊙【元】蒙古乃蠻台氏。延祐中江西寧都寇起。殺守土官吏。和尚從元帥乞住等總兵討平之。明宗時累官領八衞把總。金鼓都鎭撫司事。⊙【元】寬徹普化子。封義王。侍從順帝左右。多著勞效。惡孛羅帖木兒專恣淫虐。數爲帝言。受密旨與徐士本謀。斫殺之。順帝將北奔。詔淮王監國。和尚佐之。及京城將破。即先遁。不知所之。

和承芳 【明】平定人。弘治舉人。歷唐山知縣。有惠政。以父喪還籍。斬衰竹杖。徒行千里。居喪哀毀。家貧。制終不起。世稱爲眞孝廉。

和政公主 【唐】肅宗女。下嫁柳潭。安祿山陷京師。寧國公主方嫠居。主棄三子。奪潭馬以載寧國。身與潭步行日百里。潭躬水薪。主躬爨。以奉寧國。自軍興。財用耗。主以貿易取奇贏千萬贍軍。代宗時卒。

和勇 【明】和寧王阿魯台孫。初名脫脫孛羅。天順中賜姓名。宣德間充兩廣游擊將軍。性廉謹。諸將多營私漁利。勇獨無所取。憲宗時累功陞左都督。封靖安伯。卒諡武敏。

和春 【淸】滿洲人。咸豐間以提督總江南軍務。偕張國樑克句容。鎭江及秣陵關。進偪金陵。陳玉成援金陵。和春與張國樑均潰敗。退至常州。中創卒。諡忠壯。

和洽 【三國魏】西平人。字陽士。

舉孝廉。客荆州。劉表優待之。後事武帝。明帝時爲太常。清貧守約。至賣田宅以自給。封西陵鄉侯。卒謚簡。

和·洪 【隋】汝南人。文帝時累戰功拜柱國。封廣武郡公。時東夏初平。物情尙梗。洪領冀州事。深得人和。後拜泗州刺史。屬突厥寇邊。洪爲北道行軍總管擊走之。至磧而還。遷徐州總管卒。

和珅 【清】滿洲正紅旗人。姓鈕祜祿氏。字致齋。乾隆末官大學士。爲高宗所寵任。弄權黷貨。吏治大壞。釀成川楚教匪之禍。嘉慶中爲王念孫等糾參。奪職下獄。賜自盡。籍其家。

和·郁 【晉】嶠弟。字仲輿。才望不及嶠。而以清幹稱。官至尙書令。洛陽傾沒。奔於苟晞。疾卒。

和·峴 【宋】浚儀人。凝子。字晦仁。善音樂。太祖時爲太常博士。峴以王朴律準較洛陽司天臺影表石尺制律呂。於是八音始和暢。歷受晉二州通判。太宗時遷主客郎中。知兗州。性苛刻鄙吝。好殖財。復輕侮人。因削籍。後起爲太常丞。復以所著奉常集五卷秘閣集二十卷注釋武成王廟贊五卷奏御。復授主客郎中。判太常寺卒。

和·海 【後漢】靈帝時上祿長。上言禮從祖兄弟別居異財。恩義已輕。服屬疏末。今黨人錮及五屬。有乖典訓。帝悟。自是黨錮自從祖以下皆得釋。

和素 【清】滿洲人。字存齋。累官內閣侍讀學士。有琴譜合璧十八卷。取明楊掄太古遺音。譯以清書。明人舊笈。轉賴此帙以傳。

和起 【清】滿洲鑲藍旗人。姓馬佳氏。乾隆間爲巴里坤辦事大臣。輝特台吉巴雅爾叛。和起率索倫兵往勦。以兵弱力戰死。贈一等伯。謚武烈。

和·斌 【宋】鄄城人。字勝之。爲德順軍指揮使。從狄青南征。權廣西鈐轄。歷官步軍都虞候。斌老於爲將。以忠信得邊人心。嶺南珍貨。一無所蓄。邊吏欲希功或諜報啓釁。斌折其奸謀。故所至無事。士大夫稱之。

和·逢堯 【唐】岐山人。武后時負鼎詣闕上書。自言願與天子和飪。坐流莊州十餘年。舉進士第。擢監察御史。突厥請尙公主。逢堯奉使稱旨。擢戶部侍郎。坐善太平公主。斥朗州司馬。終柘州刺史。逢堯詼詭。當大事敢徼福。故卒以附麗廢。然唐興奉使者稱逢堯。

和速嘉安禮 【金】大名路人。字子敬。穎悟博學。淹貫經史。登大定進士。爲泰安州刺史。元兵至。城破被執。不屈死。謚堅貞。

和琳 【清】和珅弟。乾隆間由筆帖式遷郎中。廓爾喀擾後藏。和琳督前藏以東臺站烏拉等事。累擢四川總督。貴州湖南苗亂。和琳赴西陽督勦。連戰有功。卒於軍。贈一等宣勇公。謚忠壯。尋追革公爵。

和舜武 【清】滿洲鑲藍旗人。姓伊拉里氏。嘉慶間由員外郎累官山東巡撫。在任日無京控之案。所至皆有治績。卒謚恭慎。

和·跋 【後魏】代人。以才辨知名。道武帝擢爲外朝大人。參軍國大謀。雅有智算。累功封定陵侯。出爲平原太守。寵遇冠諸將。而好修虛譽。性尤奢淫。道武戒之弗革。遂以誅死。

和隆武 【清】和起子。乾隆間以鑾職佐領從平金川。奮勇突進。所當披靡。封三等果勇侯。授吉林將軍。卒謚壯毅。

和映 【清】蒙古鑲黃旗人。姓額爾德特氏。字太葊。原名和寧。乾隆進士。奉使衛藏及西域。前後凡十二年。有讀易匯參．三州紀略．易簡齋詩鈔。

和·裕 【元】廣平人。字仲寬。大德間以孝廉任彭澤縣尉。追石振遺事。建亭於讀書巖前。教子姪讀書其中。

和·詵 【宋】斌子。以蔭爲河北副將。官至威州刺史。知雄州。在州十年。頗能偵敵。以攻燕不克。貶灤州團練副使。筠州安置。詵始與取燕之謀。見事勢浸異。則又以爲不宜取。故平燕肆赦。卒不得還。後復官卒。

和·㠓 【宋】峴弟。始爲三班奉職。淳化中獻文求試。帝以故相之後。改授大理評事。

和爾本 【清】和碩圖子。襲三等公。崇德間任護軍統領。隨岳託攻明。徇山東山西。所攻城堡輒下。卒於軍。

和碩圖 【清】滿洲正紅旗人。姓棟鄂氏。何和里四子。太宗初爲正紅旗都統。征朝鮮。攻錦州．杏山．松山。征察哈爾。圍大淩河城。皆有功。封三等公。卒謚端恪。

和·適 【三國魏】洽子。才識開濟。官至廷尉。吏部尙書。

和·嶠 【晉】逌子。字長輿。少有盛名。起家太子舍人。庾顗見而歎曰。和嶠森森如千丈松。施之大廈。必有棟梁之用。武帝時爲黃門侍郎。遷中書令。帝深器遇之。舊監令共車入朝。時荀勖爲監。嶠鄙勖爲人。每同乘。高抗專車而坐。乃使監令異車。自嶠始也。嘗因侍坐謂帝曰。皇太子有淳古風。而季世多僞。恐不了陛下家事。帝默然。惠帝時拜太子太傅。加散騎常侍。嶠家富擬王者。性至吝。時謂有錢癖。卒謚簡。

和·凝 【後周】須昌人。字成績。梁時舉進士。賀瓌辟爲從事。稱爲志義之士。歷仕晉漢。官至左僕射．太子太傅。封魯國公。嘗知貢舉。所取皆一時之秀。顯德間卒。凝好飾車服。爲文章以多爲富。有集百餘卷。嘗作香奩集。及貴。乃嫁其名於韓偓。性樂善。好稱道後進之士。故甚有當時之譽。與子嶸撰有疑獄集。

和·嶸 宋峴弟。字顯仁。太平興國進士。直史館。至道間知制誥。判吏部銓。嶸好修飾容儀。屬文少精警。拘於引類偶對。頗失典誥之體。

和濟格爾 清蒙古烏魯特人。姓何氏。隸正白旗漢軍。天命間從太祖征棟奎。俘獲甚衆。天聰間從太宗圍明大凌河城及錦州。破中後所．前屯衛二城。積功官至正白旗漢軍副都統。

和·歸 後魏跋子。從征赫連昌有功。拜統萬將軍。賜爵成皋男。從攻虎牢。拔之。進爵高陽侯。後以罪配涼州。蓋吳作亂。復拜龍驤將軍往討之。還拜雍城鎮都大將。封高陽侯卒。

和羅理 清和碩特固始汗孫。游牧河套西。康熙間爲準部噶爾丹所襲。全部潰散。遂率屬逃竄近邊。清以阿拉善山之陰爲其牧地。如內蒙古制。給札薩克印。編一旗。封多羅貝勒。是爲阿拉善蒙古。

和·鵬 明山西人。字大舉。成化進士。性質堅凝。勞身率下。廉潔出於天性。不假矯飾。以母喪去任。至鬻衣以資行。官至僉事。

和·鸞 明平定人。字廷瑞。成化間知徐州。在州八年。深得民心。陞襄陽知府。

咎犯 春秋晉即狐偃。亦作舅犯。詳狐偃條。⊙春秋晉隱士。平公好樂。敢有諫者死。國人憂之。犯諫以五害。平公曰善。乃屏鐘鼓。除竽瑟。與犯參治國。(按告犯在文公時。說苑亦有告犯。則在平公時。故楊用修云有兩告犯。)

咎·單 商湯司空。明居人之法。作明居篇。

固三泰 清滿洲鑲藍旗人。姓納喇氏。太宗時爲鑲藍旗都統。從攻明遵化．永平．灤州。皆有功。

固始汗 清一作顧實汗。明季和碩特部酋長。原名圖爾拜琥。爲元太祖弟哈薩爾十九世孫。有烏魯木齊諸地。並襲據青海。分部衆爲左右二翼。子十人分領之。總稱青海和碩特部。又以兵入後藏。徙班禪喇嘛治其地。清初入貢。封遵文衍義敏慧固始汗。給金册印。轄諸額魯特。

夜光 唐薊州人。少爲浮屠。善視鬼。至長安。因九僊公主得召見溫泉。玄宗奇其辯。賜冠帶。授四門博士。

奉·科 明闌陽人。洪武中以人材任知縣。

奉·眞 宋善醫。熙寧中名聞東都。江淮發運使許元奏課於京師。時欲入對而其子疾亟。使眞視之。曰脾已絕。不可治。死在明日。元曰。今方有事須陛對。能延數日否。眞曰。此可爲也。投之藥。至晚遂漸蘇。元極喜。眞笑曰。此不足喜。肝氣漸舒耳。無能爲也。越三日果卒。

妲己 商紂妃。有蘇氏女。妲字己姓。紂好酒淫樂。惟妲己言是從。爲酒池肉林。使人裸形相逐。又爲炮烙之刑。妲己以爲大樂。及周武王伐紂。斬妲己頭。懸於小白旗。

妹喜 夏桀妃。有施氏女。桀伐有施得之。日夜與妹喜飲酒。聽用其言。昏亂失道。及湯敗桀於歷山。桀與妹喜同舟浮江。死於南巢之山。(或作末喜．妹嬉。)

妾婧 春秋齊管仲之妾。桓公使管仲迎甯戚。戚曰。浩浩乎白水。仲不知所謂。不朝五日而有憂色。妾婧請之。仲告之故。妾婧曰。古有白水之詩。此甯戚之欲得仕國家也。仲以告桓公。公以戚爲佐。齊國以治。

始畢可汗 隋突厥主。啓民可汗子。名咄吉世。大業時入寇。圍煬帝於雁門。旋引去。朝貢遂絕。會隋末亂離。中國逃亡者多歸之。遂大強盛。勢陵中夏。及唐高祖起兵太原。遣劉文靜往聘。始畢助以軍。從平京城。武德間卒。(唐書名咄吉。此從隋書。)

姑布·子卿 春秋晉趙簡子時爲大夫。善相。

姒·庸道 元陝州人。至正間知米脂縣。有循績。

姓·偉 戰國臨淄人。成哀間貲五千萬。以貨殖名於世。

孟·一脈 明東阿人。字淑孔。隆慶進士。擢御史。因言事忤張居正。奪其職。後復起爲御史。疏陳五事。以切直忤旨。謫建昌推官。累遷右僉都御史。巡撫南贛。引疾歸。

孟·之反 春秋魯大夫。名側。哀公時與齊戰。師奔而殿。策其馬曰。非敢後也。馬不進也。孔子稱其不伐。(按左傳注作孟之側字反。此從論語。)

孟·元 宋洛州人。字善長。性謹愿少過。頗善讀書。爲眞定路鈐轄。王則據貝州叛。元赴城下攻戰。被數十創。戰愈力。累官眉州防禦使．馬軍都虞候。從鄜延路副都總管卒。

孟·元老 宋始末未詳。所著東京夢華錄。蓋南渡後追憶汴京盛況而作者。自都城坊市節序風俗。及當時典禮儀衞。靡不賅載。與宋志頗有異同。足訂史志之譌舛。

孟·元陽 唐起陳許軍中。以嚴整稱。董作西華屯。盛夏屬而立於塗。役休乃就舍。故軍食常足。吳少誠來寇。元陽嬰城固守。敵終不能傅城。詔拜陳州刺史。憲宗朝爲右羽林統軍。封趙國公卒。

孟·化鯉 明河南新安人。字叔龍。號雲浦。萬曆進士。歷戶部主事．文選郎中。清白自持。不狗權貴。給事中張樸以建言削籍。化鯉奏起之。忤旨除名。化鯉少以聖賢自期。學本王氏而不涉虛渺。以無欲爲主。以孝弟忠信教人而歸之愼獨。學者稱之。有孟雲浦集。

孟·方立　【後唐】邢州人少有勇力。還爲隊將。廣明中潞州節度高潯爲裨將所逐。方立乘亂據潞州。自稱昭義軍留後。昭義故節制澤潞邢洺磁五州。而治潞州。方立以已邢人。徙軍於邢。於是澤潞二州歸晉王李克用。昭義軍分爲二。克用頻遣將攻之。後方立兵敗食盡。飲酖卒。

孟氏　【北涼】武威人。沮渠蒙遜玄始初立爲王后。有勇力。蒙遜寢於新臺。閹人王懷祖擊之。傷其左足。孟氏擒而斬之。夷其三族。茂虔之敗。隨入平城。未幾卒。

孟·他　【後漢】扶風人。字伯郎。靈帝時中常侍張讓專政。讓監奴典護家事。他仕不遂。乃盡家財賂監奴。與共結親。積年衆奴皆慙。問他所欲。他曰。欲得卿曹拜耳。奴皆許諾。他詣讓。衆奴皆迎車而拜。衆人悉驚。謂他與讓善。爭以珍物遺他。他盡以賂讓。讓大喜。即拜他涼州刺史。

孟母　【戰國鄒】鄒人。孟軻之母。姓仉氏。孟軻幼時嬉戲。爲墓間築埋。及買人衒賣之事。母三遷其居。至學宮之旁。軻乃設俎豆揖讓進退。遂居之。嘗廢學歸。母方績。以刀斷之。曰。子之廢學。若吾斷斯織也。軻懼。旦夕勤學。卒成大儒。

孟·永光　【清】會稽人。字月心。時稱狂士。寫照作畫。不落故套。祗候內庭。世祖最愛重之。

孟·仲暉　【唐】開元時人。工寫貌。

孟·光　【後漢】梁鴻妻。字德耀。姿貌甚醜。而德行甚修。與鴻遯逃霸陵山中。耕耘織作。以供衣食。後至會稽。賃舂爲事。每進食。舉案齊眉。所在敬而慕之。◎【蜀漢】洛陽人。字孝裕。靈帝末爲講部吏。後入蜀。劉焉父子待以客禮。博物識古。無書不覽。尤銳意三史。長於舊典。先主定益州。拜議郎。後主時累遷大司農。好直言。無所回避。每彈射利病。爲世人所譏嫌。以此爵位不登。卒坐事免官。

孟·充　【明】高安人。字實夫。博洽工詩文。由舉人授敘州府訓導。陞知福安縣。有山樓集。

孟·兆祥　【明】澤州人。字允吉。天啓進士。除大理左評事。歷吏部郎中。忤權要。貶行人司副。稍遷光祿丞至刑部右侍郎。流賊陷都城。兆祥自經於正陽門下。福王時謚忠貞。

孟后　【宋】元孫女。元祐中册爲皇后。宣仁太后語哲宗曰。得賢內助。非細事也。後被廢。天下寃之。欽宗時汴京陷。六宮有位號者皆北遷。后以廢獨存。張邦昌僭位。尊爲元祐皇后。高宗即位。迎至南京。稱隆祐太后。愛帝如已出。崩謚昭慈。

孟·但　【隋】廣川人。受易於東武王同。爲太子門大夫。

孟·利貞　【唐】華陰人。爲太子司議郎。中宗在東宮。深懼之。受詔與許敬宗。郭瑜等撰瑤山玉彩五百卷。奏上。高宗稱善。累轉著作郎。加弘文館學士。垂拱初卒。又撰有續文選。

孟·廷珂　【明】武昌人。字培之。正德進士。授大理寺副。武宗南巡。上疏極諫忤旨。謫戶部照磨。嘉靖中累官雲南參政。

孟·宗　【三國吳】江夏人。字恭武。後以避孫皓字。改名仁。少從南陽李肅學。其母作厚褥大被。人問故。母曰。小兒無德致客。客多貧。故爲廣被。庶可氣味相接矣。母嗜筍。冬時筍尙未生。宗入林哀歎。筍忽迸出。仕吳爲鹽池司馬。作鮓寄母。母還之。曰。汝爲魚官。何不避嫌。遷吳令。聞母亡。犯禁委官。後仕至司空。孫皓時卒。(按三國志孫皓傳。建衡三年司空孟仁卒。晉書孟陋傳亦云吳司空宗之曾孫。是宗之仕吳而終甚明。尙友錄謂宗於晉武帝時爲魚池監誤。)

孟·宗政　【宋】絳州人。徙居隨州。字德夫。幼豪偉有膽略。開禧間金人犯襄鄧。宗政率義士據險游擊。奪其輜重。薦補棗陽令。轉京西鈐轄。駐襄陽。知棗陽軍。屢敗金人。金人不能支。棄旗甲輜重而走。中原遺民來歸者以萬數。宗政發廩賑之。給田與屋。籍其壯者號忠順軍。俾出沒唐鄧間。威震境外。金人呼爲孟爺爺。以荆鄂都統制卒。宗政好賢樂善。賞罰必信。死之日。邊城爲罷市慟哭。

孟·宗儒　【宋】初爲道士。從石介受春秋。遂棄巾服爲儒。介爲易名。

孟·忠　【明】崑山人。字廷臣。洪武初以賢才薦。授武寧知縣。靖難後。成祖思高帝舊臣。欲召用。堅辭不赴。賜敕嘉之。以壽終於家。

孟·忠厚　【宋】元孫。哲宗孟后兄。追封成寧郡王彥弼子。字仁仲。宣和中官至將作少監。靖康初權衛尉卿。高宗立。授徽猷閣待制。使北迎后。以臺諫論列。易武秩。后崩。以祔廟恩授鎭海軍節度使。封信安郡王。判紹興府。除樞密使。忠厚遠避權勢。不以私干朝廷。秦檜心忌之。諷言路論列。罷爲醴泉觀使。檜死。召還。授保寧軍節度使。提舉秘書省卒。

孟·承光　【明】鄒縣人。孟子裔孫。字永觀。襲職五經博士。天啓二年妖賊徐鴻儒陷鄒城。承光被執。罵賊不屈見殺。贈尙寶少卿。

孟·承誨　【後晉】大名人。始爲宋城令。復爲襄城令。皆有能名。晉高祖即位。累官檢校司空太府卿。右武衛大將軍。性纖巧。善於希旨。頗積財帛。為張彥澤所殺。

孟明 【春秋秦】名視。百里奚子。穆公使將兵伐鄭。晉人敗之於殽函。次年伐晉。復敗績。又次年伐晉。濟河焚舟。晉人避之。封殽尸而還。遂霸西戎。

孟知祥 【後蜀】龍岡人。字保胤。晉王李克用以其弟女妻之。莊宗立。授太原尹。及蜀王衍平。以為成都尹・劍南西川節度使。明宗立。知祥訓練兵卒。陰有王蜀之志。已而舉兵。約東川董璋同反。復攻破璋。幷有兩川之地。明宗屈意招撫。始遣將入朝。冊封蜀王。明宗崩。知祥乃即帝位。國號曰蜀。改元明德。未一年卒。傳子昶。

孟表 【後魏】蛇丘人。字武達。仕齊明帝為馬頭太守。據郡歸魏。除南兗州刺史。鎮渦陽。齊遣裴叔業攻之。城中食盡。以朽革草木皮葉為糧。撫循將士。戮力固守。封汶陽縣伯。進號平西將軍。卒於齊州刺史。諡恭。

孟信 【後魏】廣川索盧人。字修仁。家貧。棄書從軍。累官趙平太守。政尚寬和。權豪無犯。及去官。居貧無食。其兄子擬賣一老牛供薪米。信知之。以牛有病。告買者勸勿買。周文帝聞其行。歎異之。擢為太子太傅。特加散騎常侍。以老辭歸。儒者榮之。

孟俊 【明】陝西咸寧人。天順舉人。授上杭知縣。廉明有為。吏畏民悅。徵拜監察御史。巡按南畿。以布政司參政致仕。

孟厚 【宋】洛人。字敦夫。從程頤游。又為王氏學。舉業特精。獨處一室。饔飧不治。伊川之葬。門人畏黨禍莫敢至。獨厚與尹焞・張繹・范棫・邵溥送焉。時號高義孟公。

孟奎 【金】遼陽人。字元秀。大定進士。調黎陽主簿。遷汲縣令。完顏守貞禮接士大夫。在其門者號冷巖十俊。奎其一也。任上京等路提刑判官。初遼東契丹判余里也嘗殺驛使大理司直。有契丹人同名者。有司輒繫之獄。奎按囚速。頻路讞而出之。既而果獲其殺司直者。後官北京臨潢等路按察轉運使。貞祐初卒。諡莊肅。

孟姬 【春秋齊】孝公夫人。華氏之女。好禮貞一。過時不嫁。齊中求之。禮不備。終不往。齊國稱其貞。孝公聞之。乃修禮親迎于華氏之室。

孟姚 【戰國趙】吳廣女。舜之後。故稱孟姚。趙武靈王夢見處女。鼓琴而歌詩曰。美人熒熒兮。顏若苕之華。命乎命乎。曾無我嬴。異日。王飲酒樂。數言所夢。想見其狀。吳廣聞之。因夫人而納其女娃嬴。即孟姚也。孟姚甚有寵于王。是為惠后。

孟威 【後魏】洛陽人。字能重。頗有氣尚。尤曉北土風俗。歷東宮齊帥羽林監。勅在著作以備推訪。前後奉使還蕃。皆能稱旨。普泰中除大鴻臚卿。加驃騎將軍・左光祿大夫。◎【五代閩】一曰咸。唐天祐中從王審知入閩。為都押牙。後官建州刺史。有能名。

孟建 【三國魏】汝南人。字公威。少與諸葛亮俱游學。為涼州刺史。有治名。官至征東將軍。

孟彥卿 【宋】洛州人。頗知兵。通判潭州。追討叛卒。遇害。賊持其首告人曰。是善戰孟通判首也。事聞。贈直龍圖閣。

孟思 【明】滄人。字叔正。嘉靖舉人。選南陽通判。未赴卒。有龍川集。

孟昶 【晉】安丘人。桓弘鎮廣陵。以為主簿。及桓玄稱帝。昶與劉裕合謀討玄。昶妻周氏傾資產以給軍糧。裕舉兵。以昶為長史。拜丹陽尹。累遷吏部尚書。加尚書右僕射。因懼罪自殺。◎【後蜀】知祥子。字保元。初名仁贊。後唐清泰中嗣帝位。不改元。仍稱明德。至五年始改廣政。在位三十年。時漢晉之際。中原多故。蜀據險一隅。得以無事。宋乾德中。命王全彬等討之。昶軍敗降。至京封秦國公。七日而卒。諡恭孝。

孟春 【明】澤州人。字時元。弘治進士。歷吏部侍郎。巡撫宣府有軍功。忤中官張永罷歸。子陽以諫南巡死。春聞之哭以詩。語甚悲壯。人爭傳之。

孟昭圖 【唐】末為左拾遺。上疏論事坐貶。田令孜遣人投之蟇頤津。後人祠之。

孟洋 【明】信陽人。字望之。一字有涯。弘治進士。授監察御史。坐論張璁・桂萼事謫教授。累遷都察院僉都御史。督理糧儲。聞母病。不待報而歸。起官至大理寺卿。蒞職清勤。事無疑滯。工詩。有孟有涯集。

孟珍 【元】字玉潤。以字行。又字季生。號天澤。畫花鳥為當世珍。尤長青綠山水。

孟秋 【明】茌平人。字子成。號我疆。少受詩至桑中諸篇。輒棄去不竟讀。從邑人張後覺講學。發明良知之說。成隆慶進士。知昌黎縣。有善政。遷大理評事。去之日。老稚泣留。以職方員外郎督視山海關。中流言。京察坐貶。歸途與妻挈共駕一牛車。觀者咸歎息。後起刑部主事。歷尚寶少卿卒。天啓間追諡清憲。有道脈說・大道吟・氣志吟。

孟郊 【唐】武康人。字東野。少隱嵩山。性介少合。為詩有理致。然思苦奇澀。韓愈引為忘年交。年五十登貞元進士第。調溧陽尉。鄭餘慶為東都留守。署水陸轉運判官。餘慶鎮興元。奏署參謀卒。張籍諡曰貞曜先生。

有孟東野集。

孟陋　晉嘉弟。字少孤。清操絕倫。布衣蔬食。以文籍自娛。口不及世事。喪母毀瘠。殆於滅性。簡文帝輔政。命為參軍。稱疾不起。陋博學多通。長於三禮。嘗注論語。

孟浩　宋宜春人。字養直。乾道進士。知武寧縣有聲。累遷知湖州。以忤權貴罷。後復起官至直秘閣。為人廉介。不妄取與。為文章有法度。有醞技集。◉金灤州人。字浩然。遼末進士。天會中為樞密院令史。累遷左司員外郎。既典選。善銓量人物。田瑴被誣。坐黨瑴。徙海上。遇赦還里。大定中起為侍御史。轉右司員外郎。遇事篤實。言無所隱。有疾求外補。除祁州刺史。致仕歸。再起為御史中丞。尋拜參知政事。世宗稱其公正忠勤。進尚書右丞。罷為眞定尹卒。

孟浩然　唐襄陽人。世稱孟襄陽。以名為字。少好節義。隱鹿門山。年四十游京師。王維私邀入內署。俄玄宗至。浩然匿牀下。維以實對。帝喜曰。朕聞其人而未見也。召問其詩。浩然自誦所為。至不才明主棄之句。帝曰。卿不求仕。而朕未嘗棄卿。奈何誣我。因放還。張九齡辟為荊州從事。病疽背卒。有孟浩然集。

孟珙　宋宗政子。字璞玉。少從父在軍中。以功授承信郎。父卒後。累官京西鈐轄。駐襄陽。統忠順軍。端平初與元將夾攻金人於蔡州。遂滅金。復屢拒元師。坐鎮荊襄。以恢復中原為任。朝廷深倚畀之。後知江陵府。疾革乞休。授寧武軍節度。封漢東公。致仕。終於江陵府治。贈太師。諡忠襄。珙忠君體國之念。可貫金石。平居接物。一以恩意撫待。惟建旗鼓。臨將吏。色凜然。無敢嚏涕者。退則掃地焚香。隱几危坐。蕭然事外。遠貨色。絕滋味。邃於易。亦通佛學。自號無庵居士。有警心易贊。

孟康　三國魏廣宗人。字公休。明帝時為散騎侍郎。弘農守。領郡吏二百餘人。涉春遣休。常四分遣一分。無宿諾。後至中書監。封廣陵亭侯。嘗注漢書。

孟敏　漢鉅鹿人。字叔達。性剛直有剖決。嘗客居太原。荷甑墮地。不顧而去。郭泰見而問之。敏曰。甑已破矣。視之何益。泰奇之。因勸令遊學。十年知名。三公徵辟並不屈。

孟淮　明祥符人。字豫川。嘉靖進士。歷官都御史。巡撫山西。改應天府尹。坐嚴嵩黨罷歸。好詩歌。有入蜀稿。

孟淑卿　明姑蘇人。孟澄之女。有才辨。工詩。自以配不得志。號曰荊山居士。言論為士林所宗。然性疏朗。不忌客。世以此病之。

孟習孔　明武昌人。字習雖。萬曆進士。授香山令。累官太僕卿。值楊漣為魏忠賢所陷。習孔率同官上章訟漣。忠賢怒。嗾私人卓邁劾習孔閒住。忠賢敗。復官。不出。老於家。

孟貫　後周建安人。字一之。少好學。遊廬山。以禮義文章節儉為當時師範。

孟速思　元畏兀人。世居別失八里。古北庭都護之地。幼有奇質。年十五。盡通本國書。太祖召之闕下。以授睿宗。日見親用。憲宗崩。孟速思勸世祖即皇帝位。眷顧益重。南征時為斷事官。數命收召豪傑。凡所引薦。皆極其選。拜丞相。辭不受。卒封武都王。諡智敏。

孟卿　漢蘭陵人。時人以卿呼之。善為禮春秋。授后蒼·疏廣。世所傳后氏禮·疏氏春秋。皆出孟卿。

孟喜　漢孟卿子。字長卿。從田王孫受易。故易有施孟梁丘之學。好自稱譽。舉孝廉。為郎·曲臺署長。病免為丞相掾。博士缺。衆薦喜。帝聞喜改師法。遂不用喜。喜授同郡白光少子沛·翟牧子兄。由是有翟孟白之學。（兄。讀曰況。）

孟善　明海豐人。仕元為山東樞密院同僉。後歸於明。累進燕山中護衛千戶。燕師起。征守有功。累遷右軍都督同知。封保定侯。永樂初鎮遼東。以老致仕。卒諡忠勇。

孟喬芳　清永平人。字心亭。明副將。罷職家居。太宗兵入關。迎降。世祖入關定李自成之亂。喬芳之籌策居多。自成戰敗竄歸。喬芳率師追之。直抵長安。拜兵部右侍郎。總督陝西三邊四川軍務。平甘肅。定山西。進兵部尚書。累加少保。卒諡忠毅。

孟植　宋字元立。忠信誠慤。判南康簿。茶寇聞其至。遂遁去。改知瑞金。以最聞。遷浙東倉廉憲事。作平糶倉以利民。薦進人物。未嘗有德色。奉祠歸。尋起知岳州卒。

孟棨　唐字初中。嘗官於梧州。有本事詩。

孟欽　前秦洛陽人。有幻化之術。苻堅召詣長安。惡其惑衆。命苻融誅之。融因大讌郡寮。酒酣。目左右收欽。俄失所在。

孟渙　宋瀘淵人。徙家臨川。字濟父。性孝友。師事陸九淵。咸淳進士。授徽州教授。遷知華容縣。通判陽州。知荊門軍。奏罷馬梁歷新店三稅務。蠲削浮征。人皆德之。再知饒州。改除廣州提舉。遷運判。奏陳利民五事。皆見施行。在官不飾廚傳。所至以公清方正見稱。丐祠致仕卒。

孟琯　唐郴州人。舉元和進士第。為韓愈所器重。嘗送以序。稱其年甚少。禮甚虔。於文無所不能。有嶺南異物志。

孟程 〔宋〕豐城人。少時肇力豪俊。謝謂語之曰。詩辭特游士之雄耳。程卽改事經術。卒爲儒者。

孟舒 〔漢〕初事趙王張敖。貫高謀作亂。事發。詔捕趙王隨者。舒與田叔等。衣赭衣自髡鉗。稱王家奴。隨至長安。高祖召見與語。漢廷臣無出其右。拜爲雲中守。坐虜大入免。文帝立。問田叔曰。公知天下長者乎。田叔以舒對。復拜雲中守。

孟華 〔唐〕初事李寶臣爲府官屬。論議伉直。王武俊斬李維岳。遣至京師陳事。德宗問河朔利害。華對稱旨。擢檢校兵部郎中。後華辭武俊歸里。闔門謝客。武俊稱王。授禮部侍郎。不肯起。嘔血死。

孟賁 〔戰國〕勇士。水行不避蛟龍。陸行不避虎兕。發怒吐氣。聲響動天。(按孟子疏引帝王世紀云。秦武王好力士。齊孟賁之徒並歸焉。史記作孟說。與任鄙。烏獲事秦武王。皆至大官。王與孟說舉鼎。絕臏而死。族孟說。則孟說當卽孟賁。又淮南子曰。孟賁衞人。)

孟超然 〔清〕閩縣人。字朝舉。號瓶菴。乾隆進士。累官吏部郎中。督學四川。以廉正稱。歸主鼇峯書院。其學以懲忿窒慾遷善改過。爲修身立命之門。嘗曰。談性命則先儒之書已詳。不如歸諸實踐。博見聞則將衰之年無及。不如返諸身心。著喪禮輯略。誠是錄。焚香錄。求復錄。晚聞錄。廣愛錄。彖識錄。遊暑錄。使粵使蜀日記。及卒。學者祠祀之。

孟軻 〔戰國〕〔魯〕鄒人。字子輿。一字子車。魯公族孟孫之後。早喪父。母仉氏。三遷至學宮之旁。習俎豆之事。受業子思之門人。道既通。遊齊梁之間。時天下方務合從連衡。以攻伐爲賢。軻乃述唐虞三代之德。是以所如不合。弟子公孫丑。萬章之徒共記其言。作孟子七篇。宋元豐間封鄒國公。配享孔子廟庭。元至順間加封鄒國亞聖公。

孟陽 〔明〕眘子。字子乾。正德進士。授行人。久不遷。或諷之見當路。陽不可。後諫武宗南巡。下錦衣獄杖。罰跪午門五日。復杖之。陽嘆曰。死得其所矣。越日卒。福王時追謚忠介。

孟雲卿 〔唐〕平昌人。登進士第。擢校書郎。與杜甫。元結相友善。

孟業 〔北齊〕安國人。字敬業。少爲州吏。性廉謹。魏彭城王韶以爲典籤。入齊遷東郡太守。以寬惠著。郡內參莖五穗。人以爲政化所感。卒於官。

孟猷 〔宋〕忠厚孫。字頁甫。居於吳。師事葉適。恭謹退遜。不異寒士。累官籍田令。遷知信州。入爲都官郎至刑部侍郎。出知婺州。以直龍圖閣將漕江東。尋奉祠卒。猷嚴己恕物。不立崖岸。故於時學禁方興。獨超然於禍患之表。喜爲詩。有孟侍郎集。

孟祺 〔元〕符離人。字德卿。幼敏悟。善騎射。早知問學。從父居東平。廉希憲。宋子貞等器遇之。薦爲國史院編修官。遷從仕郎。應奉翰林文字。一時典册多出其手。從伯顏南伐。授承直郎行省諮議。贊畫大計。酬應剖判。略無疑滯。江南平。論功授嘉興路總管。以疾歸。擢太中大夫。浙東海右道提刑按察使。未赴卒。謚文襄。

孟稱舜 〔明〕會稽人。字子若。又作子適。崇禎諸生。工詞曲。有孟叔子史發。桃花人面等雜劇。

孟詵 〔唐〕梁人。擢進士第。武后時爲台州司馬。相王召爲侍讀。拜同州刺史。有治行。神龍初致仕。居伊陽山。睿宗召之。以老辭。詔河南尹春秋給羊酒糜粥。尹畢構以詵有古人風。名所居爲子平里。有食料本草。

孟達 〔三國〕〔魏〕他子。字子度。一字子敬。初事劉璋。璋使將兵迎先主。因屯江陵。蜀平。先主以達爲宜都太守。後以不發兵救關羽。懼罪。率衆降魏。加拜散騎常侍。領新城太守。諸葛亮伐魏。欲誘達爲援。數書招之。達與相報答。魏人疑之。達懼遂反。未幾敗滅。

孟雷 〔明〕澤州人。字孔敬。由進士累官揚州府同知。裁革內使夫役逮獄。改調雷州。明敏卓犖。剖決如流。清苦自若。貪墨斂跡。歷按察僉事。

孟嘗 〔後漢〕上虞人。字伯周。少脩操行。仕郡爲戶曹。辯孝婦之冤。後策孝廉。舉茂才。拜徐令。州郡表其能。遷合浦太守。郡不產穀實。而海出珠寶。前守宰貪穢。詭民採求。不知紀極。珠漸徙於交趾界。嘗革前弊。去珠復還。百姓反業。商賈流通。稱爲神明。被徵當還。吏民攀留不得去。乃夜遁歸。隱居窮澤。身自耕傭。鄰邑慕其德。就棲止者百餘家。

孟嘉 〔晉〕宗曾孫。字萬年。少知名。太尉庾亮領江州。辟爲從事。後爲桓溫參軍。溫甚重之。九月九日溫宴龍山。風吹嘉帽墮落。嘉不之覺。溫命孫盛作文嘲嘉。嘉卽答之。其文甚美。轉從事中郎。遷長史卒。

孟夢恂 〔元〕黃巖人。字長文。號森碧。師事楊珏。陳天瑞。講解經旨。體認精切。務見諸行事。以薦署本郡學錄。至正中以禦寇功授宜興判官。未赴而卒。賜謚曰康靖先生。有性理本旨。四書辨疑。漢唐會要。七政疑解。筆海雜錄。

孟漢瓊 〔後唐〕初以小豎侍明宗。及卽位。累遷宣徽南院使。性通黠。善交構。閔帝嗣位。自以有迎立功。尤恃恩寵。累加開府儀同三司。驃騎大將軍。後爲潞王從珂所殺。

孟賓于 後晉連州人。字國儀。天福間舉進士。避亂還鄉。楚王馬希範辟爲零陵從事。及歸南唐。校豐城簿。遷淦陽令。坐贓貨論死。唐主重其詩名。特貸免。復故官。俄致仕隱於玉笥山。自號羣玉峯叟。逾年起水部員外郎。金陵平。歸連州卒。嘗以所著詩號金鰲集。獻於工部侍郎李若虛。若虛尤爲稱賞。

孟鳳 明麟弟。字瑞周。弘治進士。授監察御史。陞懷慶知府。教民濬渠溉田。累官都御史。總制北邊。轉督漕事。値徐淮大水。武宗親征。區畫有方。民不勞費。累遷刑部尚書。卒諡文簡。

孟德 元濟南人。由鄒平縣令累官同知濟南路事。數從世祖征伐有功。遷沂郯萬戶。授昭勇大將軍招討使。

孟遲 唐平昌人。字升之。會昌進士。有詩一卷。

孟養浩 明湖廣咸寧人。字義甫。萬曆進士。授行人。累遷左給事中。李獻可言事獲譴。養浩疏諫。受杖百。削籍爲民。光宗立。起太常少卿。天啟中遷至南刑部右侍郎。未赴卒。

孟導 宋猷弟。字達甫。與兄俱學於葉適。簡默寡言。累官大理正。知嚴州。廉介明敏。所至皆有聲。再知臨江軍。爲忌者所論罷。

孟龍符 南朝宋懷玉弟。驍果有膽氣。少好游俠。早爲武帝所知。以爲建武參軍。屢立戰功。封平昌縣子。累加龍驤將軍・廣川太守。帝伐廣固。龍符統步騎爲前鋒。戰於臨朐。以衆寡不敵敗沒。

孟獲 蜀漢南中酋長。爲夷漢所服。諸葛亮南征。募生致之。既得。使觀於營陣之間。獲曰。向者不知虛實故敗。若祇如此。卽定易勝耳。亮笑。縱使更戰。七縱七擒。獲曰。公天威也。南人不復反矣。

孟簡 唐詵曾孫。平昌人。字幾道。工詩。尚節義。舉進士宏詞。入諫垣。議論抗切。出刺常州。濬孟瀆河。溉田四千頃。累遷戶部侍郎。加御史中丞。意且柄政。及出爲山南東道節度使。頗不自得。政尚嚴峭。坐贓左遷太子賓客。分司東都。

孟鵠 後唐魏州人。莊宗初定魏博。以爲度支孔目官。明宗時爲邢洺節度使。鵠每曲意承迎。明宗德之。及卽位。擢客省副使樞密承旨。出刺相州。入判三司。初鵠頗有計畫之能。及掌邦賦。操割依違。名譽頓減。終許州節度使。

孟懷玉 南朝宋平昌安丘人。徙居京口。武帝東伐孫恩。以爲建武司馬。從平京口・定建業。以功封鄱陽侯。除輔國將軍。戍石頭。盧循逼京邑。懷玉連戰有功。爲中軍咨議參軍。循平。又封陽豐縣男。遷江州刺史。丁父艱。上表陳解。不許。尋卒於官。

孟攀鱗 元雲內人。字駕之。日誦萬言。時號奇童。金正大中進士。仕至朝散大夫招討使。入元授翰林待制。同修國史。至元初召見。條陳七十事。世祖悉嘉納之。卒諡文定。

孟顗 南朝宋昶弟。字彥重。昶顗並美風姿。時人謂之雙珠。昶既貴盛。顗不就辟。昶死後。起家爲東陽太守。歷侍中僕射・太子詹事。卒於會稽太守。顗性佞佛。謝靈運輕之。謂顗曰。得道應須慧業。丈人生天當在靈運前。成佛必在靈運後。顗以此深恨之。

孟鑄 金大定末補尚書省令史。薦授刑部主事。數遷至御史中丞。剛正敢言。

孟鑑 明博野人。宣德進士。歷官戶部左侍郎。黃蕭養作亂。圍廣州甚急。命鑑參總戎務。出精銳奮擊。擒蕭養。傳首京師。景泰中謝政。年餘。召起南京工部左侍郎。

孟顒 宋安化華池人。字坦之。善畫佛像人物。自成一家。

孟鱗 明曲阜人。字瑞魯。成化進士。授工部主事。陞郎中。提督直隸水利。奏與六事。有侵河防占官湖者。痛懲之以法。官至陝西左布政使。

孟觀 晉東光人。字叔時。少好讀書。解天文。惠帝時爲殿中中郎。賈后欲誅楊駿。使人諷觀。觀度后旨。頗加誣其事。及駿誅。以爲黃門侍郎。氐羌齊萬年反。命觀討之。生擒萬年。徵拜右將軍。趙王倫篡位。署爲安南將軍。假節屯宛。義軍既起。觀不從衆議而爲倫守。及帝反正。斬首傳送洛陽。夷三族。

孟驥 明蕭縣人。字尚德。洪武初以才能舉。累官禮部郎中。治績書最。陞河南左參政。益練達政務。遷四川左布政使。任滿。夷民不釋。復增秩留之。後致仕。

孟鸞 後魏字龍兒。坐事充閹人。以謹敏見寵。靈太后臨朝。爲左中郎將給事中。暴疾死。靈太后爲之下淚。

季友 春秋魯莊公弟。其將生也。桓公使卜楚丘之父卜之。曰。男也。其名曰友。及生。有文在其手曰友。遂以名之。一稱成季。莊公卒。季友立其子斑。斑被殺。季友奔陳。後復奉少子申入立而相之。以汶陽鄪封季友。其後爲季孫氏。爲三桓之一。

季心 漢布弟。氣蓋關中。遇人恭謹。爲任俠。方數千里士爭爲死。嘗爲中司馬。中尉郅都不敢加。以勇聞關中。

季布 漢楚人。爲任俠有名。項籍使將兵。數窘漢王。籍滅。高祖購求布。布匿濮陽周氏。周氏置廣柳車中。之魯朱家所賣之。朱家說滕公。公爲帝言之。帝乃赦布。拜爲郞中。孝惠時樊噲欲橫行匈奴。布爭之。遂不復議。後爲河東守。孝文時欲召爲御史大夫。或言其勇。使酒難近。留一月罷。以諾聞關中。楚人諺曰。得黃金百斤。不如得季布一諾。

季・本 明會稽人。字明德。號彭山。師事王守仁。能傳其學。登正德進士。除建寧推官。徵授御史。以言事謫揭陽主簿。累遷長沙知府。落職歸。平生考索經傳。著述甚富。有易學四同・詩說解頤・讀禮疑圖・廟制考儀・樂律纂要等書。

季札 春秋吳壽夢少子。壽夢見季札賢。欲立之。卒不受。封於延陵。故號延陵季子。歷聘上國。徧交當世賢士大夫。嘗聘魯觀周樂。過徐。徐君好季札劍。口不敢言。季札心知之。爲使上國未獻。及還至徐。徐君已死。解劍繫徐君冢樹而去。

季仲 上古高辛氏才子。爲八元之一。舜舉之。使布五教於四方。

季・仲蘭 明浦城人。洪武中爲殿州知府。勤政愛民。一郡翕然從化。

季芈 春秋楚昭王妹。王奔鄖。鍾建負季芈以從。王將嫁季芈。季芈辭曰。所以爲女子。遠丈夫也。鍾建負我矣。以妻鍾建。以爲樂尹。

季・知元 宋龍泉人。崇寧間除撫州法曹。轉知江陰。寬簡樂易。不苟不擾。被召主國子簿。宣和初以朝散郞致仕。

季・芝昌 清江陰人。字雲書。號仙九。道光進士。授編修。累擢倉場侍郞。嘗奉命赴浙釐剔鹽務。清查倉庫。晝夜稽覈。盡得要領。而於人無所乖忤。官至閩浙總督。以病歸。

季・厚禮 明無爲人。以孝行著。居父母喪。廬墓三年。不食鹽味。其子立・孫廷春。亦效法之。人謂其一門純孝云。

季・貞一 明常熟人。少有夙慧。其父老儒也。抱置膝上。令詠燭詩。應聲曰。淚滴非因痛。花開豈爲春。其父推墮地曰。非良女子也。後果以放誕致死。

季・恆 明六合人。成化中知安鄉縣。民不習織。恆教藝桑棉。月課其功。儲積救荒。市地廣學。復范文正祭田。善政頗多。調巴陵。棄官去。

季孫・行父 春秋魯大夫。季友孫。卽季文子。歷相宣成襄三君。家無衣帛之妾。食粟之馬。人稱其忠。卒諡文。

季孫・肥 春秋魯大夫。斯子。卽季康子。時齊屢伐魯。季氏用冉有有功。孔子自衞反魯。齊歸魯侵地。哀公末卒。諡康。

季孫・宿 春秋魯大夫。行父子。卽季武子。時公室卑。三桓強。將作三軍。告叔孫穆子曰。請爲三軍。各征其軍。穆子曰。政將及子。子必不能。武子固請。乃作三軍。三分公室而各有其一。卒諡武。

季孫・斯 春秋魯大夫。意如子。卽季桓子。行東野。及費。子洩爲費宰。逆勞於郊。桓子敬之。勞仲梁懷。仲梁懷弗敬。陽虎囚桓子而逐仲梁懷。盟桓子於稷門之內。陽虎欲去三桓。桓子適孟氏。陽虎劫公以伐孟氏。戰敗出奔齊。桓子以仲由爲宰。墮三都。卒諡桓。

季孫・意如 春秋魯大夫。宿孫。卽季平子。伐莒取郠。獻俘。始用人於亳社。平子與郈氏臧氏不協。臧郈告昭公。昭公伐季氏。平子請囚請亡。皆弗許。三家共伐公。公失國出亡。意如卒。諡平。

季・振宜 清泰興人。字詵兮。號滄葦。順治進士。官至御史。家本豪富。江南故家之書多歸之。精本最富。有季滄葦書目・靜思堂詩集。

季・淵 元逢昌子。字宗源。大德初授登仕郞。博雅好古。識鑒過人。官至蘄州路總管。

季・逢昌 宋吳縣人。字子明。由迪功郞調通州支運倉。兼沿江淮東制料官。所至以稟勤稱。宋季。海隅經北兵殘毀。惟鹹官僅庇司存。井邑荒寂。逢昌至。力剔積弊。秩滿。爲贏十五萬餘斤。魏了翁時制淮閫。議復通城。以軍券爲慮。移檄委逢昌糴百萬緡。旬月事具。魏嘉其能。舉以練達科。爲桐城令。復著治績。調知清流。以疾辭歸。

季・陵 宋處州龍泉人。字延仲。登政和初上舍第。三遷太學博士。論學術邪正異同。被譖。謫知舒城縣。建炎初從至揚州。爲太常少卿。金人南侵。高宗幸杭州。陵負九廟神主以行。遷中書舍人。多所建明。歷知溫州臨安府。坐劾罷。紹興初復官右文殿修撰・徽猷閣待制。帥廣州。

季・幾復 宋臨川人。字晞顏。與弟中復俱有文聲。號二季。元豐中進士。知建昌縣。歲旱。以什五法計口給粟。全活者多。計使錄其式。頒行他邑。改知崇陽。邑民德而祠之。

季・開生 清泰興人。字天中。號冠月。工畫。喜倣宋元名蹟。成順治進士。官給事中。時遣內監至江南采辦器物。開生上疏諫。流尙陽堡。有出關草。

季・嫻 清興化女子。字靜婉。適李氏。選前明閨閣諸詩。編爲閨秀集初編。

季貍 上古高辛氏才子。爲八元之一。舜舉之。使布五教於四方。

季·賓 明紹興人。字汝和。官主事。善畫菊花。

季·篪 明常熟人。字仲怡。永樂中以經明行修薦。授崑山訓導。有文學。勤於纂述。有友梅集。

季·錫疇 清太倉人。字菘耘。工文詞。出入震川堯峯之間。晚年館虞山瞿氏。館中多善本書。錫疇悉爲跋尾。成藏書志。又著菘耘文鈔。

季·應祈 明瑞安人。少穎悟。受春秋於高則誠。旣而得關閩諸儒全書讀之。益探究天道性命之微。古今事物之理。尤樂於誨誘。嘗曰。窮經以致其用。反躬以踐其實。不如是。讀書奚益。洪武中以明經薦。引年以歸。

季·鏞 宋處州龍泉人。字伯韶。淳祐間知睦州。時歲饑。鏞旣至。虛己問俗。首罷私茶。力請於朝。寬京府榷糴之令。發廩分賑。頓復舊觀。民樂安生。官至兩浙轉運使。

孤逐女 戰國齊卽墨之女。無父母。狀甚醜。三逐於鄉。五逐於里。過時無所容。齊相婦死。女見襄王。請王尊相。王善之。遂尊相而敬事焉。以女妻之。齊國以治。

宓·不齊 春秋魯字子賤。孔子弟子。嘗宰單父。鳴琴不下堂而治。孔子稱之曰君子。後世追封單父侯。

宓妃 上古伏羲氏女。溺死洛水。遂爲洛水之神。一作虙妃。

宗山 清鐵嶺人。隸內務府鑲黃旗漢軍。字歗梧。姓晉氏。官浙江候補同知。權乍浦同知。留意北方文獻。嘗覆刻瓶水齋集。著有窺生鐵齋詩存·希晦堂遺文雜著。

宗·元鼎 清江都人。字定九。號梅岑。別號小香居士。隱居不仕。嗜梅花。堂有古梅一株。時人謂之宗郎梅。善畫山水。工詩。王士禛稱其善學才調集。有芙蓉齋新柳堂集。

宗·元卿 後漢南陽人。字希蔣。早孤。爲祖母所養。祖母病。元卿在遠輒心痛。大病則大痛。小病則小痛。以此爲常。鄉里號曰宗曾子。

宗·元豫 清上元人。字子發。明諸生。父萬化當國變時。卒於潮州通判任所。元豫扶櫬歸。貧不克葬。乃疏食不除服。十餘年。始得買地以葬。自是不復應舉。隱居昭陽土室中。窮訂經史。著史論數十篇。識解獨出。又有識小錄。記二十一史瑣事。

宗·元饒 陳江陵人。仕梁爲司徒王僧辯主簿。入陳始顯。累遷御史中丞。公平持法。明練治體。吏有犯法。政不便民。及於名教不足者。隨事糾正。多所裨益。官至領前將軍·吏部尚書。

宗·夬 梁景孫。世居江陵。字明揚。勤學有局幹。初仕齊。竟陵王子良集學士於西邸。並見圖畫。夬預焉。後鬱林王見誅。唯夬與傅昭。獨以清正免難。累遷尚書都官郎。入梁。歷太子右衞率·五兵尚書。參掌大選。

宗·世林 三國魏武帝微時。世林嘗薄其爲人。不與之交。及武帝作司空。總朝政。從容問曰。可以交未。答曰。松柏之志猶存。世林旣以忤旨見疎。位不配德。文帝兄弟每造其門。皆獨拜牀下。其見重如是。

宗·必經 宋南昌人。字子文。景定進士。通判瑞州。宋亡入元。世祖詔求江南人才。留夢炎等交薦。固辭。械至燕。繫獄三歲放還。有玉溪集。

宗正·珍孫 後魏官安西將軍光祿大夫。孝昌中爲都督。討汾州反者。

宗·白 宋大名人。字太素。開寶中授渭南令。豪俊尚氣節。重交游。太宗召知諫院。

宗·如周 北周南陽人。有才學。仕於蕭督。有訴者曰。某有屈。來訴如州官。宗怒曰。敢呼我名。其人謝曰。祗言如州官作如州。不知如州官名如周。早知如州官名如周。不敢喚如州官作如周。宗乃笑曰。命卿自實。見侮反深。官至度支尚書。

宗·臣 明揚州人。字子相。嘉靖進士。尚書李默奇之。由吏部考功郎歷稽勳員外郎。文章與李攀龍·王世貞相切劘。爲嘉靖七子之一。楊繼盛死。臣賻以金。出爲福建布政參議。卒年三十六。有宗子相集。

宗·伯鳳 漢官少府。王莽欲以女爲平帝后。太后遣伯鳳等納采。莽篡位。以爲太子傅丞。在四師之列。

宗·宬 唐蒲州人。仕魏王泰府。與蕭德言·謝偃等撰括地志。

宗·希華 北周如周子。博通經術。爲荊楚儒宗。

宗·杞 元大都人。年十九。喪父哀毀。甫三日成疾。杞有繼母。自度不起。囑妻楊氏曰。汝善守志事吾母。遂卒。楊氏遺腹生一男。人稱孝感。

宗·佻 後漢仕爲驃騎大將軍。王莽遣王尋·王邑·將兵到潁川。諸將皆惶怖。佻隨光武出昆陽城南門外收兵。

宗·周 明閩縣人。字思兼。號眷山子。爲餘姚主簿。畫山水宗沈周。間倣房山。不隨俗格。⊙明興化人。字維翰。嘉靖舉人。官至馬湖知府。有就正錄·禮記會要。

宗季 五代漢僧。臨安俞氏子。道行孤僻。性情方正。誓不趨俗舍。開講杭州龍興寺四十餘年。有永新鈔·暉理鈔·彌勒成佛經疏鈔等。

宗·尙之 南齊南陽人。字敬文。測之宗人。同有山澤之好。永明中與同郡劉虯。俱以驃騎記室不仕。

宗·岳 梁夬從弟。歷官郢州治中。有名行。州里稱之。出於夬右。

宗・承 【南朝宋】南陽人。父葬負土作墳。不役僮僕。一夕之間。土壤自高五尺。松竹生焉。仕爲宜都太守。

宗杲 【宋】僧。寧國奚氏子。字曇晦。張商英一見奇之。名其菴曰妙喜。嘗參圓悟禪師克勤。聞薰風自南來殿閣生微凉句。豁然有得。以雄辨負重名。住徑山。孝宗召對稱旨。尋賜號大慧。御書妙喜菴三字賜之。卒謚普覺。著臨濟正宗記・正法眼藏。

宗林 【明】僧。餘姚宋氏子。字大章。號朽庵。年十三出家。居杭之安隱淨慈閒。嘉靖初游都下。屛跡香山。工詩。有浮生夢幻篇・香山夢寐集。

宗泐 【明】僧。臨海周氏子。洪武中詔致天下高僧有學行者。首應詔至。奏對稱旨。詔箋釋心經・金剛・楞伽三經。奉使西域。還朝授右街善世。後示寂於江浦石佛寺。有全室集。

宗・祉 【明】金華人。字濟才。性至孝。父母終。各廬墓三年。母陳。晚年目雙瞽。祉以舌舐之。目復明。天順中詔旌其門。以國子生授知廬州。

宗亮 【唐】僧。奉化馮氏子。一稱月僧。開成中出家。大中時再造明州國寧寺。徵選清高者隸名。宗亮以律僧預住持。晚年專事禪寂。不出寺門。恆與沙門迭爲文會。結林下交。撰嶽林寺碑及詩集。

宗・炳 【南朝宋】南陽人。字少文。幼有至性。好琴書。善畫。精玄理。武帝領荊州。辟爲主簿。不就。答曰。吾栖隱丘壑三十年。豈可於王門折腰爲吏耶。嘗西涉荊巫。南登衡嶽。因結宇衡山。以疾還江陵。嘆曰。老病俱至。名山恐難徧覩。惟當澄懷觀道。臥以游之。凡所游履。皆圖之於室。謂人曰。撫琴動操。欲令衆山皆響。

宗衍 【元】僧。吳中人。字道原。善書法。遍讀內外書。工詩。至正初住石湖楞伽寺。一時名士多與游。後主嘉禾德藏寺。才辯聞望。傾於一時。有碧山堂集。

宗哲 【唐】僧。西河平遙人。屬玄奘三藏新翻諸經論。宗哲就之學。備窮諸典。

宗・彧之 【南朝宋】炳從弟。字叔粲。早孤。事兄恭謹。家貧好學。州辟主簿舉秀才。不就。公私餽遺。一無所受。元嘉初帝使陸子眞觀采風俗。三詣。彧之辭疾不見。子眞還。表薦之。徵拜員外散騎侍郎。亦不就。

宗・晏 【宋】夔州人。仕爲都押衙。乾德中有寇犯州境。晏捍禦甚力。民賴以安。以功補右班殿直。

宗密 【唐】僧。西充何氏子。嘗登進士。於遂州遇道圓禪師。問法契心。遂受圓教。太和中召問法要。賜紫衣爲大德。會昌初坐滅於興福塔院。葬於圭峯。有圓覺華嚴涅槃金剛起信唯識法界觀行願經等疏鈔・四分律疏鈔。懸談等凡二百卷。宣宗追謚定慧。

宗淵 【宋】僧。高密宮氏子。出家於東萊北禪院。好吟詩。愛宜陽柏閣山。遂居之。性孤潔耿介。太平興國間坐終。有洛西集。

宗淨 【明】僧。蘭溪倪氏子。住杭州徑山。茶毘舌根不壞。有徑山集。

宗・紺 【後漢】蒙人。爵爲公乘。善星曆。永元十二年正月十二日。上書言今月十六日。月當食。曆謂二月誤。至期。如紺言。

宗・連 【隋】長安人。仕周爲三原令。家累千金。有季女慧而有色。欲求賢壻。時趙元淑疏宕有才。不事生產。以父蔭授驃騎將軍。將之官。無以自給。連以女妻之。與奴婢二十口。馬十餘匹。及縑帛金寶珍玩。元淑後以功封葛公。

宗喀巴 【明】喇嘛黃教之祖。一名羅卜藏札克巴。明永樂十五年。生於西寧。爲蒙古族之人。幼名阿劫。八歲出家。後赴西藏。闡明黃教。有二大弟子。曰達賴喇嘛。曰班禪額爾德尼。相傳化身轉世。輪迴不已。

宗・敞 【南涼】姑臧人。仕姚興爲涼州別駕。禿髮傉檀稱涼王。敞來聘。傉檀曰。孤以不才。謬爲尊先君所見稱。自恐有累水鏡之明。不圖今日復見卿也。卿魯子敬之儔。恨不與卿共成大業耳。斂後還太府主簿。

宗・景 【南朝宋】南陽人。徵太子庶子。不就。有高名。

宗・欽 【後魏】金城人。字景若。少好學。有儒者風。初仕北涼。後入魏。爲著作郎。封臥樹男。

宗・測 【南齊】炳孫。字敬微。一字茂深。性靜退有祖風。累辟不就。母喪。身自負土。植松柏。付子家事。遂往廬山。齋老莊自隨。子孫拜送悲泣。測長嘯不顧。善畫。好音律。邃易老。有續高士傳・衡山廬山記。

宗・越 【南朝宋】葉人。元嘉中爲揚武將軍。善立營陣。每數萬人止頓。自騎馬前行。使軍人隨後。馬止營合。未嘗參差。攻戰屢有功。官至冠軍將軍・南濟陰太守。封始安縣侯。明帝時謀作難。下獄死。

宗・傳 【明】如皋人。字習夫。嗜學。夏夜嘗納足兩甕中以避蚊。嘉靖間以舉人知邛州。一意撫循。絲粟不取。

宗愛 【後魏】閹人。事太武爲中常侍。天性險暴。行多非法。累官太師・都督中外諸軍事。封馮翊王。迭搆弒逆。權恣日甚。文成立。愛伏誅。具五刑。夷三族。

宗・楚客 【唐】岌子。字叔敖。武后其從姑也。登進士第。垂拱中與兄秦客・弟晉卿。俱被任用。楚客至宰相。韋后時與紀處訥爲黨。世號宗紀。韋后敗。伏誅。

宗源瀚 清上元人。字湘文。官至溫處道。精地理。富收藏。有頤情館集．金石書畫題跋．名賢碑傳錄．聞過集．右文掌錄。

宗聖垣 清會稽人。字芥颿。乾隆舉人。官至雷州知府。以詩文名越中。治毛鄭詩。有九曲山房詩文集。

宗裕昆 清常熟人。字昭仲。善畫山水人物。尤工傳神。少孤。事母孝。年未四十卒。

宗資 後漢安衆人。字叔都。舉孝廉。延熹中爲汝南太守。辟范滂爲功曹。政事悉委任之。時人歌曰。汝南太守范孟博。南陽宗資主畫諾。其任善之專如此。

宗道 宋政和中爲溫江令。有嘉禾甘露之祥。

宗道暉 後魏長樂人。好著高翅帽大屐。學爲儒宗。州將初臨。輒服以謁見。仰頭舉肘。拜於屐上。自言學士。冀州人爲語曰。顯公鐘。宋公鼓。宗道暉屐。李洛姬肚。謂之四大。

宗預 蜀漢安衆人。字德豔。丞相諸葛亮以爲主簿。遷參軍右中郎將。將命使吳。孫權嘉其抗直。甚愛待之。延熙中復東聘吳。賜爵關內侯。累拜鎮軍大將軍。

宗慈 後漢安衆人。字孝初。舉孝廉不就。嘗與八顧之號。後爲修武令。時太守出自權豪。多取貨賄。慈遂棄去。徵拜議郎。未至道卒。羣士重其義行。

宗端修 金汝州人。字平叔。以避睿宗諱。改姓姬氏。好學喜名節。成大定進士。累官至節度副使。游彥哲嘗問爲政。端修曰。治氣養心而已。心正則不私。氣正則不暴。爲政之術在是矣。

宗慤 南朝宋炳兄子。字元幹。少時炳問其志。慤答曰。願乘長風破萬里浪。官振武將軍。伐林邑。入象浦。其國裝象以戰。慤製獅子相禦。象皆驚奔。克林邑。珍寶山積。一毫無犯。累遷豫州刺史。封洮陽侯。卒諡肅。

宗稷辰 清會稽人。字迪甫。號滌樓。道光舉人。累官山東運河道。爲學探之六經。證之先儒。驗之身心。不自炫襮。有躬恥齋集。

宗誼 清鄞人。字在公。號正庵。明末義兵起。誼悉發家財以資軍糧。魯王召之。辭不赴。性好詩。與陸宇燝．董劍鍔．葉謙．范兆芝等結湖上七子社。日相倡和。有愚囊稿。

宗魯 春秋衛齊豹見宗魯於公孟。爲驂乘。豹將作亂。使勿與乘。曰。吾將殺之。宗魯曰。吾由子事公孟。聞難而逃。不可。吾將死之。難作。遂死。

宗懍 北周涅陽人。居江陵。字元懍。少聰敏。鄉里呼爲小兒學士。梁元帝鎮荊州。令兼記室。遷吏部尚書。入周封信安縣侯。累拜車騎大將軍。明帝時與王褒等在麟趾殿勘定羣書。有荊楚歲時記及集。

宗澤 宋義烏人。字汝霖。元祐進士。有文武才。初仕州郡。所至有聲績。二帝北狩。以副元帥從磁州入援。屢戰皆捷。徙知開封府。進東京留守。北方憚澤威望。呼爲宗爺爺。不敢復犯東京。澤前後請帝還京二十餘疏。俱爲姦人所抑。憂憤成疾。大呼過河者三而卒。諡忠簡。有宗忠簡集。

宗穎 宋澤子。隨澤在軍中。素得士心。澤卒。都人請以穎繼任。會已命杜充。乃以穎爲判官。充反澤所爲。頗失人望。穎屢爭不從。乃請持服歸。官終兵部郎中。

宗燮 後涼燉煌人。呂弘起兵東苑。請燮俱行。燮曰。老臣不能殞身授命。死有餘罪。復從殿下親爲戎首。豈天地所容。且智不能謀。衆不足恃。將焉用之。弘曰。君爲義士。我爲亂臣。乃止。

宗翼 宋虞城人。篤學謙謹。負米養母。經史一見。卽能默寫。學歐陽虞柳書。皆得其法。隱居不仕。咸同文稱翼有古人風。

宗隱 後燕西河人。字處道。至孝。年十三。便有成人之志。專精好學。不以兵難易操。官至太子中舍人。

宗禮 明常熟人。嘉靖中由世千戶歷署都督僉事。驍健敢戰。練卒三千。連破倭寇。旋戰沒。謚忠壯。

宗彝 明隨州人。成化進士。由建德令擢御史。彈劾權貴。風紀赫然。

宗璽 明建平人。字朝用。弘治進士。授大理寺正。時劉瑾肆毒。多害良善。璽平反不撓。出爲江西副使。值副使胡世寧疏宸濠不軌十事。濠亦誣劾世寧。將致之辟。璽白其誣。遷福建兵巡。平大帽山寇。終雲南布政。

宗顯 宋僧。潼川王氏子。號正覺。少爲進士有聲。後出家依照覺寺白公。晚從五祖學道。聲譽藹然。出主保福寺卒。

宗顥 明鄞人。字必彰。正統舉人。歷知宜與大興縣。辨察民冤。一介不取。人呼爲宗青天。

官一夔 明平度人。字舜鳴。博綜羣書。歷官衞輝府同知。政尚寬惠。鞭朴不施。致仕歸。有環山亭集。

官友基 明寧化人。事母至孝。母疾。刲股食之。成化中母沒。哀毀異常。廬墓三載。

官文 清內務府漢軍旗人。姓王佳氏。字秀峯。道光初由拜唐阿補藍翎侍衞。累擢湖廣總督。時當洪楊之亂。與胡林翼同事。能和衷共濟。以功抬入滿洲正白旗。官至大學士。一等果威伯。卒謚文恭。有敦教堂詩鈔。

官·希稷 明光澤人。字師忠。萬曆間由恩貢授嘉興通判。興利除害。民甚德之。歲飢發粟。全活甚衆。以直道見阻。乞休。

官·秉忠 明榆林衛人。萬曆中起世蔭。積功累擢總兵官。鎮延綏。擊套寇屢有功。被劾去官。召令僉書前府。赴援遼東。防守鎮城。辭疾歸。

官·寅 明順昌人。字思敬。性孝友。學問弘博。嘉靖間由貢生教授嘉興。化澤及人。視平湖篆。清介不染。及歸。杜門課子以終。有枝言缶聲集。

官·惟賢 明萬曆末爲甘肅裴家營守備。屢立邊功。崇禎初擢山海北路副總兵。率師援遵化。陷陣中矢死。惟賢膽略絕人。勇冠諸將。及沒。人咸惜之。

官·勝娘 元建寧人。方寧妻。寧耨田。勝娘饁之。見一虎方攫其夫。勝娘即棄饁奮挺連擊之。虎舍去。勝娘負夫歸。至中途而死。詔旌復其家。

官·廉 明平度人。字汝清。由進士歷官戶部郎中。性剛介。景州等處民田萬頃。界接東宮莊田。爲內侍冒占。遣廉往勘。內侍語廉曰。田如歸我。講官可得。廉曰。以萬人命易一官。吾弗爲也。盡歸所占田於民。

官·榮 明沙縣人。字邦顯。天順進士。以才識選兵科給事中。直聲大著。爲册封琉球正使。還進都給事中。未幾卒。

官·賢 明廉弟。字汝儁。由進士歷官刑部主事。謫汝州同知。開渠儲粟。政績大著。累陞浙江按察僉事。以忤劉瑾罷歸。⊙明將樂人。字子選。博學多才。工草書。善畫。詩有風致。由恩貢選授溫州司理。有政聲。

官·撫極 明應震子。字進之。號用菴。拔貢。授保定通判。陞平越守。以擒苗帥藍二功。擢太僕卿致仕。

官·應震 明黃岡人。爲戶科給事中。萬曆時與劉廷元·亓詩教幷貪恣用事。聲勢烜赫。時目爲齊楚浙三黨。應震·楚黨魁也。以久次擢太常少卿。謝病去。

官·謙 明長汀人。永樂中知汝州。恭謹慈愛。先是邑民多流亡。謙出招撫。貸種免役。趨歸者遂衆。廟學圮。首劃俸倡葺之。秩滿。吏民思慕不已。

定山 明僧。太平彭姓子。名滿。出家雲遊。洪武中在盧溝橋坐化。七竅火出。自焚其身。

定光 宋僧。同安鄭氏子。名自嚴。年十一出家。十七遊豫章。除蛟患。乾德中至汀。住武平南巖。蟒虎蟠伏。屢顯奇跡。城南有龍潭爲民害。定光投偈。沙湧成洲。郡守起頁以聞。賜南安均慶院額。淳化間坐化。

定住 清滿洲鑲黃旗人。乾隆中隨征緬甸大小金川及安南。積功任壽春鎮總兵。嘉慶間川楚教匪起。轉戰河南陝西。官至烏魯木齊提督。

定·定 明高昌人。字伯安。洪武間知泰寧縣。尙行實。敦風化。作士氣。陞廣德州同知致仕。

定姜 春秋衞定公夫人。公子之母。公子旣娶而死。其婦無子。畢三年之喪。定姜歸其婦。送之於野。恩愛哀思。爲賦燕燕之詩。(按詩序。燕燕。衞莊姜送歸妾也。此本列女傳。)

定壽 清滿洲正黃旗人。姓赫舍哩氏。康熙間擊策妄阿喇布坦。屢有斬獲。雍正間授鑲藍旗蒙古都統。噶爾丹犯邊。定壽進勦。所向披靡。乘勝深入。被圍數重。力戰沒於陣。

宛丘先生 商失其名。居宛丘。故號宛丘先生。湯時已千餘年。弟子姜若春。亦三百歲。視之如嬰兒狀。

宛·春 春秋楚大夫。楚子圍宋。晉侯圍曹。執曹伯。子玉使宛春告於晉師曰。請復衞侯而封曹。臣亦釋宋之圍。晉人執宛春。

宛射犬 春秋鄭公孫。楚子伐鄭。晉侯使張骼·輔躒致楚師。求御於鄭。鄭人卜。宛射犬吉。

宛陵女子 梁母爲虎所搏。女號叫挐虎。虎毛盡落。行十數里。虎乃棄之。女抱母還。經時而死。詔旌之。

宛·嘉祥 明廬江人。字白湖。嘉靖舉人。知思南府。撫戢強寇。四境帖服。民立碑頌之。

宜·永貴 清遼陽人。隸漢軍正白旗。任佐領。兼參領。崇德間從圍錦州。戰松山。克塔山。順治初任兵部理事官。從征河南江南有功。由南贛巡撫調福建。鄭成功率衆陣薄城下。永貴竭力拒守。乘間出城。斬俘無算。一月解圍。敍功加三等男。

宜·北熊 清永貴曾孫。襲三等男。康熙間補佐領。雍正時官至吏部尙書。署直隸總督。坐事革職。

宜里布 清尼堪子。一作伊里布。滿洲正白旗人。姓他塔喇氏。康熙間列議政大臣。從攻吳三桂。轉戰湖南有功。後沒於陣。謚武壯。

宜·思恭 清襄平人。字允肅。號甾庵。康熙時以廕授楚南荼陵州。累擢江蘇藩司。性耿介。爲人所忌。大吏以挪帑奏劾放歸。尋再起。官至廣西巡撫。其頒布條教。有但知有君上。不知有情面。但知有百姓。不知有官吏等語。可見其爲政之體要矣。

宜城公主 唐中宗女。初封郡主。下嫁裴巽。巽有嬖姝。主恚。刵耳劓鼻。且斷巽髮。帝怒。斥爲縣主。巽左遷。久之復故封。神龍中進封。

宜·桂可 元湘潭人。號可山。博

通經史。弟子請業者以百數。名在劉須溪・趙青山之間。

宜緜　〔清〕滿洲正白旗人。姓鄂濟氏。原名尙安。乾隆時由兵部筆帖式累擢陝甘總督。率兵堵禦湖北教匪。連戰皆捷。境內肅清。以功加太子太保。總統一切軍務。尋以玩誤奪職。發伊犂。以年老釋回。授大理寺卿。

尙・大倫　〔明〕安陽人。字崇雅。由進士歷官刑部郎中。有國學生以救黃道周繫獄。大倫議寬之。忤尙書意。遂罷歸。流賊陷安陽。抗節死。

尙・之孝　〔清〕可喜次子。康熙間任藩下都統。吳三桂・耿精忠反。潮州總兵劉進忠應之。之孝圍潮州。戰失利。尋還京。列內大臣。授宜義將軍。平三桂餘黨於江西。之信賜死。之孝坐削職。

尙・之信　〔清〕可喜子。吳三桂反。之信附之。尋悔罪自歸。襲封平南王。鎭廣東。命征韶州。救永興。皆不赴。性暴戾。跋扈怨望。屬員張永祥首告之信諸不法事。有旨逮問。未行。賜死於廣州。

尙・文　〔元〕本深澤人。占籍保定。字周卿。幼穎悟。負奇志。至元中劉秉忠言於世祖。詔文與諸儒酌定朝儀。後出守輝州。有政績。大德中累遷中書右丞。告老歸。武宗仁宗之世。屢延致之。訪以國事。賜宴及金帛甚厚。延祐末復拜太子詹事。使三往乃起。泰定中以中書平章致仕。卒年九十二。

尙・方・禁　〔漢〕長陵大姓。朱博治左馮翊。親信以爲耳目。禁晨夜發起部中盜及他伏奸。殊有功效。

尙・可孤　〔唐〕東部鮮卑宇文之別種。世處松漠。字可孤。初隸安史。上元中歸附。爲神策大將。試太常卿。魚朝恩器其勇。養爲子。名智德。使將兵屯扶風武功。歷十餘年。隊伍閑整。朝恩死。詔賜姓李氏。名嘉勳。李希烈叛。擢招討應援荆襄使。復本姓名。累戰有功。後從李晟收長安爲先鋒。以功加檢校尙書右僕射。封馮翊郡王。又會諸軍討李懷光。卒於軍。爲人謹審沈壯。雖有勳勞。未嘗自伐。

尙・可喜　〔清〕遼東人。隸漢軍鑲藍旗。初爲明廣鹿島副將。航海歸清。授總兵官。從征宣化・代州。俘獲甚衆。順治初從入關。勦李自成。定湖南。進平廣東。遂留鎭廣州。封平南王。吳三桂反。其子之信附之。可喜臥疾弗能制。尋死。諡敬。

尙・仲賢　〔元〕眞定人。爲江浙行省務官。工樂府。有柳毅傳書等雜劇。

尙・兆山　〔清〕句容人。字仰止。諸生。光緒間左宗棠議濬赤山湖。兆山與其役。役未半而功廢。兆山痛之。因輯其始末爲赤山湖志。

尙・志　〔明〕同州人。字士行。以字行。學通五經。隱於龍岡山。學者稱南岡先生。孟暘爲學士。薦於朝。詔授本學訓導。經明行修。人服得師。

尙・廸　〔明〕穰嘉人。有才識。洪武中由太學生歷官刑部郎中。永樂中陞四川左布政使。

尙・祚　〔宋〕景德中官副指揮使。有勇名。能運大擂。與契丹戰。所斬首拉脅者百餘人。卒以衆寡不敵沒於陣。

尙・野　〔元〕其先保定人。徙居滿城。字文蔚。志趣正大。文詞典雅。一本於理。事繼母以孝聞。至元間以處士徵爲國史院編修。出爲汝州判官。廉介有爲。遷南陽尹。決獄無留滯。大德中爲國子博士。誨人先經學而後文藝。累官集賢侍講學士兼國子祭酒。移疾歸。從學者益衆。卒諡文懿。

尙結贊　〔唐〕吐蕃大相。有材略。吐助渾瑊破朱泚。德宗爽約不與地。吐蕃怨之。遂寇涇隴邠寧。爲李晟所敗。未幾吐蕃陷鹽夏。結贊屯鳴沙。饋餉數困。因馬燧以乞和。遂命渾瑊等復盟於平涼。結贊伏精騎三萬。欲擒瑊等長驅入寇。及盟。瑊僅得脫。結贊尋遣送兵部尙書崔漢衡等歸。詔受而絕其使。遂屢寇涇隴邠寧慶鄜等州。俘掠殆盡。貞元中卒。

尙・達　〔明〕同州人。字兼善。弘治初以貢士任岳陽令。縣有瀏水爲患。達命開渠溉田。歲旱。民食其利。

尙・維昇　〔清〕漢軍鑲藍旗人。乾隆間官至廣西右江鎭總兵。隨孫士毅出師安南。戰死。諡直烈。

尙・衡　〔明〕同州人。字一中。弘治進士。累官工科給事中。嘗上疏諫止造佛塔。有臣可無此身陛下不可有此過之語。遷山西左參議。時平陽盜王常聚衆西山。衡設計擒殺之。散其餘黨。移守漢陽卒。

尙・褫　〔明〕羅山人。字景福。正統進士。累官南御史。剛正不阿。劾都御史周銓。謫雲南虛仁驛丞。移知豐城縣。成化初薦陞湖廣僉事。有治行。賜誥旌異。致仕卒。

尙・獻甫　〔唐〕汲人。善占候。武后召見。由道士擢渾儀監令。撰方域等篇。長安中熒惑犯五諸侯。自陳且死。后遷水衡都尉以厭之。竟卒。

居・仁　〔明〕句容人。字仁恕。博學篤行。洪武初以儒碩徵聘入朝。辭不就職。歸隱於家。闢軒面竹。讀書以終。暮年因號瞻菉。

居・股　〔漢〕以故東粵繇王斬東粵王餘善。封東城侯。坐衛太子擧兵謀反腰斬。

居・翁　〔漢〕以南越桂林監聞漢兵破番禺。諭甌駱民四十餘萬降。封湘成侯。

居・理貞　〔元〕初承父蔭遷平定州同知。以幹濟稱。至正間監管州。善政益著。民立去思碑。

居・節　明吳縣人。字士貞。號商谷。從文徵明游。善書畫。家故隸織局。織監孫隆召之見。不肯往。隆怒。以逋帑拘繫破家。傲居牛壋。吟詠自若。以窮死。工詩。有牧豕集。

居簡　宋嘉熙中淨慈光孝寺僧。潼州王氏子。字敬叟。有北磵集。

屈・大均　清番禺人。初名紹隆。字翁山。又字介子。明諸生。遭亂棄去爲浮屠。名今種。字一靈。一字騷餘。中年返初服。更今名。工詩。高渾兀奡。與陳恭尹・梁佩蘭稱嶺南三大家。有翁山詩略・詩外・文外・廣東新語・四書補注・成仁錄等書。語觸忌諱。多削版。

屈・可仲　明延津人。字謙仲。天啓進士。授檢討。遷侍講。與修神宗實錄。嘗作神器局記數千言。皆古名將所未言者。位終詹事。

屈・伸　明任丘人。字引之。成化進士。授禮科給事中。弘治中湖廣饑。請遣大臣發廩蠲逋。減田租。平寃獄。帝即付撫按行之。伸居諫垣久。持議侃侃不撓。未及遷而卒。

屈・完　春秋楚大夫。齊桓公伐楚。成王使完如師。桓公陳諸侯之師。與完乘而觀之。完曰。君若以德綏諸侯。誰敢不服。君若以力。楚國方城以爲城。漢水以爲池。雖衆。無所用之。因與諸侯盟。

屈・巫　春秋楚一名巫臣。字子靈。封申公。盜夏姬以奔晉。晉以爲邢大夫。楚子反怨巫臣。滅其族。巫臣怒。乃請使吳。令其子狐庸爲吳行人。教吳乘車用兵。吳晉始通，約伐楚。

屈・成霖　清常熟人。字啓商。乾隆進士。由盧龍知縣擢知景州。與利革弊。政教丕著。有景州志・習是上下編・經史參同。

屈・到　春秋楚蕩子。康王時爲莫敖。嗜芰。有疾。召宗老屬之曰。祭我必以芰。及祥而祭用芰。子建命去之。曰。夫子不以私欲干國之典。遂不用。

屈・固　春秋楚惠王從者。白公勝劫王置高府。欲弒之。固負王亡走昭王夫人宮。

屈・拔　後魏道賜子。少好陰陽學。年十四。爲南部大人。後獻文帝以其功臣子。拜營州刺史。

屈・昉　明崑山人。字季恆。嘗從軍崇明。詩篇傳播。爲楊士奇所知。舉經明行修。授南海丞。有寓庵集。

屈・明洪　清番禺人。字甘泉。號鐵甌。貢生。官教諭。能詩。

屈侯・鮒　戰國魏賢人。

屈・建　春秋楚到子。字子木。爲令尹。時蔿掩爲司馬。建使庀賦數甲兵。宋向戌弭兵之盟。楚人衷甲。伯州犂不可。建不從。州犂以建違志棄信。謂其將死。逾年。建果卒。

屈・恆　後魏遵子。字長生。沈粹有局量。歷位尚書右僕射。以平涼功賜爵濟北公。轉中領軍。太武委以大政。車駕出征。常居中留鎭。太平眞君中墮馬卒。謚成。

屈突・通　唐長安人。仕隋累遷左驍衞大將軍。授關內討捕大使。高祖起。通守河東。兵敗被擒。帝以其忠臣釋之。授兵部尙書蔣國公。從秦王平薛仁杲。賊珍山積。諸將爭得之。通獨無所取。從平王世充。論功第一。拜右僕射。鎭東都。貞觀初進左光祿大夫。卒謚忠。

屈突・蓋　唐通弟。爲長安令。以方嚴顯。時爲語曰。寧食三斗艾。不見屈突蓋。寧食三斗葱。不逢屈突通。

屈・重　春秋楚大夫。武王伐隨。重與令尹鬬祁從。

屈・原　戰國楚名平。別號靈均。博聞彊志。明於治亂。嫺於辭令。懷王時爲三閭大夫。王甚任之。上官大夫害其能。因讒之。王怒疏原。原憂愁幽思而作離騷。頃襄王立。復用讒謫原於江濱。原於是作漁父諸篇以見志。遂於五月五日。懷石自投汨羅死。

屈・晃　三國吳天台人。爲尚書僕射。時孫權欲廢和立亮。晃諫不納。斥還鄉里。後皓即位。封其子緒爲東陽亭侯。

屈・般　元字子申。以總管狄師聖。集賢待制李粲薦。策試優等。特除祕書丞。乞便養。改信州知事。信守王直。御史撤里不花交上其績。

屈・動　明嵩縣人。字靜元。崇禎進士。官吏科給事中。上疏通蠲賑補額欠疏錢法。舉朝奉爲昌言。又薦方震孺・方岳貢等。一時號爲得人。

屈・堅　宋忠州防禦使。建炎初金人圍陝府。堅引兵救之。圍解。金人執堅。堅曰。吾來爲解圍也。城全。吾死何憾。叱金人使速殺。

屈・培基　清婁縣人。字子載。嘉慶副貢。淹雅能文。有古畸士風。工篆隸楷書。精鐵筆。善畫山水竹石。

屈・處靜　漢祁陽人。楚白公之後。幼而悟道。寄迹人表。凡十二年。一旦駕鶴而去。

屈・復　清蒲城人。字見心。號悔翁。年十九。試童子第一。忽棄去。走京師。學詩者多從之游。其論詩於賦比興之外。專以寄託爲主。乾隆初吏部尙書楊超曾舉應鴻博科。超曾不見復。復亦不報謝。人兩重之。有楚辭新註・弱水集。

屈・爲舜　清平湖人。字芷香。諸生。有詩音分部集證・古音閣吟稿。

屈・軼　清常熟人。字侃甫。諸生。署南匯縣訓導。有享帚集。

屈瑕　【春秋楚】武王子。食采於屈。為莫敖。武王時敗鄖師於蒲騷。又伐絞。請無扞采樵者以誘之。覆諸山下。大敗之。後伐羅。羅與盧戎兩軍之。莫敖大敗。縊於荒谷。

屈道賜　【後魏】恆子。善騎射。機辯有辭氣。太武甚器之。位尚書右僕射。加侍中。得暴疾卒。謚哀。

屈鼎　【宋】開封人。仁宗時為圖畫院祗候。善寫山水。頗有思致。

屈盡美　【清】漢軍鑲白旗人。由蔭生補佐領。康熙間累擢廣西總督。猺獞為患。盡美勦平之。後官漕運總督。

屈罷　【春秋楚】大夫。平王命簡東國之兵於召陵。息民五年而後用師。

屈禦寇　【春秋楚】字子邊。為息公。成王時秦晉伐鄀。禦寇與鬭克以申息之師戍商密。商密人降秦師。秦師囚禦寇與鬭克以歸。

屈蕩　【春秋楚】大夫。莊王圍鄭。為乘廣三十乘。分為左右。以蕩為左廣右。趙旃棄車而走林。蕩搏之。得其甲裳。

屈遵　【後魏】昌黎徒河人。字子皮。博學多藝。慕容垂以為博陵令。道武南伐。遂歸魏。拜中書令。中原既平。賜爵下蔡子。從駕還京卒。

屈隱之　【唐】祁陽人。少好經史。尤精易莊。舉秀才。為雷州判官。兼攝司馬。後攝韶州刺史。居官清儉。請託不行。

屈蟠　【清】湖口人。字文珍。一字見田。以諸生從李元度。敢戰為平江軍最。累擢巡守道。卒於軍。

屈繼平　【元】翼城人。字正卿。七歲而孤。性敏強記。至元間中鄉舉。以程朱之學誘進學者。翼城人知有程朱之學。自繼平始。門人稱北城先生。

岱松阿　【清】滿洲正紅旗人。姓佟佳氏。太祖時授佐領。天聰間從攻錦州。征黑龍江。攻昌平及旅順口。皆破之。旋卒。

岱森保　【清】滿洲正紅旗人。姓庫雅拉闊卓里氏。乾隆中從征緬甸·金川。積功授護軍參領。又平臺灣林爽文及西藏廓爾喀亂。官至虎槍營統領。赴陝甘勦張漢潮。卒於軍。

岳元聲　【明】嘉興人。字之初。號石帆。萬曆進士。知旌德縣。以強項稱。遷國子監丞。諫止選民家女入宮。進工部郎中。爭三王並封。又極論闗白之亂。與政府忤。削籍歸。天啓初起歷太僕卿。晉南兵部侍郎。劾魏忠賢不法事。罷歸。有聖學範圍圖。

岳天禎　【元】存子。襲父職。戰集山。平奉化賊。錄功陞管軍千戶。江南平。授福州路總管。歷贛州·建康。首定救荒之政。民立碑以記。至大中卒。

岳正　【明】漷縣人。字季方。正統進士。授編修。天順初改修撰。命以原官入閣。忤石亨·曹吉祥。謫欽州同知。戍肅州。成化初詔復修撰。出知興化府。致仕卒。謚文肅。正博學能文章。工書。畫葡萄稱絕品。雕鐫悉臻其妙。自號蒙泉。學者稱蒙泉先生。有深衣注疏·類博雜言·類博稿。

岳仲明　【明】固始人。洪武初徙汴。少多清節。隱居不仕。嘗廬墓六年。有司以孝廉舉。三召不起。賜號純孝先生。

岳存　【元】冠氏人。字彥誠。初歸東平嚴實。承制授存武德將軍。帥府都總領保冠氏。又從嚴實及武仙戰於彰德西。敗之。遷冠氏主簿。破河南。攻淮漢。無役不與。陞本縣丞。移治楚丘。有惠政。中統中卒。

岳伯川　【元】濟南人。或作鎮江人。工樂府。有鐵拐李等雜劇行世。

岳岱　【明】蘇州人。字東伯。自稱秦餘山人。又號漳餘子。隱陽山。善畫能詩。嘗採時人詩輯為今雨瑤華集。

岳具仰　【明】延安人。弱冠舉於鄉。就教職。當事者以邊才擢知四川瀘州。時值貴州安奢之變。授兵備使。屢立奇功。後兵潰被圍而死。羌蠻羅拜不敢近。事聞。贈光祿卿。

岳昇龍　【清】臨洮人。字見之。吳三桂叛。昇龍從王進寶復臨洮。以功歷遊擊參將。屢從北征。平噶爾丹。累官四川提督。征建昌涼山諸番。降十萬戶。卒謚敏肅。

岳柱　【元】畏兀人。容止端莊。穎悟有遠識。初授集賢學士。至順中除江西等處行中書省平章政事。岳柱性孝友。尤嗜經史。自天文醫藥之書。無不究極。

岳珂　【宋】霖子。居彰德。字肅之。號倦翁。寧宗朝權發遣嘉興軍府。兼管內勸農事。有惠政。嘗居郡治西北金陀坊。痛其祖飛為秦檜所害。作金陀粹編。嘉定間又為籲天辯誣集五卷·天定錄二卷上之。又著九經三傳沿革例·寶眞齋書法贊·愧郯錄·桯史·玉楮集·棠湖詩稿。

岳飛　【宋】湯陰人。字鵬舉。事母孝。家貧力學。尤好左氏春秋·孫吳兵法。宣和中以敢戰士應募。隸留守宗澤。紹興初張浚請飛同討李成。飛請為先鋒。大破成軍。江淮平。累授武安軍承宣使。高宗手書精忠岳飛四字。製旗以賜之。歷授少保·河南北路招討使。討平羣寇。屢破金兵。既敗兀朮於郾城。遂進兵朱仙鎮。欲指日渡河。時秦檜力主和議。欲盡棄淮北地以與金。一日降十二金牌召飛還。既至。授樞密副使。檜復諷万俟卨等劾飛。遣使捕飛父子。坐繫兩月。獄不成。檜手書小紙付獄。遂報飛死。年三十九。孝宗時詔復飛官。謚武穆。

後改諡忠武。嘉定中追封鄂王。有岳武穆集。

岳·倫 【明】懷安衞人。字雲石。嘉靖進士。官行人。使河南。見餓殍載路。疏請蠲賦筭發粟賑之。又抗疏論宰相專擅。謫齊東丞。稍遷工部郎。世宗南巡。倫疏諫。下詔獄。尋放還。有岳雲石集。

岳·浚 【元】宜興人。字仲遠。飛九世孫。博學好義。爲石門縣尉。未幾乞歸侍親。積書萬卷。延好學之士。恣其檢閱。一時名士。多游其門。

岳託 【清】禮親王代善第一子。崇德初封和碩成親王。以揚武大將軍與多爾袞分道伐明。卒於軍。封克勤郡王。

岳起 【清】滿洲鑲白旗人。姓鄂濟氏。號小巖。乾隆舉人。歷官江蘇巡撫。自少讀書制行。刻苦堅忍。讀四子書。必心會身體。有所發明。在蘇時肅清漕運。揭倉場漕丁需索回漕諸弊。一切嚴禁之。官至禮部右侍郎。

岳·琚 【宋】錢塘人。建炎中完顏宗弼由獨松關犯杭州。守臣遁於豬山。琚乃推令朱蹕爲謀主。金祝二尉爲先鋒。率死士誘虜由西溪並天竺東來。塹葛嶺。編竹覆泥以陷之。虜乃從南壁寇城西。琚力戰死。鄉人請於朝。立祠祀之。

岳·雲 【宋】飛養子。年十二。飛征伐。雲未嘗不與。數立奇功。飛輒隱之。潁昌大戰數十。出入敵陣中。體被百餘創。甲裳爲赤。以功授左武大夫。万俟卨誣雲與張憲書。令措置使飛還軍。棄市。時年二十三。孝宗初贈安遠軍承宣使。

岳·筠 【清】文水人。字綠春。吳嵩梁之妾。工畫蘭。好吟詠。

岳·虞巒 【清】武進人。字舜牧。明末官至江西按察使。晚尤好易。撰周易感義及春秋平易二書。明亡。變服爲僧。改名岳嵐。自號東海衲民。

岳·雷 【宋】飛次子。任忠訓郎。閤門祗候。贈武略郎。

岳·夢淵 【清】湯陰人。字嶼渟。號水軒。乾隆時諸生。淹雅博達。負經濟之學。當時諸大府爭以奇士目之。延爲上客。有海桐書屋詩鈔。

岳端 【清】宗室。或作袁端。或作蘊端。字正子。一字兼山。號玉池生。別號紅蘭室主人。封固山貝子。有玉池生稿·紅蘭集·鬱汀集·出塞詩等。

岳·鳳 【明】撫州人。黠而多智。商於隴川。宣撫多士寧以爲記室。信任之。妻以妹。鳳誘士寧附緬酋。使子曩烏鴆士寧。殺其妻女。奪印投緬。受緬僞命據隴川爲宣撫。盡殺多氏之宗。萬曆中劉綎·鄧子龍等攻之。鳳父子乞降。皆伏誅。

岳·震 【宋】飛四子。任朝奉大夫。提舉江南東路常平茶鹽公事。

岳·震川 【清】洋縣人。字一山。嘉慶進士。官內閣中書。有賜葛堂集。

岳·霆 【宋】飛五子。本名靄。孝宗改賜今名。任修武郎·閤門祗候。

岳璘帖穆爾 【元】回鶻人。從太祖征討多戰功。訓導諸王子。以孝弟敦睦仁厚不殺爲先。帝嘉之。從平河南。賜宮女四人。出鎭順天等路。布德化。寬征徭。州郡清寧。卒諡莊簡。

岳·霖 【宋】飛三子。任朝散大夫·敷文閣待制。卒贈太中大夫。初飛下獄。秦檜令親黨王會搜其家。得御札數篋。束之左藏南庫。霖請於孝宗還之。

岳·懋 【明】陝西人。官遼東副總兵。嘗出塞四十里。逐寇及於小長山。以功進大同總兵官。嘉靖中因巡邊中敵誘。陷伏中戰死。諡壯愍。

岳·薦 【明】淮安山陽人。字西來。少嗜學。該涉經史。尤好濂閩書。歲饑。己食糠覈。父母甘旨未嘗缺。持身嚴重。接人和易。誨子弟諄切不倦。終身未嘗去書。而不喜著述。鄉人稱爲西來先生。

岳·鍾琪 【清】昇龍子。後占籍成都。字東美。號容齋。康熙間由需次同知改授松潘鎭游擊。遷副將。征西藏。平四川。累有功。擢四川提督。雍正間征準噶爾。拜寧遠大將軍。以調度乖方落職。乾隆間復起爲四川提督。招降兩金川。加太子少保·兵部尙書。封威信公。卒諡襄勤。有蠹園·蛩吟等集。

岳·鍾璜 【清】鍾琪從弟。字呂璜。乾隆間官至四川提督。在川十餘年。以九土司會攻金川事。前後與總督開泰·阿爾泰等調兵鎭壓。各酋讋服。卒諡勤恪。

岳·璧 【明】蘄州指揮。李自成兵破蘄州。璧自屋墮地不死。賊執至城上欲降之。璧不從。賊刃之仆地。氣將絕。猶罵賊。時大雪。血流丈餘。目眦不合。

岳·璿 【明】祥符人。字文璣。景泰進士。授監察御史。繼趙登爲湖州知府。有善政。民間稱爲趙岳。累擢僉都御史卒。有仕優小稿。

岳禮 【清】滿洲正白旗人。姓那木都魯氏。字蕉園。康熙舉人。累官陝西漢興道。詩文甚富。子先福知黃州。燬於火。裒輯爲蘭雪堂集。

岳璽 【清】滿洲鑲藍旗人。姓赫舍哩氏。嘉慶間授黃巖鎭總兵。偕李長庚等截擊蔡牽。斬獲甚多。

帖木兒不花 【元】答里帶人。至元中從丞相伯顏伐宋。功最多。追張世傑於香山島。世傑死。降其衆數千人。累官四川行中書省平章政事。◉【元】世祖孫。鎭南王脫歡第四子。封淮王。順帝北奔。詔帖木兒不花監國。城破死之。年八十三。

帛・和 三國遼東人。字仲理。事董奉學行氣服朮法。又事西城山王君。王君授以丹訣。後入林慮山不知所終。

帛・意 後漢舒人。李憲軍士。斬憲降漢。封漁浦侯。

幸・元龍 宋高安人。字震甫。慶元進士。通判鄂州。忤史彌遠。被劾致仕。紹定中京師災。元龍自家上封事。論彌遠竊威福。願戮其首籍其家以謝天下。然後斷臣首以謝彌遠。則災自弭矣。有松垣集。

幸・南容 唐高安人。有文學。貞元進士。仕至國子祭酒。

幸・思順 宋金陵人。老儒。皇祐中酤酒江州。人無賢愚皆喜之。時劫江賊方熾。有一官人艤舟酒壚下。偶與思順往來相善。思順以酒十壺餉之。已而被劫掠於蘄黃間。羣盜飲此酒。驚曰。此幸秀才酒耶。官人識其意。卽紿曰。僕與幸秀才親舊。賊相顧歎曰。吾儕何爲劫幸老所親哉。斂所劫還之。且戒曰。見幸慎弗言。思順年七十二。日行二百里。盛夏曝日中不渴。蓋嘗啖物而不飲水云。

幸・寅遜 宋蜀人。初事孟昶爲茂州錄事參軍。預修前蜀書。歷官簡州刺史。隨昶歸朝。嘗上疏諫獵。太祖嘉之。以鎭國軍行軍司馬罷職。年九十餘。尙有仕進意。治裝赴闕。未登路而卒。

幸・當時 宋元龍弟。以特科授光化軍司戶。襄帥趙范檄往唐州收買軍需。遇亂執節死。

幸・軾 唐南容孫。博學強記有祖風。中和間爲太子校書郎。

幸・靈 晉豫章建昌人。性寡言。父母嘗使守稻。羣牛食之。見而不驅。牛去。乃理其殘亂者曰。凡物各欲得其性耳。後爲人療疾。去妖怪。輒有驗。賴濟者甚多。不取報謝。後乃娶妻畜車馬。奴婢受賂遺。其術亦稍衰。

底・蘊 明孝城人。字汝章。正德進士。歷官治行稱最。後巡撫甘肅。敵數萬入寇。蘊麾出奇兵破之。敵不敢南下。後以勞卒。

庚桑・楚 周一作亢桑。又作亢倉。莊周以爲老聃弟子。偏得老聃之道。以居畏壘之山。史記云。周爲書如畏壘亢桑子之屬。皆空言無事實。則其人有無。蓋未可定。有亢倉子九篇。題庚桑楚撰。亦爲唐王士元補亡之作。

弦・施 春秋齊 一稱弦多。晉哀公會吳子伐齊。東郭書使問弦多以琴曰。吾不復見子矣。戰於艾陵。大敗齊師。東郭書被獲。

弦・高 春秋鄭 隱於商。秦人將襲鄭。過周及滑。鄭人不知。時高將市於周。遇之。矯鄭伯之命。以十二牛犒秦師。且使人告鄭爲備。孟明知事敗。乃返。穆公以存國之賞賞高。高辭。以其屬徙東夷。終身不返。

弦・章 春秋齊 景公伐宋。登高歎息曰。今臣無管仲。章對曰。臣聞之水廣則魚大。君明則臣忠。昔有桓公。固有管仲。假令桓公在此。則車下之人。必有管仲焉。

征・集 宋事母至孝。居鄉里恂恂恭謹。好著書。能爲詩。及卒。王安石爲表其墓。稱爲淮南善士。

忠妾 周大夫妻之媵妾。大夫自衞仕於周。二年歸。其妻淫於鄰人。恐大夫知之。乃爲毒酒使妾進之。妾念進之則不義。言之又殺主母。因陽僵覆酒。主怒。欲殺之。大夫弟聞其事。具以告。大夫驚。皆殺其妻。將納妾爲妻。妾辭。乃厚幣而嫁之。四鄰爭娶之。

念・金鎖 宋太宗時官深州刺史。見州人王濟。器之。託後於濟。及沒。濟爲撫其孤。

念常 元僧。華亭黃氏子。號梅屋。延祐中住持嘉興祥符寺。撰佛祖歷代通載。

念・華 北周賢子。性和厚有長者風。官至合州刺史。

念・賢 北周金城枹罕人。字蓋盧。美容貌。頗涉經史。初以軍功除別將。永熙間爲中軍北向大都督。進爵安定郡公。大統間除都督秦州刺史卒。

忽必烈 元詳元世祖條。

忽辛 元回回人。賽典赤贍思丁子。至元中以世臣子備宿衞。出爲河南等路宣慰司同知。招撫羣盜。得其歡心。大德初累遷雲南行省右丞。時廣南酋沙奴素強悍。宋時嘗賜以金印。雲南諸部悉平。獨此梗化。忽辛遣使誘致。留數月不遣。因諷令偕印入覲。帝大悅。緬國主負固不臣。忽辛遣人諭之。遂與使者偕來。至大初以榮祿大夫致仕。卒諡忠簡。

忽林失 元八魯剌䚟氏。初直宿衞。後以千戶從征乃顏。身被三十三創。成宗親督左右出其鏃。命醫療之。累官榮祿大夫。武宗嘗曰。羣臣中能爲國宣力如忽林失者實鮮。其厚賚之。

忽刺出 元蒙古氏。襲父職。授昭勇大將軍。與宋人戰。屢立功。江南平。加昭毅大將軍。累官江浙行省平章政事卒。

忽斯慧 元延祐間官飲膳太醫。嘗取奇珍異饌。及諸家本草・名醫方術。並日所必用。取其性味補益者。集成一書。名飲食正要。所言皆當時之制。足資考證。

忽都 元蒙古兀羅帶氏。憲宗時從紐璘破宋敍州兵於老君山下。中統初宋將以舟師犯成都新津。忽都逆擊敗之。至元初授蒙古漢軍總管。

忽魯忽兒 【元】蒙古人。初爲木華黎麾下卒。後更隸塔海帖哥軍。常居軍中奏白機務。往返未嘗失期。太宗以爲才。嘗出金盤龍袍及宮女賜之。

忽覩 【金】皇統中歷横海崇義軍節度使。以后戚怙勢。臧汙不法。及留守中京。益驕恣。苟可以得財。無不爲者。未幾以贓罷。天德中爲安國軍節度使卒。

怕・善 【唐】布衣。以策干韓愈。轉薦於裴度。計擒吳元濟。

怡良 【清】滿洲正紅旗人。姓瓜爾佳氏。嘉慶間補刑部筆帖式。道光間累擢廣東巡撫。英人攻陷虎門礮臺。革職留任。尋復職。咸豐間授兩江總督。時洪秀全陷江寧。怡良駐常州防堵。派兵復川沙。破上海。進攻高淳・溧水等處。累捷。尋以病乞歸。

怡・峯 【北魏】遼西人。本姓默台。因避難改姓怡氏。少從征役。以驍勇聞。初爲龍驤將軍。累遷散騎常侍儀同三司。進爵樂陵郡公。峯沈毅有膽略。得士卒心。卒諡襄。

性制 【清】僧。有龍唐山志。

性桂 【清】滿洲正藍旗人。姓王氏。康熙間由天文生薦擢大理寺卿。雍正間官至吏部尚書。辦鄂爾坤糧餉事。卒諡恭簡。

性涵 【明】僧。應天人。字蘊輝。與正勉同編古今禪藻集。

性德 【清】見納蘭性德條。

性澄 【元】僧。會稽孫氏子。字湛堂。號越溪。習天台教觀。至治間召至京。校正大藏。賜號佛海大師。歷居杭之三天竺。預知終期。端坐而逝。有金剛經集註・心經消災經註・彌陀經句解等。

性聰 【清】僧。順昌連氏子。字憨璞。年十五出家。戒律甚高。世祖延見問法。賜紫衣。號明覺禪師。有語錄行世。

怪義 【上古】炎帝臣。嘗圖地形爲神農通水脈。

怯怯里 【元】斡耳那氏。以千戶從諸王塔察兒率蒙古軍二千攻荆山。破之。賜馬二匹與萬戶。又從元帥懷都攻襄陽卒。

怯烈 【元】西域人。世居太原。至元中立雲南行省。署爲幕官。諸洞蠻夷會長款附。怯烈功居多。累官雲南諸路行中書省左丞。

房・三益 【後魏】崇吉從弟。字敬安。由南陽內附。獻文與語善之。曰。三益了了殊不惡。累遷兗州左軍府司馬。所在以清和著稱。還除左將軍卒。

房・千里 【唐】河南人。字鵠舉。太和進士。幼有才學。恣意聲色。遷端州別駕。陞高州刺史。留心政治。大得民情。

房・士達 【後魏】三益子。少有才氣。起家倉曹參軍。孝昌中鄉人劉蒼生等作亂。士達率州郭人討平之。拜平原太守。抑挫豪強。境內肅然。轉濟南太守。卒諡武。

房・大年 【元】文宗時人。圖繪京都萬壽山。格法遒整。雖積學專工莫能及。

房・元慶 【南朝宋】法壽從叔。武帝時歷七郡太守。後爲沈文秀青州建威府司馬。爲文秀所害。

房・天樂 【後魏】清河人。滑稽多智。先爲青州別駕。刺史沈文秀拔爲長史。督齊郡。州府之事。一以委之。慕容白曜攻貴州。天樂嬰城固守。城陷。執送京師卒。

房・可壯 【清】益都人。明萬曆進士。授御史。忤魏忠賢貶黜。崇禎初起補原官。會推閣臣。徇私濫舉。削籍歸。順治初投誠。累官左都御史。致仕。

房・幼愍 【後魏】叔祖弟。歷安豐新蔡二郡太守。坐事奪官家居。忽聞有客聲。出無所見。還至庭中。爲家犬所噬。遂卒。

房・玄齡 【唐】臨淄人。彥謙子。字喬。幼警敏。博綜典籍。善屬文。書兼草隸。開皇中天下混一。皆謂隋祚方永。而玄齡決其亡可立待。年十八舉進士。授羽騎尉。太宗徇渭北。杖策謁軍門。一見如舊。署行軍記室參軍。封臨淄侯。征伐未嘗不從。獨收人物致幕府。軍符府檄。駐馬即辦。太宗即位。累進左僕射。徙梁國公。居相位十五年。進司空。累表固辭。玄齡與杜如晦共筦朝政。世稱房謀杜斷。在職時夙夜勤強。聞人善。若己有之。明達吏治。而務爲寬平。不以己長望人。雖卑賤皆得盡所能。卒諡文昭。（按舊唐書作房喬。字玄齡。此從新唐書。）

房玄齡妻 【唐】姓盧氏。玄齡微時。病且死。諉曰。吾病革。君年少。不可寡居。善事後人。盧氏從入帷中。剔一目明無他。玄齡愈。禮之終身。

房・兆 【隋】代人。本姓屋引氏。剛毅有武略。頻爲行軍總管擊胡。以功位至柱國・徐州總管。

房・式 【唐】琯族孫。擢進士第。累官河南尹。會討王承宗。鎭州索餉車四千乘。民不能具。式建言歲凶人勞。不任調發。詔可。都鄙安之。官終宣歙觀察使。卒諡傾。

房・如式 【明】益都人。字憲甫。隆慶進士。累官陝西按察使。持正執法。左遷河南參政。乞歸。

房・安 【明】汝陽人。字子靜。幼聰辯。性剛勁。洪武中由太學生累官工部侍郎。出爲山東右參政。改四川。又改交阯。所至皆有能聲。

房・伯玉 【後魏】法壽從弟。果敢有將略。初爲蕭鸞南陽太守。後歸孝文。官終馮翊相。

房伯祖 後魏法壽子。歷齊郡內史。性闇弱。委事於功曹張僧皓。衣食不充。後爲幽州輔國長史。坐事免官卒。

房希文 元祺子。泰定鄉試第一。有淵雲集。

房叔安 南齊清河人。字子仁。宋明帝時青州刺史王玄邈辟爲長史。玄邈爲明帝所疑。欲北降魏。以叔安諫而止。高帝卽位。拜前將軍卒。

房叔祖 後魏伯祖弟。以功賜爵魏昌子。官終鄆州刺史。

房法壽 後魏清河繹幕人。小名烏頭。幼好射獵。爲劫盜。清河太守王玄邈以爲司馬。累破崔道固軍。後歸款慕容白曜。爲平遠將軍。以功賜爵壯武侯。性好酒。愛施。卒謚敬。

房知溫 後唐瑕丘人。字伯玉。少以勇力隸魏州馬顯軍。莊宗取魏博。得知溫。賜姓名爲李紹英。累官泰寧節度使。歷鎭天平・平盧。封東平王。知溫在鎭。厚斂其民。積貲鉅萬。治第青州南城。聲妓游嬉。不恤政事。卒於官。

房亮 後魏清河人。字景高。太和中舉秀才。累官平原太守。以清嚴稱。遷東荊州刺史。留心撫納。夷夏安之。官終光祿大夫。

房宣明 後魏靈建子。文學著稱。雅有父風。孝文擢爲中書博士。試守東清河郡。後爲王愉記室參軍。

房彥謙 隋法壽玄孫。字孝沖。通涉五經。工草隸。雅有詞辯。仕北齊爲齊州主簿。清簡守法。北齊亡。歸隱。開皇中薦起。累遷長葛令。甚有惠化。察天下能吏第一。超授鄀州司馬。煬帝嗣位。遂去官。後徵授司隸刺史。凡所薦舉。皆人倫表式。爲執政者所嫉。出爲涇陽令。卒官。唐追贈徐州都督。謚定。

房思安 後魏伯玉從弟。有勇力。孝文徵爲直閤將軍中統軍。善撫士衆。

房悅 後魏亮弟。字季欣。累官漢陽平。爲武昌王司馬。爵清河子。高陽・廣川・南清河三郡太守。吏民安之。遷太中大夫卒。

房恭懿 隋謨子。字愼言。性沈深有局量。達於從政。仕北齊歷平恩令，濟陰守。並有能名。入隋累官海州刺史。所至稱最。被劾配防嶺南。旋徵還。未至卒。

房豹 北齊法壽曾孫。字仲幹。體貌魁岸。美音儀。釋褐開府參軍。遷樂陵太守。政績甚著。北齊亡。歸隱。終於家。(按北齊書作法壽孫。此從北史。)

房啟 唐琯孫。以蔭補官。附王叔文。貞元末叔文用事。除容管經略使。改桂管觀察使。坐事貶虔州長史。

房堅 後魏靈賓從弟。字千秋。少有才名。太和中累遷齊州大中正。帝令諸州中正各舉所知。堅與幽州中正陽尼各舉其子。孝文曰。昔有一祁。名垂往史。今有二奚。當聞來牒。出爲濮陽太守。官終司空參議。卒謚懿。

房崇吉 後魏法壽從弟。少驍勇。爲宋青州刺史沈文秀中兵參軍。後與法壽俱降。爲歸安縣令。尋乞解縣。留京師半歲。南奔。尋病死。

房從眞 前蜀成都人。爲翰林待詔。畫甲馬人物神鬼。冠絕當時。

房勝 明景陵人。初從陳友諒來歸。累功至通州衞指揮僉事。燕師起。勝首以通州降。成祖卽位。以守城功封富昌伯。

房嵒 明涓縣人。宣德間爲鄒縣令。在任閱二十餘年。吏民皆愛戴之。正統中卒於任。

房揚 新王莽司徒王尋士。莽令尋將兵屯雒陽。旣發。喪其黃鉞。揚素狂直。乃哭曰。此經所謂喪其資斧者也。自劾去。莽擊殺揚。

房景先 後魏景伯弟。字光胄。幼孤貧。無資從師。其母自授毛詩曲禮。晝則樵蘇。夜誦經史。遂大通贍。太和中爲太學博士。時太常劉芳・侍中崔光。皆歎其精博。奏兼著作佐郎。修國史。累遷步兵校尉。領尙書郎・齊州中正。所歷皆有當官稱。景先沉敏方正。事兄恭謹。卒謚文。有五經疑問。

房景伯 後魏愛子。字長暉。少以孝聞。被薦除齊州輔國長史。清河盜起。除清河太守。撫平之。後遷司空長史。以母疾去官。性淳和。涉獵經史。居弟妹喪。終喪蔬食不內寢。居母喪。不食鹽菜。遂得水病卒。

房景遠 後魏景先弟。字叔遐。重然諾。好施與。事二兄至謹。撫養兄孤。恩訓甚篤。益州刺史傅豎眼慕其名義。啓爲昭武府功曹參軍。以母老不應。卒於家。

房植 後漢甘陵人。字伯武。桓帝時爲河南尹。有名當朝。與同郡周福有隙。二家賓客。互相譏揣。由是甘陵有南北部。黨人之議自此始。官終司空。

房琯 唐融子。字次律。少好學。風度沈整。隱居陸渾山中十年。召爲盧氏令。玄宗幸蜀。拜吏部尙書・同平章事。奉册靈武。見肅宗。辭吐華暢。帝爲改容。琯既有重名。帝傾意待之。與參決機務。琯請自將平賊。用古車戰法。遇賊陳濤斜。大敗。還走行在請罪。帝宥之。琴工董廷蘭爲有司劾治。琯暱之。訴於帝。帝因震怒。罷爲太子少師。終刑部尙書。

房愛 後魏元慶子。元慶爲沈文秀所殺。愛親率鄉部攻文秀。宋明帝嘉之。起家授龍驤將軍。及魏平三齊。

隨例徙爲平齊民。以父死非命。疏服終身。

房·暉遠 隋眞定人。字崇儒。世傳儒學。幼有志行。治三禮春秋三傳詩書周易。兼善圖緯。恆以教授爲務。遠方負笈而從者。動以千計。牛弘稱爲五經庫。開皇初擢國子博士。卒官。

房·楠 明益都人。字國柱。萬曆進士。累官貴州按察使。爲胥小中傷。降申陽牧。楊漣薦之。復擢戶部郎。後陞陝西參議。以不附權貴再黜。

房·祺 元臨汾人。爲河中大同兩路教授。終潞州判官。自稱横汾隱者。有横汾集。又輯河汾諸老詩集。

房·暠 後唐長安人。仕後唐。累官樞密使。時薛文遇等用事。暠以言不聽用。值會議。多於衆中俛首而睡。高祖命爲左驍衞大將軍。

房·鳳 漢不其人。字子元。以射策乙科爲太史掌故。遷五官中郎將。劉歆白左氏春秋可立。哀帝以問諸儒。皆不對。鳳移書責讓太常博士。帝出鳳九江太守。終青州牧。

房·寬 明陳州人。洪武中以濟寧左衞指揮練兵北平。移守大寧。寬在邊久。凡山川阨塞。殊域情僞。莫不畢知。然不能撫士卒。燕兵奄至。城中縛寬降。成祖釋之。以功封思恩侯。

房·皡 元臨汾人。字希白。自號白雲子。工詩。有白雲子集。

房·緝 元希文子。鄉貢進士。至正中盜陷平陽。繼母爲賊所執。將殺之。緝以身讓。遂遇害。

房·遺直 唐玄齡子。嗣父爵。爲汴州刺史。坐弟遺愛謀反。貶銅陵尉。

房·遺愛 唐玄齡次子。尙高陽公主。主驕恣。與浮屠辨機亂。高宗時出爲房州刺史。與主謀反。並誅死。

房·融 唐洛陽人。武后時以正諫大夫同鳳閣鸞臺平章事。神龍初貶死高州。嘗與天竺沙門般剌·密諦等共譯首楞嚴經。此經始流傳東土。

房·孺復 唐琯子。幼頗能屬文。然狂縱不法。辟浙西韓滉府。兄宗偃喪自嶺外還。不臨弔。與妻鄭氏不相中。慈姆爲言。乃具棺召家人生斂之。鄭方乳。促上道。鄭死於行。又娶崔昭女。崔悍媢。殺二侍兒。私瘞之。觀察使以聞。貶連州司馬。聽崔去。既又與崔通。請復合。詔許。未幾復離。終容州刺史。

房·斂 宋工畫花竹。

房·謨 北齊洛陽人。字敬放。正光末歷昌平·代郡太守。所在著廉惠。除太寧太守。爾朱榮之黨徵兵。謨不應。被執。賊黨見謨莫不遙拜。爾朱世隆嘉之。捨其罪。神武入洛。徵爲丞相右長史。以清直甚被賞遇。官終晉州刺史。世稱清白。卒謚文惠。

房·靈建 後魏以才名見稱。初仕南朝。官至渤海太守。後入國爲平齊民。雖流漂屯圮。操尙卓然。

房·靈賓 後魏靈建弟。文藻不如兄。而辯悟過之。爲崔道固治中。戍盤陽。房法壽襲克之。靈賓遂歸梁鄒。入後魏。爲平齊民。

所·忠 漢武帝幸臣。嘗上言世家子弟富人。或鬬雞走狗馬。弋獵博戲亂齊民。迺徵諸犯。令相引數千人。名曰株送徒。入財者得補郞。郞選自玆而衰。官至諫議大夫。

所·輔 後漢平原人。爲縣小吏。安帝時劇賊畢豪入界。縣令劉雄與戰被執。賊將刺之。輔願以身代。賊縱雄刺輔。貫心洞胸而死。事聞。詔書追傷之。除父奉爲郞中。

承·之 宋清化人。幼雄特好兵略。乾德中文協率衆攻閬巴。之竭貲募士擒協。太祖召見。賜感義節度。兼知巴州。

承天后 西遼仁宗妹。名普速完。仁宗沒。子幼。遺詔普速完權國稱制。改元崇福。號承天太后。後與駙馬蕭朶魯不之弟朴古只沙里通。出駙馬而殺之。駙馬父斡里剌。以兵圍宮。射殺后及朴古只沙里。在位十四年。

承·天秀 明江陰人。字鍾之。正德舉人。知錢塘縣。任滿民詣闕乞留。歷職九載。會織造內監有逆謀。天秀預爲備。遂解散。擢南陽同知。乞歸。

承·谷容 明武進人。洪武初爲交城縣丞。勸農桑。平徭薄賦。人皆便之。官終兗州同知。

承·信 元江陰人。趙鈜家蒼頭。鈜祖至正時爲盜所殺。併其家衆。信鳩千人搗賊巢。生擒數賊以祭其主。

承·盆 春秋趙簡子攻陶。有二人先登。死於城上。簡子欲得之。陶君不與。承盆謂陶君曰。簡子將掘君之墓以與君之百姓市曰。踰邑梯城者將舍之。不者將掘其墓。朽者揚其灰。未朽者辜其尸。陶君懼。請致二人之尸以爲和。

承·宮 後漢姑幕人。字少子。八歲時爲人牧豕。過徐子盛學舍。好之。因棄豕而留聽講。主者怪其不還。求索得宮。欲笞之。門下生共禁止。因留之。爲諸生拾薪。執苦數年。勤學不倦。後爲大儒。永平中爲博士。遷左中郎將。數進直言。朝臣憚其節。名播匈奴。北單于遣使來求見宮。自以貌醜不可以示遠。詔以魏應代之。官終侍中祭酒。

承·暉 金字維明。本名福興。好學。淹貫經史。章宗初爲近侍局使。

承遠 唐僧。居衡山爲教魁。人從而化者萬計。弟子法照在代宗時爲國師。言其師有異德。帝名其居曰般著道場。德宗朝詔爲立彌陀寺。

承齡 清滿洲鑲黃旗人。姓裕瑚

晉氏。字子久。道光進士。官至貴州按察使。有大小雅堂集。

抱·老壽 【後魏】嶷從弟。紹爵。性凡薄。肆情酒色。爲御史王顯劾奏論罪。

抱·嶷 【後魏】安定石唐人。字道德。居於直谷。自言其先姓杷。幼以罪沒入宮受刑。遂爲宮人。累遷尙書。賜爵安定公。以抗直稱。孝文文明太后嘉之。擢殿中侍御尙書。以老疾乞外。出爲涇州刺史。自以故老前官。爲政多守往法。不能遵用新制。侮慢士族。簡於禮接。天性酷薄。雖弟姪甥壻。略無存潤。卒於州。

抹兀搭兒 【元】胄乃台子。嘗略地兩淮。渡江攻鄂州。追阿闌答兒渾都海。從北征。與李璮戰。均有功。授提舉本投下諸色匠戶達魯花赤。

抹撚·史扢搭 【金】臨潢路人。累官驍騎將中軍副統。泰和中從攻和州。中流矢卒。史扢搭形不過中人。而拳勇善鬭。所用槍長二丈。軍中號爲長槍副統。又工用手箭。發無不中。敵以爲神。

抹撚·盡忠 【金】上京路猛安人。本名彖多。大定間進士。調高陽朝城主簿。累拜尙書右丞行省西京。宣宗遷汴。與右丞相承暉守中都。承暉爲都元帥。盡忠爲左副元帥。中都危急。承暉仰藥死。盡忠出奔至南京。宣宗釋不問。仍以爲平章政事。後徒單吾典告盡忠謀逆。被誅。

拘那羅陀 【陳】僧。西天竺優禪尼國人。譯名眞諦。器宇清肅。悠然自遠。歷遊諸國。梁太清中至京。武帝供養之於寶雲殿。梁末播遷。而所至翻譯經論。不爲少輟。有神異。嘗乘荷葉而渡。光太中入南海北山卒。所譯有攝大乘論。廣義法門經。唯識論等。共二百七十八卷。

拉布敦 【清】滿洲正黃旗人。姓陳鄂氏。雍正間隨傅爾丹勦準噶爾。斬獲甚衆。乾隆間官至左都御史。赴藏辦事。時珠爾默特那木札勒謀反。與傅清定計誅之。逆黨叛。遂遇害。諡壯果。

拉哈達 【清】滿洲鑲黃旗人。姓鈕祜祿氏。康熙間官鑲黃旗滿洲都統。尋授鎭東將軍。駐防兗州。耿精忠反。拉哈達轉戰浙江福建。所向克捷。精忠降。進敗鄭錦。連拔泉漳及海澄等縣。後以年老致仕。

拉錫 【清】蒙古正白旗人。姓圖伯特氏。康熙間偕舒蘭往窮河源。雍正間累遷正白旗滿洲都統。以事奪官。旋復職卒。

拉藏汗 【清】青海固始汗之孫。固始汗既以衞藏爲達賴班禪香火地。留其長子鄂齊爾汗轄其衆。康熙中拉藏汗嗣爵。以議立達賴喇嘛六世。與第巴桑結交惡。桑結謀毒拉藏汗不遂。欲以兵逐之。拉藏汗集衆討誅桑結。詔封拉藏翊法恭順汗。後爲策妄阿拉布坦所襲殺。

拓跋·子推 【後魏】景穆帝子。太安中封京兆王。官長安鎭都大將。性沈雅。善於綏接。秦雍之人。服其威惠。入爲中都大官。察獄有稱。孝文帝卽位。拜青州刺史。未至。道卒。(按後魏孝文帝太和二十年改姓元氏。凡後魏宗室。在太和二十年後者。均入元氏。)

拓跋·小新成 【後魏】景穆帝子。和平中封濟陰王。頗有武略。庫莫奚侵擾。詔小新成率衆討之。俘馘甚多。後位外都大官。卒諡惠。

拓跋·六修 【後魏】穆帝子。少而兇悖。帝少子比延有寵。欲以爲後。六修出居新平城。而黜其母。後六修來朝。帝命拜比延。六修不從。帝乃坐比延於己所乘步輦。使人導從出遊。六修望見。以爲帝。謁伏路左。及至。乃比延。慚怒而去。帝率衆伐之。不利。六修殺比延。帝改服微行民間。遂暴崩。桓帝子普根先守於外。聞難。率衆來赴。攻六修滅之。

拓跋·天賜 【後魏】景穆帝子。和平中封汝陰王。拜鎭南大將軍。勑勒叛。詔天賜與給事中羅雲督諸軍討之。勑勒前鋒勑勒詐降。雲信之。勑勒輕騎數千襲殺雲。天賜僅得自全。累遷懷朔鎭大將。坐貪殘削官爵。卒諡靈。

拓跋·比干 【後魏】道武帝族弟。以司衞監討白澗丁零有功。賜爵吉陽男。後爲南道都將。戰沒。

拓跋·丕 【後魏】明元帝子。少有幹才。泰常中封樂平王。拜車騎大將軍。後督河西高平諸軍。討南秦王楊難當。軍至略陽。禁令齊肅。百姓爭致牛酒。難當懼。還仇池。丕綏懷初附。秋毫無犯。後坐劉潔事以憂卒。諡戾。

拓跋·可悉陵 【後魏】素長子。年十七從太武獵。遇一猛虎。可悉陵空手搏之以獻。從平涼州。沮渠茂虔令一驍將與可悉陵相擊。兩槊皆折。可悉陵抽箭射之墜馬。恐其救至。未及拔劍。以刀子戾其頸。使身首異處。太武壯之。卽日拜都幢將。封暨陽子。卒於中軍都將。

拓跋·平原 【後魏】曜孫。忠果有智略。從獻文擊蠕蠕。以功拜鎭南將軍。齊州刺史。善於懷撫。邊民歸附者千有餘家。孝文時有妖人劉舉自稱天子。平原討斬之。卒諡簡。

拓跋·目辰 【後魏】桓帝之後。封南平公。乙渾謀亂。目辰與兄郁議欲殺渾。事洩被誅。目辰逃免。孝文卽位。封宜都郡王。除雍州刺史。鎭長安。性亢直耿介。朝臣咸憚之。然好財利。在州政以賄成。有罪伏法。

拓跋·他 【後魏】熙子。襲封陽平王。性謹厚。武藝過人。從太武討白龍於西河。以功改封淮南王。鎭虎牢。威名甚著。與武昌王提討平曹僕渾。北破蠕蠕。征劉義隆。均有功。孝文時官至司徒。卒諡靖。

拓跋·休 【後魏】景穆帝子。皇興中封安定王。少聰慧。治斷有稱。蠕蠕犯塞。出爲使持節征北大將軍·撫冥鎭大將。身先將士。擊虜退之。官至太傅。領大司馬。卒諡靖。

拓跋·伏羅 【後魏】太武帝子。眞君中封晉王。加車騎大將軍。討吐谷渾慕利延。潛軍出其非意。慕利延衆驚奔白蘭。斬首五千餘級。降其一萬餘落。

拓跋·余 【後魏】太武帝子。封南安王。太武暴崩。中常侍宗愛矯皇太后令。迎余立之。余自以非次而立。厚賞羣下。旬月之間。帑藏空罄。愛權恣日甚。內外憚之。余疑愛將謀變。奪其權。愛怒。因余祭廟夜殺之。文成帝葬以王禮。諡隱。

拓跋·呂 【後魏】道武帝族弟。從太武平涼州有功。封江夏公。位外都大官。委以朝政。大見尊重。卒贈江夏王。陪葬金陵。

拓跋·孤 【後魏】平文帝第四子。封高涼王。多才藝。有志略。烈帝臨崩。顧命迎昭成立之。及崩。羣臣咸以新有大故。昭成在南。來未可果。恐生變詐。宜立長君。以鎭衆望。於是大人梁蓋等共推孤。孤不可。昭成卽位。乃分國半部以與之。

拓跋·俊 【後魏】明元帝子。泰常中封新興王。少善騎射。多才藝。坐法削爵爲公。俊好酒色。多越法度。又以母先遇罪死。而已被貶削。恆懷怨望。頗有悖心。後事發。賜死。

拓跋·紇羅 【後魏】神元帝曾孫。初從道武自獨孤如賀蘭部招集舊戶。得三百家。與弟建議勸賀訥推道武爲主。道武登王位。紇羅常翼衛左右。又從征伐有大功。紇羅有援立謀。特見優賞。及卽位。賜爵上谷公。

拓跋·郁 【後魏】桓帝之後。文成帝東巡臨海。以勞賜爵順陽公。文成崩。乙渾專權。隔絕內外。郁率衛士入。欲誅渾。渾懼。遂奉獻文臨朝。後渾心規爲亂。郁復謀誅渾。爲渾所殺。獻文錄郁忠正。追贈順陽王。諡簡。

拓跋·庫汗 【後魏】意烈從孫。獻文時拜殿中給事。封陽豐公。明於斷決。每奉使察行州鎭。折獄以情。所歷皆稱之。秦州父老詣闕乞庫汗爲刺史者千餘人。朝廷許之。未及遣卒。

拓跋·悅 【後魏】虔子。恃寵驕矜。以讒逃亡。投雁門。規收豪傑。欲爲不軌。爲土人執送道武。恕而不罪。明元帝卽位。引悅入侍。說帝誅雁門人。欲以雪其私忿。明元不從。悅內自疑懼。懷刃謀爲逆。事覺賜死。

拓跋·珪 【後魏】見魏道武帝條。

拓跋·素 【後魏】遵子。太武帝時襲爵。休屠郁原等叛。素討平之。累遷內都大官。文成帝卽位。務崇寬征。罷諸雜調。有司奏國用不足。固請復之。素曰。臣聞百姓不足。君孰與足。帝善而從之。素稚性方正。居官五十載。終始如一。時論賢之。卒諡康。

拓跋·素延 【後魏】桓帝之後。拜幽州刺史。豪奢放逸。左遷上谷太守。後賜爵曲陽侯。時道武留心黃老。欲以純風化俗。乘輿服御。咸尙質儉。而素延奢侈過度。因賜死。

拓跋·虔 【後魏】顗弟。少以壯勇知名。登國初封陳留公。從攻衛辰。慕容寶來寇。虔絕其左翼。寶敗。慕容垂恚憤。來桑乾。虔勇而輕敵。於陣戰沒。虔武力絕倫。每從征討。常先登陷陣。勇冠當時。及卒。舉國悲嘆。追贈陳留王。諡桓。

拓跋·健 【後魏】明元帝子。泰常中封永昌王。姿貌魁壯。善弓馬。達兵法。所在征戰。常有大功。太武襲蠕蠕。越涿耶山。車駕還。詔健殿後。蠕蠕萬騎追之。健與數十騎奮擊。矢不虛發。威震漠北。卒諡莊。

拓跋·嵩 【後魏】顗子。從永昌王仁南征。別出汝陰濟淮。劉義隆將劉康祖屯於慰武亭。以遏軍路。師人患之。嵩令推草車方軌並進。乘風縱火。以精兵自後乘之。斬康祖。文成帝時除秦州刺史。進爵隴西公。卒諡定。

拓跋·紹 【後魏】道武帝子。天興中封清河王。兇很險悖。不遵教訓。好輕遊里巷。劫剝行人。斫射犬豕。以爲戲樂。道武嘗怒之。倒懸井中。垂死乃出。紹母夫人賀氏有譴。道武幽之。賀氏密告紹。紹乃夜於帳下。踰宮犯禁。道武遂暴崩。明元帝在外聞變。還至城西。衛士執送紹。於是賜紹母子死。時年十六。

拓跋·寔君 【後魏】昭成帝之庶長子。性愚戇不仁。昭成弟孤卒。子斤失職懷怨。欲伺隙爲亂。是時道武年六歲。昭成不豫。斤因說寔君曰。帝將立慕容所生。而懼汝爲變。欲先殺汝。寔君信之。乃率其屬盡害諸皇子。昭成亦暴崩。苻堅聞之。執寔君及斤。轘之長安西市。

拓跋·提 【後魏】曜子。驍烈有父風。太武時封武昌王。拜平原鎭都大將。在任十年。威名大著。與淮南王他討平曹僕渾。還統萬鎭都大將。卒諡成。

拓跋·敦 【後魏】平文帝曾孫。道武初從征。被堅執銳。名冠諸將。後從征中山。所向無前。明元時拜中都大官。太武時進爵河西公。卒。

拓跋·觚 【後魏】儀弟。使於慕容垂。

垂止觚以求路。道武絕之。觚率左右數十騎。殺其衞將走歸。爲慕容寶所執。歸中山。垂待之愈厚。觚因留心學業。誦讀經書數十萬言。垂之國人。咸稱重之。道武討中山。慕容普驎既自立。遂害觚以固衆心。道武平中山。乃改葬觚。追贈秦王。諡愍。

拓跋·雲 【後魏】景穆帝子。封任城王。爲雍州刺史。廉謹自修。留心庶獄。挫豪傑。息盜賊。卒諡康。

拓跋·順 【後魏】昭成帝孫。登國初賜爵南安公。道武討中山。留順守京師。柏肆之敗。軍人有亡歸者。言大軍奔散。不知道武所在。順聞之。欲自立。納莫題諫乃止。時賀力眷等聚衆作亂。順討之不克。乃阻漯水爲固。以寧人心。道武善之。進封爲王。位司隸校尉。道武好黃老。數召諸王及朝臣親爲說之。在坐莫不祗肅。順獨坐寐欠伸。不顧而唾。道武怒。廢之。以王薨於家。

拓跋·幹 【後魏】纂弟。明元帝出遊白登之東北。幹以騎從。有雙鴟飛鳴於上。明元命左右射之。莫能中。幹自請射之。以二箭下雙鴟。明元嘉之。軍中號曰射鴟都將。進爵新蔡公。文成帝卽位。拜都官尚書。卒諡昭。

拓跋·意烈 【後魏】昭成帝孫。先沒於慕容垂。道武征中山。棄妻子迎於井陘。及平中原。有戰勳。賜爵遼西公。除廣平太守。時和跋爲鄴行臺。意烈性雄耿。自以帝屬。恥居跋下。謀襲鄴。發覺賜死。

拓跋·楨 【後魏】景穆帝子。皇興中封南安王。累遷雍州刺史。性忠謹。事母以孝聞。後以黷貨削爵歸第。禁錮終身。孝文南伐。楨從至洛。及議遷都。首從大計。因復封。出爲相州刺史。疽發背卒。諡惠。後以恆州刺史穆泰謀反。楨知而不告。追奪爵封。

拓跋·熙 【後魏】道武帝子。天興中封陽平王。明元帝治兵於東部。詔熙督十二軍。校閱甚得軍儀。明元嘉之。後討西部越勤有功。泰常中卒。

拓跋·瑞 【後魏】楨子。初瑞母尹氏有娠。致傷。後晝寢。夢一老翁具衣冠告之曰。吾賜汝一子。汝勿憂也。寤而私喜。未幾生瑞。楨以爲協夢。故名瑞。字天賜。位至太中大夫。

拓跋·窟咄 【後魏】昭成帝子。昭成崩後。苻洛以其年長。逼徙長安。苻堅禮之。教以書學。因亂隨慕容永東遷。永以爲新興太守。劉顯之敗。遣弟亢埿等迎窟咄。遂逼南界。諸部騷動。道武慮內難。乃幸賀蘭部。徵兵於慕容垂。與會於高柳。窟咄困迫奔走。爲衞辰所殺。

拓跋·壽樂 【後魏】章帝之後。封長樂王。位選部尚書。文成卽位。壽樂有援立功。拜太宰。錄尚書事。矜功。與尚書令長孫渴侯爭權。並伏法。

拓跋·禎 【後魏】幹子。通解諸方之語。便騎射。從征蠕蠕。忽遇賊別部。多少不敵。禎乃就山解鞍放馬。以示有伏。賊果疑而避之。孝文初賜爵沛郡公。後拜南豫州刺史。卒諡簡。

拓跋·齊 【後魏】烈帝玄孫。少雄傑魁岸。從太武征赫連昌。太武馬蹶。賊衆逼帝。齊以身蔽捍。決死擊賊。賊乃退。是日微齊。太武幾殆。累功拜內都大官。賜爵河間公。卒諡敬。

拓跋·儀 【後魏】翰子。容貌甚偉。少能騎射。從道武破諸部。有謀戰功。從圍中山。敗慕容德。進封衞王。中山平。復遣儀討鄴平之。留鎭中山。遠近懷附。尋以丞相入輔。道武以儀器望。待之如家人禮。儀矜功恃寵。與宜都公穆崇謀爲亂。遂賜死。

拓跋·範 【後魏】明元帝子。泰常中封樂安王。雅性沈厚。寬和仁恕。太武以長安形勝之地。非範莫可任者。乃拜範都督五州諸軍事。範謙恭惠下。推心撫納。百姓稱之。後劉潔之謀反。範聞而不告。事發。因疾暴卒。

拓跋·羯兒 【後魏】曜子。嗣河間王修。改封略陽。後與永昌王健督諸軍討禿髮保周於番和。徙張掖民數百家於武威。遂與諸將私自沒入。坐貪暴降爵爲公。後統河南諸軍襲蠕蠕。至於漠南。復王爵。加征西大將軍。正平初有罪賜死。

拓跋·霄 【後魏】熙第二子渾子。渾嗣廣平王。渾死。霄襲爵。好直言正諫。朝臣憚之。孝文特垂欽重。位至左光祿大夫。太和中卒。諡安。

拓跋·磨渾 【後魏】疏族。少爲明元帝所知。拓跋紹之逆。明元潛隱於外。磨渾與叔孫俊詐云明元所在。紹使帳下二人隨磨渾往。規爲逆。磨渾既得出。便縛帳下。詣明元斬之。明元得磨渾大喜。因爲羽翼。以勳賜爵長沙公。位定州刺史。

拓跋·翰 【後魏】昭成帝子。幼而岐嶷。年十五。便請率騎征討。帝使領二千騎。及長統兵。號令嚴信。多有克捷。建國中卒。道武卽位。追贈秦王。諡明。◎【後魏】太武帝子。太平眞君中封秦王。拜侍中。中軍大將軍。參典都曹事。忠貞雅正。百僚憚之。太傅高允以翰年少。作諸侯箴以遺之。翰大悅。復鎭枹罕。以信惠撫衆。羌戎敬服。改封東平王。太武崩。諸大臣等議欲立翰。中常侍宗愛與翰不協。矯太后令立南安王余。遂殺翰。

拓跋·謂 【後魏】烈帝子。寬雅有將略。常從道武征討有功。除武衞將軍。謝老歸家。獻文禮遇之。卒賜祕器。

拓跋·遵 【後魏】昭成帝孫。少壯勇。不拘小節。道武初以佐命勳賜爵略陽公。慕容寶之敗。別率騎要其歸路。

由是有參合之捷。及平中山。拜尚書左僕射。領渤海之合口及博陵。渤海羣盜起。遵討平之。遷州牧。封常山王。遵好酒。天賜中坐醉亂失禮於太原公主。賜死。葬以庶人禮。

拓跋・頹 後魏昭帝之後。隨道武平中原。賜爵望都侯。太武以頹美儀容。進止可觀。使迎左昭儀於蠕蠕。進爵爲公卒。

拓跋・曜 後魏道武帝子。天興中封河南王。五歲常射雀於道武前。中之。道武驚歎。及長。武藝絕人。與平陽王熙等並督諸軍講武。衆咸服其勇。年二十二卒。

拓跋・譚 後魏太武帝子。封燕王。改封臨淮王。太武南討。授中軍大將軍。先是劉義隆以鄒山險固。積糧爲守禦之備。譚率衆攻之。獲米三十萬。以供軍儲。義隆恃淮之阻。素不設備。譚造筏數十。潛軍而濟。衆驚潰。遂斬其將胡崇。卒諡宣。

拓跋・顗 後魏昭成帝孫。嚴重少言。雅有謀策。從平中山。以功賜爵蒲城侯。爲平盧太守。以威信著稱。居官七年。乃以元易干代顗爲郡。時易干子萬言得寵於道武。易干恃其子。輕顗不告。輕騎卒至。排顗墜牀而據顗坐。顗恥其侮慢。遂搏殺易干。以狀具聞。道武壯之。赦而不問。

拓跋・纂 後魏儀子。少明敏。動止有禮。道武養於宮中。恩與諸皇子同。太武踐祚。除定州刺史。進爵爲王。纂好酒愛佞。政以賄成。太武殺其親嬖人。後悔過修謹。拜內大將軍。居官清約簡慎。卒諡簡。

拔都 元朮赤子。襲朮赤封。太宗時用兵西域。平欽察及俄羅斯。進攻波蘭・匈牙利。歐人大恐。會太宗卒。拔都還師。設帳於窩瓦河畔之薩萊。統轄鄂畢河以西及俄羅斯。世稱爲金頂汗。

拔都兒 元阿速氏。常從征李璮。圍濟南。身二十餘戰。世祖嘉其能。累官後衞親軍副都指揮使。

拖雷 元太祖第四子。從太宗收定河南諸郡。著大勳勞。太宗不豫。拖雷禱天地。請以身代。數日太宗愈。拖雷從之北還。遇疾而卒。後其子憲宗立。追諡英武皇帝。廟號睿宗。至元中改諡景襄皇帝。

招・子庸 清南海人。字銘山。嘉慶舉人。知濰縣。有政聲。尋坐事落職。工畫蘭竹。又以新意畫蟹。風味爲畫家所未有。精曉音律。曾輯粵謳一卷。一時樂籍中人譜入聲歌。

招父 春秋晉太卜。晉惠公之在梁也。梁伯妻之。梁嬴孕過期。招父與其子卜之。其子曰。將生一男一女。招父曰。男爲人臣。女爲人妾。故名男曰圉。女曰妾。及子圉西質於秦。女爲官女爲。

招・奇佐 明曲江人。諸生。崇禎中楚寇攻城。奇佐盡出所積鉛錫器皿。製造砲子。賊遁。

招・猛 漢南海人。元初中官大鴻臚。善於其職。四夷重譯。凡至容臺肄儀行事。猛舉詔眎之。悉愜其情。

於・仲完 明黃巖人。洪武間知永新縣。時南鄉龍仁和爲亂。千戶幸捕盜爲利。欲盡屠南鄉。仲完力止之。鄉人感之。生子多以仲完姓爲名。（按江西通志作仲寬。此從浙江通志。）

於・竹屋 明善畫墨梅。

於則 上古黃帝臣。始作履。

於・倫 明黃岡人。字惇之。萬曆進士。官至右通政。曾輯古初至明代用智之事爲一書。分類隸事。名曰智品。

於・務道 元清言孫。傳其家學。

於・惟一 明懷寧人。字德夫。嘉靖進士。授工部主事。御史吳時來疏參嚴嵩。被謫出都。惟一獨祖餞泣別。嵩銜之。出知太原。尋陞陝西按察副使。爲王懷邦所搆陷。致仕歸。

於・敖 明岷州人。字伯度。正德進士。由郎中陞山西左參政。嘉靖中分守冀南。駐汾州。時強宗內亂。驕虜外侵。吏民莫知所措。敖創作外城及四方堡塞。盜寇不敢犯。官至巡撫都御史。

於・清言 宋晉陵人。工畫荷花。寧宗朝以荷花幛進。特旨授承節郎・浙西安撫司計議官。

於陵子終 戰國齊居於陵。楚王聞子終賢。使使者持金百鎰往聘之。子終入語其妻。其妻曰。今以容膝之安。一肉之味。而懷楚國之憂。其可乎。亂世多害。妾恐先生之不保命也。於是子終出謝使者而不許。相與逃而爲人灌園。（按列女傳作楚人。劉向於陵子序云。於陵子齊之廉士。名子終。世稱陳仲子是也。孟子趙注亦作齊人。未知孰是。）

於單 漢武帝時以匈奴單于太子降。封涉安侯。

於・琳 宋蕭山人。爲本州防城保甲。建炎初陳通叛。琳從浙東安撫討賊。戰敗被執。賊欲刺面降之。琳不屈。賊攢射之。罵不絕口死。

於・顯 明長樂人。讀書善騎射。歸附太祖。從征伐數有功。累官前軍都督僉事卒。追封英山侯。諡襄武。

昂吉 元本唐兀氏。世居西夏。昂吉留吳中。字啓文。至正進士。官至池州錄事。爲人廉謹。寡言笑。工詩文。有啓文集。

昂吉兒 元張掖人。姓野蒲氏。至元中授千戶。略地淮南。所向無前。時國兵初南。塞馬當暑。往往疥癘。昂吉兒以所部馬入太行療之。病良已。

由是軍中馬病者。卒以屬焉。累官行尚書省右丞卒。

昂普德　【明】彌勒州土官。率衆向化。陞知府。成化中坐事褫職。以冠帶置彌勒州。食其地。

昇·元中　【宋】撰有海外使程記。

昌他　【周】一作宮他。亡西周。之東周。盡輸西周之情於東周。東周大喜。西周大怒。後爲馮旦所間。卒被殺。

昌海　【明】高僧。太原許氏子。隱嶓圖山。旱禱輒應。刺血書五大部經百十三卷。永樂中詔選赴京。纂修大藏經。一日更衣趺坐而逝。

昌寓　【上古】黃帝臣。

昌·義之　【梁】烏江人。累遷北徐州刺史。鎮鍾離。魏軍來侵。城中衆裁三千。義之隨方抗禦。魏軍死者高與城平。義之不知書。性寬厚。能得人死力。官終護軍將軍。卒諡烈。

明山　【清】滿洲正藍旗人。姓伊爾根覺羅氏。乾隆間由佐領累官浙江巡撫。嘗疏請禁印官跪迎督撫。下部議行。卒諡勤毅。

明·山賓　【梁】僧紹子。字孝若。七歲能言玄理。十三博通經傳。累官東宮學士。兼國子祭酒。初山賓領青州。所部平陸縣歲儉。山賓啓倉出米。以贍貧民。刺史以山賓爲耗闕。有司追責。籍其宅入官。山賓默不自理。更市地遺宅。後假節攝北兗州事。卒諡質子。有吉禮儀注·禮儀·孝經喪禮服儀凡二百五十九卷。

明中　【清】僧。桐鄉施氏子。字大恆。號烎虛。七歲祝髮於秀水楞嚴寺。其師教之讀儒釋書。過目成誦。乾隆中主席西湖天竺淨慈諸道場。高宗南巡。三次賜紫。進南巡頌。賜詩一章。刊石淨慈。明中工詩。尤精篆刻。與厲鶚·杭世駿等結吟社。有烎虛詩鈔。

明仁宗　【明】成祖長子。名高熾。成祖數北征。命帝監國。裁決庶政。四方水旱饑饉。輒遣賑恤。仁聞大著。郡王高煦·高燧日伺隙讒搆。或問太子亦知有讒人乎。曰。不知也。吾知盡子職而已。卽位一年崩。廟號仁宗。年號洪熙。

明·公遐　【梁】字處約。簡文除爲尚書。曰。不喜卿得尚書。喜朝廷得卿。

明太祖　【明】濠州人。姓朱氏。名元璋。字國瑞。幼孤。爲皇覺寺僧。元末。羣雄並起。郭子興據濠。往投之。子興奇其狀貌。留爲親兵。所戰輒勝。子興卒。諸將奉爲吳國公。旋稱吳王。滅陳友諒·張士誠。移師而北。克燕京。十五載而成帝業。建都應天爲南京。在位三十一年崩。廟號太祖。諡高皇帝。年號洪武。帝愛民重士。頗多善政。惟求治太急。疾惡太嚴。誅戮功臣。株連尤衆。科舉以八股取士。亦始於此時。

明世宗　【明】憲宗孫。興獻王祐杬長子。名厚熜。帝卽位。誅江彬。追尊興獻王爲恭穆獻皇帝。母爲章聖皇太后。嘗宿曹妃宮。宮婢楊金英伺帝熟寢。以組縊帝項。未絕。皇后馳救得甦。收曹妃金英等磔於市。時大權一歸嚴嵩。久之。始罷之。帝晚年求方術益急。分遣御史求方書。後服方士王金等所獻丹藥。遂崩。在位四十五年。廟號世宗。年號嘉靖。

明本　【元】高僧。錢塘孫氏子。號中峯。道行甚高。賜號佛慈圓照禪師。至治間示寂。諡普應國師。

明·玉珍　【明】隨州人。身長八尺餘。目重瞳子。初從徐壽輝與元將戰。飛矢中右目。目遂眇。後攻重慶。陷成都。定有全蜀。陳友諒殺壽輝。玉珍以兵塞瞿塘。絕不與通。以劉楨爲參謀。僭稱帝。國號大夏。建元天統。玉珍無遠略。然性節儉。好文學。折節下士。又通好於明太祖。信使往返不絕。玉珍立五年卒。年三十六。子昇嗣。上廟號曰太祖。

明光宗　【明】神宗長子。名常洛。帝爲太子時。有男子張差持梃入慈慶宮。時鄭貴妃謀危太子。及差被執。辭連貴妃。妃乞哀太子。自明無他。太子請帝速具獄。毋株連。遂磔差於市。其事遂止。神宗崩。帝卽位。貴妃使內侍進洩藥。帝由此委頓。鴻臚寺丞李可灼進紅丸。帝服訖。明日崩。在位一月。廟號光宗。年號泰昌。

明安　【元】康里氏。至元中扈駕出入。克勤於事。累功陞定遠大將軍·貴赤親軍都指揮使司·達魯花赤。大德中北征。與海都戰。沒於軍。⊙【清】滿洲正黃旗人。姓博爾濟吉特氏。天聰間從征察哈爾。攻大凌河。皆有功。雍正間累封一等侯。加號恭順。

明安達哩　【清】蒙古正白旗人。姓西魯特氏。崇德間從圍錦州。擊薊州。略山東。累有功。順治間從入關。擊敗李自成。招降鳳翔等府三十餘城。授安南將軍。駐荊州。敗鄭成功於三山峽。以功累官吏部尚書。卒諡敏果。

明安圖　【清】蒙古正白旗人。諸生。官欽天監監正。受數學於聖祖。所學精奧異人。嘗預修儀象考成。著有割圜密率捷法。

明·克讓　【隋】山賓子。字弘道。少好儒雅。博涉書史。三禮禮論。尤所研精。龜筴曆象。咸得其妙。仕梁及周。累遷司調大夫。文帝受禪。拜率更令。進爵爲侯。詔與太常牛弘等修禮議樂。當朝典故。多所裁正。有孝經義疏·古今帝代記·續名僧記等書。

明孝宗　【明】憲宗第三子。名祐樘。帝卽位。逮太監梁芳等讁戍死。停納粟例。帝恭儉有制。勤政愛民。故當時朝序清明。民康物阜。在位十八年崩。廟號孝宗。年號弘治。

明成祖　【明】太祖第四子。名棣。封燕王。惠帝納齊泰·黃子澄謀。以諸王多不法。欲因事削除。帝舉兵。稱其師曰靖難。陷京師。即帝位。殺方孝孺等。皆夷其族。以北平爲北京。遷都之。整理內政。外征安南·韃靼·瓦剌·阿魯台等。武功頗盛。在位二十二年。崩於榆木川。廟號成祖。年號永樂。

明·汲　【晉】任主簿。廉愼愛民。時値歲歉。賑給有方。親喪不能舉者賻之。陞縣令。著有家訓。

明秀　【明】僧。海鹽王氏子。字雪江。祝髮天寧寺。晚習定於錢塘勝果山。又號石門子。能詩。有雪江集。

明·昇　【明】玉珍子。十歲嗣父僭帝位。諸大臣皆麤暴不肯相下。洪武初太祖克元都。諭昇歸命。昇不從。兵敗。面縛降。徙昇於高麗。

明武宗　【明】孝宗長子。名厚照。帝於佛經梵語。無不通曉。自稱大慶法王。西天覺道圓明自在大定慧佛。命所司鑄金印以進。築豹房新寺於禁內。恣聲伎爲樂。嘗微行至宣府。數夜入人家。索婦女。大樂忘歸。稱曰家裏。寧王宸濠反。王守仁討平之。帝以親征遂如南京。江彬導帝肆意漁獵。還京遇疾。崩於豹房。在位十六年。廟號武宗。年號正德。

明·亮　【後魏】平原人。字文德。性方厚有識幹。延昌中授勇武將軍。除陽平太守。清白愛民。甚有惠政。朝廷嘉其風化。轉汲郡太守卒。

明亮　【清】滿洲鑲黃旗人。姓富察氏。李榮保孫。乾隆間由生員累擢伊犂領隊大臣。從平烏什回。征緬甸·金川。平甘肅撒拉爾回。征川楚教匪。功績甚著。官至武英殿大學士。加太子太保。封三等襄勇侯。卒諡文襄。

明則　【隋】僧。冀州人。通玄儒。有才慧。楊素見其所作覺觀寺碑。奇之。奏住仁壽宮三善寺。東都譯經。又召入館專知綴緝。有集行世。

明宣宗　【明】仁宗長子。名瞻基。帝即位。漢王高煦反。帝親征。廢高煦爲庶人。三年巡邊。敗烏梁海之衆於寬河。嘗夏日午朝。退語侍臣曰。天氣向炎。正農夫新耘時也。因詠聶夷中鋤禾日當午句。曰吾每誦此。未嘗不念農人。在位十年崩。廟號宣宗。年號宣德。

明恭　【隋】僧。住鄭州會善寺。力大若神。食能盡二百人之料。會善與超化寺爭地。超化召無賴百餘人奪會善秋苗。明恭獨赴超化。取大鐘作碗而飲。又取數百斤大石拈之如土塊。無賴皆駭走。隋末盜起。逼諸寺辦食具。獨會善以明恭力得免。卒年八十五。

明春　【清】蒙古正紅旗人。姓巴羽特氏。同治間以前鋒從攻捻。轉戰山東安徽陝西甘肅等省。又擊陝回白彥虎。解安西·玉門等處圍。率兵援哈密。官至哈密辦事大臣卒。

明英宗　【明】宣宗長子。名祁鎮。在位十四年。衞拉特分道入寇。王振勸帝親征。命郕王祁鈺居守。至大同。邊報益急。伏屍滿野。衆危懼。王振尚欲北行。郭敬密止之。始班師。次土木。師潰。也先以帝北去。皇太后命郕王監國。尊帝爲太上皇。明年帝還京。後八年。石亨·徐有貞等以兵迎帝於南宮復位。殺于謙。籍其家。前後在位二十二年崩。廟號英宗。紀元二。正統·天順。

明泰　【清】滿洲鑲紅旗人。姓吳札庫氏。乾隆間以隨征金川功。累擢正定鎮總兵。嘉慶間楚省教匪延及豫境。明泰力爲堵禦。擒斬無算。以功累遷鑲黃旗漢軍副都統。

明珠　【清】滿洲正黃旗人。姓納喇氏。康熙中由侍衞累官兵部尚書。議撤三藩稱旨。調吏部尚書。授武英殿大學士。時詔重修太祖太宗實錄。及編纂三朝聖訓·政治典訓·平定三逆方略·大清會典·一統志·明史等書。皆以明珠爲總裁官。加太子太傅。累晉太子太師。明珠植黨營私。市恩通賂。御史郭琇劾之。革大學士。尋授內大臣。帝親征噶爾丹。明珠隨征運餉。師還。敘功復原級。年七十四卒。

明神宗　【明】穆宗第三子。名翊鈞。帝遣中官開鑛。凡富家巨族。則誣以盜鑛。良田美宅。則指爲下有鑛脈。卒役圍捕。辱及婦女。羣臣屢諫。帝不聽。又增設各省稅使。由是民不聊生。變亂繼起。時清兵強盛。屢侵邊。始命熊廷弼經略遼東。在位四十八年崩。廟號神宗。年號萬曆。

明·崇儼　【唐】偃師人。山賓五世孫。乾封初調黃安丞。以奇技自名。能盛夏得雪。四月得瓜。累遷正諫大夫。每謁見。陳時政。多託鬼神爲言。至爲武后作厭勝事。又言章懷太子不德。尋爲盜所刺死。諡莊。

明得　【明】高僧。烏程周氏子。號月亭。以紹萬松林禪師法嗣。故又號千松。遊叢席。至中竺謁萬松。授以楞嚴大旨。松化去。改事祇園法師。旋還徑山。力參三年得悟。居嘉興東禪寺。臨講衆常千指。爲人孤高剛毅。以傳法爲己任。萬曆間示疾逝。

明莊烈帝　【明】光宗第五子。名由檢。帝即位。放魏忠賢於鳳陽。道死。詔磔其屍。誅客氏等。贈卹寃陷諸臣。毀三朝要典。時清室日強。屢爲邊患。李自成。張獻忠復爲亂於國中。流賊縱橫。民不安枕。自成陷京師。帝自經於萬歲山。在位十六年。南都諡思宗。改諡毅宗。年號崇禎。清乾隆時謚爲莊烈帝。

明惠帝　明太祖孫。懿文太子標第二子。名允炆。性至孝。居喪毀瘠。太祖撫之曰。而誠純孝。顧不念我乎。立爲皇太孫。帝卽位。召用方孝孺等。典章制度。銳意復古。燕王棣舉兵反。京師陷。帝不知所終。在位四年。年號建文。追謚惠帝。

明・惠照　南齊僧胤子。元徽中爲高帝平南主簿。累至驃騎中兵。建元初出爲巴州刺史。綏懷蠻蜑。帝許爲益州。未遷卒。

明景帝　明宣宗次子。名祁鈺。封郕王。英宗北去。皇太后命帝監國。以于謙爲兵部尚書。籍王振家。夷其族。皇太后命帝卽位。尊英宗爲上皇。也先犯京師。于謙擊却之。明年上皇還京師。先是皇太后立英宗長子見深爲皇太子。帝卽位三年。遂廢之。而立子見濟爲皇太子。帝有疾。羣臣請立太子。石亨以爲立太子。不如復上皇。可邀功賞。遂迎英宗復位。廢帝仍爲郕王。尋崩。在位七年。年號景泰。追謚景帝。

明瑞　清滿洲鑲黃旗人。姓富察氏。字筠亭。由官學生授二等侍衞。乾隆間征伊犂及緬甸。皆有功。授將軍。管雲貴總督事。封一等誠嘉毅勇公。後以深入征緬。糧盡援絕。力竭自縊。謚果烈。有北窗吟稿。

明・僧胤　南朝宋平原人。能玄言。爲冀州刺史。

明・僧紹　南齊僧胤弟。字承烈。宋元嘉中再舉秀才明經。有儒術。屢辟不就。隱長廣郡嶗山。聚徒立學。後住江乘攝山。高帝遺以竹根如意笋籜冠。嘗往候沙門僧遠。高帝欲見之。僧遠爲言。卒不肯。永明初以國子博士徵。不就卒。

明・僧暠　南朝宋僧紹弟。好學。孝武見之。迎頌其名。時人以爲榮。泰始初爲青州刺史。

明・睿　明江夏人。字作聖。崇禎時城破。賊獨不入其門。睿慨然曰。安有父母之邦覆。而偷生苟活者。語家人速從我入井。否則速去。於是妻及二子二女井諸婢以次投井。睿笑曰。吾今曠然無累矣。遂從容赴井死。時人號其井爲明井。

明德　清滿洲正紅旗人。姓輝和氏。乾隆間累擢江蘇巡撫。疏濬常熟福山塘河。灌田數萬頃。官至雲貴總督。值用兵緬甸。以遺誤軍需降巡撫。尋卒。◉清滿洲正黃旗人。姓伊爾根覺羅氏。乾隆間由領催從征金川。屢立戰功。嘉慶間從攻川陝楚教匪。以次肅清。官至墨爾根城副都統。

明慶　清滿洲正白旗人。姓德敦氏。道光間從征喀什噶爾有功。咸同間攻勦髮捻。轉戰山東河南安徽江浙直隸等省。官至鑲黃旗蒙古都統。卒謚簡敬。

明緒　清滿洲鑲黃旗人。同治間官伊犂將軍。時回部糾衆來犯。力戰却之。伊犂再被圍。明緒悉力防禦。相持年餘。食盡城陷。舉家自焚死。

明・震　梁山賓子。字興道。傳父業。終餘姚令。

明憲宗　明英宗長子。名見深。帝卽位。詔雪于謙冤。遣行人往祭謙墓。十一年改謚郕戾王爲景皇帝。帝置西廠。以太監汪直領之。直燄愈熾。擅行遠問。易置近臣。太監梁芳等爲奇技淫巧。結萬貴妃歡。累朝金七窖俱盡。在位二十三年崩。廟號憲宗。年號成化。

明熹宗　明光宗長子。名由校。帝卽位。起用鄒元標等。中外欣然望治。性機巧。好親斧鋸椎鑿髹漆之事。每引繩削墨。魏忠賢輒奏事。帝厭之。謬曰。朕已悉矣。由是忠賢與帝乳母客氏相結。擅威福。流毒搢紳。在位七年崩。廟號熹宗。年號天啓。

明穆宗　明世宗第三子。名載垕。既卽位。召用建言得罪諸臣。死者卹錄。方士悉付法司治罪。許俺答封貢。減賦息民。邊鄙寧謐。稱繼體守文之主。在位六年崩。廟號穆宗。年號隆慶。

・明龍　明高僧。宿遷姚氏子。俗名東陽。本諸生。嗜內典。不問家人產。隆慶間北探諸名勝巨刹。尋祝髮。居北直之羊山秀峯庵。闡三教宗旨。萬曆初坐化。

明瞻　唐高僧。石邑杜氏子。通經史。州縣舉爲進士。不從。投龍飛山應覺寺出家。隋開皇中召住大興善寺。爲知事上座。貞觀中召對稱旨。帝爲下敕斷殺。造佛寺七。卒年七十。

明・鎬　宋安丘人。字化基。第進士。仁宗朝歷京東益州陝西河東轉運使。入知開封府。副文彥博討平王則於貝州。拜參知政事。卒謚文烈。鎬安靜有體。爲世所重。

明・耀光　清江蘇人。字亮甫。在蜀練鄉勇拒太平軍。解眉州圍。以二百人拒敵數萬。累遷四川軍標副將。善製地雷。臨陣整暇。丁寶楨許爲真將材。

易・三接　明零陵人。字康侯。博學能文。性剛介。當道求一面不可得。學者稱康侯先生。有零陵山川志・永州野史略・忠鬼錄・暇齋詠古詩。

易・之貞　明蘄水人。字忠甫。隆慶舉人。歷戶部郎中。督餉易州。奏免積逋三百六十餘萬。內璫王虎開礦擾民。劾罷之。出知馬湖府。致仕卒。有易州詩集・三舍篇。

易・元吉　宋長沙人。字慶之。善寫生。於舍後築園圃。馴養水禽山獸。

同其動靜。以資畫思。尤喜畫獐猿。識者謂徐熙以後一人。

易・元貞 〔明〕桂林人。字正之。嘉靖間自崇陽令調平縣。性清介。尤恤孤弱。禁強禦。暇日延諸生論道談文。及卒。貧無以殮。邑民爲營殮具。罷市送之。

易・文字 〔明〕臨川人。選貢生。授高淳丞。署縣事。築堤捍災。有治聲。致仕歸。生徒雲集。有詩書春秋大義。秋澤集。

易牙 〔春秋齊〕亦作狄牙。名巫。以滋味說桓公。桓公用爲饔人。甚見親幸。桓公卒。與其黨豎刁。開方亂國。

易・本烺 〔清〕京山人。字眉孫。道光舉人。專意纂述。有一粟齋集。

易・正言 〔清〕湘鄉人。父卒。廬墓十年。事母盡孝。終身不懈。有周易講義。家訓等書。

易・充 〔宋〕分宜人。字正翁。幼聰敏拔羣。年十六七。博通易書詩。號三經處士。教授鄉閭。遠近從學者甚衆。有中洲文集。

易・先 〔明〕湘陰人。字太初。永樂中由國子生授諒山知府。秩滿當遷。士民乞留。還任。宣德中黎利反。城陷。先佩印自縊。妻擧十八口同日死。諡忠節。復其家。

易・宏 〔清〕新會人。字渭遠。工詩詞。有鬘華閣詩畧。披亭詞鈔。

易・延慶 〔宋〕上高人。重孫。字餘慶。幼聰慧。涉獵經史。尤長聲律。以蔭爲奉禮郎。知臨淮縣。乾德中以父喪廬墓。太宗時擢大理丞。以葬母去官。母平生嗜栗。乃植二栗於墓前。樹長而連理。蘇易簡。朱台符爲贊美之。時稱純孝先生。

易・良翰 〔清〕湘鄉人。字臨莊。咸豐間從羅澤南征戰有功。援江西。戰死南昌城下。

易・言 〔宋〕字應之。少任俠。有口才。眞宗時覆水蠻寇宜州。募辨士往說之。言應召單騎往。降其酋。眞宗嘉之。賜以官。詮注樞府司戶參軍。嘗著排姦黨說。極論崇寧人材之弊。爲時所稱。

易・佩紳 〔清〕龍陽人。字笏山。貢生。官至江蘇布政使。有函樓文鈔。

易・奇際 〔明〕新會人。性清介。事母以孝聞。登崇禎鄉薦。亂後卽絕意祿仕。研究性命之旨。有逸紀。書詩傳解。拂劍草。儒梧集。吾豫漫筆。

易・宗涒 〔清〕貞言次子。字公申。號實庵。乾隆間擧鴻博。名譟京師。有五經辨疑。四書繹註。性理精義。岸亭偶談。歷代名賢名媛齒譜。半霞樓詩文集等書。

易・宗瀛 〔清〕貞言子。字公仙。號島民。乾隆間擧鴻博。選浙江東江場鹽大使。性孝友。工詩文。有翠濤書屋昨非集詩文。

易・直 〔明〕宜春人。字子順。父坐事繫獄。請代不得。直自縛跪府門外。獲釋。父母沒。並廬墓三年。

易・青 〔宋〕歸善人。爲都督行府擢鋒軍效用。紹興間經略使連南夫督兵討曾袞。遣青夜劫袞營。爲所執。賊驅至後軍趙續砦外。令聲言大軍俱已就擒。青大呼曰。勿信。所擒者我耳。賊又言吾不殺汝。第令經略來招撫。青又呼曰。任賊殺我。我以一死報國。賊焚之。青罵不絕口死。

易・思 〔明〕夷陵人。字景善。洪武中由經明行修任本州學正。陞懷柔縣丞。以功遷知縣。有遺愛。子孫多以文業顯。

易・炳文 〔元〕襄陽人。元末隨父友旺徙居沔陽。父喪。廬墓六年。時人慕之。多遣子弟從之游。居前有池產蓮。一蔕二花。人以爲孝感。

易・英 〔明〕澧人。字以和。洪武末爲浙江布政司參政。政尙寬平。明於大體。獎勵儒生。務期成效。尤嗜詩書。公務之暇。手不釋卷。

易・貞言 〔清〕湘鄉人。字內美。康熙間諸生。性孝友。喜讀書。年逾八十。能鐙下作細字。有周易講義。五經精義。續史。易氏家訓。愛日堂集。松堂詩集等書。

易・重 〔唐〕字鼎臣。會昌間張濆榜第二。翰林再考。濆被黜。升重爲第一。官至大理評事。著文千餘篇。游宦鎬之上高。因家焉。

易・傚之 〔明〕黃岡人。字惟傚。隆慶進士。歷知衢州府事。有兄弟爭訟不決。傚之不問曲直。命之隅坐累朝。兩人相顧笑悟。爭遂釋。其爲政務服民心。大率類此。轉四川涪州道。以招諭楊應龍有功。陞大參。致仕。

易・剛 〔明〕衡陽人。字正道。由擧人知武康縣。持身廉潔。蒞政寬和。有古循吏風。（按萬姓統譜作易綱。此據湖南通志。）

易・時中 〔明〕晉江人。字嘉會。從同縣蔡清學易。擧於鄉。知夏津縣。有惠政。遷順天府推官。以治胡守中獄。失要人旨。罷官。道出夏津。老稚有哭失聲者。母年九十一而終。時中年七十矣。毀不勝喪而卒。

易・紹宗 〔明〕攸縣人。洪武時從軍有功。授象山縣錢倉所千戶。建文時倭人登岸剽掠。紹宗書絕命詞於壁。命妻李氏具牲酒生奠之。訣而出。密令遊兵間道焚倭舟。倭驚還救。紹宗格戰。追擊至海岸。陷淖中。手刃數十人。遂被害。其妻攜孤赴奏於朝。賜葬祭。勅碑以旌之。

易・祓 〔宋〕寧鄉人。字彥章。號山齋。淳熙進士第一。詔事蘇師旦。歷官禮部尙書。師旦敗。貶死。有周禮周易總義．禹貢雁理記．易學舉隅．周禮釋疑．漢南北軍制．山齋集。

易·棠　【清】善化人。字念圜。道光進士。咸豐間平定番回。官至陝甘總督。有貽芬書屋詩文集。

易·爲鼎　【明】黃岡人。字用玉。生而有文在其手曰汪。因號汪來子。性穎異。博通經史。慷慨好義。以文章氣節著。明亡。築室白雲山。教授生徒以終。有四書尚書毛詩易說。

易·舒誥　【明】攸縣人。字欽之。弘治進士。授檢討。劉瑾擅權。人爭趨附。舒誥獨不屈。改南京戶部主事。瑾敗。復入翰林。以親老乞歸。杜門却掃。家居十四年卒。

易·雄　【晉】瀏陽人。字興長。爲郡主簿。念無由自達。乃掛幘縣門而去。後舉孝廉。遷春陵令。王敦作逆。雄奮義兵討之。爲魏乂所虜。不屈死。

易·著明　【宋】宜春人。字晦之。博學精聲律。累被鄉薦。與石延年爲詩友。天禧初賜三班奉職。終左班殿直。

易·道暹　【明】黃岡人。字曦侯。諸生。好學尚氣節。居深山中。積書滿家。著詩徵及四書內外傳數百卷。崇禎中流賊至境。與其次子爲璉罵賊不屈死。後長子爲瑚亦被殺。

易·綸　【明】益陽人。少有大志。宜德間以舉人教儀隴。召入爲御史。獨立敢言。忤權貴。謫教宜川學。(按萬姓統譜作易倫。此據湖南通志。)

易·節　【明】萬載人。字時中。永樂進士。擢行人。歷禮部員外郎。以才能著稱。累陞貴州左布政使卒。

易·學實　【清】雩都人。字去浮。號犀厓。幼穎悟好學。與瑞金楊以任．贛縣劉日佺等友善。明崇禎間領鄉薦。後奉母入山。杜門三十年卒。有犀厓文集．雲湖詩集。

易·應昌　【明】臨川人。字瑞芝。萬曆進士。熹宗時由御史累遷大理少卿。閹黨以東林劾之。削籍。崇禎初起爲左僉都御史。進左副都御史。爲時所重。以論救喬允升免死遣戍。福王時召復故官。遷工部右侍郎。國變後卒。

易·翼之　【明】騰越人。字孔章。正德中知長壽縣。爲政不事苛細。與上官不合。歸隱龍川江。爲一時師表。有四書音義會編．春秋經傳會編．諸話類抄．古今詩評．騰司志稿等書。

昔里鈐部　【元】唐兀人。太祖時命招諭沙州。州將僞降而設伏兵以待之。鈐部至。伏發。馬躓。鈐部以所乘馬與首帥使奔。自乘所躓馬而殿後。擊敗之。從征西域。亦屢有功。官至大名路達魯花赤。

昔兒吉思　【元】幼從太祖征回回河西諸國。俱有戰功。太宗時從睿宗西征。嘉其勤勞。妻以侍女。世祖尤愛之。得同飲白馬湩。時朝廷舊典。白馬湩非宗戚貴胄不得飲也。

昔班　【元】畏吾人。海都叛。昔班奉使。奔走三年。風沙翳目。時年已七十。命爲翰林承旨。給全俸養老卒。

昔都兒　【元】欽察氏。至元中舉兵下宋未附城邑。諸城聞風歸附。又從鎮南王征交趾。累戰有功。授砲手軍匠萬戶府達魯花赤。

朋·九萬　【宋】編烏臺詩案。

朋春　【清】滿洲正紅旗人。亦作彭春。姓棟鄂氏。何和哩四世孫。康熙間俄羅斯踞雅克薩。朋春率師進薄城下。其頭目窮蹙引去。後參贊費揚古軍務。敗噶爾丹於昭莫多。累官本旗都統。解任卒。

服·生　【漢】齊人。受易於田何。著易傳數篇。

服·虔　【後漢】滎陽人。初名重。又名祗。字子愼。少入太學受業。善著文。作春秋左氏傳解。又以左傳駁何休之所駁漢事六十餘條。靈帝時官九江太守。遭亂客病卒。初鄭玄欲注春秋未成。偶與虔遇宿客舍。虔在外車上與人說已注傳意。玄聽之。多與已同。因就車與語。盡以所注與之。遂爲服氏注。

服·閭　【漢】嘗止莒。往來海邊諸祠中。有三仙於祠中博賭瓜。顧令擔黃白瓜數十頭。令瞑目。及覺。乃在方丈山。方丈在蓬萊山西。數往來莒。取方丈山上珍寶珠玉賣之。後髡頭著赭衣。貌更老。人問之。言坐取廟中物云。數年貌更壯好。鬚髮如往日。

杭·世駿　【清】仁和人。字大宗。號堇浦。雍正舉人。乾隆初召試鴻博。授編修。校勘武英殿十三經二十四史。纂修三禮義疏。改御史。條上四事。有朝廷用人。宜泯滿漢之見語。下吏議擬死。尋放還。自號秦亭老民。博聞強記。於經史詞章之學。無所不貫。浙中耆宿。自黃宗羲後。以全祖望及世駿爲冠。性通侻。主講粵秀安定兩書院最久。有禮例．續禮記集說．石經考異．續方言．史記考異．漢書疏證補．晉書傳贊．北齊書疏證．經史質疑．兩漢蒙拾．文選課虛．諸史然疑．詞科掌錄．榕城詩話．桂堂詩話．道古堂詩文集。

杭和卿　【元】錢塘人。徙居太倉。充漕戶。家饒貲。方國珍入寇。散財穀募死士格賊。其後一家遇害。

杭忽思　【元】阿速氏。主阿速國。太宗兵至其境。杭忽思率衆來降。命領其土民。還國。道遇敵人戰沒。

杭奕祿　【清】滿洲鑲紅旗人。姓完顏氏。雍正間以定界事往安南。乾隆初官至左都御史。兼議政大臣。

杭·徐　【後漢】丹陽人。字伯徐。初試守宜城長。悉移林藪蠻夷置縣下。境內遂無盜賊。後爲中郎將。破泰山賊。封東鄉侯。遷長沙太守。（按杭徐本作抗徐。參看抗徐條。）

杭·淮　【明】濟弟。字東卿。弘治進士。以主事累官中丞。廉明平恕。以志節著。與濟並負詩名。有雙溪集。

杭·雄　【明】字世威。世爲綏德衞總旗。累官至都督同知。鎭寧夏。爲正德·嘉靖間西北名將。

杭愛　【清】姓章佳氏。隸滿洲鑲白旗。順治初任國子監祭酒。康熙間累擢陝西巡撫。值吳三桂反。滇蜀煽動。王輔臣復應之。杭愛督運糧餉。並安撫夔州諸路。終四川巡撫。諡勤襄。

杭·濟　【明】宜興人。字世卿。弘治進士。官至方伯。與弟淮俱善詩學。有二杭集。

杯度　【晉】僧。冀州人。常浮木杯度水。人故以杯度名之。隆安中從安禪峯卓錫於化成寺之址。始創道場。爲開山之祖。常荷一蘆圌子。跣足入市。或扣冰而浴。後不知所終。

東方·虬　【唐】武后朝爲左史。工詩。武后游洛南龍門。詔從臣賦詩。虬詩先成。后賜錦袍。俄頃。宋之問獻。后覽之嗟賞。更奪袍以賜。

東方·朔　【漢】厭次人。字曼倩。善詼諧滑稽。武帝初朔上書高自稱譽。帝偉之。令爲常侍郎。帝欲爲上林苑。朔進諫。迺拜朔爲太中大夫給事中。復爲中郎。帝置酒宣室。使謁者引內董偃。朔不可。詔止之。朔雖詼笑。然時觀察顏色。直言切諫。後上書陳農戰彊國之計。不見用。因著論設客難。已又設非有先生之論。朔之文辭。此二篇最善。帝社日賜從官肉。大官未至。朔割肉以歸。有司奏。帝令自責。再拜曰。受賜不待詔。何無禮也。拔劍自割。何壯也。割之不多。何廉也。歸遺細君。又何仁也。帝笑曰。令卿自責。乃更自譽。復賜酒肉。

東方·顥　【唐】開元中舍象亭十八學士中人。

東王公　世稱東華帝君。爲神仙之領袖。亦稱東王公。與西王母並稱。西王母領女仙。東王公領男仙。

東·良會　【元】犖昌人。以總管守商州。值紅巾亂。令二子挈家。一居華州。一居朝邑。曰吾受土地於國。義當死守。竟死於官。其後二地苗裔繁衍與盛。衣冠詩書。爲關中華胄。

東周君　【周】惠公子。與諸侯謀伐秦。秦使呂不韋滅之。遷東周君於陽人聚。周遂不祀。

東明　【後漢】橐離國王侍兒感氣而生。及長善射。王欲殺之。乃奔走。南至掩淲水。以弓擊水。魚鼈皆聚浮水上。乘之得度。因至夫餘而王之。建武中遣使奉貢。光武厚答報之。（按隋書東夷傳適異。此據後漢書。）

東門·京　【漢】善相馬。武帝時鑄作銅馬法獻之。有詔立馬於魯班門外。更名魯班門曰金馬門。

東門·雲　【漢】嘗受公羊春秋於瑯邪王中。官荆州刺史。

東門·遂　【春秋魯】大夫。字襄仲。文公二妃敬嬴生宣公。敬嬴嬖而私事襄仲。宣公長而屬諸襄仲。文公薨。襄仲欲立之。叔仲不可。仲見於齊侯而請之。齊侯新立而欲親魯。許之。仲殺惡及視而立宣公。

東門·歸父　【春秋魯】大夫。襄仲子。字子家。以襄仲之立宣公也有寵。欲去三桓。以張公室。與公謀而聘於晉。欲以晉人去之。會宣公薨。季文子言於朝曰。使我殺適立庶以失大援者。仲也夫。遂逐東門氏。子家還及笙。壇帷復命於介。既復命。袒括髮。即位哭。三踊而出。遂奔齊。

東·郊　【明】官御史。巡按應天。行部過常州。會武宗南巡。江彬縱其黨橫行州郡。推官張曰韜上書於郊。郊命登己舟以免。

東宮得臣　【春秋齊】莊公之子。左傳衞莊公娶於齊東宮得臣之妹。曰莊姜。注云。得臣齊太子名。居東宮。早死。

東宮·得臣　【春秋齊】大夫。後隱嵩山。年三百歲。（按東宮複姓。見通志。）

東海孝婦　【漢】東海人。少寡。無子。養姑甚謹。姑欲嫁之。終不肯。姑不欲以年老累之。自經死。姑女以婦殺姑告於吏。吏捕婦。婦誣服。論殺。郡中枯旱三年。後太守至。于公白之。祭孝婦塚。表其墓。天立大雨。

東皋屠者　【清】晉江人。不自言姓名。以屠爲業。善畫蘆雁。無款識。惟圖章刻東皋屠者。閉戶著書。土牆茅屋。花竹清幽。入其中者。不知爲屠者室也。

東野·子儀　【明】曲阜人。字仲立。號達泉。洪武初有司以雄才特薦。不欲仕。避隱開州。以明經教授生徒卒。

東野·玘　【明】子儀子。字廷玉。號澶淵。幼失怙恃。託居母妹之夫家。後從事於憲臺。有廉吏之稱。後宰廣貧。休致卒。

東野·宜　【宋】曲阜人。合居五六世。有節行。大中祥符初東封泰山。郎行在降詔褒美。優賜粟帛。

東野·紓　【宋】兖州人。累世同居。孝義著聞。大中祥符初眞宗東封過魯。特旌其門。

東野·質　【秦】魯之公族。字中美。遭楚考烈王滅魯。其公族五百餘門。悉被屠戮。殘傷離散。惟質負子攜譜竄於東吳。至秦始皇三十六年乃還魯。

東野·環　【漢】魯人。字廷器。有文武材。自吳過沛還魯。從高帝起兵伐秦。及入關。數以計獻。帝不從。託疾而還。帝以金帛致書累召伐楚。稱疾不起。後帝過晉。親幸其宅。謁周公廟。及即位。贈以都尉。

東野．稷　【戰國】以御見衛莊公。（一云魯莊公。）進退中繩。左右旋中規。莊公以爲文。勿過也。使之鉤。百而反。顏闔遇之。入見曰。稷之馬將敗。公不應。少焉果敗而反。公曰。子何以知之。曰。其馬力竭矣。而猶求焉。故曰敗。

東野．獲　【戰國】字獲德。號白雲。隱居不仕。師事鬼谷子。受衛生之術。

東郭．子綦　【戰國】顏成子遊謂東郭子綦曰。自吾聞子之言。一年而野。二年而從。三年而通。四年而物。五年而來。六年而鬼入。七年而天成。八年而不知死。不知生。九年而大妙。

東郭．牙　【周】齊臣。犯顏進諫。不避死亡。不撓富貴。立爲大諫之官。

東郭先生　【漢】齊人。田榮叛項羽。劫齊士不與者死。先生在劫中。榮敗。醜之。入山隱居。後蒯通言於齊相曹參。參引爲上賓。

東郭．延年　【後漢】太始人。字公游。能行容成御婦人術。或飲小便。或自倒懸。愛嗇精氣。不極視大言。

東郭．垂　【春秋齊】處士。桓公謀伐莒。未發而聞於國。以問管仲。管仲曰。國必有聖人也。桓公歎曰。日者之役。有執柘杵而上者。殆其人耶。乃令復役。東郭垂至。曰。日者臣望君之在臺上也。臣言勃然充滿。此兵革之色。君吁而不吟。所言者莒也。桓公尊而禮之。

東郭．書　【春秋齊】齊侯伐晉夷儀。東郭書讓登。犂彌從之。曰。子讓而左。我讓而右。使登者絕而後下。書左。彌先下。齊侯賞犂彌。犂彌辭曰。有先登者。臣從之。皙幘而衣貍製。公使視東郭書曰。乃夫子也。吾貺子。公賞東郭書。辭曰。彼賓旅也。乃賞犂彌。

東郭．偃　【春秋齊】棠公之妻弟。臣於崔杼。棠公死。偃御杼以弔。杼見棠姜而美之。使偃取之。

東郭．順子　【戰國魏】修道守眞。田子方師事之。子方侍坐於文侯。文侯曰。子師誰耶。子方曰。東郭順子也。其爲人也。眞人貌而天虛。緣而葆眞。清而容物。物無道則正容以悟之。使人之意自消。子方出。文侯曰。遠哉全德之君子。始吾以聖智之言仁義之行爲至矣。吾聞子方之師。吾形解而不欲動。口鉗而不欲言。吾所學者眞土梗耳。夫魏眞爲我累耳。

東鄉．助　【唐】著周易物象釋疑一卷。

東陽．無疑　【南朝宋】爲散騎侍郎。撰齊諧記七卷。

東園公　【漢】姓唐。字宣明。居園中。因以爲號。隱商山。爲四皓之一。高祖欲廢太子。立戚夫人子趙王如意。呂后用張良策。卑辭厚禮迎東園先生及綺里季．夏黃公．用里先生至。以爲客。帝本高此四人。及宴。太子侍。四人從太子。帝怪問之。四人前對。言陛下輕士善罵。臣等義不受辱。故恐而亡匿。竊聞太子仁孝。恭敬下士。故臣等來耳。四人爲壽畢趨去。帝召戚夫人謂曰。我欲易之。彼四人輔之。羽翼已成。難動矣。太子因得不廢。

東閭子　【春秋晉】嘗富貴而後乞。人問之。曰。吾爲相六年。未嘗薦一人。吾嘗富三千萬者再。未嘗富一人也。孔子曰。小大多少。各有怨惡。數之理也。

東樓公　【周】夏禹後。武王克殷。求禹之後。得東樓公。封之於杞。以奉夏后氏之祀。

東關．襄　【漢】將軍。封北亭侯。

松江漁翁　【宋】每棹小舟。游長橋。往來波上。扣舷飲酒。酣歌自得。紹聖中閩人潘裕遇而異之。勸之仕。鼓枻而去。

松．冕　【明】六合人。爲長蘆鹽官。兄晟早亡。事寡嫂如母。居官嚴明廉幹。擘徵當塗。

松筠　【清】蒙古正藍旗人。姓瑪拉特氏。字湘浦。乾隆間筆帖式。嘉慶時官至武英殿大學士。坐事屢蹶屢起。道光間以都統銜休致。卒謚文清。好佛。每旦必入院禮佛。嘗爲擘窠書。尤好作大虎字。在西域嘗手刃叛回數百人。嫉惡尤嚴。有古品節錄．綏服紀略．伊犂總統事略。

松壽　【清】滿洲正白旗人。字鶴齡。光緒間由廕生累擢江西巡撫。遷閩浙總督。宣統末民軍起。自盡。

松．贇　【隋】北海人。性剛烈。重名義。爲石門府隊正。死於楊厚之難。城中皆流涕。銳氣益倍。北海卒完。

析．望芳　【元】狄道人。以巨家擢守臨洮。偉績著於邊陲。

析．像　【後漢】即折像。見折像條。

析．歸父　【春秋齊】大夫子家。晉將嫁女於吳。齊使歸父媵之。以藩載欒盈及其士。納諸曲沃。卒謚文子。

林．一鳴　【宋】莆田人。字聞卿。以父廕補官。梁克家當國。起知惠州。多善政。秩滿之日。惟圖書數篋而已。

林．上元　【明】寧化人。萬曆中賊掠其繼母李氏出城。上元直奔賊壘。刺死二人。賊出李氏。引去。城賴以全。

林．士元　【明】瓊山人。字舜卿。正德進士。授南京戶科給事中。劾不職者數十人。仕路一清。終浙江按察使。

林．士弘　【隋】鄱陽人。隋季與鄉人操師乞起爲盜。師乞自號元興王。以士弘爲大將軍。師乞死。士弘據虔州。僭號楚。稱皇帝。建元太平。豪傑皆殺隋守令以附。武德中士弘死。其黨乃解。

林士能 元莆田人。字若拙。善畫山水。

林士敏 明耕五世孫。名世懋。以字行。洪武中由鄉貢入太學。除刑部郎中。以陳言謫南丹州吏。永樂初起知南康府。一意損己厚人。衣服至取給於家。改淮安府。清介愈甚。坐不防水患貶南寧府鎮鄢巡檢。辟爲宜興縣教諭卒。有芹邊集、匡廬小稿。

林大中 宋婺州永康人。字和叔。紹興進士。歷知贛州。寧宗卽位。除中書舍人。韓侂胄欲納交於大中。大中不許。而上書極論其奸。因辭官屏居。凡十二年。時事不挂於口。及侂胄誅。始起爲簽書樞密院事。卒謚正惠。

林大有 宋仙游人。字亨之。年十六棄舉子業。千里求師。授六經。不爲章句之學。咸淳初以子雷龍預薦。賜迪功郎。命書下。僅一御冠裳。拜於庭。退卽易褐如常。語子孫曰。生稱善人。死表於墓曰處士。吾願足矣。

林大春 宋古田人。字熙之。號慥齋。朱熹門人。家世崇尙理學。戒子弟不得用浮屠法。子孫以文行世其家。◎明潮陽人。字井丹。嘉靖進士。除行人。累擢副使。督學浙江。致高拱所私於法。言官希拱指論罷之。

林大猷 明士敏曾孫。字子道。少有俊聲。天順中舉鄉薦。授新建教諭。成化中遷國子監學錄。關洛晉魯之士慕其學行。執經從游者數百人。齋舍不能容。大猷爲之編次剋期。俾輪番聽講。進監丞。釐別宿弊。一新舊規。而爲諸生講學。益勤弗替。陞翰林檢討。以疾卒於官。

林大輅 明莆田人。字以乘。正德進士。官工部員外郎。武宗南巡。黃鞏以諫下詔獄。大輅疏救。帝怒。廷杖百。謫判彝陵州。有善政。嘉靖時官至湖廣巡撫。有愧瘖集。

林子立 宋莆田人。字伯與。弱冠通經學。舉政和進士。知茶陵縣。靖康初召諸道兵勤王。子立募集民兵二千餘人。率赴南道總管司。至荆門。遇金兵接戰。衆寡不敵。中流矢卒。

林子沖 宋之奇從子。字通卿。自號雲岫居士。學問德業。有聲鄉里間。士宗之者數百人。登淳熙進士第。初爲南豐簿。郡守陳岐。延修二陳禮樂書。子沖隨文釋義。補缺訂訛。書成。周必大、楊萬里皆稱其精密。調將樂丞。丁外艱。以哀毀卒。

林子長 宋閩人。號筆峯。官京學教諭。有論學繩尺註。

林子雲 宋長溪人。字質夫。寶慶進士。爲融州教授。潛心理學。躬行實體。多所自得。有易說。

林丹汗 明察哈爾部長。元裔小王子後。稱胡土克圖。恃強淩虐諸部。糾諸部兵襲科爾沁。諸部苦其暴。合兵反攻。敗之土默特。時內蒙古相繼附滿洲。獨林丹汗尙與爲敵。清太宗親征之。林丹汗因部衆離散。遂西奔青海。道卒。子額哲率部屬降清。編旗駐義州。

林之平 宋莆田人。字國衡。崇寧進士。歷監察御史。高宗幸臨安。謀守禦長江。議者請募海舟爲備。詔之平爲福建廣南招募使。終知泉州。

林之奇 宋侯官人。字少穎。號拙齋。紹興進士。爲校書郎。朝廷欲令學者參用王安石三經義說。之奇言王氏三經。率爲新法地。正所謂邪說異端之不可訓者。其持論持正多類此。乞祠家居。東萊呂祖謙受學焉。卒謚文昭。有尙書集解、春秋周禮講義、論語注、孟子講義、揚子講義、道山紀聞、拙齋集、觀瀾集。

林之蒨 清山東人。寓居孝感。字素園。有偶存草堂集。

林之蕃 明閩人。字孔碩。號涵齋。崇禎進士。知嘉興縣。善畫山水。居官清廉有聲。不喜逢迎上官。被劾歸。一瓢一衲。隱居以終。

林仁肇 南唐建陽人。初爲閩將。閩亡。歸南唐爲留守。軍中謂之林虎子。多得士心。宋太祖忌仁肇。取仁肇象懸別室。時後主弟從善質於汴。引觀之。曰。仁肇行且降。先持此爲信。指空館曰。將以此賜。後主聞之。酖殺仁肇。南唐遂亡。

林允昌 明晉江人。一作孕昌。字爲磐。號素菴。天啓進士。官至吏部郎中。有易史象解、經史膞義。

林元甫 明莆田人。字秉仁。成化進士。授工科給事中。言事忤旨。調外任。已復遷都給事中。諫受土魯番獅子。汪直、王越謀起用。諫止之。因災異又陳七事。皆切時政。後巡撫四川。平蜀寇。再移雲南。以疾乞休。

林元俊 清廈門人。徙臺灣。字份生。草書瘦硬入古。善奕精醫。爲海外國手。

林公一 宋樂清人。字道初。年二十。舉於鄉。景定中廷對。有司第其策。宜爲第一。會丁大全請於理宗。以公主下嫁大魁。屬周震炎擢其私人。抑公一第二。時論喧然不平。調興國軍判官。除宗學諭卒。

林公玉 宋連江人。字文振。淳熙進士。調建武教授。郡初未有登第者。公玉精講解。嚴課試。節浮費。撥貢士莊。由是舉進士者與內州等。

林公洽 宋長樂人。四歲全通九經。淳熙中中童子科。授迪功郎。

林公遇 宋福清人。字養正。性孝謹恬退。初以父蔭補寧化尉。調建之戶曹。辭不就。營精舍以居。扁曰寒齋。研思道理。考論古今。遯跡山水者二十年。及卒。學者私諡文隱。有石塘閒話．求心錄。

林·公黼 【明】福建長樂人。字質夫。正德進士。任大理寺評事。聞武宗南巡。上書極諫。跪外廷五日。杖死。嘉靖初贈太常丞。福王時進諡忠恪。

林夫人 【清】則徐女。沈葆楨之妻。咸豐時葆楨守廣信。洪楊軍圍之。夫人誓以身殉。刺血作書。乞援於總兵饒廷選。七戰而城圍解。名聞天下。

林·文 【明】莆田人。字恆簡。宣德進士。授翰林編修。累官太常少卿。兼翰林侍讀學士。再乞致仕歸。詩文體格溫淳。自成一家。縉紳推爲醇儒。年八十七卒。諡襄敏。有澹軒稿。

林·文之 【宋】福清人。字子彬。宋季文體纖弱。文之獨刻意爲古文。平易高古。學者宗之。有若存文集。

林·文俊 【明】莆田人。字汝英。號方齋。正德進士。官至南京吏部右侍郎。卒諡文修。有方齋詩文集。

林·文昭 【宋】福清人。字宗範。有論語註。

林·文秩 【明】福州人。字禮亭。少穎敏不凡。永樂進士。拜監察御史。立朝有直聲。巡按南畿。風裁凜然。宣德末擢山西按察使。有告平陽王文簡妖言惑衆者。連及三百餘家。文秩力爲辨釋。存活幾千人。後致仕卒。

林·文卿 【明】侯官人。號五臺。工畫。山水筆氣清勁。渲淡得宜。亦精寫照及花竹人物。

林·文貴 【明】黃巖騎兵。戍海寧。正德中桃源盜起。從千戶呂忠往征。至衢之開化。壁華埠。呂忠戰死。賊衆聚攻文貴。被執。罵賊死。

林·文察 【清】臺灣人。字子明。咸豐末以總兵領臺勇駐衢州。連戰有功。同治間轉戰浙江境內。累官福建提督。臺灣林晟之亂。移軍平之。汪海洋竄閩。急內渡。沒於陣。諡剛愍。

林·方標 【清】銅山人。嘉慶武進士。從安集延回句浩罕擾喀什噶爾等處。勦有功。官至衢州鎮總兵。

林·日瑞 【明】詔安人。字延輯。萬曆進士。歷官都御史。巡撫甘肅。李自成陷城。罵賊被磔。贈兵部尚書。

林·世璧 【明】閩縣人。字天瑞。諸生。高才傲世。揮灑千言立就。嘗遊鼓山。賦詩云。眼前滄海小。衣上白雲多。鼓掌狂笑。失足墮厓死。有彤雲集。

林·以辨 【宋】積仁後。莆田人。字子泉。通易書春秋。尤喜說詩。皇慶中詔以科目取士。以辨不苟求。究心程朱之學。福泉之士。爭聘爲師。

林·令旭 【清】婁縣人。字豫仲。一字晴江。雍正進士。官至太常寺卿。善寫花鳥。兼善墨梅。詩古文醇肆有法。有疊花樓集．錦城記。

林·右 【明】臨海人。字公輔。洪武中爲中書舍人。與方孝孺友善。嘗奉璽書行邊有功。進春坊大學士。命輔導皇太孫。以事謫中都教授。棄官歸。聞孝孺死。爲位哭於家。成祖召之不至。械至京。猶欲官之。不屈。成祖怒。劓之死。福王時贈禮部尚書。諡貞穆。有林公輔集。

林·台衡 【明】莆田人。字兆清。天啓舉人。以詩畫名。

林·外 【宋】晉江人。字豈塵。工詩詞。遊太學。嘗題吳江垂虹亭。人以爲不食烟火語。紹興中第進士。知興化令。有孏窠類稿。

林·必仁 【清】順德人。字樂山。貢生。善畫山水花卉。並工詞翰。

林·旦 【宋】希弟。字士明。一字次中。嘉祐進士。爲監察御史裏行。元祐初累遷殿中侍御史。上疏論呂惠卿．鄧綰之罪。皆逐之。官終河東轉運使。

林·本裕 【清】奉天人。字益長。通聲音之學。有聲位．遼載前集。

林·正 【明】莆田人。字克全。成化進士。授廣東道監察御史。議論務持大體。不瑣屑以沽名。巡視山東河道。令兩涯皆植柳。以周堤岸庇行人。往來舟楫便之。後巡按廣東。遘疾卒於官。

林·正大 【宋】字敬之。號隨庵。開禧中爲嚴州學官。有風雅遺音。

林·正青 【清】信子。字涞雲。官淮南小海場大使。有擷香堂集．榕城舊聞．榕海詩話．小海場志。

林·正華 【宋】安六世孫。字君輔。至和中入太學。後棄歸養母。母卒。水漿不入口者累日。既葬。廬於墓側。號慕不已。鄉人白於官旌之。

林·用中 【宋】古田人。字擇之。號東屏。始從林光朝學。後聞朱熹授徒建安。復往從焉。熹嘗稱其通悟修謹。嗜學不倦。謂爲畏友。與蔡元定齊名。終身不求仕進。有草堂集。

林·石 【宋】瑞安人。字介夫。父喪。廬墓三年。母年一百十九歲。石年九十餘。白首執喪。不踰禮節。時新學盛行。石獨以春秋教授鄉里。學者稱塘奧先生。有三游集。

林·亦之 【宋】福清人。字學可。號月漁。林光朝高弟。繼光朝講學於莆之紅泉。趙汝愚師閩。薦於朝。命未下而卒。學者稱網山先生。有論語考工記．毛詩莊子解．網山集。

林·仲虎 【宋】仲麟弟。字景曾。慶元中應武舉。廷試第二。開禧間副李璧使金。以風節著。能屬文。尤長於詩。有百將傳．出疆唱酬集。

林·仲嘉 【宋】福清人。以詩名於世。與鄭俠．王聖時．林圖南．李天與爲師友。嘗游京洛。有詩三卷。

林·仲麟 【宋】寧德人。字景仲。紹熙中試太學第一。倜儻有大志。慶元中興楊宏中等六人。上疏救趙汝愚。韓侂胄怒。送毘陵羈管。仲麟毅然不可詘。時稱慶元六君子。終廣東都府參軍。

林·兆珂 〔明〕莆田人。字孟鳴。萬曆進士。官刑部郎。歷知廉州·安慶。乞歸。有毛詩多識編·考工記述註·檀弓述註·宙合編·杜伯子詩鈔。

林·兆恩 〔明〕莆田人。字懋勛。號龍江。又號子谷子。又稱三教先生。博學工文。能以艮背之法治病。生平立說。欲合三教爲一。有林全子集。

林·兆鼎 〔明〕福清人。天啓中爲四川參將。積功至總兵官都督同知。崇禎中遣將討定番州苗。又遣將討湖廣苗。加左都督。召僉南京右府卒。

林·兆豐 〔清〕慈谿人。字玉如。有隸經賸義。

林·光 〔宋〕建安人。字子輝。乾道進士。歷知信豐。承議郎。有建安志·兵論·迂論。◉〔明〕東莞人。字緝熙。好學傳綜經史。得吳澄論學諸書。大感悟。成化舉人。除平湖教諭。勉學者探本窮源。反身修行。歷國子監博士·襄陽府左長史。

林·光世 〔宋〕莆田人。字逢聖。淳祐中以易學召赴闕。充秘書省檢校文字。官至迪功郎。有水村易鏡。

林·光朝 〔宋〕莆田人。字謙之。專心聖賢踐履之學。動必以禮。南渡後以伊洛之學倡東南。自光朝始。隆興初第進士。累官廣西提點刑獄。移廣東。茶寇薄嶺南。光朝擊敗之。除中書舍人。後知婺州。引疾提舉興國宮卒。諡文節。有艾軒集。

林·同 〔宋〕福清人。字子眞。號空齋。與弟合俱有隱操。元兵至福州。抗節死。有孝詩。（按宋史忠義傳。林空齋失其名。又以空齋爲同之子。皆誤。詳見四庫提要。）◉〔明〕龍溪人。字進卿。天順進士。爲戶部郎中。撮錢穀樞要作指南錄。歷官廣東左布政使。巡按王哲奏爲廉能第一。

林·圭 〔明〕莆田人。字信玉。洪武初以明經薦爲本邑訓導。陞寧國教諭。凡六典文衡。晚年致仕家居。講學明理。啓迪後進。經學詞章。爲莆邑首稱。

林·在義 〔清〕信子。字浩雲。工畫。寫意竹石花卉。尺楮寸縑。人爭寶之。好古文詞。精行楷。有陶舫集·硯史。

林·安 〔五代〕〔閩〕福清人。事母孝。母死廬墓。旁有石。自裂而湧泉。王審知異之。以其廬爲湧泉寺。

林·安上 〔宋〕愼思八世孫。字民瞻。大觀中釋褐。累官至廣東路經略使。因劾丞相汪伯彥·黃潛善誤國不聽。致仕。

林·守威 〔宋〕公安人。喪父。事繼母曹氏甚謹。曹卒未葬。鄰家火急。守威升屋呼天。果返風滅火。卒無恙。時人驚爲孝感。

林·旭 〔明〕金陵人。字景初。善畫山水。精傳神。年未三十卒。◉〔清〕侯官人。字暾谷。光緒舉人。官內閣中書。德宗銳意革新。特加四品卿銜。入軍機參預新政。十日之中。所陳奏甚多。孝欽后垂簾。被誅。爲戊戌六君子之一。有晚翠軒詩集。

林·有之 〔宋〕宋卿曾孫。字公侶。嘉定進士。授賀州司法。居民以茅竹爲屋。有之請於州。代以土瓦。賀州之有棟宇者。自此始。官至朝散郎。

林·有席 〔清〕分宜人。字儒珍。有續古文雅正。

林·有望 〔明〕桐城人。字未軒。嘉靖進士。官至四川按察司僉事。有史綱疑辨。

林·有臺 〔明〕閩縣人。字德基。號南山。嘉靖舉人。歷官戶部郎中。精賞鑑。能詩。兼工山水。有南山集。

林·有鱗 〔明〕景暘子。字仁甫。以父蔭官至龍安知府。工畫山水。編靑蓮舫琴雅。自著有素園石譜·法教佩珠。

林·汝翥 〔明〕福淸人。字大戲。萬曆舉人。知沛縣。天啓中戰却徐鴻儒兵。緝妖人王普光黨。有功。特擢御史。奏參魏忠賢。削籍歸。後魯王召爲兵部右侍郎。攻福寧。戰敗被執。吞金屑死。

林·汝霖 〔清〕侯官人。字小巖。咸豐間官仁和縣典史。洪楊軍破杭州。汝霖之母先縊。姊及妻女從之。汝霖公服坐堂皇。軍至不屈死。杭人葬其全家骸骨於孤山。以其與林逋同姓也。

林·至 〔宋〕嘉興華亭人。字德久。官秘書郎。登朱熹之門。有易稗傳及文集。

林·伸 〔宋〕攢後。字伸之。嘉祐進士。熙寧中爲永靜幕官。內侍程昉建屯田實邊之策。議開舊河新葫蘆河於孟家口。遂爲都水使者。滄景德棣俱被其害。伸條其利害以聞。坐褫一官。

林·伯英 〔元〕嘉興人。工畫花鳥。師樓觀。

林·伯桐 〔清〕番禺人。字桐君。號月亭。嘉慶舉人。授德慶州學正。卒於官。年七十。治經學宗漢儒。踐履則服膺朱熹。阮元督粵。延爲學海堂學長。從遊者衆。有毛詩通考·毛詩識小·古諺箋·冠昏喪祭儀考·修本堂稿·月亭詩鈔。

林·克己 〔五代〕〔吳越〕錢塘人。錢弘俶時官通儒院學士。博學善文章。宋隱士逋。卽其孫也。

林·克鈺 〔清〕金山人。字式如。諸生。有南邨詞。

林·舍 〔宋〕共城人。官廷尉。年方三十挂冠。蘇轍寓書曰。先生熙朝及第。壯歲休官。以風節推之。賢於淵明達矣。

林孝淵 宋攢八世孫。字全一。建炎中通判建州。再判泉州。亂卒屢無禮於守。而信孝淵之言。不敢暴。提舉市舶。嘗按收舶貨歸。吏循例取腦一匣以納。孝淵厲聲曰。公則官物。私則商貨。何例之有。斥反之舶庫。

林孝澤 宋孝淵弟。崇寧進士。歷提舉廣東市舶。有番婦滿持瓊產以獻。爲子求官。孝澤曰。我爲朝廷使者。豈得以一賈婦。而使朝廷廢二百年互市成法。上書力爭。固持不移。終直秘閣。予祠卒。

林宋卿 宋仙游人。字朝彥。嘗從陳瓘、楊時學。崇寧中登第。授秘書省正字。出知恭州。時邊帥多以開疆蒙賞。瀘州帥奏於開溪賨州置一州二縣。宋卿以若從其請。恐生事邀功者紛起。奏罷之。秩滿。恭人乞再任。徽宗曰。是奏罷溪賨州役。寬朕西顧者。許之。終朝請大夫。

林宏衍 明閩人。字得山。由恩廕擢民部郎。深解畫理。

林岊 宋古田人。字仲山。嘉定中出守全州。日偕諸生講明正學。勉敦實行。與魏了翁友善。在郡九年。多惠政。郡人祀之柳宗元廟。有毛詩講義。

林希 宋福州人。字子中。舉進士。神宗朝同知太常禮院。遣使高麗。希聞命。懼形於色。神宗怒。責監杭州樓店務。紹聖初知成都府。道闕下。章惇留爲中書舍人。修神宗實錄。時方推明紹述。盡黜元祐羣臣。希皆密預其議。自司馬光、呂公著、呂大防、劉摯等數十人之制。皆希爲之。極其醜詆。讀者憤歎。卒謚文節。

林希元 明同安人。字茂貞。號次崖。正德進士。授大理評事。世宗時以議獄事被論。棄官歸。大臣交薦之。起爲寺正。遼東兵變。希元極言姑息之弊。謫知欽州。時安南不貢。廷議征討。擢希元兵備海道。希元主必征之策。與督臣異議。罷歸。有易經四書存疑、林次崖集。

林希逸 宋福清人。字肅翁。號竹溪。又號鬳齋。善畫能書。工詩。端平進士。官至考功員外郎。有易講、春秋正附篇、老莊列三子口義、考工記解、竹溪稿等書。

林希蔭 明揭陽人。字宜民。幼能屬文。永樂舉人。謂同舉者曰。君有父母。可以仕祿。我恨終天。出欲何爲。自號貧樂。天順間海寇焚劫村落。獨大書其門曰。林先生屋愼勿燬。

林廷選 明福建長樂人。字舜舉。成化進士。授蘇州府推官。屢決疑獄。召拜監察御史。按廣西。平寇有功。官終南京工部尚書。乞骸歸。

林杞 宋南安人。字卿材。天聖進士。歷知康雅泰淄四州。在泰修築海埭。復瓦田數千頃。使者上課。爲淮南第一。卒年九十。

林材 明閩縣人。字謹任。萬曆進士。授錦城知縣。擢工科給事中。屢言事忤旨。貶程鄉典史。遂歸里不出。光宗即位。始起尙寶丞。再遷太僕少卿。還朝未幾。即乞歸。天啓中起南京通政使卒。

林沖之 宋莆田人。字和叔。元符進士。以主客司郎中使金。被執。不屈。徙之極北沍寒之地。幽佛寺十餘年。病革。語同難者曰。吾年七十有二。死何所恨。恨國仇未報耳。南向一慟而絕。

林良 明廣東人。字以善。官錦衣衛百戶。供奉內廷。善畫水墨花卉翎毛樹木。遒勁如草書。

林京 明龍巖人。好讀書。每觀史至忠臣義士。輒撫卷歎慕。正統中沙尤賊逼縣境。京團結鄉民。助官軍守邑。偕其子綬。間道走郡城請援。爲賊所獲。皆遇害。

林侗 清侯官人。字同人。貢生。康熙中署尤溪教諭。嘗隨官關中。蒐討金石。有來齋金石考、昭陵石蹟考略、李忠定公年譜、井野識塗。

林佶 清侗弟。字吉人。號鹿原。康熙進士。授內閣中書。家多藏書。徐乾學鋟通志堂經解。朱彝尊選明詩綜。皆就傳鈔。有樸學齋集。

林其茂 清侯官人。字培根。乾隆進士。知山陰縣。有山陰集、歸田遺草、長林四世弓冶集。

林叔豹 宋永嘉人。字懿文。建炎初爲慈谿令。廉明勁直。高宗南巡。戒衛士毋苛擾。聞虜寇至境。邑人藉避。有武悍一二人爲民所訟。叔豹捕而斬之。於是遠近知畏。絕摽掠之患。虜破明州。僞立蔣安義爲守。虜退。叔豹率鄉兵入城。杖死安義。一郡尋安。高宗駐蹕臨安。召爲監察御史。

林坤 元會稽人。字載卿。號誠齋。嘗官翰林。有誠齋雜記。

林季仲 宋永嘉人。字懿成。宣和進士。高宗時趙鼎薦爲臺官。累遷吏部郎。秦檜主和議。季仲引句踐事爭之。大忤檜。罷去。後以直秘閣奉祠。有竹軒雜著。

林宗放 宋字問禮。淳熙中舉進士。廷對激切。宰相周益公奇之。授潭州教授。改通州州學。舊刊三諫集錄。載章惇奸狀。郡守、惇孫也。欲去其板。宗放執不與。調太平州。四方學徒至數百人。改知蘭谿縣。摧折豪強。奸吏屏氣。部使章貢肱薦於朝。授廣州通判。遂乞祠歸。

林宗道 宋福清人。字仲學。性聰敏。爲文章一不經意。詞氣豪逸。頗以材氣自負。尤善隸書。晚年筆益蒼璧。景定間領鄉薦。

林披　唐莆田人。字茂則。讀書一覽卽記。以明經擢第。授臨汀曹掾。李棲筠薦授太子詹事。子九人俱官刺史。號九牧林家。

林放　春秋魯人。字子立。嘗問禮之本。孔子以時方逐末。而放獨能有志於本。以大哉稱之。

林昌彝　清侯官人。字惠常。道光進士。有小石渠閣文集。

林明倫　清始興人。號穆庵。乾隆進士。官衢州知府。有文集。

林明儁　清鄞都人。該洽經史。獻寇陷蜀。從閣部王應熊討賊。策多奇中。後以病歸。屢徵不出。隱居著述。有澹遠堂·巴子園·梧桐居諸集。

林泳　宋希逸長子。字太淵。自號艮齋。又號弓寮。寶祐進士。出宰安溪。善墨竹。能篆。工詩。有集。

林泮　明閩縣人。字用養。成化進士。歷廣州知府。有平峒蠻功。正德時屢遷南京戶部尚書。劉瑾惡其不附。矯旨令致仕。泮居官廉。歸無第宅。常寓止僧寺。及卒。不能殮。有司爲庀喪具。天啓初追謚恭靖。

林秉漢　明長泰人。字伯昭。萬曆進士。授御史。楚假王議起。郭正域力請行勘。首輔沈一貫庇王。計逐正域。秉漢亦請詳勘。且言王旣非假。何憚於勘。遂忤一貫。貶貴州按察司檢校。天啓中贈太僕卿。

林表民　宋師蔵子。字逢吉。博物洽聞。有赤城續志及赤城集。

林長貴　清福清人。與弟長廣。皆以晒鹽爲業。父死於海潮。奔救不及。投水死。長廣繼至。亦自沈。時稱林氏兩孝子。

林長懋　明莆田人。字景時。永樂中由教授擢翰林編修。簡侍皇太孫講讀。太孫好射獵。長懋數直諫。惡之。及卽位。由中允出爲鬱林知州。坐怨望逮繫詔獄。英宗立。命復任。長懋自奉節儉。朝夕食惟鹽菜。因呼爲林鹽菜。

林保　宋鄞人。字庇民。登上舍第。兩從廣西帥辟。掌管機宜文字。時將士卒俘平民冒賞。保覆正之。家居十餘年。著中興龜鑑上之。高宗賜書褒美。

林俊　明莆田人。字待用。號見素。成化進士。官刑部員外郎。嘗上疏請斬妖僧繼曉。逆罪中貴梁芳。時言路久塞。疏入。直聲震都下。世宗時累官刑部尚書。朝有大政。必侃侃陳論。中外想望其風采。卒謚貞肅。有見素文集·西征集。

林則徐　清侯官人。字元撫。一字少穆。晚號竢村老人。嘉慶進士。道光時官兩廣總督。以禁鴉片致與英人戰。迨和議成。謫戍伊犂。旋又起用。官雲貴總督。加太子太保。洪楊亂起。召爲欽差大臣。中途卒。易簣時呼星斗南者三。謚文忠。有政書·雲左山房詩集。

林垐　明福清人。字子野。崇禎進士。授海寧知縣。邑有妖人以劍術惑衆。垐捕殺之。杭州不守。垐以孤城不能存。引去。唐王以爲御史。募兵福寧。聞王被殺。大慟。及魯王航海至長垣。福清鄉兵請垐爲主。與林汝翥共攻城。沒於陣。

林垠　明閩縣人。字天宇。嘉靖鄉貢。仕至戶部員外郎。有詩名。居官以文學爲治。所至有聲跡。

林建猷　清安溪人。字孝丕。號鴻軒。咸豐間以武生從軍。累擢福寧鎭總兵。署浙江提督。肅清海面。積功擢福建水師提督。

林象　宋仙遊人。字商卿。幼孤。隨母鞠於外祖陳次升家。讀書熟典故。師事劉安世·任伯雨·陳瓘諸人。而與任申先·象先兄弟爲忘年友。奉母盡孝。母沒。終喪不謀婚娶。寓跡龍華寺法華庵。榜所居軒曰聽雨。小園曰意足。自號萃齋。被薦三召不赴。乾道間特賜進士。爲與化軍教授。未一考卒。

林春　明泰州人。字子仁。天性溫醇。少孤貧。好學問。受業州人王艮。聞艮知之學。嘉靖中會試第一。遷司封員外郎。尋以母病乞歸。家居三載。未嘗干州郡。餽遺非禮者輙弗受。起補文選郎中卒。有東城文集。

林春澤　明侯官人。字德敷。正德進士。官至程番知府。邃於禮經。工詩。卒年百有四歲。有司爲建人瑞坊。有人瑞翁集。

林昺　明鄞縣人。號方塘。隆慶中諸生。有羣書歸正集。

林殆庶　宋閩縣人。字希顏。淳化進士。累官秘閣校理。知明州。醇懿孝友。子孫彬彬肅睦。時稱德門。

林泉生　元福州永福人。字清源。天曆進士。授福清州同知。官至翰林直學士·知制誥。同修國史。卒謚文敏。泉生初以權略自負。不能卜人。後稍自晦抑。號謙牧齋。晚益折節。更號覺是軒。以文學爲閩中名士。尤邃於春秋。有春秋論斷·覺是集。

林洪範　宋閩縣人。自幼苦學。博通經傳。屬文宏麗。構思敏捷。累舉不第。還鄉教授門弟子。頗有達者。著諸經義方數十卷。

林炫　明庭㭿子。字貞孚。正德進士。官至通政司參議。有卮言餘錄。

林紀　明閩人。字廷肅。號粵山。爲石城令。工山水。能詩。題詠尺幅。人爭寶之。

林茂槐　明福清人。字稺虛。萬曆進士。官至吏部郎中。有豬書字考。

增删說類。

林郁 宋沖之子。字顗休。宣和進士。再調福建茶司幹官。建州勤王卒自京師還。求卸甲錢。郡守逃匿。卒鼓譟。取庫兵爲亂。郁聞變急入諭。遇害。

林師仲 宋南海人。字賀父。明經修行。黃山谷謫涪。師仲往謁。山谷勉其教子。師仲遂創義齋。延名儒訓子弟。

林師益 宋豫次子。授京畿第一正將。守鄴州原武。金兵再犯京師。諸將皆遁。惟師益孤軍不動。劉韐爲丞相。何㮚謀亟召師益兵入援。師益行次封丘。遇虜。奮勇力戰死。

林師蒧 宋臨海人。字詠道。官州學教諭。嘗裒輯唐以前天台題詠爲天台前集。

林師說 宋豫三子。字箕仲。少舉進士。知名。以父蔭屢當補官。遜於從兄師文及弟師龍。故入仕最晚。試銓曹第一。累遷兵部員外郎。知建昌軍。丞相趙鼎力薦之。除浙東提點刑獄。山陰爲畿內。貴人多肆豪奪。師說一繩以法。以忤權貴。力請祠歸。

林師點 宋天台人。字詠道。號竹郵居士。博雅好古。購求古帖秘文。斷刻壁簡。積千餘卷。校讐考訂忘日夜。名流如王厚之・梁世昌。皆與之交。

林庭㭿 明瀚子。字利瞻。弘治進士。嘉靖初官至湖廣布政使。與周廣同撰嘉靖江西通志。爲人恬雅介潔。所至有惠政。尤善清談。風流爲一時冠。仕至工部尚書。以疾乞歸。卒謚康懿。

林庭機 明庭㭿弟。字利仁。嘉靖進士。累官南工部尚書。乞骸歸。杜門却掃。承先世素風。自奉如寒士。卒謚文僖。

林時 明莆田人。字學敏。永樂進士。除陝西僉事。初軍衛未有學。時以爲言。衛學之設自此始。

林時益 清南昌人。字確齋。本明宗室。名儀霶。清初變姓名寄籍寧都。結廬冠石。傭田而耕。爲易堂九子之一。工書。喜爲詩。晚好禪說。有冠石詩集。

林時對 清時躍弟。字殿颺。號繭庵。明崇禎進士。官至右副都御史。遜國變後。杜門不出。有詩史。

林時躍 清鄞人。字遐舉。別號荔堂。明季貢生。授大理評事不就。喜言名節。晚與徐霜皋等共撰正氣集。自著有朋鶴草堂集・明史大事記等書。

林枏 宋孝澤子。字子方。紹興進士。孝宗時知信州。裁驕兵。斥公帑。代輸物力錢。民德之。再調江西運判。

林栗 宋福清人。字黃中。紹興進士。累官兵部侍郎。朱熹以江西提刑被召爲兵部郎官。既入國門。未就職。栗與熹相見。論易與西銘不合。至是。栗遣吏部趣之。熹以脚疾請告。栗遂論熹本無學術。妄自尊大。太常博士葉適。上封事辨之。於是侍御史胡晉臣劾栗。出知泉州。卒謚簡肅。有周易經傳集解。

林烈 明福州人。嘗於其鄉之嵩陽社創社圃。擇子弟百數十人。每月朔望行古鄉射之禮。因作鄉射禮儀節一書。

林特 宋順昌人。字士奇。少穎悟。十歲謁江南李璟。獻所爲文。授蘭臺校書郎。江南平。太宗以爲長葛尉。天禧中官至尚書右丞。天性邪險。精敏善吏職。丁謂始終善之。仁宗時進刑部尚書。謂貶。特亦落職知許州。還朝。以戶部尚書知通進銀臺司卒。

林祖 明潮陽人。早孤。家貧讀書。遇寇亂。失母弟所在。遍歷郡縣訪覓。至梅州山中得見。爲獠人所阻。乃潛赴梅州訴之。得還。相離十有四年矣。洪武中有司上其事。賜鈔千貫。終河間府通判。

林祖洽 宋淳熙中知常州。尊禮耆儒。延見秀士。增脩學校。以河久湮沒。重浚治之。民賴其利。

林祖述 明鄞人。字道卿。萬曆進士。官廣西提學僉事。有星曆釋義。

林耕 宋景定初攝惠州事。爲政慈祥。嘗有盜爲人所獲。耕察其迫於饑寒。從容諭之。且遺以錢三緡而歸之。自是境內無盜。

林起宗 元內丘人。自幼力學。嘗從劉因遊。深得道學之旨。既而教授於鄉。後學多宗之。嘗著心學指南。心學淵源二圖・大學論語孟子中庸諸圖・孝經圖解・小學提辭。

林起龍 清大興人。順治進士。授吏科給事中。康熙間官至漕運總督。疏濬涇河閘淮城迤南運河七十餘里。直達射陽湖。近海田廬。得免水患。

林啓 清侯官人。字迪臣。光緒朝爲杭州知府。治績卓著。興學育才。民不能忘。卒後葬孤山。並於墓側建林社以祀之。

林國鈞 宋莆田人。字公秉。早游場屋卒不利。高宗朝授承議郎。國鈞爲人好施與。務以積陰德爲心。聞鄉人貧乏者。取資財遣人投諸暗中以助之。不使其或知也。嘗建紅泉義學以淑俊秀。置義田以贍從學之士。年九十齒髮落復生。作亭名曰回年。

林從世 宋初爲福州長樂人。性好博濟。因挈家貲遠遊。治平中至莆。見同邑錢氏女築陂於將軍巖下。勿克成功。乃相溪下流。於上杭溫泉水口築陂。捐貲十萬緡。以給其役。時人因號之曰林十萬。陂垂成。不能勝潮勢之衝激。隨潰。至侯官李宏築木蘭陂。始克成功。然實由錢氏及從世開其先。邑人立祠陂上。與錢氏李宏俱春秋祀焉。

林從周 （宋）海陽人。景德進士。歷官屯田員外郎。充開封府推官。痛絕私謁。得權貴書。輒投之火。後轉度支員外卒。

林敏公 （宋）蘄春人。字子仁。年十六預鄉薦。下第歸。杜門不出者二十年。元符末詔徵不起。與弟敏修居比鄰終老。世號二林。

林桷 （宋）長安人。字子長。一字景安。秦熺之壻。紹興進士。官右司郎中。有積堂小集。

林欲楫 （明）晉江人。字平菴。萬曆進士。官至禮部尚書。兼掌詹事府事。有易經句解。其說專主人事。不及象數。

林清 （清）大興人。爲八卦教魁。以善覘天文預言人事爲人所尊信。嘉慶中清賄通內監。潛遣其黨入宮禁。約滑縣李文成同起事。事敗。清在黃村被擒。伏誅。

林烴 （明）庭㮾季子。字貞耀。嘉靖進士。歷太僕少卿。因災異極陳礦稅之害。請釋逮繫諸臣。不報。終南京工部尚書。致仕。有覆甑草。

林爽文 （清）臺灣人。乾隆時肇亂於臺灣。結天地會以惑衆。陷彰化諸郡。福康安破平之。

林略 （宋）永嘉人。字孔英。慶元進士。累遷左右司諫。兼侍讀。告帝曰。虛心爲從諫之本。從諫爲求治之本。升試右諫議大夫。嘉熙間同僉書樞密院事。以資政殿學士致仕。

林章 （明）福清人。本名春元。字初文。萬曆舉人。坐事除名。後上書言兵事。瘐死獄中。有林初文詩選。其妻王娙。字美君。亦能詩。

林逋 （宋）錢塘人。字君復。少孤力學。恬淡好古。結廬西湖之孤山。二十年足不及城市。自爲墓於廬側。年六十一卒。仁宗賜謚和靖先生。逋善行書。喜爲詩。多奇句。不娶無子。所居植梅蓄鶴。人因謂梅妻鶴子。

林通 （宋）富川人。字逵夫。仁宗時爲御史。棄官歸。素工詩。隱豹山。邑人名其山曰隱山。巖曰潛德。

林逢龍 （宋）平陽人。字夏雲。太學生。咸淳中與弟廷龍同叩閽言事。忤賈似道。歸里。後逢龍又上封事。乞正似道誤國罪。急調兵解襄樊圍。似道怒。削其籍。押還本貫。屏迹居山。元兵至溫。素聞逢龍名。索得之。逢龍攘臂怒罵。以腹觸刃死。廷龍亦被執不屈。同日遇害。

林釬 （明）龍溪人。字實甫。萬曆進士第三。累官祭酒。國子生請立魏忠賢像。釬沮之。遂稱病去。崇禎初復官。陳用人理財靖寇寧邊四策。晉東閣大學士。卒謚文穆。

林傑 （唐）侯官人。字智周。幼而秀異。六歲賦詩。援筆立成。又精琴棋草隸。舉神童。年十七卒。

林勗 （唐）閩縣人。字公懋。大中初以開元禮登科。爲吉州刺史。有清操。秩滿終於家。

林喬蔭 （清）侯官人。字育萬。一字樾亭。博洽多聞。善文詞。通吏事。乾隆舉人。知江津縣。有三禮述數求義。瓶城居士集。

林堯光 （清）堯俞弟。字覲伯。順治中以選拔貢生官行人司行人。其詩於兄弟中尤秀拔。有涑亭詩略。

林堯俞 （明）莆田人。字咨伯。萬曆進士。好學束躬。雅負物望。由庶吉士官至禮部尚書。積忤閹宦。既而黨禍起。引疾歸。卒謚文簡。有詩集。

林堯英 （清）堯俞弟。字蜚伯。號濬亭。順治進士。官至河南學政。性好學。工詩歌。有濬亭詩略。

林堯華 （清）堯俞弟。字開伯。順治舉人。知榆次縣。其詩才氣儁爽。有浣亭詩略。浣亭歸來吟。

林富 （明）塾從子。字守仁。弘治進士。拜南京大理寺評事。忤劉瑾繫獄。瑾誅。歷擢廣東廣西右布政。督兵兩廣。戡山寇湯毛九。討平岑猛子邦相。嶺東賊王基。海寇黃秀山等。官終兵部右侍郎。右僉都御史。乞歸。

林尊 （漢）濟南人。字長賓。事歐陽高爲博士。論石渠。後至太子太傅。授平陵平當。梁陳翁生。徒衆尤盛。

林巽 （宋）海陽人。字巽之。天聖中應舉對策。以忤權貴不錄。慶曆間投匭論事。仁宗異之。授徐州議曹。不就歸。有易範八篇。

林弼 （明）龍溪人。初名唐臣。字元凱。元末官漳州路知事。明初除禮部主事。使安南。却其饋千金。遷豐城令。後知登州府卒。

林景陽 （明）松江華亭人。字紹熙。隆慶進士。官至南京太僕寺卿。有玉恩堂集。

林景曦 （宋）平陽人。字德陽。上舍釋褐。歷泉州教授。宋亡不仕。楊璉眞伽發宋諸陵。棄其遺骨。景曦爲採藥者。以草囊拾之。又聞理宗顱骨爲北兵投湖中。復以錢購漁者網獲。盛二函。葬之越山。植冬青樹爲識。賦冬青行。著詩六卷。曰白石樵唱。

林槃 （明）莆田人。字從信。天順進士。授南京監察御史。成化初槃與諸同官疏言七事。皆中時弊。轉廣東按察司僉事。卒。槃姿貌嚴重。接人謙和。事寡姊寡嫂有恩。鄉黨稱之。

林湜 （宋）長溪人。字正甫。由富陽尉歷御史。論劾甚銳。累官湖北轉運副使。進直龍圖閣。致仕。朱熹被斥。士皆遠嫌。湜獨執弟子禮不變。有槃隱集。

林·湛 〔淸〕福州人。康熙時耿精忠以金帛招致名士。尤欲得湛。一日忽詣精忠。精忠大喜出見。與語多不可辨。精忠告稱引者曰。如此人。雖富才學。將焉用之。而湛口故不吃。人不知其何以然。及禍起。湛獨得免於難。人乃服其先見也。有道山堂文集。夜舫樓詩集。

林·琦 〔宋〕閩縣人。德祐初元兵迫臨安。琦於豬山結集忠義數千人。捍禦海道。以功補宣教郎。文天祥開府南劍。琦佐其幕。後被執至建康。以憂憤死。

林·開登 〔淸〕福淸人。字亮中。年十四。割肝療母。時稱孝子。

林·霽 〔宋〕字德溥。官明州刑曹掾。累遷福州通判。適朝廷計僧口給食。籍餘財輸戶部。霽以地瘠民貧。州郡多取辦寺觀。若餘財盡籍戶部。則州之歲計必斂於民。即白府帥張澄。乞以利害奏於朝。自計口外。餘財充歲計。朝廷爲止不籍。閩民遂免橫斂。終朝奉郎。

林·雲銘 〔淸〕侯官人。字西仲。順治進士。官徽州府通判。有莊子因．挹奎樓集．吳山鷇音等書。

林·嵩 〔唐〕長溪人。字降神。乾符進士。詞賦爲一時之冠。召除秘書省正字。黃巢亂。東歸。觀察使陳巖辟爲團練巡檢官。轉度支使。舉賢良。裨政化。雖在軍旅。不忘俎豆。後除毛詩博士。終金州刺史。

林·幹 〔宋〕樂淸人。字國材。崇寧中士以舍法掄秀登名。幹獨閉門著書。居木榴山。因號木榴子。著淵通四十八篇。以仿老子道德經。著覃思十三篇。以仿揚子法言。

林·愼思 〔唐〕長樂人。字虔中。咸通進士。自校書郎至水部郎中。僖宗時以累疏切諫出爲萬年令。黃巢入長安。迫以僞秩。不屈死。有續孟子．伸蒙子．文集。

林·摶 〔宋〕福淸人。字圖南。政和間中特科。授楚州參軍。不赴。退隱靈石九曲峯下。性豪逸。善鼓琴。徽宗三召始至。入內廷。爲奏悲風一曲。帝不樂而罷。有琴譜及詩。

林·椿 〔宋〕錢塘人。淳熙間官畫院待詔。賜金帶。工畫花草翎毛瓜果。師趙昌。傅色如生。◎〔明〕大同人。字永年。有孝行。嘉靖中以軍功進署指揮僉事。歷左副總兵。協守大同。俺答入擾。總兵張達陷陣不得出。椿救之。一日三戰。亦陷重圍。與達俱死。贈都督同知。諡忠勇。

林·源恩 〔淸〕達州人。字秀三。道光舉人。咸豐初選湖南平江知縣。洪楊事起。募平江勇從曾國藩。屢有戰功。石達開犯江西。陷八府五十餘州縣。源恩與李元度會軍於撫州。疊戰皆捷。分軍出攻崇仁．宜黃。以衆寡不敵戰死。從死者三百餘人。贈道員。

林·滋 〔唐〕閩人。字後象。會昌間登進士第。與同年詹雄．鄭誠齊名。時稱雄詩誠文滋賦爲閩中三絕。官終金部郎中。

林·瑜 〔明〕龍巖人。洪武中由太學生授五軍斷事中司稽理。遷江西按察使僉事。永樂中陞副使。居官平恕。民德之。後陞浙江左參政。卒於官。

林·璋 〔淸〕閩縣人。字堅之。父於明崇禎時官南寧府通判。順治初道梗音絕。璋隻身徒步尋父。歷時四載。卒負父骨還。工文詞。兼精篆隸及山水。

林·祺 〔明〕龍溪人。字子祥。母卒。哀毀骨立。足不踰戶。嘗輯續朱熹伊洛淵源錄．考亭麗澤錄．古今指掌錄。

林·遂 〔明〕福寧人。字元成。正德進士。官南京大理寺副。嘉靖初陳九事。帝納之。累官貴州參政。致仕歸。囊無餘貲。著有石壁集。

林·道玖 〔宋〕臨高人。幼好老莊言。及長。愈悟玄機。結茅於香林。棲跡修眞。能呼風雷降雨。嘗以履擲水。化爲魚。或騰身輕舉數十丈。豎旗劍於空中。景炎中蛻解。鄉人名其所居爲崇眞堂。肖像祀之。號妙道眞人。

林·道源 〔淸〕天長人。字仲深。號瘦爾。性豪邁。工詩。善騎射。爲鹽務水巡。後被裁落魄。或贈數十金。有故舊巡役。以飢故乞於道源。慨然以金市紙。窮日夜畫蘭百幅。令易錢。其輕財重氣誼多類此。

林·雍 〔明〕龍溪人。字廣容。景泰進士。授行人。歷駕部郎中。乞歸。修藍田鄉約。與鄉人相砥礪。其學始終本末。有序有要。學者稱蒙菴先生。

林·鼎 〔五代吳越〕侯官人。生於明州。字澳文。夜讀書每達旦。善屬文。能書。得歐陽虞法。所聚圖書。悉由手抄。自鎭海軍節度判官。累遷至丞相。卒謚貞獻。有吳江應用集。

林·塾 〔明〕莆田人。弘治進士。官至浙江布政司參議。錄建文諸臣事蹟前史所失記者爲拾遺書。

林·嘉楠 〔淸〕莆田人。字直儒。康熙舉人。官阜平知縣。工書畫。居官飲冰自勵。民稱爲林老佛。以老乞休。有晨苑閣古文詩集。

林·嘉猷 〔明〕浙江寧海人。初名昇。以字行。與鄭公智師方孝孺。孝孺喜曰。匡我者二子也。洪武中以儒士校文四川。建文初入史館爲編修。尋還陝西僉事。燕王稱帝。坐方黨被逮死。福王時謚穆愍。

林·壽圖 〔淸〕閩縣人。字穎叔。道光進士。官至陝西布政使。署巡撫。雅負時望。有集。

林夢正 【元】黃巖人。字古泉。生時。宋已內附。稍長。無所干進。去爲浮屠氏。性聰敏。凡六經百氏。無不記覽成誦。以薦補溧陽教授。斷黃寇起。遇害。

林夢英 【宋】臨川人。字叔虎。師陸九淵。登淳熙進士第。知武陵縣。寬民戢姦。士習丕變。通判靖州。討平洞蠻。知武岡軍。未赴。退居城西金石臺。建樓讀書。徜徉其間。年踰八十。寒暑不輟。人稱山房先生。

林維屏 【宋】長溪人。字邦授。通易詩書三經。梁克家判福州。延禮郡庠。講道受業。一時學者雲集。有易春秋等論。韓柳辨疑。語錄諸書。

林維源 【清】福建人。字時甫。墾植臺灣。致鉅富。官至太僕寺卿。

林肇元 【清】賀縣人。咸豐間以廩生從軍。轉戰湖北陝西四川。蕩清石達開餘黨。平貴州苗教各匪。官至貴州巡撫。

林蒲封 【清】東莞人。字蠶洲。雍正進士。官至侍讀學士。深於經術。天文律呂醫卜諸書亦靡不窮究。尤工書法。有讀史錄。蠶洲詩文集。

林誌 【明】閩縣人。字尙默。永樂中鄉會試俱第一。以廷試第二。授翰林院編修。累官右春坊右諭德。兼侍讀卒。誌少受業於王偁。於學無不研究。學者多從質問經義。恬於世利。公退輒以詩文自娛。有蔀齋集。

林銘几 【清】莆田人。字祖册。崇禎進士。授中書舍人。擢御史。巡按江西。遷山東按察司副使。視篆數日。卽請疾歸。營北郊別墅。購法書名畫。藏書萬卷。有南衕遺稿。

林碩 【明】閩縣人。字懋弘。永樂進士。授御史。宣德中巡按浙江。爲治嚴肅。就擢按察使。千戶湯某結中官裴可烈爲奸利。碩將繩以法。中官誣碩毀詔書。被逮。碩力辯。帝爲動容。復其官。遷廣東布政使。未任卒。

林魁 【明】龍溪人。字廷元。弘治進士。爲戶部郎中。永壽伯朱德見幸。武宗欲廢太平倉賜之。魁力諫。西僧大乘法王奪民田。疏其不法。歷陞廣東參政歸。有白石稿。歸田錄。

林廣 【宋】萊州人。以捧日軍卒累歷戰功。拜衞州防禦使。馬軍都虞候。有風義。輕財好施。學通左氏春秋。臨事持重。長於料敵。以智損益八陣圖。又撰約束百餘條列上。邊地頗推行之。其名聲聞於西夏。◎【清】廣陵人。善畫山水人物。

林廣發 【元】龍溪人。字明卿。號三溪。薦授安溪學官。會寇作。奉府檄招降。全活甚衆。歷汀漳萬戶府經歷。兵民請諸萬戶府曰。願還林君。活我邊人。善古文。工詩。有三溪集。

林概 【宋】福清人。字端甫。景祐進士。以秘書省校書郎。知長興縣。遷連州。程琳禁蜀人不得自爲渠堰。概奏罷之。又言蜀飢。願罷川峽漕。發常平粟貸民租。除商旅之禁。官至太常博士。集賢校理卒。有史論百篇。

林模 【清】德化人。字靖若。號國木。康熙進士。歷興寧。普寧知縣。工書。尤精繪事。著四書講義。書詩易解義。

林潤 【明】莆田人。字若雨。嘉靖進士。進南京監察御史。毅直敢言。劾嚴世蕃。戮死西市。人共快之。隆慶初以右僉都御史。巡撫應天諸府。屬吏懾其威名。咸震慄。至則持寬平。多惠政。民皆悅服。

林澍蕃 【清】侯官人。字千宣。又字香海。乾隆進士。官編修。性剛介不阿。年未三十卒。其詩芊緜蕩逸。有南陔詩集。

林緒 【宋】藻六世孫。五代末。杜門避世。嘗慕嚴光。陶潛之爲人。窮索古典。脫屣功名。大中祥符中詔舉草澤。州郡以緒應舉。特授將仕郎。本軍教授。

林閭・翁儒 【漢】蜀人。博學能文。爲揚雄師。

林霆 【宋】莆田人。字時隱。政和進士。博學深象數。與鄭樵爲金石交。嘗聚書數千卷。皆自校讎。謂子孫曰。吾爲汝曹獲良產矣。紹興中爲敕令所刪定官。力詆秦檜和議之非。卽挂冠去。當世高之。

林頤山 【清】慈谿人。字晉霞。光緒進士。閎覽博識。官知縣。曾爲南菁書院山長。有經述。

林頤壽 【宋】晉江人。字褒世。祖母楊苦背瘍。潰爛徑寸。頤壽俟其寐舐之。傅藥而愈。後廬父墓。芝草生焉。廬繼母墓。白鵲來巢。博覽經史。尤工大字。年六十八。談笑而卒。號華陽處士。

林駉 【宋】寧德人。字德頌。清修苦學。博極羣書。九經註釋。暗記成誦。尤習當代典故。領嘉定中鄉薦。著源流至論。皇鑑前後集。

林鼒 【宋】黃巖人。字伯和。乾道進士。歷知侯官。所至守己愛民。不以聲色狥上官。與弟鼎同爲朱熹門人。

林勳 【宋】賀州人。政和進士。爲廣州教授。建炎初獻本政書十三篇。大要因古井田納稅錢米及賦兵馬更番之數。婦貢絹綿。非蠶鄉者。以布麻代。書奏。擢桂州節度掌書記。又上比校書二篇。歷指桂地當墾田出穀之數。張栻得其書。寄朱熹。謂勳一生用功於此。所至有惠政。

林學易 【清】衡山人。字半霞。乾隆進士。邃於性理之學。布衣蔬食。足不入官府。有羣玉書院學說。

林學蒙 【宋】永福人。字正卿。一名羽。從朱熹學。因築室龍門庵。講道德性命之旨。不求仕進。鄉人皆師尊之。有梅塢集。

林·憲 宋吳興人。字景愚。乾道間中特科。監南嶽廟。參政賀子忱愛其才。以孫女妻之。因寓居天台。工詩。有雪巢小集。

林·憲卿 宋懷安人。字公度。從朱熹學。色溫氣和。擇言謹行。誨人必以理義。鄉里化之。皆循循雅飭。其徒吳宗萬·林士蒙俱知名。

林·積 宋尤溪人。字公濟。慶曆進士。少入京師。至蔡州。息邸寓。得錦囊。有明珠數百顆。俟其人至還之。其人欲分珠爲謝。積固辭不受。歷官至河南轉運使。性廉謹方嚴。所至有殊績。王安石稱其才行。然終以鯁挺不得用卒。

林·積仁 宋蘊後。字充美。幼傑異。身長七尺。豐額骿齒。聲如洪鐘。登紹興進士。知平陽府。纔歷旬朔。革去蠹弊。及移京畿提點刑獄。人皆牽衣泣送之。靖康初以中大夫直秘閣。再領平陽。望馬首而拜者合沓至。寫畫其形像。家置之。終秘閣修撰。

林·興祖 元羅源人。字宗起。至治進士。知鉛山州。誅州豪吳友文。州中稱治。擢道州路總管。峒獠叛。聞興祖至。憚其威名。三年不犯境。

林·蕃鍾 清吳縣人。字毓奇。號蠹槎。乾隆舉人。官華亭縣教諭。有精選南宋四家詞。以姜夔·張炎爲宗。而旁及於周密·史達祖。練句研辭。卓越凡近。又著國朝詞綜。

林·諝 唐閩縣人。博學善屬文。隱居不仕。搜採異聞。作閩中記。

林·豫 宋仙游人。字順之。熙寧進士。嘗知通利軍。與蘇軾兄弟善。後轍貶。送以詞。有怒髮衝冠壯心比石之語。歷官七郡。皆有遺愛。後坐蘇軾黨。入元祐黨籍。

林·遹 宋福清人。字述中。元符進士。建炎中歷龍圖閣學士。有妙峯集。

林·錦 明連江人。字彥章。景泰中廣寇充斥。巡撫葉盛檄錦署靈山縣事。賊不敢過。成化初試廉州知府。進副使。皆有政績。錦前後雖在兵間。而以修學校勸農桑爲務。廣人德之。

林·靜 元德清人。字子山。號愚齋。諸生。好讀書。窮研經史百氏。旁及玄詮釋典。累辟不就。有愚齋集。

林·應亮 明春澤子。字熙載。嘉靖進士。官至戶部右侍郎。總督倉場。有少峯草堂詩集。

林·應龍 明永嘉人。字翔之。嘗充禮部儒士。蒐輯日本僧虛中所傳弈譜。爲之補遺。曰適情錄。

林·懋和 明閩縣人。字惟介。嘉靖進士。仕至廣東左布政。有廉能聲。乞歸。藏書數萬卷。爲文秀麗典則。年八十餘卒。有櫟寄集·燮鏧詩選。

林·濟孫 元仙游人。字石友。至元進士第一。授翰林院修撰。尋除侍講。上治安十策。順帝奇其才。詔與歐陽元·呂修·議修宋遼金三史。後上治河十策。詔同運使買魯塞北河。通南河。以復故道。

林·燫 明庭機長子。字貞恆。嘉靖進士。授檢討。充景恭王講讀官。嚴嵩專政。燫不之附。嵩敗。擢洗馬·祭酒、萬曆中官至南京禮部尚書。致仕卒。諡文恪。有學士集。

林·璐 清錢塘人。字玉逵。號鹿菴。前明諸生。有歲寒堂存稿。

林·環 明莆田人。字崇璧。永樂廷對第一。仕至侍講。預修永樂大典。有絅齋集。

林·磻 宋仙遊人。字豈巖。嘉定進士。從游者衆。王邁常師事之。官終海陽縣尉。有典故餉玄集。

林·聰 明寧德人。字季聰。正統進士。授刑科給事中。代宗嗣位。進都給事中。時四方多故。聰慷慨論天下事無所諱。成化中累遷右都御史。巡撫大同。後拜刑部尚書。加太子少保。聰以舊德召用。持大體。秉公論。不嚴而肅。時望益峻。卒諡莊敏。

林·謙光 清福建長樂人。字芝楣。有臺灣紀略。爲平定鄭克塽後所作。

林·鴻 明福清人。字子羽。以人才薦至京師。太祖臨軒。試龍池春曉孤雁二詩稱旨。名動京師。官至膳部司員外郎。自免歸。與閩縣周元·鄭定·侯官黃元·王褒·唐泰·長樂高棅·王恭·陳亮·永福王偁·號閩中十才子。而鴻爲之冠。有鳴盛集。

林·鴻年 清侯官人。字勿村。道光進士。官至雲南巡撫。罷官後。掌教鰲峰書院二十餘年。頗有造就。

林·攄 宋福州人。字彥振。累官翰林學士。初朝廷數取西夏地。夏求援於遼。遼爲請命。攄報聘。見遼主。抗言數夏人罪。及辭。遼使攄附奏求還進築夏人城柵。攄答語復不巽。遼大怒。復命。議者以爲怒鄰生事。出知潁州。終慶遠軍節度使。罷歸卒。

林·濂 明福州人。字元盛。官三水·龍門二縣教諭。終昌化知縣。有藻軒間錄補續·詞叢類採。

林·簡言 唐福清人。字欲訥。大中進士。時羅讓爲廉帥。簡言奏記請蠲門戶之役。讓深器之曰。昔岳州徐公。以相國免一鄉。今福州林公。以上第免一族。不亦宜乎。官至漳州刺史。有漢武封禪論。

林·謨 宋連江人。字不顯。從林之奇游。與呂祖謙爲同舍生。祖謙少謨數歲。謨手鈔其詩文默讀。及祖謙講學金華。謨詣首受業。從諸生後唯謹。

祖謙曰。此閩中瑞物也。

林·藏 〔宋〕吳人。字子禮。舉進士。乾道中爲浙東提舉常平。知秀州。所至有善政。博學高才。尤長於漢隸。

林·類 〔春秋〕年且百歲。春披裘。拾遺穗於故畦。且歌且進。孔子適衞。望之於野。顧謂弟子曰。彼叟可與言者。試往訊之。子貢請行。面之而歎曰。先生曾不悔乎。而行歌拾穗。類不答。子貢叩之不已。乃仰而應曰。吾何悔邪。子貢曰。先生少不勤行。長不競時。老無妻子。死期將至。亦有何樂而拾穗行歌乎。類笑曰。少不勤行。長不競時。故能壽若此。老無妻子。死期將至。故能樂若此。子貢曰。壽者人之情。死者人之惡。子以死爲樂。何也。類曰。死之與生。一往一反。故死於是者。安知不生於彼。故吾知其不相若矣。吾又安知營營而求生。非惑乎。又安知吾今之死。不愈昔之生乎。子貢還以告。孔子曰。吾知其可與言。果然。

林·瀚 〔明〕閩縣人。字亨大。成化進士。授編修。歷中書舍人。因上疏言事。被旨詰讓。乞骸骨不許。時與林俊、章懋、張敷華號留京四君子。正德中累官南京吏部尚書。性剛方。忤劉瑾。謫浙江參政。罷歸。瑾誅。復官。致仕卒。年八十六。謚文安。

林·贊龍 〔清〕侯官人。字雲澤。雍正舉人。有學易大象要參。以發明大象爲主。其所闡發。皆切日用。

林·寶 〔唐〕濟南人。官朝議郎、太常博士。有元和姓纂。爲鄭樵氏族略所本。

林·夔孫 〔宋〕古田人。字子武。號蒙谷。朱熹門人。黨禁起。學者更事他師。惟夔孫從熹講論不輟。嘉定中特奏名爲縣尉。有書本義、蒙谷集。

林·瀾 〔清〕杭州人。字觀予。明季諸生。旋棄去。精六壬奇門太乙遁甲及圖緯占候風角。逆刺諸物。通驗若神。兼精醫。輯有靈素合鈔、傷寒折衷二書。又著壬戌新鈔。

林·藻 〔唐〕披次子。字緯乾。少負奇志。恥爲農。乃與歐陽詹刻意文學。用宏詞擢第。郡人舉進士自藻始。貞元中累官殿中侍御史。

林·蘊 〔唐〕披子。字夢復。世通經。西川節度使韋皐辟爲推官。劉闢反。蘊切諫。闢怒。命殺之。又惜其直。陰戒刑人抽劍磨其頸。以脅服之。蘊叱曰。死即死。我頸豈頑奴砥石耶。闢捨之。斥爲唐昌尉。及闢敗。蘊名重京師。遷禮部員外郎。出爲邵州刺史。坐事流儋州卒。

林·鶡 〔唐〕長樂人。字祥鳳。開元中第進士。爲倉曹參軍。嘗捐己田開濱闓湖。以溉民田。其妻趙氏亦捐奩田助之。鄉人號曰林婆湖。

林·鶚 〔明〕浙江太平人。字一鶚。景泰進士。授御史。持大體。略細故。有所言必當其實。陞鎮江知府。治甚有聲。以才任治劇調蘇州。超遷江西按察使。察冤分巡各道。人異其見。往往用己意出入於法。鶚一正之以律。多所平反。擢刑部侍郎。卒謚恭肅。

林·蘭友 〔明〕仙遊人。字翰荃。崇禎進士。由臨桂知縣擢南京御史。因論楊嗣昌忠孝兩虧。貶浙江按察司照磨。與何楷、黃道周、劉同升、趙士春稱長安五諫。遷光祿署丞。京師陷。薙髮自匿。爲賊所執。拷掠備至。賊敗南還。唐王用爲僉都御史。事敗。挈家遁海隅。十餘年卒。

林·攢 〔唐〕莆田人。字會道。貞元中爲福唐尉。居母喪。水漿不入口五日。既葬。有白烏甘露之祥。事聞。詔作二闕於母墓前。又表其閭。以旌其孝。時號闕下林家。

林·麟焻 〔清〕莆田人。字石來。康熙進士。官至貴州提學僉事。有玉巖詩集。

林·靈素 〔宋〕永嘉人。少從浮屠學。苦其師笞罵。去爲道士。善妖幻。以方術得幸徽宗。賜號玄妙先生。惑衆僭妄。衆皆怨之。宣和初都城暴水。遣靈素厭勝。方率其徒步虛城上。役夫爭舉梃將擊之。走而免。在京四年。恣橫不悛。斥還故里死。

枚·乘 〔漢〕淮陰人。字叔。景帝時爲吳王濞郎中。吳王謀逆。乘諫不納。去之梁。梁孝王尊爲上客。景帝召拜弘農都尉。以病去官。復游梁。善詞賦。嘗作七發。武帝即位。以安車蒲輪徵。道卒。

枚·倫 〔明〕字彥常。正統間刑部主事。乞歸養。久爲郎官。雍容而已。無躁競心。時皆賢之。陞湖廣參議。

枚·皐 〔漢〕乘庶子。字少孺。武帝時上書北闕。拜爲郎。好詼諧。善賦頌。又極敏捷。時以比東方朔、揚雄。嘗曰。軍旅之際。戎馬之間。飛書馳檄。則用枚皐。

果科 〔清〕滿洲鑲白旗人。姓覺羅氏。崇德間從圍錦州、略寧遠。順治間從敗李自成。征張獻忠。攻明桂王。功稱最。累官工部尚書卒。

果勒敏色 〔清〕滿洲正白旗人。姓郭布勒氏。乾隆間從征山東王倫、甘肅回、臺灣林爽文。皆有功。官至鑲藍旗蒙古都統。卒謚勇恪。

果斯海 〔清〕滿洲正紅旗人。姓納喇氏。順治間以工部筆帖式累遷工科給事中。屢陳要政。以救時弊。預纂太祖太宗聖訓及太宗實錄。官至禮部尚書。管刑部事。卒謚文敏。

果爾沁 〔清〕蒙古鑲黃旗人。姓瓦三氏。順治間敗李自成。副愛星阿征桂王。平之。官至本旗滿洲都統。封一等男。卒諡襄敏。

枝百英 〔漢〕淮南王安好神仙。有八公詣之。問其姓氏。答曰。我等之名。所謂文五常。武七德。枝百英。壽千齡。葉萬椿。鳴九皐。修三田。岑一峯也。

武乙 〔殷〕王。徙都朝歌。無道。爲偶人。謂之天神。與之博。令人爲行。天神不勝。乃僇辱之。爲革囊盛血。仰而射之。命曰射天。後獵於河渭之間。遇暴雷震死。在位四年。

武丁 〔商〕王。武丁即位。思復興殷。而未得其佐。三年不言。政事決於冢宰。夢得聖人曰說。使百工圖其像求之。得說於傅巖。號曰傅說。舉以爲相。國大治。鬼方恃固擾諸夏。王伐之。三年乃克。殷復興。在位五十九年崩。廟號高宗。

武·三思 〔唐〕士彠孫。武后秉政貴幸。累進夏官春官尚書。監修國史。爵爲王。三思性傾譎。善迎諂主意。爲后所信任。既與韋庶人及上官昭容私通。又謀廢節愍太子。太子發兵捕斬之。

武·士逸 〔唐〕士稜弟。字遜。從高祖起義。有戰功。初爲齊王府戶曹參軍。從鎮并州。爲劉武周所獲。密令人詣京師。陳武周可圖之計。及武周平。甚見慰勉。後又數陳時政得失。高祖每嘉納之。官終韶州刺史。

武·士稜 〔唐〕文水人。字彥威。性柔愿。勤於稼穡。從高祖起義。官至司農少卿。常主苑囿農稼事。

武·士彠 〔唐〕士逸弟。字信。世殖貲。喜交結。高祖初行軍於汾晉。嘗止其家。因被顧接。後留守太原。引爲參軍。時盜賊蠭起。士彠嘗陰勸高祖出兵。又自進兵書及符瑞。高祖謂曰。兵書禁物。幸弗多言。深識雅意。當共富貴耳。兵起。士彠不與謀。後自言嘗夢帝騎而升天。高祖哂曰。爾見事成。乃說迂妄以媚我耶。累遷工部尚書。卒諡定。

武·大烈 〔明〕臨潼人。字海寧。天啓舉人。崇禎中知永寧。李自成來攻。城陷被執。自成以同鄉。欲活之。大烈不屈。索印又不予。被燔灼以死。

武·丹 〔清〕江寧人。字衷白。工畫山水。清勁不苟。

武·亢 〔金〕禎子。寡言笑。不妄交。哀宗時除司天長行。言皆精驗。蔡州破。亢赴水死。

武·元直 〔金〕字善夫。明昌中名士。工畫。有巢雲曙雪等作。

武·元衡 〔唐〕平一孫。字伯蒼。舉進士。德宗朝官御史中丞。嘗對延英。帝目送之曰。是眞宰相器。順宗立。王叔文使人誘以爲黨。拒不納。劉禹錫求爲判官。復不許。憲宗時典機務。王承宗請赦吳元濟。使人白事中書。悖慢不恭。元衡叱去。未幾。夜入朝。爲賊所害。諡忠愍。

武·允蹈 〔宋〕高安人。字德由。自號練湖居士。兩貢於鄉。刻意苦吟。每一聯出。輒膾炙人口。有練湖集。

武·友諒 〔明〕偃師人。少貧。有才行。敏於學問。洪武中以賢士舉。

武巴海 〔清〕滿洲鑲藍旗人。姓瓜爾佳氏。天聰間從征朝鮮·錦州·瓦爾喀·烏札喇·瑚爾哈部落。皆有功。封三等子。

武·仙 〔金〕威州人。貞祐間知眞定府。封恆山公。尋降元。仙與史天倪俱治眞定。懼天倪圖己。乃賊殺天倪來降。哀宗復封爲恆山公。汴京被圍。詔入援。逗遛不行。哀宗在蔡州。又遣近侍責仙赴難。將士相視哽咽。皆願赴難。仙懼衆心有變。乃與將士盟。誓不負國家。無何復改計趨金州。軍多道亡。乃東還。蔡州破。趨澤州。爲戍兵所殺。

武·平一 〔唐〕太原人。名甄。以字行。通春秋。工文詞。武后時畏禍隱嵩山。屢召不應。中宗時拜修文館學士。時韋后烝亂。外戚盛。平一自請裁抑母黨。帝慰勉不許。太平安樂公主立黨相毀。親貴離閱。平一又上書請抑慈示嚴。帝卒不用。

武·弘度 〔唐〕士彠從子。官相州參軍。永徽中父卒。自徐州披髮徒跣趨喪所。負土築塋。晨夕號。日一溢米。高宗下詔褒美。旌其門。

武·白 〔遼〕累官廣德軍節度副使。先是有訟宰相劉愼行與子婦私者。有司出其罪。昭聖帝詔白鞫之。白正其事。後權中京留守。時愼行諸子皆處樞要。以白斷百姓分籍事不直。坐左遷。

武·同芳 〔明〕崇禎時流賊陷偃師。殺同芳母。同芳噴血大罵。支解而死。

武·臣 〔秦〕陳人。陳勝既起兵。令臣徇趙。臣自號武信君。下趙數十城。至邯鄲。自立爲趙王。尋遣李良略太原。良信秦間。反趙襲邯鄲。臣遂爲邯鄲人所殺。

武·行德 〔宋〕榆次人。貌奇偉。家貧。鬻薪自給。晉祖鎮并門。暇日從禽郊外。值行德負薪趨拱道左。晉祖見其魁岸。又所負薪異常。令力士更舉之。俱不能舉。頗奇之。因留帳下。官都虞候。後契丹至汴。爲所獲。復給契丹。殺使者。據守河陽。旋歸漢祖。遷河南尹。人畏之若神明。入宋。積官至太子太傅。致仕卒。

武·攸寧 〔唐〕武后從子。自承嗣·三思罷政事。閒一年。攸寧復當國。苛取民財。破家者十七八。築大庫百餘舍。聚所得財。一夕火。不遺一錢。

武·攸暨 〔唐〕士稜孫。自右衛中郎將尙太平公主。中宗時積官司徒。沈謹和厚。於時無忤。專自奉養而已。

武・攸緒 唐武后兄子。恬淡寡欲。武后秉政。攸緒求棄官隱於嵩山之陽。武后疑其詐。許之。以觀其所爲。攸緒遂優游巖壑。后所賜服器。皆置不用。買田使奴耕種。與民無異。中宗初召拜太子賓客。乞還山。餓而諸韋誅。武氏連禍。攸緒獨不及。

武・伯英 金嶧縣人。少舉進士。官至觀州同知。有詩名。多伎巧。山水雜畫皆極工。

武・延秀 唐承嗣子。母本帶方人。妻突厥女。宗兄崇訓尙安樂公主。數與宴昵。倣虜謳舞。姿度閑治。主愛悅。會崇訓死。因私侍主。後因尙焉。三思死。韋后復私延秀。韋后敗。與主同斬。

武・成 明字尙文。官鳳陽府經歷。性剛正。不爲勢利所動。郡有誣告爲盜者。成廉得眞盜。抱獄案辨於巡按侍御之前。竟釋誣者。抵眞盜法。

武・秀 明濟南人。以清譽擢爲蒙陰令。興學勸農。規畫有法。民愛戴如父母。

武・周文 明大興人。洪武末以明經入侍燕邸。永樂初授侍講。帝嘗謂學士胡廣曰。朕守藩時喜觀易。時官寮亦有邇曉者。不如武周文言之切實。

武・宗元 宋河南人。初名宗道。字緫之。世業儒。官虞曹外郎。工畫道釋像。神彩活動如草書。景德末營玉清昭應宮。募天下畫流逾三千數。宗元爲左班之長。不常奮筆。雖貴人名臣踵門求之。輒不應。

武庚 商紂之子。名祿父。武王克商。封爲商後。武王崩。與管叔・蔡叔作亂。成王命周公誅之。

武・承嗣 唐士彠孫。積官左相。后擅政。中宗幽逐。承嗣自謂傳國及己。武氏當有天下。卽諷后革命。去唐家子孫。誅大臣不附者。倡議追王先世。立宗廟。使人上書請立己爲皇太子。不得志。怏怏死。諡宣。

武拉禪 清滿洲鑲紅旗人。姓吳札庫氏。順治初隨定江南浙江。累官副都統。又平金聲桓。攻舟山。敍功授一等男。以疾卒。

武則天 唐士彠女。高宗之后。名曌。初太宗選爲才人。太宗崩。削髮爲尼。高宗時復蓄髮入宮。旋立爲皇后。高宗崩。臨朝稱制。廢中宗。改國號周。恣爲淫虐。大殺唐宗室。任用酷吏來俊臣等。然富於權略。能用人。故名相輩出。晚年朝憲大亂。張柬之等乃因后寢疾。迫禪位於中宗。遷后於上陽宮。尋死。諡則天皇后。在位二十一年。紀元十八。光宅・垂拱・永昌・載初・天授・如意・長壽・延載・證聖・天冊萬歲・萬歲登封・萬歲通天・神功・聖曆・久視・大足・長安。神龍。

武・恪 元宣德府人。字伯威。少游學江南。吳澄薦入國學肄業。明宗在潛邸。選恪爲說書秀才。及從鎭雲南。明宗欲起兵陝西。恪力諫不合。遣還。遂隱居教授。文宗時屢薦擢。皆不就。恪好讀周易。有水雲集。

武・恬 明雲南武定人。嗜酒。不謀榮利。滇多產竹。堅實可爲箸。恬以火繪其上。作禽魚花鳥山水人物城門樓閣。精奪鬼工。人奇之。士夫相餽遺。皆以武生箸爲重。明末流賊入滇。索恬爲箸。利誘威逼。俱不應。遂披髮佯狂。日歌哭行市中。人皆呼武風子。

武拜 清滿洲正白旗人。姓瓜爾佳氏。每從征伐。輒奮勇先登。隨滅葉赫。下遼東。皆有功。天聰間從征察哈爾部。又屢破明兵。順治初從入關。破流賊。授內大臣。累封二等伯。緣事革世職。尋復一等子。卒諡果壯。

武・昭 唐陳留人。果敢而辨。裴度討蔡。遣說吳元濟。元濟臨以兵。辭不撓。還署軍職。除石州刺史。罷歸。以不得用怨望。與李涉等居長安。以氣俠相許。後爲李逢吉譏構而死。

武洞清 宋長沙人。善畫天神道釋等像。佈致落筆。神妙不俗。人物尤有名。

武・茂 晉陔季弟。字季夏。以德素稱。名亞於陔。爲上洛太守。潁川荀愷自負貴戚。欲與茂交。拒不見答。由是致怨。楊駿誅。被陷爲逆黨見害。茂清正方直。聞於朝野。一旦枉死。天下傷之。

武・英 宋太原人。字漢傑。以右班殿值爲忻代州同巡檢。會州將出獵。英留餟飲。夏人百餘騎入寇。悉擒獲之。元昊寇延州。數擊破其衆。以功累遷禮賓副使。兼涇原行營都監。與任福合諸將戰張家堡。斬首數十百。敵棄羊馬僞遁。諸將皆趨利爭進。英以爲前必有伏。衆不聽。已而伏發。福敗。英力戰。矢盡遇害。

武・陔 晉竹邑人。字元夏。沈敏有器量。與二弟韶・茂。並早獲時譽。仕魏累遷太僕卿。武帝卽位。拜尙書。遷左僕射。陔以宿齒舊臣。名位隆重。自以無佐命之功。又在魏已爲大臣。居位遜讓。終始全潔。當世以爲美談。

武・涉 秦盱眙人。韓信破龍且。項王恐。使涉說信三分天下。信不忍倍漢。涉乃去。

武納格 清姓博爾濟吉特氏。一作武訥格。其先居葉赫。後隸蒙古正白旗。征烏喇。攻覺華島。敗明督師袁崇煥。征察哈爾。攻大淩河及山海關。封三等公。通蒙古文及漢文。驍勇善戰。所至有功。天聰間卒。

武訓　淸堂邑人。生前無名字。人稱之爲武七。幼行乞。事母至孝。自恨不識字。不讀書。誓必教人人讀書識字。賚行乞。夜績麻。閱三十餘年。積貲萬餘串。不娶無子。嘗田產。悉以興學。分設義塾於堂邑・館陶・臨淸。倩首事董理。已絕不過問。惟師生有惰者。則長跪其前。人多敬憚之。光緒間卒於臨淸。

武起潛　明進賢人。字用潛。知武淸縣有聲。調遷化。坐事被劾。解官候代。淸兵至。悉城拒守。城陷。遂被害。

武敏之　宋撰三十國春秋。

武斌　明永樂中知鎭平縣。勤於撫字。洞燭民情。與理學政。人材蔚起。嘗董役臨淸。賑恤貧病。民感恩信。歿終無一人逋者。

武理堪　淸滿洲正白旗人。姓瓜爾佳氏。太祖時征葉赫。敗明兵。摧鋒陷陣。戡死者數。每有征伐。皆任前鋒統領。

武善　淸滿洲鑲黃旗人。姓伊爾根覺羅氏。初爲副將。天命間明毛文龍渡鴨綠江入島屯田。太祖命武善與楞額禮襲之。守將驚潰。擊斬及墜水死者無數。焚其糧而還。官至工部承政。緣事革職。

武媼　漢高帝微時。常從王媼武負貰酒。時飲醉臥。武媼・王媼見其上常有怪。帝每酤留飮。酒讎數倍。及見怪。兩家折券棄責。

武登額　淸吉林滿洲正藍旗人。姓瓜爾佳氏。乾隆間隨征緬甸・金川。疊有戰功。嘉慶間從征川楚教匪。官至熊岳副都統。

武都　金東勝洲人。字文伯。任商水令。縣素多盜。凡姦民嘗縱火行劫椎埋發冢者。都廉得姓名。榜之通衢。約毋再犯。悉奔他境。後知大興府。佩虎符。便宜行事。都醉酒。以褻衣見詔使。解職。

武隆阿　淸滿洲正黃旗人。姓瓜爾佳氏。七十五之子。嘉慶初勦川楚教匪。擒王三槐。敗樊人傑。廓淸諸路。累擢山東巡撫。張格爾之亂。赴回疆參贊軍務。連敗之。終和闐辦事大臣。

武隆額　淸蒙古正黃旗人。姓齊普綽特氏。咸豐間以參將勦捻於安徽河南。同治間累官塔爾巴哈台參贊大臣。回亂攻城。力戰死。諡威毅。

武暐　明溧水人。官台州知事。嘉靖間倭入犯。暐追至釣魚嶺。伏發。力戰死。上官不以聞。其子尙實訴於朝。贈太僕丞。

武祺　元太谷人。知桐城縣。果斷有善政。官至甘肅行省參政。

武達　明大同人。官禮科給事中。以才識老成薦陞浙江布政司參議。有惠政。

武道光　宋錢塘人。東太乙宮道士。能作花鳥窠木竹石。

武漢臣　元濟南人。工曲。有老生兒等雜劇行世。

武漢英　宋徽宗時爲將官。傅察使金至燕被害。漢英識其屍焚之。裹其骨。命虎翼卒沙立負以歸。

武漢球　五代漢澤州人。有拳勇。事唐莊宗明宗爲禁軍裨校。入晉歷耀州團練使。高祖時授洛州刺史。旋卒。漢球雖出自行伍。然長於撫御。常以掊斂爲戒。身死之日。家無餘財。

武禎　金宿州人。深數學。宣宗禎祐間行樞密院。僕散安貞聞其名。召至徐州。以上客禮之。每出師必問焉。其占如響。

武韶　晉陔弟。字叔夏。山濤啓事稱韶淸白有識。終散騎常侍。

武億　淸偃師人。字虛谷。一字小石。自號半石山人。乾隆進士。授博山知縣。大學士和珅遣番役捕盜。橫行州縣。億執而杖之。坐罷官。教授齊魯間。其學博通經史。長於考證。有經讀考異・羣經義證・金石跋・讀史金石集目・錢譜・授經堂詩文集。

武德　明安豐　。元至正中爲義兵千戶。知元將亡。言於其帥張鑑曰。吾輩才雄萬夫。今東衄西挫。事勢可知。不如早擇所依。鑑然之。相率歸太祖。戰功甚多。

武毅　明華容人。累官參將。守廣西。智勇過人。多樹戰功。爲蠻夷所服。

武賢　明孝義人。有孝行。英宗時任元氏縣尹。政務簡靖。有訟者反復以理喻之。不加刑。民競勸以訟爲戒。調興平縣。老弱扳轅不忍別。其治興平。亦如元氏。

武儒　漢以謁者從高帝定諸侯。封梁鄒侯。卒諡孝。(按漢書儒作彪。此從史記。)

武儒衡　唐元衡從弟。字庭碩。憲宗時累遷戶部尙書。兼知制誥。論議勁直有風節。且將大用。時元稹倚宦官知制誥。儒衡鄙之。會食瓜。蠅集其上。儒衡揮以扇曰。適從何來。遽集於此。一坐皆失色。以疾惡太分明。終不至大任。以兵部侍郎卒。

武穆篤　淸滿洲鑲黃旗人。姓富察氏。順治中以護軍參領從征桂王。敗李成棟・李定國。耿精忠叛。轉戰浙江福建有功。創發卒於軍。諡襄壯。

武賴　淸滿洲鑲黃旗人。姓瓜爾佳氏。費英東弟子。從征大淩河及朝鮮。俱有功。崇德間隨攻山東。連戰皆捷。順治初隨入關。擊敗流賊。累封二等男。卒諡康毅。

武靜藏　唐工繪事。畫鬼神甚有氣韻。

武·懿宗 【唐】士逸孫。以司農卿爵為鄴王。神功初孫萬榮敗王孝傑兵。詔懿宗為神兵道大總管討之。聞賊且至。棄軍走。後萬榮死。懿宗鎮河北。有自賊中歸者。悉抵死。初。懿宗於天授間受詔訊大獄。誅大臣王公。皆深排巧引。納刑塹中。無有脫者。其險酷雖周來不能繼也。終懷州刺史。

沓·龍超 【後魏】晉壽人。永熙中梁將樊文熾寇益州。時攻圍既久。刺史傅和遣龍超夜出請援於漢中。為文熾所得。許以封爵。使告城中曰。外無援軍。宜早降。龍超乃告刺史曰。援軍數萬即至。文熾大怒。火炙殺之。至死辭氣不撓。

沮·授 【後漢】廣平人。少有大志。多謀略。袁紹引為別駕。表為奮武將軍。監護諸將。紹與曹操戰於官渡。兵敗。授被執。不降。操厚遇之。尋謀歸袁氏。為操所殺。

沮渠·牧犍 【北涼】蒙遜三子。一作茂虔。既統任。自稱河西王。遣使請魏朝命。魏拜涼州刺史。河西王。尚魏太武帝妹武威公主。尋魏太武以牧犍雖稱藩致貢。而內多乖悖。親征之。牧犍嬰城自守。城拔。牧犍與左右文武面縛降。在位七年。年號永和。太武以妹壻待之。改授征西大將軍。眞君中人告牧犍謀反。賜死。謚哀王。

沮渠·蒙遜 【北涼】盧水胡人。其先世為匈奴左沮渠。博涉羣史。雄傑有權變。頗好天文。為諸胡所歸。呂光殺其伯父羅仇。蒙遜遂推段業為涼州牧。業稱王。官尚書左丞。出為西安太守。後襲殺業。遷姑臧。稱河西王。既又稱涼王。性淫暴。忍於刑戮。晉元嘉中卒。謚武宣王。廟號太祖。在位三十三年。紀元四。永安　玄始。承玄。義和。

沮渠·羅仇 【後涼】蒙遜伯父。呂光以為西平太守。光遣其子纂璸率羅仇及其弟麴粥征河南。前軍敗績。麴粥懼不見容。勸羅仇不若勒衆向西平。羅仇曰。吾家世以忠孝著於西土。為一方所推。寧人負我。無我負人。未幾光果殺羅仇。

沮渠·麴粥 【後涼】羅仇弟。呂光以為三河太守。與兄羅仇俱為光所殺。

沮·儁 【後漢】官射聲校尉。李郭之亂。儁被創墜馬。李傕欲活之。儁罵之曰。汝等凶逆。逼迫天子。亂臣賊子。未有如汝者。傕乃殺之。

沮·誦 【上古】黃帝右史。與倉頡共造文字。

河上公 【漢】仙人。莫知其姓氏。文帝時結草為庵於河之濱。帝讀老子經。頗好之。有所不解數事。聞時皆稱河上公解老子經義旨。乃使齎所不決之事以問。

河西傭 【明】建文間冬月披葛衣。行乞金城市中。已至河西。為傭於莊浪魯氏。力作倦。輒自吟哦。或夜聞其哭聲。久之。有京朝官至。識傭。欲與語。走南山避之。在莊浪數年。病且死。囑主人我死勿殮。西北風起。火我。勿埋我骨。魯家從其言。

河·湞 【南宋】餘汗人。有膽略。元嘉間捕虜循將韓英有功。授本邑令。

河·源 【明】涇州人。字本清。正統舉人。歷擢知襄陽府。天性渾樸。勤於吏治。每事務以愛民為本。民亦愛戴之如父母。

治·國器 【明】崇禎中官順義遊擊。殉難。

治麟 【清】滿洲正白旗人。姓顏札氏。字舜臣。光緒進士。官至國子監司業。以孝友著稱。

況·文 【明】高安人。字應奎。永樂進士。官御史。讞決冤獄。人號神明。官至廣東參政。

況·叔祺 【明】高安人。字吉甫。嘉靖進士。官至貴州提學僉事。有考古辭宗。

況·眞 【明】高安人。字彥珍。由歲貢歷刑部主事。福建按察僉事。天性質直。用法平允。正統間鄧茂七黨寇汀州。眞與馬雄討之。初有功。後失利。謫黑鹽大使。天順間復職。尋致仕。

況·逵 【元】廬江人。少讀書。有用世志。泰定末為光澤令。下車之日。首延見諸生。與之講學。建雲巖書院。後為高安令。平反冤獄。有去思碑。

況·遲 【明】上高人。字鼎元。由舉人歷萊陽。漢川。歸安教諭。官至光祿寺署正。制行純潔。文章典雅。閒居三十年。以讀書作文自娛。

況·鍾 【明】靖安人。字伯律。初為吏。永樂中薦授禮部郎中。出知蘇州府。為政務鋤豪彊。植良弱。興利除害。不遺餘力。正統間秩滿當遷。郡民二萬餘人乞留。詔進二秩留任。卒官。

泓師 【唐】僧。齊安人。神龍中遊京師。簡傲自持而罕言語。頗善地理之學。占相未嘗差謬。出入於韋安石之門。時號國師。

泄·公 【漢】官中大夫。貫高謀殺高祖被捕。帝使公問高。趙王張敖知情否。高言敖實不反。公具以報帝。帝迺赦敖。

泄·冶 【春秋】【陳】靈公時為大夫。以諫死。

泄·柳 【春秋】【魯】有賢名。穆公就見之。柳閉門不納。

法上 【北齊】僧。朝歌劉氏子。博洞清玄。所在推之。住合水寺。文宣帝事之甚恭。拜為大統。有增一數法。佛性論。大乘義章。衆經錄等書。

法天 【宋】僧。天竺摩伽陀國人。宋初至鄜州。與河中梵學僧法進共譯經義。始出無量壽尊勝二經七佛贊。知州王龜從潤色之。法天獻於闕下。太祖召見。賜紫袍。

法·正 【蜀漢】眞孫。字孝直。有奇畫策算。建安初入蜀依劉璋。署軍議校尉。與益州別駕張松謀。說璋迎先主。先主既得成都。以正爲蜀郡太守。揚武將軍。外統都畿。內爲謀主。先主立爲漢中王。以正爲尙書令。護軍將軍。卒諡翼。

法安 【隋】僧。枝江田氏子。神彩俊越。見稱於時。住荆州等界寺。有廣初章及鹿角章等。

法式善 【淸】蒙古正黃旗人。姓伍堯氏。原名運昌。字開文。號時帆。乾隆進士。官侍讀。自登仕版。卽以研求文獻宏奬風流爲己任。在詞館。著淸秘述聞。槐廳筆記。在成均。著備遺錄。皆有資於掌故。所居有詩龕及梧門書屋。蓄法書名畫甚夥。爲詩質而不癯。淸而能綺。主壇坫幾三十年。有存素堂稿。

法沖 【唐】僧。隴西李氏子。字孝敦。幼秀異。與房玄齡友善。嘗官鷹揚郎將。遭母憂讀涅槃經。遂出家。一生遊道爲務。曾無栖泊。房玄齡爲相。以書召之。不從。有棱伽私記。

法·坤宏 【淸】膠州人。字直方。一字鏡野。號迂齋。乾隆舉人。官大理評事。性恬靜不諧俗。嘗讀傳習錄。以爲如己意所出。故其學以陽明爲宗。以不自欺爲本。博通羣經。尤邃於春秋。有春秋取義測．學古編．綱目要略。

法忠 【宋】僧。四明姚氏子。習天台教。悟一心三觀之旨。未能泯跡。徧參名德。至龍門。觀水磨旋轉。發明述偈。昰之佛眼。後至廬山。於同安枯樹中絕食淸坐。宣和間居南嶽。每跨虎出遊。

法明 【唐】僧。荆楚人。博通經論。外善羣書。戒範堅正。中宗時入長安。會詔僧道議化胡成佛經眞僞。未能定。法明雖不預其事。以理質問。道流無以對。由是有名。敕廢僞經。

法智 【宋】僧。明州金氏子。名知禮。字約言。性恬而器閎。年十五出家。講天台教觀。晚居四明延慶寺。學徒如林。有指要妙宗二鈔．觀音品別行金光明諸記。

法·若眞 【淸】膠州人。字漢儒。號黃石。一號黃山。順治進士。官至江南布政使。善畫山水。工詩文。惟其意所欲爲。自成一格。有黃山詩留。

法海 【唐】僧。丹陽張氏子。字文允。少出家於鶴林寺。該通外學。圓入一性。攬獨悟之名。剖不決之義。嘗曰。佛法一門。極唯心地。餘皆椎輪也。天寶中預揚州法愼律師講肆。與曇一・靈一等同推爲顏冉。復興杼山晝公爲忘形交。

法海 【淸】滿洲鑲黃旗人。姓佟佳氏。佟國綱子。康熙進士。性伉直。雍正間官至兵部尙書。坐事奪職。

法泰 【隋】僧。住揚都大寺。時有二竺沙門眞諦。挾道僑寓廣州。法泰與智愷等遠道詣諮之。筆受文義。垂二十年。得攝大乘．俱舍論等共五十餘部以還。後不知所終。

法·眞 【後漢】雄子。字高卿。博通內外圖典。爲關西大儒。性恬淡。不交人間事。同郡田羽薦眞。順帝虛心愛士。前後四徵。眞深自隱絕。時號玄德先生。中平中卒。

法眞 【後魏】僧。渤海人。九歲出家。爲沙門道記弟子。善誠實論。深得其趣。妙於修講。與僧建齊名。時人目建爲文句無前。目眞爲入微獨步。因亂奔梁。爲追騎所及。遇害。

法常 【唐】僧。襄陽鄭氏子。初參大寂。卽契悟。遂之四明梅福舊隱處。縛茅以居。◎【唐】僧。白水張氏子。少讀儒書。頗知梗概。年十九。投曇延出家。曇延嘗撫其頂曰。觀子所涉。必住持正法矣。貞觀中召居普光寺。兼知空觀寺上座。聽講者數千人。皆爲法匠。佛法爲盛。有攝論義疏玄章及涅槃維摩勝鬘等疏記。◎【宋】僧。開封人。薛居正之後。號牧溪。宣和間依長沙益陽華嚴軾公得度。深慕大乘。不斥小教。遊方至天台山萬年寺。參謁雪巢。一見機語契會。紹興間語衆曰。吾一月後不復留矣。至期。書頌父詞於室門。跏趺而逝。法常性英爽嗜酒。又精繪事。山水人物鳥獸。俱隨筆點墨成之。

法喜 【隋】僧。貌寢陋。年常若四十許。煬帝聞其異。召之。一日繞宮中徧索羊頭。帝怒。收禁廷尉。而法喜日丐於市。飲食自若。按視封鎖如故。遂釋之。尋有疾。命人以火焚死。後數歲有自海南歸者。言法喜無恙。

法喇 【淸】滿洲正白旗人。姓那木都祿氏。康熙間從征吳三桂及噶爾丹有功。累擢鑲白旗蒙古都統。時準噶爾策妄阿喇布坦遣兵擾西藏。與拉藏汗構兵四川。法喇率兵往勦。撫定人戶數千。進師巴塘。其酋亦率屬降。尋還京。雍正間卒。

法欽 【唐】僧。崑山朱氏子。年二十八出家。居臨安之徑山。參學者衆。代宗召至京問法要。賜號國一。朝士崔渙·裴度等均師事之。自淮而南。或目之爲功德山。貞元間示寂。賜謚大覺。

法琳 【唐】僧。潁川陳氏子。少出家。博覽多通。武德初住京師濟法寺。太史令傅奕請廢佛法。法琳作破邪論上之。遂寢。貞觀初置龍田寺。法琳爲寺任。道士秦世英誣所撰辯正論爲誘毀國家。下獄。徙益部僧寺。未至卒。所著又有大乘教法及詩文等。

法超 梁僧。無錫孟氏子。年十一出家。住靈根寺。貧無衣食。乞丐自資。晚年專攻十誦。武帝以爲都邑僧正。有出要律儀。

法·雄 後漢鄗人。字文彊。初仕郡功曹。除平氏長。善政事。好發擿姦伏。遷宛陵令。永初中海賊張伯路等寇濱海九部。徵雄爲青州刺史。與御史中丞王宗并力討之。寇復抄東萊。雄率郡兵擊平之。遷南郡太守。斷獄省少。戶口益增。在郡數歲。歲常豐稔。初平中卒。

法雲 梁僧。陽羨周氏子。處七世孫。七歲出家。儁朗英秀。初住莊嚴寺。善講經。與僧旻齊名。天監中敕爲光宅寺主。扶南國獻經三部。法雲譯之。理明意顯。狀若親承。普通中敕爲大僧正。大通初卒。⊙宋僧。長洲戈氏子。字天瑞。自稱無機子。九歲薙度。習天台教。政和中在松江大覺教寺講法華等經凡八年。賜號普潤大師。因母年邁。遂歸蘇。集千人結蓮社勝會。成就者衆。紹興中端坐而逝。有息陰集。翻譯名義。又注金剛經及心經疏鈔。

法愼 唐僧。江都郭氏子。少有聲京師。居揚州龍興寺。食不求飽。居不易坐。朝士過揚者。以不踐門閫爲大羞。隨方應施。導以正軌。天寶間示寂。

法詵 唐僧。俗姓孫。年十五辭親從師。嘗夢乘大鵬。直截滄溟。自此經義不思而得。居錢塘天竺寺。盛闡華嚴。前後講大經十徧。大曆間終。有儀記。

法寧 宋僧。莒縣李氏子。住沂州馬鬐山。亦號馬鬐。依天寧妙空明和尚得度。盡得雲門宗旨。大宏雪竇之道。元符間居華亭佘山之昭慶寺。爲開山始祖。紹興間示寂。

法聚 明僧。嘉興富氏子。字玉芝。年十四。出家海鹽資聖寺。工詩。有玉芝內外集。

法緣 南齊女僧。東莞俞氏女。幼時與妹法綵俱失所在。尋返。便能作外國書語及講經。遂出家。舉手摩頭。髮自落。作精舍。晝夜講經。建元中卒。

法凝 南齊僧。會州龐氏子。專心持戒。但以坐禪爲念。出禪則誦經。動輒一月。出亦不食。年至七十。於佛像前置座坐燃。火燒一指。次第及臂身而盡。

法藏 唐僧。潁川荀氏子。周建德中毀佛焚經。諸僧並還俗。法藏獨不改服。遯隱紫蓋山中。大象初出謁宣帝。帝令爲涉岵寺主。尋還山。隋文帝即位。奉敕置大興善寺。爲國行道。大業末充太平宮寺上座。貞觀初卒。⊙唐高僧。康居人。姓康。字賢首。風度奇正。利智絕倫。遊長安。預義淨譯場。爲武后講新華嚴經。撰義門徑捷易解。號金師子章。又爲學不了者設巧便。取鑑十面八方安排。相去丈餘。中安一佛像。燃一炬以照之。互影交光。學者因曉剎海涉入無盡之義。其善誘類此。居洛京佛授記寺。號康藏國師。爲華嚴宗第三祖。有般若心經疏。

法融 唐高僧。延陵韋氏子。年十九。學通經史。尋出家茅山。後入金陵牛頭山北巖之石室。有百鳥銜花之異。貞觀中四祖道信入山訪之。示以心法。顯慶間卒。爲牛頭宗第一祖。

法聰 後魏僧。後秦弘始中有梵僧佛陀耶舍譯出四分律本。而關中先行僧祇。江南盛行十誦。至法聰始闡四分之宗以傳於後。

法譚 清滿洲正紅旗人。姓他塔喇氏。以護軍校從太祖取遼陽。天聰·崇德間從攻寧遠·錦州。順治間入關。從破李自成。征湖廣。累擢右翼步軍統領。康熙間以病致仕。

法願 隋僧。西河任氏子。性警達。求法不倦。後專精律部。時人號爲律虎。齊時爲大莊嚴·石窟二寺上座。文帝即位。又敕爲幷州大興國寺主。自東夏所傳律本。並製義疏。今存者惟四分一本及是非鈔。

法寵 梁僧。南陽馮氏子。少有絕俗之志。年十八出家。住興皇寺。從莊嚴曇斌歷聽衆經。探玄析奧。妙盡深極。天監中敕住宣武寺。武帝常以禮致之。不呼其名。號爲上座法師。

法礪 唐僧。趙郡李氏子。住相州日光寺。精律學。有四分疏·羯磨疏·捨懺儀·輕重敘等。

法護 梁僧。東平張氏子。年十三。即善草隸書。宋孝建中至都。住建元寺。博雅好古。多講經論。常以毘曇命家。從學者百餘人。天監中卒。⊙唐僧。趙郡趙氏子。善外書。好道術。貞觀中召入龍潛宅天宮寺。知寺任。有攝論指歸等二十餘篇。

法顯 晉高僧。平陽龔氏子。隆安中偕數僧入西域求經。歷三十餘國至南天竺。得摩訶僧祇律泥洹等經。留三年學梵字。及至師子國。同侶皆無存。凡十五年而還。有佛國記。

泠·州鳩 周景王時爲樂官。王將鑄無射。州鳩謂王將以心疾死。明年。王果崩。

泠·耳 漢以客從高祖起沛。入漢。用兵擊破齊田解軍。後以楚丞相守彭城拒英布。以功封下相侯。亟諡嚴。

泠倫 上古黃帝樂官。一作伶綸。黃帝使取竹於崑崙之嶰谷。斷兩節間而吹之。以爲黃鐘之宮。制十二筩。

以聽鳳之鳴。其雄鳴爲六。雌鳴亦六。比黃鐘之宮。而皆可以生之。是爲律本。

泠・廣 【漢】瀛沃公士。告男子馬政謀反。鴻嘉初封駟望侯。卒謚忠。

泠・豐 【漢】淮陽人。字次君。從顏安樂受公羊春秋。宣帝時爲淄川太守。

波・才 【後漢】黃巾之將。中平初敗中郎將朱儁。後儁復大破之於長社。

波斯女 【南漢】劉鋹之宮人。失其名氏。黑腯而慧。光豔絕人。性善淫。鋹甚嬖之。賜名媚豬。

波頗 【唐】僧。中天竺人。本刹利王種。姓刹利帝氏。通內外學。武德中至京。敕住興善寺。與慧乘・玄謩等譯有寶星經及般若燈大莊嚴論等三十五卷。後卒於勝光寺。

炔・欽 【漢】齊人。字幼卿。許商門人。商依孔門例。以四科號門人。欽爲文學。仕爲博士。徒衆甚盛。哀帝時師丹上封事下獄。欽上書言丹經行近世無比。不宜貶黜。尚書劾欽不敬。詔貶秩二等。

炎帝 【上古】帝王。見神農條。

牀兀兒 【元】欽察部族。父土土哈爲元重臣。鎮北邊。牀兀兒初以大臣子。奉詔從太師月兒魯行軍。戰於百搭山。有功。拜昭勇大將軍・左衞親軍都指揮使。大德初襲父職。歷建大功。累拜平章政事・知樞密院事・欽察親軍都指揮使。封容國公。待以宗室親王之禮。至治中卒。

牧・皮 【春秋】事孔子。以狂稱。

牧・仲 【春秋】【魯】與樂正裘並爲孟獻子友。參看樂正裘條。

牧・相 【明】餘姚人。字時庸。受業王華。華器異之。妻以女弟。令與守仁同學。弘治進士。授南京兵科給事中。疏請罷禮部尚書崔志瑞等。正德初因清查御馬監。陳冒濫之弊。及中官李棠犴詔旨營私罪。受杖罷歸。後擢廣西參議。已前卒。

牧犢子 【戰國】【齊】一作沐犢。一作獨沐。年五十無妻。出薪於野。見飛雉雄雌相隨。感之。作雉朝飛操。

狐・不偕 【周】賢者。

狐卷子 【戰國】【魏】文侯問狐卷子曰。父賢足恃乎。曰不足。子賢足恃乎。曰不足。兄弟賢足恃乎。曰不足。臣賢足恃乎。曰不足。文侯勃然作色曰。寡人問此五者於子。一一以爲不足者何也。曰。父賢不過堯而丹朱放。子賢不過舜而瞽瞍頑。兄賢不過舜而象傲。弟賢不過周公而管蔡誅。臣賢不過湯武而桀紂亡。望人者不至。恃人者不久。君欲治。從身始。人何可恃乎。

狐・忠 【明】陽曲人。善書。洪武中官中書舍人。

狐・突 【春秋】【晉】大夫。字伯行。公子重耳之外祖父。懷公立。突之子毛及偃從重耳在秦。公執突曰。子來則免。對曰。子之能仕。父教之忠。古之制也。今臣之子。名在重耳。若又召之。教之貳也。淫刑以逞。誰則無罪。臣聞命矣。乃就死。

狐・偃 【春秋】【晉】突子。字子犯。爲文公之舅。故又稱舅犯。爲大夫。文公爲公子時。出亡在外。偃與兄毛從之十九年。比文公定王室。宣信諸侯而霸天下。大抵偃謀爲多。

狐鹿姑單于 【漢】匈奴且鞮侯單于子。太初間嗣立。常與漢搆釁。漢李廣利深入要功。匈奴已去。乃引還。單于知其疲。自將邀擊。虜廣利歸。自武帝世。累用兵邊域。匈奴苦之。至是遺書於漢。復言和親。漢以新敗。許之。狐鹿姑單于旋卒。

狐・篤 【蜀漢】馬忠少養外家。更姓名曰狐篤。詳馬忠條。

㽵丘・訢 【周】家東海之上。以勇聞於天下。過神泉。令飲馬。其僕曰。飲馬於此者馬必死。更且禍人。訢曰。訢豈庸衆人哉。第飲之。第飲之。必無害。既而其馬死。訢大怒。乃去衣拔劍。入水三日夜。殺二蛟一龍而出。雷神隨而擊之。十日十夜。眇其左目。

盱・烈 【宋】豫章人。事許遜得仙。元康中上昇。

直・不疑 【漢】南陽人。文帝時爲郎。同舍有告歸者。誤持同舍郎金去。金主意不疑。不疑買金償之。後告歸者至而歸金。亡金郎大慙。以此稱爲長者。景帝朝拜御史大夫。以功封塞侯。卒謚信。

直脫兒 【元】蒙古氏。從太宗征欽察康里回回等部。有功。累官涿州路達魯花赤。

直魯古 【遼】吐谷渾人。初太祖破吐谷渾。一騎士棄橐反射。不中而去。及追兵開橐視之。中得一嬰兒。即直魯古也。就俘問故。乃知射橐者嬰之父。世善醫。雖馬上視疾。亦知標本。意不欲子爲人所得。欲射殺之耳。太宗時以太醫給侍。嘗撰脈經諸鍼灸書。

知玄 【唐】僧。洪雅陳氏子。字後覺。年十三。講道於蜀。時號陳菩薩。遊方至京。武宗詔與道門抗論。幾獲罪。旋歸巴岷。宣宗立。召講。賜紫袈裟。署爲三教首座。後乞歸。居彭州丹景山。僖宗幸蜀。賜號悟達國師。知玄堅守禁戒。研習外典。李商隱嘗師事之。有如來藏經會釋疏・大無量壽經・勝鬘經・般若心經・金剛經各疏義。

知・徐吾 【春秋】【晉】罃曾孫。頃公時晉滅祁氏。魏獻子爲政。分其田爲七縣。以徐吾爲涂水大夫。善於其職。

知・瑤 【春秋】【晉】罃玄孫。亦稱荀瑤。是曰知伯。父申將以瑤爲後。知果曰。

不如宵也。申曰。宵也狠。對曰。宵之狠在面。瑤之狠在心。心狠敗國。面狠不害。若果立瑤也。知宗必滅。弗聽。三年而知氏亡。卒諡襄。

知•罃 【春秋晉】亦稱荀罃。荀林父從子。父荀首食於知。因號知氏。邲之戰。知罃沒於楚軍。首求於楚而歸之。迎立悼公。修政施德。晉以復霸。卒諡武。

社•佑 【元】邳州人。河南行省署爲三叉水馬站提領。父成病於家。佑忽心驚。棄職歸。父病始日。遂禱神求代。且嘗糞以驗疾。父卒。廬墓盡哀。有馴兔之瑞。

社崘 【後魏】蠕蠕國主東胡之裔。姓郁久閭氏。與國間隨父降魏。未幾逃奔。襲殺東部匹候跋。遁漠北。侵高車。兼幷諸部。立庭於敦煌•張掖之北。自號丘豆伐可汗。學中國戰陣法。屢入寇。永興初明元帝討之。遁走。道死。

祁•午 【春秋晉】奚子。奚辭軍尉。公問孰可代者。對曰。臣之子午可。晉侯從之。終其官。軍無秕政。

祁•世長 【清】寯藻子。字子禾。號敏齋。咸豐進士。官至工部尚書。工文章。精衡鑑。崇雅黜浮。杜絕私謁。凡所識拔。多名於時。卒諡文恪。有奏疏及詩文集。

祁•兆熙 【清】上海人。號瀚生。諸生。官至知府。博學多才。尤諳外國事務。同治間選幼童肄業美國。兆熙受任護送。爲中國出洋留學之始。官粵十七年。聲績甚著。

祁•伯裕 【明】滑縣人。原名光宗。避廟號以字行。萬曆進士。歷官邊要。累擢三邊總制。旋告歸。卒諡敏惠。有餘清館集•關中陵墓志。

祁•序 【宋】江南人。一作名嶼。工畫花竹翎毛。兼長水牛。鬱有高致。畫猫罕有其匹。

祁•廷訓 【宋】洛陽人。善書計騎射。初仕周世宗。從征淮南。賜以明光細甲。令董舟師。破吳兵有功。入宋歷官至義武軍節度使。左領軍衛上將軍。廷訓無才略。臨事多規避。時人以其形體龐碩而無所取。目爲祁橐駝。

祁•豸佳 【明】彪佳弟。字止祥。天啓舉人。官吏部司務。國亡不仕。工詩文。善書畫篆刻。四方來索者。輒呵凍流汗以應。隱居數十年。以壽終。

祁•庚 【三國魏】山陰人。代父死罪。朱育對濮陽興稱誦其美。

祁•承㸁 【明】浙江山陰人。字爾光。萬曆進士。歷江西右參政。好藏書。校勘精核。有牧津•澹生堂集。

祁•秉忠 【明】陝西人。萬曆中爲永昌參將。峒寇大舉掠境。秉忠提兵三百。轉戰兩晝夜。卒敗之。擢涼州副總兵。經略袁應泰薦其智勇。令守蒲河。至則遼陽已破。命爲援勦總兵官。力戰死。

祁•盈 【春秋晉】午子。爲大夫。家臣祁勝•鄔臧淫亂易妻。盈執之。勝賂荀躒訴於晉侯。晉侯執盈。盈之臣曰。鈞將死。憖使吾君聞勝臧之死以爲快。乃殺勝•臧。晉侯亦殺盈。祁氏遂滅。

祁•衍曾 【明】順曾孫。字羨仲。萬曆舉人。性通脫。隱居羅浮。少孤。事母兄極孝友。計偕至都。文譽震一時。後遭母喪。以毀卒。有綠水園集。

祁•奚 【春秋晉】大夫。悼公使爲中軍尉。請老。公問代之者。稱解狐。其讐也。將立之而卒。又問。對曰。午可。羊舌職死。公曰。孰可代之。對曰。赤可。時人謂奚。稱其讐不爲諂。立其子不爲比。舉其偏不爲黨。平公立。以奚爲公族大夫。

祁•宰 【金】江淮人。字彥輔。宋季以醫術補官。金兵破汴得之。隸太醫。累遷中奉大夫。後以直諫爲海陵王所殺。泰定初賜諡忠毅。

祁•敕 【明】東莞人。字惟允。正德進士。授刑部主事。嘉靖初伏闕爭大禮。廷杖。歷郎中。善決疑獄。出守饒州。以事謫婺州典史。道病歸卒。

祁•班孫 【清】彪佳子。字奕喜。小字季郎。明亡。聚衆謀恢復。事洩被捕。流寧古塔。尋脫歸。下髮爲僧。主毘陵馬鞍山寺。稱咒林明大師。好議論古今。不談佛法。言明事輒慟哭。有東行風俗記•紫芝軒集。

祁•宿藻 【清】寯藻弟。字幼章。一字子孺。道光進士。累擢江南布政使。洪楊軍陷九江。宿藻盡心防禦。力疾登陴巡視。卒於城上。諡文節。

祁•彪佳 【明】承㸁子。字弘吉。天啓進士。累官右僉都御史。巡撫江南。高傑駐瓜洲。跋扈甚。彪佳剋期往會。是日大風。攜數卒衝風渡。傑大駭異。盡撤兵衞。會於大觀樓。彪佳勉以忠義。共獎王室。傑感歎曰。公一日在吳。傑一日遵此約矣。已而彪佳爲羣小所詆。移疾去。南都失守。彪佳絕粒。端坐池中死。唐王時諡忠敏。

祁•順 【明】東莞人。字致和。號巽川。天順進士。官戶部郎。成化中賜一品服使朝鮮。單騎就館。金繒贄使之奉悉不取。三韓君臣。相顧駭異。爲築却金亭。官至江西左布政使。有巽川集。

祁•墳 【清】高平人。字竹軒。一字寄庵。嘉慶進士。授刑部主事。道光時官至兩廣總督。善折獄。在刑部時承辦教匪案數百起。持議廉平周浹。老於文法者不能奪。在兩廣修虎門礮臺。重兵防守。仿行屯田之法。鞏固海防。績甚著。卒諡恭恪。

祁暐 宋膠水人。字坦之。淳化進士。天禧中知濰州。母卒。葬州城南。暐就墓側構小室。號泣守護。蔬食經六冬。有白烏白兔。馴繞墓側。州人異之。以狀聞。詔賜粟帛。

祁煥 清吳縣人。字蘊文。號蔚峯。諸生。善畫蘭竹。自成一家。尤好彝鼎圖書。多蓄古硯。有二十八硯齋集。

祁聖元 漢善說經書。京師語曰。論難偘偘祁聖元。

祁寯藻 清韻士子。字叔穎。又字淳甫。後改實甫。號春圃。晚號觀齋。嘉慶進士。咸豐時官至體仁閣大學士致仕。同治間以大學士銜爲禮部尚書。在樞廷數十年。薦賢甚衆。詩古文詞。卓然成家。其學不立門戶。嘗言通訓詁明義理。二者不能偏廢。卒諡文端。有馬首農言・䜌䜌亭集・勤學齋筆記。

祁韻士 清壽陽人。字諧庭。一字鶴皐。性喜治史。於疆域山川形勝古人爵里姓氏。多所記覽。登乾隆進士。官戶部郎中。坐事戍伊犂。尋釋還。有藩部要略・西陲要略・西陲總統事略・西域釋地・萬里行程記・已庚編・書史輯要・珥筆集・西陲百韻・訪山隨筆・袖爽軒文集・覆瓿詩集・濛池行稿。

祁鶴 明安邑人。正德進士。歷官山東副使。嘉靖間青羊山盜起。勢猖獗。特授節鉞。鶴相機搗穴。諸盜悉平。旋卒於官。

祁纖 後魏方士。太武帝時請立四王。以日東西南北爲名。欲以致禎吉除災異。崔浩沮之。遂罷其請。

竺大年 宋奉化人。字耕道。性行嚴重。長於說禮。鄉人皆化之。爲沈煥入室弟子。有禮記訂議。

竺法深 晉僧。居會稽。嘗在簡文坐。劉尹問道人何以游朱門。竺法深答曰。君自見其朱門。貧道如游蓬戶。

竺法慧 晉僧。關中人。建元初至襄陽。屢著神異。臨死語衆人曰。吾死後三日天當雨。至期果大雨。城門水深一尺。

竺法蘭 後漢僧。中天竺人。自言誦經論數萬章。爲天竺學者之師。明帝時與攝摩騰同入中國。卒於洛陽。

竺淵 明寧波奉化人。字弘道。宣德進士。正統中爲福建參議。敕守銀坑。盜賊竊發。淵往捕。被執死。

竺道生 南朝宋僧。鉅鹿魏氏子。寓居彭城。值沙門竺法汰。遂改俗歸依。文帝深歎重之。元嘉中卒於廬山精舍。相傳道生游東吳虎丘山。豎石爲弟子。講涅槃經。石皆點頭。有二諦論・佛性當有論・法身無色論・佛無淨土論・應有緣論。

竺道潛 晉僧。王敦弟。年十八出家。事中州劉元眞爲師。永嘉初避亂過江。朝廷欽其風德。友而敬焉。後還剡。遁迹林阜以終。

竺道馨 晉女僧。太山楊氏女。幼出家。住洛陽東寺。研究理味。老而彌篤。雅能淸談。尤善小品。泰和中有女人楊令辯妒其道。毒斃之。

芈戎 戰國秦昭襄王時爲將。攻楚取新市。

芈嬰 戰國齊七十子之後。有芈子七十篇。

羌渠單于 後漢南匈奴伊陵尸逐就單于曾孫。光和間立。張純反叛。帝詔發南匈奴兵。配幽州牧劉虞討之。單于遣左賢王將騎詣幽州。國人恐發兵無已。遂攻殺單于。立凡十年。

肥義 戰國趙事武靈王。王傳國少子何。義爲相國。封長子章爲代安陽君。李兌謂義曰。章彊壯而志驕。黨衆而欲大。禍必不久。子必先患。奚不稱疾毋出。義不可。既而章果作亂。義死之。

肥親 後漢建初間袁安尹河南。辟爲仁恕掾。時中牟令魯恭有善政。蝗不入境。安疑其不實。使親往廉之。與恭巡行阡陌。俱坐桑下。旁有童兒。有雉過止。親曰。兒何不捕之。兒曰。雉方將雛。親瞿然。謂恭曰。此來欲察君政績。今化及鳥獸。而豎子有仁心。久留徒擾賢者耳。還府具以狀白安。遂以上聞。

肦子 戰國齊姓田氏。或稱田盼。威王時守高唐。趙人不敢東漁於河。

肩龍 金字舜卿。宣宗初欲殺從坦。肩龍上書謂坦有將帥才。願代死。詔問汝與從坦交分厚歟。肩龍曰。臣知有從坦。從坦未嘗識臣。從坦寃。人不敢言。臣以死保之。宣宗感悟。赦從坦。

臾兒 周善知味。淄澠之水合者。嘗一哈水而知其甘苦。

臾駢 春秋晉大夫。賈季奔狄。趙盾使駢送其帑。夷之蒐。賈季戮駢。駢之人欲盡殺賈氏以報。駢曰。不可。前志有之曰。敵惠敵怨。不在後嗣。忠之道也。盡具其帑與其器用財賄。親帥扞之。送致諸境。

舍棱 清土爾扈特族。其初附牧伊犂境。爲準部台吉。乾隆間以達瓦齊・阿睦爾撒納先後殲滅。謀奔俄國。成袞札布・兆惠追及之。乃詭約降。計戕淸副都統唐喀祿。遁往額濟勒土爾扈特。復唆其汗渥巴錫往據伊犂。不遂。隨渥巴錫降清。詔宥其罪。封札薩克多羅郡王。賜牧布勒罕河。授新土爾扈特盟長。

芮及言 宋譽川人。字子及。嘉泰中知上高縣。蒞政精勤。一縣憚之。號爲小監司。嘗書所坐屏後曰。少飲酒。飽餐飯。勤出廳。公事辦。蒞官三載。始終如一。受代前一日。猶痛治一猾胥。聞者悚然。

芮．玄　【三國吳】良弟。字文表。良卒。玄領其衆。拜奮武中郎將。以功封溧陽侯。吳主權爲子登聘玄女爲妃。及卒。權甚愍惜之。

芮．良　【三國吳】祉子。字文鸞。隨孫策平江東。策以爲會稽東部都尉。

芮良夫　【周】厲王時爲卿士。芮。周同姓伯國也。王悅榮夷公。良夫曰。王室其將卑乎。榮公好專利。若用周必敗。因作桑柔之詩以刺王。王卒用榮公。諸侯不享。王流於彘。

芮．祉　【三國吳】丹陽人。字宣嗣。從孫堅征伐有功。堅薦爲九江太守。後轉吳郡。所在有聲。

芮．城　【清】溧陽人。字嚴尹。後改名長恤。字蕎子。明季諸生。博通羣書。文行爲一時冠。同學陳名夏．馬世俊皆師事之。後棄諸生高隱。杜門著述。足不履城市者四十年。有禮記通志．綱目分注補遺．滄浪亭集。

芮．挺章　【唐】太學生。有國秀集。

芮．翀　【明】字子朔。洪武進士。知崑山縣。正直有局幹。政不察察。未嘗失民情。去任。民涕泣不舍。

芮．釗　【明】寶坻人。字宗遠。正統進士。歷官右副都御史。巡撫甘肅。訓練卒伍。譏斥堠。廣蓄積。在鎭三年。邊境寂然。卒於官。貧無以爲斂。人服其清操。

芮．善　【明】武進人。字性存。明易春秋。性淳厚。無疾言遽色。洪武進士。歷官中書舍人．司經洗馬．襄府右長史。致仕。

芮．煜　【宋】吳興人。字仲蒙。一字國器。紹興進士。爲仁和尉。因和沈長卿詩。爲秦檜所忌。竄化州。乾道中提舉浙西常平．江西轉運使。以右文殿修撰致仕。有易傳．詩文集奏議。

芮．道材　【明】少業儒。從劉眞人習棲神煉氣之術。嘗殄峨眉蛟。除蒙化崇。宣德初召見。尋賜歸。創棲霞觀居之。後尸解。

芮．寧　【明】肅州人。任遊擊將軍。正德中土魯番速壇滿速兒寇肅州。寧至黃草壩遇賊。中流矢死。全軍陷沒。贈都督同知。

芮．麟　【明】宣城人。字志文。洪武間由國子生累官台州知府。明於政體。吏民信服。謫戍邊。父老泣送境外。遺之金無所受。後起爲建寧嚴州知府。以慈惠稱。

花．茂　【明】巢縣人。從定江左。戡陳友諒。平山西陝西皆有功。累功進廣州都指揮同知。數勦連州廣西湖廣諸猺賊。進都指揮使卒。

花．英　【明】茂子。果毅有父風。以軍功爲廣東都指揮使。有聲永樂中。

花連布　【清】滿洲鑲黃旗人。姓額爾特德氏。喜習左傳。精於戰法。乾隆間由行伍積功累擢安籠鎭總兵。與福康安征銅仁紅苗。擢貴州提督。降賊渠吳半生。擒斬吳八月．高承德等。戰績甚偉。後以冒險進攻。沒於陣。諡壯節。

花．雲　【明】懷遠人。貌偉而黑。驍勇絕倫。謁太祖於臨濠。將兵略地。屢建奇功。陞行樞密院判。守太平。陳友諒來攻。雲被執。奮身大呼。縛盡裂。奪守者刀。殺五六人。賊怒。碎其首死。

花．潤生　【明】邵武人。字蘊玉。自號介軒。又號紫雲老人。永樂進士。初爲古田令。吏績甚著。擢提學僉事。工詩文。有介軒集。

花蕊夫人　【前蜀】王建妾。號小徐妃。有才色。後隨王衍歸唐。中途遇害。◉【後蜀】孟昶之夫人。姓費。青城人。效王建作宮詞百首。國亡入宋。心未忘蜀。每懸昶像以祀。詭言宜子之神。卽世傳張仙圖是也。宋太祖召之使賦詩。有十四萬人齊解甲。也無一箇是男兒之句。

花．敬定　【唐】驍勇過人。上元初段子璋反於蜀。時崔光遠爲成都尹。敬定爲牙將。討平之。杜甫有贈花卿歌。卽謂敬定。

芳．丹　【後漢】光武時據新豐。後降漢。

虎．大威　【明】榆林人。本塞外降卒。崇禎初爲偏裨最有聲。累官山西總兵官。時流賊勢益張。所將止數千人。不能大有所挫。以援河南攻賊寨中礮死。

虎．臣　【明】麟遊人。成化末貢入太學。孝宗將建棕棚於萬歲山。備登眺。臣具疏極諫。祭酒懼禍及。繫臣。俄有旨慰諭。卽拆棚。自是臣名聞都下。知碍嘉縣卒。

虎．坤元　【清】四川人。字子厚。咸豐間從向榮軍。官至提督。戰必先登。好奪纛。戰沒於秣陵關。年纔二十許。

虎．秉　【元】河內知縣。性剛果有志節。抑強扶弱。決事明敏。

虎都鐵木祿　【元】鐵邁赤子。字漢卿。至元中從丞相伯顏渡江。旣取宋。遣視宋故宮室。護帑藏。諭下明越等州。累官兵部尙書。

邯鄲．午　【春秋晉】邯鄲大夫。趙穿之後。別爲邯鄲氏。魯定公時衞侯伐邯鄲午於寒氏。城其西北而守之。宵熸。及晉圍衞。午以徒七十人門於衞西門。殺人於門中。曰。請報寒氏之役。後趙鞅謂午曰。歸我衞貢五百家。吾舍諸晉陽。午許諾。歸告其父兄。父兄皆曰不可。鞅怒。召午而囚諸晉陽。遂殺之。

邯鄲．淳　【三國魏】潁川人。一名竺。字子叔。博學有才。又善蒼雅蟲篆。

許氏字指。曹操素聞其名。召與相見。甚敬異之。黃初中爲博士。給事中。作投壺賦千餘言奏之。文帝以爲工。賜帛千匹。

邯鄲義 後漢 爲廷尉。梁冀既自殺。故吏賓客免黜者三百餘人。惟義及尹勳、袁盱在焉。

郜茂質 明 慈利人。事親至孝。母性懼雷。每聞雷。以身翼之。母沒。每雷。必張蓋於墓上。雷止乃歸。

邳彤 後漢 信都人。字偉君。初爲王莽和成卒正。旋舉城歸光武。拜太守。又信都郡反屬王郎。捕繫彤父弟妻子。使手書招彤。彤涕泣報曰。事君者不得顧家。後家屬竟得全。以功封靈壽侯。圖像雲臺。

邳豹 春秋晉 鄭子。其父見殺。豹奔秦。言伐晉。繆公弗聽。後晉饑。乞糴於秦。百里奚曰。與之。邳豹曰。伐之。繆公曰。其君是惡。其民何罪。卒與粟。（按左傳作丕。此從史記。）

邳鄭 春秋晉 大夫。獻公之卒也。鄭與里克欲內公子重耳。惠公立。使鄭謝秦。因說繆公曰。若重賂與呂省、郤稱、冀芮謀。事必就。繆公許之。三子曰。幣重而言甘。誘我也。遂殺鄭。（按左傳作丕。此從史記。）

邴丹 漢 漢兄子。字曼容。事瑯邪魯伯受易。養志自修。爲官不過六百石。輒自免去。其名過於漢。

邴郁 晉 城陽人。原曾孫。字弘文。少有原風。敕身謹絜。與高密劉緬並有高名。成帝博求異行之士。以博士徵。郁辭疾不赴。以壽終。

邴原 後漢 朱虛人。字根矩。少與管寧俱以操尚稱。黃巾起。原將家屬入海。住鬱洲山中。孔融舉原有道。原避亂至遼東。與同郡劉政俱有勇略雄氣。一年中往歸原居者數百家。游學之士。教授之聲不絕。後歸曹操。歷遷五官將長史。閉門自守。非公事不出。

邴師 春秋齊 莊公之嬖臣。有勇力。崔杼娶棠姜。莊公通焉。遂弒之。師與賈舉等八人皆死。

邴粲 唐 與高祖有舊。賜姓李。詳李粲條。

邴漢 漢 瑯邪人。以清行徵用至京兆尹。後爲太中大夫。王莽秉政。乞骸骨歸鄉里。

邴輔 後趙 欒陽人。好學多才藝。巧思機智。妙於當時。襄國宮殿臺榭。皆輔所營造。石勒以爲材官將軍。

邴歜 春秋齊 懿公爲公子時。與歜父爭田弗勝。及即位。歜父死。乃掘而刖之。而使歜僕。又納閻職之妻。而使職驂乘。歜遂與職弒懿公。

邵一儒 明 海陽人。字仲魯。編有六朝騈偶刪補。

邵乂 晉 續子。續附石勒。勒以乂爲督護。及續歸晉。乂遂見害。

邵十變 清 蕪湖人。字友園。號范村。又號桑棗園丁。工詩。善分隸篆刻。尤嗜畫。

邵大椿 宋 甲子。字春叟。號顧齋。官龍游教諭。有四書講義。元初士子宗之。

邵大業 清 大興人。字厚庵。號在中。雍正進士。官徐州知府。能琴書。晚治古文。有唐法。詩俊爽。有謙受堂集。

邵亢 宋 必從子。字興宗。少舉茂才異等。殿試報罷。趙元昊叛。獻兵說十篇。召試秘閣。授潁州團練推官。後進爲潁王府翊善。直史館。英宗訪以世事。稱爲國器。神宗即位。遷龍圖閣直學士。知開封府。遇事敏密。拜樞密副使。年餘引疾辭。以資政殿學士知越州。歷鄭鄆亳三州。卒諡安簡。

邵元節 明 貴溪人。龍虎山上清宮道士。世宗好言鬼神事。徵至京。大加寵信。建府城西。封眞人尊號。先是帝未有子。敕命元節建醮。及皇子生。特拜禮部尚書。卒諡文康榮靖。

邵少微 宋 字叔才。工畫。放曠不羈。初爲馬曹。不匝月而棄官。取補官敕牒。盡畫飛潛走伏之物。抵於地。亦工烟林窠石。

邵文炳 宋 紹興間爲於潛令。興水利。減山鄉折米價。遷中書。去後民懷其德。建祠祀之。

邵方 清 吉州人。以畫名。

邵以貫 清 餘姚人。字得魯。性狷潔。講求有用之學。明亡。祝髮爲僧。狂走入雪竇山。卒於四時山之鵑庵。詩文甚富。散佚無存者。

邵弁 明 太倉人。字元偉。有詩序解頌。

邵必 宋 丹陽人。字不疑。善篆隸。舉進士爲上元主簿。歷知高郵軍。提點淮南刑獄。京西轉運使。居官振厲風采。謝絕宴集餽遺。嘗曰。歛會聚則情狎。多受餽則不能行事。時謂名言。後以龍圖閣學士出知成都。道卒。

邵正己 明 休寧人。字格之。工詩。以製墨名於世。

邵正魁 明 休寧人。字長孺。有續列女傳。

邵玉 明 鄞人。字德溫。宣德間由舉人授汝州學正。遷南寧及河間府教授。考最。累擢雲南按察司僉事。提督學校。以足疾歸。性至孝。持躬清約。門人李東陽表其墓。

邵甲 宋 壽昌人。楊簡弟子。嘗與陳淳論學不合。

邵光祖 宋 雍十世孫。從父宦遊吳。遂家焉。性夷易。非聖賢之書不讀。吳中學者。稱爲五經師。◎元 鄱陽人。字弘道。博學好古。通三經。

尤精於六書之學。張士誠據吳。授湖州學正。不赴。以布衣終。有尙書集義．韻書。

邵向榮 清餘姚人。字東葵。康熙舉人。官鎮海教諭。有冬餘經說。

邵圭潔 明常熟人。字伯如。一字茂齋。號北虞。嘉靖舉人。選德清教諭卒。圭潔有文名。瞿景淳．嚴訥輩結社會文。時稱十傑。推圭潔爲領袖。爲人篤行孝弟。留心經濟。倭亂。邑令王鐵造廬問計。上築城四策。城賴以全。有北虞集。

邵亨貞 明嚴陵人。字復孺。徙居華亭。卜築溪上。自號貞谿。博通經史。文詞富贍。工篆隸。洪武中官松江府訓導卒。年九十三。有蛾術文集．蛾術詞選。

邵亨豫 清常熟人。字汴生。道光進士。同治間累擢陝西巡撫。初至時汚萊滿目。亨豫招集流亡。使之耕治。歲乃大熟。後撫湘。被劾內用。官至吏部左侍郎。

邵伯正 明其先高郵人。後徙嵊縣。洪武中爲南京戶部員外郎。以廉能稱。尋以江浙人不居戶部著令。遂謝事歸。

邵伯溫 宋雍子。字子文。元祐中以薦授大名助教。調潞州長子縣尉。紹聖初章惇爲相。惇嘗師事雍。欲引用伯溫。伯溫百計避之。徽宗卽位。以日食求言。伯溫上書。言當復祖宗制度。辨宣仁誣謗。解元祐黨錮。分君子小人。戒勞民用兵。爲小人所忌。除主管耀州三白渠公事。聞童貫爲宣撫。出他州避之。除知果州。提點成都路刑獄。紹興中卒。著有易辨惑．河南集．聞見錄．皇極系述．皇極經世序．觀物內外篇解。

邵囦 宋閩谿人。字萬宗。淳熙進士。授潭州教授。時朱熹爲守。薦其學行。晚由楚州通判奉祠歸。有禮記解．讀易管見．今是堂遺稿。

邵宏淵 宋大名人。用韓世忠薦。授閤門舍人。紹興中與金人戰於眞州。大捷。是役稱中興十三戰功之一。仕至定遠軍節度使。

邵廷采 清會稽人。字允斯。又字念魯。幼讀劉宗周人譜。服膺王學。年二十。爲縣學生。恥爲應擧之文。從同縣黃宗羲問乾鑿度算法。會稽董瑒受陣圖．保定王正中學西曆。兼通刺擊之法。施琅征臺灣。遇廷采於西湖。縱談沿海要害。施奇之。請與俱。不赴。歸主姚江書院。好從遺老訪明亡故事。作東南紀事．西南紀事二書。未成而卒。有思復堂集．姚江書院志略。

邵廷琄 南漢事劉鋹。官內常侍。宋受周禪。廷琄勸鋹飭兵備。遣使通好於宋。鋹惡之。比潘美等陷郴州。始思廷琄言。召爲招討使。率舟師屯洸口以拒。廷琄招流亡。訓士卒。修戰具。有譖其懷貳心者。鋹遽遣使賜死。士卒訴救不得。共立廟祀之。

邵志純 清仁和人。字懷粹。號右庵。諸生。嘉慶間舉孝廉方正。有安樂書屋詩文稿。

邵成章 宋欽宗朝內侍。建炎初上書論黃潛善．汪伯彥誤國。除名。編管南雄州。久之高宗召赴行在。其徒忌而譖之。遂止洪州。金人入洪。脅以威不從。曰。忠臣也。吾不忍殺。遺之金帛而去。

邵材 宋宜興人。字聖規。熙寧進士。爲監察御史。時王安石行新法。忌司馬光。一日語材曰。劾去司馬。大官可立待。材毅然曰。君實正人也。可厚誣之乎。卽自劾歸。後終鴻臚卿。

邵玘 明蘭谿人。字以先。永樂進士。授監察御史。廉直有聲。歷福建按察使。宣德間入爲南左副都御史。居家有孝行。在官以威嚴稱。遇事善斷。所至削妄費。黜貪庸。能舉其職。◉清青浦人。字珏庭。號西樵。附貢生。有聲譽。著西樵詩文鈔．花韻館詞鈔．村居倡和集．懷舊集。

邵宗元 明碭山人。字景康。由恩貢歷保定同知。有治行。李自成部下東犯。宗元率衆力守。城陷。死之。

邵岷 清龍游人。僑居元和。字百峯。乾隆時以武生舉鴻博。薦牘誤書附生。駁斥不與試。博學工詩。登覽之作尤勝。

邵拙 宋宣城人。孤峭不撓。博通經史。飲酒嘗至百盞。偶沈醧。遂絕飲。自南唐入宋。就應制科。未試而卒。有廬嶽集。

邵旻 明宣德初知武昌府。爲政公平。官至工部右侍郎。

邵知柔 宋政和人。字明望。篤學有志操。第進士。累遷國子祭酒．太子左庶子。乾道初以龍圖閣直學士奉祠。知柔平生清白。至是食或不給。東宮以爲言。特賜金帛以歸。

邵長蘅 清武進人。字子湘。別號青門山人。十歲補諸生。以詩古文辭鳴。康熙間游京師。與諸名士交。後客蘇撫宋犖幕最久。性坦易。喜遊山水。爲詩始步唐賢。晚乃變而之宋。格律在蘇黃范陸間。有青門集。

邵南 明烏程人。字文化。嘉靖進士。授行人。歷按察副使。公廉清愼。自少至老。好學不倦。◉明蘇州人。字岐民。工畫山水。

邵恂 宋壽昌人。字子信。師事閩谿范浚。浚稱其趨向甚端。植志甚篤。用力於存心之學云。

邵持正 宋平陽人。字子文。以父致仕恩爲監。葉適初講學。持正卽在學舍中。其後所至皆從之。神暇語簡。喜慍不形於色。工歌詩駢體。沈淪下吏。早卒。適深痛惜之。

邵・昂霄 【清】餘姚人。字麗寰。一字子政。號最甫。雍正拔貢生。乾隆時舉鴻博未用。精天文算學。有萬青樓圖編・萬青樓稿。

邵・洪哲 【後魏】沮陽人。范道榮自朐城歸魏。除縣令。其鄉人訟之。道榮坐除名。羈旅孤貧。不能自理。洪哲不勝義憤。遂代道榮詣京師。明申曲直。經歷寒暑。不憚劬勞。卒得昭雪。道榮感之。訴省申聞。詔表其閭。

邵・炳 【宋】淳安人。天聖進士。爲富陽簿。秩滿歸隱。築白雲樓以居。范仲淹守睦。招之不就。張綱在諫垣薦之。召赴闕。因上時政機筴三篇。除秘書省校書郎。改知義烏縣。不赴。時稱白雲先生。

邵・彧 【明】永樂中知安慶府。德性寬厚。未嘗疾言遽色。而事皆辦集。

邵・晉之 【清】仁和人。字敍階。號檀波。乾隆舉人。有大易近取錄。

邵・晉涵 【清】餘姚人。字與桐。一字二雲。乾隆進士。歸部銓選。四庫館開。特旨改庶吉士。充纂修官。累官至侍讀學士。博聞強識。四部七錄。靡不研究。尤長於史。著南都事略。於經深三傳及爾雅。著爾雅正義。以郭注爲宗。兼採樊劉孫李諸家。承學之士多宗之。又有孟子述義・穀梁古注・韓詩內傳考・方輿金石編目・輶軒日記・南江詩文集等書。

邵・桂子 【宋】淳安人。字德芳。號玄同。本姓吳。鞠於邵氏。因從其姓。以文名著。登咸淳進士。任處州教授。棄官歸。鑿池構屋其上。名雪舟。有雪舟脞錄・雪舟脞談・雪舟脞稿等書。

邵・浩 【宋】金華人。字叔義。嘗取蘇軾兄弟及門下六君子屬和之詩。編次爲坡門酬唱集。

邵・泰 【清】大興人。僑居吳。字峙東。號北崖。康熙進士。官編修。工古文詩歌。能作擘窠大字。吳中匾額碑刻。多出泰手。

邵・泰卿 【清】仁和人。字子卿。號增益。順治諸生。於學無所不窺。尤邃於史。嘗作詠史詩。世傳爲詩史。有學庸彙解・自怡集。

邵・泰衢 【清】錢塘人。字鶴亭。雍正初任欽天監左監副。精研禮學。兼明算術。有檀弓疑問・史記疑問。

邵・珪 【明】宜興人。字文敬。成化進士。授戶部主事。歷員外郎中。出爲嚴州知府。善書工棋。詩有半江帆影落樽前之句。人稱邵半江。有半江集。

邵・眞 【唐】爲恆州節度使李寶臣判官。寶臣死。其子惟岳拒命。諫之。惟岳寤。使其作奏。爲將吏所沮。及惟岳兵敗。復召眞議歸順。而田悅責言至。惟岳懼。斬眞以謝悅。後王武浚表其忠。贈戶部尚書。

邵・高 【明】吳縣人。字彌高。工畫山水。

邵・堅 【明】吳縣人。字不磷。工畫山水。

邵・基 【清】鄞人。字學址。康熙進士。雍正間授編修。乾隆間官至江蘇巡撫。廉介絕俗。方貴盛時。人多議其矯。及卒。諭祭使者至。以門巷隘。屋低。步以入。畢事於簷溜之下。人始信之。

邵・捷春 【明】侯官人。字肇復。萬曆進士。歷稽勳郎中。至浙江按察使。大計坐貶。崇禎時起四川副使。時流寇方熾。傅宗龍命爲監軍。總勦寇事。有功。進右參政。旋擢右僉都御史。以失事被逮。捷春在蜀有惠政。士民哭送者載道。舟不得行。既下獄。知不可脫。乃仰藥死。

邵・敏 【明】湘陰人。字一樵。成化進士。官戶部主事。母喪廬墓。一夕虎至。忽歔鹿逐之去。墓旁產芝數本。人謂孝感所致。事聞。詔旌其門。

邵・斌 【宋】工畫江潮。

邵・清 【宋】古田人。字彥明。元祐間太學諸生有十奇士號。清與焉。嘗從張載學易。遂不復出。有故人任河南尹。召之。清曰。子以富貴驕我耶。卒不往。◎【明】江寧人。字士廉。幼有孝行。及長。端潔好學。弘治中舉於鄉。授江西德化教諭。教諸生必以孝悌節義爲言。以薦超擢監察御史。時人以爲異數。

邵・博 【宋】伯溫次子。字公濟。有聞見後錄。

邵・復 【宋】雍六世孫。理宗時爲漢州判官。城破殉難。

邵・惲 【明】洪武末新泰知縣。在任九年。有循績。

邵・智 【明】南海人。字廷鑑。成化進士。官御史。彈劾不避權貴。出按福建。嘗劾一監司。遺金硯弗受。轉廣西僉事。所劾者適巡撫其地。遂歸。

邵・景之 【宋】清從子。字季山。早負文名。登第後攝教建寧。受業於胡憲。官止莆田令。有玉坡集。

邵・曾可 【清】餘姚人。字子唯。性孝友愷悌。少頗愛書畫。旋釋去。肄業姚江書院。初以主敬爲學。後專提致知。師事史孝感甚謹。長走十餘里。叩牀下問疾。不食而返。月餘亦病。同人推其誠篤。順治間卒。

邵・琥 【宋】湘陰人。與兄玘・弟珪・琢・珣夙相友愛。不分財產。於所居立怡怡堂。後與玘・珪・同游太學。玘・珪・皆成進士。琥棄儒入道。結茅郜嶠山。復入峨眉。尋遁去。不知所終。

邵・登 【三國魏】河南人。學樂於杜夔。仕至太樂丞。

邵逸先 清常熟人。字古民。又字湘民。號簡菴。善畫山水。能詩。性孤潔。寄跡僧舍。有奇樹齋詩。

邵雲 宋龍門人。靖康中金人陷蒲城。雲聚少年數百壁山谷。時出撓之。李彥仙遣客說以義。遂來歸。累功官至武翼郎・閤門宣贊舍人。後從彥仙守陝州。城破被執。金人勸之降。不屈。乃釘而磔之。至死罵不絕口。

邵嗣堯 清猗氏人。字子昆。康熙進士。知臨淄縣。累官江南學政。性廉介。遇事霆發機激。勢要憚之。歷三縣。皆有善政。及督學江南。試三郡。清名大著。卒於官。有圖易定本。

邵嵩 明都昌人。字惟嶽。永樂進士。授御史。歷按廣東河南。扈從山東。討武定州及漢府有功。後忤權要被譴。景泰中屢徵不起。

邵敬祖 元宛丘人。父喪廬墓。母繼沒。殯於城西。敬祖露宿於側。友人結茅以庇之。前後居廬六年。至治中旌其家。

邵新 明淳安人。字復初。成化進士。授禮部主事。後以雲南布政司左參政致仕。爲人倜儻。居官有能聲。

邵楚萇 唐閩縣人。字待倫。貞元中及第。有題馬侍中亭子歌。詞極華侈。馬懼以此獲告。遂撤毀之。由是詩名大振。仕爲校書郎。

邵溥 宋伯溫長子。第進士。靖康初爲戶部侍郎。高宗即位。以例貶官。紹興中復待制。宣撫川陝。師事晁詠之。詩文早有能聲。有邵氏集。

邵煥 宋淳安人。咸平中以神童召赴闕。眞宗令賦春雨詩。立就。時年十歲。除正字。令於秘閣讀書。帝嘗引入宮。命賦睡宮娥詩。爲時人所傳誦。累官至金部員外郎。

邵睦 宋雍異母弟。少雍二十餘歲。力學孝謹。事兄如父。早卒。

邵經邦 明仁和人。字仲德。正德進士。授工部主事。進員外郎。改刑部。會日食。上疏指摘張璁・桂萼。謫戍鎭海衛。卒於戍所。有宏藝錄。

邵雍 宋其先范陽人。從父徙共城。晚遷河南。字堯夫。讀書蘇門山百源上。北海李之才攝共城令。授以圖書先天象數之學。妙悟神契。多所自得。富弼・司馬光・呂公著退居洛中。恆相從游。爲市園宅。雍歲時耕稼。僅給衣食。名其居曰安樂窩。自號安樂先生。嘉祐中詔求遺逸。留守王拱辰薦之。授將作監主簿。不赴。熙寧中舉逸士。補潁州團練推官。亦不之任。卒年六十七。元祐中賜諡康節。有觀物篇・漁樵問答・伊川擊壤集・先天圖・皇極經世等書。

邵榮興 南唐武陵人。八世同居。建元中旌表門閭。

邵說 唐安陽人。擢進士第。未調。陷史思明。逮朝義敗。歸郭子儀。子儀愛其才。留幕府。累遷秘書少監。德宗立。擢吏部侍郎。在職以才顯。說素與嚴郢友善。郢見逐。說諷朱泚訟其冤。爲草奏。貶歸州刺史卒。

邵輔 清績谿人。字清齋。道光舉人。官同州知府。卒贈太僕寺卿。有文集・葭隴圖籍問答。

邵輔忠 明定海人。萬曆進士。官工部郎中。附魏忠賢。驟遷至兵部尚書。諸奸黨攻擊正人。多其主使。忠賢敗。入逆案。贖徒爲民。

邵遠平 清泰卿子。字呂璜。號戒三。康熙進士。官光祿少卿。召試鴻博。授侍讀。官少詹事。有史學辨誤・戒三文存・戒菴詩集等書。

邵銅 明閩縣人。字振聲。景泰進士。授御史。劾曹吉祥不法。忤旨。降知博羅縣。有善政。成化初擢知溫州。

邵齊熊 清齊燾弟。初名炳。字方虎。號耐亭。晚號松阿。乾隆舉人。官內閣中書。志趣高簡。有隱几山房稿・禮記考義・隱几山房七錄。

邵齊燾 清常熟人。字荀慈。號叔山。乾隆進士。選庶吉士。性爽曠。年未四十。即罷官歸。主講毗陵書院。工駢文。海內推有東京六朝之風。章草入晉人室。有玉芝堂詩文集。

邵德 明無錫人。字明甫。嘉靖進士。知長興縣。政績甚著。以憂去。卒於家。

邵潛 明江蘇通州人。字潛夫。自號五嶽外臣。性孤僻不諧俗。工爲歌詩。精籀篆。善李潮八分書。尤工字學。有循吏傳・友誼錄・眉如草・州乘資・邵山人詩集。

邵璋 明西安後衞人。正德舉人。任登州府通判。流賊犯境。力戰死。

邵緒廣 清無錫人。字經農。一字羲書。康熙諸生。與劉齊砥礪名行。才名相亞。古文近南宋諸家。晚尤潛心理學。有四書抉微・南華經注等書。

邵誼 明休寧人。字思宜。洪武初以文學舉。時母老乞就養。授本縣學訓導。旋調歙縣。善篆隸。工山水。尤精梅菊。自號瓜圃鋤雲。

邵銳 明仁和人。字士抑。正德進士。改庶吉士。授編修。恥與焦芳子黃中爲列。擬具疏辭。伯兄欽以危言沮之。乃止。尋以父喪歸。服闋改寧國推官。累遷福建提學副使。抑浮崇實。士習丕變。官至太僕卿。引疾歸。卒諡康僖。

邵儒榮 清無錫人。字仲木。少時文采弸褥。所交盡當世名士。選伎徵歌無虛日。遭明季兵亂。閉門著書。姜宸英稱其爲文得太史公法。性至孝。尤能急人之難。及卒。宸英志其墓。

邵整 宋清子。字宗舉。自號褰

谷遺老。與從弟景之以家學自相師友。教授生徒。常百餘人。邑人蘇大璋從之游。終其身。整少常從鄭少樑學易。傳六十四卦圖說。

邵曄 宋桂陽人。字日華。幼嗜學。太平興國進士。授邵陽主簿。知蓬州錄事參軍。昭雪寃獄。太宗嘉。賜錢四萬。大中祥符間官至右諫議大夫。知廣州。所至有循聲。

邵燈 清常熟人。字無盡。一字薪傳。順治進士。官至河南河道。有河防要略．天中景行集。

邵賁 明餘姚人。字文實。弘治進士。知通州。有善政。累官四川布政使。

邵蕃 明餘姚人。字文盛。成化進士。學問淵博。操履清愼。仕至監察御史．督學陝西。與劉瑾忤。致仕。

邵謁 唐翁源人。少爲縣吏。令有客至。使播床。不應。令怒將杖之。棄役去。截其髮。懸於縣門曰。苟學不成。有如此髮。由是奮志讀書。博通經史。爲有司所薦。隸國子監。然性剛躁。爲詩多刺時事。竟以不第。

邵錦 明商州人。弘治間由舉人知雒澤縣。修法度。尙寬和。及去。邑民立石頌德。

邵錫 明安州人。字天佑。號石峯。正德進士。居諫垣。能持風采。諫止武宗巡幸。嘗勸事甘肅。讞獄平允。值歲饑。請賑。多所全活。累官右副都御史。巡撫山東。有石峯奏疏。

邵錫榮 清仁和人。字景桓。號二峯。徧遊名山。畫山水點染有天趣。工詩文。有探西詞。

邵餗 宋丹陽人。素有節行。精於篆書。范仲淹嘗稱許之。王琪守潤。薦於朝。賜號沖素處士。

邵彌 清長洲人。字僧彌。號瓜疇。神頎瘦。迂癖不諧俗。畫山水學荊關。清瘦枯逸。閒情冷致如其人。書得鍾繇法。閨秀多姿。爲時所寶。

邵應豹 宋淳安人。從父徙武昌。字起南。嘉熙進士。爲常德府司戶。歷知江夏．寶應．溥州。皆有善政。後爵淳安縣男。居九曲山下。卒祀於學。

邵應闈 清點子。字斯熊。號澹園。工畫山水。又善寫眞。

邵燦 清餘姚人。道光進士。咸豐間累擢漕運總督。捻匪擾江北。燦防勦清淮。地方以安。卒諡文靖。

邵豳 明東陽人。正德進士。知建陽縣。廉能有聲。擢監察御史。出按廣東。以忤權貴。謫官歸。

邵點 清餘姚人。隨父遷吳。字子與。一字初菴。號鬬雪。少孤。性至孝。嘗賣字畫以養母。有四可齋燕游詩。

邵璸 清大興人。初名宏魁。字柯亭。康熙舉人。官昌邑知縣。有情田詞。

邵璿 清無錫人。字虞在。一字璣亭。康熙拔貢。官至御史。以抗疏言建儲事。從軍西塞。工詩。所傳出塞諸篇。多悲壯可誦。

邵疇 三國吳字溫伯。會稽太守郭誕辟爲功曹。誕坐不白妖言被收。惶遽無以自明。疇遂詣吏自列云。不白妖言。事由於己。非府君罪。尋自殺以證之。臨亡置辭。吏收疇喪。得辭以聞。誕得免死。吳王嘉疇節義。詔郡縣圖形廟堂。

邵寶 明無錫人。字國賢。成化進士。累官江西提學副使。釐革澆俗。修白鹿書院學舍以處學者。教人以致知力行爲本。宸濠索詩文。峻却之。正德中遷右副都御史．總督漕運。忤劉瑾。勒致仕。瑾誅。陞戶部侍郎。拜南禮部尙書。懇辭。嘉靖初起前官。復辭。卒諡文莊。學者稱二泉先生。有左觽學史．簡端二餘．定性書說．漕政舉要．慧山記．容春堂集等書。

邵懿辰 清仁和人。字位西。道光舉人。官刑部員外郎。咸豐間在籍殉難。其學禮以李光地．方苞爲則。擯斥近世漢學家言。博覽典章。文益奧美盤折。性故戇直。往往面折人短。終以此取戾於世。有禮經通論及遺集。

邵續 晉安陽人。字嗣祖。朴素有志烈。博覽經史。妙解天文。除沁水令。時天下大亂。續去縣還家。糾合亡命得數百人。王浚假續綏集將軍．樂陵太守。屯厭次。流散多歸附。以孤危無援。權附石勒。段匹磾在薊。遺書要續俱歸元帝。帝以爲冀州刺史。後軍敗。爲石季龍所得。勒厚撫之。但灌園鬻菜以供衣食。卒遇害。

邵靈甫 宋宜興人。倜儻樂施。嘗因歲歉。發儲五千餘斛以賑飢民。又自縣至湖㳇鎭。除道四十里。浚蠡河等水路八十餘里。通罨畫溪入太湖。邑人爭受役。藉以存活者頗衆。

邱宅 明由貢生任襄陽通判。時稅璫恣橫。每使宅逮捕百姓。宅輒格不行。璫怒。使人碎冠裳舁之去。宅見璫不屈。士民擁救獲免。卒祀名宦。

邱亨 元行唐人。金末盜起。因結豪傑保鄉里。累從史天澤．伯顏有戰功。賜金符。總七路萬戶府事。

邱珍 北齊中山人。字寶安。從神武起義。拜長史。性嚴暴。求取無厭。後兼尙書右僕射 大行臺節度諸軍事。卒以御下殘酷被害。

邱挺然 明嵐縣人。性孝友。樂施舍。其行義爲鄉里所稱。

邱琮 元順族弟。從元帥倂蓋滅金有功。擢鎭徐州。宋兵至。戰却之。後從大將察罕攻滁州。力戰死。

邱順 元行唐人。金末盜起。順集豪壯與其弟常築兩砦於石城玄保。

分守之。後歸太祖。授行唐令。擢恆州安撫使。累破金將武仙。以功封驃騎衛上將軍。充山前都元帥。

邸·瑀 【明】憲章子。能繼其孝。爲岐山主簿。清愼有爲。

邸·憲章 【明】嵐縣人。性至孝。力田奉親。母卒哀毀。祭葬以禮。

邸·鵬 【明】唐縣人。洪武進士。擢御史。廉直敢言。坐法籍其家。止木匙二。木筯五。故鄉物也。遂復其官。

金·士松 【清】吳江人。字亭立。號聽濤。乾隆進士。官至兵部尚書。居官小心愼密。知無不言。卒謚文簡。有喬羽書巢詩集。

金·士衡 【明】長洲人。字秉中。萬曆進士。授永豐知縣。擢南京工科給事中。累疏陳礦稅之害。引鹿臺西園爲戒。帝不聽。官至太僕少卿。引疾去。卒於家。

金·大輿 【明】字子坤。與兄大車同學於顧華玉。有文名。落拓不第。亦不事生產。家貧甚。處之泊如。南都貴人多訪之。輒避去不答。沒後。友人郭第爲刻其詩。

金·山飛 【蜀】蜀成都女子。姿容絕世。兼擅繪事。乾德初選入掖庭。已而立爲后。咸康初隨王衍降唐。死之。

金·之俊 【清】吳江人。字豈凡。明萬曆進士。官至兵部右侍郎。李自成陷京師。之俊不能死。被拷索。降清。仍原官。請先下蠲租之詔於畿甸。官至秘書院大學士。康熙間致仕。卒謚文通。有金文通集。

金·友理 【清】吳縣人。字玉相。有太湖備考。

金·天德 【清】揚州人。善畫梅。

金太宗 【金】世祖第四子。本名吳乞買。改名晟。天會三年。獲遼帝於党項。遂滅遼。五年。獲宋徽欽二帝。遣兀朮南下。禁民漢服。令俱髠髮。在位十二年崩。廟號太宗。年號天會。

金太祖 【金】世祖第二子。繼康宗而立。初名阿骨打。改名旻。遼天慶中帝以屢勝遼。遂稱皇帝。國號金。都會寧。在位九年。算無遺策。兵無留行。遂底定大業。廟號太祖。紀元二。收國。天輔。

金·文貞 【明】鄞人。副都御史王應鵬之母。工詩。有闇莊集。

金·文剛 【宋】安節孫。字子潛。敏悟嗜學。爲潭州司戶。時眞希元帥潭。得文剛。喜其端厚。由是受知。遂爲眞氏門人。官至直龍圖閣卒。

金·文淳 【清】焜弟。字質甫。號金門。乾隆中試鴻博未用。第進士。改庶吉士。出知直隸順德府。以事落職。深於經術。有蛾子錄。讀史卮言。

金·文榜 【清】吳縣人。字靜知。號步瀛。舉孝廉方正。有憂患窩文集。

金·文鼎 【明】鶴城人。一作宣城人。詩文流麗。兼工書畫。

金·文徵 【明】字德儒。讀書攻古文辭。洪武中累官鄜州同知。時同邑黃綜知中部。常熟張著知膚施。與文徵皆延安官屬。公餘以詩唱酬。名長安集。仕終國子學錄。

金·文璉 【明】蘇州人。字彥輝。號鍔石。善繪叢篠之竹。有義行。

金·日磾 【漢】本匈奴休屠王太子。字翁叔。沒入官。初爲馬監。武帝奇其狀貌。拜爲侍中。在帝左右。目不忤視。數十年無過失。篤愼爲帝所信愛。拜車騎將軍。莽何羅謀反。日磾縛而誅之。以功封秺侯。武帝崩。與霍光同受遺詔輔政。卒謚敬。以休屠作金人爲祭天主。故賜姓金氏。

金·日觀 【明】蒲江人。崇禎中爲萊州副總兵。清兵攻朝鮮。命從陳洪範往救。次皮島。相持七晝夜。力戰死。

金·曰追 【清】嘉定人。字璞園。諸生。從王鳴盛學。十三經皆有校本。而儀禮尤精。有儀禮正譌。

金·王賓 【金】亳州人。字德卿。貞祐進士。爲人外若曠遠。而深有謀畫。天興初遇楊春爲變。節度使粘合捫山力屈出走。王賓與前譙縣尉王進。魏節亨。呂鈞約城中軍民復其州。春遂遁。事聞。哀宗嘉之。擢刑部尙書。鎭防軍亂。遇害。

金世宗 【金】睿宗子。本名烏祿。改名雍。海陵南下。金人立帝於遼陽。海陵被弒。遂入燕。許宋和。爲叔姪之國。禁國人譯爲漢姓。及學南人衣飾。高麗將趙位寵以四十城叛降。詔不受。時上下相安。家給人足。號稱小堯舜。在位二十九年崩。廟號世宗。年號大定。

金世祖 【金】景祖第二子。名劾里鉢。遼咸雍中襲節度使。性嚴重。有智識。襲位之初。內外潰叛。乃因敗爲功。既破桓赧烏春等。基業益大。遼大安中卒。天會間追尊世祖。

金·世德 【清】遼東鐵嶺人。隸正黃旗漢軍。字孟求。淹貫經史。順治間以蔭補內院博士。凡有大著作。世祖恆午夜召之。巡撫直隸。多惠政。卒謚清惠。

金·史 【清】浙江山陰人。字古良。以字行。師陳洪綬。善畫人物。有雕本無雙譜行世。子可久。可大世其學。

金·可埰 【清】吳縣人。字甸華。號心山。諸生。詩有宋人風格。書亦古勁秀削。性孤冷。人多以傲目之。

金尼閣 【明】西洋人。字四表。有西儒耳目資。

金·幼孜 【明】新淦人。名善。以字行。建文進士。授戶科給事中。永樂初累遷諭德兼侍講。從幸北京。帝北征。所過山川要害。輒命記之。有旨屬起草。據鞍立就。自後出塞必扈從。

洪熙初官至禮部尙書。宣德時卒。諡文靖。有北征錄。金文靖集。

金末帝　【金】宗室子。名承麟。爲東面元帥。權總帥事。蒙古攻蔡。哀宗傳位承麟。承麟固讓。帝曰。我肌體肥重。不便馳突。卿趫捷有將略。萬一得免。祚胤不絕。此朕志也。遂於宋端平初卽帝位。未幾城陷。爲亂兵所害。金亡。年號盛昌。是爲末帝。

金永熙　【淸】蘇州人。王原祁弟子。工畫山水。

金玉　【明】浦江人。襲父官爲羽林衛百戶。調燕山護衞。從起兵有功。永樂中累遷驃騎將軍。從北征。師旋。爲殿。至長秀川。收敵所棄牛羊雜畜。亘數十里。又討平山西妖賊劉子進。論前後功。封惠安伯。

金玉和　【淸】遼東人。明千總。太祖時來降。隸漢軍正黃旗。崇德間從攻錦州及寧遠有功。順治間累擢工部參政。與李自成黨戰於河南濟源。沒於陣。贈二等男。

金光　【淸】義烏人。字公絢。少好學。凡天文地理及方術醫卜等書。靡不窮究。客尙可喜幕凡五十年。尙之信謀叛。脅光從。力拒被殺。生平好臨海觀日出。嘗屬弟輝生爲寫像立吳山望大江觀日出云。

金光辰　【明】全椒人。字居垣。崇禎進士。擢御史。巡視西城。內使殺人。捕之。卒抵罪。出按河南。拮据兵事。累擢僉都御史。後以力救劉宗周。鐫秩去。

金光悌　【淸】英山人。字汝恭。號蘭畦。乾隆進士。累遷刑部員外郎。官至刑部尙書。嚴於用法。然歲斷獄大小以千百計。無有能改從輕比者。

金光祖　【淸】漢軍正白旗人。初任佐領。康熙間累擢兩廣總督。勦孫延齡・馬雄於廣西。尙之信倡衆作亂。光祖陷於賊。密謀反正。復定兩廣。進取雲貴。功績頗著。後緣事解任。

金光節　【淸】天津人。字廉石。知安徽定遠縣。擢壽州。咸豐間平定遠盜陸遐齡。拔正陽關。轉戰淮上。粵捻均畏之。官至廬鳳潁兵備道。後戰死於正陽。諡剛愍。

金兆燕　【淸】全椒人。字椶亭。一字鍾越。乾隆進士。官國子監博士。生平不耐靜坐。跳躍多言笑。時目爲喜鵲。有椶亭詩鈔。

金安上　【漢】日磾弟倫之子。字子侯。少爲侍中。篤愼有智。宣帝愛之。發楚王延壽反謀。霍氏反。安上禁門闥無納霍氏親屬。封都成侯。官至建章衞尉。卒諡敬。

金安帝　【金】德帝子。名跋海。天會間追尊安皇帝。

金安淸　【淸】嘉善人。字眉生。官至湖北督糧道。明習掌故。熟於鹽漕河洋務諸大政。工詩。晚歲所作尤多。有六幸翁文稿・偶園詩稿。

金安節　【宋】休寧人。字彥亨。宣和進士。紹興中累官殿中侍御史。劾秦檜兄梓附麗梁師成。梓遂罷。檜銜之。未幾丁母憂去。遂不出。檜死。起知嚴州。孝宗嗣位。以敷文閣學士致仕卒。有文集・奏議表疏・周易解。

金式　【宋】金華人。字元度。淳熙進士。以右正言終。在官三十年。淸貧如一日。

金式珪　【淸】靑浦人。字夔齋。諸生。工詩詞。有鳳樓山房稿。

金江　【明】義烏人。字孔殷。有義烏人物志。

金似孫　【元】字叔宵。自少儁敏強記。工舉子業。文科既廢。遂一用於詩。淸新警拔。有思致。善諷切人。又傲俗寡交。好使酒。多與人忤。

金克厚　【明】仙居人。嘉靖中由進士任六合縣。溫雅忠厚。有長者風。歷工部郎中。

金君卿　【宋】浮梁人。字正叔。慶曆進士。累官度支郎中。有易說・金氏文集。

金希說　【元】襄陽人。博通經史。善屬文。仕爲內臺御史。弟希舜亦有才名。

金廷標　【淸】烏程人。字士揆。父鴻。善寫眞及山水。廷標能紹父藝。供奉內廷。所繪雨意寫意秋果及人物。皆邀御題。入直數載。卒於京寓。

金志章　【淸】仁和人。字繪卣。雍正舉人。官至口北道。有江聲草堂詩集。

金侃　【明】俊明子。字亦陶。工書畫。能詩。杜門鈔書。校讐精審。藏宋元秘本甚富。有雷譜。

金始桓　【淸】字匡夏。號公觀。別號復庵。博通經史。尤長於春秋。國變後。不應試。日吟詠以自娛。康熙間卒。私諡恭素。有遺集。

金始祖　【金】其先出靺鞨氏。名函普。年六十餘。初從高麗徙居完顏部僕幹水之涯。其部人嘗與他族鬬不解。因謂曰。若能解此怨。部中有賢女。年六十未嫁。當相配。始祖往解之。部衆乃許以六十之婦。始祖納之。幷得其貲產。遂爲完顏部人。因以完顏爲姓。天會間追尊始祖。

金尙　【後漢】京兆人。字元休。同郡韋端。字休甫。第五巡。字文休。俱著名。號爲三休。獻帝初尙爲兗州刺史。東之部。而曹操已臨兗州。遂依袁術。術僭號。欲以爲太尉。不從。爲術所害。

金居敬　【淸】長洲人。字穀似。康熙進士。舉鴻博未用。以文章擅名當世。嘗與孫致彌同修幸魯盛典。書成。授靈丘令。卒於官。

金廷棟 【清】江蘇清河人。字雲樓。優貢。官知縣。有曹江孝娥廟志。

金忠 【明】蒙古王子也先土干也。永樂中成祖征漠北。忠率妻子部屬來降。賜姓名。封忠勇王。甚見眷寵。宣德中請征兀良哈以自效。獲馬牛數百來獻。官至太保。◎【明】華弟。善卜。從燕王起兵。由紀善累官兵部尚書。爲人慷慨闊達負氣。每被顧問。知無不言。尤博於學。卒謚忠襄。

金忠士 【明】宿松人。字麗陽。萬曆進士。爲御史。屢疏陳時事。言皆鯁直。劾潞王不法事忤旨。出爲福寧參議。累擢僉都御史。巡撫延綏。奏行籌邊七議。威名大著。有旭山集。

金忠儀 【唐】新羅人。擢少監。德宗朝官將軍。巧捷過人。畫蹟精妙。

金昆 【清】善畫。供奉內廷。有慶豐圖。虎丘待月圖。均邀御題。

金玠 【清】諸暨人。字介玉。工寫眞。又善畫林木山石。

金門詔 【清】江都人。號東山。乾隆進士。官壽陽知縣。有東山文集。遼金元三史藝文志。

金保 【清】滿洲鑲黃旗人。姓庚克勒氏。嘉慶間由前鋒隨勦川陝楚教匪累有功。道光初官至鑲白旗護軍統領。

金俊 【清】杭州人。字惟一。號洪谷子。工畫山水。遇異人得奇術。精醫理。知鍼灸。年八十有三趺坐而逝。

金俊明 【明】蘇州人。初冒姓朱氏。名袞。後復姓。更今名。字孝章。號耿庵。又號不寐道人。好錄異書。靡間寒暑。工詩能書。長於畫梅。及卒。門人私謚貞孝先生。有闡幽錄。康濟譜。春草閒房詩集。

金信 【元】金華人。字中孚。穎悟工詩。從楊維楨游。往來吳越間。詩名大著。部使者以茂才舉。不應。歸隱金華之優游洞。以詩自娛。學者稱漫吟先生。有春草軒集。

金哀宗 【金】宣宗第三子。名守緒。天興中蒙古圍汴。帝走歸德。明年走蔡州。蒙古及宋圍之。帝謂侍臣曰。我自知無大過惡。死無所恨。所恨與古荒淫暴亂之君。等爲亡國。爲介介耳。明年。傳位於宗室承麟。蒙古入蔡州。帝自經於幽蘭軒。在位十一年。謚哀宗。紀元二。正大。天興。

金屋 【清】吳維華姬。才色殊麗。幼穎悟。讀書強記。武進鄒祗謨作金屋歌詠之。

金宣宗 【金】顯宗長子。本名吾睹補。改名珣。帝以國蹙兵弱。財用匱乏。不能守中都。乃徙都汴。蒙古陷中都。火月餘不滅。祖宗神御及諸妃嬪皆沒。河北郡縣。多降蒙古。遣使如蒙古求和。不允。又南開宋釁。西啟夏侮。國力殫焉。在位十年崩。廟號宣宗。紀元三。貞祐。興定。元光。

金庠 【明】蘇州人。永樂進士。官至御史。編橋門聽雨集。

金建 【清】吳縣人。字子澂。號紅鵝。工寫眞。善畫花卉人物。

金建中 【明】海陽人。字仲立。萬曆中國子監生。有笑拙墅稿。

金彥 【宋】邵陽人。力學善屬文。好施與。惇孝友。郡人號義門金氏。後奉詔舉孝廉。爲天下第一。

金彥文 【明】休寧人。三歲喪父。七歲舅奪母志。祖撫育之。及長。採薪負米。以資甘旨。祖沒。殯葬盡禮。母寡居。迎歸孝養。母卒。廬墓三年。永樂間詔旌其門。

金昭祖 【金】獻祖子。名石魯。生女直無書契。無約束。不可檢制。昭祖稍以條教爲治。部落浸強。耀武至青嶺白山。所至克捷。還至逼剌紀村卒。天會間追尊爲帝。廟號昭祖。

金洲 【明】嘉興人。字士敦。性至孝。嘗知永康。以清廉仁愛稱。其學以誠敬爲主。學者稱沐齋先生。

金秋林 【清】長洲人。善弈。爲道成時大家。

金約 【明】休寧人。字用博。正德舉人。母老。疏乞教職就養。署唐縣教諭。流賊至。約集諸生築城守具。身先乘城。賊知有備。夜遁。補信豐縣學。以節行文章。起人敬服。陞國子助教卒。

金若洙 【宋】休寧人。字子方。精性理之學。領寶祐間鄉薦。官黔江縣令。宋亡不仕。歸隱東園。有東園集。

金英 【明】宣宗朝司禮太監。親信用事。賜英免死。英宗北狩。英勸郕王任于謙治戰守。景泰初犯贓罪。下獄論死。帝令禁錮之。終景帝世廢不用。

金勛 【清】休寧人。字達三。號雪圃。專工墨梅。筆力老幹。脫去時習。

金革 【宋】休寧人。字貴從。咸淳間武舉進士。授武岡新寧簿。廉謹自持。嚴於撫輯。邑有大獄。積久不決。憲使文天祥委以詳讞。一驗得實。天祥欲薦用之。革固辭。退老於家。

金剛三藏 【唐】僧。獅子國人。善畫西域佛像。運筆持重。非常畫可擬。

金剛智 【唐】高僧。南印度摩賴耶國人。釋跋日羅菩提。通經論戒律祕咒諸書。開元間來華。所在必建大曼拏羅灌頂道場。大智。大慧。不空。一行等皆師事之。後至洛陽。示寂於廣福寺。賜號國師。譯有瑜珈念誦法。七俱胝陀羅尼。曼殊室利五字心陀羅尼。觀自在瑜伽法要。

金師古 【明】錢塘人。洪武初知分水縣。修築壇壝。教民播種。後陞永州府同知。民思之不忘。

金原舉 【元】鹽城人。善吟詠。博通經史。尤工楷書篆草。弱冠爲郡學錄。歷州郡守。有雲谷集。

金·時儀 清天德子。字朝九。詩字畫一時稱三絕。

金·甡 清仁和人。字雨叔。號海住。乾隆間以第一人及第。授修撰。擢詹事。直講席十七年。累官禮部左侍郎。以疾歸。生平以廉儉方正稱。

金·祚 北齊安定人。字神敬。驍勇尙氣。仕魏以軍功至龍驤將軍。從魏孝武入長安。除東北道大都督。據東雍州。降齊。以大都督從破西軍。累加開府儀同三司。封臨濟縣子卒。

金·祖靜 清綎子。字會川。又字定濤。別號安安。雍正初薦舉賢良方正科。授戶部雲南司主事。官至貴州按察使。歷官有惠政。好讀書。老而彌篤。尤工書。有定濤詩文集。

金·純 明泗州人。字德修。洪武中太學生。擢吏部文選司郎中。治會通河。有能聲。累官禮部尙書致仕。純在刑部。務寬大。每誡屬吏。不得妄椎擊人。故當純時。獄無瘐死者。卒贈山陽伯。

金·國琛 清江陰人。字逸亭。咸豐間從李續賓轉戰武昌九江桐城。由監生累敍知縣。陳玉成糾衆數十萬。圍鮑超軍數十重。循潛山太湖。連營百里。國琛大破之。爲楚軍入皖第一大戰。官至廣東按察使。

金·國鳳 明宣府人。崇禎中以副總兵守松山。清兵來攻。國鳳督將士死守。清兵穴其城。國鳳隨方固拒。圍解。擢署都督僉事。爲寧遠團練總兵官。清兵復攻寧遠。國鳳出據北山岡力戰。與二子俱死。

金·啓 清瑩子。字東屏。山水筆意。得自家傳。晚年甚蒼老。深入宋元堂奧。兼工雜畫寫眞。

金康宗 金世祖長子。名烏雅束。字毛路完。遼乾統中襲節度使。高麗於穆宗時始通好。既而頗有隙。屢來攻。康宗命將禦之。復所侵地。乃罷兵。天會間追尊爲帝。廟號康宗。

金·張 清錢塘人。字介山。有岕老編年詩鈔。

金·從龍 宋字誠之。嘉定進士。知涪州樂溫。時金人犯蜀。從龍任供餉。留戍守。邑賴以全。改知瀘州納溪。兼通判。寇大至。死之。

金·惟駿 清嘉定人。字昂千。有野庵詩鈔。翡翠蘭苕集。排悶集。

金·望欣 清全椒人。字禺谷。嘉慶舉人。以知縣分發甘肅。精天文算學。有春秋五紀。周易漢唐古義。清惠堂詩文詞賦各集。

金·梁之 宋休寧人。字彥隆。以蔭爲奉新尉。一旦若狂惑者。棄官歸。自是袒跣垢汙。走歙之墟落。動旬月不食。晚年多食大黃。棲止無常處。自稱野仙。淳熙初卒。葬城陽山。後有自蜀見之者。爲擕家問歸。蓋尸解云。

金·梁鳳 唐頗言人貴賤壽夭。裴冕爲河西留後。梁鳳輒言不半歲兵起。君當以御史中丞除宰相。俄而安祿山反。冕以御史中丞召。肅宗卽位。冕遂相。薦於帝。拜都水使者。

金·淵 宋臨安人。字淵叔。嘉定進士。累官端明殿學士。同簽書樞密院事。侍御史劉漢弼論淵尸位妨賢。落職。

金·淑 清嘉善人。字愼史。號純一。沈錫章之妻。家富收藏。工於臨摹。有得樹樓集。

金·琇 明江都人。正德初知保康縣。以廉介正直稱。時歲祲兵擾。琇推誠安撫。民始樂業。

金章宗 金顯宗嫡子。名璟。小字麻達葛。承世宗治平日久。宇內小康。正禮樂。修刑法。定官制。置弘文院譯寫經書。典章文物。粲然成一代治規。惟嬖寵擅朝。傳授非人。金由此衰。泰和中分兵九道伐宋。宋人求和。始還軍。在位十九年崩。廟號章宗。紀元三。明昌。承安。太和。

金·絅 明嘉興人。元末舉鄉試。洪武中歷蘇州守。百姓苦官民田則不齊。里胥爲奸。絅上疏請減重額。得罪賜死。

金·紳 明上元人。字縉[illegible]。景泰進士。授刑科給事中。時同張寧上章疏。每有獻替。官至刑部右侍郎。性狷介嚴毅。門無雜賓。

金·問 明吳縣人。字公素。少學易。文行敦茂。工書。得魏晉筆法。星曆之學尤精。永樂初被薦爲司經局正字。後坐繫十年。講讀不輟。洪熙初得釋。官至禮部右侍郎卒。有集。

金·堯恭 唐寶應中爲上虞令。於縣西北置任嶼湖及黎湖。溉田二百餘頃。民利賴之。

金·敞 清靖江人。字廓明。號闇齋。師事宜興湯之錡。長之錡三歲。執禮恭謹。之錡卒。居無錫。遲復七規。與同志靜坐讀書。興起者甚衆。有金闇齋集。

金·景文 宋湖谿人。字唐佐。事親孝。親沒廬墓。夜見天光下燭。五色爛然射墓上。人以爲孝感所致。咸淳間知縣事沈應龍以景文及陳天隱。董孝舒名請於朝。立碑建祠於學宮之後。名三賢祠。

金景宣帝 金太祖子。名宗峻。本名繩果。天輔間與完顏杲襲遼主於鴛鴦濼。攻克西京。太祖崩。與兄宗幹率宗室羣臣立太宗。天會間卒。熙宗卽位。追謚景宣皇帝。廟號徽宗。

金景祖 金昭祖子。名烏古迺。景祖稍役屬諸部。自白山土骨論之屬皆聽命。遼邊民多逃而來歸。遼主命爲生女直部族節度使。遼人呼節度使爲太師。金人稱都太師自此始。天會間追尊爲帝。廟號景祖。

金朝興 明巢人。從太祖渡江。朝興積功遷都督僉事。兼秦王左相。朝興沈勇有智略。所至以偏師取勝。功出諸將上。後從傅友德征雲南。駐師臨安。元右丞兀卜台等俱降。進次會川卒。諡武毅。

金湜 明鄞人。字本清。號太瘦生。又號朽木居士。有異質。甫髫齔。輒能詩歌。正統中舉於鄉。以善書授中書舍人。陞太僕寺丞。釐剔宿姦。風節甚著。憲宗卽位。使朝鮮。湜卽席數十篇立就。因請湜所經歷題詠刻之。名皇華集。還朝致仕。屢徵不起。湜善畫竹石。篆隸行草。皆有晉人風度。又善摹印篆。

金焜 淸志章子。字以寧。號赤泉。雍正舉人。乾隆時舉鴻博未用。官國子監典簿。有蠡海錄・妙明書屋詩・濃齋詞。

金琮 明上元人。字元玉。自號赤松山農。爲人高簡粹白。工詩。善書。文徵明極喜之。裝潢成卷。題曰積玉。

金華 明鄞人。字宗實。負志節。弟忠爲燕王府紀善。守通州有功。欲推恩官之。辭不就。徙居東湖。忠卒。召賜金綺。謝曰。臣野人不敢用此。

成祖目爲迂叟。放還。時稱白雲先生。

金菁莪 淸番禺人。字藝圃。一字蘿香。嘉慶進士。官兵部主事。有軒于軒文鈔。

金賁亨 明臨海人。字汝白。初冒高姓。正德進士。官至江西提學副使。著台學源流。自宋徐中行迄明方孝孺・陳選。各爲之傳。

金逸 淸蘇州女子。字纖纖。歸陳竹士。師袁枚。工詩。年二十五歲卒。有瘦吟樓詩草。

金鈍 明松江華亭人。鉉子。字汝礪。官中書舍人。畫有父風。精楷書章草。

金順 明本名阿魯哥失里。永樂中自瓦剌來降。授大寧都指揮僉事。從北征有功。洪熙初陞都督府僉事。宣德中從巡北邊。封順義伯卒。◉淸滿洲鑲藍旗人。姓伊爾根覺羅氏。字和甫。咸豐間從攻洪秀全。轉戰湖北安徽等省。疊克堅城。勦回於陝甘。功尤偉。官至伊犂將軍。卒諡忠介。

金極 宋樂平人。字克中。紹聖進士。宰分宜。上書乞斬蔡京以謝天下。坐是入元祐黨。後以市隱自號。紹興初贈太常博士。

金熙宗 金景宣帝子。本名合剌。改名亶。卽位後不改元。命兀朮騎執劉豫。廢之。天眷初餌宋以河南陝西地。宋稱臣。以淮爲界。帝初敬禮大臣。委以國政。末年酗酒妄殺。人懷危懼。爲完顏亮所弑。在位十四年。廟號熙宗。紀元三。天會・天眷・皇統。

金綎 淸吳縣人。字絲五。貢生。官宣城訓導。詩負奇氣。晚年研究易理。有讀易自識・蘊亭詩稿。

金聖歎 淸長洲人。本姓張。名采。後改姓金。名喟。一名人瑞。聖歎其字也。爲人狂傲有奇氣。嘗言天下才子之書有六。一莊。二騷。三馬史。四杜律。五水滸。六西廂記。因作各書批評。其水滸西廂兩種。頗爲世俗傳誦。又三國志演義載金聖歎序文。有第一才子之目。故俗以三國志演義爲第一才子。淸初以抗糧哭廟案。與顧予咸・倪用賓等同被誅。

金肅宗 金景祖第四子。名頗剌淑。世祖卒。以國相襲位。性機敏善辯。常桓赧等作難之際。屢當一面。尤明習遼之國政人情。凡遼事均身任之。皇統間追尊爲肅宗。

金葵 宋休寧人。字景陽。父卒。葵方七歲。哀慕如成人。事母孝謹。登淳熙進士。入翰林。後知建昌軍。總督兵務有功。慶元間同知樞密院事。嘉泰初以病乞歸。卒於家。

金虞 淸錢塘人。字長孺。號小樹。康熙舉人。乾隆時舉鴻博。遭親喪未與試。博綜羣籍。爲文根抵經術。詩亦清麗。有小樹軒集。

金輅 淸常熟人。居仁和。又名埕。字式度。又字壽峯。號晩香。又號耐雲。工畫山水。善寫蘭。詩亦清雅。性孤介。有耐雲遺稿。

金農 淸錢塘人。字壽門。號冬心。又號司農。別號稽留山民。嗜奇好古。收金石文千卷。足跡半天下。工詩格高簡有奇氣。分隸獨絕一時。工畫梅。間寫佛像。自署昔耶居士・心出家盦粥飯僧。乾隆初以布衣舉鴻博不赴。卒年七十餘。有冬心集。

金道源 元黃巖人。字本仲。號水南。少好學。從潘伯修游。博通羣經。隱居松巖山。有水南稿。

金鉉 明松江華亭人。字文鼎。一字尙素。事母孝。喜吟詠。工書畫。時稱三絕。洪武中徵至京師。有欲薦其才者。以母老辭。◉明武進人。字伯玉。崇禎進士。累官兵部主事。京師陷。鉉慟哭。急趨入朝。知帝已崩。投金水河死。福王時諡忠節。

金雍 明洪武初知清豐縣。博學多才。爲政有惠愛。時兵燹之後。雍修舉廢墜。勸課農桑。民皆樂業。

金實 明開化人。字用誠。成祖卽位。上書言治道。復對策稱旨。入翰林。與修太祖實錄・永樂大典。仁宗卽位。除衞府左長史。正統初卒。

金榜 淸歙人。字輔之。一字蕊

中。號槃齋。乾隆進士。授修撰。性恬淡。以病不復出。師事江永。治禮宗鄭康成。著有禮箋。

金·毓峒 明保定人。字稺鶴。崇禎進士。授御史。巡按陝西。還朝。命監李建泰軍。馳赴山西。甫抵保定而賊騎已逼。遂偕邵宗元等分守。散家貲犒士。城陷。一賊挽毓峒往謁其帥。毓峒且罵且行。遇井。推賊仆地。躍井死。

金·瑤 明休寧人。字德溫。號栗齋。嘉靖貢生。歷會稽・廬陵縣丞。遷桂林中衛經歷。以母老不赴。教授鄉里。卒年九十七。有六爻原意・周禮述註・栗齋文集。

金睿宗 金太祖子。名宗堯。初名宗輔。本名訛里朶。天會間為右副元帥。敗宋兵於淄州。克大名府。平河北。又敗張浚於富平。定陝西。還至嬀州卒。追封潞王。謚襄穆。世宗即位。追尊為帝。廟號睿宗。

金·禕 後漢京兆人。字德偉。自以世為漢臣。自日磾以來。名節累葉。覩漢祚將移。與耿紀等共謀誅曹操。死之。

金·維城 清玉和子。崇德間從攻塔山・杏山・寧遠。克中後所・前屯衛。皆有功。順治間從攻湖廣。克湘潭。趨寶慶。乘勝追攻馬進忠等於沅州靖州間。以功官至正黃旗副都統。

金·維寧 清江蘇華亭人。字德藩。康熙舉人。有垂世芳型・秋谷雜編。

金·維嘉 清休寧人。號潛川。有聖學逢源錄。

金·肇鑾 清錢塘人。字羽階。貢生。厲鶚高弟。為詞幽秀澹逸。有存齋遺稿。

金·誠 明番禺人。字成之。永樂進士。官刑部主事。能詩。◎清江蘇華亭人。字閑存。有易經貫一。

金·履祥 元蘭谿人。字吉甫。少有經世志。及壯知濂洛之學。遂窮究義理。為一代名儒。德祐初以史館編修召。不及用而宋亡。遂隱居著書。晚年講學於麗澤書院。學者稱仁山先生。大德間卒。至正中賜謚文安。有大學疏義・尚書表註・通鑑前編・論語集註考證・中庸標註・仁山文集。

金廢帝 金遼王宗幹第二子。名亮。字元功。本名迪古乃。弒熙宗而自立。大殺宗室。納其叔母及宗婦於宮。無所忌恥。遷都於燕。復遷都於汴。嘗寫臨安湖山為屏。圖己之像。策馬於吳山絕頂。題詩其上。有立馬吳山第一峰之句。正隆末弒太后圖克坦氏。大舉伐宋。兵敗。還至瓜洲。為下所殺。大定中降為海陵庶人。在位十二年。紀元三。天德・貞元・正隆。

金德帝 金始祖長子。名烏魯。天會間追謚德皇帝。

金、德玹 明休寧人。字仁本。蒐訪先達遺書三十餘種。編新安文粹。又有道統源流・程朱氏錄小・四書音釋。

金·德純 清遼陽人。隸漢軍正紅旗。字素公。有旗軍志。

金·德瑛 清仁和人。字汝白。一字慕齋。號檜門。乾隆進士第一。官至左都御史。性好古。善鑒別金石摹本及古人手跡。工書。有檜門詩疑。

金、德嘉 清廣濟人。字會公。號豫齋。康熙進士。官檢討。與修明史。分撰一統志。於楚中郡邑。考訂尤精核。為文宗法韓歐。致仕歸。著書二十餘年。及卒。私謚貞孝先生。有居業齋文集・續纂元明名臣言行錄。

金·德輝 清崑山人。業伶工。習音於鈕樹玉。聖祖南巡。德輝集班演劇。賜名曰集秀班。名重一時。龔自珍為傳其事。

金·德輿 清桐鄉人。字鶴年。號雲莊。又號鄂巖。官刑部主事。善書能詩。精鑒藏。有桐華館詩鈔。又校正東觀漢記諸書八種。名曰史翼。

金·潤 明上元人。字伯玉。又字靜虛。年十二。能賦詩。正統間舉鄉貢。授兵部司務。為少保于謙所重。每與之諮議兵事。擢南安知府。政暇。彈琴寫畫賦詩。乞休家居卒。

金·瑩 清元和人。字名時。號鹿田。工畫山水。尤精花鳥。惟溺於匾款。世人爭購其畫。每託名前賢以獲厚貲。瑩甘隱其名。不與較。

金·質 清太和人。字野若。工畫。筆墨樸穩。好為層巒疊嶂。詩學少陵。

金·銳 明松江華亭人。鉉次子。字汝潛。盡得父傳。有黃公望筆意。

金·養 明樂清人。王華之僕。嘉靖中倭寇至。華挈女婦數十人遁。賊望見追之。衆大窘。養揮手曰。主第走。即扼橋格賊。死鬬良久。始仆。華等得脫。

金·學堅 清秀水人。字成峯。山水宗元參宋。私淑王翬。貧而能守。不為豪勢所屈。

金·學詩 清士松弟。字韻言。號二雅。晚號夢餘道人。乾隆舉人。補國子監學正。遷助教。充四庫全書覆校官。丁憂歸。歷主瀋陽青州儀徵笠澤松陵諸書院。有四書巵言・歷代年號譜・播琴堂詩文集・無所用心齋瑣語・砭俗芻言・牧豬閒話・擷賓錄。

金·學蓮 清吳縣人。字青儕。諸生。善書。工詩。有三李堂詩集。

金·澤 明江寧人。字德潤。成化進士。贛寇內擾。命澤為右都御史。巡撫江西。澤振勵風紀。嚴明節制。猺獠諸蠻皆向化。民稱保障焉。

金·濂 明淮安山陽人。字宗翰。永樂進士。授御史。有風裁。累官刑部尙書。時討閩盜。濂參贊軍務。竣事。進太子太保。兼戶部尙書。卒諡榮襄。

金穆宗 【金】景祖第五子。名盈歌。字烏魯完。遼大安中襲節度使。屢以征討有功。爲遼主所嘉賞。自景祖以來。兩世四主。志業相因。一切以本部法令爲治。所轄疆土日益廣。金自此而盛。天會間追尊爲帝。廟號穆宗。

金．興旺 【明】洪武初以指揮使守鳳翔有功。復守興元。蜀將吳友仁以三萬衆寇興元。城中兵止三千。興戰。興旺面中流矢。拔矢復戰。斬數百人。卒以計卻敵。威震隴蜀。明初守城功稱最。

金衛紹王 【金】世宗第七子。名允濟。小字興勝。初封衛王。自武定軍入朝。章宗留之。遂嗣位。性柔弱鮮智能。政亂於內。記注亡失。蒙古侵西北邊。帝遣使求和。不許。西北諸州皆降蒙古。戰於會河。敗績。至寧初爲胡沙虎所弒。降封東海郡侯。在位五年。紀元三。大安．崇慶．至寧。

金．應 【宋】吉水人。爲文天祥書史。天祥奉使被執。左右皆散。應獨無畔志。及脫走鎭江。至淮東。以憂憤死。

金．應桂 【元】錢塘人。字一之。號孫璧。又號積慶山人。工詞章書畫。宋季爲縣令。入元隱居鳳篁嶺以終。

金．應麟 【清】錢塘人。字亞伯。道光進士。由內閣中書官至大理寺少卿。嘗三使川楚山西。鞫巨獄。有豸華堂詩文集。

金．檀 【清】桐鄉人。字星軺。諸生。後徙婁東。又徙吳。自幼嗜古。好蓄異書。築文瑞樓以貯之。有文瑞樓集．銷暑偶錄。

金．爋 【明】嘉定人。字懋光。爲人朴魯無威儀。長於史學。嘗輯諸史會編一百十二卷。巡撫李克嗣爲之梓行。又作歷年甲子圖。仕爲象山訓導。

金．璐 【清】杭州人。字公在。工畫花卉。

金．聲 【明】休寧人。字正希。好學。工舉子業。名傾一時。崇禎初進士。授庶吉士。乞面陳急務。帝卽召對平臺。不用。遂屢疏乞歸。久之。廷臣交薦。卽命召用。未赴而京師陷。福王立於南京。超擢左僉都御史。聲堅不起。南都陷。糾集義勇。分兵扼六嶺。貴池吳應箕等多應之。乃遣使通表唐王。授右都御史。總督諸道軍。爲清所執。不屈死。諡文毅。

金．聲桓 【清】遼東人。明時隸左良玉部下。爲後營總兵。順治間阿濟格至九江。聲桓隨良玉子夢庚投誠。授鎭守江西總兵。尋改提督。屢勦滅明宗室及故官之據城匿山寨者。江西底定。聲桓自以功高未酬封爵。遂據南昌叛。後爲清軍所破。中矢投水死。

金．鴻 【清】烏程人。字耕山。工寫眞及山水。

金．曜 【清】青浦人。字朗西。工金碧山水。兼善人物。

金．燾 【清】嘉定人。字保和。號竹莊。乾隆舉人。工詩善書。又善畫山水。

金．爵 【明】四川人。字良貴。成化中知鄞縣。平易守法。民甚愛之。時郡多虎。獨不入境。人以爲德化所感。官至太僕丞。◎【明】隆萬時人。工畫人物花卉。

金．璿 【明】琮弟。字元善。號松居。善畫松雪景。精醫。

金．璧 【元】蘇州人。字潤夫。善畫山水人物。

金．禮嬴 【清】浙江山陰人。字雲門。秀水王仲瞿繼妻。通文史。尤善畫人物。嘉道之間海內稱女士畫爲大宗。所畫佛像尤多。

金．簡 【清】漢軍正黃旗人。乾隆間累官總管內務府大臣。充四庫全書副總裁。改譯遼金元三史人地官名。復以三史國語解重加編次。列於原史之前。官至吏部尙書。卒諡勤恪。

金．贇仁 【明】道士。嘉靖初以齋醮有寵。官太常寺少卿。所著太常總覽。雖爲當時黷祀。而於典禮分別圖注。條理頗詳。

金．鎭貴 【明】開州人。歷官至總兵。崇禎末艸苗圍州城。鎭貴與知州黃嘉雋協力守城。城陷遇害。

金．鯉 【明】姚安人。諸生。性至孝。母楊氏病篤。鯉晝夜禱。夢神授方。母病遂愈。後母沒。廬墓側。時羅賊劫掠。感其孝。舍之去。兄鯤舉家疾疫。鯉與同寢處。供湯藥。萬曆中旌獎。

金．獻民 【明】綿州人。字舜舉。成化進士。弘治初授御史。世宗時累擢左都御史。遷兵部尙書。歷官並著風裁。大禮議起。獻民偕廷臣疏爭。帝不悅。罷歸。

金獻祖 【金】安帝子。名綏可。黑水舊俗無室廬。隨水草穴土以居。獻祖乃徙居海古水。耕墾樹藝。始有棟宇之制。人呼其地爲納葛里。漢語居室也。天會間追尊爲帝。廟號獻祖。

金．鶚 【清】臨海人。字秋史。有鄉黨正義。

金．礪 【清】奉天人。隸漢軍鑲紅旗。天聰時爲兵部承政。順治初招撫山西。攻克太原。從征湖廣。授平南將軍。鎭守浙江。破明魯王朱以海於舟山。敍功封一等男。加太子太保。

金．鶯兒 【元】山東妓。美姿色。善談笑。搊箏合唱。鮮有其匹。賈伯堅任山東僉憲。一見屬意。後除西臺御史。不能忘情。作醉高歌紅繡鞋曲以寄之。爲臺臣所知。被劾去。

金櫻　【清】黃任之侍兒。明豔絕世。妙解文翰。兼工絲竹。

金顯宗　【金】世宗第二子。名允恭。本名胡土瓦。大定間封楚王。更名允迪。詳見完顏允恭條。

金・鷹揚　【清】黃巖人。字君選。一字叔驤。號西溪河岸人。以恩貢就職教諭。天資英敏。博極羣書。父早逝。事母孝。有參易發凡・廣五經算術・作室解・南華意解・悟眞新解。

金・鑾　【明】隴西人。僑居建康。字在衡。習歌詩。得江左風致。性俊朗。任俠。喜交游。往來淮揚兩浙。與盛時泰友善。解音律。善塡詞。嘲調小曲極妙。嘗取古詞辯其字句清濁爲一書。後人宗之。有徙倚軒集。

長平公主　【明】思宗女。名徽娖。甲申之變。帝手劍親裁。傷頰斷腕。越五日復甦。清順治初上書自陳。先是主議降都尉周世顯。至是詔歸世顯。尋卒。

長安　【清】蒙古鑲黃旗人。姓博爾濟吉特氏。嘉慶間從征川陝教匪有功。道光間從征張格爾於西域。官至京口副都統。洪楊軍起。轉戰湘鄂江南。卒於軍。

長・沮　【春秋楚】葉人。避世隱居。孔子過葉。見沮與桀溺耦而耕。乃使子路問津焉。沮曰。是魯孔丘與。曰是也。曰是知津矣。

長春　【清】蒙古正紅旗人。姓扎里特氏。乾隆間從勦湖南苗。嘉慶間克平隴。苗疆悉平。又從征川楚教匪。擢涼州鎮總兵。尋降副護軍參領。致仕卒。

長孫・子彥　【後魏】冀歸子。有膂力。以軍功封槐里縣子。孝武帝與齊神武構隙。加子彥中軍大都督。鎭弘農。以爲心膂。及從帝入關。封高平郡公。位儀同三司。子彥少嘗墜馬折臂。肘上起骨寸餘。乃命開肉鋸骨。流血數升。言戲自若。時以爲踰於關羽。

長孫・平　【隋】儉子。字處均。有器幹。博覽書記。仕周累遷小司寇。開皇中拜度支尚書。奏令民間每秋家出粟麥諸之閭巷。以備凶年。名曰義倉。自是州里豐衍。轉工部尚書。突厥可汗相攻。使平持節宣諭。遂各解兵。進位大將軍。判吏部尚書。卒諡康。

長孫后　【唐】晟女。太宗皇后。好讀書。造次必循禮則。太宗深重之。嘗與議賞罰。后辭曰。牝雞之晨。惟家之索。固問之。終不對。撰女則十卷。年三十六崩。諡文德。

長孫・佐輔　【唐】德宗時人。工詩。有古調集。

長孫・兕　【北周】紹遠兄子。字若汗。性機辯。強記博聞。雅重賓遊。尤善談論。從魏孝武西遷。天和中累遷驃騎大將軍。終絳州刺史。

長孫・肥　【後魏】代人。少有雅度。果毅少言。道武深信仗之。以功賜爵盧鄉公。除兗州刺史。肥撫慰河南。得吏民心。威信著於淮泗。每戰常爲士卒先。前後征討。未嘗失敗。卒諡武。

長孫・恕　【唐】貞觀中爲龍門令。於縣東南鑿石壚渠。溉田良沃。畝收十石。又於縣西鑿馬鞍塢渠。民歌頌之。

長孫・晟　【隋】洛陽人。字季晟。性通敏。善彈射。年十八爲司衛上士。高祖一見嗟異焉。開皇中突厥南侵。晟口陳形勢。手畫山川。定其虛實。皆如指掌。拜車騎將軍。又爲受降使者。突厥畏之。聞其弓聲。謂爲霹靂。見其走馬。謂爲閃電。終右驍衛將軍。卒諡獻。

長孫・紹遠　【北周】冀歸子。初名仁。字師。寬容有大度。雅好墳籍。聰慧過人。魏孝武西遷。紹遠奔赴。累遷殿中尚書。拜大司樂。孝閔踐祚。封上黨公。卒。

長孫・敞　【唐】無忌從父。字休明。仕隋爲左衞郎將。唐師入關。率子弟迎謁於新豐。從平京城。以功官至金紫光祿大夫。封平原郡公。卒諡良。

長孫・無忌　【唐】晟子。字輔機。博涉書史。嘗撰隋書志。佐太宗定天下。功第一。擢吏部尚書。封趙國公。累遷太子太師。後與褚遂良同受顧命。高宗初進太尉。與褚遂良悉心奉國。以天下安危自任。故永徽之政。有貞觀風。以諫立武昭儀爲后。許敬宗希后指。誣以謀反。削爵流黔州。投繯卒。有唐律疏義。

長孫・順　【漢】淄川人。從王吉受韓詩。爲博士。

長孫・順德　【唐】無忌族叔。初仕隋。素爲高祖所親厚。太宗起兵。從征累有功。進左驍衛大將軍。封薛國公。以受賕爲有司所劾。帝因賜帛以愧之。貞觀中召爲澤州刺史。乃折節爲政。以嚴明稱。先時守長多通餽問。順德繩摘無所容。遂爲良吏。卒諡襄。

長孫・嵩　【後魏】代人。寬雅有器度。道武以爲南部大人。累著軍功。明元即位。與奚斤・安同・崔宏等八人坐止車門右。聽理萬幾。世號八公。太武時進爵北平王。遷太尉。卒諡宣。

長孫・道生　【後魏】嵩從子。道武愛其愼重。使掌機密。太武即位。進爵汝陰公。遷廷尉卿。從征蠕蠕。大捷而還。征赫連昌爲前驅。遂平其國。累除司空。加侍中。進封上黨王。道生廉約。身爲三司。衣不華飾。食不兼味。每建大議。多合時機。爲將有權略。善待士衆。所在著績。卒諡靖。

長孫・儉　【北周】洛陽人。嵩五世孫。本名慶明。少方正有操行。時四方騷動。儉從爾朱天光攻破宿勤明達等。

以功賜爵案寧侯。文帝深敬之。表授荊州刺史・東南道行臺僕射。邊境無虞。民安其業。吏民表請爲儉構清德樓。樹碑刻頌。又詣闕乞留。朝廷嘉而許之。後徵授大行臺尙書。兼相府司馬。封昌寧公。遷大將軍。鎭荊州。以病還爲夏州總管卒。

長孫・澄 北周 紹遠弟。字士亮。年十歲。司徒李琰之見而奇之。遂以女妻之。十四從父征討。有智謀。勇冠諸將。孝閔踐祚。拜大將軍。封義門公。爲玉壁總管卒。澄操履清約。家無餘財。雅對賓客。接引忘疲。雖不飲酒。而好觀人酬興。常恐座客語歸。每勅中廚別進異饌。留之止。

長孫・慮 後魏 代人。母因飲酒。其父眞誤以杖擊致死。爲縣囚執。慮以重坐。慮乞以身代父。孝文詔特恕其父死罪。

長孫・冀歸 後魏 觀子。六歲襲爵。降爲公。孝文帝以其幼承家業。賜名稚。字承業。聰明有才藝。虛心愛士。爲前將軍。鮮于修禮反。以冀歸爲大都督北討。大敗。冀歸除名。尋蜀反。復假冀歸鎭西將軍討蜀都督。頻戰有功。復本爵。出帝初錄尙書事。以定策功。更封開國子。

長孫・操 唐 覽子。字元節。有學術。高祖辟相國府金曹參軍。檢校虞州刺史。從太宗征討。與聞祕謀。徙陝州。長老守闕頌遺愛。封樂壽縣男。爲齊揚益三州刺史。課皆最。永徽初以陝州刺史卒。謚安。

長孫・翰 後魏 肥子。少有父風。明元在外。翰與元磨渾等潛謀奉迎。明元即位。與磨渾等拾遺左右。以功累遷平南將軍。率衆鎭北境。威名甚著。太武即位。封平陽王。清直嚴明。善撫將士。卒謚威。

長孫・禮 後魏 子彥子。少以父任爲散騎郎。與婁成公盧魯元等內侍。恭敏有才志。爲太武所寵信。

長孫・翱 唐 肅代時人。能詩。

長孫・覽 隋 紹遠子。字休因。魏大統中起家東宮親信。周明帝時爲大都督。武帝在藩。與覽親善。覽初名善。帝謂之曰。朕以萬機委卿先覽。遂賜名焉。開皇初徵爲東南道行軍元帥。統八總管出壽陽。水陸俱進。師臨江。陳人大駭。會陳宣帝卒而還。俄遷涇州刺史。所在並有政績。卒官。

長孫・觀 後魏 道生孫。少以壯勇知名。後襲祖爵。孝文初拜殿中尙書侍中。吐谷渾侵逼。假觀司空討降之。遷征南大將軍。卒謚定。

長・息 戰國 公明高弟子。嘗問舜號泣於旻天之故。公明高謂非爾所知。賁惠公亦謂王順・長息則事我者也。

長桑君 戰國 精於醫。知扁鵲非常人。出懷中藥予之。曰。飲是以上池之水。三十日當知物矣。乃悉取其禁方盡與之。忽然不見。

長海 清 滿洲人。姓那闌氏。字匯川。號清癡。鎭安將軍馬期子。博古多識。尤工於詩。以恩蔭宜得官。不赴補。愛易水之雷谿。築大蠡庵。復自號雷谿居士。有雷谿草堂集。

長淸 清 滿洲鑲黃旗人。姓鈕祜祿氏。道光初任阿克蘇辦事大臣。張格爾之亂。屢戰有功。官至福州將軍。卒謚勤毅。

長・牂 春秋 衛 大夫。成公出奔。使弟叔武攝國事。公返國。寧俞先入。牂守門。以爲使也。與之乘而入。公子歂犬・華仲前驅。掩其不備。遂射殺叔武。

長魚・矯 春秋 晉 厲公侈。多外嬖。郤犨與長魚矯爭田。執而梏之。與其父母妻子同一轅。既・矯亦嬖於厲公。攻郤氏。矯以戈殺駒伯・苦成叔於其位。溫季曰。逃威也。遂趨。矯及諸其車。以戈殺之。皆尸諸朝。矯又欲殺欒書・中行偃。公不可。矯遂出奔狄。

長順 清 黑龍江人。隸滿洲正白旗。姓郭博羅氏。字鶴汀。咸豐間擢頭等侍衛。擊寧夏回衆。屢著奇功。官至吉林將軍。卒謚忠靖。◎清 滿洲鑲藍旗人。姓依特墨氏。咸豐間以佐領從征。與洪楊軍轉戰安徽湖北。肅淸楚地。官至廣州滿洲副都統卒。

長瑞 清 滿洲正白旗人。姓瓜爾佳氏。字小泉。由侍衛累官天津鎭總兵。咸豐初隨賽尙阿至桂林。與洪楊軍戰。死之。

長・壽 元 元統間父沒。哀毀盡禮。服闋當蔭敍。讓諸弟。

長盧 戰國 楚 著書九篇。

長齡 清 蒙古正白旗人。姓薩爾圖克氏。字懋亭。乾隆間由筆帖式陞主事。隨征叛回。克臺灣及廓爾喀。皆有功。嘉慶間平川陝楚教匪。道光間定回疆。官至文華殿大學士。封一等威勇公。加太傅。卒謚文襄。

長麟 清 正藍旗人。姓覺羅氏。乾隆進士。累擢江蘇巡撫。擒獲強暴。禁止奢侈。常私行市井間。訪察民隱。調山西。和珅因市人董二誣告王倫匿晉省某家。令無論眞僞。坐爲逆黨。長麟察其冤。坐董二以誣告。大忤和珅意。尋坐事譴戍。嘉慶初召回。官至刑部尙書・協辦大學士。卒謚文敏。

門・文愛 後魏 山陽人。早孤。供養伯父母。以孝謹聞。伯父亡。服未終。伯母又亡。文愛持服六年。哀毀骨立。鄉人相與標其孝義。

門・克新 明 鞏昌人。洪武中爲鞏州教諭。秩滿來朝。召問經史及政治得失。直言無隱。授左贊善。以亮直見重。累擢禮部尙書卒。◎明 汝陽人。由靑州推官擢御史。巡按山東。魏忠賢盛時。搏擊清流。獻謟希寵。崇禎初引疾去。已而名入逆案。論徒。

門·迎恩 明虞城人。崇禎間賊圍虞城。迎恩備火攻。殺賊無算。城賴以全。後任南陽主簿。殫力禦寇。城破。罵賊而死。妻及三子皆被害。

門·達 明豐潤人。性機警沈鷙。正統中襲父職爲錦衣衞百戶。天順初與奪門功。進指揮使。專任理刑。初倚千戶謝通。以平反重獄故。朝士頗稱其賢。時英宗欲倚錦衣官校爲耳目。以知外事。而校尉逯杲陷誣無辜。因得大幸。達反爲之用。杲被殺。進達都指揮僉事。掌衞事如故。達勢益張。欲踵杲所爲。四布旗校。告訐日盛。帝疾篤。達知東宮局丞王綸必柄用。預爲結納。憲宗立。綸敗。達坐調貴州都勻衞。甫行。言官交論其罪。發南州衞充軍卒。

阿力 明土魯番酋長。成化間自稱速檀。遣使入貢。窺哈密無主。襲破之。執王母。奪金印。以其妹壻牙蘭戍守。詔遣李文前往經略。諭還哈密。無功而回。

阿山 清滿洲正藍旗人。姓伊爾根覺羅氏。太宗時破永平。攻皮島。圖廣寧。皆先登。順治間破李自成。隨定河南江南浙江。累官都統。封三等公。坐事削爵。旋復授一等子。

阿什坦 清滿洲人。姓完顏氏。字海龍。順治間官至給事中。通經學。篤於踐履。時繙譯大學中庸孝經諸書以教旗人。皆出其手。鰲拜專政。欲令一見。終不往。聖祖稱爲大儒。

阿巴岱 明喀爾喀蒙古人。往西藏謁達賴喇嘛。得經典歸。於是喇嘛教始行於蒙古。部屬立爲汗。後因號土謝圖汗。據土拉河流域。與同族車臣·札薩克圖爲三大部。

阿巴泰 清太祖七子。初封台吉。天命間隨伐明。克撫順。又與諸台吉往討喀爾喀札嚕特部。後屢略明地。戰功甚著。順治初封多羅饒餘郡王。勦土賊於山東。遣準塔等擊賊於徐州。賊衆奔潰。卒謚敏。

阿台 元爲平灤路達魯花赤。至元中歲饑。發粟賑民。或持不可。阿台曰。朝廷不允。願以家粟償官。於是全活甚衆。卒謚忠亮。◎明王杲子。爲古勒城主。清稱阿太章京。萬曆中王杲敗沒。阿台走依王台長子虎兒罕。尋攻之。與遼東都督王兀堂迭爲邊患。李成梁破王兀堂。移師攻之。城破。中矢卒。

阿史那 後魏突厥始祖。本平涼雜胡。太武帝滅沮渠氏。阿史那以五百家奔茹茹。世居金山。工於鐵作。金山狀如兜鍪。俗呼兜鍪爲突厥。因以爲號。

阿史那·步眞 唐西突厥族。與族弟阿史那彌射有隙。彌射投唐。遂自立爲咄陸葉護。復以部落不附。率屬入朝。授左屯衞將軍。顯慶間從討平阿史那賀魯。册立爲繼往絕可汗。兼濛池都護。分押五弩失畢部落。龍朔中從蘇海政討龜茲。讒害彌射。陷之於死。

阿史那·忠 唐蘇尼失子。字義節。以功擢左屯衞將軍。居父喪哀慕過人。會立阿史那思摩爲突厥可汗。以忠爲左賢王。及出塞。不樂。見使者必泣請入侍。許之。封薛國公。擢右驍衞大將軍。宿衞四十八年。無纖隙。人比之金日磾。卒謚貞。

阿史那·社尒 唐突厥處羅可汗之次子。年十一。以智勇聞。擊薛延陀大敗。走保高昌。衆纔萬人。又與西突厥不平。由是率衆內屬。授左驍衞大將軍。處其部於靈州。詔尙衡陽長公主。爲駙馬都尉。後平高昌。討龜茲。屢立大功。卒謚元。

阿史那·賀魯 唐西突厥主。初爲葉護。隸咄陸可汗。追咄陸敗走。賀魯遂率部落內屬。授瑤池都督。永徽間率衆叛遁。據咄陸可汗之地。奄有西域諸部。建牙於雙河及千泉。自號沙鉢羅可汗。數侵擾西蕃諸部。顯慶間與蘇定方戰。大敗。奔石國被執。獻俘京師。詔免死。

阿史那·彌射 唐西突厥主。世統十姓部落。爲莫賀咄葉護。貞觀間與族兄步眞有隙。率所部入朝。授右監門衞大將軍。從征高麗有功。顯慶間從討平阿史那賀魯。册立爲興昔亡可汗。兼崑陵都護。分押五咄六部落。龍朔中從蘇海政討龜茲。步眞誣以謀反。爲海政所殺。

阿尼哥 元波羅國人。善畫塑及鑄金爲像。中統初帝命取明堂針灸銅像示之。曰。此安撫王檝使宋時所進。歲久闕壞。無能修完之者。汝能新之乎。對曰。請試之。至元初新像成。關鬲脈絡皆備。金工嘆其天巧。又織錦爲列代御容。工妙出圖畫上。授光祿大夫·大司徒。卒謚敏慧。

阿必達 清蒙古正白旗人。姓阿拉克奇特氏。康熙間以護軍從攻耿精忠。定雲南。屢有功。尋復從征噶爾丹。大敗之。積功授副都統。◎清阿桂三子。原名阿彌達。乾隆間以侍衞窮河源。定阿勒坦郭勒爲黃河上源。具圖說歸報。詔命四庫館編輯河源紀略一書。以昭傳信。官至工部侍郎。

阿朮 元兀良氏。沈幾有智略。臨陣勇決。憲宗時從其父兀良合台征西南夷。率精兵爲候騎。所向摧陷。至元中奏請伐宋。遂成平宋之功。疾卒。追封河南王。

阿朮魯 元斡魯納台氏。與太祖同飲黑河水。屢從征伐。嘗帥師討西夏。擒夏主。太祖命以夏主遺物盡賜之。

阿玉奇 【清】土爾扈特酋長。其部本居雅爾之額什爾努拉地。稱衞拉特。準噶爾酋巴圖爾琿台吉恃强侵侮。阿玉奇之曾祖和鄂爾勒克惡之。挈族走俄國。居瑪努托海。屯牧額濟爾河。世爲土爾扈特酋長。服屬於俄。三傳至阿玉奇。始自稱汗。康熙中入貢。清封以貝子。遣圖理琛報之。

阿老瓦丁 【元】西域茂薩里人。姓回回氏。善造礮。至元中應詔至京師。造大礮。豎於五門前。帝命試之。賜衣段。後伐宋。破潭州靜江等郡。悉賴其力。授宣武將軍．管軍總管。旋改元帥府爲回回礮手軍匠上萬戶府。以阿老瓦丁爲副萬戶。

阿克善 【清】滿洲正黃旗人。姓覺羅氏。崇德間從攻錦州及寧遠。皆有功。順治初入關。擊敗李自成。累官兵部侍郎。後與鄭成功戰。沒於陣。

阿克敦 【清】滿洲正白旗人。姓章嘉氏。字沖和。一字立恆。康熙進士。乾隆間官至太子太保協辦大學士。與年羹堯同舉進士。羹堯欲援爲助。謝不往。厄魯特強盛時。久爲邊患。奉使直入其部落。反覆詰難。息兵定議。功最鉅。卒諡文勤。有德蔭堂集。

阿沙不花 【元】康里國王族。年十四入侍世祖。才頗開敏。武宗時累官知樞密院事。侃侃有大臣節。卒諡忠烈。

阿谷處女 【春秋】孔子南過阿谷之隧。見處子佩璜而浣。孔子使子貢三爲之辭。以觀其志。子貢以告。子曰。斯婦人達於人情而知禮。

阿那保 【清】滿洲正白旗人。姓郭貝爾氏。乾隆中隨征廓爾喀。肅清後藏。勦黔楚苗。嘉慶間從征川楚教匪。皆有功。官至內大臣。卒諡勤勇。

阿那瓌 【後魏】蠕蠕國主。立未久。爲族兄所敗。南降魏。封朔方郡公。尋使北歸。會其國主婆羅門亦詣涼州降。於是詔分置阿那瓌於西吐若奚泉。孝昌間討平沃野鎭叛人破六韓拔陵。自號勑連頭兵豆伐可汗。累有朝貢。孝莊時以鎭守北藩。特加殊禮。上書不稱臣。

阿里乞失鐵木兒 【元】塔本子。嗣父職爲興平等處行省都元帥。興學養士。輕刑薄徭。雖同僚不敢私役一民。從伐高麗有功。卒諡武襄。

阿里海牙 【元】畏吾兒人。家貧。嘗躬耕。舍耒歎曰。大丈夫當立功朝廷。何至效細民事畎畝乎。用薦得事世祖。累官至湖廣行省左丞相。定荊南淮西江西海南廣西之地。凡得州五十八。峒夷山獠。不可勝計。所在立祠祀之。卒諡武定。

阿里袞 【清】滿洲鑲黃旗人。姓鈕祜祿氏。字松崖。乾隆間征回部有功。官至雲貴總督。授副將軍。進征緬甸。以疾卒於軍。諡襄壯。

阿里瑪 【清】滿洲驍將。有奇勇。能自握其髮。足懸於地。戰功甚鉅。入京後所爲多不法。世祖遣巴圖魯占擒之。占與語。猝握其手。拂占擲數丈外。占以情告。乃就縛。坐車赴市曹。至宣武門。以足絓城門甕洞間。車不能行。呼占割其筋。然後伏法。

阿兒思蘭 【元】阿速氏。憲宗以兵圍其城。阿兒思蘭迎謁軍門。帝賜手詔。俾專領阿速人。鎭其境內。

阿．其麟 【明】代州人。嘉靖進士。知晉寧縣。以峭直罷歸。閉戶讀書。絕跡城市。淸節爲時所稱。

阿剌兀思剔吉忽里 【元】汪古部人。世爲部長。西北有國曰乃蠻。其主太陽可汗遣使來約。欲相親附。以同據朔方。阿剌兀思剔吉忽里弗從。執其使。具以其謀來告太祖。使還。酬以馬五百。羊一千。約同攻太陽可汗。遂平乃蠻。歸鎭本部。爲其部衆所殺。

阿剌瓦而思 【元】初仕回鶻爲千夫長。太祖征西域。率其部來降。從帝親征。既破瀚海軍。又攻輪臺．高昌．于闐等。靡戰不克。天曆中官至隆鎭衞都指揮使。

阿剌罕 【元】札剌光氏。累爲諸翼蒙古軍馬都元帥。世祖時數敗宋師。以功累官中書左丞相。統蒙古軍四十萬征日本。卒於軍。

阿岱 【清】蒙古正黃旗人。姓諾爾果諾特氏。天聰間授參領。累遷至右翼蒙古都統。略大同。攻昌平。征朝鮮。屢有功。順治間卒。

阿林保 【清】滿洲正白旗人。姓舒穆祿氏。乾隆間補筆帖式。嘉慶間累擢湖南巡撫。平永綏苗。焚其砦。於沿邊設屯堡。嚴斥堠。士民樂業。官至兩江總督。卒諡敬敏。

阿波可汗 【隋】西突厥主。木扞可汗子。名大邏便。佗鉢可汗卒。以母賤不得立。與沙鉢略可汗有隙。因分爲二。漸以強盛。東拒都斤。西越金山。龜茲．鐵勒．伊吾及西域諸胡悉附之。後與葉護可汗戰。被執。

阿金 【清】滿洲鑲白旗人。姓郭絡羅氏。字雲舉。康熙進士。官檢討。有培風堂集。

阿保機 【遼】見遼太祖條。

阿南達 【清】哈岱次子。康熙間任一等侍衞。從征噶爾丹。屢有功。擢正黃旗蒙古副都統。率兵駐西寧卒。

阿哈尼堪 【清】滿洲鑲黃旗人。姓富察氏。崇德間取朝鮮江華島。克雅克薩城。擊松山。屢有功。順治間從入關。敗李自成。從定河南江南湖廣。累官兵部尙書。封一等男。

阿哈出 明女直野人頭目。襲職萬戶。永樂初入朝。授建州衛指揮使。從軍有功。賜姓名曰李思誠。陞都督同知。

阿哈保 清滿洲正黃旗人。姓鄂拉氏。乾隆末從征臺灣。擒林爽文。又從征廓爾喀及湖南苗。功第一。嘉慶間川楚敎匪起。屢敗之。官至正紅旗護軍統領。

阿哈馬特 元回回人。亦作阿合馬。世祖時累官中書平章政事。總領財賦。積惡日稔。爲益都千戶王著所殺。世祖旋悟其姦。悉誅其黨。

阿思哈 清滿洲正黃旗人。姓薩克達氏。乾隆間累擢山西巡撫。三蹟三起。宦至漕運總督。卒謚莊恪。

阿拜 清太祖三子。天命間與弟塔拜巴布泰統兵征瑚爾哈部。俘其衆以還。崇德間任吏部承政。率兵往錦州南乳峰山駐防。順治間晉鎭國將軍。卒。追封鎭國公。謚勤敏。

阿席熙 清滿洲鑲紅旗人。姓瓜爾佳氏。順治間由兵部筆帖式遷主事。康熙間累官江南總督。耿精忠反。率兵復績溪．婺源及徽州。後坐事罷。

阿徒罕 金濫迪罕部人。年十七。從撒改斡帶等討平諸部。皆身先力戰。以功授謀克。

阿桂 清阿克敦子。字廣廷。號雲崖。乾隆時舉鄉試。初以蔭入官。旋補兵部主事。官至武英殿大學士。定伊犂。討緬甸。平兩金川。皆有功。封誠謀英勇公。卒贈太保。謚文成。

阿岢 唐馮龍州人。納垢酋之後。隱居山谷。撰爨字如蝌蚪。二年始成。字母一千八百四十。號曰韙書。爨人至今猶習之。占天時人事。亦多應驗。

阿喇納 清阿南達子。康熙間襲一等子。授散秩大臣。同富寧安分兵進勦策妄阿喇布坦。大敗之。雍正間授鑲紅旗蒙古都統。進征靑海羅卜藏丹津。卒於布隆吉爾。謚僖恪。

阿喇善 清滿洲鑲黃旗人。姓博爾濟吉特氏。授護軍參領。順治間從入關。擊李自成。自陝西至湖廣。七戰皆捷。又征張獻忠。討姜瓖。累官刑部尙書。封一等男。

阿寄 明淳安徐氏之僕。徐氏昆弟。析產而居。伯得一馬。仲得一牛。季寡婦得阿寄。時年五十餘矣。寡婦泣曰。馬則乘。牛則耕。老僕何益。阿寄畫策營生。示可用狀。寡婦盡脫簪珥。得白金十二兩。畀寄。歷二十年。積貲巨萬。及阿寄病且死。出枕中二籍。鉅細悉均分之。既沒。所遺一嫗一兒。僅敝縕掩體而已。

阿密達 清滿洲正白旗人。姓他塔喇氏。康熙中列議政大臣。授揚威將軍。從攻王輔臣。破吳世璠。皆有功。授本旗滿洲都統。征噶爾丹。大敗之。尋卒。

阿朗阿 清滿洲正紅旗人。姓瓜爾佳氏。乾隆間由馬甲從攻緬甸。擊大小金川。勦甘肅回。討廓爾喀。並有功。嘉慶間從平湖南苗。破川楚教匪。積功官至荆州副都統卒。

阿這 明洪武間蠻賊高生與元右丞普賢篤作亂。阿這執忠不屈。後以擒高生等功。授世襲鄧州土知州。

阿勒罕保 清吉林人。隸滿洲正白旗。姓鈕祜祿氏。嘉慶間從攻川陝楚教匪。道光間勦張格爾於新疆。皆有功。官至鑲藍旗滿洲副都統。

阿勒根．沒魯都 金上京納鄰河人。雄偉美鬚髯。勇毅善射。國初伐遼。沒魯都在軍中。領謀克猛安。每遇敵。往來馳突。人莫敢當。累擢驃騎上將軍卒。

阿勒根．彥忠 金曷速館人。好學通吏事。貞元初進禮部侍郎。海陵凡有所疑。常使彥忠裁決。累官刑部尙書。彥忠性孝友。嘗使宋。所得金帛。盡分兄弟親友。

阿答赤 元中統中征李璮。累功授金符千戶。復從丞相伯顏等平江南。頗著戰功。沒於陣。

阿跌光進 唐其先河曲諸部。內屬有功。賜姓李以光寵之。

阿黑麻 明阿力子。成化間嗣爲速檀。時罕愼襲破哈密。阿黑麻屢爭之。殺罕愼。執陝巴。復據其城。廷議卻其貢。巡撫許進再破哈密。阿黑麻遂送陝巴還。

阿塔海 元遜都思人。襲千戶。從征雲南。身先行陣。至元中命驍騎督諸軍攻下襄陽。宋將夏貴來爭正陽。阿塔海率衆禦之。追至安豐城下而還。拜中書右丞相。又大破張世傑師於焦山。宋降。以其幼主母后入覲。卒謚武敏。

阿睦爾撒納 清蒙古和碩特部拉藏汗之孫。初爲輝特部台吉。乾隆間準部內亂。與達瓦齊合兵入伊犂。殺剌麻達爾濟而擁立之。同時復兼併杜爾伯特部。脅降其台吉。而自遷帳於額爾齊斯河。漸欲侵略準部。與達瓦齊相攻戰。懼不敵。率所部降清。備言伊犂可取狀。清封爲親王。尋以定邊左將軍．副班第征伊犂。破達瓦齊而逐之。論功將授藩封。而阿睦爾撒納必欲總長準部。遂由間道北逸。嗾準部叛。先後爲策楞．兆惠．成袞札布所敗。兩次遁入俄境。以患痘卒。

阿資 明雲南越州土酋。洪武間其父龍海犯罪徙遼東死。阿資繼知州職。性桀驁。與羅雄州營長叛。寇普安。大肆剽掠。爲傅友德所敗。窮蹙降。尋恃險叛服不常。何福．沐春先後敗之。復遁。春令曲靖土官覘阿資行蹤。絕其糧道。始擒斬之。

阿榮 【元】怯烈氏。字存初。天曆中累官奎章閣大學士。文宗甚眷遇之。阿榮亦盡心國政。久之。心忽鬱鬱不樂。謁告南歸。以文翰自娛。尤深於數學。言人禍福貴賤。多奇中云。

阿滿泰 【清】本黑龍江達呼爾披甲。後隸滿洲正白旗。姓郭佳氏。乾隆間隨征回疆·金川。平石峯堡回。功甚著。官至鑲紅旗蒙古副都統。隨福康安征廓爾喀。沒於陣。

阿爾沙湖 【清】蒙古鑲白旗人。姓瓦三氏。崇德間從略明邊。敗洪承疇兵。屢有功。征索倫部。斬獲甚衆。論功授一等輕車都尉世職。

阿爾津 【清】阿山從弟。太祖太宗時屢從征伐。順治間從入關。擊敗李自成。從征江南四川湖廣。所至克捷。官至寧南靖寇大將軍。攻雲南。卒於軍。諡端果。

阿爾素納 【清】滿洲鑲黃旗人。姓祿葉勒氏。乾隆中隨征金川。以敢戰功最。累官鑲白旗蒙古副都統。木果木之敗。沒於陣。

阿爾護 【清】滿洲鑲紅旗人。姓富察氏。康熙間屢敗王屏藩·吳之茂。以功授鑲紅旗蒙古副都統。後與吳三桂軍戰於長沙。沒於陣。諡敏壯。

阿嬌 【漢】陳午之女。母武帝姑館陶長公主。帝數歲。長公主抱置膝上。問曰。兒欲得婦否。指其女阿嬌曰。好否。笑對曰。若得阿嬌。當以金屋貯之。主大悅。因要帝成婚。帝卽位。立爲皇后。擅寵嬌貴。無子而妒。坐挾婦人媚道。廢居長門宮。數年卒。

阿憐帖木兒 【元】畏兀人。善國書。多聞識。歷事數朝。繇翰林待制累遷榮祿大夫。天曆初北迎明宗。入正大統。一見歡甚。顧左右曰。此朕師也。進光祿大夫。

阿魯台 【明】韃靼部知院。殺可汗鬼力赤。迎立本雅失里。成祖出塞。阿魯台與其主分部東奔。至靜虜鎭。遇明軍敗遁。後數入貢。請討馬哈木。爲故主復仇。帝義之。封爲和寧王。以戰敗瓦刺。使來獻俘。久之勢浸強。漸驕蹇。復入興和塞。詔親征之。阿魯台棄其輜重馬畜北徙。宣德間數敗於瓦刺。部曲離散。東走兀良哈駐牧。爲瓦刺脫懽所襲殺。

阿魯渾薩理 【元】畏兀人。以父字爲全氏。幼聰慧。解諸國語。世祖聞其材。俾習中國之學。於是經史百家。及陰陽曆數圖緯方技之說。皆通習之。嘗勸帝治天下必用儒術。於是置集賢館。立國子監。所論列皆得大臣體。成宗時累官中書平章政事。卒諡文定。

阿魯圖 【元】博爾朮四世孫。至元中襲封廣平王。拜中書右丞相。爲治識大體。被劾罷。復起爲太傅。出守和林邊卒。

阿魯輝帖木兒 【元】太宗第七子滅里大王之裔。襲封陽翟王。至元中汝潁兵起。天下震動。阿魯輝帖木兒擁衆數十萬以叛。遣使言於帝曰。祖宗以天下付汝。汝何故失其大半。盍以國璽授我。我當自爲之。帝遣將討之。伏誅。

阿賴 【清】蒙古正黃旗人。姓莽努特氏。天聰間圍錦州。阿賴攻松山杏山有功。順治間招撫山西郡邑。隨征蒙古騰機思及大同姜瓖。累戰皆捷。官至都統。加太子太保。卒諡武壯。

阿濟拜 【清】蒙古正藍旗人。姓卓特氏。從太祖取撫順。從太宗薄燕京。略寧遠。圍錦州。累有功。順治間從入關。敗李自成。攻張獻忠。官至正藍旗蒙古副都統。卒諡忠勤。

阿濟格 【清】太祖十二子。從代善征扎嚕特部。封貝勒。與明兵戰。屢有功。封和碩英親王。李自成旣破。由沿邊直趨陝西。累戰皆捷。陝西遂定。多爾袞死。謀攝政。削爵賜自盡。

阿濟格尼堪 【清】滿洲正白旗人。姓他塔喇氏。太宗時從征討。驍勇善戰。順治間從破李自成。定河南江南浙江。進取福建。破斬明唐王於汀州。又從征湖廣。功甚著。封三等伯。列議政大臣。卒諡勇敏。

阿闍黎 【國】南寧人。段姓。人呼段長老。驅龍不事符牒。凡有禱輒應。人自遠方來迎者。但令先往。其人抵家。則已先至矣。

阿禮海牙 【元】脫列子。事武宗仁宗爲宿衛。以清愼通敏見信任。十餘年間。敭歷華近。廷無間言。至治初出爲平章政事。歷鎭江浙湖廣河南陝西四省。皆有惠政。汴人尤懷思之。累官中書省平章政事。

阿寶 【清】阿拉善蒙古和羅理子。康熙間授和碩額駙。尋歸襲爵。會準部噶爾丹擾邊。詔阿寶參贊前敵軍務。累敗準部兵。並護達賴喇嘛入藏。駐守藏地。雍正間撤軍還。又隨征青海羅卜藏丹津。爲年羹堯所忌。遣歸遊牧。後入覲。晉封郡王。

阿蘭泰 【清】滿洲鑲藍旗人。姓富察氏。由筆帖式累遷郎中。康熙間官至武英殿大學士。任事勤愼。以清謹著稱。處政府十年。謝權勢。人莫能干以私。卒諡文清。◉【清】蒙古正白旗人。姓博爾濟吉特氏。雍正間以藍翎侍衛累遷滿洲副都統。乾隆間以參贊大臣進勦達瓦齊。敘功封男爵。杜爾伯特部訥默庫叛。命往擒之。以無功奪爵。尋還歸化城都統。

阿蘭珠 【清】滿洲鑲紅旗人。姓棟鄂氏。清初設十札爾固齊。以阿蘭珠爲首。從征烏拉。被創。奮勇陷陣卒。諡順毅。

陀滿胡土門 【金】字子秀。策論

進士。正大初爲臨洮府總管。城破被執。不屈死。其妻烏古論氏亦死節。

陀滿·斜烈 金咸平路人。鷂父猛安。承安中討契丹有功。除陳州防禦使。改保大軍節度使。徙知彰德府。貞祐間元兵取彰德。死之。

青·文勝 明夔州人。字質夫。洪武間爲龍陽典史。龍陽歲罹水患。逋賦數十萬。敲扑死者相踵。文勝慨然詣闕上疏言之。再上皆不報。復具疏擊登聞鼓以進。遂自經於鼓下。太祖爲免龍陽租二萬四千餘石。定爲額。邑人建祠祀之。

青史子 漢著青史子五十九篇。

青烏子 漢精地理之術。有葬經傳世。

青烏公 [illegible]彭祖弟子。入華陰山中學道。後服金液仙去。

青琴 明王百穀妾。以婦妒出之。一日青琴遺素帨繡崔郊詩句云。侯門一入深如海。從此蕭郎是路人。百穀作詩八章報之。青琴已自縊。

青荓 戰國趙爲襄子驂乘。與義士豫讓友善。

青滚雜卜 清外蒙古人。封貝勒。乾隆間以其兄額林沁多爾濟被賜死。煽惑蒙古諸喀爾喀謀叛。成袞扎布首發其謀。率兵追捕。青滚雜卜在沙漠中迷失道路。爲清軍所擒。

非子 周伯益之後。居犬丘。好馬及畜。善養息之。犬丘人言之孝王。召使主馬於汧渭之間。馬大蕃息。命爲附庸。邑之秦。使續嬴氏祀。號曰秦嬴。是爲秦始封之祖。

九畫

亭獨尸逐侯鞮單于 後漢南匈奴單于比孫。名師子。初爲奧鞬日逐王。勇黠多智。數將兵掩擊北庭。爲國中所重。永元間前單于安國被殺。乃立。時降胡畔。立前單于屯屠何子逢侯爲單于。漢遣兵擊敗之。逢侯率衆出塞。師子立四年卒。

侯一元 明廷訓子。字舜學。廷訓得罪。一元年十三。伏闕訟父冤。得釋。舉嘉靖進士。歷官江西布政使。所至有惠政。有詩文集。二谷讀書記。

侯七乘 清汾西人。字仲輅。順治進士。官廣信同知。有孝思堂集。

侯于趙 明杞縣人。字宗度。嘉靖進士。歷工科給事中。前後疏數十上。多涉貴近。神宗時忤張居正。出爲江西參政。晉山西巡撫。

侯子鑒 梁爲侯景中軍。大寶初爲南兗州刺史。及景僭號。恐齊人與西師犄角。遣子鑒率舟師向濡須。耀兵肥水。王僧辯逆擊大破之。景敗。子鑒奔廣陵。

侯小叔 金河東人。爲河津水手。貞祐初充鎭威軍。以勞補官。元光中擢河東南路安撫使。盡驅農民入城。以家財賞戰士。有勸之降者。皆殺之。累遷昭毅大將軍。元軍十萬圍河中。城破。死之。

侯仁矩 宋益子。從益歷潞徐秦三鎭。漢初授隰州刺史。至都。決滯訟。一日釋繫囚四百餘。獄爲之空。仕周入宋。爲祁雄二州刺史。治軍有方略。歷數郡。咸有善政。

侯仁寶 宋仁矩弟。知邕州。九年不代。太平興國中上言陳取交州之策。爲交州水陸計度轉運使。前軍發。遇賊鋒甚盛。援軍不繼。遇害死江中。

侯元善 明全椒人。從太祖渡江。掌簿書文字。勤勞十餘年。歷官參知政事。與樊景昭俱無所表見。

侯公 漢高祖遣之說項羽。中分天下。歸太公呂后。封侯公爲平國君。

侯友彰 宋衡山人。字夢符。皇祐進士。爲臨武尉。居官十年。布衣蔬食。無異寒士。有同年生訪之。與從綺麗。友彰飯以粗糲。客去。其子以貧約爲羞。友彰曰。寇平仲位兼將相。而宅無樓臺。彼何人也。因爲詩有遺汝不如廉之句。人傳誦之。

侯天錫 明良柱子。官指揮。良柱死。天錫言願捐貲繕甲。自成一隊。雪父恥。授游擊。命赴楊嗣昌軍立功。所將親丁二百六十人。募卒五六百人。皆剽悍敢戰。莊烈帝嘉之。增一秩。

侯天護 後魏上谷人。少好學。博通羣籍。與無終陽尼。頓丘李彪齊名。

侯文 漢京兆尹孫寶故吏。以剛直不苟合。嘗稱疾不肯仕。寶請爲布衣友。遂署東部督郵。文請懲霸陵大俠杜穉季。寶請其次。文曰。豺狼當道。不宜復問狐貍。寶曰。謹受教。穉季聞之。遂不敢犯法。後寶免官。文遂去吏。卒於家。

侯文和 後魏孝文帝時青州刺史。以巧鬭。爲要舟水中立射。滑稽多智。辭說無端。尤善淺俗委巷之語。歷樂陵濟南二郡太守。

侯文慶 宋京師人。爲翰林待詔。工畫草蟲蔬菜。體尚精謹。

侯方域 清恂子。字朝宗。性豪邁。多大略。明末隨恂居京師。與桐城方以智。如皋冒襄。宜興陳貞慧。稱四公子。以東都淸議自持。福王時爲阮大鋮所搆。走依高傑得免。入淸。中順治副榜。初放意聲伎。已而悔之。發憤爲詩古文。取法韓歐。才氣橫溢。卒年三十七。有壯悔堂文集。四憶堂詩集。

侯世祿 明榆林人。勇敢精悍。爲熊廷弼所知。歷宣武總兵。坐事戍邊。京師被兵。率子弟從軍。敘功免戍還籍。李自成圍榆林。世祿與子閟守。城陷。並不屈死。

侯仙 秦世傳秦始皇遣盧生入海求神仙藥。不獲。盧與侯仙謀隱。入陵雲山。山有侯仙跡。盧仙影。秦人古道。煉丹井。飛昇臺。掃壇竹。皆其遺跡。

侯可 宋盂縣人。寓居華陰。字無可。少倜儻不羈。以氣節自許。旣壯。篤志爲學。孫沔征儂智高。請參軍事。奏功得官。知化城縣。至殿中丞卒。可究心天人性命之學。自陝以西。學者莫不宗之。

侯史光 晉掖人。字孝明。舉孝廉。泰始初由中郎將拜散騎常侍。與皇甫陶。荀廙持節循省風俗。及還。奏事稱旨。累遷少府卒。史稱其歷官著績。文筆奏議。皆有條理云。

侯弘文 明崇禎末知高平縣。僑寓襄陽。散家財。募濵軍隨盧象昇討賊。象昇移宣大。弘文率募兵至楚。巡撫王夢尹以擾驛聞。坐戍。

侯弘遠 梁西充人。世爲西蜀酋豪。蜀賊張文萼據白崖山。有衆萬人。鄱陽王蕭範命弘遠討之。弘遠戰死。

侯必大 宋工畫花竹。

侯必登 明江州人。字顒眞。嘉靖進士。歷官潮州知府。時有倭警。必登請罷一切苛條。與民休息。嘗以事至省。經賊巢。賊見之羅拜。居官有直節。潮人尤愛戴之。

侯白 隋臨漳人。字君素。好學有捷才。性滑稽。尤辯俊。舉秀才。爲儒林郎。通侻不持威儀。好爲俳諧雜說。人愛狎之。文帝令於祕書修國史。後給五品食。月餘死。有旌異記。

侯仲良 宋可子。字師聖。一作希聖。初從程頤學。未悟。乃訪周敦頭。對榻夜談。越三日。自謂有得。後游荆門。胡安國重之。留與爲鄰。有論語說·侯子雅言。

侯·仲莊 【唐】蔚州人。李光弼先鋒。授忠武將軍。擒安太清有功。累加冠軍將軍。僕固懷恩叛。仲莊爲都將。訓兵自守。歷防禦招討使。鎭奉天幾二十年。卒官。

侯·仲逸 【宋】金壇人。創書院於三茅。身任教事。仁宗嘗賜粟帛。

侯先生 【宋】慶曆間賣藥京師。年四十餘。無鬚眉。瘤贅隱隱徧肌體。常半醉。夜與丐者同處。有馬元者。盛夏隨之。出閶闔門。侯召元飲酒肆中。出藥一粒曰。服之。令子壽百歲。自此不復見。有自蜀中來者。見其貨藥於市云。

侯·守中 【宋】工畫花竹翎毛。

侯·安 【明】衡州人。元季兵亂。自稱萬戶元帥。置府於安仁之杉坊。統攝鄉兵。洪武初授茂州衞指揮同知。

侯·安都 【陳】曲江人。字成師。工隸書。能鼓琴。涉獵書傳。爲五言詩。亦清靡。兼善騎射。爲邑里雄豪。初隨武帝鎭京口。與帝定計襲王僧辯。敗徐嗣徽。平王琳。有殊功。歷南豫州刺史。帝崩。定策立文帝。漸驕橫。文帝不能堪。除江州刺史。還都賜死。

侯·行果 【唐】上谷人。玄宗時歷國子司業。侍皇太子讀。帝嘗稱其善易。

侯·克中 【元】眞定人。字正卿。幼喪明。聆羣兒誦書。不終日能悉記其所授。稍長。習詞章。旣而悔之。遂精意讀易。著大易通義·艮齋詩集。

侯·君集 【唐】三水人。以才雄稱。從太宗征伐有功。破吐谷渾。平高昌。刻石紀功而還。累拜吏部尙書。封潞國公。初君集配沒罪人不以聞。又私取珍寶婦女。帝釋不問。君集自恃有功。以它罪被繫。居怏怏不平。皇太子承乾數有過。慮廢。引君集問自安計。承乾事覺。捕君集下獄斬之。

侯·君擢 【明】成安人。字際明。舉於鄉。知陳州。李自成圍城。君擢身先士卒。運木石擊賊。城濠皆滿。後被縛。罵不絕口死。

侯·均 【元】奉元人。字伯仁。父母早亡。獨與繼母居。賣薪以給奉養。積學四十年。羣經百氏。無不淹貫。名震關中。以薦爲太常博士。後以上疏忤時相意。不待報可。卽歸休。均貌魁梧而氣剛正。人咸憚之。及其應接之際。則和易款洽。雖方言古語。莫不隨問而答。世咸服其博聞。

侯·希逸 【唐】營州人。肅宗時爲平盧淄青節度使。以討平史朝義功。圖形凌烟閣。希逸始得靑。治軍務農有狀。後稍怠肆。好畋獵佞佛。夜與巫家野次。部將李正己因衆怨。閉閫不納。遂奔滑州。召還。知尙書省事。大曆末進封淮陽郡王卒。

侯·延廣 【宋】仁矩子。太宗時充同鄜坊延丹緣邊都巡檢使。善撫士卒。戎人不敢爲寇。李繼遷擾夏臺。命延廣知靈州。夏臺平。留爲延州鈐轄。拜寧州團練使。知靈州卒。

侯·延賞 【宋】咸平間爲施州巡檢使。蠻民懷服。眞宗嘗召問蠻事。延賞言蠻無他求。惟欲鹽耳。乃召夔路轉運使丁謂措置。謂卽傳告。羣蠻感悅。因相與盟約。不爲寇鈔。且曰。天子濟我以食鹽。我願輸以兵食。自是邊穀有三年之積。

侯·廷訓 【明】樂清人。與張璁同郡。同舉正德進士。而持論不合。初釋褐。郎上疏請考孝宗。且言不當私藩邸舊臣。除南京禮部主事。嘉靖間大禮定。心非之。私刊所著議禮書。詔獄拷訊。廷訓子訟究。得釋。後起官至漳南僉事。以貪虐被劾爲民。

侯·甸 【明】汾西人。字田臣。廩生。性孝友。慷慨有志節。歲甲申。李自成渡河。遠近望風迎降。甸感憤陳大義。不聽。遂大哭於孔廟。焚衣冠而還。杜門堅臥。混迹農夫終其身。

侯·良柱 【明】永寧衞人。字朝石。天啓間爲四川總兵官。討平奢崇明·安邦彥。時稱西南奇捷。晉左都督。未幾。復爲四川總兵官。後拒李自成於緜州。以衆寡不敵沒於陣。

侯·來保 【明】陳迪蒼頭。迪爲成祖所殺。來保拾遺骸歸葬。

侯·叔獻 【宋】宜黃人。字景仁。慶曆進士。累官兩浙常平使兼都水監。相地利。引樊山水灌田四十萬頃。遷河北水陸轉運判都水監。

侯·固 【唐】閩縣人。字子重。太和中登第。官至鄜坊靈武節度使同平章事。性仁厚。雖談笑亦有規準。鄉人愛而敬之。

侯·宗古 【宋】初供職畫院。宣和間退居於洛。善畫龍及屏障。

侯·承恩 【明】齊河人。父仲舉。通渭縣典史。賊至被擒。承恩後至。奮力擊賊救父。父走。賊復合圍。磔承恩。⊙【淸】嘉定人。字孝儀。工詞。有盆山詞鈔。

侯·承祖 【明】上海人。字懷玉。明末以衞指揮署南匯。吏不敢欺。擢參將。清兵至。率兵出禦。城破。與長子世祿俱不屈死。

侯·政 【明】平涼人。監生。母疾篤。日夜禱天以身代。尋愈。後任濟陽知縣。聞母喪。悲號不食而卒。

侯·知道 【唐】靈武人。居親喪。穿壙作冢。皆身執其勞。鄉人助者。卽哭而却之。廬墓次七年。壘垢積首。夜半傳壙踴而哭。李華爲作贊表其行。

侯·芭 【漢】鉅鹿人。揚雄弟子。受太玄法言。雄卒。爲起墳。心喪三年。

侯·青　前燕武邑人。一云朝那人。慕容儁時。爲將作大匠屯田校尉。機巧有算略。尤驍勇善騎射。每從征伐。先登陷陣。儁常以張飛擬之。

侯·保　明贊皇人。以國子生爲知縣。有善政。歷官交趾右參政。以廉恕稱。時黃江賊黎利反。保率民兵築堡禦之。後與賊戰死。人皆惜之。

侯·宜　宋衡山人。少遊四方。好與名士交。還家築室一區。俾遊學者往來館焉。時四方學道甚盛。遊學之士。踵至如歸。宜館延二十餘年不倦。遠近號曰侯家書院。又稱宜爲松林居士。

侯·封　漢高帝時酷吏。刻轢宗室。侵辱功臣。呂氏已敗。遂誅封家。◎宋邠人。爲圖畫院學生。工畫山水。自成一體。

侯·峒曾　明震暘子。字豫瞻。天啓進士。崇禎間歷江西提學參議。剛正不撓。福王時與黃淳燿等起義兵保鄉里。清兵至。固守援絕。城陷。峒曾挈二子元演元潔赴水死。

侯·度　明東阿人。字憲甫。嘉靖進士。歷官監察御史。出按宣大山西。皆有建白。已復按河南湖廣。以忤中官杖闕下。創甚卒。◎清康弟。字子琴。原名廷椿。道光舉人。官河池州知州。治經長於禮。究心吏治。又通算學。所著書多散失。其説經文。刻於學海堂集。

侯·彥直　元雅州人。仕爲忠翊校尉副千戶。至元間王虎寇州。彥直引兵戰於名山縣二日。兵少。爲賊所擒。不屈死。

侯·思止　唐醴泉人。初爲渤海高元禮奴。詭很無良。以誣告恆州刺史裴貞謀反。擢遊擊將軍。天授中遷左臺侍御史。後以棄故妻請娶李自挹女。宰相李昭德搒殺之。

侯·思炳　清樂清人。字嗣宗。性疏放。詩畫書法。秀出一時。築漁村以居。自號漁村小隱。有遺詩。

侯·恂　明執蒲長子。字若谷。萬曆進士。崇禎間官御史。疏請定逆案。爲溫體仁所惡。遷兵部侍郎。視師昌平。拔尤世威於偏裨。左良玉於卒伍。後皆爲名將。體仁嗾言官劾罷。下獄論死。會闖賊圍汴急。乃起恂以原官督良玉等七師援汴。已而朝議中變。不令赴良玉軍。良玉遂不用命。復徵下獄。明亡脫歸。不入城市十餘年卒。

侯·恪　明執蒲次子。字若木。一字若樸。與兄恂同登萬曆進士。除編修。命修神宗光宗二朝實錄。當三案議起。言論沸騰。恪據事直書。不少假借。魏忠賢黨斥爲東林邪黨。削籍歸。忠賢誅。起恪中允。遷庶子典起居注。記溫體仁與錢謙益爭枚卜於帝前叩頭乞憐狀。忤體仁。謝病歸卒。

侯·拱辰　明大興人。尚壽陽長公主。掌宗人府事。論事慷慨切直。萬曆中儲位久虛。廷臣擬上疏。拱辰毅然願首署名。至册封代王與梃擊獄起。拱辰據經引義。無所顧忌。卒諡榮康。

侯·拱極　明世祿子。常從總兵尤世祿破賊河曲有功。累遷山海總兵官。尋謝病歸。與父同死李自成之難。

侯·畐　宋樂清人。字道子。以武舉授合浦尉。寶祐中通判海州。李松壽寇漣泗。畐嬰戰城下死之。謚節毅。有霜匡集。

侯·英　明蘭州人。字世傑。天順進士。與弟侃同以孝稱。年十二三時。母病目。英憂泣輟食。後官江西按察使。母死。與侃同廬墓三年。

侯·剛　漢新安人。仕爲郎。王莽篡位。剛佯狂負耒。日守闕號哭。莽使人問之。剛曰。漢祚無窮。不忍傳非主也。莽遂殺之。◎後魏洛陽人。字乾之。少以善於鼎俎。進飪出入。累遷嘗食典御。宣武以其質直。賜名剛。熙平初除左衛將軍。孝昌間除領軍。尋出爲冀州刺史。因與權臣元叉婚姻。貶征虜將軍。終於家。

侯·晉升　宋曲江人。字德昭。元豐進士。爲程鄉令。蘇軾兄弟並重之。後知南恩州。朞年而卒。士民思之。

侯·泰　明南和人。字順懷。洪武末由禮部員外郎。超擢刑部右侍郎。建文中進尚書。出督軍餉。京師失守。泰被執。不屈死。

侯·涉　宋長山人。建隆初爲兗句令。以清幹聞。累官御史中丞。有吏幹。性狡獪好進。善事權貴。巧中傷人。

侯·益　宋平遙人。仕唐及晉。戰功甚著。少帝時爲河中尹護國軍節度。契丹入汴。授益鳳翔節度。漢祖即位。頗自疑。謀歸蜀。旋授開封尹。周廣順間封齊國公致仕。太祖即位。以耆舊厚待之。乾德初卒。

侯·軏　明安陽人。永樂進士。拜監察御史。有能聲。歷遷福建按察使副使。陞四川左布政使。政績著聞。

侯·高　唐上谷人。處士。自方阿衡太師。世莫能用其言。再試吏。怒去。發狂投江死。

侯·偉時　明公安人。字異度。崇禎進士。知陽江縣。有惠政。歷工部吏部主事。北都破。隱湖湘間。清兵至。被執。不屈死。

侯·參　後漢防東人。桓帝時爲益州刺史。民有豐富者。輒誣以大逆。皆誅滅之。沒入財物。前後累億計。爲太尉楊秉所奏。遂自殺。

侯·執蒲　明商丘人。字碧塘。萬曆進士。授御史。疏論相臣李廷機。朱賡。方從哲。樞臣孫鑛不稱職。天啓初擢太常卿。魏忠賢竊政。有指執蒲爲東林倔強老者。致仕歸。

侯康 〔清〕番禺人。原名廷楷。字君模。道光舉人。少讀南北史。爲文輒效其體。爲督學阮元所重。後研精注疏。尤深於史。嘗欲倣裴松之三國志注例注隋以前諸史。成後漢書補注續·三國志補注。又補後漢三國藝文志。成經史子三部。又有春秋古經說·穀梁疏證。

侯庸 〔明〕平度人。字景中。生七歲。父坐事謫閩南。稍長。母告之。庸悲痛誓贖父罪。洪武中舉進士。擢吏科給事中。請納官代父。許之。庸至謫所迎歸。尋陞吏部侍郎。

侯涵 〔清〕嘉定人。初名泓。字研德。自號掌亭。明諸生。入清後。以事被捕。後得釋。博覽強記。凡經史百家·天文地理醫藥卜筮浮圖老子之書。無所不通。有掌亭集·玉臺金鏡文。

侯深 〔後魏〕尖山人。機警有膽略。孝明末年。隨杜洛周南寇。後歸爾朱榮。爲中軍副都督。孝莊帝時歷平定二州刺史。節閔帝立。隨爾朱兆拒齊神武於廣阿。兆敗走。遂降於齊。從神武破爾朱氏於韓陵。及孝武入關。深慮不獲安。遂舉兵反。其下拒之。深復懷顧望。尋行青州事。自惟反覆。率騎奔梁。中途亡散。爲賣漿者所斬。（按魏書作侯淵。此從北史。）

侯章 〔宋〕榆次人。仕後唐。歷馬步軍都指揮使。乾祐間鎮邠州。以貪猥聞。入周。累官武勝軍節度。建隆初授太子太師。封楚國公卒。

侯莫陳利用 〔宋〕成都人。幼得變幻之術。太平興國初賣藥京師。言黃白事以惑人。樞密承旨陳從信白於太宗。即日召見。試其術頗驗。即授殿直。累遷鄭州團練使。依附者頗獲進用。遂橫恣無復畏憚。會趙普再入中書。廉知其諸不法盡奏之。遂下詔除名。配商州禁錮。令中使竄殺之。

侯莫陳相 〔北齊〕代人。七歲喪父。號慕過人。及長。性雄傑。後從神武起兵。以戰功封白水郡公。天保初累遷司空。進爵爲王。歷太傅朔州刺史。

侯莫陳悅 〔後魏〕代人。好田獵。便騎射。會牧子作亂。遂歸爾朱榮。爾朱天光討關西。榮以悅爲天光右廂大都督。西伐克獲。皆與天光賀拔岳略同勞效。永熙末岳召悅共討靈州。悅誘岳斬之。岳所部奉宇文泰征悅。悅部衆離散。乃棄軍走。追騎將及。遂自縊而死。

侯莫陳崇 〔北周〕順弟。字尙樂。謹慤善騎射。從賀拔岳力戰。破万俟醜奴。生擒之。封臨涇縣侯。從平侯莫陳悅及竇泰。復弘農。破沙苑。戰河橋。又別討平稽胡。累戰皆有功。進位柱國大將軍。孝閔踐阼。進封梁國公。保定中晉公護逼令自殺。諡躁。護誅。改諡莊閔。

侯莫陳凱 〔北周〕瓊弟。字敬樂。性剛正。頗好經史。大統初從文帝擒竇泰。破沙苑。累進都督。孝閔踐阼。除工部中大夫。明帝時歷陵州丹州刺史。所在有治績。終司會中大夫。

侯莫陳廣 〔唐〕字重構。工畫山水。

侯莫陳順 〔北周〕武川人。少豪俠有志度。初事爾朱榮。武泰初討葛榮。平邢杲。征韓婁。皆有功。普泰初從魏孝武入關。順與周文帝同里閈。素相友善。文帝見之甚歡。進爵彭城郡公。大統間魏文帝東討。順於渭橋與賊戰。頻破之。賊不敢出。孝閔帝踐阼。拜少師。進位柱國卒。

侯莫陳穎 〔隋〕崇子。字遵道。魏大統末以父軍功。賜爵廣平侯。累遷開府儀同三司。高祖受禪。進爵昇平郡公。平陳後。拜瀛州刺史。甚有惠政。在職數年。坐與秦王俊交通免官。未幾拜邢州刺史。遷桂州總管。大崇恩信。民夷歸附。歷南海太守卒官。諡定。

侯莫陳瓊 〔北周〕崇弟。字世樂。八歲喪父。養母至孝。善事諸兄。內外莫不敬之。建德初以軍功累拜大宗伯。出爲秦州總管。封武威郡公。大象間卒。

侯勝 〔漢〕從族父始昌受尙書及洪範五行傳。宣帝朝爲諫議大夫。遷太子太傅。

侯造 〔唐〕工畫牛及折枝。

侯喜 〔唐〕字叔退。貞元進士。家貧力學。能古文。工詩。爲韓愈弟子。愈嘗以狀論薦於汝州刺史盧虔。官終國子主簿。

侯堯封 〔明〕嘉定人。監察御史。以忤張居正外轉。累官福建右參政。有廉直聲。

侯景 〔西魏〕朔方人。或云雁門人。字萬景。有膂力。善騎射。選爲北鎮戍兵。魏明帝殂。其后胡氏臨朝。爾朱榮自晉陽入弒胡氏。景以私衆見榮。榮擢爲定州刺史。齊神武爲魏相。入洛誅爾朱氏。景復以衆降之。魏以爲司徒行臺。擁衆十萬。專制河南。神武疾篤。召景。景慮禍及。太清初上表請降於武帝。武帝封爲河南王。後舉兵反。圍建康。陷臺城。帝以憂憤死。遂立簡文。復弒之而自立。稱漢帝。王僧辨等討平之。

侯植 〔北周〕上谷人。字仁幹。少倜儻有大節。容貌奇偉。武藝絕倫。仕魏爲義州刺史。甚有政績。後從孝武西遷。賜姓侯伏氏。從文帝破沙苑。戰河橋。進大都督。涼州刺史。累功封肥城縣公。賜姓賀屯氏。孝閔即位。進爵郡公。時帝幼沖。晉公護執政。忌之。植懼不免禍。遂以憂卒。諡節。

侯進忠 【明】鳳陽人。字丹一。世襲千戶。陞游擊。工畫梅蘭竹石。善草書。大字自成一家。尤精於射。致仕歸。以琴書自娛。卒年九十。

侯寘 【宋】東武人。字彥周。紹興中以直學士知建康。所著嬾窟詞。婉約嫻雅。在南宋諸家中。亦推作者。

侯楨 【清】無錫人。字子勤。道光舉人。有古杼秋館遺稿。

侯義 【宋】楚丘人。家貧。傭以事母。母卒。葬不掩壙。晝則負土築壙。夜則哭於柩側。嘗遇盜。劫其衣服。既而知爲義物。悉還之。

侯詳 【後魏】剛子。歷冠軍將軍主衣都統。剛以上谷先有侯氏。於是始家焉。正光中又請以詳爲燕州刺史。將軍如故。欲爲家世之基。與和中累遷驃騎將軍殷州刺史。還朝久之卒。

侯道華 【唐】芮城人。初。河中永樂道淨院。有道士鄧太玄鍊藥貯院內。道華在院供給使。常好子史。手不釋卷。或問要此何爲。答曰。天下無愚懵仙人。咸大笑之。一日入市醉歸。悉斫其院前松枝曰。無礙我上昇處也。後七日。松上有雲鶴笙歌。道華飛坐松頂。揮手謝去。

侯鉞 【明】東河人。字義甫。嘉靖進士。累拜僉都御史。巡撫大同。能寫容。嘗繪同榜進士三百人貌。歷久無不識者。嘗請告行山中。羣盜劫而質之。鉞使從者入城取金。自與盜款語。因熟視其貌。既歸。悉圖以送有司。按圖擒之。無一免者。

侯嘉 【漢】濟陰人。哀帝朝以龔勝薦。徵爲諫大夫。

侯瑱 【陳】弘遠子。弘遠死。瑱固請復讎。每戰必先鋒陷陣。遂殲蜀賊。後敗侯景有功。遷南豫州刺史。文帝時累戰功。都督湘桂郢巴武沅六州諸軍事。湘州刺史。卒諡壯肅。

侯綸 【明】太原人。生有異質。邃於易學。正德進士。歷官湖廣副使。伸雪寃獄。督大工。費出有經。民不知擾。官至戶部左侍郎。

侯蒙 【宋】高密人。字元功。舉進士。歷殿中侍御史。因星變疏十事。徽宗納之。西師失利。帝將責五路將十八人。皆寘死。蒙被旨按問。申理得釋。歷陞中書侍郎。與蔡京不協。出典外任。卒諡文穆。

侯摯 【金】東阿人。字莘卿。明昌進士。累遷尙書右丞。時紅襖賊爲亂。詔摯行省事於東平。權本路兵馬都總管。與定初討降濟南。泰安。滕。兗等州土賊。天興初爲平章政事。封蕭國公。致仕。居汴。爲元兵所殺。摯爲人威嚴。御兵人莫敢犯。在朝敢言。喜薦士。南渡後。宰執中人望最重。

侯瑾 【後漢】敦煌人。字子瑜。以禮自牧。獨處一房。如對嚴賓。作矯世論以譏刺當時。復入山中。覃思著述。西河人敬其才而不敢名之。皆稱爲侯君。

侯震暘 【明】嘉定人。字得一。萬曆進士。天啓中擢給事中。時保姆客氏再召。震暘上疏極諫。不省。又劾閣臣沈㴶交結客氏及諸中官爲朋黨。忤魏忠賢意被謫。震暘在諫垣八月。章奏凡數十上。時服其謇諤。

侯嬴 【戰國魏】隱士。年七十。家貧。爲大梁夷門監者。信陵君置酒大會。賓客盡至。駕車自迎侯生。引之上坐。秦圍趙。求救。嬴薦朱亥於信陵君。擊殺晉鄙。進兵却秦存趙。

侯璡 【明】澤州人。字廷玉。少慷慨有大志。宣德進士。授行人。使交阯。闔門卑。前驅傴而入。璡叱曰。此狗竇耳。奈何辱天使。交人爲毀闔。乃入。及歸。餽遺無所受。遷兵部主事。正統初以平麓川功。拜禮部右侍郎。出鎭雲南。累戰功爲兵部尙書。

侯融 【南漢】劉巖時官著作佐郎。嘗勸巖弭兵息民。爲人慷慨喜直言。巖稍稍從之。已而交州之亂。交王宏操死。巖咎融前言。時融已死。於是剖棺以暴其尸。

侯龍恩 【北周】植從兄。孝閔帝卽位。晉公護執政。龍恩爲護所親。植嘗戒之。不聽。護誅。龍恩亦與其禍。

侯應爵 【明】江夏人。字天錫。嘉靖舉人。歷官羅定道僉事。擒猺寇飛龍虎等。撫其衆數百人。陞貴州參議。以母老歸。

侯懋功 【明】吳縣人。字延賞。號夷門。工畫山水。

侯禮 【明】臨桂人。永樂初知連州。州有劇賊。恣劫略。經年不能制。禮諭之。悉向化。又有賊三百餘人據高鄉。禮招來之。皆爲編氓。州遂無患。

侯翼 【宋】安定人。字子沖。性簡潔。重信義。工畫道釋人物故實。行筆峭拔。絢麗而雅。甚有名於雍熙端拱間。

侯贇 【宋】太原人。初爲三門發運使。掌其事三十年。國用無缺。開寶中歷知建安軍揚徐二州。皆有善政。太宗時知鹽州。得邊士心。部內大治。遷左衛。在朔方凡十餘年。卒官。

侯馥 【晉】牂牁人。字世明。李雄據成都。寧州刺史王遜。表馥爲江陽太守。未至。雄將李恭已據江陽。舉兵攻馥。被執。雄欲降之。使人委曲開諭。馥不爲屈。雄義而釋之。

侯繼 【唐】貞元中及第。齊簡王鎛爲河南尹。辟繼爲參謀官。韓愈嘗送以詩。

侯繼國 【明】金山衛人。號龍泉。世襲指揮使。有兩浙兵制。

侯覽 【後漢】參弟。桓帝初爲中常侍。以佞猾進。倚勢貪放。受納貨遺。累封高鄉侯。建寧初張儉奏覽罪惡。覽遮截其章。又誣以鉤黨。夷滅之。熹平初爲有司所舉奏。遂自殺。

侯·霸〔後漢〕密人。字君房。矜嚴有威容。治穀梁春秋。累官淮平大尹。更始徵罷。百姓號哭。遮道乞留。光武初徵拜尚書令。明習故事。條奏前世善政法度有益於時者。皆施行之。進大司徒。封關內侯。卒謚哀。

侯·霸榮〔宋〕龍岡人。多力善射。走及奔馬。嘗爲盜并汾間。北漢劉鈞用爲指揮使。戍樂平。天會初率所部降宋。太祖補霸榮內直。未幾。又奔北漢。署供奉官。尋弒劉繼恩。謀奔宋。爲郭無爲所殺。

侯·瓚〔明〕雄縣人。景泰進士。累官右僉都御史。巡撫甘肅。時有哈密之變。瓚召赤斤蒙古。授以方略。克復八城。俘斬甚多。歷陞南京兵部尚書致仕。

侯·顯〔明〕永樂時司禮少監。帝聞烏思藏僧有道術。命顯齎書幣往迓。陸行數萬里。至四年始與其僧偕來。以勞擢太監。宣宗時遣賜諸番。途遇寇劫。督將士力戰。多所斬獲。顯有才辨。強力敢任。五使絕域。勞績與鄭和亞。

侯·覲〔明〕瓚子。成化進士。授登封令。治行異等。官至戶部左侍郎。

保八〔元〕色目人。居洛陽。字普菴。嘗官大中大夫黃州路總管。兼管內勸農事。有易原奧義。周易原旨。

保·希賢〔清〕江蘇通州人。字闌馨。號杏橋。貢生。養親不仕。人稱其孝。嗜書畫。善鑒別。收藏甚多。書法顏眞卿。尤工小楷。兼善畫。

保恆〔清〕滿州正藍旗人。姓博爾濟吉特氏。咸豐初任直隸提督。防堵固關。同治間官烏魯木齊領隊大臣。回亂圍古城。固守月餘。病卒。城陷。妻妹俱殉。謚桓靖。

•**保恭**〔隋〕高僧。青州崔氏子。年十一出家。邃於經旨。隋仁壽中徵爲禪定道場主。清肅有聞。武德中。舉十大德統攝僧尼。高祖獨以保恭任之。遂居大德之右。卒年八十。

保·時〔清〕江蘇通州人。善畫山水。

保·逢泰〔清〕希賢從子。字極蟠。號僊岩。諸生。善寫生。尤長蝴蝶。未冠即工篆隸鐵筆。能詩。有僊岩詩草。

保寧〔清〕蒙古正白旗人。姓圖伯特氏。乾隆間賜三等公。從征金川。勦辦甘肅石峯堡回。累擢四川總督。官至大學士加太子太保。卒謚文端。

保·睿〔明〕南通州人。弘治中知曲江縣。鋤奸恤苦。清介自持。去任。民垂泣送之。

俞·士千〔宋〕婺源人。字吉仲。游太學有聲。寶祐進士。調德安郡博士。鄉人士以士千學行昭著。乞改差鄉郡。州上其事。令兼紫陽書院山長。

俞·士吉〔明〕象山人。字用貞。洪武舉人。授兗州訓導。建文時上疏論時政。擢御史。出按鳳陽·徽州·湖廣。能辨釋冤獄。成祖即位。進僉都御史。出督浙西農政。奏除湖州逋賦六十萬石。宣德初仕至南京刑部侍郎致仕。有櫟菴稿。

俞·士悅〔明〕長洲人。字仕朝。永樂進士。正統中歷官浙江參政。倭寇犯境。士悅城乍浦以備。浙人賴之。陞大理寺卿。土木之變。以右副都御史留守京師。協都督衛穎帥師六萬。守德勝安定二門。晝夜籌畫。甲胄未嘗去體。事平。陞刑部尚書太子太保。天順初坐事謫戍遼東。赦還卒。

俞·大猷〔明〕晉江人。字志輔。別號虛江。讀書知兵法。世襲百戶。舉嘉靖武會試。除千戶。兵部尚書毛伯溫奇其才。擢廣東都司。平交黎有功。進參將。移浙東。屢以舟師破倭寇。時稱俞家軍。爲諸酋所嚴憚。擢廣東總兵官。平惠潮羣盜。經略廣西。滅海賊。平古田獞。積寇盡除。威名震南服。改福建總兵。萬曆初奪職。復起後府僉事乞歸。卒謚武襄。大猷負奇節。其用兵先計後戰。不貪近功。忠誠許國。老而彌篤。在軍中五十年。未嘗挫衄。世宗時宿將。以大猷爲稱首。所著洗海近事。論用兵委曲。較史爲詳。

俞·大鴻〔清〕無錫人。字蓉汀。慷慨好義。工詩善畫。有蓉湖吟草。

俞·山〔明〕秀水人。字積之。初名基。舉鄉試。爲郕府伴讀。景帝初拜吏部右侍郎。時議迎復。同列或有難者。山極力贊之。有以易儲請者。山密諫不聽。退而憂曰。禍機自此始矣。乃引疾去。英宗復辟。以致仕得免。

俞·之彥〔明〕吳縣人。字章施。善爲文據經史。詩歌淸麗典則。善大篆。工墨梅。而常晦其迹。有梅莊集。

俞·允文〔明〕崑山人。字仲蔚。年十五。爲馬鞍山賦。長老異之。年未四十。謝去諸生。專力於詩文書法。與王世貞友善。爲嘉靖廣五子之一。有俞仲蔚集。

俞·元膺〔元〕婺源人。字元應。治春秋。至正間高第。授翰林院學士。工詩。有二李家數。

俞·公帛〔五代吳越國〕杭州人。官戶部尚書。董營田使者。頗著異績。道婺州。愛義烏土風。遂家焉。其後代有聞人。

俞·友仁〔明〕仁和人。字文輔。洪武開科。鄉會試均第一。授長山縣丞。歷山西僉事。工詩文。書亦俊逸。

俞・天倪　宋婺源人。景定進士。授蕪湖尉。攝邑事。有宗室以樵夫不讓路訴於官。天倪判案儀制。賤避貴。輕避重。宗室合避樵夫。時人稱之。

俞・文俊　唐江陵人。武后時有山出於新豐。稱爲慶山。文俊上書。言陛下以女主居陽位。反易剛柔。故地氣塞隔。山變爲災。臣以爲非慶也。后怒。流之嶺南。後爲六道使所殺。

俞・文豹　宋括蒼人。字文蔚。有吹劍錄・古今藝苑談概・清夜錄。

俞・弁　明長洲人。字子容。又號守約居士。好藏書。能詩。有山樵暇語。

俞・正燮　清黟人。字理初。道光舉人。家貧性介。才識俱長。其學主於求是。其文典重。所著癸巳類稿。自緯度輿圖。經疑史證。以及靈素道梵。方言志乘。皆兼綜條貫。發前人所未發。又有癸巳存稿・四養齋詩。

俞・正禧　清正燮弟。字鼎初。道光舉人。揀選知縣。湛深經術。尤熟史事。所居曰雲峯館。性好客。喜論天下事。時有儒俠之稱。爲文愛莊子。卒年七十二。有薌林堂文。

俞・永　明松江華亭人。初名允。字嘉言。洪武進士。授行人。歷晉山知縣。有惠政。入爲禮部主事。遷員外郎。謫長沙通判。有春曹詩稿。初永爲方孝孺所取士。革除時。族方氏。寧海典史魏澤匿孝孺九歲子德宗。至華亭。主永家。永妻以養女。改姓余氏。子孫蕃衍。萬曆中提學御史楊廷筠廉其事。始復姓。松人建正學祠。以永配食。

俞・永弼　清海寧人。字始乾。號傅巖。以蔭官詹事府主簿。中乾隆副榜。工畫山水。間作松菊。頗有韻致。小楷法歐陽詢。工詩文。

俞・企賢　清仁和人。字新巖。工書畫篆刻。尤長於詩。

俞・充　宋鄞人。字公達。嘉祐進士。熙寧中爲都水丞。治河有異績。擢天章閣待制。知慶州。善治軍。兵士莫不畏威而懷惠。耀兵塞上。夏人不敢逞。初充之帥邊。實王珪薦。欲以遏司馬光之入。充亦知帝有用兵意。屢倡請西征。面陳攻討方略。未及行而卒。

俞・兆岳　清海寧人。字岱禎。康熙中由宣平教諭選大田知縣。乾隆間官至吏部左侍郎。嘗築蘇松海塘。疊層石而中穿之。貫以鐵筍。犬牙相銜。鎔鐵灌之。膠結衆石爲一。水甚怒不可動。李衛・尹繼善皆奏上其法。爲築海塘式。

俞・兆晟　清海鹽人。字叔穎。號穎園。康熙進士。官內閣學士。性和緩。長詩畫。

俞・全　元杭州人。幼被掠賣爲劉餘家奴。後獲爲良。自汴步歸杭。尋其母及姊得之。事母以孝聞。

俞・安期　明吳江人。初名策。字公臨。更名後。改字羨長。魁顏長身。才氣濆涌。嘗以長律一百五十韻投王世貞。世貞爲之延譽。名由是起。有唐類函・類苑瓊英・詩雋類函・翏翏集。

俞・汝言　明秀水人。字右吉。孤貧力學。具經世才。有族父富而無子。當立汝言。族人爭立。汝言即謝去。閉戶著述。有春秋平議・漸川集。

俞・汝尚　宋烏程人。字退翁。擢進士第。涉歷州縣。性恬淡。無少營進取之心。熙寧初簽書劍南西川判官。王安石當國。患一時故老不同己。以汝尚清望。欲置之御史。使以次彈擊。驛召詣京師。既知所以薦用意。力辭免。還家苦貧。從趙抃於青州。遂以屯田郎中致仕卒。

俞・汝霖　宋遂安人。字季澤。有志略。慶元初辰州溆浦山猺作亂。汝霖應募。與官入洞。生擒渠魁。毀其穴。又捕九溪全洞之賊。補承信郎。官至都轉運使。

俞・竹心　元術士。居慶元。嗜酒落魄。與人寡合。順其意者。即與推算。醉筆如飛。道已往事極驗。

俞・克堪　宋永豐人。字用可。景定進士。授龍巖宰。有政績。擢刑部架閣承直郎。平生恬靜自守。未嘗有所干求。

俞・君選　宋婺源人。景定進士。授武寧主簿。後爲揚州司理參軍。揚眞泰饑。建議賑給。所活數十萬人。選淮東制幕。已而徑歸。累徵不就。

俞・孜　明浙江山陰人。字景修。爲諸生。敦行誼。嘉靖初父華爲流人徐鐸所害。鐸亡走。孜蹤跡數十郡不可得。後聞已還鄉。縛送於官。寘諸法。孜自是不復應舉。孝養繼母以終。

俞・廷玉　明其先濠人。徙巢。元末盜起。與趙普勝等結砦巢湖。有水軍千艘。數與左君弼戰不勝。以船歸太祖。積功官至僉樞密院事。攻安慶。沒於陣。追封河間郡公。

俞・廷芳　明麗水人。洪武初知建寧府。政尚簡易。尤留意學校。蠲役勸士。儒風漸振。

俞・志虞　明浙江新昌人。字際華。崇禎進士。授順慶府推官。流寇入蜀。取道順慶。登陴堅守。行取入京。授御史。會出巡。聞京城陷。還至東華門大慟。自縊死。

俞・和　明杭州人。字子中。號紫芝生。暮年稱紫芝老人。隱居不仕。能詩。喜書翰。學趙孟頫。能亂眞。

俞・宗亨　宋山陰人。字山善。知漳州。罷溪港津渡之權。減去經總制錢苛取者。有山林思古錄．羣經感發等書。

俞．岳 【清】吳江人。字子駿。號少甫。歲貢。官太倉學正。性嗜山水。工畫。古文宗歸震川。顏所居曰歸廬。有笠東草堂集．歸廬文鈔。

俞．易直 【宋】歙人。字平叔。尉彭澤。不苟取。不沽名。以母老不仕歸。嘗有病。縣令盧知原往視之。問以後事。曰。棺已具。衣已浣。附葬先塋。他無所須也。知原退。遺以錢五萬。竟不受。

俞．松 【宋】錢塘人。字壽翁。自號吳山。嘗官承議郎。有蘭亭續攷。

俞．直 【宋】玉山人。精於河洛易象之說。秦檜欲用之。直謝不就。紹興中金人亂淮。用事者遣使問退敵之期。言多切中。終不以術自炫。

俞．金鼇 【清】天津人。乾隆間武進士。由侍衞累官湖廣提督。在任九年。寬嚴並濟。遇地方紛擾事。雅善調劑。軍民交德之。

俞．長侯 【清】浙江山陰人。名永嘉。善弈。范西屏．施定庵皆師之。

俞．長城 【清】桐鄉人。字桐川。康熙進士。官編修。工古文。四書文獨闢町畦。嘗評選王荊公迄清初諸老文百二十家。時推大觀。有可儀堂集。

俞．亮 【清】杭州人。字起星。善畫山水。

俞．俊 【清】錢塘人。字秀登。善畫墨竹。

俞．俟 【宋】宣和中知歸安縣。朱勔請括諸路隱匿田。俟獨不與。鹽法屢變。私販者罪甚重。俟獨寬之。以公廉稱。

俞．奕曾 【元】鎭海人。字唯父。號時齋。性高簡。喜讀書。避兵歸安。坐臥一草室中。往往枵腹不食。貴富人罕接其面。至元中縣學諸生爭迎爲師。輒辭謝不往。奕曾故名家。代有顯者。至奕曾居貧力學。不求於世。其節益著。

俞．迪 【明】平湖人。字允吉。以歲貢任廣東都司斷事。清操凜然。諸方岳皆敬憚之。九載乞休。囊無一金。人皆頌其清德。

俞．彥誠 【明】婺源人。博通經史。尤精春秋。教授鄉里。洪武初績溪休寧交聘爲邑校官。力以疾辭不起。卒於家。

俞．括 【宋】紹聖中以承議郎判虔州。蘇軾稱其博學能文。敏於行政而澹於進取。嘗與軾書。欲棄官從學。自虔罷歸。道經廬陵病卒。虔之士民多巷哭者。

俞．昺 【明】永豐人。字顯之。由鄉舉歷仕同知。秉行剛方。居官淸謹。少師費宏。稱其特立不羣。強直自遂。有醉吟野老集。

俞．洛眞 【唐】平康妓。有風貌而辯慧。淫冶任酒。時爲席糾。適進士于悅。已被出。嫁一胥吏。尋復入曲院。

俞．若著 【宋】爲宜州守。黃庭堅謫居是州。時黨禁甚嚴。士夫皆削札掃跡。惟若著爲庭堅葺舍館。治薪蘗。遣二子執經帳下。物論高之。

俞．茂 【明】休寧人。初名榮。字子懋。早歲讀書授徒。通兵法。元末天下亂。從樞密院判汪同保障鄉邑。後附明。從取婺源。擒嚴陵。授樞密院判官。以次平定江西諸郡。還守南昌。戍永新。修城池。興廟學。有古良將風。

俞．貞木 【明】琰孫。初名楨。字貞木。後以字行。更字有立。少篤志問學。尤工古文詞。元季不仕。洪武初薦爲樂昌令。歷都昌。請歸。爲人淸苦。敦行古道。太守姚善方向學。尊爲有道以風民俗。靖難時勸守舉兵。因逮赴京師論死。有立菴集。

俞．述祖 【元】象山人。字紹芳。累官翰林國史院編修。出爲沔陽推官。至正中蘄黃賊迫境。述祖以民兵捍禦。城陷。不屈死。

俞．師魯 【元】婺源人。字唯通。三歲能識奇字。大德間應茂材異能等科。辟署史館編修。以親老求外。爲隆興路學教授。至治中授松江府知事。多有政績。卒官。有易春秋注說。

俞．庭椿 【宋】臨川人。字壽翁。乾道進士。主南安簿。歷古田令。充金國禮物官。仕終新淦令。庭椿師事陸九淵。倜儻有大志。博通經術。嘗言周禮司空之官。多散見於五官之屬。著復古編以考六官之謬誤。其使金而還也。因紀次其道路所經山川人物。與語言事蹟之可用者。爲北轅錄。

俞．恩 【明】錢塘人。字天錫。號江村居士。工人物花鳥。性疎散。故傳世者少。

俞．振紀 【明】字肅夫。少孤貧。事母盡歡。嘗從道側拾布袱。得糧券及白金。召失主。挈而還之。以嘉靖歲貢分教旌德。能以師道自任。得士子心。遷道州學正卒。

俞．振龍 【明】爲邏卒。盧象昇沒。楊嗣昌遣振龍等察其狀。振龍歸。言象昇實死。嗣昌怒。箠楚三日夜。終不易。將斃。猶翹首曰。天道神明。無枉忠臣。

俞．時篤 【清】錢塘人。字企延。又字近蘇。諸生。工畫山水。詩亦宛麗。

俞．泰 【明】無錫人。字國昌。號正齋。弘治進士。歷官山東參政。還闢園市南。隱居芳洲。十年卒。生平好繪事。喜詩篇。有芳洲漫興集。

俞．浙 【宋】瑞弟。字季淵。開慶進士。歷官監察御史。三疏時事不報。

改除大理少卿。不就。宋亡。杜門講學。宗師朱子。學者稱爲致曲先生。有六經審問·離騷審問·韓文舉隅集。

俞·烈　宋臨安人。字若晦。少警敏。中熙寧進士。以太學錄遷太學博士。光宗時以祕書郎出守嘉興。上供及額卽止。不肯增羨錢以受最賞。爲司封郎官。尋借戶部尚書。忤韓侂冑論去。嘉定初知慶元府。移知鎮江。權禮部侍郎兼中書舍人。於勳戚濫恩。貂璫佚罰。宮掖貪緣干請。多格不行。號盤隱居士。有盤隱詩編。掖垣制草奏議。北征等集。

俞·琪　宋錢塘人。紹定間爲畫院待詔。工畫山水人物。

俞·益　明臨安人。字友謙。八歲喪母。日夜哀慕。第永樂進士。爲翰林庶吉士。與修永樂大典。授靖安知縣。有惠政。改潛山。卒於官。

俞·益謨　清寧夏人。字嘉言。號澹菴。官至湖廣提督。康熙間紅苗爲亂。益謨從征。攻奪小天星寨以臨天星寨而紅苗乞降。有辨苗紀略。

俞·起蛟　明錢塘人。字芝雲。由貢生歷官晉府左長史。相憲王。及惠王立。欲易世子。起蛟力諫乃已。世子嗣位。大盜李青山率衆來犯。出擊大破之。潰兵至。起蛟分門死守。及王被難。率親屬二十三人以殉。

俞·偉　宋四明人。字仲寬。元祐初知順昌縣。初。縣民生子多者皆不舉。偉集耆老諭以理。使歸勸鄉人。活者以千計。生子多以俞爲字。朝廷爲立法行一路。偉被差他郡還。邑有小兒數百迎於郊。部使者以聞。降詔獎諭進秩。

俞·國寶　宋臨川人。淳熙太學生。嘗於西湖斷橋酒肆中。書風入松詞於素屏。末有明日再攜殘酒。來尋陌上花鈿句。帝遊幸見之。笑曰。此調甚好。但末句未免儒酸。因爲改定云。明日重扶殘醉。卽日命解褐。有醒菴遺珠集。

俞·庸　元嘉興人。占籍上海。字子中。爲平江路推官。淮兵壓境。庸聚勇士以守。郡守欲偕遁。庸厲聲叱之。城破被執。以計得脫。大府將爵之。謝不受。書有晉人風。尤工於繪事。

俞·得儒　明鄞人。字大雅。永樂進士。改庶吉士。授行在監察御史。時西南夷朝貢至境。命得儒往蒞其事。唯以庭實上貢。其他珍異。悉貯之弗獻。詔求直言。與給事中柯暹各率同官歷陳六卿曠官事。帝命六卿與諫官論難。而六卿十不得一。遂出得儒知賓州。

俞·敏德　明定海人。字鳴謙。父彥華。赴京聽選死。母在家亦故。時敏德甫九歲。力不能支。自扶柩以歸。及長。不樂仕進。於三山建永思堂。環植以竹。哀慕久而弗替。有司屢以材薦。以祿不逮親。固辭不就。人稱曰竹所先生。享年一百五歲。

俞·皐　宋婺源人。字心遠。師趙良鈞。初良鈞以宗室舉進士。教授廣德軍。宋亡不仕。皐所著春秋釋義。一守良鈞之說。吳澄序之。

俞·維屛　明莆田人。字樹德。嘉靖進士。授刑部主事。忤嚴嵩謫官。嵩敗。官廣東憲副。平峒寇之亂。性淸介。興剔利弊。豪猾憚之。內侍王守忠捕翡翠海濱。爲民害。維屛一繩以法。累遷貴州右布政卒。

俞·淵　明通源弟。以父兄故。充參侍舍人。從征積功授都督僉事。封越巂侯。建文初隨大軍征燕。戰沒於白溝河。（按淸一統志作通淵。此從明史。）

俞·珽　淸婺源人。僑居姑蘇。字君儀。號笏齋。善指頭畫。明吏治。肆力六書古文。有印譜行世。

俞·紫芝　宋金華人。流寓揚州。字秀老。少有高行。不娶。得浮屠氏心法。工詩。王安石愛重之。卒於元祐初。

俞·通海　明廷玉子。字碧泉。從太祖破海牙諸水寨。又從克寧國。以舟師略太湖。降張士誠守將於馬蹟山。艤舟胥口。呂珍兵暴至。通海身先疾鬬。矢如雨下。中右目。遂眇。陳友諒圍南昌。從太祖擊之。友諒敗死。拜中書省平章政事。總兵略劉家港。進攝江淮行中書省事。鎮廬州。後圍平江。中流矢卒。追封虢國公。謚忠烈。通海沈機簡重。勞而不伐。嚴而有惠。故士卒咸樂爲死。

俞·通源　明通海弟。字百川。嗣兄官。從徐達攻中原。偕馮勝等會兵太原。定河中。渡河克鹿臺。取鳳翔鞏昌涇州。張良臣據慶陽叛。通源自臨洮疾趨至涇。略其西。良臣敗死。征定西。克興元。皆先登。封南安侯。

俞·逢辰　明宣城人。字彥章。有學行。建文時爲燕王府伴讀。王信任之。故得聞異謀。乘間力諫。知變將作。貽書其子。誓必死。及燕兵起。泣諫言君父兩不可負。死之。

俞·森　淸錢塘人。號存齋。由貢生官至湖廣布政司參議。所著荒政叢書。輯宋以來救荒之法凡七家。又自作常平義倉社倉三考。溯其源使知所法。究其弊使知所戒。尤極詳晰。

俞·欽　明浙江新昌人。字振恭。景泰進士。由庶吉士授禮部主事。成化初官兵部郎中。會九姓土獠作亂。詔本兵督師往討。以欽參謀建議。進兵拔二十餘寨。斬獲六千餘人。陞太常卿。累遷兵部侍郎。大同有警。悉力區畫。邊境以安。

俞·琬綸　明長洲人。字君宣。萬曆進士。任西安令。風流文采。掩映一時。爲臺憲所劾。云聊有晉人風味。絕無漢官威儀。琬綸笑曰。絕無可稱知己。聊有不無遺憾。罷官後以著述自娛。工書。有自娛集。

俞·琰　宋吳郡人。字玉吾。寶祐間以詞賦稱。宋亡。隱居著書。自號林屋山人。精於易。有周易集說。易圖纂要等書。居傍石澗。學者稱爲石澗先生。

俞·舜臣　明恩子。字治甫。號海峯。工山水人物。花鳥尤精。

俞·跗　上古黃帝之臣。爲良醫。療疾不以湯液醴灑。劊皮解肌。湔浣腸胃。漱滌五臟。練精易形。(按說苑作俞柎。此從史記。)

俞·僉　南朝宋永嘉郡吏。孫恩之亂。太守司馬逸之被害。妻子並死。兵寇之際。莫敢收藏。僉以家財冒難歛逸之等六喪。送致還都。元嘉中卒。

俞·塞　清婺源人。字吾體。號無害。品行高潔。恥隨俗俯仰。工小楷草書。著述甚多。均佚。存者惟五七言近體。

俞·㮚　宋江寧人。字祇若。崇寧進士。累官給事中。上言學校爲三代之學。必使士有成材。人無異論。事之不美者不出於學校。然後爲得。書頗見行。蔡京再相。憾向所用士多畔已。葉夢得嘗稟獨否。遂拜御史中丞。以發戶部尚書劉炳陰事。忤京意。改翰林學士。後以毀紹聖法度。貶常州團練副使。終知江寧府。

俞·煥章　明宣城人。字文伯。有讀史圖纂。

俞·瑞　宋新昌人。字公美。文學高古。眞德秀奇其文曰。此他日臺諫選也。第端平進士。通判慶元。性不芥蒂於仇怨。摧抑困乏。克謹厥身。

俞·璟　清無錫人。原名墇。字企塘。又字更生。號是齋。善畫山水樹石人物花卉。幾入元人之室。撰論畫三篇。又著題畫瑣存。

俞·萬春　清浙江山陰人。字仲華。號忽雷道人。諸生。著蕩寇志。

俞·詮　明安吉人。洪武中以書儒徵。與鮑恂等四人入見。賜坐顧問者久之。並命爲文華殿大學士。固辭。賜敕放還。

俞·雍　明無錫人。字文熙。正統初知公安縣。勤於撫字。每單騎行郊野中。勸耕織。課其勤惰。時稱循吏。

俞·靖　宋婺源人。一名猷仲。字宋祐。績學砥行。晚號西郊老人。與朱松等爲星溪十友。

俞·鳧　唐南昌人。徙居分水。登進士第。以詩名於時。與方干賦詩相往還。

俞·夢龜　宋銅陵人。始生時。母夢羽士授之黃龜。因名。生卽有齒能言。夢中嘗有讀書聲。六歲背誦六籍。九歲應童子科。授秘書正字。

俞·榕　清嘉定人。字範倫。號學禪。諸生。乾隆中以詩畫進獻。供奉內庭。善臨摹宋元人筆。有賜綺樓集。

俞·端禮　宋金華人。乾道中任烏程尹。民間賦丁絹錢三緡出一縑。不輸絹而折其值。一絹千錢。後增至五千錢。民不勝其苦。端禮疏請於朝。歲蠲民錢六萬。

俞·綱　明嘉善人。字宗立。由諸生繕寫實錄。試中書舍人。授郕王府審理。景帝時以兵部右侍郎入閣參預機務。居三日。固辭守本官。易東宮。加太子少保。英宗復辟。以當景泰時能周旋二帝間。調南京禮部。成化初致仕卒。

俞·聞中　宋邵武人。字夢達。從學朱熹。登淳熙進士第。累官知黎州。悉意撫字。民夷咸懷其德。

俞·誠一　宋分水人。字則明。嘉定進士。官南康教授。遷國子監丞。轉奉議郎。平居喜怒不形。遇事剛果。莅官內外如一。有南疇集。

俞·遠　元奕曾子。字之近。自號空谷山人。身癯。神骨秀竦。喜著小冠。戴文山樓笠。衣白綺裘。好讀書。隱居教授。篤行古道。里中多化之。至正中鄉寇竊發。所過殘毀。遠乃築土爲室。嘯歌其中。有豆亭集·學詩管見。

俞·廣　明遂昌人。字德溥。幼孤。長克勵於學。永樂中纂修大典。廣以能書薦。詔就翰林。擢兵科給事中。坐事出爲邯鄲縣丞。能以寬厚得民心。官終刑部主事。

俞·德淵　清平羅人。字陶泉。嘉慶進士。官江蘇知縣。甚得民心。道光間官至兩淮鹽運使。居官恪謹。力崇儉樸。風俗爲之一變。

俞·德鄰　宋永嘉人。字宗大。號大迂山人。咸淳進士。宋亡不仕。遯跡以終。有佩韋齋輯聞·佩韋齋文集。

俞·澂　宋吳興人。字子清。光宗朝任大理少卿。放意山水。築室與浮玉山對。號曰無塵。作竹石清潤可愛。得文蘇遺意。

俞·瑩　清金匱人。字敬亭。號友梅山人。工詩畫。自謂畫瞻最大。凡徑丈巨幅。瀟灑立就。

俞·勳　宋婺源人。字怡叔。淳祐進士。歷官知來安縣。通判滁州。攝州事。以清廉名。後參議淮東帥府卒。初眞德秀每患時文浮靡。省試得其文。賞其謹厚。置之高等。以勵學者。

俞·憲　明無錫人。字汝成。嘉靖進士。歷官山東按察使。有文學。輯有盛明百家詩。

俞·樾　清德清人。字蔭甫。號曲

園。道光進士。官編修。提督河南學政。罷官歸。僑居蘇州。一意治經。以高郵王氏爲宗。其大要在正句讀。審字義。通古文假借。由經以及諸子。皆循此法。自少至老。著述不倦。主講杭州詁經精舍至三十一年。爲一時樸學之宗。光緒末卒。年八十有六。著有春在堂全集。凡五百餘卷。

俞・橋　明海寧人。精岐黃術。嘉靖中以名醫被徵。累官大醫院判。治病無不奇驗。有醫學大原。

俞・澤　明桐廬人。字益之。天順進士。授兵科給事中。後謫滁州判。未赴而卒。性鯁介。居官以清慎名。

俞・澹　宋紫芝之弟。字清老。亦不娶。滑稽諧謔。曉音律。能歌。晚年作漁家傲等詞。山行歌之。一日見王安石云。吾欲爲浮屠。安石欣然爲置祠部。約日祝髮。既而見曰。吾思僧亦不易爲。公所送祠部。已送酒家償酒債矣。安石大笑。有敝帚集。

俞・興　宋理宗時守嘉州。元兵圍城五旬。興夜開關力戰而圍解。尋爲四川制置副使。知嘉定府事。兼成都安撫副使。

俞・諫　明藎子。字良佐。弘治進士。歷江西參議。有平賊功。正德中累擢右僉都御史。治水蘇杭諸府。修治圩塘。民享其利。尋進右副都御史。平桃源叛賊。進錄右都御史。兼領巡撫。旋召還。遂乞致仕。嘉靖初復起故官。總督漕運。平青州礦盜王堂等。召掌都察院事。卒於官。諡莊襄。

俞・縱　晉宣城人。成帝初爲桓彝部將。蘇峻之亂。守蘭石。與峻將韓晃遇。衆寡不敵。左右勸退守。縱不從。曰。吾之不負桓侯。猶桓侯之不負國也。力戰死。

俞・鴻漸　清德清人。字劍華。嘉慶舉人。有印雪軒文鈔詩鈔及隨筆。讀三國志隨筆。

俞・藎　明桐廬人。字廷臣。天順進士。擢御史。出按江西。治外戚王氏萬氏宗族恣橫罪。坐事謫澧州判官。大築陂堰。溉田萬頃。累遷鄱陽知府。乞歸。

俞・豐　宋建寧人。字應南。乾道進士。知秀州。召爲金部郎中。遷中書舍人。嘗言命令不可不謹。守令不可不擇。除吏部侍郎。上言人主當振紀綱。不可假外戚以柄。不報。以文華閣待制奉祠。築雲谷書院以自娛。號雲谷老人。

俞・夔　宋象山人。字堯臣。魁梧修偉。晝漁夜讀。登元豐進士 。時舒亶平辰沅寇。奏夔籌畫功爲幕府第一。終建德宰。◎明浙江建德人。字舜臣。正德進士。累官四川安綿兵備僉事。會諸番入寇。夔出奇擒其首。復古維州。築平番赤土二堡。捷聞。陞本司副使。備兵建昌。平土官剌馬仁等之亂。尋補南漳兵備。歷本省左右布政。有六詔紀聞及揚芬錄。

俞・獻可　宋歙人。端拱進士。歷御史吏部郎中。有能稱。嘗爲廣西運使。平定蠻寇。爲立互市。築寨以扼其險。自是不敢犯邊。官終龍圖閣待制。

俞・獻卿　宋獻可弟。字諫臣。第進士。補安豐縣尉。累遷殿中侍御史。爲三司鹽鐵判官。淮浙鹽利不登。命獻卿往經度之。更立新法。歲增鹽課緡錢甚衆。除陝西轉運使。入對。言趙振堪將帥。范仲淹明鎬可大用。及條上邊策甚備。知杭州。暴風江潮溢。決隄。獻卿鑿西山石作隄數十里。民以爲便。後以刑部侍郎致仕卒。

俞・鑑　明桐廬人。字元吉。以進士授兵部職方主事。英宗北征。郎中胡寧當從。以病求代。鑑慷慨許諾。或曰。家遠子幼奈何。鑑曰。爲國臣子 。敢計身家。尚書鄺埜知其賢。數與計事。鑑以力勸班師對。時不能用。師覆於土木。死之。

俞・灝　宋世居杭紹。字商卿。紹熙進士。歷麗節皆有聲。寶慶間致仕。築室九里松。自號青松居士。有遺集。

俞・靈貴　唐河間人。入衡山九眞觀修道十餘年。能坐見天下事。然自晦不爲異。後入九疑山仙去。

俞・觀　明楚雄人。潛心理學。敎授生徒。遠近負笈而至。時土賊陷城。聞其名。迫之使見。不屈。自投泮水。人救之。遂隱遁不出。

俞・觀能　宋夔子。字大任。紹興初應詔詣闕上書。特授德安府錄事參軍。旋登進士第。時徽欽北狩。觀能裒古今君臣孝弟事曰孝弟類鑒。上之。授審察江陰軍教授。改秩而卒。

俠累　戰國韓名傀。相哀侯。與嚴遂有郤。遂購聶政刺殺之。

信・世昌　宋東平人。字雲甫。自號中隱。善畫山水。

信行　隋高僧。魏郡王氏子。年四歲。路見牛車沒泥牽引。因悲泣不止。及長。博通經論。初住相州法藏寺。親執勞役。開皇初被召入京。住眞寂寺。卒年五十四。有對根起行・三階集錄・及衆事諸法等四十餘卷。

信・都芳　北魏河間人。字玉琳。少明算術。兼有巧思。所撰注勾股・史宗・樂書・之屬。甚多。

冒・政　明泰州人。成化進士。父哲洪武中舉明經。授本學訓導。有造士聲。政歷官右副都御史。巡撫寧夏。居官廉。劉瑾覬賄不得。遂假遼東邊備不飭事爲政罪。逮下詔獄。罰米三千石。瑾誅。復職。致仕卒。

冒・致中　元海陵人。爲兩淮鹽運丞。嘗至東陳見沃壤可居。遂數仕家焉。勤學好修。張士誠聞其賢。屢辟不就。脅入吳門。以疾辭。

冒·起宗 明如皋人。崇禎進士。授行人。選南考功。掌內計。時憚其方正。出爲兗西僉事。會流寇據河南。起宗監河上軍。賊不能渡。後備兵嶺西。旋調湖南寶慶副使。督漕江上。乞休歸。有拙存堂經質及史括。

冒頓 漢匈奴之單于。爲太子時。從其父頭曼出獵。以鳴鏑射殺之。遂自立。東斥東胡。西破月支。嘗南下圍高祖於白登。又嘗遺書呂后。語甚悖慢。后大怒。議斬其使。以季布言而止。尋獻馬和親。(冒頓讀如默突)

冒·襄 清起宗子。字辟疆。自號巢民。幼有俊才。負時譽。史可法薦爲監軍。後又特用司李。皆不就。所居有樸巢水繪園深翠山房諸勝。入清後著書自娛。賓從讌遊。極一時之盛。有影梅庵憶語·樸巢·水繪二集。

冒·鸞 明如皋人。字庭和。弘治進士。授兵部武庫主事。陞郎中。淮揚備用馬。舊納折色。時欲令納馬。鸞上章爭之。得免。陞福建左參議。大茂山劇賊肆掠。鸞遣諭以禍福。賊悉降。地方獲安。以母老告養歸。

勇·獲 春秋吳夫差時爲大夫。黃池之會。帥師焚宋北郛。

南·一魁 清膚施人。明副將。李自成陷陝西。一魁降。尋棄之投鄂爾多斯部。順治間阿濟格逐自成至山西。一魁迎降。招撫延綏東路。隨定西安。授寧夏總兵。疊與孫可望戰於四川。李定國戰於廣西。逐桂王於雲南。官至左都督。加太子少保。

南·大吉 明金子。字元善。正德進士。歷紹興知府。幼穎異知學。尙友講學。探討日邃。爲學者所欽。

南子 春秋衞靈公夫人。宋女。通於宋子朝。太子蒯聵惡之。南子譖於公。蒯聵奔宋。後蒯聵立。遂殺南子。

南·中 清巴州人。工詩。隱居平涼仙洞。

南·元善 明渭南人。字伯子。正德進士。歷官紹興知府。從王守仁講學。爲權貴所疾。大計罷歸。構湭水書院以敎後學。有瑞泉集。

南公子 戰國著書三十篇。言五行陰陽事。

南·天祥 清昆明人。康熙中從平西藏。授雲南開化鎭總兵。擢江南提督。

南·天章 清昆明人。字漢雯。康熙間武舉。歷官湖廣提督。講武之暇。留心文翰。詩亦清婉可誦。

南·文子 戰國衞大夫。智伯欲伐衞。乃遺以野馬四。白璧一。衞君悅。羣臣皆賀。獨文子有憂色。衞君怪之。文子曰。無功之賞。無力之禮。不可不察也。衞君以其言告邊境。智伯果起兵襲衞。至境而反曰。衞有賢人。先知吾謀也。

南·仝 明洪洞人。弘治舉人。初授嘉興推官。多所平反。陞南京四川道御史。豪強斂跡。稱鐵面御史。

南·企仲 明大吉孫。字伯塤。萬曆進士。累官太僕寺卿。神宗以疾詔免礦稅。釋繫囚。緣建言貶斥諸臣。旣而悔之。命收礦稅如故。企仲請如詔奉行。帝大恚。遂削籍歸。天啟初起爲太常卿。崇禎初拜南京吏部尙書。李自成陷渭南。責南氏餉鉅萬。遂遇害。

南安翁 宋漳州陳元忠過南安。投宿野人家。主翁舉止談對。宛若士人。遲明別去。翌日。見翁倉皇行。陳追詰之。蓋翁長子鬻果失稅。爲關吏所拘。陳爲謁監征。至則已捕送郡。翁與次子偕詣庭下。長子當杖。翁懇郡守。願以身代。次子曰。大人豈可受杖。某願代。長子又以罪在己。甘心焉。三人爭不決。次子就翁耳語。郡守疑之。呼問所以。對曰。大人元係帶職正郎。宣和間累典州郡。翁急拽其衣使退。守詢誥勅在否。曰埋於山中。守立遣發取。果得之。卽延翁上坐。釋其子。次日訪之。室已虛矣。

南伯·子綦 戰國嘗遊乎商丘之野。見大木焉。曰。此必有異材夫。仰而視其細枝。則拳曲而不可以爲棟梁。俯而視其大根。則軸解而不可以爲棺槨。咶其葉則口爛而爲傷。嗅之則使人狂酲三日而不已。此果不材之木也。以至於此其大也。(按莊子人間世篇作南伯子綦。齊物論篇又有南郭子綦。大宗師篇又有南伯子葵。皆聲之誤。見俞樓雜纂。)

南·卓 唐字昭嗣。初爲拾遺。以諫謫松滋令。大中時爲黔南觀察使。有羯鼓錄。

南·季 漢善算。

南·居仁 明居業弟。字思敦。天啓進士。累官詹事。拜經筵日講。天性孝友。貧者藉以舉火。緩急爲周旋。人歸義焉。有遹修堂集。

南·居益 明企仲族子。字思受。萬曆進士。天啓時累擢副都御史。巡撫福建。討平紅毛夷。遷工部侍郎。總督河道。魏忠賢銜其敘功不及己。格其賞。尋削職。崇禎初起戶部侍郎。總督倉場。進工部尙書。又削籍歸。李自成陷渭南。擁之去。加炮烙。終不屈。絕食死。

南·居業 明企仲子。萬曆進士。與中秘選。以員多抑之。遂不仕。天啓初。薦授禮部主事。遷告歸。寡交接。不問家人生產事。人目爲顛。李自成陷渭南。擁之去。加炮烙。終不屈。與居益同絕食死。

南·承嗣【唐】霽雲子。年七歲。授婺州別駕。歷施州刺史。柳宗元稱其服忠思孝。無替負荷。轉涪州刺史。

南·金【明】渭南人。字楚重。博學有文。由貢士授新野縣訓導。沉毅莊重。生平不邇聲色。稱善掩過。在鄉在官。以身爲學者師。

南·威【春秋】美女。晉文公得南威。三日不聽朝。遂推南威而遠之。曰。後世必有以色亡其國者。(按亦稱南之威。之助辭。如介之推是。)

南·昱【明】樂清人。字時方。性嗜學。郡守何文淵愼選郡掾。昱在選中。不悅曰。吾方與聖賢對。安能爲吏。上書自陳。極言儒吏之辨。何心奇之。然卒以昱主庫籍。讀書不輟。正統中成進士。除大理左寺副。讞決精審。有宜齋稿。

南春宴【元】京師妓女。姿容偉麗。長於駕頭雜劇。

南宮·長萬【春秋】【宋】閔公時爲大夫。魯莊公伐宋。敗之。公以金僕姑射長萬。公右歂孫生搏之。宋人請之。宋公靳之。曰。始吾敬子。今子魯囚也。吾弗敬子矣。長萬病之。遂弑閔公。

南宮·括【周】武王旣革殷命。命括散鹿臺之財。發鉅橋之粟。以賑貧弱。◎【春秋】【魯】字子容。亦稱南容。孔子弟子。括問孔子曰。羿善射。奡盪舟。俱不得其死。禹稷躬稼而有天下。孔子不答。括出。孔子曰。君子哉若人。尙德哉若人。國有道不廢。國無道免於刑戮。括讀詩至白圭章。曾三復之。孔子妻以兄子。(史記索隱曰。家語作南宮縚。按其人爲孟僖子之子仲孫閱。蓋居南宮。因以爲姓。括論語作适。)

南宮·靖一【宋】南昌人。字仲靖。自號坡山主人。有小學史斷。

南·師仲【明】軒子。字子興。萬曆進士。官至南京禮部尙書。體質素癯。腰不滿圍。隔膜見臟腑。而目精炯爍。較錄至夜分不倦。

南·眞【明】蕭人。早喪父。事母孝。母終。廬墓三年。寢苫枕塊。哀痛迫切。鄉人稱其孝。

南·軒【明】渭南人。字叔後。嘉靖進士。歷吏部郎中。終山東參議。有通鑑綱目前編。

南·釗【明】渭南人。字希古。天順進士。生而歧嶷穎異。好讀書。家貧刻苦。歷河南右參政。

南·壽【明】滿城人。正德進士。授刑部主事。武宗南巡。壽疏諫。廷杖幾死。嘉靖中。擢守徽州。忤當道歸。素履質實。爲鄉邑表。

南榮·趎【戰國】庚桑楚弟子。南見老子。擔糧七日七夜至老子之所。旣見。儼若懲父。膝行避景。夔立蛇進。而後敢問。見教一高論。瞿然自失。若飢十日而得太牢焉。(按漢書古今人表作南榮疇。或作儔。又作壽。淮南子作幬。)

南·漢【明】釗子。字天章。弘治舉人。除長山教諭。遷國子助教。廉靜敦愼。轉蘇州府通判。以勞卒。

南·蒯【春秋】【魯】季氏費邑宰。季平子立。不禮於蒯。蒯以費畔。叔弓圍費弗克。平子從冶區夫謀。厚遇費人。費人叛南氏。蒯奔齊。

南懷仁【清】比利時國人。耶穌教會之宣教師。康熙初入中國傳教。以推算曆法爲聖祖所信任。累官欽天監正。卒諡勤愨。有坤輿圖說。西方要記。

南·鏜【明】商州人。字彥聲。成化進士。由吏部主事歷河南左布政使。以忤劉瑾繫獄幾死。陞南京太僕卿。復以忤瑾放歸。瑾敗。屢薦不起。布衣蔬食。如窮居時。

南·黨【明】平越人。永樂初爲征蠻總兵。領兵征苗至十萬谿。力戰死。尸猶立不仆。王嶰苗見而神之。載尸歸葬。爲立廟。

南·霽雲【唐】頓邱人。少爲人操舟。安祿山反。鉅野尉張詔起兵。拔以爲將。從張巡守睢陽。賊將尹子奇來攻。巡使霽雲射。一發中其左目。旣而城中食盡。巡令霽雲乞師於賀蘭進明。引精騎三十。冒圍出。賊萬衆遮之。霽雲左右射皆披靡。旣至。進明初無出師意。又欲留霽雲。爲大饗。霽雲泣曰。睢陽將士不食月餘日矣。義不忍獨食。因拔刀斷一指。一座大驚。將出城。抽矢射佛寺浮圖。曰。吾歸破賊。必滅賀蘭。復冒圍入。城陷被執。賊欲降之。巡呼曰。南八。男兒死耳。不可爲不義屈。霽雲笑曰。欲將以有爲也。公有言。敢不死。遂死之。

郇·子文【明】洪武中知巴陵縣。有政聲。嘗創縣署學宮壇坫城隍。

郇墨·成【漢】齊人。受易王同。爲城陽相。

咸丘·蒙【戰國】孟子弟子。

咸·惟一【明】萊陽人。通五經。元末隱居不仕。洪武初以明經薦授本縣訓導。時干戈甫定。衿佩失業。惟一講明倫理。剖析經義。人始知書。

咸·廙【唐】開元十八學士之一。圖形含象亭。

哀·仲【漢】秣陵人。種梨甚美。入口消釋。人稱哀家梨。

哀·長吉【宋】崇安人。字叔巽。一字壽之。嘉定進士。調靜江軍掌書記。秩滿致仕。號委順翁。徜徉林泉。託興吟詠。年八十九卒。有雞肋集。

哀姜【春秋】【魯】莊公夫人。齊桓公之女。性驕淫。通於慶父。公薨。子般立。慶父與哀姜謀。殺子般而立閔公。哀姜淫益甚。又與慶父謀。弑閔公。齊桓立僖公。召哀姜酖而殺之。魯遂殺慶父。

哀・章 〔漢〕梓潼人。學問長安。素無行。好大言。王莽居攝。章作銅匱。謂高帝授以黃帝金策書。言莽爲眞天子。并書莽大臣及己姓名。皆署官爵。因僕射以聞。莽卽位。拜章爲國將美新公。位上公。

哀駘・它 〔春秋衞〕貌惡。魯哀公召而觀之。果以惡駭衆。授以國政。孔子曰。是必才全而德不形者也。

哈什屯 〔淸〕滿洲鑲黃旗人。姓富察氏。崇德間征瓦爾喀。俘獲甚衆。順治初擢內大臣。尋列議政大臣。多爾袞輔政。大臣多附之。哈什屯獨持正不阿。豪格爲多爾袞搆陷。始終執詞不撓。加太子太保。卒諡恪僖。

哈・元生 〔淸〕河間人。雍正間以守備隨征貴州諸苗。積功官至貴州提督。進新闢苗疆勦志。古州苗叛。以元生爲揚威將軍。統軍進勦。撫定苗疆大臣張照與元生忤。倡議分地分兵。劃分上下游。文移辨論。歷久無功。元生坐革職免死。尋給副將銜。赴西路。卒於軍。

哈占 〔淸〕滿洲正黃旗人。姓伊爾根覺羅氏。康熙間由鴻臚寺贊禮郎纍遷川陝總督。時吳三桂等合謀攻陝西。哈占籌運軍餉。防守要隘有功。官至禮部尙書。

哈立麻 〔明〕西域烏師藏僧。有道術。國人稱爲尙師。永樂間隨司禮少監侯顯入朝。賜勞甚渥。建普度大齋。爲高帝后薦福。封大寶法王西天大善自在佛。領天下釋教。賜印誥等。其徒亦均封灌頂大國師。後赴五臺山建齋。及辭歸。以中官護行。累入貢。

哈克三 〔淸〕滿洲正藍旗人。姓佟佳氏。康熙間累遷護軍統領。平察哈爾布爾尼有功。後攻吳三桂。赴湖南。率兵援永興。戰死。諡武毅。

哈・尙德 〔淸〕元生子。雍正中以參將赴貴州勦古州苗。乾隆間屢著勞績。苗人聞風畏懾。累擢古州鎭總兵。從征金川。亦有功。尋坐事奪職。

哈岱 〔淸〕蒙古正黃旗人。姓烏彌氏。順治間從入關。敗李自成。從定江南浙江。征大同及舟山。累官內大臣。封一等子。卒諡勤壯。

哈剌亦哈赤北魯 〔元〕畏兀人。帝嘗從太祖西征。至一城。空無人。帝問之。對曰。獨山城。往歲大饑。民皆流移之他所。此地當北來要衝。宜耕種以爲備。帝曰善。使留居焉。後六年。帝西征還。見田野墾闢。民物繁庶。大悅。問哈剌亦哈赤北魯。則已死矣。乃賜其子都督印。兼獨山城達魯花赤。

哈剌哈孫 〔元〕斡剌納兒氏。威重不妄言笑。善騎射。工國書。至元中拜大宗正。用法平允。審錄寃滯。所活數百人。拜榮祿大夫湖廣行省平章政事。成宗時進右丞相。帝弗豫。制出中宮。羣邪黨附。哈剌哈孫以身匡之。天下晏然。帝崩。定策密迎武宗。功最多。加上柱國。封順德王。卒諡忠獻。

哈剌䚟 〔元〕哈魯氏。從攻張世傑於大洋。獲其軍資器械不可勝計。累官雲南行省右丞。偕劉琛征八百媳婦國。以罪廢。卒於汝州。皇慶初諡武惠。

哈哈納 〔淸〕滿洲鑲紅旗人。姓那木都祿氏。天命間從征烏拉。敗明兵。積功授鑲紅旗副都統。天聰間略錦州。進攻寧遠。崇德初從入長城。克昌平・涿州。尋以病致仕。

哈郎阿 〔淸〕額勒登保子。嘉慶間以頭等侍衞從攻河南教匪。斬殺甚衆。道光間從勦張格爾。復喀什噶爾。克和闐。積功累擢鑲紅旗漢軍都統。卒諡剛恪。

哈・國興 〔淸〕攀龍子。乾隆武進士。從征緬甸。積功官至西安提督。隨征小金川。連克賈噶山路頂宗及喀木色爾。僧格桑遁。獲其父澤旺。小金川底定。卒諡壯武。

哈麻 〔元〕喀喇人。字士廉。早備宿衞。爲順帝所愛幸。聲勢日盛。君臣宣淫。醜聲四聞。拜中書左丞相。國家大柄盡歸之。爲御史大夫搠思監等所劾。杖死。

哈散納 〔元〕太祖時從征王罕有功。命同飲班朱尼河水。又從征西域。下薛迷斯干・不花剌等城。太宗時官至太原兩路達魯花赤卒。

哈都赤 〔元〕固安人。幼孤。母嘗有疾。治之久不愈。哈都赤割左脇。取肉一片。作羹進母。數日病愈。

哈當阿 〔淸〕蒙古正黃旗人。姓把岳忒氏。乾隆中以副將從征撒拉爾回於蘭州。斬其魁。以功授固原提督。調福建水師提督。兼臺灣總兵。臺灣奸民擾鳳山。陷彰化。哈當阿討平之。

哈達哈 〔淸〕滿洲鑲黃旗人。傅爾丹次子。乾隆間授工部尙書。擢將軍。時阿睦爾撒納叛遁哈薩克。詔達爾黨阿專任西路。哈達哈專任北路。領兵追勦。阿睦爾撒納敗遁未獲。論疎縱罪革職。尋以侍衞赴西路軍營。卒於軍。

哈寧阿 〔淸〕滿洲鑲白旗人。姓富察氏。天聰間隨攻明錦州。略松山杏山高橋諸臺堡。授護軍統領。順治間從入關。破李自成。追擊於陝西湖廣。復從下江南。定湖廣。征四川。相繼克捷。敘功累授一等輕車都尉世職。尋卒。

哈・攀龍 〔淸〕河間人。乾隆武進士。

以總兵從征金川。任舉陣亡。攀龍督兵力戰。奪其屍回。屢克碉卡。戰功甚著。官至貴州提督。

咼文光　明公安人。嘉靖舉人。性簡重雅飭。好學強記。事母孝。初授四川巴縣令。推鞫以情。幾至無訟。賦役與民期會。不事鞭笞。四民仰其廉平。比入覲。相率繪像祀之。乞休歸。居家二十餘年。絕跡公庭。時或困於衣食。有司餽之粟帛皆不受。

咼拯　南唐歙人。字叔濟。保大間爲令。撫綏有方。民爲立去思碑。

垣崇祖　南齊護之弟子。字敬遠。一字僧寶。年十四。有幹略。宋明帝時歷北琅邪蘭陵太守。齊高帝鎮淮陰。以其武勇善待之。遂板爲臨朐戍主。密布誠節。參豫機謀。及受禪。以爲豫州刺史。封望蔡侯。武帝在東宮。恨崇祖不相附。及即位。以誅死。

垣閎　南齊榮祖從父。字叔通。仕宋歷交司益三州刺史。封樂鄉男。齊高帝重其夷澹。因爲子晃求閎女。閎辭。帝爲不歡。及即位。以閎有誠心。封爵如故。終於金紫光祿大夫。諡定。

垣榮祖　南齊崇祖從兄。字華先。少學騎射。宋明帝立。除冗從僕射。齊高帝在淮陰。榮祖歸附。薦除東海太守。在郡登西樓。見鵠翔雲中。曰當生取之。乃彈其兩翅。毛脫而墜地無傷。其妙如此。齊初以佐命勳。封將樂縣子。終兗州刺史。

垣憘伯　南齊閎子。少負氣豪俠。善射雉。爲武帝所重。官直閤將軍。出爲巴郡梓潼二郡太守。後爲益州刺史王文和所害。

垣曇深　南齊閎弟子。雅有學行。以行義稱。爲臨城令。罷歸。得錢十萬。以買宅奉兄。退無私蓄。後爲羽林監。王儉薦之於處州刺史劉楷。道卒。

垣歷生　南齊榮祖從弟。拜驍騎將軍。歷官太子右率。性苛暴。與始安王遙光同反。伏誅。

垣護之　南朝宋略陽人。字彥宗。少倜儻。氣幹強果。元嘉初爲殿中將軍。累遷鍾離太守。隨王玄謨伐魏。率百舸爲前鋒。有功。南郡王義宣反。護之率水兵大破賊將。封益陽縣侯。大明中拜右衛將軍豫州刺史。坐聚斂貨賄免官。尋起爲太中大夫。未拜。以憤卒。諡壯。

奎林　清滿洲鑲黃旗人。姓富察氏。明瑞弟。征緬甸金川。俱在行間。身經百戰。官至伊犁將軍。被劾落職。後以參贊大臣往西川。卒於途。

契　唐虞舜之臣。佐禹治水有功。舜乃命契爲司徒。敬敷五教。封於商。賜姓子氏。爲商之祖。

契此　唐高僧。居明州奉化縣。形裁腲脮。蹙額皤腹。出語無定。寢臥隨處。常以杖荷布囊。中貯供身之具。就人乞啜。分少許入囊。人稱布袋和尚。於市橋上豎膝而眠。示人吉凶必現相。如亢陽即曳高齒木屐。水潦則係濕草屨。天復中卒。江浙間多圖其像。

契苾何力　唐突厥可汗孫。居熱海上。貞觀中與母率衆千餘詣沙州內屬。以左領軍將軍討吐谷渾。擊敗之。尚臨洮縣主。累平高昌龜茲。高宗時討西突厥五姓。以功遷左驍衛大將軍。封郕國公。副李勣攻高麗拔之。虜其王以獻。進位鎮軍大將軍。徙封涼。卒諡毅。

契苾明　唐契苾何力子。字若水。性淹厚喜學。長辯論。幼授上柱國。李敬玄征吐蕃。契苾明爲柏海道經略使。多戰功。襲封。武后時賜姓武。仕至左鷹揚衛大將軍。卒諡靖。

契嵩　宋僧。藤州鐔津李氏子。字仲靈。慶曆間居杭州靈隱寺。皇祐中入京師。兩作萬言書上之。賜號明教大師。尋卒。契嵩博通內典。嘗作原教孝論以與當時闢佛者抗。爲文雄偉。能自暢其說。有鐔津集。

奕山　清宗室。鑲藍旗人。道光間禁煙事起。奕山以靖逆將軍赴粵攻剿。英人犯廣東省城。奕山許給煙價六百萬。割香港以和。而詭以英人窮蹙乞撫入告。事發。坐奪職。咸豐間再起。任黑龍江將軍。時值英法內侵。俄人乘間要挾畫界。奕山不明地勢。遽與定約。自額爾古納河口。順黑龍江至混同江口左岸。又自烏蘇里江踰興凱湖。達圖們江口以東之地。盡爲俄有。失地甚多。同治間封一等鎮國將軍。卒諡莊簡。

奕訢　清宣宗第六子。少穎敏勤學。宣宗愛之。欲以爲嗣。訢力讓。文宗立。封恭親王。多參議大事。同治初肅順等專政。孝欽與訢謀誅之。孝欽垂簾。訢稱議政王。後除議政王號。光緒間罷職。尋復起爲軍機大臣。領總理各國事務衙門。卒諡忠。

奕赫抵雅爾丁　元回回氏。字太初。幼穎悟嗜學。讀書過目不忘。尤工國書及語言。爲刑部郎中。多所平反。除江東肅政廉訪使。監憲一年。贓吏削跡。至太初。累拜參議中書省事。並以疾辭。景祐初卒。

奕誴　清宣宗第五子。動止率略。失帝驩。文宗即位。奕訢已晉親王。奕誴猶郡王。同治初晉敦親王。光緒間卒。諡定。

奕譞　清宗室。封貝子。性好學。侍讀弘德殿。進止有節。後授鑲藍旗漢軍都統。兼管火器營。遂不復入侍。穆宗微行。嘗流涕極諫。光緒初授右宗令。任宗人府凡十六年。光緒中卒。

奕繪 清高宗曾孫。自號太素道人。又號幻園居士。嘉慶中襲爵貝勒。累官正白旗漢軍副都統。篤好風雅。尋致仕卒。有明善堂集。

奕譞 清宣宗七子。咸豐初封醇親王。與兄奕訢訓練京營。穆宗卒。子載湉入承大統。乃引嫌乞休。中法啓釁。代奕訢入軍機。與李鴻章創立北洋海軍。凡遇軍國重務。規畫頗周。平生自持謙謹。卒諡賢。

姚・一元 明長興人。字惟貞。嘉靖進士。授行人。選御史。謇諤敢言。出按陝西。鋤強暴。黜貪墨。轉江西左布政使。忤時相罷歸。尋起山東布政使。歷順天府尹致仕。閉門讀書。一循禮法。見妻子無惰容。人稱古君子。年七十終。

姚・士粦 明海鹽人。字叔祥。學問奧博。蒐羅秦漢以來遺文。撰秘册彙函跋尾。各爲攷據。具有源委。

姚・大英 明烏撒人。嘉靖舉人。爲永昌推官。攝府篆。毀淫祠。清利弊。人心悅服。遷忠州。以清介稱。

姚・弋仲 後秦南安赤亭羌人。少英毅。不營產業。唯以收恤爲務。衆皆畏而親之。永嘉之亂。自稱護西羌校尉・雍州刺史。戎夏襁負隨之者數萬。劉曜以爲平西將軍。歷遷大都督。冠軍大將軍。以功進封西平郡公。石祗僭號於襄國。以弋仲爲右丞相。乃遣使請降。永和中拜使持節都督江淮諸軍事・車騎大將軍・大單于。封高陵郡公卒。子萇僭位。追謚景元皇帝。

姚・之富 清襄陽人。爲白蓮教之魁。嘉慶間與齊林妻王氏同起爲亂。狡悍善戰。後爲官軍所逼。投崖死。

姚・之駰 清錢塘人。字魯斯。康熙進士。官至監察御史。有後漢書補逸。元明事類鈔。

姚・允在 明會稽人。字簡叔。工山水人物。遒勁不凡。

姚・允恭 明官靈山訓導。崇禎中賊陷鳳陽。與教諭龔元祥守禦。賊掩至。縣令逸去。元祥被殺。閱五日。允恭斂其屍。卽自縊。適令至解免。越日賊復入。允恭卒死之。

姚・元之 清桐城人。字伯昂。號薦青。嘉慶進士。官至左都御史。以事降內閣學士。工隸書行草。畫筆亦妙。有竹葉亭雜詩稿。

姚・內斌 宋盧龍人。初仕契丹。爲瓦橋關使。後歸周。爲汝州刺史。吏民詣闕舉留。入宋從平李筠。後爲慶州刺史。在郡十數年。西夏不敢犯塞。以其武猛。號爲姚大蟲。

姚・天福 元絳州人。字君祥。幼讀春秋通大義。至元中拜監察御史。母戒之曰。當罄所衷以塞其職。勿以未亡人爲卹。俾吾追蹤陵母。死之日。猶生之年也。由是彈擊不避權貴。世祖嘉其直。大德間累拜參知政事・領大興尹。畿內大治。後之尹京兆者。以天福爲首。

姚・孔錭 清桐城人。字梁質。號于巢。康熙中諸生。有華林莊詩集。

姚・文 明崇德人。字敏學。永樂進士。知慶遠府。猺獞交待以至誠。無不感服。改寶州。及卒。父老會哭於庭。平生廉介自持。服官四十年。一介不妄取。

姚・文田 清歸安人。字秋農。嘉慶進士。由修撰累官禮部尚書。通達治體。不爲激亢之行。議論尤平易近人。其學推崇宋儒。而尤究心漢學。卒諡文僖。有易原・春秋月日表・說文聲系・說文攷異・邃雅堂文集。

姚・文式 後漢合浦人。喜讀書。博通古今。建安中舉茂才。任爲交州治中。時步騭爲刺史。欲建都會。文式指畫尉佗舊治。因立城郭於番山之隅。綏和百粵。

姚・文奐 元崑山人。字子章。自號婁東生。家有野航亭。人稱姚野航。聰明好學。過目成誦。博涉經史。辟浙東帥閫掾。有野航亭稿。

姚・文然 清桐城人。字弱侯。明崇禎進士。入清授國史院庶吉士。累官刑部尚書。自入仕任言責。於國家利害。吏治得失。民生休戚。知無不言。前後所建白。皆天下大計。所著奏疏及詩文集。皆質實醇厚。有古風。卒諡端恪。

姚・文蔚 明錢塘人。字養谷。萬曆進士。官至南京太僕寺少卿。有周易旁注會通・省括篇。

姚・文燮 清桐城人。字徑三。號羹湖。順治進士。官雲南開化同知。負奇才。有聲康熙時。畫入妙品。號黃檗山樵。有無異堂集。

姚・文灝 明貴溪人。字秀夫。成化進士。累官湖廣提學僉事。慨然以作人自任。嘗自謂所能者三。毀譽不入。請託不行。賄賂不通而已。有有學齋稿・經說・雜說・報德錄・中庸本義。

姚・月華 唐女子。與楊達相愛。時以尺牘往來。自幼聰慧。未嘗讀書。夢月輪墜於粧臺。覺忽大悟。所爲文詞。妙絕當時。兼善丹青。花卉翎毛。世所鮮及。

姚・世鈺 清歸安人。字玉裁。號薏田。諸生。有孱守齋遺稿。

姚・世錸 清歸安人。字念慈。後名汝金。字改之。號貞庵。雍正副貢生。選長沙縣丞。以艱歸。有才名。有孤笑集・五臺山遊草。

姚・令言 唐河中人。少應募。隸涇原節度使馬璘。孟皞之爲留後。自以文吏進身。表薦令言謹肅。堪任將帥。遂爲涇原節度使。建中末挾朱泚爲亂。頗盡力。泚敗俱斬。

姚古　[宋]雄弟。以邊功官熙河經略。靖康初金兵逼京城。古勒兵勤王。子平仲先已率兵入衞。欽宗以古爲河東制置使。种師中副之。古總兵援太原。師潰。坐安置廣州。

姚句耳　[春秋][鄭]成公時大夫。晉侯伐鄭。鄭人聞有晉師。使告於楚。姚句耳與往。楚子救鄭。姚句耳先歸。子駟問焉。對曰。其行速。過險而不整。速則失志。不整喪列。楚懼不可用也。其後楚果敗。

姚平　[漢]河東人。受焦延壽易於京房。爲郎博士。由是易有京氏之學。

姚平仲　[宋]古子。字希晏。世爲西陲大將。年十八與夏人戰。斬獲甚衆。欽宗許以殊賞。後以功不成。乘青騾亡命。至青城山。復入大面山。得石穴以居。朝廷詔求弗得。乾淳間始出至丈人觀道院。年八十餘。紫髯長數尺。爲人作草書。頗奇偉。

姚仲孫　[宋]商水人。早孤。事繼母孝。擢進士。累官河北都轉運使。大修城壘兵備。遷龍圖閣直學士。權三司使。屬西北備邊。悉心經度。雖病未嘗廢事。坐小吏詐爲文書。出知蔡州。因母憂。喪一目卒。

姚仲祥　[明]鳳陽人。善畫墨梅。

姚光　[三國][吳]得神丹。能分形散影。火之不焦。刃之不傷。吳主親試之。積柴數千束。令光坐其中。四面發火。火息。光從灰燼中振衣而起。手把一卷書。吳主視其書。不能解也。

姚匡　[清]常熟人。字石邨。供奉內廷。畫松排空偃蓋。蚴蟉奇突。山水與王翬同師指授。不相上下。工詩。有南游日記。

姚合　[唐]崇玄孫。登元和進士第。調武功尉。善詩。世號姚武功。遷監察御史。官終秘書監。嘗取王維至戴叔倫二十一人詩爲極元集。其自著有姚少監詩集。

姚旭　[明]桐城人。字景暘。舉進士。授刑科給事中。論事忤權貴。謫鄭州判。天順末守平陽。平易近民。

姚汝明　[明]夏縣人。天啓舉人。性孝友。崇禎間知蠡縣。有惠政。後官河間同知。敵兵臨城。與知府顏孕紹堅守。城破。與妾任氏同死。

姚汝循　[明]江寧人。字敍卿。嘉靖進士。官至大名知府。謫嘉州知州。罷官後。歷遊燕趙楚蜀間。晚年退耕秦淮。有屏居、浪遊、耕餘諸集。

姚伷　[三國][蜀]閬中人。字子緒。建興中任廣漢太守。諸葛亮駐漢中。辟爲掾。並進文武之士。亮稱曰。掾並存剛柔。以廣文武之用。可謂博雅矣。願諸掾各希此事。稍遷爲尙書僕射。時人服其眞誠篤粹。（萬姓統譜作姚伯。圖書集成氏族典承之。淸一統志作姚仙。均誤。此從四川通志。）

姚伯良　[明]鄞人。名驥。以字行。洪武中授郴州桂陽丞。三年。黜陟而俗尙純儉。勅僉山西按察司事。發奸擿伏。治號神明。年三十八。卒於官。有芸隐稿、小學諷詠補遺。

姚伯華　[明]桐廬人。元末兵起。父母於仲春時。並死於盜。伯華每歲二月。不近葷酒。不接賓客。擁爐泣淚。哀動路人。

姚吟　[南朝][宋]山陰人。有高趣。爲衣冠所重。義陽王昶臨州。辟爲文學從事。不起。顏竣爲東揚州。餉米二百斛。吟亦辭之。

姚孝資　[宋]紹興間以右從政郎。知東莞。治才精敏。令闔境築隄護田。水利大興。民蒙其利。

姚孝錫　[宋]豐人。字仲純。政和中登科。調代州兵曹。金兵入雁門。州將議以城降。官屬畏懼。投死無所。孝錫投床大鼾。略不爲意。大府就注五臺簿。因家五臺。善治生。州境歲饑。出家所藏粟萬石賑之。多全活。自號醉軒。年八十三終。有雞肋集。

姚宋　[清]新安人。寓居蕪湖。初名鑒。字雨金。號羽京。工畫。能於瓜子上畫十八羅漢。稱絕藝。

姚宋佐　[宋]字輔之。靖康進士。初調湟州尹掾。再仕八桂教官。以詩名。性廉介。雖兩仕而家貧。自號北湖。有文集。

姚宏　[宋]舜明子。字令聲。宣和中在上庠。南渡後。初任監杭州稅。調知衢州江山縣。秦檜以宿怨陷之死。

姚宏中　[宋]海陽人。字安道。嘉定進士。調靖江教授。自師友講學外。端居一室。性狷介不苟。從鄉前輩遊。得濂洛諸書讀之。玩索精微。意度超然。若不屑於世者。

姚宏任　[清]錢塘人。字敬恆。別字恩誠。少孤。不應科舉。隱市廛養母。旋受業應撝謙。服膺師說。晚年以非罪陷縲絏。憲使慮囚入獄。見案上皆程朱書。即日釋之。然卒以貧死。

姚希孟　[明]吳縣人。字孟長。萬曆進士。授翰林檢討。立朝持清議。天啓中都給事中楊所修劾其爲繆昌期黨。削籍。崇禎中赴召。以庶子充講官。預定逆案。溫體仁忌之。出爲南京少詹事。卒謚文毅。有循滄集。

姚希得　[宋]潼川人。字逢源。嘉定進士。朝夕討論六經諸子百家之言。累官參知政事。忠直淸儉。好引用善類。屢抗疏直言。以潼川郡公致仕。卒贈少保。有續言行錄、奏稿、橘洲文集。

姚廷木　[清]南匯人。字克修。號省夫。好音律。善畫山水。

姚廷槐　[清]南匯人。字植三。號培齋。寫蘭秀朗。精兒醫。

姚成 〔明〕臨安人。少孤。磊落不喜章句。嘉沖舉術。人勸之娶。不應。俄遇異人飲以水。遂得異術。後不知所終。

姚沖 〔後秦〕興弟。勇力善騎射。興署為平北將軍。使與狄伯支等率騎攻赫連勃勃。軍次嶺北。沖欲回襲長安。伯支不從。鴆殺之。興聞沖謀逆。下書賜沖死。

姚邦基 〔宋〕大昌人。政和間。舉進士。為淯川令。以劉豫僭竊。遂匿山林。聚徒以養。及豫廢。朝廷尋訪隱逸。既至。高宗嘉之。與以京秩。

姚兕 〔宋〕五原人。父寶戰死定川。兕力學兵法。為環慶巡檢。屢與夏人戰。敵大舉寇邊。兕據險張疑兵。所向必克。從攻河州。飛矢貫耳。戰益力。積功至通州團練使。卒於鄜延總管。兕幼失父。事母孝。凡圖畫器用。皆刻仇讎未報字。

姚和都 〔後秦〕姚泓時。仕至給事黃門侍郎。撰秦記記姚萇時事。

姚坦 〔宋〕濟陰人。字明白。開寶中以尙書擢第。太宗時為益王府翊善。性木強固滯。王少佚豫。坦輒醜詆。王嘗於邸中營假山。費數百萬。召賓僚共觀之。坦獨俛首。王強使視之。曰。此皆民租所為。但見血山耳。安得假山。景德初知鄧州轉運使。被詔嘉獎。大中祥符初復知光州卒。

姚奇允 〔明〕錢塘人。字有僕。崇禎進士。授南海知縣。有聲。入為兵部主事。改御史。巡按廣東。未之任。聞贛州圍急。與郝維經分道募兵。入城固守。城破死之。

姚宗之 〔宋〕興化人。字元仲。紹興進士。孝宗朝。除國子學錄。輪對上言三事。議論剴切。有古爭臣風。

姚宗文 〔明〕慈谿人。由庶吉士授戶科給事中。與劉廷元輩排孫丕揚・薦徐大化・攻翁正春・孫慎行。遭喪出都。久之。補吏科右給事中。出閱遼東軍馬。與熊廷弼構隙。還朝遷擢太常少卿。南京御史連疏論列。乃引疾去。天啓中魏忠賢議殺廷弼。召宗文復故官。累擢右都御史。崇禎初劾罷。

姚宗明 〔宋〕河中永樂人。其十世祖棲雲。以父死於邊。終身廬墓。唐時表其門。至宗明十世同居。慶曆中復其家。其後又三世同居。孝睦不替。世為農。家不甚富。僅給衣食。聚族百餘人。歷三百餘年。無異辭者。

姚岳 〔晉〕永嘉中。李雄寇寧州。刺史王遜遣岳拒之。大破賊。追至瀘水。不及而還。遜怒鞭岳。岳裂冠而卒。時人冤之。為立廟焉。◎〔明〕長興人。字文鎮。居家孝友。弘治間任宿松知縣。布衣蔬食。執法嚴毅。不少假借。卒於官。

姚岳祥 〔明〕化州人。字于定。萬曆進士。選庶吉士。時鄒元標以劾張居正奪職下獄。居正命吏守獄門。凡訪元標者。書名以報。岳祥獨往慰問。居正弗顧。既而謝病歸。

姚念曾 〔清〕金山人。字季方。乾隆拔貢。歷知孝感・應山等縣。所至有清操。擢歸德府同知。被劾歸。工詩詞。有金石考・賜墨齋詩詞印譜。

姚昌 〔清〕仁和人。字鳳和。別字文山。諸生。康熙間。從施琅平臺灣。以策畫有功。授左都督。事親至孝。以母病終身不仕。

姚明恭 〔明〕蘄水人。號崑斗。萬曆進士。出趙興邦門。公論棄不予。崇禎中累官戶部尙書。文淵閣大學士。庸劣充位而已。

姚易 〔宋〕浦城人。字夢錫。元豐進士。歷開封推官。里人何述時為府尹。每過休沐。輒相與觴詠。酬唱甚多。有擊集。

姚沾 〔明〕餘姚人。字惟恩。號墨仙。為錦衣千戶。善畫蘭石竹木古樹。意頗清遠。能詩。

姚況 〔唐〕建中時節度使姚令言。率兵討關東。以況領州而行。師過關。有急變。德宗走奉天。況與知留後馮河清發儲鎧完仗百餘乘獻行在。拜況行軍司馬。後為太子中舍人。況性簡退。未嘗言功。屬歲凶。奉稍不自給。以飢死。

姚泓 〔後秦〕興長子。孝友寬和。而無經世之用。興死。泓僭即帝位。改元永和。劉裕來伐。泓詣降。裕送建康斬之。年三十。在位二年。

姚玭 〔明〕松江人。至正中奉母避亂。屢瀕於危。及母疾。思食魚。暮夜無所得。家養一鳥。忽飛去銜魚以歸。行省聞其賢。辟之。不就。

姚長子 〔明〕諸暨人。崇禎中賊入郡境。獲長子。使為鄉導。長子密呼鄉人曰。俟我過某橋。若等亟撤之。我引賊入絕地。可悉就擒。既而賊知被紿。殺長子。賊亦盡殲。

姚信 〔三國吳〕武康人。字元直。一作字德祐。精於天文易數之學。為太常卿。有周易注。

姚兗 〔明〕悅子。字叔信。號元岳山人。少以事繫獄。與詩僧同羈。因得其詩法。有尙元草。

姚勉 〔宋〕新昌人。字成一。寶祐中進士第一。時太學生有因論丁大全被逐者。勉上疏言之。語甚切直。遂歸。及吳潛入相。召為校書郎。帝過東宮。勉講否卦。因指斥權奸。忤賈似道。免歸。有雪坡文集。

姚南仲 〔唐〕下邽人。乾元初擢制科。累進右補闕。代宗詔近城為獨孤皇后陵。以朝夕臨望。南仲上疏諫。帝嘉納。德宗時拜義成節度使。授尙書右僕射。貞元中卒。

姚咨 【明】無錫人。字舜咨。亦字潛坤。號茶夢主人。又號臯象山人。喜藏書。值善本恆手自繕寫。有潛坤集・春秋名臣列傳。

姚奕 【唐】崇子。少修謹。習知吏道。開元中請治劇。爲睢陽太守。召授大僕卿。後爲尚書右丞。子閎。居牛仙客幕府。仙客病甚。閎彊使薦奕及盧奐爲宰相。仙客妻以聞。閎坐死。奕貶永陽太守卒。

姚彥卿 【元】工畫。與孟珍同時。師郭熙。筆亦勁健。

姚思元 【唐】林泉人。善繪道釋。又作紫微二十四化。皆所以警悟世俗。

姚思孝 【明】江都人。字永言。崇禎進士。官兵科給事中。極言張獻忠之詭降。熊文燦之輕信。後果如其言。

姚思廉 【唐】察子。本名簡。以字行。寡嗜欲。惟一於學。初仕隋爲代王侍讀。高祖定京師。府僚皆奔亡。獨思廉侍。太宗時累官弘文館學士。與魏徵同撰梁陳書。拜散騎常侍。卒謚康。

姚昭 【北燕】馮跋僭位。署昭征南大將軍。跋之末年。有飄風入於昭宅。至司徒中山公弘宅而散。太史令閔尚勸昭修德以禳之。不聽。及弘篡立。以昭爲大司馬。貪暴無已。其子諫亦不納。未幾弘乃殺昭及子姪四十餘人。

姚柬之 【清】桐城人。字佑之。號伯山。道光進士。官至大定知府。尚氣負才。以不合上官去。有漳水圖經・綏猺廳誌。及詩文集。

姚洪 【後唐】本爲梁小校。董璋爲梁將。洪嘗事璋。後事唐爲指揮使。長興中遣洪將千人戍閬州。璋反以書招洪。洪得書輒投廁中。後璋破閬州。執洪。洪罵曰。吾能爲國家死。不能從人奴以生。璋怒。然鑊於前。令壯士十人封其肉而食。洪大罵至死。

姚炳 【清】錢塘人。字彥暉。有詩識名解。

姚兼濟 【唐】吳人。善琴。在揚州。逢異人授以清風景雲等五調。世所傳廣陵散之遺音也。

姚哲 【明】蒲城人。洪武中以才學卓異舉。授南康府同知。有治聲。遷荊州知府。未幾召爲春坊贊善。

姚夏 【清】浙江石門人。字大也。幼受業張履祥。後客游四方。所著楊園年譜。皆追憶而得。故紀年多舛。然得以考證者賴有此。

姚悅 【明】秀水人。字汝聞。以布衣終。與其子兗孫舜聰皆能詩。合刻之爲尚亢齋三世詩。

姚桐壽 【元】睦州人。字樂年。至元中嘗爲餘干教授。解官歸里。自號桐江釣叟。至正中流寓海鹽。著樂郊私語。

姚班 【唐】璹弟。篤學有立志。武后時擢明經。歷六州刺史。皆有政績。遷太子詹事。時節愍太子稍失道。班凡四上書諫。不能用。及敗。索宮中得班諫書。中宗嘉歎。擢右散騎常侍。遷秘書監。睿宗立。拜戶部尚書卒。

姚益恭 【宋】太宗時。知項城縣。鞭扑不用。境內大治。將代。民數千人道遮轉運使乞留。州以聞。賜璽書。賞以粟帛。秩滿。以著作佐郎知南昌縣。復厚賚焉。

姚祐 【宋】長與人。字伯受。元豐進士。徽宗時爲左司諫。歷知鄭州・泰州。多所建白。官至工部尚書。卒謚文僖。

姚祖同 【清】錢塘人。字秉璋。又字亮甫。乾隆時召試。授內閣中書。累擢安徽巡撫。凡河防水利營伍諸大政。悉心籌畫。必躬親不避艱險。道光時官至左副都御史。

姚訔 【宋】希得子。知常州。元伯顏兵至。訔與通判陳炤等協力固守。城陷皆死之。

姚邕 【後秦】興弟。字子和。小字黃兒。封濟南公。弘始中興拜劉勃勃爲安遠將軍。鎮高平。邕固諫。興不聽。竟以勃勃鎮朔方。未幾侵掠嶺北。興始悔不用邕言。邕識鑒明慧。尤善音樂。皆能度其盈虛。增致曲調。世咸傳之。號濟南新調。

姚配中 【清】旌德人。字仲虞。道光時諸生。治經長於易。嘗本鄭氏義著周易姚氏學。時推精審。工書嗜琴。有琴學書學拾遺。

姚勔 【宋】山陰人。字輝中。舉進士。歷永康令。元祐初召爲左正言。奏御史中丞趙君錫雷同俛仰。無所建明。遷起居郎。改國子祭酒。紹聖初言者論其阿附呂大防・范純仁。謫知信州。再貶水部員外郎。分司南京。

姚勖 【唐】崇玄孫。字斯勤。長慶進士。累遷諫議大夫。更湖常二州刺史。爲宰相李德裕所厚善。及德裕爲令狐綯等譖逐。擿索支黨。無敢通勞問。既居海上。家無貲。病無湯劑。勖數饋餉問候。終夔王傅。

姚啟聖 【清】會稽人。字熙止。生而倜儻。以豪聞。康熙間舉鄉試第一。知香山縣事。耿精忠反。帝命康親王傑書南征。啟聖以家財募兵。赴軍前效力。以說降精忠。擢福建布政使。晉總督。加太子少保・兵部尚書。施琅平臺灣。啟聖實疏薦之。平日運籌設間。功尤獨多。有憂畏軒集。

姚培炎 【清】金山人。字安國。諸生。有遠香詞・綠情草。

姚培謙 【清】江蘇華亭人。字平山。諸生。好交遊。名滿江左。雍正中保舉人材。以居喪不赴。有增輯左傳杜注．經史臆見．樂善堂賦注．類腋．朱子年譜　李義山詩箋注．文心雕龍箋注．松桂讀書堂集。

姚堂　明慈谿人。字彥容。正統進士。累遷工部郎中。有清操。歷知廣信．蘇州．鎭江三府。終廣東參政。所在著聲績。有潤州先賢錄。

姚堃　清澄城人。字子方。一字廉山。嘉慶進士。官至御史。居官敢言。所陳奏皆切中時弊。性嗜書。嘗手鈔十三經注疏之精要授其子。有周官識小錄．關中風俗考．子史雜識．咫聞錄．隸釋補正等。

姚崇　唐硤石人。字元之。少倜儻尙氣節。長好學。歷任夏官郎中。時邀兵擾河北。兵檄叢集。崇奏決如流。拜侍郎。垂拱後以告言爲功。號曰羅織。崇請以百口保內外百官無反者。進同鳳閣鸞臺三品。張柬之等謀誅二張。崇參計議。先天中玄宗講武新豐。密召崇。崇至。帝曰。卿宜遂相朕。崇因奏十事。帝曰。朕能行之。遷紫微令。封梁公。時乘權戚干政之後。綱紀大壞。崇常先有司。罷冗職。修制度。擇百官。各當其材。開元中引宋璟自代。授太子少保。卒諡文獻。

姚康　明桐城人。字休那。明季諸生。有偶才。後入史可法幕。旋歸里。明亡後。屏居田野。鬱邑以終。

有評貨殖傳．黃巢傳。

姚張斌　明金谿人。號尙絅。亦號絅生。天啓進士。有尙絅小語。

姚敏修　清秀水人。字遜公。工山水。

姚淶　明鏌子。字維東。嘉靖中殿試第一。授翰林修撰。爭大禮廷杖。召修明倫大典。懇辭不與。累官侍讀學士。

姚淛　明錢塘人。後徙江寧。字元白。號秋澗。仕爲鴻臚卿。不久謝去。工寫梅。篤學嗜古。詩宗大歷。書法趙黃。晚乃歸心禪乘。

姚球　清無錫人。字頤眞。有周易象訓。

姚祥　明歸善人。字應龍。成化進士。歷官江西道監察御史。性明銳。所至治辦。吏不敢欺。正德初遷雲南按察副使。劉瑾以深文誣祥。謫戍鐵嶺。瑾誅。復官。道卒。

姚紹　後秦長庶母弟。萇子興與克洛陽。署爲都督山東諸軍事。興寢疾。紹典禁兵宿衛。廣平公弼潛謀爲亂。紹爲弼羽翼。既而弼誅。泓嗣位。紹亦推心宗事。弗以爲嫌。以功進太宰。劉裕來伐。紹遣左長史姚洽屯軍河北。爲所敗。洽等死之。紹聞洽死。忿恚發病。嘔血卒。◎明字廷進。成化進士。累官廣西參政。分部右江。周詢民俗。雖瘴鄉不避。時四城．南丹．東蘭．那地．四州爭鬭。紹平之。以千金餽。卻不受。及歸。行李蕭然。

姚紹之　唐武康人。累遷監察御史。中宗時武三思烝僭不軌。王同皎等謀殺之。事覺。詔紹之按治。紹之證以謀反。皆論族。擢左臺侍御史。紹之後坐贓。當死。以韋后女弟救請。減死。貶瓊山尉。俄逃還京。萬年尉捕擊折其足。終括州長史。

姚雪心　元黃巖人。善繪墨竹。

姚善　明安陸人。字克一。初姓李。洪武舉人。歷官蘇州知府。爲政持大體。不爲苛細。吳中大治。燕兵南下。善密結常鎭嘉松四郡守。練民兵爲備。建文詔兼督蘇松常鎭嘉興五府兵勤王。未及戰。燕王入京。被執死之。

姚揆　清嘉興人。字聖符。諸生。善臨池。精繪事。年八十餘。猶能作蠅頭小楷。

姚景　南唐始事劉金爲廄卒。金奇之。引爲裨將。妻以女。居數年。李昪重其爲人。使典親兵。拜清淮軍節度使。壽春爲江淮重地。民不堪供億之苦。景至。一切罷去。初吏請家諱。景大署牘尾曰。諱贓吏。於是屬僚皆勵廉隅。未幾卒於鎭。

姚景行　遼興中人。重熙進士。累官翰林學士。參知政事。性敦厚廉直。道宗時爲北府宰相。大康初以上京多滯獄。命爲留守。不數月獄空。卒諡文憲。

姚最　隋吳興人。嘗繼謝赫古畫品爲續畫品。凡所論斷。出以儷詞。氣體雅儁。◎隋察弟。字士會。博通經史。尤好著述。年十九。隨父入關。開皇初除太子門大夫。襲爵北絳郡公。最自以非嫡。讓封於察。爲蜀王秀府司馬。秀陰有異謀。文帝令公卿窮治。慶整．郝瑋等並推過於秀。最獨曰。凡有不法。皆最所爲。王實不知也。榜訊數百無異辭。坐誅。論者義之。有梁後略。

姚渙　宋晉州人。字虛舟。第進士。監益州交子務。發姦隱萬緡。主吏皆當死。渙曰。戮人以干澤。非吾志也。義不蔽姦而已。請於使者。願不受賞。於是全活者衆。徙知涪州。終光祿卿。

姚琛　明潮陽人。字弘璧。四世同居。領成化中京闈第一。通判撫州。撫人祠之。遷順天治中。之官三日。卽疏乞歸養。以孝聞。鄉人多所感化。

姚舜元　宋嘉定人。爲平江府東南副將。守吳淞。德祐初元師下平江。舜元語弟舜賓子應龍曰。國家厚澤在人。大本未去。收合散亡可圖也。元帥偏將東巡。莫敢犯境。會大霧四塞。襲兵猝至。舜元與舜賓．應龍皆死之。

姚舜明〔宋〕剡人。字廷輝。政和中知華亭。撫輯其民。甚著令名。累官徽猷閣待制。

姚舜牧〔明〕烏程人。字虞佐。領萬曆鄉薦。慕唐一庵許敬庵之學。自號承庵。令新興。再令廣昌。愛民如子。劉一焜・楊鶴造廬執弟子禮。爲建羽翼六經坊於會城。有四書五經疑問及樂陶吟草。

姚舜聰〔明〕兗子。字伯達。官休寧訓導。能詩。參看姚悅條。

姚菩提〔梁〕爲高平令。以嬰疾留心醫藥。武帝性又好之。每召討論方術。言多會意。由是頗禮之。

姚華瓚〔清〕湖南東安人。字瑟庵。性好讀書。尤邃於易。有六壬續集。卜易正斷。

姚萇〔後秦〕弋仲第二十四子。字景茂。少聰哲多權略。廓落任率。不修行業。諸兄皆奇之。兄襄死。萇率諸弟降於苻生。苻堅拜爲揚武將軍。累有大功。堅敗。慕容泓起兵叛堅。萇爲泓所敗。懼奔渭北。遂如馬牧。西州豪族咸推萇爲盟主。萇乃自稱秦王。敗秦兵。執殺苻堅於五將山。取長安。僭稱帝。改元建初。國號大秦。在位八年。諡武昭帝。

姚雄〔宋〕兕子。字毅夫。少勇鷙有謀。年十八。即佐父征伐。累官檢校司空。奉寧軍節度使。卒諡武憲。

姚雲〔元〕高安人。字聖瑞。初名雲文。宋咸淳進士。初調高郵尉。入元授承直郎。撫建兩路儒學提舉。工詞。有江村遺稿。

姚黃眉〔後魏〕興子。明元帝昭哀皇后弟。姚泓滅。黃眉來歸。明元厚禮待之。賜爵隴西公。尙陽翟公主。太武即位。拜太常少卿。性寬和溫厚。希言得失。卒贈隴西王。諡獻。

姚嗣宗〔宋〕慶歷中題詩於驛壁。韓琦見而奇之。後知尋州。能除虎暴。

姚孳〔宋〕慈谿人。字舜徒。熙寧進士。元祐中補武陵令。奏課爲天下第一。以薦除提舉成都府路常平等事。有桃花源集。

姚椿〔清〕婁縣人。字春木。一字子壽。道光時布衣。少喜爲詩。後從桐城姚鼐遊。以古文名。尤篤躬行。晚歲主講本郡景吳書院。工畫墨竹。卒年七十七。有通藝閣詩錄・晚學齋文鈔。又輯清文錄。

姚楗〔清〕椿弟。字建木。一字子樞。好學。有經世之志。官盧氏知縣。有治行。以母憂歸。遂不出。與兄樗寮杜門講學。時稱二姚。有歸豐堂詩・雙紅豆館詞。

姚瑚〔清〕吳江人。字攻玉。號蟄庵。性耿介。不事科舉。從學張履祥。著困學錄。康熙中卒。年七十二。

姚畹眞〔清〕昭文張蓉鏡之妻。號芙初女史。又號畹芳女士。精鑒別。其夫婦藏書之所曰雙芙閣。以蓉鏡字芙川也。

姚虞〔明〕莆田人。字澤山。嘉靖進士。官至淮安知府。有嶺海輿圖。

姚詳〔後秦〕襄孫。仕萇爲安遠將軍。屯兵隴城。興嗣立。秦苻登兵至。詳用尹緯計。大破之。進屯金城。會鮮卑薛勃與雜胡共攻圍詳。遂奔長安。未幾徙鎭杏城。復爲赫連勃勃所逼。糧盡南奔。興遣姚顯救之。軍敗。遂爲勃勃鹿奕干所殺。

姚鉉〔宋〕合肥人。字寶之。太平興國進士。文辭敏麗。善書札。藏書至多。累遷兩浙漕司。與薛映不協。摭其罪狀數條以聞。奪官斥遠州。嘗采唐人文章纂文粹百卷。

姚僧垣〔北周〕武康人。字法衛。仕梁爲湘東王記室參軍。侯景亂。僧垣棄妻子赴難。簡文嗣位。僧垣還建業。以本官兼中書舍人。元帝平侯景。改授晉王府諮議。後隨于謹至長安。累遷驃騎大將軍。上開府儀同大將軍。年八十五卒。僧垣精醫術。爲當世所推。

姚夢午〔元〕慈谿人。字正子。生有異質。七歲。葉汝明面試中庸首章義。及牧愛堂詩。秋水出芙蓉賦。皆援筆立就。葉大驚異。書神童家三字以旌之。年三十六始發解。未五十卒。

姚察〔隋〕僧垣子。字伯審。勵精學業。聞見該博。陳太建初爲通直散騎常侍。報聘於周。沛國劉臻竊訪漢書疑事十餘條。並爲剖晰。皆有經據。臻曰。名下定無虛士。累遷度支吏部尙書。入隋授秘書丞。勅成梁陳二史。未畢。臨亡。戒子思廉續成之。

姚碩德〔後秦〕萇同母弟。萇起兵至安定。碩德所統部羌屯於隴上。自稱征西將軍。率衆應萇。與萇攻陷苻登秦州。拜秦州刺史。鎭上邽。萇死。委心萇子興。進爵隴西王。屢有大功。碩德治軍嚴。秋毫無犯。禮賢下士。西士悅之。歷位至太宰。卒諡榮王。

姚福〔明〕江寧人。字世昌。自號守素道人。有青溪暇筆。

姚稱〔宋〕鉉子。俊穎秀美。頗善屬辭。十歲卒。鉉紀其事爲聰悟錄。

姚端〔宋〕濮州將官。建炎中金人大入。時楊粹中固守不下。粘罕以濮小郡易之。端乘其不意。夜擣其營。粘罕僅以身免。遂急攻城。及城陷。端率死士突出。粹中死之。

姚綬〔明〕鏞子。字公綬。號穀菴子。又號雲東逸史。天順進士。爲監察御史。成化初爲永寧郡守。解官歸。築室曰丹丘。嘯詠其中。人稱丹丘先生。工詩畫。有雲東集。

姚肇〔明〕富陽人。性和厚。有孝行。洪武中舉孝廉。試太常寺丞。改職方主事。以勤慎稱。陞雲南右參政。論楮幣鹽井。皆切時弊。陞福建布政使致仕。卒年八十四。有蒙齋稿。

姚銑 明侯官人。字孟聲。永樂進士。正統初用大臣薦。任都給事中。己巳北狩。銑扈駕死。

姚寬 宋舜明子。字令威。以父任補官。仕至權尚書戶部員外郎樞密院編修官。博洽工文。有西溪叢話。

姚履旋 明上元人。嘗編采諸書所紀方孝孺殉難後事爲遜志齋外紀。

姚廣孝 明長洲人。本醫家子。年十四。度爲僧。名道衍。字斯道。讀書工詩畫。事道士席應眞。得其陰陽術數之學。洪武中選高僧。以病免。又詔通儒書僧試禮部。不受官還。燕王與語甚合。請於帝。從至北平。住持慶壽寺。常居府中。燕王常懷窺覬。而其陰謀發自道衍。帝崩。太孫立。削諸王。畏燕強未發。道衍勸王反。遂起兵。燕王立。錄功第一。拜太子少師。復其姓。賜名廣孝。帝命蓄髮。不肯。賜第及兩宮人。皆不受。嘗監修太祖實錄。又纂修永樂大典。書成。帝褒美之。年八十四卒。贈榮國公。謚恭靖。有逃虛子集。

姚慰祖 清覲元子。字公蓍。好藏書。刻晉石厂叢書。僅成吳興藏書錄・經籍跋文・鄭氏學錄・古今僞書考四種。

姚樞 元柳城人。字公茂。少力學。有王佐才。太宗時爲燕京行臺郎中。時牙魯瓦赤行臺。惟事貨賂。樞棄官去。從世祖征大理。樞陳宋太祖遣曹彬取南唐不殺一人事。及破大理城。民得完。凡內修外攘之政。咸委任焉。累官至翰林學士承旨。謚文獻。

姚瑩 清鼐曾孫。字石甫。嘉慶進士。官至湖南按察使。工詩古文。留心經世學。遇事激昂奮發。銳意欲有所爲。著東槎紀略・京輶紀行・寸陰叢錄・識小錄・東溟詩文集。

姚範 清桐城人。字南菁。乾隆進士。官編修。充三禮館纂修。其學沈究遺經。綜括精粹。每讀書。輒著所見於卷端。詞繁者。裁短幅紙書之。無慮數千百條。學者稱薑塢先生。有援鶉堂筆記及詩文集。

姚緒 後秦萇同母弟。仕萇爲司隸校尉。鎭長安。興嗣立。徙鎭安定。封晉王。率衆攻新平。克之。因徙新平安定六千新戶。以實蒲坂。緒遂爲幷冀二州牧以鎭撫之。始終委心於興。卒謚敬王。

姚締虞 清黃陂人。順治進士。授成都府推官。以廉能稱。康熙間累擢至四川巡撫。卒於官。

姚閭 唐崇從孫。性豪蕩。好飲謔。善絲竹。歷壽安尉。素善張巡。及爲城父令。遂同守睢陽死難。

姚震 明仁和人。字起東。洪武間鄉試舉首。授建寧縣丞。陞安慶府推官。尋罷去。以薦爲監察御史。擢福建按察副使。爲人直氣儆容。善善而惡惡。雖在親交。盡言無諱。罷歸貧不能濟。授徒糊口卒。

姚鼐 清範從子。字姬傳。一字夢穀。乾隆進士。散館主事。遷郎中告歸。主講鍾山書院。卒年八十五。性恬淡不慕榮利。其論學主集義理考證詞章之長。不拘漢宋門戶。桐城自方苞・劉大櫆倡爲古文。而鼐繼之。選古文辭類纂以明義法。世因目爲桐城派。有惜抱軒全集・九經說・三傳補注等書。學者稱惜抱先生。

姚學閔 明武陵人。字順山。隆慶進士。由知縣歷官禮刑兵三科給事中。有諫垣疏稿。

姚學塽 清歸安人。字晉堂。學者稱鏡塘先生。嘉慶進士。官中書。嘗奉命主黔試。歸道聞母訃。痛不得躬養侍疾。遂終身不以妻子自隨。其學以修己爲要。每論事必可行。與會稽潘諮友善。日求寡過。從遊者常滿。道光中累遷兵部郎中卒。有姚兵部詩文集。

姚學禮 明巴縣人。字以立。家京師。弘治進士。擢南京御史。正德初偕同官諫馳騁騎射。不納。既與葛浩等乞留劉健・謝遷。與劉瑾・馬永成等。下詔獄廷杖削籍。後起雲南僉事。終參議。

姚學灝 清字天如。善蕙蘭。工詩。

姚憺 唐爲李希烈部將。與周曾・王玢・韋淸志相善。號四公子。希烈反。曾與憺等謀殺希烈。事覺。希烈使人封曾殺之。幷殺玢憺。

姚曇度 南齊有逸才。畫鬼神皆妙絕。

姚澣 明秀水人。字北若。喜交友。盡收質庫私錢。載酒徵歌。大會復社。同盟於秦淮河上。幾二千人。聚其文爲國門廣業。

姚獬孫 元慈溪人。字應獬。宋末舉鄉薦。補國子助教。正身率下。勤於啓迪。改學錄。父敎前爲國子司業。諸生稱爲東南遺老。獬孫繼之。入元。不仕。退隱雙峰別墅。有雙峯詩文集。

姚穎 宋鄞人。字洪卿。淳熙中進士第一。終平江府通判。年三十四卒。穎冲澹謹厚。力學勤苦。而文章俊贍。其沒也。人多惜之。

姚興 後秦萇長子。字子略。苻堅時爲太子舍人。萇在馬牧。興自長安冒難奔萇。萇立爲太子。萇出征討。常留統後事。及鎭長安。甚有威惠。萇死。興立於槐里。改元皇初。滅苻登。降乞伏乾歸。徙呂隆於長安。

後伐夏。敗還。降號稱王。在位二十二年。諡文桓帝。⊙宋相州人。靖康中以武功累遷荆湖南路兵馬副都監。金人渝盟。王權遣與拒之。與金兵遇。鏖兵力戰。父子俱死。諡忠毅。

姚·諶 清歸安人。字子愿。咸豐舉人。學務博覽。而長於古文。復致力於六書小學。嘗以監本經多訛奪。欲仿劉陶中文尚書例。寫定羣經。洪楊之難。募鄉勇守城。城陷。赴水不死。旋以心疾卒。有景詹闇遺集。

姚·應鳳 元慈谿人。字時和。爲文詞鋒橫逸。後謁同郡袁桷。自是務爲簡嚴。日益深邃。有納軒稿。

姚·燧 元樞從子。字端甫。少從許衡游。以眞知實踐爲事。爲文閎肆該博。有西漢風。累官至翰林學士承旨。卒諡文。有國統離合表 牧菴集。

姚·燮 清鎮海人。字梅伯。號復莊。道光舉人。五歲能賦鐙花詩。及長。博覽羣籍。詩詞駢體文均負盛名。工畫墨梅。白描人物寫意花卉。亦盡入古法。晚寓鄞縣。與諸少年爲詩社。著錄弟子至數百人。有大梅山館集。又輯蛟川詩繫。

姚·瓃耳 明陝西萊衞女子。許字里中兒。崇禎末賊渠聞瓃耳美。將擄之。衞人懼。趣告其父母。欲以瓃耳全一城。瓃耳初不肯。賊攻城急。瓃耳曰。吾知所以處之矣。遂靚妝就輿。中途以七刖去雙目。被血滿面。賊義之。舍之去。衞城以全。

姚·臨 明嘗三世孫。字大臨。明敏好學。熟經史。善吟詠。至正中宜興被兵。臨挈老稚將入太湖。其妻金氏度不能免。攜幼女沉於水。臨得免難。洪武初徵爲萊州府同知。後轉保定知府。卒於官。

姚·與 清震澤人。字英三。一字益齋。貢生。少穎敏。博覽典籍。喜藏書。有姚震甫文略。

姚·襄 後秦弋仲五子。字景國。少有高名。雄武冠世。好學博通。英濟之稱。著於南夏。殷浩憚其威名。潛遣魏璟襲襄。襄斬璟。幷其衆。又遣謝萬討襄。襄擊破之。遣使建鄴。罪狀殷浩。朝廷大震。襄自稱大將軍大單于。據許昌以圖關右。爲桓溫所敗。尋徙北屈。將圖關中。率衆西引。苻生遣苻堅等要之。襄敗。爲堅所殺。時年二十七。萇僭號。追諡魏武王。

姚·鍾 明仁和人。舉人。知沙河。邑敝甚。鍾初至。擇便於民者。次第施行。歲饑。西山盜起。鍾欲招撫之。未果。憂憊成疾。卒於官。

姚·璹 唐思廉孫。字令璋。武后時官至地官尚書。卒諡成。唐自永徽後。左右史唯對仗承旨。仗下謀議不得聞。璹以帝王謨訓不可闕紀。請仗下所言軍國政要。責宰相自撰。號時政記。以授史官。時政有記自璹始。

姚·翼 明歸安人。字翔卿。號穉參。官廣濟知縣。告歸。藏書萬卷。晚年自號海屋子。有玩畫齋藏書目錄。

姚·覲元 清文田孫。字彥侍。道光舉人。官至廣東布政使。有大疊山房詩集。所刻咫進齋叢書。世多稱之。

姚·瀛 宋福安人。字子山。七歲能誦班史。十七歲應舉。居太學。以文章著名。隆興初進士。凡四任教官。嘗辯太玄通潛虛之數。有鳳臺集。

姚·鏞 宋剡人。字希聲。號雪篷。又號敬菴。嘉定進士。吉州判官。以平寇功擢守贛州。忤帥臣。貶衡陽。有雪篷集。

姚·鏌 明慈谿人。字英之。弘治進士。累擢右副都御史。巡按延綏。軍政大飭。嘉靖中以右都御史提督兩廣軍務。討岑猛。大破之。進左都御史。中飛語落職。尋復起兵部尚書。總制三邊軍務。鏌辭不赴。以規避落職。卒於家。有姚東泉文集。

姚·顗 後唐長安人。字百眞。少蹇。不修容止。舉進士。事梁爲翰林學士中書舍人。莊宗滅梁。貶復州司馬。擢尚書左丞。廢帝立。拜爲相。在相位齪齪無所爲。晉高祖立。罷爲戶部尚書卒。

姚·黼 明嘉善人。字廷章。自號松雲。工草書。善山水。尤善五七言詩。築室數楹。列鼎彝金石法書名畫。優遊自樂。人以可閒先生稱之。

姚·夔 明伯華孫。字大章。鄉會試皆第一。正統中授吏科給事中。陳時政八事。帝立命行之。景泰初擢南京刑部右侍郎。天順中爲禮部尚書。知貢舉。試院火。貢士死相藉。夔請諭祭於郊。成化中慈懿太后崩。中旨議別葬。夔率羣臣伏哭文華門外。聲徹大內。帝爲感動。竟得如禮。後加太子少保。卒諡文敏。夔才遠器宏。表裏洞達。朝議未定者。夔一言立決。⊙清浙江山陰人。字胄師。號成齋。順治舉人。官安化知縣。有飲和堂集。

姚·繼宗 明淮揚人。一作名宗。善寫照。

姚·繼巖 明南通州人。字元宵。弘治進士。授工部主事。歷吏部郎中。一時有冰鑑之目。武宗南巡。繼巖與同官張元承倡令省院諸臣。連章奏留。被廷杖。世宗初陞太常少卿。清譽益著。

姚·闢 宋金壇人。字子張。皇祐進士。授項城令。通州通判。所至有聲。究心六經。與蘇洵同修禮書。有太常因革禮一百卷。

姚·巖傑 唐崇裔孫。以詩酒放遊江左。有象溪子。

姚·顯 後秦興弟。字子章。精秀

明發。才兼文武。爲縣令十餘年。政無疵纇。機務之暇。賓客如雲。與賢士談論時政。孜孜不倦。累遷至太尉。卒諡文成。◎明咸陽人。字微之。正統中以鄉舉入太學。初王振修大興隆寺。奉僧楊某爲上師。儀從侔王者。景泰時顯上書切諫。後爲齊東知縣。移武城。公廉剛正。用薦擢太僕丞。

姚・璘　宋兕弟。字君瑞。官至都指揮使。節度建雄定武軍。爲將沉毅多奇策。有功不自矜伐。治軍紀律明。下樂爲之用。兄弟並立功。聲蓋一時。關中號二姚。

姚・讓　明上元人。家富。樂施予。成化初出私財作新國子監。自奉節儉。治家悉有常經。

姜・士昌　明寶子。字仲文。萬曆進士。歷官江西參政。大學士沈一貫沈鯉相繼去。士昌疏言一貫奸而鯉忠。語侵李廷機。謫興安典史。士昌好學勵名檢。居恆憤時疾俗。欲以身挽之。雖居散僚。數有論建。竟齟齬以終。

姜・才　宋濠州人。隸淮南兵中。以善戰名。爲通州副都統。與元兵屢戰屢勝。宋亡。元使人招之。才不聽。以疽發背不能戰。被執不屈死。

姜・公輔　唐日南人。第進士。擢翰林學士。每進見。敷奏詳亮。德宗器之。嘗請誅朱泚。帝不從。後帝出奔。欲倚張鑑。公輔諫。乃幸奉天。不數日。鳳翔兵亂。乃擢公輔諫議大夫。同中書門下平章事。後貶泉州刺史。順宗立。拜吉州刺史。

姜・曰廣　明新建人。字居之。萬曆進士。授編修。天啓間使朝鮮。還陳海外情形有裨軍國者八事。魏忠賢以其爲東林。黜之。崇禎初掌南京翰林院。福王立。拜禮部尚書。兼東閣大學士。爲馬士英所忌。乞休歸。後金聲桓反正江西。迎曰廣以資號召。聲桓敗。自投偰家池死。

姜・正學　清蘭谿人。字次生。明季廩生。入清後棄去。性孤介。一縱於酒。鐫印章極精。

姜・永　後魏善彈琴。有文學。歷漢中太守。元羅之陷。永入建鄴死焉。

姜・立綱　明瑞安人。字廷憲。號東溪。七歲能書。命爲翰林秀才。故楷法清勁方正。中書科制誥悉宗之。天順中授中書舍人。仕至太常寺卿。工聲詩。畫法亦入妙品。

姜・兆熊　明歸安人。字恂如。有樊川叢話。

姜・兆錫　清丹陽人。字上均。康熙舉人。乾隆初充三禮館纂修。卒年八十。著禮記章義。論者謂其精審在陳澔集說之上。又有大戴禮翼刪・九經補注・詩禮述蘊・家語孔叢子注。

姜后　周宣王之后。齊女。賢而有德。王嘗早臥晏起。姜后脫簪珥。待罪永巷。使其傅母通言於王。王由是勤於政事。卒成中興之名。

姜・名武　明保德人。字我揚。舉天啓武會試。大同威遠守備。崇禎初擊杏山城有功。擊斬大盜王科。累擢通州副總兵。李自成圍開封急。命武往援。力戰死。

姜・守　前秦冀北人。字子居。少孤貧。爲人牧羊。終夜讀書。達旦而止。仕苻堅。累官京兆尹御史中丞。淮南之敗。守以尚書領前軍擊慕容沖。爲沖所殺。

姜・克讓　宋高安人。字仲謙。刻志讀書。尤邃於易。初任黨幕。搏豪強。雪冤滯。廉能有聲。年四十致仕。篤意孝友。邦人稱之。

姜・岐　後漢上邽人。字子平。守道隱居。名聞西州。太守橋玄欲召爲吏。岐稱疾不就。玄怒。敕督郵逼致。岐卒堅臥不起。

姜・希轍　清會稽人。字二濱。號定庵。明崇禎舉人。入清官工科給事中。所言皆切中時弊。遷奉天府丞。有左傳統箋・兩水亭集。

姜・廷頤　明巴陵人。字以正。嘉靖進士。擢御史。按通州。京師告警。與都御史王忬乘城三日。疏七上。遷淮揚兵備副史。是時江北取民無制。廷頤行一條鞭法。遂爲督政。累官兵部侍郎。

姜・廷翰　清浙江山陰人。一作餘姚人。字綺季。善畫山水。尤精寫生及花鳥。能詩文。

姜・志禮　明丹陽人。字立之。萬曆進士。歷官皆有建白。終太常少卿。性淳樸。所居多政績。以行誼稱於鄉。有姜同節集。

姜・虬綠　清烏程人。字秋島。自號蒼弁山人。又號大海樵人。有金井志。

姜・協　唐寶誼子。字壽。善篆籀。歷燕然都護夏州都督。封成紀州侯。卒諡威。

姜・尚　周即太公望。見呂尚條。

姜・昂　明太倉人。字恆頫。成化進士。授御史。偕同官劾方士李孜省。被杖。官終福建參政。昂在官。日市少肉供母。而自食菜蔬。子弟學書。不聽用官紙筆。家居室不蔽風雨。嘗磨麥作糜充食。鄉人呼爲姜麥粥。

姜・肱　後漢廣戚人。字伯淮。家世名族。與二弟仲海・季江俱以孝行著聞。兄弟常共臥起。肱通五經。兼明星緯。與徐穉俱徵。不至。桓帝使畫工圖其形狀。肱以被韜面。言感疾不欲出風。工竟不得見。中常侍曹節等徵肱爲太守。乃隱身遯命。遠浮海濱。歷年乃還。終於家。

姜・垚　清餘姚人。字汝皋。號蒼崖。貢生。官國子監學正。嘗從黃梨洲學。以理學自期。尤邃於易。有易原·四書別解·栲里山樵稿。柯亭詞。

姜·垓　明埰弟。字如須。崇禎進士。授行人。埰以羅晉繫獄。垓盡力營護。國變。阮大鋮仕南都用事。修舊怨。欲殺之。變姓名走寧波。後還吳卒。門人私諡貞文先生。

姜·思周　清錢塘人。字周臣。自號花酒頭陀。善山水。得沈周遺意。並工花卉。

姜·思睿　明應麟從子。字顓愚。天啓進士。崇禎初擢御史。疏陳天下五大弊。語極剴切。先後劾輔臣周延儒·溫體仁·直聲大著。出視河東鹽政。代還。乞歸卒。

姜·柔遠　唐確子。美姿容。數奏詳辯。武后時仕至左鷹揚衛將軍。

姜·洪　明江西樂安人。字啓洪。號松岡。宣德進士。授檢討。預修宣宗實錄。進修撰。爲文從容詳贍。和平典雅。詩清麗。有唐人風。有松岡集。◎明廣德人。字希範。成化進士。拜御史。孝宗即位。陳時政八事。大旨多指斥近倖。官終山西巡撫。洪性亢直。歷官四十載。居無牆垣。身後喪不能舉。諡莊介。

姜·炳璋　清象山人。乾隆進士。知石泉縣。多善政。民有慈父母之稱。署江浦。有舊縣壩久廢。諭民修築。躬親督之。堰成。開田數千畝。民因號爲姜公堰。

姜·謙　元淳安人。幼孤。與二兄養母至孝。母喪廬墓。朝夕哭奠。一衰麻寒暑不易。同里陳氏戴氏子不能事其父母。聞之。皆慚悔迎養。

姜·唐佐　宋瓊山人。字公弼。從蘇軾學。軾重其才。蘇轍亦稱其氣和而言邁。有中州士人之風。不仕卒。

姜·宸英　清慈谿人。字西溟。工詩古文。精書法。行草尤入妙。與朱彝尊·嚴繩孫·號江南三布衣。年七十。始成進士。以殿試第三人授編修。後爲順天考官。被累下獄死。有湛園文稿·葦間詩集。

姜·宸熙　清烏程人。字檢之。號笠堂。諸生。擅聲律。有陵陽山人集。

姜·師度　唐魏人。擢明經。授丹陵尉·龍岡令。有清白稱。玄宗時累官河中尹。徙同州刺史。官終將作大匠。師度喜渠漕。所就皆爲後世利。

姜·恭壽　清如皋人。字靜岑。號香巖。乾隆舉人。工篆書。善畫。詩宗晉魏。

姜·彧　元萊陽人。字文卿。歷進參議官。中統初李璮據濟南。彧從諸將進兵討之。賊衆出降。彧請下令禁諸軍入城。璮就擒。城中安堵如故。累擢燕南河北道提刑按察使。

姜·晈　唐柔遠子。長安中爲尙衣奉御。玄宗在藩邸。晈識其有非常度。委心焉。及即位。召拜殿中監楚國公。出入臥內。呼之不名。寵賜無算。後爲祕書監。坐事流欽州。遂病死。

姜·浩　宋明州人。字浩然。以承信郎監平江郡稅務。有清操。建炎中金人陷平江。浩力捍禦。郡人德之。

姜·特立　宋麗水人。字邦傑。淳熙中累遷福建兵馬副都監。擒海賊姜大獠。除閤門舍人。充太子宮左右春坊。太子即位。除知閤門事。恃恩縱恣。奪職。寧宗時拜慶遠軍節度使。爲詩意境超曠。有梅山續稿。

姜·國霖　清濰縣人。字雲一。父遊京師病。國霖往省。已沒。無錢市棺。以敝衣一襲裹父尸身。負之乞食而還。師事昌樂周士宏。人問其喜讀何書。曰。論語二十篇。終身味之不盡也。

姜·埰　明萊陽人。字如農。崇禎進士。由知縣累遷禮科給事中。所至有聲績。旋以直言下獄。遣戍宣州。明亡。削髮爲僧。自號敬亭山人。又號宣州老兵。及卒。同人私諡貞毅先生。有敬亭集。

姜·晦　唐晈弟。字本孫。開元初擢御史中丞。先是御史不拜宰相。後稍屈下。至晦。臺議復振。累遷吏部侍郎。主選曹。贓賕路塞。流品有敘。後坐貶。終海州刺史。

姜·晟　清元和人。字光宇。號杜蘅。乾隆進士。累升湖南巡撫。平黔楚苗有功。嘉慶間官至工部尙書。

姜·梗　清會稽人。字鐵夫。號椒柏。以布衣名蜚公卿。工詩翰。有曹山草堂·飯犢居等集。

姜·清　明弋陽人。正德進士。官至尙寶司少卿。所著姜氏秘史。於建文一朝事蹟。紀錄頗爲精核。

姜·產之　南齊泰始初以軍功爲晉平王休祐驃騎中兵參軍·龍驤將軍·南濟陰太守。後北伐。戰敗見殺。

姜·紹書　清丹陽人。字二酉。號晏如居士。明時嘗爲南京工部郎。善畫。有韻石齋筆談·無聲詩史。

姜·習孔　明遂安人。字素臣。萬曆進士。擢南京吏科給事中。司內外計典。夙弊頓革。客魏擅政。疏糾內臣冒濫。仲敎善類。言皆切直。奪職爲民。崇禎間進鴻臚寺卿。乞歸。

姜·逢元　明餘姚人。字仲訒。萬曆進士。累遷國子司業。魏忠賢擅政。纂三朝要典。逢元爲副總裁。每閣筆而歎。忠賢因勒令閒住。崇禎初累官禮部尙書。與枚卜者九。尋乞歸。

姜·弼　明應熊孫。累官都督僉事。援遼總兵官。姜氏自漢至弼。爲大將。著邊功。凡五世。

姜·彭　清揚州人。字又籛。畫翎毛稱第一手。山水法唐寅。花卉宗元人。老而益精。

姜嫄 〔陶唐氏〕一作姜原。有部氏之女。帝嚳之元妃。嘗行見巨人跡。好而履之。歸而有娠。遂生棄。是爲后稷。

姜・愚 〔宋〕京師人。字子發。師事邵雍。雍貧未娶。愚與同門張中賓謀爲之娶。以進士官六安令。分俸之半以奉雍。家富好施。後竟以貧卒。

姜・詩 〔後漢〕廣漢人。事母至孝。赤眉賊經詩里。弛兵而過。曰。驚大孝必觸鬼神。時歲荒。賊乃遺詩米肉。詩受而埋之。比屋獲安。後除江陽令。卒於官。

姜詩妻 〔後漢〕廣漢人。龐盛之女。詩事母孝。母好飲江水。妻泝流而汲。後值風。不時得還。詩責而遣之。妻寄止鄰舍。晝夜紡織。市珍羞。使鄰母以意自遺其姑。久之姑知之。感慚呼還。恩養愈篤。

姜・道隱 〔後蜀〕隱居綿竹山。研究莊老家言。工畫龍。著筆訣三卷。

姜・實節 〔清〕埰子。字學在。號鶴澗。僑居吳縣。工詩書畫。有焚餘草。

姜・漸 〔明〕諸暨人。元末至吳。張士誠羅致之。官以行省從事。以疾辭。杜門不交賓客。及明師平吳。徵爲太常博士。漸喜讀書。文亦質而近理。

姜・漢 〔明〕榆林人。弘治中嗣世職。爲本衞指揮使。充延綏鎭遊擊將軍。寇犯寧夏與武營。漢率所部擊敗之。又援宣大有功。擢寧夏總兵官。甫數月。而安化王寘鐇謀逆。執漢脅令從己。漢怒罵不屈。遂遇害。

姜・漁 〔清〕安徽人。僑居吳中。字笠人。工畫士女。點綴花卉。秀韻有致。◎〔清〕常熟人。字松山。工山水。得元人意。小幅更疎秀可喜。

姜・碩 〔元〕樂安人。字公碩。累官禮部員外郎。至正中奉詔自海道至遼。招安陳友諒。遇賊將。被害。謚忠烈。

姜・維 〔蜀漢〕天水人。字伯約。拜征西將軍。諸葛亮卒。維繼領其衆。屢伐魏無功。炎興末鍾會兵至。維自陰平還保劍閣。列營守險。會不能克。已而鄧艾由陰平入。後主出降。維得後主敕始降魏。會陰懷異圖。維僞服事之。徐欲殺會。以復蜀土。復立後主。值將士作亂殺會。并格殺維。剖其膽。大如斗。

姜・綬 〔宋〕麗水人。靖康中金人再犯京師。內外不相聞。朝廷募忠勇士齎蠟書乞援。綬以忠翊郎應募。封股藏書。縋下南壁。爲邏騎所獲。被害。

姜・綰 〔明〕弋陽人。字玉卿。成化進士。擢御史。弘治初陳治道十事。因劾中官蔣琮。謫判桂陽。遷慶遠知府。斬劇賊韋七。尋爲右江兵備副使。平思恩亂。請改土歸流。廷議從之。官終河南按察使。

姜・儉 〔後魏〕天水人。字文簡。少有幹用。勤濟過人。蕭寶夤出討關西。引爲開府。軍機謀略。多所參預。寶夤反。引爲左丞。尤見信任。爲羣下所疾。寶夤敗。被殺。

姜・奭 〔明〕漢子。累官總兵。鎭甘肅。回寇甘州西海。賊犯涼州。皆擊敗之。錄功進署都督同知。以罪罷。久之以薦擢大同副總兵。復劾罷卒。

姜・德隱 〔後蜀〕閬谿人。苦節峻行。善草書。能詩。有西獄集。

姜・慶初 〔唐〕皎子。生方晬。帝許尙主。後踰二十餘年。天寶初皎甥李林甫爲帝言之。始命襲楚國公。尙新平公主。拜太常卿。會修植建陵。誤毀連岡。代宗怒。賜死。

姜・撫 〔唐〕宋州人。自言通仙人不死術。隱居不出。開元末召至東都。因言服常春藤長生可致。終南山有旱藕。餌之延年。已而民間以酒漬藤。飲者多暴死。撫慚悸。逃去。

姜・潛 〔宋〕奉符人。字至之。從孫復學春秋。爲韓王伴讀。進謁宗正允弼。吏引趨庭。潛不答。呼馬欲去。遂以客禮見。神宗嘗召對。訪以治道。知陳留數月。青苗令下。移疾去。

姜・確 〔唐〕謨子。字行本。貞觀中爲將作少匠。以幹力稱。與平高昌有功。拜金城郡公。從征高麗。中流矢卒。謚襄。

姜・遵 〔宋〕長山人。字從式。第進士。仁宗時累遷給事中。長於吏事。爲治尙嚴猛。所誅殘者甚衆。

姜・錫嘏 〔清〕內江人。字爾常。號松亭。乾隆進士。官禮部員外郎。以理學名。有皇華詩鈔。

姜・龍 〔明〕昂子。字夢賓。正德進士。歷禮部郎中。累遷雲南副使。土官猛國恃險肆暴。龍擒之。在滇四年。番漢大治。

姜・應熊 〔明〕奭子。擢宣府西路參將。嘉靖間俺答寇大同。應熊從翁萬達自懷來鼓譟揚塵而西。寇不測多寡。遂遁。累官總兵。鎭寧夏。寇數萬蹴冰西渡。掩擊之。進右都督御史。官終大同左都督。

姜・應麟 〔明〕慈谿人。字泰符。萬曆進士。累官戶科給事中。時詔封鄭貴妃爲皇貴妃。應麟抗疏首爭。且請建儲。謫廣昌典史。量移餘干縣。以憂歸。家居二十年。起太僕少卿。引疾去。

姜・橚 〔清〕保德人。字崑麓。康熙進士。授郯城令。善決獄。每就單辭摘發其隱。官至吏部右侍郎。

姜・濤 〔明〕忻州人。字伯淵。永樂舉人。同知河間。守以事罷。民詣闕舉濤爲守。遂陞知府。以憂歸。民復詣闕乞留。遂奪情留任。累官戶部左侍郎。

姜・濬 〔明〕江寧人。字子澄。工小

稽。仁宗在潛邸。嘗召寫經。累遷雲南按察副使。

姜燮鼎 清遂安人。字理夫。工畫善書。尤精篆刻。有高山集。

姜燾 清江蘇華亭人。字曉泉。號鴛鴦亭長。一號紅茵館主人。鐵保幕客。工寫士女。有洗紅軒詩。

姜謩 唐上邽人。隋末爲晉陽長。高祖引爲司功參軍。從軍長安。除相國冑曹參軍。及平薛仁杲。擢秦州刺史。尋至。撫邊俗以恩信。盜賊衰止。改守隴州。卒諡安。

姜識 宋方士。自言有神術。可使死者復生。時光獻太后卒。神宗悲慟不已。俾試其術。旬日不效。乃曰臣見太后與仁宗臨白玉闌賞牡丹。無意人間世也。

姜夔 宋鄱陽人。字堯章。寓居武康。與白石洞天爲鄰。因號白石道人。又號石帚。工詩詞。其詩風格高秀。詞尤精深華妙。音節文采。冠絕一時。有白石詩集。詞集。白石道人歌曲。絳帖。續書譜等。

姜寶 明丹陽人。字廷善。嘉靖進士。授編修。以不附嚴嵩。出爲四川提學僉事。再遷國子監祭酒。復積分法以造就人才。累官禮部尚書致仕卒。寶清修淳行。不競於物。有周易傳義補疑。春秋事義全考。姜鳳阿文集。

姜寶誼 唐上邽人。嘗遊太學受書。業不進。去爲左翊衛。以積勞遷鷹揚郎將。從高祖督盜太原。歷右武衛大將軍。永安縣公。與宋金剛戰。被殺。諡剛。

姜瓖 清榆林人。明宣化鎮總兵。李自成至居庸關。瓖迎降。順治初多爾袞定京師。瓖乘機入大同。奉表投誠。遂鎮大同。尋據城叛。阿濟格往圍之。食盡。其下楊振威斬瓖並其兄弟首出降。

姜龕 後秦天水人。姚興時隱居不仕。教授長安。門徒數百。

姜麟 明蘭谿人。字仁夫。成化進士。以事使貴州。特取道如白沙。師事陳獻章。極爲獻章所稱。

姬文允 明華州人。字士昌。天啓初由舉人授滕縣令。視事三日。白蓮賊薄城。民十九從賊。文允徒步叫號。驅吏卒登陴。不滿三百。望賊輒走。城遂陷。文允不屈死。諡忠烈。

姬汝作 金汝陽人。字欽之。以才量稱於時。正大末避兵結鄉里自保。衆推爲長。授北山招撫使。守汝州。殘破之後。招集散亡。復立市井。屢招北兵。遷同知汝州防禦使。會州民作亂。被害。

姬威 隋太子勇之幸臣。晉王廣與楊素謀廢立。遺威財貨。令密告太子消息。威於是抗表告太子非法。舞文巧詆。勇由是遂廢。

姬珪 明博野人。永樂間官知府。秩滿。民輒赴京乞留。在任凡二十二年。

姬常 後漢建武中以周後封爲衛公。初元帝時。改封周子南君爲周承休侯。成帝末進爵爲公。建武初因之。至是始定。

姬敏 明孟津人。字好學。博通經史。明習律算。德行純備。節操過人。洪武中以材幹舉。授西安知府。

姬嘉 漢武帝時人。以周後封爲周子南君。邑三千戶。

姬澹 後魏代人。字世雅。在晉爲州從事。後歸魏。事桓穆二帝。征伐有功。官至信義將軍。封樓煩侯。六修之亂。澹復挾衆歸晉。劉琨因以討石勒。澹兵敗走死。

威應洪 清字曉廷。咸豐間從田興恕。積功至參將。後隨興恕援黔。復古州。同治間與粵寇李復猷戰洪州。死於難。諡節愍。

孩里 遼回鶻人。字胡輦。清寧中以近侍長討重元之亂有功。加金吾衛上將軍。賜平亂功臣。累官品達魯虢部節度使。壽隆中有疾。自言吾數已盡。却醫藥卒。

客氏 明熹宗之乳媼。封奉聖夫人。魏忠賢通之。相濟爲惡。毅宗立。伏誅。

宣于修之 前趙劉淵稱帝。以修之爲太史令。修之言於淵曰。不出三年。必克洛陽。蒲子崎嶇。非可久安。平陽有紫氣。兼陶唐舊都。於是遷都平陽。

宣仁后 宋英宗之后。姓高氏。亳州人。哲宗立。尊爲太皇太后。帝年幼。太皇太后攝政。退王安石之黨。用司馬光等。廢新法。成元祐之治。時稱爲女中堯舜。

宣仲庸 明知息縣。優於政事。凡有科派。必誓於神。是以官無擾事。民無寃辭。尤留心學校。勉勵生徒。多底成材。

宣亨 宋汴人。徽宗時在畫院。精花鳥。

宣明 宋長汀人。字南仲。崇寧中貢辟雍。浩然有歸志。愛城南五里巖洞幽窅。築室小隱其間。郡守謝稱題曰宣巖。

宣秉 後漢雲陽人。字巨公。少修高節。王莽簒位。徵之不至。光武初徵拜御史中丞。性儉約。帝幸其舍。見而歎曰。楚國二龔。不如雲陽宣巨公。卽賜以布帛帷帳什物。後拜大司徒。

宣虎 漢以重將破臧荼功。封南安侯。卒諡嚴。

宣姜 春秋衛宣公夫人。齊侯之女。初。宣公夫人夷姜生伋。以爲太子。爲之娶於齊而美。公娶之。是爲宣姜。生壽及朔。夷姜沒。宣姜欲立壽。乃使伋之齊。使盜先待於隘而殺之。壽竊其節先往。賊殺壽。伋至。賊又殺之。宣公甍。朔立。是爲惠公。亂及五世。

宣·昶 【明】嘉定人。字汝昭。授經里中。邑之治詩者。多出其門。以鄉貢謁選。得惠州府同知。尋丁外艱。補陝西西安。以廉惠稱。

宣·國柱 【明】懷寧人。字若木。崇禎進士。擢兵科給事中。多所建白。以母老還里。隱太平山中。暇則俯仰吟詠。恆泣下沾衣曰。吾以母老故。欠先皇一死。後居母喪。以毀瘠卒。

宣·屠 【明】安陸人。白賊之難。結壘於傳家營應敵。賊瞯入營中。屠素以膂力聞。持短刀立殺賊數人。力竭。爲賊所殺。

宣華夫人 【隋】陳宣帝女。姿貌無雙。文帝滅陳。選入宮爲嬪。有寵。太子廢立之際。頗有力焉。拜爲宣華夫人。帝寢疾。夫人出更衣。爲太子廣所偪。拒之得免。帝問知。恚曰。獨孤誤我。決計廢廣。廣知。卽遣張衡入宮。俄而帝崩。廣賜以同心結。其夜烝焉。歲餘卒。年二十九。煬帝深悼之。爲製神傷賦。

宣·隆 【三國吳】諸葛誕主簿。諫誕。爲誕所殺。

宣·嗣宗 【明】嘉定人。字彥初。永樂中任中書舍人。專書內制。時楊士奇在內閣。凡誥勑內句字有未愜者。嗣宗持之。士奇輒爲之更定。與修成祖實錄。歷官驗封郎中。

宣·溫 【明】會稽人。字彥學。少穎悟好學。洪武中被召。上詢以治道。條陳甚悉。上問曰。漢高祖殺功臣。光武全功臣。優劣何如。對曰。高祖殺功臣。功臣自殺。光武全功臣。功臣自全。上悅其言。授四川參政。

宣·義 【漢】爲中地守。以廷尉擊陳豨。封土軍侯。就國後。爲燕相。卒諡式。

宣·義昭 【明】洪武中商州學正。時方草創。州人未知學。義昭補綴經籍。親授句讀。教事粗舉。

宣·聘 【晉】有通易象論。

宣·虞 【漢】有老子始終記。

宣·繪 【宋】慶元府人。嘉定中拜參知政事。以觀文殿大學士致仕卒。後以嘗預定策。諡忠靖。

室中·同 【漢】以弩將從入漢。以都尉擊項羽。封清侯。卒諡簡。

室·昉 【遼】南京人。字夢奇。會同初進士。太宗入汴。詔昉知制誥。總禮儀事。累遷翰林學士。改南京副留守。決獄平允。遷工部尚書。拜樞密使。監修國史。乾亨中致仕。封鄭國公卒。

封·子繪 【北齊】隆之之子。字仲藻。和理有器局。累遷平陽太守。晉州北有山。舊號千里徑者。山坡高峻。行者苦之。子繪請別開一路。旬日而就。文宣帝受禪。官至尚書右僕射。卒諡簡。

封父 【夏】諸侯。汴州封丘有封父亭。卽封父所都。

封·玄之 【後魏】懿子。坐事被誅。明元謂曰。不令絕汝種。將宥爾一子。玄之請曰。弟子磨奴。早孤。乞全其命。乃殺玄之四子。而赦其姪磨奴。

封·回 【後魏】玄之族孫。孝明時歷度支都官二尚書。鄭雲爲安州刺史。詣回。問安州治生。何事爲便。回曰。公宜思方略以濟百姓。如何問治生乎。回不爲商賈。何以相示。雲慙失色。終光祿大夫。孝莊初遇害於河陰。諡孝宣。

封·孚 【南燕】渤海人。字處道。初仕慕容寶。後入南燕。外總機事。內參密謀。謙虛博約。晚節尤伉直。卒諡文穆。

封·孝琰 【北齊】隆之之姪。字士光。修飾學行。有風儀。官至散騎常侍。尚書左丞。後以直諫死。

封·延伯 【南齊】東海人。字仲璁。有學行。官梁郡太守。有高士風。三世同財。爲北州所宗附。

封卓妻 【後魏】彭城人。姓劉氏。成婚一夕。卓官於京師。後以事伏法。劉氏在家忽然夢想。知卓已死。哀泣不輟。經旬凶問果至。遂憤歎以死。

封·奕 【前燕】渤海人。字子專。幼時。父以屬之慕容廆。廆與語悅之。稍委以軍國機要。皝立。遣奕討鮮卑木提。克之。授柳城。敗段遼。皝稱燕王。奕亦爲相國。封武平侯。在相位十五年。政務之暇。留心講論。接引後進若不及。尋進位太尉。領中書監。爲定策元勳。建熙中卒。諡匡。

封·津 【後魏】渤海人。字醜漢。少以連坐受刑。給事宮掖。善候時情。號爲機悟。累官開府儀同。卒諡孝惠。

封·軌 【後魏】回族叔。字廣度。博通經傳。官至征虜將軍。與高綽並以方直風概。爲時論推重。

封·述 【北齊】軌子。字君義。有幹用。初仕魏。除御史。北齊受禪。與李獎等充大使。巡省方俗。問民疾苦。官至殿中尚書。述明解律令。爲時所稱。而厚積財產。一意吝嗇。物論鄙之。

封·勑文 【後魏】代人。始光初爲中散。累官鎮西將軍。秦益二州刺史。賜爵天水公。鎮上邽。屢著戰績。

封·偉伯 【後魏】軌長子。字君良。博學通經術。弱冠。除太常博士。淸河王懌爲孝經解詁。偉伯設難例九條。皆發起隱漏。又討論諸經疑事數十條。上明堂議起。乃搜輯經緯。上圖說六卷。

儒者稱之。又撰封氏本錄六卷。蕭寶夤之亂。謀舉義兵。見殺。

封・常清　唐蒲州人。少孤貧。貌寢而脚跛。讀書多所該究。年三十未有名。乃投牒爲高仙芝傔從。會高軍大破賊。常清潛作捷布。仙芝取讀大駭。由是知名。積功官至范陽節度副大使。敗於安祿山。退守潼關。爲邊令誠所搆。與仙芝併斬於軍。常清勤苦果決。胸無疑事。治軍嚴正有法。其死也。人多哀之。

封・敖　唐蓚人。字碩夫。元和進士。爲李德裕所器。累官翰林學士。屬辭贍敏。語切而理勝。武宗使作詔慰邊將曰。傷居爾體。痛在朕躬。帝善之。賜以宮錦。大中時歷平盧與元節度使。平寇有功。仕終尚書右僕射。

封・絢　唐敖女孫。殷保晦妻。字景文。善草隸。能文章。黃巢入長安。得絢。悅其色。欲取之。絢大罵。遂遇害。保晦歸。見之。一慟而絕。

封・隆之　後魏回子。字祖裔。回被害。隆之常懷報雪。齊神武出晉陽。遂首參經略。奇謀妙算。皆密啟聞。手書削稿。罕知於外。歷事五帝。四爲侍中。再爲吏部尚書。一爲僕射。四爲冀州刺史。始終完名。世稱博大長者。卒諡宣懿。

封・嵩　南燕渤海人。年三十。爲慕容德尚書左僕射。備蒙禮遇。及慕容超立。信任姦邪。不恤政事。嵩遂與南海王法等謀反。事覺被誅。

封・肅　後魏回兄子。字元邕。早有文思。博涉經史。官至尚書左中兵郎中。嘗爲還園賦。其辭甚美。

封・詢　北齊述弟。字景文。初仕魏爲員外郎。入齊。官至濟南太守。親涉經史。清素自持。歷官皆有幹局。治郡著績。民吏敬而愛之。

封・鉅　上古黃帝之師。

封・演　唐蓚人。以貢舉官至吏部郎中。兼御史中丞。所著封氏聞見記。語必徵實。足資考證。自顏師古匡謬正俗・李匡乂資暇集・李濟刊誤之外。罕其比偶。

封・德彝　唐渤海人。名倫。以字顯。初事隋。爲楊素所賞。妻以從妹。擢內史舍人。陰爲虞世基裁畫吏事。隋政日壞。宇文化及亂。使德彝數帝罪。化及死。遂來降。高祖知其諂附逆黨。方切讓。德彝遽以祕術干帝。更拜內史舍人。太宗時累拜尚書右僕射。卒諡明。改諡繆。

封・衡　三國魏隴西人。字君達。入山采藥。常駕一青牛。人莫知其名。因號青牛道士。武帝召問養性大略。曰。減思慮節嗜慾而已。有養氣術。隱形法・衛生經。

封・濬　清南豐人。字禹成。少補諸生。以明經貢於鄉。門下士且百人。年四十。更事謝文游。執禮甚恭。好排難解紛。彭士望以出位爲戒。因自號曰位齋。

封・懿　後魏孚弟。倜儻有才氣。能屬文。初仕慕容寶。歸魏。除給事黃門侍郎。有燕書。

封・觀　後漢南頓人。字孝起。有志節。嘗舉孝廉。以兄未顯。恥先受祿。遂稱風疾。瘖不能言。後兄得舉。乃仕郡爲功曹。從太守趙謙擊黃巾。軍敗被殺。

屋盧・連　戰國孟子弟子。著書言彭聃之法。

帝相　夏仲康子。嗣爲帝。羿伐桐爲琴以進帝。帝稍移於音樂。不聽政事。爲羿所逐。居於商丘。後爲羿臣寒浞所殺。在位二十八年。

帝嚳　上古黃帝曾孫。生而神異。年十五佐顓頊。受封於辛。後代高陽氏爲天子。稱高辛氏。都亳。在位七十年崩。

帥・子連　宋形貌魁奇。膂力絕人。獨仕魏夫人觀三十年。太平興國中尸解。

帥・仍祖　清我長子。字宗道。號介亭。十歲能詩。以才華自負。及長。困於諸生業。後乃棄去。鍵戶讀書。性孤介。善岐黃術。有嗜退山房稿。

帥・光祖　清我幼子。字宗文。號藥房。乾隆進士。性沈靜。工駢體文。選臨江教授。未任卒。有詩文十餘卷。

帥・我　清奉新人。字備皆。康熙舉人。官中書。弱冠淹通羣籍。工書善繪事。尤明醫理。與進賢齊之千爲詩文社。有墨瀾亭集・簡齋詩文稿。

帥・念祖　清奉新人。字宗德。號蘭皐。雍正進士。官編修。與修一統志。仕至陝西布政使。緣事謫戍軍臺。沒於塞外。有樹人堂詩。尤善指頭畫。

帥・家相　清仍祖子。字伯子。號卓山。乾隆進士。官至潯州知府。有卓山詩集。

帥・遠燡　清黃梅人。字仲謙。一字逸齋。道光進士。官編修。咸豐間洪楊事起。守土吏多棄城遁。上封事萬言。指斥甚切。後遊江西。將軍與石達開戰於東鄉。軍潰遇害。諡文毅。

帥・範　宋靈石人。元祐初進士。調嵐軍政。兵民感慕。後督理江南茶稅。廉靜不擾。民圖像祀之。

帥顏保　清滿洲正黃旗人。姓赫舍里氏。康熙初以父勳授國史院學士。教習庶吉士。累擢漕運總督。吳三桂反。詔率所部駐南昌。備守禦。尋移鎮吉安。招降賊兵萬餘。仕至禮部尚書卒。

度・正　宋合州人。字周卿。少從朱熹學。登紹熙進士。歷官國子監丞。上疏極言李全必反。且獻取全之策。累遷禮部侍郎致仕。有周子年譜・輿白齋詩話。性善堂稿。

度・宗顯 〔元〕至正間爲沔州守。有政聲。民謳歌之。爲立碑記其績。

度・尚 〔後漢〕湖陸人。字博平。始爲郡上計吏。拜郎中。除上虞長。爲政嚴峻。明於抉摘姦非。吏人謂之神明。延熹間擢荆州刺史。討賊有功。封右鄉侯。後爲遼東太守。卒官。

弭・子立 〔明〕章丘人。博學篤行。有古人風。

弭・生 〔漢〕新豐人。字仲叔。少有重名。其父睦。故張伯英與李幼才書曰。弭仲叔高德美名。命世之才也。非弭氏小族所當有。新豐瘠土所當出也。

弭・德超 〔宋〕清池人。給事晉邸。太宗卽位。累官樞密副使。以王顯・柴禹錫等班在其上。一日詬顯等曰。我有安社稷功。祇得纔許大官。汝等何人。乃在我上。語侵太宗。因奪官配瓊州。

弭・禮 〔元〕房山人。大德間拜開州尹。能愛惜百姓。約束吏卒。延祐間捐貲建學。人文蔚起。

彥吉保 〔清〕滿洲正黃旗人。姓壘爾丹氏。乾隆間由前鋒侍衞從攻臺灣林爽文。以功授護軍參領。從征廓爾喀。連戰皆捷。嘉慶間授英吉沙爾領隊大臣。卒於官。

彥・室 〔宋〕敍州人。紹興中嘗行山中。遇道人歌語。以腹枵告歸。道人笑。以肘捫其腹者三。室頓覺異常。歸卽辟穀。踰年復夢見道人喚以環。呼之過溪。室曰。吾有親在。乃止。後隱去。不知所終。

彥悰 〔唐〕僧。貞觀末至京師。求法於玄奘之門。惠立撰慈恩三藏行傳。未竣而卒。彥悰續成之。名曰箋述。

彥琮 〔隋〕僧。柏人李氏子。少聰敏。才藻清新。初度髮。師令誦須大拏經。一日便了。周宣帝時授以禮部等官。不就。與朝士王劭等相友善。號爲文外玄友。文帝受禪。召入京掌翻譯。仁壽中奉敕撰衆經目錄。西域傳。自著有沙門名義論。別集等。

彥暉 〔後梁〕僧。陽武孫氏子。居滑州明福寺。善講因明百法二論。乾化初示寂。有滑臺鈔。

後・敏 〔明〕當塗人。永樂進士。歷官陝西布政司參議。爲人忠厚和樂。長於政事。爲怨家所陷。被逮死於途。及事明復任。而敏已死。

後・祺 〔清〕無爲人。字咸吉。諸生。工染翰。擘窠大字尤妙。

後・禮 〔清〕無爲人。字纖峯。畫蘭竹著名。大竹尤妙。

後・贊 〔五代漢〕瑕丘人。其母倡也。贊幼善謳。高祖時拜飛龍使。隱帝尤愛幸之。楊邠等執政。贊久不得遷。乃共謀殺邠等。邠等死。隱帝悔之。贊與郭允明等晉休侍帝。不欲左右言己短。隱帝兵敗。贊奔兗州。慕容彥超執送京師。梟首於市。

思・任發 〔明〕雲南麓川平緬宣慰使。永樂間襲職。外修職貢。陰思叛併。宣德間屢與木邦爭地抗殺。正統間復侵孟定各土司境。勢益熾。詔以定西伯蔣貴・兵部尚書王驥・大舉討之。任發乞降。驥密令諸將分道入。任發敗。奔孟養。爲緬人所擒。挾之求麓川地。旋獻之雲南。伏誅。

思・忠 〔明〕雲南人。世爲孟密安撫司。父思烈沒。兄思奔・弟思混・爭立。緬人乃納混爲壻。改名忠。遣歸奪兄印。忠遂以其地附緬。萬曆中來歸。授爲宣撫。已復投緬。乃以其母罕烘代領司印。已而緬人攻之。罕烘卒其幼子思禮・從子思仁・奔孟廣。而孟密遂失。

思・招賽 〔明〕任發次子。正統初王驥等討麓川蠻。任發敗走。其子機發窮困。乞來朝謝罪。先遣其弟招賽入貢。帝乃命招賽爲頭目。給冠帶月糧房屋。隸錦衣衞。冀以招徠機發。後機發復叛。卒誅死。

思・倫發 〔明〕雲南人。平緬土蠻。洪武中歸降。命兼統麓川之地。授麓川平緬宣慰使。叛服不常。太祖發兵征討。始復謝罪入貢。旋以屬叛走雲南。西平侯沐春送之京師。帝曰。倫發窮而歸我。當遣兵相送。往諭叛屬。俾歸而主。後擒其叛酋刀幹孟。倫發始還。

思・眞 〔明〕雲南人。世爲孟密安撫司。眞年至百十歲。其屬有地羊寨。在孟密東。往來採辦所必經。土人工幻術。人有強索其飲食者。多腹痛死。併所乘馬亦斃。剖之。腹皆木石。眞警勦之。殺數千人。不得絕。

思淨 〔宋〕僧。錢塘喻氏子。工畫阿彌陀佛。鑴西湖多寶山石爲佛像。紹興間趺坐逝。

思・祿 〔明〕任發少子。任發誅死。其部衆復擁祿據孟養地。王驥等乃與要約。許爲土目。部勒諸蠻居孟養如故。

思聰 〔宋〕僧。錢塘人。字聞復。七歲善彈琴。十二捨琴而學書。書既工。十五捨書而學詩。詩有奇語。老僧宿儒。皆敬愛之。

思・機發 〔明〕任發子。任發敗奔。機發伺明兵歸。圖恢復。爲王驥・蔣貴等所破。走據孟養。及任發就誅。疑懼不受招諭。王驥等討之。機發敗遁。爲緬人所擒。誅死。

恆景 〔唐〕僧。當陽文氏子。居荆州覆舟山玉泉寺。武后中宗時三被詔入內供養。爲受戒師。景龍間乞歸。有順了義論・攝正法論・佛性論。

恆超 〔五代漢〕僧。范陽馮氏子。

出家於五臺山。龍德間居棣州開元寺。講諸經論二十餘年。參以子史。證以教宗。學徒至百餘人。相國馮道重其節操。奏賜紫衣。乾祐間示寂。賜號德正。

恆敬 【清】滿洲正藍旗人。原名恆敏。姓伊爾根覺羅氏。乾隆間署廣安州。以擒匪功累遷正黃旗漢軍副都統。喀什噶爾回亂。恆敬轉輸糧餉。官至西寧辦事大臣。

恆瑞 【清】宗室。乾隆間由三等侍衛累遷福州將軍。臺灣林爽文之亂。恆瑞督兵進擊。日久無功。革職發伊犂。尋授西安將軍。嘉慶間攻勦川楚教匪。累有功。以病還西安。卒於官。

恆裕 【清】滿洲人。字益亭。一字惇夫。嘉慶進士。官中允。性孤介。善詩及書。兼通醫卜。有墨卿堂集。

恆福 【清】蒙古鑲黃旗人。姓額勒德特氏。咸豐初任太常寺卿。因事革職。以翼長隨琦善軍。累擢河南巡撫。堵勦捻匪。肅清豫境。官至直隸總督。卒諡恭勤。

扁鵲 【戰國】鄭人。姓秦。名越人。家於盧。又名盧醫。少時爲人舍長。遇長桑君。傳其術。盡知五藏癥結。名聞天下。秦太醫令李醯自知技不如。使人刺殺之。所著難經。其文辨析精微。詞旨簡遠。讀者不能遽曉。歷代醫家多有註釋。(按史記。載扁鵲姓秦名越人。而不著扁鵲爲官爵爲諡若字。考道藏經軒轅本紀。得岐伯。帝乃著內外經。又有雷公炮製方。又有扁鵲俞跗二臣定脈經。是扁鵲爲前世名醫。軒轅時已有此號。今爲秦越人之藝獨冠當代。故亦以此號之。非越人自稱也。見敬齋古今黈。又按扁鵲傳。勃海郡鄭人。徐廣注。鄭。當作鄚。鄚。縣名。攷漢志鄚屬涿郡。史記作勃海。蓋漢初鄚縣嘗隸勃海也。清一統志。任丘縣北廢鄚州東門外有扁鵲故宅。則扁鵲爲鄚人無疑。)

拜住 【元】英宗朝拜中書左丞相。振立綱紀。修舉廢墜。有古大臣風。嘗奏言臣有三畏。畏辱祖宗。畏天下事大。畏見未盡。畏年少不克負荷。後鐵失謀逆。遇害。諡忠獻。◎【元】康里人。字聞善。累官太子司經。明兵至。謂家人曰。吾生長中原。讀書國學。而可不知大義乎。遂赴井死。

拜延 【元】河西人。初襲父職爲征行千戶。數有戰功。拜恆遠將軍。管軍萬戶。賜金虎符。

拜延八都魯 【元】幼事太祖。賜名八都魯。屢立戰功。諸王哈丹乃歡脫脫等征大理還。命八都魯領兵迎之。與宋兵遇。敗之。以功授蒙古奧魯。

拜降 【元】北庭人。初隸丞相阿朮麾下。南征有功。授江浙省理問官。美鬚髯。數馳驛入朝咨事。世祖以黑髯使臣呼之。遷慶元路治中。歲大饑。狀累上。力請發粟四萬石。民賴全活。後至浙東廉訪副使。以母憂去。卒諡貞惠。

拾得 【唐】天台山國清寺廚中苦行僧。與寒山交友。狀類顛狂。閭丘胤出守台州。至任。入寺見寒山。拾得二人。拜之。二人連臂走出。胤復往寒巖謁問。便縮入巖穴中。尋其遺物。唯於林間並村墅屋壁得詩三百餘篇。於土地堂壁見拾得偈詞。

持至尸逐侯單于 【後漢】南匈奴羌渠單于子。名於扶羅。中平間立。國人殺其父叛。單于詣闕自訟。會靈帝崩。天下大亂。復欲歸國。國人不受。乃止河東。立七年卒。

按札兒 【元】拓跋氏。太祖時統兵屯平陽。以備金。時金將紇石烈氏擁兵數爲邊患。至是畏按札兒威名。不敢輕犯其境。

按竺邇 【元】雍古氏。年十四。隸皇子察合台部。嘗從大獵。射獲數麋。有二虎突出。射之皆死。由是以善射名。以功拜征行大元帥。卒諡武宣。

按攤 【元】爲海北海南宣慰使。海康與安南占城諸蠻接境。海島生黎。叛服不常。按攤威望素著。蠻人帖服。生黎王高等二十餘洞。皆願輸貢稅。

施一鼇 【明】江寧人。字士選。生而顯異。有孝行。官沔陽州學正。楊嗣昌委權州事。州有大圩。襄水衝決一口岸。田畝盡廢。三十年無塞者。一鼇至。三月隄成。州民德之。

施士匄 【唐】吳人。明毛詩。兼善左氏春秋。以二經教授。大曆中由四門助教爲博士。秩滿當去。諸生輒爲乞留。凡十九年。卒於官。有春秋傳。

施大經 【明】上海人。字天卿。萬曆舉人。通判瑞州。璫議採木。大經抗言曰。開採名爲利。其實厲民。民迫爲盜。貴人能撲滅乎。璫語塞。遂止。監郡多惠政。既引疾歸。起惠州通判。轉崇府審理正。著澤谷農書。

施子仁 【宋】度宗末知復州。元兵攻襄陽。時鄰境郡守皆委城去。惟子仁固守。城陷不屈死。

施山 【清】會稽人。初名學宜。更名山。字子山。敏悟過人。博覽羣書。有薑露庵詩集及雜記。

施之常 【春秋魯】字子恆。孔子弟子。

施允成 【明】福清人。字造仲。少好讀書擊劍。天啓初羌蠻出犯西川。蜀帥饒景暉疏薦允成率兵討之。且勦且撫。諸蠻悉平。擢松潘游擊。

施元之 【宋】吳興人。字德初。官司諫。嘗註蘇詩。

施元長 【宋】宣城人。天聖進士。累遷兩浙提點。論鑑湖不可爲田。列利弊甚悉。後知洪州。有惠政。建學校。立條教。以德業鎮俗。

施天德 【明】新喻人。字象尼。萬曆進士。爲武選郎中。三疏諫熹宗內操。再疏詆魏忠賢。廷辨三案甚力。以疾歸。魏璫矯旨勘問。謫戍死。

施心傳 【清】寧化人。字結如。好學。工古文詞。畫山水得雲林筆法。性狷潔。不輕與人作。每當日午。市豆餅充飢而已。

施文銓 【清】安吉人。字壽民。貢生。有靜學廬遺文。

施文慶 【陳】後主倖臣。頗涉書史。初事後主於東宮。及即位。拜中書舍人。任掌機密。又引進黨與沈客卿等。並不達大體。督責苛碎。聚斂無厭。隋兵入陳。於石闕前斬之。

施父 【春秋魯】大夫。桓公時曹太子來朝。魯以上卿之禮享之。初獻。奏樂而歎。施父曰。曹太子其有憂乎。非歎所也。明年曹伯卒。

施世瑛 【隋】安吉人。字玉華。勇斷有才氣。隋末天下擾攘。世瑛率宗族鄉隣子弟。聚糧自守。聞高祖起兵。領衆歸附。拜洮州刺史。

施世綸 【清】琅次子。字文賢。以蔭知泰州。累官戶部侍郎。總督漕運。通阻礙。懲逗遛。漕政次第畢舉。以治河勞瘁卒於官。世綸性警敏。聽斷如神。自司牧歷大吏。清白自持。始終如一。有南堂集。

施世驃 【清】琅六子。由行伍起家。積戰功。康熙間擢定海總兵。累遷福建水師提督。朱一貴倡亂於臺灣。世驃率師擊敗之。村民誘擒一貴。臺灣悉平。卒諡勇果。

施兆昂 【明】福清人。字顒昆。萬曆進士。入詞垣。精書畫。寸縑尺楮。人爭貴之。有館課西江集·天尺樓稿。

施全 【宋】錢塘人。紹興中爲殿司小校。秦檜入朝。全挾刃刺檜不中。磔於市。

施合德 【元】漳州人。爲農家子。泰定初隨父出耘。父爲虎搏於田。合德與從弟發仔持斧前殺虎。父得免。

施而寬 【清】仙游人。字容臣。康熙間署同安守備。值清師南征。而寬率偏師復海壇·平海·湄洲。直抵金廈兩島。從攻澎湖。克臺灣。以功加左都督。累遷狠山鎮總兵。絕規例。甄將材。立義塾。瘞遺骼。士民感之。

施伯 【春秋魯】大夫。莊公時齊求管仲於魯。請生致之。施伯曰。齊欲得管仲。非殺之也。將用之。用之則爲魯患。不如殺而以其尸與之。莊公不聽。

施何牧 【清】崇明人。字虞贊。康熙進士。官吏部員外郎。中歲歸田。守正履道。工詩。有一山詩鈔·明詩去浮·韻雅·史翼等書。

施孝叔 【春秋魯】公族。初魯聲伯嫁其外妹於孝叔。晉郤犨來求婦。聲伯復奪諸施氏以與之。生二子於郤氏。郤氏亡。晉人歸之施氏。施氏逆諸河。沈其二子。婦人怒曰。已不能庇其伉儷而亡之。又不能字人之孤而殺之。將何以終。遂約誓不復爲之婦。

施延 【後漢】蘄人。字子君。少爲諸生。明於五經。兼通星官風角。家貧母老。周流傭賃以養。後舉有道高第。拜侍中。順帝時爲太尉。

施廷琫 【清】無錫人。字翽雯。康熙諸生。性孝友。爲文原本經史。晚尤潛心宋五子書。有五經纂解·通鑑纂論·鞭鶬軒集。

施男 【清】吉水人。字偉長。順治初隨征廣西。以軍功授廣西按察副使。有集曰笻竹杖。

施邦曜 【明】餘姚人。字爾韜。萬曆進士。官工部郎中。魏忠賢與三殿工。諸曹郎奔走其門。邦曜獨不往。歷福建布政。所至有聲。累官南京通政使。入覲。陳學術吏治用兵財賦四事。帝改容納焉。進左副都御史。流賊陷城。仰藥死。福王時諡忠介。

施侃 【明】歸安人。字邦直。嘉靖進士。少精敏純粹。十四通毛詩。深藏靜定。博觀經史。及陰陽方技之書。爲古文雄深渾懋。詩先氣格。意與清遠。有齊陽集。

施垌 【宋】武進人。字林宗。崇寧進士。歷官江東提刑。移守信州。所至有能聲。累遷禮部侍郎·敷文閣待制。性孝友。在官得親書。必冠帶跪讀。

施宗誼 【明】青陽人。嘉靖中任梧州同知。有劇賊張廉等劫掠爲民害。宗誼討平之。梧人立祠以祀。有五經類語。

施宜生 【金】邵武人。字明望。博聞強記。宋政和中擢第。授潁州教授。金兵入汴。宜生走投劉豫。齊廢入金。爲翰林學士。使宋。宋臣以首丘諷之。宜生意動。爲廋語曰。今日北風甚勁。於是宋始警備。使還。其副使以聞。金人烹之。

施定庵 【清】海寧人。名紹闇。字襄夏。號定庵。性拙喜靜。羸弱多疾。年十先學琴。後復嗜奕。師俞長侯。年十六。成第一手。與范西屏齊名。有奕理指歸。

施念曾 【清】閩章孫。字得仍。一字得齋。號蘗齋。乾隆拔貢。知廣東興寧。移浙江。有聲績。陞禹州知州。未赴。爲前縣尉所誣。遂解官聽勘。不勝其憤而卒。有蘗心集。又嘗輯宛雅三編。

施昌言 【宋】靜海人。字正臣。舉進士第。累官龍圖閣學士。歷典州郡。

能任繁劇。知太平州日。上政論三十篇。而治家淩亂無紀。嘗以公事召范仲淹至後堂。諸子雜羣婢嬉戲。仲淹不懌而去。

施·明 【三國吳】爲無難部督軍士。素壯悍。時有盜官物者。疑明所爲。收考無辭。孫權以都尉蔣表。能得士心。以明付表。明乃首服。具列支黨。權奇之。特予赦宥。明後感奮。變行爲善。遂成健將。致位將軍。

施·肩吾 【唐】洪州人。字希聖。有詩名。元和進士。隱洪州之西山。終身不仕。爲詩奇麗。有西山集。

施·彥士 【清】崇明人。字楚珍。道光舉人。沈毅有膽識。歷任萬全、南皮、正定。皆有治績。有海運芻言、讀孟質疑、孟子外書集證、歷代編年大事紀、宗賢考、求己堂詩文集。

施·昱 【明】廣南人。字子貞。嘉靖進士。由刑部郎歷官貴州僉事。威惠並行。士民繪像祀之。以事謫官。再起湖廣僉事。官至光祿寺少卿。

施·是式 【清】婁人。字志學。號梓霞。監生。書畫入能品。工詩。有道園稿。

施·昭庭 【清】吳縣人。字筠瞻。一字寄篁。康熙進士。知萬載縣。時有閩粵客民寄居者。號棚民。臺灣逸盜溫尚貴句結棚民。謀爲變。昭庭利用棚民之材者。設計要擊之。獲尚貴。眾潰遁。於是嚴戶口。編保甲。列之齊民。棚民乃安。尋引疾歸。

施·耐庵 【元】東都人。相傳水滸傳爲耐庵所作。（按水滸傳爲耐庵所作。金聖歎評中屢言之。貫華堂刻本。有耐庵自序一篇。其他事跡不概見。七修類稿謂水滸出元東都施耐庵手。西湖遊覽志則云水滸出宋人手。周亮工書影云。金聖歎自七十回後。斷爲羅貫中所續。復僞爲施序於前。據此則耐庵自序。亦聖歎所爲也。）

施·原 【清】揚州人。工山水。好蓄驢。畫驢成神品。人謂之施驢兒。

施·峻 【明】歸安人。字平叔。嘉靖進士。歷官青州知府。性伉直。喜規人過。詩雋永流麗。有璉川詩集。

施·師點 【宋】上饒人。字聖與。十歲通六經。乾道初以臨安教授賜對。言綸恩不被細民。乞免逋負。從之。尋假翰林學士使金。執禮不辱。累官參知政事。有易說、史識、文集、及奏議數十卷。

施·浴升 【清】文銓子。字旭臣。同治舉人。有金鐘山房詩文集。

施·國祁 【清】烏程人。字非熊。號北研。諸生。工詩詞古文。有禮耕堂文集、元遺山詩注、金源劄記。

施·宿 【宋】元之子。字武子。累官紹興府通判。所撰嘉泰會稽志。條理秩然。爲地志中之有體要者。

施·淦 【清】浙江山陰人。字秋水。爲睢寧典史。精漢隸。畫山水尤奇古。

施·清 【清】錢塘人。字伯仁。拔貢。官永州通判。康熙間召試鴻博。爲人篤學嗜古。工詩文。有十三經異同解、攬雲、懷新等集。

施·清臣 【宋】淳祐間人。號東洲。自稱赤城散吏。有几上語、枕上語。

施·琅 【清】晉江人。字尊侯。號琢公。初爲鄭芝龍部將。順治初隨芝龍投誠。後敗成功於福州。授同安副將。康熙間擢水師提督。統兵平臺灣。以功封靖海侯。諡襄壯。有奏議及靖海紀事。

施·紹莘 【明】松江華亭人。字子野。自號峯泖浪仙。工詞曲。有花影集。

施·堯臣 【明】青陽人。嘉靖進士。授蕭山知縣。時浙有倭寇。堯臣爲創築蕭山城。甫完而寇大至。邑賴不陷。累擢順天府尹致仕。

施·惠 【元】杭州人。字君美。一云姓沈。以坐賈爲業。巨目美髯。好談笑。尤工樂府。所撰南曲拜月亭。（一名幽閨記）最著名。又有古今砌話。

施·朝幹 【清】儀徵人。字培叔。一字鐵如。號小鐵。乾隆進士。官至宗人府府丞。性廉介。詩文蒼秀。有六義齋、正聲、一勺等集。

施·策 【明】無錫人。字勵菴。隆慶進士。授禮部主事。累遷尚寶卿。故事。勵衛入直。詔尚寶領符牌。法久弛。策疏請申行。禁地乃肅。以太僕寺卿乞歸。結茅大池山中。日事吟詠。歷三十年卒。有崇正文選、唐詩類選、勵菴詩集。

施·閏章 【清】宣城人。字尚白。號愚山。順治進士。授刑部主事。歷湖西道參議。以裁缺歸。康熙中召試鴻博。授侍講。纂修明史。進侍讀。爲人孝友純篤。以文學飾吏治。所至有惠績。晚年好延譽後進。四方士多歸之。其學主於體仁。文章醇雅。尤工於詩。有學餘堂詩文集、試院冰淵、青原志略補輯、矩齋雜記、蠖齋詩話。

施·敬本 【唐】丹陽人。開元中爲四門助教。論封禪典禮。頗辨奪制同異。詔韙其言。歷集賢院修撰。累官右補闕祕書郎。

施·源 【清】吳縣人。字實君。號蒙泉。乾隆舉人。知舒城縣。有愛靜詞。

施·溥 【明】醴陵人。性至孝。母疾。溥刲股作羹奉母。母食之愈。既沒廬墓。哀號如初喪。◎【清】錢塘人。字子博。畫山水。善墨蘭。竹石亦古勁。

施·聖揆 【清】新喻人。性至孝。父沒。廬墓三年。終身孺慕無間。

施·補華 【清】烏程人。字均甫。同治舉人。山東道員。有澤雅堂文集。

施·鉅 【宋】武康人。字大任。政和間登第。累官參知政事。清約自持。無聲色之好。卒年九十一。

施槃　〔明〕吳縣人。字宗銘。家貧力學。穎悟過人。登正統進士第一。授修撰。踰年卒。槃以少年取高第。力學篤行。天下傷之。門人私諡莊僖先生。

施瑮　〔清〕閏章孫。字質存。號隨村。歲貢生。恩譴擅文譽。詩能承家學。有剩圃集。

施端教　〔清〕泗州人。字匪莪。官東城兵馬司。喜集唐人成句爲詩。切情指事。脗合渾成。有唐詩韻匯・集唐・六書指南・嘯閣文集等書。

施維翰　〔清〕上海人。字及甫。一字研山。順治進士。康熙間總督浙江。前督劾軍士鼓譟一案。縲絏二百餘人。維翰至。即日會讞。多平反。調福建。卒於路。諡清惠。

施聚　〔明〕順天通州人。以父蔭爲指揮使。備禦遼東。從曹義最久。以勇敢稱。也先逼京師。景帝詔聚入衛。慟哭西進。部下進牛酒。聚揮之曰。天子安在。吾屬何心饗此。積功封懷柔伯。卒諡威靖。

施鳳來　〔明〕平湖人。萬曆進士。由翰林薦擢禮部尚書。素無節概。以和柔取媚於世。時魏忠賢當國。鳳來依阿權勢。竟陟首輔。崇禎初爲言官所糾。乞休去。忠賢誅。落職閒住。

施德華　〔明〕烏程人。性朴素。能詩。洪武中有司以明經累薦不就。結屋數楹。讀書嘯詠其中。自號城南小隱。

施德操　〔宋〕鹽官人。字彥執。爲學主孟子而拒楊墨。因著論以曉未悟者。與同里楊璜皆力行好學。遠近繼慕。學者稱爲持正先生。有孟子發題・北窗炙輠錄。

施樞　〔宋〕丹徒人。字知言。號芸隱。嘉熙時嘗爲浙東轉運司幕屬及越州府僚。工詩。有芸隱橫舟稿。

施霆亨　〔明〕邵武人。字榮南。師趙章泉。以道學教授鄉里。人表其坊曰尊道。

施養浩　〔清〕錢塘人。字靜波。號茗柯。又號西髯。乾隆舉人。官四川榮經知縣。坐他事戍寧古塔。尋得免還。工書畫。有出塞入塞詩。

施魯　〔明〕仁和人。潔身好古。正德初以舉人仕爲荆王府長史。守正不阿。後以見惡劉瑾罷官。瑾誅起用。辭不赴。竟以寒餓卒。

施儒　〔明〕歸安人。字聘之。正德進士。初授御史。出按南畿。以直諫爲中官誣譖。逮繫落職。嘉靖初起廣東兵備副使。疏立惠來・大埔二縣。歷平黠寇。

施璜　〔明〕休寧人。字虹玉。棄舉業。發憤自力於躬行。與同州吳慎等會講紫陽書院。教學者九容養外。九思養內。以造於誠。學者翕然宗之。已而遊無錫。師事高世泰。有思誠錄・小學近思錄發明・誠齋文集。

施璘　〔後周〕藍田人。字仲寶。畫竹有生意。爲當時絕技。

施縉　〔清〕定邊人。乾隆間隨征緬甸・安南。嘉慶間隨征黔楚苗。皆有功。官至雲南臨元鎮總兵。又隨勒保勦川四教匪。陣亡於竹子山。贈提督。

施翰　〔明〕鄞人。字季儒。幼倜儻有大志。家貧力學。博通經史。北遊京師。遂嫻騎射。中萬曆武進士。爲雲南參將。治軍撫苗。四境輯然。尋擢都督僉事。謝病歸。翰在京師時。鄒元標以直言放歸。建首善書院講學。翰執贄行弟子禮。一時士論尤推之。

施霖　〔明〕江寧人。字雨成。一作雨若。畫山水有元人風度。稱逸品。

施餘澤　〔清〕順天人。字溥霖。工畫山水士女。

施環　〔明〕安吉人。性孝友。父成有三子。媵子璞最幼。成疾革。顧環及次子瑰曰。吾死奈璞何。雖然。是在爾等矣。二子泣曰諾。後遂悉以所遺金爲璞置田宅。且分所有以益之。璞產遂過於兩兄。迄於白首。友愛有加。

施鴻　〔清〕邵武人。字則威。康熙歲貢。官奉天府經歷。有澂景堂史測。

施讐　〔漢〕沛人。字長卿。從田王孫受易。與孟喜・梁丘賀並爲門人。及賀爲少府。讐結髮從師數十年。賀不能及。詔拜讐博士。甘露中與諸儒雜論五經同異於石渠閣。後讐授張禹。禹授彭宣。由是施家有張彭之學。

施顯　〔明〕常熟人。字孟微。讀書勤苦。盛暑坐帳中。帳頂皆寫以文字。洪武中鄉會試皆第一。歷監察御史。

施顯卿　〔明〕無錫人。字純甫。嘉靖舉人。知新昌縣。有古今奇聞類記。

星吉　〔元〕河西人。至治初拜監察御史。有直聲。出爲江南御史大夫。時宰不悅。奏爲江西行省平章政事。屢破賊兵。後糧盡。衆多死。星吉中矢昏仆。賊舁置密室中。遂不復食。凡七日而絕。

星訥　〔清〕滿洲正白旗人。姓覺爾察氏。天聰間從征察哈爾及黑龍江。圍錦州。破洪承疇兵。屢有功。擢工部承政。順治初入關。從破李自成。定陝西四川。勦大同姜瓖。累官工部尚書。兼議政大臣。

春寧　〔清〕滿洲正黃旗人。姓赫舍哩氏。乾隆間征金川。平石峯堡回。勦臺灣林爽文。屢有功。嘉慶間與教匪戰於廣元。力戰被傷。官至綏遠將軍。

昭君　〔漢〕涿郡人。王莽時方士。莽日與昭君等於後宮考驗方術。縱淫樂。

昭奚恤　〔戰國〕楚將。昭王問江乙曰。北方之人畏昭奚恤。何也。對曰。虎得狐。欲啖之。狐曰。子無敢食我也。天帝命我長百獸。若不信。隨我後以觀。百獸見虎皆走。虎不知畏己。以爲畏狐也。北方非畏奚恤。實畏王之甲兵也。

昭・常 〔戰國楚〕楚遣子良北獻地於齊。立昭常爲大司馬。使守東地。子良至齊。齊使人以甲受東地。常應齊使曰。我典主東地。且與死生。齊伐之不克。東地以全。

昭涉・掉尾 〔漢〕以燕相從擊項籍。逐臧荼。封平州侯。卒謚共。

昭涼 〔明〕鄂渚女子。警敏多慧。工藝解文。嘗侍吳江俞安期讌遊。俞頗眷之。撰昭涼詞一百首以紀其事。

昭・魚 〔戰國楚〕襄王之臣。楚王后死。未立后也。謂昭魚曰。公何以不請立后也。昭魚曰。王不聽。是知困而交絕於后也。然則何不買五雙珥。令其一善而獻之。王明日視善珥所在。因請立之。

昭・陽 〔戰國楚〕將。懷王使將兵攻魏。破之於襄陵。得八邑。

昭・睢 〔戰國楚〕秦昭王與楚懷王書。約會武關。懷王患之。昭睢勸王毋行。發兵自守。懷王不從。遂留於秦。太子爲質於齊。大臣欲立懷王子在國者。昭睢曰。王與太子俱困於諸侯。又悖王命而立其庶子。不宜。乃詐赴於齊。用計歸其太子。立爲王。

昭・蓋 〔戰國楚〕太子橫爲質於齊。楚王死。薛公歸太子橫。因與韓魏之兵隨而攻東國。太子懼。昭蓋曰。不若以東國爲和於齊以動秦。秦恐齊之敗東國而令行於天下也。必將救我。太子從之。秦王懼。令告楚。毋與齊東國。吾與子出兵矣。

昭槤 〔淸〕宗室。嘉慶間襲封禮親王。後坐事奪爵。有嘯亭雜錄。

是云・寶 〔北周〕爲東魏將。攻潁。降於周。累遷涼州刺史。世宗時吐谷渾侵涼州。寶與戰不利。遂沒於陣。

是・光乂 〔唐〕天寶初秘書少監。著語類。後賜姓齊。

是・儀 〔三國吳〕營陵人。字子羽。本姓氏。郡相孔融嘲儀。言氏字民無上。因改爲是。後依劉繇。避亂江東。徙會稽。孫權徵典機密。使輔太子。事先諮詢然後行。時典校郎呂壹誣江夏太守刁嘉謗訕國政。權怒。收繫驗問。儀獨云無聞。嘉得免。以尙書僕射領魯王傅。盡忠規諫。儀事上勤。與人恭。不治產業。數十年未嘗有過。年八十一卒。

是・鏡 〔淸〕陽湖人。字仲明。性至孝。母畏雷。鏡聞雷輒夜起當戶跪。慰母無恐。父卒合葬。遂廬於墓。終日涕淚。著石成血。鏡潛心學問。不求聞達。大吏屢薦之。力辭不出。

昝・如心 〔明〕三原人。字子推。性穎悟剛介。讀書能悟人所不到處。厭科舉之學。慨然有求道之志。年二十九而卒。有敬齋集。

昝・居潤 〔宋〕高唐人。善書記。仕後唐。長興中隸樞密院爲小吏。以謹愿稱。後入晉遷周。累加檢校太傅。宋初。加檢校太尉卒。性明敏。有節概。篤於行義。

昝・商 〔唐〕博士。著心鑑五卷。

昝・學易 〔明〕懷寧人。字心源。萬曆舉人。廉介不苟取。性至孝。父年及耄。恐獨處不暖。共枕被者八年。授金谿知縣。不就卒。

曷剌 〔元〕兀速兒吉氏。成宗時命使高麗・和林・江西・福建。不失使指。累官大司農。卒謚安穆。

曷思麥里 〔元〕西域谷則斡兒朶人。從軍西域。宣力居多。累官懷孟河南二十八處都達魯花赤。

柏・子庭 〔元〕嘉定人。喜畫枯木石菖蒲。題句甚多。嘗講台教於赤城。好浪游。常乞食村落。

柏・古 〔淸〕嘉善人。字新民。一字雪耘。僑寓平湖白牛涇。又自稱白牛牧人。工山水。善詩書。簞瓢屢空。胸中介然。

柏・立本 〔淸〕古子。居華亭。字巍山。又字哈山。工詩。畫理精妙。與父偕隱。

柏・因 〔夏〕羿之賢臣。

柏夷亮父 〔上古〕顓頊師。（按柏夷亮父。見漢書古今人表。古史考作柏亮父。呂氏春秋作伯夷父。路史以柏夷父柏亮父爲二人。）

柏・良器 〔唐〕魏州人。字公亮。父造。死安祿山難。乃學擊劍欲報賊。從李光弼。授兵平山越。遷左武衛中郎將。年二十四。更戰陣六十二。李希烈圍寧陵。遏水灌之。良器擇弩手善游者。沿汴渠夜入。及旦。伏弩發。賊乘城者皆死。錄功封平原王。圖形凌煙閣。終左領軍衛大將軍。

柏帖穆爾 〔元〕蒙古人。字君壽。居官以廉能著。至正中爲福建行省左右司郎中。行省治福州。明兵由海道趣閩。奄至城下。遂自焚死。

柏・招 〔上古〕帝嚳師。

柏・直 〔漢〕魏人。魏王豹畔漢。漢王使韓信擊之。魏以直爲大將。

柏侯・子安 〔後漢〕午陽人。管寧從受春秋。

柏・英 〔明〕江都人。延安衛指揮使。秉性孝友。父卒。哀毀幾絕。廬墓三年。有司以聞。旌表其閭。

柏・耆 〔唐〕良器子。有縱橫學。王承宗以常山叛。耆以左拾遺往說。下之。由是聲震一時。太和初李同捷反。授耆德州行軍計會使。往諭旨。耆以三百騎入滄。與同捷朝京師。旣行。

聞王延湊欲劫同捷。耆遂斬其首以獻。諸將嫉耆功。比奏攢詆。文宗貶耆循州司戶。宦人馬國亮譖耆。詔長流愛州賜死。

柏·常騫 〔春秋周〕史官。齊景公時。去周之齊。

柏陽 〔有虞氏〕舜之友。

柏葰 〔清〕蒙古正黃旗人。原名松葰。字靜濤。道光進士。咸豐間累官戶部尚書。文淵閣大學士。典鄉試。爲御史劾奏。詔革職訊問。時端華·肅順用事。以柏葰性鯁直。畏而惡之。遂坐以因家人求請撤換試卷罪誅之。有薜箖吟館詩存。

柏翳 〔有虞氏〕見伯益條。

柏·謙 〔清〕崇明人。字蘊高。雍正進士。官編修。善楷書。得唐人風矩。有詩文集。

柏·叢桂 〔明〕寶應人。洪武時建言請築塘岸。起槐樓四十里。以備水患。詔發淮揚丁夫五萬六千。俾叢桂董其役。期月工成。鄉人呼柏家堰。

柘稽 〔春秋越〕大夫。嘗偕范蠡行成於吳。

查·士標 〔清〕海陽人。字二瞻。號梅壑。明諸生。流寓揚州。工書。尤善山水。年八十四卒。有種書堂遺稿。

查·允中 〔明〕休寧人。洪武間知雩都縣。時流賊犯境。允中應給軍需。民不告擾。時謂撫綏有方云。

查·元方 〔南唐〕文徽子。初仕南唐。爲建州觀察判官。宋師平金陵。虜絳據歙州。傳檄至郡。元方斬其使。及絳擒。拜殿中侍御史。知泉州卒。

查·文徽 〔南唐〕休寧人。仕李煜累官樞密副使。討建州王延政。有功。遷建州留後。吳越兵據福州。文徽攻克之。入城撫其民。陷伏中。被執。後遣還。以工部尚書致仕。

查·日乾 〔清〕宛平人。字天行。號慕園。性廉介。讀書不爲章句。尤精史事。有史腴。

查·旭 〔清〕海寧人。字咸齋。康熙副貢。有孝行。嘗於兵亂中崎嶇萬里尋父遺柩。士論稱之。有咸齋文鈔。

查克丹 〔清〕滿洲正黃旗人。姓博爾濟吉特氏。康熙間討準噶爾。督兵奮擊。大敗之。官至正紅旗蒙古都統。卒謚敏恪。

查·岐昌 〔清〕愼行孫。字藥師。諸生。工詩文。有吳趨·江上諸集。

查·志隆 〔明〕海寧人。字鳴治。嘉靖進士。官至山東布政司左參政。有山東鹽法志。

查·居廣 〔元〕道士。臨川人。字廣居。酷意學詩。所交多畸人靜士。雅嗜佳山水。所至攬結奇秀。資之賦詠。有學詩初稿。

查·昇 〔清〕愼行族子。字仲韋。號聲山。康熙進士。累官少詹事。詩詞清麗。尤工書法。有澹遠堂集。

查·秉彝 〔明〕海寧人。字性甫。嘉靖進士。由黃州推官歷戶科左給事中。數建白時事。終順天府尹。

查·厚 〔明〕南平人。字文載。家貧。奉親必甘脃。自茹苦淡。任潮陽·星子二縣訓導。嘗主講白鹿洞。從遊者甚衆。陞會昌教諭致仕。

查·拱之 〔宋〕陶子。壽州人。淳化進士。後爲都官郎中。廉行清節。不愧世風。

查·約 〔明〕海寧人。字原博。弘治進士。歷福建僉事。所至問民疾苦。旌義烈。辨冤獄。延平·邵武·福州軍煽亂。約單車往諭。衆咸戢服。累陞福建左布政使。值侯官反獄。被害。

查·容 〔清〕海寧人。字韜荒。號漸江。性好遊。至滇。吳三桂延爲上賓。察三桂有異志。佯醉而出。有彈箏集。

查·振旗 〔清〕星子人。字雲槎。善詩文。工山水。作書以三指捉筆。懸肘如意。故大小楷皆有法度。

查郎阿 〔清〕滿洲鑲白旗人。姓納喇氏。以都御史率兵定藏亂。雍正間授川陝總督。尋署寧遠大將軍。總統西路兵。時準噶爾屢犯卡倫。與張廣泗奮勇勦堵。西路以寧。授文華殿大學士。仍任川陝總督。尋加太子太保。

查·偉 〔明〕鶴慶人。隆慶舉人。歷官保寧知府。所至以廉靜稱。及居鄉。謙和接物。人咸服其雅量。

查·深 〔宋〕廣德人。字道源。隱居力學。治平間郡守錢公輔薦於朝。力辭。乃爲築堂於城西。名曰清容。以教郡子弟。號清容先生。有文集。

查·祥 〔清〕海寧人。字星南。號穀齋。康熙進士。官編修。充律例館纂修官。既歸。歷主講席。年八十餘卒。有雲在樓詩·咸齋文鈔。

查·陶 〔宋〕道從兄。字大鈞。初仕南唐。以明法登科。補常州錄事參軍。入宋歷侍御史。判大理寺。咸平中知審刑院。持法深刻。用刑多失中。前後坐罰金百餘斤。皆失入。無誤出者。

查·揆 〔宋〕深孫。幼俊敏能文。熙寧中升上舍生。第進士。爲太學博士。尋卒。

◉〔清〕海寧人。原名初揆。字伯葵。號梅史。嘉慶舉人。官薊州知州。爲人在通介之間。雖極困窮。恥事干謁。不妄與人交。有菽原堂集。

查·爲仁 〔清〕宛平人。字心穀。號蓮坡。康熙舉人。以被訐得罪。數年得釋。因發憤讀書。居天津水西莊。貯書萬卷。往來名士多主其家。有蔗塘未定稿。又與厲鶚撰絕妙好詞箋。

查·嗣庭 〔清〕愼行弟。字橫浦。康熙進士。官至內閣學士兼禮部侍郎。雍正間典江西試。以君子不以言舉人二句·山徑之蹊間一節命題。其時方行保舉。世宗謂其諷刺時事。心懷怨經。又查其筆札詩鈔。謂爲語多悖逆。下獄病死。戮其尸。並停浙江人會試。

查·嗣瑮〔清〕嗣庭弟。字德尹。號查浦。康熙進士。官侍講。少受業於黄宗羲。工詩。在翰苑時。詩名與愼行埒。以嗣庭罪謫遣關西。卒於戍所。有查浦詩鈔·查浦輯聞·南北史識小錄·音韻通考。

查·愼行〔清〕海寧人。初名嗣璉。字夏重。後更今名。字悔餘。號初白。又號查田。少受學黄宗羲。於經邃於易。然所長尤在詩。好遊山水。所得一託於吟詠。故篇什最富。康熙時以舉人特賜進士。官編修。後告歸家居。弟嗣庭獄起。盡室赴詔獄。世宗知其端謹。特放歸。卒年七十有八。所著敬業堂集。黄宗羲比之陸游。又有周易玩辭集解·經史正譌·蘇詩補注·人海記·黔中風土記。

查·道〔宋〕元方子。字湛然。端拱進士。眞宗時官至龍圖閣待制。秉性純厚。有犯不校。所至務寬恕。以是頗不治。有集二十卷、

查·鼐〔明〕休寧人。工琵琶。嘗師壽州鍾山。盡得其法。每彈。四座傾倒。共以爲神。時稱查八十。

查·應光〔明〕休寧人。字賓王。萬曆舉人。有麗崎軒詞。

查·應兆〔明〕長洲人。字瑞徵。正德進士。授工部主事。視浙榷。鎭守中奄方倨侮諸使者。無敢出一言。應兆報謁。奄將據上坐。笑引卻之曰。公直豎耶。何忘主客禮。乃倉卒無以答。卒讓席。後爲山東參議。發奸若神。歷布政使卒。

查·禮〔清〕宛平人。字恂叔。一字儉堂。號鐵橋。乾隆間以道員隨征金川。專司督運。擢四川布政使。升湖南巡撫。未至任卒。寫山水花鳥。俱極精緻。尤善畫梅。

查·繼佐〔清〕海寧人。字伊璜。一字敬脩。號與齋。明季舉人。國變後。更名省。或隱姓名爲左尹。工書畫。嘗於雪中遇乞人吳六奇。異之。送與痛飲。贈貲遣歸。後六奇從軍。官至提督。莊氏明史獄起。繼佐名列參校中。六奇力爲奏辨。得免。迎繼佐至粵。待以上客。蔣心餘爲製雪中人傳奇以紀之。有班漢史論。

查·繼昌〔清〕海寧人。字醉白。工臨池。能辨古彝器及諸家翰墨書畫。

查·繼超〔清〕海寧人。字隨菴。輯詞學全書。

查·鐸〔明〕涇人。字子警。嘉靖進士。隆慶時爲刑科左給事中。忤大學士高拱。出爲山西參議。萬曆初官廣西副使。移疾歸。繕水西書院。講王畿·錢德洪之學。後進多歸之。

柯·一鯤〔明〕仙遊人。諸生。嘉靖間寇亂。一鯤率鄉兵應募。屢破賊。與兄一龍一鯨俱戰死。

柯·九思〔元〕仙居人。字敬仲。與虞集·趙孟頫爲友。工詩善繪。仕至奎章閣學士。

柯·日新〔明〕平涼人。洪武間知蒲圻縣。時亂定。民多逋竄。日新盡心民事。百廢具舉。民皆襁負至。

柯·永昇〔清〕漢軍鑲紅旗人。康熙間官至湖廣巡撫。甫之任。裁兵夏逢龍結衆爲亂。突入撫廨。永昇自縊死。

柯·永盛〔清〕汝極從子。崇德中從圍錦州。克松山·杏山·前屯衛·中後所。屢有功。順治初歷平山東江西湖廣。康熙初加左都督·太子少保。

柯·永蓁〔清〕汝極從子。順治間封三等男。累擢鑲紅旗漢軍都統。攻胡自虔·阮思等於衡水洋。克舟山。康熙間署山東提督。

柯·有年〔明〕徐聞人。諸生。慷慨尙氣節。嘉靖間海寇劫村亟。有年語兄扶其父出走。以身禦敵死。賊退。村賴以保。鄉人立祠祀之。

柯·汝極〔清〕遼陽人。隸鑲紅旗漢軍。天命間克遼陽。有降人欲叛。汝極發其謀。獲間諜十四人。順治初累加世職一等輕車都尉。駐防杭州卒。

柯·宋英〔宋〕晉江人。字子飛。紹興進士。知梅州。清勤莅事。囹圄無一囚。代還。杜門謝客。人以鄉先生稱之。

柯·尙遷〔明〕長樂人。字喬可。自號陽石山人。嘉靖中由貢生官邢臺縣丞。有周禮全經釋原。

柯·忠〔明〕懷寧人。字汝節。成化進士。歷陝西按察司副使。天性孝友。尤慷慨有節氣。居官抗直敢言。

柯·昌〔明〕黄巖人。字廷言。通經篤學。成化舉人。授陽江知縣。以循良稱。

柯·芝〔宋〕瑞陽人。早通五經。善詞賦。又詣行在求讀書省中。盡通諸家。教授生徒。著書百餘卷。

柯·昶〔明〕維祺曾孫。字季和。萬曆進士。歷官河間知府。治行稱三輔第一。累官山西巡撫。百度改觀。邊備整練。以母老致仕歸養。

柯·相〔明〕貴池人。字元卿。由進士知吉安永新。從王守仁平宸濠。守仁以首功與相。辭不受。已爲南科給事中。裁省諸司庫藏鉅萬。累遷陝西巡撫。改督兩廣。未赴歸。爲人耿介剛正。有獅山文集。

柯·述〔宋〕南安人。字仲常。嘉祐進士。歷知懷州。累官朝散大夫。嘗倅漳。賑饑有惠政。有異鵲二巢於棟。秩滿。移居傳舍。鵲亦隨止。既歸。飛翔數十里。喧噪徬徨不忍去。蘇軾有詩紀其事。

柯·振祖〔明〕彭澤人。性穎敏。博學能文。制行剛方。不徇時好。洪武

中以賢良方正舉。任湖口縣學訓導。

柯·崇樸 清嘉善人。康熙間副貢。官內閣中書。有振雅堂集。

柯·掄 清湖北人。字健庵。同治間。由進士知建寧縣。盡心民事。每出以兩牌前導。上書願聞已過求通民情八字。嘗捐廉創立四門義學。總督李鶴年以掄爲閩省第一淸官入奏。會忤督學使者。罷官歸。

柯·望 明海陽人。甘貧嗜學。凡天文地理卜算之類。無不通曉。尤精於易。窮約終身。人咸稱其清介。

柯·梃 明海澄人。萬曆進士。擢陝西道御史。復按楚。値鄖陽兵變。馳入境。誅三卒以殉。變遂定。又平劇賊劉汝國等。旋督學南京。後以事謫外。不復出。

柯·喬 明青陽人。字遷之。進士。嘗僉事湖廣。築江隄。興學校。辨寃獄。楚人德之。後備兵閩海。與巡撫朱紈協力勦倭。以事忤鄉貴。罷歸。

柯·煜 清崇樸兄子。字南陔。號實菴。康熙進士。以磨勘黜落。雍正中復成進士。官宜都縣。改衢州教授。工詩歌駢體及倚聲。有石菴樵唱·月中簫譜詞。

柯·翥 宋南安人。舉進士。累官員外郎。太平興國間。遇一僧往萬歲山。指古松下掘之。得石篆。乃寶公記國祚綿遠之文。

柯·頌功 明安陸人。字元川。爲人耿介。事繼母盡孝。以選貢考授縣職。身課農桑。不與外事。有家訓遺矩·海棠屏集。

柯·夢得 宋莆田人。字東海。屢試不第。嘉定間以特科入官。古詩學孟郊。有抱甕集·及選唐絕句。

柯·維楨 清崇樸弟。字翰周。一字緘三。自號小丹邱。康熙舉人。有才名。尤嗜吟詠。有紀遊草·澄煙閣詩·小丹邱客譚。

柯·鳳翔 明同安人。字志德。萬曆進士。歷官兩浙運使。鹺蠹抉剔殆盡。拂上官意致仕。

柯·潛 明莆田人。字孟時。號竹巖。景泰進士。邃於文學。性高介。仕至少詹事。慈懿太后之喪。潛與羅憬再疏請合葬。竟得如禮。爲學士時。卽院中搆淸風亭。植柏二株於後堂。人稱其亭爲柯亭。柏爲學士柏云。有竹巖詩文集。

柯·暹 明建德人。字景輝。少有才譽。工詞翰。永樂間中鄉舉。預修永樂大典。洪熙間累官雲南按察使。所至有治聲。有東岡集。

柯·維騏 明潛曾孫。字奇純。嘉靖進士。授南京戶部主事。未赴引疾歸。專志讀書。門人四百餘。維騏作左右二銘·講義·問答等篇。訓學者以務實。合宋遼金三史爲一。義例嚴整。文曰宋史新編。又有史記考要·莆陽名獻記·及詩文集。

柯·願 清龍溪人。字又鄒。康熙進士。以主事督理蕪湖鈔關。有蟂磯山志。

杜·厲叔 春秋仕莒敖公。自以不爲所知而去。居海上。夏食蔆芡。冬食橡栗。敖公有難。厲叔辭其友將往死之。其友曰。子自以爲不知。故去。今往死之何耶。厲叔曰。自以爲不知。故去。今死而不往。是果知我也。吾將死之。以愧後世人主之不知其臣者。

柳下惠 春秋魯見展禽條。

柳·子華 唐公綽諸父。累遷池州刺史。代宗將幸華淸宮。先命完葺。欲以子華爲京兆少尹。尹惡其剛方。沮解之。遂爲昭應令檢校金部郞中修宮使。設棘圍於市。徇邑中曰。民有得華淸宮瓦石材用。投圍中。踰三日不還者死。不終日。已山積矣。營辦略定。宰相元載有別墅。以奴主務。自稱郞將。怙勢縱恣。子華收付獄。劾發宿罪。杖殺之。一邑震服。預知其終。自爲墓銘。

柳·中庸 唐宗元族人。名淡。以字行。與弟中行皆有文名。蕭頴士以女妻之。仕爲洪府戶曹。

柳·元章 後魏崇從父弟。姿貌魁偉。歷相州平東府長史。屬刺史元熙起兵。欲除元叉。元章與魏郡太守李孝怡等執熙。賜爵猗氏伯。除正平太守。靈太后反政。削除官爵。卒於家。

柳·元景 南朝宋解人。字孝仁。孝武鎭襄陽。以爲廣威將軍·隨郡太守。後伐魏。加建威將軍總統羣帥。又從孝武入討元凶。皆有大功。及卽位。累遷撫軍將軍侍中中正。封巴郡公。元景起自將帥。坐朝理務非其所長。而有弘雅之美。孝武嚴暴無常。及崩。元景等並相謂曰。今日始免橫死。於是常相馳逐。聲樂酣飮。前廢帝有凶德。殺戴法興後。元景等憂懼謀廢立。事發被誅。明帝時謚忠烈。

柳·公度 唐子華子。善攝生。年八十餘。有膂力。常云吾初無術。但未嘗以氣海煖冷物熟生物。不以元氣佐喜怒耳。位光祿少卿。

柳·公綽 唐華原人。字寬。幼孝友。性質嚴重。初補校書郞。歷官吏部尙書。憲宗好武功。且數出遊畋。公綽奏太醫箴以獻。李吉甫復當國。出爲鄂岳觀察使。討吳元濟。每戰輒克。文宗時累官河東節度使。沙陀感其恩。悉力保障。以病乞代。授兵部尙書。忽顧左右召故吏。衆謂屬諉以家事。吏至。乃曰。爲我白宰相。徐州專殺李聽親吏。非用高瑀不能安。因瞑目不復語。後二日卒。謚元。

柳·公權 唐公綽弟。字誠懸。元和進士。穆宗時以侍書學士再遷司封員外郎。帝嘗問公權用筆法。對曰心正則筆正。帝改容。悟其以筆諫也。文宗時遷中書舍人。嘗與六學士對便殿。帝舉袂曰。此三澣矣。學士皆賀。公權曰。人主當進賢退不肖。納諫諍。明賞罰。若服澣衣。此小節耳。累封河東郡公。進太子少師。咸通初以太子太保致仕。公權博貫經術。其書法結體勁媚。自成一家。

柳升 〔明〕懷寧人。永樂間累立戰功。封安遠侯。帝五出塞。升皆從。仁宗時黎利叛。升爲龍待在列侯右。征廣副將軍。以輕敵陷淖。中鏢死。諡襄愍。

柳友直 〔宋〕湘陰人。遊太學有盛名。以憂歸。清貧孤潔。或勸以治生。曰。伯夷亦治生耶。其刻意如此。

柳氏 〔唐〕李生姬。能詩。天寶中韓翃館於李。李以姬贈翃。及翃爲侯希逸所辟。柳留都下。遭亂。爲番將沙吒利所劫。虞候許俊。以計取之。復歸於翃。許堯佐有章臺柳傳。章臺長安街名也。

柳世隆 〔南齊〕元景兄子。字彥緒。讀書折節。涉獵文史。宋時以平沈攸之功封貞陽縣侯。齊高帝踐阼。進爵爲公。居母憂。寒不衣絮。杖而後起。性清廉。惟時事墳典。在朝不干世務。垂簾鼓琴。風韻清遠。官終尚書令。左光祿大夫侍中。卒諡忠武。世隆曉數術。有龜鶴秘要行世。

柳以蕃 〔清〕吳江人。字价人。號子屏。晚號雙廬。諸生。有食古齋詩文錄。

柳平 〔宋〕武陵人。字子儀。元祐中知筠州。時江西惟筠獨不嚚於訟。故太守號爲江西道院。子儀至。政益清簡。漸以無訟。乃新燕居之堂。榜曰江西道院。以鼓舞其俗。百姓悅焉。

柳弘 〔北周〕機弟。字匡道。少聰穎。善草隸。博涉羣書。辭采雅贍。建德中歷小宮尹御正上士。文帝令弘使陳報聘。占對詳敏。見稱於時。還御正下大夫。卒官。

柳旦 〔隋〕機弟。字匡德。工騎射。頗涉書籍。仕周。以討平王謙功授儀同三司。開皇中歷羅浙晉三州刺史。並有能名。大業初爲龍川太守。民居山洞。好相攻擊。旦爲開設學校。其風大變。終黃門侍郎。

柳永 〔宋〕崇安人。字耆卿。初名三變。景祐進士。官至屯田員外郎。世號柳屯田。其爲舉子時。多遊狹斜。善爲歌詞。教坊樂工每得新腔。必求永爲詞。始行於世。永詞旖旎近情。使人易入。有樂章集。

柳玄達 〔後魏〕解人。頗涉經史。仕南齊明帝。歷諸王參軍。與裴叔業姻婭周旋。叔業鎮壽春。委以管記。及叔業之被猜疑。將謀獻款。玄達贊成其計。前後表啓。皆玄達之詞。景明初歷司徒諮議參軍卒。

柳申 〔明〕洪武中知大名府。專尚德教。有古循吏風。

柳仲郢 〔唐〕公綽子。字諭蒙。元和進士。授校書郎。遷諫議大夫。累擢刑部尚書。封河東縣男。咸通間出爲天平節度使。仲郢自官諫議。每遷必有烏集升平第。滿五日乃散。及是不復集。卒於鎮。仲郢方嚴尚氣義。事親孝。始官京兆。以嚴爲治。出爲河南尹。以寬爲政。或言不類。曰。輦轂之下先彈壓。郡都之治本惠養。烏可類乎。人嘆爲名言。

柳仲郢母 〔唐〕韓皐女。善訓子。故仲郢幼嗜學。嘗命粉苦參·黃連·熊膽和爲丸。使夜咀嚼以助勤。

柳仲禮 〔梁〕勇力兼人。少有膽氣。武帝時稍遷電威將軍。破西魏將賀拔勝。初侯景潛圖反噬。仲禮先知之。屢啓求討景。及景渡江。仲禮督諸軍進討。大敗之。既而爲賊將所斫。幾不免。自此壯氣外衰。不復言戰。神情傲很。淩蔑將帥。常置酒高會。日作優倡。毒掠百姓。汚辱妃主。後降於景。爲魏人所敗。沒於魏。

柳光世 〔南朝宋〕元景從弟。先留鄉里。仕北魏爲河北太守。光世姊夫崔浩爲北魏相。太武將南侵汝潁。浩密有異圖。光世要河北義士爲浩應。事泄。光世南奔。文帝以爲振武將軍。後以子謀反賜死。

柳同春 〔清〕太康人。字太和。順治初授江西都司。金聲桓反。同春引兵進勦。身爲軍鋒。陷陣。妻子留省城者殲焉。事平。擢狼山鎮總兵。

柳后 〔陳〕偃女。名敬言。九歲理家事若成人。侯景之亂。往依梁元帝。帝以配宣帝。承聖中生後主叔寶於江陵。宣帝即位。立爲皇后。帝崩。隋師臨江。後主患瘡。不能聽政。內外事皆后決之。陳亡。卒於東都。

柳如是 〔清〕錢謙益妾。初爲吳江名妓。字蘼蕪。本姓楊名愛。後改名。色藝冠一時。工詞翰。歸謙益。相得甚歡。有河東君之名。搆絳雲樓居之。酬唱無虛日。明亡。勸謙益殉國。謙益不能從。謙益死。殉之。

柳亨 〔唐〕解人。字嘉禮。隋大業末爲王屋長。陷李密。已而歸京師。姿貌魁異。高祖奇之。以外孫竇氏妻之。三遷左衞中郎將。以罪貶邛州刺史。代還。數年不得調。太宗召拜光祿少卿。亨射獵無檢。帝戒之。由是痛飭厲。謝賓客。身安靜素。力吏事。終檢校岐州刺史。

柳希玭 〔明〕廬江人。字子敬。進士。歷參政。居官清剛。不阿權貴。時呼拗柳。

柳忱 〔梁〕惔弟。字文若。年數歲。

父世隆及母閻氏寢疾。忱不解帶經年。及居喪。以毀聞。仕齊爲西中郎主簿功曹史。東昏遣巴西太守劉山陽由荆州襲武帝於雍州。西中郎長史蕭穎胄計未定。召忱及席闡文等夜入議之。忱及闡文並勸同武帝。穎胄乃誘斬山陽。以忱爲寧朔將軍。累遷侍中。郢州平。穎胄議遷都夏口。忱謂巴硤未賓。不宜輕捨根本。搖動人心。不從。俄而巴兵至硤口。遷都之議乃息。論者以爲見幾。及武帝受命。封忱爲州陵伯。累遷給事中。卒諡穆。

柳沖 〔唐〕楚賢子。好學。多所研綜。景龍中修國史及姓系錄。唐與晉譜學者。以路敬淳爲宗。沖與韋述次之。歷太子賓客。昭文館學士致仕。

柳叔夜 〔南齊〕河東人。年十六。爲新野太守。甚有名績。補始安王蕭遙光諮議參軍。及遙光事敗。左右扶上馬。欲與俱亡。答曰。吾已許始安以死。豈可負之耶。遂自殺。

柳宗元 〔唐〕鎭子。字子厚。少精敏絕倫。爲文卓偉精緻。一時輩行推仰。第進士。中博學弘詞。拜監察御史。坐王叔文黨貶永州司馬。徙柳州刺史。爲文益進。世號柳柳州。韓愈謂其雄深雅健。似司馬子長云。有柳先生文集·外集·龍城錄。

柳宗直 〔唐〕宗元從父弟。字正夫。善操觚牘。得師法甚備。融液屈折。奇贍博麗。知之者以爲工。文辭淡泊尚古。撰漢書文章爲四十卷。

柳弁 〔唐〕字伯存。師蕭穎士。號好黃老。大曆中辟河東府掌書記。遷殿中侍御史。喪明終於家。

柳昂 〔隋〕敏子。字千里。幼聰穎有器識。幹局過人。周武帝時開府儀同三司。賜爵文誠郡公。當途用事。竭誠獻替。未嘗驕物。武帝崩。稍被宣帝疏。隋文帝爲丞相。深自結納。及帝受禪。拜潞州刺史。甚有德政。勸帝與學行禮。自是天下州縣。皆置博士習禮焉。卒官。

柳玭 〔唐〕仲郢子。由書判拔萃轉左補闕。高湜再鎭昭義。皆表爲副。湜貶高要尉。玭三號申理。文德初以吏部侍郎修國史。拜御史大夫。直清有父風。昭宗欲倚以爲相。爲中官所譏而止。坐事貶瀘州刺史卒。

柳芳 〔唐〕河東人。字仲敷。開元進士。直史館。肅宗時與韋述綴緝吳兢所次國史凡百三十篇。敘天寶後事。棄取不倫。史官病之。上元中坐事徙黔中。時高力士亦貶巫州。因從力士質開元天寶及禁中事。倣編年法。爲唐曆四十篇。頗有異聞。然不立褒貶義例。爲諸儒所譏。終集賢殿學士。

柳蚪 〔北周〕一作虬。僧習子。字仲蟠。後魏大統中爲洛陽行臺郎中。掌文翰。見周文帝。被留爲丞相府記室。累遷車騎大將軍儀同三司。蚪脫略不事小節。弊衣疏食。未嘗改操。卒諡孝。

柳洋 〔隋〕俠孫。少有文學。以禮度自拘。與王湜俱以風範方正爲當時所重。位至吏部尙書。出爲上黃郡守。梁國廢。以郡歸隋。授開府儀同三司。

柳津 〔梁〕慶遠子。字元擧。性強直。歷太子詹事。侯景圍城急。武帝召津問策。對曰。陛下有邵陵。臣有仲禮。不忠不孝。賊何由可平。太清末城陷卒。

柳盼 〔陳〕偃子。尙文帝女富陽公主。拜駙馬都尉。後主卽位。以帝舅加散騎常侍。性愚戇使酒。因醉乘馬入殿門。爲有司劾免。卒於家。

柳約 〔宋〕松江華亭人。字元禮。性至孝。深於經學。大觀進士。爲霸州教授。靖康初爲殿中侍御史。論三鎭不可棄。後以直龍圖閣知嚴州。兼浙西兵馬都監。時金人大入。列郡震恐。約屹保孤城。境內安堵。高宗嘉其忠。後擢試戶部侍郎。且將大用。當路忌其盡言。誣以事罷之。

柳述 〔隋〕機子。字業隆。性明敏。有幹略。頗涉文藝。尙蘭陵公主。仁壽中累判吏部尙書事。述雖職務修理。爲當時所稱。然不達大體。暴於御下。又怙寵驕豪。爲楊素所忌。帝寢疾。述與素等侍疾宮中。皇太子無禮於陳貴人。帝令述召房陵王。素與皇太子協謀。矯詔執述等。煬帝立。述坐除名。徙寧越。遇瘴癘死。

柳彧 〔隋〕解人。字幼文。仕周爲寧州總管掾。武帝親統萬機。彧詣闕求試。帝異之。遷鄭令。文帝受禪。遷治書侍御史。甚爲百寮所敬憚。隋承喪亂之後。風俗頹壞。彧多所矯正。嘗持節巡省河北五十二州。奏免長吏贓汙不職者二百餘人。後爲楊素所中。徙敦煌卒。

柳悅 〔南齊〕世隆子。字文殊。少有清致。位中書郎。早卒。諡恭。

柳珪 〔唐〕仲郢子。字交玄。大中進士。秀整而文。杜牧·李商隱稱之。累遷右拾遺。給事中蕭倣等謂珪不能事父。仲郢訴其子冒處諫職爲不可。謂不孝則誣。請勸就養。詔可。終衛尉少卿。

柳珣 〔明〕三世皆鎭兩廣。有平蠻功。嘉靖間征安南莫登庸。登庸乞降。又以討瓊州黎功。累加太子少保。

柳偃 〔梁〕惲子。字彥游。年十二。武帝引見問讀何書。對曰尙書。又問有何美句。對曰。德惟善政。政在養民。衆咸異之。詔尙長城公主。拜駙馬都尉都亭侯。終鄱陽內史。

柳冕 〔唐〕芳子。字敬叔。博學富文詞。且世爲史官。父子並居集賢院。累遷太常博士。德宗既親郊廟。愼祀事。動稽典禮。冕據禮以對。本末詳明。帝嘉異。久之以論議勁切。出爲婺州刺史兼福建觀察使。自以久疏斥。又性躁狷。不能無恨。上表乞代。且申明朝覲之意。代還卒。

柳・埥 【明】江寧人。字公韓。號愚谷。諸生。畫山水遒逸蒼茫。兼工書善詩。

柳・寅東 【明】梓潼人。明崇禎進士。官御史。李自成陷京師。寅東從賊。授僞直指使。順治初投誠。授原官。疏請豁免包丁荒糧。以除民累。官至太僕寺卿。巡撫順天。

柳・崇 【後魏】解人。字僧生。方雅有學行。舉秀才。射策高第。遷尙書右外兵郎中。時河東河北二郡爭境。公私紛競。孝武遣崇檢斷。官民息訟。後爲河北太守。合郡長服。卒諡穆。

柳・帶韋 【北周】慶兄子。字孝孫。深沈有度量。少好學。美風儀。善應對。文帝辟爲參軍。侯景亂江南。令帶韋使江郢二州。與梁邵平南陵二王通好。以奉使稱旨授輔國將軍。天和間歷官開府儀同三司。凡居劇職十餘年。處斷無滯。官曹清肅。累官上開府儀同大將軍。封康城縣公。卒諡愷。

柳・惔 【梁】世隆子。字文通。好學工文。尤曉音律。與兄悅齊名。王儉稱爲柳氏二龍。巴東王子響爲荊州。惔隨之鎭。子響昵近小人。惔知將爲禍。稱疾還都。及難作。竟以得免。武帝時累遷尙書右僕射。惔度量寬博。家人未嘗見其喜慍。卒諡穆。

柳・敏 【北周】解人。字白澤。性好學。涉獵經史。陰陽卜筮之學術。靡不習焉。未弱冠。起家爲員外散騎侍郎。累遷河東郡丞。文帝克河東。見而器之。乃謂曰。今日不喜得河東。喜得卿也。累拜禮部中大夫。出爲郢州刺史。復拜禮部。敏操履中正。性又恭勤。每日將朝。必夙興待旦。又久處臺閣。明練故事。爲武宣二帝所優禮。開皇初進位上大將軍卒。

柳・晟 【唐】敏六世孫。少以孝聞。拜檢校太常卿。德宗時晟親信用事。朱泚反。從帝幸奉天。自請說賊。爲泚捕繫。晟坎垣毀械夜亡。斷髮爲浮屠。間歸奉天。及車駕還京。累遷山南西道節度使。使回鶻還。進公爵。卒贈太子少保。

柳・莊 【春秋衞】獻公之臣。莊卒。獻公方祭。請於尸曰。有臣柳莊者。非寡人之臣。社稷之臣也。請往。不釋服而往。遂以襚之。與之邑裘氏。與縣潘氏。◉【隋】靖弟。字思敬。器量貞固。有經世之才。初仕梁。歷鴻臚大府卿。入隋歷饒州刺史。甚有能名。卒官。莊明習舊章。雅達政事。凡所駮正。文帝莫不稱善。

柳・貫 【元】浦陽人。字道傳。器局凝定。端儼若神。受性理之學於金履祥。必見諸躬行。自幼至老。好學不倦。於書靡所不通。爲文沈鬱舂容。人多傳誦之。始用察舉爲江山教諭。仕至翰林待制。與黃溍・虞集・揭傒斯齊名。稱儒林四傑。有待制集・字系・近思錄・廣輯金石竹帛遺文若干卷。

柳・逢良 【清】陽朔人。籍湘陰。字翼雲。一字豪盦。避亂居京師。咸豐進士。爲禮部主事。有費氏易考・今文尙書句讀・愈愚堂經解・三國志補・隋書經籍考證・荀子釋義。

柳・惲 【梁】世隆子。字文暢。好學。善尺牘。工詩。武帝時累遷吳興太守。爲政清靜。人吏懷之。初。世隆彈琴。爲士流第一。世隆卒。惲每奏其父曲。常感思。復變體。備寫古曲。已復製爲雅音。好奕棋。品定棋譜。登格者二百七十八人。爲棋品三卷。惲爲第二。精醫術。又著十杖龜經云。

柳・援 【後魏】崇族子。字乾護。身長八尺。儀望甚偉。累遷右光祿大夫。

柳・植 【宋】眞州人。字子春。少貧。勤於學。舉進士。歷知壽亳蔡揚四州。累遷吏部侍郎。平居畏愼寡言笑。所至官舍。蔬果不輒采。家無長物。人稱其廉。

柳・渾 【唐】識弟。字夷曠。方十餘歲。有巫告曰。兒相天且賤。爲浮屠可緩死。渾不聽。力學愈篤。登天寶進士第。貞元中同平章事。時渾瑊與吐蕃會盟。渾以爲夷狄易以兵制。難以信結。已而果劫盟。宰相張延賞嫉渾守正。爲所擠。罷政事。卒諡貞。

柳・琮 【唐】字伯鸞。所拔進皆爲時選。諺曰。得黃金一筍。不如柳伯鸞一識。

柳・琰 【明】儀眞人。字邦用。進士。弘治初守郡。廉愼淳確。政有調理。琰病劇。僚友傷其廉。悉索琰在郡所積羨贖得銀若干兩。請以歸之。妻孥亦以言。琰曰。吾豈以垂盡易所守哉。言畢卽逝。

柳・登 【唐】芳子。字成伯。淹貫羣書。年六十餘始仕宦。元和初爲大理少卿。與許孟容等刊定敕格。以病改右散騎常侍。致仕卒。

柳絲 【清】吳妓。色殊麗。善箜篌。年十五。歸太原李公子。公子楚遊。柳絲避兵金陵。爲賊所得。投水死。嶺南王華作西溪小姑曲以弔之。

柳・華 【明】吳縣人。字彥輝。宣德進士。官御史。福建多礦盜。華捕之。令村聚皆置望樓。編民爲甲。擇其豪爲長。得自置兵仗。督民巡徼。會有鄧茂七之亂。雖爲丁瑄所平。而餘黨復熾。景泰間華已出爲山東副使。議者因歸咎華。王振欲殺朝士威衆。命逮華。華遂仰藥死。

柳·䛒 隋 倓孫。字顧言。少聰敏解屬文。好讀書。所覽將萬卷。仕梁入隋。轉晉王諮議參軍。王好文雅。招引才學之士諸葛頴·虞世南等百餘人以充學士。而䛒爲之冠。及嗣立。拜秘書監。封漢南縣公。卒諡康。撰晉王北伐記。又有集行世。

柳·開 宋 大名人。字仲塗。少好討論經義。慕韓愈·柳宗元。爲文。第開寶進士。累拜殿中侍御史。坐事貶上蔡令。會大舉北征。開詣闕上書。願從邊軍效死。太宗憐之。復授殿中侍御史。知崇義軍。徙全州。降全西洞民。眞宗時終忻州刺史。性倜儻重義。善射。喜奕棋。有河東集。論者謂宋朝變偶儷爲古文。實是開始。惟體近艱澀。是其所短云。

柳·雄亮 隋 機從弟。字信誠。父檜爲黃衆寶所害。雄亮時年十四。哀毀過禮。陰懷復讎。武帝時衆寶率所部歸長安。雄亮手斬之。文帝受禪。累遷尙書省。凡有奏事。多所駁正。終山南道行臺左丞。

柳·僉 明 吳人。字大中。號安愚。又號味茶居士。生當武宗之世。隱居不仕。嘗以宋槧手鈔改正水經錯簡。考核頗精。又摹寫唐人詩數十種。

柳·敬中 明 慈谿人。初舉明經。洪武間知常熟縣。多惠政。孔氏子孫有流落邑中者。貧不能娶。敬中爲娶妻。築室宣化門外。給產養之。又得范文正裔孫。復爲築室。贍以衣食。具束脩遣入邑庠。其敦名教厚風俗類如是。永樂間以憂去。服闋。陞蘇州同知。爲政平易。卒祀學宮。

柳·敬亭 明 泰州人。名逢春。本姓曹。年十五獷悍無賴。避仇流落江湖。休於柳下。乃姓柳。善說書。自稱學技於雲間莫後光。以養氣定詞審音辨物爲揣摩。使聞者歡咍嗢噱。久而忘倦。後入左良玉幕府。良玉敗。又遊松江馬提督軍中。終不得志而卒。

柳·敬禮 梁 仲禮弟。少以勇烈聞。麤暴無行檢。恆掠賓人。百姓苦之。故襄陽有柳四郎歌。官扶風太守。侯景渡江。敬禮赴援。與景頻戰。甚著威名。臺城陷。與仲禮俱見景。景遣仲禮經略上流。留敬禮爲質。以爲護軍。敬禮謀殺景。不果。景征晉熙。謀襲其城。事泄。遂遇害。

柳·楚賢 唐 莊孫。大業中爲河北縣長。高祖兵興。堯君素固郡自守。楚賢說之降。不從。遂潛行自歸。授侍御史。貞觀中持節冊拜突厥。辭其遺不受。歷交桂二州都督·杭州刺史。皆有名。

柳·楷 後魏 慶和弟。字孝則。善草書。頗涉文史。天平中歷肆州驃騎府長史。頗有聲譽。終撫軍司馬。⊙ 明 永嘉人。字文範。號萬竹山人。善書。宣德間直內閣。詩文書法亦佳妙。

柳·溥 明 升子。鎭廣西。以廉愼稱。然無將略。承山雲後。不能守成法。過於寬弛。猺獞相煽爲亂。先後討斬大藤峽賊渠。破柳州·思恩諸蠻寨。而賊滋蔓如故。天順初累進太傅。陝西有警。命佩征虜大將軍印往禦敵。溥堅壁不出。敵飽掠去。躡取數十級報捷。被劾閒住。尋復起。掌神機營。卒諡武肅。

柳·瑛 明 臨淮人。字廷玉。天順進士。終河南按察使僉事。有中都志。

柳葉 晉 南蠻扶南國女王。時有外國人混潰者。夢神賜之弓。遂隨賈人汎海至扶南。柳葉率衆禦之。混潰舉弓。柳葉懼。遂降之。於是混潰納以爲妻。而據其國。

柳·肅 隋 機弟。字匡仁。少聰敏。嫻於占對。仕周。歷宣納上士。文帝作相。引爲賓曹參軍。開皇初授太子洗馬。陳使謝泉來聘。以才學見稱。詔肅宴接。時論稱其華辨。以諫巫蠱事坐除名。大業中召守禮部侍郎。轉工部。大見親任。

柳·裘 隋 惔孫。字茂和。弱冠有令名。仕梁及周。宣帝時累拜儀同三司。帝不悆。引文帝入總萬機。文帝固辭。裘勸帝早定大計。帝遂從之。委以機密。開皇初進位大將軍。拜許州刺史。在官清簡。吏民懷之。卒諡安。

柳·遇 清 吳縣人。字仙期。工畫人物樹石。亞於仇英。

柳·靖 北周 霞子。字思休。少方雅。博覽墳籍。仕梁爲正員郎。隨霞入周。授大都督。歷河南·廣德二郡守。所居皆有治術。吏民畏而愛之。然性愛閒素。秩滿還。便有終焉之志。隋文帝踐祚。特詔徵之。靖固辭不仕。勗子弟以禮法。鄉里亦慕而化之。或有不善者。皆曰惟恐柳廣德知也。

柳·僧習 後魏 善隸書。以聲敏稱於當世。景明初爲裴植征虜府司馬。稍遷北地太守。爲政寬平。氏羌悅愛。肅宗時歷潁川太守卒。

柳·遠 後魏 玄達子。字季雲。性麤疏無拘檢。時人或謂之柳癲。好彈琴。耽酒。時有文詠。爲孝明帝挽郎。出帝初除儀同開府參軍事。元象間客項城。遇患卒。

柳·儉 後魏 豫州人。當宣武·孝明二帝時。以機巧名。⊙ 隋 解人。字道約。有局量。立行清苦。初仕周。歷儀伯大夫。文帝時擢蓬州刺史。獄訟者庭遣。不爲文書約束。遷邛州。在職十餘年。萌夷悅服。煬帝時拜弘化太守。清名爲天下第一。大業末盜賊蜂起。數被攻逼。儉撫結人夷。卒無離叛。累拜上大將軍卒。

柳·奭 唐 亨兄子。字子邵。貞觀中遷中書舍人。後以外孫爲高宗皇后。

進中書令。后廢。貶愛州刺史。爲許敬宗等所搆。坐誅。神龍初復官爵。

柳・慶 【北周】虯弟。字更興。幼聰敏有器量。博涉羣書。不爲章句。好飲酒。嫻於占對。初事文帝。除相府東閣祭酒。威儀端肅。樞機明辨。文帝每發號令。常使慶宣之。天性抗直。無所回避。文帝亦以此深委任焉。魏恭帝初累官尚書左僕射。孝閔帝踐阼。賜姓宇文氏。進爵平齊縣公。武成初除宜州刺史。卒諡景。

柳・慶和 【後魏】崇子。性沈靜。不競於時。起家奉朝請。還本郡邑中正。

柳・慶遠 【梁】元景弟子。字文和。齊初爲魏興太守。武帝起兵。慶遠常居帷幄爲謀主。中興初選爲黃門郎。從軍東下。累遷雍州刺史。頗厲清節。士庶懷之。卒諡忠惠。

柳・惔 【梁】惲弟。字文深。少好玄言。通老易。武帝舉兵至姑熟。惔與惲及諸友朋於小郊候接。時道路猶梗。惔與諸人同憩逆旅食。俱去。行里餘。惔曰。寧我負人。不人負我。命左右燒逆旅舍。以絕後追。當時服其善斷。歷位給事黃門侍郎。後爲蜀郡太守。廉恪爲政。益部懷之。

柳・毅 【唐】儀鳳中儒生。下第將還。湖濱見有婦人。牧羊於道畔。曰妾洞庭龍君小女也。欲以尺素寄託。毅如其言。訪於洞庭。取書進之洞庭君。明日毅辭歸。洞庭君贈遺珍寶。怪不可述。因適廣陵。娶於盧氏。因話昔事。卽洞庭君之女也。後居南海四十年。春秋積序。容狀不衰。開元中歸洞庭。莫知所終。

柳・範 【唐】澤從子。爲侍御史。時吳王恪好田獵。範彈治之。太宗曰。權萬紀不能輔導恪。罪當死。範進曰。房玄齡事陛下。猶不能諫止畋獵。豈宜獨罪萬紀。帝怒。拂衣起。頃之。召謂曰。何廷折我。範謝曰。主聖則臣直。陛下仁明。臣敢不盡愚忠。帝乃解。高宗時歷揚州大都督府長史。

柳・調 【隋】昂子。爲侍御史。左僕射楊素嘗於朝堂見調。因獨言曰。柳條通體弱。獨搖不須風。調正色曰。調信無取者。公不當以爲侍御史。調信有可取。不應發此言。素甚奇之。煬帝時累遷尚書左侍郞。時朝士多贓貨。惟調守清素。然於幹用非其所長。

柳・機 【隋】慶子。字匡時。偉儀容。有器局。頗涉經史。周宣帝時累遷御正上大夫。見帝失德。屢諫不聽。陰求出外。拜華州刺史。及文帝作相。徵還京師。時周代舊臣皆勸禪讓。機獨義形於色。及踐阼。徵爲納言。機性寬簡有雅望。然當近侍。無所損益。又好飲酒。不親細務。復爲華州刺史。轉冀州。俱以寬惠稱。卒諡簡。

柳・澤 【唐】亨孫。耿介少言笑。風度方嚴。景雲中爲鎧曹參軍。太平公主奏復斜封官。澤疏諫不報。會入調。復疏論時政。言甚切至。拜監察御史。開元中中郎將周慶立造奇器以進。澤復疏諫。終鄭州刺史。

柳・璞 【唐】仲郢子。字韜玉。學不營仕。著春秋三氏異同義。又述天祚長曆。嘗謂杜征南春秋後序述紀甲曆爲得實。自餘史家皆差。蔣係以爲然。終著作郎。

柳・璟 【唐】登子。字德輝。寶曆初第進士弘詞。累遷吏部員外郎。開成初爲翰林學士。初璟祖芳。永泰中撰永泰新譜。至是詔璟攟摭永泰後事綴成之。爲人寬信好士。喜稱人之長。終郴州刺史。

柳・興恩 【清】丹徒人。原名興宗。字賓叔。道光舉人。治毛詩。尤精穀梁。纂穀梁春秋大義述。儀徵阮元見之。許以爲扶翼孤經。並爲之序。又著周易卦氣輔。虞氏逸象考。尚書篇目考。毛詩注疏糾補。續詩地考。羣經異義。宿壹齋詩文集。

柳・諧 【後魏】玄達從子。有文學。善鼓琴。京師士子翕然從學。除著作佐郎。建義初於河陰遇害。

柳・應墀 【清】吳江人。字子範。一字笠雲。同治歲貢。撰海國圖志未竟。有笠雲文稿。賦鈔。雜識。

柳・檜 【北周】虯弟。字季華。性剛簡。任氣少文。善騎射。果於斷決。大統間從文帝戰河橋。先登有功。鎮鄯州。拜湟河郡守。吐谷渾數爲寇。檜屢戰必破。數年之後。不敢爲寇。尋鎮九曲。從討上津。魏興。平之。除魏興・華陽二郡守。安康人黃衆寶謀反。圍檜郡。城陷遇害。

柳・濟 【明】德化人。字孟淵。別號耕叟。性孝友淳雅。善楷書。異母弟陵侮百出。愛之愈篤。弟遂感化。

柳・璨 【唐】公綽族孫。字炤之。爲人鄙野。其家不以諸柳齒。少孤貧。好學。昭宗時擢翰林學士。崔胤沒。以諫議大夫同中書門下平章事。起布衣至是不四歲。朱全忠圖篡弒。璨厚結之。全忠後疑璨有貳。流璨崖州。尋斬之。

柳・褒 【漢】宣帝召奇材。褒與劉向等並待詔金馬門。

柳・謇之 【隋】機從子。字公正。以明經擢第。累遷田曹參軍。開皇初歷兵部司勳二曹侍郞。有雅望。善談謔。飲酒至石不亂。每梁陳使至。朝廷輒令謇之接對。後遷光祿少卿。出入十餘年。參掌敷奏。歷肅州息州刺史。俱有惠政。煬帝時拜齊王長史。王擅寵。左右放縱。謇之不能匡正。王得罪。坐除名。後又以事成嶺南卒。

柳・隱 【晉】成都人。字休然。少與同郡杜正・柳伸並知名。數從蜀大將軍姜維征伐。臨事設計。勇略冠軍。遷漢中黃金圍督。景耀中鍾會入漢州。圍戍多下。惟隱堅壁不動。後主旣降。以手令勅隱。乃詣會。魏咸熙初拜議郎。武帝踐阼。以爲西河太守。年老乞休去。

柳霞 北周慶從子。字子昇。幼有成人之量。篤好文學。起家梁平西邵陵王綸府法曹參軍。後梁蕭詧時留鄉里。文帝明帝頻有徵命。霞固辭。及蕭詧殂。霞舉哀行舊君之服。保定中歷霍州刺史。導民務先以德。其下感而化之。（按北史作遐。此從周書。）

柳璧 唐仲郢子。字賓玉。馬植鎭汴州。辟管書記。又從李瓚桂州。規止其不法。瓚不聽。拂衣去。僖宗幸蜀。累遷右諫議大夫。

柳鎭 唐河東人。天寶末遇亂。奉母隱王屋山。後徙於吳。肅宗平賊。鎭上書言事。擢左衛率府兵曹參軍。佐郭子儀朔方府。遷殿中侍御史。以事觸竇參。貶夔州司馬。終侍御史。

柳識 唐字方明。工文章。與蕭穎士。元德秀。劉迅相上下。而識練理創端。往往詣極。雖趣尚非博。然當時作者服其簡拔。

柳寶積 唐永徽中穎州刺史。修椒陂塘。引水灌田二百頃。民利之。

柴中行 宋餘干人。字與之。紹熙進士。授撫州軍事推官。時韓侂胄禁道學。運司移檄。令自言非僞學。中行奮筆曰。自幼習讀程氏易傳。如以爲僞。不願考校。士論壯之。歷遷知贛州。請老。與弟中守。中立。講學南溪之上。人稱南溪先生。理宗時以右文殿修撰主管鴻慶宮。卒諡獻肅。有易繫集傳。書集傳。詩講義。論語童蒙說。

柴元亨 宋隨亨弟。字吉甫。與隨亨同舉進士。歷官朝散大夫。荆湖參制。宋亡不仕。與從兄望。及兄隨亨。弟元彪。稱柴氏四隱。有詩文曰柴氏四隱集。

柴元彪 宋隨亨弟。字炳中。號澤矖居士。嘗官察推。宋亡不仕。所著曰襪線集。後編入柴氏四隱集中。

柴元裕 宋餘干人。字益之。通五經。尤長於易。以窮理盡性爲本。四方從學者衆。湯漢。李伯玉。饒魯。皆其門人。題所居齋曰強恕。學者稱強恕先生。著春秋尙書論語解。易繫中庸大學說。（按尙友錄。萬姓統譜作元祐。此從宋元學案。）

柴文顯 明建德人。幼習學業。尤精於中庸。號柴中庸。登正統進士。巡按福建。風采凜然。王振惡其與己不合。因閩寇發。羅織其罪論死。天下寃之。

柴世宗 後周見周世宗條。

柴世需 明陽穀人。字元功。中鄕試亞元。有文名。尤長詞賦。善眞草隸篆。選任中書。纂修國史。書成。遷工部司務。督修內苑工程。綜理詳密。爲時所重。陞本部員外郎。

柴本勤 淸烏程人。字功造。號松崖。工書畫篆刻。

柴再用 五代吳汝陽人。始名存。隸孫儒戲下。儒敗。歸楊行密。勇敢善戰。所向克捷。論功授光州刺史。唐天祐初梁王朱全忠攻淮南。抵光州。再用嚴設守備。斬獲甚衆。行密建吳國。歷馬軍指揮使。累加德勝軍節度使。太和中卒。

柴后 後周守禮女弟。歸太祖。太祖微時喜飲博任俠。不拘細行。后常諫止之。及太祖卽位。后已卒。追册爲皇后。諡聖穆。

柴守禮 後周堯山人。字克讓。妹歸太祖爲后。后無子。以守禮之子爲子。是爲世宗。世宗卽位。守禮以光祿卿致仕。徙居洛陽。終世宗之世。未嘗至京。第以元舅禮之。頗恣橫。嘗殺人於市。世宗不問。人畏避之。官至太傅。

柴仲 明雲南人。弘治中任龍門知縣。才行卓異。惠政及民。城池公署。多所建立。後卒於官。民立木主以祀之。嘗著愚牧解。爲人傳誦。

柴克宏 南唐再用子。好施予。不事產業。事李璟。爲撫州刺史。吳越侵常州。璟授克宏右衛將軍救之。給戈甲皆朽鈍。旣至常州。猶馳使趣其歸。克宏命斬使者以徇曰。軍容在我。李樞密來吾亦斬之。及戰。衝突吳越兵。大破之。拜奉化軍節度使。卒諡威烈。

柴成務 宋濟陰人。字寶臣。博聞稽古。有聲詞學。乾德中登進士甲科。以光祿少卿奉使高麗。國人信服。歷官中外。皆有能名。眞宗時遷至給事中。終判尙書刑部。

柴車 明望子。字叔輿。永樂中以舉人授兵部主事。累官本部侍郎。英宗初西鄙不靖。以車廉幹。命協贊甘肅軍務。破朶兒只伯。在邊章數十上。悉中時病。後陞本部尙書卒。

柴奇 明崑山人。字德美。正德進士。官至應天府尹。諫南巡。劾權倖。又上邊儲屯政諸疏。頗著直聲。有黼菴遺稿。

柴宗慶 宋禹錫孫。字天祐。尙太宗女魯國長公主。升其行爲禹錫子。仁宗時累官靜難。永清。彰德。諸軍節度使。歷官多過失。性極貪鄙。積財鉅萬而薄於自奉。卒諡榮密。

柴昇 明內鄕人。字公照。成化進士。授工科給事中。弘治時陳國家大體二。當時急務四。直聲藉甚。歷廣東布政使。討南海賊有功。正德間進吏部侍郎。劉瑾誅。昇署部事。釐正璉所行苛政二十四事。擢南京兵部尙書。陳積弊十三事。多裁抑中貴。尼不行。遂致仕歸。

柴武 〔漢〕高祖時以將軍斬韓王信於參合。封棘蒲侯。

柴虎 〔明〕太祖時以功陞指揮副使。從參政朱亮祖討方國珍。守溫州。

柴禹錫 〔宋〕大名人。字元圭。少時有客見之曰。子質不凡。若輔以經術。必致將相。由是留心問學。事太宗。累官至樞密副使。出知滄州。在任勤於政治。後授鎭寧軍節度。歷知涇貝二州。俱有惠績。景德中卒。

柴禹聲 〔宋〕西興人。字元振。受業於楊時。屢魁鄉薦。學者宗之。紹興間高閌在太學。嘗薦之。曾充史館。兄禹功。字懋續。晚亦師時。人稱其昆弟皆知所學云。

柴涓 〔宋〕字浩然。以蔭至通直郎。知鄂州崇陽縣。靖康初京師被圍。檄召天下兵。鄂諸縣兵皆未集。涓獨以所募六百請行。既過淮。蒲圻・嘉魚兵始至。涓馳先犯鋒鏑。乘勝追北十餘里。與敵遇。飛矢蝟集。二縣兵亟舍去。涓遂戰死。

柴國柱 〔明〕西寧衛人。萬曆中由世廕歷西寧守備。驍猛善射。從參將達雲擊寇南川。摧鋒陷陣。勇冠將軍。錄功進都指揮僉事。累擢都督僉事。陝西總兵官。改鎭甘肅。河套・松山諸部長合兵入寇。國柱檄諸將分道擊敗之。尋移鎭瀋陽。謝病歸。天啓初錄功加左都督卒。

柴惟道 〔明〕嚴州人。字允中。號白巖山人。有玩梅亭詩集。

柴望 〔宋〕江山人。字仲山。嘉定・紹熙間爲太學上舍。除中書特奏名。淳祐中因上所著丙丁龜鑑下獄。尋放歸。景炎中薦授迪功郎國史館編校。宋亡不仕。與從弟隨亨・元亨・元彪・爲柴氏四隱。有秋堂集。◎〔明〕錢塘人。字宗禮。性敦樸。見義敢爲。括蒼金觀爲元明州學官。元亡。退居錢塘。母沒。貧不能葬。以哀毀沒。而其妻繼殞。望以友誼爲捐貲治喪事。及告於觀所常往來者。因得歸葬。人義之。目爲柴義士。

柴淵 〔宋〕永豐人。字益深。蚤從呂祖謙游。其學必以聖賢爲師表。年方四十。卽不應舉。

柴紹 〔唐〕臨汾人。字嗣昌。幼趫悍有武力。以任俠聞。補隋太子千牛備身。高祖妻以平陽公主。累從征伐。以功封霍國公。拜右驍衛大將軍。吐谷渾・党項寇邊。大敗之。貞觀中出爲華州刺史。徙譙國。卒謚襄。

柴紹炳 〔清〕仁和人。字虎臣。號省軒。少博聞強記。下筆輒數千言。人稱其文爲西陵體。明亡。棄諸生隱居著述。凡天文輿地曆法禮制樂律・輿夫農田賦役水利兵戎之事。莫不窮原竟委。尤好關閩濂洛之學。動履必準規則。康熙中浙撫范承謨以山林隱逸薦。力辭。又請刻其所著書。曰。身隱焉文。承謨歎息而止。有省軒文鈔・靑鳳堂詩・古韻通・白石軒雜稿・考古類編諸書。

柴通玄 〔宋〕閿鄉人。字又玄。爲道士於承天觀。年百餘歲。善辟穀長嘯。眞宗時屢來京師。召對語多以修身愼行爲說。後作遺表。自稱羅山太乙洞主。然香端坐而卒。

柴傑 〔明〕鄞人。字廷俊。天順舉人。計偕上京。適舟人夜泣。欲投水死。傑問故。知爲官租所逼。卽捐路費使償之。明年下第歸。復遇前舟人。夜飾其妻進謝。傑正色叱去之。

柴喆 〔宋〕永豐人。字吉卿。從學於范浚。得聞物理性命之學。於治心養氣。尤惓惓服膺。

柴經 〔明〕鄞人。字季常。正德進士。授刑部主事。凡寃獄必湔雪惟允。歷遷南京都察院右副都御史。兼署大理寺。會法司有爲督官修故怨者。文致人死罪。經平反之。法司嗾言官攻經。竟落籍歸。經天性孝友。居官侃侃。人有過不宣。有一善卽錫之。故人皆稱爲長者。

柴道人 〔明〕崑山人。故太學生。家世富顯。道人嘗因事走京。還至鎭江。忽作書遍謝姻黨。與其妻訣。令盡散家財予內外姻族。祝髮受戒。居武當。師化去。更入伏牛山修道。後二十餘年復還武當。嘉靖末朝辟不就。

柴潛道 〔元〕襄陵人。博極羣書。工詞翰。高尙不樂仕進。教授鄉閭。以德義陶其後進。人號爲秋巖莊靖處士。有秋巖小稿。

柴瑾 〔宋〕江山人。字懷叔。師事徐存。以進士倅鄱陽。歲飢。便宜以常平米發賑。太守難之。答曰。設有告。下官當自受之。入爲殿中侍御史・福建漕使。有退翁集。

柴震 〔明〕烏程人。字景春。永樂中由國子生授兵科給事中。遷至大理寺少卿。廉介不苟。人不敢干以私。及卒。囊橐蕭然。

柴隨亨 〔宋〕望從弟。字瞻屺。寶祐進士。歷知建昌軍。宋亡遁跡不仕。

段干木 〔戰國魏〕少貧且賤。遊西河。師事卜子夏。與田子方・李克・翟璜・吳起等居於魏。諸人皆爲將。唯段干木守道不仕。魏文侯就造其門。段干木踰牆避之。文侯出過其廬而軾。請以爲相。不受。乃待以客禮。文侯每見之。立倦而不敢息。

段元一 〔明〕自稱北郡人。字思眞。號涵虛子。又號永明道人。其所著丹訣曰化機會參。

段公路 〔唐〕文昌孫。官京兆萬年

縣尉。所著北戶錄。於嶺南風土頗爲該備。而於物產尤詳。

段匹磾 〔晉〕鮮卑人。建武初與劉琨結盟討石勒。領幽州刺史。後兵敗至襄國。不爲勒禮。著朝服持晉節。經年。國中謀推匹磾爲主。事露被害。

段天祐 〔元〕汴人。字吉甫。幼穎異。五歲知書。弱冠工於詩。登泰定進士。授靜海縣丞。累遷應奉翰林文字。除浙江儒學提舉。未任而卒。有庸音集・學文齋偶抄。

段少連 〔宋〕開封人。字希逸。累知州縣。皆有治狀。性適敏。事無大小。決遣如流。不爲權勢所屈。范仲淹嘗薦其才堪將帥。遷工部郎中・龍圖閣直學士。知涇州。未行而卒。

段文昌 〔唐〕志玄三世孫。字墨卿。一字景初。疏爽任義節。元和中爲翰林學士。穆宗朝入相。出爲劍南西川節度。治尚寬靜。文宗立。拜御史大夫。封鄒平郡公。自檢校左僕射徙帥荊南。或旱。禱必雨。或久雨。出遊必霽。民歌曰。旱不苦。禱而雨。雨不愁。公出遊。復節度西川卒。文昌精饌事。享用奢僭。又自編食經五十卷。時稱鄒平公食憲章。

段文振 〔隋〕北海期原人。少有膽力。性剛直。明達世務。初仕周爲上儀同。隋文帝引爲丞相掾。數立戰功。官至靈州總管。煬帝即位。徵爲兵部尚書。待遇甚重。後以左候衛大將軍出征遼東。卒於軍。諡襄。

段文瑞 〔元〕河間人。事母盡孝。母沒。哀痛踰禮。以手履地行一里外。負土營墳。百五十日始成。事聞。表其門。授本路學正。歷官臨安路總管。

段氏 〔後燕〕遼西鮮卑段末柸女。慕容垂爲吳王。立爲王妃。才高性烈。自以貴姓。不尊事太后可足渾氏。太后銜之。中常侍涅皓因希旨告段氏爲巫蠱。遂收段氏考治。終無撓辭。垂得免禍。而段竟死獄中。垂即位。追諡成昭皇后。◎〔後燕〕遼西鮮卑段儀女。字元妃。少婉慧。有節操。慕容垂納爲繼室。及僭稱帝。册爲皇后。先后段氏生子寶爲太子。荒怠。中外失望。元妃勸垂廢之。不從。及寶立。逼段氏自殺。追諡成哀皇后。

段功 〔元〕大理第九代總管。至正間嗣職。明玉珍攻雲南。梁王出奔。諸郡悉亂。功禦之。三戰三捷。追至七里關而還。梁王德之。奏授雲南平章。妻以女阿礚。然心忌之。後功來上壽。梁王紿至通濟橋。使番將害之。

段去惑 〔唐〕畫稱名手。

段平仲 〔唐〕武威人。字秉庸。擢進士第。累遷監察御史。磊落有氣節。嗜酒敢言。元和初爲諫議大夫。再遷尚書右丞。朝廷有得失。未嘗不論奏。終太子左庶子。

段民 〔明〕武進人。字時舉。永樂進士。以庶吉士除刑部主事。預修五經四書性理大全。進郎中。出爲山東左參政。宣德初陞南京戶部侍郎。轉刑部。廉介端謹。卒諡襄介。

段永 〔北周〕河陽人。字永寶。仕魏至左光祿大夫。封沃陽縣侯。大統初歸款於周。除北徐州刺史。孝閔帝立。進爵廣城郡公。天和中爲右二軍總管卒。永歷任內外。所在有稱。輕財好士。朝野重之。◎〔明〕餘干人。字仕悠。宣德中以進士教授光澤。好古守禮。條教嚴明。人推敬之。

段永福 〔清〕長安人。嘉慶初以鄉勇隨征教匪。有功。征回疆。生擒張格爾。官至浙江提督。卒諡勇毅。

段玉裁 〔清〕金壇人。字若膺。一字懋堂。乾隆舉人。官巫山知縣。引疾歸。師休寧戴震。講求古義。尤精小學。有說文解字注・六書音均表・周禮漢讀考・儀禮漢讀考・古文尚書撰異・毛詩詁訓傳・經韻樓集等書。

段仲溫 〔漢〕廣川人。師胡母生。受公羊春秋。

段全 〔宋〕泉州人。博學能文。成平初爲仙游尉。與學校。植風教。邑人頌之。

段安節 〔唐〕成式子。乾寧中官至朝議大夫。守國子司業。善音律。能自度曲。有樂府雜錄。

段伯炌 〔明〕晉寧人。天啓中由鄉舉爲鎮寧知州。擊安邦彥有功。仕至參議。

段佐 〔唐〕以勇敢知名。少事郭子儀爲牙將。從征邊朔。戰績甚著。後爲涇原節度使。練卒保邊。頗爲西番畏憚。累至檢校工部尚書・右神策大將軍。元和中卒。

段克己 〔金〕鐸從曾孫。字復之。號遯菴。以進士貢。避地龍門山。與從弟成己齊名。時稱二妙。有二妙集。

段孝言 〔北齊〕韶弟。以勳戚官至尚書左僕射。黷貨無厭。恣情酒色。然警發有風儀。招致名士。賦詩奏伎。畢盡歡洽。其貧躓者。亦時有乞遺。世復以此多之。齊亡入周。授開府儀同大將軍。

段孝直 〔漢〕景帝時舉孝廉。爲長安令。志性清慎。有駿馬一。日行五百里。雍州刺史梁緯恃勢索之。孝直以馬爲亡父所乘。不忍舍之。弗許。緯怒。誣以受贓事。下獄遇害。

段希堯 〔後周〕河內人。少有器局。歷州縣。晉高祖鎮太原。辟爲從事。及舉兵。希堯極言以拒。晉祖重其純樸不之責。及即位。恩澤比諸將吏爲薄。久之稍遷右諫議大夫。歷兵部侍郎。周世宗時以禮部尚書終。

段志玄 〔唐〕臨淄人。資質偉岸。驍果善戰。從太宗拒屈突通。討王世充。破竇建德。平東都。皆有勇名。累官左驍衛大將軍。嘗奉命勒兵衛章武門。太宗夜遣使至。志玄拒曰。軍門不夜開。使者示以手詔。曰夜不能辨。太宗歎曰。眞將軍。周亞夫何以加。封襄國公。卒諡壯肅。

段・成己　【金】克己從弟。字誠之。號菊軒。正大進士。授宜陽簿。入元不仕。參看段克己條。

段・成式　【唐】文昌子。字柯古。以蔭爲校書郎。博學強記。多奇篇祕籍。終太常少卿。有酉陽雜俎。

段・灼　【晉】敦煌人。字休然。果直有才辨。從鄧艾破蜀有功。封關內侯。累遷議郎。武帝即位。上疏追理艾。復表陳時宜。並見嘉許。擢明威將軍・魏興太守。卒於官。

段・秀實　【唐】汧陽人。字成公。六歲。母病。勺飲不入口七日。時號孝童。及長。舉明經。棄去從軍。積功至涇原鄭潁節度使。數年。吐蕃不敢犯塞。建中初召爲司農卿。朱泚反。以秀實有人望。使騎往迎。秀實陽與合。一日與泚計事。突奪象笏擊之。唾其面大罵之。笏中泚額。血流被面。遂遇害。追贈太尉。諡忠烈。

段・忠　【元】大理第二代總管。至元中隨元帥伐西林。破會川。通善闡。平休林。武定緬甸之役皆有功。授金齒宣慰使掌軍民萬戶府。

段・承根　【後魏】暉子。好學。機辨有文思。崔浩奇之。以爲才堪著述。請爲著作郎。浩誅。承根與俱死。

段・昌武　【宋】廬陵人。字子武。有毛詩集解。

段・明　【明】寶子。嗣爲大理十一代總管。洪武間授以宣慰。大兵破善闡。明馳書傅友德・沐英。請奉正朔。乞班師。友德拒之。與英分兵宵緣點蒼山。繞出下關之背。明兵潰就擒。送京師。太祖官其二子。

段・昕　【清】安寧人。字玉川。康熙進士。官戶部主事。性喜游覽。耽吟詠。由滇入燕。所至皆作詩記之。有皆山堂詩集。

段・直　【元】晉城人。字正卿。初以盜賊充斥。聚鄉黨族屬結壘自保。世祖命將略地至晉城。直以其衆歸之。世祖命爲澤州長官。招撫流亡。振興學校。在官二十年。多惠政。

段・信　【明】三原人。正統進士。歷監察御史。至右僉都御史。卒於官。性行端謹。爲時所稱。

段・信苴日　【元】僰人。其先世爲大理國王。爲權臣高氏所廢。世祖南征。誅其臣高太祥。以段與智主國事。與智入覲。遂委國任其弟信苴日。中統中以功授大理・蒙化等處宣撫使。治大理凡二十三年卒。

段・思平　【後晉】其先世佐蒙氏有功爲清平官。楊干貞篡國。忌思平捕之。思平逃匿於野。天福間起義討干貞。東方三十七部助以兵。逐楊氏自立。改國號大理。改元文德。

段・思恭　【宋】希堯子。後晉時以門蔭署鎮國軍節度判官。入後漢爲左補闕。建隆中遷金部郎中。乾德初通判眉州。全師雄之黨攻眉州。思恭募先登者許以厚賞。賊敗。思恭矯詔出上供錢帛給之。其後度支論劾。太祖嘉其果幹。命知州事。端拱中以給事中出知陝州。尋卒。

段・思廉　【宋】大理國王。慶曆中嗣立。皇祐中儂智高掠廣州。敗走大理。狄青募死士求之。會智高已死。思廉遣使函其首以獻。中國始知有大理段氏。在位三十一年。

段・洪古　【唐】安鄉人。剛方寡合。不事生產。人或交以非義。輒面叱之。故終身無所遇。柳宗元稱曰畏友。

段・珂　【唐】秀實孫。僖宗時居潁州。黃巢圍潁。刺史欲降。珂募少年拒戰。衆裹糧請從。賊遂潰。拜州司馬。

段・恭　【後漢】維人。字節英。少周流七十餘郡。求師受學。經三十年。歷事馮翊翳異孫・泰山彥之章・渤海紀叔陽。遂明天文。後爲上計掾。時太尉龐參。忠正亮直。爲貴戚所擠。以恚發病。恭爲抗疏訟寃。時人稱之。

段・素順　【宋】大理國王。建隆中嗣立。時王全斌平蜀。疏請取滇。太祖鑒唐之禍。基於南詔。不許。由是雲南三百年不通中國。

段・起玲　【清】新化人。字百朋。號松廬。乾隆歲貢。以理學名。堅苦樸實。躬耕養母。著由衷言內外篇。自道所得。坐誹謗。褫貢生。吳思樹序其松廬文集。稱爲獨行君子。

段・高選　【明】劍川人。字讓予。萬曆進士。任巴縣知縣。奢崇明之亂。闔門死節。諡恭節。

段・堅　【明】蘭州人。字可久。號容思。年十四爲諸生。即慨然有學聖人之志。私淑薛瑄。頗得其旨。中景泰進士。知福山縣。歷知萊州・南陽二府。能以儒術飾吏治。教化大行。

段・崇　【後漢】南鄭人。字禮高。太守鄭廑辟爲主簿。永初中涼州羌反。入漢中。崇從廑屯褒中。請固壘以待。廑不聽。卒以衆寡不敵戰敗。死之。廑亦爲羌所殺。

段・敏　【明】金壇人。字惟勤。成化進士。知新城・廬陵。有異政。歷浙西參議。時峒賊猖獗。敏調發饋運。區畫戰守。賊平。陞副使。居官幾二十年。家無中人之產。能詩。有南州集。

段・深　【後梁】以善醫待詔於翰林。

段・處常　【南唐】官兵部郎中。嘗奉使至遼乞援。遼人無出師意。處常怨其無信。數面誚遼主。遼主內愧。頗優容之。處常後卒於遼。（按資治通鑑以爲陳希堯事。此本陸游南唐書。）

段規 【戰國】【韓】韓與魏趙破知氏。段規謂韓王曰。分地必取成皋。王不可。段規曰。王用臣言。則韓必取鄭。王從之。其後取鄭果自成皋始。

段智賢 【金】善畫龍。

段琛 【北齊】代人。字懷寶。少有武略。從神武起兵。天保中爲兗州刺史。

段進 【後魏】太武帝時爲白道守將。蠕蠕大檀入塞圍之。力屈被執。罵賊死。追諡莊。

段暉 【後魏】姑臧人。字長祚。初仕西秦爲涼州刺史。國亂。奔吐谷渾。因以入魏。太武帝器之。以爲上客。後從至長安。人告暉欲南奔。乃斬之。

段會宗 【漢】上邽人。字子松。竟寧．陽朔中兩爲西域都護。西域敬其威信。定烏孫亂。率精兵三十人徑入。手劍擊殺末振將之子番丘。威震絕域。賜爵關內侯。病死烏孫中。諸國爲發喪立祠。

段煨 【後漢】獻帝時以將軍屯華陰。修農事。不虜略。帝東還。煨迎道貢遺周急。後爲大鴻臚光祿大夫。

段達 【隋】姑臧人。文帝爲丞相時。以爲大都督。領親信兵。常置左右。及卽位。累遷開府儀同．太子左衛副率。大業中張金稱作亂遼東。詔達擊之。數爲賊挫。諸賊輕之。號爲段姥。後附王世充。世充僭尊號。以達爲司徒。及敗。坐誅。

段榮 【後魏】霸從弟。官雍州別駕。◉【北齊】武威人。字子茂。少好曆術。專意星象。神武起兵山東。榮贊襄之功頗多。封姑臧縣侯。歷相濟秦三州刺史。性溫和。所在皆推仁恕。民吏愛之。終儀同三司。諡昭景。

段衡 【明】武進人。號紫峯。又號匡廬山人。受知於文徵明。繪山水與之相肖。尤工扇頭小景。能詩。

段韶 【北齊】榮子。字孝先。少工騎射。有將領才略。襲父爵。事神武文襄文宣三主。累除左丞相。封廣平郡公。出總軍旅。入參帷幄。功高望重。而又雅性溫愼。教訓子弟。閨門雍肅。事後母以孝聞。齊代勳貴家罕有及者。卒諡忠武。

段熲 【後漢】姑臧人。字紀明。少習弓馬。尙游俠。長乃折節好古。桓帝朝爲護羌校尉。破羌寇有功。建寧中徵拜侍中。進太尉。日食自劾。詣廷尉。陽球奏誅王甫幷及熲。遂飮鴆死。

段凝 【後唐】開封人。事梁祖爲懷州刺史。梁祖過境。凝獻饋甚豐。得遷鄭州刺史。末帝以爲招討使。梁亡降唐。凝爲人佞巧。善窺迎人意。因伶人景進。通貨宮掖。莊宗甚親愛之。賜姓名曰李紹欽。授兗州節度使。明宗立。竄遼州賜死。

段諤廷 【清】黔陽人。字鄂庵。道光歲貢。肆力經學。著十三經集字音訓。寧鄉黃本驥見其遺稿。稱爲賅洽。爲分編四書字詁．羣經字詁二書。又著有儒粹。

段興智 【元】大理國王。憲宗初嗣立。忽必烈將兵擊之。自臨洮進薄大理。興智及國相高太祥拒戰。兵敗。太祥被擒不屈死。段氏自思平至興智凡二十二主。歷三百五十年。國亡。元籍其地。封興智爲摩訶羅嵯．管領八方。及卒。中原多故。段氏復據之。傳有十一總管。

段隨 【後燕】爲慕容沖將。沖據長安。爲其下所攻殺。衆推隨爲燕王。改元昌平。未幾慕容永襲殺之。

段應舉 【清】遂陽人。隸鑲藍旗漢軍。順治間從征有功。擢鑲藍旗漢軍副都統。康熙間授山東提督。率兵赴杭州。防禦耿精忠及鄭成功。轉戰浙江福建。後兵敗。失海澄。自經死。

段翳 【後漢】新都人。字元章。習易經。明風角。時有就其學者。雖未至。必豫知其姓名。隱居竄跡終於家。

段鵠 【宋】字正己。師事廬陵陳鵬。善爲文章。後登進士第。爲向敏中所知。官至大理寺卿。

段黼 【明】曹州人。字黃甫。別號景山樵客。萬曆諸生。有段黃甫詩稿。

段寶 【元】功子。梁王旣害功。寶雖幼。恆念父讎。不與梁王通。王遣將士攻大理。不能克。後明玉珍復攻雲南。梁王遣將借兵大理。寶答書詒之。明洪武初寶遣其叔段貞奉表歸附。

段鐸 【金】稷山人。字文仲。少孤。以孝謹聞。與兄鈞同登詞賦進士。人稱河東二段。鈞以文行著。未仕卒。鐸由長安簿歷宜華州防禦使。所至有異績。封武威郡開國侯。

段霸 【後魏】平原人。父乾。仕後燕爲廣武令。魏人略地至鴈門。霸年幼見執。因被宮刑。以謹敏見知。歷中常侍至定州刺史。定州治中張渾屯告其瀆貨貪穢。免爲庶人。

段鑑 【明】上元人。景泰初守惠州。廉介自治。家法尤整。遣其子就學。與諸生齒。凡所規度。後皆可式。

毗伽可汗 【唐】突厥主。名默棘連。骨咄祿子。開元間其弟闕特勒立之。號稱小殺。性仁友。以闕特勒掌兵馬。暾欲谷爲謀主。復得降戶。勢寖強。敗拔悉密。掠涼州。尋遣使請和。吐蕃欲與突厥同入寇。小殺遣使獻其書。後爲其大臣梅錄啜所毒。忍死。殺梅錄啜而後卒。

泉元禮 【北周】企子。少有志氣。

好弓馬。[illegible]嫻草隷。有士君子之風。累遷征東將軍。及洛州陷。與企俱被執而東。元禮於路逃歸。時杜窋爲刺史。巴人素輕之。遂率鄉人襲州城。斬窋。傳首長安。朝廷嘉之。拜車騎大將軍。世襲洛州刺史。從文帝戰於沙苑。爲流矢所中。遂卒。

泉·仲遵 【北周】元禮弟。少謹實。涉獵經史。年十三。州辟主簿。十四爲本縣令。高敖曹攻洛州。仲遵力戰拒守。矢盡。以杖棒扞之。遂爲流矢中目。不堪復戰。城遂陷。後與元禮斬杜窋。以功封豐陽縣伯。爲梁州刺史。以清白稱。改金州卒。謚莊。

泉·企 【北周】豐陽人。字思道。世雄商洛。襲本縣令。企年十二。鄉人詣州請企爲縣令。雖童幼而好學恬靜。百姓安之。遷洛州刺史。大統初加開府儀同三司。進爵上洛郡公。高敖曹圍州城。企拒守旬餘。矢盡援絕。城陷。被執。卒於鄴。(按北史作泉仚。此從周書。)

泉·男生 【高麗】高麗人。字元德。其父爲蓋蘇文。九歲以父任爲先人。長爲中裏大兄。知國政。凡辭令皆男生主之。久之爲大莫離支。出按諸部。弟男建·男產知國事。或譖諸其弟男建。男生率其衆與契丹靺鞨兵內附。授平壤道行軍大總管。高宗召入朝。遷遼東大都督。卒謚襄。

泉·獻誠 【唐】男生子。男生內附。遣獻誠詣朝。得報命。尋隨男生歸唐。天授中授右衞大將軍兼羽林衞。以善射稱。能知大體。武后頗重之。來俊臣嘗求貨。獻誠不答。乃誣其謀反。縊殺之。后後知其冤。贈恤如制。

洗夫人 【隋】高涼人。世爲南越首領。在父母家。撫循部衆。能行軍用師。壓服諸越。梁大同初羅州刺史馮融聞氏志行。爲其子高涼太守寶聘以爲妻。刺史李遷仕反。夫人擊之大捷。及寶卒。嶺表大亂。夫人懷集百越。數州晏然。共奉之。號爲聖母。後文帝拜其孫盎爲高州刺史。封洗爲譙國夫人。開府置官屬。夫人自稱使者。歷十餘州。所至皆降。卒謚誠敬夫人。

洗·文淵 【明】廣東順德人。字希哲。弘治間舉於鄉。歷松溪教諭。擢知南安。以剛直爲權豪所嫉。遷判南昌。知宸濠將叛。遂歸。

洗·用行 【明】番禺人。少力學。有聲郡校。洪武中貢入南雍。聞譽益著。永樂初授鎭江推官。輿論賢之。

洗·光 【明】南海人。字汝實。弘治進士。累官陝西道御史。出按應天。奬廉察墨。風教大著。疏江彬誘駕巡幸。侃侃凡千萬言。不稍怯。疏留中。光遂乞歸。杜門十八年。嘉靖間歷工部右侍郎。所至皆有聲。

洗·勁 【晉】南海人。世爲武帥。至勁。讀書勵節。爲廣州參軍。海寇盧循攻廣州。勁出戰。城陷被執。循欲釋用之。叱賊而死。義熙中贈始興太守·曲江縣侯。謚忠義。

洗·桂奇 【明】南海人。字奕倩。號少汾。一號秋白。嘉靖進士。授工部主事。忤權貴。改南刑曹。乞終養。桂奇師事湛若水。遂與俱南。歷覽諸勝。草履布衣。奉母居羅浮。世稱其清風勁節。輯有問疑續錄。

洛下閎 【漢】巴人。字長公。明曉天文。隱於洛下。武帝徵待詔太史。改顓頊曆。作太初曆。拜侍中不受。

洛·忠 【明】早孤。事母至孝。神奇英邁。勇力絕人。官至清浪參將。平都清普安苗酋。保全安南諸城。仁義德威。夷獠懾服。

洛·宣 【明】正統間征麓川。攻鬼哭山。力戰死。

洞沐·孟陽 【漢】以治易名家。

洞眞子 【元】涿州人。姓丘。壯年學道。曾遊碭山。建聚仙宮。後遊京師。賜號寶巖太師。延祐中邀里中故舊會萊詑。託以他往。告別。次早入見其向西去。弟子啓戶視之。已羽化矣。

津女娟 【春秋】【晉】河津吏之女。趙簡子南擊楚。津吏醉臥不能渡。簡子欲殺之。娟請易父死。簡子遂釋不誅。將渡。用楫者少一人。娟攘袂操楫而渡。中流。爲簡子發河激之歌。簡子歸。納爲夫人。

洪·上庠 【清】歙人。字序也。官兩淮運判。好學工書。尤深嗜篆隸。自少至壯。未嘗一日輟。

洪·大全 【清】花縣人。咸豐間從洪秀全起事。封天德王。與烏蘭泰戰於永安。被擒送京師。伏誅。

洪·子輿 【唐】睿宗時人。官侍御史。姜晦時爲中丞。謳子輿劾韋安石。子輿不從。

洪·中孚 【宋】休寧人。爲成都縣簿。雕門蠻叛。蜀帥以屬中孚。中孚親呼酋長。諭以利害。酋自歸服。官至龍圖閣待制。

洪·天錫 【宋】晉江人。字君疇。寶慶進士。官御史。累疏劾奄人。章至六七上。最後請還御史印。宋之世奄人不竊主威者。天錫力也。累官端明殿學士。卒謚文毅。有奏議·經筵講義·通禮輯略·味言發墨·陽巖文集。

洪·天驥 【宋】晉江人。字逸仲。淳祐進士。任建寧尉。發奸摘伏。當官無所回撓。每以文章課邑士。士皆知所趨向。累官知潮州。

洪·文撫 【宋】建昌人。六世同居。室無異爨。就所居雷湖北創書舍。招來學者。太宗御書飛白一軸曰義居人。以賜之。

洪·文衡 【明】歙人。字平仲。性孝

友。萬曆進士。授戶部主事。帝將封皇長子爲王。文衡偕同官賈巖合疏爭。遷考功主事。引疾歸。再起官至太常卿。時詔起顧憲成。忌者憚其進用。力攻之。文衡抗章申雪。言甚切至。卒官。

洪尼雅喀　【清】滿洲鑲黃旗人。姓吳扎庫氏。天聰間從太宗攻明錦州。薄城先登。墜傷足。獲救得免。授三等輕車都尉世職。

洪・汝奎　【清】涇縣人。漢陽籍。字琴西。道光舉人。官至兩淮鹽運使。以學行經濟負海內清望。曾國藩以爲畏友。

洪・汝敬　【清】同安女子。小字許娘。工刺繡。能吟詠。兼通經史。幼字東寧林世芳。未婚而世芳沒。汝敬聞訃。勺飲不入口。堅臥五日而卒。

洪・君祥　【元】福源子。年十四。隨兄見世祖。稍長。命統高麗兵三百人。帝嘗閱江南海東地圖。詢其險易。君祥奏對詳明。後屢立戰功。官樞府十六年罷。武宗時再起終遼陽平章政事。

洪・孝先　【明】永嘉人。字從周。號霍山。工詩畫。名重都下。有雁池集。

洪・希文　【元】巖虎子。字汝質。號去華。嘗官訓導。爲詩清遒激壯。有續軒渠集。

洪・秀全　【清】花縣人。奉耶穌教。道光末起於廣西桂平縣之金田村。馮雲山・蕭朝貴・韋昌輝・石達開等皆從之。秀全自稱天帝次子。建號太平天國。稱天王。由廣西下湖南湖北。直達金陵。據焉。軍勢甚盛。定制度律令。禁薙髮。放奴婢。禁蓄妾買娼纏足。頻出經略四方。清軍屢敗。其後諸將爭權相殺。曾國荃等乘機進兵圍之。秀全自殺。凡十五年而亡。

洪・承疇　【清】福建南安人。字亨九。明萬曆進士。官至薊遼總督。與清軍戰於松山。兵敗被執。明帝以承疇殉國。予祭十六壇。承疇初亦自分必死。清百計勸之。遂降。清初開國規制。多承疇所定。歷武英殿大學士・七省經略。康熙初致仕。卒諡文襄。

洪・昇　【清】錢塘人。字昉思。號稗村。康熙上舍生。工樂府。名滿京洛。因國喪時。演所著長生殿傳奇斥革。窮困墮水死。有稗村集。

洪・朋　【宋】南昌人。字龜父。黃庭堅之甥。兩舉進士不第。年僅三十八卒。工詩。有洪龜父集。

洪・炎　【宋】朋弟。字玉父。元祐進士。官至著作郎・祕書少監。詩酷似黃庭堅。有西渡集。

洪・芹　【宋】适曾孫。舉進士。遷將作少監。屬詞臣無可上意者。宰相程元鳳薦之。兼翰林。每承制爲草。詔書所至。聞者奮激。累官禮部侍郎。立朝慷慨敢言。有節量。罷官寓永嘉。怡然自適。有文集。

洪・亮吉　【清】陽湖人。字稚存。號北江。少孤。貧館穀以養母。母卒時。以客遊不及視含殮。故遇忌日輒不食。舉乾隆進士。授編修。督學貴州。教士以通經學古爲先。嘉慶時以上書指斥戍伊犂。尋赦還。自號更生居士。於書無所不窺。尤精輿地學。詩文有奇氣。少與黃景仁齊名江左。號洪黃。景仁客死汾州。千里奔其喪。世有巨卿之目。其後沈研經史。與孫星衍論學相長。人又稱孫洪。有北江全集。

洪・俊奇　【元】福源子。小字茶丘。幼從軍。以驍勇受知世祖。中統初疏雪父冤。詔襲職。積功授龍虎衛上將軍。叛王哈丹等竄入高麗。侵撓其國。命俊奇鎭遼左。便宜行事。尋卒。

洪・咨夔　【宋】於潛人。字舜俞。嘉定進士。薦歷成都通判。毀鄧艾祠。更祠諸葛亮。告其民曰。毋事仇讎而忘父母。應詔陳言。父見其疏曰。吾能喫茄子飯。汝無憂。歷官監察御史。劾罷樞密使薛極。朝綱大振。久之。言不能悉用。遂乞祠。不許。官至刑部尚書・翰林學士。卒諡忠文。有春秋說・平齋文集・平齋詞。

洪・垣　【明】婺源人。字峻之。號覺山。嘉靖進士。受業湛若水之門。由永康令徵授御史。先後論宮僚庸劣及鹺政貪欺事。朝右震懾。巡按廣東。未竣。出爲溫州知府。尋落職歸。復與同里方瓘往從若水。若水爲建二妙樓居之。家食四十餘年。年九十卒。有覺山史說。

洪・彥昇　【宋】樂平人。字仲達。元豐進士。累遷殿中侍御史。論蔡京朋奸誤國。又論何執中・呂惠卿・張商英・郭天信等。皆條摭其過。不爲回隱。後出知吉州。卒於官。

洪・彥華　【宋】淳安人。字叔炳。機茂該洽。登淳熙進士。居常自晦。言行如一。涖官治民。專務德化。宰茶陵時値歲歉。悉心撫字。民無流亡。以眞德秀薦。歷朝請大夫・知興化軍。

洪・若皐　【清】臨海人。字叔敘。一字虞鄰。順治進士。授戶部主事。歷福寧道僉事。丁艱後。遂杜門不出。性嗜學。林居三十年。手不停披。有南沙文集・臨海志・樂府源流。

洪・英　【明】懷安人。字實夫。永樂中會試第一。入翰林。與修三禮。歷官山東巡撫。時河決臨清。董治有功。旋進左都御史。鎭守浙江。乞歸。

洪・章　【元】高麗人。去國來歸。樞遼東府事。名其堂曰景遷。以誌母教。

洪恩　【明】僧。上元人。字三懷。一字雪浪。年十二。出家長干寺。後講經雪浪山中。傳賢首宗。法席稱盛。有雪浪集。

洪・芻　【宋】朋弟。字駒父。紹聖進

士。放蕩江湖。不求聞達。靖康中爲諫議大夫。坐事貶海上。與兄朋弟炎.羽。俱負才名。號四洪。芻詩尤工。有香譜.老圃集。

洪起元　清應山人。順治間應募從戎。隸金聲桓軍。聲桓叛。起元時署遊擊。駐寧都。率師拒戰。有功。康熙間耿精忠反。溫州總兵祖洪勳應之。起元隨軍撫勦。所至挫敵。積功官至左都督。

洪适　宋皓子。字景伯。幼敏悟。與弟遵.邁。先後中詞科。由是三洪文名滿天下。孝宗時歷遷司農少卿。樞直學士院。金人再侵淮。羽檄突至。書詔塡委。沓訪醻答。率稱帝旨。自是有大用意。累拜同中書門下平章事。兼樞密使。爲時名臣。未幾乞退。起浙東安撫使。奉祠卒。諡文惠。有隸釋.隸續.盤洲集。

洪偃　陳僧。山陰謝氏子。風神穎秀。弱齡悟道。性好學。經論之外。兼通詩書。能詩。善草隸。文采灑落。一時無比。當時稱其貌義詩書爲四絕。梁簡文愛其才。欲令還俗。引爲學士。不從。天嘉初講經於宣武寺。學徒大集。有成論疏。

洪啓初　明南安人。字爾還。萬曆進士。官兵部主事。有易學管見。

洪崖　上古仙人。世稱洪崖先生。或曰郎黃帝之臣伶倫。或曰帝堯時已三千歲。居西山洪崖。有鍊丹井。

洪斌　元歙人。字節夫。帥其二弟杰.宅.並學於鄭玉。玉嘗登天目。宿獅子寺。盤桓玉立亭上。視雲海之奇。見城南覆船山邃深險易。爲一郡最勝處。自是每夏攜書避暑山中。斌因爲搆招隱草堂於眠雲石下。

洪梧　清榜弟。字桐生。乾隆進士。由編修官沂州知府。博通古今。工詞翰。亦邃於經學。

洪淸臣　宋長溪人。字直侯。建炎進士。爲人篤厚誠懇。居官以清白聞。官至朝散大夫。知邵武軍。

洪祥　明黃梅人。字士高。性至孝。父友瘴病癘年餘。起臥粥餌衣被垢穢。必躬治之。未嘗解帶。喜讀書。死生利害。了無凝滯。年九十七卒。里人號曰隱德先生。

洪堪　明淳安人。字子與。年十四。登洪武進士。授監察御史。以年少辭。永樂初召入臺。彈劾不避權勢。風節凜然。

洪弼　明興孫。字士直。景泰進士。以御史巡按雲南。轉湖廣按察僉事。靖州猺叛。弼設畫經略。擒斬首惡。餘黨悉平。累官貴州左布政致仕。

洪尋　清字味須。流寓六安。工山水及鐵筆。能詩書。有指香亭集。

洪揚祖　宋璞子。字季揚。從楊簡游。而卒業於錢時。官至正字。輪對者三。以正心誠意爲啓沃。學者稱錦溪先生。有集。

洪朝選　明同安人。字汝尹。嘉靖進士。歷刑部侍郎。遼藩獄起。張居正以私憾欲有所旁及。屬朝選往勘。朝選論庶人如法。他無株連。削籍逮訊。斃獄中。後居正敗。子兢訟冤闕下。詔復其官。

洪湛　宋上元人。字惟淸。五歲能詩。南唐李煜時舉進士。有聲。歸宋。歷典數州。直史館。俊辨有幹材。眞宗時凡五使西北議邊要。後坐事削籍流儋州。有文集。

洪焱祖　元歙人。字潛夫。天曆中官遂昌縣主簿。以休寧縣尹致仕。有爾雅翼音釋.杏亭摘稿。

洪琰　宋淳安人。字叔毅。與弟璞同登紹興進士。爲南陵簿。遷盱眙司法。靑平盜起。琰致渠魁斬之。盜即潰散。改淸江。決獄如神。百姓感服。

洪異　明龍溪人。字大同。弘治舉人。知崇德縣。擒江淮劇盜。開天長河。漑田萬餘頃。擢御史。巡按廣東。徵平海寇。陞廣西參議歸。

洪皓　宋鄱陽人。字光弼。政和進士。累擢徽猷閣待制。使金被留幾死。流竄冷山。屢以敵情展轉上達。乞興師進擊。以圖恢復。又嘗求韋太后書獻帝。抱印符臥起。留金十五年始還。後以論事忤秦檜。出知袁州。至南雄卒。諡忠宣。有鄱陽集.帝王通要.姓氏指南.松漠紀聞.金國文具錄等書。

洪都　明錢塘人。字客元。善畫山水林木。

洪鈞　清吳縣人。字文卿。同治進士第一。由修撰累官兵部左侍郎。光緒間出使俄德荷奧。熟於西北輿地。於元史致力尤深。有元史譯文證補。

洪雲蒸　明歙縣人。字化卿。萬曆進士。官廣西參政。嘗搜海寇鍾靈秀餘黨。盡毀其巢。時海盜劉香爲亂。熊文燦令雲蒸等入賊舟諭降。被留。鄭芝龍擊香於田尾遠洋。香脅雲蒸止兵。雲蒸大呼曰。我矢死報國。急擊弗失。遂遇害。

洪源　明淳安人。字子泉。私淑楊簡.錢時之學。洪武中以薦舉入太學。授安仁教諭。嘗謂諸生曰。講學須明。聞道須行。無驚於外。以叨虛名。歷滁州.邵武.福州。學者極盛。

洪經綸　唐建中初爲河北黜陟使。以軍符停罷魏州兵四萬人。激成田悅之叛。由是罷職。及朱泚反。授太常少卿。

洪夢炎　元淳安人。字季思。寶慶進士。端平間高沙軍變。命夢炎綏之。遽入城宣詔。進叛酋。開以自新之路。一軍以安。官終衢州知府。有文集·彙錄·高沙撫錄·荆襄語稿。

洪榜　【清】歙人。字汝登。一字初堂。乾隆舉人。官中書。粹於經學。著述甚多。皆未卒業。病中舉所著悉火之。刊行者惟新安大好紀麗一書。

洪福　【宋】夏貴家僮。從貴積勞爲鎭巢雄江左軍統制。元兵入。貴舉城降。福與子大淵·大源。統貴軍復之。貴遣招福不聽。斬其從子往說者。元兵攻城久不拔。貴給福。請單騎入城語。伏起。城遂陷。福父子皆死之。⊙【清】秀全子。其印章福字下駢列眞王二字。因誤稱爲洪福瑱。秀全死。金陵爲清軍所破。福走廣德。輾轉走廣信。爲席寶田所擒。磔於南昌。

洪福源　【元】其先自唐時入高麗。子孫世貴於三韓。名所居曰唐城。福源從父大宣入元。先後討伐有功。招集國衆來歸。任爲管領歸附高麗軍民長官。嗣因譖見殺。追謚忠憲。

洪遠　【明】歙人。字克毅。成化進士。官至南京工部尚書。上疏乞休。會宸濠反。調兵械備禦。力疾視事。以勞瘁卒。遠守官四十餘年。勤愼如一日。當劉瑾用事。馳驅遠方。無所附麗。疾革。子侹問以家事。不答。但曰。爾輩以忠孝立身足矣。

洪飴孫　【清】亮吉子。字孟慈。又字祐甫。嘉慶舉人。官東湖知縣。有青埵山人詩·補續漢藝文志·補三國職官表·史目表·毘陵經籍志。

洪髯　【清】青田人。少喜詩書。愛佳山水。數遊天台·雁蕩。首以青田凍石鐫爲印章。四十年不倦。所鐫章不啻千百。皆爲人攫奪以去。青田石之名。遂著於海內。

洪璨　【宋】字叔璵。自號空同詞客。有空同詞。

洪瑩　【清】榜族子。字賓華。嘉慶進士。授修撰。恬於仕進。五經各有撰述。

洪範　【明】金谿人。字邦正。弘治進士。知嘉興縣。平易簡當。遇事敏捷如神明。官至河南提學副使。有柏山文集。⊙【清】歙人。字石農。官河庫道。博雅工詩。書畫俱磊落超逸。

洪蓮　【明】僧。太原吳氏子。幼孤。事母孝。母沒出家。戒行卓越。詣天龍洞。刺血書五大部經文。永樂中詔選注大明三藏法數。校大藏經典。既成。懇辭還山。景泰初趺坐說偈而逝。

洪震老　【元】淳安人。字復翁。私淑楊簡之學。延祐中以薦入上都。與時相書。陳時事鯁直不諱。已而棄去。隱居不仕。講道授徒。尤長於詩。有觀光集。

洪震煊　【清】頤煊弟。字樾堂。拔貢生。精經學。有夏小正疏義。

洪頤煊　【清】臨海人。字筠軒。精研經史。爲孫星衍門人。嘉慶間客星衍糧道署。取平津館所藏碑讀之。成平津館讀碑記。後益以自得各碑。成續記再續三續。又有讀書叢錄·禮記宮室答問·漢志水道疏證·諸史考異。

洪鼐　【明】壽昌人。字廷器。正德舉人。官國子監助教。出判鳳陽。歸築室蓮谷。精研理學。有讀易索隱。

洪璞　【宋】琰弟。字叔玉。紹興進士。仕爲鎭東節度推官。陳備邊八策。楊簡薦之曰。守官數十年而無屋可居。舉家三百指而無田可養。其廉介如此。

洪興祖　【宋】擬兄子。字慶善。紹興中與孔端明·張炳·周林四人俱召試。帝覽策曰。興祖議直當第一。遂除祕書省正字。出典州郡。興學闢荒。所至有治績。忤秦檜。編管昭州卒。有老莊本旨·周易通義·楚辭補註及考異。

洪蕃鏘　【清】海澄人。武舉人。嘉慶間累官碣石鎭總兵。偕孫全謀·李光顯勦捕蔡牽。斬殺無算。以老歸。

洪遵　【隋】僧。相州時氏子。專攻律學。在北齊時爲斷事沙門。開皇中召住興善寺。與天竺僧共譯梵文。旋又敕爲講律衆主。大業初升知寺任卒。有大純鈔。

洪遵　【宋】适弟。字景嚴。自兒時端重如成人。中詞科。授正字。中興以來。詞科中選卽入館。自遵始。歷官多有建白。累進資政殿學士。卒謚文安。有訂正史記眞本凡例·泉志·翰苑羣書。

洪應明　【明】字自誠。號還初道人。有仙佛奇蹤。

洪懋德　【明】湘鄉人。字峻明。萬曆舉人。爲宿松令。以清愼著。事父至孝。解官歸。授徒自給。礦賊破湘鄉肆掠。入其家。懋德整衣待之。賊無所犯。賊退。人怪之。懋德曰。吾不見有賊。賊固不吾害也。

洪擬　【宋】丹陽人。字成季。先本弘姓。避南唐諱改洪。登進士甲科。累遷吏部尚書。在官不附權要。屢進讜言。卒謚文憲。有淨智先生集·杜甫詩注。

洪蹟　【元】淳安人。字君實。少肆力於書。延祐中遊杭越之間。柯九思以書招之。欲以爲國子助教。蹟不就。至正中平章以兵討紅巾於新安。蹟上謁。爲陳脅從罔治之說。平章留之自助。甫一日。竟以疾歸。著甫言稿。諸經皆有考釋。

洪邁　【宋】遵弟。字景盧。自幼過目成誦。博極羣書。紹興間中詞科。累遷左司員外郎。使金。書用敵國儀。金人令改陪臣二字。邁執不可。爲金人多方困辱。卒遣還。除知贛州。郡兵素驕。不如欲輒跋扈無度。邁以法裁之。不爲動。徙知婺州。特遷敷文閣待制。以端明殿學士致仕卒。謚文敏。有史記法語·南朝史精語·涇子法語·容齋隨筆續筆至五筆·夷堅志等書。

洪鍾 明錢塘人。字宣之。成化進士。累遷左都御史。湖廣盜起。命以本官總制軍務。川陝河南亦隸焉。初有功。輾轉復熾。地方苦之。時有謠曰。賊如梳。軍如篦。士兵如鬀。鍾尋召還。遂乞歸。卒諡襄惠。⊙明崇仁人。字季和。四歲能書大字。七歲隨父之京。憲宗見其字畫端楷。召見嘉歎。命入翰林院讀書。後登弘治進士。歷官禮部員外郎。年二十七卒。清才不壽。士林惜之。

洪儲 清僧。與化李氏子。字退翁。明亡出家。稱繼起大師。住靈巖最久。吳越與義旅。洪儲實左右之。嗣被逮。諸義士力救得免。每值國難日。必素服揮淚拜。二十八年如一日。

洪璵 明源子。永樂進士。官至吏部侍郎。毅然以進退人才爲己任。人不敢干以私。

洪簡 宋皓曾孫。字子夔。一作子裴。以任子知茶陵縣。楊簡稱之曰。子夔於道有覺。若在孔門。曾皙父子之儔也。

洪蘊 宋僧。長沙藍氏子。年十三出家。習方技書。後以醫術知名。太祖召見。賜紫方袍。號廣利大師。每先歲時言人生死。無不應。

洪覺範 宋新昌人。奇於書。時鄒元佐奇於命。彭淵材奇於樂。號新昌三奇。

洪騰蛟 清婺源人。字鱗雨。號壽山。乾隆舉人。隱居教授。研窮經訓。尤嗜宋儒書。敦行不怠。有壽山存稿·稽年錄·郭麓常談諸書。

洪巖虎 元莆田人。字德章。宋末嘗爲教諭。有軒渠集。

洪齮孫 清亮吉次子。字子齡。一字芝舲。少孤。刻苦自勵。精輿地之學。有補梁疆域志·戰國地名備考·駢體文·古近體詩。

洼丹 後漢育陽人。字子玉。世傳孟氏易。王莽時避世教授。徒衆數百人。建武初爲博士。遷大鴻臚。作易通論七篇。學義研深。易家宗之。稱爲大儒。

流珠 南唐後主嬪御。性通慧。工琵琶。後主嘗製念家山破。昭惠后嘗製邀醉舞恨來遲二破。流傳既久。樂籍多忘之。流珠獨能追憶無失。後不知所終。

爰延 後漢外黃人。字季平。清苦好學。能通經教授。性質慤。少言辭。桓帝時徵博士。舉賢良方正。再還爲侍中。桓帝嘗問延朕何如主。對曰中主。尚書令陳蕃任事則化。中常侍黃門預政則亂。是以知陛下可與爲善。可與爲非。帝嘉其言。後拜大鴻臚。以病乞休。

爰盎 漢史記作袁盎。詳袁盎條。

爰曾 後漢東平人。字子路。與劉翊起兵盧城頭。號其兵爲頭子路。光武時拜萊郡太守。

爰類 漢從高祖起留。以都尉守廣武。有功。封猒次侯。

爰驥 後漢延子。一曰名興。字驥也。任白馬令。時稱善士。

畏答兒 元忙兀人。太祖與克烈王罕對陳於哈喇眞。師少不敵。帝命兀魯一軍先發。其將朮徹台。橫鞭馬鬣不應。畏答兒奮然曰。我猶鑿也。諸君斧也。鑿匪斧不入。我請先入。諸軍繼之。萬一不還。有三黃頭兒在。唯上念之。遂先陷陣。大敗之。及還。腦中流矢。月餘卒。

皇士 春秋齊桓公出於澤。見衣紫衣。大如轂。長如轅。拱手而立。還歸寢疾。數月不出。皇士見公曰。此所謂澤神委蛇者也。惟霸主乃得見之。於是桓公欣然笑。不終日而愈。

皇父 周幽王時爲卿士。王寵褒姒。皇父與家伯仲允等七人朋黨亂政。詩人賦十月之交以刺之。⊙春秋宋戴公子。名充石。事武公爲司徒。鄋瞞伐宋。充石帥師禦之。敗之於長丘。獲長狄緣斯。皇父之二子死焉。

皇犬子 魏武帝時爲小史。初名太子。武帝曰。此非可命名。於是移點於外。因名犬子。

皇戌 春秋鄭事悼公爲卿。後鄭與許男訟。皇戌攝鄭伯之辭。楚子反不能決。明年許靈公·鄭悼公如楚訟。鄭不勝。楚人執皇戌及子國。

皇初平 漢皇一作黃。詳黃初平條。

皇甫方回 晉謐子。少遵父操。兼有文才。永嘉初博士。徵不起。避亂荆州。閉戶閒居。未嘗入城府。蠶而後衣。耕而後食。南土人士。成崇敬之。刺史陶侃禮之甚厚。王敦遣從弟廙代侃。廙以方回爲侃所敬。責其不來詣己。乃收而斬之。荆土華夷。莫不流涕。

皇甫冉 唐丹陽人。字茂政。十歲能屬文。張九齡呼爲小友。天寶中舉進士第一。授無錫尉。大曆初累遷右補闕。奉使江表。卒於家。有詩集。

皇甫玉 北齊善相人。常游王侯家。文宣即位。試玉相術。故以帛巾抹其眼。而使歷摸諸人。均有驗。嘗謂其妻曰。殿上者不過二年。帝聞之怒。召玉。玉每照鏡自言當兵死。及被召。果被斬。

皇甫中叔 晉雍州人。唐彬領西戎校尉雍州刺史。以處士徵。敬而待之。

皇甫立 五代漢代北人。唐明宗刺代州。署爲牙校。性純謹。明宗深委信之。累官華州節度使。後仕晉爲檢校太尉。高祖卽位。授太子太師。

皇甫．仲和〔明〕睢州人。精天文推步之學。成祖北征。與袁忠徹並從師。所占多奇驗。授仲和欽天監正。

皇甫．希之〔晉〕謐六世孫。祖玄以歷有肥遯之士。已世獨無。乃徵求隱逸。以希之爲著作。并給資用。令謝不受。號曰高士。時人名爲充隱。

皇甫．汸〔明〕淳弟。字子循。嘉靖進士。以吏部郎中左遷大名通判。政餘不廢吟詠。尤工書法。有百泉子緒論．解頤新語．皇甫司勳集。

皇甫．沖〔明〕錄子。字子浚。嘉靖舉人。善騎射。好談兵。有幾策兵統．枕戈雜言．三峽山水記。

皇甫．和〔北齊〕朝那人。字長諧。年十一而孤。母夏侯氏。才明有禮則。親授以經書。及長。深沈有雅量。尤明禮儀。宗親吉凶。多相諮訪。官終濟陰太守。

皇甫．坦〔宋〕夾江人。善醫術。高宗召見。問何以治身。坦曰。心無爲則身安。人主無事則天下治。引治顯仁太后目疾立愈。帝厚賜之。一無所受。復問以長生久視之術。坦曰。先禁諸欲。勿令放逸。丹經萬卷。不如守一。帝書清淨二字以名其庵。

皇甫．政〔唐〕貞元初爲浙東觀察使。置越王山堰。以蓄洩水利。

皇甫．明子〔明〕四明人。字東生。性豪宕。乘小舟。挂布帆。載琴尊書籍釣具。往來江湖。宋末發狂。痛哭蹈海死。

皇甫．重〔晉〕朝那人。字倫叔。性沈果。有才用。爲司空張華所知。元康中華版爲秦州刺史。時河間王顒鎭關中。其將李含與重有隙。重露檄上尚書。以顒信任李含。將爲亂。召集隴上士衆。以討含爲名。顒遣金城太守游楷等攻之。重堅守。城內知無外救。遂共殺重。

皇甫．涍〔明〕沖弟。字子安。嘉靖進士。好學工詩。負才名。與兄沖．弟汸．濂。時稱皇甫四傑。官至浙江按察僉事。其後里人張鳳翼．燕翼．獻翼。並負才名。吳人語曰。前有四皇。後有三張。有皇甫少元集。

皇甫．眞〔前燕〕朝那人。字楚季。弱冠以高才拜遼東國侍郎。從慕容評攻拔鄴都。珍貨充溢。眞一無所取。惟存恤人物。收圖籍而已。累遷侍中太尉。性清儉寡慾。不營產業。雅好屬文。凡著詩賦四十餘篇。

皇甫．斌〔明〕壽州人。先爲與州右屯衞指揮同知。調遼海衞。忠勇有智略。遇警輒身先士卒。宣德中勦兵禦寇。至密城東峪。力戰一日。矢盡援絕。子弼以身衞父。俱戰死。

皇甫．規〔後漢〕朝那人。字威明。有兵略。羌衆攻燒隴西。規上疏求自效。不用。舉賢良方正對策。梁冀忿其刺己。以規爲下第。拜郎中。託疾免歸。州郡承冀旨。幾陷死者再三。遂以詩易教授。門徒三百餘人。積十四年。後梁冀誅。公車徵拜太山太守。延熹中以降服羌人功拜度遼將軍。及黨事起。規自以西州豪傑。恥不得與。乃自上言宜坐。朝廷不問。時人以爲賢。規在事數歲。北邊威服。永康初徵爲尚書。遷弘農太守。再轉爲護羌校尉卒。

皇甫規妻〔後漢〕善屬文。能草書。規卒。董卓聘之。妻詣卓門。跪自陳情。卓使奴拔刀圍之。妻罵卓曰。君親爲皇甫氏走吏。敢行非禮於汝君夫人耶。卓怒。鞭殺之。後人號曰禮宗。

皇甫．曾〔唐〕冉弟。字孝常。天寶進士。歷侍御史。坐事徙舒州司馬。陽翟令。詩名與冉相上下。有詩集。

皇甫．湜〔唐〕新安人。字持正。元和進士。仕至工部郎中。卞急使酒。裴度辟爲判官。嘗爲度撰福先寺碑。飮酣。援筆立就。度贈以車馬繒綵甚厚。湜大怒曰。自吾爲顧況集序。未嘗許人。今碑字三千。字三縑。何遇我薄也。度笑曰。不羈之才也。從而酬之。湜與李翺．張籍齊名。有皇甫持正集。

皇甫．焯〔明〕吳江人。字文舍。精史學。旁及六壬八陣。崇禎中遊長安。有試其術者。詣邸中叩本日休咎。焯袖占之曰。本日主馬驚。其人歸。謂御者曰。善控之。行未二里。馬遇駭。駭而奔。其人愕然。服其奇中。

皇甫．無逸〔唐〕誕子。字仁儉。仕隋歷淯陽太守。治爲天下最。再遷右武衞大將軍。煬帝被殺。王世充篡。棄女妻斬關自歸。高祖尊遇之。累遷御史大夫。時蜀新定。無逸持節巡撫。法令嚴明。蜀人以安。徙益州大都督。性廉介。然過自畏愼。母在長安疾篤。太宗命馳驛召還。憂悸道病卒。謚孝。

皇甫．琰〔元〕東昌人。至元末知濮州。勸公奉法。興學育才。聚書八千卷。以教生徒。

皇甫．嵩〔後漢〕規兄子。字義眞。少好詩書。習弓馬。靈帝時爲北地太守。以破黃巾功。領冀州牧。拜太尉。封槐里侯。威名震天下。折節禮士。豪傑爭附。時號名將。

皇甫．暉〔南唐〕魏州人。初爲魏軍卒。屯貝州。時唐莊宗失政。暉爲人驍勇無賴。與裨將趙在禮爲亂。夜焚貝州。以入於魏。在禮以暉爲馬步都指揮使。及明宗入魏。遂與在禮合謀。莊宗之禍。自暉始。明宗卽位。暉自軍卒擢拜陳州刺史。後仕江南。李璟以爲江州節度。周世宗征淮。暉戰敗被擒。創重卒。

皇甫·靖 【金】臨汾人。母武氏。夢神人食以桃。已有娠而生。稍長有方外志。後謁劉眞人。示以神用。觸石如入壚。游空如履地。變化莫知紀極。政和中走三山實籙壇前。得三洞眞籙。暨法衣一襲而歸。曰。吾夙志酬矣。數日而逝。

皇甫·遐 【北周】汾陰人。字永覽。少喪父。事母以孝聞。母喪。廬墓側。負土爲墳。食粥枕塊。形容枯悴。家人不識其面。

皇甫·遇 【後晉】眞定人。爲人有勇力。虯髯善射。初事唐爲武勝軍節度。所至苛暴。以誅斂爲務。晉高祖時爲神武統軍。契丹入寇。將渡河。遇等擊敗之。開運間爲都指揮使。屯於中渡。都招討使杜重威陰送款契丹。出降表示諸將。遇不得已亦降。契丹遣遇與張彥澤先入京師。遇行至平棘。絕吭而死。

皇甫·誕 【隋】烏氏人。璠子。字元慮。少剛毅有器局。文帝受禪。爲侍郎。歷兵部比部刑部。俱有能名。遷治書侍御史。朝臣無不憚。煬帝卽位。漢王諒謀發兵作亂。諒時爲幷州總管。誕爲司馬。誕數諫止。不納。被囚。及楊素將至。諒屯清源以拒之。諒主簿豆盧毓出誕於獄。相與閉城拒諒。諒襲擊破之。誕遇害。諡明。

皇甫·德參 【唐】太宗時爲中牟丞。上言修洛陽宮勞人。收地租厚斂。俗好高髻。蓋宮中所化。幾得罪。以魏徵諫而止。拜監察御史。

皇甫·濂 【明】汸弟。字子約。嘉靖進士。任工部都水主事。尋謫外。歷興化府同知。奏計便道歸。遂不復出。游心墳典。多所選述。晚玩心神明。有吐納延化術。未幾卒。有逸民傳。

皇甫·璠 【北周】三水人。字景瑜。仕爲隨州刺史。政存簡惠。百姓安之。恆以清白自處。時稱善人。卒諡恭。

皇甫·錄 【明】長洲人。字世庸。號近峯。弘治進士。授都水主事。出知順慶府。時藍鄢寇起。蔓延全蜀。錄預爲設備。郡賴以全。被劾歸。以著述游覽爲事。有明記略．近峯聞略．下陴紀談．蘋溪集．容臺集．果山集。

皇甫·績 【隋】朝那人。字功明。三歲而孤。爲外祖韋孝寬所鞠養。精心好學。略涉經史。開皇間爲蘇州刺史。後拜信州總管。卒諡安。

皇甫·謐 【晉】嵩曾孫。字士安。年二十餘。乃感激就學。居貧。躬自稼穡。帶經而農。遂博綜典籍百家之言。沉靜寡欲。有高尚之志。以著述爲務。自號玄晏先生。後得風痺疾。猶手不釋卷。武帝時累徵不起。自表就帝借書。帝送一車書與之。所著詩賦誄頌論難甚多。又撰帝王世紀年曆．高士逸士列女等傳．甲乙經．玄晏春秋。

皇甫·鎛 【唐】臨涇人。貞元進士。累遷戶部侍郎。憲宗方伐蔡。急於用度。鎛裒會嚴亟。以辦濟師。帝悅。蔡平。遂同門下平章事。鎛以吏道進。旣由聚斂句剝爲宰相。天下怨之。惟以巧媚自固。穆宗立。貶鎛崖州司戶參軍卒。

皇甫·鏞 【唐】鎛弟。字餘卿。舉進士。累官河南少尹。見鎛權寵太甚。每極言之。鎛不悅。乃求分司。爲太子右庶子。鎛敗。朝廷賢之。授國子祭酒．太子少保。鏞能屬文。工詩。寡言正色。不屑世務。所交皆知名士。著書數十篇。

皇甫·繼明 【宋】薊人。善騎射。以膂力聞。田重進北征。繼明爲前鋒。以功加馬步軍都軍頭。歷環慶路馬步都部署。性謹愿。御下嚴肅。卒於軍。

皇甫·繼勳 【南唐】暉子。累遷神衛統軍都指揮使。時年尚少。貲產優贍。極遊宴之好。及宋師至。諸軍多敗衂。繼勳欲李煜速降。聞敗則喜。偏裨或有邀宋師者。輒鞭而拘之。一日煜躬自巡城。見宋軍容始懼。知爲左右所蔽。及還宮。收繼勳付大理。始出。軍士悉集。臠割之。

皇·欣 【秦】爲魏將。二世時與沛公攻昌邑。

皇武子 【春秋】【鄭】事文公爲卿。宋成公至鄭。文公將享之。問禮於武子。武子對曰。宋先代之後也。於周爲客。天子有事膰焉。有喪拜焉。豐厚可也。文公從之。享宋公有加。禮也。

皇·非我 【春秋】【宋】野子。景公時爲大司馬。初．景公無子。取公孫周之子得與啟。畜諸公宮。未有所立。至是公卒。其嬖臣大尹劫六卿。使盟而立啟。非我與諸卿謀逐大尹與啟。而立得。

皇·偘 【梁】吳郡人。少好學。師事會稽賀瑒。盡通其業。爲國子助教。聽講者常數百人。撰禮記講疏奏上。詔付秘閣。加員外散騎侍郎。性至孝。常日限誦孝經二十遍。丁母憂。感心疾卒。有論語義．禮記義。（按南史作皇侃。此從梁書。）

皇·國父 【春秋】【宋】仕平公爲太宰。爲平公築臺。妨於農功。子罕請俟農功之畢。公弗許。築者謳曰。澤門之晳。實興我役。邑中之黔。實慰我心。蓋以國父白晳而居近澤門。子罕黑色而居邑中也。

皇·野 【春秋】【宋】字子仲。仕爲卿。初．野將以妻杞姒之子非我爲適子。皇欒曰。必立其兄伯。是良材也。野怒弗從。後遂譖欒於景公。公執欒。

皇·象 【三國】【吳】江都人。字休明。幼工書。時有張子並．陳梁甫能書。象斟酌其間。甚得其妙。人謂象章草入神。八分隸入妙。篆入能。官靑州刺史。

皇瑗　春秋宋皇父充石八世孫。仕爲卿。鄭圍宋雍丘。瑗帥師圍鄭師。每日遷舍。壘合。鄭師哭。鄭罕達來救。瑗大敗之。遂取鄭師。使有能者無死。以郟張與鄭羅歸。後爲右師。景公執其子。瑗出奔晉。公召之還。已復殺之。

皇麇　春秋宋瑗子。愛其友田丙而奪其兄邑以與之。兄慍而行。尋爲皇野所譖。景公遂執麇。

盆成括　戰國孟子稱其小有才。未聞大道。仕齊見殺。

相世芳　明安邑人。正德進士。歷官刑部郎中。沈毅質直。博極羣書。工詩文。嘉靖初以諫議禮。戍延安十三年詔還。終身無怨言。

相里金　後晉并州人。字奉金。爲人勇悍。而能折節下士。唐同光中拜忻州刺史。時諸州皆武人。多以部曲主場務。私其利。金獨禁不許與事。

相威　元國王速渾察子。性弘毅重厚。喜延士大夫。聽讀經史。論古今治亂。至直臣盡忠。良將制勝。必爲之擊節稱善。以故臨大事決大議。言必中節。從伐宋有功。授征西都元帥。拜江淮行省左丞相卒。

相雲　後秦馮翊人。姚興好游田。頗損農要。雲作德獵賦以諷。興覽而善之。賜以金帛。

相潤　清僧。南海人。字璓琳。號竹菴。主海幢寺。工詩畫。有竹菴吟卷。

相禮　明松江華亭人。字子先。洪武中召至京師。遣還。畫學大癡逼眞。能詩善奕。當世無敵。

相願　北齊事蘭陵武王高長恭爲尉。長恭以威武爲後主所忌。遂以貪殘自穢。願曰。若此。反以速禍。宜屬疾在家。弗預事。長恭善其言。

省躬　唐僧。桐廬籍。性靈天發。能文詞。晚居揚州慧照寺。自號清冷山沙門。其品藻臧否古今之義。生徒錄之。號順正記。

祈充格　清姓烏蘇氏。世居瓦爾喀。後隸滿洲鑲白旗。天聰時爲禮部啓心郎。順治間官至弘文院大學士。謟附多爾袞。坐擅改太祖實錄。削匿多爾袞罪愆。增載功績等事。被誅。

祈志誠　元丘處機之門人。得處機之術。居雲州金閣山。道譽甚著。丞相安童詣之。志誠告以修身治世之要。安童感其言。故其相世祖。以清靜忠厚爲主。

祈嘉　晉酒泉人。字孔賓。清貧好學。博通經史。後被徵爲儒林祭酒。教授不倦。弟子獨拜牀下者二千餘人。

祓諷　漢安帝時爲光祿勳。帝廢太子爲濟陰王。諷與來歷等同詣鴻都門。證太子無過。

禹之鼎　清江都人。字上吉。一字尙基。號愼齋。康熙中官鴻臚寺序班。以善畫供奉內廷。尤工寫照。秀媚古雅。爲當代第一。一時名人小像。皆出其手。

禹祥　明臨洮人。知仁壽縣。處己接物。惟以不欺。居官清約如寒士。

禹顯　金雁門人。貞祐初以戰功授義勝軍節度使。兼沁州招撫副使。元光初將二百人守褒垣。元師集河朔步騎數千攻之。數四不能拔。會內變。城破被擒。得脫。復被執。不屈死。

秋水　南唐李煜宮人。喜簪異花。芳香拂鬢。常有蝶繞其上。撲之不去。

秋胡妻　春秋魯秋胡娶妻五日。去而官於陳。五年乃歸。未至家。見路傍婦人採桑。秋胡悅之。與之金。婦不顧而去。秋胡至家。奉金遺母。及婦至。則嚮採桑者。婦歎以不孝不義之罪。東走投河而死。

秋香　明成化間人。爲南京舊院妓。後從良。有舊識欲相見。以扇畫柳題詩拒之。長洲祝允明有秋香便面詩。

秋瑾　清浙江山陰人。字璿卿。別字競雄。湘鄉王某妻。邑人徐錫麟引爲同志。赴日游學。歸。提倡女學。錫麟起事皖省。瑾亦謀在越響應。事洩。紹守貴福捕殺之。

科爾崑　清滿洲正藍旗人。姓阿顏覺羅氏。從太宗征朝鮮及察哈爾。攻錦州。皆有功。順治間追擊李自成於湖廣。敗張獻忠於四川。轉戰湖南貴州。累擢護軍統領。康熙間討自成餘黨李來亨於茅麓山。平之。旋卒。

种世衡　宋放兄子。字仲平。少尙氣節。家貲悉推與昆弟。惟取圖書。歷簽書同州鄜州判官。累官至環慶路兵馬鈐轄。在邊數年。積穀通貨。所至不煩縣官。益兵增餉。善撫士卒。能得人死力。及卒。人皆畫像祀之。

种古　宋世衡子。字大質。少慕從祖放爲人。不事科舉。當任官。推以與弟。時號小隱君。以父功錄爲天興尉。累官涇原路都監。歷知原寧鄜隰諸州。與弟諤、診、皆有將略。人稱三种。古明達孝義。然世衡受知范仲淹。因以立功。而古以私憾訟其子純仁。世論少之。

种朴　宋諤子。以父任累官知河州。蕃部阿章叛。帥使出討。時朴至州才二日。以賊鋒方銳。且盛寒。欲姑徐之。帥檄六七至。不得已出兵。遇伏力戰死。

种劭　後漢拂子。字申甫。少知名。中平末爲諫議大夫。董卓至河南。劭被命迎勞。譬令還軍。卓以兵脅之。劭稱詔大呼。軍士皆披靡。遂前責卓。卓辭屈。乃還軍夕陽亭。自是見惡於卓。獻帝初以侍中出爲益州刺史。會拂戰死。服終。竟不之職。與劉鎡・馬宇・共攻李傕・郭汜。軍敗皆死。

种佋 （後漢）暠長子。字公祖。好學養志。舉孝廉茂才・辟公府皆不就。公車特徵。會病卒。

种拂 （後漢）暠子。字穎伯。初拜宛令。時南陽郡吏休沐遊戲。爲患百姓。拂出遇之。輒下車公謁以愧其心。自是莫有出者。累遷司空。以地震免。獻帝初復起爲太常。李傕・郭汜之亂。百官多避兵。拂揮劍出曰。爲國大臣。不能止戈除暴。致凶賊兵刃向宮。去欲何之。遂戰死。

种放 （宋）洛陽人。字名逸。沈默好學。七歲能屬文。父令舉進士。辭曰。業未成不可妄動。及父卒。奉母隱終南。以講習爲業。隱居三十年。咸平中徵赴闕。累拜給事中。遷工部侍郞。後眞宗召爲左司諫。辭歸山。一日晨與服道衣。聚諸生列飮。取平生所作章疏。悉焚之。酒數行而卒。

种放母 （宋）偕放隱終南山。放以講習爲業。得束脩以養母。淳化間放被召。母恚。因取筆硯焚之。與放轉居窮僻。人跡罕至。太宗嘉其節。賜以繒錢。有司歲時存問。

种師中 （宋）世衡孫。字端儒。徽宗朝歷官河北制置使。老成持重。爲時名將。金人內侵。詔師中援中山・河間。時朝議矛盾。師中趣謀不能用。惟責以逗撓。促出戰。師中歎曰。吾結髮從軍。今老矣。忍受此爲罪乎。力鬭而死。謚莊愍。

种師道 （宋）世衡孫。字彝叔。累官京畿河北制置使。知兵有謀。靖康中金人南下。師道將援兵。至闕入對。爲戰守之計。人心以安。時師道春秋高。天下稱爲老种。然其言不能盡用。後京師失守。帝搏膺曰。不用种師道言。以至於此。卒謚忠憲。

种雲龍 （明）咸寧人。正德中由舉人知南宮縣。廉靜有爲。民甚德之。

种暠 （後漢）洛陽人。字景伯。父遺財三千萬。暠悉以賑恤宗族邑里之貧者。順帝時舉孝廉。爲侍御史。糾奏稱職。出爲益州刺史。遠夷雜落。舉種向化。匈奴寇邊。擢爲度遼將軍。後遷司徒。卒於位。

种誼 （宋）諤弟。字壽翁。以戰功累官西京使。元祐中知岷州。一戰擒鬼章。徙知鄜州。時夏人犯延安。聞誼至。皆潰去。官至保州團練使卒。

种諤 （宋）古弟。字子正。以父任薦知青澗城。便宜招降夏將嵬名山。遂長驅追擊敗敵。城綏州。言者劾其專擅貶秩。尋復官。以功累遷鳳州團練使。知延州卒。諤善馭士卒。臨敵出奇。戰必勝。然詐謔殘忍。喜功開釁。議者謂諤不死。邊事不已。

种輯 （後漢）官越騎校尉。與董承等俱受密詔誅曹操。事洩。爲操所殺。

穿封戌 （春秋）（楚）爲縣尹。楚侵鄭。至於城麇。鄭皇頡戍之。出與楚師戰。敗。穿封戌囚皇頡。公子圍與之爭。正於伯州犂。伯州犂曰。請問於囚。乃立囚。伯州犂曰。所爭君子也。其何不知。上其手曰。夫子爲王子圍。寡君之貴介弟也。下其手曰。此子爲穿封戌。方城外之縣尹也。誰獲子。囚曰。頡遇王子弱焉。戌怒。抽戈逐王子圍。弗及。楚人以皇頡歸。

突利可汗 （唐）突厥酋長。名什鉢苾。始畢可汗嫡子。頡利嗣位。以爲突利可汗。武德時與太宗深相結。與盟而去。貞觀時爲頡利所攻。遂來奔。授右衛大將軍。封北平郡王。都督順祐等州。

突呂不 （遼）字鐸袞。官至崇義軍節度使。幼聰敏。及製契丹大字。突呂不贊成爲多。

突騎施烏質勒 （唐）西突厥別種。初爲莫賀達干。隸斛瑟羅。撫下有威信。諸胡順附。攻得碎葉。徙居之。漸幷斛瑟羅地。聖曆間遣子遮弩入朝。神龍中封懷德郡王。尋卒。

突騎施娑葛 （唐）烏質勒子。神龍中襲封。與其將闕啜忠節交怨。宰相宗楚客納忠節賂。娑葛因殺唐御史中丞馮嘉賓。遣兵盜塞。敗安西都護牛師獎。表索楚客頭。後其弟遮弩叛歸默啜。引北突厥兵來討。娑葛被擒。與遮弩並見殺。

紀大奎 （淸）臨川人。字向辰。號愼齋。少習易學。兼通陰陽曆算壬遁之術。乾隆舉人。歷官昌樂什邡等知縣。所至有政聲。什邡奸民據山聚衆講清涼教。詭傳青蓮教當繼白蓮教倡亂。大奎率幹役擒破之。邑遂安。擢知合州。以病乞歸。年八十卒。有觀易外編・易問・古律經傳附考・老子約說・雙桂堂稿・續稿・遺稿・地理末學・六壬類聚・考訂河洛理書便覽・金剛經偶說・周易參同契集韻・悟眞篇・紀公祈雨文等書。

紀大復 （淸）上海人。字子初。號半樵。又號迷航外史。善畫山水。工隸書。尤長鐵筆。有靈萍詩。

紀大綱 （明）誠子。字永立。嘉靖進士。累任給事中。大綱爲高拱門生。拱與徐階構隙。授意劾階。大綱不可。遂絕意仕進。以著書自娛。

紀元 （明）臨安人。字調甫。父早喪。母肢折。元與妻郝晝夜侍側三年。旣病癰。元跪而吮之。母遂愈。

紀天錫 （金）泰安人。字齊卿。早棄進士業。學醫。精於其技。遂以醫名。注難經五卷。世宗時上其書。授醫學博士。

紀太后 （明）賀縣人。成化中帝偶行內藏。見而幸之。遂有身。時萬貴妃專寵而妬。後宮有娠者皆治使墮。后旣生孝宗。監門張敏藏之他室。久之敏爲帝言。帝大喜。卽日往迎皇子。移后居永壽宮。未幾后暴薨。或曰貴妃致之。孝宗立。追謚孝穆皇太后。

紀．少瑜 【梁】秣陵人。字幼場。早孤。有志節。年十三。能屬文。嘗夢陸倕授以靑鏤管筆。其文因此遒進。少瑜美容貌。工稿草。除武陵王記室參軍卒。

紀．汝淸 【明】文安人。字廉卿。萬曆舉人。官至南京應天府推官。性至孝。弱冠喪父。冱寒。血凝冰。絕食七日。抱尸偃臥。廬墓三年。母沒。負土鑿壙。廬墓如初。河水暴發。乘桴築堰。墓獨完。

紀．克家 【明】文安人。字懿隆。萬曆舉人。累官刑部郎中。廉直勁正。甚獲時譽。

紀．君祥 【元】大都人。一作天祥。工樂府。與李壽卿．鄭廷玉同時。有趙氏孤兒等雜劇行世。

紀．廷相 【明】獻縣人。字桂石。諸生。有友于小傳。皆士庶家庭細務。其子堯卿跋稱族有閱牆者。錄此編竟。愧而復睦云。

紀．成 【漢】以將軍從高祖破秦。入漢定三秦。封定平侯。戰好時。死事。

紀．坤 【明】獻縣人。字厚齋。崇禎諸生。詩學蘇軾。不循蹊徑。遭逢亂世。多感時傷俗之言。有花王閣賸稿。

紀．宗德 【明】鄞人。弱冠敎授閭里。嚴立條約而以身先之。諸生莫不敬服。事親孝。持己敬而與人忠。論者以篤行稱之。尤習國家典故。永樂中與修郡邑通志。以精敏稱。屢徵不起。

紀．昌 古之善射者。初學射於飛衞。衞曰。視小如大。視微如著。而後告我。昌以氂懸蝨於牖間。南面而望之。浸大。三年如車輪焉。射之。貫蝨之心而懸不絕。

紀．明 【明】吳人。嘗受秘訣於隱士周廣。觀人顏色。便知疾深淺。

紀．昀 【淸】容舒子。字曉嵐。一字春帆。晚號石雲。乾隆進士。累遷侍讀學士。坐事戍烏魯木齊。尋釋還。復授編修。官至協辦大學士。加太子太保。昀貫徹儒籍。旁通百家。其學在辨漢宋儒術之是非。析詩文流派之正僞。主持風會。爲世所宗。任四庫全書總纂。校訂整理。每書悉作提要。冠諸簡首。稱大手筆。又詔撰簡明目錄。評隲精審。一生精力。備注於此。休寧戴震與交最篤。主其家二十餘年。性坦率。好滑稽。有陳亞之稱。卒年八十二。謚文達。有遺集及閱微草堂筆記七種。

紀．炅 【淸】文安人。字仲霽。號朏庵。諸生。康熙中薦徵鴻博。稱疾不預試。有桂山堂集。

紀．杭 【明】鄱陽人。字勝卿。生有異質。聞祝無功講學。徒步從之遊。凡六年。登萬曆鄉薦。官晉安知縣。

紀．青 【明】上元人。字竺遠。諸生。好爲詩古文。不得志。入天台國淸寺爲僧。後不耐寂寞。歸江東。以詩酒放遊山水間。年六十餘卒。有遺集。

紀．亮 【三國魏】爲尚書令。子隲爲中書令。每朝會。以雲母屛風隔坐。

紀．信 【漢】事漢王爲將軍。項羽圍滎陽急。信自請乘漢王車黃屋左纛以誑楚。漢王間出。項羽怒。燒死信。後立廟於順慶曰忠祐。

紀．昭 【淸】昀兄。字懋園。號悟軒。乾隆進士。官內閣中書。父疾。乞假歸。不復出。與弟昀同勵學。服膺宋五子書。有毛詩廣義．養知錄。

紀．映淮 【淸】映鍾妹。小字阿男。適杜氏。早寡。以節聞。嘗有詠秋柳云。棲鴉流水點秋光。愛此蕭疏樹幾行。不與行人綰離別。賦成謝女雪飛香。王士禎聞之。因作秦淮雜事詩云。十里秦淮水蔚藍。板橋斜日柳毿毿。棲鴉流水空蕭瑟。不見題詩紀阿男。

紀．映鍾 【淸】靑子。字伯紫。一字檗子。號戇叟。自稱鍾山遺老。移居儀徵。工詩善書。有眞冷堂詩稿。

紀．容舒 【淸】獻縣人。字遲叟。號竹厓。康熙舉人。官姚安知府。有唐韻考．玉臺新詠攷異．杜律疏。

紀．眞 【宋】工畫山水。

紀．紘 【明】文安人。字廷儀。弘治舉人。官秦府右長史。嘉靖初詔釐各藩濫役。秦藩不肯遣。紘啓凡四上。卒迸之。又啓爲火災修省。語甚戇。時稱爲魚頭紀長史。

紀．處訥 【唐】上邽人。爲人魁岸。鬚長數尺。其妻．武三思婦之妹。縱使通三思。以此進太府卿。後伏誅。

紀．逡 【漢】瑯邪人。以明經飭行仕王莽。歷位公卿。

紀．經綸 【明】雲南臨安人。字腆夫。嘉靖舉人。純樸不妄言。里稱篤行君子。嘗市一婢。異而問之。曰。父爲百戶。嘗立功。以貧迫至此。遂養爲己女。厚嫁之。弟病癎。愛護甚至。居官有惠政。仕至襄藩長史。

紀．僧眞 【南齊】建康人。事高帝恩倖無比。自寒官歷建威將軍。僧眞容貌言吐。雅有士風。武帝目送之曰。人何必計門戶。紀僧眞常貴人所不及。明帝殂。出爲廬陵長史卒。

紀．綱 【明】臨邑人。諸生。燕王起兵。綱請自効。善騎射。便辟詭黠。善鉤人意嚮。先發以爲功。燕王卽位。爲錦衣衛指揮使。日摘臣僚及民間陰事以聞。帝所怒內侍及武臣下綱論死。輒爲深情好語。誘取金帛且盡。忽刑於市。後以謀反伏誅。

紀．誠 【明】紘孫。字勉夫。嘉靖進

士。仕至山西按察司副使。性孝友。與人交。胸次灑然。學問賅博。當官政績茂著。

紀磊　清烏程人。字位三。號石齋。諸生。家貧力學。讀易三十年。於離卦傳中推其消息。所著周易消息一書。體大思精。寫定時稿凡六易。又著震澤鎮志．風雨樓文集吟稿．紀氏詩錄。後以青烏術自給。

紀賢　明任丘人。字若愚。少孤貧。事母至孝。幼弟四人。倚以成立。嚴毅方正。一錢尺帛不自私。著家範數十條。同爨者五十餘人。咸化其德。有讀史隨情諸集。

紀龍　清鹽州人。康熙間從額倫特攻準噶爾。至喀喇烏蘇。被圍。額倫特陣亡。龍從間道歸。尋復從勦海猓賊。擊九股苗。攻古州蠻。累有戰功。官至楚姚鎮總兵。

紀瞻　晉亮孫。秣陵人。徙家歷陽。字思遠。少以方直知名。舉秀才。元帝引爲軍諮祭酒。以討周馥．華軼功。封都鄉侯。又論討陳敏功。封臨湘縣侯。尋除尚書右僕射。上疏諫諍。多所匡益。贍才兼文武。朝廷稱其忠亮雅正。俄轉領軍將軍。卒謚穆。

紅拂　隋姓張。名出塵。本隋相楊素侍妓。李靖以布衣謁素。姬妾羅列。有執紅拂者。有殊色。獨目靖。其夜靖歸逆旅。紅拂奔之。曰妾楊家紅拂妓也。絲蘿願託喬木。乃與俱適太原。

紅綃　唐大曆中勛臣家妓。能詩。勛臣疾。有崔生者往省之。勛臣令妓送出院。妓指鏡隱語。生歸。神迷意奪。崑崙奴磨勒曰。此可致也。夜負生踰重垣。入其院。妓獨坐吟詩。遂負生與妓俱出。守禦無覺者。

紅線　唐潞州節度使薛嵩家青衣。通經史。嵩遣掌牋表。號曰內記室。魏博節度使田承嗣將并潞州。紅線夜到魏郡。入寢所。持金合出。嵩遣書承嗣。以金合還之。承嗣乃遣使謝嵩。後辭去。不知所終。

紅蘭　清天津妓。本浙東名家女。能詩善調笑。

紇干．衆　唐字成一。大中間官江西觀察使。有序通解錄。

紇干．遂　唐官御史。貞元中取黑水璧。詔城之。以遂戍之。

紇干．廣略　北周官柱國。周遣廣略圍宜陽。北齊斛律光率衆赴之。大戰於城下。取周建安四戍而還。

紇石烈．牙吾塔　金一名志。本出親軍。性剛悍。喜戰。正大中累官左副元帥。爲人驁狠狠戾。尤不喜文士。僚屬有長裾者。輒以刀截去。以屢敗宋兵。威震淮泗。好用鼓椎擊人。世呼曰盧鼓椎。其名可以怖兒啼。

紇石烈．延年　元字九齡。大德間尹平原。修廟學。增禮器。方春勸課。召鄉子弟告以孝弟力田有賞。荒惰勿藝有罰。革弊懲擾。定力役法。四境熙然。邑人樹碑以紀異績。

紇石烈．志寧　金本名撒曷輦。上京胡塔安人。沈毅有大略。世宗卽位。窩斡稱帝。志寧擊破之。其下執窩斡詣軍降。宋人議和。召至京。累拜右丞相。封金源郡王。卒謚武定。

紇石烈．良弼　金本名婁室。回怕川人。年十七。補尚書省令史。簿書過目。輒得其隱奧。雖大文牒。口占立成。詞理皆到。大定間累官左丞相。性聰敏忠正。善決斷。言論器識出人意表。雖起寒素致位宰相。而朝夕惕惕。盡心於國。薦舉人材常若不及。居位幾二十年。以成太平之功。號賢相焉。卒謚誠敏。

紇石烈．胡剌　金晦發川晻敦河人。識契丹字。初爲帥府小吏。累遷蒲與路節度使。嘗從梁王宗弼渡淮。及下廬和二州。大破張浚．韓世忠等軍。

紇石烈．桓端　金西南路忽論宋割猛安人。曉習軍事。衛紹王及宣宗時。渡淮伐宋。及討平蒲鮮萬奴。累立戰功。官至武衛軍都指揮使卒。

紇石烈．執中　金本名胡沙虎。大安中累遷右副元帥。跋扈不臣。將軍入大興府。迎宣宗於彰德。使宦者李思忠弑衛紹王。盡撤沿邊諸軍赴中都。平州騎兵屯薊州。以自重。宣宗立。拜太師．尚書令．都元帥。元兵逼畿至高橋。朮虎高琪屢戰不利。執中以軍法戒之。高琪自度不免。遂率所將糺軍入中都。圍執中第。執中聞變。登垣欲走。墮而傷股。軍士就斬之。

紇石烈．德　金眞定路山春猛安人。字廣之。明昌進士。貞祐間遷武興軍節度使。肇州圍急。食且盡。有糧三百船在鴨子河。去州五里不能至。德乃浚壕增陴。築甬道。導濠水屬之河。一日兵數接。士殊死戰。遂成。船至城下。兵食足。圍乃解。改遼東路轉運使。興定中遷工部尚書卒。

紇石烈．鶴壽　金河北西路山春猛安人。中泰和武舉。調襄信縣副巡檢。宋人圍蔡州。鶴壽與勇士五十人夜斫宋營。圍解。充行軍萬戶。數有戰功。興定中權元帥左都監。行元帥府於鄜州。宋師至。城陷。鶴壽力戰死。謚果勇。

紇豆陵．步藩　後魏河西人。建義中與破落韓常大敗爾朱兆於秀容。

紇奚．永安　北齊後主緯失并州。使開府永安告急於突厥他鉢略可汗。及聞齊滅。永安抗言曰。本國既敗。永安豈惜賤命。惟乞一刀以顯示遠近。他鉢略嘉其壯烈。贈馬而歸。

者．繼榮　明雲南羅雄土知州。嘉靖中其父濬請老。遂襲職而逐濬。以鎮巡官之命迎潛歸。陰加禁錮。萬曆間羅雄兵奉調征緬。繼榮弑潛乃行。與署霑益州女土官安索儀通。倚其兵力爲助。師過越州。留連不進。聚衆反。攻破諸寨。據險築城。制擬王者。尋爲劉綎所敗。奔至阿拜江。就誅。

彤·申 【漢】昭子。尚景帝女南宮公主。坐不敬免。

彤·昭 【漢】跖子。嗣封芒侯。以罪免。景帝初將兵擊吳楚。復封。

彤·班 【春秋】【宋】武公之世。鄋瞞伐宋。司徒皇父帥師禦之。彤班爲御。獲長狄緣斯。宋公於是以門賞彤班。使食其征。謂之彤門。

彤·跖 【漢】從高祖起碭。至霸上爲定武君。還定三秦。爲都尉。封芒侯。

耶律·乙不哥 【遼】字習撚。長於卜筮。不樂仕進。當時占候無不驗。

耶律·乙辛 【遼】五院部人。字胡覩袞。美風儀。外和內狡。清寧間爲北院樞密使。封趙王。咸雍間加守太師。詔四方有軍旅。許以便宜從事。勢震中外。門下賄賂不絕。凡阿順者蒙薦擢。忠直者被斥竄。大康初皇太子始預朝政。法度修明。乙辛不得逞。以事誣皇后死。又害太子。尋出知興中府事。坐事減死。幽萊州。後謀奔宋。及私藏兵甲事覺。縊殺之。

耶律·八哥 【遼】五院部人。字烏古鄰。幼聰慧。書一覽成誦。宋將曹彬·米信侵燕。以扈從功。擢上京留守。後伐高麗。爲都監。還濟萊陀二河。高麗兵追至。敗績。降西北路都監卒。

耶律·大石 【遼】見遼德宗條。

耶律·大悲奴 【遼】字休堅。王子班毳里古後。舉止馴雅。好禮儀。爲時人所稱。天慶中官至彰國軍節度使。

耶律·仁先 【遼】字糺鄰。魁偉秀爽有智略。重熙中補護衛。道宗時太叔重元謀逆。以平賊功加尚父。進于越。封遼王。後爲西北路招討使。擊敗阻卜塔里干。北邊遂安。尋卒。

耶律·化哥 【遼】字弘隱。景宗時侵宋。累功遷南院大王。開泰初改北院樞密使。又以戰功封豳王。後坐事削爵。以侍中遙領大同軍節度使卒。

耶律·引吉 【遼】品部人。字阿括。以廕補官。累遷樞密院侍御。時蕭革等以佞見任。引吉以直道處其間。無所阿唯。大康初出爲漠北滑水馬羣太保卒。

耶律·世良 【遼】六院部人。小字斡。才敏給。練達國朝典故及世譜。開泰間累官同政事門下平章事。從化哥討邊部大破之。自是邊境以寧。以功王岐。伐高麗破之。暴疾卒。

耶律·仙童 【遼】重熙間爲惕隱都監。以寬厚稱。討蒲奴里及烏隗。有功。歷忠順武定二軍節度使致仕。封蔣國公。咸雍初徙封許國卒。

耶律·古 【遼】鐸臻弟。字涅剌昆。太祖爲于越。嘗從略地山右。會李克用於雲州。古侍。克用異之曰。是兒骨相非常。不宜使在左右。以故太祖頗忌之。時方西討。諸弟亂作。古陳殄滅之策。後皆如言。錫賚甚厚。官至右皮室詳穩。

耶律·古昱 【遼】字磨魯董。工馳射。平中京盜。從征渤海。有功。官至天成軍節度使。

耶律·奴瓜 【遼】太祖異母弟。字延寧。有膂力。善調鷹。統和間攻宋累有功。官至南府宰相。加尚父卒。

耶律奴妻 【遼】姓蕭氏。小字意辛。以孝謹聞。奴以事流烏古部。帝以蕭氏爲公主女。欲使絕婚。辭曰。夫婦之義。生死以之。幸陛下哀憐。與奴俱行。妾即死無恨。從之。後舉家召還。保大中盧彥倫叛。遇害。

耶律·弘古 【遼】字盆納隱。統和初爲南京統軍使。徇地南鄙。敗敵於四岳橋。積功封楚國公。西北部叛。從耶律奴瓜討之。及典禁軍。號令整肅。諸部多降。官至侍中卒。◎【遼】化哥弟。字胡篤董。太平間拜惕隱。討阻卜有功。聖宗嘗刺臂血與弘古盟爲友。禮遇尤異。拜南府宰相。重熙間加于越。帝憫其勞。復授武定軍節度使卒。

耶律·朮者 【遼】字能典。補祗候郎君。天慶中坐事左遷。爲咸州糺將。嘗與耶律章奴謀立魏王淳。及聞章奴自鴨子河亡去。即引麾下數人往會之。道爲游兵所執。送行在所。天祚責問數四。朮者厲聲數上過惡。陳社稷危亡之本。遂見殺。

耶律·石柳 【遼】六院部人。字酬宛。性剛直。有經世志。大康初爲夷离畢郎君。時樞密使耶律乙辛誣殺皇后。謀廢太子。石柳惡之。太子既廢。以石柳附太子。流鎮州。天祚即位。召爲御史中丞。石柳上書。請求順考之瘞所。盡收逆黨。以正邦憲。書奏不報。聞者歎惋。乾統中遙授靖江軍節度使卒。

耶律·仲禧 【遼】儼子。重熙中始仕。累官南院樞密使。時樞臣乙辛等誣陷皇太子。仲禧偕乙辛鞫之。要引無辜。未嘗雪正。卒諡欽惠。

耶律·休哥 【遼】釋魯孫。字遜寧。少有公輔器。乾亨初將兵救南京。與宋戰於高梁河及瓦橋關。皆有功。拜于越。聖宗即位。太后稱制。令總南面軍務。封宋國王。遠近向化。邊鄙以安。休哥智略宏遠。料敵如神。每戰勝。讓功諸將。故士卒樂爲之用。身更百戰。未嘗殺一無辜。

耶律·合住 【遼】太祖從孫。字粘袞。弱不好弄。臨事明敏。善談論。保寧初拜涿州刺史。久任邊防。曉暢

政。務鎮靜。不妄生事以邀近功。屬
部乂安。鄰壤敬畏。
耶律·合理只 〔遼〕字特滿。清寧
間累官遼興軍節度使·東北路詳穩。封
幽國公。居官明達勤恪。懷柔有道。
置諸賓館及西邊營田。皆自合理只始。
耶律·合魯 〔遼〕字胡都堇。以阿
附乙辛。遂見委任。譖太子。殺忠直。
合魯多預其謀。弟吾也亦黨乙辛。時
號二賊。官至北院大王。
耶律·夷臘葛 〔遼〕字蘇散。應曆
初以父任入侍。帝新即位。疑諸王有
異志。引爲布衣交。與謀機密。遷寄
班都知。時穆宗酗酒殺人。夷臘葛諫
不止。後被弒。坐守衞不嚴誅。
耶律·安摶 〔遼〕幼若成人。居父
喪。哀毀過禮。既長。寡言笑。重然
諾。動遵繩矩。事母至孝。太宗崩。
時安摶值宿衞。詣南北二大王計之。
乃整軍召諸將。奉世宗即位。帝以安
摶爲腹心。總知宿衞。寵任無比。應曆
初或誣與齊王罨撒葛謀亂。繫獄死。
耶律·安禮 〔金〕本名納合。幼孤。
事母以孝聞。遼季間關避難。未嘗一
日忘溫凊。入朝授左班殿直。官至尚
書左丞。以諫伐江南罷爲南京留守卒。
耶律·有尙 〔元〕東平人。字伯強。
號迂齋。資識絕人。篤志於學。受業
許衡。遂於性理。至元間累官國子祭
酒。遷至昭文館大學士。前後五居國
學。其教法一遵衡之舊。海內宗之。
卒謚文正。有許魯齋考歲略。
耶律·羽之 〔遼〕觀烈弟。字寅底
哂。幼豪爽不羣。長嗜學。通諸部語。
太祖經營之初。多預軍謀。天顯間以
輔翼東丹王功。加守太傅。遷中臺省
左相卒。
耶律·老古 〔遼〕斜涅赤姪。字撒
懶。其母淳欽皇后姊。幼養宮掖。沈
毅有勇略。隸太祖帳下。既即位。屢
有戰功。爲佐命功臣之一。太祖侵燕
趙。遇唐兵雲碧店。老古被創卒。
耶律·伯堅 〔元〕桓州人。字壽之。
氣豪俠。用薦舉入官。爲工部主事。
至元間轉清苑縣尹。在任四年。民親
敬之如父母。擢恩州同知。
耶律·余覩 〔遼〕一名余都姑。國
族之近者。慷慨尙氣義。保大初歷官
副都統。其妻天祚文妃之妹。文妃生
晉王最賢。國人皆屬望。時蕭奉先深
忌余覩。誣余覩結駙馬蕭昱。撻葛里
謀立晉王。事覺。殺昱及撻葛里。余
覩在軍中聞之懼。叛歸女直。爲監軍。
久不調。意不自安。遁西夏。夏人不
納卒。
耶律·吼 〔遼〕字曷魯。端慤好施。
不事生產。會同間爲南院大王。蒞事
精簡。帝崩於灤城。無遺詔。軍中憂
懼不知所爲。吼與耶律洼·耶律安摶定
議立世宗。以功加採訪使。賜以寶貨。
吼以讓從弟的琭諸子。時稱名流。
耶律·希亮 〔元〕鑄子。字明甫。
少跋涉西土。羈旅困苦。武宗時官翰
林學士承旨。性至孝。家貲散亡。僅
藏祖考畫像。四時致奠。盡誠盡敬。
雖疾病不廢書史。或中夜起坐。取燭
以書。有愫軒集。卒謚忠嘉。
耶律·忒末 〔元〕契丹人。以功累
官河北西路安撫使。致仕居眞定。金
降將武仙犯眞定。忒末與家孥皆陷焉。
子天祐鎮趙州。忒末密令固守。因被
害。
耶律·李胡 〔遼〕太祖三子。一名
洪古。字奚隱。小字李胡。少勇悍多
力。性殘酷。而母篤愛。天顯間立爲
皇太弟。世宗即位鎮陽。太后怒。遣
李胡將兵擊之。爲安端留哥所敗。及
和約既定。趨上京。有告李胡與太后
謀廢立者。徙祖州。穆宗時其子喜隱
謀反。辭逮李胡。囚之。死獄中。重
熙中謚章肅皇帝。
耶律·沙 〔遼〕字安隱。保寧間總領
南面邊事。宋攻河東。沙將兵救之。
有功。加守太保。其後屢有勝負。統
和中卒。
耶律·禿花 〔元〕契丹人。世居桓
州。太祖時率衆來歸。元軍入金境。
爲鄉導。後從伐金。大破忽察虎軍。
拜太傅。封濮國公卒。
耶律·良 〔遼〕乾州人。字習撚。讀
書醫巫閭山。學既博。入南山肄業。
留數年而歸。清寧中遷知制誥。兼知
部署司事。奏請編御製詩文。目曰清
寧集。帝命良詩爲慶會集。親製其序。
咸雍初同知南院樞密使事。出知中京
留守事卒。追封遼西郡王。謚忠成。
耶律·谷欲 〔遼〕六院部人。字休
堅。沖澹有禮法。工文章。統和間爲
本部太保。遷塌母城節度使。鞫霸州
疑獄。稱旨。後擢南院大王。奉詔編
遼國上世事跡。及諸帝實錄。未成卒。
年九十。
耶律·那也 〔遼〕字移斯輦。累官
北院大王。爲人廉介。長於理民。每
有爭訟。親覈曲直。不尙威嚴。嘗曰。
凡治人本欲分別是非。何事迫脅以立
名。故所至以惠化稱。
耶律·制心 〔遼〕父德崇善醫。官
武定軍節度使。制心善訓鷹隼。開泰
中拜上京留守。封漆水郡王。以皇后
外弟。恩遇日隆。或勸制心奉佛。對
曰。吾不知佛法。惟心無私。則近之
矣。一日沐浴更衣而卒。追封陳王。
耶律·和尙 〔遼〕季父房之後。字
特抹。善滑稽。時與宗篤於親親。凡
三父之後皆序父兄行第。於和尙尤狎
愛。累官御史大夫。加檢校太師卒。
和尙雅有美行。敦以財恤親友。然嗜
酒不事事。人稱爲酒仙云。
耶律·孟簡 〔遼〕屋質五世孫。字

復易。性穎悟。六歲。父晨出獵。命賦曉天星月詩。孟簡應聲而成。父大奇之。旣長。善屬文。耶律乙辛銜之。讁巡磁窯關。明年流保州。大康中始得歸鄉里。改高州觀察使。修學校。招生徒。遷昭德軍節度使卒。

耶律·官奴　【遼】字奚隱。沈厚多學。嗜酒好佚。爲宿直將軍致政。與蕭哇友善。哇謂官奴曰。仕不能致主澤民。成大功烈。何屑屑爲也。吾與若居林下。以枕簟自隨。觴詠自樂。雖不官無慊焉。官奴然之。時稱二逸。

耶律·拔里得　【遼】太祖從子。字孩鄰。以親愛見任。會同間從伐晉。有功。世宗時官至中京留守。

耶律·抹只　【遼】字留隱。以幹給稱。保寧間從韓匡嗣伐宋。諸軍奔潰。獨抹只部伍不亂。徐整旗鼓而歸。統和初敗宋將曹彬等於涿。遷開遠軍節度使卒。

耶律·玦　【遼】字吾展。重熙初召修國史。秦國王爲西京留守。請玦爲佐。歲中獄空者三。玦不喜貨殖。帝知其貧。賜宮戶十。以酒疾卒。

耶律·的琭　【遼】字耶寧。習兵事。爲左皮室詳穩。統和間以伐高麗功。累遷烏古敵烈部都詳穩。

耶律·虎古　【遼】觀烈孫。字海鄰。少穎悟。重然諾。保寧間使宋還。以宋取河東意聞於朝。明年。宋果伐漢。帝遂器之。統和初召赴京師。與韓德讓相忤。德讓怒。擊其腦卒。

耶律·長沒　【遼】世宗子。敏給好學。通契丹漢字。能詩。應曆末與宮人私通。帝怒。榜掠數百。刵一目而宮之。繫獄將棄市。景宗卽位。釋之。封寧王。賜以所私宮人。後以妻造鴆毒奪爵。貶烏古部。賦放鶴詩徵還。統和初詔復舊爵。

耶律·阿沒里　【遼】字蒲鄰。四世祖爲昭古可汗。幼聰敏。保寧中爲南院宣徽使。統和初參預國論。宋將曹彬·米信等侵燕。阿沒里屢破敵軍。先是凡叛逆者兄弟不知情者亦連坐。阿沒里始諫免。惟性好聚斂。時論鄙之。後致仕卒。

耶律·阿思　【遼】字撒班。清寧初補祗候郎君。以善射掌獵事。累官北院樞密使。道宗崩。受顧命。錄乙辛黨人。受賂多所寬貰。蕭合魯嘗言當脩戰備。阿思力阻其事。加尙父卒。

耶律·阿息保　【遼】五院部人。字特里典。慷慨有大志。天慶初官樞密院侍御。金兵陷寧江州。阿息保等使於金。將行。別蕭得里底曰。不肖適異國。必無生還。願公善輔國家。旣至。果見執。久乃遁歸。保大間魏王淳僭號。以書來招。阿息保封書以獻。天祚奔竄。召阿息保不時至。疑有貳心。殺之。初阿息保知國將亡。前後諫甚切。死以非罪。人尤惜之。

耶律·阿海　【元】遼故族。天資雄毅。勇略過人。尤善騎射。通諸國語。歸太祖。累立戰功。伐金略燕南山東諸郡。金人走汴。阿海以功拜太師。行中書省事。從攻西域。卒。追封忠武公。

耶律·勃古哲　【遼】字蒲奴隱。勇悍善治生。以討平党項羌。遷南院大王。統和間宋將曹彬等侵燕。勃古哲擊之甚力。賜輸忠保節致主功臣。總知山西五州。後遷南京統軍使卒。

耶律·室魯　【遼】六院部人。字乙辛隱。魁岸美容儀。甫冠。補祗候郎君。遷宿直。及伐宋爲隊帥。從略地趙魏有功。加檢校太師。爲北院大王。宋和議成。拜北院樞密使。封韓王卒。

耶律·屋質　【遼】字敵輦。簡靜有器識。重然諾。博學知天文。會同間爲惕隱。太宗崩。諸大臣立世宗。李胡爭立。賴屋質諫太后。復言和。察割弑世宗。屋質有平亂功。穆宗卽位。爲北院大王。總山西事。保寧初以禦宋師功加于越卒。

耶律·思忠　【金】履從子。同知歸德府。會汴京戒嚴。以都水監使充鎭撫軍民都彈壓。金主召見。思忠乞留死汴梁。金主幸和議可成。同遣之。君臣相視泣下。竟投城濠死。金法最嚴。惟思忠從事四十年。未嘗有管贖之玷。

耶律·昭　【遼】字述寧。博學善屬文。統和中坐兄國留事。流西北部。會蕭撻凜爲西北路招討使。愛之。奏免其役。禮致門下。欲召用。以疾辭。開泰中卒。

耶律·曷魯　【遼】迭剌部人。字控溫。性質厚。兒時與太祖遊。太祖素有大志。知曷魯賢。軍國事非曷魯議不行。輔太祖卽位。討平叛亂。累官阿魯敦于越卒。

耶律·洼　【遼】釋魯孫。字敵輦。少有器識。人以公輔期之。太宗時爲惕隱。天顯末帝援河東。洼爲先鋒。敗張敬達軍。會同中伐晉。與梁漢璋戰。敗之。太宗崩於欒城。洼與耶律吼定策立世宗。拜于越卒。

耶律·盆奴　【遼】涅魯古孫。字胡獨菫。景宗時爲烏古部詳穩。政尙嚴急。民苦之。尋遷馬羣太保。統和中征高麗。爲先鋒。以功遷北院大王卒。

耶律·突呂不　【遼】鐸臻弟。字鐸袞。幼聰敏嗜學。爲太祖所器重。及製契丹大字。贊成爲多。領國子博士。撰決獄法。天贊間從皇子堯骨進軍燕趙。累下城邑。又伐党項。討烏古部。伐唐。均有功。後送晉主石敬瑭入洛。總册命典禮事。加特進檢校太尉卒。

耶律·胡呂　【遼】弘義宮分人。字蘇撒。性謙謹。於人無適莫。累官千牛衛大將軍。大安中北阻卜酋長磨魯斯叛。討平之。加同中書門下平章事卒。

耶律·迭里特 〔遼〕轄底子。字海鄰。有膂力。善馳射。尤神於醫。太祖在潛邸。已加眷遇。及即位。拜迭剌部夷离堇。帝以其親。每加賜賚。然知其爲人。未嘗任以職。後從剌葛亂。與其父轄底俱坐誅。

耶律·重元 〔遼〕聖宗次子。材勇絕人。眉目秀朗。寡言笑。人望而畏。太平中封秦國王。聖宗崩。欽哀皇后稱制。謀立重元。重元以所謀白於興宗。帝益重之。封爲皇太弟。道宗即位。册爲皇太叔。爲天下兵馬大元帥。賜金券。後車駕獵灤水。其子涅魯古與同黨四百餘人謀反。將戰。其黨奔潰。重元北走大漠。遂自殺。

耶律·倍 〔遼〕太祖長子。幼聰敏好學。神册初立爲太子。首請建孔子廟。天顯間從征渤海破之。改其國曰東丹。命倍主之。太祖崩。倍知太后意。讓位於弟德光。太宗既立見疑。徙倍居東平。唐明宗以書召之。既至汴。賜姓名李贊華。鎮滑州。常與故國通問。爲李從珂所害。世宗立。諡讓國皇帝。統和中更諡文獻。廟號義宗。倍通陰陽。知音律。精醫術。善畫。嘗市書萬卷。藏之醫巫閭山。

耶律·唐古 〔遼〕屋質庶子。字敵隱。廉謹善屬文。累遷豪州刺史·唐古部詳穩。嚴立科條。勸督耕稼。以給西軍。移屯鎮州。凡十四稔。積粟數十萬斛。斗米數錢。重熙間改隗衍党項部節度使卒。

耶律·奚低 〔遼〕便弓馬。勇於攻戰。景宗時多任以軍事。統和中爲右皮室詳穩。從斜軫禦宋師。後從太后南伐。屢有戰績。以病卒。

耶律·恕 〔金〕遼故族。字忠厚。爲人謹厚有志。喜讀書。通契丹大小字。與耶律高八來歸。粘沒喝伐宋。恕隸前鋒。取和尙原。攻仙人關。爲睿宗所知。累官太子少保。封廣平郡王卒。

耶律·朔古 〔遼〕字獨骨頂。太祖以爲右皮室詳隱。從伐渤海有功。會同中累官惕隱。從伐晉。降杜重威。世宗即位。朔古奉太宗喪歸上京。佐皇太后出師。坐免官卒。

耶律·海里 〔遼〕字涅剌昆。太祖傳位。海里與有力焉。以故太祖託爲耳目。數從征討。官至遙輦敞穩。天顯初將兵破忽汗城。班師卒。◎〔遼〕拔里得長子。字留隱。察割之亂。其母的魯與焉。海里拒之。亂平。的魯以子故獲免。海里儉素不喜聲利。以射獵自娛。及曹彬等來侵。海里有卻敵功。封漆水郡王。還上京留守卒。

耶律·海思 〔遼〕釋魯庶子。字鐸袞。機警有口辯。會同中詔求直言。時海思年十八。詣闕求見。引對稱旨。擢宣徽使。屢任以事。後從帝伐晉有功。穆宗立。與冀王敵烈謀反。死獄中。

耶律·涅魯古 〔遼〕重元子。性陰狠。興宗一見謂曰。此子目有反相。重熙間封楚王。爲惕隱。清寧間說其父行弒逆。以事泄。遂擁兵犯行宮。爲近侍所射殺。

耶律·特麼 〔遼〕重熙間累遷六部禿里太尉。後以禁軍都監討磨古斯。累有功。官至北院大王。知黃龍府卒。

耶律·速撒 〔遼〕字阿敏。性忠直簡毅。練武事。初爲侍從。累官九部都詳穩。統和初皇太后稱制。尤信任之。時西邊甫定。速撒安集諸蕃。威信大振。在邊二十年卒。

耶律·馬六 〔遼〕字揚隱。性寬和。善諧謔。恬於榮利。與耶律弘古爲剌血友。重熙初遷旗鼓拽剌詳穩。爲人畏愼容物。不臧否世務。以故上益親狎。拜北院宣徽使。寵異過宰輔。帝常以兄呼之。改遼興軍節度使卒。

耶律·婁國 〔遼〕倍次子。字勉辛。天祿中遙授武定軍節度使。察割作亂。穆宗誘而出之。婁國爭刃察割。累官南京留守。穆宗時誘敵獵及羣不逞謀逆。事覺。縊死。

耶律·庶成 〔遼〕字喜隱。幼好學。過目不忘。善遼漢文字。尤工詩。重熙初補牌印郎君。累遷樞密直學士。與蕭韓家奴。各進四時逸樂賦。帝嗟賞。初契丹醫人鮮知切脈審藥。帝命庶成譯方脈書行之。自是人皆通習。後爲妻胡篤所誣。奪官。使吐蕃十二年歸。清寧間復官卒。有詩文集。

耶律·庶箴 〔遼〕庶成弟。字陳甫。善屬文。咸雍末累遷都林牙。太康初出耶律乙辛爲中京留守。庶箴與耶律孟簡表賀。頃之乙辛復爲樞密使。專權恣虐。庶箴私見乙辛表明心跡。聞者鄙之。致仕卒。

耶律·敖盧斡 〔遼〕天祚帝長子。封晉王。馳馬善射。性樂道人善。而矜人不能。及長。積有人望。保大初耶律余覩與其母文妃密謀立之。事覺。敖盧斡以不與謀得免。未幾。耶律撒八等復謀立。不克。帝知其得人心。令縊殺之。或勸之亡。敖盧斡曰。安忍爲蕞爾之軀。而失臣子之大節。遂就死。聞者傷之。

耶律·斜涅赤 〔遼〕字撒剌。早隸太祖幕下。帝即位。掌腹心部。奉命撫集流沙諸夷。及討渤海。破扶餘城。從太子夜圍忽汗城。大諲譔降而復叛。斜涅赤感勵士伍。鼓譟登陴。遂破之。天顯中卒。年七十。居佐命功臣之一。

耶律·斜軫 〔遼〕曷魯孫。字韓隱。佚蕩有經國才。景宗時爲南院大王。援河東。累敗宋軍。統和初太后任爲北院樞密使。遷山西路兵馬都統。敗宋將賀令圖·潘美。取蔚州。復敗伏誘擒宋將楊繼業於狼牙村。以功加守太保。從太后南伐。卒於軍。

耶律朗　〔遼〕字歐新。性輕佛多力。人呼爲虎斯。天顯間以材勇進。每戰輒克。由是得名。世宗時爲六院大王。察割作亂。朗持兩端。穆宗立。伏誅。

耶律欲穩　〔遼〕突呂不部人。字轄剌干。嚴重有濟世志。太祖命典司近部。以遏諸族窺覬之想。又始置宮分以自衛。欲穩首附宮籍。帝嘉之。後平剌葛等亂。以功遷奚迭剌部夷离菫。天顯初卒。

耶律淵　〔元〕長壽人。任奉聖州礬山監。勸課耕稼。勞來有方。在軍十五年。與士卒同甘苦。乞休致。親沒。卽葬縣西。因家礬山。喪祭必盡其禮。礬山人皆化之。

耶律淳　〔遼〕興宗孫。小字涅里。天祚時累封秦晉國王。拜都元帥。天祚敗入夾山。奚王回離保・林牙耶律大石等。立淳於燕京。稱天錫帝。年號建福。遙降天祚爲湘陰王。自此遼國遂分。以燕雲平上京中京遼西六路立國。世號北遼。奉表於金。乞爲附庸。事未決。病卒。年六十。謚孝章皇帝。廟號宣宗。

耶律章奴　〔遼〕字特末衍。明敏善談論。天慶間天祚親征女直。章奴爲都監。坐與謀立耶律淳。伏誅。

耶律陳家奴　〔遼〕字綿辛。重熙中補牌印郎君。官至烏古部節度使。諸部來侵。陳家奴三克之。邊境遂寧。道宗崩。爲山陵使。致仕卒。

耶律喜孫　〔遼〕永興宮分人。字盈隱。興宗在青宮。嘗居左右輔導。以告蕭浞卜等謀逆。爲欽哀皇太后所寵任。歷東北路詳穩卒。

耶律善補　〔遼〕字瑤昇。純謹有才智。性畏懦。與宋人戰多不利。歷事景宗聖宗。官至南院大王。

耶律棠古　〔遼〕字蒲速宛。大康間官至大將軍。性坦率。人有不善。必盡言無隱。時號強棠古。在朝數論宰相得失。由是久不得調。天慶初烏古敵烈叛。召拜烏古部節度使。諭降之。累加太子太傅卒。

耶律留哥　〔元〕契丹人。仕金爲北邊千戶。太祖起兵朔方。留哥往附。遼東未定。推留哥爲王。國號遼。金人來攻。敗之。於是盡有遼東州郡。遂都咸平。號爲中京。既而耶廝不等勸留哥稱帝。留哥稱疾不出。潛與其子薛闍奉金幣入覲。遼東反覆。留哥次弟平之。尋卒。

耶律解里　〔遼〕突呂不部人。字涅單。太宗時拜御史大夫。會伐晉。解里率兵趨河南。所至無敢當其鋒。入汴。以晉王重貴歸。官至太子太傅。

耶律雅里　〔遼〕天祚帝第二子。字撒鸞。封梁王。保大中天祚出奔。耶律敵列等劫雅里北走。立爲帝。改元神曆。雅里性寬大。惡誅殺。撻不也・突里不等各率其衆來附。自是諸部繼至。而雅里日漸荒怠。後獵查剌山。因致疾卒。年三十。

耶律隆先　〔遼〕倍子。字團隱。景宗卽位。封平王。留守東京。薄賦稅。省刑獄。恤鰥寡。薦賢能之士。後與討高麗有功。還卒。爲人聰明。博學能詩。有閬苑集。

耶律隆運　〔遼〕本姓韓。名德讓。統和中賜姓耶律。重厚有智略。明治體。侍景宗以謹飭聞。代其父匡嗣爲上京留守。尋復代守南京。時人榮之。統和間屢敗宋師。累拜大丞相。封晉王。卒謚文忠。

耶律塗山　〔金〕仕遼至金吾衛大將軍。遙里相溫。遼帝奔天德。塗山以所部降。宗翰伐宋。塗山率本部爲先鋒。至汾州。遇宋將折家軍。請濟師。併力破之。從攻太原隆德府。從入汴。克洛陽。又從婁室平陝右。天會中遷尚書右僕射致仕卒。

耶律塔不也　〔遼〕以善擊鞠見幸。咸雍初補祗候郎君。與耶律乙辛善。故內外畏之。太子之廢。塔不也有力焉。天祚立。大索乙辛黨。以賂獲免。官至西北路招討使。

耶律楚材　〔元〕履子。字晉卿。身長八尺。美髯宏聲。博極羣書。旁通天文地理律曆術數釋老醫卜之說。下筆爲文。若宿構者。金末爲開州同知。完顏復與留守燕。辟左右司員外郎。太祖定燕召見。處之左右。每征伐必命之卜。謂太宗曰。此人天賜我家。爾後軍國庶政。當悉委之。太宗時拜中書令。事無鉅細。皆先白之。凡蒙古陋風。悉爲改革。元之立國規模。皆楚材所定。卒贈太師・廣寧王。謚文正。有湛然居士集。

耶律滑哥　〔遼〕釋魯子。字斯懶。性陰險。初烝其父妾。懼事彰。與剋蕭臺哂等共害其父。歸咎臺哂。滑哥獲免。太祖卽位。姑示含忍。授以惕隱。後預諸弟之亂。事平。與其子痕只俱凌遲死。

耶律義先　〔遼〕仁先弟。美丰姿。舉止嚴重。以戰功官南院宣徽使。時蕭革擅權。義先屢言其不可用。不納。由是鬱鬱不自得。然議事未嘗少阻。累官惕隱。封富春王卒。

耶律資忠　〔遼〕字沃衍。博學工辭章。聖宗召補宿衛。數問以古今治亂。資忠對無隱。開泰中使高麗。被留弗還。資忠每懷君親。輒有著述。號西亭集。後還。以不肯屈附貴顯。外任歷保定昭德二軍節度使卒。

耶律道隱　〔遼〕倍五子。字留隱。倍遭害。道隱尚幼。洛陽僧養之。太宗詔賜外羅山地居焉。性沈靜。有文武才。景宗卽位。守南京。號令嚴肅。統和初卒。追封晉王。

耶律・僕里篤 【遼】字燕隱。開泰間爲本班郎君。捕盜有功。累遷彰聖軍節度使。太平中知興中府。以獄空聞。時近邊羣牧。數被寇掠。遷倒塌嶺都監以治之。桴鼓不鳴。清寧初歷長寧匡義二軍節度使。致仕卒。

耶律・圖魯窘 【遼】本宗室。字阿魯隱。勇而有謀。爲五院夷离菫。會同初改北院大王。從討石重貴。杜重威擁衆拒滹沱橋。不得進。用圖魯窘謀。絕其餉道。重威果降。卒於軍。

耶律・察割 【遼】字歐辛。善騎射。貌恭而心狡。其父安端嘗使奏事。太祖謂其有反相。世宗時領女石烈軍。出入禁中。數被恩遇。耶律屋質察其奸邪。表列其狀。帝不信。天祿間帝伐周至詳古山。察割與耶律盆都率兵入弒太后及帝。因僭位號。壽安王璟令耶律敵獵誘察割。手殺之。諸子皆伏誅。

耶律・斡特剌 【遼】字乙辛隱。大安中知北院樞密使事。北阻卜酋長磨古斯叛。斡特剌率兵進討。擒之。又討平諸部。封混同郡王。卒謚敬肅。

耶律・斡臘 【遼】奚迭剌部人。字斯寧。趫捷有力。善騎射。從敗宋將楊繼業。伐兀惹烏昭度。皆有功。官至東京留守卒。

耶律・漚里思 【遼】負勇略。會同間伐晉。晉將杜重威逆戰圍之。衆言陣薄處可出。漚里思恐有他備。竟引兵衝堅而出。迴視衆所指。皆大塹也。其料敵多此類。尋坐事奪官卒。

耶律・瑤質 【遼】積慶宮人。字拔里堇。篤學廉介。有經世志。聖宗征高麗。破康肇。瑤質之力爲多。擢拜四蕃部詳穩。戢暴懷善。政績顯著。

耶律・蒲古 【遼】字提隱。以武勇稱。統和初爲涿州刺史。從伐高麗有功。太平初城鴨綠江。蒲古守之。在鎮有治績。改廣德軍節度使。莅政嚴肅。諸部懾服。後爲子鐵里所弒。

耶律・頗的 【遼】奴瓜孫。字撒版。孤介寡合。咸雍間拜北面林牙。遣人使宋。得所徒耕牧地。頗的往定疆界。後拜南府宰相。封吳國公。廉鑑奉公。知無不爲。大安中致仕卒。

耶律・劉哥 【遼】太祖兄子。字明隱。幼驕狠。好陵侮人。長益凶狡。累遷西南邊大詳穩。世宗立於軍中。劉哥首建議附助之。及和議成。以功爲惕隱。天祿中欲因進酒行弒逆。事泄。流烏古部。以病疽死。

耶律・履 【金】倍七世孫。字履道。家廣寧。博學多藝。通易太玄。精究曆數。善屬文。初舉進士。惡搜檢煩瑣。去之。蔭補承奉班祗候。累官尚書右丞。卒謚文獻。

耶律・德光 【遼】見遼太宗條。

耶律・撒合 【遼】乙室部人。字率懶。天祿間始仕。應曆中拜乙室大王。隸知兵馬事。乾亨初宋伐遼。北院大王奚底等逆戰敗走。獨撒合全軍還。官至太保卒。

耶律・撒剌 【遼】磨魯古孫。字董隱。性忠直沈厚。歷契丹行宮都部署。大康初耶律乙辛爲中京留守。詔議復召之。撒剌獨奏言乙辛有罪。不可爲樞臣。不納。乙辛憾之。誣以謀廢立。殺之。乾統間追封漆水郡王。

耶律・撒剌竹 【遼】性凶暴。清寧中累遷殿前都點檢。首與重元謀亂。會帝獵灤河。重元倉卒戰敗。撒剌竹在敗所。劫獵夫以援。戰死。

耶律・敵剌 【遼】字合魯隱。善騎射。好禮文。太祖踐阼。與海里同心輔政。以平內亂功爲奚六部吐里卒。

耶律・敵烈 【遼】吼五世孫。字撒懶。寬厚好學。工文詞。清寧初歷同知永州事。禁盜有功。改北面林牙承旨。太叔重元作亂。敵烈赴援。力戰平之。終塌母城節度使。

耶律・敵祿 【遼】字陽隱。性質直。多膂力。穆宗卽位。爲北院宣徽使。將兵援河東。敗周軍。師還卒。

耶律・敵魯 【遼】字撒不椀。其先本五院之族。始置宮分。隸焉。精於醫。察形色卽知病原。雖不診候。有十全功。統和初爲大丞相所薦。官至節度使。

耶律・敵獵 【遼】字烏輦。少多詐。世宗卽位。爲郡牧。都林牙察割謀亂。壽安王璟用敵獵計。誘殺之。事平未顯用。後以謀廢立伏誅。

耶律・歐里斯 【遼】室魯子。字留隱。少有大志。歷右皮室詳穩。從蕭排押伐高麗。戰不利。歐里斯獨全軍還。帝嘉賞。終西南面招討使。

耶律・賢適 【遼】魯不古子。字阿古眞。嗜學有大志。滑稽玩世。人莫之知。惟于越屋質器之。保寧中累拜西北路兵馬都部署。忠介膚敏。燕息不忘政務。乾亨初封西平王卒。

耶律・適祿 【遼】字撒懶。乾統中從伐阻卜有功。官至金吾衛上將軍。後爲盜所殺。

耶律・魯不古 【遼】太祖從姪。字信寧。從伐党項。擊唐將張敬達有功。拜于越。尋爲北院大王。

耶律・學古 【遼】洼庶孫。字乙辛隱。穎悟好學。工譯鞮及詩。保寧中補御盞郎君。乾亨初宋圍燕京。學古戰却之。歷彰國軍節度。與宋將潘美各守邊。約無相侵軼。民獲安業。以功爲惕隱卒。

耶律・撻不也 【遼】字撒班。清寧中累遷永興宮使。平重元之亂。知點檢司事。咸雍中累功授北院宣徽使。

耶律乙辛謀害太子。撻不也知其奸。欲殺乙辛。乙辛知之。誣以與廢立事殺之。乾統間追封漆水郡王。◉【遼】仁先子。字胡獨堇。清寧中累遷永興宮使。以平重元之亂。遙授忠正軍節度使。阻卜酋長磨古斯來侵。詔撻不也為西北路招討使。遣人誘致磨古斯。為所害。諡貞愍。

耶律撻烈 【遼】字涅魯袞。沈厚多智略。年四十未仕。會同間為邊部令穩。應曆初陞南院大王。均賦役。勸耕稼。部人化之。戶口豐殖。數敗周宋之師。加兼政事令。致仕卒。

耶律燕哥 【遼】字善寧。狡佞而敏。乙辛以為耳目。凡聞見必以告。及皇太子被逐。殺害忠良。多燕哥之謀。大安間為西京留守。致仕卒。

耶律獨攧 【遼】字胡獨堇。重熙初為左護衛。將禁兵。以伐夏功。累官四捷軍詳穩卒。

耶律磨魯古 【遼】虎古子。字遙隱。有智識。善騎射。統和中拜南面林牙。從太后禦宋師。手中流矢。拔而復進。累遷北院大王。後伐宋。為先鋒。破其將。以疾卒於軍。

耶律褭履 【遼】字海鄰。風神爽秀。工於畫。官永興宮使。右祗候郎君班詳穩。以殺奚婢。論大辟。褭履寫聖宗眞以獻。得減坐。長流邊戍。復以寫眞召。拜同知南院宣徽事。使宋賀正。寫宋主容以歸。咸歎其神妙。咸雍中加太子太師卒。

耶律諧理 【遼】突舉部人。字烏古鄰。統和間從耶律斜軫禦宋師。常居先鋒。偵候有功。太平初遷本部節度使。以禦阻卜。中流矢卒。

耶律辨材 【遼】[illegible]子。家儀州。天姿倜儻。軀幹雄偉。以志節自負。為中京兵馬副都指揮使。宣宗問軍政利弊。辨材言將相多非其材。遂忤權貴。出為許州兵馬鈐轄。

耶律頗昱 【遼】字團寧。性端直。天祿中領九石烈部。為政寬猛相濟。為惕隱。封漆水郡王。

耶律轄底 【遼】太祖叔父。字涅烈袞。幼黠而辯。險佞者多附之。自立為夷離堇。太祖即位。命為于越。及自將伐西南諸部。轄底誘刺葛等亂。車駕還至赤水城。轄底懼。與刺葛俱北走。至榆河。為追兵所獲。囚數月縊殺之。

耶律韓八 【遼】古五世孫。字嘲隱。倜儻有大志。聖宗召決疑獄稱旨。興宗時再為北院大王。政務寬仁。愈竭忠謹。知無不言。平居不屑細務。喜慍不形。卒之日幾不能斂。

耶律韓留 【遼】字速寧。有明識。篤行義。舉止嚴重。工為詩。重熙間累遷至六部禿里太尉。性不苟合。方欲召用。為蕭解里所忌。讒遂寢。召為北面林牙卒。

耶律濬 【遼】道宗長子。幼而能言。好學知書。六歲封梁王。從上獵。以善射稱。八歲立為太子。大康初母宣懿皇后蕭氏被害。常有憂色。為耶律乙辛所搆陷。廢為庶人。徙上京。乙辛遣人往害之。并其妃。年二十。帝後知其冤。諡曰昭懷太子。乾統初追尊大孝順聖皇帝。廟號順宗。

耶律題子 【遼】字勝隱。祖兀里。為北府宰相。題子善射工畫。累從伐宋有功。官至西南面招討都監。

耶律懷義 【金】本名孛迭。遼宗室子。以戰功累遷同知點檢司事。宗翰取西京。遼主奔夏。懷義來降。領謀克。從軍伐宋。所至皆降。遷西北路招討使。撫御有恩。天眷初為太原尹。治有能聲。以老乞致仕。不許。海陵即位。封蕭王。

耶律釋魯 【遼】字述瀾。父元祖。重熙中追封隋國王。釋魯職于越。駢脅多力。賢而有智。教民種樹桑麻。為子滑哥所弒。

耶律鐸軫 【遼】積慶宮人。字敵輦。仕統和間。性疏簡。不顧小節。後侵宋。總羸師以從。及戰。馳突敵陣。格殺甚衆。授東北詳穩。重熙間歷天德軍節度使。及西征。詔鐸軫率兵由別道進。大捷而歸。卒官。

耶律鐸魯斡 【遼】字乙辛隱。咸雍中累遷同知南京留守事。大安中拜南府宰相。致仕卒。鐸魯斡所至有聲。吏民畏愛。及退居鄉里。子普古為烏古部節度使。遣人來迎。既至。見積委甚富。謂普古曰。辭親入仕。當以裕國安民為事。枉道欺君。以苟貨利。非吾志也。命駕歸。普古後為盜所殺。

耶律鐸臻 【遼】六院部人。字敵輦。幼有志節。太祖為于越。常居左右。天贊中將伐渤海。鐸臻請先西討。庶無後顧憂。帝從之。及淳欽皇后稱制。囚之。尋得釋。天顯初卒。

耶律儼 【遼】析津人。字若思。本姓李。父仲禧。儼好學能詩。登咸雍進士。歷景州刺史。山西路都轉運使。有善政。累遷知樞密院事。乾統中卒。諡忠懿。儼素廉潔。經籍一覽成誦。又善伺人主意。妻邢氏有美色。嘗出入禁中。儼教之曰。愼弗失上意。由是權寵益固。

耶律覿烈 【遼】字兀里軫。太祖為于越時。覿烈以謹愿寬恕見器使。既即位。入侍帷幄。與聞政事。為迭刺部夷離堇。屬以南方事。從皇太子討党項。率偏師力戰。有功。繼徇山西。所至城堡皆下。太祖賜賚甚厚。天顯中留守南京卒。

耶律鑄 【元】楚材子。字成仲。幼聰敏。善屬文。尤工騎射。楚材卒。嗣領中書省事。上言宜疏禁網。遂采歷代德政合於時宜者八十一章以進。中統間拜中書左丞相。奏定法令三十七章。吏民便之。後坐事罷免。卒諡文忠。有雙溪醉隱集。

胡·一桂　【宋】永嘉人。字鐘夫。從翁巖壽遊。領咸淳鄉薦。德祐中上政府書幾萬言。時莫能用。研究周官經國制度。參互考訂。六官錯簡。咸貫通補正。有古周禮補正一百卷。四書提綱·孝經傳贊·人齋存稿等書。學者稱人齋先生。◉【元】方平子。字庭芳。受父易學。領宋景定鄉薦。試禮部不第。退而講學。遠近師之。號雙湖先生。有周易本義附錄纂疏。啓蒙翼傳。朱子詩傳附錄纂疏·十七史纂諸書。

胡·一夔　【明】興文人。仕爲龍陽縣丞。後里居。樊龍之亂。被執不屈死。

胡·九韶　【明】金溪人。字鳳儀。少從吳與弼學。諸生來學者。與弼令先見九韶。及與弼沒。門人多轉師之。家貧課子力耕。僅給衣食。成化中卒。

胡·九齡　【宋】絳人。畫臨水倒影牛。人多稱之。

胡·三省　【元】天台人。一作寧海人。字身之。號梅磵。宋寶祐進士。賈似道辟從軍蕪湖。仕至朝奉郎。宋亡。隱居不仕。有資治通鑑音注。及釋文辯誤百餘卷。

胡·上琛　【明】字席公。世襲福州右衛指揮使。好讀書。能詩。旣襲職。復舉武鄉試。唐王時充御營總兵官。從至汀州。王被執。上琛奔還福州。與妾共飲藥酒而卒。

胡·士行　【宋】廬陵人。官臨江軍軍學教授。所著尙書詳解。雖皆根據舊說。要能薈萃以成一家之言。

胡·士宏　【清】會稽人。字大生。父患癎疾。侍湯藥衣不解帶者十五年。父沒。營葬東湖。躬負土石。建陂植木。人呼孝子隄。

胡·士容　【明】廣濟人。字仁常。萬曆進士。爲長洲令。有惠政。累遷薊州監軍僉事。數忤其鄉官崔呈秀。呈秀銜之。府縣爲魏忠賢立生祠。士容禁之。會遷江西副使。被誣逮鎭撫獄。崇禎初起補陝西副使。進右參政。卒於官。

胡·大正　【宋】寅從子。字伯誠。以任入補官。累遷僉判泉州。賊有逼臨漳者。泉與鄰境。城門晝閉。忽近郊有荷斧四五十人。兵捕以聞。同幕欲肆諸城下。大正不肯。書牘曰。賊若破城。乃無戎服攻具長兵耶。訊之果樵者。皆釋之。

胡·大年　【清】嘉興人。字亭山。號蘧邨。又號玉峰。賣煙草葉爲業。讀書鼓琴。蕭然意遠。楷行書法歐陽。寫叢蘭老梅。修竹奇石。得王元章·楊補之勝趣。

胡·大原　【宋】寅子。字伯逢。專從父宏。守其師說甚固。

胡·大時　【宋】宏子。字季隨。從張栻學。湖湘學者稱爲第一。栻卒。弟子歸陳傅良。大時亦受業焉。

胡·大海　【明】虹人。字通甫。長身鐵面。智力過人。太祖初起。大海走謁於滁陽。命爲前鋒。從渡江。與諸將略地。破寧國·徽州·建德·嚴州·婺州·紹興。累陞僉樞密院事。其行軍以三事自勉。不妄殺人。不虜婦女。不燬廬舍。故所至悅附。以江南分省參知政事守婺州。値苗軍謀亂被害。追封越國公。諡武莊。

胡·子昭　【明】榮縣人。初名志高。字仲常。方孝孺爲漢中教授。子昭往從之。蜀獻王薦爲縣訓導。建文初累擢刑部侍郎。燕兵至。死之。福王時諡介愍。

胡·子祺　【明】吉水人。名壽昌。以字行。陳友諒陷吉安。太祖遣兵復之。將殺脅從者千餘人。子祺謁帥言之。始免。洪武中以文學選爲御史。出爲廣西按察僉事。改知彭州。所至平寃獄。毁淫祀。修廢堰。民甚德之。遷延平知府。卒於任。

胡·子義　【明】子昭弟。薦辟爲威遠訓導。歷山東按察僉事。聞兄死。辟世丹稜。蜀獻王聞而憐之。令削髮爲僧。子義以親遺體辭。有子二人生數歲。子義曰。吾兄無後。天不絕吾姓。二子當免於難。竟棄去。莫知所終。

胡·小虎　【後魏】河陰人。正光末爲統軍。孝昌中梁將樊文熾寇邊。益州刺史邴虯。遣長史和安固守小劍。小虎往防被擒。文熾逼使誘和安降。小虎謂安曰。努力堅守。魏遣將已至。賊以刀毆擊。言不得終。遂害之。（按北史作小彪。此從魏書。）

胡·山賓　【梁】字孝若。七歲能言名理。十三博通經傳。普通中爲散騎常侍。東宮新置學士。又以山賓居之。俄以本官兼國子祭酒。

胡·中和　【清】湘鄉人。咸豐間由武童隸湘軍。從攻洪秀全。轉戰江西廣西四川有功。又平雲南尋甸教匪。官至雲南提督。

胡·中藻　【清】廣西人。鄂爾泰門生。官至翰林學士。督湖南學政。先是鄂爾泰·張廷玉二人互相齟齬。朝官依門戶者。彼此攻訐。已而鄂爾泰卒。廷玉亦乞休。而兩人門下。尙傾軋不已。高宗深惡之。因欲借文字之獄以示懲儆。中藻所刻詩曰堅磨生詩鈔。高宗乃指中藻以此自號。爲有心謀逆。且摘其詩中語句。謂爲誹訕詆毀。遂誅中藻。廣西巡撫鄂昌。鄂爾泰之姪也坐與唱和。亦賜自盡。

胡·介　【清】錢塘人。初名士登。字彥遠。號旅堂。諸生。工詩。有旅堂詩集。

胡・介祉 〔清〕浙江山陰人。宛平籍。字循齋。一字茨村。由蔭生官至河南按察使。能詩。有隨園詩集。

胡・元玉 〔清〕湘潭人。字子瑞。有駁春秋名字解詁。

胡・元儀 〔清〕湘潭人。字子威。有毛詩譜。

胡・元範 〔唐〕義陽人。工詩。廉介有才。武后時爲鳳閣侍郎。坐救裴炎。流死巂州。

胡・元質 〔宋〕長洲人。字長文。幼穎悟尚行義。中進士。光宗時歷祕書省正字。嘗言人主言動不可不謹。帝書之座右。終敷文閣大學士。

胡・友信 〔明〕德清人。字成之。別號思泉。隆慶進士。授順德知縣。海寇竊發。部內諸惡少爲賊耳目。友信悉句得之。以勁卒搗巢。誅其魁。餘黨解散。初盧民輕法。蒞以嚴。後令行禁止。更爲寬大。教化興起。卒官。

胡・天作 〔金〕管州人。字景山。初以鄉兵守禦本州。累功爲管州刺史。平陽置帥府。以天作充便宜招撫使。權元帥左都監。封平陽公。元光初知府事朮虎忽失來以兵降元。天作已受元官爵。至濟源。卽脫走。先遣人奏表南京。元將惡其反覆。遂誅之。

胡・天格 〔清〕遵義人。乾隆間以行伍從攻緬甸及金川。並有功。嘉慶間率兵攻臺灣會匪。肅清全臺。官至廣西提督。

胡・天起 〔明〕黃陂人。字仰文。爲程朱之學。不競時名。萬曆中歲大祲。傾所有以贍親族。其貧不能婚葬者助之。道拾遺金。揭榜還之。初無子。悉以田財分給其姪。晚舉子。成進士。置舊業勿復問。

胡・天啓 〔宋〕重慶人。登進士。吳曦叛。負母而逃。兵欲殺其母。天啓妻張氏哀號。願以身代。不聽。卒殺之。天啓與其妻呼天大罵。夫婦同死。

胡・天球 〔明〕太平人。諸生。南都陷。與麻三衡等同時起兵應金聲。號七家軍。兵敗死之。

胡・天游 〔元〕平江人。名乘龍。以字行。號松竹主人。又號傲軒。遭元季亂。隱居不仕。工詩。有傲軒吟稿。◉〔清〕浙江山陰人。一名騤。字稚威。號雲持。榜姓方。後始復姓。雍正副貢。乾隆初舉鴻博不遇。工駢文。詩亦雄健有奇氣。性耿介。公卿欲招使一見。不可得。後舉經學報罷。客遊山西。卒於蒲州。有石笥山房集。

胡・太初 〔宋〕天台人。淳祐間官處州守。所著晝簾緒論。大旨以潔己清心愛民勤政爲急務。足爲牧民之法式。

胡・文煥 〔明〕錢塘人。字德甫。號全菴。一號抱琴居士。有文會堂琴譜・古器具名・格致叢書・詩學彙選。

胡・文學 〔清〕鄞人。字道南。順治進士。由眞定府推官擢監察御史。巡視兩淮鹽政。建安定書院。官至太僕寺少卿。有適可軒文集。

胡・文璧 〔明〕耒陽人。字汝重。號石亭。弘治進士。正德中官天津副使。中官張忠督直沽皇莊。縱羣小牟利。文璧捕治之。爲所搆。謫延安府照磨。

胡・斗元 〔元〕靖安人。字元浩。至正中領鄉薦第一。署龍溪書院山長。賊至靖安。斗元以鄉兵擊敗之。城陷被執。脅使降。罵不屈。以土埋其腰不死。又縛至暗室。斗元仆牆以出。逃入深山而死。

胡・方 〔清〕新會人。字大靈。居金竹岡。學者稱金竹先生。康熙貢生。講求理學。註易及四書。多所開發。其教人以力行爲主。有鴻桷堂集。

胡・方平 〔宋〕婺源人。號玉齋。精於易。初沈貴寶受易於董夢程。夢程受朱熹之易於黃幹。而方平嘗從貴寶夢程學。得朱氏源委之正。嘗著易學啓蒙通釋。

胡・方回 〔後魏〕義周子。仕赫連屈丐。爲中書侍郎。涉獵史籍。辭采可觀。太武破赫連昌。方回入魏。爲北鎭司馬。爲鎭修表。有所稱薦。帝覽之嗟美。召爲中書博士。賜爵臨涇子。遷侍郎。清貧守道。以壽終。

胡・世安 〔清〕井研人。字處靜。別號菊潭。明崇禎進士。累官詹事府少詹事。順治初降清。康熙初官至祕書院大學士。

胡・世英 〔清〕歙人。字汝迪。從李率泰入閩。所向有功。累擢參將。康熙間破李來亨。擢副總兵。守階州。吳三桂反。破賊於城陵磯。以總兵官守荆州。鎭彝陵。屢與賊戰。皆敗之。

胡・世將 〔宋〕唐老弟。字承公。崇寧進士。爲監察御史。紹興中金人入寇。世將復隴州。破岐下諸屯。又取華虢。兵威稍振。除資政殿學士。致仕卒。

胡・世琦 〔清〕涇縣人。字璋臣。號玉樵。嘉慶進士。官費縣知縣。有立經堂集。

胡・世寧 〔明〕仁和人。字永清。弘治進士。性剛直。且知兵。歷南京刑部主事。上書極言時政闕失。與李承勛・魏校・余祜稱南都四君子。遷江西副使。疏論宸濠反狀。繫錦衣獄。減死戍遼東。濠伏誅。起戍中。嘉靖中累拜兵部尚書。陳兵政十事。又上備邊三事。與張璁・桂萼不協。以疾乞歸。卒諡端敏。有胡端敏奏議。

胡・仔 〔宋〕舜陟子。字元任。以蔭授迪功郎・兩浙轉運司幹辦公事。官至奉議郎。知常州晉陵縣。後卜居湖州。自號苕溪漁隱。有苕溪漁隱叢話。

胡・令能 〔唐〕莆田隱者。少爲負局

鏤釘之業。夢人剖其腹。以一卷書內之。遂能吟咏。遠近號爲胡釘鉸。

胡令儀 【宋】陳留人。初知如皋縣。有西門豹之風。天聖間爲淮南轉運使。時命下使究捍海堰修築可否。令儀熟知其善。抗章請必成之。後與范仲淹．張永並祀。號三賢堂。

胡平表 【明】雲南臨安人。萬曆舉人。歷忠州判官。天啓初樊龍陷重慶。平表詣石柱土官秦良玉乞師。號泣不食者五日夜。良玉爲發兵。巡撫朱燮元檄監良玉軍。復新都。解成都圍。追降樊龍。遂克重慶。敗奢寅．安邦彥。累遷貴州右參議。崇禎中擢貴州布政使。罷官卒。

胡幼黃 【宋】字成玉。咸淳末登第。時伯顏會師南伐。帝㬎嗣位沖幼。宋之取士。止於是科。狀元王龍澤。榜眼路萬里。探花幼黃。時有三不得之說。言龍在澤飛不得。路萬里行不得。幼而黃醫不得也。幼黃授節度推官。宋亡不仕。

胡旦 【宋】渤海人。字周父。博學能文辭。太宗時舉進士第一。累遷右拾遺。直史館。數上書言時政利弊。歷官秘書監。旦喜讀書。既喪明。猶令人誦經史。隱几聽之。不少輟。著書三百餘卷。性浮誕。屢起屢躓。晚尤黷貨。干擾州縣。持吏短長。爲時論所薄。

胡正言 【清】山東海陽人。字曰從。仕明。官武英殿中書舍人。以摹印名一時。有印存初集．印存元覽。

胡母生 【漢】齊人。字子都。治公羊春秋。景帝朝爲博士。以老歸教授。齊之言春秋者宗事之。

胡母班 【後漢】泰山人。字季友。名在八廚。官執金吾。山東兵起。董卓遣使說解袁紹等諸軍。遂被害。

胡母敬 【秦】爲太史令。作博學篇。嘗取史籀大篆。或頗省改。世稱小篆。

胡母輔之 【晉】班玄孫。字彥國。少擅高名。有知人之鑒。王澄常稱爲後進領袖。辟別駕太尉掾。並不就。以家貧求試守繁昌令。甚有能名。元帝時爲湘州刺史卒。

胡母謙之 【晉】輔之子。字子光。才學不及父而傲縱過之。至酣醉。嘗呼其父字。輔之亦不以介意。談者以爲狂。年未三十卒。

胡永仁 【明】荆門人。字清泉。孝友純篤。繼母喪。廬墓三年。弱冠爲諸生。每朔望必衣冠詣先師廟。默訟半月言行。拜而出。萬曆中以歲貢補湖口訓導。有匡山讀書錄．易經井觀。

胡永順 【明】武陵人。字助之。萬曆進士。授太平推官。入爲兵科給事中。屢上疏言時政得失。直聲大振。魏忠賢初竊柄。永順劾其必爲國患。以病歸里。崇禎初起禮科給事中。

胡永興 【明】祁門人。永樂進士。授三河知縣。以廉能擢趙府左長史。既至趙。適漢王高煦謀不軌。遣使來通。永興力諫不從。使人邀諸途。焚書斬使以滅其跡。後漢得罪而趙獨無恙。歷任四十餘年。卒於官。

胡玉昆 【清】金陵人。字元潤。一字褐公。性孤僻。作畫如之。

胡甲桂 【明】崑山人。字秋卿。崇禎副榜。累官廣信通判。至則南昌袁州吉安俱失。廣信止疲卒千人。士民多竄徙。會黃道周以募兵至。相與議城守。已而道周敗沒。勢益孤。甲桂效死不去。城破被執。自經死。

胡交修 【宋】晉陵人。字己楙。崇寧進士。授泰州推官。進直學士院。首論天下大勢。請修政事。選將帥。蒐補卒乘以張國勢。撫綏疲瘵以固國本。後除端明殿學士知台州卒。交修簡重寡言。進止有度。爲文不事雕琢。在詞苑號爲稱職。

胡亥 【秦】見二世條。

胡亦堂 【清】慈谿人。字二齊。順治舉人。官臨川知縣。後行取主事。有臨川文獻。

胡亦常 【清】廣東順德人。字同謙。一字豸甫。乾隆舉人。年二十五。卽以詩鳴。與欽州馮敏昌．同縣張錦芳．稱嶺南三子。早卒。有賜書樓集。

胡仲弓 【宋】清源人。字希聖。進士。嘗官縣令。不久罷歸。浪跡以終。有葦航漫遊稿。

胡仲倫 【明】景帝時雲南鹽課提舉司吏目。坐事入都。會上皇蒙塵。也先欲妻以妹。上皇遣人入言於景帝。仲倫上疏爭之。言不可屈者有七。帝嘉納焉。

胡仲容 【宋】仲堯弟。字咸和。咸平中授大理評事。建本縣孔子廟。遷光祿丞。致仕卒。

胡仲堯 【宋】奉新人。累世聚居。至數百口。搆學舍於華林山別墅。聚書萬卷。以延游學之士。南唐李煜時嘗授寺丞。雍熙中詔旌其門。除本州教授。以國子監主簿致仕卒。

胡仲雲 【宋】高安人。字從甫。幼通經史百家。入太學。率諸生伏闕上書。論京兆尹余晦不法。寶祐初登進士第。歷官樞密院編修。執法剛正。出爲浙東提刑。著六經蠡測．周易見一．四書管窺．歷代遺論．宋朝政論。總百餘卷。

胡光北 【清】瀏陽人。字楚良。號學山。亦自號學山老樵。嘉慶間貢生。有詩韻便讀．聲音蠡測．學山堂詩古文詞。

胡光墉 【清】杭州人。字雪巖。以商致富。納貲爲道員。捐輸陝甘晉豫齊魯吳越等省賑款甚鉅。左宗棠西征。光墉購辦軍火。並籌運餉項有功。新疆平。特賜黃馬褂。後覓官私欵項甚鉅。被籍沒。

胡·光遠　〔元〕太平人。事母至孝。母喪廬墓。一夕。夢母欲食魚。晨起號天。將求魚以祭。見生魚五尾列墓前。鄰里驚異。方共聚觀。有獺出草中浮水去。衆知是獺所獻。以狀聞。表其閭。

胡·光龍　〔清〕浙江人。字雲川。號藝堂。乾隆舉人。司鐸寧海。善畫工書。精天文地理岐黃諸術。

胡·全才　〔清〕文水人。字體舜。明崇禎進士。官兵部主事。順治間累擢漢羌兵備道。賀珍叛。環攻漢中。全才固守三十餘日。漢中得全。後官至總督湖廣軍務。卒諡勤毅。

胡·匡衷　〔清〕績谿人。歲貢生。以孝友為鄉里所重。於經義多所發明。著周易傳義疑參·三禮剖記·周禮井田圖考·井田出賦考·儀禮釋官·鄭氏儀禮目錄校正·樸齋文集。

胡后　〔後魏〕國珍女。宣武帝聞后有姿行。召入。生孝明帝。進為充華嬪。孝明立。尊為皇太后。臨朝聽政。親覽萬機。手筆斷決。既得志。逼幸清河王懌。淫亂肆情。為天下所惡。武泰初爾朱榮稱兵。沈后於河。後追諡曰靈。

胡·向　〔宋〕清江人。皇祐進士。倅越州。奏課為天下第一。後擢大理卿。決獄以明恕稱。

胡·安　〔漢〕臨邛人。聚徒教授於白鹿山。司馬相如嘗從之受經。

胡·安之　〔宋〕萍鄉人。字叔器。受業朱熹。郡守程公許葺南軒書院。聘安之為諸生講說。學者稱自齋先生。

胡·安國　〔宋〕淵子。字康侯。紹聖進士。擢太學博士。足不躡權門。父沒終喪。遂不仕。靖康初除太常少卿·起居舍人。皆辭。高宗時以張浚薦。除中書舍人。兼侍講。獻時政論二十一篇。尋以疾求去。留兼侍講。王安石廢春秋。安國曰。先聖傳心要典。乃使人主不得聞學士不得聞可乎。遂潛心專講春秋。累官給事中。朱勝非相。安國竟歸。卒諡文定。謝良佐嘗稱其如大冬嚴雪。百草萎死而松柏獨秀。有春秋傳·通鑑舉要補遺。又有上蔡語錄。所記皆謝良佐語也。

胡·式鈺　〔清〕上海人。字青掬。諸生。工詩古文。有四方志。歷游燕趙齊魯晉豫間。有竇存四卷。

胡·有陞　〔清〕錦州人。隸鑲黃旗漢軍。崇德間從攻明。克薊州。略山東。敗明兵於運河。順治間授南贛總兵。屢敗金聲桓·李成棟。康熙間封一等子。

胡·次焱　〔宋〕婺源人。字濟鼎。號梅巖。少孤貧。母氏策勵以學。登咸淳進士第。德祐間池郡降元。次焱為附城縣尉。脫身歸家。以易教授鄉里。有梅巖文集。

胡·汝桂　〔明〕金鄉人。嘉靖進士。由刑部主事歷吏部文選郎中。擢太常少卿。好學慕古。與同志講陽明之學。月旦為會。海內稱之。

胡·汝嘉　〔明〕金陵人。字懋禮。號秋宇。嘉靖進士。在翰林以言事出為藩參。文雅風流。不操常律。所著小說書及雜劇紅線記等。著名於時。

胡·汝霖　〔明〕綿州人。嘉靖中由庶吉士除戶科給事中。因劾嚴嵩下詔獄鐫級。調太平府經歷。既謫官。請解於嵩。反附以進。累遷至右僉都御史。巡撫甘肅。及嵩敗。以嵩黨奪官。

胡·行簡　〔元〕新喻人。字居敬。至正進士。官至江西廉訪司經歷。遭世亂乞歸。以經學教授鄉里。工詩文。有樗隱集。

胡·伴侶　〔元〕密人。父實。嘗患心疾。數月幾死。更數醫。俱莫能瘳。伴侶乃齋沐焚香。泣告於天。刲右脇割脂一片。煎藥以進。父疾遂瘳。其傷亦旋愈。朝廷旌表其門。

胡·伸　〔宋〕婺源人。幼穎悟。善屬文。入太學。與汪藻齊名。登第試學官。教授穎川。崇寧中召為太學正。累遷國子司業。後遷知無為軍。有德政。民繪其像於學宮。

胡·作傳　〔清〕攸人。字昆左。號止齋。康熙諸生。性孝友。工詩文。兼工山水。有獨秀軒詩文集。

胡·助　〔元〕東陽人。字履信。一字古愚。始舉茂才。為建康路學錄。累遷承信郎·太常博士。有純白齋類稿。

胡·宏　〔宋〕安國子。字仁仲。幼事楊時·侯仲良。而卒傳其父之學。優游衡山下二十餘年。玩心神明。不舍晝夜。張栻師事之。紹興中以蔭補承務郎不調。秦檜死。宏被召。以疾辭。著有知言。栻謂其言約義精。道學之樞要。制治之蓍龜。又有詩文集·皇王大紀。學者稱五峯先生。

胡·希是　〔宋〕仲雲子。八歲悉通諸經。為文有西漢風。入元不仕。為人方嚴有守。一介不苟取予。有洪範考訂·大學稽疑·太極圖說。

胡·廷暉　〔元〕吳興人。畫山水摹小李將軍。能亂眞。

胡·志仁　〔清〕浙江山陰人。字并輝。號曙湖。晚號華顚老人。布衣。詩有逸材。工篆刻。家貧不治生產。輒藉此為衣食。得百錢數日給。便蒔蘭讀書。非其意者。雖餌以重貲不能得。晚年選漢印之精者五百紐。手自摹勒成譜。又喜周亮工印人傳。為各篆名字印二方為一譜。年八十二卒。

胡·志夔　〔明〕安邑人。字濬南。性聰敏。讀書過目不忘。嘗夜捫古碑。即成誦不失一字。登嘉靖進士。授富平知縣。有循良績。拜御史。巡撫延緩。經略有方。與大將軍趙昚協力禦邊。敵人憚之。

胡・沂　宋宗伋子。字周伯。紹興進士。孝宗受禪。擢殿中侍御史。時龍大淵曾覿以藩邸舊恩。除知閤門事。沂論其市權。請屏遠方。不聽。請去。乾道初召爲宗正少卿。除吏部侍郎。尋進禮部尚書。帝有大用意。而沂資性恬退。無所依附。數請去。遂以龍圖閣學士提舉興國宮。卒諡獻肅。

胡・良機　明南昌人。字省之。萬曆進士。歷知臨淄益都二縣。天啓間擢御史。以劾魏忠賢斥爲民。崇禎初起故官。尋爲中官王坤劾去。久之起光祿典簿。終南京吏部主事。

胡・良顯　清漢陽人。字忠遂。別號得峯。康熙舉人。官武城知縣。有周易本義晰。

胡邪尸逐侯鞮單于　後漢南匈奴單于比子。名長。永平間立。時北匈奴數寇邊。繼欲合市。因求和親。詔許之。南部知之。懷離異。因置度遼營以防二部交通。而北部復數寇鈔邊郡。南單于遣其屬擊退北虜於涿邪山。立二十三年卒。

胡・侍　明寧夏人。字奉之。號濛溪。正德進士。歷官鴻臚少卿。張璁・桂萼既擢學士。侍劾二人越禮背經。世宗怒。命逮治。言官論救。謫爲潞州同知。後斥爲民。著有墅談・眞珠船。

胡・其愛　清桐城人。傭力奉母。孝養備至。以貧故不娶。養母終其身。母病三十年。奉之如一日。

胡・奇　宋長安人。工繪蘆雁。

胡・奇偉　明進賢人。歷官兵部主事。與周定仍等起兵保廣信。唐王授爲湖廣副使。兵敗死之。

胡・季堂　清煦子。字升夫。號雲坡。由蔭生補順天通判。嘉慶間官至直隸總督。嘗奉命覆勘疑獄。悉得其情。仁宗親政。首劾和珅二十罪。直聲大震。卒諡莊敏。

胡・宗伋　宋餘姚人。字浚明。號定翁。刻意於學。元符間試禮部不第。歸教授鄉里。高宗即位。授房州文學。用薦監嚴州。丐祠。史稱醇儒。

胡・宗回　宋宿從子。字醇夫。用蔭登第。紹聖初歷寶文閣待制。爲熙河帥。屬羌郎阿章叛。宗回遣將討之。皆敗死。於是轉運判官秦希甫議棄湟鄯。宗回持不可。會徽宗棄鄯州。奪宗回職知蘄州。兄宗愈入黨籍。宗回亦罷郡。居亡何。錄其堅守湟鄯之議。起知秦州。進樞密直學士卒。

胡・宗炎　宋宿子。字彥聖。由將作監主簿鎖廳登第。哲宗崩。遼使來弔。宗炎以鴻臚少卿迓境上。使者不易服。宗炎以禮折之。須其聽命乃相見。善爲詩。藻思清婉。歐陽修稱其有鮑謝風。後直龍圖閣。知潁昌府。歷密州而卒。

胡・宗華　明龍溪人。自號草澗居士。隱居武林赤石巖。潛心理學。洪武初以明經薦爲本府訓導。講說經籍。爲諸生法。有草澗集。

胡・宗愈　宋宿從子。字完夫。舉進士。神宗時累遷至同知諫院。忤王安石。出判眞州。元祐初爲御史中丞。哲宗問朋黨之弊。宗愈具君子無黨論以進。劉安世等合攻之。乃罷爲資政殿學士。知陳州。徙成都府。蜀人安其政。召爲吏部尚書。卒諡簡脩。

胡・宗緒　清桐城人。字襲參。通算學。雍正進士。官國子監司業。有環隅集。

胡・宗憲　明績溪人。字汝貞。嘉靖進士。歷知益都餘姚二縣。擢御史。巡按浙江。時歙人汪直據五島。煽諸倭入寇。而徐海・陳東・麻葉等。日擾郡邑。擢宗憲右僉都御史。巡撫浙江。尋爲兵部右侍郎。總督軍務。宗憲用間諭徐海。縛獻麻葉陳東。而激東黨攻海。海投水死。累以平賊功。加右都御史・太子太保。卒諡襄懋。

胡・定哥　金天作子。天作守平陽有功。詔錄定哥爲奉職。天作受元官爵。定哥聞之自經死。贈信武將軍。

胡・宜衡　明龍溪人。名楀。以字行。性敏嗜學。事繼母以孝聞。永樂中以薦授中書舍人。與修成祖仁宗實錄。陞大理左評事致仕。有戇庵集。

胡・居仁　明餘干人。字叔心。從吳與弼游。絕意仕進。其學以主忠信爲先。求放心爲要。築室山中。四方來學者日衆。尋主白鹿書院。闇修自守。以布衣終其身。萬曆中追諡文敬。有易象鈔・胡文敬公集・居業錄。

胡・承珙　清涇人。字景孟。號墨莊。嘉慶進士。官至臺灣兵備道。究心經術。於毛詩用力尤深。所撰毛詩後箋。於鄭箋之失毛旨者。必求諸本經。博稽他籍以還其舊。稿凡數易而定。又有儀禮古今文疏義・小爾雅義疏・爾雅古義・求是堂詩文集。

胡・承諾　清天門人。字君信。號石莊。明崇禎舉人。入清。隱居誦讀。書無所不窺。生平無講學名。而析理極精。論事尤極平實。有繹志・讀書說・菊佳軒詩集。

胡・晏　明嘉興人。工畫山水人物。

胡・昇猷　清浙江山陰人。字允大。順治進士。授行人。歷官至陝西漢興道。時吳三桂反。全陝俱震。昇猷誓師登陴。爲堅守計。與王屏藩戰。昇猷墜馬被執。囚繫五載。掠治無完膚。王進寶復漢中。昇猷得脫歸。擢四川按察使。官至刑部尚書。

胡・昌基　清平湖人。字星祿。號雲佇。乾隆副貢。有石瀫山房詩文集。

胡・明星　明黟人。累官尚書祠部

郎太常丞。以耕籍奉引有禮容。遷太常卿。時宗廟以麪爲犧牲。明星上疏切諫。不允。遂棄官歸。

胡明庶 〔明〕羅田人。字公輔。嘉靖進士。篤志力學。尤精理數。嘗取皇極經世·律呂新書·并其章分句解。衍爲圖。與弟明睿以經學教授生徒以終。

胡明通 〔明〕羅田人。幼育於諸兄。事兄如父。同居四十年。無間言。領嘉靖鄉薦。兄卒。以已產畀兄子。後知信豐縣。弭盜有功。擢判金華府。甫一月。告歸。家居儉約。日讀程朱書不輟。學者稱東郊先生。

胡易 〔明〕寧都人。弘治進士。官吏科給事中。劾監軍中官賀彬貪黷八罪。彬訐易下詔獄。久之始釋。又因星變上疏。語極切至。母喪。以毀卒。

胡東皐 〔明〕餘姚人。字汝登。弘治進士。歷南京刑部郎中。先後讞大獄數十。多所平反。累進右副都御史。巡撫寧夏。奏築花馬池賀蘭山邊牆三百餘里。西北賴之。改撫鄖陽。未幾召還內臺。以抗直忤執政。會太廟災。自劾去。與宋冕·胡鐸。稱姚江三廉。

胡杲 〔唐〕會昌間爲懷州司馬。與白居易等爲香山九老會。卒年八十九。

胡松 〔明〕績溪人。字茂卿。正德進士。嘉靖中累官工部尚書。嚴嵩方用事。伊王欲拓洛陽府第。直十萬金。以十二賕嵩。期必得。松據祖制力爭。乃止。俺答入寇。仇鸞以邊衆入衞。欲悉召其衆實京師。移武庫仗於營。以便給調。松言曰。此非所以重肘腋。杜微愼防也。執不許。尋引疾歸里。居家以孝友聞。◎〔明〕滁州人。字汝茂。嘉靖進士。知東平州。歷山西提學副使。上邊務十二事。爲當道所陷。斥爲民。後以薦累官吏部尚書。松潔己好修。富經術。鬱然有聲望。晚主銓柄。以振拔淹滯爲己任。卒諡恭肅。有滁州志·唐宋元名表·胡恭肅集。

胡松年 〔宋〕懷仁人。字茂老。讀書過目不忘。尤邃於易。政和中上舍釋褐。補濰州教授。建炎間以給事中試工部尚書。使金還。拜吏部尚書。岳飛收復襄漢。令松年籌度守禦事。松年條戰艦四利。帝決意親征。命松年權參知政事。專治戰艦。以疾提舉洞霄宮卒。松年性廉潔。喜賓客。所舉皆一時聞人。秦檜秉政。士大夫無不曲意阿附。松年獨鄙之。至死不通一書。世以此高之。

胡林卿 〔宋〕松江華亭人。淳熙進士。與史彌遠同年。彌遠旣秉國。勢燄薰灼。終身不登其門。初邑未有志。林卿助修雲間志。後官饒州教授。

胡林翼 〔清〕益陽人。字貺生。號潤芝。道光進士。累擢湖北巡撫。時洪楊勢盛。林翼創釐金。通鹽運。改漕章。增多收入。固守武昌。爲各省戰事之根據。治軍務明紀律。尤加意將才。嘗曰。兵之賢者無不疲。將之貪者無不怯。又曰。才者無求於天下。天下當自求之。世以爲知言。後卒於軍。諡文忠。有讀史兵略及奏疏文集。

胡泥 〔後魏〕代人。歷官至司衞監。賜爵永城侯。率勒禁中。不憚豪貴。嘗以法繩殿中尚書叔孫侯頭。孝文聞而嘉之。出爲定州刺史。以暴虐受賄徵還。賜自盡。

胡泳 〔宋〕建昌人。字伯量。朱熹弟子。不樂仕進。學者翕然尊之。稱爲洞源先生。有四書衍說。◎〔宋〕銓子。字季永。年六歲。隨銓謫新州。詩人陳元忠目爲春秋生。及歸廬陵。講道家塾。學有家法。官至承務郎。淳熙初卒。

胡直 〔明〕泰和人。字正甫。號廬山。嘉靖進士。官至福建按察使。萬曆中卒。直少攻古文詞。後從歐陽德及羅洪先學。以王守仁爲宗。嘗與門人講學螺水上。有胡子衡齊·衡廬精舍藏稿。

胡直孺 〔宋〕奉新人。字少汲。紹聖進士。靖康間知南京。爲金所執。不屈。久之得歸。高宗朝官至兵部尚書。工詩。有西山老人集。

胡秉虔 〔清〕績溪人。字春喬。有卦本圖考·尚書序錄·說文管見·古韻論。

胡芳 〔後漢〕桓帝時爲并州刺史。皇甫規爲度遼將軍。欲退身避第。因故越界迎友人喪。令客密告芳。言當急舉奏。芳曰。皇甫欲避仕塗。故激發我耳。吾當爲朝廷愛才。何能申此子計耶。遂無所問。

胡長仁 〔北齊〕長粲從祖弟。武成皇后之兄。字孝隆。累遷右僕射·尚書令。武成崩。預參朝政。封隴東王。倚親驕豪。和士開深疾之。出爲齊州刺史。長仁怨憤。謀令人刺士開。事覺賜死。

胡長粲 〔北齊〕虔子。少敏悟。以外戚起家給事中郎黃門侍郎。後主踐阼。長粲被敕出入禁中。專典敷奏。盡心毗奉。甚得名譽。又爲侍中。時從祖弟長仁欲入處機要。不許。疑長粲通謀。言於太后。發其陰私。出爲趙州刺史卒。

胡長孺 〔元〕巖起孫。字汲仲。九經諸子。無不貫通。仕宋至福寧州倅。宋亡。退棲永康山中。至元中薦授揚州教授。轉寧海主簿。延祐初以病不復仕。隱杭之虎林山以終。長孺初師靑田余學古。得朱學淵源。有瓦缶編·建昌集·寧海漫抄·顏樂齋稿。門人私諡純節先生。從兄之綱·之純。皆以經術文學名。人稱爲三胡。

胡靑 〔清〕溧水林夢環妻。工書

善畫。消意鍼黹。取單絲上下尺幅間。精不可辨。每尺幅費時經年。三十以後。便屏不作。端方督兩江。得其歸雁圖以獻孝欽后。后命獎之。而胥胥已先一載死。

胡・則 【宋】永康人。字子正。果敢有材氣。以進士起家。轉憲州錄事參軍。入奏。太宗問以邊策。對稱旨。歷典七州。更六路使者節。所臨有聲績。以兵部侍郎致仕。

胡・勃 【三國吳】豫章人。仕爲郡功曹。嘉禾初太守黃翊爲人所誣。勃懷斧詣闕乞代翊罪。後爲廬江太守。吳亡入晉。不仕。

胡・奎 【明】海寧人。字虛白。博貫經史。尤長於詩。以儒學徵。官寧王府教授。嘗過望湖亭。和東坡詩書於壁。有老人觀之曰。六百年來無此作矣。君非斗南先生耶。言訖忽不見。故人稱斗南先生。有斗南老人集。

胡・威 【晉】質子。字伯武。一名貔。早厲志尙。質爲荆州刺史。威往省。及歸。賜縑一疋。威跪請曰。大人清介。於何得此。質曰。此吾俸餘。聊助汝糧耳。威乃受之。其父子清愼如此。於是名譽著聞。威歷安豐太守。遷徐州刺史。入朝。武帝問卿孰與父淸。威曰。臣不如也。臣父清恐人知。臣清恐人不知。帝稱善。累遷前將軍。監靑州諸軍事。以功封平春侯。卒諡烈。

胡・建 【漢】河東人。字子孟。孝武時守軍正丞。時監軍御史爲姦。穿北軍壘垣以爲賈區。建誅之。由是顯名。後爲渭城令。治甚有聲。値昭帝幼。皇后父上官將軍安與帝姊蓋主私夫丁外人善。外人怨故京兆尹樊福。使客射殺之。客藏蓋主廬。建將吏卒圍捕。蓋主上書告建侵辱。上官氏捕建。建自殺。渭城人稱寃。立祠祀之。

胡・奕勳 【清】平湖人。字烈唐。號鶴巢。乾隆舉人。有勤思堂集・尊棻詞。

胡・彥 【明】沔陽人。嘉靖進士。官巡察茶馬御史。因歷考典故及時事利弊。爲茶馬類考。

胡・彥昇 【清】渭孫。進士。由刑部主事改定陶知縣。著春秋說・四書近是・叢書要錄。於樂律尤有心得。著樂律表微。

胡・彥龍 【宋】儀眞人。紹定間以薦爲畫院待詔。人物鬼神寒林水石。描法用大落墨。自成家法。（按胡彥龍從畫史會要。萬姓統譜作彥尤。誤。）

胡・恢 【宋】金陵人。博學彊記。善篆隸。坐法失官。時韓琦當國。恢作詩以獻。琦令篆太學石經。因得復官。

胡・恬 【後蜀】父爲晏州刺史。恬獨好陰陽緯候星曆推步爐火黃白之事。篆隸詞賦。皆曲盡其能。卜居湘陰縣之白鶴山。諸侯辟召。皆不能致。後仕蜀爲少將作・檢校僕射。

胡・拱辰 【明】淳安人。字共之。正統進士。成化間仕至工部尙書。歷著政績。晚益清謹。以年至乞歸。正德初年九十。遣行人存問。卒諡莊懿。

胡・春生 【清】歙人。本姓呂。字夏昌。號赤岸。畫水墨山水。有尺幅萬里之勢。人爭寶之。著赤岸集。

胡・昭 【三國魏】潁川人。字孔明。始辭袁紹之命。武帝遣使徵之。亦不起。隱於陸渾山中。躬耕力學。閭里嚴事之。孫狼作亂至陸渾。相戒曰。胡居士賢者。不得侵犯其境。邑賴以安。嘉平中公車特徵。會卒。

胡・昺 【明】旻孫。字景明。號松軒。又號雪蕉道人。善畫兼工詩。弘治間以畫士取入京師。

胡・昱 【明】旻弟。與諸弟俱善兄藝。

胡・炳文 【元】斗元子。字仲虎。篤志家學。又潛心朱熹之學。上遡伊洛以接洙泗。淵源無不推究。延祐中以薦爲信州道一書院山長。調蘭溪學正。不赴。世稱雲峯先生。有易本義通釋・書集解・春秋集解・禮書纂述・四書通・大學指掌圖・五經會義・爾雅韻語。

胡・美 【明】沔陽人。初名廷瑞。避太祖字易名。仕陳友諒。爲江西行省丞相。守龍興。降太祖。仍故官。從平武昌。取淮東。進伐張士誠。下湖州。命爲征南將軍。由江西取福建。執元將陳子琦。福建悉平。美留守其地。帝卽位。進中書平章。同知詹事院事。封臨川侯。後坐法死。

胡・茂禎 【清】榆林人。明總兵。福王時史可法督師。茂禎爲中軍。順治間多鐸南征。茂禎乞降。累擢徽州總兵。平金聲桓黨潘永禧・陳九思等。官至湖廣提督。

胡・衍 【戰國】秦攻衞之蒲。衍說於樗里疾。秦兵解去。衍取金於蒲。以自重於衞。樗里疾亦得三百金而歸。

胡・重 【清】秀水人。字菊圃。有說文字原韻表。

胡・剛 【漢】華容人。清高有志節。平帝時大司農馬宮辟之。値王莽居攝。剛解其衣冠縣府門而去。遂亡入交阯。隱於屠肆間。後莽敗。乃歸鄉里。⊙【明】浙江新昌人。洪武初父謫役泗上。以逃亡當死。剛時方走省。立河上候渡。聞之。卽解衣泅水而往。號泣請代。監刑者奏聞。詔宥其父。幷同罪者八十二人。

胡・叟 【後魏】臨涇人。字倫許。世爲西夏著姓。好屬文。雅俗兼工。嘗入北涼。沮渠牧犍遇之不重。叟乃謂所知曰。吾之擇木。夙在大魏。與子暫違。非久闊也。歲餘牧犍破降。叟既先歸魏。魏廷以其識機。拜虎威將軍。賜爵始復男。家於密雲。蓬室草筵。惟以酒自適。不治產業。密雲人皆祗仰其德。奉以財物。隨分散之。

卒年八十。

胡唐老　宋宿曾孫。字俊明。崇寧進士。靖康初擢殿中侍御史。後知鎮江府。建康失守。潰卒戚方來犯。脅唐老部衆以犯臨安。唐老怒罵。遂遇害。諡定愍。

胡夏客　清海鹽人。字宣子。順治中諸生。有谷水集。

胡家玉　清新建人。道光進士。同治間累官左都御史。光緒間補通政使司參議。以海防緊要。請設外洋水師。未幾遂有海軍之設。尋致仕卒。

胡恭壽　清光山人。字石査。舉人。官河工同知。工畫山水。好金石學。有叢古錄。多考證篆籀。

胡時　宋樂清人。字伯正。乾道進士。風姿清美。初得第。權貴郎妻以女。辭曰。老姑家貧。曾許以女嫁我。不可負約。時論義之。師事陳傅良。官袁州教授。

胡時顯　清武進人。字行偕。一字晴溪。以軍功官至鴻臚寺卿。爲文移箋奏。頃刻立成。曲折如意。同輩雖精思不能易一字。尤善書。

胡晉臣　宋蜀州人。字子遠。紹興進士。孝宗朝爲侍御史。林栗奏朱熹傲慢。晉臣疏留熹而排栗。時論歸重。光宗時拜參知政事。兼同知樞密院事。帝久不御朝。晉臣與留正同心輔政。啓沃剴切。卒諡文靖。

胡晏　宋衡陽人。姿性孝友。鄉里慕之。有爭訟者。多往質焉。大開館舍。延禮四方賢士。及卒。孔武仲表之曰處士胡君之墓。

胡栗　清富陽人。字潤堂。號三竹。工畫山水。精篆刻。

胡桂　清內府伶官。善繪事。

胡桂芳　明金谿人。號瑞芝。萬曆進士。司李杭州。歷晉湖廣大參。時中官權稅。商不堪命。憚桂芳嚴正。璫焰稍戢。以副都御史巡撫貴州。旋督河道。卒諡忠端。

胡浚　清浙江山陰人。字希張。號竹巖。康熙舉人。乾隆間曾舉鴻博。知淯川縣。以事落職。工詩古文。尤長駢體。有綠蘿山莊詩文集。

胡海　明鳳陽定遠人。字海洋。從太祖征伐。每以身先士卒。金瘡遍體。敗元將賈魯。授萬戶。繼以克捷諸州。擒元帥唐隆等。陞指揮使。留鎮益陽。又以征湖廣廣西平雲南功。封東川侯。充征南將軍。平九溪諸蠻寇。歸老於家。

胡涍　明無錫人。字原荊。嘉靖進士。歷知永興安福二縣。擢御史。召用南京。神宗即位。命馮保爲司禮監。涍上疏切諫。旋又因災異論奏。有唐高不君則天爲虐語。帝怒。斥爲民卒。

胡烈　晉奮弟。字武玄。爲將伐蜀。鍾會之反。烈與諸將皆被閉。烈子士元爲士卒先。攻殺會。烈後爲秦州刺史。及涼州叛。遇害。

胡珦　唐清河人。字潤博。大曆進士。累官舒州刺史。歲大熟。麥一莖數穗。閭里歌頌之。後以少府監卒官。韓愈爲作神道碑。

胡眞　後梁江陵人。體貌洪壯。善騎射。初從黃巢。及梁太祖歸唐。眞爲元從都將。從至梁苑。表授檢校刑部尙書。頻從破巢。尋以奇兵襲取滑州。表爲鄭滑節度使。累官容州刺史檢校太保卒。

胡祗遹　元武安人。字紹聞。少孤。旣長。讀書見知於名流。至元初授應奉翰林文字。調右司員外郎。時阿合馬當國。進用羣小。官冗事繁。祗遹建言省官莫如省吏。省吏莫如省事。以是忤權奸。出爲太原路治中。後改浙西道提刑按察使。所至有政績。尋以疾歸。卒諡文靖。有紫山大全集。(元史祗遹傳。字紹開。按周書康誥今民將在祗遹乃文考。紹聞衣德言。疑紹開當作紹聞。元史乃傳寫之譌也。)

胡純　明平陽府人。元翰林應奉。洪武初以耆儒碩學徵至京。授以官。不就。謫居桂林。閉戶却掃。潛心性理之學。都督韓觀嘗造其宅。終不報謝。再至。謂曰。先生於觀。似無情者。純曰。將軍知我。我固如此。所謂士伸於知己者。觀嘆息而去。

胡紘　宋遂昌人。字應期。淳熙進士。紹熙中爲司農寺主簿。祕書郎。韓侂冑逐朱熹．趙汝愚。擢紘監察御史。紘未達時。嘗謁熹於建安。熹待學子惟脫粟飯。紘不悅。遂亡去。及是。劾汝愚。且詆熹爲僞學罪首。由是學禁益急。累遷吏部侍郎。學禁漸弛。紘亦廢棄卒於家。

胡虔　後魏國珍從曾孫。字僧敬。元叉之廢靈太后。虔時爲千牛備身。與張車渠等謀殺叉。事發。虔坐遠徙。靈太后反政。徵爲吏部郎中。封安陽縣侯。興和中以孝靜帝元舅超遷司空。晉爵爲公。卒諡宣。◎後周瓌子。善畫。有父風。與父畫不辨眞贋。

胡唯　明婺源人。字貫道。善畫山水雲龍梅竹。工書善詩。人稱三絕。

胡國珍　後魏淵子。字世玉。靈太后之父。少好學。雅尙清儉。太和中襲父爵爲武始侯。孝明帝即位。封安定郡公。進位中書監。與侍中崔光俱授帝經。侍直禁中。又上表陳刑政之宜。詔皆行之。神龜初卒。諡文宣。

胡埜　宋寧都人。字德林。孫立節弟子。方雅好古。端凝介特。講學於長春谷。藏書萬卷。自號環中居士。以八行薦。成政和進士。累官婺州教授。幾至。或勸埜遁。埜不可。城陷。

畢家被戮。有諸經講義。

胡培系 【清】績溪人。字子繼。貢生。洪楊難後。以軍功授寧國府教諭。其學長於三禮。著儀禮宮室提綱·大戴禮箋證·小檀欒室筆談等書。

胡培翬 【清】匡衷孫。字載屏。一字竹村。嘉慶進士。官戶部主事。居鄉創立東山書院。其學長於禮經。閱數十年。成儀禮正義一書。又有燕寢考·研六室文鈔。

胡宿 【宋】晉陵人。字武平。登進士第。累遷湖州守。時前守滕宗諒大興學校。費錢數千緡。及去。寮吏共非之。宿誚曰。君輩佐滕侯。盍不早正。乃俟其去而非之。豈昔人分謗之意乎。時湖學爲東南最。宿之力爲多。築石塘百里捍水患。民號曰胡公塘。歷樞密副使。治平間以太子少師致仕。卒諡文恭。

胡寅 【宋】安國弟之子。字明仲。安國養爲己子。中宣和進士。靖康初召爲校書郎。楊時爲祭酒。寅從之學。遷起居郎。金人南侵。上書高宗。言當糾合義師。北向迎請。不宜遠踐大位。遂奉祠。復召爲起居郎。遷中書舍人。時議遣使入雲中。寅疏寢罷使命。高宗嘉納。尋以徽猷閣直學士致仕。秦檜惡之。坐譏訕朝政。安置新州。檜死復官。卒諡文忠。有論語詳說·讀史管見·斐然集。學者稱致堂先生。

胡崇 【宋】黟人。字宗叟。淳祐進士。授句容簿制置使。吳潛辟爲閫幕。委行經界法於溧陽。不履畝而人無欺。歷官太常寺丞兼尚書右司郎官。上疏言公田之非。忤時相。出知台州。終將作大匠。

胡岸 【明】武進人。字維峻。成化進士。授行人。選御史。歷巡湖廣福建北直隸等處。有御史古月胡勝似包龍圖之謠。累遷廣東左布政使。以母憂歸。

胡常 【漢】清河人。字少子。以明穀梁春秋爲博士。部刺史。又傳左氏。時翟方進與常同經。常爲先進。名譽出方進下。心忌之。方進知之。遣門下諸生至常所。問大義疑難。常知方進之宗讓己。遂相親友。◎【宋】黃巖人。字立方。號思齋。好修不慕榮利。彙編朱子語錄。又著憂釜吟。與車若水友善。若水兄事之。

胡從儀 【明】山西人。天啓中以游擊援普定。功多。既而破賊長田。以參將討平勻哈。後又與諸將平老蟲添。崇禎中討平苗賊汪狂拖角。召爲保定總兵官卒。黔人愛之。爲立眞將軍碑。

胡惟宏 【清】會稽人。字大生。父患痼疾。惟宏侍湯藥。衣不解帶者十五年。父沒。營葬東湖。躬負土石。建堤植木。人稱孝子堤。

胡惟庸 【明】鳳陽定遠人。歸太祖於和州。官至左丞相。帝以爲才。寵任之。獨相數歲。生殺黜陟。或不奏而徑行。功臣武夫失職者爭集其門。劉基嘗言其短。基病。帝遣挾醫視。遂以毒中之。自是益無所忌。招倭人。聯元裔。謀爲亂。事發被誅。所連及坐誅者三萬餘人。

胡斌 【宋】海陽人。爲殿前司。從童德興提禁卒戍紹武。紹定中江閩寇大至。他將皆遁。斌獨與官軍數十人巷戰死。

胡淨鬘 【清】諸暨陳洪綬之妾。善畫花卉。

胡深 【明】處州龍泉人。字仲淵。穎拔有智略。通經史百家。兼曉術數。元末兵亂。集里中子弟自保。降太祖。屢立戰功。授吳王府參軍。守處州。已從朱亮祖伐陳友定。友定伏兵圍之。深馬蹶被執。遂遇害。追封縉雲郡伯。深久蒞鄉郡。馭衆寬厚。用兵十餘年。未嘗妄殺一人。◎【明】定遠衞人。天順進士。成化中官御史。與同官疏劾學士商輅·尚書程信·姚夔·馬昂奸邪。帝怒。下獄廷杖。未幾。坐按陝西時杖殺訴冤者。謫黔陽丞。稍遷鬱林知州卒。

胡淳 【清】慶雲人。字厚菴。乾隆進士。官蒙自知縣。著有易觀。

胡淵 【五胡】【夏】臨涇人。仕赫連勃勃爲給事黃門侍郎。魏平統萬。淵以降款功。賜爵武始侯。後拜河州刺史。◎【隋】崇安人。字澤之。少聰敏能文。長益務強識。以親老家貧。授學江浙。後乃卽里門教授生徒以終。◎【明】永年人。字見心。貢生。崇禎末任盱眙主簿。李自成兵至。力鬭殪數人。賊驚怖將遁。會馬蹶被執。奮罵而死。

胡珽 【清】仁和人。字心耘。官太常寺博士。僑居吳下。好收宋元舊本書。手自校勘。有得卽記。有石林燕語集辨·懶眞子錄集證。

胡珵 【宋】晉陵人。字德輝。學於楊時·劉安世。登宣和進士。李綱相。珵在其幕中。爲汪黃所忌。以陳東上書。珵實視其草。竄蒼梧。紹興初召試翰林。兼史館校勘。秦檜主和議。珵與朱松等抗疏極言不可。出知嚴州。罷職窮困死。有蒼梧集。

胡祥麟 【清】秀水人。字仁圃。嘉慶舉人。講求實學。性鯁直。好規友過。有易消息圖說·省過齋詩鈔。

胡規 【後梁】兗州人。初事朱瑾。唐昭宗東遷。佐李周彝討相州。獨當州之一面。頗以功聞。太祖受禪。佐劉鄩收潼關。擒劉知浣獻之。官至右龍虎統軍。後以罪賜死。

胡善 【元】至正間爲松江府學訓導。時苗賊陷松江。欲燬孔子廟。善罵賊被害。初善聞賊至。卽以死自誓。題詩於壁。後果踐其言。楊維禎傳其事。

胡富　【明】績溪人。字永年。成化進士。弘治中歷官廣東副使。四會猺亂。討平之。正德中累遷南京戶部右侍郎。劉瑾勸令致仕。瑾敗。起故官。拜本部尚書。上十餘事。率權貴所不便。格不行。遂引年歸。卒謚康惠。

胡惠起　【唐】道士。字鬱俗。幅巾布褐。身不甚長。處稠人中。有時獨出。稱胡長仙。武后以蒲輪召之。引見武成殿。問仙事。止陳道德帝王治化之原。遣使送歸。長安中卒。年數百歲。謚洞員先生。

胡景淸　【元】龍溪人。元兵下漳南。景淸時五歲。倉卒失母。及長。念母輒流淚。辭父尋焉。忽於燕市知母處。踰年始得之。母子不相見者四十餘年。事聞。詔旌表之。給驛以歸。

胡景隆　【明】邵陽人。素負氣誼。嘉靖中流寇入境。景隆督民兵勦禦。至燕子巖。衆奔潰。景隆力戰死。

胡曾　【唐】邵陽人。咸通中路巖爲西川節度使。辟掌書記。高駢鎮蜀。又辟之。時南詔蠻橫甚。遺書不遜。曾答書。蠻屈伏。由是箋奏皆出曾手。有九疑圖經．詠史詩．安定集。

胡朝穎　【宋】淳安人。通判嘉興。時鄭淸之家奴暴橫。朝穎執寘諸法。移書謝云。以天子之命官。鞿宰相之奴僕。則當避位。淸之得書以聞。帝喜曰。得一佳士矣。除守岳州。

胡渭　【淸】德淸人。初名渭生。字朏明。號東樵。年十五爲縣學生。入太學。篤志經義。尤精輿地學。尚書徐乾學奉詔修一統志。延渭分纂。渭著禹貢錐指二十卷。圖二十七篇。精覈典贍。爲宋以來注禹貢者之冠。又撰易圖明辨．周易挨方．洪範正論．大學翼眞。一掃漢儒附會宋儒變亂之習。康熙中獻書行在。聖祖嘉獎之。卒年八十二。

胡湄　【淸】平湖人。字飛濤。工畫花鳥蟲魚。時稱仙筆。

胡琳　【淸】太倉人。字與眞。工畫山水。間作蘭竹。工書。又善鐫刻圖章。

胡統虞　【淸】武陵人。字孝緒。潛心理學。通兵法。旁及神仙方技。明崇禎間成進士。遭國變。被執不屈。順治間起用。官至內祕書院大學士。有此庵語類．兵法三家撮要．明善堂集。

胡舜元　【宋】銅陵人。字叔才。王安石讀書大明寺。常同硯席。後知鄭縣。遇行新法。以書抵安石。致仕去。

胡舜臣　【宋】善畫。得郭熙山水之一偏。用筆謹密。

胡舜咨　【明】會稽人。字仲子。學博才贍。工詩。洪武初以賢良文學徵拜燕王傅。尋除儀眞令致仕。

胡舜陟　【宋】績溪人。字汝明。大觀進士。歷官監察御史。欽宗時請誅趙良嗣以快天下。遷侍御史。高宗初除集英殿修撰。累官廣西經略。提舉太平觀。爲運副呂源所陷。死獄中。舜陟有惠愛。邦人聞其死。哭失聲。

胡証　【唐】河中河東人。字啓中。舉進士第。元和中党項擾邊。証以儒而勇。遷拜振武軍節度使。太和公主降回鶻。以証爲和親使。以唐官儀自將。訖不辱命。拜嶺南節度使卒。

胡貴嬪　【晉】奮女。名芳。泰始中入選爲貴妃。每有顧問。不飾言辭。率爾而答。進退方雅。寵幸無與爲比。

胡超　【淸】四川長壽人。嘉慶間從征教匪。又勦陝西南山木廂匪。征靑海野番。平張格爾於喀什噶爾。並有功。官至甘肅提督。

胡軫　【明】豐城人。字敬同。永樂進士。歷官夔州知府。坐誤被逮。夔人數百赴京奏保。左遷浙江鹽運同知。正統初陞浙江提學副使。士人宗之。

胡進思　【五代吳越】湖州人。故屠牛爲業。巳從軍隸鎮海軍戲下。錢元瓘寘於宣州田額所。進思親隨左右。元瓘立。推舊恩用爲大將。遷左統軍使。及弘佐繼位。進思恃權專橫。弘倧嗣立。頗卑侮之。進思不能平。尋錮弘倧於義利院。迎弘俶立之。數請除廢王。弘俶不許。進思懼。疽發背卒。

胡量　【淸】江蘇華亭人。字元謹。號眉峯。僑寓吳門。善畫山水。歷游齊魯閩粵。詩畫更進。遊京師客果邸。幷善騎射。通醫理。

胡開文　【淸】績溪人。名正。以字行。孝友樂善。先是歙人曹素功造墨名一時。曹業替而胡代興。所製蒼珮室墨充貢品。子大醇世其傳。

胡閎休　【宋】開封人。字良弼。宣和初入太學。著兵書二卷。靖康初應知兵科。中優等。補承信郎。二帝詣金營。閎休欲結義士劫之。爲何㮚所止。後從岳飛討賊湖湘。以誅鍾子儀功進成忠郎。飛死。閎休發憤杜門佯疾十年卒。有勤王忠義集。

胡閏　【明】鄱陽人。字松友。博學修行。洪武中郡舉秀才。官都督府經歷。建文初進大理寺少卿。靖難兵起。數與齊黃議軍事。京師陷。不屈死。福王時謚忠烈。

胡隆　【淸】海陽人。字景初。家貧孝養。父母相繼卒。負土營葬。廬墓三年。後官知縣。有政聲。

胡順之　【宋】臨涇人。字孝先。登進士第。歷知休寧縣．青州從事。皆有聲。仁宗卽位。遷太常博士。天聖．明道間再上宰相書。乞太后還政。累遷屯田員外郎。以目失明廢。

胡敬　【淸】仁和人。字以莊。號書農。嘉慶進士。官翰林院侍講學士。

有崇雅堂文集。

胡敬之 〔唐〕諮之五代孫。幼聰敏。高潔簡靜。仕爲侍御史。彈劾不避豪貴。高宗時爲琛州刺史卒。

胡敬辰 〔明〕餘姚人。字直卿。天啓進士。官至光祿寺錄事。有檀雪齋集。

胡會恩 〔清〕渭從子。字孟綸。號茗山。幼從渭學。康熙進士。官至刑部侍郎。以勤愼稱。有清芬堂集。

胡楚材 〔宋〕壽昌人。字公喬。明敏好學。慶曆進士。歷授廣德。儀徵判官。調嘉興幕。以剛直忤權貴。官至校書郎。退居不仕。以琴書自適。

胡楚賓 〔唐〕秋浦人。歷右丞。屬文敏速。必酒中然後下筆。高宗令作文。常以金銀杯盛酒令飲。便以杯賜之。終日酣宴。家無所藏。費盡復入待詔。性重愼。未嘗語禁中事。自殷王文學拜右史崇賢直學士卒。（按此據唐書文藝傳。尙友錄作宋人誤。）

胡煦 〔清〕光山人。字滄曉。號紫弦。康熙進士。雍正間官至禮部侍郎。究心周易。得圖書一貫之旨。卒諡文良。有周易函書。葆璞堂文集。

胡瑗 〔宋〕海陵人。字翼之。以經術教授吳中。景祐初更定雅樂。范仲淹薦之。以白衣對崇政殿。授校書郎。以保寧節度推官教授湖州。弟子數百人。置經義治事二齋。諸生各就其志。以類羣居。慶曆中興太學。下湖州取其法。著爲令。後在太學。其徒益衆。禮部所得士。瑗弟子十居四五。隨材高下而修飾之。人遇之。雖不識。皆知爲瑗弟子也。以太常博士致仕歸。卒諡文昭。學者稱安定先生。有周易口義。洪範口義。

胡經 〔明〕廬陵人。號前岡。嘉靖進士。有胡子易演。

胡義周 〔五胡夏〕臨涇人。博涉經史。尤善屬文。初仕秦姚泓。爲黃門侍郎。泓滅。仕赫連勃勃爲秘書監。勃勃作統萬城。義周爲之銘。頌其功德。又有蚍蜉碑諸文。頗行於世。

胡義贊 〔清〕光山人。字叔襄。號石槎。同治舉人。官浙江知縣。署海寧知州。工畫山水。兼精篆刻。

胡裝 〔後唐〕祖曾。唐禮部尙書。莊宗還太原。裝以公卿子孫候於離亭求官。署館驛巡官。未幾授監察御史裏行。歷推官檢校員外郎。裝學書無師法。爲詩輒題壁。所至必書爵里。人或譏之。不以爲愧。後從幸洛陽。爲節度使劉訓所殺。

胡達源 〔清〕益陽人。字清甫。號雲閣。嘉慶進士。官至少詹事。著弟子箴言。融會先儒諸說。語皆心得。有裨世教。又有妙香室文集。

胡靖 〔明〕南平人。字獻卿。工詩畫。後爲僧。名澄雪。嘗從使琉球。覽島嶼風景。繪圖誌槩。極精妙。

胡鼎金 〔宋〕字貴剛。究心易學。嘗作三陳九卦說。

胡僧祐 〔梁〕冠軍人。字願果。初仕魏。歸梁除南天水天門二郡太守。有善政。嘗諫元帝忤旨下獄。及侯景叛。圍王僧辯於巴陵。元帝乃出僧祐於獄。拜將軍。令援僧辯。至赤沙亭。大敗之。擒景將任約。後爲車騎將軍。開府儀同三司。及魏軍至。以僧祐爲都督城東諸軍事。中流矢卒。

胡嘉言 〔宋〕壽昌人。高宗時爲吏部侍郎。與秦檜聯姻。嘗上書論和議。乞斬檜以謝天下。尋致仕去。

胡壽安 〔明〕黟人。永樂間授信陽知縣。清愼自持。以憂去。後知新繁縣。自種蔬以供日用。人呼菜知縣。

胡夢昱 〔宋〕吉水人。字季昭。號竹林愚隱。嘉定進士。官大理評事。以論濟王事貶死欽州。咸淳初追諡剛簡。有奏疏。遺文。

胡夢泰 〔明〕鉛山人。字友蠡。崇禎進士。知奉化縣。舉賢能。補唐縣。京師陷。南歸。唐王時授兵科給事中。奉使旋里。清兵逼城下。夢泰傾家募士。助守城。圍數月。城破。夫婦俱縊死。有讀史書後。

胡奫 〔明〕浙江人。初名浚。字元海。賣卜於市。言多奇中。永樂中以薦授欽天監漏刻博士。

胡實 〔宋〕宏從弟。字廣仲。初習辭藝。後從宏學。以門蔭補將仕郎。不就銓選。以講道爲事。與朱熹。張栻皆有辯論。不肯苟合。

胡寧 〔宋〕安國子。字和仲。以蔭補官。召試館職。及兄寅與秦檜忤。乃出爲夔州路安撫司參議官。知澧州。不赴卒。安國作春秋傳。修纂檢討。盡出寧手。又著春秋通旨以羽翼其書。學者稱茅堂先生。

胡慥 〔明〕字石公。善畫山水人物菊花。各盡其妙。爲金陵八家之一。

胡爾愷 〔清〕長沙人。字石江。明進士。洪承疇薦爲吏科給事中。在職一年。章數十上。其言湖南凋敝尤切。歷禮部左侍郎。

胡粹中 〔明〕浙江山陰人。名由。以字行。博通經史。尤長春秋。洪武中聘爲儒學訓導。終楚府長史。有讀史筆記。元史續編。

胡綜 〔三國吳〕固始人。字偉則。爲鄂長。後典軍國密事。蜀聞孫權踐祚。遣使申前好。綜爲盟文。文義甚美。官至偏將軍。兼左執法。諸文誥策命。鄰國書符。皆綜所作。

胡綱 〔清〕宣城人。字百鍊。王璽弟子。十指如鳥爪。工畫山水。詩文奇古。塡詞得元人韻致。蚤卒。人以比李長吉。且呼爲鳥爪仙。

胡肇智 〔清〕績溪人。字季臨。號

彝林。道光拔貢。授吏部七品小京官。升主事。掌選司印。釐奸剔弊。杜絕請託。友朋不能干以私。同治間官至吏部左侍郎。

胡·肇麟 【清】揚州人。一作兆麟。業鹽。家鉅富。好弈。梁魏今、程蘭如及施定庵、范西屏皆授以二子。每對局。負一子。輒贐白金一兩。肇麟好浪戰。不大勝。則大敗。世稱之爲胡鐵頭。遇范施輒敗。每至數十百子。

胡·賓王 【宋】乳源人。少力學。以博洽名。南漢時登進士。累官中書舍人。知制誥。劉鋹淫虐。辭官歸。著南漢國史。鋹亡。上其書於宋。號劉氏興亡錄。以明經授著作郎。登咸平進士第。累遷翰林學士。致仕卒。

胡·遠 【清】江蘇華亭人。字公壽。以字行。號瘦鶴。又號橫雲山民。布衣。善畫山水花木。有寄鶴軒詩。

胡·銓 【宋】廬陵人。字邦衡。舉建炎進士。任樞密院編修官。上疏乞斬王倫、秦檜、孫近三人頭。懸之藁街。好事者鋟木傳之。金人募其書千金。檜怒其逆己。除名編管新州。乾道中入爲工部侍郎。以資政殿學士致仕。卒謚忠簡。有澹菴集一百卷。

胡·鳳丹 【清】浙江永康人。字月樵。性伉爽。以培植後進爲己任。官至湖北道員。致仕後設退補齋書局於杭州。所刻精審。號稱善本。有退補齋集。

胡·鳴玉 【清】青浦人。字廷佩。號吟鷗。貢生。博洽能詩。乾隆間舉鴻博未用。有訂譌雜錄。考訂聲音文字之譌。言皆有據。

胡·廣 【後漢】剛六世孫。字伯始。安帝時舉孝廉。爲天下第一。旬月。拜尚書郎。累遷司徒。以定策立桓帝。封育陽安樂鄉侯。復拜太尉。遷太傅。廣練達事體。明解朝章。雖無謇直之風。屢有補闕之益。故京師諺曰。萬事不理問伯始。天下中庸有胡公。及共李固定策。大議不全。又與中常侍丁肅婚姻。以此譏毀於時。廣在公臺三十餘年。歷事安順沖質桓靈六帝。禮任甚優。卒謚文恭。◎【明】吉水人。字光大。建文時舉進士第一。授翰林修撰。賜名靖。成祖即位。廣迎降。復名廣。累官至文淵閣大學士。兼左春坊大學士。兩從帝北征。以醇謹見幸。時人以方漢胡廣。然頗能持大體。善書。每勒石。皆令書之。卒謚文穆。

胡·廙 【明】廣德人。字致恭。幼喪父。母授孝經論語。輒能通大義。母喪廬墓三年。永樂初入太學。仁宗時累官都察院右副都御史。宣德中征交阯。命督廣東漕運。復命往巴蜀督軍民採林木。措置有方。既還。改授福建右參政致仕。

胡·德新 【金】河北人。寄居南陽。嗜酒落魄。言禍福有奇驗。正大中嘗言陳許間人大半當死。己亦不能逃厄。已而元兵至。德新亦舉家及難。

胡·德銓 【清】歙人。字履東。又字汝忠。號敬亭。精易。嗜青烏術。有周易邇音及詩古文詞形家書數種。

胡·德濟 【明】大海養子。字世美。積功官至行樞密院同僉。守信州。張士珍寇諸全。德濟破走之。擢浙江行省參知政事。從徐達出定西。兵敗。械至京。太祖念舊功釋之。復以爲都指揮使。使鎮陝西卒。

胡·德邁 【清】鄞人。字鹿亭。號卓人。康熙舉人。官至順天府丞。署府尹。工詩畫。書法趙董。有適可軒集。

胡·慶豫 【清】平湖人。字雝來。號東坪。貢生。爲詩以雅淡爲宗。有東坪集。

胡·槩 【明】吉水人。字元節。宣德進士。任廣東按察使。陞右都御史。以清節稱於時。

胡·潔 【明】曲靖衞人。字汝清。正德進士。知黃岡縣。有循績。遷御史。巡按直隸浙江。所至軫民瘼。懲貪墨。母憂歸。不復出。

胡·潛 【三國蜀漢】本魏郡人。居益州。字公興。卓犖強識。通禮制喪服。先主定蜀。令潛與許慈並爲博士。典掌舊文。與慈每相忿爭。先主使倡家假爲二子訟鬩之狀。以感切之。

胡·澍 【清】績溪人。字荄甫。一字甘石。號石生。咸豐舉人。官戶部郎中。通聲音訓詁之學。精篆刻。嗜書。兼通醫術。有內經校義。

胡·濊 【元】東陽人。字景雲。號蓀菴。從李直方游。學問深邃。文章典雅。其詩似李長吉。家居授徒。明洪武初以薦授史館。命已下卒。有僧鳴集。（按濊古漢字。）

胡·璉 【明】高安人。字商用。博通經史。尤邃於易。洪武初官句容教諭。尋以疾歸。觴詠自樂。鄉人咸敬之。有易學會通及諸史百子手筆百餘卷。◎【明】新喻人。字重器。正德進士。官刑部郎中。嘗諫武宗南巡受杖。嘉靖初以爭大禮再受杖。創死。

胡·稷言 【宋】則從子。字正思。少受學於宋祁。復受經於胡瑗。以特奏補官。歷山陰丞。自以不能究其所施。遂乞致仕。以清貧終。

胡·節 【明】零陵人。字國信。弘治進士。正德中官御史。立朝敢言。時劉瑾擅權。節巡按山東。一無所饋。瑾怒逮至京。節抗疏條瑾罪惡。瑾矯旨下錦衣獄毒死。◎【清】婁東人。字竹君。號井農。王翬弟子。工畫山水。兼長雜卉。

胡·誼 【明】謙弟。字正之。號觀省佚翁。有尚書釋疑、觀省雜著。

胡·賡善 【清】歙人。字受穀。號心泉。乾隆舉人。有新城百子文集。

胡質 三國魏壽春人。字文德。少知名。曹操召爲頓丘令。黃初中累遷東莞太守。在郡九年。吏民便安。將士用命。遷荆州刺史。賜爵關內侯。假節都督青徐諸軍事。置東征臺。且佃且守。又通渠諸郡。利舟楫嚴設備以待敵。海邊無事。性沈實內察。不以其節檢物。所在見思。卒謚貞。

胡震 元嘗官南康路教授。有周易衍義。⊙清富陽人。字鼻山。工篆刻。得漢人丰格。分隸亦古拙可喜。

胡震亨 明海鹽人。字孝轅。晚自稱遯叟。萬曆舉人。官至兵部員外郎。乞歸。少以經濟自負。藏書萬卷。日夕搜討。有唐音統籤·赤城山人稿·海鹽圖經·讀書雜志。

胡奮 晉臨涇人。字玄威。少好武事。有籌略。從宣帝伐遼東。以功封夏陽子。累遷征南將軍·都督荆州諸軍事。晚節好學。居邊有威惠。遷左僕射。加鎭南大將軍。卒謚壯。

胡嶧 宋稷書子。字仲連。資稟淳懿。淡於榮利。父子兄弟相爲師友。嶧與方惟深·林虙爲忘年交。高宗即位。以年格調迪功郎。所居五娜閣。綌窗蓬戶。人目爲隱君子。

胡憲 宋安國從子。字原仲。從安國學。紹興中以鄉貢入太學。會伊洛學有禁。憲獨陰與劉勉之誦習其說。既而學易於譙定。一意爲學。不求人知。後歸隱故山。力田賣藥以奉親。從游日衆。晚年召爲秘書正字。疏言金人必敗盟。宿將惟張浚·劉錡在。願亟起之。疏入。即求去。帝嘉其忠。改秩與祠。卒謚簡肅。朱熹事之最久。世稱籍溪先生。

胡澤順 清涇縣人。字梅坪。附貢生。官訓導。咸豐間洪楊軍陷涇縣。大罵死之。有四書一得錄·周易觀翫錄。

胡燏芬 清蕭山人。占籍泗州。字芸楣。以翰林外官監司。光緒間任順天府尹。中日戰後。燏芬首陳變法自強事宜。督造京津及山海關內外鐵路。官至郵傳部侍郎卒。

胡穎 陳吳興人。字方秀。偉姿容。性寬厚。梁末。武帝在廣州。穎深自結託。從克元景仲。平蔡路養。李遷仕皆有功。梁元帝授穎羅州刺史。封漢陽縣侯。尋除豫章內史。武帝受禪。兼左衞將軍。除吳興太守。卒謚壯。⊙宋顯弟。字叔獻。嘗從趙范討李全。紹定間登進士第。後爲廣東經略安撫使。移節廣西。遷京湖總領財賦。臨政善斷。不畏強禦。咸淳間卒。

胡縝 明四川永寧人。舉人。天啓初預策奢崇明必反。上書當事。賊起被執。弟緯傾家救免。乃糾義徒潛結賊將。執其僞相。部勒行陣。自當一面。數斬賊。既而爲火藥焚死。

胡翰 明金華人。字仲申。從吳師道受經。吳萊學古文。又登同邑許謙之門。元末避地南華山。著書自適。以文章名。洪武初起爲衢州教授。聘修元史。書成。受賚歸。居北山而卒。有春秋集義·胡仲子集·長山先生集。

胡蕃 清吳縣人。字熙人。畫山水人物。無不精妙。

胡諧 明安邑人。正德舉人。初授慶都知縣。歷平涼·溫州同知。終雲南參議。蒞官所至有聲。在溫州時。治櫳相子罪置諸法。風采大振。及致仕歸。遇盜於途。盜窺之曰胡公也。爲之御至家而去。

胡諧之 南齊南昌人。武帝爲江州。以諧之爲別駕。永明中歷左衞將軍。加給事中。風采瓌潤。兼以舊恩見遇。諧之有識覽。每朝廷銓官。密量上所用人。皆如其言。人服其明。累遷度支尚書。領衞尉。卒謚肅。

胡辯 後秦西河人。爲世大儒。建元末東徙洛陽。關中後進。多往從之。姚興勅關尉令諸生出入勿拘常限。於是學者咸勸。儒風遂盛。

胡錫 宋錢塘人。熙豐間畫道釋像有名。

胡應之 宋嵊人。字泰來。受業於唐震。以明善誠身爲本。黃震一見重之。稱爲古君子。宋亡。隱居不仕。

胡應台 明瀏陽人。字徵吉。萬曆進士。授中書舍人。累遷南京刑部尚書。以忤璫奪職。崇禎初起南兵部尚書。改北刑部。屢疏乞終養歸。後起戶部尚書。値國變死。

胡應嘉 明沭陽人。由宜春知縣擢吏科給事中。三遷都給事中。隆慶中因劾高拱調建寧推官。屢遷參議。聞拱再相。驚怖而卒。應嘉居諫職。號敢言。然好搏擊。議者頗以傾危目之。

胡應麟 明蘭谿人。字元瑞。幼能詩。萬曆中舉於鄉。久不第。築室山中。購書四萬餘卷。記誦淹博。多所撰著。攜詩謁王世貞。世貞激賞之。置諸末五子之列。有少室山房類稿·筆叢·詩藪等書。

胡擢 五代善畫草木花鳥。博學能詩。

胡濙 明武進人。字源潔。建文進士。授兵科給事中。歷禮部尚書。加少傅。卒年八十九。謚忠安。濙節儉寬和。喜怒不形於色。歷事六朝。垂六十年。中外稱耆德焉。

胡襄 宋永嘉人。字季卑。紹興進士。孝宗時累官福建提刑直祕閣卒。襄早學於胡安國。當秦檜時。以爲趙鼎·胡寅之學。被錮十餘年。晚復交朱熹。由是體用浹洽。本末兼備。

胡謐 明會稽人。字廷愼。景泰進士。歷山西提學僉事。第士等第。如別黑白。士類傾嚮。擢廣東參政卒。謐嗜學師古。歷官三十年。室如懸磬。

恰然自得。人稱爲眞儒。
胡謙 宋奉化人。字牧之。與弟誼師事袁燮。傳陸九淵之學。有易說。易林。
胡鍾 淸江寧人。字山音。號闢川。又號晚晴。乾隆舉人。官遵義知府。工畫山水。篆隸亦稱妙。精鑒別書畫。
胡翼 梁安定人。字鵬雲。工畫道釋人物車馬樓臺。嘗臨摹古今名筆。目之曰安定鵬雲記。
胡鎭孫 宋祁門人。字安國。咸淳進士。授黃州戶曹。入沿江制幕。以才幹進秩南康星子縣令。秩滿家居。會盜起。郡委治祁門縣事。民賴以安。
胡爌 明所著拾遺錄。雜考訓詁。援引采輯。頗有根據。
胡瓊 明南平人。字國華。正德進士。由慈谿知縣入爲御史。歷按貴州浙江有聲。世宗卽位。席書以中旨拜尙書。瓊上疏哭諫。受杖卒。
胡藩 南朝宋南昌人。字道序。參郗恢征虜軍事。殷仲堪爲荆州刺史。藩說仲堪曰。桓玄意趣不常。節下崇待太過。非將來計。後仲堪果敗。武帝起兵。召參軍事。征慕容超。討盧循。皆有功。又從征關中。統別軍至河東。破後魏河上兵。以功封陽山縣男。官至太子左衛率。卒謚壯侯。
胡韞 後蜀精天官之學。明德初除司天少監。會熒惑犯積尸。後主以積尸蜀分也。懼欲禳之。韞以爲前世火入鬼。其應多在秦。後主乃止。
胡嚴徵 後晉天福間人。工畫神佛。
胡寶瑔 淸靑浦人。字泰舒。乾隆間試授內閣中書。隨查郎阿相度奉天三省形勢。周歷諸邊。歷任山西湖南江西河南巡撫。力行教養之政。在河南最久。習知其地利民俗。盡心經畫。民樂歸之。卒謚恪靖。
胡獻 明揚州興化人。字時臣。弘治進士。改庶吉士。授御史。極論時政數事。言內戚中官泄憤報怨。謫藍山丞。武宗卽位。擢廣西提學僉事。遷福建提學副使。未任卒。
胡獻忠 明婺源人。自號六六道人。有大統皇曆經世。
胡獻徵 淸統虞子。字存仁。順治間歷官刑部郎中。治獄多所平反。康熙間官遵義通判。有恩信。民爲建生祠。雍正間官至甘肅巡撫。
胡瓌 後唐後契丹人。或作范陽人。又作本瀾州烏索固部落人。善畫蕃馬。兼工雜畫。淸勁盡妙。
胡礪 金武安人。字元化。少嗜學。天會間入燕。韓昉館置門下。自是學業日進。舉進士第一。歷定州觀察判官。皇統中補翰林修撰。遷禮部郎中。一時典禮多所裁定。天德初累遷刑部尙書。扈從海陵至汴卒。
胡繼 明世寧子。知兵法。世寧在江西擊賊。輒令繼從。與策方略。十不失一。世寧以論宸濠下獄。繼忿父病死。
胡騰 後漢桂陽人。字子升。少師事竇武。武死。騰獨殯殮行喪。坐禁錮。桓帝巡狩南陽。以騰爲護駕從事。公卿貴戚車騎萬計。徵求費役。不可勝極。騰上言天子無外。乘輿所幸。卽爲京師。臣請以荆州刺史比司隸校尉。臣自同都官從事。帝從之。自是肅然。莫敢妄有干請。騰以是顯名。黨錮解。官至尙書。
胡齡 明善畫水墨禽鳥。
胡鐸 明餘姚人。字時振。號支湖。弘治進士。授刑科給事中。忤劉瑾。出爲河東運副。瑾誅復官。擢福建僉事。獎儒雅。雪冤獄。遷督學副使。士風丕變。人稱爲胡道學。進南京太僕卿。鐸與張璁同舉於鄉。大禮議起。鐸意與璁合。璁要之同署。議遂上。旋璁被召。鐸方服闋赴京。璁又要之同疏。鐸復書謝之。且與辨繼統之義。大禮旣定。又貽書勸召還議禮諸人。璁不能從。終順天府尹。
胡饒 後晉大梁人。唐明宗時王建立領常山。奏饒爲眞定少尹。性凶戾。每導建立爲不善。後閒居洛陽。天福中張從賓作亂。饒往謁之。請預其行。從賓敗。饒以建立方鎭平盧。走投之。建立斬之以聞。聞者快之。
胡儼 明南昌人。字若思。號頤庵。少嗜學。於天文地理律曆醫卜。無不究覽。兼工書畫。洪武中以舉人授華亭教諭。永樂初薦入翰林。歷官國子祭酒。朝廷大著作。多出其手。居國學久。以身率教。動有師法。洪熙初進太子賓客兼祭酒致仕。歸閒二十餘年卒。有頤庵集。
胡爟 明蕪湖人。字仲光。弘治進士。授戶部主事。因災異上疏。言中官李廣・楊鵬引左道劉良輔。濫設齋醮。耗蠹國儲。因極陳戚畹方士傳奉冗員之害。疏留中。未幾廣死。故爟得無罪。
胡巖起 宋永康人。字伯巖。嘉定進士。知閩縣。廣帥眞德秀雅敬重之。爲江西提刑司幹辦公事。値贛卒作亂。巖起相度事宜。助新提刑密授方略。遂平其亂。全活甚衆。贛人爲作平贛錄以紀其事。
胡瓚 元京兆人。字元禮。官至衡州同知。善丹靑。尤工墨竹。◎明永平人。字伯珩。弘治進士。授行人。凡三奉册封。皆却藩王之餽。爲御史有聲。累陞大同巡撫。陳邊防六事。帝嘉納之。轉侍郎。五堡軍叛。瓚討平之。官終南京工部尙書。◎明桐城人。字伯玉。萬曆進士。授都水主事。

分司南旺司。兼督泉閘。贊河漕總督劉東星濬賈魯河故道。益治汶泗間泉數百。窮源竟委。著泉河史上之。其治泉一夫濬一泉。各有分地。冬則養其餘力。不征於官。以功累遷江西左參政。予告歸卒。有禹貢備遺增註。

胡·鑠 〔陳〕穎弟。隨穎將軍。穎卒。代統其衆。隨章昭達南平歐陽紇。又預北伐。官至歷陽太守。

胡·顯 〔宋〕湘潭人。有拳勇。其母趙方弟雍之女。方在襄陽。每出師。必使顯領精銳分道赴戰。摧堅陷陣。前無勁敵。以功至檢校太尉。

胡·纘宗 〔明〕秦安人。字可泉。一字世甫。自號鳥鼠山人。正德進士。由檢討出爲嘉定判官。歷官副都御史。巡撫山東。改河南。俱有政績。時世宗喜告訐。纘宗爲仇所陷。革職歸。築室著書。有辛巳集。丙辰集。鳥鼠山人小集。春秋本義。願學編。近取編等書。

胥·元衡 〔宋〕偃子。字平叔。少孤力學。工文章。以蔭爲將作監主簿。應進士舉得出身。累遷尚書都官員外郎。通判湖海等州。所至以廉潔著。年三十九卒。

胥·文相 〔明〕巴陵人。字士衡。弘治進士。知漳浦縣。邑有蝗。禱之。越境去。歲更稔。縣民苦銀坑稅。條弊害上之。竟得罷。累遷南京戶部郎中。官終柳州守。有洞庭君山集。

胥·必彰 〔明〕常德人。字德鎭。洪武中由舉人官御史。彈劾不避權要。朝右震悚。稱爲眞御史。歷福建按察。轉浙江參議。俱有聲。

胥·甲 〔春秋晉〕大夫。臣子。羈馬之役。佐下軍。從秦師於河曲。臾駢曰。秦師將遁矣。薄諸河。必敗之。胥甲與趙穿當軍門呼曰。死傷未收而棄之。不惠也。不待期而薄人於險。無勇也。乃止。秦師夜遁。其後晉人討不用命者。放甲於衞。而立其子克。

胥·臣 〔春秋晉〕見白季條。

胥·自修 〔明〕江寧人。字二如。萬曆舉人。官曲陽令。廉能稱最。調知宜黃。忤當道。左遷衢州府檢校。聞北都變。具冠服北向拜。絕粒死。

胥·作霖 〔宋〕宜黃人。字澤民。儀狀魁偉。詳練明達。爲鄉里所重。南渡中盜瞰臨川。里中少年。亦躍躍動。作霖諭以禍福。莫不聽命。相從禦盜。境賴以安。事聞。予官不就。

胥·持國 〔金〕繁峙人。字秉鈞。經童出身。章宗時累官尚書右丞。柔佞有智術。時李妃得幸。持國賂妃左右。乃數稱譽持國。大得信任。遂與妃表裏擅朝政。險躁貪鄙之士。皆趨走其門。卒諡通敏。

胥·庭淸 〔淸〕上元人。字永公。順治進士。知餘姚縣。時餘寇未靖。庭淸單騎入山撫之。四境以寧。擢工部主事。權龍江關。盡却羨餘。家居。兄弟子姓百口共爨。時稱其孝友。

胥·致堯 〔宋〕合肥人。少力學。工文辭。侃侃敢言。契丹犯邊。眞宗幸魏。致堯應詔上書言兵事。得召見。帝爲屏左右聽其說。補三班借職。累遷左班殿直。以疾求監壽州酒稅。尋告歸。天聖間卒。歐陽修志其墓。

胥·偃 〔宋〕長沙人。字安道。少力學。舉進士甲科。累遷翰林學士。知開封府。嘗爲考官試進士。既彌封。輒發視。擇有名者居上。坐降官。歐陽修始見偃。偃奇其文。召置門下。妻以女。始偃未仕時。家有良田數十頃。既貴。悉分與族人。在官簡愼持大體。史稱其恬正。

胥·童 〔春秋晉〕大夫。甲孫。父克有蠱疾。郤缺廢之。童以是怨郤氏。已而嬖於厲公。遂與誅殺三郤。又以甲劫欒書·中行偃於朝。公不忍殺。使復職而用童爲卿。及書偃執厲公。遂殺童。

胥·鼎 〔金〕持國子。字和之。大定進士。宣宗時累官平章政事。封英國公。屢與邊鎭。朝野倚重。鼎爲政鎭靜。明達吏事。南遷以來。書生鎭方面有威望者。鼎一人而已。

苑·至果 〔元〕滿城人。號悟眞子。修煉葛洪山漆峪中。採薇而食。年九十。一日沐浴更衣謂衆曰。今日酉初刻。吾必去矣。至期端坐而卒。

苑·君璋 〔唐〕馬邑人。以驍雄自奮。劉武周入寇。君璋勸其連突厥。與唐合縱。南面稱孤。武周不聽。果敗。武周既死。突厥以君璋爲大行臺。統其餘衆。既降唐。復歸頡利。後復來降。拜安州都督。封芮國公。

苑·玫 〔五代楚〕蔡州人。馬殷時積功官指揮使。遷岳州刺史。淮南節度副使。陳璋襲岳州。執玫以去。玫敢勇多膽氣。以數奇至敗。

苑·咸 〔唐〕成都人。登進士第。爲李林甫書記。開元末上書。拜司經校書中書舍人。能書梵字。兼達梵音。曲盡其妙。

苑·康 〔後漢〕重合人。字仲眞。少受業太學。與郭泰親善。舉孝廉。歷潁陰令。有能聲。遷太山太守。豪強莫敢犯法。爲侯覽所誣。徙日南。後潁陰人及太山羊陟等爲訟寃。乃原還本郡。卒於家。

苑·華 〔元〕獻陵人。仁宗時爲沂水縣尹。公廉勤愼。期年。百廢具舉。

苑·潘 〔明〕武強人。嘉靖時任膠州吏目。人號苑青天。

苗·士奇 〔明〕城武人。諸生。李自成兵至。城陷被執。謂之曰。從吾不失富貴。士奇曰。吾做秀才三十餘年。今乃從賊作叛耶。遂投繯死。

苗父 【上古】一作弟父。神醫。以菅爲席。以芻爲狗。北面而祝。發十言耳。諸扶而來者。輿而來者。皆平復如故。蓋祝由科之最早者也。

苗·再成 【宋】守眞州。慷慨有大志。德祐中文天祥亡走眞州。再成延入城。與定計抗元兵。城陷。不屈死。

苗·好謙 【元】城武人。歷官司農丞。勤於職務。著農桑輯要。官至御史中丞。卒謚誠肅。

苗·守信 【宋】訓子。少習父業。補司天臺主簿。知造算。太平興國中以應天曆小差。詔造新曆。及成。賜號乾元曆。頗稱精密。雍熙中遷冬官正。累轉殿中少監。咸平間卒。

苗·沛霖 【清】安徽人。以生員爲團練長。始叛。爲勝保招降。積功授川北道。與壽州豪族仇殺。攻陷壽州。旋以擒獻陳玉成。詔免治罪。後句結捻黨。戕官復叛。陷壽州。欲北趨中原。號召羣捻。悉衆圍蒙城。僧格林沁督陳國瑞往救。其部衆殺之以降。

苗·金符 【明】著古今通要。

苗·拯 【唐】上黨人。峭直有學術。以諫議大夫貶萬州。

苗·胙土 【清】澤州人。明天啓進士。崇禎間官僉都御史。撫治鄖陽。以招降流賊。爲賊所紿。被劾落職。順治間授南贛巡撫。卒於官。

苗·振 【宋】仁宗朝及第。召試館職。晏殊曰。君久從仕。必疏筆硯。宜稍溫習。振曰。安有三十年老娘。而倒繃孩兒者乎。既試。果不中選。殊曰。苗君倒繃孩兒矣。

苗·時中 【宋】其先壺關人。徙宿州。字子居。以蔭主寧陵簿。邑有古河久湮。時中濬以溉田。爲利甚溥。人稱苗公河。熙寧中以司農丞使梓州路。密薦能吏十人。後皆進用。人卒莫之知。交人犯邊。擢廣西轉運副使。徙梓州。策畫周備。官終戶部侍郎。

苗·晉卿 【唐】壺關人。字元輔。第進士。累進中書舍人。知吏部選事。進侍郎。積寬縱。吏下作姦。貶安康太守。徙魏郡。政化大行。遷東都留守致仕。玄宗入蜀。肅宗召赴行在。拜左相。平京師。封韓國公。代宗時吐蕃犯京師。晉卿以病臥家。賊脅之。噤不肯語。賊不敢害。帝還。拜太保。晉卿所至以惠化稱。秉政七年。小心謹畏。比漢胡廣。卒謚文貞。

苗·根千 【明】河曲人。鬻炭爲業。流賊據河曲。流言官兵殺良冒功。以搖民心。民懼不敢出城。根千陰藏制府諭帖。偏散城中。民始歸正。爲賊所覺。將殺之。根千諭衆曰。軍門諭人民出城者活。在城者死。汝等速去。殺賊怒之。

苗·淳然 【明】曲周人。字實齋。隆慶進士。初爲禮部主事。値神宗建儲未定。舉朝爭之。而朝鮮適有廢長立次之請。淳然慮惑朝聽。焚其表。不以聞。遷陝西參政。劾貪墨吏。聲震一時。終太僕寺少卿。

苗·益 【元】知龍陽州。洞寇侵掠。人民飢饉。益賑濟保撫。民視之如父母。後陞常德路總管。

苗·神客 【唐】東光人。爲周王府戶曹參軍。武后諷帝召諸儒論撰禁中。神客與選。終著作郎。

苗·衷 【明】鳳陽定遠人。字公彝。永樂進士。擢翰林院編修。歷典文衡。預修實錄。正統初用楊士奇薦。爲經筵講官。歷陞兵部尚書致仕。卒謚文康。衷學術醇正。爲士林推重。有雪窩稿·史閣記聞·歸田錄。

苗·訓 【宋】河中人。善天文占候術。周顯德末從太祖北征。視日上復有一日。久相摩盪。指曰。天命也。夕次陳橋。太祖爲六師推戴。訓皆預白其事。既受禪。累擢檢校工部尚書。

苗·國琮 【清】漢軍鑲白旗人。雍正武進士。乾隆間累遷左江鎭總兵。時安南內訌。國琮於安南連界處。晝夜防禦。沿邊安堵。後官天津鎭總兵。

苗·授 【宋】上黨人。字授之。少從胡瑗學。以蔭爲供備庫副使。多戰功。遷西上閤門使。鬼章寇河州。一戰克撒宗。論功第一。遂知州事。屢破巨盜。副李憲討生羌。威震洮西。元祐間累官保康軍節度使。卒謚莊敏。

苗·傅 【宋】履子。隸康王元帥府。隆祐太后南渡。傅爲統制官。扈衞駐杭州。建炎中高宗幸杭州。時諸大將分守要害。扈衞者獨傅。內侍省押班康履頗用事。傅等恨之。已而拜王淵同僉書樞密院事。衆謂薦由內侍。傅遂作亂。殺淵。以兵圍履第。盡殺內官。引兵犯闕。請太后同聽政。帝許諾。太后垂簾。以傅爲武當軍節度使。張浚檄諸路勤王。傅棄軍遁。被執送行在。磔於建康市。

苗·朝陽 【明】河曲人。號愼齋。萬曆進士。知新蔡縣。調杞縣。以廉能稱。陞兵科給事中。侍經筵。疏請立太子。忤旨罰俸。累遷太僕少卿。乞歸。累薦不起。居家三十餘年卒。

苗·發 【唐】晉卿子。工詩。與盧綸齊名。爲大曆十才子之一。官終都官員外郎。

苗·賁皇 【春秋楚】令尹鬬椒子。椒以罪誅。賁皇奔晉。晉人與之苗。因以爲氏。鄢陵之役。賁皇言於晉侯曰。楚之良在其中軍王族而已。請分良以擊其左右。而三軍萃於王卒。必大敗之。及戰。楚師敗績。

苗·道潤 【金】貞祐初爲河北義軍隊長。宣宗遷汴。河北土人往往團結爲兵。或爲羣盜。道潤有勇略。能得衆心。前後撫定五十餘城。累遷驃騎上將軍・中都留守。兼經略使。後與賈同。賈瑀互相攻擊。爲瑀所害。

苗・履 宋 授子。授之攻降木征也。履護送至京。侍閤門祗候。元符初知蘭州。與姚雄合兵討峗羌。焚其族帳而還。累進天武都指揮使卒。

苗・璘 五代吳 楊行密時以裨將從劉存攻杜洪於鄂州。時汴將曹延祚等將兵援洪。璘率敢死士自擊開道軍。破之。乾貞初累官右雄武軍使。同靜江軍使王彥章攻楚岳州。與楚將許德勳戰於道人磯。師敗。爲楚所執。未幾求和於楚。復歸國。病卒。

苗龍 唐 失其名。能畫龍。人以苗龍呼之。後得道仙去。會稽龍瑞宮東南一峯崛起。上平如砥。相傳爲苗龍上昇處。

苗・夔 清 肅寧人。字先簏。道光優貢生。治說文。精聲韻之學。嘗病顧氏所立古音表十部太密。定以七部。隱括羣經之韻。識者歎其精審。隨祁寯藻最久。卒年七十有五。有說文聲訂・說文聲讀表・毛詩韻訂・建首字讀・廣雅補疏。

苟・允中 宋 中江人。十歲閱孝經。遂以孝自勵。父病。衣不解帶。三月而鬢髮皆白。及卒。負土成墳。廬墓三年。

苟・日新 宋 開封人。至正間安岳縣治始立。日新以文學知名。擢主簿。

一時開拓之功。皆其經營。爲時良吏。

苟・良策 明 惠子。惠力戰死。良策廬墓上。賊擒之去。不屈死。

苟・孤 後魏 頹從叔。少以忠直稱。明元帝卽位。以定策功累拜鎭軍大將軍・并州刺史・博陵公。不治產業。及卒。家無餘財。百姓追思之。

苟・宗道 元 保定人。字正甫。弱冠從郝經使宋。爲書佐。被留儀眞。經授以學。遂以儒名家。仕至國子祭酒。詩文書畫。皆有晉唐風致。

苟・參 漢 孝元王皇后母李氏以妒去。爲河內苟賓妻。生參。成帝立。后爲皇太后。憐參。欲以田蚡爲比而封之。帝曰。封田氏非正也。以參爲侍中・水衡都尉。

苟・晞 晉 山陽人。字道將。東海王越引爲通事令史。累拜尚書右丞。越討汲桑。晞爲先鋒。破羣盜。威名甚盛。進位都督青兗諸州軍事。練達官事。決斷如流。從母子犯法。晞斬之。旣而素服哭之曰。殺卿者兗州刺史。哭弟者苟道將。其仗法如此。晞見朝政日亂。懼禍及。多所交結。募得千里牛。每遣信。旦發暮還。遷征東將軍。領青州刺史。以嚴刻立功。日加斬戮。越卒。詔晞爲大將軍大都督。屯蒙城。晞志盈滿。刑政苛虐。由是衆心稍離。莫爲之用。石勒襲蒙城。執晞。署爲司馬。月餘乃殺之。

苟・惠 明 通江人。剛烈有膽略。藍鄢之亂。惠率兵破走之。有殊功。會日暮中伏死。

苟・溥 明 惠族弟。形貌魁梧。膂力過人。藍鄢陷城。溥帥鄉卒五百人合兵進擊。敗賊於龍潭。後數日。賊潛入溥家。溥短兵接戰。身被數十創。一門同時遇害者三十五人。

苟・與齡 宋 來安人。字壽隆。志尚高潔。事親至孝。母沒廬墓側。旦暮上食。日久靡間。事聞。旌其門。

苟・輔 前秦 仕苻堅爲新平太守。姚萇率衆攻之。輔固守。外援不至。萇遣使謂輔曰。卿但率衆還。吾須此城置鎭。輔以爲然。率男女萬五千口出城。萇圍而坑之。諡節愍。

苟・諫 後漢 上黨太守。王莽以鮑宣不附己。殺之。後復欲滅其子永。諫力爲保全之。

苟・頹 後魏 代人。本姓若干。性厚重寡言。少嚴毅清直。武力過人。太武時累遷洛州刺史。山蠻畏服。太和中歷位侍中。文明太后生殺不允。頹言至懇切。進爵河東王。卒諡僖。

苟・龔 宋 貴陽人。與兄簡俱有名。宣和中同聲對策。排斥奸佞。簡爲蔡京所殺。龔以三舍生授營州文學。

苟・變 戰國衛 子思居衛。言苟變於衛君曰。其才可將五百乘。衛君以其爲吏而食人二雞子。遂不用。子思曰。聖人之官人。取其所長。棄其所短。今君處戰國之世。選爪牙之士。以二卵棄干城之將。不可使聞於鄰國也。衛君再拜曰。謹受教矣。

若干・惠 北周 武川人。字惠保。從周文平侯莫陳悅。拜直閤將軍。從擒竇泰。復弘農。破沙苑。每先登陷陣。加侍中。封長樂郡公。大統中與齊神武戰於河橋。破之。又大破神武於芒山。累遷司空。惠早喪父母。以孝聞。卒諡武烈。

若干・鳳 北周 惠子。字達摩。少深沈有識度。累官洛州刺史。保定中追錄佐命之功。封徐國公。拜柱國。

若耶溪樵 明 建文遜國後。隱於會稽。每於溪沙上。以荻畫字。已輒亂其沙。人有疑之者。從後抱持觀之。則皆孤臣去國之詞也。

若敖 周 楚君。熊繹之後。芈姓。名熊儀。當周幽平時。在位二十七年卒。

若敖・越椒 春秋 見鬭椒條。

苦夷 春秋魯 季氏家臣。齊夏伐魯。陽虎御季桓子。公斂處父御孟懿子。將宵軍齊師。齊師聞之。墮伏而待之。處父曰。虎不圖禍。而必死。苦夷曰。虎陷二子於難。不待有司。余必殺女。虎懼。乃還。不敗。

苦徹拔都兒 元 欽察人。初事太宗。掌牧馬。從攻鳳翔。戰潼關。皆有功。至正中伐宋。屢立戰功。累官滁州路總管府達魯花赤。

英布 〔漢〕六人。少時有客相之曰。當刑而王。及壯。坐法黥。因謂之黥布。秦末以兵屬項梁。梁敗死。復屬項籍。每戰。常以少敗衆。從入關。籍封爲九江王。漢遣隨何說布歸漢。佐高祖定天下。封淮南王。後以韓信。彭越見誅。懼禍及己。發兵反。高祖討破之。布走越。爲番陽人所殺。

英秀 〔清〕滿洲正藍旗人。姓西林覺羅氏。咸豐初洪楊軍擾直隸。英秀從征獨流·阜城·連鎮。四十餘戰。疊有斬獲。官至荆州右翼副都統。

英和 〔清〕滿洲正白旗人。姓索綽絡氏。字定圃。號煦齋。少有異才。和珅欲壻之。不可。乾隆間成進士。殿試恐爲所中。乃變易書體得免。仁宗卽位。首言開捐之弊。有永停捐例之詔。吏治一變。道光間請行海運。數主試。尤風雅愛才。官至戶部尙書。協辦大學士。坐督寶華峪工程不堅落職。戍黑龍江。尋釋回。有恩慶堂集。

英俄爾岱 〔清〕滿洲正白旗人。姓他塔喇氏。天聰間從克遵化。征朝鮮。順治間從入關。破李自成。累官戶部尙書。兼都統。封二等公。在戶部十餘年。辦事明決。太宗深嘉之。

英桂 〔清〕滿洲正藍旗人。姓赫舍哩氏。道光間繙譯舉人。咸豐初累擢河南巡撫。堵勦洪楊有功。擒首張洛型擄雉河集。英桂督三省軍務。累敗之。官至體仁閣大學士。卒諡文勤。

英善 〔清〕滿洲鑲黃旗人。姓薩哈爾察氏。乾隆間由親軍累擢四川布政使。兼護總督事。嘉慶間達州教匪滋事。英善督兵馳勦有功。累官正黃旗漢軍都統。降太常寺卿卒。

英廉 〔清〕漢軍鑲黃旗人。姓馮氏。雍正舉人。游擢永定河道。以誤工革職。尋起用。累官內務府大臣。於內廷諸事。最爲熟悉。官至漢大學士。署直隸總督。卒諡文肅。

英翰 〔清〕滿洲正紅旗人。字西林。道光舉人。咸豐間以知縣發安徽。與髮捻戰。迭有功。每出戰。必躬親指揮。小卻。則馳數十騎陷陣。未嘗有毫髮傷。官至兩廣總督。卒諡果敏。

苴·那時 〔唐〕雲南蠻首領。初兄子烏星幼。那時攝王爵。領其部。後請歸爵。西川節度使韋臯上言。禮讓行於殊俗。願皆封以示褒進。詔以那時爲政順王。

苻氏 〔後燕〕中山尹苻謨長女。名娀娥。慕容熙納爲貴人。進昭儀。美而豔。好微行遊宴。熙弗之禁。請謁必從。刑賞大政。無不由之。未幾卒。追謚愍皇后。◎〔後燕〕中山尹苻謨幼女。名訓英。慕容熙納爲貴嬪。寵愛踰其姊。尋立爲皇后。好遊畋。百姓苦之。士卒爲豺狼所害及凍死者。五千餘人。爲后起承華殿。負土北門。士與穀同價。未幾死。

苻·丕 〔前秦〕堅長庶子。字永敍。少好學。博綜經史。受兵法於鄧羌。文武才幹亞於苻融。出鎭於鄴。東夏安之。堅死。幽州王永迎入晉陽。勸稱尊號。乃於太元十年僭稱帝。改元太安。在位二年而敗。

苻·生 〔前秦〕健第三子。字長生。幼而無賴。生無一目。兒時。祖洪戲之曰。吾聞瞎兒一淚信乎。生怒。引佩刀自刺出血。曰。此亦一淚也。及長。力舉千鈞。桓溫來伐。生單騎入陣。搴旗斬將者前後十數。健以讖言三羊五眼應符。故立爲太子。健卒。僭稱帝。改元壽光。荒耽淫虐。殺戮無道。逾二年。苻堅廢之爲越王。俄而殺之。諡厲。

苻·宏 〔前秦〕堅長子。堅自稱大秦天王。立宏爲皇太子。堅議大舉伐晉。宏力諫不從。卒有淮南之敗。後宏將母妻歸晉。晉處之江州。歷位輔國將軍。桓玄篡位。以宏爲涼州刺史。義熙初謀叛。寇湘中。伏誅。

苻·承祖 〔後魏〕略陽氏人。因事爲閹人。爲文明太后所寵。賜爵略陽公。歷吏部尙書。加侍中。知都曹事。後坐贓應死。孝文原之。命削職禁錮在家。授悖義將軍·佞濁子。月餘卒。

苻·法 〔前秦〕雄庶長子。字永則。小字阿法。爲苻生後將軍。封清河王。生殺害宗室勳舊略盡。將及法兄弟。法知其謀。因帥衆潛入宮門。堅繼至。引生詛於別室斬之。法固以位讓堅。堅乃以法爲使持節侍中·都督中外諸軍事·丞相錄尙書事·東海公。堅母以法長且賢。又得衆心。懼終爲變。遂賜死。諡獻哀。

苻·洛 〔前秦〕堅從弟。爲幽州刺史。封行唐公。以擊代有功。加征北將軍。洛勇而多力。能坐制奔牛。射洞犂耳。堅深忌之。故常爲邊牧。自以有滅代之功。求開府儀同三司不得。由是怨憤。會堅以洛爲益州牧。洛遂舉兵自稱大都督·大將軍·秦王。帥衆發和龍。兵敗。徙於西海。後爲梁熙所殺。

苻·洪 〔前秦〕略陽臨渭氏人。字廣世。本姓蒲。世爲西戎酋長。洪驍勇多權略。永嘉之亂。宗人推爲盟主。尋降於後趙石虎。說虎徙關中豪傑及羌戎內實京師。虎從之。以洪爲流人都督。處於枋頭。累功封西平郡公。石遵卽位。去洪都督。洪怨之。乃遣使降晉。穆帝以爲征北大將軍。都督河北諸軍事。時四方兵起。洪有衆十餘萬。或有勸洪稱尊號者。洪亦以讖文有草付應王。又其孫堅背有草付字。遂改姓苻氏。自稱大將軍·大單于·三秦王。後爲麻秋所鴆。子健僭位。諡曰惠武帝。追尊太祖。

苻健 前秦洪三子。字建業。勇果便弓馬。洪死嗣位。去秦王之號。稱晉爵。時杜洪據長安。健率衆西行。逐洪而都之。遣使獻捷京師。永和中自稱天王大單于。建元皇始。逾年僭稱帝。與百姓約法三章。薄賦卑宮。垂心政事。優禮耆老。修尙儒學。關右稱來蘇焉。在位四年卒。諡明帝。廟號世宗。後改高祖。

苻堅 前秦雄二子。字永固。一名文玉。博學多才藝。有經濟大志。祖洪愛之。名曰堅頭。苻健入關。拜堅爲龍驤將軍。及苻生嗣位。殘虐無度。堅遂弑生。晉升平中僭稱大秦天王。改元永興。俄復改元甘露。晉興寧中。又改元爲建元。前後滅前燕。取仇池。陷晉漢中。取成都。克前涼。定代地。以王猛輔政。國政修明。於五胡中最稱強盛。猛卒。堅大舉寇晉。與謝玄等戰於淝水。大敗而還。尋爲姚萇所執。縊之新平佛寺。在位二十七年。及子丕僭號。追諡宣昭帝。廟號世祖。

苻堅妻 前秦姓張氏。明辨有才識。堅將入寇江左。張氏切諫不聽。及堅死。乃自殺。

苻崇 前秦登子。登戰敗被殺。崇奔於湟中。僭稱帝。改元延初。爲乞伏乾歸所逐。敗死。國亡。

苻朗 前秦堅從兄子。字元達。幼懷遠操。不屑時榮。堅嘗目之曰。吾家千里駒也。徵拜鎭東將軍．靑州刺史。封樂安縣男。在任甚有稱績。以性好忤物。爲王國寶所譖。被殺。著有苻子。（按苻堅稱朗爲千里駒。萬姓統譜遂以苻朗爲苻駒誤。）

苻琳 前秦堅五子。字永瑤。封河間公。有文武才。能引弓五百斤。射洞犂耳。山水文詠。皆綺藻清麗。慕容沖寇長安。堅以琳爲中軍大將軍。擊沖於灞水上。兵敗。中流矢死。

苻登 前秦堅族孫。字文高。少雄勇有壯氣。麤險不修細行。長而折節讀書。封南安王。累官狄道長。及關中亂。歸河州牧毛興。與以爲司馬。言事輒中。與將死。以後事付登。遂專統征伐。及苻丕敗。登乃以晉太元中僭稱帝。改元太初。立堅神主於軍中。凡所欲爲。啓主而後行。屢與姚萇戰。後爲姚興所敗。至被殺。在位九年。子崇嗣立。諡登爲高帝。廟號太宗。

苻菁 前秦健兄子。健欲規取杜洪。遣菁帥衆自軹關入。轉戰而前。諸城盡陷。健入長安。自稱天王。以菁爲衛大將軍，平昌公。健稱帝。菁進爵爲王。略地關東。敗晉師。退涼兵。旋略地上洛。桓溫來伐。擊走之。累擢太尉．尚書令。健寢疾。菁勒兵將殺太子生而自立。事敗伏誅。

苻雄 前秦洪季子。字元才。少善兵書。多謀略。好施下士。便弓馬。有政術。苻健僭位。爲佐命元勳。權侔人主。而謙恭奉法。健常曰。元才吾姬旦也。及卒。健哭之嘔血。曰。天不欲吾定四海耶。何奪元才之速也。贈魏王。諡敬武。及子堅僭稱帝。追尊諡文桓帝。

苻雅 前秦堅疏族。權略無方。人稱其良將才。苻生時爲右衛將軍。堅卽位。封西縣侯。歷都督秦晉涼雍州諸軍事．秦州牧。時仇池公楊纂受晉爵命而絕於堅。纂叔父統亦起兵武都。與纂爭分。雅進兵討平之。送纂於長安。

苻黃眉 前秦健兄子。雄勇多奇略。初仕健爲衛大將軍。苻生素與黃眉友善。及卽位。封廣平王。以切諫出爲左馮翊。姚襄略地關中。黃眉及建節將軍鄧羌禦之。斬襄於平原。盡俘其衆。黃眉既立大功。生不加賞。每於衆中辱之。黃眉怒。謀殺生自立。事覺伏誅。

苻暉 前秦堅二子。封平原公。爲鎭東大將軍．豫州牧。鎭洛陽。爲翟斌所攻。率衆歸長安。慕容沖來攻。堅拜暉都督中外諸軍事．車騎大將軍。率兵五萬拒之。兵敗。堅讓之。恚憤自殺。

苻詵 前秦堅少子。封中山公。最有寵於堅。堅與羣臣議大舉伐晉。詵諫不聽。竟爲晉所敗。堅後縊於新平佛寺。詵亦自殺。

苻融 前秦堅季弟。字博休。苻健時封安樂王。融固辭乃止。及堅僭位。改封陽平公。累拜司隸校尉．太子太傅。領宗正。錄尚書事。融爲將善謀略。好施愛士。專方征伐。必有殊功。堅既有意荊揚。謂江東可平。融每切諫。堅勿納。以融爲征南大將軍。率騎寇樊鄧。戰於淮南。融馬倒被殺。諡哀。

范士楫 淸定興人。字箕生。明崇禎進士。入淸官至吏部郞中。有橋洲詩集。

范士衡 宋豐城人。字平甫。性至孝。父沒。出必泣告於墓而行。母久患目疾。乃禱於神。母疾遂愈。授欽州推官。以廉能著。嘗謂春秋一經。其說曼衍。皆傳註害之。作尊經辨及春秋本末。晚事朱熹。以書請益。熹報之。稱爲老友。

范大冶 宋成都人。幼時從學虞剛簡滄江書塾。官崇仁丞。宋亡不仕。熟於天文律曆姓氏職官。與學者語。舉書傳輒數千百言。不遺一字。

范大澈 明欽從子。字子宣。又字子靜。號訥庵。從欽遊京師。官鴻臚寺序班。使琉球．朝鮮。進秩二品。

月傭所入。悉以聚書。有灌園叢談。臥雲山房遺稿。

范·子奇 宋雍孫。字中濟。以蔭爲簽書幷州判官。唐介薦之。按覆營繕匠。吏積爲欺隱。懼罪。造蜚語間之。神宗察其無私。授戶部判官。爲湖南轉運副使。建言梅山蠻恃險爲邊患。宜拓取之。後章惇開五溪。議由此起。元祐間知慶州。廣儲蓄。繕城柵。嚴守備。羈黠羌。推誠待下。人樂爲用。終吏部侍郎。

范·子長 宋仲黼從子。字少才。師張栻。以進上官太學。有要人慕而候之。子長避焉。嘉泰末坐上疏言災變罷官。已而被召。史彌遠忌之。不得入對。知瀘州。置平泉寨。夷人不敢妄動。瀘以大治。然卒不得入朝。官終知崇寧縣。學者稱雙流先生。

范·子珉 宋處州道士。嗜酒落魄。談人意外事。多奇中。善畫牛。往訪郡守錢竽曰。負公畫四軸。故來相償。畫成。端坐而逝。

范山 春秋楚大夫。晉人殺箕鄭父·士穀·蒯得。范山言於楚子曰。晉君少。不在諸侯。北方可圖也。楚子遂伐鄭。鄭及楚平。

范·之柔 宋純祐曾孫。徙崑山。字叔剛。乾道進士。嘉定初拜監察御史。累擢刑禮二部尚書·太子詹事。封崑山縣開國子。之柔奉親事君。一以仲淹爲法。知止畏盈。累章乞休。卒諡清憲。

范·允臨 明吳縣人。字長倩。萬曆進士。仕至福建參議。工書畫。與董其昌齊名。歸築室天平山之陽。故人及四方知交之來吳者。恆與邀遊山水間。卒年八十四。

范·元琰 梁錢唐人。字伯珪。童時父卒。哀慕盡禮。及長好學。博通經史。祖母患癰。恆自含吮。家貧。惟以園蔬爲業。嘗出行。見人盜其菘。元琰遽退走。或有涉溝盜其筍者。伐木爲橋以渡之。自此盜者大慚。一鄉無復草竊。齊梁間累徵辟。皆不赴。

范·元愷 明蒙化人。字虞賢。嘉靖舉人。知雄縣。調名山。廉介自持。考天下清官最。告歸卒。

范·公偁 宋純仁曾孫。所著過庭錄。多述祖德。語不溢美。有淳實之遺風。

范·升 後漢代人。字辯卿。九歲通論語孝經。及長。習梁丘易·老子。教授後生。光武徵拜議郞。遷博士。上疏讓於梁恭·呂羌。帝不許。然由是重之。數召見。每有大議。輒見訪問。永平中爲聊城令。坐事免。卒於家。

范·天順 宋荆湖都統。北兵圍襄陽。天順日夕守戰尤力。及呂文煥出降。天順仰天歎曰。生爲宋臣。死當爲宋鬼。卽所守處縊死。

范·文 晉南蠻林邑國王。初爲日南西卷縣夷帥范椎奴。後事林邑王范逸。甚見信任。將兵得衆心。逸死無嗣。文遂自立爲王。攻幷諸小國。有衆四五萬。遣使入貢於晉。永和間攻陷日南。害太守夏侯覽。又襲九眞。敗征西督護滕畯之兵。旋卒。

范·文光 明內江人。天啓舉人。崇禎中歷官南京戶部員外郞。告歸。張獻忠亂蜀。文光偕劉道貞等舉義兵。永明王命爲右僉都御史。巡撫川南。總督李乾德殺楊展。文光惡之。遂入山不視事。清兵克嘉定。文光仰藥死。

范·文程 清瀋陽人。字憲斗。號輝嶽。天命間歸太祖。直文館。參預帷幄。天聰間解大安圍。克遵化。招降大淩河城。援明將孔有德來歸。皆文程策。官祕書院大學士。每議大政。多資籌畫。世祖定鼎。開國規制。文程手定者爲多。累加太傅。卒諡文肅。

范·日進 宋建平人。家衆三百口。敦睦無間言。爨雙井共汲。子孫感其義。無析產者。

范·王孫 明休寧人。寄籍錢塘。字士文。所著詩志。雜采諸說。於同時人中。多取洗守正說通·陳際泰五經讀·顧夢麟說約。不甚研求古義。

范·世京 宋師道子。字延祖。熙寧間以進士令海鹽。勸民孝友力田。治聲動浙右。時行新法。召至京。將用之。以論不合還治。民歡呼相迎。尋以疾乞休。詔進祕書丞。致仕。

范·冉 後漢外黃人。字史雲。一作范丹。桓帝以爲萊蕪長。遭母憂不到官。後辟太尉府。以狷急不能從俗。常佩韋於朝。議者欲以爲侍御史。遂遁出。徒行敝服。賣卜於梁沛之間。或寓息客廬。或依宿樹陰。如此十餘年。乃結草屋而居焉。所居單陋。有時絕粒。閭里歌曰。甑中生塵范史雲。釜中生魚范萊蕪。三府累辟不就。卒諡貞節先生。

范·平 晉錢唐人。字子安。研覽墳索。遍該百氏。吳時舉茂才。累遷臨海太守。有異能。吳末謝病家居。太康中屢召不起。卒謚文貞先生。

范·弘 明交趾人。永樂中英國公張輔以交童之美秀者還選爲奄。弘與焉。及長。占對嫻雅。成祖愛之。教令讀書。遂博涉經史。善筆札。侍仁宗東宮。宣德間受免死詔。累遷司禮太監。英宗眷弘。目爲蓬萊吉士。後從征。沒於土木。

范·弘之 晉汪孫。字長文。雅正好學。以儒術該明爲太學博士。時衛將軍謝石卒請諡。下禮官議。弘之詞甚亮直。遂出爲餘杭令。終不調。卒於官。

范·必英 清允臨子。字秀實。一字秋濤。號伏菴。順治舉人。康熙中召試鴻博。授檢討。分纂明史學。卽謝病歸。自號杜圻山人。築萬卷樓。藏書二十四櫝。皆手自校訂。工詩文。好汲引後進。子弟著錄者數百人。

范正夫 〔宋〕潁昌人。仲淹諸孫。字子立。長於水墨雜畫。鶺鴒竹石。標格高秀。後官鳳翔令。還鄉死於兵。

范正平 〔宋〕純仁子。字子夷。學行甚高。紹聖中爲開封尉。以事爲蔡京所嫉。及京當國。言正平矯撰父遺表。又謂純仁行狀妄傳聖語。因逮獄羈管。會事白得釋。退閒久。益工詩。尤長五言。有荀里退居編。

范正思 〔宋〕正平弟。字子默。一作子思。學行爲士林所推。居父憂。哀毀過甚。正平被逮將行。正思曰。議行狀時。兄方營窀窆之事。參預筆削者。正思也。兄何爲哉。正平曰。時相屬意我。且我居長。我不往。兄弟俱將不免。遂行。

范正辭 〔宋〕齊州人。字直道。治春秋公羊穀梁登第。歷知淄州饒州。皆有名績。眞宗時累遷河東轉運使。毅侍御史。劾李昌齡董儼等。又舉吳奮等堪任大郡。皆從之。終膳部郎中。

范母 〔春秋〕〔晉〕范鞅妻。三子遊於趙氏。趙簡子乘馬園中。園中多株。問三子曰。奈何。少子曰。可以三德使民。簡子從之。民果三悅。少子伐其謀。歸以告母。母喟然歎曰。終滅范氏者。必此子也。其後智伯滅范氏。

范民和 〔宋〕江陰人。善鼓琴。通醫卜。弈稱國手。

范永祺 〔清〕鄞人。字鳳頡。號莪亭。乾隆舉人。工漢唐篆隸。尤精摹印。好收藏明代及淸初名人尺牘。所居蘊天室成。集蘭亭字爲七言律二篇。東南名士屬和者數十。一時傳爲佳話。

范永鑾 〔明〕桂陽人。字汝和。正德進士。督福建學政。後改陝西兵備副使。歷四川右布政司。所至有聲。致仕歸。念桂陽僻邑。書籍罕至。爲購春秋諸傳兩漢書等二十種。貯之學宮。以備諸生觀覽。

范目 〔漢〕閬中人。從高祖起漢中。定三秦。

范立朝 〔明〕昆明人。字二懷。萬曆舉人。歷遷刑部郎中。出知平涼府。時韓王卒。世子幼。有庶子謀立。賂以金。立朝正色曰。嫡庶之禮。何可廢也。王妃聞之。亦以多金求爲善計。復却之曰。此公議也。何以私爲。後罷歸。行李蕭然。

范仲淹 〔宋〕吳縣人。字希文。生二歲而孤。母更適長山朱氏。從其姓。名說。既長。乃感泣辭母去。依戚同文學。舉祥符進士。始還姓更名。晏殊薦爲祕閣校理。每感激論天下事。奮不顧身。一時士大夫矯厲尙氣節。自仲淹倡之。仁宗朝遷吏部員外郎。權開封府。忤呂夷簡。罷知饒州。元昊反。以龍圖閣直學士副夏竦經略陝西。守邊數年。號令嚴明。愛撫士卒。羌人呼爲龍圖老子。夏人亦相戒不敢犯其境。曰小范老子。胸中自有數萬甲兵。旋拜樞密副使。進參知政事。中外想望其功業。仲淹裁削倖濫。考覈官吏。爲僥倖者所不悅。出爲河東陝西宣撫使。遷戶部侍郎。徙靑州。會病請潁州。未至卒。贈兵部尙書。諡文正。有丹陽集。及奏議尺牘。仲淹內剛外和。爲秀才時。以天下爲己任。嘗言先天下之憂而憂。後天下之樂而樂。尤樂善好施予。置義田以贍族人。卒之日。聞者莫不歎息。

范仲溫 〔宋〕仲淹仲兄。字伯玉。以恩例補將作簿。調新昌尉。在邑三年。盜不及境。除寧海軍節度推官。知黃巖縣。會海潮壞城。仲溫教民爲桴救之。全活甚衆。又設閘禦水。台人遂安。遷太子中舍。致仕卒。◎〔宋〕祖禹子。秦觀之壻。字元實。學詩於黃庭堅。有潛溪詩眼。

范仲黼 〔宋〕祖禹後。字文叔。爲國子博士。初張栻雖蜀產而居湖湘。其學未行於蜀。仲黼從之學。杜門十年。不汲汲於進取。魏了翁謂其剖析精微。羅絡隱遁。直接五峯之傳。後以著作郎知彭州。學者稱月舟先生。晚年講學二江之上。栻敎遂大行蜀中。

范兆芝 〔淸〕定海人。字嵩谷。負才不羈。以好義著。順治間卒於廣東。有復旦堂集。

范光陽 〔淸〕鄞人。字國雯。號北山。康熙進士。官延平知府。有雙雲堂詩文稿。

范同 〔宋〕建康人。字擇善。登政和第。再中弘詞科。累官吏部員外郎。與秦檜力主和議。假太常少卿。接伴金使。蕭哲張通古入境。同北向再拜。問金主起居。軍民見者多流涕。檜再主和議。慮諸將難制。同獻計。請皆除樞府。罷其兵權。拜參知政事。在政府或自奏事。爲檜所忌。責授左朝奉郎。謫居筠州。尋爲太中大夫。知太平州卒。

范如圭 〔宋〕建陽人。字伯達。第進士。紹興中選校書郎。秦檜主和議。如圭責以忘仇辱國。檜死入對。請籍荆淮曠土。倣古助法。別爲科條役法。時儲位未定。如圭請斷以至公勿疑。詔立普安郡王爲皇子。官終知泉州。如圭忠孝誠實。其學根於經術。有集。

范安仁 〔宋〕錢塘人。寶祐間爲畫院待詔。俗呼爲癩子。善畫魚。

范安國 〔淸〕江都人。僑居秀水。號治堂。幼穎異。十三經注疏皆成誦。凡操琴彈碁寫生風鑑堪輿方診。六微河洛推步。悉心領神會。其識筆尤與古合。選入飛鴻堂印譜。

范守己 明洧川人。字介儒。萬曆進士。官至按察司僉事。有霜皇外史、御龍子集、鄢署集。

范式 後漢金鄉人。字巨卿。一名汜。少游太學。與汝南張劭爲友。並告歸鄉里。式謂劭曰。後二年當過拜尊親。乃共尅期日。至期。劭白母設饌候之。其日式果到。升堂拜母而飲。別後劭卒。式忽夢見劭呼曰。巨卿。吾以某日死。當以爾時葬。式寤悲泣。便馳往赴之。未到喪已發。既至壙。柩不肯進。移時式至。執紼引柩。於是乃前。遂留止冢次。修墳樹然後去。後舉州茂才。四遷荊州刺史。後遷廬江太守。有威名。卒於官。

范百祿 宋鎭兄子。字子功。第進士。舉才識兼茂科。累官翰林學士。爲哲宗言分別邪正之目。以類相反。凡二十餘條。以龍圖學士知開封府。勤於民事。獄無繫囚。拜中書侍郎。復以資政殿學士知河南府。卒謚文簡。有詩傳、文集及內外制、奏議。

范西屏 清海寧人。名世勳。父以好弈破其家。而弈卒不工。西屏少穎悟。三歲時見父與人弈。輒啞啞然指畫之。少長。從俞長侯學。十六歲遂成第一手。有名於雍乾時。後客揚州。居運使高恆署中。城西有桃花泉。因著桃花泉弈譜。

范伯翼 明嘉定人。崇禎末黃淳耀倡義。伯翼偕子光啓、光昭。出家貲募勇壯以佐之。及衆潰。伯翼被執不屈。將加刑。光昭求代父死。遂俱遇害。惟光啓獲免。

范初 明休寧人。字世元。正德間知隰州。隰有豪惡爲州害。初下車。悉捕置之法。鄰陝番夷乘機竊發。聞初威名。乃相戒曰。此范太守所轄地也。自是勿敢犯境。官終九江府同知。

范希正 明吳縣人。字以貞。宣德間舉賢良方正。知曹縣。有奸吏受賕。希正按其罪。械送京師。吏反誣希正他事坐逮。曹民八百餘人詣京。白希正廉能受誣。事得釋。治曹二十三年。歷知州。致仕歸。

范希朝 唐虞鄉人。字致君。初從邠寧軍爲別將。德宗在奉天。以戰守功。累兼御史中丞。治軍整毅。遷振武軍節度使。邊人不敢橫。貞元末請朝。帝悅。拜金吾衛大將軍。憲宗時歷河東節度使。以太子太保致仕。卒謚宣武。希朝號當時名將。或比之趙充國云。

范希賢 明松滋人。字亦南。嘉靖舉人。閉戶著書。不事干謁。有水南集。

范延光 後唐臨漳人。字子環。唐明宗牧相州。延光爲親校。明宗下鄆州。梁兵屯楊劉口以扼之。累爲明宗間行達機事於莊宗。爲梁兵所獲。榜笞數百。威以白刃。終不洩其事。莊宗入汴。得釋。累官檢校太師。高祖時封臨清王。已叛復降。拜天平軍節度使。以太子少師致仕。爲其仇楊光遠所害。

范廷召 宋棗強人。父鐸爲里中惡少年所害。廷召手刃父讐。有膂力。嘗爲盜。以勇壯聞。太宗時累官殿前指揮使。在軍四十餘年。凡親征未嘗不從。善騎射。性惡飛禽。所至處彈丸殆絕。尤不喜鵰鳴。聞必擊殺之。

范廷玉 元保定人。善畫墨竹。

范志完 明虞城人。崇禎進士。擢兵部右侍郎。總督薊州、永平、山海、通州、天津諸鎭軍務。既而命兼制關內。移駐關門。會清兵已從牆子嶺入薊州。分兵南下。志完素無謀略。畏怯不敢戰。畿輔州縣相繼失。惟尾而呵噪。所至摽掠。旋下獄。棄市。

范成大 宋吳縣人。字致能。號石湖居士。紹興進士。官禮部員外郎。兼崇政殿說書。假資政殿大學士。充國信使使金。初進國書。辭氣慷慨。不辱命而返。除中書舍人。累擢參知政事。紹熙中卒。贈少師。追封崇國公。謚文穆。成大素有文名。尤工詩。有石湖集、攬轡錄、桂海虞衡志、吳郡志、范村梅菊譜、吳船錄、驂鸞錄。

范成進 金莒人。後家濰州。倜儻有大志。負氣任俠。膂力過人。貞祐之亂。成進糾邑中丁壯以自扞禦。哀宗出汴。成進率衆往從之。以功賜爵膠西郡王。

范汪 晉晷孫。字玄平。博學多通。善談名理。爲庾亮佐吏十餘年。甚相欽待。復爲庾翼長史。桓溫代翼爲荊州。以汪爲安西長史。溫西征蜀。委以留府。蜀平。進爵武興侯。而溫頻請爲長史、江州刺史。皆不就。自請爲東陽太守。溫甚恨焉。在郡甚有惠政。頃之召入。除都督徐兗青冀四州、揚州之晉陵諸軍事。溫北伐。令汪率文武出梁國。以失期免爲庶人。汪屏居吳郡。從容講肆。不言枉直。卒謚穆。

范汝 明范人。字澄吾。貢生。學宗陽明。應隆慶初恩選。授易州同知。遷慶陽府通判。所至著政績。致仕四十餘年。惟以讀書爲事。

范沖 宋祖禹子。字元長。紹聖進士。高宗卽位。歷兩淮轉運使。紹興中詔沖重修神哲兩朝實錄。召爲宗正少卿。兼直史館。帝雅好左氏春秋。沖爲講官。敷衍經旨。因以規諷。帝未嘗不稱善。累官翰林侍讀學士。性好義樂善。司馬光家屬。皆依沖所。沖撫育之。爲光編類記聞十卷奏御。又嘗薦尹焞自代云。

范汭 明烏程人。徙居臬門。字東生。鹽池種竹。攻苦讀書。家貧落魄。懷憾不得志以卒。有詩集。

范良遂 【宋】之柔弟。初名之傳。字次癯。自號蠡莊居士。放情山水。不慕榮利。長於歌詩。凡顯貴。視之泊如也。官承務郎。有詩集。

范來宗 【淸】吳縣人。字翰尊。號芝巖。乾隆進士。官編修。工詩畫。乞歸終養。杜門却掃。以詩文自娛。有洽園詩稿·詩餘。

范叔明 【明】錢塘人。一作叔成。字允叔。號元白。善畫山水。尤工花鳥蘭竹。

范叔孫 【南朝宋】錢唐人。少仁厚。喜施濟。鄉曲貴其行義。莫有呼其名者。孝武時除竟陵王國中軍。不就。

范周 【宋】仲淹從孫。字無外。負才不羈。工詩詞。安貧自樂。方臘之亂。州民團結。士流亦不免。周率學舍諸生冠帶夜巡。以大燈籠題詩其上。守將見詩。亟爲罷去。

范坦 【宋】子奇子。字伯履。工畫山水花鳥。賜進士第。擢起居舍人。使於遼。復命。具語錄以獻。徽宗覽而善之。付鴻臚。令後來使者視爲式。知江寧府洪揚二州。召爲戶部侍郎。論當十及夾錫之弊。請外。知河陽。政和初復爲戶部。時張商英爲相。坦多與之合。及商英去。言者論坦。貶黃州團練副使。安置韶州。以赦復徽猷閣待制卒。

范奇芳 【明】汾陽義勇。流賊破城。憤甚。竟刺殺僞都尉。自刎死。

范宗尹 【宋】鄧城人。字覺民。少篤學。工文辭。宣和中上舍登第。累遷右諫議大夫。罷歸。張邦昌僭位。復其職。遣使詣康王勸進。建炎初遷御史中丞。拜參知政事。以言事累拜尙書右僕射·同中書門下平章事。後爲秦檜所賣。落職知溫州。卒年三十七。宗尹有才智。爲政多私。又嘗汚僞命。屢爲議者所詆。

范宗古 【宋】高平人。乾興初以成均博士守江陰。明習文法。開示悃愊。百廢具舉。積訴咸辨。范仲淹稱其清風之下。人則嘯歌。陽春之來。物自鼓舞。

范居實 【後唐】翼城人。事太祖。初爲隊將。歷官澤州刺史。拳勇善戰。頗立軍功。在郡戎備不理。以翫寇誅。

范岫 【梁】宣玄孫。字懋賓。早孤。事母以孝聞。名行爲時輩所與。仕齊爲太子家令。累官尙書左丞。入梁終祠部尙書。岫博涉多通。尤悉晉魏以來吉凶故事。范雲嘗謂人曰。諸君進止威儀。當問范長頭。以岫多識前代舊事也。自親喪後。布衣蔬食以終。居官以廉潔稱。有禮論·雜儀·字訓。

范念德 【宋】如圭子。字伯崇。學於朱熹。深潛溫厚。官吉州錄參。累遷江東帥幹。

范承吉 【金】字寵之。天慶進士。宗翰克宋。所得金珠。承吉司其出入。無毫髮欺。及還。橐車載書史而已。累遷河東北路轉運使。宋季民賦繁重失當。承吉乃爲經畫。立法簡便。官既足而民有餘。歷順天泰寧軍節度使。奚卒畏法不敢犯。貞元間以光祿大夫致仕。

范承烈 【淸】文程四子。字彥公。康熙間官至兵部侍郎。有雛鳳堂集。

范承勳 【淸】文程三子。字蘇公。由員外郎授御史。論事侃侃。康熙間累擢雲貴總督。在滇九年。所祛蠹弊甚多。清鹽筴不得按戶抑派。酌道里遠近。定支撥軍餉條例。吏不得巧法朘民。民甚賴之。尋督兩江。專務淸靜。與民休息。官至太子太保。有通鑑纂注·雞足山志·世美堂詩文奏疏。

范承謨 【淸】文程次子。字覲公。號螺山。順治進士。康熙間巡撫浙江。劾罷兩浙豪惡。及墨吏之尤者。聞者悚息。會杭嘉湖水災。奏貸庫銀。買米平糶。許最貧者屑鹽自給。全活甚衆。又親勘寧台溫處金衢諸府荒田。奏豁荒田地二十九萬四千六百餘畝。水衝田地二萬一千九百餘畝。民甚德之。擢福建總督。耿精忠反。閉諸土室。三載。尋迫令自盡。謚忠貞。有撫浙督閩奏議·吾廬存稿·百苦吟·畫壁遺稿·雜著等書。

范旺 【宋】順昌巡檢司軍校。紹興初俞勝等作亂。土軍請降。旺叱之曰。吾等父母妻子。並受國恩。今不能討賊。有死而已。賊怒。殺旺及妻子。賊平。旺死跡在地。隱隱不沒。邑人異而祀之。

范旻 【宋】質子。字貴參。太祖時歷知邕州。俗好淫祀。輕醫藥。重鬼神。旻下令禁之。割己俸市藥以給病者。愈者千計。復以方書刻石置廳壁。民感化之。太平興國間累官右諫議大夫。坐事貶唐州司戶卒。有邕管記及文集。

范明泰 【明】嘉興人。字長康。萬曆舉人。有米襄陽外紀·米芾志林。

范明敬 【明】洪武初爲台州知府。有廉能聲。海盜掠鄉邑。僚佐皆失措。明敬募民兵勦平之。民賴以安。

范明徵 【淸】霑化人。字仲亮。別字雪匡。九歲通左氏傳。以布衣負古文名。論學兼採朱陸。康熙中徐元文監修明史。明徵遺書商榷。言多卓識。卒年八十。有天文圖·文廟崇祀考·雪匡詩文集。

范杲 【宋】質兄子。字師回。太宗時歷右拾遺左補闕。上書自言其才比東方朔。求顯用以觀其效。擢知制誥。後惡其躁競。改右諫議大夫。知濠州。復召爲史館修撰卒。

范珏 【明】金陵名妓。字雙玉。喜

畫山水。樸枒老樹。遠水絕澗。筆墨間有天然氣韻。

范直方 宋紹興間知濬州。政尙寬厚。邦人德之。入爲刑部員外郞。民皆攀轅絕鐙。不忍其去。

范育 宋祥子。字巽之。第進士。爲涇陽令。以養親謁歸。從張載學。薦授崇文校書。監察御史裏行。育請用大學誠意正心以治天下。因薦載等數人。西夏人入環慶。詔育行邊。還言邊事。皆從之。坐劾李定親喪匿服罷御史。檢正中書戶房。固辭。乃知韓城縣。詔往鄜延議畫地界。元祐初遷光祿卿。終戶部侍郞。

范芳 清如皐人。字令則。有詩經彙詁。

范金鏞 清廬陵人。字溫舫。進士。宦雲南知縣。落職。工畫花鳥士女。有溫舫詩鈔。溫道人題畫詩。

范長壽 唐爲武騎尉。善畫。凡山水樹石。牛馬畜產。皆得其妙。風格在張僧繇之次。

范青 清上海人。字筠堅。嘗客范承謨幕。有筠谿集。瀹秋容軒詞。

范咸 清錢塘人。字貞吉。號九池。雍正進士。官至御史。有周易原始。讀經小識。碧山樓文稿。柱下奏議。海外奏議。浣浦詩鈔等書。

范奕 宋新安人。字元倫。研精理學。所居藝蘭以自況。有蘭皐集。

范宣 晉陳留人。字宣子。少尙隱遯。博綜羣書。尤精三禮。善畫。雖閒居屢空。常以誦讀爲業。譙國戴逵等皆聞風宗仰。自遠而至。諷誦之聲。有若齊魯。太元中范寧爲豫章太守。江州人士。並好經學。時以爲化二范之風。有禮易論難。

范思敬 元全椒人。有志操。能文章。至正初嘗獻治平十二策。遂築石室於岡之梁莊。號棲谷子。

范恪 宋開封人。字許國。驍勇善射。臨難敢前。仁宗時積功累遷保信軍節度。以疾出爲永興路副都總管。恪有弓勝一石七斗。其箭鏃如錍。名曰錍弓。所發必中。嘗取焦蒿岩歸。恪獨殿。爲數千騎所躡。恪視箙止有二錍。卽爲引滿之勢。賊遽卻。

范拱 金濟南人。字淸叔。深於易學。宋末第進士。仕劉豫。歷尙書左丞。豫以什一稅民。民窮困陷罪。拱極論其弊。齊廢。梁王宗弼領行臺省事。拱爲官屬。以減稅爲請。民始蘇息。拱愼許可。喜推轂士類。人不知其所以進。拱亦不自言。世宗時除太常卿。致仕卒。

范昭 春秋齊大夫。平公欲伐齊。使昭往觀。景公賜之酒。酒酣。昭曰。願請君之樽酌。公曰。酌寡人之樽進客。昭已飲。晏子曰。徹樽更之。昭佯醉起舞。謂太師曰。能爲我調成周之樂乎。太師曰。冥臣不習。昭歸告平公曰。齊未可伐也。乃止。

范柏年 南齊梓潼人。世爲土豪。知名州里。彊立善言事。以應對爲宋明帝所知。歷梁州刺史。入齊。誘降晉壽亡命李烏奴。討平氐賊楊城。蘇道熾等。頗著威名。沈攸之事起。柏年遣將陰廣宗領軍出魏興。聲援京師。而候望形勢。惠文太子慮其爲變。許啓爲府長史。至襄陽。因執誅之。

范柔中 宋南城人。字元翼。舉進士。官至太學博士。其學長於春秋。著春秋見微。折衷三傳。去取諸家。深得聖人之意。元祐間上書言事。後被遷謫死。

范洪 明寧波人。字元博。別號全癡。善弈。挾技遊京師。李東陽。楊一淸每延致對局。洪與人弈。常隨其人高下。不求大勝。然終不一挫衄。遂名國手。時人以金忠卜。袁珙相。呂紀畫。范洪棋爲四絕云。

范致明 宋建安人。字晦叔。元符進士。有岳陽風土記。

范致虛 宋建陽人。字謙叔。舉進士。徽宗時累官尙書左丞。劉昺嘗乘蔡京怒擠致虛。後王寀坐妖言繫獄。事連昺。論死。致虛爭之。昺得減竄。士論賢之。靖康初除陝西宣撫使。金人分道再犯京師。致虛會兵入援。不戰而潰。高宗立。徙知鄧州。會金兵歷境。致虛遁。坐落職。責授安遠軍節度副使。安置英州。高宗幸建康。召知鼎州。行至巴陵卒。

范茂 明巢人。歸太祖。從定江左。殲陳友諒。平中原山西陝西。俱有功。再遷廣州都指揮同知。世襲廣州左衛指揮使。數勦連州廣西湖廣諸猺賊。進都指揮使卒。

范迪 北周績孫。少機辨。善屬文。歷尙書右丞。散騎常侍。有文集。

范迪簡 宋劍浦人。字道卿。慶曆進士。調官至闕下。以嘗受趙抃薦。不肯一謁。識者稱之。

范述曾 梁錢唐人。字子玄。一字穎彥。齊明帝時爲永嘉太守。所部橫陽縣山谷險峻。爲逋逃藪。前後二千石討捕莫能息。述曾下車開示恩信。凶黨繈負而出。編戶屬籍者二百餘家。自是居人安業。徵爲游擊將軍。郡送故舊錢二十餘萬。一無所受。東昏時拜中散大夫。還鄉里。武帝以爲太中大夫卒。年七十九。述曾好施與。及老。壁立無所資。有易文言注及雜詩賦數十篇。

范家相 清會稽人。字左南。號蘅洲。乾隆進士。官柳州知府。有環滁軒詩鈔。三家詩拾遺。詩瀋。

范師孔 宋崇安人。字學可。咸淳恩薦。肄業武夷書院。三司辟充講書。橫經析理。義極精密。後進賴焉。

尤工於詩。有畫餅編。

范・師道 宋 仲淹從兄子。字貫之。第進士。歷官起居舍人。同知諫院。仁宗晚年尤恭儉。而四方無事。師道言雖過。每優容之。遷兵部員外郎。兼侍御史。夙勵風操。有聞卽言。官至戶部・直龍圖閣・知明州卒。有奏議・文集。

范・時紀 清 文程孫。乾隆中官倉場侍郎。請於近畿增築堤埝。廣種秧稻。議於近濱窪地行之。改副都統卒。

范・時崇 清 承謨子。字自牧。號蒼崖。由蔭生授知州。康熙間累遷廣東巡撫。兼理鹽政。疏陳鹽政七則。積弊悉除。擢閩浙總督。遷兵部尚書。

范・時綬 清 文程孫。字綬齋。雍正間由筆帖式累遷湖南巡撫。拆毀垸田之有害洞庭水道者。嚴禁添築。水得暢流。後官至刑部尙書卒。

范・時繹 清 承勳子。由參領擢總兵。雍正間署兩江總督。請將江蘇安徽丁銀勻入地畝徵收。以雍正六年爲始。後官工部尙書。

范・泰 南朝宋 甯子。字伯倫。仕晉至御史中丞。入宋拜金紫光祿大夫。加散騎常侍。時議建國學。以泰領國子祭酒。泰上表陳奬進之道。又言事者以國用不足。欲更造五銖錢。泰極諫其不便。景平初致仕。卒謚宣。泰博覽篇籍。好爲文章。愛奬後生。孜孜無倦。有古今善言二十四篇及文集。

范・泰恆 清 河內人。號無匡。乾隆進士。官崇義知縣。有燕川集。

范・浚 宋 蘭谿人。字茂明。紹興間舉賢良方正。以秦檜當國不起。閉門講學。篤志求道。學者稱香溪先生。有香溪集。

范・祖禹 宋 鎭從孫。字淳夫。一字夢得。第進士。從司馬光編修資治通鑑。書成。薦除秘書正字。哲宗立。遷給事中。宣仁太后崩。祖禹慮小人乘間害政。諫章累上。不報。時紹述之論已興。有相章惇意。祖禹力沮之。不從。遂請外。又爲論者所詆。遠貶昭州別駕而卒。謚正獻。祖禹平居不言人過。至遇事則別白是非。不少借隱。在邇英守經據正。獻納尤多。嘗進唐鑑・帝學・仁宗政典。而唐鑑深明唐三百年治亂。學者尊之。目爲唐鑑公。又著有太史集。

范・祖述 明 古祿子。知鞏縣。鑿南山。導水入洛。縣無水患。以父蔭薦籍。歷監中岳廟。久之知台州。靖康初避地汝州。與汝守趙子櫟共城守。旁郡盡陷。汝獨全。累官朝議大夫。

范・祖幹 明 金華人。字景先。其學以誠意爲主。而嚴於愼獨持守之功。太祖下婺州。祖幹持大學以進。數陳治道。命爲諮議。以親老辭。父母年皆八十餘而終。悲哀三年如一日。學者稱爲純孝先生。有羣經指要・讀詩記・大學中庸發微・柏軒集。

范・純 明 字誠夫。少孤貧力學。有文名。成化初以刑部員外郎出爲四川按察司僉事。風裁肅然。時松茂有警。純督運抵威州。寇來攻。純以計破之。再轉松潘兵備副使。時萬安居內閣。其子挾勢驕橫。純以法繩之。故官久不遷。又有當道市禽以充貢。每歲索金至數百兩。純白正之。弗聽。歎曰。吾不能爲民庇。可復仕乎。卽移疾歸。

范・純仁 宋 仲淹次子。字堯夫。皇祐進士。嘗從胡瑗・孫復學。父沒始出仕。知襄城縣。遷侍御史。知諫院。言王安石變法妨民。前後上言無所諱避。安石怒。出知河中府。歷轉和州慶州。有惠政。哲宗時累官尙書僕射・中書侍郎。以博大開上意。忠篤革士風。忤章惇。貶置永州。徽宗立。連除觀文殿大學士。促入覲。以目疾乞歸。卒謚忠宣。有文集・奏議。純仁夷易寬簡。不以聲色加人。義之所在。則挺然不少屈。嘗曰。吾生平所學。得之忠恕二字。一生用之不盡。每戒子弟。苟以責人之心責己。恕己之心恕人。不患不至聖賢地位也。

范・純祐 宋 仲淹長子。字天成。性英悟。尙節行。寶元中官關陝。數將兵禦西夏。純祐與將卒錯處。鉤深擿隱。得其才否。由是仲淹任人無失而屢有功。仲淹帥環慶。議城馬鋪砦。夏人來侵。純祐率兵馳據其地。且戰且役。數日而成。一路恃之以安。事父母孝。未嘗遠離左右。不應科第。以病廢。

范・純粹 宋 仲淹四子。字德孺。沈毅有幹略。論事剴切。元豐中爲陝西轉運判官。時五路出師無功。神宗欲再舉。純粹言公私大困。根本可憂。遂止。入爲右司郎中。哲宗立。以龍圖閣學士出知慶州。後以元祐黨奪職。知均州。徽宗時以徽猷閣待制致仕。卒年七十二。

范・純誠 宋 仲淹從子。字子明。仲淹置義田。皆純誠辦習。因奏爲長洲尉。俾創規法。以貽永久。歷官衞州司理。

范・純禮 宋 仲淹三子。字彝叟。歷知遂州。瀘南有邊事。調度苛棘。純禮處之以靜。民爲圖象奉之。元祐中累遷給事中。凡所封駁。正名分紀綱。皆國體之大者。徽宗立。以龍圖閣直學士知開封府。務去苛政。擢尙書右丞。立朝沈毅剛正。旋爲王詵所誣。罷爲端明殿學士。終左朝議大夫。卒年六十七。紹興初謚恭獻。

范・衷 明 豐城人。字恭肅。永樂進士。除壽昌知縣。闢荒田。興水利。正統間三考報最當遷。邑人乞留。詔知汝州。吏部尚書王直察舉天下廉吏。衷爲第一。

范啟 宋 傳正裔。字彌發。號求邇。博學窮理。高尚不樂仕進。理宗徵之不起。賜號風月處士。有雞肋漫錄。管錐雜誌。并觀雜說等書。

范堅 晉 汪從父。字子常。博學善屬文。拜著作佐郎。撫軍參軍。討蘇峻。賜爵都亭侯。累遷尚書右丞。護軍長史。

范寅 明 徐州人。字敬時。爲太學生。聞父喪歸。母繼沒。因廬墓。躬負土爲墳。人稱其孝。授知石州。有政聲。陞河南府同知。

范寅孫 宋 仲淹曾孫。紹興中爲平陽縣丞。治政勤能。急於民事。興修水利。人多賴之。

范崇凱 唐 內江人。善屬文。玄宗命作華蕚樓賦。入奏爲天下第一。弟元凱亦齊名。時號梧岡雙鳳。

范常 明 滁人。字子權。太祖至滁。杖策謁軍門。留置幕下。諸將克和州。兵不戢。常言於太祖曰。得一城而使人肝腦塗地。何以成大事。太祖立召諸將切責。命爲太平知府。居三年。民親愛之。遷起居注。尋乞歸。

范康 元 杭州人。字子安。工樂府。有竹葉舟等雜劇行世。

范從文 明 仲淹後。字復之。洪武中以國子生擢監察御史。爲同官所陷。得罪且死。以先賢裔得減死戍莊浪。永樂初教授金華東安金鄉三學。有小學章詁。

范敏 明 閿鄉人。性聰慧。博綜文史。洪武中舉秀才。擢戶部郎中。累官戶部尚書。帝以徭役不均。命編造黃册。敏議百一十戶爲里。丁多者十人爲里長。鳩一里之事。以供歲役。十年一周。餘百戶爲十甲。後遂仍其制不廢。尋以不職罷官。

范晞文 宋 錢塘人。字景文。號藥莊。太學生。咸淳中上書劾賈似道。竄瓊州。元世祖時程鉅夫薦之朝。辭不就。流寓無錫以終。有對牀夜話。

范椁 元 清江人。字亨甫。一字德機。少孤貧。耽詩工文。用力精深。薦爲翰林院編修官。擢海南海北道廉訪使照磨。所至興學教民。歷福建閩海道知事。吳澄以道學自任。少許可。獨稱椁爲特立獨行之士。有范德機詩。

范淑泰 明 滋陽人。字通也。崇禎進士。擢工科給事中。累有剴奏。言事甚切直。遷吏科。典浙江鄉試。事竣歸里。清兵圍兗州。淑泰固守。城破死之。

范淶 明 休寧人。字原易。萬曆進士。官至福建右布政使。有休寧理學先賢傳。范子嘯言。晞陽文集。兩浙海防類考續編。

范理 明 天台人。字道濟。正統進士。初知江陵縣。時大學士楊溥子入朝。理不加禮。其子訴於溥。溥薦知德安。廉慎和平。學行兼優。人勸理往謝。理曰。彼自薦賢。於我何與。歷南吏部左侍郎。有讀史備忘。

范祥 宋 邠州三水人。字晉公。第進士。通判鎮戎軍。趙元昊圍城急。祥率將士拒退之。歷知慶汝華三州。提舉陝西銀銅坑冶鑄錢。祥曉達財利。建議變鹽法。後人不敢易。稍加損益。人輒不便。後權領渭州。以興役築城。蕃部驚擾。羌人來攻。兵敗。削一官。改制置解鹽使卒。

范紹 後魏 龍勒人。字始孫。太和初充太學生。轉算生。頗涉經史。孝文帝時歷官西道六州營田大使。勤於勸課。頻歲大獲。與中山王英論攻鍾離形勢。英固言必剋。紹觀其城隍防守。恐不可陷。英不從。果敗。後除安北將軍。并州刺史。清慎守法。頗得民和。復入爲太常卿。孝莊帝初遇害河陰。

范處義 宋 浚族人。字逸齋。以進士累官殿中侍御史。精於經學。有詩補傳。解頤新語。

范通 晉 官益州外軍。爲王濬外親。濬平孫晧有功。爲王渾所忌。濬每怨之。通曰。卿功則美矣。恨所以居美者未善。濬問故。曰。旋車之日。角巾私第。口不言平吳功。有問及者。則曰聖主之威。羣帥之力。老夫何功之有。彼王渾得無愧乎。濬曰。是吾褊也。

范喬 晉 粲子。字伯孫。元康中除樂安令。不拜。喬凡一舉孝廉。八薦公府。再舉清白異行。又舉寒素。一無所就。邑人臘夕盜斫其樹。人有告者。喬陽不聞。邑人愧而歸之。曰。卿節日取柴。欲與父母相歡娛耳。何以愧爲。其通物善導。皆此類也。

范復粹 明 黃縣人。萬曆進士。崇禎初爲御史。廷議移毛文龍內地。復粹言海外億萬生靈。誰非赤子。倘棲身無所。必各據一島爲盜。後患方深。又言袁崇煥功在全遼。而尚寶卿董懋中詆爲逆黨所庇。持論狂謬。懋中遂落職。文龍亦不果徙。累官太子太傅。國變後卒於家。

范景文 明 吳橋人。字夢章。號思仁。萬曆進士。歷文選員外郎。泰昌時羣賢登進。景文力爲多。天啟間爲文選郎中。魏忠賢暨魏廣微中外用事。景文其同鄉。不一詣其門。亦不附東林。謝病去。崇禎間起用。累官工部尚書。兼東閣大學士。入參機務。京城陷。餓傳帝出。景文草遺疏。赴井死。諡文貞。有大臣譜及遺集。

范景福 清 錢塘人。字介茲。優貢。精天文算術之學。嘗遴曆象考成前編法。推算春秋朔閏日食。阮元名其書曰春秋上律表。

范晷　晉南陽順陽人。字彥長。累遷馮翊太守。甚有政能。後轉雍州刺史。於時西土荒毀。氐羌蹈藉。田桑失收。百姓困弊。晷傾心化導。勸以農桑。所部甚賴之。元康中加左將軍卒。

范欽　明鄞人。字堯卿。一字安卿。號東明。嘉靖進士。累官兵部右侍郎。有天一閣集。欽喜購書。築天一閣以藏之。沒後。子孫議閣廚鎖鑰。分房掌之。禁以書下閣。故其書久而不散。近代扃鐍稍疏。日有散亡。清光緒間錢恂爲編書目。與嘉慶時阮元所編者相較。已十不存一矣。

范甯　晉汪子。字武子。少篤學。多所通覽。初爲餘杭令。興學校。養生徒。風化大行。遷臨淮太守。封陽遂侯。徵拜中書侍郎。補豫章太守。大設庠序。改革舊制。不拘成憲。遠近至者千餘人。後以王凝言免官。猶勤學不輟。以春秋穀梁未有善釋。沈思積年。爲之集解。其義精審。爲世所重。

范甯兒　後魏善圍碁。孝文帝時與李彪使齊。蕭賾令江南上品王抗與弈。甯兒制勝而還。

范痤　戰國魏相。趙使人謂魏王曰。爲我殺范痤。吾獻七十里之地。魏王曰諾。使吏捕之。痤謂使者曰。有如痤死。趙不與王地則奈何。故不若與定割地。然後殺痤。魏王曰善。痤因上書信陵君曰。痤故魏之免相也。趙以地殺痤而魏王聽之。有如強秦亦將襲趙之欲。則君且奈何。信陵君言於王而出之。

范越鳳　明縉雲人。字可儀。號洞微山人。精堪輿術。有盛名。作尋龍入式歌。

范逵　晉鄱陽人。舉孝廉。嘗過陶侃家。侃母截髮易酒餚款之。後言侃於廬江太守張夔。召爲樅陽令。侃之聲名。實逵發之也。逵仕至會稽太守。

范隆　晉雁門人。字玄嵩。父亡。年四歲。又喪母。哀號之聲。感動行路。疏族廣愍而養之。迎歸教書。隆好學修謹。奉廣如父。博通經籍。無所不覽。著春秋三傳。撰三禮吉凶宗紀。甚有條義。頗習秘曆陰陽之學。惠帝時知幷州將有氛祲之祥。不復出仕。後依劉淵。爲大鴻臚。

范雲　梁汪六世孫。字彥龍。性機警有識。善屬文。下筆輒成。沈攸之兵圍郢城。雲父抗爲郢府長流。入城固守。留家屬居外。雲爲軍人所得。攸之召與語。聲色甚厲。雲容貌不變。徐自陳說。攸之笑曰。卿定可兒。免之。仕齊歷除尙書殿中郞。會文惠太子幸東田觀穫。雲時從。文惠顧雲曰。此刈甚快。雲曰。三時之務。亦甚勤勞。願知稼穡之艱難。無徇一朝之宴逸。文惠改容謝之。入梁爲吏部尙書。封霄城縣侯。雲以舊恩超居佐命。盡誠翊亮。知無不爲。帝亦推心仗之。所奏多允。遷尙書右僕射。卒謚文。有集。

范傳正　唐順陽人。字西老。舉進士弘詞高第。授集賢殿校書郞。歷歙湖蘇三州刺史。有殊政。進拜宣歙觀察使。代還。坐治第過制。憲宗薄不用。改光祿卿卒。有西陲要略。

范嵩　明建寧人。字邦秀。弘治中任監察御史。因論劉瑾媒孽。謫襄陽府推官。行法嚴明。立心平恕。政暇則進諸生講說德義。士民稱頌之。

范愼　三國吳廣陵人。字孝敬。性純直。著論二十篇。名曰矯非。後爲侍中。出補武昌左都督。治軍嚴整。孫皓甚敬憚之。

范敬先　明新建人。字思祖。洪武進士。授御史。指陳闕失。言甚激切。帝怒。命磔之。磔者已披其二乳。敬先曰。姑止。吾有詩獻上。帝得詩。釋之。除趙府長史。趙府敗。以讜切諫免罪。人憐其貧。濟以粟一舟。忽遇親知之貧者。盡以轉濟。竟至困乏而終。

范楷　宋新人。字子式。嘉定進士。官至工部尙書。初在經筵。因事啓沃。邊疆州郡。關於朝政者知無不言。李全據淮安。反狀益急。宰相不能決。猶委曲掩護。大臣更諫不納。楷上書極論。忤旨去位。

范準　明休寧人。字平仲。學問該博。洪武中以明經任本縣儒學訓導。擢陝西吳堡知縣。廉介清苦。歷工部主事。有蠹藝稿·西遊萃稿等書。

范滂　後漢征羌人。字孟博。少勵清節。爲州里所服。舉孝廉光祿四行。以清詔使使冀州。登車攬轡。慨然有澄清天下之志。遷光祿勳主事。投劾去。太守宗資署爲功曹。坐鉤黨下獄。釋歸。建寧中大誅黨人。詔捕滂。督郵吳導抱詔書閉傳舍。伏牀而泣。滂聞之曰。必爲我也。卽自詣獄。縣令郭揖解印綬引與俱亡。滂曰。滂死則禍塞。何敢以罪累君。又令老母流離乎。臨訣。顧謂其子曰。吾欲使汝爲惡。則惡不可爲。使汝爲善。則我不爲惡。行路聞之。莫不流涕。

范滂母　後漢建寧中大誅黨人。滂自詣獄。其母就與之訣曰。汝今得與李杜齊名。死亦何恨。旣有令名。復求壽考。可兼得乎。滂跪受教。

范當世　清江蘇通州人。初名鑄。字肯堂。歲貢生。光緒間客直督李鴻章幕。有才名。古文師張裕釗。友吳汝綸。尤工詩。能合蘇黃之長。有范伯子詩。

范睢 【戰國秦】魏人。字叔。游說諸侯。欲事魏王。家貧無以自資。乃先事中大夫須賈。從賈使齊。齊襄王聞睢口辯。賜睢金及牛酒。賈意睢持魏國陰事告齊。故得此饋。以告相魏齊。齊笞擊睢。折脅摺齒。睢佯死得出。入秦。乃易姓名曰張祿。說昭王以遠交近攻之策。拜客卿。尋爲相。封應侯。後以任鄭安平擊趙。趙圍急。遂降趙。所善王稽爲河東守。與諸侯通坐誅。遂自請免相。薦蔡澤自代。

范粲 【三國魏】冉孫。字承明。高亮貞正。有冉風。博學强記。學皆可師。應辟爲治中。歷職皆有聲稱。遭母憂以至孝稱。服闋爲太宰中郎。齊王芳被廢。粲素服拜送。哀動左右。稱疾闔門不出。特詔爲侍中。粲因陽狂不言。寢所乘車。足不履地。晉太康間卒。年八十四。不言三十六載。終於所寢之車。

范該 【宋】子長從子。字少約。師張栻。與陳同甫善。

范路 【清】嘉興人。字遵甫。自蘭谿遷長水。經明末兵亂。賣藥於市。工詩。有鐵闌館集。

范輅 【明】桂陽人。字以載。正德進士。除南京御史。武宗久無子。輅偕同官請擇宗室賢者育宮中。以宋仁宗爲法。不報。先後劾中官黎安等。又論馬姬有娠。不當入宮。語皆切直。世宗朝歷官江西福建布政使卒。

范鄗鼎 【清】洪洞人。字彪西。康熙進士。受明絳州辛全之學。養母不仕。與應撝謙·李顒以理學著於南北。河汾人士多從之受經。舉鴻博不出。家居立希賢書院。置田以贍學者。有理學備考·五經堂文集·語錄。續垂棘編。

范雍 【宋】河南人。字伯純。中進士第。歷官給事中。玉清昭應宮災。章獻太后泣對大臣曰。先帝竭力成此宮。一夕延燎幾盡。惟一二小殿存爾。雍抗言曰。不若悉燔之也。先朝以此竭天下之力。遽爲灰燼。非出人意。如因其所存。又將葺之。則民不堪命。非所以畏天戒也。累官禮部尚書。雍爲治尚恕。好謀而少成。頗知人。喜薦士。卒謚忠獻。

范寧 【明】字仲寧。以恩入監。與修永樂大典。擢監察御史。爲人才氣豪邁。發奸擿伏。人以爲神。遷尚寶丞。謫布政司提控。未赴任卒。

范爾梅 【清】洪洞人。字梅臣。號雪菴。雍正貢生。有讀書小記。

范端臣 【宋】浚從子。字元卿。紹興進士。累官中書舍人。文詞典雅。尤工於詩。篆楷草隸。皆造精妙。學者稱蒙齋先生。有蒙齋集。

范蓀 【宋】成都人。字季才。傳張栻之學。講學滄江書院。魏了翁初爲考索記問之學。蓀以斂華就實語之。累官宗正寺丞。知邛州。

范鳳翼 【明】通州人。字異羽。萬曆進士。歷官光祿寺少卿。有勵卿集。其詞爲王士禛所稱。

范儁 【明】高安人。字國士。萬曆進士。爲義烏知縣。徵授御史。陳時政十事。語皆切至。帝怒。斥爲民。

范增 【秦】居鄛人。年七十。居家好奇計。輔項羽霸諸侯。號稱亞父。勸羽殺沛公。不聽。羽信漢反間疑增。稍奪之權。增遂棄羽歸。至彭城。疽發背死。

范寬 【宋】華原人。一名中正。字仲立。性緩。世人謂之范寬。好繪事。嘗山水師李成。荆浩。卜居終南太華。危坐終日。縱目四顧。以求其趣。爲人風儀峭古。舉止疎野。嗜酒落魄。不拘於世。

范履冰 【唐】河內人。武后諷召諸儒臣論譔禁中。履冰與焉。當時論譔諸臣。凡朝廷疑議表疏。皆密使參處。以分宰相權。故時謂北門學士。垂拱中歷鳳閣鸞臺平章事。兼修國史。載初間坐舉逆人被殺。

范廣 【明】遼東人。正統中積功遷遼東都指揮僉事。英宗北狩。于謙薦之。擢署都督僉事。充左副總兵。也先犯京師。廣躍馬陷陣。部下從之。寇遂退卻。錄功進都督同知。英宗復辟。石亨·張軏持奪門功。誣廣黨附于謙。謀立外藩。遂下獄論死。廣性剛果。每臨陣。身先士卒。未嘗敗衄。一時諸將。盡出其下。尤爲謙所信任。儕輩皆忌之。故及於難。

范察 【明】一作凡察。亦作樊察。猛哥帖木兒弟。猛哥被殺。亡入朝鮮。正統中襲職建州左衛指揮。受逼內徙。詔與李滿住同居。尋與兄子董山爭印。詔以故印與董山。范察不與。朝廷乃更分左衛置右衛。以范察爲右衛長。天順中卒。

范箴聽 【明】端方有義行。高攀龍講學都下。箴聽受業其門。徐允禎延爲館賓。數進規諫。遭國變。絕食死。

范蔚 【晉】平孫。關內侯。家世好學。有書七千餘卷。遠近來讀者。恆百餘人。

范質 【宋】宗城人。字文素。後唐進士。知制誥。後周時累知樞密院。太祖時加侍中。封魯國公。質性卞急。好面折人。以廉介自持。所得祿賜。多給孤遺。有集及五代通錄·邕管記。

范暹 【明】崑山人。字啓東。一作起東。永樂中取入畫院。善畫花竹翎毛。兼工書。爲時所重。人稱葦齋先生。

范曄 【南朝宋】泰子。字蔚宗。博涉經史。善屬文。能隸書。曉音律。始爲尚書吏部郎。元嘉初彭城太妃卒。

晦夜中酣飲。開北牖聽挽歌爲樂。左遷宜城太守。不得志。乃刪衆家後漢書。成一家之作。累遷太子左衛將軍。意志不滿。與魯國孔熙先謀逆。伏誅。嘗自言所作漢書雜傳論。皆有精意深旨。至於循吏以下。及六夷諸論。筆勢縱放。實天下之奇作。時以爲實錄。

范縝 南齊舞陰人。字子眞。少孤貧。事母孝謹。及長。博通經術。尤精三禮。性質直。好危言高論。仕齊爲尙書殿中郎。永明中與魏氏和親。簡才學之士爲行人。縝將命。著名鄰國。入梁以晉安太守遷尙書左丞。坐事徙廣州。還爲國子博士卒。有文集。

范諤 宋授河圖洛書於許堅。堅授李漑。漑授陳摶。

范諷 宋正辭子。字補之。以蔭補將作監主簿。知平陰縣。存視貧弱。至豪猾大家。峻法治之。登進士第。仁宗時累官龍圖閣學士。呂夷簡嫉諷詭激。貶武昌軍節度行軍司馬。終給事中。諷類曠達。然捭闔圖進。不守名檢。所與游者。輒慕其所爲。時號東山逸黨。

范輯 晉宣子。歷大將軍從事中郎。自免歸。以講授爲事。義熙中連爲徵不至。

范遷 後漢沛國人。字子廬。有淸行。爲漁陽太守。以智略安邊。匈奴不敢入界。永平中爲司徒。有宅數畝。田一頃。推與兄子。及卒。家無擔石。

范遜 北周迪弟。文采劣於迪。而經術過之。位至東平王長史。

范霖 明樂淸人。字時雨。宣德進士。授行人。出使萬里外。土物一無所受。比還。行李蕭然。以薦擢御史。彈劾無所避。時副都御史周銓苛刻貪暴。霖糾十三道御史疏銓不法事言之。驛召銓詣獄。事未白而銓得心悸縊死。霖坐以首建議繫獄。丁無悔懟。識者皆以眞御史稱之。

范龍樹 唐以畫擅名。

范應鈴 宋豐城人。字旂叟。開禧進士。知崇仁縣。累遷金部郎。入見。所言皆讜直。識者韙之。出爲湖南轉運判官。兼安撫事。峒獠倡亂。帥憲招捕。逾年未平。應鈴未一月平之。擢大理少卿。卒諡淸敏。有西堂對越二集。應鈴當官而行。無敢撓以非義。居家時。人有不善。相戒無使范公聞知。其爲人所敬憚如此。

范濟 明元末進士。洪武中以文學舉爲廣信知府。坐累謫戍興州。宣宗卽位。濟年八十餘。詣闕言八事。儒學訓導。

范濟美 宋建陽人。成童時肄業郡庠。敝衣菲食。與貴游子弟居。不少屈。由進士除宿州教授。學者咸造門請業。終檢討官。

范鍾 宋蘭谿人。字中和。嘉定進士。歷官崇政殿說書。進對。帝曰。仁宗時甚多事。鍾對曰。仁宗始雖多事。乃以憂勤致治。徽宗始雖無事。餘患至於今日。帝悅。淳祐間拜左丞相。貞淸守法。重惜名器。雖無赫赫可稱。而淸德雅量。與杜範・李宗勉齊名。卒諡文肅。有禮記解。

范鍇 淸烏程人。字聲山。號白舫。貢生。有儁才。工詩詞。好遠遊。有苕溪漁隱詩詞稿・華笑廎雜筆等書。

范攄 唐咸通時人。自號五雲溪人。所著詩話曰雲溪友議。逸篇瑣事。頗賴以傳。

范璿 宋豐城人。字舜文。政和進士。授虔州節度推官。值盜起。爲畫策守備。城賴以安。累遷兵部員外郎。樞密院檢詳文字。以與秦檜不合。出知南劍州。未幾乞歸。有松溪集。

范鎭 宋華陽人。字景仁。舉進士第一。仁宗時知諫院。嘗請建儲。面陳懇切。至泣下。帝曰。朕知卿忠。當俟之。前後章十九上。待命百餘日。鬚髮爲白。後爲翰林學士。論新法。與王安石不合。遂致仕。蘇軾往賀曰。公雖退。而名益重矣。鎭愀然曰。使天下受其害。而吾享其名。吾何心哉。哲宗卽位。起爲端明殿學士。固辭不拜。累封蜀郡公。卒諡忠文。有文集及東齋記事等凡百餘卷。鎭生平與司馬光相得甚懽。議論如出一口。其學本六經。終身不道佛老申韓之說。少時賦長嘯卻胡騎。晚使遼。遼人目曰。此長嘯公也。

范懷珍 南齊一作懷賢。又作懷粲。善畫。

范懷約 梁吳人。能隸書。顏協嘗學其書。

范瓊 唐寓成都。善畫人物佛像。

范疇 宋金華人。字復初。紹興中爲洞霄宮道士。得江西張九牛蓍易之占。神妙莫測。後居蘇州設肆。疑者來問。莫不異之。

范鏜 宋字宏甫。倜儻有大志。文章謹嚴。熙寧間擢第。元祐初被薦入朝。官至龍圖閣學士。

范鏞 明鞏昌衞人。字鳴遠。弘治進士。擢御史。鯁直不避權倖。歷四川副使。中官憚其風采。不敢橫。時議開礦。鏞奏罷之。正德中以右僉都御史提督操江。戎政肅然。累擢右副都御史。巡撫雲南。以亮直爲王瓊所惡。左遷湖廣參政。卒諡恭惠。

范鏓 明瀋陽人。字平甫。嘉靖進士。爲人持重有方略。巡撫寧夏時。不上首功。一意練步騎。廣儲蓄。治關隘。寇爲遠徙。世宗才鏓甚。命爲兵部尙書。鏓以老辭。且言隨事通變。乏將順之宜。帝怒。削其籍。

范鵬 淸鄞人。字沖一。諸生。

受業全祖望。矢力古學。有存悔集。

范蠡〔春秋越〕楚三戶人。字少伯。與文種同事句踐。苦身戮力。與句踐深謀二十餘年。竟滅吳。報會稽之恥。稱上將軍。蠡以爲大名之下。難以久居。且句踐爲人。可與共患難。難與同安樂。遂浮海適齊。變姓名爲鴟夷子皮。治產致數千萬。齊人聞其賢。以爲相。復盡散其財。去而止陶。自號陶朱公。耕畜轉物。逐十一之利。又致貲累巨萬。卒於陶。

范霨〔明〕鄞人。字夢符。善畫。

范讓〔明〕登封人。童時負奇識。潛心經史。洪武間游太學。授通政司左參議。在官廉慎。人交口譽之。

范纘〔清〕嘉縣人。字武公。號笏溪。長堪輿學。工詩。善畫山水。博學強記。於書無不窺。晚號雞窠老人。有四香樓集·四香樓詞鈔。曾館陳元龍家。相傳格致鏡原。纘所纂也。

范驤〔清〕海寧人。字文白。號默庵。諸生。工書。有默庵集。

茅大芳〔明〕泰興人。名謙。以字行。博學能詩文。洪武中爲淮南學官。擢秦府右長史。輔導盡職。建文初遷副都御史。靖難兵起。寓書淮南守將。忠義激烈。聞者壯之。燕師入南京。被收。不屈死。

茅元儀〔明〕國縉子。字止生。號石民。崇禎中佐孫承宗軍務。歷官副總兵。守覺華島。旋以兵譁遣戍漳浦。邊事急。請募死士勤王。爲權奸所忌。悲憤縱酒而卒。有嘉靖大政類編·平巢事蹟考·藝活甲編·西峯談話·青油史漫·福堂寺貝餘·石民四十集。

茅汝元〔元〕號靜齋。舉進士。善繪墨梅。時稱茅梅。

茅序〔明〕仙遊人。字邦賓。萬曆舉人。知瑞昌縣。縣有巨寇橫掠。捕獲抵死。境內肅然。轉鶴連知縣。連水西國女主祿氏寇成都。序與成都總兵計殲之。餘賊俱遁。有鐵茅之號。

茅志宣〔明〕滕縣人。好讀能文詞。修道雩山萬壽宮。不知所終。

茅成〔明〕鳳陽定遠人。從太祖渡江。拔太平。克衢州。取安慶。戰鄱陽。下武昌。並有功。爲武德衛指揮使。攻張士誠。戰死。後謚武烈。

茅坤〔明〕歸安人。字順甫。號鹿門。嘉靖進士。著古文。又好談兵。累官廣西兵備僉事。破猺賊十七砦。一方以寧。遷大名副使。嘗提兵戍倒馬關。總督楊博視其營壘。歎爲奇才。爲忌者所中。落職歸。年九十卒。坤論文心折唐順之。選唐宋八大家文鈔。著白華樓藏稿·續稿·吟稿·玉芝山房稿·耄年稿·徐海本末·浙省分署紀事本末·史記鈔。

茅知至〔明〕仙遊人。操尚介潔。不求聞達。築廬隱於縣之西山下。博通墳典。倡六經孔孟之道。以開明人心。著二十一史釋。註十三經旁訓。以闡發奧旨。教授鄉里。景祐中麗籍疏其德行。薦於朝。補國子助教。累徵不起。後入京。未幾仍歸鄉。

茅信卿〔宋〕泰州人。四世同居。舉家百餘口。每旦家長坐堂上。卑幼各以序立。拱手聽命。分任以事。畢則復命。其有怠惰。輒鞭辱無有怨言。雖祁寒盛暑亦如之。州守羅仲順聞於朝。旌表其門曰四世孝義之門。

茅星來〔清〕歸安人。字豈宿。號鈍叟。又號具茨山人。工文辭。才氣勃發而有義據。方苞稱其勝宜興儲在文。後專攻經史及程朱書。年七十以諸生終。有近思錄集註·鈍叟文鈔。

茅炳靈〔唐〕陳留人。大曆中登第。工詩。

茅盈〔漢〕濛曾孫。字叔申。少秉異操。獨味清虛。年十八。棄家入恆山修道。後隱句曲。人稱茅君。盈仲弟固爲執金吾。季弟衷爲五官大夫。各棄官渡江。求兄於東山。咸得仙去。相傳老君拜盈爲司命眞君。固爲定籙眞君。衷爲保生眞君。世稱三茅君。

茅宰〔明〕浙江山陰人。字國卿。好學砥行。嘉靖中由進士知六合縣。爲一時循吏之最。擢南刑部主事卒。

茅容〔後漢〕陳留人。字季偉。年四十餘耕於野。避雨樹下。衆皆夷踞。容獨危坐愈恭。郭泰見而異之。因留寓宿。旦日容殺雞供母。自以草蔬與客共飯。泰拜之曰。卿賢乎哉。因勸令學。卒以成德。

茅翁積〔明〕坤子。字稺延。豪蕩不羈。以任俠自負。有芸暉館稿。

茅國縉〔明〕坤仲子。字薦卿。號二岑。萬曆進士。累官監察御史。謫濬川知縣。終南京工部郎中。所著晉史刪。於史例多不甚當。

茅溱〔明〕丹徒人。字平甫。有韻譜本義。

茅湘〔宋〕丹徒人。字清叔。慷慨有大志。以陸秀夫薦。授兵部侍郎。從幸海上。元兵逼厓山。赴水死。

茅焦〔秦〕齊人。始皇遷太后於雍。下令敢諫者死。諫而死者二十七人。焦請諫。始皇大怒。按劍而坐。趣召鑊。欲烹之。焦徐行至前。謁起對曰。陛下有狂悖之行四。不自知邪。車裂假父。囊撲二弟。遷母於雍。殘戮諫士。桀紂之行。不至於是。令天下聞之。盡瓦解無向秦者。臣竊爲陛下危之。言已。乃解衣伏質。始皇下殿手接之。爵以上卿。自駕虛左方迎太后歸。復爲母子如初。

茅陽〔明〕仙遊人。字常清。號勉齋。成化間貢生。居喪以孝聞。歷連山·河源教諭。陳時弊十數條。皆中旨施行。有勉齋稿。

茅瑞徵 【明】坤從孫。字伯符。萬曆進士。官至南京光祿寺卿。解官後。自號苕上愚公。又稱澹泊居士。有虞書箋。禹貢匯疏。象胥錄。澹泊齋集。

茅維 【明】坤少子。字孝若。能詩。與同郡臧懋循。吳稼竳。吳夢暘。並稱四子。嘗詣闕上書。陳當世大事。不報。

茅維揚 【明】慈谿人。字維揚。貧性峭深。有智計。永樂進士。初拜監察御史。臺中奏疏。及諸讞獄當否。皆出裁擇。累官四川按察使。所至有廉名。

茅濛 【秦】咸陽人。字初成。博學深鑑。知周室將衰。不求仕進。師鬼谷先生。受長生之術。遂入華山修煉。道成。乘龍白日昇天。先是邑人謠曰。神仙得者茅初成。駕龍上昇入太清。時下玄州繫赤繩。繼業而往在我盈。帝若學之臘嘉平。始皇聞之。因改臘爲嘉平。

茅襄 【明】仙遊人。字弘贊。自號梅溪道人。晚年結八老。倣白樂天香山會以自娛。

茅鴻儒 【清】錢塘人。字子鴻。一字雪鴻。性孤介。工詩詞書畫。

茅塈 【清】歸安人。字天石。善畫山水。工詩。有溯紅詞。

茅瀚 【清】仁和人。本姓陳。字靜遠。號竹村。工畫山水及白描人物。詩亦蒼秀。

茅鏞 【明】陽子。字庭韶。性嗜學。通經史。正德。嘉靖間纂修孝宗武宗實錄。鏞皆被徵與修。書成。授博士。辭弗受。性愛菊。每以東籬處士自況。因自號南窗居士。

茆志道 【明】和州人。洪武初知洛陽縣。蒞政明恕。吏民畏服。

茆鼎 【明】太祖時官都督。坐藍玉黨死。

要離 【春秋吳】刺客。公子光既弒王僚。使要離刺其子慶忌。要離詐負罪出奔。使吳戮其妻子。而見慶忌於衞。與之俱渡江。至吳地。乘慶忌不意。刺中其要害。慶忌義之。使還吳以旌其忠。要離至江陵。伏劍以報。

計子勳 【後漢】人謂其數百歲。一旦忽言日中當死。主人與之葛衣。子勳服而正寢。至日中果死。

計用章 【宋】安仁人。天禧進士。通判延安。時范雍爲帥。用章勸其修城練卒。以備不測。雍不聽。及趙元昊圍城。召用章問策。用章以一死報國對。會其夜大雪。賊遂退。後知襲州。終都官員外郎。

計仲政 【明】其先益都人。後徙馬平。字永清。洪武初以才能薦爲巡檢。敗峒寇有功。總兵韓觀倚畀之。

計光炘 【清】楠從子。字曦伯。工畫。於山水花卉。皆窮其妙。摹沈石田。惲南田。署其齋曰二田。因以自號。有守黔齋集。

計有功 【宋】安仁人。字敏夫。以右承議郎知簡州。尋提舉兩浙西路常平茶鹽公事。有功爲張浚從舅。嘗居浚幕府。紹興中遣詣行在奏對。獻所著晉鑑。又有唐詩記事。

計初 【元】字遂初。官寧都州同知。定賦籍。平冤獄。上下悅服。謁假歸省。飢民起爲亂。當道檄復任。擒首惡抵以法。令富室發粟濟之。盜遂息。

計東 【清】吳江人。字甫草。號改亭。年十五補明諸生。以材略自負。嘗著籌南五論。上閣部史可法。可法奇之。順治中舉順天鄉試。旋遭奏銷案被黜。浪遊四方。所至結交賢士大夫。對客議論風發。時或憤激怒罵。人目爲狂。詩文縱橫跌宕。有改亭集。

計芬 【清】楠子。初名煒。號小隅。又號儋石。工畫山水竹木人物佛像。皆能離絕町畦。別出古韻。尤善花鳥。性嗜古。善鑑別。藏硯不下三百方。而以蓮葉硯爲最。後又得紅絲石硯。因自顏其室曰蓮葉紅絲兩硯石室。

計昭 【三國吳】字叔明。黃武中爲車騎將軍。後見孫皓荒暴。遂棄官隱居禺山。晉武帝累詔徵之。不起。

計然 【春秋國】葵丘濮上人。一名計研。或作計倪。姓辛氏。字文子。其先晉國亡公子也。博學無所不通。尤善計算。仕越。說句踐曰。知鬬則修備。時用則知物。二者形。則萬貨之情。可得見矣。范蠡師事之。用其策施之家。迺治產至鉅萬。

計嗣 【元】字蒙正。工文章。尤熟於通鑑綱目。有蓬菴遺稿。

計楠 【清】秀水人。字壽喬。廩貢。官安吉訓導。耽著述。精繪事。尤喜畫紅梅。時稱計紅梅。有一隅草堂稿。

計澄 【明】湖湘人。字本清。嘉靖進士。知永康。調商河。擢監察御史。性嚴峻。以直言忤時。謫廬州推官。起守楚雄。政績稱最。遷廣西按察使。

計衡 【宋】字致平。紹興進士。歷監察御史。出守池州。轉朝奉大夫。得祠。衡博洽強毅。居官多善政。游太學時。上書言天下大計。高宗嘉之。及卒。家無餘貲。吳澄稱爲清白吏。

計默 【清】東子。字希深。擩染家學。以詩文游四方。貢入太學。有蘘村詩鈔。

計禮 【明】浮梁人。字汝和。號懶雲。天順進士。官刑部郎中。以畫菊著。落筆皆用草書法。時語云。林良翎毛夏昶竹。岳正葡萄計禮菊。

貞姜 【春秋楚】昭王夫人。齊女。王出遊。留夫人漸臺之上。王聞江水大至。使使者迎夫人。忘持其符。夫人不肯行。使者歸取符。則水大至。臺崩。夫人流而死。號曰貞姜。

貞姬 【春秋楚】白公勝之妻。勝死。其妻紡績不嫁。吳王聞其美且有行。使大夫持金百鎰白璧一雙聘焉。將以爲夫人。不從。吳王賢其守節有義。號曰貞姬。

貞辯 【後唐】高僧。中山人。刻苦修學。後爲晉王所獲。命入府供養。久之不樂。乃還中山。所著上生經鈔。學者稱之。時號辯鈔。

負局先生 【三國吳】莫知姓名。負磨鏡局。循吳中磨鏡。過有疾者。出丸與之。病無不差。

負芻 【戰國楚】考烈王庶子。立四年。秦王翦敗楚師於蘄。殺項燕。明年。破楚國。虜負芻。遂滅楚。

軍臣單于 【漢】匈奴老上單于子。文帝時嗣立。屢絕和親寇邊。漢置三將軍屯兵備之。武帝時使邊人設計誘單于。單于以十萬騎入塞。漢將韓安國伏兵馬邑以待。雁門尉史以告。單于乃引還。自後數盜漢邊。爲衞青所敗。漢遂取河南地。

迦魯·納答思 【元】畏吾兒人。通天竺教及諸國語。世祖召入朝。命與國師講法。國師西番人。言語不相通。因命從國師習其法及語言文字。期年皆通。至元間擢翰林學士承旨。

迪姑·迭 【金】溫迪罕部人。年二十餘。代領父謀克。伐遼累立戰功。護步答岡之役。乙里補孛堇陷敵中。迪姑迭援出之。攻黃龍府。身被數創。授猛安。天輔間卒。

迭里·威失 【元】阿台子。少好讀書。延祐間累官翰林侍講學士。出爲河間路總管。賑饑弭盜。恩威交濟。陞遼陽行省參知政事卒。

迭里·彌實 【元】回回人。字子初。性剛介。事母至孝。年四十猶不仕。或問之。曰。吾不忍舍母以去也。後爲漳州路達魯花赤。民甚安之。明兵取福州。興化·泉州皆納款。既而招諭使者至。彌實詣廳事自刎死。

迮·雨 【明】浙江山陰人。善樂府。趙撝謙與之爲友。

迮·朗 【清】吳江人。字卍川。乾隆舉人。官鳳陽訓導。工駢體文。精繪事。有三萬六千頃湖中畫船錄。繪事瑣言·繪事雕蟲·雕蟲館駢體文。

迮·紹原 【明】楊廷樞門人。福王末。廷樞殉節。紹原購其屍葬之。

迮·雲龍 【清】吳江人。字賓若。號耕石。又號三江漁父。雍正副貢生。乾隆中舉鴻博。試罷。游滇南總督幕。爲詩文千言立就。才高數奇。常鬱鬱不得志。有汗漫吟·池上草堂等集。

迮·鶴壽 【清】朗子。字青崖。號蘭宮。道光進士。官池州府教授。長考證學。有蛾術編注·夏殷周九州經界疏證·九州分土疏證·齊詩翼氏學·韻字急就篇。

述律后 【遼】太祖之后。其先回鶻人。名平。小字月理朶。太祖卽位。册爲地皇后。果斷有雄略。行兵御衆。后嘗與謀。太祖嘗渡磧擊党項。黃頭臭泊二室韋乘虛襲之。后知。勒兵以待。奮擊大破之。名震諸夷。崩諡淳欽。

邽·巽 【春秋魯】字子斂。孔子弟子。

郁·文名 【清】吳江人。字雷門。諸生。善畫花鳥。山水亦工。家貧甚。不肯以畫市。遇所善。輒欣然揮灑。

郁·文博 【明】上海人。景泰進士。官湖廣副使。致仕歸。居萬卷樓。丹鉛校核不去手。嘗校刊陶九成說郛一百二十卷。

郁·禾 【清】崑山人。字計登。順治副貢。以奏銷案詿誤。專力古文辭。有就正集·雲坊集·五經考辨·十三經訂誤。

郁·松年 【清】上海人。字萬枝。號泰豐。恩貢生。好讀書。購藏數十萬卷。手自校讐。以元明舊本。世不多見。刊宜稼堂叢書。

郁·采 【明】浙江山陰人。字亮之。正德進士。授刑部主事。性剛直不阿。謫大名教諭。遷裕州同知。流賊起河北。采堅守。城陷。巷戰死。

郁·浩 【明】永寧衞人。第進士。正德末除珍州知府。政尚簡嚴。力興學校。每朔望。爲諸生講說經義。亹亹不倦。官至按察僉事卒。

郁·袞 【明】嘉興人。嘗采錄惠帝時死難諸臣。爲革朝遺忠錄。

郁·逢慶 【明】嘉興人。字叔遇。別號水西道人。有郁氏書畫題跋記。

郁·植 【清】太倉人。字大木。號東堂。諸生。八歲應試。作五倫論。吳偉業見而奇之。及長。研窮古學。詩宗盛唐。不落元和以下。康熙中舉鴻博。未應試卒。

郁·新 【明】臨淮人。字敦本。洪武中以人才徵。授戶部度支主事。累陞本部尚書。卒官。新治邦賦十三年。長於綜理。所規畫甚備。

郁·綸 【明】德州人。字理之。景泰進士。知崇德縣。時署廢久。綸自學校壇壝街巷河渠市肆之類。悉規畫經理。大盜章正等爲患。設方略擒之。以直忤當路罷去。人以爲恨。

郁·禮 【清】錢塘人。字佩先。號潛亭。諸生。儲書甚富。

郁·繼善 【宋】深於醫術。爲時所重。

郅支骨都侯單于 【漢】匈奴呼韓邪單于兄。名呼屠吾斯。值五單于之亂。於東邊自立爲單于。敗閏振單于。幷其兵。進攻呼韓邪。復破之。遂都單于庭。呼韓邪降漢。郅支亦遣使奉獻。元帝時以呼韓邪爲漢所擁護。怨之。殺漢使者。會康居使使迎郅支。遂西入康居。陳湯發兵討斬之。

郅·奇 【漢】張掖人。字君珍。居喪盡禮。淚灑石成痕。著枯木枯草。在冬必茂。浸地成鹹。俗謂之鹹鄉。

郅・昌　〔唐〕為涇原節度使。築城於金佛峽口以控吐蕃。列烽相望。其後吐蕃入寇。望風而退。

郅・朗　〔元〕為武安尹。練達吏事。以剛介稱。有政績。

郅・惲　〔後漢〕西平人。字君章。治韓詩嚴氏春秋。明天文曆數。舉孝廉。為上東門候。光武嘗出獵夜還。惲拒關不納。明日。惲上書諫。賜布百疋。後授皇太子韓詩。侍講殿中。遷長沙太守。坐事免歸。避地教授以卒。

郅・都　〔漢〕大陽人。景帝時為中郎將。敢直諫。拜濟南太守。為人勇悍公廉。不發私書。遷中尉。行法不避貴戚。列侯宗室。見都側目而視。號曰蒼鷹。臨江王徵詣中尉府對簿。欲得刀筆為書謝帝。都勿與。遂自殺。因是為竇太后所惡。後拜鴈門太守。太后中以危法斬之。

郅・壽　〔後漢〕惲子。字伯孝。舉孝廉。遷冀州刺史。時諸王賓客放縱。壽案察之。無所容貸。三遷尚書令。擢京兆尹。壽雖威嚴而推誠下吏。皆願効死。後為尚書僕射。竇憲陷壽以買公田誹謗。論徙合浦。未行自殺。

郇・存正　〔明〕益都人。篤嗜書史。嘉靖中舉於鄉。任荊州推官。以寬平為政。苗會倡亂。存正單騎入寇壘。諭之。諸苗感泣服罪。擢太原丞。未幾乞休卒。

郇・相　〔漢〕越族弟。字稚賓。有清名。王莽時徵為太子四友。病卒。莽太子遣使襚以衣衾。其子攀棺不聽曰。死父遺言。師友之送。勿有所受。今於皇太子得託師友。故不受也。京師稱之。

郇・越　〔漢〕太原人。字臣仲。與族弟相並舉州郡孝廉茂才。數病去官。越散其先人貲千餘萬。分施九族州里。志節尤高。

郇・謨　〔唐〕晉州人。一作模。大曆中元載弄權。謨以麻總髮。持竹笥葦席。行哭長安東市。人問之。曰。吾有字三十。欲以獻上。若無堪。便以笥貯屍。席裹而棄之。帝召見賜衣。館內客省。問狀。字各論一事。多譏切載。當哭市時。御史楊護不以聞。帝為貶護。

郈成子　〔春秋魯〕大夫。名瘠。成子其諡也。亦作厚成叔。嘗聘晉。過於衛。右宰穀臣止而觴之。陳樂而不作。酣舉而送以璧。成子不辭。僕曰。不辭何也。成子曰。夫止而觴我。親我也。陳樂不作。告我哀也。送我以璧。託我也。由此觀之。衛其亂矣。行三十里而聞衛亂作。右宰穀臣死之。成子因迎其妻子。還其璧。隔宅而居之。

郈昭伯　〔春秋魯〕大夫。卽郈孫。名惡。昭伯其諡也。昭公時季郈之雞鬭。季氏介其雞。郈氏為之金距。平子怒。益宮於郈氏。且讓之。故昭伯怨平子。後從公伐季氏。為孟氏所殺。

重喜　〔元〕東呂糺氏。從世祖南征。破十字寨。左足中流矢。勇氣益倍。屢敗宋師。積功為昭勇大將軍・婺州路總管府達魯花赤卒。

重慶公主　〔明〕英宗女。天順中下嫁周景。事舅姑甚孝。衣履多手製。歲時拜謁如家人禮。景每早朝。主必親起視飲食。弘治中卒。

重顯　〔宋〕僧。遂寧李氏子。字隱之。居明州雪竇寺。皇祐中賜號明覺大師。有瀑泉集。

革・朱　〔漢〕以越連敖從高祖起薛。別以越將入漢擊諸侯。以都尉侯九百戶。封煮棗。卒諡端。

革・從時　〔明〕四川人。少時卽一毫不苟。人謂之革夫子。登成化進士。歷主事・員外郎。以言事抗直忤權貴。調知濟寧。

革・鑑　〔漢〕著秘苑秘圖一卷。

韋・子粲　〔北齊〕儁子。字暉茂。魏孝武帝入關。以為南汾州刺史。降於神武。累遷豫州刺史。卒諡忠。初子粲兄弟十三人。子姪親屬。闔門百口。悉在西魏。以子粲不能死難。多致誅滅。歸國惟一弟道諧獲存。子粲富貴之後。棄弟異居。廩祿略不相及。其不顧恩義如此。

韋・丹　〔唐〕孝寬六世孫。字文明。早孤。從外祖顏眞卿學。擢明經。復舉高第。洊遷容州刺史。教耕織。興學校。累擢江南西道觀察使。治行第一。

韋・仁壽　〔唐〕萬年人。隋大業末為蜀郡司法書佐。斷獄平。得罪者自以韋君所論。死無恨。高祖遣使者徇蜀。素聞仁壽治理。詔檢校南寧州都督。仁壽循西洱河開地數千里。稱詔置七州十五縣。酋豪賓見。卽授以牧宰。威令簡嚴。夷夏安悅。將還。父老悲啼祖行。遣子弟隨貢方物。仁壽請徙治南寧。假兵撫定。為忌者所抑。不時遣。歲餘卒。

韋・元旦　〔唐〕萬年人。第進士。遷監察御史。坐張易之姻屬貶。復憑韋后女弟力。再起為中書舍人。景龍初置直學士十二員。象十二月。侍從遊宴。元旦與焉。

韋・元甫　〔唐〕少修謹。敏於學行。初任白馬尉。以吏術知名。韋涉深器之。奏充支使。與同幕判官員錫齊名。元甫精於簡牘。錫詳於訊覆。時謂員推韋狀。元甫有器局。所蒞有聲。大曆中累遷淮南節度使卒。

韋・元恢　〔後魏〕彭城人。少有氣幹。以名家子為鄉里推重。孝昌初徐州刺史元法僧據城叛。元恢招聚同志。密議克復。事泄。為法僧所害。

韋公肅 〔唐〕京兆人。明習禮制。元和初爲太常博士。憲宗將行耕籍禮。詔公肅草具儀典。容家善之。初睿宗祥月。太常奏定禮節。後遂爲常。及是公肅謂禮有忌日而無忌月。不容追遠而立禮反重。願依經誼裁正。專下禮官議。如所請。卒官。

韋太后 〔宋〕開封人。高宗母。以賢妃從上皇北遷。紹興中遙尊爲皇太后。閱五年歸。后聰明有智慮。性節儉。年八十崩。諡顯仁。

韋方質 〔唐〕雲起孫。光宅初爲鳳閣侍郎。同鳳閣鸞臺平章事。嘗屬疾。武承嗣兄弟往候。方質據牀自若。或曰。倨見權貴。且速禍。答曰。吉凶命也。丈夫豈能折節近戚以苟免耶。俄爲酷吏所陷。流死儋州。沒其家。

韋无忝 〔唐〕京兆人。玄宗時官侍郎·左武衛大將軍。工畫人物。鞍馬禽獸。無不絕妙。弟旡踰。善寫貌。

韋世康 〔隋〕夐子。幼孝友。沈敏有器度。年十歲。州辟主簿。仕魏歷周。進位上開府。文帝爲丞相。憂尉遲迥之亂。因授絳州刺史。開皇中累拜荊州總管。爲政簡靜。所至百姓愛悅。卒於州。諡文。

韋妃 〔唐〕初爲良娣。貞元中德宗册爲賢妃。性敏淑。言動有繩矩。帝重之。後宮莫不師其行。元和中卒。

韋巨源 〔唐〕總曾孫。有吏幹。武后時以夏官侍郎同平章事。其治委碎無大體。神龍初要官缺。除授皆諸宰相近屬。士夫莫不解體。累遷侍中·中書令。封舒國公。附入韋后三等親。叙爲兄弟。巨源見帝昏惑。乃與宗楚客等推處祥妖。陰導韋后行武后故事。俄遷左僕射。諸韋敗。爲亂兵所殺。諡昭。

韋弘景 〔唐〕嗣立孫。擢進士第。累官禮部尙書·東都留守卒。弘景以直道進。議論持正有守。當時風教所倚賴。爲長慶名卿。

韋弘機 〔唐〕萬年人。貞觀中爲左千牛胄曹參軍。使西突厥。裂裾錄所過諸國風俗物產。爲西征記。顯慶中爲檀州刺史。以邊人不知文儒貴。乃修學宮。畫孔子七十二子像。自爲贊。敦勸生徒。由是大化。終檢校司農少卿。（按舊唐書作韋機。此從新唐書。）

韋正 〔梁〕放弟。字敬直。起家南康王行參軍。累官給事黃門侍郎。初正與東海王僧孺友善。及僧孺爲吏部郎。參掌大選。賓友故人。莫不傾意。正獨澹然。及僧孺擯廢。正復篤素分。有踰曩日。論者稱焉。◎〔明〕洪武初爲河州衛指揮使。請以茶布給軍士。令自相貿易。與民易粟。省商民轉輸之勞。邊民稱便。正初至衛。城邑空虛。乃日夜撫循其民。河州遂爲樂土。朝廷賜璽書勞之。

韋正貫 〔唐〕皐弟子。字公理。少孤。皐謂能大其門。舉賢良方正異等。宣宗時。累擢嶺南節度使。南海舶賈始至。大帥必取象犀明珠。上珍而售以下直。正貫無所取。南俗右鬼。正貫毀淫祠。會海水溢。人爭咎撤祠事。正貫登城沃酒以誓曰。不當神意。長人任其咎。無逮下民。俄而水去。居鎭三歲卒。

韋玄 〔五胡夏〕京兆人。字祖思。隱居養志。博涉經史。尤善屬文。姚興·劉裕並備禮徵辟。不就。赫連勃勃入長安。徵爲太子庶子。既至。恐懼過禮。欲以避禍。勃勃怒曰。汝昔不拜姚興。今何爲獨拜我。我死之後。汝輩弄筆。當置我於何地耶。遂殺之。

韋玄成 〔漢〕賢少子。字少翁。少明經。以父任爲郎。修業下士。以讓爵辟兄事。朝議高其節。拜河南太守。元帝朝遂繼父相位封侯。故鄒魯間諺云。遺子黃金滿籯。不如教子一經。玄成爲相七年。守正持重不及父。而文采過之。卒諡共。

韋光黻 〔清〕長洲人。字君繡。號漣懷。又號洞虛子。工書。秦瀛極推重之。有在山堂集。

韋后 〔唐〕萬年人。中宗后。帝在房陵。每使至輒恐。欲自殺。后止之。及帝復位。參與政治。與武三思通。嘗與三思共御床博戲。帝從旁點籌不爲忤。後弒中宗。立殤帝。臨朝亂政。爲玄宗所殺。廢爲庶人。

韋安石 〔唐〕萬年人。孝寬曾孫。性方嚴。不苟言笑。舉明經。調乾封尉。蘇良嗣當國。素器之。薦於武后。以鸞臺侍郎同平章事。時二張及武三思寵橫。安石數折辱之。廷臣目之曰眞宰相。睿宗朝太平公主有異謀。欲引安石。拒不往。累遷尙書右僕射。後以事罷謫。發憤卒。天寶中諡文貞。

韋君載 〔宋〕陽春人。字元厚。質穎向學。淳熙進士。以奉議郎攝廣南東路提舉。奏減官賣鹽。商民便之。文章行業。均爲粵人所重。

韋孝寬 〔北周〕杜陵人。名叔裕。以字行。沈敏和正。涉獵經史。弱冠時屬蕭寶夤作亂。乃詣闕請爲軍前驅。每戰有功。西魏時累至驃騎大將軍。入周拜大司空·上柱國。孝寬用兵如神。屢抗強敵。經略布置之初。人莫之解。及其成事。方共驚服。卒諡襄。

韋彤 〔唐〕方質四世孫。大曆間與其族人韋茝俱以治禮聞。能自名其學。德宗時爲太常博士。每有論議。朝臣常以爲依據。

韋抗 〔唐〕安石從父兄子。弱冠舉明經。景雲中爲永昌令。輦轂繁要。不事威刑而治。前令無及者。累遷御史大夫。兼按察京畿。官至刑部尙書。卒諡貞。

韋沖 〔隋〕藝弟。字世沖。都雅有辟辨。少以名家子在周釋褐。從伐陳。爲陳人所虜。周武帝以幣贖還。累遷汾州刺史。文帝受禪。進位開府。歷官南寧州營州總管。寬厚得衆心。懷撫靺鞨·契丹。皆能致其死力。奚霫畏懼。朝貢相續。又擊退高麗兵。邊績一時稱最。徵拜民部尚書卒。

韋·見素 〔唐〕湊子。字會微。第進士。歷文部侍郎。時楊國忠欲傾安祿山以爭寵。以見素安雅易制。引入相以爲己助。拜武部尚書·同平章事。祿山反。從帝幸蜀。肅宗立。與房琯等奉傳國璽。以嘗附國忠。禮遇獨減。後官至太子太師。卒諡忠貞。

韋·協 〔隋〕洸子。字欽仁。好學有雅量。起家著作佐郎。開皇中洸在廣州有功。帝令協齎詔書勞問。未至而洸沒於王事。因拜柱國。後歷定息秦三州刺史。皆有能名。

韋·叔方 〔唐〕第進士。工畫馬。

韋·叔夏 〔唐〕安石兄。通禮家學。擢明經第。歷太常少卿。朝廷儀制。皆與參討。每立一議。衆咨服之。進銀青光祿大夫。封沛郡公。卒諡文。

韋·叔諧 〔唐〕萬年人。貞觀中爲庫部郎中。與兄吏部郎中叔謙弟主爵郎中季武同省。時號三列宿。

韋·孟 〔漢〕彭城人。爲楚元王傅。歷相三世。至王戊荒淫不遵道。孟作詩諷諫。後遂去位。徙家於鄒。

韋·宙 〔唐〕丹子。以蔭入官。初辟河陽幕府。宣宗召拜侍御史。盧鈞節度太原。表宙視邊。三部六蕃皆信悅。出刺永州。政績殊異。蠻俗爲之遷改。累遷嶺南節度使。以幹濟聞。官至左僕射同平章事卒。

韋·岫 〔唐〕宙弟。字伯起。有知人鑒。在嶺南以從女妻小校劉謙。或謂不可。岫曰。吾子孫或當依之。謙後以功爲封州刺史。生二子。即隱·龑。龑擢舉進士。陋甚。岫獨謂其必大用。及龑執政。岫始自泗州刺史擢福建觀察使。

韋·岳子 〔唐〕弘機孫。武后時爲汝州司馬。以辦治稱。召授尚舍奉御。歷海盧等州刺史。恩威兩施。皆著風迹。睿宗時終陝州刺史。（按舊唐書作韋岳。此從新唐書。）

韋·忠 〔前趙〕平陽人。字子節。好學博通。年十二喪父。哀毀廬墓。徵辟不就。裴秀極歎異之。仕劉聰爲鎮西將軍。討叛羌。矢盡不屈死。

韋·承慶 〔唐〕思謙子。字延休。第進士。累遷鳳閣舍人。在朝屢進讜言。轉天官侍郎。凡三掌選。銓授平允。長安中拜鳳閣侍郎·同平章事。張易之誅。承慶以素附離。流嶺表。以祕書員外少監召。封扶陽縣子。卒諡溫。

韋·放 〔梁〕叡子。字元直。天監中襲封永昌縣侯。累爲藩佐。並著聲績。普通末奉命會攻渦陽。時魏衆奄至。放軍營未立。麾下止二百餘人。皆失色請去。放厲聲叱之。力戰退魏軍。歷官至北徐州刺史。卒諡宣。

韋·旻 〔宋〕上林人。博聞彊記。有書樓之目。應舉不第。隱居羅洪洞。據山林泉石之勝。自號白雲先生。善內養。壽至百餘歲。

韋·防 〔後蜀〕蜀人。嘗夜泊涪陵江。遇龍女以騎迎入宮。已而登第。出知簡州。一夕。龍女遣信相召。遂暴卒。事聞於朝。敕命防爲北海水仙。

韋·昌明 〔唐〕龍川人。好學工詞賦。長慶中第進士。累官祕書郎。職掌清要。自六朝張率之後。東南冑緒。未有任者。時論以爲榮。

韋·昌輝 〔清〕桂平人。咸豐間從洪秀全起兵。封北王。後楊秀清欲自立。秀全密令昌輝殺秀清。復令秀清黨攻殺昌輝。

韋·武 〔唐〕待價曾孫。以蔭補右千牛。累遷長安丞。德宗幸梁州。武委妻子奔行在。歷刑部員外郎。時兵後典章苟完。執事者時時咨武。武酌宜約用。得禮之衷。後刺絳州。鑿汾水灌田萬餘頃。憲宗時入爲京兆尹卒。

韋·況 〔唐〕斌子。少隱王屋山。徵召不應。每強起。或數月半歲。輒棄官去。元和中以太子左庶子致仕卒。況家世貴而志沖遠。當時重其風操。

韋·泓 〔晉〕京兆人。字元量。少厲清節。喪亂之際。親屬並盡。客遊洛陽。聞汝南應詹之名。遂依託之。詹與分甘共苦。情若弟兄。並疏薦於元帝。後由議郎官至少府卿。感詹生成之惠。沒爲行朋友之服。祭詹終身。

韋·表微 〔唐〕萬年人。字子明。羈丱能屬文。客於韋皐幕府。時賢推挹。謂似晉衞玠。擢進士第。久之。授監察御史裏行。遷翰林學士。薦韋處厚·路隋。人服其公。文宗時以戶部侍郎卒。有三傳總例·九經師授譜。

韋·保衡 〔唐〕京兆人。字蘊用。咸通中第進士。累拜起居郎。選尚懿宗女同昌公主。尋入相。倚恃恩寵。多所排斥。後公主薨。保衡恩禮漸薄。怨家發其陰事。累貶澄邁令。賜死。

韋·厚 〔明〕長興人。字元載。成化進士。官同知。清苦自勵。卒官。無以爲殮。本郡太守經紀其喪。

韋·建 〔唐〕博學工詩。玄宗時爲河南令。與蕭穎士·劉長卿游。⊙〔五代史〕少居楊行密軍中。以膂力聞。累遷諸軍都虞候。出爲袁州刺史。郡中大治。建不知書而性渾厚。清靜自處。入南唐。官武昌軍節度使卒。

韋·待價 〔唐〕挺子。爲左千牛備身。數與吐蕃戰有功。累遷檢校涼州都督。武后朝改天官尚書。後拜安息道行軍大總管。督三十六總管討吐蕃。天寒餉乏。旋師頓高昌。坐流繼州卒。

韋思謙 【唐】陽武人。名仁約。以字行。第進士。初由應城令擢御史。嘗曰。丈夫當敢言地。須明目張膽以報天子。安能碌碌保妻子邪。沛王府長史引爲參軍。曰。公非池中物。屈公爲數旬客。以重吾府。累進御史大夫。以太中大夫致仕卒。

韋恆 【唐】嗣立子。開元初爲碭山令。寬惠得民。不立威而事給。御史中丞宇文融薦恆有經濟才。以位讓之。累轉給事中。官至陳留太守卒。

韋昭 【三國吳】雲陽人。字弘嗣。史爲晉諱改曜。少好學。能屬文。歷遷太子中庶子。嘗承令爲博弈論。爲時所稱。孫皓立。爲侍中。領國史。以持正爲皓所殺。有注孝經論語•洞記•官職訓•辯釋名•國語注。

韋昭度 【唐】京兆人。字正紀。擢進士第。累官兵部侍郎。翰林學士承旨。從僖宗西狩。進同平章事。帝再狩山南。還次鳳翔。討平李昌符之亂。昭宗時授西川節度使。還朝復綰政柄。王行瑜怨之。數上表詆諆朝政。昭度懼。致仕。行瑜等聯兵至闕。收殺之。

韋洸 【隋】世康弟。字世穆。剛毅有器幹。便弓馬。初仕周。以功拜柱國。入隋後。從伐陳。拜江州總管。略定九江。遂進圖嶺南。高梁女子洗氏率衆迎洸。所綏集二十四州。嶺表皆定。遂拜廣州總管。後番禺夷作亂。洸勒兵拒之。中流矢卒。諡敬。

韋珍 【後魏】閬族弟。字靈智。少有志操。孝文初命與桓誕招慰蠻部。珍至桐柏山。窮淮源。其地舊有祠堂。蠻俗用人以祭。珍諭之。俗遂革。凡所招降七萬餘戶。置郡縣而還。官至鎭遠將軍。以戰功進爵霸城侯。卒諡懿。

韋朏 【後魏】彧弟。字遵顯。少有志業。年十八辟州主簿。時屬歲歉。朏以家粟造粥以飼飢人。所活甚衆。累遷左軍將軍。以破齊師功封杜縣開國子。卒諡宣。

韋迢 【唐】京兆人。爲都官郎。歷嶺南節度行軍司馬。與杜甫友善。

韋述 【唐】景駿子。年少舉進士。爲考功郎宋之問所器。累官集賢學士•工部侍郎。封方城縣侯。典掌圖書四十年。任史官二十年。儲書二萬卷。皆手自校定。又撰開元譜二十篇。主撰武德以來國史。文約事詳。時以爲譙周•陳壽之流。安祿山亂。述抱國史藏南山。身陷賊。汙僞官。賊平。流渝州。爲刺史所困。不食死。

韋倫 【唐】京兆人。初以父蔭調藍田尉。幹力勤濟。遷御史。從玄宗入蜀。清儉自將。中人衞卒。不敢爲暴。以讒貶衡州司戶。被薦再起。代宗立。連拜忠台饒三州刺史。又爲宦者所中。貶信州司馬。斥棄十年。德宗立。還使絕域者。擢太常卿。再使吐蕃。以太子少師致仕。卒諡肅。

韋叟 【南朝宋】晉陵人。善相。武帝爲鎭軍將軍時。叟常私於武帝曰。君貴不可言。帝笑曰。若中。當用爲司馬。後叟詣之曰。成王不負桐葉之言。公應不忘司馬之言。今不敢希鎭軍司馬。得軍佐足矣。卒與之。

韋夏卿 【唐】萬年人。字雲客。性通簡。有遠韻。邃學善文辭。大曆中與弟正卿同舉賢良方正。出宰畿甸。課第一。洊擢吏部侍郎。後官至太子少保。爲政務通理。不甚作條教。所辟士多至達官宰相。世稱其知人。卒諡獻。

韋師 【隋】瓚子。字公穎。少沈謹有至性。涉經史。工騎射。初仕北周。官至賓部大夫。文帝受禪。累遷兵部尚書。除汴州刺史。甚有治名。平陳之役。府藏悉委於師。秋毫無犯。稱爲清白。卒諡定。

韋彧 【後魏】纘弟。字遵慶。歷東豫州刺史。綏懷蠻左。得心向化。彧以蠻俗荒梗。乃表立太學。選諸郡生徒。至州總教。於城北建崇武館以習武。於是聲教大行。境內清肅。以功封陰盤縣男。卒諡文。

韋恕 【梁】杜陵人。天監中官揚州曹掾。秩滿閒居。有女及笄。許嫁園叟張老。相傳張老夫婦皆仙去。

韋挺 【唐】沖子。少與隱太子善。官左衞率。太子敗。坐流越嶲。貞觀初以薦累遷御史大夫。帝將討遼東。命主餽運。令自擇文武十人。士馬三百以從。詔河北列州皆取挺節度。挺遣船行粟。自桑乾行八百里而渠塞。會米不運。坐廢爲民。使以白衣從破蓋牟城。旋復以怨望貶象州刺史卒。

韋晃 【後漢】獻帝時官丞相司直。時曹操柄國。晃乃發憤。與京兆金禕•少府耿紀等起兵。欲挾天子誅操。南援劉備。事敗。夷三族。

韋祐 【北周】京兆人。字法保。少好游俠。魏正光末四方雲擾。王公被難者多依以全濟。以此爲貴游所德。命拜員外散騎侍郎。歷東洛州刺史。配兵數百。以援李延孫。守禦東境。或危之。祐不顧。倍道兼行。未幾文帝追還朝。除河南尹。與東魏戰。中流矢卒。諡莊。

韋祖征 【南朝宋】叡伯父。爲光祿勳。有知人鑒。初祖征累爲郡守。每攜叡之職。視之如子。時叡內兄王憕•姨弟杜惲。並有盛名。祖征謂叡曰。汝自謂何如憕惲。叡謙不敢對。祖征曰。汝文章或小減。學識當過之。然幹國家。成功業。皆莫汝逮也。後叡果立勳名。顯於梁世。

韋衮 【隋】京兆人。開皇中以武功官至左衞中郎。有奴曰桃符。每戰必從。有膽力。褒以久從蹕使。放從良。桃符獻家畜黃狞。因就褒乞姓。後稱爲黃犢子韋。中宗后韋庶人其後也。

韋．豹　〔後漢〕杜陵人。字季明。玄成玄孫。數辟公府。輒以事去。司徒劉愷辟之。欲薦爲御史。豹跣而起。愷追之。徑去不顧。安帝西巡。徵拜議郎。

韋．起宗　〔明〕晉江人。母蔡氏守節。比長。遇士大夫輒拜跪。求文表揚。請於朝不能得。日夜涕泣。目爲之盲。久之獲朝命。目復明。母沒。廬墓三年。又追爲父服。亦廬墓三年。萬曆中旌其里爲節孝。

韋．陟　〔唐〕安石子。字殷卿。幼而風格方整。善文辭。十歲授朝散大夫。累遷禮吏二部尚書。襲封郇國公。陟鑒裁精審。銓綜公平。風采門品。有台輔之望。爲李林甫．楊國忠所擠。竟不得相位。仍被貶謫。因搆疾卒。諡忠孝。陟常以五綵牋爲書記。使侍妾主之。陟惟署名。自謂所書陟字若五朶雲。時謂郇公五雲體。性好奢靡。廚中飲食。香味錯雜。人入其中。多飽飫而歸。時人語曰。人欲不飯筋骨舒。夤緣須入郇公廚。

韋．偃　〔唐〕鑒子。寓蜀。官少監。善畫山水竹樹人物。山以墨幹。水以手擦。曲盡其妙。又善小馬牛羊。松石尤佳。筆力勁健。如顏魯公書法。（按杜工部集吳若注云。名畫記。鷗．鑾子。甫詩作偃。唐書藝文志作鷗鑾子。）

韋．商臣　〔明〕厚子。字希尹。嘉靖進士。授大理評事。以廷臣多無罪下吏。請平反以弭災患。帝責以沽名賣直。謫清江丞。稍遷河南僉事。風裁凜然。討平永寧巨寇。尋爲權要中傷。以四川參議落職歸卒。

韋．執誼　〔唐〕京兆人。幼有才。及進士第。甫冠。入翰林。爲學士。便敏側媚。得幸於德宗。與王叔文善。順宗立。叔文用事。擢執誼爲尚書左丞．同中書門下平章事。叔文居中竊命。使據以奉行。執誼外迫公議。乃時時異論相可否。自是反成仇怨。叔文敗。坐貶崖州司戶。死於貶所。

韋．堅　〔唐〕萬年人。字子全。因緣戚里。早從官。爲長安令。以幹濟聞。善探候主意。時權貴多鉤剝進奉。堅乃轉運江淮租賦。置吏督察。歲益鉅萬。玄宗以爲能。擢陝郡太守。穿廣運潭以通舟楫。取船三百置所在方物。使倡人立艫前。唱弘農得寶之歌。鼓笛應之。堅跪上諸郡輕貨。玄宗歡悅。進兼江淮南租庸轉運處置等使。李林甫嫉其寵。授刑部尚書。奪諸使。尋搆成其罪。長流嶺南。遣人殺之。

韋．崇　〔後魏〕閬從子。字洪基。孝文時爲南潁川太守。不好發摘細事。郡中大治。遷洛後。爲司州中正。復爲河南邑中正。頻居衡品。以平直見稱。累遷華山太守卒。

韋．彪　〔後漢〕賞孫。字孟達。孝行純至。好學洽聞。初舉孝廉爲郎。病免復歸教授。安貧樂道。明帝時徵拜謁者。章帝時累官大鴻臚。應詔論選舉及用人之法。帝納之。會東巡。以彪行司徒事。從行還。以病乞身卒。著書十二篇。號曰韋卿子。

韋．淵　〔宋〕開封人。顯仁太后季弟。性暴橫。不循法度。高宗卽位。遷親衞大夫。帝慮其有過。難於行法。淵遂引疾丐祠。太后自金還。將入境。乃封平樂郡王。令迓於境上。從后歸。卽令致仕。後遷太傅卒。

韋．皋　〔唐〕萬年人。字城武。初以殿中侍御史知隴州行營留事。連拒朱泚僞命。迭斬其使。拜奉義軍節度使。貞元初代張延賞爲劍南西川節度使。經略滇南。諸蠻皆內附。封南康郡王。順宗立。詔檢校太尉。卒諡忠武。皋治蜀二十一年。數出師。凡破吐蕃四十八萬衆。功烈稱最。善撫士。其僚掾不令還朝。卽署屬州刺史。自以侈橫。務蓋藏之。及劉闢階其厲。卒以蜀叛。

韋．莊　〔前蜀〕杜陵人。字端己。性疎曠。幼能詩。唐乾寧中第進士。以左補闕宣諭兩川。遂留蜀事王建。梁篡唐改元。莊與諸將乃擁建稱帝。開國制度。皆莊所定。累官吏部尚書．同平章事。卒諡文靖。有浣花集及蜀表．蜀程記。

韋．處厚　〔唐〕京兆人。字德載。舉進士。起家咸陽尉。累官至中書侍郎．同中書門下平章事。封靈昌郡公。歷事憲穆敬文四帝。以獻替爲己任。百寮不敢干以私。一時推爲賢相。性嗜學。藏書讐正至萬卷。

韋．許　〔宋〕蕪湖人。字深道。志尚矯潔。赴義如饑渴。築室榜曰獨樂。陳瓘爲作記。元祐間諸賢遭貶。有過江上者。許傾心款接。通其緩急。紹興初授以官。拜命而不署銜。自號蕪陰居士。

韋．貫之　〔唐〕肇子。名純。以字行。第進士。初歷右補闕。守正擊邪。權幸側目。改禮部侍郎。取士抑浮華。先行實。尋同中書門下平章事。遷中書侍郎。爲張宿等所構。左遷太子詹事。穆宗立。拜河南尹。以工部尚書召。未行卒。諡文。

韋．逌　〔唐〕述弟。與弟迪學業並亞於述。述與逌對爲學士。與迪並爲禮官。搢紳高之。

韋逞母．〔前秦〕姓宋氏。家世儒學。幼喪母。及長。其父授以周官音義。後與夫徙山東。依膠東富人陳安壽。逞時年少。宋氏晝則採樵。夜則教逞。逞學成。仕爲太常。苻堅就宋氏家立講堂。置生員百二十人。隔絳紗幔以授業。號宋氏爲宣文君。

韋·博 〔唐〕萬年人。字大業。第進士。寖遷殿中侍御史。開成中與中人共籍臧吏財產。簿無遺貲。尋遷主客郎中。時詔毀佛祠。悉浮屠隸主客。博言令太暴。宜近中。爲宰相李德裕所惡。官至平盧節度使·檢校禮部尙書。徙昭義卒。

韋·善道 〔明〕南海人。字守約。博學能詩。而不好章句。少爲縣吏。節使張元章與語奇之。俾佐書記。益究墳籍。遂通三禮。掌帥府威儀。爲零陵令。有善政。後遷郴州守卒。

韋·巽 〔前蜀〕昭度子。賦性不慧。王建以昭度故。多優容之。歷仕卿監。同列譏之云。三公門前出死狗。巽答曰。死狗門前出三公。其蒙鈍皆此類。

韋·庚 〔唐〕貫之孫。兄弟五人。庚最居長。弟曰庠·序·雍·郊。僖宗朝先後登進士第。並歷清顯。庚從僖宗幸蜀。累拜刑部侍郎。車駕還京。充頓遞使。至鳳翔病卒。

韋·斌 〔唐〕陟弟。少修整。好文藝。容止嚴峻。有大臣體。與陟齊名。天寶中拜銀青光祿大夫。昆季同時列戟。衣冠罕比。安祿山陷洛陽。斌爲賊得。署以黃門侍郎。憂憤卒。◎〔明〕江南山陽人。字彥質。成化進士。官給事中。嘗曰假彈劾以快私讎。投細微以賣公道。吾所深恥。出爲福建學使。亦有聲。

韋·景駿 〔唐〕弘機孫。中明經。神龍中歷肥鄉貴鄉二縣令。治行稱最。後爲趙州長史。道出肥鄉。邑民爭進酒食。景駿爲留終日而去。累遷房州刺史卒。(按舊唐書作機孫岳之子。此從新唐書。)

韋·渠牟 〔唐〕述從子。少警悟。工爲詩。李白授以古樂府。去爲道士。更爲浮屠。已而復冠。官四門博士。德宗誕日。詔儒臣與佛老並對。質問大趣。渠牟有口辯。答問鋒生。帝聽之意動。歲中遷至諫議大夫。對延英。輒五六刻乃罷。天子歡甚。渠牟佻躁浮淺。用憸巧中帝意。張恩勢以動天下。權侔人主。再擢太常卿。卒謚忠。

韋·湊 〔唐〕叔諧孫。字彥宗。永淳初解褐婺州參軍。入爲相王府屬。時姚崇兼府長史。曰韋子識遠文詳。吾恨晚得之。睿宗朝累遷太府。兼通事舍人。以爭故太子重俊加謚事。爲時所稱。玄宗朝官終太原尹。卒謚文。

韋·絢 〔唐〕執誼子。字文明。有劉賓客嘉話錄。絢爲江陵少尹時追述長慶初在白帝城所聞於劉禹錫者也。

韋·虛心 〔唐〕維子。字無逸。舉孝廉。遷大理丞·侍御史。據正不撓。所至有名績。累官工部尙書·東京留守。封南皮郡子卒。

韋·虛舟 〔唐〕虛心弟。歷洪魏二州刺史。入爲刑部侍郎。初維爲郎。蒔柳於庭。及虛心兄弟居郎省。對之輒斂容。韋氏自叔諧後數世爲郎。世號郎官家。

韋·貽範 〔唐〕字垂憲。以龍州刺史貶通州。昭宗幸鳳翔。貽範奔行在。遷給事中。用李茂貞薦。甫踰旬。以工部侍郎同平章事。判度支。倚恃權臣。恣驁不恭。母喪。奪服視事。未幾卒。

韋·雲起 〔唐〕萬年人。隋開皇中以明經補符璽直長。大業初改謁者。所陳奏皆言人所不敢言。尋以討平突厥功拜治書侍御史。帝幸江都。告歸。高祖入關。上謁。進開府儀同三司。時議討王世充。雲起請戢兵務農。須關中安安。士氣餘飽。然後一舉可定。從之。改遂州都督。與竇軌有隙。因事被害。

韋·嗣立 〔唐〕承慶異母弟。字延構。少友悌。遇母笞承慶。輒解衣求代。母爲感悟。世比晉王覽。第進士。爲雙流令。政稱最。尋代承慶爲鳳閣舍人。長安中拜鳳閣侍郎。時州縣非其人。嗣立請補外。遂以本官檢校汴州刺史。坐善二張貶饒州。景龍中拜兵部尙書·同中書門下三品。詔附韋后屬籍。封逍遙公。韋后敗。出爲許州刺史。後徙陳州。卒謚孝。

韋·愛 〔梁〕叡族弟。字孝友。清介沈靜。篤志好學。少孤。事母孝。遭喪負土成墳。廬於墓側。武帝引爲中兵參軍。義師起。以爲軍司馬。帶襄陽令。沈敏有謀。中興間從和帝東下。梁受禪。進號輔國將軍。除寧蜀太守卒。

韋·溫 〔唐〕萬年人。中宗廢后韋庶人之從兄。中宗復位。溫累遷禮部尙書。封魯國公。及中宗崩。后令溫總知內外兵馬。守援宮掖。溫與宗楚客等說后託圖讖。韋氏當受命。謀殺少帝。會玄宗兵夜起。溫坐誅。◎〔唐〕翰林學士綬子。字弘育。年十一。舉兩經及第。拜著作郎。謝歸。侍親疾彌二十年。衣不弛帶。文宗初遷右補闕。歷給事中。論議侃直。武宗朝擢吏部侍郎。李德裕欲引同輔政。溫不可。出爲宣歙觀察使。卒謚孝。

韋·稜 〔梁〕正弟。字威直。性恬素。博學強記。當世之士咸就質疑。起家安成王府行參軍。累官至光祿卿。有漢書續訓。

韋·粲 〔梁〕放子。字長蒨。有父風。好學仗氣。大同中爲衡州刺史。召還至廬陵。聞侯景作逆。倍道赴援。至青塘。景望見粲營未立。率銳來攻。軍敗。左右牽粲避賊。粲不動。遂見害。元帝平侯景。追謚忠貞。

韋·義 〔後漢〕豹弟。字季節。初仕州郡。辟舉理劇爲廣都長。歷甘陵·陳二縣令。有政績。官曹無事。牢獄空虛。數上書順帝。言至切直。以兄喪去官不再出。廣都爲生立廟。及卒。三縣吏民爲舉哀。若喪考妣。

韋・萬石 【唐】挺子。涉學善音律。上元中累遷太常少卿。郊廟燕會樂曲。皆萬石與太史令姚元辨增損之。號任職。後知吏部選事卒。

韋・著 【後漢】豹子。字休明。少以經行知名。不應徵辟。延熹初公車備禮徵至霸陵。稱疾入雲陽山采藥不返。後曹節擅權。白靈帝就家拜東海相。詔書逼切。不得已解巾之郡。任刑亂政。以此失名。卒爲姦人所害。隱者恥之。

韋・詣 【唐】與張志和同時。志和居江湖間。著書曰玄眞子。亦以自號。詣善其書。爲撰內解。

韋・詵 【唐】京兆人。官潤州刺史。族望清華。有女苛於擇壻。見參軍裴寬。詵曰。愛其女當令爲賢公侯妻。何以貌求人。遽以女妻之。寬時衣碧。身瘠而長。羣呼爲鸛雀。後寬竟貴盛。

韋・載 【陳】正子。字德基。少篤志好學。及長沈敏有器局。仕梁爲尋陽太守。討侯景有功。武帝誅王僧辯。遣人以書喻載。並奉梁敬帝勅。令載解兵。載乃降。永定中位散騎常侍。天嘉初以疾去官。築室江乘之白山。屛絕人事。終於家。

韋・道福 【後魏】閬從叔。有志略。仕宋再爲郡守。領鎭北府錄事參軍。時徐州刺史舉州附魏。道福參贊其事。以功拜安遠將軍。賜爵高密侯。因家彭城。卒諡簡。

韋・道遜 【北齊】杜陵人。武平中官至通直常侍。與兄道密・道建・道儒。並早以文學知名。

韋・道豐 【五代】江夏人。工畫人物寒林。運思奇僻。經年累月。方成一圖。成則驚人。

韋・鼎 【隋】載弟。字超盛。少博涉經史。明陰陽。善相術。仕梁官至中書侍郎。時陳武帝在南徐州。鼎望氣知其當王。遂寄孥焉。太建中官散騎常侍。至德初忽盡貨田宅。客居僧寺。知陳當亡。文帝當有天下。及陳亡。驛召之。授上儀同三司。除光州刺史。以仁義教導。務弘清靜。後召還。卒於長安。

韋・瑕 【後蜀】貽範子。仕孟昶爲御史中丞。性多依違。時號軟餅中丞。

韋・壽 【隋】總弟。字世齡。在北周。以貴公子早有令譽。官至儀同三司。文帝受禪。壽方居父喪。起令視事。再爲刺史。頗有治名。卒諡定。

韋・夐 【北周】孝寬兄。字敬遠。志尙夷簡。弱冠召拜雍州中從事。謝疾去。不就徵辟。所居枕帶林泉。蕭然自樂。明帝時敕有司日給河東酒一斗。賜號逍遙公。夐雅好名義。虛襟善誘。晚年惟以體道會眞爲務。宣政初卒。

韋・慈藏 【唐】京兆人。景龍中官光祿卿。善醫術。與洛陽人張文仲・李虔縱並以方藥擅名。自則天・中宗以後。諸業醫者咸推重之。

韋・榮亮 【後魏】儁子。字子昱。博學有文才。資性仁孝。爲時所重。歷諫議大夫。衞大將軍。

韋・瑱 【北周】杜陵人。字世珍。魏孝明帝時起家太尉府法曹參軍。累遷諫議大夫。從文帝戰征累有功。除瓜州刺史。州通西域。瑱性清儉有武略。胡人不敢爲寇。公私安靜。明帝時累授開府儀同三司。卒諡惠。

韋・端 【後漢】京兆人。官太僕。與孔融友善。嘗遣二子康・誕詣融。融與端書云。不意雙珠。近出老蚌。前日元將來。淵才亮茂。雅度弘毅。經世之器也。昨日仲將來。文敏篤誠。保家之主也。

韋・綬 【唐】貫之兄。擢明經。辟東都幕府。德宗時爲翰林學士。密政多所參逮。帝嘗幸其院。韋妃從。會綬方寢。學士鄭絪欲馳告之。帝不許。時大寒。帝以妃蜀纈袍覆之而去。性謹畏。晚感心疾。罷還第。官終左散騎常侍。九日。帝爲黃菊歌。顧左右曰。安可不示韋綬。遣使持往。綬附使和進。帝曰。爲文不已。豈頤養耶。敕自今勿復示。弟纁有精識。爲士林器許。兄弟皆名重當時。◉【唐】萬年人。字子章。有至性而好不經。父喪。鐵臂血寫浮圖書。建中末起家長安尉。穆宗爲太子。綬入侍讀。數爲俚言以悅太子。帝怒。因出刺虔州。穆宗立。召爲尙書右丞。尋拜山南西道節度使。

韋・維 【唐】叔諧從孫。字文紀。由進士高第授武功主簿。督役乾陵。會歲飢。均力勸功。人不知勞。徙內江令。縣爲刻頌。遷戶部郎中。善裁剖。時員外宋之問善詩。時稱戶部二妙。終太子右庶子。

韋・綱 【隋】榮亮子。字世紀。操行學殖。領袖時流。本州調爲中正。開皇中仕爲趙州長史。

韋・肇 【唐】京兆人。夐七世孫。大曆中爲中書舍人。累上疏言得失。爲元載所惡。左遷京兆少尹。久之。改祕書少監。載曰。肇若過我。當擇善地處之。終不肯詣。載誅。除吏部侍郎。卒諡貞。

韋・誕 【三國魏】端子。字仲將。有文才。善屬辭章。又以善書名。漢建安中爲郡上計吏。特拜郎中。太和中以能書補侍中。官終光祿大夫。魏氏寶器銘題。皆誕所書。明帝造淩雲殿。匠者誤先上榜。使誕書之。轆轤引上。去地二十五丈。比訖。鬚髮盡白。誕善製墨。世稱仲將之墨。一點如漆。又能製筆。有筆經。

韋說 〔後唐〕岫子。莊宗定汴洛。說拜平章事。謹重奉職。政務得失。無所措言。時郭崇韜秉政。行事有遺物議者。說曰。此郭漢子意也。明宗即位。時坐高季興事流合州。賜自盡。

韋銀豹 〔明〕桂林古田獞人。據古田。屢殺官吏。嘉靖間與其從父朝威攻陷洛容縣。自永福入桂林。劫布政司庫。殺參政黎民衷。隆慶間殷正茂爲廣西巡撫。使總兵俞大猷統兵進勦。朝威敗死。銀豹亦就擒伏誅。

韋儁 〔後魏〕閬孫。字穎超。早有學識。少孤。事祖母以孝聞。溫和廉讓。爲州里所稱。襲爵興平男。累遷本州中正。都水使者。所在有聲。宣武帝崩。爲領軍于忠所害。熙平初追謚貞。

韋賞 〔漢〕賢孫。少承家學。明於詩說。初爲定陶王太傅。哀帝即位。以舊恩累官車騎將軍。列爲三公。爵關內侯。年八十餘以壽終。

韋賢 〔漢〕鄒人。字長孺。質朴篤學。以詩教授。兼通禮尙書。號稱鄒魯大儒。徵爲博士。給事中。授昭帝詩。本始間以少府代蔡義爲丞相。封扶陽侯。在位五年乞休。卒謚節。

韋閬 〔後魏〕杜陵人。字友觀。少有器望。太武帝時徵拜咸陽太守。轉武都太守。屬關中擾亂。閬盡心撫納。所部獨全。在郡十六年卒。

韋震 〔後梁〕萬年人。初名鑾。字東卿。彊敏有口辯。事太祖爲都統判官。唐昭宗時太祖得兼領四鎮。震之功也。及受禪。官至太子太傅。末帝即位。加太師卒。

韋叡 〔梁〕杜陵人。字懷文。幼事繼母以孝聞。宋時歷官右軍將軍。齊末多故。不欲遠鄉里。求爲上庸太守。遂起兵應武帝。多建策功。尋留守郢州。遷豫州刺史。積戰功封永昌縣侯。普通初遷侍中。車騎將軍。未拜卒。叡體素羸而謀略過人。師行所至。晝接賓客。夜算軍書。臨陣常緩服乘輿執竹如意麾軍。世稱名將。謚嚴。

韋澳 〔唐〕貫之子。字子裴。武宗朝擢宏詞。方靜寡欲。十年不調。御史中丞高元裕欲薦用之。諷澳謁己。澳曰。恐無呈身御史。宣宗朝累遷學士承旨。深被禮遇。豪右斂迹。懿宗朝以河南尹辭疾歸樊川。卒謚貞。

韋璞 〔宋〕淵孫。淳熙末爲太府少卿。高宗崩。爲金國告哀使。金主錫宴。欲用樂。璞不可。及入見。令吉服。璞又不可。金人不能奪。寧宗時以清遠軍節度使致仕卒。

韋縠 〔後蜀〕少有文藻。夢中得歃羅纈巾。由是才思益進。仕孟氏父子爲監察御史。遷尙書。常輯唐人詩千首。爲才調集。（按此據十國春秋本傳。四庫提要云。仕王建爲監察御史。與此少異。）

韋縚 〔唐〕叔夏子。承父家學。明習典禮。開元時歷集賢修撰·光祿卿。遷太常。於籩豆喪服袷禘諸議。多有訂正。官終太子少師。

韋衡 〔明〕洪武初知安仁縣。持正愛民。以經術飾吏治。邑治公廨。皆所創立。

韋諤 〔唐〕見素子。歷官京兆府司錄參軍。從見素隨玄宗幸蜀。楊國忠之死。軍聚不解。陳玄禮請殺貴妃以安衆。帝意猶豫。諤力諫。帝悟。賜妃死。軍乃大悅。擢諤御史中丞。後終給事中。

韋應物 〔唐〕京兆人。少以三衛郎事玄宗。晚更折節讀書。工詩。建中初拜比部員外郎。遷左司郎中。貞元中出爲蘇州刺史。多惠政。性高潔。所在焚香掃地而坐。與顧況·劉長卿等爲酬唱。世號韋蘇州。其詩閑澹簡遠。人比之淵明。稱爲陶韋。有韋蘇州集。

韋濟 〔唐〕恆弟。開元初調鄄城令。擢醴泉。四遷戶部侍郎。爲太原尹。文雅能脩飾政事。所至有治稱。天寶中授尙書左丞。終馮翊太守。

韋總 〔北周〕孝寬子。字善會。聰敏好學。位驃騎大將軍·開府儀同三司·納言·京兆尹。從武帝東征。總每先驅陷陣。遂於并州戰沒。謚貞。

韋謏 〔後趙〕京兆人。字憲道。好儒學。善著述。羣言祕要。靡不綜覽。凡所著作及集記世事數十萬言。皆深博有才義。初仕劉曜。後仕石虎。累官太子太傅。以直諫爲冉閔所殺。

韋纘 〔唐〕維弟。長文辭。初舉孝廉。以母老不肯仕。踰二十年。乃爲長安尉。威行京師。歷官泗涇鄜三州刺史。天寶初入爲祕書少監。以善職稱。

韋謩 〔隋〕京兆人。初仕北周爲內史大夫。文帝受禪。謩有定策功。累遷上柱國。封晉安郡公。開皇初卒於蒲州刺史。

韋翽 〔陳〕愛孫。字子羽。少有志操。以仁孝著稱。梁大寶中武帝爲南徐州刺史。召爲參軍。既受禪。累遷驍騎將軍。翽素有名望。每大事。恆令俠侍左右。時號俠御將軍。出爲宜城太守。以預平王琳功封清源縣侯卒。

韋藝 〔隋〕洸弟。字世文。周武帝時以軍功仕爲魏郡太守。入隋。累遷營州總管。容貌瓌偉。番人畏之。而大治產業。與北人貿易。頗爲時論所譏。卒謚懷。

韋辭 〔唐〕字踐之。少以兩經擢第。貞元間累佐使府。參畫稱職。韋處厚執政。知辭有文學理行。引爲中書舍人。辭頗擅高名。而文筆不過中才。頗不厭公論。後出爲湖南觀察使。在鎮二年。吏民稱治。

韋・顗　唐謂從子。字周仁。早孤。事姊恭順。及長。身不衣帛。通陰陽象緯。博知山川風俗。論議典據。敬宗時官至吏部侍郎。所著易蘊解。推演終始有深詣。

韋・纂　梁叡兄。知名當世。爲司徒記室。武帝時沈約嘗稱纂於帝曰。恨陛下不與此人同時。其學非臣輩比也。

韋・闡　梁叡兄。與兄纂並知名當世。爲建寧縣。所入俸祿百餘萬。還家悉委伯父處分。鄉里宗事之。終通直郎。

韋・續　唐著有墨藪。

韋・黯　梁稜弟。字務直。性彊正。少習經史。位太府卿。侯景濟江。黯以守城功。遷輕車將軍。以勞卒。初黯官太僕卿。兄子粲爲左衛率。黯常怏怏。謂人曰。韋粲已落驊騮前。朝廷是能用才否。識者頗以此鬩之。

韋・權　明合肥人。少好騎射。喜兵法。元季從軍淮西。後來歸太祖。從克太平。累功陞都督僉事。

韋・鑒　唐杜陵人。官著作郎。工畫龍馬。妙得精氣。亦善八分書。

韋・纘　後魏珍子。字遵彥。年十三補中書學生。遷侍御中散。孝文帝每與名德沙門談論往復。纘掌綴錄。無所遺漏。頗見知賞。官至平遠將軍。帶梁郡太守。坐事免。

韋・鑾　唐鑒弟。官至少監。工畫山水花鳥松石。爲邊鸞之亞。

韋・驤　宋錢塘人。字子駿。皇祐進士。靖國中除知明州。以左朝議大夫提舉杭州洞霄宮。工詩文。有錢塘集。

音泰　清滿洲鑲紅旗人。姓瓜爾佳氏。康熙間隨征吳三桂。王輔臣。噶爾丹。身經三十餘戰。所至有功。累官川陝總督。正己率屬。寬嚴並用。軍民無不感戴。卒謚清端。

音登額　清滿洲正黃旗人。姓舒穆魯氏。字健齋。嘉慶間隨征川楚教匪及滑縣教匪李文成。以功累官葉爾羌辦事大臣。張格爾之亂。嬰城固守。力竭死。謚剛節。

音德　清滿洲鑲黃旗人。遏必隆四子。康熙中從征噶爾丹有功。雍正間襲二等公。官至領侍衛內大臣。兼議政大臣。卒謚慤敬。

風・后　上古黃帝嘗夢大風。吹天下塵垢皆去。寤曰。風爲號令。垢土去而后在也。天下其有姓風名后者哉。自是求之。得風后於海隅。登以爲相。漢書藝文志有風后兵法十三篇。圖三卷。孤虛二十卷。

風胡　春秋楚善鑄劍。事昭王。昭王得吳王劍。不知其名。召風胡問之。風胡曰。此謂湛盧之劍。

飛廉　商紂之諛臣。一作蜚廉。趨捷善走。與子惡來俱以材力事紂。武王克商。驅於海隅而戮之。

飛衛　古之善射者。學射於甘蠅。而巧過其師。紀昌者。又學射於飛衛。盡衛之術。計天下之敵己者惟一人。乃謀殺衛。相遇於野。二人交射。矢鋒相觸。墜地而塵不揚。飛衛矢先窮。紀昌遺一矢。既發。飛衛以棘刺之端扞之。而無差焉。於是投弓相拜。請爲父子。誓不得告術於人。

飛錫　唐高僧。神氣高邈。識量過人。初學律儀。天寶初游京師。預不空譯場。永泰初詔與沙門良賁等十六人參譯仁王護國般若經并密嚴經。

食・子公　漢河內人。從蔡誼受韓詩。爲博士。

香妃　清回部某酋妃。生而體有異香。號曰香妃。高宗微聞之。兆惠征回。帝命并窮其異。回疆平。生得香妃。致之京師。既至。處之西內。妃始終不屈志。常以白刃自隨。復仇之念終不釋。太后伺高宗出。召妃入慈寧宮。問曰。汝終當何爲。對曰。死耳。既不得遂復仇志。毋寧死。太后乃令引入他室縊之。帝回救不及。奉天宮中藏高宗獵鹿圖。帝與一女並轡。女持箭遞與帝。云卽香妃也。（一說。香妃寵冠後宮。太后慮其復仇。縊殺之。）

香居　戰國齊大夫。宣王爲大室。大蓋百畝。堂上三百戶。以齊國之大。具之三年而不成。羣臣莫敢諫。香居問曰。荆王釋先王之禮樂而爲淫樂。敢問荆邦爲有主乎。王曰。爲無主。敢問荆邦爲有臣乎。王曰。爲無臣。香居曰。臣請避矣。趨而出。王曰。香子留。何諫寡人之晚也。遽召尙書曰。書之。寡人好爲大室。香子止之也。（按萬姓統譜・尙友錄均作香車。此從新序。）

香東　清東莞人。姓石氏。屈大均姬人。使司香。字之曰香東。

香育　唐高僧。濟陰李氏子。初研習莊老。已而留神釋典。遂出家。至五臺參謁秀師。及洞徹心源則辭去。入郢州大佛山。勁節安禪。卯前一食。徒衆常以千計。州將韓閎召之出山。堅以疾辭。臨終。命水滌盥。端坐而化。

香娘　明吳易姬人。姿態豔靚。工詩。易殉國。全家盡節。惟香娘爲清軍所獲。主者欲納之。香娘泣不從。遂聽其所之。入一草庵。削髮潔身以老。

香・崖　宋熙寧時爲夏國將。爲宋將王文郁所敗。香崖夜遣使以劍爲信。欲舉衆降。文郁許之。旦而至。與偕行。衆情忽變。謀以出。文郁復敗之。乃降。

香闍梨 北周高僧。梁初至益州青城山飛赴寺。時俗每至三月三日。必多攜酒肉至山酣飲。香闍黎屢止之不能斷。一年香闍黎亦預飲。衆爭奉酒肴。隨得隨盡。俄大吐。雞肉自口出卽飛鳴。羊肉自口出卽馳走。魚鮔鵝鴨。游泳交錯。衆駭誓斷殺。此風遂革。及卒將葬。怪棺太輕。開覩。止見几杖。

十畫

乘弘 漢河南人。受易於京房。爲博士。

乘恩 唐僧。不詳氏籍。居京師西明寺。嘗以好學力行勉門人曰。趨菩薩地。若下坂之走丸耳。天寶中避地姑臧。極尙經論之學。因重撰百法論疏幷鈔。行於西土。

乘馬延年 漢諫議大夫。明計算。

乘澤 宋爲益州推官。父留鄉里。死三年矣。澤爲弗知者而調京師。既覺而去。買黯奏劾之。坐廢終身。

修羊公 古仙人。隱於華陰山上石室中。時取黃精食之。後以道干漢景帝。帝禮之。化爲白石羊。題其脅曰修羊公謝天子。羊後復去。不知所在。

修成君 漢武帝母王太后在民間所生女。韓嫣乘間言於帝。帝曰。何不早言。自往迎之。女亡匿床下。扶持出門。帝泣曰。嚄。大姊何藏之深也。詔副車載之。謁太后。號修成君。

修肅 晉廬陵人。爲典書令。永興初立懷帝爲皇太弟。帝辭。肅力贊之。帝曰。卿吾之宋昌也。從之。

俺答 明韃靼酋長。嘉靖中據河套。雄黠喜兵。爲諸部長。蹂躪諸邊。後犯京師。尙書丁汝夔恇擾不知所爲。閉門守。俺答焚掠三日夜引去。帝從仇鸞議。開馬市於大同。俺答市畢入掠。由是屢寇邊。隆慶中允其封貢。乃止。神宗時復頻年入寇。後就市。事明甚謹。萬曆中死。

倉振 元嘗知新州。諭降猺賊。羣猺帖然向化。暇日詣學。召諸生講解經義。又於驛路夾植榕松。以便行者。人歌頌之。

倉跋 後魏京縣人。喪母。水漿不入口五日。吐血數升。居憂毀瘠。見稱州里。

倉葛 周陽樊人。襄王以陽樊溫原攢茅之田與晉。陽樊不服。晉師圍之。倉葛呼曰。德以柔中國。刑以威四夷。宜吾不敢服也。此誰非王之親姻。其俘之也。乃出其民。（按左氏傳作蒼葛。石經宋本淳本岳本並作倉。）

倉慈 三國魏淮南人。字孝仁。始爲郡吏。黃初末爲長安令。清約有方。吏民畏而愛之。太和中遷燉煌太守。抑強扶弱。甚得其理。數年卒官。吏民立祠祀之。

倉頡 上古黃帝時爲左史。生而神聖。有四目。觀鳥獸之跡。體類象形而制字。以代結繩之政。字成。天雨粟。鬼皆夜哭。（按漢書藝文志作蒼頡·有蒼頡傳·楊雄蒼頡訓纂·杜林蒼頡訓纂。

倚相 春秋楚爲史官。楚靈王嘗謂右尹子革曰。是良史也。是能讀三墳五典八索九丘。

倪一鷹 清浦江人。字服顏。號松樓。以貢生司鐸奉化。十歲羅家難。即力學。工書畫。曉音律。有編年詩。

倪千里 宋東陽人。字起萬。學於陳傅良。傳其春秋之學。中淳熙進士。累官監察御史。有清名。遷右正言。以論事忤大臣。除起居舍人。至侍講卒。

倪士毅 元休寧人。字仲弘。學於陳櫟。隱居祁門山。潛心講學。學者稱道川先生。有重訂四書輯釋·作義要訣。

倪元璐 明上虞人。字玉汝。號鴻寶。天啟進士。授編修。崇禎初魏忠賢遺黨楊維垣輩護持舊局。力扼東林。元璐抗疏擊之。又請燬三朝要典。上制實八策及制虛八策。累遷國子祭酒。時元璐雅負人望。位漸通顯。帝意嚮之。爲溫體仁所忌。落職。起兵部侍郎。以母老固辭。俄聞畿輔被兵。遂冒鋒鏑北上。陳制敵機宜。超拜戶部尙書。李自成陷京師。自縊死。諡文正。清諡文貞。元璐善行草。工畫山水竹石。又有兒易內外儀·倪文貞集。

倪公晦 宋金華人。字孟陽。與兄公度·公武皆受業於何基。時稱箕谷三倪。公晦仕至轉運司幹辦公事。清廉介直。有周易管窺。

倪天淵 元鄞人。字震亨。修髯廣顙。氣和行模。家饒於貲。性儉而樂施。時江南歲漕白粲。經海達畿。天淵籍占漕役。躬自督束。積四十餘年。中臺御史袁賽因不花狀聞於朝。旌之曰高年耆德之門。

倪天隱 宋桐廬人。號茶岡。博學能文。嘉祐中主講邑中有聲。

倪文一 宋福安人。字元芳。咸淳進士。授安仁縣尉。鄰境峒蠻竊發。文一單騎至營撫喻之。峒蠻信服。再授潤州。擢知清流縣。元兵南下。遂歸隱。世祖徵之不起。以壽終。

倪文煥 明江都人。天啟中以進士授御史。由崔呈秀引入魏忠賢幕。劾李邦華·李日宣等數十人。輕者削奪。重者拷死。出按畿輔。爲忠賢建三祠。累官太常卿。忠賢敗。論死。

倪文徵 明浙江山陰人。字舜平。授徒自給。兼通醫術。國亡。市酒餚飲里中少年。求辦一事。有諾之者。偕至墓所。命掘坎自瘞。一人曰。豈可使土侵膚乎。以二缸贈之。文徵趺坐其內。命覆之。遂卒。

倪文蔚 清望江人。字豹臣。咸豐進士。以主事參曾國藩軍幕。官至河南巡撫。學問淹雅。治今文尙書。有禹貢說·兩疆勉齋詩文集。

倪木癡 清金山人。未詳其名。號木癡。善畫。工詩。結廬秦望山左。

顏曰息耕軒。有琴清堂詩文集。

倪・以孚 明婺源人。幼穎異嗜學。以舉人授慈谿訓導。永樂中擢進賢縣教諭。所至嚴立教條。諸生多所造就。以疾致仕。顏其齋曰思誠。廬陵解縉爲之記。

倪・可大 明儀眞人。字簡白。少有文名。以歲貢授霍丘訓導。崇禎間流寇東下。縣令適考滿。以城守屬可大。賊至。督民兵逆戰。城陷死之。

倪・可福 五代南平高季興權荊南留後。可福時爲駕前指揮使。雷彥恭屢犯荊南。梁王全忠遣可福率兵戍之。季興愛其勇。使隸戲下爲親校。以女妻可福子。可福所向克敵。遷都指揮使。以功名終。賜田於江陵東三十里。子孫聚居。曰諸倪岡。

倪・用賓 清吳縣人。諸生。順治間吳縣令任維初征糧虐民。復私侵常倉儲米。適遭世祖喪。用賓等遂於哭廟時。遞揭帖於巡撫朱國治。國治與維初有連。遽收用賓等。株連顧子咸・金聖歎等十一人。諱飾上聞。加以謀亂罪。用賓等皆被誅。

倪・光 明鄞人。字應金。少授易。時時沈玩先天。輒能前知。遨遊兩京。爲士大夫所重。平生不殖產。所獲卽散之。有味易詩集。

倪・印心 元績溪人。號古洲。生宋末。家貧苦學。有氣概。爲人質朴。初與太學生葉一愚善。一愚仕元爲右丞。薦授湖廣儒學副提舉。遷玉山縣尹。政稱廉明。

倪・守約 宋道士。有赤松山志。

倪・含 清嘉善人。字幼含。善畫山水。

倪・志遠 清宣城人。字澄可。工畫山水。晚折右手。左腕作畫更妙。

倪・孟賢 明南昌人。洪武間知麗水縣。民有賣卜者。干富室不應。詣闕告大姓陳公望等五十七人謀亂。命錦衣衛往捕之。孟賢廉得其實。卽具疏聞。復令耆老詣闕訴。帝命法司鞫實。論告密者如律。

倪・宗正 明餘姚人。字本端。弘治進士。官兵部武選司員外郎。嘗以言事廷杖。後終南雄知府。卒諡文忠。有突兀稿・觀海集・太倉稿・倪小野集。

倪・宗器 明江右人。善畫鬭。

倪・宗嶽 明濮州人。字鎭卿。正德進士。嘉靖初擢御史。以諫大禮受廷杖。尋命按眞定等府。不倚崖岸。而風裁凜然。卒於官。

倪・尙忠 明浦江人。字世卿。萬曆進士。除順德知縣。遷吉安同知。有居雲・鳴籟・醉吟等集。

倪・尙誼 元休寧趙汸門人。汸春秋屬辭成書。復改集傳使歸於一。至昭公二十七年而歿。尙誼證以屬辭義例。參互考據足成之。

倪・岳 明謙子。字舜咨。天順進士。授編修。弘治中累官禮部尙書。文章敏捷。博綜經世之務。改南京吏兵二部。還爲吏部尙書。前後陳請百餘事。軍國弊政。剔抉無遺。善斷大事。盈廷聚議。往往決以片言。天下想望其風采。踰年卒。諡文毅。有清谿漫稿。

倪・承茂 清吳縣人。字稼咸。號頓塘。舉鴻博。與試未用。中乾隆舉人。教授里中以終。著錄甚盛。與沈德潛齊名。有頓塘詩稿。

倪・思 宋稱子。字正甫。乾道進士。中博學弘詞科。光宗時累官禮部侍郎。時帝久不過重華宮。思疏十上。會召嘉王。思言上皇欲見陛下。亦猶陛下之於嘉王也。帝爲動容。寧宗時爲言者論去。復召還。試禮部侍郎。論諫多切直。以忤韓侂胄予祠。侂胄誅。復召。歷禮部尙書。又以忤史彌遠。出知鎭江府。尋鐫職。卒諡文節。有齊山甲乙稿・兼山集・經鉏堂雜志。

倪・思輝 明祁門人。天啓初官給事中。侯震暘論客氏。思輝繼之。帝大恚。貶三官。皇子生。詔復故官。崇禎時終南京督儲尙書。

倪・若水 唐藁城人。字子泉。舉進士。累官尙書右丞。出爲汴州刺史。政尙清靜。風化大行。玄宗遣使捕珍禽異獸於南方。若水諫止之。徵拜戶部侍郎。復拜右丞卒。

倪・峻 明無錫人。字峻德。洪武舉人。歷泗水沙縣知縣。有惠績。擢兵科給事中。時成祖好佛。峻疏諫忤旨。遣使占城。國王欲召見。峻力折之。俾郊迎而後宣詔。終都給事中。

倪・神保 明連江人。幼失父母。常與妻林氏共禱於天。欲得一木兩枝。刻二親像奉祀。遂入石屏山。見二木相對。取歸。募匠成之。夫婦奉祝唯謹。出告反面。一如事生之儀。三十年不替。

倪・祖常 宋霅川人。字子武。官大理寺正。嘉定中自毗陵易守徽州。時州民困於和糴。祖常爭之。事得寢。所與革事甚多。州民建祠祀之。

倪・祚善 明桐城人。字永錫。天啓間以明經授永興令。會峒寇猖獗。以有備。寇不敢犯。歷金華同知。許都倡亂。首犯金華。祚善登陴冒矢石。賊退。以功擢處州知府。

倪・起蛟 清鎭海人。字安瀾。又字翔雲。乾隆武舉人。嘉慶間以千總從李長庚勦蔡牽。屢有功。官至海壇鎭總兵。

倪・閃 宋沙縣人。字泰夫。家饒於貲。性儉而好施。紹興中寇起。蔓延廣東江西。侵縣境。官兵獲賊。縣獄爲滿。閃以愚民罹法。宜加哀矜。

逐日飲食之。明年大饑。道殣相枕藉。濟以糜粥。活者萬計。舉進士。除寧國府教授。出私帑搬齋舍。置贍學田。秩滿。遷廣東提幹卒。

倪·國璉 清錢塘人。字穗疇。一字子珍。雍正進士。入翰林。官至給事中。能彈琴。工畫山水。

倪·淵 元烏程人。字仲深。學於敖繼公。明禮經易數之學。以薦爲湖州教授。改當塗縣主簿。年老致仕。著有易集說·圖說·序例。

倪·復 明鄞人。字汝新。性端謹嚴毅。少力學。讀書以程朱爲歸。尤邃鍾律。篤於孝友。弟子束修之饋。盡以貧弟。檢身以禮。人嚴憚之。有易繫辭解·中庸解·正蒙發微·皇極經世書通解·鍾律通考·閒居漫記·東巢雜著·壺齋問答·救災集議·禘祫議·瀋湖議·見聞欄楯·觀古錄·畏菴存稿。

倪·登 宋福清人。字彥及。元符進士。爲朝請大夫。以取燕雲奉使。歿於王事。有論語解。

倪·萌 漢臨淄人。字子明。仁孝敦篤。遭歲饑。兵革並起。人民相啖。與兄俱出城採蔬。爲赤眉所得。欲殺啖之。萌言兄老羸瘠。不如萌肥健。願代兄。賊義而不殺。

倪·象占 清象山人。初名承天。後以字行。更字韭山。優貢生。官嘉善訓導。善畫蘭竹。有青櫺館集。

倪·嵩 明當塗人。字仲卿。嘉靖進士。由御史累遷戶部侍郎。時曾銑議復河套。夏言主之。忤嚴嵩。詔逮銑下獄。嵩爭甚力。調南京右都御史。諷使更名。嵩曰。命名自父。何可易。廟堂後廷推吏部尚書。嚴嵩厲聲曰。可使有兩嵩耶。嵩即日乞休去。

倪·敬 明峻孫。字汝敬。少孤力學。中正統進士。擢御史。奉命按省。所至有聲。景泰末災異迭見。率同官上疏陳敬天修德六事。謫宜山典史。天順初稍遷督府都事。從安遠侯柳溥討西寇。師還卒。

倪·會鼎 清元潞子。字子新。晚號無功。明諸生。唐王時官職方郎中。從學黃道周。著治格會通·明儒源流錄。能傳道周之學。康熙中卒。年八十七。私諡孝靖先生。

倪·道原 元安仁人。字太初。明經不第。工詩文。好游覽山川。所至吟咏弗輟。後沒於都下。朝廷禮重而葬之。題曰江南吟士之墓。有太初集。

倪·嘉善 明應眘子。號瓊圃。天啓進士。改庶吉士。崇禎間累遷國子司業。充經筵日講官。啓納無虛日。卒於京邸。爲人孝友淵靜。潛心古學。有媚筆泉集。

倪·嘉慶 明江寧人。字篤之。天啓進士。歷戶科給事中。工詩。有鑪潭集。

倪·稱 宋歸安人。字文舉。少有學行。受業於張九成。與芮國瑞友善。國瑞稱之爲石友。中紹興進士。官太常寺主簿。有綺川集。

倪·端 明字仲正。善畫道釋人物。山水宗馬遠。工花卉及水墨龍。⊙清嘉興人。字文初。工寫生。兼善山水。

倪·維德 明吳縣人。字仲賢。幼嗜學。已乃業醫。以內經爲宗。參酌金人劉完素·張從正·李杲·三家之說。治疾無不立效。常患眼科雜出方論。無全書。著玄機啓微。又校訂東垣試效方。洪武中卒。

倪·輔 明平湖人。字良弼。天順進士。授吏部主事。累遷湖廣左參政。輔性警悟。善談論。工詩文。有類劇藏稿。

倪·模 清望江人。字迂村。號韭瓶。嘉慶進士。收藏甚富。爲安徽藏書之冠。其藏書處曰江上雲林閣。平生嗜古錢。有古今泉略。

倪·稻孫 清仁和人。字米樓。貢生。精篆隸書。喜畫蘭。嗜金石。有海漚日記。

倪·賜 清常熟人。字三錫。號閒谷。善畫工詩。卒年八十餘。有香祖居詩草。

倪·樸 宋浦江人。字文卿。號石陵。喜談兵說劍。恥爲無用之學。紹興末聞金人將南牧。擬上萬言書而不果。鄭伯熊·陳亮皆極稱之。後爲豎人所搆。徙廢筠陽。久之赦歸。以寒窶死。學者稱石陵先生。樸究悉用兵攻守險要。尤精地理。所著輿地會元·鑒轍錄。皆不傳。存者惟倪石陵書。

倪·璣 明陝西咸寧人。字公在。弘治進士。歷給事中。正德中謫佐嘉善。立政更化。嚴保甲。奸盜無所容。毀淫祠。置義塚及社學書院。甚有政聲。遷知定州卒。

倪·璠 清錢塘人。字魯玉。康熙舉人。官內閣中書。有神州古史考·方輿通俗文·庾子山集注。

倪·應眘 明桐城人。字申之。萬曆進士。授上杭令。爲政平易近民。擢御史。敷陳皆軍國大計。熹宗時晉太僕少卿。璫禍起。奪職歸。崇禎初遷至南太僕卿。乞歸卒。

倪·濤 宋廣德人。字巨濟。卯角能屬文。博聞強記。年十五。試太學第一。大觀中登進士。歷左司員外郎。朝議有事燕雲。濤獨言其非。王黼怒。貶監朝城縣酒稅。再徙茶陵船場卒。明年邊事起。朝廷思濤言。官其一子。濤又工詩。善畫草蟲。有雲陽集·玉溪集。⊙清錢塘人。字峴渠。篤志嗜學。年幾百歲。猶著書不輟。有周易蛾術·六藝之一錄·文德翼·慵吹錄注。

倪·燦 清錢塘人。占籍上元。字闇公。康熙舉人。舉鴻博。授檢討。

以淹雅著名。與修明史。所爲藝文志序。窮流溯源。與姜宸英刑法志序並稱傑作。書法詩格。亦秀絕一時。有雁園集。

倪謙 【明】上元人。字克讓。正統進士。奉使朝鮮。風采凝然。天順初歷遷學士。簡侍東宮。主考順天。黜權貴之子。遂誣搆以罪。謫戍開平。憲宗詔復舊職。累遷南禮部尙書致仕。卒諡文僖。有朝鮮紀事·倪文僖集。

倪曙 【南漢】侯官人。字孟曦。唐中和時及第。有賦名。爲太學博士。西游嶺表。劉隱招禮之。辟置幕中。龑卽位。擢工部侍郎。進尙書左丞同平章事卒。有賦一卷。

倪繼宗 【清】餘姚人。字復野。有續姚江逸詩。采輯頗爲詳備。

倪瓚 【元】無錫人。字元鎭。有潔癖。工詩。善畫山水。初師董源。晚年一變古法。以天眞幽淡爲宗。家富。四方名士。日至其門。所居有清閟閣。多藏法書名畫祕籍。四時卉木。縈繞其外。自號雲林居士。至正初忽散貲給親故。扁舟往來震澤三泖間。張士誠累欲餉致之。逃漁舟以免。明太祖平吳。瓚已老。黃冠野服。混迹編氓以終。卒年七十四。有清閟閣集。

倫文敍 【明】南海人。字伯疇。長身玉立。頭顱二尺許。弘治中會試殿試皆第一。授修撰。進諭德。孝友好學。德器粹然。正德中卒。

倫以訓 【明】以諒弟。字彥式。舉正德進士第一。授編修。予告畢婚。官至南京國子監祭酒。迎母就養。母思歸。卽疏請奉母還粤。性儉約雅淡。家居未嘗干當道以私。博覽工文辭。尤熟於朝廷典章。

倫以詵 【明】以訓弟。字彥羣。第進士。授儀制司主事。考定典禮。表正文體。考最。轉南京兵部郎中。力請歸養。暮年力學不倦。卒年八十。

倫以諒 【明】文敍子。字彥周。正德間鄉試第一。成進士。官御史。歸養數年。仍起御史。疏舉尙書林俊諸耆英。輿論多之。累官通政使參議。復謝病歸。

倭仁 【清】蒙古正紅旗人。姓烏齊格里氏。字艮齋。道光進士。累官文華殿大學士。精研義理之學。好宋儒之說。凡身體力行者。推爲首選。曾國藩官京師。極相友善。嘗以見過自訟言動無妄稱之。卒諡文端。

倭星額 【清】漢軍正黃旗人。字厚畬。姓蔣氏。乾隆間由三等侍衛遷雲南沅江營參將。嘉慶間從攻白蓮教匪。累戰有功。官至涼州鎭總兵。

党仲昇 【宋】漢川人。金人圍安陸。游騎至漢川。仲昇逆戰。斬其先鋒。焚其戰艦。復刼金寨。殺千餘人。中流矢死。

党成 【清】絳州人。字憲公。號冰壑。自幼事濂洛之學。家甚貧。取與一介不苟。與人語。率本經術。魏象樞聞其名。致書講學。三返卒不答。象樞益高之。卒年七十有八。有日知錄·學庸濟言·學思二編。

党國柱 【明】扶風人。字伯才。崇禎貢士。任郃陽訓導。流賊陷長安。遂棄官歸隱。絕跡城市。

党湛 【清】同州人。字子澄。嘗言人生須做天地間第一等事。爲天地間第一等人。故號兩一。不事帖括。與李中孚以理學相質證。性至孝。父病顚。調養扶持。晝夜不離側。父喪。廬墓三年。卒年八十四。州守表其墓曰理學孝子。

党進 【宋】馬邑人。少淳謹。開寶中從征太原。有功。歷官至忠武軍節度使。進形貌魁岸。居常恂恂。每擐甲冑。毛髮皆豎。卒贈侍中。

党懷英 【金】馮翊人。字世傑。大定進士。能屬文。尤工篆籀。累除翰林待詔。章宗嘗謂宰臣曰。近日制詔。惟党懷英最善。承安中累遷翰林學士承旨。修遼史未成卒。諡文獻。

冥都 【漢】泰山人。受公羊春秋於潁川堂溪惠。爲丞相史。又與瑯琊筦路事顏安樂。故顏氏後有筦冥之學。

湅阿朮 【元】官欽州監郡。勤於政務。有德惠於民。時人稱之。

湅泰 【明】睢州人。正統間知利津縣。廉明仁恕。百姓懷之。

剛林 【清】世居蘇完。後隸滿洲正黃旗。姓瓜爾佳氏。天聰舉人。崇德間授國史院大學士。參議政事。順治間授三等男。坐阿附多爾袞被誅。

剛毅 【清】滿洲正白旗人。字子良。光緒間官至軍機大臣吏部尙書協辦大學士。黨於孝欽后。爲守舊諸臣之最。德宗厲行新政。剛毅必力阻。嘗以籌餉練兵。往江南廣東整理財政。所至搜括殆盡。拳匪事起。縱庇尤力。京津陷。兩宮出走。隨扈至聞喜病卒。和議成。追奪原官。

剡縣小兒 【南齊】建武中剡縣有小兒。年八歲。與母俱得赤斑病。母死。自投下牀。扶匐至母尸側。頓絕而死。

原一魁 【明】掖人。萬曆進士。知魏縣。以治行選授御史。累官昌平兵備副使。

原亢 【春秋】【魯】字子籍。孔子弟子。（按史記考證云。亢家語作抗。一作桃。）

原伯魯 【周】大夫。曹平公卒。及葬。往者見原伯魯。不說學。歸以告閔子馬。閔子馬曰。夫學殖也。不學將落。原氏其亡乎。後知其言。

原良 【清】江西樂安人。字鳴喜。篤志聖賢之學。致力於愼獨二字。年八十餘。猶孜孜好學。有聽潮居存藁·

步蘅草·桑稠彙紀·詩集。

原性 明蒲城人。字復初。成化舉人。任德安府同知。以廉稱。士論服其貞靜純厚。

原涉 漢茂陵人。字巨先。父死。讓還賻送。廬墓三年。由是顯名。舉爲谷口令。不言而治。涉季父爲茂陵秦氏所殺。自劾去官。欲報仇。谷口豪桀。爲殺秦氏。亡命歲餘。逢赦出。諸爲氣節者皆歸慕之。涉遂傾身與相待。專以振施貧窮。赴人之急爲務。守復土校尉。後免官。王莽末薦拜鎭戎大尹天水太守。涉外溫仁謙遜而內隱好殺。睚眦必報。殺申徒建主簿尹公。建乃斬涉。

原傑 明陽城人。字子英。正統進士。授御史。巡按江西。歷右副都御史。巡撫山東。皆以治行聞。改左副都御史。會荊襄多流民。命傑出撫。奏選良吏爲府州縣安集之。流民得所。再遷南京兵部尙書。卒諡襄敏。

原富 明長治人。父志學。年八十餘。家貧。日傭以養。父疾篤。思食肉。力不能致。乃割胸前一臠烹以進。父食之美。問所自。詭曰乞諸鄰。後疾愈且健。富刃傷亦平。事聞於有司。特表其閭。給以官廩。

原復 唐開元中爲冀州刺史。政令興舉。境內肅然。

原軫 春秋晉即先軫。見先軫條。

原詰 清太倉人。字放菴。有紅豆詞。

原道 明蒲城人。正德中由舉人知眉州。風裁峻整。操守甚堅。修造石城。不勞而事集。以憂去官。

原憲 春秋魯一曰宋人。字子思。亦稱原思。孔子弟子。性狷介。所居蓬樞甕牖。正冠則纓絕。振襟則肘見。納履則踵決。子貢過之曰。夫子病乎。憲曰。無財之謂貧。學道而不能行之謂病。若思貧也。非病也。子貢慚而去。孔子爲魯司寇。以憲爲家邑宰。

原鏞 明曲縣人。洪武中由舉人知觀城縣。興學勸農。表勵風俗。守官清謹。撫民有恩。出入惟乘一驢。擢知交州。卒官。

原壤 春秋魯孔子之故舊。其母死。孔子助之沐槨。原壤登木曰。久矣予之不託於音也。歌曰。貍首之斑然。執女手之卷然。夫子爲弗聞也者而過之。又嘗踞坐以待孔子。孔子責之曰。幼而不遜弟。長而無述焉。老而不死。是爲賊。以杖叩其脛。

員半千 唐全節人。本名餘慶。字榮期。幼通書史。舉童子科。長事王義方。王曰。五百歲一賢者生。子宜當之。因名半千。咸亨中爲武陟尉。武后時守豪蘄二州刺史。所至禮化大行。睿宗初累官弘文館學士。封平原郡公。半千歷事五君。有清白節。老年樂山水自放。及卒。吏民哭於野。

員宗義 明咸陽人。慷慨有志節。事繼母以孝聞。正統間大飢。出貲賑活幾萬人。

員紀 明綿州人。宣德中任涇陽教諭。勤於數教。篤於自守。歷禮部郎中。

員俶 唐半千孫。開元間詔能言佛道孔子者。答問禁中。俶九歲升座。詞辨注射。帝異之。曰半千孫固應然。

員鼐 明咸陽人。性豁達。以孝友著。成化舉人。任青州府通判。尋守霍州。按宦官罪惡改調。宦官誅。被命禮徵。固辭不起。

員興宗 宋仁壽人。字顯道。號九華。薦除教授。召試。擢著作郎。國史編修實錄院檢討。乾道中疏劾貴倖。中讒去職。僑居潤州以終。有采石戰勝錄·辯言·九華集。

員議 明鳳翔人。洪武中任舒城知縣。有善政。

哥舒翰 唐少讀春秋。知大義。王忠嗣署爲衙將。每出。持半段槍。所向披靡。破吐蕃。以功封西平郡王。爲左僕射平章事。後以廢疾歸京師。安祿山反。出戰不利。降賊被殺。

哥舒曜 唐翰子。字子明。爲東都汝州行營節度使。討李希烈。德宗謂曰。爾父開元中朝廷無西憂。今得卿亦不東慮。遷河南尹。終右驍衛上將軍。

唆都 元札剌兒人。驍勇善戰。入宿衛。從征花馬國有功。累官右丞。行省占城。後戰死。諡襄愍。

唐一麟 清宜興人。由貢生官江寧府訓導。有周易曉義。

唐士恥 宋仲友猶子。嘗任丞倅問刑之官。有靈巖集。

唐大章 明仙遊人。字士一。天啓貢生。著有書系。

唐大陶 清夔州人。字鑄采。官長子知縣。著有衡書。

唐子清 明沛縣主簿。有善政。民愛之。燕兵至。與知縣顏伯瑋同死節。

唐才常 清瀏陽人。號佛塵。光緒戊戌政變後。才常聯合同志。糾集江湖會黨。設自立會。散放富有票。黨徒徧安徽湖廣等省。後謀於漢口起自立軍。事洩被戮。

唐中宗 唐高宗第七子。名顯。既嗣位。太后廢之爲廬陵王。遷於房州。又遷於均州。長安末張柬之舉兵討亂。帝始復位。並復唐國號。後惑於后韋氏。后淫亂。弒帝於神龍殿。廟號中宗。前後在位七年。紀元三。嗣聖·神龍·景龍。

唐之淳 明肅子。字愚士。建文初拜翰林侍讀。與方孝孺俱領修書事。未幾卒。有萍居稿·文斷·唐愚士詩。

唐之鳳 清烏程人。字武曾。有

天香閣詩集。

唐介 〔宋〕江陵人。字子方。父拱卒漳州。州人合錢以賻。介年尚幼。謝不取。擢第。歷遷殿中侍御史。劾張堯佐。並及宰相文彥博・諫官吳奎。貶荊州別駕。直聲動天下。熙寧初拜參知政事。數與王安石爭論。安石強辨。而帝主其說。介不勝憤。疽發背卒。諡質肅。

唐仁祖 〔元〕畏兀人。字壽卿。少通諸方語言。中統初詔習國書。累官工部尚書。時丞相桑哥威燄方熾。仁祖論議屢忤之。官終資善大夫。卒諡文貞。

唐仁廉 〔清〕字沅圃。咸同間由武童從軍。隨彭玉麟・鮑超・楊岳斌與粵捻戰。迭有功。仕至廣東陸路提督。中日之戰。守遼陽。力阻日軍。尋卒。

唐元 〔元〕歙人。字長孺。泰定間為南軒山長。尋以徽州路學教授致仕。為文紆餘典雅。有汴宋前輩風。詩則含蓄雋永。不作近代人語。有易傳義大意・見聞錄・筠軒集。◎〔明〕蘇州人。字本初。讀書博雅。有船號一葦杭。圖書古玩。雜列左右。浮游江湖。日哦詩其中。自號葦杭子。每過顧阿瑛溪上。必繫舟柳下。終日譚笑。

唐元度 〔唐〕開成中官翰林待詔。有九經字樣。

唐元竑 〔明〕烏程人。字遠生。萬曆舉人。明亡不食死。論者以首陽餓夫比之。有杜詩攟。

唐元章 〔宋〕閬谿人。字子煥。為文思院官。與兄子亘嗣守閬谿。與元兵戰於黃盆灘破之。遂進兵扼守嚴州。相持二年。糧援不繼。俱力戰死。

唐元嘉 〔元〕元章玄孫。字德顯。第進士。累陞浙江省掾。至正末從答剌罕節制金陵。兵敗被執。不屈死。

唐允功 〔宋〕高安人。字汝賢。經史百家。無不通貫。時號書廚。有餡經倦錄。

唐公房 〔漢〕城固人。王莽居攝二年。為郡吏。遇眞人授以藥。拔宅仙去。或云李八百居寒泉山。公房師事之。（按公房。後漢郡國志作公防。歐陽修集古錄作公昉。洪适隸釋云。隸法。房字戶在側。故人多不曉。或作防或作昉。皆誤。）

唐友畊 〔清〕大關人。字澤波。少為負販。後從李永和叛。號順天王。駱秉章招降之。授游擊。以擒石達開功。歷官四川雲南提督。所至盜賊遠徙。軍民安和。為西南亘將冠。

唐太宗 〔唐〕高祖次子。名世民。隋末天下大亂。勸高祖舉兵。征服四方。成統一之業。封秦王。建成元吉死。立為太子。及即位。銳意圖治。賢相有房玄齡・杜如晦。諫臣有魏徵・王珪。名將有李勣・李靖。去奢輕賦。寬刑整武。海內昇平。威及域外。在位二十三年崩。廟號太宗。年號貞觀。

唐天恩 〔明〕常熟人。字堯仁。舉鄉貢。知葉縣。劇賊劉六・劉七擁衆壓境。天恩奮戰。生擒百餘人戮之。後城陷。死節。

唐心柏 〔清〕上海人。字修己。號新甫。好善孝友。所營慈善事業甚多。咸豐間洪楊軍犯蘇浙。避難至者數萬人。捐米給食。全活甚衆。

唐文宗 〔唐〕穆宗第二子。名昂。帝深知兩朝之弊。及即位。勵精求治。出宮女三千餘人。放五坊鷹犬。省冗食千二百餘員。太和初政號清明。其後宦官撓權。帝仁而少斷。制之不得其術。遂成甘露之變。在位十四年崩。廟號文宗。紀元二。太和・開成。

唐文若 〔宋〕庚子。字立夫。高宗時為祕書郎。自秦檜主和。朝論諱言兵。獻文思箴以風。遷起居郎。又請收用西北人材。以固根本。金兵入邊。首建大臣節制江上之議。累遷敷文閣待制。

唐文淑 〔清〕畢節人。由行伍出師臺灣・安南。拔千總。嘉慶間從勦教匪有功。又平峨眉・馬邊夷亂。滅陝西漢江叛匪。道光間官至貴州提督。

唐文鳳 〔明〕桂芳子。字子儀。號夢鶴。以文學擅名。永樂中薦授興國知縣。改趙王府紀善。有梧岡集。

唐文獻 〔明〕松江華亭人。字元徵。萬曆進士第一。拜禮部右侍郎。掌翰林院事。初。文獻出趙用賢門。以名節相矜許。在官不負所言。卒諡文恪。有占星堂集。

唐世杜 〔明〕巴陵人。字擎元。萬曆舉人。少孤。事母至孝。知濟寧州。增先賢仲氏祭田。振興名教。官終戶部員外郎。

唐世鳴 〔明〕袁應泰之僕。天啓末應泰守遼陽死節。世鳴悉屍大慟。縱火自焚死。

唐代宗 〔唐〕肅宗長子。名豫。初名俶。封廣平王。與郭子儀收復兩京。在東宮時。李輔國專權。心甚不平。及即位。以殺張后功。不欲顯誅之。遣盜入其室。竊輔國首及一臂而去。以國用急不及秋。方苗青則征之。號青苗錢。時藩鎭跋扈。帝寬仁不能制。在位十七年崩。廟號代宗。紀元三。廣德・永泰・大曆。

唐令則 〔北周〕瑾子。性好篇章。解音律。文多輕豔。大象中官至樂部下大夫。入隋為太子左庶子。太子勇廢。被誅。

唐充之 〔宋〕大名人。字廣仁。博學善議論。有幹局。監蘇州稅務。忤當事坐罷。

唐永 〔北周〕平壽人。少有將帥才。讀班超傳。慨然有萬里之志。正光中爲北地太守。永善馭下。人競爲之用。在北地四年。與賊數十戰。未嘗敗北。累加衞將軍。封平壽伯。卒諡忠武。

唐玄宗　[唐]睿宗第三子。名隆基。封臨淄王。英武有才略。値韋氏之亂。密謀匡復。起兵誅韋氏。奉父睿宗卽位。旋受禪。以姚崇・宋璟爲相。開元之治。比於貞觀。天寶後寵貴妃楊氏。用李林甫・楊國忠。致安祿山之亂。避難奔蜀。太子卽位靈武。尊帝爲上皇天帝。在位四十四年。廟號玄宗。紀元三。先天・開元・天寶。

唐・玄達　[後魏]和兄子。父契爲伊吾王。玄達性果毅有父風。歸魏後爲上客。終華州刺史。

唐・仲友　[宋]金華人。字與政。紹興進士。中弘辭科。通判建康府。上萬言書論時政。後擢江西提刑。爲朱憙所劾罷。益肆力於經制之學。有六經解・諸史精義・皇極經世圖譜。

唐・仲冕　[淸]善化人。字六枳。號陶山。乾隆進士。知荆溪縣。累官陝西布政使。權巡撫。所至有惠政。尤喜修治古蹟。接禮賢畯。以疾歸。僑居金陵。卒年七十有五。性孝友。自以其母沒父任所。貧不能歸葬。葬肥城之陶山。因以自號。嘗結廬墓側。孜孜著述。有岱覽・陶山文集。

唐・休璟　[唐]始平人。名璿。以字行。舉明經高第。高宗時授靈州都督。陳方略。請復四鎭。聖曆中都督涼州。大破吐蕃。累拜太子少師。休璟以儒者號知兵。自碣石踰四鎭。其間緜地幾萬里。山川夷坦障塞之要。皆能言之。故行師料敵未嘗敗。卒諡忠。

唐・光祖　[明]金華人。字仲暹。授徒講學。以師道自任。有委順夫集。

唐・次　[唐]儉裔孫。字文編。建中進士。歷侍御史。竇參數薦之。參貶。出爲開州刺史。十年不遷。韋皐鎭蜀。表爲副使。德宗諭罷之。次自以久抑不得申。因爲辨謗略三篇上之。帝益怒。改夔州刺史。憲宗立。召還。累官知制誥・中書舍人。

唐・汝詢　[淸]汝諤弟。字仲言。生五歲而瞽。未瞽卽能識字。及瞽。但默坐聽諸兄占畢而默識之。積久遂淹貫。尤工於詩。著唐詩解。錢謙益稱其時有新義。又有編蓬集・姑蔑集。

唐・汝楫　[明]龍子。字思濟。號小漁。嘉靖中。以附嚴嵩得登進士第一。官至左春坊左諭德。後坐嵩黨奪官。有小漁遺稿。

唐・汝諤　[明]松江華亭人。字士雅。天啓中以貢生官常熟縣教諭。有詩經微言合參・古詩解。

唐・舟　[明]瓊山人。字汝濟。永樂進士。知新建縣。治尙簡易。仁宗時爲監察御史。疏論內侍。風節凜然。胸次坦夷。與人無纖毫畛域。歙歷中外三十餘年。家無儋石儲。

唐・作求　[宋]無錫人。字叔孝。崇寧進士。徽宗召對稱旨。除御筆所禮制局檢討官。出守徽州。學術該敏。以儒雅名家。

唐・伯元　[明]澄海人。字仁卿。萬曆進士。歷南京戶部郎中。受業呂懷。踐履篤實。而深疾王守仁新說。後爲吏部郞。佐尙書孫丕揚澄淸吏治。乞罷去。淸苦淡泊。爲嶺海士大夫儀表。有二程年譜。

唐・伯虎　[宋]丹稜人。字長孺。初名瞻。治易春秋皆有家法。元符初以弟庚貢舉事繫獄逾年。掠治無完膚。其詞一不及庚。獄久不具。會赦得免。

唐・宏　[晉]泉陵人。永嘉初舉孝廉。累遷至尙書大司徒。薦擧賢能。朝野多之。

唐・希介　[明]陽曲人。字景賢。成化進士。以工科給事中稽省眞定等四鎭儲備。盡得宿弊以聞。權倖見嫉。謫四川石砫宣撫司經歷。累遷陝西按察副使。皆有善政。爲中官所搆罷歸。

唐・希雅　[南唐]嘉興人。初學後主金錯刀書法。雖若甚瘦。而風神有餘。晚乃工畫。善寫竹樹。與徐熙同稱江南絕筆。

唐・希順　[淸]武威人。康熙間從征川滇。又征噶爾丹。積戰功由行伍累官四川提督。

唐・廷瑞　[宋]歙人。字君祥。擧進士。性孝友。博洽多聞。有容齋雜著。

唐志尹　[明]志契弟。字聘三。善畫花鳥。時與志契並稱二唐。

唐・志契　[明]江都人。字敷五。又字元生。諸生。工畫。尤以山水擅名。有繪事微言。

唐・扶　[唐]次子。字雲翔。文宗時歷福州按察使。濫殺人。風績不立。會卒。奴婢爭財。有司按其貲。至十餘萬。時議嗤薄之。

唐・材　[淸]嘉定人。字志霄。號半壑。幼孤貧。刻苦學問。習鐵書。博考篆隸。及秦漢唐宋以來諸印譜。析其源流。窮其正變。有游藝贅筆。

唐・求　[唐]放曠疎逸。好吟詩。有得輒書大瓢中。後臥病。投瓢於江。曰。得之者方知吾苦心耳。瓢至新渠江。有識之者曰。此唐山人詩瓢也。檢得十纔二三。

唐・邦佐　[明]蘭谿人。字維頁。隆慶進士。官至光州知州。有重輯金華學正錄。

唐・邦杰　[淸]宣城人。順治中以總兵官駐防仙遊。尋移鎭寶慶。調河州。西山巨寇以次平定。躬歷積石・桴罕二十四關。修邊城八百五十丈。墩堡俱備。諸番畏威賓服。

唐・侃　[明]丹徒人。字廷直。正德舉人。知永豐縣。進知武定州。政績甚著。官終刑部主事。侃少有志節。其父坐繫。請代不得。藉草寢地。逾歲父獲宥乃止。

唐叔虞 【周】武王子。名虞。周公滅唐。成王戲削桐葉以封叔虞。史佚請擇日立叔虞。成王曰。吾與之戲耳。史佚曰。天子無戲言。遂封叔虞於唐。

唐・和 【後魏】宜安人。字稚起。晉末涼土喪亂。與兄契避難伊吾。招集民衆。臣於蠕蠕。後降魏。正平初拜濟州刺史。甚有稱績。徵爲內都大官。評決獄訟。不加箠楚。察疑獲實者甚多。卒贈酒泉王。諡宣。

唐・固 【三國吳】丹陽人。字子正。修身積學。稱爲儒者。著國語・公羊・穀梁傳注。講授常數十人。拜議郎。自陸遜・張溫・駱統等皆拜之。終尚書僕射。

唐・坰 【唐】詢子。熙寧初上書言青苗法不行。宜斬大臣異議如韓琦者數人。王安石喜。薦爲崇文校書。將用爲諫官。尋疑其輕脫。將背己立名。以本官同知諫院。坰果怒。凡上二十疏皆留中。扣陛請對。至詆安石爲李林甫・盧杞。貶潮州別駕。後徙監吉州酒稅。卒官。

唐・奉先 【明】京山人。洪武進士。爲監察御史。父坐事繫獄。奉先上書願代父刑。帝爲貸其父。遷奉先爲前軍都督府經歷。

唐岱 【清】滿洲人。字毓東。號靜巖。一號默莊。康熙時官參領。工畫山水。出王原祁門。嘗召入內廷論畫法。御賜畫狀元。

唐・庚 【宋】伯虎弟。字子西。第進士。爲宗子博士。終承議郎。爲文精密。諳達世務。有文集。

唐・忠祚 【宋】宿從弟。善畫禽鳥花竹。能曲盡物性。

唐明宗 【後唐】代北應州胡人。無姓氏。名邈佶烈。太祖養以爲子。賜名嗣源。莊宗被弑。帝嗣立。爲人純質。寬仁愛人。嘗夜焚香祝天。願早生聖人。卽位後減罷宮人伶官。廢內藏庫。百姓賴以休息。然屢以非辜誅殺臣下。及病。秦王從榮作亂。伏誅。帝飲恨而終。廟號明宗。在位八年。紀元二。天成・長興。

唐・昌 【漢】平陽人。王莽立太子。置六經祭酒。昌爲講書。

唐・林 【漢】沛人。字子高。以明經飭行顯名。仕王莽。封侯。數上疏諫正。有忠直節。

唐武宗 【唐】穆宗第五子。名炎。初名瀍。封潁王。文宗疾大漸。仇士良矯詔廢太子。立帝爲皇太弟。卽位後。籍士良家。在位六年崩。廟號武宗。年號會昌。

唐・治 【明】黃岡人。鄰居火。父柩在堂。不及舁出。治伏柩上。爲火所逼死。而室獨存。柩無恙。

唐・玨 【宋】山陰人。字玉潛。少孤貧力學。聚徒教授。宋亡。元僧楊璉眞伽盡發趙氏諸陵之在紹興者。玨潛拾遺骸。造石函六。葬蘭亭山。移宋故宮冬青樹植其上。作冬青行二首。謝翱感其事。爲作冬青樹引。

唐・秉 【漢】字宣明。號東園公。商山四皓之一。

唐・羌 【後漢】汝南人。字伯游。和帝時辟公府。補臨武長。棄官還家。不應徵召。著唐子三十餘篇。

唐・長賓 【漢】東平人。從王式受詩。爲博士。官至楚太傅。

唐・俊 【清】袞子。字石耕。工畫山水花竹。以清妍見稱。

唐・俊義 【宋】興安人。博通經史。紹興進士。廷對以直言被黜。尋復官。自柳州司理歷知廉州。以廉靜聞。

唐・則 【宋】興安人。字世範。少以學行稱。舉進士。歷官至侍郎。歸築室授徒。以身率後進。極寒盛暑不少倦。經史訓詁。自成一家之言。

唐・咨 【三國魏】利城人。黃初中利城反。推咨爲主。文帝遣諸軍討破之。遂亡至吳。官至安遠將軍。後助諸葛誕拒魏。兵敗降魏。

唐哀帝 【唐】昭宗第九子。名祝。朱全忠弑昭宗。矯詔立爲皇太子。在位四年。年號天祐。全忠篡位。奉帝爲濟陰王。明年被弑。諡哀。後唐明宗追諡昭宣。唐亡。

唐・垓 【五代】工畫。野禽水族生菜鳥蟲草木。咸稱精妙。

唐姬 【後漢】弘農王姬。王卒。父欲嫁之。不從。後爲李傕所掠。欲納之。姬不屈。賈詡聞之。拜爲弘農王妃。

唐宣宗 【唐】憲宗第十三子。名忱。封光王。武宗疾大漸。宦官定策禁中。立爲皇太叔。卽帝位。唐自肅代以後。河西隴右盡沒吐蕃。至是。吐蕃三州七關來降。遂克復河湟。帝精於聽斷。惟以察爲明。無仁恩之意。在位十三年崩。廟號宣宗。年號大中。

唐・建中 【清】天門人。字赤子。一字作人。康熙進士。官庶吉士。以高尚自負。好讀書。喜山水。歷遊浙東名勝殆徧。有周易毛詩義疏・國語國策糾正諸書。

唐・彥謙 【唐】次孫。字茂業。號鹿門先生。多通技藝。尤工爲詩。負才無所屈。乾符末王重榮辟爲河中從事。終閬璧二州刺史。

唐・恪 【宋】錢塘人。字欽叟。以蔭登第。累官戶部侍郎。徽宗時京師暴水。至汴且溢。付恪治之。浹旬水平。靖康初金兵入汴。爲中書侍郎。金要割三鎭。恪從之。而止諸道勤王兵勿前。及金兵薄城。始悔之。遂罷相。

金人陷汴京。逼百官推戴張邦昌。格既畫名。仰藥死。

唐·持 唐扶弟。字德守。第進士。太和中爲渭南尉。試京兆府進士。時尹杜悰欲託以親故。持輒趨降階伏。悰語塞。乃止。官終昭義朔方節度使。

唐括·安禮 金本名斡魯古。字子敬。好學通經史。工詞章。爲大興尹。察廉第一等。累拜平章政事·右丞相。封申國公。爲政知大體。

唐括·貢 金上京率河人。本名達哥。尚吳國公主。累遷禮部尚書。會大理卿闕。左丞張汝弼舉西京副留守楊子益法律詳明。世宗曰。大理須用天下公正人。遂以貢爲之。章宗時官至樞密使。封蕭國公致仕。

唐括·辯 金本名斡骨剌。尚代國公主。與右丞相秉德合謀弒熙宗。立海陵。封王。賜鐵券。海陵知其忮忍。畏忌之。嘗與辯觀太祖畫像。海陵指示辯曰。此眼似爾。辯色動。海陵亦色動。由是益忌辯。及與蕭裕謀致宗本罪。裕搆辯嘗與宗本謀反。殺之。

唐昭宗 唐懿宗第七子。名敏。改名曄。初封壽王。僖宗疾大漸。立爲皇太弟。遂卽位。李茂貞犯闕。帝奔華州。李克用遣兵入援。下詔罪己。復茂貞官爵。還長安。天復中韓全晦劫帝如鳳翔。全晦誅。復還長安。大誅宦官。後遷都洛陽。爲朱全忠所弒。廟號昭宗。在位十六年。紀元七。龍紀·大順·景福·乾寧·光化·天復·天祐。

唐·狡 春秋楚莊王時大夫。楚圍鄭。晉師救之。唐狡乞師於唐侯。遂敗晉師於邲。

唐·珍 漢桂陽人。字惠伯。幼時聞人讀書。卽能記誦。稱神童。及長。性恬淡寡欲。累官太常司空。

唐·禹昭 清武進人。號半園。一作名宇昭。字雲客。明崇禎舉人。爲孫愼行門人。與弟宇量偕隱。人稱唐氏二難。工詩善畫。與惲南田稱石交。有半園詩。

唐·冑 明瓊山人。字平侯。弘治進士。嘉靖間累官左侍郎。世宗欲討安南。冑極言用兵非計。其後卒撫定之。郭勛怙寵。爲其祖英請配享太廟。冑疏爭不聽。世宗欲以獻皇祀明堂。配上帝。冑又力言不可。坐削籍歸。

唐·苟 春秋鄭大夫。晉伐鄭。楚救之。遇於鄢陵。石首御鄭成公。苟爲戎右。及戰敗績。苟謂石首曰。子在君側。敗者益大。我不如子。子以君免。我請止。乃戰而死。

唐·英 清瀋陽人。隸漢軍正白旗。字俊公。一字叔子。晚號蝸寄老人。授內務府員外郎兼佐領。歷官淮關·九江關·粵海關監督。工書畫。顧震滄爲選錄詩文。自標目曰陶人心語。以督陶政於浮梁最久也。

唐·重 宋彭山人。字聖任。大觀進士。累官京兆府兼經略制置使。初。金人入汴。重請斬童貫以謝金人。又請斬蔡京父子以謝天下。及二帝北去。高宗卽位。重請車駕幸關中。章七八上。俱不報。及金兵圍城。城中兵不滿千。重度不可支。以書別父。城陷。血戰死。謚恭愍。

唐·員 清秀水人。字益之。號逸子。貢生。有逸子詩集。

唐·孫華 清太倉人。字實君。別號東江。康熙進士。選朝邑知縣。召試詩賦。遷禮部主事。調吏部。以詿誤歸。博聞強記。詩古文引筆千言。年九十卒。有東江詩鈔。

唐·容 宋零陵人。博學強記。與唐麟·樂韶共學。俱有大志。人號城南三傑。舉進士。宰豐城。政績稱最。尋知邕州。交趾入寇。容討平之。後隱於建昌麻姑山。自號雲壑老人。

唐·庭楷 清浙江山陰人。善製琴。自號琴巖居士。畫敗荷蘆雁尤工。並工韻語。喜飲。每舉杯長吟。詩成輒醉。後遊齊魯燕趙。既歸。憤鬱而卒。

唐·恕 宋介孫。崇寧初爲華陽令。以不能奉行茶法忤使者。免歸。其弟意爲南陵令。亦以病自免。兄弟杜門躬耕。靖康初起爲監察御史。意亦以吳敏薦召對。貧不能行。竟餓死江陵山中。

唐·時升 明嘉定人。字叔達。從歸有光游。專意古學。後入都。值塞上用兵。逆斷其情形虛實·將帥勝負。無一爽者。家貧好施予。灌園藝蔬。蕭然自得。工爲詩。文得有光之傳。與里人婁堅·程家燧並稱練川三老。

唐·時明 明固始人。字爾極。性孝友。博極羣籍。萬曆中鄉舉第一。累官鳳翔知府。崇禎中死節。

唐·桂芳 明元子。字仲實。除崇安縣教諭·南雄學正。皆不就。太祖召見。首問平天下要道。以不嗜殺人對。有武夷小稿·白雲集略。學者稱白雲先生。

唐·泰 明侯官人。字亨仲。洪武進士。永樂中累遷陝西按察副使。泰善聲詩。與林鴻輩號閩南十才子。有善鳴集。◎清普寗人。字大來。明季諸生。明亡。削髮爲僧。名普荷。一作通荷。號擔當。工詩善畫。有橛庵草·修園集。

唐·珣 明松江華亭人。字廷貴。天順進士。知合州。累遷順天府尹。善治劇。豪強戢服。再擢右副都御史。總督兩廣軍務。討平江盜。卒於鎮。廣人思之不衰。

唐·素 清無錫女子。自題二泉女史。家貧無兄弟。不嫁。摹諸粉本折枝花卉。售其藝以養父母。

唐·袞 〔清〕常熟人。字山補。號蘋鄉。工山水。善蘭竹。尤妙於詩。

唐·訓方 〔清〕常寧人。道光舉人。咸豐間從曾國藩領水師。嗣改入陸軍。轉戰湖北江西安徽各省。官至安徽巡撫。拒粵軍於廬州。破捻於靈璧。與僧格林沁共平叛苗。頗有功。坐事降官。後官直隸布政使。

唐·邕 〔北齊〕晉陽人。字道和。累官中書監尚書令。封晉昌王。在齊一代。專典兵機。性識明敏。後降周。遷鳳州刺史。

唐高宗 〔唐〕太宗第九子。名治。字爲善。始封晉王。後立爲太子。卽位後。廢王皇后。立太宗才人武氏爲皇后。遂以禍國。乾封初命李勣伐高麗。平之。在位三十四年崩。廟號高宗。紀元十四。永徽·顯慶·龍朔·麟德·乾封·總章·咸亨·上元·儀鳳·調露·永隆·開耀·永淳·弘道。

唐高祖 〔唐〕姓李氏。名淵。字叔德。隴西成紀人。西涼太祖暠七世孫。襲封唐公。仕隋爲太原留守。代隋稱帝。國號唐。都長安。平羣雄而一天下。在位九年。傳位太子世民。自稱太上皇。貞觀九年崩。廟號高祖。年號武德。

唐·勒 〔戰國楚〕大夫。好辭而以賦見稱。與宋玉·景差皆祖屈原之從容辭令。終莫敢直諫。

唐·執玉 〔清〕武進人。字益功。一字薊門。康熙進士。雍正間官至直隸總督。性嚴正持大體。不詭隨。在都察院。糾察不避權貴。在刑部。不輕入人罪。在大理。平反爲多。

唐·宿 〔宋〕希雅孫。得世傳之妙。善畫翎毛花竹。

唐·寅 〔明〕吳縣人。字伯虎。一字子畏。號六如。弘治中鄉試第一。寧王宸濠以厚幣聘之。寅察其有異志。佯狂使酒。宸濠不能堪。放還。築室桃花塢。日與客般飲其中。畫入神品。詩文初尚才情。晚年頹然自放。謂後人知我不在此。論者傷之。年五十四卒。有畫譜及集。

唐·崇勳 〔清〕衡山人。字志齋。康熙舉人。官戶部員外郎。有山居詩集·獄隆堂集。

唐·彬 〔晉〕鄒人。字儒宗。少強力絕人。晚乃敦悅經史。尤明易。泰始初監巴東諸軍事。上征吳策。後與王濬共伐吳。應機制勝。多所擒獲。吳平。爲右將軍。封上庸縣侯。鮮卑侵掠北平。以彬監幽州諸軍事。於是鮮卑並遣侍子入貢。邊境獲安。終雍州刺史。卒諡襄。⊙〔明〕浙江山陰人。字賀夫。景泰進士。拜監察御史。抗章論石亨罪。謫官。歷貴州布政使。後巡按福建陝西。風裁嚴整。坐事再謫。官終貴州布政使。

唐·敏 〔明〕山東人。字學志。號寒碧居士。善屬文。博極羣書。領鄉薦。歷任浮梁·寧津·棲霞·汶上四教諭。有博古要覽·歸田稿。

唐·敏求 〔宋〕當塗人。字好古。宣和進士。調德化主簿。盜起。敏求率衆捍賊。度力不支。諭以禍福。賊憤詆觸。譟而前。遂遇害。

唐·淑問 〔宋〕介子。字士憲。第進士。官御史裏行。初詔侍臣講讀。淑問言王者之學。不必分章句。飾文辭。當延登正人。博訪世務。以求合先王。河北饑。流人就食京師。淑問條三策上之。滕甫爲中丞。淑問力數其短。帝以爲邀名。出判復州。久之提點湖北刑獄。言新法不便。黜知信陽軍。病免。哲宗立。召爲左司諫。以病致仕卒。

唐·烱 〔清〕貴州人。光緒間四川道員。官至雲南巡撫。開辦滇省銅鑛。越南之役。以山西北甯失守。坐奪職。尋以巡撫銜督辦雲南銅鑛。以每年得銅不滿十萬斤。被議革巡撫銜。留辦鑛務。後因疾辭職。詔給原銜。

唐·紹 〔唐〕臨孫。歷度支員外郎。睿宗卽位。數言政損益。遷給事中。兼太常少卿。玄宗講武驪山。紹以典儀坐失軍容誅死。

唐·紹成 〔清〕武岡人。字九韶。雍正諸生。專力於易。通性理皇極諸書。年四十。作傳授心法錄。督學吳嗣富爲之序。以薛瑄讀書錄王守仁傳習錄比之。晚年目盲。又著心法錄解。自號補過子。學者稱補過先生。

唐·紹祖 〔清〕江都人。字次衣。號改堂。康熙進士。知湖州府。入爲刑部員外。告歸卒。有改堂文鈔。

唐·紹堯 〔明〕武陵人。字二華。天啟進士。知高陽縣。其地建魏忠賢生祠。日奏樂上食。紹堯下車禁之。中官姪冉世魁與叔爭產相屠。紹堯因籍其貲充餉。忠賢積恨。逮獄幾斃。後起武選郎中。終戶部侍郎。

唐·翊 〔宋〕山陰人。字浙師。元祐間以經術中第。知鹽壽。時歲大旱。翊開河渠。溉田數千頃。常平吏盜倉粟。翊發其姦。例得遷秩。嘆曰。置人於重辟。而己受賞可乎。乃改從自首律。後歷典州郡。皆有聲績。

唐莊宗 〔後唐〕李克用子。名存勗。小名亞子。克用將死。授以三矢曰。必報梁燕契丹之仇。既嗣位。北卻契丹。東滅燕。又滅梁。還矢太廟。後驕恣荒於政治。伶人郭從謙謀反。中流矢死。廟號莊宗。在位四年。年號同光。

唐·訪 〔清〕武陵人。籍桂林。字周之。號淡庵。明崇禎舉人。明亡祝髮。築食苦庵以終。自號食苦和尚。有寂堂集。

唐·通 清涇陽人。明崇禎間官至密雲總兵。封定西伯。李自成陷京師。通降之。守山海關。爲多爾袞所敗。隨自成西遁。至府谷。順治初迎降。封定西侯。鎭守保德州。回京改封一等子。以年老致仕。

唐·傑 宋東安人。生兩歲。卽知孝經。祖母蔣病目失明。傑以舌舐之。目輒有見。劇賊孔彥舟犯邑。傑號泣負蔣冒賊以出。賊義而捨之。父亡廬墓。紹興間郡守以聞。詔付史館。

唐·勝宗 明濠人。事太祖累戰有功。封延安侯。子世券鎭遼東七年。威信大著。坐胡惟庸黨誅。

唐堯 陶唐氏帝嚳子。姓伊耆。亦作伊祁。初封於陶。又封於唐。故有天下之號曰陶唐氏。史臣稱爲放勳。因以爲號。在位百年。耄期倦勤。子丹朱不肖。傳位於舜。

唐·尊 漢沛人。字伯高。受尚書於張無故。以明經飭行顯名。仕王莽封侯。衣敝履空。以瓦器飲食。又以歷遺公卿。被虛僞名。

唐·惲宸 清武進人。字靖元。諸生。性豪邁。爲詩有奇氣。幼讀三國志。憤陳壽帝魏僞蜀。有意訂正。卒成季漢史一書。時謂其義例本春秋。文筆類史遷云。

唐·景 清奉賢人。居松江。字靜安。號荇溪。一號匏叟。乾隆舉人。官贅州通判。善畫山水。

唐·景思 後周秦州人。幼善角觝。以屠狗爲生。去爲軍卒。累遷指揮使。後從郭榮戰高平·戍淮上有功。領饒州刺史。攻濠州。傷重卒。

唐·景皐 清臨武人。字鶴九。道光舉人。官至太平知府。能勤其職。曾國藩稱爲良吏。

唐·景崧 清臨桂人。字薇卿。光緒間越南之役。景崧以主事守諒山。與劉永福爲犄角。敗法軍於宣光。官至臺灣布政使。署巡撫。中日戰後。割臺灣於日。台灣紳民推景崧爲總統。宣告自立。日軍由基隆進。所部兵叛。微服遁歸。

唐·朝 元桂林興安人。字用大。至正貢士。授辰溪教諭。時鹽鈔法壞。條救弊策。上於大府。不用。歸而授徒。行省平章聞其賢。擢領桂林路學教諭。桂林破。因泣下歔欷。自號五無齋。述五無詩以見志。

唐·棣 宋宜興人。字彥思。嘗從程頤學。纂次伊川語錄百餘節。⊙元吳興人。字子華。由茂才知吳江縣。一作休寧縣尹。山水學郭熙·趙孟頫。得華潤森鬱之趣。

唐·湊 唐善釋氏畫。

唐·琦 宋開封人。本衞士。建炎間高宗航海。琦病留越州。李鄴以郡降。金人琶八守之。琦候道旁。懷巨石奮擊之。不中被害。

唐·貴 明武進人。字用恩。家貧。事親甚至。舉弘治進士。授戶科給事中。奉敕稽覈兩廣倉庾。諸逋悉清。民亦稱便。尋乞歸。

唐·都 漢方士。元封間改正朔。造太初曆。詔求民間治曆者二十人。都與爲。

唐·開 宋江華人。建炎進士。通判廉州。有治績。叔父貫嘗被誣。死於獄。開詣京師訟冤。鄉人高其義。

唐·雲 明爲燕護衞指揮。從成祖久。甚見倚任。成祖先後出師。皆留輔世子。南兵數攻城。拒守甚力。未嘗失利。封新昌伯。世襲指揮使。

唐·順之 明武進人。字應德。嘉靖中會試第一。倭寇躪江南北。以郎中視師浙江。躬泛海。屢破倭寇。擢右僉都御史。巡撫鳳陽。力疾渡焦山。至通州卒。順之於學無所不窺。爲古文汪洋紆折。當明之中葉。屹然爲一大宗。至晚年講學。文格又稍變。著有荊川集。學者稱荊川先生。崇禎中追諡襄文。

唐順宗 唐德宗長子。名誦。爲皇太子。寬仁喜學藝。禮重師傅。病風且瘖。卽位後。罷進奉宮市五坊小兒。放後宮及教坊女九百人。王叔文等用事。久疾不愈。在位八月。傳位太子。自號太上皇。明年崩。廟號順宗。年號永貞。

唐·愈賢 明沅陵人。字子充。嘉靖進士。從王守仁游。既歸。充然有得。修業桃溪山中。後爲廣東御史。抗疏言時政。乞養歸。

唐愍帝 後唐明宗第五子。名從厚。在位一年。潞王從珂廢帝爲鄂王。尋弒之於衞州。是爲愍帝。年號應順。

唐·愼微 宋華陽人。字審元。精醫學。求治者不論貴賤必往。每於經史中得一方一論。輒錄之。蒲傳正執政。擢官不受。有經史類證·備用本草。

唐敬宗 唐穆宗長子。名湛。卽位後。數遊宴失德。爲宦官劉克明等所弒。在位二年。廟號敬宗。年號寶曆。

唐·殿魁 清合肥人。咸豐間以鄉勇從軍。同治間洪秀全連陷江蘇各州縣。殿魁從李鴻章渡江進擊。轉戰有功。擢廣西右江鎭總兵。與捻匪戰於湖北尹漋河。沒於陣。諡忠壯。

唐·滂 三國吳著有唐子。見隋書經籍志。

唐·煜 元上海人。字仲明。至順間以賑災授浙西袁部場司丞。終徽杭等處榷茶副提擧。歷官以廉幹謹愼稱。

唐·瑞廷 清臨桂人。咸豐間從攻洪秀全。轉戰湖北安徽間。所向有功。同治間援四川。解夔州圍。時捻匪集全股於長江。瑞廷率舟師截擊。連克襄樊·雲夢·應城·天門。積功累遷鎮筸鎮總兵。

唐·睢 〔戰國魏〕年九十餘。時齊楚攻魏。魏求救於秦。秦救不至。睢西說秦王。秦王遽爲發兵救魏。魏復定。

唐·靖 〔清〕武康人。字聞宣。諸生。工詩。頗具風骨。有前溪集。

唐·綏祖 〔清〕江都人。字孺懷。號義村。康熙舉人。宰封邱。乾隆時官至陝西布政使。操守淸白。能文章。然爲政事所掩。出田文鏡之門而遇事不阿。坐事落職者四。然卒起用。以功名終。

唐·義問 〔宋〕介子。字士宣。善文辭。熙寧中以辟召爲司農管勾公事。從曾孝寬使河東。還奏事。記利害綱目於笏。帝取視。歷擧以問。應析如流。擢湖南轉運判官。免歸。元祐中帥荆南。請廢渠陽諸砦。蠻楊晟秀斷之以叛。卽拜湖北轉運使討降之。復砦爲州。官終知潁昌府。

唐·肅 〔宋〕錢塘人。字叔元。七歲能誦五經。擧進士。爲秦州司理。決獄有聲。仕龍圖閣待制。◉〔明〕浙江山陰人。字處敬。通經史。兼習陰陽醫卜書數。洪武初用薦召修禮樂書。擢應奉翰林文字。科擧行。爲分考官。免歸。

唐肅宗 〔唐〕玄宗第三子。名亨。爲皇太子時。安祿山反。玄宗奔蜀。至馬嵬。父老遮道請留太子討賊。乃還至靈武。卽皇帝位。尊玄宗爲上皇天帝。命郭子儀收復兩京。在位七年崩。廟號肅宗。紀元四。至德·乾元·上元·寶應。

唐·萬雅 〔宋〕嘉興人。善丹青。南唐李煜好金索書。萬雅嘗學之。乘興縱奇。因其戰掣之勢。以寫竹樹。其爲荆檟枝棘翎毛草蟲之類。多得郊野眞趣。

唐·虞 〔後漢〕與華佗同時。能道赤眉張步家居里落。若與相及。死於鄉里。

、唐·詢 〔宋〕肅子。字彥猷。天聖進士。累官給事中。少刻勵自修。後所守不固。貪緣求進。有文集。好畜硯。又著硯錄。

唐·詩 〔明〕無錫人。字子言。號石東居士。有石東山房稿。

唐·道襲 〔後梁〕山南西道節度使。會李茂貞寇蜀。道襲以死拒守於青泥嶺下。茂貞自是無窺山南之意。

唐·頌 〔後漢〕番禺人。字德雅。性至孝。有司察孝廉。仕爲布山令。民夷雜居。號稱難治。頌不事威嚴。民感其政。無梗化者。

唐僖宗 〔唐〕懿宗第五子。名儇。卽位後。天下盜起。王仙芝作亂。黃巢聚衆應之。陷東都。入潼關。帝走興元。巢殺唐宗室在長安者無遺類。李克用破巢。帝還長安。爲田令孜劫如寶鷄。復走興元。文德初還長安。尋崩。廟號僖宗。在位十五年。紀元五。乾符·廣明·中和·光啓·文德。

唐·夢賚 〔清〕淄川人。字濟武。別字豹嵒。順治進士。以檢討言事忤當道罷歸。著述甚富。有銅鈔疏·禁羅說·備邊策。皆留心經濟之書。

唐·夢鯤 〔明〕番禺人。字化卿。萬曆間中鄉擧。崇禎末歷知寶雞縣。甫入境而賊勢已逼。夢鯤知不能獨完 。痛哭自經死。

唐·甄 〔清〕達州人。本名大陶。後以字行。更字鑄萬。順治擧人。知長子縣。罷還。流寓吳中。有圓亭集及潛書。

唐睿宗 〔唐〕高宗第八子。名旦。始封豫王。武后廢中宗。立爲皇帝。及改國號周。以爲皇嗣。中宗自房州還。復爲皇太子。封旦爲相王。中宗被弒。子隆基起兵誅韋氏。帝卽位。在位三年。傳位於太子隆基。帝爲太上皇。開元四年崩。廟號睿宗 。紀元二。景雲·太極。

唐·聞 〔宋〕字識通。以世賞授將仕郞。爲台州郡曹。治獄以恕。且持正不曲意以阿上。太守劉光賢之。性至孝。初罷臨海令。以母高年。求丞上虞。以便溫凊。年四十九卒。

唐·蒙 〔漢〕番陽令。建元間大行王恢破東越。使蒙風指曉南越。因上書說武帝通夜郞道。帝許之。拜蒙爲中郞將。往見夜郞侯多同。喩以威德。遂聽蒙約。還報。乃置爲犍爲郡。

唐·際盛 〔明〕莆田人。字士瑩。萬曆進士。知祁門縣。調嘉定。祁人閉城留之。累擢御史。提督操江。粵寇躪江右。召赴援。賊聞風解散。◉〔清〕丹江人。原名心舜。乾隆末征貴州苗有功。嘉慶間教匪擾川楚陝。隨勒保馳勦。擒王三槐。官至巴里坤總兵。

唐·韶 〔宋〕閬溪人。字子和。嘉熙進士。嘗辟沿江置制司幹辦公事。往襄陽勞師。猝與金兵遇。大戰。中流矢。拔去復戰。敵驚散。以功陞知南康軍。

唐·鳳儀 〔明〕邵陽人。字應韶。正德進士。風裁嚴整。累擢僉都御史。巡撫四川。時芒部跳梁。溽暑出師。鳳儀疏請息兵。而計擒渠魁沙保。其亂遂定。遷副都御史卒。

唐·儉 〔唐〕晉陽人。字茂系。爽邁少繩檢。然事親以孝聞。少與太宗遊。見隋政亂。因說以建大計。後佐太宗定天下。爲天策府長史。封莒國公。圖形淩煙閣。貞觀初使突厥還。爲民部尚書。坐事貶。卒諡襄。

唐·厲 〔漢〕以舍人從高祖起豐。項籍平。封成武侯。爲中尉。及破黥布。更封斥丘侯。卒諡懿。

唐·寬 【明】平定人。字栗夫。嘉靖進士。累遷應天府尹。歷官皆有聲稱。

唐廢帝 【後唐】明宗養子。姓王氏。名從珂。小字阿三。鎮州平山人。明宗甚愛之。屢立戰功。封潞王。應順初弒閔帝自立。石敬瑭引契丹。大敗唐師。帝登玄武樓自焚死。在位三年。是爲廢帝。年號清泰。國亡。

唐·廣 【明】湖州人。字惟勤。嘗爲本郡安吉縣醫官。自號半隱。善諸好飲。吳與丘大祐有詩名。纖麗似溫李。廣一變爲中唐。沖淡類韋柳。成化中卒。

唐·廣仁 【宋】內黃人。字充之。私淑司馬光。官乾寧司法參軍。改常州。能決疑獄。後監蘇州酒稅。被誣廢居。益讀書講道。所得愈邃。

唐德宗 【唐】代宗長子。名适。既即位。初政清明。而性猜忌。以彊明自任。用盧杞·趙贊。因爲亂階。姚令言反。犯京師。帝奔奉天。朱泚僭號。與元初李晟收復京師。帝乃還。由是政惟姑息。方鎮日強。在位二十六年崩。廟號德宗。紀元三。建中·興元·貞元。

唐·慶 【元】太祖伐金。慶權元帥左監軍。太宗時再使金。令黜帝號稱臣。途被害。

唐·樞 【明】歸安人。字惟中。嘉靖進士。授刑部主事。以疏請明正妖賊李福達罪。斥爲民。少學於湛若水。深造實踐。學者稱一庵先生。又留心經世略。九邊及越蜀黔滇險阻阨塞。無不親歷。躡蹻茹草。至老不衰。隆慶初復官。

唐·瑾 【北周】永子。字附璘。周文時累遷吏部郎中。時魏室播遷。庶務草創。朝章國典。瑾並參之。遷吏部尚書。于謹南伐。以爲元帥府長史。謀略多資焉。江陵平。衣冠仕伍。淪爲僕隸。瑾察其才行有片善者。輒議免之。軍還。唯載書兩車而已。進爵爲公。屢進司宗中大夫。卒諡方。

唐·璉 【清】皋蘭人。字汝器。善山水。蒼莽古秀。陝人目之爲小子畏。工小楷。精李斯篆。

唐·誼方 【明】瓊山人。名遜。以字行。篤學力行。元末累辟不就。洪武初舉經明行修。授郡訓導。

唐·震 【宋】會稽人。字景賢。少有介節。有言其過者輒喜。既登第。歷官所至以公廉稱。擢浙西提刑。忤賈似道免官。咸淳中起知饒州。元兵略饒。震與兄椿俱死節。諡忠介。

唐·勳 【明】歸善人。字汝立。正德進士。授靖江知縣。政聲赫然。改知休寧。破饒寇。南畿列郡。倚爲長城。官終陝西道監察御史。

唐·廩 【唐】萍鄉人。乾寧進士。官至祕書正字。集貞觀以前文章爲貞觀新書。

唐·憲 【唐】儉弟。字茂彝。仕隋爲東宮左勳衛。罷歸。憲不治細行。好馳獵。藏亡命。所交皆博徒輕俠。高祖領太原。頗親遇之。參與大議。封安富縣公。終金紫光祿大夫。

唐憲宗 【唐】順宗長子。名純。剛明果斷。志平僭叛。能用李絳·裴度等。卒擒吳元濟平淮西。唐之威令。幾於復振。晚年信任皇甫鎛·程异。又服金丹。多躁怒。遂爲內侍陳弘志等所弒。在位十五年。廟號憲宗。年號元和。

唐·樹義 【清】遵義人。字子方。道光舉人。由湖北知縣累擢布政使。所在有治績。旋引疾去。咸豐間起授湖北按察使。與洪楊軍戰屢克之。尋因事褫職。兵潰。赴江死。

唐·璘 【宋】古田人。字伯玉。嘉定進士。擢御史。居官能極言。嘗請號召土豪。經理荊襄。急擇帥臣。安集淮西。又再疏論鄭清之妄庸誤國。累官太常少卿。居母喪。哀毀不食卒。

唐穆宗 【唐】憲宗第三子。名恆。帝游幸無常。昵比羣小。擊毬奏樂。久不視朝。又好餌金石之藥。在位四年崩。廟號穆宗。年號長慶。

唐·衡 【後漢】鄢人。桓帝初爲小黃門史。以舉單超·左琯·徐璜·具瑗。誅梁冀。遷中常侍。封汝陽侯。與超等同日封。世謂之五侯。後超死。四侯轉橫。天下謂衡爲唐兩墮。

唐·諶 【晉】泉陵人。咸寧初舉茂才。拜武騎常侍。南平吳楚。授零陵太守。境內清宴。道不拾遺。

唐·諫 【宋】全州人。字子方。元符間與鄉人蔣舉上書論時事。崇寧間申嚴黨禁。入黨人籍。退屏田里。第政和進士。嘗知陝州。廉介多惠愛。

唐·豫 【明】順德人。父遭寇不屈死。豫痛父非命。作蓼莪亭。絕意仕進。與同邑周祖生·周念祖·劉子羽·劉子高·何淮。號六逸。皆德行純謹。衣冠嚴偉。爲人所欽。

唐·錦 【明】上海人。字士絅。弘治進士。累官江西學政。宸濠叛。錦集城中士民。激以大義。捕內官杜茂等四十二人。馳請王守仁入城。建首功。尋落職致仕。

唐·靜閑 【清】南匯人。字種玉。嫁爲田家婦。性至孝。母病。嘗割臂以愈之。工書。所臨靈飛經。爲世寶重。

唐·龍 【後漢】黨錮中八及之一。◎【明】蘭谿人。字虞佐。號漁石。正德進士。嘉靖時巡撫鳳陽。民甚德之。爲三邊總制。賑陝西饑。吉囊及俺答入寇。龍數敗之。召爲刑部尚書。大猾劉東山搆陷張延齡。龍執正東山罪。轉吏部。坐事免。卒諡文襄。

唐·懋載 【清】邵陽人。字袖石。順

治貢生。博學工詩。奇情幽豔似李長吉。有綠聲亭集。

唐．檀 [後漢]南昌人。字子產。少游太學。習京氏易．韓詩．顏氏春秋。尤好災異星占。後還鄉里。教授常百餘人。永建中舉孝廉。除郎中。時白虹貫日。檀因上便宜三事。陳其咎徵。棄官去。著書名唐子。

唐．績 [宋]零陵人。字公懋。少警敏。嗜學能文。舉元符進士。爲衡山令。遷福州運判。蒞事有方。接人以義。士論多之。

唐．臨 [唐]長安人。字本德。武德初爲侍御史。持節按獄交州。出寃繫三千人。遷大理卿。決囚不寃。囚皆絕意不復訴。累遷吏部尚書。坐事貶潮州刺史。

唐．舉 [戰國]一作唐莒。善相。嘗相李兌曰。百日之內。持國秉政。蔡澤問以壽。曰從今以往四十三歲。其後皆驗。

唐．賽兒 [明]魚臺人。林三妻。少誦佛經。自號佛母。永樂中據益都作亂。爲安遠侯柳升所敗。相傳賽兒得妖書。通諸術。凡衣食財物。皆能以術運致。從之者至數萬。朝命集數路擊之。捕下獄。鐵絙自脫。遁去。好事者演其事爲小說。曰女仙外史。

唐．韡 [元]句章人。字伯度。學於鄉貢。其父坐事被執京師。韡請代父梏。弟毅奪而代之。毅抵京。免歸。

唐．璧 [明]豫子。動循禮法。當暑未嘗去衣冠。母區氏目瞽。侍奉甚謹。後遇神醫。目忽明。人謂孝感。

唐．懷德 [元]金華人。字思誠。受業許謙。六經百家。無不研究。官終金華教諭。有六經問答．存齋集。

唐懿宗 [唐]宣宗長子。名漼。時唐政始衰。帝奉佛。怠於政事。於禁中設講席。自唱經。又數幸諸寺。施與無度。南詔寇邊。龐勛率桂州戍卒作亂。雖旋即殄平。而河南幾空。在位十四年崩。廟號懿宗。年號咸通。

唐．獻之 [南齊]泉陵人。舉秀才。官至廣州都督。嚴毅公清。臨事能斷。嶺表肅然。

唐．獻可 [明]順之四世孫。字君俞。畫有宋元餘韻。書宗米體。

唐．耀卿 [清]丹徒人。善寫生。與潘公壽相善。兩人清齋奉佛。翛然出塵。其畫格清遠。多得力於禪悅。

唐．疇 [明]南匯人。字非工。諸生。工花鳥水墨牡丹。以名節自礪。居玉笙樓。屏跡不下者二十年。

唐．鐸 [明]虹縣人。字振之。太祖起兵。即居幕下。初置諫院。入爲諫議大夫。歷兵刑二部尚書。鐸爲人長厚。性愼密。帝以故舊遇之。福王時追謚敬安。

唐．鶴徵 [明]順之子。字凝菴。隆慶進士。歷官太常卿。以博學聞。嘗疏劾璫毆屬丞。得旨嚴治。人忌之。遂病免。

唐．儼 [明]全州人。父得危疾。儼年十二。刲右臂愈之。後游學於外。嫡母蒙寢疾。儼妻鄧年十八。亦刲右股進。儼聞疾馳歸。已愈。拜鄧謝之。嘉靖初貢至京師。有司奏旌其門。

唐．鑑 [清]仲晃子。字鏡海。嘉慶進士。由檢討歷官江寧布政使。有惠績。入爲太常卿。海疆事起。劾總督琦善．耆英等。直聲聞天下。咸豐初召對。加二品銜。命回江南主書院講席。卒諡確愼。其學力闢陽明。不爲調停兩可之說。著學案小識以示宗旨。又有畿輔水利書。

唐．衢 [唐]應進士。久而不第。能爲歌詩。意多感發。見人文章有所傷歎者。讀訖必哭。涕泗不能已。嘗客游太原。屬戎帥軍宴。衢與會。酒酣言事。抗音而哭。一席不樂。爲之罷會。故世稱唐衢善哭。白居易嘗贈以詩。竟不登一命而卒。

城．渾 [戰國]南游於楚。至新城。渾說其令。新城公大說。爲具駟馬乘車。渾得以南交於楚。

夏．力恕 [清]孝感人。字觀川。晚稱澴農。康熙進士。官編修。其學務在窮理。隨事體念以求自得。而未嘗有所標目。有四書劄記．證疑備覽．杜詩箋記．菜根精舍詩．古文．易論。

夏．大貞 [清]嘉興人。字吉菴。善畫花卉。稱能品。

夏．子文 [宋]工畫山水。

夏．子孝 [明]桐城人。字以忠。初名恩。六歲失母。哀哭如成人。九歲父得危疾。禱天地。刲股調羹以進。嘉靖末父卒廬墓。後歷事王畿．羅汝芳．史桂芳．耿定向等。獲聞聖賢之學。定向爲督學使者。將疏聞於朝。固辭曰。不肯不忍以亡親買名。

夏．之令 [明]光山人。字紹武。萬曆進士。官御史。以論邊事詆毛文龍。又劾治內使潟忠等。因爲魏忠賢所銜。屬御史連劾。下詔獄。坐贓拷死。

夏．之旭 [明]允彝兄。字元初。南都破。欲死。允彝託以妻子。遂不果。自此不入城市。坐陳子龍叛黨將捕治。之旭作絕命詞。從容謁文廟自縊。

夏．之蓉 [清]高郵人。字芙裳。號醴谷。雍正進士。乾隆初舉鴻博。授檢討。嘗典試福建。督學廣東及湖南。以古文之學校士。錄其尤爲汲古編。後歸主鍾山麗正書院。卒年八十有八。有半舫齋詩鈔。

夏．之勳 [清]江西人。字銘旗。號芳原。性嗜金石文字。藏書畫碑版彝鼎甚多。善篆書。工花卉。

夏．之翰 [清]新建人。字知畏。雍正舉人。官湖北布政司庫大使。以憂歸。晚肆力於洛閩之學。工詩。有禮園初稿。

夏・之霖 【明】杭州人。字沛之。畫竹枝花鳥。頗饒生氣。宮裝紈扇。施金傅粉。不爲脂膩所窘。咸有情態。

夏・允彝 【明】松江華亭人。字彝仲。崇禎進士。好古博學。工屬文。時東林講席盛。蘇州張溥等結文會。名復社。允彝與陳子龍等亦結幾社相應。北京既破。走謁尙書史可法謀興復。聞福王立。乃還。南都失。徬徨山澤間。欲有所爲。聞友人侯峒曾・黃淳耀・徐汧等皆死。賦絕命辭自投深淵以死。

夏・元彬 【明】德清人。本名彪。字仲虢。有麟傳統宗。

夏・元鼎 【宋】永嘉人。字宗禹。號雲峯散人。又號西城眞人。博極羣書。屢試不第。應賈許二帥幕。出入兵間。後棄官入道。有陰符經講義圖說・崔公藥鏡箋。

夏・升 【明】鼷城人。字景高。永樂初知開化縣。有政績。陞衢州知府。盡去宿弊。籍丁糧之數。定爲等則。賦役均平。民咸戴之。

夏・友蘭 【元】樂安人。字幼安。事母孝謹。從吳澄學。大德中建鰲溪書院。捐田五百畝。以贍學者。行省薦於朝。授會昌同知。辭不就。

夏・文彥 【元】吳興人。後居雲間。字士良。精圖繪。著圖繪寶鑑。

夏・方 【晉】永興人。字文正。家遭疫。死者十三人。方年十四。躬自負土。十有七載。葬送得畢。因廬於墓。吳時拜仁義都尉。累遷五官中郎將。入晉。除高山令。百姓有罪應捶者。方向之涕泣而不加罪。大小莫敢犯焉。

夏氏 【明】黔國公沐天波侍女。沙定州之亂。天波出走。母妻自焚死。夏歸母家。薙爲尼。及天波歸府。感其義。俾佐內政。後天波從亡緬甸。夏遂自經。

夏父・弗忌 【春秋】【魯】文公時大事於太廟。躋僖公。夏父弗忌爲宗伯。尊僖公。且明見曰。吾見新鬼大。故鬼小。先大後小。順也。躋聖賢。明也。明順。理也。君子以爲失禮。

夏・牙 【漢】恭子。習家業。舉孝廉。早卒。鄉人號文德先生。

夏・世英 【明】崇禎間歸德教諭。流賊至。與歸德推官王世琇誓衆固守。城陷。世英持刀罵賊死於明倫堂。

夏・巨源 【宋】精卜筮。居臨安。紹興間有自饒造朝。而遺其文劄者。卜之。巨源曰。護在女口。守以鴛鴦。蓋其妾收藏鴦字篋中也。既而僕從饒州持所遺至。無虞也。

夏・弘毅 【宋】達才子。能文。有放翁集。

夏・永 【明】字明遠。以髮繡成滕王閣黃鶴樓圖。細若蚊睫。侔於鬼工。

夏・休 【宋】會稽人。紹興進士。上書補官。一試吏而止。有周禮井田譜。

夏・光洛 【清】字禹書。號祕庵。別號臥雲道人。又號梅巢居士。諸生。有至性。行止奇異。人不能測。好塡詞。工飛白書。

夏・同善 【清】仁和人。字舜樂。號子松。咸豐進士。累官吏部左侍郎。江蘇學政。在官力持介節。檢身若寒畯。

夏・安期 【宋】竦子。字清卿。以父蔭累官龍圖閣直學士。雖乘世資。頗以才自厲。然無學術而求入侍經筵。爲世所譏。

夏・守恩 【宋】榆次人。字君殊。累遷西頭供奉官。眞宗幸澶淵。守恩從行。數見任使。帝不豫。中宮預政。以守恩領親兵。倚用之。歷官眞定府定州路都總管。驕恣不法。以贓敗。

夏・守贇 【宋】守恩弟。字子美。眞宗時累官定州路都總管。召知樞密院事。既入見。帝問四事。守贇言宜併小障。屯兵以據衝要。又自請擊賊。然性庸怯。寡方略。不爲士卒所服。尋詔駐兵河中。總高陽關都總管。卒。諡忠僖。

夏・汝弼 【清】衡陽人。字叔直。號蓮峯。一號蓮冠道人。明季諸生。剛介負氣。鼎革後。佯狂高蹈無定蹤。後入九嶷山絕粒死。與王船山甚摯。船山集中。與汝弼唱和詩尤多。

夏・行美 【遼】渤海人。聖宗時總渤海軍於保州。大延琳叛。使人說行美與俱。行美執送統軍。遂破之。興宗時從討蒲奴里。獲其酋。累官副部署致仕卒。

夏・完淳 【明】允彝子。字存古。生有異稟。七歲能詩文。年十三。擬庾信作大哀賦。文采宏逸。允彝死後二年。以陳子龍獄辭連及。逮下獄。談笑自如。作樂府數十闋。臨刑神色不變。年甫十八。

夏・宏 【明】海陽人。字用德。號銘乾。有字考。

夏・希賢 【宋】淳安人。字自然。錢時弟子。究明性理。洞見本原。杜門不出者三十餘年。家無隔宿之儲。而泰然自如。學者皆稱自然先生。

夏・廷煒 【宋】休寧人。字文炳。孝謹有器識。敦崇節義。慶元初詔舉遺逸。官至朝議大夫卒。

夏・成德 【清】廣寧人。明松山城守副將。崇禎間洪承疇援錦州。次松山。成德密遣其弟通款於清軍。約爲內應。清軍遂入城。擒承疇及巡撫丘民仰總兵王廷臣・曹變蛟等。順治間封三等子。授沂州總兵。後回京病卒。

夏・汲清 【元】曹知白之僕。善畫。

夏・良心 【明】建平人。字宗堯。嘉靖進士。歷官副都御史。巡撫江西。值璫使欲開廣信銅坑山礦。良心上疏力陳不可。乃止。仕宦三十年。布衣疏食終其身。

夏·良勝 明南城人。字於中。正德進士。官吏部考功員外郎。以諫南巡廷杖歸。嘉靖初復職。後爲讎家所訐。再下獄論杖。戍遼東卒。良勝嘗輯其部中奏稿。名曰銓司奏存。凡議禮諸疏具在。

夏·言 明鼎子。字公謹。正德進士。世宗時爲給事中。以強直開敏結主知。去諫官未浹歲而拜六卿。遂參機務。居首輔。意頗驕滿。嚴嵩妒之。言漸失帝意。嵩浸用事。遂日相齮齕。以贊決陝西總督曾銑請復河套事。奪職放歸。嵩復爲仇鸞草奏訐言受銑金。交通爲奸利。卒坐棄市。後嵩敗。其家訟冤。復其官。追諡文愍。

夏·赤松 南朝宋會稽人。善弈。瑯琊王抗品赤松爲第二。

夏·季遠 明南城人。號松雲居士。少游江湖。鹺貨以萬計。遇靖難兵。同商者咸願附應。隨擢大官。惟季遠棄舟而遁。但曰有親在。未敢許以死。隱居教授而終。

夏·宗文 明松江華亭人。善隸眞草書。名重於時。纂修永樂大典。及勸善書。授廣平縣主簿。有惠政。

夏·宗沂 清江陰人。字蘭臺。有澆花集。

夏·宗瀾 清江陰人。字起八。由拔貢生薦授國子監助教。有易義隨記·易卦劄記。

夏·定邦 清六合人。字治平。道光間武舉。咸豐時積功官至都司。六合城陷。自刎死。

夏·尙忠 宋休寧人。字信卿。幼穎悟端慤。讀書過目不忘。乾道中登第。官大理寺丞。知泰州。海賊時發。尙忠率兵除之。海道肅清。召除國子博士。徙著作佐郎。尋稱疾致仕卒。

夏·尙樸 明江西永豐人。字敦夫。正統初會試赴京。見劉瑾亂政。不試而歸。旋成進士。授南京禮部主事。嘉靖時歷南京太僕寺少卿。尙樸少師婁諒。傳主敬之學。學者宗之。著中庸語錄·東巖文集。

夏·迪 元溫州人。字簡伯。善山水竹石。畫松得趣。

夏·忠 明睢州人。字思誠。宣德初累知大名府。忠厚廉平。不威而化。後抗疏歸。

夏·承 宋鄞人。字元茂。登進士第。任開封少尹。靖康間金人入寇。京尹徐秉哲散文榜。限括皇族。冀幸自全。承毅然折以大義。密令毀棄其文榜。盡散拘繫之人。隆興初詔以承爲忠義之士。命送史館編錄姓名。特贈左朝議大夫。

夏·承皓 宋德安人。字靈石。太宗時上平晉策。遷右侍禁。契丹南侵。承皓由間道發兵。與契丹遇。戰沒河朔。褒贈崇儀使。

夏·明誠 宋金華人。字敬仲。慶元進士。一爲安慶推官。遂致仕。其學本自呂祖謙而自負甚高。嘗作八詠樓賦序。直斥沈約爲是樓之辱。

夏·炘 清當塗人。字心伯。有學禮管釋·檀弓辨誣·述朱質疑·三綱制服述義。

夏·育 周有勇力。能生拔牛尾。

夏·芷 明錢塘人。字廷芳。畫師戴進。善山水。早卒。

夏·迪 明吉安人。元末寇作。以萬夫長守崑山。太祖既定天下。結廬海濱。以詩自適。

夏·金標 清廬江人。咸豐間由武童從攻洪秀全。轉戰江南有功。官至總兵。忠壯敏練。善撫士卒。每戰能以少擊衆。卒謚剛烈。

夏侯·玄 三國魏淵從孫。字太初。少知名。弱冠爲散騎黃門侍郎。曹爽輔政。玄爲爽姑子。累遷散騎侍中護軍。旋爲征西將軍。都督雍涼州諸軍事。爽誅。徵爲大鴻臚。司馬懿權重。李豐·張緝謀欲誅之。以玄輔政。事泄夷三族。玄規格局度。負一時重望。臨斬東市。顏色不變。舉動自若。

夏侯·伏朗 晉著有三禮圖。

夏侯·延祐 宋蜀人。字景休。事孟昶爲待詔。隨入宋。得圖畫院藝學。師黃荃。翎毛花竹。爲時推重。

夏侯·始昌 漢魯人。通五經。以齊詩尙書教授。自董仲舒·韓嬰死後。武帝得始昌。甚重之。始昌明於陰陽。先言柏梁臺災日。至期日果災。時昌邑王以少子愛。上爲選師。始昌爲太傅。年老以壽終。

夏侯·尙 三國魏淵從子。字伯仁。文帝與之交善。累官五官將文學。魏國建。遷黃門侍郎。從曹彰討平代郡胡。文帝時官至征南將軍·荆州刺史。封平陵鄉侯。卒謚悼。

夏侯·尙玄 元華亭人。好著述。仕爲東宮伴讀。明宗之變。去官入海都。鄒王聞其賢。待以上賓。已而王被誣誅。尙玄力陳王忠孝數事。既得白。然後南歸。不復仕。

夏侯·建 漢勝從父子。字長卿。治尙書。勝非之。曰建所謂章句小儒。破碎大道。建亦非勝爲學疏略。建卒自專門名經。爲議郎博士。至太子少傅。時稱勝與建爲大小夏侯。

夏侯·恭叔 南齊譙人。豫州刺史垣崇祖聞其才義。辟爲州主簿。永明初崇祖被誅。恭叔出家財殯崇祖。後爲竟陵令。惠化大行。

夏侯·惇 三國魏譙人。字元讓。少就師學。人有辱其師者。惇殺之。由是以烈氣聞。武帝時爲裨將。從征伐。累功拜前將軍。文帝時爲大將軍。

惇雖在軍旅。親迎師受業。性清儉。餘財輒以分施。不足資之於官。不治產業。卒諡忠。

夏侯朗 【隋】開皇時。嘗繪三禮圖。

夏侯淳 【晉】湛弟。字孝沖。亦有文藻。與湛俱知名。官至弋陽太守。

夏侯淵 【三國魏】惇族弟。字妙才。武帝起兵。以別部司馬騎都尉從。爲人有將略。赴急疾。常出敵之不意。故所向有功。其平氐羌。威望尤著。拜征西將軍。與蜀相拒於平陽關。戰死。諡愍。

夏侯訢 【漢】寧陵人。字長兇。侍母疾。衣不解帶者二年。母憐其苦。令出寢息。訢方假寐。忽夢其父告之曰。天帝憐汝至孝。賜以仙藥。在居室後桑枝上。訢忽驚起。如所言。得藥進之。母病頓瘥。

夏侯勝 【漢】始昌族子。字長公。少孤好學。從始昌受尚書及洪範五行傳。又從歐陽氏學。善說禮。徵爲博士。光祿大夫。宣帝時以議武帝諡。同黃霸下獄。霸從勝受經。赦出。累遷太子太傅。受詔撰尚書論語說。年九十卒。

夏侯湛 【晉】譙國人。字孝若。幼有盛才。文章宏富。善構新詞。美容觀。嘗與潘岳同車接茵。京都謂之連璧。泰始中舉賢良對策中第。拜郎中。累年不調。乃作抵疑以自廣。惠帝時爲散騎常侍。元康初卒。著論三十餘篇。性頗豪侈。及將沒。遺命小棺薄斂。

夏侯亶 【梁】詳子。字世龍。崔慧景作亂。以捍禦功。除驍騎將軍。天監中爲安陸太守。甚有威惠。爲邊人悅服。歷尚書·南豫二州刺史。加都督。卒諡襄。亶寬厚有器度。歷六郡三州。所得祿賜。隨散親故。晚年頗好音樂。每有客。令妓妾隔簾奏之。時謂簾爲夏侯妓衣。

夏侯敬 【漢】魯人。受慶氏禮。

夏侯詳 【梁】譙人。字叔業。年十六遭父艱。哀毀三年。廬於墓側。嘗有三足雀集其廬戶。天監中官湘州刺史。在州四載。爲百姓所稱。徵爲尚書左僕射。

夏侯道遷 【後魏】譙人。少有志操。逃入益州。隨裴叔業於壽春。爲南譙太守。後不協。單騎歸魏。又因事南叛。復斬魏叛將歸魏。封濮陽縣侯。道遷歷覽書史。閑習尺牘。爲政清嚴。善禁盜賊。卒諡明。

夏侯嘉正 【宋】江陵人。字會之。太平興國進士。歷官著作佐郎。嘗使巴陵。作洞庭賦。人多傳寫。端拱初太宗召試詞賦。擢右正言。直史館。年三十七卒。

夏侯榮 【三國魏】淵子。幼聰慧。七歲能屬文。誦書日千言。經目輒識。文帝聞而召見。賓客百餘人奏刺。悉書其鄉邑姓名。所謂爵里刺也。客示之。一寓目。使之徧談。不謬一人。帝深奇之。漢中之敗。榮年十三。左右提之走。不肯。奮劍而戰。沒於陣。

夏侯稱 【三國魏】淵子。年十六。見奔虎。一箭而倒。與文帝爲布衣交。每會宴談。一座辨士不能屈。世之高名者。多從之游。年十八卒。

夏侯端 【唐】壽春人。仕隋爲大理司直。高祖微時。與相友。義師興。擢祕書監。李密降。關東地未有所屬。拜端大將軍河南道招慰使。會亳汴已降王世充。道塞無所歸。糧盡遇賊。麾下存者纔三十餘人。世充遣人以淮南郡公印召端。端不屈。間道走宜陽入謁帝。帝憫之。拜祕書監。出爲梓州刺史。貞觀初卒。

夏侯審 【唐】譙人。官侍御史。大曆十才子之一。

夏侯嶠 【宋】鉅野人。字峻極。善詞賦。淳謹無過。太宗朝舉進士。累官翰林侍讀學士。有文集。

夏侯儒 【三國魏】尚從弟。字俊林。正始初朱然圍樊城。守將乙修等求救甚急。儒不敢進。但作鼓吹設導從。去然六七里翱翔而還。月餘司馬懿至。乃俱進。或謂得聲救之宜。以是召爲太僕。

夏侯嬰 【漢】沛人。與高祖相愛。高祖爲沛公。以嬰爲太僕。從擊項羽。入蜀。定三秦。屢有殊功。既即位。封汝陰侯。惠帝立。賜縣北第第一。後與大臣共立文帝。復爲太僕。卒諡文。初嬰爲滕令奉車。故號滕公。

夏侯瞻 【晉】工畫人物鬼神。氣韻不足。精密有餘。擅名當代。

夏侯夔 【梁】亶弟。字季龍。大通中歷官豫州刺史。立堰溉田。境內賴之。性奢豪。後房妓妾曳羅縠飾金翠者百數。然愛重人士。不以貴勢自高。文武賓客常滿座。時以此稱之。卒諡桓。

夏侯藻 【晉】譙人。母病困。詣淳于智卜。忽有一狐當門嗥。藻怖愕馳見智。智曰。其禍甚急。君速歸。在狐嗥處大哭驚家人。大小必出。一人弗出。哭勿止。禍乃可救。藻還。如其言。母亦扶病出。家人既集。堂屋驟崩。

夏俊 【宋】盱眙縣尉。紹興中金人入寇。俊與士人胡昉部八十四人夜攻泗州。金守將棄城遁。俊入城撫勞。詔知泗州。

夏則忠 【明】武昌人。洪武中知興寧縣。值寇亂。民逃亡。則忠招集流亡。民以安業。

夏厚 【明】泰州人。號煙林。工畫山水。

夏奕 【宋】工畫翎毛。

夏姬 【春秋】【陳】夏徵舒之母。鄭女。色甚美。靈公與孔寧・儀行父通之。徵舒弒靈公。楚滅陳。以姬與連尹襄老。襄老死。姬歸鄭。楚申公巫臣聘於鄭。娶之奔晉。

夏・建忠 【明】天啓間官扶風主簿。流賊至。與扶風守王國訓固守兩月。城陷。不屈死。

夏・昺 【明】崑山人。字孟暘。善書。永樂中與弟杲同爲中書舍人。時稱大小中書。

夏・杲 【明】昺弟。字仲昭。永樂進士。累遷太常寺卿。直內閣。詩文書法皆臻妙境。畫竹石師王紱。與上元張益齊名。其後杲見益石渠閣賦。自謂不如。遂不復作賦。益見杲所畫竹石。亦遂不復畫竹。

夏・洪基 【明】高郵人。字元開。有孔子年譜綱目・孔子弟子傳略。

夏禹 【夏】開國之君。黃帝曾孫。姓姒氏。名文命。父鯀。治水無功。誅死。禹續鯀之業。爲司空。平水土。居外十三年。以開九州。相地宜所有以定貢。初封夏伯。故曰伯禹。受舜禪爲天子。在位八年。因所封國爲有天下之號。東巡狩至會稽而崩。

夏英 【明】江西德化人。字育才。成化進士。歷知延平府。性警敏而行質實。不怵於貴勢。延俗奢靡。躬儉約以導之。敝俗爲革。

夏・倪 【宋】蘄州人。字均父。宣和中自府曹左官祈陽監酒。文辭富贍。儕輩罕及。有遠游堂集。

夏・原吉 【明】其先德興人。後家湘陰。字惟喆。洪武時以鄉薦入太學。擢戶部主事。歷事五朝。累官戶部尚書。宣宗時入閣預機務。爲政能得大體。有古大臣風。卒諡忠靖。

夏・叟 【明】繁昌人。字廷美。爲田夫。未嘗讀書。焦竑命之讀四書。久之有得。自謂讀集註不能了了。以本文反身體貼。闡發不少。

夏・庭簡 【宋】黃巖人。字迪卿。師葉適。以進士授長溪簿。語不妄發。問則博辨。在官有能聲。調監臨安鹽倉卒。

夏・恭 【漢】蒙人。字敬公。習韓詩孟氏易。生徒千餘人。王莽末盜賊攻沒郡縣。恭以恩信爲衆所附。擁兵固守。獨安全。光武召拜郎中。遷泰山都尉。及卒。諸儒諡曰宣明君。

夏・恕 【明】洛陽人。謙和有智略。居鄉以德行稱。洪武間由賢良舉。累官刑部尚書。

夏・振翼 【清】蕪湖人。字遯門。有武經體註大全會解。

夏・時 【明】錢塘人。字以正。官戶科給事中。洪熙初議改鈔法。時力言其擾市肆。無裨國用。疏留中。鈔果大阻。民多犯禁。議竟寢。宣宗時累擢廣西左布政使。前後上十餘疏。雖不盡用。天下壯其敢言。

夏・時正 【明】仁和人。字季爵。正統進士。景泰中以刑部郎中錄四福建。多所平反。累擢南京大理卿。成化中巡視江西災傷。除無名稅十餘萬石。汰諸司冗役數萬。增築南昌瀕江堤及豐城諸縣陂岸。乞歸。貧甚。僦居民舍。布政使張瓚爲築西湖書院居之。時正雅好學問。多所著述。於稽古禮文事尤詳。

夏・時行 【清】善畫蘭竹。

夏桀 【夏】王。孔甲曾孫。名癸。暴虐無道。寵妃妹喜。作酒池糟丘。爲長夜飲於深谷之中。關龍逢諫。桀曰。吾如天之有日。日亡。我則亡。召湯囚之夏臺。已而釋之。諸侯咸叛桀附湯。湯伐桀。戰於鳴條。桀走死南巢。在位五十三年。國亡。

夏・泰亨 【元】會稽人。字叔通。韓性高第弟子。領鄉薦。官翰林院編修。有詩經音考。

夏・珪 【宋】錢塘人。字禹玉。寧宗朝待詔。善畫人物。醞釀墨色。如傅粉之色。筆法蒼老。雪景學范寬。院吏畫山水。自李唐以下。無出其右者。

夏・祐 【宋】永嘉人。嘉定進士。官上高尉。以廉介自持。未嘗通當路書。

夏・祚 【明】字天錫。成化進士。任兵科都給事中。有鯁直風。終福建右布政使。

夏・乾錫 【宋】鵬子。樊知古嘗師事之。及守池。薦於朝。爲製冠裳。不得已拜命。然竟不出。自稱清溪布衣。

夏・僎 【宋】龍游人。字元肅。號柯山。第進士。所著尚書詳解。視蔡傳少允。然其反覆條暢。深究詳繹。使唐虞三代之大經大法。燦然明白。不失爲說書善本。

夏啓 【夏】王。禹子。禹崩。諸侯歸之。奉以卽位。遂爲傳子之始。王賢。持禹之功不替。滅有扈氏。德教施於四海。在位九年崩。

夏・基 【清】徽州人。字樂只。能詩工畫。有西湖覽勝志。

夏・執中 【宋】宜春人。字子檝。姊爲孝宗后。累官奉國軍節度使。朝廷舉慶禮。戚畹爭獻珍奇。執中獨大書一人有慶萬壽無疆以進。孝宗將大用之。謝曰。他日無累陛下。保全足矣。人益賢之。

夏・寅 【明】松江華亭人。字正夫。正統進士。累官浙江參政。平生直道無黨援。自筮仕入郎署三十年。爲副使十六年。未嘗以淹屈降志。嘗曰君子有三可惜。此生不學一可惜。此日閒過二可惜。此身一敗三可惜。時以爲名言。官至山東右布政。著有政監。

夏・崇文 【明】瑄子。字廷章。成化進士。吏部主事。條上時務五事。會詔陳利病。又疏陳五事。時論皆韙之。官至太僕少卿。輯有夏忠靖遺事。

夏·祥鳳 【明】洪武末知邵武縣。嘗曰。廉爲士之大節。居官者不能守廉。大節虧矣。雖有政事。何足尙哉。及代去。囊橐蕭然。能踐其言。

夏·逢龍 【清】景陵人。使氣好大言。以施與排解服衆。皆呼夏包子。康熙間爲湖北撫標親兵。時以裁兵譁變。羣推逢龍爲魁。自稱總統兵馬大元帥。據武昌以叛。尋爲清兵所攻。敗走黃岡。被擒伏誅。

夏·敦仁 【清】武進人。字調元。著有十七史論。

夏·森 【宋】珪子。工畫山水。◎【清】字茂林。善畫山水人物花卉。

夏·無且 【秦】始皇侍醫。荊軻刺秦皇。皇環柱走。無且以所奉藥囊提之。論功賜黃金百鎰。

夏·竦 【宋】德安人。字子喬。由賢良方正。歷仕太宗至仁宗朝。累官樞密使。封英國公。罷知河南府。遷武寧軍節度使。進鄭國公。卒謚文莊。竦文章典雅藻麗。多識古文。學奇字。爲郡有治績。治軍尤嚴。然與王欽若丁謂相朋比。當時並稱爲姦邪。有文集百卷。

夏·策謙 【清】孝感人。字恭占。康熙舉人。官寶慶府教授。與諸生口講指畫。往復不倦。乾隆間。舉鴻博。以老病不赴試。

夏·統 【晉】永興人。字仲御。幼孤貧。以孝聞。雅善談論。宗族勸之仕。不聽。母病篤。詣洛市藥。值上巳節。車乘如雲。統不之顧。與賈充語。其應如響。欲使之仕。俛而不答。充令妓女盛服。繞船三匝。統危坐如故。充曰。此吳兒木人石心也。歸會稽。不知所終。

夏·統春 【明】桐城人。字元夫。崇禎間以國子生授黃陂丞。攝黃梅縣事。已賊至。拒守凡十五晝夜。解圍去。已而再至。城陷被執。欲降之。統春指賊大罵。賊斷其右手。復以左手指賊罵。賊又斷之。罵不已。乃割其舌。目怒視。眦欲裂。又剜其目。猶以頭觸賊。遂支解之。

夏·雯 【清】錢塘人。字治徵。又號南屏山樵。善畫人物山水花卉蟲魚鳥獸。應手飛動。

夏·雲英 【明】莒州女子。年十三。被選爲周憲王宮人。姿色絕倫。琴棋音律窮製。一經耳目。便皆儁妙。元妃卒。遂專內政。居寵能畏。不樂華靡。有賢聲。年二十二。以疾求爲尼。法名悟蓮。逾二年卒。有端清閣詩·法華經讚。

夏·雲蛟 【明】嘉定人。諸生。南京既破。清兵來攻。衆推里人侯峒曾爲首。雲蛟與黃淳耀等誓死固守。城中矢石俱盡。會大雨城崩。雲蛟等死之。

夏黃公 【漢】鄀人。避秦匿商山中。四皓之一。(按史記留侯世家注引陳留志云。公姓崔。名廣。字少通。隱居夏里。故號夏黃公。四明文獻志云。宋畢文簡以綺里季夏。後人誤將夏字屬黃公讀。如孟子樂正裘牧仲之誤。宋潛溪非之。著論以夏黃公爲的。但考南史阮孝緒語及唐杜甫詩。俱稱黃綺而不言夏綺。似畢說正非無據。)參看東園公條。

夏·勤 【後漢】九江人。字伯宗。傳樊儵公羊春秋學。爲京宛二縣令零陵太守。有理能稱。安帝時位至司徒。

夏·椿 【元】松江華亭人。大德間大饑。死者枕藉。椿闢廬舍具饘粥以供養之。去則贐。病則藥。死則葬。有司上其事。旌門。官其子。

夏·溥 【宋】希賢子。字大之。博通經學。爲安定書院山長。一以安定學規課士。遷龍興教授。其詩自成一家。時稱夏體。

夏·煜 【明】江寧人。字允中。有俊才。工詩。太祖辟中書省博士。征陳友諒。惟煜與劉基侍。所與草檄賦詩者。煜其一也。洪武初總制浙東諸府。以伺察搏擊爲事。後不獲令終。

夏·熙臣 【清】孝感人。字無易。七歲補諸生。以歲貢官安陸府教授。爲詩富於才情。有瓠尊山人詩集。

夏·熙澤 【清】新建人。字爲霖。號存齋。康熙進士。知增城縣。邑大水。熙澤開倉發粟。按行村落散米數千石。民以不困。興學治盜。善政甚多。尋以事罷。

夏·瑄 【明】原吉子。以蔭爲尙寶丞。喜談兵。景泰中數上章言兵事。有沮者。不獲用。終南京太常少卿。

夏·義甫 【明】鄞南人。博學工詩。築室天目。杜門隱居。喜繪事。天目山房圖。其得意筆也。

夏·葵 【明】芷弟。字廷暉。善畫山水人物。

夏·萬亨 【明】崑山人。字元禮。由舉人累官江西布政使。清兵下江西。巡撫曠昭棄城走。萬亨與南康知府王養正等拒守三日。城陷死之。

夏·逵才 【宋】休寧人。字行可。幼孝謹嗜學。每夜讀達曙。黜於禮部試。家居授徒。四方從學甚衆。

夏·道一 【清】大名人。字元眞。明崇禎舉人。隱居自放。鼎革後。絕意仕進。率妻子躬耕織。削迹不入城市。諸子皆不令讀。鞭牛負薪而已。

夏·鼎 【明】貴溪人。弘治間知臨清州。時中貴有脅取民貨者。鼎立簿籍鉤考之。患遂寢。一時治行以操幹名者。以鼎爲最。◎【明】蘇州人。善白描人物。又工山水。

夏·嘉遇 【明】松江華亭人。字正甫。

萬曆進士。官禮部主事。時方從哲柄國。臺官結黨。以攻東林排異己爲事。會遼事敗。嘉遇疏劾從哲及給事中亓詩教・趙興邦等。連疏力攻。其黨亦搆貳。亓趙勢頓衰。時論快之。熹宗時爲黨人張訥誣劾逮訊。憤恨發病卒。

夏・維【清】高淳人。字四只。諸生。善畫。工詩詞。有湖上集・北窗瑣言。

夏・說【秦】奉陳餘命。與張周說齊王榮共擊常山王張耳。大破之。

夏誠【明】仁和人。字克誠。宣德舉人。擢御史。英宗北征。扈從至土木。遇難沒於陣。

夏・銘善【明】溆浦人。字復初。洪武進士。擢御史。善論事。守正不阿。凡有大政。帝輒謂左右召夏御史來。後坐事死。帝嘆曰。失吾直臣。乃命有司治殮歸葬。

夏・寬【漢】受詩於申公。武帝時爲陽城內史。以廉節稱。

夏・徵舒【春秋】【陳】夏姬之子。靈公與孔寧・儀行父通於夏姬。徵舒弒靈公。二子奔楚。楚莊王伐陳。殺徵舒。

夏・德【宋】字子益。精醫術。嘗裒其師傳之方用輒得效者。幷取舊所家藏及自著奇疾方。爲衛生十全方一書。

夏・毅【明】字仲毅。從太祖征江南有功。又從取婺州。帝以其地爲浙東要郡。以毅爲金華衛指揮。領兵鎭焉。金華括蒼苗兵反。毅方略討平之。毅靜中而寬外。政事修明。在鎭數十年。兵民咸賴之。

夏・魯奇【後唐】青州人。字邦傑。初事梁。後奔晉。莊宗時賜姓名曰李紹奇。後復故。莊宗覘敵遇伏。魯奇力戰出之。拜磁州刺史。遷河陽節度使。爲政有惠愛。徙鎭忠武。遮留不得行。後徙鎭武信。董璋反。攻遂州。城中食盡。自刎死。

夏・儒【明】上元人。武宗毅皇后父。正德中封慶陽伯。父瑄疾。三年不去左右。既貴。服食如布衣時。

夏・樹芳【明】江陰人。字茂卿。萬曆舉人。有栖眞志・法喜志・茶董・奇姓通。

夏・璣【明】吳縣人。字德乾。天順進士。知新淦縣。以循良稱。擢監察御史。多所建白。

夏・積【明】吉水人。字孚英。景泰進士。累官刑部郎中。端謹有學識。居官清白。用法平恕。

夏・穎【清】秀水人。字稼民。號蘭隱。布衣。善畫蘭竹。天趣橫生。兼善花卉。工吟咏。能鼓琴。早卒。

夏・衡【明】松江華亭人。字以平。工書畫。永樂中官至太常卿。成祖北征。宣宗討武定州。皆與扈從。衡蒞事內閣最久。謙厚縝密。未嘗泄禁中語。

夏・隨【宋】守贇子。字君正。仁宗時歷官陝西副都總管・緣邊招討副使。雖戰功不多。然愼重少過。卒諡莊恪。

夏・霖【明】吉水人。字道存。洪武間以文學徵爲本郡教授。博學有行誼。沒配祀九賢堂。有荷亭・金灘諸集。

夏・駰【清】烏程人。字春茵。號宛來。康熙間薦鴻博未試。有爛溪集・交山平寇本末。

夏・壎【明】天台人。字宗成。景泰進士。巡按福建。繼淸軍江西。發鎭守中官葉達恣橫狀。擢廣東按察使。奏言猺獞弗靖。用兵無功。由有司撫字乖方。賊因得誘良民爲徒黨。宜愼選監司守令。撫綏遺民。繼巡撫四川。旋乞歸。杜門養親。不接賓客。

夏・燮【清】當塗人。字嗛父。官永新知縣。有中西紀事。託名江上蹇叟。於互市傳教顛末。言之甚詳。因頗詆外人。至爲所干涉。禁出售焉。又有述韻・明通鑑。

夏・鍭【明】壎子。字德樹。弘治初謁選入都。上章忤旨。下詔獄得釋。除南京大理評事。疏論賦斂徭役馬政鹽課利弊及宗藩戚里侵漁狀。不報。鍭素無宦情。父官四川。嘗獻詩勸歸。至是鍭亦乞致仕歸。居鄉砥礪名節。有赤城集。

夏・鴻【宋】池州人。嘗與弟鵬撰十三代史略。後以辟爲團練推官。

夏・馥【後漢】圉人。字子治。桓帝初舉直言。不就。馥雖不交時宦。然譽名爲中官所憚。遂與范滂張儉等俱被誣害。號爲黨魁。乃變形暨姓名爲人傭。黨禁未解而卒。

夏・寵【明】京山人。字時承。幼有神解。讀書五行俱下。正德間麻城賊攻其家。父捍之。力屈。呼寵並逃。時寵母方死。寵衰衣迎賊。賊執以去。旋義而釋之。後登鄉薦。

夏・鵬【宋】鴻弟。隱居不仕。布衣蔬食。鄉人罕見其面。有造門問學者。爲之講解不倦。江南士多宗之。

夏・鑾【清】當塗人。字德音。號朗齋。嘉慶優貢生。官徽州府訓導。服膺程朱之學。身體力行。教子弟必以小學爲宗。刪補陳宏謀五種遺規。刊諸學以詔多士。在任十餘年。多所造就。道光中解官歸卒。

⊙【清】上元人。字鳴之。工詩善畫。咸豐間曾國藩治水師於衡。鑾與褚汝航同在湘潭監造戰艦。既成軍。捷湘潭。克岳州。功稱最。官至同知。城陵磯之敗。力戰死。

奚・士遜【宋】寧國人。與兄士達同登進士。累官至大理卿。會韓侂胄死。史彌遠議大獄。士遜曰。侂胄誠奸邪。若欲加以大逆。非士遜所知。遂罷歸。

奚・斤【後魏】箄子。機敏有識度。道武初統禁兵。後爲侍郎。累從征伐有功。賜爵山陽公。太武爲皇太子。聽政。以斤爲左輔。行揚州刺史。遣收宋前侵地。遂平兗豫諸郡。太武即位。進爵宜城王。改弘農王。爲萬騎大將軍。平決獄訟。諮訪朝政。斤聰辨強識。善於談論。卒諡昭。

奚·世亮　明黃岡人。字明仲。一字汝寅。嘉靖進士。授南京戶部主事。榷稅以廉著。歷延平府同知。時倭寇閩。或止之。世亮不可。單車行。日事禦寇。移攝興化府。倭至。圍城踰月。世亮親冒矢石拒之。南城已陷。猶西向迎戰。身被數創死。

奚·仲　夏禹之臣。初黃帝作車。少昊加牛。奚仲加馬。乃命仲爲車正。建綏旆以別尊卑等級。

奚回离保　遼一名翰。字挼懶。奚王忒鄰之後。趫勇善騎射。以破諸番功。累遷奚六部大王。兼總知東路兵馬事。保大中金兵至。天祚播遷。回离保立秦晉國王淳爲帝。淳死。金兵由居庸關入。回离保知北院。即箭笴山自立。號奚國皇帝。改元天復。爲郭藥師所敗。其黨殺之。

奚和朔奴　遼字籌寧。奚可汗之裔。統和中爲奚六部長。南面行軍副部署。宋曹彬·米信等來侵。奚和朔奴破之於燕南。手詔褒美。後掠地東南。循高麗北界而還。地遠糧絕。士馬死傷。詔降封爵卒。

奚·岡　清錢塘人。字純章。號鐵生。別號蝶野子·蒙泉外史·鶴渚生·散木居士。行九。人呼奚九。弱冠以畫名。性僻介。高宗南巡。岡方應童子試。杭州知府繫之至。使畫行在白壁。岡曰。爲有屬畫而繫至者。頭可斷。畫不可得。繫者曰。爾非童生。乃鐵生也。因自號鐵生。終身不與試。詩書俱清曠。有冬花菴燼餘稿。

奚·昌　明吳縣人。字元啓。少游鄉校。有雋聲。正統中以易中式。十試禮部不中。遂易尚書。喜爲詩。年且五十。中進士。卒於京師。

奚·牧　後魏代人。重厚有智謀。道武寵遇之。稱曰仲兄。使參與計謀。從征慕容寶。以功拜并州刺史。州與姚興接界。興頗寇邊。牧乃與興書。均禮抗之。責興侵邊。興以恨牧。有言於道武。道武戮之。

奚·涓　漢以舍人從高祖起沛。入漢。以將軍定諸侯。封魯侯。

奚·容蒧　春秋衛字子晳。孔子弟子。有文采。志氣英邁。

奚·陟　唐京兆人。字殷卿。少篤志通羣書。大曆末擢進士文詞清麗科。德宗時累官中書舍人。雖細務皆身親其勞。久益強力。人以爲難。累遷吏部侍郎。銓綜平允。卒官。

奚·康生　後魏洛陽人。少驍勇。彎弓十石。梁武帝聞其名。特作大弓兩張送之。弓長八尺。觀者以爲絕倫。孝文時爲直閤將軍。積戰功至右衞將軍河南尹。與元叉同謀廢靈太后。後與叉不協。會孝明朝太后於西林園。康生欲因而殺叉。爲叉所執殺。及靈太后反政。賜諡武貞。

奚·眷　後魏代人。少有將略。道武世有戰功。明元時官虎牢鎮將。爲寇所憚。太武時賜爵南陽公。及征蠕蠕。以都曹尚書督偏將出別道後期。斬於都南。

奚·意　漢以魏郎從高祖擊項籍。以屬魏王豹。豹反。徙屬相國彭越。以太原尉定代。封成陽侯。卒諡定。

奚·疑　清烏程人。字子復。號虛伯。又號樂夫。布衣。工詩能畫。喜賓客。所居曰月上樓。後改署曰榆蔭樓。四方名士至湖州者。流連無虛日。晚歲喜爲長者。鄉人化之。卒年八十四。稱榆樓先生。

奚·銘　明宛平人。成化間知樂安縣。百廢修舉。擢監察御史。

奚齊　春秋晉獻公庶子。獻公卒。荀息立奚齊。里克·丕鄭欲內重耳。以三公子之徒作亂。告荀息。荀息不可。里克遂殺奚齊於喪次。

奚·緝營　清寶山人。字聖輝。幼讀論語至父母之年不可不知輒隕涕。母病。割股愈之。父年邁。冬夜抱父足以眠。撫兩弟遺孤如己出。姊妹適人。皆依之以活。

奚·鼐　唐易水人。善製墨。所製者面有光氣。印文有奚鼐或庚申二字。弟鼏。亦善製墨與鼐同。惟庚申字異。子超。渡江後。南唐賜姓李。超子庭珪。即世所稱李庭珪墨也。

奚·應龍　清朝邑人。道光武進士。累官廣西提督。湖南李沅發滋擾廣西。防勦屢有功。卒於軍。

奚·濤　清崑山人。原名冠。字沅山。一字大蒙。明諸生。入清棄儒冠。隱居渭塘。工詩畫。年八十有六卒。有傷快閣歸閒堂集。

奚·簟　後魏代人。典馬牧。有寵於昭成帝。時國有良馬曰騧騮。爲劉庫仁所盜。簟往取。傷庫仁。遂奔衛辰。及道武滅衛辰。乃得歸。

娥·永樂　北齊官武衞。勇力絕人。

娥·清　後魏代人。少有將略。累著戰功。擢給事黃門侍郎。徙河民散居三州。頗爲民害。詔清徙之平城。清善綏撫。徙者如歸。明元帝時從征蠕蠕。又從平統萬。太武時以功遷平東將軍。與古弼東討馮文通。以不急戰。文通奔高麗。檻車徵清。黜爲門卒。卒於家。

娥皇　有虞氏堯長女。堯以四岳薦舜。妻以娥皇及次女女英。以觀其內。二女事舜於畎畝之中。恩盡婦道。舜既爲天子。娥皇爲后。女英爲妃。舜崩於蒼梧之野。二女沒於江湘之間。相傳娥皇爲湘君。女英爲湘夫人。

孫一元 〔明〕字太初。自稱秦人。或云安化王宗人。王坐不軌誅。故變姓名避難。嘗辭家入太白山。因自號太白山人。善爲詩。豪宕孤騫。前無古人。蹤跡奇詭。攜鐵笛鶴瓢。遍游名勝。足跡半天下。正德間僦居烏程。與劉麟·龍霓·陸崐·吳珫結社倡和。稱苕溪五隱。有太白山人漫稿。

孫一奎 〔明〕休寧人。字文垣。號東宿。又號生生子。以醫術游公卿間。所著赤水元珠。辨古今病證名稱相混之處。極爲明晰。又有醫旨緒餘。所論皆有特識。

孫七政 〔明〕常熟人。字齊之。能詩。與王世貞諸人遊。有松韻堂集。

孫九鼎 〔金〕定襄人。字國讓。天會中舉進士第一。有詩名。與弟九疇九億同榜登第。忻州文派。九鼎指授爲多。

孫三傑 〔明〕樂安人。字景濂。號松石。天啓進士。知寶雞縣。招降叛賊王老虎。移知長安。大猾戢影。擢給事中。連疏劾權相。羣小忌之。坐故鐫秩。稍遷太僕寺丞卒。

孫士良 〔明〕永樂初知應山縣。政簡賦均。墾荒田五十餘頃。民稱頌之。

孫士美 〔明〕上海人。字公燦。以舉人授舒城教諭。崇禎間流寇犯舒城。士美代縣令堅守。城獲全。擢知深州。清兵至。城破自刎死。

孫士毅 〔清〕仁和人。字智治。別號補山。乾隆進士。征緬甸。定安南。平湖南叛苗。勦湖北白蓮教。功甚著。官至文淵閣大學士。封三等男。卒諡文靖。生平精力過人。詩又能獨出機杼。性愛石。有米顛癖。督學黔中時。得文石百有一枚。因自署曰百一山房。有百一山房文集及奏議。

孫大剛 〔清〕鎮海人。嘉慶間屢獲海盜。累擢海壇鎮總兵。從李長庚追捕蔡牽。屢有斬殺。尋與王得祿圍攻牽。牽受傷落海死。閩粵各洋肅清。

孫子秀 〔宋〕餘姚人。字元實。紹定進士。度宗朝累官太常少卿兼右司。尋兼知臨安府。以言罷。起知婺州卒。居官多惠政。爲人磊落英發。與人交。久而益親。死生患難。營救不遺餘力。聞一善則手錄之。

孫子良 〔明〕海寧人。永樂進士。選庶吉士。與修永樂大典。官至山東參政。有螺城集。

孫子祀 〔清〕聞喜人。號主一。康熙進士。官垣曲知縣。有太極集註。

孫小 〔後魏〕石安人。字茂翹。幼沒入東宮。爲東宮內侍。以聰識有智略稱。每從征伐。累有戰功。封中都侯。官至冀州刺史。所至人頌其政化。

孫山 〔宋〕吳人。滑稽有才。赴舉時鄉人託以子偕往。鄉人子失意。山綴榜末。先歸。鄉人問其子得失。山曰。解名盡處是孫山。賢郎更在孫山外。其滑稽類如此。

孫之宏 〔宋〕餘姚人。字偉夫。葉適弟子。第進士。嘗序水心習學記言。發明大旨殆盡。

孫之獬 〔清〕淄川人。明天啓進士。官至侍講。以魏忠賢逆案削籍歸。順治初投誠。練鄉勇守城有功。擢禮部右侍郎。旋以兵部尚書銜招撫江西。爲金聲桓所劾。奪職家居。值土賊亂。罵賊不屈遇害。

孫之翰 〔宋〕慈谿人。字文學。少志學。性孝友。母病。封肝爲粥以進。越夕愈。

孫之騄 〔清〕仁和人。字晴川。雍正間官慶元教諭。性耿介。博極羣書。與毛奇齡善。時時抗論。奇齡爲之心折。年逾六旬。日與諸生講學。有晴川八識·別本尚書大傳·致定竹書·松源經說·二申野集·南漳子·枝語·樊紹述集註·玉川子詩集註·松源集。

孫仁 〔明〕貴池人。字世榮。景泰進士。累官陝西右參政。有惠政。晉右副都御史。巡撫四川。平松潘黑虎砦賊。以戶部左侍郎致仕。有東山奏議·東山稿。

孫仁貴 〔唐〕武后時爲苑東監。畫蹟精妙。格不甚高。

孫介 〔宋〕璹弟。字不朋。號雪齋。幼隨兄入郡庠。從學於胡宗伋之門。兄卒。從長友厲德輔肄業柴溪。既冠。授書自給。益發憤自課。務爲實學。隨才指授。至老不倦。

孫允中 〔明〕督府儀衛司人。嘉靖進士。官至山西按察司僉事。嘉靖間大同兵變。允中前後入城撫定。著有雲中紀變。◎〔清〕錢塘人。字敬修。號春生。山東海陽典史。善寫蘭竹。

孫允賢 〔元〕文江人。有類編南北經驗醫方大成。

孫元化 〔明〕嘉定人。字初陽。天啓舉人。從徐光啓游。得西洋火器法。條備京防邊二策。得贊畫經略軍前。建礮臺教練法。歷官兵部主事。尋罷。崇禎初起兵部員外郎。遷郎中。袁崇煥爲經略。乞以自輔。累遷右僉都御史。巡撫登萊。孔有德變。元化力主撫。檄郡縣無邀擊。已而賊陷登州。自刎不殊。被執縱還。詔逮棄市。

孫元衡 〔清〕桐城人。字湘南。康熙中官至知東昌府。其詩集曰赤嵌集。多紀海外土風物產。頗逞才氣。極爲王士禎所稱。

孫公亮 〔元〕雲中人。少有大志。練習國典。襲父職。佩銀符。疏言宜設御史臺。以正綱紀。即拜監察御史。歷官至工部尚書。

孫升 〔宋〕高郵人。字君孚。第進士。元祐初爲監察御史。多所建明。惟比蘇軾於王安石。謂其德業器識不足。不可使輔佐經綸。世頗譏其失言。累官天章閣待制。集賢院學士。紹聖間坐劾。累貶果州團練副使卒。

孫天祐 【明】善畫。翎毛蘭竹花卉草蟲。精緻可愛。

孫夫人 【三國蜀】權之妹。先主為荊州牧。權畏之。進妹固好。夫人驕豪。多將吳吏兵。縱橫不法。後權聞先主西征。大遣舟船迎妹。而夫人欲將後主還吳。趙雲與張飛勒兵截江。後主乃得還。相傳葬於蟂磯。建靈澤夫人祠。

孫文 【明】餘姚人。幼時父為族人時行箠死。久欲報之而力不敵。偽與和好。一日值時行於田間。突以田器擊殺之。坐戍。未幾遇赦獲釋。

孫文原 【明】慈溪人。字宗道。性至孝。母王氏沒時。授經於崇德。聞訃徒步歸。哀毀骨立。父嵩病痢。文原嘗糞甜。知不可生。籲天封股以進。疾遂愈。後領鄉薦。官都昌。輒號哭曰。祿不逮養。食寧下咽耶。清德懿行。人多稱之。

孫文義 【明】館陶人。舊名文進。洪武進士。拜監察御史。監造榆林版籍。有功。詔改名。卒於官。

孫方武 【宋】長沙人。為州學正。金人入城。方武率居民巷戰累日。金人縱火。衆竄伏。方武仍挺身抗禦。罵不絕口死。

孫方諫 【後周】清苑人。本名方簡。定州西北有狼山。尼深意於此以佛法誘民。尼死。方諫繼行其法。衆推以為主。晉出帝時定帥表為游奕使。後北通契丹。契丹以為定州節度使。已而從之雲中。方諫不受命。率衆入狼山。歸漢。漢以為義武軍節度使。周太祖時徙鎮華州。世宗時從駕至洛。得疾卒。

孫曰秉 【清】奉天承德人。字德元。一字葆年。乾隆進士。累官雲南巡撫。性伉直。以清節自勵。苞苴不入。在山左江南。所舉皆寒素有名之士。待人以誠實。未嘗察察為明。人亦不忍欺。

孫丕揚 【明】富平人。字叔孝。嘉靖進士。擢御史。有風裁。萬曆初以右僉都御史。巡撫保定。以嚴為治。屬吏惴惴。引病歸。起應天尹。累拜吏部尚書。百僚無敢干以私。以疏詆張位。為帝所不直。乞去。久之。帝念其廉直。起故官。眷遇益隆。時年已邁。乞去不已。拜疏徑歸。天啓初追諡恭介。

孫世恪 【明】漢陽人。字貞伯。究心理學。旁涉天文星象兵律之書。萬曆間舉於鄉。就教長沙。陞國子監學正。劾魏忠賢。忠賢怒。矯旨切責。崇禎初擢工部主事。歷南戶部郎中。

孫丙 【明】字文煥。成化進士。選庶吉士。改御史。累遷四川左布政。正德中以右副都御史巡撫湖廣。操履清介。所至法令修舉。遷工部右侍郎。採木入山。犯風痺得疾卒。諡恭襄。

孫占鼇 【清】零陵人。字玉山。乾隆歲貢生。嘗役於府署。懷書而往。郡守奇之。因令改業儒。不數年。文名蔚起。晚潛心理學。終日默坐。卒年九十六。有周易疑參。四書質疑。

孫可元 【宋】善繪畫山水。氣韻高古。尤喜圖高士巖居漁隱之趣。

孫可望 【清】延長人。張獻忠養子。順治間豪格征四川。獻忠敗死。可望遂踞川南。由貴州入雲南。尋降桂王。乞封秦王。與李定國合拒清軍。後與定國絕。叛桂王自立。為定國所敗。窮蹙降清。授爵義王。卒諡恪順。

孫必達 【宋】錢塘人。淳祐間畫院待詔。工畫釋道鬼神。

孫必顯 【明】振基子。字克孝。萬曆進士。累官吏部員外郎。時魏忠賢羅織清流。言者遂劾其世投門戶。削籍。崇禎初起驗封郎中。再被劾。謫山西按察經歷。量移南禮部主事。道出柘城歸德。適流賊來犯。為設守完其城。累擢兵部右侍郎卒。

孫正通 【明】歸化人。初隸陳有定為步卒。以勇聞。歸明。數從李文忠征伐。奮勇先登。無戰不克。擢汝寧衛指揮使。洪武間平漳泉界寇。勅就地建督府以鎮守之。在職十餘年卒。

孫永 【宋】沖孫。字曼叔。世為趙人。徙家長社。第進士。元豐間累官端明殿學士。以疾辭。起知陳州。哲宗時召拜工部尚書改吏部卒。諡康簡。永論議持平。外和內勁。與人交。終身無怨仇。范純仁蘇頌皆稱之為國器。

孫永祚 【清】常熟人。字子長。號雪屋。明貢生。入清隱居不出。有雪屋文集。

孫永清 【清】無錫人。字宏度。別字春臺。乾隆舉人。累官廣西巡撫。安南事起。籌餉督運。往來瘴地兩年。以疾卒。性平恕。工詩文。有寶嚴齋詩集。

孫玉庭 【清】濟寧人。字寄圃。乾隆進士。累官體仁閣大學士。兩江總督。道光間河決高家堰。被議除名。性廉介。歷事三朝。敭歷中外五十餘年。清操碩德。為天下望。

孫用和 【宋】善畫釋道人物。

孫立綱 【清】吳江人。字立三。諸生。畫師倪瓚。工為古文辭。詩尤俊邁。性耿介。有太瘦生稿。

孫立節 【宋】寧都人。字介夫。師事李覯。與曾鞏友善。學問淹貫。嘗作春秋傳。孫復見而歎曰。吾力所未及者。介夫蓋發之。擢皇祐進士。王安石行新法。語立節曰。吾條例司。當得明敏如子者。立節笑曰。相公過矣。立節非為此官者。遂趨出。後為鎭江軍書記。

孫・丞 晉桓孫。字顯世。好學有文章。作螢火賦行於世。爲黃門侍郎。與顧榮俱爲侍臣。吳平入洛。爲涿令。甚有稱績。永安中陸機爲成都王大都督。請丞爲司馬。與機俱被害。

孫・交 明安陸人。字志同。成化進士。嘉靖間歷官戶部尚書。政績卓著。以太子太保致仕。卒諡榮僖。交言論恂恂。清愼恬懿。終始一致。官南吏部日。僚友以事簡多暇。相率飮奕爲樂。交獨默處一室。讀書不輟。或以爲言。交曰。對聖賢語。不愈於賓客妻妾乎。

孫・仲章 元大都人。或云姓李。工樂府。有勘頭巾等雜劇行世。

孫・伏伽 唐武城人。仕隋爲萬年縣法曹。唐武德初上言三事。一開言路。二廢百戲散樂。三爲皇太子諸王愼選僚友。帝大悅。以爲治書侍御史。復數請損賦斂・置諫官。皆見納。太宗朝累遷大理寺卿。出刺陝州致仕卒。

孫・兆奎 明吳江人。福王時吳江失。兆奎與同里吳易同謀舉兵。得千餘人。屯長白蕩。事敗。慮易妻女被辱。視其死而後行。遂被獲死節。

孫・光祀 淸歷城人。字怍庭。號溯玉。順治進士。官至兵部侍郞。有澹餘軒集。

孫・光祐 明絳州人。嘉靖進士。授承天推官。陞文選司郎中。累遷應天巡撫。當大水之後。請蠲夙逋數百萬。勦平京口妖僧。改巡川蜀。終南戶部侍郎。

孫・光曧 淸餘姚人。字丹扶。順治副貢生。官藁城知縣。有畫筴圖・撼龍經。

孫・光憲 宋貴平人。字孟文。少好學。依荊南高季興爲從事。後歸太祖。累官檢校祕書監。光憲勤學聚書。或自抄寫校讎。自號葆光子。著作多佚。傳者有北夢瑣言。遺文瑣語。可資攷證。

孫・全照 宋行友子。字繼明。以蔭補殿直。積功累知天雄軍府。眞宗幸澶淵。全照守魏城。拒退契丹。以勞加檢校工部尚書。爲人精悍知兵。以嚴毅整衆。然性剛使氣。專任刑罰。大中祥符中掌閤門客省四方館事。車駕西幸。留爲新城都巡檢卒。

孫・全謀 淸龍溪人。乾隆間從征臺灣。嘉慶間協勦湖北教匪。皆有功。官至廣東水師提督。

孫后 明鄒平人。幼有美色。宣宗卽位。封貴妃。無子。陰取宮人子爲己子。卽英宗也。胡后廢。册爲皇后。英宗立。尊爲皇太后。景帝卽位。尊爲上聖皇太后。英宗北狩還。幽南宮。石亨等謀奪門。先密白太后。許之。英宗遂復辟。天順中崩。諡孝恭。

孫・在豐 淸德淸人。字屺瞻。康熙進士。授編修。總裁明史。累擢工部右侍郎。出治河工。條奏數十事。次第畢舉。後官內閣學士兼禮部侍郎。卒於官。

孫・好古 明湯陰人。字汝愚。萬曆進士。累陞川東參政。時藺州永西兩宣撫交搆。馳往說利害。土司不敢復訌。遷廣西右布政。未行。適撫軍徵兵。土司奢崇明悍不服遣。劫殺撫道。好古時在客。大罵叛賊。遂遇害。

孫・如法 明鑨子。字世行。號俟居。萬曆進士。授主事。從弟如游論建儲及册封鄭貴妃事得罪。謫潮陽尉。遂不出。隱居柳城別墅。以圖史自娛。工書。喜校讎。尤工詞曲。

孫・如游 明如法弟。字景文。萬曆進士。累官禮部侍郎。部事叢集。決遣無滯。光宗立。首請建東宮。帝諭封鄭貴妃爲太后。李選侍爲后。俱執禮以爭。熹宗立。以東閣大學士入參機務。致仕卒。諡文恭。

孫・存 明滁州人。字性甫。正德進士。授禮部主事。累遷河南布政使。精於吏治。嘗輯一代典制與疏例互相發者附於律令。名曰讀法。

孫・守信 淸長沙人。字小石。供事內閣。得從九品。道光末平李沅發。擢知縣。咸豐間先後從江忠源・羅澤南征討有功。後從李續賓。三河鎭之敗。死之。

孫・守榮 宋富陽人。生七歲病瞽。遇異人敎以風角鳥占之術。能以音律推五數・播五行。測知休咎。自號富春子。游吳興間。言事屢驗。名大顯。淮南帥薦諸朝。爲丞相史嵩之所忌。貶死遠郡。

孫・旬 明萊陽人。字若穆。號滸西。萬曆進士。授行人。擢御史。時張居正爲相。權傾中外。旬獨亢直不附。巡鹽浙江。值兵變劫撫軍。旬單身詣賊壘諭利害。亂遂定。再按江西順天。貴戚斂手。宦寺屏息。累遷大理少卿。以母憂歸卒。

孫・汝琦 淸歸安人。字少甫。少孤。事母純孝。夫妻相敬如賓。後數從軍征滇黔。以功授知州。布政使蔣志章延司度支。志章沒於任。虧軍帑弗能完。汝琦傾貲贖之。尋歸隱。嘗壁光等勸其赴官。弗應。

孫・汝敬 明吉水人。名簡。以字行。永樂進士。選庶吉士。召使誦書。不稱旨。遣戍江南。數日復之。自此刻勵爲學。累進侍講。仁宗時上言時政十五事。忤旨下獄。旣改御史。有直聲。擢工部右侍郎。往撫安南。督兩浙漕運。理陝西屯田。多所建置。坐受餽下獄。免死充爲事官。仍督陝西屯田。後以疾告歸卒。

孫・江 明樓玄孫。字岷自。嘗做

徐孝穆玉臺例。錄唐詩豔麗者爲緣情集。又有宋山·花源·問唐諸集。

孫·自一 明光山人。字淡如。少孤貧。事母孝。登崇禎進士。知黃岡縣。政尙恬靜。値流寇薄城。城陷死之。

孫·自修 宋宣城人。字敬甫。偕從弟自新·自任·從朱子游。時王學久衰。自修兄弟獨知尊嚮。時論韙之。朱子嘗貽書商榷傳訓。既沒。自修追記錄爲一卷。附載朱子語錄。⊙清江寧人。字無修。明季舉人。知陽江縣。有慈惠聲。遷貳大同。感時亂。薙髮爲僧。自號與然。居懸溪庵。時人稱曰懸溪和尙。精繪事。

孫·自務 清安邱人。字樹本。號立庵。諸生。有花石山房集。

孫·艾 明常熟人。字世節。號西川翁。肆力於學。鑿虞山陽崖爲美泉。結廬以待遊者。篤於故舊。父喪。致十郡客來赴唁。盡傾其家接待之。有四川集。

孫·行友 宋方諫弟。奉妖尼深意之術。方諫爲邊界游奕使。以行友爲副。歸漢。授易州刺史。周初以爲定州留後。宋初加同平章事。時狼山教徒妖妄日盛。行友不自安。屢表乞歸。不允。乃集丁壯繕兵甲。欲還山以自固。太祖迫令舉族赴闕。倉皇聽命。詔奪職禁錮。以郊祀恩。起左龍武軍將軍卒。

孫·衣言 清瑞安人。字琴西。道光進士。端雅好學。喜談經濟。搜輯其鄉文獻甚勤。官至太僕寺卿。乞休歸。有遜學齋文鈔。

孫·位 唐居會稽山。號會稽山人。光啓中以處士爲蜀之文成殿下將軍。畫水入神。世謂孫位之水幾於道。工書。曾遇異人。有道術。改名遇。

孫·何 宋庸子。字漢公。十歲識音韻。十五能屬文。爲文必本經義。與丁謂齊名。王禹偁雅重之。舉淳化進士。累官右司諫。眞宗初獻五議。從幸大名。詔訪邊事。皆嘉納之。歷兩浙轉運使知制誥。以疾卒官。何樂名教。勤接士類。然性褊急。在浙專務峻刻。州郡病焉。著駁史通十餘篇。

孫·作 明江陰人。字大雅。以字行。一字次知。工爲文。嘗著書十二篇。號東家子。元末挈家避兵於吳。獨載書兩簏。張士誠廩祿之。旋以母病謝去。洪武中聘修日曆。授編修。以老病乞外。改太平府教授。累擢國子司業。以事廢爲民。起長樂教諭。有滄螺集。

孫·克宏 清承恩子。字允執。號雪居。以廕授應天治中。擢知漢陽府。善山水花鳥。又善以水墨寫生。竹石蘭草。無不精妙。作仙釋像。世亦稱之。兼工隸篆。

孫·克恕 明馬平人。字推之。萬曆舉人。歷官貴州副使·分巡思石道。安邦彥之亂。戰死。有虎守其骸不去。蠻人嗟異。事聞。贈太僕卿。

孫·君澤 元杭人。工畫山水人物。

孫·宏軾 明資人。字以瞻。嘉靖進士。歷浙江海道副使。才猷練達。爲政簡嚴。務持大體。

孫·希朱 清無錫人。字仰晦。潛心性理之學。事親至孝。有仰晦先生集。

孫·希武 元遂溪人。仕爲賓州判官。進臨賀尹。廉潔自守。接人無妄言。在賓州。猺蠻梗化。官府莫能制。希武作書招之。猺蠻盡附。

孫·希賢 元高唐人。母病痢。希賢閱方書。有曰血溫身熱者生。血冷身涼者死。希賢嘗之其血溫。乃號泣告天求身代。母遂愈。

孫·延 清吳縣人。原名衡。字壽之。號蔚堂。家有古梅九枝。自稱九梅居士。諸生。工寫生。能詩善書。

孫·延齡 清遼東人。父龍。隨孔有德降清。授二等男。延齡襲爵。康熙時爲鎭守廣州將軍。吳三桂反。延齡據桂林叛應之。後從傅宏烈勸告。將歸順。三桂遣從孫世琮誘殺之。

孫·廷銓 清益都人。字道相。別字沚亭。明崇禎進士。入清後累擢吏部尙書。掌銓六年。恪守舊章。吏不敢上下其手。卒謚文定。少嗜讀書。爲文從政。一本經術。有顏山雜記·漢史億·歸厚錄·琴譜指南·南征紀略。

孫·志祖 清仁和人。字詒穀。號約齋。乾隆進士。官御史。著讀書脞錄。考論經子雜家。折衷精審。又著家語疏證·文選考異·文選李注補正·文選理學權輿補。

孫·成 唐遜子。字思退。以蔭累官長安令。遷信州刺史。歲旱。發倉穀以賤直售民。詔書褒美。終桂管觀察使。成通經術。奏議据正。嘗有期喪。弔者至。成不易縗。客疑之。成曰。縗者古居喪常服。去之則廢喪也。今而巾幞。失矣。⊙明澧州人。成化舉人。知泰寧縣。寬征薄賦。獄訟不興。及罷歸。䘏困排難。里人稱其有王烈之風。

孫·抃 宋眉山人。字夢得。六世祖長孺喜藏書。號書樓孫氏。抃登進士。皇祐中權御史中丞。數言事。不爲矯激。帝欲除內侍王守忠節度使。抃奏罷之。溫成皇后喪。議建陵立廟。抃固爭。帝爲改容。又劾罷宰相梁適·陳執中。官至參知政事。卒謚文懿。

孫·抑 元洪洞人。字希武。第進士。仕至刑部郎中。關保之變。奉父母避兵平陽。亂兵嚇抑母求財。抑以身乞代。母得免。而抑父被擄。抑冒死往訪。屢瀕危殆。卒得父以歸。

孫・抗 〔宋〕黟人。字和叔。少力學。寄食浮屠山中數年。遂博極羣書。天聖中得同學究出身。後登進士甲科。知潯州。改廟作學。召吏民子弟秀者爲講說文藝。未幾旁州士皆來學。累除廣西轉運使。會遣將征儂智高。抗督吏輸餉。治城修械。賴以有功。遷尚書司封員外郎卒。

孫・杕 〔清〕錢塘人。字子周。號竹癡。爲人清癖而風雅。工行草八分。善花卉竹石。筆墨遒勁。設色濃豔。得古人正派。鉤勒飛白尤佳。

孫・汲 〔宋〕分宜人。字公善。由朝散郎權吉州。吉素號劇繁。汲居不越月。境內稱治。

孫・沔 〔宋〕會稽人。字元規。天禧進士。跌蕩自放。不守士節。然材猛過人。累官左正言。論事有直名。爲陝西轉運使。上書力詆宰相呂夷簡。三知慶州。邊人服其能。然性好宴遊女色。坐廢。起觀文殿學士。知慶州。徙延州。道卒。

孫・沖 〔宋〕平棘人。字升伯。眞宗時以侍御史爲西京轉運。塞滑州決河。後知河中府。徙潞州。所至以強幹稱。

孫・沂 〔宋〕丹徒人。字彥溫。擢進士。紹定中爲常熟丞。時長官不屑民事。惟沂是賴。民有歲久不決之訟。皆直請臺府願以屬沂。旁縣亦然。尋以病乞歸卒。

孫・玘 〔明〕一作圮。字廷瑞。一作廷玉。工畫山水人物。

孫・甫 〔宋〕陽翟人。字之翰。少好學。舉進士。知翼城縣。杜衍辟爲永興司錄。與譏語。必引經以對。衍稱爲益友。薦授祕閣校理。進十二事。按先朝故實校當世之治有所不逮者。以爲諷諫。名三聖政範。累官河北都轉運使。留爲侍讀卒。甫性勁果。善持論。所著唐史記不傳。存者有唐史論斷。

孫・男玉 〔後魏〕鄃縣女子。夫爲人所殺。男玉追執仇人。以杖毆殺之。詔特恕其死。

孫・秀 〔晉〕本吳宗室。在吳爲前將軍夏口都督。見惡於吳主皓。皓遣何定將兵遠獵於夏口。秀驚疑。遂奔晉。皓怒。追改秀姓爲厲。晉以秀爲驃騎將軍儀同三司。封會稽公。吳平。降爲伏波將軍。⊙〔晉〕起自瑯琊外史。以諂媚爲趙王倫所嬖。與倫同謀廢賈后。逼惠帝禪位。倫既僭立。以秀爲侍中中書監。倫庸下。復受制於秀。秀多殺忠良。威權振朝廷。齊王冏等起兵討倫。秀亦被誅。

孫・秀秀 〔元〕妓。京師小旦色。公卿多愛重之。京師諺曰。人間孫秀秀。天上鬼婆婆。

孫・秀姑 〔清〕杭州女子。幼適楊文龍。以待年未婚。鄰有無賴。豔秀姑色。屢挑之。秀姑號泣訴於姑。飲毒而卒。

孫・秀實 〔元〕大寧人。性剛毅。喜周人急。里人王仲和託秀實貸富人鈔。貧不能償。逃去數年。其親思之疾。秀實日饋薪米存問。終不樂。秀實乃悉爲代償。取劵還其親。訪仲和使歸。父子歡聚。聞者嗟美。

孫・良 〔明〕宜都人。字德輝。永樂舉人。任延津教諭。陞工科給事中。敢言多忤。改進賢教諭。致仕。

孫・見龍 〔清〕歸安人。字叶飛。號潛村。晚號春齋。康熙進士。乾隆時舉鴻博。與試未用。後知洪洞縣。有政聲。以忤上官去任。主滇南五華書院。學問該洽。詩亦清超拔俗。有五華纂訂・四書大全・潛村詩稿。

孫・谷 〔明〕朔寧人。郡守孫益奏爲掾屬。待之異於常僚。益出師。屬以後事。益死。敵騎來攻。衆欲迎降。谷爭弗得。歎曰。吾身已許國。又不忍負孫公之託。諸人不見容。是吾死所也。或舉刃脅之。無憯容。遂見殺。

孫・赤 〔漢〕以中涓從高祖起沛。爲郎。擊項籍・陳豨有功。拜上黨守。封堂陽侯。卒謚哀。

孫・倬 〔宋〕吳興人。字少述。初名侔。字正之。早孤。爲文奇古。內行孤峻。與王安石・曾鞏游。事母盡孝。志於祿養。屢舉進士。母卒。誓終身不仕。客居江淮間。屢薦皆不就。

孫・叔敖 〔春秋楚〕卽蔿敖。嘗殺兩頭蛇埋之。歸泣白其母。曰。吾聞見兩頭蛇者死。我今見之。母曰。蛇今安在。曰。恐後人見。殺而埋之矣。母曰。吾聞有陰德者必有陽報。子不死矣。楚相虞丘進之於楚莊王。爲相三月。施教導民。吏無姦邪。盜賊不起。三得相而不喜。三去相而不悔。

孫・叔謹 〔宋〕昭先孫。字信之。初以恩補官。累除大理評事。後登嘉定進士。知莆田縣。決民訟必酌人情。遷大理正。乞外知潮州。知民利病。卽事興革。以羨錢二萬緡代民役。邦人感其惠。祀於韓文公廟。

孫・和 〔三國吳〕慮弟。字子孝。好學下士。甚見稱述。兄登卒。立爲太子。以讒遭幽閉。已而封南陽王。遣之長沙。權卒。和妃舅諸葛恪受遺詔輔政。孫峻忌恪。疑恪欲廢亮迎和。既誅恪。並奪和璽綬。徙新都。賜死。子皓入立。追謚文皇帝。

孫・固 〔宋〕管城人。字和父。九歲讀論語曰。吾能行此。第進士。元豐初同知樞密院事。帝欲用宦官李憲總師伐西夏。固力爭。既而師果無功。進知院事。哲宗立。拜門下侍郎。累官右光祿大夫。卒謚溫靖。固宅心誠粹。與人居。久而益信。故不爲人所疾害。元符中以元祐黨籍奪官。徽宗時出籍。悉還所奪。

孫坤 【清】崑山人。字眘夫。號潄生。工畫山水花鳥。又善製硯。

孫奇妻 【後漢】廣陵人。姓范氏。名姬。年十九而奇亡。父以姬少。迫之歸。姬操刀割耳及鼻。曰。父迎我者。以我年少色美。今已殘矣。行將焉之。拒不歸。

孫奇逢 【清】容城人。字啓泰。一字鍾元。明萬曆舉人。與左光斗。魏大中。周順昌。相尙以氣節。光斗等被璫禍。奇逢傾身營救。時與鹿正。孫承宗。稱范陽三烈士。明末避亂入易州五公山。晚歲移居蘇門之夏峰。其學以愼獨爲宗。初主陸王。晚更和通朱子之說。自明及清。前後十一徵不起。康熙中卒。年九十有二。學者稱爲夏峯先生。著四書近指。讀易大旨。經書近旨。聖學錄。兩大案錄。甲申大難錄。歲寒居自養。乙丙記事。理學宗傳。道光中從祀孔廟。

孫孟和 【明】商河人。正德進士。累擢御史。巡按山西。時流賊四掠。孟和累有戰功。武宗崩。疏劾內監張永及安邊伯朱泰等。中外憚之。終眞定知府。

孫季良 【唐】偃師人。一名翌。受經於尹知章。仕歷左拾遺。集賢院直學士。

孫宜 【明】華容人。字仲可。著有遯言。

孫宗濂 【清】仁和人。字栗忱。號隱谷。乾隆舉人。築堂曰壽松。藏書數萬卷。以枕葄爲樂。

孫宗彝 【清】高郵人。字孝則。號虞橋。順治進士。官吏部郎中。以事爲讐人所誣。病卒於獄。有易宗。圖說。曆數。愛日堂詩文集。

孫定遼 【清】遼陽人。明副將。守大凌河。天聰間隨祖大壽降清。授副都統。隸鑲紅旗漢軍。順治間隨征山西江南。屢有功。累官湖廣提督。會王光泰叛於鄖陽。定遼赴援。戰死。贈左都督。

孫尙子 【隋】睦州建德縣尉。畫師張僧繇。鄭法士。兼工人物樓臺。善爲顚筆。

孫居相 【明】沁水人。字伯輔。萬曆進士。除知恩縣。徵授南京御史。負氣敢言。天啓中累遷兵部右侍郎。魏忠賢盜柄。引疾歸。崇禎初起戶部右侍郎。進尙書。總督倉場。以與給事中楊時化通書。有國事日非邪氛益惡之語。事聞。謫戍邊。尋卒。

孫岵瞻 【清】吳縣人。字愼旃。有黝雪詞。聞籟閣集。

孫岳 【後唐】冀州人。強幹有才用。歷官閬州團練使。所至稱治。官至三司使。以言秦王從榮恣橫之禍。爲康義誠所不悅。從榮敗。被殺。

孫岳頒 【清】吳縣人。字雲韶。號樹峯。康熙進士。官至禮部侍郎。善書。受知聖祖。每有御製碑版。必命書之。

孫庚 【元】慈谿人。字居仁。號雪磯。力學勵志。時稱淹博。有雪磯集。

孫忠 【明】鄒平人。宣宗章皇后之父。初名愚。字主敬。起永城主簿。遷鴻臚序班。宣宗卽位册貴妃。授忠中軍都督僉事。妃立爲后。封會昌伯。謙恭節儉。未嘗以貴驕人。卒封安國公。諡恭憲。

孫念祖 【明】滕人。字孝侗。號紫濤。崇禎舉人。刻厲好學。敦孝友大節。流賊陷城。書字壁間識死處。呑蘆絮卒。

孫承宗 【明】高陽人。字稚繩。萬曆進士。沈毅有智略。尤曉暢邊事。天啓初累官兵部尙書。東閣大學士。時遼陽廣寧俱破。承宗自請以原官督理諸處軍務。便宜行事。既至。修復城堡數十。練兵十一萬。開屯五千頃。遣將戍錦州。松山。大小凌河。拓地二百里。魏忠賢黨讒之。乞歸。清兵攻高陽。承宗率家人拒守。城破。投繯死。

孫承恩 【明】松江華亭人。字貞父。正德進士。歷官禮部尙書。兼掌詹事府。時齋宮設醮。承恩獨不肯黃冠。遂乞致仕。卒諡文簡。承恩博稽宏覽。爲文深厚爾雅。有讓溪草堂稿。◎【清】常熟人。原名曙。字扶桑。順治進士第一。授修撰。文工六朝。詩學溫李。數被顧問。從幸南海子。嘗賜騎御馬。未幾卒。

孫承祐 【五代】錢塘人。吳越錢俶納其女兄爲妃。因擢處要職。性奢侈。累遷知靜海軍節度使事。開寶初入貢。授光祿大夫檢校太保。後從俶克常州。功居多。會詔改中吳爲平江。卽授承祐鎭平江軍。已而俶獻地入朝。乃徙承祐泰寧軍節度使。從幸大名。留知府事。雍熙間改知靖州卒。

孫承祖 【明】平定人。正德間以治河功官華亭丞。改宜興。破海賊盡其黨。擢知汶上。移南宮英山。宸濠反。帥鄉兵策應。獲千戶申淮等。以考績過家。得疾卒。

孫承睿 【宋】金陵人。父謙。仕南唐爲長劍都指揮使。南伐閩。援兵不至。戰死。承睿時爲小校。憤將兵者不如期。致死其父。乃刺殺之。亡去。轉徙淮楚間。久之入京師。以策上太宗。授左班殿直。終左藏庫使。

孫承澤 【清】益都人。世隸上林苑籍。故亦稱北平。字耳北。號北海。又號退谷。明崇禎進士。官給事中。李自成僭位。爲四川防禦使。入清仕至吏部左侍郎。收藏甚富。有庚子銷夏記。尙書集解。

孫放 晉盛次子。字齊莊。幼令慧。年七八歲。與父俱從庾亮獵。亮謂曰。君亦來耶。應聲答曰。無小無大。從公于邁。亮又問欲齊何莊。放曰。欲齊莊周。亮大奇之。以爲王輔嗣弗過。官終長沙相。

孫昇 明建平人。字伯高。永樂進士。任御史。時妖婦唐賽兒作亂。昇統張旟・馬撫・王眞等敗賊於諸城。山東悉平。擢遼府長史。終建昌知府。◎明濟寧人。字允吉。性至孝。宣德中官南京工部主事。督江浙鼓鑄。值歲歉。匠作告饑。昇割俸食之。遷郎中。督龍江關。清苦自勵。爲時所稱。

孫防 宋字景初。爲太醫。自號四休居士。黃庭堅問其說。對曰。麤茶淡飯飽卽休。補破遮寒暖卽休。三平二滿過卽休。不貪不妬老卽休。庭堅歎曰。此安樂法也。

孫昌齡 清寧晉人。字念劬。明天啓進士。官吏部主事。順治初授考功郎中。條議時事。累千百言。官至左副都御史。卒謚恭憲。

孫明仲 宋富陽人。楊簡爲富陽簿。明仲往從學。聞執事敬一言。日夜從事。至右手運用。左手猶拱。其專如此。

孫松壽 宋鄖人。字巖老。紹興進士。守漢嘉。甚有惠愛。范成大・趙雄交章其賢。詔轉一官。除直祕閣。不就。

孫枝 宋鄞人。字吉甫。父允從鄉先生沈銖學。以眞實爲本。又游朱熹門。學問益精粹。擧嘉定進士。以迪功郎監潭州南嶽廟卒。枝卓邁有智略。自秦隴荆襄。達於淮海。凡險要阨塞。邊事軍謀。靡不練習。淮帥延至幕府。以祿不逮親。辭弗就。◎明錢塘人。字敬身。嘉靖進士。歷給事中。巡視光祿。積弊多所釐定。改巡京營。詔遣中官呂用等典京營軍。枝力諫乃已。後官山西右參政。分守冀寧。落職歸卒。◎明字叔達。號華林居士。工畫。山水法文徵明。兼善人物花卉。

孫枝蔚 清三原人。字豹人。世爲大賈。李自成入關。枝蔚散家財求壯士起義。爲賊所敗。隻身走江都。折節讀書。遂以詩名。康熙中擧鴻博。授中書舍人。辭歸卒。有漑堂集。

孫杰 明錢塘人。萬曆進士。官刑科給事中。以依附魏忠賢。累擢工部尚書。冒功敍少保。忠賢誅。被劾罷。名麗逆案。贖徒。

孫武 春秋齊 以兵法見吳王闔廬。王出宮中美人百八十人。使武教之戰。孫子分爲二隊。以王寵姬爲隊長。皆令持戟。令而鼓之。婦人大笑。斬二隊長以徇。復鼓之。婦人左右前後跪起。皆中規矩繩墨。吳王用爲將。西破強楚。北威齊晉。顯名諸侯。有兵法十三篇。

孫河 三國吳吳郡人。字伯海。本姓俞。孫策愛之。賜姓孫。或曰。河爲堅族子。出後姑俞氏。後復姓。性忠直有氣幹。少從堅征討。常爲前驅。後領左右兵。典知內事。待以腹心之任。從權破李術。拜威寇中郎將。領廬江太守。後爲將軍。屯京城。會媯覽・戴員等殺丹陽尹孫翊。河馳赴宛陵。怒責覽等。覽等懼而殺之。

孫治 清錢塘人。字宇台。諸生。敦行誼。其詩長於摹古。與丁澎等稱西泠十子。有鑑藿集。

孫法宗 南朝宋吳興人。一名宗之。父隨孫恩入海。被害。屍骸不收。母兄並餓死。法宗年小流迸。至十六。方得還。單身勤苦。霜行草宿。營葬母兄。儉而有禮。入海求父屍。十餘年終不能逢。遂衰絰終身。常居墓所。不娶。饋遺無所受。孝武初辟爲文學從事。不就。

孫炎 三國魏樂安人。字叔然。受學鄭玄之門。稱東州大儒。徵爲祕書監。不就。嘗作周易春秋例・毛詩禮記春秋三傳國語爾雅諸注。時王肅集聖證論以譏玄。炎駁而釋之。◎明句容人。字伯融。面鐵色。跛一足。談辨風生。雅負經濟。有詩名。明初從征浙東。以功授池州同知。擢行省都事。克處州。授總制。措置有方。後爲苗兵所執。不屈死。

孫玨 明侯官人。寧德間以貢授鉛山令。清勤仁藹。秩滿。民赴闕丐留。在任前後幾二十年。玨嘗植松於壇廟。思其德者以比甘棠。

孫知微 宋彭山人。字太古。善畫。孟蜀時隱居青城山。淳化中張詠鎭蜀。雅慕之。終不可致。及還朝。出劍閣。一村童持知微畫進。問所在。則曰。去已遠矣。其高潔如此。

孫秉元 清富陽人。字性甫。號芋香。道光間拔貢生。授直州判。當洪楊軍方熾。上書言富陽北鄰杭。南蔽紹。且當金衢嚴之衝。宜急練鄉勇堵之。當事以事屬秉元。會有尼之者。乃偕子壽彭參諸暨包立身鄉軍。又說立身急與大軍合。不然且破。立身不能用。無何軍破。父子同死難。秉元工書能畫。好彈丸。能中飛禽。嘗自刻圖章曰。芋香有三癖。一癖在彈丸。

孫芝 明連江人。字廷秀。宣德中以國子生授慶都知縣。陞沔陽知州。時有建議欲刪削孟子書者。芝上疏極論其不可。議遂寢。官終參議。

孫近 宋無錫人。字叔諸。崇寧進士。復中弘詞科。高宗朝累官吏部侍郎直學士院。從駕親征。書命悉委焉。以翰林學士承旨參知政事。兼知樞密院。和議成。丐祠。許之。後以和議有異論。士論少之。謫祕書監。

分司南京漳州居住。移贛州卒。

孫郃　〔唐〕奉化人。幼負氣岸。博學高才。仕爲左拾遺。唐亡。著春秋無賢人論。脫冠裳服布衣。歸隱於奉化山。著書紀年。悉遵唐朔。以示不臣之義。

孫邵　〔三國吳〕北海人。字長緒。爲孔融功曹。融以廊廟才稱之。孫權統事。數陳便宜。黃武初爲丞相。封陽羨侯。

孫長卿　〔宋〕揚州人。字次公。以蔭爲祕書省校書郎。累拜龍圖閣學士。知定州。轉兵部侍郎卒。長卿長於政事。爲時能臣。性廉介。有當得圜利八十萬。悉歸之公家。

孫亮　〔三國吳〕權少子。字子明。赤烏中立爲太子。權薨繼位。大將軍孫綝擅政。亮惡其專恣。謀誅之。事洩。被廢爲會稽王。永安中亮宮人告亮使巫禱祠有惡言。黜爲侯官侯。遣之國。道自殺。在位七年。紀元三。建興·五鳳·太平。

孫俊　〔三國吳〕桓弟。性度恢弘。才經文武。爲定武中郎將。

孫卽康　〔金〕大興人。字安伯。大定進士。初爲尚書省令史。章宗方爲右丞相。識其人。及卽位。累遷吏部左司郎中。帝曰。孫卽康向爲省掾。言語拙訥。今才力大進。非向時比也。遷御史中丞。泰和中拜參知政事·尚書左丞。衞紹王卽位。進拜平章政事。封崇國公。致仕。

孫奎　〔明〕南城人。字啟文。生平以講學爲事。有曲澗遺稿。

孫奐　〔三國吳〕皎弟。字季明。皎卒。代統其衆。以揚武中郎將領江夏太守。遵皎舊迹。敏於當官。愛樂儒術。軍民稱之。孫權過境。見其軍陣整齊。歎爲諸將所鮮及。

孫弈　〔宋〕閩縣人。字景山。皇祐進士。歷知南陵海陵二縣。呂誨知開封。薦爲臺推。遷監察御史。論新法不便。爲鄧綰所劾。出監陳州酒稅。陳襄在經筵。薦其事行著於鄉閭。節義信於朋友。可使當一路以厚俗安民。元祐初除福建轉運使。

孫威　〔元〕渾源人。幼沈鷙有巧思。金貞祐間應募爲兵。以驍勇聞。入元授義軍千戶。善爲甲。以意製蹄筋翎根鎧以獻。太祖親射不能徹。授順天諸路工匠都總管。從攻邠乾。突戰不避矢石。帝親勞之。威每從戰伐。恐民有橫被屠戮者。輒以蒐簡工匠爲言而全活之。卒諡忠惠。

孫威直　〔後漢〕鉅鹿人。性剛介。郭泰母卒。往弔。聞泰鄉人賈淑亦往。威直以泰賢而受惡人弔。心怪之。不進而去。

孫彥韜　〔後晉〕浚儀人。字德光。少以勇力應募從軍。梁祖擢之行間。歷諸軍偏校。已而北歸唐。授親從右廂指揮使。天成初遷綿州刺史。在郡頗著綏懷之譽。然不能絕苞苴。晉初終密州刺史。

孫思克　〔清〕漢軍正白旗人。字藎臣。順治間授刑部理事官。隨軍由湖南進征貴州雲南。屢立戰功。康熙間擢甘肅總兵。以防禦蒙古功。加右都督。王輔臣叛應吳三桂。陷蘭州。思克與王進寶·張勇等復蘭州。攻平涼。所向克捷。征噶爾丹。俘獲無算。官至甘肅提督。加太子少保。卒諡襄武。

孫思恭　〔宋〕登州人。字彥先。第進士。累官天章閣待制。歐陽修出政府。思恭盡力解救。出知江寧府鄧州。移單州卒。思恭性不忤物。篤於事上。有所見。必密疏以聞。兼精曆數之學。當時鮮有及者。

孫思誠　〔明〕字次卿。萬曆進士。授編修。累官禮部尚書。加太子太保。忤魏忠賢。爲所搆。矯旨奪職。中外冤之。

孫思邈　〔唐〕華原人。通百家說。善言老莊。獨孤信異之曰。聖童也。顧器大難爲用爾。及長。居太白山。隋文帝輔政。以國子博士召。不拜。顯慶中復召見。拜諫議大夫。稱疾還山。永淳初卒。年百餘歲。思邈於陰陽推步醫藥無不善。有千金要方。又世傳銀海精微。亦云思邈所撰。

孫恪　〔明〕興祖子。謹敏有儒將風。襲武德衞指揮使。以右參將從藍玉北征。論功封全寧侯。從征楚蜀。進兼太子太保。後坐藍玉黨死。

孫拱　〔元〕威子。初爲監察御史。後襲父職。巧思如其父。嘗製疊盾。張則爲盾。斂則合而易持。世祖嘉之。賜以幣帛。授保定路治中。有惠政。大德中累官至益都路總管。兼府尹。卒於官。諡文莊。

孫星衍　〔清〕陽湖人。字淵如。乾隆進士。授編修。和珅知其名。欲一見。卒不往。改刑部主事。歷官山東督糧道。引疾歸。累主鍾山書院。深究經史文字音訓之學。旁及諸子百家。皆心通其義。研精金石碑版。工篆隸。尤精校勘。輯刊平津館叢書·岱南閣叢書。世稱善本。文在六朝漢魏間。與同里洪亮吉齊名。有尚書今古文注疏·周易集解·夏小正傳校正·魏三體石經殘字考·倉頡篇·孔子集語·史記天官書考證·寰宇訪碑錄·平津館金石萃編·孫氏家藏書目內外編·續古文苑·問字堂·岱南閣·五松園·平津館文稿·芳茂山人詩錄。

孫星璠　〔宋〕杭州水軍。纂千字文爲五十餘體。太平興國中以獻。太宗善之。詔取去黥文。隸御書院。宋琪請授以官秩。帝曰。爵祿非所惜。顧此人面痕尚在。豈稱冠帶乎。琪固言之。乃授國子書學博士。

孫昭先 〔宋〕龍溪人。字延父。淳熙進士。嘉泰初除司農寺簿。遷寺丞。出知衢州。嘉定中除吏部郎。入對言朝綱未清。邦用未節。士氣未振。民病未蘇四事。官終太府少卿。

孫昭遠 〔宋〕眉山人。元祐進士。建炎初遷河南尹西京留守。西道都總管。至洛。招集散亡。得萬餘人。金人來攻。戰不利。其下欲擁之南還。昭遠不從。遂遇害。追贈徽猷閣待制。

孫洙 〔宋〕錫子。字巨源。羈丱能文。未冠舉進士。應制科。進策五十篇。指陳治體。明白剴切。韓琦歎爲今之賈誼。元豐間累官翰林學士卒。洙博聞強識。明練典故。文辭典麗。有西漢風。時人皆傷其早世。

孫洪 〔明〕昌邑人。字伯大。景泰進士。授兵部主事。累遷山西參政。以南陽流逋敕撫河南。陞右布政。疏濬汴河。人免墊溺。尋遷副都御史。賑撫流民。咸得其宜。

孫洤 〔清〕輝人。字靜紫。號擔峯。康熙進士。官中翰。邃於理學。以扶持名教爲己任。有擔峯詩及諸遊記訂。徽言祕旨。擔峯文集。醒書選。唐詩通。擔峯眞面目。擔峯友聲。

孫烔 〔清〕承澤孫。字翬菴。有研山齋珍玩集覽。

孫胤伽 〔明〕棲孫。字唐卿。一字伏生。性迂緩。目短視。所藏書多異本。有玉臺外史。談瓠。豔雪齋集。

孫致彌 〔清〕嘉定人。字愷似。號松坪。工書及詩。有名於時。康熙間召試稱旨。以太學生賜二品服。充朝鮮採詩使。旋成進士。官至侍讀學士。有杕左堂正續集及詞。

孫若羣 〔清〕淄川人。少勵六學。言動皆有則。鄉里稱小聖人。早歲成進士。善評騭。窮通壽夭。皆能以文決之。康熙中知交城事。多異政。遷四川知州。卒於官。

孫英 〔明〕武進人。成穆貴妃兄。洪武初訪得之。拜中書省參知政事。賜第京師。改任戶部尚書。

孫降衷 〔宋〕眉山人。博學慷慨。有識量。在蜀時。以事至洛陽。見太祖於潛邸。知其非常人。傾心事之。及太祖平蜀召見。授眉州刺史別駕。賜田遣歸。市書萬卷而還。

孫修 〔明〕邯鄲人。字用吉。弘治進士。授戶部主事。改御史。侃侃自持。治獄有能聲。擢陝西僉事。備兵延綏。儲糧訓卒。敵不敢犯。尋命督理全陝屯政。法簡而嚴。累遷浙江左布政。以母憂歸。起拜右副都御史。巡撫湖湘。貪吏聞風畏憚。改南京操江。因災異乞罷。

孫原貞 〔明〕德興人。名瑀。以字行。永樂進士。授禮部主事。英宗初累擢河南右參政。居官清愼。有吏才。再遷浙江左布政。正統末閩浙間盜大起。雖更赦罷兵。原貞策其必叛。景帝卽位。圖上方略。請爲備禦計。賊果再叛。拜兵部左侍郎。鎭守浙江。發兵討平之。進尚書。移鎭福建。尋復還浙。英宗復位。罷歸。有歲寒集。

孫原湘 〔清〕昭文人。字子瀟。號心靑。嘉慶進士。改庶吉士。充武英殿協修。工駢散文。兼擅書畫。詩宗太白。與大興舒位。秀水王曇齊名。法式善爲作三君詠。有天眞閣集。

孫唐卿 〔宋〕靑州人。字希元。少有學行。景祐進士。判陝州。民有母再適人而死。及葬父。恨母不得祔。盜母之喪同葬之。有司論之法。唐卿時權府事。曰是知有孝而不知有法爾。乃釋之。旋丁父憂。毀瘠嘔血卒。

孫家穀 〔清〕鄞人。原名家棪。字曙舟。號幼蓮。道光進士。官襄陵知縣。以淸操自勵。每日晨出聽訟。隨到隨結。洞悉情弊。奸胥猾吏。不敢上下其手。有種玉詞。

孫家鼐 〔清〕壽州人。字燮臣。咸豐進士。光緒間歷工禮吏戶各部尚書。德宗厲行新政。以家鼐管理官書局。開辦京師大學。有校正偏說防微杜漸之疏。拳禍未作。因爭廢立忤旨。引病解職。和議成。起任學務大臣。官至大學士。宣統初卒。贈太傅。謚文正。

孫峻 〔三國吳〕靜曾孫。字子遠。少便弓馬。精果膽決。拜武衛都尉。遷侍中。權寵。與諸葛恪同受遺詔輔政。搆恪爲變。誅之。遷丞相大將軍督中外諸軍事。封富春侯。驕矜險害。多所殘殺。百姓囂然。後夢爲恪所擊。恐懼發病死。

孫恩 〔晉〕琅邪人。秀之族。字靈秀。世奉五斗米道。傳其叔父泰妖術。泰謀爲亂。見誅。恩逃於海。聚合亡命入寇。陷會稽。時東土諸郡。疾會稽世子縱暴。多殺長吏以應。旬日之間。衆數十萬。恩自號征東將軍。號其黨曰長生人。尋爲謝琰。劉牢之所敗。逃入海。自是頻年入寇。元興初寇臨海。太守辛景討破之。窮蹙赴海死。

孫振基 〔明〕潼關衛人。字肖岡。萬曆進士。除莘縣令。調安丘。以治行徵授給事中。勁直敢言。居諫垣半載。數有建白。値湯賓尹科場舞弊事起。與臺諫議論不合。遂以年例出補山東僉事。尋以憂去。卒於家。

孫旂 〔晉〕樂安人。字伯旗。少自修立。察孝廉。累遷兗州刺史。平南將軍。子弼及弟子髦。輔。琰四人并有吏材。後附於孫秀。及趙王倫起事。弼等皆賜爵開國郡侯。旂制之不可。倫敗。旂遂夷族。

孫時 〔宋〕晉陵人。字季中。以文學行義爲一州之望。字畫遒麗。授宣教郎致仕。⊙明鄆城人。字習之。洪武舉人。授壺關教諭。累進大理丞。讞獄多所平反。嘗以論報忤旨繫獄。成祖察其忠。釋之。正統初以南太常寺卿請休致。賜璽書馳驛歸。

孫時燦 清湖南人。嗜讀。不治生產。家中落。遂改業醫。有醫方集解補註。

孫桓 三國吳河子。字叔武。博聞強記。能論議應對。孫權稱爲宗室顏淵。拜安東中郎將。嘗與陸遜共拒蜀師。驍勇著聞。以功拜建武將軍。封丹徒侯。

孫泰 明武進人。襲涼州衛指揮使。陞北平都司。燕師起。泰與戰於懷來。中矢卒。⊙明醴陵人。弘治舉人。知銅梁縣。多惠政。持身清苦。在任十年。惟一僕自隨。拜監察御史。

孫浦 宋保定軍人。十世同居。眞宗時旌表。仍蠲其課調。

孫浩 明永樂中知邵陽。以循良稱。遭喪去官。洪熙初陝西按察使頌其前政。請令補咸寧。宣宗卽命起復。後擢辰州知府。

孫益 宋宣和末以福州觀察使知朔寧府。被命救太原。戰死。益性忠勇。每傾貲以賞士卒。能得人死力云。⊙宋泰興人。少豪俠。紹定中李全犯揚州。游騎薄泰興城下。縣令王㷩募人守禦。益起從之。俄賊兵大至。益率衆力拒。遂戰死。贈保義郎。

孫益德 後魏樂安人。其母爲人所害。益德童幼。爲母復仇。還家哭於殯以待罪。詔免之。

孫祐 清善畫。供奉內廷。曾與陳枚・金昆・戴洪・程志道。合繪清明上河圖。得邀高宗褒題。

孫祖壽 明昌平人。字必之。萬曆中舉武鄉試。授固關把總。天啓中歷署都督僉事。爲蘇鎭總兵官。錦州告警。赴援不力。被劾罷。已而都城被兵。乃散家財招部曲從滿桂赴援。戰死。初祖壽部將遺其子五百金於家。其子卻不受。他日來省。賜之卮酒。曰。卻金一事。善體吾心。否則法不汝宥也。其秉義執節如此。

孫祖德 宋北海人。字延仲。第進士。以清約稱。累遷天章閣待制。時三司判官用宦官閻文應計。以藥化鐵成銅。可鑄錢裨國用。祖德言僞銅法所禁而官自爲。是教民欺也。固爭之。後以吏部侍郎致仕。

孫紘 明鄞人。字文冕。成化進士。弘治初官南給事中。因忤中官蔣琮。謫膠州判官。遷廣德知州。卒於官。

孫能傳 明寧波人。字一之。萬曆進士。官至工部員外郎。嘗與張萱同編內閣書目。因著諡法纂・益智編。

孫虔禮 唐陳留人。字過庭。官率府錄事參軍。（一曰過庭。富陽人。官右衛胄曹參軍。）工書。自宋以來皆推能品。嘗著書譜。張懷瓘最推獎之。稱其深得旨趣。操翰者咸奉爲指南焉。

孫起予 宋枝子。與父同舉嘉定進士。時其祖允尙無恙。郡守程覃表其里曰重桂。鄉人榮之。官昭武參軍。郡卒譟。呼於庭。起予往諭之。卒羅拜。曰。孫司戶清廉官。不得犯。入爲監察御史。官至太常少卿。

孫起蛟 清武城人。乾隆間由行伍補外委。隨征庫車金川。積功官至廣東提督。

孫陞 明燧季子。字志高。嘉靖進士。授編修。累官禮部侍郎。嚴嵩枋國。陞其門生也。獨無所附麗。會南禮部尙書缺。衆不欲行。陞獨請往。卒諡文恪。陞嘗念父死宸濠之難。終身不書寧字。亦不爲人作壽文。居官不言人過。時稱篤行君子。

孫陟 五代吳越新城人。仕爲杭州刺史。加檢校尙書。任常州防禦。調兵督戰。沒於陣。

孫乾 蜀漢北海人。字公祐。先主領徐州牧。辟爲從事。及定益州。以爲秉忠將軍。雍容風議。見禮於世。

孫侶 清高郵人。字步陶。有爾雅直音。

孫偉 宋江陵人。字奇甫。少負奇氣。初爲靜州幕官。劉安世再謫夷陵。偉求至峽請見安世。言願聽先生五日話。安世嘉之。留共飯五日。與言司馬光所以傳習者。偉隨所聞。錄成一卷。辭歸。自是踐履一宗之。每言終身受用。只此五日所聞耳。偉有用世才。以爭和議不勝。不復求用。官終判監。有奏議。⊙明清江人。字朝望。號鷺沙。弘治進士。官鶴慶知府。工詩。有鷺沙集。

孫偓 唐武邃人。字龍光。第進士。昭宗時累官戶部侍郎・同中書門下平章事。封樂安縣侯。性通簡不矯飾。嘗曰。士苟有行。不必以己長形彼短。己清彰彼濁。奴童相詬於前不之責。曰。若有怒心。卽自撓矣。後貶衡州司馬卒。

孫冕 宋新淦人。字伯純。雍熙進士。守蘇州。甫及引年。歸隱九華山。再召竟不起。⊙明德化人。字文中。正德間由貢士授通州學訓導。少爲李夢陽所重。詩文醞籍。有北通備遺稿。

孫國璽 清漢軍正白旗人。康熙進士。雍正間以知縣累官安徽巡撫。請寬鳳陽關米稅。商賈趨赴。民甚便之。

孫堅 三國吳富春人。字文臺。勇鷙剛毅。從朱儁討破黃巾。所向無前。拜別部司馬。遷議郎。討平長沙亂賊區星。封烏程侯。討董卓。袁術表堅行破虜將軍。領豫州刺史。卓憚其猛壯。遣人求和親。堅斥之。卓西徙都入關。堅乃率兵入洛。修治諸陵。還軍魯陽。後術使堅征荊州劉表。爲表將黃祖射殺於峴山。及次子權稱尊號。追謚武烈皇帝。

孫崧 〔後漢〕平度人。有高義。寄居安丘。邴原詣崧學。崧謂鄉里鄭君。學者規範。何事遠遊。乃辭謝焉。

孫康 〔晉〕京兆人。性敏。好學。家貧無油。於冬月嘗映雪讀書。少清介。交遊不苟。後官至御史大夫。

孫康周 〔明〕安丘人。字晉侯。由舉人授遵化令。累官太原知府。以清惠顯。李自成犯境。康周率衆守北門力戰。賊自南門入。被執。不屈死。

孫庸 〔宋〕汝陽人。字鼎臣。周顯德中獻贊聖策九篇。對晉武不可黷。斂不可厚。奢不可放。欲不可極。世宗奇其言。命中書試補開封府兵曹掾。宋初爲河南簿。太平興國中薦擢左贊善大夫。歷殿中丞。知龍州卒。

孫強 〔唐〕富春人。一作疆。上元末處士。梁顧野王著玉篇。至唐有孫強增加字。世謂之上元本。

孫得功 〔清〕遼東人。初爲明廣寧巡撫王化貞中軍遊擊。天命間清軍圍西平堡。得功迎降。以游擊轄降衆。天聰間予二等男。以年老乞休。

孫從添 〔清〕常熟人。號石芝。與過臨汾同編春秋經傳類求。

孫從龍 〔明〕吳江人。字汝化。隆慶進士。授行人。考選得給事中。或勸一謁張居正。謝不可。乃授刑部員外。錄囚粵西。多所平反。出知廣信府。陞副使。乞疾歸。

孫從讜 〔清〕平湖人。字賓生。諸生。具經世志。書畫雙絕。文亦有名。爲士林所推。

孫惟中 〔明〕昌邑人。世業農。朝耕夜讀。及壯。爲寧海州吏。貢益都府。瀕行父卒。皇皇欲無生。廬墓慟哭。久之形容悴甚。或勸其還。哭不對。縣尹戴友諒。夜訪得其實。以聞。旌其門。

孫惟信 〔宋〕開封人。字季蕃。號花翁。居婺州。光宗時棄官隱西湖。善雅談。長短詞尤工。長身緼袍。意度疎曠。見者疑爲俠客異人。有文集。

孫惟最 〔唐〕五原人。一作惟晟。有才略。黃巢陷長安。率鄉里子弟千人攻巢於咸陽興平。以破賊功拜右金吾衛大將軍。朱玫亂。僖宗幸興元。惟最率兵擊賊。累遷鄜州節度使。留京師宿衛。改邠南。在京制置。分判神策軍。號屈駕都。京民賴之。

孫斌 〔後漢〕爲衛相第五種門下掾。有賢稱。種善遇之。種遷兗州刺史。爲中常侍單超所陷。坐徙朔方。超外孫董援。方爲朔方太守。蓄怒以待。斌慮種及難。乃將俠客晨夜追種。及於太原。格殺逐吏。以馬與種。而自步從。一日夜行四百餘里。遂得脫歸。

孫既 〔唐〕樂安人。母喪廬墓。哀毀骨立。有醴泉湧於墓側。里人名曰孝源泉。

孫晟 〔南唐〕密州人。一名鳳。又名忌。好學有文。少爲道士。居廬山。嘗畫唐詩人賈島像。晨夕事之。後改儒服。朱守殷鎮汴州。辟爲判官。守殷敗死。奔吳。李昪建國。授中書舍人。累遷右僕射。至司空。周世宗征淮南。遣晟奉表請割地納貢。周留之。世宗數召問江南虛實。不對。會李重進得南唐書。多斥周過惡。世宗怒。晟遂被害。臨死。神色怡然。南唐贈魯國公。（按陸游南唐書。載晟少舉進士。又言係賜自盡。與歐史異。）

孫梅 〔清〕烏程人。字松友。號春浦。乾隆進士。官太平府同知。少年時以才子名。有四六叢話・舊言堂集。

孫淡 〔南齊〕太原人。居長沙。事母孝。母疾不眠食。以差爲期。母哀之。後有疾。不使知。州辟行參軍。建元間蠲租稅。表門閭。

孫清 〔明〕睢陽人。諸生。幼孤。事母以孝聞。母沒未葬。流賊入其境。清守柩不去。賊兩經其門皆不入。

孫清元 〔清〕晉州人。乾隆武進士。嘉慶間隨勦川楚教匪。累立奇功。官至四川提督。

孫爽 〔清〕錢塘人。字子度。有容菴集・辛卯集。

孫皎 〔三國吳〕瑜弟。字叔朗。始拜護軍校尉。每赴陣。號爲精銳。遷都護征虜將軍。督夏口。輕財能施。善於交結。嘗下令不得傷害魏境老弱。由是江淮間多歸附者。

孫祥 〔明〕大同右衛人。正統進士。由兵科給事中擢右副都御史。以才幹忠讜稱。後守備紫荆關。也先入寇。督戰被殺。

孫紹 〔後魏〕昌黎人。字世慶。少好學。通涉書史。兼曉陰陽術數。推祿命甚驗。初爲校書郎。正光初累遷兼中書侍郎。性抗直。每上封事。常至懇切。後爲太府少卿。靈太后謂曰。卿年老矣。紹曰。臣年雖老。臣節乃少。終右光祿大夫。

孫紹武 〔清〕遼東人。字緯文。號蓮渚。雍正間知貴州印江縣。累官貴州巡撫。仕黔二十餘年。徧歷苗疆。凡山川險隘。苗性淳悍。無不洞晰。前後用兵數次。所向克捷。卒於官。

孫紹祖 〔明〕蠡兄子。字我山。正德進士。授編修。性孝友。兄紹先卒於家。疏請歸葬。値子殤妻病。誼不顧。星馳抵家。教養孤姪如己出。母誕日。堂下生瑞草一本。人稱謂孝感所致。繪圖賦詩咏之。官至右中允。

孫翊 〔三國吳〕權弟。字叔弼。驍

悍果烈。有兄策之風。舉孝廉。後以偏將軍領丹陽太守。爲左右邊鴻所殺。

孫·處 〔南朝宋〕永興人。字季高。以字行。從武帝征孫恩。以功封新番縣侯。盧循之難。處率衆泛海襲破番禺。循黨潰。奔廣州。復擊走之。卒贈南海太守。侯官縣侯。

孫·處玄 〔唐〕江寧人。一作處立。長安中徵爲左拾遺。頗善屬文。嘗恨天下無書。以廣新聞。神龍初遺書桓彥範論時事得失。不見用。棄官歸里。開元初薦不起。

孫·處約 〔唐〕鄭城人。始名道茂。貞觀中爲齊王祐記室。祐多過失。數上書切諫。王誅。帝得其書。咨嘆之。擢中書舍人。高宗即位。中書令請增舍人。帝曰。處約一人足辦我事。止不除。麟德初爲少司成。以老致仕。

孫·逖 〔唐〕武水人。自幼警敏有文思。年十五。賦土火爐。援筆成篇。理趣不凡。開元中舉賢良方正。擢左拾遺。累遷中書舍人。典詔誥極精密。張九齡視其草。欲易一字。卒不能。終太子少詹事。

孫·逢 〔宋〕眉山人。大觀進士。累官太學博士。張邦昌僭立。堅臥不起。發疾卒。

孫·逢吉 〔後蜀〕成都人。官國子毛詩博士。與校書郎句中正。同校定石經。分刻於蜀中。◎〔宋〕吉州龍泉人。字從之。隆興進士。爲祕書郎。紹興初詔求直言。逢吉疏八事。遷右正言。在諫垣七十日。章二十上。詞旨剴切。皆人所難言者。進吏部侍郎。朱熹在經筵。指論切直。小人滑激上怒。批與祠。逢吉爭之。會彭龜年以論韓侂冑事僭。出補郡。逢吉又力爭。由是忤侂冑。出知太平州。卒諡獻簡。弟逢年。逢辰。皆有文學行義。時稱孫氏三龍。◎〔明〕渾源人。字餘慶。正統舉人。授延長知縣。擢御史。所至以風力稱。累遷陝西布政使。

孫·傅 〔宋〕海州人。字伯野。登進士。中詞學兼茂科。累官尚書右丞。金人圍都城。傅日夜親當矢石。城破。欽宗詣金營。以傅輔太子留守。廢立檄至。大慟。以死自誓。金人來索太上帝后諸王妃。傅留太子不遣。密謀匿之民間。越五日。無肯承其事者。傅曰。吾爲太子傅。當同生死。遂從太子出。金人召之去。死於朔庭。紹與中諡忠定。

孫·博 〔漢〕河東人。有清才。能屬文。著書百餘篇。晚好道術。相傳入林慮山仙去。◎〔明〕景州人。字約之。成化進士。授禮科給事中。論事不避權貴。汪直用事。立西廠。博上疏，論直擅作威福。疏入。立毀西廠。直大恨之。會雲中告警。受命北伐。師還論功。陞山西按察僉事。遂乞致仕。

孫·博雅 〔清〕奇逢子。字君僑。奉奇逢居蘇門。弟子請業。多賴轉達。康熙中。以山林隱逸薦。力辭。弟韻雅坐事徙邊。博雅從之行。道病卒。學者稱文孝先生。有日約集。

孫·卿 〔戰國〕〔趙〕即荀卿。名況。漢人避宣帝諱改。詳見荀況條。

孫·堪 〔後漢〕緱氏人。字子穉。明經術。有志操。仕郡縣。公正廉潔。爲左馮翊。坐御下促急免官。數月。徵爲侍御史。永平中累拜光祿勳。堪果於從政。數有直言。多見納用。以病乞外。爲侍中騎都尉。卒於官。時周澤字穉都。行類於堪。京師號曰二穉。◎〔明〕燧長子。字志健。爲諸生。能文。工畫蘭。善騎射。以蔭爲錦衣千戶。中武會試第一。歷官都督僉事。性至孝。父爲宸濠所害。徒步千里。負骸骨歸葬。行路悲酸。母卒。堪年已七十。護喪歸。以毀卒。

孫·復 〔宋〕平陽人。字明復。舉進士不第。退居泰山。學春秋。著尊王發微十二篇。范仲淹·富弼言復有經術。除祕書省校書郎。國子監直講。累遷殿中丞卒。復既病。韓琦言於仁宗。選書吏給紙筆。命其門人祖無擇就復家得書十五萬言。錄藏祕閣。

孫·惠 〔晉〕賁曾孫。字德施。口訥好學。有才識。齊王冏辟大司馬戶曹掾。封晉興縣侯。冏驕矜僭侈。惠諷以五難四不可。勸令歸藩。冏不納。辭疾去。成都王穎薦爲參軍。以擅殺人懼罪。改姓名遁。東海王越舉兵下邳。以爲記室參軍。專掌文疏。轉軍諮祭酒。每造書檄。或驛馬催之。應命立成。皆有文采。遷廣武將軍安豐內史。因疑懼何銳。攻殺之。奔蠻中卒，

孫·惠素 〔南齊〕性至孝。母卒。朔望向帷悲泣。終身不改。仕爲少府卿。有吏才。而治事精刻。或譏其納賄。遂見殺。死後武帝知其冤。甚悔恨之。

孫·惠蔚 〔後魏〕武遂人。字伯華。一字叔炳。博通經籍。太和初舉孝廉。爲皇宗博士。參定雅樂。以太廟令侍讀東宮。宣武即位。遷祕書丞。上疏請考校羣經差謬。參定字義。後累官濟州刺史光祿大夫。封棗強縣男卒。魏初儒生。惠蔚最顯達。初名蔚。正始中講論佛經愜旨。詔加號惠蔚法師。

孫·揆 〔唐〕逖五世從孫。字聖圭。第進士。辟戶部巡官。歷官京兆尹。昭宗討李克用。以揆爲昭義軍節度使。以本道兵會戰。克用伏兵刀黃嶺。執揆。將用之。揆大罵不屈。克用怒。鋸殺之。

孫·景茂 〔隋〕淄州刺史。有德政。及卒。吏民赴葬者數千人。

孫·景修 〔宋〕長沙人。少孤。受教於母。舉咸平進士。官至太常少卿。老而念母之心不忘。撰賢母錄。又集

古今家誡四十九人。蘇軾爲之序。

孫景烈 【淸】武功人。字酉峯。乾隆進士。授檢討。以言事忤旨放歸。主關中書院。教生徒以克己復禮。平居雖盛暑必肅衣冠。關中學者宗之。

孫昬 【晉】富春人。字文度。恭孝淸約。有學識。每獨處幽闇中。容止瞻望。未嘗傾邪。事父母。起居不離側。兄篤疾經年。親侍藥石。辟命不就。公車特徵。會卒。

孫期 【後漢】成武人。字仲彧。少爲京氏易、古文尙書。家貧。事母至孝。牧豕以養。遠方學者皆執經壟畔從之。里落化其仁讓。黃巾賊起。相約不犯孫先生舍。郡舉方正。遣使齎羊酒請期。不就。司徒黃琬特辟之。亦不就。

孫棘 【南朝宋】彭城人。弟薩坐應役違期罪。棘與薩爭死。太守張岱表上其事。詔特原罪。州加辟命。并賜帛二十疋。

孫㮚 【宋】吉州龍泉人。抃之後。字實甫。爲文天祥長妹壻。天祥起兵。檄㮚招忠義士。補宣教郎。知龍泉縣。天祥擁兵出贛。里人奉㮚復龍泉。拒守不下。尋爲叛者所陷。執至隆興。殺之。

孫欽 【宋】武岡人。宣和間洞獠警殺。欽挺身往諭。獠卽聽命。郡守以聞。徽宗嘉之。召見。官以文資。後以武功大夫德州刺史。還守鄉邦。靖康末死金人之難。

孫琪 【淸】華容人。字少白。乾隆時監生。工詩。性落拓好遠遊。書法米南宮。見重於世。流寓揚州以終。

孫琮 【淸】嘉善人。字執升。有山曉閣詩。

孫琰 【五代吳越國】臨海人。驍勇有智。時人謂之孫百計。積功至牙將。守蘇州。淮南周本、呂師造攻之。多用巧法。最後推洞屋攻城。若蚺蠑然。琰隨機應敵。置輪於竿首。垂絙投錐以揭之。攻者盡露。及礮石。則張網以拒。礮遇網輒止。淮南兵夜遁。

孫瑒 【陳】吳郡人。字德璉。少倜儻好謀略。博涉經史。尤便書翰。仕梁。累官巴州刺史。入陳。歷位侍中、五兵尙書、右軍將軍。禎明初卒。謚桓。瑒以孝友聞。樂於散施。頗失於侈。鎭郢州。嘗合十餘船爲大舫。中立亭池。植荷芰。每良辰美景。賓僚并集。泛江置酒。稱一時勝賞。

孫登 【三國吳】權長子。字子高。權爲吳王。拜登東中郎將。及稱尊號。立爲皇太子。旣遷都建業。徵陸遜輔登鎭武昌。領宮府留事。在鎭不欲煩民。射獵常避良田。不踐苗稼。嘗失物。覺得其人。不忍致罰。呼責數數而已。早卒。謚宣太子。◎【晉】共人。字公和。無家屬。隱於蘇門山。爲土窟。夏則編草爲裳。冬則披髮自覆。好讀易。鼓一弦琴。見者皆親樂之。性無恚怒。或投之水。出而觀之。乃復大笑。阮籍往觀。與談不答。籍大笑。嵇康從之遊。問其所圖。終不答。居三年。將別。登謂其才多識寡。諷而戒之。康不能用。果遭非命。後不知所終。◎【晉】統子。少善名理。嘗注老子。仕至尙書郎。早卒。

孫皓 【三國吳】權孫。和子。字元宗。一名彭祖。字皓宗。休立。封烏程侯。休卒。廷臣思立長君。遂迎立皓。旣得志。麤暴驕盈。多忌諱。好酒色。王濬克建業。皓出降。晉封爲歸命侯。在位十六年。紀元八。元興、甘露、寶鼎、建衡、鳳凰、天冊、天璽、天紀。

孫盛 【晉】楚孫。字安國。博學善言名理。起家佐著作郎。陶侃、庾亮、桓溫之在荆州。並引參軍事。累遷祕書監卒。盛篤於學。自少至老。手不釋卷。著魏氏春秋、晉陽秋。世稱良史。桓溫見其書。怒謂盛子曰。枋頭誠失利。何至如尊公所言。若此史行。自是關君門戶。諸子因共號泣稽前。請爲百口計。盛大怒不從。諸子潛改之。書遂兩存。

孫程 【後漢】涿郡新城人。字稚卿。安帝時爲中黃門。以迎立順帝功。封淳陽侯。尋拜騎都尉。爲司隸校尉虞詡訟罪。懷表上殿。呵叱左右。坐免官。遣就國。再踰年徵還京。復官。拜奉車都尉卒。謚剛。

孫統 【晉】楚孫。字承公。誕任不羈。善屬文。時以爲有楚風。褚裒命爲參軍。不就。家於會稽。性好山水。乃求爲鄞令。轉任吳寧。居職不留心碎務。惟縱意游覽。後爲餘姚令卒。

孫翔 【淸】江蘇通州人。字呂溪。輯有崇川詩集。

孫華 【明】永嘉人。字元實。幼工詩。以博雅聞。尤工醫。用薦爲醫學教授。有旨待詔尙方。辭免。好修潔。終日焚香靜坐。書非佳墨熟紙不作。飲饌非精潔不食。士非賢不交。

孫詒經 【淸】錢塘人。字子授。咸豐進士。光緒間官至戶部左侍郎。在戶部十載。於設銀行。開鐵路。多持異議。達時論。

孫詒讓 【淸】衣言子。字仲容。同治舉人。官刑部主事。簽分未久。引疾歸。窮經著書。垂四十年。光緒間吏部尙書張百熙、兩湖總督張之洞交薦。均不出。有周禮疏、墨子閒詁、古籀拾遺、名原、古籀餘論、契文舉例、九旂古通義、周書斠補、尙書駢枝、大戴禮記斠補、六曆甄微、廣韻姓氏刊誤、經迻、札迻、述林、周禮政要、永嘉郡記。

孫賁 【三國吳】堅兄子。字伯陽。早失二親。撫育幼弟。友愛甚篤。爲郡督郵守長。孫堅舉兵長沙。賁去吏從征。堅卒。依袁術。術表賁領豫州刺史。轉丹陽都尉。既與策同擊走劉繇。定江東。策遣賁還報術。值術僭號。置百官。除賁九江太守。不就。還江南。策上賁領豫章太守。後封都亭侯。

孫逸〔清〕山東海陽人。字無逸。號疏林。清初流寓蕪湖。工畫山水。得黃公望法。

孫開華〔清〕長沙人。字賡堂。咸同間從鮑超轉戰湖北江南江西有功。累官總兵。光緒間調至臺灣。守淡水。與法人戰。三戰三捷。官至福建提督。卒於淡水。

孫陽〔春秋秦〕一名伯樂。伯樂天星名。掌天馬。陽善識馬。故名。伯樂過虞坂。有騏驥伏鹽車下。見陽而長鳴。伯樂下車泣之。驥於是俛而噴。仰而鳴。聲聞於天。

孫隆〔明〕武進人。字從吉。號都癡。天順中知新安府。善畫梅花禽魚草蟲。得徐熙逸趣。自成一家。號沒骨圖。

孫雄〔明〕鄉平人。兄本。以壯士歸明。戰死金山下。弟智代之。又戰死。雄繼統其衆。隸燕山右護衛。燕師起。推爲前鋒。敗齊泰軍於白溝河。屢立戰功。克金川門。陞羽林右衛指揮使。扈從北征。命守潼關。

孫雲桂〔清〕長洲人。號香泉。候選布政司理問。有妙香閣文稿。

孫雲鴻〔清〕全謀孫。道光間。官參將。時英艦駛入內洋。廈門戒嚴。雲鴻多方防禦。尋又擒獲閩洋巨匪百餘人。以功遷福山鎮總兵。咸豐間從攻洪秀全於鎮江。屢戰皆捷。調南澳鎮總兵。引疾歸。

孫雲鵬〔清〕青浦人。字扶雲。諸生。能詩。有東皋詩鈔。

孫亶〔明〕江陰人。字叔誠。洪武間以貢授戶部主事。改兵部。永樂中出知鞏昌府。躬行節儉。至誠率物。西戎部落。時出剽掠。聞亶名。稍稍歸服。丁內艱。民上狀借留。詔莅事如故。秩滿。民復上章乞留。進階嘉議大夫。仍治鞏昌。凡三十年。後乞休歸。

孫僅〔宋〕何弟。字鄰幾。少勤學。與兄齊名。舉咸平進士。累遷右正言知制誥。出知永興軍府。大中祥符中進給事中卒。僅性端慤。中立無競。篤於儒學。士夫皆推其履尚。有文集。

孫傳庭〔明〕振武衛人。字伯雅。一字白谷。萬曆進士。天啟中由商丘知縣入爲吏部主事。魏忠賢亂政。乞歸。崇禎九年。擢右僉都御史。巡撫陝西。擒斬流賊。累建大功。忤楊嗣昌下獄。十五年起兵部侍郎。總督陝西。明年加尚書。督師出關。勦賊。師潰。轉入潼關。賊破關城。陷陣死。有鑒勞錄·白谷集。

孫嗣〔元〕鄧州人。善騎射。倜儻不羈。金末集鄉衆據守武當。入元。以平亂功。累官蘄黃道宣慰使。卒諡武康。

孫嵩〔後漢〕安丘人。字賓石。桓帝時趙岐避仇家。匿姓名賣餅市中。嵩察非常人。停車呼與共載。岐素聞嵩名。即以實告。遂俱歸。嵩先入白母。迎入。饗之極歡。藏岐複壁中。後逢赦出。獻帝時嵩寓於劉表。表不爲禮。時岐使荆州。乃稱嵩素行篤烈。因共表上爲青州刺史。◎〔宋〕休寧人。字元京。貌奇怪。志尙幽潔。以薦入太學。宋亡。隱海寧山中。誓不復仕。杜門吟詠。自號艮山。有艮山集。

孫廉〔梁〕謙從子。字思約。便辟巧宦。仕齊歷尚書右丞。天監初沈約范雲用事。廉傾意結附。常手調甘旨以進貴要。時人恥之。官御史中丞。守晉陵吳興。然居官平直。轉以善政見稱。武帝嘗曰。東莞二孫。謙廉而已。

孫愼行〔明〕武進人。字聞斯。號淇澳。萬曆進士。擢禮部右侍郎。於朝政缺失。論諫極切。熹宗時拜禮部尚書。以追論方從哲進紅丸罪案。與廷臣意旨不合。謝病歸。操行嶄然不滓。爲一時縉紳冠。及三朝要典既出。三案盡翻。紅丸一案。以愼行爲罪魁。當遣戍寧夏。會魏忠賢敗。乃免。卒諡文介。

孫敬〔漢〕信都人。字文寶。性嗜學。嘗編柳寫經本。閉戶誦習。讀書欲睡。乃以繩繫頭髻懸於梁上。嘗入市。市人稱爲閉戶先生。

孫暉〔宋〕霍邱人。少負義氣。靖康之亂。率淮民團結保護。鄉井賴之。擢泗州招信尉。建炎中金人將渡淮。暉率射士民兵禦之。會大霧。金兵莫測多寡。相持踰半日。暉且戰且却。城陷。竟死於敕書樓。

孫暘〔清〕承恩弟。字赤崖。名與兄埒。順治丁酉舉順天鄉試。科場事發。爲人牽連。謫戍尙陽堡。聖祖東巡。獻頌萬餘言。召至幄前。賦東巡詩。試以書法。帝歎惜其才。宋德宜疏薦。不果用。久之還里。有薦庵集。

孫琳〔宋〕太平人。字德操。紹興進士。歷判池眞潁三州。所至以興學節財爲務。累遷知溫州。朱熹稱其愛立而教明。爲古良吏。後韓侂冑用事。謝官歸隱。

孫楚〔晉〕中都人。字子荆。才藻卓絕。爽邁不羣。以佐著作郎。參石苞軍事。自負材氣。頗侮易苞。苞銜之。後奏楚訕毀時政。遂湮廢積年。惠帝初爲馮翊太守。楚少欲隱居。謂王濟曰。吾欲漱石枕流。濟曰。流非可枕。石非可漱。楚曰。枕流欲洗其耳。漱石欲厲其齒。

孫楨 明丹陽人。字仲蟠。號石雲。收藏書畫古物最富。孜据甚精。

孫瑋 明渭南人。字純玉。萬曆進士。累遷右副都御史。巡撫保定。有惠政。進兵部尚書。掌左都御史事。瑋素負時望。方欲大振風紀。而是時朋黨勢成。言路大橫。或連章劾之。遂予告歸。天啓初召用。以吏部尚書參贊機務。再掌左都御史事。疾篤。猶上疏請登用善類。卒謚莊毅。

孫瑜 三國吳靜子。字仲異。始爲恭義校尉。綏撫兵衆。能得其歡心。領丹陽太守。遷奮威將軍。瑜在郡。立學宮。選將吏子弟數百人受業。臨饗講肄。時諸將皆以軍務爲事。而瑜好學墳典。雖在軍旅。誦聲不絕。◎宋奭子。字叔禮。以父蔭爲將作監主簿。稍遷開封府推官。使契丹。適西討捷書至。館伴要入賀。辭不肯。除兩浙轉運使。至則均斗斛大小。黜吏之無狀者。民大悅。累官工部侍郎卒。◎明邢臺人。字孟秀。由進士授刑部主事。累遷知開封府。開封素號繁劇。瑜處之有法。不以爲勞。廉以持己。及卒。至無斂具。巡撫檄所司辦之。且爲營孤孀費。

孫祿 明樓霞人。字天錫。弘治進士。歷戶部郎中。以忤劉瑾禁錮。瑾誅。起知揚州。有善政。累官應天府尹。引疾歸。

孫策 三國吳堅長子。字伯符。少英傑。堅卒。策往從袁術。術甚奇之。使領堅部曲。策說術。乞助吳景等攻劉繇於江東。術表策折衝校尉。策性闊達。善用人。渡江轉鬭。所向皆破。繇棄軍走。策渡浙江。據會稽。破吳人嚴白虎等。自領會稽太守。術僭號。策爲書與絕。曹操表策爲討逆將軍。封吳侯。會袁曹相攻。策欲入許迎漢帝。未發。遇刺卒。弟權稱尊號。追謚長沙桓王。

孫義伯 宋豐城人。於書無所不讀。謂治曆當備三法。曰象曰氣曰數。作六曆論・渾蓋同歸圖。寫古今七十六家法數。有大曆賦・復古蓍傳。

孫義鈞 清延子。字子和。諸生。博覽羣籍。入貲爲縣尉。善書畫。工詩。

孫萬登 唐青州人。咸通時任金吾上將軍。受命南征。既平。值唐祚移。孤軍不能討賊。日北向泣。因家休寧。名其里曰唐里。仍建李天王廟。以奉故主。

孫萬壽 隋靈暉子。字仙期。幼從熊安生受五經。能通大義。博涉子史。善屬文。美談論。隋初爲滕王文學。坐衣冠不整配防江南。仁壽初徵拜豫章王長史。終大理司直。

孫廣 唐東武人。字子乘。受易於燕人周醜。

孫裘仁 清無錫人。字立三。從同邑顧培・顧鼇遊。講求高攀龍靜坐之學。每春秋。於共學山居舉行復七會。會者近百人。裘仁據坐講說。日昃歌詩數章。擊入金石。晚以貢入都。當道欲薦之。力辭。未幾。卒於京邸。

孫該 三國魏任城人。字公達。彊志好學。年二十一。上計掾。召爲郎中。著魏書。遷博士司徒右長史。出爲陳郡太守。還入著作。卒官。

孫資 三國魏太原人。字彥龍。講業太學。博覽傳記。歷參丞相軍事。黃初初爲中書令。掌機密。遼東平。以參謀功進爵中都侯。嘉平中遜位歸第。就拜驃騎將軍。卒謚貞。資久典機任。時因羣臣諫諍。扶贊其義。幷密陳損益。不專導諛言。

孫路 宋開封人。字正甫。第進士。通判河州。徙蘭州。夏人入寇。有捍禦功。元祐初爲禮部員外郎。司馬光將棄河湟。問於路。路挾地圖示光。止前議。累官兵部尚書・龍圖閣學士。徽宗朝歷知太原河南永興軍河中府。

孫載 宋崑山人。字積中。治平進士。爲河中府戶曹。歷事三守。皆侃侃與爭曲直。用薦擢知德清。以德化民。訟有累年不決者。得一言皆感悟去。歷知海沂婺亳諸州。皆務大體。時號循吏。大觀中以朝議大夫致仕。載少喜讀易。有易釋解。

孫遇 明福山人。字際時。正統進士。授戶部主事。擢知徽州府。均徭釐弊。吏民畏愛。前後丁內外艱當去。均以民請奪情。考滿民又固留。英宗令進秩視事。守徽凡十八年。遷至河南左布政。爲怨者所劾。致仕歸。

孫道夫 宋丹稜人。字太沖。以張浚薦召對。除祕書正字。歷知蜀州。遇事明了。人目爲水晶燈籠。累遷禮部侍郎。道夫居官。一意爲民。不可干以私。仕宦三十年。俸給多置書籍。性剛直。喜面折人短。爲宰相沈該所忌。請出。除知綿州。致仕卒。

孫道易 明松江華亭人。字景周。號映雪老人。有東園客談。

孫道明 元松江華亭人。字明叔。居泗涇。博學好古。藏書萬卷。遇祕本輒手自鈔錄。皆小楷齊截。名其齋曰映雪。號停雲子。又號清隱處士。

孫道登 後魏呂人。永安初爲梁將章休等所獲。面縛臨刃。令其招降鄉曲。不從。見殺。

孫道槿 清順天人。字茂叔。善山水。

孫道溫妻 後魏安平人。姓趙氏。万俟醜奴圍岐州。趙謂城中婦女曰。今州城方陷。義在同憂。遂相率負土。晝夜培城。城竟免。以功贈安平縣君。

孫達哩 清滿洲正黃旗人。姓督

布哩氏。從太祖征伐。輒奮勇爭先。中創不退。太宗時征略山東。克濟南。先登。功第一。順治間累官護軍統領。康熙時勦茅麓山賊。破之。加太子太傅。卒謚果壯。

孫·靖 明平定人。永樂舉人。任鴻臚寺序班。陞都督府都事。以言忤石亨。調知渠縣。有惠政。

孫·鼎 明廬陵人。字宜鉉。由鄉舉爲松江府教授。以孝弟立教。正統間擢御史。督南畿學政。教士務先德行。請託者無所措手。英宗北狩。上書請隨所用効死。不報。以親老致仕。鼎與吉水劉觀·李中齊名。有吉水三先生之目。

孫·鼎臣 清善化人。字子餘。號芝房。道光進士。官至翰林院侍讀。深究古今學術政教治亂所由。及鹽漕錢幣河渠等。著爲書論。其言明達適治體。以論事切深。時不能用。乃假歸。工詩古文。有畚塘芻論·河防紀略及詩文等。總爲蒼筤集。

孫·僧化 後魏東莞人。官通直散騎常侍。識星分。案天占以言災異。爾朱世隆惡其多言。遂繫廷尉。免官。永熙中被召。與中散大夫孫安都同撰兵法。未就而出帝入關。遂罷。

孫·嘉淦 清太原人。字錫公。號懿齋。康熙進士。乾隆間官至吏部尚書。協辦大學士。久負直聲。屢躓屢起。以至誠待人。自居鄉至立朝。不作一欺人語。研精理學。以躬行爲本。卒謚文定。有春秋義。

孫·嘉駒 清本徽人。以鹺業爲錢塘諸生。字幼魯。又字薌谷。客台之樂城。善畫工詩。

孫·嘉績 明如游孫。字碩膚。崇禎進士。官兵部郎中。或發其納賄事。下獄。已而黃道周亦下獄。嘉績躬親飲食湯藥。力調護之。因從受易。後得釋。福王時起九江兵備僉事。未赴。魯王監國。累擢東閣大學士。從至舟山。遘疾卒。謚忠襄。

孫·墀 明燧次子。字仲泉。文學通贍。由選貢生歷尚寶丞。供事內閣。至尚寶卿。居母喪以孝聞。

孫·壽 後漢梁冀妻。以冀封襄城君。色美而善爲妖態。作愁眉·啼粧·墮馬髻·折腰步·齲齒笑。以爲媚惑。冀敗。自殺。

孫·夢卿 宋須昌人。字輔之。少有精鑒。家世豪右。志於圖繪。學吳道玄。常曰。吾所好者。吳生耳。餘無所取。故盡得其法。里中目爲孫脫壁。又曰孫吳生。

孫·夢逵 清昭文人。字中伯。乾隆進士。官宗人府主事。研精易理。精求十翼。有讀翼撰方。

孫·夢觀 宋慈谿人。字守叔。號雪牕。寶慶進士。歷知寧國府。以廉吏薦擢司農少卿。權吏部侍郎。抗論益切。以集英殿修撰知建寧府。卒官。夢觀重名節。義所當爲。奮往直前。其居敗屋數間。布衣蔬食。人以爲有古循吏風。有雪牕集。

孫·搴 北齊樂安人。字彥舉。少勵志勤學。初歷國子助教行臺郎。孫騰以宗情薦之神武。會西征。命作檄文。吹火促之。援筆立就。其文甚美。由是器之。署爲相府主簿。專典文筆。及卒。神武歎曰。折我右臂。搴學淺行薄。邢邵勸更讀書。搴曰。我精騎三千。足敵君羸卒數萬。

孫·構 宋博平人。字紹先。第進士。喜功名。勇於建立。累知眞州。遷度支判官。夔州部夷梁承秀·李光吉等導生獠入寇。構討平之。以其地建南平軍。徙湖北轉運使。攻降北江酋彭師晏。五溪皆平。交阯入寇。拜右諫議大夫。知桂州。寇聞引去。以疾乞歸。拜太中大夫卒。

孫·毓 宋平度人。有智慮。亢直不畏權勢。累官海南都轉運使。◉明武陵人。洪武舉人。代祖戍邊。十四年始歸。居母喪廬墓三年。躬負磚石築墳。年百齡而卒。◉明商河人。宣德進士。除行在監察御史。彈劾不避權貴。讞獄多所平反。陞陝西右參政。以廉能著。遷左布政。抗疏論執政。幾遭陷。帝特令致仕。

孫·毓汶 清濟寧人。字萊山。咸豐進士。權奇饒智略。累官軍機大臣兵部尚書致仕。卒謚文恪。

孫·漢英 五代漢漢韶弟。少事戎伍。在唐稍遷東面馬步軍都指揮使。以兄漢韶降蜀。久不得調。乾祐中爲絳州刺史·檢校司徒卒。

孫·漢韶 前蜀振武人。父重進。賜姓名爲李存進。漢韶仕明宗爲武定軍節度使。復本姓。後降蜀。蜀得秦鳳階成之地。漢韶與有功焉。在蜀。累遷捧聖控鶴都指揮使。兼中書令。封樂安郡王。

孫·爾準 清永清子。字平叔。號萊甫。嘉慶進士。累官閩浙總督。會新化賊械鬭。全臺震動。爾準誅首盜六人。餘勿問。人心大定。所至必咨訪疾苦。前後修舉水利。成膏腴數萬頃。學問淹貫。尤長於詞。卒謚文靖。有泰雲堂集。

孫·轂 清華容人。字子雙。生於明季。嘗取五經緯佚文。輯爲古微書。採摭頗富。詩文有盤譜·藜牀諸集。

孫·瑤華 明金陵名妓。字靈光。歸江左大俠汪景純。築樓六朝古松下。讀書賦詩。屏却丹華。王百穀亟稱之。以爲今之李清照。景純沒。遂不作詩。所著遠山樓稿亦不存。

孫·福清 清嘉善人。字稼亭。咸豐舉人。官廣東知縣。有檇李遺書二十種。

孫綠【清】常熟人。字亘青。諸生。工畫。花草俊雅。多指墨戲。

孫維明【明】江寧人。字克晟。有易學統此集。其子越續成之。

孫維城【明】丘縣人。字宗甫。隆慶進士。由知縣擢御史。有直聲。以忤大學士許國。出知永平府。遷赤城兵備副使。繕治亭障。邊防甚飭。拜右僉都御史。巡撫延綏。與總兵官麻承恩不相能。承恩嗾衆譁譟。維城以理諭之。亂定。因自劾。優詔慰留。尋得疾卒。歸裝蕭然。

孫綽【晉】統弟。字興公。博學善屬文。少有高尚之志。居於會稽。游放山水。作遂初賦以致意。又嘗作天台山賦。辭致甚工。初成。以示友人范榮期云。卿試擲地。當作金石聲。榮期曰。恐此金石。非中宮商。然每至佳句。輒云應是我輩語。除著作佐郎。累遷廷尉卿。領著作。卒官。

孫綝【三國吳】字子通。與峻同祖。始爲偏將軍。峻死爲侍中。代知朝政。以私恨誅呂據・滕胤。遷大將軍。封永寧侯。負貴倨傲。多行無禮。亮始親政。多所難問。綝懼。稱疾不朝。亮與全尚・劉承等共議誅之。謀洩。綝廢亮立休。休立。以大將軍爲丞相。一門五侯。皆典禁兵。權傾人主。或告綝欲反有徵。乘臘會召至。於席間執殺之。夷三族。

孫蒙正【宋】偉子。字正孺。少稟家學。又從胡宏兄弟問道。宏嘗謂之曰。子資稟過人。大要學問擴充之。須日知其所亡。月無忘其所能然後可。

孫輔【三國吳】賁弟。字國儀。以揚武校尉佐孫策平三郡。屯歷陽拒袁術。又從擊廬江太守劉勳。每戰身先士卒。策以爲廬陵太守。遷平南將軍。假節領幽州牧。輔恐權不能保江東。乃遣人齎書通曹操。權聞。幽繫之。數歲卒。

孫銓【清】崑山人。字鑑堂。號小汀。乾隆舉人。官山東知縣。少工書畫。爲成親王所賞。裒集諸名家法書摹勒入石。名壽石齋帖。

孫銘恩【清】江蘇通州人。字書常。又字蘭檢。道光進士。咸豐間官至兵部右侍郎。督學安徽。駐太平府。洪楊軍陷太平。被執。遇害。謚文節。

孫霈【明】饒州人。字爭吉。別號冰蘗翁。成化進士。爲常州府推官。疑獄立剖。擢南御史。劾僧繼曉忤旨。出爲四川副使。弘治中累官右副都御史。巡撫河南。築汴河堤以濟饑民。晉南禮部尚書。爲劉瑾所惡。中旨令致仕。瑾誅。起南吏部尚書。乞休歸。卒謚清簡。有冰蘗稿。改題清簡公集。

孫韶【三國吳】河從子。字公禮。河卒。韶年十七。收河內餘衆。繕治京城。起樓櫓。修器備以禦敵。孫權甚器之。拜承烈校尉。統河部曲。後爲廣陵太守。權稱尊號。拜鎮北將軍。韶爲將。善養士卒。得其死力。嘗以警疆埸遠斥堠爲務。先知動靜而爲之備。故鮮有敗負。加領幽州牧卒。

孫髯翁【清】昆明人。佚其名。布衣。善指頭畫。不求聞達。有髯翁集。大觀樓楹帖。尤膾炙人口。

孫鳳【明】長洲人。字鳴岐。以裝潢爲業。頗喜讀書。人有以古書畫求裝潢者。則錄其詩文頌語。積久成帙。名之曰孫氏法書名畫鈔。

孫鳳臺【清】崑山孫大登女。字儀九。大登工篆隸。鳳臺能傳其家法。尤長鐵筆。深得漢人神趣。

孫齊鋆【清】常熟人。字鳳洲。號芬齋。諸生。善畫山水。能詩。

孫億【宋】分宜人。字延齡。舉進士。知吉州。吉租歲收四十萬斛。漕臣意爲聚斂。戒庾吏收什二。以充羨餘。億拒臺命。出納一用倉式。

孫勰【宋】立節子。字志康。有父風。讀書博洽。年未弱冠。受業蘇軾。終不畔所學。登元祐進士。知岳州。以勁直聞。未幾卒。有文集。

孫奭【宋】博平人。字宗古。家於須城。九經及第。累官龍圖閣待制。奭以經術進。守道自處。有所言未嘗阿附。眞宗議奉迎天書。奭力諫。又諫祀汾陰。言至切直。仁宗時擇名儒爲講讀。召爲翰林侍講學士。三遷兵部侍郎。龍圖閣學士。上無逸圖。以太子少傅致仕。卒謚宣。奭嘗纂五經切於治道者爲經典徽言。又撰崇祀錄・樂記圖・五經節解・五服制度諸篇。

孫德昭【後梁】惟最子。以父任爲神策軍指揮使。劉季述廢昭宗。德昭助宰相崔胤謀反正。昭宗復位。以功拜靜海軍節度使。同平章事。賜姓李。時胤欲誅宦官。外交梁以爲恃。而宦者劫昭宗幸鳳翔。德昭留京。率兵衛胤。趣召梁師。梁祖德之。表爲同州留後。改兩街制置使。德昭遂以兵屬梁祖。梁受禪。以爲左衛大將軍。末帝立。拜左金吾大將軍卒。

孫德祖【清】會稽人。字彥清。同治舉人。官訓導。有寄龕詩質・寄龕文存・學齋庸訓・題楹福墨。

孫德淵【金】興中州人。字資深。大定進士。爲沙河令。聽訟明敏。丁父憂去。民爲刻石祠之。貞祐間累遷工部尚書。擢御史中丞。致仕。御史許古論德淵忠亮明敏。可大用。寧宗嘉納。未及用而卒。

孫慤【明】華容人。字士先。有唐紀。

孫慮【三國吳】登弟。字子智。少敏惠有才藝。父權器愛之。封建昌侯。假節開府。治牛州。臨事遵奉法度。

敬納師友。嘉禾初卒。

孫・撝　元曹州人。字自謙。至正進士。授濟寧路錄事。張士誠據高郵叛。假撝集賢待制。往招諭之。士誠拘之他室。施以捶楚。欲降之。撝不屈。士誠徙平江。撝與士誠部將謀赴鎮南王府。約日進兵復高郵。謀泄。被執不屈死。追謚忠烈。

孫・樓　明常熟人。字子虛。嘉靖舉人。官湖州府推官。改漢中。致仕歸。性好書。杜門校讎。晝夜不輟。所藏逾萬卷。略無脫誤。有麗詞百韻。百川集。

孫・潼發　宋桐廬人。字帝錫。一字君文。別號盤峯。咸淳進士。授衢州軍事判官。有廉能聲。從史繩祖研究先儒性理之學。辟御府軍器所幹辦公事。未幾宋亡。家亦毀。乃避地萬山中。久之乃歸。元侍御史程鉅夫求遺逸。以潼發應詔。固辭弗受。

孫・瑾　元丹徒人。字無咎。父喪哀毀。嚴冬跣足而步。停柩四載。衣不解帶。常食粥。誦佛書。事繼母唐氏尤孝。嘗患癰。瑾親吮之。又喪目。瑾舐之復明。

孫・璋　後唐歷城人。由行伍累擢裨校。鄴兵之變。從明宗赴難京師。長興初官至鄜州節度使卒。

孫・璉　宋大庾人。字器之。家貧嗜書。善吟咏。不應舉。躬耕績履以為活。壽百歲。

孫・磐　明遼陽人。弘治進士。擢吏部主事。正德初宦官漸用事。磐極言其弊。不從。後劉瑾斥磐為奸黨。勒歸。瑾誅。起河南僉事。坐累罷。

孫・節　宋開封人。少隸軍籍。以才勇補右侍禁。與狄青同在延州。數破敵有功。累遷西京左藏庫副使。及青討儂智高。節為前鋒。戰於歸仁鋪。賊銳甚。節鏖戰山下。中槍沒。贈忠武軍節度留後。

孫・緒　明洪武中知饒陽縣。均賦役。清刑罰。以廉能稱。◎明故城人。字誠甫。號沙溪。弘治進士。授戶部主事。火篩入犯。遣將往討。緒為參謀。畫策多售。轉吏部郎中。中官張雄請託不從。中傷褫職。嘉靖初起太僕卿。致仕。有沙溪集。

孫・緯　宋長洲人。字彥文。擢進士第。歷宗正寺丞。官至尚書郎。性誠朴。好以俗語為詩文。尤精掌故。有集諡總錄・本朝人物志。

孫・調　宋長溪人。字和卿。闡揚經術。排擯佛老。有易書詩解・中庸發題・浩齋稿等。學者稱龍坡先生。

孫・賢　明杞縣人。字舜卿。景泰中進士第一。授修撰。侍經筵。預修英宗實錄成。進太常卿。兼翰林學士。內艱起復。遷侍讀學士。掌院事。引疾乞休。卒謚襄敏。

孫・適　明錢塘人。字孟博。博覽羣籍。有詩名。孝親友弟。弟廸官禮部沒。適往扶柩歸葬。以一子嗣其後。少與翰林王洪善。洪家貧親老。祿薄不給。適周之。終始弗渝。善行草。尤精鍼灸術。療治未嘗責報。隱居甘泉里。有東巖老人集。

孫・鄰　三國吳賁子。字公達。雅性精敏。幼有令譽。嗣父為豫章太守。封都鄉侯。在郡垂二十年。討平叛賊。政績修理。召至武昌。為繞帳督。遷夏口沔中督・威遠將軍。

孫・鈜　清江蘇華亭人。字思九。諸生。詩餘精麗圓妥處。不減梅溪・片玉。有繪影詞・鐵冰詞。又輯清詩選。

孫・銳　宋吳江人。字穎叔。咸淳間舉於鄉。宋亡。隱居平望之桑磐村。有耕閒先生集。

孫・魴　南唐南昌人。字伯魚。聰敏好學。唐末鄭谷避亂宜春。魴從之游。故其詩頗有鄭體。楊吳據有江淮。文雅之士駢集。魴遂與沈彬・李建勳為詩社。有題詠金山寺一詩。時號絕唱。仕為宗正郎。

孫・儒　唐河南人。以趙卞橫里中。初為忠武軍裨校。黃巢亂。以兵屬秦宗權為都將。楊行密得揚州。宗權使弟宗衡爭淮南。以儒為副。儒誘斬宗衡。并其衆得數萬。號土團白條軍。破揚州。納款於汴。儒謀先定江南。卑辭厚賄結朱全忠。全忠薦授淮南節度使。後為楊行密所攻。軍潰被殺。

孫・奮　三國吳霸弟。字子揚。封齊王。居武昌。亮立。徙豫章。數越法度。耽游獵。坐擅殺廢為庶人。還章安縣。尋封章安侯。皓時有訛言皓已死奮當立者。皓聞。誅之。

孫・學易　明楚雄人。萬曆進士。授寧國府推官。斷獄無冤。遷遵義副使。土官奢崇明有逆志。屢請先事以折其謀。不納。後猖獗。三省騷然。人服其先見。官至陝西布政使。

孫・學稼　清侯官人。字君實。明諸生。刻勵好學。尤工詩。明亡。行遯四方。耽杭州西湖之勝。自號聖湖漁者。康熙間卒。有蘭雪軒集。

孫・樵　唐關東人。字可之。又字隱之。從韓愈游。舉大中進士。授中書舍人。僖宗幸岐隴時。詔赴行在。遷職方郎中・上柱國。有孫可之集。

孫・激　元嘉祥人。字叔達。讀書慕刀筆。屢典軍伍文字。元初以功授廣州宣慰都事。至元間還漳州路知事。著聲績。以母憂去。哀毀傷目。

孫・興祖　明濠人。從太祖渡江。積功為都先鋒。擢天策衛指揮使。沈毅有謀。大將軍徐達雅重之。從達克燕都。置燕山六衛。命興祖守之。領大都督分府事。後從達出塞。次三不剌川。遇敵力戰死。追封燕山侯。謚忠愍。

孫·蕡 明廣東順德人。字仲衍。博學工詩文。負節槩。不妄交游。何眞據嶺南。禮遇之。廖永忠南征。辟典教事。洪武中授工部織染局使。遷虹縣主簿。勞徠安輯。民多復業。召爲翰林典籍。與修洪武正韻。出爲平原簿。坐累逮繫。俾築京師城垣。起蘇州經歷。坐累戍遼東。又以嘗爲藍玉題畫。論死。有西菴集。

孫·蕙 清淄川人。字樹百。號泰巖。又號笠山。順治進士。官至給事中。有笠山詩選。

孫·蕙蘭 元新喻傅汝礪妻。能詩。閑雅可誦。然不多爲。又恆毁其稿。曰。女子當治織紝組紃以致孝敬。詞翰非所事也。卒後。汝礪編集遺詩。題曰綠窗遺稿。

孫·衛 清青浦人。字虹橋。專意山水。精篆隸。工摹印。能擘窠大字。

孫·衡 明京山人。字平伯。成化舉人。知萬安縣。剛毅有清操。邑俗好訟。及衡至。爲之一變。秩滿免歸。

孫·諤 宋睢陽人。字元忠。少挺特不羣。尚氣節。第進士。元祐中累官左正言。紹聖中治元祐黨。諤言漢唐朋黨之禍。其鑒不遠。哲宗患臺諫乏人。諤曰。士豈乏於世。顧陛下不知爾。立疏可用者二十二人。章惇惡其拂己。出知廣德軍。徽宗立。召爲右司諫。首論大臣邪正及政事可廢置因革者。帝稱其鯁直。遷左司諫。俄卒。

孫·錦 明玘曾孫。字大紳。工畫山水人物。寫照得祖法。

孫·錫 宋眞州人。字昌齡。天聖進士。以文學見稱。起家和州。歷知仁和縣。政尚仁恕。而窮治凶惡不貸。縣人畏愛之。累遷開封推官。坐事謫去。召還。同判尚書刑部。有罪人親屬繫獄者百二十三人。數遇赦不原。錫獨奏釋之。後提點淮南刑獄。考課爲天下第一。知舒州。發常平廣惠倉。以活陳許潁蔡流人。官至司封郎中。以老致仕。

孫·錤 清鄞人。字野史。自號獨學生。又稱岷陽大布衣。嘉慶時國學生。不事舉業。與其弟澍搆古棠書屋。閉門聯榻。揚搉古今。爲文力求奇崛。有瘦石文鈔·瘦石詩集·蜀破鏡等書。

孫·靜 三國吳堅季弟。字幼臺。策既破劉繇。靜說策以計敗會稽太守王朗。遂定會稽。表拜奮武校尉。靜不樂出仕。求留鎮守。策從之。及權統事。就遷昭義中郎將。終於家。

孫·默 清休寧人。字無言。號桴菴。客廣陵。貧而好客。其歸黃山。以詩文贈行者徧海宇。有笛松閣集。

孫·勱 宋立節季子。字勵志。涉獵經史。尤工詩。偕兄勰從蘇軾游。節義凜然。臺府舉遺逸。不應。卜居延春谷。軾榜其舍曰竹林隱居。年七十。無疾而逝。

孫·嶸叟 宋餘姚人。字仁則。第進士。復中弘博科。擢御史。居官竭忠盡智。排斥奸回。不爲身謀。官至禮部侍郎。兼太子賓客。卒謚忠敏。有讀易管見。

孫·懋 明慈谿人。字德夫。號毅菴。正德進士。歷南吏科給事中。敢於言事。出爲廣東參議。遷副使。有錦衣官校偵事廣東。懋疑其僞。執之。謫藤縣典史。久之遷廣西布政。入爲應天府尹。坐事忤旨。致仕。懋立身介潔。處事周詳。所居輒大書天理二字。用以自省。有孫毅菴奏議。

孫·應元 明歷京營參將。以功進副總兵。河南賊熾。應元與黃得功慷慨請行。大破之。錄功加都督僉事。已而京師有警。召還。累進左都督。張獻忠復叛。仍命應元等南征。應元擊賊。功最多。時稱荆楚第一。後戰於羅山。孤軍無援。陣沒。

孫·應奉 清永順人。乾隆間由行伍隨勦湖南苗。擢千總。嘉慶間隨勦教匪。積功至潮州鎭總兵。坐事奪職。戍伊犂。

孫·應奎 明餘姚人。字文卿。號蒙泉。嘗從王守仁講學。舉嘉靖進士。歷禮科給事中。疏劾汪鋐奸。忤旨廷杖。謫華亭丞。與洛陽孫應奎同時。有兩孫給諫之名。爲山西布政時。有創開膠萊河議者。力言不可。入覲。與吏部尚書爭官屬賢否。時稱其直。累官右副都御史。總理河道。坐事左遷山東布政。有燕詒錄。⊙明洛陽人。字文宿。正德進士。授章丘知縣。入爲兵科給事中。以風節自勵。屢犯權貴。坐言事謫高平丞。後累遷右副都御史。巡撫順天。晉戶部尚書。晚歲一切爲苟且計。於名頗損。言者劾其粗疏自用。改南工部。移戶部。致仕卒。

孫·應時 宋介子。字季和。學者稱燭湖先生。八歲能文。師事陸九淵。登進士第。初爲黃巖尉。有惠愛。常平使者朱熹重之。與定交。丘崇帥蜀。辟入制幕。策知吳曦之將叛。人服其先見。後知常熟縣。秩滿。郡守以私恨摭之。謂其負倉粟三千斛。市民感德。爭擔負代償。守益惡之。竟坐貶秩。起判邵武軍。未上而卒。有燭湖集。

孫·應鼇 明清平人。居如皐。字山甫。幼穎異。日誦千言。嘉靖進士。授戶科給事中。出補江西僉事。禦流寇有方略。累遷鄖陽巡撫。隆慶初上勵政親賢十事。幷劾大璫貪欺狀。皆見嘉納。尋乞歸。萬曆初起原官。首請恤錄建文死事諸臣。入爲大理卿。遷禮部右侍郎。以病予告。再起南工部尚書。卒謚文恭。有淮海易談·律呂分解·學孔精言·含蘖稿。

孫濬　明宣城人。字宗禹。嘉靖進士。由永豐知縣入爲給事中。疏劾趙文華希嚴嵩旨。乞罰櫬黨以答中外。讁孝感丞。歷知平陽府。

孫燧　明餘姚人。字德成。弘治進士。授刑部主事。歷河西右布政。時宸濠有逆謀。朝議欲得才節大臣。往防制之。以燧在河南有聲。特擢右副都御史。巡撫江西。既至。時爲宸濠陳說大義。七疏言宸濠必反。皆爲遮邀不得達。及宸濠反。伏兵召燧至。執而擊之。折左臂。仍罵不絕口。遂被害。贈禮部尚書。諡忠烈。

孫燮　淸烏程人。字呂揚。號愈愚。貢生。有愈愚集·補讀書齋集。

孫甑生　唐以伎聞。能使石自鬬。草爲人騎馳走。楊貴妃喜觀之。數召入宮中。

孫謙　梁東莞莒人。字長遜。仕宋爲句容令。淸愼強記。人號神明。歷巴東建平二郡太守。齊初爲錢唐令。轉江夏太守。梁天監中爲零陵太守。以老徵爲光祿大夫。謙歷二縣五郡。所在廉潔。居身儉素。每朝見。猶請劇職自効。武帝笑曰。朕當使卿智。不使卿力。年九十二卒官。

孫鍾　後漢富春人。堅之祖。性至孝。以種瓜爲業。一日有三少年詣鍾乞瓜。鍾厚待之。三人示以葬地。云當出天子。君可下山百步許。顧見我去。即可葬也。鍾去三十步。便反顧。見三人幷乘三白鶴飛去。鍾死。即葬其地。

孫鍾瑞　淸嘉興人。字子麟。有聖學大成。

孫樾　淸無錫人。字志伊。廩貢生。以教職用。窮經篤行。有禹貢錐指要删。

孫璧文　淸安徽太平人。登鄉擧。澹於榮利。以經史自娛。有新義錄·考古錄。

孫璹　宋顧質子。字壽朋。知臨海縣。奉母在官。元兵至。母子俱蹈難死。丞相葉夢鼎·尚書王應麟嘗以文章薦之。◎宋滎經人。號竹菴居士。孝友篤實。行著鄉曲。父嘗穴山通水灌田。鄉人病其氣勢不廣。璹慨然繼父志。捐貲更鑿。由是獲利者甚衆。官迪功郎。

孫禮　三國魏容城人。字德達。武帝爲司空。召爲軍謀掾。累遷陽平太守。入爲尚書。明帝脩宮室。固爭罷役。帝崩。以大將軍曹爽輔政。特還禮爲其長史。禮亮直不撓。爽弗便之。出爲揚州刺史。遷冀州牧。爲爽劾罷。起幷州刺史。爽敗。入爲司隸校尉。凡歷七郡五州。皆有威信。遷司空。封大利亭侯。卒諡景。

孫翼鳳　宋福寧人。字昭瑞。以鄉擧入太學。時史嵩之以父憂謀起復。翼鳳率同舍生攻之。又斥和議事。言甚剴切。登紹定進士。累官御史大夫簽書樞密院事。立朝數十年。以民物爲己責。於時政多所裨益。

孫臏　戰國齊武後。生阿鄄之間。與龐涓俱學兵法於鬼谷。涓爲魏將。嫉臏之能。陰使召臏。至則以法斷其足。齊淳于髡使魏。竊載歸。威王以爲師。齊伐魏以救趙。臏坐輜車中計謀。大破梁軍。後魏攻韓。韓告急於齊。齊將田忌直走大梁。涓去韓而歸。臏使齊軍入魏地。涓倍日幷行逐之。臏度其行暮當至馬陵。令善射者夾道伏。涓至。萬弩俱發。乃自剄。齊乘勝盡破其軍。臏以此名顯天下。

孫鎭　明合肥人。字希武。洪武中以經明行修。除戶部主事。知衞輝府。靖難兵起。衞輝當南北之衝。鎭堅守不下。永樂初謫戍山海。宣德初赦回。除上饒丞。不就。

孫勷　淸德州人。字子未。一字予未。號莪山。又號誠齋。性簡傲不諧於俗。康熙進士。官至大理寺少卿。終通政司參議。有鶴侶齋集。

孫懷說　宋靈臺人。工畫道釋人物。乘興命筆。往往稱絕。爲人任俠。不事產業。

孫璽　明平湖人。字朝信。成化進士。知興化。惠政及民。轉揚州府同知。歲饑。悉力振救。全活以萬計。終山西按察僉事。執法不阿。居家孝友睦族。與人樂易。不爲表襮。有峯溪集。◎明正德中爲居庸關指揮。武宗欲微行出關。藏門鑰不開。召問。以不敢擅離辭。◎明代州人。字廷信。由擧人知扶風縣。藍廷瑞反。都御史藍章以略陽舊無城。檄璽往城之。功未畢而賊至。璽率寮屬堅守數日。城陷被執。不屈死。

孫瓊　明崑山人。字蘊章。正統進士。歷刑部郎中。時錦衣指揮門達羅織人罪。法司承望風旨。往往死非命。瓊多所平反。中官牛玉養子犯法。以囑瓊。瓊執法不少貸。由是積怨。坐他事謫戍遼陽。成化初復職。乞歸。居家篤守禮度。終日端坐。所居朴陋。而處之裕如。

孫轍　元臨川人。字履常。學行純篤。事母孝。家居教授。與人言。一以孝弟忠信爲本。未嘗幾微及人過失。憲司屢辟不就。行省特以遺逸擧。轍善爲文。吳澄敍其集曰。仁義之人。其言藹如。其見稱許如此。

孫鏘鳴　淸衣言兄。字蕖田。道光進士。入翰林。抗疏劾權貴。直聲震天下。累遷侍讀學士。以言事忤當局罷歸。主講上海龍門書院。善書。卒年八十四。有止庵遺書。

孫鏜　明東勝州人。字振遠。襲濟陽衞指揮同知。累遷右都督。充總兵官。也先入寇。薄都城。鏜統京軍繫之。搏戰甚力。追寇於涿州。頗有斬獲。充副總兵。鎭大同。尋召還。英宗復辟。以功封懷寧伯。天順初曹吉祥·曹欽謀反。鏜率二子輔·軏·力戰定亂。論功第一。進爵世侯。卒諡武敏。⊙【明】莒州人。素嫻弓馬。嘉靖間經商江南。値倭犯蘇松。鏜捐資招兵。戮力出戰。擊走倭。出參政任環圍中。吳中倚鏜若長城。倭舟渡泖湖。鏜酣戰竟日。援兵不至。還至石湖橋。伏起。墮水中刃死。

孫·鏊【明】燧孫。字端峯。官上林苑丞。晚歸燭湖。構漆園居之。號漆園供事。有松菊堂集。

孫·願質【宋】枝次子。紹定進士。後中敎官科。終工部侍郎。

孫·鵬【淸】昆明人。字圖南。康熙舉人。官泗水知縣。有圖南文集。

孫·寶【漢】鄢陵人。字子殿。以明經爲郡吏。薦爲議郎。遷諫大夫。歷益州冀州刺史。拜廣漢太守。蠻夷安輯。吏民稱之。徵爲京兆尹。哀帝時爲司隸。上書訟尙書僕射鄭崇冤。免爲庶人。平帝時起爲大司農。廷臣稱王莽功德。寶獨非之。衆皆失色。坐不迎母免。終於家。

孫·寶侗【淸】博山人。字仲愚。諸生。陞六品京官。不就。有惇裕堂集。

孫·獻【淸】雄縣人。字都林。工畫。山水得郭熙三昧。人物追李唐·馬遠。花鳥蟲蝶。莫不酷肖。

孫·繼先【明】盂人。字引甫。隆慶進士。官南京監察御史。張學顏以私怨誣劉臺私贖鍰。戍臺廣西。繼先發其奸。坐謫臨淸判官。終南吏部主事。

孫·繼宗【明】忠子。字光輔。宣德初授府軍前衞指揮使。進都指揮僉事。襲父爵。天順初以奪門功進爵爲侯。督五軍營戎務。兼掌後軍都督府事。明代以外戚典兵者自是始。曹欽平。進太保。憲宗嗣位。復督十二團營。知經筵事。朝有大議。必繼宗爲首。卒贈郯國公。諡榮襄。

孫·繼芳【明】華容人。字世其。正德進士。授刑部主事。東廠獲數人誣爲盜。繼芳知其冤。卒出之。御史張璞·劉天穌·王廷相以忤宦官繫詔獄。繼芳抗疏力救。不報。因謝病歸。起改兵部。陞員外郎。諫南巡受廷杖。官至雲南提學副使。

孫·繼皋【明】無錫人。字以德。萬曆進士第一。除修撰。累遷少詹事。拜禮部侍郎。改吏部。攝銓事。論救諸譴謫言官。無所避諱。陳太后梓宮發引。神宗稱疾不送。遣官代行。繼皋上疏極諫。忤旨。及三殿災。遂致仕去。卒贈禮部尙書。有宗伯集。

孫·繼魯【明】雲南右衞人。字道甫。嘉靖進士。歷知淮安府。忤織造中官。謫遠至京。大學士夏言救免。終不稱謝。後以右副都御史巡撫山西。性耿介。所至以淸節聞。然好剛使氣。都御史翁萬達議撤山西內邊兵。幷力守大同外邊。報可。繼魯抗章爭。忤旨逮下詔獄。瘐死。穆宗時追諡淸愍。

孫·繼鄴【宋】承睿子。字元嗣。初以三班奉職。監涔陽酒稅。從曹利用破宜州賊陳進。以功遷左侍禁·端州兵馬監押。用晁迥薦。爲閤門祗候。上禦戎策十數事。後爲步軍都虞候。徙眞定路卒。

孫·覺【宋】高郵人。字莘老。師事胡瑗。登進士第。累擢至右正言。知諫院王安石早與覺善。驟引用之。將援以爲助。而覺與異議。條奏靑苗法病民。由是出知廣德軍。哲宗立。累遷御史中丞。以疾請罷。除龍圖閣學士。奉祠歸卒。有文集·奏議·春秋傳·易傳。覺初爲安石所逐。及安石退居鍾山。乃扁舟造訪。及卒。作文誄之。人服其德量。⊙【宋】寶慶中爲畫院待詔。善水墨白描士女。筆力細巧。

孫·隲【後梁】滑臺人。嗜學知書。微有辭筆。唐光啓中爲魏博節度使從事。主奏記事。累遷至兵部尙書。梁開平中。除左散騎常侍。雅好聚書。有書數千卷。皆簡翰精緻。披勘詳定。暇卽朝夕躭翫。後梁祖召百官就食。隲遲至。怒殺之。

孫·騰【北齊】石安人。字龍雀。少質直。解吏事。初爲神武都督府長史。以誠謹見信。神武置之魏朝。寄以心腹。累進侍中·尙書僕射。典掌機密。由是志氣驕盈。與奪由己。親狎小人。專爲聚斂。朝野深非笑之。卒謚文。

孫·蘭【淸】江都人。字滋九。一名禦寇。號柳庭。明季諸生。入淸以布衣終。精六書九章之學。嘗從湯若望治曆。盡通泰西推步術。善書。工詩及畫。有柳庭人紀·字學等。多失傳。存者惟輿地隅說。

孫·覽【宋】覺弟。字傳師。舉進士。知尉氏縣。屯卒謀叛。馳往諭之。亂遂定。神宗壯其才。授司農主簿。累遷戶部侍郎。與蔡京論役法不合。以龍圖閣直學士知太原。擊敗夏人。復取葭蘆戍。策勳加樞密直學士。覽爲人剛直。議論多觸執政。屢遭絀削。歷知河南府永興軍。徙成都。請祠卒。

孫·鐸【金】歷亭人。字振之。性敏好學。大定進士。補尙書省令史。章宗爲右丞相。語人曰。治官事如鐸。必無錯失。及卽位。除同知登聞檢院。命刊定舊律。累遷戶部尙書。嘗與張復亨共議交鈔。帝曰。孫鐸剛正人也。雖魏徵何加焉。累遷尙書左丞。兼修國史。議鈔法忤旨貶。宣宗卽位。召赴闕。除太子太師。以疾致仕。

孫·霸【三國吳】和弟。字子威。封

魯王。與和不穆。權聞。禁斷往來。霸黨共圖諮毀太子。太子敗。霸賜死。

孫·鼇 【宋】錢塘人。徙江都。字叔靜。徽時與蔡京善。常曰。蔡子貴人也。然才不勝德。恐貽天下憂。徽宗時累官顯謨閣待制。知鄆州。邑人子爲草祭之謠。指切蔡京。鼇以聞。京怒。誣以他事。遂致仕。卒諡通靖。

孫·權 【三國吳】見吳大帝條。

孫·覿 【宋】晉陵人。字仲益。別號鴻慶居士。大觀進士。後舉詞學兼茂科。歷官翰林學士·吏戶二部尚書。立朝正直。知秀州·溫州·臨安·蔡郡。因忤執政。歸隱太湖濱西徐里。孝宗朝嘗命編類蔡京·王黼等事實。上之史官。有鴻慶集。

孫·巖 【宋】嵩弟。字次皐。號爽山。工詩。清勁苦淡如其人。有爽山集。◎【明】鳳陽人。少有智勇。從渡江征伐。累官燕山中護衛千戶。燕師起。命守通州。捍禦頗力。擢都指揮僉事。論守城功封應城伯。卒諡威武。

孫·鑛 【明】陞幼子。字文融。號月峯。萬曆會試第一。爲文選郎中。澄清銓法。名籍甚。累進兵部侍郎。加右都御史。代顧養謙經略朝鮮。還遷南兵部尚書。時採鑛使橫出。妖人嘯衆爲亂。鑛請以重典治之。被劾乞歸。有孫月峯評經·今文選·書畫跋跋。

孫·鑠 【隋】懷人。字巨鄴。少爲縣吏。轉司隸都官從事。大司馬石苞辟爲掾。爲苞畫計。苞賴以免禍。遷尚書郎。在職駁議十餘事。爲時所稱。

孫·顯 【明】信陽人。父喪。廬墓三年。鄉里重之。洪武中領鄉舉。入太學。授給事中。累陞工部尚書。後廷諍忤旨。謫戍雲南。籍其家。止牛一頭。茅屋數間。使者還報。帝嘉歎。召復原職。道卒。

孫·體元 【明】濱州人。字復一。萬曆進士。授大同令。擢兵部主事。歷禮部郎。出爲河南參政。重修學校。鋤除豪惡。士民感頌。終陝西參政。

孫·灝 【清】錢塘人。字載黃。號虛船。雍正進士。官至左副都御史。清寒幽峭。不異老儒生。有道盟齋集。

孫·鑨 【明】陞子。字文中。嘉靖進士。歷武選郎中。世宗齋居。鑨請朝羣臣。且力詆近倖方士。不報。引疾歸。萬曆初累遷大理卿。進吏部尚書。大計京官。力杜請謁。凡政府私人。貶黜殆盡。執政皆不悅。遂乞休。疏十上。乃得歸。卒諡清簡。

孫·靈暉 【北齊】武強人。惠蔚族曾孫。少明敏好學。日誦數千言。得惠蔚手錄章疏。潛自尋討。遂通三禮三傳宗旨。多所發明。舉秀才。射策高第。累擢國子博士。授南陽王綽經。綽除定州刺史。以爲王師。綽誅停廢。齊亡後數年卒。

孫·觀 【三國魏】泰山人。一名嬰子。字仲臺。與臧霸俱起。討黃巾。拜騎都尉。武帝厚遇之。每戰常先登。征定青徐羣賊。以功封呂都亭侯。拜偏將軍。遷青州刺史。從征孫權於濡須口。中流矢。傷左足。力戰不顧。轉振威將軍。創甚卒。

宮·之奇 【春秋虞】大夫。晉荀息以垂棘之璧。與屈產之乘。假道於虞以伐虢。之奇以脣亡齒寒之說諫。公不聽。之奇以族行。曰。虞不臘矣。晉滅虢。遂襲虞滅之。

宮·天授 【元】開州人。字大用。歷學官。除釣臺書院山長。卒於常州。工樂府。有雜劇范張雞黍等行世。

宮·文信 【元】萊陽人。以文階任廣東帥閫都事。設奇制勝。擒李志甫·劉虎子諸寇。潮浦以寧。賜白金文綺。

宮·永建 【明】泰州人。性孝友。萬曆間食餼於庠。代弟受過除名。終身不恨。所行隱德甚多。

宮·好禮 【明】莒州人。洪武中以人材知零都縣。長於幹濟。慈惠愛民。

宮·安 【明】山陽人。累官廣東按察僉事。持憲嚴明。致仕歸。囊橐蕭然。家居十餘年。足不及公府。時論稱之。

宮·守禮 【明】寧遠人。諸生。性端謹。好古執禮。侍父病。衣不解帶。及卒。廬墓三年。有白雀來巢。繼母初欲改適。感其孝遂已。郡旌其門。

宮孫子 【周】著書二篇。爲道家言。

宮·偉鏐 【清】泰州人。字紫陽。號桃都漫士。明崇禎進士。官翰林。有庭聞州世說。所記皆聞於庭訓之泰州雜事也。

宮·崇 【後漢】琅邪人。順帝時上神書一百七十卷。

宮·欽 【元】東萊人。字子敬。至大初爲東阿令。以威嚴爲理。屬歲大饑。出俸幣爲倡。富民和之。全活甚衆。邑有黠民健訟。前令莫能治。廉其人寘之法。繢其壁以示辱。後皆化爲善良。既去官。吏民追思。立石頌德。

宮·夢仁 【清】泰州人。字定山。康熙進士。官至福建巡撫。有讀書紀數略。

宮·爾勸 【清】高密人。字九叙。晚號怡雲。康熙舉人。以知縣累官雲南布政使。始終服官滇南。所至有聲績。有南溟集。

宮·聚 【明】成祖時人。官都督同知。永樂中佩平蠻將軍印。副王驥。三征麓川。大破之。師踰孟養。諸部皆震讋。曰。自古漢人無渡金沙江者。今王師至此。眞天威也。

宮·繼蘭 【明】永建孫。字貞吉。崇禎進士。官兗州知府。治行嚴明。不畏疆禦。清宿逋至二百六十餘萬。擢兗東兵備。以母老告歸。再徵不起。

宮·顯 【明】盩厔人。成化中由舉人

知渭南縣。勤政愛民。不矜皎皎之行。百姓愛戴之。

宰·予 【春秋魯】字子我。孔門高弟。在言語科。仕齊爲臨菑大夫。(按史記李斯傳。斯上書二世云。田常陰取齊國。殺宰予於庭。又仲尼弟子傳。宰我爲臨菑大夫。與田常作亂。以夷其族。一書之中。前後不符。索隱曰。左氏無宰我與田常作亂之文。然有闞止。字子我。田闞爭寵。子我爲陳恆所殺。恐字與宰予相涉。因誤云然。)

宰·應文 【明】江寧人。家貧。幼時喪其親。應文刻木肖二親像。事之如生。出入必稟命。

家·大酉 【宋】愿曾孫。舉進士。初授昭化縣主簿。吳曦叛。大酉不受其招。淳祐中侍講經筵。累官工部侍郎。與宰相史嵩之論不合。罷去。大酉爲人方直。雖累屈守死不變。卒諡文節。

家父 【周】幽王時大夫。嘗作節南山之詩刺王。

家·安國 【宋】眉山人。字復禮。初任教授。晚監郡。蘇軾嘗以詩送之歸蜀。

家伯 【周】幽王時冢宰。

家·坤翁 【宋】知撫州。吏治甚著。民稱頌之。

家·定國 【宋】安國弟。官永康司法參軍。韓絳欲治西山道。定國謂蜀近夷。恃險以安。塹爲坦途。將有後憂。絳然其言。爲之罷役。

家·退翁 【宋】蘇軾同年友。元豐中知懷安軍。軾贈詩有退翁守清約。霜蘭湊餘馨之句。

家·勤國 【宋】定國從弟。從劉巨游。與蘇軾兄弟爲同門友。王安石久廢春秋學。勤國憤之。著春秋新義。熙寧。元豐諸人紛更。而元祐諸賢矯枉過正。勤國爲築室作室喩。二蘇讀之敬歎。

家·鉉翁 【宋】眉山人。字則堂。學問該博。尤邃於春秋。累官端明殿學士。簽書樞密院事。元兵次近郊。丞相檄告天下守令以城降。鉉翁獨不署。奉命使元。留館中。聞宋亡。旦夕哭泣不食。元欲官之。不受。成宗卽位。放還。賜號處士。賚金帛不受。以壽終於家。有春秋詳說。則堂集。

家·愿 【宋】勤國子。字處厚。紹聖進士。時策問力詆元祐之政。愿答策憪以守九年所已行者爲言。居下第。爲樂至令。上書極論時政。謫監華州西嶽廟。禁錮不調凡十年。黨禁解。歷知閬州。會張浚謀大舉。愿請厲兵足穀俟機會。浚不悅。以便旨移彭城。尋乞歸。初蘇轍讀愿策。謂愿少年。能不爲進取計。當以直道聞。果驗。

家·擴 【宋】蜀人。字本仲。師黃榦。榦嘗稱其持身甚介。玩理甚精。務學蒸實。足與李道傳相伯仲。

家·頤 【宋】眉山人。字養正。著有子家子。

容成 【上古】黃帝之臣。始造律曆。道家有採陰補陽之術。謂本於容成公。有容成陰道二十六卷。

容·苴 【金】貴州人。天德中官普定知府。時宋隆濟等作亂。苴與其妻適姑率衆禦之。遂改府爲路。後苴沒。朝命以適姑爲總管。佩虎符。

容·若玉 【明】恭子。字崑石。萬曆進士。歷官多善政。累遷江西嶺北道。境有寇亂。勢張甚。會撫藩俱遷去。若玉以一人兼攝諸務。躬程假節鉞鎭之。勞疾卒官。家無長物。同僚賻之。始得歸葬。

容·師偃 【明】悌與孫。正德中貢父避寇。被執。將灼其父。師偃泣請代。父得釋。師偃遂就焚。年二十三。

容·恭 【明】安慶人。宸濠之變。値父喪。會卒奉柩入山。墮水。身亦沒。伏柩側數晝夜。肌膚盡裂。卒不死。賊退獲全。後以鄉貢歷官淮府審理。

容·悌與 【明】香山人。字行白。性醇厚。學博行修。永樂中任本縣教諭。母病風癱。悌與躬侍湯藥。十三年無懈。鄉人稱爲孝行先生。有雲嵐集。

容華夫人 【隋】丹陽人。姓蔡氏。文帝卽位。選入宮爲世婦。容儀婉嫕。甚得帝寵。拜爲貴人。參斷宮掖之務。與宣華夫人陳氏相亞。帝寢疾。加號容華夫人。帝崩。煬帝烝之。

容·璘 【明】新會人。性仁孝。早失父。奉遺物輒泣。歲買至京。陳情養母。嘉靖中詔旌其門。

射匱可汗 【唐】西突厥主。達頭可汗孫。旣立。開拓土宇。自玉門以西諸國皆役屬之。遂與北突厥爲敵。乃建庭於龜茲北三彌山。

展·上公 【漢】修道於句容縣玉晨觀。得仙。

展·子虔 【隋】工畫。爲畫家三史。

展·迪 【明】萊陽人。生平好施與。弘治間因賑饑受旌表。卒年百三十歲。

展·莊叔 【春秋魯】大夫。齊慶封來奔。獻車於季武子。美澤可鑑。莊叔見之曰。車甚澤。人必瘁。宜其亡也。

展·喜 【春秋魯】齊孝公伐魯。僖公使展喜犒師。使受命於展禽。齊侯未入竟。展喜從之。齊侯曰。魯人恐乎。對曰。小人恐矣。君子則否。齊侯曰。何恃而不恐。對曰。恃先王之命。昔周公太公夾輔成王。成王勞之而賜之盟。曰。世世子孫。無相害也。載在盟府。太師職之。及君卽位。諸侯之望曰。豈其嗣世九年。而棄命廢職。其若先君何。齊侯乃還。

展·禽 【春秋魯】名獲。字季。居柳下。仕爲士師。三黜而不去。人問之。曰。直道而事人。焉往而不三黜。枉道而事人。何必去父母之邦。禽旣卒。門人將誄之。其妻曰。將誄夫子之德耶。則二三子不如妾知之也。乃誄之。

其末云。夫子之謚。宜爲惠兮。門人從之。謚曰惠。

峻德 【清】滿洲人。姓納蘭氏。字克明。號愼齋。歲貢生。乾隆中舉鴻博。官戶部筆帖式。有詩名。有雲簃藏稿。

師丹 【漢】東武人。字仲公。治詩。舉孝廉爲郎。累遷大司空。封高樂侯。哀帝封拜丁傅。追尊共王。丹皆切諫。不從。遂策免爲庶人。平帝卽位。以丹端誠忠節。復封爲義陽侯。卒謚節。

師史 【漢】河南人。善貨殖。轉轂百數。郡國無不至。時富豪相矜以久賈。過邑不入門。故師史致富十千萬。

師圭 【晉】善相術。嘗相陶侃。謂曰。君左手中指有豎理。當爲公。若徹於上。貴不可言。侃以針決之。見血。灑壁爲公字。以紙裹手。公字愈明。

師安石 【金】清州人。字子安。本姓尹氏。避國諱更焉。承安中詞賦進士。輕財尙義。初補尙書省令史。累遷尙書右丞。以論列近侍觸哀宗怒。疽發腦卒。

師延 【上古】軒轅之世。官司樂。拊一絃琴。則地祇皆升。吹玉律。則天神俱降。聽衆國樂聲。以審興亡之兆。至殷紂時。被拘於陰宮。周武王興師。乃越濮流而逝。或云死於水府。

師叔 【春秋鄭】大夫。齊會諸侯以謀鄭。管仲曰。鄭有叔詹・堵叔・師叔。三良爲政。未可間也。

師宜官 【後漢】南陽人。靈帝好書。徵天下工書者於鴻都門。至數百人。八分獨稱最。大則一字徑丈。小則方寸千言。性嗜酒。或時空至酒家。因書其壁以售之。觀者雲集酤酒。多售則鏟滅之。

師服 【春秋晉】大夫。穆侯名太子曰仇。次曰成師。師服曰。異哉君之命子也。始兆亂矣。仇立。是爲文侯。封成師於曲沃。後晉亂。卒如師服言。

師帝賓 【清】寧夏人。趙良棟征川。帝賓以遊擊留守寧夏。時役民輓運軍需。帝賓謂鎭民半已出征。豈可再令輓運。固請止之。擢襄陽總兵。移涼州。居官絕侵漁。杜苞苴。屏聲色。介然特立。涼人立祠祀之。

師涓 【衛】樂官。與紂爲靡靡之樂。武王伐紂。師涓東走。自投於濮水。◎【春秋衛】事衛靈公爲樂官。靈公之晉。舍濮水上。夜半聞鼓琴聲。狀似鬼神。召師涓聽而寫之。曰臣得之矣。之晉。平公置酒於施惠之臺。酒酣。靈公曰。今者來聞新聲。請奏之。師涓援琴鼓之。未終。師曠止之曰。此亡國之聲也。不可聽。

師逵 【明】東阿人。字九逵。少孤。事母孝。洪武中官監察御史。成祖時累遷吏部尙書。廉不殖產。祿賜分贍宗黨。子八人。至無以自贍。成祖嘗論扈從北來大臣不貪者。惟逵一人而已。

師備 【後梁】僧。閩籍。本姓謝。少憨黠好釣。旋出家芙蓉山。居福州玄沙院。王氏有閩土。奏賜紫衣。號宗一大師。開平間示寂。

師經 【戰國】善鼓琴。事魏文侯。文侯曰。使我言而無見違。經援琴而撞文侯。中旒潰之。文侯曰。爲人臣而撞其君者罪當烹。經曰。臣可一言而死乎。昔堯舜唯恐言而人不違。桀紂唯恐言而違之。臣撞桀紂。非撞吾君也。文侯曰。釋之。是寡人之過也。懸琴以爲寡人符。不補旒以爲寡人戒。

師遇 【宋】成都人。字厚卿。有篤行。紹定初被貢。以母疾不就。禱於神祇曰。苟造物許齒名進士籍。則貽祿吾母。俾壽且寧。不願仕也。已而母卒。踰三年。成進士。以前誓不欲仕。親黨強之。乃受官。歸而得疾。遂致仕。生平守張栻之教。至爲醇固。

師頏 【宋】內黃人。字霄遠。曠達夷雅。篤於問學。與兄頌齊名。建隆初舉進士。歷典州郡。所至以簡靜爲治。累官殿中侍御史。知制誥。尋知審官院卒。有文集。

師寘 【明】萬安人。天順中知德清縣。在官九年。政平訟理。署有梅花堂。公餘坐其中。鳴琴自適。一時翕然稱爲賢良。

師維藩 【宋】眉山人。仕爲全州文學。徽宗時與太學。國子司業高閌言建學之始。宜得老成。以誘掖後進。乃以維藩薦。詔除國子學錄。

師慧 【春秋鄭】樂師。鄭人以之納賂於宋。師慧過宋朝。將私焉。其相曰。朝也。慧曰。無人焉。相曰。朝也何故無人。慧曰。若猶有人。豈其以千乘之相。易淫樂之矇。必無人焉故也。子罕聞之。固請而歸諸鄭。

師範 【宋】僧。梓潼雍氏子。九歲出家。無貲薙髮。人稱烏頭子。遊天台。雁蕩。歷居清涼。焦山等寺。召入大內說法稱旨。賜金襴衣。號佛鑑禪師。淳祐間。書遺表及偈而逝。

師範 【宋】靈石人。元祐進士。督岢嵐軍。有惠澤。後官江南。民苦賦役。範奏茶爲天地之利。請稍增其稅。而少息賦役。既不病民。亦不病國。江南人圖像祀之。◎【清】雲南趙州人。字荔扉。乾隆舉人。官望江知縣。性敏捷。偶然揮翰。動輒萬言。有金華山樵集。

師襄 【春秋魯】以擊磬爲官。善鼓琴。論語謂之擊磬襄。孔子嘗從學琴。

師曠 【春秋晉】樂師。字子野。晉人聞有楚師。師曠曰不害。吾驟歌北風。又歌南風。南風不競。楚必無功。平公時。石言於魏榆。公問之。對曰。

作事不時。怨讟動於民。則有非言之物而言。今宮室崇侈。民力彫盡。石言不亦宜乎。時公方築虒祁之宮。叔向曰。子野之言君子哉。有禽經。

師·覺授 〔南朝宋〕涅陽人。與外兄宗少文並有素業。以琴書自娛。母沒。一號而絕。良久乃蘇。後撰孝子傳。臨川王義慶辟爲州祭酒主簿。不就。

師·懿德 〔清〕寧夏人。康熙間由行伍累功擢甘肅提督。策妄阿喇布坦犯哈密北境。懿德遣兵卻之。尋議北征。懿德獨謂不可進兵。部議論絞。詔宥之。雍正初乞休。

師·顯行 〔宋〕眉山人。理宗時知惠州。政尙清靜。一日土寇竊發。即時擒滅之。公暇手不釋卷。著書自娛。

席·上珍 〔明〕姚安人。崇禎舉人。磊落尙氣節。聞孫可望·李定國等入雲南。與姚州知州何思。據姚安城固守。城破。與思同被執不屈。賊剝其皮至頸。罵聲不絕。

席·上錦 〔清〕湖南東安人。字承裳。能詩畫。精岐黃。並好相墓術。有知素堂集。

席·天祐 〔宋〕樂平人。精醫。嘗從劉武忠軍。采用兵之勢寓於棊。遂成絕藝。

席·世雅 〔北周〕固子。字彥文。性方正。少以孝聞。位大將軍。

席·巨川 〔元〕至正間。同知南陽府事。時王師討叛寇。巨川泣言不可殺降。帥悟。賴以活者千數。民爲立碑頌德。

席·旦 〔宋〕河南人。字晉仲。七歲能詩。元豐中舉進士。未奏名。上書言戰守事。神宗嘉納。令廷試賜第。累官吏部侍郎·顯謨閣直學士。兩知成都府。甚有治理。加至述古殿大學士。

席·汝言 〔宋〕字君從。元豐中以尙書司封郎中致仕。與文彥博·富弼輩爲書英會。又與文彥博·程珦·司馬旦爲同甲會。並與司馬光兄弟·王安之·王不疑·楚王叔等爲眞率會。

席·希秀 〔南齊〕撰辨林三卷。

席·佩蘭 〔清〕吳縣人。字韻芬。嫁常熟孫原湘。與原湘皆工詩。爲一時佳耦。有長眞閣詩稿。

席·固 〔北周〕襄陽人。字子堅。少有遠志。仕梁至興州刺史。大統中以地歸魏。拜使持節驃騎大將軍。累封靜安郡公。遷昌州刺史。固居家孝友。蒞官頗有聲績。保定中卒。諡肅。

席·法友 〔後魏〕安定人。從祖父南奔。仕齊以膂力自效。任安豐·新蔡二郡太守。後歸魏。拜豫州刺史。封苞信縣伯。淮南剋定。法友與有力焉。宣武末刺濟州。以廉和著稱。終光祿大夫。卒諡襄。

席·春 〔明〕書弟。字仁同。正德進士。嘉靖中歷翰林學士·吏部右侍郎。與尙書汪鋐有隙。鋐訐春前附楊廷和排議禮諸臣。遂落職。卒於家。

席·芾 〔宋〕汴人。嘉定間。由進士知儀隴縣。蒞政嚴明。興學勸農。邑人頌之。

席·英 〔元〕建昌人。字俊仲。隱於新城河東。好吟咏。環屋植梅。林塘幽勝。門無雜客。自號梅村。

席·書 〔明〕遂寧人。字文同。弘治進士。官戶部員外郎。雲南晝晦地震。疏言災異係朝廷。不係雲南。累遷禮部尙書。大禮議起。書揣帝意。草疏以示桂萼。萼然其議。遂上之。因大用。歷武英殿大學士。卒諡文襄。書遇事敢爲。性頗偏愎。如庇陳洸。排費宏。恣行私意。爲時論所斥。有大禮集議。

席特庫 〔清〕滿洲鑲藍旗人。亦作錫特庫。世居佟佳。以地爲氏。太宗時屢從征戰。皆有功。崇德間圍錦州。洪承疇以兵十三萬赴援。席特庫等大敗之。順治間從入關。破唐通。定山西。討蘇尼特部。封一等男。◉〔清〕滿州鑲藍旗人。姓薩克達氏。順治初任參領。從入關。自陝西追勦李自成於湖廣。連挫之。封二等男。

席·啟圖 〔清〕震澤人。字文輿。官內閣中書。有畜德錄。

席·煜 〔清〕常熟人。字子遠。號松墅。嘉慶進士。喜畫山水。工詩。善南北曲。卒年五十餘。

席爾達 〔清〕滿洲鑲紅旗人。先世居董鄂地方。以地爲姓。康熙間補太常寺贊禮郎。累擢川陝總督。善政甚多。軍政計典。舉劾必公。禁餽送。賑饑荒。其功尤大。遷吏部尙書。湖廣苗亂。詔席爾達往平之。事竣回京。在吏部益著風采。公望屹然。

席·廣 〔後漢〕光武時爲議郎。陰興薦其經明行修。擢光祿勳。

席·篆 〔明〕書弟。字材同。正德時爲戶科給事中。以極諫謫夷陵判官。世宗嗣位。復故官。未上卒。

席·豫 〔唐〕襄陽人。徙河南。字建侯。進士及第。開元中累官至考功員外郎。出爲鄭州刺史。韓休舉以自代。入拜吏部侍郎。典選六年。時以爲知人。號席公。天寶中進禮部尙書。累封襄陽縣子。豫清直無欲。當官不爲勢權所撓。性謹畏。帝嘗登朝元閣賦詩。羣臣屬和。帝以豫詩最工。稱爲詩人冠冕。卒諡文。

席·鏊 〔清〕常熟人。字景溪。雍正舉人。官內閣中書。有竹香詩集。

席·寶田 〔清〕湖南東安人。字研薌。以諸生從戎。同治間勦李世賢·汪海洋於江西。以不滿五千之卒。抗強寇十餘萬。縱橫馳擊。輒以少勝衆。平貴州苗亂。用兵五年。拓地千餘里。破砦千數。苗疆大定。官至布政使。贈太子少保。

席・闡文 陳臨溼人。少孤貧。涉獵書史。仕齊至衛尉卿。梁武帝將起義。闡文深勸之。及受禪。除都官尚書。封山陽伯。出爲東陽太守。有能名。冬至悉放獄中囚。依期而至。改封湘西侯。卒諡威。

席・鑑 清常熟人。字玉照。藏書極富。刻古今書籍甚多。其板心均有掃葉山房字。

庫狄・士文 隋代人。干孫。在齊襲封章武郡王。官領軍將軍。周武帝平齊。士文閉門自守。帝奇之。授隋州刺史。文帝受禪。封湖陂縣子。尋拜貝州刺史。性清苦。不受私謁。法令嚴肅。不避貴戚。以嚴酷爲御史所劾。下獄憤恚死。

庫狄・山欽 唐爲魯州刺史。風痺不能彎弓。高醫甄權針其肩曰。可以射矣。果如言。

庫狄・干 北齊善無人。鯁直少言。有武藝。仕魏爲定州刺史。清約自高。天保初以元勳佐命。封章武郡王。轉太宰。尙神武妹樂陵公主。卒諡景烈。

庫狄・伏連 北齊代人。字仲山。少以武幹事爾朱榮。後從神武建義。除鄭州刺史。伏連鄙吝愚很。無治民政術。及居州任。專事聚歛。武平中封宜都郡王。除領軍大將軍。尋與琅邪王儼殺和士開。伏誅。

庫狄・昌 北周神武人。字恃德。少便弓馬。有膂力。每以將帥自許。大統初進爵爲公。從破竇泰。復弘農。戰沙苑及河橋。皆先登陷陣。累遷開府儀同三司。

庫狄・峙 北周其先遼東人。本姓段氏。匹磾之後。因避難改焉。善騎射。有謀略。仕魏爲高陽郡守。爲政仁恕。拜中書舍人。參掌機務。蠕蠕和親。使峙往。峙善辭令。蠕蠕主雅信重之。後仕周爲少師。以年老乞休歸。卒諡定。

庫狄・迴洛 北齊代人。少有武力。初事爾朱榮爲統軍。神武舉兵信都。迴洛擁衆歸義。以軍功補都督。破宇文泰於河陽。授夏州刺史。大寧初轉朔州刺史卒。

庫狄・盛 北齊懷朔人。有武力。從神武征伐。累遷朔州刺史。拜特進卒。

庫狄・履溫 唐詩人。官尚書員外郎。兼充節度判官。開元間宇文融括田時。奏置勸農判官。以履溫等二十九人並攝御史。分行天下。

庫狄・顯安 北齊嘗侍昭帝坐。帝曰。顯安我親姑子。可言我之不逮。顯安曰。陛下多妄言。曰。若何。對曰。陛下昔見文宣以馬鞭撻人。常以爲非。而今行之。非妄言耶。帝握其手謝之。

庫・鈞 漢金城太守。封輔義侯。爲時英儁。與竇融友善。

庫爾禪 清滿洲鑲紅旗人。姓鈕祜祿氏。好學問。及長。充文館理事。並管牛彔事。天聰間征朝鮮。其王遁居海島。遣庫爾禪往議約。暫定歲幣。朝鮮讋服。從攻明灤州。摧鋒陷陣。績甚著。後以力保逃將劉興祚罪論死。庫爾禪通習漢文。與達海齊名。

庫爾闡 清滿洲正藍旗人。姓赫舍哩氏。天聰。崇德間。從征黑龍江及索倫部。圍錦州。攻松山。皆有功。擢正藍旗蒙古副都統。順治間從入關。擊敗李自成。尋坐事解職。又起爲都察院承政。征江西金聲桓。卒於軍。

庫禮 清滿洲正白旗人。一作庫哩。姓喜塔喇氏。崇德中圍錦州。戰松山。礮傷不少却。再戰松山。功最。順治初督淮安漕。剿平鹽城。廟灣。劉莊諸賊。卒諡僖恪。

庭堅 有虞氏皐陶字。高陽氏才子。爲八愷之一。參看皐陶條。

徐・一范 清高淳人。明崇禎進士。官南吏部郎中。順治間累官大同左衞兵備道。將之任。聞總兵姜瓖叛。兼程進。及於難。贈光祿寺少卿。

徐・一夔 明天台人。字大章。博學工文。洪武初被徵纂修禮書。尋薦修元史。一夔以事關才難。謝不往。後用薦爲杭州教授。召修日曆。書成。將授翰林官。固辭。賜文綺遣還。有始豐稿。

徐・九思 宋崇安人。字公讜。慶曆進士。調蘄水尉。趙抃・唐介交薦之。入判三司。坐忤時相。通判廣州。元豐中王安石怒其譏議新法。又謂薦於司馬光。竟坐廢十餘年。元祐間再起爲江淮等路發運副使。致仕。有新豐集。◎明貴溪人。字子愼。嘉靖中爲句容令。有惠政。遷工部郎中。擢高州守。以忤趙文華致仕。句容民爲建祠茅山。年八十五。抱疾。抗手曰。茅山迎我。遂卒。

徐・人傑 宋玉山人。一作仁傑。字漢英。紹興進士。廷對專以復仇爲言。忤秦檜意。遂不仕。隱居篤學。不治生產。及終。惟圖書數篋而已。有易傳。春秋發微及文集。

徐・人龍 清錢塘人。畫仙佛鬼判。一時罕匹。

徐・三重 明松江華亭人。字伯同。萬曆進士。官刑部三載。謝病歸。家居四十餘年。自幼嗜學。踐履敦篤。以考亭爲宗。嘉言懿行。遠近奉爲楷模。有庸齋日記。信古餘論。牖景錄。徐氏家則諸書。學者稱鴻洲先生。

徐・于 明常熟人。字夢雨。善歌妓王桂。家貧不果娶。桂乃歸嘉禾富人子。悒悒不得志。且死。召于與訣。于歲捐紙錢墓下。久之復識妓徐三。三亦許嫁于。于盡其資爲庀裝。値臥痾。三竊其賞他適。于遂不食死。錢謙益有徐孃歌。

徐·士宗 【明】浙江山陰人。永樂中知貴谿縣。有異績。宣德中三考俱最。民詣闕乞留。詔增二秩還任。邑有殺人獄。鞫之無驗。俄有蚱蜢飛集几案。士宗祝曰。爾有冤當集仇人身。已而果然。囚始伏辜。邑人稱爲神明。

徐·士林 【清】文登人。字式儒。號兩峯。康熙進士。累官江蘇巡撫。治獄如神。多決疑案。性廉儉。在蘇宴寮屬滄浪亭。以五簋爲度。吳俗丕變。

徐·士芳 【清】平湖人。字誦清。號愧蒼。嘉慶進士。官至工部左侍郎。

徐·士俊 【明】仁和人。原名翽。字三有。號野君。工樂府。與王關馬鄭抗手。有絡冰絲等劇本行世。

徐·士訥 【清】淳安人。字恂若。康熙進士。授當縣知縣。有治績。湯斌稱爲海內第一廉吏。擢知濟寧州。歲饑賑卹。全活十萬餘人。卒於官。

徐·士衡 【明】宜興人。字友泉。其父好時大彬壺。延致家塾。士衡因學爲壺。變化其式。仿古尊罍諸器。畢智窮工。移人心目。然晚年恆自歎曰。吾之精。終不及時之粗。

徐·大正 【宋】甌寧人。字德之。元祐中赴省試。過釣臺題詩。蘇軾見之。遂與定交。嘗築室北山下。名閒軒。秦少游爲記。軾爲賦詩。人呼爲北山學士。

徐·大任 【明】宣城人。字重夫。隆慶進士。授工部主事。歲汰水衡冗費數千萬。奉命榷稅眞州。羨入一無所私。歷官中外。皆以廉稱。神宗嘗稱其清節爲天下第一。以工部侍郎致仕。

徐·大受 【宋】天台人。字季可。淳熙中舉特科。朱熹行部。聞其賢。造訪其廬。方與弟子講三月不違仁。云此卽杜詩所謂一片花飛減却春耳。熹擊節。遂定交焉。家甚貧。一夕熹至。出蔥湯麥飯。相對甚歡。傳爲美談。

徐·大相 【明】安義人。字覺斯。萬曆進士。稍遷國子博士。時中官盧受橫恣。大相草二疏。一論遼左事。一劾受。疏留中。歷吏部郎中。以事鐫秩。羣奄數十輩。持梃譟於門。搜大相橐。止俸金七十兩。乃閧然散。崇禎初起故官。再忤旨。貶秩歸。

徐·大珩 【清】泰子。字擊昭。邑諸生。筆墨肖其父。

徐·大貴 【清】漢軍正白旗人。崇德間隨攻錦州·寧遠。皆有功。順治間從征山西陝西河南江南福建。又從定舟山。累官副都統。加太子少保。封二等男。卒謚勤果。

徐·大椿 【清】吳江人。原名大業。字靈胎。號洄溪。著神農本草經百種錄。凡所箋釋。多有精意。又有蘭臺軌範·傷寒類方·醫學源流論·難經經釋等書。

徐·子平 【宋】或云五代時人。精於星學。注珞琭子三命消息賦。後世術士宗之。今稱推八字者爲子平。蓋因其名云。

徐·子苓 【清】合肥人。字西叔。一字毅甫。晚號龍泉老牧。道光舉人。工詩文。兼通醫卜相人之術。以讜文遊公卿間。性介特有能名。晚歲選授和州學正。聞學師爭諸生贄金。曰。是尙可爲耶。逕走不顧。有敦艮吉齋詩文存。

徐·子權 【明】新淦人。洪武進士。官刑部主事。聞練子寧死。慟哭賦詩自經死。福王時贈光祿卿。謚忠愍。

徐·中台 【明】建寧人。字伯朗。由貢生授惠州通判。海盜出沒爲患。中台設計擒巨寇陳采眞·盜魁陳敦弟等。海氛以靖。擢廬州同知。値流寇入犯。中台扼要水陸。竭力支禦。會國變。棄官歸里。

徐·中行 【宋】臨海人。字德臣。少慕胡瑗之學。精思攻苦。不爐不扇。司馬光見而奇之。曰神清氣和。可與進道。父卒。跣足廬墓。躬耕養母。晚年教授學者。循循有序。時章蔡用事。善類竄逐日盡。中行聞命輒淚下。一日會親友。盡燬所爲文。幅巾藜杖。往來委羽山中。人謂與山陽徐積齊名。先是中行以八行被薦不就。人呼爲八行先生。◎【明】長興人。字子與。自稱天目山人。嘉靖進士。授刑部主事。入李攀龍·王世貞等詩社。稱後七子。累官江西左布政使。中行性好客。卒於官。人多哀之。有青蘿·天目二集。

徐·之才 【北齊】雄子。幼而儁發。世妙方術。解天文。閱涉經史。發言滑稽。初仕梁。後隨蕭綜入魏。爲文宣弄臣。累官尙書令。卒謚文明。

徐·之凱 【清】浙江西安人。字子強。號若谷。順治進士。知安化縣。招安賊寨有功。値王輔臣搆亂。城陷被執。禁獄中。事平。移知茂州。旋以事落職。有初學·北思·汶山·流憩等集。

徐·之銘 【清】開泰人。道光進士。咸豐間官至雲南巡撫。回苗句結爲亂。之銘先後攻勦有功。同治間迤西回鬮陷省城。總督潘鐸等遇害。之銘以未能先事防範。奪職。

徐·之鎮 【明】建陽人。萬曆諸生。著有羅經頂門鍼。

徐·之麟 【清】嘉善人。字白峯。品格清雅。譚笑風生。畫山水奇勝。書仿二王。詩瀟灑絕俗。

徐·仁紀 【唐】常州人。聖曆中徵拜左拾遺。三上書言事。不納。謂人曰。三諫不聽可去矣。遂移病歸。神龍初再徵左補闕。三上書。又不省。乃求出。授鹽昌令。妻子不之官。廨舍中衣履書疏外。無所蓄。

徐·允 明環子。字邦孝。有水南集。

徐·允哲 清上海人。字西厓。所著響泉詞。極溫藻芊綿之致。

徐·允讓 明浙江山陰人。元末賊起。奉父走避山谷間。遇賊將斫其父。允讓大呼曰。寧殺我。勿殺我父。賊遂殺允讓。其父獲全。

徐·元之 唐建昌人。幼穎悟。博通經史。年十七。第進士。累遷諫議大夫。出爲湖州刺史。

徐·元太 明宣城人。字汝賢。嘉靖進士。知魏縣。以卓異擢吏部主事。累遷順天府尹。時蜀酋擁衆殺掠。事聞。以元太巡撫四川。討平之。官至刑部尚書。著有喻林。

徐·元文 清乾學弟。字公肅。號立齋。順治進士第一。授修撰。累遷掌院學士。請除三藩虐政。停捐納。禁科道勿交督撫結納外吏。言極切直。官至文華殿大學士。戶部尚書。以廷議敷與滿大臣忤。致仕歸。舟過臨清。關吏大索。僅得圖書數千卷。光祿饌金三百而已。有含經堂集。

徐·元杰 宋上饒人。字仁伯。紹定進士。知南劍州。以理化誨。闔境感悅。遷將作監。兼崇政殿說書。時遭親喪起復。元杰極論其不可。命遂寢。入講多舉鑒戒。語切宮壼。帝每從容訪天下事。一日輪對。忽暴疾煩熱爪裂死。臺諫及三學合詞怨其中毒。有詔窮治。無左驗。獄迄不成。帝悼念不已。有楳埜集。

徐·元瑕 明學謨孫。字爾常。諸生。以蔭入監。授太常寺典簿。仕至刑部郎中。喜寫蘭竹。後革職放歸田里。縱情詩酒以終。

徐元夢 清滿洲正白旗人。字善長。一字蝶園。姓舒穆祿氏。舒與徐滿音略同。人稱蝶園徐先生。康熙進士。累官禮部侍郎。太子少保。元夢知名早。歷事三朝。在官垂六十餘年。剛介負氣。不爲威怵。以直言下獄者再。中年後精研理學。撫浙時割俸修敷文書院。置田聚書。以惠學者。卒諡文定。

徐·元端 清江都人。石麒女。字延香。幼能詩。通音律。石麒每度曲。有不合。元端正之。有詩餘繡閒集。

徐·元慶 唐下邽人。父爲縣尉趙師韞所殺。元慶變姓名爲驛家保。久之。師韞以御史舍亭下。元慶手殺之。自囚詣官。武后欲赦其死。左拾遺陳子昂議。謂宜先正國典。後旌閭墓。時韙其言。元慶竟棄市。

徐·公益 明明善從子。克紹家學。有松林集。世德錄。學者稱松林先生。

徐·天祐 宋紹興人。字受之。第進士。爲大州教授。日與諸生講經義。聽者感發。德祐初辭職歸。杜門讀書。四方學者至越。必詣講談藝。議論精卓。見者以爲儀型。

徐·天麟 宋臨江人。字仲祥。開禧進士。歷官通判惠潭二州。權英德府。所至有惠政。旣謝官。作亭蕭灘上。畫嚴子陵像事之。有兩漢會要。漢兵本末。西漢地理疏。山經等書。

徐·太虛 元道士。善畫山水。

徐·文 金萊州人。字彥武。少販鹽。宋季應募爲戰士。揮巨刀重五十斤。所向無前。人稱徐大刀。以功洊遷都統制。諸將忌其材勇。譖害之。文率戰艦數十艘歸劉豫。遂入金。累官龍虎衛上將軍。

徐·文伯 南朝宋道度子。字德秀。世精醫術。兼有學行。志氣倜儻。不屈意公卿。官東莞太山蘭陵三郡太守。

徐·文英 明溧陽人。洪武中由明經擢官御史。一日入朝後期。上詰之。對曰。送臣父歸里耳。問何所齎獻。曰。錢五百。草履二緉。追驗之良然。又見文英衣縷綻裂。命繡窮御史三字於袍上以旌之。累官河南副使。從征交阯。卒於軍。

徐·文卿 宋玉山人。字斯遠。號樟丘。嘉定進士。與趙昌父。韓仲止齊名。有蕭秋詩集。

徐·文盛 梁彭城人。家本魏將。天監初隨父南歸。大同末爲寧州刺史。侯景之亂。自州募數萬人。來赴國難。元帝授以都督。率師東討。有功。已而其妻陷賊。景載以見還。遂私通信使。無戰心。事覺。下獄死。

徐·文華 明嘉定人。字用光。正德進士。擢御史。巡按貴州。平苗有戰功。江西副使胡世寧。坐論宸濠下獄。文華抗疏。謂寧王威燄日張。失今不戢。安有紀極。時帝遣中官迎佛烏斯藏。馬昂納妊身女弟於帝。文華俱危言切諫。竝不報。嘉靖初遷大理少卿。大禮議起。文華力爭。倡廷臣哭諫。忤權要意。尋遣戍。卒於邊。

徐·文溥 明開化人。字可大。正德進士。授給事中。伉直敢言。屢上疏言事。帝不聽。遂引疾去。世宗卽位。起河南參議。洊遷廣東副使。上言十事。多涉權要。恐貽母憂。復引歸。道卒。

徐·文靖 清當塗人。字位山。雍正舉人。乾隆時舉鴻博不遇。復薦經學。授檢討。考據經史。講求實學。耄年猶健。據案著書不輟。年九十餘乃卒。所著管城碩記。推原詩禮諸經之論。旁及子史說部。語必求當。全祖望推服之。又有周易拾遺。禹貢會箋。山河兩戒考。竹書統箋。

徐·文震 宋金華人。尙禮好義。數世同炊。地方長吏署其門曰。金華孝友之家。

徐·文駒 〔清〕鄞人。字子文。康熙進士。有師經堂集。

徐·日炅 〔明〕四安人。後改名日曦。天啟進士。有爛柯山志。

徐·日泰 〔明〕金谿人。崇禎末以鄉舉知偃師縣。李自成陷偃師。不屈死。

徐氏 〔明〕莆田人。夫俞氏子。紈袴兒也。合卺之夕。傅母甚之曰。郎君當作詩催。須屬對句而就寢。徐指二硯曰。點點楊花入硯池。近朱者赤。近墨者黑。俞慙縮不能成句。徐笑曰。何不云雙雙燕子飛簾幙。同聲相應。同氣相求。後抑鬱卒。

徐·世沐 〔清〕江陰人。字蕭瀚。晚號青麓。又曰青牧。諸生。少孤力學。篤信朱子。務歸於實踐。關中李顒南遊。世沐與顒譚久之。顒曰。子學篤而行未廣。答以先生行高而學不醇。其不苟同類此。李光地·陸隴其皆與訂交。康熙末卒。年八十有三。有惜陰錄。

徐·世昌 〔宋〕本從子。石城人。工畫花鳥。

徐·世淳 〔明〕必達子。字中明。崇禎中由舉人授永嘉教諭。再遷隨州知州。張獻忠來犯。世淳固守。援絕城陷。世淳勒馬巷戰。爲亂刀砍死。

徐·世華 〔明〕興山人。字士英。元末兵亂。父以保障鄉里死難。世華童年詣營。扶柩歸葬。尋爲賊掠。告請得釋。人以爲異。事母至孝。母病籲天願代。母愈而世華竟卒。附葬父側。鄉人呼爲忠孝塚。

徐·世隆 〔元〕西華人。字威卿。金正大進士。入元。中統間累官集賢院學士。諳掌故。明律令。元室典章制度。多出其手。有瀛洲集。

徐·世溥 〔清〕新建人。字巨源。年十六。補明諸生。時東鄉艾南英以文名。與世溥約爲兄弟。江左錢謙益·姚希孟·里中萬時華輩。皆以杓斗歸之。爲文才雄氣盛。一往自遂。屢蹶於鄉闈。入清。遂絕意進取。順治初大臣親式其閭。又持幣聘之。拒不納。有榆溪集。

徐·世榮 〔清〕工界畫。兼工蕃馬及嬰兒。

徐·世剛 〔清〕秀水人。字及鋒。號鈍菴。諸生。畫人物得陳洪綬逸趣。亦擅山水花卉。兼精篆隸。

徐·世譜 〔陳〕魚復人。字興宗。有勇力。善水戰。梁元帝時領水軍。所造器械。隨機損益。妙思出人。入陳官至右光祿大夫。卒謚桓。

徐·以升 〔清〕德清人。字階五。號恕齋。雍正進士。官至廣東按察使。有南陔堂詩集。

徐·以貞 〔明〕長山人。字本良。成化進士。知晉寧縣。發奸摘伏。聽訟明察。累陞都御史。巡撫陝西。有戰功。後忤劉瑾左遷鳳翔府。以病乞歸。

徐·以泰 〔清〕德清人。字陶尊。國子監生。乾隆間官陽曲知縣。有綠杉野屋集。

徐·司馬 〔明〕揚州人。字從政。小字馬兒。元末兵亂。方九歲。太祖得之。養爲子。及長。出入侍左右。命助常遇春守婺州。洪武初詔復姓。進都指揮使。遷鎮河南卒。司馬好文學。性謙厚。深得衆心。公餘退居一室。蕭然如寒素。時稱賢將。

徐·市 〔秦〕琅邪方士。始皇時上書言海中有三神山。仙人居之。請得齋戒與童男女往求。始皇乃遣徐市。發童男女數千人。入海求仙人。遂不返。（仙傳拾遺作徐福。此從史記。按元吾衍閒居錄云。秦方士徐市。又作徐福。非有兩名。市乃古黻字。漢時未有翻切。但以聲相近字音注其下。後人讀作市廛之市。故疑福爲別名也。）

徐·平 〔三國吳〕太末人。字伯先。諸葛恪爲丹陽太守。請平爲丞。及共事。恪意寖薄。未幾輔政。待平益疏。後恪被禍。子建亡走。爲平部曲所得。平密遺避匿。時人稱其長者。

徐·幼文 〔後蜀〕得索紞占夢之法。爲人斷休咎多奇中。南唐馮僎嘗夢登崇孝寺幡刹極高處打方響。詣幼文卟之。幼文曰。雖有聲價。至下地耳。明年。僎舉進士。或誚其無驗。幼文曰。後當知之。未數日。主司以取士不當。退牓覆試。僎果被黜。

徐·必達 〔明〕秀水人。字德夫。萬曆進士。知溧水縣。天啟初累官右僉都御史。督操江軍。白蓮賊將窺徐州。必達募銳卒。會山東兵擊破之。進兵部侍郎。著有正蒙釋。

徐·本 〔宋〕紹興時人。工雜畫。◉〔清〕潮子。字立人。康熙進士。乾隆初官至東閣大學士。兼禮部尚書。浙江山奸民王益善等謀不軌。事發。株連甚衆。本奉命鞫治。置爲首者十餘人於法。全活千餘人。卒謚文穆。

徐·本潤 〔清〕嘉興人。初名麟。字白峯。號松溪。諸生。畫山水師董巨。簡淡無縱橫氣。並工書。

徐·正字 〔唐〕憲宗時人。工畫青蠅。

徐·正誼 〔清〕善建子。字方子。號果齋。諸生。天性淳固。執親喪。寢苫不脫衰絰。卒哭乃啜疏食。三年不進蔬果。免喪後。不衣裘帛者十年。乾隆初舉孝廉方正。不就。

徐·民式 〔明〕浦城人。字用敬。萬曆進士。授松江推官。時相子弟爲暴鄉邑。悉捕置之法。累官應天巡撫。時吳中田土。十九入縉紳家。貧民復投託寄戶。不供徭役。民式請均之。尋以省覲歸。

徐·永宣 〔清〕武進人。字學人。號茶坪。康熙進士。授部曹。有雲溪草堂詩鈔。

徐永達　明歸德人。字志道。洪武中由太學生授侯官教諭。宣德初遷鴻臚寺卿。時交趾臣黎利謀叛。南徼騷然。遣永達往諭禍福。利稱覊貢獻。累擢湖廣山西按察使。在職清正。貧家人紡績以供衣食。吏人畏敬之。

徐玉映　清錢塘女子。字若冰。歸長洲孔氏。早卒。有南樓集詞。

徐生　漢魯人。受禮於高唐生。善爲頌。孝文時爲禮官大夫。（按頌讀作容。）

徐用宣　明衢州人。精醫。著有袖珍小兒方。

徐用誠　明會稽人。字彥純。有醫學折衷。劉彥純續增三十餘篇。改名玉機微義。

徐用儀　清海鹽人。字吉甫。別字筱雲。咸豐舉人。由考充軍機章京。累官兵部尚書。光緒間義和團起。與許景澄·袁昶·立山·聯元·等極言民國不可恃。外釁不可啓。當國者力主用兵。遂與許袁及立山·聯元同及於難。後復原官。追謚忠愍。與許袁並稱爲三忠。

徐用錫　清宿遷人。字壇長。號畫堂。康熙進士。官侍讀。旋引年歸。其學以李光地爲宗。服膺最篤。凡所聞於光地者皆筆之於書。有圭美堂集。

徐用檢　明蘭谿人。字魯源。嘉靖進士。官至南京太常寺卿。編有三儒類要。

徐申　唐京兆人。字維降。擢進士第。累遷洪州長史。以能遷刺韶州。時兵興四十年。公私田畝荒廢。申募人墾發。畀以半收。民競趨業。始來戶止七千。去官時增一倍有半。尋遷嶺南節度使。卒謚平。⊙明崑山人。字周翰。嘉靖中由鄉舉累官刑部主事。張延齡繫獄。提牢主事寬假之。會大猾劉東山上告延齡有不軌謀。帝怒。執先後提牢主事付詔獄。申與焉。帝命杖之廷。謫外任。

徐白　宋易弟。爲御畫院藝學。⊙明吳江人。字介白。一字笑庵。國變後。棄諸生。隱靈巖山。種蔬藝果自給。詩畫蕭疏無俗韻。故舊造訪。掃葉烹泉而已。凡不出山者三十年。

徐石麒　明嘉興人。字寶摩。天啟進士。初入官。即忤魏忠賢。誣贓削籍。崇禎初起南禮部主事。累官刑部尚書。坐姜埰·熊開元擬罪輕。忤帝意。落職閒住。福王時召拜吏部尚書。爲權姦所扼。乞歸。嘉興城陷。自縊死。⊙清江都人。字又陵。號坦庵。精研名理。沈謐寡言。兼精度曲。入白仁甫·關漢卿之室。遭明季兵亂。不應有司之試。而好著書。雜著及詩詞凡二百餘卷。

徐立之　宋登州人。字植夫。紹聖進士。累官朝散大夫。靖康之變。扈駕南幸。及秦檜當國。遂乞祠居鄞。徜徉閭閈三十年而終。

徐份　陳陵子。少有父風。九歲爲夢賦。父謂所親曰。吾幼屬文。亦不加此。仕爲海鹽令。有政績。入爲太子洗馬。父嘗疾篤。份燒香泣涕。跪誦孝經。三日不息。父疾豁然而愈。卒年二十二。

徐休復　宋鄄城人。字廣利。太平興國進士。累官左諫議大夫·戶部使。淳化初遷給事中。出知青潞二州卒。嘗與轉運使王延範不協。奏其反狀已具。延範抵法。休復無他能。掌誥命甚不稱職。履行不見稱於縉紳。

徐仲雅　五代楚長沙人。字東野。馬希範開天策府。以僚佐拓跋恒等爲十八學士。仲雅時年十八。與其列。楚人以爲榮。廢王希廣之變。仲雅閉門不出。周行逢強署爲判官。負氣滑稽。行逢大宴僚吏。席間呼音多誤。仲雅曰。不於五月五日翦舌。致使乖錯如此。行逢大怒。放之邵州。

徐仲源　唐望江人。事母至孝。貞元間旌其門。名其鄉曰孝感。

徐充　明江陰人。字子擴。號兼山。年十三補諸生。有才思。工詩。所繪清江紀勝圖。爲藝林佳品。

徐兆熊　清泰州人。字開州。號東賓。乾隆舉人。授內閣中書。終養歸里。以詩畫自娛。工花鳥。尤善松。

徐光啓　明上海人。字子先。號玄扈。崇禎初以禮部尚書入閣參機務。從意大利人利瑪竇學天文算法火器。盡通其術。而尤專精於曆。與意人龍華民·鄧玉函·羅雅谷等修正曆法。中國之精究中西藝術。自光啓始。譯著之書甚多。其幾何原本前六卷。尤著名。自從利瑪竇游。篤信天主教旨。遂行洗禮。加名保祿。卒贈太保。謚文定。

徐光溥　前蜀博學善詩歌。仕爲禮部尚書。與李昊並同平章事。有辯才。遇事輒發。昊等疾之。後有論議。光溥熟睡而已。時號睡相。

徐光實　宋晉江人。字德充。建炎進士。知海鹽縣。歲晚放囚歸。囚感泣。皆如期至。知英州。受代以月五日。郡例是日交替者。新舊守並支俸。光實拒不受。徙連州。一介不取。曰吾已有以娛吾親也。尋乞休歸。

徐后　前蜀王建后。徐耕女。有殊色。能詩。與其妹並爲王建所得。生彭王。妹生衍。衍即位。尊爲順聖太后。衍荒於酒色。太后與其妹各有幸臣。不能相規正。以至失國。宋平蜀。被殺。⊙明中山王達長女。幼貞靜。好讀書。稱女諸生。洪武中册爲燕王妃。王即帝位。立爲皇后。崩謚仁孝。

徐如珂　明吳縣人。字季鳴。萬曆進士。歷官左通政。魏忠賢逐楊漣。如珂郊餞之。忠賢怒削籍。抵家治具宴客。頃之卒。或云如珂恐忠賢害已。

服毒死也。崇禎初起南京工部侍郎。沒已歲餘。尋賜祭葬。

徐妃 〔梁〕郯人。名昭佩。元帝妃。以帝眇一目。每知帝將至。必爲半面粧以俟。帝見則大怒而出。帝左右暨季江有姿容。妃與淫通。季江每嘆曰。徐娘雖老。猶尚多情。太清中逼令自殺。帝制金樓子。述其淫行。◎〔唐〕長城人。名惠。八歲能屬文。太宗聞之。召爲才人。再遷充容。貞觀末討四夷。治宮室。百姓勞怨。妃上疏極諫。帝崩。哀慕成疾。爲七言詩及連珠以見意。永徽初卒。年二十四。◎〔前蜀〕王建妃。見花蕊夫人條。

徐·存 〔宋〕江山人。字誠叟。受業於楊時。隱居不仕。自號逸平翁。以經學教授。弟子著籍者千餘人。

徐·安 〔明〕鄞人。洪武中以薦知濟南府。調鳳陽。盡心民事。靖難兵起。燕王微服間道出鳳陽。安謀守甚嚴。燕王獲一漁舟以濟。入正大統。安遂告歸。踰年被薦。復任鳳陽。諸戚里奏安不體朝廷親親之義。偏護細民。奪還莊業。遂謫戍雲南。釋歸卒。

徐·安貞 〔唐〕初名楚璧。三登甲科。授武陟尉。褚無量稟整祕籍。薦安貞分部讎定。開元時爲集賢院學士。玄宗屬文。多令視草。累官中書侍郎。是時李林甫用事。或謂安貞多所參助。

徐·守信 〔宋〕海陵人。少孤。役於天慶觀。嘉祐中天台道士余元吉來遊。示惡疾。守信事之無倦。忽於溺器得丹砂餌之。自是常放言笑歌。爲人言禍福如影響。徽宗時賜號虛靜沖和先生。弟子苗希頤裒次其事爲語錄。

徐·巡 〔後漢〕濟南人。師事東海衞宏。後從扶風杜林受學。以儒顯。光武以爲議郎。

徐·旭 〔明〕樂平人。字孟昭。洪武進士。累官國子祭酒。爲人方正簡默。清慎不阿。有文集。

徐·旭旦 〔清〕錢塘人。字浴咸。號西泠。副貢生。官連平知州。有世經堂集。

徐·旭齡 〔清〕錢塘人。字元文。號敬菴。順治進士。康熙間歷官山東巡撫。下車劾貪墨數人。吏治肅清。禁漕糧收兌之弊。革河夫僉派之擾。豪猾斂跡。遷漕運總督。卒謚清獻。

徐·有壬 〔清〕烏程人。字君靑。亦字鈞卿。道光進士。官至江蘇巡撫。死洪楊之難。謚忠愍。有壬精算學。能於古今諸名家外。因法立法。獨樹一幟。著務民義齋算學。今傳世者七種。

徐·有功 〔唐〕偃師人。名弘敏。以字行。舉明經。爲蒲州司法參軍。爲政寬仁。不施敲朴。民相約有犯徐參軍杖者。衆共斥之。迄代不辱一人。累遷司刑丞。武后時獄吏周內。朝野莫敢正言。獨有功犯顏累諫。以是重辟嘗得減死。天下稱爲仁人。官終司僕少卿。會昌中追謚忠正。

徐·有貞 〔明〕吳縣人。初名珵。字元玉。號天全。宣德進士。正統中官侍講。言南遷事。見惡朝列。遂改今名。以復辟功官至華蓋殿大學士。封武功伯。誣殺于謙·王文。中外側目。後爲石亨所搆。徙金齒爲民。亨敗釋歸。善畫山水。有武功集。

徐·有道 〔明〕婺源人。善畫鷹。能鷙鳥雀。

徐·次鐸 〔宋〕金華人。字文伯。負才尚氣。紹興進士。通判衢州。嘗倣周禮作漢官。又作唐書傳註補註音訓·及中興兵防事類。

徐·汝化 〔明〕興國人。字應時。萬曆進士。任河間令。性孝友。築愛日堂以娛親。事兄如父。與吳明卿倡和。有靑桂集。

徐·汝正 〔明〕宣城人。號二寰。萬曆舉人。知西鄉縣。瑞藩就國。道西鄉。舳艫相望。驅民夫牽輓。不勝擾。汝正操小舟謁王。爲民請命。風盛舟溺。三日始得屍湍水中。民聚哭失聲。立祠祀之。今相傳爲漢江神。

徐·汝舟 〔清〕浙江山陰人。名楫。以字行。以副貢官四川州判。緣事褫職。爲人記室以終。能詩。工篆刻。刻玉亦工。有一甕齋印譜·六書通砭誤。

徐·江山 〔明〕錢塘人。字六橋。正德進士。官尙寶卿。性直敢言。夏言與曾銑受禍。無敢白其冤者。江山首上疏申救。陶仲文·段朝用以方術得幸。江山力辨其奸。又馮恩繫獄中。子行可刺血寫疏。自縛闕下。江山力贊通政爲引奏。得末減。

徐·自明 〔宋〕永嘉人。字誠甫。號慥堂。嘗官太常博士。終零陵郡守。有宋宰輔編年錄。

徐·舟 〔明〕永豐人。字楫之。成化進士。擢御史。彈擊權倖。聲振臺閣。出爲四川副使。征蠻有功。尋充撫諭琉球使。協征西番。俱著名績。官終兵部侍郎。

徐·行可 〔明〕九江衞人。字三山。世襲指揮僉事。幼讀書明大義。左良玉兵陷城。行可母汪氏投井死。妻鄒氏婦陳氏繼之。行可大書於屏曰。世受國恩。合門殉節以報。遂自經於望京門城樓。

徐·亨 〔宋〕桐廬人。方臘亂浙。其兄爲賊所執。亨叩頭請曰。家有老母。兄力能養。乞代兄死。賊竟舍其兄而殺亨。鄉人義之。

徐·仲 〔宋〕三衢人。字幹臣。政和初以知音律爲太常典樂。出知常州。有靑山樂府。

徐·佐卿 〔唐〕自稱靑城山道士。往來於益州城西道觀中。精粹高古。道衆傾仰。一日自外歸。謂人曰。吾出遊為飛矢所中。乃掛箭於壁。併記歲月。曰後年箭主至此。卽付還之。後玄宗幸蜀遊觀。識其箭。乃天寶十三年重九。於沙苑親射一鶴。帶箭而飛者也。因收其箭而寶之。

徐似道 〔宋〕天台人。字淵子。少負才名。為吳江尉。受知范成大。歷官祕書少監。一日聞彈疏。以舟載菖蒲數盆．書兩篋。翻然引去。人爭望之。若神仙然。

徐伯珍 〔南齊〕太末人。字文楚。少孤貧。學書無紙。嘗以竹箭箬葉甘蕉學書。山水暴出。漂溺宅舍。村鄰皆奔走。伯珍累牀而坐。讀書不輟。積十年。研精經史。游學者多依之。後移居九巖山。州郡禮辟皆不就。兄弟四人。皆白首相對。時人呼為四皓。

徐伯陽 〔陳〕東海人。字隱忍。敏而好學。善色養。讀書三千餘卷。除新安王府諮議參軍。聞姊喪。發疾卒。

徐伯徵 〔明〕海寧人。字孺臺。萬曆進士。官揚州知府。有留都武學志。

徐伯齡 〔明〕嵊縣人。字延之。博學能文。工琴善書。性放曠。嘗集籜為冠。嘯歌自得。有蟫精雋。⊙〔清〕宏澤子。一作柏齡。字節之。明崇禎舉人。署永嘉教諭。入清後逃禪以自晦。善畫山水花草。

徐作肅 〔清〕作霖弟。字恭士。幼受學於兄。有文名。能詩工書。順治舉人。與侯方域友善。為人落莫。矜重自持。有偶更堂集。

徐作霖 〔明〕商丘人。字霖蒼。少有雋才。為文奇麗。崇禎舉人。廷對言劇賊孔棘。國勢已危。天子不及時收拾人心。若崇尚苛深。相責以文法。天下亂且不可挽。文震孟見之大賞。署上第。溫體仁惡而斥之。後遂不復登第。流賊陷城。死之。

徐克范 〔清〕南陵人。字堯民。有讀史記十表補。

徐初 〔元〕松江華亭人。字本道。早喪母。父信後母讒。初事之益謹。父悟曰。汝吾孝子也。後母子長不事事。初愛之不衰。至正中浙右警。初糾率鄉勇數千禦寇。或誣其有異志。縛送御上軍。初厲聲抗言。帥壯而釋之。薦以官。卒不赴。

徐君蒨 〔梁〕東海人。字懷簡。幼聰朗好學。問無不對。善弦歌。好聲色。為湘東王參軍。侍妾數十。皆曳羅綺。服玩悉以金銀。有時載妓游覽。荆楚山川。靡不登踐。辯於辭令。有輕豔之才。新聲巧變。人多諷習焉。

徐吾 〔戰國〕〔齊〕東海貧婦。與鄰婦李吾之屬會燭夜績。徐吾最貧。燭數不屬。李吾辭之。徐吾曰。妾嘗先起後息。灑掃陳席以待來者。為燭不屬故也。夫一室之中。損益一人。燭不為明暗。何愛東壁餘光乎。李吾遂不復言。

徐均 〔明〕洪武時官陽春主簿。地僻多癘。土豪為奸利。長官至。輒厚賂把持。及均至。吏白應詣莫大老。莫大老者。洞主也。均曰。彼非王民耶。不來且誅。出雙劍視之。大老恐。入謁。均廉得其不法事。繫之獄。詰朝。舁兩瓜安石榴數枚入饋。皆黃金美珠也。均不納。械送府。府官受賕縱歸。調均攝陽江。陽江大治。尋以憂去。

徐妙錦 〔明〕達女。代王桂妃。桂以事被逮。親王求婚皆拒絕。文皇聞妙錦美且賢。欲聘為后。妙錦稱病不出。削髮為尼。宣德初張太后徵入宮。進止端凝。太后以下皆敬之。旋遣內使護歸。正統中卒。

徐孚遠 〔明〕松江華亭人。字闇公。崇禎舉人。與同里陳子龍．夏允彝。結幾社相砥礪為名節。國變後。起義兵。松江破。遁入海。死於臺灣。

徐孝克 〔隋〕陵弟。性至孝。能談玄理。博習經史。梁太清中起家太學博士。侯景之亂。歲饑。孝克養母。饘粥不能給。妻臧氏。有容色。密因媒者。陳意侯景將孔景行。逼迎之。臧涕泣去。得穀帛以供養。又剃髮為沙門。乞食充給。後景行戰死。更為夫婦。入陳官國子祭酒。陳亡入隋。遷長安。母病思粳米為粥。不能得。母亡。遂常噉麥。終身不復食粳。開皇中侍東宮講禮傳卒。

徐孝嗣 〔南齊〕湛之孫。字始昌。父祖仕宋。俱為元凶劭所殺。孝嗣在孕得免。八歲襲爵枝江縣公。見宋孝武。升階流涕。迄於就席。帝愛之。累拜太尉。入齊為吳興太守。有能名。官至尚書令。孝嗣愛好文學。器量弘雅。不以權勢自居。朝野稱之。永元初受遺詔輔政。東昏失德。潛謀廢立。議不能決。召入華林省賜酖卒。

徐孝肅 〔隋〕汲郡人。早孤不識父。長問父狀。圖形構廟而定省焉。性儉約。養母至孝。母老疾。親易燥溼。憂悴數年。母終。茹素飲水。盛冬單縗。毀瘠骨立。負土成墳。凡廬墓四十餘載。被髮徒跣。遂以終身。

徐宏 〔晉〕太末人。字聖通。明經舉孝廉。為汝陰令。豪右斂手。縣人歌頌之。遷扶風太守。與賊戰死。

徐宏祖 〔明〕江陰人。號霞客。少負奇氣。年三十。攜襆被。遍歷四方佳山水。所至輒為文以志游蹟。有徐霞客遊記。

徐宏澤 〔明〕嘉興人。字潤卿。號春門。自號竹派老人。工畫。前追倪黃。後仿文沈諸家。與李日華．陳繼儒相埒。書法足與姚綬頡頏。

徐延 〔漢〕生子。生以善為頌為禮官大夫。傳延及延子襄世其官。是後言禮為頌者由徐氏。（按頌讀與容同。）

徐・延休 〔五代吳〕會稽人。字德文。唐乾符進士。昭宗狩石門。學士無從者。左右或言延休工文辭。召見。命視草。帝善之。及還長安。不得用。依鍾傳於洪州。楊行密取江西。得延休歸。累官至江都少尹。

徐・延瓊 〔前蜀〕王建妻弟。字敬明。授武德軍節度使。兼中書令。領京城馬步兵。怙權倚勢。衆將不平。唐師入。王宗弼偏殺王衍幸臣。延瓊納賂免。延瓊嘗搆第。窮極奢麗。王衍親至其第。戲書孟字於壁嘲之。蓋蜀語孟爲不佳也。國亡。孟知祥卽館於此。

徐・廷華 〔清〕陽湖人。字子楞。諸生。精詩古文詞。以父貲揚與繙御製集成。賜物有一規八棱硯。取以名齋。有一規八棱硯齋集。

徐・廷槐 〔清〕會稽人。字立三。一字笠山。號墨汀。雍正進士。性情高曠。爲文峭刻清厲。名重一時。詩亦擺落凡近。有南華簡鈔・墨汀詩草。

徐・廷璋 〔明〕羅山人。字公器。性豪邁。有才略。景泰進士。擢右僉都御史。巡撫延綏。在鎭七年。武備修飭。調撫寧夏。築邊牆數百里。時余子俊・馬文升分撫鄰境。俱有聲。人稱關中三巡撫。

徐・志辛 〔清〕德清人。字任可。一字商農。以父蔭官順天府通判。有根味齋詩集。

徐・志鼎 〔清〕平湖人。字調元。號春田。乾隆進士。官南溪知縣。有吉雲草堂集・爭光集。

徐・成 〔前秦〕琅邪人。爲王猛所知。從鄧羌擊燕。出入燕陣。旁若無人。以功拜右將軍。姚萇伐秦。遣成等討之。爲萇所獲。遂降於萇。後爲姚興所殺。

徐・成楚 〔明〕竹谿人。字衡望。萬曆進士。由縣令行取給事中。彈劾不避權貴。病癭。京師爲之語曰。行行且止。須避瘤子。

徐・改之 〔宋〕賜同進士出身。擢知大宗正丞。兼掌書學。遷尙書刑部員外郎。畫山水學李唐。

徐・沂 〔明〕永康人。字希曾。弘治進士。授刑科給事中。時壽寧侯張鶴齡等恃恩冒陰。中官李廣矯命干政。皆抗章論之。改南京工科。奏罷歲取蘇州細密苧布・福建改機・陝西駝絨。民稱便。陞廣東副使卒。⊙〔清〕泰州人。字清溪。世業醫。至沂術尤精。遇貧者輒助藥餌。有友招往治病。道遇風覆舟。援者止之。不可。乃假衣而行。其風義類此。

徐・沆 〔明〕浙江西安人。字清之。嘉靖舉人。官巴州牧。有惠政。淹貫子史。時目爲書廚。計偕邸中。每夜背誦史書。不漏一字。鄰友疑爲燈下披讀。穴窗窺之。室如漆。始大駭服。

徐・良 〔漢〕琅邪人。字斿卿。從戴德受禮爲博士。歷官郡守州牧。家世傳業。由是大戴有徐氏之學。⊙〔清〕江蘇華亭人。字鄰哉。號又次居士。乾隆舉人。官夔州知府。工書。

徐・良彥 〔明〕新建人。字季良。萬曆進士。累官僉都御史。巡撫宣府。以奄黨崔呈秀論劾罷官。遣戍五溪。崇禎初赦還。官至南工部侍郞。良彥公忠明敏。有志節。善決斷。所至斧劈理解。具有聲績。

徐・良傅 〔明〕東鄉人。字子弼。嘉靖進士。官至吏科給事中。以言事斥爲民。有愛吾廬集。

徐・言 〔清〕杭州人。字以時。工畫山水。稱逸品。

徐・邦 〔清〕杭州人。字彥齊。工寫生。花鳥摹呂黃。書法宗顏米。

徐・邦憲 〔宋〕義烏人。字文子。紹熙進士。三遷爲祕書郞。韓侂胄開兵端。邦憲首議其罪。丐外。知楚州。踰年召還。因請建儲息兵。仍疏忤侂胄罷職。侂胄誅。再起官至寶謨閣待制。卒謚文肅。

徐・防 〔後漢〕銍人。字謁卿。永平中舉孝廉。累官司徒。安帝初以災異策免。防以五經久遠。聖意難明。宜爲章句以悟後學。凡策試開五十難以試士。解釋多者爲上第。引文明者爲高說。自後遂從其言。

徐・京 〔宋〕工畫。山水宗馬遠。

徐・侃 〔清〕來安人。字又陶。乾隆拔貢。有峴亭文集。

徐・來鳳 〔清〕婁縣人。字小巢。自號含山外史。乾隆舉人。爲含山教諭。工詩。能作指頭墨。枯木禽鳥尤佳。

徐・其相 〔清〕湘潭人。字倬湖。嘉慶時布衣。制行甚高。專力於詩。其集蘭亭字詩。甚爲時所稱。所居在雨湖煙柳邊。結雨湖詩社。故其鄉之人多能詩。有隨游小草。

徐・夜 〔清〕山東新城人。字東癡。初名元善。字長公。慕嵇叔夜之爲人。更名夜。字稽菴。年二十九。棄諸生。堙門土室。絕跡城市。康熙中薦鴻博。以老辭。詩格清峭。有東癡詩選。

徐・官 〔明〕吳縣人。字元懋。魏校門人。有古今印史。

徐・定 〔宋〕晉江人。字德操。後娶永嘉鮑氏。因家焉。歷官邵武令。太平州通判。宣州妖民胡木匠作亂。上官檄攝州事。定馳入境。令曰。汝等苦不飽爾。能自首。亡罪。衆咸從令。州境遂安。擢守潮州卒。⊙〔宋〕豐城人。親喪。廬墓三年。家有紅紫牡丹。忽變爲白。人以爲孝感。

徐・宗仁 〔宋〕永豐人。字求心。淳祐進士。開慶初以國子監主簿伏闕上書。極言董宋臣爲誤國首惡。累遷太常少卿。以事罷。德祐初起吏部侍郞。

兼益王府贊讀。衞益王走海上。匿山兵敗。死之。◉〔清〕長安人。由行伍爲陝西督標把總。雍正初從征羅卜藏丹津。積功累擢殺虎口副將。從西路兵出征。統涼州兵分駐峩崙磯。賊大至。宗仁拒戰三晝夜。血戰突圍。創重而殞。

徐·宗泌 〔清〕金山人。字鄖侯。號固齋。善水墨花草。

徐·宗亮 〔清〕桐城人。號椒岑。陰生。有善思齋文鈔。

徐·宗幹 〔清〕江蘇通州人。字樹人。嘉慶進士。道光間知曲阜縣。案無留牘。歷官福建臺灣道。所至有異政。同治間擢福建巡撫。戰守兼籌。平定臺灣、汀州。肅清閩境。功甚著。卒謚清惠。有斯未信齋文稿。

徐·宗實 〔明〕黃巖人。名垢。以字行。少力學。與弟宗范、宗源。自相師友。教生徒規約嚴肅。用是知名。洪武中被命爲駙馬都尉胡觀師傅。尋授蘇州通判。發粟賑饑。築堤禦水。吳人便之。建文初官至兵部侍郎。靖難師起。不屈死。

徐·宗慶 〔宋〕浦城人。善議論。通經史。嘗辟教官。有皇王大訓、經世明道二書。

徐·尙卿 〔明〕南平人。字師臣。崇禎間由舉人爲劍州牧。甫蒞任而流賊至。守兵僅五十餘。親督守禦。力盡城陷。自經死。賊以禮葬之。

徐·岱 〔唐〕嘉興人。字處仁。於學無所不通。大曆中劉晏表爲校書郎。觀察使李栖筠欽其賢。署所居爲復禮鄉。貞元初爲太子諸王侍讀。遷給事中、史館修撰。性篤慎。不談人短。宗族孤儒者。皆爲婚嫁。

徐·岳 〔三國魏〕東萊人。通術數。黃初中與太史丞韓翊論難日月食五事。授劉洪乾象法於吳中書令闞澤。◉〔清〕嘉善人。字季方。有見聞錄。

徐·忠 〔明〕合肥人。字仲遠。洪武中以父功襲千戶。遷濟陽衞指揮。靖難兵起。忠附燕王。白溝之戰。被刃。二指未殊。忠自斷指擲地。裹創復戰。累遷都督僉事。封永康侯。忠馭軍甚嚴。善撫降附。卒謚忠烈。

徐·房 〔漢〕北海人。通曉陰陽。懷德獨行。時王莽擅權。房隱居教授。弟子著籍至千人。與逢子慶、李子雲、王君公相友善。

徐·承宗 〔明〕達曾孫。英宗時襲魏國公。守南京。號令嚴肅。宗族家衆。無敢撓法者。居官十八年。人未嘗見其坐立傾側。咸歎爲得大臣體。

徐·承珪 〔宋〕掖人。宜贊皇令。幼失父母。與兄弟三人及其族三十口。同甘藜藿。衣服相讓。歷四十年。不改其操。所居鄉里。木連理。瓜瓠異蔓同實。事聞。詔名其鄉曰義感。里曰和順。

徐·招 〔後魏〕高平人。字思賢。少好法律及朝廷舊事。延昌中屢有戰功。賜爵高廣侯。累遷儀曹郎中。永熙末從孝武入關中。拜給事黃門侍郎。時方播遷。典章遺闕。臺省法式。皆招所記。論者多焉。

徐·明 〔宋〕改之子。畫山水似其父。◉〔明〕合肥人。以百戶從守南昌。陳友諒圍城。明出刼其營。奪良馬以歸。友諒陰設穽誘明戰。馬陷被執。不屈死。追封合肥縣男。

徐·明叔 〔宋〕晉江人。字伯晦。紹定進士。通判漳州。以廉聞。遷知英德。潮寇起。徙知潮州。重賞捕魁戮之。事遂平。累官兵部侍郎。會元兵南下。憂憤卒。明叔學有原委。與洪天錫齊名。人稱擇齋先生。

徐·明善 〔元〕德興人。字志友。號芳谷。以薦入官。歷江浙湖廣提學。拔黃溍於棄卷中。識鑑爲當世所稱。與弟嘉善俱以理學名。時稱二徐。有芳谷集。

徐·昆 〔明〕閩人。善畫山水。兼工篆隸。

徐·易 〔宋〕海州人。爲御書畫院藝學。畫魚得形似。兼工雜畫。能篆隸。◉〔清〕杭人。一作山陰人。字象先。畫山水花卉古秀。傅色雅俊。寫大像衣紋身法。大雅不羣。爲傳神妙手。

徐·昂發 〔清〕崑山人。字大臨。康熙進士。官編修。工駢體文。善詩。有畏壘山人詩集。

徐·昇泰 〔明〕會稽人。字世平。博究金匱蘭室之祕。及百家活人諸書。而於馬蒔素問發微。尤相深契。著正譌補遺。補本草綱目所未備。

徐·昌 〔清〕崇安人。潛心理學。以明經訓導莆田。親喪回籍。遂不仕。築室武夷山。與子孫講學不輟。

徐·枋 〔清〕汧子。字昭法。號俟齋。自號秦餘山人。明崇禎舉人。工書畫。明亡。以父殉難。隱居不出。守約固窮。四十年如一日。湯斌撫吳。慕其人。兩屏騶從訪之。不得一面。與沈壽民、巢鳴盛爲海內三遺民。有居易堂集、俟齋集。

徐·松 〔清〕大興人。字星伯。嘉慶進士。官編修。坐事謫伊犂。歸授禮部主事。歷官潼商兵備道。精於史事。尤長地理。好鐘鼎碑碣文字。居伊犂時。嘗親歷天山南北兩路。記其山川道里。成新疆識略。又有唐兩京城坊考、唐登科記考、宋三司條例考、後漢書西域傳補注、西域水道記、西游記考。

徐·林 〔宋〕吳縣人。字稚山。自號硯山居士。少有特操。宣和進士。與王黼有連。不肯附麗。紹興初上書言事。召對改官。累官至龍圖閣學士。

生平慕鄭流仲。每聞其言論。必手錄之。

徐·林鴻 清海寧人。字大文。一字寶名。諸生。康熙中試鴻博不遇。詩文負盛名。與吳農祥·王嗣槐·吳任臣·毛奇齡·陳維崧同客大學士馮溥所。稱佳山堂六子。篤於友誼。王世顯·王猷定客死於杭。皆爲經理其喪。有兩間草堂集。

徐·泌 清衢州人。字鶴汀。康熙中官全州知州。有湘山志。

徐·波 清吳縣人。字元歎。明季諸生。少任俠。入清。更號頑菴。構落木菴。以枯禪終。有謚簫堂·染香菴等集。

徐·治都 清大貴子。康熙間擢湖廣彝陵總兵。時楊來嘉等屢攻彝陵。治都先後擊敗之。克夔州。敗夏逢龍。以功授鎮平將軍。卒謚襄毅。

徐·法績 清涇陽人。字定夫。晚號熙庵。嘉慶進士。累官御史。屢疏言事。多關國家大計。詔赴東河習方略。成東河要略一篇。於河形曲折溜勢宜防之宜。一一著錄。

徐·炎 清字伯鈺。號崑山。隸漢軍正藍旗。雍正進士。官吏部郎中。有唐宋詩選。⊙清易子。字公燦。能紹父業。

徐·玨 唐江山人。少奇穎。五歲能暗誦周易·小戴禮。大中末父舉明經。擢玨詣闕。召試思政殿。賜衣緋。明年童子科及第。父亦策名。號所居坊曰雅儒。

徐·玠 南唐彭城人。字藴圭。初仕吳。累居右職。爲李昪所昵。而見悅於徐溫。因以立嫡事自結。及溫卒。知詢繼立。玠察其必敗。又持知詢長短輸誠於昪。昪亦厚之。盡忘前事。密參祕計。遂以佐命拜右丞相。老益貪鄙。所至人患苦之。

徐·玫 清吳縣人。字彩若。號華塢。工畫花鳥人物。與柳遇並挾盛名。

徐·的 宋建安人。字公準。擢進士第。補欽州軍事推官。地煩鬱多瘴癘。的請徙州瀕水。畫地建置。公私便之。敏於吏才。曉暢兵事。累官荊湖南路安撫使。征撫宜州蠻。開諭叛卒。復濟邊用。最爲時所稱。

徐·知訓 五代吳溫長子。怙權勢。多不法。溫出鎭潤州。留知訓輔政。譽者稱爲昌華相公。陵辱諸將。事其主楊隆演無君臣禮。後爲朱瑾所殺。

徐·知常 宋建陽道士。字子中。爲沖虛大夫。宣和中除蕊珠殿侍宸。畫神仙事蹟。又能詩。善屬文。

徐·知新 唐信安人。性至孝。父喪哀毀。灑掃墓所十年。墓旁產金芝。扣之有聲。

徐·知詢 五代吳溫次子。性暗懦。遇諸弟頗薄。時溫養子知誥。威權日盛。溫初納徐玠議。謀以知詢爲代。及溫死。玠察知詢暗劣。復陰結知誥。逐知詢去金陵。謫鎭海軍節度使。知詢日惟會僚佐談宴。尋移鎭洪州。卒謚康。

徐·知誥 南唐即李昪。詳李昪條。

徐·知誨 五代吳溫第三子。兄知詢守金陵。知誨時時偵其陰事。以告義兄知誥。知誥甚德之。南唐受禪。知誨已前死。待其後獨優。

徐·知諫 五代吳溫第四子。幼爽悟。喜文墨。於昆季中最爲雅循。初兄知訓輔政。無所匡輔。溫留知諫陰助之。諸將常惡知訓而以知諫爲長者。

徐·知諤 南唐溫第六子。仕吳累官金陵尹。南唐受禪。封梁王。鎭潤州。好奇寶怪物。一日騎虎皮爲大幄。會飲蒜山。暴風裂帳如飛蝶。悸而卒。謚懷。

徐·知證 南唐溫第五子。仕吳官至節度使。入南唐。封魏王。徐氏諸子。知證最長年。及李景之世。猶見優禮。內宴輒用家人禮。起舞拜跪爲壽。知證亦以叔父自處。無所讓。

徐·秉義 清乾學弟。字彥和。號果亭。康熙進士。官吏部侍郎。有耘圃培林堂代言集。

徐·表仁 唐初爲僧。寓吳興。號宗偃。畫山水樹石。多得意深奇之作。

徐·表然 明崇安人。字德望。嘉靖中嘗結淼藝山房於武夷第三曲。有武夷山志略。

徐·金鏡 清武康人。字芸峴。道光舉人。有山滿樓詩文稿。

徐·信 宋保昌人。皇祐進士。蘇軾謫海南。路經南雄。造其書齋。見信作甘露寺詩。有句云。平地風煙橫白鳥。半空雲木捲蒼藤。軾以橫字爲飛字。信大歎服。

徐·則 隋郯人。沈靜寡嗜欲。不娶妻。入天台山。絕穀養性。晉王手書召之。遂詣揚州。夕中命侍者取香火如常儀。五更而死。遣使人送還天台定葬。在道。見則徒步至舊居。取經書道法。分遺弟子。跨石梁而去。

徐·勇 清遼東人。明時隸左良玉部下。官總兵。順治間降清。累官長沙總兵。後守辰州。與孫可望戰死。贈太子太保。晉爵二等男。謚忠節。

徐·勉 梁郯人。字修仁。孤貧好學。早勵清節。六歲屬祈霽文。見稱耆宿。歷吏部尚書。嘗與客夜坐。有求詹事五官者。勉正色曰。今夕只可談風月。不宜及公事。累官至中書令。其戒子書。爲世傳誦。梁世言相者。勉及范雲而已。卒謚簡肅。

徐·卽登 明豐城人。字獻和。又字德峻。號匡岳。萬曆進士。官至河南按察使。有周禮獻

徐咸 【明】海鹽人。字子正。正德進士。歷官襄陽知府。居官寬簡持大體。有近代名臣言行錄·四朝聞見錄·西園雜記諸書。

徐咸清 【清】上虞人。字仲山。康熙中舉鴻博不遇。精小學。時大學士李霨。以字書查字無察義。謂北人呼察聲如查而譌。咸清謂查爲在聲之譌。據爾雅在察也及漢書貨殖傳山不茬蘖卽槎蘖也以駁之。霨無以難。有資治文字。

徐威 【明】泰和人。字廣威。弘治舉人。授鄖西教諭。成化中受業於桑悅。嘗爲之箋注古賦。持論閎肆倣詭。與悅略同。

徐奕 【三國魏】東莞人。字季才。避難江東。孫策禮命之。奕改姓名。微服還本郡。仕爲丞相長史。鎭撫西京。有威信。魏國既建。以奕爲中尉。操嘗謂奕曰。君之忠亮。古人不過也。

徐宣 【三國魏】廣陵人。字寶堅。曹操辟爲司空掾。操西征馬超。謂官屬曰。今當遠征。宜得清公大德。鎭統此方。乃以宣爲左護軍。明帝時。封津陽亭侯。遷左僕射。歷仕三朝。公亮正色。稱爲柱石臣。卒謚貞。

徐度 【陳】安陸人。字孝節。少倜儻。不拘小節。長而姿貌瓌偉。嗜酒好博。恒使僮僕屠酤爲事。初從梁蕭介征諸山洞。以驍勇聞。武帝在交阯。乃委質焉。平廣州。計畫多出於度。積功封廣德縣公。卒謚忠肅。◎【宋】穀熟人。字敦立。南渡後。官至吏部侍郎。有卻掃編。◎【明】江陰人。字克弘。家貧力學。晚歲始成進士。弘治中累官廣東副使。居官踐履。一遵繩墨。

徐建寅 【清】壽子。字仲虎。幼承家學。深通理化數學。於其父造船譯書等事。多所贊助。光緒間充駐德使館參贊。官至直隸道員。督辦漢陽鋼藥廠。製造棉質無烟藥。於配合時藥然機轟。死之。同殉者十六人。繙譯泰西切要各書凡數十種。著有歐游雜錄·兵法新書。

徐彥伯 【唐】瑕丘人。名洪。以字顯。七歲能爲文。對策高第。調蒲州司兵參軍。時司戶韋暠善判。司事李亘工書。而彥伯屬辭。時稱河東三絕。以修武后實錄勞封高平縣子。官至太子賓客。

徐彥若 【唐】商子。咸通進士。昭宗時累遷同中書門下平章事。進位太保·齊國公。最見親信。時有以事自陳者。帝曰。汝當問彥若。其所倚任如此。翟胤專政。出彥若爲清海軍節度使卒。

徐待聘 【明】常熟人。字廷珍。萬曆進士。官至按察副使。有雁山志勝。

徐恪 【明】常熟人。字公肅。成化進士。累官工部侍郎。端重守正。一時稱名臣。巡撫河南。去官日。布政司有羨餘銀三千兩贐之。正色拒不受。仍自告曰。吾乃不爲人見信如此。

徐政 【明】儀眞人。建文時爲揚州衛千戶。以城降成祖。遷都指揮同知。從張輔征交阯。督船於三帶江以濟大軍。歷戰有功。盤灘地最衝要。輔遣政守之。與敵戰。飛鎗貫脅。猶督兵力戰。竟敗敵。歸營腹潰死。

徐昞 【宋】涇縣人。嘗畫龍靈惠寺壁。爲世所稱。

徐春甫 【明】祁門人。字汝元。嘗師事名醫汪宦。於醫無所不窺。授太醫院官。有古今醫統·醫學捷徑。

徐春梅 【清】平湖諸生曾璿婢。璿夫婦俱早卒。子女二人皆幼。春梅年二十餘。誓不適人。以撫孤自誓。璿兄屢逼辱之。守志益堅。卒撫孤成立。

徐昭文 【元】上虞人。字秀章。從韓性讀尚書。杜門力學。後應辟爲平江儒學學正。有通鑑綱目考證。

徐昭華 【清】咸清女。駱加采妻。字伊璧。詩名噪一時。工楷隸。善丹青。

徐昭慶 【明】宣城人。字穆如。有考工記通·檀弓通。

徐是傚 【清】婁縣人。字景于。號今吾。諸生。舉鴻博不就。書畫宗董文敏。詩宗白香山。古文學歸震川。有古春堂集。

徐星友 【清】錢塘人。善弈。初過黃龍士。龍士授以四子。漸進。乃受三子。星友殫思竭力。終勝之。有兼山堂弈譜。

徐柏 【明】浦城人。字守卿。嘉靖進士。官戶部員外郎。筦通州倉。値米貴。令輸者納緡。俟價稍損。轉糴充庫。民便之。遷湖北右參政。以事罷。

徐柯 【清】枋弟。字貫時。號東海一老。諸生。工書畫。善屬文。能詩。父汧殉難。杜門不出。所居二株園。四方賓從。文酒宴會。有貴公子風。著有文選人表·示兒編·一老菴詩文集。

徐柱 【明】吳人。字夢節。又字孟卿。善寫葡萄。

徐柱臣 【清】崑山人。字題客。諸生。天姿敏妙。詩詞瑰瑋淵雅。尤精書法。晚寓維揚。跌蕩詞場以終其身。有艮岑樂府。

徐汧 【明】長洲人。字九一。少孤貧至孝。爲諸生卽以名節自任。魏大中被逮。過吳門。汧慕其忠直。質衣物得二十金充橐饘。周鑣聞而歎曰。徐生眞歲寒松柏也。崇禎中成進士。官春坊。國變時。投虎丘後湖橋下死。

徐洪鈞 【清】宜興人。字雙南。諸生。喜鈔書。年六十。右體拘攣。仍用左手書。品騭清人詩五十餘家。多平允。有栗亭詩鈔。

徐爰 【南朝宋】開陽人。字長玉。

累官遊擊將軍。兼尚書左丞。巧於將迎。能得人主微旨。寵待隆密。明帝在藩時。受禮敬甚簡。及卽位。遂徙殁交州。後詔還。除中散大夫卒。

徐·珂 【宋】蘇漢臣壻。畫人物得其遺意。

徐·珊 【明】餘姚人。號三溪。官辰州府同知。有卯洞集。

徐·盈 【明】貴溪人。字子謙。正德末官淮安守。武廟南征宸濠。所過驚擾。盈獨鎮靜。視他郡爲安。移守嘉興。居六載。以讒免。郡人遮道號泣。

徐·秋夫 【南朝宋】熙子。仕爲射陽令。傳父醫學。

徐·紇 【後魏】樂安人。字武伯。少好學。有名理。宣武帝時除中書舍人。善附權要。薦遷黃門侍郎。總攝中書門下事。軍國詔命。敕吏執筆。或行或臥。人別占之。造次俱成。不失事理。後見惡於爾朱榮。遂南奔蕭衍。

徐·約 【唐】曹州人。事高駢爲將。所部有銳勇名。時張雄•馮弘鐸據蘇州。周寶說約往攻之。既克。詔卽授爲刺史。錢鏐兵至。與其下哭別入海死。

徐·紀 【明】東鄉人。字惟修。爲武昌學官。以身訓士。一日讀陽明傳習錄有省。著泮宮夜氣錄。識所悟入。尋謝病歸。日與鄉後進論學。或撫諸孫歌詩習禮。不作勢利齷齪語。

徐·胤 【後漢】穉子。字季登。篤行孝弟。隱居躬耕。倦則誦經。不受惠於人。時寇賊縱橫。皆敬胤禮行。轉相約敕。不犯其閭。建安中卒。

徐·致靖 【清】宜興人。光緒間由進士累官翰林院侍讀學士。中日戰後。德宗銳意革新。致靖薦康有爲。並屢有陳奏。擢侍郎。孝欽后聽政。奪職下獄。旋得釋。

徐·苗 【晉】高密人。字叔胄。累世有名德。躬耕力學。嘗作五經同異評。又依道家著玄微論。前後所造數萬言。皆有義味。行己純至。輕財貴義。弟買患口癰。苗爲吮膿。其兄弟皆早世。撫養孤遺。慈愛聞於州里。徵辟皆不就。

徐·貞明 【明】九思子。字孺東。隆慶進士。萬曆中累官尚寶少卿。講究京畿水利。迭上條議。又著潞水客談以暢其說。事初興。貞明躬歷州縣。周覽水泉。規百世之利。奄人勳戚之占田者不便之。事竟停罷。貞明亦謝職歸。時論惜之。

徐·迪惠 【清】上虞人。原名肄三。字聞詩。號鹿苑。嘉慶舉人。官泰和知縣。性慈好施。居官多惠政。以憂歸。有象洞山房詩文集•重輯徐氏一家言。

徐·述 【明】池州建德人。字信古。永樂中守漢陽。公廉敏惠。政教大行。時中詔採木。設法完解。民不知擾。歲歉。民艱於納賦。關市鈔因公沒入數十萬。代民輸足。民以不困。境有虎患。爲文禱神。虎就捕而害息。人稱神明。

徐·述夔 【清】浙江人。康熙舉人。著一柱樓詩。高宗以其中有譏刺語。戮其屍。其孫食田•食書皆論罪。

徐·倬 【清】德清人。字方虎。號蘋村。康熙進士。官侍讀。後家居。聖祖南巡。進呈全唐詩錄百卷。加禮部侍郎銜。工詩。有道貴堂類稿。

徐·俯 【宋】禧子。字師川。七歲能詩。爲舅黃庭堅所器。以父蔭累官司門郎。張邦昌僭位。遂致仕。紹興初官至參知政事。尋奉祠歸。有東湖集。

徐·修矩 【清】吳縣人。性介潔。家有草廬十餘楹。貯書萬卷。優游自適。皮日休與相善。嘗就借書讀之。(按尚友錄作循矩。此從江南通志。)

徐·原 【三國吳】吳郡人。字德淵。慷慨有才志。與呂岱善。岱薦於孫權。官至侍御史。性忠壯。好直言。岱時有失。原輒諫諍。又公論之。或以告岱。岱歎曰。是我所以貴德淵者也。

徐·哲 【元】萊陽人。字延徽。性曠達。才氣過人。以茂才薦授峽州路長楊縣教諭。不就。有齊東野語集。

徐·唐 【宋】寧化人。字守忠。少穎悟。未冠學春秋。不兩月。紬析如流。不事科舉。隱居鄉里。後從胡瑗講學上庠。質疑問難。諸生屈服。歐陽修薦於朝。仁宗召見講易。善之。母喪歸。竟不復出。

徐·師仁 【宋】莆田人。字從聖。幼敏悟。七歲過外家。値外祖讀霍光傳。疑光何爲不學無術。師仁曰。伊尹放太甲而光不知。非不學耶。外祖驚異。大觀中登第。官校書郎。時徵名宿修史得四人。師仁與焉。

徐·師回 【宋】字望聖。元豐中知南康軍。耿介有條理。官事不煩而治。公暇建堂。植八杉。號曰直節。曰吾欲守節如此杉之直。又建亭於明月泉上曰。吾欲守廉如此泉之清。朱熹知南康。見杉生意已盡。而直立不僵。因以直節名其堂云。

徐·師曾 【明】吳江人。字伯魯。年十二。能爲詩古文。長博學。兼通陰陽律曆醫卜篆籀之說。嘉靖間舉進士。選庶吉士。歷吏科給事中。頗有建白。世宗方殺戮諫臣。言官緘口。師曾遂乞休。有禮記集注•周易演義•正蒙章句•世統紀年•文體明辨•大明文鈔•宦學見聞•小學•史斷等書。

徐·師閔 【宋】吳縣人。字聖徒。治平初以司農少卿知袁州。爲治鎮靜。有惠愛。時江西有寇警。師閔修飭戰具。守禦常若寇至。賊不敢犯。袁民德之。官至正議大夫。致仕卒。

徐師道 〔唐〕會稽人。字太眞。少有至行。不干仕進。婁行儉辟賓幕。授九隴尉。棄官歸。精於翰墨。

徐庭垣 〔清〕秀水人。官新昌縣丞。著春秋管窺。持論立義。識在啖助趙匡諸儒之上。

徐庭筠 〔宋〕中行季子。少有志行。孝友天至。父沒毀瘠。既免喪。猶不忍娶者十餘年。居無惰容。喜無戲言。聞人片善。記其姓名。鄉人崇敬其父子。稱爲二徐先生。淳熙間朱熹行部。拜墓下。題詩。且書以表之曰。有宋高士二徐先生之墓。

徐振芳 〔清〕山東樂安人。字太拙。工詩。奇氣坌涌。有徐太拙詩稿。

徐晃 〔三國魏〕河東人。字公明。少爲郡吏。從楊奉討賊有功。後歸曹操。累官右將軍。封陽平侯。晃性儉約畏愼。將軍常遠斥候。先爲不可勝。營壘整齊。將士駐陣不動。時以爲有周亞夫之風。卒謚壯。

徐晉卿 〔宋〕官將仕郎祕書省校書郎。有春秋經傳類對賦。

徐時作 〔清〕建寧人。字鄴侯。雍正進士。知邢臺縣。彊直有異政。擢知滄州。以母老告歸。倡建濉川書院。又倣范氏義田法。捐田爲贍族費。有崇本山堂詩文集・閒居偶錄。

徐時動 〔宋〕豐城人。師事胡安國。傳其學。紹興進士。再爲州教官。辭疾歸。乃述師說爲孟子說・師門答問。及卒。門人私謚安節先生。

徐時棟 〔清〕鄞人。字定宇。一字同叔。道光舉人。官內閣中書。家有煙嶼樓。藏書六萬卷。丹黃殆遍。治經以先秦遺說爲主。工詩古文。喜表章文獻。有逸湯誓考・三泰誓考・詩音通・山中學詩記・柳泉詩文集等書。

徐書受 〔清〕武進人。字尙之。官南召知縣。有教經堂集。

徐桐 〔清〕漢軍旗人。字蔭軒。咸豐進士。以檢討爲穆宗師傅。光緒間官至大學士。性迂闊。德宗勵行新政。意不爲然。屢乞解職。拳匪起。桐附端剛助拳匪。聯軍陷都城。桐自經死。子承煜。亦以附拳被僇。和議成。追奪原官。

徐校 〔清〕太倉人。字範江。號石渠。諸生。有石渠文鈔。

徐栩 〔後漢〕由拳人。字敬卿。少爲獄吏。執法詳平。遷小黃令。時陳留遭蝗。野無遺草。過小黃。飛逝不集。刺史行部。奏栩他事。栩棄官。蝗尋至。刺史愧謝。令還舍。蝗卽遠去。後爲長沙太守。

徐桂 〔明〕滑山人。嘉慶進士。官鄖陽知府。有鄖臺志略。

徐浚 〔宋〕德清人。字英父。以明經爲國子生。咸淳中率六館諸生葉李等。抗疏乞誅賈似道。疏三上不報。國亡。遁於林野。元至元中累召不起。

徐浦 〔明〕浦城人。字伯源。嘉靖進士。官弋陽令。奸民葉世豪作亂。浦設方略擒其渠魁三十三人。餘黨悉平。擢工科給事中。累官廣西僉事。致仕歸。有歸閒吟稿。

徐浩 〔晉〕邈子。何無忌請爲功曹。出補西陽太守。與無忌俱爲盧循所害。◎〔唐〕嶠之子。字季海。擢明經。有文辭。肅宗朝授中書舍人。四方詔令。多出其手。遣辭贍速。寵絕一時。德宗初授彭王傅。進會稽郡公。嶠之善書。以法授浩益工。嘗書屏四十二幅。八體皆備。草隸尤精。卒謚定。

徐泰 〔明〕海鹽人。字子元。弘治舉人。官光澤知縣。有詩談。

徐珦 〔宋〕字溫甫。高宗時由進士授辰州教授。爲刪定編修官。轉池州通判。有美政。尋致仕。三上宰相書。皆道義之言。著語孟易解。學者多宗其說。稱止齋先生。

徐珪 〔明〕應城人。字必信。弘治中爲刑部吏。時李廣用事。其黨楊鵬監東廠。頗專恣。珪憤懣。抗疏請革東廠。有願斬臣頭以行臣言之語。得罪。謫徒爲民。踰年廣敗。以薦授官。歷知州。有治績。

徐牲 〔清〕常熟人。字行來。號林丘。又號耦生。善畫山水。能楷書及懷素書。工詩。卒年八十有三。

徐異木 〔清〕嘉興人。字士白。號白楡。工書法篆刻。有懷古堂集。

徐紘 〔明〕武進人。字朝文。弘治進士。官至雲南按察司副使。有明名臣琬琰錄。

徐耕 〔南朝宋〕延陵人。節儉力田。耕以米千斛助官賑貸。縣上其事。當時議者以比卜式。詔書褒美。授平原令。◎〔唐〕性仁恕。僖宗時爲內外都指揮使。所全活嘗至數千人。時田令孜守成都。謂曰。公掌生殺而不刑一人。有異志耶。耕不得已。戮俘囚數人復命。

徐舫 〔明〕桐廬人。字方舟。幼輕俠。專爲歌詩。元行省參政蘇天爵將薦之。舫避去。築室江皐。日苦吟於雲煙出沒間。劉基被徵。邀之同行。舫荷蓑笠以見。酌酒賦詩而別。有瑤林滄江二集。

徐訒 〔清〕江蘇華亭人。號鐵海。工詩。善書畫。有清平山館詩鈔。

徐貢元 〔明〕繁昌人。號紫巖。嘉靖進士。由刑部郎出守德安。有異政。剛方清潔。歷官十三任。清白無二。官終戶部侍郎。與海瑞等稱爲天下四君子。有省身日記。

徐起 〔宋〕濮州人。字豫之。舉進士。有應變才。累遷祕書監。知兗州日。有都巡檢虐所部。部兵執兵至庭下。州人大恐。起諭以禍福。衆感泣聽命。因按致其首。而奏罷都巡檢。

徐起元 〔清〕遂陽人。原籍合肥。字貞復。號望仁。明萬曆舉人。崇禎間爲應山令。敗流賊張獻忠。固守四載。累擢右僉都御史。撫治鄖陽。李自成屢攻之。起元率衆力戰。賊不能破。入清官至左都御史・太子太保。卒諡僖靖。

徐退 〔清〕興化人。字進之。初名宗勉。性兀傲。赴京兆試。久不遇。遂佯狂。醉後輒行歌於市。常往來西山靈光戒壇諸寺。草笠衲衣。不入城者二十年。咸豐間鄉人強之歸。工書。善畫蘭竹。

徐郙 〔清〕嘉定人。字頌閣。同治進士。以第一人及第。官至協辦大學士・禮部尚書。

徐釚 〔清〕吳江人。字電發。少工詩古文。善畫山水。入愼交社。聲譽日起。康熙中試鴻博。授檢討。會當外轉。遂乞歸。嘗刻菊莊樂府。朝鮮貢使仇元吉見之。以餅金購去。有南州草堂集・詞苑叢談・本事詩。

徐陟 〔宋〕浦城人。字光明。未冠挾所爲文入京師。見孫何。何大嘆賞。上其奏議五十卷。時丁謂當國。陟不肯見。有止渴須擇水暫憩須芳陰之句。登大中祥符進士。累官永州判官。

徐乾學 〔清〕崑山人。字原一。號健庵。康熙進士。授編修。累官刑部尚書。嘗命總裁一統志・會典・明史。纂輯鑑古輯覽古文淵鑑等書。有讀禮通考・文集・外集・虞浦集・詞館集・碧山集。藏書極富。有傳是樓書目行世。

徐偃王 〔周〕穆王時徐子治國。仁義著聞。欲舟行上國。乃導溝陳蔡之間。得朱弓矢。以得天瑞。自稱徐偃王。江淮諸侯。從者三十六國。周王聞之。遣使至楚。令伐之。偃王愛民不鬭。遂爲楚敗。

徐偉 〔宋〕臨湘人。舉孝廉。事母至孝。有司累辟不赴。去之龍潭山中。隱居教授。依以居者三百餘家。歲荒。貧不自給者。悉賚給之。人感其惠。生子多以徐爲名。有子八人。後皆知名。時號徐氏八龍。

徐商 〔唐〕新鄭人。有功五世孫。字義聲。一字秋卿。擢進士第。宣宗時拜河中節度使。綏定突厥。置備征軍凡千人。裝紙爲鎧。勁矢不能洞。累進太子太保卒。

徐問 〔明〕武進人。字用中。弘治進士。累遷南京戶部尚書。致仕卒。諡莊裕。學者稱養齋先生。問歷官廉正。不避權倖。入官四十年。家無長物。生平學宗紫陽。有讀書劄記・山堂萃稿。

徐問眞 〔宋〕濰州人。有道術。與歐陽修善。一日求去甚力。修留之不可。曰我友邸我與公卿游。修使童子送之。果有鐵冠丈夫。俟於道。以瓢覆酒於掌中。少飲童子。因遣回。遂不見。童子後亦發狂。莫知所之。嘗教修引氣愈足疾。蘇軾試之亦驗。

徐啟祚 〔清〕東湖人。明崇禎中歷官至總鎮。順治中偕定川侯李占春率所部降。改授永昌同知。善畫。

徐國相 〔清〕號行清。康熙間歷官安徽巡撫・湖廣總督。舉動持大體。不事苛細。治皖時創溝田法。使民知水利之所在。民尤賴之。

徐國祥 〔清〕仁和人。字瑞五。洞霄宮道士。自號大滌山人。工書。善絲桐。畫蘭竹冠絕一時。

徐國麟 〔清〕鄞人。字遂生。別號旭窗居士。以母多病。遂棄儒習醫。窮究諸家之學。歷寒暑不少輟。人有延之視病者。雖疾風暴雨。未嘗少遲。著書二十四種。總名軒岐學海。

徐培深 〔清〕石阡人。字松泉。嘉慶進士。官御史。數言事。直聲振天下。後罷官居揚州。主講梅花書院。自號梅花主人。講學不立門戶。以敦品力學爲宗。工書。咸豐中揚城陷。移寓泰州。所著詩文。身後悉散佚。

徐基 〔清〕江蘇華亭人。字宗瑱。由貢生官訓導。有十峯集。詩文詞賦。皆集赤壁賦中字。爲詞苑之奇作。

徐堂 〔清〕吳江人。字澹人。道光中諸生。治經宗漢儒。兼工詩文。嘗以齊魯韓詩不顯於世。輯三家詩述十六卷。又有爻辰圖說・書古訓等書。

徐堅 〔唐〕齊聃子。字元固。幼敏慧。舉秀才。爲萬年簿。聖曆中楊再思引爲判官。屬文典厚。時目爲鳳閣舍人樣。與張說等預修三教珠英。累官集賢院學士。卒諡文。◎〔清〕吳縣人。字孝先。號友竹。山水得黃公望筆意。工隸書。善篆刻。挾術游公卿間。無不倒屣下之。有綠園詩鈔・西京職官印譜。

徐宷 〔清〕常熟人。字宷臣。號鏡菴。工詩。畫山水細勁媚秀。多乾筆。著淡色。兼寫花卉。

徐寅 〔五代〕〔閩〕莆田人。字昭夢。善辭賦。唐乾寧進士。授正字。游大梁。以賦謁朱全忠。全忠大喜。遺縑五百。王審知辟掌書記。李存勗因閩使問寅。謂其指斥先帝。諷審知欲殺之。寅遂拂衣去。與妻月君偕隱以終。有探龍釣磯等集。◎〔宋〕立之子。字協恭。以父任歷官福建路檢法。審覆囚牘。駁正冤抑。知揚州。修築高郵等處隄岸。知台州。革秋苗僞鈔。去軍士虛籍。所至有政績。官終廣東提刑。

徐崇岳 〔明〕保山人。字石公。康熙舉人。赴公車不第。樂志林泉。肆心著述。吳三桂重其名。強之仕。不屈。

徐崇矩 〔宋〕熙孫。善畫禽魚草蟲花鳥。作士女尤工。

徐·崇嗣　〔宋〕熙孫。畫花鳥綽有祖風。又出新意。不用描寫。止以丹粉點染而成。號沒骨圖。以其無筆墨骨氣而名之。畫家沒骨派自崇嗣始。

徐·崇勳　〔宋〕崇嗣弟。與崇嗣同藝。

徐·崧　〔清〕吳江人。字松之。有詩名。好遊佳山水。與其友張大純同著百城煙水。

徐·常　〔宋〕建安人。字彥和。文學該貫。與陳襄爲友。登第歷州縣。所至稱神明。從蘇軾兄弟游最久。

徐·常吉　〔明〕武進人。字士彰。萬曆進士。累官戶科給事中。以清廉聞。遷浙江按察司僉事。未任卒。有事詞類奇。六經類聚。

徐·庶　〔蜀漢〕潁川人。字元直。初名福。少好任俠。爲人報仇。被捕。其黨伍共篡解之。得脫。乃折節學問。初平中南客荆州。與諸葛亮友善。薦亮於昭烈。及曹操獲其母。庶謂昭烈曰。本欲與將軍共圖王霸之業者。以此方寸地也。今失老母。方寸亂矣。請從此辭。遂歸操。仕至御史中丞。母自縊死。庶終身不爲操設一謀。

徐·庚　〔清〕太倉人。字冏懷。諸生。年少俊才。不隨時尚。所著蠹華詞。半皆風情之作。徵詞婉約。託興遙深。

徐·彪　〔明〕浦城人。字叔傑。親喪。廬墓三年。歸刻木爲二像。日上食。出入必告。忌日則素服哭泣。鄰有祓負釁妻者。爲代償而返之。

徐·得之　〔宋〕夢莘弟。字思叔。淳熙進士。歷官有聲。部使者以廉吏薦。遷通直郎致仕。安貧樂分。不貪不躁。有左氏國紀·史記年紀·郴江志·鼓吹詞諸書。

徐·從治　〔明〕海鹽人。字肩虞。天啟初由進士守濟南。以卓異遷兗東副使。勦徐鴻儒有功。擢撫山東。駐萊州。孔有德反。圍萊城日久。援絕。從治中炮死。立祠曰忠烈。

徐·御章　〔明〕德興人。字伯宸。德充學贍。鄉里宗族有不平事。輒就質。面折人過。能改。又匡輔揄揚之。咸稱長者。居面一峯。端嚴肖其爲人。因號爲端峯先生。

徐·悱　〔梁〕勉次子。字敬業。幼聰敏。善屬文。仕爲太子舍人。出入宮坊者歷稔。出爲晉安內史。早卒。

徐·敖　〔漢〕魏人。事清河胡常。爲右扶風掾。又從解延年受毛公詩。敖又授九江陳俠。由是言毛詩者。本之徐敖。

徐·晞　〔明〕江陰人。字孟初。永樂中以吏員進身。明敏有幹。正統間累官兵部尚書致仕。

徐·晦　〔唐〕性強直。素爲楊憑所知賞。擢第授官。皆憑所薦。憑貶臨賀尉。親友無敢送者。晦獨送至藍田與別。御史中丞李夷簡奏爲御史。晦謝曰。生平不踐公門。公何從取之。夷簡曰。君不負楊臨賀。豈負國乎。累官禮部尚書致仕。以守正聞。

徐·晟　〔清〕樹丕子。字禎起。一字損之。博學工文。明鼎革。棄諸生從父隱。授徒以終。有陶園詩文集·家乘識小錄。又著姑蘇續名賢小紀。以繼文震孟姑蘇名賢小紀。

徐·梅龜　〔宋〕壽昌人。字耀叟。舉進士。爲霍丘尉。嘉熙初元兵大至。與子尚古皆死之。

徐·淑　〔後漢〕廣陵人。字伯進。寬裕博學。隨父愼在京師。習孟氏易·春秋公羊傳·禮記·周官。善誦太公六韜。交接英雄。常有壯志。仕至度遼將軍。有名於邊。◎〔後漢〕秦嘉妻。嘉隴西人。爲郡上掾。淑以寢疾還家。不獲面別。贈以詩。嘉以詩答之。後嘉遺以書。兼贈明鏡寶釵妙香素琴。淑又作書報之。詞旨悽麗。爲後人所豔稱。

徐·清叟　〔宋〕榮叟弟。字眞翁。嘉定進士。累遷太常博士。入對。疏請惜名器進人才。其意蓋欲裁抑史彌遠恤典。召用眞德秀·魏了翁也。官至參知政事·資政殿大學士。卒謚忠簡。清叟父子兄弟。皆以風節相尚。而清叟劾罷袁甫。於公論少貶云。

徐·珽　〔清〕無錫人。字子常。號南臺。讀書好古。工詩古文詞。聖祖南巡。獻詩賦。賜國子生。知浙江德清縣。坐事繫獄。七年得釋。有南村詩文集及詞。

徐·理　〔明〕西平人。洪武時累有戰功。官右軍副將。成祖將襲滄州。命理濬於直沽造浮橋以濟師。還守北平。馭下寬仁得士心。以功封武康伯。

徐·晅　〔明〕淳安人。字仲田。洪武初徵秀才。辭歸。嘗謂吾詩文未足品藻。唯傳奇詞曲。不讓古人。所著南曲殺狗記。盛行於世。又有巢松集。

徐·皐　〔宋〕白之族人。工畫魚。

徐·祥　〔明〕大冶人。初爲元萬戶。歸太祖於江州。積功爲燕山右護衛副千戶。燕王命侍左右。從起兵。屢立戰功。擢都指揮使。封興安伯。

徐·紫雲　〔清〕廣陵人。如皐冒襄家童。儇巧善歌。與宜興陳其年狎。嘗畫徐郎小像徵題。一時名流。咸有題詠。

徐·處仁　〔宋〕穀熟人。字擇之。中進士甲科。歷官尚書右丞。忤童貫落職。宣和中起侍讀。累拜觀文殿大學士。在宣和間。數請寬民力以弭變亂。尹大名。以剛廉稱。

徐·貫　〔明〕淳安人。字元一。天順進士。官至工部尚書。卒謚康懿。有餘力稿。

徐·軝　〔清〕平湖人。字雲蔚。諸生。有鐵匏樓詩集。

徐·逢吉　〔清〕錢塘人。字紫山。自

號青蘘老漁。諸生。工詞。清微婉妙似宋人。有柳洲清響。搖鞭集。微笑集。

徐·逢年 〔宋〕[illegible]年弟。字耕老。少勤學。讀書通夕不寐。開禧進士。爲江陰分教。士習丕振。尤有知人鑑。蔣重珍。趙發肄業郡庠。一見賞勵。後並得高第。

徐·陵 〔三國吳〕太末人。字元大。爲縣吏。虞翻一見。與友善。歷三縣長。所在著稱。官至零陵太守。◎〔陳〕摛子。字孝穆。八歲能文。釋寶誌摩其頂曰。此天上石麒麟也。仕梁爲通直散騎常侍。陳受禪。加散騎常侍。安成王頊輔政專橫。陵奏劾之。朝廷肅然。所爲文頗變舊體。辭藻綺麗。與庾信齊名。世號徐庾體。有徐孝穆集。玉臺新詠。

徐·鹿卿 〔宋〕豐城人。字德夫。號泉谷。嘉定進士。爲南安軍學教授。申明義理之學。其後盜作。環城皆燬。惟學宮不犯。入爲樞密院編修官。時方大琮。劉克莊。王邁俱以言事黜。鹿卿贈以詩。併被劾。太學諸生作四賢詩美之。累官寶章閣待制致仕。鹿卿廉約清峻。多惠政。凡所建白。皆忠悃激發。不少隱諱。卒謚清正。有泉谷集。

徐·凱之 〔宋〕善畫人物窠石。

徐·卿伯 〔明〕貴陽人。字孟麟。萬曆進士。官御史。剛直多所論建。安邦彥圍貴陽。十月不解。疏劾王三善逗遛。奉旨促之。三善乃奮擊破賊。圍始解。終四川參議。

徐·善 〔五代吳〕洪州人。時楊渥開國揚州。善女弟有殊色。爲秦裴軍校強娶。詣白其事。渥夢神告曰。江西秀才徐善。有事見公。其人良士。宜厚遇之。旦卽遣騎往迎。禮遇優渥。並爲贖女弟歸。楊隆演時官至中書舍人。◎〔清〕嘉興人。字敬可。棄諸生。講求致知格物之學。有易論。徐氏四易。春秋地名考。

徐·善安 〔明〕浦城人。字敦復。洪武時以薦官御史。備兵台州。方孝孺死難。善安匿其姬妾。事發。受杖至斷臂。不吐實。坐遣戍。董其昌建求忠書院祀孝孺。以善安配饗。

徐·善述 〔明〕天台人。字好古。洪武中行歲貢法。善述首貢入太學。永樂初累官春坊贊善。耿介恬靜。因事啟沃。每見聽納。見重於皇太子。每稱爲先生。嘗致書賜詩酒。尋坐累下獄死。洪熙初謚文肅。有尙書直指。

徐·善建 〔清〕嘉善人。字孝標。康熙貢生。從陸隴其學。究心周易及宋五子著述。敎人讀小學字義諸書。謂先識體段。方可入精微處。學者多師事之。家有杉泉書屋。藏書甚富。人稱杉泉先生。

徐·喈鳳 〔清〕宜興人。字鳴岐。號竹逸。順治進士。官永昌府推官。有荊南墨農全集。

徐·堯莘 〔明〕潛山人。字賓嶽。萬曆進士。歷荊州知府。中官陳奉開礦沙市。道路以目。堯莘約其騶從。不得逞。大帥劉綎征番。調兵數省。途出於荊。民爭避之。堯莘爲經記信宿地。皆獲安堵。官至廣西布政使司。

徐·媛 〔明〕蘇州人。字小淑。副使范允臨妻。好吟咏。與陸卿子相倡和。吳中士大夫望風附影。交口譽之。流傳海內。稱吳門二大家。有絡緯吟。

徐·尊生 〔明〕淳安人。字大年。洪武初詔修元史。徵山林隱逸士爲纂修官。尊生與焉。書成。賜賚遣還。復召修日曆。後以宋濂薦。授翰林應奉文字。並稱旨。老疾乞歸。有文集。

徐·幾 〔宋〕崇安人。字子與。博通經史。尤精於易。景定間與何基同以布衣召補迪功郎。添差建寧府教授。兼建安書院山長。撰經義以訓式多士。

徐·弼 〔明〕漳浦人。字良佐。成化舉人。知海陽縣。修復陷潮大隄。邑民大穫。以事忤劉瑾。勒致仕。瑾敗。復起判漢陽。民爲歌謠以頌美政。

徐·復 〔宋〕建州人。初舉進士。精京房易。而雜以六壬遁甲。自筮終身無祿。遂罷舉。仁宗召見。命以大理評事。不就。賜號沖晦處士。家杭州。萬松林其故廬也。時林和靖尙無恙。杭州稱二處士。◎〔清〕江都人。字心仲。嘉慶時諸生。少孤。其兄使之牧。棄牛而逃。居僧寺。供灑掃之役。誦讀恆達旦。僧循爲之延譽。遂從事經史。兼通算學。有論語疏證。

徐·復祚 〔明〕字陽初。工樂府。所著三家村老委談。論曲甚精。又有劇本一文錢。紅梨記等行世。

徐·揆 〔宋〕衢州人。游京師。入太學。靖康初試開封爲舉首。未及大比而遭國難。欽宗詣金營不歸。揆率諸生以書抵二酋。責以敗盟。請還車駕。酋以馬載揆。至軍詰難。揆厲聲抗論。遂遇害。

徐·敦 〔清〕宣城人。字秩五。才敏達。以建議授四川幕職。尋棄去。隱於浮屠。更名在柯。號牛山。放跡山水間。善畫。氣韻天成。沒後名益重。

徐·普濟 〔梁〕臨湘人。性孝。天監中居喪未葬。鄰火延及其舍。普濟號慟。以身伏棺蔽火。焚炙悶絕。遇救。累日方蘇。

徐·景福 〔清〕遂昌人。字介亭。同治進士。官荊溪知縣。有丹泉海島錄。

徐·朝俊 〔清〕江蘇華亭人。字恕堂。諸生。有高厚蒙求。中星表。儀器圖說。嘗自製鐘表儀晷諸器。爲巧匠所不及。

徐·朝綱 〔明〕晉寧人。萬曆舉人。天啟初署安順知府。死安邦彥之難。一門全節。子天鳳方第進士。奔喪歸。

服闋。疏陳臣家一門。自臣父以下。臣死忠。妻死節。婦死姑。孫死祖。婢僕死主。乞再加旌表。時已贈官錫廕。至是復令建坊。從死者皆附祀。

徐柅 〔清〕海鹽人。字虞風。諸生。與陳梓游。得聞張履祥之學。志行修飭。動必以禮。有四書集說。楊園年譜附錄諸書。

徐柷 〔明〕閩縣人。字子瞻。嘉靖末以易學名家。由歲貢知永寧縣。有徐令集。

徐渭 〔明〕浙江山陰人。字文長。一字天池。諸生。天才超逸。詩文書畫皆工。客總督胡宗憲幕。以草獻白鹿表負盛名。知兵好奇計。宗憲禽徐海。誘王直。皆預其謀。宗憲下獄。渭懼禍發狂。自戕不死。遂殺其妻。繫獄。久之得免。晚又號青藤。常自言吾書第一。詩二。文三。畫四。識者韙之。有路史分釋·筆元要旨·徐文長集。

徐渭仁 〔清〕上海人。字文臺。號紫珊。國子生。工畫山水花卉及竹。善漢隸。收藏甚富。

徐湛之 〔南朝宋〕羨之從孫。字孝源。仕為散騎常侍。范曄等謀反。事連湛之。將致大辟。湛之母會稽公主。素為文帝所尊禮。以錦囊盛武帝微時納布衣。擲地曰。此是我母為汝父作。今有一頓飽食。便欲殘害我兒子。由是得免。尋為南兗州刺史。威惠並行。入為尚書僕射。以廢立事為元凶劭所殺。諡忠烈。

徐湛恩 〔清〕漢軍正藍旗人。字沛濆。康熙武進士。由侍衛累擢河東河道副總督。時魯橋以南至黃林莊。歲苦淹決。營建石隄。捍禦湖波。運道獲安。乾隆間官直隸副總河。

徐無鬼 〔戰國魏〕緡山人。隱士。莊子有徐無鬼篇。

徐無黨 〔宋〕永康人。從歐陽修學古文辭。修稱其文日進。如水涌山出。嘗為修注五代史。得良史筆意。皇祐中登進士第。為郡教授以卒。

徐琦 〔明〕寧夏人。字良玉。永樂進士。力學博通。明敏有斷。累官南兵部尚書。居官持大體。兩使安南。絕餽遺。不辱命。交人重之。卒諡貞襄。

徐琨 〔三國吳〕富春人。從孫堅征伐有功。拜偏將軍。孫策嘗欲渡江禦敵。患船少。琨從其母策。伐蘆葦為泭。佐船渡軍。衆悉俱濟。遂破敵。封廣德侯。遷平虜將軍。後從討黃祖。中流矢卒。

徐琬 〔元〕東平人。字子方。號容齋。一號養齋。又自號汶叟。少為元好問所識拔。有文學重望。至元間官至翰林學士承旨。卒諡文獻。

徐琮 〔清〕蘄州人。字侶蒼。諸生。工詩畫六書之學。九齡入塾。得遺金道旁。伺其人還之。夏逆叛。土賊乘間竊發。琮率壯士火其寨。賊奔竄。鄉人德之。負氣節。安貧斷炊。賦詩終老。◎〔清〕錢塘人。字階平。號枳園。畫人物山水。宗戴進。寫照神妙。

徐登 〔後漢〕閩中人。本女子。化為丈夫。善為巫術。◎〔清〕南海人。字璧華。號稗山。工書畫。書學趙孟頫。得其秀腴。畫仿王翬。得其精密。尤善臨摹古人手蹟。

徐發 〔清〕嘉興人。字圃臣。有天元曆理·清類亭稿。

徐盛 〔三國吳〕琅邪人。字文嚮。遭亂客吳。以勇聞。官別部司馬。屢立戰功。累遷中郎將。及權稱藩於魏。盛忿憤顧謂同列曰。盛等不能奮身出命。為國家并許洛。令吾君至此。不亦辱乎。遷安東將軍。封蕪湖侯。後魏文帝大出兵。有渡江之志。盛從建業築圍設假樓。文帝臨江。望圍愕然。引軍退。

徐裕 〔晉〕官台州刺史。有德政。後遷衢州。劉禹錫贈詩美之。

徐象梅 〔明〕杭州人。字仲和。諸生。畫摹米芾·吳鎮筆。極神似。有兩浙名賢錄·瑯環史唾。

徐賁 〔明〕長洲人。字幼文。號北郭生。洪武中徵起。累官河南布政。其詩稱畫法董巨。圖染有山澤間意。其詩稱十才子之一。以征洮岷軍過境。犒勞不時。下獄死。有北郭集。

徐越 〔清〕江南山陽人。字山孫。順治進士。授行人。擢御史。在諫垣十三年。條奏皆關大政。曾漕河事先後十六疏。歷陳淮黃分合變遷。及兩河衝決。州縣被災狀。尤悉。遷兵部督捕左理事官。引疾歸。

徐開晉 〔明〕崑山人。字孟碩。善人物。工傳神。能作丈六大士。及關壯繆像。筆法精到。名擅一時。乙酉秋。挺刀守禦。城破。死之。

徐開錫 〔清〕常山人。字定山。康熙貢生。官彰德府同知。有誠求堂彙編。

徐階 〔明〕松江華亭人。字子升。嘉靖進士。歷禮部尚書·東閣大學士。時嚴嵩為首輔。深嫉之。階智足相馭。嵩不能圖。嘗密疏仇鸞罪狀。鸞坐得罪。外事嵩甚謹。內深自結於帝。卒逐嵩。盡反其行事。屏絕苞苴。收召人望。優假言官。稗政多所匡救。後為高拱所扼。致仕歸。卒諡文貞。有世經堂集。少湖文集。

徐雄 〔南齊〕文伯子。世傳家業。尤工診察。位奉朝請。歷員外散騎侍郎。能清言。事母孝謹。母終毀瘠。幾至自滅。俄而兄亡。撫膺一慟而卒。

徐雲路 〔清〕崑山人。字懶雲。工詩文。畫墨梅有致。

徐勣〔唐〕即李勣。見李勣條。◎〔宋〕南陵人。字元功。舉進士。任職強毅。累官顯謨閣學士。以忤蔡京。終不至大用。時議惜之。

徐嗣〔南齊〕文伯從弟。字叔紹。父叔嚮。世精醫術。嗣能繼家學。與文伯並深究其妙。有孝行。能清言。仕爲正員郎。（按南史作徐嗣伯。此從南齊書。）

徐嗣曾〔清〕海寧人。本姓楊。乾隆進士。累擢福建巡撫。臺灣林爽文之亂。嗣曾赴臺灣辦理善後。悉臻妥協。後入京祝嘏。回任道卒。

徐圓朗〔隋〕兗州人。大業末爲盜。據本郡。以兵徇瑯邪。北至東平。盡有之。初附李密。繼歸竇建德。劉黑闥兵起。圓朗應之。遂自號魯王。後唐兵至。圓朗戰屢敗。棄城夜亡。爲野人所殺。

徐嵩〔前秦〕字元高。仕苻堅爲長安令。貴戚子弟犯法者。一皆考竟。請託路絕。堅甚奇之。遷守始平郡。爲姚方成所執。斬之。漆其首爲便器。諡忠武。

徐幹〔後漢〕平陵人。建初中班超請平西域。幹素與超同志。上疏願奮身佐超。遂以幹爲假司馬。將弛刑及義從千人就超。擊番辰。大破之。以幹爲軍司馬。永元中月氏龜茲諸國降。進長史。◎〔三國魏〕北海人。字偉長。仕爲司空軍謀祭酒掾屬。五官將文學。與孔融·陳琳·阮瑀·應瑒·劉楨·王粲。號建安七子。輕官忽祿。有箕山之志。著中論。辭義典雅。爲時所稱。

徐愛〔明〕餘姚人。字曰仁。少溫文敏達。從王守仁游。器之。妻以女弟。舉正德進士。歷官南工部郎中。良知之說。學者初多未信。愛疏通辨析。暢其指要。年三十一卒。守仁哭之慟。有傳習錄。

徐愷〔元〕湖州人。字士元。一作士原。畫山水師李成。

徐敬〔明〕清江人。字敬仲。號梅雪。洪武中以國子生爲監察御史。官終知府。喜寫墨梅。居官直言不回。兩黜爲令。一謫戍邊。再歷春坊。始終一節。以母老乞養歸卒。

徐敬成〔陳〕度子。聰慧好讀書。機警善占對。以識鑒知名。光大初隨吳明徹平華皎。復隨明徹北討。以功進號壯武將軍。官終安州刺史。諡思。

徐敬業〔唐〕勣孫。少從勣征伐。有勇名。襲爵。坐事貶柳州司馬。會武后廢中宗。戮唐宗室。敬業乃乘人怨。與唐之奇·杜求仁·駱賓王等共討武氏。兵敗。爲其下所殺。

徐敬德〔明〕朝鮮國人。號花潭。居貧講學。其國提學金安國以遺逸薦授奉參。力辭不就。有徐花潭集。

徐會澧〔清〕諸城人。字東甫。同治進士。光緒間累擢禮部侍郎。坐阻格主事王照條陳奪職。尋再起。官至兵部尚書。

徐楠〔明〕宣城人。字任之。嘉靖舉人。知萊陽縣。振興文學。尋知撫州。躬負畚鍤。築千金坡。撫人爲建祠。攝郡事免歸。

徐椿年〔宋〕字壽卿。紹興進士。官宜黃縣主簿。從張九成學。惇行博聞。有雙溪集·尚書本義·論語解。

徐橡〔清〕錢塘人。字問蘧。收藏金石甚富。工篆刻。爲浙中名手。

徐業〔後漢〕瑯邪人。通習經術。爲扶風大儒。時河內張玄通顏氏嚴氏春秋。業聞其名。試引見之。與語大驚。曰。今日相遭。眞解矇矣。遂請上堂。問難極日。

徐楚〔明〕淳安人。號青溪。官至四川布政司參政。有青溪詩集。

徐源〔明〕長洲人。字仲山。號椒園道人。成化進士。官至右副都御史。當官蒞政。未嘗一日去書。文章博雅。書有米家父子風。

徐溫〔五代吳〕海州人。字敦美。少販鹽。從楊行密爲盜。吳國建。以功遷右衙指揮使。行密卒。子渥嗣。溫與張顥弑之。立其弟隆演。後溫復殺顥。遂專政。累拜大丞相。封東海郡王。溫姦詐多智。而善用將吏。不知書。使人讀訟語決之。皆中情理。卒諡忠武。李昪僭號。號溫爲義祖。

徐溥〔明〕宜興人。字時用。景泰進士。由編修累官華蓋殿大學士。性凝重有度。居內閣十二年。從容輔導。愛護人才。屢遇大獄。及逮繫言官。委曲調劑。安靜守成。天下陰受其福。卒諡文靖。有謙齋文錄。

徐準〔明〕山東新城人。字子式。萬曆進士。官中書舍人。册封秦藩。饋遺無所受。遷永平守。累官雲南布政使卒。爲萬曆時四君子之一。

徐準宜〔清〕武進人。字仲平。乾隆舉人。官順天府糧馬通判。博學多識。通天文地理算法。書法趙孟頫。刻有寶晉齋帖。自著有知人金鑑。愈先務齋詩文集。

徐溶〔清〕吳江人。字雲滄。號杉亭。自號白洋散人。山水師王翬。淺絳尤妙。蕭疎閒冷。直逼元人。詩亦秀韻。

徐煥〔清〕無錫人。字舫亭。嘉慶進士。官禮部主事。有舫亭集。

徐煥然〔清〕海鹽人。字晉叔。號桐村。雍正進士。官編修。工畫山水。有雲林筆意。

徐熙〔晉〕東陽人。仕爲濮陽太守。好黃老。隱於秦望山。有道士過求飲。留一瓠𤬪與之。曰君子孫宜以道術救世。當得二千石。熙開之。乃扁鵲鏡經一卷。因精心學之。遂名震海內。

◉南唐江寧人。世爲江南士族。識度閒雅高放。善畫花竹樹木草蟲之類。花果尤佳。後主絕愛重之。宮中挂設之具。皆熙所作。謂之鋪殿花。又曰裝堂花。宋太宗嘗曰。花果之妙。吾獨知有熙。◉宋南安人。字大雅。好學善談。精筆札。陳洪進據漳泉。奇其文。妻以弟女。署府職不就。著楚雁賦見志。尋辟掌箋奏。後洪進納地歸宋。熙應進士舉。官終越州通判。

徐・熙春 宋邵武人。熙寧中夢一鐵冠道人。儀容修偉。一日至城內五峯院。遇道人如所夢者。自云姓蔡。住武夷。遺以五華草。食之甘美。自此不復粒食。惟飲清泉。復約某日會武夷。至期往。蔡已先至。熙春以水深不能渡。止金身院修煉。頃亦尸解。

徐・照 宋永嘉人。字道暉。一字靈暉。自號山民。工詩。嗜苦茗。與趙師秀・翁卷・徐璣。稱永嘉四靈。有芳蘭軒集。

徐・𤊹 明熥弟。字惟起。更字與公。博聞多識。工文。善草隸詩歌。萬曆間與曹學佺狎主閩中詩壇。積書數萬卷。以布衣終。有紅雨樓集・榕陰新檢・筆精・閩南唐雅。

徐・瑄 宋定子。字純中。光宗初以恩蔭補官。嘉定末薦遷大理卿。濟邸獄興。史彌遠授意羅織。啖以美官。不從。遂謫象州。卒於戍所。端平初復官。◉明字子敬。早明經學。器度凝遠。正統中爲御史。出按川廣有聲。薦擢右僉都御史。巡撫延綏。卓著邊績。上嚴斥堠・繕甲兵・督屯種・修學校四事。憂歸奪情。坐是鬱鬱卒。

徐・經孫 宋豐城人。字中立。初名子柔。寶慶進士。洊歷太子詹事。數陳經義。隨事啓迪。景定初春雷。求直言。經孫奏年來忠讜之氣。鬱不得行。上帝降鑒。假雷以鳴。人謂切中時病。累遷翰林學士。知制誥。公田議起。經孫極論非便。忤賈似道罷。閒居十年卒。謚文惠。有矩山存稿。

徐・羨之 南朝宋東海人。字宗文。少與武帝同府。深相親結。以志力局度。爲朝野推服。晉義熙末仕至吏部尙書・丹陽尹。武帝踐阼。加散騎常侍。永初末受遺詔輔政。與傅亮・謝晦。殺少帝及廬陵王義眞。迎立文帝。元嘉中追討弒逆罪。走至新林。自剄死。

徐・義 前秦高陸人。事苻丕。拜右丞相。少奉佛法。時兵革蜂起。爲慕容永所獲。將加刑戮。夜遁奔楊佺期。爲洛陽令。

徐・義恭 後魏彭城人。宣武帝時侍直禁中。以巧便旦夕給事。小心謹愼。獨見幸信。帝不豫。義恭晝夜扶持。遂崩於懷中。武定初官終左光祿大夫。

徐・葆光 清長洲人。字亮直。康熙進士。官編修。賜一品服。使琉球。敕封國王。還撰中山傳信錄。述其風土。尋乞假歸。雍正初以御史記名。會卒。有二友齋集・海舶集。

徐・詡 宋浦城人。字元敏。紹興進士。洊官龍泉令。召對授御史。上六事。皆切時務。歷知遂寧・泉州。所至有政績。官終江東轉運使。有東野居士集。

徐・詳 三國吳烏程人。字子明。官侍中。數通使命。與是儀・胡綜俱典軍國密事。劉備下白帝。權以見兵少。增料諸縣兵。立解煩兩部。以詳領左部督。封鄉侯。兼左領軍。

徐・谼 清太倉人。著溪山琴況。

徐・賌 明壽昌人。寓居貴陽。正統中巡按黃錦辟置幕下。隨錦巡邊至羊腸河。與賊遇。賌叱之。爲所害。

徐・路 後魏善占候。官容城令。宣武帝時坐事繫冀州獄。別駕崔隆宗就禁慰問。路曰。昨夜驛馬星流。計赦卽時應至。隆宗素信其言。遣人試出城候焉。俄而赦至。時人重之。

徐・遊 南唐知誨子。家世崇貴。頗尙文學。入直清暉殿。以屬文見昵。李煜建澄心堂。機事密畫。多出其間。謂之澄心堂承旨。遊等主之。封文安郡公。性多巧思。欹器久不傳。遊獨以意創製。動合古法。宋太宗時得之。試於玉堂。歎賞不已。

徐・道明 宋常州人。天慶觀道士。德祐初北兵圍城。道明取觀之文籍。置石函。藏坎中。兵屠城。道明危坐。焚香讀老子。以刃脅之。不爲動。遂死焉。

徐・道度 南朝宋秋夫子。世精醫術。爲蘭陵太守。有脚疾。文帝每令乘小輿入殿。爲諸皇子療疾。無不絕驗。文帝常云。天下有五絕。而皆出錢唐。謂杜道鞠彈棊。范悅詩。褚欣遠摹書。褚胤圍棊。徐道度療疾也。

徐・道符 宋東海人。自號無欲子。著六壬心鏡要。立說簡賅。在壬書中最爲善本。

徐・道隆 宋武義人。字伯謙。以任入官。歷參軍幕。官提點刑獄。時元兵至臨平。道隆起兵勤王。由安吉入援。舟出臨湖門。追兵及。軍士皆死戰。矢盡槊折。一軍盡沒。道隆與子載孫赴水死。越三日宋亡。

徐・道廣 元杭州人。號古巖。景定中待詔。善畫花鳥。

徐・道興 明睢州人。崇禎末官雲南都司經歷。署師宗州事。廉潔愛民。孫可望破曲靖。道興見賊逼。驗令士民速去。賊入。死之。

徐・達 明濠人。字天德。少有大志。初爲郭子興部將。後歸太祖。從太祖征略四方。軍律嚴明。閭井晏然。歸朝之日。單車就舍。功高不伐。累官中書右丞相。封魏國公。太祖嘗曰。受命而出。成功而旋。中正無疵。昭明乎日月。大將軍一人而已。卒後追封中山王。諡武寧。

徐・達左　明平江人。字良夫。號松雲道人。元季遁跡鄧尉山。洪武初起建寧縣訓導。有顏子鼎編・金蘭集。

徐・鉉　宋延休子。字鼎臣。仕南唐。官至吏部尙書。隨李煜歸宋。爲太子率更令。累官散騎常侍。淳化初坐累謫靜難軍司馬。卒於官。鉉精小學及篆隸。嘗受詔校說文。續編文苑英華。著有騎省集。鉉與弟鍇同有名於江左。號二徐。鉉稱大徐。鍇稱小徐。

徐・鉞　宋永嘉人。字武叔。慷慨急義。乾道中郡大飢。守丞諱言。鉞獨書抵朝臣以聞。孝宗矍然曰。永嘉樂士。何可使至此。趣使賑。罷守丞。郡人誦之。

徐・鈺　明江夏人。字用礪。弘治進士。官御史。時中官橫恣。鈺與同官趙佑・朱廷聲等交章極論。閣議將重罪中官。事垂定而中變。閣臣劉健・謝遷去位。鈺亦勒罷。後再起。官終四川布政使。

徐・鼎　明漳浦人。字思重。嘉靖進士。初令臨川。有聲績。擢南戶科給事中。疏陳時政六事。復糾撫臣之不飭者。時閩中有兵役。民苦轉輸。鼎貽書當道。定爲分運之法。鄉人德之。官至工科部給事中。臨川人置祭田祠祀焉。⊙清吳縣人。字峙東。號雪樵。明經。善畫山水。穎敏好學。敦氣誼。名重江左。有毛詩名物圖說・靄雲館詩文集。⊙清海寧人。字恭之。號庚笙。廩貢生。有庚笙詩稿。⊙清東湖人。父啓祚以畫名。鼎善畫山水。長於巨幅。

徐・僑　宋義烏人。字崇甫。淳熙進士。游朱熹之門。熹稱其明白剛直。命以毅名其齋。累官寶謨閣待制。卒諡文清。

徐・兢　宋林弟。字明叔。幼穎異不羣。年十八。入太學。工畫山水神物。尤工篆籒。以蔭入官。攝事雍丘原武二縣。民服其化。宣和中隨使高麗。撰高麗圖經上之。徽宗嘉悅。召對賜出身。累官大宗丞。兼掌書學。

徐・嘉炎　清秀水人。字勝力。號華隱。康熙中由監生舉鴻博。授檢討。在史館中。著作多不與人同。時滇黔平。羣臣獻頌甚夥。嘉炎獨倣鐃歌鼓吹曲。著詩二十四章。得旨嘉獎。官至內閣學士。有抱經齋集。

徐・嘉泰　明循州人。字道亨。官於潛縣令。有天目山志。

徐・壽　清無錫人。號雪村。於數學律呂鑛產汽機醫學聲光重電等學。均窮究源委。同治間曾國藩以賓禮羅致幕下。歷辦安慶機器局・上海製造局。與華蘅芳造成木質黃鵠輪船一艘。爲中國自製輪船之始。發明製造強水棉藥汞爆藥諸法。首建繙譯西書之策。爲中國講求歐西藝術之始。創格致書院於上海。多所成就。高尙不仕。以布衣終。所譯著者。有西藝知新・化學鑑原・物體遇熱改易記・營陣揭要・測地繪圖・汽機發軔・化學考質・化學求數・寶藏興焉・法律醫學等書。

徐・壽輝　元羅田人。又名眞一。業販布。元末。盜起袁州・麻城間。奇壽輝狀貌。推爲主。據蘄水稱皇帝。國號天完。建元治平。浹歲得名都數十。然無遠志。所得不能守。後遷都漢陽。爲其相倪文俊所制。文俊死。復爲陳友諒挾以東下。殺之於采石。凡僭號十年而亡。

徐・夤　五代閩莆田人。字昭夢。乾寧進士。授祕書省正字。依王審知。禮待簡略。遂拂衣去。歸隱延壽溪。有探龍釣磯二集。

徐・夢莘　宋臨江人。字商老。幼慧嗜讀。百家書寓目成誦。舉紹興進士。歷官湘陰令。知賓州。以議鹽法不合。罷歸。開禧初卒。著三朝北盟會編三百五十卷。自政和七年至紹興末。四十五年。本末詳備。帝嘉之。擢直祕閣。夢莘著作甚多。以此爲最著。

徐・夢發　宋鳳孫。嘉熙進士。累官朝議大夫・廣東招捕使。元兵南下。夢發守仙霞關。鬭兵猝至。守卒盡散。夢發衣冠踞坐大廳。死之。

徐・寧　晉鄴人。字安期。通朗博涉。初官輿縣令。譙國桓彝有人倫鑒。遇寧。欣然結交而別。至都。謂庾亮曰。爲卿得一佳吏部。人所應有而不必有。人所應無而不必無。眞海岱清士。卽遷吏部郎。終江州刺史。

徐・摛　梁郯人。字士秀。幼好學。及長。遍覽經史。屬文好爲新變。春坊盡學之。號爲宮體。累官太子左衞率。侯景攻陷臺城。簡文居永福省。侍衞莫有存者。摛獨侍立不動。景由是憚摛。簡文被閉。摛不獲朝謁。因感氣疾而卒。諡貞。

徐・榮　清漢軍正黃旗人。原名鑑。字鐵孫。道光進士。官至杭嘉湖道。洪楊軍自江西擾浙。榮戰沒於陣。榮工詩。精隸書。善畫梅。有大戴禮補注・日新要錄・懷古田舍詩集。

徐・榮之　金工畫花鳥。

徐・榮叟　宋應龍子。字茂翁。嘉定進士。知永康縣。以賑饑得民心。嘉熙中拜右諫議大夫。入對言朝廷當以節義勵士夫。則緩急必無求生害仁之事。並反復論天變民怨之理。語極痛切。尋拜端明殿學士。卒諡文靖。有諫垣存稿・西掖代言・櫄坡雜著。

徐・熊飛　清武康人。字渭揚。號

雪廬。嘉慶舉人。少孤。母教之成。奉母至孝。刻苦勵學。行誼卓然。晚歲授翰林典籍銜。有白鶴山房詩文集·六花詞。

徐瑤 前蜀長葛人。字伯玉。勇猛善鬬。從王建入蜀。時兵皆文身黥面。衣裝詭異。衆目爲鬼兵。稱瑤曰鬼魁。及克成都。積功至大昌軍使。太子元膺之變。瑤帥所部奉太子。死於會同殿前。◎清荆溪人。字天璧。工詞。才擅衆長。詞不一格。有離墨詞。

徐禎卿 明吳縣人。字昌穀。弘治進士。官國子博士。少與祝允明·唐寅·文徵明游。號吳中四才子。詩鎔鍊精警。既登第。與李夢陽·何景明游。名亦相亞。年三十三卒。有迪功集。

徐禎稷 明三重子。字厚源。萬曆進士。歷官四川副使。在蜀年久。以清惠見思。蜀人遇清風宜人。輒稱之爲徐公風。林居四十年。一守父範。士大夫稱家法者。必宗徐氏。有恥言及明善堂詩稿。

徐福 秦見徐市條。◎漢茂陵人。宣帝時數上書言霍氏太盛。陛下即厚愛之。宜以時抑制。毋使至亡。後霍氏誅。帝賜福帛十疋。拜爲郎。

徐端 清德清人。字肇之。乾隆閒以通判官東河河工。嘉慶間累官江南河道總督。明習河事。授吏程功。贏絀必如所計。後以河患奪職。有迴瀾紀要·安瀾紀要二書。

徐綰 五代吳越國爲孫儒將。以驍勇聞。儒敗於楊行密。綰帥所部歸錢鏐。鏐號其兵爲武勇都。署綰右都指揮使。已而作亂於杭。復召田頵兵共攻鏐。鏐乞行密召頵還。事僅得解。後頵敗。吳獲綰致浙。鏐剖其心。以祭死難者。

徐綱 宋崇德人。字希顏。肄業太學。時金主亮卒。綱率同志上書。力沮和議。有決策親征及誅誤國奸臣語。一時驚爲敢言。乾道中擢第。宰江陰。歲旱。流移踵至。先條畫利害。申諸臺郡。勸發廩便糴。全活甚衆。入除提轄文思院。先是綱進史論百篇。及邊防兵政十六事。以不事私請。寢不報。遂丐祠歸。有詩集。◎明武昌興國人。字浴泉。嘉靖進士。遷兵科給事中。世宗建醮。命諸臣黃冠行香。綱上疏極諫。廷杖瀕死。復諫乃止。隆慶初授工部侍郎。萬曆初致仕歸。

徐賓 清常熟人。字用王。有歷代黨鑑。

徐遘 宋繁昌人。與弟迪相師友。勤學問。登熙寧進士第。詩文清麗。篤於友愛。人以比眉山二蘇。

徐遠 北齊廣寧人。字彥遐。少習吏事。東魏末郡辟功曹。神武以遠嫻習書計。命參丞相軍事。職務修濟。累典州郡。官至開府右光祿大夫。◎清錢塘人。字星友。善畫。

徐鉽 清錢塘人。號西澗。乾隆時諸生。能詩。畫山水學吳岡。而清曠不及。

徐鳴時 明吳縣人。字君和。崇禎時貢生。官武寧知縣。有橫溪錄。

徐鳳 宋浦城人。字子儀。慶元進士。歷官宗正丞。兼學士院。寧宗給筆札。俾言時政。鳳謂山東諸帥新有功。雖未見跋扈狀。宜置部落散黨與。以遏邪防變。累遷顯謨閣待制。出知贛州。致仕。有內制及文集。

徐齊聃 唐長城人。字將道。八歲能文。太宗召試。賜所佩金削刀。高宗時累官崇文館學士。時姑爲婕妤。齊聃嫌以恩進。求出爲桃林令。累遷西臺舍人。在職多進讜言。尤善文誥。後以漏洩禁中事。貶蘄州司馬。又流欽州卒。

徐儉 陳陵子。幼而修立。勤學有志操。梁元帝歎賞之。入陳。累遷尋陽內史。爲政嚴明。盜賊靜息。入爲御史中丞。公平無所阿附。後主深委任焉。

徐增 清長洲人。字子能。有說唐詩·重編靈隱寺志。

徐增壽 明達幼子。以父任官左都督。其姊爲燕王妃。增壽以是多輸情於燕。初建文疑燕將反。增壽力白其無事。兵起。又潛告京師虛實。建文覺之。手劍斬於殿廡下。成祖入。追封定國公。謚忠愍。

徐奭 宋甌寧人。字武卿。大中祥符間舉進士第一。試鑄鼎象物賦。爲時所重。天聖初爲兩浙轉運使。蘇州多水患。奭築石隄。架橋梁。民樂其便。詔書褒美。後召知開封府。◎宋杭州人。居大隱坊。又嘗居萬松嶺下。徽宗賜號沖晦先生。

徐寬 明臨海人。字仲粟。正德進士。歷文選司郎中。世宗時爭與獻大禮。下詔獄。戍海南。隆慶初贈大理寺卿。

徐履 宋瑞安人。字子雲。倜儻有大志。紹興中省試第一。秦檜欲以女妻之。及廷對。乃佯狂不答一字。遂置甲末。婚議亦罷。時人高之。◎宋孝宗時人。善寫竹。

徐嶠 唐堅子。字巨山。開元中爲集賢院學士。遷中書舍人。父子相次爲學士。自祖及孫。三世爲中書舍人。世掌絲綸。時論榮之。

徐嶠之 唐師道子。字惟嶽。純孝積學。狄仁傑·魏元忠·姚崇交辟之。嘗面諍張易之。而左右五王迎立中宗。歷官趙湖洛州刺史。工書。

徐廣 晉邈弟。字野民。家世好學。至廣尤精。百家數術。無不研覽。累遷祕書監。劉裕受禪。廣哀感涕泗。

謝晦謂曰。徐公將無小過。廣曰。君爲宋朝佐命。身乃晉室遺老。憂喜之事。固不同時。因更欷歔。遂乞歸。嘗撰車服儀注及晉紀。答禮問百餘條。年過七十。猶歲讀五經一遍。

徐·廣縉 〔清〕鹿邑人。嘉慶進士。授編修。道光末累官兩廣總督。英商屢請入城。廣縉堅却之。咸豐間洪楊軍起。赴湘會勦。無功奪職。旋勦捻於河南。尋卒。

徐·徵 〔後漢〕荔浦人。字君求。延熹中仕郡爲督郵。適中常侍唐衡遣客至蒼梧買珍奇。客怙衡埶。多減所直。又淫兕過甚。徵收客郡市。髡笞已。乃白太守。太守大怒。收徵付獄。主簿力請乃釋。郡中稱其敢決。

徐·德言 〔陳〕官太子舍人。妻後主妹樂昌公主。才色冠絕。時陳政衰。德言知不相保。乃謂妻曰。國破必入權豪家。因破鏡。各分其半。約他日以正月望日賣於都市。及陳亡。主爲楊素所得。德言如期至京。有蒼頭賣半鏡者。德言出半鏡合之。題詩一絕。主得詩。悲泣不食。素知之。乃召德言至第。還其妻。歸江南。終老焉。

徐·德昌 〔後蜀〕成都人。爲翰林祇候。畫人物士女。墨彩輕媚。爲時所稱。兼長寫貌。

徐·德泰 〔清〕崑山人。字拙存。官易州知州。工畫花卉。頡頏惲壽平。人物直逼唐寅。

徐·德祖 〔北齊〕畫爲當時名手。

徐·慶餘 〔明〕浙江新城人。字兆穀。崇禎中以舉人知珙縣。有惠政。流賊陷蜀。慶餘堅守孤城。力盡城陷。被執不屈。子文斗請以身代。並遇害。

徐·樂 〔漢〕無終人。武帝時與主父偃·嚴安俱上書。帝召見謂曰。公安在。何相見之晚也。卽拜樂爲郎中。給事左右。

徐·標 〔明〕濟寧人。字準明。幼擅聖童譽。讀書有經世志。崇禎中累官副都御史。巡撫畿南。陛見。慷慨陳時事得失。復奏屯田車戰諸策。闖賊陷山西。標以兵部侍郎督師。俄而宣大繼陷。叛弁執標降賊。不屈死。

徐·毅 〔元〕趙城人。幼爲許衡弟子。至大中官監察御史。力陳臺省爲治之要。累遷御史中丞。經營庶政。皆本於所學。卒諡文清。

徐·潮 〔清〕錢塘人。字青來。康熙進士。累擢河南巡撫。潔己率屬。政俗一變。官至吏部尙書。卒諡文敬。

徐·熥 〔明〕閩縣人。字惟和。萬曆舉人。與弟𤊹俱擅才名。有幔亭集。

徐·璆 〔後漢〕淑子。字孟玉。少博學。辟公府。舉高第。遷荆州刺史。所屬贓吏。悉徵案罪。威風大行。中平初破黃巾有功。尋爲閹官構罪免官。再起歷汝南太守·東海相。獻帝遷許。袁術劫璆。位以上公。璆以死自誓。術不敢逼。後拜太常。卒官。

徐·璈 〔清〕桐城人。字六驤。號樗亭。嘉慶進士。官陽城知縣。性強直。不能隨俗。引疾歸。有詩經廣詁·廲景錄·河防類要·黃山紀勝·樗亭詩文集。

徐·璋 〔清〕婁縣人。字瑤圃。乾隆初薦入畫院。旋告歸。寫眞獨神肖。用生紙自璋始。摹寫松郡先賢像。凡明代二百七十年中忠孝廉節文章理學。皆爲之圖像焉。

徐·確 〔宋〕莆田人。字居易。元豐中以進士授江陰尉。蔡京入相。與確有舊。欲授以美官。固辭。提舉兩浙常平。有惠政。擢知江州。中貴人使具舟載花石。確曰。吾州所有。獨糧船綱耳。中貴色沮。官終刑部員外郎。

徐·稷 〔清〕常熟人。字稼臣。號稔齋。又號歷山。工書法。四體皆妙。兼能詩畫。

徐·穉 〔後漢〕南昌人。字孺子。家貧。躬耕而食。不應徵辟。太守陳蕃不接賓客。惟穉來特設一榻。去則懸之。時稱南州高士。郭林宗母喪。穉往弔之。致生芻一束於廬而去。林宗曰。必徐孺子也。詩云。生芻一束。其人如玉。吾無德以堪之。桓帝時安車玄纁備禮徵。竟不至。雖不就辟。遇有死喪。雖遠必負笈赴弔。以炙雞絮酒往奠。奠畢卽返。不見喪主。

徐·節 〔明〕貴子。字時中。成化進士。授內鄉知縣。擢御史。三上章數錦衣衛指揮牛循罪。風裁凜然。歷官雲南參政。連破梁山竹箐諸寇。遷副都御史。巡撫山西。以忤劉瑾削秩歸。瑾誅。復職。致仕卒。

徐·範 〔宋〕侯官人。字彝父。少孤。刻苦授徒以養母。舉於鄉。入太學。丞相趙汝愚去位。範與同舍生叩閽上書。禁錮十餘年。嘉定初登進士。官祕書丞。在朝屢有論列。一以養民生培國本爲急。累官朝奉大夫致仕。

徐·緘 〔清〕浙江山陰人。字伯調。生明季。少負盛名。祁彪佳延之課子。勤於學問。每日以半治經。限三葉。以半治史。限二十葉。所著經史傳注。凡數百萬言。詩文曰歲星堂集。

徐·誼 〔宋〕溫州人。字子宜。乾道進士。寧宗時累官工部侍郎。知臨安府。趙汝愚雅重之。多所咨訪。誼亦隨事裨助。與韓侂胄不合。尋謫官。再起知建康府兼江淮制置使。誼嘗得紹興老將。指授行陣奇正之法。勒爲圖式。於時拊循流民。晝夜備捍敵。朝廷懼生事。移知隆興府。卒諡忠文。⊙〔明〕壽昌人。字宜叔。少治春秋學。累舉不第。太祖取嚴州。仗策來歸。每參謀議。先後知黃岡·鎭江·吉安等郡縣。安集勞來。百廢具舉。卒於官。

徐·賜　元順昌人。字天錫。爲汀州路掾吏。武平縣有僧殺人案。賜承檄拘衆僧立庭下。屏左右詰之。忽一僧錯愕失次。鞫之。果殺人者。衆獲釋。遷寧德主簿。有惠政。邑民德之。

徐·賡陛　清烏程人。字次舟。知南海縣。彊項常與上官抗。而惠愛及民。有徐靑天之稱。官至江蘇道員。性豪邁不羈。善談諧。下筆輒數千言。張之洞尤激賞之。有不自慊齋稿。

徐·輝祖　明達長子。幼侍懿文太子學。襲爵魏國公。建文朝特見信任。靖難兵起。輝祖禦戰。斬燕驍將十餘人。成祖卽位。武臣咸附。輝祖獨不屈。帝親問之。輝祖不出一語。削爵勒歸私第卒。萬曆中諡忠貞。

徐·鄰唐　清商丘人。字邇黃。廩貢生。爲文奇崛駘蕩。與侯朝宗·宋犖等爲六子社。晚喜研究性理。主講范文正公書院以終。學者稱我齋先生。

徐·霆　宋永嘉人。字長孺。少爲母舅陳埴所鞠。勵以講學。得聞性理之要。紹定中李全亂淮楚。霆從趙善相軍幕。端平初奉幣北使。歷知欽復州·漢陽軍。以武功大夫致仕歸。

徐·震　明吳縣人。字德重。少有詩名。與西蜀晏鐸·海昌蘇平倡和。在十才子之列。久之。歸隱洞庭山中。

徐·霈　明江山人。號蕙溪。王守仁弟子。嘉靖進士。累官廣東左布政。致仕。隱居講學。學者宗之。

徐·養元　明唐山人。字長善。崇禎進士。與趙漁同撰四書集說。

徐·養正　明柳州衞人。字吉甫。嘉靖進士。累遷戶部右侍郎。劾嚴世蕃奸狀。嚴嵩怒。矯旨廷杖。謫通海典史。嵩敗。起南工部尚書。

徐·養相　明鳳陽人。睢陽衞籍。嘉靖進士。有禮記輯覽。

徐·養原　清德淸人。字新田。號飴菴。嘉慶副貢。精三禮。墨守鄭氏而多所發明。通六書古音曆算輿地氏族之學。阮元撫浙。延校儀禮。親沒。不仕卒。有周官故書考·儀禮古今文異同疏證·論語魯讀考·頑石廬經說諸書。

徐·學詩　明上虞人。字以言。嘉靖進士。官刑部郎中。俺答薄京師。詔詢制敵策。學詩憤然曰。大奸柄國。亂之本也。因疏陳嚴嵩奸狀甚悉。下獄削籍。隆慶初起南京通政參議。未之官卒。有石龍菴詩草。

徐·學聚　明蘭谿人。字敬輿。萬曆進士。官至副都御史。巡撫福建。有歷朝璫鑑·明朝典彙。

徐·學謨　明嘉定人。字叔明。嘉靖進士。官至禮部尚書。有春秋億·世廟識餘錄·萬曆湖廣總志·春明稿·徐氏海隅集·歸有園稿。

徐·學顏　明浙江永康人。字君復。父居官忤要人。將置重辟。學顏號泣爭於刑部。斷臂血濺於庭。乃獲釋。崇禎中以貢生授楚府長史。攝江夏縣事。兼將楚府軍。明年春城陷。學顏死之。一家二十餘人皆殉。

徐·嶧　清仁和人。字桐華。工詩畫。喜藏硯。阮元甚重之。

徐·暹　明歷城人。字進甫。弘治進士。官給事中。正德初因災異上言七事。論劾勳貴內官諸不法罪。尋以閣臣劉健·謝遷去位。與諸諫臣連章奏留。且劾中官。帝怒。逮獄廷杖除名。後起山西僉事。進副使。平巨盜混天王有功。士民頌之。

徐·曉峯　清揚州人。咸豐間督軍勦皖北賊。後爲福建汀漳龍道。汪海洋犯漳州。城破。罵賊死。諡剛毅。

徐·樾　明貴溪人。字子直。初從王守仁游。復受業於王艮。得其傳。舉進士。歷官雲南左布政。死沅江土酋之難。

徐·樹丕　清長洲人。字武子。號活埋庵道人。明季諸生。屢試不利。益博覽羣籍。善楷書。兼工八分。國變後。隱居不出。康熙間卒。有中興綱目·識小錄·杜詩注·埋庵集。

徐·樹穀　清乾學子。字藝初。康熙進士。官至監察御史。與弟炯同撰李義山文集箋注。

徐·澤　明襄陽人。字兌若。崇禎進士。知遵義縣。張獻忠陷城。死之。

徐·璜　後漢下邳人。桓帝時爲中常侍。以誅梁冀功封武原侯。侍寵驕橫。天下謂之徐臥虎。以恩榮終。

徐·璣　宋潮州守定子。字致中。號靈淵。官至長泰令。工詩。與趙師秀·翁卷·徐照。並稱永嘉四靈。嘉定中卒。有二薇亭集·山泉集。

徐·璉　明朝邑人。弘治進士。由戶部郎中出爲袁州知府。宸濠之變。從王守仁倡義。獲首功。遷江西右參政。當事者嫉守仁。並嫉璉。以大計劾罷之。竟廢於家。

徐·積　宋山陽人。字仲車。三歲父沒。以父名石。終身不用石器。行遇石。避而勿踐。事母至孝。母亡。廬墓三年。初從胡瑗學。元祐初官楚州教授。政和中賜諡節孝處士。官其一子。有節孝語錄·節孝集。

徐·穎柔　清江蘇華亭人。字仲嘉。號則所。歲貢。舉鴻博。以兄疾不赴。畫梅純用草書訣。工詩古文。有則所刪存詩。

徐·縉芳　明晉江人。字奕開。萬曆進士。爲御史。首爲顧憲成請諡。劾天津稅監馬堂九大罪。有敢言名。比巡兩淮。頗通賓客賂遺。被劾。天啟中遣戍。

徐·臻　宋溫州人。德祐初以父官河南徃省。道阻兵。會文天祥勤王。因從司筆札。參贊機密。小心精練。

兵敗。臻已脫難。聞天祥被執。復來相從北行。扶持患難。備殫忠款。中道卒。

徐·輿 宋青州人。以拳勇得隸兵籍。從太祖征晉陽有功。果敢善鬬。雖身被重創。無所回撓。官終左監門衛大將軍。

徐·蕃 明泰州人。字宣之。弘治進士。授給事中。因論劾劉瑾。逮杖幾死。削籍爲民。瑾誅。起江西參議。從都御史陳金討平東鄉寇。累官至工部侍郎。乞休歸。

徐·融 五代吳齊王徐知誥秉政。融與宋齊丘。曾禹翟參佐其間。知誥既畜異志。且欲諷動僚屬。融身處齊幕。而心歸楊氏。一日大雪酒酣。知誥行酒。取雪與古人名巧合者爲口令。因舉卮曰。雪下紛紛。便是白起。融意欲折之。遽曰。詰朝日出。爭奈蕭何。知誥大怒。是夜收融投之於江。

徐·適 宋甌寧人。字紹聞。崇寧間特奏對策第一。入館爲校書郎。直祕閣。出知廣德軍。

徐·遵明 後魏華陰人。字子判。幼孤好學。歷更數師。俱不終業。乃指其心曰。吾今知眞師所在矣。乃苦讀覃思。不出門院凡六年。倦則彈箏吹笛以自娛慰。遂博通諸經。手撰春秋義章。海內宗仰。稱大儒。然性好聚斂。教授門徒。每縣納絲粟留衣物以待之。名曰影質。有損儒者之風。永安末爲亂兵所害。

徐·錫祉 清仁和人。字小齋。進士。官臺灣知縣。工詩。尤精目錄之學。嘗續阮元四庫未收書總目。又有榕陰讀書志。皆論古書卷帙及文字異同者。

徐·錫麟 清浙江山陰人。號伯蓀。年少勵學。尤精算術。光緒間游學日本。力謀革命。歸國後以道員發安徽。辦巡警學校。擊斃巡撫恩銘。事敗。與其黨陳伯平等均被害。

徐·錕 清漢軍正藍旗人。嘉慶初從李長庚堵截海盜蔡牽。任處州鎮總兵。協勦河南教匪李文成。從克滑縣。累官福州將軍。

徐·霖 宋衢州西安人。字景說。年十三。有志聖道。焚所作文。研精六經之奧。淳祐初試禮部第一。理宗謂貢舉官曰。第一名得人。時宰相史嵩之植黨顓國。霖入官首發其姦。見者吐舌。累官祕書省著作郎。忌者日思中傷。乞補外。歷知衢州。汀州卒。

◉明吳縣人。字子仁。號九峯道人。徙居金陵。少棄諸生。跅弛自放。解音律。精篆法。善畫。武宗南巡。召見稱旨。嘗月夜幸其家。出蔬筍爲供。酒酣。垂釣相樂。霖美鬚髯。武宗手翦爲拂子。因自號髯翁。扈從還京。予官。固辭歸。有麗藻堂文集·快園詩文集·續書史會要等書。

徐·靜婉 清永明人。諸生得仁女。能詩。年十九。父母相繼沒。哀極自刎死。

徐·頲 清長洲人。字少鶴。號直卿。嘉慶進士。官至內閣學士。少從江聲游。聲傳惠氏學。尤精於說文。頲得其指授。有經進文及詩文。

徐·鼐 清六合人。字彝舟。號亦才。道光進士。官至福寧知府。有未灰室文集。

徐·龜年 宋綱子。淳熙進士。官御史。抗直敢言。直華文閣。知溫州。改徽州致仕。

徐·徽 宋全椒人。登嘉祐進士。官提舉利州常平。抗疏致仕。自號獨山居士。與曾鞏爲文字交。嘗采集唐宋兩朝文爲一編示鞏。鞏寔集之。以爲滁陽慶曆集。

徐·徽言 宋衢州西安人。字彥猷。負氣豪舉。大觀中賜武舉絕倫及第。討西夏有功。遷秉義郎。靖康初知晉寧軍。陰結汾晉土豪數十萬人。欲搗金取太原·雁門。事中沮。時環河東皆陷。獨晉寧不下。金人益忌徽言。圍急。城中水食都盡。徽言與子閎俱罵賊死。謚忠壯。

徐·應秋 明衢州西安人。字君義。號雲林。萬曆進士。官至福建左布政使。有玉芝堂談薈·駢字憑霄。

徐·應龍 宋浦城人。字亢叔。淳熙進士。司法湖南。治獄平恕。累遷刑部尚書。兼侍讀。在講筵。多指陳時政。一日讀吳起爲卒吮疽事。應龍奏起恤士卒如此。故能得其死力。今將以賄遷。是以掊克多怨。帝驚曰。今猶未除耶。史彌遠聞而惡之。遂免侍讀。後以煥章閣學士奉祠卒。謚文肅。

徐·應鑣 宋江山人。字巨翁。咸淳末試補太學生。宋亡。三學生皆從入燕。應鑣誓不降。作文祭岳飛祠。並幼子崧·女元娘。縱火自焚。諸僕驚救撲滅。父子怏怏出。次日卒同死井中。同舍生私謚曰正節先生。

徐·燦 清崑山人。字朗亭。號玉峯。乾隆舉人。有畫前易衍。◉清長洲人。一作粲。陳之遴妻。字湘蘋。號紫管。善屬文。並精書畫。詩餘得北宋風格。絕纖佻之習。有拙政園詞。

徐·燦心 清伯齡子。字青螺。善畫花鳥。

徐·環 明無錫人。字伯樞。洪武間以茂才薦擢上元縣主簿。終臨桂縣丞。有臨桂集。

徐·禧 宋分寧人。字德占。少有志度。新法行。以布衣獻策。爲神宗器賞。驟被任用。與王安石·呂惠卿相左右。元豐初惠卿欲更籓漢兵制。諸老將均不願。獨禧是其議。遂詔禧往城永樂。种諤力阻不聽。猝與虜遇。城陷死之。謚忠愍。

徐·膺〔宋〕莆田人。字思文。七歲喪父。朝夕思慕若成人。母沒。哀毀骨立。卜兆於虎嘯巖。廬其傍。蔬食三年。時聞巖嶺哀號。聲震原野。虎爲遁去。壙左有坑塹。深數十丈。出入阻礙。一夕。山有聲如雷。翌旦視之。已成平地。

徐·謇〔後魏〕丹陽人。文伯弟。字成伯。與文伯俱善醫藥。魏將獲送京師。獻文帝置病人幕中。使隔而脈之。深知其病形色候。遂被寵遇。官至光祿大夫。卒謚靖。

徐·謙〔明〕嘉興人。字仲光。有仁端錄。專論治痘諸法。

徐·豁〔南朝宋〕邈子。字萬同。初仕晉爲太學博士。迄宋永初間歷二丞三邑。精練明理。爲世所推。官至始興太守。徵持節督廣交二州諸軍事。未拜卒。

徐·鍇〔南唐〕鉉弟。字楚金。四歲而孤。母方教鉉。未暇及鍇。能自知書。李景見其文。以爲祕書省正字。累官內史舍人。李穆使江南。見其兄弟文章。歎曰。二陸不能及也。善小學。李氏失德。國勢日削。鍇憂憤卒。有說文繫傳·說文解字韻譜。

徐·嚞〔宋〕西安人。字吉卿。甫冠登第。紹興間金主亮遣使請和。嚞爲館伴使。金使入。不肯授國書。嚞徑前奪書以進。金使氣沮。高宗嘉之。他日指謂孝宗曰。是嘗手奪國書者。累官吏部尚書卒。

徐·鼒〔清〕長沙人。字莘農。諸生。有南州別墅詩文集。

徐·豐玉〔清〕桐城人。字子遴。號石民。咸豐間官至湖北糧儲道。率師禦洪楊軍於田家鎭。兵敗自刭死。謚勇烈。

徐·邈〔三國魏〕薊人。字景山。初爲尚書郎。時科禁酒。而邈私飲沉醉。趙達問以曹事。曰中聖人。曹操聞之怒。鮮于輔解之曰。醉客謂酒清者爲聖人。濁者爲賢人。邈性修愼。偶醉言耳。文帝時歷典州郡。所在著稱。齊王芳立。拜司空。固辭。卒謚穆。⊙〔晉〕姑幕人。家京口。勤行勵學。孝武招延儒學。謝安擧以應選。由中書舍人累官驍騎將軍。達於從政。晚遭父憂。先遘疾患。因毀遂卒。州里傷之。所注穀梁傳。見重於時。

徐·鎬〔清〕璋子。字奇峯。寫眞工妙。不失家學。

徐·懷玉〔後梁〕亳州人。與太祖俱起微賤。屢從征伐。金創被體。所至克捷。所得賞賚。輒分士卒。爲時名將。累官保大軍節度使。爲朱友謙所殺。

徐·曠〔唐〕孝嗣五世孫。字文遠。博通五經。明左氏春秋。爲國子博士。高祖幸國學觀釋奠。曠發春秋題。論難蜂起。隨方占對。莫能屈。帝異之。

徐·瓊〔明〕金谿人。字時庸。天順進士。由翰林累官侍讀學士。上疏禁奢侈。廣用人。抑奔競。開言路。歷擢尚書。以局量見稱。

徐·繩甲〔清〕歸安人。字燾哉。號郤城。康熙擧人。官知縣。有郤城集。

徐·鏊〔明〕嘉定人。本高氏子。少孤。依舅京師。冒徐姓。從其業爲醫。供事內殿。武宗南巡。留下。以言得罪。下詔獄。謫戍烏撒。世宗初召還。尋擢御醫。三十年不調。年七十。求致仕。尚書吳山閱牘。有諫南巡事。瞿然曰。此武廟時徐先生耶。何淹也。又久之。始遷院判。年踰八十。自引歸。

徐·鏞〔明〕湖廣興國人。字用和。成化進士。授御史。與同官劾汪直八罪。并及其黨王越·陳鉞諸人。後謫鎭原知縣。弘治中擢知淮安府。皆有善政。終右副都御史·總督漕運。

徐·夔〔清〕長洲人。字龍友。康熙時廩生。嘗與沈德潛結詩社。專學昌黎。後醉心義山。注義山詩行世。有西堂集。

徐·寶善〔清〕歙人。號廉峯。嘉慶進士。官至御史。好吟詠。尤熟於諸史。有壺園詩鈔·漢魏五代樂府。

徐·淪〔清〕錢塘人。本姓嚴。字心潛。工書善畫。尤喜作一筆書。人飲以佳釀。輒作書畫以報。未嘗易錢。梁同書見其書。歎爲不及。

徐·獻忠〔明〕松江華亭人。字伯臣。嘉靖擧人。官奉化令。有政績。尋棄官寓居吳興。與何良俊·董宜陽·張之象俱以文章氣節名。時稱四賢。及卒。門人私謚貞憲先生。有吳興掌故集·水品·樂府原·金石文·六朝聲偶·長谷集。

徐·繼思〔清〕杭州人。明亡。爲僧。住西湖淨慈寺。名止嵒。號蔽庵。又號豁堂。工詩善畫。有同凡集。

徐·繼發〔清〕貴溪人。字繩武。有周易明善錄。

徐·耀文〔清〕沔陽人。名德煥。善弈。爲咸同時大家。

徐·釋傳〔明〕字克清。與兄道傳篤志共學。及兄入仕。釋傳遂侍養不出。砥礪名節。論者比之良金美玉。

徐·續昭〔明〕御章子。孝友篤學。高蹈礪行。有易學詳義·龍山集。

徐·蘭〔明〕餘姚人。字秀夫。善書畫。字仿趙孟頫。尤善作水墨蒲萄。風煙晴雨。曲盡其妙。⊙〔清〕常熟人。字芬若。一字芝仙。學詩於王士禛。無語不奇。體近李賀。兼工白描人物。後從安郡王出塞。流寓北通州以終。

有出塞詩。◎【清】衢州人。字篤培。居順天。善畫山水。

徐鐸【宋】莆田人。字振文。熙寧中與兄銳同榜進士。而鐸爲第一。紹聖末以給事中直學士院。時蹇序辰建議編類元祐諸臣章牘事狀。詔鐸同主之。視時相好惡爲輕重。凡一時施行文書。摭拾附著。纖悉不遺。名臣正士。爲之一空。尋遷龍圖閣待制。爲曹稷劾罷。再起進吏部尙書卒。◎【清】鹽城人。字令民。乾隆進士。官山東布政使。有易經提要錄。書經提要。

徐鑄【宋】師閔子。字元鈞。以父任入官。有吏才。所至政常居最。政和初以徽猷閣待制知杭州。

徐鑑【明】邵武人。字本昭。精繪山水。人獲片紙。珍若拱璧。

徐鑑亨【清】上海人。字小巖。精醫。求治者輒奏效。有喉科摘要。醫學蠡論。

徐鑠慶【清】金匱人。本名嵩。字閬齋。乾隆舉人。官知州。有玉山閣集。

徐驎【梁】吳縣人。因朱异。陸驗得進於武帝。與驗遞爲少府丞大市令。並以苛刻爲務。鄙穢狼籍。百賈畏之。异任參國鈞。與相比昵。世人謂之三蠹。驎後爲邵陵王綸所殺。

徐顯卿【明】長洲人。字公望。號檢菴。隆慶進士。官至吏部侍郎。有天遠樓集。

徐體劬【清】陽湖人。字敬忠。官正定縣丞。工畫山水花卉。

徐體乾【明】長淮衞人。字行健。嘉靖進士。精於易。著周易不我解。多引邵雍及左傳占法。名不我解者。言解不以我也。

徐鷁【清】懷寧人。咸豐間從勦北路捻匪。收復淮河南北兩岸。同治間屢敗陳玉成。積功官至壽春鎭總兵。

徐麟【明】廣濟人。字月齋。洪武初擢河南府同知。時元降臣宋玉謀叛。麟遣鎭撫胡溥率邏卒擒之。擢知府。後改蘄州。有惠政。

徐靈府【唐】錢塘人。自號默希子。隱居天目山。結廬層石。矚睇松竹。闢外環池島。名以方瀛。修煉其間。武宗徵辟。絕粒久之。凝寂而化。著玄鑑。三洞要略。文子注。

徐觀【明】松江華亭人。字尙賓。少工翰墨。正統間舉於鄉。游國學。才名益著。交南。朝鮮諸國使者。至購其字以爲榮。授武選司主事。

徐觀政【清】如皐人。字憲南。號湘浦。爲寧紹鹽運副使。善畫水墨花卉。督運閩中。著洋程日記。

徐觀海【清】上虞人。僑居錢塘。字匯川。一字袖東。號壽石。又號幼廬。乾隆舉人。由四川知縣從戎金川。擢同知。工寫生。兼善貓篆行楷。有看山偶存。鴻爪集。袖東詩話。

徐驤【宋】浦城人。字士龍。識敏性介。刻意問學。居太學時。二帝北狩。上書行在所。朝奏暮召。會有沮之者。卒不用其言。然識者皆服其先見。秦檜邀驤與其弟游。驤辭不往。

徐驥【明】浦城人。字尙德。博通經史。恬靜自樂。有洪範解訂正。皇華詩。

徒單兀典【金】累官武勝軍節度使。正大間以兵部尙書權參知政事。行省事於徐州。天興初召入援。軍至鐵嶺。元兵潛守鐵嶺。以斷歸路。金兵行二百里許。困憊不支。士卒大潰。兀典提數十騎走山間。爲追騎所殺。

徒單公弼【金】本名習烈。尙世宗女。章宗時知大名府事。時軍興。有司督逋租及丁稅甚急。公弼奏民皆疲弊。宜緩征紓民。從之。宣宗時官至右丞相。定國軍節度使。卒謚恪愍。

徒單四喜【金】哀宗皇后弟。正大中河北兵潰。四喜被旨迎兩宮。隨侍至陳留。見城外火起。疑有兵。馳還京。明日崔立兵變。四喜。朮甲塔失不。及塔失不父咬住。四喜妻完顏氏。獨以忠孝卒九十七騎奪曹門出。至歸德。帝驚問兩宮何知。四喜等奏京城軍變。不及入宮。帝曰。汝父汝妻獨得出耶。下獄斬於市。

徒單合喜【金】上京速蘇海水人。魁偉驍勇。一經聞見。終身不忘。歷官陝西路統軍使。屢敗宋兵。於是臨洮鞏秦河隴等州府十六復陷於金。累拜平章政事。封定國公卒。

徒單后【金】完顏宗幹妻。海陵王嫡母。天德中尊爲皇太后。海陵遷中都。留徒單氏於上京。後迎至中都。海陵遷汴伐宋。徒單氏力諫。海陵怒。使人擊殺之。大定間謚曰哀。降封遼王妃。◎【金】哀宗后。宣宗有疾。后嘗刲臂以進。及哀宗遷歸德。遣后弟四喜詣汴奉迎。不及行。未幾城破。不知所終。

徒單克寧【金】本名習顯。其先金源縣人。後徙萊州。克寧渾厚寡言笑。善騎射。通女直契丹二國文字。大定初以左翼都統從討契丹。平之。又敗宋將魏勝。取楚州。累樹大功。官至丞相。持正守大體。章宗時拜太師。封淄王。卒謚忠烈。

徒單政【元】衞輝人。至正間自翰林出令穀城。淸介有惠政。公退之暇。課掾吏以經史。選民間俊秀者教之。

徒單阿里出虎【金】懿州人。皇統中與僕散忽土俱爲護衞十人長。海陵謀篡立。阿里出虎與忽土皆爲內應。遂弒熙宗。海陵立。以爲右副點檢。封王。凶狠益甚。伏誅。

徒單思忠【金】本名寧殷。字良

弼。通敏有才。頗通經史。世宗在潛邸撫養之。賦性寬厚。尙皇第二女唐國公主。大定間官至駙馬都尉。

徒單・貞 【金】黑闞剌人。本名特思忒。娶海陵同母女弟。皇統中與海陵俱弒熙宗。海陵立。以貞爲駙馬都尉・太子少保。封王。世宗立。除太原尹。改成平。貪汙不法。累贓巨萬。久之。詔誅貞及其妻子。章宗立。追謚莊簡。

徒單・恭 【金】本名斜也。天眷中以告吳十反事。超授龍虎衞上將軍。封譚國公。復出爲太原尹。以贓免。海陵篡立。后徒單氏爲恭女。由是復用。官至太師。卒謚忠。

徒單・益都 【金】累官延安總管。正大中行省事於徐州。元兵坎南城而上。益都力戰禦之。青州人王祐作亂。益都挈妻子縋城出。遇元兵。不屈死。

徒單・航 【金】一名張僧。至寧初爲安州刺史。會元兵大至。與民死守。城危。先縊其妻孥。尋自縊。城中人猶力戰曰。太守既死。我輩不可獨降。死者甚衆。

徒單・銘 【金】字國本。賜名重泰。性重默寡言。粗通經史。事母盡孝。宣宗立。累官尙書右丞卒。

徒單・鎰 【金】上京路人。本名按出。穎悟絕倫。習女直字。通契丹大小字及漢字。舉大定進士。章宗時遷左諫議大夫。累拜平章政事。淑妃李氏擅寵。兄弟恣橫。鎰前後上疏皆切時弊。帝雖納其說而不能行。宣宗時拜左丞相。封廣平郡王卒。有弘道集。

徒單・繹 【金】本名朮輩。美姿儀。尙熙宗第七女瀋國公主。世宗時歷泰安・淄州刺史。有廉名。尋遷棣州防禦使。以政迹聞。升臨海軍節度使卒。

恩格圖 【清】科爾沁蒙古人。隸正紅旗。從太宗攻遵化。征朝鮮。圍錦州松山。屢有功。順治間從入關。破李自成。下江南浙江福建。積功授一等男。征金聲桓於江西。卒於軍。

恩格德爾 【清】姓博爾濟吉特氏。本蒙古巴岳特部台吉。太祖時率衆歸附。授三等子。隸滿洲正黃旗。從太宗薄燕京。戰失利。後從克永平。有功。卒謚端順。雍正間追封三等公。

恩銘 【清】滿洲正紅旗人。姓棟鄂氏。嘉慶進士。累官熱河都統。任漕運總督時。剔除積弊。有裨漕政。⊙【清】滿洲人。字新甫。光緒間以部曹外任。累官安徽巡撫。徐錫麟謀革命。被刺死。

恭伯姬 【春秋宋】恭公夫人。魯宣公女。既嫁十年而寡。嘗夜失火。左右曰。夫人少避。姬曰。婦人之義。保傅不俱。夜不下堂。遂逮於火而死。謚恭。亦作共。

恭・項 【明】雲南人。故麓川蠻部長。首先歸順。正統中討思任發。項以兵爲鄉導。有功。麓川定。改隴川宣慰司。以項爲宣慰使。後與其下刁木立搆兵。項奔省城。鎭巡發兵討木立平之。仍以項爲宣撫使。安置曲靖。世其官。

恭・輔 【宋】官龔州通判。愷悌之政。洽於生民。

恭・播 【晉】著漢書注四十卷。音義十二卷。

息夫人 【春秋楚】息侯之夫人。嬀姓。亦稱息嬀。楚文王滅息。以息嬀歸。生堵敖及成王。未言。文王問之。對曰。吾一婦人而事二夫。縱勿能死。其又奚言。（此本左傳。列女傳稱夫人與息君同日死。與左傳異。又後世稱息夫人爲桃花夫人。杜牧之題桃花夫人詩。注云卽息夫人。）

息夫・躬 【漢】河陽人。字子微。少爲博士弟子。受春秋。容貌壯麗。哀帝朝爲光祿大夫。封宜陵侯。數進見言事。論無所避。衆畏其口。見之側目。後免官以侯就國。寄居丘亭。人上書告躬懷怨祝詛。逮繫詔獄。欲掠問。躬仰天大呼。血從鼻耳出死。

息・隆泰 【明】東光人。諸生。明末隨父文安訓導任。値變。身被數槍。猶負父逃匿深林中。創發。流血數升而死。妻王氏。年二十。遺孤甫四歲。堅志守節。四十年如一日。

拳・彌 【春秋衞】大夫。衞侯輒使優狡盟拳彌。而甚近信之。彌與褚師比等作亂。入公宮。衞侯出奔宋。彌載寶以歸。

挐・薄 【戰國衞】嗣君之幸臣。後爲殷順且所逐。

捏古剌 【元】憲宗朝與也里牙阿速三十人歸元。後從征釣魚山。討李璮。皆有功。

捏吉伯 【元】西夏國人。有勇略。爲兀歹拔都招討。領蒙古漢軍。護拔都忽都與西番攻戰有功轉海攻日本。戰勝回。令往遼東復州住卒。

旅・卿 【漢】齊將。從韓信定齊擊項羽。又擊韓王信於代。封昌侯。卒謚圉。

旅・罷師 【漢】齊將。從韓信擊項籍。又攻韓王信於平城。以功。封共侯。卒謚嚴。

晁・子眞 【宋】詠之孫。字點仲。居撫州。以耆年賜爵迪功郎。拜恩巳。卽卷衣冠藏之。自號清谷居士。

晁・元忠 【宋】能詩。黃庭堅嘗寄以詩。有著書蓬蒿底。端有古人風之句。

晁・公武 【宋】沖之子。字子止。初爲四川總領財賦司。幹辦公事。乾道中以敷文閣直學士爲臨安府少尹。人以良吏稱之。有昭德文集。郡齋讀書志。

晁・公遡 【宋】公武弟。字子西。紹興進士。其文雄深雅健。擅名於時。歷官朝奉大夫。有嵩山居士集。

晁・公謂 【宋】謙之從子。資性穎異篤於孝友。嘗刲股以起母病。以謙之恩補將仕郎。歷廣昌令。宦情素薄。臨事守正不撓。爲時所稱。

晁・公邁 【宋】詠之季子。字伯皐。號傳密居士。以蔭補官將仕郎。靖康初黨禁解。爲開封府刑曹。豪強無所遯。性狷介。雖臨事盡職。少拂意便去。傲視憂患。卒不動心。

晁・世輿 【明】宿遷人。有智計。性恭儉。好施予。所濟里閭困急甚衆。萬曆中縣修城助鏹。臺使者以聞。賜七品服。舉鄉飲。並辭。

晁・仲熙 【宋】迥孫。字子政。以蔭授將作監主簿。以才稱。知均州。民有僞稱齋御供者。所過邀饋。仲熙辨其欺。置之法。判南京國子監。請祠。凡十餘年。杜門蕭散。樵蘇不入。生平忠信坦夷。寬裕不伐。有其祖風格。

晁・仲詢 【宋】字蒭民。性穎敏。黃庭堅一見奇之。好賓客。喜施予。風儀凝重。不妄言笑。

晁・百談 【宋】詠之曾孫。字元默。通經學。尤深於春秋。淳熙進士。教授吉州。時樞門開邊。有當進剛正以強本國之對。出知南康軍。再知道州。筮仕四十年。家無餘財。有帶川集。

晁・百宇 【宋】字瓊庭。第進士。黃庭堅薦於蘇軾。官封丘丞。有封丘集。

晁・沖之 【宋】鉅野人。字叔用。少有才華。受知於後山呂居仁。江西詩派圖二十五人。沖之與焉。紹聖初落黨籍中。超然家於具茨之下。屢薦不應。有具茨集。

晁・宗恪 【宋】迥從子。字世恭。樂易慈恕。寡言笑。不見喜怒之色。以世父蔭調將作監丞。歷知信州。光祿卿。

晁・宗慤 【宋】迥子。字世良。以父蔭爲祕書省校書郎。召試。賜進士及第。天聖中累遷尚書祠部員外郎。知制誥。父子掌誥。一夕草將相五制。襃揚訓戒。人得所宜。爲時所稀見。官終資政殿學士・給事中。卒謚文莊。

晁・東吳 【明】瑮子。字叔泰。嘉靖進士。選翰林院庶吉士。讀中祕書。爲文法秦漢。尤善摹搨古碑。宰相以下。折節與交。比之黃叔度。年二十三移疾歸。遂卒。

晁・采 【唐】大曆中女子。小字試鶯。有文才。風儀秀美。性愛看雲。故其室名窺雲室。館名期雲館。與鄰生文茂通。母覺之。歎曰。才子佳人。自應有此。遂以采歸茂。

晁・迥 【宋】清豐人。字明遠。太平與國進士。眞宗時累官工部尚書・集賢院學士。時修禮文之事。詔令多出其手。以太子少保致仕。卒謚文元。迥善吐納養生之術。性樂易寬簡。服道履正。歷官涖事。未嘗挾情害物。眞宗數稱爲好學長者。有翰林集・道院集・法藏碎金錄。耆智餘書等書。

晁・崇 【後魏】襄平人。字子業。家世史官。善天文術數。爲慕容垂太史郎。從慕容寶。敗於參合。崇被獲。後赦之。道武帝愛其伎術。甚見親待。拜太史令。遷中書侍郎。後其家奴告崇叛。賜死。

晁・清 【後魏】遼東人。祖暉爲濟州刺史。封潁川公。清襲爵。例降爲伯。爲梁城戍將。梁師攻圍。糧盡城陷。清抗節不屈。被殺。宣武襃贈樂陵太守。謚忠。

晁・貫之 【宋】說之兄弟行。字季一。嘗官檢討。生平無他嗜。獨見墨喜動眉宇。能精究和膠之法。其製皆如犀璧。著墨經。

晁・補之 【宋】端有子。字无咎。少聰明強記。善屬文。十七歲從父官杭州。萃錢塘山川風物之麗。著七述。以謁通判蘇軾。軾先欲有所賦。讀之歎曰。吾可以閣筆矣。由是知名。舉進士。試開封及禮部別院。皆第一。以禮部郎中出知河中府。徙湖密果三州。主管鴻慶宮。還家葺歸來園。自號歸來子。大觀末起知達泗二州卒。補之才氣飄逸。嗜學不倦。工書畫。文章溫潤奇卓。出於天成。有雞肋集・晁无咎詞。

晁・詠之 【宋】補之從弟。字之道。以蔭入官。調揚州司法參軍。未上。時蘇軾守揚州。補之倅州事。以其詩文獻軾。軾歎爲奇才。舉進士。爲河中教授。元符末應詔上書論事。罷官。後爲京兆府司錄事。秩滿。提點崇福宮卒。有文集。

晁・瑮 【明】開州人。字君石。號春陵。嘉靖進士。官至國子監司業。喜藏書。有寶文堂書目。

晁・端中 【宋】鉅野人。字元升。十歲能爲古詩。草書奇異。中第。調趙州平棘尉。遷雄州防禦推官。

晁・端有 【宋】鉅野人。宗慤孫。字君成。工文詞。尤長於詩。常自晦匿。不求人知。登進士。爲著作佐郎。(按萬姓統譜作端友。此從宋史。)

晁・端彥 【宋】端稟弟。字美叔。與章惇同生同榜及第。又同爲館職。常以三同相呼。紹聖初惇入相。端彥見其所爲。力諫。黜爲陝守。歷祕書少監・開府儀同三司。文章書法。朝野宗尙。

晁・端稟 【宋】宗慤孫。字大受。號寂默居士。第進士。歷知堯山縣。然不樂仕進。晚尤自放於酒。著雜文數千言。

晁・端禮 【宋】端有弟。字次膺。熙寧進士。兩爲縣令。晚以承事郎爲大晟府協律郎。未上卒。工於詞。有閑適集。

晁・維岳 【宋】穰人。字仲賢。登進士第。歷官尙書屯田員外郎。賜緋衣銀魚。進朝奉郎。性夷淡寡言。奉親孝。初知三水。受誣不辨。再知羅山。新法行。乃曰。是非吾所能也。遂乞分司兩京卒。

晁・説之　宋端彥子。字以道。慕司馬光之爲人。自號景迂。元豐進士。蘇軾以著述科薦之。元祐中以黨籍放斥。後終徽猷閣待制。説之博極羣書。善畫山水。工詩。通六經。尤精易傳。有儒言・晁氏客語・景迂生集。

晁・錯　漢詳鼂錯條。

晁・謙之　宋澶州人。字恭道。渡江親族離散。謙之極力收恤。因居信州。仕至敷文閣直學士。卒於鉛山鵝湖。子孫因家焉。

晁・懿　後魏崇弟。明辨而才不及崇。以晉北人諳爲黃門侍郎。好矜容儀。被服僭度。言音類道武帝。左右每聞其聲。莫不驚竦。帝知而惡之。後其家奴告懿叛。賜死。

晁・顯　元巢人。一作鄆城人。字顯卿。泰定時爲平江路總管。以廉自律。杜請謁。禮文學之士。勞來阡陌。絕奸吏。鋤大姓。一時稱之。以兵部尙書致仕。卒謚清默。

時・大彬　明宜興人。以陶工著名。初仿供春作大壺。後遊婁東。聞陳眉公等論茶。乃作小壺。前後諸家。並不能及。所製壺。以柄上拇痕爲識。

時・中　明常熟人。字大本。弘治進士。由知綿州擢南刑部員外郎。擬案皆自削牘。吏無所容其姦。忤劉瑾奪官。瑾誅。復舊職。累官廣東副使。領海南兵備。中性簡易。政尙清嚴。所至有治聲。

時・丹立　宋興化人。元祐間任高郵司理。蒞政仁恕。民多德之。卒後。秦少游挽詩。有靑史載予公之句。鄉人稱所居曰時堡。

時・元　明隨州人。傭於華氏。主崇少孤。貧不自給。元時已老。賣蔬負薪供其朝夕。崇性豪放。出必飲酒。飲必盡醉。元輒扶杖尾其後。崇愧憚。爲輟飲勵學。偶荒業。元即規諫。繼以痛哭。崇登第仕宦。卒保門閥。

時・少章　宋金華人。字天彝。號所性。師事呂祖謙。博極羣書。談經多出新意。於子史尤精。鄉貢入太學。年踰五十。登寶祐進士。歷諸教授山長。用薦擢史館檢閱。有忌之者。改授保寧節度掌書記。有易詩書論孟大義・所性集。

時・立愛　遼涿州人。字昌壽。遼太康進士。累遷遼興軍節度使。太祖定燕京。立愛率平州吏民歸附。後去官回鄉。金以燕薊歸宋。宋累起立愛。以宋政日壞。不肯仕。後仍入金。官至開府儀同三司。封鄭國公。

時・全　金滕陽人。初爲紅襖賊。後入金。累官同僉樞密院事。時全從子靑先已歸宋。元光初全與元帥訛可同伐宋。靑與相拒。全陰懷兩端。軍還。距淮二十里。矯詔命諸軍留收淮南麥。會水暴漲。渡淮。爲宋兵所乘。敗績。金人殺之。

時・光　宋大名人。後居鎮江。習賀眞山水。筆蹟細碎。喜作短松怪石。密林茅樹。

時・叔遠　宋善畫道像人物。

時・宗道　宋崇德人。與蘇軾同年進士。相厚善。軾謫嶺南。宗道竭橐以贐。士流高其行義。

時・靑　宋全從子。初與全俱爲紅襖賊。後同入金。爲濟州義軍萬戶。已而歸宋。宋置之淮南。屯龜山。有衆數萬。興定中金帥紇石烈牙吾塔遣人招之。靑貽書請假邳州。金人不允。靑襲破泗州。爲宋守。後兵敗棄城走。復拒金兵於淮。勝之。

時・建亭　宋光子。小字烏耶。亦能畫。

時・彥　宋開封人。字邦美。舉進士第。累官吏部尙書。嘗爲開封尹。時都城苦多盜。捕得則皆亡。卒使憚於移問。往往略之。彥始請一以公憑爲驗。否則拘繫之以俟報。坊邑寧靜。囹圄屢空。

時・苗　後漢鉅鹿人。字德胄。少清白。建安中入丞相府。出爲壽春令。歲餘。始之官。用黃牸牛牽薄軬車。歲餘。牛生一犢。及去。留其犢。曰令來時本無犢也。官至典農中郎將。

時・茂先　金日照人。寓居諸城。爲沙溝酒監。紅襖賊方郭三據密州。過其村居。民迎之。茂先憤其倨。賊怒。斷其腕。茂先大罵。賊復剔其目。亂刃剉之。至死罵不絕口。贈武節將軍。

時・執亮　明東平人。洪武進士。知同安縣。公勤廉恕。以禮讓導化。不事刑罰。吏民安之。

時・植　明通許人。字良材。初以太學生任梁山主簿。遂攝縣事。正德間流賊率衆攻城。植立守凡七晝夜。會大雨雪。城崩陷。被執。賊刃其面。使之跪。不屈。又刃脫雙腕。植益憤。罵不絕口。賊怒殺之。

時・溥　唐彭城人。初爲州牙將。軍亂。推爲留後。僖宗遂命爲武寧節度使。大破黃巢。斬之。敘功第一。進同中書門下平章事。封鉅鹿郡王。後與朱全忠爭功積嫌。昭宗時爲全忠所破。徒金玉與妻子登燕子樓。自焚死。

時・瑞　明邵武人。有節概。官長沙府通判。風裁凜凜不可犯。有大盜何霞東肆劫掠。家巨萬。賄緣當道。受害者莫敢攖。瑞徑捕治。當道授意令釋之。盜陰以千金行賄。瑞不聽。卒杖殺之。竟棄官歸。宦橐蕭然。

時・銘　清嘉定人。字佩西。號香雪。乾隆進士。官齊東知縣。道光初以催科劾罷。實不名一錢。卒於濟南寓邸。身後以官逋。盡沒其田廬。有穡落葉齋詩文稿．外集．隨筆．筆算籌算圖．六壬錄要．唐宋詩選。

時·檄 宋崇德人。字傳之。知和州。居官廉正惠愛。尤長識鑒。長女旣適于湖張孝祥。欲以次女字同邑莫元忠。元忠儉約。辭以非偶。檄笑曰。莫子豈憂不第耶。後果及第爲名士。

時·繹 明臨清人。字勉學。官西安同知。在職廉察。同官者子遊金勝寺。被殺。因罪其同遊者。獄具。繹廉得眞犯。則寺僧也。擢守平涼。大饑。督荒政有法。全活者數萬人。

時·瀾 宋蘭溪人。字子瀾。與兄澐同師呂祖謙。瀾舉淳熙進士。累官朝散郎。通判台州。祖謙輯書說。自秦誓泝洛誥。未畢而卒。瀾補完之。有南堂集。

晉小子侯 春秋晉哀侯子。曲沃武公虜哀侯。使韓萬殺之。曲沃益彊。晉無如之何。小子立四年。武公誘召殺之。

晉元帝 晉司馬懿曾孫。瑯邪王覲子。名睿。字景文。母夏侯氏。通小吏牛氏生帝。年十五。嗣位瑯邪王。有令聞。長安不守。始稱晉王。及愍帝遇害。乃卽位於建康。偏安江左。史稱東晉。時中原淪陷。王敦叛亂。帝有恭儉之德。而雄武不足。在位六年崩。諡元。廟號中宗。紀元三。建武·大興．永昌。

晉文公 春秋晉獻公次子。名重耳。獻公嬖驪姬。殺太子申生。重耳奔狄。在外十九年。假秦穆公之力以歸晉。時年六十二。用狐偃．趙衰．賈佗．先軫．諸賢。誅王子帶。納周襄王。救宋破楚。遂繼齊桓公而霸諸侯。在位九年。卒諡文。

晉文侯 周穆侯子。名仇。穆侯卒。弟殤叔自立。仇出奔。殤叔立四年。仇率其徒襲殤叔而立。在位三十五年。卒諡文。

晉文帝 三國魏見司馬昭條。

晉出公 戰國晉定公子。名鑿。立十七年。知伯與韓趙魏共分范中行氏地以爲邑。公怒。告齊晉。伐四卿。四卿恐。遂反攻公。公奔齊。道死。

晉出帝 後晉高祖兄子。名重貴。帝卽位。與契丹絕盟。開運初楊光遠誘契丹南下。帝自將禦之。契丹敗走。尋大舉侵晉。執帝以歸。封爲負義侯。國亡。在位三年。年號開運。

晉平公 春秋晉悼公子。名彪。欒盈有罪奔齊。齊侯遣盈於曲沃。以兵隨之。盈從曲沃襲絳。絳不戒。公欲自殺。范鞅止公。以其徒擊盈。盈死。遂滅欒氏宗。時晉政歸趙武·韓起·魏舒三家。在位二十六年卒。諡平。

晉安帝 晉孝武帝長子。名德宗。帝不慧。口不能言。飲食寢興。皆非己出。母弟瑯邪王德文。嘗侍左右。爲之節適。桓玄纂位。廢帝爲平固王。遷尋陽。劉毅攻破之。玄挾帝入江陵。馮遷誅玄。帝復位。義熙末劉裕密謀弑帝。立德文。德文常在帝左右。不得間。會德文有疾。出居於外。王韶之乃以散衣縊帝於東堂。在位二十二年。諡安。紀元四。隆安·大亨·元興·義熙。

晉·臣 明儀子。字孟蓋。萬曆貢士。任光祿寺署丞。時稱廉吏。

晉孝侯 周昭侯子。名平。始大臣潘父弑昭侯而迎曲沃桓叔。桓叔敗。國人共立平。平卽位。誅潘父。桓叔卒。子鱓代。是爲曲沃莊伯。莊伯弑孝侯於翼。在位十五年。諡孝。

晉孝武帝 晉簡文帝三子。名曜。字昌明。以謝安輔政。太元中秦苻堅大舉入寇。帝詔謝石·謝玄等拒之。大破秦兵於淝水。帝天姿英挺。威權己出。雅有人主量。惟溺於酒色。張貴人寵冠後宮。帝戲之曰。汝以年當廢。向夕帝醉。貴人使婢以被蒙帝面弑之。在位二十四年。諡孝武。廟號烈宗。紀元二。寧康·太元。

晉成公 春秋晉文公少子。名黑臀。趙穿弑靈公。迎於周而立之。公與楚莊王爭彊。會諸侯於扈。陳畏楚不會。公使荀林父伐陳。與楚戰。敗楚師。在位七年。卒諡成。

晉成帝 晉明帝子。名衍。字世根。帝年幼。庾太后臨朝稱制。朝政決於庾亮。蘇峻犯闕。遷帝於石頭。陶侃·溫嶠討誅峻。峻弟逸領其衆。諸軍討逸。大破之。曹據抱帝奔溫嶠船。時宮室灰燼。請遷都。王導不可。乃止。在位十七年崩。諡成。廟號顯宗。紀元二。咸和·咸康。

晉·灼 晉河南人。仕爲尙書郎。著漢書音義。

晉定公 春秋晉頃公子。名午。大夫趙鞅有罪。韓魏爲之請。乃赦而復其位。中行寅·范吉射出奔齊。公與吳王夫差會黃池。爭長。趙鞅怒。將戰。吳乃長晉。在位三十七年。卒諡定。

晉明帝 晉元帝子。名紹。字道畿。性至孝。善撫將士。時王導輔政。朝多賢俊。王敦舉兵內向。帝親征。大破敦軍。敦病死。事平。在位三年崩。諡明。廟號肅宗。年號太寧。

晉武公 春秋晉曲沃莊伯子。名稱。初殺哀侯及小子侯。又伐晉侯緡滅之。盡以其寶器賂周。周釐王命爲晉君。列於諸侯。於是盡併晉地而有之。更號曰晉。始都晉國。代晉二歲卒。凡立三十九年。諡武。

晉武帝 晉溫縣人。姓司馬氏。昭長子。名炎。字安世。嗣爲晉王。受魏禪。卽帝位。都洛陽。十五年大舉伐吳。滅之。漢末國內分裂數十年。至是始就統一。帝卽位之初。頗有儉德。既而漸流於放縱。后父楊駿用事。威權滋甚。滅吳後。天下無事。大封宗室。使居要地。復盡去州郡武備。其後遂有八王及五胡十六國之亂。在位二十六年崩。諡武。廟號世祖。紀元四。泰始・咸寧・太康・太熙。

晉侯緡　【戰國晉】哀侯弟。曲沃武公既殺哀侯子小子侯。周桓王使虢仲伐曲沃。武公入曲沃。乃立緡爲晉侯。立二十八年。武公伐緡。滅晉。

晉侯燮　【周】唐叔虞子。徙居晉水旁。改稱晉侯。

晉哀公　【戰國晉】昭公曾孫。名驕。時國政皆決於知伯。公不能制。及韓趙魏共殺知伯。公不敢問。遂成三晉之勢。在位十八年。卒諡哀。

晉哀侯　【春秋晉】孝侯孫。名光。立二年。曲沃莊伯卒。子稱代。是爲曲沃武公。晉侵陘廷。陘廷與曲沃武公伐晉於汾旁。虜哀侯。旋殺之。在位九年。諡哀。

晉哀帝　【晉】成帝長子。名丕。字千齡。初封琅邪王。穆帝無嗣。太后立之。時桓溫寖跋扈。帝信方士言。斷穀餌藥。以求長生。以藥發。不能親萬幾。太后復攝政。在位四年崩。無嗣。諡哀。紀元二。隆和・興寧。

晉幽公　【戰國晉】哀公子。名柳。公立。畏韓趙魏。反朝之。獨有絳曲沃。餘皆入三晉。公淫婦人。夜竊出邑中。盜殺之。在位十八年。諡幽。

晉宣帝　【三國魏】見司馬懿條。

晉昭公　【春秋晉】平公子。名夷。是時六卿彊。公室卑。立六年卒。諡昭。

晉昭侯　【周】文侯子。名伯。既卽位。封文侯弟成師於曲沃。號爲桓叔。立七年。爲大臣潘父所弒。而迎曲沃桓叔。諡昭。

晉恭帝　【晉】安帝母弟。名德文。初封琅邪王。拜大司馬。安帝崩。劉裕稱遺詔。立之。尋禪於裕。國亡。裕廢帝爲零陵王。居秣陵。宋永初中使人弒之。諡恭。在位一年。年號元熙。

晉烈公　【戰國晉】幽公子。名止。立十九年。周威烈王賜趙韓魏皆命爲諸侯。公在位二十七年卒。諡烈。

晉高祖　【後晉】姓石氏。名敬瑭。出於西夷。臬捩雞之子。爲後唐明宗壻。累功加中書令。鎭太原。清泰中契丹侵境。帝屯忻州。後唐末帝疑之。遂拒命。求救於契丹。契丹立爲帝。帝稱契丹爲父皇帝。割幽薊十六州賂之。契丹南下。後唐主自焚死。帝入洛陽卽位。國號晉。遷都汴州。在位七年崩。廟號高祖。年號天福。

晉・國柱　【明】長安人。字擎衡。值流寇之亂。隱居講學。及卒。門人私諡貞孝先生。

晉康帝　【晉】成帝母弟。名岳。字世同。咸和中封琅邪王。成帝二子。皆在襁褓。庾冰請以帝爲嗣。成帝許之。及崩。帝卽位。庾冰專政。在位二年崩。諡康。年號建元。

晉悼公　【春秋晉】襄公曾孫。名周。時欒書等弒厲公。迎之於周。公立。逐不臣者七人。修舊功。施德惠。楚不敢競。晉國復霸。又使魏絳和戎。戎大親附。在位十五年卒。諡悼。

晉頃公　【春秋晉】昭公子。名去疾。時王室亂。晉六卿平王室。立敬王。又欲弱公室。以法盡滅其族。而分其邑爲十縣。各令其子爲大夫。晉益弱。六卿皆強。公在位十四年卒。諡頃。

晉惠公　【春秋晉】獻公三子。名夷吾。太子申生既死。夷吾奔梁。獻公卒。里克殺奚齊・卓子。迎夷吾。夷吾因賂秦以河西地求入。齊秦之師。納夷吾於晉。立爲晉侯。公立。殺里克而背秦。故秦伯伐晉。戰於韓原。秦獲公以歸。已而秦歸公。在位十四年卒。諡惠。

晉惠帝　【晉】武帝次子。名衷。字正度。性愚騃。嘗聞蝦蟆鳴。謂左右曰。此鳴者爲官乎爲私乎。時天下荒饉。百姓餓死。帝聞之曰。何不食肉糜。皇后賈氏專政淫虐。趙王倫殺后。自爲相國。諸王相爭。遂成八王之亂。五胡又乘間繼起。侵入內地。淪陷中原。晉禍遂亟。後中毒崩。在位十七年。諡惠。紀元十。永熙・永平・元康・永康・永寧・泰安・永安・建武・永興・光熙。

晉景公　【春秋晉】成公子。名據。時以鄭宋故。與楚交惡。楚強。晉師敗於河上。後會魯衞之師伐齊。大敗齊師於鞌。齊頃公如晉。欲上尊公爲王。公讓不敢。晉由是始作六軍。在位十九年。卒諡景。

晉景帝　【三國魏】見司馬師條。

晉陽公主　【唐】太宗女。字明達。幼字兕子。未嘗見喜慍色。帝有所怒責。必伺顏徐徐辯解。故省中多蒙其惠。莫不譽愛。臨帝飛白書。下不能辨。卒年十二。

晉・馮　【後漢】京兆人。明帝時爲京兆祭酒。好古樂道。班固薦之於東平王蒼。

晉愍帝　【晉】武帝孫。吳孝王晏子。名鄴。字彥旗。懷帝崩。帝卽位於長安。奔播之後。徒守虛位。在位四年。劉曜陷長安。帝出降。劉聰以帝爲光祿大夫。封懷安侯。明年。聰饗羣臣。使帝行酒洗爵。辛賓抱帝大哭。聰斬之。遂弒帝。諡愍。年號建興。

晉・鄙　【戰國魏】爲將軍。秦伐趙。魏使晉鄙將十萬衆救趙。魏憚秦。旋使人止晉鄙留軍壁鄴。持兩端。公子無忌用侯生策。矯符奪晉鄙軍。遂使力士朱亥。袖鐵椎椎殺之。

晉厲公 【春秋晉】景公子。名壽曼。鄭背晉與楚盟。公自將渡河。楚人來救。遂與戰。射中楚共王目。楚兵敗於鄢陵。晉由是威諸侯。益驕侈。多外嬖。欲盡去羣大夫而立諸姬兄弟。使胥童爲卿。殺三郤。欒書・中行偃遂以其黨襲公。囚而弒之。在位八年。諡厲。

晉廢帝 【晉】哀帝母弟。名奕。字延齡。初封東海王。哀帝崩。太后迎帝卽位。桓溫枋頭之敗。威名頓挫。思大立威權。乃詣建康。諷太后廢帝爲東海王。後降海西公。徙居吳。在位六年。年號太和。太元中卒。

晉・調元 【明】臣從孫。字淑君。萬曆舉人。授館陶知縣。會歲大祲。捐俸煮粥活民。又守城有功。擢兵科給事中。卒於官。

晉穆侯 【周】唐叔虞八世孫。名弗生。取齊女姜氏爲夫人。伐條。生太子。命曰仇。伐千畝。生少子。命曰成師。大夫師服曰。異哉君之命子也。太子曰仇。弟曰成師。始兆亂矣。兄其替乎。在位二十七年卒。諡穆。

晉穆帝 【晉】康帝子。名聃。字彭子。帝卽位。年二歲。庾太后臨朝稱制十二年。桓溫滅成漢。威震朝廷。帝聞中原大亂。復謀進取。以殷浩督揚豫等州軍事。浩屢敗。免爲庶人。由是內外大權歸於溫。在位十七年崩。諡穆。廟號孝宗。紀元二。永和・升平。

晉靜公 【戰國晉】烈公孫。名俱酒。立二年。魏武侯・韓哀侯・趙敬侯滅晉。而三分其地。公遷爲家人。卒諡靜。晉絕不祀。

晉襄公 【春秋晉】文公子。名歡。秦穆公發兵襲鄭。文公未葬。公墨縗經擊秦師。敗之於殽。虜秦三將。已而歸三將於秦。後秦三將伐晉。取王官。晉亦伐秦。取新城。公在位七年卒。諡襄。

晉・爵 【明】長安人。字仲修。由太學生任西城兵馬司副指揮。持正不阿。以忤權璫罷歸。

晉簡文帝 【晉】元帝少子。名昱。字道萬。幼岐嶷。封會稽王。廢帝立。進位丞相。桓溫既廢帝奕。迎帝立之。溫威震內外。帝雖處尊位。拱默而已。在位二年崩。諡簡文。廟號太宗。年號咸安。

晉懷公 【春秋晉】惠公子。名圉。爲質於秦。聞惠公病。遂逃歸。惠公卒。公卽位。秦怨公。乃求公子重耳。發兵送納之。公奔高粱。重耳使殺之。在位五月。諡懷。

晉懷帝 【晉】武帝第二十五子。名熾。字豐度。帝立。始遵舊制。於東堂聽政。天姿英劭。輒與羣臣論衆務。考經籍。惟承惠帝擾亂之後。東海王越專政。劉聰・石勒之兵迭至。立五年。聰遣將陷洛陽。遷帝於平陽。以帝爲左光祿大夫。封平阿公。後二年。聰宴羣臣。使帝著青衣行酒。遂遇害。在位六年。諡懷。年號永嘉。

晉獻公 【春秋晉】武公子。名詭諸。始都絳。公娶於賈。無子。烝於齊姜。生秦穆夫人及太子申生。又娶二女於戎。生重耳・夷吾。又伐驪戎。獲驪姬。生奚齊。其娣生卓子。驪姬嬖。欲立其子。乃殺太子申生。逐重耳・夷吾。公使荀息傅奚齊。竟以亂晉。在位二十六年。滅虞虢諸小國。是時西有河西與秦接境。北邊翟。東至河內。卒諡獻。

晉・鷺 【宋】紹興初知房州。值亂後乏食。號令軍士開墾。至秋大熟。倉廩富足。又令貧民能爲匠者。修製軍器農具。創學校。勸民入學。免其役稅以獎之。

晉靈公 【春秋晉】襄公子。名夷皋。公壯侈。厚斂以彫牆。從臺上彈人。觀其避丸。宰夫胹熊蹯不熟。公怒殺之。使婦人持其尸出。趙盾見之。驟諫。公使鉏麑刺盾。鉏麑不忍。觸槐死。民不附。盾弟穿遂襲殺公於桃園。在位十四年。諡靈。

晏・天章 【宋】有元元棋經。

晏・防 【宋】殊從子。字宗武。幼學於王安石。主崇仁濂・萬載丞。行李蕭然。遣家奴致米。乃得歸。赴調。卒於京。防寬厚好學。安於義命。不可榮辱。有侯門俱眂二集。

晏・弱 【春秋齊】大夫。卽桓子。晉公孫歸父見桓子。與之言魯樂。桓子曰。子家其亡乎。懷於魯矣。懷必貪。貪必謀人。謀人人亦謀己。一國謀之。何以不亡。後歸父出奔齊。

晏・殊 【宋】臨川人。字同叔。景德初以神童薦。眞宗召與進士並試廷中。殊援筆立成。命直史館。遷左庶子。仁宗時累官同中書門下平章事。殊平居好賢。范仲淹・孔道輔・歐陽修等皆出其門。及爲相。仲淹與韓琦・富弼皆進用。性剛簡。奉養清儉。文章贍麗。尤工詩。卒諡元獻。有類要一百卷。文集二百四十卷。

晏・珠 【明】內江人。字朝用。正德進士。知灤山。以清苦自勵。布衣糲食。盡心民事。民感歎之。以母憂去。後游陞戶部主事。

晏・幾道 【宋】殊子。字叔原。號小山。嘗監穎昌許田鎭。能文章。善持論。尤工樂府。有小山詞。

晏・敦復 【宋】殊曾孫。字景初。學於程頤。第進士。紹興中歷官權吏部侍郎。請謁不行。銓綜平允。除給事中。居省兩月。論駁凡二十四事。秦檜主和議。敦復廷爭甚力。檜使謂曰。能曲從。兩府地且夕可至。敦復曰。吾薑桂之性。到老愈辣。請勿言。卒不能屈。進尙書。尋請外。以寶文閣直學士知衢州。提舉亳州明道宮卒。

晏・斯盛 【清】新喻人。字一齋。康熙進士。乾隆間官至湖北巡撫。有楚蒙山房易經解・禹貢解。

晏・溥 【宋】殊孫。字慧開。豪儁不羈。好古文。邃於籀學。作晏氏鼎彝譜。靖康初官河北。金人犯順。散家財募兵扞賊。與妻趙氏。戎服率義士力戰死。

晏・嬰 【春秋齊】大夫。弱子。字平仲。事靈公莊公。相景公。節儉力行。食不重肉。妾不衣帛。一狐裘三十年。名顯諸侯。後人采嬰行事及其諫諍之言。爲晏子春秋。

晏孺子 【春秋齊】景公少子。名荼。其母賤無行。景公病。命國惠子・高昭子。立荼爲太子。盡逐羣公子。景公卒。荼立。是爲晏孺子。田乞殺高昭子。國惠子奔莒。乃使召公子陽生於魯。陽生立。遷晏孺子於駘。殺之幕下。

晏・璧 【明】廬陵人。字彥文。永樂間爲徐州判官。累遷至山東按察司僉事。夙擅文名。有史鉞。

晏・謨 【南燕】靑州人。慕容德時爲秀才。問謨以齊之山川丘陵賢哲舊事。謨歷對詳辨。畫地成圖。德深嘉之。拜尙書郎。撰齊記。

晏・鐸 【明】富順人。字振之。永樂進士。改庶吉士。授監察御史。以言事謫上高典史。有靑雲集。

晏・鏕 【明】上高人。成化間知寧鄉縣。家給以小榜。教民孝親敬長。婚喪以時。爲時能吏。

書綸 【清】漢軍正藍旗人。字紫園。號碩農。道光進士。知四川西昌縣。以廉能著。工詩文。有建南風俗略・有益山房詩集。

書誠 【清】宗室。字貫之。一字季和。又字子玉。號樗仙。襲封輔國將軍。善畫梅。工詩。有靜虛堂集。

書麟 【清】滿洲鑲黃旗人。乾隆間以西安副都統從平金川有功。授廣西提督。嘉慶間官至協辦大學士・湖廣總督。勦川楚教匪。卒於軍。諡文勤。

栗姬 【漢】景帝姬。生男爲太子。性妒。長公主嫖日譖之。而譽王夫人男。帝遂以太子爲臨江王。姬恚。以憂死。

栗・腹 【戰國燕】燕王喜使腹以百金爲趙孝成王壽酒。腹反。言趙可伐。王令腹率兵攻鄗。爲趙將廉頗所敗。

栗・毓美 【清】渾源人。字友梅。嘉慶間以拔貢官河南知縣。道光時官至東河總督。修築堤岸。始以甎易稭石。終其任五年。河不爲患。省官銀至百三十餘萬。卒諡恭勤。

栗・融 【漢】齊人。字客卿。儒生。去官不仕王莽。

栗・應宏 【明】長子人。字道甫。嘉靖舉人。屢試不第。耕讀太行山中以終。有山居集。

栗・燿 【清】毓美子。字仲然。道光進士。咸豐間知湖北漢陽府。洪秀全再陷漢陽。燿從諸軍進擊。累戰有功。升湖北按察使。博通經史。兼工書畫。尤嗜金石文。

栗・豐 【漢】泰山人。從河內食子公受韓詩。爲部刺史。

根牟子 【周】善著書。

根特 【清】滿洲鑲黃旗人。姓瓜爾佳氏。天聰間隨征烏龍江虎爾哈部。順治初隨多爾袞入關。署前鋒參領。敗唐通於一片石。破孫可望於湖南。又攻復舟山。獲戰艦及紅衣礮。累官都統。列議政大臣。卒諡襄壯。

根敦嘉穆錯 【明】西藏達賴第二世也。自置第巴等。代理兵刑賦稅。正德時以活佛聞於中國。武宗遣中使率將士迎之。達賴不願行。將士欲威以兵。爲番人所敗。遁還。

格布舍 【清】滿洲正白旗人。姓鈕祜祿氏。嘉慶初從征黔楚苗。又從征教匪。轉戰湖北川陝。積功授鑲藍旗蒙古副都統。又平林清及李文成。官至甘肅寧夏將軍。卒諡昭武。

格・處仁 【隋】浚儀人。仕爲尉丞。與同郡王孝逸・繁師元・靖君亮・鄭祖威・鄭師善・李行簡・盧協皆有名。號陳留八俊。

格斯泰 【清】滿洲鑲白旗人。姓瓜爾佳氏。順治間充護軍校。從攻鄭成功。克舟山。康熙間擢前鋒參領。從征噶爾丹。乘勝窮追。沒於陣。

格爾古德 【清】滿洲鑲藍旗人。姓鈕祜祿氏。字宜亭。康熙間由筆帖式官至直隸巡撫。清介絕塵。布衣蔬食。郤餽萬計。時奸民竄入旗下。尋仇傾陷。尤狡桀。格爾古德執法嚴懲不少貸。時有鐵面之稱。卒諡文清。

格・輔元 【唐】處仁子。舉明經。累官鳳閣鸞臺平章事。武后欲以武承嗣爲太子。輔元不從。來俊臣誣以謀反。被誅。天下冤之。

桀・溺 【春秋楚】葉人。避世隱居。與長沮耦而耕。孔子過之。使子路問津焉。長沮曰。是魯孔丘與。是知津矣。桀溺曰。滔滔者天下皆是也。而誰與易之。耰而不輟。

桂・山 【明】成都人。字本寧。景泰進士。歷戶部郎中。以練達稱。進廣西參政。猺獞之變。山選士兵據要害以禦之。寇懼遁去。

桂・中行 【清】臨川人。字履眞。廩生。咸豐間以縣丞從軍。累官湖南按察使。所至有聲績。尤愼於折獄。民號曰青天。善八分書。尤工畫蘭。

桂天祥 明臨川人。字子輿。嘉靖進士。知祁門縣。時閩寇逼徽州。祁故無城。天祥刻日興築。擢御史。出巡山西。劾晉藩戚畹不法。會穆宗有廢后之議。具疏切諫。出知順德府卒。

桂文燦 清南海人。字子白。道光舉人。光緒中知湖北鄖縣。居官無幕客。無家人。事必躬親。以積勞卒於任。其學長於考證。而以博文約禮明辨篤行爲宗。著朱子述鄭錄。以推崇朱熹。所著潛心堂集。凡四十種。

桂父 古仙人。象林人。常服桂葉。顏色如童。

桂同德 明萬榮四世孫。爲人篤信好學。教授郡庠。以德行爲本。有容齋集。

桂伯諒 明慈谿人。字守誠。正德舉人。知龍泉縣。有治績。擢知銅仁府。致仕。民遮道泣留。不可。里人稱爲節孝先生。

桂完澤 元永嘉人。字坦之。仕爲平江路管軍鎮撫。坐事免官。會賊攻昱嶺關。行省假前官令從征。再戰皆勝。尋與其妻弟金德皆被執。賊以白刃脅降。完澤語德曰。男子卽死。不可聽賊。德曰。此言最是。因大罵。賊怒。剖二人腹死。

桂廷用 明洪武中爲巢縣令。以風節自持。教化大行。民物咸阜。

桂良 清滿洲正紅旗人。姓瓜爾佳氏。嘉慶間由貢生入貲爲主事。累官東閣大學士。軍機大臣。任河南巡撫時。毀淫祀無生老母廟數十處。任直隸總督時。防禦洪楊軍亦有功。卒謚文端。

桂孟誠 明彥良從弟。洪武中知河源縣。鯁介廉勤。賞罰明信。搆亭於縣治後。公暇。召諸生談經校藝。及門之士。多底於成。

桂宗儒 明彥良從子。字文藪。以貢預修永樂大典。書成。授蘄州同知。有政績。復以善詩工書薦。成祖召見。卽日拜修撰。

桂宗蕃 明宗儒弟。贍文學。預修永樂大典將成。授官。以病告歸。

桂林 清滿洲鑲藍旗人。姓伊爾根覺羅氏。乾隆間由主事累官四川總督。攻金川。屢有戰功。官終兩廣總督。卒謚壯敏。

桂芳 清滿洲鑲藍旗人。姓覺羅氏。字子佩。號香東。嘉慶進士。累官漕運總督。卒謚文敏。才華豐贍。有敬儀堂經進文稿詩稿。敬儀堂詩存。

桂勇 明應天衞人。嗣世職爲千戶。中武會試。世宗時歷官右都督。掌後軍都督府。兼捕務。持重識大體。典捕務最久。民甚安之。

桂彥良 明慈谿人。名德。號清溪。以字行。元鄉貢進士。爲包山書院山長。改平江路教授。罷歸。張士誠。方國珍交辟不就。洪武間徵詣公車。授太子正字。帝嘗出御製詩。彥良就帝前誦。聲徹殿外。左右驚愕。帝嘉其樸誠。有所咨問。彥良對必以正。帝嘗書其語揭便殿。遷晉王府右傅。帝曰。江南大儒。惟卿一人。改左長史。上太平治安十二策。帝稱爲通儒。告歸卒。追謚文裕。有清節。清溪。山西。拄笏。老拙等集。

桂茂之 明山從子。景泰進士。歷戶部郎中。雲南參議。廣東右參政。勤於吏治。所至有聲。

桂恭 明宗蕃子。性至孝。父疾。侍湯藥。不離左右。宗蕃性嚴重。往往躁怒。恭夫婦跪牀下。候怒解方起。溷廁偪浴。皆身親之。四十年如一日。正統間東鄰火迫。宗蕃疾劇不能起。恭抱父號慟。須臾風止火滅。人以爲孝感。

桂堂 宋知威州。清介有聲。羈縻保霸兩州交惡。道阻不通。堂自攜牛酒。會二州酋長諭以禍福。乃降。

桂涵 清東鄉人。嘉慶間川省教匪亂。涵應募從軍。轉戰川陝間。每遇敵。輒首先陷陣。所向立破。肅清陝西四川。官至四川提督。卒謚壯勇。

桂卿 宋自睦州徙貴溪。仕南唐。官至銀靑光祿大夫。上柱國。進司空。靜邊總轄使。入宋加檢校國子祭酒。兼殿中侍御史。鄉人立廟祀之。

桂超萬 清貴池人。字丹盟。道光進士。官至福建按察使。有惇裕堂文集。

桂萬榮 宋慈谿人。字夢協。慶元進士。授餘干尉。御豪右嚴而待民甚寬。調建康司理參軍。史彌遠欲招致之。不謁。官至朝散大夫。直寶章閣。知常德府致仕。嘗取古人資於折獄者。類爲一書。名曰棠陰比事。

桂萼 明安仁人。字子實。正德進士。嘉靖初由成安知縣遷南刑部主事。與張璁同疏請稱孝宗曰皇伯考。興獻帝曰皇考。迎合帝意。由是受知。驟擢至禮部尚書。兼武英殿大學士。入參機務。萼所論奏。亦頗有裨君德時政者。然性猜狠。好排異己。故不爲物論所容。言官交章論劾。帝亦漸疑之。遂致仕。逾年召還。數月引疾歸。卒謚文襄。有桂文襄奏議。輿圖記敘。經世民事錄。

桂嘉孝 明茂之孫。嘉靖進士。初任車駕司主事。遷武選郎中。出守漳州府。時寇薄漳城。嘉孝乘間入城。慰安居民。申嚴戰守。賊衆尋遁。士民尸祝之。轉淮浙鹽運使。

桂槐 明同德裔孫。以兵法干總兵桂勇。拜錦衣百戶。爲人倜儻好施。有古俠士風。

桂榮 明上饒人。字召用。善詩

文。以舉人歷官至監察御史。按部四川。嘗一日斷疑獄百宗。省釋數十人。時人驚其神智。

桂·璉 〔明〕慈谿人。成化間貢授巢縣訓導。素行純潔。以毀淫祠爲知縣李進所搆。下獄死。巢士祀璉於學宮。

桂·瑓 〔明〕慈谿人。字懷英。以博學稱。方孝孺慕其名。造瑓論議。大驚服。既卒。學者尊曰古香先生。有桑榆稿。

桂·衡 〔明〕仁和人。字孟平。工文章。詩極綺麗。有紫微稿。

桂·錫孫 〔宋〕萬榮從子。通春秋。十歲試童子科。號爲神童。登紹定進士。歷官御史。兼崇政殿說書。忤旨罷。尋起集英殿修撰。辭不赴。

桂·應蟾 〔明〕石埭人。萬曆中爲衡州推官。治獄詳愼。修葺湘江中鼓山書院。集諸生以課。致仕歸。結廬先塋旁。隱跡十五年以終。

桂·馥 〔清〕曲阜人。字未谷。一字冬卉。乾隆進士。知永平縣。以分隸篆刻擅名。精於考證碑版。嘗取說文與諸經之義相疏證。成說文義證。又繪許愼以下至二徐吾丘衍之屬。爲說文系統圖。題書室曰十二篆師精舍。又有札樸·繆篆分韻·晚學集。

桂·鏊 〔明〕貴池人。以文名。正德中授江西廣信府同知。宸濠結山中三巨寇爲支黨。巡撫孫燧檄鏊勦平之。嘉靖中王守仁總督兩廣諸軍。平思州斷藤峽。鏊與軍事。論功擢知思恩府。致仕歸。

桃子 〔周〕大夫。襄王使同頹叔出狄師伐鄭。取櫟。王德狄人。以狄女隗氏爲后。王母弟太叔帶通於隗氏。王廢后。桃子·頹叔遂奉太叔以狄師伐周。大敗周師。王出適鄭。處於氾。

桃·仁 〔後燕〕慕容雲幸臣。專典禁衛。委以爪牙之任。

桃·豹 〔後趙〕石勒傭於武安。招集豹等八人爲羣盜。及勒僞稱趙王。署爲豫州刺史。

桃葉 〔晉〕王獻之之妾。其妹曰桃根。獻之嘗臨渡歌以送之。後人因名其渡曰桃葉。

桃·應 〔戰國〕孟子弟子。

桐君 〔上古〕黃帝時人。嘗採藥求道。止於桐廬縣東山隈桐樹下。因名。識草木金石性味。定三品藥物。以爲君臣佐使。撰藥性及採藥錄。

桐里·斤生 〔漢〕官御史中謁者。

栯堂 〔元〕僧。溫州人。名益。字栯堂。得法於淨慈隱公。住慶元奉化岳林寺。工詩。有栯堂山居詩。

桑·世昌 〔宋〕淮海人。世居天台。陸游之甥。有蘭亭考。又輯回文類聚。

桑·世傑 〔明〕無爲人。與俞通海等結水寨於巢湖。太祖撫其衆。俱納款。趙普勝有異志。世傑發其謀。普勝逸去。從渡江。授秦淮翼元帥。歷克鎭江以東諸府縣。判行樞密院事。與廖永安等攻江陰石牌寨。沒於陣。

桑·弘羊 〔漢〕雒陽人。年十三。事武帝爲侍中。以心計用事。與東郭咸陽·孔僅言利事。析秋毫。後爲治粟都尉。領大農丞。盡管天下鹽鐵。乃置平準於京師。受天下委輸。元封中賜爵左庶長。爲御史大夫。與霍光等受遺詔。輔昭帝。弘羊自以爲國家興榷筦之利。伐其功。欲爲子弟得官。怨望霍光。與上官桀謀反。被誅。

桑吉斯塔爾 〔清〕四川屯練土番。乾隆間從征金川及廓爾喀。力戰有功。嘉慶間從攻教匪。轉戰四川陝西湖北。官至正藍旗漢軍副都統。剿匪於河南。克滑城。尋以事降補頭等侍衛卒。

桑·安世 〔宋〕哲宗時知榆次縣。勸課農桑。教民務本。嘗引澗河水曲折數十里溉民田。彌久不竭。

桑·沖 〔晉〕黎陽人。有深識遠量。惠帝時爲黃門郎。河間王顒執權。辟沖爲司馬。沖知顒必敗。就職旬日。稱疾求退。◎〔明〕石州人。爲榆次桑茂義男。時山陰人谷才以男飾女。所至教授女子生活。潛行姦宿。沖拜爲師。盡得其術。後僞爲丐婦。獨歷大同。順天·濟南。東昌等數十州縣。汚辱巨家女子至百餘人。成化中事發凌遲。

桑·豸 〔清〕揚州人。字楚執。膺歲貢。力學篤行。善畫山水。能文。工篆籀書。有編年詩存·文集·廣陵紀事。

桑·拱陽 〔明〕臨汾人。字暉升。受業曹于汴。書敬字於室以自警。崇禎中舉鄉。巡撫蔡懋德請講學於三鄉。李自成陷平陽。不食死。有四書則。

桑·昭 〔明〕無爲人。洪武中掌海南衞印。歷十年。愛軍恤民。創建海口三所城池。百姓稱之。

桑·春 〔明〕濮州人。字景新。成化舉人。授襄陽府推官。改袁州。好春秋。有春秋微意。

桑·春榮 〔清〕宛平人。字柏儕。道光進士。累官刑部尙書。長刑部十餘年。平反大獄。務持情法之平。老吏不敢欺。卒謚文恪。

桑哥 〔元〕丹巴國師之弟子。能通諸國言語。爲人狡黠豪橫。世祖喜之。及後貴幸。乃諱嘗師事丹巴而背之。爲惡始終四年。卒伏誅。

桑·悅 〔明〕常熟人。字民懌。成化舉人。遷柳州府通判。丁外艱歸。遂不出。爲人怪妄。敢爲大言以欺人。有桑子庸言·思玄集。

桑·喬 〔明〕江都人。字子木。嘉靖進士。由主事改御史。出按山西。會雷震謹身殿。喬偕同官陳三事。時嚴嵩爲尙書。方養交游。揚聲譽。舉朝猶未知其奸。喬首發之。尋巡按畿輔。引疾去。爲嵩所構。戍九江卒。有廬山紀事。

桑欽　〔漢〕河南人。字君長。從平陵塗惲受古文尚書·毛詩。撰有水經。

桑琳　〔明〕太倉人。字廷貴。早歲喪偶不娶。喜黃老術。老益修習。有蔗鄉雜咏·鶴溪集。

桑盛　〔明〕永寧指揮。天順間大壩山都掌蠻叛。從總兵官李瑾討之。盛累晝進止方略。因以大捷。官終都指揮僉事。

桑結　〔清〕前藏達賴五世之理事官。常惡後藏藏巴汗。欲逐之。假青海和碩特部之固始汗兵力入後藏。移班禪喇嘛治之。時和碩特握全藏實權。桑結不悅。復陰結準噶噶爾丹征服青海以挫其勢。及達賴五世卒。匿喪矯命。入貢於清乞封。授圖伯特國王。遂益輕中國。陰嗾噶爾丹寇邊。噶爾丹敗死。桑結失奧援。後爲拉藏汗所殺。

桑慎　〔明〕武進人。字仲修。洪武初任監察御史。抗直敢言。行部廣東。奏誅衞使張榮。坐不避八議安置瓊州。

桑愈高　〔明〕永州人。字道升。諸生。生平無二色。暮年言及父母猶泣下。卒年七十九。學者私謚孝端先生。

桑敬　〔明〕世祿子。累官都督府僉事。封徽先伯。偕徐輝祖等防邊。尋屯軍平陽。坐藍玉黨死。

桑溥　〔明〕春子。字汝公。正德進士。任華州守。善決獄。嘉靖時遷固原兵備副使。北敵入寇。邀擊破之。授浙江按察使。後以忤權貴罷歸卒。

桑虞　〔晉〕沖子。字子深。年十四喪父。毀瘠過禮。虞諸兄仕於石勒。咸登顯位。惟虞欲避地東海。會丁母憂止。哀毀骨立。廬墓五年。石勒以爲武城令。遷青州長史。監行州府事。石季龍死。朝廷授虞青州刺史。虞啟讓刺史。靜居海右。不交境外。卒於官。

桑道茂　〔唐〕善太一遁甲之術。待詔翰林。德宗時上言陛下不出三年。暫有離宮之厄。臣望奉天有天子氣。宜高大其城以備非常。帝從之。朱泚反。帝幸奉天。賴以濟。李晟初爲右金吾大將軍。道茂齎一縑見晟。再拜出一書。自具姓名。署其右曰爲賊逼脅。請晟判云準狀赦之。晟勉從。又以縑易晟衫。題襟爲信。後道茂汙朱泚僞官。將就刑。出示晟衫及書。晟奏原其死。其他言人休咎多驗。

桑榮　〔明〕常熟人。字文耀。諸生。以病絕意進取。寫竹寄興。善書。工詩。有竹窗集。

桑維翰　〔後晉〕河南人。字國僑。初舉進士。主司惡其姓。被黜。或勸改業。乃鑄鐵硯示人曰。硯穿則改業。卒成進士。累官中書令樞密使。高祖時安重榮議絕契丹。維翰力爭之。後景延廣敗盟。契丹入晉。維翰死之。

桑調元　〔清〕錢塘人。字伊佐。號弢甫。雍正進士。官工部主事。引疾歸。師事勞史。闢餘山書屋以友教四方之士。爲人清峻絕俗。足跡遍五嶽。晚主濼源書院。益暢師說。有論語說。躬行實踐錄。弢甫集。

桑懌　〔宋〕雍丘人。勇力過人。有謀略。再舉進士不中。補耆長。有擒盜功。授右班殿直。賞平蠻功。遷閤門祗候。寶元初元昊反。爲涇原路兵馬都監。遇敵於好水川。力戰死。

桑額　〔清〕漢軍鑲藍旗人。李國翰三子。康熙間官湖廣提督。吳三桂反。晉左都督。自岳州道貴州進定雲南。功甚著。

桑馥　〔三國魏〕河南人。從杜夔學音律。爲太樂丞。

桓少君　〔後漢〕鮑宣妻。初歸宣。裝送資賄甚盛。宣不悅。少君乃悉歸資御服飾。與宣共挽鹿車歸鄉里。拜姑畢。提甕出汲。修行婦道。鄉里稱之。

桓玄　〔晉〕溫孽子。字敬道。一名靈寶。嗣爵。及長。自負才地。補義興太守。棄官歸荆楚。旋求爲廣州刺史。未行。時會稽王道子秉政。王恭等不悅。起兵表討江州刺史王愉。玄應之。恭敗死。詔以玄爲江州。殷仲堪等更相結約。推玄爲盟主。由是得志。隆安中西平荆雍。加都督荆江八州軍事·荆江二州刺史。樹用腹心。兵馬日盛。會稽王世子元顯奉詔討玄。玄舉兵反。入建康。自以太尉總百揆。殺元顯等。尋諷安帝禪位。稱帝改元。劉裕·劉毅等討之。玄敗。被誅。

桓生　〔漢〕以習禮爲禮官大夫。

桓石秀　〔晉〕石虔弟。幼有令名。風韻秀徹。博涉羣書。尤善老莊。嘗獨處一室。簡於應接。時人方之庾純。爲江州刺史。領西陽太守。性放曠。善騎射。發則命中。嘗從叔父沖獵。登九井山。徒旅甚盛。觀者傾坐。石秀未嘗屬目。止嘯咏而已。

桓石虔　〔晉〕豁子。小字鎮惡。有才幹。趫捷絕倫。從伯父溫入關。威震敵人。叔父沖爲苻健所圍。垂沒。石虔躍馬赴之。拔沖於數萬衆之中而還。莫敢抗者。時有病瘧者。謂石虔來以怖之。病多獲愈。其見畏如此。位至冠軍將軍·南平河東太守。

桓伊　〔晉〕宣族子。字叔夏。小字野王。有武幹。標格簡率。歷淮南太守·豫州刺史。甚得物情。與謝玄等共破苻堅。以功進右將軍。封永修縣侯。徵拜護軍將軍。性謙素不伐。善音樂。爲江左第一。得蔡邕柯亭笛。常自吹之。王徽之泊舟清溪側。伊時於岸上過。徽之令人謂曰。聞君善吹笛。試爲我一奏。伊時已貴顯。素聞徽之名。便下車踞胡牀。爲作三調。

羿畢。上車去。客主不交一言。卒諡烈。

桓沖 晉彝第五子。字幼子。小字買德郎。淹識有武幹。兄溫最器之。初從溫征伐有功。累遷振威將軍。江州刺史。溫卒。以沖代其任。詔拜中軍將軍。都督江揚豫諸州軍事。盡忠王室。謝安以時望輔政。沖懼逼。乃解揚州。求外出。桓氏族黨苦諫。沖處之澹然。後以都督江荊諸州軍事領荊州刺史。苻堅內侵。沖請遣精銳三千赴京都。安不聽。沖對佐吏歎惋。俄聞堅破。慚恥發病卒。諡宣穆。

桓典 後漢焉孫。字公雅。能傳家業。舉孝廉爲郎。靈帝朝拜侍御史。時宦官秉權。典執正不避。常乘驄馬。京師爲之語曰。行行且止。避驄馬御史。建安中拜御史中丞。賜爵關內侯。遷光祿勳卒。

桓威 三國魏下邳人。出自孤微。年十八著渾輿經。依道以見意。仕爲安成令。

桓宣 晉銍人。性篤素。王含請爲參軍。遣助祖逖攻樊雅。宣說雅出降。還譙國內史。祖約反。宣諫約不聽。遂距約。陶侃討郭默。默求救於宣。宣僞許之而詗侃。侃上宣爲武昌太守。還監沔中軍事。從侃攻石勒。拔襄陽。侃因使宣鎮之。在鎮十餘年。甚有稱績。庾翼欲北討石季龍。以宣都督司雍梁三州軍事。積功封竟陵縣男。後坐軍敗貶南郡太守。發憤卒。

桓彥範 唐丹陽人。字士則。以蔭調右翊衛。累遷中丞。長安中爲司刑少卿。屢疏請昭雪寃濫。張柬之將誅張易之等。引與定策。以彥範爲羽林將軍。屬以禁兵。中宗復位。以爲侍中。執正敢言。未幾爲武三思所讒。罷政。加特進。封扶陽郡王。尋出爲濠州刺史。三思復誣其謀逆。謫徙嶺外。矯制殺之。

桓禺 三國魏譙郡人。爲江夏太守。清儉有威惠。

桓郁 後漢榮子。字仲恩。敦厚篤學。傳父業。以尚書教授。門徒常數百人。讓爵於兄子。不許。永平中爲侍中。入授太子經。章帝即位。復入侍講。拜太常卒。郁授經二帝。恩寵甚篤。顯於當世。

桓振 晉石虔子。字道全。少果銳而無行。桓玄在荊州。以爲江夏相。玄敗。振逃匿。尋襲江陵。迎安帝於行宮。陽奉璽綬。自爲都督八州軍事。荊州刺史。劉毅等討之。敗死。

桓祕 晉彝第四子。字穆子。少有才器。初拜祕書郎。兄溫抑而不用。久之爲宣城內史。徙中領軍。孝武時妖賊盧悚入宮。祕與殷康入擊之。溫入朝窮考悚事。樞距者衆。祕亦免官。溫疾篤。祕與溫子熙・濟謀共廢溫弟沖。沖遣力士拘錄熙・濟。而後臨喪。祕於是廢棄。放志田園以終。

桓康 南齊承人。膂力絕人。隨武帝起兵。摧堅陷陣。建元初封吳平縣伯。拜青冀二州刺史。大破魏軍於淮陽。官終驍騎將軍。

桓彬 後漢麟子。字彥林。少與蔡邕齊名。舉孝廉爲郎。時中常侍曹節壻馮方亦爲郎。彬未嘗與共酒食。方怨之。遂見廢。所著七說及書凡三篇。蔡邕等共論序其志。樹碑而頌之。

桓焉 後漢郁子。字叔元。以父任爲郎。明經篤行有名稱。授安帝經。三遷爲侍中。錄尚書事。傅太子。順帝即位。拜太傅。復入授經禁中。永和中爲太尉卒。弟子傳業者數百人。

桓敞 南燕桓道人。石虎時徙鄴。仕苻氏爲長樂國郎中令。慕容德入青州。以敞爲車騎長史。慕容超襲位。其長子遵・次子苗復見委任。

桓景 後漢汝南人。嘗學於費長房。一日謂景曰。九月九日。汝家有大災。可令家人作絳紗囊盛茱萸繫臂。登高飲菊酒。禍可消。景如其言。夕還。見牛羊雞犬皆暴死。房曰代之矣。

桓階 三國魏臨湘人。字伯緒。太守孫堅舉階孝廉。除尚書郎。及堅擊劉表戰死。階冒難詣表乞堅喪。表義之。辟爲從事祭酒。入魏累遷尚書。文帝即位。拜尚書令。加侍中。封安樂鄉侯。卒諡貞。

桓雄 晉長沙人。識王承爲湘州刺史。命爲主簿。王敦叛。承爲敦將魏乂所執。雄毀服爲僮豎。隨承向武昌。乂見雄。知非常人。有憚色。因害之。

桓雲 晉彝第二子。字雲子。歷位建武將軍・義城太守。遭母憂去職。起爲江州刺史。稱疾廬墓。詔書敦逼不行。服闋然後蒞職。加都督司豫二州軍事。領鎮蠻護軍・西陽太守。雲招集衆力。多所枉濫。衆皆嗟怨。升平中卒。諡貞。

桓溫 晉彝長子。字元子。溫嶠聞其啼聲。曰眞英物也。遂名溫。選尚南康長公主。拜駙馬都尉。明帝時爲安西將軍・荊州刺史。西伐蜀。李勢降。還江陵。進位征西大將軍。奏廢殷浩。內外大權。一歸於溫。北征苻健・姚襄還。封南郡公。加大司馬。都督中外諸軍事。假黃鉞。溫以雄武專朝。窺覦非望。欲立功河朔。還受九錫。及征燕。敗於枋頭。名實頓減。乃廢帝奕而立簡文帝。威勢益翕赫。以不得受禪。甚忿怨。會簡文帝崩。入朝赴山陵。遇疾卒。

桓榮 後漢龍亢人。字春卿。少習歐陽尚書。家貧。以傭自給。後授徒九江。建武中拜議郎。授太子經。復拜博士。帝幸太學。會諸博士論難於前。榮辯明經義。每以禮讓相服。遷少傅。賜輜車乘馬。榮大會諸生。陳其車馬印綬曰。今日所蒙。稽古之力也。後還太常。明帝卽位。尊以師禮。拜爲五更。封關內侯卒。

桓寬〔漢〕汝南人。字次公。治公羊春秋。宣帝時舉爲郎。官至廬江太守丞。博通善屬文。推衍鹽鐵之議。著數萬言。後通稱鹽鐵論。

桓範〔三國魏〕沛國人。字元則。有文學。正始中拜大司農。以淸省稱。時曹爽輔政。以範鄉里老宿。於九卿中特敬之。司馬懿起兵討爽。範勸爽兄弟以天子詣許昌。徵外兵自輔。爽兄弟不能納。而歸罪請死。懿收範於闕下。與爽同誅。

桓曄〔後漢〕鸞子。一名嚴。字文林。志行整峻。一餐不受於人。仕爲郡功曹。屢辟不應。初平中避亂會稽。遂浮海客交阯。越人化其節。爲凶人所誣。死於合浦獄。

桓謙〔晉〕沖子。字敬祖。累拜尚書。驃騎大將軍。元興初將伐桓玄。以謙父有遺惠於荆楚。懼人情向背。乃用謙爲荆州刺史。玄纂位。令領揚州刺史。桓振作亂。謙保護乘輿有功。振敗。謙奔姚興。後與譙縱東下。爲劉道規所破斬。

桓豁〔晉〕彝第三子。字朗子。簡文帝召爲撫軍從事中郎。謝萬敗於梁濮。西藩騷動。溫命督沔中七郡軍事。擊慕容屈塵破之。溫卒。遷征西將軍。督交廣幷州軍事。太元初還征西大將軍・開府。固讓不許。苻堅陷仇池。豁以威略不振。所在覆敗。又上疏固辭開府。尋卒。謚敬。

桓彝〔晉〕榮九世孫。字茂倫。性通朗。有人倫識鑒。起家州主簿。累遷尚書吏部郎。明帝將伐王敦。拜彝散騎常侍。引參密謀。敦平。補宣城內史。有惠政。爲百姓所懷。蘇峻反。彝起兵赴難。屯涇縣。峻遣將韓晃攻之。固守經年。勢孤力屈。將士多勸彝僞降。彝不從。辭氣壯烈。城陷見害。成安中追謚簡。

桓譚〔後漢〕相人。字君山。以父任爲郎。好音律。喜鼓琴。徧習五經。能文章。尤好古學。光武時用薦拜議郞。給事中。上疏陳時政。帝欲以讖決疑。譚直言讖之非經。帝怒。出爲六安郡丞。忽忽不樂。道病卒。譚著書二十九篇。言當世行事。號新論。

桓麟〔後漢〕焉兄子。字元鳳。早有才慧。桓帝初爲議郞。侍講禁中。以直道忤左右。出爲許令。母終。麟不勝喪。未祥而卒。著述凡二十一篇。

桓鸞〔後漢〕焉弟子。字始春。少立操行。以世濁。州郡多非其人。恥不肯仕。桓帝時太守向苗舉鸞爲孝廉。遷膠東令。始到官而苗卒。卽去職奔喪。人高其義。後爲巳吾。汲二縣令。甚有名迹。薦拜議郞。以病免。

殷七七〔唐〕名天祥。又名道筌。嘗自稱七七。周寶鎭潤州。時鶴林寺有杜鵑花。寶謂七七曰。鶴林之花。天下奇絕。能開頃刻花。副重九宴乎。七七應曰諾。及九日。果爛漫如春。寶游賞累日。花忽不見。

殷士望〔明〕丹徒人。字德遠。諸生。嘉靖中倭寇入犯。父被掠。士望請代死。寇笑而試之。火炙刃刺。受之怡然。遂兩釋之。

殷士儋〔明〕歷城人。字正甫。嘉靖進士。隆慶中累官武英殿大學士。高拱專政。屢加排擠。遜避以歸。築廬濼水之濱。以經史自娛。卒謚文莊。學者稱棠川先生。有金輿山房稿。

殷不佞〔陳〕不害弟。字季卿。少立名節。居父喪。以至孝稱。仕梁爲武康令。會魏克江陵而母卒。道路隔絕久。不得奔赴。四載之中。晝夜號泣。居處飲食。常爲居喪之禮。及迎喪歸葬。不佞身自負土。手植松柏。每歲伏臘必三日不食。入陳。累遷尚書左丞。加通直散騎常侍卒。

殷不害〔陳〕長平人。字長卿。少孤家貧。有弟五人皆幼弱。不害事母養弟。以篤行稱。工書畫。仕梁爲廷尉平。長於政事。兼飾以儒術。名法有輕重不便者。輒上書言之。多見納用。元帝時爲中書郞。兼廷尉卿。魏克江陵。不害督兵他所。失母所在。行哭求之。水漿不入口七日。始得母屍。入陳。累遷光祿大夫。陳亡。其子僧首迎居關中。卒於道。

殷丹〔後漢〕爲會稽太守。郡有孝婦。以誣見殺。連旱三年。丹到郡。刑訟者。祭婦墓。天應時澍雨。

殷化行〔淸〕咸陽人。字熙如。康熙武進士。授守備。從圖海收復川陝。積功授三屯營副將。擢臺灣總兵官。後領兵與費揚古征噶爾丹。官至廣東提督。

殷文圭〔五代吳〕秋浦人。小字桂郎。居九華山。苦學。硯爲之穿。登唐乾寧間進士。後歸江南。仕吳爲翰林學士。有登龍集・從軍稿・鐘耕・冥搜集等書。

殷令名〔唐〕不害子。累代工書畫。書法不減歐虞。

殷旦〔明〕蕭山人。永樂進士。爲監察御史。敢言。責倖斂戢。時有殷旦入朝百官失色之語。拜交阯按察副使。黎利叛。安南復沒。悉逐朝廷命吏。留旦欲用之。旦不屈。自經死。

殷正茂〔明〕歙人。字養實。嘉靖進士。隆慶間累擢右僉都御史。巡撫廣西。討平古田獞韋銀豹等。進兵部侍郎。提督兩廣。時羣盜竊發。所在騷然。正茂經略巡守。以次蕩平。累功加兵部尙書。萬曆間召爲南戶部。尋改北。請告家居。後起掌南刑部。歷二載。乞歸卒。

殷·仲文〔晉〕顗弟。有才藻。美容貌。桓溫以女妻之。累官新安太守。尋投桓玄。頗見親禮。玄將爲亂。使爲侍中。玄敗歸朝。仲文素有名望。自謂必當朝政。由尙書遷爲東陽太守。意彌不平。義熙中以與駱球等謀反伏誅。仲文時照鏡不見其面。數日遂遇禍。善屬文。爲世所重。有集。

殷·仲春〔明〕秀水人。字方叔。自號東皐子。隱居教授。有棲老堂集。

殷·仲容〔唐〕聞禮子。武后時任祕書丞。申州刺史。終冬官郎中。工寫貌及人物花鳥。善篆隸。題署尤精。（一作令名子。官禮部郎中。）

殷·仲堪〔晉〕顗從弟。能清言。善屬文。父病。仲堪衣不解帶。執藥揮淚。遂眇一目。孝武時授都督荆益寧三州軍事。鎭江陵。在州綱目不舉而好行小惠。夷夏頗安附之。安帝時與桓玄戰。兵敗。爲玄追兵所獲。逼令自殺。

殷·兆鏞〔清〕吳江人。字譜經。道光進士。官至禮部左侍郎。負經世大略。數上封事。洞悉外情。有松陵詩徵。玉尺堂詩文集。

殷·孝祖〔南朝宋〕羨曾孫。少誕節。好酒色。有氣幹。景和初以軍功累遷兗州刺史。明帝初立。四方反叛。孝祖率文武二千人還都。授都督兗青冀幽四州諸軍事。時賊據赭圻。孝祖進攻之。中流矢卒。贈建安侯。謚忠。

殷·序〔明〕無錫人。字序賓。永樂進士。任四川布政使。宣德中西戎寇茂州。序馳往守之。隨方拒敵。生擒二千人。賊遂降。事聞。遷雲南左布政使。致仕歸。自號西郊居士。

殷·承敍〔明〕蘭州人。嘉靖進士。任南陽府推官。陞刑部主事。會議大禮。抗疏極諫。廷杖死。（按明史作江夏人。此從陝西通志。）

殷·成己〔唐〕踐猷族子。爲晉州長史。初母顏氏以叔父吏部郎中敬仲爲酷吏所陷。率二妹割耳訴冤。敬仲得減死。及成己生而左耳缺。

殷·芊〔唐〕有集三卷。

殷·侑〔唐〕陳州人。懌子。貞元末五經及第。擢太常博士。元和間使回紇。可汗驕甚。欲臣使者。侑不爲屈。再遷諫議大夫。論時政得失。前後凡八十四通。文宗時累官刑部尙書。終忠武軍節度使。侑以經術進。臨事銳敏。有彊直名。

殷·季友〔唐〕踐猷弟。開元時歷官祕書郎。善寫貌。

殷·尙質〔明〕天津衞人。嘉靖間襲指揮僉事。掌衞事。以勤能敷薦。累遷至總兵官。塔兒山寇攻尙質。尙質殊死戰。力屈死之。謚忠愍。

殷·岳〔清〕雞澤人。字宗山。明舉人。京師陷。入西山。與弟淵謀舉義。淵被逮。岳匿申涵光所得免。清初任睢寧縣。投劾歸。能詩。所作惟古體。弅弅然背其人。

殷·芸〔梁〕鈞宗人。字灌蔬。倜儻不拘細行。然不妄交游。門無雜客。勵精勤學。博洽羣書。天監中位祕書監司徒長史。後直東宮學士省卒。

殷·近仁〔明〕嘉興人。博學能文。洪武初舉孝弟。知平遙縣。未幾。親喪。辦祭盡禮。服終。以所著蒞政戒銘四十二篇獻於朝。擢廣西參政。

殷·亮〔後漢〕建武中爲博士。諸儒說經。賜席。勝者坐之。亮重席至八九。

⊙〔唐〕寅子。寅病且死。以母蕭氏老。不忍決。及歛。亮斷指翦髮置棺中。自誓事祖母如寅在。其後侍蕭疾。不脫衣者數年。有白燕巢其楣。後終給事中。杭州刺史。

殷·奎〔明〕崑山人。字孝章。號強齋。從楊維楨受春秋。洪武初除咸陽教諭。念母致疾卒。門人私謚文懿先生。奎積學。勤於纂述。有道學統繫圖。家祭儀。強齋集。陝西圖經。關中名勝集。崑山志。咸陽志。

殷·盈孫〔唐〕侑孫。廣明初爲成都諸曹參軍。僖宗至蜀。聞有禮學。擢太常博士。光啓中帝將還京。而七廟焚殘。制度彫棄。追補容典。皆盈孫折衷焉。終大理卿。

殷·英童〔北齊〕善畫。兼工楷隸。

殷·原善〔明〕近仁弟。近仁與妻皆卒於官所。遺三男一女。原善撫如己出。終身不娶。

殷·家濟〔清〕陽湖人。字約齋。棄科舉專意爲詩。與其甥馮銈相唱和。性孝友寬厚。遠近稱長者。有約齋詩。

殷·浩〔晉〕羨子。字深源。識度清遠。弱冠時有盛名。好老易。爲風流談論者所宗。建元初徵爲建武將軍。石季龍死。以浩爲都督揚豫徐兗青五州軍事。浩以定中原爲己任。上疏北征。會姚襄反。浩遣將擊之。軍敗。廢爲庶人。口無怨言。終日書空作咄咄怪事四字。後桓溫將以浩爲尙書令。遺書告之。浩答書。慮有謬誤。開閉者數十。竟達空函。大忤溫意。由是遂絕。永和中卒。後追復本官。

殷·偕〔明〕善子。字汝同。亦工畫。

殷·寅〔唐〕踐猷子。早孤。事母以孝聞。舉宏詞。爲永寧尉。吏侮謾甚。寅怒殺之。貶澄城丞。

殷·崇義〔南唐〕文圭子。博學能文章。李景時歷右僕射。自淮上用兵。凡書檄教誥。皆崇義任之。特爲贍典。切於事情。周世宗常稱賞之。國亡入宋。以司空知左右內史事。開寶間避諱易姓名曰湯悅。太宗勅撰江南錄。自言有陳壽史體。世頗稱之。

殷·康　〔晉〕陳郡人。字唐子。爲吳與太守。開荻塘。漑田千餘頃。

殷·從儉　〔明〕臨桂人。字汝中。嘉靖進士。歷官廣東屯鹽僉事。撫嶺東兵備。提孤軍禦傜有勞。隆慶時累擢僉都御史。巡撫福建。識治體。勿爲苛細。仕終副都御史。

殷·淳　〔南朝宋〕景仁從祖弟。字粹遠。少好學。有美名。景平中歷中書黃門侍郎。應留直省。以父老。特聽還家。高簡寡慾。早有清尙。愛好文義。未嘗違捨。在祕書閣撰四部書目凡四十卷。元嘉中卒。年三十二。朝廷痛惜之。

殷·淵　〔明〕岳弟。字仲弘。諸生。負奇氣。父太白。官監軍副使。淵從父兵間。善技擊。父爲楊嗣昌所陷。論死。淵常欲報父仇。及賊破雞澤。謀起兵恢復。俄聞京師陷。悲號發喪。納山中壯士誅賊所置官。入城行哭臨禮。義聲大振。爲奸人所乘。被殺。

殷淑儀　〔南朝宋〕南郡王義宣女。麗色巧笑。義宣敗後。孝武帝密取之。寵冠後宮。假姓殷氏。左右宣泄者多死。故當時莫知所出。及卒。帝思見之。遂爲通替棺。欲見輒引替覩屍。如此積日。形色不異。贈貴妃。謚宣。

殷·紹　〔後魏〕長樂人。少聰敏。好陰陽術數。游學諸方。達九章七曜。太武帝時爲算生博士。給事東宮西曹。以藝術爲太子晃所知。太安中上四序堪與表。

殷·通　〔秦〕二世初假守會稽。時項籍與叔父梁避仇吳中。通素賢梁。陳勝兵起。通召梁計事。梁曰。方今江西皆反。天亡秦也。先發制人。後發制於人。吳有奇士桓楚。獨籍知之。請召籍。籍入。梁眴籍。使拔劍斬通。梁即佩通印綬。起兵吳中。

殷·馗　〔後漢〕遼東人。善天文。桓帝時有黃星見於楚宋之分。馗言後五十歲當有眞人起於梁沛之間。其鋒不可當。及曹操破袁紹。天下莫敵。適五十年云。

殷·堯藩　〔唐〕同州人。元和進士。辟李翺長沙幕府。後爲長樂令。有治績。擢侍御史。甚著風采。有詩集。

殷·善　〔明〕金陵人。字從善。號仲之。畫花果翎毛極生動之致。

殷·富　〔明〕蘭州人。字若虛。性敏純篤。克盡孝友。成化舉人。署昌平教諭。先德行而後文藝。士類敬服。

殷·景仁　〔南朝宋〕長平人。爲武帝太尉參軍。歷黃門侍郎。文帝初遷侍中。與王華等以風力局幹。冠冕一時。凡朝政大小。必密函問之。累遷尙書僕射。後拜揚州刺史。卒謚文成。

殷·琰　〔南朝宋〕孝祖族子。字敬珉。和雅靜素。少爲太祖所知遇。與琅邪王景文相埒。永光初累官黃門侍郎。出爲山陽王休祐右軍長史・南梁郡太守。晉安王子勛反。以琰爲建武將軍・豫州刺史。明帝知琰內逼杜叔寶等。無反意。宥罪勸降。至於再三。子勛敗。琰乃降。官終少府給事中。

殷·裒　〔晉〕爲滎陽令。興學教民。民知禮讓。歌曰。滎陽令。有異政。立學校。人易性。令吾子孫恥爭訟。

殷·鈞　〔梁〕長平人。字季和。九歲以孝聞。及長。恬靜好學。善隸書。爲當時楷法。武帝時歷臨川內史。民化其德。母憂去職。哀毀過禮。昭明太子手書戒諭。官至國子祭酒。卒謚貞。

殷·開山　〔唐〕鄠人。不害孫。名嶠。以字行。博涉書史。工爲尺牘。爲隋大谷長。高祖兵起。召補大將軍掾。從太宗征平薛仁杲。討王世充。有功。終吏部尙書。爵鄖國公。卒謚節。

殷·雲霄　〔明〕壽張人。字近夫。弘治進士。累官南工科給事中。政事多務清簡。民甚德之。武宗納有娠女子馬姬宮中。雲霄偕同官疏諫。不報。未幾卒。年三十有七。平生雅志詩文。爲當時十才子之一。有石川集。

殷·壃　〔清〕嘉定人。字元爽。諸生。詩宗李長吉。有秦解軒詩詞稿。

殷·羨　〔晉〕長平人。字洪喬。資性介立。爲豫章太守。都中人因其致書者百餘函。行至石頭城下。悉投之水。曰。沉者自沉。浮者自浮。殷洪喬不能爲人作致書郵。仕終光祿勳。

殷·道叔　〔晉〕晉陵太守。撰孝行錄。

殷·嘉　〔漢〕東海人。京房受易焦延壽。而授殷嘉・姚平・乘弘。皆爲郎博士。繇是易有京氏之學。

殷·聞禮　〔唐〕開山從祖弟。一作文禮。字大端。武德初爲中書舍人・趙王友。兼侍讀弘文館學士。善書畫。

殷·蒨　〔南齊〕陳郡人。善畫。圖形必肖。

殷·𣪊　〔唐〕善畫。開元時與殷季友・韋无忝在內殿寫貌人物。海內知名。

殷·澄　〔宋〕華亭人。字公源。性介特。平生無宿諾。元兵入華亭。將屠城。澄奮言不顧。帥感悟而止。全活者以萬計。丞相伯顏聞而義之。授華亭總管。澄棄去。隱居終身不仕。

殷·踐猷　〔唐〕仲容從子。字伯起。博學善記。尤通氏族曆數醫方。與賀知章・陸象先・韋述最善。知章號爲五總龜。謂龜千年五聚。問無不知也。舉文儒異等科。授祕書省學士。兼麗正殿學士。以叔父喪。哀慟嘔血卒。

殷·懌　〔元〕曲阿人。字易從。少負志氣。博學善屬文。天寶末知天下將亂。隱居吳門。累辟不就。

殷·樹柏　〔清〕秀水人。字曼卿。號雲樓。晚號懶雲。貢生。工書畫。自號西疇桑者。有一多廬吟草。

殷·璠　〔唐〕丹陽人。進士。編河岳英靈集。

殷衡 【明】武定人。字克平。號蠢菴。世業農。至衡以禮經舉於鄉。連捷成進士。天順中爲德莊王伴讀官。有蠢菴稿。

殷覬 【晉】康子。字伯通。性通率有才氣。少與從弟仲堪俱知名。太元中以中書郎擢南蠻校尉。蒞職清明。政績肅舉。仲堪將興兵內伐。覬密諫。仲堪不從。遂以憂卒。

殷禮 【三國吳】雲陽人。字德嗣。通占候。有潛識。由吳縣丞除郎中。使蜀。諸葛亮稱之曰。東吳菰蘆中乃有此人。遷零陵太守卒。

殷簡之 【晉】仲堪子。仲堪爲桓玄所殺。簡之載喪下都。葬於丹徒。遂居墓側。義旗建。率私僮客隨義軍躡桓玄。玄死。簡之食其肉。桓振之役。義軍失利。簡之陣沒。

殷謨 【後漢】雁門人。字君長。守節不仕王莽。及建武中徵。亦不起。

殷豐妻 【南燕】慕容德女。有才慧。美姿容。善書史。能鼓琴。豐以譖被殺。德強之改適壽光公餘熾。至夕。密書其裙云。死後當埋我於殷氏墓側。遂自縊死。

殷鶠 【後晉】大名人。字大舉。以儒秀爲鄉曲所稱。弱冠擢進士第。仕唐爲刑部郎中。鶠姿顏若婦人。而性巧媚。天福中拜中書舍人。馮玉甚寵任之。玉爲樞密使。擢鶠爲本院學士。及玉北行。鶠亦以病卒。

殷體信 【明】朔州人。字明宇。任固原總兵。流賊猖獗。率兵苦戰死。

泰不華 【元】伯牙吾台氏。字兼善。父爲台州錄事。遂家台州。家貧。好讀書。能記問。第進士。授集賢修撰。累遷禮部侍郎。至正初除紹興路總管。教民興讓。越俗大化。召入史館。與修遼宋金三史。陞禮部尚書。出爲台州路達魯花赤。方國珍作亂。死之。諡忠介。泰不華尚氣節。不隨俗浮沈。善篆隸。溫潤遒勁。嘗重類復古編。考正譌字。於經史多有據云。

泰伯 【周】太王長子。季歷之兄。季歷賢而有聖子昌。即文王。太王欲傳位季歷以及昌。泰伯知之。與弟仲雍逃之荊蠻。以避季歷。自號句吳。居梅里。三讓天下。荊蠻義之。從而歸之千餘家。立爲吳伯。

浣花夫人 【唐】西川節度使崔寧之妾。姓任氏。寧鎮蜀。大曆間入朝。楊子琳突入成都。任氏出家財募兵。自帥以擊之。子琳敗走。賜名寧任氏。封夫人。今成都浣花溪有浣花夫人祠。

浣紗女 【晉】永嘉人。家貧。踰笄不嫁。事母至孝。紡績爲養。夜浣紗而旦成布。名雞鳴布。及母卒。抱石自沈於水。

浦仁裕 【三國魏】著廣平章記十五卷。

浦劭 【明】無錫人。萬曆中翠苗流劫。賊縛劭父將殺之。劭以首迎刃而死。父得免。

浦杲 【明】嘉定人。字東白。少孤貧好學。長益刻勵。每聞有異書。必購求手抄。學遂該博。縣大夫有所諮訪。往往就禮於其廬。年九十而終。有雞窗筆錄·練川志及詩文。

浦南金 【明】嘉定人。字伯兼。嘉靖舉人。學問該博。好爲古文辭。由歸安教諭擢國子助教。以事忤選曹郎。出爲唐府教授。沒無羸貲。編有修辭指南·詩學正宗。

浦起龍 【清】無錫人。字二田。雍正進士。官蘇州府教授。有史通通釋·讀杜心解。

浦源 【明】無錫人。字長源。號海生。工詩。善畫。明初遊閩中。與林鴻輩號十才子。官晉府引禮舍人。

浦鉉 【明】文登人。字汝器。正德進士。初任洪洞知縣。有異政。遷監察御史。嘉靖間按陝西。前後四十餘疏。所言皆軍國重計。後論救御史楊爵忤旨。逮繫詔獄杖死。士類冤之。

浦龍淵 【清】吳縣人。字潛夫。嘗佐洪承疇幕。官城步知縣。有周易通。周易辨。

浦鏞 【明】上元人。字廷用。由進士授監察御史。成化間擢知建寧府。以清勤節儉爲治。民懷之。卒於官。

浩星賜 【漢】與趙充國友善。充國罷屯田。振旅而還。賜迎說充國曰。衆人皆以破羌強弩出擊。多斬首。將軍即見。宜歸功於二將軍出擊。非愚臣所及。充國曰。我年老矣。爵位已極。豈嫌伐一時事以欺明主哉。

浮丘公 古仙人。（按浮丘公。或曰黃帝時人。與容成子遊。或曰即列子所稱壺丘子。或曰周靈王時人。與王子晉吹笙騎鶴。游嵩山。或稱浮丘伯。其說不一。浮丘爲姓。而失其名。巢縣志·濟南府志。皆作李姓。似出附會。）

浮丘伯 【漢】齊人。孫卿門人。楚元王少時。嘗與魯穆生·白生·申公俱受詩於浮丘伯。

浮屠泓 【唐】黃州人。與天官侍郎張敬之善。善葬法。

海月 【宋】僧。華亭傅氏子。名慧辨。生有異徵。父母令出家。入普照寺得法。遂領寺事。遷杭州僧正。蘇軾倅杭。甚高其行。一日示寂。遺言東坡至。方合龕。四日軾至。見其趺坐如生。以詩哭之。

海忠 【清】滿洲正紅旗人。字靖堂。道光間官熱河兵備道。有承德府志。

海青 【清】滿洲鑲黃旗人。姓戴佳氏。康熙間任一等侍衛。征噶爾丹。督造制勝砲。隨送費揚古軍中。尋從望祖南巡。授副都統。卒諡果毅。

海·從龍　清江寧人。字禹門。以監生中江南武榜。咸豐間署六合城守。城陷戰死。

海望　清滿洲正黃旗人。姓烏雅氏。雍正間勘浙江海塘。請於海寧尖山塔山間建石壩以堵塞水勢。並請將仁和·海寧·海塘改建大石塘。以圖永久之利。乾隆間官戶部尚書。卒諡勤恪。

海凌阿　清滿洲鑲黃旗人。姓舒穆魯氏。道光間官至湖南提督。江華縣猺趙金龍滋事。沒於陣。諡勇壯。

海都　元太宗孫。封於金山。世祖即位。海都不服。舉兵與世祖爭。察合台·欽察諸汗皆助之。立爲蒙古大汗。成宗時爲懷寧王海山所敗而卒。其子察八兒歸降。兵事始已。然元室亦由是衰。◎清滿洲鑲藍旗人。姓性佳氏。順治間以佐領隨征湖南雲南。敗孫可望·李定國·白文選兵。康熙中任護軍參領。從征吳三桂。有功。尋卒。

海雲　元僧。善畫墨竹。

海順　清僧。河東任氏子。住蒲州仁壽寺。道行以純潔聞。有三不爲篇及集數卷。

海·源善　明洪武中知安化縣。勤於政事。民有犯法者。以熱皮爲鞭。使知愧而已。民愛敬之。

海·瑞　明瓊山人。字汝賢。嘉靖舉人。官戶部主事。時世宗專意齋醮。瑞上疏切諫。下詔獄。穆宗立。得釋。遷右僉都御史。巡撫應天。有政績。未幾謝病歸。張居正當國。嚴憚之。中外交薦。卒不召。居正卒。帝乃召瑞爲南京右都御史。卒諡忠介。生平爲學以剛爲主。自號剛峯。世稱剛峯先生。有備忘集。元祐黨人碑考。

海祿　清蒙古正藍旗人。姓齊普齊特氏。乾隆間以前鋒隨征伊犂·葉爾羌·緬甸·金川及甘肅撒拉爾教回。皆有功。官至福建陸路提督。

海寧　清滿洲正藍旗人。姓伊爾根覺羅氏。乾隆間由筆帖式授工部主事。累官浙江巡撫。赴溫州督擒海盜。道病卒。諡勤毅。

海爾圖　清漢軍鑲藍旗人。李國翰子。順治間隨征西安。進征四川。並有功。授副都統。累官戶部侍郎。康熙間隨征雲貴。卒於軍。

海慧　金僧。幼英敏。通性相玄途。潛蹤五臺山十五年。出游燕都。皇統間英悼太子創造大儲慶寺。延爲開山始祖。卒諡佛覺祐國大師。

海潮龍　清滿洲鑲藍旗人。隨吳三桂入雲南。三桂叛。海潮龍密約滇西各鎮將納款於趙良棟。授貴州大定總兵。未任卒。

海興阿　清滿洲鑲黃旗人。姓馬佳氏。乾隆間隨征林爽文於臺灣。嘉慶間勦川楚教匪。屢有功。官至廣州副都統。

海·鵬　清撰草經一卷。

海蘭察　清黑龍江人。面鐵色。生有殊力。每臨陣。出奇制勝。所向輒靡。乾隆時從征西域。平金川。討林爽文。累立奇功。官至領侍衛內大臣。後征廓爾喀。封一等超勇公。生平惟服阿桂爲知兵。福康安征臺灣。折節下之。始爲盡力。卒諡武壯。

涂·一榛　明漳州人。字廷薦。萬曆進士。由金壇令擢南吏部郎。司考察事。遇貪墨吏輒一筆勾罷。同官議其刻。一榛曰。一家哭何如一路哭。正謂此也。官至通政使。以清正著。

涂·大經　宋宜黃人。慷慨慕古人風節。第紹興進士。時日食求言。應詔言事。請復元祐之政。坐罪廢。

涂·天相　清孝感人。字燮菴。號存齋。一號迂叟。康熙進士。官至工部尚書。有謹庸齋劄記·守待錄·存齋閒話。又撮其大略爲靜用堂偶編。

涂·文輔　明初爲客氏子侯國興授讀。天啓初選入宮。諂附魏忠賢。用爲司禮秉筆太監。奪故寧安長公主第爲廨署。部郎以下皆庭參。勢燄出羣閣上。莊烈帝立。復附徐應元。後謫南京死。

涂·仲吉　明一榛子。字德公。萬曆間入太學。伉直有奇氣。崇禎中聞黃道周繫獄。上疏論救。帝怒。予杖。下獄鞫之。指盡折不稍挫。乃與道周俱論戍。尋赦歸。授御史。嘔血卒。

涂·宗濬　明南昌人。字鏡原。萬曆進士。官至兵部尚書。卒諡恭襄。有續章齋易義虛裁。

涂·宗瀛　清六安人。字閬仙。道光舉人。同治間任蘇松太道。善理交涉。外人非禮之求。輒峻拒無少徇。官至湖廣總督。

涂·杰　明新建人。字汝高。隆慶進士。由龍游知縣再擢光祿少卿。萬曆中疏爭三王並封。忤旨削籍歸卒。

涂·俊生　明番禺人。字友良。敦行義而耽文學。宣德·正統盛時。與給事中張舉·斷事周溥敬·主事金誠·處士趙絢爲文字交。而俊生爲之冠冕。藩臬知其名。咸禮貌之。黃寇反。詔許自新。求人齎與之。無敢應者。俊生毅然行。至則喻以禍福。賊皆羅拜環聽。卒得善返。既沒。丘濬爲誌墓。

涂·幾　明宜黃人。字守約。又字孟規。志尚高古。工詞賦。得騷些遺音。學於李存。究心象山之學。洪武初嘗擬進時事策十九篇。以疾不果。有東游集。涂子類稿。

涂·棐　明豐城人。字伯輔。天順進士。授御史。風采凜然。成化中嘗言祖宗朝政事。必與大臣面議。近奏事諭旨。輒曰所司知之。此一時權宜。

乞復復面議以杜蔽壅。憲宗不能用。巡按福建。爲中官所誣。下獄。尋得解。官終廣東副使。

涂・順　明建昌人。永樂進士。初知崇德。廉勤自將。上信下懷。任滿去。諸所用器。封歸儲庫。一物不攜。

涂・滔生　宋宜黃人。字自昭。邃於易學。三上春官不第。授山長。有四書斷疑・易義矜式。

涂・瑞　明俊生孫。字邦祥。少穎悟不凡。儀表豐偉。弱冠以文學著聲。性豪蕩不羈。尤善書法。登成化進士。授翰林院編修。弘治中以修憲廟實錄成。陞修撰。與經筵。時稱翰林三妙。謂才學書法儀表也。年四十六卒。◎清直隸新城人。字榮詔。號訒菴。乾隆舉人。閉門獨學。好稽考成迹以爲師法。爲文光明洞達。人以爲有用之文。以揀選知縣終。有東里文集・經疑・經濟・史論・理學諸編。

涂・禎　明新淦人。字孟賚。弘治進士。知江陰縣。徵授御史。正德初巡長蘆鹽。劉瑾縱私人爲姦利。禎一以法裁之。還朝遇瑾。止長揖。瑾怒。矯旨逮獄。杖三十。論戍肅州。創重竟死獄中。瑾誅。復官賜祭。

涂・臍　明詔安人。慷慨好義。沈深有謀。正統中沙寇亂。臍圖指方略。與衆固守。山賊爲雲梯攻城。臍申嚴號令。晝夜防禦。鎔鑄鐵汁。矢石交下。賊退。海賊至。禦亦如之。又密遣強徒夜入賊營殺其魁。賊遁去。

涂・謙　明豐城人。字恆謙。正統進士。英宗北狩。徐珵議遷都。謙上疏諫。景泰初陞山東按察司副使。

涉・正　晉巴東人。字元眞。後漢末從弟子入吳。能說秦始皇時事。授弟子以行氣絕房室及服石腦小丹事。

涓子　春秋齊隱於宕山。好餌朮。著天地人經四十八篇。釣於菏澤。得符鯉魚腹中。能致風雨。

涓・勳　漢官司隸。劾薛宣。

烏・大經　清長安人。乾隆武進士。任德州參將。壽張民王倫作亂。平之。又征安南。平維西猓匪。官至雲南提督卒。

烏丹　清滿洲正黃旗人。姓納喇氏。康熙間吳三桂反。王輔臣應之。命烏丹署建威將軍。移兵潼關。進定甘肅。輔臣等悉降。以功授護軍統領。自四川轉戰入雲南。功績甚偉。被劾解任。尋以三等侍衞從征噶爾丹。以偵敵遇害。

烏介可汗　唐回紇酋長。時回紇爲黠戛斯殘破。烏介旣立。南保錯子山。表假振武及天德城居之。詔皆不許。時烏介兵尙彊。駐牙大同北閭門山。遂恣行剽掠。其諸部相繼降於幽州張仲武。振武軍劉沔。烏介轉戰攻雲州。沔率降胡大敗之。逐北至殺胡山。烏介走依黑車子。爲其下所殺。

烏氏・倮　秦以畜牧爲業。及衆斥賣。求奇繒物。間獻戎王。戎王十倍其償予畜。畜至用谷量牛馬。始皇令倮比封君。以時與列臣朝請。

烏古孫・兀屯　金上京路人。累官唐州刺史。泰和間宋皇甫斌步騎萬人侵唐州。兀屯以精兵百人掩擊之。殺數千百人。宋兵遁去。已而斌復以兵數萬來攻。兀屯設伏以待。宋兵陷於淖。大潰。嘗襲神馬坡。宋兵五萬人夾水陣。以強弩拒岸。兀屯分兵奪其三橋。自辰至午。連拔十三柵。遂取神馬坡。以功進號平南虎威將軍。宋人請和。貞祐初守定興。軍敗戰沒。

烏古孫・奴申　金字道遠。由譯史入官。性伉直敢爲。爲監察御史。時中丞完顏百家以酷烈聞。奴申以事糾罷。朝士聳然。哀宗東遷。奴申留守汴京。崔立變之明日。自縊死臺中。

烏古孫・仲　金臨潢人。倜儻有奇節。遭金季世。憤無所施。用高言危行。親交避之。遂縱酒陽狂以自晦。然教子澤特嚴。

烏古孫・仲端　金本名卜吉。字子正。承安中策論進士。累官禮部侍郎。與安延珍奉使乞和於元。謁太師國王木華黎。於是安延珍留止。仲端獨往。並大夏。涉流沙。踰葱嶺。至西域。進見太祖。致其使事。乃還。哀宗將遷歸德。召爲翰林學士承旨。留守汴京。及元兵圍汴。日久食盡。遂自縊。其妻亦從死。

烏古孫・良楨　元澤子。字幹臣。號約齋。資器絕人。好讀書。至治中爲武義縣尹。有惠政。改漳州路推官。上言請加徒減杖。遂定爲令。自左曹登政府。多所建白。至正中累官大司農。終右丞。有詩文奏議。

烏古孫・澤　元仲子。字潤甫。性剛毅。讀書舉大略。才幹過人。至元中唆都下兵閩越。辟澤爲元帥府提控案牘。明年命知興化軍。多善政。以從平海南黎功。授廣西兩江道宣慰副使。邊民賴之。至大初改福建廉訪使。澤素有德於閩。閩人安之。尋乞養歸。母喪以毀卒。諡正憲。澤嘗曰。士非儉無以養廉。非廉無以養德。身一布袍數年。妻子朴素無華。

烏古論・元忠　金上京人。本名訛里也。幼秀異。世宗在潛邸。以長女嫁之。大定中加駙馬都尉。後以紇石烈良弼薦。拜平章政事。封任國公。進右丞相。歷知彰德府卒。元忠素貴。性驕豪而內深忌。世宗嘗責之。又所至不能戢奴僕。世以此爲訾。

烏古論・仲溫　金蓋州按春猛安人。本名胡剌。大定進士。累官壽州防禦使。貞祐初遷鎮西軍節度使。時中都被圍。以鄉兵馳救。不能進。還鎮。元兵至。城破。不屈死。謚忠毅。

烏古論先生 金本貴人家奴。爲全眞師。佯爲狂態。裸頭露足。綴麻爲衣。人亦謂之麻帔先生。宣宗嘗召入宮。問以祕術。因是頗有機跡。哀宗時勑有司掩捕。逃去。帝將至蔡。麻帔因自言能使軍士服氣不費糧。又言有詭計可以退敵。帝怒。殺之。

烏古論・長壽 金見包長壽條。

烏古論・粘沒曷 金上京胡剌溫屯人。尙睿宗女冀國長公主。世宗立。加駙馬都尉。歷左副點檢禁直。被酒不親視扃鐍。杖四十。出爲興平軍節度使。改廣寧尹。至任。嗜酒不視事。詔戒諭之。大定中卒。

烏古論・黑漢 金以親軍入仕。嘗爲唐鄧元帥府把軍官。天興間權唐州刺史・行帥府事。宋兵來攻。城中糧盡。人相食。黑漢殺其愛妾啖士。士爭殺其妻子。城陷。不屈。被殺。

烏古論・蒲魯虎 金通契丹大小字。娶宋王宗望女昭寧公主。初爲護衛。再遷臨海軍節度使。改衛州防禦使。海陵賜食內殿。謂之曰。衛州風土甚佳。勿以防禦爲降也。對曰。頗聞衛州官署。不利守者。卽日改汾陽軍節度使。入爲太子詹事卒。

烏古論・德升 金益都猛安人。本名六斤。明昌進士。事衛紹王及宣宗。累進忠言。不納。後出知太原府事。元兵來攻。德升盡力拒戰。城破。自縊死。其姑及妻皆自殺。

烏古論・慶壽 金河北西路猛安人。泰和中從完顏匡伐宋。扼赤岸。敗宋兵。克隨州。進渡漢江。圍襄陽。遷拱衛直都指揮使。貞祐中救中都。所統河北兵潰。中都不守。改知大名府。興定中累敗宋兵於泥河灣・樊城。歷鎭南集慶軍節度使卒。

烏古論・誼 金元忠子。本名雄名。大定中尙海陵女。海陵女卒。尙顯宗女廣平郡主。歷任宮衛。驕豪類其父。泰和末累拜御史大夫。知大名府。至寧初以謀逆伏誅。

烏古論・鎬 金東北路招討司人。本名栲栳。由護衛起身。天興初選蔡息陳潁等州便宜總帥。哀宗幸蔡。以鎬爲御史大夫。總帥如故。尋權參知政事。元兵圍蔡。城破被執。以招息州不下。殺之。

烏・本良 明慈谿人。字性善。幼好學。與弟斯道自相師友。窮經博史。精詩詞書法。家貧。授徒於錢塘。讀楊簡易解。自謂如坐春風中。卽以春風名齋。人稱春風先生。

烏・存 春秋莒大夫。莒子庚輿虐而好劍。苟鑄劍。必試諸人。存率國人以逐之。庚輿將出。聞存執殳而立於道左。懼將止死。苑羊牧之曰。君過之。烏存以力聞可矣。何必以弒君成名。庚輿遂奔齊。

烏延・吾里補 金曷懶路禪嶺人。從攻滄州。戰膺州。皆有功。大定中官終保大軍節度使・龍虎衛上將軍。

烏延・查剌 金蒲轄奴子。膂力絕人。勇果無敵。正隆中攻宋。州縣無備。契丹陷韓州。圍信州。查剌奮擊。大敗之。又嘗擊窩斡。平之。官終興平軍節度使。爲人貞慤寡言。平居極和易。及臨陣奮勇。當者辟易。

烏延・胡里改 金曷懶路星顯水人。從闍母圍平州有功。累與宋兵戰於汴・襄陽・陳州。敗之。大定中官終歸順軍節度使。

烏延・蒲离黑 金速頻路哲特猛安人。從太祖伐遼。勇聞軍中。授寧遠大將軍。累官順義軍節度使。改延安平涼尹致仕。封任國公。

烏延・蒲盧渾 金曷懶路烏古敵昏山人。膂力絕人。能挽強。射二百七十步。攻黃龍府。力戰有功。從兀朮入杭州。宋主走明州。再走溫州。由海道追三百餘里。焚明州而歸。封豳國公。大定初除東京留守。卒官。

烏延・蒲轄奴 金速頻路星顯河人。身長有力。多智略。貞元初累官昌武軍節度使。善撫綏。改神策軍都總管。屯濟州。未至。盜已據其城。蒲轄奴攻破之。約束士卒不犯居民。民感其惠。爲立祠。官終慶陽尹。

烏・沖 元大寧人。家於汴。字叔備。從劉因游。爲學清苦。隱居授徒。榜所居室曰存齋。遠近學者爭歸之。卒贈承事郎。

烏・承玼 唐承恩族弟。字德潤。開元中與承恩皆爲平盧先鋒。沈勇而決。號轅門二龍。奚契丹入寇。承玼破之捺祿山。渤海大武藝引兵至馬都山。屠城邑。承玼窒要路。敵不得入。流民始還。安慶緖使史思明守范陽。承玼勸思明降。後與承恩謀殺思明。不克。承恩死。承玼奔李光弼。表爲冠軍將軍。封昌化郡王。爲石嶺軍使。久之。移疾還京卒。

烏・承恩 唐張掖人。始爲冀州刺史。爲史思明所親信。肅宗以承恩爲范陽節度副使。使陰圖思明。謀洩被殺。

烏林答・乞住 金大名路猛安人。大定進士。累官德昌軍節度副使。崇慶初戍邊有功。轉利州刺史。後爲元帥右都監。赴援中都。戰沒。

烏林答・胡土 金正大中元兵渡河。胡土爲破虜都尉。戍潼關。後往中京。天興初完顏思烈病卒。胡土代行省事。敵事益棘。挈妻子走蔡州。遂失中京。後蔡城破。投汝水死。

烏林答・暉 金本名謀良虎。明德皇后兄。天眷初充護衛。以功遷明威將軍。後除蒲速碗羣牧使。勸畜牧。絕游宴。孳產蕃息。世宗時官終都點檢・兼侍衛親軍副都指揮使。

烏・枝鳴 【春秋齊】大夫。戍宋。華登以吳師救華氏。宋師敗績。烏枝鳴曰。用少莫如齊致死。齊致死莫如去備。彼多兵矣。請皆用劍。從之。華氏北。

烏春 【金】阿跋斯水溫都部人。以鍛鐵爲業。與其族屬來歸。景祖知其果敢善斷。命爲本部長。仍遣族人盃德送歸舊部。世祖初嗣節度使。叔父跋黑陰懷覬覦。烏春頗貳於世祖。後數年。舉兵來襲。世祖命肅宗縱火擊之。烏春敗死。

烏紇提 【晉】吐谷渾視連次子。一名大孩。兄視羆卒。子年少。傳位於烏紇提。耽酒色。不恤國事。屢寇西秦。爲乞伏乾歸所敗。退保南涼。遂卒於胡國。在位八年。

烏・重胤 【唐】承玼子。字保君。少爲潞牙將。兼左司馬。節度使盧從史討王承宗。陰與賊連。重胤縛之帳下。憲宗嘉其功。擢河陽節度使。封張掖郡公。帝討淮蔡。重胤與李光顏相犄角。大小百餘戰。三年賊平。再遷檢校司空。進邠國公。徙橫海軍。改天平。文宗初拜司徒。卒謚懿穆。重胤出行伍。善撫士。待官屬有禮。當時名士如石洪・溫造・韓愈。皆在幕府。既沒。士二十餘人刲股以祭。

烏孫公主 【漢】江都王建女。名細君。武帝元封中飾爲公主。以妻烏孫。昆莫以爲右夫人。公主至其國。自治宮室居。歲時一再與昆莫會。昆莫年老。言語不通。公主悲愁。自作歌以寫憂。昆莫欲使其孫岑陬尙公主。不聽。上書言狀。帝報曰。從其國俗。岑陬遂妻公主。

烏孫・訛論 【金】善騎射。襲父撒改謀克。從蒙刮攻東京及廣寧。擊北京山賊。伐宋。以兵百五十人敗敵兵千於滄州。又敗王善・李成於和州烏江。完顏宗弼遂渡江至江寧。錄前後功授猛安。官終石壘部族節度使。

烏庫理 【清】滿州鑲白旗人。姓札庫塔氏。崇德間與明戰松山。三戰皆捷。順治間入關。破李自成。隨征陝西湖廣江西。又從定張獻忠及姜瓖。敗鄭成功。累官盛京將軍。

烏珠留若鞮單于 【漢】匈奴呼韓邪單于子。名囊知牙斯。事漢恭順。元壽間入朝。尋以夏侯藩求地。始有拒漢語。復因求稅烏桓不得。啟釁。迨王莽篡漢。改易單于印文。遂入寇。莽乃招誘呼韓邪諸子。欲分匈奴爲十五單于。寇邊益劇。莽卽位。大舉追匈奴。事未竟。而吏士罷弊。北邊虛空。新莽建國間。烏珠留單于卒。

烏勒西布 【清】滿洲正白旗人。姓托闊羅氏。咸豐初從勦洪楊軍。在湖北隨州・安徽廬州凡五十餘戰。在江寧城外凡二十餘戰。功稱最。官至副都統。同治間從征甘肅回。戰死於阿拉善旗之磴口。謚武毅。

烏曹 【上古】始作瓦。

烏累若鞮單于 【漢】匈奴烏珠留單于弟。名咸。初爲右犂汙王。王莽誘之。拜爲孝單于。旋出塞歸庭。烏珠留卒。爲匈奴貴人所立。貪莽賂遺。常與中國和親。而寇掠仍不絕。天鳳間卒。

烏・斯道 【明】本頁弟。字繼善。文尙體要。尤長於詩。寄興高遠。而瀟灑出塵。一洗元人繁縟之弊。尤精書法。洪武初用薦起爲永新令。有惠政。坐事謫戍定遠。尋放還。有秋吟稿・春草齋集。

烏・熙 【明】斯道子。字緝之。有父風。亦以詩擅名。

烏・漢弘 【唐】重胤子。嗣父爵。母喪。奪爲左領軍衞將軍。固辭。文宗嘉許之。

烏維單于 【漢】匈奴伊穉斜單于之子。元鼎間嗣立。時武帝樹威四域。巡邊至朔方。使郭吉諷單于歸命。單于怒。留不遣。而使使求和親。欲多得漢財物。給漢使曰。吾欲入漢見天子。面相結爲兄弟。漢使歸報。爲築邸於長安。而單于迄不至。

烏・樞 【元】至正間爲餘干縣尹。有循績。淮兵陷餘干。樞詣江浙行省乞師。克復州城。後授饒州路總管。

烏稽侯尸逐鞮單于 【後漢】南匈奴單于檀弟。名拔。延光間立。時鮮卑數寇南部。單于憂恐。上言求修復朔方西障塞。詔從之。立四年卒。

烏・震 【後唐】信都人。少事趙王王鎔爲軍卒。以功遷裨校。從莊宗於河上。鎮州平。以功拜刺史。歷深趙二州。爲人純質好學。通左氏春秋。喜作詩。善書。居官以廉平稱。明宗擢拜河北道副招討使。領寧國軍節度使。戍盧臺。會戍兵亂。被殺。

烏黎 【漢】以匈奴右王降。元鳳中封河綦侯。卒謚康。

烏・餘 【春秋齊】大夫。以廩丘奔晉。襲衞羊角・魯高魚。取之。又取邑於宋。趙武言於晉侯。乃討而使歸其地。

烏・濬 【明】建德人。字士哲。永樂進士。授禮科給事中。以敢言稱。

烏・獲 【戰國秦】勇士。武王有力好戲。獲與任鄙・孟說皆至大官。

烏蘭泰 【清】滿洲人。咸豐間官廣東副都統。洪楊軍起。赴廣西幫辦軍務。以勇略聞。每戰必身先士卒。復永安。擒洪大全。功甚著。後援桂林。戰於將軍橋。中礮亡。謚武壯。

特依順 【清】滿洲正藍旗人。姓他塔拉氏。道光中從征臺灣有功。累擢杭州將軍。英人陷乍浦・定海・鎮海・寧波。革職留任。後官至烏里雅蘇臺將軍。

特虎雅　〔金〕撻蘭水人。軀幹雄偉。勇敢善戰。達魯古城之役。完顏活女陷敵。特虎雅救出之。後師次遼河。余睹來留。特虎雅獨殿。死之。

特宮　〔春秋晉〕大夫。黨於里克·丕鄭。爲郤芮所殺。

特爾慶阿　〔清〕滿洲正白旗人。姓呼爾郭布勒氏。咸豐間補驍騎校。征勦粵捻。轉戰江蘇安徽直隸河南山東山西等省。官至正白旗蒙古副都統。

特錦　〔清〕滿洲鑲紅旗人。姓完顏氏。天聰·崇德間。屢有戰功。順治間從入關。破李自成。隨征四川貴州雲南。累官本旗都統。列議政大臣。封一等男。卒謚襄壯。

特薛禪　〔元〕世居朔漠。姓孛思忽兒弘吉剌氏。本名特因。從太祖起兵有功。賜名薛禪。故兼稱曰特薛禪。

狼·莫　〔漢〕先零羌人。爲零昌謀主。元初間杜季貢·零昌先後死。莫亦爲任尚·馬賢所破。遁走。鄧遵復募羌人刺殺之。諸羌瓦解。

狼·瞫　〔春秋晉〕大夫。秦孟明伐晉。晉禦之。先是晉與秦戰於殽。狼瞫爲戎右。後因事被黜。至是以其屬馳入秦師。死焉。晉師從之。大敗秦師。

兹·無還　〔春秋魯〕桓公曾孫。爲大夫。定公盟齊侯於夾谷。齊人加於載書曰。齊師出境。而不以甲車三百乘從我者。有如此盟。孔子使無還對曰。而不反我汶陽之田。吾以共命者。亦如之。

珠崖令後妻　〔漢〕珠崖令死。妻奉喪歸。漢法珠入關者死。後妻有大珠。棄之。其子九歲。好之。置繼母鏡奩中。至海關。關吏索得珠十枚。法當坐。少女年十三。曰我當坐。夫人不知也。繼母曰。妾當坐。兒但讓耳。因相哭泣。送葬者盡哭。關吏亦泣。遂棄珠而遣之。

珠隆阿　〔清〕滿洲正黃旗人。姓章佳氏。乾隆末由護軍校累擢貴州鎮遠總兵。平松桃苗有功。嘉慶間平南籠狆苗。肅清苗境。終寧夏將軍。

珠滿　〔清〕滿洲正白旗人。姓瓜爾佳氏。康熙間轉戰江西廣東廣西雲南。勦平耿精忠·吳三桂有功。官荊州副都統。後平鎮筸紅苗。官至江寧將軍。

珠瑪喇　〔清〕世居葉赫。姓畢魯氏。太祖時來歸。隸滿洲鑲白旗。任佐領。太宗時從攻旅順口。超躍先登。拔之。順治間從入關。擊敗李自成。征勦福建江西。拜靖南將軍。平張獻忠餘黨於廣東。封三等子。卒謚襄敏。

珠魯訥　〔清〕滿洲鑲白旗人。姓那爾氏。乾隆中官至兵部侍郎。赴雲南。統兵駐木邦。緬人掩至。珠魯訥禦戰十餘日。兵潰自盡。

珠簾秀　〔元〕妓。姓朱氏。善雜劇。名重一時。

班·伯　〔漢〕況子。少受詩於師丹。誦說有法。拜中常侍。又受尚書論語於鄭寬中·張禹。志氣慷慨。數使匈奴。出爲定襄太守。郡中稱神明。

班·宏　〔唐〕景倩子。天寶進士。累官戶部侍郎。判度支。清潔勤力。晨入官署。夕而出。吏不堪其勞。而己益恭。德宗以其熟天下計。進位尚書。卒謚敬。

班·言　〔明〕臨淄人。貢生。任直隸饒陽丞。母卒。欲廬墓。以父在不果。及父卒。遂廬墓側三年。歲旱。郡中獨雨。人咸以爲班氏孝感所致。

班·固　〔後漢〕彪子。字孟堅。九歲能屬文。及長。博貫載籍。明帝奇之。以爲郎。典校祕書。續父所著漢書。積思二十餘年。至建初中乃成。當世甚重其書。後遷玄武司馬。帝會諸儒講論五經。作白虎通德論。令固撰集其事。竇憲出征匈奴。以固爲中護軍。行中郎將事。憲敗。洛陽令种兢捕繫固。死獄中。

班·始　〔後漢〕超孫。父雄。將五營兵屯長安備羌。拜京兆尹。始尚清河孝王女陰城公主。主順帝之姑。貴驕淫亂。與嬖人居帷中。而召始入。使伏牀下。始積怒。永建中遂拔刃殺主。帝大怒。腰斬始。同產皆棄市。

班·況　〔漢〕壹玄孫。舉孝廉爲郎。積功至上河農都尉。課最。入爲左曹越騎校尉。

班·勇　〔後漢〕超少子。字宜僚。有父風。和帝時匈奴殺漢吏。公卿以爲宜閉玉門關。勇言宜置校尉長史以扞撫諸國。乃以勇爲西域長史。悉平車師六國。又發諸國兵擊降匈奴。是後車師無復虜跡。城郭賴之以安。後與張朗同攻焉耆。朗邀功先至受降。勇以後期下獄免。

班·斿　〔漢〕伯弟。博學有俊才。爲諫大夫·右曹中郎將。與劉向同校祕書。帝器其能。

班·昭　〔後漢〕彪女。一名姬。字惠姬。適曹世叔。世叔亡。和帝召入宮。令皇后貴人師事之。號曹大家。作女誡七章。兄固著漢書未就死。詔昭就東觀藏書踵成之。

班·恕　〔元〕字惟志。至元間爲勸農田尹。能詩文。善於揮翰。

班·彪　〔後漢〕安陵人。穉子。字叔皮。性沈重好古。年二十餘。避難從隗囂。著王命論。欲以感之。囂終不悟。遂避地河西。爲竇融畫策事漢。光武初舉茂才。拜徐令。以病免。彪才高而好述作。遂專心史籍。採前史遺事。旁貫異聞。作後傳數十篇。以繼史記太初以後之闕。後爲望都長。卒官。

班婕妤　〔漢〕況女。賢才通辯。成帝選入後宮。大幸。爲婕妤。帝遊後庭。欲與同輦。婕妤辭。後爲趙飛燕所謂。求供養太后於長信宮。作賦自傷。辭極哀婉。

班第 清蒙古鑲黃旗人。姓博爾濟吉特氏。由官學生授中書。雍正初擢內閣學士。乾隆間爲定北將軍。征伊犂。封一等誠勇公。阿穆爾撒納叛。與鄂容安同被陷。力戰自盡。謚義烈。

班・壹 漢秦末避地樓煩。以牧起家。當孝惠、高后時。出入弋獵旌旗鼓吹。以財雄邊。年百餘歲。以壽終。

班・景倩 唐汲人。官國子祭酒。以儒名家。自採訪使入爲大理少卿。過大梁。刺史倪若水餞之。立望其行塵。久之乃返。謂官屬曰。班生此行。何異登仙。

班・超 後漢彪少子。字仲升。爲人有志。不修細節。然內孝謹。家貧。傭書養母。任勞苦。嘗投筆歎曰。大丈夫當效傅介子・張騫立功異域。以取封侯。安能久事筆硯間乎。明章兩帝時出征西域。歷官軍司馬・將軍長史・西域都護。安集五十餘國。封定遠侯。在西域三十一年。以年老乞歸。徵還拜射聲校尉。卒年七十一。

班・嗣 漢斿子。雖修儒學。然好老莊。桓生借其書。嗣報曰。若莊子者。絕聖棄智。修生保眞。漁釣於一壑。棲遲於一丘。不絓聖人之網。不齅驕君之餌。今子既繫攣於世故。何用大道爲。嗣之行已持論如此。

班・稚 漢斿弟。一作穉。少爲黃門郎中常侍。方直自持。哀帝時遷廣平相。王莽秉政。稚懼罪。以延陵園郎食故祿終其身。

益智 元普山土酋。有謀略。善安輯。官至懷遠大將軍・曲靖宣慰使。掌普安路總管府事。郡人服其威信。

眞一 明僧。居杭州法華山龍歸塢。其地多筍。梅花亦極盛。因著筍譜及梅譜。

眞・山民 宋始末不可考。宋末竄跡隱淪。以所至好題詠。或自呼山民。因以稱之。今傳有眞山民集一卷。四庫提要云。李生喬嘗歎其不愧乃祖西山。以是疑其姓眞。或云本名桂芳。括蒼人。宋末嘗登進士。

眞・玄菟 漢善算。

眞・志道 宋德秀子。字仁夫。嘗請益於袁甫。甫字志道曰實之。而爲之說以贈之。官至戶部侍郎。

眞武 漢淨樂國王太子。生而神靈。及長。志除邪寃。越東海。過天神授以寶劍。入武當山修煉。居四十二年功成。白日飛昇。奉上帝命鎮北方。本號玄武。後改眞武。

眞金 元世祖嫡子。少從姚樞、竇默受孝經。中統中封燕王。守中書令。立爲皇太子。大雅不羣。本於天性。中外歸心。世祖春秋高。言事者請禪位於太子。世祖怒甚。太子大懼。未幾卒。成宗即位。追謚文惠明孝皇帝。廟號裕宗。

眞乘 唐高僧。德清沈氏子。生而瓌偉。總角後出家。配住湖州八聖道寺。精於律法。兼長演說。貞元間居安國寺。充供奉大德。未幾乞歸。嘗游五臺禮文殊。所見瑞相。不可勝言。元和間示寂。有法華經解疏記。

眞娘 唐吳妓。墓在虎丘劍池之西。往來遊士。題詠甚多。

眞珠 唐李愿姬。自謂女寶。後爲牛僧孺妾。僧孺妻盧肇文延於中寢。會眞珠沐髮。以手捧其髻。插金釵於兩髻間。僧孺命盧詠詩。盧曰。知道相公憐玉腕。故將纖手整金釵。

眞珠毗伽可汗 唐鐵勒部薛延陀酋長。姓一利咥氏。名夷男。貞觀間率其部附突厥。尋反攻頡利可汗。大破之。時太宗方圖頡利。因遣使册拜爲眞珠毗伽可汗。遂遣使朝貢。回紇諸部皆屬之。頡利滅後。夷男東返故國。建庭於都尉揵山。勝兵二十萬。後請婚。許以新興公主妻之。因聘禮未備。復下詔絕婚。未幾病死。

眞眞 元妓。建寧人。眞德秀後裔。父司帑庫於濟寧。坐法賣女以償。遂流落倡家。姚燧爲承旨時。偶宴集。聲伎畢奏。眞眞與焉。燧憫之。爲脫籍。以嫁翰林屬官王杕。

眞清 明高僧。湘潭羅氏子。號象先。生而穎異。年十五補諸生。遭家難。遂投南嶽。依寶珠和尙受戒。令看無字話。有悟。南游至天台居之。日勤五悔。密持梵網心地品及十六觀經爲常課。暇則敷演十乘。闡明三觀。學者踵至。萬曆間賜紫衣。示寂後。武塘袁了凡爲撰銘。

眞淨 元高僧。華亭姚氏子。字如庵。誕時有異僧過。謂其母曰。此兒海月法師再生也。年十六得度。博究諸乘。以性學自許。泰定間住杭之下竺。尋移主上竺。預告終期。書偈而逝。

眞・德秀 宋浦城人。字景元。後更景希。慶元進士。理宗時歷知泉州福州。內召爲翰林學士。拜參知政事而卒。謚文忠。學者稱西山先生。德秀立朝有直聲。游宦所至。惠政深洽。其學以朱熹爲宗。自韓侂胄立僞學之名。以錮善類。其後正學得以復明者。德秀之力也。有大學衍義・唐書考疑・讀書記・文章正宗・西山甲乙稿・西山文集・四書集編等書。

眞・節 明浦城人。字士和。正德間以貢入太學。任開封府通判。時稱爲清白吏。

眞・憲時 明松溪人。字法侯。號存古。萬曆進士。天啓中累官河南按察使。以忤魏忠賢削奪。崇禎初復官卒。憲時闡明心學爲治平之要。有愛書及百將傳標旨。

眞寶 〔宋〕僧。代州人。爲五台山僧正。靖康之擾。與其徒習武事於山中。欽宗召對便殿。尋還山。益聚兵助討。州破被執。酋勸之降。眞寶曰。吾旣許宋以死。豈當妄言。怡然受戮。

眞觀 〔隋〕高僧。錢唐范氏子。字聖達。幼聰慧。博覽多通。工詩文。能琴棋。住杭州天竺寺。開皇中亢旱。眞觀講海龍王經。驟雨滂注。大業中感夢端坐而逝。有詩賦碑集等五十餘卷。

破六韓常 〔北齊〕附化人。匈奴單于之裔。字保年。沈敏有膽略。善騎射。從神武攻擊諸寇。封平陽公。除洛州刺史。獻計於文襄。築楊志百家呼延三鎭。秩滿還晉陽。拜太保。卒諡忠武。

祕·丕笈 〔清〕故城人。字仲貢。康熙進士。官至陝西提學副使。輯有四書紗。

祕·自謙 〔明〕晉州人。萬曆間知華縣。調濟陽。皆有善政。

祕·彭祖 〔漢〕以卒從高祖起沛。爲太公僕。旋爲中廐令。擊陳豨有功。封戴侯。卒諡敬。

祕·瓊 〔後唐〕平山人。有勇力。後唐淸泰中鎭州節度使董溫琪擢爲衙內指揮。倚以腹心。及溫琪陷蕃。瓊乃殺其家屬。劫其贓金。自稱留後。高祖卽位。以安重榮代之。授瓊齊州防禦使。瓊不敢拒。齎金赴任。鄴帥范延光密使人殺之於途。

祖乙 〔商〕嗣其父河亶甲爲帝。河亶甲時。商衰。祖乙用巫賢爲相。商復興。在位十九年崩。

祖·士衡 〔宋〕上蔡人。字平叔。少孤。博學有文。舉進士。積官史館修撰。仁宗時以附丁謂落職。

祖·大壽 〔清〕遼東人。明時爲前鋒總兵。築城大淩河。太宗圍之。計窮乞降。請歸錦州爲內應。旣歸。負約。屢與清軍戰。松山破。大壽困守錦州。援絕糧竭。復乞降。隸漢軍正黃旗。仍官總兵。順治間卒。

祖·己 〔商〕高宗賢臣。高宗祭成湯。有飛雉升鼎耳而雊。祖己訓諸王。作高宗肜日。

祖心 〔宋〕高僧。始興人。傳誨機之敎於黃龍。住黃龍。名其方丈曰晦堂。人因呼爲晦堂。黃庭堅嘗師事之。元符間示寂。諡寶覺禪師。

祖·台之 〔晉〕范陽人。字元辰。官至侍中．光祿大夫。撰志怪書行世。

祖可 〔宋〕僧。丹陽人。蘇庠之弟。字正平。住廬山。被惡疾。人號癩可。詩入江西派。有東溪集．瀑泉集。

祖·可法 〔清〕大壽養子。初爲明副將。隨大壽降淸。累擢漢軍正黃旗副都統。遂爲正黃旗人。順治初從入關。擊走李自成。官至左都督．鎭守湖廣總兵。封三等子。卒諡順禧。

祖·伊 〔商〕紂賢臣。西伯戡黎。祖伊恐。奔告於紂。紂曰。我生不有命在天。祖伊反曰。嗚呼。乃罪衆多。乃能責命於天。

祖住 〔明〕高僧。丹徒楊氏子。字幻依。號麓亭。少沈密不貪世緣。入龍蟠山爲僧。繼游少室伏牛。盡得淸涼宗旨。往京口萬壽寺。演華嚴大鈔。萬曆間居蘇之蓮華峯下。有疾示期而寂。王世貞爲作銘。

祖·君信 〔北齊〕珽子。涉獵書史。多諳雜藝。位散騎常侍。珽去職。亦見廢。

祖·君彥 〔隋〕君信弟。博學彊記。屬辭贍速。煬帝立。忌知名士。調東都書佐檢校．宿城令。世謂祖宿城。負才鬱鬱思亂。及爲李密草檄。乃深斥主闕。密敗。爲王世充所殺。

祖·孝孫 〔隋〕崇儒子。博學曉算曆。隋開皇中鍾律多闕。孝孫爲協律郎。參定雅樂。又從毛爽受律法。唐初樂府。尚用舊樂。孝孫斟酌南北。考以古音。作大唐雅樂。時旋宮之義。亡絕已久。一朝復古。自孝孫始。

祖·孝隱 〔後魏〕珽弟。有文學。早知名。兼解音律。機警善辨。魏末爲散騎常侍。迎梁使。時徐君房、庾信來聘。名譽甚高。魏朝接對者多取一時之秀。孝隱少處其中。物議稱美。

祖·沖之 〔南齊〕范陽人。字文遠。少稽古。有機思。明曆法。造指南車。欹器。巧思入神。宋元嘉中用何承天所制曆。比古十一家爲密。沖之以爲尚疎。乃更造新法上之。又以諸葛亮造木牛流馬。乃作一器。不因風水。不用人力。施機自運。又造千里船於新亭江試之。日行百餘里。於樂遊苑造水碓磨。武帝親自臨視。官至長水校尉。永元間卒。所著易老莊義釋．論語孝經注．九章造綴述數十篇。

祖秀 〔宋〕僧。蜀人。靖康中汴京陷。隨都人避兵艮岳。因紀其丘壑池館之勝。著華陽宮紀事。

祖·秀實 〔宋〕浦城人。字去華。除國子博士。靖康之亂。虜酋索米於太學。秀實叱之。酋以劍擊之。絕而復蘇。高宗聞其名。召拜禮部郎中。

祖·良璧 〔清〕澤洪子。康熙間襲一等子。授參領。從征噶爾丹有功。擢西安副都統。督運翁吉軍糧。噶爾丹突出邀劫。良璧麾兵力戰。追北數十里。以功累擢福建將軍卒。

祖·季眞 〔後魏〕范陽人。多識前言往行。官鉅鹿太守。

祖柏 〔元〕僧。四明人。字子庭。常寓居嘉定。工畫蘭。尤以詩名。常泛跡雲游。乞食村落。有不繫舟集。

祖·約 〔晉〕逖弟。字士少。逖卒。代逖爲豫州刺史。初．約兄納嘗密言於元帝。謂約將爲亂階。帝不納。約自以名輩不後郗下。而不預明帝顧命。又諸所表請。多不見許。遂懷怨望。會蘇峻反。遂與之合。兵敗。奔石勒。勒薄其爲人。殺之。

祖·茂 三國吳 爲孫堅將。從堅討董卓。爲所敗。與數十騎潰圍而出。堅常著赤罽幘。乃脫幘。令茂著之。卓騎爭逐茂。堅得免。◎北齊 珽從弟。頗有辭情。然好酒性率。不爲時重。大寧中以經學薦。除給事。以疾辭。珽欲爲奏官。乃逃去。

祖·述 明 昌黎人。字尙賢。宣德間由參政調嘉定知縣。每朔望進父老於庭。詢利病。爲之興革。有循聲。

祖·浩 明 僧。居貴池齊山寺。與其徒道霆同編齊山寺詩集。

祖·浩然 元 浦城人。字養吾。至元中黃華盜起。母被掠。浩然纔五歲。擘間不相聞者二十有八年。至大間福建帥府檄爲書院長。將之任。或告以母所在。遂棄職尋訪。間關數千里。得母於廣州之境。奉以歸。

祖·納 晉 范陽人。字士言。性至孝。少孤貧。躬執炊以養母。王敦遣以二婢。辟爲從事中郎。或戲之曰。奴價倍婢。納曰。百里奚何必輕於五羖皮耶。累官光祿大夫。納嘗密啓元帝。謂弟約懷陵上之性。宜抑之。人謂納與約異母。忌其寵貴。朝廷因此棄納。納既閒居。但清談披閱文史而已。及約爲逆。朝野歎納有鑒裁焉。

祖·域 宋 閩人。後徙奉化。字貞夫。仕至殿前司統制。平居尙氣節。樂施與。既沒。民懷其惠。立廟祀之。

祖·崇儒 隋 珽族弟。涉學有文辭。以幹局知名。齊武平末位通直常侍。入周爲容昌太守。開皇初終宕州刺史。

祖·敏 唐 墨官。善製墨。名聞天下。其墨之妙者。必以鹿角膠煎爲膏而和之。

祖·望之 清 浦城人。字載璜。晚字子久。號舫齋。乾隆進士。嘉慶初任湖北布政使。教匪起。大吏督兵出。望之坐鎭防禦。下游以寧。官至刑部尙書。有節制紀聞・洞神錄・乳訓逸名錄・邇言錄・舫齋小言・青鳳子・皆山堂詩文鈔。

祖·珽 北齊 瑩子。字孝徵。對策高第。豪縱淫逸。爲文宣祕書丞。不能廉愼。後主時典機務。拜尙書左僕射。推崇高望。官人稱職。又欲黜諸閹豎及羣小輩。推誠延士。爲忌者所中。去職。爲人機譎多智。行事反覆。蓋出入於公私清濁之途。

祖·逖 晉 納弟。字士稚。慷慨有節。與劉琨俱爲司州主簿。共被同寢。中夜聞荒雞鳴。蹴琨覺曰。此非惡聲也。因起舞。元帝徵爲軍諮祭酒。尋爲豫州刺史。渡江擊楫。誓曰。不清中原而復濟者。有如大江。遂部兵與石勒相持。破之。由是黃河以南。盡爲晉土。會聞王敦與劉隗等構隙。慮有內難。大功不就。感激發病卒。豫州士女。如失父母。

祖·朝 春秋晉 東郭之民。上書獻公曰。願請聞國家之計。獻公使使告之曰。肉食者已慮之矣。藿食者尙何與焉。對曰。肉食者一旦失計於廟堂之上。若臣之藿食者。寧無肝膽塗地於中原之野。與其禍亦及臣之身。臣與有深憂。臣安得無與國家之計乎。獻公乃召見。立以爲師。

祖·無擇 宋 上蔡人。字擇之。登進士第。歷官直集賢院。熙寧初知通進銀臺司。王安石諷求其罪。謫忠正軍節度副使。尋知信陽軍卒。爲人好義。篤於師友。工詩文。有龍學文集。

祖·皓 梁 暅之子。志節慷慨。有文武才。少傳家業。善算曆。大同中爲廣陵太守。後舉義兵討侯景。被害。

祖·暅之 梁 沖之子。字景爍。少傳家業。究極精微。亦有巧思入神之妙。父所改何承天曆。時尙未行。天監初暅之更修之。於是始行焉。位至太府卿。

祖·詠 唐 洛陽人。開元進士。張說在幷州。引爲駕部員外郎。工詩。翦刻省淨。用思尤苦。

祖·銘 元 僧。奉化應氏子。字古鼎。至正中主杭州徑山。錫號慧性宏覺普濟禪師。工詩。有古鼎外集。

祖·儁 明 當塗人。自少有詩名。永樂中預修大典。例當得官。儁辭歸。日載酒賦詩。

祖·寬 明 遼東人。崇禎間累破流寇。官至寧遠總兵官。進都督。後清兵入畿輔。詔寬赴援。以濟南失守。褫職棄市。寬敢戰有功。稱驍將。性剛使氣。不爲文吏所喜。卒致大辟。莫爲論救。人謂爲失刑。

祖·瑩 後魏 季眞子。字元珍。兒時好學耽書。時號聖小兒。及長。以文學見重。嘗語人曰。文章須自出機杼。自成一家風骨。何能同人共生活也。累遷車騎大將軍。封文安縣伯。

祖·澤洪 清 大壽從子。明錦州副將。天聰間降清。隸漢軍鑲黃旗。崇德間爲吏部承政。順治間改侍郎。克太原。敗西安流賊餘黨。討姜瓖於大同。積功封一等子。授弘文院學士。

祖·澤清 清 大壽四子。康熙間由參領授廣東高雷廉總兵。據高州叛降吳三桂。尋投誠。後又叛。清軍破高州。澤清遁入山。被擒磔死。

祖·澤溥 清 大壽子。明左都督。順治初降清。授一等侍衞。勦平棱霞土賊于七等。累官福建總督。

祖·澤潤 清 大壽長子。明錦州副將。天聰間隨大壽降清。隸漢軍正黃旗。崇德間擢本旗都統。順治間從征姜瓖有功。封一等子。後隨洪承疇招撫湖南。卒於軍。

祖鴻勳 〔北齊〕范陽人。弱冠爲州主簿。臨淮王彧表薦鴻勳有文學。除奉朝請。竟不往謝。神武嘗徵至幷州。作晉祠記。好事者翫其文。位至高陽太守。在官清素。妻子不免寒餒。時議高之。

祖覺 〔宋〕高僧。嘉州楊氏子。號癡菴。幼聰慧。讀書過目成誦。出家參究華嚴宗旨。依圓悟於鍾阜。世稱覺華嚴。居眉州中巖寺。大弘清涼之教。嘗修北宋僧史。著有華嚴集解・金剛經注。

祝允明 〔明〕顥孫。字希哲。生而枝指。故自號枝山。又號枝指生。五歲能作徑尺字。九歲能詩。稍長。博覽羣籍。爲文多奇氣。尤工書法。名動海內。弘治中舉於鄉。官至應天府通判。未幾致仕。玩世自放。流輩傳說附麗。往往出名教外。有前聞記・九朝野記・蘇材小纂・集略・懷星堂集。

祝公明 〔宋〕麗水人。官太原府盂縣主簿。靖康間金兵至河東。令棄官去。公明攝縣事。率師入援。圍守踰年。城陷。不屈死。

祝公榮 〔元〕麗水人。字大昌。隱居養親。事母至孝。母沒。柩在堂。鄰家人失火。公榮力不能救。乃伏棺慟哭。其火自滅。鄉里異之。

祝午 〔戰國〕齊人。仕郎中令。劉章將誅諸呂。迎立齊王襄。王發兵。午與其謀焉。

祝世昌 〔清〕遼陽人。明時官鎮江游擊。天命間降清。隸漢軍鑲紅旗。順治間官山西巡撫。大同總兵姜瓖叛。世昌與尼堪會師平之。卒謚僖靖。

祝世祿 〔明〕鄱陽人。字延之。號無功。萬曆進士。考選爲南科給事。世祿歷尚寶司卿。耿定向講學東南。世祿從之游。與潘去華・王德孺同爲耿門高弟。有祝子小言・環碧齋詩集・尺牘。

祝丘 〔唐〕畫稱名手。

祝可久 〔宋〕鉛山人。字德父。從劉子羽立功西陲。官至貴州刺史。父沒歸隱。樂於爲義。與弟可大立鄉校以訓士。士林稱之。

祝弘舒 〔明〕溫江人。字文安。正德進士。任含山知縣。賑歛恤孤。調太平。民俗生女多不舉。弘舒諭禁之。全活甚衆。官至兩淮運使。

祝次仲 〔宋〕太平人。字孝友。工畫山水。尤善草書。

祝佗 〔春秋〕〔衞〕佗亦作鮀。字子魚。官大祝。孔子稱其佞。劉文公合諸侯於召陵。靈公使祝佗從。初諸侯將長蔡於衞。以祝佗之言。卒先衞。

祝廷彪 〔清〕夾江人。字虎臣。號毅齋。乾隆間從征廓爾喀及黔苗。嘉慶間從征川陝楚教匪。並有功。官至浙江提督。

祝良 〔後漢〕臨湘人。性勇決。永和中日南徼外蠻反。李固薦之。拜九眞太守。良單騎入賊中。曉以利害。降者數萬。嶺外復平。

祝昌 〔清〕廣德人。一作舒城人。居新安。又客漢上。字山嘲。工畫山水。多逸致。性孤介。

祝明 〔元〕直隸安平人。字文卿。有聲律發蒙。

祝松 〔宋〕竟陵人。舉進士。調長水簿。端平初城陷死之。民立祠以祀。

祝泌 〔宋〕德興人。字子涇。以進士授饒州路三司提幹。傳邵雍皇極之學於廖應淮。年老乞休。御書觀物樓扁額賜之。元世祖詔徵不起。有皇極經世書鈐。

祝峋 〔元〕松江華亭人。字秀巖。英拔豪闊。篇翰清美。與趙孟頫・朱德潤爲友。官至平江路總管。

祝洙 〔宋〕穆子。寶祐進士。嘗注四書集說附錄。宰執取其書呈覽。授太學博士。景定中爲涵江書院山長。

祝淦 〔清〕海寧人。字人齋。乾隆舉人。私淑張履祥之學。旣刻其遺書。復擇粹語爲一編。曰淑艾錄。又掇取朱子文集語類編次之爲下學編。

祝禹圭 〔宋〕信安人。字汝玉。淳熙中知休寧縣。爲政清簡。嘗註東西銘解。朱熹爲作新安道院記。

祝英臺 〔晉〕家上虞。與會稽梁山伯同學。英臺先歸。山伯過上虞訪之。始知爲女。欲娶之。而英臺已許馬氏子。後山伯爲鄞令。病死。遺言葬清道山下。英臺適馬氏。過其處。舟不能進。英臺遣山伯冢慟哭。忽地裂。英臺投而死。（此本寧波府志。又清水縣志作五代梁時人。山伯死瘞鄮山之麓。與此小異。）

祝挺 〔明〕字正夫。攻春秋左傳。明初知上海縣。遇錢氏聚衆爲變。挺計平之。尋大軍至。將屠邑。挺力請乃已。官至浙江行省郎中。

祝時泰 〔明〕閩人。嘉靖時游於杭州。與其友結詩社西湖上。凡會吟者有紫陽・湖心・玉岑・飛來・月巖・南屏・紫雲・洞霄。八社。時泰與高應冕等分主之。以所作倡和詩。集爲西湖八社詩帖。

祝書 〔清〕固始人。字重君。甲申之役。嘗贊王孝祺戎幕。幼聞父訓。知越南亡國始末。乃與越南志士交。結廣南社。社友爲法人所捕殺。書率衆劫法警署。被擒自殺。

祝崑 〔明〕公榮子。元末奉母避賊山中。賊追及母。急投崖下。崑挪身赴救。負母而登。洪武間舉孝廉。授知縣。未幾乞養歸。

祝常 〔宋〕常山人。字履中。從胡

瑗學。登進士第。時有詔解三經義。常壓出正義辨難。遂忤王安石。出令平陽。終殿中丞。有蓬山類苑等書。

祝淵 〔元〕字宗禮。有事文類聚遺集。⊙〔明〕海寧人。字開美。崇禎舉人。會試入都。適都御史劉宗周削籍。淵未識宗周。抗疏爭之。逮下詔獄。尋被釋。遂師事宗周。嘗有過。閉門長跪。流涕自撾。杭州失守。投繯卒。有祝子遺書。皆與宗周講學之語。

祝淇 〔明〕海寧人。字汝淵。號夢窗。以子萃貴。封刑部主事。有履坦幽懷集。

祝聃 〔春秋鄭〕大夫。北戎侵鄭。莊公禦之。戎人之前遇覆者奔。祝聃逐之。衷戎師。前後擊之。戎盡殪。

祝堯 〔元〕上饒人。延祐進士。博學能文。仕至無錫州同知。著有大易演義。古賦辨體。

祝勛 〔宋〕衢州人。淳熙中知萬載縣。是時學廢。監市者居之。學官生徒皆寄寓僧舍。勛乃復舊址建學。

祝欽明 〔唐〕始平人。字文思。舉明經。爲太子率更令。中宗復位。擢國子祭酒。帝將郊。欽明與國子司業郭山惲陰迎韋后意。謂后有郊天地之理。帝用其言。後宴羣臣。欽明據地作八風舞。盧藏用歎曰。五經掃地矣。景雲初被劾。貶饒州刺史。入爲崇文館學士卒。

祝萃 〔明〕淇子。字惟貞。成化進士。授刑部主事。改工部。從侍郎徐貫治水蘇松。以功進員外郞。正德時歷廣東左布政。乞歸。優游著述以終。有虛齋先生集。

祝象器 〔宋〕世居江陵。遷歙。登儒科。爲五經博士。世以好善聞於州郡。生業幾有郡之半。時稱祝半州。

祝新 〔清〕海昌人。字儀文。隱西湖。工寫照。善山水。

祝筠 〔清〕海昌人。字松如。寫照得謝彬三昧。

祝萬齡 〔明〕陝西咸寧人。萬曆進士。累官保定知府。天啓中魏忠賢毀天下書院。萬齡歎息。其黨李魯生劾之。遂罷仕。崇禎初起知黃州。集諸生講學。時號關西夫子。尋罷歸。流賊陷長安。萬齡趨至關中書院。投繯死。

祝詠 〔明〕衡陽人。字鳴盛。嘉靖進士。歷戶兵二科給事中。以方鯁忤時。出按甘肅。論列邊事。如燒河套復屯田諸議。當事尤忌之。出知太平府。終陝西參政。

祝嘉 〔清〕秀水人。字明甫。乾隆舉人。善畫梅。橫斜偏反。各極自然。有西潤詩鈔。

祝夢熊 〔宋〕江山人。字寬夫。嘉泰進士。累官監察御史。請弛僞學之禁。又請復朱熹·趙汝愚等官。開禧用兵。疏言邊臣啓釁。忤韓侂胄。罷知武夷山沖祐觀。又以聚徒講學謫黃巖尉。值寇亂。被執。不屈死。謚獻烈。

祝綝 〔唐〕始平人。字叔良。少通經。頗著書質諸家疑異。對策高第。終無極尉。

祝維岳 〔宋〕城武人。字周輔。中明法科。爲隰州司理參軍。愼於決獄。時羌虜數寇邊。維岳轉餉出入虜中。助曹瑋破敵。遷大理寺丞。

祝維誥 〔清〕秀水人。字豫堂。一字宣臣。乾隆舉人。舉鴻博。官內閣中書。有綠溪詩稿。

祝跪 〔周〕大夫。惠王奪跪田。跪因與蔿國·邊伯·石速·詹父·子禽作亂。奉子穨以伐王。不克。出奔溫。

祝德麟 〔清〕海寧人。字止堂。一字芷塘。乾隆進士。官至御史。有悅親樓詩鈔。

祝確 〔宋〕歙人。朱熹外祖。字永叔。淳厚孝謹。親喪廬墓。兄弟先後死熙河。確徒步萬里以歸其喪。篤於親舊。好施與。傾財無吝色。人多高其行誼。

祝穆 〔宋〕歙人。字和甫。初名丙。幼孤。與弟癸同從朱熹受業。性行溫淳。刻意問學。以儒學昌其家。有事文類聚前後續別四集·方輿勝覽。

祝蕃 〔元〕玉山人。徙居貴溪。字蕃遠。從陳苑游。治陸九淵本心之學。一時推爲都講。嘗修象山講堂。又求九淵後而資給之。至正間官至廣州總管經歷卒。

祝諮丘 〔西夏〕治平中爲太常少卿。時夏國使至。諮丘爲館伴。韓琦科十事以授諮丘。諮丘如所教答之。夏人讋服。

祝融 〔上古〕顓頊孫。名重黎。爲高辛氏火正。以其焞燿敦大。光明四海。故命之曰祝融。共工氏作亂。帝命重黎誅之而不盡。帝以庚寅日誅重黎。以其弟吳回代重黎。復居火正爲祝融。遂平共工氏。後世祀爲火神。（按通鑑稱高陽氏官。此從左傳杜注。）

祝龜 〔後漢〕南鄭人。劉焉爲益州牧。辟之。撰漢中耆舊傳。

祝瀚 〔明〕浙江山陰人。字惟容。成化進士。拜刑部主事。擢南昌知府。廉明有威。時宸濠勢漸熾。瀚嚴拒干謁。王府有鶴帶牌者縱於街。民家犬噬之。宸濠牒府欲抵罪。瀚批牒曰。鶴號帶牌。犬不識字。禽獸相爭。何預人事。其強直類如此。竟以中傷謝事歸。

祝鼃 〔春秋衛〕靈公時齊豹攻公孟於蓋獲之門外。使祝鼃寘戈於車薪以當門。

祝瀾 〔明〕德興人。字有本。成化進士。授兵科給事中。以直言忤旨廷杖。謫安州判。遷國子監丞。再謫雲南經歷。瀾慷慨尚氣節。爲諸生時。

聘舒氏女。後目盲。其父母欲罷婚。瀾不可。竟娶瞽女。爽之終身。

祝顥 [明]長洲人。字惟清。正統進士。內侍傳旨試能文者四人。顥與焉。入掖門。知欲徵小內豎。不試而出。授刑科給事中。以精敏稱。歷山西左參政。政績尤著。詩文典贍。有侗軒集。（按明史徐禎卿傳作祝顥誤。此從蘇州府志。）

祝雞翁 [晉]洛陽人。居尸鄉北山下。養雞千餘頭。皆有名字。呼名即種別而至。後之吳山。莫知所終。

神秀 [唐]高僧。尉氏李氏子。師弘忍。奉楞伽爲心要。爲北宗之祖。亦稱六祖。武后召至都。命於當陽山置度門寺以旌異之。張說嘗從問法。執弟子禮。神龍中卒。諡大通禪師。

神周 [明]英子。正德間討流賊有功。擢副總兵。鎮山西。尋坐事削秩。以賁緣江彬入豹房。賜國姓。典兵禁中。與彬相倚爲聲勢。納賄不貲。彬敗。周下獄伏誅。

神英 [明]壽州人。字景賢。天順初襲父職爲延安衛指揮使。屢從都督張欽等征討有功。正德中官至右都督。以老命致仕。英厚賄劉瑾。乞敘錄邊功。封涇陽伯。瑾敗。奪爵致仕。

神悟 [唐]高僧。長水李氏子。字通性。居潤州石圮山。累著靈蹟。李華·崔益問以三教優劣。神悟往復應答。華益無以難。天寶間跏趺示寂。

神邕 [唐]高僧。暨陽蔡氏子。字道恭。幼聰悟過人。及長。游方至長安。値安祿山之亂。東歸故鄉。與皇甫曾等賦詩往復。有集十卷。移居焦山大曆寺。爲開山始祖。著破倒翻迷論。後游天台。纂地誌。貞元間示寂。

神淸 [唐]高僧。昌明章氏子。字靈庾。幼於綿州開元寺出家。文學優贍。入內應奉。晚住梓州慧義寺。以講導著述爲事。元和間卒。有法華玄箋·釋氏年誌·新律疏要訣·（一名清鈔）二衆初學儀·有宗七十五法疏·（一名法源記）識心論·澄觀論·俱舍義鈔·北山參玄語錄。

神智 [唐]高僧。義烏力氏子。出家雲門寺。持大悲心呪。恆呪杯水以救百疾。飲之多瘥。時號大悲和尚。大中間入京兆。裴休爲請院額曰保壽。並賜鐘一口。光啓間示寂於東白山。

神湊 [唐]高僧。藍田成氏子。大曆間策試僧人。神湊應選。配住九江興果精舍。後居東林寺。元和間示寂。神湊登壇秉法垂三十年。戒律精深。與白樂天相善。及終。樂天爲作塔銘。

神皓 [唐]高僧。吳郡徐氏子。陳徐陵七世孫。字恒度。天性耿潔。風韻朗邁。天寶間出家。乾元初爲大德。住開元寺講戒律。從學者均一時聞人。貞元間觀法而終。

神會 [唐]高僧。襄陽高氏子。幼投五經及老莊之書。旋歸釋教。師慧能行曹溪之法。肅宗爲造荷澤寺於洛京。上元初示寂。諡眞宗大師。

神楷 [北周]高僧。京兆郭氏子。該通經論義理。講播大乘俱舍等論。流輩罕有及之者。在越州剡石城寺作淨名經疏。素有巧性。又在剡溪南巖下映水塑貌。後居京師崇業寺卒。

神農 [上古]帝。姜姓。始敎民爲耒耜。興農業。故稱神農氏。以火德王。亦以火紀官。故又稱炎帝。起於烈山。故亦曰烈山氏。亦曰連山氏。亦曰伊耆氏。嘗百藥而知寒溫之性。君臣佐使之義。後世傳爲神農本草。又作方書以療民疾。復演八卦而爲六十四卦。名曰歸藏。都陳。後遷曲阜。立市廛以通貨財。始作五絃之琴。以合神人之和。在位一百四十年而崩。

秦二世 [秦]見二世條。

秦九韶 [宋]著有數學九章。創立天元法。有功於算術。

秦士文 [明]蒙陰人。字彬子。萬曆進士。累遷僉都御史。巡撫宣府。號令嚴明。邊人讋服。以功加兵部右侍郎。於宣府建魏忠賢生祠。俄晉尙書。有撫宣奏議及詩文。

秦大士 [淸]江寧人。字魯一。又字澗泉。號秋田老人。乾隆進士。官至侍講學士。書法直逼歐柳。晚年兼喜繪事。名重一時。

秦子嬰 [秦]見子嬰條。

秦山甫 [宋]長卿從子。爲靖康府判官。聞長卿冤狀。即日棄官去。累薦不起。

秦不虛 [古][虞氏]舜七友之一。並爲雷澤之游。

秦友諒 [宋]毗陵人。少爲縣吏。善畫草蟲花卉蟬蝶。傅色輕妙。著稱於時。

秦文公 [春秋][秦]襄公子。其先居犬丘。公獵於汧渭之會。卜居之。乃營邑焉。初有史以紀事。民多化者。以兵伐戎。戎敗走。遂收周餘民有之。地至岐。岐以東獻之周。公獲石於陳倉北。祠之。號曰陳寶。法初有三族之罪。在位五十年卒。諡文。

秦文郁 [後漢]爲洪陽尹。政聲大著。民懷其德。

秦日新 [淸]無錫人。字映碧。康熙時歲貢。少與錢肅潤·張夏輩善、所著白鹿堂詩。頗具唐人風格。

秦世父 [周]莊公長子。嘗曰。戎殺我大父仲。我非殺戎王。則不敢入邑。遂自將擊戎。讓其弟襄公爲太子。戎圍犬丘。世父擊之。爲戎所虜。歲餘歸。

秦世禎 [淸]廣寧人。隸漢軍正藍旗。順治間由貢生除知文安縣。行取授御史。巡按江南。創立魚鱗冊易知單及輸糧者自封投櫃之制。蘇人便之。累官操江巡撫。坐先任浙江巡撫時舟山被陷。部議奪職。

秦世顯 明涇陽人。字子修。年十八登嘉靖進士。知饒陽縣。身不滿四尺。又尫弱。饒患難治。世顯日高升堂。裁決如流。食頃庭無人。囹圄空虛。有盜入境。射獲渠魁一人。餘下馬羅拜。俱生擒而還。自是境內無盜。年二十二卒。人共惜之。

秦冉 春秋字開。孔子弟子。

秦四麟 明常熟人。字季公。萬曆間貢生。讀書嫻古。善塡詞曲。

秦民悅 明舒城人。字宗化。天順進士。歷廣平知府。考績爲畿內冠。累擢南吏部尚書。以星變偕九卿陳時政二十三事。多議行。

秦民屏 明良玉弟。萬曆末授守備。擢參將。從良玉攻二郎關。民屏先登。克佛圖關。復重慶。進副總兵。後與安邦彥力戰於大方而死。

秦玉蓮 元妓。與其妹小蓮俱善唱諸宮調。冠絕一時。

秦休 清郃陽人。字又休。號峙瞻。康熙進士。官戶部郎中。坐事遣戍。後釋歸。性質直。篤行義。能文章。好異書金石古文。精篆刻。解音律。有詩文集。又有稚方。則在塞外所集錄也。

秦仲 周非子曾孫。立三年。厲王無道。西戎叛周。宣王立。以秦仲爲大夫。討西戎。爲戎人所殺。在位二十三年。

秦仲章 明洪武中爲慈谿縣丞。廉正不撓。時李仲文爲寧波知府。遣吏馬仁生行縣違法。仲章械仁生至闕下。太祖嘉之。擢仲章知寧波府。降仲文爲慈谿縣丞。

秦光祖 明涇陽人。少習騎射。崇禎末賊至。仗劍從戎死。

秦光第 清嘉興人。字少游。號次游。咸豐舉人。能書。善倚聲。有軍行法戒錄。

秦再雄 宋辰州猺人。武健多謀。在周廣以戰鬭立功。蠻黨服之。太祖下荆湖。召擢辰州刺史。再雄感恩誓報。終太祖世。邊境無患。

秦同 漢以卒從起薛。以弩將入漢。官都尉。擊項羽有功。封彭侯。卒諡簡。

秦旭 明無錫人。字景暘。究心學問。爲詩數腴雄健。格類放翁。厚重寡言。不妄與人交。年八十五卒。友人私諡貞靖。有修敬集。

秦自然 明鄒人。長子雄。耕讀孝友。與弟豹·宣·蠡三人。子姪十人。孫十八人。曾孫四十人。同居一爨。少長無間言。鄉鄰以爲有張公藝風。

秦伯南 三國魏曹眞之父。夙與曹操善。袁術部黨與操攻劫。操出。爲寇所追。走入秦氏。伯南開門受之。寇問操所在。伯南答曰。我是也。遂害之。操由是思其德。以其子眞變姓爲曹氏。

秦初 明字性初。以進士起家。官至禮部主事。敦裕醇厚。行誼如古人。

秦坊 清無錫人。字表行。號畿塵。有範家集略。範身集略。

秦孝公 戰國秦獻公子。名渠梁。時河山以東彊國六。淮泗間小國十餘。周室微弱。諸侯爭相併。公用商鞅爲政。變法改制。徙都咸陽。國富兵強。遂有併吞六國之勢。在位二十四年卒。諡孝。

秦孝文王 戰國秦昭襄王子。名柱。修先王功臣。褒厚親戚。弛苑囿。卽位三日卒。諡孝文。

秦希甫 宋吳縣人。字辨之。元豐進士。元符中爲陝西轉運判官。以言棄河湟事罷職。後入元祐黨籍。

秦秀 晉雲中人。字元良。少敦學行。以忠直知名。咸寧中爲博士。後與劉暾等同議齊王攸事。忤旨除名。尋復起爲博士。秀性婞直。與物多忤。爲博士前後垂二十年。卒於官。

秦系 唐會稽人。字公緒。天寶末避亂剡溪。後結廬於泉州南安九日山。號南安居士。注老子。彌年不出。與劉長卿友善。以詩相贈答。後又東渡秣陵。年八十餘卒。南安人思之。爲立亭。號其山爲高士峯。

秦良玉 明忠州人。石砫宣撫使馬千乘妻。饒膽智。善騎射。兼通詞翰。常爲男子裝。千乘卒。良玉代領其衆。以討奢崇明功授都督僉事。充總兵官。崇禎時入援京師。流賊入川。良玉壓破之。及張獻忠陷川。良玉悉召所部約曰。有從賊者殺無赦。乃分兵守四境。賊徧招土司。獨無敢至石砫境者。獻忠死。良玉以壽終。

秦邦屏 明良玉兄。泰昌時徵良玉援遼。良玉先遣邦屏及弟民屏以數千人往。詔授邦屏都司僉書。天啓初渡渾河戰死。

秦周 後漢平丘人。字平王。能以財救人。爲八廚之一。官至北海相。

秦始皇 秦莊襄王子。名政。爲人剛戾自用。卽位二十六年。盡滅六國。稱皇帝。廢諡法。以世計數。自爲始皇帝。故稱始皇。以建亥之月爲正。自謂以水德王。色尙黑。收天下兵。聚之咸陽。銷爲鐘鐻。廢封建。置三十六郡。築長城。治馳道。又北擊匈奴。南併南越。疆域大擴。然橫征暴斂。嚴刑酷法。侈宮室遊觀。其政策務在愚民。焚書坑儒。偶語詩書者棄市。是古非今者族誅。好神仙。數巡幸。封禪泰山。刻石頌德。有嶧山瑯邪等碑。在位三十七年。崩於沙丘。

秦宓　三國蜀綿竹人。字子勅。少有才學。州郡辟命。輒辭疾不往。先主定益州。夏侯纂請宓爲師友祭酒。宓臥不起。先主將東征吳。宓陳天時不利。坐下獄貸出。建興間諸葛亮領益州牧。選爲別駕中郎。吳使張溫來聘。百官往餞。溫聞宓博學。欲以辯窮之。宓答問如響。溫大敬服。後遷大司農卒。

秦宗權　唐上蔡人。爲許州牙將。黃巢滲淮。宗權因逐刺史。據蔡叛。與巢連和。圍陳州。擾寇梁宋間。巢死。宗權張甚。所至屠老孺。焚屋廬。至千里無舍煙。後與朱全忠戰敗。爲其將申叢所囚。全忠檻送京師。伏誅。

秦岳　明慈谿人。字維翰。永樂舉人。卒業太學。拜兵部主事。歷山西布政使右參議。督理糧儲。催科不擾。丁母憂去。性寬厚朴實。嘗書勤儉忍耐謙和六字以自警。人稱長者。

秦承恩　清江寧人。乾隆進士。由編修累擢陝西巡撫。嘉慶間湖北教匪滋事。擾及陝西。承恩督兵堵勦。累戰皆捷。官至刑部尚書。

秦承業　清江寧人。字補之。號易堂。乾隆進士。嘉慶間官至侍講學士。性嚴冷。語言眞率。卒諡文懿。有養正書屋詩·瑞芝軒文集。

秦昂　明蒲州人。弘治進士。初知東阿縣。有政績。擢御史。巡按陝西。風裁凜然。官終副使。

秦昌遇　明上海人。字景明。天資警敏。少善病。因學醫。治嬰兒疾稱神。已而偏通方脈。不由師授。妙悟入微。有大方幼科·痘疹折衷等書。

秦松齡　清無錫人。字漢石。又字次椒。號留仙。又號對巖。順治進士。官國史院檢討。罷歸。康熙中舉鴻博。復授檢討。歷諭德。家有寄暢園。在惠山麓。擅林泉之勝。松齡研精經術。尤邃於詩。有毛詩日箋·蒼峴山人集。

秦武公　春秋秦文公曾孫。初爲太子。父寧公卒。其臣三父等廢太子。而立太子弟出子爲君。立六年。三父等復令人賊殺出子。立武公。武公居平陽。誅三父等。縣杜鄭。滅小虢。在位二十年卒。諡武。初以人殉葬。從死者六十六人。

秦武王　戰國秦惠文君子。名蕩。初置丞相。以樗里疾·甘茂爲左右丞相。窺周室。使甘茂伐宜陽。取之。遂通三川。王有力好戲。與力士孟說舉鼎。絕臏死。族孟說。在位四年。諡武。

秦金　明無錫人。字國聲。弘治進士。歷右副都御史。巡撫湖廣。討破桂陽猺。嘉靖中累擢戶部尚書。帝欲尊興獻帝。金伏闕爭。又條張璁建議之非。及上聖母册。金復不至。爲人樂易。居官一以廉正自持。終南京兵部尚書。卒諡端敏。有安楚錄。

秦長卿　元洛陽人。性倜儻。世祖時徵至京。與劉宣同在宿衛。以氣岸相高。時阿合馬專政。長卿上書請誅之。阿合馬大恨。被誣下獄死。

秦青　古之善歌者。薛譚學謳於秦青。未窮青之技。自謂盡之。遂辭歸。秦青弗止。餞於郊衢。撫節悲歌。響遏行雲。譚乃謝求返。終身不敢言歸。

秦非　春秋魯人。字子之。孔子弟子。

秦哀公　春秋秦康公四世孫。吳入郢。楚大夫申包胥來告急。七日不食。日夜哭泣。公乃發五百乘救楚。敗吳師。楚昭王復國。在位三十六年卒。諡哀。

秦彥　唐徐州人。本名立。乾符中聚徒百人。殺下邳令。入黃巢黨中。既敗。降高駢。累表和州刺史。及駢被囚。彥遣人殺駢。秦宗權使孫儒襲揚州。彥與之合。儒攻城未得志。疑彥有異謀。數彥反駢罪。斬之。

秦拱明　明邦屏次子。官至副總兵。崇禎中值普名聲之亂。進戰破賊。名聲引交阯兵破副將劉理營。標下卒欲走。拱明怒。手刃之。與賊鬬死。

秦昭襄王　戰國秦武王異母弟。名稷。以太后弟魏冉爲相。白起爲將。攻破諸侯之師。東周君來朝。西周君盡獻其邑。取周九鼎。一飛入泗水。餘八入於秦。時秦強盛。天下來賓。在位五十六年。卒諡昭襄。

秦柱　明金孫。以諸生授中書舍人。大學士高拱得罪去。門生皆走匿。柱獨追送百里外。吳中行疏論張居正奪情。被杖詔獄。柱挾醫視湯藥。遂忤居正。遷晉府審理。尋罷。

秦炳文　清無錫人。原名燡。字硯雲。號誼亭。道光舉人。官吳江教諭。工畫山水。寄情詩酒。愛古如性命。精鑑賞。所藏多精品。

秦科　明閩陽人。善象棋。尤精圍棋。天下無敵。

秦約　明太倉人。字文仲。洪武初應召。試愼獨箴。拜禮部侍郎。以母老歸。再徵詣京師。上書言事。以年老難任劇。授溧陽教諭。有樵海集。

秦宮　後漢梁冀監奴。冀妻孫壽色美。善爲妖態。冀愛宮。令得出入壽所。壽因與私焉。宮內外兼寵。威權大震。唐李賀詩有秦宮一生花底活。即詠此也。

秦恭　西漢信都人。字延君。少與張山拊·鄭寬中·假倉同師事夏侯建。受尚書。恭又增其師法至百萬言。官至城陽內史。故小夏之傳。有鄭張秦假之學。後恭授魯人馮賓。亦以學知名。

秦恩復　清江都人。字近光。號

敦夫。乾隆進士。官編修。精於鑑藏。所居五笥仙館。蓄書萬卷。校刊列子。鬼谷子。揚子法言。三唐人集。隸韻。詞林韻釋諸書。世稱善本。工塡詞。有享帚詞。卒年八十有四。

秦・涇 明平湖人。字汝淸。幼喪母哀毀。刻像事之如生。及事繼母。失愛。事之益謹。撫異母弟尤篤。卒回母心。父臥病。鄰火及臥所。涇叩頭籲天。風反火滅。父沒。廬墓終喪。

秦・泰 明洪武中知南昌縣。勤於撫字。有不率教者。以禮喻之。不加鞭朴。政淸訟簡。及去任。父老多攀留之。

秦・祖 春秋秦字子南。孔子弟子。

秦・祖襄 明慈谿人。字汝翼。崇禎進士。授工部主事。尋棄職歸。杜門著述。遭母喪。嘔血死。

秦・紘 明單人。字世纓。景泰進士。任監察御史。劾中官採辦。謫驛丞。尋還府谷令。日與將官講兵法。料虜情。凡六載。成化中累擢僉都御史。巡撫宣府。凡與虜戰。以全制勝。召爲戶部侍郎。以忤時貴降廣西參政。寇入花馬池。詔起戶部尚書。兼右副都御史。總制三邊軍務。在事三年。四鎭寧謐。致仕歸。卒諡襄毅。

秦・起宗 元深水人。字元卿。生長兵間。學書無從得紙。父順削柳爲簡。寫以授之。成誦。削去更書。仁宗時由太子家令累遷中臺御史。力劾中丞和尙。閩憲卜咱耳。言皆聽用。出爲撫州路總管。居一歲。以兵部尙書致仕。卒諡昭肅。

秦・偉 明三原人。字世觀。弘治進士。累官山西參政。與馬理・呂柟相友善。所養益邃。爲參政時。令行禁止。道不拾遺。治爲天下最。

秦・商 春秋魯堇父子。字丕茲。孔子弟子。（按史記作楚人。字子丕。此從家語。）

秦・堇父 春秋魯孟氏臣。有勇力。魯從晉師圍偪陽。堇父輦重如役。偪陽人啓門。諸侯之士門焉。縣門發。郰人紇抉之以出門者。主人縣布。堇父登之。及堞而絕之。墜則又縣之。蘇而復上者三。偪陽人嘉其勇。辭焉。乃退。帶其斷以徇於軍三日。卒滅偪陽。師歸。孟獻子以爲戎右。

秦康公 春秋秦穆公子。名罃。母爲晉獻公女。公納獻公子文公於晉。康公時爲太子。贈送文公於渭之陽。作渭陽之詩。嗣位。穆公之業以衰。立十二年卒。諡康。

秦・彪 明爵溪所百戶。嘉靖中倭寇登赤坎。攻遊仙寨甚急。彪以遊仙與爵溪脣齒。與弟漢疾馳赴鬬。力不支。俱死。

秦・從龍 明洛陽人。字元之。仕元官江南行臺侍御。史會兵亂。避居鎭江。徐達下鎭江。太祖造其廬聘之。朝夕諮訪。事無大小。悉與之謀。

秦・族 北周洛川人。性至孝。父喪哀毀過禮。母沒。哭泣無時。終喪之後猶蔬食。不入房室二十餘年。

秦・望 淸無錫人。字元宮。所著思通集。自天地鬼神飛潛動植之類。凡有會悟。隨筆記之。有詩集曰隨意吟。亦多涉理路。

秦・梓 宋江寧人。字楚材。少有才名。登宣和進士第。累官翰林院學士。出知宣州。致仕歸。弟檜當國。梓惡其所爲。自江寧徙溧陽。時有柳下司馬之目。

秦・梁 明無錫人。字子成。號虹洲。嘉靖進士。累拜吏科給事中。京師築外城。梁董其役。劾罷宦官奸工事者。官至江西右布政。

秦・略 金陵川人。字簡夫。自號西溪老人。工詩。有集。

秦莊公 周秦仲子。宣王召莊公昆弟五人。與兵七千人。使伐西戎。破之。周復與以大駱犬丘之地。以爲西垂大夫。居犬丘。立四十四年卒。諡莊。

秦莊襄王 戰國秦孝文王中子。名子楚。質於趙。見呂不韋姬。悅而取之。生子政。尋亡歸。及卽位。布惠於民。東周君與諸侯謀秦。王使相國呂不韋誅之。盡入其國。以陽人聚賜周君。奉其祭祀。立四年卒。諡莊襄。

秦・彭 後漢茂陵人。字伯平。明帝時擢爲開陽城門候。拜騎都尉。副騎馬都尉耿秉北征匈奴。章帝立。遷山陽太守。後轉潁川。皆有善政。

秦惠文君 戰國秦孝公子。名駟。旣卽位。宗室多怨衞鞅。乃車裂鞅以徇。楚韓趙蜀人來朝。周君來賀。以張儀爲相。使司馬錯伐蜀。滅之。魏納上郡十五縣。又取楚漢中地六百里。始稱王。在位二十七年卒。諡惠文。

秦・景通 唐晉陵人。與弟暐俱有名。皆精漢書。號大秦君・小秦君。一時治漢書者多出其門。仕至太子洗馬。終崇賢館學士。

秦・湛 宋觀子。字處度。少好學。善畫著色山水。

秦・越人 戰國見扁鵲條。

秦・逵 明宣城人。字文用。洪武進士。歷仕副都御史。奉命淸理囚徒。寬嚴得體。擢工部侍郎。有大興作。多召逵議。議定工匠以三年爲班。更番赴京輸作。免其家徭役。諸匠便之。後遷工部尙書。坐事自殺。

秦・雲爽 淸錢塘人。字開地。號定叟。嘗著紫陽大旨。以糾朱熹・王守仁晚年定論。

秦・傳序 宋江寧人。淳化中爲夔峽巡檢使。李順之亂。傳序督士卒拒戰。城陷。赴火死。子奭。詣峽求父屍。溺死。人以爲一門忠孝。

秦・塤 宋熺子。爲敷文閣待制。
試進士。省殿試皆爲第一。士論不平。
及廷試。塤策皆其祖檜及父熺語。遂
降第三。修撰實錄院。檜病。詔塤提
舉江州太平興國宮。
秦・暐 唐景通弟。精漢書。復任
其兄官職。
秦・當 金上黨人。金季兵起。穴
山巔爲洞。奉親以居。傍穴大洞。匿
其里中百人。具牛酒出待兵。兵入索。
惟見親屬。曰。孝子也。釋之去。人甚
德之。曰。秦父生我。
秦・經國 明福淸人。字嘉猷。爲
鎭東衛指揮同知。嘉靖之季。倭薄城
下。經國麾敗之。以功進參戎。其後
破張璉。擒林鳳。勦曾一本。滅劉貴。
大著戰功。東南能水戰者。無踰經國。
秦・裕伯 明大名人。字景容。仕
元累官福建行省郎中。遭世亂。棄官
客揚州。後避地上海。張士誠據姑蘇。
遣人招之。拒不納。太祖命中書省檄
起之。裕伯固辭。洪武初復徵。不得
已偕使者入朝。授侍讀學士。裕伯博
辨善論說。占奏悉當帝意。帝數稱之。
出知隴州。卒於官。
秦・道然 淸松齡子。字雒生。康
熙進士。官至禮科給事中。坐事繫獄
十四年。工詩。有困知私記・明儒學
錄・泉南山人存稿。
秦・鉅 宋檜曾孫。字子野。通判
蘄州。金人犯境。與郡守李誠之協力
捍禦。救援不至。城破。鉅猶以親兵
巷戰。死傷略盡。鉅歸署。疾呼吏人。
火諸倉庫。乃赴一室自焚死。封義烈
侯。立廟蘄州。賜額褒忠。
秦・鉞 明慈谿人。字懋功。正德
進士。累官副都御史。巡撫江西。歷
官皆有聲績。
秦・嘉楫 明上海人。字少說。號
鳳樓。嘉靖進士。官至南京工部主事。
致仕家居。校輯羣書。恒手自鈔錄。
秦・榮先 北周族弟。至孝。遭母
喪。以毀卒。邑里化其孝行。明帝嘉
之。詔贈滄州刺史。
秦・榮光 淸上海人。字炳如。原
名載瞻。號月汀。貢生。就職訓導。
博學能文。留意世務。董地方公益者
四十年。凡慈善事業。多量力補助。
及卒。門人私謚溫毅。有養眞堂集。
秦・漢 明高淳人。性倜儻不羈。
所交多豪俠士。嘉靖中諸宦者奉梓宮
至南都。郡邑皆有獻。時淳令陶獨無
備。衆校擁陶去。漢以術救之。得免。
人謂有古俠士風。 ◉淸常熟人。字淮
夏。號二谷。工畫花鳥。
秦・聚奎 明漢陽人。字仲默。萬
曆進士。天啓中歷官順天府尹。時魏
忠賢子良弼封侯開府。議毀陰陽學以
廣其居。聚奎疏言事關國體。不敢奉
詔。觸忠賢怒。奪職歸。後徵拜太常・
光祿・太僕諸卿。皆不赴。有勿忘集・與
還齋稿・閱見錄。
秦・舞陽 戰國燕勇士。年十三殺
人。人不敢忤視。荊軻入秦。以爲副。
奉地圖匣以次進。至陛下。舞陽色變
震恐。(按一作武陽。)
秦・裴 五代吳爲楊行密牙校。攻
拔崑山。戍其地。唐昭宗時浙將顧全
武攻陷蘇州。裴獨守崑山。食盡乃降。
後復還。授昇州刺史。楊渥攻克洪州。
論克敵功。改洪州制置使。朱思勍等
從戍江西。爲徐溫所害。裴由是鬱鬱
不自得。無何卒。
秦・輔之 元嘉定人。博學能文。
時嘉邑未有志乘。輔之始撰練川志。
典章文獻。燦然具列。又著格物擇善
錄・易經史斷・武事要覽・忠孝百詠
等篇。
秦・鳴雷 明臨海人。字子豫。嘉
靖間登進士第一。官至南京吏部尙書。
所著談資。采錄古今事。詮次頗無敍。
秦・德 明沁水人。兄恭因酒殺人。
德以兄無嗣。欲代兄死。抵官誣服。
遂棄市。鄉里義之。
秦德公 春秋秦武公次子。以犧
三百牢祠鄜畤。卜居雍。國益廣大。
後子孫得東飲馬於龍門之河。立二年
卒。謚德。
秦・緗業 淸瀛子。字澹如。道光
副貢生。善詩古文辭。官浙江候補道。
沖淡夷雅。不苟徇俗。以是不顯。引
疾歸。有虹橋老屋集。
秦・繇 南朝宋河南人。舉孝廉。
母喪。送葬不復還。鄉人爲作茅庵止
其中。哀號之聲。行者爲之隕涕。
秦・銳 明浙江山陰人。字克進。弘
治進士。由知縣入爲御史。以疏劾劉瑾
得罪。瑾誅。遷湖廣按察司僉事。與
平劉六之亂。終廣東副使。
秦・熺 宋檜子。本檜妻兄王㬇孽
子。舉進士第一。以祕書少監領國史。
檜居相位。記錄皆熺筆。無復有公是
非。累除知樞密院事。加少保。進少
師。檜死。熺遂廢。
秦穆公 春秋秦德公第三子。名
任好。既立。勤求賢士。西取由余於
戎。東得百里奚於宛。迎蹇叔於宋。求
丕豹・公孫支於晉。敗晉惠公。納晉文
公。其後違蹇叔之言以襲鄭。晉襄公敗
諸崤。公悔過作誓。卒得孟明之慶。
敗晉人。封崤尸而還。遂霸西戎。益
國二十。開地千里。在位三十九年。
卒謚穆。從死者百七十七人。秦之良
臣子車氏之三子殉焉。(按穆一作繆。)
秦・羲 宋江寧人。字致堯。補殿
直。督廣濟漕船。太宗時提點淮南西
路茶鹽。歷知蘇州・泉州。幾知審。
好爲詩。喜賓客。頗有士風。歷貨財
之任凡十五年。精勤練習。號爲稱職。
秦・翰 宋獲鹿人。字仲文。年十

三爲黃門。淳化中補內押班。以計擒趙保忠。眞宗時屢破契丹兵。累官至平州團練使。輸倜儻有武力。以方略自任。前後戰鬬。身被四十九創。性溫良謙謹。與將士同休戚。能得衆心。

秦蕙田 清無錫人。字樹峯。號味經。乾隆進士。官至刑部尚書。加太子太保。以經術篤行知名海內。立朝三十年。剛介自守。不曲意徇物。其學以窮經爲主。而不居講學之名。所著五禮通考。體大思精。囊括萬有。論者謂能竟朱熹未竟之志。卒諡文恭。

秦錫淳 清臨海人。字沐雲。有演極圖說。

秦檜 宋江寧人。字會之。政和間登第。又中詞學兼茂科。靖康間累遷御史中丞。二帝北遷。檜從至金。被留。金人尋縱之使歸。紹興間爲相。未幾落職。尋復相。力持和議。阻止恢復。殺岳飛。竄張浚。趙鼎。一時忠臣良將。誅鋤略盡。和議遂成。爲相十九年。易執政二十八人。皆世無一譽柔佞易制者。性陰險。如崖阱深阻。察事之卒。布滿京城。晚年殘忍尤甚。卒贈申王。諡忠獻。寧宗時追奪王爵。改諡繆醜。

秦襄公 周莊公次子。西戎犬戎與申侯伐周。殺幽王。公將兵救周。有功。平王避戎難。東徙雒邑。公以兵送之。王賜以岐西之地。始列爲諸侯。在位十二年卒。諡襄。

秦輿 明無錫人。字曰上。一字廣齋。號上生。萬曆間諸生。性耽禪悅。有上生集。

秦燿 明無錫人。字道明。隆慶進士。累官右僉都御史。巡撫南贛。討平岑岡賊李佩文。南雄妖僧李圓朗。拜副都御史。進撫全楚。致仕歸。

秦簡夫 元工樂府。初擅名都下。後居杭州。有東堂老等雜劇行世。（按中州集有秦略。字簡夫。行輩長於元遺山。非此人也。）

秦翼明 明邦屏子。官至副總兵。崇禎中永平四城失守。翼明奉詔勤王。流賊陷河南。翼明以總兵官督軍討賊。性恇怯。雖屢克捷。賊勢如故。被劾歸。後起四川總兵。道梗。命不達。

秦鎬 明汝陽人。字子京。性至孝。家貧。絕意仕進。肆力古文辭。崇禎中詔徵之。堅不就。後流寇陷城。脅之不從。絕粒死。時年八十二。有甥園鉏夏錄。

秦顒 明貴州宣慰司人。字士昂。正統進士。天順初以禮部員外郎奉使滇粵。諳民疾苦。歸疏於朝。帝多採納。歷雲南參政。擒劇賊。辨疑獄。卒於官。

秦懷忠 宋博白人。字伯良。嘉祐初以進士令徐聞。有異政。再任雷州推官。擢僉書雷州軍事。歷知容州。皆有聲。

秦瀛 清無錫人。字淩滄。一字小峴。晚號遂庵。乾隆舉人。嘉慶時官至刑部右侍郎。以病歸。詩古文皆力追古人風格。而能有所自得。有淮海公年譜。小峴山人詩文集。

秦瓊 唐歷城人。字叔寶。隋末歸高祖。事秦王。拜馬軍總管。從討王世充。竇建德。劉黑闥。先鋒陷陣。前無堅對。進封翼國公。累拜左武衛大將軍。卒贈徐州都督。陪葬昭陵。後改封胡國公。圖形淩煙閣。

秦鏞 明無錫人。字大音。崇禎進士。官清江知縣。有易序圖說。

秦鏜 明無錫人。字國和。號樂易。自號類樗子。弘治舉人。親沒。不復進取。嘉靖中授南京都察院都事。有樗林摘稿。

秦夔 明旭子。字廷韶。天順進士。授南京兵部主事。歷知武昌府。定均徭法。監司下其規約於諸郡。累遷江西右布政使。有中齋集。

秦寶璣 清無錫人。字姚臣。號澹叔。副優貢生。性嚴毅。造次必循禮法。覃研三禮。尤精輿地。工詩文。有竢實齋文集。霜傑齋詩集。

秦獻公 戰國秦哀公七世孫。名師隰。出子立二年。庶長殺出子及其母沈之淵。迎公於河西。立之。秦以往者數易君。君臣乖亂。故晉復強。奪秦河西地。公立。城櫟陽。都之。與晉戰於石門。斬首六萬。又與魏晉戰少梁。虜其將公孫痤。在位二十四年卒。諡獻。

秦鰲 明崑山人。字子元。嘉靖進士。以行人擢兵科給事中。劾徐鵬舉。賴義。又劾罷張璁。璁再相。謫鰲東陽縣丞。屢遷福建右參議卒。

秦爌 明崑山人。字延贄。成化進士。初官刑部。有能聲。陞貴州按察副使。便道省母。遂隱居以終。

秦觀 宋高郵人。字少游。一字太虛。少豪雋慷慨。溢於文詞。見蘇軾於徐。爲賦黃樓。軾以爲有屈宋才。登第爲定海主簿。元祐初軾以賢良方正薦於朝。除太學博士。累遷國史院編修官。尋坐黨籍削秩。編管橫州。徽宗立。復宣德郎。放還至藤州卒。有淮海集。世稱秦淮海。

宵娘 南唐李煜宮嬪。纖麗善舞。煜作金蓮。高六尺。蓮中作品色瑞雲。令宵娘以帛繞脚。纖小屈曲。作新月狀。素襪舞蓮花中。回旋有淩波之態。由是人皆效之。

窈娘 唐喬知之之婢。美而善歌舞。爲武承嗣所奪。知之作綠珠怨以諷之。窈娘投井死。承嗣見詩。諷陷知之。破其家。（此本唐孟啟本事詩。又侍兒小名錄作碧玉。事同名異。）

納合椿年 金本名烏野。初調

女直字。立學官於西京。椿年與諸部兒童俱入學。最號警悟。累官監察御史。海陵篡立。以爲諫議大夫。後拜參知政事。卒諡忠辯。椿年有宰相才。好推挽士類。然頗營產業。冒占官田。世頗以此譏之。

納合・蒲剌都 【金】大名路猛安人。承安進士。累官戶部尙書。數上書。言裁冗兵鞏邊防諸大計。皆不施行。後改元帥右監軍。兼昭義軍節度。行元帥府事。興定中潞州破。力戰死。

納坦謀嘉 【金】上京路牙塔懶猛安人。大定中以終場舉人試補上京提刑司書史。以廉能著稱。興定中遷昌武軍節度使。上書諫伐宋。不聽。降潁州防禦使。有告宋人將襲潁州者。已而宋兵果至。納坦謀嘉有備。乃引去。官終翰林侍講學士。

納速剌丁 【元】賽典赤贍思丁子。至元中從皇太子脫歡征交阯有功。累官陝西行省平章政事。卒封延安王。

◎【元】大名人。字士瞻。舉進士。辟淮東宣慰司掾。至正中盜起眞州蕪湖。納速剌丁屢破之。泰州李二起。行省移之捍高郵得勝湖。張士誠殺李二。盡力來攻。納速剌丁與其三子皆戰死。

納喇氏 【清】滿洲人。漕運總督庫禮妻。順治間周文山夜襲淮安。庫禮率衆迎擊。納喇氏出署中存箭。親督婢僕齎送助戰。皆一當百。淮城獲全。

納都瑚 【清】滿洲鑲白旗人。姓瓜爾佳氏。順治初任護軍參領。隨入關。破李自成於潼關。追福王於蕪湖。敗多尼特部。討金聲桓。皆有功。累官副都御史。封一等男。

納新 【元】族出郭羅洛。因以爲氏。後移居鄞縣。初辟爲浙東東湖書院山長。以薦授翰林編修官。出參桑哥實理軍事。卒於軍。有河朔訪古記・金臺集。其記山川古蹟。多向來地志所未詳。

納爾察 【清】滿洲鑲黃旗人。姓鈕祜祿氏。從太祖征烏喇。攻伊罕阿林城。先登克之。由參領擢副都統。攻沙嶺。沒於陣。諡端壯。

納齊喀 【清】滿洲鑲白旗人。姓布賽氏。康熙間官內閣中書。雍正初累擢湖北巡撫。於巴東縣北紙浯溪山中。發見鹽泉。歲得鹽七十餘萬斤。卒諡勤恪。

納穆泰 【清】一作那木泰。滿洲鑲白旗人。姓舒穆祿氏。揚古利三弟。少從太祖征伐。累著勳績。太宗時授本旗都統。略明錦州松山。攻大同王家莊。取察哈爾。敘功加三等男。旋卒。

納穆札爾 【清】蒙古正白旗人。姓圖伯特氏。乾隆間由侍衛洊升工部侍郎。偕都統班第駐西藏。以參贊大臣領兵追勦青袞雜卜。擒之。封一等伯。尋授靖逆將軍。會勦回酋霍集占等。遇賊被圍。力戰死。諡武毅。

納蘭・性德 【清】滿洲正黃旗人。大學士明珠子。初名成德。字容若。故世多稱爲成容若。康熙進士。官侍衛。愛才好客。所與游皆一時名士。嘗集宋元以來諸儒說經之書。刻爲通志堂經解一千八百餘卷。精鑒藏。善書能詩。尤工倚聲。所著飲水側帽詞。清新秀雋。海內善爲詞者皆歸之。卒年三十有一。有通志堂集・陳氏禮記集說補正・刪補大學集義粹言。

納蘭・胡魯剌 【金】大名路人。性淳直。博通今古。舉承安進士第一。除應奉翰林文字。被詔括牛於臨潢・上京等路。丞相襄有田在肇州。家奴匿牛不以實聞。卽械繫正其罪而盡括之。於是豪民皆懼。無敢匿者。使還。襄稱能。居父喪盡禮。御史舉其淸節。服除轉修撰。官至絳陽軍節度使。

納蘭・綽赤 【金】咸平路人。契丹括里兵且至。綽赤團結旁近村寨爲兵。相與拒括里於改渡口。賊衆月餘不得進。旣而兵大至。綽赤拒戰被執。爲所臠殺。

納麟 【元】以薦入宿衞。延祐初拜監察御史。數言事。至元中累拜同知樞密院事。尋出爲江浙行省右丞。進太尉。罷歸。江淮盜起。命爲南臺御史。總制江浙江西湖廣三省軍馬。數破賊。以疾卒於軍。

紐・士雄 【隋】回子。少質直孝友。父喪。負土成墳。廬墓側。文帝褒其父子至孝。號所居爲累德里。

紐・回 【北周】安邑人。字孝政。性至孝。武成中父母喪。廬於墓側。負土成墳。武帝表其閭。擢授甘棠令。隋開皇初卒。

紐的該 【元】博爾朮四世孫。至元中與太平同居相位。有識量。凡授官惟才是選。不用私人。衆稱有大臣體。旋罷相。知樞密院事卒。

紐璘 【元】珊竹帶人。勇力絕人。且多謀略。屢破宋軍。拜都元帥。中統中爲劉整所譖。徵至上都。驗問無狀。詔釋之。還至昌平卒。

純只海 【元】散木台氏。弱冠宿衞太祖帳下。從征西域有功。累官京兆行省都達魯花赤。領懷孟。卒諡忠襄。

紛彊 【戰國魏】樓悟和秦魏。魏太子當爲質於秦。紛彊欲敗之。告太后阻止其事。魏王疑之。遂止太子於酸棗。不之秦。

素丹 【清】滿洲正黃旗人。姓富察氏。康熙間襲三等男。授護軍統領。從征噶爾丹。累有戰功。雍正間隨年羹堯討青海。以功累遷正紅旗滿洲都統。尋復征準噶爾。卒於軍。諡勤僖。

素馨 【南漢】劉鋹之宮人。以殊色進。喜插白花。遂名其花曰素馨花。

廣東南海縣東有素馨斜。一曰花田。卽其葬處。

索·元禮　[唐]胡人。性殘忍。武后時擢游擊將軍。爲推使。作鐵籠晒翅諸刑具。訊一囚。牽聯至數百。衣冠氣褫。后數引見賞賜以張其威。故論殺最多。後以苛猛受賕下吏。死獄中。

索尼　[清]滿洲正黃旗人。姓赫舍哩氏。太祖時爲一等侍衞。屢從征討有功。太宗時封二等子。坐事罷廢。尋再起。貝子屯齊訐索尼與圖賴等謀立肅親王。遣戍昭陵。世祖親政。復爵。晉一等伯。擢內大臣。康熙時晉一等公。卒謚文忠。

索·自通　[後唐]清源人。少能騎射。莊宗鎭太原。引爲右番驄直軍使。佐周德威擒燕將郭在鈞。從莊宗定魏博。累遷河中節度使。入爲右龍武將軍。初自通平楊彥溫。代末帝鎭河中。臨事失於周旋。帝深銜之。及卽位。自通憂悸求死。退朝涉洛。自溺而死。

索·泮　[前秦]敦煌人。字德林。張天錫時爲武威太守。典戎校尉。政務寬和。戎夏懷惠。天錫甚敬之。苻堅以泮河西德望。拜別駕。呂光克姑臧。泮守鄯不降。光攻獲之。泮厲色責光。就刑於市。

索·振　[前涼]爲張重華徵事。重華好與羣小游戲。屢出錢帛賜左右。振諫曰。殿下遣巨寇於諒闇之中。倉帑虛竭。金帛之費。所宜慎之。重華稱善。

索海　[清]滿洲鑲黃旗人。姓瓜爾佳氏。費英東六子。天聰間授刑部承政。至錦州偵明邊隘。斬獲有功。後征索倫部。圍錦州。攻松山。累官副都統。從征四川。卒於軍。

索·班　[後漢]官行長史。元初中遣屯伊吾。招撫西域。車師前王及鄯善王並來降。北匈奴率車師後部王共攻沒之。

索·紞　[晉]敦煌人。字叔徹。博綜經籍。明陰陽天文。善術數占候。鄉人從之占問吉凶。門中如市。紞曰。攻乎異端。戒在害己。遂詭言無驗。乃止。惟以占夢爲無悔吝。乃不逆問者。凡所占莫不驗。

索·紹　[明]靈寶人。嘉靖中由歲貢知淸河縣。世宗南巡。撫按檄有司於行在設供億。清河爲畿輔近地。紹以邑小民貧。量乞坐派。於是清河所費。視他邑止十之一二。調官去。民立生祠祀之。

索·敞　[後魏]敦煌人。字巨振。爲劉昞助教。盡能傳昞業。涼州平。入魏。以儒學爲中書博士。京師貴游之子。皆受業於敞。敞以喪服散於衆篇。遂撰比爲喪服要記。出補扶風太守。在位清貧。卒於官。謚獻。

索·湘　[宋]鹽山人。字巨川。開寶進士。釋褐鄆州司理參軍。有大獄。連逮者千五百餘人。有司不能決。湘受詔案鞫。事隨以白。眞宗時累官河北轉運使。終知廣州。湘長於吏治。所歷邊郡。必廣儲蓄。爲備禦計。出入軍旅間。頗著能名。

索渾　[清]滿洲鑲白旗人。姓瓜爾佳氏。天聰時屢敗明兵於松山·杏山·錦州·寧遠。順治間入關。敗李自成。征姜瓖。累官吏部侍郎。改授本旗都統。

索·菱　[前秦]泮弟。有儁才。仕張天錫爲執法中郎·冗從右監。苻堅時仕至伏波將軍·典農都尉。與泮俱遇害。

索費英阿　[清]滿洲鑲黃旗人。姓阿畢魯勒氏。嘉慶初累擢肅州鎭總兵。四川教匪之亂。赴太平堵勦。轉戰有功。扼守子午谷迤西峪口。被敵竄出。奪職。

索·遐　[前涼]爲張重華司直。時重華自以連破勁敵。頗怠政事。遐諫曰。今王室如燬。百姓倒懸。願垂心朝政。延納直言。捐彼近習。弭塞外聲。修政聽朝。使下覩而化。重華覽之大悅。優文答謝。

索·靖　[晉]敦煌人。字幼安。少有逸羣之量。與鄉人氾衷·張甝·索紾·索永稱敦煌五龍。擧賢良方正。對策高第。武帝擢爲尙書郎。與尙書令衞瓘並以善草書知名。惠帝卽位。賜爵關內侯。靖有先識遠量。知天下將亂。指洛陽宮門銅駝歎曰。會見汝在荆棘中耳。累敗西戎。討孫秀有功。遷後將軍。太安末河間王顒舉兵向洛陽。拜靖持節監軍事。被傷卒。謚莊靖。有五行三統正驗論·草書狀。

索·綝　[晉]靖少子。字巨秀。靖嘗曰。綝廊廟之才。非簡札之用。惠帝播越。綝東迎乘輿。頻破賊黨。懷帝時爲馮翊太守。與雍州刺史賈疋等共立愍帝。累拜尙書左僕射。劉曜圍長安。帝出降。綝隨至平陽。爲劉聰所殺。

索盧·放　[後漢]東郡人。字君陽。以尙書教授千餘人。初署郡門下掾。更始時使者督行郡國。太守坐事當斬。放願以身代。使者義而赦之。由是顯名。建武間徵爲洛陽令。徙諫議大夫。數進忠言。後以疾去。復徵不起。

索盧·曜　[後秦]敦煌人。嘗言於姚萇。請刺苻登。萇曰。卿以身殉難。將爲誰乎。曜曰。臣死之後。深以友人隴西辛還仰託。萇遣之。事發。爲登所殺。萇以還爲騎都尉。

索諾木　[清]大金川土司郎卡子。乾隆時嗣立。與小金川僧格桑。累侵各土司。恃其地險道僻。清將溫福勞師無功。索諾木遂以全力敗清軍於木果木。溫福陣亡。迨阿桂·明亮再定小金川。分三路進攻。索諾木累敗奪氣。酖僧格桑而獻其尸。乞赦罪。阿桂拒之。節次進軍。破勒烏圍。徑抵噶爾匪。用火攻圍之。索諾木始率族出降。兩金川悉平。

索額圖 〔清〕索尼三子。康熙間偕佟國綱等與俄羅斯議界於尼布楚。俄羅斯欲以尼布楚·雅克薩歸彼界內。索額圖固爭。得定議以額爾固納及格爾必齊河爲界。後平噶爾丹有功。官至太子太傅。領侍衛內大臣。以居官貪黷。幽禁以死。

索·襲 〔晉〕燉煌人。字偉祖。虛靖好學。游思於陰陽之術。著天文地理十餘篇。不與當世交通。張茂時燉煌太守陰澹請爲三老。會病卒。澹素服會葬。諡玄居先生。

翁·大立 〔明〕餘姚人。嘉靖進士。隆慶初督河道。河大決淮徐間。大立疏言時事五患。且繪圖以獻。請付公卿博議拯濟之策。並開濬新河。帝從之。諸工次第告成。陞工部侍郎。已而復淤。被劾罷官。萬曆初起歷南兵部尚書。致仕歸。

翁·大年 〔清〕廣平子。字叔均。承其家學。篤嗜金石考據。工篆刻。交遊遍大江南北。不輕干謁。有古官印志·古兵符考·泥封考·陶齋金石考·陶齋印譜·瞿氏印考辨證·秦漢印型·舊館壇碑考。

翁·元 〔宋〕績子。字柔仲。性豪俠。能詩。隱居十五年。城市罕見其面。

翁·升 〔宋〕慈谿人。字南仲。元豐進士。少從胡瑗受易。元符中上書言事。切中時弊。升自奉薄而勇於濟人。睦親恤孤。鄉人敬之。

翁·心存 〔清〕常熟人。字二銘。號邃庵。道光進士。咸豐間官至體仁閣大學士。管戶部事。以京師錢票獄。忤肅順。乞病去。卒諡文端。心存服官四十年。凡所規畫。務崇大體。未嘗爲國家言利。

翁·方綱 〔清〕大興人。字正三。號覃溪。乾隆進士。官至內閣學士。精心汲古。好獎掖後進。金石譜錄書畫詞章之學。皆能摘抉精審。書法尤冠絕一時。海內求書碑版者多歸之。有兩漢金石記·精義考補·復初齋全集。

翁·世資 〔明〕莆田人。字資甫。正統進士。授戶部主事。天順初擢工部右侍郎。時東南水潦。蘇杭織造。世資議減其半。貶知衡州。成化間歷官戶部尚書致仕。有水崖集。

翁·正春 〔明〕侯官人。字兆震。萬曆進士第一。授修撰。累遷禮部侍郎。日食。正春極言闕失。值萬壽節。獻八箴以諷。帝並不能用。以侍養歸。天啓初起禮部尚書。抗論忤魏閹。再乞歸。遂不出。卒諡文簡。⊙〔明〕金華人。初名允璿。字克生。明季縱游江湖間。爲詩多哀厲之音。有益齋存稿。

翁·仲通 〔宋〕崇安人。字濟可。初知武平。復僉書興化軍。調知黃巖。所至興築陂湖。民賴其利。武平俗不知學。仲通自買民地。建學以教之。後以親歿不逮養。遂致仕。

翁·光祖 〔清〕延平人。字默山。諸生。久幕滇南。工畫。師上官周。詩敏而工。書亦莊勁可喜。

翁·同書 〔清〕心存子。字祖庚。號藥房。道光進士。咸豐間與洪楊軍戰於江北。復揚州。官至安徽巡撫。勦陝甘回。卒於軍。諡文勤。同書在軍。孳孳學問。寒暑不輟。守兩漢經師家法。造次皆有依據。有鄭軒雜記。

翁·同爵 〔清〕心存次子。字玉甫。咸豐間由蔭生官主事。同治間累遷陝西布政使。擊退甘肅回。官至湖北巡撫。光緒間兼署湖廣總督。疏免湘鄂米釐。民甚德之。卒官。有皇朝兵制考。

翁·同龢 〔清〕心存三子。字叔平。晚號瓶庵居士。又號松禪。咸豐進士第一。穆宗德宗兩朝。皆值弘德殿。爲師傅。宏獎士類。屢掌文衡。官至協辦大學士·戶部尚書。參機務。光緒戊戌。以贊助德宗變法罷職。卒於家。宣統初復原官。諡文恭。詩文皆簡重有度。工書。以董趙意而參以平原。氣魄足繼劉墉。亦善繪事。

翁·自涵 〔清〕字仲升。順治舉人。歷官給事中。時膠州守將海時行驕恣。自涵疏劾之。繼而時行果叛。前後章疏凡十上。皆關大計。性至孝。以奔父喪。遂不起。

翁·行 〔宋〕字元廣。少負俊聲。工詩。名列江西詩派中。自號逃禪子。

翁伯 〔漢〕業販脂。富傾縣邑。

翁·延慶 〔宋〕崇安人。字德甫。以父蔭知聊城縣。靖康初舉義兵。從王若訥等勤王。至汴京南薰門。與金人血戰。死之。

翁·甫 〔宋〕崇安人。字景山。寶慶進士。召監登聞鼓院。陛對稱旨。除資善堂直講。言皇儲入宮中。左右獻玩器。乞加禁絕。奏入不報。累官太府少卿。有蜀漢書·浩堂類稿。

翁·谷 〔宋〕建安人。字子靜。政和進士。權崇安令。廉介有幹才。宣和初浙寇迫閩。谷團練鄉兵。扼分水嶺要隘。寇不敢犯。與黃端·陳麟號爲閩郡三循吏。忤提刑俞向。奏貶循州。道死。

翁·卷 〔宋〕樂清人。字續古。一字靈舒。登淳祐鄉薦。以布衣終。工詩。與徐照·徐璣·趙師秀。稱永嘉四靈。有西巖集。

翁·叔元 〔清〕常熟人。字寶林。號鐵菴。康熙進士。授編修。官至刑部尚書。所平反全活甚衆。性和平寬厚。而義理所在。屹不可奪。有鐵菴文稿梵園詩集。

翁·孤峯 〔明〕道士。工畫魚。

翁定 【宋】建安人。字應叟。工律詩。有瓜圃集。

翁承贊 【五代閩】莆田人。字文堯。一作福清人。字文饒。唐乾寧進士。天祐初又擢弘詞科。任京兆府參軍。梁開平間復爲閩王册禮副使。尋擢福建鹽鐵使。就加左散騎常侍御史大夫。留相閩卒。有晝錦弘詞等集。

翁易 【宋】崇安人。字醉翁。通六經。尤長春秋。游朱熹門。講明理義。往復辨難。悉究其旨。言行有法。人稱竹林先生。

翁昂 【明】杭州人。字若泉。善畫山水。兼長寫照。居恆落拓不羈。或贈以金。輒不受。

翁邵 【宋】順昌人。字好德。元豐進士。博學工文。知崇安時。劉餘倚布衣。邵待以國士。人服其知人。遷福清縣丞。清愼方正。大興學校。以疾歸。齊州之士。負笈雲集。

翁采 【宋】字最文。大觀中爲太學生。上書言事。登第。調歸州教授。復論花石綱。左遷漳州刑曹。

翁彥約 【宋】仲通子。字行簡。政和進士。累遷提舉河北西路學事。薦拔人才。日與諸生講求實邊制勝之策。除知高郵軍。革商販茶鹽私坐貿易之弊。吏不敢欺。以勞卒官。有文集。

翁彥深 【宋】彥約弟。字養源。紹聖進士。宣和初授右司員外郎。以書白宰相。言與金人夾攻契丹非是。除國子祭酒。徙祕書監。時宦者梁師成提舉祕書省。彥深不肯造謁。時論高之。官終太常少卿。有文集。

翁彥國 【宋】彥深弟。字端朝。紹聖進士。官至御史中丞。靖康之變。彥國爲江淮荆浙制置轉運使。撰文誓衆。張邦昌爲金所立。移書責之。後除江南西路經制使卒。

翁春 【清】江蘇華亭人。字曙鳩。一字辨堂。號滄生。別號石瓠。乾隆時布衣。詩好元人。書好孫過庭。性耿介。督學劉墉聞其名。欲見之。不可。乃手書爲卷以贈之。有賞雨茆屋詩。

翁洮 【唐】壽昌人。字子平。舉進士。授員外郎。退居不仕。僖宗徵之。洮作枯木詩以答詔。帝嘉嘆不已。復遣使以曲江魚賜之。宋理宗時追謚善慶公。

翁相 【明】錢塘人。字輔卿。嘉靖進士。授工部主事。出守廣平。嘗單騎行部。郡故多盜。悉捕治解散。治行爲河朔最。

翁挺 【宋】彥約子。字士特。博學善屬文。政和中以蔭補官。詔赴闕下。授少府監丞。所陳皆朝廷急務。時相怒其不附己。逐之。遂不復出。自號五峯居士。有詩文集。

翁荃 【清】江寧人。字止園。究心三禮。說經硜硜。亦能詩。

翁郜 【唐】長安人。字季長。昭宗朝累官河西節度使。朱梁僭竊。恥事二姓。以父艱官閩。知其地僻靜可避亂。遂攜家至建陽之考源。後徙居義寧莒口。

翁陵 【清】建安人。字壽如。號磊石山樵。善畫山水人物。工詩。尤善篆隸小楷。

翁森 【元】仙居人。字秀卿。號一瓢。隱居教授。取朱子白鹿洞學規以爲訓。從游甚衆。有一瓢稿。

翁嵩年 【清】錢塘人。字康飴。號蘿軒。康熙進士。官戶部主事。善畫山水。有天香書屋稿·白雲山房集·友石居集。

翁愛 【清】蒙古鑲黃旗人。姓卓爾古特氏。順治初從入關。追勦李自成。又征四川。屢敗張獻忠。累官鑲黃旗蒙古副都統。

翁溥 【明】諸暨人。字德宏。嘉靖進士。官至南京刑部尚書。卒謚榮靖。有知白堂稿。

翁熙 【宋】長汀人。字正之。淳熙進士。調袁州戶曹。長於吏事。三鞫疑獄。平反明允。終朝請大夫。

翁肅 【宋】崇安人。字彥恭。慶曆中歷知賓潭江袁陜五州。俱以最聞。召入陛對。忠直敢言。官至朝散大夫。

翁萬達 【明】揭陽人。字仁夫。嘉靖進士。毛伯溫征安南。萬達時官廣西副使。功最多。累官右僉都御史。總督宣大山西保定軍務。脩築邊牆八百餘里。寇不敢犯。俺答入寇。督兵禦之。寇驚曰。翁太師至矣。夜引去。官至兵部尚書。卒謚襄毅。

翁運標 【清】餘姚人。字晉公。號蓼墅。雍正進士。其父前以赴粵失所在。運標徧走湖南萬山中。卒得父骨歸葬。乾隆間知道州。有政績。

翁夢得 【宋】洮後。字景說。通春秋。端平·咸淳兩中詞科。隱居教授。有春秋指南·摭實·要論·紀要·盤珠纂論·地理總括等書。

翁蒙之 【宋】彥深孫。字子功。以祖蔭補常山尉。時趙鼎死。柩過常山。郡將希秦檜旨。搜其知舊往來書疏。蒙之護喪。密使焚之。郡將坐以他事罷官。孝宗初召爲司農丞。

翁廣平 【清】吳江人。字海琛。道光間舉孝廉方正。工畫山水。善隸書。博學嗜古。有吾妻鏡補·金石集錄續·松陵文獻·聽鶯居文鈔。

翁澍 【清】吳縣人。字季霖。居洞庭山。博學嗜古。不求仕進。自號背母山人。所著具區志。以明蔡羽太湖志·王鏊震澤編爲本。於瀕湖港濱。區畫頗詳。

翁憲祥 【明】常熟人。字兆隆。萬

曆進士。由鄞令行取給事中。抗直敢諫。一時朝政缺失。或中旨黜陟未經廷議者。憲祥皆抗章論駁。中官不法。亦連疏彈劾。久之。擢太常少卿卒。

翁·樹培 清方綱子。字宜泉。乾隆進士。官至刑部郎中。博雅好古。尤善辨識古時貨幣。有泉幣考。

翁·孺安 明常熟女子。適同邑顧氏。自號靜和居士。工詞。有浣花居遺稿。

翁·績 宋福清人。字熙載。宣和末詣闕上書。言夏人無故請和。金既納款。趙良嗣·董才來降。妄生嫌釁。乞斬二人以篤信好。不報。遂南歸。

翁·點 宋莆田人。字沂伯。乾道進士。歷湖南運判。奏弛本道酒權。後爲江東提刑。時常平使者行役法。民訴不便。點貽書言之。因得免。郡人立碑頌德。開禧初召赴行在。上章忤韓侂胄。安置新州。卒於貶所。

翁·巖壽 元永嘉人。字如山。初名夔。師事陳埴最久。盡得其奧。登淳祐第。爲永州教授。累官知興化軍卒。學者稱庶善先生。

耆英 清滿洲人。道光間爲杭州將軍。禁烟事起。英人寇江寧。耆英赴蘇議和。訂五口通商及割讓香港之約。尋授兩廣總督。以廣州紳民阻英人入城。反對和約。不得已乞內召。官至文淵閣大學士。文宗卽位。與穆彰阿同奪職。英法軍入天津。赴津議和。未成。擅回京。旋賜自盡。

耆域 晉高僧。天竺人。惠帝時至襄陽。將渡江。舟人見其衣服敝陋。不許同舟。比舟達北岸。耆域已先渡。前行見兩虎。以手摩其頂。虎弭耳而去。後至洛陽。善咒水療疾。

耆齡 清滿洲正黃旗人。姓覺羅氏。道光舉人。咸豐間以知府官江西。洪楊軍起。轉戰有功。累擢閩浙總督。援勦浙江。所向克捷。官至福州將軍。卒諡恪慎。

耿·九疇 明盧氏人。字禹範。永樂進士。宣德間授給事中。議論持大體。有清望。天順初累遷右都御史。石亨用事。九疇將率屬劾之。爲所誣。出之外。亨敗。召爲南刑部尚書。卒諡清惠。

耿·人龍 清江陰人。字書升。號帖雲。有韻統圖說。

耿·介 清登封人。字介石。號逸庵。順治進士。由檢討出爲福建巡海道。所部肅清。以憂歸。受業於孫奇逢。湯斌薦之。授少詹事。旋乞休。歷主書院講席。以昌明絕學爲己任。遠近學者咸師宗之。有理學正經·性理要旨·中州道學編·孝經易知·敬恕堂存稿。

耿·世安 宋淮東副總管。初諜報北兵至。制置使賈似道調往漣水軍增戍。衆方猶豫。世安徑以三百騎鏖擊。身被七創。猶能追殺敵兵。收兵還至歛里沒。諡忠武。

耿·玄 後魏鉅鹿人。善占卜。有客扣門。玄在室。已知其姓氏。并所齎持及來問之意。性不和俗。時有王公欲求其筮者。玄拒之。每云今既貴矣。何所求而復卜耶。王公聞之。莫不驚悚而退。故玄多見憎忿。不爲貴勝所親。官至鉅鹿太守。

耿·仲明 清先世山東人。徙蓋州衞。字雲臺。仕明爲登州參將。降太宗。從攻朝鮮·皮島·松山·杏山·塔山。均有功。順治初從入關。勦李自成。徇河南。拔揚州。下江南。所至功居最。封靖南王。

耿·光 明太康人。諸生。事繼母孝。教諸弟嚴。家業農。七世同居。以孝友名世。子姓守其家法。中州稱禮讓者。首推耿氏。

耿·全斌 宋信都人。始游京師。屬太宗在藩邸。全斌候拜於中衞。自薦材幹。稍遷驍猛副兵馬使。從征太原。還遇契丹。追擊至徐河。旋屯瀛州。與契丹戰。所乘馬兩中流矢死。凡三易乘。戰不卻。契丹爲引去。其後累有戰功。眞宗時終濮州鈐轄。

耿·再成 明五河人。字德甫。太祖時從征有功。歷樞密院判官。守處州。再成馭軍嚴。出入民間。蔬果無所損。苗帥李祐之等叛。再成方對客飯。聞變上馬。將戰卒不滿二十人。迎賊罵。賊攢槊刺殺之。追諡武莊。

耿·如杞 明館陶人。字楚材。萬曆進士。除戶部主事。累官遵化兵備副使。以不拜魏忠賢像。坐贓論死。崇禎初釋復故官。擢右僉都御史。巡撫陝西。會京師戒嚴。如杞赴援。兵既至。兵部令守通州。明日調昌平。又明日調良鄉。汎地屢更。軍三日不得饟。譟而大掠。帝詔逮如杞斬西市。如杞初爲職方郎。與主事鹿善繼黨張鶴鳴。排熊廷弼而庇王化貞。疆事由是大壞。

耿·守直 金平定人。由進士官總帥府教授。金亡不仕。隱居鄉里。自號方山居士。

耿·廷籙 明臨安河西人。天啟間舉於鄉。崇禎中知耀州。有能聲。疏陳時政。優旨襃納。擢山西僉事。京師陷。走南都。旋命巡撫四川。討張獻忠。未赴。會沙定洲軍作亂。蜀地亦盡失。遂止不行。後李定國掠臨安。過河西。廷籙聞之。赴水死。

耿·奉訓 元天曆初知荊門。善決獄。有循聲。歲饑。出俸貲募富商米。活飢民五萬餘。

耿·定 明和州人。宣德中以薦歷官刑部郎中·浙江參議。正統間處州盜起。領兵督戰。死於陣。

耿·定力 明定理弟。字子健。隆慶進士。萬曆中累遷操江僉都御史。

疏陳礦使之害。官至兵部侍郎。其學以求仁爲宗。眞修實踐。超然自得。

耿定向 明黃安人。字在倫。嘉靖進士。擢御史。出按甘肅。舉劾無所私。萬曆中累官戶部尚書。立朝有時望。張居正奪情。定向與爲伊尹而貶言者。時議訾之。告歸。居天台山。其學本王守仁。誨迪後進。卒謚恭簡。有耿子庸言。碩輔寶鑑。耿天台文集。

耿定理 明定向弟。字子庸。與定向俱講學。專主禪機。以諸生終。

耿忠 後漢弇子。嗣侯。以騎都尉擊匈奴天山有功。

耿於彝 清光子。有學行。父喪未葬。闖賊陷城。抱父柩。號泣不去。賊推墜城下幾斃。歲大祲。人相食。邑令餉之穀。悉推其餘以賑貧者。

耿昌言 宋工畫山水。兼善水族。

耿昌期 宋昌言弟。工山水雜畫。

耿況 後漢茂陵人。字俠游。以明經爲郎。與王莽從弟伋共學老子於安丘先生。後爲朔調連率。歸光武。封隃麋侯。卒謚烈。（按後漢書耿弇傳。況封隃麋侯。後又封牟平侯。錢大昭補表云。況長子弇嗣封好時。次子舒別封牟平。故以少子霸嗣封隃麋。弇傳封牟平侯句封字下當有舒字。今本脫落耳。此從錢說。）

耿秉 後漢國子。字伯初。博通書記。能說司馬兵法。明帝時累拜駙馬都尉。與竇固等伐匈奴。又攻破車師。章帝時拜度遼將軍。匈奴懷其恩信。復拜征西將軍。副竇憲擊北匈奴。大破之。登燕然山。刻石勒功。封美陽侯。秉性勇壯。軍行常被甲居前。休止不結營部。然遠斥候。明要誓。士卒皆樂爲死。卒謚桓。匈奴聞秉卒。舉國號哭。或至剺面流血。◎宋江陵人。字直之。仕至兵部郎中。終煥章閣待制。律己清儉。兩爲浙漕。所至以利民爲事。著春秋傳。五代會史。

耿育 漢成帝時爲議郎。陳湯矯制發兵殺郅支單于。丞相匡衡抑其賞。後坐事徙安定。育上書訟湯冤。帝召還湯。

耿南仲 宋開封人。元豐進士。政和中以禮部員外郎爲太子右庶子。改定王嘉王侍讀。遷寶文閣直學士。在東宮十年。欽宗即位。擢尚書左丞。金人來侵。南仲力主割地。初南仲自謂事帝東宮。首當柄用。而吳敏。李綱越次居己上。不能平。因每事異議。故戰守之備皆廢。二帝北行。南仲與諸臣首先勸進。高宗薄其爲人。降別駕。安置南雄。道卒。有周易新講義。

耿弇 後漢況子。字伯昭。少好學。習父業。常見郡尉試騎士。建旗鼓馳射。由是好將帥之事。北謁光武。留署門下吏。以功加大將軍。勸帝定大計。從破銅馬。高湖。赤眉。靑犢諸賊。光武即位。拜建威大將軍。封好時侯。破張步。拔全齊。凡平郡四十六。屠城三百。未嘗挫折。卒謚愍。

耿昭忠 清繼茂次子。康熙間授鎮平將軍。駐福州。代兄精忠理藩務。精忠歸附後。尙蓄異謀。昭忠疏劾之。官至內大臣。卒謚勤僖。

耿炳 清[illegible]弟。明末李自成陷太康。與兄[illegible]奉母避河朔。母沒。冒血刃扶櫬歸葬。時定興耿櫆。耿極以孝友稱。炳與訂爲兄弟。孫奇逢爲作三耿合傳。

耿炳文 明濠人。太祖時積功官大都督府。封長興侯。以元功宿將。爲朝廷所倚重。建文初燕兵起。帝命爲大將軍。北伐。會他將爲燕所襲。炳文力當敵軍。兵小挫。帝遽令李景隆爲代。遂至於敗。成祖時言者劾炳文僭妄不道。炳文懼。自殺。

耿紀 後漢秉曾孫。少有美名。辟公府。曹操甚敬異之。遷少府。後以操將篡漢。與太醫令吉平等謀起兵誅操。不克。夷三族。

耿恭 後漢國從子。字伯宗。慷慨多大略。有將帥才。永平中爲戊己校尉。攻匈奴。引兵據疏勒城。匈奴擁絕澗水。恭於城中穿井十五丈。不得水。乃整衣向井再拜。有頃。水泉奔出。揚水以示虜。虜以爲神明。遂引去。後又益兵圍之。恭食盡窮困。煮弩鎧。食其筋革。與士卒同生死。故皆無二心。救至得還。拜騎都尉。遷長水校尉。以忤車騎將軍馬防免歸。

耿純 後漢鉅鹿人。字伯山。初謁光武於邯鄲。退見官屬將兵法度不與他將同。遂求自結納。從平邯鄲。破銅馬。斬劉揚。後爲東郡太守。視事數月。盜賊淸寧。封東光侯。濟陰盜起。拜純大中大夫。使與大兵會東郡。純入界。盜賊九千餘人皆詣純降。復守東郡。卒官。謚成。

耿國 後漢弇弟。字叔慮。光武時歷五官中郎將。時烏桓。鮮卑屢寇外境。國素有籌策。數言邊事。及匈奴薁鞬日逐王比自立爲呼韓邪單于。款塞稱藩。願扞禦北虜。議者以爲不可許。國以爲宜如孝宣故事受之。帝從其議。由是烏桓。鮮卑保塞自守。北虜遠遁。中國少事。官至大司馬。

耿通 明齊東人。洪武中領鄉薦。永樂初擢都給事中。剛果敢言。舉朝憚之。遷大理寺卿。漢王高煦謀奪嫡。通數言太子無過。以開帝意。帝怒。假他事磔死。天下惜之。

耿湋 唐河東人。字洪源。寶應進士。官右拾遺。工詩。與錢起。盧綸。司空曙諸人齊名。號大曆十才子。湋詩不深琢削而風格自勝。有集。

耿舒 後漢弇弟。光武初爲復胡將軍。擊彭寵有功。封牟平侯。

耿·華國 〔清〕襄城人。字首岳。自號首陽子。明崇禎貢生。入清後。杜門謝交游。日肆力於書。晚更喜易。有論語正意、周易辭。

耿·裕 〔明〕九疇子。字好問。景泰進士。改庶吉士。授戶科給事中。孝宗嗣位。歷遷禮部尚書。時公私侈靡。裕隨事救正。先後陳言甚衆。大要歸於節儉。尋代王恕爲吏部尚書。爲人坦夷諒直。諳習朝章。秉銓數年。無愛憎。亦不徇毀譽。銓政稱平。自奉淡泊。兩世貴盛。而家業蕭然。父子並以名德稱。卒諡文恪。

耿·詢 〔隋〕丹陽人。字敦信。滑稽辨給。伎巧絕人。初坐事配爲官奴。文帝時從故人高智寶受天文算術。創意造渾天儀。不假人力。以水轉之。施於闇室中。外候天時。合如符契。又作馬上漏刻。煬帝時進欹器。帝善之。放爲良民。累官守太史丞。後爲宇文化及所殺。著有鳥情占。

耿·壽昌 〔漢〕宣帝時。爲大司農中丞。以善爲算。能商功利。得幸於帝。令邊郡皆築倉。穀賤時增其價而糴。穀貴時減價而糶。名曰常平倉。民便之。賜爵關內侯。

耿·端義 〔金〕博平人。字忠嗣。大定進士。貞祐間累拜參知政事。中都被圍。將帥皆不肯戰。端義奏曰。今日之患。衞王啟之。士卒縱不可使。城中軍官自都統至謀克。不啻萬餘。遣此輩一出。可以得志。議竟不行。中都圍解。端義請遷都南京。尋卒。

耿·精忠 〔清〕繼茂子。襲封靖南王。吳三桂反。精忠亦據福建叛。寇浙江。趨江西。屢爲清軍所敗。傑書入福建。精忠降。仍統所部。後又謀叛。伏誅。

耿·聚忠 〔清〕繼茂三子。順治間官至太子太保。康熙間兄精忠反。與兄昭忠同劾之。卒諡慤敏。

耿·豪 〔北周〕鉅鹿人。文帝時積戰功封平原縣公。除鎮北將軍。從帝戰邙山。大呼獨入。敵刃亂下。當時咸謂豪沒。俄然奮力而還。積官驃騎大將軍、開府儀同三司。豪性凶悍。嘗多不遜。文帝惜其驍勇。每優容之。豪亦自謂意氣冠軍。終無所屈。

耿·輔 〔清〕虞城人。諸生。奉母避亂開封。寇決河灌城。倚浮木負母以逃。獲免。母死。哀毀骨立。縞衣粗食終其身。

耿·鳴世 〔明〕山東新城人。字茂謙。號敬亭。隆慶進士。初知邢臺。請減重稅三之一。引水灌城西田百頃。歲增穀萬石。按河西。逐三墨吏。餘者皆望風去。累官陝西參議。再按應天。以忤張居正罷職。

耿·曄 〔後漢〕恭孫。字季遇。順帝初爲烏桓校尉。時鮮卑寇邊。曄率烏桓及諸郡卒擊破之。鮮卑震怖。數萬人詣遼東降。自後頻出輒克獲。威振北方。遷度遼將軍。

耿·橘 〔明〕獻縣人。字庭懷。萬曆舉人。講學虞山書院。官至監察御史。有周易鐵笛子。

耿·隨朝 〔明〕滑縣人。號敬庵。嘉靖進士。官至山西按察司副使。有名物類考。

耿·靜如 〔清〕華陽人。崔翀南母。青年撫孤。教子成名。有暇娛集。

耿·應張 〔清〕襄城人。字覲宸。順治進士。官至廣東道御史。有雪堂集。

耿·邁 〔清〕東鹿人。字子行。號止菴。諸生。畫本宋元諸家。書法華亭。詩類何景明。尤善鼓琴。有響山堂集。

耿·燿 〔清〕光弟。從光學。事之如父。凡事諮而後行。李自成陷太康。燿與弟炳奉母避河朔。孝養備至。孫奇逢高其行。爲作傳。

耿·璿 〔明〕炳文子。洪武中爲前軍都督僉事。尚懿文太子長女江都郡主。靖難兵起。炳文北行。璿力勸直搗北平。已而炳文敗歸。不復用。璿憤甚。永樂初杜門稱疾。坐罪死。

耿·願魯 〔清〕館陶人。字公望。一字又樸。康熙進士。官編修。爲詩如初日芙蓉。自然可愛。早卒。有聾齋集。

耿·夔 〔後漢〕秉弟。字定公。和帝時爲大將軍左校尉。出居延。擊北單于。斬閼氏名王已下五千餘級。出塞五千餘里而還。自漢出師所未嘗至。封粟邑侯。安帝時擊南單于爲先鋒有功。遷度遼將軍。後坐法免。

耿·寶 〔後漢〕舒孫。字君達。襲封牟平侯。寶女弟爲清河孝王妃。安帝立。尊孝王母爲孝德皇后。以妃爲甘園大貴人。帝以寶元舅之重。使監羽林左車騎。位至大將軍。寶附事內寵。譖廢皇太子。又排陷太尉楊震。安帝崩。閻太后貶寶爲亭侯。寶自殺。

耿·繼茂 〔清〕仲明子。襲封靖南王。初與尚可喜同鎮廣東。汰侈無度。廣徵材木。工役無限制。復創設市井稅。民咸苦之。後移鎮福建。屢敗鄭成功及鄭錦。卒諡忠敏。

耿·霸 〔後漢〕況少子。襲封隃麋侯。建武中以上谷太守與吳漢等擊賈覽。連戰平城下。破之。追出塞。後與杜茂詣飛狐道。堆石布土。起築亭障。自代至平城三百餘里。

耿聽聲 〔宋〕佚其名。以能聽聲而知吉凶貴賤。故名。其嗅衣物亦如之。所言多驗。

耿·瓛 〔明〕璿弟。官至後軍都督僉事。燕師起。與江陰侯吳高、都指揮楊文率遼東兵圍永平。不克。退保山海關。高被間徙廣西。文守遼東。瓛數請攻永平以動北平。文不聽。成祖即位。瓛論死。

能·元皓 【唐】祿安祿山部下。由行伍拔署大將。祿山反。以爲淄青節度使。後納降。

能圖 【清】滿洲正紅旗人。姓納喇氏。順治間任內院筆帖式。譯遼金元三史書成。累遷左副都御史。加太子少保。尋罷。

脂·習 【三國魏】京兆人。字元升。與孔融善。曹操爲司空。威權日盛。融以舊意。書疏倨傲。習每加責勸。融不能從。及融被禍。許下莫敢收者。習往。撫尸哭之。操大怒。欲殺之。會赦得免。文帝受禪。以習有欒布之節。加中散大夫。

般若 【唐】高僧。罽賓國人。在京師充義學沙門。貞元中譯華嚴經後分。元和中奉詔於醴泉寺譯經。號本生心地觀。書成奏上。賜紫衣。

荔非·元禮 【唐】起裨將。累兼御史中丞。李光弼守河陽。周摯攻北城。元禮奮擊。大破之。摯遁。以功累遷鎮西北庭行營節度使。上元中光弼進收洛陽。軍敗。元禮徙軍翼成。爲麾下所害。（按廣韻作荔菲。先復姓。此從唐書。）

荔非·守瑜 【唐】爲將軍。祿山反。次襲子谷。守瑜邀擊之。殺賊數百。流矢及祿山輿。乃不敢前。更出谷南。守瑜矢盡。死於河。

茨·充 【後漢】宛人。字子河。舉孝廉。之京師。同侶馬死。充每到前亭。輒舍車持馬還相迎。鄉里號之曰。一馬兩車茨子河。建武中拜桂陽太守。教民種植桑柘麻紵之屬。勸令養蠶織屨。民得利益。

茹·太素 【明】澤州人。洪武舉人。官刑部主事。陳時務累萬言。多忤觸。帝怒。杖之於朝。旋悟。擇其可行者下所司。累擢戶部尚書。抗直不屈。謫御史。坐排陷詹徽。與同官俱鐐足治事。後竟坐法死。

茹·文中 【明】無錫人。慷慨解書史。永樂中隨父徙燕。年百有四歲。天順間召見便殿。賜冠帶。命順天府設宴。又命吏部尚書姚夔造其第致賀。

茹·汝升 【唐】代州人。長安間爲僕射。時本郡西峨谷水溢。汝升理泉脈。穿渠灌田。里人安業。立廟峪口祀之。

茹·孝標 【宋】舒城人。天聖進士。負氣節。好學不倦。以都官員外郎出知江州。有治聲。

茹·法亮 【南齊】武康人。出身爲小史。武帝鎮盆城。爲江州典籤。便辟解事。善於承奉。稍見委信。武帝即位。爲中書通事舍人。封望蔡縣男。轉給事中。以姦佞用事。權勢傾天下。明帝時出爲大司農。卒官。

茹·法珍 【南齊】會稽人。東昏侯時爲制局監。甚見愛幸。與左右應敕捉刀之徒。並專國命。佐成昏亂。時人謂之刀敕。後封餘干縣男。梁武帝平建鄴。被誅。

茹·洪 【明】無錫人。字仲宏。一字樊明。工書畫。作窠石竹木法郭熙。爲山水氣韻奇古。永樂中以楷書薦召入都。名重公卿間。

茹茹·天保 【隋】仕爲大將軍。庶人諒發兵反。遣天保與侯莫陳惠直指京師。楊素率騎五千襲破之。

茹·連 【明】新會人。洪武舉人。初爲齊府奉祠。超陞刑部員外郎。出知長沙府。嚴於取與。不受私託。有爲縣令客京邸。與連同鄉。連往訪之。爲陳酒饌。金銀器具畢備。連艴然怒曰。君非濫於民。何以得此。遂拂袖去。

茹·敦和 【清】會稽人。字三樵。乾隆進士。官知縣。有周易二閭記。周易小義。越言釋。

茹·皓 【後魏】讓之子。隨沈陵入洛陽。舉充孝文帝白衣左右。宣武時歷官肆州大中正。領華林諸作。遷冠軍將軍。寵貴日盛。關與大政。性敏慧。折節下人。而潛自經營。陰有納受。未幾。轉光祿少卿。高肇構之帝。云將有異謀。乃執皓處罰。就家食椒而死。

茹·棻 【清】會稽人。字古香。乾隆進士第一。官至兵部尚書。有使兗使晉。使楚。使南。使瀋等詩草。

茹·榮 【隋】簡州人。幼失父。事母姚氏至孝。初選爲邑吏。牢賜瓜。榮以遺母。有頃復來。牢怪問之。榮具道其故。牢遣卒詢母。果然。遂遣歸事母。得以終養。後沒爲神。衆立祠祀之。

茹·瑺 【明】衡山人。洪武中由監生累官副都御史。兵部尚書。建文時奉詔至龍潭見燕王議和。成祖即位。封忠誠伯。尋奪職還里。後坐過長沙不謁谷王穗。逮下錦衣獄。服毒死。瑺居官謙謹。及死。人頗惜之。

茹·瞻 【北齊】東安人。字孝博。清期剛直。舉秀才。官至侍郎。

茹·讓之 【後魏】本吳人。隨宋巴陵王休若爲將。至彭城。是時南土飢亂。遂寓居淮陽上黨。因子皓貴。除兗州陽平太守。賜子爵。（按北史作黜之。此從魏書。）

荀·士遜 【北齊】廣平人。好學有思理。爲文清典。武定末舉司州秀才。迄天保十年不調。馬敬德薦爲主書。轉中書舍人。以文辭見重於武成帝。累遷中書侍郎。號爲稱職。與李若等撰典言行於世。

荀·巨伯 【漢】許州人。嘗遠省友人疾。值胡賊攻郡。友人曰。吾今死矣。子可去。巨伯不可。賊至。願以身代友人死。賊義之。解去。一郡獲全。

荀·仲舉 【北齊】潁川人。字士高。仕梁爲南沙令。從蕭明於寒山。被執。入館除符璽郎。後以年老家貧。出爲義寧太守。仲舉與趙郡李概交款。概死。仲舉因至其宅。爲五言詩十六韻以傷之。詞甚悲切。世稱其美。

荀匠 【晉】勗九世孫。字文師。父法超。仕齊爲安復令。卒官。匠聞。號慟氣絕。至夜乃蘇。既而奔喪。每宿江渚。商旅不忍聞其哭聲。居父憂並兄服。歷四年不出戶。不櫛沐。髮皆禿落。號哭無時。目眥皆爛。形體枯瘁。雖家人不復識。郡縣以狀言。武帝遣中書舍人爲其除服。擢爲豫章王國左常侍。竟以毀卒。

荀攸 【三國魏】彧從子。字公達。漢獻帝時拜黃門侍郎。與議郎鄭泰·何顒等謀刺殺董卓。事垂就而覺。會卓死。得免。棄官歸。曹操徵爲汝南太守。入爲尚書。操平冀州。攸謀居多。封陵亭侯。魏國初建。爲尚書令。攸深密有智。自從征伐。常謀謨帷幄。前後凡畫奇策十二。世不得盡聞。從征孫權。道卒。諡敬。

荀伯子 【南朝宋】羨孫。少好學。博覽經傳。仕晉爲著作佐郎。與徐廣同修國史。入宋累遷御史中丞。蒞職勤格。立朝正色。衆咸憚之。凡有奏劾。莫不深相謗毀。或延及祖禰。示其切直。又頗雜嘲謔。故世以此非之。官終東陽太守。有文集。

荀伯玉 【南齊】廣陵人。字弄璋。少爲柳元景撫軍板行參軍。南徐州祭酒。高帝鎮淮陰。伯玉歸身結事。常衛左右。及卽位。封南豐縣子。拜輔國將軍。武帝在東宮。頗不如法。伯玉密啟之。因深怨伯玉。永明初被誅。

荀吳 【春秋晉】偃子。卽中行穆子。平公時爲大夫。敗無終及羣狄於太原。又伐鮮虞。圍鼓。待其食竭力盡而後取之。後又滅陸渾之戎。卒諡穆。

荀廷詔 【明】成都人。字宣子。崇禎進士。有蜀國春秋。

荀林父 【春秋晉】卽中行桓子。爲文公御戎。敗楚師於城濮。又佐上軍。敗秦師。景公時代郤缺爲政。嘗帥師及楚子戰於邲。晉師敗績。卒諡桓。

荀欣 【戰國趙】侍趙君以選才舉賢任官使能。

荀昱 【後漢】淑兄子。字伯條。爲沛相。弟曇爲廣陵太守。皆正身疾惡。志除閹宦。昱後與大將軍竇武謀誅中官。與李膺俱死。曇亦禁錮終身。

荀衍 【後漢】淑孫。字休若。以監軍校尉守鄴。都督河北軍事。曹操征袁尚。高幹密遣兵謀襲鄴。衍逆覺。盡誅之。以功封列侯。

荀卿 【戰國趙】名況。時人相尊而號爲卿。漢人或稱孫卿。年五十。始游學於齊。仕爲祭酒。齊襄王時況最爲老師。齊人或讒況。乃適楚爲蘭陵令。況嫉濁世之政。遂推儒墨道德之行事。著書數萬言。其學以孔子爲標準。倡性惡之說。謂人性皆惡。不以禮義矯正之。則不能爲善。其旨與孟子異。有荀子傳於世。卒葬蘭陵。

荀彧 【後漢】衍弟。字文若。舉孝廉。曹操以爲奮武司馬。軍國事悉以咨之。積功封萬歲亭侯。董昭等欲進操爵爲魏公。彧曰。曹公本興義兵。不宜如此。操心不平。會征孫權。因彧病。操饋以空器。遂飲藥卒。諡敬。劉季和嘗言荀令君至人家。坐處常三香。令君。指彧也。

荀息 【春秋晉】公族。食邑於荀。故以爲氏。字叔。獻公時爲大夫。請假道於虞以伐虢。師還。襲虞滅之。獻公卒。輔奚齊。里克殺奚齊。又輔立卓子。卓子亦見殺。息遂死焉。

荀悅 【後漢】淑孫。字仲豫。年十二能說春秋。所見篇牘。一覽多能誦記。性沈靜。尤好著述。獻帝時侍講禁中。累遷祕書監·侍中。時政移曹氏。悅志在獻替而謀無所用。乃作申鑒五篇奏之。帝以班固漢書文繁難省。復令悅依左氏傳體。撰漢紀三十篇。辭約事詳。論辨多美。

荀恁 【後漢】廣武人。字君大。少修清節。貲財千萬。父越卒。悉散與九族。隱居山澤。以求厥志。王莽末匈奴寇其本縣。聞恁名節。相約不入荀氏閭。光武徵之。以病不至。永平初應東平王蒼之辟。尋罷歸。卒於家。

荀偃 【春秋晉】林父孫。卽中行獻子。字伯游。厲公時佐上軍。與欒書弒厲公。悼公立。代荀罃將中軍。從公伐齊。偃禱於河。沈玉而濟。齊師遁。偃歸卒而視。不可含。欒懷子撫之曰。主苟終。所不嗣事於齊者。有如河。乃瞑受含。諡獻。

荀勗 【晉】爽曾孫。字公曾。仕魏累官侍中。入晉封濟北郡公。拜中書監。進光祿大夫。掌樂事。修律呂。正雅樂。嘗在帝座進飯。曰。此勞薪所炊。帝遣問膳夫。實用故車脚。世服其明識。領祕書監。與中書令張華整理記籍。又得汲郡冢中古文竹書。詔勗撰次以爲中經。列在祕書。時議省州郡縣半吏。以赴農功。勗以爲省吏不如省官。省官不如省事。省事不如清心。後守尚書令卒。諡成。

荀寅 【春秋晉】吳子。卽中行文子。頃公時爲下卿。將中軍。從趙鞅城汝濱。遂賦晉國一鼓鐵。以鑄刑鼎。著范宣子所爲刑書焉。蔡史墨曰。范氏中行氏其亡乎。定公時與范吉射伐趙鞅。荀躒奉公以伐范氏中行氏。寅與吉射奔朝歌。後奔齊。卒諡文。

荀崧 【晉】彧玄孫。字景猷。志操清純。雅好文學。泰始中累遷侍中。王彌入洛。崧與百官奔密。未至而母亡。賊至。崧守喪號泣。被創氣絶。至夜方蘇。乃葬母於密山。服闋除襄陽太守。元帝初徵拜尙書僕射。與刁協共定中興禮儀。太寧中累遷右光祿大夫。錄尙書事。年雖衰老。而孜孜典籍。世以此嘉之。蘇峻之難。帝被逼幸石頭。崧侍從不離。卒謚敬。

荀朗 【陳】潁陰人。字深明。慷慨有將帥大略。仕梁累官南兗州刺史。武帝入輔。齊將蕭軌等寇據石頭城。朗赴之。永定初大破齊軍。封興寧縣侯。遷都督霍晉合三州諸軍事。合州刺史。天嘉中卒。謚壯。

荀淑 【後漢】潁陰人。字季和。少有高行。博學而不好章句。當世名賢李固・李膺等皆師宗之。舉賢良方正。對策譏刺貴倖。爲梁冀所忌。出補朗陵侯相。涖事明理。稱曰神君。頃之棄官歸。閒居養志。建和中卒。有子八人。並有名。時稱八龍。潁陰令苑康名其里曰高陽里。

荀爽 【後漢】靖弟。一名諝。字慈明。幼而好學。年十二。能通春秋論語。耽思經書。慶弔不行。徵命不應。潁川爲之語曰。荀氏八龍。慈明無雙。董卓弄權。徵爽。欲遁去。吏持之急。起布衣。九十五日而至三公。與王允等欲共圖卓。會病卒。有禮易詩傳・尙書正經・春秋條例・漢語・公羊問。凡百餘篇。

荀組 【晉】藩弟。字大章。弱冠夷雅有才識。建興初爲司空。尙書左僕射。元帝承制。以組都督司州諸軍。及西都不守。組遣使移檄天下共勸進。元帝以組爲司徒。錄尙書事。卒謚元。

荀彘 【漢】廣武人。以善御侍中爲校尉。數從大將軍衛青擊匈奴。元封中爲左將軍。擊朝鮮無功。以捕樓船將軍坐法死。

荀閎 【三國魏】零陵人。字仲茂。爲太子文學掾。時有甲乙疑論。閎與鍾繇・王朗・袁渙議各不同。文帝與繇書曰。袁王國士。更爲脣齒。荀閎勁悍。往來銳師。眞君侯之勁敵。左右之深憂也。

荀會 【春秋晉】悼公卽位。以會文敏。使爲公族大夫。訓卿之子弟以恭儉孝弟。

荀粲 【三國魏】彧子。字奉倩。諸兄並以儒術論議。粲獨好道。曹洪女有美色。粲聘之。容服帷帳甚麗。專房歡宴歷年。後婦病亡。粲痛悼不能已。歲餘亦亡。時年二十九。粲簡貴不與常人交接。所交皆一時俊傑。

荀羨 【晉】蕤弟。字令則。年七歲。遇蘇峻難。隨父在石頭。峻甚愛之。恒置膝上。羨陰白其母曰。得一利刀子。足以殺賊。後尙公主。拜駙馬都尉。征北將軍褚裒以爲長史。遷徐州刺史。監徐兗諸軍事。時年二十八。中興方伯未有如羨之年少者。累立戰績。撫納降附。甚得衆心。在鎭十年卒。

荀萬秋 【南朝宋】潁川人。字元寶。以才學顯。孝武初爲晉陵太守。坐於郡立華林閣置主書主衣。下獄免。前廢帝末爲御史中丞。卒官。

荀靖 【後漢】淑子。字叔慈。少有俊才。動止合禮。終身不仕。號玄行先生。

荀瑤 【春秋晉】詳知瑤條。

荀綽 【晉】勗孫。字彥舒。博學有才能。撰晉後書十五篇。永嘉末爲司空從事中郞。沒於石勒。爲勒參軍。

荀緯 【三國魏】河內人。字公高。少喜文學。黃初間累官越騎校尉。

荀輝 【三國魏】官散騎常侍。著周易十卷。

荀曇 【後漢】淑兄子。字元智。爲廣陵太守。正身疾惡。志除閹官。支黨賓客有在郡者。纖罪必誅。後以兄昱謀誅中官不克。禁錮終身。

荀罃 【春秋晉】詳知罃條。

荀蕤 【晉】崧子。字令遠。起家祕書郞。稍遷尙書左丞。蕤有儀操風望。雅爲簡文帝所重。時桓溫平蜀。朝廷欲以豫章封溫。蕤曰。若溫復假王威。北平河洛。將何以加此。乃止。後除建威將軍・吳國內史。卒官。

荀濟 【後魏】其先潁川人。世居江左。字子通。初與梁武帝爲布衣交。然負氣不服。尋奔魏。以謀誅高澄。爲澄所殺。

荀隱 【晉】潁川人。字鳴鶴。歷太子舍人・廷尉平。早卒。隱與陸雲未相識。俱會張華坐。華以其並有大才。戒勿作常語。雲舉手曰。雲閒陸士龍。隱答曰。日下荀鳴鶴。雲曰。既開青雲覩白雉。何不張爾弓布爾矢。隱答曰。本謂雲龍騤騤。定是山鹿野麋。獸弱弩彊。是以發遲。華撫掌大笑。

荀貌 【晉】字公然。官榆次令。有德政。民懷之。有鳳凰集其境。武帝下詔褒美。

荀邃 【晉】藩子。字道元。解音樂。善談論。大興初拜侍中。時刁協執權。欲以邃爲吏部尙書。邃深拒之。王敦討協。復表爲廷尉。以疾不拜。轉尙書。蘇峻作亂。邃與王導・荀崧並侍帝於石頭。卒謚靖。

荀闓 【晉】邃弟。字道明。少有名稱。京師爲之語曰。洛中英英荀道明。齊王冏辟爲掾。冏敗。暴尸三日。莫敢收葬。闓與冏故吏李述等露板請葬。論者稱焉。歷御史中丞。侍中尙書。封射陽公。卒謚定。

荀瓊 【南朝宋】潁陰人。年十五。復父仇於成都市。以孝聞。元嘉末渡淮。赴武陵王義。爲元凶劭追兵所殺。

荀藩 【晉】勗子。字大堅。元康中爲黃門侍郞。受詔成父所治鐘磬。以從駕討齊王冏勳。封西華縣公。累遷尚書令。進太尉。卒謚成。

荀·顗 晉 彧子。字景倩。性至孝。博學洽聞。理思周密。仕魏累官侍中。預討毋丘儉有功。封萬歲亭侯。遷尚書僕射。以母憂去職。毀幾滅性。海內稱之。咸熙中改封臨淮侯。入晉進爵爲公。尋遷侍中·太尉。顗明三禮及朝廷大儀。卒謚康。

荀·灌 晉 崧小女。幼有奇節。崧爲襄城太守。爲杜曾所圍。灌年十三。率勇士數十突圍夜出。乞師請援。賊聞兵至。散走。

荊·大聲 宋 江都人。賣卜臨安市。以明曆入太史局。歷靈臺郎。終春官大夫。

荊·元剛 元 荊里人。中統間爲遼東廉訪使。能持風紀。爲世所稱。卒謚端敏。

荊·可 北周 猗氏人。性質朴。苦身勤力以事母。母喪。廬墓側。負土成墳。不櫛沐。菜食飲水。哀感遠近。宇文護聞而召見之。重其純孝。可卒。猶收養其妻子。

荊·可棟 明 猗氏人。崇禎進士。官南京給事中。疏請免本縣逃故丁額及平陽加派銀。又輸金修建西城月門。立巡鋪。築重城一週。兵備修飭。城守以完。

荊·州士 明 臨晉人。字厚齋。萬曆進士。知臨朐。擢御史。務持大體。神宗時遷右僉都御史。巡撫河南。値連年災沴。寬逋賦。招流亡。以勞卒。

荊·州俊 明 猗氏人。字章甫。萬曆進士。知長安縣。入爲御史。以敢言稱。出爲寧夏臨鞏副使。力禦套寇有功。累拜刑部侍郎。卒謚貞襄。

荊·罕儒 宋 信都人。少無賴。爲羣盜。後從周世宗平淮南。屢有功。建隆初爲晉州兵馬鈐轄。性輕財好施。雖不知書。好禮接儒士。嘗欲創平太原。恃勇輕敵。以千餘騎深入遇害。

荊·政芳 明 溆浦人。字山甫。永樂進士。歷官交阯按察僉事。改山東。廉愼自持。致仕歸。笥中惟俸金三兩。家居不入城市。饘粥不給。絕無怨悔。

荊·芸 明 猗氏人。萬曆鄉貢。性好學。篤嗜性理。宗陸九淵涵養之說。終日危坐。官阜城訓導。有春秋要旨。

荊·邯 後漢 平陵人。事公孫述爲騎都尉。見東方將平。兵且西向。遂說述發兵。令田戎據江陵。延岑出漢中。述然邯言。蜀人及其弟光以爲不宜。述乃止。

荊南仙女 五代南唐 節度王保義之女。五歲通黃庭內外經。及長善琵琶。每夕夢仙人自稱麻姑。授以音律。尋適高從誨子保節。復夢麻姑相邀。明日庭中聞雲鶴音樂。遂奄然而逝。

荊·浩 後梁 沁水人。字浩然。博通經史。善屬文。隱於太行之洪谷。自號洪谷子。工畫山水。爲一時冠。嘗於石鼓巖前遇一叟。講授筆法。遂作筆法記。又作山水訣。爲范寬輩之祖。

荊·軻 戰國齊 徙於衛。衛人謂之慶卿。之燕。燕人謂之荊卿。好讀書擊劍。愛燕之狗屠及善擊筑者高漸離。日與飲燕市。燕太子丹客之。欲令劫秦王。反諸侯侵地。軻請樊於期首及督亢地圖以行。賓客皆白衣冠送之。既至。以匕首揕秦王不中。被殺。

荊·嗣 宋 罕儒從孫。乾德初以應募累立戰功。太宗時從攻太原及幽州。皆率先陷陣。累遷都指揮使。眞宗時爲邠寧環慶副部署。嗣起行間。以勞居方面。經百五十餘戰。未嘗敗衄。

荊·翊 明 猗氏人。正統舉人。與兄忠生於涿郡。受業於薛瑄之門。瑄以詩授之。邑弟子業詩者。皆宗其說。

荊·道乾 清 臨晉人。字健中。號南溪。乾隆舉人。官至安徽巡撫。生平自處刻厲。爲守令時。劉墉嘗以第一清官稱之。

荊·聚 明 蒲州人。博極羣書。志尚恬退。洪武初舉孝廉。辭不就。絕迹人事。有逸民之風。

荊隱 明 夏允彝之女。名淑吉。字美南。歸侯洵。二十而寡。遂削髮爲尼。更名神一。改字荊隱。有龍隱遺稿。

草澤醫人 明 永樂間御醫盛寅晨直御醫房。忽昏眩欲死。募人療寅。莫能應。一草澤醫人應之。一服而愈。帝問狀。其人曰。寅空腹入藥房。猝中藥毒。能和解諸藥者。甘草也。帝問寅果然。乃厚賜之。

虔禮寶 清 漢軍人。字席珍。一字律齋。號古愚。乾隆舉人。官至兵部侍郎。有椿蔭堂稿。

蚩尤 上古 黃帝時諸侯。好兵喜亂。作刀戟大弩。暴虐天下。帝徵諸侯之師征之。戰於涿鹿。蚩尤作大霧。帝爲指南車破之。遂戮蚩尤。(按禮記鄭注以三苗爲蚩尤。尚書孔傳以九黎爲蚩尤。其說不一。)

蚡冒 春秋楚 若敖孫。名熊眴。當周平王時。嗣父熊坎爲楚君。在位十七年卒。

衮楚克固英 清 蒙古正紅旗人。姓和勒依忒氏。崇德間從攻錦州寧遠。順治間從入關。擊李自成。征張獻忠。屢戰克捷。後從征姜瓖。中流矢卒。

衷·一鏡 明 崇安人。生失怙恃。二兄撫以成立。讀書任俠。事兄嫂如父母。人稱義士。

衷·貞吉 明 南昌人。字孔安。嘉靖進士。知松江府。以廉直聞。累遷河南巡撫。賑饑有功。召爲左都御史。卒謚簡肅。

衷・愉　南唐寧都人。字叔和。本袁姓。賜姓衷。有學識。善眞草書。官至檢校禮部尙書。南唐降宋。遂棄官隱東陽巖以終。

袁・一虬　明洪愈兄子。字汝化。隆慶進士。授荆門知州。以淸介著。官至浙江參政。乞休歸。杜門讀書。有周易古本・學易井觀・讀詩錄・老莊輯注・列子節文・綱目考正・唐詩折衷・歸田錄諸書。

袁・一鳳　明宜春人。字鳴岐。萬曆進士。器宇修偉。授工部主事。歷郎中。曉暢吏事。善治繁劇。出守西安。淸介自持。官至浙江右布政使卒。

袁・一鰲　明宜春人。字占梅。萬曆舉人。歷知江山邵陽。擢刑部員外郎。出守寶慶。吏民憚服。以忤岷藩乞歸卒。

袁・一驥　明江陰人。字季友。萬曆進士。累遷僉都御史。巡撫福建。時監稅中官高寀橫恣。一驥縛其羽翼。笞繫之。尋乞歸。

袁・人傑　唐無爲人。唐末盜賊充斥。人傑以士豪招集強壯。保障一方。賊大入。人傑挺身血戰。度不能去。仰天大呼。自刎而死。尸僵立累日。賊驚異遁去。鄉人立祠祀之。

袁・九淑　明通州人。字君嫕。四川左布政隨女。少讀經史。尤深內典。詩文淸麗。書法遒媚。歸錢良胤。一年而卒。年才十八。有伽音集。

袁・于令　淸吳縣人。字令昭。號籜庵。諸生。精於音律。以事褫衣衿。順治初蘇郡士紳投誠。浼于令作表。以京官議敍荆州守。監司謂之曰。聞公署中有三聲。弈棋聲。唱曲聲。骰子聲。于令答曰。聞明公署中亦有三聲。天平聲。算盤聲。板子聲。監司大怒。揭參落職。著西樓記傳奇。優伶盛傳之。又有金鎖記・長生樂・玉麟符・瑞玉等傳奇。

袁・士元　元鏞孫。字彥章。性至孝。隱居不仕。後官平江路學教授。擢翰林國史院檢閱官。不赴。築城西別墅。自號菊村學者。其詩集曰書林外集。

袁・士瑜　明公安人。號七澤。所著海蠡編。或援釋疏孔。或證孔於釋。其持論大抵沿姚江之末流而加甚者。

袁・士龍　淸錢塘人。字爲之。受星學於黃宏憲。西域天文有三十雜星之占。未譯中土星名。士龍有考。

袁・大捨　陳後主宮人。有文學。後主以爲女學士。使與狎客共賦新詩。采其尤豔麗者以爲曲調。有玉樹後庭花・臨春樂等。

袁・子讓　明郴州人。字孜肩。萬曆進士。知嘉定州。擢兵部員外郎。入都時。民攀轅泣留。有字學元元・香海棠集。

袁・山松　晉喬孫。一稱崧。少有才名。博學能文。著後漢書百篇。衿情秀遠。善音樂。舊歌有行路難曲。辭頗疎質。山松好之。爲文其辭句。每因酒酣縱歌之。聽者莫不流涕。初羊曇善唱樂。桓伊能挽歌。及山松行路難繼之。時人謂之三絕。歷官吳郡太守。孫恩之亂。山松守滬瀆城。城陷被害。

袁・不約　唐新城人。字還樸。長慶進士。又試平判入等。仕至職方員外郎。有袁不約集。

袁・中道　明宏道弟。字小修。十歲作黃山雪二賦。長益豪邁。游跡半天下。舉萬曆進士。授徽州府教授。歷國子博士・南禮部郎中卒。有珂雪齋集。

袁・仁　明蘇州人。字良貴。號蓡波。有尙書砭蔡編・毛詩或問・春秋胡傳考誤。

袁・仁林　淸三原人。字振千。有古文周易參同契注。

袁・仁厚　宋蜀人。師李文才。以畫自適。

袁・仁敬　唐開元中爲杭州刺史。時玄宗自擇諸司長官。以仁敬刺杭。詔宰相諸王御史以上祖道洛濱。賜詩親書。以寵其行。仁敬治郡之暇。嘗種松九里。世稱九里松。

袁・化中　明山東武定人。字民諧。一字熙宇。萬曆進士。累擢御史。熹宗立。疏陳時事可憂者八。語皆剴切。楊漣劾魏忠賢。化中繼疏極論。且發崔呈秀贓私。爲所陷。與漣俱死獄中。福王時諡忠愍。

袁・天綱　唐成都人。仕隋爲鹽官令。善風鑑。累驗不爽。太宗召見曰。古有君平。朕今得爾何如。對曰。彼不逢時。臣固勝之。以火山令卒。有六壬課・五行相書。或稱後人所僞託。

袁・孔彰　明吳縣人。字叔賢。善畫山水。摹宋元逼眞。（按無聲詩史作孔璋。畫史會要作吳興人。均誤。）

袁・文　宋鄞人。字質甫。好讀書。不求進取。所著甕牖閒評。專以考訂爲主。於經史皆有辨論。條析同異。多所發明。而音韻之學尤精審。爲考據家之善本。

袁・文可　明善畫山水人物。

袁・文揆　淸保山人。字時亮。貢生。爲甘肅縣丞。有食蛤集。

袁・仕鳳　明東莞人。字彥祥。成化進士。授廣昌知縣。廉介風厲。摘伏如神。累遷都察院都事。卒官。

袁・去華　宋豫章人。字宣卿。工詞。有袁宣卿詞。

袁・弘　後漢閎弟。字邵甫。耻其門族貴勢。變姓名。徒步師門。不應徵辟。終於家。嘗入京師太學。從父逢呼與相見。遇宴會作樂。弘伏稱頭痛。不聽而退。遂不復往。

袁·正辭 〔後唐〕彖先子。以父任爲飛龍副使。唐廢帝時獻錢五萬緡。得領衢州刺史。高祖入立。復獻錢五萬。得雄州刺史。憚遠行。又獻錢數萬。乃得免。忿而自經。家人救之乃止。出帝時又獻錢。帝憐之。欲與一內郡。未及而卒。

袁·永基 〔明〕汝陽人。字錦祚。世襲汝寧所千戶。李自成陷汝。登陴。永基短兵巷戰。身被數創死。

袁·申儒 〔宋〕建陽人。學於陳傅良。理宗時知常德府。有循績。

袁·甲三 〔清〕項城人。字午橋。道光進士。由主事擢給事中。咸豐間勦捻於安徽河南等省。官至漕運總督。以病歸。卒謚端敏。

袁·立相 〔清〕直隸宣化人。康熙武進士。授三等侍衞。雍正初累擢太原總兵。臨晉縣奸民爲亂。平之。授提督。卒謚勤毅。

袁·仲明 〔南朝宋〕陳郡人。有學行。與劉融·卞鑠俱爲袁粲所賞。恆在坐席。撰晉史未成而卒。

袁·充 〔隋〕陽夏人。徙丹陽。君正子。字德符。少警悟。年十餘歲。父黨至門。時冬初。充尙衣葛衫。客戲充曰。袁郎子絺兮綌兮。淒其以風。充應聲答曰。唯絺與綌。服之無斁。以是大見嗟賞。仕陳歷吏部侍郎·散騎常侍。入隋歷蒙鄜二州司馬。性好道術。解占候。因頒太史令。頗假託天文以取媚。煬帝昵之。拜祕書令。後爲宇文化及所殺。

袁·光廷 〔唐〕天寶中爲伊州刺史。會安祿山構難。西北戍兵悉入戍河西。故河隴郡縣皆陷吐蕃。惟光廷固守歷年。終不降。及糧竭。手殺妻子。自焚死。

袁·光開 〔明〕渭南人。字德徵。諸生。甘貧好學。以廉孝聞。萬曆間大饑。邑令予之粟。不受。強之。乃盡以賙鄰里之極貧者。遭母喪。以毀卒。

袁·名曜 〔清〕湖南寧鄉人。字岣岡。嘉慶進士。官至翰林院侍讀。留心輿地阨塞河渠險隘古今沿革等事。有吾吾廬存草。

袁妃 〔明〕莊烈帝之妃。崇禎末都城陷。帝令妃自縊。繫絕。久之復蘇。帝拔劍斫其肩。妃卒不殊。清順治初命所司給妃居宅。贍養終其身。

袁·安 〔後漢〕汝陽人。字邵公。徵時客洛陽。値大雪。洛陽令按行至安門。門閉無行跡。令人除雪入戶。見安僵臥。曰。大雪人皆餓。不宜干人。令以爲賢。舉爲孝廉。累拜楚郡太守。時以楚王英謀叛事。連繫者衆。安案獄出四百餘家。徵爲河南尹。政號嚴明。遷太僕。進司徒。和帝時竇太后兄憲擅權。安與憲屢相難折。守正不移。每朝會進見。及與大臣言國家。未嘗不噫嗚流涕。卒於位。

袁·宇 〔明〕壽州人。建文中積功爲指揮使。從李景隆北征有功。陞後府都督同知。嘗禦燕將李遠於沛泗間。成祖入立。宇以弟容爲勳戚故。得不死。

袁·守侗 〔清〕東強人。字執沖。號愚谷。乾隆舉人。由內閣中書累官直隸總督。以清節著。卒謚清愨。

袁·守定 〔清〕豐城人。字叔論。號易齋。雍正進士。知會同及曲周縣事。有政聲。官至禮部主事。有讀易豹窺·零上詩說·圖民錄。

袁·式 〔後魏〕陽夏人。字季祖。在晉歷武陵王諮議參軍。値宋武帝執權。式歸姚興。及姚泓滅。乃歸魏爲上客。與司徒崔浩一面。便成國士之交。浩以式博於故事。每有草創。恆顧訪之。式性長者。清貧守度。不失士節。人敬重之。樂安王範爲雍州刺史。詔爲從事中郎。辭不就。嘗作字釋未就。卒謚簡。

袁·旭 〔明〕撫州樂安人。字廷輔。永樂進士。授江津知縣。民懷其德。以楊士奇薦。遷知寧國府。會簡天下廉能官十人。旭居其一。賜襲衣楮幣。宴禮部。與督學御史程富有隙。被構陷。卒於獄。寧國民立祠祀之。

袁·江 〔清〕江都人。字文濤。雍正時祗候內廷。善畫山水樓閣。

袁·羊 〔晉〕陳郡人。字彥升。劉惔嘗少清遠。有奇標。論者以比羊。惔喜告其母。母曰。此非汝比。弗受之。

袁·聿修 〔北齊〕翻子。字叔德。繼叔父躍爲後。性深沈有鑒識。在齊爲尙書郎十年。未嘗受升酒之遺。邢邵常呼爲清郎。後爲太常少卿。出使巡省。邵時爲兗州刺史。送白紬爲信。不受。邵曰。今日復作清卿矣。天統中爲信州刺史。卽其本鄉。爲政清靜。不言而化。及秩滿。吏民遮道泣留。開皇中除都官尙書。出爲熊州刺史卒。

袁·佑 〔清〕東明人。字杜少。號霽軒。拔貢生。授中書。康熙時舉鴻博。授編修。遷中允。性警敏。下筆數千言。事母以孝聞。母卒。終身不食肉。有詩禮疑義·左史後議·老子別注·離騷荀楊文中子補注·莊子注論·杜詩注敺·詩文集。

袁·佐 〔明〕京山人。字國佐。成化進士。授內鄉知縣。政事超卓。召爲御史。按廣西。政尙精察。獠人畏憚。遷陝西僉事。以憂歸。

袁·伯儀 〔明〕沅陵人。博學有才識。舉永樂鄉薦。以道德尊重。拜監察御史。廉愼有聲。中貴人諷使論劾當路。許以美官。峻拒之。尋以病乞歸卒。

袁·利貞 〔唐〕敬孫。高宗時爲太常博士·周王侍讀。王立爲太子。帝欲大會羣臣命婦。合宴宣政殿。設九部伎散樂。利貞上疏諫。帝納之。賜物百段。擢祠部員外郎卒。

袁·君正　〔梁〕昂子。字世忠。少聰敏。早得時譽。爲豫章內史。遷吳興太守。當官涖事有名稱。而蓄聚財產。服玩靡麗。侯景亂。遣于子悅攻之。掠奪其財物子女。因是感疾卒。

袁·均哲　〔明〕建昌人。字庶明。正統中知彬州。爲人有幹局。剖訟明決。操履清愼。境內廨宇祠廟橋鋪之類。多其遺蹟。有羣書纂類。

袁·宏　〔晉〕猷孫。字彥伯。小字虎。少有逸才。文章絕美。爲謝安參軍。又爲桓溫記室。所著詠史詩·東征賦·三國名臣頌。世稱其美。溫北征。令宏倚馬前作露布。俄得七紙。殊可觀。謝安常賞其機對辯速。後宏自吏部郎出爲東陽太守。時賢祖於冶亭。安取一扇授之。曰聊以贈行。宏應聲答曰。輒當奉揚仁風。慰彼黎庶。時人歎其率而能要。嘗以後漢書煩穢雜亂。撰集後漢紀。抉擇去取。自出鑒裁。世言漢中興作史者。惟袁范二家。◎〔明〕吳縣人。字元室。工畫山水。

袁·宏道　〔明〕宗道弟。字中郎。年十六爲諸生。即結社城南爲之長。爲詩文主妙悟。舉萬曆進士。知吳縣。聽斷敏決。公庭鮮事。日與士夫談說詩文。官終稽勳郎中。其詩矯王李之弊。倡以清眞。然以識解多僻。頗爲通人所譏。有觴政·瓶花齋雜錄·袁中郎集及瀟碧堂·破研齋諸集。

袁·廷檮　〔清〕吳縣人。字又愷。一字壽階。好讀書。與錢大昕·王鳴盛輩以經學相質證。尤精小學。所居紅蕙山房。蓄書萬卷。皆宋元槧刻及金石碑版法書名畫之屬。

袁·抗　〔宋〕南昌人。字立之。舉進士。累遷益州路轉運使。時三司歲市上供綾錦鹿胎萬三千匹。抗言蜀民困憊。願少紓其力。是年蠲其數之半。累遷鴻臚少卿。改少府監。抗喜藏書。至萬卷。江西士大夫家鮮有及之者。

袁·成　〔後漢〕湯子。字文開。官五官中郎將。與梁冀結好。言無不從。京師諺曰。事不諧。問文開。

袁·沔　〔宋〕通川人。赤冠游太學。靖康之難。上書言當東據成皋。西臨澠池。以銳士搗敵巢穴。不報。已而城陷。沔歸漢中。乃畫防險對敵五事。其後曾薦。復條十二事。力詆諛佞。用事者忌之。沔不見用。拂衣歸。

袁·灼　〔宋〕轂子。字子烈。元祐進士。爲光祿丞軍器少監。出知婺州。武臣曹宗爲蔡京姻黨。數犯法。灼械之獄。死焉。坐鐫秩。起知隨州。宣和末召爲倉部郎。入對。力勸帝清心省事安不忘危。言甚切直。黜知泗州。終朝議大夫。

袁·玘　〔後漢〕爲陽羨令。造長橋以利涉。玘生有神異。能逆知水旱。無疾而卒。邑人祀之。

袁·甫　〔晉〕淮南人。字公胄。好學。以辭辯稱。嘗詣中領軍何勗。自言能治劇縣。勗曰。唯欲宰縣。不爲臺閣職。何也。曰。人各有能有不能。乃除松滋令。轉淮南國大農郎中令。年八十餘卒於家。◎〔宋〕燮次子。字廣微。號蒙齋。少承家學。又從學於楊簡。舉嘉定進士第一。累官國子祭酒。權兵部尚書。所至興利除害。在朝劘切權貴。抗論不阿。卒謚正肅。有孝說·孟子解·蒙齋中庸講義·江東荒政錄·蒙齋集。

袁·良　〔後漢〕汝陽人。安祖父。習孟氏易。平帝時舉明經。爲太子舍人。建武初至成武令。

袁·京　〔後漢〕安子。字仲譽。少隱居縣之五里山。後人因名袁山。習孟氏易。作難記三十萬言。初拜郎中。稍遷侍中。出爲蜀郡太守。

袁·侃　〔三國魏〕渙子。字公然。論議清當。柔而不犯。善與人交。歷位黃門選部郎。稍遷至尚書。早卒。

袁·和　〔明〕安陽人。字節吾。萬曆進士。授長垣知縣。奸究遠遁。擢戶部主事。陞右參議。備兵陽和。飭兵練士。市易之弊。一意察訪。以憂歸。

袁·宗　〔明〕松江人。字宗彥。以字行。洪武中官王府長史。謫戍滇南。有菊莊集。

袁·宗皋　〔明〕石首人。字仲德。弘治進士。世宗在藩。選充長史。及入繼大統。宗皋扈從次京城。請由中門入。人以周昌目之。即位後。擢吏部右侍郎。遷禮部尚書。兼文淵閣大學士。卒謚榮襄。

袁·宗道　〔明〕公安人。字伯修。萬曆會試第一。授編修。官終右庶子。時王李之學盛行。宗道在翰苑與同館黃輝·弟宏道·中道力排其說。於唐好白樂天。於宋好蘇軾。因名其齋曰白蘇。世目爲公安體。人或以空疎病之。有白蘇齋集。

袁·宗儒　〔明〕雄縣人。字醇夫。正德進士。授御史。帝在大同。以郊祀將回鑾。既而復止。宗儒率同官力諫。擢大理寺丞。嘉靖中爭大禮廷杖。歷官右僉都御史。巡撫貴州。解職歸。未幾起鄖陽。改山東。坐失察屬吏罷。以薦起左副都御史卒。

袁·尚　〔後漢〕熙弟。字顯甫。父紹卒嗣位。與兄譚相攻。曹操乘間討敗之。尚奔遼東。爲公孫康所斬。

袁·尚統　〔明〕吳縣人。字叔明。善畫。山水渾厚。人物野放。頗得宋人筆意。

袁·忠　〔後漢〕閎弟。字正甫。與同郡范滂爲友。初平中爲沛相。乘葦車到官。以清亮稱。後棄官避地上虞。

及孫策破會稽。忠浮海至交阯避之。獻帝徵爲衞尉。未至卒。

袁・忠徹 明珙子。字靜思。幼傳父術。善相人。從父謁燕王。永樂初召授鴻臚寺序班。遷尚寶司少卿。待遇優厚。正統中坐矜傲休致卒。忠徹性險詖。頗緣相法以齮齕人。有人相大成・古今識鑒・鳳池吟稿・符臺外集。

袁・承序 唐承家弟。有文名。爲齊王府學士。府廢。補建昌令。治尚慈簡。吏民懷德。太宗爲晉王崇選僚屬。以薦召拜晉王友。兼侍讀。加弘文館學士卒。

袁・承家 隋憲子。歷官祕書丞・國子司業。王世充篡隋。羣臣上表勸進。承家時爲給事中。獨稱疾不署。

袁・政 明吳縣人。字文理。嘗學於俞貞木。永樂中以薦授湘陰典史。邑民貧惰。政爲之勸課振勵。民日以裕。以薦擢遂安知縣。邑人生女多不舉。政嚴禁之。後邑中生女。多名袁留。

袁・昂 梁顗子。字千里。善畫。以父死非理。終身不聽音樂。仕齊爲吳興太守。梁師起。昂拒境不受命。建康平。始至京師。武帝不之問。久之。用爲吏部尚書。謂曰。齊明帝用卿爲黑頭尚書。朕用卿爲白頭尚書。虛以多愧。尋遷尚書令。位司空。昂在朝謇諤。世號宗臣。雅有人鑑。被接見者號爲登龍門。進司空。卒諡穆正。

◉清松江人。字東田。以畫名。

袁・昇 宋鄞人。爲明州助教。五旬無子。其妻貲遣之往臨安買妾。既得妾。察其憂色。問之。知爲趙知府女。鬻身葬父。昇卽送還。復以囊中貲賙之。明年生子。

袁・易 元平江人。字通甫。少敏於學。不樂仕進。爲石洞山長。闡明朱熹之學。諸生莫不敬服。工詩。有靜春堂詩集。

袁・明善 元臨川人。字誠夫。號櫰山。師事吳澄。晚年教授於虞集之門。著有征賦定考。援引經傳。言井田水利之法甚備。

袁・昌祚 明東莞人。字茂文。原名炳。生而穎悟。有奇童之目。第隆慶進士。授左州知州。調彝陵。王世貞雅重之。歷戶部員外郎。出爲廣西提學僉事。遷四川參議。督採貢木。事辦而不擾。川人德之。以憂去。不復起。

袁・枚 清錢塘人。字子才。號簡齋。少負才名。乾隆初試鴻博報罷。旋成進士。改庶吉士。出知溧水・江浦・沭陽・江寧等縣。並著能聲。年甫四十。卽告歸。作園於江寧小倉山下。曰隨園。以吟詠著作爲樂。世稱隨園先生。爲詩主性靈。務從其才力所至。古文駢體。亦縱橫跌宕。自成一格。性通侻。頗放情於聲色。尤好賓客。四方人士。投詩文無虛日。享盛名者五十年。卒年八有十二。有小倉山房集・隨園詩話・隨園隨筆等書。

袁・泌 陳敬弟。字文洋。清正有幹局。志行修謹。梁天成間爲侍中。從王琳輔永嘉王莊伐陳琳。軍敗。莊左右皆散。泌獨以輕舟送莊達於齊境。乃還奔陳。官終雲旗將軍・司徒左長史。卒諡質。

袁・沛 清鉞子。字少迂。能紹父藝。畫山水清腴秀潤。兼工書。

袁・盱 後漢敞子。官至光祿勳。後梁冀擅權。盱正身自守。不相阿附。桓帝使盱持節收冀印綬。

袁・知 清錢塘人。字紓亭。乾隆舉人。官至大同知府。署雁平道。工詩。獨來獨往。自成一家。有欠立齋詩文集。

袁・芳瑛 清湘潭人。字漱六。道光進士。官至松江知府。嗜蓄書。有臥雪樓。藏書甚富。

袁・表 明袠從兄弟。字邦正。以太學生授西城兵馬司指揮。陞臨江通判。爲人耿介。嘗以事忤權貴繫獄。人歎其直。長於歌詩。與昆弟及文徵明・王寵輩相倡和。有江南春集・閩中十子詩。

袁・采 宋信安人。字君載。進士。初爲縣令。以廉明剛直稱。官至監登聞鼓院。所著袁氏世範。後人推爲顏氏家訓之亞。

袁・亮 三國魏霸子。貞固有學行。疾何晏・鄧颺等。著論以譏切之。位至河南尹・尚書。

袁・俊明 宋黃榦弟子。字踪聖。榦講餘散逸。俊明重爲裒輯而行之。

袁・保恆 清甲三子。字小午。道光進士。少隨甲三治軍。諳練武事。復先後佐李鴻章・左宗棠軍幕。在軍旅二十餘年。樸直敢任事。有清操。官至刑部左侍郎。卒諡文誠。

袁・保齡 清保恆弟。同治舉人。少與兄同隨父甲三治軍。光緒初累官內閣中書・侍讀。熟於掌故。嘗從倭仁李棠階研究性理之學。以直隸候補道督旅順口海防。興築旅順礮臺甚固。並就海口隙地種桑柘。設學堂。教民紡織讀書。旅順遂爲北洋重鎭。朝鮮金玉均之亂。賴保齡籌濟策應。得以速定。卒官。

袁・客師 唐天綱子。傳其父術。爲廩犧令。

袁・建豐 後唐幼爲晉王所收養。長習騎射。爲鐵林都虞候。數從征伐有功。莊宗時歷洺相隰三州刺史。病廢。明宗以舊恩召還京。加檢校太尉。遙領鎭南軍節度使卒。

袁・彖 南齊顗弟子。字偉才。小字史公。善屬文及談玄。顗見誅。宋明帝投其尸於江。彖與舊奴一人。微服求尸。經四十餘日乃得。密瘞石頭後岡。入齊累官太子庶子。出爲冠軍將軍。監吳興郡事。坐過用俸錢免官付東冶。尋得釋。後爲侍中。卒謚靖。

袁·彥　【宋】河東人。少以趫勇應募。從周世宗討淮南有功。累官彰信軍節度。宋初加檢校太尉卒。

袁·昶　【清】桐廬人。字爽秋。光緒進士。官戶部主事。累擢徽寧池太廣道。江寧布政使。條列時政二萬餘言。多議行。官至太常寺卿。庚子拳亂作。力言拳匪不可恃。外釁不可啓。忤首禍諸臣。被誅。生平學說。不主故常。而一返於平實中正。尋追復原職。謚忠節。

袁·洪　【元】韶孫。字季源。七歲通詩書春秋。宋末以祖任補承務郎。馬光祖尹臨安。徵爲佐。以敏達聞。遷大社令。論罷。咸淳中起通判建康。閫事敏決。吏不敢欺。至元間徵赴京師。授溫州路同知。以疾不起。大德中改授處州路同知。命下已卒。

袁·洪愈　【明】吳縣人。字抑之。嘉靖進士。授中書舍人。擢禮科給事中。劾檢討梁紹儒阿附權要。紹儒爲嚴嵩私人。由是爲嵩所惡。出爲福建僉事。累遷至湖廣參政。所在以清節著。嵩敗。召爲南太僕少卿。遷太常。引疾歸。萬曆中復起故官。以南吏部尚書致仕。卒謚安節。

袁·祈年　【明】中道子。字田祖。天啓中領鄉薦。孝行純篤。富於著述。

袁·郊　【唐】滋子。字之儀。一作之乾。昭宗時爲翰林學士。嘗官虢州刺史。有二儀實錄。衣服名義圖。服飾變古元錄。甘澤謠。（按唐書藝文志及宰相世系表載郊字爵互異。未知孰是。又舊唐書宣傳作都。）

袁·倩　【宋】一作蒨。師陸探微。善畫人物士女。

袁·原　【後漢】汝陽人。安帝時拜司徒。盡誠事國。有忠蹇之節。中興以來。稱爲名宰。

袁·容　【明】宇弟。有容儀。尚燕永昌郡主。以儀賓守北平。永樂初進駙馬都尉。論靖難功。封廣平侯卒。

袁·宬　【清】吳江人。字仲容。有獨笑軒文稿。

袁·峻　【梁】陽夏人。字孝高。渙八世孫。早孤好學。家貧無書。每從人假借手抄。日課五十紙。訥言語。工文辭。天監中擬楊雄官箴。奏之。武帝嘉焉。除員外散騎侍郎。直文德學士省。

袁·悅之　【晉】陽夏人。字元禮。能長短說。甚有精理。始爲謝玄參軍。後甚爲會稽王道子所親愛。每勸道子專攬朝權。道子頗納其說。尋因尼支妙音致書太子母爲王國寶遊說。孝武誅之。

袁·恕己　【唐】東光人。累官司刑少卿。知相王府司馬。與誅張易之兄弟。以功拜中書侍郎。擢中書令。特進南陽郡王。武三思用事。排之。貶竇州司馬。尋爲三思誣構。流環州。三思復使周利貞矯制殺之。後謚貞烈。

袁·桐　【清】枚從子。字琴甫。號琴南。官通判。能詩。善隸法。類陳鴻壽。亦精篆刻。

袁·泰　【明】萬泉人。洪武進士。累官右副都御史。性廉直。執事不撓。良善獲安。姦邪不得肆志。及卒。帝遣使致祭。

袁·珪　【明】士元子。字廷圭。晚號清白生。五歲讀書成誦。十八能文章。洪武間徵至京。試治道安民論。稱旨。授高州茂名主簿。因事謫戍大寧。燕王聞其名。召爲府紀善。永樂初擢禮科給事中。以敢言稱。出判和州。秩滿請老。卒於家。有清白集。

袁·珙　【明】珪弟。字廷玉。號柳莊。少遇異人授相術。論人吉凶輒驗。洪武間燕王召至北平。一見卽決爲太平天子。靖難後召爲太常寺丞。未幾請老歸。有柳莊集。

袁·盎　【漢】楚人。字絲。父徙居安陵。文帝時爲中郎。淮南王遷蜀。盎諫不聽。王死。盎請立其三子皆爲王。由此名重朝廷。以數直諫。不得久居中。調爲隴西都尉。歷吳相。吳王厚遇之。盎素不好鼂錯。景帝時錯使吏案盎受吳王財物抵罪。詔赦爲庶人。吳楚反。盎入見。請誅錯以謝吳。吳楚破。盎爲楚王禮相。言不見用。病免居家。後爲梁王所殺。（按漢書作爰盎。此從史記。）

袁·祖志　【清】枚孫。字翔甫。自號倉山舊主。咸豐時官同知。後寓滬。晚年結廬爲吟社。顏曰楊柳樓臺。年七十餘卒。著作多散佚。存者惟隨園瑣記。談瀛錄。

袁·祕　【後漢】忠子。字永寧。爲郡門下議生。黃巾起。從太守趙謙擊之。軍敗。祕與功曹封觀等七人。以身捍刃。皆死於陳。謙得免。詔表祕等門閭。號曰七賢。

袁·耽　【晉】準孫。字彥道。少有才氣。倜儻不羈。爲士類所稱。王導引爲參軍。以平蘇峻功。封秭歸男。拜歷陽太守。以輕妄見黜。導復引爲從事中郎。方將大任。會卒。

袁·袞　【明】吳縣人。字補之。嘉靖進士。知廬陵縣。勤於吏事。奉檄覈縣田。雖深山窮谷。必親履其地。抽稽有法。吏胥不敢欺。擢禮部主事。轉員外郎。引疾歸。有袁禮部集。

袁·衷　【明】東莞人。字秉忠。正統進士。授戶部主事。歷梧州知府。改平樂·永州。所至公正廉明。民蒙其惠。尤長於詩文。有庭幃雜錄。竹庭稿。

袁豹　〔晉〕湛弟。字士蔚。好學博聞。喜談雅俗。每商較今古。兼以誦詠。聽者忘疲。初拜著作佐郎。義熙中累遷御史中丞。丹陽尹。卒官。

袁陟　〔宋〕抗子。少刻厲好學。善爲詩。官終殿中丞。

袁高　〔唐〕恕己孫。字公頤。少慷慨有節。擢進士。累遷給事中。德宗將起盧杞爲饒州刺史。高見宰相。極論杞姦。詔出。執不下。天下仰其直。及卒。中外惋惜。

袁啓旭　〔清〕宣城人。字士旦。工詩。踔厲頓挫。長洲宋實穎弁其集。謂前惟吳偉業可以方駕。後則陳維崧得其豐腴。吳兆騫得其英概。以國子生終。有中江紀年稿。

袁啓觀　〔明〕雲夢人。字君白。諸生。流賊據城。啓觀立寨自守。賊執之去。出題試之。啓觀曰。汝旣知文。亦知亂臣賊子。人人得而誅之耶。賊怒殺之。

袁國璜　〔清〕成都人。乾隆間從攻金川。擊臺灣。平廓爾喀。勦黔楚苗。皆有功。累官四川重慶鎭總兵。嘉慶間勦楚蜀教匪沒於陣。

袁崇煥　〔明〕東莞人。字元素。萬曆進士。授邵武知縣。慷慨負膽略。好談兵。以邊才自許。薦擢兵部主事。單騎出山海關。察閱形勢。還朝具書言之。廷臣稱其才。超擢僉事。監關外軍。經略王在晉深相倚重。題爲寧前兵備僉事。內撫軍民。外飭邊備。勞績大著。累進按察使。清兵攻寧遠。崇煥激士死守。卒以解圍。擢右僉都御史。巡撫遼東。魏忠賢扼之。乞歸。崇禎初起兵部尙書。兼右副都御史。督師薊遼。兼督登萊天津軍務。鎭寧遠。會清師越薊州而西。崇煥急引兵入護京師。朝士因崇煥前通和議。誣其引敵脅和。下詔獄。磔於市。天下冤之。自崇煥死。邊事益無人。明卒以亡。

袁彬　〔明〕江西新昌人。字文質。正統末以錦衣校尉扈駕北征。土木之變。從官奔散。獨彬隨侍。不離左右。比入沙漠。夜與帝同寢。天寒甚。恆以脅溫帝足。及還京。代宗僅授錦衣試百戶。英宗復辟。歷擢指揮使掌錦衣衛。以平曹欽功。進都指揮僉事。彬在職久。行事安靜。官終前軍都督。有北征事跡。

袁從諤　〔明〕郴州人。崇禎舉人。官中書舍人。明亡。自焚死。

袁敏　〔明〕金齒衛知事。英宗北征。應募從至大同。師覆。敏逃還。上書代宗。請遣官齎書及服御物。問安塞外。命禮部議。報寢。◎〔清〕理番廳人。改籍華陽。乾隆中隨征金川・緬甸及甘肅石峯堡回。平湖南苗。皆有功。官至古州鎭總兵。後以傷解任卒。

袁朗　〔唐〕樞子。仕陳爲祕書郎。後主聞其才。詔爲月賦及芝草嘉蓮二頌。帝歎賞之。累遷德教殿學士。入隋歷尙書儀曹郎。武德初爲齊王府文學。太宗朝再轉給事中卒。

袁桷　〔元〕韶曾孫。字伯長。舉茂才異等。起爲麗澤書院山長。薦授翰林國史院檢閱官。作北郊議。禮官服其博。累遷翰林侍講學士。泰定初辭歸。桷熟於前代典故。朝廷制册勳臣碑銘。多出其手。卒諡文清。有易春秋說・延祐四明志・清容居士集。

袁淑　〔南朝宋〕豹少子。字陽源。博學多通。不爲章句之學。彭城王義康辟爲軍司祭酒。劉湛欲其附己。淑不爲改意。因以疾免官。元嘉中累遷太子左衞率。元凶劭將爲逆。淑不從。被害。孝建初諡忠憲。有文集。

袁紹　〔後漢〕逢庶子。出後伯父成。字本初。壯健好交結。靈帝時爲佐軍校尉。帝崩。紹與何進謀召董卓軍共誅宦官。卓未至而事洩。進被殺。紹乃勒兵捕宦官盡殺之。卓至。議廢立。紹不從。出奔冀州。起兵討卓。卓擁帝入長安。死於王允之手。後紹據河北。與曹操戰於官渡。大敗。疾作而死。

袁術　〔後漢〕逢子。字公路。舉孝廉。累遷河南尹虎賁中郎將。董卓議廢立。以爲後將軍。畏禍奔南陽。獻帝時據壽春。領揚州事。僭帝號。自稱仲家。僭位二年。糧盡衆散。乃北走靑州。爲劉備所擊。復還壽春而死。

袁袠　〔明〕褧弟。字永之。七歲能詩。登嘉靖進士。選庶吉士。張璁惡之。轉刑部主事。改兵部。以司署火。謫戍湖州。會赦歸。以薦起補南兵部主事。歷員外郎。出爲廣西提學僉事。謝病歸。讀書橫塘別業。有皇明獻實・世緯・胥臺集・吳中先賢傳諸書。

袁逢　〔後漢〕成弟。字周陽。以累世三公子。寬厚篤信。著稱於時。靈帝時爲司空。終執金吾。諡宣文。

袁逢吉　〔宋〕鄢陵人。字延之。四歲能誦爾雅孝經。七歲兼通論語尙書。開寶中擢三傳第。除豐城令。淳化中歷水部郎中。宰相呂蒙正薦其有經術。至道初累拜鴻臚少卿卒。

袁凱　〔明〕松江華亭人。字景文。元末爲府吏。博學有才辨。議論飆發。洪武中薦授御史。帝一日錄囚畢。令凱送太子覆省。多所矜減。凱還覆命。帝問朕與東宮孰是。凱曰。陛下法之正。東宮心之慈。帝惡其猾。凱懼。託疾罷歸。凱工詩。有盛名。自號海叟。嘗在楊維楨座。賦白燕詩。頗工麗。人呼爲袁白燕。有海叟集。

袁喬　〔晉〕瓌子。字彥叔。博學有文才。桓溫引爲司馬。拜江夏相。佐溫伐李勢。前鋒失利。矢及喬馬首。左右失色。喬麾軍而進。聲氣愈厲。遂大破敵。入成都。進號龍驤將軍。封湘西伯。卒諡簡。

袁・善　明昆明人。字復虛。歷官松潘參將。旣罷歸。後値東川祿千鍾爲亂。糾合烏撒・霑益攻嵩明。善督兵馳救。大破之。尋進副總兵。援貴州。緣道勦撫。抵貴陽。滇黔始通。論功累加都督同知。善勇而好謀。撫士卒有恩。爲滇中諸將之冠。

袁・寒篁　淸江蘇華亭人。工詞。有綠窗詞。

袁・寓　三國魏侃弟。字宜厚。精辯有機理。好道家言。少被病。未仕卒。

袁・尊尼　明袠子。字魯望。幼警穎。十歲通諸經。長益博涉。爲詩文務詳贍。登嘉靖進士。授刑部主事。高拱爲奏所取士。數託尊尼草靑詞。心厭之。乞改南。歷南吏部考功郞。擢山東提學副使致仕。有禮記集說正訛・魯望集。

袁・彭　後漢京子。字伯楚。少傳家學。歷廣漢・南陽太守。順帝初爲光祿勳。居行淸儉。爲吏粗袍糲食。終議郞。尚書胡廣等追表其淸潔。以比貢禹・第五倫。

袁・敞　後漢京弟。字叔平。少傳易經。以父任爲太子舍人。和帝時歷東郡太守。徵拜太僕光祿勳。遷司空。坐漏洩省中語。策免。敞廉勁不阿權貴。失鄧氏旨。遂自殺。◉隋昂孫。少有器量。博涉文史。仕蕭詧爲吏部郞。使周。班在陳使下。敞執不可。主者不能屈。乃與陳使異日而進。還以稱旨遷侍中。轉左民尚書。從入隋。終譙州刺史。

袁・景休　明吳縣人。字孟逸。喜爲歌詩。徧游吳越山川。歸隱吳市。以賣卜終老。有遺詩二百餘首。

袁・景輅　淸吳江人。字質中。號樸村。乾隆時諸生。工詩。游沈德潛・陳祖范之門。所輯松陵詩徵。有裨文獻。著有小桐廬詩鈔。

袁・最　南朝宋粲子。字文高。粲之敗。戴僧靜踰城進。奮刀逼粲。最以身衞父。乞先死。粲謂最曰。我不失忠臣。汝不失孝子。遂同時遇害。

袁・植　宋默弟。字材老。登崇寧進士。復中詞學兼茂科。爲監察御史。金人入寇。陳邊防十三事。以誅佞臣爲先。不納。引疾致仕。建炎初召爲左司諫。忤宰臣。黜守岳州。會北兵大入。叛臣李允文據鄂州剽掠荆湖。植條奏其狀。遂遇害。

袁・棟　淸吳江人。字國柱。一字漫恬。乾隆時監生。專心古學。深於劉杜鄭馬四家之書。工詩詞。兼善隸書。畫竹石亦佳。著書三十餘種。已刻者有漫恬詩鈔・漫恬詩餘・書隱叢談・四書補音・玉田樂府。

袁・湯　後漢彭弟。字仲河。少傳家學。諸儒稱其節。桓帝初爲司空。以豫議定策。封安國亭侯。累遷司徒・太尉。以災異策免。卒諡康。

袁・渙　三國魏滂子。字曜卿。性清靜。舉動以禮。初爲郡功曹。劉備爲豫州。舉渙茂才。後歸曹操。拜沛南部尉。遷梁相。每勅諸縣存鰥寡高年。表孝子貞婦。爲政崇教訓。恕思而後行。外溫柔而內能斷。以病去官。徵爲諫議大夫。魏國初建。爲郞中令。行御史大夫事。卒官。

袁・湛　晉質子。字士深。劉裕以爲鎭軍諮議參軍。義熙中累官尚書右僕射。兼太尉。卒諡敬。

袁・登　明敬子。字道生。號強名。畫山水法胡宗仁。後法米元章。兼工篆隸圖書。善爲詩。有水竹樓詩。

袁・皓　唐宜春人。字退山。自號碧池處士。博學能文。咸通間舉進士。累官吉撫二州刺史・集賢殿圖書使。有興元聖功錄。

袁・舜裔　淸祥符人。號石生。以舉人知平原縣。有惠政。善寫山水墨竹。自成家法。能書工詩。

袁・華　明崑山人。字子英。少穎悟不羣。工詩。尤長樂府。善品題書畫。與顧阿瑛相友善。洪武初爲蘇州訓導。以子生中爲縣吏。坐累徙南京卒。有可傳集・耕學齋詩集。

袁・象先　後唐宋州人。恕己之後。以後梁甥爲宣武軍內外馬步軍都指揮使。嘗率禁軍攻朱友珪。有功於末帝。官歷平盧軍節度使。徙鎭宣武。積貲千萬。唐滅梁。輦貲至洛陽。廣行賄賂。故莊宗左右皆稱之。賜姓名爲李紹安。遣還鎭卒。

袁・鈞　淸鄞人。字秉國。一字陶軒。號西廬。乾隆拔貢。嘉慶初舉孝廉方正。後主稽山書院。幼孤。穎悟絕人。工詩古文辭。邃於康成一家之學。有鄭氏佚書・四明文獻徵・近體樂府。

袁・閎　後漢彭孫。字夏甫。父賀爲彭城相。卒於官。閎與兄弟往迎喪。縗絰扶柩。冒犯霜露。體貌枯毀。手足血流。見者莫不傷之。累徵聘辟召皆不應。朋黨事作。閎乃築土室。不爲戶。自牖納飲食。潛身十八年。旦暮於室中向母拜。雖妻子往。亦不得見。黃巾賊起。攻沒郡縣。閎誦經不移。賊相約不入其閭。後卒於土室。

袁・黃　明吳江人。字坤儀。一字了凡。萬曆進士。知寶坻縣。有善政。擢兵部主事。日本侵朝鮮。佐經略宋應昌軍往征。多所策畫。中察典免歸。黃博學尚奇。凡河洛象緯律呂水利戎政。旁及句股堪輿星命之學。莫不究涉。有兩行齋集・曆法新書・皇都水利・評註八代文宗・羣書備考。嘗導人持功過格。鄉里稱爲愿人。

袁・奐　三國魏寓弟。字公榮。行

足厲俗。言約而理當。官終光祿勳。

袁愷　明聊城人。字伯順。崇禎進士。由推官入爲給事中。陳時弊五事。請罷首輔薛國觀。繼發其納賄行私事。語侵僉都御史宋之普。國觀遂獲罪。而愷爲之普所傾。亦貶秩調外。

袁敬　陳昂子。字子恭。性純孝。有風格。幼篤學。老而不倦。在梁累遷中舍人。江陵淪覆。敬流寓嶺表。依歐陽頠。宣帝時徵爲太子中庶子。官至太常卿。散騎常侍。卒諡靖德。

◎明東莞人。字敬德。萬曆舉人。知天長縣。精畫善書。尤工詩。有白雲集。燕粵西征草。

袁敬所　明軼其名。靖難後流寓常山之松嶺。爲人易直善飲。飲酣。輒書淵明五柳圖詩。書罷悲吟。繼以潸淚。後贅一嫠婦。死婦家。

袁業泗　明宜春人。字景源。萬曆進士。知樂清縣。調蘭溪龍溪。所至以循良稱。擢南兵部主事。崇禎間分守嶺東。平九連山賊。徵爲南鴻臚少卿。乞歸卒。

袁楷　明無錫人。字雪隱。工繪事。爲張復入室弟子。

袁滂　後漢扶樂人。字公熙。位至司徒。純素寡欲。不言人短。當權寵之盛。或以同異致禍。滂獨中立。故愛憎不及焉。

袁準　晉奐弟。字孝尼。忠信公正。不恥下問。性恬退。著書十餘萬言。論治世之務。又爲易周官詩傳。論五經滯義。泰始中爲給事中。

袁滋　唐朗山人。憲之後。字德深。性寬易。彊學博記。通春秋。工篆隸。客荆郢間。起學廬講授。用薦授試祕書郎。累轉尚書右丞。出爲華州刺史。爲政清簡慈惠。未嘗設條教。及內召。耆老遮道不得去。憲宗監國。進拜中書侍郎。同平章事。後爲山南東道節度使。徙荆南。吳元濟反。滋言非朝夕計可下。宜廣方略。離潰其心。乃授彰義軍節度使。滋至唐州。去斥候。與元濟通好。以無功貶撫州刺史。稍遷湖南觀察使。累封淮陽郡公卒。

袁熙　後漢譚弟。字顯雍。出爲幽州刺史。弟尚爲曹操所敗。熙與尚同奔公孫康於遼東。康擒斬之。

袁煒　明慈谿人。字懋中。嘉靖進士。授編修。進侍讀。簡直西苑。才思敏捷。帝常中夜出片紙命作青詞。煒舉筆立成。遇中外獻瑞。輒極詞頌美。以此稱旨。驟擢禮部尚書。改戶部。尋兼武英殿大學士。入閣典機務。與李春芳。嚴訥。郭朴輩同有青詞宰相之誚。以疾歸。卒諡文榮。有袁文榮詩略。

袁猷　晉瓌弟。字申甫。少與瓌齊名。代瓌爲呂令。復相繼爲江都。由是俱渡江。及瓌爲丹陽。猷爲武康。兄弟列宰名邑。論者美之。歷位侍中衛尉卿。

袁粲　南朝宋淑兄子。初名愍孫。字景倩。好學有清才。早以操行見知。明帝時累官尚書令。與褚淵等同受顧命。順帝即位。遷中書監。出鎭石頭。時齊高帝方圖革命。粲謀攻之於朝堂。淵泄其謀。粲父子遂死於石頭。時人哀之。爲之歌曰。可憐石頭城。寧爲袁粲死。莫作褚淵生。

袁經　明寧鄉人。字大綸。弘治進士。授西安府推官。遷監察御史。初按兩淮。次按三吳。陞山東僉事。以不阿劉瑾。三被罰米。瑾敗。陞陝西副使。後以僉都御史巡撫遼東。卒官。

袁義　明廬江人。本姓張。歸明爲帳前親軍。賜姓名。數從征伐。積功爲楚雄衛指揮使。在鎭二十年。墾田築堰。治城郭橋梁。規畫甚備。軍民德之。建文初徵爲右軍都督府僉事。進同知。卒於官。

袁聘儒　宋建安人。葉適門人。字席之。紹熙進士。嘗述水心易說。

袁肅　宋燮子。號晉齋。從舒璘問學。知名於世。登慶元進士。官至少卿。

袁著　後漢汝南人。年十九。見梁冀凶縱。不勝其憤。詣闕上書。冀密遣人掩捕之。乃變姓名亡匿。卒爲冀所得。笞殺之。

袁葵　明東明人。字向一。崇禎進士。知山西夏縣。持躬廉潔。政行民化。流賊薄郊關。以有備得無患。調知洪洞。夏人擁留。幾不得去。治洪知初政。會歲饑。收養棄兒百數。以母憂歸。邑人抱諸兒乞姓袁。且請名。服除。補山東壽光令。致仕歸。

袁裕　元洛陽人。字仲寬。自少嗜學。由聊城丞辟中書右司掾。建言給重囚衣糧醫藥。免籍其孥產。累官刑部侍郎。出爲順德路總管。裕用法平允。而疾惡不貸。卒於官。

袁裒　元甫孫。字德平。讀書城南。昕夕探索幽隱。以黜邪辭爲己任。爲詩溫雅簡潔。以安定書院山長授海鹽儒學教授。未赴卒。

袁褒　明袞弟。字紹之。諸生。博涉經史。爲詩歌古文詞。醞藉醇雅。居親喪盡禮。與兄同居。終身不析產。晚歲始循貲貢禮部。未仕而卒。有志山詩集。

袁道　明吉水人。字德純。性剛介。勤苦力學。舉成化進士。擢監察御史。巡按廣西。奸弊一清。時稱眞御史。

袁達　明閩縣人。字德修。號佩蘭子。正德舉人。官貴溪知縣。善畫蘭竹。有禽蟲迹。（按一作袁達德誤。）

袁鉞　明元和人。字震業。號清

難。又號鈍隱。諸生。性拗僻不諧於俗。工書畫。通岐黃。旁通星命之說。杜門教授。生徒甚衆。

袁隗　後漢逢弟。字次陽。獻帝初爲太傅。從子紹、術等起兵討董卓。卓怒。遂誅隗。

袁嘏　梁陳郡人。自重其文。謂人云。我詩應須大材迮之。不爾飛去。建武末爲諸暨令。爲王敬則所賊殺。

袁廓　宋梓潼人。在蜀舉進士第。入宋爲上蔡令。以課最擢太子右贊善大夫。令掌權貨務。夸誕敢言。太祖以奇士待之。累遷戶部郎中。判勾院。勾稽精密。遷鴻臚少卿。與同郡袁仁甫不協。互有論奏。帝命人往按驗。攝繫獄。廓性剛褊。遂以憤死。

袁廓之　南齊宏曾孫。字思度。父景儁。仕宋爲淮南太守。以非罪見誅。廓之終身不聽音樂。布衣蔬食。足不出戶。示不臣宋。時人比之晉王褒。後仕齊爲太子洗馬。

袁溉　宋汝陰人。字道潔。嘗問學於二程。舉進士。建炎初集鄉民爲保聚。抗金人。屢克其衆。衆謀奉之爲主。乃逃於金房山谷間。尋移居富順。從賣香薛翁學。所爲益純粹近古。後家荆州。病沒於二聖寺。溉之學自六經百氏。下至博弈小數方術兵書。無所不通。於易禮說尤邃。人稱厚德君子。（按溉事詳薛士龍浪語集。宋史譙定傳云。閩人袁滋入蜀。學易於賣醬薛翁。蓋卽一人而所傳異也。）

袁種　漢盎兄子。爲常侍騎。盎徙吳相。辭行。種謂盎曰。吳王驕日久。國多姦。今欲劾治彼。不上書告君。卽利劍刺君矣。君能日飲亡苛。時說王曰毋反而已。如此幸得脫。盎用種計。吳王厚遇盎。（按漢書作爰種。此從史記。）

袁禎　明字貞吉。成化進士。知歙縣。在任廉明。性寬厚。雖隸卒輩。未嘗發一詈語。官終監察御史。

袁說友　宋建安人。流寓湖州。字起巖。隆興進士。嘉泰中官至同知樞密院。參知政事。學問淹博。官四川安撫使時。嘗命屬官輯蜀中詩文爲成都文類。所著有東塘集。

袁賓　明歸善人。字尙賓。弘治中賊掠其鄉。賓猝逸。俄聞繼母被執。乃詣賊請代。會官軍至。賊怒。縛賓於樹。劍擬之。終不忍害。仕終建陽訓導。

袁韶　宋昇子。字彥淳。淳熙進士。爲左司郞官。接伴金使。金使索歲幣。語慢甚。韶折之。使者語塞。爲臨安府尹。理訟精簡。里巷呼爲佛子。紹定初拜參知政事。出爲浙西制置使。奉祠卒。有錢塘先賢傳贊。

袁鳳鳴　明辰州衞人。字時瑞。嘉靖進士。擢御史。巡視居庸。申飭邊防。劾將帥弗戢兵者。再巡四川。建議征白草苗。平之。以戇直爲時所忌。出知潮州。尋謫思州。乞歸。

袁奭　北齊昂孫。字元明。梁永嘉王莊用爲侍中。奉使於齊。莊敗留焉。奭以文學稱於時。待詔文林館。遷太中大夫。

袁履謙　唐天寶中爲常山長史。安祿山反。履謙與太守顏杲卿同謀圖賊。玄宗拜履謙常山太守。史思明攻之。城陷被執。賊斷其手足臠之。

袁徵　五代吳陳州人。從楊行密爲銀槍都使。行密克蔡儔。張顥來降。分隸徵帳下。徵以顥反覆。請誅之。不聽。顥後果叛。時人多徵有先見。

袁慶祥　明雩都人。國子生。以久次歷事內承運庫。見憲宗崇異教。忤旨被杖。遣還國學。後二年舉進士。任官宮。用財無度。上章極言其弊。仕至廣東僉事。有松崖集。

袁樞　陳君正子。字踐言。沈靜好學。居父喪以孝聞。仕梁爲吳興太守。入陳累遷吏部尙書。領丹陽令。謹愼周密。清白自居。文武職司。鮮有游其門者。官至尙書左僕射。卒諡簡懿。◎宋建安人。字機仲。力學。試禮部詞賦第一。除太學錄。外補嚴州教授。喜誦司馬光資治通鑑。嘗區別其事而貫通之。號通鑑紀事本末。孝宗讀而善之。遷太府丞。分修國史。章惇與樞同里。力求潤飾其傳。樞曰。吾爲史官。書法難隱惡。寧負鄉人。不可負天下後世公議。累遷國子監祭酒。寧宗朝知江陵府。民病巨浸。乃於楚故城爲室廬。徙居之。種木以爲蔽。民德之。爲臺臣劾罷。奉祠家居。著書以終。◎明睢州人。字伯應。號環中。別號石隱。善畫山水。出入董巨、子久之間。

袁璋　明江南人。以勇俠聞。巡撫林俊委勦賊。所在有功。後爲所執。其子襲挺身救之。連殺七賊。亦被執。俱死。

袁穀芳　清宣城人。字實堂。乾隆舉人。官江寧教諭。有文集。

袁稽　明鳳陽懷遠人。字大賓。號玉田。以貢倅東昌。治河有功。遷泰安知州。有廉聲。修岱獄十八盤。民尤便之。嘗編採泰山碑銘詩文。彙爲一帙。名泰山蒐玉。

袁誼　唐朗孫。神功中爲蘇州刺史。司馬張沛嘗白誼曰。州得一長史。隴西李亶。天下甲門也。誼曰。夫門戶者。歷世名節。爲天下所高。老夫是也。山東人尙婚媾。求利祿耳。至見危受命。則無人焉。何足尙邪。沛大慚。

袁質　晉耽子。字道和。以孝行稱。歷官琅邪內史、東陽太守。◎宋倩子。善畫。筆勢勁健。能繼父美。

袁閬 〔後漢〕汝南人。字奉高。爲郡功曹。閬數辭公府之命。不修異操而致名當時。

袁羲 〔後唐〕登封人。隸侍衞親軍。善畫魚。極喻喁游泳之妙。

袁憲 〔陳〕樞弟。字德章。幼聰敏。好學有雅量。年十四。被召爲國子正言生。武帝作相。除司徒戶曹。及即位。授中書侍郎。宣帝朝爲右僕射。至德中遷太子詹事。規諫廢立。後主歎爲骨鯁之臣。即日詔爲尚書僕射。隋軍逼宮城。唯憲侍左右。後主投井。憲拜哭而出。陳亡入隋。授昌州刺史。轉晉王府長史卒。

袁曄 〔晉〕廣陵人。字思先。嘗撰獻帝春秋。

袁樹 〔清〕枚弟。字豆村。號香亭。乾隆進士。知肇慶府。善畫山水。精鑒別。工詩。有紅豆村人詩稿。

袁璘 〔明〕字廷器。工畫。山水人物鬼神俱佳。

袁駿 〔明〕表弟。字尙之。爲諸生。試應天不利。入太學。性亢潔。博學工詩文。繪花鳥有逸趣。書法入米芾之室。晚號謝湖。與兄表·弟褒·袠及伯父之子衮·裘。時號袁氏六俊。有田舍集·奉天刑賞錄·游都三稿·并編類金聲玉振諸稿。

袁錠 〔明〕眞寧人。永樂舉人。授御史。調河南知府。在官廉勤敦篤。嘗作勸善榜及勸農歌以勵郡民。民咸懷之。官終參政。

袁遺 〔後漢〕紹從兄。字伯業。爲長安令。張超薦之於太尉朱儁。稱其有冠世之懿。幹時之量。紹後用遺爲揚州刺史。爲袁術所敗。曹操嘗曰。長大而能勤學者。惟吾與袁伯業耳。

袁默 〔宋〕無錫人。字思正。嘉祐進士。官京兆府教授。遷司農簿。獻無逸傳。歷太學博士。遷湖北轉運使判官。學問淵博。爲時所宗。

袁徽 〔三國魏〕霸弟。以儒素稱。初天下將亂。從兄渙慨然歎曰。惟強而有禮。可以庇身乎。徽曰。見幾而作。君子所以元吉也。徽將遠迹以求免身。遂避難交州。司徒辟不至。

袁應兆 〔明〕江寧人。字瑜石。崇禎舉人。官休寧教諭。有大樂嘉成·萬古法程。

袁應泰 〔明〕鳳翔人。字大來。萬曆進士。授臨漳知縣。治行冠兩河。遷工部主事。累進兵部右侍郎。巡撫遼東。以精敏強毅稱。尋代熊廷弼爲經略。受事即刑馬祀神。誓以身殉遼。清兵攻遼陽。屢戰不勝。城破。自縊死。

袁懋功 〔清〕香河人。字九敍。順治進士。授禮科給事中。累擢雲南巡撫。時雲南新闢。令降兵歸農。隨所在入籍。並請減糧額以輸民困。官至山東巡撫。卒諡清獻。

袁擯 〔明〕德州人。弘治進士。授大理寺寺正。累遷南陽知府。考最。陞陝西按察使。轉應天府尹。後以右副都御史巡撫陝西。未之任卒。

袁燮 〔宋〕轂玄孫。字和叔。少讀東都黨錮傳。慨然以名節自期。登淳熙進士。爲太學正。時黨禁興。以論去。久之。歷司封郎官。遷國子祭酒。延見諸生。必迪以反躬切己忠信篤實爲道本。後爲禮部侍郎。與史彌遠爭和議。罷歸。起知溫州。進直學士。卒諡正獻。學者稱絜齋先生。有絜齋家塾書鈔·絜齋集。

袁褒 〔明〕褧弟。字與之。太學生。輕財好施。潛心讀書。性惡佛老。晚卜居桃花塢。以吟詠自娛。有東窗筆記·括囊稿。

袁轂 〔宋〕鄞人。字容直。一字公濟。嘉祐進士。少博貫羣書。以詞賦得名。知邵武軍。條鹽法利害。奏減其課。歷通判杭州。移知處州。終朝奉大夫。有韻類百卷。

袁點 〔宋〕默弟。字思與。與默齊名。時號二袁。熙寧初爲太學直講。學者推爲領袖。登元豐進士第。累官通判杭州。知淮陽軍。致仕卒。

袁翻 〔後魏〕項人。字景翔。以才學擅美一時。宣武帝時歷官豫州中正。是時修明堂辟雍。翻議明堂五室。請同周制。郊建三雍。求依故所。又議選邊戍。神龜末遷涼州刺史。孝昌中拜都官尚書。加撫軍將軍。翻名位俱重。當時賢達。咸推與之。然獨善其身。排抑後進。論者鄙之。建義初遇害河陰。有文筆百餘篇。（按魏書翻作飜。此從北史。）

袁翼 〔明〕蘇州人。字飛卿。正德舉人。喜購書。有異書輒奔走求之。讀書藝菊自娛。終身不仕。

袁鎮 〔宋〕奉化人。養親孝謹。端平初父年七十病羸。封股和藥以進。父病獲痊。異母兄有虐之者。鎭友事益謹。戴表元爲作遷祔記以表其行。

袁譚 〔後漢〕紹子。字顯思。紹信後妻言。偏愛少子尙。以譚繼兄後。出爲青州刺史。紹卒。逢紀·審配矯紹遺命。奉尙爲嗣。譚攻尙。敗還南皮。尙復攻譚。譚請救於曹操。操救之。尙乃還。後譚背操。操討之。譚軍潰。爲追者所殺。

袁鏞 〔宋〕鄞人。咸淳進士。矜重氣節。薦辟不就。元兵至鄞。鏞赴軍前責以大義。遂遇害。舉家十七人皆死。

袁顗 〔南朝宋〕淑兄子。字景章。大明末拜侍中。領前軍將軍。孝武欲廢太子業。顗盛稱太子好學有日新之美。前廢帝由是深感之。及即位。以爲吏部尚書。俄而意趣乖異。寵待頓衰。顗懼禍求出。爲雍州刺史。明帝立。顗亦起兵奉晉安王子勛稱帝。子勛以爲僕射。顗無將略。在軍中唯賦詩談議。不復撫接諸將。故大失人心。明帝遣軍征之。顗軍敗被殺。

袁瓌 【晉】湊曾孫。字山甫。南渡後累官臨川太守。以功封長合鄉侯。徙大司農。尋除國子祭酒。加散騎常侍。於時喪亂之後。禮教陵遲。瓌上疏請備學徒博士。成帝從之。國學之興自瓌始。卒謚恭。

袁繼忠 【宋】并州人。在周。以父任補右班殿直。乾德中從征蜀。蜀平。知雲安軍。後屢著戰功。淳化初遷引進使卒。繼忠長厚忠謹。前後賜賚鉅萬。悉以犒賞士卒。死之日。家無餘財。搢紳稱之。

袁繼咸 【明】宜春人。字季通。號臨侯。天啓進士。累擢兵部右侍郎。兼右僉都御史。總督江西湖廣應天安慶軍務。駐九江。南都僞太子事起。左良玉反。兵至九江。繼咸詣其舟。正色折之。良玉約不破城。駐軍候旨。會良玉死。繼咸勸良玉子夢庚旋師。不聽。已而夢庚及繼咸舊部郝效忠降於清。執繼咸北去。不屈見殺。

袁繼登 【明】南畿人。起家選貢。知安化縣。蒞任未浹歲。卽遘賊。求速死。賊殺之。

袁躍 【後魏】翻弟。字景騰。博學儁才。性不矯俗。歷尙書都兵郎中。遷淸河王懌文學。懌愛賞之。文表多出躍手。有文集。

袁霸 【三國魏】渙從弟。字公恪。有功幹。魏初爲大司農。知名於時。

袁龢 【淸】江蘇華亭人。字介人。諸生。有雪臯草堂文集。

袁襲 【五代吳】廬江人。楊行密爲廬州刺史。襲仗策從之。料事多中。及卒。行密哭之曰。天不欲成吾大功耶。何爲折吾股肱也。

袁顥 【宋】益陽人。勇敢過人。建炎間湘寇楊么起。顥結鄉兵捍禦。力盡被執。罵賊不屈。賊烹之。

託庸 【淸】滿洲鑲黃旗人。姓富察氏。字師健。號瞻園。雍正初由筆帖式授主事。乾隆間署廣西巡撫。官粵東及山西時。政績甚著。坐事奪職。尋授安徽布政使。官至吏部尙書。卒謚誠毅。有瞻園詩鈔。

託雲保 【淸】吉林人。隸滿洲正黃旗。姓顏哲特氏。咸豐間擢正紅旗漢軍副都統。率吉林兵從攻洪楊軍。連戰皆捷。官至寧夏將軍。休致卒。

貢安甫 【明】江陰人。字克仁。弘治進士。孝宗時擢御史。慷慨敢言。劉大夏爲中官所扼。謝病去。疏留之。劉瑾擅政。劉健·謝遷相繼引去。安甫上疏力爭。瑾怒。矯旨廷杖。發編戶。後起山東僉事。甫三月引疾歸。

貢汝成 【明】宣城人。字玉甫。正德舉人。嘉靖中官翰林院待詔。有三禮纂註。

貢性之 【元】師泰從子。字友初。一作有初。以胄子除簿尉。有剛直名。後補閩省理官。明初徵錄師泰後。大臣有以性之薦。乃避居山陰。改名悅。躬耕自給。以終其身。門人私謚眞晦先生。有南湖集。

貢奎 【元】宣城人。字仲章。天性穎敏。十歲能屬文。長益博綜經史。仕元爲齊山書院山長。會議行郊祀禮。大臣以奎薦。授太常奉禮郎。兼檢討。奎討論上之。朝廷多採其說。累遷集賢直學士。卒謚文靖。有雲林小稿·聽雪齋記·靑山漫吟·倦游錄·豫章稿·上元新錄·南州紀行。凡百二十卷。

貢珊 【明】宣城人。字廷甫。由進士知唐山縣。嚴淸河官地以還民。民爲立生祠。有易經發鑰。

貢禹 【漢】琅邪人。字少翁。以明經絜行徵爲博士。涼州刺史。復舉賢良。爲河南令。以職事爲府官所責。免冠謝。禹曰。冠一免。安復可冠。遂去官。元帝時徵爲諫議大夫。遷光祿大夫。數言得失。年八十一乞歸。帝慰留。稱其有伯夷之廉。史魚之直。累官至御史大夫卒。禹嘗與王吉相友善。吉字子陽。世言王陽在位。貢公彈冠。言取舍同也。

貢師泰 【元】奎子。字泰甫。泰定中以國子生釋褐。授太和州判官。丁外艱去。遷翰林應奉。預修后妃功臣列傳。累官戶部尙書。分部閩中。旋召爲祕書卿。道卒。師泰性倜儻。貌豐偉。以文學知名。而政事尤長。有玩齋集。

貢師道 【元】奎從子。字道甫。舉茂才。累官翰林學士。兼國史院編修。時修宋遼金三史。總裁脫脫。欲以遼金爲正統。師道爭之。以此忤於時。出補嘉興路總管府治中。

貢祖文 【宋】大名人。字仁德。靖康中授武德大夫都總軍將。扈從南渡。居宣城。與岳飛友善。協志恢復。及秦檜當國。廢於家。岳氏受禍。祖文潛匿其裔於別墅。

貢修齡 【明】安甫四世孫。字國祺。初名萬程。萬曆進士。知東陽縣。擢義烏事。有治行。內補刑曹。斷獄明允。晉少參。董浙漕。盡革陋規。再副閩臬。以介直不容投劾歸。復起江西少參。分守湖東。與撫臣不合致仕。有匡山·斗酒堂等集。

貢徵 【明】井陘人。永樂中任德安縣丞。剛毅有爲。未三載。創儒學明倫堂尙德崇文二齋及坊輿橋梁。士論稱之。

貢鏞 【明】師泰後。字元聲。少從會稽劉師邵學。性行淳謹。夜有盜入其家。家人執之。鏽命勿燭。更給布粟遣之。謂家人曰。若一識其人。將使終身赧顏矣。里有患疫者。人咸避。鏽獨持藥往視。平生不至城邑。嘗錄古隱士有迹無名者以自況。有西園遺訓、西園集。

軒丘·豹 【戰國】梁相。梁孝王匿公孫詭、羊勝於後宮。豹進諫王。

軒·輗 【明】鹿邑人。字惟行。永樂進士。歷官御史。按福建。剔蠹鋤奸。風采甚峻。清軍浙江。劾不職官四十餘人。超擢浙江按察。條陳四事。俱切時弊。尋以右副都御史巡撫浙江。討平閩賊。天順初拜刑部尚書。改南左都御史。以老乞歸。輗性孤峭。遇人無賢否。拒不與接。人稱其廉介而亦譏其褊隘焉。

軒轅 【上古】之帝。詳黃帝條。

軒轅·集 【唐】東莞人。居羅浮山爲道士。年數百歲。顏色不老。坐暗室目光長數丈。嘗著太霞十二篇。武宗召問長生術。對曰。絕聲色。薄滋味。哀樂一致。德施無偏。堯舜禹湯之所以致上壽者此也。後復還山。

迷吾 【後漢】燒當羌人。滇吾子。建初中叛出塞。敗金城太守郝崇。尋寇隴西漢陽。馬防、耿恭破之。遂降。後叛服不常。章和間再寇金城塞。兵敗乞降。校尉張紆以計擒斬之。

迷唐 【後漢】迷吾子。據大小榆谷。迷吾被殺。因與諸羌相結。累擾邊。校尉鄧訓以賞賂間之。諸羌少解。後降復叛。爲金城太守侯霸所敗。失衆依發羌居。永初中卒。

迺·安 【明】無錫人。華仲儀僕。仲儀戍淮。久而貲盡。自分無所得食。且死。安因求事乾沒。日以所得歸給其主。必有餅餌魚肉而後安。

迺·賢 【元】南陽人。字易之。卜居於鄞。能文。尤長歌詩。時浙人韓與玉工書。王子充善古文。人目爲江東三絕。辟爲東湖書院山長。以薦授翰林編修。出參桑哥失里軍事。有金臺集、河朔訪古記。

迺·穆泰 【元】三山人。字景春。至正末以延平路總管監安南縣。時當寇亂。調度轉輸。招復流亡。修舉學校。時稱良吏。

郗·士美 【唐】純子。字和夫。年十二通五經。史記漢書。皆能成誦。父友蕭穎士、顏眞卿等相與歎曰。吾曹異日。當交二郗之間矣。起家陽翟丞。累官工刑二部尚書。昭義忠武等軍節度使。當官廉飭。尤重然諾。卒諡景。

郗后 【梁】金鄉人。名徽。幼明慧。善隸書。讀史傳。女工之事。無不閑習。齊建元末嬪於武帝。帝爲雍州刺史時。殂於襄陽官舍。及踐阼。追尊爲皇后。諡德。

郗·恢 【晉】曇子。字道胤。身長八尺。美鬚髯。孝武深器之。擢雍州刺史。假節鎮襄陽。甚得關隴之和。尋移秦州刺史。與桓玄、殷仲堪有隙。後恢還尚書。將家還都。仲堪使人於道刺殺之。(按史作郄恢。但郄姓本當入郤。各書多與郗混。因附列於此。下同。)

郗·純 【唐】兗州人。字高卿。舉進士高第。張九齡、李邕俱稱之。自左拾遺七遷至中書舍人。處事不回。爲宰相元載所忌。遂辭疾還東都。自號伊川田父。十年不出。德宗立。召爲集賢院學士。不拜。以老乞身。世高其節。

郗·紹 【晉】高平人。作晉中興書。數以示何法盛。法盛有意圖之。曰。卿名位貴達。不復俟此延譽。我寒士。賴有著述流聲於後。宜以爲惠。紹不與。後紹書成。法盛詣紹。紹不在。直入竊書。紹還失之。無復兼本。遂行何書。

郗·愔 【晉】鑒子。字方回。性至孝。居憂殆於滅性。襲爵南昌公。拜臨海太守。優游簡默。有邁世之風。後以疾去職。尋復徵領徐兗二州刺史。以年老乞歸。徵拜司空。不起。卒諡文穆。

郗·超 【晉】愔子。字景興。又字嘉賓。少卓犖不羈。善談論。桓溫辟爲參軍。傾意禮待。時王珣爲溫主簿。亦爲溫所重。府中語曰。髯參軍。短主簿。能令公喜。能令公怒。謂超髯而珣短也。溫懷不軌。超爲之謀。遂定廢立。謝安嘗詣溫論事。溫令超臥帳中聽之。風動帳開。安笑曰。郗生可謂入幕之賓。累遷司徒左長史。以母憂去職。服闋。歷除散騎常侍、臨海太守。皆不起。先愔卒。愔哀悼成疾。門生用超遺言。呈書一箱。愔發視。則悉與溫往反密計也。大怒曰。小子死晚矣。更不復哭。

郗·隆 【晉】鑒叔父。字弘始。審亮有匪躬之節。爲尚書左丞。在朝爲百僚所憚。善於趙王倫。倫之篡也。爲揚州刺史。後齊王冏檄至。軍士皆欲赴之。隆猶豫六日不決。衆遂奉陳留王邃爲主而攻隆。父子皆死。時議惜之。

郗·僧施 【晉】超嗣子。字惠脫。襲爵南昌公。弱冠與王綏、桓胤齊名。累居清顯。劉毅鎮江陵。請爲南蠻校尉。與毅俱誅。

郗·慮 【後漢】高平人。字鴻豫。少受學於鄭玄。又明司馬法。官光祿勳。以與少府孔融不睦。承望曹操風旨。以微法奏免融官。構成其罪。官終御史大夫。

郗·邁 【晉】鑒兄子。少孤。永嘉喪亂。鑒攜就鄉人食。以飯著頰邊。還以哺邁。並得存活。官晉陵內史。位至護軍。鑒稱其謙愛養士。甚爲流亡所宗。公家之事。知無不爲云。

郗·曇 晉愔弟。字重熙。少賜爵東安縣伯。司徒王導辟爲祕書郎。年三十。始拜通直散騎侍郎。累官北中郎將。領徐兗二州刺史。卒諡簡。

郗·夔 明平定人。弘治進士。爲禮科給事中。正德中命覈延綏戰功。劉瑾屬其私人。夔正色拒之。明日。復遣中使脅諸途。夔叱使者。中使曰。有駕帖械公。夔歎曰。予天子耳目臣。豈從賊謀。遂自經死。瑾誅。追復原官。

郗·鑒 晉慮玄孫。字道徽。博覽經籍。躬耕吟詠。不應辟命。明帝初拜安西將軍。假節鎮合肥。爲王敦所忌。徵還。尋遷車騎將軍。都督徐兗青三州軍事。與王導。卞壼等同受遺詔輔少主。約峻之難。登壇流涕。誓師勤王。事平。晉太尉。封南昌縣公。卒諡文成。

郤·坦 清淮安人。治春秋遵左氏。採杜預以至宋元各家之說。著春秋集古傳注。

郤·知章 元樂平人。家世業儒。能詩。與司業王嗣能齊名。世號王郤。

郤·煜 清汝州人。字光庭。雍正進士。官中書科中書。有易經理解。

郤·璉 清如皋人。字方壺。自號綠天主人。官台州參軍。致仕歸。好遊山水。五嶽親歷其三。嘗寫芭蕉。傳至日本。海外珍之。善鼓琴。

郝·士安 宋榆次人。張遠弟子。工畫。事師甚謹。

郝·子廉 漢太原人。性廉潔。一介不取於人。嘗過姊飯。留十五錢默置席下去。每行飲水。常投一錢井中。

郝·允 宋博陵人。精於醫。其治疾不立方。和諸藥爲末。隨症輕重。加減與之。無不愈。治疾四十餘年。全活無算。尤精脈理。決人生死時日。不差晷刻。嘗候測天地。察人病原。作六元五運法。又註黃帝內經。均佚。

郝·天挺 金陵川人。字晉卿。早厭科舉。元好問嘗從學進士業。天挺以讀書不爲藝文。選官不爲利養對之。貞祐中居河南。爲人有崖岸。寧窮困落魄。終不一至豪富之門。終於舞陽。◉元安肅人。和上拔都子。字繼先。英爽剛直。有志略。受業於元好問。世祖召見。俾執文字備宿衛春宮。累官中書左丞。成宗崩。仁宗以太后命首定大難。及武宗還自朔方。入正大統。天挺與有定策功。仁宗臨御。拜河南行省平章政事。政化大行。卒諡文定。嘗修雲南實錄。又注唐詩鼓吹。

郝夫人 晉王湛之妻。有德行。湛兄渾妻鍾琰雖貴門。與郝雅相親重。郝不以賤下琰。琰不以貴陵郝。時人稱鍾夫人之禮。郝夫人之法。

郝·文傑 明陽曲人。字士英。景泰進士。歷副使。美髯長軀。意氣侃侃。有幹局。知平湖。課農桑。節冗費。期與民休息。人甚德之。督儲榆林。嚴而能察。力剗宿弊。以伉直稱。

郝·玉麟 清漢軍鑲白旗人。雍正間授雲南提督。平青海。定鎮沅及茶山夷。擒烏蒙賊。並有功。歷任廣東浙閩等省總督。所至有聲。官至吏部尚書。以受賄奪職。

郝·仲連 宋昌元人。建炎初爲貴州防禦使。節制河東軍馬。屯河中。金將婁宿以重兵壓城。仲連率衆力戰。度不能守。先自殺其家人。城陷。與子俱死。

郝·安童 明祁陽人。父玄戍定邊卒。安童補役。以母老無他兄弟供養。詣闕自陳。帝憐之。復其家。

郝·守寧 金許人。與同里張居禮。劉世安受業於王德元。德元卒。葬而私祀之。

郝·佑 元天挺子。字君輔。小字朶魯別台。由宿衛補官。仁宗時拜殿中侍御史。以廉直著名。大受知遇。累遷陝西行御史臺侍御史。

郝·孝隆 宋太原人。工畫。師李成。

郝·廷玉 唐驍勇善格鬬。爲李弼愛將。後保河陽。擒徐璜玉。功爲多。封安邊郡王。終秦州制史。

郝·志義 明清澗人。字宜之。成化進士。授評事。進寺副。奉命審錄河南獄四。時久旱。志義定疑獄三十五人。釋無辜者三百七十人。取服罪者十八人戮於市。天卽雨。歷官湖廣巡撫。性嚴毅。所至稱廉愼。

郝·玘 明吉州人。由監生任典史。擢知邯鄲縣。調碭山。所至裕民興學。治績卓著。隣邑皆稱慕之。蕭父老陳情乞留。永樂中調知蕭縣。廉能益著。

郝·効忠 清遼東人。明副將。順治間降清。隨取湖南。官至湖南右路總兵。加都督僉事。與孫可望戰。被執。不屈死。

郝·和上拔都 元太原人。通譯語。善騎射。太祖遣使宋。往返數四。以辯稱。從南伐。善戰。所向有功。太宗於行在所命解衣數其瘡痕二十一。嘉其勞。進拜宣德西京太原平陽延安五路萬戶。卒諡忠定。

郝·奇遇 明柏鄉人。字會明。諸生。流賊陷京師。奇遇謂其妻曰。我欲死難。汝能之乎。妻曰。能。遂先死。奇遇瘞妻畢。服藥死。

郝·孟眞 後漢上黨人。能含棗核不食。又能結氣不息。身不動搖。狀若死人。曹操使領諸方士。

郝·承健 明京山人。號玉晉。嘉靖舉人。官肅寧令。因廚餚不豐。失上官意。左遷保定衛經歷。工詩文。任意所之。不事雕刻。有載山草堂集。

郝·昇　元陝西人。深究易理。賣卜於市。王嘉入其肆。昇異之。遂從嘉至朝元觀。嘉授之二詞。以發至意。昇大感悟。乃執弟子禮。賜名曰璘。號恬然子。

郝·林　清浴子。字中美。一字君亭。少機警。七歲能文。康熙進士。累遷吏部文選司郎中。持己廉正。時目爲鐵面選司。官至禮部左侍郎。予尚書致仕。

郝·杰　明蔚州人。字彥輔。嘉靖進士。授行人。擢御史。隆慶初巡撫畿輔。土蠻入永平。疏劾薊督劉燾·巡撫耿隨卿等觀望冒功。皆得罪去。駕幸南海子。命京營諸軍盡從。復爭之。不聽。出爲陝西副使。累遷右僉都御史。巡撫遼東。總兵李成梁飾功邀敍。督撫多庇之。杰獨不與比。進南京兵部尚書卒。

郝·玼　唐貞元中爲臨涇鎭將。說節度使段祐城臨涇爲行原州。遂以玼爲刺史戍之。自是吐蕃不敢犯。玼在邊積三年。每討賊。不持糗糧。取之於敵。累遷涇原行營節度使。封保定郡王。贊普常等玼身鑄金象。令於國中曰。得生玼者。以金玼賞之。朝廷畏失名將。徙爲慶州刺史卒。

郝·芳聲　明忻州人。起家進士。崇禎中官滋陽知縣。有政聲。清兵抵兗州。芳聲與知府鄧藩錫分門死守。城破。不屈死。

郝·昭　三國魏太原人。字伯道。爲雜號將軍。鎭守河西十餘年。軍民畏服。蜀相諸葛亮圍陳倉。使昭鄉人靳詳說之。昭不爲動。相攻拒二十餘日。亮引退。以功賜爵列侯。

郝·修己　明曲沃人。洪武間舉明經第一。授朝城知縣。居官廉謹。任滿。偕其妻負囊步歸。擢刑部郎中。賜紫金山一區。子孫世居之。且溥其賦以示旌。

郝·浴　清定州人。字冰滌。號雪海。順治進士。累遷御史。巡按四川。疏劾吳三桂。直聲震天下。三桂亦劾浴欺罔。流徙奉天之尚陽堡。以魏象樞薦再起。終廣西巡撫。

郝·珩　明廣平人。永樂舉人。擢吏科給事中。彈劾不避權勢。以清愼稱。累官陝西左布政使。旬宣有聲。

郝·庸　元經弟。字季常。從劉因學。受書詩。經拘於宋。庸入宋。間罪而還。終潁川守。

郝·彬　元信安人。字景文。世祖初充太子宿衞。擢揚州路治中。同知淮西道宣慰司事。覈戶版。理屯田。諸廢修舉。入爲工部尚書。改戶部。拜中書參知政事。俄免歸。家居七年。累徵不起。仁宗思之。以爲大司農卿。未幾謝病。延祐中卒。

郝·惟訥　清霸州人。字敏公。一字端甫。順治進士。授刑部主事。累官吏部尚書。仕宦幾四十載。九列歷其八。六卿歷其五。在工部四載。爲冢宰九年。於國計銓政。尤愼而詳。兩部之法。多經裁定。卒諡恭定。有郝恭定集。

郝·章　宋汾州人。畫人馬稱絕。兵後居閬州。年已八十。每畫一人一騎。自謂雖老。猶非他人所及。

郝·處　宋江南人。本爲商人。酷好圖畫。工佛道鬼神。兼善寫貌。

郝·處俊　唐安陸人。少好學。嗜漢書。貞觀中第進士。累遷吏部侍郎。佐李勣討高麗有功。入拜東臺侍郎。上元初遷中書令。時高宗多疾。欲遜位武后。處俊諫止。開耀初卒。處俊自秉政。凡所規諷。得大臣體。武后忌之。以操履無玷。不能害。

郝·逢　唐成都人。幼好學。不以寒餒爲憂。咸通中蜀亂。賊索書生官之。不從者戮。逢詞氣不屈。賊怒。令引去斬之。復召問。三詞不易。賊意解。乃釋之。

郝·傑　宋宿松人。字元英。南渡後江北多警。傑赴檄從軍。問朱熹在松。歸訪之。談頃之。心折。遂從王禹學字。期年善草如斗。處詩書中。常有匡復之志。著策百篇。年未三十卒。

郝·惠　宋河東人。善畫山水人物。爲燕文貴師。

郝·景春　明江都人。字和滿。舉於鄉。崇禎中知房縣。張獻忠反榖城。約羅汝才同反。景春子鳴鑾力戰萬夫。與守備楊道選授兵登陴。且守且戰。閱五日。賊多死。指揮張三錫啟北門揖汝才入。城陷。景春不屈。與鳴鑾俱被殺。

郝·絜　後漢太原人。好危言高論。與汝南袁著友善。梁冀專政。著詣闕上書。言及梁氏。冀笞殺著。疑絜爲著黨。勅中都官移檄捕之。絜知不得免。因輿櫬奏書冀門。仰藥死。

郝·象賢　唐處俊孫。垂拱中爲通事舍人。武后素銜處俊。故因事誅之。臨刑。極罵乃死。

郝·隆　晉字仕治。七夕日。人皆曬衣物。隆臥於庭中。人問之。曰。曬吾腹中書耳。爲桓溫南蠻參軍。善應對。三月三日會作詩。不能者罰酒三升。隆初以不能受罰。既飲。攬筆便作一句云。娵隅躍清池。溫問娵隅是何物。答曰。蠻名魚爲娵隅。溫曰。作詩何作蠻語。隆曰。千里投公。始得蠻府參軍。那得不作蠻語也。

郝·敬　明沅江人。永樂舉人。知永寧縣。濬萬箱等渠。漑田千餘畝。民賴其利。⊙明承健子。字仲輿。號楚望。萬曆進士。累遷戶科給事中。時開礦徵稅。敬嘗劾稅奄陳增·督保等不法。又劾輔臣趙志臯力主封貢。謀國不忠。以浮躁降宜興縣丞。移知江陰縣。考下下。再降。遂掛冠歸。杜門著書。五經外。儀禮周禮論孟各著爲解。

郝瑞日 【明】陝西人。爲固始巡檢。流賊陷羅山。上官令瑞日權縣事。將招流移爲守禦計。爲土寇萬朝勳誘執。瑞日乘羣賊醉臥。潛入其室殺之圖遁。被縶見殺。

郝經 【元】天挺孫。字伯常。金亡徙順天。家貧。晝則負薪米爲養。暮則讀書。爲守帥張柔、賈輔所知。延爲上客。世祖在潛邸。召經諮以經國安民之道。條上數十事。世祖大悅。遂留王府。及卽位。爲翰林侍讀學士。充國信使使宋。被留不屈。居十六年歸。卒謚文忠。經爲人尙氣節。爲學務有用。及被留。撰續後漢書。易春秋外傳、太極演、原古錄、通鑑書法、玉衡貞觀等書。又著陵川集。其文豐蔚豪宕。善議論。詩多奇崛。

郝鳳升 【明】長汀人。字瑞卿。年十三。抱牒鳴父冤。正德進士。官大理寺副。武宗幸榆林。留駕忤旨。下錦衣獄。旋出之。未幾南巡。又極諫。再下錦衣獄廷杖。謫都察院照磨。世宗嗣位。擢嚴州知府。以疾歸。

郝戭 【宋】定胡人。字伯牙。家貧。竭力養親。舉進士。歷通山令。時年未五十。以父樵老。上書請致仕。爲父求官。執政諭使赴官而後請。乃留妻子於家。獨奉父行。逾歲竟謝事。得太子中允以歸。樵卒。自負土造墳。詔賜束帛。

郝毅 【明】榆次人。天順舉人。授鞏昌府通判。下車牒訟紛委。毅談笑立決。吏畏服如神。尤喜勸勵學校。未幾以小憾落職歸。屏居南趙別墅。五十年不涉城市。

郝澄 【宋】句容人。字長源。世爲右族。精傳神。尤工畫佛道鬼神。筆法精勁。兼通相術。

郝節 【明】定州人。隱居不仕。博覽淹貫。尤精曆算。事親至孝。然諾不渝。嘉靖中歲大祲。盛熟豆於衢以餌飢者。凡五閱月。死者斂之。以百計。

郝節娥 【宋】嘉州人。娼家女。始笄。母欲令世其業。箠楚至酷。娥不從。母與少年以計迫之。娥投江死。鄉人謂之節娥。

郝賢 【漢】以上谷太守從大將軍擊匈奴。封衆利侯。元狩中坐爲上谷太守入戍卒財物免。

郝質 【宋】介休人。字景純。少從軍。挽強第一。爲府州駐泊都監。以禦西夏功。超遷內殿承制、并代路都監。討平貝州賊。遷六宅使。神宗初爲都指揮卒。質御軍有紀律。犯者不貸。而犒賞豐渥。平居自奉儉約。尤篤於信義。

郝銳 【宋】工畫山水。

郝錦 【明】六安人。字絅卿。崇禎進士。歷官福建道監察御史。所至有能聲。以病歸。結廬九公山。有薦者。力辭之。有九公山房集、易問、毛詩偶釋、尙書家訓。又有九公山房帖。

郝懿行 【清】棲霞人。字恂九。號蘭臯。嘉慶進士。官戶部主事。潛心著述。深於名物訓故之學。道光中卒官。有易說、書說、鄭氏禮記箋、爾雅義疏、春秋說略、春秋比、山海經箋疏、竹書紀年校正、晉宋書故、荀子補注、記海錯、燕子春秋、蜂衙小記。

郝黨 【漢】元始中以中郎將與王惲等行萬國。同風俗。封亭鄉侯。

郎士元 【唐】定州人。字君胄。天寶進士。寶應初選京畿縣官。詔試中書。補渭南尉。歷右拾遺。出爲郢州刺史。工詩。與錢起齊名。時人語曰。前有沈宋。後有錢郎。有文集。

郎方貴 【隋】淮南人。少有志尙。與從弟雙貴同居。方貴出行。遇雨於津。船人撾方貴臂折。雙貴遂毆船人致死。縣官按問。以方貴爲首。雙貴從坐。兄弟二人爭爲首坐。州以狀聞。文帝原之。表其門閭。後爲州主簿。

郎世寧 【清】供奉內廷。善寫生。人物花鳥。奕奕有神。準噶爾進大宛馬。帝賜名如意驄。命世寧圖之。

郎卡 【清】大金川土司莎羅奔姪。乾隆時莎羅奔敗降淸。郎卡繼掌其事。勢漸張。復侵佔鄰部。川督阿爾泰諭返諸土司侵地。而授郎卡安撫使職。且許其與綽斯甲及小金川結姻。由是兩金川始聯合爲患。

郎永淸 【清】奉天廣寧人。字定菴。世祖時由筆帖式除知渾源州。累官山東巡撫。所至皆有聲績。官楚南時。尤多善政。故楚南德之尤甚。

郎兆玉 【明】仁和人。字完白。萬曆進士。著有古周禮。

郎岌 【唐】定州人。中宗時韋后擅政。岌上書備陳韋后及宗楚客將爲逆亂狀。被杖死。後贈諫議大夫。

郎廷佐 【清】隸漢軍鑲黃旗。永淸從子。由官學生授內院筆帖式。順治間從征張獻忠及姜瓖。歷官江南江西總督。鄭成功犯江寧。廷佐堅守。敗成功。康熙間爲福建總督。從征耿精忠。卒於軍。廷佐在江西時所製瓷器。仿古酷肖。世稱郎窰。

郎廷相 【清】廷佐弟。字鈞衡。康熙間累官福建總督。時耿精忠餘黨逋營抗拒。廷相勦撫互用。旬月間悉平之。尋解任卒。

郎廷極 【清】永淸子。字紫衡。號北軒。康熙間以門蔭授江寧府同知。累官漕運總督。所至不爲赫赫名。去後常見思。人以比之何武。卒諡溫勤。有文廟從祀先賢先儒考、勝飲編·北軒集。

郎·咏 【隋】隱於西昌。採樵爲業。或擔入郡市。遇人買。則曰我西昌逸士。酒中人也。我令獻公所鈌。公當惠我所無。

郎坦 【清】滿洲正白旗人。姓瓜爾佳氏。襲一等子。順治間從攻姜瓌。授一等侍衞。康熙間俄羅斯久踞雅克薩城。郎坦進師薄雅克薩。未戰而降。乃與俄羅斯議界而還。積功累遷領侍衞內大臣。列議政大臣。

郎·宗 【後漢】安丘人。字仲綏。學京氏易。善風角星算。能望氣占候吉凶。常賣卜自奉。安帝之。對策爲諸儒表。後拜吳令。以博士徵。宗恥以占驗見知。聞徵書到。夜懸印綬於縣庭遁去。遂終身不仕。

郎·俛 【明】館陶人。字抑之。洪武時許見莊等三社頑梗不馴。有司莫能治。俛至。反覆曉譬。相率慴伏。委攝縣事。四境稱理。歷官雲南知府。所至有聲績。

郎·茂 【隋】基子。字蔚之。開皇中累遷戶部侍郎。以吏幹見稱。煬帝卽位。爲尚書左丞。尤工政理。嘗與崔祖濬同撰州郡圖經一百卷。

郎·基 【北齊】中山人。字世業。爲海西鎮將。梁兵攻城。基固守百餘日。軍糧兵杖俱盡。至削木爲箭。翦紙爲羽。圍解還朝。拜侍御史。後帶潁川郡。獄訟清息。卒諡惠。

郎·得功 【明】廣寧衞人。累官參將。隆慶間辛愛·卜言兀等犯錦州大勝堡。得功逐寇中伏。殊死戰。馬怒蹶。爲賊攢射死。

郎·敏 【明】濟源人。洪武初以國子生授監察御史。出知饒州府。爲治廉惠。民德之。屬邑樂平奸民詣闕訴大姓五十餘家謀逆。敏力爲奏辨。詔誅奸民。被誣者得盡釋。

郎·理 【明】安吉人。字子中。洪武中由鄉舉授戶部主事。山西歲歉多逋賦。命理往徵之。會赦免。尋詔止免三分。理陛見。言甚切。帝怒。椎擊之。弗爲動。已復命往徵。辭益堅。帝大怒。令棄市。

郎球 【清】滿洲正黃旗人。姓覺羅氏。太宗時官刑部承政。列議政大臣。順治間從征湖廣。累官戶部尚書。加少保。兼太子太保。

郎·滋 【明】建德人。字德潤。成化進士。授南京吏科給事中。劾奏不憚權貴。出爲惠州知府。有善政。乞休歸。

郎·煜 【宋】錢塘人。字晦之。受學於張九成。嘗撰橫浦心傳諸書。淳熙間特奏得官。未任卒。

郎·瑛 【明】仁和人。字仁寶。生有異質。博綜藝文。肆意探討。事母孝。幼時兩姊壻利其財。謀危之百端。幸得不死。其後兩人沒。瑛皆爲棺斂。有萃忠錄·青史袞鉞·七修類稿。

郎·葆辰 【清】安吉人。初名福延。又名逡鋒。字文臺。號蘇門。又號桃花山人。嘉慶進士。官御史。工詩。善行楷書。尤長寫生。得白陽青藤之法。

郎·遂 【清】池州人。字趙客。號西樵子。有杏花村志。

郎·際昌 【清】崑山人。字廷瓚。號芝田。能畫梅。潑墨尤工。一水一石。妙合天趣。

郎·穎 【唐】茂弟。字楚之。武德時以大理卿與李綱·陳叔達定律令。持節諭山東。爲竇建德所獲。脅以白刃。終不屈。賊平。以老乞身。卒諡平。

郎·餘令 【唐】餘慶弟。博學有文。工畫山水。繪歷史故實稱精妙。第進士。授霍王府參軍。徙幽州錄事。有浮屠積薪自焚。長史將卒官屬往觀。餘令以爲違蔑教義。當察之。毋輕往。及加廉按。果得其奸。官至著作佐郎。

郎·餘慶 【唐】穎孫。爲吏清而用法刻。高宗時爲萬年令。道無掇遺。遷御史中丞。出爲蘇州刺史。坐累下遷交州都督。以事爲民所訴。朝廷惡其暴。徙春州卒。

郎賽 【清】漢軍正紅旗人。本姓劉。世居鐵嶺。初爲驍騎校。順治間敗唐通於一片石。繼隨多鐸轉戰陝西江南。累擢本旗漢軍都統。尋駐福建。防勦成功厦門。水戰失利。坐罷。

郎·簡 【宋】臨安人。字叔廉。景德進士。官至工部侍郎。性和易。喜賓客。道引服餌。晚歲顏如丹。一日謂其子絜曰。吾退居十五年。未嘗小不懌。今意倦。其將逝歟。就寢而絕。年八十九。

郎·顗 【後漢】宗子。字雅光。少傳父業。善風角星算。兼明經典。順帝時災異數見。公車徵顗。拜章言其故。陳便宜七事。詔拜郎中。辭不受。歸後復徵。不起。同郡孫禮積惡凶暴。慕顗名德。欲與親善。顗不顧。遂爲禮所殺。

郟·元鼎 【宋】宜春人。字寶之。受學鄭銓。博學治聞。精於經傳。稍試不中第。遂教授鄉郡以卒。

郟·掄逵 【清】常熟人。字蘭坡。號鐵蘭道人。工畫山水墨蘭。有虞山畫志·白雪山房集。

郟敖 【春秋楚】共王孫。名麇。一作員。嗣立爲王。以其季父康王弟公子圍爲令尹。主兵事。圍使鄭。道聞王疾而還。入問王疾。縊而弒之。在位四年。葬王於郟。謂之郟敖。

郟·僑 【宋】亶子。字子高。負才挺特。爲王安石所器許。後爲將仕郎。嗣輯其父水利書。亦有所發明。其書並傳於世。

郟寶 〔宋〕崑山人。字正夫。嘉祐進士。熙寧初爲廣東安撫使機宜。上吳中水利論。六失六得。條具甚悉。除司農丞。令提舉興修。呂惠卿言其措置乖方。遂罷歸。治所居之西水田。如所陳之說。爲圩岸溝澮場圃。仿井田制。歲入甚厚。因圖狀以獻。且明前法可用。復爲司農丞。元祐初出知溫州。以比部郎中召。未至卒。有吳門水利書。

郤正 〔蜀漢〕偃師人。本名纂。字令先。博覽墳籍。弱冠能文。爲祕書令史。遷郎至令。澹於榮利。依則先儒。假文見意。號曰釋譏。後主遷洛陽。正捨妻子單身隨侍。後主賴正相導宜適。舉動無闕。乃歎息恨知正之晚。位終巴西太守。

郤永 〔明〕祥裔孫。才識穎敏。有剛毅之操。始仕游擊將軍。勦寇所至克捷。累功左軍都督府都督。永自檢以禮。不附權要。嘉靖中充遼東總兵官。爲一時名將。

郤至 〔春秋晉〕景公時爲溫大夫。又稱溫季。與周爭鄇田。厲公時晉楚戰於鄢陵。至謂楚有六間。宜急擊勿失。遂敗楚師。至與郤錡。郤犨並侈而多怨。厲公謀去諸大夫。錡欲攻公。至曰。人所以立。信知勇也。信不叛君。知不害民。勇不作亂。待命而已。遂被殺。

郤克 〔春秋晉〕缺子。亦稱駒伯。成公時爲大夫。嘗徵會於齊。齊頃公帷婦人使觀之。克跛足。登階。婦人笑之。後代士會爲政。敗齊師於鞌。卒謚獻子。

郤巡 〔後漢〕陳郡人。字仲信。和帝時南陽樊英習京氏易。兼通圖緯。巡傳其業。官至侍中。

郤宛 〔春秋楚〕字子惡。昭王時爲左尹。直而和。國人悅之。費無極讒於令尹子常殺之。

郤忠 〔明〕行唐人。洪武進士。知臨漳縣。值歲荒。民生男女慮不能育。皆棄之。忠出禁令。以己俸給與。獲生者甚衆。在任決獄無滯。囹圄恆空。

郤芮 〔春秋晉〕獻公時爲大夫。食邑於冀。謂之冀芮。從公子夷吾。獻公卒。芮因秦齊之師納夷吾於晉。是爲惠公。文公立。芮與呂飴甥將焚公宮而弒公。事洩。如河上。秦穆公誘殺之。

郤缺 〔春秋晉〕芮子。耨於冀。其妻饁之。相敬如賓。臼季使過冀見之。與之歸。言之文公。用爲下軍大夫。復與之冀爲采邑。因以爲氏。稱冀缺。成公時代趙盾爲政。卒謚成子。

郤祥 〔明〕廣曾孫。有孝行。爲博野令。未仕卽馳歸省其父。父病。日夜憂惶。求以身代。及卒。哀毀逾節。因卒於塋。衆爲建孝行碑。

郤詵 〔晉〕單父人。字廣基。博學多才。不拘細行。泰始中以賢良對策上第。拜議郎。吏部尙書崔洪薦詵爲左丞。及在職。嘗以事劾洪。洪怨詵。詵以公正拒之。洪聞而懇服。累遷雍州刺史。武帝於東堂會送。問詵曰。卿自以爲何如。詵對曰。臣舉賢良對策第一。猶桂林之一枝。崑山之片玉。

郤廣 〔元〕行唐人。成宗時以文臣授元帥府左輔監軍。守亳州。

郤錡 〔春秋晉〕克子。與克俱稱駒伯。景公時爲大夫。將伐秦。使乞師於晉。將事不敬。爲仲孫蔑所譏。厲公時嬖人胥童等攻郤氏。錡被殺。

郤縠 〔春秋晉〕文公蒐於被廬。作三軍。謀元帥。趙衰曰。縠說禮樂而敦詩書。必知御兵之道。公乃使縠將中軍。使郤溱佐之。

郤犨 〔春秋晉〕缺從子。又稱苦成叔。景公時爲大夫。食邑襄陵。與郤至。郤錡並稱三郤。有才辨。爲使有禮。謀事有智。臨戎有文。嘗與長魚嬌爭田。厲公時與至。錡並爲嬌所殺。

針惠 〔明〕濟寧人。性孝友仁厚。知如皐縣。慈惠廉能。值海寇猖狂。防禦多方略。歲荒。惠澤及民。民多思之。

閃鏜 〔明〕永昌人。字大聲。少負義氣。正德間舉鄉試。知鄷都縣。家居不治產業。惟菽水奉親。

閃繼迪 〔明〕雲南人。萬曆舉人。仕吏部司。天性篤孝。家法嚴正。生平喜獎拔人。不喜人諛。漕潤賊臨城。建議主勦。施甸激變。建議主撫。皆中機宜。有羽岑園秋興吳越游草諸集。

馬一卿 〔明〕江寧人。字青丘。工畫山水。有空濛之致。

馬一龍 〔明〕溧陽人。字負圖。嘉靖進士。官至國子監司業。有農說。

馬二姐 〔淸〕雄鎭女。康熙間吳三桂反。雄鎭遇害。二姐與妹五姐諸母顧氏。以次就繯死。

馬人望 〔遼〕家醫巫閭山。字儼叔。咸雍進士。天祚時累官司徒。爲民請命。不避囚繫。判度支。公私兼裕。其所薦拔。多爲名臣。未嘗附麗求進。初除執政。家人賀之。人望愀然曰。得勿喜。失勿憂。抗之甚高。擠之必酷。其畏愼如此。卒謚文獻。

馬八龍 〔後魏〕武強人。友人武遂尹靈哲。在軍喪亡。八龍奔赴。負屍而歸。以家財殯葬。爲制緦服。撫其遺孤。恩如所生。

馬三寶 〔唐〕事柴紹爲家僮。性敏獪。紹尙平陽公主。高祖兵起。間道走太原。三寶奉公主遁司竹園。說賊何潘仁與連和。自稱總管。撫接羣盜。兵至數萬。秦王至竹林。三寶以兵降。從平京師。又從平薛仁杲。與紹同擊吐谷渾。先鋒陷陣。以功拜左驍衛大將軍。封新興縣公。卒謚忠。

馬‧千乘 明忠州人。官石砫宣撫使。神宗時以三千人從征播州。與妻秦良玉連破賊寨。爲南川路戰功第一。後爲部民所訟。繫獄瘐死。良玉遂代領其衆。

馬‧士升 明貴陽人。喜讀書。屏居山寺。一榻蕭然。日以篇什自娛。後寇亂被執。罵賊死。

馬‧士英 明貴陽人。字瑤草。萬曆進士。崇禎時累官右僉都御史。坐事廢。復起爲兵部侍郞。北京陷。士英等立福王於南京。升東閣大學士。進太保。與阮大鋮相結。專權昏憒。日事報復。名器猥濫。清兵破南京。飾其母爲太后。奔杭州。事露。杭人逐之。竄伏天台山寺。其家丁縛獻清軍。被殺。

馬‧士圖 清江寧人。字鞠村。諸生。善畫山水士女墨竹。工詩。有莫愁湖志。

馬‧士彰 明汲人。字存美。號璞岡。嘉靖進士。官至雲南右布政使。有璞岡集。

馬‧士權 明文升後。爲徐有貞客。石亨等誣有貞指斥乘輿。遂執有貞。并下士權於獄。榜治無驗。後有貞出獄。拊士權背曰。子義士也。他日當以一女相託。既而絕不及婚事。士權辭去。終身不言其事。

馬‧大同 宋建德人。字會叔。舉進士。自爲小官。即以剛介聞。孝宗時官至戶部侍郞。學者稱鶴山先生。

馬‧大壯 明徽州人。字仲復。羅汝芳門人。築天都館。讀書其中。嘗採異聞作天都載。

馬‧子結 北齊其先扶風人。世居涼土。兄弟三人。皆涉文學。陽休之詩所謂三馬俱白眉者也。子結爲南陽王綽管記。出遊獵。必令走馬從禽。子結既儒緩。衣垂幅落。非墜馬不止。綽以爲笑樂。由是漸見親狎。啓爲諮議。

馬‧子聰 明廣平人。字舜達。成化進士。授南京禮科給事中。劾罷都御史錢鉞‧南京守備太監蔣琮。後轉戶科。前後數十疏。大略排斥奸貪。皆衆所不敢言者。終以忤巨璫。乞假歸卒。

馬‧山 明河南新安人。性剛直。崇禎間土寇于大中陷新安。獲山使負米。叱曰。我天朝百姓。肯爲賊負米耶。大罵而死。

馬‧中錫 明故城人。字天祿。成化進士。授刑科給事中。萬貴妃弟通驕橫。再疏斥之。再被杖。公主侵畿內田。勘還之民。武宗時以忤璫得罪歸。劉瑾誅。起撫大同。旋擢右都御史。奉命討劉六。中錫雖有時望。不習兵。見賊強諸將怯。度不能破賊。因議招撫。戒無犯馬都堂家。言者劾其縱賊。遂被逮死獄中。後御史盧雍追訟其冤。復原官。有東田漫稿‧別本東田集。

馬‧之先 清金州衛人。隸漢軍鑲藍旗。以生員知昌平州。順治間累擢陝西巡撫。蕩平積寇有功。官至川陝總督。卒謚勤僖。

馬‧之迅 清長治人。字敏仲。順治中授福建守備。遷廣東都司僉書。俱有平寇功。再遷尋陵游擊。吳三桂反。之迅出奇兵擊之。追殺數十里。被創卒。

馬‧之純 宋東陽人。字師文。隆興進士。潛心經籍。人稱茂陵先生。有尙書中庸論語說‧周禮隨釋‧左傳類編‧紀事編年及詩文若干卷。

馬‧之駿 明新野人。字仲良。萬曆進士。官戶部主事。工詩。與王穉登之子留造作新聲。務以新聲鮮異相唱和。有妙遠堂集。

馬‧之驥 明益都人。字勝千。天啓進士。授館職。以忤魏閹歸。崇禎初起檢討。日直講。修實錄。終署國子祭酒。生平恥逐浮華。敦實行。有四書摘義‧素言等書。

馬‧仁瑀 宋夏津人。幼時常集里中羣兒爲行陣之戲。羣兒皆畏服親愛。後隸周祖帳下。以武功顯。太祖時從平澤潞。征晉陽。仁瑀率師巡邊。至漁陽‧上谷。契丹素聞仁瑀名。不敢出。後又大破契丹於盧龍北。終朔州觀察使。

馬‧元 清松潘人。乾隆間平臺灣。討西藏。征廓爾喀。勦湖南苗。並有功。嘉慶間從征湖北教匪。大小數百戰。所向皆克。積功擢涼州鎮總兵。復克滑縣教匪。擢廣西提督。卒謚壯勤。

馬‧元方 宋鄄城人。字景山。淳化進士。知萬年縣。諸將討李繼遷。關輔轉餉踰瀚海。多失亡。獨元方所部全十九。累遷殿中丞。後權三司使公事。以煩苛罷。終兵部侍郞。

馬‧元吉 明沅州人。字可修。涉獵經史。沈潛理學。爲湛若水高第弟子。初官國子監助教。遷徽府長史。歸隱明山。學者稱明山先生。

馬‧元規 唐安陸人。初以隊正從高祖南征。持節下南陽。得兵萬餘。朱粲新衂。呂子臧率兵與元規并力。元規兵不進。粲得衆復張。元規嬰城。城陷死之。

馬‧元馭 清眉子。字扶曦。號棲霞。又號天虞山人。畫沒骨花卉最工。逸筆尤佳。性孝友。與人交誠信而負意氣。詩亦雋雅。

馬‧元熙 北齊敬德子。字長明。少傳父業。兼事文藻。以父故。自青州集曹參軍超遷通直侍郞。待詔文林館。武平中以孝經入授皇太子。隋開皇中卒於秦王文學。

馬元儀 〔清〕蘇州人。研究醫理。受學於李中梓、喩昌。有馬師津梁。

馬元調 〔明〕嘉定人。諸生。崇禎間清兵攻嘉定。與侯峒曾誓死固守。城陷死之。

馬公 〔明〕宿州人。佚其名。孝慈皇后父。少時膂力過人。沈毅寡言笑。重然諾。性剛強。見有爲不義者。視之若仇。人莫敢犯。洪武初追封徐王。

馬公顯 〔宋〕與祖子。紹興間授承務郎、畫院待詔。賜金帶。畫花鳥人物山水。得自家傳。

馬化隆 〔清〕甘肅回人。一名朝清。居金積堡。同治間陝回亂。蔓延甘肅。化隆屢代陝回乞降。而暗嗾其黨決秦渠水以阻官軍。劉松山戰死。化隆益遣黨四擾。屢刦官軍。後爲劉錦棠所攻。窮蹙歸降。磔死。

馬升階 〔明〕內江人。字汝弼。舉於鄉。初應禮部試。聞王守仁講學東南。誦其語錄。遂決意研求性命之學。選武陵令。豪猾斂手。招貧民復業者三百餘家。久之以亢直不容改教歸。士民刻像祀之。

馬壬仲 〔宋〕建陽人。寓居東陽。從朱熹游。紹興間中進士乙科。歷官州縣。以廉能稱。有奏議、雜著、得齋集。

馬天來 〔金〕介休人。一作天驥。字雲章。舉進士。官至國史院編修。博學多技。畫入神品。作小竹石瀟灑可喜。通太玄數。又善塑像。

馬天驥 〔宋〕衢州人。字德夫。紹定進士。歷著作佐郎。假司馬光五規之名。條上時弊。詞旨切直。遷考功郎。屢躓屢起。終知慶元府。兼沿海制置使。免官卒。

馬孔英 〔明〕宣府塞外降丁。積戰功爲寧夏參將。累破蒙古西部人哱拜、河套部卜失兔、著力兔、宰僧、播州楊應龍等。累功進都督同知。以總兵官鎭貴州。平金筑叛苗。後以冒功被劾。罷歸卒。

馬少游 〔後漢〕援從弟。嘗謂援曰。士生一世。但取衣食裁足。乘下澤車。御款段馬。鄉里稱善人斯可矣。援征交趾。在浪泊西里間。下潦上霧。仰視飛鳶跕跕墜水中。頗念少游平生時語。

馬文升 〔明〕鈞州人。字負圖。貌瓌奇。多力。景泰進士。授御史。歷按山西湖廣。風裁甚著。孝宗時累官吏部尚書。時年已八十。遇事侃侃不少衰。武宗時朝政移於中官。遂乞去。文升有文武才。長於應變。朝端有大議。往往待之決。功在邊鎭。外國皆聞其名。尤重氣節。屢遭讒詬。迄不少貶。卒諡端肅。有馬端肅奏議。

馬文植 〔清〕武進人。字培之。本姓蔣。祖學醫於馬氏。遂從其姓。世業醫。尤精外科。同光時負盛名。孝欽后有疾。嘗奉詔入診。奄人索賄急。辭歸。有醫略存眞。

馬文煒 〔明〕安丘人。字仲韜。號定宇。嘉靖進士。知確山縣。折獄如神。入爲御史。巡鹽兩淮。積羨金十餘萬。俱抵正額。以事忤執政。罷爲按察副使。治兵荊南。帝爲張居正治第於江陵。監奴橫行。文煒縛置於獄。中貴愧謝乃已。後以右都御史巡撫江西。執法頗嚴。中蜚語改南京。乞歸卒。

馬文璧 〔明〕洪武中知撫州府。學博才敏。爲政知大體。辨決無滯。尤長於詩文。時稱文章太守。

馬日磾 〔後漢〕融族子。字翁叔。少傳融業。以才學進。與楊彪、盧植、蔡邕等典校中書。歷位九卿。獻帝初爲太傅。

馬曰琯 〔清〕江都人。字秋玉。號嶰谷。候選知州。乾隆初舉鴻博不就。嗜學好結客。與弟曰璐同以詩名。家有叢書樓。藏書甲東南。其園亭曰小玲瓏山館。曰街南老屋。四方名士多主其中。結邗江吟社。觴詠無虛日。有沙河逸老集。

馬曰璐 〔清〕曰琯弟。字佩兮。號半槎。國子生。與曰琯並薦鴻博。不就。名重一時。詩筆清削。有南齋集。

馬丕瑤 〔清〕安陽人。字玉山。同治進士。以知縣發山西。歷宰劇縣。皆有名績。累官廣西巡撫。課民蠶桑。教之繼織。歲增土產五六十萬金。調廣東。禁博尤力。卒官。

馬世俊 〔清〕溧陽人。字章民。一字甸臣。順治進士。第一人及第。授修撰。遷侍讀。對策侃侃直陳。稱王者天下爲家。不宜示同異。時論偉之。工書畫。詩清正不凡。有匡菴集。

馬世奇 〔明〕無錫人。字君常。幼穎異。嗜學有文名。崇禎進士。官至左庶子。都城陷。肅衣冠捧所署司經局印。望朝拜畢。自縊死。二妾朱李先自經。世奇砥礪名行。居館閣最有聲。好推引後進。不妄取與。諡文忠。

馬世榮 〔宋〕公顯弟。紹興間官承務郎、畫院待詔。賜金帶。其畫得家傳。藝與兄同。

馬世龍 〔明〕寧夏人。字蒼元。天啓初官永平副總兵。孫承宗奇其才。授署都督僉事。旋爲山海總兵。因事去職。崇禎間復用。鎭寧夏。半歲中屢奏大捷。威名震西塞。卒官。

馬令 〔宋〕宜興人。輯南唐書。書法謹嚴不苟。亞於陸游重修之本。

馬令琮 〔宋〕全節子。少善騎射。嘗從其父平安州。及與鎭州安重榮戰。皆有功。由是知名。後拜隰州刺史。漢初爲西京巡檢使。周太祖時改陳州刺史。入宋累官昭義兵馬鈐轄。以疾乞歸卒。

馬仙琕 〔梁〕鄖人。字靈馥。幼名

仙嬅。初事齊明帝。以功拜前將軍。後歸武帝。屢立戰功。官至豫州刺史。封洽洭縣侯。自爲將及居州郡。與士卒同勞逸。在邊常潛身入敵境。伺知壁壘村落險要處所。故戰多克捷。士卒樂爲之用。卒謚剛。

馬·巨江　明蒲城人。學問老成。志尚閒逸。永樂初將召用。以老固辭。遂授翰林院五經博士。令致仕。

馬·札兒台　元伯顏弟。侍仁宗於潛邸。出入恭謹。蒞事敏達。仁宗說之。泰定中拜陝西行臺治書侍御史。關陝大饑。盡出私財以周貧民。全活甚衆。累官太師中書右丞相。封忠王。至正中別兒怯不花譏於帝。詔安置甘肅。以疾卒。

馬·永　明遷安人。字天錫。生而魁岸。驍果有謀。習兵法。好左氏春秋。武宗時嘗爲薊州及遼東總兵官。以功遷左都督。善用兵。厚撫間諜。戰輒勝。雅知人。所拔卒校多至將帥。及卒。遼人爲罷市。喪過薊州。州人亦灑泣。兩鎭並立祠。

馬·永忠　宋錢塘人。一作永思。寶祐間官待詔。出李嵩門。嵩畫多永忠代筆。

馬·永易　宋揚州人。字明叟。徽宗時官池州石埭尉。有實賓錄。元和朋黨錄。壽春雜誌。

馬·永卿　宋揚州人。字大年。一作名大年。字永卿。大觀進士。時劉安世謫亳州。寓永城。永卿官永城主簿。因求教。遂從學二十六年。紹興間追錄安世語爲元城語錄。又有嬾眞子。

馬·玉崑　淸潁州人。字景山。光緒間以軍功累官提督。隨金順攻克新疆瑪納斯南城十二。中日失和。玉崑率毅軍援朝鮮。分守平壤東城及大同江東岸。力戰卻敵。平壤北城陷。與宋慶等退扼摩天嶺。拳匪之亂。玉崑代聶士成任直隸提督。禦各國聯軍於楊村。尋敗退。和議定。充武衞左軍總統卒。

馬·仲甫　宋亮子。字子山。舉進士。歷知登封縣。拜天章閣待制。知瀛秦亳許揚五州。所至興利除害。時稱能吏。提舉崇禧觀卒。

馬·仲良　明三原人。仁厚愛人。不言人過。耕常讓畔。居常讓席。不理爭訟。里人貧而無田。割田與耕。有車一乘。與友共之。人稱長者。

馬·光　後漢防弟。章帝時封許陽侯。以兄弟奢僭爲有司所奏。悉免就國。爲人小心周密。喪母過哀。帝以是特親愛之。復位特進。及竇憲誅。憲奴誣光與憲謀逆。自殺。⊙隋武安人。字榮伯。少好學。尤明三禮。開皇初授太學博士。高祖幸學。光升座講禮。諸儒以次論難。光剖析疑滯。理義宏贍。論者咸共推服。後以母憂歸卒。

馬·光祖　宋金華人。字華父。寶慶進士。累遷戶部尙書。兼知臨安府。歷陳京師艱食。和糴增價。海道致寇三害。爲江東安撫使。知建康府。減租稅。養鰥寡孤疾。辟召傑彥。皆極一時之選。咸淳中歷官知樞密院事。兼參知政事。以金紫光祿大夫致仕。卒謚莊敏。光祖在外。練兵豐財。剸治浩穰。風節凜然。三至建康。終始一紀。威惠並行。百廢無不修舉。

馬·光業　唐以畫名。

馬·光裕　淸安邑人。字繩詒。號玉筍。別號止齋。順治進士。官吏部郎中。力崇正學。言動居處。務歸於禮。事母尤以孝稱。有止齋集。庭訓錄。

馬·光遠　淸大興人。明建昌參將。天聰間降淸。授副都統。隸漢軍鑲黃旗。崇德間授漢軍右翼都統。從征朝鮮。克平壤江華島。又從征錦州·松山。坐攻松山時詭言礮子已盡。奪職。尋又起爲都統。卒謚誠順。

馬·光輝　淸大興人。後隸鑲黃旗漢軍。明武舉人。太宗時歸淸。從克塔山·杏山·中後所·前屯衞有功。順治間平金聲桓於江西。封三等男。累官直隸山東河南總督。卒謚忠靖。

馬·全　淸陽曲人。初名璟。字具堂。號純齋。乾隆武進士。累官四川提督。率兵勦金川。每戰輒克。木果木師潰。全殿後。力戰死。謚壯節。

馬·全義　宋薊人。初隸晉祖。漢乾祐中從李守貞鎭河中。數拒周祖兵。世宗立。以功累遷殿前指揮使。後從太祖攻李筠。飛矢貫臂。拔鏃臨敵。士氣益奮。遂克之。又從平李重進。錄功居多。授龍捷左廂都校。領江州防禦使卒。

馬·全節　後晉元城人。字大雅。唐莊宗時爲捉生指揮使。明宗時歷博單鄆沂四州刺史。高祖入立。拜橫海軍節度使。破李金全。斬李承裕。累敗契丹。全節爲人謙謹。事母至孝。開運中卒。

馬后　後漢馬援女。明帝之后。德冠後宮。不以私家干朝廷。及帝崩。自撰明帝起居注。章帝立。欲封爵諸舅。后不許。卒謚德。⊙明馬公女。母早卒。馬公素善郭子興。以后託之。馬公卒。子興育如己女。子興奇太祖。以后歸焉。后仁慈有智鑒。好書史。帝有劄記。輒命后掌之。倉卒未嘗忘。親緝甲士衣鞋佐軍。嘗語帝定天下以不殺人爲本。帝每對羣臣述后賢。同於唐長孫后。洪武初冊爲皇后。卒謚孝慈。⊙明惠帝后。父全。官光祿少卿。后洪武中入宮。建文初冊爲皇后。城陷。卒於火。

馬·如玉　明金陵妓。字楚嶼。本姓張。從假母姓爲馬。修潔蕭疎。無兒女子態。凡行樂伎倆。無不精工。善小楷八分書及繪事。傾動一時。後爲厄。名妙慧。結茅莫愁湖上以終。

馬·如蛟 〔明〕和州人。字騰仲。天啓進士。知山陰縣。治行稱最。擢御史。巡按四川。平耆賊之亂。以事歸。崇禎間流賊陷和州。死之。

馬·如龍 〔清〕綏德人。字見五。康熙舉人。吳三桂反。其黨朱龍將寇綏。如龍授兵登陴。城賴以完。累官江西巡撫。所至多善政。守杭州時。代杭民償債於軍營。民尤感之。◎〔清〕雲南回人。咸豐間據與新昆陽晉寧呈貢嵩明羅次易門富民等八城爲亂。回衆奉爲首領。尋受岑毓英之招撫。佐毓英平雲南。累官雲南提督。

馬·如璧 〔清〕遼陽東寧衛人。隸正藍旗漢軍。崇德間從攻明錦州及松山杏山塔山。並用紅衣礮攻克前屯衛中後所二城。順治間任參領。從攻明桂王於湖南。中伏死。

馬·存 〔宋〕樂平人。字子才。元祐進士。師徐積。爲文雄直。時士習新經。以穿鑿放誕相高。存毫無所染。累官越州觀察推官。有文集。

馬·存亮 〔唐〕河中人。字季明。本宦者。元和時累擢左神策中尉。軍所籍凡十餘萬。料簡尤精。以平蘇玄明之亂。功最高。實封二百戶。乃推委權勢。求監淮南軍。太和中以右領軍衛上將軍致仕。存亮逮事德宗。更六朝。善訓士。史稱唐世中人以忠謹稱者。存亮及西門季玄。嚴遵美三人耳。

馬·汝驥 〔明〕綏德人。字仲房。正德進士。以諫南巡廷杖。調澤州知州。徵王府人。王有所屬。輒投書櫝中不視。世宗時累官禮部侍郎。汝驥行已峭厲。然性故和易。人望歸焉。卒謚文簡。其詩刻意鎔鍊。有西元集。

馬·百祿 〔金〕三河人。字天錫。幼志學。事繼母以孝聞。大定中詞賦進士。累遷同知北京路轉運事。委錄南北路刑獄。所至無冤。明昌初歷南京路提刑使。御史臺。以剛直能幹聞。轉知河中府。卒謚貞忠。

馬·自強 〔明〕同州人。字體乾。嘉靖進士。隆慶中直經筵。遷國子祭酒。振飭學政。請寄不行。神宗時官吏部尚書。藩府疏至。應時裁決。榜之部門。吏無所牟利。張居正歸葬父。請增閣臣。自強遂入相。然居正遙攬朝權。自強守位而已。卒謚文莊。

馬·亨 〔元〕南和人。字大用。少孤。事母孝。金季爲吏。太宗時徵收課稅使王晉辟爲掾。以材幹稱。劉秉忠薦於世祖。籍諸路戶口。俾民無擾。既還。圖山川形勢以獻。餘使者多以賄敗。惟亨等各賜衣九襲。歷官至戶部尚書。

馬·余 〔漢〕況弟。字聖卿。有才能。王莽時爲中壘校尉。

馬·伸 〔宋〕東平人。字時中。紹聖進士。每調官。未嘗擇便利。爲郫縣丞。守委受成都租。伸清絕宿弊。民爭先輸。後欲休官從程頤學。頤鑒其誠。進之。靖康初爲監察御史。汴京陷。金人立張邦昌。脅衆推戴。伸獨執不可。並首具書邦昌。速奉迎康王。高宗即位。奏劾黃潛善·汪伯彥不法凡十有七事。責濮州監酒稅。道卒。

馬·伯傑 〔明〕鄒人。父官浙西。伯傑家居侍母遇盜。負母避鄆城。母卒。歸葬遇盜。伯傑哀告。盜感其孝。遺衣糧得歸。時父仍在浙。不通音問者八年。伯傑間關數千里。往迎父歸。

馬·伯繩 〔清〕溧陽人。字正則。自號蜨翁。明天啓諸生。國變後避居洮湖壆。別號洮漁子。工詩。尤善畫山水。

馬·利徵 〔唐〕玄宗時爲扶風丞。時文籍汗漫。斷爛紛舛。馬懷素請召宿學巨儒。就校繆闕。利徵遂與其選。後出爲山茌令。儒緩無治術。免官。終於家。

馬·宋英 〔宋〕溫州人。爲人放達。工書畫。

馬·宏衛 〔明〕蘇州人。字人伯。號退山。有采菊雜咏。

馬·希孟 〔宋〕廬陵人。字彥醇。熙寧進士。有禮記解。

馬·希振 〔五代〕〔楚〕殷嫡子。長而賢。棄官爲道士。

馬·希崇 〔五代〕〔楚〕殷三十一子。希萼弟。性狡險。希萼以軍政委希崇。希崇與楚舊將徐威等作亂。劫兵器。幽希萼。既襲位。縱酒荒淫。國人不附。請兵南唐。李景遣邊鎬入楚。盡遷馬氏之族於金陵。在位數月。自殷以唐乾寧三年據長沙。有湘南及廣西東部地。至希萼共五主。以周廣順元年降於南唐。凡五十六年而亡。景以希崇領舒州節度使。居揚州。顯德中希崇率其兄弟歸周。拜右羽林統軍卒。

馬·希廣 〔五代〕〔楚〕殷三十五子。希範弟。字德丕。嗣爲楚王。拓跋恒數勸希廣以位奉其兄希萼。希廣不從。周廷誨等言曰。王能與之則已。不然。宜早除之。希廣泣曰。吾兄也。焉忍殺之。分國而治可也。其後卒爲所害。在位三年。史稱廢王。

馬·希範 〔五代〕〔楚〕殷四子。字寶規。兄希聲死。以次立爲楚王。性奢侈。縱情聲色。拓跋恒切諫。是時契丹滅晉。中國大亂。牙將丁思覲奮廷諫。勉以桓文之業。皆不聽。在位十五年。卒謚文昭。

馬·希萼 〔五代〕〔楚〕殷三十子。剛狠無禮。攻陷長沙。殺弟希廣自立。後臣於李景。以軍政委弟希崇。爲崇所四。後入南唐。卒於金陵。在位二年。謚恭孝。亦稱後廢王。

馬·希聲 〔五代〕〔楚〕殷次子。字若訥

殷既老。頗用事。信荆南諜者言。殺殷將高郁。殷聞大恚。旋卒。希聲嗣爲楚王。居喪不哀。嘗聞梁太祖好食雞。慕之。乃日烹五十雞以供膳。旋卒。在位二年。追封衡陽王。

馬廷鸞 【宋】樂平人。字翔仲。淳祐進士。遷祕書省正字。初丁大全雅慕廷鸞。欲鉤致之。廷鸞不爲動。及當輪對。欲劾大全。大全瞯知之。以御史朱熠劾罷。由是名重天下。咸淳中拜右丞相。罷歸。廷鸞工文辭。朝廷大制作多出其手。晚年自號玩芳病叟。有碧梧玩芳集。六經集傳。語孟會編。楚詞補記諸書。

馬成 【後漢】棘陽人。字君遷。光武帝時累拜揚武將軍。擊斬李憲。盡平江淮地。後屯常山中山以備北邊。又代大將軍杜茂繕治障塞。築保壁。起烽燧。十里一候。在事五六年。徵還京師。北方無事。後封全椒侯。就國卒。

馬成名 【明】溧陽人。官密雲兵備僉事。被廢。久之起故官。遇人輒談兵。崇禎間以右僉都御史巡撫永平。以失機論死。

馬良 【蜀漢】宜城人。字季常。兄弟五人。並有才名。良眉中有白毛。鄉里諺曰。馬氏五常。白眉最良。先主領荆州。辟爲從事。即位後以爲侍中。及東征吳。遣入武陵招納五溪蠻夷。渠帥皆受印號。咸如意指。會先主敗績。良亦遇害。⊙【明】臨安人。字子善。善畫釋像。⊙【清】崑山人。字天錫。善畫竹石。

馬良柱 【清】成都人。康熙間從征吐魯番及額魯特等。屢立戰功。雍正間累擢四川提標游擊。敗瞻對土司。乾隆中進勦大金川。連戰皆捷。官至四川松潘鎮總兵。

馬足輕 【明】宜陽人。性孝友。弟惑婦言迫分產。乃取田磽薄者自予。萬曆末歲大凶。出粟六百石以賑。焚券千餘。崇禎間死於流賊之難。

馬防 【後漢】廖弟。字江平。章帝時金城隴西保塞羌皆反。拜防行車騎將軍事。累擊破之。還拜車騎將軍。封潁陽侯。拜光祿勳。數言政事。多見采用。其後有司奏防兄弟奢侈踰僭。濁亂聖化。悉免就國。

馬京 【明】武功人。字子高。洪武進士。歷大理卿。永樂初爲刑部左侍郎。輔導皇太子。盡誠翊贊。爲高煦所譖。下獄死。仁宗時追謚文簡。

馬周 【唐】茌平人。字賓王。嗜學。善詩春秋。武德中補州助教。不治事。去職。舍中郎將常何家。貞觀中詔百官言得失。何武人不涉學。周爲條二十餘事。太宗怪問。何曰。家客馬周爲之。召與語。大悅。拜監察御史。累拜中書侍郎。岑文本稱曰。馬君論事。會文切理。無一字增減。聽之纚纚。令人忘倦。後遷中書令。進銀青光祿大夫卒。

馬味道 【明】禹城人。與平原張岱野齊名。岱野官御史。薦於朝。味道以書謝之曰。凡以隱弋名者。終南之捷徑爾。卒逍遙泉石以終。

馬和之 【宋】錢塘人。紹興進士。官至工部侍郎。善畫人物山水。務去華藻。自成一家。高孝兩朝。最重其畫。嘗書毛詩三百篇。命和之篇畫一圖。會成巨帙。明時杭人有存其散逸者。

馬季良 【宋】尉氏人。字元之。眞宗時官兵部郎中。因緣以進。無他行能。言者以其僥倖得官。降屯衞將軍。滁州安置。徙壽州。致仕卒。

馬孟禎 【明】桐城人。字泰符。萬曆進士。由知縣徵授御史。屢上疏言事。爲三黨所忌。出爲廣東副使。天啓初起光祿少卿。魏忠賢嗾御史王業浩論劾。遂削籍。崇禎初復官。孟禎少貧。及貴顯。家無贏資。惟銜趙世卿抑己。既入臺。即疏劾世卿。時論以爲隘。

馬定國 【金】茌平人。字子卿。自少志趣不羣。明昌初累官翰林學士。嘗著石鼓辨萬餘言。定爲宇文周時物。出入傳記。引據甚明。有文集。

馬定鼐 【清】長安人。乾隆時武舉。以守備隨海蘭察·額森特助勦大小金川有功。官至宜昌鎮總兵。

馬宗素 【元】著有傷寒醫鑑。

馬宗璉 【清】桐城人。字魯陳。嘉慶進士。少事其舅姚鼐。學爲文詞。後從邵晉涵·任大椿·王念孫游。學益進。有左傳補注·毛鄭詩詁訓考證·周禮鄭注疏證·穀梁傳疏證·說文字義廣注·戰國策地理考·南海鬱林合浦蒼梧四郡沿革考·崇鄭堂詩·嶺南詩選。

馬宗範 【明】大名開州人。父沒廬墓。昏夜有二盜入廬求宿。聞哭泣聲。私相語曰。可別圖生。弗盜。

馬岱 【蜀漢】超從弟。超臨沒上疏曰。臣門宗二百餘口。爲孟德所誅略盡。惟有從弟岱。當爲微宗血食之繼。岱後位至平北將軍。進爵陳倉侯。

馬忠 【蜀漢】閬中人。字德信。建安末舉孝廉。建興中拜牂牁太守。甚有惠名。開復建寧越巂舊郡。平南夷。封彭鄉亭侯。平尙書事。爲人寬濟有度量。然處事能斷。恩威並立。蠻夷畏愛。及卒。莫不流涕盡哀。爲之立廟。

馬承蔭 【清】雄子。康熙間降清。授伯爵。給將軍勑印。尋又反。爲清軍所敗。復降。論死。

馬昊 【明】寧夏人。本姓鄒。字宗大。弘治進士。長身驍捷。善騎射。知兵。武宗時官四川僉事。累破巨寇及叛番。積官右副都御史。昊有才變。

揮霍自喜。所向輒有功。然官川中久。狎其俗。銳意立功名。後屢敗。爲御史盧龍等所劾。削籍歸。

馬・明 (晉)盱眙人。字世朗。初事梁。領廬江太守。荆州陷沒。歸武帝。封西華縣侯。隨周文育西征王林。力戰死。

馬・明衡 (明)思聰子。字子莘。正德進士。世宗時官御史。以論救鄧繼曾及爭慈壽太后誕辰免朝事得罪。終身廢棄。初受業於王守仁。閩中有王氏學。自明衡始。所著尙書疑義。多與蔡沈立異。

馬・昂 (明)滄州人。字伯顒。永樂舉人。景泰間總督兩廣軍務。攘懷夷寇。安撫軍民。人甚便之。歷左都御史・兵部尙書。卒諡恭襄。◉(淸)吳縣人。字雲上。號退山。善畫山水。尤工花鳥人物。

馬・林 (明)芳子。萬曆間以克敵功累擢遼東總兵官。雅好文學。能詩工書。交游多名士。自許亦甚高。嘗陳邊務十策。語多觸文吏。寢不行。後與淸兵戰開原。死之。林雖更歷邊鎭。然未經強敵。無大將才。當事以虛名用之。故敗。

馬・武 (後漢)湖陽人。字子張。王莽末爲盜。後從光武破王尋等。擊破羣賊。及卽位。封揚虛侯。永平初拜捕虜將軍。破西羌。爲人嗜酒。闊達敢言。嘗醉。在帝前面折同列。言其短長。帝故縱之。以爲笑樂焉。

馬武 (淸)米思翰三子。由侍衛擢副都統。康熙間從征噶爾丹。旋坐事褫職。尋再起。官至領侍衛內大臣。卒諡勤恪。

馬・況 (漢)援兄。字君平。有才能。王莽時爲河南太守。

馬・治 (明)宜興人。字孝常。詩文典雅沖澹。善眞行書。元末與周砥隱居西澗。以詩唱和。成荆南唱和集。洪武初由諸生擧授內丘知縣。遷建昌府同知。有海漁集。

馬・知節 (宋)全義子。字子元。太宗時以蔭補官。眞宗時累拜宣徽南院使。知樞密院事。初爲樞密副使。遇事敢言。時王欽若爲樞密使。知節薄其爲人。每廷議。未嘗少屈。終彰德軍留後。知貝州。卒諡正惠。

馬・肩龍 (金)宛平人。字舜卿。宣宗初嘗辨完顏從坦殺人之冤。時論義之。後客鳳翔。德順爲元兵所圍。州將愛申遺書招肩龍。或勸弗往。肩龍曰。愛申平生未嘗識我。一見許爲知己。我知德順不可守。然以知己故。不得不爲之死。旣至。遂同遇難。

馬・芳 (明)蔚州人。字德馨。嘉靖間歷薊鎭・宣府總兵。起行伍。十餘年爲大帥。大小百十戰。身被數十創。善以少擊衆。未嘗不大捷。擒部長數十人。威名震邊陲。爲一時將帥冠。◉(淸)如皐人。字不羣。善指畫。

馬・虎 (淸)武威人。雍正間從征準噶爾。乾隆間從征金川。屢有功。官至襄陽鎭總兵。攻達爾圖山梁。被創卒。

馬・金 (明)西充人。登進士。歷浙江布政使。所至有惠政。民廟祀之。

馬・金魁 (淸)安康人。嘉慶間從攻教匪。所至皆克。又勦滑縣教匪及陝西廂匪。擒張格爾於新疆。累官大名鎭總兵卒。

馬・長淑 (淸)安丘人。字漢荀。雍正進士。官至磁州知州。輯明以來安丘人之詩曰渠風集略。

馬・亮 (宋)合肥人。字叔明。擧進士。初爲大理評事。仁宗時累遷知江陵府。有智略。敏於政事。然所至無廉稱。官至工部尙書。以太子少保致仕。卒諡忠肅。◉(明)淇人。以燕山衞卒從成祖起兵。積功累遷都指揮僉事。宣宗時官至左都督。封招遠伯。善騎射。每戰。身先士卒。所向克捷。時稱驍將。卒諡榮毅。

馬・俊 (宋)或曰名進。太平州慈湖砦兵。紹興初砦軍周靑等謀叛。將盡點城中少壯而屠其老弱。俊知其謀。陰結其徒十八殺賊。歸與妻訣。俟靑出斫之。九人懼不敢前。俊遂遇害。靑亦傷。黨散。官軍至。靑遂伏誅。◉(明)吳人。字惟秀。號訥軒。畫山水仿唐宋。獨以鬼神馳名。◉(淸)安陸人。工畫花卉人物。

馬・保忠 (遼)營州人。謹重寡欲。好立節操。太平間授洗馬。改著作郎殿中丞。興宗朝爲樞密使。守太師。兼政事令。封燕國公。卒諡剛簡。

馬・南寶 (宋)香山人。家饒於財。讀書好義。尤工於詩。端宗航海過邑。獻粟供軍。拜權工部侍郎。宋亡。與黎德・梁起莘起兵迎帝昺。起莘萌二心奔還。德反攻之。戰敗。南寶死之。

馬・咸 (晉)隆子。亦驍勇。成都王穎攻長沙王乂。以咸爲鷹揚將軍。屯河橋。爲乂將王瑚所敗。沒於陣。◉(淸)平湖人。字嵩洲。號澤山。工繆篆。精小楷。善畫山水。有怡廬詩文集。

馬哈木 (明)蒙古瓦剌部長。永樂間常通使命。封順寧王。後漸驕蹇。窺伺塞下。成祖親征。大敗之。馬哈木遁。貢馬謝罪。後與阿魯台戰。敗死。

馬・宣 (明)建文時官都指揮使。攻北平。與燕兵戰敗被擒。罵不絕口死。

馬・客卿 (後漢)光弟。幼而岐嶷。年六歲。能專對賓客。嘗有死罪亡命者來過。客卿匿之。外若訥而內沈敏。父援甚奇之。以爲將相器。故字以客卿。後夭沒。

馬・建忠 (淸)丹徒人。字眉叔。遊學法國。精法律學。留心經世之務。

官至道員。有馬氏文通·適可齋記言·記行等書。

馬·思聰 明莆田人。字懋聞。弘治進士。歷南京戶部主事。督糧江西。宸濠反。被執不屈。絕食六日而死。

馬·思贊 清海寧人。字寒中。又字仲安。號南樓。又號衎齋。工詩積學。善繪事。家有道古樓。藏書甚富。有管山堂詩。

馬·持國 宋新會人。字鎮臣。力學有大志。紹興間張浚·胡銓皆辟置幕下。以薦授宣教郎。獻愚忠錄。中興自治策略於孝宗。周必大·楊萬里見其文。謂爲有用才。累遷知容州。政務寬厚。卒官。

馬·昱 明濮州人。正統中由舉人授監察御史。錦衣衛指揮門達怙寵弄權。昱首抗論列其罪。達以譎死。昱官至河南按察使副使。

馬·洪 明仁和人。字浩瀾。布衣。工詩餘。有花影集。自謂四十餘年僅得百篇。又有和曹堯賓遊仙詩百首。一時盛傳之。

馬·炫 唐郟城人。字弱翁。少以儒學聞。隱蘇門山。李光弼辟掌書記。常參軍謀。後爲漣潤二州刺史。以清白顯。官終兵部尚書。

馬·炯 明林子。天啟中官湖廣總兵。協討貴州叛賊。從王三善至大方。數戰皆捷。已大敗。三善自殺。炯潰歸。得疾卒。

馬·炳然 明內江人。字思進。成化進士。知嘉魚縣。清廉有惠政。吏不能欺。後擢副都御史。巡按貴州。遷總督南京糧儲。爲流賊劉六所挾。令作書退軍。不從。遇害。諡毅愍。

馬·眄 宋徐州營妓。頗慧麗。學蘇軾書。得其髣髴。軾嘗書黃樓賦未畢。眄竊效書山川開合四字。軾見大笑。略爲潤色不復易。

馬·眉 清常熟人。字子白。號雪漁。寫花鳥蘆雁入神品。年七十餘卒。

馬·相舜 清大同人。字舜治。工畫人物。

馬·科 明崇禎中爲山海關總兵。戰功亞曹變蛟。與吳三桂同守寧遠有功。後降李自成。封懷仁伯。

馬·胤孫 後唐商河人。字慶先。爲人懦暗。爲文學韓愈。舉進士。爲唐潞王河中觀察支使。廢帝立。累拜同中書門下平章事。不通世務。故事多壅塞。晉高祖入立。罷歸田里。廣順中卒。

馬·致遠 元大都人。號東籬。任江浙行省務官。工樂府。與關漢卿·鄭光祖·白樸稱四大家。有漢宮秋等雜劇。

馬·英 元河內女子。性孝友。父喪哀毀。二兄繼沒。獨事母。併奉二寡嫂與居。比母喪。卜地葬諸喪。親負土爲四墳。手植松柏。廬墓側終其身。

馬·負圖 清武進人。字伯河。一字肇易。晚號一菴。明諸生。幼崇名節。鼎革後獲交陸世儀。遂參心性。兼通名物象數。嘗與同里惲日初等。講易延陵書院。從學者甚衆。生平篤信程朱。不輕立說。晚歲始著皇極經世說·開方密率法·律呂圖解·八十四聲六十調說·候氣說·知非錄諸書。及卒。門人私諡潛德先生。

馬·郁 後唐其先范陽人。少警悟。有俊才智數。言辨縱橫。下筆成文。唐乾寧末爲府刀筆小吏。後在李克用幕。累官至檢校司空·祕書監。莊宗亦優禮之。

馬·重績 後晉其先出於北狄。字洞微。少學數術。居太原。唐莊宗用兵。必以問之。所言無不中。高祖時拜太子右贊善。遷司天監卒。

馬·倫 後漢融女。扶風袁隗妻。少有才辯。初成禮。隗與論辯。不能屈。隗既寵貴當時。倫亦有名於世。

馬·剛中 明商城人。字仰伯。崇禎進士。授大同推官。擢翰林檢討。省墓歸。會張獻忠攻城。剛中力戰遇害。

馬·員 後漢援兄。字季主。有才能。王莽時爲增城連率。

馬·宮 漢戚人。字游卿。治春秋。射策爲郎。後代孔光爲太師。封扶德侯。初宮在哀帝時與議傅太后諡。及王莽發傅太后陵。以民葬。宮內慚。乞骸骨。遂以侯就第。莽篡。爲太子師卒。宮本姓馬矢。至宮以仕學顯。改稱馬氏。

馬師皇 上古黃帝時馬醫。善識馬之形氣生死。治之卽愈。後莫知所之。

馬·師班 清無錫人。楊錫贊妻。夫伯夢樾殉節金川。立祠未就。師班脫金釧助成之。少寡。守節三十餘年卒。能詩。工畫山水。娟秀有致。

馬·殷 五代楚鄢陵人。字霸圖。唐僖宗時爲秦宗衡裨將。昭宗時代劉建峯爲帥。盡有嶺北及桂管之地。梁太祖卽位。遣使修貢。拜天策上將軍。封楚王。唐莊宗滅梁。殷遣子希範修貢。自賣茶鑄錢。地大力完。國以富饒。宮殿官屬。均如天子制。卒諡武穆。

馬·涓 宋南部人。元祐中登進士第一。上疏忤蔡京坐貶。

馬·祖常 元光州人。字伯庸。延祐初鄉貢會試皆第一。廷試第二。拜監察御史。鐵木迭兒爲丞相。威權自恣。祖常劾奏其罪。因以黜罷。累拜御史中丞。薦賢拔滯。知無不言。除樞密副使。致仕卒。諡文貞。祖常工於文章。宏贍精核。以秦漢爲法。自成一家言。詩圜密清麗。有英宗實錄。石田集等書。

馬・純 【宋】武城人。字子約。自號樸樕翁。隆興中以太中大夫致仕。居越之陶朱鄉。嘗采當時雜事。著陶朱新錄。大抵涉於怪異者十之七八。爲洪邁夷堅志之流。

馬・純仁 【明】六合人。諸生。清兵破南京。六合降。純仁題銘橋柱。抱石投水死。

馬・素卿 【元】妓。善詞翰。達音律。馳名江湘間。

馬・翀 【清】世奇孫。字雲翎。康熙舉人。工詩。王士禎稱其竹枝詞妙入三昧。卒年僅三十。有未學草・蝶園詩。

馬・荃 【清】常熟女子。字江香。善畫。早寡。以苦節聞。晚歲名益高。時惲冰畫以沒骨名。荃以鉤染名。江南人謂之雙絕。

馬・釗 【清】長洲人。字燕郊。號遠林。道光舉人。從陳奐游。通六書音韻。著集韻校勘記　洪楊陷金陵。以從軍得中書銜。後守丹陽。力戰死。

馬・乾 【明】昆明人。崇禎舉人。署夔州府。張獻忠圍夔城。乾親冒矢石。隨機制勝。賊遁去。擢御史。巡撫四川。率師禦寇於內江。援絕戰死。

馬・國柱 【清】遼陽人。隸正白旗漢軍。崇德間授都察院理事官。順治初巡撫山西。誅土賊閻汝龍等。境內悉平。擢江南江西總督。歷勦江北諸巨寇。並破金聲桓。招降吳凱。累加太子太保卒。

馬・國偉 【清】海鹽人。字應篪。號愚庵。性孝友。與弟用俊晨夕聯吟。庭有常棣連枝之瑞。時賢稱之。與用俊同輯鄂韡聯吟集。又有愚庵詩稿。

馬・堃 【宋】宕昌人。以六郡鎮撫使守皇華城。元將楊文安與堃同里。說之降。堃不從。及城破。猶巷戰。力屈死。

馬・彪 【清】西寧人。乾隆間由行伍積功授雲南昭通總兵。平金川。又平撒拉爾回。官至湖廣提督。卒諡勤襄。

馬・從先 【宋】祥符人。字子野。由進士累官太常少卿。歷知宿州壽州。治行甚著。以工部侍郎致仕。從先性整嚴。盛夏不袒跣。晚學佛。預營終時而卒。

馬・從聘 【明】靈壽人。字起莘。萬曆進士。授青州推官。擢御史。出理兩淮鹽課。奸人田應璧請掣賣沒官餘鹽助大工。中官魯保督之。從聘極陳欺罔狀。按蘇松。請免增蘇松常鎮稅課。皆不報。以久次拜右僉都御史。巡撫延綏。引疾歸。家居二十餘年。崇禎間清兵破靈壽。從聘年已八十二。謂其三子曰。吾大臣。義不可生。同縊死。三子殉焉。諡介敏。有四禮輯疑・蘭臺奏疏。

馬・從謙 【明】溧陽人。字益之。嘉靖進士。授工部主事。出治二洪有政績。擢尚寶丞。掌知制誥。進光祿少卿。提督中官杜泰乾沒歲費鉅萬。爲從謙奏發。並及帝醮齋事。受杖死。

馬・得功 【清】遼東人。明總兵。順治間多鐸下江南。得功縛福王及其妃以降。授鎮江總兵。隸漢軍鑲黃旗。隨征福建。積戰功至福建提督。康熙間勦廈門。戰死。贈一等侯。諡襄武。

馬・得臣 【遼】南京人。好學博古。善屬文。尤長於詩。保寧間累遷翰林學士。以正直稱。聖宗即位。知宣徽院事卒。

馬・教思 【清】桐城人。字臨公。一字嚴沖。號檀石。康熙進士。授編修。性耿介。澹於榮利。工詩文。精句股九章算法。被劾歸。有古學類解・羣書集粹・橐齋雜俎・等韻集要・左傳紀事本末・皖桐幽貞錄。及卒。學者私諡文懿。

馬・晞驥 【宋】持國子。字千里。淳熙進士。判肇慶府。有潛以奇硯獻者。晞驥謝之曰。吾職佐郡。當飲水自勵。何敢以長物汚吾家聲。其人慚而退。官至朝議大夫卒。

馬・淵 【後漢】爲隴西太守。時牛崇爲主簿。羊嘉爲功曹。郡人爲之三牲。

馬・理 【明】三原人。字伯原。與呂柟等相切劘。名震都下。武宗時舉進士。官考功郎。以諫南巡受廷杖告歸。教授生徒。世宗時起員外郎。以爭大禮再受杖。累遷光祿卿。尋致仕。遭地震死。諡忠憲。理學行純篤。與柟並爲關中學者所宗。有周易贊義・谿田文集。

馬・祥 【明】同州人。字瑞甫。博學能文。士林稱爲關西夫子。第成化進士。歷山東都轉運使。清剛有體。民歌思之。

馬・符錄 【清】南海人。字受之。官陸豐縣訓導。有西樵山志。

馬・紹 【元】金鄉人。字子卿。以薦授左右司都事。至元中累拜參知政事。屢進讜言。都城種苜蓿地分給居民。權勢因取爲己有。以一區授紹。紹獨不受。仕終河南行省右丞。

馬・紹宏 【後唐】初與孟知祥同爲中門使。莊宗領幽州。紹宏權知州事。後爲宣徽使。紹宏以己合當樞密任。常鬱鬱。明宗時官終樞密使。

馬・貫 【明】單人。以才學超卓舉任監察御史。有直聲。官至江西布政司參政。

馬・逢伯 【清】襄城人。字仲甫。性至孝。幼與左光斗・馬士奇諸人游。以詩文相倡和。居恒讀書不倦。由貢生官博平知縣卒。

馬・逢知 【清】隰州人。原名進寶。

仕明爲安慶副將。都督同知。順治間迎降。累擢金華總兵。大敗魯王部將阮進．張名振於舟山。官至蘇松常鎭提督。鄭成功犯江寧。逢知擁兵不救。坐誅。

馬逢皐 〔明〕三原人。字千嬰。萬曆進士。授襄陽知縣。歷官御史。天啟初具疏請正綱紀。指斥梃擊紅丸。遂及璽勑票擬等事。朝端一肅。又申救楊漣。劾熊廷弼。以不阿魏璫起祠。降山西都事。後改南吏部考功主事。

馬傑 〔明〕吳縣人。事詳顏佩韋條。

馬卿 〔明〕林慮人。字敬臣。弘治進士。歷戶科給事中。劾內官劉瑾不法。出守大名。薊盜猖獗。卿至。爲防禦計甚備。人人效死。聲震河朔間。盜不敢犯。卿先爲給事時。僉都御史甯杲已落籍。賂閹復官。卿聞。奮袂言曰。世杲無人。寧用驚知卿者可也。可復令浸壞朝廷事邪。既而卿出守。杲以僉都御史巡撫眞定。欲中傷之。不得間。名益彰。累官漕運都御史卒。

馬喇 〔清〕滿洲正黃旗人。姓富察氏。雍正初由參領擢副都統。使西藏。時阿爾布巴等潛謀不軌。達賴喇嘛年幼。馬喇守護之。前後在藏八年卒。

馬喇希 〔清〕滿洲鑲紅旗人。順治間從多爾袞自山海關破李自成。復從多鐸征江南。豪格征四川。敘功授二等男。定廣東。征湖廣辰常諸郡。亦有功。卒諡忠僖。

馬尋 〔宋〕須城人。舉毛詩學究。累判大理寺。以明習法律稱。歷知湖撫汝襄洪宣鄧滑八州。終司農卿。

馬復震 〔清〕桐城人。咸豐間募淮勇從征洪楊。名震宇營。是爲淮軍之始。連克休寧．黟縣及徽州郡城。楊秀清進圍徽郡。復震冒雪力戰。秀清負創遁。同治間轉戰浙江。功甚偉。官至陽江鎭總兵。

馬愉 〔明〕臨朐人。字性和。宣德進士。累官至禮部右侍郎。入閣參預機務。端重簡默。門無私謁。論事務寬厚。卒贈尙書兼學士。贈官兼職自愉始。有澹軒文集。

馬惠迪 〔金〕漷陰人。字吉甫。天德進士。令昌邑。察廉第一。出爲西京留守判官。以治最累擢左司郎中。世宗稱其聰明而朴實。超拜參知政事．明昌初仕至南京留守。致仕卒。

馬援 〔後漢〕茂陵人。字文淵。少有大志。爲郡督郵。以縱囚亡命北地牧畜。賓客多歸附者。王莽以爲新城大尹。莽敗。依隗囂。後歸光武。隗囂叛據隴西。援於帝前聚米爲山谷。指畫形勢。因以破囂。建武中拜伏波將軍。征交阯。平之。立銅柱以表功。封新息侯。武陵五溪蠻反。援復將兵討之。時年已八十餘。嘗謂賓客曰。丈夫立志。窮當益堅。老當益壯。又言男兒要當死於邊野。以馬革裹尸還葬。後果卒於軍。建初中諡忠成。

馬敦 〔後漢〕嚴弟。字儒卿。官至虎賁中郎將。詳馬嚴條。

馬斯喀 〔清〕滿洲鑲黃旗人。姓富察氏。米思翰長子。康熙間從征噶爾丹。追勦有功。列議政大臣。後參贊揚古軍務。坐追勦遲緩去任。尋授都統。卒諡貞襄。

馬景約 〔明〕閩人。字自牧。善畫山水。所作峯巒結構。煙雲變幻。水木川原。錯綜萬態。曲臻妙理。及卒。私諡安素先生。

馬棱 〔後漢〕援族孫。字伯威。建初中舉孝廉。仕爲郡功曹。章帝以棱行義。徵拜謁者。遷廣陵大守。賑貧薄賦。興復陂湖。溉田二萬餘頃。後轉漢陽。以威嚴稱。大將軍竇憲屯武威。棱多奉軍費。侵賦百姓。坐抵罪。後江湖多劇賊。以棱爲丹陽太守。擒滅之。轉會稽．河內皆有聲。永初中坐事抵罪。卒於家。

馬植 〔唐〕扶風人。字存之。元和進士。又擢制策科。補校書郎。由壽州團練副使三遷饒州刺史。開成初爲安南都護。精吏事。會昌中拜光祿卿。宣宗嗣位。累進中書侍郎。坐事貶常州刺史。以太子賓客分司東都。起爲忠武宣武節度使卒。

馬森 〔明〕懷安衛人。字孔養。嘉靖進士。歷太平知府。有善政。累遷大理寺卿。屢駁疑獄。號明允。隆慶初爲戶部尙書。勸帝力行節儉。以母老乞養歸。森初學於王守仁門人黃直。鄉里居力贊巡撫龐尙鵬行一條鞭法。鄉人德之。爲立報功祠。卒諡恭敏。

馬欽 〔金〕幼名韓哥。嘗仕江南。故能知江南道路。正隆中海陵將南伐。遂召用欽。自貴德縣令入爲右補闕。累遷國子司業。大定初以巧佞除名。

馬湘 〔唐〕鹽官人。字自然。世爲小吏。湘獨妙經史。徧遊方外。貌醜。齇鼻禿鬢大口。飲酒石餘。醉臥則以拳入口。遊行處多題詩。大中十年歸鄉忽死。明年又於梓潼縣白日上昇。有司奏聞。勅浙西發塚視之。乃一竹杖而已。

馬湘蘭 〔明〕金陵妓。名守眞。字元兒。小字月嬌。工詩。善畫蘭。居秦淮勝處。風流放誕。善伺人意。欲委身王穉登。穉登不可。萬曆中穉登年七十。湘蘭往置酒爲壽。燕飲累月。爲金閶勝事。既歸而病。禮佛端坐而逝。有詩二卷。穉登爲之序。

馬琪 〔金〕寶坻人。字德玉。正隆進士。累官侍御史。性明敏。習吏事。於錢穀尤長。然性吝好利。頗爲世宗所少。章宗時以安武軍節鎭致仕卒。

馬琬 〔明〕江寧人。一作馬璧。字文璧。爲撫州郡守。善畫山水人物。

工詩善書。時號三絕。

馬·異 唐詩人。詩體與盧仝俱尙險怪。仝與異結交詩有云。仝不仝。異不異。是謂大仝而小異。

馬·發 宋海陽人。德祐中爲權鋒寨將。署州事。州人稱爲安撫使。元兵至。發堅守不屈。戰敗。服鴆死。州人立祠祀之。

馬·象乾 明連州人。本姓曾。字體艮。萬曆進士。由庶吉士歷官都察院僉都御史。時東廠擅權。象乾抗疏論之。竟伏罪。天下稱快。後致仕卒。

馬·賁 宋出蔡京之門。在大晟府十三年。依違無所質正。擢至通議大夫·徽猷閣待制。◉宋河中人。善畫人物山水鳥獸。尤長小景。馳名於元祐紹聖間。宣和間官待詔。

馬·貴 明仲良子。字尙賓。幼聰敏。以草埜畫地學書。博通經史。邃於周易及邵雍理數小戴中庸。永樂中以賢良薦。不就。隱居教授。有靖川語錄。中庸講義。

馬·貴中 金正隆中爲司天監正。所占多驗。

馬·超 蜀漢騰子。字孟起。漢末爲偏將軍。領騰部曲。進軍至潼關。與曹操戰。敗奔漢中。聞先主圍劉璋於成都。遂請降。將兵到城下。璋卽稽首。累遷驃騎將軍。領涼州牧。封斄鄉侯。卒謚威。

馬·逸 淸元馭孫。字南坪。晚號陔南。工畫。花卉師蔣廷錫。又善畫魚。

馬·進良 淸西寧人。字棟宇。技勇過人。從討吳三桂。積功累擢古北口總兵。從征噶爾丹有功。進提督。以老乞歸。卒謚襄毅。

馬·鈞 蜀漢扶風人。巧思絕世。嘗作指南車。又作翻車。令兒童轉之而灌。水自覆。見諸葛亮連弩。曰。巧矣。未盡善也。作之可令加五倍。

馬·閑卿 明金陵人。字芷居。陳魯南繼妻。能書。善山水白描畫。工詩。有芷居集。

馬·隆 晉平陸人。字孝興。少而智勇。好立名節。爲武猛從事。武帝將伐吳。涼州羌戎反。河西斷絕。隆自請募勇士三千以行。奇謀間發。卒破平之。繼又興復西平。破南虜。封高縣侯。授護羌校尉。積十餘年。威信振於隴右。卒官。

馬·雄 淸固原人。順治間隨征湖南廣西。屢與桂王將李定國戰。積功官至廣西提督。孫延齡叛應吳三桂。雄初不從。尋亦叛降。病死。

馬·雄鎭 淸鳴佩子。字錫蕃。號坦公。順治間授工部副理事官。累遷廣西巡撫。吳三桂反。廣西將軍孫延齡叛應之。雄鎭闔室被幽。歷四載。屢勸降不屈。遂遇害。謚文毅。有擊勿樓遺稿·蠶草辨疑。

馬·雲 明合肥人。洪武中爲都指揮使。與葉旺同鎭遼東。出奇設伏。破納克。追擊三百餘里。殲其衆。進都督僉事。後征大寧克捷。巡邊還卒。

馬·雲卿 金天來弟。與弟雲漢俱工畫。

馬·嗣明 北齊野王人。少明醫術。博綜經方。爲人診候。一年前知其生死。官至通直散騎常侍。隋初卒。

馬·嗣煜 淸同州人。字元昭。號二岑。以古學自任。通判山東。權守武定州。敵兵來攻。城陷。死之。李顒謂關學自馮從吾後。咸推二岑先生。

馬·嗣勳 後梁鍾離人。少爲州客將。才武有口辨。太祖以爲宣武軍元從押衙。後助羅紹威攻殺魏牙軍。受重創卒。

馬·敬之 淸湘潭人。字悔初。道光歲貢。有四待軒文稿。

馬·敬德 北齊河間人。好儒術。天統初除國子博士。爲後主侍講。武平初超拜國子祭酒·瀛州大中正卒。

馬·新貽 淸菏澤人。字穀三。道光進士。以知縣發安徽。精力過人。尤練達吏事。積功官至兩江總督。爲張汶祥所刺卒。謚端敏。

馬·殿甲 淸鄧州人。嘉慶武進士。道光中張格爾之亂。赴喀什噶爾進勦。有功。安集延匪結浩罕擾喀什噶爾。邀敗之。英人擾沿海。防堵廣東海口。官至廣西提督。以病免。

馬·琾 淸武功人。由貢生知永嘉縣。有惠政。康熙間耿精忠叛。溫郡戒嚴。琾與副使陳丹赤協謀防禦。守將祖鴻勳殺丹赤。倡衆反。琾不屈。遇害。謚忠勤。

馬·瑜 淸張掖人。乾隆間以千總從征廓爾喀。勦松桃廳苗。並有戰功。嘉慶間從攻教匪。轉戰川陝楚三省。孅清陝境。積功官至江南提督。卒謚壯勤。

馬·瑞辰 淸桐城人。字元伯。嘉慶進士。由庶吉士官工部員外郎。博綜經學。洪楊之難。居鄉不屈死。有毛詩傳箋通釋。

馬·經綸 明順天通州人。字主一。神宗時官御史。帝尋端罪言官。經綸抗疏言之。斥爲民。旣歸。杜門卻埽凡十年卒。門人私謚聞道先生。

馬·萬 五代漢濵州人。善水游。唐莊宗與梁軍對壘於河上。萬應募潛行入南寨。助燒船艦。汴軍遂退。以功累遷泗州防禦使。晉高祖時夏范延光叛於鄴。萬將助亂。都指揮諭以順逆而止。遂爲高祖所薄。鎭鄧州。未幾罷鎭。授上將軍致仕。北漢乾祐間卒。

馬·載 唐周子。高宗時爲司列少常伯。與裴行儉分掌選事。言吏部者稱裴馬焉。終雍州長史。

馬·軾 【明】嘉定人。字敬瞻。正統閒由天文生官刻漏博士。讀書負氣節。尤工詩畫。

馬·遂 【宋】開封人。仁宗時爲北京指揮使。聞王則叛。遂詣留守賈昌朝請擊賊。昌朝因使持榜入貝州招降。則見之。遂諭以禍福。輒不答。遂奮起持杯抵則。扼其喉。毆之流血。賊黨潰刃聚譟。至斷一臂猶詈。遂遇害。

馬·道貫 【元】東陽人。字德珍。許衡弟子。自號一得叟。性恬退。非公不入城府。有尙書疏義。一得叟集。

馬·鈺 【宋】扶風人。徙居登州之寧海。初名從義。字宜甫。後改名鈺。字元寶。登金貞元進士。大定閒遇重陽子王嚞。授以道術。與妻孫氏同時出家。孫先仙去。鈺後遊萊陽。入遊仙宮羽化。賜號丹陽順化眞人。

馬·鉉 【明】永新人。字孔任。成化進士。累官廣西參議。勦古田苗。斬獲過半。窮追遇伏。死之。

馬·頎 【清】杞縣人。字頎公。順治進士。仕爲推官。善畫山水花草。

馬·馴 【明】長汀人。字德良。正統進士。授戶部主事。累擢副都御史。巡撫湖廣。關中饑。流民就食荆襄閒。馴設策賑卹。全活甚衆。湖湘災。奏減歲賦。災不爲害。致仕歸卒。

馬·嘉 【明】祁門人。字六禮。崇禎舉人。闖都城陷。整衣賦詩。北面再拜。投繯而死。

馬·嘉松 【明】平湖人。字曼生。萬曆諸生。摘錄子史及諸家小說爲十可篇。

馬·嘉運 【唐】繁水人。少爲沙門。還治儒學。長論議。貞觀初累除越王東閣祭酒。退隱白鹿山。受業至千人。召拜弘文館學士。掎摭孔穎達五經正義。諸儒服其精。數侍講宮中。終國子博士。

馬·墍 【宋】堃弟。一家父叔兄弟皆以忠勇爲名將。而墍與堃特顯。咸淳中知欽邕二州。鎭撫諸蠻。皆有條理。邊陲晏然。宋亡。守靜江。元兵攻城三月。前後百餘戰。城破。墍率死士巷戰被執。斷其首。猶握拳奮起。立踰時始仆。

馬·壽齡 【清】當塗人。字鶴船。諸生。有說文段注撰要。懷靑山館集。

馬·寧 【清】寧夏人。明參將。順治閒阿濟格征陝西。率衆降。隸漢軍正白旗。平甘肅回。克重慶。取遵義。追桂王入緬甸。積功官至山東提督。從征吳三桂。加太子太保。

馬·廖 【後漢】援子。字敬平。以父任爲郎。明德皇后旣立。拜虎賁中郎將。明帝崩。受遺詔。典掌門禁。章帝甚尊重之。時皇太后重節儉。廖慮美業難終。因上疏勸成德政。太后深納之。朝廷大議。輒以詢訪。性質誠畏愼。不愛權勢聲名。盡心納忠。不屑毀譽。封順陽侯。卒諡哀。

馬·暢 【唐】燧子。少以蔭累官鴻臚少卿。燧沒。以貲甲天下。暢善殖財。家益豐。晚爲豪幸侵牟。中官往往逼取。暢不敢恡。以至困窮。終少府監。

馬·榮 【明】徐州人。少習武事。有膽略。永樂初從征北虜。累功至右都督。卒諡壯武。

馬·榮祖 【清】江都人。字力本。號石蓮。雍正舉人。官知縣。工古文辭。善書法。

馬·槃什 【清】寶子。形貌豐偉過人。乳下垂長尺許。聰慧絕倫。不假師授。自悟等韻字母之非。更爲新韻。雄視一時。嘗謂人曰。假我數年。以盡聲音之變。雖鴉鳴鵲噪。吾有以通其語言矣。淸軍平吳三桂。槃什亦被戮。有等音行世。

馬·熒 【明】福州人。字用昭。與袁表同編閩中十子詩。

馬·瑤 【後漢】茂陵人。隱於汧山。以兔罝爲事。所居俗化。百姓美之。號馬牧先生。

馬·福安 【清】廣東順德人。道光進士。有止齋文鈔。

馬福塔 【清】滿洲正黃旗人。姓納喇氏。天聰時屢使朝鮮。又從攻皮島。督戰大捷。累官戶部承政。

馬·端臨 【宋】廷鸞仲子。字貴與。咸淳中漕試第一。博極羣書。以蔭補承事郎。廷鸞罷歸。端臨亦留侍養。元初起爲柯山書院山長。終台州學敎授。鄉里遠近師之。所著文獻通考。賅博過於杜佑通典。又有大學集傳、多識錄。

馬·維銘 【明】平湖人。字新甫。萬曆進士。官至兵部職方司主事。有史書纂略。

馬·維翰 【清】海鹽人。字默臨。又字墨麟。號侶仙。康熙進士。官川東道。工詩。以縱橫排奡爲長。有墨麟詩集。

馬·蒔 【明】會稽人。字仲化。有素問註證發微。於前人著述。多所訾議。

馬·遠 【宋】其先河中人。後居錢塘。字欽山。光寧兩朝爲畫院待詔。畫山水人物花鳥。爲院中獨步。遠所繪多殘山賸水。不過南渡偏安風景。世又稱爲馬一角。

馬·銓 【明】南和人。字秉衡。生有異質。博學強記。登成化進士。授戶科給事中。識大體。多所建白。歷湖廣右參議。

馬·際伯 【清】寧夏人。字逸聞。康熙閒從趙良棟征川滇。屢立戰功。由寧夏游擊累官四川提督。撫戢軍民。甚有方略。卒諡襄毅。

馬·韶 【宋】平棘人。習天文三式。太宗將踐阼。韶預知之。後判司天監事。遷太常博士。坐事出爲長興令。致仕卒。

馬鳴世 〔明〕武功人。字聲希。萬曆進士。官副都御史。劾魏忠賢黨魏廣微。顧秉謙。言甚切直。又疏請起用孫慎行。後里居。爲闖賊所害。

馬鳴佩 〔清〕遼陽人。太祖克遼陽。來降。隸漢軍鑲紅旗。深博有謀。善兵略。順治間從入關。敗一隻虎。累官江南江西總督。所至有聲。與鄭成功餘黨戰。屢敗之。尋乞休卒。

馬鳴起 〔明〕龍溪人。字伯龍。萬曆進士。爲御史。時保母客氏比魏璫。權傾中外。鳴起抗言六不便。廷杖。崇禎中起歷右都御史。晉冢宰。命下卒。諡忠簡。

馬鳴鑾 〔明〕內江人。字君御。萬曆進士。歷官兵部侍郎。總督宣大。多偉績。有奏議及鳳麓稿。

馬齊 〔蜀漢〕閬中人。字承伯。爲太守張飛功曹。飛貢之先主。爲尚書郎。建興中從事丞相掾。遷廣漢太守。復爲飛參軍。後拜尚書。與馬勳皆以才幹顯。（按萬姓統譜及四川通志皆作馬參。此從三國志楊戲傳注。）

馬齊 〔清〕滿洲鑲黃旗人。姓富察氏。米思翰次子。由廕生授員外郎。康熙間從征噶爾丹有功。官至武英殿大學士。與內大臣阿靈阿等議奏保皇太子。免死拘禁。旋復職。雍正初改保和殿大學士。卒諡文穆。

馬履泰 〔清〕錢塘人。字秋藥。乾隆進士。累官太常寺卿。遇事有識。工書畫。善諧謔。好誦晚唐人詩。品學爲杭人所欽慕。

馬德昭 〔清〕閩中人。字子明。初從向榮軍。由參將署固原提督。救回圍西安。還救。擊敗之。時外郡多失陷。多隆阿誣其坐守省城。不援同蒲。降總兵。憤求去。奪職歸。

馬慶祥 〔金〕先世自西域居狄道。徙居淨州天山。字瑞寧。本名習禮吉思。大安初以尚書省譯史使元。智辨通六國語。還授開封判官。後移鳳翔。元兵來攻。慶祥率兵殊死戰。矢盡被執。不屈死。諡忠愍。

馬慧裕 〔清〕漢軍正黃旗人。乾隆進士。嘉慶間累擢河南布政使。協勦寶豐。郟縣教匪。獲教首劉之協有功。官至禮部尚書。卒諡清恪。

馬樞 〔陳〕郿人。字要理。六歲能誦孝經論語老子。及長。博極經史。尤善周易老子義。梁邵陵王綸刺南徐州。引爲學士。侯景之亂。隱茅山。文帝徵之不應。鄱陽王伯山欽其高尚。使者數往。終固辭。後不得已乃行。王爲築別室。樞惡其崇麗。自營茅茨居焉。有道覺論。

馬潤 〔清〕世奇從孫。字碧滄。讀書嗜古。從魏禧。顧祖禹游。康熙中詔修一統志。徐乾學延潤共事。有桐山草堂詩鈔。

馬稷 〔明〕江東人。字舉舜。號醉狂。善畫山水人物花木竹石。

馬緯雲 〔清〕海鹽人。字依墀。乾隆舉人。工詩。著白沃山房詩稿。輯有西湖人物志。

馬諒 〔明〕全椒人。字子諒。宣德進士。歷官南戶部侍郎。諒爲人精敏。所蒞有政績。出入中外三十餘年。清操雅節。始終不變。

馬賡良 〔清〕會稽人。字幼眉。有鷗堂詩。

馬賓 〔五代楚〕殷弟。初事楊行密。累從攻戰有功。爲人質重。未嘗自矜。行密遣歸殷。殷表爲節度副使。

馬適求 〔漢〕鉅鹿人。王莽地皇初。謀舉燕趙兵以誅莽。大司空王丹發覺以聞。逮治誅死。

馬駉 〔清〕浙江山陰人。字德淳。有儀禮易讀。

馬勳 〔蜀漢〕閬中人。字盛衡。劉璋時爲州書佐。先主定蜀。辟爲左將軍屬。後轉別駕從事卒。

馬樹應 〔唐〕一作樹鷹。以善畫名。

馬樸臣 〔清〕桐城人。字相如。一字春遲。雍正舉人。官內閣中書。才氣豪邁。乾隆時舉鴻博。與試未用。能詩。有春遲詩稿。

馬璘 〔唐〕扶風人。少孤。流蕩無業。嘗讀馬援傳。至丈夫當死邊野以馬革裹尸歸。慨然曰。使吾祖勳業墜於地乎。開元末以奇勳歷遷金吾衛將軍。戰功卓越。累進檢校尚書左僕射。封扶風郡王。大曆中卒。諡武。璘少學術。而武幹絕倫。爲涇原節度使八年。虜不敢犯。爲中興銳將。

馬縞 〔後唐〕第明經。登拔萃科。仕梁爲太常少卿。以知禮見稱於世。莊宗時累遷刑部侍郎。明宗時遷戶部。盧文紀作相。以其迂儒。鄙之。改國子祭酒卒。有中華古今注。

馬翮飛 〔清〕桐城人。字霞卿。雍正諸生。喜宋儒學。業專志勤。署其齋曰翊翊。署其號曰一齋。乾隆初開制科。有司欲見之而後舉。謝不往。有讀易錄。禹貢初輯。

馬臻 〔後漢〕永和中爲會稽守。創中鏡湖。在會稽山陰兩縣界。築塘蓄水。水高丈餘。田又高海丈餘。若水少則洩湖灌田。水多則閉湖洩田中水入海。塘成。郡無凶年。其陂塘周迴三百一十里。溉田九千餘頃。◎〔元〕字志道。別號虛中。少慕陶成爲道士。隱居西湖。善畫花鳥山水。詩多豪逸俊邁之氣。有霞外詩集。

馬興祖 〔宋〕賁後。紹興間官待詔。工繪人物花鳥山水雜畫。高宗每獲名蹟。多令鑒識。

馬融 〔後漢〕續弟。字季長。有俊

才。從京兆摯恂學。恂奇其才。妻以女。初應鄧騭召。拜郎中。校書東觀。時鄧太后臨朝。融以諷諫遭禁錮。安帝時召拜郎中。歷武都南郡太守。後復爲議郎。重在東觀著述。以病去。融才高博洽。爲世通儒。教養諸生常千數。盧植·鄭玄皆爲其徒。善鼓琴。好吹笛。達生任性。不拘儒者之節。常坐高堂。施絳紗帳。前授生徒。後列女樂。弟子以次相傳。鮮有入其室者。嘗著三傳異同說。注孝經·論語·詩·易·尚書·三禮·列女傳·老子·淮南子·離騷。初融懲於鄧氏。不敢復忤勢家。遂爲梁冀草奏李固。又作大將軍西第頌。以此頗爲正直所羞。延熹末卒。年八十八。

馬衡 〔清〕吳縣人。昂子。字右襄。工畫。世其業。

馬諷 〔金〕潞陰人。字良弼。宋宣和進士。歸金復登進士。爲雄州歸信令。寧州刺史。皆有聲。歷官忠順軍節度。

馬豫 〔後漢〕廖子。和帝時官步兵校尉。明德太后崩後。馬氏失勢。廖性寬緩。不能教勒子孫。豫遂投書怨誹。爲有司奏免。◎〔明〕臨清人。字彥安。宣德進士。官大理寺副。剛直不阿。從英宗北征。六師潰於土木。豫追駕厲聲叱賊。遇害。◎〔清〕綏德人。家金陵。字觀我。康熙進士。官翰林院侍讀學士。善畫墨竹。坡石水澗亦佳。

馬遵 〔宋〕樂平人。字仲塗。仁宗時官吏部。直龍圖閣。性樂易。善議論。其言事不爲激訐。故多見推行。杜衍·范仲淹皆稱道之。

馬錄 〔明〕信陽人。字君卿。正德進士。授固安縣。居官廉明。徵爲御史。嘉靖間按山西。治妖賊李福達獄。武定侯郭勛移書爲解。錄不從。劾勛庇姦亂法。勛與張璁·桂萼合謀爲蜚語上聞。遂反前獄。謫戍廣西卒。

馬錦 〔清〕先西域人。字雲將。時稱馬狷狷。亦稱馬伶。善歌。時金陵有名梨園爲興化華林二部。錦屬興化部。一日新安賈徧徵名流。合二部爲大會。分列東西。各演嚴嵩故事。半奏。坐客皆就華林。錦恥之。易衣遁。走京師。求爲相國顧秉謙門卒。三年。得其神似。還請於新安賈。願與華林更奏前劇。既奏。華林羅拜而去。錦遂以名傳。

馬錫泰 〔清〕滿洲鑲藍旗人。姓覺爾察氏。康熙間以佐領從征察哈爾。四戰皆捷。累擢本旗滿洲副都統。吳三桂反。從賴塔征雲南。師旋。封一等子。

馬默 〔宋〕成武人。字處厚。從石介學。登進士第。知須城縣。張方平薦爲監察御史裏行。遇事敢言。方平遺所親謂曰。得毋累舉者乎。默曰。辱知之深。所以報也。神宗時疏陳十事。又請更定配沙門島法。後以寶文閣待制知徐州。改河北都轉運使。紹聖初坐附司馬光。落待制致仕。

馬應 〔宋〕滿有文藝。服道士衣。自稱先生。開寶初倣元結中興頌作勃興頌。述太祖下荊湖之功。縣令惡其夸誕。不以聞。太平興國初登第。官終大理評事。

馬應圖 〔明〕平湖人。字心易。萬曆進士。歷南京禮部郎中。上疏譏切執政。又劾給事齊世臣等。忤旨。謫大同典史。久之起禮部主事。進員外郎。疏請建儲。不報。尋卒。

馬應魁 〔明〕貴池人。字守卿。初爲小將。史可法拔爲副總兵。每戰。披白甲。書盡忠報國四字於背。清兵破揚州。巷戰死。

馬應龍 〔明〕安丘人。字伯光。萬曆進士。除杞縣令。多惠政。終精膳司郎中。有杞乘·道德經注·藝林鉤微錄·詞林玉屑·古文參同契·文集。

馬濟美 〔清〕建水人。咸豐間官九江鎮總兵。與洪楊軍戰。以衆寡不敵。力竭沒於陣。諡襄愍。

馬燧 〔唐〕炫弟。字洵美。姿度魁傑。與諸兄學。輟策歎曰。方天下有事。當以功濟天下。豈老一儒哉。更學兵書戰策。沈勇多算。大曆建中間屢破李靈耀·田悅。進同中書門下平章事。封北平郡王。復以平李懷光功。帝賜宸扆台衡二銘。言君臣相成之美以寵之。圖形淩烟閣。卒諡莊武。

馬總 〔唐〕系出扶風。字會元。元和中由虔州刺史遷安南都護。用儒術教其俗。建二銅柱於漢故處。劖著唐德。以表伏波之裔。後爲淮西節度。設教令。明賞罰。一變其俗。歷官戶部尚書。性篤學。雖吏事倥偬。書不去前。論著頗多。又摘錄諸子要語。爲意林。卒諡懿。

馬聯海 〔清〕漢中回人。字靄亭。咸豐武舉人。時關中漢回相仇。釀大亂。聯海調解之。漢南得無事。黃鼎督漢南軍務。使爲營官。鼎爲人擊死。聯海手刃仇人。仇爲回人。故回復謀亂。指聯海爲漢奸。焚其居。死火中。

馬聲 〔清〕之迅子。字正希。之迅追川寇被創。聲割股以療。訖不起。誓殺賊報讐。尋授援勦右路游擊。轉戰楚粵間。功稱最。遷副將。帥師抵昆明。滇平。擢雲南永北鎮總兵官。在鎮十五年。兵民俱安。

馬謖 〔蜀漢〕良弟。字幼常。以荊州從事隨先主入蜀。才器過人。好論軍計。諸葛亮深加器異。亮征南中。問計於謖。謖曰。用兵之道。攻心爲上。願公服其心而已。亮納其策。赦孟獲以服南方。故終亮之世。南方不復反。後亮出軍向祁山。拔謖統軍。與魏將張郃戰於街亭。爲郃所破。軍還。謖下獄物故。亮爲之流涕。

馬・彝 〔唐〕扶風人。爲曹王皐幕府。以正直見稱。皐將取張柬之園圃。彝曰。漢陽有中興功。遺業當百世共保。奈何使子孫鬻乎。皐媿謝曰。微君。安得聞此言。

馬・戴 〔唐〕字虞臣 會昌間登進士第。大中初太原李司空辟掌書記。以正言被斥爲龍陽尉。咸通末佐大同軍幕。終太學博士。工詩。有遺集。

馬・翼贊 〔清〕思贊弟。字叔靜。號寒將。雍正進士。官觀城知縣。善畫。有寶穎堂詩鈔。

馬・藎臣 〔明〕著有吳越世家疑辨。以臚列通鑑諸書所載錢氏愛民政績。以證五代史吳越世家之非實。蓋本其師錢德洪意也。

馬・謹 〔明〕新樂人。字守禮。宣德進士。授監察御史。按浙江。風裁清厲。歷湖廣布政使。擒斬武崗諸賊。遷右副都御史。巡撫河南。天順初致仕卒。

馬・壆 〔元〕崑山人。字公振。一字國瑞。酷志讀書。好文尙雅。元季避兵松江。日誦經史。工詩。有公振集。

馬・懷素 〔唐〕丹徒人。字惟白。博通經史。擢進士第。累遷御史。張易之使人誣崔貞愼・魏元忠謀反。武后詔懷素按之。使者迫促。懷素執不從。貞愼等乃免。開元初爲戶部侍郎。封常山縣公。兼昭文館學士。謙恭愼畏。推爲長者。終祕書監。卒謚文。

馬・懷德 〔宋〕祥符人。字德之。初官東路巡檢。爲范仲淹・韓琦所薦。累破西夏兵。善以少擊衆。英宗時遷靜難軍節度觀察留後。召還卒。嘗因戰流矢中其頰。鏃入於骨。以弩絃繫鏃發機而出之。

馬・攀龍 〔明〕陽信人。字沖霄。號愧非子。嘉靖舉人。官禮部主事。有愧非集。

馬・瀚 〔清〕順天人。字炎洲。嘗采唐人詩句。分一百七韻。曰唐句分韻。以爲集句之用。

馬・爌 〔明〕林子。幼習兵略。天啟中官至徐州副總兵。崇禎間累破鳳陽潁亳賊。時長淮南北。專以陵寢爲重。爌馳驅數年。幸無失事。後移鎭甘肅。破叛番。又移商州。時賊陷延綏寧夏。爌渡河抵甘州。乘雪夜攻城。城陷。爌死之。

馬・嚴 〔後漢〕援兄子。字威卿。與弟敦居鉅下。交結諸賢。並知名當世。三輔稱其行義。號鉅下二卿。援嘗爲書戒之。有刻鵠畫虎之喩。明德皇后立。嚴閉門自守。更徙北地。斷絕賓客。永平中敕移居洛陽。與杜撫・班固等雜定建武注記。建初間累拜陳留太守。數薦達賢能。申解冤結。後爲竇氏所忌。遂退居自守。訓誡子孫。卒於家。

馬・寶 〔清〕陝西人。初爲流賊。降於明桂王。始附孫可望。後從李定國。封淮國公。桂王敗。降吳三桂。以右都督充中營總兵。三桂叛。寶附之。率兵由貴州窺湖廣。三桂死。寶擁立其孫世璠。迨世璠旣破。寶勢窮蹙。乃赴希福軍前降。執至京。磔於市。

馬・騰 〔後漢〕隴西人。援之後。字壽成。少貧無產業。性賢厚。靈帝末氐羌叛。州郡募發民中有勇力者討之。騰在募中。署軍行事。討賊有功。累拜前將軍。封槐里侯。待士進賢。矜救民命。三輔甚安愛之。官終衞尉。

馬・續 〔後漢〕嚴子。字季則。七歲通論語。十三明尙書。十六治詩。博觀羣籍。善九章算術。順帝時爲護羌校尉。遷度遼將軍。所在以恩威稱。

馬・蘭泰 〔清〕滿洲正黃旗人。姓博爾濟吉特氏。明安曾孫。康熙間襲二等伯。率兵駐防推河。妄報擊準噶爾功。授領侍衞內大臣。尋爲福彭劾奏。鞫實擬斬。乾隆間釋之。授副都統。復坐事奪職。尋卒。

馬・鐸 〔明〕福建長樂人。字彥聲。永樂進士第一。授翰林院修撰。博通經史。性眞直無崖岸。仁宗嘗謂楊士奇曰。馬鐸可謂質實無二。每翰林學士・國子祭酒缺。皆命鐸攝之。

馬・巒 〔明〕夏邑人。字子端。與司馬光爲同里。以光舊無年譜。因撰溫公年譜。以補史傳所不及。旁及詩話小說。皆詳爲考訂。分年編載。以詳賅稱。

馬・權奇 〔明〕會稽人。字巽倩。崇禎進士。官工部主事。司琉璃廠。以忤閹下獄。羈管邸舍三年。事白歸里。讀書不輟。後避兵播遷死。有尺木堂學易誌・詩經誌・麟經誌・老子解・名臣言行錄。

馬・顯 〔明〕廣平人。正統進士。授戶科給事中。從英宗北征。幾沒於陣。景泰初進都給事中。時權奸用事。顯指陳得失。多所裨益。尋有忌者。出爲河東都轉鹽運使。擢四川左布政使。皆有聲。轉兵部左侍郎。告歸卒。

馬・驌 〔清〕鄒平人。字驄御。一字宛斯。順治進士。官靈壁知縣。蠲荒除弊。流亡復集。卒官。驌於左氏融會貫通。著左傳事緯。又著繹史。纂錄開闢至秦末之事。最爲精審。時稱馬三代。

馬・麟 〔宋〕遠子。爲畫院祇候。能世家學。然不逮父。遠欲麟得譽。多於己畫上題作麟畫。◉〔明〕登人。成祖時官兵科給事中。無他建白。專以訐發爲能。擢右通政。◉〔明〕巴縣人。嘉靖進士。官至南京戶部員外郎。有淮關志。

馬・觀 〔明〕著有瀛涯勝覽。多記鄭和出使時事。

馬・驤 【金】禹城人。貞祐間官濟陰令。元兵至。驤被執。軍卒搒掠求金。驤曰。吾書生。何從得是。又使跪。驤曰。吾膝不能屈。欲殺即殺。遂死。

◎【清】江西人。爲鄖州同知。善畫山水。細秀古逸。有元人矩矱。

馬・驥 【清】陝西咸寧人。乾隆武進士。從征貴州苗。有功。嘉慶間平狆苗於興義。勦教匪於四川。官至高州鎭總兵。

骨咄祿 【唐】突厥主。姓阿史那氏。頡利之疏族。頡利敗後。其部屬數反叛。骨咄祿招集散亡。入山爲盜。漸強盛。自立爲可汗。得阿史德元珍。令專統兵馬事。永淳間屢入寇。敗唐軍。武后大怒。因改骨咄祿爲不卒祿云。

骨・儀 【隋】天竺胡人。性剛鯁。開皇初爲侍御史。處法平當。煬帝嗣位。遷尙書右司郎。帝嘉其清苦。超拜京兆郡丞。唐兵至。死之。

高・力士 【唐】宦官。馮盎曾孫。高延福養爲子。故冒其姓。性謹密彊悟。玄宗時以誅蕭岑等功。寵任極專。肅宗在東宮時。以兄事之。累官驃騎大將軍。進開府儀同三司。後爲李輔國所劾。長流巫州。尋赦還卒。唐之宦官跋扈。自力士始。

高力士女 【唐】德宗母沈太后失所在。帝遣使者分行天下。物色咨訪。高力士女頗能言禁中事。女官李眞一疑而問之。含糊不堅。而年狀差似后。時宮中無識后者。於是迎還上陽宮。帝喜。力士子知非是。具言其情。詔貸之。

高・士 【明】鄞人。字志齋。有志齋醫論。

高・士文 【明】成陽人。質直剛果。善騎射。爲燕山護衛百戶。從成祖起兵。累官都督僉事。從張輔征交趾。平其餘寇。進追賊。中砲死。贈建平伯。

高・士奇 【清】錢塘人。字澹人。號江村。以國學生就試京闈不利。賣文自給。新歲爲人作春帖子。自爲句書之。偶爲聖祖所見。旬日中三試皆第一。命供奉內廷。官至禮部侍郎。卒謚文恪。有左傳紀事本末・春秋地名考略・清吟堂全集・扈從日錄・松亭行紀・江村銷夏錄・北墅抱甕錄等書。

高・士林 【宋】遵裕從姪。字才卿。宣仁皇后之弟。累官內殿崇班殿直。英宗每欲進擢。后屢辭輒止。喜儒學。涉閱經史。通大義。尤有巧智。卒。追封普安郡王。

高・士敏 【明】啓族弟。善屬文。春容溫厚。無枯槁險薄之態。有辛丑集。

高・士廉 【唐】勱子。名儉。以字顯。敏慧有度量。覩書一見成誦。武德中爲右庶子。進益州大都督府長史。設條教督勵風俗。入爲吏部尙書。封許國公。遷右僕射。卒謚文獻。有氏族志。

高子 【戰國】【齊】嘗曰小弁小人之詩。孟子曰。小弁之怨。親親也。親親。仁也。固矣夫。高叟之爲詩也。

高・子貢 【唐】和州人。擢明經。累遷弘文館直學士。不得志。棄去。徐敬業起兵。弟敬猷統兵五千逼和州。子貢率鄉人數百拒之。敬猷引去。以功擢朝散大夫。爲成均助教。東莞公融嘗爲和州刺史。從子貢受業。及融謀舉兵。令黃公譔見子貢。推爲謀主。書疏往返。因結諸王內應。謀泄坐死。

高・子儒 【後魏】諒之長子。字孝禮。元顥入洛。其叔道穆從駕北巡。子儒後踰河至行宮。孝莊帝見之。具訪洛中事。子儒備陳元顥敗在旦夕。授祕書郎中。累遷殿中侍御史。與和中爲梁州・北豫・西兗三州檢戶使。後以公事去官。武定中卒。

高・子孺 【宋】狄道人。知蘭州龕谷砦。金人略熙河。子孺聞副總管劉維輔尙存。固守以待。及城陷。死之。

高・山 【清】元美弟。字子仁。能詩。善畫山水古樹。得元人筆意。

高・不識 【漢】以校尉從驃騎將軍擊匈奴。封宜冠侯。後坐擊匈奴增首不以實免。

高・不騫 【清】曆雲子。字查客。晚號小湖。講求古學。不屑爲舉子業。年五十尙布衣。聖祖南巡。召試詩賦。授翰林院待詔。長於考據。工詩。有商搉集・羅帬草・傳天集。松玗書屋集。

高・之騄 【清】珩子。字仲治。有強恕堂詩集。

高・仁厚 【唐】初事節度使陳敬瑄。爲營使。僖宗時韓秀昇等亂峽中。敬瑄使仁厚督兵討平之。帝御樓勞軍。授仁厚檢校尙書左僕射。眉州刺史。以禽秀昇功。拜劍南東川節度使。光啓中仁厚據梓州。絕敬瑄。敬瑄發維茂州羌軍擊仁厚。斬之。

高・允 【後魏】蓨人。字伯恭。少孤。性好文學。博通經史天文術數。神䴥中陽平王杜超以爲從事中郎。年已四十餘。還家教授。受業者千餘人。徵拜中書博士。遷侍郎。領著作郎。以本官爲秦王傅。後勅以經授景穆帝。甚見禮待。崔浩因國史事得罪。允固爭。並自謂與浩同作。大節尤見重當世。孝文時累進爵咸陽公。遷散騎常侍。歷事五帝。出入三省五十餘年。初無譴告。評刑三十餘載。內外稱平允。太和中卒。年九十八。謚文。

高・允文 【宋】貴池人。爲清流主簿。會里人張連嘗忤蔡京。卒於客邸。京欲檢視之。允文力爲乞免。京召謂曰。君高節尙義。當加旌賞。授定邊軍教授。實黜之也。後以汀州守罷歸。

高・允權 【後周】延州人。歷膚施縣

令。罷歸。晉開運末以周密爲延州帥。州兵亂。擁允權爲帥。漢祖遣使就加檢校太傅。忌同州劉景巖之強。盡殺其家。收其家財。以謀叛聞。朝廷不能辨。官至檢校太師。廣順間卒。

高・元 隋高麗國主湯子。文帝拜爲遼東王。尋率靺鞨之衆寇遼西。帝怒。命漢王諒爲元帥。總水陸討之。不利。元亦遣使謝罪。於是罷兵。待之如初。煬帝嗣位。徵元入朝。不至。屢自將討之。師老無功。乃還。

高・元之 宋鄞人。字端叔。瓊後。家貧。受易春秋學於沙隨程迥。時傅伯成爲郡教授。少許可。獨折節與元之交。繇是鄉學者數百人師事之。所作變騷九篇。宋儒擬騷弗能及。集春秋說三百餘家。號義宗。悉本經旨。易詩論語後漢曆志各有解。又著茶甘甲乙稿。五上禮部。卒不第。將死。手屬書樓鑰。人號萬竹先生。

高・元長 元闊兒子。襲父職。至元中從渡江。與宋人戰。以功賜虎符。陞宣武將軍。宋平。護送宋太后至京師。以功進懷遠大將軍・萬戶。從太子脫歡征交趾。戰於海口。中毒矢死。

高・元眉 清嘉善人。字燕庭。工畫山水。精篆刻。

高・元美 清沔陽人。字長人。兩中副車。年四十。遂絕意進取。力學嗜古。以琴酒自娛。畫仿雲林。詩宗陶柳。書法吳興。有寄山堂集。

高・元海 北齊父思宗。爲高歡從子。性寬和。有武幹。官終太傅。元海累遷散騎常侍。願處山林。修行釋典。文宣許之。乃入林慮山。經二年。絕棄人事。尋自啓求歸。徵復本任。縱酒肆情。廣納姬侍。武平中與祖珽共執朝政。出爲鄭州刺史。鄴城將敗。徵爲尚書令。周建德中謀逆伏誅。

高・元裕 唐渤海人。字景圭。第進士。爲右補闕。敬宗視朝不時。宦豎恣放。元裕切諫。李宗閔高其節。擢諫議大夫。進中書舍人。鄭注入翰林。元裕當書命。乃言以醫術侍。注慚憾。貶閬州刺史。注死。累進御史中丞。終吏部尚書。

高・元達 前趙見陳元達條。

高・元標 清嘉興人。字琴山。有經術要義。

高・公紀 宋士林子。字君正。累官集慶軍留後。性儉約。珍異聲伎無所好。奉祿多以給諸族。得任子恩。均及孤遠。持宣仁后喪。未終卒。謚懷僖。

高・公韶 明內江人。弘治進士。授撫州推官。正德中爲御史。按河東。劾總兵官郭勛罪。又劾尚書王瓊險愎誤邊計。爲瓊所構。謫富民典史。世宗立。召復官。終戶部右侍郎。

高・化 宋眞定人。字仲熙。少沈勇善射。眞宗時遷蜀州團練使。天聖中夏大雨。命護汴堤。堤欲壞。時夏守恩方典軍。積材木城隅。化盡取以塞堤。得無患。仁宗嘉之。累進武安軍節度使。知相州。部有大獄已具。皆當論死。化疑之。遣移訊。果出無罪者數人。踰年致仕。卒謚恭莊。

高・友 明陽從子。字三益。畫與陽無異。陽亦不能辨。時稱二高。

高・友璣 明樂清人。字肅政。弘治進士。由刑部郎中出守九江。治爲十三郡最。以才幹被簡廣西參政。時岑猛作亂。友璣入境。猛束手聽令。官至南京刑部尚書。謝病歸。卒謚襄簡。

高・太沖 南唐江南人。一作沖古。事李景爲翰林待詔。善畫。

高・天喜 清甘肅西寧人。乾隆間由行伍積功擢守備。援將軍兆惠於伊犂。累擢西寧鎮總兵。隨征霍集占。兆惠輕師進襲。留天喜督修黑水橋。師渡未半。兆惠陷陣中。天喜衝入鏖戰。沒於陣。謚果義。

高・天錫 元宣子。事世祖潛邸。爲必闍赤。入宿衛。甚見親幸。中統中授以其父官。爲鷹坊都總管。累官兵部尚書卒。追封營國公。謚莊懿。

高・天爵 清漢軍鑲白旗人。字君寵。後以子其位爲大學士時。改隸鑲黃旗。順治間由貢生知高要縣。累擢建昌知府。多善政。康熙間遷兩淮鹽運使。未行。耿精忠叛。出兵攻建昌。陰結死士爲內應。事洩被害。謚忠烈。

高・心夔 清湖口人。字伯足。又字陶堂。咸豐進士。佐李鴻章德州軍幕。以直隸州知州發江蘇。兩權吳縣知縣。性剛峻。以治倡過激去官。工詩。取境巉刻。文亦如之。有陶堂志微錄。

高・文秀 元東平人。府學生。早卒。工樂府。有誶范叔等雜劇行世。

高・文虎 宋閌從子。字炳如。紹興進士。聞見博洽。多識典故。由吳興主簿遷太學博士。兼國史院編修官。刊熙寧以來史事。寧宗時遷中書舍人。兼祭酒。與胡紘共攻道學。久司學校。專困遏天下士。凡言性命道德者皆絀焉。後除華文閣學士。知建寧府。以臺臣言。奪職卒。

高・文彩 明宛平人。錦衣千戶。崇禎末流寇破城。令妻妾子孫十七人投繯死。埋於後園。文彩朝服自縊死。

高・文進 後蜀從遇子。工畫佛道。深得曹吳筆法。國亡入宋。太宗在潛邸。文進往依焉。後授翰林待詔。與高益有大高小高之目。

高・文鼎 元吉水人。薩都刺薦於朝。累陞廣東元帥。至正間三山賊寇廣城。文鼎激將士死守。力拒幾一年。

援兵不至。城陷自刎。闔門殉焉。

高·斗光　清嘉祥人。明萬曆進士。累擢鳳陽總督。坐事罷。順治初授偏沅巡撫。道梗不能達。駐武昌。孔有德率將士趨湖廣。斗光始進駐荆州。後坐奪降二級致仕。尋卒。

高·斗南　明陝西徽州人。字洪極。體貌魁偉。音若洪鐘。才識明敏。洪武初以薦授四川定遠知縣。九載績最。擢雲南新興知州。以老乞歸。

高·斗垣　明繁峙人。崇禎中由貢生授西平知縣。爲人孤鯁。以清愼得名。賊陷城。被執。不屈死。

高·斗樞　明鄞孫。字象先。崇禎進士。累官按察使。守鄖陽。禦賊有功。遷陝西巡撫。未至任而京師陷。遂歸。好讀書。軍中日手一卷。精詩。垂老益工。有鸞甕集·守鄖紀略。

高·日晃　明保德人。字翼皇。崇禎武進士。官寧武關游擊。闖賊陷城。同總兵周遇吉死之。

高·日臨　明鄱陽人。字儼若。恩貢生。授大寧知縣。崇禎中賊犯大寧。日臨見勢弱不能守。留指書牒乞援。率衆禦之。兵敗被執。大罵不屈。賊碎其體而焚之。

高丘·詞　唐集類略三十卷。

高·世則　宋公紀子。字仲貽。以節度使判溫州。所得俸祿積二萬緡。請以裨郡費。當時皇族居溫者多恣橫。世則以勳戚重望鎭之。民賴以安。卒謚忠節。

高·世泰　清攀龍從子。字彙旃。明崇禎進士。仕至湖廣提學僉事。篤守家學。晚年以東林先緒爲己任。葺道南祠麗澤堂於梁溪。與高愈等講習其中。祁州刁包往返論學。尤莫逆。學者有南梁北祁之稱。

高·世衡　晉爲櫟陽令。風教大洽。

高·仙芝　唐高麗人。善騎射。開元末爲安西副都護·四鎭都知兵馬使。平小勃律。降拂菻·大食諸胡七十二國。擢爲四鎭節度使。累拜左羽林軍大將軍。封密雲郡公。後副榮王討安祿山。爲監軍邊令誠所害。

高·市貴　北齊善無人。孝昌初恆州內部勑勒劉崙等聚衆反。市貴爲都督。率衆討崙。一戰破之。紇豆陵步藩侵亂幷州。高歡破之。市貴從行有功。除驃騎大將軍。元象中又從高歡破宇文泰於邙山。除晉州刺史卒。

高·弁　宋雷澤人。字公儀。弱冠徒步從种放學於終南山。又學古文於柳開。至道中舉進士。累官侍御史。諫修玉清昭應宮。降知廣濟軍。歷知陝州卒。弁性孝友。爲文章多祖六經及孟子。有帝則三篇。

高·弘圖　明膠州人。字研文。一字子猶。號硜齋。萬曆進士。官御史。天啓初巡按陝西。澄清吏治。風裁肅然。以忤魏忠賢罷職。崇禎中歷遷工部右侍郎。以爭中官張彝憲坐制。復削籍歸。福王時以戶部尚書·文淵閣大學士與姜曰廣協心輔政。爲馬士英·阮大鋮所嫉。遂謝政。流寓會稽。南都·杭州相繼失守。逃野寺中。絕粒而卒。有太古堂集。

高·必正　明米脂人。初名一功。爲李自成妻弟。親信用事。自成死。一功與李過降於何騰蛟。唐王賜名必正。命總統忠貞營。頗折節自戢其軍。永明王時封鄖國公。爲清兵所蹙。走廣西。知事不可爲。沮喪以卒。

高·必盛　清漢軍鑲紅旗人。字遜臣。號際斯。康熙間爲驍騎校。積功累擢雲南開化鎭總兵。終副都統。生平略地攻城。素以韜略著。然倥傯戎馬。恆以鉛槧自隨。任滇南日。繪其山川要害。疆域之遠近。風俗之向尚。著夷人圖說一卷。

高·必達　元江西建昌人。五歲時。父明大忽棄家遠遊。莫知所之。必達旣長。晝夜哀慕。乃娶妻以養母。而歷往四方求其父。十餘年始得之黃州全眞道院中。叩頭哀號乞歸。父不得已乃還家。孝養篤至。鄉里稱之。

高·正　遼統和進士。累遷樞密直學士。聖宗將伐高麗。遣正先往諭意。及還。遷右僕射。時高麗王詢表請入覲。遣正率騎兵千人逆之。館於路。爲高麗將卓思正所圍。正與麾下壯士突圍出。士卒死傷者衆。帝悔輕發。釋其罪。遷工部侍郎。開泰中卒。

高·正臣　唐官襄州刺史。編有高氏三宴詩集。三宴者。一爲陳子昂。一爲周彥暉。一爲長孫正隱。三會正臣皆與。故彙而編之。

高·永年　宋河東蕃官。累破羌衆。以功遷賀州團練使。知其州。溪賒羅撒合夏國四監軍之衆。逼宣威城。永年出禦之。逢羌帳下親兵。皆永年昔所推納熟戶也。永年不之備。羌遽執永年以叛。遂爲多羅巴所殺。

高·永能　宋青澗人。字君舉。少有勇力。善騎射。元豐中西討。永能爲前鋒。戰於無定河。斬首數千級。進寧州刺史。又進榮州團練使。永樂之役。獻謀不用。城陷戰死。邊人無不痛惜。

高·永樂　北齊歡從祖兄子。太昌中封陽州公。累遷北豫州刺史。河陰之戰。司徒高昂失利退。永樂守河陽南城。昂走趣南城。永樂不開門。昂遂爲西軍所擒。歡大怒。杖之二百。後爲濟州刺史。卒諡武昭。◎北齊翼長兄子。性和厚。從翼舉義。官至冀州大中正。出爲博陵太守。以民事不濟。自殺。

高·仲武　唐渤海人。嘗選唐人詩。起至德初。迄大曆末。爲中興閒氣集。

以精確名。

高·仲振　【宋】遼東人。字正之。其兄領開封鎭兵。仲振依之以居。旣而挈妻子入嵩山。博極羣書。尤深於易及皇極經世學。安貧自樂。不入城市。山野小人。亦知敬之。

高·仲舒　【唐】叡子。通訓詁學。擢明經。爲相王府文學。開元初宋璟·蘇頲當國。多咨訪焉。終太子右庶子。

高·伏護　【北齊】歡族弟。字臣援。粗有刀筆。天統初累遷黃門侍郎。歷事數朝。恆參機要。而性嗜酒。每多醉失。後專事酣飲以卒。

高·兆　【淸】侯官人。字雲客。少遭喪亂。自江左還舊鄉。布衣蔬食。塊處蓬室中。採摭隱逸。輯爲續高士傳。其書始晉皇甫士安。迄明穆宗朝。去取頗爲不苟。

高·光　【晉】柔子。字宣茂。少習家業。明練刑理。元康中拜尙書典三公曹。時趙王倫篡逆。光於其際守道全貞。及倫賜死。齊王冏輔政。以光爲廷尉。遷尙書。討成都王穎有功。封延陵縣公。惠帝爲張方所逼。幸長安。朝臣莫有從者。光獨侍帝而西。累遷尙書令。卒官。⊙【明】瀘州人。嘗爲應天通判。天啓初奢崇明反。城陷。薙髮爲僧。與子在崑募壯士殺賊百餘。被執不屈。與家衆十二人同死。

高·全　【金】臨邑人。精武略。金末盜起。結衆保捍鄉閭。後率衆歸元。授德州等處總管。爲軍民所歸仰。

高·吉甫　【元】燕人。工畫竹石。

高后　【後魏】宣武帝之后。性悍忌。宮人不得進御。孝明帝立。爲皇太后。尋出爲尼。居瑤光寺。神龜初天文有變。靈太后欲以后當禍。是夕暴崩。葬以尼禮。天下冤之。⊙【宋】見宣仁后條。

高·名衡　【明】沂州人。字仲平。崇禎進士。歷如皐·興化知縣。徵授御史。巡按河南。李自成圍開封。名衡百計守備。賊決黃河以灌城。名衡遇救得出。加兵部侍郎。辭疾歸。抵家甫兩月。淸兵至。與妻同殉難。有更生吟。

高·宇泰　【淸】斗樞子。初字元發。改字虞尊。別字隱學。晚年自署宮山。旋又署蘖庵。明末京師陷。起兵於鄞。魯王授兵部郎。旋爲淸吏所捕。及事解。隱居以終。有雪交亭集。肘柳集。敬止錄。

高·守約　【金】遼陽人。字從簡。大定進士。累官觀州刺史。元兵狥河朔。郭邦憲已降。從至城下呼曰。從簡當計全家室。至再三。守約厲聲曰。吾不汝識也。城破被執。不屈死。諡忠敬。

高·式　【後漢】愼子。性至孝。盡力供養。永初中螟蝗爲害。獨不食式麥。圉令周彊以表州郡。太守楊舜舉式孝子。讓不行。後以孝廉爲郎。

高·旭　【明】莆田人。工畫山水。

高·江　【唐】開元時人。善寫貌。

高·汝楨　【明】杭州人。字眉甫。畫山水宗輞川。兼工花鳥。更精篆隸。

高·汝礪　【金】金城人。字巖夫。大定進士。莅官有能聲。泰和中拜戶部尙書。時鈔法不能流傳。汝礪隨事上言。多所更定。民甚便之。興定中拜尙書右丞相。監修國史。正大初卒。爲人愼密廉潔。以此得主知。然規守格法。循默避事。故爲相十餘年。未嘗有譴訶。貪戀不去。時論譏之。

高·百年　【北齊】孝昭帝二子。大寧中封樂陵王。博陵人賈德胄教百年書。百年嘗作數勑字。德胄封以奏。坐誅。

高·色　【漢】以將軍擊魏。破項籍及陳豨。封祝阿侯。卒諡孝。

高行　【戰國】【梁】寡婦。榮於色而美於行。梁貴人多爭欲取之者。不能得。梁王聞之。使相聘焉。婦乃持刀割其鼻。王義之。尊其號曰高行。

高·行周　【後周】思繼子。字尙質。李克用旣盡誅思繼兄弟。行周時年十餘歲。收之帳下。稍長。補以軍職。滅梁。以功領端州刺史。振武軍節度使。歷仕晉漢周。累封齊王。行周勇而知義。功高不矜。平居與賓僚宴集。侃侃和易。人以是重之。

高·行珪　【後唐】行周從兄。初仕燕爲騎將。驍果出諸將右。莊宗時爲大同軍節度使。性貪鄙。所爲多不法。副使范延策爲人剛直。數規諫之。行珪不聽。銜之。因誣奏延策反。幷其子皆見殺。天下冤之。未幾疾卒。

高·似孫　【宋】文虎子。字續古。號疏寮。淳熙進士。歷官校書郎。守處州。少有俊聲。不自愛重。爲館職。上韓侂胄生日詩九首。皆暗用錫字。寓九錫之意。爲淸議所不齒。知處州時尤貪酷。淇讀書以隱僻爲博。其作文以怪澀爲奇。至有甚可笑者。詩猶可觀。有疏寮小集。剡錄。子略。蟹略。騷略。緯略。硯箋。文苑英華鈔。文選句圖。

高·伯壎　【宋】頤子。字汝諧。學問醇正。踐履篤實。留心關洛之學。集關洛諸公語。爲傳心直指。

高·佑釲　【淸】嘉興人。字念祖。貢生。考授州判。有懷寓堂詩。

高·克　【春秋】【鄭】大夫。文公惡克。使帥師次於河上。久而弗召。師潰而歸。克奔陳。鄭人爲之賦淸人之詩。

高·克明　【宋】絳州人。大中祥符中入圖畫院。遷待詔。守少府監主簿。賜紫。所繪釋道人物花竹草蟲鳥獸皆造精妙。爲人端愿謙厚。疏財好義。爲時流所不及。

高·克恭　【元】其先西域人。占籍大同。後居燕京。字彥敬。號房山。累官刑部尙書。善畫墨竹。造詣精絕。

高·劭　【後漢】駢從子。字子將。年十四。遙領華州刺史。唐光啓中以駙命過晉公王鐸於鄭。俄而州陷於蔡。劭爲賊所得。伺守者怠。遁至汴。太祖待以客禮。後權知徐州留後。死於盜。

高・均儒　清秀水人。字伯平。廩貢生。治經精聲音訓詁之學。謹守宋儒家法。不爲苟異。晚主講東城講舍卒。門人私謚孝靖先生。有續東軒詩集。

高・孝本　清嘉興人。字大立。號青華。康熙進士。官績溪知縣。罷官後。放浪山水以老。工詩。有固哉叟詩鈔。

高・孝珩　北齊澄二子。封廣寧王。愛賞人物。學涉經史。好綴文字。有伎藝。嘗於廳事壁自畫一蒼鷹。見者皆以爲眞。後主自晉州敗奔鄴。孝珩爲滄州刺史。以五千人會任城王於信都。共爲匡復計。叛臣乞扶令和以矟刺孝珩墜馬。遂見虜至長安。依例授開府・縣侯。周武帝在雲陽宴齊君臣。自彈胡琵琶。命孝珩吹笛。辭曰。亡國之音。不足聽也。固命之。舉笛裁至口。淚下嗚咽。帝乃止。其年卒。令還葬鄴。

高・孝琬　北齊澄三子。封河間王。天統中累遷尙書令。突厥與周師入太原。武成帝將避之而東。孝琬叩馬諫。乃止。周軍退。拜并州刺史。孝琬以澄之世嫡。驕矜自負。怨執政。爲草而射之。和士開與祖珽譖之。帝怒。使武衛倒鞭撾之。折其兩脛而死。

高・孝瑜　北齊澄長子。字正德。封河南王。謙愼寬厚。兼愛文學。讀書敏速。十行俱下。覆棋不失一道。歷位中書令・司州牧。武成帝卽位。禮遇特隆。以通爾朱御女事泄。武成大怒。使婁子彥載以出。酖之於車。至西華門。煩熱躁悶。投水而絕。謚康舒。

高・孝銈　明江都人。字仲達。天啓中舉於鄉。授豐縣教諭。陞信陽知州。時賊氛熾楚豫間。孝銈晝夜備守。未幾城潰。率衆鑿戰。被執不屈死。

高・孝瓚　明江都人。字申伯。諸生。揚州城破。書衣衿曰。首陽志。雎陽氣。不二其心。古今一致。入學宮自經死。

高・岑　清商丘人。字峴亭。官豐城知縣。岑爲宋犖外孫。詩法本於犖。有眺秋樓詩。◎清阜弟。居金陵。字善長。又字蔚生。工畫。爲八家之一。善山水及水墨花卉。寫意入神。◎清江蘇華亭人。錢塘籍。字韞苦。諸生。有江湖夜雨集。

高・延宗　北齊澄五子。幼爲文宣所養。封安德王。爲定州刺史。及長。驕縱多不法。武成使使撻之。殺其昵近九人。從是深自改悔。平陽之役。延宗力禦周師有功。歷并州刺史。總山西兵事。後主奔鄴。在并將卒。咸請延宗卽皇帝位。改元德昌。周軍圍晉陽。延宗拒戰。力屈見擒。爲帝僅二日。既至長安。周武帝誣後主及延宗等遙應穆提婆反。並賜死。

高・延第　清江蘇山陽人。字子上。號槐西。翰林院待詔。有湧翠山房集。

高・廷禮　明福州長樂人。初名棅。字彥恢。自號漫士。永樂初自布衣召入翰林。爲待詔。遷典籍卒。廷禮事親孝謹。博學能文。尤長於詩。書畫亦清雅。時稱三絕。爲閩中十才子之一。輯有唐詩品彙・唐詩正聲及拾遺。著有嘯臺集・水天清氣集。

高・沐　唐渤海人。貞元進士。李師道辟署判官。師道叛。沐引古今成敗。勸說不能入。斥守濮州。乃上書夸山東煮海之饒。得其地可以富國。師道謀泄露。因見害。及師道平。贈沐吏部尙書。

高・汾　清柘城人。字荆襄。康熙間官御史。以請建儲謫戍。雍正間釋還。有出塞集。◎清平湖人。字晉原。工設色花卉。妍麗中自饒韻致。

高・沆　清平湖人。字蘊沖。號秋艇。畫花卉直逼惲格。工詩。有浣花居吟草。

高・秀巖　唐稷山人。開元中從擊吐蕃。以功授萬福府別將。累遷戶部尙書。兼河東節度使。安史之亂。秀巖奔行在。獻謀刻日期復兩京。隨郭子儀舉兵。頗有勞績。後封渤海郡主。

高・良弼　明臨洮人。字夢説。弘治進士。官監察御史。首劾劉瑾・苗逵不法數事。題設三邊宣大總制。內外恃以有備。巡按蘇州。風裁凜凜。卒於官。年三十七。有西岩稿・奏議。

高・邦佐　明襄陵人。字以道。萬曆進士。天啓初遼陽破。以考政分守廣寧。熊廷弼・王化貞構隙。邦佐知遼事必潰敗。及化貞棄廣寧逃。邦佐解印綬自經官舍。僕高永曰。主死可無從者。亦自經於側。事聞。謚忠節。詔與張銓・何廷魁同祠。顏曰三忠。

高・防　宋壽陽人。字修己。父從慶與梁軍戰死。防年十六。事母孝。張從恩爲澶州防禦使。表爲判官。契丹入汴。從恩歸款。防以城歸漢。加檢校金部郎中。入宋官至樞密直學士。出知鳳翔府卒。

高使君　晉逸其名。建武中爲嘉興監屯校尉。領兵屯田。鎭靜不擾。歲遇豐稔。公儲盈溢。師中之賚。一不煩民。民立廟祀之。

高・其位　清天爵長子。字宜之。一字韞園。初由筆帖式管佐領。康熙間吳三桂陷湖南。其位從征。每戰先登。功甚著。官至文淵閣大學士。兼禮部尙書。卒謚文恪。

高・其佩　清天爵五子。字韋之。號且園。又號南村。由宿州知州累官都統。工詩。兼善指頭畫。海內珍之。

高・其倬　清天爵猶子。字章之。

號芙沼。康熙進士。歷官雲貴閩浙江浙兩江總督。所至有聲。在雲南時。勦中甸諸番。平貴州苗。功尤著。後官工部尙書。調戶部。卒諡文襄。其倬少以詩名。稱一代作手。有奏疏及味和堂詩集。

高·其勳 【明】字懋功。初隸馬龍所千戶。後舉武鄉試。爲黔國公沐天波標下中軍。吾必奎反。擢參將。守禦武定。及沙定洲再反。分兵來攻。其勳固守月餘。城陷。衣冠望北拜。服毒死。

高，叔嗣 【明】祥符人。字子業。嘉靖進士。歷吏部主事。累官湖廣按察使卒。叔嗣少受知李夢陽。及官吏部。與三原馬理·武成王道以文藝相磨切。爲詩清新婉約。有蘇門集。兄仲嗣。官知府。亦有才名。

高·固 【春秋齊】惠公時爲上卿。魯宣公如齊。高固使齊侯止公。請叔姬焉。公許之。始得歸。其年高固來逆女。自爲也。故經書逆叔姬。嫌於見逼而成昏也。卒諡宣。◎【戰國越】南海人。楚人滅越。固以才能歸楚。爲威王相。楚習於蠻夷。惟事桃弧棘矢。不復知有文事。固相之。文教日興。◎【漢】陳留人。王莽時不仕。爲淮陽太守所害。以烈節垂名。◎【唐】字黃芩。生微賤。爲家所賣。轉爲渾瑊童奴。性敏慧。有膂力。善騎射。瑊愛養之。以齊有高固。因以名。從瑊屯朔方。賊突入東壘門。固引銳士長刀。殺賊數十人。輿車塞闔。賊不能入。封渤海郡王。貞元中拜邠寧節度使。憲宗時入爲右羽林統軍卒。

高·坤 【明】福安人。工畫。尤長於梅。古勁清奇。以高梅稱。

高·季式 【北齊】昂弟。字子通。有膽氣。仕魏。累官侍中。冀州大中正。時高澄先爲此任。啓以迴授爲都督。從清河公岳破蕭明於寒山。敗侯景於渦陽。攻王思政於潁川。拔之。以前後功加儀同三司。天保初封乘氏縣子。仍爲都督。卒諡恭穆。

高·季輔 【唐】蓚人。名馮。以字行。母喪。以孝聞。貞觀初拜監察御史。彈劾不避權貴。轉中書舍人。數上書言得失。太宗賜鍾乳一劑曰。而進藥石之言。朕以藥石相報。後爲吏部侍郎。善銓敘人物。又賜一金背鏡。况其清鑒。官至侍中。卒諡憲。

高·季興 【五代南平】硤石人。字貽孫。少好武。有膽氣。爲汴州富人李讓家僮。梁開平中累戰功拜荆南節度使。梁衰。乃阻兵自固。末帝時封渤海王。唐莊宗入洛。季興來朝。封南平王。明宗立。攻之。季興遂臣於吳。册爲秦王。在位二十二年。卒諡武信。

高·定 【唐】郢子。小字董二。早辯慧。世重其早慧。以字顯。長通王氏易。爲圖合八出。上圓下方。合則重。轉則演。七轉而六十四卦。六甲八節備焉。仕至京兆府參軍。◎【元】渾源人。好學。敦信尙氣節。仕至永安軍節度使。定謂諸子曰。吾蒙國恩。致位侯伯。布衣之極。曷敢久貪榮寵乎。遂致仕而去。

高·定子 【宋】稼弟。字瞻叔。博通六經。登嘉泰進士。累官端明殿學士。僉書樞密院事。兼參知政事。退居吳中。日以著述自娛。

高·宗元 【清】浙江山陰人。字伯揚。號愚亭。諸生。有鹽石樵歌。

高·宗信 【宋】長樂人。甫四歲。能知孝議。及長。凡所以事親者。惟恐不至。元豐間以孝廉舉。官金紫光祿大夫。

高·尙 【唐】雍奴人。母老。丐食自給。尙客河朔不肯歸。與令狐潮相善。淫其婢。生一女。遂留居。然篤學善文辭。嘗喟然謂汝南周銑曰。吾當作賊死。不能齕草根求活也。李齊物爲新平太守。薦諸朝。賚錢三萬。介之見高力士。力士以爲才。置門下。諷近臣表其能。擢左領軍倉曹參軍。安祿山表爲平盧掌書記。因出入臥內。導祿山反。陷東都。官至僞侍中。後爲史思明所誅。

高·尙士 【北齊】畫稱名手。

高·尙賢 【明】鈞州人。字大賓。正德中鄉試第一。成進士。累官山東提學僉事。以身爲教。士習翕然向風。遷光祿少卿卒。

高·尙學 【明】大義人。字希賢。性孝友。父沒。廬居三年。負土爲墳。黃水漲。伏墓號泣。適河繞西折而北行。人謂孝感。母沒。復廬居三年。隆慶中爲內鄉典史。

高·居簡 【宋】番禺人。字仲路。以父任爲入內黃門。領龍圖天章寶文閣。內東門司幹。當御藥院。資性險巧。善迎合取容。司馬光言其久處近職。罪惡已多。罷爲供備庫使。進內侍押班。以文思使領忠州刺史卒。

高·岱 【後漢】彪子。字孔文。少勵高操。輕財貴義。孫策聞其善左傳。欲與講論。爲娼嫉者所中。遇害。◎【明】京山人。字伯宗。嘉靖進士。官刑部郎中。時董傳策·張翀·吳時來等疏劾嚴嵩。嵩欲致之死。岱力言於尙書鄭曉。得遣戍。又爲治裝。送之出郊。嵩大怒。會景王之國。出爲長史。岱善屬文。采國家大事。爲鴻猷錄。又著樵論·楚漢餘談·西曹集。◎【明】會稽人。字魯瞻。崇禎中以武生舉順天鄉試。魯王監國。授職方主事。紹興失守。即絕粒祈死。子朗。諸生。泣拜父前。白兒請先之。乃攜巾服。泛小舟。給舟子出海禱神。北面再拜。躍入海中。舟子急入水救之。捽其巾。朗躍出水面正巾而沒。岱聞之曰。兒果能先我乎。自是不復言。數日亦卒。

高・岳 【北齊】歡從父弟。字洪略。深沈有氣量。嘗寓洛陽北。歡每使入洛。必止岳舍。岳母山氏。嘗夜見歡室中無火有光。詣卜者筮。占者曰。貴不可言。山氏歸報。後起岳於信都。以破侯景功。除侍中・太尉。天保初封清河王。卒諡昭。◉【明】字彥高。博洽有才華。工草書。丹藥卜筮之術。咸究識之。洪武初薦知雲南縣。免官居郡城。

高・承 【宋】開封人。所著事物紀原。自博弈嬉戲之微。魚蟲飛走之類。無不考其所自來。類多排比詳贍。足資考核。

高・承埏 【淸】嘉興人。字寓公。一字澤外。明崇禎進士。知寶坻縣。屢退淸師。旋遷工部主事。及淸師南下。遂隱居不出。聚書至七萬餘卷。有稽古堂集・詩義裁中・自靖錄。

高・承爵 【淸】天爵弟。字子懋。號一菴。康熙時由筆帖式累官安徽巡撫。以才幹著稱。爲治以剛決爲主。而濟之以仁恕。民多畏而感之。

高・承簡 【唐】渤海人。裴度奏署牙將。平蔡。擢滁州刺史。遷宋州。會宣武將李岕反。遣使責財於宋。承簡囚之。前後數輩輒繫獄。一日幷斬之。威震部中。拜義成軍節度使。卒諡敬。

高・昂 【北齊】愼弟。字敖曹。少不遵師教。惟好馳騁。每言男兒當橫行天下。自取富貴。誰能端坐讀書。作老博士也。與長兄乾數爲劫略。魏莊帝時爾朱世隆還逼宮闕。昂披甲橫戈。推鋒徑進。所向披靡。帝壯之。除直閤將軍。後廢帝立。進大都督。從高歡大破爾朱兆於韓陵。加侍中開府。爵武城縣侯。及乾被殺。乃將十餘騎奔晉陽就歡。天平中歡方有事關隴。以昂爲西南道大都督。徑趨商洛。昂渡河。祭河伯言曰。河伯水中之神。高敖曹地上之虎。經君行所。故相決醉。由是轉鬭而進。莫有當鋒。元象初攻獨孤如願於金墉城。宇文泰率衆救之。昂遂爲西軍所害。諡忠武。皇建初追封永昌王。

高・明 【明】平陽人。字則誠。元至正進士。授處州錄事。辟丞相掾。後旅寓鄞之櫟社。太祖聞其名。召之。以老病辭還。所著琵琶記。爲南曲之冠。又有柔克齋集。按作琵琶記者。古人多以爲高拭。蔣一葵堯山堂外記。謂作琵琶記者乃高拭。字則誠。朱彝尊靜志居詩話引之。復云涵虛子曲譜有高拭而無高明。王世貞藝苑卮言亦云。南曲高拭則誠。遂掩前後。是明人均以則誠爲拭也。然元刊張小山北曲聯樂府三卷。前有海粟馮子振・燕山高拭題詞。即涵虛子曲譜中之高拭。溫州府志。高明。字則誠。旅寓鄞之櫟社沈氏樓。因作琵琶記。是作琵琶記者。自爲永嘉之高明。不容混爲一人也。）◉【明】貴溪人。字上達。景泰進士。授御史。以敢言稱。成化時累遷南京右僉都御史。上杭盜發。奉命勦捕。盜盡絕。奏析上杭地。置永定縣。一方以靖。

高・昌福 【金】宛平人。天會進士。辟元帥府令史。皇統中用兵梁楚間。元帥府選人偵宋兵動靜。昌福盡得敵軍虛實以報。還除震武軍節度副使。大定中除同知東京留守事。治最。累遷河中尹。致仕卒。

高・昇大 【宋】大理國王。有功段氏。元符中爲國人所立。臨終屬其子以國讓段氏。其子太明。求段氏餘子正淳立之。改國號曰後理國。高氏世相之。專政令。國人稱爲高國王。

高・松 【宋】福寧人。字國楹。少游陳傅良之門。不專事科舉。黎明而起。夜丙而止。博覽多識。晚成進士。洊丁家艱。益肆力於學。授台州教授。學校興舉。有聲稱。◉【金】析木人。年十九從軍。爲蒲輦。有力善戰。完顏宗弼聞其名。召置左右。從破汴京及和尚原。累官咸平總管府判官。世宗即位。充管押東京路渤海萬戶。從征窩斡。以功累遷崇義軍節度使卒。◉【明】文安人。字守之。號南屋子。又號我山。善畫山水小景。兼梅蘭竹菊。及鉤勒竹衛蔺甚佳。工詩。善作大字。兼及眞草篆隸。

高・武 【明】鄞人。號梅孤。負奇好讀書。凡天文律呂兵法騎射。無不嫻習。嘉靖中武舉。晚乃專精於醫。治人無不立起。嘗慨近時鍼灸多誤。手鑄銅人三。男婦童子各一。以試其穴。推之人身。所驗不爽毫髮。有射學指南・律呂辨・痘疹正宗・鍼灸聚英・發揮直指等書。

高・泳 【淸】宣城人。字阮懷。幼有神童之目。康熙間召試鴻博。授檢討。詩書畫稱三絕。有若巖堂集・遺山堂詩。

高・秉鈞 【淸】無錫人。字錦庭。性抗直。工醫。應手輒愈。有心得集。

高・迎祥 【明】李自成之舅。爲安塞馬賊。崇禎初陝西大饑。迎祥聚衆寇掠。自稱闖王。李自成・張獻忠皆屬之。號闖將。寇擾陝西河南湖北安徽。盧象昇・孫傳庭先後敗之。擒於盩厔。送京師伏誅。

高・金 【明】石州人。嘉靖進士。爲兵科給事中。世宗好神仙。金上疏請削邵元節眞人號。詔獄拷掠。終以其言直釋之。尋偕御史唐愈賢稽核御用監財物。劾奉御李興等侵蝕狀。置諸獄。後累官薊州兵備副使卒。

高・長恭 【北齊】澄第四子。一名孝

蠕。封蘭陵王。累遷幷州刺史。突厥入晉陽。長恭盡力擊之。芒山之敗。長恭爲中軍。率五百騎再入周軍。至金墉之下。被圍甚急。城上人弗識。長恭免冑示之面。乃下弩手救之。遂大捷。武士共歌謠之。爲蘭陵王入陣曲。後主忌之。飲以鴆而死。諡武。

高・長弼　北齊　永樂弟。小名阿伽。性麤武。出入城市。毆擊行路。時人皆呼爲阿伽郎君。以宗室封廣武王。尋爲南營州刺史。在州無故自驚走。叛亡入突厥。不知死所。

高・阜　清　杭人。字康生。工畫水仙。當時歎絕。與弟岑同稱高士。

高・阿那肱　北齊　市貴子。妙於騎射。便辟善事人。爲武成所愛重。武平中爲右丞相。周師逼平陽。阿那肱從節度諸軍。專事欺罔。貽誤戎機。及尉遲迥至關。阿那肱遂降。至長安。授大將軍。出爲隆州刺史。大象末在蜀從王謙起兵。誅死。

高・保寅　宋　保融弟。字齊巽。宋興。保寅入覲汴京。太祖召對便殿。慰藉甚至。授掌書記。遣還。語弟保勗宜首率諸國奉土歸朝。保勗不聽。及慕容延釗等征武陵。道出京口。保寅奉牛酒犒軍。太祖嘉之。開寶中知懷州。太宗時歷知同汝二州卒。

高・保勗　五代南平　從誨十子。字省躬。兄保融卒。保勗權知軍府事。奉章以聞宋太祖。卽拜荆南節度使。頗有治事才。而淫佚無度。立一年卒。

高・保寧　北齊　代人。武平末爲營州刺史。鎭黃龍。夷夏重其威信。周帝遣使招慰。不受勅書。范陽王紹義在突厥中。上表勸進。范陽署保寧爲丞相。盧昌期據范陽起兵。保寧引紹義集夷夏兵救之。至潞河。知周將宇文神舉已屠范陽。還據黃龍。竟不臣周。

高・保融　五代南平　從誨三子。字德長。從誨卒。拜節度使。周世宗征淮。保融遣將率兵三千出夏口以爲應。又遣客將劉扶奉牋南唐。勸其內附。世宗嘉之。在位十二年。卒諡貞懿。

高・成寧　明　濟南人。建文時貢士。燕兵攻濟南。成寧作周公相成王論。射營中。軍士執以見成祖。欲官之。不可。遂遣還。卒年九十七。

高・宣　元　遼陽人。太宗初詔宣爲元帥統兵。從睿宗攻大名。及城破。兵不血刃。民心悅服。從破金兵三峯山。降者二千餘戶。籍以獻。立打捕鷹坊都總管府統之。以宣爲都總管。令子孫世其職。卒諡簡僖。

高・彥　五代吳國　海鹽人。字子奇。事錢鏐。從征有功。累遷湖州刺史。居職十餘年。政尙寬簡。民甚便之。

高・彥休　唐　自號參寥子。所著唐闕史。足與史傳相參證。

高・彥暉　宋　漁陽人。仕契丹爲瀛州守將。周世宗北征。彥暉降。遷耀階二州刺史。太祖時從伐蜀。爲歸州路先鋒。全師雄作亂。彥暉討之。戰死。

高・彥實　宋　開封人。工畫佛像。學吳道子。

高・彥儔　後蜀　太原人。廣政中歷官寧江軍都巡檢・制置招討使。加昭武軍節度使。守夔州。宋師至。勸其降。彥儔不從。登樓縱火自焚死。

高・恢　後漢　京兆人。字伯通。少治老子。恬虛不營世務。與梁鴻善。隱華陰山中。及鴻東游。二人遂不復相見。恢亦終身不仕。

高・恂　明　斗南子。字士信。博學能詩文。斗南知新興州。以衰老乞歸。薦恂自代。成祖許之。從征交阯。有協贊功。師還。卒於官。

高・思好　北齊　本浩氏子。歡從子思宗養以爲弟。本名思孝。天保中爲左衞將軍。討蠕蠕。文宣悅其驍勇。謂曰。爾擊賊。如鶻入鴉羣。宜思好事。故改名焉。累遷尙書令・朔州刺史。開府・南安王。甚得邊朔人心。武平中舉兵反。軍敗。投水死。

高・思繼　後唐　嬀州人。兄弟皆以武勇雄於北邊。爲幽州節度使李匡威戍將。匡威爲其弟匡儔所篡。李克用將討之。遣人招思繼。燕俗重氣誼。思繼等聞晉爲報讐。從之。爲前鋒。匡儔棄城走。克用以劉仁恭守幽州。以思繼爲中軍都指揮。兄弟分掌燕兵。克用謂仁恭曰。思繼兄弟勢傾一方。必爲燕患。由是盡誅思繼兄弟。

高・拱　明　新鄭人。字肅卿。嘉靖進士。選庶吉士。踰年授編修。累官文淵閣大學士。始徐階甚親拱。引入直。拱驟貴。負氣。頗忤階。屢與之抗。以私怨逐胡應嘉。於是言路論拱者無虛日。拱不自安。乞歸。隆慶中復召拱爲大學士。益專橫。專與階修郤。然練習政體。負經濟才。所建白皆可行。累進柱國中極殿大學士。神宗卽位。爲張居正・馮保所排。詔數拱罪而逐之。居家數年卒。諡文襄。有高文襄公集。

高・拱極　明　雲南太和人。中鄉舉。沙賊破城。仰天大慟。瘞祖父木主。舉火焚屋。投池而死。

高・星紫　清　武進人。字次薇。嘉慶舉人。官甘泉訓導。工隸書。善畫。刻有玉堂楷法帖。

高・昶　明　益都人。弘治間得異人醫術。診視精明。辨證奇效。羣醫莫能及。時號爲盧扁。尤專傷寒鈐法。定脈不差時刻。有鈐法書。

高・柔　三國魏　國人。字文惠。曹操平袁氏。以爲管長。奸吏皆引去。歷法曹掾。文帝踐阼。加治書執法。帝以宿嫌欲枉法誅治書執法鮑勛。柔固執不從。明帝時封壽亭侯。高貴鄉公時累封安國侯。轉太尉。卒諡元。

高・柴 〔春秋衛〕一作齊人。字子羔。亦作子皋。孔子弟子。性仁孝。足不履影。啓蟄不殺。方長不折。執親之喪。泣血三年。未嘗見齒。嘗爲衛政。刖人之足。蒯聵之亂。子羔走郭門。郭門閉。刖者守門。曰。於彼有缺。子羔曰。君子不踰。曰。於彼有竇。子羔曰。君子不隧。曰。於此有室。子羔入。追者罷。

高・洋 〔北齊〕詳齊文宣帝條。

高・洵 〔宋〕開封人。畫山水師高克明。尤長湖石。晚年師范寬。花鳥師程若筠。

高・相 〔漢〕沛人。治易。其學無章句。專說陰陽災異。自言出於丁將軍。

高・竑 〔金〕渤海人。以蔭累官左藏庫副使。元妃李氏以皂幣易紅幣。竑獨拒不肯易。元妃奏之。章宗大喜。遣人諭之曰。所執甚善。今姑與之。後不得爲例。貞祐中累官河北西路按察轉運使。遷三官。致仕卒。

高・胤先 〔明〕宜章人。字世德。成化進士。授行人。使朝鮮。館伴來迎。胤先曰。朝鮮稱王。受命天朝。王不來迎。是與王人抗矣。王謝罪來迎。後遂爲常。陞御史。發奸摘伏。修舉廢墜。甚有聲。歷四川參議卒。

高・若訥 〔宋〕榆次人。徙家衛州。字敏之。第進士。累官起居舍人。知諫院。范仲淹坐言事奪職。余靖・尹洙論救。均貶斥。歐陽修移書責若訥。若訥怒。奏貶修夷陵令。官至參知政事。畏愓少過。而前騶毆路人輒至死。若訥被劾。罷爲觀文殿學士。卒諡文莊。若訥強學善記。精於天文。兼通醫書。雖國醫皆屈服。有文集。

高・若鳳 〔元〕吉水人。字在翁。至治進士。歷知封州。所至興學恤民。練軍養士。會連城有寇警。若鳳馳諭之。賊皆感泣散去。

高・衎 〔金〕渤海人。字穆仲。自少有能賦聲。登進士。調補鄭陰丞。世宗時爲吏部尚書。銓事修理。選人便之。後爲賀宋生日使。得疾去職卒。

高・貞 〔北齊〕武成帝五子。字仁堅。封北平王。爲人沈審寬恕。官至大都督。兼尚書令。帝行幸。總留臺事。後主忌之。繫貞於獄。奪其留後權。

高・迪 〔明〕膠州人。字允德。弘治舉人。歷太僕丞。奉使宣大二鎮。守令賮以金。迪卻之。守臣曰。例也。迪笑曰。以卻金爲例於後。不亦可乎。時稱其廉介。

高・重 〔唐〕士廉五世孫。字文明。以明經中第。敬宗愼置侍講學士。重以簡厚惇正與選。再擢國子祭酒。文宗好左氏春秋。命分列國各爲書。成四十篇。與鄭覃刊定九經於石。出爲鄂岳觀察使。以美政被褒。拜太子賓客。分司東都卒。

高・重光 〔明〕大寧人。字秀恒。由貢生爲柏鄉教諭。歲荒。民作亂。重光有健僕吳某。勇而技。率之出擊。賊潰。城以完。敘功陞丘縣令。廉而有威。後丘縣被兵。百姓欲負之逃。重光不從。佩印赴井死。

高・飛聲 〔明〕福州長樂人。字克正。崇禎中由鄉舉授玉山知縣。遷同知。乞養去。唐王時黃道周出督師。邀與偕。令攝撫州事。清兵至。城陷死之。

高・倬 〔明〕忠州人。字枝樓。天啓進士。崇禎初授御史。遇事敢言。以巡視草場失火罷歸。逾年起官。擢右都御史。提督操江。帝欲召倬別用。未赴而京師陷。福王立於南京。用爲刑部尚書。清兵入南京。投繯死。

高・悝 〔晉〕廣陵人。少孤。事母以孝聞。年十三。値歲饑。悝菜蔬不饜。每致肥甘於母。撫幼弟以友愛稱。累官至光祿大夫。封建昌伯。

高・恥傳 〔元〕臨邛人。嘗采古事古語。著羣書鉤玄。

高晉 〔清〕滿洲鑲黃旗人。姓高佳氏。高斌從子。雍正間知山東泗水縣。乾隆間累擢江南河道總督。開引河。展寬清口東西壩。於水利民生。均有裨益。後官至兩江總督・文華殿大學士。卒諡文端。

高・朕 〔後漢〕蜀郡太守。念文翁爲政有法。作石室以祀之。其治蜀政績。亦不亞文翁。

高・栴 〔宋〕蘭溪人。父廉。善訓子。嘗謂范浚曰。兒材下。所望先生教以行己之一二。世有挾藝射科。速化之術。非所敢望也。浚稱其知本。後栴持身謹愼。卒爲范門高弟。

高・浣花 〔清〕華陽人。字瀞雪。拔貢楊廷賢繼室。早寡。有鵑血餘草。

高・泰 〔前秦〕瞻從子。字子伯。仕燕爲尚書郎。謝病歸家。王猛言於苻堅。堅召見與語。悅之。以爲尚書郎。泰固請還州。堅許之。及秦之敗。秦征東府官屬。疑泰燕之舊臣。有二心。泰懼。與同郡虞曹從事吳韶逃於渤海。韶曰。燕軍近在肥鄉。卿宜從之。泰曰。吾以避禍耳。去一君。事一君。吾所不爲也。申紹聞而歎焉。

高・浚 〔北齊〕歡三子。字定樂。豪爽有氣力。善騎射。爲文襄所愛。出爲青州刺史。頗好田獵。聰明矜恕。上下畏悅之。天保初進爵永安王。從幸東山。帝裸裎爲樂。雜以婦女。又作狐掉尾戲。浚進言此非人主所宜。帝不悅。還州。又上書切諫。帝怒收浚。盛以鐵籠。與上黨王渙俱置北城地牢下。使壯士劉桃枝就籠亂刺。槊每下。浚渙輒以手拉折之。號哭呼天。於是薪火亂投燒殺之。天下爲之痛心。

高・浟 〔北齊〕歡五子。字子深。魏

武定中爲定州刺史。政化爲當時第一。天保初封彭城王。徵爲侍中。武成即位。遷太師。錄尙書。澈明練世務。果於斷決。事無大小。咸悉以情。自車駕巡幸。澈常留鄴。淸河中羣盜田子禮等數十人。謀劫澈爲主。復大呼不從。遂遇害。

高・珩 〔淸〕淄川人。字蔥佩。一字念東。晚號紫霞道人。明崇禎進士。入淸官至刑部侍郎。詩近元白。有棲雲閣集。

高・益 〔宋〕本契丹涿郡人。太祖時來中國。工畫。初於都市貨藥。有來贖者。輒畫鬼神犬馬。藉藥與之。得者驚異。帝見其鬼神搜山圖。歎賞移刻。遂待詔圖畫院。

高・眞 〔後魏〕湖子。有志行。父亡。治喪墓次。甘露白雉降集。有司以聞。詔表閭里。自荊州別駕遷安定太守。甚著聲績。神龜初卒。後追諡武康。

高・祐 〔後魏〕渤海人。字子集。小字次奴。允從祖弟。博涉經史。好文字雜戲。性通放。不拘小節。孝文時累拜祕書令。出爲西兗州刺史。鎭滑臺。風化大行。寇盜止息。轉宋王劉昶傅。拜光祿大夫。昶卒。徵爲宗正卿。而祐留連彭城。詔免卿任。還復光祿。卒諡靈。以其不遵上命也。

高・翁中 〔漢〕西河人。雖任俠而恂恂有退讓君子風。

高・狆 〔明〕翼城人。洪武進士。歷官郎中。一日太祖微行。過其家。見其妻紡織。翌旦早朝。賜狆絹以旌之。◎〔明〕安陸人。字允升。嘉靖進士。累官右副都御史。巡撫貴州。平苗亂。誅叛兵李昂。退居十一年卒。

高・起潛 〔明〕崇禎時爲內侍。以知兵稱。流賊大熾。特命起潛爲總監。起潛未嘗決一戰。惟劉人首冒功而已。與兵部尙書楊嗣昌比。致宣大總督盧象昇孤軍戰沒。又匿不言狀。人多疾之。後降於淸。

高・郢 〔唐〕衞州人。字公楚。寶應進士。又以茂才異行高第。李懷光引佐邠寧府。懷光反。郢固止之。與其將呂鳴岳・張延英謀間道歸國。事洩。懷光先斬二將。然後引郢詰讓。郢抗詞無所隱。懷光慚。赦之。懷光已誅。李晟表其忠。馬燧奏管書記。累官兵部尙書。固乞骸骨。以尙書右僕射致仕。卒諡貞。

高・乾 〔北齊〕翼子。字乾邕。魏孝莊時除河北大使。殺爾朱兆監軍孫白鷂。高歡出山東。乾迎謁。以曉達時機爲歡所重。孝武帝將貳於魏。望乾爲己用。於華林園讌罷。殷勤逼之。乾許之而非其本心。後帝知乾泄漏前事。召乾賜死。天平初諡文昭。

高・勗 〔五代吳〕舒州人。楊行密辟掌書記。時軍興乏費。將以茶鹽易民布帛。勗諫曰。兵火之餘。不可漁利困民。盍盡我所有。易鄰道所無。選守令。課農桑。倉庫自實。行密從其言。遂以富強。

高・商 〔前燕〕開弟。剛毅嚴重。好學有才幹。爲范陽太守。聞開戰沒。悲哭嘔血。病不能起。扶杖乃行。慕容儁召見之。商涕泣不勝。即日拜昌黎太守。商泣辭曰。臣兄亡於此郡。臣故不忍爲之。儁愍而改授遼西。

高・商老 〔宋〕括蒼人。登進士。知宜興縣。朱熹稱其能教人從事於爲己之學。歷官至撫州守。辟黃榦爲淸江令。刻象山集幷其兄復齋集於郡學。

高・啓 〔明〕長洲人。字季迪。博學工詩。家北郭。與王行輩十人。卜居相近。號北郭十友。又以能詩。號十才子。張士誠據吳。名士嚮集。啓獨依外家。居吳淞江之青丘。自號青丘子。洪武初爲編修。與修元史。累官戶部侍郎。自陳年少不敢當重任。乃賜白金放還。授書自給。知府魏觀爲移其家入郡。旦夕延見。甚歡。觀以改修府治獲譴。帝見啓所作上梁文。因發怒。腰斬於市。年三十九。啓警敏有文武才。書無不讀。尤邃於羣史。詩雄健渾涵。自成一家。有大全集・鳧藻集。

高・啓夔 〔淸〕浙江山陰人。性仁孝。授室後。猶常臥親側。母肢體傷痛。啓夔朝夕按摩。雙目爲藥氣薰炙。遂瞽。三載復明。郡大饑。變產以賑。全活無算。

高・培 〔淸〕常熟人。字稜原。號西疇。精楷書。凡汲古閣所藏祕本。輒謄錄精好。令人不敢手觸。

高・堂 〔淸〕澧州人。字升之。性耿介。少時夜過涔陽村。宿民家。民婦奔焉。以禮卻之。已乃呼其夫。然燈烹茗。俟天明歸。終不言其事。

高堂生 〔漢〕魯人。禮經秦火。而書不傳。獨生能言之。傳士禮十七篇。言禮者多宗之。（按史記索隱。謝承云。秦氏季代有魯人高堂伯。則伯是其字。又尙友錄以高堂生爲孔子弟子。誤。）

高堂・沖 〔晉〕太史令。永嘉中熒惑犯紫微。沖奏乘輿宜遷幸。不然。必無洛陽。

高堂・隆 〔三國魏〕平陽人。高堂生後。字昇平。泰山太守薛悌命爲督郵。郡督軍與悌爭論。悌名而呵之。隆按劍起。督軍失色。悌驚起止之。黃初中爲堂陽長。明帝即位。累遷散騎常侍。帝大治宮殿。及崇華殿災。星孛淫雨之變。隆皆據引經典。上疏切諫。遷光祿勳卒。

高・崧 〔晉〕悝子。字茂琰。少好學。善史書。總角時。司空何充稱其明惠。充爲揚州。引崧爲主簿。舉州秀才。除太學博士。以父艱去職。初悝以納妄致訟。被黜。崧乃自繫廷尉訟冤。停喪不葬。表疏數十上。帝哀之。特聽傳爵。由此見稱。爲豫州都督謝萬陳刑政之要。萬嘗呼崧小字曰。阿酃故有才具耶。官至侍中。後坐事免歸卒。

高·崇　〔後魏〕蓨人。字積善。少聰敏。以端謹稱。爲尚書郎。家貲富厚。而崇志尙儉素。景明中遷洛陽令。爲政清斷。吏民畏其威風。縣內肅然。卒諡成。⊙〔宋〕戴弟。字西叔。嘉定進士。知什邡縣。有惠政。通判黎州。尋爲守。兼管內安撫使。黎爲夷壞。崇信賞必罰。以作士氣。邊警以息。有周易解。

高·崇文　〔唐〕幽州人。字崇文。七世同居。旌表其閭。貞元中從韓全義鎭長武城。治軍有聲。吐蕃寇寧州。崇文率兵往救。大破之。封渤海郡王。劉闢反。宰相杜黃裳薦其才。詔爲左神策行營節度使。統兵討之。戰於鹿頭山。八戰皆捷。擒闢檻送京師。進封南平郡王。拜同中書門下平章事。邠寧節度使。爲京西諸軍都統。居邠三年。戎備修整。卒諡威武。

高·康　〔漢〕相子。以明易爲郎。王莽居攝。東郡太守翟誼謀舉兵誅莽。事未發。康候知東郡有兵。私語門人。門人上書言之。後數月。誼兵起。莽召問。對受師高康。莽惡之。以爲惑衆。斬康。由是易有高氏學。顧未嘗立於學官。

高·彪　〔後漢〕無錫人。字義方。家本單寒。至彪爲諸生。游太學。有雅才而訥於言。郡舉孝廉第一。除郎中。校書東觀。數奏賦頌奇文。因事諷諫。靈帝異之。遷內黃令。帝勅同僚臨送。祖於上東門。詔東觀畫彪像。以勸學者。彪到官。有德政。卒於官。⊙〔金〕渤海人。父六哥。仕遼爲左承制。歸金後。彪代父爲榆河州千戶。數有功。天會中授靜江軍節度使。壽州刺史。大小數十戰。無不勝捷。累官樞密副使。封舒國公。卒諡桓壯。彪勇健絕人。能日行三百里。性機巧。通音律。人無貴賤。皆溫顏接之。

高·得暘　〔明〕錢塘人。字孟升。號節菴。洪武中以文學薦授臨安教諭。永樂中累官宗人府經歷。充永樂大典副總裁。博學洽聞。詩文清麗。有節菴集。

高·從嗣　〔五代南平〕季與從子。爲人驍勇有力。喜馳突。深入敵軍。率以爲常。積功至雲猛指揮使。梁天成中馬殷遣許德勳入寇。以其子希範爲監軍使。次沙頭。從嗣恃勇。單騎造楚壁。請與希範挑戰決勝負。爲楚將廖匡齊所殺。季與懼。遂與楚和。

高·從遇　〔後蜀〕道興子。事孟知祥爲翰林待詔。嘗於宮中大安樓下。繪天王對佛圖。甚奇偉。

高·從誨　〔五代南平〕季與長子。字遵聖。季與卒。襲位。懼見討。奉表歸唐明宗。應順初封南平王。荊南地狹兵弱。介於吳越爲小國。自吳稱帝而後。南漢與閩蜀皆稱帝。從誨所嚮稱臣。利其賜予。諸國賤之。皆目爲高賴子。又曰高無賴。在位二十年。卒諡文獻。

高·推　〔後魏〕允弟。字仲讓。小名越檀。早有名譽。太延中以前後南使不稱。妙簡行人。游雅薦推應詔。兼散騎常侍。使宋。南人稱其才辯。遇疾卒於建業。諡恭。

高·敏　〔宋〕登州人。仁宗時爲涇原指揮使。數與西夏戰。遭重傷。范仲淹·韓琦皆薦之。歷利州都監。後與羌人戰。多所斬獲。以援兵不至。中流矢卒。

高·敏學　〔明〕寶坻人。嘉靖進士。授行人。擢兵科給事中。劾嚴嵩黨趙文華。廷杖卒。

高斌　〔淸〕滿洲鑲黃旗人。姓高佳氏。字石文。號東軒。好讀書。於經史外博通先儒諸集。雍正間由內府曹郎累擢江南河道總督。治河十餘年。疏奏最多。大都可爲依據。非一時救弊者比。官至文淵閣大學士。卒於工次。諡文定。有固哉草堂集。

高·斌廉　〔隋〕爲龍山令。太宗將舉義師。不敢發言。見裴寂爲高祖所厚。乃出私錢數百萬。陰結斌廉。令與寂博戲。漸以輸之。寂喜。太宗遂以情告之。寂白高祖。高祖遂起兵。

高·朗　〔明〕岱子。諸生。崇禎末因父絕食。赴江死。

高·梅　〔淸〕無錫人。字雲白。工醫。有嘗藥本草。

高·滂　〔明〕銓子。字穎之。弘治進士。事父母以孝聞。正德初劉瑾羅織大臣。誣逮銓下詔獄。滂請以身代。疏詞迫切。事得雪。仕至南京光祿寺少卿。

高·淮　〔明〕爲尙膳監監丞。萬曆中承命採礦。徵稅於遼東。誣陷吏民。縱恣不法。數與邊將爭功。山海關內外咸被其毒。又扣除軍士月糧。前屯衞軍盡甲而譟。誓食淮肉。未幾錦州松山兵復變。淮懼內奔。又誣參將李孟陽等。未逾月而遼境四亂。皆淮所致。薊遼總督蹇達再疏暴淮罪。乃召歸。而孟陽竟死獄中。

高·淯　〔北齊〕獻八子。封襄城王。美容貌。弱冠有器望。在藩頗引文藝淸識之士。當時以此稱之。卒諡景。

高·淹　〔北齊〕獻四子。字子邃。封平陽王。官至太宰。性沈謹。以寬厚稱。卒諡靖翼。

高·爽　〔梁〕廣陵人。博學多才。善屬文。齊永明中舉孝廉。先是劉蒨爲晉陵令。爽徑詣蒨。不相接。爽甚銜之。

餓而爽代蔣爲令。蔣迎贈甚厚。爽受餽答書。人問故。答云。彼自餽管陵令耳。何關爽事。後坐事被繫。赦免卒。

高・第　明綿州人。字公次。正德進士。出宰長洲。累陞雲南副使。備兵臨安。致仕歸。居常趺坐一室。耽玩圖籍。貫串百家。率能舉其指要。嘗爲金爵輯落溪紀勝詩爲嵤溪書屋續集。⊙明灤州人。字登之。萬曆進士。初令臨穎。有廉聲。累官兵部尙書。時楊左被逮。搒掠甚慘。第侍經筵。力陳黨錮宜釋。會寧遠告警。魏忠賢遂出第經略薊遼。第撤道鎭堅壁淸野。爲固守計。崔呈秀劾第爲怯。勒令閑住歸里。⊙明安陸人。父病篤。第割股以求一當。婦恐其少。再割膚合上之。父旋愈。⊙淸榆林人。明山海關總兵。順治初授原官。隨多鐸勦李自成於河南。改開歸總兵。以計降土賊及自成餘黨。肅淸河南。累加太子少保。以病乞休。

高・紹信　北齊澄六子。封漁陽王。歷官靑州刺史。行過漁陽。與富人鍾長命同牀坐。太守鄭道蓋謁。長命欲起。紹信不聽曰。此何物小人。而主人公爲起。乃與長命結爲義兄弟。妃與長命妻爲姊妹。責其闔家幼長皆有贈賄。鍾氏因此遂貧。齊滅。紹信死於長安。

高・紹廉　北齊文宣五子。封隴西王。性麤暴。嘗拔刀逐兄紹義。紹義爲淸都尹。未及理事。紹廉先往喚囚悉出。率意決遣之。能飲酒。一舉數升。終以此死。

高・紹義　北齊文宣三子。封范陽王。爲侍中。後主奔鄴。以紹義爲定州刺史。周武帝克幷州。紹義奔突厥。突厥他鉢可汗謂文宣爲英雄天子。以紹義重踝似之。甚見愛重。高寶寧在營州。表上尊號。紹義遂卽皇帝位。稱武平元年。他鉢亦招諸部。各舉兵南向。云共立范陽王作齊帝。周人購之於他鉢。他鉢遂僞與紹義獵於南境。使賀若誼執之。流於蜀而死。

高・紹德　北齊文宣二子。封太原王。天保末爲開府儀同三司。武成帝因怒李后。罵紹德曰。你父打我時。竟不來救。以刀環築殺之。親以土埋之遊豫園。

高・荷　宋荊南人。字子勉。自號還還先生。元祐中太學生。晚爲童貫客。得蘭州通判以終。能詩。有集。

高・連陞　淸湖南寧鄉人。字果臣。咸豐間從蔣益澧屢有戰功。後從左宗棠平浙江。勦甘隴。官至甘肅提督。部兵叛。遇害。諡勇烈。

高・釴　唐字翹之。元和進士。累遷起居郎。數陳政治得失。穆宗嘉之。遷吏部侍郎。出爲同州刺史卒。釴少孤窶。介然無黨援。以致宦達。諸弟皆樸愿友愛。爲搢紳景重。

高・傑　明米脂人。初從李自成。賊中號翻山鷂。嘗殺總兵許定國一家。與自成妻邢氏通。遂竊邢氏降明。累功官至總兵。福王時封興平伯。鎭揚州。州民不納。史可法移其衆於瓜洲。與黃得功・劉良佐・劉澤清號四鎭。後引兵北上。會定國守睢州。誘殺之。

高・傒　春秋齊卿。一名敬仲。鮑叔牙薦管仲於桓公。曰。管夷吾治於高傒。使相可也。公從之。

高・柱　淸無錫人。攀龍之裔。與族人藹・廷珍・陛。及許獻。同著東林書院志。

高・復亨　明字本中。元時游燕京。從太史金華王餘慶學。洪武中知獻縣。招集流亡。百姓咸歌思之。坐累謫鍾離。未幾復起知諸城。諸城廢學久。復亨始至。樹學延儒。教化大行。

高・斯得　宋稼子。字不妄。紹定進士。稼死事於沔。時元兵屯沔。斯得潛行至其地。奉遺骸以歸。無意仕進。李心傳方修四朝史。辟爲史館校勘。屢言事。羣憸悚懼。合力排擯斯得。出知嚴州。累官至參知政事。以論賈似道誤國。留夢炎乘間罷之。有詩膚說・儀禮合抄・增損刋正杜佑通典・徽宗長編・孝宗繫年要錄・草堂文集。

高・景藩　淸杭州人。字松瞻。一字怡園。雍正進士。官禮部郎中。有六經疑義錄・秋水堂古文・皖征集・愛日軒詩餘。

高・智周　唐晉陵人。第進士。拜壽州刺史。治尙文雅。儀鳳初進同中書門下三品。久之罷爲御史大夫。與薛元超・裴炎同治章懷太子獄。無所同異。固表去位。高宗美其概。授右散騎常侍致仕。卒諡定。

高・智耀　元河西人。世仕夏。智耀登本國進士。夏亡。隱賀蘭山。太宗訪求河西故家子孫之賢者。衆以智耀對。召見將用之。遽辭歸。世祖在潛邸。已聞其賢。及卽位。召見。力言儒術有補治道。遂拜翰林學士。遷西夏中興等路提刑按察使。卒諡文忠。

高・湯　隋高麗國王。周武帝時。遣使朝貢。拜遼東王。文帝受禪。復遣使詣闕。改封高麗王。歲有朝貢。及陳平。湯懼。治兵積穀。爲拒守之策。帝賜湯璽書。責備甚至。湯旋卒。

高・湝　北齊歡十子。封任城王。歷官瀛州刺史。所至寬恕。爲吏人所懷。及後主奔鄴。加大丞相。募兵拒周軍。戰敗被擒。尋與後主同死。

高・渙　北齊歡七子。字敬壽。天姿雄傑。恆以將略自許。歡愛之。及壯。力能扛鼎。每謂左右曰。人不可無學。但要不爲博士耳。故讀書頗知梗概。天保初封上黨王。歷中書令。

錄尙書事。初術士言亡高者黑衣。文宣問左右何物最黑。對曰。莫如漆。帝以渙第七爲當之。遂與兄渙同見殺。

高．渠彌 春秋鄭大夫。周桓王以諸侯伐鄭。鄭莊公禦之。渠彌以中軍奉公爲魚麗之陳。戰於繻葛。大敗王師。莊公將以渠彌爲卿。昭公惡之。固諫不聽。及昭公立。懼其殺己。遂弑昭公。而立公子亹。明年。齊襄公師於首止。子亹會之。渠彌相。齊人殺子亹而轘渠彌。

高．渭 五代吳越彥子。初從彥於湖州。錢鏐巡衣錦城。會有徐許之亂。焚掠鄣郭。將及內城。彥聞變。亟遣渭赴難。遂率所部徑趨靈隱山。伏發遇害。

高．湛 後魏蓨人。字子澄。累官鎭軍將軍。南荆州刺史。陳慶圍城。拒卻之。城得全。除大都督行廣州事。元象初死難。（按高湛不見於史。清乾隆已巳秋。德州衞第三屯運河決東岸。岸崩。得高湛墓誌銘。文字尙無闕損。惟於死難事不言其詳。或有所諱也。此碑筆法秀勁。爲唐時虞褚諸家所本。）

高．湖 後魏蓨人。字大淵。仕後燕爲散騎常侍。登國中慕容垂遣其太子伐魏。湖言於垂。當敦修舊好。言頗切厲。垂怒。免湖官。既而慕容寶果敗於參合。寶立。乃起湖爲燕郡太守。寶走和龍。兄弟交爭。湖見其衰亂。遂率戶三千歸魏。道武賜爵東阿侯。太武時鎭姑臧。甚有惠政。卒諡敬。

高．湘 唐鍇子。字濬之。擢進士第。以詩文知名。咸通末爲諫議大夫。臨事精嚴。自持益重。僖宗時終江西觀察使。

高．湜 北齊歡十一子。天保初封高陽王。遷尙書令。以滑稽便辟。有寵於文宣帝。在左右行杖以撻諸王。太后深銜之。文宣崩。兼司徒。導引梓宮吹笛。云至尊頗知臣不。又擊胡鼓爲樂。太后杖湜百餘。未幾卒。◉唐鉽子。字澄之。第進士。咸通末爲禮部侍郎。時士多由權要干請。湜不能裁。既而抵幘於地曰。吾決以至公取之。乃取公乘億．許棠．聶夷中等。皆有名當時。累遷昭義節度使。爲下所逐。貶連州司馬。以太子賓客分司東都卒。

高．爲表 明嘗官滄州學正。與傅履禮同撰廉平錄。

高．琛 北齊歡弟。字永寶。魏永熙中除使持節都督．定州刺史。推誠撫納。拔用人士。甚有聲譽。天平中除御史中尉。正色糾彈。遠近肅然。尋亂歡後庭。歡責罰之。因杖而斃。諡貞平。

高．琳 北周其先高句麗人。字季珉。魏正光中以統軍從爾朱光破万俟醜奴。功最。除寧朔將軍。孝武西遷。從入關。爲高歡所追。拒戰有功。大統初封鉅野縣侯。從文帝破歡於沙苑。又戰河橋。戰邙山。皆有功。保定初授梁州總管十州諸軍事。天和中鎭襄州。進位柱國。卒諡襄。

高．琬 明宜春人。字德資。成化進士。歷知松陽上海二縣。治行第一。擢南京監察御史。陞浙江左布政使．右副都御史。撫治鄖陽。河南襄漢盜起。琬同彭澤討平之。遂謝病歸。

高．登 宋漳浦人。字彥先。宣和間太學生。金人犯京師。登與陳東上書乞斬六賊。廷臣復建和議。奪神師道．李綱兵柄。登與東再抱書詣闕。紹興初廷對。有司惡其直。授富川主簿。又上疏萬餘言。秦檜怒其譏己。後編管容州。授徒以終。學者稱東溪先生。有東溪集。

高．翔 明朝邑人。洪武中以明經爲監察御史。建文時僇力兵事。成祖聞其名。召翔欲用之。翔喪服入。大哭。語不遜。遂族誅。福王時諡忠愍。◉淸江蘇甘泉人。字鳳岡。號西塘。善畫能詩。尤工八分書。晚年右手廢。以左手書。字尤奇古。

高．翔麟 淸吳縣人。字文瑞。嘉慶進士。官至衡永郴桂道。有說文字通。

高．萃 明鄞人。字升伯。萬曆初進士第一。歷刑部郎中。出知肇慶府。興利惠民。置田贍士。肇人肖像祀之。

高．賀 漢公孫弘故人。揚弘之惡。弘曰。寧逢惡賓。勿逢故人。

高．貴 宋祥符人。宦丹徒。舉進士。宋末爲高郵知府。扈從至海上。拜樞密使。與陸秀夫同死崖山。

高．越 南唐字沖遠。少舉進士。與江文蔚俱以詞賦知名江南。詞人言體物者。以江高爲首。李昪愛其文章。以爲祠部員外郎。與隱士陳曙爲物外交。淡然不志榮利。李煜時官至左諫議大夫。卒諡穆。越雅好釋氏。有舍利塔記。◉明鳳陽人。成化舉人。授福山教諭。時流賊猖獗。知縣棄城走。越首倡忠義。嬰城死守。賊退。超拜監察御史。淸軍湖廣。革親藩之僭。巡按遼左。明功罪。嚴軍實。積弛一振。出知泉州府。致仕歸。

高．進庫 淸宜川人。明副將。順治間多鐸下江南。進庫迎降。率兵赴江西援勦。守贛。會金聲桓叛。李成棟應之。犯贛。進庫連破其軍。成棟死。聲桓亦被誅。江西平。官至廣東高雷總兵。

高．開 前燕瞻子。仕慕容儁爲昌黎太守。時土豪封放與趙故太守劉準聚衆自守。不附於儁。儁遣開討之。開至渤海。準放迎降。遂署爲幕府參軍。從征冉閔。被重創卒。

高・開道　隋信陽人。世煮鹽爲生。少趫勇。走及奔馬。隋大業末依河間賊格謙。謙滅。與其黨百餘人亡海曲。出剽滄州。衆稍附。武德初陷漁陽郡有之。自號燕王。尋因羅藝請降。詔以爲蔚州總管。封北平郡王。已又北連突厥。告絕於藝。復稱燕。時羣盜相繼平。開道欲降。自疑反覆得罪。猶恃突厥自安。然將士多山東人思歸。衆益厭亂。愛將張金樹。以其徒謀攻之。開道知不免。擐甲挺刃據堂坐。與妻妾飲酒。金樹畏不敢前。開道先縊其妻妾諸子。而後自殺。自起兵至滅凡八年。

高閑　唐僧。烏程人。工書。宣宗召對。賜紫衣。後歸湖州開元寺終焉。高閑好以霅川白紵書眞草。爲世楷法。

高・閌　宋鄞人。字抑崇。八歲通經史大義。紹興初以上舍選賜進士第。召爲祕書省正字。累官國子司業。時與太學。閌奏宜先經術。帝然之。中興以後。學制多閌所建明。除禮部侍郎。被劾出知筠州。不赴卒。諡憲敏。學者稱息齋先生。有春秋集注。

高・隆之　北齊字延興。本姓徐氏。父爲姑壻高氏所養。因從其姓。魏建義間除給事中。與高歡深自結託。累遷太保。齊受禪。進爵爲王。錄尚書事。文宣未登庸之日。隆之意常侮帝。及將受魏禪。大臣咸言未可。隆之又在其中。帝深銜之。天保中又有人譖之者。因此遂大發怒。令壯士築百餘下。放出。死於路中。

高・陽　明鄞人。字秋甫。善畫花鳥。畫石尤精。後以事避金陵。改畫山水。更有名。

高・雲　後燕慕容寶之養子。詳慕容雲條。⊙唐工畫。師周昉。藝術冠時。⊙清浙江山陰人。徙錢塘。字逸上。號琴山樵者。爲人靈敏。多技藝。嘗以意製葵花繡盒。巧妙異常。好寫花鳥人物。能棄筆研。取五色絹肖貌成形。名曰挈畫。晚年專精篆刻。有印譜行世。

高・順　後漢爲呂布督將。清白有威嚴。不飲酒。不受饋。所將七百餘兵。號爲千人。每戰必克。名陷陣營。布性決易。所爲無常。順每諫之。布知其忠而不能從。後布將侯成。執陳宮與順降曹操。布亦降。順與宮・布皆縊殺。傳首許市。

高・勣　明紹興人。字無功。事永明王。歷官光祿少卿。強直敢言。王入緬甸。扈行死之。

高・嗣昌　宋洵從子。嘉定間畫院待詔。工畫山水及寒林古木。

高塞　清太宗六子。號敬一道人。封鎭國公。工畫。倣倪瓚小景。筆意淡遠。性淡泊。如枯禪老衲。好讀書。善琴理。精詞曲。尤工詩。有恭壽堂集。

高・塏　清錢塘人。字子才。號爽泉。早棄舉子業。專力學書。尤精小楷。得歐褚神髓。嘉慶中阮元撫浙。延校金石文字。江南北名勝碑版。多出其手。

高・塔失不花　元見塔失不花條。

高・幹　後漢袁紹甥。字元才。才志弘邈。文武秀出。柔留鄉里。幹在河北呼柔。柔舉宗從之。⊙後魏湖從孫。字干奴。好學。寬厚有雅度。歷南青州征虜府司馬。轉汾州後軍府長史・白水太守。所在以廉平著稱。卒諡孝穆。

高・愼　後漢固子。字孝甫。敦厚少華。有沈深之量。撫育孤兄子五人。恩義甚篤。歷二縣令・東萊太守。老病歸家。草屋蓬戶。甕缶無儲。⊙北齊乾弟。字仲密。頗涉文史。魏太昌初爲光州刺史。爲政嚴酷。吏民苦之。乾死。愼歸高歡。爲尙書。當官無所迴避。時咸畏憚之。元象中爲北豫州刺史。據武牢降西魏。歡破宇文泰於邙山。愼妻子將西度。於路盡擒之。以其勳家。啟愼一房配沒而已。

高・愈　清攀龍兄孫。字紫超。十歲讀攀龍遺書。即知向學。既壯。補諸生。日誦遺經及先儒語錄。嘗曰。士求自立。須自不忘溝壑始。晚年益窮困。張伯行撫蘇。聘主東林書院。病辭。卒年七十有八。有周禮解・小學纂注。

高・楨　金渤海人。少好學。嘗業進士。天會中累官尙書左僕射。判廣寧尹。在鎭八年。政令清肅。吏畏而人安之。天眷中爲中京留守。以平賊功累拜司空・行御史大夫。封代王。楨久在臺。彈劾無所避。每進對。必以區別流品進善退惡爲言。及疾革。書空獨語曰。某事未決。某事未奏。死有餘恨。卒年六十九。

高・準　宋寧德人。字平一。紹興初丞相湯思退主和議。太學生張觀等上書乞誅二賊。準與焉。乾道間虞允文當國。獻東南鎖患書一卷。因請入北界伺敵虛實。凡山川夷險。道里遠近。郡邑兵賦強弱。悉錄以獻。幷言恢復大要。時允文已去國。朝廷欲授以官。準曰。準之所以效命於虞國相者。正以復九廟陵寢爲念。非爲身計也。拂袖歸西山之陽。杜門不出。

高・源　元晉州人。字仲淵。幼孤力學。事母至孝。中統初擢齊河令。有遺愛。累遷都水監。開通惠河。置閘建橋。世蒙其利。授同知湖南道宣慰司事卒。

高・照　宋邵武人。慶曆進士。任處州司理參軍。時郡有盜。逼脅良民。捕者利賞。誣以眞盜。將論死。照察其枉。出繫者百餘人。

高瑀 唐蓨人。少沈邃。喜言兵。累遷陳蔡二州刺史。有善狀。官至忠武軍節度使。瑀居官寬和。無赫然譽。所至稱治。士人懷之。

高瑞卿 清紹興人。流寓京師。善畫山水。

高經 明清苑人。崇禎舉人。事母以孝聞。城陷。負母逃。遇賊求釋母。母得釋。賊仍執經。給之至家取所蓄。賊不及防。赴水死。

高萬 宋為承信郎。紹興中金撤離曷欲犯秦川。宣撫副使吳玠遣諸校分道伺之。至瓦吾谷。與金將虎山遇。萬且罵且戰。死於陣。

高萬春 清貴陽人。乾隆武舉人。從攻黔楚苗。有功。嘉慶間攻勦川陝楚教匪。累擢昭通鎮總兵卒。

高萬興 後梁河南人。唐末為延州刺史胡敬璋騎將。敬璋死。萬興以其部下數千人降梁。太祖以萬興為延州刺史．忠義軍節度使。封北平王。唐同光中卒於鎮。

高詡 後漢般人。字容回。曾祖嘉。以魯詩授元帝。仕至上谷太守。父容。哀平間為光祿大夫。詡以父任為郎中。世傳魯詩。以清操知名。王莽篡位。父子稱盲。逃不仕。光武即位。徵為郎。累官大司農。在朝以方正稱。◉前燕遼東人。永嘉之亂。避地隱居。建武初慕容廆自稱大單于。詡杖策見之。拜郎中。皝嗣位。遷玄菟太守。以功封汝陰侯。詡善天文。會謀伐宇文逸豆歸。詡曰。伐之必克。然不利於將。已而果大敗逸豆歸。詡為流矢所中卒。

高詠 清宣城人。字阮懷。號遺山。幼有神童之目。詩名與施閏章埒。號宣城體。年近六旬。始貢太學。舉康熙鴻博。授檢討。未幾假歸。其詩近體淡遠。歌行奇肆。又兼擅書畫。世稱三絕。有遺山堂若巖堂等集。

高載 宋蒲江人。字東叔。八歲能屬文。嘗為犬噬。作賦詈之。有云逐利不顧。則從跖而吠堯。為養所移。則事齊而背漢。識者奇之。於書無所不讀。以進士歷知靈泉縣。有聲。母喪。哀毀卒。

高遂 漢梁人。栗太子廢。竇嬰爭勿能得。謝病。屏居藍田南山下數月。遂乃說嬰曰。將軍屏閒處而不朝。祇加懟自明。揚主之過。有如兩宮螫將軍。則妻子無類矣。嬰然之。乃起朝請如故。

高遇 清岑從子。字雨吉。畫師岑。精雅每過之。

高遐昌 清淇縣人。字振聲。康熙進士。官至兵科給事中。有掖垣奏議．蓁園文集。

高道悅 後魏新昌人。字文欣。累官太子中庶子。正色立朝。上下畏憚之。太和中車駕幸中嶽。詔太子恂入居金墉。而恂潛謀還代。忿道悅前後規諫。殺之。諡貞。

高道穆 後魏謙之弟。名恭之。以字行。學涉經史。所交皆名流儁士。幼孤。事兄如父母。御史中尉元匡引為御史。糾擿不避權豪。莊帝時遷御史中尉。後為爾朱世隆所害。

高道興 前蜀成都人。光化中授翰林待詔。工雜畫。善釋像。用筆神速。

高鬧兒 元女直人。事太祖。連歲出征。數有功。授金符總管。管領山前十路匠軍。至元間累功為安遠大將軍．季陽萬戶侯。以追襲交阯世子於海之三叉口。中毒矢卒。

高夢月 宋為泰州教授。李全寇泰州。官屬十有九人皆迎降。獨夢月不汙。死焉。

高構 隋北海人。字孝基。性智辨。好讀書。工吏事。歷官吏部侍郎。有能聲。所舉杜如晦．房玄齡等。後並至公輔。論者稱構有知人之鑑。

高漢筠 後晉歷山人。字時英。仕後唐。累遷左金吾衞大將軍。清泰末高祖建義於河東。廢帝遣節度使張敬達率師圍太原。委漢筠巡撫其郡。及敬達遇害。節度副使田承肇率部兵攻漢筠於府署。漢筠啓關延承肇。承肇目左右令前。諸軍投刃於地曰。高金吾累朝宿德。不可枉殺。承肇以衆意難拒。遂謝云。與公戲耳。高祖入洛。飛詔徵之。遷左驍衞大將軍卒。

高漸 宋萍鄉人。字善時。熙寧進士。為寧鄉尉。論新法有行而未便或便而未盡善者。凡十策。帥府何正臣上之。不報。調廣州錄事參軍。建中靖國初上疏極言請正元祐元符二后君妾之分。崇寧中以上書編管撫州。列黨碑。後得釋。召之。會卒。

高漸離 戰國燕善擊筑。偕荊軻入秦刺秦王。軻死。漸離變姓名。為人傭保。久之聞於始皇。始皇惜其善擊筑。乃矐其目。使擊筑。未嘗不稱善。稍益近之。漸離乃置鉛筑中。撲秦王。不中。被殺。

高爾儼 清靜海人。明崇禎進士。福王時以爾儼曾附李自成。入從賊案。順治間起用。累官太子太保．弘文院大學士。卒諡文端。有古處堂集。

高瑤 明閩縣人。字庭堅。景泰舉人。為荊門州訓導。成化中陳十事。其一言郕王宜追加廟號。盡親親之恩。帝感其言。久之竟復帝號。後知番禺。有異政。發中官韋眷通番事。為眷所誣。讁戍永州。釋還卒。

高睿 元智耀子。年十六。授符寶郎。出入禁闥。詳雅恭敬。歷嘉興路總管．浙西淮東廉訪使。所至有政績。兩為江南行臺御史中丞。務持大體。有儒者之風。卒諡貞簡。

高福　[清]滿洲鑲黃旗人。姓莫勒折哷氏。咸豐間由領催從攻捻匪。躬冒鋒矢。轉戰河南安徽。連戰皆捷。同治間勦回於陝西。勦捻於山東。官至寧古塔副都統卒。

高・粹會　[清]武進人。字純士。諸生。豪飲善談。尤負書名。晚好小學韻書。慨然欲有所發明。書未成而卒。

高・綽　[後魏]允孫。字僧裕。少孤。恭敏自立。博涉經史。仕爲洛陽令。強直不避豪貴。累遷豫州刺史。爲政清平。百姓愛之。終幷州刺史。卒諡簡。◎[北齊]武成長子。字仁通。封南陽王。愛波斯狗。好裸人使踞爲獸狀。縱犬噬而食之。爲定州刺史。恣情彊暴。後主詔鏁綽赴行在所。至而宥之。問在州何者最樂。對曰。多取蝎將蛆混看極樂。後主即夜索蝎。置諸浴斛。使人裸臥斛中。號叫宛轉。帝與綽臨觀。喜噱不已。謂綽曰。如此樂事。何不早馳驛奏聞。綽由是大爲後主寵。韓長鸞問之。令綽親信誣告其反。後主使寵胡何猥薩與綽相撲。搤殺之。

高・維岱　[明]昌邑人。舉於鄉。崇禎中。知永清縣。視事甫旬餘。清兵至。一門死之。

高・肇　[後魏]蓨人。字首文。文昭皇太后之兄。景明初宣武追思舅氏。徵肇兄弟等錄尚書事。肇尚世宗姑高平公主。遷尚書令。留心百揆。孜孜無倦。帝既委信肇。頗結朋黨。朝野側目。宣武崩。肇私憂身禍。朝夕悲泣。太尉高陽王與領軍于忠。密遣壯士拉殺之。下詔暴其罪惡。

高・誘　[後漢]著有戰國策注。

高・賓　[北周]蓨人。仕東魏。歷官至諫議大夫。同列有忌其能者。譖之於高歡。大統中乃棄家屬間行歸周。授安東將軍。保定初拜計部中大夫。賓果敢決斷。案牘無留滯。官終襄州總管府司錄卒。子熲爲隋文帝佐命。開皇中追諡簡。

高・遜志　[明]蕭縣人。僑寓嘉興。字士敏。爲文醇雅成一家言。元末爲鄮山書院山長。洪武初徵修元史。入翰林。累遷試吏部侍郎。以事謫朐山。建文初召爲太常少卿。與董倫同主會試。得王艮・胡靖等。皆爲名臣。靖難後。遯跡雁蕩山中以卒。有嗇菴集。(按浙江通志及萬姓統譜皆作高巽志。此從明史。)

高・銖　[唐]釴弟。字權仲。第進士。累遷給事中。文宗得李訓。驟拜侍講學士。銖率諫官伏閤言訓憸邪不可任。帝不省。訓當國。出銖爲浙東觀察使。累遷禮部尚書。徙太常卿卒。

高・銓　[明]江都人。字宗選。成化進士。仕至南京戶部尚書。歷官務持大體。多著宦績。

高・頔　[宋]雍丘人。字子奇。後唐清泰中舉進士乙科。周顯德中爲天雄軍掌書記。太宗時拜左補闕。致仕。頔有清節。力學強記。晨夕拱手危坐。未嘗少懈。手寫書千餘卷。符彥卿待之甚厚。或過致優結。頔計口受賚。餘皆不納。

高・鳴　[元]眞定人。字雄飛。少以文學知名。諸王旭烈兀將征西域。聞其賢。遣使召之。鳴陳西征二十餘策。即薦爲彰德路總管。世祖即位。詔爲翰林學士。歷侍御史。風紀條章。多其裁定。遷禮部尚書卒。

高・鳳　[後漢]葉人。字文通。少耽學。家以農爲業。妻嘗之田。曝麥於庭。令鳳護雞。時天雨。鳳持竿誦經。麥爲潦水所漂。妻還怪問。鳳方悟。晝夜讀書不息。遂成名儒。元和間教授西唐山中。不應徵辟。隱身漁釣。終於家。

高・鳳岐　[清]福建長樂人。字嘯桐。號媿室主人。光緒舉人。工古文詞。律躬嚴整。服膺宋儒尤篤。官至梧州知府。有惠政。尋謝病去。薦考御史。廷試第一。爲忌者所沮。罷歸。德意志犯即墨。鳳岐合同志上書。陳內治外交籌餉練兵四事。識者韙之。

高・鳳臺　[清]浙江山陰人。字越槎。一字月垞。嘉慶舉人。官內閣中書。有書畫舫詩課・古今體詩偶鈔。

高・鳳翰　[清]濟寧人。一作膠州人。字西園。晚號南阜山人。嘗自稱老阜。因患風痺。右臂不仁。以左手作畫。又號尙左生・歸雲老人。博學精藝術。尤豪於詩。早爲王士禛所稱賞。繆篆印章。蒼古樸茂。全法秦漢。以諸生舉賢良。歷歙縣丞・績溪令。均有政聲。遭讒罷官。性嗜硯。所藏皆手琢。自爲銘詞。有硯史及擊林・湖海・岫雲・鴻爪・歸雲・青蓮等集。

高・儀　[明]錢塘人。字子象。嘉靖進士。累官禮部尚書。穆宗即位。諸大典禮。皆儀所酌定。遇事秉禮循法。居職甚稱。遷文淵閣大學士。卒諡文端。

高・勱　[隋]岳子。字敬德。齊時襲爵清河王。性剛直。有才幹。斛律明月每有征伐。引之爲副。還侍中尚書右僕射。齊後主爲周師所敗。勱爲周軍所得。授開府儀同三司。文帝爲丞相。甚器之。開皇中上取陳五策。及大舉伐陳。以勱爲行軍總管。下江州。以功拜上開府・洮州刺史。坐事免官。卒於家。

高・寬　[清]吳人。字成裕。工寫眞。兼善山水花卉。

高・審思　[五代][吳]少事楊行密。厚重寡言。以驍勇名於軍中。齊王徐知誥奇之。常使總領親兵。及禪代。拜壽州節度使。加中書令。卒諡忠。

高·層雲 〔清〕江蘇華亭人。字二鮑。號稷苑。晚號菰村。康熙進士。授大理寺左評事。意所不反。必爭之始已。仕至太常寺少卿。爲人倜儻瑰瑋。好大節。工詩及書畫。善賞鑒。有改蟲齋集。

高·履行 〔唐〕士廉子。母喪。哀毀特甚。太宗諭使強食。尚東陽公主。襲父爵。由戶部尚書爲益州大都督府長史。坐與長孫無忌親累。左授洪州都督。改永州刺史。爲政有名。

高·德政 〔北齊〕蓨人。字士貞。初爲文宣開府參軍。知管記事。參掌機密。常勸帝行禪代之事。及受禪。除侍中。帝末年縱酒酣醉。所爲多不法。德政屢進忠言。帝不悅。德政懼。稱疾屏居佛寺。爲楊愔所陷。坐誅。

高·德基 〔金〕渤海人。字元履。皇統進士。爲尚書省令史。海陵爲相。專愎自用。德基每與之詳辨。及篡位。欲都燕京。命德基攝燕京行臺省都事。大定中。官戶部尚書。隨朝官俸粟折錢。增高市價與之。多出官錢幾四十萬貫。於是決杖八十。降蘭州刺史卒。◎〔元〕平江人。嘗官建德路總管。有平江紀事。所載皆吳郡古蹟。兼及神仙鬼怪詼諧謠諺之事。可裨圖志佚聞。

高·德暘 〔明〕錢塘人。字孟升。性警敏。日記數千言。以文學薦授高州府學教授。纂修永樂大典。爲副總裁官。善屬文。尤長於詩。有節菴集。

高·德裔 〔金〕鶴野人。字曼卿。工於爲文。字尤有法。官至開州刺史·西京路轉運使。

高·模翰 〔遼〕渤海人。一名松。有膂力。善騎射。好談兵。初太祖平渤海。模翰避地高麗。王妻以女。因罪亡歸。坐使酒殺人下獄。太祖知其才。貰之。天顯中太宗遣救石敬瑭。以功授上將軍。及晉叛盟。出師南伐。模翰下關南城邑數十。以功加太傅。晉以節度使杜重威領兵三十萬來拒。模翰以麾下三百人逆戰敗之。應曆中官至中臺省左相。

高·潤 〔北齊〕歡十四子。字子澤。幼謹愼。美姿儀。歡稱曰。此吾家千里駒也。封馮翊王。官定州刺史。廉愼方雅。習於吏職。擿發隱僞。姦吏無所匿其情。卒贈左丞相。

高·澄 〔北齊〕歡長子。字子惠。魏天平中。入鄴輔政。機略嚴明。事無凝滯。攝吏部尚書。武定中歡卒。代爲大丞相。封渤海王。將欲受禪。爲盜所殺。年二十九。齊初追諡文襄皇帝。廟號世宗。◎〔明〕黃岡人。字汝清。大父暴疾。刺血籲天請代。疾愈。大母雙瞽。澄日舐之。不飮酒茹葷入內者二十年。目復明。父疾。枕有百金。欲畀季子。澄令弟辭枕。而徉外出。父卒。廬墓三年。人以其所居。稱南城公。

高·稼 〔宋〕蒲江人。字南叔。嘉定進士。眞德秀一見。以國士期之。元兵入漢沔。力戰卻之。後知沔州。會北兵大至。城陷。殉焉。諡忠。有縮齋類稿。

高·穀 〔明〕揚州興化人。字世用。永樂進士。景泰中選庶吉士。累進謹身殿大學士。英宗復位。穀謝病。帝謂穀長者。賜勅獎諭。穀美丰儀。樂儉素。位至台司。敝廬瘠田而已。卒諡文義。

高·翥 〔宋〕餘姚人。字九萬。號菊磵。孝宗時游士。有信天巢遺稿。◎〔明〕金鄉人。庶弟騰。父最鍾愛。永樂初賊執騰索財不得。將殺之。翥聞。奔告賊曰。家財在我。非弱弟所私。其執我。賊遂釋騰執翥。無財以應。遂被害。

高·諒 〔後魏〕祐孫。字修賢。少好學。多識強記。居喪以孝聞。正光中爲徐州行臺。至彭城。屬元法僧反叛。逼諒同之。諒不許。爲所害。諡忠。

高·談 〔宋〕光澤人。字景遂。言動由禮。鄉人敬之。紹定間旁郡盜起。諸子請避。談曰。有廟祏在。將爲之。盜至。遇害。

高·賦 〔宋〕中山人。字正臣。舉進士。歷知衢州。民毛氏柴氏。世蓄蠱毒害人。賦悉擒治伏辜。蠱患遂絕。及知唐州。相其曠原沃壤。募流民以耕。戶口稅賦。增至數倍。二州皆爲立生祠。累遷集賢院學士。在朝多所建明。致仕居襄陽。年八十四卒。

高·賢寧 〔明〕濟陽人。建文中爲國學生。燕兵圍濟南。賢寧適在圍中。燕王射書城中諭降。賢寧作周公輔成王論射城外。王悅其言。爲緩攻。相持兩月。卒潰去。燕王稱帝後。賢寧被執見帝。予一官。固辭。得遣歸。年九十七卒。

高·適 〔唐〕蓨人。字達夫。玄宗時舉有道科。肅宗時屢擢諫議大夫。負氣敢言。權近側目。後爲西川節度使。徵入爲左散騎常侍。卒諡忠。適尙節義。遭時多難。有志功名。而言浮其術。年五十始爲詩。即工。以氣質自高。有高常侍集。（唐書高適本傳作渤海人。其本集亦題渤海。河間府志據其封丘縣詩。定爲梁宋間人。而集中別孫沂詩題下又註俱客宋中。則非生於梁宋者可知。四庫提要因此諸說。謂不能確定其里籍。按新唐書本傳爲渤海人。舊唐書爲渤海蓨人。其言少落魄。不治生業。客梁宋間。則兩書皆同。蓋梁宋爲流寓之所。蓨其里籍。渤海其郡望也。）

高·閭 〔後魏〕雍奴人。字閻士。本名驢。博通經史。下筆成章。司徒崔浩見而奇之。乃改爲閭而字焉。仕爲中書侍郎。承明初歷中書令。給事中。凡國家詔令頌贊之類。皆出其手。其文章與高允相上下。時稱二高。官終太常卿。卒謚文。有集。

高閭山〔金〕析木人。歷官單州刺史。制禁不依法用杖決人者。閭山見之笑曰。此亦難行。是日特用大杖。杖死部民楊仙。坐削一官。降鳳翔治中。後官寧昌軍節度使。貞祐中城破。死之。

高熲〔隋〕賓子。字昭元。有器局。善詞令。陳武帝時。以平齊功拜開府。文帝受禪。拜尚書左僕射。伐陳。熲為元帥。以功封齊國公。坐事免。煬帝即位。拜太常。時帝侈靡。聲色滋甚。又起長城之役。熲病之。遂以訕謗誅。熲為僕射。引進蘇威等。皆一時名士。當朝二十年。朝野推服。物無異議。論者以為真宰相。

高頤〔宋〕寧德人。字元齡。經明行修。從游者幾千人。登慶元進士。知永州東安縣。有循聲。平生博極羣書。有雞窗叢覽・詩傳集解。

高勳〔遼〕字鼎臣。性通敏。仕晉為閤門使。會同中來降。太宗入汴。授四方館使。好結權貴。能服勤。大臣多推譽之。景宗即位。以定策功累封秦王。保寧中以毒藥饋蕭啜里。事覺。流銅州。尋又謀害蕭思溫。詔下獄誅之。

高叡〔北齊〕琛子。小名須拔。除太子庶子。文宣受禪。出為定州刺史。留心庶事。糾摘姦非。稱為良牧。累官太尉。武成崩。叡奏和士開不宜居內。出士開為兗州刺史。太后數以為言。叡執之彌固。因坐誅。⊙〔唐〕熲孫。舉明經。歷趙州刺史。聖曆初突厥默啜入寇。叡力不能制。即自經。不得死。為虜執。不從。見殺。謚節。

高懌〔宋〕季興四世孫。字文悅。年十三。能屬文。通經史百家。從种放受業。放奇之。不敢處以弟子行。與同時張蕘・許勃號南山三友。范雍建京兆府學。召懌講授。諸生常數百人。仁宗時賜號安素處士。

高暨〔宋〕長溪人。字子雲。紹興進士。孝宗朝為太學博士。遷祕書著作郎。嘗修乾道會要。轉朝散郎。有易說及詩文集。

高樹生〔後魏〕謐子。性通達。重節義。交結英雄。不事生產。蠕蠕侵略。孝文詔陽平王頤率衆討之。頤假樹生鎮遠將軍都將。先驅有功。辭不受賞。孝昌初北州大亂。以樹生有威略。授以大都督。令率勁勇鎮捍舊蕃。踰年卒。太昌初追謚文穆。

高樹程〔清〕錢塘人。字邁菴。自號烟蘿子。乾隆副貢。善畫山水。得子久・黃鶴山樵兩家神髓。

高澧〔五代吳越〕渭弟。年十三四。即酷暴自用。及唐天祐末嗣父職。為湖州刺史。恣行誅僇。好使酒殺人而飲其血。且暮必掠行人食之。將吏僅晨入署。多與妻子泣別。澧每登樓眺望。則東西水陸行人皆絕跡。晚年將敗。欲盡殺百姓。錢鏐謀治兵問罪。澧遂導淮南將李簡等入其境。鏐遣子傳璙禦之。簡等挾澧而遁。澧至淮南。為淮人所害。

高濂〔明〕錢塘人。字深甫。號瑞南。工樂府。有南曲玉簪記・雅尚齋詩草・遵生八牋。

高輿〔元〕蔡州人。字功起。少慷慨多大節。力挽二石弓。嘗步獵遇虎。虎跳踉大吼。衆皆驚走。輿神色自若。發一矢斃之。至元間累立戰功。官至左丞相。卒謚武宣。⊙〔明〕儀封人。耆儒。崇禎末年九十四。罵賊而死。

高諷〔宋〕自云太尉駢之後。前蜀時即羈旅兩川。性多忤物。每求官不遂。輒偏告人曰。何不還我羅城來。羅城。故駢所築也。後歷仕後蜀為顯官。廣政末隨孟昶降宋。除太府卿。

高遵〔後魏〕蓚人。字世禮。涉歷文史。頗有筆札。累陞齊州刺史。進爵安昌子。性不廉。為齊州人孟僧振所訟。坐是賜死。

高遵惠〔宋〕遵裕從弟。字子育。以蔭入官。熙寧中試經義中選。累官戶部侍郎。以龍圖閣學士知慶州卒。宣仁后臨朝。繩檢族人。一以法度。乃舉家事付遵惠。遵惠躬表率之。人無間言。

高遵裕〔宋〕瓊孫。字公綽。以父任累遷秦鳳安撫副使。熙寧中持附順羌部圖籍。及繪青唐武勝形勢入獻。擢引進副使。俾歸治師。師至野人關。羌人旅拒。引親兵一鼓破之。進營武勝城下。羌衆逃去。遂據其城。詔建為鎮洮軍。命知軍事。歷知岷熙慶等州。哲宗時官終右屯衛將軍。

高錫〔宋〕虞鄉人。字天福。漢乾祐進士。辟河南府推官。坐按獄失實奪官。周顯德初。為蔡州防禦推官。宋初棄官歸京師。建隆中以書干宰相范質。質奏用為著作佐郎。拜左拾遺。使清州。私受節帥郭宗路遺。責貶萊州司馬。改陳州別駕卒。⊙〔金〕德基子。字永之。以蔭補官。累遷河北東路按察轉運使。貞祐初城破。自投城下而死。

高霖〔金〕東平人。字子約。大定進七。累遷國史院編修官。論黃河之決。當開雞爪河以殺其勢。又請於河隄廣樹榆柳。數年之後。隄岸既固。掃材亦便。民力漸省。從之。至寧中官至兵部尚書。權參知政事・中都留守。兵亂死之。謚文簡。

高徽〔後魏〕湖後。字榮顯。延昌中假員外散騎常侍。使於嚈噠。西域諸國莫不敬憚之。還拜冗從僕射。神龜中。再使嚈噠還。至枹罕。屬莫折念生反。時河州刺史元祚以憂死。共推徽行河州事。綏接有方。兵士用命。梁景進率羌來攻。久無援救。力屈城陷。爲賊所害。諡文宣。

高·應先 明宜章人。字世德。成化進士。授行人。奉使朝鮮。餽遺一無所受。擢御史。巡撫大同。多所建白。會劉瑾擅柄。以病告回。瑾敗。累詔起復。官至四川參政。

高·應松 宋長樂人。字賁畝。開慶進士。累遷禮部員外郎。翰林院權直。元兵至臨安。挾宋降。應松不肯拏降表。及元兵自湧金門入。擧朝奔竄。從官留者九人。應松其一也。擢端明殿學士。簽書樞密院事。從恭帝至燕。絕粒不語。越七日卒。

高·應芳 明金溪人。字惟實。嘉靖進士。巡按山東。恩威並著。晉太僕卿。疏馬政八事。詔著爲令。有羊洞遺稿、谷南集。

高·應冕 明仁和人。字文中。嘉靖擧人。知光州。有白雲山房集。

高·濟 北齊歡十二子。封博陵王。嘗從文宣巡幸。在路忽憶太后。遂逃歸。帝怒。臨以白刃。因此驚怳。官至定州刺史。嘗語人云。計次第亦應到我。後主緯聞之。陰使人殺之。諡文簡。

高·獲 後漢新息人。字敬公。少與光武有素。師事司徒歐陽歙。歙下獄當斬。獲冠鐵冠。帶鐵鑕。詣闕爲請。帝雖不赦。而引見之。謂曰。敬公。朕欲用子爲吏。宜改常性。獲對曰。臣受性於父母。不可改之於陛下。遂辭去。獲善天文遁甲。能役鬼神。所言多驗。三公爭辟不應。太守鮑昱每行縣。輒式其閭。獲遂遠遁江南。

高·璩 唐元裕子。字瑩之。第進士。以寵進。懿宗時累官中書侍郎、同中書門下平章事。既卒。太常博士曹鄴建言璩交遊醜雜。進取多蹊徑。諡法不思妄愛曰刺。請諡爲刺。從之。

高·禧 金全子。歷齊東、霑化、安丘、商河縣尹。獨尙寬簡。縣宇有妖。境內有虎。禧默禱於天。其怪遂滅。虎亦屏息。

高·聰 後魏蓨人。字僧智。有文才。累官通直散騎常侍。微習弓馬。以將用自許。孝文南討。假聰輔國將軍援渦陽。所經淫掠。遇賊退敗。黜爲民。宣武時爲散騎常侍。諂媚反覆。賄納彰聞。孝明時官終光祿大夫。卒諡獻。

高·擧 明祥符人。字雲翰。弱冠代父戍邊。擧永樂進士。選庶吉士。授兵科給事中。持正不阿。慷慨敢言。坐是不合時。解官歸。巡撫于謙過其廬。即止避道。其見重如此。◎明淄川人。字東溟。萬曆進士。知完縣、蒲圻。皆有惠政。徵爲御史。時內璫張德毆死平人。衆莫敢問。擧抗疏致璫於法。後巡撫浙江。有惠政。

高·謐 後魏湖子。字安平。有文武才。太安中以功臣子召入禁中。除中散。文成帝深重之。累官蘭臺御史。尋轉治書。掌攝內外。彈糾非法。當官而行。無所畏避。甚見稱賞。卒諡武貞。

高·謙之 後魏崇子。字道讓。少事後母李。以孝聞。釋褐奉朝請。加宣威將軍。孝昌初爲河陰縣令。有當官之稱。李神軌譏於靈太后。賜死。朝士莫不哀之。永安中追諡康。

高·闍 南朝宋番縣人。與沙門釋曇標、道方等。共相誑惑。自言有鬼神龍鳳之瑞。

高·霞寓 唐范陽人。能讀春秋及兵法。以感慨自尙。狡譎多變。從高崇文擊劉闢有功。拜彭州刺史。俄代爲長武城使。封感義郡王。元和中隨諸將討王承宗。獨霞寓有功。詔藏所獲鎧仗於神策庫以旌之。累拜振武邠寧節度使。

高·駿升 淸畫山水宗巨然。

高·歸彥 北齊歡族弟。字仁英。少質朴。後放縱好聲色。以討侯景功。除領軍大將軍。武成即位。進位太傅。志意盈滿。旁若無人。帝忌之。乃出爲冀州刺史。至州謀逆。伏誅。

高·瀔 明鑑子。字宗呂。號石門子。又號霞居子、鶴仙子。工畫山水人物花鳥。出入宋元四大家。善隸草八分。俱稱逸品。能詩文。與傅汝舟齊名。爲十才子之一。有石門集。（按四庫提要作高瀔。此從福建通志。）

高·燾 宋泗州人。字公廣。號三樂居士。善畫小景。自成一家。眠鷗浮雁。衰柳枯枿。最爲珍絕。兼善篆隸飛白。

高·瞻 前燕蓨人。字子前。光熙中爲尚書郎。屬永嘉之亂。還鄉里。與叔父隱北徙幽州。既而以王浚政令無恆。乃依崔毖。毖與三國謀伐慕容廆。瞻固諫。不從。及毖奔敗。瞻隨衆降於廆。廆署爲將軍。瞻稱疾不起。廆深不平之。以憂死。

高·礎 淸順天人。一名雲臺。字碧霄。善畫人物山水。

高·簡 淸蘇州人。字澹游。號旅雲山人。能詩。善畫山水。

高·翼 後魏蓨人。字次同。豪俠有風神。爲州里所宗敬。孝昌末葛榮作亂於燕趙。朝廷以翼山東豪右。即家拜渤海太守。爾朱榮弒莊帝。翼保境自守。謂諸子宜早圖之。事未輯而卒。

高藏 唐高麗王建武姪。蓋蘇文殺建武立之。專國政。乾封初蓋蘇文卒。其子男生代爲莫離支。與其弟男建不睦。相攻擊。遣子獻誠來求援。

詔李勣・薛仁貴等出師。敗男建。執高藏・男建等抵京。以高藏素被脅制。赦爲司平太常伯。剖其地爲九都督府。仁貴總兵鎭之。儀鳳中遣高藏還安東。授遼東都督。高藏與靺鞨謀變。召還。放邛州。永淳初卒。

高・駢 〔唐〕崇文孫。字千里。事朱叔明爲司馬。有二鵰並飛。駢曰。我且貴。當中之。一發貫二鵰焉。衆大驚。號爲落鵰侍御。尋攻拔安南。僖宗時歷天平・劍南・鎭海・淮南節度使。黃巢陷廣州。駢傳檄召天下兵共討賊。威震一時。天子倚以爲重。會駢信嬖將呂用之。託疾不出。帝知駢無出兵意。乃以王鐸代之。加駢侍中，封渤海郡王。駢失兵柄利權。卽上書謾言不恭。部下多叛去。鬱鬱無聊。乃篤意求神仙。光啟中爲畢師鐸所殺。褒以故氈。與子弟七人一坎而瘞。

高・懷貞 〔金〕爲尙書省令史。海陵專威福柄。遂成弒逆之計。皆懷貞輩導之。海陵篡立。以懷貞爲修起居注。累遷禮部侍郞。大定中降奉政大夫。放歸田里。未幾起爲定國軍節度使。

高・懷德 〔宋〕行周子。字藏用。行周晉末鎭宋州。遼南侵。行周禦之。懷德留守京東。郡盜大起。懷德堅壁清野。敵不能入。從周世宗征淮南。又從北征。克瓦橋關。歷官江寧軍節度使。太祖卽位。拜殿前副都點檢。移鎭滑州。尙長公主。破李筠衆於州。以功遷忠武軍節度使。官終武勝軍節度使。封冀國公。卒諡武穆。

高・懷節 〔宋〕文進子。太宗時翰林待詔。有父風。工畫。長於屋木。

高・懷寶 〔宋〕懷節弟。與兄同時祗候畫院。花竹翎毛草蟲蔬果。俱臻絕妙。

高・攀龍 〔明〕無錫人。字存之。萬曆進士。授行人。以疏詆楊應宿。謫揭陽典史。家居垂三十年。熹宗立。累官左都御史。發崔呈秀穢狀。爲魏忠賢所惡。削籍歸。璫復矯旨逮問。攀龍衣冠草遺表。投池中死。崇禎初諡忠憲。攀龍操履篤實。涵養邃密。粹然一出於正。爲當代大儒。與顧憲成修復東林書院。講學其中。憲成卒。攀龍專講席。世稱高顧。有周易易簡・二程節錄・春秋孔義・正蒙釋・高子遺書。

高・瓊 〔宋〕蒙城人。少勇鷙無賴。後事王審琦。太宗尹京邑。知其材勇。召至帳下。及卽位。擢御龍直指揮使。積戰功。累官保大軍節度。眞宗時爲殿前都指揮使。帝幸澶淵。寇準力贊過河。衆議不決。瓊請如寇準之言。麾衛士進輦。帝遂渡河。後以久疾求解兵柄。授檢校太尉。瓊不識字而曉達軍政。有子十四人。皆訓以詩書。

高・蟾 〔唐〕河朔人。初落第。詩云。天上碧桃和露種。日邊紅杏倚雲栽。芙蓉生在秋江上。莫向東風怨未開。時謂蟾無躁競心。後登進士第。乾寧間爲御史中丞。

高・韜 〔晉〕光子。字子遠。放佚無檢。光爲廷尉時。韜以納賄爲有司奏按。初光詣長安留臺。以韜兼右衛將軍。韜與殿省小人交通。及光卒。仍於喪中往來不絕。時東海王越輔政。不朝覲。韜知人心有望。密謀討越。事泄伏誅。

高・鵬 〔明〕澧州人。幼聘周氏女。病癱。周氏請辭昏。鵬不可。舉正德進士。知南通州。廉愼有爲。尋調霸州。以禁械璫橫歛。誣逮獄。謫寧州同知。旋遷杭州通判。

高・繼沖 〔五代南平〕保融子。字成和。叔保勗卒。拜荊南節度使。立一年。湖南將張文表作亂。宋太祖命慕容延釗等討之。假道荊南。約以兵過城外。繼沖大將李景威不可。叛官孫光憲叱之。因勸繼沖去斥堠封府庫以待。繼沖以爲然。景威出。扼吭而死。延釗軍至。繼沖出逆於郊。而前鋒遽入其城。繼沖懼。卽納印降。太祖復命爲節度使。鎭彭城。自高季興以梁開平初據荊州及歸峽。傳四主至繼沖。於宋乾德初國除。凡五十七年。

高・繼宣 〔宋〕繼勳弟。字舜舉。乾興中以內殿崇班爲益州都監。蜀人富修。元夕大張燈。知府辟奎戒以備盜。繼宣籍惡少年飲犒之。使夜中潛誌盜背。明日皆獲。累遷眉州防禦使卒。

高・繼勳 〔宋〕瓊子。字紹先。眞宗時爲益州兵馬都監。歷知數州。累遷建雄軍節度使卒。性謙謹。有機略。善撫御士卒。臨戰輒勝。在蜀有威名。號神將。神宗卽位。追封康王。諡穆武。

高・鐈 〔清〕清苑人。字薦馨。諸生。嗜古。善書法。好遊山水。所至有題咏。著述甚富。詩有陸舟・蘆中・依雪・浮家四集。雜著有義烈金蘭等編。

高・巍 〔明〕遼州人。事母至孝。洪武中旌爲孝子。由國子生授都督府斷事。坐事謫戍貴州。建文時召復官。見朝議削親藩。巍獨疏請用主父偃推恩策。帝頷之。燕兵起。自請使燕。數上書請王罷兵。皆不報。及京城陷。自經死。福王時諡忠毅。

高・鐸 〔明〕絳州人。字鳴道。洪武進士。歷官刑部侍郞。僉都御史。嘗築留都城。開三山街。奏遷金臺驛爲侯馬驛。才識通敏。朝野倚以爲重。卒贈尙書。

高・儼 〔北齊〕武成三子。字仁威。封瑯邪王。以和士開駱提婆等奢恣。意甚不平。武平中儼執士開送御史。使馮永洛就臺斬之。斛律光聞殺士開。撫掌大笑曰。龍子作事。固自不凡。

已而後主緯與儼出獵。使劉桃枝拉殺之。時年二十四。贈諡曰楚恭哀帝。以慰太后。有遺腹四男。生數月。皆幽死。◉【明】新會人。字望公。博學。工詩畫草書。時稱三絕。暮年畫益精。能於月下作畫。視畫時尤工。

高·歡　【北齊】蓨人。字賀六渾。初事葛榮。爲親信都督。爾朱兆弒魏孝莊帝。歡起兵討兆。滅之。封渤海王。擁立孝武帝。歡爲丞相。專權。帝西走依宇文泰。歡別立孝靜帝。由是魏分東西。歡仕東魏。與西魏宇文泰相攻戰。性深密。機權之際。變化若神。馭軍旅法令嚴肅。聽斷明察。文武咸樂爲用。卒諡獻武。天保初追崇爲獻武帝。廟號太祖。天統初改諡神武皇帝。廟號高祖。

高·錄　【明】猗氏人。嘗於孤山採藥遇劉海蟾。授長生訣。坐臥一窨。寒暑不出。後村人欲鑿池。忽出曰。此爲古利也。當爲若置石。授人一鞭。入山驅石若飛。官聞之。欲治以妖。遂自擇地入棺。一夕葬畢。妻子俱莫知所在。

高·覿　【宋】蘄人。字會之。舉進士。爲嘉興縣主簿。遷判泗州。詔定南場茶法。歷京西轉運。徙益州。多所建白。累官給事中·知單州卒。

高·鑑　【明】信陽人。字克明。成化進士。爲武選司主事。以事忤中貴。謫鎮遠通判。遷鎮江同知·夔州知府。才器甫一載。致仕歸。鑑體貌修偉。才器磊落。善談辨。曉音律。詩書圖畫。自成一家。◉【明】侯官人。字孔明。號時菴。自號種菊道人。正德中嘗爲教諭。工畫水墨山水。間作花竹。氣韻超逸。

高·霱　【明】秋浦人。字暄之。隱居石門山桃花塢。李白嘗遊其地。與同遊眺。作九華聯句。

高·顯　【金】元光中爲紅襖賊。邳州從宜經略使納合六哥等。率軍士入行省殺蒙古綱。遂據州反。顯等殺六哥。函首以獻。詔加顯三品官職。授世襲謀克。

高·觀國　【宋】山陰人。字賓王。工詞。稱大家。有竹屋癡語。

高·觿　【元】渤海人。字彥解。事世祖備宿衛。頗見親幸。至元初立燕王爲皇太子。詔選才俊充宮屬。以觿掌藝文。又監作皇太子宮。規制有法。帝嘉之。賜名失剌。官至河南等路宣慰使。

鬼力赤　【明】韃靼人。永樂時篡立爲可汗。改稱韃靼。與瓦剌相仇殺。數往來塞下。後爲知院阿魯台所殺。

鬼谷子　【戰國】見王詡條。（按鬼谷子。無鄉里族姓名字。因其所居。稱曰鬼谷先生。張儀·蘇秦皆師事之。或云姓王名詡。一名利。一名禪。隋志有鬼谷子一卷。蓋其所著書也。或云後人僞撰。或云鬼谷子。一號玄微子。又琴纂云。蔡邕入清溪訪鬼谷先生。蓋別是一人。）

鬼臾區　【上古】即大鴻。一作太鴻。見大鴻條。

十一畫

乾·彥思 〔周〕性倜儻。緒遂頁贈以詩云。志氣百年內。平生一寸心。欲交天下士。未面已虛襟。

偃·師 〔周〕穆王巡狩。師謁王曰。臣有所造。願王觀之。王曰。若偕者何人。對曰。臣所造倡者。王以爲實人。與妃御觀之。倡者瞬目招王侍妾。王欲誅之。師剖倡以示。皆傅會舞木膠漆丹青爲之。

假·倉 〔漢〕陳留人。字子驕。從平陵張山拊受尙書。以謁者論石渠。官至膠東相。

偉齊 〔清〕滿洲鑲黃旗人。姓瓜爾佳氏。費英東九弟。征瑚爾哈部。收獲五百戶。有功。天聰間從攻明。略遵化。後任盛京八門提督。歷事兩朝。以忠誠著。卒謚端勤。

偏圖 〔清〕漢軍正白旗人。本姓李。康熙間吳三桂反。偏圖轉戰陝甘間。復隨趙良棟征雲貴。以功官至鑲白旗漢軍都統。卒謚襄敏。

偓佺 〔陶唐氏〕槐山採藥父。好食松實。形體生毛。兩目更方。能飛行逐走馬。以松子遺堯。堯不暇服。時人受服者。皆至二三百歲焉。

偶·桓 〔明〕太倉人。字武孟。號海翁。因眇一目。又自號瞎牛。洪武中官荆門州吏目。有乾坤清氣集。

偰·玉立 〔元〕其先回紇人。居偰輦河上。因以偰爲氏。字世玉。延祐進士。至正中爲泉州路達魯花赤。考求圖志。搜訪舊聞。成清源續志二十卷。後遷海南道肅政廉訪使。工詩。有世玉集。

偰·列篪 〔元〕回鶻人。字世德。兄弟五人。俱登進士。紅巾亂起。列篪與妻子闔門死難。後人名其地曰偰家池。在今江西新建縣。池上有樓名偰家樓。有司徙於西北城角。以旌忠烈。

偰·伯遼遜 〔元〕任單州守。修崇學校。士習丕變。成就甚多。

偰·傒斯 〔元〕崑山縣尹。爲政平恕。時凡境內忠貞孝義之事。多所暴白。時人賦崑山五詠以美之。

偰·斯 〔明〕溧陽人。以蔭徵。起授尙寶司寺丞。嘗兩使高麗國。出知河間府。累官戶禮二部尙書。

勒·方錡 〔清〕新建人。字悟九。號少仲。道光舉人。官至河東河道總督。洞達玄理。相傳其能知前生。每作書。澄思靜坐。自研墨瀋盈器。然後染翰。故縑素流傳。光氣奕奕。有太素齋集。

勒·志敏 〔明〕狄道人。宣德中任館陶縣丞。慈惠臨民。民多愛之。

勒貝 〔清〕滿洲正藍旗人。姓郭爾羅氏。康熙間擢正藍旗滿洲都統。吳三桂反。勒貝自廣西將兵進定雲南。吳世璠平。師還。以疾卒於道。

勒保 〔清〕滿洲鑲紅旗人。溫福子。字宜軒。嘉慶時累擢雲貴總督。勦川楚教匪。授經略。自貴州入川。以久駐達州。無功奪職。尋起爲四川總督。用堅壁清野之策。蕩平教匪。積功封威勤伯。官至武英殿大學士。勒保善詼諧飲酒。待士卒頗厚。在軍中不喜談兵。而寄心膂於將帥。使各盡所長。故能卒殲巨寇。謚文襄。

勒·思齊 〔唐〕歷陽人。有膂力。武后召見奇之。授遊擊將軍。

勒爾錦 〔清〕宗室。順治間封多羅順承郡王。吳三桂反。命爲寧南靖寇大將軍。由湖南進征。後率兵赴重慶。中途返。以老師糜餉。坐失事機削爵。

務·光 〔夏〕湯克桀。以天下讓之。光負石自沈蓼水。已而自匿。後四百餘歲。至武丁時復見。武丁欲以爲相。復隱去。(按務光。一作瞀光。或作牟光。又皇甫謐云。黃帝時人。)

務成·子 〔陶唐氏〕堯師。

區·大任 〔明〕順德人。字楨伯。嘉靖中以歲貢累官南京戶部郎中。有百越先賢志。

區·大相 〔明〕益子。字用儒。號海目。爲文有奇氣。下筆千言立就。第萬曆進士。選庶吉士。歷贊善中允。掌制誥。居詞垣十五年。趙志皋·張位·沈一貫先後當國。皆與有舊。大相引避不輕謁。調南太僕丞。移疾歸卒。大相工於詩。持律既嚴。鑄詞必鍊。爲明代嶺南詩家之最。有太史集·圖南集·濠上集。

區·大倫 〔明〕大相弟。字孝先。官南京戶部侍郎。時魏忠賢勢方熾。大倫彈劾無所避。奪職歸。有端溪日錄·崇正闢邪錄·端溪詩稿。

區·仕衡 〔宋〕順德人。字邦銓。入太學爲上舍生。生平慷慨有智略。以天下爲己任。嘗上書論賈似道誤國。不報。後又陳恢復策。亦不見用。歸講學九峯書院。時稱九峯先生。詩文典雅。有九峯集·理學簡言。

區·册 〔唐〕南海人。喜讀書。操持雅飭。貞元中監察御史韓愈以直言貶陽山令。册往見之。及歸。愈爲文送之。

區·金 〔南齊〕南海人。字南貴。宋孝建末客揭陽。武帝在潛。興師征豫章賊。金爲首領。從大將往平之。至金陵事高帝。及受禪。用金爲衛右武校尉。累官琛州刺史。

區·禹民 〔明〕南海人。少以剛直聞。元季土豪相聚爲亂。禹民偕族子忠·吉等。率衆立砦保障鄉人。洪武初廖永忠師下廣州。禹民等首請歸附。永忠令保障如初。副將軍朱亮祖陷於山南賊。忠走告永忠調軍。令忠等爲向導。破之。事平。禹民等入朝。詔授禹民爲江州府。以資高辭。改忠仁風鎮巡檢。吉彰德衛百戶。

區·益 【明】高明人。字叔謙。少穎異。淹貫羣籍。中嘉靖舉人。授都昌知縣。恤民禮士而嚴於吏胥。改泰順。倭寇至。募士鬭擊。勝之。以功遷慶遠府同知。後補溫州。有阮溪草堂集。

區·國龍 【明】西寧人。少孤貧。事母以孝聞。性不諧俗。惟怡情於山林泉石間。詩文晚而益工。有黃石集。

區·寄 【唐】柳州蕘牧兒。二豪賊劫持墟所賣之。寄伺一賊睡。取其刀殺之。一賊將殺寄。寄曰。爲兩郎僮。孰若爲一郎僮。後又殺一賊。刺史奇而歸之。

區·博 【漢】王莽時爲中郎。諫莽行井田。

區·適 【宋】南海人。字正叔。幼爽邁能文辭。於經史皆通大義。及長。以博學多聞稱。里人慕之。從遊者數百人。所居地舊名麟洲。而適籍登洲。因更其地爲登洲鄉。

區·澤 【隋】連州人。字伯仁。少以學行重鄉閭。州近荆衡。多流徙者。澤招集至門。擇智勇者與之貲。使得經商。因編爲什伍。鄉閭藉以捍衞。大業中改州爲熙平郡。拜澤爲郡守。及唐代隋。澤閉戶謝事。不受唐官爵。

區·懷瑞 【明】大相子。字啓圖。少負大才。弱冠隨父署中。賦秋鷹詩。爲趙相志學所重。以舉人令當陽。有聲。後補平山令告歸。有趙庭稿·遊燕草·遊滁草。

唵木海 【元】蒙古八剌忽觧氏。從太祖征伐有功。帝嘗問攻城略地。兵仗何先。對曰。攻城以砲石爲先。力重而能及遠故也。帝悅。後定諸國。多賴其力。

商·大節 【明】鍾祥人。字孟堅。嘉靖進士。累官右僉都御史。巡撫保定。俺答薄都城。大節率五城御史統民兵禦敵。寇退。復經略京城內外。訓練鼓舞。軍容甚壯。擢右副都御史。經略如故。仇鸞惡大節獨爲一軍。不受節制。乃請畫地分守。大節爭之。因被逮。卒於獄。隆慶初追贈兵部尙書。謚端愍。

商子 【周】伯禽·康叔見周公。三見而三笞。商子曰。南山之陽有木名橋。北山之陰有木名梓。二子盍往觀焉。二子往觀。見橋木高而仰。梓木卑而俯。反以告商子。商子曰。橋者父道也。梓者子道也。二子再見周公。入門而趨。登堂而跪。周公拂其首。勞而食之。

商丘·子胥 【漢】高邑人。好吹竽牧豕。年七十不娶。不老。食老朮菖蒲根。飲水而已。

商丘·成 【漢】封秺侯。後坐爲詹事侍祠孝文廟醉歌堂下。曰出居安能鬱鬱。大不敬。自殺。

商·企翁 【元】曹州人。字繼伯。官著作佐郎。與王士點同撰秘書監志。

商均 【有虞氏】舜子。不肖。故舜禪位於禹。

商·良臣 【明】輅子。字懋衡。成化進士。累官翰林侍講。卒於官。良臣文章器識。無愧於父。衆皆惜其早世。

商紂 【商】王。帝乙子。名辛。材力過人。手格猛獸。好酒淫樂。嬖妲己。厚賦斂。百姓怨望。諸侯多叛。周武王率師伐之。紂兵敗。走鹿臺。赴火死。在位三十三年。國亡。

商·飛卿 【宋】臨海人。字翬仲。淳熙進士。累官工部郎中。時韓侂胄柄國。飛卿未嘗一造請。踰月卽丐去。後擢監察御史。以言事忤侂胄。改司農卿。總領江淮軍馬錢糧。以身率儉。節縮浮苛。開熙中擢戶部侍郎。

商·容 【商】紂時爲大夫。以直諫被貶。後武王伐紂。表其閭。

商·挺 【元】衡子。字孟卿。從世祖征伐。屢建大功。官至中書參知政事。卒謚文定。追封魯國公。挺善隸書。有詩千餘篇。

商陵·牧子 【周】娶妻五年無子。父兄欲爲改娶。妻聞之。中夜驚起。倚戶悲嘯。牧子爲作別鶴操。仍爲夫婦。（按商陵。御覽作高陵。茲據琴操。）

商·喜 【明】字惟吉。一字恆吉。善山水人物。花木翎毛全學宋人。

商湯 【商】開國之君。契之後。名履。始居於亳。爲夏方伯。專征伐。葛伯不祀。湯始伐之。任伊尹以國政。夏桀無道。湯伐之。放於南巢。遂有天下。國號商。在位三十年。

商·琥 【元】挺子。字台符。至元中拜江南監察御史。後徵拜中書臺監察御史。屬地震。上書言事。因舉名士十餘人。帝皆召用。官終國子司業。有彝齋文集。

商·琦 【元】琥弟。字德符。成宗召備宿衞。泰定初累遷秘書卿。嘗使蜀。持平守法。秋毫無私。又善畫山水。墨竹自成一家。

商·璲 【宋】汴人。流寓西夏。仕爲都知兵馬使。嘉祐中因奉使歸宋。仁宗嘉其義。賜地於浙之淳安以居。子孫因家焉。以蔭補官者三世。

商·輅 【明】淳安人。字弘載。正統中鄉會殿試皆第一。除修撰。郕王監國。入參機務。景泰朝官至兵部尙書。英宗復辟。被誣下獄。斥爲民。成化初以故官入閣。進謹身殿大學士。輅爲人平粹簡重。寬厚有容。至臨大事。決大議。毅然莫能奪。有商文毅疏稿略·蔗山筆塵·商文毅公集。

商·維濬 【明】會稽人。字初陽。有商氏稗海·古今評錄。

商鞅 【戰國】詳公孫鞅條。

商・盤 【清】會稽人。字寶意。號蒼雨。雍正進士。官順寧知府。工談笑。彈絲擫竹。妙得神解。能詩。有質園詩集。

商・澤 【春秋魯】字子秀。孔子弟子。以涉覽六籍稱。

商・衡 【金】曹州人。字平叔。至寧初進士第一。累遷監察御史。時哀帝姨郕國夫人與政。內族慶山奴軍敗。後爲秦藍總帥府經歷。元兵劫之使降。不屈死。

商・璹 【元】琦從弟。字台元。自號遯齋。安恬不仕。山水得破墨法。窠石最佳。

商・瞿 【春秋魯】字子木。孔子弟子。受易於孔子。

啓母塗山氏 【夏】禹之妃。既生啓。禹去而治水。三過其家不入。獨明教訓。而致其化。及啓長。化其德而從其教。卒致令名。

啓民可汗 【隋】突厥主。沙鉢略子。名染干。初號突利可汗。居北方。以尙公主故。南徙度斤舊鎭。都藍可汗攻之。遂入朝。隋拜爲意利珍豆啓民可汗。遷於河南夏勝二州間。都藍死。復與達頭可汗相攻。楊素累出師助之。達頭敗奔。啓民遂幷有突厥衆。累入朝。煬帝亦親幸其居。及卒。帝爲廢朝三日。

啓秀 【清】滿洲人。字穎之。光緒間由內閣學士累擢禮部尙書軍機大臣。拳匪之變。附和端剛。縱任啓釁。聯軍入京被拘。尋交還清廷置於法。

啓・倧 【明】崇禎時官經歷。孫承宗用爲通判。核兵馬錢糧。督城工。理軍民詞訟。大得衆心。清軍至寧遠。以然礮死。

啖・助 【唐】趙州人。後徙關中。字叔佐。淹該經術。天寶末歷臨清尉・丹陽主簿。秩滿隱居不仕。疏糲自甘。善春秋。爲集傳。凡十年乃成。

啖・榮祿 【唐】奉天人。爲羽林飛騎。以封股療親旌。

啜刺・眞 【唐】突厥首領。長壽中爲司僕卿同正。封榆林伯。

唯儼 【唐】僧。絳縣寒氏子。師事慧照。尋納戒。謁石頭禪師。密證心法。住藥山。李翺出刺朗州。謁唯儼問道。唯儼指天指淨缾曰。雲在青天水在瓶。翺頓悟。太和間示寂。

圈・稱 【後漢】楚鬻熊之後。官議郞。撰陳留風俗傳。

國・用安 【金】淄州人。先名安用。本名咬兒。紅襖賊李安兒餘黨。初降元。天興初據徐宿邳三州。與劉安國・王德全歸金。封兗王。行東京尙書省事。賜姓名完顏用安。已而與安國德全有隙。會哀宗徵勤王兵。用安假朝命徵兵徐宿。欲以圖山東。安國德全不應。用安因遣人殺安國。率師攻徐州。不能下。退還漣水。降元。後又降宋。爲浙東總管。兵敗投水死。

國・由 【漢】長安人。王莽立太子。置六經祭酒。秩上卿。以由講易。

國・佐 【春秋齊】卿。鞌之敗。使賂晉。晉人不可。佐曰。請收合餘燼。背城借一。乃盟於爰婁。後殺慶克。以穀叛。靈公殺之。諡武子。

國哀 【夏】禹之御。

國杜 【清】滿洲鑲黃旗人。姓博爾濟吉特氏。雍正間襲一等子。乾隆間擢前鋒侍衛。從攻大金川。勦準噶爾。擊葉爾羌。累有戰功。又收復喀什噶爾等城。積功升馬蘭鎭總兵。從征緬甸。調楚雄鎭總兵。卒於軍。

國勒明阿 【清】滿洲鑲白旗人。姓富察氏。乾嘉間由閒散累擢壽春鎭總兵。河南教匪掠阜陽。國勒明阿勦平之。官至巴里坤總兵。

國梁 【清】滿洲正黃旗人。姓哈達納喇氏。字隆吉。一字丹中。號笠民。本名納國棟。奉敕改今名。乾隆進士。官至貴州糧驛道。有澄悅堂集。

國・淵 【三國魏】蓋人。字子尼。幼從鄭玄學。玄稱之爲國器。武帝辟爲司空掾。與屯田事。累遷太僕。恭儉自守。卒官。

國・僑 【春秋鄭】見公孫僑條。

國興阿 【清】蒙古正黃旗人。姓赫舍哩氏。乾隆中從征雲南及金川有功。嘉慶中勦教匪於陝西。所向克捷。官至伊犁鎭總兵。

國・歸父 【春秋齊】卿。嘗聘魯。禮成而加之以敏。臧文仲言於僖公曰。齊猶有禮。君其朝之。卒諡莊子。

執失・思力 【唐】突厥酋長。貞觀中護送隋蕭后入朝。授左領軍將軍。尙高祖女九江公主。拜駙馬都尉。坐事流巂州。後爲歸州刺史卒。

堂・衣若 【春秋魯】叩孔子之門曰。丘在乎。丘在乎。子貢曰。子何言吾師之名。堂衣若曰。子何年少言之絞。子貢曰。子之言絞。是以絞之也。

堂邑・父 【漢】胡人。善射。建元時張騫以郞應募使月氏。與堂邑父俱出隴西。徑匈奴。爲匈奴所留。後與騫俱亡歸漢。拜爲奉使君。

堂谿・典 【後漢】潁川人。爲五官中郞將。延篤少從典受左氏傳。

堂谿・惠 【漢】潁川人。從貢禹受公羊春秋。

堅・晟 【明】秦州人。字伯明。正德中知博平縣。清愼公勤。剗革宿弊。流賊攻城。晟親拒戰。城賴以完。以功陞薊州知州。

堅・鐔 【後漢】襄城人。字子伋。爲郡縣吏。光武召爲偏將軍。每戰輒先當矢石。以功封合肥侯。繪形雲臺。

婁·內干 〔後魏〕提子。有勇力。未仕而卒。

婁·文煥 〔明〕象山人。字象明。諸生。聞明亡。偏別親族。拱坐海邊沙土上。潮至隨水湧去。越數日。屍隨潮轉。顏色不變。人驚神異。

婁·幼瑜 〔南齊〕東陽人。字季。官至給事中。著禮捃遺三十卷。（按南齊書作樓幼瑜。此從南史。）

婁·伏連 〔後魏〕代人。世爲酋帥。伏連忠厚有器量。年十三。承父位。領部落。道武初從攻賀蘭部。又從平中山。征姚平。太武時遷光祿勳。封廣陵王。後鎭統萬。卒謚恭。（按魏書作樓伏連。此從北史。）

婁后 〔北齊〕名昭君。彊族多聘之。不肯行。及見高歡於城上執役。驚曰。此眞吾夫也。乃使婢通意。又數致私財。使以聘己。父母不得已許之。天保初尊爲皇太后。

婁·圭 〔三國魏〕字子伯。少與太祖有舊。太祖以爲大將。不使典兵。常在坐席言議。後以恃舊不遜見誅。

婁妃 〔明〕諒女。爲寧王宸濠妃。有賢德。濠謀逆。妃屢諫不聽。及敗。濠歎曰。昔紂用婦言亡。我以不用婦言亡。悔何及。清蔣士銓爲譜一片石第二碑兩傳奇以哀之。

婁·守堅 〔宋〕安東人。生有異相。長爲承天寺僧。號婁道者。嘗召入大內。適仁宗生。啼哭不止。守堅摩其頂。遂止。後新知軍入境。雅不喜道者。告其徒曰。緣盡矣。遂自焚而死。

婁·志德 〔明〕項城人。字存仁。正德進士。知趙州。有惠政。累遷福建布政使。巡撫山東。嘗著兩浙賦役全書。卓有實濟。京師語曰。天下清官婁志德。

婁·忱 〔明〕諒子。字誠善。傳父學。不下樓者十年。從游甚衆。學舍至不能容。其弟子有架木爲巢而讀書者。

婁·良 〔明〕通許人。正統進士。授刑部主事。從北狩。也先欲降之。不屈。也先怒。刃其背。良辭色益厲。也先重其節。釋之。還遷郞中。累官右副都御史。

婁·定遠 〔北齊〕昭子。少歷顯職。性貪鄙。爲武成愛狎。封臨淮郡王。後以贓貨自縊死。

婁·性 〔明〕上饒人。成化進士。官至南京兵部郞中。後與守備太監蔣琮相訐。坐除名。著明政要。

婁·南良 〔宋〕臨川人。字德剛。咸淳進士。授吉州法曹。與弟文輔·子志淳·皆以德名。臨川家世儒雅忠厚者。惟饒氏與婁氏焉。

婁·昭 〔北齊〕內干子。方雅正直。腰帶八尺。弓馬冠時。神武少親重之。昭亦曲盡禮敬。神武將出信都。昭贊成之。歷官定州刺史。卒謚武。

婁·師德 〔唐〕原武人。字宗仁。第進士。上元初爲監察御史。以功遷殿中侍御史。兼河源軍司馬。與吐番戰。八遇八克。武后時累官同平章事。總邊要爲將相者三十年。恭勤樸忠。心無適莫。其弟嘗除代州刺史。將行。師德曰。寵榮已極。人所嫉也。將何以自免。弟曰。自今雖有人唾某面。某拭之而已。師德曰。適遂其意。止使自乾耳。卒謚貞。

婁·堅 〔明〕嘉定人。字子柔。隆萬間貢生。經明行修。鄉里推爲大師。工書法。詩亦清新。四明謝賓山知縣事。合唐時升·程嘉燧·李流芳及堅詩刻之曰嘉定四先生集。又有學古緒言。

婁·寅亮 〔宋〕永嘉人。字陟明。政和進士。爲上虞丞。再上疏言宗社大計。擢監察御史。秦檜諷言官論去之。

婁·琇 〔明〕湘陰人。字元夫。性剛直。崇禎初知陝西涇州。流寇至。城陷。罵賊死。

婁·提 〔後魏〕代人。雄傑有識度。好周給人。士多歸之。太武時以功封眞定侯。獻文時爲內三郞。獻文暴崩。引刀自刺幾死。

婁鈐轄 〔宋〕馬曁部將。宋亡。曁守靜江死於敵。婁以二百五十人守月城不下。既而告饑。元軍遺以牛米。兵皆分米炊未熟。生啖牛立盡。遂發火炮然之。舉城皆爲灰燼。

婁·敬 〔漢〕見劉敬條。

婁·壽 〔漢〕南陽人。字元考。幼而岐嶷。有志行。好學不厭。隱居不應徵辟。門人謚玄儒先生。

婁·樞 〔明〕河內人。字子敬。嘉靖舉人。知廣宗縣。頗留心經世之學。有婁子敬文集。

婁·諒 〔明〕上饒人。字克貞。號一齋。少有志聖學。聞吳與弼在臨川。往從之。與弼告以爲學須親細務。諒素豪邁。由此折節。雖掃除之事。必身親之。其學以收放心爲居敬之門。以何思何慮。勿忘勿助。爲居敬要旨。王守仁少時。亦嘗從諒學。景泰間舉於鄉。官成都訓導。尋告歸。成日錄四十卷。三禮訂訛四十卷。

婁·毅 〔後魏〕伏連兄曾孫。累遷尙書右僕射。以擒反人梁衆。保加侍中。後轉都督涼河二州鄯善鎭諸軍事·涼州刺史。太和末卒。

婁·叡 〔北齊〕昭兄子。字佛仁。初爲神武帳內都督。齊受禪。累官太尉。封東安王。叡以外戚貴幸。縱情聲色。歷官迄無善政。

婁·機 〔宋〕嘉興人。字彥發。乾道進士。官至太常博士秘書郞。以阻韓侂冑開邊去職。侂冑敗。召爲吏部侍郞。進參知政事。在官守法度。惜名器。稱獎人才。不遺寸長。以資政殿學士致仕卒。機深於書學。尺牘人多藏弃之。著班馬字類。

婁・謙 明上饒人。字克讓。成化進士。任御史。提督學政。以躬行實踐爲教。士類風動。歷四川布政使。

婁・寶 後魏伏連曾孫。字道成。明帝時仕至朔州刺史。歲考爲天下最。大統中累進儀同三司。衆太子太傅。爲人清簡少言。歷位師傅。守靖謙恭。爲人所敬。後行涇州事。卒於州。

婁・繼英 後晉歷梁唐爲耀州團練使。晉高祖時爲左監門衛上將軍。范延光反。遣人以蠟丸書招繼英。事泄。乃出奔許。張從賓反於洛陽。繼英投之。從賓敗。爲杜重威所殺。

婁・觀 明洪武末鄢陵知縣。民多豪猾難治。觀選邑中老成。人素信服者。使陳德義以勸諭之。遂皆感化。又貧民負稅者。捐俸置酒殽。請富者貸輸之。民懷其德。

婆閏 唐回紇酋長。吐迷度子。貞觀末授左驍衛大將軍。襲父所領。永徽間率衆助契苾何力。任雅相等。破阿史那賀魯。收復北庭。以功授右衛大將軍。

宿・石 後魏朔方人。祖若豆根。明元賜姓宿氏。石年十三。襲父爵。以忠謹著。尙上谷公主。遷吏部尙書。卒贈太原王。謚康。

宿・沓干 後魏石父。從太武平涼有功。賜爵漢安男。從討蠕蠕戰沒。

宿・倉舒 漢尉氏人。年七歲。遭荒。父母飢苦。倉舒求自賣與潁川王氏。後王氏免之。累官上黨太守。後覓父母經太原南郭。忽與母遇。遂還舊居。母卒。悲號而死。

宿・進 明夾江人。正德中官刑部員外郎。劉瑾敗。上封事劾附瑾大臣王敞等。幷言忤瑾死者宜恤贈。武宗怒。下進廷杖。削籍歸卒。

宿勤・武 隋爲開府。封盤石侯。漢王諒作亂。豆盧毓與武閉城拒諒。

宿瘤女 戰國齊東郭採桑之女。項有大瘤。閔王出遊至東郭。百姓盡觀。宿瘤採桑如故。王召問之。立爲后。

寂友 唐高僧。覩貨邏國人。武后時來華。與實叉難陀共譯大乘入楞伽經。又與沙門法藏等。譯無垢淨光陀羅尼經。事竣辭歸。敕厚禮餞之。

密・佑 宋廬州人。咸淳中爲江西都統。率衆與元師逆戰於進賢坪。身被四矢三鎗。遂被執。不屈死。

密・定 明金筑安撫司人。洪武初率土歸附。授安撫使。子孫嗣之。

密康公母 周姓隗氏。共王遊於涇上。康公從。有三女奔之。其母曰。必致之王。夫獸三爲羣。人三爲衆。女三爲粲。而何德以堪之。王猶不堪。況爾小醜乎。康公不從。王遂滅密。

寇・天敍 明榆次人。字子惇。正德進士。授南京大理評事。累擢應天府丞。武宗南巡。江彬等怙寵爲虐。天敍力與之抗。民得不困。嘉靖初以禦寇功。擢刑部右侍郎。改兵部卒。

寇・先 春秋宋嘗以釣魚爲業。居睢水旁百餘年。得魚或放或賣。或自食之。常著冠帶。好種荔枝。日取葩實食焉。宋景公問其道。不言。殺之。後數十年踞宋城門。鼓琴數十日乃去。

寇・治 後魏臻子。字祖禮。與兄祖訓弟儁並孝友敦睦。白首同居。父母亡雖久。猶於平生所處堂宇。備設帷帳几杖。以時節開堂列拜。垂涕陳薦。自洛陽令累遷金紫光祿大夫。蠻反於三鵶。治爲都督。追討戰沒。

寇・彥卿 後梁開封人。字俊臣。世爲牙將。太祖就鎭。以爲通引官。稱神將。及卽位。拜威化軍節度使。太祖遇弒。彥卿出其畫像事之如生。末帝卽位。自河陽節度使徙鎭威勝卒。彥卿怙寵作威。性多猜忌。好誅殺。

寇・恂 後漢昌平人。字子翼。初爲郡功曹。說太守耿況。南迎光武。遂拜恂偏將軍。從破羣賊。及南定河內。拜河內太守。行大將軍事。旣至則率厲士馬。轉輸不絕。又擊破蘇茂。復拜潁川太守。討平盜賊。郡中悉定。封雍奴侯。踰年。就拜汝南太守。恂素好學。修鄉校。教生徒。聘能爲左氏春秋者。親受學焉。後潁川盜起。恂從帝出征。賊平。百姓遮道曰。願從陛下復借寇君一年。乃留鎭撫。恂經明行修。人稱長者。卒謚威。圖形雲臺。

寇・洛 北周其先上谷昌平人。後家武川。洛性明辨。不拘小節。賀拔岳西征。洛從入關。以功封安鄉縣子。及岳爲侯莫陳悅所害。洛收集將士。志在復讎。從文帝討悅平之。拜涇州刺史。大統初進爵京兆郡公。卒謚武。

寇・國寶 宋徐州人。舉進士。嘗從陳無已學。能詩。仕爲吳縣主簿。

寇・深 明唐縣人。字文淵。正統間爲僉都御史。鎭守松茂。號令嚴明。邊方寧謐。景泰間累遷左都御史。死於曹欽之難。謚莊肅。

寇・湄 明南院教坊中女。字白門。能度曲。善畫蘭。粗知拈韻。能吟詩。十八九時。爲保國公朱國弼所娶。淸初籍沒諸勳衛。國弼盡室入都。湄以千金予國弼贖身。匹馬短衣從一婢而歸。後歸揚州某孝廉。復還金陵。流落樂籍以死。

寇・陽 明榆次人。第進士。嘉靖中知廣平縣。操守堅確。制事果斷。嘗修城東門樓。或爲題名借寇以美之。累遷浙江僉事。

寇・愼 明同官人。字永修。號禮亭。自號殺禰逸叟。萬曆進士。官至蘇州知府。有四書酌言。

寇準 【宋】下邽人。字平仲。太宗朝舉進士。累擢樞密院直學士。判吏部銓。嘗奏事殿中。語不合。帝怒起。準輒引帝衣令帝復坐。事决乃退。太宗嘉之。以比魏徵。景德初同中書門下平章事。遼兵大入。中外震駭。準力排衆議。請帝親征。遂幸澶州。遼乃奉書請盟。罷兵而還。王欽若譖之。遂罷相。天禧初復相。封萊國公。爲丁謂所搆。貶雷州司戶參軍卒。仁宗時諡忠愍。

寇瑊 【宋】臨汝人。字次公。擢進士。授蓬州推官。權領施州。募人入米而償以鹽。軍食遂足。民力亦紓。復平溪南蠻。爲梓州路轉運使。多剛縣酋斗望劫瀘州。瑊討平之。仁宗朝擢樞密直學士。權知開封府卒。瑊頗疎財。通音律。知術數。與丁謂厚善。人以此短之。

寇祺 【後漢】梓潼人。字宰朝。與同邑侯橐。俱學涼州。橐後爲勃海王象所殺。祺杖劍至象家。値象病。象謝曰。君子不掩人不備。安有爲友報仇。殺病人也。祺乃還。及象病愈。竟殺之。察孝廉。爲霸陵令。濟陰相。

寇榮 【後漢】恂曾孫。桓帝時爲侍中。性矜絜自貴。於人少所與。以此見害於權寵。延熹中陷罪免歸。吏持之急。榮奔闕自訟。刺史追劾以擅去邊。詔捕之。榮逃竄數年。自亡命中上書陳訴。帝省章益怒。竟誅之。

寇儁 【北周】臻子。字祖儁。寬雅有識量。好學強記。不以財利爲心。累官梁州刺史。入關拜秘書監。時軍國草創。墳典散佚。儁選置令史。抄集經籍四部。羣書稍備。加驃騎大將軍開府儀同三司。儁教授子弟。動循典禮。明帝尙儒重德。特欽賞之。卒諡元。

寇臻 【後魏】讚子。字仙勝。幼以孝稱。輕財好士。歷中川弘農太守。居官有威惠。後坐受納廢。

寇謙之 【後魏】讚弟。有道術。自言嘗遇仙人成功興。與之游嵩華。食仙藥。遂隱松陽。始光中召至闕。甚敬重之。後傳其尸解以去。

寇讚 【後魏】昌平人。字奉國。少以清素知名。姚秦時除襄邑令。歸魏爲魏郡太守。未幾拜南雍州刺史。流民襁負自遠而至。賜爵河南公。加安南將軍。卒諡宣穆。

將鉅子 【戰國】著將鉅子五篇。見漢書藝文志。

將繼周 【宋】青田人。字世修。紹興進士。淳熙初除秘書郎。廷對論事剴切。擢居言路。知無不言。官終通奉大夫。著禮記大義及諫稿・臺評・經筵講義・雜文。

專諸 【春秋】【吳】堂邑人。亦稱鱄設諸。吳公子光謀殺王僚。伏甲於窟室而享王。使專諸置匕首炙魚腹中以進。旣至王前。專諸擘魚。因以匕首刺僚。僚立死。專諸亦爲左右所殺。

尉元 【後魏】代人。字苟仁。文成末爲北部尙書。宋將薛安都以徐州・畢衆敬以兗州先後降魏。獻文以元爲持節都督東道諸軍事赴之。遂敗宋將張永等。累遷司徒。封山陽郡開國公。太和中致仕。拜爲三老。卒諡景桓。

尉止 【春秋】【鄭】大夫。嘗與子駟有爭。將禦諸侯之師。子駟黜其車。獲四俘。又抑之。弗使獻。子駟當國。尉止遂聚衆攻執政於西宮。劫鄭伯以如北宮。爲子產・子蟜所敗。見殺。子尉翩奔宋。

尉古眞 【後魏】代人。道武在賀蘭部。賀染干遣刺之。古眞密以馳告。染干執拷之。以兩車軸押其頭。傷一目。不伏。免之。後從平中原。以功賜爵束州侯。明元帝時。爲鴻飛將軍。討破越勒部。除定州刺史。

尉地干 【後魏】眷弟。機悟有才藝。能馳馬立射五的。太武卽位。擢爲庫部尙書。甚見親愛。地干善嘲謔。每敎人擧措以娛帝。卒諡惠。

尉聿 【後魏】古眞族玄孫。字成興。性耿介。明帝時爲武衛將軍。時領軍元叉秉權。百僚莫不致敬。聿獨揖不拜。尋出爲東涼州刺史。涼州緋色。天下之最。叉送綾二千疋。令聿染。拒不許。卒於州。

尉長命 【北齊】狄那人。性和厚有器識。從神武破四胡於韓陵。敗樊子鵠於兗州。拜車騎大將軍。幽州刺史。卒諡武壯。

尉珍 【晉】茌平人。哀帝時爲濟州太守。治東平。決訟以公。時東平置行臺。以武臣監督。訟獄滋興。珍審斷發遣者多。忤監督意。徙河南。

尉眷 【後魏】諾子。忠謹有父風。侍臣奚斤亡入蠕蠕。眷追之。遂擒奚斤於蠕蠕大檀之庭。由是以驍烈聞。後征蠕蠕・赫連昌・吐谷渾諸部。屢著戰績。封源陽公。歷鎭要藩。進爵爲王。賜杖履上殿。卒諡壯。

尉景 【北齊】善無人。字士眞。初與神武共歸爾朱榮。有軍功。其妻卽神武姊。神武用兵。景以勳戚。常被委重。性貪。神武每誡之。使優人石董桶嘲景。石剝景衣。曰。公剝百姓。董桶何爲不剝公。歷位太保太傅。坐匿亡人黜。尋起爲大司馬。齊旣受禪。追封長樂王。

尉撥 【後魏】代人。以太學生應募從征。討和龍・吐谷渾屢有功。歷晉昌・杏城・懸瓠鎭將。清平有惠績。獻文朝進爵安城侯。卒諡敬。

尉瑾 【北齊】字安仁。武成時仕至吏部尙書。兼右僕射。卒官。瑾以國姓門資。雖依附妻父司馬子如以進。

初亦折節下士。及官高任重。便大躁急。旣居大選。益自驕很。

尉遲・乙僧 唐于闐國人。一作吐火羅人。貞觀初以善畫薦。授宿衛官。封郡公。父跋質那。以善畫名。乙僧亦善父藝。有大小尉遲之稱。尤工四時花鳥。其凹凸花用筆之妙。與閻立本相上下。

尉遲后 北周迥孫女。名熾繁。有美色。初適杞國公亮子溫。以宗婦例入朝。宣帝逼而幸之。及亮謀逆。帝誅溫。后入宮。大象中立爲天左太皇后。帝崩。出爲尼。改名華首。

尉遲・俟兜 後魏代人。性弘裕有鑒識。尙太祖姊昌樂大長公主。生迥及綱。俟兜病且卒。呼二子撫其首曰。汝等並有貴相。但恨吾不見。爾各宜勉之。

尉遲・迥 北周俟兜子。字薄居羅。有大志。好施愛士。尙魏文帝女金明公主。孝閔踐祚。以迥有平蜀功。封蜀公。迥以隋文帝將圖篡奪。舉兵圖匡復。兵敗自殺。

尉遲・偓 南唐史官。著有中朝故事。

尉遲・勝 唐本于闐王珪長子。少嗣位。天寶中來朝。玄宗妻以宗室女。授右威衛將軍。與高仙芝擊破薩毘播仙。加銀靑光祿大夫。至德初命弟曜行國事。自舉兵五千赴安祿山之難。肅宗待之甚厚。廣德中拜驃騎大將軍。加于闐王。令還國。勝固請留宿衞。勝請以本國王授曜。詔從之。勝乃於京師修行里。盛飾林亭。以待賓客。貞元初曜上疏。請立其子銳。帝欲遣銳襲王。勝固辭。時人兩賢之。

尉遲・敬德 唐善陽人。名恭。以字行。隋末歸唐。從討竇建德・王世充・劉黑闥等功居多。善避矟。武德初秦王引爲右府參軍。屢立大功。隱太子嘗以書詔之。贈金皿一車。固辭不受。太宗嘗謂敬德曰。人言卿反。何也。對曰。臣從陛下身經百戰。今之存者。皆鋒鏑之餘也。天下已定。乃更疑臣反乎。因解衣投地。出露瘢痍。帝流涕撫之。欲妻以女。敬德曰。臣妻雖陋。相與共貧賤久矣。臣雖不學。聞古人富不易妻。此非臣之所願也。帝乃止。以功累封鄂國公。卒諡忠武。

尉遲・運 北周綱子。以功進爵廣業郡公。宣帝在東宮。武帝以運爲右宮正。衞剌王直作亂。運率留守兵擊之。直大敗。進爵盧國公。卒諡忠。

尉遲・綱 北周迥弟。字婆羅。驍果有勇力。善騎射。文帝甚寵之。委以心膂。河橋之役。綱力戰。衆皆披靡。累封吳國公。卒諡武。

尉遲・德誠 元絳州人。字信甫。歷官太子家令司丞。仁宗以爲謹恪。常賜酒帛侍左右。數薦士。出未嘗語人。選河東山西道宣慰司同知。有治績。延祐初拜遼東廉訪使卒。

尉・興敬 北齊長命子。便弓馬。有武藝。初爲帳內都督。以戰功賜爵集中縣侯。後與周文帝戰於邙山。爲流矢所中卒。諡閔莊。

尉・諾 後魏古眞弟。少侍道武。以忠謹著稱。道武圍中山。諾先登。傷其一目。道武嘉之。寵待愈隆。累功封遼西公。除幽州刺史。

尉・繚 戰國尉氏人。生魏惠王時。有賢名。治商君學。著尉繚子二十五篇。

崇・大年 宋吳縣人。字靜之。慶曆進士。初令青田。徙知浦城縣。舊設兩棧。民欠稅者。追去悉納棧中。大年命撤去。悉令候冬熟納足。民感其惠。及卒。鄉人私諡康靖先生。

崇安 淸宗室。傑書孫。康熙間襲封康親王。習二王書法。臨池精妙。雍正間掌宗人府事。卒諡修。

崇阿 淸滿洲正白旗人。姓扎庫塔氏。初任佐領。天聰崇德間屢從攻明。有功。順治間從下浙江。取福建。追敗明唐王於福寧。復敗金聲桓。克李成棟。積功累晉一等輕車都尉世職。

崇厚 淸滿洲人。咸豐間以侍郎銜駐天津。辦理三口通商事。開墾大沽口水田數千畝。同治間幫辦都與阿軍務。創辦天津機器局。坐事解職。以旋使法國。光緒間官至左都御史。以全權使俄。議收還伊犁事。立約損失頗多。奪職治罪。尋得釋。

崇・剛 明官揚州衞都指揮使。靖難兵起。剛繕兵甲。濬城濠。兵至城守。晝夜不懈。同列懷二心者。忌剛不敢發。後被執不屈死。

崇恩 淸滿洲正藍旗人。姓覺羅氏。字仰之。號語鈴。又號香南居士。工書。官至山東巡撫。

崇熙 淸蒙古正藍旗人。姓阿魯特氏。賽尙阿子。同治中由筆帖式累官伊犁領隊大臣。回亂。圍伊犁。累敗之。後回衆再犯。城陷。力戰死。

崇實 淸滿洲鑲黃旗人。姓完顏氏。道光進士。咸豐間累擢成都將軍。同治間擊斃藍大順。攻克松潘廳。勦貴州苗屢有功。官至盛京將軍。卒諡文勤。

崇綸 淸漢軍正白旗人。姓許氏。道光武舉人。咸豐間授兩淮鹽運使。時英美二國兵船駛抵天津。多要挾。崇綸正言斥駁。兵船遂起椗出口。同治間官至工部尙書。卒諡勤恪。

崇綺 淸蒙古鑲白旗人。姓阿魯特氏。字文山。孝哲后父。封三等承恩公。官工部尙書。孝哲殉穆宗。崇綺乞退。孝欽訓政。授大阿哥讀。除吏部尙書。庚子拳匪作亂。兩宮西狩。崇綺走保定。自縊死。謚文貞。

崇德可汗 [唐]回紇酋長。長慶間嗣立。帝以妹太和公主出嫁回紇爲可敦。命胡証等持節送之。時裴度方伐幽鎭。回紇請從征。朝議懲前患。却之。寶曆初卒。

崑壽 [清]漢軍正白旗人。姓李氏。道光中任廣東中軍遊擊。勦匪治盜。疊著戰功。累擢廣東陸路提督。官至杭州將軍。卒謚壯武。

崔・士和 [後魏]亮子。有治幹稱。初爲司空主簿。蕭寶夤在關中。高選僚佐。以爲都督府長史。時莫折念生遣使詐降。寶夤表士和爲隴右行臺令。入秦撫慰。爲念生所害。

崔・士泰 [後魏]士和弟。歷司空司馬。孝明帝末荆蠻侵斥。以士泰爲龍驤將軍・征蠻別將。事平。以功賜爵五等男。建義初遇害於河陰。謚文肅。

崔・大德 [明]長治人。字子謙。嘉靖進士。歷麻平知府。性爽愷。以至誠待人。中有執持。不屑苟隨。以事忤監司。挂冠去官。郡人思之。

崔・子方 [宋]涪陵人。字彥直。一字伯直。號西疇居士。通春秋學。與蘇軾・黃庭堅游。紹聖間三上疏乞置春秋博士。不報。乃隱居眞州六合縣。杜門著書。有春秋經解・春秋本例・春秋例要。（按尙友錄謂子方嘗知滁州。朱彝尊經義考亦同。攷永樂大典引儀眞志云。子方與蘇黃游。嘗爲知滁州曾子開作荼仙亭記。刻石醉翁亭側。尙友錄及朱說皆誤。又尙友錄作子房。亦誤。）

崔・子忠 [明]順天人。字道母。號北海。初名丹。字開予。又號青蚓。崇禎諸生。善畫人物。細描設色。能自出新意。與諸暨陳洪綬齊名。號南陳北崔。更以文學知名。一妻二女。皆從點染設色。性傲兀。凡以金帛請者。概不應。甲申後。走入土室而死。

崔・子約 [北齊]仲文弟。五歲喪父。不肯食肉。後喪母。居喪哀毁骨立。人云。崔九作孝。風吹即倒。身長八尺餘。姿神儁異。爲平原公開府祭酒。與兄子瞻俱詣晉陽。寄居佛寺。瞻長於子約二歲。每退朝久立。子約凭几對之。儀望俱華。儼然相映。諸沙門竊窺之。以爲二天人也。乾明中爲考功郞卒。

崔・子朗 [後魏]振子。美容貌。涉獵經史。少溫厚有風尙。以軍功起家。位侍御史。加平西將軍卒。

崔・之瑛 [清]霸州人。康熙間官至雲南布政使。吳三桂反。從之。雲南平。論死。

崔・仁師 [唐]安喜人。武德初擢制舉。累遷右武衞錄事參軍。與修梁魏史。貞觀中爲度支郞中。時校書郞王玄度注尙書毛詩。詆孔鄭舊學。請遂廢之。仁師以玄度不經。條不合大義者奏聞。玄度報罷。歷中書侍郞參知政事。被遇優渥。褚遂良忌之。以事流連州。永徽初授簡州刺史卒。

崔・仁冀 [宋]錢塘人。字子遷。少篤學有文采。事吳越王錢俶。爲通儒院學士。太宗時俶與仁冀決策納土。且薦其才能。累擢衞尉卿知撫州卒。

崔・元 [明]代州人。尙憲宗女永康公主。世宗入繼。以迎立功封京山侯。坐張延齡事下詔獄。尋釋。元好交文士。播聲譽。寵幸優渥。卒謚榮恭。

崔・元珍 [後魏]挺從父弟。初官司徒從事中郞。有公平稱。正光末山胡作逆。除平陽太守。假右將軍爲別將以討之。頻破胡賊。郡內以安。後改唐州刺史。賜爵涼城侯。爾朱榮遣樊子鵠取唐州。元珍拒守不從。被害。

崔・元祖 [南齊]景眞子。有學行。好屬文。仕至射聲校尉。武帝取爲延昌主帥。特詔和悼何美人詩。稱旨。歷東海太守卒。

崔・元略 [唐]博州人。第進士。更辟諸府。累遷京兆尹。徙左散騎常侍。素與崔植有隙。及植當國。以元略爲宣撫党項使。辭疾不行。坐貶黔南觀察使。敬宗初還京兆尹。以父事宦官崔潭峻。授戶部侍郞。譏謗大興。劉栖楚規相位。疑元略妨己。排去之。歷義成節度使卒。

崔・元綜 [唐]新鄭人。天授初以鸞臺侍郞同鳳閣鸞臺平章事。性恪愼。尤護細概。外若謹厚而中刻薄。每受制鞫獄。必深垢索疵。不入死不止。人畏鄙之。（舊唐書作元琮。此從唐書。）

崔・元翰 [唐]良佐子。名鵬。以字行。舉進士博學弘詞賢良方正皆異等。累官禮部員外郞。知制誥。詔令溫雅。合於典謨。性剛褊。不能取容於時。掌誥凡再期不遷。罷爲比部郞中。元翰好學。老而不倦。爲文師法班固・蔡邕。思致精密。爲時所稱。

崔・公度 [宋]高郵人。字伯易。口吃不能劇談。書一閱即不忘。遂博覽羣書。歐陽修得其所作感山賦。以示韓琦。琦上之英宗。擢國子直講。不就。王安石當國。獻熙寧稽古一法百利論。安石延與語。召對擢光祿丞。知陽武縣。尋薦爲御史。公度起布衣。無所持守。惟知媚附安石。晝夜造請。雖厮廁見之不屑也。終直龍圖閣。

崔・公孺 [宋]立子。性亮直。好面折人。仁宗朝爲諫議大夫。時韓琦執政。用監司有非其人者。公孺進曰。公居陶鎔之地。宜以造化爲心。造化以蛇虎害人。故置蛇於藪澤。置虎於山林。今公乃置之通衢。使爲人害可乎。琦謝之。

崔・友諒 [宋]金陵人。淳祐中畫院待詔。畫道釋人物・絳色山水。多作大幅雪景及小景。

崔・文 明安慶衛指揮使。宸濠之變。攻圍安慶二十餘日。自後開門縱殺。實文之功。事平。進署都督僉事。

崔・文子 春秋學仙於王子僑。子僑化爲白蜺。文子驚怪。引戈擊蜺中之。俯而視之。子僑尸也。舁之室中。覆以弊筐。須臾化爲大鳥而鳴。開而視之。翻飛而去。一說。爲秦時泰山人。好黃老術。自言三百歲。嘗賣藥都市。後民間大疫。死者萬計。文子作黃散赤丸。以與病者。飲之卽活。後至蜀中賣藥。人望之如神仙云。

崔・文仲 南齊祖思宗人。官徐州刺史。封建陽縣子。在政爲百姓所憚。除黃門郎。終汝陰太守。卒諡襄。

崔・文昇 明神宗鄭貴妃內侍。光宗立。陞司禮秉筆。掌御藥房。時貴妃進帝美女四人。帝幸焉。既而有疾。文昇進大黃藥。益劇。外廷洶洶。皆言文昇受貴妃指。有異謀。未幾。光宗服李可灼紅丸。遂崩。文昇被劾謫南京。及魏忠賢用事。召文昇總督漕運。兼管河道。莊烈帝即位。斥充孝陵淨軍。

崔・文榮 明海寧衛人。世指揮僉事。舉武會試。授南安守備。崇禎中盜逼桂陽。文榮督所部會勦。以郤賊功擢武昌參將。張獻忠犯武昌。間諜開門納賊。文榮力戰死之。

崔・日用 唐日知從父弟。擢進士。神龍中附宗楚客・武三思。驟遷兵部侍郎。兼修文館學士。復預討韋庶人謀。授黃門侍郎。參知機務。開元初以與討太平公主功。進吏部尚書。終幷州長史。卒諡昭。日用才辯絕人。能乘機反禍取富貴。嘗曰。吾平生所事。皆適時制變。不專始謀。然每一反思。若芒刺在背云。

崔・日知 唐靈昌人。字子駿。少孤貧力學。擢明經。爲朔方判官。以健吏稱。景雲中爲洛州司馬。以討譙王重福功。累遷京兆尹。坐贓貶歙縣丞。後爲太常卿。自以處朝廷久。每入謁。必與尚書齒。時謂尚書裏行。終潞州長史。卒諡襄。

崔氏 五代蜀博陵人。王延翰之妻。陋而淫。性妬。延翰多選良家子爲妾。崔幽其美者於別室。繫以大械。以鐵椎刺之。一歲中死者八十四人。後病。見以爲祟而卒。

崔・令欽 唐有教坊記。

崔・台符 宋蒲陰人。字平反。中明法科。爲大理詳斷官。校試殿帷。仁宗賜以盡美二字。熙寧中判大理寺。王安石喜其附己。故用之。遷大理卿。以鍛鍊笞掠爲事。數年間。斃文法者萬人。後以刑部侍郎出知潞州。貶秩徙相州卒。

崔・巨倫 後魏逸子。字孝宗。涉獵經史。有文章武藝。孝明時爲殷州長史。陷賊。結死士夜中南走。逢賊。俱恐不濟。巨倫曰。寧南死一寸。豈北生一尺。便欺賊曰。吾受敕而行。賊爇火觀敕。火未燃。巨倫手刃賊十餘人。賊乃大潰。莊帝時除東濮陽太守。有惠政。後封漁陽縣男卒。

崔・弘度 隋說子。字摩訶衍。性嚴酷。仕周。以戰功至上柱國・武鄉郡公。開皇初遷襄州總管。御下嚴急。所在令行禁止。盜賊屏息。長安爲之語曰。寧飲三斗醋。莫見崔弘度。居家閨門整肅。爲當世所稱。仁壽中歷檢校大府卿卒。

崔・弘禮 唐博陵人。字從周。磊落有大志。通兵略。及進士第。佐呂元膺守東都。又爲田弘正魏博節度副使。多所籌略。長慶中歷華州刺史。改天平節度使。李同捷叛。與李聽合師討之。時李祐以鄭滑兵三千入齊而潰。弘禮悉斬之。爲出鄆兵二千。祐遂大破賊。祐望鄆拜曰。活我者崔公也。後改刑部尚書。爲東都留守卒。

崔・旦 明平度人。字伯東。嘉靖中以運道艱阻。議者欲開膠萊河以復海運。地方大吏咨開濬之策於旦。旦因作海運編。

崔・永 明海豐人。字彥齡。七歲喪父。母韓。改適里人桑愼。從戍海南。永思母不置。徒步往求之。行次瓊州。得見母。會愼沒。永力請歸母。所司不可。永哀請於朝。許之。歸舟遭風。永入水負母得活。而永竟以寒疾死。江西布政使茹大素葬祭之。郵致其母歸。

崔・玄亮 唐昭義人。字晦叔。擢進士第。元和初爲駕部員外郎。清愼自持。太和中改諫議大夫。每遷官。輒讓形於色。文宗時以直諫著名。朝廷推爲宿望。終虢州刺史。

崔・玄暐 唐博陵人。少以學行稱。舉明經。長安初爲天官侍郎。當公介然不受私謁。再遷鳳閣侍郎・同平章事。宋璟劾張昌宗不軌事。玄暐頗助璟。以誅二張功。爲中書令。武后遷上陽宮。顧玄暐曰。諸臣進皆由人。而玄暐我所擢。何至是。對曰。此正所以報陛下也。俄拜博陵郡王。罷政事。流古州卒。諡文獻。

崔・白 宋濠梁人。字子西。仁宗時補畫院藝學。善畫花竹翎毛。尤長寫生。宋畫院教藝者必以黃筌父子爲式。自白及吳元瑜出。其格遂變。

崔・立 宋鄢陵人。字本之。中進士第。累遷太常少卿。歷知兗鄆涇諸州。所至有惠政。眞宗既封禪。士大夫爭奏上符瑞。獻贊頌。立獨言災異屢見。天所以警驕惰。戒淫佚。前後上四十餘事。累遷給事中。告老進尚書工部侍郎。致仕卒。立識韓琦於布衣。妻以女。人服其鑒。◉〔金〕將陵人。少賢無行。積階至安平都尉。哀宗自汴東走。以立爲西面元帥。立殺二相。以太后誥命梁王承恪監國。詣元帥速不解納款。自稱太師軍馬都元帥尚書令鄭王。及速不解至青城。立執太后皇后梁王荆王等送其軍。搜索焚掠。備極慘毒。千戶李伯淵以計刺殺之。

崔立之 〔唐〕字斯立。貞元進士。元和初爲藍田丞。邑庭有老槐四行。南牆有巨竹千挺。立之日哦松間。有問則曰。予方有公事。子且去。韓愈爲作藍田記。

崔仲文 〔北齊〕㥄弟。有文學。興和中爲丞相掾。沙苑之敗。仲文持馬尾渡河。神武稱爲家之孝子。國之忠臣。天保初㥄爲侍中。仲文爲銀青光祿大夫。同日受拜。時云兩鳳連飛。性好酒。嘗被敕召。宿酲未解。文宣怒。將斬之。試使爲觀射詩十韻。操筆立成。乃原之。拜散騎常侍光祿大夫卒。

崔仲方 〔隋〕猷子。字不齊。少有文武才略。周武帝有滅齊志。仲方獻二十策。文帝受禪。與高熲議正朔服色事。勸除六官依漢魏之舊。並從之。出爲虢州刺史。又上書論取陳之策。及大舉伐陳。以爲行軍總管。後轉會州總管。時諸羌猶未賓附。詔仲方擊之。與賊三十餘戰。諸部悉平。歷信都太守。乞歸卒。

崔仲哲 〔後魏〕秉子。早孤。爲祖母宋所養。六歲宋亡。啼慕不止。性惙達。常以將略自許。累以軍功賜爵安平縣男。秉於燕州被圍。泣訴朝廷。除別將赴援。仲哲戰沒。

崔休 〔後魏〕逞玄孫。字惠盛。孝文時頻遷給事黃門侍郎。宣武中歷幽州青州刺史。皆以清白著名。累官殿中尚書。久在臺閣。明習典故。每朝廷疑義。咸取正焉。卒謚文貞。

崔光 〔後魏〕東清河鄃人。本名孝伯。字長仁。孝文賜名光。少隨父徙代。太和中拜中書博士。參撰國書。甚爲孝文所知重。常曰。孝伯才浩浩如黃河東注。今日之文宗也。孝明在東宮。以光爲太子師傅。宣武崩。廣平王懷欲上殿哭大行。諸人無敢抗者。光獨引漢趙憙推下親王故事。以奉迎功封博平縣開國公。正光中卒。謚文宣。光寬和慈善。不逆於物。常慕胡廣・黃瓊之爲人。故爲尚氣槩者所不重。

崔光伯 〔後魏〕光韶弟。初爲青州別駕。尋除北海太守。孝明以其清風遠著。因更申三年。以厲風化。後歷太傅諮議參軍。節閔帝時・崔祖螭・張僧皓起逆。攻東陽刺史。光伯出城慰勞。爲流矢所中卒。

崔光遠 〔唐〕敬嗣孫。勇決任氣。玄宗西狩。詔留光遠爲京兆尹。安祿山授光遠故官。光遠趨靈武。肅宗嘉之。擢拜御史大夫。嘗刺渭北募僑民。因賊醉。殺其徒二千。得馬千匹。自是賊常避其鋒。帝還。改禮部尚書。累官劍南節度使。段子璋反東川。光遠討平之。然不能禁士卒剽掠。帝按其罪。以憂卒。

崔光韶 〔後魏〕亮從弟。事親以孝聞。初除奉朝請。孝莊初遷東道軍司。元顥入洛。自河以南。莫不風靡。刺史廣陵王欣集文武議所從。光韶抗言元顥受制梁國。稱兵本朝。所宜切齒。乃斬來使。遷爲廷尉卿。屢建讜議。永安擾亂。遂還鄉里。後刺史侯淵謀不軌。以兵脅光韶。責以謀略。光韶曰。起兵須有名義。使君今日舉動。直是作賊耳。父老知復何計。淵雖恨之。終不敢害。

崔如岳 〔清〕獲鹿人。字岱齋。一字青峙。康熙舉人。舉鴻博。授檢討。詩古體蒼堅英拔。絕句神似龍標嘉州。有坐嘯軒集。

崔安潛 〔唐〕愼由弟。字進之。擢進士第。咸通中歷江西觀察忠武節度使。禦王仙芝有功。後代高駢領西川節度使。更除繆政。蜀民以安。宰相盧攜素厚駢。誣以罪。罷太子賓客。後遷太子太傅。卒謚貞孝。安潛於吏事尤長。雖位將相。閱具獄未嘗不身聽之。

崔州平 〔後漢〕鈞弟。建安初與諸葛亮俱遊學。亮自比管仲樂毅。時人莫之許也。惟州平與徐庶謂爲信然。

崔戎 〔唐〕玄暐從孫。字可大。舉明經。憲宗時以給事中出爲華州刺史。吏以故事置錢萬緡。爲刺史私用。戎不取。及去。召吏曰。籍所置錢享軍。無重矯激以誇後人也。徙兗海沂密觀察使。民擁留於道不得行。戎夜單騎亡去。之任歲餘卒。

崔行功 〔唐〕井陘人。祖謙之。徙占鹿泉。少好學。高宗時累官吏部郎中。以善敷奏。嘗兼通事舍人。坐事貶爲游安令。尋徵爲司文郎中。主朝廷典册。後遷蘭臺侍郎卒。

崔伯謙 〔北齊〕鑒兄孫。字士遜。神武時召補相府功曹。稱其清直奉公。天保初累遷濟北太守。恩信大行。縣公田多沃壤。伯謙咸易之以給人。又改鞭用熟皮。示辱而已。百姓歌之。後爲銀青光祿大夫卒。

崔克昇 〔明〕內黃人。幼以孝聞。父年九十九而終。克昇已老。徒跣負土成壟。廬墓三年。

崔呈秀 〔明〕薊州人。萬曆進士。天啓初巡按淮揚。卑汚狡獪。贓私狼籍。都御史高攀龍盡發其狀。詔革職候勘。呈秀大窘。夜走魏忠賢所。乞爲養子。時忠賢爲廷臣交攻。憤甚。

得呈秀。遂用爲腹心。日與計畫。以中旨復其官。呈秀進同志諸錄。皆東林黨人。又進天鑒錄。皆不附東林者。令忠賢憑以黜陟。善類爲空。呈秀貪忠賢寵。嗜利彌甚。朝士多拜爲門下士。閹黨五虎。以呈秀爲魁。累遷兵部尙書・兼左都御史。握兵權。總憲法。勢傾朝野。莊烈帝卽位。有詔逮治。自縊死。追戮其屍。

崔・孝政 後魏孝直弟。字季讓。博洽經史。雅好詞賦。喪紀之禮。特所留情。衣服制度。手能執造。太尉汝南王悅辟行參軍。

崔・孝直 後魏孝演弟。字叔廉。身長八尺。眉目疏朗。早有志尙。稍遷直閤將軍通直散騎常侍。爾朱兆入洛。孝直以天下未寧。去職歸里。卒於家。誡諸子曰。吾才疏效薄。於國無功。若朝廷加贈謚。不得祗受。若致干求。則非吾意。(按北史作字叔廣。此從魏書。)

崔・孝芬 後魏挺長子。字恭梓。早有才識。博學好文章。後襲父爵。歷官太常卿。加儀同三司。兼吏部尙書。孝武帝入關。齊神武至洛。與尙書辛雄等並被誅。孝芬博聞口辯。善談論。愛好後進。終日忻然。商榷古今。聽者忘疲。有文章數十篇。

崔・孝暐 後魏孝芬弟。字敬業。爲趙郡太守。郡經葛榮離亂。民皆賣鬻兒女。夏椹大熟。孝暐勸民多收之。又教民種殖。招撫遺散。一周之後。流民大至。興立學校。親加勸勵。百姓賴之。卒謚簡。(按北史作孝偉。此從魏書。)

崔・孝演 後魏孝暐弟。字則伯。性通率。姿貌魁傑。少無宦情。沈浮鄉里。位瀛州安西府外兵參軍。罷歸。及鮮于修禮起逆。遇害。

崔・宏 後魏悅孫。字玄伯。少有儁才。號冀州神童。仕慕容垂。立身雅正。所歷著稱。道武聞其名。徵爲黃門侍郎。遷吏部尙書。時命有司制官爵。撰朝儀。協音樂。定律令。申科禁。宏總裁之以爲永式。及置八部大夫。宏通署三十六曹。勢傾朝廷。而儉約自居。不營產業。帝益重之。明元卽位。拜天部大人。進爵白馬公。卒謚文貞。宏善草隸。行押之書。爲世楷模。

崔・希甫 宋高郵人。有文武才略。潘美薦於朝。召見賜金紫。知原州。拜監察御史。更置諸道事務。又而賜金帶。仍命賜魚。時號重金御史。

崔・希眞 唐客鍾陵。工繪事。善鼓琴。

崔・延伯 後魏博陵人。仕齊爲緣淮遊軍。太和中入魏。常爲統帥。膽氣絕人。兼有謀略。以勳封新豐縣開國子。莫折天生下隴東寇。詔延伯爲西道都督討定之。時万俟醜奴等寇掠涇州。延伯唱議先驅。中流矢卒。謚武烈。延伯善將撫。能得衆心。與奚康生・楊大眼爲諸將之冠云。

崔・廷奎 明番禺人。字國信。嘉靖進士。性孝友。有才識。官行人。奉命勞西陲將士。擢監察御史。疏通河道以利漕運。尋遷廣東右僉都御史卒。

崔・廷勳 後晉本河內人。形貌魁偉。美鬚髯。幼陷北庭。歷仕至侍中。契丹入汴。遷出帝於封禪寺。遣廷勳以兵防守。尋授河陽節度使。甚得民情。漢初。與蕭達勒同奔定州。後沒於北蕃。

崔・成 春秋齊杼子。東郭偃與棠無咎相崔氏。廢成而立其弟明。成與弟彊殺偃及無咎。慶封率國人討之。遂滅崔氏。殺成與彊。明奔魯。

崔・成甫 唐官校書郎。再尉關輔。貶湘陰。有澤畔吟。李白爲之序。其爲陝縣尉時。韋堅爲陝郡太守。鑿潭望春樓下。成甫因變得體歌爲得寶歌。堅命舟人歌之。成甫又廣爲十闋。

崔・沆 唐鉉子。字內融。僖宗時以戶部侍郎同中書門下平章事。改中書侍郎。時盧攜專政。而黃巢勢寖盛。沆每建裁遏。多爲攜沮。賊陷京師。遇害。

崔・沂 後唐沆弟。字德潤。舉進士。入梁歷禮部尙書。充西京副留守。剛正守法。時張全義留守天下兵馬副元帥河南尹。名位冠絕中外。沂至府。人言合行庭禮。沂曰。張公官位至重。然尙帶府尹之名。不知副留守見尹之儀何如。全義知之。遽引見慰勞。莊宗卽位。用爲左丞。終太子少保。

崔・沔 唐長安人。字善沖。擢進士。舉賢良方正高第。岑羲深器之。曰。今郤詵也。特薦爲左補闕。以淸直歷秘書監・太子賓客。沔深明禮經。詳定宗廟籩豆之數及六親服法。多所建議。性儉約。祿廩隨散宗族。不治居宅。嘗作陋室銘以見志。卒謚孝。

崔・良佐 唐日用從弟。擢明經甲科。補湖州主簿。以母喪遂不仕。治詩易書春秋。譔演範忘象渾天等論數十篇。隱共北白鹿山之陽。及卒。門人共謚曰貞文孝父。

崔・邠 唐倕子。字處仁。第進士。復擢賢良方正。爲補闕。上疏論裴延齡奸。以鯁亮知名。累遷吏部侍郎。性溫裕沈密。行己又簡儉。憲宗器之。後爲太常卿。知吏部尙書銓。故事。太常始視事。大閱四部樂。都人縱觀。邠自第去帽。親導母輿。公卿避道。都人榮之。卒謚文簡。

崔・劼 北齊勵弟。字彥玄。魏末官中書侍郎。天保初以議禪代加國子祭酒。直內省。典機密。淸儉勤愼。甚爲文宣所知。除中書令。加開府待詔。卒謚文貞。初和士開擅朝。曲求物譽。諸公頗因此爲子弟干祿。世門之胄。多處京官。而劼二子拱・撝・並爲外任。弟廓之以問劼。劼曰。立身以來。恥以言自達。今若進兒。與身何異。卒無覬求。聞者歎服。

崔・協 【唐】博陵人。太和初以戶曹掾上虞令。値歲旱。田賦無所出。協傾家貲代輸之。及卒。邑人立廟祀之。◎【後唐】瓘孫。字思化。登進士第。仕梁至吏部侍郎。同光初改御史中丞。協器宇宏爽。高談虛理。然少識文字。虛有其表。秉筆皆假手於人。時人謂之沒字碑。天成初拜平章事。卒謚恭靖。

崔・叔瓚 【北齊】仲哲次子。有學識。好直言。文宣擢爲魏尹。屬蝗蟲爲災。帝以問叔瓚。對曰。按漢書五行志。土功不時。蝗虫作厲。當今外築長城。內興三臺。故至此災。帝怒。令左右以溷汁沃其頭。後卒於陽平太守。

崔・季舒 【北齊】安平人。字叔正。涉獵經史。有當世才。文襄輔政。轉大將軍中兵參軍。甚見親寵。擢拜中書侍郎。密謀大計。皆得與聞。魏孝靜帝嘗云崔中書是我嬭母。季舒在官。每推薦人士。獎勸文學。遠近稱美。後韓長鸞以爲祖珽黨。言於後主斬之。

崔・宗之 【唐】日用子。名成輔。以字行。襲封齊國公。歷左司郎中侍御史。謫官金陵。與李白詩酒唱和。嘗月夜乘舟。自采石達金陵。

崔・宗泰 【清】遼東人。由松江郡丞遷守常州。明察嚴毅。有幹略。會征閩軍數十萬駐郡。宗泰常單騎行城外。遇小有剽掠。遣隸傳呼曰。崔太守來。則皆引避去。旋左遷去。常民數萬。詣闕請留。論者比之趙廣漢・張敞。

崔・居儉 【後晉】蕘子。美文辭。風骨清秀。少舉進士。歷仕梁唐。官至戶部尚書。晉天福中卒。居儉拙於爲生。居顯官。衣服常乏。死之日貧不能葬。聞者哀之。

崔・岳 【前趙】字元嵩。爲朝鮮令。劉曜弱冠時。遊洛陽。坐事當誅。亡匿朝鮮。變姓名爲縣小吏。岳見而異之。曜因自陳。遂從岳質通疑滯。恩顧甚厚。岳歷位至大司徒。曜旣僭號。念其前勞。追贈遼東公。

崔・承宗 【後魏】齊州人。其父於宋世仕漢中。母喪。因殯彼。後青徐歸魏。遂爲隔絕。承宗萬里投險。偷路負喪還京師。黃門侍郎孫惠蔚聞之曰。吾於斯人。見廉范之情矣。於是弔贈盡禮。如舊相識。

崔・杼 【春秋齊】大夫。棠公死。杼弔焉。見棠姜美。取之。莊公與棠姜通。杼遂弑莊公。立景公而相之。後爲慶封所殺。謚武子。

崔・林 【三國魏】琰從弟。字德儒。少時晚成。琰異之。武帝定冀州。累遷御史中丞。明帝卽位。轉光祿勳司隸校尉。林爲政多推誠存大體。是以去後每見思。景初中爲司空。封安陽鄉侯。卒謚孝。

崔・泌之 【明】鹿邑人。字機仲。天啓進士。知雄縣。調清苑。多所建樹。舊令黃宗昌爲御史。劾周延儒。延儒屬保定知府摭宗昌罪。知府以屬泌之。泌之曰。殺人以媚人可乎。知府愧且怒。爲所陷。坐遣戍。後釋還。李自成攻陳州。泌之分堞守城。兵敗自殺。

崔・知悌 【唐】鄢陵人。官中書侍郎。以忠勤見表。遷尚書左丞。裴行儉破突厥。詔知悌馳慰將士。佐行儉平寇有功。終戶部尚書。

崔・知溫 【唐】知悌弟。字禮仁。官靈州司馬。表徙渾斛薩於邊。民得耕種。後遷蘭州刺史。党項羌入寇。知溫披閤不設備。羌不敢進。會將軍權善才至。大破其衆。永隆初累遷中書令。卒謚忠。

崔・秉 【後魏】鑒子。少豪率有志氣。彭城王勰征壽春。秉從行。招致壯俠以爲部下。勰目之。謂左右曰。吾嘗寄膽氣於此人。累遷廣平內史。大納財賄。爲淸論所鄙。太昌中除驍騎大將軍。卒謚靖穆。

崔・長文 【後魏】光從祖弟。字景翰。聰明有學識。永安中累遷平州刺史。以老歸。專讀佛經。不關世事。卒謚貞。

崔・長謙 【後魏】休弟子。名恐。以字行。幼聰敏。爲青州司馬。賊圍城二百日。長謙讀書不廢。凡手抄八千餘紙。天文律曆醫方卜相風角鳥言。靡不開解。晚頗以酒爲損。兼散騎常侍使梁。還未入境卒。

崔・亮 【後魏】東武城人。字敬儒。家貧。傭書自業。李冲薦之。累遷尚書二千石・兼吏部郎。參選事將十年。廉愼明決。爲尚書郭祚所委。遷度支尚書。自遷都之後。經略四方。又營洛邑。費用甚廣。亮在度支。別立條格。歲省億計。又議修汴蔡二渠以通邊運。公私賴焉。時劉騰擅權。亮託妻劉氏傾身事之。故頻年之中。名位隆赫。識者譏之。正光中卒。謚貞烈。◎【明】藁城人。字宗明。元末爲浙江行省掾。降明。授中書省禮曹主事。洪武初爲禮部尚書。自郊廟祭祀朝賀及大射軍禮。皆亮所酌定。以考證詳確稱。卒於官。

崔・信明 【唐】益都人。隋大業中爲堯城令。竇建德招之。不屈。去隱太行山。貞觀中應詔擧。終秦川令。初信明以詩自負。鄭世翼遇信明江中。謂之曰。聞君有楓落吳江冷句。願見其餘。信明欣然多出衆篇。世翼覽未終曰。所見不逮所聞。投諸水。引舟去。

崔勉 【後魏】孝芬子。字宣祖。頗涉史傳。普泰中兼尚書右丞。善附會。為尚書令爾朱世隆所親。世論以浮競譏之。母亡。勉哀號過性。病卒。

崔咸 【唐】博平人。字重易。素有高志。造詣深遠。尤善詩歌。元和初擢進士。又中弘詞。官侍御史。處正特立。風采動人。累遷陝虢觀察使。日與賓僚痛飲未嘗醒。夜分輒決事。裁判精明。吏稱為神。入為秘書監卒。

崔峒 【唐】博陵人。登進士第。歷左拾遺。終右補闕。工詩。為大曆十才子之一。時人稱其句披沙揀金。往往見寶。

崔庠 【後魏】長文從弟。字文序。有幹用。為東郡太守。元顥寇逼郡界。棄郡還鄉里。孝莊還宮。賜爵平原伯。拜潁川太守。頗有政績。永熙初除東徐州刺史。為城民所害。

崔彥昭 【唐】其先清河人。字思文。淹貫儒術。擢進士第。由河陽節度使徙河東。撫循有法。境內大治。僖宗立。授兵部侍郎。同中書門下平章事。每退朝。侍母膳。順色柔聲。人稱其孝。累拜尚書右僕射。以疾去位卒。

崔彥曾 【唐】能子。咸通初由太僕卿為徐州觀察使。曉律令。然為政剛猛。軍士多怨之。初。州遣兵戍桂林。及期不代。戍者脅糧料判官龐勛以叛。兵至徐。或勸彥曾奔兗州。彥曾曰。我方帥也。奉命守此。惟有死爾。斬議者一人號示衆。俄而勛傳城。彥曾悉誅賊家屬。及勛入。遂殺彥曾。事聞。贈刑部尚書。

崔彥進 【宋】大名人。純質有膽略。善騎射。宋初官控鶴右廂指揮使。征李筠・李重進。伐蜀。從征幽州。累著戰功。端拱初官至保靜軍節度使卒。

崔彥輝 【元】錢塘人。一作彥輔。或作彥暉。號雲林生。與王蒙皆吳興趙氏甥。善篆隸詩賦。畫亦超詣。隱居。賣藥鹽橋市。

崔彥穆 【北周】東武城人。字彥穆。幼明悟。神彩卓然。大統中為滎陽郡守。加使持節車騎大將軍。時軍國草創。衆務殷繁。文帝詔彥穆入幕府。兼掌文翰。明帝初進驃騎大將軍・開府儀同三司。嘗奉詔使陳。善玄言。解談諧。甚為江陵所稱。後進爵東郡公卒。

崔昭緯 【唐】清河人。字蘊曜。及進士第。昭宗時以戶部侍郎同中書門下平章事。累進尚書右僕射。性險刻。令族人鋌事王行瑜。每詔令有不便於己。必使鋌密告行瑜。使上書訾訐。已陰阿助之。後貶梧州司馬。賜死。

崔昂 【北齊】孝暐子。字懷遠。文襄輔政。召攝京畿長史事。時勳將親族賓客。多行不軌。昂以法繩之。內外齊肅。齊受禪。遷散騎常侍・兼大司農卿。校理有方。下無奸偽。深為文宣所知。尋與邢邵議定禮式。又刪定律令。昂本性清嚴。見黷貨輩。疾之若讎。以是獄治文深。後策拜儀同兼右僕射。河清中坐事除名卒。

崔昇 【唐】玄暐弟。為司刑少卿。張昌宗謀逆。昇執論大辟。兄弟皆守正。見重於時。官至尚書右丞。(按舊唐書作昇。此從唐書。)

崔洪 【晉】安平人。字良伯。少以清厲顯名。武帝時為治書御史。朝廷憚之。尋為尚書左丞。時人為之語曰。叢生棘刺。來自博陵。在南為鷂。在北為鷹。遷吏部尚書。舉用甄明。門無私謁。後以大司農卒官。

崔紀 【清】永濟人。字南有。號虞村。一號定軒。康熙進士。乾隆時累擢陝西巡撫。鑿井數萬。民賴其利。調湖北巡撫。坐事降六級調用。再起。官至左副都御史。江蘇學政。有周易講義・學庸講義・論語溫知錄・讀孟子劄記・讀周子劄記・詩書講義。

崔胤 【唐】慎由子。字垂休。小字緇郎。擢進士第。昭宗時累遷御史中丞。喜陰計。附離權強。外簡重而中險譎。崔昭緯屢薦之。由戶部侍郎同中書門下平章事。素厚朱全忠。委心結之。以全忠力。四拜宰相。權震天下。世謂崔四入。全忠兵逼同華。韓全誨挾帝幸鳳翔。胤召全忠。以兵迎天子。李茂貞殺全誨等。與全忠約和。遂盡誅宦官。胤進侍中魏國公。帝自鳳翔還。胤揣全忠將篡奪。欲握兵自固。全忠令其子友諒殺之。

崔衍 【唐】倫子。字著。天寶末擢明經。調富平尉。歷蘇虢二州。遷宣歙池觀察使。簡靜為百姓所懷。性儉約畏法。室無妾媵。好周親族。卒謚懿。

崔述 【清】大名人。字武承。號東壁。乾隆舉人。官羅源知縣。其學考據詳明如漢儒。而未嘗墨守舊說。辨析精微如宋儒。而未嘗空談虛理。著書三十四種。考信錄一書。尤為生平心力所專注。

崔郊 【唐】元和間秀才。寓居漢上。其姑有婢端麗。姑鬻之連帥于頔。郊思慕無已。其婢因寒食偶出值郊。郊贈詩有侯門一入深如海。從此蕭郎是路人句。頔覩詩。遂命婢歸郊。

崔重文 【明】妓女。小字媚兒。室有幻影閣。駒隙所容。凡庭柳扶疏。歸禽頡頏。旻態壁間。不遺毫末。有別黃奐紀詩八首。詞甚淒楚。

崔倕 【唐】武城人。三世一爨。時言治家者推其法。至德間官吏部侍郎。

崔倫 【唐】安平人。字敘。及進士第。歷吏部員外郎。安祿山反。陷於賊。不汙偽官。寶應中以右庶子使吐蕃。留二年。執倫至涇州。逼為書約城中降。倫不從。更囚遷婁城。閱六歲。終不屈。乃許還。代宗時遷尚書左丞。卒謚敬。

崔倰 [唐]祐甫從子。字德長。性介潔。以蘇州刺史奏課第一。入爲戶部侍郎。判度支時。田弘正徙鎮州。以魏兵二千行。欲留自衛。倰不給歲糧。弘正不得已。遣魏卒。遂爲鎮兵所害。時倰黨與盛。穆宗不敢問其罪。以戶部尚書致仕。卒謚肅。

崔剖 [後魏]清河人。字伯宗。避地隴右。每慷慨懷東土。太武西巡。剖使子寬送款。太武嘉之。徵剖詣京師。未至卒。謚元。

崔唐臣 [宋]閩人。與蘇子容。呂晉叔交善。二人登第。唐臣遂罷舉。嘉祐中二人在館下。一日。忽見唐臣艤舟河次。問以別後事。曰。初檢橐中有錢百千。以其半買此舟。以其半居貨。往來江湖間。貿易自給。愈於應舉覓官事也。次早。二人自署中還。見崔留刺。亟訪之。則莫可蹤跡矣。刺末有一絕云。集賢仙客問生涯。買得漁舟度歲華。案有黃庭樽有酒。少風波處便爲家。

崔彧 [後魏]顯兄孫。字文若。少逢沙門。教以素問甲乙。遂善醫術。中山王英子病。醫不能療。彧針之。抽針即愈。後位冀州刺史。◎[元]弘州人。字文卿。小字拜帖木兒。負才氣。剛直敢言。累官刑部尚書。上疏言時政。多見施行。成宗時官至平章政事。卒謚忠肅。

崔恭 [明]廣宗人。字克讓。正統進士。歷仕有政績。天順中巡撫蘇松諸府。浚治諸水。民賴其利。召爲吏部右侍郎。置勸懲簿。有聞皆識之。成化中進吏部尚書。參贊機務。致仕卒。謚莊敏。

崔恭祖 [南齊]慧景宗人。驍果便馬矟。氣力過人。頗經軍陣。以討王敬則功。封二百戶。慧景舉兵。恭祖密與之通。及慧景敗。被殺。

崔悅 [後趙]東武城人。字道儒。仕石虎。位司徒右長史。以才學稱。善書。與范陽盧諶齊名。諶法鍾繇。悅法衛瓘。俱習索靖草書。皆盡其妙。

崔挺 [後魏]辯從父弟。字雙根。少好學。舉秀才射策高第。孝文時除光州刺史。風化大行。還本州大中正。後爲北海王詳司馬。及卒。光州故吏莫不悲感。共鑄銅像祀之。謚景。

崔振 [後魏]挺弟。字延根。少有學行。居家孝友。孝文時遷太子庶子。景明初兼廷尉少卿。振有公斷。以明察稱。除肆州刺史。在任有政績。卒謚定。

崔桐 [明]揚州人。字來鳳。正德進士。授編修。武宗議南巡。桐上疏力諫。被廷杖。嘉靖中終禮部右侍郎。有東洲集。

崔浩 [後魏]宏長子。字伯淵。小名桃簡。少好學。博覽經史。百家之言。無不該綜。明元初官博士祭酒。恆與經國大謀。明元南巡。隨軍爲謀主。始光中進爵東郡公。拜太常卿。時議伐赫連昌。擊蠕蠕。朝臣盡不欲行。浩贊成之。大軍既還。加侍中特進。撫軍大將軍。敕諸尚書。凡軍國大計所不能決者。皆先諮浩然後行。寵遇爲一時冠。後遷司徒。詔總理史務。監秘書事。作國書三十卷。立石以彰直筆。國人憤嫉。構於帝。誅之。

崔涇 [宋]靜海人。爲兒時。見蟻出穴不敢踐。及長。見蜩蝶投網。必與救脫。見網罟者。多與之錢。令其改業。又率鄉人共爲放生會。其後子爲郡文學。二孫敦禮敦詩。皆登進士。

崔烈 [後漢]瑗從子。有重名於北州。歷位郡守九卿。靈帝時開鴻都門。榜賣官爵。烈因傅母入錢五百萬。得爲司徒。於是聲譽衰減。嘗從容問其子鈞。鈞曰。論者嫌其銅臭。後爲亂兵所殺。

崔珙 [唐]琯弟。爲人有威重。精吏治。以拔萃異等。累擢嶺南節度使。文宗時徐州軍數犯法。因簡珙爲節度使。居二載。徐人畏戢。累進刑部尚書。同中書門下平章事。會昌中崔鉉爲相。以宿怨劾貶澧州刺史。宣宗時歷鳳翔節度使卒。

崔祐甫 [唐]沔子。字貽孫。第進士。代宗時累官中書舍人。性剛直。遇事不阿。德宗時拜門下侍郎同平章事。改中書侍郎。薦拔人才。推至公以行。未踰年。除吏幾八百人。莫不諧允。淄青李正己表獻錢三十萬緡。祐甫請就賜將士。正己慚服。卒謚文貞。

崔祖思 [南齊]景眞從子。字敬元。少有志氣。好讀書。初爲都昌令。高帝在淮陰。祖思爲上輔國主簿。甚見親待。遷齊國內使。帝受禪。除黃門侍郎。武帝即位。祖思啓陳政事。帝優詔報答。後爲青冀二州刺史卒。

崔神慶 [唐]義玄次子。舉明經。武后時累遷幷州長史。初州隔汾爲東西二城。神慶跨水聯堞。合而一之。省防禦兵數千。長安中累轉禮部侍郎。歷司刑卿。坐張昌宗黨。流欽州卒。

崔素娥 [唐]韋洵美妾。羅紹威辟洵美爲從事。素娥隨行。紹威聞其美。逼獻之。其夜洵美獨宿長吁。有同行者問知其事。欻然而去。至三更以皮囊貯素娥至。洵美挾以遁。

崔能 [唐]融曾孫。字子才。朱泚之亂。渾瑊以朔方軍戰武功。引佐幕府。累遷黔中觀察使。弟從爲中丞。奏以自代。歷嶺南節度使卒。

崔豹 [晉]字正能。惠帝時官至太傅。有古今注。

崔・貢 〔宋〕仁和人。字廷碩。端重有學識。大觀中詔天下郡縣保任士有孝弟睦婣任卹中和八行者。貢入太學。司成考驗以聞。政和中郡太守董正封舉貢應詔。授密州文學卒。鄉人尊之曰八行先生。

崔・陞 〔明〕樂安人。家彰德。字廷進。成化進士。歷兵部武選員外郎。言宦官妖僧罪甚切。後遷延安知府。四川參政。守官廉潔。家居三十年卒。

崔・偓佺 〔宋〕與弟頤正同舉進士。淳化中李至奏爲國子直講。眞宗幸國學。召偓佺說尚書。後令講道德經。日於崇文院候對。撰帝王手鑑十卷。

崔・冕 〔清〕巢人。字貢收。工繪事。有千家姓文。

崔・國 〔北齊〕暹孫。字法峻。幼好學多伎藝。尤工相術。武平中假儀同三司。嘗從駕在晉陽。語中書侍郎李德林曰。此日看高相王以下文武官人相表俱盡。唯第一人更應富貴。當在他國。其精妙如此。卒於鴻臚卿。（按北史作冏。此從北齊書。）

崔・從 〔唐〕能弟。字子乂。擢進士第。累官尚書左丞。長慶初領鄜坊節度。軍士驕橫。一繩以法。党項互市。羊馬類先遺帥守。從獨不取。羌不敢犯境。歷尚書左僕射。卒諡貞。

崔・㥄 〔北齊〕休子。字長孺。爲神武開府諮議參軍。以建議立魏孝武。封武城縣公。天平中授徐州刺史。性豪慢。每以籍地自矜。罷州除七兵尚書。神武葬後。㥄竊言黃頷小兒。堪當重任否。暹遷以啓文襄。於是鎖赴晉陽。以陳元康救得免。禪代之際。參掌朝儀。出爲東兗州刺史。受納狼籍。被逮卒於獄。㥄歷覽羣書。兼有詞藻。自中興迄於孝武。詔誥表檄。多㥄所爲。然性侈耽財色。於諸弟不能盡雍穆之美。世論以此譏之。

崔・敏 〔唐〕清河人。憲宗時補歸州刺史。治多馴擾。改永州刺史。俗尚鬼。敏約束部吏。毀其淫祠。戮其妖師。於是民乃寧一。◎〔明〕襄陵人。字好學。生四十日。其父仕元爲綿竹尹。父子隔絕者三十年。敏依母兄以居。元季寇亂。母及兄又相失。亂稍定。入陝尋母不可得。入川抵綿竹。求父塚墓。無知者。復入陝訪諸親故。始知父殯所在。負骸以歸。時稱崔孝子。

崔・斌 〔元〕馬邑人。字仲文。魁岸雄偉。達於政術。中統初以安童薦。除左右司郎中。時世祖銳意圖治。羣言終日不決者。斌每以數言決之。寵遇甚至。歷行中書省左丞。極論阿合馬姦蠹。帝乃黜其親黨。海內稱快。阿合馬誣搆以罪。害之。追封鄭國公。諡忠肅。

崔・棁 〔後晉〕安平人。字子文。少好學。工於文辭。梁貞明中舉進士甲科。歷仕唐晉。桑維翰改棁知貢舉。時有進士孔英者。素有醜行。棁旣受命。往見維翰。維翰素貴。嚴尊而語簡。謂棁曰。孔英來矣。棁不喻其意。謂以孔英爲言。乃考英及第。物議大譁。後以太子賓客分司西京卒。

崔・涯 〔唐〕吳楚人。工詩。與張祜齊名。失意游俠江淮間。嘗作俠士詩。傳誦人口。◎〔明〕寧國太平人。字若濟。號筆山。嘉靖進士。擢御史。糾劾不避權貴。世宗目爲眞御史。按福建。墨吏聞風解綬。陳山海十二策。悉中利弊。以劾吏部尚書汪鋐忤旨見斥。有崔筆山文集。

崔・液 〔唐〕湜弟。字潤甫。工五言詩。湜常呼其小字曰。海子。我家龜龍也。官至殿中侍御史。坐湜當流。亡命郢州。作幽征賦以見意。詞甚典麗。遇赦還卒。

崔・深 〔明〕吳江人。字靜伯。正德中以字學得薦。授中書舍人。博覽好古。畫梅入品。

崔・紫雲 〔唐〕妓女。杜牧爲御史。分務洛陽。李愿罷鎭閑居。聲妓豪侈。高會朝客。牧引滿三巵。問愿云。聞有紫雲者孰是。愿指之。牧凝睇良久曰。名不虛得。宜以見惠。愿遂以贈。

崔・逞 〔後魏〕東武城人。字叔祖。少好學有文才。仕慕容暐。補著作郎。撰燕記。入魏。拜尚書。除御史中丞。道武攻中山乏糧。問計於逞。逞曰。飛鴞食葚而改音。可取以助糧。帝雖銜其侮慢。然兵旣須食。乃聽人以葚當租。後以事賜死。

崔・造 〔唐〕安平人。字玄宰。永泰中與韓會。盧東美。張正則三人友善。皆自謂王佐才。時號四夔。貞元中以給事中同中書門下平章事。疾錢穀諸使罔上自私。請兩稅委本道觀察使選官部送京師。悉停諸道轉運使。以度支還尚書省。宰相分領六曹。韓滉持不可。帝以滉爲江淮轉運使。餘如造請。未幾。罷爲太子右庶子。所請悉罷。以憂卒。

崔・善貞 〔唐〕浙西布衣。德宗時上書闕下。暴觀察使李錡恃恩驕橫罪。帝械善貞以賜錡。錡預設大坎。至則幷械瘞殺之。錡敗。贈善貞睦州司馬。

崔・善爲 〔唐〕武城人。精曆數。仕隋。政令日紊。密勸高祖圖天下。及兵起。署大將軍府司戶參軍。以清察見稱。封清河縣公。累擢尚書左丞。傅仁均撰戊寅曆。李淳風詆其疏。帝令善爲考二家得失。多所裁正。後歷大理司農二卿。卒諡忠。

崔・寔 〔後漢〕瑗子。字子眞。一名台。字元始。少沈靜好典籍。桓帝初舉至孝獨行。除爲郎。論當世便事數十條。名曰政論。後拜議郎。著作東觀。出爲五原太守。教民織績。勵士賜。厰烽堠。虜不敢犯。常爲邊最。召拜尚書。免歸卒。所著凡十五篇。

崔・彭 〔隋〕謙子。字子彭。性剛毅。有武略。通周禮尚書。仕周爲門正上士。文帝受禪。遷監門郎將。在省闥二十餘年。未嘗有惰容。煬帝時累遷左領軍大將軍。時漢王諒初平。餘黨屯聚。令彭率衆鎭遏山東。復領慈州。卒謚肅。

崔・敦詩 〔宋〕敦禮弟。字大雅。紹興進士。仕至侍講直學士院。性謹原知大體。直宿邇講。所陳必剴切。有文集・制稿・奏議・通鑑要覽・制海。監韻。

崔・敦禮 〔唐〕咸陽人。字安上。多涉書傳。以節義自將。嘗持節幽州。召廬江王瑗。瑗已舉兵。執問朝廷事。敦禮不爲屈。太宗壯之。永徽中累官中書令。卒謚昭。◎〔宋〕涇孫。與弟敦詩同登紹興進士。愛溧陽山水。買田築居。仕至諸王宮大小學教授。有芻言・宮教集。

崔・景眞 〔南齊〕東武城人。位平昌太守。有惠政。常懸一蒲鞭而未嘗用。

崔・景榮 〔明〕長垣人。字自強。萬曆進士。擢御史。劾東廠太監張鯨罪。累擢右僉都御史。巡撫寧夏。申威信。省市費。邊陲晏如。天啓中爲吏部尚書。以忤魏忠賢。奪職。

崔・朝 〔漢〕安平人。昭帝時爲幽州從事。諫刺史無與燕王旦通。及旦敗。擢爲侍御史。

崔・植 〔唐〕祐甫嗣子。字公修。博通經史。於易尤邃。與鄭覃同時爲補闕。朝廷得失。更疏論執。響望蔚然。長慶初累官中書侍郎・同中書門下平章事。時朝廷收河朔三鎭。籍部將豪銳不檢者送京師。而朱克融在籍中。植不知兵。謂藩鎭且平。不復料安危事。及縱克融北還。河朔復失。天下尤之。植內慚。出爲華州刺史卒。◎〔明〕鄞人。字斯立。自號丹山樵者。治春秋。究極羣史。平居儀度整肅。不假修飾而規範自然。洪武中薦爲郡學教授。後調處州。以成就後進爲務。卒於官。有雜著・文集。

崔・渙 〔唐〕玄暐孫。博綜經術。長論議。起家亳州司功參軍。累遷司門員外郎。楊國忠惡其不附己。出爲巴西太守。玄宗西狩。迎謁於道。帝見占奏。卽日拜門下侍郎同平章事。肅宗立。爲江淮宣諭選補使。收采遺逸。不以親故自嫌。代宗時遷御史大夫。元載輔政。渙論其姦。載惡之。貶道州刺史。卒諡元。

崔・渭源 〔清〕蔚林子。字渭夫。號胥玉。康熙副貢。篤志闇修。事父母以孝聞。嘗謂爲學必向日用倫常中著力。方是實際工夫。宗黨歸重之。

崔・湜 〔唐〕仁師孫。字澄瀾。擢進士第。以附武三思。由考功員外郎驟遷檢校吏部侍郎同中書門下平章事。以典選納賂。貶江州司馬。安樂公主從中申護。改襄州刺史。韋氏稱制。復同中書門下三品。景雲中太平公主引爲中書令。玄宗立。以嘗與逆謀。賜死。湜執政時。年三十八。嘗暮出端門。緩轡諷詩。張說見之歎曰。文與位固可致。其年不可及也。

崔・無詖 〔唐〕博陵人。玄宗時爲少府監。守滎陽。安祿山攻滎陽。無詖率衆乘城。城破死之。諡毅勇。

崔・琦 〔後漢〕安平人。字子瑋。少游學京師。以文章著。初舉孝廉爲郎。梁冀慕其才。折節下之。琦作外戚箴白鵠賦以諷。冀見之因遣歸。後除爲臨濟長。不敢之職。解印綬去。冀捕殺之。所著賦頌之屬凡十五篇。

崔・琯 〔唐〕博陵人。字從律。父頲官同州刺史。生八子。皆有才。世以擬漢荀氏八龍。琯舉進士。歷給事中。遷工部侍郎。宋申錫被讒下獄。無敢辯者。琯請出獄付外廷治之。天下稱賢。官終山南西道節度使。琯性方介。有公台之望。及卒。時重惜之。

崔・琰 〔三國魏〕東武城人。字季珪。少好武事。後就鄭玄受學。袁紹辟爲騎都尉。數諫紹不聽。武帝破袁氏。辟爲別駕從事。傅文帝於鄴。時未立太子。臨淄侯植有才而愛。武帝密訪於外。琰答春秋之義。立子以長。還中尉。琰聲姿高暢。眉目疏朗。鬚長四尺。甚有威重。武帝亦敬憚焉。會有白琰傲世怨謗者。遂賜死。初武帝將見匈奴使。自以形陋不足以威遠人。乃使琰代。捉刀立牀頭。旣畢。遣人問使曰。魏王何如。使答曰。雅望非常。然牀頭捉刀人。眞英雄也。

崔・琳 〔唐〕神慶子。明政事。開元中與高仲舒同爲中書舍人。侍中宋璟親禮之。嘗曰。古事問仲舒。今事問琳。尙何疑。累遷太子少保卒。琳與弟太子詹事珪・光祿卿瑤・俱列棨戟。世號三戟崔家。

崔・發 〔漢〕朝孫。以材能幸於王莽。莽居攝。爲騎都尉。使視符命。篡位後。封說符侯。莽敗。降申屠建。建斬之。

崔・華 〔清〕太倉人。字蘊玉。一字不雕。順治舉人。王士禎極賞其詩。有句云。黃葉聲多酒不辭。時目爲崔黃葉。兼工畫翎毛花卉。康熙時徵鴻博。不起卒。有櫻桃軒集。

崔・貽孫 〔後唐〕字伯垂。以門族登進士第。歷清資美職。嘗別墅於漢上之穀城。極園林幽勝。時人羨焉。同光初除吏部侍郎。銓選疎謬。罷官。後還禮部尚書致仕。卒。

崔・逸 〔後魏〕辯子。初名景儁。孝文賜名逸。梗正有高風。好古博涉。

以經明行修徵拜中書博士。後爲員外散騎侍郎。與韓興宗參定朝儀。爲孝文所重。歷廷尉少卿卒。

崔郾 【唐】邠弟。字廣略。中進士第。累遷吏部員外郎。每擬吏。親掞格。褒黜必當。敬宗嗣位。拜翰林侍講學士。與高重類六經要言爲十篇上之。由禮部侍郎出爲虢州觀察使。改鄂岳等州。遷檢校吏部尙書。卒諡德。郾家不藏資。有輒周給親舊。治虢以寬。經月不笞一人。及涖鄂。嚴法不貸。或問其故。曰。陝土瘠而民勞。撫之易服。鄂土沃民剽。雜以夷俗。非威莫能制。政貴知變也。聞者服焉。

崔鈞 【後漢】烈子。爲虎賁中郎將。少結交豪傑。有名稱。後官西河太守。

崔陽元 【唐】工畫山水雜物。

崔圓 【唐】武城人。字有裕。志向卓邁。好習兵法。開元中歷京兆參軍。玄宗西幸。圓疏陳蜀土腴穀美。儲供易辦。卽日拜中書侍郎同平章事。肅宗時爲淮南節度使。在鎭六年。請朝京師。吏民皆留之。詔檢校尙書右僕射卒。

崔意如 【秦】大夫。封東萊侯。生二子伯基·仲牟。伯基居清河東武城。仲牟居博陵安平。

崔愼由 【唐】從子。字敬止。由進士第擢賢良方正異等。宣宗時累遷工部尙書。同中書門下平章事。時帝餌長年藥而病。國嗣未立。嘗對宰相言欲肆赦。患無其端。愼由曰。太子天下本。若立之。赦爲有名。帝不懌。綯鄭乘是排去之。卒諡貞。

崔損 【唐】博陵人。字至無。大曆末中進士博學弘詞。累官右諫議大夫。貞元中以裴延齡薦。拜同中書門下平章事。進門下侍郎。在相位八年。齷齪無所建白。德宗憐其柔厚。寵遇彌渥。卒諡靖。

崔敬 【元】大寧之惠州人。字伯恭。通刑名法律之學。至元中出僉山北廉訪司事。治獄多平反。至正初遷河南。又遷江東。所至抑豪強。洗冤訟。百廢具舉。終江浙行省左丞。卒諡忠敏。

崔敬友 【後魏】光弟。本州治中。頗有受納。御史案之。乃與守者俱逃。敬友精心佛道。晝夜誦經。性好施與。飢寒請丐者。皆取足而去。延昌中卒。

崔敬邕 【後魏】挺從祖弟。孝文時自司徒主簿。累轉尙書都官郎中。所在稱職。宣武時出除營州刺史。庫莫奚國有馬百匹因風入境。敬邕悉令送還。夷人感附。官至太中大夫。卒諡恭。

崔敬嗣 【唐】系出博陵。後徙靈昌。中宗在房州。吏多肆慢。敬嗣爲刺史。獨盡誠推奉。帝德之。及反正。有與敬嗣同姓名者。每擬官。帝輒超拜。後召見悟非是。訪敬嗣已死。卽授其子汪五品官。

崔楷 【後魏】模弟。字季則。歷太子中舍人左中郎將。性嚴烈。能摧挫豪強。孝昌初出爲殷州刺史。將之州。人咸勸單身述職。楷曰。單身赴任。朝廷謂吾有進退之計。將士又誰肯固志。遂闔家赴州。賊勢已逼。或勸減小弱以避之。乃遣第四女第三男夜出。旣而又命追還。及賊來攻。楷率力拒抗。莫不爭奮。城陷不屈死。

崔源 【明】雲中人。字有本。天性孝友。深沈有智。襲寧波衞指揮同知。正統中閩浙盜起。從總兵寧陽侯勦捕。累獲奇功。升署浙江都指揮僉事。改檄武義。一日。火發聯營。源倉卒遇敵。與弟澄及清皆力戰死。

崔猷 【北周】勉弟。字宣猷。性鯁正。有軍國籌略。魏大統初官給事黃門侍郎。累遷京兆尹。與盧辯等創修六官。周文帝欲開梁漢舊路。命猷率衆開通車路至於梁州。卽以猷爲梁州刺史。文帝崩。諸州多叛。惟梁州境內民無二心。隋文受禪。以猷前代舊齒。授大將軍。進爵汲郡公。卒諡明。

崔瑗 【後漢】駰子。字子玉。早孤。銳志好學。從賈逵質正大義。遂明天官曆數·京房易傳。兄章爲州人所殺。瑗手刃報仇。因亡命。會赦歸家。後舉茂才。遷汲令。漢安初胡廣·竇章·共薦瑗宿德大儒。從政有迹。遷濟北相。以事徵詣廷尉卒。瑗高於文辭。尤善章草。所著賦碑銘箴草書勢凡五十七篇。

崔粲 【明】金陵人。字季韞。別號秋潭。明季諸生。國變後。日徜徉山水。賦詩見志。有潭上文稿及詩集。

崔羣 【唐】武城人。字敦詩。未冠舉進士。梁肅薦其有公輔才。擢甲科。累遷中書侍郎同中書門下平章事。時皇甫鎛言利幸於帝。陰藉左右求宰相。羣數言其佞邪不可用。鎛銜之。帝卒相鎛。罷羣爲湖南觀察使。穆宗立。歷武寧荆南節度使。拜吏部尙書卒。

崔義玄 【唐】武城人。以軍功封清丘縣公。太宗討王世充。數用其謀。永徽中累遷婺州刺史。平睦州女子陳碩貞之亂。武氏爲皇后。義玄贊帝決。又以后旨按長孫無忌等誅之。終蒲州刺史。卒諡貞。

崔與之 【宋】增城人。字正子。紹熙進士。廣人之由太學取科第。自與之始。擢廣西提點刑獄。徧歷所部。浮海巡朱崖。罷行利病甚衆。瓊人次其事。爲海上澄清錄。遷安撫淮東。因滁阻山。創五砦。結忠義兵守之。金人犯淮西。沿邊之民得附山自固。嘉熙中以觀文殿大學士奉祠卒。諡清獻。有菊坡集。

崔遊 【晉】上黨人。字子相。少好學。魏末察孝廉。官氐池長。甚有惠政。以病免。年七十餘。猶教學不倦。撰喪服圖行世。劉元海僭位。命爲御史大夫。固辭不就。卒於家。◉後魏挺族子。字延叔。少有風概。爲東郡太守。郡有鹽戶。常供州郡爲兵。子孫見丁從役。遊乃爲表請更代。郡內德之。正光中除南秦州刺史。州人楊松柏兄弟反叛。遊招慰來降。因宴殺之。後爲叛民所害。

崔・道固　後魏　東武城人。字季堅。其母卑賤。父輯遣之南仕。宋孝武爲徐兗二州刺史。以道固爲從事。後爲宋諸王參軍。被遣向靑州募人。長史以下皆詣道固。嫡兄等逼其所生母自致酒炙於客前。諸客咸拜其母。母謂道固曰。我賤不足以報貴賓。汝宜答拜。諸客皆致歎美。累官徐州刺史。歸魏爲平齊太守。延興中卒。

崔・道融　五代　閩　荆州人。唐時以徵辟爲永嘉令。累官右補闕。唐末不仕朱梁。避地入閩。有東浮集。

崔・達拏　北周　暹子。齊文宣以兄女樂安公主妻之。位儀同三司。入周爲御府大夫。大象中使鄴。屬尉遲迥起兵。以爲總管司馬。迥平伏誅。

崔・鉉　唐　元略子。字台碩。中進士。累官中書舍人・學士承旨。武宗好蹴踘角抵。鉉切諫。帝褒納之。拜中書侍郎・同中書門下平章事。與李德裕不協罷。宣宗初出爲淮南節度使。居九年。條敎一下無復改。民以賴順。咸通初徙山南東道荆南二鎭。封魏國公。卒於官。

崔・頌　宋　協子。字敦美。以蔭補官。歷仕漢周。宋初判國子監。會重修國學及武成王廟。命頌總領其事。太祖幸國學。問一時典禮。頌奏對閑雅。帝甚重之。尋出爲保大軍行軍司馬卒。頌好詼諧。美筆札。嘗製世宗謚冊文。當時稱其遒麗。

崔・僧淵　後魏　道固兄子。有文學。善談佛經。孝文勅以白衣賜襪幘。遷洛之後。爲靑州中正。尋出爲征東大將軍。討海戒於黃郭。大破之。歷南靑州刺史卒。

崔・瑕　唐　字乾錫。舉進士。歷邢州刺史。李德裕之謫。瑕草制不盡書其過。坐貶端州刺史。

崔・寧　唐　衛州人。喜縱橫事。落魄客劍南。寶應初蜀亂。嚴武白寧爲利州刺史。轉漢州。宰相杜鴻漸利寧賂。薦諸朝。因授成都尹。歷西川節度使。寧在蜀既久。兵寖強。肆侈窮欲。朝廷不能詰。大曆末入朝。宰相楊炎與有嫌。恐入蜀不可制。說德宗罷之。後爲靈州大都督。朱泚反。行反間譖寧中書令。盧杞遂奏寧反狀。帝使人縊殺之。

崔・廓　隋　安平人。字士玄。初爲里左。屢逢屈辱。乃入山中。博覽書籍。多所通涉。遂與趙郡李士謙齊名。時稱崔李。嘗著論刑名之理。其義甚精。大業中卒。

崔・漢衡　唐　博平人。沈毅博厚。善與人交。累官右司郎中。建中中吐蕃請盟。擢殿中少監。爲和蕃使。定盟淸水。後豫吐蕃盟於平涼。被執。漢衡誠信素著。虜尊重之。故得還。仕終晉慈隰觀察使。

崔・碣　唐　縱從子。字東標。及進士第。累擢河南尹。邑有大賈王可久因亂流亡。卜者楊乾夫誘聘其妻。及可久歸。乾夫賂吏坐罪。碣至。廉得其情。殺乾夫及吏。以妻還可久。時淫潦。獄決而霽。都民相語歌舞於道。終懷州司馬。

崔・福　宋　故羣盜。後隸軍籍。初從趙葵收李全有功。又累從陳韓捕賊。積功至刺史・大將軍。勇悍善戰。一時以爲良將。後署建康鈐轄。以跋扈不用命。爲韓所殺。

崔・維雅　淸　河南新安人。字大醇。號默齋。順治舉人。累官大理寺卿。有經濟才。所至皆有政績。三任河職。於治水功尤著。有河防芻議・明刑輯要等書。

崔・綽　後魏　安平人。少孤。學行修明。與范陽盧玄・勃海高允・趙郡李靈俱被徵。以母老固辭。後爲郡功曹卒。

崔・聚　明　懷遠人。從成祖起兵北征。累遷左軍都督僉事。宣德初以左參將從柳升征交趾。兵敗不屈死。

崔・肇師　北齊　亮孫。涉獵經史。頗有文思。天平初以通直侍郎爲慰勞靑州使。至齊州。爲土賊所拘。欲逼與同事。肇師執志不回。賊遂舍之。累遷中書侍郎。以參定禪代禮儀封襄城縣男卒。

崔・說　北周　謙弟。本名士約。少有氣槩。膂力過人。初從賀拔勝奔梁。復自梁奔西魏。從周文復弘農・戰沙苑。皆有功。賜姓宇文。并賜名說。累遷總管涼州刺史。蒞政強毅。百姓畏之。封安平縣公。卒謚莊。(按說周書作說。此從北史及隋書。)

崔・遠　唐　澹子。有文而風致峻整。時人目爲釘座梨。言世所珍也。乾寧中以兵部侍郎同中書門下平章事。遷中書侍郎。從遷洛陽。罷爲尚書右僕射。爲柳璨所陷。被殺。

崔・銑　明　陞子。字子鍾。一字仲鳧。弘治進士。授編修。見劉瑾長揖不拜。出爲南京吏部主事。瑾敗。召充經筵講官。世宗卽位。擢南京國子監祭酒。大禮議起。張璁・桂萼等貴顯用事。銑疏劾璁萼。帝不悅。令銑致仕。用薦起。歷南京禮部右侍郎。致仕卒。謚文敏。銑學以程朱爲的。言動皆有則。斥王守仁爲霸儒。有讀易餘言・讙氏小爾雅．彰德府志．文苑春秋敍錄．士翼．後渠庸言．洹詞．政議．晦菴文鈔續集．文苑春秋。

崔．寬　【後魏】詡子。字景仁。以通款功累官弘農太守。初寬通款見崔浩。浩厚存接之。及浩誅。以遠方疏族。得不坐。遂家於武城。以一子繼浩。後襲爵武陵公。陝城鎭將。寬性滑稽。誘接豪右。百姓樂之。延興中卒。

崔．履謙　【元】至元中。同知溫州府事。時劉萬奴棄城遁。嗾元帥懷都屠城。履謙與治中徐似孫等力爭獲免。遊軍略民間子女。履謙力脫之。

崔．廣　【漢】字文通。號夏黃公。一作崔廓。字少通。商山四皓之一。

崔．慧景　【南齊】東武城人。字君山。仕宋爲長水校尉。高帝受禪。累官度支尙書。領太子左率。東昏時誅戮將相舊臣皆盡。慧景自以年宿位重。轉不自安。及裴叔業降魏。授慧景平西將軍。率水軍征壽陽。慧景奉江夏王寶玄還逼建康。稱宣德太后旨。廢帝爲吳王。兵敗死。

崔．慰祖　【南齊】慧景從弟。字悅宗。性至孝。父喪不食鹽。好學。聚書至萬卷。鄰里假借。未嘗爲辭。歷爲始安王記室。沈約．謝朓．嘗於吏部省問地理中所不悉者十餘事。慰祖酬據精悉。朓歎曰。假使班馬復生。無以過此。著海岱志。未成卒。

崔．模　【後魏】東武城人。字思範。慕容熙末南渡河外。爲宋武榮陽太守。戍虎牢。神䴥中平滑臺。模歸降。後賜爵武陵男。加寧遠將軍。模長者篤厚。不營榮利。和平中卒。◎【後魏】逸弟。字叔軌。身長八尺。蕭寶夤討關隴。引爲西征別將。屢有戰功。封槐里縣伯。後行岐州事。擊賊沒於陣。

崔．澂　【明】吳江人。字淵甫。天性孝友。博學能詩。眞草隸篆。爲人所寶。有傳響集。

崔．澄　【唐】液弟。本名滌。玄宗改爲。帝在藩與同里居。及卽位。用爲秘書監。性滑稽善辯。累遷金紫光祿大夫。封安喜縣子卒。

崔．璆　【宋】京口人。字子玉。美風儀。善談論。晚病狂。擕大瓢貯酒行市。拍掌歌笑。將死。自表石曰辭鄉伯崔璆之墓。

崔．篆　【後漢】發弟。王莽時以明經徵詣公車。太保甄豐擧爲步兵校尉。篆辭曰。吾聞伐國不問仁人。戰陣不訪儒士。遂投劾歸。後莽以篆爲建新大尹。之官。出獄囚二千餘人。稱疾去。建武初州擧賢良。篆自以宗門受莽僞寵。慚愧漢朝。辭歸不仕。臨終作慰志賦以自悼。

崔．蔚林　【清】直隸新安人。後還長垣。字夏章。號定齋。順治進士。康熙間累官詹事。刻苦窮經。尤邃於易。持身接物。一本於誠。於義利之辨尤嚴。有四書講義及易解。

崔．蔭　【後燕】東武城人。字世騄。仕慕容垂爲長史。章武王宙鎭滑臺。以蔭爲司馬。先後參佐戎幕。簡法輕賦。流民歸之。

崔．論　【唐】液子。有吏幹。乾元中爲州刺史。以治行稱。歷同衞二州。德宗以舊族耆年。擢大理卿卒。

崔．鄲　【唐】郾弟。及進士第。文宗末以太常卿擢同中書門下平章事。改中書侍郎。宣宗初復以檢校尙書右僕射同平章事。節度淮南。卒於軍。崔氏四世緦麻同爨。兄弟六人至三品。邠．郾．鄲．凡爲禮部五。吏部再。居光德里。搆便齋。宣宗曰。鄲一門孝友。可爲士族法。因題曰德星堂。

崔．頤　【後魏】逞子。字太沖。賜爵淸河侯。累官大鴻臚。持節策拜楊難當爲南秦王。奉使敏返。光揚朝命。太武善之。後與方士韓詣王屋山造金丹不就。眞君中卒。

崔．頤正　【宋】封丘人。擧進士。明經術。雍熙中爲高密尉。以孔維薦。爲國子直講。太宗召見。令說莊子一篇。賜錢五萬。復以李言薦。令與孫奭刊正諸經音疏。眞宗時日召頤正於御書院說尙書。改國子博士。

崔．儒秀　【明】陝州人。字敞初。萬曆進士。歷戶部郎中。遷開原兵備僉事。時開原已失。儒秀募壯士攜家辭墓而行。遼陽被圍。分守東城。矢集如雨不少卻。兵潰自經。賜祠曰愍忠。

崔．器　【唐】安平人。有吏幹。然性陰刻樂禍。天寶中擧明經。官奉先令。安祿山陷京師。器受賊署守奉先。頃之走靈武。肅宗以爲三司使。器希帝旨。欲深文繩下。議王官陷賊者抵死。死者至數百人。後爲御史大夫卒。

崔．嶧　【宋】長安人。字之才。進士及第。累官河東轉運使。會更錢法。潞州民大擾。推其首惡誅之。人心遂定。後歷知同州．鳳翔．河中。所至貪好。比老益甚。以刑部侍郎致仕卒。

崔．暹　【後魏】東武城人。字元欽。性猛酷少仁恕。奸猾好利。能事勢家。以秀才累遷瀛州刺史。貪暴安忍。民庶患之。稱爲瘷兒刺史。◎【北齊】安平人。字季倫。少避地北海。神武見而悅之。以爲左丞吏部郎。主議麟趾格。親遇日隆。定武初遷御史中尉。前後表彈免官死黜者甚衆。威名日盛。內外莫不畏服。神武崩。文襄以暹爲度支尙書。兼僕射。委以心腹之任。文宣初立。司馬子如等譖暹。令人搜暹家。甚貧匱。惟得神武文襄與暹書千餘紙。多論軍國大事。帝嗟賞之。天保末爲右僕射卒。

崔．澹　【唐】珙弟子。擧止秀峙。時謂玉而冠者。擢進士第。歷禮部員外郎。當時士大夫以流品相尙。推名德者爲之首。瀞與焉。終吏部侍郎。

崔翰 宋萬年人。字仲文。風姿俊偉。驍勇有謀。從太宗征太原。流矢中其頰。不爲少退。督戰益急。積功擢武泰軍節度使。移鎭鎭安軍。淳化中以疾召還。上言臣既以身許國。不願死於家。仍令赴鎭。月餘卒。

崔蕘 唐鄯兄子。字野夫。乾符中爲吏部侍郎。美文辭。談辯華給。以銓管非所長。出爲陝虢觀察使。簡侻不曉事。但以器韻自高。或訴尋者。卽榜笞之。俄爲軍吏所執。髡其鬚髮。指廷樹示之曰。柯葉尙爾。何辠爲。渴甚求飮。民飮以溺。坐貶官。終左散騎常侍。

崔融 唐全節人。字安成。擢八科高第。補宮門丞。中宗爲太子時。遷侍讀。典東朝章疏。長安中進鳳閣舍人。坐附張易之兄弟。貶袁州刺史。尋召拜國子司業。融爲文章華婉典麗。朝廷大手筆多委之。卒諡文。

崔衡 後魏寬子。字伯玉。少以孝行著稱。官內都坐令。善折獄。孝文嘉之。蠕蠕犯塞。衡上書陳備禦之策。除秦州刺史。封齊郡公。勸課農桑。周年間盜賊止息。卒諡惠。

崔遵度 宋本江陵人。徙淄川。字堅白。純介好學。太平興國中舉進士。咸平時官國史編修官。改左司諫。大中祥符中遷吏部郎中。兼左諭德卒。遵度與物無競。淳澹清素。掌右史十餘歲。立墀上。常退匿楹間。處帝之見。善鼓琴。有琴箋及文集。

崔涵 宋元豐間爲於潛令。有遺愛。嘗興元豐塘。爲邑人利。後人呼爲崔長官塘。

崔駰 後漢篆孫。字亭伯。博學有偉才。善屬文。少遊太學。與班固・傅毅齊名。擬楊雄解嘲作達旨。元和中竇憲爲車騎將軍。辟駰爲掾。憲擅權驕恣。駰數諫之。出爲長岑長。不之官而歸。著詩賦銘頌二十一篇。

崔龜從 唐字玄告。初舉進士。復以賢良方正拔萃三中其科。太和初爲太常博士。最明禮家沿革。問不虛酬。大中中以中書侍郎同中書門下平章事。罷爲宣武軍節度使卒。

崔儦 隋仲文子。字岐叔。少以讀書爲務。負恃才地。大署其戶曰。不讀五千卷書者。無得入此室。舉齊秀才。歷尙書郎。開皇中累官員外散騎侍郎。越國楊素重儦門地。爲玄縱娶其女爲妻。親迎之始。公卿滿座。儦故敝衣冠。騎驢而至。素推令上座。儦有輕素之色。禮甚倨。竟至罷坐。詔授易州刺史。或言其未合。乃追停。儦語人曰。易州刺史。何必勝道義。仁壽中卒。

崔勵 後魏光子。字彥德。器學才德。最有父風。舉秀才。拜領軍將軍。與從兄鴻俱有名於世。

崔徽 後魏宏弟。字玄猷。少有文才。與渤海高演俱知名。歷位秘書監。時樂安王範鎭長安。以徽爲散騎常侍。督雍涇梁秦四州諸軍事。爲政務存大體。講論道義。誨誘後進。終日不止。以疾還京卒。◎唐河中倡女。裴敬中以興元幕使河中。與徽相從者累月。敬中使還。徽不能從。情懷怨抑。後數月。東川幕白知退將自河中歸。徽乃託人寫眞。因捧書謂知退曰。爲妾謂敬中。崔徽一旦不及卷中人。徽且爲郎死矣。元稹爲作崔徽歌。

崔應榴 清海鹽人。諸生。有吾亦廬稿。

崔縱 唐渙子。渙被貶。縱棄金部員外郎就養。乾元載世。不求聞達。德宗幸奉天。縱勸李懷光奔命。懷光次河中。遷延不進。縱以金帛先渡曰。濟者卽賜。衆趨利。遂及奉天。遷御史大夫。處大體不急細務。歷太常卿。封常山縣公。卒諡忠。◎宋臨川人。字元矩。政和進士。累官承議郎。二帝北行。高宗將遣使通問。縱毅然請行。授試工部尙書。比至。以大義責金人。請還二帝。金人怒。徙之窮荒。縱不少屈。竟握節以死。

崔膺 唐博陵人。性狂。張建封愛其才。以爲客。夜中大叫驚軍。衆欲食其肉。建封藏之。明日置宴。監軍曰。某有請。請崔膺。建封逡巡曰。某有請。亦請崔膺。坐中皆笑。乃獲免。善畫。偶因酒與畫馬一匹。爲諸小兒竊去。一旦將行。大叫稱膺失馬。張令捕之。廂將問毛色。膺云。膺馬昨夜猶在氈下。

崔謙 北周楷子。字士遜。賀拔勝鎭荆州。以謙爲行臺左丞。勝奔梁。謙與俱。後歸西魏。文帝深禮之。積戰功封武康郡公。天和中遷江陵總管・荆州刺史。外禦強敵。內撫軍民。風化大行。號稱良牧。卒於州。闔境痛惜之。(按北史作士謙。此從周書。)

崔賾 隋廓子。字祖濬。開皇初射策高第。詔與諸儒定樂。授協律郎。大業中奉詔撰區宇圖志・東征記。後除越王長史。宇文化及弑帝。引爲著作郎。稱疾不起卒。

崔隱甫 唐武城人。爲殿中侍御史。時浮屠惠範倚太平公主脅人子女。隱甫劾之。反爲所擠。貶邛州司馬。玄宗立。累爲御史大夫。多所劾正。威名赫然。後遷刑部尙書。封清河郡公。卒諡忠。

崔鴻 後魏敬友子。字彥鸞。博綜經史。初爲尙書都兵郎中。後遷中散大夫。以本官修輯國史。孝昌初。拜給事黃門侍郎・齊州大中正。尋卒。鴻弱冠有志著述。因劉淵石勒等十六國跨僭一方。各有國書。未有統一。乃撰十六國春秋。勒成百卷。

崔·曙 【唐】定州人。開元進士。嘗試明堂火珠詩。有夜來雙月合曙後一星孤句。以是得名。明年卒。惟一女名星星。人以爲讖。

崔·瞻 【北齊】㥄子。字彥通。聰明強學。有容止。神武召爲諸子賓友。魏孝靜帝以人日登雲龍門。與㥄俱侍宴爲詩。邢卲等曰。㥄博雅弘麗。瞻氣調清新。並爲詩人冠冕。孝昭立。除太子中庶子。專在東宮調護講讀。及進退禮度。咸歸委焉。累遷吏部郎中。卒諡文。有集二十卷。(按北史作崔瞻。此從北齊書。)

崔·簡 【後魏】浩弟。一名覽。字沖亮。少以善書知名。道武初歷中書侍郎。爵五等侯。參著作事卒。

崔·覲 【唐】城固人。業儒。躬耕自給。老無子。乃以田財分給奴婢。與妻隱於南山。山南西道節度使鄭餘慶辟爲參謀。號稱長者。文宗時。召爲起居郎。辭疾不至。

崔·懷順 【南齊】東武城人。父邪利。魯郡太守。宋元嘉中沒於魏。懷順聞之。蔬食如居喪禮。泰始初淮北陷沒。懷順因北至桑乾。時邪利已卒。懷順絰喪還青州。徒跣冰雪而手足不傷。人以爲孝感。喪畢。以弟在南。建元初又逃歸。而弟已亡。懷順孤貧。宗黨哀之。日斂給其升米。永明中卒。(按南齊書作懷愼。此從南史。)

崔·璽 【明】直隸通州人。字廷用。弘治進士。守武定州。因時變乞歸。羨臨清爲天下通津。遂家焉。美丰姿。多技藝。善騎射。人多以文武才目之。

崔·鑄 【清】三韓人。字象州。官州牧。工畫人物士女。學焦秉貞法。傳染淨麗。風情婉約。兼工寫梅。

崔·嚧 【宋】頌子。字文炳。雍熙進士。淹雅有士行。累爲戶部判官。眞宗以其性純謹。授曹國公元儼府翊善。歷太常少卿將作監卒。

崔·纂 【後魏】挺族子。字叔則。博學有文才。不爲時知。乃著無談子論。尋爲廷尉正。每於大獄。多有據明。有當官之譽。太原王靜自廷尉監遷少卿。纂恥居其下。乃求解任。後爲洛陽令卒。

崔·鶠 【宋】陽翟人。字德符。舉進士。歷鄧州推官。徽宗初上書言司馬光·章惇之忠佞。帝以爲相州教授。後蔡京復籍上書人。以鶠爲邪等。免官居郟城。治地數畝爲婆娑園。屏處十餘年。人皆尊師之。欽宗卽位。起歷殿中侍御史。從右正言。上疏論蔡京·渦濮罪惡。後以龍圖閣直學士致仕卒。鶠於詩清峭雄深。有婆娑集。

崔·護 【唐】博陵人。字殷功。清明獨遊都城南。得村居。叩門求飲。有女子啓關以盂水至。及來歲清明再往。門庭如故而戶扃鎖矣。因題去年今日此門中。人面桃花相映紅。人面不知何處去。桃花依舊笑東風一詩於左扉。後數日復往。有老父出曰。吾女讀左扉詩。因病而死。護請入臨。見其女在牀。哭曰。某在斯。須臾開目復活。老父以女妻之。後護登貞元第。終嶺南節度使。

崔·辯 【後魏】鑒從祖弟。字神通。學涉經史。風儀峻整。獻文徵拜散騎侍郎。平遠將軍。出爲武邑太守。政務之暇。專以勸學爲務。卒諡恭。

崔·顥 【唐】汴州人。開元進士。有文無行。好蒱博嗜酒。娶妻惟擇美者。俄又棄之。凡四五娶。終司勳員外郎。顥嘗過黃鶴樓賦詩。李白見而賞之。題曰。眼前有景道不得。崔顥題詩在上頭。李邕聞其名。虛舍邀之。顥至。獻詩。首章曰。十五嫁王昌。邕叱曰。小兒無禮。不與接而去。

崔·鶯鶯 【唐】女子。字雙文。貞元中。隨母鄭氏寓居蒲東佛寺。有張生者。賦詩贈答。情好甚暱。元稹作會眞記敍其事。說者謂記中張生卽元稹。稹所著詩中有所謂雙文者。卽隱指鶯鶯二字也。

崔·黯 【唐】寧從孫。字直卿。擢進士第。開成初爲監察御史。奏郊廟祭器不虔。文宗敕具條以聞。擢員外郎。累遷諫議大夫。

崔·瓘 【唐】博陵人。代宗時。爲澧州刺史。不爲煩苛。人便安之。流亡還歸。居二年。增戶萬數。詔特進五階以寵異政。後爲湖南觀察使。以禮法繩裁將吏。爲下所害。

崔·鑒 【後魏】綽子。字神具。自中書博士轉侍郎。出爲徐州刺史。於州內冶銅以爲農具。兵民獲利。爵桐廬縣子。卒諡康。

崔·鑑 【明】京師人。父嗜酒狎娼。召娼與居。娼恃寵。時時陵鑑母。一日。娼擊敗母面。母將自盡。鑑時年十三。自學舍歸。以刃刺娼斃之。亡走數里。恐累母。復趨歸。父已訴於官。將縶母矣。鑑急自陳。衆乃釋母。縶鑑置獄。事聞。世宗貸其罪。

崔·巖 【明】郴州人。字民瞻。成化進士。累擢左右布政。巡撫大同。寇兩犯境。巖獎士卒。大致克捷。遷工部左侍郎。以忤羅瑠繫獄。劉瑾敗。乃得釋。

崔·靈恩 【梁】東武城人。少篤學。徧習五經。尤精三禮三傳。仕魏爲太常博士。歸梁。累遷步兵校尉。兼國子博士。聚徒講學。聽者常數百人。性拙朴無文采。及解經析理。甚有精致。出爲桂州刺史。卒於官。有毛詩註·周禮集註·三禮義宗·左氏經傳義及條例·公羊穀梁文句義。凡一百三十餘卷。

巢·元方 【隋】精於醫。大業中。爲太醫博士。奉詔撰諸病源候論五十卷。

巢父 【陶唐氏】時人。山居不營世利。以樹爲巢。寢其上。故號巢父。堯以天下讓之。不受。

巢可託 【清】滿洲正藍旗人。姓阿顏覺羅氏。字棐侯。一字寄齋。由蔭生累官刑部尚書。有花爾松濤閣詩文集。

巢·谷 【宋】眉山人。字元修。舉進士。谷素多力。棄其家學。學古兵法。遊秦。鳳。涇原間。與河州將韓存寶相善。後存寶坐罪死。谷逃避江淮間。會赦乃出。紹聖初二蘇謫嶺海。谷徒步往訪。見轍。又欲往海南訪軾。至新州病死。

巢·帝闔 【明】涇陽人。諸生。道拾遺金。坐待一日。還原主。及暮歸家。路臨高崖。所乘驢忽驚走里許而崖崩。人以爲陰騭之報。

巢·猗 【隋】國子助教。撰尚書義。尚書音釋。

巢·堪 【後漢】南城人。字次朗。章帝朝爲太常。時曹褒請著成漢禮。堪言一世大典。非褒所能定。後拜司空。

巢·鳴盛 【清】嘉興人。字端明。號崆峒。明崇禎舉人。事母至孝。明亡母亦歿。築室墓旁。曰永思閣。又曰止閣。自號止閣。隱居不仕。徐枋呼之曰貞孝先生。

帶·佗 【戰國】時名將。賈誼過秦論與孫臏·吳起並稱。

常·大淳 【清】衡陽人。字蘭陵。道光進士。官至湖北巡撫。咸豐間。洪楊軍圍武昌。大淳不嫻軍旅。日與幕客談制藝。漫不設備。城陷。投井死。諡文節。

常·大湘 【清】衡陽人。字馭七。號瀛壺。道光舉人。有學古堂集。

常·少 【後漢】仕公孫述爲太常。述既竊號。少勸之降。不從。以憂死。

常·先 【上古】黃帝時賢臣。黃帝得先與風后·力牧·大鴻。以之治民。

常·同 【宋】安民子。字子正。政和進士。紹興中除殿中侍御史。金使入見。同言先振國威。則和戰常在我。若一意議和。則和戰常在彼。除起居郎史館修撰。同嘗疏稱神哲二史悉出奸人之論。乃命同修撰。擢御史中丞。後以顯謨閣直學士知湖州。請祠卒。

常安 【清】滿洲鑲紅旗人。姓葉赫納蘭氏。字坦履。康熙舉人。乾隆間官至浙江巡撫。以論著譏刺時事。中蜚語下獄死。有受宜堂集。

常·安民 【宋】臨邛人。字希古。熙寧進士。選成都教授。秩滿寓京師。妻孫氏。與蔡確之妻兄弟也。確時爲相。安民絕不相聞。累遷御史。紹聖初召對。論章惇·蔡京之罪。尋竄黨籍。流落二十年。政和末卒。

常·安成 【後魏】高陽人。正光末茹茹寇邊。安成爲統軍。大破之。時破六汗拔陵作亂。欲逼安成。不從。乃率所部討拔陵。以功授伏波將軍。後與拔陵連戰。卒於陣。

常·伯熊 【唐】善煮茶。因陸羽著茶經。復廣著茶之功。御史大夫李季卿召伯熊煮茶。伯熊執器前。季卿爲再舉杯。

常·何 【唐】貞觀間爲中郎將。時詔百官言得失。何武人不涉學。馬周爲陳便宜三十餘事。皆當世所切。太宗怪而問之。對曰。此非臣所能。臣家客馬周教臣言之。帝召周與語。大說。以何爲知人。賜帛三百匹。

常·延信 【宋】平晉人。思孫。建隆初領平州。累擢梓遂十二州都巡檢使。時亡命卒多以山林爲寇。延信捕殺三百餘人。雍熙中誠州蠻歸款。命延信馳入溪洞。索其要領。又逐蠻直趣古鎮。過西延大木諸洞。蠻人慴伏。咸平中。歷太康鞏縣二監軍卒。

常·延齡 【明】遇春十四世孫。字裔若。世襲懷遠侯。遇事敢言。累疏條陳利弊。俱關國體。南都諸勳戚多恣睢自肆。獨延齡以守職稱。明亡。身自灌園。蕭然布衣以終。

常·季賢 【後魏】宣武帝時爲主馬。帝好騎乘。因是獲寵。位至殿中將軍司樂丞。仍主廐閑。與茹皓通知庶事。勢望漸隆。後爲高肇所譖。遂被殺。

常·昇 【明】遇春次子。封開國公。昇之沒。史無可考。有謂洪武中坐藍玉黨誅死者。有謂建文末於浦子口力戰死者。昇爲懿文太子妃兄。建文時恩禮宜厚。事遭革除。遂無可考。

常明 【清】滿洲鑲紅旗人。乾隆間以知府從征貴州苗有功。嘉慶間累擢四川總督。在任八年。撫綏寧輯。頗有治績。又勤平贍對。卒諡襄恪。

常·林 【三國魏】溫人。字伯槐。累官大司農。明帝時封高陽鄉侯。司馬懿以林鄉邑耆德。每爲之拜。或謂林宜止之。林曰。司馬公自欲敦長幼之序。爲後生法。貴非吾之所畏。拜非吾之所制也。官終光祿大夫。卒諡貞。

常青 【清】滿洲正藍旗人。乾隆間任閩浙總督。臺灣林爽文作亂。青以欽差渡臺捕勦。久無功。朝命福康安進勦。始平之。旋內用。終鑲黃旗漢軍都統。卒諡恭簡。◎【清】滿洲鑲白旗人。姓蘇木克氏。乾隆間由前鋒累擢雲南總兵。從征緬甸及金川。屢立戰功。官至西安將軍。卒諡莊毅。

常·建 【唐】詩人。開元進士。大歷中爲盱眙尉。有詩集。

常·思 【五代周】太原人。字克恭。歷唐晉爲六軍都虞候。高祖即位。領武將軍節度使。徙鎭昭義。思起軍卒。未嘗有戰功。幸會漢興。遂秉旄節。性貪鄙。在州以聚斂爲事。周太祖卽位。徙鎭平盧。尋卒。

常思德 【宋】開封人。太宗時從曹彬北征。爲牙校。李順叛蜀。命往夔峽招捕。盡殲其黨。以功授汝州刺史。官終左神武大將軍。

常珍奇 【後魏】汝南人。初事宋孝武。爲司州刺史。降獻文帝。爲持節平南將軍。豫州刺史。河內公。後復叛。爲魏將元石所敗。匹馬逃免。

常英 【後魏】字世華。女弟常氏爲文成乳母。帝卽位。尊爲太后。英自肥如令超拜散騎常侍。鎭軍大將軍。進爵爲王。天安中出爲平州刺史。以贓貨徙燉煌。承明初復官。卒諡平。

常茂 【明】遇春子。封鄭國公。洪武中從馮勝征納哈出於金山。勝茂婦翁也。茂多不奉勝約束。會納哈出請降。詣藍玉營。與玉酒次相失。納哈出欲遁。茂拔刀砍傷其臂。勝遂奏茂激變。械繫至京。安置龍州卒。

常倫 【明】軏從孫。字明卿。號樓居子。正德進士。除大理評事。謫壽州判。忤上官。不告歸。後墮水死。倫多力善騎射。縱情聲伎。自度新聲。悲壯艷麗。兼工書畫。有常評事集。

常挺 【宋】連江人。字方叔。嘉熙進士。爲御史。言邊關三事。辟實才。奏實功。招實兵。朝廷二事。選良吏。擢正人。進拜參知政事。封台沙郡公。有諸儒性理文錦。（按四庫提要作常珽誤。此從宋史。）

常秩 【宋】汝陰人。字夷甫。以經術著稱。士論歸重。熙寧中累官至寶文閣待制。兼侍讀。秩初隱居不肯仕。爲學求自得。歐陽修。王安石等皆稱薦之。及安石變法。天下沸騰。秩獨以爲是。一召遂起。在朝任諫職。無所建明。聞望日損。爲時譏笑。

常袞 【唐】京兆人。天寶進士。代宗時累拜門下侍郎。同平章事。封河內郡公。性苛細。以清儉自賢。懲元載敗。窒賣官之路。然一切以公議格之。非文詞者皆擯不用。故世謂之濌伯。以其濌濌無賢不肖之辨云。德宗卽位。貶潮州刺史。建中初爲福建觀察使。始閩人未知學。袞爲設鄕校教導之。自是文風始盛。卒官。有集。

常軏 【明】沁水人。成化進士。授大理寺評事。陞右寺副。讞獄多所平反。官終河南僉事。

常得志 【隋】京兆人。博學善屬文。官至秦王記室。及王卒。過故宮。爲詩弔之。辭理悲壯。甚爲時人所重。

常清 【清】宗室。鑲藍旗人。道光間授二等侍衛。同治間累官伊犁將軍。坐事奪職。回亂攻伊犁。城陷。闔家死之。諡勤毅。

常爽 【後魏】林六世孫。徙居涼州。字仕明。少聰敏。五經百家。多所研綜。太武西征。拜宣威將軍。爽守間靜。置館溫水之右。教授門徒七百餘人。嚴厲有方。時人號爲儒林先生。著有六經略注。

常善 【北周】安成子。仕魏。累有戰功。歷安蔚二州刺史。頻涖三蕃。頗有政績。進爵永陽郡公。保定間官終小司徒。

常惠 【漢】太原人。武帝時隨蘇武使匈奴。拘留十餘年始還。昭帝命拜光祿大夫。本始間爲校尉。持節護烏孫兵擊匈奴。還封長羅侯。後代蘇武爲典屬國。明習外國事。勤勞數有功。甘露中爲右將軍。卒諡壯武。

常景 【後魏】爽孫。字永昌。有才思。雅好文章。累遷僕射將軍給事中。受勅撰門下詔書凡四十卷。又勅撰太和之後朝儀已施行者凡五十餘卷。普泰初。除車騎將軍秘書監。封濮陽縣子。官終儀同三司。所著述數百篇。

常棠 【宋】海鹽人。字召仲。號竹窗。有澉水志。

常進功 【清】寧遠衞人。明副將。順治間多鐸下江南。迎降。隨征浙江。又征鄭成功。累官浙江水師提督。

常鈞 【清】常安弟。雍正間由繙繹舉人授中書。官至湖南巡撫。精繪事。畫虎尤妙。從征準噶爾。頗著勞績。罷官後。優遊林下二十年。乾隆間與千叟宴。年八十餘卒。

常楙 【宋】同曾孫。字長孺。淳祐進士。官御史。知無不言。遷刑部侍郎。拜吏部尙書。首言巴陵之冤。德祐初累拜參知政事。

常楫 【宋】靖江人。乾道間倅房陵。遷知宜州。所至有聲。尤善決獄。家居極孝友。清江上流水泛。輒壞民田。楫爲築隄防水。皆爲沃壤。

常祿保 【清】滿洲鑲藍旗人。姓赫舍哩氏。乾隆中以遊擊從征金川。衝堅猛進。所向無前。常駐防山嶺。賊乘雪夜攻逼。被傷力禦。敗之。擢總兵。攻科布曲山梁。力戰沒於陣。

常粲 【唐】長安人。咸通中路嚴牧蜀。粲入蜀。路賓禮之。善畫人物。喜爲上古衣冠。兼能傳神。

常裕綸 【清】徐溝人。以武舉任鎭海千總。事母至孝。母卒。號泣不納勺飲。嘔盡血湧。腸裂而卒。

常諤孫 【宋】同孫。字直卿。累辟不就。人稱雪溪先生。有天閒錄。芸齋筆記。雪溪稿。

常遇春 【明】懷遠人。字伯仁。貌奇偉。勇力絕人。初爲盜。後歸太祖。嘗攻采石。麾出奇以挫元兵。尋守溧陽。攻建康。又從平陳友諒。擒張士誠。取中原。累官至中書。右丞相。封鄂國公。卒諡忠武。遇春沈鷙果敢。

善撫士卒。摧鋒陷陣。未嘗敗北。雖不習書史。用兵輒與古合。長徐達二歲。數從征伐。聽約束惟謹。一時名將稱徐常。

常．達 〔隋〕陝人。從高祖征伐。爲統軍。拜隴州刺史。時薛舉方強。命達敗其子仁杲。舉遣將仵士政給降。伺隙劫之。併其衆歸賊。達不爲屈。仁杲平。帝嘉其節。仕終隴西刺史。◎〔唐〕僧。海隅人。字文舉。工詩。有詩集。

常．夢錫 〔南唐〕扶風人。一作萬年人。字孟圖。少好學。善屬文。李璟時累官翰林學士．戶部尙書。尋貶饒州團練副使。後復爲學士。卒諡康。

常．榮 〔明〕遇春再從弟。歷官指揮僉事。從朱亮祖平蜀。擢振武衛指揮同知。後北征。追敵至阿魯渾河。力戰死。

常儀 〔上古〕黃帝臣。帝嘗命儀占月。

常．播 〔蜀漢〕江原人。字文平。建興中爲縣功曹。縣長被誣。當論重罪。播詣獄爭辯。受杖數千。肌膚剝爛。歷三獄。幽閉三年。每拷掠。詞終不撓。事遂明。後舉孝廉。除郪尉。

常鼐 〔清〕滿洲正白旗人。姓赫舍哩氏。由筆帖式授中書。累官兩江總督。疏請直省錢糧虧空。獨於州縣名下著追。俾知府分賠之例。從之。

常．據 〔前涼〕敦煌人。字元琰。年十四。拜奉車都尉。從征隴右。擊破王擢。由是顯名。性直敢言。天錫時遷征東將軍。姚萇來攻。據迎戰。兵敗。伏劍死。

常．璩 〔成漢〕江原人。字道將。李勢時。官至散騎常侍。有華陽國志。漢義書，南中志。

常．寬 〔蜀漢〕江原人。治毛詩三禮。以清尙知名。

康．乃心 〔清〕郃陽人。字太乙。一字孟謀。力學好古。王士禛奉使過秦。見其題秦莊襄王墓詩。爲延譽。秦人語曰。關中二李。不及一康。中康熙舉人。隱居不仕。有毛詩箋．莘野集。

康．子元 〔唐〕會稽人。仕歷獻陵令。開元初詔舉能治易老莊者。張說以聞。累擢秘書少監。帝將東之泰山。張說引子元等商裁封禪儀。官至宗正少卿。

康．元弼 〔金〕雲中人。字輔之。幼敏學。善屬文。舉正隆進士。累官大理丞。大定時河決曹濮間。遣元弼往視。徙城北原。曹人賴焉。官終南京路轉運使。

康．公弼 〔金〕宛平人。字伯迪。好學。舉進士。出爲寧遠令。有惠政。民爲立生祠。調役糧於川州。大盜侯槃陷川州。使護送公弼出境。曰。良吏也。累官權乾州節度使。卒諡忠肅。

康．日知 〔唐〕植孫。德宗時爲趙州刺史。擢深趙觀察使。會王武俊拒命。遣將攻趙州。日知破之。上俘京師。興元初擢奉誠軍節度使。徙晉絳。累加檢校尙書左僕射。封會稽郡王。卒。

康．正宗 〔明〕邵陽人。字賓峯。幼失怙。苦讀。舉於鄉。授廣昌知縣。卒。有游涉集．廣騷．闕闈繡譜．雜鶯鶯辨。

康．永韶 〔明〕祁門人。字用和。舉於鄉。入國學。成化間選授御史。有直聲。後擢太常少卿。掌欽天監事。更迎合取寵。占候多諱飾。中旨擢禮部侍郎。尋坐曆多訛字奪職。

康．君立 〔後唐〕興唐人。乾符中。爲雲州牙校。時羣盜起。天下將亂。君立與其黨謀推李克用起兵。後從討黃巢。收長安。授汾州刺史。以事忤克用。被酖死。

康．呂賜 〔清〕武功人。字復齋。號一峯。諸生。絕意仕進。力學數十年。自謂有得。以致良知爲宗主。愼獨爲工夫。體用一原內外兩忘爲究竟。名其齋曰愼獨。有愼獨齋日錄。

康．希詵 〔唐〕年十四。明經登第。歷海濮饒房台曉六州刺史。皆有異政。顏眞卿撰碑記其事。

康．延孝 〔後唐〕代人。初事梁末帝爲左右先鋒指揮使。見帝任用羣小。知其必亡。乃以百騎奔莊宗。陳取汴策。莊宗用其策滅梁。賜姓名曰李紹琛。遷保義軍節度使。征蜀之役。延孝功爲多。師還。聞郭崇韜等被殺。懼禍及。擁衆返蜀。自稱西川節度。任圜．孟知祥合攻之。被執至鳳翔見殺。

康．延詔 〔宋〕福子。幼隸後唐明宗帳下。仕晉爲尙食使。歷隨澤二州刺史。從周太祖北征。廣順中爲侍衛馬步軍都軍頭。從世宗征劉崇。拜蔡齊鄭楚四州防禦使。宋初李重進叛。爲前軍馬軍都指揮使。太祖親征太原。詔領兵屯潞州。以疾歸郡卒。

康．延壽 〔遼〕默記孫。字允昌。少倜儻。景宗特授千牛衛大將軍。宋人攻南京。延壽奮擊。敵遂大潰。以功遙授保大軍節度使。

康．延澤 〔宋〕延詔弟。天福中以蔭補官。廣順間遷內染院副使。宋初從平湖湘。又從征蜀。先入成都。就命爲成都府都監。會全師雄作亂。延澤大破之。事平。命爲東川七州招安巡檢使。後坐與諸姪爭家財失官。

康．志睦 〔唐〕日知子。字得衆。姿趫偉。工馳射。累遷大將軍。討張韶。以功進平盧節度使。李同捷反。略千乘。志睦挫其銳。遂下蒲臺。盡奪其械。加檢校尙書左僕射。徙涇原。封會稽郡公。

康．辰 〔清〕錢塘人。字左璇。號青浦。晚號伊嵩老人。欽賜舉人。畫法趙孟頫。氣韻深厚。賣畫以自給。

康里脫脫 元康里國王族。世祖時入宿衞。大德中大破叛王海都。自同知樞密院事累拜中書右丞相。恢宏大度。政事修舉。稱爲賢相。仁宗卽位。歷改江西行省左丞相。爲御史大夫帖赤所忌。奏改江南御史大夫。後解職家居卒。追封和寧王。諡忠獻。脫脫嘗卽宣德別墅延師訓子。鄉人化之。皆向學。朝廷賜額曰景賢書院。爲設學官。沒卽祀於其中。

康叔封 周武王第九弟。周公旣誅武庚。以殷餘民封康叔爲衞君。周公懼康叔齒少。乃申告康叔。作康誥·酒誥·梓材以命之。康叔之國。能和集其民。民大悅。成王長用事。舉康叔爲司寇。賜衞寶祭器。以章有德。

康·承訓 唐志睦子。字敬辭。宣宗擢爲天德軍防禦使。市馬益軍。軍乃奮張。擢義武節度。南詔來攻。詔統諸軍。承訓戰不利。謬言大破賊。授右武衞大將軍。糧料判官龐勛帥桂州戍卒反。詔承訓等討之。拔徐州。斬勛。以功官同平章事·河東節度。後爲宰相路巖等所劾。再貶恩州司馬。僖宗立。授左千牛衞大將軍卒。

康果禮 清先世居鄂木都督。以地爲氏。隸滿洲正白旗。封三等子。從太祖克瀋陽。太宗時累擢護軍統領。從攻燕京。康果禮隨諸貝勒激戰。未至城濠而返。坐削爵。

康·保裔 宋洛陽人。爲龍捷指揮使。屢立戰功。謹厚好禮。喜賓客。善騎射。眞宗時爲高陽關都部署。與契丹戰。歿於陣。

康·思立 後唐山陰諸部人。少爲騎將。從莊宗破梁。明宗時歷昭武保義節度使。有善政。廢帝時罷爲右神武統軍。石敬瑭反太原。以思立爲北面行營馬軍都指揮使。以疾卒於道。

康·若泰 元字魯瞻。第進士。授濬州判官。門無私謁。天曆間歲大饑。若泰召富人宴集。得粟二千石。以給貧民。民賴以安。

康·茂才 明蘄人。字壽卿。元末結義兵保鄉里。太祖克集慶。率兵來降。授都水營田使。以舟師從破陳友諒。擊張士誠。累遷同知大都督府事。從徐達經略中原。留鎭河中。撫綏瘡痍。陝西平。移鎭山西。後從征漢中。還軍道卒。追封蘄國公。諡武毅。

康·泰 清張掖人。由行伍從孫思克征噶爾丹有功。官至四川提督。康熙間統兵進剿。遇敵沒於陣。諡壯勇。

康·海 明武功人。字德涵。號對山。弘治進士第一。授修撰。劉瑾專政。欲招致之。海不往。會李夢陽下獄。書片紙招海曰。對山救我。海乃謁瑾說之。明日釋夢陽。後瑾敗。坐瑾黨落職。每與王九思等相聚沂東鄠杜間。挾聲伎酣飲。製樂造歌曲。自比俳優。以寄其怫鬱。海善搊彈琵琶。後人轉相倣效。◉清泰弟。積功至涼州總兵。隨兄進藏。亦陷陣死。

康·偉然 清漳州人。字中江。由拔貢生官興化府教授。有釁祀紀蹟。

康·國器 清南海人。初名以泰。字交修。號友之。咸豐間以贛州桂源司巡檢攻洪秀全。怒馬斫陣。所向披靡。治軍十餘年。轉戰江浙粵閩各省。積功官至廣西布政使。

康·基田 清興縣人。乾隆進士。累官江南河道總督。其治河務束水攻沙。深得治河要領。坐事奪職。後再起再蹶。以三品卿銜終。

康·崐 清莆田人。字子玉。號藥莊。善畫山水。詩能出新意。每秋高風起。輒攜酒登山。仰天大叫。時人比之阮嗣宗。

康·朗 明惠安人。字用晦。嘉靖進士。授刑部主事。彊直著聲。遷參議。備兵曹濮。劇寇傅伯玉等流剽三省。躬冒矢石。與將吏死戰。斬獲無遺。進僉都御史。開府鄖陽。適漢中降回激變。朗持檄諭之。回遂解散。轉副都御史。致仕歸。

康·淵 宋字叔臨。南渡後流寓巴陵。講學極盛。上蔡之傳。始自胡安國入衡湘。朱震振之荆門。而淵稍晚。亦其一宗。

康·紹文 明興安州人。諸生。流賊破城。縛其父。欲加害。紹文告賊願代父死。父得釋。紹文遂被害。

康·紹鏞 清興縣人。字鑄南。號蘭皋。嘉慶進士。由兵部主事累擢巡撫。歷任安徽廣東廣西湖南四省。幼習騎射。所至完器械。簡卒伍。在湖南時造擡槍以教撫標。至猺人稱亂。猶賴其用。後入京。官光祿寺卿。

康·傑 宋權知扶風縣。與金將馮宣戰。宣愛而欲招之。傑奮曰。吾今當死於陣。不能降敵。宣殺之。

康喀勒 清滿洲鑲紅旗人。姓納喇氏。崇德間從攻松山錦州塔山。順治間從入關。擊李自成。征江南。官至鎭守江寧副都統。

康喀喇 清滿洲鑲紅旗人。姓完顏氏。順治間破蘇尼特部。征貴州苗有功。康熙間從討吳三桂。轉戰湖南廣西。殲敵甚多。累官鑲紅旗滿洲副都統。

康喀賚 清滿洲鑲藍旗人。姓瑚爾喀氏。天命間屢從征伐有功。天聰間任鑲藍旗理事聽訟大臣。時蒙古十有五人自叄集堡叛逃。康喀賚追斬之。授鑲藍旗滿洲副都統。

康·植 唐靈州人。開元時縛康待賓。平六胡州。玄宗召見。擢左武衞大將軍。封天山縣男。

康·絢 梁穆孫。字長明。少倜儻有志氣。仕齊爲華山太守。入梁歷司州刺史衞尉卿卒。絢寬和少喜慍。在朝廷見人如不能言。號爲長厚。

康買得 唐京兆人。穆宗時年十四。父憲爲張荏所害。買得以荏趫悍。舉鍤擊其首死。刑部侍郎孫革言買得孝性天至。宜賜矜宥。有詔減死。

康進之 元棣州人。工樂府。有李逵負荊等雜劇行世。

康義誠 後唐代北三部落人。字信成。以騎射事李克用。明宗時累遷節度使。秦王從榮反。義誠心結之。後朱弘實以兵擊殺從榮。義誠遂與有隙。閔帝卽位。潞王從珂反。義誠請率京兵西扼關。弘實爭之。帝爲斬弘實。及帝出奔。義誠降從珂。被殺。

康與之 宋滑州人。流寓嘉禾。字伯可。又字叔聞。號退軒。建炎初上中興十策。名甚著。秦檜當國。附會求進。擢臺郎。後專應制爲歌詞。諛艷粉飾。聲名掃地。檜死。坐貶。有順菴樂府。昨夢錄。

康萬民 明海孫。字無診。有璿璣圖詩讀法。

康僧會 三國吳康居人。世居天竺。親沒服畢出家。勵行甚峻。赤烏中達建業。營立茅茨。設像行道。

康福 後唐蔚州人。初牧馬於相州。歸命唐明宗。累拜飛龍使。福爲將無他能。善諸戎語。安重誨惡之。出爲涼州刺史。河西軍節度使。至鎭。擊走吐蕃。威聲大振。高祖時徙鎭河中。卒諡武安。

康履 宋宦官。初爲康王府都監。入內東頭供奉官。康王既卽位。履妄作威福。無所忌憚。爲統制苗傅所誅。後諡榮節。

康廣仁 清南海人。名有溥。以字行。號幼博。又號大广。自少不事舉業。嘗爲小吏於浙。旋棄歸。光緒間以佐德宗推行新政。爲孝欽后所誅。戊戌六君子之一也。

康德 北魏代人。從高歡起兵。歷刺史。拜尙書左僕射開府儀同三司。封新蔡王。

康德輿 宋洛陽人。字世基。累官幷代兵馬鈐轄。元昊寇府州。德輿按兵不戰。坐降爲東染院使。後知趙州。有告雲翼卒謀以上元夜刼庫兵爲亂。德輿會賓屬宴飲自若。陰遣人捕首謀誅之。徙陳州鈐轄卒。

康賜 金寧晉人。事母以孝聞。崇慶進士。爲監察御史。彈劾不避權貴。官至右司都事司農丞。後出爲河中府治中尙書六部郎中。

康穆 南朝宋初仕後秦。姚萇時爲河南尹。宋永初中穆舉鄉族三千餘家入襄陽之峴南。宋爲置華山郡藍田縣。以穆爲秦梁二州刺史。未拜卒。

康諝 宋宦官。高宗時爲內侍省押班。親幸用事。劉光遠被劾。諝受其金。力爲營救。後累官至嬀州觀察使。卒諡忠定。

康默記 遼本名照。少爲薊州衙校。太祖侵薊州得之。愛其材。隸麾下。一切蕃漢相涉事。屬默記折衷之。悉合上意。時文法未備。默記推析律意。論決輕重。不差毫釐。罹禁網者人人自以爲不冤。拜左尙書。

康濟民 明章丘人。篤行善士。嘗有少婦被盜。懸高垣呼救。濟民念卽急不可廢禮。命童子梯下之。官刑省掾。

康濤 清錢塘人。字石舟。號天篤山人。又號蓮蕊峯頭不朽人。工畫山水花卉。善書。

康績 清陝西人。字方陸。生平豪俠好義。嘗殺貪官一。斃暴紳一。毆逆婦一。某王重其義。用爲運糧員。值歲荒。中道盡發所運賑民。歸白請自償。王曲貫之。王嘗挾女樂極飲。績直前拳擊侍飲者。王爲跽請乃已。

康薩陀 唐一作善陁。爲振威校尉。工畫。僧悰嘗稱其虛心自悟。初花晚葉。變態多端。異獸奇禽。千形萬狀云。

康駢 唐池陽人。字駕言。乾符進士。篤於自修。善論議。田頵守宣州。聘駢入幕。常左右頵畫策禦寇。官終崇文館校書郎。有劇談錄。

康懷英 後梁兗州人。從攻李茂貞有功。楊行密攻宿州。懷英擊走之。遷保義軍節度使。後命爲招討使。攻潞州不克。會李克用死。唐莊宗立。出不意來襲。懷英大敗遁歸。請死。太祖釋之。遣攻邠寧。後爲劉知俊所敗。徙鎭感化。朱友謙叛附於晉。懷英討之。戰又大敗。徙鎭永平卒。

康繼英 宋保裔子。官至左衞大將軍貴州團練使。殿於御軍。厚於撫宗族。及卒。家無餘財。

康鐸 明茂才子。字伯聲。以父功封蘄春侯。侍皇太子讀書大本堂。督民墾田鳳陽。帥兵征辰州蠻。平施壘諸州。從大將軍徐達北征。又從傅友德征雲南。卒於軍。追封蘄國公。諡忠愍。

康顯之 元高唐人。原名曄。以字行。登金詞賦科。初爲儒林祭酒。四方學者雲集。以行能著聞者百餘人。有濟軒文集。

康麟 明順德人。字文瑞。景泰進士。授御史。出按閩中。發姦如神。嘗以轉僉事。以剛直見忤去。工詩。嘗以韻類集唐詩爲雅音彙編。

康驥 明泰和人。字德艮。景泰進士。拜監察御史。天順初石亨。曹吉祥竊弄威權。驥與十三道御史抗疏論其奸。下詔獄。搒掠備至。不少挫。旣得釋。巡按山東。風紀肅然。歷福建按察使。

庸·芮 〔戰國秦〕宣太后愛魏醜夫。病將死。出令曰。必以魏子爲殉。魏子患之。庸芮爲魏子說太后。乃止。

庸·譚 〔漢〕膠東人。通古文尙書。爲孔安國再傳弟子。當時古文尙書。未得立爲學官。譚後以其學授清河胡常。

張·一元 〔明〕鄒平人。字鳴春。隆慶進士。累陞右僉都御史。巡撫河南。大盜自耆挾饑民爲亂。一元計擒之。巡按希旨請開礦。一元執奏不可。事得寢。

張·一鵠 〔清〕金山人。字友鴻。號忍齋。又號釣灘逸人。順治進士。官雲南推官。善畫山水。得元人筆意。工詩。居官撫卹除弊。滇人德之。以事謫歸。有埜廬三集·河存草。

張·一孃 〔明〕婁東張溥長女。溥無子。遺書萬卷。盡歸一孃。自十三經以及廿一史。無不淹貫。文擬左國。詩法漢魏。尤喜臨十三行。人以爲獻之復生。適同邑吳綿祖。

張·九一 〔明〕新蔡人。字助甫。號周田。嘉靖進士。官至右僉都御史。巡撫寧夏。有綠波樓詩集。

張·九成 〔宋〕錢塘人。字子韶。始學於楊時。紹興廷對第一。官禮部侍郎。以與秦檜不和。被謫。檜死。起知溫州。在謫居十四年。解釋經義。目病就明檐下。磚痕雙趺隱然。自號橫浦居士。亦稱無垢居士。卒贈太師。封崇國公。諡文忠。九成研思經學。多有訓解。然早與學佛者游。所議論多偏。朱熹斥其書。比之洪水猛獸。有孟子傳·橫浦集。

張·九宗 〔唐〕遂寧人。舉進士。持節封侯。歸典鄉郡。凡宮觀碑銘。多九宗所撰。

張·九思 〔金〕錦州人。字全行。皇統初補行臺省女直譯史。累官工部侍郎。急於進取。一切以功利爲務。率意任情。不恤百姓。轉御史中丞。坐事免官。◎〔元〕宛平人。字子有。世祖時爲工部尙書。會世祖巡幸上都。妖僧高和尙·千戶王著·謀殺皇太子。九思併力擊賊。盡獲之。累官中書平章政事。加大司徒。◎〔清〕善化人。字聿修。號洞井山人。乾隆優貢。官寧遠訓導。有蒙泉文集·耕芝詩集。

張·九哥 〔宋〕慶曆中居京師。雖凍雪亦單衣。燕王奇之。常召與飲。後見王曰。將遠游。故來別。有小技欲悅王觀。乃取重紙翦爲蛺蝶。飛去遮蔽天日。少頃呼之皆來。復成羅。王曰。吾壽幾何。曰與開寶寺浮圖齊。後浮圖災。王遂卒。九哥歷遊名山。不知所終。

張·九皐 〔唐〕九齡弟。九齡爲工部侍郎知制誥。數乞歸養。詔不許。以九皐及其弟九章爲嶺南刺史。歲時聽給驛省家。官終嶺南節度使。

張·九鉞 〔清〕湘潭人。字度西。號紫峴。乾隆舉人。早負才名。年十三。登采石磯賦長歌。人呼太白後身。歷官江西南昌及廣東始興知縣。講求農田水利不少懈。有陶園詩文集·歷代詩話·晉南隨筆。

張·九鍵 〔清〕九鉞弟。字石圃。乾隆舉人。官直隸隆平知縣。亦工詩。有漱石園詩集。

張·九鎰 〔清〕九鍵弟。字橋洲。乾隆進士。官至川東道。性伉直。嘗發夔州守某侵蝕關稅狀。尋引疾歸。詩在諸昆季中。能自樹一幟。有退谷詩鈔。

張·九鐔 〔清〕九鎰弟。字竹南。號蓉湖。乾隆進士。官編修。詩春容名貴。尤邃於經學。有笙雅堂集。

張·九齡 〔唐〕曲江人。字子壽。景龍初擢進士。開元中徵拜同平章事中書令。玄宗生日。百僚多獻珍異。惟九齡進千秋金鑑錄。具陳前古廢興之道。帝嘗異之。帝欲相李林甫。九齡曰。恐異日爲社稷憂。帝不聽。林甫既相。引牛仙客爲尙書。預政事。九齡持不可。帝不悅。以尙書右丞相罷政事。卒諡文獻。九齡文學冠一時。謇諤有大臣節。天下稱曲江公而不名。安祿山討奚契丹敗。帝欲曲宥。九齡曰。祿山喪師。不可不誅。且勿誅後必爲患。帝卒不聽。及還蜀。思其先見。爲流涕遣使祭之。有曲江集。

張·又新 〔唐〕薦子。字孔昭。元和中登進士第。性傾邪。李逢吉用事。惡李紳。又新諂附之。與李續等爲逢吉搏吠所憎。故有八關十六子之目。官終左司郎中。有煎茶水記。

張·三丰 〔宋〕武當丹士。亦作張三峯。徽宗召之。道梗不前。夜夢神授拳法。厥明。以單丁殺賊百餘。遂以絕技名於世。◎〔明〕懿州人。名全。一名君寶。三丰其號。以其不飭邊幅。又號張邋遢。一衲一簑。所啖升斗輒盡。行遊四方。不常厥處。太祖·成祖求之。皆不得。英宗時賜通微顯化眞人。

張·千秋 〔漢〕安世子。宣帝時爲中郎將。與霍光子禹俱將兵擊烏桓。還謁。光問戰鬭方略。山川形勢。千秋口對兵事。畫城成圖。無所忘失。

張·千載 〔宋〕廬陵人。字毅甫。與文天祥友。天祥被執北行。千載寓天祥囚所近側。供送飲食無缺。天祥授命日。藏其首貝骸南歸。付其家葬之。

張·士元 〔清〕震澤人。字翰宣。號鱸江。乾隆舉人。性耿介恬淡。授教諭不就職。古文法歸有光。有嘉樹山房集。

張·士佩 〔明〕韓城人。字濬濱。嘉靖進士。官至南京戶部尙書。以事被劾罷職。有六書賦音義。

張士貴【隋】盧氏人。善左右射。隋末從羣盜攻剽城邑。時號忽肆賊。高祖招降之。從平洛有功。授本州刺史。貞觀中以累戰破賊。遷左領軍大將軍。進爵虢國公。

張士隆【明】安陽人。字仲修。弘治進士。累官陝西副使。擒滅漢中賊王大等。築堰漑田千頃。民賴其利。

張士楙【淸】惠安人。明崇禎副榜。明亡。遯入臺灣。以書史自娛。辟穀三年。惟食菜果。壽至九十九。

張士誠【元】泰州人。小字九四。以操舟運鹽爲業。元末起兵。陷泰州·高郵。自稱誠王。國號大周。據有吳中。又稱吳王。有土二千餘里。帶甲數十萬。後爲明將徐達·常遇春擒送金陵。自縊死。自起至亡凡十四年。

張士遜【宋】陰城人。字順之。淳化進士。累官同中書門下平章事。封鄧國公。曾利用在樞密。藉寵肆威。士遜居其間。無所可否。時人以和鼓目之。卒謚文懿。

張士衡【唐】樂壽人。九歲喪母。哀慕過禮。博士劉軌思奇其操。授以詩禮。又從熊安生·劉焯等受經。貫知大義。隋末兵起。諸儒廢學。唐興。士衡講教鄉里。太子承乾慕風迎致。擢崇賢館學士。太子廢。罷歸。士衡以禮教諸生。當時顯者有永平賈公彥·趙李玄植。

張士巖【唐】汴州人。性至孝。父病。藥須鯉魚。冬月冰合。有獺銜魚至。取以供父。父遂愈。父亡廬墓。虎狼依之。

張大九【元】廣濟人。幼習左氏春秋。見天下兵起。遂隱。陳友諒強起官之。不可。友諒怒。刖其兩足。

張大中【宋】通州人。羣經百氏。一覽不忘。人目爲黑漆書廚。宣和間舉進士。授南浦令。時稱爲古廉吏。累官果州通判。

張大年【宋】浦城人。政和中第進士。知萍鄉縣。時金人入江浙。羣盜蝟起。萍鄉爲江湖要會。日閱民伍。教以兵法。聲聞四境。盜不敢入。後通判瓊州。

張大有【淸】郃陽人。康熙進士。累擢漕運總督。疏陳漕政各事。多議行。終禮部尚書。卒諡文敬。

張大亨【宋】湖州人。字嘉父。登元豐乙科。官至直秘閣。有春秋五禮例宗·春秋通訓。

張大受【淸】長洲人。字日容。康熙進士。官檢討。詩文超雋。尤長駢體。居匠門溪上。四方造門講藝者無虛日。後視學貴州。教諸生讀書之法。風氣爲之一變。世宗聞其名。命再任。未幾卒官。有匠門書屋文集。

張大振【淸】長安人。乾隆間隨征甘肅石峯堡回·臺灣林爽文·及廓爾喀。皆有功。嘉慶間勦川楚教匪及河南教匪。官至直隸正定鎭總兵。

張大純【淸】長洲人。吳江徐崧嘗綴集吳地古蹟爲百城烟水。未畢而沒。大純重加纂輯刊行之。

張大復【明】崑山人。字元長。有崑山人物傳·崑山名宦傳·梅花草堂筆談·聞雁齋筆談。

張大猷【淸】遂陽人。後隸漢軍鑲黃旗。崇德間授鑲黃旗副都統。順治間從克太原。定江南浙江。授提督江南總兵官。累封三等子。

張大經【宋】南城人。字彥文。紹興中第進士。除監察御史。風力峻整。累官徽猷閣學士。知建寧府。病革。語諸子曰。吾目可瞑。吾愛君憂國之心不可瞑。無一語及私。卒諡簡肅。

⊙【淸】山西鳳臺人。乾隆武進士。以陝西與漢鎭總兵從征金川。擒澤旺。有功。木果木失利。大經力戰死。

張大節【金】五臺人。字信之。天德間擢進士第。累官震武軍節度使。賦性剛直。老於從政。世宗以忠實稱之。善奕碁。當世推爲第一。

張大隱【唐】士衡子。累遷中書舍人。垂拱中博士周悰請立武氏廟爲七室。唐廟五。大隱奏言不可。武后不獲已。僞聽之。時皆服其沉正不詭從。有大臣體。終禮部侍郎。

張大觀【淸】偃師人。伊洛水溢。灌偃師城。大觀奉母避水登星樓上。樓傾折。入奔濤負母。跨樹枝上。更入水覓食食母。水退負母歸。以傷重死。

張子良【元】范陽人。字漢臣。金末四方兵起。所在募兵自保。子良率衆千餘。阻水治舟筏。取蒲魚自給。轉徙南北。依之以全活者。不可勝計。歸元。累官昭勇大將軍。大名路總管兼府尹。卒諡翼敏。

張子明【明】太倉人。字闇雪。號大頑。又號雲山道人。永樂中徵至京師。有名公卿間。工畫山水。尤善畫竹。兼善花鳥。

張子信【北齊】河內人。少以醫知名。隱於白鹿山。時遊京邑。甚爲魏收·崔季舒等所禮。後魏以太中大夫徵。聽其以時還山。又善易卜風角。齊亡卒。

張子厚【唐】江華人。家洄溪。元結聞而就之。見其容若少壯。問其年已九十有奇。問何以能此。曰。巖下有泉田。環於左右。五世居此。飲食取足。無求乎他。乃止結宿。結贈以詩。刻於巖下。

張子畏【淸】武進人。花草得舅氏惲格法。橅黃筌能亂眞。

張子英【元】建寧人。幼孤。侍母獨居。元季盜賊擾攘。妻子俱被擄。子英負母逃避。傭書爲養。母常思婦孫。寢食不安。子英跪曰。但得母安妻子可復返。賊退奉母歸。妻子亦還。

張子貞 【明】英山人。字彥誠。洪武中由國子生授車駕司主事。言事謫戍瓊海。復起擢山東僉事。以切直忤時。謫隸苑馬寺。尋復官。歷中外幾四十年。清心苦節。寵辱不驚。

張子容 【唐】先天間擢進士第。爲樂城尉。與孟浩然友善。

張子蓋 【宋】俊從子。字德高。初從世忠討苗傅。又從俊擊劉猊。又大敗金人於柘皐。海州。累官鎮江府都統。孝宗初立。授檢校少保。淮東招撫使。卒諡恭莊。

張子麟 【明】稾城人。成化進士。累官刑部尚書。性柔輭。無特操。頗通諸嬖倖。與時浮沈。官終太子太保。世宗時致仕。

張山拊 【漢】平陵人。字長賓。事小夏侯建爲博士。論石渠。官至少府。

張山翁 【宋】普州人。字君壽。景定進士。德祐初爲荆湖宣撫使幹官。鄂守張晏然議納款。山翁以書讓之。晏然既降。山翁被執。令降不屈。後居黃鵠山。聚徒教授而終。

張丑 【戰國】丑爲質於燕。燕王欲殺之。走且出境。境吏得丑。丑曰。燕王所爲將殺我者。人言我有寶珠也。王欲得之。今我已亡之矣。而燕王不我信。今日且致我。我且言子之奪我珠而吞之。燕王必殺子。刳子腸及子之腹矣。夫欲得之君。不可說以利。吾且死。子腸亦且寸絕。境吏恐而釋之。◎【明】應文子。原名謙德。字叔益。後改今名。字青父。號米庵。有名山藏·清河書畫舫·眞蹟日錄。

張中 【明】臨川人。字景華。應進士舉不第。遂放情山水。佯狂玩世。生平遇異人授數學。談禍福多奇中。好戴鐵冠。人稱爲鐵冠子。

張中孚 【金】字信甫。父達。仕宋。中孚以父任補承節郎。天會間來降。累官南京留守。封崇王。天性孝友剛毅。喜讀書。能書翰。其御士卒。嚴而有恩。西人尤畏愛之。

張中彥 【金】中孚弟。字才甫。初仕宋。睿宗經略陝西。中彥降。後爲彰德軍節度使。均賦調法。姦豪無所蔽匿。人服其明正。官至吏部尚書。封崇國公。

張丹 【清】錢塘人。原名綱孫。字祖望。號秦亭。又號竹隱君。恬淡不樂交遊。喜山水。窮幽躡險。其詩悲涼沈邃。與丁澎等稱西冷十子。有從野堂集。

張之洞 【清】南皮人。字香濤、又字孝達。又字香巖。號壺公。又號無競居士。同治進士。屢督學典試。所至提倡經史實學。外任督撫。垂三十年。在兩湖最久。京漢鐵道。漢陽鐵廠。萍鄉煤礦。皆其所創辦。光緒末爲軍機大臣。官至體仁閣大學士。卒諡文襄。有廣雅堂集。

張之象 【明】松江華亭人。字元超。嘉靖中官浙江按察司知事。有太史史例·楚範·楚騷綺語·彤管新編·唐雅·唐詩類苑·古詩類苑。

張之萬 【清】之洞兄。字子青。道光進士。官至東閣大學士。卒贈太保。諡文達。胸無町畦。寬仁容衆。數歷中外。政無不舉。其官漕督時鈐小印曰二品教官。風趣可想。畫得王時敏神髓。

張之翰 【元】邯鄲人。字周卿。號西巖老人。至元末知松江府事。有古循吏風。時民苦荒。租額以十萬計。之翰力除其弊。得以蠲除。有西巖集。

張井 【清】膚施人。字芥航。號畏堂。道光間官南河總督。上言河水上游各閘壩。必水逾定誌。始得啓放。自是河流深刷。田以豐稔。又創灌塘法以利漕艘。廢除借黃濟運之議。一時稱便。有二竹齋文鈔。

張亢 【晉】載弟。字季陽。解音樂伎術。與載·協同稱三張。中興初拜散騎常侍·領佐著作。◎【宋】奎弟。字公壽。舉進士。爲廣安軍判官。累遷徐州總管。好施輕財。馭軍嚴明。所至有風績。

張介軒 【清】咸豐時人。善弈。與沈介之齊名。稱二介。

張介然 【唐】猗氏人。本名六郎。性愼愿。長計畫。始爲河隴支郡太守。歷衛尉卿。安祿山反。授河南節度採訪使。守陳留。不三日。賊已渡河。城陷被殺。

張介福 【明】字子祺。自懷慶徙吳中。少受學於許衡。無仕進意。纖介必以禮。張士誠入吳。欲致之。不屈。

張介賓 【明】浙江山陰人。字惠卿。號景岳。年十三。隨父至京。金夢石授以醫術。以扶元氣爲主。闢河間丹溪立論稍偏。後世寒涼之弊。多滅元氣。故其注本草。獨詳參附之用。喜用熟地黃。人呼爲張熟地。有類經及古方八陣。新方八陣諸書。

張仁熙 【清】廣濟人。字長人。諸生。其論詩謂時弊雖深。救之者輒變而加厲。公安救歷下失之佻。竟陵救公安陷於僻。時以爲允。宋犖通守黃州。於雪堂築東齋。延之說詩。有藕灣集。

張仁愿 【唐】下邽人。有文武才。神龍中爲洛州長史。盜不入境。又爲朔方總管。請乘虛取漠南地。築三受降城。絕南寇路。自是突厥不敢踰山牧馬。累官同中書門下三品。封韓國公。◎【後唐】存敬子。有孝行。存敬卒。事其兄仁穎。出必告。反必面。如事父之禮。曉法令。歷事梁晉。官至大理卿。

張允 【五代漢】鎭州人。少爲張文禮參軍。降唐。官水部員外郎・知制誥。歷事晉漢。郭威入京師。允匿於佛殿承塵。墜而卒。

張・允伸 【唐】范陽人。字逢昌。宣宗時爲節度使。累進中書平章事。封燕國公。時徐州反。出米五十萬斛・鹽二萬斛。佐國用。詔嘉美。進兼侍中。卒贈太尉。諡忠烈。

張・允孝 【明】松江華亭人。更名初。字太初。人稱貞白先生。諸生。少游文徵明門。晚居沙闕。不踏城市。晝宗惠澤。從毘陵薛方山游。盡得其理學宗旨。長於詩。書法宗孫過庭。

張・允登 【明】漢州人。萬曆進士。歷知咸寧・咸陽。有善政。累官河西兵備副使。崇禎間督餉至甘泉。降卒通賊劫餉。允登力禦不敵死。

張・允隨 【清】漢軍鑲黃旗人。字覲臣。號時齋。起家寧國府同知。乾隆間累擢雲南總督。歷滇黔三十餘年。政績甚著。入爲東閣大學士。兼禮部尚書。卒諡文和。

張・允濟 【隋】北海人。仕隋爲武陽令。有行人夜發。遺袍道中。行十餘里乃寤。人曰。吾境未嘗拾遺。可還取之。果得袍。貞觀初累官幽州刺史。

張・元 【北周】芮城人。字孝始。性謙謹。有孝行。南鄰有杏樹。杏熟落元園中。元以所得者送還其主。年十六。祖喪明。元晝夜祈禱。一夕夢神以金鉀治其祖目。越三日。祖目果明。◎【前蜀】簡州人。工畫人物。尤善羅漢。人呼爲張羅漢。◎【宋】華州人。與吳昊・姚嗣宗皆負氣倜儻。有縱橫才。欲共謁韓范。恥自屈。乃爲詩哭於衢。果被召。未用。元與昊乃走西夏。夏人以爲謀主。連兵十餘年。西方疲弊。職此二人爲之。

張・元汴 【明】浙江山陰人。字子藎。別號陽和。隆慶進士。官至翰林侍讀。好讀書。以氣節自負。事親至孝。躬行實踐。矩矱儼然。其學篤信王守仁而究竟不出於朱熹。卒諡文恭。有紹與府志・雲門志略・翰林諸書選粹・不二齋文選。

張・元沖 【明】浙江山陰人。字叔謙。號浮峯。嘉靖進士。累擢吏科給事中。請罷遣中官織造。諫世宗玄修不視朝。一時稱爲敢諫。官至左副都御史巡撫江西。遊王守仁之門。以戒懼爲入門。而一意求諸踐履。守仁謂其門眞切純篤無如元沖云。

張・元素 【金】易州人。字潔古。試進士下第。乃去學醫。精通其術。嘗言運氣不齊。古今異軌。古方新病不相能。故治病不用古方。用藥依準四時陰陽而增損之。李時珍稱其爲靈素而後一人。有病機氣宜保命集。

張・元凱 【明】吳縣人。字左虞。以世職爲蘇州衞指揮。再督漕北上。有功不得敍。自免歸。少受毛氏詩。折節讀書。從戎非其志也。好使酒罵坐。工詩。有伐檀齋集。

張・元幹 【宋】長樂人。字仲宗。紹興中坐送胡銓及寄李綱詞除名。有歸來集・蘆川詞。

張・元禎 【明】南昌人。字廷祥。登天順進士。授編修。憲宗立。疏請行三年喪。預修英宗實錄。與執政議不合。引疾歸。居家講求性命之學。閱二十年。弘治間官至詹事。帝晚年德益進。元禎因請讀太極圖說・通書・西銘諸書。帝取觀之。喜曰。天生斯人。以開朕也。武宗立。進吏部左侍郎。卒諡文恪。有東白集。

張・元勳 【明】浙江太平人。字世臣。嗣世職爲海門衞新河所百戶。平賊屢有功。官至都督。廕錦衣。元勳起小校。大小百十戰。威名震嶺南。與廣西李錫並稱良將。

張・元徽 【北漢】武安人。爲前鋒都指揮使。與周師戰。屢勝之。後爲周兵所殺。士皆氣奪。兵遂不振。

張・元簡 【宋】清江人。字敬父。黃幹高弟。幹每與相識言。於鄉里尋一如張敬父者。久而無對。官縣尉。後至直寶章閣・權發遣郢州・沿江副制置使。

張・公素 【唐】范陽人。以列將事張允伸。累擢平州刺史。後爲節度使・同中書門下平章事。性暴戾。諸子多白。燕人號爲白眼相公。

張・公謹 【唐】繁水人。字弘愼。貞觀初爲代州都督。置屯田以省餽運。數言時政得失。後副李靖經略突厥。條可取狀於帝。帝然所謀。及破定襄。敗頡利。進封鄒國公。改襄州都督。卒諡襄。

張・公藝 【唐】壽張人。九世同居。高宗封泰山。還幸其宅。問本末。公藝書忍字百餘以進。帝善之。命賜縑帛而去。

張・公鐸 【後蜀】平樂人。官至領保寧軍節度使兼同平章事。公鐸少涉獵文史。爲政清嚴。所至民受其賜。卒之日。後主哭曰。嚴而不猛。清而不隘。惟張公而已。

張・升 【後漢】尉氏人。字彥眞。少好學而任情不羈。爲外黃令。有受賕者。論殺之。遇黨錮去官。後竟見誅。著賦誄頌碑書凡六十篇。

張・及之 【五代】京兆人。工畫犬馬花鳥。得其敦龐之狀。筆力豪逸。

張・友正 【宋】士遜子。字義祖。杜門不治家事。學書三十年不輟。遂以書名。神宗評其草書爲宋朝第一。

張・太華 【後蜀】孟昶妃。少擅殊色。眉目如畫。廣政初同輦遊靑城山。宿九天丈人觀。月餘不返。李廷珪屢諫不聽。居數日雷雨大作。太華被震死。

張·天永〔元〕秦郵人。字長年。號雪篷。至正末奉母避兵嘉定。屢辟不就。張士誠據吳。强起授江浙行省都事。工詩文。有雪篷行稿·溝亭集。

張·天英〔元〕永嘉人。字羲上。一字楠渠。自號石渠居士。酷志讀書。再徵爲國子助教。性剛嚴不好趨謁。再調不就。工詩。尤善古樂府。有石渠居士集。

張·天柱〔清〕秀水人。字孟高。號擊菴。康熙中寄跡南京。有進善集。

張·天復〔明〕浙江山陰人。號內山。嘉靖進士。官至雲南按察司副使。有皇輿攷。

張·天祿〔清〕榆林人。明總兵。史可法督師。爲瓜州前鋒。順治間多鐸下江南。天祿迎降。隸漢軍正黃旗。黃金聲據徽州。天祿生擒聲。徽州定。黃道周攻徽州。復擒之。累擢江南提督。轉戰福建江南陝西等省。封一等男。官至本旗都統。

張·天綱〔金〕益津人。字正卿。官監察御史。以鯁直聞。後遷御史中丞。權參知政事。從哀宗遷蔡。蔡城破。爲宋所獲。檻車械至臨安。有司令供狀。迫書虜主。天綱曰。殺卽殺。焉用狀爲。但書故主而已。後不知所終。

張·天錫〔前涼〕駿少子。字純嘏。小名獨活。弒玄靚自立。在位十二年。降於苻堅。堅敗。復歸晉。桓玄時用爲護羌校尉涼州刺史。◉〔金〕河中人。字君用。號錦溪老人。官至機察。眞字得柳誠懸法。草師晉宋。亦善大字。有草書韻會。

張·孔孫〔元〕字夢符。其先出遼之烏若部。廉希憲居政府。辟爲掾。授戶部員外郎。累官集賢大學士。孔孫素以文學名。工畫山水竹石。善琴。精騎射。立朝屢進讜言。爲時所重。

張·尹〔清〕桐城人。字先告。號莘農。乾隆進士。知福建長樂縣。有石冠堂集。

張·文之〔宋〕樂平人。字子經。通判亳州。金兵至。與賊持十餘日。經二十餘戰。無外援。力竭。被執送燕山。欲授以官。不屈。囚之土窟。

張·文介〔明〕龍游人。字惟守。號少谷。工詩。爲盛明十二家之一。

張·文仲〔唐〕洛陽人。以醫顯。武后時官至尙藥奉御特進。論風與氣尤精。

張·文明〔明〕陽曲人。字應奎。正德進士。授行人。擢御史。巡按遼東陝西。車駕幸延綏。文明朝行在。諸權倖扈從者。文明裁抑之。所需多不應。張忠輩譖於帝。謫電白典史。世宗立。召復故官。尋出知松江府。卒。

張·文虎〔清〕南匯人。字孟彪。又字嘯山。自號天目山樵。諸生。博覽羣籍。於經學小學歷算樂律。均精研深造。尤長校勘。館金山錢熙祚家三十年。所校守山閣叢書·小萬卷叢書等。凡數百種。時稱善本。同治中從曾國藩軍營。保候選訓導。光緒中卒。有古今樂律考·周初歲朔考·校刊史記札記·舒藝室隨筆·詩文賸稿等書。

張·文柱〔明〕崑山人。字仲立。萬曆舉人。官臨清知縣。有濵池集。

張·文治〔清〕烏程人。字海門。號小海。諸生。有十三經釋正·經文篆正·說文集證·古文纂。

張·文炳〔清〕絳州人。字明德。康熙中官泗州知州。有易象數鉤深圖。

張·文恭〔唐〕貞觀時與房玄齡等同修晉書。

張·文琮〔唐〕武城人。好自寫書。筆不釋手。貞觀中爲治書侍御史。累官建州刺史。

張·文貴〔元〕宣城人。官百戶。明兵下寧國路。守將出降。文貴被執。不屈死。妻妾皆自殺。

張·文詡〔隋〕河東人。遍三禮·易·書·詩·春秋三傳。家貧。灌園爲業。仁壽中辟舉不應。事其母以孝聞。時人方之閔子騫·原憲。

張·文嘉〔清〕錢塘人。字仲嘉。有白鹿彙編及齊家寶要等書。

張·文瑞〔清〕蕭山人。字雲表。號六湖。官靑州府同知。有六湖遺集。

張·文德〔清〕湖南鳳凰廳人。咸豐間從攻洪楊軍。轉戰江南福建浙江各省。屢獲捷。同治間江南既定。率師入貴州。勦滅古州諸苗。官至貴州提督。

張·文樞〔元〕德清人。字石鄰。幼嘗爲僧。山水學巨然。善墨竹。能書。

張·文蔚〔後梁〕河間人。字右華。唐昭宗遷洛。拜中書侍郎。同中書門下平章事。柳璨殺裴樞等七人。蔓引朝士。文蔚力講解之。梁初仍爲相。制度多所裁定。

張·文衡〔清〕赤城人。字聚垣。先世以指揮隸開平衞。通天官輿圖風角之學。尤邃於易。順治間累官僉都御史巡撫甘肅。總督孟喬芳調回兵往征川。其酋米喇印·丁國棟結連生光。乘間至蘭州爲亂。執總兵劉良臣。文衡巷戰。文武十餘人俱不屈死。

張·文錦〔明〕安丘人。字闇夫。弘治進士。知安慶府。以拒宸濠功。拜右副都御史。巡撫大同。文錦性剛。以拒賊得重名。遂操切無序。爲亂卒所殺。諡忠愍。

張·文黻〔清〕蕭山人。字風林。又字樹聲。康熙舉人。官成都知縣。有大學偶言·鏍江日記。

張·文謙〔元〕沙河人。字仲謙。累官左丞。以安國便民爲務。後拜樞密副使。封魏國公。卒諡忠宣。文謙孫從劉秉忠。洞究術數。晚交許衡。尤粹於義理之學。數忤權倖。以引薦人材爲己任。

張·文禮 〔後唐〕燕人。初爲劉仁恭裨將。性兇險。多姦謀。從劉守文至滄州。乘間據城亂。及敗。奔王鎔。自言有將才。鎔令將兵。旋殺鎔父子自爲留後於潭城。以事上聞。兼要節鉞。莊宗可其請。文禮心不自安。漸蓄異志。莊宗遣師討之。驚悸卒。

張·文寶 〔後唐〕初依朱友謙。莊宗即位。以文寶知制誥。累官吏部侍郎。長興初奉使浙中。泛海船壞。水工以小舟救之。信風至淮南界。楊溥禮待之。兼厚遺錢幣食物。文寶受食反幣。吳人善之。送文寶至杭州。宣國命而還。◎〔明〕吳興人。擅製筆。名其船曰筆舫。當時士大夫多爲詩文遺之。

張·文瓘 〔唐〕文琮弟。字稚圭。貞觀中第明經。補并州參軍。李勣稱爲今之管蕭。累官黃門侍郎。兼大理卿。不旬日斷疑獄四百。抵罪者無怨言。卒謚懿。子四官皆至三品。時號萬石張家。

張·方 〔晉〕河間人。以材勇得幸於河間王顒。入洛陽。劫帝之長安。以方爲中領軍。錄尙書事。領京兆太守。後爲顒所殺。◎〔宋〕資中人。字義立。慶元進士。官簡州教授。爲諸生痛陳佛老之妄。累官兵部侍郎。以母老乞歸。學者稱亭泉先生。有亭泉稿百卷。

張·方平 〔宋〕南京人。字安道。自號樂全居士。少穎悟絕倫。書過眼不再讀。舉進士。爲著作郎。上平戎十策。議論確當。神宗時累官參知政事。知陳州。卒謚文定。方平慷慨有氣節。平居未嘗以言徇物。以色假人。王安石用事。嶷然不少屈。以是望高一時。有樂全集。

張·日用 〔宋〕靜海人。鄭獬奇其才。妻以女。後果魁天下。文彥博宣撫河北。日用謂彥博此行須得便宜行事。請於上。許之。後彥博遂擒王則。實日用參襄之力也。

張·日新 〔明〕建德人。字心白。崇禎時由歲貢官齊東教諭。見海內寇起。與諸生講藝習射。招土寇安守夏降之。及齊東被圍。與守夏登陴守。城陷。死之。守夏亦從死。

張·曰韜 〔明〕莆田人。字席珍。正德進士。授常州推官。世宗時召爲御史。席書以中旨拜尙書。曰韜抗疏力爭。受杖死。

張氏 〔唐〕向城人。肅宗爲太子。以爲良娣。從太子駐靈武。產子三日。起縫戰士衣。太子敕止。對曰。今豈自養時耶。乾元中立爲皇后。上皇徙西內。帝內制於后。不敢謁西宮。及代宗立。羣臣請廢后爲庶人。殺之。◎〔後梁〕碭山人。太祖少聘之。生末帝。張氏賢明精悍。太祖雖剛暴。亦畏之。時時暴怒殺戮。后嘗救護。天禧初卒。末帝時追謚元貞太后。◎〔五代閩〕高季興姬。季興每行軍。必挾張與俱。一夕軍敗。誤入深澗。張方姙。季興懼追兵至。俟張熟寢。以巨劍刺兩岸。既而張驚呼曰。適夢泰山頹壓妾身。賴金甲執戈者抵之獲免。未幾生從海。◎〔清〕明舉人永祺女孫。諸生齊賓妻。性勤儉。通經史。有一徑堂詩。

張·世忠 〔明〕山海衛人。字顯甫。嘉靖武舉人。累官大同參將。寇大舉入掠。世忠與諸將合兵襲之。軍潰。世忠力戰死。贈左都督。謚忠愍。

張·世法 〔清〕九鏈子。字平度。號鶴泉。乾隆進士。歷官直隸甘肅知縣。有瞻麓堂文集。

張·世則 〔明〕諸城人。萬曆進士。官至四川安綿兵備副使。有貂璫史鑑。

張·世南 〔宋〕鄱陽人。一作士南。字光叔。嘗官於永福。有游宦紀聞。

張·世偉 〔明〕吳縣人。字異度。萬曆舉人。砥行植節。與周順昌·文震孟·姚希孟·朱陛宣·稱吳門五君子。既沒。鄉人稱爲孝節先生。

張·世傑 〔宋〕范陽人。由小校累官保康軍承宣使。遣將取浙西諸郡。復平江安吉廣德溧陽諸城。進沿江制置副使。元兵逼臨安。從二王入福州。拜簽書樞密院事。奉益王入海。益王殂。衛王昺立。從至崖山。封越國公。張弘範攻崖山。世傑以十餘艦入港去。後還收兵崖山。復欲求趙氏後立之。颶風壞舟溺死。

張·世賢 〔明〕寧波人。字天成。正德中名醫。有圖註難經。圖註脈訣。

張·世澤 〔元〕昌平人。從伯顏南征。大小十餘戰。皆有功。累遷副萬戶。加明威將軍。

張·令 〔明〕永寧宣撫司人。初從奢崇明。後率衆降。授參將。累遷副總兵。鎮川北。令年七十餘。馬上用五石弩。中必洞胸。軍中號神弩將。崇禎末與張獻忠戰。死於陣。

張·令鐸 〔宋〕厭次人。歷事唐晉漢周。入宋。累官鎮寧軍節度使。令鐸性仁恕。從軍三十年。未嘗妄殺一人。

張·仙喬 〔唐〕本名愛兒。玄宗改是名。工雜畫。蟲像亦妙。又善捏像。

張·以寧 〔明〕古田人。字志道。泰定中以春秋舉進士。官至翰林侍讀學士。博學強記。擅名於時。人呼小張學士。明師取元都。復授侍講學士。使安南。及還道卒。以寧家古田翠屏山下。學者稱翠屏先生。有春王正月攷·翠屏集。

張·以誠 〔明〕松江華亭人。字君一。萬曆進士第一。官翰林院修撰。有毛詩微言。

張·仕敬 清祿勸人。字儼庵。一字覺夫。康熙武舉人。以軍功累官都司僉書。恥以武功顯。遂杜門誦讀。晚精於易。有響山集。

張·句 春秋宋華費遂生華貙·華多僚·華登。多僚與貙相惡。譖諸公。誅逐華貙。張句與貙殺多僚。劫費遂以叛。公子城以晉師救宋。射句死。

張·去爲 宋內侍張見道養子。與秦檜·王繼先俱用事。累官內侍省都知。侍恩干外朝謀議。陰沮用兵。杜華老劾其罪。帝不得已令致仕。後又爲安慶軍承宣使。

張·去華 宋襄邑人。字信臣。幼勵學。敏於屬詞。建隆間舉進士甲科。累官工部侍郎。善談論。尙氣節。嘗獻元元論。大旨以養民務穡爲急。眞宗命寫其論。列置龍圖閣四壁。然不飭邊幅。頗爲清議所貶。有文集。

張·可大 明應天人。字觀甫。萬曆武進士。仕爲登萊總兵官。進右都督。孔有德反。城陷死。諡莊節。可大好學能詩。敦節行。有儒將風。

張·可久 元慶元人。字仲遠。號小山。以路吏轉首領。擅詞曲。與喬吉齊名。有小山樂府。

張·可前 清江陵人。字著漢。順治進士。累官刑部侍郎。轉兵部致仕。先是荆安二府協修江漢兩隄。屢築屢潰。可前請於上官。力主兩地自衞說。以杜推諉。隄工始固。民利賴之。

張·可述 明嘉定人。性至孝。爲人廉介。有梓里資談·雲樵記諸書。

張·可復 後周平原人。字伯恭。略通儒術。少習吏事。歷仕梁唐晉漢。入周官至右散騎常侍。爲人迂懦無他才。常爲同列淸俊者所侮。

張·右民 清錢塘人。字用霖。號東皐。有東皐集。

張·四科 清臨潼人。字喆士。號漁川。寓居江都。有響山詞。厲鶚嘗云。讀響山一編。覺白雲未遠也。

張·四維 明蒲州人。字子維。嘉靖進士。萬曆間以張居正薦。得爲禮部尙書·東閣大學士。入贊機務。謹事居正。不敢相可否。居正卒。四維當國。力反前事。時望頗屬。卒諡文毅。

張·四箴 清山東新城人。字心勿。明末諸生。入清後。隱居不出。有濯足軒詩集。

張·巨 宋武進人。嘉祐中舉明經。少從胡瑗游。與蔣之奇·胡宗愈·丁隙。爲四友。以薦充國子監直講。王安石新法行。巨卽引去。有易解及文集。

張·巨源 宋襄陽人。五世同居。太平興國詔旌其門。巨源素習法律。太平興國中賜明法及第。

張·平 前秦代郡人。一云譏國鋛人。初仕石虎。冉閔亡。跨有新興·雁門·西河諸郡。衆十餘萬。自號并州刺史。降於苻堅。後爲祖逖所破。◎宋臨朐人。太宗時官右班殿直。遷供奉官。監陽平都木務。兼造船場。舊官造舟成。以河流湍悍。凡一舟調三戶守之。歲役戶數千。平穿池引水。繫舟其中。不復調民。累官鹽鐵使。

張·平高 唐綏州人。隋末爲鷹揚府校尉。戍太原。從唐高祖平京城。累授左領軍將軍。封蕭國公。貞觀初爲丹州刺史。

張·弘 三國吳吳郡人。字敬禮。篤學不仕。恆著烏巾。時號張烏巾。善篆隸。其飛白尤妙絕當時。◎宋益都人。字巨卿。太平興國進士。眞宗時累官知登聞鼓院。循謹守位。不求赫赫之譽。歷踐通顯。未嘗敗事。

張·弘至 明弼子。字時行。弘治進士。改庶吉士。授兵科給事中。陳初政漸不克終八事。武宗立。以戶科右給事中奉使安南。還遷都給事中。母憂歸卒。

張·弘略 元柔第八子。字仲傑。有謀略。通經史。善騎射。憲宗時權順天萬戶。世祖時官至河南行省參知政事。卒諡忠毅。

張·弘策 梁方城人。字眞簡。幼以孝聞。遭母喪。幾至滅性。武帝時爲輔國將軍。郢城平。帝乘勝直指建業。凡磯浦村落。軍行宿次。立頓處所。弘策遂爲圖測。皆在目中。隨平。遣封檢府庫。秋毫無犯。後封洮陽縣侯。卒諡愍。

張·弘靖 唐延賞子。字元理。以蔭累官刑部尙書同平章事。長慶初爲盧龍節度使。河朔四將。與士卒均寒暑。弘靖素貴。肩輿而行。衆滋不悅。其詬責士皆曰反虜。嘗曰。天下無事。而輩挽兩石弓。不如識一丁字。軍士怨之。遂謀作亂。推朱克融爲留後。詔貶弘靖吉州刺史。遷太子少師卒。

張·弘綱 元禧子。字憲臣。從其父攻城徇地屢有功。官至昭勇大將軍·河南諸翼征行萬戶。從征八百媳婦戰死。諡武宣。

張·弘範 元柔第九子。字仲疇。善馬槊。能爲歌詩。世宗時爲都元帥。督兵侵宋。執文天祥於五坡嶺。破張世傑·陸秀夫於崖山。因以亡宋。卒諡獻武。有淮陽集。

張·旦 宋趙州人。勇敢善射。以經學中第。爲國子博士。淳化中知陵州。敗賊數萬。眞宗時知德清軍。景德中契丹入寇。與其子利涉率衆奮擊。並戰沒。

張·本 金觀津人。字敏之。貞祐初中詞賦高第。工大篆八分。正大中以翰林學士使北見留。遂隱爲黃冠。居燕京長春宮。◎元茌平人。篤孝。事伯父叔父皆甚謹。伯父嘗病。本晝夜不去側。復載以巾車。步挽請岱嶽禱之。⊙【明】東阿人。字敦中。洪武中知江都縣。降燕兵。官至南京兵部尙書。廉介有執持。尙刻少恕。時號窮張。

張・正甫 【唐】南陽人。字踐方。進士。官至吏部尙書。仁而端亮。蒞官清強。居外任所至稱治。卒贈太師。

張・正見 【陳】東武城人。字見賾。梁簡文在東宮。正見年十三。獻頌。簡文深贊賞之。嘗預講筵。決疑義。吐納和順。進退詳雅。四座咸屬目。入陳。累官通直散騎侍郎。有集。

張・正常 【明】字仲紀。漢張道陵四十二世孫。元時賜號天師。洪武時授正一嗣教眞人。

張・民表 【明】中牟人。字林宗。又字法幢。一字塞庵。自稱旃然漁隱。又號蕊淵道人。萬曆舉人。任俠好客。藏書數萬卷。皆手自點定。有原圃塞庵詩集。

張・永 【南朝宋】裕子。字景雲。歷官尙書中兵郞。善騎射。以破薛索兒功。封孝昌縣侯。後遷兗州刺史。旋免官削爵。永涉獵書史。能爲文章。善隸書。有巧思。爲文帝所知。紙墨皆自營造。⊙【明】保定新城人。武宗初總神機營。與劉瑾爲黨。居八虎之一。後惡瑾行事。共誅瑾。嘉靖時掌御用監。提督團營。

張・永安 【明】石州人。嘉靖中父爲寇所逐。永安持挺追擊之。傷二賊。趣父逸去而身自後衞之。被斁十創死。

張・永明 【明】烏程人。字鍾誠。嘉靖進士。擢南京刑科給事中。連劾張瓚・嚴嵩等。中外憚之。累官左都御史。永明素淸謹。掌憲在嚴嵩後。以整飭綱維爲己任。卒諡莊僖。有文集。

張・永祚 【清】錢塘人。字景韶。號兩湖。諸生。以知星象被舉。授欽天監博士。與校二十二史天文律曆志。善畫山水。有天象原委。

張・永祺 【清】襄城人。字多祝。明天啓舉人。崇禎間李自成圍襄城。永祺率衆力守。城陷被執。後得釋。入清後。隱居不出。有詩文集。

張・永銓 【清】江蘇華亭人。字賓門。康熙舉人。官徐州學正。有閑存堂集。

張・永德 【宋】陽曲人。字抱一。事後周。官至忠孝軍節度使。入宋。累遷泰寧軍節度使。出判幷州。坐令親吏販茶規利。黜爲左衞上將軍。後又累遷彰德軍節度。知天雄軍。

張・玄 【後漢】河陽人。字君夏。光武時爲博士。少習嚴氏春秋。兼通數家法。有難者輒爲張數家之說。令擇從所安。諸儒皆服其多通。⊙【後漢】楷子。字處虛。以時亂不仕。辟司空張溫蔚除中官。溫不能用。遂去。隱居陽山中。⊙【三國吳】紘子。字希祖。范寧稱爲吳中之秀。

張・玄化 【晉】葛玄弟子。嘗寓汝州。有前知之明。宋政和中封沖妙先生。

張・玄素 【唐】虞鄉人。仕隋爲景城縣戶曹。太宗擢拜侍御史。遷給事中。太宗欲修洛陽宮。玄素上書極諫。帝卽罷役。魏徵嘆曰。張公論事有回天之力。可謂仁人之言矣。歷官潮州刺史。徙鄧州。⊙【金】字子貞。與浩同曾祖。仕爲興平軍節度。正隆末天下盜起。興平以有備獨安。累官戶部尙書。出鎭定武。玄素厚而剛毅。人畏憚之。

張・玄靚 【前涼】重華子。字元安。叔父祚被殺。立爲涼州牧。季父天錫專政。爲所害。在位九年。

張・玉 【宋】保定人。字寶臣。隸狄青麾下。善用鐵簡。軍中號曰張鐵簡。從征儂智高有功。擢廣西鈐轄。熙寧中。遷宣州觀察使。爲副都總管。河北置三十七將。以玉爲第一。⊙【明】祥符人。字世美。仕元爲樞密知院。入明累擢都指揮僉事。以驍果善謀畫。爲成祖所親任。建文初成祖起兵。從攻東昌。與盛庸軍遇。戰死。追封河間王。諡忠武。⊙【清】安鄉人。字非石。康熙恩貢。事母孝。生平殫心理學。舉孝廉方正。辭不就。有慥堂集。⊙【清】吳縣人。字子美。汪鏞繼妻。工行楷。善作擘窠書。

張・玉珍 【清】華亭人。字藍生。金鋤妻。有得樹樓詞。

張・玉娘 【元】松陽人。字若瓊。自號一貞居士。宋提舉官張懋女。生有殊色。敏慧絕倫。字沈佺。未及婚而卒。玉娘鬱鬱死。文章醞藉。詩詞尤得風人之體。有蘭雪集。

張・玉書 【清】丹徒人。字素存。順治進士。官至文華殿大學士。諡文貞。歷官凡五十年。爲太平宰相二十年。風度凝然。得大臣體。在講幄每據經義納忠。莫由得其獻替之跡。所作古文辭。舂容典雅。稱一代大手筆。

張・玉穀 【清】吳縣人。字蔭嘉。諸生。善書工詩。尤長樂府。有樂閒齋。

張・玉蓮 【元】妓女。人呼張四媽。舊曲不傳者。皆能尋腔依詞唱之。審音和律。時無比焉。

張生 【戰國魏】將軍田嚍出軍。張生送之郊。以五事諷之。田嚍曰。今日諸人皆爲嚍祖道。而先生獨教以聖人大道。謹聞命矣。⊙【戰國】濟南人。從伏生受尙書。爲博士。

張・用天 【清】婁人。字用六。號誠菴。有嬾眞初集詩選。

張・用直 【金】臨潢人。少以學行稱。海陵與其兄充皆從之學。海陵卽位。召爲簽書徽政院事。充賀宋正旦使。卒於汴。

張・田 【宋】澶淵人。字公載。登進士第。熙寧初直龍圖閣。知廣州。爲人伉直自喜。好嫚罵。然臨政以淸。蘇軾嘗讀其書。以侔古廉吏。⊙【明】丹陽人。工相術。嘗晨起視鏡曰。吾家居當及禍。遂之九里廟避之。見神像忽出走。曰。神禍甚於我。未三日廟焚。其神異多類此。

張白　唐衢州人。少應舉不第。好道。常挑一鐵葫蘆。得錢便飲酒。自稱白雲子。忽一日死。葬武陵城西。經半載。有鼎州官詣揚州句當公事。遇於酒肆。同酌數日。衆聞之。開驗其棺。乃空棺也。

張白澤　後魏袞孫。文成時除中散。遷殿中曹給事。出行雍州刺史。清心少欲。吏民安之。太和初懷州民三十餘人謀反。文明太后欲盡誅城民。白澤諫止。遷殿中尚書。卒謚簡。

張立　後蜀善吟詠。後主常於羅城上徧植芙蓉。立作詩以豳風七月爲刺。及廣政末朝政已亂。立又作詩規諷。國人稱爲詩諫。◉元長清人。初隸嚴實麾下。略江淮有功。署爲百戶。累官昭勇大將軍。

張立道　元大名人。字顯卿。年十七備宿衛。從世祖北征。未嘗去左右。至元中使安南並黑水。至其國。定歲貢之禮。授大理等處巡行勸農使。治昆明池。得地萬餘頃。皆爲良田。教爨僰蠶桑之法。雲南由是富庶。累拜雲南行省參政。卒於官。有效古集。平蜀總論。安南錄。雲南風土記。六詔通說等書。

張仲　周賢臣。性孝。與尹吉甫爲友。◉宋寶祐時待詔。善山水人物。

張仲方　唐九皐曾孫。生而岐秀。高郢見而異之。稱其必爲國器。擢貞元進士。累官秘書監。卒謚成。

張仲武　唐范陽人。會昌初爲雄武軍使。以破回鶻功。官兵部尚書。武宗詔李德裕爲銘。揭碑盧龍。以告後世。累官檢校司徒。同中書門下平章事。卒謚莊。

張仲堅　隋西京人。赤髯而虬。故號虬髯客。雄才大略。人莫之測。時天下方亂。欲起事中原。於旅邸遇李靖。因靖得見唐太宗。知其爲眞天子。乃悉以其家所有贈靖。曰。此後十餘年。東南數千里外有異事。是吾得意之秋也。言訖而去。遂不復見。後貞觀中南蠻奏有海船千艘。甲兵數十萬。入扶餘國。殺其主自立云。

張仲軻　金幼名牛兒。本市井無賴。海陵引之左右。以資戲笑。及即位。累官少監。海陵欲取江南。仲軻每先逢其意。導之南伐。

張仲儀　元絳人。字伯威。元末爲杭州路總管府判官。稱能吏。轉江西行中書省左右司都使。歲饑。民將爲變。仲儀單騎出撫之。皆感泣散去。復請於省臣發粟賑濟。民遂大定。擢撫州路總管告歸。

張仲蔚　後漢扶風人。少與同郡魏景卿隱身不仕。明天官。學問弘博。嘗好爲詩賦。所居蓬蒿沒人。

張仲舉　清漢軍鑲紅旗人。康熙間知福建泉州府。鄭錦圍泉州。仲舉固守兩月餘。以功累遷福建巡撫。旋以侵蝕庫帑。逮卒於獄。

張任學　明安岳人。天啓進士。崇禎間爲御史。按河南。監軍討賊。時盜賊縱橫。諸將不敢擊。任學請易武階。爲河南總兵官。後與張獻忠戰敗。坐褫職。

張充　晉緒子。字延符。少時不持操行。年三十。始修身改節。尤明老易。能清言。與從叔稷俱有令譽。累官散騎常侍。金紫光祿大夫。卒謚穆。

張光　晉鍾武人。字景武。身長八尺。明眉目。美聲音。劉弘稱爲南楚之秀。官材官將軍。梁州刺史。以賊亂不得赴州。却鎭漢中。爲賊所圍。嬰城固守。憤激成疾死。

張光亮　清合肥人。同治初以鄉勇投效淮軍。轉戰山東江蘇。毀任柱。敗張總愚。肅清直東。官至提督。光緒間赴臺灣攻勦番社。卒於軍。謚壯烈。

張光前　明澤州人。字爾荷。萬曆進士。累擢吏部稽勳郎中。因與魏忠賢不合。貶三秩。調外任。兄右布政使光縉治兵遵化。爲奄黨門克新所劾。亦削籍。崇禎間起太常。已進大理少卿。乞休卒。

張光奎　明澤州人。仕至山東右布政。崇禎間流賊犯澤州。光奎里居。率衆固守。城陷死之。

張光祖　元襄國人。字紹先。大德中爲泉州推官。有善政。性嗜學。有言行龜鑑。

張光晟　唐盩厔人。初爲騎卒。累遷單于都護。建中初坐事降太僕卿。光晟負才。快快不得志。朱泚僭逆。署光晟爲僞節度使兼宰相。後降李晟。

張光緯　清無錫人。字次民。號息廬。明諸生。入清隱居不仕。有息廬賸稿。

張先　◉宋博州人。遜孫。字子野。天聖進士。官至知亳州。歐陽修爲作墓誌。◉宋烏程人。字子野。天聖進士。官至都官郎中。工於詞。與柳惲齊名。有句云。雲破月來花弄影。嬌柔懶起。簾壓捲花影。柳徑無人。墮飛絮無影。時稱張三影。有安陸集及詞。（按道山清話以博州張先爲烏程張先。誤。）

張兆棟　清濰縣人。字伯隆。號友山。道光進士。由主事累擢鳳翔府知府。值回亂。困守十有六月。援師至而圍解。光緒間官至福建巡撫。馬江之敗。坐奪職。

張兆熊　清洋縣人。字宜男。明

末舉人。流賊至。光熊僭縣令郭一龍募鄉勇數百勦之。城得不陷。順治中擢御史。歷淮徐郴桂參政。所至有聲。

張·全義 後唐臨漢人。字國維。初與李罕之分據河陽洛陽以附於梁。後有隙。全義襲河陽。晉遣兵助罕之。梁遣兵擊敗之。以全義爲河南尹。累官太師尙書令。封齊王。守洛四十年。洛人德之。卒諡忠肅。

張·匡 後漢山陽人。字文通。習韓詩作章句。後舉有道博士。徵不就。

張后 漢惠帝后。張敖女。呂后以其無子。乃使陽爲有身。取後宮人美人子名之。殺其母而立爲太子。呂后崩。后廢處北宮。◎明永城人。仁宗皇后。宣宗卽位。尊爲皇太后。宣德中后謁長陵。畿民有獻蔬食酒漿者。取以賜帝曰。此田家味也。英宗立。尊爲太皇太后。勗帝向學。委任股肱。以故王振雖寵於帝。終太后世。不敢專政。崩諡誠孝。

張·合 明含弟。字懋觀。工書畫。性嗜學。登嘉靖進士。歷湖廣副使。以疾歸。時欲淸查夷田。人心洶洶。合上書五千言。遂寢其事。

張·吉 明慶州卒。爲淮安鎭守烽。要人寇東谷。掠得之。脅以兵。使呼城中。言淮安諸砦已破。宜速降。吉反其辭。賊怒殺之。◎明餘干人。字克修。別號古城。成化進士。官至貴州左布政使。屏絕人事。窮諸經及宋儒之書。語學者曰。不讀五經。遇事便覺窒礙。以象山爲禪。作陸學訂疑以正之。有古城集。

張·名由 明嘉定人。初名凡。字公路。通古今學。好奇計。家有田數百畝。僮僕數十人。一旦盡棄去。坐環堵中。讀書自若。平居好談兵。每遊古戰地。輒悲歌慷慨。恨不馳騁其間。工詩。有詩集。

張·名振 唐本事李懷光爲都將。懷光已立功。奉詔倨甚。名振大言曰。太尉見賊不擊。使到不迎。將反耶。且安·史·僕固等。今皆族滅。公欲何爲。懷光怒。拉殺之。◎明江寧人。字侯服。崇禎間授台州石浦遊擊。南都破。名振與舟山黃斌卿並受閩浙之命。錢塘師潰。扈魯王走閩。封定西伯。復還浙討斌卿。迎魯王居舟山。晉太師。淸軍至。名振留阮駿守橫水洋。以弟名揚與留守張肯堂守城。自帥兵奉王搗吳淞以牽制之。舟山陷。名振復扈王次鷺門。後屢以軍入長江窺金陵。事卒不成。病卒。

張名揚 明名振弟。魯王時官左都督。淸兵下舟山。名揚與留守張肯堂嬰城以禦。城陷。死之。

張·同敞 明居正曾孫。字別山。崇禎間以蔭補中書舍人。李自成陷京師。遁歸。桂王時授兵部侍郎。經略楚粵兵馬。以忠義激勸將士。人人自奮。淸兵入桂林。與瞿式耜同遇害。

張·在辛 淸安丘人。字卯君。號柏庭。工書法。有隸法瑣言。

張妃 明憲宗妃。性直烈。客魏恚其異己。幽於別宮。絕其飲食。天雨。妃匍匐飲簷溜而死。

張·好古 元晉寧子。字信甫。器識宏遠。勇而有謀。權父軍。戍宿州。攻樊城。身中流矢。戰不少卻。後移戍蘄州。與宋人戰。死之。

張·如蘭 明南京羽林衞。字德馨。世襲指揮使。官淮徐漕運參將。博極羣書。談古今事如指掌。督漕治河。所至有聲跡。有文章兵法譜及詩文集。

張·存 宋冀州人。字誠之。舉進士。天禧中累官禮部尙書。性孝友。家居矜莊。子孫非正衣冠不見。與賓友燕接。終日未嘗傾倚。卒諡恭安。

張·存仁 淸漢軍鑲藍旗人。仕明爲寧遠副將。太宗時投誠。授一等副將世職。破錦州。攻太原。定江南河南浙江。均與有功。累官兵部尙書。總督直隸山東河南。卒諡忠勤。

張·存信 後唐少善騎射。能四裔語。通六蕃書。從李克用起代北。入關破黃巢。以功爲馬步軍都指揮使。遂賜姓名以爲義兒。後領郴州刺史。

張·存紳 明華容人。字叔行。號見其。天啓貢生。官蒲圻訓導。有雅俗稽言。

張·存敬 後唐譙郡人。少事太祖爲將。善因危窘出奇計。屢有戰功。累官宋州刺史。

張·守 宋晉陵人。字全眞。一字子固。崇寧中登進士第。建炎初爲御史中丞。上疏言極激切。後以資政殿學士知洪州。徙知紹興府。會朝廷遣三使者括諸路財賦。所至以鞭撻立威。守卽求入覲。卒諡文靖。有毘陵集。

張·守中 明聞喜人。字大石。嘉靖舉人。授保定通判。萬曆初累擢右僉都御史。巡撫延綏。斥貪殘。摧豪右。將吏趨職惟謹。錄功進右副都御史。卒官。

張·守約 宋濮州人。字希參。歐陽修薦其知邊事。可任將帥。累官涇原鄜延秦鳳副總管。領康州刺史。歷典七州。皆有惠愛可紀。

張·守珪 唐陝州人。開元中爲瓜州刺史。突厥奄至。守珪置酒城上。會諸將作樂。突厥疑有備。不敢攻。引去。守珪縱兵擊敗之。累官輔國大將軍。坐事貶括州刺史。疽發背卒。

張·守節 唐官諸王侍讀率府長史。其學長於地理。所著史記正義。極該博。

張·宇 元字彥升。號石泉先生。工詩。有石泉集。

張·安 明大同人。字定之。累有

戰功。正德間大同有警。挂征西前將軍印充總兵官。鎭其地。安才兼智勇。出入敵陣。往來如飛。未嘗敗北。

張·安上 〔宋〕棣州人。字仲禮。慶曆進士。通判恩州。屬邑送囚至。安上惻然曰。此非死獄也。寧失出。毋失入。竟減釋之。判乾寧軍。築滄州河堤數十里。自是州無水患。八子皆貴顯。能守世德。時人方之高陽里。

張·安世 〔漢〕湯子。字子孺。以父任爲郎。武帝幸河東。嘗亡書三篋。詔問莫能對。惟安世悉識之。具述其事。後得書相校。一無所遺。帝奇其才。擢尙書令。遷光祿大夫。昭帝卽位。拜右將軍。封富平侯。宣帝時以定策功。拜大司馬。卒諡敬。

張·安茂 〔清〕松江人。字蓼匪。順治進士。官至浙江提學僉事。有泮宮禮樂全書。

張·安祖 〔後魏〕河陽人。時有元承貴。家貧。凍死路側。安祖買木爲棺。手自營作。斂殯周給。事聞。標其門閭。

張·安國 〔明〕定海人。建文朝爲工部郎。靖難師起。安國乘舟入太湖間。金陵陷。與其妻鑿舟自沈。

張·宇初 〔明〕正常子。字信甫。又字子璿。號無爲子。善畫墨竹蘭蕙及山水。洪武間襲掌道教。有硯泉集。

張·宇淸 〔明〕宇初弟。襲掌道教。善畫山水。

張·式 〔清〕無錫人。字抱翁。號荔門。又號夫椒山人。工書。能懸臂作蠅頭楷。

張·旭 〔唐〕吳人。字伯高。仕爲常熟尉。善草書。嗜酒。每大醉呼叫狂走。乃下筆。或以頭濡墨而書。旣醒。自視以爲神。不可復得也。世號張顚。又稱草聖。自言始見公主擔夫爭道。又聞鼓吹而得筆法意。觀倡公孫舞劍器得其神。文宗時以李白歌詩·裴旻劍舞·張旭草書爲三絕。◎〔明〕休寧人。字廷曙。成化舉人。歷官孝豐伊陽高明知縣。爲詩長於集句。有梅巖小稿。

張·旨 〔宋〕河內人。字仲微。爲安平尉。前後捕盜三百餘人。范仲淹·歐陽修言其驍武有謀略。累遷光祿卿。知潞晉二州。以老疾權判御史臺卒。

張·有 〔宋〕吳興人。字謙中。隱於黃冠。雅善篆書。筆法甚古。有復古編。

張·次元 〔宋〕累官江淮荆浙福建廣南提點坑冶鑄錢司事。躬自巡歷。務革積弊。以公廉稱。卒於道。

張·次公 〔漢〕河東人。以校尉從衞靑擊匈奴。封岸頭侯。後坐法失侯。

張·次立 〔宋〕官至殿中丞。嘉祐中詔同篆國子石經。又爲徐鍇繫傳補。今繫傳中有臣次立案語者是也。

張·次仲 〔明〕海寧人。字元岵。號待軒。一號鈍庵。天啓舉人。入清不仕。有周易玩辭·困學記·待軒詩記·待軒集。

張·次卨 〔宋〕次夔弟。字寬夫。官建昌令。累知南劍州。治績爲諸郡最。擢知徽州。改雅州。會徼外蠻蠻交爭。次卨單騎渡江慰撫之。以疾丐祠卒。

張·次夔 〔宋〕大年子。字和仲。官西安令。通判興國軍。郡多私鑄。守捕治峻急。次夔爭不聽。已而守果以激變去官。人服其明。後奉祠里居。査源洞倡變亂。郡守檄次夔集鄉民討平之。

張·汝士 〔宋〕襄邑人。字堯夫。爲河南府推官。工書。喜爲詩。

張·汝元 〔明〕江寧人。字太初。萬曆諸生。以詩受知於學使陳文燭。有張太初集。

張·汝明 〔宋〕眞州人。字舜文。登進士第。大觀中爲監察御史。疏劾蔡京市恩招權。帝獎其介直。晚知岳州。卒於官。汝明學貫經史百家。有易索書·張子巵言·大究經。

張·汝弼 〔金〕玄素兄子。字仲佐。正隆進士。調灤州樂郊縣主簿。累官參知政事。進拜尙書右丞。久居執政。練習制度。頗能斟酌人材。而用心不正。罷爲廣寧尹。

張·汝瑚 〔清〕晉江人。字夏鍾。明崇禎舉人。入清知淸源縣。有匏野文集。

張·汝霖 〔金〕浩子。字仲澤。貞元進士。官至平章政事。封芮國公。世宗不豫。與太尉徒單克寧右丞相襄同受顧命。章宗初卽位。改造殿庭諸陳設物。帝以多費意輟造。汝霖言未爲過侈。其後奢用寖廣。蓋汝霖有以導之。卒諡文襄。◎〔明〕浙江山陰人。字明若。萬曆進士。官至江西布政司參議。有易經濟窩因指。◎〔清〕宣城人。字芸墅。由拔貢官至澳門同知。與印光任同著澳門記略。

張·汝瀛 〔清〕樂陵人。字仙洲。道光舉人。咸豐間官至漢黃德道。率舟師禦洪楊軍於田家鎭。力戰死。

張·百熙 〔清〕長沙人。字治秋。同治進士。官至郵傳部尙書。淸末廢科舉。興學校。百熙爲管學大臣。提倡之力居多。卒諡文達。

張·羽 〔明〕潯陽人。從父宦江浙。卜居吳興。字來儀。後以字行。更字附鳳。元季領鄉薦。爲安定書院山長。與高啓輩爲詩友。洪武中官太常寺丞。坐事謫嶺南。未至召還。自沈於江。羽文章精潔有法。尤長於詩。畫師米友仁。有靜居集。◎〔明〕泰興人。字鳳舉。弘治進士。由淳安知縣擢御史。彈劾中貴。疏論時事。甚剴切。後守保定。以母病乞歸。有東田遺稿。◎〔明〕南鄭人。字伯翺。性至孝。弘治末進士。武宗時任御史。出爲廣平知府。調河間。甚著聲績。嘉靖中擢貴州布政使司。以羨金進却不納。爲籍記於官。終南京工部侍郎。

張羽材 元貴谿人。字國梁。號薇山。別號廣微子。襲掌道教。善寫竹與龍。工大字及草書。

張老 春秋晉大夫。獻文子成室。張老曰。美哉輪焉。美哉奐焉。歌於斯。哭於斯。聚國族於斯。蓋因其美而譏之也。

張耒 宋淮陰人。字文潛。弱冠第進士。紹聖初知潤州。坐黨謫官。徽宗召爲太常少卿。出知潁汝二州。復坐黨籍落職。耒有雄材。尤長騷詞。誨人作文。以理爲主。詩效長慶體。晚年務平淡。而樂府得盛唐之髓。投閒困苦。口不言貧。晚節愈厲。有兩漢決疑·詩說·宛丘集。

張耳 漢大梁人。與陳餘爲刎頸交。陳涉起兵。耳餘請奇兵略趙地。後與餘有隙。耳走漢。漢遣耳與韓信擊破趙。斬餘泜水上。封耳爲趙王。卒諡景。

張肎 明吳縣人。字繼孟。一字寄夢。少從宋濂學。詩文清麗有法。尤長南詞新聲。有夢菴集。

張臣 明榆林衞人。起行伍爲隊長。驍捷精悍。搏戰好陷堅。累擢陝西總兵官。鎭甘肅。名著塞垣。爲時良將。

張自烈 明宜春人。字爾公。博學洽聞。累徵不就。晚卜居廬山。有四書大全辨·諸家辨·古今文辨·正字通等十餘種。

張自超 淸高淳人。字彝嘆。康熙進士。研究經史。期於躬行實踐。釋褐後授經講學。文行日著。有春秋宗朱辨義。

張自德 淸豐潤人。字元公。號潔源。順治進士。由慶都令累官右副都御史。巡撫河南。性伉直。諳習河務。所著四要六弊。及修築縷隄遙隄之法。允爲治河準的。

張自勳 明南昌人。字卓菴。有綱目續麟·廿一史獨斷·卓菴心書。

張至發 明淄川人。萬曆進士。崇禎間代溫體仁爲首輔。一切守其所爲。而才智機變遜之。會曹荃發黃應恩賍請事。詞連至發。去官。其後復召用。至發四疏辭。卒於家。

張行孚 淸安吉人。同治舉人。汲精小學。有說文發疑·說文揭原·汲古閣說文解字校記。

張行成 唐義豐人。字德立。劉炫稱爲廊廟材。太宗時拜給事中。帝曰。朕爲人主。兼行將相事。行成曰。奚用損萬乘之尊。與臣下爭功能。帝嘉納之。累官太子少傅。卒諡定。◉宋臨卭人。字文饒。一作子饒。由成都府路鈐轄司幹辦公事丐祠歸。杜門十年。著書七十九卷。乾道中表進其書。除直徽猷閣。官至兵部郎中。汪應辰帥蜀。薦其有捐軀殉國之忠。而又善於理財。學者稱爲觀物先生。有皇極經世索隱·皇極經世觀物外篇演義·易通變·翼元等書。

張行言 淸江浦人。字躬先。著有聖門禮樂統。

張行信 金行簡弟。字信甫。先名行忠。避莊獻太子諱改。登大定進士第。官銅山令。興定初拜參知政事。時高琪專權用事。行信力詆其非。哀宗時爲尚書左丞。爲人純正眞率。遇事無所畏避。卒之日。雖平昔甚娟忌者。亦曰正人亡矣。

張行簡 金晫子。字敬甫。穎悟力學。淹貫經史。登大定進士第。除應奉翰林文字。端愨愼密。官至太子太傅。卒謚文正。有文章十五卷·禮例纂一百二十卷。

張西銘 明寧州人字希載。成化進士。授金谿知縣。以治行第一擢御史。巡撫遼東。再按蘇松。後督學順天。士類翕服。

張亨 金鄚陰人。字彥通。第皇統進士。調樊山丞。以廉幹聞。章宗時官至河東南北路提刑使。在職務存大體。略苛細。御史以寬緩不事事劾之。降授蔡州防禦使。尋轉知歸德府。致仕卒。

張佚 後漢爲國子博士。光武爲太子擇傅。羣臣皆言太子舅陰識可。佚正色曰。今陛下立太子。爲太子乎。爲陰氏乎。卽爲陰氏。則陰侯可。爲天下則固宜用天下之賢才。帝稱善。卽拜佚爲太子太傅。

張伾 唐德宗時爲澤潞將。守臨洺。田悅攻之。固守累月。會馬燧自河東將兵擊悅。伾乘勢出戰。無不以一當百。以功遷泗州刺史。

張佖 宋常州人。字子澄。仕南唐爲內史舍人。歸宋。官虞部郎中。其親營官都下。嘗過佖館。止榮甕而已。人稱榮甕張家。後官河南。每寒食必親拜後主墓。哭甚哀。

張何丹 漢中散大夫。以言忤王莽。謫松滋令。慈祥愷悌。愛民如子。

張作功 淸皐蘭人。嘉慶中隨勦教匪於陝西。敗李文成於高橋滑縣。勦青海口外野番。皆有功。官至重慶鎭總兵。

張作楠 淸金華人。字丹村。嘉慶進士。官徐州知府。有善政。通算術。有翠微山房數學。

張位 明新建人。字明成。隆慶進士。官至吏部尚書。改武英殿。位初官翰林。頗有聲望。及入政府。招權示威。素望漸衰。坐事除名爲民卒。天啓中復官。謚文端。有問奇集·詞林典故・醫心類編・周易參同契注解・悟眞篇註解・閒雲館集鈔。

張位中　〔清〕上海人。字立人。乾隆進士。嘉慶間權大竹縣。防勦敎匪。相持二年餘。力竭戰死。在任多善政。有萬竹居詩。

張伯玉　〔宋〕建安人。字公達。第進士。嘗爲蘇州郡從事。范仲淹舉以應賢良方正能直言極諫科。嘉祐中爲御史。出知太平府。後遷司封郎中。工詩善飲。時號張百杯。又曰張百篇。有蓬萊集。

張伯行　〔清〕儀封人。字孝先。晚號敬菴。康熙進士。累官禮部尚書。歷官二十餘年。以清廉剛直稱。其政績在福建及江蘇爲尤著。其學以程朱爲主。及門受學者數千人。卒贈太子太保。謚清恪。輯道學源流・道統錄・伊洛淵源錄・小學衍義・小學集解・養正類編・訓蒙詩選・續近思錄・廣近思錄・家規類編・閨中寶鑑等書。又輯濂洛關閩集解。以配學庸論孟。名曰後四書。所自著者曰困學錄・續錄・正誼堂文集。

張伯威　〔宋〕大安軍人。紹熙初舉武進士。調神泉尉。大母黃繼母楊先後有疾。伯威兩次刲臂肉以進。疾皆愈。知大安軍羅植卽所居立純孝坊。

張伯淳　〔元〕崇德人。字師道。至元間授杭州路儒學教授。累遷慶元路總管府治中。行省檄按疑獄衢秀。皆得其情。官至翰林直學士。有養蒙集。

張伯端　〔宋〕天台人。少好學。熙寧間游蜀。遇劉海蟾。授金液還丹火候之訣。乃改名用成。字平叔。號紫陽。治平間訪扶風馬處厚於河東。以所著悟眞篇授處厚。曰。願公流布此書。當有會意者。元豐初趺坐而化。年九十九。

張伯儀　〔唐〕魏州人。以戰功隸李光弼軍。討平浙賊袁晁。擢睦州刺史。後爲江陵節度使。伯儀不知書。然推誠遇人。軍中畏肅。人亦便之。

張伯龍　〔清〕永安人。字慈長。工寫生。尤長山水人物。

張伯鯨　〔明〕江都人。字繩海。萬曆進士。崇禎間官至兵部左侍郎。乞休。揚州被圍。與當事分城固守。城破。自經死。

張伯麟　〔宋〕當塗人。字慶符。紹興初以明經入太學。時秦檜主和議。伯麟憤題齋壁云。夫差而忘句踐之殺而父乎。元夕都市張燈。伯麟過中貴人白諤門。見燈盛設。取筆題其上。如齋壁所書。秦檜聞之。下伯麟於獄。捶楚無全膚。流吉陽軍。檜死。釋回。

張克公　〔宋〕陽翟人。字介仲。起進士。大觀中遷殿中侍御史。蔡京再相。克公與石公弼論其罪。京罷。累遷右諫議大夫。張商英爲相。克公拜御史中丞。疏其十罪。商英罷。京復召。銜克公弗置。徽宗知之。徙吏部尚書。卒官。

張克戩　〔宋〕耆曾孫。字德祥。第進士。歷河間令。靖康初知汾州。金兵圍城。克戩畢力扞禦。城破。乃南向自引決。一家死者八人。謚忠確。

張克儉　〔明〕屯留人。字禹型。崇禎進士。擢湖廣僉事。監鄖襄諸軍。以破賊功。累官右僉都御史。巡撫河南。張獻忠入襄陽。被執。死之。

張克嶷　〔清〕聞喜人。字偉公。自號拗齋。康熙進士。由庶吉士遷刑部郎中。有獄連政執族人。諸司莫敢任。克嶷獨任之。聞者肅然。出守廣西平樂府。猺獞雜居。盜不可詰。克嶷以信義服之。終其任無盜案。尋知潮州府。以憂去。卒於家。

張劭　〔後漢〕汝南人。字元伯。少游太學。與山陽范式爲友。二人並告歸。式謂劭曰。後二年當還過拜尊親。見孺子焉。乃共尅期日。至期劭白母。設饌以候之。其日。式果到。上堂拜母。盡歡而別。後劭卒。見夢於式。式往奔喪。喪已發。至壙將窆而柩不肯進。移時。式素車白馬。號哭而來。執紼引柩而前。遂留止冢次。爲修墳樹。然後去。

張吾貴　〔後魏〕中山人。字吳子。少聰慧。年十八爲太學博士。先未多學。乃從酈詮受禮。牛天祐受易。覽讀一遍。便卽別構戶牖。講左氏義例無窮。皆多新異。學者奇之。以辯能飾非。好爲詭說。由是業不久傳。

張吾瑾　〔清〕金堂人。字石仙。順治進士。知夏津縣。轉行人司。致仕歸。因江都堰爲金堂水利。請於當事。修三泊洞古埭。里人賴之。

張君平　〔宋〕滏陽人。字士衡。以父承訓與契丹戰沒補官。累立戰功。遷右班殿直。天聖中爲修河都監。塞滑州決河。累遷鈐轄卒。君平有吏材。尤明於水利。朝廷每以利害訪之。

張君房　〔宋〕安陸人。景德進士。官尚書度支員外郎。充集賢校理。祥符中自御史臺謫官寧海。時帝崇尚道教。以秘閣道書付杭州。俾戚綸等校正。綸等薦君房主其事。君房乃編次得四千五百六十五卷進之。復撮其精要。總萬餘條。成雲笈七籤一百二十二卷。道藏菁華。備具於是。

張含　〔明〕永昌衛人。字愈光。正德中舉鄉試。少與楊愼同學。能詩。有禺山文集・禺山詩選・禺山七言律鈔。

張含輝　〔清〕掖縣人。字鑑璘。順治進士。康熙中舉鴻博未用。官吏部郎中。遷四川督學道。工詩詞。有東山吟蜀草。

張圻　〔清〕崑山人。字邑翼。有學仕要箴。

張・均 【唐】說長子。天寶時累官刑部尚書。貶大理卿。受安祿山僞命爲中書令。肅宗立。免死長流合浦。有詩集。◉【元】濟南人。至元間累戰有功。爲武略將軍。成宗時屯田和林。規畫有法。累官鎮國上將軍。

張・孜 【宋】開封人。內侍張景宗養子。初名茂實。避英宗舊名改孜。以功累官馬軍副都指揮使。孜長於宮禁中。內外頗涉疑似。言者請罷孜兵柄。後以罪罷知曹州。卒謚勤惠。

張・妙淨 【明】錢塘女子。字惠連。善詩章音律。居春夢樓。時與楊維禎倡和。

張・孝伯 【宋】和州人。隆興進士。官至參知政事。時韓侂胄當國。孝伯勸弛僞學黨禁。一時賢人貶斥者。得漸還故職。

張・孝秀 【梁】宛人。字文逸。爲建安王別駕。去職歸山。居於東林寺。遠近歸慕。赴之如市。性通率。不好浮華。博涉羣書。專精釋典。善談論。工隸書。凡諸藝能。莫不閑習。

張・孝忠 【唐】本奚種。天寶末爲安祿山偏將。常爲賊前鋒。史朝義敗。自歸。授左領軍將軍。歷成德軍節度使。性機誠勇敢。貞元中累官檢校司空。卒謚貞武。

張・孝昌 【清】溍子。字綬右。諸生。嗜畫及隸書。工詩文。嘗遊燕晉。有燕遊草。

張・孝直 【宋】臨川人。字英甫。性孝友。師事陸九淵。窮理最密。其於先儒經學。心所未安。雖伊洛諸儒議論。亦不苟同。有易詩書語孟中庸口義五十餘篇。

張・孝思 【清】丹徒人。字則之。號懶逸。諸生。生平有潔癖茶癖法書名畫癖。工書。善寫蘭竹。家有培風閣。精鑒賞。富收藏。

張・孝基 【宋】娶同里富人女。富人子不肖。斥逐之。富人病且死。悉以家財付孝基。富人死。子改行。孝基遂以財產歸之。其子卒爲善士。

張・孝祥 【宋】祁子。字安國。讀書過目不忘。紹興中進士第一。累官集英殿修撰。歷知平江靜江荊南。皆有聲績。孝祥文章過人。尤工翰墨。惟渡江初。張浚主復讎。湯思退祖秦檜之說主和。孝祥出入二人之門而兩持其說。議者惜之。有于湖居士集。

張・孝傑 【遼】永霸人。清寧間爲北府宰相。耶律乙辛譖皇太子。孝傑同力相濟。及乙辛受詔按皇太子黨人。誣害忠良。孝傑之謀居多。後坐事貶安肅州。歸卒。乾統初剖棺戮屍。

張・宏 【明】碭山人。天性孝友。律己廉潔。知荊州府。門絕私謁。人號閉門張。

張・宏敏 【清】丹徒人。字訥夫。號紅洲。康熙舉人。知孝感縣。有才譽。乾隆時舉鴻博。未與試。工詩。有紅洲詩集。

張・完臣 【清】平原人。字良哉。順治進士。有周易滴露集。

張・岊 【宋】府谷人。字子雲。以貲爲牙將。有膽略。善騎射。天聖中元昊犯鄜延。岊破浪黃黨兒兩族。以功累官洛苑使。前後數中流矢。創發卒。

張・岐 【宋】崇安人。字邠卿。端拱進士。累官大理評事。遷司直。治獄有神見。隨事立決。至道末出知永新縣。亦有聲。

張・巡 【唐】南陽人。博通羣書。曉戰陣法。開元中擢進士第。出爲清河令。治績最。更調眞源令。天寶中安祿山反。巡起兵討賊。每戰輒克。拔衆至睢陽。與太守許遠合。賊將尹子琦合衆十萬來攻。巡厲士固守。日中二十戰。氣不衰。詔拜御史中丞。數敗賊。固守數月。救兵不至。食盡。巡殺愛妾以饗士。至羅雀鼠煮鎧弩以食。乃使南霽雲冒圍至臨淮告急。賀蘭進明忌巡聲威。不肯救。城遂陷。見執。大罵被害。贈揚州大都督。

張・希良 【清】黃安人。字石虹。康熙進士。官翰林。歷左右春坊贊善。纂修三朝國史・一統志・明史・春秋講義類函。累官侍郎。督學浙江。致仕歸。希良工詩文。尤湛深古學。有春秋大義・宋史刪・文章翰海・格物內外編・寶宸堂集。

張・希崇 【後唐】薊人。字德峯。通左氏春秋。知星曆。明宗時官靈武節度使。撫養士卒。招輯部落。自回鶻瓜沙。皆遣使入貢。

張・希顏 【宋】景德間知郛鄉縣。有善政。殿直范延貴過其境。薦於張詠。稱爲好官員。詠乃並薦於朝。◉【宋】漢州人。初名適。工畫。大觀初補畫院學諭。後變從院體。官至蜀州推官。

張・序晟 【清】邵陽人。精醫。所治無不立愈。有拯危備要・廣濟類纂諸書。

張・廷玉 【明】延安人。字汝光。號石初。萬曆進士。官至工部郎中。有理性元雅。◉【清】文端公英仲子。字衡臣。一字硯齋。康熙進士。雍正間官至保和殿大學士。封三等勤宣伯。加太保。世宗遺詔配享太廟。立朝五十年。富貴壽考。爲清一代之最。雍正時初立軍機。與鄂爾泰同爲軍機大臣。政務極繁。廷玉強記愼密。故世宗時恩遇最渥。卒謚文和。有傳經堂集。

張・廷臣 【明】崑山人。字元忠。嘉靖舉人。有張氏說詩。

張・廷岳 【清】漢軍鑲藍旗人。道光中襲三等子。同治間任庫倫辦事大臣。甘回竄入蒙古。廷岳防勦有功。官至正白旗蒙古都統。卒謚威勤。

張·廷枚 【清】漢軍人。字卜臣。由世襲佐領。累官福建布政使。嘗三使高麗。各有詩紀事。有春暉堂詩鈔。

張·廷珪 【唐】濟源人。慷慨有志尚。第進士。累遷監察御史。按劾平直。開元初關中大旱飢。廷珪應詔上疏。官至少府監。廷珪偉姿儀。善八分書。與李邕友善。及邕躓於仕。屢表薦之。人倚其方介。卒謚貞穆。

張·廷楷 【清】成都人。乾隆間助勦黔楚苗。嘉慶間助勦川楚教匪。轉戰湖北陝西甘肅四川。累有功。官至鎭筸鎭總兵。

張·廷瑑 【清】文端公英四子。字桓臣。別字思齋。雍正進士。由編修充講起居注官。在館十餘年。編載詳贍。官至內閣學士兼禮部侍郎。

張·廷祿 【清】湘陰人。字雪川。乾隆副貢。工詩。善草書。遊京師。大學士蔡新激賞之。性豪嗜飲。數以所書易酒。不足則質以衣。不苟取與。有樵古堂詩集。

張·廷裕 【後唐】代北人。以行卒從晉王平黃巢。討王行瑜。積功官至新州節度使。

張·廷範 【唐】優人。爲朱全忠所愛。歷東還。爲御營使。官至太常卿。後貶萊州司戶參軍。轘於河南市。

張·廷翰 【宋】信都人。仕漢爲本州刺史。爲政寬厚簡易。民甚愛之。宋初歷冀亳二州卒。◎【宋】陵川人。初仕漢。後仕周爲右二軍都虞候。宋時以平蜀有功。領彰國軍節度使卒。

張·廷濟 【清】嘉興人。字叔未。嘉慶舉人。屢躓禮闈。遂結廬高隱。以圖書金石自娛。書法米芾。草隸獨出冠時。詩樸勁典核。有桂馨堂集。淸儀閣題跋。

張·廷璐 【清】文端公英子。字寶臣。號藥齋。康熙進士。官至禮部侍郎。爲學原本經史。工詩古文。有詠花軒詩。

張·廷蘊 【後唐】襄邑人。嘗從莊宗征伐。先登力戰。金瘡滿體。累官左監門衛上將軍。廷蘊武人。識不過數字。而平生重文士。性素廉。歷七州。卒之日。家無餘貲

張·延朗 【後唐】開封人。初事梁。入唐爲忠武軍節度使。後拜三司使。延朗號爲有心計。以三司爲己任。而天下錢穀亦無所建明。後爲晉所殺。

張·延通 【宋】潞城人。開寶中爲西川兵馬都監。丁德裕領兵屯蜀。延通面質其短。後爲德裕所搆。被斬。

張·延賞 【唐】嘉貞子。博涉經史。通吏治。大曆初除河南尹。治行第一。拜中書侍郎同平章事。延賞更四鎭。民頌其愛。及當國。飾情復怨。不稱所望。卒謚成肅。

張·延播 【後晉】汝陽人。初爲牙將。唐明宗收隸左右。累官鳳陽防禦使。高祖即位。除東都副留守。張從賓作亂。令延播知河南府事。從賓敗。被誅。

張·延翰 【南唐】睢陽人。字德華。仕吳爲鹽城令。入南唐。官至中書侍郎同平章事。議論公正。處事有條理。簿領無不明晰。六司綜領殆遍。時望歸重。

張·忻 【明】掖縣人。明天啓進士。累官刑部尚書。李自成陷京師。忻從賊。順治間授兵部右侍郎。巡撫天津。坐事降調。以病致仕。

張·志和 【唐】金華人。字子同。始名龜齡。年十六擢明經第。以策干肅宗。命待詔翰林。授左金吾衛錄事參軍。因錫名。後坐事貶南浦尉。赦還。居江湖。自稱煙波釣徒。帝嘗賜奴婢各一。志和配爲夫婦。號漁童。樵青。顏眞卿刺湖州。志和嘗謁眞卿。舟敝。眞卿欲館之。謝曰。願爲浮家泛宅。往來苕霅間耳。著有玄眞子。李德裕稱其隱而有名。顯而無事。不窮不達。嚴光之比云。

張·志林 【清】綏州人。乾隆間由行伍從征金川。攻噶爾丹。勦甘肅回。擊臺灣林爽文。並有功。嘉慶間勦捕松龍敎匪。屢敗之。累官高廉鎭總兵。

張·志淳 【明】江寧人。籍雲南。自號南園野人。成化進士。官至戶部侍郎。坐劉瑾黨勒致仕。嘗考證山茶杜鵑二花。爲永昌二芳記。又仿洪容齋隨筆。鶴林玉露二書。爲南園漫錄。皆有稗於考證。

張·志道 【宋】嘉熙間因求直言。上封事。言建儲遷都之事。宋亡。閉門著書。家貧。衣食不給。處之泰然。著有易傳等書。

張·志寬 【唐】安邑人。居父喪哀毀。州里稱之。後爲里正。忽詣縣稱母病急。求歸。令問狀。對曰。母有疾。志寬輒病。令疑其妄。繫於獄。馳驗如言。乃慰遣之。母終。負土成墳。高祖遣使拜散騎常侍。表其閭。

張·我正 【明】陝州人。素豪俠。集衆保鄉里。崇禎間勒衆禦賊。賊至衆奔。我正奮臂獨戰。賊愛其勇。欲生致之。詬罵自刎死。

張·我德 【明】陝州人。崇禎間賊至。我德與其家二十七人登樓自焚而死。

張·成 【清】上海人。字修已。號滄菴。乾隆舉人。工畫竹。書法歐虞。並精於醫。有萬竹居詩集。

張·成孫 【清】惠言子。字彥惟。通小學。明算術。有端虛勉一居文集。說文諧聲譜。

張·成龍 【清】崇明人。道光中以捕盜積功任川沙營參將。勇往直前。遇事不避險難。官至浙江提督卒。

張·戒 【宋】正平人。登進士第。紹興間以趙鼎薦。授國子監丞。累官司

畿少卿。坐疏留趙鼎改外任。羅汝楫劾其沮和議。以佐宣教郎主管台州崇道觀。有歲寒堂詩話。(按錢曾讀書敏求記作趙戒誤。)

張·扶 〔前蜀〕廣都人。字子持。博學善文辭。武成初凡幕府書奏牘檄。皆屬扶具草。官至工部郎中。後爲王宗佶所譖殺。

張·杞 〔明〕當塗人。與韓良直爲密友。良直疾劇。以三十金授杞。囑曰。妻方有孕。若男。可以撫之。良直亡。妻果得子。杞給衣食。得成立。及杞抱病將沒。呼良直子。啓篋金三百付之。皆積年營息所致也。子感泣。聞者高其義。◎〔明〕黃陂人。字廷公。有和花間詞。◎〔明〕湖州人。字成夫。萬曆舉人。官福清教諭。有麟經統一篇。

張·步 〔後漢〕瑯邪人。字文公。光武初起。步擁衆據本郡。光武遣伏隆拜步東萊太守。步殺隆。後爲耿弇所敗。降漢。封安丘侯。旋欲招其故衆入海。瑯邪太守陳俊擊斬之。

張·汴 〔宋〕蜀人。字朝宗。一字次山。明習韜略。文天祥起兵。辟爲祕閣修撰。領廣東提舉．督府參謀。兵敗。爲亂兵所殺。

張·沖 〔南齊〕吳郡人。字思約。少有至性。隨從叔永爲將帥。累官輔國將軍。封定襄侯。梁王義師起。東昏使拒西師。與房僧寄分部拒守。病死。◎〔隋〕吳郡人。字叔玄。官至漢王侍讀。覃思經典。撰春秋義．喪服義．孝經義．論語義．前漢書義等書。

張·沇 〔後周〕徐州人。字太元。進士。少力學。工詞賦。唐明宗子秦王好文。屬合座各爲南湖騷記。獨取沇所作勒於石。晉初以文干進。累官學士。入周改刑部尙書。性儒雅。好釋氏。及卒。家無餘財。

張·沐 〔清〕上蔡人。字仲誠。號起庵。順治進士。歷知內黃．資縣。薦舉廉吏。乞病歸。從孫奇逢游。其學以主敬爲功。治易有心得。湯斌稱其脚踏實地。爲當代眞儒。晚年築白鶴園以受四方學者。與起者甚衆。有圖書祕典淵流．史學鈔．一隅解諸書。

張·玘 〔宋〕澠池人。字伯玉。建炎中以家財募兵討金人。歷官領御營宿衞前軍都統。金人攻海州。玘救之。殺獲萬計。圍解。中流矢卒。

張·甫 〔金〕賜姓完顏氏。興定間官至中都東路經略使。封高陽公。元光初移刺衆家奴不能守河間。甫居之信安。旋以功進金紫光祿大夫。

張·良 〔漢〕字子房。其先韓人也。秦滅韓。良悉以家財求客刺秦王。爲韓報仇。得力士狙擊始皇於博浪沙。中副車。秦求賊甚急。良更姓名亡匿下邳。受太公兵法於圯上老人。高祖起兵。良常爲畫策。滅項羽。定天下。及帝卽位。封留侯。晚好黃老。學辟仙辟穀之術。以功名終。諡文成。

張·良臣 〔宋〕襄邑人。字武子。一字漢卿。家於四明。擢隆興進士第。篤學好古。學者稱雪窗先生。工詩。有雪窗集。

張·良裔 〔宋〕寧化人。字景先。篤好程氏之學。建炎中登第。調臨川簿。不就。復辟爲武平丞。會盜起。良裔單騎造賊壘。諭以禍福。賊皆感泣而散。

張·見陞 〔清〕東莞人。嘉慶間由守備累擢福寧鎭總兵。偕李長庚會勦海盜蔡牽。奮勇力戰。累有功。擢福建水師提督。尋坐事革職。

張·角 〔後漢〕鉅鹿人。奉事黃老。以符水呪說療病。號太平道。弟子轉相誑惑。衆至數十萬。靈帝時起而爲亂。自稱黃天。其部衆皆著黃巾。時人謂之黃巾賊。皇甫嵩討平之。

張·豸冠 〔清〕海寧人。字神羊。號芝岡。乾隆副貢。精算學。有聚獻初編．算術隨錄．讀書偶識。

張·邦奇 〔明〕鄞人。字常甫。號甬川。別號兀涯。弘治進士。嘉靖間爲吏部右侍郎。推轂善類。人不可干以私。官至南京吏部尙書。改兵部。參贊機務。卒謚文定。邦奇之學。以程朱爲宗。躬修力踐。跬步必謹。有學庸傳．五經說．兀涯西漢書議。

張·邦昌 〔宋〕東光人。字子能。以進士累官太宰。靖康初金人陷汴京。執二帝北去。册立邦昌爲楚帝。諸臣不附。乃迫孟太后聽政。高宗卽位。貶邦昌於潭州。賜死。

張·邦翼 〔明〕蘄州人。字君弼。萬曆進士。官廣東提學副使。遷江西布政使。以廉能稱。崇禎末家居。張獻忠陷蘄。被害。編有嶺南文獻。

張·侃 〔晉〕本義陽蠻。太安間屯聚劫掠。據江夏。破武昌。爲陶侃所破。伏誅。◎〔宋〕嚴子。字直夫。官上虞丞。父以諂媚權奸。爲世詬病。侃獨志趣蕭散。浮沈末僚。所與游者。皆恬靜不爭之士。有拙軒集。

張·佶 〔後梁〕長安人。爲宣州從事。後在孫儒軍爲指揮使。儒敗。衆推劉建峯爲節度使。建峯被殺。羣推佶爲帥。佶迎馬殷。以位與之。終永順軍節度使。◎〔宋〕本燕人。後徙華州渭南。字仲雅。天禧中官至涇原鈐轄。御軍撫民。甚有威惠。(按戚同文傳作張信。)

張·佳胤 〔明〕銅梁人。字肖甫。號居來山人。嘉靖進士。萬曆間爲浙江巡撫。定馬文英．劉廷用之亂。官至太子太保。卒諡襄憲。佳胤嘗與王世貞諸人唱酬。爲嘉靖七子之一。有居來山房集。

張·侗 〔清〕諸城人。字同人。一字石民。有孝行。多奇節。有放鶴村文集。

張佩綸 〔清〕豐潤人。字幼樵。同治進士。光緒間累官侍講學士。署左副都御史。以敢言稱。法越事作。會辦福建軍務。法人攻馬江。佩綸狃於和議。懸檄無方。致軍艦礮臺及船廠均被摧燬。佩綸倉猝遁走。發軍臺效力。後釋回。以四品京卿用。旋卒。

張協 〔晉〕載弟。字景陽。少有儁才。與載齊名。官至河間內史。時世已亂。遂棄絕人事。以屬詠自娛。

張叔 〔漢〕葉榆人。天資奇穎。書過目成誦。俗不知學。叔每病之。聞司馬相如至若水。遂負笈從受經學。歸教鄉子弟。遂成美俗。

張叔夜 〔宋〕耆孫。字稽仲。少喜言兵。大觀中賜進士出身。累官龍圖閣學士。知青州。靖康時金人南下。叔夜爲鄧州南道都總管。率二子伯奮．仲熊舉兵勤王。轉戰至都。累遷簽書樞密院。徽宗北狩。叔夜從之。道中不食。至白溝扼吭而死。諡忠文。

張叔振 〔宋〕長溪人。字振之。乾道進士。弱冠講授。一時衣冠之士。多出其門。知蒲城縣。通判岳州。四遷爲太府丞。凡三召對。所言皆當世急務。權貴忌之。出知信州卒。

張和 〔明〕崑山人。字節之。正統進士。官至浙江提學副使。讀書數行俱下。爲文立就。既仕猶苦學。讀漢書必三十遍。有篠庵集。◎〔清〕江都人。字圈中。乾隆武進士。官至提督。工詩。歷游都門山右楚南西秦恆山。所至皆有吟詠。有雙杏堂詩集。

張固 〔唐〕所著幽閒鼓吹。雖篇帙寥寥。而事多關法戒。爲唐人小說中之切實可據者。◎〔明〕新喻人。字公正。宣德進士。正統初授刑科給事中。號敢言。帝將北征。偕同官疏諫。不從。景泰初遷大理寺少卿。鎭守四川建昌。督捕山東盜。所至謹於其職。

張奉 〔後漢〕南陽人。廬江毛義嘗以孝行稱。奉慕其名。嘗往候之。詳見毛義條。

張奇 〔清〕江都人。字正甫。工畫山水人物花草。兼長篆籀石刻。

張奔兒 〔元〕妓。姿容丰格。妙絕一時。善花旦雜劇。時人目奔兒爲溫柔旦。李嬌兒爲風流旦。

張始均 〔後魏〕彝子。字子衡。有文才。官著作佐郎。改陳壽魏志爲編年之體。廣益異聞爲三十卷。

張孟男 〔明〕中牟人。字元嗣。嘉靖進士。官尙寶丞。姑爲高拱妻。孟男自公事外無私語。拱憾之。四歲不遷。張居正用事。擢太僕少卿。復不附。居正敗。累遷戶部尙書。

張孟兼 〔明〕浦江人。名丁。以字行。洪武初徵爲國子監學錄。與修元史。以太常丞出爲山西按察司僉事。遷山東按察司副使。以執法不阿爲吳印所誣訐。棄市。有白石山房逸稿。

張季珣 〔隋〕祥子。大業末爲鷹擊郎將。其府據箕山爲固。李密陷倉城。季珣四面阻絕。死守三年。糧盡乃陷。爲翟讓所害。

張宗 〔後漢〕魯陽人。字諸君。鄧禹定河東時。宗詣禹自歸。禹聞宗多權謀。表爲偏將軍。禹軍到栒邑。赤眉大衆且至。宗爲殿。拒卻之。諸將服其勇。累遷太中大夫。終琅邪相。

張宗之 〔後魏〕鞏人。字益宗。緱氏宗文邕謀反。文邕敗。宗之被執入京。被腐刑。以忠厚謹愼擢侍御中散。累官鎭東將軍．冀州刺史。卒諡敬。

張宗古 〔宋〕工畫山水。

張宗松 〔清〕海鹽人。字青在。一字楚良。又字蠖廬。耽吟詠。藏書鑒別最精。有寒坪詩鈔．捫腹齋詩鈔．詩餘。

張宗泰 〔清〕甘泉人。字登封。號筠巖。乾隆拔貢。歷天長．合肥教諭。居官有政績。著書甚富。有爾雅注疏正誤．孟子七篇諸國年表．天長縣志．質疑偶存。

張宗演 〔元〕漢張道陵之三十六代孫。世居信州龍虎山。世祖平江南。召至。待以客禮。命主領江南道教。

張宗蒼 〔清〕吳縣人。字默存。一字墨岑。號篁村。善畫山水。以主簿衛理河工。高宗南巡。進吳十六景畫冊。授戶部主事。旋以老告歸。

張宗誨 〔宋〕齊賢子。字習之。喜學兵法。陰陽象緯之書。無不通究。元昊寇延安。宗誨嚴斥候。使老幼併力守禦之。以祕書監致仕。

張宗說 〔宋〕崇安人。字巖夫。學於朱熹。厚德爲鄉里所重。紹興間盜作。至其境。相戒毋犯。仕爲歸州推官。◎〔清〕夏邑人。字蓬辛。雍正進士。事母至孝。有怡雲草堂詩。

張宗璉 〔明〕吉水人。字重器。永樂進士。累官南京大理丞。謫常州同知。朝遣御史李立理江南軍籍。多逮平民。宗璉數爭之。免株累甚衆。疽發背卒。常州民白衣送喪者千餘人。

張宗魯 〔明〕鈞州人。四歲失明。年二十。負母避難。其妻扶掖以行。賣卜爲養。事聞。表其門。

張宗衡 〔明〕臨清人。萬曆進士。崇禎間累官右僉都御史。巡撫大同。擢兵部右侍郎。督諸鎭援軍。屢檄援將吳襄．尤世威等皆不至。疆事大壞。坐戍邊。尋釋還。臨淸破。死於兵。

張宗顏 〔宋〕延安人。字希顏。張俊選爲統領。累遷麟州觀察使。金人攻宣化鎭。俊遣宗顏渡江擊之。不勝。俊以捷聞。加河州防禦使。卒諡壯敏。

張宗橚 〔清〕芳湄子。字詠川。號思巖。太學生。性恬雅。不求聞達。

惟以詩詞自遣。有藕村詞存。

張定和〔隋〕萬年人。字處謐。少有志節。屢立戰功。嘗從李充擊突厥。先登陷陣。賊刺之中頸。定和以草塞瘡而戰。神氣自若。敵遂敗走。官至左屯衛大將軍。後從征吐谷渾。中流矢卒。諡壯武。

張宜尊〔清〕澧州人。自號少白山人。嘉慶間官巢縣柘皋巡檢。善畫山水。以枯淡勝。好用皴法。詩閒遠無煙火氣。字得米芾・黃庭堅遺意。皆為畫所掩。

張尚瑗〔清〕吳江人。字宏蘧。一字損持。康熙進士。官江西興國知縣。尚瑗初從朱鶴齡游。講春秋之學。有三傳折諸。引據典核。微言大義。亦多錯見其中。曰折諸者。蓋取揚雄羣言淆亂折諸聖之語。

張居正〔明〕江陵人。字叔大。別號太岳。嘉靖進士。穆宗時與高拱並相。神宗時代拱為首輔。飭吏治。整邊備。綜核名實。信賞必罰。為相十年。海內稱治。帝稱之曰元輔張少師先生。待以師禮。居正亦自負為帝者師。然與馮保相結。人謂居正傲上而不免卑於馮保。父喪奪情。為時所譏。卒諡文忠。後為張誠所譖。家籍沒。有書經直解・太岳集・太岳雜著・帝鑑圖說。

張居翰〔後唐〕字德卿。唐昭宗時為范陽軍監軍。後唐莊宗時為樞密使。莊宗滅梁而驕。宦官用事。居翰默默苟免而已。明宗初求歸田里卒。

張岱〔南齊〕裕子。字景山。歷官水部郎。轉司徒掾。母年八十。籍注未滿。便去官。有司欲糾舉。宋孝武曰。觀過知仁。不須按也。齊高帝知岱清直。加給事中。武帝時為吳興太守。以寬恕著名。岱與兄寅・鏡・永・弟辯俱知名。時稱張氏五龍。卒諡貞。◎〔清〕劍州人。僑寓錢塘。字陶菴。自號蝶菴居士。有西湖夢尋。

張岳〔明〕惠安人。字維喬。號淨峯。自幼好學。以大儒自期。正德進士。授行人。邸寓僧舍。與陳琛・林希元閉戶讀書。出則徒步走市中。時稱泉州三狂。累遷副都御史。總督兩廣。討平封川柳州連山賀縣諸賊。又平貴苗龍許保・吳黑苗。仕至右都御史。卒諡襄惠。其學以程朱為宗。與陽明語多不契。往往執先入之言。攻擊良知。有小山類稿。◎〔明〕餘姚人。字汝宗。嘉靖進士。萬曆間為南京右僉都御史。督操江。張居正謀奪情。岳疏言宜令奔喪。貶一秩調外。後再起。官至刑部右侍郎。

張岳崧〔清〕定安人。字翰山。嘉慶進士。官至湖北布政使。工書。有筠心草堂集。

張岳齡〔清〕平江人。字子衡。官至甘肅按察使。有鐵瓶詩文鈔。

張庚〔清〕秀水人。原名燾。字溥三。後易浦山為號。字公之于。又號瓜田逸史・白苧村桑者。晚又號彌伽居士。幼不為科舉業。肆力於詩古文。工書。尤善畫。山水入董巨倪黃之室。自成一家。乾隆初以布衣舉鴻博不遇。有強恕齋詩文集・畫徵錄及續錄。

張弦〔宋〕江津人。舉進士。召對直言。累任湖廣總領。至和初知雷州。增治城壘。闢田瀦水。為久遠計。雷人愛敬之。

張弧〔唐〕官大理評事。著有素履子。

張弨〔清〕江蘇山陽人。字力臣。號亟齋。工畫花鳥。精六書。貧而好學。尤究心金石。後以瞽廢。而考證彌勤。顧炎武音學五書。乃弨所寫定。有昭陵六駿圖贊・瘞鶴銘辨。

張忠〔晉〕中山人。字巨和。永嘉之亂。隱於泰山。苻堅徵至長安。賜以衣冠。辭。請以野服入覲。從之。及見。乞還岱宗。及關而死。諡安道先生。◎〔宋〕開封人。字聖毗。慷慨不事生產。仁宗時累官知滄州。徙澶州總管。會河決商胡。詔留戍卒以助隄役。輒羣譟。將劫庫兵為亂。忠潛捕首倡者數人斬以徇。乃止。◎〔宋〕開封人。隸龍猛軍。以材武備三班借職。官至英州團練使。儂智高反。遇賊死。◎〔明〕霸州人。正德時為御馬監太監。性兇暴。侍豹房。數談武藝。誘帝巡幸邊塞。宸濠謀叛。忠先受其賂。後為張承所發。論斬。

張忠恕〔宋〕浚孫。字行父。官戶部郎官。理宗即位。忠恕移書史彌遠。請取法孝宗。行三年喪。後論對益剴切。知不為時所容。求外補。以直祕閣知贛州。落職。紹興中復原官。提舉沖佑觀卒。學者稱拙齋先生。

張忠輔〔宋〕宣和末為將。同崔中・折可與守崞縣。金人來攻。嬰城固守。中度不可支。有二心。忠輔宣言於衆曰。必欲降。請殺我。因為中所害。

張怡〔清〕上元人。字瑤星。初名鹿徵。明末以諸生授錦衣衛千戶。明亡。寄居攝山僧舍。稱白雲先生。有書數百卷。皆所著經說及論述史事。乾隆初求遺書。從孫某攜詣郡。太守命諸生寫之。未竟。書遂不傳。

張怡雲〔元〕妓。能詩詞。善談笑。藝絕流輩。趙孟頫等為寫怡雲圖。題詠殆徧。

張所〔宋〕青州人。舉進士第。歷官監察御史。高宗時上言黃潛善・汪伯彥奸邪。謫江州。李綱薦為河北招撫使。所方招徠豪傑。為恢復計。而李綱罷相。遂落職。安置嶺南卒。

張所望〔明〕上海人。字叔翹。萬曆進士。官至廣東按察司副使。有閱耕餘錄。

張·承 三國魏範弟。字公先。袁術欲稱帝於壽春。承以在德不在強諫之。術不能從。後歸魏。以丞相參軍祭酒領趙郡太守。政化大行。⊙三國吳昭長子。字仲嗣。爲人壯毅忠讜，能甄識人物。官至奮威將軍。封都鄉侯。卒諡定。

張·承烈 清武功人。字爾晉。號灣菴。諸生。初喜任俠。後乃留心正學。折節讀書。言動不苟。爲清初關學鉅子。有洗心齋集。

張·承業 後唐字繼元。唐僖宗時宦者。本姓康。幼閹。爲內常侍張泰養子。昭宗時使晉。爲河東監軍。晉王病革。以莊宗屬承業。莊宗將即皇帝位。承業諫不聽。不食卒。諡正憲。

張·承廕 明臣子。由父蔭積功爲延綏副總兵。勇而有謀。尤精騎射。敷臺戰。未嘗挫衄。萬曆間積功進署都督同知。移鎭遼東。戰於撫順。死之。

張·拔都 元昌平人。太祖南征。率衆來附。留備宿衛。從征回紇河西諸蕃。道隴蜀入洛。屢戰。流矢中頰。不少卻。賜名拔都。後代漢都虎守眞定。及漢都虎子少長。拔都請於朝。歸其政而終老焉。

張·放 漢湯玄孫。父臨。尙敬武公主。放取皇后弟許嘉女。成帝爲供張。賜甲第。充以乘輿服飾。號爲天子取婦。皇后嫁女。官侍中中郎將。與帝臥起。寵幸殊絕。後帝以大臣論劾。出爲北地都尉。遣就國。帝崩。放思慕哭泣而死。

張·昇 後魏滎陽人。父嬰哀毀。形骸枯悴。髮落殆盡。盜賊不侵其閭。詔表之。⊙宋韓城人。字杲卿。舉進士。王曾稱其有公輔器。仁宗時拜御史中丞。指陳時事無所避。嘉祐中歷參知政事樞密使。昇愛惜官資。凡內降所與。多持不下。英宗立。請老。帝曰。太尉勤勞王家。詎可遽去。命五日一至院。後以太子太師致仕。卒諡康節。⊙元平州人。字伯高。幼警敏過人。學語時輒能辨字音。既長。力學工文辭。至元間知汝寧府。治行爲諸郡最。除紹興總管。謹於繩吏。果於去民瘼。人心悅服。官至集賢侍講學士。卒諡文憲。⊙元順昌人。字伯起。九歲以神童聞於朝。年十二。除祕書省正字。累官至江南等處儒學提舉。至正末陳友諒陷豫章。不食死。⊙明保山人。字德輝。通天文地理。從尙書王驥征麓川有功。授官不就。有地理圖說。中星圖說。⊙明南城人。字啓照。成化進士。弘治中官庶子。劉吉當國。昇因天變歷數其納賄縱子等十罪。後歷禮部尙書。遇災異輒進直言。正德初劉瑾竊柄。昇謝病歸。卒諡文僖。有柏崖文集及詩集。

張·昉 元汶上人。字顯卿。嚴實辟爲掾。進幕職。事無留滯。至元初爲中書省左右司郎中。甄別賢否。公其黜陟。人無怨言。官至刑部尙書。卒諡莊憲。⊙清商丘人。字子東。晚號匏客。有文名。明亡後。絕意仕進。瀏跡田野。不與世人通音問。有四書正。

張·明先 清安鄉人。字雪書。康熙進士。官至中允。工文詞。有後樂堂宦稿。洞庭文集。

張·明卿 元天台人。字子晦。教授里中。終日嚴坐。不窺戶庭。其學以考亭爲宗。條分縷析。洞見肯綮。又工畫。

張·明道 明羅田人。字希稷。嘉靖進士。歷官江西按察副使。居官清約。爲一時循吏之冠。有綱目發明。

張·昌 晉本義陽蠻。少爲平氏縣吏。武力過人。好論攻戰。及李流寇蜀。昌潛遁。聚衆劫掠。易姓名爲李辰。僞立丘沈爲天子。自爲相國。衆至十餘萬。陶侃等討誅之。

張·昌宗 唐南宮人。與弟昌齡皆以文名。太宗時官太子舍人。修文館學士。撰古文紀年新傳數十篇。⊙唐易之弟。美姿容。曉音技。與易之俱得幸於武后。宮中稱爲六郎。楊再思每曰。人言六郎似蓮花。非也。正謂蓮花似六郎耳。武后病。與易之俱爲張柬之等所殺。⊙宋漢陽人。六世同爨。嘉定間孫灼守漢陽。嘉其義。捐俸代納稅。事聞。詔表曰義門。

張·昌齡 唐昌宗弟。貞觀末翠微宮成。獻頌闕下。召見。試息兵詔。帝大悅。俄爲崑山道記室。作平龜茲露布。爲世所稱。終北門修撰。

張·旺 清興縣人。字月宇。少能挽十五石弓左右射。吳耿反。以守備從征耿精忠。尙之信。每臨陣輒先登。積功官福建提督。勦湖廣紅苗。先登如少年時。卒贈太子少保。

張·旺舅 元雷丘人。幼失父。事母至孝。以生業微。不能多給。竟不娶以終母年。

張·易 南唐元城人。苦學自勵。食無鹽酪者五歲。官至勤政殿學士。判御史臺。采武德至寶曆君臣問對及臣下論奏骨鯁者七十事。曰諫奏集。⊙元太原人。字仲疇。初侍世祖於潛邸。至元間累官樞密副使。知祕書監。兼領太史院司天臺事。時丞相阿合馬擅權。人心憤怨。易受太子矯令。以兵誅阿合馬。事敗棄市。

張·易之 唐行成族子。頎皙美姿。通曉音技。與弟昌宗皆得幸於武后。宮中號爲五郎。後爲張柬之所殺。

張·昀 清婁縣人。字寓寅。號友竹。畫法董其昌。乾隆間進御。賜緞襲之。工詩。有賜錦堂詩集。

張果 〔唐〕隱恆州中條山。諱鄉里世系以自神。往來汾晉間。嘗自言生於堯丙子歲。武后使使召之。果詐死。開元中遣使迎至京。欲以玉貞公主降之。大笑不奉詔。尋還山。號通玄先生。

張果中 〔清〕直隸新城人。字子度。明諸生。受業於鹿善繼。毓龢有古烈士風。左光斗・魏大中被逮。周順昌擬贓。果中與鹿正・孫奇逢醵金納贖。不避艱險。人稱范陽三烈士。明亡。隨奇逢隱蘇門卒。

張林 〔後漢〕章帝時官尚書。上言縣官經用不足。宜復武帝均輸之法。

張杓 〔宋〕浚次子。字定叟。以父恩授承奉郎。累官端明殿學士。知建康府。天分高爽。吏材敏給。遇事隨宜變通。所至以治辦稱。

張杲 〔宋〕新安人。字季明。其伯祖以醫名京洛間。杲能承家學。有醫說。

張松 〔後漢〕爲人短小精敏。有才辯。爲劉璋別駕。璋遣詣曹操。楊脩與語深器之。薦松於操。操不納。松復歸西蜀。先主入川。松懷地圖以獻。

張松溪 〔明〕寧波人。傳張三峯法。時少林僧以拳勇名天下。聞松溪名。求試。松溪袖手坐。一僧跳躍來蹴。松溪稍側身舉手送之。其僧如飛丸隕空。墮重樓下。幾死。衆僧始讋服。

張欣泰 〔南齊〕竟陵人。字義亨。少有志節。不以武業自居。好隸書。讀子史。累官持節督雍涼南北秦諸州軍事。少帝昏亂。密謀廢立。被誅。

張武 〔後漢〕由拳人。父遇盜戰死。武年幼不及識父。後詣太學。嘗持父遺劍。至父亡處祭之。舉孝廉。母喪。以毀卒。◎〔前蜀〕石照人。勇敢善戰。仕爲峽路應援招討使。作鐵絙斷江中流。立柵於兩端。謂之鎖峽。荊南兵攻之。舟絓於纜。遂大敗。後仕後蜀。加秩侍中。進取渝州卒。◎〔明〕瀏陽人。爲燕山右護衛。從成祖起兵。累功授都督同知。封成陽侯。卒諡忠毅。

張法孔 〔明〕寧州人。萬曆進士。歷官四川布政使。以清操聞。張獻忠犯成都。獨守南門。捐貲募士擣賊營。獻忠遂遁。致仕歸。蜀藩薦之。以太常寺卿取用。爲天下清官第一。

張法受 〔唐〕善描寺壁梵像。兼善山水。

張法眞 〔元〕敘州人。自幼好道術。延祐間往龍虎山受籙。得至人示以祕法。既歸。禳災治疾。皆有奇效。

張泌 〔宋〕浦城人。字順之。登進士。歷知寶應縣。仁宗時除右正言。知諫院。奏乞減後宮浮費。抑徼幸請託之弊。官至刑部尚書。◎〔明〕穎州人。字淑清。洪武中由太學生累官光祿寺卿。容貌豐偉。識達大體。後吏部每奏除光祿官。成祖必問得如張泌否。

張治 〔明〕茶陵人。字文邦。正德會試第一。累官南京吏部尚書。入爲文淵閣大學士。進太子太保。治性卞急而志意慷慨。接人樂易。喜獎進士類。語及治亂之故。毅然以經濟自許。卒諡文肅。有龍湖文集。

張炎 〔宋〕俊五世孫。家於臨安。字叔夏。號玉田。又號樂笑翁。宋亡。潛跡不仕。縱游浙東西。落拓以終。工長短句。以春水詞得名。人因號曰張春水。有山中白雲詞・樂府指迷。

張玫 〔後蜀〕成都人。精寫眞。孟知祥於大聖慈寺三學院置眞堂。招集畫士。畫文武臣僚之象。玫筆居多。

張玭 〔明〕石州人。字席玉。嘉靖進士。官至南京戶部右侍郎。嘗守永平。郡有清德廟祀伯夷叔齊。因輯歷代祀典諸家藝文爲夷齊錄。

張珏 〔宋〕鳳州人。字君玉。以戰功累官中軍都統制。號爲四川虓將。知重慶府。元兵至。戰不支。東走涪。爲萬戶鐵木兒所執。自經死。

張直 〔唐〕濮州人。父値黃巢亂。不知所終。直既冠。徒行丐食求父。不能得。發哀行服。躬耕海濱。以周易春秋教授學者。時號遺逸先生。◎〔宋〕范縣人。有孝行。後唐莊宗時累官監察御史裏行。後晉天福初從幸汴州。宰相桑維翰薦爲翰林學士。宋初拜吏部尚書。封鄭國公。

張直方 〔唐〕仲武子。性暴率。好馳獵。嘗居東都。每出。洛陽飛鳥見之必羣噪。官至檢校尚書右僕射。坐事貶康州司馬。後復爲左金吾衛大將軍。黃巢犯京師。直方謀劫之。賊覺。屠其族。

張知白 〔宋〕清池人。字用晦。幼篤學。中進士第。累遷京東轉運使。拜給事中。參知政事。王欽若爲相。議論多相失。因稱疾辭位。仁宗時以部尚書同中書門下平章事。知白在相位。愼名器。無毫髮私。雖顯貴。清約如寒士。卒諡文節。

張知謇 〔唐〕方城人。字匪躬。兄弟五人。知元・知晦・知泰・知默皆明經高第。調露時知謇爲監察御史裏行。後歷十一州刺史。所蒞有威嚴。武后奇其貌。使畫工圖之。稱其兄弟容才。謂之兩絕。中宗時以大理卿致仕。

張祁 〔宋〕歷陽人。字晉彥。以兄邵使金恩補官。祁負氣尚義。工詩文。趙鼎・張浚皆器遇之。累遷直祕閣。爲淮南轉運通判。諜知金人謀。屢以聞於朝。峙粟閱兵。爲備甚密。言者以張皇生事論罷之。明年敵果大至。祁卜居蕪湖。築堂曰歸去來。喜吟詩。晚嗜禪學。號總得翁。有文集。

張秉〔三國吳〕陽羨人。字仲節。時顧劭號知人。一見遂友善。官至雲陽太守。◎〔宋〕諤子。字孟節。太平與國進士。累官樞密直學士。秉雖久踐中外。然無儀檢。好諧戲。人不以宿素稱之。

張秉文〔明〕桐城人。字含之。萬曆進士。崇禎時爲山東左布政。清師破濟南。投水死。

張肩〔清〕吳江人。工畫墨竹。

張肯堂〔明〕松江華亭人。字載寧。天啓進士。崇禎間以右僉都御史巡撫福建。唐王入閩。加太子少保。王敗死。復從魯王於舟山。城破死之。

張肱〔清〕寶應人。字艮亭。諸生。官戶部主事。與陳際新齊名。同受業於明安圖。與際新續成割圜密率捷法。

張芝〔後漢〕奐子。字伯英。少持高操。號張有道。善書。家之衣帛。必書而後練。臨池學書。水爲之墨。草書尤爲世所寶。時稱草聖。

張芝元〔清〕清溪人。乾隆間以千總隨征金川。助勦臺灣林爽文。累擢松潘鎮總兵。時廓爾喀侵掠附藏交界。芝元平之。卒於軍。

張芳湄〔清〕勝子。字象賢。號葭士。康熙貢生。官戶部主事。督理寶泉局。屏絕苞苴。除爐頭侵蝕之弊。累遷刑部郎中。以親老乞歸。不復出。有篔谷詩選。

張芹〔明〕峽江人。字文林。弘治進士。授福州推官。擢南臺御史。彈劾不避權貴。官至浙江右布政使。芹事繼母孝。持身儉。有備遺錄。

張表臣〔宋〕字正民。官右承議郎。通判常州軍州事。紹興中終於司農丞。所著珊瑚鉤詩話。與惠洪冷齋夜話在伯仲之間。

張近〔宋〕開封人。字幾仲。第進士。爲大理正。發運使呂溫卿以不法聞。近受詔鞫之。哲宗諭以毋畏惠卿。對曰。法之所在。雖陛下不能使臣爲輕重。何惠卿也。累官顯謨閣待制直學士。徙知太原府。所論列皆識大體。有遠謀。

張邯〔漢〕九江人。受詩潁川滿昌。至顯官。徒衆甚盛。

張邵〔南朝宋〕裕弟。字茂宗。爲晉瑯邪內史。劉毅爲相。士輻輳其門。惟邵不往。武帝受命。以功封臨沮伯。文帝時轉雍州刺史。後爲吳興太守。卒諡簡。◎〔宋〕烏江人。字才彥。少負氣。遇事慷慨。登宣和上舍第。建炎間使金。累被囚徙。屢瀕於死。迄不屈。後以和議成放還。歷官敷文閣待制。提舉江州太平興國宮。知池州。再奉祠卒。初使金時。遇秦檜於濰州。及歸。上書言檜忠節。論者少之。

張采〔明〕太倉人。字受先。崇禎進士。與張溥同里。溥性寬。泛交博愛。采特嚴毅。喜甄別可否。知臨川。擢強扶弱。聲大起。福王時官禮部員外郎。有知畏堂集。太倉州志。

張金〔明〕吳江人。字德純。以字行。隱居梅里。工畫。畫猫懸室。眞猫見而與之鬬。

張金吾〔清〕昭文人。字愼旃。別字月霄。道光時諸生。好藏書。多至八萬餘卷。刊行資治通鑑長編等書。有愛日精廬藏書志。

張金鏞〔清〕平湖人。字艮甫。號海門。道光進士。官翰林院侍講。有躬厚堂集。䟃山館詞。

張長安〔漢〕山陽人。字幼君。事王式。受申公詩。論石渠。官至淮陽中尉。由是魯詩有張氏學。

張長叔〔漢〕雒陽人。訾十千萬。王莽以爲納言士。欲法武帝用卜式。東郭咸陽。孔僅等事。然不能得其利。

張長庚〔清〕漢軍鑲黃旗人。順治間授秘書院編修。累官湖廣總督。康熙間擒斬明桂王將郝搖旗。劉汝魁。平李來亨餘黨。吳三桂反。長庚征四川。無功而回。尋卒。

張長遜〔唐〕櫟陽人。精騎射。仕隋官五原太守。入唐。累官遂夔二總管。政以惠稱。

張雨〔元〕錢塘人。一名天雨。字伯雨。工書畫。善詩詞。與趙孟頫。楊載。虞集爲文字交。嘗居茅山。著茅山志。自號句曲外史。有句曲外史集。

張雨森〔清〕江北人。初名雨。字作霖。號著埜。工畫山水。値內廷。疊邀御題。

張青雲〔清〕富平人。字楠亭。嘉慶武進士。累擢總兵。道光間英人犯廣州。青雲然大砲轟之。碎其船。和議成。擢廣東陸路提督。

張亮〔北齊〕隰城人。字伯德。初事爾朱兆。神武討兆。兆奔於秀容。左右皆密通誠款。唯亮獨無啓疏。及兆自縊。亮伏屍而哭。神武嘉歎之。授丞相參軍。累官光祿勳。封安定縣男。◎〔唐〕滎陽人。從太宗定天下。數立奇功。累官刑部尚書。後坐事被誅。◎〔明〕內江人。舉於鄉。崇禎間官右僉都御史。巡撫安廬池太四府。左夢庚破安慶。被執。挾與北行。乘間赴河死。

張亮則〔後漢〕南鄭人。字元脩。爲牂牁太守。威著南土。號曰臥虎。

張亮基〔清〕銅山人。字石卿。道光舉人。官內閣中書。咸豐初官湖南巡撫。時洪楊軍圍長沙。縋城入視事。力籌戰守。城得完。後調撫山東。忤勝保落職。再起。官至雲貴總督。

張保和〔清〕師宗人。咸同間平貴州苗及雲南回有功。官至永州鎮總兵。

張保洛〔北齊〕代人。善弓馬。累

官滄州刺史。封鄭城郡王。好聚斂。民吏怨之。免官削爵。

張·保皐 唐新羅人。善戰鬪。騎而揮槍。無有敵者。初爲徐州少將。後歸謁其王。得鎮清海。國亂。保皐分兵使鄭年誅反者。立王。保皐爲相。

張·保續 宋萬年人。字嗣光。歷仕梁唐晉漢周。宋初爲衞尉卿。判四方館客省閤門事。性介直儉素。在閤門前後四十年。善宣贊辭令。聽者傾聳。歷事六朝。未嘗有過。

張侯 春秋晉大夫。即解張。晉成公時。晉與齊戰於鞍。張侯爲御。郤克傷於矢。流血及屨。未絕鼓音。曰。余病矣。張侯曰。自始合而矢貫余手及肘。余折以御。左輪朱殷。豈敢言病。吾子忍之。左并轡。右援枹而鼓。馬逸不能止。師從之。齊師敗績。

張·信 明臨淮人。官北平都司。輸情成祖。成祖入京師。論功比諸戰將。進都督僉事。封隆平侯。⊙明廟施人。父喪廬墓。虎狼不爲害。

張·信民 明澠池人。孟化鯉門人。傳姚江良知之學。從游者頗衆。有印正稿。

張·俊 後漢蜀郡人。有才能。爲尚書郎。年少勵鋒氣。郎朱濟·丁盛立行不修。俊欲舉奏之。未及行。因與寶敞交通。洩漏禁中語。敞自殺。俊以此反爲濟等所陷。下獄當死。俊上書自訟。詔減死。俊復上書謝。當時皆哀其文。朝廷由此薄敞罪而隱其死。⊙宋成紀人。字伯英。少負才氣。起於羣盜。與金人戰。屢立奇功。拜樞密使。知朝廷欲議和。首請納兵柄。秦檜德之。盡罷諸將兵權付俊。歲餘無去志。檜復嗾江邈論罷之。後官至太傅。封清河郡王。俊當南渡後。首握兵柄。與韓世忠·劉錡·岳飛。並爲名將。世稱張韓劉岳。惟俊附檜成和議。構成岳飛之獄。爲世所鄙。⊙明宣府前衞人。嗣世職爲本衞指揮使。累擢至都督同知。持廉有謀勇。及卒。家無贏貲。

張·俞 宋郫人。字少愚。屢舉不第。用薦除祕書省校書郎。願以授父顯忠而自隱於家。文彥博治蜀。爲築室青城山白雲溪以處之。號白雲先生。有白雲集。

張·則 宋工畫。師吳曉。意思橫逸。筆亦新奇。

張·勉 明劍川人。字希安。弘治中知黔江縣。有膽略。到官未匝月。平巨寇。又請止督運。民賴以安。卒官。學者稱龍溪先生。

張·勇 明與兄子。洪武初從興起行伍。以功授燕山左護衞指揮僉事。靖難兵起。勇復從與在行陣。每戰克捷。後繼領其衆。以功封安鄉伯。⊙清陝西咸寧人。明副將。順治間降清。授遊擊。平甘肅回。授甘肅總兵。隨征貴州雲南。累擢雲南提督。尋調回甘肅鎮守。吳三桂反。陝西提督王輔臣等應之。授勇靖逆將軍。攻取平涼。收復洮河諸郡。積功官至少傅·兼太子太師。封一等侯。卒諡襄壯。

張·南史 唐幽州人。字季直。好弈。後折節讀書。遂入詩境。避亂居揚州。再召不赴。

張·南本 唐益州人。工畫佛道神鬼。兼精畫火。嘗於成都金華寺大殿畫八明王。一僧遊禮至寺。整衣升殿。驟覩炎炎之勢。驚怛幾仆。

張·南伯 明工畫墨梅。

張·郎之 宋孝伯子。字溫夫。以父陰授承務郎。累官司農寺丞。知嘉興。以能書聞。金人尤寶其翰墨。

張·咸 宋綿竹人。元豐進士。元祐初詔復六科。哲宗親擢第一。官至成都節度判官。其學六藝百家歷代文史。無不該貫。爲文長於序事。

張·咸熙 宋以畫名。

張·垍 唐說次子。尚寧親公主。玄宗眷垍厚。許於禁中置內宅。侍爲文章。後坐事出爲盧溪司馬。入爲太常卿。祿山亂。受僞相命。死賊中。

張·奐 後漢酒泉人。字然明。舉賢良對策第一。累遷安定屬國都尉。羌豪帥感奐恩德。上馬二十疋。先零酋長又遺以金鐻。奐悉還之。羌大悅服。還使匈奴中郎將。召拜大司農。鮮卑聞奐去。入寇。復拜奐爲護匈奴中郎將。匈奴聞奐至。相率來降。司隸校尉王寓。出於宦官。欲借寵公卿以求薦舉。唯奐獨拒之。寓怒。陷以黨錮。放歸田里。光和中卒。

張·奎 宋臨濮人。字仲野。舉進士。累官河東都轉運使。知河南府。以能政聞。京東盜起。知鄆州。數月。諸盜悉平。

張·契眞 五代吳越錢塘人。生有異相。青骨方瞳。形如瘦鶴。繙譯藻笈瑤函之祕。深得微旨。後歸宋。賜號玄靜大師。

張·奕 金其先澤州高平人。字彥微。仕齊爲歸德府通判。齊國廢。齊兵謀亂。奕擒其首惡誅之。累官戶部尚書卒。

張·奕樞 清平湖人。字今培。諸生。工詞。厲鶚稱其綺麗芊綿。淡泊平遠。有紅螺詞。

張·威 隋少倜儻有大志。善騎射。膂力過人。在周數從征伐。官瀘州總管。入隋。累官相州刺史。⊙宋成州人。字德遠。與金人戰。屢有功。仕爲沔州都統制。嘉定中罷。威初在行伍。以勇見稱。進充偏裨。每戰輒克。臨陣則精采愈奮。兩眼皆赤。時號張鶻眼。金人憚之。

張·宣 五代吳字致用。官武昌軍

節度使。以嚴酷爲理。置地窖以鞫罪人。罪無大小。入之則無全活。久之境內大治。道不拾遺。⊙【明】江陰人。字藻重。洪武初以考禮徵。預修元史。授翰林編修。太祖呼爲小秀才。坐事謫徙濠梁。道卒。

張庠 【宋】永新人。字元道。博通經書。嘗著斥彝·正言二書。以折佛老。作玄經圖以推五行六度之秘。鄭獬·吳處厚·錢明逸皆師之。號白雲先生。

張度 【明】增城人。字景儀。洪武進士。擢監察御史。彈劾不避權貴。累官吏部尚書。藻鑒流品。銓選得體。後以註誤受譴。杜門憤惋卒。⊙【清】桐城人。字齡谷。性至孝。工詩古文。兼善書畫。有蟋蟀窩集。

張建 【金】蒲城人。字吉甫。自號蘭泉。有詩名。明昌初授絳州教官。後爲同知華州防禦使。有詩集。

張建侯 【宋】爲辰州守。政和間黃安俊叛。圍鎮江寨。建侯率兵救之。衆潰被執。賊絕使諭寨中人出降。建侯至寨下大呼曰。汝等堅守。勿懷二心。因被害。

張建封 【唐】南陽人。字本立。少喜文章。慷慨尚氣。代宗詔李光弼進討蘇常盜。建封請前諭盜。一日降數千人。德宗時李希烈反。建封拒戰有功。拜徐泗濠節度使。貞元中來朝。時宦者主宮市。諫章列上皆不納。建封得間言之。帝頗順聽。及還鎮。帝賦詩以餞。又以鞭賜之。卒贈司徒。

張彖 【唐】華陰主簿。爲守令所抑。棄官去。時楊國忠用事。或勸彖謁之。彖曰。君輩倚楊右相如泰山。吾以爲冰山耳。遂隱居嵩山以終。

張彥 【明】嘉定人。字伯美。工畫山水花草人物。

張彥士 【清】定陶人。字龍弼。順治歲貢生。官黃縣訓導。有讀史釁疑。

張彥方 【明】龍泉人。建文時由給事中乞便養。改知樂平縣。奉詔勤王。率所部抵湖口。遇靖難兵。被害。

張彥成 【後周】潞城人。漢隱帝娶其女。特見寵愛。累官同平章事。太祖伐河中。彥成有饋輓之勞。廣順中官至右金吾衛上將軍。

張彥眞 【清】嘉定人。字農聞。號復菴。通經史古文之學。兼工小篆。精畫法。

張彥卿 【南唐】爲楚州防禦使。周世宗率兵圍攻。克之。彥卿誓死巷鬬。兵盡。取繩牀搏戰。與所部千餘人皆死之。無一降者。

張彥超 【後周】沙陀部人。初以騎射事唐莊宗。累官蔚州刺史。素與晉高祖不協。會高祖總戎太原。彥超遂舉城投契丹。率部南侵。頗爲鎮魏之患。後輸誠於漢。及太祖平內難。授神武統軍卒。

張彥遠 【唐】弘靖孫。字愛賓。博學工文辭。乾符中官至大理寺卿。有法書要錄·歷代名畫記。

張彥澤 【後晉】其先突厥部人。後徙居太原。驍悍殘忍。數從唐莊宗明宗戰伐。事晉爲右武衛大將軍。與契丹戰。數有功。後降契丹。耶律德光遣以兵先入京師。彥澤縱軍士大掠。德光至。殺之。

張後胤 【唐】崑山人。字嗣宗。高祖鎮太原時。引爲賓客。授秦王經。太宗卽位。授國子祭酒。卒謚康。

張後覺 【明】茌平人。字志仁。號弘山。生有異質。事親孝。居喪哀毀骨立。官華陰訓導。行孚遠近。學者稱弘山先生。有弘山集。

張恆 【明】嘉定人。字伯常。一字明初。萬曆進士。歷守建昌。片言折獄。人稱張半升。言候鞫者不煩宿舂也。累遷江西參議。晉右參政。以母老乞歸。有因明子·學蔀撤辨·明志稿·續稿·長吟草。⊙【清】松江人。字北山。有明儒林錄。⊙【清】元和人。字聖基。號菊溪。工畫人物水墨佛像。深得龍眠筆意。鉤折一絲不紊。嘗集壽字寫壽星麻姑。五官衣褶鬚眉皆壽字描成。時稱妙筆。嘉慶間卒。⊙【清】錢塘人。字牧之。官陝西縣丞。工畫花鳥。

張恂 【後魏】沮陽人。字洪讓。官常山太守。當官清白仁恕。治爲當時第一。官至太中大夫。卒謚宣。⊙【清】涇陽人。字稺恭。一字壺山。明崇禎進士。康熙中爲江南推官。善畫。工詩古文。

張思伯 【北齊】樂城人。善說左氏傳。爲馬敬德之次。撰刊例十卷。亦治毛詩章句。以二經教授齊安王廓。武平初爲國子博士。

張思孝 【元】華州人。性至孝。父疾。潔齋致禱。乞以身代。未幾得愈。

張思明 【元】輝州人。字士瞻。累官中書參知政事。陞左丞。平生不治產。不畜財。儲書三萬七千卷。穎悟過人。讀書日記千言。尤明於律。與謝仲和·曹鼎新同稱三絕。卒謚貞敏。

張思訓 【宋】巴中人。司天監學士。精思巧絕。本唐李淳風·梁令贊之法。作渾儀以獻。日月行度。成於自然。不假人運。尤爲精妙。

張思鈞 【宋】沙河人。善擊劍挽強。初補龍衞指揮使。累有戰功。歷官唐州防禦副使。思鈞質狀小而精悍。太宗嘗稱其樓羅。自是人目爲小樓羅。

張思義 【宋】工畫人物花卉。

張思齊 【明】蘄州人。字希賢。弘治進士。授四會知縣。擢四川僉事。改霸州副使。有民奏中官奪產者。思齊歸產於民。沒中官家財入官。上其狀。部使者不報。遂投劾歸。⊙【清】順祿人。字無山。優貢生。工畫墨梅。

張拾【元】遷化人。幼孤。力作養母。元末名隸戍籍。每晨起拜母而後赴伍。暮歸亦如之。母病目。旦夕籲天。母目復明。

張拱【宋】汴人。累舉進士不第。賣藥宜春門。有道士授棗七枚。食之。自是不食。後不知所終。

張拱乾【清】吳江人。字九臨。號愧庵。明季諸生。文名譟吳下。入清後。以不薙髮被繫。尋得釋。晚好學禪。焚香唄誦。習以爲常。工書法。有獨倚樓集。

張春【明】新喻人。嘉靖時官太僕丞。後坐嚴嵩黨被謫。◉【明】同州人。字泰宇。萬曆舉人。歷刑部主事。勵操行。善談兵。崇禎時爲永平兵備參議。進參政。清兵至。被執。不屈死。妻翟氏聞之。慟哭六日。自縊死。

張春華【晉】平皋人。司馬懿妻。懿嘗辭魏武之命。託以風痺。偶曝書遇暴雨。不覺起自收之。爲一婢所見。春華恐事泄。遂殺之以滅口。武帝受禪。追尊爲宣穆皇后。

張昭【三國吳】彭城人。字子布。通左氏春秋。漢末大亂。昭避難渡江。爲孫策長史·撫軍中郞將。策臨亡。以弟權託昭。權立。拜輔吳將軍。封婁侯。敬禮彌重。呼以張公而不名。昭容貌矜嚴。有威風。自權以下皆憚之。卒諡文。有春秋左氏傳解·論語注。◉【唐】吳郡人。字德明。幼有孝性。色養甚謹。弟乾亦有至性。父母沒。兄弟哀毀骨立。家貧未得大葬。布衣蔬食。杜門不出。舉孝廉。辭不就。◉【宋】鄭國公直子。字潛夫。博通學術。躬耕養親。歷仕唐晉漢周。宋初拜吏部尙書。封鄭國公。有嘉善集·名臣事迹。◉【明】天順初爲忠義前衞吏。英宗復辟。欲遣馬雲等使西洋。昭諫止之。

張昭允【宋】衞州人。字仲孚。以父蔭試大理評事。累官鎭定高陽關行營馬步都鈐轄。以都部署傅潛禦契丹兵逗遛致敗。昭允亦奪官長流道州。後起楚州團練副使。改右神武大將軍卒。

張昭遠【宋】凝子。字持正。契丹內寇。凝陷圍中。昭遠年十八。挺身拔出之。官至左龍武大將軍。

張昺【明】澤州人。洪武舉人。建文時爲北平布政使。密命伺察燕事。靖難兵起。被執。不屈死。◉【明】楷孫。字仲明。成化進士。授鉛山知縣。善治獄。累官四川僉事。進副使。引疾歸。

張昶【後漢】芝之弟。字文舒。書類其兄。時人謂之亞聖。爲黃門侍郞。又極工八分。華嶽廟祠堂碑文。爲昶所造。自書之。建安中卒。

張景【明】長洲人。字景春。有吳中人物志。

張昱【元】廬陵人。字光弼。號一笑居士。楊完者鎭江浙。用爲參謀軍府事。遷左右司員外郞·行樞密院判官。完者死。棄官不出。明太祖徵至京師。閔其老。曰。可閒矣。因自號可閒老人。徜徉西湖山水間以終。有廬陵集。

張映斗【清】烏程人。字雪子。雍正進士。官編修。有秋水齋詩集。

張映辰【清】仁和人。字星指。號藻川。雍正進士。官至兵部右侍郞。生平遠於權勢。風裁峻整。工詩。

張星【明】永城人。崇禎進士。官光祿寺署丞。有顏子繹。

張星徽【清】永城人。號北山。有孝經集解。

張星耀【清】錢塘人。原名台柱。字砥中。有洗鉛詞·屑雲別錄。

張星鑑【清】新陽人。字緯餘。號南鴻。諸生。有仰蕭樓文集。

張柳朔【春秋晉】范吉射之臣王生惡柳朔。顧知其賢。言諸士吉射。使爲柏人宰。後晉圍柏人。士吉射與荀寅奔齊。柳朔謂其子曰。爾從主勉之。我將止死。王生授我矣。遂拒晉師。死於柏人。

張柬之【唐】襄陽人。字孟將。以賢良召。對策第一。出爲合蜀二州刺史。狄仁傑薦其有宰相才。武后召爲司刑少卿。拜同平章事。誅張昌宗·易之。復唐社稷。柬之首發其謀。以功封漢陽郡王。後爲武三思所誣。流瀧州。憂憤卒。追諡文貞。

張枏【宋】字材仲。知遂安縣。方臘寇嚴。兵入遂安。枏力戰。刃中脅。擁入巢。賊不敢害。出之。改知歸安縣。陞臨安府通判。歷知泰潤衡三州。皆以惠愛稱。

張柔【元】定興人。字德剛。慷慨尙氣節。善騎射。金末盜起。柔聚族保西山東流寨。後歸元。留戍滿城。移守順天。營建城市廬舍。百廢具舉。拜河北東西等路都元帥。戰勝攻取。威震河朔。封蔡國公。卒諡忠武。

張柯【清】海鹽人。字晉樵。一字東谷。官杭州府訓導。有攬雲樓詩稿。

張洎【南唐】全椒人。字師黯。一字偕仁。性險詖。好攻人短。南唐時舉進士。知制誥。參預機密。歸宋。累官給事中·參知政事。與寇準同列。政事一決於準。無所參預。專修時政記。甘言善柔而已。所著賈氏談錄。乃洎爲李煜使宋時。錄所聞於賈黃中者。多唐代軼聞。足資考核。

張洽【宋】清江人。字元德。從朱熹學。自六經傳注而下。皆究其指歸。第嘉定進士。歷袁州司理參軍。尋知永新縣。通判池州。皆有善政。端平初除直秘閣致仕。洽少用力於敬。以主一名齋。平居不異常人。至義所當爲。則勇不可奪。卒諡文憲。有春秋集注集傳。左氏蒙求。續通鑑長編事略。歷代地理沿革表及文集。

張·洪 〔明〕常熟人。字宗海。洪熙初召入翰林。官修撰。永樂中緬甸亂。洪爲行人。齎敕往諭。因採摭見聞作南夷書。又著使規。

張·洞 〔宋〕祥符人。字仲通。遇事慷慨有爲。仁宗時以布衣上方略。尋舉進士。累官工部郎中。洞在館閣久。數有建明。仁宗以爲知經。因賜飛白普經字寵之。英宗時官至工部郎中。

張·津 〔明〕博羅人。字廣漢。成化進士。除建陽知縣。累官右副都御史。巡撫應天諸府。所部水旱。請停織造。尋加戶部右侍郎。巡撫如故。

張·洲 〔清〕武功人。字蓬峯。號南林。乾隆進士。知德淸縣。有對雪亭集。

張·洛型 〔清〕安徽人。亦作洛刑。洛行。咸豐間踞雉河集。爲捻黨巨魁。受太平封號。跳梁楚豫江皖間幾十年。僧格林沁勦之。大小數百戰。破其雉河集老巢。洛型遁至宿州。爲知州英翰所擒。伏誅。

張·炤 〔元〕濟南人。字彥明。至元間爲淮西等路行中書省左右司郎中。阿塔海攻瓜洲鎮江。炤運糧給戰具。贊畫之力居多。官至東昌路總管。吏民畏服。以治最稱。卒諡敬惠。

張·炫 〔明〕字德昭。成化舉人。知博羅縣有聲。以老歸。結茅金石山。有金石遺音。

張·炳 〔宋〕字明齋。少有奇疾。在太學師事蜀士史載之。極醫方之妙。暨歸鄉里。推心救物。全活不可勝計。鄉人德之。嗜學能文。老而不倦。

張·炳垣 〔清〕江寧人。名繼庚。廩生。少倜儻有志節。咸豐間洪楊軍逼江寧。募敢死士拒戰。城陷。變姓名爲葉知發。向榮軍至。用間給洪楊黨爲內應。七上榮書而功不成。遂謀斬關迎淸師。事敗死之。贈國子監典籍銜。

張·盾 〔南齊〕瓌次子。盾一作循。字士宣。以謹重稱。爲湘東王記室。出監富陽令。廓然獨處。無所用心。身死之日。唯有文集并書千餘卷。酒米數甕而已。

張·禹 〔漢〕淸河人。字長子。從貫長卿受春秋左氏學。與蕭望之同時爲御史。數爲望之言左氏。望之爲太子太傅。薦禹於宣帝。徵待詔。未及問。會疾卒。◉〔漢〕軹人。字子文。明習經學。試爲博士。元帝時詔禹授太子論語。成帝卽位。尊以師傅之禮。河平中拜相。封安昌侯。以病乞骸骨。國家每有大政。必與定議。帝疑王氏。嘗問禹。禹以己老子孫弱。不敢直言。朱雲目爲佞臣。卒諡節。◉〔後漢〕襄國人。字伯達。明帝時拜揚州刺史。歷行郡邑。民懷喜悅。累官太傅。安帝初以定策功。封安鄉侯。

張·紀 〔宋〕錢塘人。工畫花竹禽獸。◉〔明〕海鹽人。字文正。工畫人物士女。

張·紅橋 〔明〕閩縣張氏女。居紅橋。因以自號。聰敏能詩。後歸福淸林鴻。鴻游金陵。張感念成疾卒。

張·紈英 〔清〕琦五女。字若綺。適太倉王曦。曦早卒。依弟以居。張氏諸女名天下。而紈英尤工古文篆法。有餐楓館文集。鄰雲友月之居詩集。

張·紉茝 〔清〕棟子。字芬揚。工畫。筆致疎秀。

張·美 〔宋〕淸河人。字元珪。仕周爲三司使。周知利病。以幹敏稱。世宗連歲征討。糧餽不乏。宋初加檢校太尉。李筠征上黨。美度其必反。陰積粟懷孟間。後筠叛。太祖討之。大軍十萬出太行。經費無闕。美有力焉。歷官左驍衛上將軍。卒諡恭惠。

張·美和 〔明〕淸江人。名九韶。以字行。年十三。能詞賦。元末累舉不仕。入明累官翰林院編修。有元史節要。理學類編。羣書拾唾。

張·致遠 〔宋〕沙縣人。字子猷。宣和進士。累遷給事中。鯁亮有學識。歷臺省侍從。言論宗旨。皆卓然可觀。

張·胄玄 〔隋〕蓚人。精術數。推步精密。楊素與術數人立議六十一事。皆舊法久難通者。胄玄通者五十四。官員外散騎侍郎。兼太史令。

張·若化 〔清〕漳浦人。字雨玉。號碁巒。明崇禎舉人。燕都陷。唐王入閩。徵拜御史。數月乞歸。入淸。茹苦四十年。不入城市。好周郇窘乏。羣盜相戒勿犯。被難者多依之。

張·若仲 〔清〕若化弟。字磬玉。號次巒。其學以不欺爲本。明崇禎進士。授益府長史。益藩敬禮之。母病乞休。以壽終。鄉人稱其兄弟爲丹山二先生。

張·若谷 〔宋〕沙縣人。字德繇。第進士。爲巴州推官。以禦賊受知於眞宗。累官尚書左丞。所至有循良跡。

張·若虛 〔唐〕揚州人。爲兗州兵曹。與賀知章。張旭。包融號吳中四士。

張·若筠 〔清〕丹徒人。字竹鄰。乾隆時貢生。能詩。精鑒賞。藏書踰二萬卷。法書名畫吉金貞石之文。別爲卷軸。不在此限。嘗冒風雪至揚州。購得宋槧書數部。兄子鎣爲作風雪載書圖。一時名士。皆爲題詠。有竹鄰山館詩集。又選京口耆舊詩爲蒙拾集。

張·若需 〔清〕文端公英孫。字樹彤。乾隆進士。累官左春坊左贊善。有見吾軒詩。

張·若震 〔清〕廷璐子。字宗岳。雍正間以舉人知浙江天台縣。累擢布政使。條陳海塘修防事宜及淸釐各屬南漕積欠。皆允行。乾隆間官至湖北巡撫。

有靜春齋集。

張若麒　【清】膠州人。明崇禎進士。官兵部職方司郎中。洪承疇援錦州。若麒屢促速戰。虛報大捷。擢光祿卿。被劾論死繫獄。李自成陷京師。受僞職爲山海防禦使。多爾袞入京。若麒迎降。官至通政使。

張若靄　【清】廷玉子。字晴嵐。雍正進士。仕至禮部尚書。善書畫。花草禽蟲。得王穀祥・周之冕遺意。

張茂　【晉】會稽山陰人。字偉康。少單貧有志行。元帝時爲吳興內史。沈充反。與三子並遇害。◎【前涼】寔弟。字成遜。繼寔爲涼州牧。豪右屏跡。威行涼域。在位五年卒。◎【宋】杭人。光宗朝隸畫院。工畫山水花鳥。小景更佳。

張茂直　【宋】瑕丘人。字林宗。勵志於學。能詩。李至稱其端實。第開寶進士。眞宗時官至知制誥。後改祕書少監。出知潁州卒。

張茂則　【宋】開封人。字平甫。性儉素。初補小黃門。哲宗初累遷寧國軍留後。紹聖論元祐黨人。以茂則常預任使。追貶左監門衛將軍。

張英　【元】諸暨人。字仁傑。善畫花鳥。◎【明】爲京衛指揮使。武宗南巡。肉袒截刃於胸。[illegible]士數升。持諫疏當蹕道跪諫。杖死。福王時追謚忠壯。◎【清】桐城人。字敦復。號樂圃。康熙進士。以編修充日講起居注官。入直南書房。民生疾苦。四方水旱。知無不言。官至文華殿大學士・兼禮部尚書。卒謚文端。生平酷好看山種樹。著恆產瑣言。聰訓齋語。諄諄以務本力田隨分知足爲戒。有篤素堂文集・易書衷論。◎【清】海寧人。籍海鹽。字仲張。康熙進士。舉鴻博未用。官至廣東提學道。英博綜典籍。幼有聖童之目。及成進士。出張文端之門。師生同一姓名。當時傳爲佳話。有一經堂集。

張苞　【蜀漢】飛子。早夭。

張芾　【清】涇陽人。道光進士。咸豐間累擢江西巡撫。洪楊軍犯南昌。芾固守九十六晝夜。省城得全。尋因事奪職。陝西回亂。芾督辦陝西團練。同治初親往勸諭回民。遇害。謚文毅。

張衍　【後梁】字元用。唐昭宗時官至翰林學士。太祖即位。拜右諫議大夫。衍巧生業。樂積聚。太祖將北伐。頗以扈從間槃耗力用。屢求免行。卒以扈從後至被殺。

張衍瑞　【明】汲人。字元承。弘治末進士。爲清豐知縣。忤劉瑾。逮下詔獄。瑾誅。得釋。遷吏部郎中。會帝南巡。進直諫。受杖下獄。謫平陽同知。嘉靖初召還。擢太常少卿卒。

張負　【漢】戶牖富人。以女孫妻陳平。

張貞　【清】安丘人。字起元。號杞園。康熙拔貢。舉鴻博未試。官翰林院孔目。有渠亭・潛州・娛老諸集。

張貞生　【清】廬陵人。字幹臣。一字篔山。順治進士。累官侍講學士。以理學名。初主良知之說。後與魏象樞・熊賜履往來講學。乃一宗朱熹。以愼獨主敬爲歸。康熙中坐事降二秩。乞病歸。家居構我師祠。又捐宅爲誠意書院。以原官起補卒。有庸書・聖門戒律・玉山遺響集。

張貞觀　【明】沛人。字惟誠。別號惺守。萬曆進士。累擢禮科都給事中。直言忤旨。除名。有掖垣諫草。

張軌　【後漢】淄川人。少好學。志識開朗。仕至隴右府長史。無餘財。惟有書數百卷。◎【晉】烏氏人。字士彥。少明敏好學。有器望。張華與軌論經義及政事損益。甚器之。累遷征西軍司。永寧初出爲涼州刺史。威著西州。化行河右。建興中拜太尉涼州牧西平公。軌固辭。在州十三年。寢疾。遺令將佐盡忠報國。務安百姓。卒謚武。是爲前涼開國之祖。◎【北周】臨邑人。字元軌。魏孝武時爲河北郡守。聲績甚著。後賜姓宇文氏。魏恭帝時除隴右府長史。卒謚質。

張迥　【唐】少年苦吟。夢五色雲自天而下。取吞之。遂精雅道。

張述　【宋】小溪人。字紹明。舉進士。累遷太常博士。慷慨喜論事。皇祐中仁宗未有嗣。述前後七上疏。最後語尤激。歷通判延州・知泗洲。皆有政績。官至尚書職方員外郎。

張迪　【明】松江華亭人。字文海。有日本東夷朝貢考。

張郃　【三國魏】鄚人。字儁乂。初從袁紹。後歸魏。累官左將軍。封鄚鄉侯。郃識變數。善處營陣。料戰勢地形。無不如計。與諸葛亮戰於木門。中飛矢卒。謚壯。

張重華　【前涼】駿第二子。字泰臨。嗣駿爲涼王。在位九年。◎【明】松江華亭人。字虞侯。有滄溟集。

張風　【明】上元人。字大風。一名飆。明諸生。入清後。棄去。書畫皆有別趣。款署眞香佛空。或稱昇州道士。有雙鏡亭詩。

張革之　【宋】潼川人。字西仲。吳曦據蜀叛。楊巨源倡義討逆。與隨軍轉運安丙共謀誅曦。丙嫉其功。殺巨源。革之因作誅吳錄。以鳴巨源之冤。

張飛　【蜀漢】涿郡人。字益德。少與關羽俱事先主。先主當陽之敗。飛以二十騎立長坂坡拒追者。敵不敢近。魏程昱等稱爲萬人敵。先主定江南。爲宜都太守。定益州。進車騎將軍。封西鄉侯。章武中先主伐吳。飛率兵會。臨發。爲其帳下將張達・范彊所殺。謚桓。飛雄壯威猛。愛敬君子而不恤小人。先主嘗戒之。飛不悛。卒被禍。

張倩娘 【唐】張鎰女。居衡州。鎰有甥曰王宙。幼聰慧。鎰許以女妻之。及長。兩相愛慕。鎰忽以女別字。女聞鬱抑。宙亦恚恨。託言赴京。買舟遠行。夜半感想不寐。倩娘忽至。挈與俱遁。居蜀五年。生二子。始共歸衡州。宙詣鎰自謝。鎰大驚。以其女固在室。病數年。未離閨闥也。及兩女相見。翕然合爲一體。陳玄祐爲作離魂記。

張倣 【宋】崇安人。字希古。第進士。調崇仁令。修粹堰萬金坡以增灌溉。官至工部侍郎。

張倫 【明】河北諸衛指揮使。勇悍有氣。靖難兵起。從李景隆・盛庸戰。皆有功。成祖卽位。招之降。倫笑曰。張倫將自賣爲丁公乎。遂死之。◎【明】滁州人。母喪廬墓。負土成墳。穿井不得泉。焚香拜泣。水湧出。◎【明】字乘彝。善畫人物鬼神。山水亦蒼秀。

張倬 【清】登弟。字飛疇。精醫。有傷寒兼證析義。

張修 【清】長洲人。家秣陵。號損之。性狷介。自闢三徑於鷲峯寺側。常獨坐鐘樓。閉戶不聞聲息。工畫山水花草蟲鳥。尤好繪蘋花。

張原 【明】三原人。字士元。正德進士。授吏科給事中。疏陳六事。權倖惡之。傳旨謫新添驛丞。嘉靖間復爲戶科右給事中。益以慷慨直諫自許。後以爭大禮伏左順門哭諫。被杖創重卒。有玉坡奏議。

張唐 【宋】潭人。端宗時起兵邵永間。復數縣。文天祥見執。唐亦兵敗被獲。死之。

張唐英 【宋】新津人。字次功。自號黃松子。登進士第。薦試賢良方正不就。調穀城令。神宗卽位。擢殿中侍御史。有史才。著仁宗政要・宋名臣傳・蜀檮杌等書。

張員 【明】餘姚人。字壹民。一字天民。號雲帆。左目無瞳子。又自稱左瞽。洪武初辟爲開化教諭。善畫。兼工草書。

張城 【清】字大宗。以畫名。

張夏 【清】無錫人。字秋紹。孝友力學。嘗入東林書院。受業於高世泰之門。其學先經後史。博覽強記。而歸本自治。世泰既沒。推夏主講席。有孝經解義・小學瀹注・雒閩源流錄。

張宴之 【北齊】彝孫。字熙德。文士兼有武幹。官北徐州刺史。爲吏民所愛。御史崔子武至北徐州。得清德頌數篇。歎曰。本求罪狀。乃聞頌聲。遷兗州刺史。未拜卒。(按北史作晏之。此從北齊書。)

張家玉 【明】東莞人。字元子。工詩。崇禎進士。唐王時召授編修。兼給事中。奉使入廣。聞陷家居。桂王以左中允召。道阻未赴。李成棟陷廣州。家玉毀家招兵。據東莞。與陳子壯相應。兵敗。墜水死。諡文烈。

張家駒 【清】吳縣人。初名震。字敬修。號恂哉。諸生。精鑒賞。工畫山水得宋元氣韻。兼工花卉人物。書法亦沉著。

張宸 【清】上海人。字青琱。官兵部主事。有平圃遺稿。

張師正 【宋】字不疑。擢甲科。熙寧中爲辰州帥。宦遊四十年。不得志。乃推變怪之理。參見聞之異。著括異志。

張師泌 【清】歸安人。字耐軒。嘉慶進士。官至翰林院侍讀。左遷刑部郎中。有祕華室詩鈔。

張師禹 【宋】字虞佐。天資耿介。不苟合。不求仕進。從之游者。莫不畏敬。號鄉先生。

張師曾 【元】師愚弟。有梅堯年年譜。

張師愚 【元】寧國人。字仲愚。曾兩領延祐・天曆鄉薦。與汪澤民友善。偕澤民同編宛陵羣英集。

張師載 【明】潛江人。字巨卿。嘉靖進士。擢南京給事中。嚴嵩柄國。師載抗疏劾其黨。嵩銜之。出知萊州府。嵩令人伺其隙。竟不可得。◎【清】伯行子。字又渠。號愚齋。康熙舉人。爲戶部郎。累官河東總督。熟悉河務。歷中外。與河務相終始。精研宋五子書。以報國活民爲心。卒諡愨敬。有治水方略・改過齋文集・讀書日鈔等書。

張師誠 【清】歸安人。字心友。號蘭渚。乾隆進士。累官福建巡撫。署浙閩總督。平海盜蔡牽。爲閩人所頌。終倉場侍郎。師誠歷任以清操自勵。所至輒辦治。有省緣室全集・拜颺存稿。

張師德 【宋】去華子。字尚賢。舉進士。官至左諫議大夫。孝謹有家法。不交權貴。卒於官。有文集。

張師錫 【宋】工畫花竹禽鳥。

張庭 【明】蒲州人。萬曆進士。授戶部主事。張差梃擊案起。上言奸人狙擊青宮。宜立窮主謀。不報。再遷郎中。引疾歸。

張庭珍 【元】全州人。字國寶。憲宗時爲必闍赤。歷使高麗安南。官至南京路總管。兼開封府尹。性清愼。丞相伯顏嘗語人曰。諸將渡江。無不荒貪。惟我與國寶始終自守。聞者以爲知言。

張庭堅 【宋】廣安軍人。字才叔。元祐進士。徽宗時官至右正言。出判陳州。初蔡京守蜀。庭堅在幕府。與相善。及京還朝。欲引爲己用。庭堅不往。京大恨。列諸黨籍。累徙鼎州。

張庭瑞 【元】庭珍弟。字天表。幼以功業自許。兵法地志。星曆卜筮。無不推究。以戰功累官潭州路總管卒。

張．恭 〔三國魏〕燉煌人。爲燉煌功曹。會大守馬艾卒。郡人推行長史事。恩信甚著。黃初初以功賜爵關內侯。拜戊己校尉。數年徵還卒。◉〔元〕偃師人。以兵部符署鷹房府案牘。親老辭歸侍奉。天曆初西兵至河南。恭守親母病。項中一劍。母驚沒。恭居喪盡禮。以至孝稱於時。

張．恭祖 〔後漢〕東郡人。鄭玄從受周官禮．左氏春秋．韓詩．古文尙書。爲世名儒。

張．悌 〔三國吳〕襄陽人。字巨先。孫休時爲屯騎校尉。魏攻蜀。悌曰。彼之得志。我之患也。吳人笑其言。後王濬伐吳。悌率兵逆戰。爲晉兵所殺。

張．悅 〔明〕松江華亭人。字時敏。天順進士。授刑部主事。成化中出爲江西僉事。改督浙江學政。力拒請託。孝宗時爲吏部左侍郎。兩攝選事。衆稱公允。官至兵部尙書。卒諡莊簡。有定庵集。

張．恕 〔清〕鄞人。字貫一。號鐵峯。道光舉人。以考取八旗官學教習。留京供職一年。以親老歸。有詩書周禮管見．四明水利考．長春花館詩集．南關書屋文集及筆記等書。

張．振岳 〔清〕蕭山人。字崧高。工詩善書。尤工畫山水。兼善鼓琴。

張．振祥 〔明〕廬江人。父宏任。知四川嘉定州。流賊逼城。振祥出求援。城陷。父死。還亦觸石死。

張．振淵 〔明〕仁和人。字彥陵。有周易說統。

張．振德 〔明〕崑山人。字季修。由選貢生授四川興文知縣。天啓初奢崇明部將樊龍據重慶叛。時振德兼署長寧。督鄉兵與戰。不敵。自剄死。一門死者十二人。諡烈愍。

張．旄 〔戰國楚〕懷王將出張儀。恐其欺已。靳尙曰。臣請隨之。儀事王不善。臣請殺之。楚小臣謂旄曰。君不如要靳尙而殺之。楚王必怒儀。儀窮則子重。楚秦相難。則魏無患矣。旄果令人要尙刺之。楚王大怒。秦楚構兵而戰。秦楚爭事魏。旄果大重。

張．晏 〔三國魏〕中山人。字子傳。有西漢書音釋四十卷。

張．晉 〔清〕狄道人。字康侯。順治進士。官丹徒知縣。詩宗李白。兼及李賀之體。有張康侯詩草。

張．晉亨 〔元〕南宮人。字進卿。中統間戍宿州。屯田以貲軍實。甚獲其利。累官懷遠大將軍．淄萊路總管軍事。攻宋。留戍鎭江。戰焦山．瓜洲皆有功。兼莞民政。一以鎭靜爲務。

張．時泰 〔清〕嘉興人。字平山。號六可。官桐城知縣。有實嬾齋詩集。

張．時爲 〔清〕餘干人。字景明。明福王時貢生。有張界軒集。

張．時徹 〔明〕鄞人。字維靜。號東沙。嘉靖進士。累官南京兵部尙書。以倭入寇。勒歸。寄情文酒而不忘用世之志。有芝園定集．善行錄．明文範．攝生衆妙方．救急良方。

張．桂 〔唐〕西川人。工畫雜蹟。

張．栻 〔宋〕浚子。遷居衡陽。字敬夫。一字樂齋。穎悟夙成。長師胡弘。弘告以孔門論仁親切之旨。益自奮勵。以古聖賢自期。累官吏部侍郎。右文殿修撰。卒諡宣。栻坦蕩明白。表裏洞然。尤嚴於義利之辨。學者稱南軒先生。有南軒易說．癸巳論語解．癸巳孟子說．伊川粹言．南軒集。

張．根 〔宋〕德興人。字知常。元豐進士。官至淮南轉運使。屢建言皆切指時弊。權倖側目。後安置郴州。根性孝。父病蠱戒鹽。根爲食淡。母嗜河豚及蟹。母終。根不復食。所著春秋指南已佚。存者有吳園易解。

張．桓 〔元〕藁城人。字彥威。由國子生累官監察御史。以言事不合去。汝寧盜起。桓避之確山。賊久知桓名。縶獲之。羅拜請爲帥。弗聽。擁至渠魁前。桓直趨據榻坐。與之抗論順逆。其徒捽桓跪。桓大呼。詈叱彌厲。賊知不可屈。遂刺之。賊後語人曰。張御史眞鐵漢。害之可惜。事聞。諡忠潔。

張．格 〔前蜀〕濬子。字義師。少負才。後邁而倘嬌謡。朱全忠謀篡唐。使盜殺濬。格奔蜀。官至中書侍郎同平章事。在位無所短長。

張格爾 〔清〕回酋大和卓木博羅尼都之裔。乾隆初博羅尼都以叛被誅。其子薩木克自巴達克山逃匿敖罕。張格爾其次子也。以誦經祈福傳食部落。嘉慶二十五年糾布魯特數萬寇邊。領隊大臣色普徵額率兵敗之。張格爾僅餘二三十人。舍騎遁去。道光間復入邊。連陷喀什噶爾．英吉沙爾．葉爾羌．和闐四城。楊遇春．楊芳等攻克之。追至喀爾鐵蓋山。被擒。伏誅。

張．泰 〔明〕太倉人。字亨父。天順進士。累官修撰。恬淡自守。與陸釴．陸容齊名。號婁東三鳳。有滄洲集。◉〔明〕順德人。字叔亨。成化進士。除知沙縣。正德間爲南京右都御史。劉瑾專權。朝貴爭賂遺。泰惟餽土葛。以南京戶部尙書致仕卒。

張．泰交 〔清〕陽城人。字公孚。一字洎谷。康熙進士。選雲南太和令。累官浙江巡撫。平生以廉自持。督學江南及任浙撫時。歲費皆取之家中。

張．泰亨 〔元〕堂邑人。從攻宋鈞魚山及樊城。征女兒阿塔。征西川。攻潭州。屢有功。累官武節將軍卒。

張．泰青 〔清〕永嘉人。字孟平。號秋帆。嘉慶舉人。官雲南永北廳同知。有小東山草堂文鈔。

張泰開〔清〕金匱人。字履安。乾隆進士。累官禮部侍郎。以序刊胡中藻堅磨生詩集得罪。旋得釋。官至左都御史。卒謚文恪。

張泰階〔明〕上海人。字爰平。萬曆進士。家有寶繪樓。藏名畫眞迹甚多。有寶繪錄。

張浩〔金〕遼陽人。字浩然。本姓高。博通經史。尤長於詩。以策干太祖。卽命承應御前文字。天會中賜進士及第。官至太師。封南陽郡王。卒謚文康。有華表山人集。◎〔清〕元和人。字學圃。爲盧州同知。工畫竹。

張海鵬〔清〕昭文人。字若雲。號子瑜。諸生。好藏書。治經之暇。以剞劂古書爲己任。刊有墨海金壺・學津討原・借月山房彙鈔。

張海珊〔清〕震澤人。字越來。一字鐵甫。道光舉人。潛心理學。主會通程朱陸王之說。尤以經世自期。有小安樂窩詩文集。

張浚〔宋〕綿竹人。九皐後。字德遠。登進士第。爲太常寺簿。時金粘沒喝入汴京。欲立張邦昌。浚逃入太學。不肯署狀。高宗時爲川陝京西諸路宣撫使。力抗金人。尋知樞密院。會秦檜力主和議。貶徙永州。孝宗時除樞密使。都督江淮軍馬。封魏國公。卒謚忠獻。浚志在恢復。終身不主和議。功雖不就。人稱其忠。有紫巖易傳。

張涉〔唐〕蒲州人。依國學爲諸生講說。能文章。嘗請有司日試萬言。時稱張萬言。德宗嘗受經於涉。及卽位。召涉入宮。親重莫比。官至散騎常侍。以贓發放歸田里卒。◎〔唐〕工畫士女。

張浹〔宋〕紹興人。宣和畫院待詔。賜金帶。人物山水師郭熙。

張烈〔後魏〕武城人。字徽仙。少孤貧。涉獵經史。有氣概。與青州崔徽伯・房徽叔並有令譽。時人號曰三徽。累官瀛州刺史。爲政清靜。吏民安之。◎〔清〕大興人。字武承。康熙進士。旋召試鴻博。授編修。專心理學。篤守朱熹之說。著王學質疑。舉陽明傳習錄條析而辨難之。宗洛閩之學者。皆奉爲圭臬。有讀易日鈔。

張特立〔金〕東明人。字文舉。登泰和進士第。授萊州節度判官。不赴。正大時拜監察御史。屢劾權貴。左遷邳州軍事判官。金亡。優游田里。日與門弟子講學。元世祖賜號中庸先生。通程氏易。有易集說・歷年繫事記。

張珪〔宋〕衞州人。七世同居。眞宗時旌表。仍寬其租調。◎〔金〕正隆中以工畫人物名。衣褶清勁。鉤勒生動。◎〔元〕弘範子。字公端。號澹庵。至元間受學於鄧光薦。累官中書平章政事。封蔡國公。丞相拜住問宰相之體何先。珪曰。莫先於格君心。莫急於廣言路。後拜翰林學士承旨。以病歸。

張珩〔明〕石州人。正德進士。授監察御史。官至兵部侍郎・總督陝西。居官以剛介著。而經略西陲之功最久且大。卒謚襄毅。

張盈之〔宋〕字景山。第進士。補樂清尉。累官光祿卿。致仕卒。盈之精吏事。所至有聲。

張益〔明〕江寧人。字士謙。號惷菴。永樂進士。選庶吉士。累遷修撰。博學強記。詩文操筆立就。尋進侍讀學士。也先入寇。死於土木之難。謚文僖。益工書畫。著有畫法。

張矩〔明〕儀徵人。與史起蟄同撰兩淮鹽法志。

張祐〔後魏〕安定人。字安福。父成坐事誅。祐充腐刑。文明太后臨朝。中官用事。祐以供承合旨。寵冠諸閹。累官尚書左僕射。進爵新平王。性恭密。出入機禁二十餘年。未嘗有過。卒謚恭。◎〔明〕南海人。字天祐。襲世職爲廣州衞指揮使。正德中累立戰功。擢副總兵。鎭守廣西。敗臨桂・灌陽諸猺。破古田賊。嘉靖時以王守仁薦鎭思田。屢破劇賊。祐馭軍有方。不營私產。性好書。每載以隨。暇卽延儒生講論焉。

張祜〔唐〕淸河人。字承吉。以宮詞得名。長慶中令狐楚表薦之。不報。辟諸侯府。多不合。自劾去。嘗客淮南。愛丹陽曲阿地。築室卜隱。

張祚〔前涼〕駿子。字太伯。旣立。自稱大都督・大將軍・涼州牧・涼公。淫暴不道。晉永和中僭稱帝位。後爲其宗人所殺。在位三年。◎〔明〕松江華亭人。字永錫。景泰進士。授御史。遷廣東按察僉事。廉愼精密。嶺表信服之。擢河南副使。致仕歸。

張神武〔明〕新建人。萬曆中武會試第一。遼左兵興。袁應泰薦從征。神武馳至廣寧。遼陽已失。獨率所部以進。孤軍無援。沒於陣。

張祖年〔清〕湯溪人。字申伯。有道驛集・匆峙樓集。

張祖武〔清〕長安人。乾隆舉人。嘗取明來知德易注原本。去其繁冗。間補以易傳本義諸說。名曰來易增刪。

張純〔後漢〕安世六世孫。字伯仁。少襲爵。光武時更封武始侯。純明習故事。建武初舊章多闕。每有疑議。輒以訪純。自郊廟婚冠喪紀禮儀。多所正定。後爲大司空。在位慕曹參迹。務於無爲。選辟掾史。皆知名大儒。卒謚節。◎〔明〕江陵人。字志忠。永樂進士。宣德初授監察御史。擢右僉都御史。巡撫畿郡。考察郡吏。風紀肅然。陞兵部尚書。純以忠愛爲心。故上言皆帝王養民之事及鰥寡顚連之狀。得大臣體。居官四十年致仕。◎〔明〕永嘉人。嘉靖舉人。官南康知府。有存愚錄。

張純修 【清】奉天人。字子敏。號見陽。工書畫。尤善鐫印章。

張紘 【三國吳】廣陵人。字子綱。孫策創業。與張昭並爲參謀。常令一人居守。一人從征。官會稽東部都尉。權初承統。紘輔之。權常呼以東部而不名。後爲權定徙都秣陵之計。還吳迎家。道病卒。

張紞 【明】富平人。字昭季。洪武中舉明經。建文時爲吏部尚書。詔徵遺逸士。紞所選用。皆當其才。燕師入。錄中朝奸臣二十九人。紞居其一。成祖宥仍故職。尋令解職。紞懼。自經死。有雲南機務鈔黃。冢宰文集。

張素卿 【唐】簡州人。少孤貧。好畫。主夏侯孜宅。多見隋唐名畫。藝成。遂衣道士服。唯畫道門尊像。豪貴家少得其畫者。乾符中居青城山。

張納陛 【明】宜興人。字以登。號文石。萬曆進士。由刑部主事改禮部。與顧憲成等爭三王並封。又爭拾遺事。謫鄧州判官。乞假歸。工畫山水竹石。生平尚風節。顧憲成講學東林書院。納陛與焉。有易學飲河。

張翀 【明】潼川人。字習之。正德進士。累官禮科都給事中。世宗時以爭與獻大禮。廷杖。謫戍瞿塘衞。遇赦還卒。◎【明】柳州人。字子儀。嘉靖進士。授刑部主事。劾嚴嵩父子。謫戍都勻。穆宗時召爲吏部主事。累官刑部右侍郎。卒諡忠簡。有渾然子。◎【明】江都人。字圖南。號子羽。工畫人物士女。花卉著色秀雅。山水清潤。◎【清】麗水人。字南溟。康熙間知羅源縣。耿精忠縱其黨四出剽民。翀笞數人逐出境。精忠怒。令翀赴會城。而遣其黨於中途邀辱之。翀得檄。單騎往。羅源百姓擁衞從翀。行且塞路。其黨望見不敢動。卒於官。◎【清】青浦人。字東谷。號晚翠老人。畫多秀色。在能妙之間。

張耆 【宋】開封人。字元弼。年十一事眞宗於潛邸。知傳記及術數之學。言象緯輒中。累官左僕射護國軍節度。封徐國公。安佚富盛。逾四十年。以太子太師致仕。卒諡榮僖。

張能鱗 【清】宛平人。字玉甲。又字西山。順治進士。官至川南副使。有儒家理要。

張虔威 【隋】宴之子。字元敬。涉獵羣書。歷周入隋。累官謁者大夫。煬帝爲晉王時。甚美其才。與河內張衡並見禮重。稱二張。帝卽位。數巡幸。百姓疲敝。虔威上封事以諫。自此見疎。未幾卒官。

張虔釗 【後蜀】遼州人。仕後唐爲山南西道節度使。攻鳳翔。士卒反攻之。走奔後蜀。廣政初爲中書令。充北面行營招討使。拒侯益。益初送款後主。復中變。虔釗勢孤遁還。慚恚死。

張虔雄 【隋】虔威弟。有才器。秦孝王峻爲秦州總管。選爲法曹參軍。王嘗親按囚徒。虔雄誤不持狀。口對百餘人。皆盡事情。同輩莫不歎服。後歷壽春陽城二縣令。俱有治績。

張蚝 【前秦】泫人。本姓弓。平養子。降於苻堅。從王猛滅燕。以功爲前將軍。苻丕時封上黨郡公。蚝膂力絕人。時人稱爲萬人敵。

張衮 【明】江陰人。字補之。正德進士。官至南京光祿寺卿。衮在諫垣。頗多建白。嘉靖中倭擾東南。衮家居。在危城中馳書政府。條上禦倭五事。其詩文曰張水南集。

張訓 【五代吳】清流人。勇悍多膽略。時人謂之大口張。楊行密據合肥。訓往見甚歡。授黃頭都虞候。以擊舒州盜吳迴等知名。揚州之役。訓潛入城。滅餘火。得穀數十萬斛。以賑飢民。累官黃州刺史。

張訓妻 【五代吳】劍俠。訓爲楊行密將。行密在宣州。賜諸將鎧甲。訓所得故敝者。明日行密問而易之。又賜馬。訓得復駑弱。行密又問而易之。行密曰。吾夢一婦人衣眞珠衣告我。爾家其事神耶。訓曰無之。會妻出。訓竊啓其衣籠。得珠衣一襲。異焉。後其妻蒸人首一具。訓惡而殺之。

張起雲 【清】大寧人。由行伍擢南澳總兵。防緝海盜。多於陸地欲發之時。奸盜斂跡。地方安堵。擢署廣東提督。卒諡恪毅。

張起巖 【元】禹城人。字夢臣。博學有文。善篆隸。中延祐進士首選。歷遷侍御史。燕南廉訪使。搏擊豪強。不少容貸。修遼金宋三史。起巖入翰林爲承旨。充總裁官。據理竄定。深厚醇雅。理致自足。卒諡文穆。有華峯漫稿。華峯類稿。金陵集。

張起鼇 【清】新野人。嘉慶間隨勦川楚教匪。轉戰河南四川甘肅陝西。積功官至甘肅河州鎭總兵。

張陛 【明】浙江山陰人。字登子。崇禎中山陰大饑。劉宗周倡議煮粥。祁彪佳倡議平糶。陛更出其家粟五百石佐二人所不及。乃斟酌情形。創爲十法。陛因疏其綱要爲救荒事宜一書。

張偃 【漢】敖子。呂后立爲魯王。呂后崩。大臣誅諸呂。廢魯王。文帝時封南宮侯。

張偉 【後魏】中都人。字仲業。學通諸經。講授鄉里。受業者恆數百人。偉告喻殷勤。常依附經典。教以孝弟。人感其神化。性淸雅篤愼。非法不言。太武時與高允等俱被辟命。累官平東將軍。營州刺史。卒諡康。

張霓 【清】丹徒人。字冠伯。貢生。有春雨樓詞。

張參 【唐】大曆中名儒。官國子司業。始詳定五經書於講論堂東西廂之璧。積六十餘載。易以木版。至開成間乃易以石刻。今所傳五經文字一書。卽從參書輾轉摹印者。

張·商英 〔宋〕唐英弟。字天覺。用章惇薦。擢監察御史。攻擊司馬光等不遺餘力。大觀中爲尚書右僕射。勸帝節華侈。息土木。抑僥倖。帝頗憚之。適承蔡京之後。故少變其政。遂蒙忠直之名。後爲臺臣疏擊。出知河南府。卒諡文忠。

張·問 〔宋〕襄陽人。字昌言。以進士起家。通判大名。有治聲。熙寧末知滄州。自新法行。問獨不阿時好。累官正議大夫卒。

張·問之 〔明〕慶雲人。嘉靖進士。官至工部郎中。嘉靖中營建宮殿。問之往督其役。凡造甎五萬。而造至三年有餘。窰戶有不勝其累而自殺者。乃以採鍊燒造之艱。每事繪圖貼說。爲造甎圖說一書。冀以感悟朝廷焉。

張·問陶 〔清〕鵬翮曾孫。字仲冶。號船山。乾隆進士。由檢討累官萊州知府。以病辭。僑寓吳門。顏所居曰樂天天隨鄰屋。狀似猿。自號蜀山老猿。亦稱老船。又號藥庵退守。工詩。沈鬱空靈。爲清代蜀中詩人之冠。書法險勁。畫近徐青藤。有船山詩集。

張·問達 〔明〕涇陽人。字德允。萬曆進士。由知縣徵授御史。寧夏用兵。請蠲全陝逋賦。並陳礦稅之害。累遷左都御史。天啓初爲吏部尚書。連掌內外大計。悉協公論。梃擊紅丸移宮三大案。並經其手。持議平允。不激不隨。秩滿加太子太保。乞休歸。被劾削奪。頃之卒。◎〔清〕江都人。字天民。墨守陽明良知之學。著易經辨疑。黜數崇理。而談理一歸之於心。

張·國柱 〔清〕鐵嶺人。明副將。順治初率兵降。積戰功累官雲南提督。加太子少保。從吳三桂定雲南。所向克捷。三桂叛。國柱首附之。連陷衡州長沙岳州。清軍復湖南貴州。國柱遁雲南。世璠敗。國柱乞降。旋伏誅。

張·國紀 〔明〕祥符人。熹宗張皇后父。天啓初封太康伯。崇禎末以輸餉進爵爲侯。旋死於流賊。

張·國維 〔明〕東陽人。字九一。號玉笥。天啓進士。崇禎間累擢右僉都御史。巡撫應天安慶等十府。爲人寬惠。得士大夫心。魯王監國。進少傅。兵部尚書。武英殿大學士。督師江上。尋還守東陽。以勢不可支。赴水死。有吳中水利書。

張·國賓 〔元〕大都人。一作國寶。又作酷貧。官教坊句管。工曲。有合汗衫等雜劇行世。

張·國樑 〔清〕寧朔人。初名谷貞。康熙間由行伍隨趙良棟征四川雲南。又征噶爾丹。積功累官雲南提督。◎〔清〕高要人。字殿臣。初名嘉祥。亡命爲羣盜。咸豐間洪秀全起。國樑附之。後降向榮。恆以少擊衆。敵畏之如虎。官至江南提督。在丹陽與敵戰。傷重死。諡忠武。

張·堅 〔宋〕諸暨人。字適道。家貧篤學。以聖賢自命。從胡瑗游。靈通六經奧旨。嘗曰。自信得過。則精一之傳在我。後以八行得官。尋改京秩。時稱醇儒。有易解。◎〔清〕江寧人。字漱石。工樂府。有玉燕堂四種。

張·培 〔清〕平湖人。字抱一。有文譽。以醫自顯。善畫山水。自號畫禪。

張·宿 〔唐〕憲宗時。以布衣授左拾遺。交通權幸。賂遺滿門。宰相李逢吉數言其狡譎不可信。宿怨執政不與己。乃與皇甫鎛相附離。中傷正人君子。官至諫議大夫。

張·崇 〔五代吳〕愼縣人。爲廬州觀察使。擢德勝軍節度使。好爲不法。士庶苦之。嘗入覲。廬人皆相幸。曰。渠伊不復來矣。崇歸。計口徵渠伊錢。明年再入覲。人惟捋髭相慶。歸又徵捋髭錢。其貪縱多類此。爲民患者二十餘年。

張·崇貴 〔宋〕眞定人。太平興國中以善射選爲禦帶。累官昭宣使。久在邊。善識羌戎情僞。爲西人所畏服。

張·崇德 〔清〕順天人。字懋修。官渾源知州。有恆獄志。

張·崖 〔明〕晉陵人。傳三禮於同郡劉文劭。以禮學自命。官國子博士。

張·崙 〔明〕仁和人。五歲喪明。受易善記。通卜筮諸書。論祿命多奇驗。

張·崟 〔清〕丹徒人。字寶巖。號夕庵。又號且翁。晚又自號城東蟄叟。工篆隸行草。善畫。好爲詩。有逃禪閣詩集及雜文。

張·崗 〔清〕長洲人。字崑南。號古樵。隱於醫。好古琴。能詩。有鶴健堂詩鈔。

張·常洧 〔唐〕句容人。字巨川。父卒。廬墓三載。孝行著稱。

張·常清 〔宋〕林慮人。宣和中學道於沖和處士。後入聖符山修煉。徽宗以璽書召延便殿。賜坐。問方外事。欲拜爲諫議大夫。固辭還山。

張·庶 〔宋〕浚從孫。字晞顏。師事再從叔栻。侍栻九年。栻講學。庶執筆爲司錄。浚及栻皆欲官之而不果。

張·庸 〔元〕溫州人。字存中。精太乙數。順帝時擢秘書少監。命庸團結房山。除刑部尚書。仍領團結。明兵至。諸寨既降。庸獨守駱駝谷拒戰。寨民執庸出降。不屈死。

張·康 〔元〕湘潭人。字汝安。號明遠。早孤力學。旁通術數。宋亡。隱衡山。世祖召授著作佐郎。禮遇殊學。官至秘書監丞。

張·康年 〔宋〕諒子。工畫。有父風。

張·康國 〔宋〕揚州人。字賓老。第

進士。累官知樞密院事。始因蔡京進。及得志。浸爲崖異。帝惡京專愎。陰令沮其奸暴。卒諡文簡。

張·彪 〔梁〕襄陽人。少亡命若邪山爲盜。後歸臨城公大連。官東揚州刺史。陳文帝據震澤。家口爲陳所獲。彪還若邪山。陳遣章昭達領兵圍殺之。

張彪妻 〔梁〕天水人。楊曒女。有容貌。彪兵敗。陳文帝遣章昭達購殺之。昭達稱陳文帝教。迎楊氏爲家主。楊氏請殯彪喪。事畢。詐請過宅妝飾。遂割髮毀面。誓不更行。後陳武帝軍人求取之。投火死。

張·從正 〔金〕考城人。字子和。號戴人。精於醫。貫穿難素之學。其法宗劉守眞。用藥多寒涼。然起疾救死。多取效。興定中召補太醫。尋辭去。著有儒門事親。以爲惟儒者能明其理。而事親當知醫也。故名。

張·從申 〔唐〕吳郡人。擢進士第。官至大理司直。善書。世稱獨步。兄從師．從儀。從約並工書。皆得右軍風規。時人謂之張氏四龍。

張·從恩 〔宋〕太原人。晉初以外戚擢右金吾衛將軍。鎭潞州。契丹入汴。從恩欲降。從事高防諫。不聽。棄城去。漢祖至汴。召賜衣帶以慰之。拜右衛上將軍。周時封褒國公。宋初改封許國公。以病免。

張·從訓 〔後唐〕李存信子。字德泰。幼讀儒書。精騎射。唐明宗微時。嘗在存信麾下。與從訓有舊。及卽位。令授石州刺史。因李存信本係賜姓。令從訓復舊姓。歷靈德二州刺史。高祖起兵。從訓率唐師以拒。兵敗遁伏民間。高祖搜得之。授絳州刺史。

張·從賓 〔後唐〕以小校從唐莊宗。累有軍功。官至侍衛步軍都指揮使。出鎭靈武。高祖卽位。受代入覲。范延光反。從賓應之。殺皇子重信，重乂。後爲杜重威等所敗。赴水死。

張·惟亘 〔唐〕工畫山水。雜畫尤精贍。

張·惟吉 〔宋〕開封人。字祐之。初補入內黃門。嘗按視延鄜環慶兩路。并訪攻守利害。還奏稱旨。官至領皇城司。卒諡忠安。

張·惟孝 〔宋〕襄陽人。字仲友。通春秋。工騎射。江陵宣撫姚希得羅致之。乃以三十騎俱。擁甲士五千至。部伍嚴肅。時鼎澧五州危甚。擊鼓耀兵。屢戰俱捷。江上平。制使呂文德招之。不就而遁。不知所終。

張·惟赤 〔清〕海鹽人。字桐孩。號螺浮。由進士累官給事中。以直節著。三藩之亂。時有履畝加賦之議。惟赤力爭不可。既歸。於城南烏夜邨築涉園。亭池林木之勝。甲於東南。藏圖書彝鼎甚富。有螺浮奏議．思退軒集。

張·惟儉 〔唐〕當塗人。精左氏穀梁春秋。舉進士。歷和州刺史。與侍御柳鎭善。鎭子宗元作先友記。惟儉與爲。

張·掞 〔宋〕揆弟。字文裕。幼篤孝。父病。刲股肉以療。舉進士。知益都縣。累官戶部侍郎。忠篤誠慤。事揆如父。理家必諮而後行。爲鄉黨矜式。

張·掄 〔宋〕字材甫。以詞章邀寵。官至知閤。所著紹興內府古器評。中有嘉定以後所得古器。後人疑爲明代所僞作。毛晉刻入津逮秘書。殆未詳考其文耳。

張·捷 〔明〕丹陽人。萬曆進士。崇禎間累遷吏部左侍郎。捷故讐東林。而與首輔周延儒友善。驟引居要地。參預密謀。延儒敗。又附溫體仁爲之羽翼。坐事除名。贖徒三年。福王時起爲吏部尚書。南都失守。投繯死。捷居家孝友。在官有清節。以惡東林。終身與匪人比。名因以隳。

張·敏 〔後漢〕鄭人。字伯達。建初間舉孝廉。四遷爲尚書。時有人侮辱人父。而其子殺之。章帝貰其死。自後因以爲比。遂定爲輕侮法。敏屢諫駁正之。後拜司空。以病免。

張·敏夫 〔元〕燕人。工畫墨竹。

張·敏叔 〔宋〕工畫花木。

張·敖 〔漢〕耳子。耳卒。敖嗣立爲趙王。尙高祖長女魯元公主。高祖從平城過趙。貫高請殺高祖。不許。後高怨家告之。逮捕敖及高詣長安。高對獄曰。獨吾屬爲之。王不知也。乃赦敖。封宣平侯。

張·敕提 〔後魏〕安喜人。以捕獲盜魁虎子．豹子功。除冠軍將軍．幽州刺史。以貪虐流聞。賜死。

張·敔 〔明〕合肥人。字伯起。永樂中貢入太學。官至陝西按察使僉事。有京氏易考。◎〔明〕饒州人。官禮部員外郎。明於律曆。有雅樂發微。◎〔清〕桐城人。遷江寧。字芷園。號雪鴻。又號木者。乾隆舉人。官湖北知縣。工畫山水人物。花卉禽蟲。其寫眞尤神肖。工詩。精眞草篆隸飛白書。

張·敍 〔清〕鎭洋人。字冰潰。一字賓王。又字鳳岡。雍正舉人。深於經術。乾隆時舉鴻博。與試未用。有易貫。詩貫。孝經精義後錄．或問餘論。

張·斌 〔明〕永平人。正統進士。任戶部主事。忤權閹王振。讁戍遼東。後復職。清理浙江鹽法夙弊。剛正不通賄賂。爲權倖所忌。尋殺之。

張·既 〔三國魏〕高陵人。字德容。舉茂材。除新豐令。治爲三輔第一。魏初爲京兆尹。出爲雍州刺史。太祖曰。還君本州。可謂衣繡晝行矣。後遷涼州。封西鄉侯。臨二州十餘年。政惠著聞。卒諡肅。

張·朗 〔後晉〕蕭縣人。善射有膂力。鄉里敬憚之。梁祖聞其名。就補蕭縣使。累遷衛州刺史。凡有征伐。無不預之。入晉官至光祿大夫·檢校太傅。

張·望　清武寧人。字稷萱。號閏楊。有閏楊先生集。

張·腊　清惟赤子。字小白。號皓亭。康熙舉人。官中書。遷行人。後授刑部主事。以老告歸。有賦閒樓詩集。

張·梁　清婁縣人。字大木。一字奕山。自號幻花居士。康熙進士。充武英殿纂修官。後假歸。絕意仕進。與黃之雋·繆謨諸人觴詠無虛日。有澹吟樓詩鈔·幻花庵詞鈔。

張·淳　宋永嘉人。字忠甫。五試禮部不中。或薦之朝。祿以監嶽。不食祿。爲人嚴重深博。善忍事鎭物。絕有材智。抑不使出。與薛士龍·鄭景望齊名。爲乾淳間大儒。所著儀禮識誤。於古經漢注之訛文脫句。得藉以考識。其有功於儀禮非淺小云。◎明合肥人。字宗厚。成化進士。歷御史。按貴州。擒叛苗普安阿保父子。撫其黨五十九砦。籍爲編氓。正德時積官至右副都御史。巡撫保定。◎明桐城人。字希古。隆慶進士。授永康知縣。吏民素多奸黠。淳日夜閱案牘。判決如流。吏民感服。官至陝西布政。

張·淇　宋鄱陽人。字伯大。與齊原同編朱子讀書法。

張·湨　宋開封人。僑寓會稽。字清源。官至奉議郎。有會稽續志·艮嶽記·雲谷雜記。

張·淵　後魏明占候。曉內外星分。歷仕苻堅·姚興·赫連昌。太武平統萬。被獲。以爲太史令。專守常占。而不能鉤深致遠。官終驃騎軍謀祭酒。◎明歸安人。字子靜。號夢坡。善詩。與詩人丘大祐·唐惟勤亟稱之。爲文數千言立就。或有慨於心。輒抗聲慟哭。世以比唐衢。

張·淵懿　清青浦人。字硯銘。順治舉人。所著月聽軒詩餘。鑱去尖刻。以溫潤爲體。深得樂府之遺。

張·淸雅　明滑山人。家貧。力學養親。崇禎間張獻忠來犯。欲剖其父棺。淸雅據棺哀泣。被殺。

張·淮　清寶山人。字子東。號桐山。貢生。工丹青。有雨泉集。

張·深　清崙子。字叔淵。號淚客。嘉慶舉人。官博平知縣。工詩。善畫。◎清鎭洋人。字徵侯。工畫淡墨蘭竹。

張·烺　清仁和人。字日生。工畫蘭竹花卉。

張·率　梁瓌子。字士簡。能屬文。嘗奏待詔賦。武帝手敕答曰。相如工而不敏。枚皐速而不工。卿可謂兼二子於金馬矣。官至新安太守。◎明廣信人。字孟循。元季以詩名。吳元年徵知嘉定州。秩滿。以老賜還。有張嘉定集。

張·琇　唐解人。父審素。以巂州都督被誣。爲御史楊汪所誅。琇徙嶺南。久之逃還殺汪。吏捕以聞。玄宗謂孝子不顧命。殺之以成其志。臨刑。琇色自如。曰。下見先人。夫復何恨。

張·理　元清江人。字仲純。延祐中官福州儒學提舉。有大易象數鉤深圖·易象圖說內篇。

張·祥　隋京兆人。少爲文帝所知。開皇中爲并州司馬。漢王諒反。城圍月餘。賊退。以功授開府。累官靈武太守。

張·祥河　清婁縣人。嘉慶進士。道光間由內閣中書累遷陝西巡撫。平西安同州等府刀匪。官至工部尚書。卒諡溫和。祥河工詩詞。善畫山水花卉。有小重山房集。

張·祥鳶　明金壇人。字道卿。別號虛齋。嘉靖進士。官至雲南府知府。有華陽洞稿。

張·符　唐自號煙波子。善畫牛。筆法得韓滉派。所繪放牛圖。於兒童橫吹藉草之狀。凡一蓑一笠。皆妙造入神。

張·符驤　清泰州人。字良御。康熙進士。官庶吉士。有依歸草。

張·紹　漢與安衆侯劉崇共謀誅王莽。攻宛不得入而敗。◎蜀漢飛次子。嗣西鄉侯。官至侍中尚書僕射。

張·紹先　明方城人。善書。與高正臣有舊。朝士就正臣乞書。悉紹先書之。正臣嘗爲人書十紙。紹先戲換五紙以示正臣。不辨。客曰。有人換公書。正臣笑曰。必張公也。終不能辨。

張·紹祖　元潁州人。字子讓。讀書力學。以孝行聞。授河南路學教授。至正中奉父避兵山間。賊至。將殺其父。紹祖泣請代死。賊相謂曰。此眞孝子。釋之。◎清婁縣人。字篠田。號震園。國子生。性孝友。好施與。又工畫。

張·紹登　明南城人。字振夫。崇禎舉人。知應城縣。流賊陷城。被害。

張·紹齡　清績溪人。字度如。號梅谷老人。能詩。工畫山水靈物。秀逸蒼深。有咫尺萬里之概。得意尤在米襄陽。遊金陵。圖漢宮春曉。處處繪出曉字。一時名士咸屈服。

張·紳　明濟南人。字士行。又字仲紳。自稱雲門山樵。亦稱雲門遺老。洪武時累官浙西布政。善寫墨竹。能作大小篆。詩文不經意而自成一家。負才略。談辯縱橫。有法書通釋。◎明建寧人。字怡亭。諸生。少慕豪傑之行。及長病瘵。習靜三月而病已。由是折節爲儒。肆力詩古文辭。淳古沖澹而孕奇氣。有怡亭詩文集。

張·紱　清淄川人。字孔黼。倜儻自喜。嗜酒能詩。工書法。篆隸尤精。

張·紫芝　清杭州人。字鶖山。一字秀山。有律呂圖說。

張習孔 清歙人。字念難。順治進士。官至山東提學僉事。有雲谷臥餘、貽清堂集。

張莊 宋應天府人。元豐進士。歷官集賢殿修撰。知桂州。兼黔南路經略安撫使。知靖州。王子武請城渠陽軍。以利啗諸蠻。使納土立里堠。莊晷之。且欲蠻之多屬廣西爲己功。因誘蠻毀其烽表橋梁。又輕信安化蠻。爲蠻所掩。貶連州。後歷知渭、亳、襄州、鎭江、東平府。坐事降兩官卒。

張荷 宋壽光人。師事种放。與吳賁、魏野、楊朴、宋灝爲友。性高潔。爲文奇澀。有詩文集。

張虙 宋慈谿人。字子宓。慶元進士。累遷秘書丞。出守南康。剖決滯訟。衆皆悅服。端平初爲國子司業。兼侍講。講月令至獄訟必端平之語。因敷暢厥旨。反覆數百言。陞國子祭酒。兼工部侍郎。卒謚文靖。有月令解。

張通 唐河間人。官曹州刺史。工畫山水。雜畫尤精贍。◎宋鄜延人。工畫仙佛。

張逍遙 清居江西新建西山虎洞。時與虎狎。初至。夜臥傾崖下。霜雪覆面。盎若春醪之溢。久乃結小石屋於古松澗。幅巾羽扇。靜坐其中。談人休咎皆驗。問以金丹不答。順治間尸解。

張野 晉柴桑人。字萊民。與陶淵明有婚姻契。學兼華梵。尤善屬文。州舉秀才。徵辟不就。入廬山依遠公。義熙中與家人別。入室端坐而逝。

張陳典 清嘉定人。字徵五。一字穀庭。本姓陳。育於外祖。承其姓。乾隆進士。知銅仁縣。有治績。工詩文。善書畫。有燕翼堂集、閒窗偶吟、陸舟賸稿、韓昌黎編年詩集詮釋。

張陵 後漢楷子。字處沖。桓帝朝爲尙書。元嘉正月朔朝賀。大將軍梁冀帶劍入省。陵敕羽林虎賁奪劍。冀跪謝。陵不應。卽劾奏。請廷尉論罪。百僚肅然。冀弟不疑初舉陵孝廉。謂曰。舉君適以自罰也。陵曰。明府不以陵不才。誤見擢序。今申公憲。以報私恩。不疑有愧色。

張鹵 明儀封人。字召和。號滸東。嘉靖進士。累擢右僉都御史。巡撫保定。大璫馮保家保定。使請於鹵。欲爲建坊。鹵不可。保銜之。入拜大理卿。尋出爲南京太常卿。以忤張居正致仕。有嘉隆疏草、張滸東集。

張傑 明鳳翔人。字立夫。號默齋。正統時領鄉薦。官趙城訓導。以講學爲事。其工夫以涵養須用敬進學在致知二語爲的。用五經教授。名重一時。學者稱五經先生。

張傅 宋讓人。字巖卿。進士及第。累官工部侍郎。傅強力治事。七爲監司。所至審覈簿書。句摘姦隱。州縣憚之。

張勝 漢天漢初以副中郎將與蘇武俱使匈奴。被繫。遂降匈奴。

張勝祿 清湘鄉人。咸豐間從曾國藩攻洪秀全。轉戰湘鄂江皖。屢建殊勳。官至總兵。同治間從攻江寧。沒於陣。謚壯勇。

張喬 漢順帝時豪林蠻區入寇。州郡討之不克。於是選喬爲交州刺史。喬單車至州。寇自弭。◎唐池州人。咸通進士。黃巢之亂。罷舉隱九華。工詩。◎清妓。廣州人。美顏色。工詩畫。歌舞尤妙絕。年二十一病垂危。彭孟陽文學以數百金贖之。喬竟不起。孟陽葬之白雲山麓。送者數百人。人詩一章。梅花一本以表之。號曰花冢。

張善安 唐方與人。亡命爲盜。蕭銑取豫章。善安奪其地。據以歸國。授洪州總管。武德中反。輔公祏以爲西南大行臺。尋又歸唐。稱不與謀。公祏破。得其書。伏誅。

張善相 唐襄城人。大業末據許州。奉李密。密敗。挈州歸唐。授伊州總管。王世充攻之。城陷被殺。

張堪 後漢宛人。字君游。少時志美行勵。諸儒號曰聖童。光武初拜郎中。累官漁陽太守。捕擊姦猾。勸課農桑。百姓歌之。在郡八年。匈奴不敢犯塞。去職之日。乘折轅車布被囊而已。

張堯佐 宋永安人。字希元。溫成皇后世父。舉進士。歷憲州鄧州推官。累遷至宣徽使。判河陽。徙鎭天平軍卒。堯佐起寒士。通吏治。曉法律。以戚里進。遽至崇顯。戀嫪恩寵。爲世所鄙。

張堯恩 明杭州人。字孺承。工畫山水。

張寔 前涼軌子。字安遜。軌卒。嗣爲西平公。晉元帝時進大都督涼州牧。爲妖賊所害。在位六年。年號建興。元帝賜謚元。張祚僭位。追尊爲高祖。

張就 漢山陽人。從栗豐受韓詩。至大官。徒衆尤盛。◎三國魏燉煌人。恭子。恭旣推行長史事。遣就詣曹操請太守。爲酒泉黃華所執。劫以白刃。就終不回。後事解。代恭爲戊己校尉。拜金城太守。父子著稱於西州。

張巽 宋泉州人。字子文。從張栻游。又嘗問學於朱熹。日從事於涵養體察。久益明淨。或勸其著述。曰。於所聞所知。尙未能加意。安敢妄作。有草堂在錦溪。稱錦溪先生。

張弼 宋仙遊人。字舜元。恬淡好學。尤刻意於易。推明象數。有漢晉易家所不到者。紹聖初大臣以其名聞。幷上所著易解。賜號葆光處士。◎明松江華亭人。字汝弼。自號東海。成化進士。官南安知府。治績甚著。

弼善詩文。工草書。嘗自言吾書不如詩。詩不如文。李東陽笑爲英雄欺人語。有鶴城。東海諸稿。

張弼妻 【宋】和州人。姓徐氏。建炎中金人犯維揚。官軍望風潰。多肆擄掠。執徐氏欲犯之。徐氏瞋目大罵。賊慙恚。刺殺之。

張復 【明】休寧人。字子遠。有鑾下語。◉【明】太倉人。一作無錫人。字元春。號苔石。工畫山水人物。初師錢穀。後頗擅出藍之譽。

張復亨 【元】烏程人。字剛父。力學博文。仕至泰州同知。與趙孟頫．牟應龍．蕭子中．陳無逸．陳仲信．姚式．錢選皆以能詩名。時號吳興八俊。

張循之 【唐】洛陽人。與弟仲之並以學業著名。武后時上書忤旨。被誅。

張愔 【唐】建封子。官徐州刺史。在徐七年。多治績。元和初召爲工部尙書。未踰境卒。

張愉會 【清】徽州人。字庭碩。有十六國年表。

張惠 【元】新繁人。字廷傑。世祖初授燕京宣慰副使。伯顏伐宋。惠主饋餉。累官平章政事。行省杭州。所至有能聲。晚頗以沈浮取譏。

張惠言 【清】武進人。字皋文。少爲詞賦。嘗擬司馬相如．揚雄之文。及壯。又效韓愈．歐陽修。其學深於易禮。禮主鄭康成。易主虞翻。尤爲孤經絕學。嘉慶中以進士官編修卒。惠言貌清羸。鬢眉作青紺色。工篆書。有周易虞氏義．虞氏消息．虞氏易禮．易候．易事．易言．周易鄭荀義．易義別錄．易圖條辨．儀禮圖．說文諧聲譜．茗柯詩文集。

張惠明 【宋】趙州人。有道術。結廬中條山。太宗詔入內殿。封妙濟大師。尋至西嶽。尸解。

張惠紹 【梁】義陽人。字德繼。少有武幹。仕齊爲竟陵橫桑戍主。喪母歸里。聞武帝起兵。乃自歸。以功封石陽縣侯。累官左衛將軍。卒諡忠。

張揖 【後魏】清河人。字稚讓。太和中官博士。所著埤蒼．古今字詁。已佚。存者有廣雅。

張揆 【宋】歷城人。字貫之。擢進士第。官至翰林侍讀學士。出知齊州卒。揆剛狷少容。闊於世務。好讀書。

張敞 【漢】平陽人。字子高。宣帝時爲京兆尹。市無偷盜。然無威儀。嘗走馬章臺街。自以便面拊馬。又爲婦畫眉。長安中傳張京兆眉憮。帝問之。對曰。臣聞閨門之內。夫婦之私。有過於畫眉者。帝不之責。後坐與楊惲厚。免歸。數月。京師枹鼓四起。冀州部盜賊縱橫。帝思敞功。召拜冀州刺史。乘傳到部。盜賊屏息。元帝欲以爲左馮翊。會病卒。

張斐 【清】餘姚人。字非文。初名宗升。號霞池。磊落有奇節。明亡。周游天下。自號客星散人。陰結志士。欲再造明室。思乞師日本圖恢復。再至長崎。卒無成。後莫知所終。有莽蒼園集及筆語。傳於日本

張敦 【三國吳】吳郡人。字叔方。德量淵懿。清虛淡泊。善文詞。爲海昏令。甚有惠化。◉【唐】浦江人。爲諸暨令。以平海寇功轉重泉令。民悅其化。官至車騎將軍。

張敦仁 【清】陽城人。字古餘。乾隆進士。官至雲南鹽驛道。有開方補記．撫本禮記鄭注考異。

張敦義 【宋】建寧人。字行可。紹興進士。授豐陵尉。以清廉稱。調衡州司理。亦有聲。

張敦頤 【宋】婺源人。字養正。紹興進士。由南劍州教授歷知舒衡二州致仕。有柳集音辯。又著六朝事迹編類。極詳核。

張敦禮 【宋】汴人。避光宗諱改名訓禮。熙寧初選尙英宗女祁國長公主。徽宗時官至寧遠軍節度使。徙雄武卒。

張敦簡 【唐】清河人。工畫。山水人物。花草鳥蟲。俱曲盡其能。

張普惠 【後魏】九門人。字洪賑。精三禮。兼善春秋百家之說。爲孝文所知。累官豫州刺史。卒諡宣恭。

張景 【宋】公安人。字晦之。少從河東柳開游。悉出家書畀之。嗜學益力。眞宗詔有司徵天下士。景居首列。爲房參二州文學參軍。後攝理眞州事。有洪範王霸論數十篇。◉【清】常熟人。字仲若。號雨田。從馬元馭學。花鳥有法度。寫龐枝大葉。別饒韻致。

張景仁 【梁】廣平人。父爲章法所殺。景仁時年八歲。及長。斬法而自縛詣郡。簡文下教褒美。原其罪。◉【北齊】濟北人。家貧。以學書爲業。遂工草隸。選補內書生。後主在東宮。武成帝令侍書。性恭謹。後主呼爲博士。官至中書監。◉【金】遂西人。字壽甫。大定時累官御史大夫。彈劾不避權貴。朝廷肅然。與宋議和。往復七書。皆景仁爲之。世宗稱爲能文之士。

張景思 【前蜀】永平時人。工畫佛像羅漢。

張景憲 【宋】師德子。字正國。以父任爲淮南轉運副使。屬官不法者多被舉刺。累遷河東郡轉運使。終知同州。居官不畏強禦。自負所守。於人少許可。性至孝。母卒。一夕鬚髮盡白。

張朝臣 【清】山海衛人。字鼎望。舉武進士。歷官浙江處州右營都司。康熙間衛賊擾境。與協都司孫奇豹前後夾擊。兵潰。死之。

張朝晉 【清】海寧人。字莘皐。晚號北湖。十二歲補諸生。居父喪。嘔血仆地。自此不就試。嘗讀張履祥言行見聞錄。服膺之。爲刊行其書。又存

恤其後人。其學以持敬爲主。所著省克錄·問學雜錄·六有齋劄記等書。多燬於火。乾隆間卒。

張·朝瑞 【明】海州人。字子禎。隆慶進士。知安丘鹿邑二縣。歷遷湖廣參政。有治績。進應天府丞卒。諡清恪。有忠節錄·明貢舉考。

張·朝璘 【清】漢軍正藍旗人。順治間隨征江南。以紅衣礮克揚州及江陰。從平湖南山西。封一等男。累擢福建總督。

張·朝龍 【清】大同人。寄籍貴州。乾隆間隨征緬甸·金川有功。擢都司。累隨征臺灣。平林爽文·莊大田之亂。累官福建南澳鎮總兵。從孫士毅出師安南。力戰死。諡壯果。

張·棠 【清】江蘇華亭人。字吟樵。康熙舉人。官至桂林知府。告歸。工詩。以風調勝。有賦清草堂詩鈔。

張·棣 【宋】本金人。入宋。述其見聞。著正隆事迹記、金圖經二書。

張·楝 【明】崑山人。字伯任。一字可菴。萬曆進士。官給事中。請蠲度田虛賦。吳中白糧爲累。疏請令民出貲助漕舟附載。爲政府所格。遂乞歸。尋起兵科給事中。出巡固原。單騎歷險。盡得邊事虛實。多所論建。有可菴齊牘。⊙【清】吳江人。字鴻勳。號玉川。諸生。博學工詩古文。畫法私淑王原祁。有青雲詩稿。

張·森 【明】恩施人。性至孝。生而母目已昏。及森長。常以舌舐之。二十餘年。母目復明。⊙【清】睢州人。字玉標。諸生。有文名。從同里田蘭芳游。留心性命之學。好學深思。每獲創解。有皇極韻譜·易經卦變等書。

張·渠 【清】武強人。雍正間由副貢補刑部郎中。充大通橋監督。以諳練稱。累官湖北巡撫卒。

張·欽 【明】順天通州人。字敬之。號心齋。正德進士。由行人授御史。巡視居庸諸關。武宗從幸臣江彬言。將出關幸宣府。欽負敕印手劍坐關門下。上疏諫奏。帝乃還。京師盛傳張御史閉關三疏。嘉靖間以右副都御史巡撫四川。召爲工部左侍郎。被論罷。⊙【明】祥符人。字士敬。號震齋。官都司。善畫山水花竹。

張·湯 【漢】杜陵人。兒時爲父守舍。鼠盜肉。父怒笞之。湯熏掘得鼠及餘肉。劾鼠掠治。傳爰書訊鞫。論報具獄。磔鼠堂下。文辭如老獄吏。武帝時拜太中大夫。治獄務深文刻酷。後拜御史大夫。爲朱買臣等所陷。自殺。

張湯母 【漢】武帝時湯爲御史。好勝陵人。母數責怒。不能悛改。後坐罪自殺。昆弟欲厚葬之。母曰。湯爲天子大臣。被惡言而死。亦何厚葬。載以牛車。有棺而無槨。武帝聞之曰。非此母不能生此子。乃案誅陷湯者。

張·游卿 【漢】長安兄子。爲諫大夫。以詩授元帝。

張·湄 【清】錢塘人。字鷺洲。號南濱。又號柳漁。雍正進士。官至兵科給事中。頗著風節。有柳漁詩鈔。

張·渭 【清】錢塘人。字且湜。工畫花卉人物。

張·湛 【後漢】平陵人。字子孝。矜嚴好禮。建武初爲左馮翊。在郡修典禮。設條教。政化大行。拜光祿勳。光武臨朝。或有惰容。湛輒陳諫其失。常乘白馬。帝每見湛。輒言白馬生且復諫矣。擢太子太傅。湛居中東門候舍。故時人號曰中東門君。⊙【後魏】敦煌人。字子然。一字仲元。好學能文。沖素有大志。仕沮渠蒙遜。後入魏。安貧守志。崔浩常給其衣食。每歲贈詩頌浩。及浩誅。湛懼。悉燒之。

張·渥 【元】淮南人。字叔厚。自號貞期生。博學明經。累舉不得志於有司。遂放意爲詩章。畫工白描。有貞期生稿。（按圖繪寶鑑作杭人。號貞明生。此從元詩選。）

張·焜 【清】南昌人。字大啓。順治中由鄉舉知永嘉縣。縣數遭寇躪。城廬盡燬。焜至。重築新城。邑故無井。焜披榛得泉山巔。疏導入城。父老相傳此宋呂大防惠民泉。湮廢數百年。一旦復之。是歲境內穀多雙穗。有至八九穗者。吳三桂叛。總督莫洛檄焜參贊軍務。以勞卒。

張·焜芳 【明】會稽人。字九山。崇禎進士。官至南京戶科給事中。疏薦黃道周·陳子壯等。而爲舊輔文震孟請卹。被旨切責。尋罷職。後起用。道遇清兵。被執。死之。

張·然 【清】嘉定人。工詩畫。康熙中供奉內廷三十餘年。恩寵甚渥。

張·無故 【漢】山陽人。字子儒。從平陵張山拊受尚書。善修章句。爲廣陵太傅。守小夏侯說文。

張·無惑 【宋】工畫山水。

張·無夢 【宋】字靈隱。號鴻濛子。與种放·劉海蟾爲方外交。事陳摶多得微旨。遊天台。登赤城。廬於瓊臺觀。眞宗召對。除著作郎。不受。賜還山。有瓊臺集。

張·無擇 【唐】句章人。字君還。性篤孝。父沒。七日絕漿。三年不櫛。累官中散大夫。遷和州刺史。

張·爲 【唐】能詩。與周朴齊名。作詩人主客圖。後入釣鼇山訪道。

張·瑁 【宋】以御史知宣州。因家肇昌。千口同居。內外肅然。楊傑書義居二字遺之。

張·琬 【明】鄱陽人。字宗琰。洪武初貢入太學。試高等爲給事中。改戶部主事。帝問天下財賦戶口之數。口對無遺。立擢左侍郎。琬才敏有心計。卒年二十七。時人惜之。

張·琛 〔明〕東平人。永樂中由舉人擢衢州府同知。有孝行。父沒。廬墓三年。官至福建左布政使。

張·琳 〔前蜀〕許州人。唐末官眉州刺史。修通濟堰。溉田一萬五千頃。民被其惠。後事王建。累官武信軍節度使。◉〔遼〕瀋州人。天祚時擢南府宰相。天祚幸雲中。留琳與李處溫佐魏國王淳守南京。處溫立淳爲帝。琳獨守太師。十日一朝。不使與政。鬱悒而卒。◉〔清〕錢塘人。字佩嘉。一字玉田。有秋葉軒詩。

張·琦 〔元〕臨湘人。生二歲。母劉遭亂陷於兵。父必達不復娶。琦稍長。思其母。及冠。請於父往求母。偏歷湖南北淮東西。後得之貴池。迎歸奉養。其後父母相繼沒。終喪猶蔬食。◉〔明〕慈谿人。字廷珍。天資穎異。讀書一二遍。輒終身不忘。作文有俊才。時海鹽張寧·餘姚魏瀚·嘉興姚綬俱有才名。人稱浙江四才子。天順間登甲第。未幾以疾卒。◉〔明〕鄞人。字君玉。弘治進士。知興化府。歷本司左參政。致仕歸。作詩力去陳言。雖一草一木。必遠出象外乃已。有白齋竹里集。◉〔清〕嘉興人。字玉奇。寫眞推獨步。◉〔清〕陽湖人。初名翊。字翰風。號宛鄰。道光舉人。歷知章丘館陶等縣。所至有名績。工詩古文及分隸。尤精輿地之學。有戰國策釋地·素問釋義·古詩錄·宛鄰文集。

張·晝 〔清〕長洲人。字文始。號研山。善寫生。花鳥入能品。

張·留孫 〔元〕貴溪人。字師漢。少入龍虎山爲道士。有相者謂爲神仙宰相。世祖時從張宗演入朝。授爲立教宗師。居崇眞宮。時天下大定。與民休息。留孫因論治道貴清靜之旨。帝深契之。加號大宗師。

張·登 〔清〕吳江人。字誕先。精醫。有傷寒舌鑑。

張·登鈞 〔清〕河南新安人。字樞與。號種梅居士。嘗倣朱熹社倉法立善會。里人賴之。有就景亭·梅磵·寒香諸集。

張·皓 〔後漢〕武陽人。字叔明。良六世孫。安帝時爲廷尉。辨正疑獄。多以詳當見稱。後官司空。趙騰等八十餘人以上言災變當伏法。皓力諫。騰得減死。

張·竦 〔漢〕紹從弟。字德松。亦作伯松。紹與劉崇攻王莽敗。竦與崇族父嘉詣闕自歸。竦爲作奏。封淑德侯。官丹陽太守。長安語曰。欲求封過張伯松。力戰鬭不如巧爲奏。莽敗。爲賊兵所殺。

張·策 〔後唐〕敦煌人。字少逸。好學通章句。太祖稱爲張夫子。官至中書侍郎。

張·臶 〔三國魏〕鉅鹿人。字子明。漢魏間徵辟皆不應。遁徙常山。隱居不與時競。以道自樂。年百五歲卒。

張·舒 〔清〕元和人。字懷鷗。號醉鷗。工畫花卉。供奉內廷凡三十年。

張·舜民 〔宋〕邠州人。字芸叟。自號浮休居士。又號矴齋。第進士。爲襄崇令。元祐初以司馬光薦。召爲監察御史。累擢吏部侍郎。坐元祐黨。商州安置。舜民慷慨喜論事。嗜畫。題評精確。爲文豪邁有理致。尤長於詩。有畫墁錄·畫墁集。

張·華 〔晉〕方城人。字茂先。父平。爲魏漁陽郡守。華學業優博。圖緯方技之書。無不詳覽。彊記默識。時人比之子產。武帝時拜中書令。伐吳。華以爲必克。爲度支尚書。量計運漕。決定廟算。吳平。封廣武侯。惠帝即位。拜太子少傅。進右光祿大夫。爲趙王倫所害。華好人物。誘進不倦。卒之日。家無餘貲。惟文史充棟。凡奇祕世所希覯者。皆華手識焉。有博物志。

張·華原 〔北魏〕代郡人。字國滿。少明敏有器度。官兗州刺史。人懷感附。寇盜寢息。州獄有囚千餘人。華原皆決遣。至歲暮。唯有重罪者數十人。亦遣歸家。依期還獄。州境猛獸爲暴。忽有六駮食之。人以爲化感所致。及卒。州人莫不號慕。

張·萊 〔明〕丹徒人。字廷心。弘治舉人。有京口三山志。

張·虛白 〔宋〕南陽人。通太乙六壬術。遇眞人得祕訣。徽宗召管太乙宮。官太虛大夫。號金門羽客。出入禁中。終日論道。無一言及時事。金人尤重之。以爲神仙。忽語人曰。某年月日。吾當化去。至期果然。

張·詔 〔宋〕成州人。字君瑲。少隸張俊帳下。積功守和州。累官興州諸軍都統制。甚得士心。

張·詠 〔宋〕鄄城人。字復之。太平興國進士。官樞密直學士。兩知益州。恩威並用。蜀民畏而愛之。詠與寇準最善。每面折準過。雖貴不改。準知陝。詠適自成都罷還。將別。準問曰。何以教準。詠曰。霍光傳不可不讀。準歸取讀之。至不學無術。笑曰。張公謂我矣。官至吏部尚書。出知陳州。卒謚忠定。詠剛方自任。爲治尚嚴猛。慷慨好大言。樂爲奇節。自號乖崖。有乖崖集。

張·賀 〔漢〕湯子。幸於衛太子。太子敗。下蠶室。後爲掖庭令。宣帝以皇曾孫收養掖庭。賀拊循甚密。宣帝即位。賀已死。追封恩德侯。賜謚哀。

張·買奴 〔北齊〕平原人。經義該博。門徒千餘人。諸儒咸推重之。歷官太學博士·國子助教。天保中卒。

張·貴 〔宋〕度宗時襄陽受圍五年。貴與張順應募。以輕舟徑犯重圍。直抵襄城下。貴恃其驍勇。潛伏水中。赴郢求援。以助夾擊。事洩。戰死。

張賁 唐南陽人。字潤卿。登大中進士第。唐末爲廣文博士。嘗隱於茅山。後寓吳中。工詩。◎清錢塘人。一名貢孫。字雁明。號鶴虎。明貢生。有白雲集。

張超 後漢鄚人。良後。字子並。有文才。靈帝時從朱儁討黃巾有功。爲別駕司馬。善草書。世共傳之。◎清婁縣人。字文園。一字雯補。號樵水。工書畫。

張進 唐饒陽人。少負奇質。有膽氣。唐初與饒陽太守諸葛德威合謀擒劉黑闥。以功授開府儀同三司。◎宋曲阜人。拳勇善射。體質魁岸。迥出儕輩。累官并代副都部署。

張進之 南朝宋固安人。爲郡大族。家世富足。經荒年。散其財救贍鄉里。遂以貧罄。時劫掠充斥。至進之門。輒相約不犯。元嘉中詔蠲其徭役。

張逵 明餘姚人。字懋登。正德進士。嘉靖初授刑科給事中。以伏闕爭大禮。下獄廷杖。尋進右給事中。爲郭勛所譏。謫戍遼東衛。居十載。母死不得歸。哀痛而卒。

張逸 宋滎陽人。字大隱。舉進士。知鄧城縣。有能名。累官樞密直學士。知益州。凡四至蜀。諳其民風。政多便於民。卒官。◎明郯人。工畫。◎明嘉善人。字泰菴。一字日休。號溪叟。畫山水有逸致。善琴。精鑒賞。

張鈞 後漢中山人。靈帝時爲郎中。張讓等專恣。張角作亂。鈞上書謂張角所以能興兵作亂。其源皆由十常侍。爲張讓等所陷。死獄中。◎宋江源人。字子和。少勵名行。一時鉅人長德。率從請益。光宗初政。以布衣上書論國家大恥列聖深仇。言極沈痛。累官祕書丞兼兵部郎。◎明石州人。正德末舉於鄉。以親老不仕。嘉靖間俺荅犯石州。父被殺。鈞不及救。悲痛而卒。◎清歙人。字右衡。一字鏡潭。性淳樸。家貧好古。嘗稱貸戚友。購覓陳倉石鼓禹穴嶧山諸碑。昕夕研究。遂兼工製印。刀法蒼勁古雅。有鏡潭印賞。

張鈇 明慈谿人。字子威。嘉靖進士。著郊外農談。議論宗朱熹。無姚江末派之弊。但往往失之迂緩。

張閏 元延長人。隸軍籍。八世不異爨。家人百餘口。無間言。室無私藏。至元間旌其門。

張開 金景州人。賜姓完顏氏。至寧末河北兵起。開團結鄉兵爲固守。積功遂授同知青州防禦事。累官西面元帥。哀宗走歸德。開與劉益謀收潰兵從衛。不果。西走。爲民家所殺。

張開東 清蒲圻人。字白蒓。工詩。嘗坐隻輪車徧遊五嶽。畢沅題海嶽遊人四字贈之。

張開福 清燕昌子。字質民。號石匏。諸生。好金石。善鑒別鼎彝碑版。工詩。客陝西歸。自號太華歸雲叟。有石匏小稿。

張雄 唐漣水人。初爲武寧軍偏將。坐事見疑於節度使。遂據蘇州。自號天成軍鎮海節度使。大順初授昇州刺史。未幾卒。雄善馭衆。人思之。爲立廟。◎南唐淮人。或云李姓。歷袁汀二州刺史。後主時進統軍使。宋師入江南。雄與其子力戰俱死。◎明以司禮太監侍豹房。有寵。與張忠張銳並恣肆用事。時號三張。世宗用御史王鈞等言。下雄獄。

張雄飛 元臨沂人。字鵬舉。世祖時授同知平陽路轉運使事。因召見。請建儲貳及御史臺。累官至參知政事。盧世榮以言利進用。雄飛與諸執政同日皆罷。尋起爲燕南河北道宣慰使。決壅滯。黜姦貪。政化大行。卒於官。

張集馨 清儀徵人。道光進士。咸豐間官河南布政使。洪楊軍北攻河南。防禦有功。同治間署陝西巡撫。派兵剿回。大敗之。尋以事奪職。

張雯 元吳人。字子昭。時宋亡已二十餘年。雯常惓懷故國。嘗遊錢塘。遇荒蠶故墓。必躑躅感歎。通聲律。好蓄書。至正間卒。有繼滑錄。

張雲 前蜀唐安人。歷官右補闕。好直言。恆自比朱雲。權幸嫉之。坐貶。

張雲章 清嘉定人。字漢瞻。號樸村。康熙時諸生。從陸隴其學。嘗客徐乾學所。校勘經解。會隴其爲當路所排。雲章上書大學士徐元文救之。人稱其風節。有樸村集。

張雲卿 宋洛陽人。字伯紀。學問該洽。淹貫經傳。父以謫官死和州。雲卿奉母歸洛。貧甚。爲國子監說書以養母。母死。徒步至和。迎父柩歸葬。文彥博仕洛。經史注疏。或有遺忘。必以質之雲卿。

張雲錦 清平湖人。字龍威。監生。工詞。與厲鶚相唱和。有紅蘭閣詞。

張雲翼 清勇子。字又南。襲封靖逆侯。總督七閩。有式古堂集。

張雲鶴 清海鹽人。字紫田。號抱山。工畫。嘗臨石田款。人莫能辨。工書能詩。有抱山詩鈔。

張雲鸞 明無錫人。字羽臣。號泰巖。崇禎初嘗以所輯經書講義獻闕下。又有五經總類。

張順 宋度宗時爲民兵部將。襄陽受圍。順與張貴以輕舟徑犯重圍。收軍失順。越數日順屍溯流而上。身中四鎗六箭。怒氣勃勃如生。諸軍驚以爲神。◎金淄州人。爲士伍。元兵圍淄州。行省侯摯遣王庭玉將兵救之。使順往覘兵勢。被執。使宣言行省兵敗。宜速降。順陽許諾。旣乃呼謂城中日。外兵無多。王節度軍且至。宜堅守勿降。兵刃交下死。

張·須陁 【隋】閿鄉人。性剛烈有勇略。弱冠從史萬歲討西爨。以功授儀同。後從楊素擊平漢王諒。加開府。大業中爲齊郡丞。轉滎陽通守。李密取洛口倉。逼滎陽。須陁破走之。後密與翟讓合軍圍須陁。須陁潰圍陷陣。往來數四。衆皆敗散。下馬戰死。

張·僅言 【金】覺子。幼名元奴。世宗時爲內藏府庫使。轉少府監丞。工心計。世宗倚任之。累遷勸農使。

張·嗣成 【元】與材子。號大元。能畫龍。兼善草書。

張·嗣德 【元】號大乙。爲天師。工畫墨竹禽鳥。

張·塤 【清】吳縣人。字商言。號瘦銅。乾隆進士。官內閣中書。考證金石書畫題跋。均極詳贍。有竹葉庵集。

張·嵊 【梁】稷子。字四山。少有志操。能清言。嵊感家禍。終身蔬食布衣。累官吳興太守。舉兵討侯景。兵敗被執。遇害。諡忠貞。

張·嵲 【宋】襄陽人。字巨山。宣和中上舍選中第。紹興中召對。嵲言荆襄壽春。當擇良將勁兵戍守其地。除秘書省正字。會地震。嵲奏請薄賦安民。再遷著作郎。請擇儒臣爲川蜀荆襄帥。除司勳員外郎。金人敗盟。爲秦檜畫策草奏。擢中書舍人。尋罷去。起知衢州。除敷文閣待制。秩滿。提舉太平興國宮。復作中興復古詩希進用。會疽發背死。工詩文。有紫微集。

張·轂 【金】臨潁人。字伯英。大定進士。爲同州判官。時徵雕雁羽箭十萬。價翔躍。轂執不可。願以身任其咎。尚書省如所請。官至河東南路轉運使。轂天性孝友。任子悉先諸弟。俸入所得。委其弟掌之。未嘗問有無。

張·廌 【晉】樂成人。隱居頤志。不應辟命。一郡號爲高士。家有苦竹數十頃。廌於竹中構屋。常居其中。王羲之聞而造之。廌逃避竹中。不與相見。

張·微 【蜀漢】翼子。篤志好學。官廣漢太守。◎【明】興寧人。爲諸生。天順間邑中賊起。從指揮張通禦之。與寇戰。被執。不屈死。

張·德新 【宋】工畫花鳥。

張·愈 【宋】郫人。字少愚。屢舉不第。寶元初上書言邊事。授校書郎。旋歸隱。文彥博治蜀。爲置青城山白雲谿以居之。丁內艱。鹽酪不入口。杜門著書。未就卒。

張·愼 【清】海鹽人。字護臣。號南廬。諸生。善畫青綠山水。尤精小楷。

張·愼言 【明】陽城人。字金銘。號藐山。萬曆進士。除壽張知縣。有能聲。天啓初出督畿輔屯田。列上官種佃種民種軍種屯種五法。崇禎時官至南京吏部尚書。京師陷。福王立於南京。命愼言理部事。尋乞休。國亡後。疽發背卒。有泊水齋文鈔。

張·愼思 【後梁】清河人。自黃巢軍來歸。從平巢蔡兗鄆。有功。官至金吾大將軍。尋除蔡州刺史。以黷貨大失民情。詔追赴闕。後以敗家不嚴。爲子所弑。

張·敬兒 【南齊】冠軍人。初名苟兒。有膽氣。好射猛獸。發無不中。初仕宋。累官寧朔將軍。入齊。積功官至車騎將軍。後被誅。

張·敬則 【唐】本名昌。後賜今名。初助劉玄佐。累有軍功。官至鳳翔節度使。常有復河湟之志。遣大將野詩良輔發銳卒至隴西。蕃戎大駭。元和初卒。

張·敬詢 【後唐】金河人。太祖時專掌甲坊十五年。以稱職聞。累遷滑州節度使。以河水連年溢隄。乃自酸棗縣界至濮州。廣隄防一丈五尺。東西二百里。民甚賴之。

張·敬達 【後唐】代州人。字志通。小字生鐵。官太原四面招討使。石敬瑭引契丹入寇。敬達被困食盡。楊光遠殺敬達降契丹。耶律德光哀其忠。遣人收葬之。

張·暉 【宋】大城人。歷仕唐晉漢周。官至冀州刺史。宋初從征澤潞。爲行營壕砦使。先登陷陣。累官西川行營先鋒都指揮使。

張·暐 【唐】襄城人。景龍初爲銅鞮令。家本豪富。好賓客。以弋獵自娛。傾身事臨淄王。及王卽帝位。累遷京兆尹。入侍私宴。出主都政。榮寵無比。官至殿中監。太僕卿。加特進卒。◎【金】日照人。字明仲。正隆進士。調陳留主簿。累官御史大夫。坐奏事不實。奪一官解職。起爲安武軍節度使。致仕。暐歷太常禮部二十餘年。最明古今禮學。家法爲士族儀表。

張·楊 【後漢】雲中人。字稚叔。董卓以爲建義將軍。河內太守。曹操圍呂布。楊出兵東市。遙爲之勢。爲其將楊醜所殺。

張·楷 【後漢】霸子。字公超。通嚴氏春秋。古文尚書。隱居弘農山中。學者隨之。所居成市。華陰山南遂有公超市。五府連辟。舉賢良。皆不就。好道術。能作五里霧。◎【明】慈谿人。永樂進士。宣德間拜監察御史。理冤摘奸。風振朝宁。累升僉都御史。◎【清】漢軍正藍旗人。字瞻式。號蒿亭。康熙舉人。授東阿令。歷官江蘇陝西安徽巡撫。所至有善政。官至戶部尚書。

張·業 【後蜀】驍勇善戰。從孟知祥討諸盜有功。累官司空。兼判度支。性豪侈。強市人田宅。藏匿亡命。事覺。孟昶詔暴業罪惡。籍其家。◎【清】餘姚人。字維勤。號味琴。諸生。善寫生。花卉亦蒼秀精雅。

張楨 【元】汴人。字約中。登元統進士第。累遷監察御史。除僉山南道肅政廉訪司事。劾也先不花等弄權誤國之罪。不報。辭去。結茅河中安邑山谷間。有訪之者。不復言時事。但對之流涕而已。

張楚金 【唐】道源族孫。官秋官尙書。爵南陽侯。有清概。然尙文刻。爲酷吏所構。流死嶺表。

張溫 【後漢】穰人。字伯愼。靈帝時官司空。邊章・韓遂兵起。拜溫爲車騎將軍。屯美陽。時董卓爲盪寇將軍。屬溫。溫令卓與邊章等戰。無功。溫召卓。又不時應命。孫堅勸溫殺卓。溫以卓有威名。不從。後溫爲太尉。卓爲太師。會天變。卓使人誣溫與袁術交通。笞殺溫。◎【三國吳】吳郡人。字惠恕。少修節操。容貌奇偉。累官太子太傅。嘗使蜀。蜀甚貴其才。既還。孫權陰銜溫稱美蜀政。又嫌其聲名大盛。思有以中傷之。會暨豔事起。遂因此黜斥。◎【後唐】魏縣人。字德潤。仕梁爲左右捉生都指揮使。莊宗伐邢臺。獲之歸。從襲契丹於幽州。收新州。全武州。以功官至晉州節度使。◎【明】從取太平有功。累官都督僉事。洪武時封會寧侯。坐藍玉黨死。

張溥 【明】太倉人。字天如。與同里張采共學齊名。號婁東二張。崇禎間溥集郡中名士。相與復古學。名其文社曰復社。及成進士。交游日廣。自謂以嗣東林。執政惡之。里人陸文聲求入社。不許。詣闕訐溥。嚴旨窮究不已。溥卒而事猶未竟。後詔徵遺書。先後錄上三千餘卷。有詩經註疏大全合纂・春秋三書・歷代史論二編・漢魏六朝一百三家集。

張源德 【後梁】初從李罕之。以潞州叛晉降梁。官蔡州刺史。貞明中守貝州。時晉已盡有河北。城中食盡。貝人勸源德出降。不從。見殺。

張溍 【清】磁州人。字尙若。順治進士。選庶吉士。性至孝。聞母病。即乞養歸。窮究身心性命之理。與孫奇逢往復辨論無虛日。有濟寧集・讀書堂杜詩註解。◎【清】江蘇華亭人。字子晉。諸生。工畫山水。能詩。

張煚 【隋】羨子。字士鴻。好學有父風。初仕周。歷膳部大夫。文帝受禪。拜尙書右丞。進爵爲侯。丁父憂。哀毀骨立。性和厚。省識制度。甚有時譽。後拜冀州刺史。稱良二千石。

張煒 【金】永年人。字子明。本名燀。避章宗嫌名改。大定進士。調葭州軍事判官。再遷中都左警巡使。喜言功利。寡廉節。縉紳薄之。官至安國軍節度使致仕。

張煦 【宋】開封人。字輔暘。開寶末補府中牙職。天禧間知磁州。明術數。善相宅。

張煇 【宋】永嘉人。字子充。天資謹飭。喜問學。自六經史傳諸子百家之說。皆通習而辨析之。性篤孝。居喪哀毀不自勝。日從事於治氣養心之術。官國子學錄。有草堂語錄。學者稱草堂先生。

張煥 【明】長洲人。字揚華。一字茂實。嘉靖進士。累官南京太僕寺卿。值倭犯兩浙。上平倭十二策。官至督理南京倉儲。右副都御史。有平倭四疏・華陽漫稿。

張煥綸 【清】上海人。字經甫。諸生。有志經世之學。尤長於輿地。光緒間創正蒙書院。以明義理識時務爲宗旨。後改名梅溪學堂。爲我國建設學堂之最先者。

張煊 【清】介休人。明崇禎進士。由知縣累官河南道御史。順治初授原官。劾陳名夏十罪兩不法。譚泰袒名夏。以煊所言多不實。論絞死。後卹贈太常寺卿。

張照 【清】江蘇華亭人。字得天。號涇南。康熙進士。雍正間官至刑部尙書。通法律。精音樂。尤工書法。卒諡文敏。

張熙純 【清】上海人。字策時。號少華。乾隆舉人。官內閣中書。襟情爽颯。工塡詞。以韻勝。有蠡華閣詞。

張煌言 【明】鄞人。字元著。號蒼水。崇禎舉人。明末南京之敗。煌言與同郡錢肅樂等倡義奉魯王監國。以僉都御史監張名振軍。屢抗清師。舟山破。魯王入閩依鄭成功。煌言勸成功取南京。自崇明入江。所向克捷。煌言先移師上游。已下皖二十餘城。成功自鎭江敗退。事遂不成。後魯王卒。煌言散兵隱居。旋爲清軍所獲。不屈死。有奇零草・水槎集・北征錄。

張瑄 【明】江浦人。字廷璽。正統進士。授刑部主事。有能聲。累擢廣東右布政使。平廣西陽江諸賊。官至南京刑部尙書。晚節衰耄。政頗寬縱。御史劾罷之。有南征錄。

張瑛 【明】浙江建德人。字彥華。永樂舉人。正統時官建寧知府。鄧茂七作亂。被執不屈死。

張瑋 【明】武進人。字席之。少孤貧。取糠粃自給。不輕受人一飯。講學東林書院。師孫愼行。其學以愼獨研幾爲宗。萬曆間成進士。授戶部主事。調兵部職方。歷郎中。累官左副都御史。瑋素有清望。與左都御史劉宗周・左僉都御史金光辰並稱憲紀。臺中肅然。旋謝病歸卒。福王時諡清惠。

張瑃 【清】陽城人。字伯珩。明崇禎進士。清初知原武縣。以清靜愛民爲務。官至陝西巡撫。墾地九千餘頃。疏通鄭白二渠。在秦二年。善政頗多左遷福建督糧道參議。卒於官。（據清一統志作張椿。此從耆獻類徵。）

張·瑞 【清】長洲人。字維四。工畫花卉。

張·瑞圖 【明】晉江人。字長公。號二水。萬曆進士。以附魏忠賢仕至建極殿大學士。善畫山水。尤工書。與邢侗·米萬鍾·董其昌齊名。時稱邢張米董。後入逆案坐徒。贖爲民。

張·瑞衡 【宋】鎭江人。一作端衡。以進士知句容縣。畫木石有名。

張·甝 【晉】敦煌人。與鄉人汜衷·索靖·索紒·索永俱詣太學有聲。號稱敦煌五龍。

張·睦 【五代閩】固始人。唐末從王審知入閩。授三品官。領榷貨務。招來蠻裔商賈。斂不加暴。國用日饒。累封梁國公。

張·篘 【後唐】海州人。初仕梁。入唐官至左驍衛上將軍。弟鏒爲牙內指揮使。兄弟貲皆鉅萬。鏒坐事鬱鬱卒。篘居洛陽。擁其貲以聲妓自娛。人謂之地仙。

張·綖 【明】高郵人。字世文。正德舉人。官至光州知州。有杜詩通·詩餘圖譜·南湖詩集。

張·經 【宋】姑蘇人。一作涇。善雜畫。尤精傳模翎毛蘆雁。見稱米芾。◎【明】侯官人。字廷彝。正德進士。官至右都御史。專討倭寇。還將練兵。爲搗巢計。趙文華劾經糜餉殃民。畏賊失機。詔逮經。論死。天下冤之。隆慶初復官。諡襄敏。有半洲稿。◎【明】瀋陽中衛人。字天敍。正德進士。授新樂知縣。擢監察御史。按宣府。劾鎭守太監丁喜貪肆罪。爲喜所訐。謫河內縣典史。憂憤卒於途。◎【清】當塗人。字我絲。畫山水得元人遺意。

張·經田 【清】湘潭人。字壺山。乾隆進士。官至貴陽兵備道。有無所住齋隨筆。

張·羨 【隋】鄭人。少好學。仕魏爲蕩難將軍。仕周爲司成中大夫。典國史。周代公卿。類多武將。唯羨以素業自通。甚爲當時所重。文帝時上表勸以儉約。優詔答之。卒諡定。有道言五十二篇。

張·義潮 【唐】沙州人。時沙州沒於吐蕃。會昌間義潮乘吐蕃亂。率衆逐守者自攝州事。以次悉復諸州。告捷於朝。並獻十一州圖籍。詔授歸義軍節度。咸通間自將復涼州。命回鶻首領僕固俊擒斬吐蕃將尙恐熱。肅清河隴。後入朝。拜右神武統軍卒。

張·聖者 【宋】永福人。以採薪鬻鋤柄爲業。一日入山遇仙。食以桃。因忽忽若狂。談未來事無不驗。素不諳書。忽奮筆作字。得羲獻體。因度爲僧。作字多以左手。或以足指挾筆。

張·肅 【後漢】張儉鄉人朱並上書告儉與同鄉二十四人別相署號。共爲部黨。以儉及肅等爲八俊。◎【宋】舒城人。以直諒稱。仕爲廣東轉運判官。後爲江東提點刑獄。自司馬光而下七十有四人。分韻作詩。以贈其行。

張·與材 【元】貴溪人。字國梁。號廣微子。世掌道教。時潮嚙鹽官海鹽兩州。爲患特甚。與材以術治之。潮患遂息。工草書。善畫龍。

張落魄 【明】嘉靖中寄居玉山縣黃谷山觀中。自稱張落魄。飲酒數斗不醉。出入莫測。

張·著 【宋】知臨江軍。政事嚴明。吏民畏服。兵燹之餘。鮮服儒業。著建學舍以勸誘之。士因知學。◎【明】永嘉人。字則明。元末游學至常熟。道梗弗克歸。學者爭師之。舉爲州學訓導。遂家焉。洪武中領鄉薦。歷官臨江府同知。卒於官。

張·萱 【唐】京兆人。善畫人物。花蹊竹榭。點綴皆極妍巧。嘗以金井梧桐秋葉黃之句。畫長門怨。甚有思致。◎【明】博羅人。字孟奇。號九岳。別號西園。萬曆中舉於鄉。官至平越知府。好學博識。經史百氏。靡不淹通。能畫。書各體皆工。有彙雅。

張·萬公 【金】東阿人。字良輔。正隆進士。調新鄭簿。累官平章政事。封壽國公。卒諡文貞。萬公淳厚剛正。門無雜賓。典章文物。多所裁正。輔政八年。所薦引多廉讓之士。

張·萬成 【宋】工畫花鳥。

張·萬和 【唐】諸暨人。力學明經。遭父母喪。負土成墳。兄弟廬於墓。萬和卒。子孝祥亦廬墓。俱二十餘年。詔旌其門。

張·萬迪 【後晉】初事唐。入晉爲登州刺史。楊光遠反。脅取至青州。萬迪聽命。及光遠平。坐誅。

張·萬家奴 【元】從都元帥大答火魯征討有功。至元間官至副都元帥。征緬戰死。

張·萬進 【後梁】雲州人。初爲本州小校。亡命投劉守光爲裨將。旣又殺守光子而歸晉。末帝攻之。復降梁。官至兗州節度使。性輕險反側。貞明中據城叛。城破族誅。◎【後晉】突厥南鄙人。少無賴。事後唐以騎射著名。衝鋒陷陣。無敢當者。入晉授新義軍節度使。所至凶恣。天福中卒。

張·萬歲 【唐】官太僕卿。善於其職。自貞觀初牝牡凡三千匹。麟德間蕃息及七十萬匹。牧事賴之。

張·萬福 【唐】元城人。學騎射。從軍有功。代宗時歷壽·濠·舒·和諸州刺史。防秋京西。德宗召爲濠州刺史。謂曰。江淮草木。亦知威名。累官金吾將軍。時帝欲相裴延齡。陽城等守延英門極諫。帝震怒。萬福趨至。大言曰。朝廷有直臣。天下必太平矣。

彌揖城等勞之。由此名重天下。以工部尙書致仕卒。年九十。

張·萬選〔清〕濟南人。字舉之。官太平府推官。有太平三書。

張·裔〔蜀漢〕成都人。字君嗣。治公羊春秋。博通書史。先主定益州。以爲太守。至郡。雍闓縛送吳。諸葛亮遣鄧芝使吳請裔歸。以爲參軍。署府事。累加輔漢將軍。裔少與楊善恭友。善恭早死。裔爲養母撫孤。及善恭子長。爲之娶婦買田宅。時人咸重其義。

張·裕〔蜀漢〕蜀郡人。字南和。曉占候。爲州後部司馬。先主欲爭漢中。諫曰。軍必不利。先主不用其言。裕私語人曰。歲在庚子。劉氏祚盡。主公得益州。九年之後。寅卯之間。當失之。先主夙銜其不遜。加忿其漏言。棄市。裕又曉相術。每舉鏡視面。自知刑死。輒撲之於地。◎〔南朝宋〕吳郡人。眞後。字茂度。官會稽太守。素有吏能。在郡縣職事甚理。卒諡恭。

張·裕釗〔清〕武昌人。字廉卿。道光舉人。官內閣中書。主講武昌經心書院。研究訓故。專主音義。善書。工古文。有左氏服賈注考證。今文尙書考證。濂亭文鈔。

張·裕葉〔清〕桐城人。字侍喬。副貢生。乾隆中官滁州學正。深經術。旁及天文算術。嘗撰開方捷法。又嘗以己意創爲燥溼表。能預知晴雨。學者稱華嚴先生。

張·詮〔晉〕野族子。字秀碩。酷嗜墳典。庾悅以其貧。起爲尋陽令。笑曰。古人以容膝爲安。若屈志就祿。何足爲榮。乃入廬山依遠公。宋景平初卒。

張·詢〔唐〕南海人。字正言。性孤潔。家貧力學不第。百藝俱絕。畫尤妙。流寓長安。至蜀。爲僧夢休作早晚午三景於壁。謂之三時山。僖宗幸蜀見之。歎賞彌日。◎〔宋〕咸陽人。字仲謀。官至知施州。與黃庭堅唱和甚多。居官清愼。有詩集。

張·詵〔宋〕浦城人。字樞言。第進士。通判越州。累官龍圖閣直學士。知杭州。詵性孝友。廉於財。平生不殖田業。

張·詡〔明〕南海人。字廷實。號東所。成化進士。陳獻章弟子。其學以自然爲宗。以忘己爲大。以無欲爲至。即心觀妙。以揆聖人之用。授戶部主事。再遭親喪。隱居不仕。正德中召爲南京通政司左參議。一謁孝陵卽告歸。有白沙遺言纂要・東所文集・南海雜詠。

張·詩〔明〕北平人。自號崑崙山人。爲文雄奇變怪。書放勁驚人。

張·詩日〔清〕湘鄉人。咸豐間以外委從軍。與洪楊軍戰。疊復沿江城隘。同治間擊江寧。詩日率兵奪門先入。官至直隸宣化鎮總兵。征勦捻匪。歷蘇皖齊豫。功甚著。卒諡勤武。

張·路〔明〕大梁人。字天馳。號平山。諸生。工畫山水花鳥。

張·路斯〔後漢〕爲宣城令。夫人石氏生九子。嘗釣於焦氏臺。歸則體濕而寒。夫人問之。曰我龍也。蓼人鄭祥遠亦龍也。今日與爭釣處。明日當戰。使九子助我。我領絳綃兵。鄭領青綃兵。明日衆射青綃中之。九子皆化龍去。

張·載〔晉〕安平人。字孟陽。父收。官蜀郡太守。載性閑雅。博學有文章。太康初至蜀省父。道經劍閣。因著銘作誡。益州刺史張敏表上其文。武帝遣使鐫之於劍閣山。起家佐著作郎。累官中書侍郎卒。◎〔宋〕郿縣橫渠鎮人。字子厚。父迪。仁宗朝官殿中丞。載少孤自立。喜談兵。至欲結客取洮西地。年二十一。以書謁范仲淹。仲淹勸讀中庸。載猶以爲不足。又訪諸釋老。反而求之六經。嘗坐虎皮。講易京師。程頤兄弟與論易。次日撤坐輟講。盡棄異學。嘉祐間舉進士。爲雲巖令。熙寧初爲崇政院校書。尋屏居南山下。終日危坐一室。與諸生講學。告以變化氣質之道。呂大防薦知太常禮院。以疾歸。卒諡明。後定諡獻。其學以易爲宗。以中庸爲的。以禮爲體。以孔孟爲極。著正蒙西銘及易說。世號橫渠先生。傳其學者稱爲關學。◎〔清〕桐城人。字子容。明季諸生。少負氣節。善射。流寇圍桐城。載發矢斃賊。賊不敢近。明亡。隱居松山。足不入城市。工小楷。年七十餘。著地輿圖。尺幅作數千字。細如秬黍。精工絕倫。

張·辟彊〔漢〕良子。惠帝崩。時辟彊爲侍中。年十五。言於陳平。請拜呂台・呂產爲將。將兵居南北軍。呂氏權由此起。

張·遐〔後漢〕餘干人。幼聰明。日記萬言。年十九從楊震。震語人曰。張遐當爲天下後世儒宗。建寧間召爲五經博士。尋以疾還教授。有五經通義・易傳・筮原・龜原・吳越春秋等書。

張·遇〔宋〕易水人。善製墨。有題光啓年者。妙不減李廷珪。宮中取其墨燒去烟。用以畫眉。謂之畫眉墨。蔡君謨謂世以歙州李廷珪墨爲第一。張遇墨爲第二。

張·通古〔金〕易縣人。字樂之。博學善屬文。遼天慶進士。金天會間除中京副留守。累官平章政事。封曹王。海陵御下嚴厲。未嘗少假顏色。惟見通古。必以禮貌。通古天資樂易。不爲表襮。雖居宰相。自奉如寒素。

張·運〔宋〕貴溪人。字南仲。宣和進士。歷官大理少卿。明於治獄。獄爲之空。金人渝盟。遷戶部侍郎。以專餽餉。出知太平州。嘗兵饑疾癘之後。勞徠安輯。嚴斥候。申禁令。民賴以安。後以數文閣待制卒。

張·運桂　清運蘭弟。字稺圃。咸豐間與運蘭守徽州。有名。運蘭假歸。運桂以五千人出奇計破賴裕新·古隆賢三萬衆於歙東。官至總兵。

張·運蘭　清湘鄉人。字凱章。咸豐間從王鑫轉戰衡永郴桂間。以功擢同知。後從援江西。會鑫卒。與王開化領其衆。復江西各縣。功稱最。官至福建按察使。後援閩。兵敗於汀州。被執。支解死。贈巡撫。謚忠毅。

張·達　明涼州人。膂力絕人。嘉靖間以總兵官鎮大同。俺答入寇。戰死。謚忠剛。

張·道古　前蜀蒲臺人。少慕朱雲。梅福之節。唐景福中舉進士。仕爲左補闕。王建召爲武部郎中。至玉壘關。謂所親曰。吾唐室諫臣。終不能拳跽與雞犬同食。雖召必再貶。入朝果不爲時所容。貶茂州。道古深於易。有易題徵卷行世。

張·道岸　清湖州人。字閒鶴。性簡傲。嗜飲。少進輒醉。醉輒喜畫蘭。勃勃有生氣。

張·道洽　宋開化人。字澤民。號實齋。端平進士。嘗爲池州僉判。後辟襄陽府推官卒。有梅花詩三百餘首。

張·道浚　清新安人。寓常熟。字延先。又字庭仙。善畫山水及竹。工詩善琴。有鶴還堂集。

張·道陵　後漢沛國人。良裔。永平時拜江州令。棄官隱洛陽北邙山。章和間累召不就。杖策游龍虎山。修煉道成。入蜀。以符水禁咒之法愚民。從學者出米五斗。時稱五斗米道。其徒稱道陵爲天師。後世所稱張天師。卽其後裔。

張·道渥　清渾源人。字水屋。號竹畦。官蔚州知州。工書及詩。善畫山水。性不羈。人呼張風子。卽以自號。

張·道源　唐祁人。名河。以字顯。年十四。居父喪。士人賢其孝。縣令郭湛署所居曰復禮鄉·至孝里。道源嘗與客夜宿。客暴死。道源徒步護送其喪還家。官至綿州刺史。卒謚節。

張·鉉　元陝西人。字用鼎。嘗爲奉元路學古書院山長。以博雅稱。所著至大金陵新志。薈萃損益。本末燦然。無後來地志家附會叢雜之病。

張·雋　清吳江人。一名僧願。字非仲。又字文通。明諸生。積書甚富。南潯莊廷鑨聘修明史。爲作有明理學諸儒傳。名與斯集。史案未發。恐不免。逃於僧舍。後史獄起。就逮於杭州被誅。有三部略·易序測象·西廬詩草。

張·雍　宋安德人。治毛詩。開寶進士。端拱中累官右諫議大夫。後以尚書右丞致仕。雍性鄙吝。蒞事勤恪。恃其清幹。受遇於時。所至藩鎮宴犒。卒皆裁節。聚公錢爲羨餘。以輸官帑。集會賓佐。糲食而已。在三司置簿籍。有按前急馬前急急中急之目。頗爲時論所誚。

張·雍敬　清秀水人。字珩佩。又字簡庵。潛心曆術。初著定曆玉衡。主中曆爲多。後往見梅文鼎。假館授餐。逾年相辨論者數百條。其學益進。有宣城游學記。

張·預　宋東光人。字公立。有百將傳。

張·馴　後漢定陶人。字子儁。通春秋左氏傳。以大夏侯尚書教授。舉高第。拜議郎。與蔡邕共奏定六經文字。擢侍中。典領祕書。甚見寵異。多因便宜陳政得失。遷丹陽太守。有惠政。徵拜尚書。遷大司農。卒官。

張·鼎　明陝西咸寧人。字大器。成化進士。官至戶部右侍郎。游薛瑄之門。終身恪守師說。瑄沒。其文集散漫不傳。鼎爲搜輯校正。數年始成書。學者稱自在先生。

張·鼎思　明安陽人。字愼吾。萬曆進士。有瑯邪曼衍·瑯邪代醉編。

張·僧乙　清嘉定人。初名銘。字西又。一字紫庭。早棄諸生。蕭然高寄。喜蓄彝鼎圖書。工詩詞書畫篆刻。有駃雨閣詩稿·東樂軒詩鈔·紫庭詩草·梨花掩門集·題畫詩·二家詩選。

張·僧皓　後魏烈弟。字山客。屢徵不赴。世號徵君。好營產業。藏鏹巨萬。尤好揣弈。侵譏於世。

張·僧繇　梁吳人。歷右軍將軍·吳興太守。善繪雲龍人物。武帝崇飾佛寺。多命僧繇畫之。嘗於安東寺畫四龍。而不點睛。云點之則飛去。人以爲妄。固請點之。須臾雷電破壁。見二龍飛去。未點睛者如故。

張·嘉昺　清鄞人。字石渠。工繪事。風節甚高。日與寓客浮屠爲莽社唱和。能醫。以所入給朝夕。

張·嘉玲　清吳江人。字佩葱。一字岵瞻。明諸生。從張履祥游。居家造次不違禮。有安孝先生遺集。

張·嘉貞　唐猗氏人。字嘉貞。張循憲薦於武后。爲監察御史。開元中拜中書令。善傳奏。敏於裁遣。嘉貞雖貴。不立田園。卒謚恭肅。

張·嘉祐　唐嘉貞弟。嘉貞爲相時。任金吾衞將軍。每朝。軒蓋騶導盈閭巷。時號所居坊曰鳴珂里。

張·圖　後梁洛陽人。字仲謀。太祖在藩鎮日。圖掌行軍資糧簿籍。故時人呼爲張將軍。好丹青。善潑墨山水。不由師授。自成一體。

張·墉　明錢塘人。字石宗。嘗采史中佳事雋語分類排纂。爲廿一史識餘。又名竹香齋類書摘錄。

張·壽卿　元東平人。浙江省掾史。工樂府。有紅梨花雜劇行世。

張壽榮　〔清〕鎮海人。字鞠齡。同治舉人。有舫廬文存。又彙刻花雨樓叢書。

張夢鯉　〔明〕萊陽人。字汝化。嘉靖進士。以兵部郎中知開封府。高拱有所屬。輒持不行。後累官大理卿。張居正秉政。九卿多絀下之。夢鯉獨無加禮。仕宦三十年。家無贏資。所居圜荆扉欂落而已。

張奫　〔隋〕東武城人。家淮陰。字文懿。好讀兵書。以勇決知名。仕周爲州主簿。入隋。平陳有功。累官潭州總管。卒謚莊。

張寧　〔明〕海鹽人。字靖之。號方洲。景泰進士。擢都給事中。負志節。持正議。出爲汀州知府。以簡靜爲治。致仕卒。寧工書畫。能詩。有方洲雜言・奉使錄・方洲集。

張實居　〔清〕鄒平人。字蕭亭。一字賓公。順治時卜居於大谷。彈琴詠歌以自娛。有蕭亭詩選。

張嵿　〔明〕蕭山人。字時俊。成化進士。歷官江西左布政使。舉治行卓異。世宗朝以右都御史總督兩廣軍務。討擒黃鏐・蔡猛三等賊。佛郎機國人別都盧入寇新會。嵿遣將出海擒之。官至工部尚書。

張戩　〔宋〕載弟。字天祺。第進士。熙寧初爲監察御史裏行。累章論王安石亂法。出知公安縣。徙夏縣。又徙鳳翔府司竹監。夏縣民遮道泣送。至於舉家不食筍。戩爲人篤實寬裕。樂道人善。終日無一言不及於義。關中學者稱爲二張。⊙〔宋〕爲人志尚清虛。工畫山水。徽宗嘗遣其乘舟往觀山水之勝。作八景圖。

張暢　〔南朝宋〕禕子。字少微。歷官沛郡太守。元嘉中魏太武南侵。江夏王義恭欲棄彭城。暢執不可而止。累官吏部尚書。封夷道縣侯。卒謚宣。

張榮　〔元〕歷城人。字世輝。金季山東羣盜蜂起。榮據濟南巒堂嶺。略章丘・鄒平等地。後納款。官山東行尚書省・知濟南府事。封濟南公。致仕卒。⊙〔元〕青州人。後徙鄒陵。從金太保明安降太祖。授懷遠大將軍・元帥左都監。從征西域。造舟濟師有功。陞鎮國上將軍・砲水手元帥。攻鳳翔。中砲卒。⊙〔清〕江蘇華亭人。字景桓。有空明子詩文集・雜錄。⊙〔清〕嘉定人。字采南。號巢南子。工畫山水人物。寫意花鳥。尤爲生動。

張榮實　〔元〕保定人。父進。與金將戰死。榮實以質子入宿衛。屢有戰功。累官湖北道宣慰使・諸路水軍萬戶。

張榕端　〔清〕磁州人。字子大。康熙進士。授編修。視學江南。衡鑑精審。凡所識拔。皆能文之士。官至內閣學士。兼禮部侍郎卒。

張氳　〔唐〕晉州人。號洪崖子。隱姑射洞。玄宗召見。拜官不受。還山。洪州大疫。有狂道士賣藥。得者必愈。玄宗曰。必氳也。三召不赴。天寶末尸解。

張漢　〔清〕石屏人。字月槎。康熙進士。乾隆中舉鴻博。授檢討。改御史。有直聲。尋乞歸。有月槎集。

張漢卿　〔宋〕桐城人。監興國軍管庫。與太守論事不合。卽和陶潛歸去來辭歸隱。凡三十年。宰相趙汝愚特薦之。不起。⊙〔明〕儀封人。字元傑。正德進士。官至戶科給事中。與獻帝議加皇號。漢卿力言不可。又倡衆伏闕。受杖斥爲民。

張漣　〔清〕江蘇華亭人。徙秀水。字南垣。少學畫。工山水。兼擅寫眞。尤工壘石。土石草樹。咸能識其性情。曲折變化。窮極其妙。

張潤之　〔宋〕蘭溪人。字伯誠。號思誠子。從何基學。盡得其要。基輯敬思錄未就。金履祥續成之。每條必質於潤之而後定。世亂處約。蔬薪不繼。處之裕如。履祥稱爲冰雪中孤松。

張熊　〔清〕秀水人。字子祥。工詩。善畫花卉。屏山巨嶂。以尋丈計者。愈見力量。兼作人物山水。亦古雅絕俗。喜塡詞。諳音律。自號鴛湖外史。有銀藤花館詩鈔・題畫集。

張爾岐　〔清〕濟陽人。字稷若。號蒿庵。明季諸生。入清。隱居教授。不求聞達。其學以篤志力行爲本。確守程朱說。嘗曰。學者一日之志。天下治亂之源。生人憂樂之本。尤精三禮。有儀禮鄭注句讀・儀禮考注訂誤・周易說略・春秋傳義・夏小正傳注・蒿庵集・蒿庵閒話等書。

張爾素　〔清〕陽城人。字貢闇。順治進士。歷官江南參政・陝西按察使・湖廣右布政使。皆以廉能著。三遷爲刑部左侍郎。疏論十三省巡撫。天下爭傳誦之。

張爾葆　〔明〕松江人。字葆生。山水寫生入能品。與李流芳・董其昌齊名。其婿陳洪綬得其畫法。

張瑤　〔明〕蓬萊人。天啓進士。授開封府推官。絕請託。抑豪強。崇禎間謫河州判官。未赴歸。李九成陷登州。被殺。

張甄陶　〔清〕閩縣人。字希周。號惕菴。諸生。乾隆間舉鴻博。未遇。後以進士知高要縣。以廉明著聲。有讀書翼注。

張睿卿　〔明〕歸安人。字稚通。號心嶽。爲人博雅豪邁。游歷山川。以著書爲樂。有峴山志。

張禕　〔晉〕邵兄。少有操行。恭帝爲琅邪王。以禕爲郎中令。及帝踐阼。劉裕使禕鴆帝。禕嘆曰。鴆君而求生。何面目視息世間。因自飲而死。

張禧　〔清〕烏程人。字南坪。諸生。英敏過人。研習算學。精究汽船之理。同治初洪楊軍攻湖州。福傳以母在圍城中。將謀入省。倉卒被執。遂烙死城下。有彗星考略。

張種 【陳】吳郡人。字士苗。仕梁為貞威將軍。治中從事。入陳為都官尚書。遷中書令。沈深虛靜。識量宏博。時人皆以為宰相之器。卒諡元。

張端 【元】江陰人。字希尹。博學好修。以薦歷官江浙行樞密院都事。人稱溝南先生。有溝南漫存稿。◉【清】析子。明崇禎進士。順治間授弘文院檢討。充明史纂修官。累官國史院大學士。卒諡文安。

張端木 【清】上海人。字崑喬。乾隆進士。知諸暨縣。有錢錄。

張端亮 【清】蒙化人。字寅揆。號退庵。康熙舉人。官濰縣知縣。有撫松吟集。

張端義 【宋】鄭州人。字正夫。少讀書。兼習技擊。端平間應詔上書。以言直詔龍州安置。執政謂非祖制。得免。晚自號荃翁。有貴耳集。

張緬 【梁】弘策子。字元長。官豫章內史。為政任恩惠。不設鉤距。吏人化其德。大通時遷侍中。未拜卒。

張綰 【梁】纘弟。字孝卿。湘東王嘗策之百事。綰對闕其六。號為百六公。官散騎常侍。遷御史中丞。時纘為僕射。百司就列。兄弟導騶。分趨兩陛。前代未有也。官終尚書右僕射。

張綵 【明】安定人。弘治進士。以諂事劉瑾。累官吏部尚書。加太子少保。凡所言。瑾無不從。瑾誅。綵瘐死獄中。仍剉屍於市。

張綱 【後漢】皓子。字文紀。少明經學。仕為御史。順帝委縱宦官。綱上書。不省。漢安初奉使徇行風俗。綱埋其車輪於洛陽都亭曰。豺狼當道。安問狐狸。遂劾奏大將軍梁冀。河南尹不疑等姦惡十五事。京師震竦。帝知其言直。終不能用。時廣陵賊張嬰寇揚徐地。冀欲以事中之。乃以綱為廣陵太守。綱單騎詣嬰壘。喻以禍福。嬰深感悟。率所部歸降。南州晏然。在郡一年。被疾。吏人咸為祈福。及卒。為之制服行喪。負土成墳。◉【宋】丹陽人。字彥正。建炎初官給事中。以秦檜用事致仕。檜卒。起吏部侍郎。參知政事。嘗書座右曰。以直行己。以正立朝。以靜退高天下。其篤行如此。卒諡文定。綱工為文。有華陽集。

張綸 【宋】汝陰人。字公信。從雷有終討王均於蜀。以功擢閤門祗候。累官乾州刺史。徙知潁州。有材略。所至興利除害。有循良之政。◉【明】宣城人。字大經。成化進士。授鹽山令。擢監察御史。巡通州倉。故人有以苞苴來謁者。不復與見。累官右都御史。武宗時中官用事。綸劾巨璫蕭敬等罪當誅。久不報。因乞歸。◉【明】杭州人。曾為藩掾。工畫諸家山水。

張綸英 【清】琦四女。字婉紃。適孫劼。工北朝書法。日本高麗諸貢使。輒購其書以歸。詩宗魏晉。不屑為綺麗。一門風雅。自成師友。弟妹所生子女。皆受書於綸英。各得其傳。

張維 【宋】蜀人。字公言。善書。得懷素之骨。後貧困以終。◉【宋】烏程人。仁宗時官衛尉寺丞。有曾樂軒集。◉【明】常熟人。字叔維。寄跡西湖。自稱西泠寓客。工畫山水。能詩。◉【清】順天人。字四之。工畫山水。

張維世 【明】太康人。萬曆進士。崇禎間官至右僉都御史。巡撫宣府。坐失防削籍遣戍。尋釋還。李自成陷太康。抗節死。

張維屏 【清】番禺人。字子樹。一字南山。道光進士。少有才名。官黃梅。廣濟知縣。改同知。權南康知府。以風雅飾吏治。所至有惠績。工書。通醫學。尤工詩。與林伯桐。黃喬松。譚敬昭。梁佩蘭。黃培芳。孔繼勳築雲泉山館於白雲山。曰七子詩壇。告歸後。寓居花埭。閉戶著書。自號珠海老漁。性愛松。又號松心子。有聽松廬文鈔。詩話。松心日錄。松軒隨筆。老漁閒話。清詩人徵略等書。

張翠峯 【宋】淮陽人。師胡彥龍。工畫龍神雷將。

張肇岑 【清】江都人。字蘭坡。工篆隸。足跡幾徧全國。喜金石文字。阮元督滇時。大理石畫。鐫刻皆出其手。官按察司照磨。有石鼓齋印譜。

張蒼 【漢】陽武人。秦時為御史。後歸漢。從攻臧荼有功。封北平侯。精通律曆。明習圖書計籍。蕭何為相。蒼以列侯居相府。領主郡國上計者十四年。遷御史大夫。孝文初為丞相。後謝病免。卒諡文。

張蒲 【後魏】修武人。字玄則。初為慕容寶尚書左丞。後入魏。丁零翟猛雀謀逆。蒲慰諭之。下數千家。追斬猛雀。累官相州刺史。在官扶弱抑彊。進善黜惡。教化大行。卒諡文恭。

張蓋 【清】永年人。字覆輿。一字命士。明諸生。工詩。善草書。入清後自閉土室中。不與外人接。以狂死。

張裼 【唐】河間人。字公表。會昌進士。為壽州防禦判官。于琮布衣時。客游壽春。裼禮遇之。及琮登宰輔。召裼為司勳員外郎。官至天平節度使。

張說 【漢】以司馬擊項羽有功。封安丘侯。卒諡懿。◉【南朝宋】暢弟。晉安王子勛建偽號於尋陽。與鄧琬共輔政。事敗。殺琬歸降。官南郡太守。◉【唐】洛陽人。字道濟。又字說之。永昌中策賢良方正第一。授校書郎。累官中書令。封燕國公。朝廷大述作。多出其手。時人以與蘇頲並稱為大手筆。素與姚崇不相能。罷為相州刺史。累徙岳州。後復爲中書令。說爲文屬思精壯。長於碑誌。既謫岳州。詩益淒婉。人謂得江山之助。卒諡文貞。有張燕公集。◎[宋]開封人。受父任爲右職。娶壽聖皇后女弟。累官簽書樞密院事。聲勢赫然。無敢嬰者。淳熙初帝廉知說欺罔數事。罷爲太尉。尋責居撫州。

張・誥 [清]平湖人。字士周。號絽洲。有絽洲詩鈔。

張・賓 [後趙]中山人。字孟孫。博涉經史。嘗自謂智算識覽。不後子房。石勒徇中山。引爲謀主。勒基業皆賓成之。官右長史大執法。封濮陽侯。勒呼爲右侯而不名。卒諡景。◎[明]宿遷人。自其遠祖以來。凡祭祀燕享嫁娶喪葬。悉著家範。八世同居。內外二百餘口無間言。成化中旌爲義門。

張・赫 [明]臨淮人。以千戶從起兵有功。累官後軍都督僉事。轉漕遼左。洪武時封航海侯。卒諡莊簡。

張・輔 [晉]西鄂人。字世偉。少有幹局。初補藍田令。不爲豪強所屈。累遷御史中丞。多所糾劾。及孫秀執權。將繩輔以法。輔以牋與之。秀雖凶狡。知輔雅正。乃止。後爲秦州刺史。◎[明]玉長子。字文弼。永樂間爲右副將軍。平安南。以其地內屬。封英國公。師還。安南復叛。輔往。復大破之。前後凡四至交阯。爲交人所畏。歷事四朝。與蹇夏三楊等同心輔政。海內宴然。正統時死於土木之難。追封定興王。諡忠烈。

張・遜 [宋]乾寧初爲山陰令。董昌反。署置百官。召遜知御史臺。遜不從。被害。◎[宋]高唐人。端拱間爲樞密副使。知院事。與寇準不協。每奏事相矛盾。太宗下詔切責。遜左降右領軍衛將軍。準亦罷職。官終右驍衛大將軍・知江陵府。◎[元]吳郡人。字仲敏。號溪雲。善畫竹。作鉤勒法。爲當時所重。山水學巨然。

張・遠 [宋]榆次人。字行之。政和中隱居山間。工畫山水。◎[清]蕭山人。字邇可。康熙中由貢生官縉雲縣教諭。有杜詩會粹・張邇可集。◎[清]侯官人。字超然。號无悶道人。避耿精忠亂。居常熟。康熙間領鄉薦。官祿豐知縣。書法晉人。尤工詩。有超然詩集。

張・酺 [後漢]細陽人。字孟侯。從祖父充受尚書。能傳其業。章帝爲太子時。受書於酺。每侍講閒隙。數有匡正。及帝卽位。拜東郡太守。帝東巡。引酺及門生掾吏會庭中。備弟子之儀。使酺講尚書。然後修君臣之禮。和帝時累官司徒卒。

張・銳 [唐]與呂向・呂延濟・劉良・李周翰同注文選。時號五臣注。

張・銓 [明]定遠人。從渡江。取淮東。平吳。定中原。積功累官都督僉事。從征五溪・烏撒諸蠻。洪武時封永定侯。◎[明]沁水人。字宇衡。萬曆進士。熹宗時巡按遼東。城破不屈死。諡忠烈。有國史紀聞。

張・閣 [宋]河陽人。字臺卿。第進士。徽宗時以龍圖閣學士知杭州。經理有叙。去豪惡之爲民害者。州以理聞。召爲兵部尚書。復爲學士卒。閣初出守杭。思有以固寵。乞自領花石綱事。應奉由是滋熾。

張・際亮 [清]建寧人。字亨甫。道光舉人。榜名亨輔。少負氣節。有狂名。歷游天下山川。窮探奇勝。爲詩歌沈雄悲壯。有松寥山人集・婁光堂稿・南來錄・金臺殘淚記・南浦秋波錄諸書。

張・鳳 [明]安平人。字子儀。宣德進士。正統間擢刑部右侍郎。尋改南京戶部。廉謹善執法。號板張。終南京戶部尚書。

張・鳳孫 [清]江蘇華亭人。字少儀。雍正副貢。乾隆間舉鴻博。又薦經學。官至刑部郎中。工詩及駢文。有寶田詩鈔。

張・鳳翔 [明]洵陽人。字光世。號伎陵。生有異稟。目晝日短視。然暗處則反明。燈月之下猶晝也。左手檔書。興到筆飛。瞬息滿紙。中弘治進士。官戶部。卒年僅三十。有張伎陵集。◎[明]堂邑人。字蓬元。明崇禎進士。官至工部尚書。以軍械不備戍邊。起授兵部侍郎。李自成陷京師。受拷掠。尋至福建。爲唐王浙直總督。入清官工部尚書。加太子太保。有禮經集註・樂經集註。

張・鳳翮 [明]城固人。字健沖。天啓進士。崇禎間官御史。出按雲南。還言民力已竭。討賊諸臣泄泄沓沓。徒糜金錢。帝亟敕熊文燦進兵。而張獻忠已叛。後巡撫江西。流寇陷城。死之。

張・鳳翼 [明]長洲人。字伯起。嘉靖舉人。好塡詞。嘗作紅拂記等傳奇。有聲於時。又有處實堂集・占夢類考・文選纂注・海內名家工畫能事等書。◎[明]代州人。萬曆進士。授戶部主事。崇禎時累官兵部尚書。庸懦無戡亂才。清兵入昌平。都城戒嚴。鳳翼自請督師。與盧維寧・梁廷棟相犄角。皆退却不敢戰。言官劾疏五六上。鳳翼知不免。日服大黃。病卒。

張・鳴岐 [清]嘉興人。善製銅手鑪。質勻。花紋工緻。以足蹋之不癟。一時重之。呼爲張鑪。朱彝尊嘗咏之。

張・鳴珂 [清]嘉興人。字公束。號玉珊。晚號窳翁。咸豐拔貢。官德興知縣。工詞。有寒松閣集。

張・鳴鳳 [明]上海人。弘治進士。正德初八黨竊柄。朝政日非。鳴鳳上疏極諫。逮下詔獄。後起湖廣僉事。進副使。初令永康。有政績。在湖湘治復稱最。母憂歸卒。◎〔明〕豐城人。字羽王。嘉靖舉人。官桂林府通判。有西遷注・桂勝・漕書・羽王先生集略。

張・齊 〔晉〕馮翊人。武帝受禪。以翊戴功封安昌縣侯。除歷陽太守。有清政。累遷巴西梓潼太守。大破魏軍於葭萌。在金部累年。與士卒同甘苦。威名行於庸蜀。遷信武將軍。卒諡壯。

張・齊賢 〔唐〕陝州人。聖曆初爲太常奉禮郎。議告朔禮。久之遷博士。時東都置太社。皆齊賢等參定。累遷諫議大夫。◎〔宋〕冤句人。字師亮。太祖幸西都。齊賢以布衣陳十策。帝歸謂晉王曰。他日可使輔汝爲相。太宗即位。取進士。齊賢亦在選中。有司失於掄擇。寘下第。帝不悅。一榜盡賜及第。以大理評事通判衡州。眞宗時官至兵部尚書・同中書門下平章事。尋以司空致仕。齊賢議論慷慨有大略。留心刑獄。歸洛陽。得裴度午橋莊。日與故舊游釣其間。卒諡文定。有洛陽縉紳舊聞記。

張・儀 〔戰國魏〕與蘇秦同師鬼谷子。以遊說顯名。相秦惠王。以連衡之策說六國。使背從約而事秦。號曰武信君。惠王卒。不說於武王。六國皆畔衡復合從。儀乃之梁相魏。一歲卒。

張・儉 〔後漢〕高平人。字元節。初舉茂才。以刺史非其人。謝病不起。延熹中太守翟超請爲東部督郵。嘗劾中常侍侯覽不軌。覽怒。誣以黨事。儉遁去。望門投止。人重其名行。多破家相容。嘗奔東萊李篤家。外黃令毛欽操兵到門。篤曰。張儉知名天下。而亡非其罪。豈忍執之乎。欽歎息而去。建安初徵爲衞尉。旋卒。◎〔唐〕新豐人。字師約。官檢校代州都督。遷營州。高麗入寇。儉破之。以平遼功。累封皖城郡公。兄大師。官太僕卿。弟延師。左衞大將軍。門俱立戟。世號三戟張家。卒諡密。◎〔遼〕宛平人。統和進士第一。累官太師中書令。封韓王。加尚父。踐歷清華。號稱明幹。在相位二十餘年。裨益爲多。

張・儁 〔後梁〕字彥臣。善爲五言詩。唐僖宗時爲萬年縣令。以事黜官。太祖即位。薛貽矩薦其才。官至吏部郎中。乾化中以扈從後至。被殺。

張・嫺倩 〔明〕廬州女子。字蓼山。工詞。有蕉窗逸韻。

張・寬 〔漢〕成都人。武帝祀甘泉。至渭橋。有女子浴於渭。乳長七尺。帝怪而問之。女曰。帝後七車侍中知我所來。時寬在第七車。對曰。天星主祭祀者。齋戒不潔。則女人星見。

張・履 〔清〕震澤人。字淵甫。嘉慶舉人。選句容教諭。學宗宋儒。以德業課士。陶澍・林則徐極欽禮之。有宗法通考・喪禮辨誤・課經偶記諸書。

張・履祥 〔清〕桐鄉人。字考夫。居邑之楊園村。學者稱楊園先生。明諸生。從劉宗周聞愼獨之學。晚乃專意程朱。立身端直。躬習農事。病學者騁口辨沽虛譽。故於來學之士。未嘗受其拜。一以友道處之。黃宗羲以紹述蕺山鼓動天下。履祥曰。此名士。非純儒也。康熙中卒。有楊園全書。

張・嶠 〔宋〕崇安人。字景山。五季之亂。隱於武夷。江南平。歸宋。嘗通判歙州。適廬山盧絳竊發。賊勢方盛。或請少避。嶠曰。吾不敢負國。有死戰而已。盜亦隨息。累官御史中丞。

張・嶔 〔清〕泰州人。初名崟。字石樓。授知州。不仕。畫最有聲。

張・廣 〔明〕無錫人。字秋江。善畫。嘉靖中待詔內廷。世宗見其萬福圖。賞之。令盡進所畫。於是宦者盡屬廣爲圖。將獻以邀寵。廣不可。明日捉之。已南歸矣。

張・廣泗 〔清〕漢軍鑲紅旗人。雍正間由知府累擢貴州巡撫。平定苗疆有功。官至川陝總督。征兩金川。師久無功。以失悞軍機。逮問伏法。

張・德地 〔清〕漢軍鑲藍旗人。康熙間爲四川巡撫。川中自張獻忠亂後。民少地荒。德地請招徠游民。量地安置。從之。彭時亨攻廣元。德地禦之。敗遁。革職。尋卒。

張・德容 〔清〕衡州人。字少微。號松坪。同治間以進士官岳州知府。博洽嗜古。邃於金石之學。有金石聚。

張・德純 〔清〕長洲人。字能一。號松南。康熙進士。官常山知縣。有孔門易緒。

張・德勝 〔明〕合肥人。字仁輔。才略雄邁。與俞通海等以舟師自巢來歸。從渡江。克采石。進克鎭江。皆有功。與陳友諒戰於采石。沒於陣。追封蔡國公。諡忠毅。

張・德琪 〔元〕燕人。字廷玉。善行草書。工畫。墨竹墨梅師王曼慶。有佳趣。

張・德輝 〔元〕交城人。字耀卿。世祖時爲河東南北路宣撫使。考績爲十路最。至元中參議中書省事。擢侍御史。辭不拜。請老歸。德輝博學有經濟才。毅然不可犯。望之知爲端人。與元裕・李冶游封龍山。時人號爲龍山三老。◎〔明〕慈谿人。字秋蟾。號雲巢老人。善畫龍。追蹤陳容。

張・慧玉 〔清〕妓。汾州人。色藝雙絕。工小詩。巧伺人意。與井研雷珽定情。臨別出紅綃半縷賦詩相贈。爲時豔稱。小楷學衞夫人。

張・慤 〔宋〕樂壽人。字誠伯。元祐進士。累遷大名尹。建炎改元。爲戶部尚書左丞。官至中書侍郎。善理財。

論錢穀利害。猶指諸掌。在朝諤諤有大臣節。卒諡忠穆。

張·慥藏〔元〕長社人。言人休咎多奇驗。技與袁天綱埒。

張·慶之〔宋〕吳人。字子善。出入經史百氏。絕意仕進。好爲山水游。著虎丘賦。因號海峯野逸。倣五柳先生作海峯遺民傳。以伯夷·蔣詡·陶潛·司空圖自況。時人賞其狷介。

張·慶熹〔清〕嘉興人。字裕之。一字拙餘。居張山麓。因號張山樵夫。善畫蘭。人目爲張蘭。工詩古文。精通六書。有苕雲詩鈔·北征·楚遊·中州草·玉楮文集·羣仙繪幅樓詩餘·拙餘印譜。

張·摯〔漢〕釋之子。字長公。官至大夫。以不能取容當世免。終身不仕。

張·撝〔明〕新會人。字彥謙。受業於羅蒙正。洪武初屢薦不起。留心經籍。縣令爲構書堂於象山之麓。其學以明理爲要。詩文務爲典雅。晚年自號病叟。人稱象山先生。

張·敷〔南朝宋〕邵子。字景胤。性整貴。風韻甚高。好讀玄書。累官黃門侍郎。父亡。毀瘠成疾卒。

張·敷華〔明〕安福人。字公實。天順進士。與林瀚·林俊·章懋稱南都四君子。正德間爲左都御史。論奏劉瑾。坐罪去。卒諡簡肅。

張·樞〔元〕陳留人。字夢辰。從家華亭。工行楷。日與子弟講春秋。或勸之仕。不應。人以是高之。稱曰林泉民。◎〔元〕金華人。字子長。幼而夙慧。於書無所不讀。至正間脫脫監修國史。奏辟爲長史。力辭不就。

張·歐〔漢〕說子。字叔。文帝時以治刑名言事太子。武帝時拜御史大夫。歐雖治刑名家。然其人長者。自爲吏。未嘗言案人。專以誠長者處官。官屬亦不敢欺。

張·潤〔明〕臨汾人。字汝霖。弘治進士。正德時官給事中。劉瑾誅。劾其餘黨。罷黜者十二人。歷撫順天寧夏有聲。以戶部尚書致仕。卒諡恭肅。

張·潤之〔宋〕金華人。字伯成。性篤實清介。專心學問。避地長山。摘其幽勝爲十詠。一時名公咸賡詠之。

張·潤身〔明〕成安人。正德進士。授戶科給事中。轉兵部都給事中。居諫垣。彈劾不避。論奏皆切中時弊。出守平陽。有能聲。有四科奏議。

張·潛〔金〕武清人。字仲升。幼有志節。慕荆軻·聶政爲人。年三十始折節讀書。時人高其行義。目曰張古人。年五十始娶魯山孫氏。亦有賢行。夫婦相敬如賓。負薪拾穗。行歌自得。天興間挈家避兵少室山。不食七日死。孫氏亦投絕澗。

張·澄〔宋〕紹興間知臨安府。有治劇才。奏請招置廂軍兵士二百人。委錢塘縣尉兼領其事。專以濬湖。累官戶部侍郎。

張·潮〔清〕歙縣人。字山來。一字心齋。以歲貢官翰林孔目。有昭代叢書·檀几叢書·虞初新志·花影詞。

張·澍〔清〕武威人。字時霖。一字伯瀹。號介侯。又號介白。嘉慶進士。官玉屏知縣。改永新縣。治事簡易而持法嚴。好責善於上官。文章鉅麗。爲時所稱。有姓氏五書·續黔書·養素堂集。又輯刊二酉堂叢書。

張·穎〔宋〕端拱初爲慈谿令。廉潔自持。邑人號爲張清清。卒後民立廟祀之。縣有清清堂。以穎名也。

張·熠〔後魏〕西鄂人。字景世。累官東徐州刺史。清直素著。卒諡懿。

張·璉〔宋〕貴池人。篤於孝友。歷數邑。治劇有聲。後知鳳州卒。◎〔明〕耀州人。字汝器。由進士擢御史。巡按湖廣。劾治劉瑾黨總兵毛倫罪。武宗駐蹕太原。有儀賓坐殺人繫獄。賄江彬。彬矯詔赦之。璉奏論如法。歷官戶部侍郎。忤張璁乞休歸。◎〔明〕醴泉人。字商鼎。少孤。祖繼沒。璉年十二。每晨起詣墓所哀號。閱三年不改。母沒。亦廬墓終喪。◎〔明〕饒平人。本劇盜。嘉靖末作亂於廣東江西福建三省。勢頗盛。歷三年。爲官軍擊敗。潛逸海外。奪據三佛齊島。自爲國王。

張·璁〔明〕永嘉人。字秉用。後賜名孚敬。字茂恭。正德進士。世宗議追崇所生。璁迎合帝意。力折廷臣。仕至華蓋殿大學士。爲人剛明果敢。持身特廉。然性狠愎。報復相尋。卒諡文忠。有諭對錄·奏對錄·保和冠服圖·張文忠集。

張·磐〔後漢〕丹陽人。字子石。以清白稱。桓帝時官交阯刺史。桂陽賊胡蘭餘黨入交阯。磐擊破之。爲荆州刺史度尚所誣。徵下廷尉。會赦不肯出。廷尉以其狀上。詔書徵尚到廷尉。辭窮受罪。磐獲直。以廬江太守終。

張·確〔宋〕宜祿人。字子固。元祐進士。知隆德府。金兵至。諭使降。確曰。頭可斷。腰不可屈。戰死。

張·稷〔南朝梁〕瓌弟。字公喬。性孝。母劉遘疾。稷年十一。夜不解衣。母亡。哀毀骨立。累官青冀二州刺史。鎮北將軍。魏寇朐山。州人徐道角應之。爲所害。稷性疎率朗悟。與族兄充·融·卷俱知名。時稱爲四張。

張·範〔三國魏〕修武人。字公儀。董卓作亂。避地揚州。袁術招請不往。後仕魏。爲議郎。參丞相軍事。太祖征伐。常令範及邴原留與世子居。

張·節〔明〕涇陽人。字介夫。號石谷。初從湛若水游。繼受學於呂柟。柟稱其守道不回。萬曆間卒。

張·緝〔元〕膠州人。字士朝。能詩文。至正中領鄉薦。由澤州儒學正轉泰州幕職。棄去養親。居揚州。賊入臥內。緝以身蔽母。中槍死。

張緒 南齊 裕孫。字思曼。清簡寡欲。風姿清雅。叔父鏡謂爲今之樂廣。官至國子祭酒。武帝植蜀柳於靈和殿前。嘗曰。此柳風流可愛。似張緒當年。卒諡簡。◎明 常熟人。字廷瑞。永樂時以才名薦。爲會昌侯府教授。工書畫。◎明 漢川人。字文綸。嘉靖舉人。受業安福鄒守益。歷官戶部員外郎。與耿定向・羅汝芳講學不輟。當事惡之。謫官。稍遷知德陽縣。告歸。學者稱爲甑山先生。初與張居正同學。居正柄國。欲用爲知府。緒正色曰。予奪在天子。可擅威福乎。及卒。鄉人私諡介肅。

張翥 元 晉寧人。字仲舉。受業於李存。得其道德性命之說。薄遊揚州。及門甚衆。至正初爲國子助教。累官河南平章。學者稱蛻庵先生。爲詩格調頗高。詞尤婉麗風流。有蛻庵集。蛻巖詞。◎清 常熟人。字運南。號北林。善畫山水。性跅弛。能詩。有北林小集。

張翬 明 太倉人。字文翥。工畫山水、兼工畫馬。年九十餘卒。

張蔭桓 清 南海人。字皓巒。號樵野。起家簿尉。粗識字。中歲始力學。駢散文詩皆卓然成家。畫亦超軼。光緒間以道員召爲太常寺少卿。充總理衙門大臣。出使美國。官至戶部侍郎。德宗推行新政。多所陳奏。孝欽垂簾。遣戍新疆。拳亂起。或誣以通俄。被誅。和議成。復原官。有三洲日記・英軺日記・鐵畫樓詩文鈔・荷戈集。

張誼 後晉 襄陽人。後唐進士。仕晉。累官中書舍人。初和凝拜端明殿學士。署門不接賓客。誼致書以爲四方利害。所宜訪詢。若不接賓客。聾瞽耳目。坐虧職業。凝大奇之。

張諒 宋 字武翼。以字行。工畫道釋人物。爲畫家格範。

張質 五代 定州人。工畫田家風俗。◎宋 高唐人。字守朴。太祖時隸兵房。眞宗時累遷都承旨。在樞要五十年。練習事理。精明端慤。未嘗有過。眞宗嘗問五代以降軍籍更易及利害之詳。質纂爲兵要以進。眞宗覽而稱善。

張賜寧 清 滄州人。字桂巖。號坤一。官江南通州管河州判。僑寓維揚。工畫花鳥人物山水。又工小詩。

張適 明 長洲人。字子宜。七歲習詩經。過目成誦。十三赴鄉試。時稱奇童。洪武初宋濂薦修元史。官水部郎中。未幾辭歸。與高啟・楊基輩稱爲十才子。有甘白集。

張銳 明 秦州人。字抑之。成化進士。性剛直。官至山東參政。被劾歸。講學不倦。隴西稱張夫子。◎明 宦官。掌東廠。又侍豹房。恃寵恣橫。後忤旨。命安置內書堂。受翰林約束。自是不得見帝而死。

張震 宋 休寧人。字嗣之。乾道進士。主仁和簿。分教臨川。與陸九淵諸人講明義理。宰當塗縣。剖析民訟。編類成書。有聽詞類稿。

張頡 宋 桃源人。字仲舉。第進士。調江陵推官。歲饑。遣使安撫。頡條獻十事。活數萬人。哲宗時累官戶部侍郎。所歷以嚴致理。而深文狡獪。出爲河北都運使。徙知瀛州・荊南卒。

張養浩 元 濟南人。字希孟。以省薦爲東平學正。拜監察御史。疏時政萬餘言。累官翰林直學士・禮部尚書。關中大旱。民飢。特拜陝西行臺中丞。夜則禱天。晝則出賑饑民。終日無少怠。卒封濱國公。諡文忠。有三事忠告・牧民忠告・歸田類稿。

張養蒙 明 澤州人。字泰亨。萬曆進士。官吏科給事中。少負才名。居言職。慷慨好建白。官至戶部右侍郎。卒諡敏毅。

張魯 三國魏 道陵孫。字公祺。據漢中。以鬼道教民。自號師君。雄據巴漢垂三十年。附之者甚衆。最著者爲黃巾賊張角。魯後爲曹操所破。遂降。封鎮南將軍・閬中侯。

張黎 後魏 雁門平原人。善書計。道武帝知待之。明元帝器其忠亮。賜爵廣平公。景穆帝時總百揆。與崔浩等輔政。忠於奉上。非公事不言。文成帝時以忤旨免。尋誅死。

張鼐 明 歷城人。字用和。成化進士。授襄陵知縣。累擢右僉都御史。巡撫遼東。以忤劉瑾斥爲民。瑾誅。復官。學者稱柏山先生。◎明 松江華亭人。字世調。萬曆進士。官至南京吏部右侍郎。兼詹事府詹事。有吳淞甲乙倭變志・嵋堂考故。

張勳 宋 洛陽人。事晉及周。入宋爲郴州刺史。代歸卒。勳性殘忍好殺。每攻破城邑。但揚言曰且斬。時人謂之張且斬。

張凝 宋 無棣人。少武勇。倜儻自任。太宗以爲天雄軍駐泊都監。累遷殿前都虞侯。凝忠勇好功名。善訓士卒。繕完器仗。前後賞賜。多以犒師。及卒。家無餘資。

張學曾 清 會稽人。字爾唯。號約庵。順治間官蘇州知府。工書。善畫山水。

張學顏 明 肥鄉人。字子愚。嘉靖進士。萬曆間爲戶部尚書。張居正當國。以學顏精心計。深倚任之。累官太子太保。居正沒。其黨無免者。獨學顏結太監張鯨。得不竄。周弘禴發其狀。乞休去。

張憑 晉 吳郡人。字長宗。少聰

慧。舉孝廉。詣劉惔。惔處之下座。會王濛就惔清言。有不通處。憑於末座判之。言深旨遠。一座皆驚。惔延之上坐。清言彌日。遂言於簡文帝。帝召與語。歎曰。張憑勃窣爲理窟。用爲太常博士。官至吏部郞，御史中丞。

張・憲 後唐晉陽人。字允中。少好學。累官東都副留守。精於吏事。甚有能聲。莊宗時官太原尹・北京留守。趙在禮作亂。以書招憲。憲斬其使。明宗入洛。永王存霸奔太原。憲左右教憲拘存霸。奉表明宗勸進。憲溯泣拒之。卒與存霸俱死。◎宋岳飛愛將。與金人戰於穎昌・陳州。皆大捷。會秦檜主和。與張俊謀殺飛。幷執憲。俊親行鞫煉。使憲自誣。憲被掠無完膚。竟不伏。俊手自具獄。械憲至行在。坐死。◎元山陰人。字思廉。家玉笥山。號玉笥生。少負才不羈。晚爲張士誠所招。官樞密院都事。元亡。變姓名寄食僧寺以終。所爲詩磊落骯髒。豪氣坌涌。有玉笥集。◎明德興人。字廷式。永樂進士。爲浙江右布政使。捕寘鎭守中官左右於理。公帑無毫髮私。累官兵部尙書。以名德稱。

張・憲載 清狄道人。字仰原。康熙間以千總從征吳三桂有功。又從趙良棟進勦四川。直抵建昌。擢涼州參將。累遷陝西興安總兵。

張・擇行 宋益都人。字行先。第進士。歷右司諫。嘗與唐介・包拯論張堯佐除節度宣撫兩使不當。語甚切。又論河北兵多財不足。願分兵就食內地。不報。遷戶部郞中，集賢殿修撰卒。

張・擇端 宋東武人。字正道。幼讀書。游學京師。後習繪事。尤嗜舟車。市橋郭徑。別成家數。嘗作清明上河圖。所繪皆東京士女野景。世盛稱之。明李東陽有記。

張・整 宋鄮陽人。字成伯。神宗時由皇城司爲利文州都巡檢使。調荆湖將領。拓溪蠻地。築九城。又破蠻於大田。累遷涇原・眞定・京東・環慶鈐轄。治軍嚴明。官至威州刺史。

張・機 後漢環陽人。字仲景。學醫於張伯祖。盡得其傳。靈帝時舉孝廉。官至長沙太守。著傷寒論。華陀讀而喜曰。此眞活人書也。又著金匱玉函要略三卷。自漢魏迄今。習醫者奉爲至寶。論者推爲醫中亞聖。◎明郃陽人。事後母孝。及父母相繼沒。廬墓十有二年。弘治中旌表。

張・樸 宋根弟。字見素。以進士歷官太常少卿・侍御史。鄭居中去位。樸言朋黨分政。非朝廷福。又劾郞員庸繆者十六人。斥諸外。升祕書少監。

張・橋 明雲南府人。字衡如。嘉靖進士。官至寧夏兵備僉書。罷歸。精心墳典。自六經子史。旁及眞詮釋典稗官小說。靡不研究。尤精書法。

張・樹珊 清樹聲弟。字海柯。咸豐間積功官守備。同治間從李鴻章平江蘇。又從曾國藩破捻於豫鄂之交。官至提督。以追捻中伏死。謚勇烈。

張・樹聲 清合肥人。字振軒。同治間領淮軍從李鴻章。轉戰江蘇浙江屢有功。光緒間官至直隸總督。法越之役。命赴廣東治軍防海。卒於軍。謚靖達。樹聲善官文書。在軍在官。決事有程。不廢記覽。於淮軍中稱儒將。

張・澡 明字子新。襲職六安衛指揮。積功至參將。先後駐浙江十年。禦倭有功。後授征蠻將軍印。鎭粵西。勦撫兼施。尋以南京都督致仕。

張・澯 明平南人。字仲湜。成化進士。累官兵部尙書。參贊機務。尋致仕。澯剛正廉介。遇內閣諸重臣。未嘗阿附。爲詩文力追古人。所著甚富。◎明順德人。字景川。正德進士。官禮部員外郞。性剛不能容人過。後諫大禮。受杖死。

張・澹 宋南陽人。字成文。好學有才藻。晉開運間進士。周時官右司員外郞。知制誥。宋初加權檢點三司事。美風儀。善談論。歷官盤務。所至皆治。◎清震澤人。字春水。畫山水古峭幽逸。工詩。有風雨草堂稿。

張・澹然 明爲天師。號九歸道人。工畫山水。布景清疋。間作枯木竹石。

張・澤 明桐城人。字大被。嘉靖中由選貢生歷沅江・巫山知縣。遷衢州通判・廣安知州。以治行卓異。擢雲南僉事。武定土酋鳳繼祖叛。圍新城。澤督兵馳救。被執。見殺。

張・澤棨 清江蘇華亭人。字文五。號道復。康熙舉人。司鐸鹽城。善畫墨荷野鳧及花鳥。工詩。有芳草齋集・嗎喚集・瀾海從親集。

張・澤城 清青浦人。字虛受。號實甫。康熙舉人。雍正間舉鴻博不赴。畫入逸品。兼工書。有懷古堂集・天香閣草。

張・澧中 清潼關人。嘉慶進士。道光間官至山東巡撫。以清盜源遏寇燄爲務。擒捕捻匪至七百餘人。卒於官。

張・熷 清仁和人。字曦亮。號南漪。乾隆舉人。邃經學。有南漪遺集。

張・燕 三國魏眞定人。本姓褚。博陵張牛角起兵。燕與之合。牛角死。衆奉燕。故改姓張。剽捷過人。軍中號曰飛燕。太祖定冀州。燕來附。拜平北將軍。封安國亭侯。

張・燕昌 清海鹽人。字芑堂。號文漁。又號金粟山人。嘉慶間舉孝廉方正。嗜金石。善畫蘭竹花卉。工篆隸。精鐵筆。有金石契・續鴛鴦湖櫂歌・芑堂印存・金粟逸人逸事。

張・燕翼 明長洲人。字叔詒。嘉靖間與兄鳳翼同領鄉薦。善畫猗蘭叢篠怪石。能書善詩。時吳中皇甫四子沖・涍・汸・濂俱有才名。張氏弟兄三人鳳翼・燕翼・獻翼繼起。吳人語曰。前有四皇。後有三張。◎清江夏人。字安仲。官禮部司務。究心理學。言動以禮。士人奉爲楷模。嘗有以金見寄者。其人已沒。訪其孤還之。

張・璝 明番禺人。字德潤。天順進士。歷守撫州・溥州・潼州諸府。賑譯公正。民多感之。

張・璞 明江夏人。字中善。弘治進士。由歸安知縣召拜御史。正德間出按雲南。鎮守中官梁裕貪橫。璞裁抑之。爲所誣。繫獄死。◎明松江人。字廷采。號友山。正統中歷陳州・沂州學正。刻志於學。善畫。工詩。躬耕隴畝。手執一編以自隨。

張・奮 後漢純子。字穉通。好學節儉。所得俸皆分贍宗親。永元間爲司空。在位清白。以病罷。◎三國吳昭弟子。年二十。造攻城大攻車。爲步騭所薦。領兵爲將軍。有功。官至平州都督。封樂鄉亭侯。

張・穆 清東莞人。字穆之。號鐵橋。善畫馬。讀書羅浮山石洞。畫山水有生氣。能擊劍。年八十餘。步履如飛。善詩。有鐵橋山人稿。◎清平定人。本名巘遷。字誦風。一字碩州。號㞐齋。道光優貢生。官白旗漢教習。治經史。善言地理。書法勁逸。精篆籀。有蒙古遊牧記・延昌地形志・顧閻年譜・㞐齋居士文集。

張・篤行 清世宗朝內侍。工畫人物。

張・篤慶 清淄川人。字歷友。學殖淹博。充選貢生。廷試不遇。歸隱崑崙山。杜門著書。有八代詩選・班范肪截・五代史肪截・崑崙山房集。

張・縉彥 清新鄉人。明崇禎進士。累官兵部尚書。李自成陷京師。縉彥率百官表賀。自成敗走。縉彥竄歸。福王時授原官。總督河北山西河南軍務。江南定。迎降。累官工部右侍郎。降補江南徽寧道。坐編列無聲戲二集。自稱不死英雄。詭詞惑衆。褫職流徙寧古塔。尋死。

張・義年 清餘姚人。字淳初。號潛亭。以拔貢任教諭。四庫徵書。詔訪求學官淹博者。得義年等三人。皆一時之望。舉順天鄉試。又以修書勞績賜進士。未及與試卒。

張・翰 晉吳郡人。字季鷹。有清才。善屬文。縱任不拘。時號爲江東步兵。仕齊王冏爲東曹掾。因秋風起。思吳中菰菜蓴羹鱸鱠。遂命駕歸。性至孝。遭母憂。哀毀過禮。◎金秀容人。字林卿。大定進士。調隰州軍事判官。貞祐初爲戶部侍郎。宣宗遷汴。翰上書言五事。官至戶部尚書。是時初至南京。庶事草創。翰經度區處。皆有條理。卒諡達義。

張・翮 明長洲人。字鳳儀。善畫人物山水。精細處得元人遺韻。

張・興 後漢鄢陵人。字君上。習梁丘易。舉孝廉。累官太子太傅。明帝數訪以經術。聲稱著聞。弟子自遠至者。著錄且萬人。爲梁丘家宗。卒於官。◎唐東鹿人。玄宗時爲饒陽裨將。安祿山反。嬰城彌年。城陷。爲史思明所擒。勸降不從。思明鋸殺之。◎明壽州人。起卒伍爲燕山左護衛指揮僉事。從起兵。積功累遷都指揮同知。

張・興世 南朝宋竟陵人。字文德。少家貧。以布衣隨王玄謨伐蠻。每戰輒有擒獲。與吳喜共平江陵功。封作唐縣侯。徙光祿大夫。

張・融 南齊暢子。字思光。有早譽。廣越嶂嶮。獠賊執融將殺食之。融神色不動。方作洛生詠。賊異釋之。浮海至交州。於海中作海賦。文辭詭激。累官太子中庶子・司徒左長史。太祖奇愛之。嘗曰。此人不可無一。不可有二。有文集名玉海。

張・衡 後漢西鄂人。字平子。少善屬文。通五經。貫六藝。時天下承平日久。王侯以下。莫不踰侈。衡作二京賦。因以諷諫。精思傅會。十年乃成。安帝雅聞衡善術學。徵拜郎中。再遷爲太史令。作渾天儀。著靈憲算罔論。言甚詳明。復造候風地動儀。皆服其妙。後遷侍中。永和初出爲河間相。徵拜尚書卒。有周易訓詁・遺文數十篇。◎隋河內人。字建平。煬帝牧揚州。衡爲掾。甚見親任。衡亦竭誠事之。奪宗之計。多衡所建。官至御史大夫。後坐怨望賜死。追諡忠。◎元樂陵人。字士衡。少以才學知名。屢辟不起。山水學荊關。墨竹自成一家。又工書。師張草。

張・諲 唐一作湮。官至刑部員外郎。善草隸。工畫山水。與王維・李頎爲詩酒丹青之友。

張・諤 宋新安人。字昌言。初仕南唐。後歸宋。官西川轉運副使。先是土人罕習舟檝。取峽江中競渡者給漕運役。覆溺常四五。諤建議置威權軍。分隸管句。自是無覆舟之患。累遷荊湖江浙等道制置茶鹽副使。

張・誠 清平湖人。字希和。號鷗和。乾隆舉人。有嬰山小園詩文集・梅花詩話・峨眉山小志。

張・遼 三國魏馬邑人。字文遠。先從呂布。布敗歸曹。拜中郎將。賜爵關內侯。數有戰功。嘗以敢死士八百人。破孫權十萬衆。拜征東將軍。封晉陽侯。卒諡剛。

張・遵 蜀漢苞子。官尚書。隨諸葛瞻於綿竹。與鄧艾戰死。

張遵誨 【後唐】魏州人。累官客省使・守衛尉卿。及有事於南郊。爲修儀仗法物使。遵誨自以歷任尹正。甚望節鉞。及郊禮畢。止爲絳州刺史。鬱鬱以終。

張選 【明】無錫人。字舜舉。嘉靖進士。擢戶科給事中。時享太廟。遣郭勛代。選言祫享不親行。跡涉怠玩。帝怒杖之。穆宗初起通政參議。尋致仕卒。有張靜思文集。

張錤 【宋】三陽人。字深父。以父任爲承事郎。歷兩浙轉運幕。委明州造船。不以卑冗怠事。時爲文以見志。所居帷屏門壁。皆有銘以自警。

張錦 【明】岷州人。字尙綗。成化進士。歷刑部郞中。錄囚山東。出賑眞定諸府。皆有聲。弘治初爲刑部左侍郞。安定侯柳景被劾。贓鉅萬。屬貴倖祈免。錦卒論如律。

張錦芳 【清】廣東順德人。字粲夫。號藥房。乾隆進士。官編修。性孝友。以連遭兄弟喪。乞假歸。遂不仕。年四十七卒。錦芳淹貫羣籍。通說文。分隸得漢人法。兼工繪事。而於詩所詣尤深。與欽州馮敏昌・同縣胡亦常稱嶺南三子。又與黎簡・黃丹書・呂堅號嶺南四家。有逃虛閣詩鈔・南雪軒文鈔。詩餘。

張錦麟 【清】錦芳弟。字瑞夫。乾隆舉人。性孤介。所爲詩標新領異。有少游草。年僅二十九卒。

張錫 【唐】武城人。則天時爲鳳閣侍郞・同平章事。請還廬陵王。坐流循州。韋后臨朝。復相。旬日出刺絳州。工詩。⊙【宋】閩縣人。歷仕梁唐晉漢周。所至介直不阿。專務愛民。宋初官給事中。⊙【宋】漢陽人。字晛之。進士甲科。累遷太常博士。知東明。令曰。吾所治者三。恃力恃富恃贖。皆所先也。歲中以治迹聞。官至翰林侍讀學士。判太常寺・國子監卒。

張錫祚 【清】吳縣人。字永夫。三旬九食。經年臥病。年五十餘。窮餓死。有啖蔗軒詩。

張錫德 【清】江蘇華亭人。字南仲。號南垞。乾隆副貢。司鐸青陽。善畫山水。工詩古文詞。有愼菴詩集。

張錫璁 【清】鄞人。字德符。號蘊山。性友愛。豪於飲。有蘊山集。

張錫懌 【清】上海人。字越九。號宏軒。順治進士。官泰安知州。有善政。工詩詞。有張子近言・嘯閣餘聲集・南歸稿・涉江稿・漫遊稿。

張錫嶸 【清】靈璧人。咸豐進士。官編修。曾國藩勸捻。錫嶸治軍濠上。隨湘軍戰守。後偕劉松山援陝西。戰死西安。贈侍講學士。有孝經章句讀・朱子就正錄・孝經問答。

張錫爵 【清】嘉定人。字擴伯。號中巖。寄居吳江。工詩。有吾友于齋詩鈔。

張雕 【北齊】中山北平人。通五經。尤明三傳。弟子受業者以百數。神武召令與諸子講讀。遷平原太守。後除侍中。武成帝時以諫幸晉陽。韓長鸞譖之。誅死。按北史作彫武。此從北齊書。）

張霖 【明】洪武中馬平知縣。愛民如子。峒賊爲患。霖衣冠入峒。賊皆感悅出降。

張穎 【後周】太原人。累官安州防禦使。性峻刻。左右親信皆怨之。以逼娶部曲曹澄女。爲澄所殺。

張默 【明】杭州人。字潛甫。善畫折枝花鳥。兼工古蹟山水。

張龍 【明】鳳陽人。從征西番洮州。洪武時論功封鳳翔侯。復從平雲南。加祿五百石。

張龍翼 【明】松江人。字羽明。有兵機類纂。

張龍章 【明】吳人。字伯雲。號古塘。工畫人物及馬。

張龜年 【宋】諸暨人。從范浚學。胸中易直無歧徑。服習不懈。爲同舍生所推重。

張壎 【清】長洲人。字牖如。康熙間以諸生知登封縣。爲政以敬恕爲基。期於使民各得其所。閭歷民舍。問疾苦。恤煢獨。教以孝悌忠信廉恥禮義之節。聞者感服。遷廣西南寧通判。去之日。民遮道痛哭。立祠祀之。榜曰天下清官第一。

張嶷 【蜀漢】充國人。字伯岐。先主定蜀。嶷爲都尉。將兵討平山賊叛羌。除越嶲太守。在郡十五年。邦域安穩。拜盪寇將軍。與魏將戰死。

張徽 【宋】竟陵人。司馬光・范純仁皆與友善。以詩名。有滄浪集。⊙【明】秀水人。字德卿。正德進士。嘉靖初授大理評事。會議興獻大禮。忤旨廷杖。尋復官。進寺副。錄囚雲南。釋殊死以下百餘人。轉寺正。出知南雄府。有惠政。

張懋 【元】子良子。字之美。至元間從伯顏南征。擢爲省都鎭撫。累遷懷遠大將軍・吉州路總管。惡衣糲食。率之以儉。愼刑平政。處之以公。雖能吏不過也。卒謚宣敏。

張懋建 【清】鎭海人。字介石。號石癡。雍正舉人。乾隆間舉鴻博未遇。知長泰縣。爲人績學敦行。通經史。有易學・五經韻纂・讀書樂續・越書肯綮錄・學校祀典考・蛟川耆舊詩・庭學草・介石初集。

張應 【後魏】延興中爲晉郡太守。妻子採樵自供。孝文深嘉之。還京兆太守。所在清白。得吏民心。

張應文 【明】崑山人。字茂實。號彝甫。又號被褐先生。博綜古今。與王世貞相善。自嘉定徙居長洲。搜討古今法書名畫。有清秘藏張氏藏書。

張·應均 清元和人。字星纏。號東畬。乾隆間兩舉副貢。爲酉陽州判。署西昌知縣。以終養歸。善書畫。工詩。有入蜀草。

張·應昌 清師誠子。字仲甫。號寄庵。嘉慶舉人。官中書。工倚聲。有烟波漁唱·壽彝堂詩集·春秋屬辭辨例編·南北史識小錄補正·寄庵雜著。

張·應治 明秀水人。字休徵。嘉靖進士。歷南京戶科給事中。力抗權倖。數進讜言。時號稱職。會高拱秉銓。憾應治嘗劾己。出爲九江知府。萬曆初以治最遷南京兵備副使。

張·應遴 明常熟人。字選卿。有海虞文苑。

張·檟 明江西新城人。字叔養。號心吾。嘉靖進士。官至南京工部右侍郎。以節概稱。有存笥錄。◎清崑山人。字士美。工畫花鳥山水。

張·濟 後魏西河人。字士度。涉獵書傳。清辨美儀容。道武愛之。以累使稱旨。拜勝兵將軍。頻從車駕北伐。濟謀功居多。

張·濬 唐河間人。字禹川。泛覽書史。喜高論。性通脫無檢。爲士友擯薄。乃學縱橫術。干執政。得官太常博士。黃巢亂。僖宗召拜諫議大夫。爲都統判官。時王敬武在平盧。濬往說之。即引軍西。累官尚書右僕射。朱全忠謀篡立。使盜夜殺之。

張·燦 清湘潭人。字豈石。號湘門。工古文辭及書法。康熙舉人。令無錫。有治行。善決獄。旋內任大理寺少卿。鐫秩歸卒。

張·燮 明龍溪人。字紹和。萬曆舉人。博學多通。有東西洋考。◎清常熟人。字子和。乾隆進士。官至寧紹台道。以詞章名世。喜藏書。與黃丕烈有兩書淫之目。其藏書處曰小娜環福地。有味經書屋集·小娜嬛隨筆。

張·璪 唐吳郡人。一作藻。字文通。歷檢校祠部員外郎·鹽鐵判官。坐事貶衡州司馬。移忠州。工畫樹石山水。嘗畫松。以手握兩筆齊下。一爲枯枝。一爲生枝。時號神品。有繪境。◎宋瓌弟。初名琥。字邃明。未冠登第。神宗時知諫院。鄭俠事起。璪媚呂惠卿。劾馮京與俠交通。致京等於罪。拜中書侍郎。哲宗時諫官御史合攻之。劾其爲大姦小人。以資政殿學士出知鄭州。進大學士。知揚州。卒諡簡翼。

張·璐 清吳江人。字路玉。號石頑老人。精醫。有張氏醫通·傷寒纘論·本經逢源·診宗三昧。

張·璨 明嵊縣人。字蘊之。天性孝友。父跛不能行。背負終身。從羅頎學。經史過目不忘。能文有詩名。

張·磻 宋福州人。字渭老。嘉定進士。淳祐間史嵩之有奪情起復之命。磻因太學發策言之。會臺臣共論。事遂寢。後嵩之終禮。謀復入。磻時爲大司成。率同列言之甚切。復格不行。由此名動天下。官至參知政事。

張·禧 元東安人。從家益都。世祖初授新軍千戶。破襄陽有功。授宣武將軍。累加鎮國上將軍·都元帥。與范文虎·李庭同征日本。禧捨舟築壘平湖島。約束戰艦。各相去五十步止泊。以避風濤觸擊。會颶風大作。戰艦悉壞。禧所部獨完。

張·𩓐 元導江人。寓江左。字達善。從王柏學。至元中吳曼慶延至江寧學宮。俾子弟受業。從游者甚衆。稱曰導江先生。吳澄謂𩓐所著書議論正。援據博。貫穿縱橫。儼然新安朱氏之尸祝。至正中眞州守臣以𩓐及郝經·吳澄。皆嘗留儀眞。作三賢祠祀之。有經說及文集。

張·績 清長安人。乾隆間從勦甘肅回。攻臺灣林爽文。征黔楚苗。並有功。嘉慶間從攻教匪。官至山西大同鎮總兵。

張·總愚 清洛犁從子。洛犁被誅。總愚繼領其衆。爲捻黨魁。稱小閻王。與賴文光相結。敗僧格林沁。後分爲東西二股。總愚爲西捻之首。自河南擾陝西山西直隸。後爲郭松林·潘鼎新·周盛波所破。投水死。西捻肅清。

張·縉英 清琦女。字孟媞。適常熟吳廷鈐。博覽經史。工詩。有澹鞠軒詩存。

張·義上 元字師夔。工畫山水。

張·聯奎 清甘肅安化人。乾隆武進士。嘉慶間隨勦川楚教匪。官至山東登州鎮總兵。

張·聯桂 清江都人。字丹叔。一字駿叔。咸豐間入貲爲太常博士。出爲慶遠府同知。累官廣西巡撫。法越之役。定界時已將龍州外之金龍洞棄之界外。聯桂力爭。得復歸於我。聯桂治軍嚴飭。勤於訓練。遂成勁旅。勦除土寇數十起。後以疾歸。

張·聲玠 清湘潭人。字奉茲。又字玉夫。道光舉人。官元氏知縣。有蘅芷莊詩文集。

張·聲訓 清桂陽人。後更名聲恒。咸豐間募鄉兵隸王鑫麾下。積功至都司。後從左宗棠援浙江。入貲爲同知。屢敗洪楊軍於嚴杭。權道員卒。

張·聰咸 清桐城人。字阮林。一字小阮。號傅巖。嘉慶舉人。官八旗教習。詩古文有雄傑氣。姚鼐目爲異才。通左氏傳及音韻之學。又熟漢晉逸事。有左傳杜注辨正·經史質疑錄。

張·舉 三國吳爲句章令。有妻殺夫。放火燒舍。詐稱夫死於火。訟之官。舉以豬二口。一殺一活。積薪燒之。察殺者口中無灰。活者口中有灰。驗其夫口中無灰。鞫之。其妻服罪。人以爲神明。◎[宋]懷州人。工畫山水。尤長潑墨。◎[明]常州人。字子厚。元祐進士。養其親不忍去左右。閉戶讀書四十年。手校數萬卷。窮經著書。范祖禹·蘇軾薦其高行。詔拜校書郎。竟不出。及卒。賜諡正素先生。◎[明]欒城人。成化進士。授戶部主事。監京倉及宣武門稅。大著清操。遷岳州知府。罷民不便者十餘事。御史行部。意有所望。撻主簿至死。舉仰天大慟曰。以吾忤物故。乃不能庇其屬。方草劾。不勝憤。投筆而卒。

張·薦 [唐]鷟孫。字孝舉。敏銳有文辭。能爲周官左氏春秋。占對詳辨。代宗德宗時充史館修撰。爲裴延齡所忌。三使回紇·回鶻·吐蕃。累官御史中丞。卒諡憲。

張·薦明 [後晉]燕人。少以儒學遊河朔。後去爲道士。通老子·莊周之說。高祖延入內殿講道德經。拜爲師。賜號通玄先生。後不知所終。

張·謙 [明]慈谿人。字子受。嘉靖進士。授刑部主事。遷大名知府。治行爲畿輔最。歷福建副使·廣西參政。皆有討賊功。以按察使致仕歸。謙學得之鄉守益。踐履平實。處燕室肅若朝廟。鄉里多化之。◎[清]海鹽人。字地山。號雲棧。性格高逸。隱於黃冠。工畫山水。能詩。◎[清]常熟人。字益士。號臥雪道人。善畫小米雲山。尤工竹。能詩。◎[清]武昌人。字子吉。康熙進士。知珙縣。革諸供應。勸民墾荒。民乃生聚。又捐資焚鑿江中歐邏二灘。行者稱便。雍正間遷貴州巡撫。未至。道卒。

張·謙宜 [清]膠州人。號稚松。康熙進士。工詩。出入香山·劍南之間。有緄齋詩選。

張·錬 [明]武功人。字伯純。嘉靖進士。官至湖南按察司僉事。有經濟錄·太乙詩集。

張·隱 [後漢]張儉鄉人。朱並上書告儉與同鄉二十四人。別相署號。以隱及田林等爲八顧。顧者。言能以德行引人者也。靈帝詔刊章追捕。

張·駿 [前涼]寔子。字公庭。叔父茂卒。無子。駿嗣立。稱涼王。盡有隴西之地。雖稱臣於晉而不行中興正朔。在位二十二年卒。私諡文。年號太元。晉穆帝賜諡忠成。張祚僭號。追尊爲世祖。◎[明]松江華亭人。字天駿。號南山。工書法。行草隸篆。與東海齊名。時號二張。景泰中舉於鄉。以禮部尚書致仕。

張·鴻 [清]江寧人。字衎夫。號鶴澗。善畫山水及梅蘭竹菊。

張·鴻烈 [清]江蘇山陽人。字毅文。號涇原。又號岸齋。康熙時由廩生召試鴻博。授檢討。時疏浚淮揚下河。以救淮南水患。鴻烈請并治淮北。得旨俞允。工詩詞。絕句胎息樂府。風韻尤絕。

張·鴻逑 [明]慈谿人。字琴友。姚與祁之妻。工詞。每有贊詠。意到卽成。有清音詞。

張·黻 [明]吉水人。字兼素。成化進士。官後軍都督府經歷。會刑部員外郎林俊劾僧繼曉·中官梁芳。下錦衣獄拷訊。黻救之。并下獄。直聲震都下。謫知涪州·宿州。介特不避權貴。弘治中以老不用。予誥命。

張·彝 [後魏]東武城人。字慶賓。性公強。有風概。歷覽經史。孝文帝時襲侯爵。官散騎常侍·兼侍中。持節巡察陝東河南十二州。甚有聲稱。後除安西將軍·秦州刺史。羌夏憚其威。號爲良牧。尋召爲光祿大夫。進歷帝圖五卷。宣武善之。卒諡文。

張·彝憲 [明]爲司禮太監。崇禎初令鉤校戶工二部出入。名曰戶工總理。按行兩部。踞尚書公座。凡邊鎮請軍器。故勒不發。尋詔撤之。命守備南京卒。

張·擴 [宋]德興人。字彥實。一字子微。崇寧進士。累遷祕書省校書郎。南渡後。歷中書舍人。擢左史。掌外制。擴始因秦檜得進。假草制以貢媚。然擴所交游。如曾慥·朱翌·呂本中輩。皆一代勝流。切劘有素。故詞采清麗。斐然可觀。有東窗集。◎[宋]歙人。字子允。精醫。聞蜀人王朴善太素脈。能知人貴賤禍福。往從之。期年。得其衣領中所藏素書諸訣以歸。爲人治疾。神妙莫測。

張·曜 [清]大興人。原籍錢塘。字朗齋。咸豐間督團勇守固始。受知於僧格林沁。命從討捻。在豫境苦戰經年。功甚偉。累擢河南布政使。御史劉楠劾其目不識丁。改官總兵。後隨左宗棠平回於陝甘。定天山南北路。官至廣東陸路提督。改授山東巡撫。築河隄。修道路。開廠局。精製造。凡有益於官民者。莫不畢舉。光緒間卒於官。諡勤果。曜幼失學。自被劾改武。一志向學。遂淹通圖史。詩文皆有古法。以目不識丁四字。鐫印佩之以自警。

張·曜孫 [清]惠言從子。字仲遠。號昇甫。晚號復生。道光舉人。官至湖北道員。善論兵。能承家學。尤精於醫。有讜言愼好之居詩集。

張·歸厚 [後梁]歸霸弟。字德坤。善用弓槊。能以少擊衆。與晉人屢戰。未嘗屈。累拜鎭國軍節度使。

張·歸霸 [後梁]清河人。少從黃巢。巢敗歸梁。數有戰功。嘗與張晊戰。中流矢。拔其矢反以射賊。一發而斃。官至河陽節度使。

張·燾 宋奎子。字景元。舉進士。提點河北刑獄。領澶州。七日而商胡決。坐免。後累官通議大夫。嘗從范仲淹使河東。至汾州。民遮道翹訴。仲淹以付燾。方與客弈。局未終。處決已竟。◎宋根子。字子公。宣和進士。官兵部侍郎。以上疏力詆和議忤秦檜。出知成都府。在蜀四年。戢貪吏。薄租賦。撫雅州瀋部。四邊不驚。累遷參知政事。以老病不拜。卒諡忠定。◎清連江人。小字洪居。生有至性。順治間海寇至。闔門死。獨父震公以他適免。燾方七歲。被虜。轉徙於廈門清漳。稍長。痛念其親。奔還江。哭於道。遇父。得歸。

張·璧 明石首人。字崇象。正德進士。官至禮部尚書·東閣大學士。卒諡文簡。有陽峯家藏集。

張·璧娘 明閩良家女。適人半載而夫亡。光麗豔逸。妖美絕倫。善吹簫。愛林子真之才。遂與通。常潛詣子真烏石山房。倚梅花吹簫。子真後移家臨清。璧娘感想而沒。

張·礎 元北通州人。字可用。業儒。從世祖伐宋。凡徵發軍旅文檄。悉出其手。官至安豐路總管。卒諡文敏。

張·禮 宋浙江人。字茂中。元祐初偕友遊長安城南。訪唐代都邑舊址。因著遊城南記。以典核稱。

張·簡 明吳縣人。字仲簡。自稱雲丘道人。又號白羊山樵。洪武中召修元史。工詩。能書畫。有雲丘道人集。

張·翹 宋沅陵人。神宗時章惇經略湖北。翹上書言南北江利害。惇銜之。或以告。翹曰。苟利於人。死不惡也。晚居山中。以文史自娛。杜門不出幾二十年。鄉人高之。

張·翼 蜀漢綱曾孫。字伯恭。建安末舉孝廉。累官綏南中郎將。建興間以討劉胄功。封都亭侯。官至左車騎將軍。領冀州刺史。後爲鍾會亂兵所殺。◎明臨淮人。從起兵。累功官至前軍都督僉事。洪武時封鶴慶侯。坐藍玉黨死。◎明泰安人。永樂中由諸生貢入國學。父母沒。皆廬墓三年。◎明餘杭人。字二星。好閱古書。因採摭雋語僻事爲清賞錄。

張·翼星 清直隸左衛人。字三明。明崇禎舉人。精理學。尤長於易。以卜自給。從弟元錫官總制。屢迎不往。

張·藏 唐吳道玄弟子。畫壁雄雋。思理層出。亦好工細畫。

張·藏英 宋范陽人。後唐末舉族爲賊孫居道所害。藏英擒殺居道。以祭其父母。時稱爲報仇張孝子。仕後周。以刺史領邊任。屢擊敗契丹。宋初爲瀛州團練使。

張·豐亭 清烏程人。字慶來。號歐亭。諸生。有鈞青集。

張·邈 後漢壽張人。字孟卓。少以俠聞。振窮救急。傾家無恤。官陳留太守。董卓之亂。與曹操共舉義兵。及袁紹爲盟主。有驕色。邈正義責之。後與呂布共據兗州。爲其下所害。

張·鎡 宋字功甫。號約齋。官奉議郎。直祕閣。善畫竹石古木。有仕學規範·南湖集。

張·鎣 明松江華亭人。字廷器。正統進士。景泰初擢御史。成化間以右副都御史巡撫寧夏。導河流溉靈州屯田七百餘頃。終南京兵部尚書。卒諡莊懿。

張·鎮周 唐舒州人。初爲壽州都督。武德中遷本州都督。到州。就故宅召親戚酣宴。曰。今日張鎮周與故人歡飲。明日則舒州都督治百姓耳。親戚故人犯法。一無所縱。境內肅然。

張·鎮孫 宋南海人。字鼎卿。咸淳廷對第一。授祕書監正字。德祐間罷歸。端宗航海幸閩廣。鎮孫與都統淩震誓圖恢復。官至經略安撫使。後爲元兵所執。死於大庾。

張·鎬 唐博州人。字從周。肅宗時拜同平章事。後鎮汴州。宦官絡繹出境。未嘗降情結納。使還者皆毀鎬。遂罷相。代宗時起爲江南西道觀察使。封平原郡公。鎬起布衣。二期至宰相。居身廉潔。議論持大體。在位雖淺。人咸推爲舊德焉。

張·鎰 唐後胤五世孫。字季權。一字公度。官殿中侍御史。華原令盧縱爲宦官所構。論死。鎰白其母曰。今理縱。縱免而鎰坐貶。嘿則負官。則爲母憂。奈何。母諭以無累於道。既執正其罪。貶撫州司戶參軍。建中初拜中書侍郎·同平章事。郭子儀壻趙縱爲奴所告。下御史臺劾治。而奴留內侍省。鎰力爭之。杖死奴。盧杞忌鎰剛直。出爲鳳翔隴右節度使。爲李楚琳所害。◎宋北人。後居滁州。字季萬。工書畫。

張·闓 晉丹陽人。字敬緒。元帝時以佐翼勳。賜爵丹陽縣侯。蘇峻之亂。闓與王導俱入宮侍衛。密謀討峻。峻平。賜爵宜陽伯。拜金紫光祿大夫。

張·懷 明餘姚人。字德珍。正德進士。授禮部主事。武宗南巡。伏闕諫。廷杖。嘉靖中議大禮。復受杖。歷廣東參政歸。

張·懷約 唐建昌人。初仕隋。官至學士。歸唐爲溫州司馬。幼有令名。鄉人宗其德行。尤博學強記。文辭典麗。講三經三傳。出諸儒之右。性尚簡雅。後隱於富陽山。莫知所終。

張·懷瓘 唐海陵人。開元中官至翰林院供奉。嘗錄古今書體及能書人名。各述其源流。定其品第。爲書斷一書。紀述極詳。評論亦允。

張·攀 宋常熟人。字從龍。淳熙進士。知溧水縣。官至起居郎。兼崇政殿說書。寬厚易直。遇事以誠。有益齋文集・奏議・漢唐論。

張・瀚　明仁和人。字子文。嘉靖進士。歷大名知府。俺答犯京師。徵畿輔民兵入衛。瀚立簡八百人馳至眞定。累擢右副都御史。萬曆初擢吏部尚書。張居正謀奪情。中旨令瀚諭留。瀚持不可。居正怒。嗾言官劾罷之。卒謚恭懿。有奚囊蠹餘・臺省疏稿・明疏議輯略。

張・瓊　北齊代人。字連德。初爲爾朱榮都督。歸神武。遷汾州刺史。神武克夏州。以爲慰勞大使。留鎭夏州。後爲周文帝所陷卒。◎宋館陶人。少有勇力。善射。太祖爲周將。瓊隸帳下。嘗以身蔽帝中弩矢。死而復蘇。及帝卽位。擢爲殿前都虞候。瓊性暴無機。多所淩轢。史珪・石漢卿譖瓊恣作威福。賜死。

張・繡　三國魏祖厲人。邊章・韓遂爲亂涼州。金城麴勝襲殺祖厲長。時繡爲縣吏。伺間殺勝。郡內義之。後仕魏。封宣威侯。官渡之役。力戰有功。累遷破羌將軍。卒謚定。(按祖厲。後漢書郡國志作租厲。屬武威郡。此從三國志本傳。)

張・繹　梁吳郡人。字士和。學道誦經。理致深密。尤善八體書。製雲篆。作茅山南洞記。甚工。◎宋壽安人。字思叔。幼失學。傭力於市。後發憤力學。受業程頤之門。卒受伊洛淵源之學。頤每謂人曰。吾晚得二士。謂繹與尹焞也。

張・羅俊　明清苑人。字元美。娶督女。終身不置妾。崇禎間舉進士。需次還籍。鄉郡被兵。兄弟倡義捍城。城陷。罵賊死。一門死者二十三人。

張・譏　陳武城人。字直言。通孝經論語。篤好玄言。受學於汝南周弘正。每有新意。爲先輩推服。仕梁爲士林館學士。武帝受禪。除太常丞。後主宴東宮。造玉柄麈尾新成。後主親執之曰。今雖多士如林。堪執此者獨譏耳。卽以授譏。官至國子博士。後入隋。終於長安。有周易尙書毛詩孝經論語老子莊子等義及玄部通義・遊玄桂林等一百數十卷。

張・鐙　宋衡山人。淺後。官朝奉郞。益王卽位於福州。鐙起兵衡州。移檄安化諸獠。得民兵數千。文天祥督兵梅嶺。相與接應。兵敗被執。不屈死。

張・鏐　清樂陵人。號紫峯。雍正舉人。官內閣中書。嘗以儀封張伯行所刻張子全書。不無訛謬。因仿近思淵源二錄之意。爲張子淵源錄。間有刪節。皆從程朱所辨。而張子晚年未及改者也。◎清江都人。字子貞。號老蘽。性懶。不修邊幅。窮老以終。工詩善書。尤善畫山水。兼工鐵筆。

張・鏡　南朝宋裕子。少與顏延之鄰居。延之談義飲酒。喧呼不絕。後鏡與客談。延之從籬邊坐聽。辭義清玄。延之由是不復酣叫。

張・鏡心　清磁州人。字孝仲。號湛虛。晚號晦臣。明天啟進士。官至兵部尙書。馬士英・阮大鋮用事。辭去。順治時屢薦不起。晚年閉戶注易。究極性命之旨。自稱雲隱居士。有易經增注。

張・鯨　明新城人。在太監張宏名下。掌東廠。專擅威福。萬曆間爲御史何出光等劾罷。未幾復入。言者益多。寵亦漸衰。

張・鵬　唐德興人。宣宗時爲河東節度使書記。吐蕃犯邊。鵬率數千騎敗之。累官邕州刺史・制置使。◎五代鄗鼓城人。幼爲僧。知書。有口辯。喜大言。歸俗。從唐末帝爲供奉官。晉開運中累戍邊城。以勇稱。乾祐初授鎭州副使。嘗從容語高行周。晉之亡。在藩輔積財富家。不恤國事。行周左右誣爲譏切。被殺。◎明洛陽人。永樂中爲監察御史。歷官廣西按察使・山東左布政使。爲人寬厚練達。所在著稱。◎明淶水人。字騰霄。景泰進士。授御史。天順間論劾石亨・曹吉祥。謫戍遼東。憲宗立。復原官。累官兵部尙書。鵬晚畏中官。在官不能有所匡正。爲臺諫所劾。致仕卒。謚懿簡。◎明沁州人。字鳴南。嘉靖進士。授河南推官。以廉愼聞。遷御史。上經略九邊封事。帝嘉納之。歷按甘肅山東。皆有善政。遷大理寺右丞卒。◎明甌寧人。字應秋。號雲程。工書畫。◎清丹徒人。字搏萬。別號南溟。順治進士。除內閣中書舍人。擢吏科給事中。居諫職四年。於國家之事。知無不言。官至吏部左侍郎。有寧遠集。

張・鵬年　清錢塘人。與妻丁瑜均善畫。

張・鵬翀　清嘉定人。字天扉。號南華。雍正進士。授檢討。乾隆時仕至詹事。詩才敏捷。尤善畫山水。得倪黃之遺。每應召作詩。成未移晷。復命作畫。頃刻盈數紙。性灑落好游。人呼漆園散仙。有南華山房集。

張・鵬翮　清麻城人。籍遂寧。字運靑。康熙進士。累擢河道總督。長於治河。凡所經畫。無不完固。雍正初拜武英殿大學士。因能授任。持大綱。去煩細。時稱賢相。卒謚文端。有忠武誌・敦行錄・信陽子卓錄。

張・鵬翼　明西充人。崇禎中由選貢生授衡陽知縣。張獻忠陷衡州。脅使降。不屈死。◎清連城人。字翥子。晚號醫菴。貢生。生當明季。播遷飢饉而學不廢。見薛瑄讀書錄。專用持敬寡欲之功。銳志問學。自治嚴整。讀四子五經。自識心得。名說略。又著經學入門·後四書·相將誅三譜·史案·中華世統圖說。◎【清】寶山人。字培風。工書畫。

張麒 【明】永城人。洪武中以女爲燕世子妃。授兵馬副指揮。世子爲太子。進京衛指揮使。

張麗華 【陳】後主妃。性聰慧。容色端麗。常靚妝臨軒。宮中遙望。飄若神仙。尤才辨強記。百司啓奏。後主置麗華於膝上共決之。臺城陷。麗華與後主俱入景陽井。隋軍出之。斬於青溪中。

張夔 【宋】饒平人。字致堯。政和進士。宰茂名。以薦擢判廉州。遷知新州。前後皆以清節著。高宗嘗書於屏曰。南有張夔。北有周昕。

張寶華 【清】江蘇華亭人。康熙舉人。流寓歸德。善畫山水。

張旟 【明】榆社人。永樂舉人。爲安丘知縣。破妖賊唐賽兒。安丘獲全。擢山東左參議。又平水寇。陞布政使。

張獻忠 【明】延安衛人。與李自成同歲生。狡黠驍勍。崇禎中陝西賊大起。獻忠以米脂十八寨應之。後與李自成連寇山陝河南等地。據武昌。自湖南趨蜀。陷成都。稱大西國王。年號大順。所過屠殺。慘無人理。獻忠黃面虎頷。人號爲黃虎。後爲清肅王豪格射殺。或云兵敗自刎死。

張獻翼 【明】崑山人。字幼于。後更名敉。嘉靖中國子監生。爲人放誕不羈。言行詭異。似有狂易之疾。而說易乃平正通達。篤實不支。有讀易紀聞·讀易韻考·舞志·文起堂集·紈綺集。

張瓌 【南齊】永子。字祖逸。劉宋順帝時。與叔恕領兵斬劉遐。授輔國將軍。入齊封平都侯。累官光祿大夫。歷任以清節稱。◎【宋】洎孫。字唐公。舉進士。除秘閣校理。遷淮南轉運使。當官遇事敢言。觸忤勢要。至屢黜。終不悔。

張礪 【遼】磁州人。初仕唐。後入遼。太宗擢爲翰林學士。臨事必盡言無所避。官至翰林承旨。

張競光 【清】杭州人。字覺菴。有寵壽堂詩集。

張籍 【唐】烏江人。字文昌。第進士。韓愈薦爲國子博士。當時名士皆與之游。而愈尤賢重之。籍爲詩長於樂府。多警句。仕終國子司業。有張司業集。

張籌 【明】無錫人。字惟中。洪武間薦授翰林應奉。改禮部主事。奉詔與陶凱集漢唐以來藩王事蹟爲昭鑑錄。累官禮部尙書。籌有文學。記誦淹博。頗善附會。識者非之。尋以事免。

張纂 【後魏】無極人。字伯業。頗涉經史。雅有氣尙。官樂陵太守。在郡多所受納。聞御史至。棄郡逃走。除名。◎【北齊】平城人。字徽纂。初事爾朱榮。後事神武帝二十餘歲。傳達教令。甚見親賞。累官護軍將軍。

張繼孟 【明】扶風人。字伯功。萬曆進士。天啟中擢南御史。以不建魏忠賢生祠削籍。崇禎初起故官。歷川西道副使。張獻忠陷城。不屈被殺。

張繼祚 【後唐】全義子。仕唐爲西衞上將軍。天福初家居。會張從賓作亂。迫脅取赴河陽。令知留後事。從賓敗。被誅。

張繼能 【宋】太原人。字守拙。眞宗時官至崇儀使。以衰老解職。繼能沈密知兵。頗勇敢。善讀書。晚年急於聚蓄。衆以此少之。

張耀 【北齊】昌平人。字靈光。好讀春秋。嘗言左氏之書。備敘言事。惡者可以自戒。善者可以庶幾。官至祕書監。耀歷事累世。奉職恪勤。性尤節儉。車服飲食。取給而已。卒謚貞簡。（按北史作曜。此從北齊書。）◎【明】壽州人。初從陳埜先。建康下。始歸附。累功爲守禦福建指揮使。洪武初從李文忠與胡虜戰死。◎【明】三原人。字融我。萬曆舉人。崇禎中歷官貴州布政使。所至以和厚得民。死於孫可望之難。

張耀靈 【前涼】重華子。字元舒。年十歲。嗣立。以伯父祚輔政。祚烝重華母馬氏。馬氏廢耀靈爲涼寧侯。立祚。祚尋害耀靈於東苑。謚哀。

張蘊 【宋】開封人。字積之。從軍爲小校。嘗從征安南。次富良江。蘊褰裳先濟。蠻遁走。積功官至開德河陽馬步軍副總管。卒謚榮毅。

張蘊古 【唐】洹水人。敏書傳。曉世務。文擅當時。太宗卽位。上大寶箴。諷帝以民畏而未懷。其辭挺切。擢大理丞。後坐事誅。

張藻 【清】婁東人。字子湘。畢沅母。工詩詞。深經術。及卒。高宗書經訓克家四字以褒之。

張蠙 【前蜀】清河人。字象文。唐乾寧進士。仕王建爲膳部員外郎。後爲金堂令。性喜爲詩。咸通時與張喬·許棠·喻坦之·劇燕·任濤·吳罕·周繇·鄭谷·李棲遠·溫憲·李昌符稱十哲。蠙童年有白日地中出。黃河天上來之句。爲當世所稱。

張覺 【宋】義豐人。在遼第進士。爲遼興軍節度副使。金人入燕。以爲臨海軍節度使。知平州。徽宗時內附。爲金人所襲。奔宋。完顏宗望以納叛責宋。索覺。王安中殺覺。函首與金。

張覺民 【宋】文州人。元祐進士。後與馬涓等上書忤權貴。坐藉錮。退居成都。與張正巳等游。號草堂先生。有歌詩雜著百餘篇。

張鷟 【宋】福州人。字柔直。舉進士。不與世詭隨。蔡京延爲子弟師。

謂京子弟曰。天下事而翁壞盡矣。且夕亂作。賊必先至而家。何不善學走。可逃死。諸生奔告京。京就請計。譽勸京亟引正人。因薦楊時可大用。譽後守南劍州。會范汝爲潰葉徹擁衆寇南劍。與戰敗之。以直龍圖閣知處州。蕩平餘寇。進秘閣修撰卒。

張·釋之【漢】堵陽人。字季。以貲爲騎郎。事文帝。拜謁者僕射。從登虎圈。帝問上林尉諸禽獸簿。尉不能對。虎圈嗇夫從旁代對。詔拜嗇夫爲上林令。釋之曰。陛下以嗇夫口辯而超遷之。臣恐天下隨風靡。爭口辯。而無其實。文帝乃止。拜公車令。太子與梁王共車入朝。不下司馬門。釋之追止太子梁王。劾不敬。拜中大夫。爲廷尉。持議平。時人語曰。張釋之爲廷尉。天下無冤民。景帝時出爲淮南王相。病卒。

張·鏊【清】襄城人。字太阿。明諸生。工詩。善草書。康熙中舉明經。不赴廷試。所居曰龍雷館。日事著作。四方求詩與字者踵相接。有青霞閣集。

張·闡【宋】永嘉人。字大猷。宣和進士。紹興中累遷祕書郎。忤秦檜罷。孝宗卽位。權工部侍郎。應詔條時務。惟闡與王十朋指陳時事。斥權倖無所回隱。除工部尚書。兼侍讀。引疾歸卒。朱熹嘗言秦檜力主和議。士大夫始終言金人不可和者。惟胡銓·張闡耳。

張·騰蛟【清】寧化人。字孟詞。乾隆進士。少負異才。喜博覽。嘗撰山海精頁一書。未就而卒。

張·騫【漢】漢中人。建元中爲郎。應募使月氏。經匈奴。被留十餘歲。亡走大宛。抵康居。傳致大月氏。還復爲匈奴所得。亡歸。拜大中大夫。從大將軍擊匈奴。封博望侯。後與李廣俱出右北平。後期當斬。贖爲庶人。騫請賂烏孫以斷匈奴右臂。乃拜騫中郎將。至烏孫。分遣副使至大宛·康居·大夏。西北國始通於漢。還拜大行。歲餘卒。諸後使往者。皆稱博望侯以爲質於外國。外國由是信之。

張·藺皋【清】武進人。原名一是。字天隨。有周易析義。

張·趯【春秋】【晉】大夫。鄭游吉如晉。送少姜之葬。梁丙與張趯見之。二大夫退。子太叔告人曰。張趯有知。其猶在君子之後乎。

張·鐸【宋】河朔人。少以材武應募。隸軍籍。初仕漢。歷周入宋。官至京城內外都巡檢。鄜州刺史。

張·霸【漢】東萊人。古文尚書世所傳百兩篇者。出於霸。分析合二十九篇。以爲數十。又采左氏傳書敍。爲作首尾凡百二篇。◉【後漢】成都人。字伯饒。年數歲知孝讓。鄉人號爲張曾子。七歲通春秋。博覽五經。舉孝廉。還會稽太守。郡中爭勵志節。習經者千數。和帝朝召拜侍中。及卒。諸門人追錄本行。諡憲文。

張·鶴【清】瑞安人。字芝田。一字靜鄉。自號玉清宮道人。歲貢。工詩。善書畫。有琴學入門。

張·鶴鳴【明】潁川人。字元平。萬曆進士。天啓初爲兵部尚書。時熊廷弼經略遼東。鶴鳴與相失。喜巡撫王化貞。令無受廷弼節度。致疆事大壞。後累官太子太師致仕。崇禎間流賊陷潁川。罵賊死。

張·鶴齡【明】巒子。巒卒。鶴齡嗣侯。與弟延齡並驕肆。數犯法。正德中進太傅。世宗入繼。鶴齡以定策功。進封昌國公。後坐事被逮。瘐死。◉【清】陽湖人。字長儒。號嘯圃。光緒進士。官至奉天提學使。通博善屬文。博覽譯籍。通中外掌故。京師大學堂章程。多其所規畫。

張·儼【後漢】餘杭人。好學有賢德。遭漢末之亂。嘗開園種瓠。以所售錢造橋。不樂營利。鄉人重之。◉【三國】【吳】吳郡人。翰父。字子節。以博聞多識拜大鴻臚。寶鼎中使於晉。賈充·荀勖等欲傲以所不知。皆不能屈。

張·巒【明】孝宗敬皇后父。弘治間封壽寧伯。立皇太子。進爲侯。起諸生。雖貴盛。能敬禮士大夫。

張·瓘【五代】【漢】同州人。承業從子。承業仕唐。甚見委遇。瓘與昆仲五人奔太原。莊宗皆任用之。補瓘麟州刺史。承業治家嚴毅。故瓘所至不敢誅求。晉天福中爲密州刺史。乾祐中卒。

張·讀【唐】薦孫。字聖朋。亦作聖用。有俊才。年十九登進士第。累官吏部侍郎。典貢舉。時稱得士。位終尙書左丞。有宣室志。皆記鬼神靈異之事。

張·鑄【宋】洛陽人。字司化。後梁進士。周時累官祕書監·判光祿寺。宋初加檢校刑部尙書。鑄美姿儀。善筆札。及卒。身無餘衣。家人鬻其服馬園圃以葬。

張·鑑【宋】藏英孫。字德明。太平興國進士。累遷監察御史。決獄江左。頗雪冤滯。眞宗時官至工部侍郎。出知相州卒。◉【明】南充人。嘉靖進士。初授會稽知縣。有治績。擢御史。歷陞山西按察使。巡撫山東。政爲諸省最。引疾歸。用薦起總督糧儲。在官八年。夙弊盡革。卒時囊無一金。有皇極經世衍義·賦役法。◉【清】烏程人。字春冶。號秋水。嘉慶中由副榜授武義教諭。家貧。賣畫自給。著述甚富。自步算樂律音韻六書金石聲地理水利。莫不周曉。發爲文章。引據典墳。所著書凡三百卷。已刊者僅冬青館甲乙集。◉【清】天津人。嘉慶間從攻川陝楚教匪。奮勇力戰。所向有功。官至建昌鎮總兵。署四川提督卒。

張・鷟　唐陸澤人。字文成。自號浮休子。調露中舉進士。擢考功員外郎。累官至學士。時稱其文猶青銅錢。萬選萬中。號青錢學士。鷟屬文下筆。輒成浮豔。少理致。其論著率詆誚蕪猥。然大行一時。新羅日本使至。必購其文。性躁卞。儻蕩無檢。罕為正人所遇。姚崇尤惡之。著有龍筋鳳髓判・朝野僉載。

張・巖　宋大梁人。字肖翁。乾道進士。歷官監察御史。為人機警。柔回善諂。阿附韓侂胄。誣逐時賢。累知樞密院事。督視江淮軍馬。侂胄誅。致仕。

張・巖叟　金大節子。字孟弼。大定進士。調葭州司候判官。官至沁南節度使。大安中朝議塞城門。巖叟獨以為不可。時議多之。

張・瓚　明孝感人。字宗器。正統進士。成化間以右副都御史巡撫四川。松茂番寇邊。瓚先後破滅五十二砦。諸番悉平。官至左副都御史。總督漕運。有東征紀行錄。⊙明先世滄州人。後家京師。字廷獻。弘治進士。嘉靖間督兩廣軍務。附郭勛。得為兵部尚書。瓚方面修耳。顧盼偉如。無他耆能。徒以素通中貴人。而狀貌中帝意。遂驟登樞要。眷遇終其身。卒諡恭襄。⊙清雲南武定人。字公執。號容庵。官浙江新城知縣。有東安詩詞草。

張・顯宗　明寧化人。字明遠。洪武進士。授編修。屢遷國子祭酒。善於其職。建文末擢工部右侍郎。奉詔起義兵於江西。燕王入京。被執。謫興州。交阯平。起為布政使。

張・體乾　清浮山人。字確齋。官刑部郎中。工詩。有東遊紀略。

張・鷟　清陝州人。康熙時歷官蕪湖・霍邱知縣。並有惠政。致仕歸。修廣濟渠。竭力為州人倡。有四書精解・雞足山詩集・道善堂文集。

張・讓　後漢潁川人。靈帝時為中常侍。封列侯。說帝令斂天下田畝稅十錢。以修宮室。發太原・河南・狄道諸郡材木及文石。百姓呼嗟。帝崩。袁紹勒兵捕宦官。讓劫少帝走河上。追急。投河死。

張・靄　宋浦城人。字伯雲。為侍御史。太祖方彈雀於後苑。靄急請入奏事。及見。所奏乃常事。帝怒。以此小事何急如此。靄曰。亦急於彈雀。帝色愈厲。以斧柄撞其口。墮兩齒。靄跪而徐拾之。帝曰。汝欲訟朕耶。靄曰。臣不能訟。自有史官書之耳。帝大悔。賜靄縑百匹。

張・靈　明吳縣人。字夢晉。善畫人物山水。間作竹石花鳥。筆秀絕塵。工詩。好交游。使酒作狂。與唐寅埒。

張・纘　梁緬弟。字伯緒。眉目疎朗。神彩爽發。與琅邪王錫齊名。累官平北將軍・寧蠻校尉。後為岳陽王詧所害。諡簡憲。有鴻寶・文集。

張・觀　宋毘陵人。字仲賓。南唐時舉進士。歸宋為彭原主簿。累官廣南西路轉運使卒。觀廣覽漢史。雅好論事。辭理切直。有古人風。⊙宋絳縣人。字思正。少謹愿好學。中服勤辭學科。擢為第一。仁宗時歷官觀文殿學士。知許州。遇事從容詳審。動無過舉。自言守官以來。嘗持勤謹和緩四字。趣尚恬曠。平生書必為楷字。無一行草。類其為人。卒諡文孝。

張・觀光　元東陽人。字直夫。工詩。雖格意清淺。而吐屬婉秀。有屏巖小稿。

張・讜　後魏東武城人。字處言。初仕宋孝武帝。官至魏郡太守。後歸魏。賜爵平陸侯。加平遠將軍。性開通。篤於撫恤。青齊之士。咸相敬視。寵要勢家。亦推懷陳款。無所顧避。卒諡康。⊙宋端平間知德興縣。有惠政。邑人歌頌之。

張・驥　明安化人。字仲德。永樂舉人。宣德中拜監察御史。激揚有聲。遷大理寺少卿。巡撫浙江。平寇有功。召還卒於道。

強・仕　明無錫人。字甫登。嘉靖舉人。授廣昌尹。嘗結碧山吟社。有家食編。

強・平　前秦略陽氏人。苻健妻弟。皇始初官太傅。及苻生嗣立。以為左光祿大夫。平雅好直言。不避權佞。會有日蝕之變。極言切諫。生怒。誣以妖言。鑿其頂而殺之。

強・伸　金本河中射糧軍子弟。膂力過人。天興初為中京元帥府簽事。甫三日。北兵圍之。東西北三面。多樹大砲。伸括衣帛為幟立城上。率士卒赤身而戰。以壯士五千人往來救應。所至必捷。三月不能拔。未幾。糧盡兵散。城不能守。轉戰至偃師。力盡被執。見殺。

強・存仁　明吳縣人。字善頁。工畫。

強・汝詢　清溧陽人。字蕘叔。號賡廷。咸豐舉人。授贛榆教諭。不赴。有大學衍義・續春秋測義等書。

強・至　宋錢塘人。字幾聖。慶曆進士。為文簡古不徇俗。宰相韓琦欲薦充館閣。不果。終祠部郎中。有韓忠獻遺事・祠部集。

強・行健　清上海人。字順之。號易窗道人。幼孤家貧。志學弗倦。後又精醫。藉所得以養親。工詩及書。尤精篆刻。有印管・印論・易窗小草・警心錄・醫案・學吟小草・傷寒直指。

強・克捷　清韓城人。嘉慶進士。知滑縣。教匪李文成與京師林清將起事。克捷先期捕得文成。置諸獄。其黨劫文成爲亂。克捷死之。謚忠烈。

強・珇 【元】字彥栗。工詩。隱居田里。以翰墨自娛。至正間薦授常熟州判官。不就。

強珍 【明】滄州人。字庭貴。成化進士。知涇縣。奏減賦額。民爲立祠。擢御史。巡按遼東。劾奏巡撫陳鉞罪。忤汪直。謫戍遼東。直敗復官。弘治時官至南京右通政。乞休歸卒。

強・淵明 【宋】至子。字隱季。舉進士。累官國子司業。與兄浚明及葉夢得爲蔡京死黨。立元祐黨籍。分三等定罪。遂構成黨禍。淵明以故不次超遷。累官禮部尚書。卒謚文憲。

強・循 【唐】鳳州人。字季先。累官雍州司戶參軍。華原無泉。人畜多渴死。循教濬渠水以浸田。一方利之。號強公渠。歷大理少卿・右庶子。爲政辨給。不爲威嚴。遇人盡信不疑。然當時恨其少文。

強・鉏 【春秋鄭】祭仲專政。厲公使雍糾殺之。謀洩。鉏與公子閼黨祭仲。殺雍糾。及厲公入國。治前亂事。鉏被刖。君子謂強鉏不能衛其足。

強・蒙 【唐】大曆時以論語專家。有名於時。

強・練 【北周】以好言未然事類李順興。人號順興爲李練。故亦呼爲強練。大象末以一無底甕歷長安市告乞。人以米麥遺之。隨漏於地。人問之。曰。但欲使人見盛空耳。隋開皇初移都龍首山。城遂空廢。後莫知所終。

強・穎 【唐】工畫水鳥。

強・嶽立 【清】韓城人。字健齋。嗜學喜著書。後從李顒弟子王心敬游。以學行自勵。一時名輩。多爲師友。乾隆中卒。

彪・居正 【宋】虎臣子。字德美。號敬齋。師胡宏。爲嶽麓書院堂長。人以彪夫子稱之。

彪・虎臣 【宋】約子。字漢明。嘗從胡安國游。以經術教授。其學以不欺爲本。以孝弟爲先。以文藝爲後。學者爭迎致焉。

彪・約 【宋】湘潭人。孝友渾厚。聞有言人過失者。則掩耳去之。

彪・傒 【春秋周】大夫。靈王時晉魏舒・韓不信如京師。合諸侯之大夫於狄泉。尋盟。且令城成周。魏子南面。傒曰。魏子必有大咎。干位以令大事。非其任也。逾年。魏子卒。

彬・霽 【唐】撰祕苑狀啓。

從・任 【明】江南人。字子重。少以諸生入太學。負奇氣。嗜異書。於太乙奇門遁甲六壬。皆探得其要。焦竑常稱之曰。子重之技。當眞隗照。不能稱絕矣。

從・所向 【明】鍾祥人。字南溟。萬曆舉人。由玉山令擢刑部主事。淸廉恬退。既致仕。癸未城陷。與子士默不屈死。

從・貞 【明】繁昌人。官安陸衛指揮同知。居官淸儉。蕭然若寒士。嘗領漕運。尤愛惜士卒。童孺俱誦其美。

從諗 【唐】高僧。居趙州觀音院。精心玄悟。受法南泉印可。乾寧中示寂。謚眞際禪師。世號趙州古佛。

從・龍 【明】安陸人。字雲峯。成化中以舉人知麻哈州。時民俗皆被髮左袵。龍治之五年。遂成衣冠人物之俗。陞懷慶知府。劉瑾用事。乞休卒。

從諫 【宋】高僧。慶曆中住開元寺。嘗遊石壁山。見二士對弈。就之。化爲雙鶴。沖天而去。遺一棋子。從諫取而咽之。遂辟穀不食。四十年後。歸岐山石門示寂。

悉怛謀 【唐】吐蕃將。爲維州副使。太和中來降。李德裕遣兵據其城。以其狀聞。帝從牛僧孺議。詔德裕以其城及悉怛謀悉歸吐蕃。吐蕃誅悉怛謀於境上。

悉莫 【南蠻】訶陵國女子。上元間國人推爲王。威令整肅。道不拾遺。大食君齎金一囊置其郊。行者輒避。後太子過。以足躪之。悉莫怒。將斬之。羣臣固請。悉莫曰。而罪實本於足。可斷趾。羣臣復請。乃斬指以徇。大食聞而畏之。不敢加兵。

悉諸 【上古】炎帝神農氏師。

惟則 【元】僧。永新譚氏子。字天如。闢吳城東北隅廢圃爲方丈。曰師子林。中多怪石。景絕一時。又嘗遊跡松江之九峯。道風日振。加號佛心普濟文惠大辨禪師。工詩。有師子林別錄。

惟愨 【唐】僧。上黨連氏子。住京師崇福寺。有楞嚴經疏義。

惟寬 【唐】高僧。信安祝氏子。性仁慈。貞元間行化於閩越間。說心要法三十年。徒衆千餘。白居易爲宮贊時。遇惟寬。以弟子禮事之。憲宗召入京問道。元和間示寂。謚大徹禪師。

戚・人鏡 【清】錢塘人。原名士鏡。字仲闓。號蓉臺。一號鑑堂。嘉慶進士。官至司經局洗馬。剛直不阿。忤要人落職。尋復起。歷遷至洗馬。居母憂。以毀卒。

戚・元佐 【明】秀水人。字希仲。號中岳。嘉靖進士。仕至尙寶卿。畫法巨然。筆力蒼勁。長於詩文。有青藜集・檇李往哲傳。

戚・元禮 【明】瑞昌人。洪武初知武昌縣。時歷兵火。荆榛彌望。元禮招集流亡。創建學校。政績甚著。

戚夫人 【漢】高祖寵姬。生趙王如意。後爲呂后所殺。去其耳目手足。名曰人彘。

戚・文秀 【宋】善畫水。嘗畫淸濟灌河圖。一筆長五丈。自邊際起。通貫於波浪之間。與衆毫不失次序。

戚仲 【宋】畫山水師楊士賢。畫虎師李迪。左手書戚仲字。多喜作江海圖扇面。

戚同文 【宋】楚丘人。字同文。幼孤。以孝聞。值五代喪亂。絕意祿仕。性好施與。尙信義。未嘗言人短。喜讀書。藏書甚富。好爲詩。有孟諸集。卒後。門人私謚堅素先生。（按宋史戚綸傳作字文約。）

戚如圭 【宋】金華人。從呂祖謙游。以進士爲嵊縣尉。弟如玉亦遊太學。母周氏。觀書能舉大義。嘗讀謝良佐語錄。顧諸子曰。既不爲祿利。復不求人知。斯可謂問學者邪。其期諸子如此。

戚如琥 【宋】如圭從弟。字少白。從呂祖謙游。篤於修齊之道。不爲空言。以進士授彬州教授。遷國子博士。改知袁州。政績大著。甫授代而卒。門人私謚貞白先生。

戚存心 【明】黃巖人。洪武進士。擢行人。以才行見稱。陞陝西布政司參政。未幾召爲禮部侍郎。

戚成勳妻 【清】江津人。姓廖氏。明末張獻忠寇蜀。成勳聞變。倉皇竄黔中。廖弱不能從。堅閉重門。自誓以死。遲久賊不至。食不繼。向宅邊種穀續之。以草爲衣。積四十餘年。成勳歸。見舊宅已沒深箐。因持斧斤伐竹木。忽聞樓頭有人呼曰。汝輩何人。成勳厲聲答曰。吾此宅主人也。廖乃向成勳乞衣褲下樓。夫婦相見。遂挈與共居。年各九十餘卒。

戚秉肅 【元】嘉興人。號礪齋。少有氣節。不伍鄉里。受學於程端禮。得其爲學程法。隱居不仕。事母至孝。始豐徐大章嘗記其事。

戚理 【清】泗州人。字後升。由優貢授知縣。工詩。有笑門詩集。

戚袞 【梁】鹽官人。字公文。受三禮於國子助教劉文紹。年十九。武帝策周禮禮記義。袞對高第。除揚州祭酒從事。簡文在東宮。召袞及諸儒講論。次令中庶子徐摛質難。摛辭辯縱橫。諸儒懾氣。袞精采自若。應答如流。簡文深加歎賞。敬帝立。爲江州刺史。入陳官始興王府錄事參軍。有禮記義。

戚崇僧 【元】永康人。象祖子。字仲咸。家學出於呂氏。從許謙講道。同門推爲高弟。淸苦自處。嘗曰。人知富貴之可欲。而不知貧賤之可樂也。居常默坐一室。環書數百卷。扁其室曰朝陽。人稱朝陽先生。有春秋纂例原旨。四書儀對。後復古編。昭穆圖。歷代指掌圖。

戚紹 【元】如琥孫。入元隱居不仕。同志之士相與號爲貞孝先生。

戚逍遙 【唐】南宮女子。幼好道。適同邑蒯濟。不爲塵俗事。惟獨居一室。絕食靜想。人以爲妖。後仙去。

戚舜臣 【宋】楚丘人。字世佐。知撫州。惠困窮。扶善類。毀淫祠。後補虞部郎中。

戚象祖 【元】紹子。字性傳。師事王元章。達於命義。年幾五十。乃用舉者得東陽學教諭。遷紹興和靖書院山長。年未七十致仕。僑居永康以終。

戚雄 【明】金華人。字世英。正德中進士。知建陽縣。平易近民。勸強扶善。遷舊學。置學田。尋調知南海。官至監察御史。有婺賢文軌。

戚著 【清】高郵人。字白雲。工畫山水。精書法。

戚維 【宋】同文長子。字仲本。建隆中以屯田員外郎爲曹王府翊善。累官職方郎中。致仕卒。

戚綸 【宋】同文次子。字仲言。太平興國進士。累遷光祿寺丞。眞宗卽位。命爲祕閣校理。拜右正言。龍圖閣待制。留意吏治。每召見。多所敷啓。恩寵甚盛。樂於薦士。每一奏十數人。皆當時知名士。後爲王遵誨所譖。以太常少卿分司南京卒。有集二十卷。又前後奏議。別爲論思集。

戚遜 【明】宣城人。幼力學。豁達有大志。洪武間任兵部主事。累陞山東布政使。勤愼愛民。夙夜無怠。永樂初大饑。遜設法賑濟。民賴以全活者甚衆。

戚賢 【明】全椒人。字秀夫。嘉靖進士。授歸安知縣。師事王守仁。政治精明。賢聲大著。擢吏科給事中。嘗大計。前給事中葉洪劾汪鋐被譴。在黜中。賢以鋐恣橫。實輔臣張璁曲庇。併劾之。太廟災。復劾郭勛及張瓚等。謫山東布政司都事。尋以父老自劾。免歸卒。

戚勳 【明】字世臣。號曲泉。工畫花卉。得疎野之趣。◉【明】江陰人。字伯屏。官中書舍人。清兵破江陰。勳令妻子先縊。乃舉火自焚。

戚學標 【清】浙江太平人。字翰芳。號鶴皐。乾隆進士。官涉縣知縣。有鶴皐文鈔。

戚繼光 【明】定遠人。字元敬。世襲登州衛指揮僉事。幼倜儻負奇氣。家貧。好讀書。通經史大義。嘉靖中歷浙江參將。以破浙東倭。進秩三等。倭犯江西。福建。皆命援擊。戰功特著。陞福建總督。歷平劇寇。威振南方。人號戚家軍。會薊門多警。命以都督同知。總理薊州。昌平。保定三鎭練兵事。邊備修飭。節制嚴明。軍容爲諸邊冠。萬曆間謝病歸。卒謚武毅。有紀效新書。練兵實紀。長子心鈐。蒞戎要略。武備新書。止止堂集。

戚鰓 【漢】初從高祖爲郎。以都尉守蘄城。以中尉侯封臨轅侯。卒謚堅。

戚·麟祥 清德濟人。康熙進士。官侍講學士。邃河洛之學。每祈禱晴雨。占驗不爽。尋引疾歸。復坐事戍寧古塔。後釋歸。有瓶谷筆記。

扈·世達 宋再興子。亦以名將稱。官至都統制。

扈·再興 宋淮人。字叔起。有膂力。善機變。每戰。被髮肉袒徒跣揮雙刀。奮呼入陣。人馬辟易。金人數來犯。再興無日不戰。官至神勁統制。尋以病卒。

扈·周卿 宋大名人。仁宗時爲襄陵令。視事終日無倦色。未半歲。政清訟簡。簿書之外。每多設施。後以憂去。民追思之。

扈·彥珂 宋雁門人。幼事王建立。漢祖建號。擢爲鎭國軍節度。乾祐初李守貞等叛。周祖用彥珂言平之。以功累遷左衞上將軍。顯德中以太師致仕。太祖即位。遣使就賜器幣。

扈·累 後漢京兆人。字伯重。初平中隨青牛先生得其術。年九十餘卒。

扈·雲 漢爲車騎將軍。王莽居攝。雲言符命有巴郡石牛。莽迎受之。

扈·載 後周北燕人。字仲熙。太祖初年舉進士。王朴重其才。薦於宰相李穀。穀曰。載命薄。恐不能勝。朴曰。公爲宰相。以進賢退不肖爲職。何言命耶。已而拜知制誥。遷學士卒。

扈爾漢 清滿州正白旗人。姓佟佳氏。太祖時從征東海窩集部。徇瑚葉路。征瑚爾哈路。征烏喇。並有功。偕安費揚古征東海薩哈連部。直抵黑龍江。進取江北。又累敗明總兵劉綎·賀世賢等軍。封一等大臣。爵至三等子。

扈·蒙 宋安次人。字日用。少以文學名。晉天福中進士。仕周爲右拾遺。直史館。知制誥。時從弟載爲翰林學士。兄弟並掌內外制。時號二扈。入宋充史館修撰。與李穆等同修五代史。又與李昉等同編文苑英華。詳定古今本草。有鰲山集。

扈·輒 漢爲梁王彭越將。高帝使人讓梁王。王欲自往謝。輒曰。王始不往。見讓而往。即爲禽。不如遂發兵反。王不聽。梁太僕有罪。走漢告王與輒謀反。帝遂遣使捕梁王。

扈·暹 明元氏人。由舉人知鳳翔府。政務寬簡。識大體。以憂去任。郡民詣闕保留。及秩滿。又保留之。遂增其俸。仍知府事。凡三十餘年致仕卒。

扈·謙 晉居金陵攝山。精卜筮。每筮一卦百錢。日限錢五百。以三百供母。二百飲酒。足則止。嘗爲海西公及桓溫筮。皆有奇驗。母沒。謙辭酒家去。不知所之。數日有人見謙臥地。始謂其醉。捉手引牽。惟空衣無尸。

扈·鐸 元關陽人。早孤。育於伯父。事伯父如所生。伯父卒。遺腹生一男。鐸常抱哺。與同起臥。十年不少怠。及母卒。鐸廬於墓側。値歲饑多盜。宗族勸之歸。弗從。

捷子 戰國齊人。漢書藝文志道家有捷子二篇。史記作接子。

探馬赤 元禿立不帶人。至元中嘗從征建都。獨以銳卒千五百人與戰於梅子嶺。大敗之。建都勢蹙請降。累官蒙古漢軍萬戶。兼崇慶府達魯花赤。

接·昕 漢著書十篇。王應麟以爲即漢書藝文志之捷子。

接輿 春秋楚佯狂避世。嘗歌而過孔子。欲以感切孔子。孔子下。欲與之言。趨而辟之。不得與之言。(按接輿之說不一。一謂因其與夫子之輿相接而歌。遂名之以絕其人。其說始於邢昺疏。閻若璩四書釋地承之。一謂接輿即楚狂之名若字。過孔子是過孔子之門。並引莊子人間世楚狂接輿遊其門句。以證其非接輿而歌。見嚴杰經義叢鈔·方觀旭論語偶記。一謂接輿與姓陸名通。見皇甫謐高士傳。)

接輿妻 春秋楚王使使者持金與車往聘接輿。其妻曰。君使不從。非忠也。從之又違。非義也。不如去之。夫負釜甑。妻戴紝器。變姓名遠徙。莫知所之。

敏膺 清僧。居蘇州花山翠巖寺。有香域內外集。

教亨 金高僧。任城王氏子。字虛明。相傳爲汴京慈濟寺僧福安轉世。累主道場。最後詔住燕都慶壽寺。徒衆常萬人。旋引去。徜徉於嵩少之間。與定間示寂。

敖·山 明莘縣人。字靜之。成化進士。由翰林編修任山西提學副使。以疾歸。山賦才雄爽。爲文如奔峽騰川。馳放橫逸。與濬縣王越齊名。人稱江北二傑。晚歲尤精於數學。有石稜傳·燦然稿·先天手册。

敖·文禎 明高安人。字嘉猷。萬曆進士。累官禮部尚書。卒謚文穆。文禎立朝居鄉。不苟詭隨。以直道自任。

敖·成 清長安人。乾隆間由行伍從征噶對·金川。繼隨兆惠平定庫車·回部。積功官至貴州提督。卒謚勇毅。

敖·宗慶 明思南人。字汝承。號梅坡。嘉靖進士。歷官廣西按察使。宗慶以爭戍卒事三上揭。臺使不報。宗慶曰。殺人媚人。吾不爲也。持之益力。卒出之。擢副都御史。巡撫雲南致仕。

敖·英 明清江人。字子發。正德進士。由南京刑部歷陝西·河南提學副使。遷江西右布政使。工詩。與幽思還·盤絕蹊徑。有愼言集訓·東谷贅言·綠雪亭雜言。

敖·陶孫 宋福淸人。字器之。號臞菴。少倜儻有大志。韓侂胄用事。朱熹貶外。陶孫時遊太學。首以詩送之。趙汝愚死貶所。陶孫以詩哭之。侂胄大怒。捕陶孫。陶孫變姓名亡命得免。後登慶元進士。終溫陵通判。有臞菴集。

敖·翔 明金堂人。初知宣城。正德初調知江陵。居官廉勤。百廢俱興。郡稱循吏。

敖·銑 明高安人。字純之。嘉靖進士。歷官國子祭酒。性醇雅。生平無疾言遽色。應事接物。婉而曲中。然義所當任。卓立風節。

敖·繼公 元長樂人。家於吳興。字君善。於所居築一小樓。坐臥其中。冬不爐。夏不扇。邃通經術。動循禮法。擢進士。平章高彥敬薦於朝。授信州教授。命下而卒。有儀禮集說。(按萬姓統譜作繼翁。字君壽。此從宋元學案。)

斌良 淸滿洲正紅旗人。姓瓜爾佳氏。字備卿。又字笠耕。號梅舫。嘉慶間由廕生歷官刑部侍郎·駐藏大臣。有抱沖齋詩集。

斛律·平 北齊朔州勑勒部人。便弓馬。有幹用。神武起義。以都督從。封固安縣伯。周文帝遣李小光據梁州。平以偏師討擒之。又破北徐賊。除濟州刺史。進爵爲公。

斛律·光 北齊金子。字明月。工騎射。歷位太子太保。河淸間周尉遲迥等攻洛陽。戰於芒山。大敗之。遷太尉。天統中襲爵咸陽王。屢敗周兵。拜左丞相。光居家嚴肅。見子弟若君臣。性節儉。杜絕饋餉。不肯預政事。每會議。常獨後言。言輒合理。行兵常爲士卒先。結髮從戎。未嘗失律。深爲隣敵懾憚。後被祖珽等譖死。

斛律·金 北齊平弟。字阿六敦。性敦直。善騎射。行兵用匈奴法。望塵識馬足多少。嗅地知軍度遠近。仕爲第二領民酋長。秋朝京師。春還部落。號曰雁臣。累封咸陽郡王。卒謚武。

斛律·羌舉 北齊太安人。少驍果有膽力。永安中從爾朱兆入洛。有戰功。神武破兆。始歸誠。天平中除大都督。令襲夏州剋之。興和初轉東夏州刺史卒。

斛律·羨 北齊金次子。字豐樂。少有機警。尤善射藝。武平初加驃騎大將軍。羨歷事數帝。以謹直見推。進爵荊山郡王。兄光誅。羨坐死。

斛斯·政 隋椿孫。明悟有器幹。開皇中以軍功授儀同。甚爲楊素所禮。楊玄感之反。政與通謀。及玄縱等亡歸。亦政之計。煬帝窮治玄縱黨與。政遂亡奔高麗。帝東征。高麗執送政以和。因械至京師。令百僚磔射臠割。焚其骨而揚之。

斛斯·椿 後魏廣牧富昌人。字法壽。出帝時累拜侍中。椿狡猾多事。好亂樂禍。干時敗國。朝野疾之。官至太傅。卒謚文宣。

斛斯·徵 北周椿子。字士亮。博涉羣書。尤精三禮。并解音律。周武帝以其治經有師法。詔教授皇太子。呼爲夫子。宣帝嗣位。肆行無度。徵上書極諫。遂下獄。獄卒張元以佩刀穿獄牆出之。後遇赦得免。隋文即位。除太子太傅。詔修撰樂書。有樂典。

斜卯·阿里 金自結髮從軍。尤習舟楫。江淮用兵。無役不從。時人以永星目之。性忠直。多智略。兄弟相友愛。歷順義·泰寧軍·歸德·濟南尹。封韓國公。卒謚智敏。

斜卯·愛實 金字正之。策論進士。正大間累官翰林直學士。天興初聞元兵將至。以點檢夾谷撒合爲總帥。率步騎三萬巡河渡。行至封丘而還。出爲中京留守。後不知所終。

旋·政 明新喻人。諸生。性醇樸。母羅氏沒。哀毀骨立。事父孝謹。朝夕省視。食餌親嘗。衣垢必自澣。父卒廬墓。令題其居曰孝子門。

晟豐祐 唐南詔王異牟尋曾孫。長慶中嗣立。趫敢善用其下。太和中西川節度杜元穎不恤士卒。晟豐祐遂入寇。以蜀卒爲鄉導。襲陷邛戎嶲三州。入成都。大掠而還。尋遣使上表。朝廷遂以李德裕代鎭蜀。

晤恩 宋高僧。常熟路氏子。字修己。年十三出家。先是天台宗經會昌間毀廢。晤恩尋繹十妙之始終。研覈五重之旨趣。講大玄義文句止觀二十餘周。使法華大旨復傳。晤恩有力焉。雍熙間坐化。有玄義文句止觀·金光明金錍論科總三十五帖。錢塘慈光院志。

晞顏 宋高僧。奉化人。字聖徒。號雪溪。文藻高妙。工詩。嘗步荼畦。見蟄掘殺傷之多。遂不茹蔬。日取海菩供粥。專志誦佛。

曹·一士 淸上海人。字諤廷。號濟寰。雍正進士。官兵科給事中。所上封事。有益於世道民生。朝野傳誦。工詩文。名噪一時。有四焉齋集。

曹·一介 元東林人。字子和。號筠軒。讀書博古。好義輕財。泰不華以山長教諭薦。辭不赴。有友竹稿。

曹·于汴 明安邑人。字自梁。萬曆進士。以推官徵授吏科給事中。遇事敢言。熹宗立。遷左僉都御史。佐趙南星主京察。力扶善類。爲魏忠賢所斥。崇禎初拜左都御史。振舉憲規。臺中肅然。于汴篤志力學。操履粹白。立朝不阿。有古大臣風。著有共發編·仰節堂集。

曹·士冕 宋彥約後。字端可。號陶齋。由幕僚仕至州郡。所著法帖譜系。每條敘述事刻始末。兼訂其異同工拙。足資考證。

曹·士銓 明都勻人。諸生。避兵大盤洞中。賊攻洞。擒士銓母子。索金不得。欲刃其母。士銓直前以身蔽之。大呼曰。寧殺我。毋傷母。賊並殺之。

曹·士謨 明黃岡人。以明經任隨州訓導。崇禎中獻賊逼城。郡人相率引去。士謨獨約法守城。城破。被執。罵賊死。

曹·大受 明麻城人。號無可。萬曆舉人。授浙江新城令。理滯獄。鋤巨憝。以鯁介左遷蜀藩史。會奢崇明變。募死士上首功。擢貴州兵備副使。●

曹·大咸 明江陵人。字元和。萬曆進士。官禮科給事中。輔臣張位以宿怨疑大咸。又疏請東宮亟行大禮。留中不報。遂因趙南星事去。

曹大家 後漢 見班昭條。

曹·大章 明金壇人。字一呈。號含齋。嘉靖進士。官翰林院編修。以歷疾罷。有曹太史含齋集。

曹·子念 明太倉人。工詩。近體歌行。酷似其舅王元美。為人倜儻重然諾。有河朔俠士風。

曹·不興 三國吳吳興人。一作弗興。以善畫名冠一時。孫權命畫屏。誤墨成蠅。權疑其眞。以手彈之。時有八絕。不興與焉。嘗過青溪。見赤龍飛水上。寫獻孫皓。送入秘府。宋文帝時久旱。乃取不興畫龍置水上。俄而雲迷霧起。大雨如注。

曹·中 宋輔弟。字久德。一作文德。與輔同舉進士。除上元尉。政和中擢詞學科第一。拜秘書省正字。改著作郎。請外得永州。奏減鹽額。上書論中興事。忤宰相罷。靖康中聞京城失守。感憤卒。

曹·之謙 元雲中應人。字益甫。早登科第。與元好問同掾東曹。機務倥傯。商訂文字。未嘗少輟。北渡後。居平陽者三十餘年。與諸生講學。衆翕然從之。有兌齋集。

曹·仁 三國魏操從弟。字子孝。為將嚴整奉法令。數有功。拜廣陽太守。文帝即位。累遷大司馬。封陳侯。卒諡忠。

曹·仁希 宋毘陵人。一作仁熙。字企之。善畫水。為驚濤怒浪。萬流曲折。以至輕波細溜。一壁中自分淺深之勢。

曹·仁虎 清嘉定人。字殷來。號習庵。乾隆進士。少工詩。與王昶輩倡和。入詞館後。每遇大典禮。應奉文字皆出其手。官至侍讀學士。以母喪哀毀卒。有宛委山房集。

曹·仁美 清湘陰人。字毓楚。一字澤庵。咸豐·同治間從征洪楊。轉戰江西安徽江蘇福建。累有功。官至記名提督。勦捻於鍾祥。沒於陣。

曹·元 明大寧衛人。字以貞。成化進士。累遷郎中。與劉瑾相結。正德中拜吏部尚書。兼文淵閣大學士。日飲酒諧謔。道閭里鄙語而已。瑾敗。黜為民。

曹·元用 元汶上人。字子貞。幼嗜書。經目成誦。閻復薦為翰林院編修官。累官參知政事。卒諡文獻。有超然集。元用初不習吏事。而見事明決。吏反師之。在中書省與清河元明善·濟南張養浩同時。號為三俊。

曹·元俊 清無錫人。字偉君。號柳溪。乾隆舉人。官中書。工畫。師心獨運。有宋元人意。

曹·元理 漢善算術。嘗詣陳廣漢。殽食甚薄。廣漢曰。有倉卒客。無倉卒主人。元理以七箸算曰。俎上蒸豚。廚中荔枝。卿何不設。廣漢大驚。

曹·元廓 唐武后時官朝散大夫·左尚方令。工騎射。善畫山水。尤長畫馬。

曹·允儒 明太倉人。字魯川。有攝機經·攝機緯。

曹·友聞 宋彬十二世孫。字允叔。少有大志。寶慶進士。知沔州。元兵入興元。友聞馳至雞冠山隘。與弟萬俱戰死。贈龍圖閣學士。賜諡節。

曹文叔妻 三國魏譙郡人。姓夏侯氏。名令女。文叔早死。令女以年少無子。乃斷髮割耳以為信。及曹氏被誅。其叔父強之歸。令女以刀斷鼻。蒙被而臥。司馬懿聞而嘉之。聽使乞子字養為曹氏後。

曹·文姬 唐長安妓。姿豔絕倫。尤工翰墨。號為書仙。後歸任生。事之五年。偕生乘雲仙去。

曹·文炳 元天台人。字君煥。號霞間老人。篤學沈潛。不事表暴。以儒學訓導薦。不就。有霞間稿。◎明松江華亭人。字德常。師孫宏畫花鳥。師宋旭受畫水法。又善寫竹石。皆入能品。

曹·文埴 清歙人。字近薇。號竹虛。乾隆進士。官至戶部尚書。鞫獄秉公。得大臣體。卒諡文敏。有石鼓研齋文鈔。

曹·文晦 元文炳弟。字伯輝。穎悟多識。雅尚蕭散。築室讀書。自號新山道人。有新山稿。

曹·文詔 明大同人。崇禎間以功擢延綏東路副總兵。討賊王嘉應於河曲。降其衆。陞臨洮總兵官。擊斬羣賊。關中略平。賊遂流入山西。文詔入晉協勦。屢戰皆捷。餘賊多流入河北。移師討平之。尋調大同。為援勦總兵。後遇賊於眞寧之湫頭鎮。戰鬬不支。自刎死。文詔天性忠勇。為明季良將第一。其死也。賊中為之相慶。

曹·文耀 明文詔弟。從兄征討數有功。河曲之戰。多斬獲。後擊賊忻州。戰死城下。

曹・曰瑛 清貴池人。字渭符。號恆齋。官翰林待詔。內廷纂修。工書。

曹・毋傷 漢為高祖左司馬。聞項羽欲攻高祖。使人語羽曰。沛公欲王關中。珍寶盡有之。羽大怒。欲攻殺高祖。高祖之鴻門謝。羽曰。此沛公左司馬曹毋傷言之。不然。籍何以至此。高祖歸。立誅之。

曹氏 後唐太原人。李克用次妃。生莊宗。性謙退。初封晉國夫人。克用性暴怒。曹氏從容諫譬。往往見聽。莊宗立。尊為皇太后。卒諡貞簡。

曹・丕 三國魏見魏文帝條。

曹・世表 後魏魏人。字景昇。性雅正。工尺牘。涉獵羣書。孝昌中青齊反。詔世表持節慰諭。擢尚書右丞。出行豫州刺史。湛僧珍陷東豫州。州人劉獲・鄭辯乘亂為變。世表討之。賊平。加左將軍。兼尚書東道行臺。

曹丘生 漢楚人。辯士。客季布。數招權。顧金錢。事貴人趙談等。游揚季布名於諸侯。

曹・弘 明益陽人。字文淵。永樂進士。累遷刑部右侍郎。巡撫淮南。鎮靜不擾。軍民懷之。

曹・本 明滕縣人。字子善。以貢游太學。洪武中授蘇州判官。從成祖轉戰山東。再出河北。長驅金陵。積功歷廣西按察使。所至有聲。終山西參政。

曹・本榮 清黃岡人。字木欣。號厚菴。順治進士。累官國史館侍讀學士。充經筵講官。與傅以漸撰易經通注。其學從王守仁致知之說。嘗論次程朱陸王及薛瑄之書。為五大儒語要。又有周張精義・王羅擇編諸書。

曹・正國 宋字亙有。景定中待詔。工畫道釋人物。

曹・正儒 明學程子。學程下錦衣獄論死。正儒朝夕不離犴狴。見父憔悴骨立。嘔血仆地。久之乃甦。因刺血書奏。乞代父死。帝終不省。血書三上。父始謫戍。崇禎時旌為孝子。

曹・玉 明嘉祥人。字廷美。弘治進士。授侍御。巡按蘆揚等處。秉公執法。為當道所不容。遷陝西僉事。會雲南有思田之亂。命玉往撫慰之。玉至。思田降。論功當遷。忌者抑之。旋致仕卒。

曹・玉珂 清富平人。字禹疏。號陸海。一號綏齋。順治進士。知壽張縣。有循聲。後官中書科中書。著書精鑑賞。有綏齋集。

曹・申吉 清貞吉弟。字錫餘。號澹餘。順治進士。累官貴州巡撫。吳三桂反。犯貴州。申吉從之。後不知所終。申吉文章清遒粹美。尤長於歌詩。有澹餘南行・黔行・黔寄諸集。(此本清史逆臣傳。按張貞撰申吉墓志銘。謂在雲南遇害。)

曹・禾 清江陰人。字頌嘉。號峨嵋。康熙進士。舉鴻博。授編修。官至祭酒。工詩。與田雯・宋犖等齊名。稱詩中十子。有峨嵋集。

曹・仲元 南唐豐城人。為翰林待詔。善畫釋道鬼神。筆法細密。自成一格。

曹・仲達 北齊曹國人。仕為朝散大夫。工畫梵像。寫龍蛇能致風雲。⊙五代吳越珪子。本名弘達。以避諱改。為鎮東軍押牙。珪在蘇州時。乞婚於睦州陳詢。遣仲達親迎。道過錢塘。錢鏐奇其貌。遂以妹儷焉。累授台處二州刺史。錢元瓘建國。拜丞相。卒諡安成。

曹・仲賓 明善作九鷺圖。

曹・仲璞 北齊畫稱當時名手。

曹・休 三國魏操族子。字文烈。常從征伐。文帝征吳。以休為征東大將軍。假黃鉞。破呂範等於洞浦。拜揚州牧。明帝卽位。封長平侯。太和中復征吳。休深入戰不利。退還。士卒中途亂。癰發背卒。諡壯。

曹・充 後漢薛人。治慶氏禮。建武中為博士。從狩岱宗。定封禪禮。還受詔議立七郊三雍大射養老禮。明帝卽位。上言漢再受命。當自制禮以示百世。拜侍中。嘗作章句辨難。於是遂有慶氏學。

曹・光實 宋百丈人。字顯宗。父嗣為蜀靜南軍使。光實少武勇。嗣父職。遷永平軍節度管內捕盜遊奕使。乾德中賊黨羣起攻劫。光實突圍得免。後屢破賊有功。太祖稱為蜀中俊傑。累遷都巡檢使。破李繼遷。繼遷詐降。於葭蘆川遇伏戰沒。

曹・全 後漢效穀人。字景完。建寧間舉孝廉。拜西域戊部司馬。時疏勒國王和德弒父篡位。不供職貢。全與師征討。和德面縛歸死司寇。師還。遷右扶風槐里令。遭同產弟憂棄官歸。光和間復舉孝廉。拜郃陽令。(此本曹全碑。按後漢書載疏勒王臣磐。為季父和得所射殺。碑云和德弒父篡位。史稱討疏勒有戊己司馬曹寬。而不曰全。又云其後疏勒王連相殺害。朝廷亦不能禁。碑云和德面縛歸死司寇。皆與後漢書異。)

曹共公 春秋曹曹叔振鐸十二世孫。名襄。晉文公出亡時。過曹。共公欲觀其駢脅。僖負羈諫。不聽。文公既立。伐曹。虜共公。後命返國。在位三十五年卒。諡共。

曹・吉祥 明灤州人。素依王振。景泰中分掌京營。後與石亨結。率兵迎英宗復位。遷司禮太監。總督三大營。門下廝養冒濫者。多至千百人。其權勢與亨埒。時並稱曹石。亨敗。吉祥內不自安。乃與其子欽為反誅。事敗伏誅。

曹后 【三國漢】操中女。名節。伏后被弒。獻帝立爲皇后。魏受禪。遣使求璽綬。后怒不與。如此數輩。后乃呼使者入。親數讓之。以璽綬擲軒下。曰。天不祚爾。魏氏既立。以后爲山陽公夫人。卒謚穆。◎【宋】彬女孫。明道中郭后廢。詔聘入宮。景祐初册爲皇后。性慈儉。重稼穡。常於禁苑種穀親蠶。善飛白書。神宗立。尊爲太皇太后。王安石當國。變亂舊章。后乘間語帝曰。祖宗法度。不宜輕改。帝爲安石所持。不能從。卒謚光獻。

曹守貞 【明】江都人。字子一。從祭酒呂柟究理學。時服其精醇。登嘉靖進士。知遂昌縣。有惠政。陞工部主事。権荆州關稅。後以平樂知府乞休。閉戶讀書。有畸倖軒稿。

曹安 【明】松江華亭人。字以寧。號蓼莊。正統舉人。官安丘教諭。博學工文。所著讕言長語。時以比輟耕錄・水東日記。又有取嗤稿・蟋蟀吟。

曹臣 【明】歙人。字藎之。嘗取前人問答雋語。分類編輯。曰舌華錄。蓋世說新語之餘波也。

曹自守 【明】任平人。字邁庵。穎悟嗜學。事母至孝。母失明。焚香跪禱者踰月。母目忽明。少聘張氏女。未娶而瞽。女父請停婚。自守竟娶之。後爲吳縣令。分憲江西。有聲績。

曹亨 【明】鳳孫。字伯貞。嘉靖進士。授刑部主事。出守兗州。用嚴爲治。奏績爲天下第一。後陞副都御史。巡撫眞定。適有邊警。羽檄夜至。亨即擐甲策馬赴敵。大勝龍泉關下。官至南京工部尚書。致仕卒。

曹伯啓 【元】碭山人。字士開。弱冠從東平李謙游。篤於學問。累官集賢學士・侍御史。泰定初致仕。伯啓性莊肅。奉身清約。在中臺所獎借名士甚多。天曆中起爲陝西諸道行臺御史中丞。不應。卒謚文貞。詩近元祐格。有曹文貞詩集。

曹伯陽 【春秋曹】悼公孫。既即位。好田弋之事。曹鄙人公孫彊。亦好田弋。獲白雁獻之。且言田弋之說。說之。因訪政事。使爲司成。說伯陽背晉干宋。宋景公伐之。晉人不救。宋滅曹。執伯陽及公孫彊以歸。殺之。在位十五年。曹遂亡。

曹克明 【宋】光實從子。字堯卿。光實戰沒。克明躡輜重還軍銀州。而潛入敵中。護其尸以還。李順陷雅州。克明募衆收復之。景德間累遷宜融十州安撫使。後徙知鼎州卒。

曹克新 【明】爲四川遊擊將軍。統川兵援松江。攻川沙賊。大敗之。賊遁至吳淞。以舟師襲擊。斬獲大半。又擣周浦賊巢。以雪夜深入。縱火焚寺。賊驚亂。燬其營柵。由是潰散。

曹利用 【宋】寧晉人。字用之。慷慨有志操。眞宗幸澶州。遂遣使議和。帝使利用詣遼軍。和議遂定。累拜樞密使同平章事。加左僕射兼侍中。初章獻后臨朝。中人與貴戚軒輊爲禍福。利用以勳舊自居。凡內降恩。力持不與。左右多怨。爲內侍所構。貶房州安置。投繯死。利用忠藎有守。死非其罪。天下冤之。明道中追謚襄悼。

曹妙淸 【元】錢塘女子。字比玉。自號雪齋。以才稱於時。工詩歌。解音律。有曹氏絃歌集。

曹孚 【明】吳江人。字顒若。自號楓江布衣。善丹青。工詩古文。與史鑑・尹寬・練塘淩震稱四布衣。有楓江集。

曹希文 【宋】涇子。有詩文講義・通鑑日纂。

曹廷棟 【清】廷樞弟。字楷人。號六圃。絕意進取。杜門著書。嘗於所居累土爲山。環植花木。以奉母。名曰慈山。因自號爲慈山居士。有易準・孝經通釋・逸語・昏禮通考・琴學內外篇・宋百家詩存・産鶴亭詩集。

曹廷慧 【明】曲阜人。由歲貢授江寧主簿。倭寇猖獗。廷慧獨守孤城。出戰勝之。城賴以全。累擢兵備僉事。

曹廷樞 【清】嘉善人。字古謙。號六蕣。由副貢舉乾隆間博學鴻詞。廷樞幼承家學。篤志好古。有謙齋詩集。

曹廷隱 【後唐】魏州人。天成初除齊州防禦使。爲政嚴整。頗有淸譽。時有孔目吏范弼私貸官鹽。廷隱按奏其事。弼家人訴於執政。並下御史府劾之。弼雖伏罪。而廷隱以所奏不實。亦流永州。尋賜自盡。時人冤之。

曹志 【晉】植孽子。字允恭。少好學。以才行稱。善騎射。植立爲嗣。後改封濟北王。入晉降鄄城縣公。爲博士祭酒。齊王攸將之國。下太常議崇錫文物。志奏諫甚切。免官。後復爲散騎常侍。卒謚定。◎【明】金華人。字伯康。自號拱和居士。元至正末遭亂隱居。洪武中以遺逸薦。不起。有拱和詩集。

曹忭 【明】江陵人。字子誠。別號紀山。嘉靖進士。選翰林庶吉士。後巡撫雲南。性孝友。有翰林集。

曹成公 【春秋曹】共公孫。名負芻。晉厲公伐曹。虜成公歸。立子臧。子臧奔宋。曹人請於晉。晉人謂子臧反國。吾歸而君。子臧反。晉乃歸成公。在位二十三年卒。謚成。

曹汭 【宋】利用從子。爲趙州兵馬監押。州民趙德崇詣闕告汭不法事。汭坐被酒衣黃衣令人呼萬歲。杖死。

曹沖 【三國魏】操子。字倉舒。幼時智意所及。有若成人。孫權致巨象。操欲知輕重。訪之羣下。咸莫能出其理。沖曰。置象大船之上而刻其水痕所至。稱物以載之。則校可知矣。時用刑嚴重。凡爲沖所理。賴以濟宥者甚衆。未幾病卒。黃初中追謚哀。

曹·秀先 【清】新建人。字冰持。號地山。乾隆進士。官至禮部尙書。歷典文衡。皆稱得士。校閱必詳盡。人服其公。卒謚文恪。有賜書堂稿·依光集·使星集·地山初稿等書。

曹·良史 【宋】錢塘人。字之才。號梅南。與周密游。有詩詞三摘。

曹·良臣 【明】安豐人。歸太祖。從破陳友諒·張士誠。皆有功。爲江淮行省參政。還守通州。元丞相速也將萬騎營白河。良臣以計破之。封宣寧侯。後北征沙漠。戰沒。謚忠壯。

曹·言純 【清】嘉興人。字絲贊。號古香。歲貢生。家貧。刻苦勵學。工詩畫。善倚聲。有徵賢堂詩·種水詞。

曹·邦輔 【明】定陶人。字子忠。嘉靖進士。歷知元城·南和。以廉幹稱。累擢應天巡撫。平寇有功。爲趙文華所譖。謫戍朔州。隆慶初起爲左副都御史。累官南京戶部尙書。

曹·亨時 【清】湖南興寧人。字敏齋。乾隆舉人。博學工文章。有左氏貫·古文法鑒錄·小戎十藝·文選內外篇·古文備法等書。

曹·佾 【宋】彬孫。字公伯。性和易。通音律。善奕射。喜爲詩。累官同中書門下平章事。加兼侍中。封濟陽郡王。神宗每咨訪以政。然退朝終日。語不及公事。帝謂大臣曰。曹王雖用近親貴。而端拱寡過。眞純臣也。哲宗卽位。加少保卒。

曹叔振鐸 【周】文王第六子。武王克商。封於曹。

曹·叔遠 【宋】瑞安人。字器遠。少學於陳傅良。登紹興進士。爲國子學錄。忤韓侂胄罷。後爲四川節麾守。遂寧營卒亂。過境不敢肆暴。曰。此江南好官員也。累官太常少卿。權禮部侍郎。遇事獻替。多所裨益。終徽猷閣待制。卒謚文肅。有周官講義及永嘉年譜地譜名譜人譜二十四卷。

曹·卹 【春秋魯】字子循。孔子弟子。少孔子五十歲。

曹·咎 【秦】爲蘄獄掾。項梁嘗坐事繫櫟陽獄。請告書抵獄史司馬欣。事乃已。後項羽以爲海春侯。大司馬。守成皋。漢兵擊破之。咎自剄汜水上。

曹·岠 【宋】字巨山。第進士。以京口分教受知於節使李寶。辟置幕府。移檄山東。詞氣激烈。軍中感動。特授左宣教郎。終饒州通判。

曹·岳 【清】泰興人。字次岳。號秋崖。畫山水師董其昌。朱彝尊·王士禛皆極稱之。

曹·政 【元】魚臺人。勇幹有才辨。以敦武校尉從皇太弟忽必烈攻五河等邑。擢單州招撫副使。至元中樞密院錄資望。授魚臺縣諸軍民長官。

曹·昂 【三國魏】操子。字子修。弱冠舉孝廉。隨操南征。爲張繡所殺。追封謚曰愍王。⦿【後魏】齊郡人。有學識。舉秀才。永安中爲太學博士。兼尙書郎。常徒步上省。以示淸貧。忽遇盜。大失綾縑。時人鄙其矯詐。

曹·昇 【後魏】北海人。以學識淸立見知。歷治書侍御史。官至國子祭酒。不營家產。至以餒卒於鄴。

曹·昌 【明】壽州人。字德隆。父斌有隱志。好遊覽山水。往來汴洛。久而不歸。去時昌甫三歲。及長。辭母求父。跋涉三年。知父已死。朝夕號泣。卒得負骸骨歸。人稱爲曹孝子。

曹·昌言 【清】新建人。字禹拜。有多識類編·玉隆紀游·輿圖輯略。

曹·明周 【明】宛陵人。寓鄢。字郢南。善畫山水花鳥。

曹·杲 【宋】眞定人。仕吳越爲金華令。平叛兵有功。擢本州刺史。及錢俶朝宋。以杲鎭撫國中。郡城隅浚三池。引湖水入城。以通舟楫。俶歸。嘉其功。賜池名曰湧金。立石池上。入宋授威遠節度使。未幾卒。

曹·松 【唐】舒州人。字夢徵。光化進士。同榜五人。年皆七十餘。時號五老榜。授校書郎。工詩。有詩集。

曹·沫 【春秋魯】以勇力事莊公。與齊戰三敗北。公懼。獻遂邑地以和。魯與齊會於柯而盟。沫以匕首劫齊桓公。遂歸沫三戰所亡地於魯。（按左傳有曹劌。疏謂卽史記之曹沫。）

曹·知白 【元】松江華亭人。字又元。一字貞素。別號雲西。至元中爲崑山教諭。尋辭去。善畫山水。隱居讀易。或放筆圖畫。掀髯長嘯。人莫窺其際。

曹·知懿 【唐】富家子。爲中人。頗沈鷙。僖宗時黃巢陷長安。知懿以淸濁二谷之人倚山爲屯。陰教士卒變衣服言語與賊類者。夜入長安攻賊營。以功擢內常侍。帝將還。因大言我且擁衆大散關下。閱羣臣可歸者納之。田令孜然之。密令王行瑜以邠州兵度嵯峨山襲殺其衆。

曹·秉鈞 【清】嘉興人。字仲謀。號種梅。又號水雲。貢生。司鐸山陰。工書畫。善詩。有水雲老人詩鈔。

曹·芳 【三國魏】明帝養子。字蘭卿。青龍中封齊王。明帝崩。卽帝位。在位十五年。司馬師廢帝爲齊王。遷之河內。紀元二。嘉平·正始。卒謚厲。

曹·虎 【南齊】下邳人。字士威。仕宋爲前軍將軍。入齊以功爵爲侯。東昏時始安王遙光反。虎領軍屯青溪中橋。事寧。轉散騎常侍。右衛將軍。帝疑虎舊將。兼利其財。新除未及拜。見殺。（按南史作曹武。此從南齊書。）

曹·邵 【三國魏】志篤有才智。爲曹操所親信。初平中操興義兵。邵募徒衆從操周旋。時豫州刺史黃琬欲害操。操避之。邵獨遇害。

曹金【明】祥符人。字汝礪。嘉靖進士。累官陝西巡撫。斬盩厔妖賊。地方以寧。有傳川文集。

曹亮武【清】宜興人。字渭公。號南畊。以倚聲擅名。與陳維崧爲中表兄弟。名亦相埒。有南畊詞。荆溪歲幾詞。南畊草堂詩稿。

曹冠【宋】字宗臣。自號雙溪居士。有燕喜集。

曹勇義【金】廣寧人。第進士。累官至樞密副使。加太子少保。與虞仲文同在樞密。羣小擠之。出爲三司使。加宣政殿大學士。卒謚文莊。

曹垣【清】振子。字星子。所畫人物山水花鳥。咸有意外之想。

曹奎曲【明】安徽建德人。父母早逝。每與人言及。輒流涕。少與柯蕃爲友。蕃與數人同溺江。屍俱不獲。奎曲乃沿江濟呼號數日。蕃屍獨自中流浮出。獲而歸葬。人以爲至誠所感。

曹奐【三國魏】操孫。甘露中封安次縣常道鄉公。高貴鄉公被弒。公卿迎立爲帝。司馬炎篡位。廢帝爲陳留王。在位六年。紀元二。景元·咸熙。卒謚元。

曹建【宋】餘干人。字立之。少從程迥·陸九淵游。學有所得。淳熙間朱熹過餘干。與語大奇之。建家貧。事母孝。待弟姪盡友愛。及卒。熹表其墓。學者稱元妄先生。

曹彥可【元】亳州人。至正中妖寇起里中。無賴子倡亂揭帛於竿。羣趨彥可家。劫之使寫旗。彥可唾之。賊怒。殺之。事聞。賜謚節愍。

曹彥約【宋】都昌人。字簡甫。天資穎異。嘗從朱熹講學。淳熙間舉進士。官至兵部尚書。平生以建事功爲務。在朝多所建明。卒謚文簡。有輿地綱目·昌谷類稿·經幄管見·昌谷集。

曹昭【明】松江人。字明仲。所著格古要論。於古今名玩器具眞贋優劣之解。剖析纖微。源流本末。釐然備具。其書頗爲賞鑑家所重。

曹毗【晉】休玄孫。字輔佐。少好文籍。善屬詞賦。郡察孝廉。除郎中。徵拜太學博士。嘗著揚都賦。論者以爲亞於庾闡。官至光祿勳卒。有文集十五卷。

曹洪【三國魏】操從弟。字子廉。操起義兵討董卓。至滎陽。爲卓將徐榮所敗。操失馬。榮追甚急。洪以馬授操。操辭。洪曰。天下可無洪。不可無君。操遂得脫。累以戰功封樂城侯。拜驃騎將軍。卒謚恭。◎【清】全椒人。工畫花卉翎毛。

曹洪志【清】上海人。字士心。號淡持。明經。工畫山水。

曹炳曾【清】煜曾從弟。字爲章。號巢南。康熙末諸生。工詩。有放言居詩集。

曹胤昌【明】黃岡人。字石霞。少時與漢陽王亦世齊名。後爲嘉定令。罷官自放。縱酒佯狂。客死滇中。

曹英【後周】鎭定人。字德秀。初名胤。宋避太祖諱。改名英。歷仕唐晉漢三朝。入周以翊戴功授昭武節度使。世宗嗣位。加同平章事。授成德軍節度使。英性洸厚。謙恭有禮。雖祖席之際。接對賓客。未嘗造次。及卒。搢紳之士皆惜之。◎【明】臨洮人。字文華。成化進士。巡按四川。歲大荒。有趙鐸者。嘯聚爲盜。英捕首惡寘大辟。餘赦之。後以言事忤旨。左遷邵陽知縣。引疾致仕。有遺興集·恆濟實錄·默翁集·三友主人傳。

曹貞吉【清】安丘人。字升六。號實菴。康熙進士。官禮部郎中。詩格遒鍊。宋犖極推許之。有實菴詩略·珂雪詩詞。

曹貞秀【清】銳女。長洲王芑孫妻。字墨琴。工書。善寫梅。能詩。有十三行臨本及寫韻軒集。

曹重【清】婁縣人。初名爾垓。字十經。號南垓。自號千里生。善畫。工詩文。好度曲。有濯錦詞·雙魚譜。

曹修古【宋】建安人。字述之。大中祥符進士。仁宗朝累官殿中侍御史。立朝慷慨有風節。當劉太后臨朝。權倖用事。修古遇事輒言。忤太后。出知興化軍。

曹修睦【宋】修古弟。性廉介自立。與修古同舉進士。有聲鄉里。累官都官員外郎。知邵武軍。杜衍薦爲侍御史。出知壽州。徙泉州。修睦恬於仕進。旋卽致仕。

曹娥【後漢】孝女。上虞人。父溺死於江。不得屍。娥年十四。沿江號哭。晝夜不絕聲。旬有七日。投江而死。縣長度尚命邯鄲淳作誄辭。立石。蔡邕夜摸其文讀之。題黃絹幼婦外孫齏臼八字。蓋絕妙好辭之隱語也。今所傳之曹娥碑。爲王羲之書。非原石。

曹家甲【清】新建人。字爲質。康熙進士。性剛毅。知龍溪縣。以不能事上官罷職。精形家言。登眺名勝。足迹半天下。聖祖召視蒙古地形。理藩院奏請官之。以老病辭歸。有地理原本。

曹庭訓【明】靈寶人。賦性聰敏。處事果決。鄉里曲直。悉求判正。洪武間以人才薦。授應天府尹。

曹悅【宋】字習之。幼歲痛其父沒。絕葷酒婚宦。刻志學問。後學問難。亹亹不倦。從故家借書。輒請書目一閱。卽能言其本末。平生無喜慍。嘗戒學子絕人我則天理自著。爲易解全書。分辭變象占。學者尊爲泰宇居士。

詩文亦精潔可傳。

曹振 明杭州人。初名玉。字叔周。號二白。工畫山水人物花鳥。師宋元人筆意。

曹振鏞 清文埴子。字儷笙。又字懌嘉。乾隆進士。官至體仁閣大學士。加太子太師。服官五十餘年。歷相乾隆、嘉慶、道光三朝。侃侃以老成自居。同朝皆畏之。卒諡文正。

曹時中 明松江華亭人。名節。以字行。成化進士。授刑部主事。歷雲南僉事。以治行聞。弘治中遷浙江副使。屏絕苞苴。威令大行。爲人端謹和易。至析義理。臨事機。權衡可否。確然不能易。工詩及書。

曹涇 宋休寧人。字淸甫。幼穎悟。博學知名。咸淳中殿試丙科。授迪功郎。昌化縣主簿。充信州考試官。尋授紫陽書院長。有講義、書稿、文稿、儷稿、服膺錄、讀書記、雜作管見、二場管見、泣血錄、過庭錄、課餘雜記、曹氏家錄、古文選等書。

曹珪 五代吳越仁和人。父信。唐末兵興。保臨平鎭。後移嘉興。著惠政。始城其地。珪嗣嘉興都將。唐乾寧中淮人圍之。珪登樓張樂縱酒。矢石交至。晏如也。卒與族人師魯固守。寇不敢逼。錢鏐壯其功。授蘇州刺史。◎元徐州人。泰定中州人江志作亂。珪子弼在賊黨中。珪謀誅志。并弼殺之。詔特進三官。◎明黃岡人。字廷獻。正德進士。累官御史。按廣西。平猺獞有功。復按陝西。時武宗以別旨遣中官過陝。珪遮留疏諫。得寢。歷官淸儉。有南坡奏議。

曹珖 明益都人。字用章。初名珍。以避諱改。萬曆進士。授戶部主事。歷南京太常少卿。紅丸案起。珖力言宜窮奸狀。天啓初加光祿卿。歷大理卿。值魏忠賢亂政。告歸。御史盧承欽歷攻東林。詆珖狎主邪盟。奪職。崇禎中拜工部尚書。與中官張彝憲不協。乞歸。

曹眞 三國魏本姓秦。邵養子。字子丹。曹操起兵。邵爲黃琬所殺。操哀眞少孤。收養與諸子同。嘗獵。爲虎所逐。顧射虎應聲而倒。操壯其鷙勇。使將虎豹騎。以功累進大將軍。大司馬。封邵陵侯。眞每征行。與將士同勞苦。士卒皆願爲用。卒諡元。

曹矩 宋休寧人。景祐進士。以純孝聞。官至屯田郎中。其任都官日。父汝弼贈殿中丞。燎黃之夕。芝產塋兆。郡上其事。詔以所居爲忠孝鄉孝芝里。

曹破石 後漢新野人。節弟。爲越騎校尉。越騎營五百妻有美色。破石從求之。五百不敢違。妻執意不肯行。遂自殺。其淫暴無道多此類。

曹純 三國魏仁弟。字子和。督虎豹騎從攻南皮。斬袁譚。以功封高陵亭侯。從征荆州。追先主於長坂。獲其二女輜重。收其散卒。進降江陵。建安中卒。文帝時追諡威。

曹素功 清歙人。字聖臣。歲貢生。工於製墨。所製之品。僅十八種。然皆適於實用。故士大夫頗重之。嘗輯一時投贈詩文。曰曹氏墨林。

曹荃 明無錫人。字元宰。崇禎進士。除南京刑部主事。疏陳時政忤旨。謫詹事府錄事。稍遷大理寺寺副。劾黃應恩招權納賄。詞連首輔張至發。至發緣是去位。官至福建副使。

曹袞 三國魏操子。少好學。十餘歲能屬文。每兄弟游娛。袞獨覃思經典。性尤儉約。累封中山王。卒諡恭。有文章二萬餘言。

曹起鳳 清崑山人。字士元。父行賈。沒於蜀。起鳳入蜀尋訪。南抵滇界。四達金川。卒得父骨以歸。性鯁直。治家有法。

曹乾學 明太倉人。字叔驥。有兔園草。

曹偕 宋佾從弟。字光道。讀書知義。以節俠自喜。累官河陽總管。嘗從梅堯臣學詩。堯臣稱之。爲序其詩。

曹參 漢沛人。秦時爲獄掾。與蕭何同起。佐高祖定天下。封平陽侯。參初與蕭何善。後更有隙。至何將死。推賢惟參。參代爲相國。壹遵何約束。百姓歌之曰。蕭何爲法。較若畫一。曹參代之。守而勿失。載其清靖。民以寧一。卒諡懿。

曹參芳 明南國郡博士弟子員。有遜國正氣紀。

曹國珍 後晉固安人。字彥輔。少值亂離。因客河西。延州高萬興兄弟皆好爲文辭。爲掌書奏。朞年入爲左拾遺。累遷至尚書郎。每與人交。傾財無悋。好以文學自矜炫。而文字往往差謬。爲搢紳所誚。官終陝州行軍司馬。

曹國舅 宋曹太后之弟。隱跡山巖。精思墓道。遇鍾離權、呂洞賓。洞賓問所養何事。曰養道。曰道安在。舅指天。曰天安在。舅指心。權笑曰。心卽天。天卽道。卻識本來面目矣。遂引入仙班。（此本續文獻通考。按陔餘叢考云。曹國舅爲宋曹太后之弟。考宋史慈聖光獻太后弟曹佾。年七十二而卒。未嘗有成仙之事。此外又別無國戚而學仙者。則亦傳聞之妄也。道山清話記晏殊乃仙人曹八百托生。所謂曹八百者。豈卽其人耶。然又非國戚也。）

曹培源 清上海人。字浩修。由貢生爲太倉訓導。畫師王原祁。能詩。有同陶館詩。

曹堉 清吳縣人。字稼山。有儀

郎堂殘稿。

曹寅 【清】漢軍鑲藍旗人。世居瀋陽。字子清。一字楝亭。號荔軒。官通政使。江寧織造。校刊古書甚精。有楝亭詩詞鈔。

曹崈 【宋】字宗山。第進士。仕至朝奉郎。志在及物。以江陰故廢郡屬毘陵。舊無產稅則例。民輸下鹽錢。視他縣獨倍。力請均之。郡從其請。民德之。有若溪集。鍾山集。抱關前集。論語註。

曹彪 【三國魏】操子。字朱虎。黃初中封楚王。兗州刺史令狐愚與太尉王淩謀迎彪都許昌。乃遣傅及侍御史就國按驗。收治諸相連及者。廷尉請徵彪治罪。賜彪璽書切責之。彪乃自殺。妃及諸子皆免爲庶人。

曹彬 【宋】靈壽人。字國華。父芸。爲成德軍節度使。彬始生周歲。父母以玩具羅列於前。彬左手提干戈。右手取俎豆。斯須取一印。他無所視。人皆異之。漢乾祐中爲成德軍牙將。仕周爲河中都監。後歸宋。乾德初伐蜀。陝中郡縣悉下。諸將咸欲屠城。彬獨申令戢下。諸將多收子女玉帛。彬橐中唯圖書衣衾而已。授宣徽南院使。義成軍節度使。及下江南。不妄殺一人。自出師至凱旋。士衆畏服。無輕肆者。及入見。刺稱奉敕差往江南句當公事回。其謙恭不伐如此。進檢校太師。兼侍中。封魯國公。爲時良將第一。及卒。追封濟陽郡王。諡武惠。

曹悼公 【春秋曹】成公曾孫。名午。立九年。朝於宋。宋囚之。死於宋。諡悼。

曹望之 【金】宣德人。字景蕭。天德間賜進士及第。官至戶部尚書。海陵爲相時。嘗以書致其私。不從。望之初不學。及貴。刻苦自致。有詩集。

曹爽 【三國魏】眞子。字昭伯。明帝即位。累遷都督中外諸軍事。錄尚書事。與太尉司馬懿並受遺詔輔少主。齊王芳即位。加爽侍中。封武安侯。何晏。鄧颺等勸使伐蜀。爽乃大發卒六七萬人。從駱谷入。兵不能進。引軍還。爽飲食車服。擬於乘輿。驕淫盈溢。會車駕朝高平陵。爽兄弟皆從。懿勒兵據武庫。出屯洛水浮橋。奏爽有無君之心。免爽。尋殺之。夷三族。

曹衆 【後漢】扶風人。字伯師。與鄉里蘇章。竇章。馬融並游宦。唯衆不遇。以壽終於家。有才學。著誄書論四篇。

曹竟 【漢】山陽人。字子期。儒生。去官不仕王莽。更始徵爲丞相。封侯。亦不受。赤眉入長安。欲降之。竟手劍格死。

曹組 【宋】潁昌人。字元寵。淳熙中爲從義郎。知縣事。組六舉不第。著鐵硯篇以自見。宣和中舉進士。召見玉華閣。帝親作書以賜之曰。曹組文章之士。嘗命題作賦。援筆立就。帝大悅。官至副使。有箕潁集。

曹雪芹 【清】寅子。名霑。工詩。有紅樓夢小說。

曹傅 【宋】宜春人。元符中與弟藻。子遷同登進士。名其堂曰三桂。官至朝請郎。知常州。

曹傑 【明】句容人。性長厚。不與物忤。一日遊城市。遇擔柴者誤以鐵擔撞入其目。瞳隨擔出。血流滿地。昏暈中猶強謂其人曰。我兒剛直。無爲所獲。亟向西行。須臾三子至。紿曰。其人東行矣。追數十里不遇乃返。

曹凱 【明】益都人。字宗元。正統進士。授刑科給事中。磊落多壯節。英宗北征。力諫不從。景泰中擢浙江右參政。在浙數年。聲甚著。以嘗劾石亨。亨修前憾。遂諷凱衞經歷卒。

曹勛 【宋】陽翟人。字公顯。補承信郎。賜進士甲科。靖康初除武義大夫。從徽宗北遷。過河十餘日。出御衣書領中。命勛間行詣康王。勛自燕山遁歸。建炎初至南京。以御衣所書進。建議募死士航海入金奉徽宗由海道歸。執政難之。出勛於外。九年不遷。後拜昭信軍節度使。加太尉卒。

曹喜 【後漢】扶風人。字仲則。建初中爲秘書郎。工篆書。邯鄲淳師之。作筆論一卷。

曹景宗 【梁】新野人。字子震。少以膽勇聞。仕齊以軍功累加遊擊將軍。用奇兵破魏師。武帝表爲竟陵太守。後除郢州刺史。加都督。天監初封竟陵縣侯。破魏將楊大眼於淮水。振旅凱旋。帝宴之華光殿。羣臣聯句。令沈約賦詩。時韻已用盡。惟餘競病二字。景宗操筆立成曰。去時兒女悲。歸來笳鼓競。借問行路人。何如霍去病。帝歎息不已。進爵爲公。拜侍中中衞將軍。卒諡壯。

曹曾 【後漢】濟陰人。字伯山。光武時從歐陽歙受尚書。積石爲倉。以藏書。號曹氏書倉。門徒三千人。位至諫議大夫。

曹森 【清】上元人。字大木。號巖池。國子生。善畫山水花鳥。兼工草隸鐵筆。

曹植 【三國魏】操子。字子建。封陳王。十歲善屬文。援筆立成。甚爲操所愛。文帝素忌其才。欲害之。令作詩限七步。植應聲曰。煑豆燃豆萁。豆在釜中泣。本是同根生。相煎何太急。既就國。每欲求別見。幸冀試用。終不能得。悵然絕望。遂發疾卒。諡思。世稱陳思王。植文才富豔。謝靈運嘗言天下文章只一石。子建獨得八斗。世目爲繡虎。有曹子建集。

曹欽 【明】吉祥子。天順初以奪門功封昭武伯。後謀反。伏誅。

曹欽程 【明】江西德化人。舉進士。授吳江知縣。贓汙狼藉。以涇州博強項名。被劾改國子助教。詔附汪文言。得為工部主事。文言敗。欽程力擠之。後又事魏忠賢。為十狗之一。於羣小中。尤為無恥。為給事中潘士聞所劾。忠賢責以敗羣。削其籍。忠賢誅。下獄論死。李自成陷京師。欽程首破獄出降。自成敗。隨之西走。不知所終。

曹琥 【明】巢人。字瑞卿。弘治進士。授戶部主事。御史周廣疏劾錢寧被謫。琥疏救。貶尋甸通判。再遷廣信同知。時鎮守中貴託貢獻。頻有徵斂。琥攝府事。堅持不予。擢鞏昌知府。未任卒。

曹琦 【宋】蜀進士。知南平軍。元兵來攻。被執。脫身南歸。制置辟主管機宜文字。閬都統趙安以城降。琦自經死。

曹琮 【宋】彬子。字寶章。兄瑋娶秦王女興平郡主。琮幼時從主入禁中。太宗置膝上。拊其背曰。曹氏有功我家。此亦佳兒也。歷官衞州團練使。小心謹畏。官至都指揮使。卒謚忠恪。

曹絳 【宋】貴池人。字元象。擢進士第。與劉鼒・羅執柔・劉正夫在太學號四傑。工詩文。有秋波集。

曹華 【唐】楚丘人。始從宣武軍縛亂將李迺送闕下。董晉署為牙將。以殺賊封陳留郡王。累拜兗海軍觀察使。立學宮講誦。人乃知教。成就諸生仕諸朝。討平李齐。徙鎮義成軍。華在戎伍。動必由禮。雖廝豎必待以誠信。

曹虛白 【宋】以畫名。

曹評 【宋】佾子。字公正。以父任累官至溫州防禦使。元祐中提舉萬壽觀。丐外為眞定路鈐轄。善射。左右手如一。雖滅燭亦能中。伴契丹使者射。嘗雙破的。使者驚悚。

曹超 【清】和州人。諸生。有學行。順治中鄭成功內犯。超奉親出避。遇寇。欲戕其父母。超號泣請代。得釋。家有父手植紫薇。父死而枯。超每對之哀慟。忽復發花。人以為孝感。

曹逵 【明】太倉人。字履中。號沙溪。為御史。糾宰臣不法。杖謫隨州判官。攝蘄水縣事。中人從章聖梓宮過。責供億。逵常廩外不庀一錢。中人目為強項。累遷雲南按察副使。治兵臨安。蠻酋普憲阻兵。逵以所部深入擒之。巡撫害其功格不上。遂歸。

曹閔 【明】上海人。弘治進士。知沙縣。被徵。民號泣攀留。累日不得去。尋官御史。與張鳴鳳等同得罪。後當起官。以養母不出。母終。哀毀卒。

曹雄 【明】西安左衞人。弘治末為延綏副總兵。武宗即位。擢署都督僉事。鎮固原。與劉瑾同鄉。因自附於瑾。累遷左都督。瑾敗。與家屬永戍南海。

曹集 【宋】少從張栻講學。以為士君子之學。不過一實字。官部曹。不事干謁。不肯附麗。及知南康。為政一遵朱熹之舊。有循績。

曹順 【清】閬中人。乾隆中由行伍隨征蠻猓有功。從征金川。奮勇克敵。官至甘肅肅州總兵。攻黃草坪。先登督戰。沒於陣。

曹嵩 【後漢】譙人。夏侯氏之子。養於宦官曹騰。因冒姓曹。字巨高。性敦慎忠孝。為司隸校尉。靈帝擢拜大司農大鴻臚。代崔烈為太尉。魏黃初初追尊太皇帝。

曹源宏 【清】嘉善人。字天來。號莆田。工畫花鳥。寫天竹水仙。鉤勒賦色。得宋人意。

曹溶 【清】秀水人。字秋嶽。號倦圃。一字潔躬。明崇禎進士。官御史。順治初歸清。授原官。遷廣東布政使。降山西陽和道。工詩。與龔鼎孳異曲同工。有崇禎五十宰相傳・劉豫事蹟・金石表・倦圃蒔植記・粵游草・靜惕堂詩集。

曹熙衡 【清】錦州人。字素徵。順治中官至貴州按察使。有峩眉山志。

曹煜 【明】浮梁人。嘉靖進士。有東溪曼語。

曹煜曾 【清】上海人。字巍嵩。康熙時貢生。能詩。與弟炳曾・煥曾齊名。人比之劉孝綽。有道腴堂詩集。

曹煥曾 【清】炳曾弟。字祖望。號春浦。康熙末貢生。工詩。有長嘯軒詩集。

曹瑋 【宋】彬三子。字寶臣。太宗時李繼遷叛。問誰可將者。彬薦瑋可任。除同知渭州。時年十九。馭軍嚴明。舉錯如老將。眞宗即位。累遷知鎮戎軍。邀擊繼遷於石門州。俘獲甚衆。後屢破西羌。累拜簽書樞密院事。丁謂惡瑋不附己。指為寇準黨。謫萊州觀察使。遷彰武軍節度使。瑋喜讀書。通春秋三傳。沈勇有謀。用士得其死力。出入神速不可測。將兵四十年。未嘗失利。卒謚武穆。

曹睦 【明】瑞安人。字肅賓。永樂進士。授秦府伴讀。日以勸講輔德為職。會李海誣王不軌。睦上疏力辨其非。在秦邸三十年。歷事四王。初終一節。人謂有董賈風。

曹筠 【五代吳】為馬軍指揮使。叛奔吳越。徐溫厚遇其妻子。武義初吳越兵敗於香嶺。筠乘勢復歸。溫自數昔日不用筠言者三。不問筠去來之罪。歸其田宅。復其軍職。筠內媿卒。

曹義 【明】句容人。字子宜。永樂進士。授翰林院編修。累遷南京吏部尚書。寇犯京師。勅守崇文門。天順初乞歸。有默菴集。⊙【明】儀眞人。字敬方。正統中以都督鎮守遼東。有邊功。封豐潤伯。卒謚莊武。

曹‧肅【宋】郴人。字士先。舉鄉薦。初授通州寧遠簿。平生安分守道。四方學者多從之游。著述甚富。尤工詩。

曹‧肅荀【清】洛陽人。字伯繩。貢生。有悔遲齋文鈔。

曹‧裕【宋】耒陽人。字公善。舉進士。爲潭州司錄參軍。能辨枉獄。後宰溧水。値歲旱蝗。漕使以歲計不足諷諸邑。裕曰。吾能忍視其死而不救乎。卒以實聞。

曹‧靖【宋】郴人。字中立。性孝友。嘉祐中爲益陽令。有美政。累官尚書比部郎。知賓州。黃庭堅稱其御吏嚴而不殘。使民寬而不弛。

曹‧彰【三國魏】操子。字子文。少善射御。手格猛獸。數從征伐。所向有功。操嘗持彰鬚稱爲黃鬚兒。黃初中封任城王。卒諡威。

曹‧毓英【清】江陰人。字子瑜。號琢如。道光時拔貢。累官兵部尙書。同治間任軍機大臣五載。調護兩宮。指揮諸將。頗有功。卒諡恭慤。

曹‧爾坊【清】爾堪弟。字子閑。力學工書。畫與爾堪有元方季方之譽。

曹‧爾成【清】無錫人。字得忍。有禹貢正義。

曹‧爾堪【清】嘉善人。字子顧。號顧菴。順治進士。官侍講學士。博學多識掌故。詩與宋琬‧施閏章‧王士祿‧王士禛‧任琬‧程可則‧沈荃稱海內八家。有南溪文略及詞略。

曹‧端【明】澠池人。字正夫。篤志性理。坐下著足處兩甎爲穿。其學務躬行實踐。以靜存爲要。永樂中舉人。授霍州學正。修明聖學。人服其化。及卒。州人罷市巷哭。學者稱月川先生。私諡靜修。有孝經述解‧四書詳說‧太極圖西銘通書解‧家規輯略‧存疑錄‧夜行燭‧儒宗統譜‧月川語錄‧曹月川集。

曹‧粹中【宋】定海人。字純老。宣和進士。李光壻也。秦檜在位。光爲參政。檜知其名。欲識之。粹中辭不赴。竊語妻曰。汝父必不能與丞相久處。光貶謫南海。粹中不復仕。自號放齋。有詩說。

曹‧誘【宋】佾次子。字公善。以蔭累官至安德軍節度使‧醴泉觀使。性謹密。習熟典故。卒諡忠定。

曹‧輔【宋】沙縣人。字載德。元符進士。歷秘書省正字。徽宗多微行。輔上疏切諫。編管郴州。處郴六年。怡然不介意。靖康中累官簽書。高宗卽位。仍舊職。未幾卒。

曹‧銘【明】新野人。以進士知香河縣。上疏言宋儒胡瑗等八人有功道學。當從祀孔子廟。允行之。陞知儋州。

曹‧際飛【明】蒙陰人。庠生。遇賊追使跪。夫婦同罵曰。吾頭可斷。膝不可屈。賊怒。殺之。

曹‧髦【三國魏】文帝孫。字彥士。少好學。正始中封郯縣高貴鄉公。齊王芳廢。公卿迎立之。幸太學。與諸儒論書易及禮。諸儒莫能及。甘露中黃龍見寧陵井中。以爲不祥。作潛龍詩以自諷。司馬昭見而惡之。立七年。爲昭所弑。紀元二。正元‧甘露。

曹‧鳳【明】新蔡人。字鳴岐。成化進士。授祁門知縣。弘治初擢御史。多所論建。正德初歷右副都御史。巡撫延綏。鳳雅操方正。數與鎮守中官忤。召理院事。以憂歸。劉瑾銜其不通饋問。屢陷之。遂卒。

曹‧鳴鶚【明】大興人。以忠勇著。爲河南道中軍守備。率兵五百剿流寇。賊糾黨數萬圍鳴鶚於趙寨。鳴鶚血戰數晝夜。矢盡馬踣。賊誘降。不屈死。

曹‧劌【春秋魯】詳見曹沫條。

曹‧履吉【明】當塗人。字元甫。萬曆進士。官至河南提學僉事。有博望山人稿。

曹‧德華【清】新建人。字廸諧。一字山甫。乾隆進士。官刑部主事。能詩。善書。工畫山水人物。多偶爲之。不徇貴遊請屬。

曹‧瑩【宋】工畫花鳥。

曹‧確【唐】河南人。字剛中。擢進士第。累拜兵部侍郎。懿宗時同平章事。爲人儒術深邃。器識方重。居位六年。出爲鎮海節度使。始畢諴與確同宰相。俱有雅望。世 曹畢。

曹‧穎孫【宋】瑞安人。字德堅。少工舉子業。下筆閎肆。宋亡。室燬於兵。遂寓平陽梅溪。以詩古文自娛。凡一篇出。人輒傳誦。後留安陽十餘年。南北生徒常數百人。

曹‧節【後漢】譙人。字元偉。素以仁厚稱。鄰人有亡豕者。與節豕相類。詣門認之。節不與爭。後所亡豕自還其家。豕主人大慙。送所認豕。并辭謝。節笑而受之。由是鄉黨貴歎焉。◎【後漢】新野人。字漢豐。由小黃門遷中常侍。靈帝卽位。封長安鄉侯。大將軍竇武與太傅陳蕃謀誅中官。節等矯詔殺之。遷長樂衞尉。封育陽侯。

曹‧銳【清】休寧人。字鏄堂。號友梅。僑居吳門。爲東城正指揮。工畫山水。

曹‧震【明】濠人。從太祖起兵。隨沐英征西番。論功封景川侯。從藍玉平雲南。尋復理四川軍務。諸所規畫。並極周詳。蜀人德之。玉敗。被誅。

曹‧鼐【明】寧晉人。字萬鍾。少伉爽有大志。事繼母以孝聞。宣德時舉進士第一。授翰林院修撰。累陞吏部左侍郎。兼文淵閣大學士。正統間也先入寇。王振挾帝親征。次土木。寇大集。帝突圍不得出。擁以去。鼐等俱及於難。諡文襄。

曹・學 【明】蜀人。字行之。號太狂。嘉靖初客游滇西。精畫能詩。草書遒勁。居楡之中和峯。日繫錢與壺置驢背。遣入城市酒。人知爲學之驢也。取錢貯酒。復遣而歸。

曹・學佺 【明】侯官人。字能始。號石倉。萬曆進士。天啓間官廣西參議。初梃擊獄興。學佺著野史紀略。直書本末。劉廷元劾學佺私撰野史。遂削籍。崇禎初起副使。辭不就。唐王時官至禮部尙書。明亡。入山投繯死。有易經通論・周易可說・書傳會衷・春秋闡義・輿地名勝志・蜀中名勝記・西峯字說・石倉歷代詩選・鳳山鄭氏詩選・石倉集。

曹・學程 【明】全州人。字希明。萬曆進士。歷知石首・海寧。治行最。擢御史。時册封日本正使李宗城遁歸。神宗惑石星言。欲遣給事一人充使。因察覘軍情。學程抗言不可。觸怒。下獄論死。子正儒刺血三上書。願以身代。獲赦。謫戍寧遠衞。久之放歸。

曹・學閔 【清】汾陽人。字孝如。號慕堂。乾隆進士。官至內閣侍讀學士。性恬淡。蒞官清愼。晚好講求性命之學。有紫雲山房詩文稿。

曹・學詩 【清】歙人。字以南。號震亭。乾隆進士。官內閣中書。有香雪文鈔。

曹・憲 【唐】江都人。仕隋爲秘書學士。於小學尤邃。自漢杜林・衞宏以後。古文亡絕。至憲復興。煬帝令與諸儒譔桂苑珠叢。又註廣雅。貞觀中以弘文館學士召。不至。卽家拜朝散大夫。太宗常遣使就問難字。憲以梁昭明太子文選授諸生。所撰音義。爲當時所重。年百餘歲卒。

曹・操 【後漢】嵩子。字孟德。小字阿瞞。一名吉利。少機警有權數。年二十舉孝廉爲郎。除洛陽北部尉。遷頓丘令。徵拜議郎。光和末黃巾起。拜騎都尉。討潁川賊。遷爲濟南相。久之。徵還爲東郡太守。不就。稱疾歸鄉里。會董卓廢立。操散家財合義兵討卓。初平中袁紹表爲東郡太守。建安中操至洛陽。獻帝假操節鉞。錄尙書事。洛陽殘破。董昭等勸操迎帝都許。破袁紹・袁術。自爲大將軍。領冀州牧。進位丞相。加九錫。爵魏王。夏侯惇勸正位。操以周文王自比。卒諡武。黃初初追尊武帝。廟號太祖。

曹・璜 【明】益都人。字于渭。號礎石。一作字伯玉。別號元素。萬曆進士。由司農郎出守西安。先後議織造三十三事・開鑛九事。及宗族河渠刑罰徵收硝鐵行戶諸議。秦人賴之。官至通政司左參議。有大雲集。

曹・璘 【明】襄陽人。字廷輝。成化進士。歷官御史。孝宗時抗意勸講學行孝凡十事。巡按兩粵。訪陳獻章於新會。服其言論。引疾歸。卜居山中。三十年不入城市。徵召皆不應。

曹・穎叔 【宋】亳州人。字秀之。初名熙。第進士。韓琦・文彥博薦其才。累官至龍圖閣直學士。知永興軍。後年老漸昏聾。事頗壅積。人或誚之。卒於官。

曹・翰 【宋】大名人。少爲郡小吏。多智數。飲酒數斗不亂。好使氣陵人。不爲鄉里所譽。周太祖鎭鄴。與語奇之。以隸世宗帳下。仕至樞密承旨。宋初從太祖征澤潞・平江南。太宗時又從下太原・征幽州。皆有功。累遷左千牛衞上將軍。卒諡武毅。

曹・輿 【元】政子。爲人魁岸倜儻。善騎射。弱冠代父從征。以材武稱。江南平。入補宿衞。復北戍。度沙磧數千里。積南北功授衞軍總管。◎【明】一名與才。從平武昌。取平江。平中原。累遷都督僉事。又從藍玉討洮州羌。師還。封懷遠侯。後坐黨死。

曹・鄴 【唐】陽朔人。字鄴之。大中進士。由天平節度掌書記遷太常博士。持論不阿。歷祠部郎中。終洋州刺史。有曹祠部集。

曹・錫淑 【清】一士女。字采荇。適同里舉人陸正芴。作詩具有軌範。能承其家學。有晚晴樓詩草。

曹・錫寶 【清】上海人。字鳴書。號劍亭。晚號容圃。乾隆進士。官陝西道御史。疏劾和珅家人。革職留任。尋復原官。和珅敗。贈副都御史。

曹・龍 【晉】辟召不就。善畫。

曹・懷 【清】保昌人。字萬爲。雍正副貢。薦試鴻博。放歸教授。從游者甚衆。自言所學讀陸隴其書而益進。潛心三十年。有四書詳說。

曹・應第 【明】新泰人。家貧。奉父母必豐潔。父病思食王瓜。暮春瓜未生。應第號泣徒行三百里。厚價覓之。父亡。茹淡啜素。三年無改。母疾。朝夕侍側。躬進湯藥。夜禱天求代。大雪沒踵不覺。

曹・應登 【明】應第弟。性至孝。父患瘖。口吮卽愈。父沒。哀毀茹淡。與兄同行。

曹・璨 【宋】彬子。字韜光。性沈毅。善射。習知韜略。好讀左氏春秋。累官富州刺史。擢綏銀夏麟等府州鈐轄。善撫士卒。威愛兼著。契丹入寇。屢戰有功。後授同平章事。卒諡武懿。

曹・羲 【三國魏】眞次子。爲中領軍。以列侯侍從。出入禁闥。兄爽專政作威。羲深以爲憂。數諫止之。不納。涕泣而起。爽敗。坐誅。

曹・褒 【後漢】充子。字叔通。傳父業。慕叔孫通漢禮儀。晝夜研精。沈吟專思。舉孝廉。拜博士。章帝召定禮制。乃撰冠婚吉凶制度凡百五十篇上之。累遷至侍中。褒博物識古。爲儒者宗。作通義十二篇。演經雜論百二十篇。又傳禮記四十九篇。教授諸生千餘人。慶氏學遂行於世。

曹謙 【明】雄子。讀書能文。有機略。好施予。雄下獄。謙亦被繫。爲怨家箠死。

曹豳 【宋】叔遠族子。字西士。嘉泰進士。累官左司諫。與王萬·郭磊卿·徐清叟俱負直聲。時號嘉熙四諫。遷吏部侍郎不拜。久之。起知福州。再以侍郎召。爲羣臣所沮而止。以寶章閣待制致仕。卒謚文恭。

曹鍾坤 【清】上海人。性澹泊。研究算術。測繪特精。同治中入製造局。主工程事垂三十年。晚號芸溪老人。暇輒寫山水以見志。

曹攄 【晉】譙人。字顏遠。少有孝行。好學善屬文。補臨淄令。一縣號曰聖君。及齊王冏輔政。攄爲記室。勸以居高思危。冏不納。惠帝末爲襄城太守。與賊王逌戰。兵敗。死之。

曹瑢 【明】高堂人。天啓歲貢。授保定府教授。素以忠義自許。每覩時艱。慨然有殉國之志。闖賊圍保定。城陷。罵賊死。

曹覲 【宋】修古從子。嗣爲後。字仲賓。皇祐中以太子中舍知封州。儂智高犯城。覲曰。豈有爲天子吏而避賊者乎。城陷。遇害。

曹懷 【明】無錫人。字子德。正德進士。官戶科給事中。武宗將南狩。與廷臣伏闕諫。被杖。嘉靖初詔廷臣集議大禮。又以忤旨下詔獄。杖於廷。再疏論當事諸臣。出守思恩。致仕。

曹耀珩 【清】益陽人。字鳴珮。號暢菴。康熙拔貢。官寧遠縣教諭。有聽濤園古文。

曹鏷 【明】吳江人。字瓦金。弘治進士。累官員外郎。性鯁介。以捽辱中人左遷東昌府通判。時鎮守太監在臨清者尤暴橫。鏷抗章劾其罪。乞詔裁革。武宗從之。劉瑾怒。使人刺鏷陰事無所得。遷興化同知。擢湖廣僉事。乞休歸。於所居積土爲山。植桐其上。自號桐丘。工繪事詩文。

曹騰 【後漢】譙人。節子。字季興。永寧初選配皇太子書。順帝時累遷中常侍·大長秋。在省闥三十餘年。歷事四帝。未嘗有過。好進達賢能。桓帝卽位。以騰爲先帝舊臣。封費亭侯。魏太和中追尊高帝。

曹續祖 【清】山西大寧人。字子成。號陶庵。順治舉人。養母不仕。其學以實踐爲本。一言一動。皆可端風善俗。有四書邏注綱領·臥雲洞草。

曹霸 【唐】髦後。善畫馬。開元中已得名。天寶末每詔寫御馬及功臣像。神采宛然如生。官左武衛將軍。韓幹其弟子也。

曹鑑 【元】宛平人。字克明。至元初累官禮部尙書。在官三十餘年。以清介見稱。天性純孝。通五經。爲詩賦尙騷雅。爲文法西漢。卒謚文穆。

曹鑑冰 【清】金山女子。字葦堅。號月娥。適婁縣張殷六。家貧。授徒自給。能書善繪。人稱葦堅先生。

曹變蛟 【明】文詔從子。幼從文詔征討。以勇敢知名。與文詔稱大小曹將軍。賊聞其名。皆怖慴。崇禎中歷官臨洮總兵。與李自成轉戰千餘里。賊黨多降。自成東走。復窮追之。自成妻女盡失。僅以七人逃。錄功進左都督。後從洪承疇援松山。被執。死之。

曹鸞 【後漢】爲永昌太守。熹平中上書大訟黨人。言甚方切。帝省奏大怒。卽詔司隸益州檻車收鸞送槐里獄。掠殺之。

曼丘臣 【漢】韓王信將。信亡走匈奴。臣等共立故趙後趙利爲王。

曼仙 【明】惠府樂戶。張獻忠破荊州。召曼仙。以技能爲獻忠所悅。一夕。曼仙置毒於酒。滿斟以奉。獻忠妮之。手挽其頸曰。汝先飲此。卻之不得。立飲而斃。

曼陀羅 【梁】僧。扶南國人。齎梵本遠來。詔與僧伽跋羅共譯寶雲·法界體性·文殊般若經共十一卷。以不通華言。故所譯經文多不達意之處。

朗然 【唐】高僧。南徐魏氏子。依靈隱寺遠律師。通四分律鈔。上元中刺史韋儇請爲潤州招隱寺統領大德。大曆間示寂。所著古今決。解釋四分律鈔數十萬言。繁雜義例。條貫甚明。

梠育 【漢】安陵人。治律曆。時太史令張壽王言黃帝至元鳳三年六千餘歲。育言三千六百二十九歲。不與壽王合。壽王旋得罪。

梁一峯 【清】廣東三水人。道光舉人。知縉雲縣。以循良稱。工詩。有不欺室詩集。妻李氏。亦善詩。有茗薌室集。

梁上國 【清】福建長樂人。字斯儀。一字九山。乾隆進士。官至太常寺卿。有駁閻氏古文尙書疏證·駁毛氏大學證文·山左遊記·遼瀋遊記·粵西遊記·詩文集·國朝閩海人文。

梁于涘 【明】江都人。字飲光。號谷庵。崇禎進士。與史可法同輔福王。馬士英忌其能。除萬安令。爲清兵所執。自經死。有梁節閔遺集。

梁士彥 【北周】烏氏人。字相如。少任俠。好讀兵書。頗涉經史。武帝聞其勇決。除爲九曲鎭將。進位上開府。齊人憚之。後平齊。以功封郕國公。楊堅作相。忌之。徵還京師。閒居懷怨。遂謀反。事覺被殺。

梁士楚 【明】番禺人。字思立。嘉靖舉人。授詔安令。屢破倭寇。官終貴州參議。士楚居官忠愼。蒞下有恩。所至皆尸祝之。有木灣集·沿海要害圖說。

梁．子美　宋　彥昌子。字才甫。徽宗時累遷直龍圖閣．河北都轉運使。傾漕計以奉上。至捐糴錢市北珠以進。遂致位通顯。後以疾罷爲開府儀同三司卒。子美爲郡。縱侈殘虐。然有幹才。所至辦治。善屬文。尤工詩。有書英集。

梁．小玉　明　武林妓。七歲能賦落花詩。八歲摹獻之帖。長而涉獵羣書。作兩都賦。半載而就。有娜嬛集。

梁．山伯　晉　會稽人。爲鄞令。以病死。相傳山伯嘗與上虞祝氏女英臺同學。英臺適馬氏。過山伯墓。大號慟。地忽自裂。遂與山伯同葬。

梁．不疑　後漢　冀弟。好經書。善待士。冀陰嫉之。由河南尹轉光祿勳。讓位歸第。與弟蒙閉門自守。先冀卒。

梁．中庸　北涼　燉煌人。初仕段業爲尚書右丞．武衞將軍。沮渠蒙遜進軍侯塢。中庸率衆奔之。因與衆共推蒙遜爲涼州牧。蒙遜以中庸爲西郡太守。旋奔西涼。仕李暠。

梁．中節　明　田玉族人。與田玉同官於朝。好讀老子．太玄經。靖難兵入京。棄官入山爲道士。

梁元帝　梁　武帝第七子。名繹。字世誠。小字七符。初封湘東王。侯景既廢簡文帝。又據豫章王而自立。帝命王僧辯平景。遂即位於江陵。時州郡大半入魏。詔令所行。千里而近。民戶著籍。不盈三萬。西魏遣于謹等會蕭詧伐梁。帝講老子於龍光殿。百官戎服以聽。魏人百道攻城。帝猶口占爲詩。及城陷。帝焚古今圖書十四萬卷。歎曰。讀書萬卷。猶有今日。尋爲魏人所殺。在位三年。謚孝元。廟號世祖。年號承聖。帝幼盲一目。性不好聲色。工書善畫。自圖宣尼像。爲之贊而書之。時人謂之三絕。有孝德傳．忠臣傳．丹陽尹傳．漢書注．周易講疏．老子講疏．內典博要．連山．洞林．玉韜．金樓子．補闕子．懷舊志．全德志．荆南志．江州記．貢職圖．古今同姓名錄．筮經．式贊．文集。都四百三十卷。

梁．元翀　清　順德人。字章遠。號僑石。工畫山水小景。尤得倪瓚筆意。書倣黃庭堅。兼善韻語。與同縣黎簡齊名。道光時以布衣終。

梁．允植　清　正定人。字承篤。以拔貢知錢塘縣。明敏有幹濟。值閩變。允植佐軍興。調兵食。軍無缺乏。民無怨咨。官至延平知府。有柳村詞。

梁．公弘　春秋楚　大夫。時晉人已勝智氏。歸而繕甲砥兵。公弘欲備吳。楚王不聽。明年。闔廬襲郢。

梁．化鳳　清　長安人。字岐山。順治間武進士。授高山衞守備。以戰功累擢蘇松總兵。鄭成功犯江寧。化鳳率兵馳抵江寧。連戰皆捷。成功敗遁。擢江南提督。封三等男。卒謚敏壯。

梁太祖　後梁　碭山人。姓朱。名溫。初從黃巢爲盜。後降唐。僖宗賜名全忠。以破秦宗權拒李克用功。累官至四鎭節度使。封梁王。天祐末篡位。弒唐昭宗及哀帝。國號梁。更名晃。都汴州。開平中遷都洛陽。據有七十八州。乾化末爲子友珪所弒。在位六年。廟號太祖。紀元二。開平．乾化。

梁．文泓　清　文濂弟。字秋潭。號龍泓。又號深甫。諸生。性孤介。工書。又擅詩古文辭。

梁．文貞　唐　閿鄉人。少從軍守邊。逮還。親已亡。自傷不得養。即穿壙爲門。晨夕汎掃廬墓左。喑默三十年。

梁．文矩　後蜀　鄆州人。字德儀。仕後唐。累官太常卿。高祖即位。拜太子少師。文矩喜清靜之教。聚道書數千卷。後以風痺致仕。

梁．文濂　清　錢塘人。詩正之父。字次周。號谿父。工詩。有桐乳齋詩集。

梁．文謙　隋　彥光子。弘雅有父風。累遷鄱陽太守。治行爲天下最。徵拜戶部侍郎。遼東之役。爲盧龍道軍副。坐事配防桂林卒。

梁．斗南　金　良鄉人。第進士。累官至河南都運。性穎悟。工詩。有幹局。長於吏事。時輩服其通敏。

梁丘．賀　漢　諸城人。字長翁。初以能心計爲武騎。從京房受易。宣帝求房門人。得賀。帝善之。以爲郎。賀小心周密。甚見信重。官至少府。圖形麒麟閣。

梁丘．據　春秋齊　景公嬖大夫。景公疥。遂店。期而不瘳。諸侯之賓問疾者多在。據與裔款言於公曰。吾事鬼神豐。於先君有加矣。是祝史之罪。君盍誅於祝固．史嚚以辭賓。公將從之。以晏嬰諫而止。

梁丘．臨　漢　賀子。爲黃門郎。甘露中奉使問諸儒於石渠。專行京房法。宣帝選高材郎十人從臨聽講。官至少府。

梁．以樟　明　其先清苑人。後徙京師。字公狄。別號鷦林。崇禎進士。歷知太康．商丘等縣。所至有勤號功。福王時授兵部主事。清師南下。遁跡寶應。有梁鷦林全書。

梁．令瓚　唐　爲率府兵曹參軍。開元中僧一行受詔改治新曆。欲知黃道進退。而太史無黃道儀。令瓚乃以木爲游儀。一行是之。更鑄以銅鐵。後又與一行更鑄渾天銅儀。

梁．外僧　元　河中人。至大間親喪廬墓。兄那海爲奧魯官。自以嘗遠仕不得養親。即棄職舉外僧代之。人稱外僧能孝。那海能義。

梁．平老　前秦　略陽氐人。苻生時爲特進。領御史中丞。生醉酒多殺戮。

羣臣自危。平老密與苻堅定議殺生。堅卽位。進鎭北大將軍。戍朔方之西。封朔方侯。在鎭十餘年。鮮卑．匈奴長而愛之。卒諡桓。

梁弁 〔宋〕西安人。舉進士。秦檜當軸。以弁辟雍同舍。且同舉進士。召除御史。欲使附己。弁謂天子臺諫安得爲人作鷹犬。左遷比部郎。會輶對。除右司。終不附檜。遂乞歸。

梁弘 〔春秋晉〕仕曲沃武公。武公伐翼。弘爲戎右。逐翼侯於汾隰。驂絓而止。夜獲之。及欒共叔。◎〔春秋晉〕大夫。秦師滅滑。晉伐秦。弘爲襄公御戎。敗秦師於殽。獲其三帥。

梁本之 〔明〕泰和人。名混。以字行。號坦菴。洪武中以溧陽教諭改晉王府紀善。有坦菴文集。蕭鎡稱其所作泓渟澄深。端重典則。蓋莊人學者之文。

梁末帝 〔後梁〕太祖第三子。名友貞。初封均王。起兵討友珪。誅之。卽位於大梁。更名鍠。又更名瑱。龍德末晉王李存勗大破梁軍。王彥章敗死。汴京陷。帝登建國樓。謂控鶴指揮皇甫麟曰。晉。吾世讎也。不可俟彼刀鋸。使麟殺之。麟亦自剄。帝仁而無武。明不燭奸。在位十一年。紀元三。乾化．貞明．龍德。後梁自太祖篡唐。至末帝凡二主。共十七年。爲後唐所滅。國亡。

梁永 〔明〕萬曆時爲御馬監監丞。帝命往陝西徵收名馬貨物。永率諸亡命巡行陝地。盡發歷代陵寢。搜摸金玉。旁行劫掠。所至邑令皆逃。言官攻永者數十疏。始召永還京。

梁玉繩 〔清〕詩正孫。字曜北。嗣同書爲後。乾隆增貢生。篤學力行。長於考訂。著史記志疑。閱時二十年而成。最稱精審。又有清白士集。

梁田玉 〔明〕定海人。建文時官郎中。靖難兵入金陵。田玉髡髮爲僧。從地道遁。不知所終。

梁由靡 〔春秋晉〕大夫。里克帥師伐狄。梁由靡爲御。虢射爲右。敗狄於采桑。梁由靡曰。狄無恥。從之必大克。里克不可。遂止。其後狄復伐晉。

梁百揆 〔宋〕番禺人。字宗盛。嘉定進士。歷奉議大夫。非言職而直諫有聲。史彌遠矯詔廢立。遂退隱禺山講學。卒。學者稱端懿先生。

梁石君 〔漢〕齊人。齊王田榮叛項羽。劫齊士之不與己者。石君與東郭先生在劫中。及榮敗。相與入深山隱居。蒯通進於曹參。以爲上賓。

梁仲仁 〔明〕錢塘人。字大學。刻勵尚氣節。洪武間以人才徵。授陝州判官。有異政。以母老致仕。

梁仲保 〔宋〕賓州人。勇摯出衆。以三班奉職充本州團練使。慶曆間儂智高犯境。力戰死。

梁份 〔清〕南豐人。字質人。少從彭士望．魏禧講經世之學。嘗隻身遊數萬里。覽山川形勢。古今成敗。一發之於文。方苞．王源皆重之。有懷葛堂文集。

梁全 〔元〕杞縣人。徙晉康。延祐間舉於鄉。任本州同知。以厚風俗與教化爲本。防禦西寇有功。終太平路同知。

梁后 〔後漢〕大將軍商女。名妠。治韓詩。略舉大義。常以列女圖畫置於左右。以自監戒。永建中選入掖庭。陽嘉初立爲皇后。順帝崩。后無子。立虞美人子炳。是爲沖帝。后臨朝。夙夜勤勞。委任李固等。海內肅然。及桓帝立。后兄冀以邪說疑誤后。誅李固。失天下望。卒諡順烈。

梁同書 〔清〕詩正子。出爲兄後。字元穎。嘗得元人貫酸齋書山舟二字。因以顏其齋。世稱山舟先生。晚自署不翁。九十外又署新吾長。乾隆舉人。賜一體殿試。選庶吉士。累遷侍講。以憂歸。不復仕。嘉慶間重赴鹿鳴。賞侍講學士銜。同書性耿介。不諧於俗。工書。初法顏柳。繼用米法。晚益變化。純任自然。名滿天下。能詩。尤精賞鑑。年九十三卒。前數日自書赴。筆法蒼勁如平時。有頻羅庵遺集。

梁安 〔明〕東平人。字以寧。宣德間舉於鄉。歷戶部主事。出知廣平府。境內大治。有循良之稱。

梁守珍 〔後蜀〕事孟昶爲宦官。廣政中每値臘月。內官各獻羅體圈金花樹子。守珍採忘憂花。縷金於花上。號曰獨立僊。衆皆以爲不及。

梁有譽 〔明〕順德人。字公實。與歐大任等同學於黃佐。登嘉靖進士。授刑部主事。與李攀龍輩號七才子。嚴世蕃欲延納之。有譽恥爲所卵。遂謝病歸。卒年三十六。有比部集。

梁次攄 〔明〕儲子。爲錦衣百戶。居家與富人楊端爭民田。滅端家二百餘人。武宗命發邊衛立功。後冒功至廣東都指揮僉事。

梁汝嘉 〔宋〕麗水人。字仲謨。建炎中歷官知臨安府。累遷戶部尙書。汝嘉長於吏治。在臨安。風績尤著。

梁伯興 〔明〕吉安永豐人。洪武初以明經舉。除眞定府同知。有善政。後召至京。命撰詔詔日本。稱旨。陞河南右布政使。（按萬姓統譜作伯貞。此從江西通志。）

梁克貞 〔南漢〕勇略亞於蘇章。大有間交州亂。劉龑命克貞攻之。俘其節度使曲承美。又攻占城。掠取其寶貨而還。由是南蠻大恐。讋服兵威。

梁克家 〔宋〕晉江人。字叔子。紹興中舉進士第一。遷給事中。凡三年。遇事不可。必執奏無隱。乾道中累遷右丞相。風度修整。近戚權倖。不少假借。善類賴以保全。封儀國公。卒諡文靖。有淳熙三山志。

梁・孜 〔明〕儲孫。字思伯。號羅浮山人。人稱之曰浮山。弱冠爲諸生。即棄去。與梁有譽・黎民表等爲詩古文。尤好書畫。以廕補中書舍人。客部主事。爲人純雅恭謹。所交游多海內名士。

梁・宏 〔後漢〕初爲吳郡太守尹興主簿。楚王英謀反。陰疏天下善士。有尹興名。事覺。明帝徵興等詣廷尉。諸吏不堪痛楚。死者大半。惟宏與陸續・駟勳。考掠消爛。終無異辭。後放還。禁錮終身。

梁・廷棟 〔明〕鄢陵人。萬曆進士。崇禎中累官兵部尙書。所陳兵事。多中機宜。然挾數行私。不爲時論所重。清兵入逼京師。時廷棟總督宣大山西軍務。不能禦。命戴罪入援。廷棟與督師張鳳翼恇怯不敢戰。自度必罹重譴。日服大黃藥求死。未幾卒。

梁・廷振 〔明〕南海人。字伯綱。嘉靖進士。累官廣西副使。偕參政翁萬達進勦斷藤峽。號令嚴肅。民不知兵。後平府江諸猺。遷福建參政。公餘講學。閩士向風。官終浙江布政使。

梁・延嗣 〔宋〕長安人。少事高季興。頗見委任。歷事四帥。人稱其忠藎。高繼沖納土。太祖授延嗣復州防禦使。後入朝。改濠州防禦使。有善政。

梁・志仁 〔明〕銘裔孫。萬曆末舉於鄉。崇禎間知羅田縣。羅汝才別校攻城。志仁力禦之。城陷。不屈死。

梁・成 〔明〕平陰人。字公濟。第進士。歷兵部武選司郎中。時嚴嵩專政。苞苴公行。成執法甚嚴。不通請謁。當時有天下第一清官之稱。官終江西按察司副使。

梁・成大 〔宋〕福州人。字謙之。開禧進士。諂事史彌遠家幹萬昕。爲監察御史。天資暴狠。心術險巇。凡可賊害忠良者。率攘臂爲之。累官權刑部侍郎。爲言者所論。鐫秩。徙潮州。

梁・杞 〔宋〕莆田人。性醇謹。好學通五經。慶曆進士。初爲連州司理。讞獄詳明。部使者論薦爲桂陽令。邑以大治。官終鄂州通判。

梁・材 〔明〕南京金吾右衛人。字大用。弘治進士。嘉靖時累遷戶部尙書。三掌邦計。砥節如一日。後以忤郭勛落職。卒諡端肅。

梁・良玉 〔明〕田玉族人。建文時官中書舍人。燕兵入京。訣妻子。易姓名。逾嶺至海南。寓市肆。鬻書以老。

梁・良用 〔明〕田玉族人。與田玉同仕於朝。靖難兵起。良用去爲舟師。後死於水。

梁・辰魚 〔明〕崑山人。字伯龍。好任俠。不屑就諸生試。嘉靖間李攀龍・王世貞等七子皆折節與交。好遊嗜酒。足跡徧吳楚間。雅擅詞曲。邑人魏良輔能喉轉音聲。始變弋陽・海鹽故調爲崑腔。辰魚塡浣紗記付之。是爲崑曲之始。兼工詩。有遠遊稿。

梁・佩蘭 〔清〕南海人。字芝五。號藥亭。童時日記數千言。通經史百家。年二十六。領順治鄉舉第一。詩名巳播海內。康熙時成進士。選庶吉士。假歸。周遊名山。王士禎・朱彝尊輩皆推重之。與陳恭尹・屈大均稱嶺南三家。有六瑩堂詩文集。

梁・叔剛 〔明〕工畫小景山水。

梁・周翰 〔宋〕管城人。字元褒。周廣順初舉進士。爲開封戶曹參軍。入宋直史館。累官翰林學士・工部侍郎。周翰以辭學爲流輩所許。而性疏儁卞急。晚年才思稍減。書詔多不稱旨。有文集及續因話錄。

梁・固 〔宋〕顥子。字仲堅。嘗著漢春秋。大中祥符初舉服勤詞學科。擢甲第。累遷著作郎。直史館。歷戶部判官。判戶部句院。固明於吏事。嘗奉詔鞫獄。時稱平審。有集。

梁・季珌 〔宋〕麗水人。字飾父。歷官淮東提刑。所在有政聲。累拜戶吏二部侍郎。編敕令所詳定官。楊簡爲世名儒。不妄交友。嘗款門求見。其爲人所敬慕如此。

梁・孟嶽 〔明〕永樂初爲宿遷知縣。賦均訟平。使人民婚姻死葬貧富相卹。四民懷之。

梁・忠信 〔宋〕開封人。仁宗爲時畫院祗候。工畫山水。

梁・承學 〔明〕聊城人。字師顏。隆慶進士。內侍有同姓者。請訂宗盟。承學正色拒之。除延安府推官。讞獄多平反。報績稱最。官終陝西副使。

梁・昕 〔北周〕盩厔人。字元明。從爾朱天光征討。拜右將軍・太中大夫。文帝深賞異之。遷東荊州刺史。天和初拜工部中大夫。昕性溫裕有賢能。歷官內外。咸著聲稱。卒諡貞。

梁・昇卿 〔唐〕爲奉天尉。涉學工書。尤善八分。章抗表爲僚屬。歷廣州都督。書東封朝覲碑。爲時絕筆。

梁・明翰 〔明〕孝義人。字維憲。嘉靖進士。歷陝西副使。擒降回賊。軍中有韓范之歌。累遷四川按察使。性孝友。好施與。無疾言遽色。人稱長者。

梁・松 〔後漢〕統子。字伯孫。少爲郎。尙光武帝女舞陰長公主。再遷虎賁中郎將。松博通經書。明習故事。常與論議。寵幸莫比。光武崩。受遺詔輔政。永平初遷太僕。數爲私書請託郡縣。發覺免官。坐誹謗下獄死。◎〔宋〕隸畫院。畫師賈師古。有出藍之譽。

梁武帝 〔梁〕南蘭陵人。姓蕭氏。名衍。字叔達。小字練兒。與南齊同族。初仕齊爲雍州刺史・都督軍事。鎭襄陽。其兄懿有功。爲嬖臣茹法珍等讒構而死。乃起兵圍建康。弑齊主寶卷。追廢爲東昏侯。遂篡帝位。帝孝慈恭儉。博學能文。初政重儒立學。設謗木。斷貢獻。甚有可觀。後崇信佛教。三度捨身同泰寺。侯景以河南來降。納之。魏來求成。又許之。景疑。遂反。攻陷臺城。帝餓死。在位四十八年。諡武。廟號高祖。紀元七。天監·普通·大通·中大通·大同·中大同·太淸。帝篤學。卷不輟手。燭光常至戊夜。凡陰陽緯候卜筮占決草隸尺牘騎射。莫不稱妙。有通史·金海·制旨·孝經義·周易講疏·六十四卦二繫文言序卦等義·樂社義·毛詩春秋問答·尙書大義·中庸講疏·孔子正言·孝經講疏·涅槃大品淨名三慧諸經義能等書。

梁·肯堂 【清】錢塘人。乾隆舉人。由欒城知縣累遷總督。永定等河泛漲漫口。肯堂督率堵築。次第合龍。嘉慶間授漕運總督。尋致仕卒。

梁·芳 【明】憲宗朝內侍。貪黷諛佞。諂事萬貴妃。妖人李孜省·僧繼曉皆由芳進。共爲姦利。取中旨授官。累數千人。孝宗立。下獄死。

梁·南一 【宋】字力行。居鄉講授。從游甚衆。有六經辨疑。

梁·垣光 【清】三水人。字星堂。工篆刻。年六十時。猶能於印牛寸中刻百四十餘字。有星堂印存。

梁·彥光 【隋】烏氏人。字修芝。少有至性。仕周。以平齊功累封華陽郡公。拜柱國。隋初爲岐州刺史。奏課爲天下第一。轉相州。風俗大改。卒諡襄。

梁·彥昌 【宋】彥通弟。字得之。舉進士。累遷通判德順軍。再任東平。監馬政。咸有政績。喜爲詩。有汶陽雜稿。

梁·彥通 【宋】適子。字貫之。以蔭補祕書省正字。累勳上柱國。封保定縣男。知邢州。契丹使王邈義來聘。是薄往勞之。邈義言太守不服金帶。是薄我。不肯見。彥通曰。朝服不可改也。竟不易服。官終知華州。

梁·持勝 【金】襄子。字經甫。多力善射。泰和進士。復中弘詞。累遷咸平路宣撫司經歷官。行省太平與宣撫使蒲鮮萬奴有異志。持勝密謀殺太平。事洩。被害。

梁·時 【明】長洲人。字用行。警敏博學。工詩文。由明經舉爲岷府記善。遷翰林典籍。與修永樂大典。有噫餘集。（按萬姓統譜作憶餘。此從蘇州府志。）

梁·昭德 【宋】歸善人。政和中以三禮出身。授循州僉判。有治狀。與邑人陳伯修·李文輔爲友。鄉黨稱三善士。

梁·春暉 【清】福建長樂人。字時皋。號淑三。晚年卜居縣南雲龜山。以吟詠自娛。有雲龜遺稿。

梁·洽 【明】憲宗時人。工畫山水。尤擅松石花鳥寫眞。

梁·洪勝 【清】長沙人。字華彬。咸同間與洪楊軍戰於湖北安徽。又勦捻於河南陝西。有勇名。然剽悍無紀律。累官總兵。後在黃陂中伏死。諡剛節。

梁·毗 【隋】烏氏人。字景和。性剛謇有學識。開皇初以鯁正拜治書侍御史。遷雍州贊治。直道而行。無所迴避。出爲西寧州刺史。遷大理卿。處法平允。煬帝卽位。遷刑部尙書。奏劾宇文述私役部兵。忤旨。憂憤卒。

梁·紀 【明】格長子。字理夫。嘉靖間舉於鄉。該貫經史。父喪。廬墓三年。以母老不仕。躬自上食三十餘年。及卒。門人私諡靖孝先生。有樗櫟子等書十四種。

梁·紅玉 【宋】韓世忠之妻。本京口妓。封安國夫人。世稱梁夫人。世忠與金兀朮戰於黃天蕩。紅玉親執桴鼓助戰。金兵終不得渡。世忠鎭楚州。紅玉織箔爲屋。與士卒同力役。

梁·致育 【明】高安人。字遂初。洪武中鄉舉。爲紹興建昌訓導。後致仕家居。天順初流賊掠蓮塘。致育被執。令講書。厲聲罵曰。蠻奴若曉禮義。必不爲此。時年九十有六。賊不忍害。以竹輿舁之行。投淵死。

梁·貞 【明】浙江新昌人。字叔亨。元末舉於鄉。授太平路教授。深沈有識。太祖克太平。貞率諸儒迎拜。請戢軍士安生靈。後與侍帷幄。參密議。拜太子賓客。兼國子祭酒。乞歸卒。

梁·迥 【宋】聊城人。開寶中爲廣南道兵馬都監。兼諸州巡檢。奉使江南。性貪冒。外務矯飾。南人奉以貨賂萬緡。迥大喜過望。及歸。總總不發。

梁·迪 【清】新會人。字道始。康熙進士。官平陸·屯留知縣。政聲卓著。尋乞歸。以詩酒自娛。有茂山堂集。

梁·剛 【隋】士彥子。字永固。弱冠授儀同。以平尉迥擊突厥有功。進位上大將軍·涇州刺史。士彥謀反。剛苦諫。因得不坐。徙瓜州。

梁·師成 【宋】字守道。慧黠習文法。粗知書。爲宦者。政和間甚見貴幸。至竄名進士籍中。官至太尉·開府儀同三司。羣奸諂附。都人目爲隱相。欽宗立。詔暴其罪。遣吏護至貶所。於路縊殺之。

梁·師都 【唐】朔方人。仕隋爲郞將。大業末罷歸。聚衆爲盜。據朔方。稱大丞相。聯兵突厥。自爲梁國。僭號。改元永隆。貞觀初其從父弟洛仁斬師都降。

梁·師閔 【宋】京師人。一作士閔。字循禮。官至忠州刺史。提點西京崇福宮。善畫花竹翎毛。詩書亦工。

梁·悅 【唐】富平人。父爲仇所殺。悅殺仇。詣縣請罪。詔流循州。

梁·格 【明】稷山人。字君正。嘉靖

進士。授濟陽令。按籍得隱田。勞來復業。自奉貶損。官終南京兵科給事中。有窺易集．四書古義補．定齋存稿。

梁．珫【金】以家奴隨元妃入宮。爲閽豎。奉海陵。性便佞。善迎合。特見寵信。累官近侍局使。海陵將伐宋。珫因極言宋劉貴妃絕色傾國。海陵大喜。南征至和州。聞珫與宋人交通有狀。命執於軍中。海陵遇弒。珫爲亂軍所殺。

梁．瑤【明】銘子。襲父爵。正統中征鄧茂七有功。破貴州叛苗。擒其王章同烈。進封保定侯。尋討平清浪蠻寇。擊敗涼州賊兵。成化中掌都督左軍府事。卒諡襄靖。

梁．珪【清】福建長樂人。字至鉉。號雪園。工詩。有雪園詩集。

梁．益【元】江陰人。字有直。博洽經史。工於文辭。其教人以變化氣質爲先務。學者不遠千里從之。有三山稿．詩緒餘．史傳姓氏纂．詩傳旁通。

梁．益耳【春秋晉】大夫。晉蒐於夷。靈公欲使士縠將中軍。以益耳佐之。先克不可。益耳等使賊殺先克。晉人討作亂者。益耳遂被殺。

梁．益謙【宋】乾道中爲吳縣令。修舉百度。氣象一新。首重學校。講水利。捐俸置賑濟倉。恆以催科爲末務。士民德之。咸相戒勿違教令。

梁．祐【後魏】裴叔業之從姑子。好學。便弓馬。隨叔業征伐。身被五十餘創。景明初拜右軍將軍。賜爵山桑子。出爲北地太守。清身率下。甚有治稱。歷官右將軍。從容風雅。好爲詩詠。官終京兆內史。

梁．祚【後魏】泥陽人。篤志好學。歷治諸經。尤善公羊春秋鄭氏易。常以教授。有儒者風。而無當世之才。歷官統萬鎭司馬。徵爲散令。撰幷陳壽三國志。名曰國統。又作代都賦。頗行於世。清貧守素。不交勢貴。

梁．祖榮【明】永樂中知栢城縣。歲值霖雨。教民疏濬溝澮。邑無水災。民有負租者。貧無以償。祖榮首捐己俸以倡。富民出粟助之。由是官無負租而民皆不失所。

梁．商【後漢】竦孫。字伯夏。襲父爵。順帝立商女爲后。妹爲貴人。拜大將軍。商自以戚屬居大位。每存謙柔。虛己進賢。京師翕然稱爲良輔。然性愼弱無威斷。頗溺於內豎。幾爲所中。卒諡忠。

梁．國兒【後秦】西胡人。爲鎭北將軍。隨姚萇征伐。前後屢有大功。封平輿侯。遷侍中。性曠達。不拘小節。於平涼作壽冢。每將妻妾入冢飲宴。酒酣。升靈牀而歌。年八十餘卒。

梁．國治【清】會稽人。字階平。號瑤峯。一號豐山。乾隆進士。授修撰。累官東閣大學士。兼戶部尚書。性好學愛才。所至名士如歸。以經術勸吏治。清儉不名一錢。俸入隨手輒盡。卒諡文定。有敬思堂文集。

梁．寅【明】新喻人。字孟敬。世業農。家貧。自力於學。淹貫百氏。太祖徵天下名儒修述禮樂。寅就徵年已六十餘。在禮局中討論精審。諸儒皆推服。書成。將授官。以老病辭歸。結廬石門山。學者稱爲梁五經。又稱石門先生。有禮書演義．周禮考注．春秋考義．周易參義．詩演義．石門集。

梁．崇義【唐】長安人。以欒量業於市。力能舒鉤。後爲羽林射生。事節度使來瑱。瑱誅。總其軍。代宗因卽拜節度使。召入朝。崇義拒詔。帝命李希烈討之。崇義兵敗。與妻赴水死。

梁．從光【宋】光澤人。家素饒。淳熙間歲歉。盡發所積以賑饑。近者餉以粟。遠者遺以米。日數百人。終其身。凡遇歉歲皆如之。

梁．從吉【宋】開封人。字君祐。仁宗時宦者。熙寧初爲邠寧環慶路駐泊兵馬鈐轄。破夏師。又討平寧州叛卒。官終副都知。卒諡敏恪。

梁．扈【後漢】松子。以恭懷皇后從兄擢爲黃門侍郎。歷位卿校尉。敦詩書。溫恭謙讓。官終長樂少府。

梁．清遠【清】正定人。字邇之。號葵石。順治進士。官至吏部侍郎。坐事左遷光祿寺少卿。丁憂歸。服除。還通政使司參議。生平敦節義。持大體。有祓園文集．雖丘雜錄。

梁．清標【清】維樞子。字玉立。一字蒼巖。號棠村。明崇禎進士。福王時以清標曾降李自成。入從賊案。順治初降清。授編修。累擢戶部尚書。康熙間議撤藩。清標赴廣東移尚可喜家口。兵衆洶湧。清標持以鎭靜。得不變。官至保和殿大學士。有蕉林詩文集．棠村詞．棠村隨筆。

梁．章鉅【清】福建長樂人。字閎中。又字茝林。嘉慶進士。道光間官至江蘇巡撫。兼署兩江總督。嘗五任藩撫。於江蘇地方利弊。了然胸中。用人理財。獨持大體。有經塵．夏小正通釋．論語孟子三國志旁證．清書錄．稱謂錄．金石書畫題跋；浪跡叢談等共七十餘種。

梁．紹【宋】壽州人。少孤。奉母孝。母卒廬墓。手植松柏。有甘露芝草之異。後爲廣東提刑司幹官。蘇軾南還。見而重之。署其亭曰甘露。林曰瑞松。

梁．紹壬【清】錢塘人。字應來。號晉竹。道光舉人。官內閣中書。有兩般秋雨盦隨筆及詩集。

梁．紹獻【清】南海人。字國樂。一字槐軒。道光進士。官至御史。罷歸。先後掌西湖羊城兩書院。性澹泊。好讀書。有四書集解．怡雲山房詩文集。

梁．習【三國魏】柘人。字子虞。曹

操辟爲漳長。遷西部都督從事。文帝時爲并州刺史。政治常爲天下最。在州二十餘年。居處貧窮。無方面珍物。明帝異之。徵拜大司農卒。

梁·勝灝　【清】漢軍鑲紅旗人。中嘉慶武舉。由侍衛歷官浙江處州鎮總兵。道光中英人犯廣東。進陷定海。勝灝隨軍堵禦。官至貴州提督。

梁·喬　【明】上杭人。字遷之。弘治進士。爲戶部員外郎。與同官疏劾劉瑾不法狀。章數上。不報。喬獨奏之。武宗命下錦衣衛獄。久之始釋。遷兵部郎中。出守紹興。有善政。尋以母老乞歸。

梁·善長　【清】廣東順德人。字崇一。乾隆進士。歷宰白水·蒲城。清白如水。官至建寧府同知。有賜衣堂文集·鑑塘詩鈔·廣東詩粹。

梁·惠生　【明】東莞人。洪武初其兄惠養得重罪。當解京卽刑。惠生曰。兄承宗祀。弟請代死。遂從械繫。之京就死。

梁·曾　【元】燕人。字貫父。累官淮安路總管。兩使安南。宣布威德。其君贍以金帛奇物。悉卻不受。仁宗時爲集賢侍講學士。國有大政。必命曾與諸老議之。晚年寓居淮南。杜門不通賓客。惟日以書史自娛。

梁·朝桂　【清】甘肅中衛人。乾隆間從勦金川及臺灣林爽文。並有功。官至湖廣提督。

梁·棟　【宋】其先湘州人。後遷居鎮江。字隆吉。咸淳進士。官錢塘縣尉。宋亡。弟柱入茅山從老氏學。棟往依焉。有梁隆吉詩鈔。

梁·無技　【清】番禺人。字王顧。號南樵。貢生。性狷介。杜門著書。掌教粵秀書院。士望歸之。有南樵集。

梁·琛　【前燕】廣平人。慕容暐時以大鴻臚使秦。至長安。苻堅方獵。欲引見琛。琛以野見非禮辭。乃爲改行宮延之。琛從兄奕仕秦爲尙書郎。堅使館琛於奕舍。琛引諸葛瑾聘蜀不與弟亮私面故事爲言。竟不館奕。堅入鄴。王猛表爲主簿。領記室督。

梁·竦　【後漢】松弟。字叔敬。少習孟氏易。坐松事徒九眞。歷江湖。濟沅湘。感悼伍子胥·屈原。作悼騷賦。後詔聽還本部。閉門自養。以經籍爲娛。著書數篇。名曰七序。建中初爲竇氏所陷。死獄中。

梁·統　【後漢】烏氏人。字仲寧。更始時爲酒泉太守。更始敗。赤眉入長安。統與竇融起兵保境。爲武威太守。建武中從討隗囂。爲九江太守。封陵鄉侯。在郡有治績。吏人畏愛之。

梁·越　【後魏】新興人。字元覽。少好學。博通經傳。性純和篤信。行無擇善。魏初爲禮經博士。道武以其舉動可則。遷上大夫。授諸皇子經書。

官至光祿大夫卒。

梁·軫　【明】高要人。永樂中由鄉薦授御史。巡按直隸及湖廣。嚴正有聲。爲忌者所中。謫雲南典史。

梁·雲構　【清】蘭陽人。字眉居。明崇禎進士。歷官僉都御史。福王時授兵部侍郎。順治間多鐸定江南。雲構迎降。累官戶部左侍郎。卒諡康僖。

梁·雲龍　【明】瓊山人。字會可。萬曆進士。累官參政。治兵開原。平巨寇。調隴右分守。備兵莊浪。中蜚語解任。尋錄前後邊功復原任。陞湖廣巡撫卒。

梁·順孫　【宋】高要人。字景樞。元豐間歷桂州觀察判官。監邕州·橫山·田州等峒金坑。撫以恩信。不較其金。諸酋長聽服。民歸之如市。州人德之。

梁園秀　【元】名妓。姓劉氏。歌舞談諧。一時稱首。好文墨。作字工媚。間吟小詩亦佳。所製樂府。世共唱之。又善隱語。

梁·嵩　【南漢】平南人。白龍初舉進士第一。歷官翰林學士。見時多苛政。乞歸養母。劉龑錫賚甚厚。辭不受。但請蠲本郡一歲丁賦。從之。

梁·嵩遵　【後魏】安定人。少有氣俠。蕭寶夤爲雍州刺史。引爲中兵參軍。深見信任。寶夤反。令嵩遵率衆出征。嵩遵僞受其署。既行。遂與侯終德等還來襲城。以功封烏氏縣開國伯。官終荆州驃騎府司馬。

梁·意娘　【後周】瀟湘梁公女。與李生爲姑表。因中秋玩月。與李潛通。事露。李被逐。後意娘以歌寄李。李得歌悲咽。託人言於其父曰。令愛才華。賢甥文藻。不若妻之。以塞非議。遂許焉。

梁敬帝　【梁】元帝第九子。名方智。字慧相。小字法眞。初封晉安王。元帝被殺。帝自尋陽入建康。卽帝位。齊主令王僧辯迎武帝猶子淵明爲帝。以帝爲太子。陳霸先殺僧辯。廢淵明。復立帝。稱藩於齊。在位三年。霸先廢帝爲江陰王。國亡被弒。諡敬。紀元二。紹泰·太平。

梁·敬眞　【隋】毗子。大業間爲大理司直。帝欲成魚俱羅之罪。敬眞希旨陷之。未幾。敬眞有疾。見俱羅爲厲。數日死。

梁·新　【唐】武陵人。精於醫。嘗泊舟渚宮。鄰舟有富商某暴亡。新往診。知爲中食毒。因問其僕曰。平日有所嗜否。僕以嗜竹雞對。新曰。竹雞食半夏。必半夏毒也。乃命擣薑捩汁。抉齒灌之。半日而蘇。

梁·椿　【北周】代人。字千年。初從爾朱榮入洛。從討万俟醜奴。又從宇文泰平侯莫陳悅。魏大統中累以戰功封東平郡公。保定初拜大將軍。椿性果毅。善撫納。得人死力。好儉素。不營貲產。時論稱之。卒諡烈。

梁楷　【宋】字白梁。嘉泰間爲畫院待詔。賜金帶。善畫人物山水道釋鬼神。傳世者皆草草。謂之減筆。

梁棨　【明】潛子。字叔車。正統進士。授刑部主事。善辨冤獄。進廣西右布政使。吏民服其信義。官終浙江左布政使。

梁熙　【清】鄢陵人。字曰緝。別號晳次。順治進士。出知西安之咸寧。誓不以一錢自污。治行冠三輔。尋擢御史。性澹泊寧靜。作文必合古人矩度。於禪悅文字尤善。

梁瑑　【宋】邵武人。字文叔。從朱熹游。刻志勵學。所論爲學工夫。及體氣魂魄鬼神之說。多爲熹所許可。(按萬姓統譜作梁琢。此從宋元學案。)

梁肅　【唐】世居陸渾。毗五世孫。字敬之。一字寬中。建中初中文辭清麗科。擢太子校書郎。授左拾遺。修史。以母老不赴。杜佑辟掌書記。累遷皇太子諸王侍讀。卒。◎【金】奉聖州人。字孟容。天眷進士。累官吏部尚書。疏言臺諫官宜親擇。委之宰相。恐樹私恩。塞言路。帝嘉納之。後拜參知政事。知無不言。卒謚正憲。

梁竽　【明】臨川人。字紹輝。幼孤。警敏嗜學。永樂間應詔。授都昌訓導。後預修成祖仁宗兩朝實錄。陞衢州教授。有眞趣軒集。

梁萬方　【清】絳州人。字廣菴。有重刊朱子儀禮經傳通解。

梁萬爵　【明】番禺人。字天若。性縝密。寡言笑。待人重然諾。不輕取與。清兵破番禺。萬爵赴水死。

梁詩正　【清】文濂子。字養仲。號薌林。雍正進士。授編修。乾隆間官至東閣大學士。兼吏部尚書。朝廷大制作。咸出其手。總裁國史。文穎。續文獻通考各館。體例多其所定。文章近南豐。詩骨蒼秀。卒謚文莊。有矢音集。

梁載言　【唐】聊城人。歷鳳閣舍人。專知制誥。中宗時爲懷州刺史。有具員故事。十道志。

梁道明　【明】南海人。旅居三佛齊島。洪武中爪哇來侵。國大亂。道明乃號召閩粵人之旅於佛者部勒之。與爪哇相距。未爲敵幷。後閩粵軍民來歸者數萬人。道明自爲王。永樂間隨行人譚勝受入朝。貢方物。旋復與明絕。

梁鼎　【宋】華陽人。字凝正。第進士。太宗時歷知數州。皆有治績。累官判西京留司御史臺。磊落尚氣。有介節。名稱甚茂。好學。工篆籀八分。有隱書。史論等書。

梁夢龍　【明】眞定人。字乾吉。嘉靖進士。神宗初張居正當國。夢龍其門下士。特愛之。召爲兵部侍郎。進右都御史。總督薊遼保定軍務。以破土蠻功就加兵部尚書。召入掌部務。加太子太保。居正沒。被劾。致仕家居卒。崇禎末追謚貞敏。有史論編。海運新考。

梁夢環　【明】廣東順德人。舉進士。歷官御史。父事魏忠賢。與汪文言獄。殺楊漣等。擢太僕卿。忠賢伏誅。逮繫論死。

梁嫕　【後漢】竦女。樊稠妻。和帝母恭懷皇后之同產姊。竇后驕恣。誣陷梁氏。殺竦。家屬移九眞。後和帝立。竇后崩。嫕從民間上書自訟。帝嘉寵之。徵還母及弟等。

梁慬　【後漢】諷子。字伯威。延平初拜西域副校尉。討定龜茲。安帝時擊衆羌。大破之。璽書勞勉。委以西方事。又擊破南單于及烏桓。拜度遼將軍。後坐專擅。徵下獄抵罪。會叛羌寇三輔。起拜謁者。道病卒。

梁漢瑭　【後晉】漢璋弟。以善用槊名。天成中爲魏府効節軍使。攻定州王都。獲都及蕃將名馬。范延光欲其駿者。漢瑭不許。後爲所害。

梁漢璋　【後晉】應州人。字國寶。少以勇力事唐明宗。高祖時累有戰功。及爲藩郡。好聚斂。後除永清軍兵馬留後。戍冀州。甚有平契丹之志。以偏師驟與之遇。苦戰竟日。中流矢卒。

梁漢顒　【後晉】太原人。少事李克用。累以戰功充威勝軍節度。鎮許州。致仕。高祖與漢顒有舊。及即位。除左衛上將軍卒。

梁睿　【隋】禦子。字恃德。少沈敏有行檢。初仕北周。歷數州刺史。涼安二州總管。俱有惠政。後平王謙之亂。威振西川。聲望逾重。文帝陰憚之。薛道衡說睿勸進。文帝大悅。及受禪。顧待彌厚。卒謚襄。(睿一作叡。)

梁綱　【明】紀弟。字立夫。嘉靖進士。累遷河南副使。條便宜數十事。通行汴中。官終湖廣參政。門人私謚文定。有高梁生集等書十三種。

梁維樞　【清】夢龍孫。字愼可。明崇禎舉人。官至工部主事。有政聲。所著玉劍尊聞。皆紀明一代軼聞瑣事。又有姓譜日牋。內閣小識。見君子日牋。

梁臺　【北周】長池人。字洛都。魏孝昌中從爾朱天光討平關隴。進都督。頻有戰功。天光敗。賀拔岳引爲心膂。岳爲侯莫陳悅所害。臺與衆推戴宇文泰討悅。破之。官終鄜州刺史。臺性疏通。恕己待物。蒞民處政。尤以仁愛爲心。

梁銘　【明】汝陽人。燕山前衛百戶。從仁宗守北平。屢建奇功。積官後軍都督同知。鎮守寧夏。封保定伯。御史石璞劾其貪黷。當奪爵。宥之。後征交阯。病卒。銘勇敢善戰。能得士卒心。旣死。全軍遂覆。

梁億　【宋】克家子。字伯安。襟度夷粹。母性嚴。億奉事無違。博親師友。講學不倦。以父任入官。累遷福州通判。

梁寬 唐工畫。爲吳智敏師。

梁履繩 清玉繩弟。字處素。乾隆舉人。治經精左氏傳。有左通補釋。詩清新越俗。與玉繩及所親合刻爲椎竹聯吟集。

梁廣 唐以花鳥松石寫眞爲能。善賦彩。鄭谷以詩名家。不妄許可。有梁廣丹青點筆遲之譽。

梁德珪 元良鄉人。字伯溫。至元中累拜參知政事。成宗即位。以安靜爲治。求進者不得逞。摭事中傷德珪。安置湖廣。後召使復位。以疾乞歸卒。

梁德遠 明邵陽人。洪武進士。時父坐事謫戍。德遠請以身代。帝憫其孝。貰其父。留給事工科。有直聲。後謫令太平。民感其惠。塑像祀之。

梁穀 明觀子。字仲用。正德進士。授吏部主事。降補壽州同知。時大水。城幾沒。穀極力規畫。城賴以全。轉太倉知州。勦平海盜。官終德府左長史。

梁潛 明蘭子。字用之。洪武間舉於鄉。歷知四會、陽江、陽春諸縣。皆有治聲。永樂初召修太祖實錄。擢翰林修撰。爲永樂大典總裁。帝屢幸北京。留輔太子。讒者誣太子擅宥罪人。事連潛。下獄棄市。潛爲文體格清雋。兼有縱橫浩瀚之氣。有泊菴集。

梁緯 晉狄道人。爲散騎常侍。西都陷。爲劉曜所害。妻辛氏有殊色。曜將納爲妻。辛氏大哭不止。曜曰。貞婦也。任之。遂自縊死。

梁適 宋固弟。字仲賢。舉進士。累官同平章事。加太子太傅。曉暢法令。臨事有膽力。而多挾智數。不爲清議所許。卒諡莊肅。

梁鋐 清三原人。字子遠。順治進士。授給事中。指陳得失無所避。累擢倉場侍郎。持身廉潔。歷官三十年。猶僦屋而居。不置田宅。以疾卒。

梁震 五代荊南蜀依政人。唐末進士。高季興甚重之。欲奏爲判官。震自以唐臣。不受辟。自稱前進士。季興與朝唐。震諫不聽。幾不免。季興死。子從誨立。尤委任震。以兄禮事之。後退居監利。自稱荊臺隱士。有文集。

⊙明新野人。隸榆林衛指揮使。充延綏游擊。廉勇好讀兵書。善訓士。力挽強命中。戰先登。累戰功進左都督。震有機略。號令明審。前後百十戰。未嘗少挫。卒諡武壯。

梁頠 宋長汀人。博學能文。第進士。以文章見重於陳堯咨。屢加薦引。官終開封府判官。

梁鼐 清化鳳子。康熙間由蔭生改武職。授督標游擊。時漢中、興安皆叛應吳三桂。鼐率師征之。戕賊無算。進勦川東譚宏。復大敗之。官至福建浙江總督。

梁橋 明正定人。字公濟。號冰川子。由選貢生授四川布政司經歷。有冰川詩式。

梁機 清泰和人。字仙來。康熙進士。選庶吉士。改補教授。乾隆時試鴻博未遇。少負才名。受詩法於王士禛。詣極超雋。有北遊草、趙遊日記、三華集。

梁璟 明崞縣人。字廷美。天順進士。成化時歷兵科都給事中。請起用致仕尚書王竑、李秉。斥都御史王越。并及宮闈事。被杖。尋擢陝西參政。進布政使。在陝十五年。多政績。累遷戶部尚書卒。

梁禦 北周烏氏人。後家武川。字善通。少好學。進趨詳雅。及長。更好弓馬。爾朱天光引爲左右。共平關隴。魏大統初授尚書右僕射。從宇文泰復弘農。破沙苑。進爵廣平郡公。出爲東雍州刺史。人庶稱之。卒諡武昭。

梁諷 後漢北地弋居人。歷官州宰。永元初車騎將軍竇憲出征匈奴。除諷爲軍司馬。使北單于。宣國威德。歸附者萬餘人。後坐失憲意。髡輸武威。武威太守承旨殺之。

梁錫璵 清介休人。字確軒。雍正舉人。乾隆時與金匱吳鼎同以經學薦。授國子監司業。歷官祭酒。少詹事。有易經揆一。

梁顗 宋高要人。字微之、乘碧節。贈辭章。宋初補武仙尉。歷封州司戶參軍。悉著能聲。官終光祿寺丞。

梁餘子養 春秋晉獻公使太子申生伐東山皋落氏。衣之偏衣。佩之金玦。狐突御戎。先友爲右。梁餘子養御罕夷。先丹木爲右。子養曰。帥師者受命於廟。受脤於社。有常服矣。不獲而尨。命可知也。死而不孝。不如逃之。其後太子卒被逼而死。

梁鴦 周宣王時爲牧正役人。能養野禽獸。委食於園庭之內。雖虎狼鵰鶚之屬。無不柔馴者。王欲傳其術。鴦曰。養虎之法。食虎者不敢以生物與之。爲其殺之之怒也。不敢以全物與之。爲其碎之之怒也。吾不逆之使怒。亦不順之使喜。吾心無順逆。則禽獸之視吾。猶其儕也。

梁默 隋梁士彥蒼頭。驍勇絕人。士彥每從征伐。常與默陷陣。仕周位開府。開皇末以行軍總管從征突厥。預平楊諒。後從煬帝征吐谷渾。力戰死。

梁冀 後漢商子。字伯卓。爲人鳶肩豺目。洞精矘眄。口吟舌言。裁能書計。少爲貴戚。逸遊自恣。初爲黃門侍郎。永和初拜河南尹。居職暴恣多非法。順帝拜爲大將軍。及沖帝崩。冀立質帝。帝少聰慧。知冀驕橫。嘗朝羣臣。目冀曰。此跋扈將軍也。冀聞之。遂酖帝而立桓帝。冀一門三后六貴人七侯二大將軍。尚公主者三人。其餘卿尹將校五十七人。在位二十餘年。窮極滿盛。威行內外。百僚側目。後帝與中常侍單超等謀誅冀。諸梁及妻孫氏中外宗親無少長皆棄市。免黜者三百餘人。朝廷爲空。籍其財貨合三十餘萬萬。

梁嬰父　〔春秋晉〕有寵於晉卿荀躒。躒欲以爲卿。後嬰父惡趙鞅家臣董安于。譖之於荀躒而討趙氏。安于自縊死。

梁應策　〔明〕鄢陵人。七歲母病殆。焚香泣中庭。願以身代。舉嘉靖進士。歷官工部郎中。母沒。廬墓側。父沒。復廬墓如前。累官陝西按察副使卒。鄉人爲立梁孝子祠。

梁臨　〔明〕新會人。字仲敬。少從羅蒙正游。工詩文。長舉業。洪武進士。官終禮部主事。

梁襄　〔金〕絳州人。字公贊。大定進士。累官薛王府掾。世宗將幸金蓮川。襄上疏極諫。由是以直聲聞。終保大軍節度使。襄長於春秋左氏傳。至於地理氏族。無不該貫。自早達至晚貴。膳服常淡薄。

梁鴻　〔後漢〕讓子。字伯鸞。家貧尚節介。少孤。嘗獨止。不與人共食。比舍先炊已。呼鴻及熱釜炊。鴻曰。童子鴻不因人熱者也。滅竈更炊之。及長。博覽多通。不爲章句學。娶同縣孟氏女。名光。貌醜而賢。共入霸陵山中。以耕織爲業。詠詩書彈琴以自娛。因東出關。過京師。作五噫之歌。章帝求之不得。乃易姓名與妻子居齊魯閒。又去適吳。依大家臯伯通。居廡下。爲人賃舂。每歸。妻爲具食。舉案齊眉。伯通異之。乃舍之於家。潛閉戶著書十餘篇。及卒。葬要離冢旁。

梁鴻翥　〔清〕安丘人。字志南。乾隆優貢。窮老篤學。月必誦九經一過。鄉里目爲癡人。益都李文藻一見奇之。爲之延譽。遂知名於世。有周易觀運等書百卷。

梁儲　〔明〕廣東順德人。字叔厚。號厚齋。晚號鬱洲。成化進士第一。授編修。正德時累擢吏部尚書。華蓋殿大學士。時多營建。輒偕同官切諫。又請早建儲貳。不報。秦藩請益封壁堧。儲承命草勅。以危詞動帝。事竟寢。宸濠反。與蔣冕扈從南征。數危言苦諫。世宗即位。被劾乞歸。卒謚文康。有鬱洲遺稿。

梁燾　〔宋〕須城人。字況之。第進士。哲宗朝爲諫議大夫。文彥博議遣劉奉世使夏國。御史張舜民論其不當遣。降通判虢州。燾救之。章十上不聽。出知潞州。後爲禮部侍郎。改知潁州府。坐司馬光黨。化州安置。燾立朝以引援人物爲意。有好賢樂士之譽。

梁簡文帝　〔梁〕武帝第三子。昭明太子統母弟。名綱。字世纘。小字六通。大通中立爲皇太子。太清末臺城陷。帝見侯景。神色自若。武帝崩。遂即位。受制於景。景自稱宇宙大將軍。廢帝幽之。王偉勸景弒帝以絕衆心。乃弊之酒。以土囊壓死。謚簡文。廟號太宗。在位二年。年號大寶。帝六歲能屬文。及長。辭藻豔發。所爲詩傷於輕豔。當時號爲宮體。有昭明太子傳·諸王傳·禮大義·長春義記·法寶連璧·謝客文涇渭·玉簡·光明符·易林·竈經·沐浴經·馬槊譜·棋品·彈棋譜·白澤圖·如意方·文集。都六百五十九卷。

梁覬　〔明〕安子。字廷賓。正統間舉於鄉。授監察御史。巡按陝西及河南。以言事謫嘉善丞。後擢陝西副使。控制要害。懷來安輯。漢中人祠祀之。

梁鎮　〔唐〕代宗時爲昭應縣令。以祠祀繁興。上表切諫。帝從之。

梁魏今　〔清〕一作會京。善弈。爲清代大家。

梁鵠　〔後漢〕安定人。字孟皇。善師宜官八分體。爲選部尚書。曹操愛鵠書。嘗仰繫帳中玩之。以爲勝師宜官。北宮榜題。咸是鵠筆。

梁藻　〔宋〕長汀人。字仲章。強學多識。屢舉進士不第。杜門自適。工於詩。

梁藹如　〔清〕廣東順德人。字遂文。號青崖。嘉慶進士。官內閣中書。好吟詠。善書畫。有無怠懈齋詩集。

梁蘭　〔明〕泰和人。字庭秀。又字不移。隱居不仕。自號畦樂。工詩。有畦樂詩集。

梁覽　〔後魏〕金城人。字景叡。世爲西羌部落酋帥。曾祖穆以枹罕城歸魏。封臨洮公。覽以軍功官至河州刺史。太傅。封安德郡公。趙青雀反北城。覽爲謀主。事平。見殺。

梁顥　〔宋〕須城人。字太素。雍熙中進士第一。累官翰林學士。風姿粹美。與人交。久而益敬。有吏才。每進對。詞辯明敏。眞宗深眷之。景德初權知開封府。暴卒。有文集。（世傳顥八十二歲及第。說本陳正敏遯齋閑覽。洪邁容齋隨筆辯之。謂考諸國史。顥卒時年四十二。史臣且稱其方當委遇。中途夭謝云云。宋史本傳。則稱九十二歲卒。惟上距雍熙二年。計二十年。則登第時應爲七十二歲。亦與陳說不合。）

梁龕　〔晉〕爲廬江太守。會當除父服。以請客奏伎。爲劉隗所奏免。

梁巖老　〔宋〕永福人。一名汝霖。字允濟。政和進士。靖康間金人犯闕。巖老奉使至金。金欲臣之。不屈。金人怒。幽之荒寺。後挾乾糗南奔。全節而歸。除直祕閣。知泉州卒。

梁巘　清亳州人。字聞山。號松齋。乾隆舉人。知巴東縣。工書。與錢塘梁同書。會稽梁國治有三梁之目。有論書筆記。

梁讓　漢平陵人。王莽時爲城門校尉。封修遠伯。使奉少昊後。寓於北地而卒。

梁鱣　春秋齊字叔魚。孔子弟子。少孔子二十九歲。

梁觀　明當塗人。爲人方正勤學。善大書。洪武末除吏科給事中。陞廣東僉事。分巡潮州。廉介剛果。決獄稱神。卒於官。

梁覲國　宋番禺人。字賓卿。師胡寅。力排異端。有歸正集。議蘇文。竊正喪禮。壹教。

梁讜　前秦略陽氏人。字伯言。博學有儁才。爲著作郎。稍遷至中書令。荷堅卽位。累官侍中。讜與弟熙俱以文藻清麗。見重一時。時人爲之語曰。關東堂堂。二申兩房。未若二梁。瓌文綺章。

梅之煥　明國禎從子。字彬父。號長公。別號信天。年十四。爲諸生。御史行部閱武。之煥騎馬突教場。御史怒。命與材官角射。九發九中。長揖上馬徑去。萬曆中舉進士。改庶吉士。授吏科給事中。時朝臣部黨角立。之煥無所附麗。出爲廣東副使。有惠績。崇禎初以右僉都御史巡撫甘肅。大破套寇。清兵薄都城。有詔入衞。之煥簡精卒三千啟行。西部乘虛狙河西。之煥伏兵邀其歸路。而清兵出水泉峽口。戰敗之。遂引軍而東。悍卒王進才等倡亂。之煥定其變。復整軍東。抵京師。時解嚴已久。詔入朝。溫體仁修舊隙。得旨落職。後帝追敍甘肅功。復之煥官。終於家。

梅之熉　明麻城人。字惠連。所著春秋因是。特爲舉業而作。可藉見場屋舊制。

梅文鼎　清宣城人。字定九。號勿庵。篤志嗜古。尤精曆算之學。於天學書之難讀者。必求其說。至廢寢食。疇人子弟。皆折節造訪。著天算之書八十餘種。皆發前人所未發。柏鄉魏荔彤纂刻者凡二十九種。後其孫瑴成別爲編次。更名梅氏叢書。總二十五種。又有續學堂詩文鈔。

梅文鼐　清文鼎弟。字和仲。初學曆時。未有五星通軌。無從入算。與文鼎取元史曆經。以三差法布爲五星盈縮立成。然後算之。共成步五星式一書。早卒。

梅文鼏　清文鼐弟。字爾素。與兩兄皆精研曆算之學。夜則披圖仰觀。晝則運籌推步。考訂前史。輯有中西經星同異考。

梅月　明普定人。嘉靖進士。歷官川南道憲副。民間有梅月雙清之謠。生平持躬謙讓。人稱長者。

梅巨儒　清宣城人。字護聞。好讀書。通史事。有史鑑大事錄。左傳發明義例。

梅存仁　明婺源人。性溫雅沈靜。治詩。洪武末貢入太學。授萊州府推官。丁憂。哀毀盡禮。平生行必修飭。未嘗疾言遽色。服闋。改知安平縣。持己甚廉。卒於官。

梅守德　明宣城人。字純甫。嘉靖進士。歷給事中。忤嚴嵩。出知紹興府。累遷雲南參政。歸建書院講學。世稱宛溪先生。

梅行思　南唐江夏人。或作再思。爲翰林待詔。工畫鬬雞。時號梅家雞。

梅伯　商紂時諸侯。忠直而數諫紂。紂怒殺之。葅醢其身。

梅成和　宋涇人。字德修。紹興進士。授江夏主簿。時岳飛討楊幺於洞庭。安撫使劉湜駐鄂渚。成和徒步之官。湜大嘉賞。令督軍餉掌箋表。多所裨助。賊平。進太湖令。賑卹流移。與建學校。政績甚著。

梅沖　清宣城人。字抱村。有莊子本義。

梅姑　秦丹陽湖人。生有道術。能行走水上。其壻惡之。殺而投之湖中。有方棺自上來。盛其屍而去。後土人漁獵。卽有風濤之患。今青山下有梅山。梅塘。梅姑廟。

梅庚　清鼎祚孫。字耦長。康熙舉人。官泰順知縣。以老歸。善八分書。作畫噴逸有雅韻。尤工於詩。博綜漢魏三唐。盡馳騁之致。卒不敢溢於法。有天逸閣集。

梅枝鳳　清宣城人。字子翙。工詩。有石軒詩。

梅思祖　明夏邑人。初爲元義兵元帥。叛歸張士誠。爲中書左丞。守淮安。徐達兵至。迎降。太祖擢爲大都督府副使。從取浙西湖蘇山東西河南北。入秦沔。取興元。論功封汝南侯。署雲南布政使。善撫輯。遠人安之。卒於官。後坐胡惟庸黨滅其家。

梅殷　明思祖從子。字伯殷。洪武中尙寧國公主。爲駙馬都尉。性恭謹。有謀略。便弓馬。嘗受密命輔太孫。及燕師逼。建文帝命殷充總兵官。鎭淮安。燕王欲假道於殷。殷不從。卒改道。燕王卽位。召入。使人害之。諡榮定。

梅純　明殷玄孫。成化進士。有損齋備忘錄。

梅國禎　明麻城人。字克生。少雄傑自喜。善騎射。舉萬曆進士。除固安知縣。擢御史。哱拜反。詔遣李如松爲提督往討之。命國禎監其軍。如松用國禎謀。大破賊。哱拜自焚死。

論功擢太僕少卿。累遷兵部右侍郎。總督宣大山西軍務卒。

梅・執禮【宋】浦江人。字和勝。第進士。累官禮部侍郎。以忤王黼奪職。欽宗立。召爲戶部尚書。金人圍京都。執禮勸帝親征。用事者阻之。汴失守。金人質天子邀金帛。執禮與陳知質等寬民力已困。謀以軍法結罪。冀望其求。金酋怒。殺之。諡節愍。

梅・朗中【清】鼎祚孫。字朗三。諸生。善詩古文詞。兼及書畫。又好獎借才彥。時稱三絕。有書帶園集。

梅・清【清】宣城人。字淵公。號瞿山。順治舉人。絕意仕進。以詩名江左。有天延閣前後集。又輯梅氏詩略。尤擅書畫。王士禛稱其山水入妙品。松入神品。

梅・淳【明】當塗人。隆慶進士。有岳陽紀勝彙編。

梅・陶【晉】賾弟。字叔眞。居鄉里。立月旦評。醞約問其意何如。答曰。善褒惡貶。佳法也。後爲王敦咨議參軍。敦欲害陶侃。陶諫止之。

梅・堯臣【宋】詢從子。字聖俞。工詩。以深遠古淡爲意。歐陽修與爲詩友。自以爲不及。以蔭爲河南主簿。歷鎮安判官。仁宗召試。賜進士出身。累遷都官員外郎。預修唐書卒。有唐載記。毛詩小傳。宛陵集等書。

梅・曾亮【清】上元人。字伯言。道光進士。官戶部郎中。古文紹姚鼐之傳。詩天機清妙。皆爲時推服。告歸主揚州書院。有柏梘山房文集。

梅・植之【清】江都人。字蘊生。道光舉人。少勤學。家貧無書。手自鈔寫。工書善琴。能爲駢散文。尤嗜詩。近體主少陵。古體導源康樂。有稽庵詩集。

梅・盛【晉】字昌圖。爲章安令。擢南昌別駕。知晉將亡。棄官。隱居南昌。人稱爲梅長者。

梅・詢【宋】宣城人。字昌言。少好學有詞辯。進士及第。眞宗朝歷官三司戶部判官。屢上書言西北事。後以侍讀學士出知許州卒。詢性卞急好進。而侈於奉養。喜焚香。晨起必焚香兩爐。以公服罩之。滿袖以出。坐定撒開。滿室濃香。人謂之梅香。

梅・鼎臣【宋】詢子。舉進士。歷翰林學士。眞宗飛白書墨莊二字賜之。

◎【宋】翁源人。天聖進士。官至殿中丞。直諫有聲。

梅・鼎祚【明】守德子。字禹金。以古學自任。詩文博雅。王世貞嘗稱之。申時行欲薦於朝。辭不赴。歸隱書帶園。構天逸閣。藏書著述其中。有才鬼記・靑泥蓮花記・梅禹金集・歷代文紀・漢魏八代詩乘・古樂苑・唐樂苑・書記洞詮・宛雅諸書。

梅・實【元】宣城人。字仲實。明春秋。累官集慶路照磨。至正間明兵圍集慶。城陷。闔門死之。

梅・瑴成【清】文鼎孫。字玉汝。號循齋。康熙中賜進士。授編修。以算學供奉內廷。官至左都御史。卒諡文穆。嘗與修明史天文志。有增刪算法統宗・赤水遺珠・操縵卮言。

梅・福【漢】壽春人。字子眞。少學長安。明尚書穀梁春秋。爲郡文學。補南昌尉。後棄官家居。成哀之世。數上書言事。元始中王莽顓政。福一朝棄妻子去之九江。傳以爲仙。其後有見福於會稽者。變姓名爲吳市門卒云。

梅・摯【宋】新繁人。字公儀。以進士通判蘇州。慶曆中擢侍御史。李用和以帝舅除宣徽使。摯上言不宜以名器濫授無功。又言張堯佐由宮掖以進。恐累聖德。帝稱其言事有體。累遷右諫議大夫。知河中府卒。摯性淳靜。不爲矯利之行。政跡如其爲人。

梅・鋗【漢】番陽人。秦番陽令吳芮之將。從高祖攻析酈。降之。項羽立芮爲衡山王。封鋗十萬戶爲列侯。羽死。帝以鋗有功。從入武關。故德芮。徙爲長沙王。

◎【清】宣城人。字爾熾。康熙進士。知太平縣。多惠政。歷官福建巡撫。疏請積穀平糶賑荒。閩省俱沾實惠。官至左都御史。

梅・賾【晉】西平人。字仲眞。官豫章太守。爲王導所收。陶侃遣人奪之。賾見侃拜。侃止之。賾曰。梅仲眞膝。明日豈可復屈耶。初漢孔安國奉詔作古文尚書傳。會巫蠱事起。未及獻而亡。至賾始得而奏之。後人頗疑賾所僞造。（按世說記賾拜陶侃事作梅頤。惠棟古文尚書考因之。惟隋書經籍志・閻若璩尚書古文疏證俱作賾。今從之。

梅・隱【元】縉雲人。字聘君。徜徉山水。好植梅環塢。後人因其姓梅。又好梅。改其山曰梅山。

梅・蟠【宋】歸善人。元豐進士。好爲詩。多才博學。鄉人稱曰梅夫子。

梅・蟲兒【南齊】吳興人。東昏侯時與茹法珍並爲制局監。俱見愛幸。權傾一時。崔慧景平後。封蟲兒竟陵縣男。梁武平建鄴。被誅。

梅・鶚祚【明】宣城人。字仲舉。萬曆進士。由庶吉士改御史。疏請進封王妃以定國本。不報。又疏言錦衣衛多中官私人。相比爲奸。忤旨奪俸。尋出按廣西卒。

梅・鶚【明】旌德人。字百一。正德進士。博綜羣籍。工爲文。時人多慕倣之。未仕而卒。有鳧山集。

梅・鷟【明】鶚弟。字致齋。正德進士。著尚書考異・尚書譜。力攻古文之僞。初朱熹嘗疑古文。吳澄繼之。至鷟始大放厥辭。清儒閻若璩作尚書古文疏證。惠棟作尚書古文考。皆原本此書。又有古易考原・春秋指要・儀禮異經．太玄圖注等書。

梓愼　〔春秋魯〕大夫。襄公時春無冰。梓愼曰。今玆宋鄭其饑乎。歲在星紀而淫於玄枵。以有時災。陰不堪陽。蛇乘龍。龍。宋鄭之星也。宋鄭必饑。玄枵。虛中也。枵。耗名也。土虛而民耗。不饑何爲。明年。宋鄭饑。

梵琦　〔明〕高僧。象山朱氏子。字楚石。小字曇曜。居海鹽天寧寺。明初徵江南成德高僧。建法會於蔣山。琦居第一。琦學行高一世。宗說兼通。禪寂之外。專志淨業。自號西齋老人。作西齋淨土詩數百首。皆於念佛三昧心中流出。

涪翁　〔後漢〕不知何出。常漁釣於涪水。因號涪翁。乞食人閒。見有疾者。時下針石。輒應時而效。有針經診脈法傳世。

涼．茂　〔三國魏〕昌邑人。字伯方。曹操辟爲司空掾。補侍御史。時泰山多盜賊。以茂爲泰山太守。旬月之閒。繦負而至者千餘家。歷魏郡太守．甘陵相。所在有績。官終太子太傅。

淦．君鼎　〔明〕南康建昌人。字和之。崇禎末以歲貢爲贛州訓導。署通判事。城陷。闔門俱死之。惟長子斌以先遣歸得脫。

淨秀　〔梁〕女僧。安定梁氏女。幼聰慧。好行慈仁。年十二出家。住禪林寺。進止俯仰。必遵律範。武帝甚重之。以老不能行。召見。常聽乘輿入內殿。卒年八十有九。

淨端　〔宋〕高僧。歸安丘氏子。字明表。肄業吳山解空講院。參龍華齊岳禪師得悟。翻身作狻猊狀。叢林號爲端師子。有吳山集。

淨檢　〔晉〕女僧。彭城种氏女。名令儀。少好學。早寡。常爲貴家子女教授琴書。建興中出家。清雅有節。

淨曜　〔南齊〕女僧。建康楊氏女。初出家。即精究大乘之奧。永明中住普賢寺。爲寺主者二十餘年。長幼崇敬。如事父母。從爲弟子者四百餘人。

淨辯　〔隋〕高僧。齊州韋氏子。少學儒。諳諸家言。後出家。開皇中入京師。住淨影寺。精大乘法。

淩．大淵　〔宋〕於潛人。淳祐進士。有文學。工詩。年十九卒。

淩．大寒　〔清〕烏程人。字寒林。書畫超邁。不可一世。工詩。習刑名學。嘗見以疑獄殺人。乃棄之。隱支硎中峯終其身。

淩．中　〔明〕憲宗時以善書供事文華殿。與李孜省相倚爲奸。不數年。爲太常卿。後戍邊。

淩．之調　〔清〕新建人。字廣心。號惕園。乾隆進士。舉鴻博。與試未用。官工部主事。工詩。有易論．丹鼇山居前後稿。

淩．文　〔明〕上元人。字從周。天順進士。累官湖廣參議。平湖賊呂聰有功。平生謙厚。不事外飾。以文學重於時。

淩．世韶　〔明〕江寧人。號耆舒。崇禎進士。任福清知縣。不事催科。左遷汀州經歷。署寧化縣。清公庭積讞。擢戶部。尋去職。明亡。棄家爲僧卒。

淩．去盈　〔清〕號旭齋。有易觀。

淩．必正　〔明〕太倉人。一作吳郡人。字蒙求。號貞卿。崇禎進士。仕至廣西副使。善畫山水。設色妍雅。花鳥亦適出時流。

淩．玉坦　〔清〕善化人。字荻舟。有奇慧。工詩古文。道光舉人。官工部主事。有閩芬山館詩鈔。

淩．立　〔明〕錢塘人。字子中。嘉靖進士。授刑部主事。出知建昌府。聽斷明敏。獄無冤滯。爲忌者所中。落職歸。

淩．吉　〔明〕龍陽人。字文學。永樂中歷刑部郎中。庶獄明允。執法不阿。爲時所稱。

淩．如煥　〔清〕上海人。字榆山。號新齋。康熙進士。雍正中由編修督學湖北。請於三峽水道設救生船。以護行旅。乾隆閒官至兵部左侍郎。尙實學。勵廉隅。喜爲詩。有應制．楚遊．讀史．皇華．黃海紀遊等集。

淩．守誠　〔明〕彭澤人。洪武閒任興化府倉副使。以異行聞於上。超陞韶州知府。亦有政績。

淩．汝祥　〔明〕句容人。中鄉舉。家貧。力耕養母。母沒廬墓。啜粥三年。朝夕哀哭不輟。後知象山縣。有循績。

淩．廷堪　〔清〕歙人。字次仲。六歲而孤。冠後始讀書。慕其鄉江永．戴震之學。貫通羣經。尤深於禮。乾隆閒第進士。官寧國府教授。有禮經釋例．魏書音義．燕樂考原．元遺山年譜．校禮堂集。

淩．沖　〔宋〕吳人。寶元進士。少負才名。嘗著鄉黨傳說二論。王安石大奇之。熙寧閒知含山縣。律己甚嚴。秩滿。歸裝有一硯。沖視之曰。非吾來時物也。遂還之。

淩．秀　〔隋〕著有管絃記。

淩．昌　〔明〕宿松人。官江西布政司副理問。善讞疑獄。擢監察御史。歷大理寺副。剖決無留滯。致仕歸。清苦自持。不履公門者十年。臺臣聞而重之。抵其家存問焉。

淩．相　〔明〕南通州人。字忠甫。弘治進士。知沂水縣。治聲大起。徵拜御史。擢廣東兵備僉事。討平惠潮劇賊。官終湖廣巡撫。

淩．約言　〔明〕震子。字季默。中應天鄉試。授全椒知縣。歷刑部員外郎。所在有政績。性開爽疎朗。與人和而介。按治不法如律。豪猾惴惴。尋乞歸。有鳳笙閣簡鈔．椒沔稿．病稿偶錄。

凌·迪知 明約曾子。字穉哲。號繹泉。嘉靖進士。官至兵部員外郎。有萬姓統譜·左國腴詞·太史華句·西漢雋言·文選錦字·名世類苑·名公翰藻。

凌·哲 宋吳縣人。字明甫。宣和進士。高宗朝自明州通判召對。擢爲御史。數日遷右正言。有直聲。官終吏部侍郎。哲端重簡默。有德量。人目爲凌佛子。

凌·唐佐 宋休寧人。字公弼。元符進士。建炎初提點京畿刑獄。知南京。南京陷。劉豫因使爲守。唐佐與宋汝爲密疏其虛實。遣人持蠟書告於朝。事泄。被害。

凌·恭 隋建昌人。字遵德。精通五經。而埋名晦迹。煬帝時召爲學士。後至戶部尙書。

凌·悅 明安吉人。字孟傅。元至元進士。有時名。太祖召爲捲簾使。嘗稱曰老凌而不名。累官都御史。性峭直。每以直諫忤帝意。以是見疏。有六經疏議百卷。

凌·時中 元安吉人。字德庸。由建昌路司獄累遷福建廉訪·都水監丞。時河南王堰水轉磨。民患之。愬於朝。命臺省按治。皆畏不敢言。時中獨命毀之。大長公主南遊。乘豪民巨舫。鉦鼓而行。時中以爲非法。請更乘驛。官至祕書少監。封吳興郡侯。

凌·晏如 明賢子。名安然。以字行。少力學。精六書之法。永樂中以布衣徵授中書舍人。與修永樂大典。累陞都察院掌院事。

凌·浩 宋無錫人。字直翁。受業胡瑗。以經術知名。登治平進士。歷蓬萊·武陟知縣。以能稱。召拜太學博士。推安定之學以教士。學者翕然師尊之。出守渠陽。致仕卒。

凌·烈 三國吳統子。統卒。烈與弟封年數歲。孫權養之於宮。愛待與諸子同。賓客進見。呼示之曰。此吾虎子也。長封亭侯。後有罪免。封復襲爵領兵。

凌·堅 宋浦江人。孤童力學。率母訓。以學行自見。陳亮患難中。堅每爲之奔走。

凌·堃 清烏程人。字仲訥。幼不得於後母。亡走山西。自號鐵簫子。偏習壬遁軌革陰陽諸家言。又善易筋經術。以武俠稱。道光中舉順天鄉試。請業於阮元。始治經。晚授金華教諭。死洪楊之難。有尙書述·周易翼學·春秋理辨。

凌·魚 清番禺人。字西波。號滄洲。乾隆進士。歷知桂陽·昭陵·醴陵諸縣。廉介明敏。案無留牘。有書耘齋集。

凌·揚藻 清番禺人。字藥洲。乾隆時諸生。從朱珪學。工詩文。尤長於考證。有蠡勺編·藥洲詩文略·柱楣蘊記·嶺海詩鈔諸書。

凌·景夏 宋餘杭人。字季文。歷著作佐郎。以言和議非便忤秦檜。出知外郡。檜死。除起居舍人。官終吏部侍郎。

凌·皓 宋天禧時知保昌縣。興水利。開導江水。民感其德。號曰凌江。

凌·策 宋涇縣人。字子奇。雍熙進士。初登第。夢人以六印加劍上遺之。其後往劍外凡六任。策勤吏職。處事精審。所至有治績。官至工部侍郎。

凌·統 三國吳操子。字公績。年十五。拜別部司馬。征江夏。爲前鋒。有功。又與周瑜等破曹操於烏林。遷校尉。統雖在軍旅。親賢接士。輕財重義。有國士之風。後從征合肥。魏將張遼奄至。統陷圍扶扞孫權出。還戰。左右盡死。身亦被創。還拜偏將軍。及卒。權爲流涕。

凌·雯 明數子。字時章。工詩。性至孝。母沒。伴父宿十餘年。信義聞於鄉里。

凌·雲 明襄陽人。洪武間爲南陽府推官。振冤抑。出濫繫。積年滯獄。一時剖決。時論以爲能。◎明歸安人。字漢章。幼業儒爲諸生。尋棄去。北遊泰山。遇一道人授以鍼術。治疾無不效。孝宗召至京。命太醫官出銅人。蔽以衣而試之。所刺無不中。授御醫。◎清字越凡。工畫山水。

凌·雲翰 明仁和人。字彥翀。博通經史。元至正舉人。洪武初以薦授成都府學教授。坐事謫南荒。工詩。有柘軒集。◎明文子。字伯遠。弘治進士。知德化縣。有惠政。調吉水。俗健訟。號難治。雲翰嚴示勸懲。訓以禮讓。擢金州。未抵任而歸。

凌·雲翼 明太倉人。字洋山。嘉靖進士。萬曆初累官兵部左侍郎。提督兩廣軍務。討平海寇林鳳。進征羅旁·河池諸猺及山賊。嶺表悉定。召爲南京兵部尙書。乞歸卒。雲翼有幹濟才。然好殺戮。爲時所譏。

凌·敬 唐初臣於竇建德。建德救王世充。敬獻策請悉兵踰太行。徇汾晉。則鄭圍自解。建德不從。遂致敗。

凌·楷 明相弟。字端甫。正德進士。官戶部主事。監兌江西。餉嚴無隱。性剛直不阿。居喪哀毀逾禮。官終戶部郎中。

凌·準 唐富陽人。字宗一。有史學。累官翰林學士。坐王叔文黨貶連州司馬。有六經解圍·後漢春秋。

凌·瑚 清如皋人。字仲華。號香泉。工畫人物士女。尤長花卉禽蟲。傅色妍冶。風致嬋娟。浙人以梁同書行楷。錢維喬山水。瑚之寫生。稱爲三絕。

淩·稚隆 明烏程人。字以棟。號磊泉。有左傳評註測義。五車韻瑞。

淩·義渠 明烏程人。字駿甫。天啓進士。崇禎時官給事中。累言事。擢山東布政使。所至有清操。入爲大理卿。京師陷。得帝崩問。具緋衣拜闕。作書辭父。已自縊。奮身絕吭而死。諡忠清。清諡忠介。有湘煙錄、淩忠介集。

淩·嘉印 清錢塘人。字文衡。年四十。猶爲書吏。好理學書。嘗匿直舍案下私讀之。後棄吏。受業於應撝謙。盡其所傳。窮年矻矻。學爲著書。卒之日。猶注禮書一葉。

淩·漢 明原武人。字斗南。洪武中以明經舉至京。授司經局正字。歷任御史。巡按陝西。鞫獄平允。官終右都御史。漢出言不檢。居官屢躓。然以廉直見知於帝。故終得保全。

淩·福之 宋寶慶間人。精六壬術。有六壬畢賦法。

淩·銘麟 清杭州人。字天石。有文武金鏡律例指南。

淩·敷 明晏如子。字逵夫。性開朗倘義。人稱長者。郡中屢請鄉飲。不赴。時舅氏莊珪方在臺閣。數一無干請。

淩·緯 元昌化人。字景文。篤學能文。大德中爲雪江書院山長。尋棄去。年九十三卒。縣令表之曰康德先生。有唐山紀事、董子稚言等書。

淩·賢 明懋翁四世孫。後居烏程。字彥能。洪武間舉於鄉。歷應天府治中。居官剛正不阿。改知鄭州。尋又謫均州。宣宗召拜兵部尚書。又命掌都察院事。固辭歸。

淩·震 宋吳人。策後。端宗避兵海州。震以都統復海州。其後散居嶺南。◎明晏弟　字時東。號練溪。由歲貢授黔陽縣學訓導。提督寶山書院。震有俊才。博綜羣籍。晚析百家。善古文。尤長於詩。有練溪集。

淩·霄 清江寧人。字芝泉。諸生。早工小學。並善書畫。以袁枚薦。入畢沅幕府。與孫星衍、洪亮吉交最厚。有測算指掌。

淩·駉 明歙人。初名雲翔。字龍輸。又字井心。崇禎進士。福王時授監察御史。巡按河南。援歸德。城破。爲清軍所擒。自縊死。

淩·儒 明泰州人。字眞卿。嘉靖進士。選御史。以直言除名。穆宗嗣位。復官。益發舒。再遷右僉都御史。吏部追論其知永豐時貪墨。遂落職閒住。

淩·操 三國吳餘杭人。輕俠有膽氣。孫策初興。每從征伐。常冠軍履鋒。守永平長平。治山越。奸猾斂手。遷破賊校尉。後從孫權討江夏。入夏口。先登。破其前鋒。輕舟獨進。中流矢卒。

淩·樹屏 清烏程人。字保瀊。號緘亭。乾隆進士。知鳳縣。調咸陽。後改補嘉興府教授。詩文才情奔放。有瓠息齋集。

淩·餘慶 明宣城人。洪武間以匠執役京師。母家居病劇。餘慶刲股付妻兒持歸。其妻和粥以進。母疾尋愈。詔免餘慶本役。旌其門。

淩·懋翁 元時中子。字師德。泰定進士。初知連州。廣西蠻入寇。懋翁率衆禦之。寇望見駭曰。此淩知州也。不可犯。遂退。招諭諸洞。蠻酋悅服。官終祕書監。

淩·濛初 明烏程人。字稚成。有聖門傳詩嫡冢、言詩翼、詩逆、國門集等書。

淩·霞 清歸安人。字子與。一字麈遺。號病鶴布衣。善畫梅。工詩。有天隱堂詩集。

淩·曙 清江都人。字曉樓。幼傭於香作。年二十爲童子師。攻苦力學。道光中從阮元校書授讀以終。其學初治禮經。主鄭氏。繼又治公羊何氏學。有公羊禮疏、公羊禮說、公羊問答、禮論諸書。

淩·巖 宋松江華亭人。字山英。號石泉。少習舉子業。宋亡隱居。一放於詩。有古木風瓢集。

深公 南朝宋僧。精於醫。善療脚轉疾。名重一時。嘗錄支法存等書及諸家舊方三十餘卷。經用多效。時人號曰深公方。

淳于·伯 晉愍帝建興中爲丞相府督運令史。時後將軍褚裒鎮廣陵。丞相揚聲北伐。伯以督運稽留及役使贓罪被戮。血逆流上柱二丈三尺。

淳于·岐 後秦東平人。與天水姜龕等皆耆儒碩德。經明行修。門徒各數百。教授長安。諸生自遠而至者萬數千人。姚興每於聽政之暇。引於東堂講論道藝。錯綜名理。

淳于·長 漢元城人。字子鴻。少以太后姊子爲黃門郎。累遷至九卿。成帝欲立趙飛燕爲后。太后難之。長往來通語得立。帝德之。封定陵侯。王莽白長驕恣。免就國。尋坐事死獄中。

淳于·恭 後漢淳于人。字孟孫。清靜不慕榮名。王莽末歲饑兵起。兄崇將爲盜所烹。恭請代。得與俱免。幽居養志。舉動必由禮度。建初初除議郎。遷侍中。禮待甚優。進對陳政。皆本道德。帝未嘗不稱善。卒官。

淳于·晏 後唐登州人。少舉明經及第。遭世亂。依霍彥威。彥威嘗戰敗。脫身走。麾下無從者。獨晏徒步以一劍從之。彥威高其義。所歷方鎭。常辟以自從。彥威以故得少過失。

淳于·朗 唐難弟。有英才。爲蔡州刺史。武德間隨難入朝。因以佐命。

後爲宰相。封燕國公。

淳于智　【晉】盧人。字叔平。有思義。能筮易。所占無不中。尤善厭勝之術。消災轉禍。不可勝紀。常自言短命。太元末爲司馬督。有寵於楊駿。故見殺。

淳于棼　【唐】夢至槐安國。國王妻以女。令爲南柯太守。備極顯榮。後與敵戰而敗。公主亦卒。王頗疑忌之。遣其歸。既寤。尋槐下穴。見有蟻在其中。所謂南柯郡者。槐樹南枝下之蟻穴也。棼既悟人世之倏忽。遂棲道門云。（按此見李公佐南柯記。蓋寓言也。）

淳于越　【戰國齊】髡後。仕爲博士。以諫知名。

淳于量　【陳】建業人。字思明。偉姿容。有幹略。便弓馬。事梁元帝以軍功封謝沐縣侯。出爲都督桂州刺史。後歸武帝。天嘉中華皎構逆。以量爲西討大都督拒之。皎平。幷降周將拓䟦定等。以功進封始安郡公。官終車騎將軍。南兗州刺史。

淳于髡　【戰國齊】贅壻。長不滿七尺。滑稽多辨。數使諸侯。未嘗屈辱。宣王好隱。又好爲長夜之飲。百官荒亂。諸侯並侵。髡說之以隱。並見聽從。以爲諸侯主客。

淳于意　【漢】臨淄人。爲齊太倉長。世稱倉公。少喜醫方術。高后時師同郡元里公乘陽慶。慶年七十餘無子。使意盡去其故方。傳以禁方及脉書。遂精於醫。爲人治病。決死生多驗。嘗得罪。少女緹縈上書請代父贖罪。文帝爲之除肉刑。

淳于誕　【後魏】其先博人。後世居蜀漢。字靈遠。父與宗。齊南安太守。誕年十二。隨父向揚州。父於路爲羣盜所害。誕哀感奮發。傾資結客。旬朔之內。遂得復仇。歷羽林監。破賊樊文熾等。官終梁州刺史。卒謚莊。

淳于難　【唐】髡後。隋末兵亂。與弟朗帥衆保障。民賴以安。武德中拜登州刺史。封晉國公。

清仁宗　【清】高宗十五子。名顒琰。受禪卽帝位四年。太上皇崩。帝賜和珅自盡。西南連年大亂。至九年悉平。十八年禁私販鴉片煙。定官民服食者罪。是年秋帝駐蹕髻山行宮。教首林清使其黨二百餘人分犯東華西華門。皇子旻寧等平之。帝下詔罪己。在位二十五年。崩於避暑山莊行殿寢宮。謚睿。廟號仁宗。年號嘉慶。

清太宗　【清】太祖八子。名皇太極。嗣立爲帝。改國號曰清。狀貌奇偉。能兵。取明關外四城。破吳三桂。陷錦州。取松山・杏山。明大震。在位十六年崩。謚文。廟號太宗。年號天聰・崇德。

清太祖　【清】滿洲開國之主。顯祖長子。姓愛新覺羅氏。名努爾哈赤。定滿洲五部。平葉赫・烏拉等部。於明萬曆四十四年。建國滿洲。屢破明兵。在位十一年崩。謚高。廟號太祖。年號天命。

清文宗　【清】宣宗四子。名奕詝。帝卽位。洪秀全起兵。稱太平天國天王。所向無堅城。時捻匪復出沒北方。天下騷動無寧日。十年。英法兵又陷天津。攻京師。燔圓明園。帝北奔熱河。在位十一年。崩於避暑山莊行殿寢宮。謚顯。廟號文宗。年號咸豐。

清世宗　【清】聖祖四子。名胤禛。嗣爲帝。幼耽書史。明於事理。討平青海。征準噶爾。平貴州之苗亂。武功頗盛。內政亦稱整飭。又刊聖諭所製上諭十六條頒行天下。與俄人結恰克圖約。帝性猜忍。嘗殺其弟允禟。囚弟允禩・允禵。停旌表烈婦之例。禁民間刊刻書籍。在位十三年崩。謚憲。廟號世宗。年號雍正。

清世祖　【清】太宗九子。名福臨。嗣爲帝。明崇禎末李自成陷北京。總兵吳三桂遣使來乞師。睿親王多爾袞令各將分道入。自成遁。甲申九月。帝入主中夏。定都燕京。是爲順治元年。帝年七歲。多爾袞攝政。明年。定薙髮之制。不遵者殺無赦。以次平明裔福・潞・魯・唐・永明諸王。戡定諸省。統一中國。在位十八年崩。謚章。廟號世祖。年號順治。

清安泰　【清】滿洲鑲黃旗人。姓費莫氏。乾隆進士。嘉慶間官至浙江巡撫。時海盜蔡牽猖獗。清安泰派兵分路追勦。海盜不能近岸。並將海嶼散處之居民。編牌造册。盜源以清。能詩歌。善隸書。蒼勁入古。

清孝貞后　【清】見慈安太后條。

清孝欽后　【清】見慈禧太后條。

清明君　【唐】郭子儀女。有殊色。喜讀離騷古陶謝詩。性質高閒。歸李公子。李年少謔浪。清明君不悅。盡選能詩之奇女子以侍李。李樂之以酒。酒必以詩。清明君恆細加品題。爲改點數字。每點一字。輒以觴罰李云。

清宣宗　【清】仁宗次子。名旻寧。卽位十八年。命林則徐爲欽差大臣。則徐嚴禁鴉片。悉燒英商煙土。十九年。英人陷舟山。明年。貶則徐。英人遂陷定海。又明年陷乍浦・吳淞。逼金陵。伊里布與英人議和。賠款二千一百萬。准於廣州・福州・廈門・寧波・上海五口通商。帝覽奏憤甚。時穆彰阿當國。力言於計爲便。帝始許之。在位三十年崩。謚成。廟號宣宗。年號道光。

清珙　【元】僧。字石屋。居霅溪之西。能詩。有石屋詩集。

清高宗　【清】世宗四子。名弘曆。帝兩平準噶爾。定回部。再定金川。

靖臺灣。服緬甸·安南。再降廓爾喀。開四庫全書館。又命儒臣纂一統志等書。文德武功。爲清諸帝最。帝於種族之見甚深。凡詩文稍涉忌諱者。輒興大獄以誅戮之。嘗東巡者一。西巡者三。南巡者五。在位六十年。傳位皇太子爲嗣皇帝。自稱太上皇。嘉慶四年崩。年八十九。諡純。廟號高宗。年號乾隆。

清景祖 明見覺昌安條。

清聖祖 清世祖三子。名玄燁。世祖崩。嗣爲帝。平三藩。定臺灣。征厄魯特。降西藏。又討平臺灣之朱一貴及南方之苗亂。國事大定。帝雅好文學。飭廷臣纂字典會典等書。琉球國王至遣子弟入監讀書。在位六十一年崩。諡仁。廟號聖祖。年號康熙。

清肇祖 明見猛哥帖木兒條。

清德宗 清文宗弟醇親王奕譞之子。名載湉。穆宗崩無子。入卽位。年幼。太后臨朝。親政後。因朝鮮事與日本戰。大敗。遂銳意改革。破格用人。崇尚新法。或讒於太后。太后復臨朝。一反所爲。義和團之亂。英法德俄日諸國聯軍入京。倉皇出奔。幸西安。及和議成而財力殫竭。威權盡失。國事益不可爲。在位三十四年崩。諡景。廟號德宗。年號光緒。

清濋 明僧。天台人。字蘭江。嘗說法吳中。緇素傾向。太祖召對稱旨。御制清濋說賜之。晚居錫邑東禪寺。有絮雲集·語錄·毘盧正印。

清穆宗 清文宗子。名載淳。卽位之三年。平洪秀全。大行封賞。始設同文館於京師。招生學習外國語言文字。削平東西捻·貴州苗亂·雲南回亂。於是內亂悉平。時帝常微行游宴。遂以致疾崩。在位十三年。諡毅。廟號穆宗。年號同治。

清興祖 明見福滿條。

清顯祖 明見塔克世條。

牽·弘 三國魏招次子。猛毅有父風。以隴西太守隨鄧艾伐蜀有功。在綿州築壘爲京觀。以彰武功。咸熙中拜振威護軍。

牽·秀 晉招孫。字成叔。博辨有文才。性豪俠。弱冠得美名。惠帝時爲尚書。金谷二十四友。秀其一也。後爲河間王顒長史楊騰所殺。

牽·招 三國魏觀津人。字子經。年十餘歲。詣同縣樂隱受學。後隱爲車騎將軍何苗長史。招隨卒業。京都亂。隱見害。招觸蹈鋒刃。殯葬其屍。送喪歸。道遇賊。欲斫棺。招垂淚請赦。賊義之。乃釋而去。由此顯名。袁紹辟爲督軍從事。後歸曹操。從討烏桓。還鄴。睹袁尚首懸馬市。悲感設祭頭下。操義之。拜平虜校尉。文帝踐阼。復爲雁門太守。明帝時賜爵關內侯。在郡十二年。威風遠振。

猗頓 春秋魯用鹽起家。與王者埒富。初甚貧。聞陶朱公富。往問術。陶朱公告之曰。子欲富。當畜五牸。乃適西河。大畜牛羊於猗氏之南。十年之間。貲擬王公。馳名天下。以興富於猗氏。故名猗頓。

猛·如虎 明本塞外降人。家楡林。驍果善戰。崇禎間積功至薊鎮中協總兵官。嘗斬賊混世王·九條龍等。從楊嗣昌入蜀。爲正總統。力扼張獻忠。所將止六百騎。餘皆左良玉部兵。驕悍不可制。爲獻忠所敗。嗣昌死。扼德安·黃州。會疽發背。不能戰。退駐南陽。李自成來攻。如虎與劉光祚憑城固守。殺賊精卒數千。城陷。巷戰死。

猛·足 春秋晉事太子申生。獻公將黜太子而立奚齊。會烝於武公。公稱疾不與。使奚齊蒞事。猛足言於太子曰。伯氏不出。奚齊在廟。子盍圖乎。太子不聽。卒以驪姬之譖。自經而死。

猛哥帖木兒 明女眞人。姓童氏。襲職斡朶里萬戶。復祖仇。居赫圖阿喇。旋移琿春。入侍朝鮮。受其王官職。後居朝鮮斡木河。永樂中授建州左衛指揮。入朝賜宴。宣德中爲七姓野人所殺。清人稱都督孟特穆。尊爲肇祖原皇帝。

猛·蓋 明順寧府人。襲土知府。恩威並濟。土人懷之。

猛·獲 春秋宋南宮萬弒閔公於蒙澤。獲爇於蕭。帥師圍亳。蕭叔大心以曹師伐之。獲奔衛。衛人歸之。醢焉。

率·子廉 宋衡山人。初爲農。愚朴不遜。人謂之率牛。晚爲道士。居南岳紫虛閣。性嗜酒。常醉林間。一日。忽謂衆曰。吾將有所適。衆注視。則沒矣。葬岳下。未幾。有僧自京還。附子廉與衆書。驗之乃沒之日也。發其冢。惟杖履而已。蘇軾爲之作傳。

琅玕 清滿洲正藍旗人。姓覺羅氏。乾隆間授主事。嘉慶間累官雲貴總督。勦辦貴州石峴苗匪·雲南維西猓匪。俱有功。卒諡恪勤。

理·安和 清西華人。字賚唐。明季諸生。國變後。日閉戶讀書。或飲酒狂呼。晚喜與方外游。好爲養生家言。有日記·性命圭旨解。

理·貞知 清安和弟。字閒雲。明季諸生。以文章氣節自負。工詩。有詩集。

理·徵 商字德靈。以直道不容於紂而死。其子利貞逃難於伊侯之墟。遂改理爲李氏。

畢力克圖 清蒙古正藍旗人。姓博爾濟吉特氏。順治初隨勦李自成於潼關。定西安。下江南。破姜瓖。平桂王。累擢正藍旗蒙古都統。列議政大臣。康熙間王輔臣叛於平涼。畢力克圖討降之。封二等男。卒諡恪僖。

畢也速答立【元】迷裏人。家秦州。父喪。廬墓次。晝夜悲號。有飛烏翔集。墳土踴起。

畢士安【宋】代州人。至鄭求師。因爲鄭人。字仁叟。乾德進士。淳化中爲翰林學士。景德初應詔陳選將納兵理財之法。眞宗嘉納。進吏部侍郎。參知政事。未閱月。拜平章事。帝幸澶淵。士安扶疾從。及罷兵。從還。乃按邊要。選良守將易置之。議互市。除鐵禁。招流亡。廣儲蓄。中外略安。士安端方沈雅。所至以嚴正稱。卒諡文簡。有文集。

畢大椿【清】婁縣人。字澗雲。號松友。工畫山水。供奉內廷。後歸里省親。得疾端坐而逝。

畢允升【宋】臨川人。字元吉。有文名。精於周禮。嘉定進士。官國子博士。兼史職。歷知郴・韶二州。以廉稱。

畢元賓【後魏】衆敬子。少豪俠有武幹。宋孝武時爲正員將軍。入魏。以勳拜兗州刺史。爲政清平。善撫民物。百姓愛樂之。官終殿中尚書。卒諡平。

畢公高【周】文王十五子。武王克殷。封於畢。康王時以成周之衆。命畢公保釐東郊。作畢命。

畢曰濡【清】欽都人。字秋岐。康熙中由貢生知任縣。有滇遊記・蒼洱小紀。

畢本【明】淄人。字子務。號昆山。善畫山水人物。工詩嗜琴。

畢生【宋】士安諸孫。寓居吳郡。善畫牡丹。

畢田【宋】長沙人。博學工詩。眞宗朝以吏部郎兼侍講。一日居經筵。値天寒。奏罰臨湘七郡科調。里人德之。因祀焉。

畢仲衍【宋】士安曾孫。字夷仲。以蔭爲陽翟主簿。舉進士第。吳充引爲中書檢正。奉使契丹。宴射連破的。衆驚異之。後以祕閣校理同知太常禮院。爲官制局檢討。高麗使入貢。上元夕。仲衍與使者宴東闕下。作詩頌聖德。神宗次韻賜焉。當時以爲榮。撰中書備對。擢起居郎卒。

畢仲游【宋】仲衍弟。字公叔。與仲衍同舉進士。元祐初爲軍器衞尉丞。召試學士院。蘇軾異其文。擢爲第一。加集賢校理。提點河東路刑獄。韓縝稱其眞清。徽宗時入爲吏部郎中。墮黨籍。坎壈而終。爲文雄偉博辨。多深識遠計。有西臺集。

畢仲愈【宋】仲游弟。字將叔。工詩。歷國子監丞。知鳳翔府。坐仲游陷黨籍。例廢黜。徽宗以爲都官郎中。擢祕書少監卒。

畢再遇【宋】兗州人。字德卿。姿貌雄傑。武藝絕人。以恩補官。隸侍衞司馬。取泗州。定盱眙。完楚州。皆以勇智立奇功。稱名將。官至武信軍節度使。卒諡忠毅。

畢自嚴【明】淄川人。字景曾。萬曆進士。授松江推官。年少有吏才。累官至太僕卿。天啓初遼陽覆。廷議設天津巡撫。專飭海防。改自嚴右僉都御史以往。置水軍。繕戰艦。備戎器。及熊廷弼建三方布置策。天津居其一。益設鎭海諸營。用戚繼光遺法。水軍先習陸戰。軍由是可用。在事數年。綜核撙節。公私賴之。轉南戶部尚書。以忤魏忠賢引疾歸。崇禎初起戶部尚書。晉太子太保。致仕卒。有石隱園藏稿。

畢亨【明】新城人。字嘉會。成化進士。授吏部主事。仕至南京工部尚書。亨器識英邁。好學多聞。耿介正直之操。出於天性。有古大臣風。

畢宏【唐】構宗人。大曆間爲給事中。善畫山水。松石奇古。縱橫變逸。樹木改步變古。自宏爲始。

畢宏述【清】海鹽人。字旣明。精篆隸。有六書通・念園詩草。

畢沅【清】鎭洋人。字纕蘅。一字秋帆。自號靈巖山人。乾隆進士。官至湖廣總督。好著書。鉛槧不去手。經史小學金石地理之學。無所不通。嘗謂經義當宗漢儒。說文當宗許氏。編年之史。莫善於涑水。因有傳經表・經典辨正・續資治通鑑之作。其他著述。有山海經晉書地理志校注・關中勝蹟圖記・西安省志・關中中州山左金石諸記・靈巖山人詩文集。

畢良史【宋】士安孫。字少董。紹興間進士。閉戶著春秋正辭・論語探古書。喜字學。得晉人筆法。善畫窠木竹石。少遊京師。買賣古器字畫之屬。出入貴人之門。當時謂之畢償賣。從知東明縣。搜求古器書畫。以達行在。高宗大喜。改京秩。人又號畢骨董。

畢卓【晉】鮦陽人。字茂世。少放達。嘗曰。得酒滿數百斛船。右手持酒盃。左手持蟹螯。拍浮酒船中。便足了一生。太興末爲吏部郎。比舍郎釀熟。卓因醉夜至甕下盜飲。爲掌酒者所縛。明旦視之。乃畢吏部也。及過江。爲溫嶠平南長史。卒官。

畢坰【唐】炕子。炕死難。坰始四歲。與弟增以細弱得不殺。爲賞口。宗人宏以財贖出之。後舉明經。爲臨渙尉。徐州節度使張建封聞坰篤行。表署幕府。後官王屋尉。以廉謹聞。

畢宗義【明】河南人。留心術數之學。善相地。有奇驗。

畢定邦【清】山東人。字康侯。其父善拳棒。以武藝游閩。定邦悉得其傳。父死。隨饒廷選平小刀會有功。復從戰江西。解廣信圍。後率所部歸閩。勇械鬬。定邦彈壓之。中鎗死。

定邦性至孝。明大義。其轉戰廣信時。年二十餘。翩翩如書生。遇敵未嘗怯。及死。人皆惜之。

畢昇 【宋】慶曆中布衣。創爲活板法。用膠泥刻字。薄如錢脣。每字爲一印。火燒令堅。先設一鐵板。其上以松脂蠟和紙灰之類冒之。欲印則以一鐵範置鐵板上。乃密布字印滿鐵範爲一板。以火煬之。藥稍鎔。以一平板按其面。則字平如砥。印數千百本。極爲神速。爲中國有活字板之始。

畢昌 【明】仁和人。字裕後。永樂進士。累官吏部考功主事。陞郎中。二十餘年。清愼如一日。有雅度。人未嘗見其疾言遽色。官至南京左通政。

畢炕 【唐】構子。天寶末爲廣平太守。時安祿山攻城急。炕堅守不下。城陷。以節死。賊遂覆其家。謚忠。

畢金科 【清】臨沅人。字應侯。咸豐間從塔齊布軍。驍健亞於塔齊布。能四馬陷堅。穿出敵陣之背。戰樟樹鎭。復饒州。累官游擊。攻景德鎭。陷陣死。謚剛毅。

畢拱辰 【明】掖縣人。字星伯。好讀書。工詩。萬曆進士。由知縣遷冀寧兵備僉事。李自成攻太原。拱辰與巡撫蔡懋德以死守。城破。抗節死。

畢軌 【三國魏】東平人。字昭先。少有才。明帝在東宮時。軌在文學中。正始中爲中護軍。轉尙書。司隸校尉。素與曹爽善。言多見從。後與爽同誅。

畢師鐸 【唐】冤句人。乾符初與里人王仙芝嘯聚爲盜。善騎射。其徒目爲鷂子。仙芝死。降高駢。駢敗黃巢於浙西。多師鐸力。甚見寵待。後駢惑於呂用之。師鐸因自稱大丞相。與鄭漢璋・張神劍等攻駢於揚州。殺之。後爲孫儒所殺。

畢振姬 【清】高平人。字亮四。號王孫。又號頡雲。順治進士。歷員外郎。公餘獨坐陋室中。布被瓦鐙。伏讀不倦。時稱爲有官僧。官至湖廣布政使。清操絕俗。有尙書注・西河遺教・四州文獻摘鈔・三川別誌・西北文集。

畢祖朽 【後魏】元賓子。歷涉經史。好爲文詠。起家員外郎。累加寧遠將軍。正始中梁將蕭及先寇兗州。祖朽大破之。封南城縣開國男。神龜末除持節東豫州刺史。善撫邊人。百姓稱之。孝昌初改授瀛州刺史。爲鮮于修禮攻圍積旬。拒守自固。病卒於州。

畢祖彥 【後魏】聞慰子。字修賢。涉獵書傳。風度閑雅。爲時所知。以侍御史爲元法僧監軍。法僧反。逼祖彥南入。永安中得還。歷光祿大夫卒。

畢祖高 【宋】字訓誠。在太學二十年。沈重端肅。得師儒體。咸淳初授常德府學教授。執贄門下者。後皆爲名儒。遷建昌軍僉判。致仕卒。

畢祖暉 【後魏】祖朽弟。早有器幹。神龜中歷幽州刺史。能得民和。入爲光祿大夫。正光中幽州民反。復以爲刺史。祖暉突圍入治。有全城功。封新昌縣開國子。値蕭寶夤敗退。祖暉乃拔城趨華州。後從大柵嶺規入州城。敗賊吐千騏驎。已而賊奄至。兵少糧竭。爲賊所乘。沒於軍。

畢涵 【清】陽湖人。字蕉麓。處士。自號蓑竹居士。又號止庵道人。善畫山水。與同里錢晉斯稱書畫雙絕。時目爲毘陵兩家。性古樸。嘗館禮親王邸。布衣芒屩。舉止疏慢。有詩鈔。

畢衆愛 【後魏】衆敬弟。隨兄歸國。以勳爲第一客。賜爵鉅平侯。卒謚康。

畢衆敬 【後魏】須昌人。小名捺。少好弓馬射獵。宋孝武辟爲部從事。歷仕泰山太守。及明帝殺子業而自立。遣衆敬出詣兗州。衆敬遂以城降。皇興初就拜散騎常侍・兗州刺史。賜爵東平公。後乞還卒。

畢溥 【清】沅從弟。字逢源。號竹濤。工書法。深入趙董之室。

畢瑄 【明】洪武初知東莞縣。時遭元季兵燹。瑄撫循安輯。流亡來歸。田里日闢。廉能之譽。著聞於時。

畢義雲 【北齊】祖暉子。小字陁兒。少麤俠。晚方折節從宦。歷尙書都官郎中。性嚴酷。文宣受禪。累遷御史中丞。彈射不避勳親。孝昭大漸。顧命義雲入北宮參審。遂勸進。仍從幸晉陽。參預時政。尋除兗州刺史。恣情驕侈。爲孽子善昭所害。

畢義顯 【後魏】祖暉弟子。與弟義儁性並豪率。天平已後。梁武帝使人還往。經歷兗城。前後州將。以義顯兄弟。善營鮭膳。器物鮮華。常兼長史。接宴賓客。義顯左將軍・太中大夫。義儁歷兗州別駕卒。

畢萬 【春秋晉】畢公高之後。事獻公。晉滅霍・耿・魏。以魏封畢萬。卜偃曰。畢萬之後必大。萬盈數也。魏大名也。以是始賞。天啓之矣。其後韓趙魏果共分晉國。

畢著 【清】歙縣女子。字韜文。父守薊丘。與流賊戰死。著年二十。夜率精銳入賊營。刃其渠。衆潰。遂與父屍還。後歸王聖開。偕隱崑山卒。工詩。有韜文詩稿。

畢資倫 【金】縉山人。泰和中南征。從軍轉戰有功。累擢都總領。屯泗州。與定中宋軍破泗州。資倫被執投水死。

畢道遠 【清】淄川人。字東河。道光進士。官至禮部尙書。書法名重一時。

畢構 【唐】偃師人。字隆擇。六歲能文。第進士。景龍末召拜御史大夫。封魏縣男。與河南尹李傑。皆一時選。世謂畢李。復爲益州長史。振弊梲亂。號爲清嚴。睿宗嘉其獨行有古人風。賜璽書袍帶。官至太子詹事。卒謚景。

畢漸 宋潛江人。紹聖中進士第一。爲膳部員外郎。出知荆南府事。以文學致身。剛介自立。爲時所稱。

畢聞慰 後魏衆愛子。字子安。襲爵。例降爲伯。歷中散大夫・龍驤將軍。守廣平內史。中山王熙起兵。謀誅元乂。聞慰斬其使。發兵拒之。遷滄州刺史。尋爲都督安樂王鑒軍司。卒諡恭。

畢慧 淸沅女。陳觀光妻。字智珠。號蓮汀。工詩畫。有遠香閣詩草。

畢澂 淸常熟人。字小癡。善寫眞。人物宗仇英。山水亦淸潤有致。

畢輝 明東平人。洪武中爲崇德知縣。在官執法。不容奸惡。帝遣行人齎敕勞之。賜以尊酒。

畢戰 戰國滕文公聞孟子言古井田之法。使戰主其事。

畢翰 明休寧人。字伯羽。穎悟力學。得王守仁傳習錄。即走書問喜怒哀樂未發之中。後從羅欽順證悟宗旨。有性學衍義諸書。

畢諴 唐構從孫。字存之。早孤。夜燃薪讀書。通經史。第太和進士。累官翰林學士。党項擾河西。宣宗召訪邊事。諴援質古今。條破羌狀甚悉。時號禁中頗牧。拜邠寧節度使。到軍。遣吏懷諭。羌人皆順。懿宗時同中書門下平章事。旋兼平章事節度河中卒。

畢諶 三國魏爲東平別駕。張邈之叛。劫諶母弟妻子。曹操謝遣之。諶無去志。操爲之流涕。已乃亡去。

畢懋良 明歙人。字師皐。號見素。萬曆進士。由萬載知縣累遷福建左布政使。振饑民。減加派。撫降海寇。以善績稱。後擢戶部右侍郎。督倉場。以不附魏忠賢落職。崇禎時起兵部左侍郎。致仕歸卒。

畢懋康 明懋良族弟。字孟侯。號東郊。萬曆進士。以中書舍人授御史。視鹽長蘆。天啓中累官右僉都御史。撫治鄖陽。魏忠賢以其爲趙南星所引。欲去之。御史王際逵劾其附麗邪黨。遂削籍。崇禎初起南京通政使。歷南京戶部右侍郎。旋引疾歸。工古文辭。能畫。有西淸集・管涔集・疏草。

畢懋襄 明歙人。字君平。郡諸生。好學博雅。十入棘闈得一榜。遂棄舉子業。精岐黃。有醫薈。

畢懷圖 淸揚州人。字花江。乾隆舉人。歷知績溪・安福縣。善畫梅。工詩及書。

畢瀧 淸沅弟。字澗飛。號竹癡。工畫山水及竹。蒼渾而秀。深得古法。又工詩。

畢贊 宋長沙人。仕郡爲引贊吏。性至孝。父母皆年八十餘。轉運使表其事。詔贊解職終養。

畢鏘 明石埭人。字廷鳴。嘉靖進士。歷官南京戶部尙書。帝以風霾諭所司陳時政。鏘上九事。並切要。近倖撓之。不盡行。乃引年歸。鏘遇事守正。有物望。致仕後。賜存問者再。卒諡恭介。

皎然 唐僧。長城謝氏子。名晝。靈運十世孫。居湖州杼山。中年了心地法門。文章儁麗。顏眞卿・韋應物並重之。有儒釋交遊傳・內典類聚・號呶子。

皐弘 後漢吳郡人。字奉卿。少有英才。爲揚州從事。歐陽博士缺。帝欲用桓榮。榮讓弘。帝因拜榮爲博士。引弘爲議郎。

皐如 春秋越大夫。句踐將伐吳。召五大夫問戰奚以而可。皐如曰。審聲則可以戰。句踐從之。卒滅吳。

皐伯通 漢吳人。爲郡大家。有賢行。梁鴻與妻孟光至吳。舍伯通家。爲人賃舂。光每具食。舉案齊眉。伯通曰。彼傭能使其妻敬之如此。非凡人也。以賓禮待之。鴻卒。伯通爲求葬地於吳要離冢傍。

皐陶 有虞氏字庭堅。一作咎繇。舜命作士。明五刑。弼五教。（按路史云。庭堅高陽氏子。皐陶青陽氏裔。皐陶父大業。生陶。封皐。故稱皐陶。則皐陶庭堅當是二人。此從左傳注。）

皐魚 春秋親亡。哭甚悲。孔子行聞之。辟車與之言。皐魚曰。吾失之三矣。少而學。游諸侯以後吾親。一也。高尙吾志。間吾事君。二也。與友厚而小絕之。三也。木欲靜而風不止。子欲養而親不在也。吾請從此辭矣。立槁而死。孔子曰。弟子識之。於是門人辭歸而養親者十有三人。

眭弘 漢魯國蕃人。字孟。一稱眭孟。少好游俠。長乃變節。從嬴公受公羊春秋。以明經爲議郎。遷符節令。元鳳中泰山大石自立。上林苑僵柳復起。弘推春秋意。以爲當有從匹夫爲天子者。霍光惡之。坐訞言惑衆。大逆不道誅。後宣帝興於民間。徵弘子爲郎。

眭石 明丹陽人。字金卿。萬曆進士。官翰林。善屬文。時宮中有鄭貴人者。有寵。其母眭也。以甥舅禮請通。石不可。後貴人卒。以事被推問。親族有波累者。人皆服石之先見。有東蓀集。

眭夸 後魏高邑人。一名昶。少與崔浩爲莫逆交。浩爲司徒。奏徵爲中郎。州郡逼遣。入京見浩。唯談敍平生。不及世利。浩每欲論屈之。竟不能發言。有朋友篇。知命論。（按魏書作眭夸。萬姓統譜收入陸睦二姓。均誤。）

眭曎 明丹陽人。字子蘊。嘉靖進士。官行人。擢諫垣。巡視十庫。得中貴人姦利事。夜貽金祈免。不受。卒劾之。募兵關陝。上籌邊十策。母憂歸。以毀卒。

祥厚 淸滿洲人。字寬甫。官至江寧將軍。咸豐間陸建瀛師潰於九江。

洪秀全由武昌直逼金陵。祥厚督師力守。城陷。死之。諡忠勇。

祥福 (清)滿洲正黃旗人。嘉道間協勦江華猺趙金龍有功。累官湖南鎮筸鎮總兵。署提督。英人犯粵東。祥福赴粵防守。扼虎門礮臺。力戰死。

祭·彤 (後漢)遵從弟。字次孫。早孤。以至孝見稱。光武初以遵故拜黃門侍郎。遵卒。以爲偃師長。後出守遼東。幾三十年。破走鮮卑。又招其大都護偏何使擊敗匈奴。自是邊無寇警。鮮卑·烏桓皆入貢。彤質直厚重。勇力絕人。永平中徵爲太僕。後伐北匈奴。不見虜而還。自恨無功。嘔血死。

祭·參 (後漢)彤子。從竇固擊車師有功。稍遷遼東太守。永平中鮮卑入境。坐沮敗。下獄死。

祭·遵 (後漢)潁陽人。字弟孫。爲人廉約小心。克己奉公。從光武平河北。以功拜征虜將軍。封潁陽侯。北拒彭寵。遂進定其地。西討隗囂。數挫之。卒於軍。諡成。遵在軍。賞賜盡與士卒。家無私財。韋袴布衣。所在人不知有軍。取士皆用儒術。對酒設樂。必雅歌投壺。帝每歎曰。安得憂國奉公之臣。如祭征虜者乎。後圖形雲臺。

移·良 (後漢)延光中爲弘農太守。時太尉楊震。爲樊豐·耿寶等譖害。飲歗於夕陽亭。良承旨遣吏。於陝縣留停震喪。露棺道側。讁震諸子•代郵行書。道路皆爲隕涕。

移剌·子敬 (金)遼五院人。字同文。本名屋骨朶魯。讀書好學。皇統間特進移剌因修遼史。辟爲掾屬。遼史成。除同知遼州事。累遷禮部郎中。子敬有良馬。平章政事完顏元宜索之。子敬不與。後元宜致仕。乃以馬贐行。識者韙之。累官咸平廣寧尹。

移剌·元臣 (元)買奴子。年十六。入宿衞。應對進止有度。從伐宋。屢有功。至元中從丞相伯顏平宋。官至中衞親軍總管。卒諡忠靖。

移剌·光祖 (金)華國公道子。字仲禮。幼名八狗。以蔭累官右宣徽使。興定初集百官議所以爲長久之利者。光祖等議。募土人假以方面權任。俾人自勸。各保一方。由是封建之論興焉。轉左宣徽使。

移剌·伯顏 (元)息縣人。居喪有至行。廬墓負土成墳。有司以聞。詔旌之。

移剌·成 (金)遼橫帳人。本名落兀。沈勇有謀。與宋人戰。功最。官臨洮尹。招降喬家等族首領。封任國公。官至北京留守。

移剌·阿里合 (金)遼人。官霍州刺史。治好義堡。元兵至。阿里合力戰不能敵。兵敗被執。不屈。叢矢射殺之。

移剌·按荅 (金)遼橫帳人。騎射絕倫。尤善相馬。累官武定軍節度使。以招徠邊部功遷東北路招討使。改臨潢尹卒。

移剌·益 (金)本名特末阿不。字子遷。官霸州刺史。時歲饑。益首出俸粟食餓者。於是倅以下及郡富家遍出粟佐之。多所全活。官至東西路轉運使。

移剌·衆家奴 (金)積戰功累官河間路招撫使。賜姓完顏。封河間公。元光初與張甫合兵取河間府及安·蠡·獻三州。遷金紫光祿大夫。

移剌·揑兒 (元)契丹人。幼有大志。膂力過人。沈毅多謀略。遼亡。金以爲參議留守等官。皆辭不受。聞太祖舉兵。率其黨詣軍門獻十策。帝奇之。拜兵馬都元帥。從取北京。破鳳翔。攻益都。下萊·膠·淄等三十二城。官至軍民都達魯花赤都·提控元帥。卒諡武毅。

移剌·買奴 (元)揑兒子。蚤從父習戰陣。入見太祖。以爲高州等處達魯花赤。攻趙祚。征高麗。所至有功。加鎭國上將軍·征東大元帥。出師高麗。將行卒。諡顯懿。

移剌·塔不也 (金)猛安人。累官西上閤門使。泰和中伐宋有功。貞祐中破夏兵於熱羊寨。官至元帥左都監。

移剌·温 (金)遼橫帳人。本名阿撒。工契丹小字。完顏宗弼每出征伐。未嘗不從。除同知河北西路轉運使事。移鎭武定。歲旱蝗。温劃指以血瀝酒中。禱而酹之。既而雨霑足。有羣鴉啄蝗且盡。人謂至誠之感。以老致仕卒。

移剌·窩斡 (金)西北路契丹之部族。先從撒八爲亂。後殺撒八。自爲都元帥。世宗使人招之。不降。正隆中遂稱帝。改元天正。後尚書右丞僕散忠義獲賊稍合住。縱還賊中。使誘捕窩斡以自效。稍合住乃與神獨斡執窩斡詣右都監完顏思敬。獻俘京師。被誅。

移剌·道 (金)咸平人。本名趙三。寬厚有大志。以篤孝著名。仕熙宗至世宗。累官平章政事。弟臨潼令幼阿補犯罪至死。道待罪於家。即詔道起視事。封莘國公。◎(金)本名按。官工部員外郎。海陵南伐。使督運芻糧。以盜賊梗路僅至淮南上謁。具言四方盜賊狀。海陵惡聞其言。杖之七十。會海陵死。軍還。官至西京留守。

移剌·慥 (金)契丹虞呂部人。本名移敵列。通契丹漢字。爲陳州防禦使。紇石烈良弼薦其清幹忠正。累遷大理卿。被詔更定制條。書成。頒行之。官至臨洮尹。

移剌·斡里朶 (金)一名八斤。天會中伐宋隸軍中。遇戰輒先登。屢獲偵人。累遷同知北京留守事。爲賊澇江哥所執。不屈。使布衣草屨。逐馬而行。欲害之。斡里朶覘其監奴。得脫還。官至通遠軍節度使。

移剌·福僧 (金)猛安人。官廣寧

同知。崇慶初被擄如鄴郡。元兵薄城。其子鍋和尚率家奴拒戰。廣寧賴以完。福僧還。悉放奴爲良。終不言子之功。官至山東西路按察轉運使。

移刺・蒲阿　金本契丹人。官樞密院判官。每參軍國大計。正大間爲元所執。勸之降。往復數百言。終不從。遂見殺。

移刺・履　金遼東人。字履道。方七歲臥庭下。見微雲往來天際。忽謂乳母曰。此所謂臥看青天行白雲者耶。父德元聞之。驚曰。是子當以文學名世。及長。博學多藝。善屬文。又精曆算繪事。世宗方興儒術。詔譯經史。擢國史院編修官。官至尚書右丞。多所匡正。卒諡文獻。

章・九齡　後蜀孟昶時官右補闕。慷慨好直言。不避權貴。忤旨謫維州錄事參軍。

章・于大　清遂東人。崇德舉人。順治間累官江西巡撫。金聲桓叛。于天從之。清軍圍南昌。聲桓懼于天泄其謀。殺之。

章・士斐　清錢塘人。字淇上。幼孤。事繼母孝。以諸生舉孝行貢京師。病卒。有花隱亭文集・詩集。

章・士麟　明浙江寧海人。字社盛。少篤孝義。慕陽明之學。言動一準諸道義。親喪。廬墓三年。後喪偶。誓不復娶。以義夫旌。人稱鹽泉先生。

章・大來　清會稽人。字泰占。號對山。歲貢生。官訓導。詩孤峭沈鬱。文亦峻潔。有後甲集・玉屏山房集。

章・大寶　陳昭達子。襲爵爲豐州刺史。在州貪縱。百姓怨酷。後以謀反族誅。

章・之采　明仁和人。字去浮。有東西天目志。

章・仇・太翼　隋河間人。字協昭。煬帝賜姓盧。七歲詣學。日誦數千言。號曰神童。及長。博綜羣書。爰及佛道。皆得其精微。尤善占候算曆之術。蕭然絕世。以爲神仙可致。後目盲。以手摸書而知其字。

章・仇・兼瓊　唐潁川人。爲劍南節度使。兼西川採訪制置使。創新津通濟堰。溉眉蜀二郡田。後又引萬年池水以溉成都民田。在蜀八年。民懷其惠。

章・元振　宋崇安人。字時舉。政和進士。歷官休寧縣。建炎初盜起。元振據險立寨。遷民帑庾於中。與百姓堅守。闔境獲全。紹興中官終廣東提舉。元振與秦檜同登第。甘於遠宦。未嘗干以私。

章・元崇　宋歙人。字德昂。博通諸經。尤長春秋。授於潛簿。終奉議郎。學者稱融堂先生。有周易釋疑・尚書演義・學詩管見等書。

章・元應　明綸子。成化進士。爲南京給事中。論陳鉞罪。停俸。孝宗嗣位。上治本五事。終廣東布政使。

章・允賢　明青陽人。嘉靖進士。歷禮刑二科給事中。嘗上疏論武定侯郭勳道・御史胡守中罪。悉置重典。名震京師。有諫議集。

章・公弼　宋餘干人。字右夫。紹聖進士。授建寧主簿・聞朝廷廢劉摯・范純仁。託疾不起。以爲累官禮部侍郎。

章・公量　宋字寬夫。少好學。元祐間從歐陽修・曾鞏游。隱居讀書。崇寧間王珪薦之。不起。黃庭堅爲作草堂。蘇軾題額以表之。

章・友直　宋浦城人。字伯益。少卓越自放。不屑舉子業。族人得象爲相。欲以恩補官。謝去。徧游江淮嶺海間。精音樂。工篆書。能以篆筆作畫。詔篆太學石經。篆畢。除將作監主簿。固辭不就。

章・文　漢豫章人。高祖遣灌嬰討定南方。文以南昌當諸道之衝。進計於嬰。築豫章城。郡人懷之。祀於章江之濱。

章・文炳　明長泰人。萬曆進士。遷重慶知府。治行廉潔。吏民愛之。奢崇明反。陷重慶。不屈死。

章・世純　明臨川人。字大力。博聞強記。舉天啓鄉試。崇禎中官柳州知府。聞京師變。悲憤遘疾卒。有治平要略・章柳州集。

章・仔鈞　五代閩浦城人。深沈有大度。年逾四十。晦跡不仕。後以王審知尚知有唐。乃詣軍門上戰攻守三策。審知大喜。館爲上客。奏授高州刺史・檢校太傅　北面行營招討使。在官有仁政。民甚懷之。卒贈忠懿王。仔鈞有子十五人。孫六十八人。分居各省。後均蔚爲巨族。妻楊氏。以家住練湖。世稱練夫人。詳練夫人條。

章・可試　明遂安人。字星華。舉於鄉。崇禎中授舒城縣。屢敗張獻忠兵。前後被圍十有四。卒賴以全。

章・平事　清諸暨人。字大修。號無黨。順治進士。官河南永寧知縣。永寧大姓敗法。貧民宄居不聊生。平事鋤抑豪強。悉心撫字。俗爲之變。謝事歸。以啓迪後進爲務。有受盤堂集及諸暨縣志。其所著勸戒溺女文。尤膾炙人口。

章・正宸　明會稽人。字羽侯。號格菴。晚號偁東鈹夫。從學同里劉宗周。有學行。崇禎進士。由庶吉士改禮科給事中。王應熊入閣不由廷推。疏劾之。下詔獄。旋起歷吏科都給事中。歷忤首相周延儒。又詆兵部尚書陳新甲奸邪。既而會推閣臣失帝意。謫戍均州。福王時官至大理丞。明亡。棄家爲僧。有章格菴遺書。

章・永祚　明貴池人。字錫九。康熙舉人。授清澗知縣。縣多流亡。永祚招徠撫綏。頗著治績。擢工部主事。乞養歸。有南湖集。

章・全嵒 〔唐〕浩城人。少孤。爲兄全啓所鞠。母病。全啓刲股膳母而愈。及全啓亡。全嵒服斬衰。斷手一指以報。不畜妻妾僮僕。賣藥自業。世傳能作黃金。居成都四十年。號章孝子。

章后 〔陳〕烏程人。名要兒。美容儀。手爪長五寸。色並紅白。每有期功之服。則一爪先折。武帝聘爲后。善書計。能誦詩及楚辭。永武初立爲皇后。卒謚宣。

章・如旦 〔宋〕餘干人。字希周。咸淳進士。官至撫州僉判。元兵圍襄陽。如旦聞呂文煥降。泣不食者三日。後從謝枋得勤王。兵敗死之。

章・如愚 〔宋〕金華人。字俊卿。慶元進士。累官國子博士。出知貴州。開禧初被召。上疏極陳時政。以忤韓侂胄罷歸。結草堂山中。與士子講學。時稱山堂先生。有山堂考索。

章・存道 〔明〕溢子。以義兵歸總管孫炎。屢擊卻陳友定兵。從李文忠平閩。又從馮勝北征。積功授處州衞指揮副使。後從湯和出塞。力戰死。

章・朴 〔明〕浙江寧海人。幼孤。事母至孝。永樂進士。授庶吉士。方孝孺死難。朴以收藏方集被逮。弟宗簡擊登聞鼓。願以身代。并被誅。

章・孝標 〔唐〕桐廬人。元和進士。除秘書省正字。太和中試大理評事。工詩。

章・廷璦 〔明〕浙江新昌人。一名中夫。字晉臣。洪武間舉明經。授行人。奉敕山東。科斷憲臣之不律者。同事多以貪敗。廷璦獨以守法免。（萬姓統譜作章廷瑗。醴泉人。按醴泉是新昌鄉名。廷瑗係廷璦之誤。此據章氏會譜。）

章・成緬 〔唐〕於潛人。家貧篤學。性至孝。喪母廬墓。貞元中表門。時稱章孝子。太和中爲山南東道從事。

章・沖 〔宋〕惇孫。字茂深。淳熙中嘗知台州。頗究心春秋。有春秋左氏傳事類始末。

章・甫 〔宋〕浦城人。字端叔。熙寧進士。授山陰縣令。哲宗時歷知處州。皆有聲。崇寧初黨論興。甫首言元祐臣僚。不當刻名著籍。禁錮其子孫。上優容之。坐忤宰相曾布降一官。知泰州。有文集及孟子解義。◎〔宋〕鄱陽人。徙居眞州。字冠之。自號易足居士。少從張孝祥遊。豪放飄蕩。不受拘羈。有自鳴集。

章・良民 〔明〕字士良。性至孝。永樂間暨貢太學。擢行在刑科給事中。糾遣毆失。咸服其公。

章・谷 〔清〕仁和人。字言在。號古愚。性至孝。善八分隸體。畫尤工絕。子子鶴・子貞。皆能紹谷藝。父子兄弟均以畫名。

章・尙絅 〔明〕會稽人。字闇然。少有志概。敦孝友。以國學生官秦府長史。李自成陷陝西。投印井中。冠服趨端禮門雉經死。

章・宗源 〔清〕浙江山陰人。字逢之。乾隆中大興籍舉人。以對策博贍發科。益好學。積十餘年。采獲經史羣籍傳注。輯錄唐宋已來亡佚古書盈數笈。性好佛。以妖僧明心事牽連革斥。卒於京邸。有隋書經籍志考證。

章・定 〔宋〕建安人。嘉定間知崑山縣。有名賢氏族言行類稿六十卷。於宋一代紀述頗詳。往往爲史傳所不載。足以補闕核異。

章・岵 〔宋〕建安人。字伯望。寶元進士。知蘇州。政以最聞。

章・岷 〔宋〕浦城人。字伯鎭。徙鎭江。天聖進士。與范仲淹同賦詩。岷詩先就。仲淹覽曰。此詩眞可壓倒元白矣。官兩浙轉運使。有能名。性剛介。後知蘇州。有惠政。官終光祿卿。

章・迪 〔元〕臨川人。字允德。能文章。有才略。爲江西行省檢校。討平劇寇胡志學。左丞火你赤忌其功。召還省。殺之。

章・明 〔漢〕新繁人。累官至大中大夫。王莽篡位。明嘆曰。吾不能以一身事二主。遂自殺。

章・法 〔清〕崑山人。字石渠。號瓶圃。善畫牛。畫柔天趣橫發。嘗作蘇州竹枝詞九十六首。著稱於時。

章・邯 〔秦〕二世時官少府。陳涉兵起。二世使邯發酈山徒將之。擊殺周章。與長史司馬欣等滅陳涉。破項梁。平魏咎。楚地略定。後從項羽入關。羽立邯爲雍王。漢高祖還定三秦。邯敗走自殺。

章・金牧 〔清〕德清人。字雲李。號萊山。博聞強識。工詩文。順治拔貢。官柏鄉知縣。居官廉平。有萊山堂集。（四庫提要作歸安人。此從章氏會譜。）

章・复 〔宋〕夏弟。字季常。少力學好修。登宣和進士。除丹陽令。歷官御史中丞。出知太平婺州。所至以廉謹稱。

章・庠 〔明〕齊子。字景序。元季隱歙山。太祖爲吳王時。微行訪之。與之語。知其業儒。詔別其家爲儒籍。及即位。徵爲袁州知府。以饑饉停徵便宜發倉賑濟獲罪。卒於官。

章・律 〔明〕格弟。字鳴鳳。第進士。以都御史巡撫雲南貴州。所至皆有聲。召還掌南京都察院事。乞歸卒。

章・思廉 〔宋〕遂昌人。居壽光宮。爲道士。誦度人經有悟。遂絕粒不食。預言禍福休咎。多有驗。

章・拯 〔明〕懋從子。字以道。弘治進士。授工部主事。因忤劉瑾下詔獄。謫梧州通判。瑾誅。擢南京兵部郎中。嘉靖中累官工部尚書。桂萼欲復海運。

延公卿議得失。拯曰。海運雖有故事。風濤百倍於河。且天津海口多淤。自古不聞有濟海者。議遂寢。南北郊議起。拯言不可。失帝意。尋落職歸。後復官卒。謚恭惠。

章・昭達 陳武康人。字伯通。輕財尚氣。文帝爲吳興太守。委以將帥。歷事四帝。屢著戰功。累官侍中・車騎大將軍。封邵陵郡公。進位司空。後征江陵。卒於軍。昭達性嚴刻。然能推功將帥。廚膳飲食。並同羣下。將士亦以此附之。

章・貞 清會稽人。字含可。順治進士。歷知壽光・東陽等縣。均有善政。康熙間舉鴻博。行抵江寧。以病歸。工詩古文詞。有東銘解等書。

章・夏 宋寧國人。字彥明。性至孝。工爲古詩。大觀進士。歷官潭州通判。所至有惠愛。有湘潭集。

章・容 宋丹徒人。性至孝。母亡。思慕切至。墓上枯竹復生。子孫相繼以經學顯。

章・恩 明浙江山陰人。字元之。工詩。有金陵覽勝詩。

章・時鸞 明青陽人。字孟泉。嘉靖舉人。知鄒縣。勸課農桑。邑大治。累擢河南副使。有名賢言行錄。

章・格 明儀弟。字韶鳳。舉進士。歷廣東按察。調雲南。緬夷反覆。格待以誠信。遂皆歸心。官終大理卿。

章・珪 明常熟人。字孟璘。宣德間以薦累擢監察御史。出巡畿甸。值歲荒旱。奏蠲逋稅。全活甚衆。辨疑獄。釋冤抑。頌聲載道。後罷歸。杜門教子。皆成名。

章・袞 明臨川人。字汝明。嘉靖進士。授御史。督學南畿。以狷介稱。累進陝西提學副使。乞歸卒。有童子瑣言・學庸口義・章介菴集。

章・适 明關谿人。字景南。號道峯。嘉靖進士。官至禮科給事中。以言事忤旨。告歸。有道峯集。

章・高元 清合肥人。字鼎丞。光緒間隨劉銘傳・孫開華防守臺灣。法人犯基隆。力戰有功。授總兵。中日之戰。防守旅順。以蓋平失守奪職。後駐守青島。爲德人所幽。尋得歸。官至重慶鎮總兵。

章・康 宋浦城人。居吳。字季思。從學於朱熹。隱居不仕。人稱曰聘君。淳祐中卒。有遺集。

章・彬 明南昌人。字自新。兄爲里豪所訟。論死。彬力請以身代。戍遼東。赦還。諸兄歡聚又二十五年卒。

章・得象 宋仔鈞玄孫。字希言。爲人莊重好學。登咸平進士。楊億以得象渾厚有容。有公輔器。薦之。累拜同中書門下平章事。封郇國公。得象在翰林十二年。章獻太后臨朝。宦官方熾。每遣內侍至學士院。得象必正色待之。卒謚文簡。

章・惇 宋浦城人。徙居蘇州。字子厚。性豪雋。博學善文。舉嘉祐進士。恥名出從子衡下。委勅而出。再舉甲科。王安石悅其才。用爲編修三司條例官。哲宗初知樞密院事。劉摯・蘇轍等交章擊之。黜知汝州。高太后崩。起惇爲尚書左僕射。兼門下侍郎。引其黨蔡京・蔡卞等。盡復熙豐之政。力排元祐黨人。人民交怨。徽宗初累貶睦州卒。

章惇妻 宋姓張氏。有賢德。病且死。囑惇曰。君作相。幸勿報怨。既沒。惇語陳瓘曰。悼亡不堪。奈何。瓘曰。與其悲傷無益。曷若念其臨絕之言。惇無以對。

章・惟一 明零陵人。字守中。萬曆舉人。授遷江令。治行第一。陞曲靖同知。擢知府事。釐奸剔蠹。時稱神君。

章・望之 宋得象從子。字表民。爲文辨博。長於議論。丁母憂。毀瘠過制。後官大理評事。歐陽修等薦其才。官至光祿寺丞。望之宗孟軻言性善。著救性七篇。明統三篇。禮論一篇。又有集三十卷。

章・紳 清新陽人。寓浙中。字佩玖。幼年隨侍惲壽平。畫花草翎毛多得其法。號稱嫡派。

章・陶 清諸暨人。一名兆騏。字栽瓦。號采蘩。雍正間諸生。家貧力學。事親甚孝。行誼爲鄉里所推重。有季漢書・幽芳集・古文雜著。

章・陬 明黃巖人。字仲寅。正統進士。官禮部主事。累與鄉會試。稱得士。景泰間預修宋元史・續朱子綱目卒。有書經提要・詩文集。

章・卿孫 元蜀人。本劉氏。幼與母相失。徧訪三十八年。迎歸奉養。

章・援 宋惇子。元祐中進士第一。兄持第十。時蘇軾知貢舉。屬意李方叔。令人持一簡與之。值其出。僕受簡置几上。偶援兄弟來。取簡竊視。乃劉向優於揚雄論二篇。持去。已而果出此題。二章模倣軾作。軾取之。意必方叔。及揭榜。乃二章也。援後官校書郎。

章・敞 明會稽人。字尙文。永樂進士。授刑部主事。屢辨冤獄。宣德間擢禮部右侍郎。兩使安南。諭黎利父子。得使臣體。還致厚饋不受。正統初轉左侍郎。嘗與修永樂大典及五經四書性理大全。有質菴文集。

章・琰 宋太平人。字子美。號立庵。寶慶進士。拜侍御史。彈劾無所避。出知江州。忤丁大全解職。

章・程 宋工畫人物山水。

章・華 陳吳興人。字仲宗。家世業農。至華獨好學。通經史。善屬文。侯景之亂。遊嶺南。居羅浮山寺。專精習業。後主時除大市令。辭疾不應。禎明初上書極諫被誅。

章詔 清丹徒人。字廷綸。晚號遯園居士。工畫墨竹。長於大幅。

章貧 宋青陽人。字元明。號嘿笑居士。宣和進士。高宗初授主簿。再轉爲丞。時秦檜執政。欲以掌故處之。貧不願留。授武威軍節度判官。終於奉議郎。邑人奉之。刻像於學。

章順舉 明甘羅鄉人。字元凱。隱居陽臺村。容貌魁偉。博學多聞。洪武間以人材薦。歷官至廣西左布政使。所至有惠政。

章雲就 宋麗水人。建炎中賊將過處州。守臣梁頤吉募能說賊者。雲就應募往。諭之降。賊許諾。既至城下。官軍掩至。賊以爲賣己。遂被害。

章嵩 明涇縣人。字士瞻。弘治進士。除戶部主事。風度端雅。瞻於詞章。

章轂 宋餘干人。字仲弓。慶曆進士。官資州軍事判官。政尚愷悌。後通判秀州。賑荒禦寇。民賴以寧。卒官。

章愷 清嘉善人。字虞仲。乾隆進士。官編修。工詞。有蕉雨秋房詞。

章戩功 清士斐長子。字服伯。九歲通五經。善屬文。精繪事。困童子試。年三十八成諸生。榜出。沒已四日。有柳堂詩文集、畫說等書。

章楶 宋頻孫。字質夫。試禮部第一。元祐初知慶州。哲宗訪以邊事。命知渭州。在涇原四年。凡創州一城砦九。立邊功爲西方最。徽宗立。拜同知樞密院事。卒諡莊簡。

章楹 清浙江新城人。字柱天。雍正進士。官青田教諭。有謁崖脞說。

章溢 明浙江龍泉人。字三益。天性孝友。元末統鄉兵壓平劇盜。授浙東都元帥。辭不受。隱匡山。太祖以幣聘之。累拜御史中丞。時廷臣伺帝意多苛。溢獨務大體。後喪母。以毀卒。福王時諡莊敏。

章煥 明吳縣人。字懋憲。嘉靖進士。歷官都御史。撫治鄖陽及襄陽。政事文章。當時推重。

章煥然 明黃陂人。字索夫。幼穎異。生平以真知爲宗。以知行合一爲學。

章煦 清錢塘人。字曜青。號桐門。乾隆進士。嘉慶時官至文淵閣大學士。加太子太保。敭歷中外數十年。所至未嘗久於其職。惟撫吳幾及三年。頗有善政。道光時以老病乞歸。卒諡文簡。

章煎 宋友直女。工篆書。能傳其家學。以篆筆畫棋盤。筆筆勻正。縱橫如一。

章瑄 明會稽人。字用輝。景泰進士。授職方主事。出守山海關。時中貴魏榮。舍人王延倚勢縱恣。瑄奏置諸法。御馬指揮都監脫人亦有寵於英宗。命使朝鮮。而無關符。瑄持之不奉詔。脫馳歸。帝震怒。繫闕下。言官論救乃釋。官終太僕少卿。有竹莊集。

章綖 宋楶五子。簽判西安州。爲蔡京所誣。刺面配沙門島。後官至內殿崇班。

章裕善 清嘉善人。字竹虛。以舉人知江西樂平縣。緝匪有聲。調知吉水。適水災。請緩徵不許。最後得請。民始獲生。洪楊軍來攻。城陷。仰藥死。

章詧 宋雙流人。字隱之。博通經學。尤長易、太玄。著發隱三篇。蜀守以逸民薦。命爲州助教。不就。嘉祐中賜號沖退處士。

章僑 明蘭谿人。字處仁。正德進士。授行人。擢禮科給事中。直言敢諫。出知衡州府。終福建布政使。

章嘉禎 明德清人。字元禮。萬曆進士。官至大理寺寺丞。有姑孰集。

章慥 清南城人。字仲實。明諸生。隱居華子岡。灌園養母。與謝文洊論學最契。好讀史。有二十一史童觀集、閱史偶談。

章榕 清吳縣人。字幻廬。工畫士女。鉤勒花卉。傳色妍雅。善書。精醫。審音律。

章碣 唐孝標子。乾符進士。工詩。後流落不知所終。有章碣集。

章綜 宋楶三子。字子京。中進士第一。調洛陽簿。時范純仁爲尹。一見待以國士。與韓玉汝、李邦直俱以文行名於時。官至龍圖閣直學士。

章綸 明樂清人。字大經。正統進士。景泰初爲儀制郎中。上太平十六策。後因災異復陳修德弭災十四事。疏入。下獄榜掠。逼引主使及交通南宮狀。瀕死無一語。英宗復位。擢禮部右侍郎。綸既以大節爲帝所重。而性亢直不能諧俗。調南京。屢有直言。當事多不喜。爲侍郎二十年。不得遷。請老去。卒諡恭毅。

章粹 宋浦城人。字仲容。元豐進士。歷廬江令。有妖覡以禍福惑衆。痛懲之。遷魏王宮教授。不及赴任。改太府寺丞。考簿籍之譌誤。得羨財幾千餘萬。通判思州。適河流漲溢。郡人大恐。粹增卑培薄。迄以無虞。樞密鄭居中薦於朝。以疾卒。

章鈚 明海寧人。號淡塘。性至孝。學行端凝。當路欲以經術薦。以母老辭。母終年九十九。鈚卒於穆宗朝。年百有二。母子壽登二百。時號人瑞。

章頔 宋頻弟。字朝宗。咸平初詣闕言時政得失。不報。後登第。累官職方郎中。

章齊 元江陰人。字敬叔。學成

不仕。父文。元季死亂兵中。齊求父尸不得。哀慟絕粒。書蓼莪詩遺子庠。擲筆而逝。

章・儀　明珪子。字來鳳。與弟格同科。有司爲立聚奎聯璧二坊。歷官兩京國子助教。典京闈山西河南文衡。致仕家居。杜門不出。爲人厚重。鄉人敬之。

章・德安　五代吳越麗水人。官至內都監。受錢元瓘顧命。元瓘卒。內牙指揮使戴惲謀立元瓘養子弘侑。德安伏甲殺惲。廢弘侑。後貶處州右都監。

章・撫功　清戡功弟。字仁髓。天才駿發。爲文貫串六經。康熙時恩貢。有漢世說・清嘯堂詩集。

章・潤　明古田人。字時甫。永樂進士。歷刑部郎中。斷獄稱寬允。遇事剛果有古人風。時號爲章鐵板。

章・潢　明南昌人。字本清。篤志學古。主白鹿書院。執經從游者甚衆。以薦授順天府儒學訓導。及卒。鄉人私諡文德先生。有周易象義・詩經原體・書經原始・春秋竊義・禮記劄言・論語約言・圖書編諸書。

章・節夫　宋臨川人。字仲制。少穎悟。及長。博通諸經。從陸九淵游。九淵勉以硬豎脊梁。深造遠到。節夫終身誦之勿敢忘。嘗取朱陸辭旨異同處。集而疏之。名修和管見。晚年所守益固。從學甚衆。世稱從軒先生。

章・誼　宋浦城人。字宜叟。崇寧進士。高宗時爲侍御史。獻戰守四策。奉命使金。與粘罕兀室論事不少屈。官至端明殿學士。卒諡忠恪。誼寬仁長厚。立朝論事。皆經國濟時之策。甚爲帝所重。

章・調鼎　明富順人。字玉鉉。有詩經備考。

章・鋆　清鄞人。字酡芝。號采南。咸豐進士第一。官國子監祭酒。生平服膺宋五子。能通朱陸之郵。視學福建時。集先儒事蹟。爲閩儒學則一書。鋟板流布。又有望雲山館詩文稿・治平寶鑑。

章・魯封　五代吳越桐廬人。頻舉進士不第。有雋才。少與羅隱齊名。累官蘇州刺史。有章子。

章・學誠　清會稽人。字實齋。乾隆進士。官國子監典籍。邃於史學。以纂修方志。爲時所重。有文史通義・校讎通義・札迻・乙卯丙辰劄記・實齋文鈔。

章・憲　宋甫子。字叔度。宣和中監漢陽酒稅。樂道好德。邃於春秋。學者稱復軒先生。有復軒集。

章・樵　宋昌化人。字升道。嘉定進士。歷海州高郵山陽教官。習知海徼事。再上時宰書。力陳李全必叛。全果亂。郡縣官多被禍。獨樵率諸生盛服坐堂上講誦。賊至。斂刃退。官終知處州。有章氏家訓・補註春秋繁露・補註文苑。

章・綍　宋粢長子。字伯成。熙寧進士。累擢淮東提刑。會蔡京更鈔法。江淮富商束手。或自殺。綍上言鈔法誤民。請如約以示大信。忤旨降兩官。竄台州。後復龍圖閣直學士致仕卒。

章・衡　宋浦城人。字子平。嘉祐進士第一。知審官西院。使遼。燕射連發破的。遼以爲文武兼備。待以殊禮。累官集賢學士。復以待制知穎州卒。有編年通載。

章・衡民　明浙江新昌人。本名澧。以字行。性孝友。洪武間領鄉薦。嫂及父母相繼沒。久弗克葬。晝夜悲號。隣黨感其孝誠。皆賻以襄事。後中進士。擢建昌教授卒。

章・遵　宋爲揚州刺史。行部聞道旁女子哭聲。不甚哀。問之。云夫遭燒死。遵令吏驗尸。得婦以淫殺夫狀。

章・靜宜　清吳縣人。字湘御。順治時諸生。從學於宋實穎。又與吳偉業唱酬。故歌行頗近梅村集門徑。有青好遺稿。

章・穎　宋臨江軍人。字茂獻。以兼經中鄉薦。孝宗立。下詔求言。爲萬言書附驛以聞。官太常博士。光宗朝爲左司諫。請留趙汝愚。纍論起被竄。寧宗卽位。遷禮部尙書。穎踐履端直。生平風節。不爲窮達所移。清議與之。卒諡文肅。有南渡十將傳。

章・頻　宋浦城人。字簡之。景德進士。歷官三司度支判官。詔鞫邛州牙校訟鹽井事。皇城使劉美依倚后家受賕。使人市其獄。頻請捕擊。忤旨。出知宣州。後官至刑部郎中。

章・懋　明蘭谿人。字德懋。別號闇然子。成化進士第一。授編修。疏諫元夕張燈。廷杖謫官。累遷福建按察司僉事。平泰寧沙尤賊。政績甚著。尋致仕歸。屛跡不入城府。奉親之暇。以讀書講學爲事。世稱楓山先生。後起爲南京國子監祭酒。復乞休。世宗立。卽家進南京禮部尙書。卒諡文懿。有楓山語錄・楓山集。

章・謙存　清銅陵人。字犀臺。嘉慶初舉孝廉方正。官寶山訓導。有尙書周誥考辨・鄭風考辨・春秋比辨。

章・纛　宋宣城人。字彥博。累拜刑部侍郎。纛練憲章。每議獄。傅以經術。時論推其平允。以疾歸卒。

章・簡　明松江華亭人。字坤能。天啓舉人。官羅源知縣。清兵破南京。列城望風下。簡與里人沈猶龍等募壯士守城。城破。不屈死。

章・鎰　明鄞人。字元益。成化進士。改庶吉士。授兵科給事中。時妖僧繼曉得幸。鎰極言其妖妄。乞正典刑。陞都給事。威寧伯王越鎭邊。殺麾下以邀賞。鎰發其奸。卒爲所構。

掛冠歸卒。

章·曠 〔明〕簡弟。字于野。號峩山。崇禎進士。福王時爲長沙監軍。唐王擢右僉都御史。提督軍務。永明王時加兵部右侍郎。曠有智略。行軍不避鋒鏑。後見諸大將擁兵。聞警輒走。抑鬱卒。諡文毅。

章·黼 〔明〕嘉定人。字道常。博洽多識。隱居教授。以六經多訛謬。乃選洪武正韻及爾雅說諸書。考定同異。集正韻三萬餘字。名韻學集成。

章·繼伯 〔南唐〕工畫寺壁。兼長畫扇。

章·藻功 〔清〕攡功弟。字豈績。幼承家學。工駢文。以新巧勝。康熙進士。授庶吉士。在官五月。卽引疾歸。事母終身。有思綺堂集。

章·鑄 〔宋〕吳興人。字子壽。官修職郎。鯁直敢言。宋亡歸隱。元世祖召之不就。自以世食宋祿。未嘗北向。凡仕元者。鑄皆絕之。世高其節。

章·鑑 〔宋〕樵從子。字君寶。號藝齋。嘉定進士。累遷華文閣待制。爵錢塘縣開國伯。鑑天資穎悟。爲文立就。性忠直淳厚。時相疾其正論。每怵以禍福。鑑不爲動。深爲理宗所知。有友山文集·奏議·內外制資善講讀·四時雜興·衆芝集。◎〔宋〕分寧人。字公秉。以別院省試及第。咸淳間拜右丞相。元兵逼臨安。鑑託故遁去。遂罷相。又坐後事削一官放歸。人頗歎其清約。士大夫目爲滿朝歡。

符·令奇 〔唐〕臨沂人。初爲盧龍軍裨將。後事田承嗣。田悅拒命。馬燧敗之洹水。令奇使子璘引兵歸燧。悅怒。切讓之。令奇罵曰。爾忘恩背主。旦夕死。吾教子以順。殺身庸何悔。臨刑色不變。一家被夷。

符·令謙 〔南唐〕習子。有勇力。善騎射。官至趙州刺史。有善政。卒於州。州人號泣送者數千人。當時號爲良刺史。

符·玉英 〔元〕符鳳之妻。鳳以罪徙儋州。爲獠賊所殺。脅玉英私之。對曰。一婦人不足事衆男子。請推一長者。賊然之。請更衣。有頃。盛服立於舟。罵曰。受賊辱不如死。自沈於海。

符后 〔後周〕彥卿女。明果有大志。初適李守貞子崇訓。守貞謀反伏誅。世宗納以爲繼室。卽位。册爲皇后。帝卞急多暴怒。后必漸爲解說。由是益重之。帝征淮。后切諫不聽。師久無功。后以憂成疾卒。

符·存審 〔後唐〕宛丘人。字德詳。初名存。事李罕之。從罕之歸晉。李克用以爲義兒軍使。賜姓李氏。名存審。存審爲將有機略。從莊宗破梁軍。走遼兵。敗劉鄩。大小百餘戰。未嘗有敗衄。與周德威齊名。官至宣武節度使。卒於幽州。

符·行中 〔宋〕授子。政和進士。歷知成都府。所至有政績。遷江西轉運使。奏減月俸虛額五分。識虞允文於常僚中。後以言事奪職。安置南雄州。有猥稿。（按萬姓統譜作符中行。此從江西通志。）

符·彥卿 〔宋〕彥饒弟。字冠侯。年十三。能騎射。唐天成中以吉州刺史討王都於定州。大破遼兵於嘉山。晉天運中遼兵圍陽城。擊走之。歷漢周。累官天雄軍節度使。拜太傅。封魏王。入宋加守太師。彥卿爲將。有謀善戰。所得賞賜。悉分給士卒。故人樂爲之用。遼人甚憚之。稱爲符王。開寶初移鳳翔節度。被劾罷卒。

符·彥超 〔後唐〕存審子。爲汾州刺史。郭從謙弒莊宗。永王存霸奔太原。留守張憲欲納之。彥超不從。存霸遂見殺。明宗德之。以爲建雄軍留後。累徙安遠軍節度使。後爲奴所殺。

符·彥饒 〔後晉〕彥超弟。唐天成初爲汴州馬步軍都指揮使。張諫爲亂。迫彥饒爲帥。彥饒陽許之。乃陰伏兵誅諫等。明宗褒其忠略。累拜忠正軍節度使。廢帝敗。晉高祖徙爲義成軍節度使。范彥光反。白奉進以兵屯滑州。彥饒兵有犯法者。奉進斬之。彥饒麾下殺奉進。屯駐軍將執彥饒送京師。高祖使人殺之。

符·昭壽 〔宋〕昭愍弟。初補供奉官。咸平初累遷鳳州團練使·益州鈐轄。日事遊宴。不理戎務。常令部曲邀取民財。又縱其下淩忽軍校。人皆怨憤。後爲部卒所殺。

符·昭愿 〔宋〕彥卿子。字致恭。謹厚謙約。頗讀書好事。周時以蔭補天雄軍牙職。領興州刺史。咸平初累官天雄軍邢州二鈐轄。以疾還京師。帝賜名方御藥。恩寵備至。拜本州防禦使卒。

符·乾仁 〔後漢〕有修眞秘錄一卷。

符·惟忠 〔宋〕彥卿曾孫。字正臣。以蔭歷西染院副使。提點開封府界縣鎮公事。宰相王曾外孫樂諳爲開封主簿。或風惟忠薦之。惟忠不可。後諳果以贓敗。尤長於治河。惠民河與刁河合流。惟忠置二斗門殺水勢。自是無水害。後以閤門使副富弼聘遼。道卒。

符·授 〔宋〕南豐人。元豐進士。性恬退。不事干謁。累官中奉大夫卒。

符·敍 〔宋〕江西建昌人。字舜功。初問學於陸九淵。其後師朱熹。嘗言九淵不善訊性。

符·習 〔後唐〕昭慶人。少事趙王王鎔爲軍校。張文禮弒趙王。習言於莊宗曰。臣世受趙王恩。王嘗以一劍與臣。使自効。今聞王死。欲以劍自裁。念卒無益。請擊趙破賊報王冤。莊宗壯之。遣將助習討文禮。以習爲鎭州兵馬留後。攻文禮不克。明宗時官至宣武軍節度。以太子太師致仕卒。

符．曾　清錢塘人。字幼魯。號藥林。乾隆初由國子生試鴻博。不遇。後官郎中。工詩。超妙絕俗。有春鳧小稿。

符．載　唐蜀人。字厚之。初隱廬山。後辟西川掌書記。加授監察御史。工詩。有詩集。

符．道昭　後梁蔡州人。初爲李茂貞養子。名繼遠。兵敗降梁。太祖以爲右司馬。爲將勇於犯敵而少成算。每戰先發。多敗。開平初攻潞州戰死。

符．蒙　後晉習次子。少好學。性剛頗。仕唐爲成德軍節度副使。後事晉。官至禮部侍郎。

符．璘　唐令奇子。字元亮。降馬燧。拜特進。封義陽郡王。李懷光反。從燧征討有功。入朝爲輔國大將軍。居環衛十三年卒。

符．融　後漢浚儀人。字偉明。游太學。師事李膺。膺每見融。輒絕他賓客聽其言論。融幅巾奮袖。談辭如雲。膺每捧手歎息。由是知名。公府連辟不應。後以壽終。

符．驗　明黃巖人。字大充。號松巖。嘉靖進士。官至廣西按察司僉事。有革除遺事．留臺雜紀。

笪．重光　清句容人。字在辛。號江上外史。亦稱鬱岡掃葉道人。順治進士。官御史。有直聲。以劾明珠棄官去。不知所終。工書畫。詩亦清剛雋上如其人。有書筏．畫筌。

第二．從直　唐玄宗時任中尉。

第八．矯　漢王莽時爲講學大夫。

第五．元先　後漢通京氏易．公羊春秋．三統曆．九章算術。鄭康成師事之。

第五．充衡　宋知新州。有惠政。流人多被其恩澤。

第五．居仁　元奉元人。字士安。幼師蕭㪺。弱冠從同恕受學。博通經史。躬率子弟致力農畝。而學徒滿門。有宏度雅量。及卒。門人私謚靜安先生。

第五．倫　後漢長陵人。字伯魚。建武中舉孝廉。拜會稽太守。以清節著。章帝時擢爲司空。奉公盡節。言事無所依違。或問倫有私乎。倫曰。昔有遺吾千里馬者。雖不受。每三公有所選舉。心不能忘。而終不用也。兄子嘗病。一夕十往。退而安寢。吾子有疾。雖不省視而竟夕不眠。不可謂無私也。以老病乞歸卒。

第五．峯　唐琦子。以孝著。官台州刺史。

第五．泰　唐益都人。字伯通。咸通中爲鄂州文學。有左傳事類。

第五．訪　後漢倫族孫。字仲謀。少孤貧。常傭耕以養兄嫂。有暇則學文。仕郡爲功曹。察孝廉。補新都令。歷張掖太守。所至有治績。遷護羌校尉。邊境服其威信。

第五．琦　唐長安人。字禹珪。少以吏幹進。頗能言強國富民術。肅宗時拜監察御史。句當江淮租庸使。兼諸道鹽鐵使。鹽鐵名使自琦始。軍興。隨事輒辦。不益賦而用以饒。乾元中進同中書門下平章事。坐事流夷州。寶應初起爲朗州刺史。有異政。累封扶風郡公。又坐與魚朝恩善。貶官。終東都留守。

第五．種　後漢倫曾孫。字興先。少厲志義。爲吏冠名州郡。永壽中以奉使稱職。拜高密侯相。遷兗州刺史。中常侍單超兄子匡爲濟陰太守。負勢貪放。種劾超。超積恨。遂以事陷種。坐徙朔方。會赦歸卒。

第五．頡　後漢倫子。字子陵。歷桂陽．廬江太守。所在見稱。順帝即位。擢爲將作大匠卒。頡性狷介。洛陽無主人。鄉里無田宅。常客止靈臺中。或十日不炊。故舊各致禮餉。頡終不受。

笮．融　後漢丹陽人。聚衆依同郡陶謙。謙使督廣陵．下邳．彭城運糧。遂斷三郡委輸。大起浮屠寺。尋走廣陵。殺廣陵太守趙昱。放兵大掠。又殺豫章郡守朱皓。入據其城。後爲揚州刺史劉繇所破。走入山中。爲人所殺。

粘合．重山　元金源貴族。國初爲質子。遂委質爲宿衛。積勳授左丞相。從太宗伐宋。重山降其民三十餘萬。不誅一人。卒謚忠武。

粘沒喝　金見完顏宗翰條。

粘割．貞　金西南路招討司人。大定進士。官工部尚書。伐宋有功。守晉安府。興定間城破。死之。

粘割．斡特剌　金蓋州別里賣猛安奚屈謀克人。貞元初以習女直字試補戶部令史。累官平章事。封芮國公。性溫厚蘊藉。嘗爲丞相紇石烈良弼所薦。世宗謂宰臣曰。良弼善知人。如斡特剌輩。其才眞可用也。在相位十年。甚見寵遇。卒謚成肅。

粘割．韓奴　金以護衛從兀朮征伐。賜鎧甲弓矢戰馬。初遼林牙耶律大石稱王於北方。有戰馬萬匹。畜產甚衆。皇統中回紇遣使入貢。言大石已死。詔加武義將軍。使大石。韓奴入其境。大石方適野。與韓奴相遇。大石使韓奴跪。不屈被殺。

粘葛．奴申　金初倅開封。以嚴幹稱。擢陳州防禦使。時兵戈搶攘。道路不通。奴申策孤騎由間道往。陳自兵興。軍民皆避遷他郡。奴申爲之擇官吏。明號令。完城郭。立廬舍。實倉廩。備器械。未幾聚流亡數十萬口。京城困危之民。望而歸者不絕。遂指以爲東南生路。哀宗走歸德。改陳州爲金與軍。以奴申行尙書省於陳。後爲李順兒所害。

粘・鵬　明武邑人。字時擧。洪武擧人。除閬中教諭。工詩詞。尤善草篆。

紫玉　春秋吳夫差女。悅童子韓重。欲嫁之不得。氣結而死。重游學歸。知之。往弔於墓側。紫玉形見。贈重明珠。因作歌。

紫・景望　宋理宗初爲永州太守。明達政理。檢核吏姦。更置簿書。不踰年。財賦自裕。人輸苗稅石減一斗。以寬民力。每歲發扛解加二升以優運船。又增水脚錢與之。

紹古兒　元太祖時命同飲班朱尼河之水。扈從親征。所至立功。授洛磁等路達魯花赤。

終公　秦項羽將。漢王軍宛葉間。羽使終公守成皋。而自擊彭越。

終古　夏太史令。桀鑿池爲夜宮。男女雜處。三旬不朝。終古執其圖法泣諫。不聽。遂出奔商。

終・其功　明岡城人。永樂中以辟字生任鴻臚寺主簿。使朝鮮。

終・軍　漢濟南人。字子雲。博辯能文。武帝朝年十八。至長安上書言事。拜謁者給事中。初軍入關。關吏與繻爲信。軍曰。大丈夫西遊。終不復傳還。棄繻去。後爲謁者奉使。建節東出關。關吏識之。曰。此前棄繻生也。累擢諫大夫。使南越。請受長纓。必羈南越王頸。致之闕下。旋卒。年二十餘。世謂之終童。

終・郁　唐玄宗時人。官縣令。與杜甫善。甫嘗贈之以詩。

終・帶　漢爲校尉史。王莽時與陳良共殺校尉。自稱廢漢大將軍。亡入匈奴。王莽厚賂購歸。檻車詣長安。燔殺之。

終・愼思　宋苦志力學。其友董儲以書薦之朝。不遇。取書歸。

細晟羅　唐南詔王。九隆五族人。耕於巍山之麓。孳牧繁息。部衆日盛。代張氏立國。號曰封民蒙氏。稱南詔。貞觀中遷居瓏玗圖山。高宗時遣子入侍。授巍州刺史。

習古迺　金嘗與銀朮可俱往遼國取阿疎。還言遼八可取之狀。太祖始決意伐遼。天會中爲都統。移治東京。鎭高麗。

習・承業　後漢襄陽人。博學有才鑑。歷官江陽・汶山太守。都督龍鶴諸軍事。

習・珍　蜀漢襄陽人。爲零陵北部都尉。孫權殺關羽。珍與樊胄等擧兵。權遣潘濬討珍。濬招降。珍謂曰。我必爲漢鬼。不爲吳臣。月餘糧盡。自殺。

習・郁　後漢融子。字文通。官侍中。於峴山南依范蠡養魚法作魚池。池邊有高隄。種竹及長楸芙蓉。菱芡覆水。晉山簡每臨此池。常醉呼曰。此是我高陽池也。

習・溫　三國吳襄陽人。識度廣大。歷長沙・武昌太守。選曹尙書。長子宇爲執法郎。每出。車騎導從甚盛。溫怒責之曰。生於亂世。貴而能貧。始可以無患。況復以侈靡競乎。

習・經　明新喩人。字嘉言。號寅清居士。晚號尋樂翁。永樂進士。官至詹事府詹事。有尋樂文集。

習・辟疆　晉鑿齒子。才學有父風。位至驃騎從事中郎。

習・禎　蜀漢襄陽人。字文祥。善談論。隨先主入蜀。歷南廣漢太守。

習・韶　明永平人。字尙鏞。洪武中任長樂知縣。以德化民。勤於撫字。

習・融　後漢襄陽人。有德行。不仕。

習・鑿齒　晉襄陽人。字彥威。博學洽聞。以文筆著稱。桓溫辟爲從事。累遷別駕。甚器遇之。忤溫旨。出爲滎陽太守。時溫覬覦非望。鑿齒著晉漢春秋。以蜀爲正統。以裁正之。襄陽陷。苻堅素聞其名。召與語。賜遺甚厚。尋襄鄧反正。欲徵典國史。已卒。

聊・蒼　漢趙人。武帝時爲侍中。著書號聊子。參看膠蒼條。

聊・讓　明蘭州人。本軍家子。好學有志尙。登景泰進士。天順中知南昌縣。執禮守法。一以愛民爲主。

脫力世官　元畏吾人。襲職爲羅羅斯副都元帥。嘗討平產金戶・德平路落來民・亦奚不薛・蠻子童・蠻細狗折與等。以功加懷遠大將軍。兼管軍萬戶。

脫因納　元答答叉氏。世祖時從征乃顏。以功受上賞。累官通政使。致和初分院上都。爲倒剌沙所殺。文宗卽位。追謚忠愍。

脫烈海牙　元畏吾氏。幼嗜學。由中書宣使累官監察御史。時江西胡參政殺其弟。訟久不決。脫烈海牙一訊。遂伏其辜。仁宗在東宮。知其嗜學。出祕府經籍。及聖賢圖像以賜。歷吏禮二部尙書。終淮東宣慰使。

脫脫　元木華黎玄孫。幼失怙。其母篤意教之。旣冠。喜與儒士語。每聞一善言善行。若獲拱璧。至元中從征乃顏有功。累官江浙等處行中書省平章政事。◉元馬札兒台子。字大用。年十五。爲皇太子怯憐口怯薛官。至元中累遷御史大夫。大振綱紀。中外竦然。時其伯父伯顏專恣凶虐。脫脫與父計逐之。至正初進中書右丞相。悉更伯顏舊政。中外翕然。稱爲賢相。時詔修遼金元三史。命脫脫爲都總裁官。又請修至正條格頒天下。尋因病辭位。召爲太傅。會芝麻李・張士誠等反。脫脫總制諸省軍討之。以出師無功。被劾削爵。安置淮安。尋改流雲南。哈麻矯詔鴆殺之。◉元康里脫脫。史亦稱脫脫。詳康里脫脫條。

脫脫卜沙　明永昌衞上人。永樂中兀馬兒沙等謀叛。脫脫卜沙發其奸。馳報甘州總鎮。賊執其妻子。掠其財畜。脫脫卜沙度志弗伸。自刎而死。帝嘉其忠。陞其子帖木兒任本衞鎮撫。賜襲衣冠帶紗緞。

脫脫不花　明韃靼部長。宣德間瓦剌脫懽擊殺阿魯台。以其衆歸脫脫不花。立之。自爲丞相。脫懽死。子也先益自專。脫脫不花具名而已。歲來朝貢。帝厚報之。書稱達達可汗。其妻爲也先姊。也先欲立其甥。脫脫不花不可。遂治兵相攻。尋爲所殺。

脫・綱　明遂寧人。先任杭州前衞指揮同知。正統中陞浙江署都指揮僉事。征勦處州等反賊。累立奇功。尋陷賊死。

脫羅　明董山子。清稱爲妥羅。董山既誅。建州被討。受大創。而女直種人頗念董山。輒戴脫羅以復仇。遂東疆吏爲之增兵飭備。旋敕脫羅。仍襲指揮職。復通貢。而寇鈔未已。及海西衞指揮李撒赤哈以訴索賄事不得直。懷怨來歸。遂連結肆擾。詔出師征之。並命朝鮮會師。均無功。

脫懽　明瓦剌人。永樂間襲封順寧王。正統間以兵追逐韃靼朶兒只伯。又內殺其賢義安樂兩王。盡有其衆。欲自稱可汗。衆不可。乃立脫脫不花。自爲丞相。居漠北。襲破朶兒只伯。脅誘朶顏衞諸部。窺伺塞下。尋死。子也先嗣。

脫歡　元札剌兒台氏。襲加武略將軍。屢敗宋師有功。官至武昌路總管府達魯花赤。

莊・一夔　清武進人。字在田。精於醫。尤善治婦孺。有福幼編・遂生編・廣生編・種痘簡易良方。盛行於世。

莊・士敏　清武進人。字仲求。同治中以府同知官福建。歷游馬新貽等幕府。有才稱。署霞浦令。以勞卒。精駢儷文。有能思忠齋遺文・玉餘尺牘。

莊・子固　明遂東人。字憲伯。年十三。殺人亡命。後從軍有功。積官至參將。史可法出鎮。用爲副總兵。屯徐州・歸德間。聞揚州被圍。率衆馳救。城將破。欲擁可法出城。遇清兵。格鬭死。

莊・不識　漢以騎將入漢。還擊項羽。後以將軍擊黥布。封武彊侯。卒謚莊。（按漢書作不職。此從史記。）

莊・元辰　清鄞人。字起貞。晚字頑庵。明崇禎進士。官刑部主事。京師陷。迎魯王於天台。累遷太常卿。屢以時事進諫。王不能用。及清師東下。元辰狂走深山中。朝夕野哭。疽發於背而死。有因圍集・山樵編・信水亭吟。

莊・壬　宋惠安人。字子中。嘉定進士。尉永嘉縣。盜寇掠境。壬亟發卒擒之。上功於府。守怪不先白。將斬之。壬不爲動。衆強令拜。壬拂衣而去。後以薦爲海豐令。卒官。

莊・心賢　明晉江人。幼穎慧。善寫眞。閩中稱爲虎頭後身。

莊・曰璜　清震澤人。字渭川。善畫人物花卉蟲蝶。所繪百蝶圖尤有名。亦工書。

莊・同生　清武進人。字玉驄。號澹庵。順治進士。官右庶子。兼侍讀。負才名。善繪事。有澹庵集・長安春草・黃山紀游・姤史等書。

莊・仲方　清秀水人。字芝階。嘉慶舉人。官內閣中書。淡於榮利。以搢紳奉委管理葑田水利。晚年歸。築樓藏書。有映雪樓文稿・宋文範・金文雅・碧血錄・古文練要。

莊・存與　清武進人。字方耕。乾隆進士。授編修。官至禮部左侍郎。性廉鯁。通六經。尤長於書。有易說・毛詩說・周官說・尚書說・尚書既見・周官記・春秋正辭・樂說・四書說・算法約言・味經齋文稿等書。

莊・宇逵　清武進人。字達甫。諸生。嘉慶初舉孝廉方正。以經教授鄉里。一時名士多出其門。有春覺軒詩文集・羣經輯詁。

莊・有可　清武進人。亦名獻可。字大久。諸生。博通諸經傳。於春秋功力尤摯。自言讀至二千餘徧。能於字數得定歲差法。客京師十年。嘗與校中祕書。道光初卒。有春秋注解・春秋字數義・周易集說・毛詩說・周官集說・周官指掌・禮記集說等書。

莊・有恭　清番禺人。字容可。號滋圃。乾隆初廷試第一。授修撰。累官福建巡撫。所至有善政。坐事兩遭顚躓。均詔原之。書法圓勁。出入顏趙間。片楮隻字。人爭珍藏之。

莊・亨陽　清靖南人。字復齋。康熙進士。乾隆間知徐州府。居官剛直。不畏強禦。在徐三年。兩遇大荒。勤賑事。寢食皆廢。遷淮海道副使。有秋水堂集・河防算法書。

莊・伯和　明龍溪人。正統間爲鄧茂七黨所獲。脅之降。不屈。賊不忍殺。拘之三日。罵益甚。遂被殺。

莊・廷鑨　清歸安人。父允城。南潯富民。順治時購得明故相烏程朱國楨明史稿。廷鑨招聘名士修輯。並補入崇禎朝事。名曰明史輯略。中多觸諱之語。歸安知縣吳之榮以索詐不遂。控之於朝。遂成大獄。時廷鑨已前死。發墓焚其骨。戮其弟廷鉞。並籍其家。允城瘐死獄中。牽涉而死者七十餘人。婦女並給邊。

莊・辛　戰國楚仕襄王。知楚國必

危。去之趙。留五月。秦果舉鄢郢巫山蔡陳之地。襄王流淹於成陽。使人徵辛於趙。辛至。乃執珪而授之。爲陽陵君。與以淮北之地。

莊受祺〔清〕陽湖人。字衞生。道光進士。官至浙江布政使。喜論兵。於緩急虛實。洞中竅要。尤善識別將才。有楓南山館遺集・維摩室隨筆。

莊周〔戰國〕〔楚〕蒙人。嘗爲蒙漆園吏。與梁惠王齊宣王同時。於學無所不闚。楚威王聞其賢。遣使厚幣迎之。周曰。千金重利。卿相尊位也。子獨不見犧牛乎。衣以文繡。食以芻菽。及其牽而入於太廟。欲爲孤豚。其可得乎。又使聘於周。周謂使曰。吾聞楚有神龜。死已三千歲矣。王巾笥而藏之廟堂之上。此龜也。寧其死留骨而貴乎。寧其生而曳尾於塗中乎。使者曰。寧生而曳尾於塗中。莊子曰。往矣。吾將曳尾於塗中。以快吾志焉。於是著書十餘萬言。號莊子。漢志列於道家。與老子並稱爲道家之祖。唐天寶初。詔號爲南華眞經。

莊季裕〔宋〕清源人。名綽。以字行。嘗官於順昌・澧州等處。學有淵源。多識軼聞舊事。所著雞肋編。後人推爲與齊東野語相埒。又有杜集援證・灸膏肓法・筮法新儀等書。

莊怡孫〔清〕受祺子。字心吉。官刑部郎中。文詞淵雅。九工草隸。臨摹漢碑。凡數十百通。嘗謂熹平以前漢隸。無不以簡易爲主。蓋別有心得者。

莊昇〔明〕成都衞人。字景暘。第進士。任御史。賦性專篤。居官飭躬狷介。累擢山東僉事卒。

莊枏〔宋〕泉州人。字子修。歷信陽州判官。攝守事。破金兵有功。改羅山。依萬弩關築山砦。金兵至。扼關擊之。擒其木牌郎君。官終江東參議。

莊炘〔清〕武進人。字虛庵。乾隆副貢。官邠州知州。居官有隱德。嘗鞫白蓮教。爭於統軍。免株連者萬人。去之日。百姓求畫像以祀。詩文有法度。有寶繪堂集・一切經音義・小濠梁吟草・師尙齋詩集。

莊青翟〔漢〕不識孫。武帝時爲丞相。坐與長史朱買臣等發御史大夫張湯陰事。致湯自殺。下獄自盡。國除。

莊昶〔明〕江浦人。字孔暘。成化進士。授翰林檢討。因疏諫內廷張燈忤旨。謫桂陽州判官。尋改南京行人司副。以憂歸。卜居定山二十餘年。學者稱定山先生。弘治間起爲南京吏部郎中。罷歸卒。追謚文節。其學以主靜爲主。爲詩語含輿象。有莊定山集。

莊柔正〔宋〕莆田人。元符間知福清。嘗改築天寶陂。陂旁有大榕。柔正日聽訟其下以董役。凡投牒者人負一石。理曲者輸石以贖罪。陂疊石爲基。鎔鐵以錮之。數月訖工。改名元符陂。下溉腴田數萬畝。民賴其利。

莊杜〔清〕武進人。字書石。雍正進士。官浙江海防道。工詩文。善書。

莊夏〔宋〕泉州人。字子禮。淳熙進士。知興國縣。累官兵部侍郎・煥章閣待制。屢上書言事。皆切時政。有禮記解・國史大事記。

莊起元〔明〕武進人。字中孺。一字鶴坡。萬曆進士。授浦江令。調蘭溪。治績益著。擢守撫州。入爲戶曹。以忤魏忠賢戍山海關。後擢太僕寺卿。有漆園卮言。

莊培因〔清〕陽湖人。字本淳。乾隆進士。官至侍講學士。工詩古文辭。有虛一齋集。

莊得〔明〕累官都指揮。建文時與燕兵戰。懷來之役。惟得一軍獲全。盛庸戰夾河。得力戰助庸。斬譚淵。已而靖難兵勁騎乘暮掩擊。得戰死。

莊敏〔明〕晉江人。字廷功。正統進士。任吏科給事中。論諫務存大體。景泰初出守雷州。尤注意於學校。

莊善〔春秋〕〔楚〕白公之難。辭母將往死之。比至公門。三廢車中。其僕曰。子懼矣。曰。懼。何不返。善曰。懼者吾私也。死義者吾公也。君子不以私害公。遂及門。刎頸而死。

莊朝賓〔明〕惠安人。字于觀。嘉靖進士。累擢貴州左參政。與巡撫忤。調廣西。時經章銀豹盜劫之後。地方未安。朝賓區畫城守。酌置屯戍。所部晏然。尋致仕歸。

莊棫〔清〕丹徒人。字中白。治易春秋。兼通緯候。先世業鹺。少即以輸餉得部主事。後家中落。校書淮南・江寧。曾國藩禮爲上客。光緒間卒。有周易通義・易緯通義・東莊讀詩記・靜觀堂文・蒿庵遺集。

莊琠〔明〕揭陽人。字惇之。弘治進士。授安福知縣。尋擢德府長史。宸濠挾借祿米。琠持不與。又嚴絕其私交。宸濠銜之。陰謀構害。琠挺身往見。詞色俱厲。遂被杖下獄。不食三日。衣冠危坐而死。

莊逵吉〔清〕炘子。字伯鴻。官陝西咸寧知縣。以詞章受知於畢沅・王昶。又精考據訓詁之學。校刊淮南子・三輔黃圖諸書。工詩。有吹香閣詩草。

莊敬〔明〕宿州人。永樂間歷河南左參政。蒞政嚴明。臨事果決。子弟不衣羅綺。宅舍皆以茅覆。官終河南左布政使。

莊肅〔元〕上海人。字恭叔。號蓼塘。仕宋爲祕書小史。宋亡。棄官浪迹海上。嗜蓄書。收藏至八萬卷。至正間修宋遼金三史。詔求遺書。危素購於其家。得五百卷。

莊賈〔春秋〕〔齊〕事景公爲大夫。有寵。時晉及燕伐齊。晏嬰薦田穰苴爲將。賈往監軍。穰苴與賈約。旦日日中會於軍門。賈素驕貴。親戚左右。送之留飲。夕時乃至。穰苴責以後期。斬賈以徇。◉〔秦〕為陳勝御士。勝為章邯所敗。賈遂殺勝降秦。後勝故涓人呂臣為蒼頭軍攻陳下之。賈被殺。

莊·鼎彝 〔清〕武進人。字茗夫。光緒舉人。淡利祿。晚年在鄉創辦學校。成效卓著。工詩文。善書法。有兩漢不列傳人名韻編．漢書異同札記．一貫草堂詩存。

莊·綸渭 〔清〕武進人。字對樵。號葦塘。乾隆進士。官定海知縣。有問義軒詩鈔。

莊·際昌 〔明〕永春人。字景說。號羹若。萬曆己未會試廷試俱第一。天啓初魏璫柄政。際昌守正不阿。因奏赦立靖藩。抵家。杜門不出。莊烈帝卽位。起為國子祭酒。卒官。

莊·鳳威 〔清〕武進人。字耀采。號巢阿。官歸安知縣。平生篤於風義。尤擅書法。得晉唐筆意。名重一時。

莊·慶椿 〔清〕震澤人。字子壽。國子監生。有子壽詩文集。

莊·暴 〔戰國〕〔齊〕事宣王為大夫。宣王語暴以好樂。暴不能對。因見孟子。問以好樂之當否。

莊·瑾 〔明〕松江人。字公瑾。號采芝。工書畫。能詩。

莊·盤珠 〔清〕武進人。吳軾妻。字蓮佩。幼穎慧好讀書。嘗從其兄穎曾受漢魏六朝唐人詩。效之輒工。其詩詞多幽怨悽麗。有秋水軒詞．蓮佩詩鈔。

莊·賢 〔明〕莆田人。字子勤。嘉靖初廣賊辛大總至。賢負繼母逃。賊追急。輒匿母自出見賊。曰。寧殺予。幸勿傷予母。有識之者。謂賊云。此莊孝子也。遂釋之。

莊·臻鳳 〔清〕江寧人。號蜨菴。有琴學心聲。

莊·徽 〔宋〕江都人。字彥猷。知平江府。朱勔蒐視州縣官吏。徽獨不少假借。勔深憚徽。不敢讒。

莊·應會 〔清〕武進人。字春侯。明末進士。順治初補江西參政。計殲金聲桓。遷右布政使。郡城以從逆當屠。應會所救免者數萬人。比入覲。疏除袁瑞二郡浮糧。官至刑部侍郎卒。

莊·濟翁 〔明〕晉江人。洪武間知寧德縣。勸農興學。雖閭巷小學師生。亦令朔望赴邑庠講解所習。遠近聞風而化。又懲豪猾。均賦役。修陂堰。造梅川橋。民感其惠。

莊·襗 〔明〕武進人。字鶴溪。又字誠之。弘治進士。任寶坻知縣。陞戶部主事。時劉瑾採木口外。襗上書力言其害。瑾怒。遷河間太守。擢山東參政。三疏乞休。瑾益怒。謫四川順慶府。未至。罷歸。

莊·蹻 〔戰國〕〔楚〕莊王裔。（史記索隱云。楚莊王弟為盜者。）威王時為將軍。威王使蹻將兵循江上。略巴蜀黔中以西。蹻至滇池。以兵威定屬楚。欲歸報。會秦擊奪楚巴黔中郡。道塞不通。因還。以其衆王滇。變服從其俗以長之。秦滅諸侯。惟楚裔王滇。為西南夷君長。漢武帝時。滇王始與漢通。後降漢。以其地為益州郡。

莊·轍 〔明〕上元人。字中輿。舉進士。為秀水令。正統初擢知蘄州。廉介仁惠。百務具舉。

莊·寶書 〔清〕陽湖人。字然乙。官聊城縣丞。善書工詩。有梅展山房詩鈔。

莊·鑑 〔明〕遼東人。初襲定遼右衛指揮使。驍勇有膽決。遇賊輒奮。數有功。官至都督同知。時稱名將。

莊·鼇獻 〔明〕晉江人。字任公。崇禎間由庶吉士改兵科給事中。上太平十二策。極論東廠之害。忤旨。貶浙江布政司照磨。福王時起故官卒。

莎衣道人 〔宋〕朐山人。姓何。舉進士不中。身衣白襴。久之益敝。緝以莎。嘗游妙嚴寺。臨池見影。豁然大悟。人問休咎。無不奇中。有病瘵者乞醫。命持一草去。旬日而愈。孝宗屢召不赴。賜號通神先生。

莎羅奔 〔清〕雍正時以土舍從岳鍾琪征西藏有功。授金川安撫使。因自號大金川。乾隆間勢漸強。謀併鄰近諸部。侵奪小金川及打箭爐附近諸土司。張廣泗．訥親先後攻之。久無功。傅恆斷其內應。敗之。莎羅奔降。後其兄子郎卡及子索諾木相繼掌大金川。復侵佔鄰部。敗清溫福軍。莎羅奔亦遁歸。迨阿桂進圍噶爾厓。始與索諾木挈族出降。金川悉平。

莘·野 〔明〕歸安人。字叔耕。博學強記。善屬文。洪武初由明經為本縣儒學訓導。陞褒強知縣。時稱賢令。有環州集。

莘·開 〔清〕歸安人。字芹圃。好讀書。工書畫篆刻。

莫·士忠 〔明〕開建人。領洪武鄉薦。官瑞州府教授。遷上饒縣丞。後值靖難之際。進香至京。以大義極諫成祖。忤旨罷歸。

莫·友芝 〔清〕與儔子。字子偲。號郘亭。晚號眲叟。道光舉人。少喜聚書。通蒼雅故訓六藝名物制度。旁及金石目錄家言。治詩尤精。又工眞行篆隸書。與遵義鄭珍齊名。時稱鄭莫。太平軍起。客曾國藩幕最久。事定。寓妻子金陵。徧游江淮吳越。交其名士。蘇撫李鴻章薦於朝，有詔徵用。卒不就。有黔詩紀略．遵義府志．聲韻考略．唐本說文木部箋異．過庭碎錄．郘亭知見傳本書目．樗繭譜注．郘亭詩鈔。

莫·天祐 〔明〕元末聚衆保無錫州。張士誠既受元官。乃降士誠。累表為同僉樞密院事。及平江既圍。他城皆下。惟天祐堅守。士誠破。胡廷瑞急攻之。乃降。太祖以其多傷明兵。誅之。

莫・天淳　〔明〕松江華亭人。字還甫。幼事母孝。嘗刲肱肉瘳母疾。腕傷不任舉筆。遂習左手書。天啓舉人。知仙游縣。擒亂民林纘元。功甚著。官至南刑部主事。

莫・月鼎　〔元〕歸安人。名起炎。數試不遇。爲道士。更號月鼎。入青城山。世祖遣御史中丞崔彧求異人於江南得之。賞賚優厚。

莫・休符　〔唐〕光化中官融州刺史。所著桂林風土記。可資考證。中載唐代軼篇。尤爲後人所寶。

莫・光朝　〔宋〕青鎮人。字謙仲。幼博聞強記。爲文頃刻數百言。尤邃於易。不拘傳注。惟明旨意。第進士。益閉戶讀書。尤好爲詩。句法清麗。改秩知江寧。有循績。

莫多婁・貸文　〔北齊〕狄那人。驍果有膽氣。從神武舉義。天平中除晉州刺史。數有戰功。元象初除車騎大將軍・儀同三司・南道大都督。攻獨孤如願於金墉城。遇周軍。戰沒。

莫多婁・敬顯　〔北齊〕貸文子。少以武力見知。從斛律光征討有功。位至領軍將軍。從後主平陽。敗歸幷州。與唐邕等擁立安德王。稱尊號。安德敗。羣官皆投周軍。惟敬顯走還鄴。授司徒。周武帝平鄴。被殺。

莫・如士　〔明〕恩平人。字子元。嘉靖進士。歷官監察御史。端直敢言。仇鸞將爲不利。劾之。會鸞病卒。復追論其罪。直聲動海內。遂遷大理丞。理冤決滯。皆以爲有于公風。

莫・如忠　〔明〕松江華亭人。字子良。嘉靖進士。累官浙江布政使。潔修自好。夏言死西市。爲經紀其喪。善草書。詩文有體要。有崇蘭館集。

莫・如勤　〔明〕靈山人。少勵志爲學。於獨石峯絕險處。築室讀書。嘉靖中賊越城劫庫。殺百戶邵經。如勤請兵躡其後。直搗其巢。擒送幕府。

莫・伯虛　〔宋〕君陳孫。守溫州。後知常州。有政聲。晚年退居學佛。屏絕世故。撰修行淨土法門・華嚴經意。又釋楞嚴圓覺經。

莫・伯鎔　〔宋〕君陳孫。字器之。少有高志。年五十即歸休。三子濟・汲・沖。皆擢進士第。時號三莫。

莫・君陳　〔宋〕歸安人。字和中。少從胡瑗學。登嘉祐進士。熙寧中新置大法科。君陳中首選。甚爲王安石所重。有月河所聞集。皆記當時雜事。

莫・含　〔後魏〕繁時人。家世貨殖。貲累巨萬。劉琨爲幷州。辟含從事。穆帝愛其才。求含於琨。琨遣入國。甚爲帝所重。常參軍國大謀。卒於左將軍・關中侯。

莫・宏勳　〔清〕錢塘人。字誠齋。有類字本意。

莫・我懋　〔清〕善化人。原名際運。字若謙。別號與竹山人。工詩。眞行草書・指頭書・筋頭書。皆不學而能。山水得宋元人筆意。不喜時文。一應有司試。輒罷去。嘉慶中以布衣終。

莫・扑　〔宋〕青鎮人。字慶叔。登進士第。性恬退。歷舒州錄參。通判常州鄂州。守臨汀。旋丐祠歸。自號知足居士。病且革。自誌其墓。止敍平生安分知足之意。

莫折・念生　〔後魏〕薛珍等反。推其父大提爲首。既死。念生竊號天子。改元曰天建。立官寮。數年爲杜粲所殺。合門皆盡。

莫・汲　〔宋〕伯鎔次子。紹興間爲國子監正。自號月河宰相。秦檜惡其張主善類。謫化州。郡士之秀者多從之學。

莫・沖　〔宋〕伯鎔三子。中博學宏詞科。歷明州長史。以循良稱。

莫邪　〔春秋吳〕吳王闔廬使干將鑄劍。鐵汁不下。其妻莫邪曰。鐵汁不下。有何計。干將曰。先師歐冶鑄劍不銷。以女人聘爐神。當得之。莫邪聞語。竄入爐中。鐵汁出。遂成二劍。雄號干將。雌號莫邪。

莫・叔光　〔宋〕字仲謙。舉進士。又中博學弘詞科。歷官中書舍人。紹熙中以雷電交作。應詔言女謁漸行。近習預政等事。辭皆剴切。時論韙之。歷吏部侍郎。兼祕書監卒。

莫・表深　〔宋〕說子。字智行。師胡瑗。瑗稱其有器識。以進士累官光祿丞。知饒州。稱循吏。有如如集。

莫侯・悌　〔西魏〕南安人。率衆三萬餘戶。降於乞伏國仁。拜將軍刺史。

莫・宣卿　〔唐〕封川人。字仲節。大中間對策第一。授台州別駕。以母老乞歸養。詔賜其鄉名錦衣。

莫・宣寶　〔明〕定安人。元末文昌縣賊陳子瑚勢甚猖獗。宣寶奮義禦之。衆推爲盟主。合境以安。洪武初納款太祖。命以官。固辭。以同朱亮祖征五指山賊。中流矢死。

莫・春暉　〔清〕黟人。字廣元。號葵齋。移寓吳門。年十五省父婁東。王懷曾授以南宗正派山水。疎老蒼秀。兼工醫。

莫・是龍　〔明〕如忠子。字雲卿。後以字行。更字廷韓。號秋水。又號後明。十歲能文。長善書畫。皇甫汸・王世貞輩亟稱之。以貢生終。有石秀齋集及畫說。

莫洛　〔清〕滿洲正紅旗人。姓伊爾根覺羅氏。順治間由刑部理事累擢山西陝西總督。多善政。康熙間吳三桂反。授經略。由陝西進勦四川。駐寧羌州。會王輔臣叛。被創沒於軍。謚忠愍。

莫洛渾 【清】滿洲鑲黃旗人。順納岱子。歷官一等侍衛。從達素征福建。鄭成功進攻廈門。力戰沒於陣。贈三等伯。諡剛勇。

莫・洪晳 【宋】南丹州人。開寶中遣使奉表求內附。太祖刻印以給之。領州十餘年。歲貢白金百兩。其後子孫世襲刺史。修貢不懈。

莫・相 【明】興業人。字廷佐。弘治舉人。累遷廣東僉事。所至有聲。時海寇許折桂聲勢張甚。相撫諭之。寇乃歸款。退居林下者數年。起爲四川僉事。以年老告歸。

莫・若沖 【宋】琮五子。字子謙。官司農簿。用事者議開邊。若沖諫阻之。出知岳州全州。造舟運漕。率先諸郡。會靖江暴水。民賴舟以濟。聞最。除大理丞。有浯溪文集。

莫・若晦 【宋】琮次子。字子明。守宜春。歷嚴州。所至有惠政。官終湖廣南庾提舉。

莫・晉 【清】會稽人。字錫三。號寶齋。乾隆進士。官至倉場侍郎。左遷內閣學士。嘗刻明儒學案。於陽明之學。甚有心得。

莫・荎 【宋】周渭妻。五季末渭避難北走。不暇與荎訣。父母欲嫁之。荎泣誓不從。後二十六年復見渭。朱昂著莫節婦傳以紀其事。

莫・將 【宋】寧州人。字少虛。紹興中以學問受知。歷官禮部尚書兼侍讀。使金還。太后返鑾有功。卒贈端明殿學士。

莫・勝 【明】松江華亭人。字景剛。別號悅清。正統歲貢。仕爲虎賁左衞經歷。工書畫。善繪魚。

莫・琮 【宋】仁和人。字叔方。建炎初避地崇德。晚入仕。歷明福二州幕官。行己俱有可觀。子五人。元忠・若晦・似之・若拙・若沖俱登科。時比燕山五竇。

莫・雲 【後魏】濟陽太守題弟。好學善射。道武時常典選曹。遷執金吾。參軍國謀議。太武克赫連昌。詔雲與常山王素留鎮統萬。撫慰新舊。皆得其所。卒諡敬。

莫愁 【晉】洛陽人。嫁爲盧家婦。梁武帝歌。有河中之水向東流。洛陽女兒名莫愁。十五嫁爲盧家婦。十六生兒字阿侯之句。◉【唐】石城女子。善歌謠。（按莫愁。一見梁武帝歌。爲洛陽之莫愁。一見舊唐書音樂志。爲石城之莫愁。舊唐書音樂志云。莫愁在何處。莫愁石城西。艇子打兩槳。催送莫愁來。石城在竟陵。今湖北鍾祥縣西有莫愁村。宋周邦彥詞西河一闋。專詠金陵。有莫愁艇子曾繫之語。是誤以石頭城爲石城。今詠莫愁湖者。或用盧家少婦語。則又誤以洛陽之莫愁。爲石城之莫愁矣。）

莫・愚 【明】臨桂人。由鄉舉以郎中出知常州府。奏請減宜興歲進茶數。禁公差官淩虐有司。嚴核上官薦劾之實。皆報可。郡民陳思保年十二。因父兄行劫論斬。悉請釋之。正統中秩滿。郡民乞留。詔進二階復任。

莫・與儔 【清】獨山人。字猶人。一字傑夫。嘉慶進士。改庶吉士。出知鹽源縣。舉卓異。旋改遵義府學教授。以六藝故訓教士。有貞定遺集。

莫・漳 【宋】君陳曾孫。初知仁和。時有出入德壽宮者。恃勢虐民。漳擒撻之。高后怒。謫漳一級。旋復撻一豪惡。又謫一級。居數月。平江缺守。孝宗除漳院轄。以承議郎知平江。

莫・維賢 【明】錢塘人。字景行。好學能詩。雅尚標致。於西湖南北兩山間。擇勝處爲別業二。列二十一題。以比王維之輞川莊。洪武初爲杭學訓導。有廣莫子稿。

莫・蒙 【宋】青鎮人。字養正。宣和間游太學。以文鳴京師。就特科出仕。卒官糾曹。晚年詩律清奇。詞尤婉麗。有臥驢集。

莫・說 【宋】邵武人。以窮經爲務。至京師。從孫明復・石介游。講明道學。歸隱不仕。

莫・震 【明】侯官人。字廷威。以進士知嘉魚縣。每春冬親行郊野。相土宜。修陂池。與民興利。故磽埸整飭。遷延平同知卒。

莫・澤 【宋】抃子。字兌夫。紹熙進士。初任龍舒教官。旋改秩知寧國之旌德。入朝歷清要。仕至刑部尚書。晚謫居星渚。得還故里。復原官卒。

莫・濛 【宋】歸安人。字子濛。兩魁法科。爲大理寺正。屢釋疑獄。嘗假工部尚書使金賀正旦。金廷賜宴。以本朝忌日。不敢簪花聽樂。金人不能奪。還除刑部侍郎。改工部。以言者罷。起知鄂州卒。

莫・濟 【宋】伯鎔長子。初爲給事中。李衡爲侍御史。論張說不行。致仕歸。濟不書敕。直學士周必大不草制。諫官王希呂相繼論奏不報。同時去國。士賦四賢詩記之。濟後仕至司農少卿。

莫・謙之 【宋】宜興人。德祐初糾合義士。捍禦鄉閭。詔爲溧陽尉。尋沒於戰陣。贈武功大夫。

莫・轅 【明】吳江人。字巽仲。洪武初父坐事當刑。轅年十一。願代父死。理官脅誘之。語無異辭。遂兩釋之。家被火。適母寢。轅躍入火中抱持以出。鬚眉盡焚。比卒。私諡貞孝先生。

莫・駿 【明】平樂人。正德舉人。官至南京戶部員外郎。爲諸生時。猺賊掠其村。母遇害。駿詣軍門。請兵深入。俘其賊首以獻。仍上兵食戍守之宜。歷仕二十餘年。廉介如一日。

莫・藏 【明】海鹽人。字用行。號佩觴子。更號素軒。博涉書史。能詩。工書畫。性至孝。母臥病。父廢疽。皆封股療之。有佩觿稿．詠史詩．素軒稿．五音字書辨訛。

莫．題　〔後魏〕舍孫。道武初爲大將。從討慕容寶廣寧太守劉亢泥。以功賜爵東宛侯。及還京師。坐不敬。黜爲濟陽太守。後召入與論與造之宜。題久侍頗忌。賜死。◎〔後魏〕代人。多智有才用。初爲幢將。領禁兵。以功封高邑公。出除中山太守。道武季父窟咄寇南鄙。題時貳於帝。遺箭於窟咄。謂之曰。三歲犢豈勝重載。言窟咄長而帝少也。帝銜之。後有告題居處倨傲擬人主者。帝乃使人示之箭曰。三歲犢能勝重載否。遂刑之。

處子　〔周〕辨士。著書九篇。

處羅可汗　〔隋〕西突厥主。名達漫。號泥撅處羅可汗。大業初其國多叛。與鐵勒屢相攻。爲所敗。處羅母向氏在京師。煬帝令裴矩將其母往招之。處羅遂入朝。從征高麗。賜號曷薩那可汗。尙信義公主。復從幸江都。宇文化及之亂。奔歸京師。爲北突厥所害。◎〔唐〕突厥主。姓阿史那氏。名俟利弗設。始畢可汗弟。高祖時頻遣使朝貢。又迎隋煬帝蕭后及齊王暕之子正道至其牙所。立正道爲隋王。秦王世民討劉武周。師次太原。處羅遣兵來會。尋謀取幷州置正道。未成。疽發死。

處嚴　〔宋〕衛。樂清賈氏子。字伯威。自號澹淵。博學。詩文尤典重。工書。有晉宋法。

被公　〔漢〕九江人。能爲楚辭。宣帝時修武帝故事。講論六藝羣書。博盡奇異之好。徵被公。召見誦讀。

被衣　〔上古〕有道之士。齧缺問道於被衣。被衣曰。若正汝形。一汝視。天和將至。攝汝知。一汝度。神將來舍。德將爲汝美。道將爲汝居。汝瞳焉若新生之犢。而無求其故。言未卒。齧缺睡寐。被衣大說。行歌而去。

訥親　〔清〕滿洲鑲黃旗人。額亦都之孫。雍正間由筆帖式襲公爵。乾隆時官至保和殿大學士。張廣泗征金川。久無功。命訥親經略軍務。以老師糜餉措置乖謬奪職。尋誅死。

許．乃釗　〔清〕乃普弟。字貞恆。號信臣。又號訒臣。晚號遂翁。道光進士。官至江蘇巡撫。左遷光祿寺卿。所注敏果齋兵書七種。督撫奏上之。得旨通行。咸豐初會辦向榮軍務。其後轉輾兵間。屢蹶屢起。遂以疾乞休。

許．乃普　〔清〕錢塘人。字季鴻。一字經崖。號滇生。嘉慶進士。官至吏部尙書。太子少保。卒謚文恪。有堪喜齋集。

許．乃穀　〔清〕錢塘人。字玉年。道光舉人。官知縣。善畫山水墨梅。

許．三省　〔明〕錢塘人。字一所。幼至孝。母患乳癰。三省吮之愈。中嘉靖鄉舉。萬曆中爲山西道御史。巡鹽兩淮。抵鳳陽。吏白常往謁鎭守璫。三省不可。左遷夔州守卒。

許．三禮　〔清〕安陽人。字典三。號酉山。順治進士。官海寧知縣。有清節。以治行入爲御史。累擢兵部督捕右侍郎。其學不規規然摹倣程朱。而所言所行。無一不與之合。人以程朱嫡系目之。有聖學直指．易貫．奏疏等。

許．士柔　〔明〕常熟人。字仲嘉。天啓進士。崇禎時官左春坊。會少詹事文震孟言皇考實錄。爲姚璫曲筆。當改正從原錄。溫體仁等陰沮之。事遂寢。士柔憤。乃具揭爭之。體仁怒。出爲南京國子祭酒。進尙寶少卿卒。

許．子良　〔明〕仁和人。字直夫。隆慶進士。知閩縣。治行第一。擢監察御史。按河南。改江西。張居正密屬糾巡撫。不應。移疾歸。居正卒。起巡撫雲南貴州。改鎭鄖陽未至卒。

許．子威　〔漢〕廬江人。爲中大夫。光武少時從受尙書。

許．子儒　〔唐〕叔牙子。字文舉。高宗時爲奉常博士。初．長孫無忌等議祠令及禮用鄭玄六天說。後罷六天說。止祀昊天。乾封初詔祀感生帝神州。以正月祭北郊。子儒議請循武德詔書。遂祭昊天上帝及五天帝於明堂。

許．山　〔清〕常熟人。字山如。號青浮。仕爲兵部員外郞。精繪事。喜寫秋蟲病蝶落雁寒蟬。兼工詩。不求仕進。有棄瓢集。

許．之漸　〔清〕武進人。字儀吉。號青嶼。順治進士。官至御史。彈劾不避權貴。後以事削籍。事雪復官。自以性剛寡諧。徑歸。有槐榮堂詩鈔。

許．仁　〔明〕杭州人。字元夫。正德間中鄉舉。知鄖城。性狷執不能事上官。調德安。俗獷悍。仁以簡重鎭之。政績甚著。調同安。罷去。仁邃於經學。毅然以崇正闢邪爲己任。所論著皆折衷六經。發前人所未發。

許．允成　〔宋〕王安石門人。著有孟子新義。安石喜孟子。自爲之解。其子雱與允成皆有注釋。崇寧．大觀間揚屋舉子宗之。

許．元　〔宋〕宣城人。字子春。以父蔭累遷國子博士。監在京權貨務．三門發運判官。爲吏強敏。尤能商財利。慶曆中擢爲江淮制置發運判官。在江淮十三年。以聚斂刻剝爲能。急於進取。多聚珍奇。以賂遺權貴。尤爲王堯臣所知。遷郞中。歷知揚越秦三州卒。

許．元溥　〔明〕長洲人。字孟宏。藏書甚富。喜購書。自號千卷生。崇禎間舉於鄉。

許．升　〔宋〕同安人。字順之。朱熹簿同安。升年十三。從之游。及熹去任。復從游於舊陽。及卒。熹深惜之。

許及之 〔宋〕永嘉人。字深甫。隆興進士。早與薛叔似同擢拾遺補闕。蘗事起。叔似累斥逐。而及之以諂事韓侂胄官至同知樞密院事。侂胄誅。降兩官。泉州居住。工詩文。有涉齋集。

許友 〔清〕豸子。初名宰。又名友眉。一作有眉。字有介。一字甌香。師會稽倪元璐。善書畫。詩尤孤曠高迥。酷慕米芾。構米友堂祀之。康熙間以諸生終。有米友堂詩集。

許天正 〔唐〕汝南人。字允心。號雲峯。代陳元光領泉潮。平寇亂。表建漳州。置堡三十六所。嶺海輯寧。天正博學能文。軍政之暇。未嘗釋卷。官至泉潮團練副使・宣威將軍。

許天篪 〔元〕吉水人。字時翁。有易象圖說・理學同異。

許天錫 〔明〕閩縣人。字啓衷。弘治進士。授吏科給事中。時言官何天衢・倪天明與天錫並負時望。都人有臺省三天之目。正德間奉使封安南。在道進都給事中。及還。見朝事大變。敢言者皆貶斥。而劉瑾暴虐加甚。天錫大憤。清覈內庫。得瑾侵匿數十事。知奏上必罹禍。乃夜具狀。令家人於身後上之。遂自經。時妻子無從者。一童侍側。匿其狀而遁。竟不獲上。或曰。瑾懼天錫彰其罪。夜令人縊殺之。瑾誅。復官賜祭。䘏其家。

許孔明 〔宋〕祁門人。字元熙。嘉熙間太學生。上書諫游幸。幷言賢否混淆。丞相丁大全燮理失道。帝嘉納之。仕終宣教郎。

許尹 〔宋〕樂平人。字覺民。政和進士。歷知興化・永・處・柳・邛五軍州。皆有善政。高宗時攝蜀帥。甚得人心。孝宗卽位。上疏乞延儒臣講求治道。尋以敷文閣待制致仕。有文集。

許文岐 〔明〕子良孫。字我西。崇禎進士。累知黃州府。獄有重囚七人。縱歸省。皆剋期就獄。悉貸之。遷下江防道副使。駐蘄州。張獻忠來攻。文岐發砲斃賊甚衆。俄大至。城陷被執。又與同繫者謀起事。事泄。遇害。

許文經 〔隋〕惇子。勤學方雅。身無擇行。口無戲言。仕北齊爲殿中侍御史。開皇初兼通直散騎常侍。終相州刺史。

許文蔚 〔宋〕休寧人。字衡甫。幼貧苦學。嘗從朱熹・呂祖謙游。紹興中以上舍擢第。教授通州。又爲海陵丞。時有旨審察。文蔚恥於干進。杜門不出者六年。朝廷嘉其恬退。累遷著作郎。卒於家。

許文謨 〔清〕世亨子。以武舉襲伯爵。嘉慶間隨勦教匪。轉戰湖北四川。官至福建水師提督。助勦海盜蔡牽。有功。卒謚壯勇。

許曰琮 〔明〕唐縣人。蚤喪父。母沒。廬墓三年。流賊破城。遁居南山。賊招之不出。脅以死。自鐫其背曰。誓不從賊。遂嘔血而死。

許月卿 〔宋〕婺源人。字太空。後更字宋士。淳祐進士。授濠州司戶參軍。數疏斥丁賈奸邪。出提舉江西常平事。召試館職罷歸。元軍下錢塘。月卿深居一室。自號泉田子。五年不言而卒。謝枋得深推重之。時人稱曰山屋先生。有百官箴。

許世亨 〔清〕成都人。由行伍從征金川・臺灣有功。官至廣西提督。乾隆時與孫士毅征安南。入河內。復國王黎維祁位。阮光平襲之。世亨令別將護士毅入鎭南關。親率將弁力戰。陣亡。贈壯烈伯。謚昭毅。

許世卿 〔明〕常州人。字伯勳。號靜餘。萬曆中舉於鄉。東林之會。高攀龍以前輩事之。嘗勅其子曰。人何可不學。但口不說欺心話。身不做欺心事。出無慚朋友。入無慚妻子。方可名學人耳。疾革。謂某逋未償。某施未報。某券未還。言畢而逝。

許世緒 〔唐〕幷州人。仕隋爲鷹揚府司馬。知隋將亡。請高祖收取英俊。爲天下倡。高祖奇之。顧倚親密。兵起。授右一府司馬。累除蔡州刺史卒。

許仕達 〔明〕歙人。字廷佐。正統進士。擢御史。巡撫福建。劾鎭守中官廖秀・鎭守侍郎薛希璉。執漳州知府馬嗣宗送京師。遷福建左參政。天順中歷山東貴州左右布政使卒。

許令瑜 〔明〕相卿曾孫。字元忠。一字芝田。崇禎進士。授仙遊令。棄官歸隱。居挈薄山房。結五噫亭於山半。不與當世通音問。有孤臣述・孝經釋義注。

許占魁 〔清〕蒲城人。字文元。順治初爲陽平關參將。擊破張獻忠餘黨。康熙中累擢延綏總兵。朱龍叛。進逼榆林。占魁督衆固守。會援兵四集。朱龍伏誅。官至鑾儀使。卒謚恪敏。

許古 〔金〕安仁子。字道眞。登明昌詞賦進士。拜監察御史。時宣宗遷汴。信任丞相高琪。無恢復之謀。古上章切諫。平生好爲詩及書。然不爲士大夫所重。時論但稱其直。哀宗時以左司諫致仕。

許巨川 〔宋〕溫陵人。字東甫。嘉定進士。其學得伊洛紫陽之傳。終東莞令。

許正綬 〔清〕上虞人。字齋生。一字少白。道光進士。官湖州府教授。以興學校爲己任。工書。善詩文。有重桂堂集・兩浙校官詩錄。

許永禧 〔明〕曲沃人。崇禎舉人。知上蔡縣。多惠政。性耿介。嚬笑無所假。李自成遣數騎抵城下脅降。永禧督吏民城守。賊大至。守者驚潰。永禧具袍笏北面再拜。據案秉燭端坐。

賊入。遂自到死。

許·玉晨 〔清〕江蘇華亭人。字雲清。工詞。有琴畫樓詞。

許生 〔漢〕魯人。受齊詩於瑕丘江公。守學教授。

許·生植 〔清〕祁門人。字逢吉。年十一。父玠殉難。不求聞達。以畫自娛。作松石尤妙。

許·用 〔明〕江陰人。諸生。南京亡。列郡皆下。用倡言城守。遠近應者數萬人。清兵至。舉家自焚死。

許·田 〔清〕錢塘人。字莘野。康熙進士。知高縣。工詞。有屏山春夢詞、水痕詞、屏山詞話。

許·由 〔上古〕字武仲。隱於沛澤之中。堯以天下讓之。乃退而遯於中嶽。潁水之陽。箕山之下。又召為九州長。由不欲聞。洗耳於潁水濱。

許·申 〔宋〕潮陽人。字維之。大中祥符初舉賢良。授校書郎。歷官江西等路轉運使。終刑部侍郎。嘗因災異言事。直詆時弊。凜然有直臣風。

許·仲宣 〔宋〕青州人。字希粲。漢乾祐進士。仕周為淄州團練判官。太祖擢授太子中允。及征江南。隨軍轉運。兵數十萬。供餽無闕。太宗時有言其用兵時乾沒官錢者。詔令御史臺鉤校計簿。數年而畢。無有欺隱。性寬恕。倜儻不檢。有心計。官終給事中。

許·份 〔宋〕將子。字子大。崇寧中擢甲科。知鄧州。有惠政。民方之召父杜母。

許·光亨 〔宋〕漳州人。字必達。大觀進士。少負奇氣。博通古今。知江寧。以循良著。旋提點湖南刑獄。改開封治中。咸有聲績。以薦擢門下侍郎。力辭。許之。遂以少師奉祠。提舉洞霄沖祐觀。

許·光祚 〔明〕陝西人。字靈長。有許靈長集。

許·兆春 〔清〕雲夢人。字秋巖。乾隆進士。官江寧布政使。釐奸剔弊。蠹胥豪猾。必加懲創。有秋水閣詩鈔。

許·名材 〔明〕舒城人。少孤。力耕養母。值寇變。負母抱子而逃。賊追之將及。遂棄子負母。趨以免難。賊平。名材已老。復生一子。人謂孝感。

許后 〔漢〕昌邑人。名平君。宣帝后。生元帝。後又有娠。病。霍顯令女醫淳于衍以毒藥飲后。遂崩。諡恭哀。

許·如蘭 〔清〕全椒人。字芳谷。乾隆舉人。歷知浮梁、上猶、新建縣。性敏好學。於書無所不讀。皆究心精妙。通中西曆算。有乾象拾遺、春暉樓集。

許·存仁 〔明〕謙子。名元。以字行。太祖克金華。訪謙後。召存仁語。大悅。授應天府教授。仍命入傳諸子。歷博士。吳元年擢祭酒。存仁出入左右垂十年。自稽古禮文至進退人材。無不與議論。後以忤旨逮死獄中。

許·安仁 〔宋〕字仲山。少從蘇軾學。有聲稱。晚以累舉授官。為順昌尉。甚得民譽。◉〔金〕交河人。字子靜。幼孤。刻苦勵學。善屬文。登大定進士。歷翰林修撰、同知制誥。超授禮部郎中。兼左補闕。明昌中帝將幸景明宮。安仁與同列疏諫。遂罷幸。出為澤州刺史。作無隱論十篇上之。升汾陽軍節度使致仕。卒諡文簡。

許·旭 〔清〕太倉人。字九日。明諸生。鼎革後。壹意為詩古文。與黃與堅等稱婁東十子。有秋水集。

許·有壬 〔元〕熙載子。字可用。幼穎悟。一目讀書五行。登延祐進士。至正中累官集賢大學士。改樞密副使。拜中書左丞。歷事七朝。垂五十年。遇國家大事。無不盡言。善筆札。工詞章。卒諡文忠。有至正集、圭塘小稿。

許·有穀 〔明〕宜興人。字子仁。有古今貞烈維風什、忠義存褒什。

許·次紓 〔明〕錢塘人。字然明。所著茶疏。論采摘收貯烹點之法甚詳。

許·汝霖 〔清〕海寧人。字時庵。康熙進士。歷贊善。督江南學政。時稱得士。累遷禮部尚書。性篤孝友。律躬謹飭。致仕歸。讀書課士以終。

許·自昌 〔明〕吳縣人。字元祐。工樂府。有水滸記等傳奇行世。

許·自俊 〔清〕嘉定人。字子位。康熙進士。舉鴻博未遇。知聞喜縣。尋乞歸。行李蕭然。時稱清白吏。工詩文。有左氏提綱、歷游山水記、三通要錄、司計全書、了公宗旨、澹壺、韞齋等集。

許·自球 〔明〕南靖人。字行受。性孝友。家貧。甘旨無缺。居喪盡禮。為時所重。

許·行 〔戰國〕〔楚〕嘗至滕見文公。為神農之言。主君民並耕。農家者流也。

許·行健 〔清〕常熟人。字政夫。號白鄒。以詩文名。兼工畫。

許·亨 〔陳〕懋子。字亨道。少傳家業。孤介有節行。為南陽劉之遴所重。解褐梁安東王行參軍。兼太學博士。武帝受禪。授中散大夫。宣帝入輔。以亨貞正有古人風。常以師禮事之。累遷衛尉卿卒。初撰齊書并志五十卷。遭亂亡失。後撰梁史。成者五十八卷。◉〔明〕存仁弟。字存禮。學有淵源。工於文辭。任北平教授。

許·伯政 〔清〕巴陵人。字惠棠。一字石雲。乾隆進士。知彭縣。有惠政。值金川用兵。伯政籌辦軍需。而民不擾。擢山東道御史。尋致仕。有易深、春秋深、詩深、事三堂文稿。

許·伯旅 〔明〕泉溪人。字廷慎。洪武初由選貢官刑科給事中。以詩名。時稱許小杜。林公輔嘗見其感興諸詩。問其得何法而然。伯旅曰。法可言也。法之意不可言也。上士用法。得法之意。中士守法。得法之似。吾詩幾用法矣。有介石集。

許·伯會 〔唐〕蕭山人。舉孝廉。爲衡陽博士。母喪。負土成墳。不御絮帛。嘗滋味

許·伯衡 〔明〕崑山人。號聽菴。萬曆舉人。官晉寧知州。有滇南雜誌。

許·佑 〔清〕常熟人。字辟塵。一字彌臣。號翼菴。善畫花鳥。供奉內廷。又工詩。

許·克昌 〔宋〕嘉興華亭人。字上達。紹興末舉進士第一。累官右正言。時松江新涇堰閘。爲海水延入蘇湖境上。爲民患。克昌請於朝。移堰入運港。以避潮勢。由是三郡獲安。

許·初 〔明〕長洲人。字元復。號高陽。嘉靖中應貢。歷南太僕寺主簿。知湖口縣。未之任。乞歸。初頗自高亢。有文學。工書。亦不輕與人書。

許·劭 〔後漢〕平輿人。字子將。少峻名節。好覈論鄉黨人物。每月輒更其品題。故汝南俗有月旦評。初爲郡功曹。太守徐璆甚敬之。府中聞劭爲吏。莫不改操飾行。曹操微時。嘗卑辭厚禮。求爲己目。劭不對。操乃脅劭。劭不得已曰。君清平之姦賊。亂世之英雄。操大悅而去。兄虔亦知名。時稱平輿之淵有二龍。

許·均 〔宋〕開封人。以功補武騎十將。開寶中從征河東。攻隆州城。先登陷之。中八創。端拱初屯夏州。賊來犯境。一日十二戰走之。累擢本州團練使。知代州卒。◉〔清〕遇子。字叔調。號雪郵。康熙進士。官至吏部郎中。三世以詩書畫名。在官嚴正。有重望。與人交。久要不忘。有雪郵集。

許·孚 〔宋〕昌國人。號止齋。受業楊簡。終身不仕。以孝義倡鄉閭。屢徵不赴。

許·孚遠 〔明〕德清人。字孟中。號敬庵。嘉靖進士。授工部主事。尚書楊博惡孚遠講學。遂移疾去。隆慶初起廣東僉事。招降大盜李茂·許俊美。禽倭黨七十餘人。神宗時知建昌府。暇輒集諸生講學。尋以右僉都御史巡撫福建。時倭陷朝鮮。阻封貢。孚遠請敕諭禽斬平秀吉。不從。所部多僧田。孚遠請入其六於官。又募民懇海壇地八萬三千有奇。築城建營舍。聚兵以守。並請推行於南日·彭湖及浙中陳錢·金塘·玉環·南麂諸島。皆報可。孚遠學宗良知。而惡夫援良知以入佛者。嘗爲王陽明正傳。官至兵部左侍郎。卒諡恭簡。有敬和堂集。

許·孜 〔晉〕吳寧人。字季義。師事會稽孔沖。沖亡。孜負擔奔赴。送喪還會稽。蔬食執役。制服三年。親沒。哀毀骨立。躬負土爲墳。立宅墓次。奉亡若存。人號其居爲孝順里。

許·孝敬 〔北周〕吳人。小名洞兒。勁勇過人。爲蕭督驍將。以大將軍守河東。因無救援。爲吳明徹所殺。

許·宏 〔明〕建安人。字宗道。畫山水花卉。皆臻其妙。工詩文。隱於醫。有醫方通玄錄·南窗草錄。

許·宏環 〔清〕江蘇華亭人。字眉叔。號我堂。工畫山水。

許·希 〔宋〕開封人。精醫。仁宗不豫。侍醫數進藥不效。希以鍼進。遂愈。官至殿中省尙藥奉御。有神應鍼經要訣。

許·希孔 〔清〕昆明人。字瞻魯。雍正進士。歷官工部右侍郎。事祖母繼母。曲盡孝道。處貴顯如寒素。

許·希沖 〔清〕青浦人。字子輿。一字壽卿。性奇僻。厭薄世俗。嗜韻語。好倚聲。工書善畫。作印章亦精妙。

許·廷錄 〔清〕常熟人。又名逸。字升聞。號適齋。善畫山水花卉。兼寫竹。深求字學詩律。又喜塡詞度曲。有東野軒集。

許·廷鑅 〔清〕長洲人。字子遜。康熙舉人。知武平縣。少英敏。精刀槊。偏游四方。交知名士。在官有善政。詩嚴於唐宋之界。五言律七言絕句尤工。有竹素園集。

許·忻 〔宋〕襄邑人。字子禮。宣和進士。高宗時爲吏部員外郎。極論和議不便。疏入不省。乞外補。授荆湖南路轉運判官。謫居撫州。起知邵陽卒。

許·成名 〔明〕聊城人。字思仁。正德進士。嘉靖中累官國子監祭酒·禮部左侍郎。前後爲講官十年。纂脩武宗實錄·大明會典。爲文典麗閎偉。詩工近體。

許·抗 〔宋〕南城人。皇祐進士。知彬州。鑿湖千餘頃。民賴其利。官至福建轉運使。

許·攸 〔三國魏〕南陽人。字子遠。少與袁紹·曹操善。初平中隨紹在冀州。官渡之役。諫弗與操相攻。弗聽。乃亡詣操。後得冀州。攸有功焉。攸自恃勳勞。時與操相戲。操銜之。後從行出鄴東門。顧謂左右曰。此家非得我。不得出入此門也。人有白者。遂見殺。

許·沆 〔宋〕瀘州人。累官太府少卿。性至孝。善文詞。有章奏賦詠雜著。

許沅 〔清〕陽湖人。字仲青。諸生。砥節礪學。尤粹於經。學者稱貞通先生。有四書一隅。四書異解正·浮笠山人詩文集。

許·良臣 〔清〕鼎子。字石泉。有影香窗存稿。

許·虯 〔清〕長洲人。字竹隱。順治舉人。官至思南知府。詩喜摹古。有萬山樓詩集。

許豸 〔明〕侯官人。字玉史。崇禎進士。官至浙江提學副使。有春及堂遺稿。

許·赤虎 〔後魏〕博陵人。涉獵經史。

善嘲謔。延興中爲著作佐郎。與慕容白曜南討。後使江南。應對敏捷。雖言不典故。而南人頗稱其機辨滑稽焉。官終東郡太守。

許・邦才 明歷城人。字殿卿。嘉靖中舉鄉試第一。官德府二府長史。有才名。能詩。與李攀龍相友善。有海右倡和集。

許・邦光 清晉江人。字汝韜。號萊山。嘉慶進士。官至光祿寺卿。居官謹嚴。讞獄多所平反。工書。有二思堂史論・詩文稿・使湘小草・湘南紀游志・國史擬稿・一統志擬稿。

許・叔 後漢昆明人。元和中入中國。受五經。歸教授本郡。

許・叔牙 唐句容人。字延基。邃於詩禮。貞觀中遷晉王府參軍・弘文館學士。獻詩纂義十篇。太子寫付司經。

許・叔微 宋眞州人。字知可。紹興進士。精於醫。其歷官無知者。醫家謂之許學士。當爲詞臣。所著擬傷寒歌・治法・仲景脈法三十六圖・翼傷寒論・辨類。已佚。其傳者有類證普濟本事方。(按叔微或曰揚州人。或曰毗陵人。曾敏行獨醒雜志作眞州人。二人同時。當不誤。今從之。)

許・坦 唐豫州人。年十歲餘。隨父入山。父爲猛獸所噬。坦號叫。以杖擊之。父因得全。太宗詔授文林郎。

許・孟容 唐長安人。字公範。擢進士異等。德宗時累擢給事中。自袁高爭盧杞後。凡十八年。門下無議可否者。孟容數論駁。四方想見其風采。元和中爲京兆尹。神策軍吏李昱貸富人錢不償。孟容遣吏捕詰使償。曰不如期。且死。一軍盡驚。訴於朝。憲宗詔以昱付軍治之。奏曰。臣爲陛下抑豪強。錢未盡輸。昱不可得。帝嘉其守正。許之。京師豪右大震。累遷尚書左丞・東都留守。卒諡憲。孟容方勁有禮學。每所折衷。咸得其正。

許・宜媖 清江州人。崔念陵妻。工詞。有問花樓詩餘。

許・宗之 後魏彥子。文成帝時歷官鎮東將軍・穎州刺史。受勅討丁零。平之。因循郡縣。求取不節。爲深澤人馬超所毀。遂毆殺超。並誣超謗訕朝政。宗之因此獲罪。論誅。

許・宗彥 清德清人。字積卿。一字周卿。又字周生。嘉慶進士。授兵部主事。閱兩月告歸。杜門著書。喜購異書。於學無所不窺。說經能持漢宋之平。旁及道藏釋典名物象數。必躪其閫奧。尤精天文。自製渾金球。別具神解。有鑑止水齋集。妻梁氏。名楚生。工詩。有古春軒詩鈔。

許・宗魯 明陝西咸寧人。字東侯。正德進士。嘉靖初視湖廣學政。以義倡士。楚風益振。後以僉都御史巡撫保定。又撫遼東。遼人賴之。致仕歸。構草堂。積圖書。置酒賦詩。書法尤工。有少華・遼海・歸田諸集。

許・宗衡 清上元人。字海秋。咸豐進士。官至起居注主事。有玉井山館文略。

許・定國 清太康人。明末由行伍官至河南總兵。順治間殺高傑迎降。隨多鐸南征。江南平。從入京。隸漢軍鑲白旗。授一等子。

許・尚 宋華亭人。自號和光老人。所著華亭百詠。足備志乘參考。

許・尚遠 清黟人。字文羽。自號補峯。性恬澹。不樂仕進。博覽羣書。能詩。書畫學米芾。間出入諸名家。尤工山水。有補峯集。

許・尚質 清浙江山陰人。字又文。一字小訥。諸生。有釀川集。

許・庚身 清錢塘人。字星叔。同治進士。官至兵部尚書。直軍機三十年。與兵事相終始。卒諡恭愼。

許・承宣 清江都人。字力臣。號蒻庵。康熙進士。官工科給事中。有青岑文集。

許・昂 唐敬宗子。見許彥伯條。◎明字世顥。工畫梅。

許・昌國 清荆溪人。字仔發。原字一濟。歲貢生。所著薪櫄集。講學之語。多切實近理。

許・明遠 南齊汝南人。永明中雍州刺史王奐被誅。故舊無敢至者。明遠初爲奐參軍。躬爲厚殮。時高其節。

許・松年 清瑞安人。字蓉雛。初由武舉效力溫州水師。爲李長庚所識拔。嘉慶間隨勦海賊蔡牽・朱濆。屢敗之。巡洋十餘年。沈勇有謀。每戰輒首先衝擊。與王得祿・邱良功齊名。官至福建水師提督。以被劾落職。

許・武 後漢陽羨人。字季長。太守第五倫舉爲孝廉。武以二弟晏普未顯。欲令成名。乃剖財產爲三。自取肥田廣宅。二弟所得悉劣。鄉人皆稱弟克讓而鄙武貪婪。晏等以是並得選舉。武乃會宗親泣言所以分產取譏意。悉推財產於二弟。於是郡中翕然稱之。仕至長樂少府。

許・法愼 唐清池人。甫三歲。已有知。母病。不飲乳。慘慘有憂色。或以珍餌詭悅之。輒不食。還以進母。後親喪。常廬於墓。天寶中表其閭。

許・玠 宋字介之。魏了翁門人。了翁嘗與之書。勸其涵泳體習。務自收斂。以趨於實。

許・直 明如皋人。字若魯。崇禎進士。以名節自砥。知惠來縣。用清望徵授文選主事。進考功員外郎。賊陷都城。令百官報名。直曰。身可殺。志不可奪。不赴。作書寄父絕命詞六章。自經死。福王時諡忠節。

許・迎年 清江都人。字穀士。康熙進士。官中書舍人。有槐墅詩鈔。

許·俊 〔唐〕少以才氣自雄。官虞候。有韓翃妾柳氏。爲番將沙吒利所得。翃不能勝情。一日俊翃會飲酒樓。俊見翃神色甚喪。乃按劍起曰。必有故。願一效用。翃具以告。俊曰。是何難。請得足下數字。當立致之。乃衣縵胡。佩雙鞬。從一騎。徑造沙吒利之宅。會沙出獵。候其出門里餘。排闥急趨而呼曰。將軍中惡。使召夫人。僕侍數百。莫敢仰視。俊乃出翃札示柳氏。挾之跨馬。倏忽而至。引裾而前曰。幸不辱命。四座大驚。後侯希逸上其狀。賜錢三百萬。②〔明〕金陵人。工畫釋道人物。

許·保清 〔清〕商丘人。字勳臣。咸豐間擢都司。統五百人爲一軍。號中正營。制尚黑。時號爲黑旗隊。與捻戰。銳不可遏。捻大潰。乘勝追攻。所向摧敗。積功官至提督。

許·俞 〔宋〕早喪母。事父以孝聞。父年八十餘卒。哀毀滅性。每經父遊歷處。必潸泣竟日。服闋。授揚州從事。

許·則祖 〔元〕樂平人。字天則。性剛健。至正間亂兵四起。則祖倡義兵。恢復德興縣。後屢戰勝。一日馬陷濘中。遂遇害。謚忠顯。

許·奕 〔宋〕簡州人。字成子。慶元進士第一。歷起居舍人。韓侂胄議開邊。奕貽書論之。侂胄不樂。後使金。金人聞奕名久。禮遇甚恭。還奏和不可恃。宜葺紀綱。練將卒。使屈伸進退之權。復歸於我。權禮部侍郎。條六事以獻。擢給事中。論駁十有六事。皆貴族近習之撓政體者。士論韙之。進顯謨閣直學士。致仕卒。奕性孝友。通籀隸書。有毛詩說·論語尚書周禮講義·奏議·雜文。

許·宣 〔明〕內鄉人。崇禎中諸生。與弟宋·宮。俱忼慨好義。流賊陷鄧州。宣兄弟結里中壯士。入城擒斬僞官。堅守許家寨。賊怒。攻破之。宋從母常氏先投井死。宣·宮與其妹俱罵賊被殺。宮·宋妻並自經。時稱許氏七烈。

許·宣平 〔唐〕歙人。景雲中隱莒州城陽山南塢。結庵以居。時或負薪賣。嘗擔挂一瓠及曲竹杖。每醉拄之以歸。嘗於同華間題詩傳舍。李白東遊。覽之曰。此仙詩也。至新安累訪之。不得。咸通中郡人許明奴家有嫗入山採樵。見一人坐石上。食桃甚大。自稱明奴之祖。即宣平也。食嫗一桃。嫗後却食輕健。入山不歸。

許·彥 〔後魏〕新城人。字道謨。小字嘉屯。少孤貧。好讀書。永與初被徵。以卜筮頻驗。遂在左右。參與謀議。拜散騎常侍。彥質厚愼密。與人言不及內事。以此益親待之。進爵武昌公。卒謚宣。

許·彥伯 〔唐〕昂子。頗有文。祖敬宗。晚年不復下筆。凡大典册。悉彥伯爲之。嘗戲昂曰。吾兒不及若兒。答曰。渠父不如昂父。後又納婢譖。奏流彥伯嶺表。遇赦還。官終太子舍人。

許·彥眞 〔南漢〕爲內侍監。既譖殺鍾允章。與龔澄樞用事國中。久之爭權不協。會有告彥眞通先朝李麗姬者。澄樞將按其事。彥眞懼。與其子謀殺澄樞。澄樞誣以謀反。族誅。

許·昭先 〔南朝〕〔宋〕義興人。叔父肇之坐事繫獄。七年不判。子姪二十許人。昭先家最貧。獨料訴餉饋。未有懈息。如是七載。尚書沈演之嘉其懿行。肇之事由此得釋。徵爲征虜參軍。以親老不就。

許·洞 〔宋〕吳縣人。一作吳興人。字淵夫。一字洞夫。性疏儁。幼習弓矢擊刺之技。及長。折節勵學。登咸平進士。爲雄武軍推官。免歸。日以酣飲爲事。所居惟植一竹以表特立之操。吳人稱曰許洞門前一竿竹。後爲烏江縣主簿。平生以文章自負。尤精左氏傳。有虎鈐經·春秋釋幽·演玄·文集。

許·炳 〔宋〕平江人。字仲明。通春秋。嘉定進士。授寧鄉尉。以廉稱。

許·烱 〔明〕新會人。字吾野。嘉靖舉人。有吾野漫稿。

許·珍 〔明〕天長人。字待聘。號靜菴。官太平學官。有律呂新書分註圖纂。

許·珌 〔清〕侯官人。字天玉。明崇禎舉人。順治中知安定縣。工詩。善新城王士禛。士禛作慈仁寺雙松歌贈之。稱爲閩海奇人。有鐵堂集。

許·相卿 〔明〕海寧人。字伯台。正德進士。世宗時授兵科給事中。宦官張銳·張忠有罪論死。帝欲寬之。相卿切諫。言天下望陛下爲孝皇。陛下奈何自處以正德。帝又蔭中官張欽義子李賢爲錦衣世襲指揮。相卿言于謙子止錦衣千戶。王守仁子止錦衣百戶。中官斷養反過之。忠勛大臣裔。曾不若近倖奴。誰不解體。言皆切至。爲給事三年。所言皆不聽。遂謝病歸。有史漢方駕·革朝志·雲邨文集。

許·胤宗 〔唐〕義興人。仕陳。爲新蔡王外兵參軍。精於醫。王太后病風不能言。醫家告術窮。胤宗即以黃耆防風煮湯數十斛。置牀下熏蒸之。是夕語。關中多骨蒸疾。染者輒死。胤宗療視必愈。嘗謂醫者意也。思慮精則得之。吾意所解。口莫能宣。故不欲著書貽後世。武德初官終散騎侍郎。

許·胥臣 〔明〕錢塘人。有禹貢廣覽·蓋載圖憲。

許·貞 〔清〕海澄人。初爲鄭氏將。康熙初以左都督統所部歸清。屯贛縣。耿精忠反。陷江右。貞起兵赴援。以功加太子少保。威名日盛。累擢提督。起兵九年。大功奏聞者二十餘次。調廣東提督。在粵十四年。盜賊屏跡。

許・負　漢河內溫人。老嫗。工相人。周亞夫爲河內守時。負相之。曰。君後三歲而侯。侯八歲爲將相。其後九歲而君餓死。後果如其言。高帝封爲鳴雌亭侯。

許・迥　宋遜從弟。南唐時士以權利與服相誇尚。迥獨甘貧自守。宋師伐金陵。遜護北城被傷。謂迥曰。吾將死。汝歸慰吾親。迥以身蔽遜。遜曰。君親忠孝。吾與爾均有之。何不可。迥乃去。遜後仕宋。迥終不仕。

許・迪　宋毘陵人。工畫草蟲。稱神品。

許・重炎　清荊溪人。字少來。有璞堂文鈔。

許・飛瓊　古仙人。王母侍女。

許・孫荃　清合肥人。字蓀友。一字生洲。康熙進士。旋舉鴻博。官至翰林院侍講。督學陝西。性嗜學。工詩古文詞。有愼墨堂詩集。

許・容　清如皋人。字默公。曾官閩中。善畫山水及著色芭蕉。六書小篆圖章。不讓秦漢。

許・峻　後漢平輿人。字季山。善卜占之術。時人比之京房。自云少嘗篤病。謁泰山。遇道士張巨君。授以方術。著有易林。

許・師可　元衡子。字可臣。志趣端正。歷衛輝・襄陽・廣平・懷孟路總管。終通議大夫。卒諡文簡。有文集。

許・師敬　元師可弟。字敬臣。官至參知政事・翰林承旨。明經務誠。學尚節槪。克有父風。

許・庭堅　清無錫人。字亦谷。乾隆恩貢生。父卓然。藏書萬卷。庭堅枕葄其中。詩文取徑幽險。兼工畫山水。有忍古齋集。

許・恕　元江陰人。字如心。至正中薦授澄江書院山長。旋棄去。會天下亂。遁跡賣藥海上。與山僧野人爲侶。爲詩意境沈鬱。而音節高朗。有北郭集。

許・恩　明蘄水人。弱冠時鄰家火。延恩舍。恩已出。復冒烈燄突入救母。遂俱燼。止存兩手。尚抱母身。

許・恩溥　清六安人。字雨堂。食餼於庠。工書畫。有留紅館集。

許・辰　元國楨子。字君黼。一名忽魯火孫。從許衡學。入備世祖宿衛。忠愼小心。提點太醫院。每外國使至。必命與之語。辭理明辨。莫不傾服。成宗時遷中書右丞。有足疾不能行。每國有大政。詔使近侍即其家問之。特授大司徒。卒諡僖簡。

許・晉孫　元建昌人。字伯昭。延祐進士。釋褐後從吳澄游。每以及門晚爲憾。累官茶陵州判。有善政。

許・晏　漢陳留人。受魯詩於王式。稱許氏學。爲博士。

許・栩　後漢劭宗人。沈沒榮利。致位司徒。舉宗莫不匍匐栩門。承風而驅。官以賄成。惟劭不過其門。(按後漢許劭傳作許相。此從汝南先賢傳。)

許・桂林　清海州人。字月南。一字同叔。嘉慶舉人。於諸經皆有發明。尤邃於易。通古音。兼精疇人家言。有許氏說音・宣西通・味無味齋集。

許・泰　明寧子。以襲爵任宣府副總兵。中武會試第一。正德間與郤永・江彬同勦流賊。賊平。進署都督同知。與彬日侍左右。賜國姓。會宸濠反。泰爲副將軍。率禁軍先往。宸濠已爲王守仁所擒。泰欲攘其功。疾馳至南昌。誅求刑戮。甚於宸濠之亂。嫉守仁。百方排擠之。世宗即位。廷臣交劾。下獄死。

許・浩　明餘姚人。字復齋。弘治中以貢生官桐城縣教諭。有復齋日記・宋史闡幽・元史闡幽。

許・珩　清儀徵人。字楚生。諸生。能詩。治經有心得。有周禮注疏獻疑。

許・盎　漢高祖功臣。以中尉擊項籍。封柏至侯。卒諡靖。

許・祖京　清德清人。字依之。乾隆進士。由中書累官廣東布政使。有書經述。

許・祚　宋德化人。八世同居。長幼七百八十一口。太平興國間旌其門閭。淳化初本州言祚家春秋常乏食。詔歲貸米千斛。

許・翀　明興化人。字廷舉。負才多力。以軍功官千戶。倭入寇。翀募壯士七百人陷陣。多所斬獲。翀長六尺。顧盼有威。軍中號鐵面將軍。

許・荊　後漢武孫。字少張。少爲郡吏。兄子世嘗操兵殺人。怨者操兵攻之。荊跪言曰。兄早沒。止一子。願殺身代之。怨家遂捨去。後舉孝廉。和帝時爲桂陽太守。在事十二年。徵拜諫議大夫。卒於官。

許・虔　後漢劭兄。見許劭條。

許・貢　後漢興平初爲吳郡太守。時孫策方起。貢表聞策驍雄。宜召還京邑。若置於外。必爲世患。策聞而殺貢。

許・偉康　後漢居沽。爲王柔兄弟所拔。後以成名。

許・商　漢長安人。字長伯。從周堪受尙書。善爲算。著五行論。歷位至九卿。號其門人沛唐林爲德行。平陵吳章爲言語。重泉王吉爲政事。齊炔欽爲文學。王莽時林・吉爲九卿。自表上師冢。大夫博士郎吏爲許氏學者各從門人會。車數百兩。儒者榮之。

許・圉師　唐紹子。有器幹。研涉藝文。擢進士。龍朔中爲左相。因事劾罷。久之爲虔相二州刺史。事以寬治。有受賕者。不忍按。但賜清白箴。其人自愧。更爲廉士。官至戶部尙書。卒諡簡。

許·國 【明】歙人。字維楨。嘉靖進士。神宗時累官禮部尚書。兼東閣大學士。性木強。遇事輒發。無大臣度。然能謹愼自守。故累遭攻擊。不能被以汙名。致仕歸。卒諡文穆。

許·國泰 【明】巢縣人。字亨之。精堪輿。兼饒謀略。四川土官楊應龍反。國泰從六安總兵王芬征之。爲參謀。屢有奇捷。後歸里。喜爲詩。所至題詠。晚遊楚。不知所終。

許·國禎 【元】曲沃人。字進之。祖父皆業醫。國禎博通經史。尤精醫術。世祖在潛邸。以醫徵至。及卽位。累奏奇效。並參機密。累進光祿大夫。每進見。帝呼爲許光祿而不名。陞集賢大學士。卒諡忠憲。

許·堅 【宋】江左人。有異術。早歲以時事干江南李氏。不見禮。拂衣歸。隱茅山。太平興國間遊廬山。及洪州西山·吉州玉笥山。後不知所終。

許·寂 【後唐】會稽人。字閑閑。少有山水之好。汎覽經史。尤明易象。唐末除諫官。不起。後仕蜀王建爲相。同光末平蜀。與王衍俱從於東。授工部尚書。致仕。卒於洛。

許·將 【宋】閩縣人。字沖元。舉進士第一。神宗時累拜翰林學士·龍圖閣直學士。歷知成都府。元祐中再爲翰林學士。進尚書左丞。章惇·蔡卞同肆羅織。貶謫元祐諸臣。奏發司馬光墓。賴將言而止。累官門下侍郎·平章事。出知河南府。致仕卒。諡文定。

許·康佐 【唐】貞元中舉進士弘辭。家貧。求爲知院官以養母。及母喪已除。辟命皆不答。由是有名。遷侍御史。以中書舍人爲侍講學士。爲文宗所寵禮。帝讀春秋至閽弑吳子餘祭。問閽何人耶。康佐以中官方彊不敢對。帝嘻笑而罷。李訓以爲言。乃謀剿除。康佐知帝指。因辭疾。罷爲禮部尚書。卒諡懿。

許·庸 【明】永樂初知會昌。蒞政公勤。庭無滯訟。遇有徭賦。貧者役力。富者供財。民多樂於趨事。在任八年。修學舍。勵生徒。積年逃卒皆聞風自首。及去任。民皆思慕焉。

許·彪孫 【宋】奕子。爲四川制置使參謀官。景定初劉整叛。召彪孫草降文。以瀘川一道爲獻。彪孫辭使者曰。此腕可斷。此筆不可書也。卽閉門與家人俱仰藥死。

許·彬 【明】寧陽人。字道中。永樂進士。累遷太常卿。景泰中以迎上皇功受知。英宗復位。進禮部侍郎。入直文淵閣。未幾。爲石亨所忌。左遷陝西參政。亨敗。復官。彬性坦率。好交游。不能擇人。一時浮蕩士多出其門。晚參大政。方欲杜門謝客。而客惡其變態。競相騰謗。致不安其位。卒諡襄敏。有詩文集。

許·從龍 【清】嘉善人。居常熟。字佑王。官通判。畫山水花鳥得宋元法。尤工釋道。有所繪五百羅漢。藏虞山。

許·惇 【北齊】高陽人。字季良。初仕東魏爲司徒主簿。以能判斷。時號入鐵主簿。武成帝時累官尚書右僕射。史稱其少純直。晚更浮動。又與邢邵·魏收之徒。比肩同列。諸人或談說吟詠。欣笑滿堂。惇不解劇談。又無學術。帷杜口隱几。深爲勝流所輕。

許·曼 【後漢】峻孫。少傳峻學。桓帝時隴西太守馮緄始拜郡。開綬笥。有兩赤蛇分南北走。緄令曼筮之。卦成。曼曰。三歲之後。君當爲邊官。當東北行三千里。復五年。更爲大將軍。果如占。其餘奇驗多類此。

許·混 【三國魏】劭子。清醇有鑒識。明帝時爲尚書。

許·淹 【唐】句容人。多識廣聞。精於訓詁。與魏洪·公孫譔皆以博學名。

許·猜 【漢】高祖功臣。以楚將降。從起臨濟。以郎中擊項羽·陳豨。封嚴侯。卒諡敬。

許·紳 【明】南京人。質實謹厚。不喜交遊。以醫術仕至工部尚書。掌太醫院事。嘉靖中宮婢以帛縊帝。氣已絕。紳以藥進。卒獲安。數月紳病。帝遣人視之。曰。曩者宮變。吾自問不效必殺身。因此驚悸。非藥石所能爲也。已而果卒。

許·紹 【唐】安陸人。字嗣宗。兒時與高祖同學。隋末任夷陵通守。時盜賊競起。紹保全郡境。流戶自歸者數十萬口。王世充篡位。以三郡歸唐。授陝州刺史。紹境與王世充·蕭銑接壤。其下爲賊剽者輒見殺。紹得敵人。獨資遣之。二邦感義。殺掠爲止。封譙國公卒。

許·規 【宋】祁門人。嘗寓宣州客邸。傍舍客有病者。乃建康人。規爲請醫。終不愈。其人因以囊中金百兩付規。託以後事。規爲之棺殮。並以餘金還其家。人稱爲長者。

許·貫之 【明】錢塘人。字道卿。嘉靖進士。任吉水令。治行爲江右冠。徵爲給事中。旋卒。妻子貧乏。幾不能自存。

許·逖 【宋】規子。字景山。仕南唐爲監察御史。國亡入宋。獻其文。得召試爲汲尉。冠氏主簿。民願得以爲令。遂知縣事。數上書太宗。論北邊事。官至司封員外郎。

許·勛 【蜀漢】慈子。傳父業。爲博士。

許·善心 【隋】亨子。字務本。少孤。聰明有思理。徐陵稱爲神童。仕陳爲散騎常侍。聘隋。留縶賓館。陳亡。衰服號哭。以本官值門下省。累遷通議大夫。後宇文化及弒逆。隋官盡詣朝堂謁賀。善心獨不至。化及遣人就宅執至朝堂。善心不舞蹈而出。遂被害。亨撰梁史未就。善心修續之。諡文節。（按隋書本傳。善心高陽北新城人。浙江通志以隋書地理志。高陽隸河間。並無新城縣。遂據唐書善心子許敬宗傳。定爲杭之新城人。考北新城。漢置。晉志屬高陽國。隋志。河間郡下高陽注。舊置高陽郡。開皇初郡廢。又清苑注。舊曰樂鄉。後齊省樊與北新城等入永寧。改名焉。開皇時改爲清苑。是高陽郡未廢時。北新城原屬高陽。本傳從其舊稱。故云高陽北新城人也。）

許善心母 隋姓范氏。少寡。博學有高節。文帝召入內。侍皇后講讀。封永樂郡君。及善心遇禍。范年九十二。撫棺曰。能死國難。我有兒矣。因不食而卒。

許・嵎 宋山子。字暘谷。後改名徹。號菽亭。善寫梅。工詩。有詩集。

許・巽 宋仙游人。字少陽。乾道進士。知歸善。縣有捕民爲盜者。賂郡守。成其獄。巽驗非實。格不行。歷知滁州漳州。所至以廉潔稱。人號耐齋先生。

許・幾 宋貴溪人。字先之。以諸生謁韓琦於魏。琦勉入太學。擢第。知南陵縣。還民之託僧尼爲姦者數百人。知鄆州。梁山濼多盜。幾籍十人爲保。使晨出夕歸。否則以告。輒窮治無脫者。幾有吏幹。善理財。官至戶部尙書。坐事貶永州團練副使。安置袁州卒。

許・敦仁 宋興化人。第進士。崇寧初入爲校書郎。蔡京以州里之舊。加以拔擢。凡建白。悉受京旨。拜御史中丞。上章請五日一視朝。徽宗以其言失當。命罰金。尋卒。

許・景先 唐義興人。家洛陽。少舉進士。累官殿中侍御史。抨按不避近彊。時議僉愜。與齊澣・王丘・韓休・張九齡更知制誥。以雅厚稱。官至吏部侍郎卒。

許・景澄 清嘉興人。字竹筠。同治進士。官編修。工駢文。尤研究經世之學。文祥以使才薦之。出使俄法德義奧和各國。官至吏部侍郞。綜外交事務。拳亂作。與袁昶聯名極諫。忤孝欽后被誅。追諡文肅。有外國師船圖表・光緒勘定西北邊界俄文譯漢圖例言・西北邊界地名譯漢考證・奏疏錄存・出使函稿。

許・景衡 宋瑞安人。字少伊。學於程頤。登元祐進士。高宗時除御史中丞。進尙書右丞。黃潛善等惡其異己。譖罷之。卒諡忠簡。景衡志慮忠純。有大政事。必請間極論。議論不與時俯仰。爲文粹然一出於正。詩吐音清拔。有橫塘集。

許・智藏 隋道功孫。少以醫術仕陳。陳亡。文帝以爲員外散騎侍郎。煬帝卽位。智藏時致仕於家。每有所苦。輒令中使就詢。或以輿迎入殿。扶登御牀。智藏爲方奏之。用無不效。卒於家。

許・朝 清昭文人。號紅橋。乾隆進士。官濟南府通判。有文集。

許・棐 宋海鹽人。字忱父。號梅屋。隱居秦溪。儲書數千卷。植梅屋之四檐。有梅屋稿・獻醜集・樵談・春融小綴。

許・棠 唐字文化。咸通末高湜爲禮部侍郎。時士多躁櫑要干進。湜獨取棠及公乘億・聶夷中等。皆有名當時。

許・棫 清沅子。字太眉。一字夢西。自號三櫑翁。諸生。工詩。尤精小學。咸豐初舉孝廉方正。不赴。主講道南書院。有讀說文雜識・東夫山堂詩集・三櫑老屋塡詞。

許・欽 明績溪人。家貧。性至孝。年十六。教授於鄉。兄弟貧。以己田讓之。獨養父母。有疾。告天求代。母卒。廬墓側。父繼沒。因病叢葬。結廬守哭。人不忍聞。

許・欽明 唐欽寂弟。武后時以軍功爲涼州都督。嘗輕騎按部。突厥率兵奄至。被執至靈州。使說降。欽明至城下呼曰。我乏食。有美醬乎。有粱米乎。并乞墨一枝。時賊營四面阻水。惟一路得入。欽明欲選將練兵。乘夜毄賊。而城中無悟其說者。遂見害。

許・欽寂 唐紹曾孫。萬歲通天初契丹入寇。爲龍山軍討擊副使。兵敗被擒。賊令說屬城之未下者。欽寂謂安東都護裴玄珪曰。狂賊天殃。滅在朝夕。公但謹守勵兵。以全忠節。賊大怒。害之。諡忠。

許・渤 宋許昌人。字仲容。天禧進士。官至祕書丞。卒年七十。疾中爲文二篇。以示子孫。其大旨皆窮理盡性之言。

許・渾 唐圉師後。家丹陽。字仲晦。登太和進士。大中中爲監察御史。歷虞部員外郎・睦郢二州刺史。所至有善政。工詩。有別墅在京口丁卯橋。詩名丁卯集。（按新唐書宰相世系表。圉師爲安陸許氏。渾爲其後。應亦出於安陸。陳振孫書錄解題乃稱渾爲丹陽人。觀集中送王總歸丹陽詩。有曰憑寄家書爲回報。舊居還有故人知。則安陸其原籍。丹陽乃其僑寓之地也。）

許・焞 清海寧人。字純也。雍正進士。官編修。有載道集。

許・琨 唐善寫貌。開元中常在內廷畫人物。爲時所稱。

許・琰 明吳縣人。字玉仲。諸生。磊落不羈。崇禎中聞京師陷。聚哭明倫堂。琰獨衰杖擗踊。號泣盡哀。趙古廟自經。爲人所解。聞哀詔至。卽稽首號慟而卒。鄉人私諡潛忠先生。

許·貴 〔明〕江都人。字用和。襲職爲羽林衞指揮使。擢署都指揮同知。守備大同西路。也先入寇。從石亭戰。敗績。貴力戰得還。英宗北狩。邊城殘破。衆恟懼。貴以忠義勵士。敵來擊敗之。進都指揮使。後征松潘蠻。感嵐氣卒。

許·進 〔明〕靈寶人。字季升。成化進士。除御史。累遷兵部尚書。嘗巡撫大同。士馬盛強。兵防修整。貢使每至關。率下馬脫弓矢入館。俛首聽命。會土魯番陷哈密。進巡撫甘肅。議征討。諸將難之。乃獨與總兵劉寧謀。卒下之。進以才見用。能任人。性通敏。劉瑾弄權。稍委蛇。然瑾終惡之。以此去位。卒諡襄毅。有平番始末。

許·逵 〔明〕固始人。字汝登。正統進士。長身巨口。猿臂燕頷。沈靜有謀略。授樂陵知縣。平流賊有功。陞山東僉事。歷江西副使。宸濠之變。不屈被害。先是逵以文天祥集貽其友張漢卿而無書。逵父家居。聞江西有變。殺副使。卽爲位易服哭。人怪問故。曰、副使必吾兒也。世宗時追諡忠節。

許·嗣 〔元〕天台人。字繼可。生元季。隱居不仕。善吟咏。自號得靜山人。有得靜集。

許·嗣復 〔明〕爲潼關衞教授。李自成之亂。分守上南門。城破。持梃鬭。詈賊死。妻女皆自殺。

許·嗣隆 〔清〕如皋人。字山濤。康熙進士。官編修。典試雲南。有奉使滇南集。

許·嗣興 〔清〕漢軍鑲藍旗人。原名嗣印。康熙間由筆帖式累擢河南布政使。於地方利弊。民生休戚。能實心經理。官至福建巡撫。

許·嵩 〔唐〕所著建康實錄。備記六朝事迹。引據廣博。多出正史之外。唐以後考六朝遺事者。多援以爲證焉。

許·愼 〔後漢〕召陵人。字叔重。官至太尉·南閣祭酒。性淳篤。少博學經籍。馬融常推敬之。時人語曰。五經無雙許叔重。著說文解字十四篇。推究六書之義。分部類從。至爲精密。後世言小學者多宗之。嘗官洨長。故亦稱洨長。或稱南閣祭酒。

許·摶 〔宋〕莆田人。字公執。宣和中在太學時。秦檜弟棣犯學規。檜折簡爲棣援。摶不許。後歷監察御史。出知撫州、嚴州。及檜當國。遂改祠遁跡。

許·敬宗 〔唐〕善心子。字延族。性輕傲。善屬文。隋大業中第秀才。貞觀中除著作郎。兼修國史。尋專掌誥令。高宗時爲禮部尚書。帝將立武昭儀。大臣切諫。敬宗陰揣帝私。卽妄言之。帝意遂定。陰附武后。謀逐褚遂亮。殺長孫無忌等。致位右相。威寵莫比。又竄改高祖太宗實錄。專出己私。其言率多誣罔。咸亨初以特進致仕卒。

許·楊 〔後漢〕平輿人。字偉君。少好術數。王莽輔政。召爲郎。及莽篡位。乃變姓名爲巫醫。汝南舊有鴻卻陂。成帝時毀。建武中太守鄧晨欲修復之。以楊曉水脈。署都水掾。楊因高下形勢。築塘四百餘里。累歲大稔。豪右譖楊受賕。晨收楊下獄。械輒解。晨卽夜出楊。遣歸。時陰晦。道中若有火光照之。後以病卒。

許·楚 〔清〕歙人。字方城。諸生。有青巖文集。

許·楫 〔元〕忻州人。字公度。幼從元好問學。年十五。以儒生中詞賦。又舉賢良方正·孝廉。官中書省。丞相安童·左丞許衡深器重之。歷徽州總管。徽屬饑民爲寇。相拒七月。楫單騎趨壘。皆願降。授東平總管。所至有善政。◉〔清〕江蘇甘泉人。僑寓楓鎭。字午橋。號麓緣。工畫花卉翎毛。

許·溥化 〔明〕婺源人。字次誠。元季率義兵保鄉閭。遂領屯兵。國初歸附。累從征伐。時兄遭寇難。溥化以財力援脫兄厄。越五年辭歸。事兄如嚴父。

許·熙載 〔元〕湯陰人。字獻臣。博通古今。事母以孝聞。仕爲會福院照磨。以儒術飾吏治。常病古人女教雜見於禮書。漫無統紀。乃輯爲女教書。後開義學以教鄉人。有東岡小稿。

許·瑗 〔明〕樂平人。字栗夫。國初求賢。瑗與宋濂同赴召。授博士。參預謀議。尋知太平府。勵士卒。修城池。撫黎庶。陳友諒攻太平。瑗拒守彌月。城陷。被執不屈死。

許·當俊 〔明〕餘杭人。崇禎間爲曲江縣主簿。流寇據帽峯山。瞰城中。當俊遣壯士斫其營。一鼓擒之。又以重利啖賊閒。使反爲我用。誘擒賊首。遷惠州經歷。

許·碏 〔唐〕高陽人。少爲進士。累舉不第。晚學道於王屋山。周遊五嶽。於石崖屋壁人不及處。題曰許碏自峨嵋山尋偃月子到此。觀者莫不歎其神異。碏自謂在崑崙就宴失儀見謫。後當春。插花滿頭。上酒樓醉歌而去。

許·義夫 〔元〕碭山人。知夏邑。每親詣鄉社。教民稼穡。賞勤罰惰。境內豐足。移知封丘。値羣盜劫掠州縣。義夫單騎出郊。力言封丘邑小。民已驚竄。幸無入吾境。民得免於難。

許·詢 〔晉〕字元度。好遊山水。而體便登陟。時人云。詢非徒有勝情。實有濟勝之具。

許·路 〔明〕平山衞人。字由之。弘治進士。爲刑部郎中。正德間諫武宗巡狩廷杖。嘉靖初議大禮再杖。遷陝西兵備副使。招服洮民番夷四十族。改廣西兵備。以病歸。

許·遂 〔宋〕宣城人。字伯通。幼孤。事母以孝聞。里人每勵其子。輒曰。汝獨不慚許伯通乎。◉〔清〕番禺人。字揚璽。康熙舉人。官清河知縣。有惠政。坐承追不力免。乾隆初以鴻博徵。格於部議不得試。工詩。有眞晉閣集。

許·遇 〔清〕友子。字不棄。一字眞意。號花農。又號月溪。順治間貢生。受詩於王士禎。尤工絕句。善畫松石梅竹。知陳留縣。調長洲卒官。有紫藤花庵詩鈔。

許·道功 〔晉〕高陽人。以母疾覽醫方。因而究極醫理。遂成名醫。誡諸子曰。人子嘗膳視藥。不知方術。豈謂孝乎。由是世相傳授。官至員外散騎侍郎。

許·道寧 〔宋〕河間人。一作長安人。官著作佐郎。善畫。峯巒峭拔。林木勁梗。別成一家。兼工詩。

許·靖 〔蜀漢〕平輿人。字文休。與從弟劭俱知名。並臧否人倫。察孝廉。除尚書郎。典選舉。董卓秉政。周毖爲吏部尚書。靖與共謀拔用賢才。後各舉兵欲誅卓。卓怒。毖被害。靖懼。奔依揚州陳禕。後入蜀。爲廣漢太守。先主克蜀。以靖爲太傅。靖雖年逾七十。猶愛樂人物。誘納後進。清談不倦。丞相諸葛亮亦敬事之。

許·鼎 〔清〕遇子。字梅崖。有少少集。

許·鼎臣 〔明〕武進人。字定于。萬曆進士。天啓中官光祿丞。以觸璫忌罷歸。崇禎初復官。會流賊躪晉窺豫。擢鼎臣右僉都御史。巡撫山西。多戰功。撫晉十月。先後上八十餘疏。具得窾要。爲總督張宗衡所構。削職歸。

許·寧 〔明〕貴子。字宗道。束髮從軍。大小百十餘戰。威名聞異域。成化時累官都督同知。性沈毅。守官廉。待士有恩。不屑干進。起世胄。不十年至大將。同列推讓不及焉。

許·廓 〔明〕襄城人。字文超。魁偉倜儻。博涉經史。善草書。洪武舉人。累遷工部侍郎。勵志勤愼。官至兵部尚書。

許·慈 〔蜀漢〕南陽人。字仁篤。善鄭氏學。治易尚書三禮毛詩論語。官博士。與同列胡潛更相矜伐。後主時官至大長秋卒。

許·瑤光 〔清〕善化人。字雪門。晚號復叟。道光拔貢。官諸暨知縣。有循聲。遷嘉興知府。有談浙記略。雪門詩集。

許·端 〔明〕一作湍。工畫龍。

許·箕 〔清〕海寧人。移居梅里。字巢友。號鹿庵。工書。善詩。有捫膝軒詩鈔。

許·維禎 〔元〕遂州人。字周卿。至元中爲淮安判官。屬縣鹽城有二虎爲害。維禎默禱神祠。一虎去。一虎死祠前。是歲冬無雪。民多疾。父老以爲言。維禎禱之。雪深三尺。卒於官。

許·維欽 〔清〕太康人。隸旗籍。字蒼嵐。康熙舉人。爲樂昌知縣。善畫山水。詩文書法。亦俱可觀。

許·綰 〔戰國〕〔魏〕襄王將築中天臺。令曰。敢諫者死。綰負鍤而入曰。願加一力。臣聞天地相去萬五千里。半之當高七千五百里。其址當方一千里。盡王之地不足。王默然罷。

許·聞造 〔明〕海寧人。字長孺。萬曆舉人。司李河間。郡多勳舊中貴人。橫民間。悉按捕伏罪。擢監察御史。諫止東封。又言宦豎之害。帝頗心動。

許·誥 〔明〕進子。字廷綸。號函谷山人。弘治進士。官翰林檢討。進忤劉瑾削籍。並謫誥全州判官。父喪歸。家居授徒講學。嘉靖初遷侍講學士。官至南京戶部尚書。卒謚莊敏。有通鑑綱目前編。

許·遜 〔晉〕汝南人。家南昌。字敬之。學道於吳猛。舉孝廉。拜旌陽令。以晉室棼亂。棄官東歸。周行江湖諸郡。殄滅毒害。寧康初於洪州西山。舉家四十二口。拔宅上昇。雞犬亦隨逐飛去。年百三十六歲。宋封神功妙濟眞君。世稱許眞君。亦稱許旌陽。

許·遠 〔唐〕敬宗曾孫。寬厚長者。明吏治。仇兼瓊鎮劍南。辟爲從事。忤兼瓊。貶高要尉。安祿山反。或薦遠素練戎事。玄宗召拜睢陽太守。累加防禦使。適張巡將兵三千至。遠與合兵拒賊。自以才不及巡。請稟軍事。而居其下。專治軍糧戰具。被圍數月糧盡。至羅雀掘鼠以食。士多餓死。外援不至。城遂陷。與巡俱被執。不屈死。

許·銘 〔明〕南昌人。永樂進士。宣德初爲浙江按察副使。持憲嚴明。豪貴不敢干以私。興利除害。人皆感服。

許·鳴遠 〔明〕天台人。字有望。有天台詩選。

許·儀 〔明〕無錫人。字子韶。號鶴影子。又號歇公。官中書。工畫山水人物界畫花鳥蟲魚。無一不善。沒骨點綴得熙法。能寫照花下。印章每以手畫成。稱爲絕技。善篆繪圖章。

許·儉 〔宋〕閩清人。字幼度。朱熹門人。不蓄私財。不置私器。三世不分異。庭無間言。鄭性之爲書孝友二字以扁其堂。

許·增 〔清〕仁和人。字邁孫。號益齋。官道員。有榆園叢書。

許·奭 〔梁〕以醫名。仕爲太常丞。中軍長史。隨柳仲禮入長安。與姚僧垣齊名。終上儀同三司。

許·廣 【清】治公羊春秋。爲侍郎。

許·廣大 【元】天台人。字具瞻。登進士第。歷官昌國州判·武義縣尹。皆以廉能聞。至正中調知鄞縣。平差役。辨訟訴。禮耆德。獎拔後進。歲旱。禱雨輒應。民歌訟之。

許·廣漢 【漢】昌邑人。少爲昌邑王郎。從武帝上甘泉。誤取它郎鞍以被其馬。詔下蠶室。後爲宦者丞。又以罪論鬼薪。輸掖庭。後爲暴室嗇夫。時宣帝養於掖庭。號皇曾孫。廣漢以女妻之。及卽位。封昌成君。卒諡戴。

許·德溥 【明】如皋人。字元博。聞流賊陷京師。慟哭數日。後聞南都覆。亦如之。每獨居輒哭。食必置崇禎錢於案上。祭而後食。刺四字於胸曰。不愧本朝。又刺八字於臂曰。生爲明人。死爲明鬼。後有發其事者。因被害。

許·德瑗 【清】崖州知州亘臣女。字素心。適何氏。早寡。無子。以節著。工畫蘭竹。隨意點綴。各有天趣。著書。能詩。有疏影樓詩。

許·德勳 【五代】【楚】爲馬殷大將。唐天復中官岳州刺史。梁開平初拒淮南將冷業·李饒。大破之。業饒皆就擒。

許·慧 【清】秀水人。字念因。號奕仙。善寫意花卉。兼知醫。

許·槤 【清】海寧人。字叔夏。號珊林。道光進士。官江蘇糧儲道。明律學。吏事精敏。研精說文解字。好金石文字。工篆隸書。嘗篆說文解字統箋。遭亂散佚。別纂識字略。又有古均閣寶刻錄·古均閣遺著。

許·潮 【明】靖州人。字時泉。工樂府。有武陵春等雜劇。

許·澄 【隋】奭子。以醫術顯。有學識。傳父業。尤盡其妙。歷尚藥典御·諫議大夫。封賀川縣伯。

許·瘛 【漢】高祖功臣。用趙右林將初擊定諸侯。封宋子侯。卒諡惠。

許·稷 【唐】莆田人。字君苗。少遇陳舍人詡等會酒。有輕稷語。稷投杯憤悱。入終南山而隱。學三年。出就府薦。擢貞元進士。工歌詩。嘗爲江南春三首。詞甚綺麗。官終衡州刺史。

許·穀 【明】上元人。字仲貽。號石城。好讀書。博涉精詣。以文名。嘉靖進士。官至南京尚寶卿。罷歸。嗣顧璘主詞壇。歸田三十年。未嘗通書政府。縉紳至南京造門求見。不報謝。有省中二臺·歸田諸集。

許·褚 【三國】【魏】譙人。字仲康。勇力絕人。能逆曳牛尾。漢末。聚少年及宗族數千家。共堅壁以禦寇。歸曹操。拜都尉。操將北渡河。爲馬超所乘。矢下如雨。褚扶操上船。左手舉馬鞍蔽操。右手並泝船。僅乃得渡。是日微褚幾不免。遷武衛中郎將。軍中以褚力如虎而癡。號曰虎癡。明帝時封牟平侯。卒諡壯。褚所將。後以功爲將軍封侯者數十人。都尉校尉百餘人。皆劍客也。

許·論 【明】進子。字廷議。嘉靖進士。好談兵。幼從父歷邊境。盡知阨塞險易。因著九邊圖論上之。自是以知兵聞。以軍功積官兵部尚書。時嚴嵩父子用事。將帥率以賄進。執政丁汝夔等咸不得善去。論時已老。重自顧念。一切聽嵩指揮。望由此損。後以侵冒奪官。隆慶初諡恭襄。

許·銳 【明】登州衞人。成化進士。授行人。擢御史。弘治中中官梁方專擅。銳劾罷之。復以修省事劾罷劉吉·徐溥等。後出爲山西僉事卒。

許·凝 【清】字裕卿。以醫往來歙·休寧間。能以手代鍼。用推拏法有奇效。世罕其傳。有遁氣符·醫紀·黃遊集。

許·歷 【戰國】【趙】爲趙奢軍士。奢救閼與。去邯鄲三十里而止。令軍中曰。有以軍事諫者死。乃卷甲趨閼與。秦人聞之。悉甲而至。歷請以軍事諫。曰。秦人不意趙師至此。其來氣盛。將軍必厚集其陣以待之。不然必敗。奢曰。請受令。歷曰。請就鈇質之誅。奢曰。胥後令。將戰。歷復請諫曰。先據北山上者勝。奢許諾。卽發萬人趨之。大破秦軍。解閼與之圍。歸趙。惠文王以歷爲國尉。

許·澤山 【元】工畫神佛。

許·獬 【明】同安人。字子遜。中萬曆會試第一。官編修。爲人氣岸嶙峋。不諧俗。好讀書。海內傳誦其文曰許同安。有八經類集·許鍾斗集。

許·璞 【明】鳳翔人。宣德舉人。授學官。正統中薦陞仁和知縣。公平廉慎。輕徭薄斂。民懷其德。及卒於官。貧無以殮。民賻而祀之。

許·穆 【晉】邁子。入華陽洞得道。遇王母女雲林夫人降教之。得爲左卿仙侯。

許穆夫人 【春秋】【衞】穆公夫人。衞公子頑之女。戴公之妹。狄人攻衞。大破之。宋桓公迎立戴公以廬於曹。齊桓公使公子無虧戍之。夫人痛衞之亡。思歸唁其兄而不得。作載馳之詩。

許·翰 【宋】襄邑人。字崧老。元祐進士。紹興初累官資政殿大學士。通經術。正直不撓。歷仕三朝。致位政府。議論剴切。以斥逐而死。有論語解·春秋傳·襄陵集。

許·衡 【元】河內人。字仲平。幼有異質。七歲入學授章句。問其師曰。讀書何爲。師曰。取科第耳。曰如斯而已乎。師大奇之。稍長。嗜學如饑渴。往來河洛間。從柳城姚樞得伊洛程氏及新安朱子書。益大有得。尋居蘇門。與樞及竇默相講習。凡經傳子史禮樂名物星曆兵刑食貨水利之類。無所不講。而慨然以道爲己任。世祖時召爲國子祭酒。議事中書省。拜中書左丞。衡見帝多褻陳。及退。皆削其草。故其言多祕。世罕得聞。阿哈馬特擅權。勢傾朝野。衡論列其事。不報。因謝病。請解機務卒。諡文正。衡善教。所至無貴賤賢不肖皆樂從之。隨其才皆明大小。皆有所得。聽其言。雖武人俗士多感悟者。學者稱魯齋先生。有讀易私言·魯齋心法·魯齋遺書。

許·遵 【北魏】高陽人。明易善筮。兼曉天文風角。占相逆刺。其驗若神。神武引爲館客。自言祿命不富貴。不橫死。是以任性疏誕。多所犯忤。神武常容惜之。文宣無道日甚。遵語人曰。吾筮此狂夫何時當死。遂布算滿牀。大言曰。不出冬初。我乃不見。文宣以十月崩。遵果以九月死。◎【宋】泗州人。字仲塗。第進士。又中明法。擢大理寺詳斷官。累典刑獄。強敏明恕。及知登州。執政許以判大理。遵欲立奇以自鬻。大戾法意。廷論紛然。官終中散大夫。

許·遷 【後周】鄆州人。初爲本州牙將。性剛褊。漢乾祐中歷官左監門大將軍。權知隰州。太祖時以敗劉崇兵。授隰州刺史。遷切於除盜。嫉惡過當。以誤斷罪人致訟罷郡。

許·錫 【宋】淳熙登第。歷官至刑部郎中。所至有聲。以論政弊。言訐切忤時。請老歸。有家帚集。

許·錫祺 【清】青浦人。字華甫。諸生。有淞濱文集。

許·應元 【明】錢塘人。字子春。嘉靖進士。以剛介忤執政。不得館職。出知泰安州。廉白自持。苞苴斷絕。擢工部員外郎。官至廣西布政使。所至有聲。工詩文。有許水部稿。

許·應龍 【宋】閩縣人。字恭甫。五歲通經旨。登嘉定進士。爲籍田令。時李全。時青輩歸附。應龍入對。有荓蜂是懲養虎遺患之說。後皆如所言。理宗卽位。首陳正心爲治國平天下之綱領。遷著作郎。丐外。知潮州。治尤有聲。累官兵部尚書。以端明殿學士提舉洞霄宮卒。有東澗集。

許·應騤 【清】番禺人。字筠庵。光緒間累官禮部尚書。時德宗推行新政。應騤於康有爲等陳奏。多所裁抑。言者斥爲守舊誤國。坐事奪職。孝欽后再聽政。起爲閩浙總督。被劾罷歸。

許·懋 【梁】高陽新城人。字昭哲。少孤。性至孝。篤志好學。十四入太學。受毛詩。撰風雅比興義十五卷。尤曉故事。稱爲儀注之學。江祏號爲經史笥。大通中官至太子中庶子卒。◎【宋】仙遊人。字敏修。慶曆進士。元豐中爲兩浙轉運副使。衢民坐私釀。久繫不決。懋至。爲明其冤。悉出之。民感恩。競詣佛寺飯僧祝壽。官至直祕書閣·知福州卒。◎【明】海寧人。字國器。元末歲饑。傾家賑貸。以萬戶長督海運。授杭州路治中。不就。紅巾賊起。倡義勇子弟力戰却之。授前職不受。入明。以薦起同知海州。稱循吏。

許·濤 【清】常熟人。字巨源。號藕村。工詩善書。兼善畫花鳥。

許·縵 【清】江蘇華亭人。字曼若。號安弦。擅詩文。工畫山水。

許·謙 【後魏】代人。字元遜。少有文才。善天文圖讖之學。登國初與張袞等參贊初基。慕容垂來寇。楊佛嵩援兵稽緩。謙遺書佛嵩。乃倍道兼行。慕容垂死。謙上書勸進。晉爵平舒侯。官至安遠將軍。卒諡文。◎【元】金華人。字益之。幼孤力學。受業於金履祥。盡傳其奧。於書無所不讀。不出里閭者四十年。公卿累薦。終莫能致。晚年講學。至誠諄悉。內外殫盡。從游者千餘人。四方之士以不及門爲恥。縉紳先生之過其鄉邦者。必卽其家存問焉。或訪以典禮政事。聞者無不厭服。晚以白雲山人自號。世稱白雲先生。卒諡文懿。有讀書叢說·詩集傳名物鈔·白雲集等書。◎【清】婁縣人。字在亭。工寫眞。兼工花卉。

許·邁 【晉】句容人。一名映。字叔元。少恬靜不慕仕進。攜同心徧遊名山。因改名玄。字遠遊。永和初入臨安西山。辟穀服氣。一氣千餘息。與王羲之爲世外交。著書十二篇。論神仙之事。後莫知所終。好道者皆謂之羽化。

許·藎臣 【清】鼎子。號秋泉。有客遊草。

許·鎡 【明】石屏人。字國器。嘉靖進士。擢御史。性剛直。有諫官斃於廷杖。鎡伏屍哭。出巡按江西。與巡撫忤。致仕歸。

許·顒 【明】高邑人。幼穎悟。爲人剛直。洪武初以李思齊薦。召問時務。應對稱旨。拜監察御史。病卒。二妾陳氏牛氏皆經死。事聞。旌爲雙節。

許·懷德 【宋】祥符人。字師古。以父蔭累擢殿前指揮使。趙元昊寇邊。懷德拒戰有功。已而與功臣並進典兵。及坐請託得罪。去而復還。時遭承平。故得保寵祿。官至寧遠軍節度使。卒諡榮毅。

許·瀚 【清】日照人。字印林。道光舉人。官嶧縣教諭。深於訓詁。好金石文字。校勘宋元明本書。尤爲精審。仁和龔自珍稱爲北方學者第一。有攀古小廬文。

許·瓊 【宋】鄢陵人。開寶間子永爲盧氏尉。上言臣年七十五。父瓊年九十九。長兄年八十一。次兄年七十九。欲乞近地一官。以就營養。帝覽奏。卽命迎其父赴闕。顧問久之。悉能奏對。言唐以來事。歷歷可聽。厚賚之。投永鄙城令。

許鏞 〔淸〕浙江山陰人。字蘭谷。善畫蘭竹。精鑒別金石。工篆隸眞草書。能詩。性嗜酒。晚年棄儒入釋。

許顗 〔宋〕襄邑人。字彥周。所著彥周詩話。議論具有根柢。

許鯤 〔明〕南靖人。字景運。篤志理學。中成化舉人。任分水教諭。父思徵。手書胡安國傳以誡勉之。鯤勵名節。正師道。不愧父訓。與縣令忤。致仕歸。築草庭精舍。著書其中。學者稱草庭先生。

許寶善 〔淸〕青浦人。字斅虞。一字穆堂。乾隆進士。累官監察御史。丁艱歸。不復出。以詩文自娛。尤工詞曲。有五經揭要、南北宋塡詞譜、穆堂詞曲、自怡軒詩草。

許繼 〔明〕浙江寧海人。字士修。洪武中官台州訓導。喜爲詩。有魏晉人風韻。自號觀樂生。精思力學。病咯血卒。年僅三十七。

許譽卿 〔明〕松江華亭人。字公實。萬曆進士。天啓間爲吏科給事中。楊漣劾魏忠賢。譽卿亦抗疏極論。忠賢怒甚。會逐趙南星、高攀龍。譽卿論救。遂鐫秩。崇禎時起官。而閣黨肆毒。朝官交相構陷。言輒不用。終以削籍。明亡爲僧。久之卒。

許鐸 〔唐〕懿宗時龍武城令。客於徐州。時列官龐勛殺觀察使崔彥曾。自稱監軍。脅鐸以官。不從。彥曾官屬被囚。鐸潛饋資糧。及死。爲之瘞。匿免其子弟。賊平。乃皆歸其喪。詔拜石首令。

許顯純 〔明〕定興人。舉武進士。官鎭撫司。黨於魏閹。性殘酷。略曉文墨。大獄頻興。毒刑鍛鍊。楊漣、左光斗、周順昌、黃尊素等十餘人。皆死其手。諸人供狀。皆顯純自爲之。忠賢敗。論死。

許體元 〔淸〕靈武人。字御萬。有周易彙解衷翼。

許纘曾 〔淸〕江蘇華亭人。字孝修。號鶴沙。順治進士。官至雲南按察使。有滇行紀程、東還紀程、寶綸堂集。

許讚 〔明〕進子。字廷美。弘治進士。嘉靖中累官吏部尙書。時翟鑾、嚴嵩柄政。多所請託。郞中王與齡勸讚發之。帝眷嵩。反切責讚。除與齡籍。讚自是懾嵩不敢抗。頗以賄聞。鑾罷。嵩引之入閣。以本官兼文淵閣大學士。政事一決於嵩。讚伴食而已。久之加少傅。乞休。忤帝意。落職閒住。卒諡文簡。

許驤 〔宋〕薊州人。字允升。十三能屬文。善詞賦。太平興國初擢甲科。眞宗時官至工部侍郞。屢求小郡養疾。命知單州卒。驤無他才略。以儒厚長者稱於時。

貫公 〔漢〕趙人。從賈誼受左氏傳訓故。爲河間獻王博士。

貫休 〔前蜀〕僧。蘭谿姜氏子。字德隱。一字德遠。七歲出家。苦節峻行。能詩。善畫羅漢。工篆隸草書。人謂之姜體。爲吳越王錢鏐所重。後入蜀。王建禮遇之。號爲禪月大師。嘗有句云。一瓶一缽垂垂老。萬水千山得得來。又稱爲得得和尙。有西嶽集。

貫長卿 〔漢〕貫公子。爲蕩陰令。受詩於毛公。

貫高 〔漢〕爲趙王張敖相。高祖過趙。箕踞詈敖。高時年六十餘。請爲王殺之。後怨家以告。逮捕敖。及對獄。高曰。獨吾屬爲之。王不知也。榜笞刺爇。身無完膚。終不復言。廷尉以聞。高祖壯而赦之。高曰。所以不死。白趙王不反耳。王出。吾責塞矣。且人臣有篡弒之名。豈有面目復事上哉。乃絕吭死。

貫雲石 〔元〕本名小雲石海涯。父名貫只哥。遂以貫爲氏。自號酸齋。生而神彩秀異。膂力絕人。及長。折節讀書。吐辭爲文。尤工樂府。仁宗時拜翰林侍讀學士。知制誥。稱疾辭還江南。賣藥錢塘市中。詭姓名。易服色。人無有識之者。卒諡文靖。

就章 〔唐〕僧。莆田黃氏子。出家於福州靈石。嗣法洞宗。慕曹溪六祖。乃名其山曰曹。世以曹山稱之。後住仰山。能詩。

通凡 〔明〕僧。嘉善丘氏子。字凡可。負才自放。尤工詩。有樹下汲泉等草。

通門 〔明〕僧。常熟張氏子。字牧雲。明季祝髮於興福禪林。尋主古南、鶴林、天童等寺。頗與士大夫遊。故文士往往稱之。有懶齋別集。

通琇 〔淸〕高僧。江陰楊氏子。號玉琳。年十九出家。居武康報恩寺。順治間召見三次。說法稱旨。賜號大覺禪師。尋乞還天目山。加封普濟能仁國師。康熙間示寂於淸江浦慈雲寺。

通復 〔淸〕僧。嘉興人。字文可。少與曹溶同學。晚乃託迹於緇服。工詩。有冬關詩鈔。

通潤 〔明〕僧。蘇州人。字一雨。喜爲詩。樂與方內名士遊處。嘗自誓生生死死。世居學地。與士大夫相見。

通辨 〔元〕高僧。雄縣人。七歲參浮屠法。禮眞空爲師。皇慶初萬山和尙奉旨大作齋會。請通辨演法。忽從法座放大光明。良久方滅。及示寂。白光四達。得舍利無數。

速不台 〔元〕蒙古兀良合人。驍勇善騎射。以質子事太祖爲百戶。破滅里吉。討欽察。略也迷里霍只部。圍金主於蔡州。金主自焚死。繼又虜八赤蠻。討兀魯思、馬札兒等部。常爲軍鋒。戰功謀略。一時無兩。定宗時卒。

諡忠定。（按元史速不台傳。事同雪不台。一人兩傳。）

速·文淵 元懷慶人。字用章。至正間官懿州。有惠政。

速哥 元蒙古怯烈氏。爲太宗所知。命使金。因俾覘其虛實。及見金主。金主飲之酒。速哥佯爲不智。飲畢。懷金巵以出。默識其地理阨塞城郭人民之彊弱。既復命。備以虛實告。且以所懷金巵獻。帝喜曰。我得金於爾手中矣。復以賜之。始下令徵兵南伐。及金亡。授山西大達魯花赤。卒封宣寧王。諡忠襄。◎元蒙古人。以壯勇居軍中。累著戰功。至元中官至僉書四川行樞密院事。元貞初行院罷。家居數歲卒。

速渾察 元木華黎次孫。與兄塔思從太宗攻鳳翔有功。與金人戰。屢捷。襲兄爵。總中都行省蒙古漢軍。性嚴毅。賞罰明信。威容凜然。他國使有至者。每見。皆倉皇失次。卒諡忠宣。

造父 周蜚廉子季勝之後。幸於穆王。取盜驪·驊騮·綠耳獻之王。王使造父御。西巡狩。見西王母。樂而忘歸。徐偃王反。王日馳千里馬。攻偃王。大破之。乃賜造父以趙城。因爲趙氏。

逢·丑父 春秋齊人。爲頃公車右。頃公與晉師戰於鞌。齊師敗績。韓厥從頃公。丑父與公易位。公下如華泉取飲。御佐車以免。韓厥獲丑父。郤獻子將戮之。呼曰。自今無有代其君任患者。郤子曰。人不難以死免其君。我戮之不祥。乃免之。（按逢姓當作逄。後之言姓者多作逢。誤。詳見本書姓字考略逄字注。）

逢·同 春秋越大夫。句踐自會稽歸。七年。拊循其士民。欲以報吳。同諫曰。鷙鳥之擊也。必匿其形。今吳德少而功多。必淫自矜。爲越計。莫若結齊親楚附晉以厚吳。吳志廣。必輕戰。越承其弊。可克也。句踐曰。善。

逢·安 後漢琅邪人。王莽時與樊崇同起兵。劉盆子爲帝。安推爲左大司馬。後隨盆子降於光武。居洛陽。賜田宅。復以反誅。

逢·伯 春秋楚大夫。楚子圍許。許男面縛銜璧。大夫衰絰。士輿櫬。楚子問之。伯對曰。武王克殷。微子啓如是。武王親釋其縛。受其璧而祓之。焚其櫬。禮而命之。使復其所。楚子從之。

逢門·子豹 漢著有兵法。

逢·紀 後漢字元圖。客於袁紹。紹去董卓。與紀奔冀州。紹以紀聰達有計策。甚親信之。後爲紹子譚所殺。

逢·萌 後漢北海人。字子慶。家貧爲亭長。既而去之長安。時王莽殺其子宇。萌謂友人曰。三綱絕矣。不去。禍將及。即掛冠東都城門。攜家屬浮海客遼東。及光武即位。乃之琅邪勞山。養志修道。人皆化其德。累徵不起。以壽終。

逢·滑 春秋陳大夫。吳入楚而召陳侯。陳懷公朝國人而問焉。曰。欲與楚者右。欲與吳者左。逢滑當公而進曰。國之興也以福。其亡也以禍。今吳未有福。楚未有禍。楚未可棄。吳未可從也。晉爲盟主。盍託晉以辭。懷公從之。

逢蒙 夏學射於羿。盡羿之道。思天下惟羿爲愈己。於是殺羿。（按逢蒙一作逄門。漢書藝文志有逄門射法二篇。顏師古注曰。即逄蒙。）

逢·龍 宋廣州人。隨文天祥軍。抗呂師夔。戰敗沒於陣。

連·一貫 明龍巖人。字平淵。諸生。倜儻負奇。好行陰德。閭里多頌之。隆慶初建尙義坊旌之。

連·三 明松溪人。嘉靖中倭寇犯境。三奮力禦敵。被銃傷而死。

連·三益 宋安溪人。字叔友。慶元進士。知沙縣。庭無留訟。及去。民遮留千數。倅廣州。謝卻餽例。人服其清。再倅紹興。未上卒。

連·久道 宋字可久。年十二能詩。父攜之見熊曲肱。賦漁父詞。曲肱亦贈以詩。且曰。此子富貴中留不住。後果爲羽衣。得道。往來西山。

連·文鳳 宋三山人。字百正。號應山。宋亡。變姓名爲羅公福。常與諸遺老結社吟詩。有百正集。

連·斗山 清潁州人。字叔度。所著周易辨畫。逐卦詳列互體。剖析微渺。可藉以見錯綜變化之本旨。

連·世瑜 明樂清人。與妻方氏事母至孝。母死。刻像奉之甚恭。

連·守度 明山東樂安人。字愼所。以恩貢知淳化。擒大猾。解冤獄。陞鎭南知州。以親老不赴。養親二十餘年卒。

連·均 明延安人。字士平。永樂進士。授御史。歷江西布政使。所至有能聲。歷仕四十年。產業未嘗有所增益。人稱其廉。

連·肩吾 晉著有金英玉髓經。

連·金 明𧮪芳子。字士礪。孝友尙氣節。好學禮賢。以恩貢歷官至恩恩府同知。有治聲。

連·南夫 宋應山人。建炎初守濠州。古有東西二城。濠由其間入淮。南夫始決濠水。由城西徑達於淮。築二城合爲一。官至廣東轉運使。

連·庠 宋庶弟。字元禮。舉進士。爲宜城令。敏於政事。號良吏。累遷都官郎中。庠與庶齊名。庶當朝明潔。人謂之連底清。庠加以嚴肅。人謂之連底凍。

連·重遇 五代閩光山人。與朱文

進俱事王鏻。文進爲拱宸都將。重遇爲控鶴都將。號親兵。及王昶立。更募勇士。賜與較厚。兩人遂作亂。重遇迎王曦爲君。昶遂不免。已又弒曦。迎文進。立爲閩主。晉開運初爲林仁翰所誅。

連・城璧 【明】金谿人。崇禎間知靈山。鯁介端方。時貴縣巨賊韋兒・黃應秀。越境流刼。城璧練鄉勇。分險防禦。民賴以安。建社學。勤月課。士風丕變。官至監察御史。

連・庶 【宋】舜賓子。字君賜。舉進士。爲壽春令。一縣大治。尋以母老乞監陳州稅。嘗送客出北門。見日西風塵。而冠蓋憧憧不已。慨然有感。卽日求分司歸。後歐陽修薦其學行。以知崑山。辭不行。屢遷職方員外郎卒。

連・捷 【明】平涼安東衛人。字金門。工舉子業。著名諸生間。天啓中舉於鄉。與弟同居。終身無間言。不與人競。未嘗有睚眥之怨。鄉里稱之。

連・登岸 【明】大田人。天啓舉人。好學精星緯，官福安教諭。有天文志。

連・盛 【明】永年人。成化進士。任御史。性剛介方正。貴戚斂手。正德初劉瑾擅權。中外爭以賄賂之。盛獨抗直不附。瑾怒。竄海南卒。

連・舜賓 【宋】應山人。字輔之。少舉毛詩不中。遂歸養其父。不復仕。家多貲。悉散以賙鄉里。而教其二子庶・庠以學。曰。此吾資也，及卒。無遠近往哭之。

連・楹 【明】襄垣人。洪武中以太學生授翰林院左春坊太子贊善。改御史。及靖難兵起。與御史姚鏞相誓死。廷臣有二者。輒露章彈奏。立金川門下。自馬首數成祖。詞色不屈。命收之。引頸受刃。尸僵立不仆。後追謚剛烈。

連・稱 【春秋齊】大夫。襄公使與管至父戍葵丘。瓜時而往。曰。及瓜而代。期戍。公問不至。請代弗許。遂作亂。弒襄公。

連・萬夫 【宋】德安人。或曰南夫弟。補將仕郎。建炎中羣賊犯應山。萬夫率衆保山砦。賊不能犯。寇涙子者。以兵至。圍之三日。卒破之。賊知萬夫勇敢有謀。欲留爲用。萬夫罵賊死。

連・標 【明】禹州人。字孟準。第進士。擢御史。巡按宣大。兼學政。計擒礦盜張守清。誅衞士張元陽。累陞副都御史卒。有歷游草。

連・總 【唐】閩縣人。字會川。咸通進士。善作賦。爲溫庭筠所稱。

連・鏞 【明】建安人。字文韶。正統末鄧茂七爲亂。鏞往招撫。行反間。誘諸賊自相攻擊。遂設伏殲其首惡。羣盜一時就擒。事聞。詔褒義勇。

連・繼芳 【明】龍巖人。字以善。萬曆進士。知德清縣。歷官廣西按察副使。時交夷烏蠻侵擾。奉勅征討。屢戰克捷。積寇以平。致仕卒。

連・鑛 【明】庶子。字白石。第進士。官御史。抗直敢任。巡方李新芳有狂疾。過廣平。驚礮聲。遂上言知府李騰霄謀刺使臣。令兵備楊彝捕絏二千人。闔郡洶懼。鑛上疏以百口保。事得釋。官至總河都御史。

郭・一裕 【清】天門人。寄籍漢陽。雍正間知江南清河縣。乾隆時官至雲南巡撫。以聲色貨利殖產營運爲事。坐奪職。

郭・一鶚 【清】洛陽人。字漢沖。順治進士。選庶常。改給事中。歷官廣東左布政使。海寇叙擾。議徙濱海居民。一鶚先倡僚屬出俸安插。全活甚多。有太極圖解及章奏稿。

郭・人麟 【清】福清人。字嘉瑞。號藥郵。康熙副貢。工繪事。詩賦古文行草。咸爲當時所重。性篤孝。居喪悉遵古禮。有藥郵集・藥郵詞譜・藥郵留草學語・藥郵詩義・杞光亭草・拙亭次韻詩。

郭・士雲 【清】晉江人。字漳綠。善繪山水人物。凡舟車亭榭。川原樹木。皆追憶所經處而酷摹之。尤工翎毛。

郭・士寧 【宋】嘗官四川茶馬司幹辦公事。所著平叛錄。記平吳曦事。所載當時抱節之士。較史爲詳。

郭・士瓊 【清】江陵人。字非赤。號滌山老人。善畫山水。筆力蒼勁。長於尺幅長卷。爲人閒靜寡營。卒年九十餘。

郭・士寵 【宋】天禧中以儲瀹湯滌器汴梁橋茶肆中。一日遇呂洞賓。隨去。十餘年始歸。謁趙長官曰。大數垂盡。願施小棺。乞於棺首穿一穴。插通節竹於穴中。以通氣。明日汲水浣身。臥槐下遂絕。葬於河岸。是秋水漲。趙往視之。啓棺無屍。（按圖書集成氏族典作郭上寵。此從清一統志。）

郭・子昭 【元】汝南人。與許謙受業於金履祥。謙稱其求道不汩。仕至御史掾。

郭・子章 【明】泰和人。字相奎。號青螺。自號蠙衣生。隆慶進士。累官貴州巡撫。播酋楊應龍叛。子章大破之。應龍闔室自焚。以功進太子少保・兵部尙書卒。子章天才卓越。於書無所不讀。著述甚富。有易解・平播始末・郡縣釋名・阿育王山志・聖門人物志・豫章書・劍記・馬記・粵草・黔草・晉草・蜀草・楚草・家草・豫章詩話等書。

郭・子儀 【唐】華州人。字子儀。以武舉異等累遷朔方節度使。平安史之亂。功第一。肅宗嘗勞之曰。國家再造。卿力也。封汾陽王。永泰初僕固懷恩說吐蕃・回紇分道入。子儀馳數十騎至回紇軍。結歡誓好。遂合軍大破吐蕃。德宗時賜號尙父。進太尉中書令。以身繫天下安危者二十年。校中書令考二十四。卒謚忠武。子儀事上誠。御下恕。賞罰必信。與李光弼齊名。而寬厚得人過之。世稱郭汾陽。亦稱郭令公。

郭子興 明鳳陽定遠人。以貲產豪里中。元末兵起。散家財陰結豪傑。攻拔濠城據之。自稱元帥。太祖嘗隸其帳下。爲十夫長。以所撫馬公女妻太祖。子興爲人勇幹。而性婞直不能容物。卒以憤恨終。洪武初追封滁陽王。

郭山甫 明濠人。善相人。太祖微時過其家。山甫相之。大驚曰。公相貴不可言。因謂諸子興·英曰。吾相汝曹皆可封侯者以此。亟遣從渡江。並遣女侍帝。後封寧妃。山甫累贈營國公。

郭山惲 唐河東人。少通三禮。景龍中累遷國子司業。時中宗數引近臣及修文學士宴集。詔徧爲技。所陳皆鄙黷。而山惲奏無所習。惟知誦詩。乃誦鹿鳴蟋蟀二篇。帝嘉其直。其後與祝欽明辯論阿世。不能終其守。官至國子司業。

郭丹 後漢穰人。字少卿。七歲而孤。事後母至孝。後從師長安。王莽徵之。遂與諸生逃於北地。更始立。徵爲諫議大夫。更始敗。丹獨保平氏不下。爲更始發喪。永平中拜司徒。居官廉直。卒時家貧如洗。

郭之奇 明揭陽人。字仲常。崇禎進士。歷官詹事府詹事。後隱居南交山中。有稽古篇。

郭允升 宋泰和人。字彥信。徽宗時知零陵縣。蠻猺歸服。徙知安化。虎不爲害。民有蠻服虎藏之謠。

郭允明 五代漢少爲高祖厮養。高祖愛之。以爲翰林茶酒使。隱帝尤狎愛之。允明益驕橫無顧避。遷飛龍使。已而與李業謀殺楊邠等。隱帝敗走趙村。允明弑帝於民舍。乃自殺。

郭元釪 清江都人。字于宮。家世業鹽筴。饒於貲。好學工詩。以諸生與修佩文韻府等書。授中書。

郭元靖 唐建昌人。字長寧。隋末興兵保衛鄉里。後歸唐。以功累官虔撫吉三州司馬·衡州刺史。所在以廉謹稱。後隱於當陽山。莫知所終。

郭元邁 宋吳人。字英遠。博通經史。入太學。魁上舍。建炎初以右武大夫副魏行可使金。至虜廷。上書酋帥。乞歸二帝。金人留之不還。元邁不肯髠髮換冠。卒於虜中。

郭公仲 漢西河人。爲游俠而恂恂有退讓君子之風。

郭天中 明莆田人。字聖僕。幼孤。性至孝。不事生產。專精篆隸之學。故人楊嘉祚守揚州。贈遺數千金。斥以買歌姬數人。購書畫古物。幷散給諸貧交。緣手而盡。嘉祚歎曰。此吾所以友聖僕也。

郭天信 宋開封人。字佑之。以技隸太史局。徽宗爲端王時。天信密白王當有天下。既而卽帝位。因得親暱。政和初拜武定軍節度使·祐神觀使。頗與聞外朝政事。見蔡京亂國。每託天文以撼之。京黨因告天信漏泄禁中語言。累貶行軍司馬。竄新州。數月死。

郭文 晉軹人。字文舉。少愛山水。父母終。隱餘杭大滌山中。嘗有猛獸向文。文視其中有橫骨。乃以手探去之。明旦。獸置一鹿以報。王導聞其名。迎至。居導園七年。未嘗出入。忽一日求去。結廬臨安窮谷間。及蘇峻反。破餘杭而臨安獨全。人以爲先見。後病。自知死期。◉明昆明人。字仲炳。無家屋。買舟青草湖。寢處其中。嘯詠自得。因號舟屋。有舟屋集。

郭文周 明福寧人。字景復。號東山。嘉靖進士。授中書舍人。改御史。鯁直有風裁。巡按廣東。復命應代。世宗命再往。粵人益肅然。擢順天府丞。論劾趙文華。忤嚴嵩。致仕歸。有臺中奏議·按粵封事·觀風漫與·東山詩文集。

郭文恭 後魏平遙人。仕爲太平縣令。年逾七十。父母喪亡。文恭孝慕罔極。乃居祖父墓次。晨夕拜跪。跣足負土。培祖父二墓。積年不已。見者莫不哀歎。尙書聞奏。表其門閭。

郭文振 金太原人。字捄之。承安進士。累官遼州刺史。興定初太原不守。以文振權元帥左都監。行河東北路元帥府事。文振招降太原東山二百餘村。尋與張開合兵復取太原。封晉陽公。文振有材略。屢上疏言軍國事。朝廷不能用。

郭世珍 遼鄚縣人。景宗時爲太尉司徒。言聽諫從。統和中承天太后侵宋。俘獲甚衆。師次范陽。世珍言降卒皆有父母妻子。驅而之北。終不爲用。太后嘉納。凡所縱數萬人。

郭世隆 清漢軍鑲紅旗人。字昌伯。號逸齋。康熙間授禮部員外郎。吳三桂反。從征有功。擢御史。任督撫二十年。所至爲政遠靜。官至刑部尙書。

郭世道 南朝宋永興人。年十四喪父。家貧。傭力以養繼母。婦生一男。夫婦恐廢侍養。乃垂泣瘞之。母亡。負土成墳。服除後思慕終身。嘗與人共於山陰市貨物。誤得一千錢。追還其主。元嘉中散騎常侍袁愉表其淳行。文帝敕榜門閭。改其所居獨楓里爲孝行里。（按南史作世通。此從宋書。）

郭世勳 清漢軍正紅旗人。乾隆間由筆帖式累官廣東巡撫。署兩廣總督。在官多年。頗有治績。

郭主 後漢眞定恭王女。光武郭

皇后父昌。仕郡功曹。娶之。號郭主。生后及子況。郭主雖王家女。而好禮節儉。有母儀之德。

郭以重 〔明〕黃岡人。世爲衛指揮。崇禎末城陷。自他所來赴難。賊欲脅之。以重紿以妻爲累。令賊殺之。賊如其言。以重卽奪賊刀斬一賊。羣賊擁至。遂赴水死。

郭巨 〔漢〕隆慮人。家貧。養母盡孝。每供饌。母必分與孫。巨謂妻曰。兒可再有。母不可再得。欲埋其子。掘地三尺。得黃金一釜。上有丹書曰。天賜郭巨。官不得奪。人不得取。

郭幼明 〔唐〕子儀弟。性謙愿無過。拙於武藝。喜賓客。以子儀故。官終少府監。

郭弘 〔後漢〕陽翟人。習法律。太守寇恂以爲決曹掾。斷獄至三十年。用法平。諸爲弘所決者。退無怨情。郡內比之東海于公。

郭弘化 〔明〕安福人。字子弼。嘉靖進士。知江陵縣。徵授御史。因彗星見。請停罷廣東採珠。忤旨黜爲民。

郭弘霸 〔唐〕同安人。仕爲寧陵丞。天授中應革命擧。得召見。自陳往討徐敬業。臣誓抽其筋。食其肉。飲其血。絕其髓。武后大悅。授左臺監察御史。時號四其御史。時魏元忠病。弘霸往候。請視便液。卽染指嘗驗疾輕重。賀曰。味苦當愈。元忠惡其媚。暴語於朝。嘗按芳州刺史李思徵。不勝楚毒死。後屢見思徵爲厲。援刀自刳腹死。（按舊唐書作郭霸。此從新唐書。）

郭正一 〔唐〕鼓城人。少以文辭稱。貞觀時由進士歷弘文館學士。永淳中遷中書侍郎。執政頗久。明習故事。文辭詔敕。多出其手。武后當國。罷爲國子祭酒。出檢校陝州刺史。爲周興所誣構。被殺。

郭正中 〔明〕海寧人。初名凝之。字大來。通天文曆數壬遁奇門三略六韜之術。擧天啓順天鄉試。崇禎時以邊才爲沂州兵備副使。史可法擧監淮揚諸路軍。守邳宿。爲劉澤清劾罷。有聖學正宗·景行錄·讀易詩·隱居草等。

郭正孫 〔宋〕邛州人。擧進士。累官利州安撫。金人內侵。正孫屹守孤城。左右勸之避。不從。遂死於敵。

郭正域 〔明〕江夏人。字美命。萬曆進士。授編修。歷禮部侍郎。博通載籍。勇於任事。有經濟大略。人望歸之。以建議奪黃光昇·許論·呂本諡。不果行。遂乞歸。妖書事起。或引正域將寘之死。擧朝不平。事得寢。卒於家。光宗卽位。追諡文毅。有批點考工記·明典禮志·韓文杜律。

郭民敬 〔明〕大同山陰人。字子莊。嘉靖進士。授壽光知縣。以治行第一擢御史。按四川。疊吏望風解綬去。性至孝。家貧分給諸弟姪。一無所取。

郭汜 〔後漢〕張掖人。一名多。爲董卓校尉。卓死。與李傕合陷長安。尸王允於市。葬卓於郿。汜自爲後將軍·美陽侯。放兵劫略。人民殆盡。後汜與傕轉相疑。戰鬬長安中。獻帝出新豐霸陵間。汜欲脅帝還都郿。楊奉擊破之。汜爲其部將伍習所襲。死於郿。

郭永 〔宋〕元城人。剛明勇決。鬚髯若神。博通古今。得錢卽買書。家藏書萬卷。仕爲丹州司法參軍。遷河東提點刑獄。金人犯大名。宗澤徵永爲戰守。城陷。永瞋目大罵。一家皆遇害。紹興初追諡勇節。

郭永清 〔明〕巴陵人。第進士。歷官工科給事中。有逸才。出使外國。不屈而死。詩多雋語。有黃源稿。

郭玉 〔後漢〕廣漢雒人。初有老父號涪翁。著針經診脈法。授弟子程高。高亦隱跡不仕。玉少師事高。學方診六徵之技。陰陽不測之術。和帝初爲太醫丞。多有效應。玉仁愛不矜。雖貧賤斷養。必盡其心力。年老卒官。

郭用中 〔金〕平陽人。字仲正。大定進士。歷浮山簿·陝州錄事。善詩。有寂照居士集。

郭用孚 〔宋〕建安人。字仲先。事母至孝。熙寧間爲德清簿。遷閩縣令。嘗游蘇軾之門。聲譽藉甚。居母喪哀毀篤至。廬墓三年。郡守欲以八行薦。力辭。服闋。以朝散郎通判興國軍。

郭申錫 〔宋〕魏人。字延之。擧進士。爲侍御史·知雜事。屢詆樞倖無所避。种諤取綏州。申錫謂邊患將自此始。及夏主諒祚死。因請捐前故。聽其子襲爵。著邊部守禦策。主以重將守邊。不要功生事。以給事中致仕卒。

郭石 〔明〕山西山陰人。嘉靖擧人。選知滕縣。多善政。累遷整飭延綏道。駐榆林。守禦有功。丁艱歸。服闋。起山東按察僉事。尋致仕。石性沈靜。居官以清謹著名。

郭任 〔明〕丹徒人。一曰定遠人。洪武中由薦擧累官戶部侍郎。靖難師入。不屈死。

郭企忠 〔金〕子儀之後。字元弼。襲父官爲天德軍節度副使。天會中伐宋。領西南諸部番漢軍兵爲猛安。從破雁門屯兵。又討平楊麻胡等於五臺。累遷金吾衛上將軍。權沁州刺史卒。

郭伋 〔後漢〕茂陵人。字細侯。少有志行。哀平間辟大司空府。王莽時爲并州牧。建武中由潁川太守復調并州牧。伋前在并州。素結恩德。及再至。縣邑老幼。相攜逢迎。行部到西河。有童兒數百。騎竹馬迎道次。後徵爲太中大夫卒。

郭光復 〔明〕武昌人。官揚州知府。屢禦倭患。光復以揚州當江海之衝。爲必得其情。始可籌備禦之術。因考文所聞。撰倭情考略一書。

郭全 [元]遼陽人。幼喪母。哀戚如成人。及壯。父廷玉又卒。居廬三載。事繼母甚孝。繼母生四子皆幼。全躬耕以養。旣長娶婦。各求分異。全不能止。凡田廬器物悉自取朽敝者。奉繼母以居。甘旨無乏。繼母卒。全年六十餘。哀痛毀容。廬墓終喪。

郭印 [宋]成都人。政和進士。性嗜山水。累任縣令。工詩。有雲溪集。

郭后 [後漢]槀城人。名聖通。光武擊王郎至眞定。因納之。建武初生太子彊。立爲皇后。後寵衰。廢爲中山王太后。◎[三國魏]廣宗人。祖世長吏。后少。父永奇之曰。此乃吾女中王也。遂以女王爲字。初爲文帝貴嬪。甄后之死。由后之寵也。尋立爲后。使養明帝。明帝卽位。數泣問甄后死狀。竟逼殺后。諡文德。◎[三國魏]西平人。明帝后。齊王卽位。尊爲皇太后。值三主幼弱。宰輔統政。與奪大事皆先咨啓太后而後施行。景元中卒。諡明元。◎[唐]子儀孫。憲宗爲廣陵王。聘爲妃。元和初羣臣三請立爲后。帝以後廷多嬖豔。恐后得尊位。鉗掣不得肆。故章報罷。穆宗立。尊爲皇太后。及宣宗立。奉養禮稍薄。后登勤政樓將自隕。左右共持之。帝聞不喜。是夕后暴崩。諡懿安。◎[宋]崇孫。天聖中仁宗立爲皇后。頗見踈。一日尙美人於帝前語侵后。后忿批其頰。帝救之。誤批帝頸。遂廢后。後帝念之。密令召入。后曰。若再召者。須百官立班受册方可。屬小疾。遣閻文應挾醫診視。后遂暴崩。追復皇后而停封諡。

郭吉桂 [清]全椒人。字香生。貢生。善書工詩。畫宗雲林。

郭回 [元]邵武人。素貧。年六十無妻。奉母寄宿神祠中。營養甚艱。母年九十八卒。回傭身得錢葬之。每日詣墳哭祭。十四年不輟。州上狀表異之。

郭守文 [宋]太原人。宋初爲西頭供奉官。太平興國初秦州內附。蕃部騷動。命守文撫諭。西夏悅服。後夏人擾攘。守文率師破之。諸部畏懼。相率來降。銀麟夏三州歸附者百二十五族。西邊遂寧。歷官北面行營都部署。端拱中卒。諡忠武。守文沈重有謀。輕財愛士。死之日。士卒莫不流涕。

郭守敬 [元]榮孫。字若思。幼有異操。嘗從劉秉忠游。中統中張文謙薦其習水利。巧思絕人。世祖召見。授提舉諸路河渠。嘗與復西夏瀕河五州諸渠。復受命治曆。乃偏考諸事。晝夜測驗。推算極爲精研。曆成。拜太史令。遷昭文館大學士。延祐中卒。

郭安國 [金]藥師子。累遷奉國上將軍。性輕躁。本無方略。海陵將伐宋。以安國將家子。擢刑部尙書。軍與領武捷軍都總管。爲前鋒。海陵遇弑。衆惡安國所爲。與李通輩皆殺之。

郭安興 [後魏]豫州人。以機巧著。孝明時洛中製永寧寺九層佛圖。安興爲匠。

郭朴 [明]安陽人。字質夫。嘉靖進士。累官吏部尙書。加太子太保。兼武英殿大學士。預機務。世宗崩。首輔徐階草遺詔。盡反時政之不便者。朴與高拱不得與聞。遂與階有隙。言官劾拱者多及朴。拱罷。朴遂乞歸。卒諡文簡。

郭汝賢 [宋]浦城人。字舜卿。第進士。宣和中通判興化軍。攝郡事。郡有圍清塘。周三十里。溉田數千頃。歲久不修。汝賢鳩工增築。民賴其利。後以朝請大夫知瓊州。黎洞蠻叛。汝賢設方略。前後掩獲數百。降其首豪。州境以寧。

郭汝霖 [明]永豐人。字時望。號一厓。嘉靖進士。授吏科給事中。上平倭十事。奉使封琉球王。饋金不受。官至南太常卿。有使琉球錄。石泉山房集。(按浙江遺書目錄作郭世霖。此從江西通志。)

郭江 [宋]良臣子。字伯山。葉適稱其有佐世材。後官管押三江袋監。監穿山破鹽場。盱眙軍錄事參軍卒。◎[明]榆林衞人。歷固原總兵官。嘉靖中寇大入。戰死。

郭行 [宋]字思誠。舉進士不第。遂學道不食。唯飲酒。馬默知項城縣。行訪之。一見如舊。後行死期年。有人過華陰。見行附書幷詩與默。發其墓。唯杖屨而已。

郭行餘 [唐]元和進士。累官京兆少尹。嘗値尹劉栖楚不避道。栖楚捕其導從繫之。行餘移書曰。尹總牧務。少尹副焉。未聞道路間有下車避者。栖楚不能答。官至邠寧節度使。

郭利貞 [唐]神龍中爲吏部員外。賦上元詩。與蘇味道・崔液並爲絕唱。

郭均 [隋]馮翊人。明悟有幹略。開皇時爲兵部尙書。與劉仁恩・馮世基・庫狄嶔俱顯名當世。◎[元]朝邑人。字叔平。至正時尹鄜。課農興學。有蠹民者。悉伏法。又引斜谷水溉田。建常平倉積粟。民愛戴之。

郭孝友 [宋]吉安龍泉人。字次仲。政和進士。累官工部侍郎。時秦檜與金約和。以孝友同舍生。冀其助己。乃私訪之。孝友曰。議和本非至計。因遂銷兵。如後患何。檜不懌。尋以敷文閣待制致仕卒。

郭孝恪 [唐]陽翟人。少有奇節。隋末率衆附李密。密敗送款。封陽翟郡公。拜宋州刺史。詔與李勣經略武牢以東。秦王世民用其謀。平竇建德。遷上柱國。歷貝趙江涇四州刺史。有能名。貞觀中拜崑丘道副大總管。進討龜茲。破其國城。自留後。後爲其國相那利所襲。中流矢卒。

郭希朴【宋】華陽人。以博學聞。尤邃於易。能前知死生。任玠以方漢郭泰。號有道先生。

郭希林【南朝宋】翻曾孫。少守家業。徵召一無所就。子蒙亦隱居不仕。

郭延魯【後晉】饒子。字德輿。以善樂爲將。從攻汴州。以先登功。累遷復州刺史。以廉平自勵。民甚賴之。秩滿。州人乞留不許。皆遮道攀號。天福中拜單州刺史。卒於官。

郭延澤【宋】延謂從子。字德潤。知建州。太宗聞其好學。詔宰相召問經史大義。條對稱旨。命爲史館檢討。歷國子博士。咸平中求休退。授虞部員外郎致仕。居濠州卒。有詠牡丹詩千餘首。聚圖籍萬餘卷。

郭延濬【宋】延謂子。字利川。爲供奉官。屢使西北宣諭機事。淳化中李順亂。以延濬爲成都十州都巡檢使擊破之。又命率兵屯遂州。爲劍門鈐轄轉運。咸平初改內園使卒。

郭延謂【宋】彭城人。字信臣。幼好學工書。善騎射。仕南唐爲莊宅使。濠州監軍。敗周師於渦口。以功授武殿使。周師復至。援兵不至。延謂南望大慟而降於周。拜亳州防禦使。宋初從征上黨。再知亳州。轉靜江軍節度觀察留後。有惠政。開寶中卒。

郭成【三國吳】富春人。字元禮。夙著節義。乘扁舟泛五湖。以書劍自娛。黃武中徵拜武義校尉。還黃門侍郎。後封永與富春二縣侯。◎【宋】德順中安堡人。字信之。從軍得爲拱奉官。元豐中王師趨靈武。成將涇原兵出奇擊斬敵將。及築平夏城。章楶擇成爲第十將。駐平夏。以功進雄州防禦使・涇原鈐轄。成輕財好施。名震西鄙。◎【元】亳州人。年七十一。母喪。食粥廬墓。朝夕哭臨。人哀其老而能孝。◎【明】四川敘南衛人。由世職歷官蘇松副總兵。倭寇掠崇明三沙。成擊沈其舟。斬獲甚衆。累轉貴州總兵。鎮守銅仁。後以事遣戍雲南。會有松茂之役。薦從軍。盡平河東西諸巢。以功授參將。復偕李應祥大破賦乃諸賊。楊應龍叛。成進討無功。尋卒於官。

郭成範【宋】受業於戚同文。最有文名。以司封員外郎致仕。

郭杞【宋】峻曾孫。字堯章。隆興進士。爲蘄源令。縣闕尉。寇犯境。杞代尉督兵迎敵。賊遂成擒。官至承議郎。主管西外睦宗院。杞爲人剛峭。家無餘貲。與當時名士樓鑰・黃仁傑相友善。尤爲楊萬里所知。

郭沛霖【清】蘄水人。字仲霖。號雨三。道光進士。累官淮揚道。坐事革職。充定遠軍營文案。捻匪圍攻定遠。城陷。巷戰死。有日知堂詩文集。

郭秀【北齊】涿人。事神武爲行臺右丞。親寵日隆。多受賂遺。遇疾。帝問所欲官。乃啓爲七兵尚書。除書未至而卒。

郭良臣【宋】東陽人。字德鄰。官將仕郎。與呂祖謙友善。創西園書院。延師教授。與從弟欽止齊名。

郭良翰【明】莆田人。字道憲。萬曆中以廕官太僕寺寺丞。有周禮古本訂註・明諡記彙編。

郭言【唐】太原人。家南陽新野。爲朱全忠裨校。從全忠討秦宗權。入淮甸。破盱眙。伐徐鄆。出奇決戰。所向皆捷。全忠表爲宿州刺史。景福初時溥大舉攻宿州。言自引銳兵擊之。中流矢卒。

郭邦彥【金】陽翟人。字平叔。興定進士。調永城簿。以退讓見稱。工詩。

郭京【唐】官蘇州司戶參軍。有周易舉正。（按此書唐書藝文志不載。後人疑出宋人僞託。并郭京之名。亦在有無疑似之間。而其說近理。朱子本義及晁公武易解多引用之。固自可取。見四庫全書提要。）◎【宋】少任俠好言兵。范仲淹・滕宗道屢薦之。慶曆初與徐復俱召見。◎【宋】靖康時爲龍衛兵。好事者言其能施六甲法以禦金。可以生擒二將而掃蕩無餘。其法用七千七百七十七人。朝廷信之。命京爲成忠郎。賜金帛自募兵。但擇年命合六甲者。所得皆市井游惰。旬日而足。卽出攻金師。金兵譟而前。兵多敗死。京引餘衆南遁。

郭侃【元】德海子。字仲和。弱冠爲百戶。驍勇有謀略。屢破金軍。從宗王旭烈兀西征。平定西亞之地。降諸算灘。滅木乃兮・大食。略大房・密昔兒。西域驚以爲神人。遂西渡海收富浪。會憲宗崩。還上書世祖。請建國號。築都城。立省臺。興學校。又上平宋之策。請先取襄陽。及江南平。以侃知寧海州。旋卒。

郭叔雲【宋】揭陽人。字子從。初見朱熹。求格致之要。又質禮經所疑二十餘條。退而彙諸家之說。定爲一編。藏於家。

郭奉世【宋】知永新縣。時泰和民苦其令。訴諸上司。欲得奉世治其邑灃。檄已往。而永新民不可。奉世乃寓兩縣之佛舍兼治焉。

郭宗昌【明】華州人。字允伯。崇禎間應召入都。以不能達時。歸家著書。善鑒別書畫金石。篆刻分法。爲當時第一。有涉園雜著・松談稿・金石史・印史諸書。

郭宗皐【明】福山人。字君弼。嘉靖進士。累官右僉都御史。巡撫大同。進兵部右侍郎。總督宣大山西軍務。俺答犯大同。總兵官欒遠・林椿皆戰死。給事中唐禹論之。帝逮宗皐杖一百。戍陝西靖虜衞。隆慶初起刑部右侍郎。遷兵部尚書。參贊機務致仕。卒諡康介。

郭・宗磐〔明〕晉江人。號鵬海。有重訂易學說海。

郭・尚先〔清〕莆田人。字蘭石。嘉慶進士。官至大理寺卿・禮部侍郎。工書。善畫墨蘭。有增默庵遺集・芳館題跋。

郭・尚賓〔明〕南海人。字朝譔。萬曆進士。自安吉推官授刑科給事中。遇事敢言。以論稅使李鳳・高宋・潘相謫官。光宗時起官刑部右侍郎。又以不附魏忠賢削籍。崇禎初爲兵部右侍郎卒。

郭・居敬〔元〕大田人。字義祖。性至孝。親沒。哀毀過禮。嘗集虞舜以下二十四人孝行之槪。序而詩之。用訓童蒙。虞集・歐陽玄諸人欲薦之。固辭不起。有百香詩。

郭・居鼎〔清〕海澄人。由歲貢歷官戶部郎中。幼失怙恃。哀慕終其身。兄居昌因亂相失。居鼎跋涉數千里。挈以歸。分產共之。卒祀鄉賢。

郭・忠〔漢〕昭帝時。爲張掖屬國都尉。匈奴入寇。與戰。斬黎汗王。封成安侯。卒諡嚴。◎〔明〕肥鄉人。成化進士。累遷戶部郎中。出守處州。嚴關防。判訟獄。聲冠浙中。處人輯其條敎曰爲政紀綱・括蒼規約。

郭・忠孝〔宋〕逵子。字立之。受易・中庸於程頤。以蔭補官。第進士。不忍去親側。多仕於河南管庫間。靖康中爲永興軍路提點刑獄。金人犯永興。與唐重分城而守。城陷。與重俱死之。忠孝嘗以兼山榜室。學者稱兼山先生。有兼山易解。

郭・忠恕〔宋〕洛陽人。字恕先。七歲能誦書屬文。舉童子及第。尤工篆籀。周廣順中召爲宗正丞。改周易博士。建隆初被酒爭於朝堂。貶乾州司戶參軍。秩滿遂不仕。放曠岐雍京洛間。逢人無貴賤。輒呼苗。遇佳山水。即淹留不去。或絕粒不食。盛暑曝日中無汗。大寒鑿冰而浴。善畫。所圖屋室重複之狀。頗極精妙。太宗聞其名。召赴闕。授國子監主簿。益縱酒。肆言謗讟。時擅鬻官物取其值。詔決杖配流登州。至齊州臨邑。謂部送吏曰。吾逝矣。遂卒。藁葬道左。後數月。故人爲改葬。其體甚輕。若蟬蛻焉。所著汗簡・佩觿。皆有根據條理。爲談字學者所稱許。

郭・忠順〔宋〕字移可。篤志嗜學。以蔭得官。任南康縣丞。張九成謂其博聞強記。嘗與之游。後知襄陽縣。金人寇邊。荊鄂兩軍戍唐鄧。餽運凡二十六萬斛。諸司交章論薦。陞奉化尹。判太平州。有惠政。

郭・承祐〔宋〕從義曾孫。字天錫。娶舒王元偁女。授西頭供奉官。仁宗爲皇太子。承祐補左清道率府率。帝即位。累遷象州團練使。承祐性狡獪。緣東宮恩。又憑藉王邸親。每僭言事。或指切人過失。同列謂之武諫官。後知許州轉運使。改知鄭州。未行。暴疾卒。諡密。

郭・承嘏〔唐〕晞孫。字復卿。幼秀異。通五經。居喪以孝聞。元和中及進士第。太和中累官刑部侍郎。帝稱其儒素。每進對。恩接備厚。尋卒。

郭・昂〔元〕彬州人。字彥高。習刀槊。能挽強。稍通經史。尤工於詩。至元初上書言事。廉希憲材之。授山東統軍司知事。累官廣東宣慰使。蠻酋服其威信。卒於官。

郭・昆〔清〕天津人。字艮璧。以工畫人物士女名於北方。尤長臨摹。兼善寫意。

郭・昇〔明〕字騰霄。舉進士。任工部都水司主事。成化中奉命蒞徐州治水。有功。漕運便之。官至陝西參議卒。◎〔明〕新建人。字東旭。從王守仁學。遭宸濠變。罹兵燹。守仁給以逆產。固辭。後以明經官歸化教諭。有大學中庸問答。

郭・昌〔漢〕雲中人。以校尉從衞青擊匈奴。元封中以太中大夫爲拔胡將軍。屯朔方。無功奪印。

郭・明龍〔清〕咸豐中隸水師。從克九江。攻安慶大通樅陽賊屯。又克池州。同治初攻東西梁山皆下。官至總兵。尋以克蕪湖金柱關。中礮卒。

郭・昕〔唐〕幼明子。肅宗末爲四鎭留後。關隴陷。不得歸。朝廷假命官遙領其使。建中末昕始遣使入朝。德宗詔昕爲安西大都護・四鎭節度使。

郭・昈〔唐〕齊人。舉進士。爲李師道判官。師道叛。昈與高沐等切諫。師道怒。誅沐而囚昈。凡十年。會師道出彭城。昈遣郭航間道見李愬。請奇兵擣賊。愬白諸朝。不得報。及王師討師道。頗用昈策。

郭・松林〔清〕湘潭人。字子美。咸豐間入湘軍。轉戰湖北江西江南。積功敘都司。同治間從李鴻章肅清滬防。定江南。援福建。平東西捻。累官直隸古北口提督。爲人勇而多智。能望塵以知敵數。故北方之戰多奇捷。

郭・武〔明〕鉦子。字昃隆。甫總角。仁宗召試以詩。援筆立就。稱旨。及長。力學不倦。以古人自期。官至尚寶司丞。

郭・況〔後漢〕藁城人。光武郭皇后弟。爲大鴻臚。帝數幸其第。賞賜豐盛。京師號況家爲金穴。

郭・狗狗〔元〕翼城人。父寧。爲欽察先鋒使首領官。戍大艮平。宋將史太尉夜陷大艮平。寧全家被俘。史將殺寧。狗狗年五歲。曰。勿殺我父。

當殺我。史異之。因全其家。御史以事聞。命旌之。

郭・畀 元丹徒人。字天錫。一字佑之。號雲山。工書畫。作窠木竹石。極有天趣。學書於趙孟頫。妙得其法。曾爲寫松雪集。孟頫跋其後。稱賞備至。有客杭日記。

郭・知章 宋知微弟。字明叔。第進士。哲宗時爲殿中侍御史。究神宗實錄誣罔事。請貶治呂大防等。又請復元豐役法。大抵迎合時好。徽宗立。曾布用爲工部侍郎。旋入黨籍。數年。復顯謨閣直學士。政和初卒。

郭・知微 宋能泉人。字介卿。元豐進士。元祐中試經明行修。授桂陽令。去官民常思之。後峒民嘯聚。常路撫之。其徒曰。使郭知微再來。吾卽歸農。時知微已卒。遣其幼子登仕郎辦至邑。峒民始散。

郭・知運 唐晉昌人。字逢時。開元中從郭虔瓘破突厥有功。封介休縣公。除隴右經略使。屯柳城。大破吐蕃。又討平六州胡康待賓。拜左武衛大將軍。卒於軍。諡威。知運屯西方。戎夷畏憚。與王君㚟功名略等。時號王郭。

⊙明鹽官人。字文張。刻意問學。弱冠登進士。時相強與爲姻。弗樂。遂停婚。仕至荊門守。倦於榮利。因號息菴老人。卜居雙廟之西。有文集。自名鐵稿。

郭舍人 漢武帝倖倡。滑稽不窮。常在左右。嘗與東方朔射覆。

郭・金海 後晉本突厥族。少侍李嗣昭征伐。天福中以功累官護聖都指揮使。領黃州刺史。高祖幸鄴。宣金海領部兵巡檢東京。時安從進謀犯闕。金海與遇於唐州湖陽。以一旅之衆突擊。大敗之。策勳授檢校太保。商州刺史。俄移慶州卒。

郭・金臺 清湘潭人。字幼隗。本姓陳氏。明崇禎副貢。隆武中登鄉舉。國變後。歸隱衡山。授徒自給。及卒。自題其阡曰遺民郭金臺之墓。

郭・長倩 金文登人。字曼卿。登皇統經義科。爲祕書少監。兼禮部郎中。修起居注。嘗撰石決明傳。爲時人所稱。有崑崙集。

郭・附 宋吳郡人。字明仲。嘉祐進士。知新建縣。後以朝奉大夫致仕。幅巾策杖。窮山林詩酒之適十八年。東南高士。皆從之游。

郭・亭 漢以連敖從高祖起單父。入漢定三秦。以都尉擊項籍。封河陵侯。卒諡頃。

郭・亮 後漢朗陵人。字恒直。童年遊洛陽。時太尉李固以忤梁冀被誅。冀告戒有敢收尸者加其罪。亮以固弟子。自持鈇鑕詣闕上書。乞收固尸。不許。因往臨哭。守喪不去。太后聞而憐之。乃許殯殮歸葬。由是顯名。

⊙明合肥人。爲永平衛千戶。燕兵至永平。與趙彝以城降。卽命爲守將。旣而遼東鎭將吳高。都督楊文等來攻。亮拒守甚固。累進都督僉事。成祖卽位。封成安侯。卒諡忠壯。

郭・亮生 清常寧人。少研岐黃。後得異人傳授。術益精。有痘麻心經。

郭・俁 金灤州人。字伯有。大定進士。官太常博士。左司都事。御史臺舉俁才幹可用。遷除平陽府治中。泰和中伐宋。充宣差山東安撫副使。貞祐中官至河北西路轉運使。致仕卒。

郭・信 宋京師人。補畫院。賜緋待詔。工畫道釋。落筆細秀。山水得李成法。

郭・咸 宋晉江人。字建泉。嗜學工文。尤精草書篆隸。大中祥符中進士。累官殿中侍御史。有拙庵文集。

郭・奎 明巢縣人。字子章。從余闕學治經。余闕亟稱之。太祖爲吳國公。來歸。從軍幕府。朱文正開大都督府於南昌。命奎參其軍事。文正得罪。奎坐誅。工詩。有望雲集。

郭・奕 晉陽曲人。字大業。少有重名。山濤稱其高簡有雅量。初爲野王令。累遷雍州刺史。太康中徵爲尚書。時帝委任楊駿。奕表駿小器不可以任社稷。帝不聽。駿後果誅。卒諡簡。

郭・威 漢茂陵人。字文偉。好讀書。嘗謂爾雅有張仲孝友。張仲。宣王時人。知爾雅非周公所作。⊙後周詳周太祖條。

郭・宣道 金邢州人。字德明。人物楚楚。有老成風。貞祐中客南陽。工詩。

郭・象 宋和州人。字伯象。由進士歷官知興國軍。所著睽車志。紀鬼怪神異。皆建炎・紹興・乾道・淳熙間事。間錄汴京舊聞。雖頗緣飾。實意主勸懲。

郭・彥 北周陽曲人。少知名。宇文泰辟爲西曹書佐。魏恭帝初除兵部尚書。從柱國于謹南伐江陵。進驃騎大將軍・開府儀同三司。進爵爲伯。孝閔帝踐阼。出爲澧州刺史。蠻夷生梗。不營農業。彥勸以耕稼。人皆務本。亡命之徒。咸從賦役。齊安南城主馮顯密遣使歸降。彥率兵應援。顯得自拔。其衆拒戰。彥縱兵奮擊。並虜獲之。以安南無備。引軍掩襲。遂有其城。進爵懷德縣公。天和中除隴右總管府長史卒。

郭・彥仁 明無爲人。少讀書。有勇略。長於吏事。歸附太祖。以忠謹受知。李文忠用兵浙西。命彥仁往爲參謀。多所裨益。金華苗將殺胡大海。彥仁率兵討之。入金華。撫其民。後援新城。取杭州。平浙西。皆預有勞績。

陞知嚴州府。

郭・待封 【唐】孝恪次子。官左豹韜衛將軍。咸亨初副薛仁貴討吐蕃。戰大非川敗績。貸死爲民。

郭・待詔 【唐】孝恪子。與孝恪同戰沒。◉【宋】趙州人。善界畫。

郭・思 【宋】熙子。字得之。元豐進士。官至徽猷閣待制・秦鳳路經略安撫使。工雜畫。有林泉高致集。

郭・昱 【宋】周顯德中登進士。恥赴常選。獻書於宰相趙普。自比巢由。開寶末署襄州觀察推官。潘美鎭襄陽。討金陵。以昱隨軍。昱中夜被酒叫號。軍中皆驚。因遣還。後坐盜用官錢除名卒。

郭・昭慶 【南唐】永新人。世業儒。博通經史。嘗作唐春秋。著治書五十篇以獻。後再獻經國治民論各十餘篇。後主悅之。授著作郎。時歲貢方物於宋。表箋詞章。皆出其手。

郭・柏蔭 【清】侯官人。字遠堂。道光進士。同治間累官湖北巡撫。勦平京山教匪。先後請撥款賑災及修築隄防等事。悉從之。旋以病免。

郭・相忠 【清】清水人。嘉慶武進士。咸豐初任永昌協副將。平定回疆。勦辦番案。屢有功。滇匪擾四川。督軍援勦。官至四川提督。卒諡忠毅。

郭・英 【明】興弟。事太祖見親信。令値宿帳中。呼爲郭四。大小百餘戰。重傷遍體。未嘗以疾辭。積功封武定侯。永樂初卒。諡威襄。（按明初功臣封侯者。皆不得襲。獨英至明亡乃絕。）

郭・英乂 【唐】英傑弟。字元武。以勇武有名河隴間。安祿山亂。拜秦州都督・隴右採訪使。敗賊將高嵩。史思明陷洛陽。詔英乂統淮南節度兵。代宗卽位。召拜尙書右僕射。封定襄郡王。日驕縱侈汰。爲政苛暴。後拜劍南節度使。擊崔寧不克。爲普州刺史韓澄所殺。

郭・英傑 【唐】知運子。字孟武。開元時爲左衛將軍・幽州副總管。長史薛楚玉遣英傑帥萬騎及奚衆討契丹。屯榆關。奚衆貳。官軍不利。英傑力戰死。

郭・若虛 【宋】熙寧中爲朝官。銜命接勞北使。所著圖畫見聞志。自五代至熙寧。名人藝士。流派本末。紀載賅備。

郭・茂倩 【宋】須城人。所著樂府詩集。其解題徵引浩博。援據精審。宋以來考樂府者。無能出其範圍。

郭・衍 【隋】介休人。字彥文。少驍武。善騎射。仕周以戰功至上柱國。密勸文帝殺周室諸王。早行禪代。開皇中授朔州總管。尋從晉王廣出鎭揚州。討平江表諸賊。時廣有奪宗之謀。衍陰養士卒以爲助。及廣入爲太子。徵授左宗衛率。文帝寢疾。衍率兵入衛。與篡弑謀。煬帝立。授光祿大夫。以恩倖封眞定侯。衍阿諛順旨。嘗勸帝取樂。帝甚稱其孝順。卒諡襄。

郭・倫 【清】蕭山人。字凝初。號西山。乾隆舉人。有晉記・十七朝史論一得。

郭・原 【明】蘭陽人。永樂舉人。授四川監察御史。持身端謹。人不敢干以私。官至陝西按察副使。

郭・原平 【南朝宋】世道子。字長泰。天性至孝。養親必以己力。父篤疾彌年。原平衣不解帶。父亡。哭踊慟絕。數日方蘇。自賣十夫以供葬費。葬畢。詣所買主執役無懈。主人每遣之。終不去。及母終。毀瘠彌甚。僅乃免喪。泰始中太守蔡興宗表其殊行。舉爲太學博士。未果。卒於家。

郭・峻 【宋】雩都人。字次山。熙寧進士。調南豐尉。時夏侯偁爲令。訟滿庭不決。峻爲代決。呼囚數十坐庭下。以片言折之。囚皆自服。歷祕書郎・崇仁令。知洪州。發奸摘伏。元豐中僉樞密院事。

郭・師古 【明】如皐人。字時用。萬曆進士。歷官戶部郎中。出知廣州。平土酋半天雲。後補鞏昌。時陝西震動。師古上安邊十五策。擢甘肅兵備。教練整飭。敵不敢窺邊。陞左參政罷歸。有百將傳・籌邊記略・八陣圖說。

郭・師從 【五代吳越】合肥人。爲浙東馬步都虞候。從錢元瓘破廣德。征無錫。皆有功。累遷浙西營田副使。錢佐時以其累勛。拜同參相府事卒。

郭・恕 【明】雞澤人。字安仁。弱冠領永樂鄉薦。歷知湖州府。以明允稱。擢御史。屢有建白。後轉山西參議。奉敕守雁門。積糧撫士。由是要害重地。卒賴無虞。歸老林下。儉素如寒士。

郭・恩 【宋】開封人。初隸諸班。出爲左侍禁。累有戰功。積官崇儀使・并代州鈐轄・管句麟府軍馬事。夏人蠶侵屈野河西地。經略使龐籍戒邊將勿與戰。內侍黃道元以巡邊爲名。脅恩率步騎循屈野河北而行。至忽里堆。敵騎交至。恩力戰被執。不降自殺。

郭・振遐 【清】汾陽人。寄居揚州。字中洲。有禹門集。

郭・桐 【清】吳江人。字琴村。善畫山水。

郭・泰 【後漢】界休人。字林宗。范曄以父名泰。改作太。博通墳典。居家教授。弟子至數千人。嘗游洛。與河南尹李膺相友善。於是名震京師。後歸鄉里。諸儒送者車千乘。泰獨與膺同舟而濟。衆賓望之。以爲神仙。嘗遇雨。巾一角折。時爭效之。稱爲林宗巾。其見慕如此。嘗舉有道不就。善品題海內人士。然不爲危言覈論。故黨錮禍起而泰獨免。及卒。蔡邕爲碑曰。吾爲碑銘多矣。皆有慚德。惟郭有道銘無愧色耳。

郭浩 宋成子。字充道。建炎初知原州。金兵取長安。郡人已降。浩至郡。所將才二百人。得金人不殺。使之還曰。爲語汝將。我郭浩也。欲戰卽來決戰。金兵遂引去。歷知涇州。秦州。鳳翔府。金人抵和尚原下。浩與吳玠隨方捍禦。蜀以安全。後拜檢校少保。樞密院都統制。屯金州。卒諡恭毅。⊙明孟縣人。由貢士歷工部主事。從英宗北狩。被執不屈死。

郭眞順 明潮州周伯玉妻。通經史。尤精數學。能詩文。元末避亂居村寨。太祖定天下。遣指揮俞良輔征諸寨之未服者。眞順作詩遮道上之。良輔覽詩大喜。一寨皆全。後與伯玉偕隱。卒年百二十五歲。

郭祖深 梁襄陽人。武帝時爲後軍行參軍。帝溺情內教。朝政廢弛。祖深輿櫬詣闕上封事。帝嘉其正直。擢鍾陵令。普通中改南州津爲南津校尉。以祖深爲之。至州。公嚴清刻。搜檢奸惡。不避彊禦。所領皆精兵。令行禁止。威振遠近。

郭祖翼 清善化人。字苞東。諸生。有雨福山房文章。

郭祚 後魏晉陽人。字季祐。少孤貧。涉歷經史。工尺牘文章。宣武時除使持節散騎常侍。雍州刺史。爲領軍于忠所害。祚清勤在公。達於政事。凡所經歷咸稱職。非罪見殺。遠近惜之。諡文貞。

郭純 宋洪洞人。治平進士。官至宣德郎。長於史學。司馬光稱其有遷固才。⊙明永嘉人。初名文通。成祖賜名純。擢營繕丞。洪熙間陞閤門使。工畫山水。

郭航 唐萊州人。李師道辟署右職。師道叛。郭昈爲緇書藏衣絮間。使航間道見李愬請兵。既不得報。航還昈所。未幾。師道召航。昈疑事露。擬引決。航曰。事覺吾獨死。君無患。遂自殺。

郭虔瓘 唐歷城人。開元中爲北廷都護。金山道副大總管。突厥默啜子同俄特勒圍北廷。虔瓘斬之。以功授冠軍大將軍。封潞國公。陝王爲安西都護。詔虔瓘爲副。卒於軍。

郭起元 清閩縣人。號復齋。歷官盱眙知縣。泗州知州。宿虹同知。皆積水爲患之區。卽所見聞。因著水鑑。又有介石堂集。

郭躬 後漢弘子。字仲孫。少傳父業。講授徒衆常數百人。累官至廷尉。決獄多矜恕。元和間卒官。

郭郛 明涇陽人。字惟藩。號蒙泉。嘉靖舉人。官馬湖知府。與呂柟同學。以持敬爲主。一時稱爲篤學。

郭釗 唐曖子。代宗朝以外孫爲奉禮郎。太和中拜四川節度使。以疾請代。入爲太常卿卒。釗大勳之後。姻聯戚里。而謙和接物。恭愼自持。居家臨民。無驕奢之失。士君子重之。

郭乾祐 南唐乾暉弟。善畫花鳥。又畫貓鷹隼。有擊搏之意。

郭乾暉 南唐北海人。世呼爲郭將軍。畫雜禽篁木。格律老勁。曲盡物態。（宣和畫譜。圖繪寶鑑。俱作乾暉。五代名畫補遺作權暉。以爲鍾隱門生。按圖畫見聞志。別有郭權。乃師鍾隱者。非乾暉也。名畫補遺以乾爲權。且以二人爲一人。均誤。）

郭偉 宋知太平州。建炎初金兵犯采石及蕪湖。偉率將士敗之。其後水賊邵青薄城下。偉募死士夜焚其攻具。又決姑溪水灌其營。賊勢窮蹙。乃遁。

郭培墉 清新鄉人。諸生。生平取與不苟。性至孝。母沒。廬墓三年。晨夕哀號。祖祠火。抱木主出。幾殞。

郭執中 宋華亭人。累官樞密承旨。建中靖國初應詔言事切直。蔡京籍爲元祐黨人。遭擯斥。居同谷二十餘年。因家焉。紹興初金人犯成州。執中集鄉豪守禦。虜遣人來招。執中立斬其使。

郭密 宋經城人。太宗時補指揮使。淳化間凡八遷。移貝州駐泊兵馬部署。會夏人寇邊。以密有武略。擢領安州觀察使。充靈州兵馬都部署。訓練士卒。號令嚴肅。邊境賴以寧謐。

郭崇 宋金城人。初名崇威。避周祖名。止稱崇。後唐清泰中爲應州騎軍都校。晉祖割雲應地入契丹。崇恥事之。挈身南歸。漢祖起義。以崇爲先鋒。從周祖平河中。累遷京城都巡檢使。出鎮澶州。世宗立。幷人侵潞州。命崇與符彥卿出固鎮以禦之。恭帝嗣位。加檢校太師。宋初加兼中書令卒。

郭崇仁 宋守文子。字永年。章穆皇后弟。淳化中補左班殿直。遷閤門祗候。契丹入寇。齎密詔諭河北諸將。還稱旨。累遷磁州防禦使卒。

郭崇韜 後唐雁門人。累官兵部尚書。樞密使。勸莊宗襲汴州。八日滅梁。以謀議居佐命功第一。賜鐵券。拜侍中。成德軍節度。崇韜盡忠國家。遇事切諫。宦官伶人。用事不便。由是讒構遂入。後以招討使隨魏王繼岌征蜀。劉皇后教宦官馬彥珪矯詔殺之。

郭崑燾 清嵩燾弟。原名先梓。字仲毅。號意城。晚號樗叟。道光舉人。官內閣中書。咸豐間贊湖南巡撫幕最久。時湖南兵出四援。崑燾輯和將帥。應機立濟。官文。胡林翼。駱秉章交章薦爲湖北布政使。乃假權稅避之衡陽。光緒中卒。崑燾內行端厚。文辭簡古。有臥雲山莊集。

郭庸 元蒙古人。字允中。由國

學生出身。累遷爲陝西行臺監察御史。轉參政中書。明兵入京城。庸身至齊化門。衆叱之拜。庸曰。臣各爲其主。死自吾分。何拜之有。不屈死。

郭從義 [宋]其先沙陀部人。後家太原。漢祖表爲馬步軍都虞候。屢率師破契丹於代北。開寶中以太子太師致仕卒。從義厚重有謀略。尤善飛白書。

郭從謙 [後唐]莊宗時伶人。優名門高。嘗有軍功。爲從馬直指揮使。以姓郭。拜崇韜爲叔父。而皇弟存乂又以從謙爲養子。崇韜死。存乂見囚。從馬直軍士王溫又以宿衞謀亂被誅。從謙恐。遂激軍士爲亂。會李嗣源反。莊宗東幸汜水。從謙因率亂兵攻帝。帝被射崩。嗣源入洛。以從謙爲景州刺史。已而殺之。

郭惟賢 [明]晉江人。字哲卿。萬曆進士。拜南京御史。張居正死。惟賢請召吳中行、趙用賢等。謫江山縣丞。後還故官。復因疏救董基忤旨。謫南京大理評事。歷陞戶部左侍郎卒。

郭敏 [元]杞縣人。字伯達。官州倅。善丹青。工山水人物花卉。墨竹尤妙。

郭敏盤 [清]歷城人。字小華。舉人。隸書師桂馥。能得其傳。兼工詩畫。

郭斌 [金]將。金亡。斌出保金蘭定會四州。元兵圍會州城。斌力戰。臨妻子聚一室焚之。已而自投火中。有女奴自火中抱兒而出。泣授人曰。將軍盡忠。忍使絕嗣。此其兒也。幸哀而收之。言畢。復赴火中死。元將聞之惻然。爲保其孤。

郭晞 [唐]子儀三子。善騎射。從征伐有功。復兩京。戰最力。累官御史中丞。領朔方軍援邠州。擊破吐蕃、回紇。朱泚亂。南走山谷。賊舁致之。欲汚以官。佯瘖不答。賊兵脅之不動。旋奔還。改太子賓客卒。

郭涼 [後漢]右北平人。字公文。氣力壯猛。通經書。多智略。尤曉邊事。有名北方。幽州牧朱浮辟爲兵曹掾。擊彭寵有功。封廣武侯。仕至鴈門太守。

郭淮 [三國魏]陽曲人。字伯濟。建安中舉孝廉。歷官雍州刺史、征西將軍。都督雍涼諸軍事。淮方策精詳。在關右三十餘年。外拒強敵。內綏民夷。羌胡反叛。皆討破之。詔嘉其功。以爲車騎將軍、儀同三司。進封陽曲侯。卒諡貞。

郭焌 [清]善化人。字昆甫。乾隆舉人。少負文名。貫成均。七試皆冠其偶。祭酒胡宗緒言於方苞。欲令往見。焌曰。菜士也。若趨謁公卿之門。非瞰名卽附勢。何取焉。卒不往。有羅洋詩文草。

郭琇 [清]卽墨人。字華野。康熙進士。授吳江知縣。循聲爲東南冠。行取授御史。連劾明珠、余國柱等。以伉直聞。官至湖廣總督。有華野疏稿。

郭祥正 [宋]當塗人。字功父。母夢李白而生。少有詩名。梅堯臣一見歎曰。眞太白後身也。舉進士。熙寧中以殿中丞致仕。後復出通判汀州。知端州。又棄去。隱於縣青山卒。有青山集。

郭符甲 [明]晉江人。崇禎進士。授南京戶部主事。乞假歸。明末舉兵山中。戰敗陣沒。屍七日不腐。鄉人義而葬之。

郭紳 [明]宜春人。字廷章。成化進士。授寧海知縣。學士方孝孺。縣人也。紳至。首刻方正學集。刱祠祀之。累官南京刑部右侍郎卒。紳器宇凝重。雖歷崇顯。而居鄉待人不設城府。寬厚簡樸。有長者風。

郭紹儀 [明]平湖人。字汾仲。天啓進士。除知當塗縣。擢南湖廣道御史。有青蒲草。

郭紹蘭 [唐]長安郭行先女。適任宗。宗爲賈於湘。數年不歸。紹蘭以詩繫燕足寄之。宗在荊州。得詩。次年歸。後張說序其事而傳之。

郭荷 [晉]略陽人。字承休。世以經學致位。荷明究羣籍。特善史書。不應州郡之命。張祚徵爲博士祭酒。迫而致之。上疏乞還。祚許之。遣以安車蒲輪。送還張掖東山。卒諡玄德先生。

郭貫 [元]保定人。字安道。博學有才行。精於篆籀。至元中爲監察御史。累官集賢大學士。當時册寶碑額多出其手。致仕歸。卒諡文憲。

郭勛 [明]英六世孫。襲封武定侯。正德中鎭兩廣。因輯徐達、沐英及其家世系履貫勳閥遭遇本末。爲三家世典。嘉靖中督團營。兼領後府。以罪下獄死。

郭善明 [後魏]文成時以機巧著。北京宮殿多其製作。

郭善鄰 [清]商丘人。號春山。乾隆舉人。篤志聖賢。精研經史。所學一歸於平實。有春秋解疏、與覩錄、先賢模範等書。

郭彭齡 [清]揚州人。字商山。康熙舉人。工詩文。治經邃於易。有印山堂行稿、芝堂詩集、易義、環山樓選。

郭循 [明]盧陵人。字循初。永樂進士。宣德中官刑部主事。因諫拓西內皇城修離宮。被逮下獄。改工部。英宗立。得釋復原官。尋擢廣東參政。有勤寇功。景泰初卒。

郭敦 [明]堂邑人。字仲厚。洪武中以鄉舉授戶部主事。遷衢州知府。多惠政。宣德初累陞戶部尚書。陝西旱。命與隆平侯張信整飭庶務。凡奏行十數事。悉從之。歲餘召還。在部多所興革。敦持身廉。同官有爲不義者。輒厲色待之。卒官。

郭·景昌 【清】奉天人。字旭瑞。有吉州人文紀略。

郭·景尙 【後魏】祚子。字思和。涉歷書傳。曉星曆占候。言事頗驗。初爲彭城王中軍府參軍。累遷太尉從事中郎。善事權寵。世號之曰郭尖。孝明時遷輔國將軍·中散大夫。轉中書侍郎。未拜而卒。

郭·景星 【元】丹徒人。字元德。宋咸淳中以鄉試待補貢太學生。入元。授淮海書院山長。仕至黃巖州判官。性仁孝。母九十餘卒。時景星年已七十。哀毀過禮。有寓意齋文稿及集前哲嘉言。

郭·景祥 【明】濠人。從太祖渡江。嘗典文書。佐謀議。初置江南行中書省。以景祥爲右司郎中。尋復入大都督府爲府參軍。景祥博涉書史。性直諒。遇事敢言。太祖甚親信之。仕終浙江行省參政。

郭·智 【明】字懋明。登進士第。任監察御史。正統初陞都察院右僉都御史。撫鎭陝西寧夏。整飭邊務。議論剴直。有政事才。

郭·最 【春秋齊】臨淄人。勇士。晉平公伐齊。入平陰。夙沙衞殿。最與殖綽代之。爲晉師所縛。

郭·棐 【明】南海人。字篤周。幼師事湛若水。舉嘉靖進士。授禮部主事。穆宗卽位。次日傳封七夫人御札出。棐力諍。事得寢。官至光祿寺正卿。有粵大記·嶺海名勝記·廣東四川通志·夢菊全集·齊楚滇蜀諸稿。

郭·棻 【清】淸苑人。字芝仙。號快庵。順治進士。由庶吉士授檢討。陞贊善。性慷慨好直言。忤權貴。左遷山西按察司知事。後還朝。累官內閣學士。在詞曹垂四十年。鉅製宏篇。多出其手。工書。與沈荃齊名。有南沈北郭之號。有畿輔通志·學源堂集·詩經膚衍講義。

郭·植 【清】古田人。字千岸。乾隆進士。有經史問·月坡詩集。

郭·欽 【漢】隃麋人。哀帝時爲丞相司直。以論董賢。左遷盧奴令。平帝時遷南郡太守。以廉直名。王莽居攝。以病免官。◎【漢】王莽時以戊己校尉從王駿出西域。焉耆伏兵擊駿死。欽後到。襲擊老弱還。莽拜爲塡外將軍。莽死。降更始。封爲侯。

郭·欽止 【宋】良臣從弟。字德誼。從張九成游。輕財樂施。闢石洞書院。延名師以敎子弟。後進多所成就。縣學創書閣。欽止助之財。又置書籍輸之。

郭·游卿 【宋】道卿弟。字季熊。一作季能。爲郡守。善畫馬及松鹿竹石。

郭·無爲 【北漢】棣州人。好學多聞。善談辨。嘗爲道士居武當山。周太祖討李守貞於河中。無爲詣軍門上謁。太祖不納。無爲去隱抱腹山。自號抱腹山人。劉承鈞以諫議大夫召之。遂以爲相。劉繼元時宋師來攻。無爲欲出降。繼元殺之。

郭·琥 【明】永昌衞人。字宗器。嘉靖中積功至指揮僉事。爲鎭番守備。城接敵境。前守者率閉門。琥至。擊卻寇。遂開門縱人耕牧。而日帥兵以護。累擢古北口副總兵。繕治邊垣。益墾塞下荒田。歷大同總兵。進都督致仕。琥性潔廉。好籌畫。目不知書。而以意作檄。頗中情事。

郭·琦 【晉】晉陽人。字公偉。少方直。善五行。作天文志五行傳。註穀梁京氏易百卷。武帝以爲佐著作郎。趙王倫篡位。欲用琦。琦曰。我已爲武帝吏。豈容復爲今世吏。終身隱逸。

郭·琰 【後魏】京兆人。字神寶。孝武居藩邸時。以遊俠被知。及卽位。封新豐縣公。除洛州刺史。大統中齊神武遣竇泰襲弘農。時琰爲行臺。戰敗奔洛州。爲東魏將高敖曹所擒。送於幷州。不屈見害。

郭·琮 【宋】黃巖人。少喪父。事母極孝。絕飲酒茹葷者三十年。以祈母壽。母年百歲。耳目不衰。鄉閭異之。至道中詔旌其門。母無疾而逝。琮哀號幾至滅性。

郭·登 【明】英孫。字元登。幼英敏。及長。博聞強記。善議論。好談兵。景泰初以都督僉事守大同。以破敵功封定襄伯。登儀觀甚偉。髯垂過腹。爲將紀律嚴明。料敵制勝。動合機宜。成化中卒。謚忠武。

郭·登庸 【明】浙江山陰人。字汝徵。正德進士。嘉靖中任湖廣提學副使。性嚴明剛介。人不敢干以私。終僉都御史。與許宗魯齊名。

郭·紘 【明】臨海人。字仲端。第進士。弘治初以監察御史任德安府。以剛嚴稱。民稱之爲再生包公。在郡六年乞休。百姓詣闕奏留。詔陞山東右參政。仍管府事。

郭·絢 【隋】安邑人。煬帝時拜涿郡丞。吏人悅服。遂遷通守。及山東盜起。絢逐捕之。多所尅獲。後將兵擊竇建德於河間。戰死。

郭·舒 【晉】順陽人。字稚行。幼請其母從師。歲餘便歸。粗識大義。始爲領軍校尉。坐擅放司馬彪繫廷尉。世多義之。劉弘牧荆州。引爲治中。弘卒。舒率將士推弘子璠爲主。討郭勱滅之。保全一州。後爲王敦從事中郎。表爲梁州刺史卒。

郭·象 【晉】河南人。字子玄。少有才理。好老莊。能淸言。不就辟召。以文論自娛。後辟司徒掾。稍遷至黃門侍郎。東海王越引爲太傅主簿。任職當權。蕭灼內外。由是士論去之。永嘉末卒。先是向秀嘗爲莊子解義。惟秋水至樂二篇未竟而卒。象以秀義不傳於世。遂略事點竄。竊爲己注。其後秀義別本出。故今有向郭二莊。其義一也。

郭・賀〔後漢〕雒陽人。字喬卿。光武時爲尙書令。曉習故事。多所匡益。拜荆州刺史。有殊政。明帝巡狩到南陽。賜以三公之服。敕行部去幨帷。使百姓見其容服。以彰有德。永平中拜河南尹卒。⊙〔後漢〕鎮長子。當襲爵。讓與小弟時而逃去。積數年。詔大鴻臚下州郡追之。賀不得已。乃出受封。累官至廷尉。卒謚成。

郭・進〔宋〕博野人。倜儻任氣。初仕周。累官洛州團練使。有善政。太祖親征澤潞。遷本州防禦使。充山西巡檢。嘗與曹彬・王全斌等入太原境。獲數千人。太宗將征太原。先命進控石嶺關。契丹果犯關。進大破之。時田欽祚護石嶺軍。恣爲奸利。進屢形於言。欽祚以他事侵之。進自經死。

郭・逵〔宋〕遵弟。字仲通。遵死於敵。錄逵爲三班奉職。隸陝西范仲淹麾下。仲淹勉以學問。以戰功累官簽書樞密院事。坐征交阯無功。貶左衞將軍。哲宗時以左武衞上將軍致仕卒。逵慷慨喜兵學。每戰先招懷。後戰鬭。時稱宿將。

郭・都賢〔明〕益陽人。字天門。天啓進士。崇禎中官至兵部侍郎。後見南都政事濁亂。知勢不可爲。遂祝髮隱於玉沙湖。號頑石。又號些菴。種菊自娛。茹苦無定居。客死。都賢工詩文書法。兼善繪事。寫竹尤入妙。有補山堂詩集・些菴雜著。

郭・鈇〔明〕金華人。欽止裔。欽止築書院於石洞山旁。延師以訓子弟。一時名儒如呂祖謙・魏了翁・葉適輩皆主講其中。其山水名勝。陸游・陳傅良等亦多題詠。正德中鈇取當時諸人碑刻題詠及誌銘狀序哀輓諸作。彙爲一編。名曰石洞遺芳。

郭・雲〔明〕南陽人。武勇有材略。元季聚鄉人爲義兵。保裕州。徐達圍之。雲出戰被執。脅以刃不動。達壯之。縶送京師。太祖奇其狀貌。用爲溧水知縣。民皆稱之。擢南陽衞指揮僉事。兼知南陽府事卒。

郭・黃中〔宋〕正孫子。字方叔。嘗往來魏了翁之門。爲新都令。以學行著。

郭・傳〔明〕會稽人。一名正傳。字文遠。太祖問天下宿學之士。宋濂薦傳學有淵源。文章贍麗。帝召見授翰林應奉。直起居注。累遷考功監令。出署湖廣布政司參政。

郭・嵩燾〔清〕湘陰人。字伯琛。號筠仙。道光進士。光緒間官至兵部左侍郎。充出使英法大臣。奉使三年。取諸公者。唯薪水屋租二事。嘗言廉者君子以自責。不宜以責人。惠者君子以自盡。不宜以望於人。時稱名言。乞休歸。更號玉池老人。築室曰養知書屋。學者稱養知先生。有禮記質疑・大學質疑・中庸質疑・訂正朱子家禮・養知書屋文集・詩集・奏疏・讀書記・湘陰縣圖志・會合聯吟集・周易釋例・毛詩餘義・綏邊徵實等書。

郭・楠〔明〕晉江人。字世重。正德進士。授浦江知縣。課最。入爲御史。世宗卽位。諸臣爭大禮者皆得罪。楠方撫按雲南。馳疏論救。帝大怒。逮治削籍。後以災變修省。起爲吉水教諭。終南寧知府。⊙〔清〕龍溪人。字玉峰。工畫。能爲米家山水。

郭・源明〔宋〕勸子。治平中爲太常博士。會御史知雜事呂誨等。奏彈中書議追崇濮安懿王典禮非是。被黜。以源明補監察御史裏行。源明乞免除命。請追誨等。遂聽免。後以職方員外郎知單州卒。

郭・溥〔宋〕良臣猶子。字伯廣。創南湖書院。

郭・熙〔宋〕溫人。工繪山水。學李成。長松巨木。回溪斷崖。巖岫巉絕。峯巒秀起。雲煙變滅之間。千態萬狀。一時獨步。年老落筆益壯。有山水畫論。

郭・煥〔宋〕邠州人。善搨寫。畫捕魚。

郭・瑞嘉〔清〕全椒人。善畫竹。精堪輿。

郭・璿〔明〕威縣人。永樂舉人。任戶部主事。料量國計。出納維允。陞刑部郎中。理冤獄。錄繫囚。多所裨益。

郭・瑗〔晉〕聞喜人。官尙書都令史。時尙書杜預有所增損。瑗多駁正之。以公方著稱。終建平太守。

郭・瑀〔晉〕敦煌人。字元瑜。少師事郭荷。精通經義。多才藝。善屬文。隱於臨松薤谷。鑿石窟而居。作春秋墨說・孝經錯緯。弟子著錄千餘人。苻氏之末。略陽王穆起兵酒泉。瑀與索嘏應之。爲太府左長史・軍師將軍。雖居元佐。而口詠黃老。穆惑於讒間。瑀諫不從。還酒泉南山赤厓閣。飲氣而卒。

郭・義〔宋〕興化軍人。字處仁。早游太學。以操尙稱。年四十餘。客錢塘。聞母喪。徒跣奔喪。每一慟輒嘔血。聚土爲墳。手蒔松竹而廬於其旁。甘露降於上。烏鵲馴集。郡上其事。詔旌表其閭。(按元史郭道卿傳作義重。此從宋史。)⊙〔明〕濟寧人。洪武時累官爲燕山千戶。從成祖入京。累遷左都督。數從出塞有功。封安陽侯。⊙〔清〕海澄人。康熙間授左江總兵官。孫延齡叛應吳三桂。義與馬雄同叛。雄死。義偕雄子承蔭降清。以守南寧功仍授左江總兵官。承蔭復反。義放還。尋死。

郭裕　明清江人。字謀貽。崇禎中以舉人知棗陽縣。張獻忠兵至。左良玉屯近邑。裕單騎邀與共禦賊。卻去。李自成犯襄陽。賊將劉福攻棗陽。裕發砲石擊傷甚衆。賊憤。攻益力。城陷。闔門遇害。

郭解　漢軹人。字翁伯。少常以睚眦殺人。或爲人報仇。鑄錢掘冢。爲諸姦犯事不可勝數。及長。折節爲儉。以德報怨。然其自喜爲俠益甚。人爭慕附之。有詆解者。客爲殺之而解不知。公孫弘以解之不知。有甚於知之者。遂族誅之。漢之游俠。自魯朱家而後。首推解。故以朱家·郭解並稱。

郭詮　明瑀子。成化進士。任戶科給事中。勵志忠愼。馳名諫垣。卒官。時稱三淸先生。

郭詡　明泰和人。自號淸狂。弘治中以善畫被徵。寧王宸濠召與語。輒辭謝之。後間道走武昌。入德安。宸濠反。偵人齎書幣蹤至武昌。不能得。

郭資　明武安人。字存性。洪武進士。歷仕北平左布政。陰附成祖。及兵起。與左參政孫倫等先降。支給軍餉。多得其力。永樂初擢北京戶部尙書。以太子太師致仕。宣德間復起掌戶部尙書。卒諡忠襄。

郭載　宋浚儀人。字咸熙。以蔭補右班殿直。端拱初知秦州。兼緣邊都巡檢使。先是巡邊者多領兵騎以威戎人。所至頗煩苦之。載至悉減去。戎人感悅。改知成都府。李順構亂。載隨招安使王繼恩討順。平之。月餘。以憂患卒。

郭遇卿　明福淸人。字建安。幼孤。事母孝。嘉靖末戚繼光平倭寇。遇卿從之薊門。以功歷官至都指揮使。後以母老歸。有龍洞集。

郭道卿　宋熙孫。字仲常。官都守。頗有家學。善畫馬。◎元莆田人。四世祖義。至孝。鄉里爲立孝子祠。元初閩盜起。道卿與弟佐卿守孝子祠不去。被執。兄弟各求代死。賊兩釋之。道卿嘗病疝危甚。子廷煒憂悴扶護。一夕鬚盡白。有司言狀旌之。

郭鈺　元吉水人。字彥章。元末遭亂。隱居不仕。明初以茂才徵。辭疾不就。生平轉側兵戈。爲詩多愁苦之辭。於當時盜賊殘破郡邑事實。言之確鑿。尤足補史傳之闕。有靜思集。

郭隗　戰國燕昭王欲招賢以強燕國。隗曰。有求千里馬者。齎千金往。馬已死。五百金買其骨還。怒曰。何爲。曰。死馬尙買之。況生者乎。馬今至矣。不期年。千里之馬至者三。大王欲招賢。先從隗始。賢於隗者。豈遠千里哉。於是昭王爲隗築宮而師事之。樂毅·鄒衍·劇辛聞風而至。士爭湊燕。

郭雍　宋忠孝子。字子和。傳其父學。隱居陝州。號白雲先生。乾道中旌召不起。賜號沖晦處士。孝宗稔知其賢。更封頤正先生。令部使者遣官就問。卒年九十七。雍於易發明精到。有郭氏傳家易說。◎淸福淸人。字仲穆。一字書禪。號約園。康熙舉人。工詩。有約園詩鈔。

郭靖　宋高橋士豪巡檢。寧宗時吳曦叛。四州之民不願臣金。棄田宅。攜老稚。順嘉陵而下。曦盡驅驚移之民使還。皆不肯行。靖時亦在遣中。至白厓關。告其弟端曰。吾不忍棄漢衣冠。願死於此。爲趙氏鬼。遂赴江而死。

郭鼎京　淸福淸人。字去問。工書畫。尤精小楷。能於高不踰尺橫不過二尺之紙。寫楚辭全部。筆筆仿歐陽詢。無少局促態。有綿亭詩集。

郭僎　宋祥符人。字同升。靖康初權咸平縣丞。有政績。會金人大至。力不敵。走南京從趙野乞師。不從。慟哭而歸。尋權浮梁宰。未行時。有賊張頂花者。已過縣境。僎徑就道。至縣。約束吏士。誓以死戰。賊聞之。僞降入邑爲變。僎端坐公署。罵不絕口。遂遇害。

郭嘉　三國魏陽翟人。字奉孝。少有遠量。深通籌略。曹操召見論天下事。曰。使孤成大業者。必此人也。表爲司空軍祭酒。屢從征伐有功。封洧陽亭侯。卒諡貞。◎元濮陽人。字元禮。慷慨有大志。舉泰定進士。累官廣寧路總管。時遼陽賊勢甚張。孤城無援。賊遣使脅降。嘉殺其使。開門督戰。力竭死之。諡忠烈。

郭圖　後漢潁川人。字公則。爲袁紹謀士。嘗說紹乘天子東幸。迎之於鄴。紹不從。

郭實　明高邑人。字伯華。萬曆進士。授朝邑知縣。選授御史。御史王麟趾劾湖廣巡撫秦燿結政府狀。謫徐溝丞。實復劾燿。燿乃罷。後以論朝鮮事黜。久之。起南京刑部主事。終大理寺右丞。

郭彰　晉太原人。字叔武。賈后從舅。與賈充素相親遇。歷散騎常侍·尙書·衞將軍。封冠軍縣侯。及賈后專朝。彰豫參權勢。世人稱爲賈郭。賈謂賈謐也。卒諡烈。

郭槐　晉賈充後妻。性妬忌。充子黎民年三歲。乳母抱之當閤。黎民見充入喜笑。充就而拊之。槐望見。謂充私乳母。鞭殺之。黎民戀念發病死。後又生男。復爲乳母所抱。充以手摩其頭。槐疑乳母。又殺之。兒亦思慕死。充遂絕嗣。槐女爲惠帝后。奇妬多權詐。說者以爲有母風。

郭榮　春秋晉大夫。晉平公率諸

侯伐齊。齊師敗。靈公將逃。榮諫曰。社稷之主。不可以輕。輕則失衆。君必待之。晉師果退。◉【隋】太原人。字長榮。初仕北周。文帝受禪。進爵蒲城郡公。遷通州刺史。西南夷獠多叛。榮討之。戲餘悉平。煬帝卽位。入爲武候驃騎將軍。遼東之役。以功進位左光祿大夫。後從帝至柳城。遇疾卒。諡恭。◉【後周】詳周世宗條。◉【元】邢臺人。通五經。精於算數水利。時劉秉忠·張文謙·張易·王恂同學於州西紫金山。榮使其孫守敬。從秉忠學。遂至成名。

郭·毓圻　【清】吳縣人。字匏雅。乾隆舉人。官國子監典籍。工畫山水。性恬淡。能鑒古。

郭·漢　【明】晉江人。字本昭。號愷樂。工畫山水翎毛。善草書。

郭·滸　【宋】德順中安堡人。從軍積官至武經郎。爲涇原第八副將。金人犯陝西。渭帥以下叛降。獨滸不屈。被殺。

郭·端　【明】字季正。永樂初以貢入太學。授行人司行人。陞巡按廣西監察御史。時鎭守太監雷春肆爲酷暴。端劾奏。寘春於法。累陞山東按察司僉事。改交阯。後卒於京師。

郭·粹中　【宋】武夷人。嘗從呂祖謙講學。官至龍游尉。弟敏中主江山簿。允中·時中皆應進士。

郭·維　【宋】當塗人。字仲逸。大中祥符進士。初調泰州司理參軍。治獄有能名。知南豐縣。籍郡邑之豪猾徙之。終任無敢犯者。改知新都縣。以廉幹聞。終屯田員外郎。

郭·維經　【明】江西龍泉人。字六修。號雲機。天啓進士。崇禎時遷南京御史。以憂去。久之起故官。北都變聞。南都諸臣有議立潞王者。維經力主福王。王立。進應天府丞。仍兼御史。以上疏切諫。爲張拱·朱國弼相繼劾罷。唐王召爲吏部右侍郎。清兵圍贛州。王命維經爲吏兵二部尚書。督師入援。城破。自焚死。

郭·肇　【清】鳳沼族人。字復亭。居東沙埭。自號東埭居士。歲貢生。性孝友。有志節。工詩古文。有東埭詩文鈔。

郭·蒙　【漢】以戶衞起薛。破秦軍。入漢定三秦。以都尉守敖倉爲將軍。破項籍。封東武侯。卒諡貞。

郭·遡　【明】靜寧人。成化間從總督項忠討石城賊。戰輒當先。智謀出衆。生擒僞號招督王滿四。授秦州衞鎭撫。後從征屢有戰功。歷陞都指揮僉事。進授明威大將軍。

郭·趙璧　【清】侯官人。字名璜。乾隆舉人。有瑜齋詩草。

郭·鄧　【元】福州長樂人。字德基。太學生。宋亡。居鄉教授。至元中被舉。累遷吳江教授。卒。學者私諡純德先生。

有梅西先生集。

郭·鳳　【後漢】渤海人。官博士。好圖讖。善說災異吉凶占應。先自知死期。豫令弟子市棺斂具。至其日而終。◉【清】嘉興人。字友桐。號彎樵。能詩。善書畫。工八分書。

郭·鳳沼　【清】諸暨人。字渠公。號澹門。道光舉人。父雲性。好聚書。鳳沼杜門校勘。絕意仕進。有函雅堂集·十六國宮詞·中庸說解·楚辭注解·諸暨青梅詞·翦鐙詞選。

郭·儁　【隋】文水人。字弘乂。家門雍睦。七世同居。犬豕同乳。鵶鵲同巢。時人以爲義感。事聞。文帝遣宇文弢勞問。侍書御史柳彧巡省河北。表其門閭。（按北史作世儁。此從隋書。）

郭·履蹮　【清】衡陽人。字季林。明崇禎舉人。國變後。隱石獅嶺。足不入城市。有涉園草。

郭·德成　【明】興季弟。女弟入宮。進位寧妃。德成充驍騎舍人。性嗜酒。淡於利祿。嘗因事自剃其髮。太祖稱爲風漢。後胡惟庸黨事起。竟以此自全。

郭·德海　【元】寶玉子。字大洋。姿貌奇偉。通天文兵法。從先鋒拓伯西征。攻破鐵山。踰雪嶺西北萬里。進軍答里國。悉平之。復從闊闊入關中。破南山八十三寨。陝西平。提孤軍轉戰。連破金軍。以功遷右監軍卒。

郭·慶　【明】眞陽人。字善甫。正德舉人。質直力學。聞王守仁倡道東南。徒步往從之。三年始歸。授清平令。勤於撫字。割俸給貧民牛種。後乞歸。

郭·樻　【明】仙居人。字德茂。少勤問學。教人以收放心爲先。終元之世。隱居教授。洪武初以薦知饒陽縣。邑大治。坐事免。邏者察諸途。搜篋中惟所著易說雜評文稿數十卷。既歸。貧益甚。及卒。門人私諡貞成先生。

郭·澄　【宋】良臣子。字伯清。良臣築西園書院。延呂祖謙等爲師。澄受業其中。常以善身迪族衣被鄉閭爲主。以任補將仕郎。調南昌·黃巖主簿。皆不行。

郭·澄之　【晉】陽曲人。字仲靜。少有才思。機敏絕人。調補尚書郎。出爲南康相。劉裕引爲相國參軍。從裕北伐。既剋長安。位至相國從事中郎。封南豐侯卒。

郭·磊卿　【宋】仙居人。字子奇。嘉定進士。端平初拜右正言。擢右史。彈劾權倖無所避。時與杜成之·徐元杰諸賢。號端平六君子。卒諡正肅。有兌齋集。

郭·稹　【宋】祥符人。字仲微。舉進士甲科。累遷刑部員外郎。康定初使契丹。契丹厚禮之。與同出觀獵。延稹射。稹一發中走兔。衆皆愕視。後官龍圖閣直學士。權知開封府卒。稹文思敏贍。尤刻意於賦。好聚古書畫。購求不計貲。

郭緣生 晉嘗撰述征記及續述征記。

郭緒 宋蒲城人。字天錫。幼岐嶷。讀書如素習。晚調上杭簿。攻邵雍象數之學。并取楊雄所擬烈山易。以章會統元推之。久而成書。名易春秋。按圖布卦。計二十萬言。分二十卷。綜之以圖。隆興初上之。⊙明太康人。字繼業。成化進士。弘治中歷遷雲南參議。時孟養宣撫思祿與孟密宣撫思揲構怨。思祿越金沙江。奪孟密地十有三所。朝議命緒往撫。緒單騎至。曉以大義。思祿遂請歸侵地。後陞四川督儲參政。致仕歸。有學吟稿·撫蠻錄。

郭蝦蟆 金會州人。世爲保甲射生手。與兄祿大俱以善射應募。夏人攻會州。城破。兄弟俱被擒。其後謀奔。事覺。祿大被殺。蝦蟆獨拔歸。以復會州平鞏州功。累授知鳳翔府事·本路兵馬都總管元帥左都監。兼行蘭會洮河元帥府事。及金亡。蝦蟆堅守孤城。元兵併力攻之。矢盡自焚死。

郭賢 北周陽州人。字道因。魏大統中以征討功授都督。從王思政鎭弘農。行弘農郡事。尋出鎭魯陽。拒東魏兵。又從尉遲迥伐蜀。累著戰功。孝閔帝踐阼。遷陝州刺史。卒諡節。

郭鋐 明合肥人。洪毅有將略。鎭彭城衛指揮使。成化初以從征荔浦功進都指揮僉事。遷同知。旣爲張懋所舉。備倭揚州。弘治中調鎭守廣西副總兵。破府江撞賊。以時望擢總漕運。正德初召佐後府卒。

郭震 唐貴鄉人。字元振。以字顯。少有大志。年十八。擧進士。武后時爲涼州都督。置和戎城及白亭軍。拓境千五百里。神龍中遷安西大都護。睿宗立。召爲太僕卿。安西酋長有剺面哭送者。先天初以兵部尚書同中書門下三品。玄宗誅太平公主。諸宰相走伏外省。獨震提兵護帝。復爲朔方大總管。會玄宗講武驪山。坐軍容不整。流新州。開元初起爲饒州司馬。道病卒。⊙宋成都人。博學能詩。才識過人。悠然有物外之志。有漁州集。

郭鞏 清莆田人。字無疆。曾鯨弟子。善畫工詩。詩名爲畫所掩。

郭頤 宋壽昌人。字養正。第進士。從呂祖謙游。官至軍器監主簿。學者稱固齋先生。

郭凝之 明海寧人。字正中。天啓舉人。官至兗東兵備副使。有孝友傳及明孝友傳。

郭憲 後漢宋人。字子橫。有道術。王莽篡位。拜郎中。賜以衣服。憲受衣焚之。逃於東海之濱。光武卽位。仕至光祿勳。從駕南郊。憲忽面向東北。含酒三潠。詔問其故。對曰。齊國失火。以此厭之。後齊果上火災。與郊同日。後以諫爭不合病免。卒所著漢武洞冥記。詞句縟麗。或謂六朝人依託爲之。非憲所著。⊙三國魏西平人。字幼簡。建安中署郡功曹。韓約失衆從羌中還依憲。衆人多欲取約以邀功。憲曰。人窮來歸我。云何危之。後約病死。田樂等就斬約頭。送之曹操。欲條疏憲名。憲不肯。操歎其忠義。與樂等賜爵關內侯。

郭璘 後晉邢州人。開運中爲易州刺史。契丹屢攻其郡。璘固守拒之。契丹主嘗謂左右曰。吾不畏一天下。乃爲此人所挫抑。後契丹使通事耿崇美誘其民衆。璘不能制。城既降。爲崇美所害。

郭璡 明新安人。初名進。字時用。永樂初由太學生歷官吏部尚書。留意人材。識進士李賢輔相器。授吏部主事。後果爲名相。璡雖長六卿。然望輕。又權歸內閣。正統中因子亮受賂爲人求官。被劾致仕。

郭璞 晉瑗子。字景純。博學高才。詞賦爲東晉之冠。嘗從郭公受青囊書。由是洞知五行天文卜筮之術。所占多奇驗。避地過江。元帝重之。以爲著作佐郎。遷尚書郎。後爲王敦所殺。嘗注爾雅·山海經·三蒼·方言·穆天子傳·楚辭·子虛上林賦。又有葬書及玉照定眞經。都數十萬言。

郭翰 唐官御史。巡察隴右。多所按劾。次寧州。時狄仁傑爲刺史。民爭言有異政。翰謂僚屬曰。入其境。其政可知。願薦使君美於朝。卽命駕去。後改麟臺郎。坐事貶巫州司法參軍。

郭興 明濠人。一名子興。初隸滁陽王郭子興麾下。太祖在甥館。興歸心焉。軍行常備宿衛。累功進統軍元帥。攻常州·寧國·江陰·宜興·婺州·安慶·衢州。皆下之。從徐達取張士誠。轉戰皆捷。洪武初從達取中原。克汴梁。守禦河南。尋移鎭鞏昌。邊境帖然。封鞏昌侯。卒諡宣武。

郭諮 宋平棘人。字仲謀。聰敏過人。擧進士。歷殿中丞。知館陶縣。康定西征。諮上戰略。獻拒馬餡陣法。擢通判鎭戎軍。歷知潞州。三司議均田租。召還。諮陳均括之法四十條。復上平燕議。帝壯其言。又請自鑿西山七里店孤株嶺下鑿七十里。導洛入汴。可以四時行運。詔往計度。未及論功而卒。

郭諫臣 明長洲人。字子忠。嘉靖進士。授袁州司李。嚴世蕃貪黷無厭。諫臣持正不懼。歷吏部主事。隆慶初屢疏陳事。多持正。官終江西參政。爲詩婉約閒雅。有郭鯤溟集。

郭豫亨 元自號梅巖野人。所著梅花字字香前後集。皆集句。屬對工巧。在詠梅詩中。闢一新徑。

郭遵　北齊鉅鹿人。文宣爲太原公時。爲國常侍。齊受禪。擢爲主書。尋遷黃門侍郎。後與張彫武等諫幸晉陽。爲韓長鸞所譖。誅死。⊙宋開封人。少隸軍籍。乾興中宜延州西路都巡檢使。元昊寇延州。遵入敵陣。所向披靡。既深入。爲攢兵注射。馬仆被殺。

郭錦章　清元和人。字牧石。號遠颿。工畫花卉。尤精秋蟲及五色蝴蝶。

郭闓　宋番禺人。字開先。淳祐進士。擢監察御史。論廣州置買銀場。以鹽科配。暨征榷諸弊罷之。既沒。廣人以配享崔與之。

郭默　晉懷人。少微賤。以壯勇事太守裴整。爲督將。永嘉之亂。默率遺衆自爲塢主。流人依附者甚衆。劉琨加默河內太守。後與李矩并力距劉石。平李龍。討蘇峻。累著戰功。明帝召拜後將軍。領屯騎校尉。默不願宿衞。欲南據豫章爲亂。陶侃集諸軍圍之。默將宋侯縛默降。斬於軍門。

郭嬪　明鳳陽人。名愛。字善理。賢而有文。宣宗時入宮二旬而卒。自知死期。書楚聲以自哀。

郭應聘　明莆田人。字君賓。嘉靖進士。累擢廣西布政使。所至有擊賊功。進右副部御史。巡撫廣西。討平府江及懷遠諸猺。擢都御史。總督兩廣。歷南京兵部尙書。與海瑞飭行儉素。士大夫侈汰之習。爲之一變。卒諡襄靖。

郭應龍　宋新淦人。字承雲。淳熙進士。仕至湖南安撫司參議。詩詞高古。有書史素臣・集句三百餘首。

郭應響　明福清人。字希聲。萬曆舉人。崇禎中宜鄖州兵備副使。流賊來犯。應響禦之。斬賊甚衆。後賊深夜突至。集士卒拒守。力竭死之。

郭曖　唐子儀六子。字曖。尙昇平公主。嘗與爭言。曖曰。汝倚乃父爲天子耶。我父薄天子而不爲。公主恚。奔奏之。代宗慰諭令歸。子儀聞之。囚曖入待罪。帝曰。鄙諺有云。不癡不聾。不作阿家翁。兒女子閨房之言。何足聽也。子儀歸。杖曖數十。朱泚之亂。逼署官。辭以居喪被疾。既而與公主奔奉天。德宗嘉之。官至太常卿。襲代國公。

郭濟　明太康人。博通經史。永樂中魁鄉試。歷任大名府訓導。秩滿。薦陞左春坊司諫。累轉行人。兩使交趾。宣德中陞鎭江知府。奉勅往蒞其事。在任多善政。聲譽大振。

郭濬　明寧海人。字士淵。伉爽不羣。師事宋濂。與方孝孺爲友。洪武中以諸生貢太學。應詔上書。論當時急務甚切。召對忤旨。令學於太學。同學嫉之。與學官語不合。誣奏抵罪以死。

郭縱　漢邯鄲人。以鑄冶成業。與王者埒富。

郭曙　唐子儀七子。代宗朝累官司農卿。德宗幸奉天。曙領家兵扈乘輿。帝還。擢金吾大將軍。終祁國公。

郭曜　唐子儀長子。性沈靜。累從節度府辟署。破敵有功。爲開陽府果毅都尉。至德初推子儀功。授衞尉卿。累進太子詹事・太原郡公。子儀專征伐。留曜治家事。少長無間言。以儉樸自處。累遷太子少保。子儀卒。居喪以禮。服未闋寢疾。或勸其茹葷。竟不屬口卒。諡孝。

郭礎　清江都人。字石公。順治進士。官至順德知府。有畫法年紀。

郭翮　晉武昌人。字長翔。少有志操。以漁獵自娛。居貧無業。欲墾荒田。先立表題。經年無主。然後墾種。稻將熟。有認之者。悉推與之。嘗以車獵。去家百餘里。道逢病人。以車送之。徒步而歸。士庶咸敬貴焉。

郭翼　元崑山人。字羲仲。自號東郭生。嘗獻策張士誠不用。歸耕婁上。老得訓導官。偃蹇以終。工詩。尤精於易。有雪履齋筆記・林外野言。

郭謹　五代漢晉陽人。字守節。少從軍。能騎射。仕晉至左神武統軍。鎭麟州。高祖踐阼。加檢校太尉。移鎭滑臺。乾祐中授彰德軍節度使。加檢校太師卒。

郭贇　宋襄邑人。字仲儀。乾德中舉進士首薦。事太宗藩邸。累官參知政事。時曹彬爲弭德超所譖。贇辨其誣。眞宗時仕至禮部尙書。卒諡文懿。有文懿集。

郭鎭　後漢躬弟子。字桓鍾。少脩家業。辟太尉府。延光中爲尙書。中黃門孫程誅中常侍江京等而立順帝。鎭率羽林士擊殺衞尉閻景。以成大功。再遷尙書令。封定潁侯。永建中以廷尉免官。卒諡昭武。

郭麐　清吳江人。字祥伯。號頻伽。嘉慶間貢生。工詩古文辭。醉後畫竹石。別有天趣。晚年僑居嘉善以終。有金石例補・靈芬館全集。

郭璽　明永年人。字文瑞。天順進士。官工部主事。時有宦官王順寵倖。囑以私事。璽叱之。未幾。轉兵部武庫司主事。門無私謁。遷武選員外郎。英宗嘗書名於御屏間。以疾乞歸。

郭瓊　宋盧龍人。少以勇力聞。事契丹爲蕃漢都指揮使。後唐天成中挈其族來歸。明宗以爲亳州團練使。仕晉漢周。以戰功至北面行營都監。歷絳蔡齊三州防禦使。建隆中告老。

加右領軍衛上將軍。致仕歸洛陽。乾德初卒。璦雖起卒伍。而所至有惠政。尊禮儒士。孜孜樂善。蓋武臣之賢者。

郭藥師 【金】鐵州人。遼募遼東人爲兵。使報怨於女眞。號曰怨軍。藥師爲其渠帥。遼亡。以涿易二州歸宋。宋使副王安中守燕山。及安中殺張覺。函其首以與完顏宗望。藥師怨之。遂降金。太宗以爲燕京留守。賜姓完顏氏。從宗望伐宋。藥師盡知宋虛實。宗望能懸軍深入得全勝者。藥師之力也。海陵卽位。詔復本姓。

郭贊 【宋】內江人。元符末應詔上書。慷慨言天下事。不報。後爲汝陽縣丞。建炎中金人陷蔡州。守臣乘間而逃。獨贊朝服詬叱不肯降。遂見殺。

郭鏦 【唐】曖三子。字利用。尙德陽郡主。順宗立。拜右金吾將軍。封太原郡公。性周愼。不立赫赫名。有諫於上。退必毀稿。後官太子詹事卒。

郭鵬程 【清】湘鄉人。咸豐間從羅澤南轉戰湖北江西。又從李續賓復武昌。拔湖口。克九江。積功擢游擊。肅清皖北。晉總兵。攻江寧。沒於陣。諡勇烈。

郭勸 【宋】須城人。字仲褒。舉進士。眞宗時爲殿中侍御史。時郭皇后廢。議納陳氏。勸切諫止。累遷天章閣待制。知延州。落職知齊州。後復爲侍讀學士。同知通進銀臺司卒。勸性廉儉。家無長物。

郭寶玉 【元】華州鄭人。字玉臣。子儀之後。通天文兵法。善騎射。金末封汾陽郡公。木華黎引見太祖。言建國之初。宜頒新令。於是頒條畫五章。從帝伐西蕃。討契丹遺族。收契丹。渤海等諸國。皆有戰功。累遷斷事官。卒於賀蘭山。

郭繼昌 【清】正定人。字厚庵。嘉慶間從攻川陝楚教匪。道光間從攻張格爾。累戰有功。官至廣東陸路提督。

郭繼青 【清】定海人。嘉慶間從勦捕海盜蔡牽。偕王得祿等併力衝擊。燬其船。牽落海死。累官金門鎭總兵。

郭蘇 【明】萬安人。字希武。舉經明行修不就。自名懷葛山人。筆材敏異。有秋山集。秋山近草。竹素藏編。

郭麐 【晉】西平人。少明老易。仕郡主簿。呂光王河西。以麐爲散騎常侍。太常。卜筮多神驗。常參幃幄密謀。後以光年老。知其將敗。遂與光僕射王祥作亂。性褊酷。不爲士庶所附。戰敗奔乞伏乾歸。乾歸敗。入姚興。興以滅姚者晉。遂將妻子南奔。爲追兵所殺。

郭鐵子 【宋】榆次人。善鍛鐵。作方響。故名。畫學李成。

郭饒 【後晉】郰上人。以驍勇事晉。數立軍功。爲沁州刺史者九年。爲政有惠愛。州人思之。

郭權 【南唐】江南人。以畫名。

郭襲 【遼】性端介。識治體。久淹外調。景宗卽位。召對稱旨。拜南院樞密使。以帝游獵上書諫。帝覽稱善。賜號協贊功臣。拜武定軍節度使卒。

郭麟孫 【元】吳縣人。字祥卿。博學工詩。作吏錢塘。再調江東。歸吳卒。有祥卿集。

郭麟徵 【清】無錫人。字景升。善畫工詩。有西翠樓集。

郭鼇 【清】亮生子。傳其父業。全活無算。有濟世驗方。

郯子 【春秋】郯國之君。昭公時朝魯。嘗與叔孫昭子論少皞氏以鳥名官之故。仲尼師之。

郯韶 【元】吳興人。字九成。自號雲臺散史。苕溪漁者。至正中辟試漕府掾。淡然以詩酒自樂。善畫山水。

郴霽 【唐】撰祕苑狀啓。

郵無恤 【周】王良字無恤。食邑於郵。故稱郵良。亦稱郵無恤。子孫因以爲氏。互見王良條。

野王二父 【後漢】光武帝遣鄧禹西征。送之於道。既返。因於野王獵。路見二老者卽禽。與之言。顧左右曰。此隱者也。將用之。辭而去。莫知所在。

野峻台 【元】由四川行省左右司郎中累遷黃州路總管。湖廣既陷。朝廷察其材。陞四川行省參政。與平章咬住討賊。野峻台屢破賊。乘勝趨江陵。與賊鏖戰。賊飛槍刺之死。諡忠壯。

野詩良輔 【唐】鳳翔將。以名雄邊。後爲隴州刺史。朝廷遣使至吐蕃。虜輒言唐家稱和好豈妄耶。不爾安得任良輔爲隴州刺史。

野盧 【元】至正間。爲棠邑達魯花赤。脩廟學。起講堂。大有民譽。

閉珊居集 【唐】盤州烏蠻。精卜筮。其法用細竹四十九枝。或以雞骨代之。占輒應。國中稱爲筮師。

閉魯 【明】橫州人。宣德舉人。任桂林府推官。時平樂府立山里獞猺跳梁。魯奉命招撫。歸化者萬餘人。陞永安知州。以憂去。服闋。改知石屏州。

陰子方 【漢】宣帝朝人。性至孝。臘日晨炊。見竈神形現。子方再拜受慶。家有黃羊。因以祀之。自是家至巨富。田七百餘頃。子方嘗言我子孫必大。至三世孫識。而遂繁昌。故後常以臘日祀竈。而薦黃羊焉。

陰子春 【梁】姑臧人。字幼文。累官梁秦二州刺史。太淸中討峽中叛蠻。平之。遷侍中。屬侯景亂。隨王僧辯討景。子春力戰。恆冠諸軍。値郢州陷。遂退敗。卒於江陵。

陰子淑 【明】秉衡子。字宗孟。成化進士。知荊門州。鯁介不阿。保民如子。邦人感其德。立去思祠。幷作循吏十詠詩以美之。遷江西按察使。

陰世師 【隋】壽子。少有節概。性忠厚。多武藝。煬帝時拜張掖太守。後還左翊衞將軍。與代王留守京師。唐軍至。世師勒兵拒守。城陷見殺。

陰幼遇 元 幼達弟。字時夫。五世同居。讀書績學。七歲登宋寶祐九經童科。入元不仕。有著書立言之志。父德夢授以凡例。居聚德樓三十年。著韻府羣玉行世。

陰幼達 元 奉新人。字中夫。與弟幼遇同中九經童科。有韻府羣玉註。

陰仲達 後魏 姑臧人。少以文學知名。太武平涼州。內徙代都。司徒崔浩啓仲達同修國史。除祕書著作郎卒。

陰后 後漢 光武帝后。見陰麗華條。◎後漢識曾孫。和帝后。聰慧善書藝。自鄧后入宮。愛寵稍衰。數有恚恨。帝嘗病危。后密言。我得意。不令鄧氏復有遺類。後以巫蠱事廢。憂死。

陰利鹿 南涼 仕傉檀。傉檀之奔於乞伏熾磐也。惟利鹿隨之。傉檀謂利鹿曰。去危就安。人之常也。吾親屬皆叛。卿何獨留。利鹿曰。臣老母在家。方寸實亂。但委質爲臣。忠孝之義。不能兩全。傉檀歎曰。知人固未易。人亦未易知。歲寒不凋。見之於卿矣。流涕遣之。

陰孟貴 後魏 敦煌人。性至孝。每向田耘耨。早朝拜父。暮亦如之。鄉人欽其篤於事親。

陰承方 清 寧化人。字靜夫。號克齋。歲貢生。有陰靜夫遺文。

陰秉衡 明 內江人。字振平。隱居潦國。作文翰樓。貯書千卷。手不停披。口不輟吟。平生著述。惓惓於天理人欲邪正異端之辨。嘗參酌朱子家禮。爲陰氏愼終錄及婚姻節要。鄉人呼之曰陰孟子。

陰長生 後漢 新野人。潛居隱身。專務道術。聞馬明生者得度世之法。乃求見於泰和山中。執役二十年不懈。偕入青城山。以太清金液神丹授之。丹成。著書九篇。仙去。

陰嵩 後漢 識從兄。官謁者。擢爲中郎將。監羽林十餘年。以謹勅著稱。遷執金吾。

陰瑜妻 後漢 荀爽女。名采。字女荀。南陽陰瑜妻。聰敏有才藝。適陰氏二年。瑜卒。爽逼之嫁郭奕。既至奕家。僞悅具浴。掩戶書壁曰。尸還陰。陰字未成。懼有來者。自縊死。

陰壽 隋 武威人。字羅雲。少果烈。有武幹。文帝嘗遣韋孝寬擊尉遲迥。命壽監軍。時孝寬有疾。不能親總戎事。三軍綱紀。皆決於壽。以功進位上柱國。拜幽州總管。封趙國公卒。

陰慶 後漢 興子。有賢德。推居第田園奴婢分與二弟。已但佩印。世美之。永平中封鯛陽侯。擢黃門侍郎卒。

陰澹 前涼 敦煌人。才行忠烈。州請爲治中從事。澹割身訴枉。張軌任爲股肱。參與機密。轉督護參軍。武威太守。軌保涼州。澹之力居多。

陰興 後漢 識弟。字君陵。建武間爲黃門侍郎。守期門僕射。將武騎從征伐。平定郡國。雖好施接賓。然門無俠客。與張宗。鮮于裒不相好。知其有用。猶稱所長而達之。張汜。杜禽與興厚善。以爲華而少實。但私之以財。終不爲言。是以世稱其忠。後拜衞尉。領侍中卒。追謚翼。

陰識 後漢 新野人。子方曾孫。字次伯。性忠厚。更始時以功封陰德侯。光武即位。徵識。遷侍中。封原鹿侯。帝每巡郡國。識常留守京師。入雖直言正議。及與賓客語。未嘗及國事。守執金吾。使輔導太子。明帝立。拜爲執金吾卒。謚貞。

陰鏗 陳 子春子。字子堅。博涉史傳。尤善五言詩。爲當時所重。累遷晉陵太守。員外散騎常侍卒。有文集。

陰麗華 後漢 識女弟。光武帝后。初光武聞后美。悅之。嘗歎曰。仕宦當作執金吾。娶妻當得陰麗華。後果納之。生明帝。郭后廢。立爲后。卒謚光烈。

陰顥 北周 子春孫。少知名。仕梁歷尚書金部郎。後入周。著有瓊林。

陳一元 明 侯官人。爲御史。按江西。賑饑有法。藁人用年例出之外。不赴官。天啓初起歷應天府丞。以與葉向高姻親。被劾落職。崇禎初復官。溫體仁惡其附東林。不召。卒於家。

陳一章 清 崇化人。字靜山。官無爲州州同。工畫山水人物。

陳一策 清 晉江人。字爾忱。雍正間歲貢生。邃於經術。乾隆間舉鴻博不遇。有香雪齋集。

陳乂 後周 薊門人。少好學。善屬文。郭崇韜署爲招討判官。明宗時累遷中書舍人。尋移左散騎常侍。性孤執。尤廉於財。長興中嘗使於石敬瑭。或告乂宜陳一謳頌以稱敬瑭之美。可邀厚賄。乂曰。違禮以求利。乂今生所不爲也。聞者嘉之。

陳九川 明 臨川人。字惟濬。號竹亭。正德進士。授太常博士。武宗南巡。與舒芬等連疏諫。除名。世宗即位。起爲主客司郎中。正貢獻名物。節犒賞數萬。羣小陰中之。下詔獄。謫戍。遇赦復官。致仕後。周流講學名山。以居明水山。遂易號明水。有明水先生集。

陳九成 明 吳興人。善畫山水。兼工花鳥。

陳九言 宋 義烏人。字永叔。范浚之兄孫壻。因從浚學。養親讀書。浚稱其有志而能勉於學。

陳九郎 後周 大冶人。嘗總土兵。守本里。與尖山王大夫戰。不勝。走梟洞死之。屍流出洞。沈山溪港。漁人舉網得而置之。明日復得。如是數次。其時大旱。禱云。若爲仙。明日可得雨乎。果大雨。遂泥裹屍塑像祀之。其後禱雨有驗。人稱陳九郎仙。

陳・九疇 【明】曹州人。字禹學。倜儻多權略。自爲諸生。即習武事。舉弘治進士。除刑部主事。有重囚越獄。人莫敢攖。九疇挺槊逐得之。遂以武健名。世宗時累擢右僉都御史。巡撫甘肅。速壇滿速兒圍肅州。九疇擊走之。論功進副都御史。後以事謫戍極邊。居十年赦還。卒追謚忠襄。

陳・力修 【宋】瑞安平陽人。字介翁。紹定進士。累官浙西提刑。擒海寇蘇阿六。浙右震肅。除祭酒。兼中書舍人。面對陳撰路蔽賢之過。理宗大悟。尋歸卒。

陳・三島 【明】長洲人。字鶴客。家貧工詩。華整之中。間以清商變徵之調。有雪圖遺稿。

陳・三陛 【清】吳江人。字翊辰。號補堂。官經歷。精書畫射弈。工詩。有評月樓遺詩。

陳　乞 【春秋齊】無宇子。事景公爲大夫。其收賦稅於民。以小斗受之。其粟予民以大斗。行陰德於民。而景公勿禁。景公卒。高張。國夏立孺子荼。乞不悅。逐高國。殺荼而立公子陽生。是爲悼公。乞爲相。專齊政四年卒。謚僖子。

陳・于王 【明】吳縣人。字丹衷。世爲蘇州衛千戶。以生擒海盜王一爵知名。崇禎時累官前鋒游擊。從張國維禦賊於太湖。戰敗自刎死。◎【明】晉江人。能詩畫。工篆隸。鐫刻圖章。尤精雅絕倫。

陳・于廷 【明】宜興人。字孟諤。萬曆進士。由知縣徵授御史。甫拜命。即疏詆大學士朱賡。尚書王紀被斥。特疏申救。歷吏部左侍郎。忤魏忠賢。斥爲民。崇禎初起南京右都御史。召拜左都御史。以擬罪援引不當帝意。削籍歸卒。有定軒稿。

陳・于陛 【明】以勤子。字元忠。隆慶進士。萬曆初以編修預修世穆兩朝實錄。累遷禮部尚書。領詹事府事。于陛少從父習國家故實。爲史官。益究經世學。以前代皆修國史而明獨無。因請設局編輯。詔從之。以于陛爲副總裁。尋兼東閣大學士。入參機務。改文淵閣。加太子太保。卒謚文憲。有萬卷樓稿・意見。

陳・于階 【明】上海人。字瞻一。爲欽天監博士。清兵下南京。自縊於公署。

陳・士元 【宋】開封人。初名允。喜丹青。好王士元筆。故改是名。工畫人家景物。芭蕉花卉。◎【元】邵武人。與黃鎮成爲文字友。隱居不仕。號暘谷先生。有武陽志略・武陽耆舊詩宗。◎【明】應城人。字心叔。嘉靖進士。官至灤州知州。有易象鉤解・五經異文・孟子雜記。荒史・古俗字略。夢林元解・名疑・姓匯・姓觿。

陳・士京 【明】鄞人。字齊莫。一字佛莊。魯王時官至光祿寺卿。尋見事不可爲。乃築鹿石山房於鼓浪嶼中。隱居賦詩。別署海年漁長。鄭成功入江。推士京參預島上留守事。以疾卒。有束書後詩・嘒寓厄言・海年集・海年詩內集・海年譜。

陳・士奇 【明】漳浦人。字平人。好學有文名。天啓進士。崇禎時累官右僉都御史。巡撫四川。張獻忠陷夔州。全蜀震動。士奇遂留駐重慶。賊抵城下。援兵不至。誓死固守。城陷被執。大罵而死。

陳・士芳 【明】海寧人。字清佩。有春秋四傳通辭。

陳・士杰 【清】桂陽人。字雋丞。道光間拔貢。咸豐時郴・永・桂陽土寇紛起。士杰治軍防勦。轉戰十年。扞遏石達開功尤著。官至山東巡撫。

陳・士啓 【明】泰和人。名雷。以字行。永樂進士。累官山東右參政。盡心吏事。不爲察察名。高煦謀亂。士啓密聞於朝。高煦既執。撫安人民事竣。命清理山東軍籍。宣德中卒官。

陳・士雅 【清】長沙人。字每田。乾隆進士。官編修。黜華崇實。學者宗之。有山右遺蹟考・考古辨正。

陳・士楚 【宋】莆田人。字英仲。乾道中登第。淳熙末召爲國子監簿。光宗立。除司封郎。兼嘉王府直講。寧宗朝歷位起居舍人。除侍講。嘗講周書無逸篇。喻小人在朝君子在野之意。帝嘉納之。未幾卒。

陳・士達 【明】南京布衣。南京破。士達投水死。

陳・士槐 【明】莆田人。字植甫。崇禎諸生。有河圖發微。

陳・士璠 【清】錢塘人。字魯章。號魯齋。晚號泉亭。乾隆中由生員舉博學鴻詞。除庶吉士。官戶部郎中。出知瑞州。持躬廉介。工詩。有使蜀集・夢碧軒詩文鈔。

陳・大中 【明】蘄水人。字時甫。正德進士。知慶遠府。獞酋藍錢壓爲寇。大中率民兵直搗其穴。擒戮之。境遂寧。擢轉運使致仕。

陳・大卞 【宋】仙遊人。字仲循。治平進士。爲威武軍僉判。與章惇有舊。惇當國。屢招不往。以有事明堂封二親。拜且泣曰。吾不能與時俯仰。黽勉仕宦者。爲吾親耳。遂致仕。

陳・大本 【明】陽朔人。性至孝。母死未葬。會鄰家失火。倉卒不能舉柩。伏棺號哭。天爲返風。火不之及。

陳・大年 【魏】字彥永。貫辟雍。同舍生某患疫。衆皆避。大年曰。疾病相欒。豈友誼耶。爲召醫診視得愈。以特奏名再調昭州推官。攝州事有聲。

陳·大受 〔清〕祁陽人。字占咸。號可齋。雍正進士。累官協辦大學士。加太子太保。歷任安徽江蘇福建巡撫。直隸兩廣總督。與水利。緝盜賊。賑災荒。朝廷倚爲重臣。卒諡文肅。

陳·大科 〔明〕江南通州人。字思進。號如岡。隆慶進士。累官右都御史。兼兵部侍郎。頗著直聲。後出總督兩廣。定安南有功。有陳如岡文集。

陳·大倫 〔元〕其先宜陽人。徙居杭州。字彥理。自號尚雅。寫竹樹蒼勁有致。兼工古文辭。

陳·大章 〔明〕盱眙人。字明之。號月巖。由進士官至太僕寺少卿。善畫菊。尤工行草。◎〔清〕黃岡人。字仲夔。號雨山。康熙進士。官庶吉士。深於毛詩。所著詩傳名物集覽。徵引極博。

陳·大富 〔清〕武陵人。字餘庵。以行伍從征。咸豐間轉戰廣西湖南湖北江蘇安徽浙江。累有功。官至皖南鎮總兵。援江西景德鎮。中伏戰死。諡威肅。

陳·大猷 〔宋〕都昌人。字文獻。號東齋。師饒魯。第開慶進士。歷仕至從政郎。改黃州軍判官。有尚書集傳會通。

陳·大賓 〔明〕江陵人。字敬夫。嘉靖進士。清介豁達。以直節自負。由知縣選御史。巡撫雲貴。官至工部侍郎。歷官所至有聲。致仕卒。

陳·大韶 〔明〕嵩明人。隨父忠入京謁選。父沒。扶櫬歸。廬墓。虎狼盜賊不爲害。母沒亦如之。

陳·子升 〔清〕南海人。字喬生。工詩善琴。有中洲集。

陳·子文 〔明〕閩縣人。字在中。嘉靖進士。累官湖廣副使。撫勦諸苗。以勞卒官。有于山堂稿。

陳·子仙 〔清〕海寧人。名毓性。其父以好弈傾其家。晚歲棲身破廟中。而嗜弈如故。子仙能繼其志。終成國弈。爲咸同時大家。

陳·子全 〔宋〕惟中兄。爲廬陵丞。景炎中與主簿吳希奭。尉王夢應勤王。復袁州。已而湘郡諸縣陷沒。子全中流矢死。希奭。夢應亦力戰死。廬陵稱爲三忠。

陳·子壯 〔明〕南海人。字集生。號秋濤。萬曆進士。授編修。天啓末典浙江鄉試。忤魏忠賢削籍。崇禎初起故官。累遷禮部右侍郎。以言事除名下獄。永明王由榔立於肇慶。授子壯東閣大學士。兼兵部尚書。領兵攻廣州。兵敗被執。不屈死。諡文忠。有雲淙集。

陳·子和 〔明〕浦城人。一作延安人。性嗜酒。自號酒仙。倜儻不事生產。酒酣縱筆寫人物山巖花草翎毛。不隨俗格。

陳·子奇 〔明〕工畫花鳥。

陳·子昂 〔唐〕元敬子。字伯玉。苦節讀書。尤善屬文。初舉進士。入京未遇。有賣胡琴者價百萬。子昂輦千緡市之。衆驚問。曰。余善此。明日可集宣陽里。衆如期往。則酒肴畢具。捧琴語曰。蜀人陳子昂。有文百軸。不爲人知。此賤工之技耳。豈足留心。舉琴碎之。以文軸徧贈會者。一日名震都下。擢進士第。武后朝爲麟臺正字。數上書言事。遷右拾遺。武攸宜北討。表爲管記。軍中文翰皆委之。以父老解官歸侍。縣令段簡聞其富。欲害之。因事收繫獄中。憂憤而卒。唐興。文章承徐庾餘風。子昂始歸雅正。李杜以下咸推宗之。有陳拾遺集。

陳·子卿 〔明〕莆田人。隨父宦京。悅鄰女。既而歸閩。女剖妝鏡半規爲贈。且與子卿約如樂昌故事。未幾。子卿鄉薦再入都門。則女已移家他徙。踪跡永絕。常持破鏡嗚咽不已。陳薦夫聞之。爲作破鏡行。

陳·子敬 〔宋〕贛州人。以貲雄鄉里。嘗從文天祥游。天祥開閫汀州。子敬募集民兵助之。忠效甚著。後聚兵屯黃塘砦。元人以重兵襲之。砦潰。不知所終。

陳·子龍 〔明〕松江華亭人。字人中。更字臥子。號大樽。工舉子業。兼治詩賦古文。取法魏晉。駢體尤精妙。第崇禎進士。選紹興推官。以定亂功。擢兵科給事中。命甫下而京師陷。乃事福王於南京。以時事不可爲。乞終養去。南都失。遁爲僧。尋以受魯王部院職銜。結太湖兵欲舉事。事露被擒。乘間投水死。有詩問略。白雲草廬居。湘眞閣諸稿。

陳·山毓 〔明〕嘉善人。字賁聞。萬曆解元。爲人敦倫好善。恬懷雅度。居必掃室焚香。左圖右史。務在洗滌嗜慾。不愧衾影。善騷賦。爲世所宗。

陳·不占 〔春秋齊〕崔杼弒莊公。不占聞難。將赴之。餐則失匕。上車失軾。御者曰。怯如是。去有益乎。不占曰。死君義也。無勇私也。不以私害公。遂往。聞戰鬭之聲。恐駭而死。

陳·中 〔明〕莆田人。字舜用。永樂進士。性簡率。才思豐贍。正統初自南京戶部主事就留史館。預修成祖仁宗實錄成。陞本部員外郎。滿九載致仕。成化初卒。

陳·中州 〔明〕莆田人。字洛夫。弘治中由貢生官廬江縣教諭。初號太鶴山人。久而落拓不得志。占得亢悔之象。復自號亢愓子。佯狂恣肆。蕩然於禮法之外。有居學餘情。

陳·中孚 〔清〕武昌人。嘉慶進士。由編修擢御史。多所建白。道光間累官漕運總督。署山東巡撫。所至有政績。

陳中復 【宋】莆田人。字從道。熙寧進士。崇寧中提舉京畿京西路茶鹽事。時朝廷議行茶法。以中復監茶鹽。令悉陳利害。因以進用之。謝曰。吾豈以身計爲權利作俑者。政和中爲廣東提刑。凡八歷外臺。所獎拔成就者。多知名於世。擢中大夫卒。

陳丹赤 【清】侯官人。字獻之。號眞定。順治舉人。授重慶推官。累官浙江溫處道。權按察使。耿精忠反。總兵祖宏勳應之。勸降不從。遂遇害。謚忠毅。

陳之奇 【宋】吳人。字虞卿。其母男丁謂欲授以官。不赴。後官中允。即乞歸。與胡瑗・蘇舜欽爲友。時號吳下三賢。

陳之茂 【宋】無錫人。字卓卿。紹興中與張九成榜進士。廷對忤檜相。黜之。九成叩頭殿階曰。臣學不如之茂。之茂能言人所不敢言。宜獎不宜黜。高宗覽對悚然。賜同進士出身。除休寧尉。以經學爲諸儒倡。隆興中仕至吏部侍郎。之茂善詩畫。剛果識治體。將大用。遽卒。

陳之純 【宋】莆田人。字仲誠。幼穎異。登進士。紹熙中詔求直言。之純作資政朴議二十篇以進。一時韙其忠讜。後知臨安縣。有惠政。

陳之經 【宋】莆田人。字仲綸。稟資英特。弱冠入太學。第開禧進士。分教德安。值邊事戒嚴。萃士友講說兵機。習射藝。寇至。會諸軍力戰。寇遁去。宣司辟充掾屬。尋以攻守得失軍政繆戾數十事別白陳上。時論韙之。

陳之駓 【清】攸縣人。字桃文。康熙時歲貢生。學奧博。文筆岸異。與邵陽車无咎・王元復・衡陽王敔稱楚南四家。隱居教授。徐乾學・韓菼勸赴北雍。不報。有島孫集。

陳之遴 【清】海寧人。字素菴。明崇禎進士。官中允。入清累官弘文院大學士。加少保。兼太子太保。坐結黨營私。以原官發遼陽居住。尋召還。以賄結內監吳良輔論斬。免死流徙。卒於徙所。有浮雲集。

陳之龍 【清】宜春人。字去亢。明天啓舉人。敏達有才。歷官三邊監軍道。李自成陷陝西。之龍降賊。授僞寧夏節度使。入清官至右僉都御史。巡撫鳳陽。勦平土寇。又擒黃毓祺於通州。後坐事奪職。尋死。

陳之蘭 【清】際泰曾孫。字馥儒。諸生。九試不售而文益工。撫州知府朱辰常以利弊訪之。辰多善政。之蘭有力焉。有香國集。

陳五簋 【清】攸縣人。字逸子。明諸生。性兀傲。好面折人過。國變後爲僧。號南雲行腳。一號衲拾殘。工詩。廣致書畫古玩。意氣慷慨。有古烈士風。

陳亢 【春秋陳】字子元。一字子禽。孔子弟子。少孔子四十歲。嘗問伯魚。有異聞乎。對曰。未也。鯉趨而過庭。嘗以學詩學禮爲問。鯉退而學詩禮。亢喜曰。問一得三。聞詩聞禮。又聞君子之遠其子也。

陳仁 【明】莆田人。字子居。成化進士。弘治中官戶部郎中。闕里孔子廟災。疏請修省。又請復建文忠臣方孝孺等官。多格不行。正德初劉瑾以賀銀事坐尚書韓文罪。仁並謫。後遷南京兵部員外郎。瑾誅。累遷至浙江右布政使。

陳仁子 【宋】天福孫。字同甫。號古迂。博學好古。宋末嘗薦舉。不仕於元。嘗別墅於東山。市人因呼爲東山陳氏。有牧萊脞語・文選補遺。

陳仁玉 【宋】仙居人。字碧棲。擢進士第。開慶中官禮部郎中・浙東提刑。入直敷文閣。有菌譜。

陳仁錫 【明】長洲人。字明卿。天啓進士。授編修。典誥勅。以不肯撰魏忠賢鐵券文落職。崇禎初召復故官。累遷南京國子祭酒。卒謚文莊。仁錫講求經濟。性好學。喜著書。有繫辭・易經頌・重訂古周禮・四書考・史品赤函・古文奇賞・蘇文奇賞等書。

陳介夫 【明】閩縣人。字伯儒。性曠達。精書畫。好吟詠。有招隱樓稿。

陳介祺 【清】濰縣人。字壽卿。號簠齋。晚號海濱病史・齊東匋父。道光進士。官編修。鑑別三代陶器數百事。三代古坏數十方。漢印萬餘。築萬印樓庋之。有簠齋印集・集古錄。

陳允升 【南唐】饒州人。時人謂之陳百年。少而靜默好道。家世弋獵。允升獨不食其肉。亦不與人交言。十歲詣龍虎山入道。棲隱深邃。罕覩其面。天祐末有人見之撫州麻姑山。計其去家七十年矣。而顏貌如初。後不知所終。

陳允文 【明】珪子。又名永。字若文。號寶齋。善寫生。能詩。居鄉有隱德。

陳允平 【宋】卓弟子。字君衡。號西麓。德祐時授沿海制置司參議官。祥興初與蘇劉義書。期九月以兵船下慶元。當內應。爲怨家所訐。張弘範遣招討使王世強圍捕。同官袁洪解之得釋。後以人才徵至北都。不受官放還。善詩詞。與吳文英・翁元龍齊名。有日湖漁唱。

陳允衡 【清】江西建昌人。字伯璣。明季避亂。流寓蕪江。杜門窮巷。以詩自娛。選刻詩慰・國雅諸書。有寶琴館集。

陳允錫 【清】晉江人。字壐齋。順治間以薦舉授平湖知縣。有史緯三百三十卷。

陳元 〔後漢〕廣信人。字長孫。父欽習左氏春秋。元少傳父業。建武初與桓譚・杜林・鄭興俱爲學者所宗。以任爲郎。抗疏請立左氏學。又請勿令司隸校尉督察三公。光武皆從之。以才高著名。辟司空府。後數陳便宜不用。以病去。卒於家。◉〔後漢〕蒲亭人。獨與母居。母告元不孝。亭長仇覽曰。吾近日過舍。廬落整頓。耕耘以時。此非惡人。當是教化未及至耳。乃親到元家。與其母子飲。因爲陳人倫孝行。譬以禍福之言。元卒成孝子。

陳元光 〔唐〕光州人。字廷炬。儀鳳中以鷹揚將軍隨父政戍閩。父死。代爲將。永隆初擊降潮州盜。請於泉潮間創置漳州。以控嶺表。就命元光鎮撫。數千里無桴鼓之警。後以討賊戰沒。謚忠毅。

陳元亮 〔宋〕仲微從子。博學尚氣節。第咸淳進士。以賈似道逞勢作威。元亮率諸生伏闕上書。遂被黜。後官至御前軍器所幹辦官。

陳元桂 〔宋〕撫州人。淳祐進士。累官知臨江軍。元兵至。元桂力疾登城。坐北門督戰。矢石如雨。吏卒勸之避。不從。兵至。遂被害。謚正節。

陳元晉 〔宋〕崇仁人。字明父。嘉定進士。累官邕管安撫使。性嗜學好義。歷官所至有聲。嘗建漁墅書院。所著漁墅類稿。指陳當時利病極痛切。

陳元素 〔明〕長洲人。字古白。諸生。善畫墨蘭。工詩文。尤善臨池。楷書法歐陽。草入二王之室。一時名輩。多從之游。卒。私謚貞文先生。

陳元康 〔北齊〕廣宗人。字長猷。頗涉文史。機敏有幹用。高歡用爲大丞相功曹。內掌機密。善陳事意。嘗隨歡伐劉蠡升。天寒雪深。於氈下作軍書。筆不及凍。俄頃數紙。歡比諸孔子。高澄時累遷大行臺左丞。澄遇盜。元康以身扞蔽。傷重卒。謚文穆。

陳元復 〔清〕常熟人。字西林。山水得丹丘遺意。詩得王士禛指授。

陳元敬 〔唐〕射洪人。弱冠豪俠。歲饑嘗散粟萬斛以賑鄉里。後以明經擢第。拜文林郎。武后居攝。遂山棲茹木而終。

陳元達 〔前趙〕後部人。字長宏。本姓高。以生月妨父。故改云陳。少而孤貧。常躬耕誦書。至年四十。不與人交通。劉淵僭號。徵爲黃門郎。劉聰時累官御史大夫・儀同三司。素與太宰劉易善。引之爲援。得盡諫諍。及聞易死。哭之悲慟曰。人之云亡。邦國殄悴。吾既不復能言。安用此默默苟生乎。歸而自殺。

陳元靚 〔宋〕自署曰廣寒仙裔。有歲時廣記。

陳元龍 〔清〕詵從弟。字廣陵。號乾齋。康熙進士。授編修。累擢廣西巡撫。在粵七年。吏畏民懷。所建陡河石隄及三十六陡門。盡復漢馬援・唐李渤故蹟。官至文淵閣大學士。兼禮部尚書。卒謚文簡。有愛日堂文集。

陳元藻 〔明〕莆田人。字爾鑑。萬曆進士。由禮曹仕至貴州布政。以父老乞歸。結茅梅峯山下。託詩畫以見意。年九十餘卒。有頤吟詩集。

陳公才 〔元〕至正間人。工畫山水。

陳公佐 〔明〕公輔弟。號石泉。工畫山水。

陳公恩 〔南齊〕工畫。有列女貞節朱買臣等圖傳於世。

陳公輔 〔宋〕臨海人。字國佐。政和中上舍及第。累官祕書郎。徽宗渡江未還。公輔力陳父子之義。宜遣大臣迎奉。欽宗嘉之。擢爲右司諫。高宗朝歷禮部侍郎。以徽猷閣待制提舉太平觀卒。公輔論事剴切。疾惡如仇。晚居田里。著書自樂。有文集・奏議。◉〔明〕吳江人。號江村居士。涉獵書史。工畫山水。擅寫照。

陳六韐 〔明〕漳平人。字子儀。崇禎進士。官天津兵備道。檄各縣令十甲出戍卒一人。以重防守。屹然爲畿南保障。爲中官所中。解官歸。家於桃源。死甲申之難。

陳化 〔三國吳〕汝南人。字元耀。博覽衆書。氣幹剛毅。仕爲郎中。使魏善應對。再遷太常。兼尚書令。正色立朝。勑子弟廢田業。絕治產。仰給官廩。不與百姓爭利。

陳化成 〔清〕同安人。號蓮峯。道光間由行伍官水師守備。五遷至金門鎮總兵。調江南提督。守吳淞口。禁鴉片釁起。英人擾我海疆。陷定海。鎮海・乍浦。進逼吳淞。化成力戰死。謚忠愍。

陳升 〔遼〕聖宗時爲翰林待詔。工畫。嘗奉詔寫南征得勝圖。

陳升之 〔宋〕建陽人。初名旭。字暘叔。景祐進士。累官侍御史。知雜事。凡任言責五年。所上數十百事。神宗時拜同中書門下平章事。封秀國公。升之深狡多智數。初附王安石。既爲相。時爲小異。陽若不與之同者。時人謂之筌相。卒謚成肅。

陳及之 〔後蜀〕廣政時。爲新津縣令。孟昶大選良家子以充後宮。及之上疏切諫。昶嘉其剴直。賜金旌之。

陳友 〔明〕其先西域人。家全椒。正統中爲都指揮僉事。征湖廣貴州苗。大破之。充總兵官。封武平侯。卒謚武僖。

陳友仁 〔元〕友諒弟。號五王。眇一目。有勇略。戰於鄱陽湖之康郎山。燒死。明太祖平武昌。贈康山王。命所司立廟。

陳友定 〔元〕清流人。一名有定。字安國。世業農。爲人沈勇善游俠。至正中應募討賊。授汀州路總管。禦陳友諒將鄧克明兵。悉復所失郡縣。時置分省於延平。以友定爲平章。於是友定盡有福建八郡之地。招致名士。頗任威福。然事元未嘗失臣節。明太祖旣平方國珍。遣湯和等進攻。城破。友定仰藥死。已而復甦。械送京師殺之。

陳·友諒 〔元〕沔陽人。漁家子。本謝氏。祖贅於陳。因從其姓。初爲縣小吏。順帝時徐壽輝兵起。友諒依其將倪文俊麾下。已乘釁殺文俊。并其軍。東拔太平。尋殺壽輝。稱帝於采石磯。國號漢。改元大義。約張士誠東西並舉。謀襲建康。敗還江州。明太祖兵乘勝至。友諒走武昌。復治樓船東下。與明祖戰於鄱陽湖。兵敗。中流矢死。立凡四年。

陳·太占 〔清〕江寧人。字花農。善畫山水花卉。喬松亦蒼勁。

陳·太初 〔宋〕眉山人。初與蘇軾同學於道士張易簡。後得尸解。⊙〔明〕善畫松及墨竹。

陳·太素 〔宋〕緱氏人。字仲華。第進士。累遷判大理事。任刑法二十餘年。朝廷有大疑獄。必召與議。太素推原人情以傅法意。衆自以爲不及。終尙書兵部郎中。

陳·太竭 〔唐〕浦陽人。親亡。卽墓上手樹松柏。終身衰麻。哀哭勿絕。

陳·天台 〔明〕閩中人。字闇仙。以畫名。

陳·天淸 〔清〕柘城人。字如水。順治進士。歷官工部主事。所至有聲績。有家訓・詩經家訓・四書家訓・天官紀略、北曲六種・詩文全集。

陳·天祥 〔元〕祐弟。字吉甫。自寧晉徙家洛陽。居偃師南山。躬耕讀書。從之游者甚衆。其居近緱山。因號緱山先生。至元中起家從仕郎。從軍渡江有功。又平興國・壽昌之亂。拜監察御史。言盧世榮奸惡。世榮遂伏誅。除治書侍御史。忤桑哥繫獄。遇赦得釋。歷山東西道河北河南廉訪使。俱有惠政。大德中以集賢大學士致仕。卒謚文忠。

陳·天瑞 〔宋〕臨海人。字德修。號南村。咸淳進士。知金華縣。有能名。師事王柏。宋末隱遁林壑。詩文極高古。效陶潛書甲子。有甲子集。

陳·天福 〔宋〕茶陵人。性好善。歲凶。發廩平糶。貧不能糴者。輒周之。子桂孫・闓孫並登第。亦慕義樂施有父風。

陳·天錫 〔元〕福寧人。字載之。號晉齋。任本州學正。至順初擢建陽尹。秩滿。以六事聞於朝。加奉議大夫。知福清州致仕。有鳴琴集。

陳·天麟 〔宋〕宣城人。字季陵。紹興進士。累官集賢殿修撰。歷知饒州・襄陽・贛州。並有惠績。未幾罷。起集英殿修撰卒。有易三傳・西漢南北史左氏綴節・攖寧居士集。

陳·孔教 〔明〕會稽人。字魯生。萬曆舉人。歷工部郎中。崇禎間官川南道右參議。張獻忠寇成都。孔教督厲堵禦。力竭被執。罵賊死。妻孔氏。聞夫遇害。亦殉節。

陳·孔碩 〔宋〕侯官人。字膚仲。祖禧・父衡。皆爲朱熹所稱許。孔碩少卽以聖賢自期。旣從張栻・呂祖謙游。後偕其兄孔夙師事熹於武夷。淳熙初登進士第。歷祕閣修撰。學者稱北山先生。有中庸大學解・北山集。

陳·少方 〔宋〕長方弟。字同之。與長方同從王蘋游。時稱王門二陳。孝宗朝仕至東宮講官。

陳·少游 〔唐〕博平人。幼習老莊書。爲崇玄生。諸儒推爲都講。大學士陳希烈高其能。旣擢第。補南平令。長權變。一切幹濟。賄謝權幸。以是數遷。建中初累官淮南節度使。加同中書門下平章事。李希烈陷汴。少游遂款。會有人得其降表。少游聞之。羞悸死。

陳·少逸 〔清〕維邦子。字少和。能畫。每於醉中作指頭山水。

陳·尹 〔清〕靑浦人。字莘野。號雲樵。善畫人物山水花鳥。王原祁稱其畫可入神品。

陳·文 〔明〕合肥人。早喪父。奉母至孝。元季挈家歸太祖。從征累立戰功。積官都督僉事卒。追封東海侯。諡孝勇。⊙〔明〕廬陵人。字安簡。正統進士。授編修。憲宗時累官禮部尙書。兼文淵閣大學士。文素以才自許。在外頗著效績。旣參大政。無所建明。睚眦必報。士論鄙之。卒諡莊靖。⊙〔清〕仙游人。字質人。貢生。遊方外。以筆墨山水自娛。爲人寫眞傳神。一時爭致之。

陳·文中 〔宋〕宿州人。字文秀。精於醫。治小兒痘疹尤精。仕爲翰林良醫。淳祐中與鄭惠卿同編幼幼新書。又著小兒痘疹方論。

陳·文玉 〔梁〕徐聞人。涉獵書傳。有才智。被薦辟爲本州刺史。精察吏治。懷集峒落。獠蠻相繼輸款。武帝降璽書褒之。

陳·文在 〔清〕將樂人。字新我。有玉華洞志。

陳文帝 〔陳〕武帝兄始興王道談長子。名蒨。字子華。初爲吳興太守。前後擊破杜龕・張彪軍。威惠大振。武帝卽位。立爲臨川郡王。永定末徵帝入纂。遣使通好於周。帝起自艱難。知民疾苦。性明察儉約。每夜刺閨。取外事分判者。前後相續。敕傳更籤於殿中者。必投籤於階石之上。令鎗然有聲。曰。吾雖眠。亦令驚覺。在位七年。卒諡文。廟號世祖。紀元二。天嘉・天康。

陳·文述 〔清〕錢塘人。字退盦、號雲伯・嘉慶舉人。官全椒知縣。工西崑體。博雅壯麗。極似吳偉業。有碧城仙館詩鈔・詩髓・頤道堂集・秣陵集・西泠懷古集・仙詠・閨詠。

陳・文湛 【清】錢塘人。字壽蘇。諸生。善畫草蟲。工詩。

陳・文煥 【明】臨川人。字靜菴。嘉靖進士。拜侍御史。首疏請雪兩京冤獄。遂著爲例。出按陝西。直聲大振。以嚴州知府乞歸。杜門十餘年。起爲浙江布政司參議卒。有釣臺集。

陳・文瑞 【明】同安人。字應萃。號同凡。天啓進士。知吳縣。潔己字民。周順昌罹禍。義民顏佩韋等以激憤捽緹校。爲輸誣贓。佩韋等首事被誅。文瑞護順昌出境。復捐俸倡助。爲營葬。立石曰五丈夫墓。旋致仕去。

陳・文蔚 【宋】上饒人。字才卿。朱熹門人。嘗舉進士。講讀鉛山。其學以求誠爲本。以躬行實踐爲事。端平初都省言其所作尙書類編。有益治道。詔補迪功郎。學者稱克齋先生。有克齋集。

陳・文學 【明】貴陽人。字宗魯。少事王守仁。究心理學。正德中以舉人知耀州。旋告歸。日者言歲將不利。乃作五粟先生誌。後二十餘年卒。有耀歸存稿・餘曆續稿・孏[illegible]閒錄。

陳・文龍 【宋】興化人。初名子龍。字君賁。咸淳中廷對第一。度宗易其名。賈似道禮重之。拜監察御史。請罷范文虎・趙溍・黃萬石。似道大怒。使臺臣劾罷之。尋起爲左司諫。累遷參知政事。乞歸。益王稱制。復以文龍參知政事。石手軍亂。討平之。已而建寧泉福皆降元。文龍發民兵自守。元兵至。被執。械送至杭州。不食死。其母繫福州尼寺。曰。吾與吾兒同死。又何恨哉。亦死。諡忠肅。

陳・文濤 【明】廣濟人。字濤生。有徵古堂類稿。

陳・文燭 【明】相子。字玉叔。嘉靖進士。授大理寺評事。累遷大理卿致仕。有二酉園詩文集。

陳・斗龍 【元】昌化人。字南仲。父天澤。娶盛氏無子。又娶妾王氏。生斗龍。遣去。後天澤與盛卒。斗龍哀毀感泣。儒學提舉孫朝端舉其孝行。爲宗晦書院長。後棄官尋生母。凡六年。乃得之。負母過百丈山。遇徽寇。泣求以身代。賊義之。舍去。

陳・方 【元】京口人。字子貞。自號孤蓬倦客。赴省試至吳。元帥王某招致賓席。因寓吳。晚主無錫某氏。工詩。有孤蓬倦客稿。

陳・方慶 【陳】曇朗子。少涉獵書傳。及長有幹略。天嘉中封臨汝縣侯。爲廣州刺史。擊馬靖而誅之。性清謹。甚得人和。隋師濟江。爲東衡州刺史王勇所殺。

陳氏女 【明】福清人。幼字林招德。未嫁而招德死。女卽歸林氏。奉招德父母。雖凶年而養不缺。獨處一樓。日夜杼軸聲不絕。邑人重其賢。爭市其所織布。號曰節女布。

陳・王賓 【清】定海人。字天倪。工詩文書畫。性高伉。不肯一毫挫於人。明亡。日號咷於野。後不知所之。

陳・世仁 【清】詵三子。字元之。號換吾。康熙進士。選館後。以母年老失明。卽乞終養。訪醫虔治。目疾尋愈。人詫爲孝感。所著少廣補遺。引伸觸類。有裨數學。

陳・世良 【明】臨海人。字崇之。號青嶼。成化進士。正德初擢監察御史。時劉瑾干政。抗疏言之。爲瑾所忌。遷南京大理寺右丞。瑾敗。再擢右僉都御史。兼管操江。值流賊猖獗。悉心防禦。所至克捷。屢疏乞歸。起應天府尹。未任卒。有青嶼奏議等書。

陳・世昌 【清】武陵人。號藝蓀。嘉慶舉人。官蒲州府同知。以治聞。有親雅堂詩文集。

陳・世修 【宋】執中從子。執中生日。親屬多獻老人星圖。世修獨獻范蠡遊五湖圖。且爲之贊。執中卽日納節。致仕歸。

陳・世倌 【清】詵四子。字秉之。號蓮宇。康熙進士。授編修。乾隆間官至工部尙書・文淵閣大學士。加太子太保。世倌少承家學。自始仕至服大僚。惟恐或蹈非義。以負先人之志。前後疏陳海防事宜・臺灣事宜。悉得要領。卒諡文勤。

陳・世崇 【宋】郁子。字伯仁。號隨隱。隨父入宮禁。充東宮講堂說書。兼兩宮撰述。後任皇城司檢法。賈似道忌之。遂歸。入元不仕。有隨隱漫錄。於南宋故事。言之甚詳。

陳・世祥 【清】江南通州人。字善百。明舉人。入清官知縣。有雋才。健辨論。有含影詞・紀元備考・敝帚集・敔園集・蟲餘集・半豹吟・種瑤草・白狼詩集。

陳・世凱 【清】恩施人。初附明桂王。爲忠州副總兵。順治間降清。累擢杭州副將。耿精忠叛。屢有戰功。官至浙江提督。卒諡襄敏。

陳・世卿 【宋】沙縣人。字光遠。雍熙進士。調東州節度推官。李順寇兩川。世卿素善射。當城一面。親射中數百人。賊引去。知州張雍表其材。改掌書記。大中祥符間歷荊湖北路轉運使。還蠻人侵地四百餘里。復置澧州武口等砦以控制之。後以祕書少監知廣州卒。

陳・世隆 【元】錢塘人。字彥高。有北軒筆記・補兩宋名賢小集。

陳・世鎔 【清】懷寧人。字大冶。一字雪樓。道光進士。官古浪知縣。後擢同知。引疾歸。幼慧能文。長益淹博。性豪邁。居官以簡敏爲治。喜治堪輿家言。有詩書禮春秋說·學庸論孟論俟。易學支流·周易廓·求志居詩文。

陳仕深 〔明〕建寧人。習道家術。法名道深。驅雷遣虎治鬼禱雨皆有驗。

陳以剛 〔清〕天長人。字燭門。康熙進士。舉鴻博。與試未用。官池州府教授。工詩。有燭門詩。

陳以勤 〔明〕南充人。字逸甫。嘉靖進士。授檢討。陞洗馬。侍講讀於穆宗潛邸九年。啓沃最多。穆宗立。手詔以禮部尙書兼文淵閣大學士。上謹始十事。又陳時務因循之弊。見同列多黨比。力求去。進太子太師·吏部尙書。馳傳歸家。卒謚文端。

陳以誠 〔明〕秀水人。字處夢。永樂間爲太醫院判。善詩畫。精於醫。

陳以龍 〔明〕連江人。字虛吾。諸生。善畫葡萄。兼精草書篆隸。

陳去華 〔宋〕廣中人。從陸九淵學有得。是時廣中皆得張栻之教。謂之南方之學。去華歸而變之。謂之北方之學。

陳可久 〔宋〕寶祐間待詔。工畫魚及四時花卉。設色鮮明。

陳左 〔宋〕工畫士女。

陳平 〔漢〕陽武人。少家貧。好讀書。美如冠玉。嘗宰里中社。分肉甚均。父老善之。平曰。使平得宰天下。亦如此肉矣。陳涉起。平事項羽爲信武君。尋因魏無知歸高祖。拜都尉。使參乘。典護軍。至滎陽。以平爲亞將。或讒平居家時盜其嫂。高祖以讓無知。無知曰。臣所言者能也。陛下所問者行也。今有尾生孝已之行。而無益於勝敗之數。陛下何暇用之乎。高祖乃拜平護軍中尉。盡護諸將。屢出奇策。縱反間。以功封曲逆侯。惠帝時爲左丞相。呂后崩。與周勃合謀誅諸呂。劉氏賴以復存。文帝時專爲丞相。卒謚獻。

陳平子 〔後漢〕長沙人。爲太學生。病將亡。謂其妻曰。吾聞范巨卿烈士也。可以託死。吾沒。但以屍埋巨卿戶前。乃裂素爲書以遺范式。妻從其言。時式出行適還。省書見瘞。愴然感之。乃營護平子妻兒。送喪於臨湘。葬畢而還。

陳幼學 〔明〕無錫人。字志行。萬曆進士。授確山知縣。政務惠民。開河渠百九十八道。調繁中牟。政績茂著。遷刑部主事。以員外郎恤刑畿輔。出矜疑三百餘人。遷湖州知府。一郡大治。以按察副使督九江兵備。告終養歸卒。

陳弘緒 〔清〕道亨子。字士業。號石莊。性警敏。好博覽。明末以任子薦授晉州牧。閹臣劉宇亮出督師。欲移師入晉州。拒不納。遂被劾逮問。士民頌其保城功。得釋。謫湖州經歷。署長興孝豐二縣事。有惠政。入清。屢薦不起。移居章江。輯宋遺民錄以見志。有周易備考·詩經尙書義·石莊集·鴻桷集·恆山存稿·寒衣集。

陳弘謀 〔清〕臨桂人。字汝咨。號榕門。雍正進士。累官東閣大學士。兼工部尙書。外任三十餘年。歷行省十二。所至無論久暫。必究心於人心風俗之得失及利害之當興革者。分條鉤考。次第舉行。其學以不欺爲本。嘗曰。是非審之於己。毀譽聽之於人。得失安之於數。三者缺一不可。卒謚文恭。有五種遺規。培遠堂稿。

陳必謙 〔明〕常熟人。字益吾。萬曆進士。擢南御史。削官里居。崇禎初復職。巡撫河南。解任歸。莊烈帝嘗書天下清官四人於御屏。首文震孟。次卽必謙。次劉宗周。次黃道周。後以少司空召。及國變。被執不屈。得間亡歸卒。

陳本 〔三國魏〕矯子。歷郡守九卿。所在操綱領。舉大體。能使羣下自盡。有統御才。遷鎭北將軍。假節都督河北諸軍事卒。

陳本深 〔明〕鄞人。字有源。永樂初由鄉舉入太學。授刑部主事。知吉安府。爲政舉大綱。不屑苛細。九載當遷。郡人乞留。詔予正三品俸。廨前民嫁女。本深聞鼓樂聲。笑曰。吾來時乳下兒也。今且嫁。我尙能留此耶。遂請老。前後守吉安十八年。既去。郡人肖像祀之。

陳正倫 〔明〕吉水人。永樂進士。擢監察御史。歷官川陝按察使。所至有惠愛。學士楊士奇重之。稱爲畏友。

陳正彙 〔宋〕瓘子。在杭訟蔡京有動搖東宮之跡。杭守蔡嶷執正彙送京師。京黨李孝壽坐以所告失實。流之沙門島。後官龍圖閣直學士。

陳正道 〔明〕東陽人。從杜惟熙游。傳王守仁學。爲建安訓導。年八十餘。猶徒步赴五峯書院講會。

陳永貴 〔隋〕隴右人。本姓白。以勇力爲文帝所親愛。數以行軍總管鎭邊。每戰必單騎陷陣。官至柱國·蘭利二州總管。封北陳郡公。

陳玄 〔後晉〕京兆人。家世爲醫。玄從嘗侍李克用湯藥。克用樂殺人。玄從容啓諫。免禍者不一。晉人深德之。唐明宗時爲太府卿。集平生所驗方并修合藥法曰要術。刊石置於太原府署之左。病者賴焉。天福中以光祿卿致仕卒。

陳玄子 〔南齊〕義興人。四世同居。合門一百七口。建元中大使巡行天下。奏聞。詔表其閭。

陳玄禮 〔唐〕玄宗時宿衛宮禁。以純篤自檢。帝嘗欲幸虢國夫人第。諫曰。未宣敕不可輕去就。帝爲止。安祿山反。謀誅楊國忠於闕下。不果。

至馬嵬。卒斬之。幷請賜楊貴妃死。從入蜀還。封蔡國公卒。

陳玉成 清咸豐間從洪秀全。封英王。驍勇善戰。大敗李續賓於三河。糾合捻黨。連陷皖北城邑。後迭爲多隆阿。李續宜。鮑超所敗。窮蹙奔苗沛霖於壽州。沛霖擒送勝保軍。檻送京師。至延津縣陵遲處死。玉成渾名四眼狗。勇悍亞楊秀清。謀略過李秀成。既死。楚皖之間太平軍遂不支。

陳玉澍 清鹽城人。字惕庵。光緒舉人。大挑教諭不赴。治經通訓詁。兼及史學。以求經世之用。有毛詩異文箋・爾雅釋例・卜子年譜・後樂堂集。

陳玉輝 明惠安人。字荊碧。萬曆進士。授吉水令。歷御史。轄屯田馬政。釐剔奸弊。豪右斂手。以艱歸。復起御史。掌大計。風裁嚴峻。視事五月卒。有適適齋鑑鬚集。

陳玉璂 清武進人。字賡明。號椒峯。康熙進士。官中書。少苦學。讀書至夜分。兩眸欲合。輒用艾灼臂。詩文下筆千言。旬日間動至盈尺。有學文堂集。

陳玉璧 清歷城人。乾隆進士。知遵義府。郡多槲樹。無所用。玉璧歸取山蠶繭種。遣蠶師分教四鄉。授以種。民爭趨之。自是郡善養蠶。而遵紬之名大著。

陳用 明莆田人。字時顯。永樂進士。選翰林庶吉士。陞修撰。正統初轉侍講。以母喪解官歸卒。用爲人質實醇厚。言動不苟。鄉里稱重。

陳用光 清道孫。字碩士。一字實思。嘉慶進士。由編修官至禮部左侍郎。嘗督福建浙江學政。訓諸生必本古儒先警戒之道。爲其師姚鼐・魯仕驥置祭田。以學行重一時。有衲被錄・太乙舟文集。

陳用志 宋郾城人。一作用之。亦作用智。居小窯鎭。人呼爲小窯陳。宋初爲畫院祗候。工畫佛道人馬・山川林木。精詳巧贍。爲人樸直少可。爲交知所重。

陳用拙 南漢連州人。名拙。以字行。少習禮樂。工詩歌。唐天祐初擢進士第。授著作郎。心惡梁王朱全忠所爲。假使節南歸。劉隱留用之。以掌書記。龑立爲皇帝。擢用拙吏部郎中。知制誥。信任益專。精音律。有大唐正聲琴籍・補新徵音譜。

陳申 清泰興人。字蘷菴。工畫山水。

陳禾 宋鄞人。字秀實。元符進士。累官殿中侍御史。遷左正言。立朝有風操。嘗奏對論童貫不已。徽宗欲起。禾引帝衣願畢其說。衣裾落。內侍請易衣。帝曰。留以旌直臣。盧航奏禾狂妄。謫監信州酒。後歷知和州秀州。卒諡文介。有易傳・春秋傳・論語孟子解。

陳立 漢臨邛人。成帝時爲牂牁太守。討平寇亂。又徙守巴郡及天水。治績皆稱最。後入爲左護衞。◉元工畫。嘗繪龍眠山圖。◉明徽慶人。字子綱。父宗錫。以事至遼。不返。立七歲。自知讀書。後裹糧書情狀於背。至開平中屯衞。遇一父老攜至家。出其父遺稿。因獲殯所。齧指滴血負歸。◉清句容人。字卓人。道光進士。官曲靖知府。受業於凌曙・劉文淇。通許氏說文・鄭氏禮。而於公羊用力尤深。有公羊義疏・爾雅舊注・白虎通疏證・說文諧聲・孳生述・句溪雜著。

陳立善 元黃巖人。至正中爲慶元路照磨。工畫墨梅。與王冕齊名。

陳亦禧 清海寧人。字謙六。一字子文。號香泉。由貢生官石阡知府。有廣洲集。

陳仲子 戰國齊詳於陵子終條。

陳仲仁 元江右人。官陽城主簿。善畫山水人物。

陳仲妻 後漢安定人。名芝。字李張。年十四適陳仲。朞年而寡。執節不嫁。與二嫂同沒於賊。恐見侵掠。皆以刀自刺。芝獨不死。後得歸。年九十。

陳仲微 宋高安人。字致廣。嘉泰進士。由莆田尉至江西提點刑獄。所至有惠績。以忤賈似道罷。久之。起知惠州。歷樞侍右郎官。復以劾似道奪職。益王即位海上。拜吏部尚書。厓山兵敗。走安南卒。仲微涵飫六經。精研理致。於諸子百家之學。靡不搜獵。有廣王衞王本末。

陳仲舉 陳武康人。字德言。以著作郎出爲長興令。政號廉平。官至尚書僕射。文帝居鄉時。嘗詣仲舉深相結。文帝爲吳興太守。用爲郡丞。及嗣位。召爲郎中。

陳光祖 宋希造子。字世德。以父歿王事補官。知英德府。有惠政。尋改邕州。撫峒蠻有功。除廣東提刑。作欽恤編以戒僚屬。官至朝奉郎。

陳充 宋成都人。字若虛。雍熙進士。除孟州觀察推官。寇準薦其文學。得召試。授殿中丞。大中祥符中出權西京留守卒。充詞學典贍。性曠達。澹於榮利。自號中庸子。有集。

陳兆成 清常熟人。字愼亭。有太極圖說註解。◉清上虞人。字宜赤。有參同契註。

陳兆崙 清錢塘人。字星齋。號句山。雍正進士。乾隆初舉鴻博。授檢討。官至通政使。詩文淳古澹泊。京師士大夫奉爲文章宗匠。嘗自言吾書法第一。文次之。有紫竹山房集。

陳全 明福州長樂人。字果之。永樂進士。授翰林編修。歷侍講。署院事。工五言詩。有蒙齋集。

陳全之 明閩縣人。字粹仲。萬曆進士。有蓬牕日錄。

陳冰娥 清長沙人。衡州守張某妾。大婦不容。使仍居長沙。張後被籍。冰娥善寫山水。工小楷。兼精女紅。遂自食其力。矢不貳。聞張有所私婢。售於他氏。未及期而產子。以數金贖其子歸。課之讀。治刑法家言。有聲於時。年七十餘卒。

陳后 劉宋陳嬰曾孫女。武帝之后。詳見阿嬌條。⊙南齊臨淮東陽人。名道正。家貧。少勤織作。家人矜其勞。或止之。后終不改。嫁於蕭承之。生高帝。帝爲建康令時。后殂。建元初追尊孝皇后。

陳吉老 宋仙遊人。字子州。少通春秋三傳。學孫吳兵法。紹興初除京東提刑。收復宿亳徐海四州。除揚州安撫使。嚴關渡之禁。創策應之法。大修州城。不數月而事集。時秦檜主和議。吉老力黜之。卒官。

陳名夏 清溧陽人。字百史。明崇禎進士。官修撰。福王時以名夏曾附李自成。定入從賊案。順治初降清。累官祕書院大學士。徇私植黨。揣摩執政意旨。務越格濫用匪人。以迎合固寵。甯完我劾之。復與劉正宗共謚名夏攬權市恩欺罔罪。絞死。有石雲居士集。

陳圭 明黃巖人。字錫玄。洪武初父叔弘坐罪當死。圭自陳願代。帝欲赦之。刑部尚書開濟奏曰。罪有當刑。不宜屈法以開僥倖之路。遂聽圭代。而戍其父雲南。

陳夷行 唐潁川人。字周道。擢進士第。文宗時累遷工部侍郎。進同中書門下平章事。性介特。與楊嗣復不協。罷爲吏部尚書。拜華州刺史。武宗即位。召爲御史大夫。歷尚書左僕射。以足病乞罷。爲河中節度使卒。

陳如晦 宋福州長樂人。字日昭。從黃榦游。嘗讀眞德秀夜氣箴。作曰。須見得冬爲四時之夜。夜乃一日之冬。便是自家嚮晦入息處。又見得造化發育之妙。便是自家事物周旋處。於此敬義夾持。動靜交養。則兩得之矣。遂次其韻爲生意箴。德秀得其箴。亟稱賞焉。後授本州教授卒。有論語問答及講義・文集。

陳如綸 明太倉人。字德宣。號午江。嘉靖進士。知侯官縣。擿姦發伏。一縣神之。官至福建布政使參議。所至以清介著。致仕卒。有冰玉堂綴逸稿・蘭舟漫稿。

陳存 宋安吉人。累官至兵部尚書・端明殿制置使。宋亡。元遣使七徵不起。尋遘疾。却醫絕食卒。

陳安 晉隴城人。太寧初攻趙征西將軍劉貢於南安。兵敗走陝中。劉曜使將軍平先追之。安左手奮七尺大刀。右手執丈八蛇矛。近則刀矛俱發。遠則左右馳射。平先亦壯健絕人。與安搏戰三交。奪其矛。遂斬於澗曲。安善撫將士。與同甘苦。及死。隴上人思之。爲作壯士之歌。

陳安世 後漢京兆人。稟性慈仁。家貧。傭樵叔本家。叔本好道。有二仙人託爲書生從叔本游。叔本意怠。二仙曰。幾成而敗矣。見安世篤實。曰。汝好仙乎。曰好。因約翌早會大樹下。與藥二丸。服不復食。但飲水。叔本知其得仙。反師事之。安世後仙去。

陳安石 宋貫子。字子堅。以蔭鎖廳及第。嘉祐中爲夔峽轉運判官。歷知蘇州・邠州・河中府。皆有政績。神宗時累遷吏部侍郎。選人將改京官。須次久。臨當引對。率困於刑寺審問。安石請罷再問。以絕諸弊。遂爲後法。官至龍圖閣直學士卒。

陳安兆 清茶陵人。字咸懷。乾隆諸生。讀書能研究精義。有大學疑思・辨斷・中庸理事說斷・士林講學擬惰詩餘。

陳宇 清洪綬子。字無名。號小蓮。善書。工畫人物花鳥。

陳守 宋俊卿子。字師中。俊卿嘗館朱熹於白湖仰止堂。守受業焉。守寬宏剛正。熹題其書室曰敬恕。以父蔭補官。凡六授郡符。三持使節。俱以廉介稱。晚爲將作監卒。

陳旭 明全椒人。建文時爲會州衞指揮同知。舉城降燕。從徇濼河功多。封雲陽伯。永樂中從成祖征交阯。以疾卒於軍。

陳有年 明克宅子。字登之。嘉靖進士。歷吏部驗封郎中。忤張居正。謝病去。萬曆中起稽勳。歷考功文選。謝絕請寄。除目下。中外皆服。累遷吏部尚書。引用僚屬。極一時之選。朝野想望風采。執政大臣不便其所爲。會廷推閣臣。列故大學士王家屏等名。帝不悅。謫文選郎顧憲成等。有年疏救不納。累疏乞休歸。卒謚恭介。

陳有寓 明休寧人。始號墨泉。晚號水雲道人。善繪仙姬山水。兼長雲煙。

陳有量妻 清徐州人。姓海氏。有量讀書而懦。歲歉。夫婦輾轉至常州。惡少楊二・林二設計誘海入糧艘強辱之。海摑其面。始遁。海遂自經死。事聞於官。捕楊林置諸法。

陳次升 宋仙遊人。字當時。熙寧進士。紹聖中爲御史。累疏論章惇・蔡卞之奸。爲卞所誣。謫南安軍。徽宗立。召爲侍御史。復極論章惇・蔡卞・曾布・蔡京之惡。惇等皆坐竄逐。崇寧初以寶文閣待制出知潁昌府。尋除名徙建昌。編管循州。皆以論京卞故。政和中復舊職卒。有讜論集。

陳·汝元 【明】仁和人。字太乙。工樂府。有紅蓮債雜劇．金蓮記傳奇行世。

陳·汝石 【明】交阯人。初爲陳氏小校。大軍南征。率先歸附。積功官至都指揮僉事。永樂間四忙土官車綿子等叛。汝石從方政討之。深入賊陣。與千戶朱多蒲皆死。

陳·汝言 【明】汝秩弟。字惟允。號秋水。與汝秩有大髯小髯之稱。工畫山水。能詩。有謀略。嘗參張士誠軍事。洪武初以薦任濟南經歷。坐事死。有秋水集。

陳·汝咸 【清】錫嘏子。字華學。別字悔廬。號心齋。康熙進士第一。授漳浦令。在任十三年。正己率物。善政多端。邑民爲輯漳浦政略以繫去思。累官大理寺少卿。往陝甘勘荒。卒於固原。生平和平端慤。尤得力於慎獨之旨。躬行實踐。而未嘗以道學自居。有兼山堂遺稿。

陳·汝秩 【明】吳縣人。字惟寅。善畫。工詩文。性嗜古。購書畫傾貲弗惜。與弟汝言力貧養母。有聞於時。洪武初以人才徵至京師。以母老辭歸。

陳·汝登 【清】鄞人。字南皋。篤於友誼。好施與。晚以貧死。汝登初聽講於黃宗羲。著證人講義。後聽講於萬斯同。著續證人講錄。又有竹湖日知錄．二山老人集。

陳·汝瑒 【明】高安人。字席珍。官廣昌知縣。有湛然堂詩稿。

陳·汝錡 【明】高安人。字伯容。學問淹博。嘉靖中由貢生官建陽訓導。在官一年而卒。有甘露園長短書。

陳·汝錫 【宋】青田人。字師子。幼穎悟。數歲能屬文。以詩爲黃庭堅所賞。紹聖中由太學登進士第。崇寧間官至浙東安鎮使。有鶴溪集。

陳·汝璧 【明】文燭嗣子。字立甫。萬曆進士。授紹興司理。拜禮曹。有蘭省集．隱園詩。

陳·汝鰲 【清】常熟人。初名繹。字元逸。諸生。善畫竹寫生。秀潤有致。

陳·臣忠 【明】莆田人。字景周。萬曆進士。官至南京刑部郎中。有尺牘雋言。

陳·自中 【宋】宜中弟。好學善爲文。頃刻數千百言。悉有理致。咸淳中登第。由郡司馬擢太常丞。宜中奉二王南遷。自中以行軍司馬提兵拒守分水關。食絕。遂遇害。

陳·自仁 【宋】莆田人。字克廣。宣和進士。爲永豐尉。建炎中金人犯洪吉二州。隆祐太后避地虔州。護兵叛。自仁集尉卒調民兵分道進攻却之。會賊別將至。力窮不支。死之。

陳·自明 【宋】臨川人。字良甫。精於醫。官建府醫學教授。有大全良方．外科精要等書。

陳·自強 【宋】閩縣人。字勉之。淳熙進士。寧宗時以嘗爲韓侂胄童子師。累拜右丞相。歷封祈衛秦國公。時侂胄專朝權。自強實爲之表裏。縱子弟親戚。關通貨賄。仕進干請。必諧價而後予。侂胄以開邊隙誅。詔自強阿附充位。不恤國事。罷右丞相。責復州團練副使。雷州安置。後死於廣州。

陳·自舜 【清】字同亮。別號堯山。黃宗羲講學甬上。自舜從之。治經學兀兀不休。喜藏書。其儲藏爲范氏天一閣之亞。

陳·自新 【元】寧德人。博學通五經。尤精於易數。推衍皇極經世。弟子從游甚衆。有起興等集。

陳·至言 【清】蕭山人。字山堂。號青厓。康熙進士。官編修。有菀青集。

陳·至道 【宋】字元和。號野雲。崇高節。至孝。養親不仕。親沒。終身閉門謝客。值生日。必躬酹松楸。戀戀盡日不能返。以詩鳴。後隱香嶺。相傳得道上昇。號爲沖和大仙。

陳·艮 【明】福州長樂人。字從時。洪武中以明經薦。授吏部主事。永樂初陳言忤旨。謫戍交阯。尋復官。嘗校閱遼東衛兵。陳軍衛四弊。後因忤執政出判嚴郡。舟行有大蛇隨之。艮謂蛇陰物。必有婦人冤。比到官。訊得其情釋之。人以爲神。

陳·亨 【明】壽州人。勇敢善騎射。從太祖於濠。爲鐵甲長。以功累遷平北都指揮使。燕兵起。命守大寧。大寧破。亨與諸將皆降。累從南軍。白溝河之戰。奮擊銜陣。以疾卒。成祖即位。追封涇國公。謚襄敏。

陳·亨祖 【宋】淮寧大豪。紹興末領民兵據淮寧。執金知州完顏耶魯。以其城來歸。命爲武翼大夫。知海寧府。金兵攻城。亨祖力戰死之。舉家五十餘人皆死。

陳·亨運 【宋】仙遊人。字俊民。父母繼沒。廬墓三年。恆依墓木而哭。木爲之枯。乾道中詔舉孝廉。縣令以亨運應詔。亨運固辭不受。令乃餽粟帛以旌其孝。

陳·伯山 【陳】文帝三子。字靜之。封鄱陽郡王。性寬厚。美風儀。居喪以孝聞。後主深敬重之。累官司空卒。

陳·伯之 【梁】睢陵人。幼爲劫盜。齊東昏時積戰功至江州刺史。據尋陽以拒梁武帝。郢城平。帝使說伯之。即以爲江州刺史。伯之目不識書。別駕鄧繕．參軍朱龍符等。並乘伯之愚闇。恣爲奸利。帝遣人代繕。伯之不受命。遂詐爲蕭寶寅書以反。兵敗奔魏。魏以爲平南將軍。天監中臨川王宏北討。使丘遲爲書遺伯之。伯之得書。即於壽陽擁衆歸梁。復以爲通直散騎常侍。久之卒。

陳·伯友 【明】濟寧人。字仲愔。萬曆進士。授行人。擢刑科給事中。累抗疏言事。以艱去。及服除。廷議多排東林。遂不出。後以年例卽家除河南副使。天啓中屢遷太常寺卿。御史張樞劾其依附東林。遂削奪。莊烈帝卽位。復原官。未及用而卒。有盡心錄。

陳·伯固 陳文帝五子。字牢之。封新安郡王。累官都督揚州刺史。俊辨善言論。性輕率。爲政嚴苛。與始興王叔陵情好甚協。後與叔陵謀反。爲亂兵所殺。

陳·伯茂 陳文帝二子。字鬱之。封始興王。除揚州刺史。性聰敏好學。工草隸。得王羲之法。文帝深愛重之。廢帝時與劉師知等矯詔出宣帝。及宣帝卽位。又與韓子高等謀反。帝令伯茂出居別館。遣盜殞之。

陳·伯智 陳文帝十二子。字策之。封永陽王。少敦厚有器局。博涉經史。累官侍中·翊左將軍。入隋官國子司業。

陳·伯諒 明福清人。字執之。正德進士。與李夢陽·何景明等齊名。有十才子之譽。歷知富陽·崇德。以最入爲御史。多所建白。糾中官劉瑾。疏三上不報。擢四川提學副使。未上卒。有東濚出山文稿。

陳·伯震 宋襄八世孫。字震之。由侯官徙居長樂。中紹熙進士。知泰州。累官廣東經略使·龍圖閣學士。嘉定中使金。能以數言折服強敵。不辱君命。

陳·伯禮 陳文帝十子。字用之。封武陵王。太建初爲吳興太守。恣行暴掠。百姓患之。被劾免官。入隋官至臨洮太守。

陳·伯獻 明莆田人。字惇賢。弘治進士。歷吏科給事中。廣西提學副使。畫宗王維。嘗疏逆黨罪狀。未幾以母老乞歸。有峯湖集。

陳·克 宋臨海人。僑居金陵。字子高。自號赤城居士。紹興中爲敕令所刪定官。工詩詞。有天台集。

陳·克宅 明餘姚人。字卽卿。正德進士。嘉靖中官御史。哭爭大禮。有大僚欲去。克宅扼其項曰。奈何先去爲人望。其人愧而止。以直諫繫獄廷杖。獲釋。累遷右副都御史。巡撫貴州。討平都匀苗王阿向之亂。旋移撫蘇松。已而阿向黨復叛。坐罷官卒。

陳·克昌 明仁和人。嘉靖進士。官至建昌府同知。以郡屬有麻姑山。自唐顏眞卿仙壇記後。題詠滋多。因彙爲一編曰麻姑集。

陳·利貞 唐范陽人。初爲平盧將。從李光弼征安祿山。以功累遷太子賓客。封靜戎郡王。李希烈叛。利貞出奇兵橫擣賊鋒。朱泚反。麾下欲從亂。畏其勇乃止。德宗嘉之。擢汝州防禦使卒。

陳·君用 元延平人。字子材。少負氣。勇猛過人。元末紅巾賊寇閩。閩閫授君用南平縣尹。給錢募兵。君用散家財繼之。遂復建陽·浦城等縣。累官同知副都元帥。引兵至連江。與賊戰。中槍死。追封潁川郡侯。諡忠毅。

陳·君佐 元宿州人。居揚州。工畫。山水師馬夏。墨戲師宋徽宗。◎明江都人。善方脈。洪武初爲御醫。永樂間棄官著黃冠。市藥武當山中。以易卜人吉凶。多奇中。卒葬山中石穴。

陳·君賓 唐伯山子。貞觀初爲鄧州刺史。州承喪亂後。民多流亡。君賓加意勞徠。不期月。民皆復業。時四方霜潦。獨君賓所治有年。儲廩充羨。鄰郡就食其境。詔褒之。入爲太府少監。終虔州刺史。

陳·吾德 明歸善人。字懋修。嘉靖進士。隆慶中歷工科給事中。以諫市珍寶斥爲民。萬曆初起兵科。進右給事中。忤張居正。出爲饒州知府。御史承居正旨。劾其違制講學。除名爲民。居正死。起官。終湖廣僉事。吾德傳陳獻章之學。居官累遭貶謫。氣節錚錚。詩文直述胸臆。有謝山存稿。(按四庫提要作新會人。字有齋。此從明史。)

陳·均 宋學士昉兄子。字子公。一字公齊。從眞德秀學。官廣東提刑。猺寇犯邊。漕臣方攝帥。邀功四平民數十。均曰。治兵帥職。治刑吾職。審覈而縱之。被中傷去。咸淳初起歷檢正。賈似道在西湖。欲以堂印自隨。均爭之曰。堂印無出城之理。復坐免。尋以祕閣修撰致仕。◎宋俊卿從孫。字平甫。號雲巖。安貧力學。嘗用綱目義例。爲宋編年舉要備要二書。起太祖迄寧宗。端平初詔取其書。賜迪功郎。不受。◎清海寧人。初名大均。字受笙。嘉慶舉人。工詩。善篆隸鐵筆。嗜金石文字。所至搜訪。手自椎拓。◎清歙人。字康疇。所著畫眉筆談。皆記豢養畫眉之事。◎清字雪峯。工畫花草蟲鳥水族。點染天成。生動有致。

陳·壯 明其先浙江山陰人。祖坐事謫戍交阯。後調京衞。遂家焉。字直夫。舉天順進士。授南京御史。有直聲。家素貧窶。常祿外一無所取。父母沒。廬墓側。一循古禮。歷江西僉事。致仕歸。弘治中以薦起官福建。擢河南副使。僉都御史林俊舉以自代。未及還。又致仕歸。觴詠湖山以終。

陳·妙常 宋女貞觀尼。姿色出羣。詩文俊雅。尤工音律。張孝祥授臨江令。途宿女貞觀。以詞調之。不從。後與孝祥友潘法成潛通。法成密告孝祥。孝祥以計斷爲夫婦。

陳·妙登 南朝宋建康屠家女。明帝妃。始有寵。一年衰歇。以賜李道兒。

又迎還，生後廢帝。廢帝卽位。尊爲皇太妃。昇明初降爲蒼梧王太妃。

陳．孜　【明】字克和。以人材薦。嘗試政行在。兵部尙書張本嘗稱孜有倚馬萬言才。薦授職方主事。章疏機務。多所咨決。時軍政滋弊。民往往被誣。孜撰軍政條例上之。

陳．孚　【元】臨海人。字剛中。至元中以布衣上大一統賦。署上蔡書院山長。調翰林國史院編修官。攝禮部郞中。副梁曾使安南。世子陳日燇不出郊迎。又不延使由陽中門入。孚三作書責之。辭直氣壯。迄不辱命。使還。除翰林待制。大德中歷台州路總管府治中卒。追封海臨郡公。謚文惠。孚天材過人。性任俠不羈。其爲詩文。大抵任意卽成。不事雕斲。有觀光．交州．玉堂諸稿。◎【明】字子實。工畫墨梅。

陳．孚恩　【清】希曾子。字子鶴。道光間拔貢。工書。累擢刑部尙書。咸豐間洪楊軍攻江西。孚恩在籍幫辦團防。與巡撫張芾督兵迎擊。迭敗之。省城得全。尋授吏部尙書。同治初以黨附載垣奪職。戍伊犂。伊犂陷。死之。

陳．孝意　【隋】河東人。少有志尙。大業中爲晉郡司法書佐。太守蘇威甚加禮敬。及威爲納言。奏孝意爲侍御史。以父憂去職。居喪過禮。有白鹿馴擾其廬。尋起授雁門郡丞。在郡菜食齋居。朝夕哀臨。柴毀骨立。見者哀之。馬邑劉武周作亂攻城。孝意拒之。每致克捷。百餘日糧盡。爲校尉張綸所殺。

陳．完　【春秋】【齊】陳厲公子。宣公時陳人殺太子御寇。完奔齊。桓公欲使爲卿。辭之。乃使爲工正。卒謚敬仲。及五世孫無宇。始大於齊。（按史記稱敬仲如齊。以陳字爲田氏。故敬仲子孫皆作田氏。今仍從左傳作陳氏。）◎【明】南通州人。字名甫。號海沙。萬曆舉人。爲詩恬適數暢。有皆春園集。

陳．岐　【清】杭州人。字友山。工畫山水。

陳．希尹　【明】善寫眞。能畫虎。

陳．希伋　【宋】揭陽人。字思仲。未第時。薦太學生馬錫有文武才。乞擢用。錫後立功。人以希伋爲知人。嘗上書陳利害數萬言。皆切時病。元祐中舉經明行修第一。擢知梅州。

陳．希亮　【宋】靑神人。字公弼。幼孤好學。其兄使治息錢。希亮悉召逋家焚其券。天聖中舉進士。歷知長沙縣．房宿曹盧四州。還京東轉運使。英宗卽位。遷太常少卿。致仕卒。爲人清勁寡欲。自王公貴人皆嚴憚之。所至奸民猾吏。易心改行。不改者必誅。然出以仁恕。故嚴而不殘。

陳．希烈　【唐】宋州人。長於名理。開元中於禁中講老易。累遷至祕書少監。代張九齡專判集賢院事。玄宗凡有撰述。必經其手。俄兼崇元館大學士。封臨潁侯。李林甫以其柔易。引爲宰相。寵遇侔於林甫。後爲楊國忠所嫉。罷知政事。安祿山之亂。受僞命爲中書令。肅宗時論陷賊罪賜死。

陳．希祖　【清】江西新城人。字敦一。一字玉方。與弟希曾俱學於魯仕驥。以端雅見重鄕黨。乾隆進士。官至浙江道監察御史。以病乞歸。道卒。工書。有雲在軒稿。

陳．希造　【宋】吉老子。字賢御。以蔭補官。年十六。被繫至北庭。令牧馬。一日擇所調最良馬。乘以歸。吉老奇之。目爲定亂器。紹興初以揚州錄參侍父倅汀州。屬胡保等寇武平。吉老捕之。遇於叉竿口。希造先登深入。矢盡路窮。援兵不至。死之。

陳．希曾　【清】希祖弟。字集正。又字雪香。號鍾溪。工爲文。嫻掌故。有治事才。乾隆進士。嘉慶時官至工部右侍郞。讞獄浙閩。坐事降二秩。留任卒。

陳．希濂　【清】錢塘人。字瀫水。舉孝廉。工隸書。善畫花卉。

陳．延　【清】潛山人。字遐伯。生明季。幼而多慧。凡技之善者。見卽摹倣。尤精篆刻。折右手。一切書畫。皆用左腕。遷鳩茲。與蕭雲從稱畫家二妙。有孤竹齋集。

陳．廷敬　【清】澤州人。字子端。號說巖。順治進士。累官文淵閣大學士，兼吏部尙書。在官所建白。皆得大體。生平好學。少與汪琬以文章切劘。與王士禛以詩唱和。皆能得其深處。而面目各不相假。卒謚文貞。有尊聞堂集．午亭文編。

陳．廷會　【清】錢塘人。字際叔。一字瞻雲。有鵓鳥集於城上。因自號鵓客。諸生。工詩。與丁澎等稱西冷十子。尤篤友誼。爲世稱重。

陳．廷經　【清】蘄水人。字小舫。道光進士。官至內閣侍讀學士。有奏議。

陳．廷慶　【清】奉賢人。字兆同。號古華。一號桂堂。乾隆進士。官辰州知府。有謙受堂集。

陳．忻　【北周】宜陽人。字永怡。少驍勇有氣俠。魏孝武西遷。忻招集勇敢少年。寇掠東魏。密遣使歸附。授立義大都督。累遷宜陽郡守。孝閔踐阼。進爵許昌公。後除熊州刺史。卒於官。忻總兵境上三十餘年。數對勍敵。而常保功名。死之日。將吏莫不感慟。（按北史作陳欣。此從周書。）

陳．志　【明】巴人。洪武中爲燕山中護衛指揮僉事。從起兵。累遷都指揮同知。封遂安伯。以恭謹受知。戮力戎行。始終不懈。永樂中卒。

陳．忱　【清】秀水人。字遐心。有讀史隨筆。

陳成公　春秋陳靈公子。名午。靈公爲夏徵舒所弒。公奔晉。徵舒自立。楚莊王伐陳。誅徵舒。因縣陳而有之。以申叔時之言。迎公於晉而立之。在位三十年卒。諡成。

陳・成父　宋駿子。字汝玉。克承家學。辛棄疾持憲節至閩。聞其才名。羅致賓席而妻以女。其學以立誠爲本。行己皆有法度。有律曆志解・和稼軒詞・默齋集。

陳・杞　元海康人。字楚材。領鄉薦。不仕。讀書山中。究性命之學。遠近學者咸受業焉。所居里曰義江。元末盜起。過其鄉。相戒勿犯。

陳・束　明鄞人。字約之。號后岡。少聰慧。會稽侍郎董玘聞其才。妻以女。擢至京。文譽益起。中嘉靖進士。授禮部主事。與王愼中・唐順之等稱嘉靖八才子。忤霍韜・張璁。以編修出爲湖廣僉事。累擢河南提學副使。再疏求去。不得。縱酒嘔血死。年纔三十三。有陳后岡詩文集。

陳・步瀛　清江寧人。字麟洲。乾隆進士。累擢甘肅按察使。石峯堡回叛。步瀛調兵籌餉頗有功。官至貴州巡撫。

陳・沆　清蘄水人。字太初。號秋舫。嘉慶進士。官修撰。工詩。沖夷平淡。稚近韋柳。兼治宋儒心性之學。有近思錄補注・詩比興箋・簡學齋詩存・白石山館遺稿。

陳・求道　宋鄂州咸寧人。字得之。第進士。靖康間判都水監。朝議二帝出郊請和。求道力爭不聽。金人立張邦昌。下令京官不朝者死。求道不往。邦昌召之。不屈。建炎中命爲襄鄧隨郢鎭撫。未行。寓蒲圻僧寺。招撫劉忠叛。欲奉求道爲主。罵賊被殺。

陳・汾　清蕭山人。字晉陽。號墨泉。性恬淡。善畫工書。有怡園詩鈔。

陳・沂　宋光祖子。字伯澡。一字貫齋。從陳淳游。爲淳所稱。官至新州推官。有讀易記。◎明鋼子。字宗魯。後改魯南。號石亭。正德進士。與顧璘・王韋稱金陵三俊。授編修。嘉靖中出爲江西參議。歷山東參政。以不附張璁・桂萼。改山西行太僕寺卿致仕。沂少好蘇氏詩。自號小坡。中歲乃宗盛唐。爲文出入史漢。工畫及隸篆。有維禎錄・畜德錄・金陵古今圖考・金陵世紀・拘虛晤言・詢芻錄・遂初齋・拘虛館・石亭等集。

陳・沂震　清吳江人。字起雷。號狷亭。博學工詩。康熙進士。官至給事中。性好山水。有微塵・敝帚二集。

陳・汶輝　明詔安人。字耿光。洪武中以薦授禮科給事中。累官大理少卿。時帝好釋氏。緇流干政。讒毀大臣。汶輝數言得失。以切直忤旨。年九十餘。懼罪。投金水橋下死。

陳・秀民　元四明人。一作溫州人。字庶子。博學善書。官至翰林學士。有東坡文談錄・東坡詩話。（按秀民元人。詩話有引明田汝成西湖遊覽志一條。故後人疑此書爲僞造。）

陳・良　戰國楚悅周公仲尼之道。北學於中國。陳相・陳辛。皆其門徒。◎明福建長樂人。字從時。洪武中以明經薦授吏部主事。永樂初忤旨謫交阯。尋復官。以剛直爲當事所忌。出判嚴州。讞決疑獄。人稱神明。

陳・良祐　宋金華人。字天與。紹興進士。歷右司諫。時孝宗銳意圖治。良祐有願爲良臣不爲忠臣之語。累遷吏部尙書。力止汎使請地。懼兆釁端。忤旨貶瑞州。淳熙中起除數文閣待制。知建寧府卒。

陳・良楚　明晉江人。善詩畫。獨游吳越間。嘗與米萬鍾・鍾惺相倡和。有詩集。

陳・良儒　明湖北人。字穉修。崇禎中由廕生官光祿寺典簿。有讀書考定・茹古略集。

陳・良翰　宋臨海人。字邦彥。早孤。奉母孝。爲文俶博有氣。中紹興進士。知瑞安縣。有惠政。孝宗初累遷左司諫。疏論湯思退奸邪・張浚精忠。出知建寧府。思退罷。召爲兵部侍郎。後以數文閣直學士奉祠卒。良翰在朝。論諫純正。多見嘉納。光宗立。追諡獻肅。

陳・良謨　明安吉人。字忠夫。正德進士。歷官貴州參政。年四十即乞休。恬淡寡欲。詩文溫醇典雅。有天目山房集・和陶小稿・見聞紀訓等書。◎明鄞人。字士亮。一字賓日。原名天工。崇禎進士。授大理推官。擢御史。出按四川。張獻忠犯成都。良謨遣將據要害爲犄角。敗賊。還朝未久。京師陷。與其妾時氏自縊死。福王時諡恭愍。

陳・見　明福清人。嘉靖中舉於鄉。倭寇來犯。率衆禦之。與訓導鄔中涵同被執。罵賊死。

陳・言　宋青田人。字無擇。敏悟絕人。精於醫。治病立效。有不可治者。則預告以期。晷刻無爽。有三因極一病證方論。（按四庫提要作莆田人。此從浙江通志。）◎明無錫人。字國楨。畫法趙千里。書倣曹娥碑。◎明海鹽人。字獻可。號東涯。嘉靖舉人。有易疑。

陳・赤衷　清鄞人。字夔獻。號環邨。諸生。邃於經學。嘗搦講經會。與萬斯大輩討論。康熙中以貢士入都。爲王士禎所稱。旋卒於京師。

陳・邦俊　明秀水人。字良卿。有廣諧史。

陳・邦彥　明順德人。字令斌。爲諸生。意氣豪邁。崇禎末舉於鄉。福丕時詣闕上政要三十二事。格不用。唐王聿鍵讀而偉之。既自立。卽其家授監紀推官。永明王時擢兵科給事中。起兵與陳子壯攻廣州。兵敗入清遠。城破被戮。諡忠愍。◉清元龍從子。字世南。號春暉。又號匏廬。康熙進士。官至禮部侍郎。工小楷。有烏衣香牒·春駒小譜。

陳·邦科 明高安人。字俊卿。號醫亭。萬曆進士。嘗官南京御史。出爲河間知府。備倭有功。卒官。所著片玉集。辨析物理。論事剴切。曲中明季諸臣之弊習。

陳·邦修 明全州人。字德卿。嘉靖進士。初受行人。遷給事中。劾郭勛·嚴嵩·張瓚·胡守忠等不職。又極論楚世子悖逆。乞勅定東宮出閣往還儀節等疏。帝皆嘉納。累遷南太僕少卿。

陳·邦儀 明高安人。字開甫。崇禎諸生。生當亂世。爲詩語多悲楚。有彈劍草。

陳·邦瞻 明高安人。字德遠。萬曆進士。由南京大理評事歷官河南右布政使。分理彰德諸府。開水田千頃。建滏陽書院。集諸生講習。遷兵部右侍郎。總督兩廣軍務。討平田州土酋岑茂仁之亂。天啓初召拜左侍郎。卒官。邦瞻好學敦風節。服官三十年。吏議不及。有宋元史紀事本末·蓮華山房集。

陳·亞 宋揚州人。字亞之。仕至司封郎中。有澄源集。

陳·京 唐叔明五世孫。字慶復。善文辭。擢進士第。德宗時累遷太常卿博士。擢左補闕。與趙需·張薦共劾盧杞。帝器之。謂有宰相才。將用之。會病狂易。遷給事中。罷爲祕書少監卒。

陳·來泰 清吳江人。字罰庵。諸生。懷才不遇。時使酒罵座。有壽松堂詩話。

陳·侁 宋福州長樂人。字復之。進士。與陳瓘友善。瓘謫嶺外。侁以書賀之。由此得罪。有志伊洛之學。乃從游酢受業。得其治氣養心行己接物之要。故雖被讒。不改其節。以洪州錄事卒官。

陳·侃 明永嘉人。字君和。事親至孝。親有疾。省侍嘗藥。夜不解衣。及卒。執喪盡禮。五世同居。至道中旌表門閭曰孝門陳君。鄉人稱其門曰陳孝門。◉明鄞人。字應和。嘉靖進士。授行人。進刑科給事中。以訐直爲張璁所中。使琉球。瀕死者數。還遷南京太僕少卿卒。

陳·其元 清海寧人。字子莊。官至江蘇道員。歷宰繁劇。所至有聲。有庸閒齋筆記。

陳·其赤 明崇仁人。字石父。崇禎進士。歷西安守。撫綏有方。時秦中寇氛方熾。獨西安得免。以副使備兵川中。張獻忠圍逼。堅城固守。成都陷。不屈死。家人同殉者四十餘人。

陳·其蒽 清東陽人。字生南。號蘋齋。弱冠爲儒弟子。豪於飲。年四十。折節力學。以致良知爲主。明亡。棄舉子業。居文溪。樵汲耕耘。自食其力。鎮帥溧延而賓之。從學者甚衆。

陳·其學 明鼎子。號竹菴。嘉靖進士。授御史。錦衣陸炳倚勢擅專。其學疏劾之。累陞總督陝西宣大軍務。先後擒斬叛人丘富等九百有奇。聲振邊塞。官至南京刑部尚書。致仕歸。門巷蕭然。卒諡恭靖。

陳·函輝 明臨海人。原名煒。字木叔。崇禎進士。授靖江知縣。爲御史劾罷。北都陷。倡義勤王。後歸魯王。擢禮部右侍郎。從王航海。已而相失。入雲峯山。作絕命詞十章。投水死。

陳·到 蜀漢汝南人。字叔至。自豫州隨先主入蜀。名位亞趙雲。以忠勇稱。建興初官永安都督·征西將軍。封亭侯。

陳·卓 宋居仁子。字立道。紹熙進士。知寧國府。丞相史彌遠欲見之。謝不往。爲翰苑官。草詔告中外。讀者感動。端平中進簽書樞密院事。丐祠還里。平生不營產業。以贊書所酬金粱世綸堂。退居十六年卒。諡清敏。◉清北京人。家金陵。字中立。善畫山水花草人物。

陳·受笙 清海寧人。字敬安。嘉慶舉人。精鑒古及金石之學。書畫俱入能品。有鏡史·關中金石志·客秦隨筆·古今奇姓名錄。松籟閣詩鈔。

陳·叔文 陳宣帝十二子。字子才。封晉熙王。輕險好虛譽。頗涉書史。官至侍中·宣毅將軍。隋師破臺城。率屬先降。隋文帝責其不忠。諸臣並慚懼。叔文獨欣然自得。仕隋爲宜州刺史。

陳·叔明 陳宣帝六子。字子昭。封宜都王。儀容美麗。狀似婦人。官至侍中·翊右將軍。入隋爲鴻臚少卿。

陳·叔英 陳宣帝三子。字子烈。封豫章王。性寬厚仁愛。官至司空。隋師濟江。軍敗降隋。爲涪陵太守。

陳·叔剛 明閩縣人。名棖。以字行。永樂進士。宣德初拜監察御史。預修成祖·仁宗實錄。以勞遷翰林修撰。正統初進侍讀卒。叔剛性溫厚。以文行重一時。有絅齋集。

陳·叔堅 陳宣帝四子。字子成。封長沙王。累遷丹陽尹。好數術。與始興王叔陵不協。各爭權寵。叔陵行逆。後主賴叔堅以免。以功進司空。將軍。權傾朝廷。後主疏忌之。以王還第。後出爲荊州刺史。遷瓜州。更名叔賢。入隋。終遂寧郡太守。

陳叔紹【明】叔剛弟。正統進士。拜監察御史。景泰初朝廷多故。凡建白彈擊。皆叔紹爲之倡。陞湖廣按察副使。嘗奉命同刑部郎中許振審錄冤獄。多所平反。卒於官。叔紹有孝行。母病。至嘗糞驗疾。有毅齋稿。

陳叔陵【陳】宣帝二子。字子嵩。封始興郡王。爲揚州刺史。苛刻狡險。與新安王伯固密圖不軌。宣帝崩。叔陵乘後主俯伏。以刀斫其項。爲弟叔堅所扼。出率囚徒爲亂。右衞將軍蕭摩訶率兵討之。叔陵欲奔隋。臺軍邀斬之。

陳叔卿【陳】宣帝五子。字子弼。封建安王。性質直有才器。容貌甚偉。官至中書監。降隋爲都官郎。

陳叔愼【陳】宣帝十六子。字子敬。封岳陽王。十歲能屬文。陪侍後主賦詩。恆被嗟賞。禎明初出爲湘州刺史。隋將龐暉略地至州。叔愼遣人詐奉降書。伏甲以待。暉等至。斬之。數日招兵至五千人。兵敗被擒。斬於漢口。

陳叔達【唐】陳宣帝十七子。字子聰。少封義陽王。入隋爲唐高祖丞相府主簿。管機祕。貞觀初累擢禮部尙書。初太子建成等鬩間太宗。高祖惑之。叔達極意救辨。故帝以此報之。後授散秩歸第。卒諡忠。

陳叔齊【陳】宣帝十一子。字子肅。封新蔡王。風采明贍。博涉經史。善屬文。官至國子祭酒。入隋爲尙書主客郎。

陳叔謙【明】武林人。畫山水倣雲林。能鑑古器。識名畫。

陳叔寶【陳】見陳後主條。

陳叔獻【陳】宣帝九子。字子恭。封河東王。性恭謹。聰敏好學。授宣毅將軍。終南徐州刺史。卒諡康簡。

陳坦【唐】晉陽人。工畫佛道人物及田家故實。時稱獨步。

陳奉【明】宦官。萬曆中官御馬監奉御。命徵荆州店稅。兼採興國州礦洞丹砂。在湖廣二年。發掘塚墓。逼辱婦女。幾成大亂。武昌兵備僉事馮應京劾奉十大罪。大學士沈一貫亦言之。帝皆不問。御馬監監丞李道方劾奉。始召還。及去。金寶以鉅萬計。

陳奉茲【清】江西德化人。字時若。號東浦。乾隆進士。官至江蘇布政使。在江南九年。熟習民情。能以簡靖祛民患。爲吏民所愛戴。有敦拙堂集。

陳奇【後魏】河北人。字修奇。少孤。奉母至孝。博通諸經。尤邃於易。常以馬融鄭玄解經失旨。志在著述五經。始注孝經論語。頗傳於世。與河間邢祐同赴召。太尉高允稱其通識遠致。非凡學所及。後以與祕書監游雅不協。坐謗書被殺。

陳奇瑜【明】保德州人。字玉鉉。萬曆進士。天啓中官禮科給事中。楊漣劾魏忠賢。奇瑜亦抗疏力詆。崇禎中以右僉都御史巡撫延綏。斬流寇渠魁略盡。餘黨自散。境內盡平。擢兵部右侍郎。總督陝西山西河南湖廣四川軍務。專辦流賊。李自成等見勢絀。用其黨顧君恩謀。僞請降。奇瑜遽許之。先後籍三萬六千餘人。悉遣歸農。諸賊既出棧道。遂盡殺安撫官五十餘人。攻掠州縣。關中大震。事聞。坐除名。謫戍邊。唐王聿鍵立於閩。召爲東閣大學士。命未達卒。

陳宓【宋】定弟。字師復。少登朱熹之門。長從黃榦游。嘗爲朱墨銘。以驗理欲分寸之多寡。嘉定中以父任監進奏院。慷慨盡言。遷軍器監簿。又言三事。謂人主之德貴乎明。大臣之心貴乎公。臺諫之言貴乎直。出知南康軍。改南劍州。俱有惠政。後以直祕閣主管崇禧觀卒。有論語注義問答。春秋三傳鈔。續通鑑綱目。唐史贅疣等書。

陳定【宋】守弟。字師德。奏授右承奉郎。年十三。已知古人爲己之學。而不屑爲擧子之文。以父命請業於朱熹。年二十五卒。

陳官俊【清】濰縣人。嘉慶進士。道光間官至吏部尙書。協辦大學士。性伉爽。表裏如一。學問貫通。供職以勤愼稱。卒諡文愨。

陳宜【後漢】蕭人。字子興。性剛毅。博學。明詩。王莽篡位。隱處不仕。光武卽位。徵拜諫議大夫。遷河隄謁者。以病免。卒於家。◎【明】泰和人。字公宜。號靜軒。正統進士。官至兵部侍郎。有靜軒集。

陳宜中【宋】永嘉人。字與權。入太學。有文譽。寶祐中與黃鏞等六人上書攻丁大全。大全怒。削宜中籍。拘管他州。時號爲六君子。景定中廷試第二。德祐初以知樞密院事拜右丞相。益王立。復以爲左丞相。井澳之敗。欲奉王走占城。乃先如占城。遂不反。元兵伐占城。宜中走暹。後沒於暹。

陳宗【宋】永嘉人。年十六。母蔡病篤。封股爲餌。病愈。已而復病不救。宗一慟而絕。郡守陸德輿爲合葬。榜曰陳孝子墓。

陳宗契【明】衡陽人。字景元。萬曆進士。選庶吉士。改御史。陝西稅璫梁永。蠹害按臣徐懋恆。宗契專疏請誅永以伸國法。又糾遼左稅監高淮擅預兵機。乞正其罪。直聲震輦下。天啓初歷通政參議。魏忠賢擅政。諷使附己。卽日上疏乞歸。年九十餘卒。

陳宗訓【宋】杭州人。紹定間畫院待詔。工畫道釋人物士女。

陳宗起【清】丹徒人。字敬庭。有養志居文集。

陳宗彝【清】江寧人。原名秋濤。字雪峯。諸生。嗜金石古籍。所手拓及校刊之書甚多。有重編金石文跋．重編訪碑錄．鐘鼎古器錄．古磚文錄．漢石經殘字考．蜀石經殘字考。

陳．宗禮 宋南豐人。字立之。少貧力學。舉淳祐進士。度宗時積官至參知政事。以直言清節著名。卒諡文定。有寄懷斐稿．曲轅散木集等書。

陳．尚古 清德清人。字雲瞻。所著簪雲樓雜記。多紀瑣聞怪語。

陳．尚象 明都勻人。字心易。萬曆進士。爲吏科右給事中。六科諸臣疏請豫教元子。帝怒。被旨譙讓。尚象復爭之。坐斥爲民。尚象嘗劾罷尚書李鱓。爲士論所非。後以直言去國。人始稱焉。

陳．居中 宋嘉泰間畫院待詔。工畫人物蕃馬。

陳．居仁 宋膏子。字安行。紹興進士。爲管庫兼檢討官。魏杞使金。辟爲書狀官。時和戰未決。居仁以身許杞。毫無懼色。卒成禮而還。仕至華文閣直學士。卒諡文懿。居仁歷仕中外。有政聲。喜讀故書。尤熟於班左。摘其精要爲一編。名曰擷芳。有奏議制稿．詩文雜著。學者稱菊坡先生。

陳．岳 唐廬陵人。累官南昌觀察判官。著唐書。自高祖至穆宗。爲統紀一百卷。◎元字甫申。善書畫。隱居天台委羽山。

陳．岢 金滄州人。字和之。大安進士。天興中爲右司諫。遇事敢言無少隱。及汴京被兵。上書請戰。言尤剴切。時相赤盞合喜等沮之。其策不行。識者惜焉。

陳．岷 清常熟人。字山民。善畫山水。並擅寫蘭。其畫寫意人物。不施眉目。意態天然。又工詩。

陳．庚煥 清福建長樂人。字道獻。號惕園。嘉慶歲貢生。有惕園初稿。

陳．忠 後漢寵子。字伯始。明習法律。用心寬詳。三遷廷尉正。以才能有聲。還尚書令。安帝親政。數上疏薦隱逸直道之士。時常侍江京．李閏等共乘權任。忠作搢紳先生論以諷。延光中累遷司隸校尉。近倖憚之。出爲江夏太守。留拜尚書令卒。◎明臨淮人。以靖難功。積官指揮同知。坐事戍廣西。從軍交阯。擊黎季犛水寨。破之。攻多邦城先登。論功調交州左衛。進都指揮同知。黎利寇清化。忠戰死。

陳．性善 明浙江山陰人。名復初。以字行。洪武進士。累官翰林檢討。工書。嘗召入便殿錄書。帝見而賞之。建文即位。擢禮部侍郎。燕師起。監軍靈璧。戰敗被執。後縱還。性善曰。辱命。罪也。奚以見吾君。朝服躍馬入河死。福王時諡忠節。

陳．念先 明慈谿人。其八世祖敬宗。官南廱二十年。嚴重有師法。念先搜輯廱志。參以年譜文集。爲廱略一書。

陳．念祖 清閩縣人。字修園。乾隆舉人。精醫。有本草經讀．傷寒論注等書。凡四十八種。

陳．所行 明武鄉人。字力如。萬曆進士。知永寧縣。陞工部主事。出補蘇州知府。大盜葉朗生謀亂。捕誅首惡。反側悉安。有令永紀略．芝應軒草。

陳．所志 明蘄水人。號見衡。萬曆舉人。風流倜儻。逸才天授。詩文倚馬立就。有易經心解。

陳．所聞 明金陵人。字藎卿。有南北宮詞紀。

陳．所學 明竟陵人。字正甫。號志寰。萬曆進士。累官戶部尚書。値楊漣疏劾魏忠賢。禍且不測。所學疏救。不報。璫邀閣部議事。所學力折之。忠賢默然。遂告歸。有松竹園諸集。◎清江浦人。字行之。號鷗沙。明諸生。性耿介。國變後。遯跡窮鄉以終。有遺詩數十卷。

陳．所蘊 明上海人。字子有。萬曆進士。仕至南太僕少卿。致仕。有竹素堂正續集。

陳．承昭 宋江表人。始事李景。爲保義軍節度。周世宗征淮南。太祖親擒承昭以獻。世宗釋之。授右領軍衛上將軍。分司西京。宋初入朝。太祖以承昭習知水利。命督治惠民二丈二河。以通漕運。都人賴之。開寶中歷右龍武統軍卒。

陳．政 隋茂子。字弘道。倜儻有材略。便弓馬。善鐘律。煬帝時。歷位協律郎。宇文化及之亂。以爲太常卿。後歸唐。終梁州總管。◎清陵川人。字在衡。工書畫。頗自矜重。非斷炊。不肯爲人操筆。◎清陽湖人。字香山。工畫山水。尤長白描。得唐宋遺法。

陳．昂 明南靖人。字欽頤。成化舉人。授太常簿。明飭禮樂。考究律呂。累遷太僕少卿。有法變遺論。◎明莆田人。字爾瞻。一字雲仲。自號白雲先生。諸生。避倭患奔豫章。織草屨自給。復由楚入蜀。後寓江陵。自榜於扉。爲人傭作詩文。居數年。以窮死。有白雲集。◎清嘉興人。字書崖。官同知。家梅里。與朱彝尊父子居鄰。能詩。藏書頗富。

陳．易 宋莆田人。字體常。少好學。該綜經史。工於詩。熙寧初游京師。會太學秋試。諸生競求舉。易以爲非吾所以學。即棄去。乃從佛氏之徒論出世法。有所契。就邑蔡溪之左。結廬而處。日惟一飯。如是者五十年。崇寧初舉遺逸及八行。皆不就。時號陳聘君。宣和中卒。◎宋永春人。字復之。從朱熹學。熹嘗稱其學得蹊徑次第。同郡蔡和累貽書質問。

陳·昇　元順帝時人。工畫馬。◉明始興人。字德輝。嘉靖初貢禮部。遂謁選。有姻宗託致書冢宰。辭以三不可。爲長洲縣丞。以部運入京。宰相私人諷以州判可得。昇卻之。比復任。竟移病歸。道陞石埭知縣。終不赴。

陳·昉　宋德安人。試奉禮郎。十三世同居。長幼七百口。不置奴婢。上下雍睦。築書樓延四方學者。鄉鄰化德。獄訟稀少。李昇復其家。表門閭。開寶初平江南。仍免其徭役。◉宋峴子。字叔方。號節齋。以父任知浦城縣。眞德秀薦之朝。與劉克莊等號端平八士。累遷吏部尚書。拜端明殿學士致仕。卒諡清惠。有穎川語小。

陳·昌　陳武帝六子。字敬業。帝爲司空。拜昌爲長城國世子。吳興太守。時年十六。雅性聰辨。明習政事。尋與宣帝留滯長安。文帝時以昌爲湘州牧。封衡陽郡王。命侯安都迎還。濟江中流。安都溺殺之。諡獻。

陳·昌積　明泰和人。號兩湖。嘉靖進士。官至尚寶司少卿。兼翰林院學士。詩文富才調。馳驟自喜。有陳兩湖集。松風軒藏稿。

陳·昕　陳慶之子。字君章。七歲能騎射。十二隨父入洛。還都詣鴻臚卿朱异。异訪北間事。昕聚土畫城。指揮分別。异甚奇之。慶之在懸瓠。魏將堯雄從子寶樂。侍其驍勇。求單騎校戰。昕躍趣寶樂。雄即潰散。太清中侯景圍歷陽。昕爲雲騎將軍。未及下渚。爲景所擒。使其儀同范桃棒嚴禁之。昕因說桃棒歸降。許之。遂立盟射城中。事泄。景邀得之。遇害。◉清字東洲。工畫人物。

陳·東　宋丹陽人。字少陽。俶儻負氣。以貢入太學。欽宗即位。上書論蔡京·童貫·王黼·李彥·梁師成·朱勔六人爲六賊。請誅之以謝天下。李綱罷。復率諸生伏宣德門上書。從者數萬。於是亟詔綱入。復領行營。除東太學錄。東又請誅蔡氏。且力辭官以去。高宗南渡。相綱。召東至。未得對。會綱去。乃上書乞留綱。而罷黃潛善·汪伯彥。不報。會布衣歐陽澈亦上書言事。潛善遽以語激怒高宗。與澈同斬於市。東初未識綱。特以國家故爲之死。識與不識。皆爲流涕。後高宗悔悟。追贈祕閣修撰。有少陽集。

陳·枚　清婁縣人。字載東。又字殿掄。號枝窩頭陀。雍正時官內務府郎中。畫人物山水花鳥。得宋人法。

陳·杰　清烏程人。字靜賓。諸生。嘉慶末考取天文生。任欽天監博士。爲上官所倚重。後官國子監算學助教。有補湖州府天文志。輯古算經細草。圖解·音義。

陳·武　三國吳松滋人。字子烈。從孫策征討有功。拜別部司馬。所向無前。及孫權統事。轉領五校。仁厚好施。鄉里遠方客多依賴之。累功進偏將軍。從擊合肥。戰死。◉宋傅良族弟。字蕃叟。長於春秋。第淳熙進士。累官至國子正。入慶元黨籍。學禁解。起爲祕書丞。後以右文殿修撰知泉州。武與傅良同學。而名相埒。有江東地利論。

陳武帝　陳吳興人。姓陳氏。名霸先。字興國。小字法生。梁大同中爲高要太守。討平盧子略等。授交州刺史。與王僧辯討平侯景。鎭京口。尋殺僧辯。迎梁敬帝復位。自爲相國。封陳王。受禪爲帝。國號陳。都建業。永定二年捨身於大莊嚴寺。設無遮大會。羣臣備法駕迎還宮。在位三年。卒諡武。廟號高祖。年號永定。

陳·法　清安平人。字定齋。康熙進士。外歷郡守。官至大名道。爲政以教養爲先。陳弘謀再疏薦之。生平篤志理學。著明辨錄。論陸王之非。又有易箋。河干問答。內心齋詩稿等書。

陳·治　清松江華亭人。字山農。號泖莊。國子生。善畫。兼善岐黃。嘗卻耿精忠之招。晚歲隱居泖湖。飲酒賦詩爲樂。有貞白堂集。證治大還。

陳·知和　宋祥符人。字德時。以朝請大夫致仕。善楷隸。喜爲詩。

陳·知柔　宋溫陵人。字體仁。紹興進士。歷知循州賀州。知柔與秦檜子熺同榜。檜當軸。同年多以攀援致通顯。知柔獨不阿附。解官歸。自號休齋居士。有易本旨·春秋義例·論語後傳。

陳·知微　宋高郵人。字希顏。咸平進士。歷京東轉運副使。奏還東平監所侵民田六百八十家。又決古廣濟河。通運路。罷夾黃河。歲減夫役數萬計。後判司農寺卒。有遺集。

陳秉直　清滿洲鑲黃旗人。姓棟佳氏。順治間知平陰縣。康熙間官至浙江巡撫。耿精忠反。其黨據餘姚大嵐山。遣兵征討。斬獲甚衆。尋解任。

陳·芳　宋河陽人。一門十四世同居三百年。孝義爲時所重。芳仕爲大理寺丞。詔旌表其門。

陳·芳生　清仁和人。字漱六。有捕蝗考·疑獄箋。

陳·芹　明上元人。字子野。號橫崖。系出交南國王。避黎氏之亂來奔。遂家金陵。嘉靖舉人。六試禮部不第。謁選知奉新縣。調寧鄉。之官九十日。謝病歸。結青溪社。文酒觴咏。一時稱盛。通內典。尤善畫竹。花草山水。皆入逸品。有陳子野集。

陳·芝田　元鑑如子。能世其業。

陳·芝圖　清洪綬族孫。原名德乾。字崑谷。號月泉。諸生。善書。工畫山水人物。詩亦雋雅。

陳表　三國吳武庶子。字文奧。少知名。爲太子中庶子。拜翼正都尉。以父死敵。求用爲將。領兵五百人。表欲得戰士之力。傾意接待。士皆愛附。領新安都尉。在官三年。得兵萬餘人。拜偏將軍。進封都鄉侯。及卒。家財盡於養士。妻子露立。太子登爲起屋宅。

陳邵　晉襄賁人。字節良。以儒學徵爲陳留內史。累遷燕王師。泰始間官至給事中。有周禮評。

陳采　元建安道士。有清微仙譜。

陳金　明武昌人。字汝礪。成化進士。正德初總督兩廣軍務。平馬平洛容獞。入爲左都御史。江西盜起。命金總制軍務。半歲間。勦賊幾盡。金累破劇賊。然所用兵貪殘嗜殺。剽掠甚於賊。言官交章劾之。乃召還。掌都察院事。世宗立。請老歸卒。

陳金鳳　五代閩王審知才人。審知子延鈞立爲皇后。築長春宮居之。爲長夜之飲。裸逐嬉笑以爲樂。延鈞晚年得風疾。后遂與幸臣歸守明私。延鈞常命造鏤金五綵九龍帳。既成。守明日宿於內。國人歌曰。誰謂九龍帳。惟貯一歸郎。李倣作亂。后與守明俱見殺。

陳長方　宋侁子。字齊之。紹興進士。爲江陰軍學教授。寓吳中。從王蘋游。隱居步里。閉戶研窮經史。以教學者。其學主直指以開人心。使學者歸於自得。學者稱唯室先生。有步里客談・尚書傳・春秋傳・禮記傳・兩漢論・唐論・唯室集。

陳長官　五代吳國事錢鏐爲寧海縣令。鏐命增州縣賦稅。長官上書極諫。鏐怒。逮之獄。長官以死爭。得免。

陳長孺　清歸安人。字稚君。拔貢生。博學雅遊。收藏金石書畫甚富。熟於湖州掌故。同治初死洪楊之難。有偕隱堂詩文集・畫溪漁父詞。

陳長鎭　清武陵人。字宗五。號延溪。乾隆進士。工文辭。尤長於詩。有古今體詩・雜錄・評纂等。

陳阿平　清東莞人。字獻吉。康熙中諸生。有鉢山堂詩集。

陳非熊　宋新昌人。字思齊。景定中授稽山院長。宋亡。與吳觀奉趙宗室。集義勇。繕城守。以圖恢復。元兵薄城。力戰死。

陳亮　宋永康人。字同甫。自幼穎異。才氣超邁。喜談兵。志存經濟。隆興初上中興五論。不報。退益力學著書。其學自孟子後。惟推王通。淳熙中更名同。詣闕上書。極言時事。帝將官之。亮卽渡江而歸。光宗策進士。問禮樂刑政之要。亮以君道師道對。光宗大悅。御筆擢爲第一。授簽書建康府判官。未之官卒。端平初追諡文毅。有三國紀年・歐陽文粹・龍川文集・龍川詞。◎明福建長樂人。字景明。工詩。與林鴻等稱閩中十才子。自以故元儒生。明初累詔不出。作讀陳摶傳以見志。結草屋滄洲中以終。有滄洲儲玉齋集。

陳亮疇　清武進人。字德生。號晉農。勤學博覽。咸豐進士。官編修。有心香書屋遺稿。

陳俠　漢九江人。受毛詩於徐敖。爲王莽講學大夫。

陳信　明仁和人。字履信。以推擇爲吏。宣德間薦陞蘇州通判。有公務之京。民有餽白金三百兩者。不受。致仕歸。餞贐俱辭。行李蕭然。人皆稱歎。

陳保極　後晉閩中人。好學善屬文。後唐天成進士。天福中歷禮部倉部員外郎。初桑維翰登第時。保極戲謂人曰。今歲有三箇牛人及第。蓋其年收四人。保極以維翰短陋。故謂之牛人也。及維翰居相。保極心不自安。乞假南遊。維翰謂其將逃入淮海。追還。貶衞尉寺丞卒。

陳俞　清嘉興人。字古虞。善畫山水。尤長寫眞。

陳俊　後漢南陽人。字子昭。少爲郡吏。從光武擊銅馬。與五校戰於安次。手授短兵。所向必破。斬其渠帥而還。光武歎曰。戰將盡如是。吾何憂哉。後官琅邪太守・行大將軍事。封祝阿侯卒。◎明莆田人。字時英。正統進士。除戶部主事。成化初陞南京太常少卿。累遷南京吏部尙書。加太子少保致仕。俊誠心體國。識大體。負德望。爲時名宦。卒諡康懿。

陳俊卿　宋興化人　字應求。紹興進士。授泉州觀察推官。秩滿。秦檜當國。察其不附己。以爲南外睦宗院教授。檜死。召爲普安郡王教授。孝宗時授尙書右僕射・同中書門下平章事。兼樞密使。後以少師・魏國公致仕。卒諡正獻。俊卿天資忠孝。清嚴好禮。在朝正色立言。無所顧避。凡所奏請。均關治亂安危之大者。有集。

陳則　明崑山人。字文度。詩文清麗。元季僦屋授徒。以賦紫菊詩知名。時呼陳紫菊。爲高啓北郭十友之一。洪武中舉秀才。官至大同知府。

陳則通　元號鐵山。有春秋提綱。

陳勉　明雩都人。字希進。永樂進士。仁宗初擢左副都御史。信豐諸縣盜起。命勉撫之。亂遂定。景泰初仕至南京右都御史。致仕卒。勉外和內剛。精通法律。吏不敢欺。◎明無錫人。字進之。正統中貢入太學。歷官工部員外郎。以詩畫名。尤工大書。

陳南賓　明茶陵人。名光裕。以字行。元末爲全州學正。洪武初聘至部。除無棣丞。歷膠州同知。所至以經術飾吏事。召爲國子助教。嘗入見。講洪範九疇。帝大喜。書姓名殿柱。後御注洪範。多采其說。擢蜀府長史。獻王椿好學。敬禮尤至。爲構第名安老堂。詩文淸勁有法。年八十卒。

陳・南賓 【明】江西安福人。字狂農。明崇禎副貢。甲申之變。與弟觀棄家隱[illegible]公山。性奇癖厭俗。有題詠。不留稿。衣敝粥薄。恬如也。

陳・厚耀 【清】泰州人。字泗源。號曙峯。康熙進士。官蘇州府教授。以通天算。引見授編修。直內廷。遷左諭德。嘗補杜預長曆爲春秋長曆。又有春秋戰國異辭・通表・摭遺。春秋世族譜・孔子家語注・左傳分類・禮記分類・十七史正譌。

陳哀公 【春秋陳】成公子。名弱。娶鄭長姬。生悼太子偃師。二妾生留及勝。留有寵。公屬之其弟司徒招。公病。招殺悼太子。立留爲太子。公怒。欲誅招。招發兵圍守公。公遂自經死。諡哀。楚靈王聞陳亂伐陳。留奔鄭。楚遂滅陳。使公子棄疾爲陳君。後五載。棄疾歸楚自立。乃立陳悼太子偃師之子吳爲陳侯。

陳・咸 【漢】萬年子。字子康。以任爲郎。有異才。抗直數言事。元帝時擢御史中丞。累官南陽太守。所至以殺伐立威。下吏畏之。豪強執服。徵入爲少府。與翟方進有隙。方進奏歸咸故郡。以憂死。初萬年嘗病。召咸教戒於牀下。語至半夜。咸睡。頭觸屏風。萬年怒。欲杖之。咸曰。具曉所言。大要教咸諂也。萬年乃不復言。◎【漢】洨人。成哀間以律令爲尙書。平帝時王莽輔政。多改漢制。咸心非之。卽乞骸骨去職。及莽篡位。召咸爲掌寇大夫。謝病不應。悉令三子解官。相與歸鄉里。閉門不出入。猶用漢家祖臘。性仁恕。常戒子孫曰。爲人議法。當依於輕。愼無與人重。(按相人陳咸。漢書附萬年傳。洨陳咸。爲陳寵曾祖。後漢書附寵傳。屬籍時代各異。尙友錄合爲一人。誤。)◎【宋】仁壽人。字逢儒。淳熙進士。累擢知資州。政以最聞。開禧初邊事興。四川宣撫使程松奇其才。辟主管機宜文字。遷利路轉運判官。吳曦叛臣於金。以咸蜀名士。欲首脅之。咸至后鐵。入帳中以刀自斷其結。披緇而出。乃得釋歸。尋安丙奏以總蜀賦。調度有方。召爲司農少卿。卒諡勤節。

陳・奕禧 【清】海寧人。字六謙。又字子文。號香泉。貢生。官南安知府。工書及詩。有予寧堂帖・皐蘭載筆・益州于役記・金石遺文錄・春靄堂集。

陳・奐 【清】長洲人。字碩甫。號師竹。晚號南園老人。少師事段玉裁。治毛詩說文。補縣學生員。入都與王念孫・引之父子游。所學益邃。後主杭州汪遠孫家。潛心著述。咸豐初擧孝廉方正。有毛詩傳疏・毛詩說・毛詩音・詩義類・鄭氏箋考證等書。

陳・宜 【明】浙江平陽人。字文德。成化進士。授工部主事。陞刑部郎中。以同列章疑事株累。謫知彝陵州。陞河南知府。署後掘得藏金。卽白按察使以充邊餉。晉雲南左參政。致仕歸。有潛齋集。

陳宣公 【春秋陳】桓公少子。名杵臼。有嬖姬生子款。欲立之。乃殺其太子禦寇。厲公子完奔齊。在位四十五年卒。諡宣。

陳宣帝 【陳】武帝兄始興王道談二子。名頊。字紹世。小字師利。封安成王。慈訓太后令廢帝爲臨海王。以帝入纂。立方明壇於婁湖。以始興王叔陵爲王官伯。盟百官。自幸婁湖誓衆。分遣大使。頒下四方。以相警戒。初破齊兵。取江北數郡。後攻周而敗。周來侵。淮南之地盡失。在位十四年卒。諡宣。廟號高宗。年號太建。

陳・度 【清】桐城人。字官儀。善畫。工詩文。有滄螺集・逸阿詩鈔。

陳・建 【後魏】代人。以善騎射累擢內行長。太武帝討山胡白龍。遇伏墜馬。建以身捍衞。奮擊殺數人。被十餘創。帝壯之。賜別戶二十。孝文時遷司徒。進爵魏郡王卒。◎【明】東莞人。字廷肇。號淸瀾。嘉靖擧人。知信陽縣。以母老辭歸。專精著述。尤邃於理學。當正嘉之際。王守仁致良知之學。盈滿天下。建著學蔀通辨以闢之。又有皇明通紀・治安要議・滋竽錄。

陳・弇 【後漢】陳留人。字叔明。受歐陽尙書於司徒丁鴻。躬耕教授。後仕至蘄長。

陳・彥回 【明】莆田人。字士淵。父立誠爲歸安縣丞。被誣論死。彥回謫戍雲南。冒黃姓。久之。以薦授保寧訓導。累擢徽州知府。建文初以循良受上賞。祖母郭卒。始赴闕自陳復姓。乞終喪。不許。葬郭徽城外北山。時走墓下哭甚哀。人目之曰太守山。燕兵逼京師。彥回糾義勇赴援。被擒。不屈死。

陳・彥恭 【宋】莆田人。字子愿。元祐進士。累官代鞏二州通判。以淸謹聞。監轄河南坑冶鑄錢。蔡京黨王柦欲增監鼓鑄。彥恭曰。山澤之利不可竭。祖宗之額不可踰。坐罷。後起知壽春府。歲餘丐祠。避地會稽以終。

陳・彥謙 【五代吳】常州人。爲人多智略。善理繁劇。徐溫以爲鎭海節度判官。細務悉委之。江淮稱治。溫與吳越戰於無錫。病不能治軍。彥謙遷中軍旗鼓於左。取貌類溫者。披甲胄。號令軍事。溫得少息。其臨機制變皆類此。後兼楚州團練使卒。

陳後 〔明〕復弟。字啓先。號寓齋。仕爲欽天監博士。詩文書畫。與兄齊名。尤精堪輿之學。

陳後主 〔陳〕宣帝長子。名叔寶。字元秀。小字黃奴。既卽位。荒於酒色。不恤政事。起臨春結綺望仙三閣。日與妃嬪狎客遊宴其中。賦詩贈答。採其尤豔麗者。以爲詞曲。被以新聲。有玉樹後庭花．臨春樂等。及妖異數見。帝乃自賣於佛寺爲奴以禳之。隋師至。猶奏伎行樂。縱酒賦詩不輟。隋將韓擒虎入朱雀門。始與孔張二妃匿於胭脂井。遂俘獻長安。在位六年。紀元二。至德．禎明。陳亡。後主既見宥。隋文帝禮遇甚厚。每預宴。恐致傷心。爲不奏吳音。後監守者言。叔寶云。旣無秩位。每預朝集。願得一官號。文帝曰。叔寶全無心肝。仁壽中卒於洛陽。追封長城縣公。諡煬。

陳恆 〔春秋齊〕乞子。與闞止俱事簡公。闞止有寵。欲盡逐陳氏。陳豹以告。恆遂殺闞止。并弒簡公而立平公。卒諡成子。(按史記作田常。此從左傳。)

陳恢 〔漢〕宛人。沛公圍宛城三匝。南陽守欲自剄。舍人陳恢踰城見沛公曰。爲足下計。莫若約降。封其守。引其甲卒與之西。諸城未下者。聞聲競開門而待。足下通行無所累。沛公乃以宛守爲殷侯。封恢千戶。引兵西。無不下者。

陳恬 〔宋〕堯叟裔孫。字叔易。居陽翟澗上村。工詩文。與鮮于綽．崔鶠齊名。號陽城三士。又與晁以道同隱嵩山。大觀中召赴闕。除校書郎。有澗上丈人集。

陳恪 〔唐〕一作格。畫山水有氣韻。人物鞍馬禽蟲並精。◎〔明〕歸安人。字克謹。號矩齋。成化進士。知宿松縣。以治行聞。授御史。歷按貴州畿輔。皆有聲。正德初遷江西副使。忤劉瑾。除名。瑾誅。起故官。累進左布政司。敷忤寧王宸濠。至逮其胥吏。恪不爲動。擢大理卿。卒官。恪居官盡職。性篤實和易。而中有定守。天啓初追諡簡肅。有小孤山詩集。

陳思 〔宋〕臨安人。理宗時官成忠郎．國史實錄院祕書省搜訪。性嗜古。旁蒐博證。用力甚勤。有寶刻叢編．海棠譜．書小史．書苑精華．兩宋名賢小集．小字錄等。

陳思道 〔宋〕江陰人。喪父。事母兄以孝弟聞。蔬醯爲生。母病。思道衣不解帶者數月。母喪。哀毀盡禮。既葬。廬墓側。日夜悲慟。其妻攜兒女詣之。拒之不與見。咸平初旌其門。◎〔明〕浙江山陰人。字執中。洪武進士。授刑部主事。帝嘗其執法。超拜兵部侍郎。益勵風節。人莫敢干以私。改禮部。乞歸。家居不殖生產。守令造門不得見。久之卒。

陳思賢 〔明〕茂名人。洪武末以舉人爲漳州府教授。燕王卽帝位。詔至。慟哭曰。明倫之義。正在今日。堅臥不迎詔。率諸生卽明倫堂爲建文帝位。哭臨。有司執送京師殺之。福王時追諡貞愍。

陳思濟 〔元〕柘城人。字濟民。以才器見稱。世祖在潛邸。召備顧問。及卽位。始建省部。俾掌敷奏。姚樞．許衡皆器重之。拜監察御史。以劾阿合馬不法出知沁州。累遷僉河南口北等處行中書省事。有惠政。卒諡文肅。有秋岡集。

陳思謙 〔宋〕龍溪人。字退之。學問該博。教授後學。嘗魁鄉薦。朱熹深器之。妻以女。有春秋三傳會同．列國類編。◎〔元〕祐孫。字景讓。警敏好學。凡名物度數。綱紀本末。考訂詳究。而尤深於邵雍皇極經世書。天曆初以賢能舉。授典寶監經歷。累官御史臺都事重紀。在臺多所建議。至正中出爲淮西廉訪使。廬潁盜起。宣讓王帖木兒不花用思謙計。遂擒渠賊。後遷御史中丞。卒諡通敏。

陳思讓 〔宋〕盧龍人。字後己。初隸唐莊宗帳下。晉天福中以右廂都監破安從進於唐州花山下。歷仕漢周。積功至廣海軍節度使。宋初加檢校太師。歷保信護國軍節度使．河中尹卒。思讓酷信釋氏。所至多禁屠宰。俸祿悉以飯僧。人目爲陳佛子。

陳括 〔明〕道復子。字子正。號沱江。工畫花鳥。有徐黃遺意。

陳昭度 〔宋〕仙遊人。字元矩。紹興進士。爲尤溪主簿。部使者移檄令捃摭屬吏細過。昭度拂衣去。閒居以讀書著文爲樂。十餘年不調。自號西軒子。與林光朝．方翥友善。既而教授藤州。以致知謹獨教學者。改長樂令。未上卒。有西軒集．刻舟集。

陳昭袞 〔遼〕雲州人。小字王九。工譯鞮。勇而善射。累官敦睦宮太保。聖宗大獵射虎。以馬馳太速。矢不及發。虎怒奮。勢將犯蹕。昭袞捨馬捉虎兩耳騎之。伺便殺以佩刀。輦至帝前。帝設燕賜國姓。命張儉．呂德懋賦以美之。歷西南面招討都監卒。

陳柏 〔元〕泗州人。字新甫。號雲嶠。嘗爲儀制舍人。館閣諸老。朝省名公。莫不折輩行與交。咸稱之曰陳公子。官至太祝。年逾六十。不得志而卒。柏性好結客。積金七屋。不數年散盡。嘗被命監鑄祭器於杭。倪瓚爲張讌湖山間。酒終爲別。以一帖饋米百石。柏悉分散之曰。爾夙名南士之清者。請從今日絕交。且罵諸嘗譽之者。其豪氣類如此。◎〔明〕沔陽人。字子堅。一字憲卿。嘉靖進士。與程德．

鄒守益倡明正學。信從者衆。選兵部職方司主事。以忤嚴嵩外補井陘兵備副使。丁母憂歸。優游於夏汭之間。工詩。有蘇山集。

陳・洙 宋建陽人。字思道。慶曆進士。歷殿中侍御史。嘉祐中上疏助司馬光乞早建儲嗣。且曰。陛下以臣懷異日之圖。莫若殺臣之身。用臣之言。疏方上。即飲藥以卒。奏下。大計遂定。仁宗聞洙死。賜錢百萬。◎明上虞人。字道源。嘉靖進士。任御史。歷兵部右侍郎。首論汪鋐逮獄。尋復職。巡撫蘇松。屢立戰功。平生謙和仁厚。有長者風。

陳・洽 明濟弟。字叔遠。淹通經史。洪武中以善書薦。授兵科給事中。永樂中累擢吏部左侍郎。佐英國公張輔討平交阯。陞兵部尚書。鎮撫其地。後交趾復叛。成山侯王通引兵渡河。洽力陳利害。弗聽。翌日。與賊遇。兵敗。自剄死。諡節愍。

陳・迵 明義烏人。幼治經。長通百家言。初欲以功名顯。既而隱居。戴青霞冠。披白鹿裘。不復與塵事。所居近大溪。多修竹。自號竹溪逸民。

陳・洎 宋彭城人。字亞之。皇祐中官至三司鹽鐵副使。有陳副使詩。

陳・洵仁 明長樂人。字思允。工詩。第洪武進士。拜中書舍人。擢給事中。立朝敢言。名重一時。

陳・洪明 清遼東人。隸漢軍鑲藍旗。康熙間以筆帖式累官廣西巡撫。尙之信叛附吳三桂。洪明從之。尋復降。流徙寧古塔。

陳・洪進 宋仙遊人。字濟川。隸留從效麾下。以材勇聞。國主王延政命爲統軍使。累立戰功。從效既沒。洪進執其子紹鎡送南唐。李煜以爲泉南等州觀察使。太宗時洪進來朝。因獻漳泉二州。詔授武寧軍節度使。同平章事。留汴京。奉朝請。卒諡忠順。

陳・洪綬 清諸暨人。字章侯。號老蓮。明國子監生。書法遒逸。善畫山水。尤工人物。衣紋圓勁。設色奇古。與北平崔子忠齊名。號南陳北崔。崇禎間召入供奉。甲申後。自號老遲。又稱悔遲。又稱弗遲。混跡浮屠間。仍縱酒自放。能詩。有寶綸堂集。

陳・洪謨 明武陵人。字宗禹。弘治進士。正德時知漳州。有惠政。累擢雲南按察使。神采嚴重。不畏彊禦。嘉靖初巡撫西江。節財愛民。還兵部侍郎。致仕歸。居高吾山下。自號高吾子。有治世餘聞。靜芳亭摘稿。

陳・炤 宋常州人。字光伯。少工詞賦。登第。爲丹徒縣尉。累遷朐山知縣。以母憂歸。元兵攻常。起炤爲通判。率兵禦之。自夏徂冬不能下。城破。巷戰死。

陳・炳 宋贛縣人。字晦之。結廬崆峒山。躬耕求志。勤於著述。包拯嘗師事之。有文樞。白雲編。◎清吳縣人。字虎文。居陽山裘巷里。因自號陽山。性狷介。好鐫印章。工詩。有陽山詩集。◎清青浦人。字星若。工寫神像。

陳・珍 宋蜀人。工畫花竹。學徐熙。◎明臨海人。馮元鼎妻。生有夙慧。通經史。尤善於詩。生三子。元鼎卒。嫠居三十年。撫孤成立。口授孫魁經史百家言。時稱賢母。有繡佛齋草。◎清平湖人。字禾獻。號愧莊。諸生。有從吾好齋文稿。

陳・珊 明銅仁人。字鳴仲。嘉靖進士。授行人。以不附嚴嵩。官屢黜。終兗州郡丞。嘗銘其座右曰。士大夫能以居鄉之心居官。天下必無冤民。能以居官之心居鄉。天下必無請託。人以爲名言。

陳・相 戰國學於陳良。自宋之滕。見許行。大悅。盡棄其學而學焉。後見孟子。道許行之言。孟子爲陳堯舜治天下之道。◎明懷寧人。字汝弼。號古野道人。嘗倣莊子夔蚿罔兩戰國策桃梗土偶之意。作爲寓言。曰百感錄。

陳・省欽 清天台人。字賚庭。同治進士。知將樂縣。有政績。邃於經史。有春秋緯史集傳。

陳・省華 宋閬中人。字善則。初仕孟昶爲西水尉。蜀平。授隴城主簿。歷知櫟陽樓煩二縣。智辨有吏幹。端拱中太宗親試進士。伯子堯叟登甲科。占對辭氣明辨。太宗詢知省華子。召省華爲太子中允。累轉光祿卿。拜左諫議大夫卒。

陳・禹謨 明常熟人。字錫元。萬曆舉人。官至四川按察司僉事。有經籍異同。經言枝指。別本四書名物考。左氏兵略。說儲。駢志。廣滑稽。

陳・秋巖 元閩人。工詩。有陳秋巖詩集。

陳・紀 後漢寔子。字元方。與弟諶俱以至德稱。兄弟孝養。閨門雍和。遭父喪。每哀至。歐血絕氣。豫州刺史表上尙書。圖象百城。以厲風俗。遭黨錮。發憤著書數萬言。號曰陳子。黨禁解。四府辟命。無所屈就。董卓入洛陽。就家拜五官中郎將。不得已到京師。累遷尙書令。及袁紹爲太尉。讓於紀。紀不受。拜大鴻臚卒。子羣。嘗與諶子忠各論其父功德。爭之不能決。咨於寔。寔曰。元方難爲兄。季方難爲弟。季方諶字也。

陳・舝 宋饒州安仁人。字肇方。一字偉節。咸淳進士。謝枋得起兵。首拔入幕。益王時以太府寺丞領江東安撫使。出上饒。接應郡縣。兵敗被執。遁去。後三年。復起兵。尋敗。入積翠山中自刎死。有鶴心集。

陳・美 明新建人。字在中。崇禎

舉人。爲宜城知縣。張獻忠遣兵來犯。美偕守備迎擊。賊敗去。以功敘錄御史。李自成兵至。美固拒八晝夜。城陷。罵賊死。

陳胡公 周舜後。名滿。武王克商。求舜後。得滿。以元女太姬配之。封於陳。以備三恪。是爲胡公。

陳・胤 陳後主長子。字承業。後主卽位。爲皇太子。性聰敏好學。治經通大義。善屬文。爲張貴妃所構。廢爲吳興王。入隋。卒於長安。

陳・胤虞 清汀州人。字錫振。別字貌弱。晚號次弓。明諸生。入清隱居不仕。善古文辭。工詩。書法逼似歐陽詢。爲時所宗。有淳意齋集。

陳・致中 明黃陂人。字正吾。隱居桑田關山間。不入城市四十年。長子堯道。聘劉氏女。聾而瘖。女父母請別娶。致中曰。棄婦不仁。毀盟不信。何以示子孫。卽迎歸。父八旬遇寇見執。致中護持父。傷左股。寇曰。烈士也。扶而去之。

陳・致虛 元字觀吾。自號上陽子。年四十。始從趙友欽學道。講神仙煉養之術。有周易參同契分章註・金丹大要。

陳・致雍 南唐莆田人。初仕閩爲太常卿。入南唐。以通經及第。憲章典故。所著精練。開寶中除祕書監致仕。有海物異名記・閩王列傳・五禮儀鑑。

陳・苑 元上饒人。字立大。幼業儒。不隨世祿祿。嘗有授以金丹術者。弗之信。既得陸九淵書。讀而深喜之。元儒篤信陸學者。以苑及趙偕爲最。人稱靜明先生。

陳・茂 隋猗氏人。性質直恭謹。文帝爲隋國公。引爲僚佐。待遇甚厚。嘗從帝與齊師戰於晉州。敵甚盛。帝將挑戰。茂固止不得。因促馬鞚。帝怒。拔刀斫其額。流血被面。辭氣不撓。帝感而謝之。及受禪。進爵魏城伯。終太府卿。

陳・茂烈 明莆田人。字時周。年十八。作省克錄。謂顏之克己。曾之省身。學之法也。第弘治進士。奉使廣東。受業陳獻章之門。獻章語以主靜之學。退而作靜思錄。歷官監察御史。母老乞終養。治畦汲水。躬自操作。吏部以其貧。祿以晉江教諭。不受。母卒。茂烈亦卒。

陳・若拙 宋思讓孫。字敏之。幼嗜學。思讓嘗令持書詣晉邸。太宗嘉其應對詳雅。將擢以軍職。若拙懇辭。太平興國中第進士甲科。眞宗時歷知興軍鳳翔二府。入拜給事中。知澶州。勤於政事。秩滿。郡民列狀乞留。卒官。

陳・若霖 清閩縣人。字宗觀。一字望坡。乾隆進士。道光時官至刑部尚書。精於律學。善折獄。在刑部最久。嘗四爲巡撫。有善政。

陳・衎 宋開封人。以內侍給事殿廷。梁惟簡薦諸宣仁皇后。累官左藏庫使。以元祐黨事。編管白州。徙配朱崖處死。

陳・衎 明閩縣人。字磐生。嘗入曹學佺閩風樓詩社。有大江集。

陳・貞慧 清于廷子。字定生。明萬曆間廩生。讀書砥行。傾家財以交天下士。與冒襄・侯方域・方以智稱四公子。阮大鋮以逆案久錮。謀復用。貞慧與復社名士吳應箕・顧杲等草留都防亂揭攻之。福王時馬士英秉政。大鋮爲兵部尚書。乃假他事陷貞慧於獄。旋得釋。國亡後。隱居不出。足不入城市者十餘年。順治間卒。有皇明語林・山陽錄・雪岑集・交游錄・秋園雜佩・八大家文選。

陳・貞節 唐潁川人。開元初爲右拾遺。初。隱・章懷・懿德・節愍四太子。並建陵廟。貞節以爲非是。上書爭之。詔可。官終太常博士。

陳・迪 明宣城人。字景道。偶儻有大志。洪武中由薦舉授寧國府學訓導。擢翰林編修。建文初累官禮部尚書。靖難師入。被執。不屈死。崇禎末追謚忠烈。

陳・述 明字宗畦。博覽工詩。長於吏事。由御史歷官四川左參政。適流賊聚衆劫掠。官兵失利。述至。招安三百餘人。復擒五十餘人寘之法。餘黨悉平。初蜀地之民不知力本。述勸課農桑。教之樹藝。自是民用饒裕。復著爲書。名農桑風化錄。刻之蜀中。

陳・郁 宋崇仁人。字仲文。號藏一。理宗時充東宮講堂掌書。有藏一話腴。（按提要作臨川人。此從江西通志。）

陳・重 後漢宜春人。字景公。少與同郡雷義爲友。鄉里爲之語曰。膠漆自謂堅。不如雷與陳。俱學魯詩顏氏春秋。舉孝廉爲郎。有同署郎負息錢數十萬。債主日至。重密爲代還。終不言惠。與義俱拜尚書郎。義黜。重亦病免。復舉茂才。爲細陽令。有異政。拜侍御史卒。

陳・音 明莆田人。字師召。天順進士。選庶吉士。授編修。累遷南京太常少卿。劉吉父喪起復。音貽書勸其固辭。吉不悅。後吏部擬用音。吉輒阻之。弘治中吉罷。始進本寺卿。未幾卒。音負經術。世多游其門者。稱媿齋先生。

陳・修 三國吳武子。有父風。年十九。孫權召見獎勵。拜別部司馬。授兵五百人。時諸將新兵多有逃叛。而修撫循有法。不失一人。擢校尉。建安末追錄功臣後。封都亭侯卒。◎明上饒人。字伯昂。從太祖平浙東。授理官。援引律令。悉本寬厚。擢兵部郎中。遷濟南知府。濟南屢經兵燹。修調劑有方。兵民相安。流亡復業。

帝嘉之。拜吏部尚書。精心繪畫。銓法秩然。卒官。

陳倫炯 【清】同安人。康熙間由蔭生累擢蘇松水師總兵。於吳淞口砲臺立竿懸燈。爲港口南北標識。官至浙江提督。坐事歸卒。有海國聞見錄。

陳剛 【宋】盱江人。字正已。以進士官教授。從陸九淵學。九淵稱其才氣邁往。◎【元】溫州平陽人。字公潛。受業胡長孺之門。晝夜研索。博通天人之奧。文宗西京。詩亦不屑六朝以下。累試不售。後瞽。猶能作文口授。學者稱潛齋先生。有五經問難。四書通辨述。歷代正閏圖說。渾天儀說等書。◎【明】鄞人。字子浩。積學不應試。洪武中徵授神木令。其地控西北邊。習尙桀驁。剛徒步之任。撫牧疲羸。尤急於摧折姦宄。有小吏白敬臣。素險黠。剛欲誅之。敬臣先覺亡去。引賊入寇。挾刃逼令降賊。剛不屈。被殺。

陳剛中 【宋】祥道從子。字彥柔。建炎進士。性慷慨敢論事。紹興中累官太府寺丞。胡銓以劾秦檜貶廣州。剛中以啓爲賀。檜怒。謫知安遠縣。以撫寇冒瘴而死。貧不能葬。士論惜之。

陳員韶 【明】臨海人。字從周。宣德進士。爲御史。出按四川。黜貪獎廉。雪死囚四十餘人。正統末征鄧茂七。往撫其民。釋被誣爲賊者千餘家。歷廣東右參政。福建右布政使。所至拊循教養。得士民心。未幾卒。

陳宮 【後漢】東郡人。字公臺。剛直壯烈。始隨曹操。後自疑。乃從呂布。爲畫策。布不能用。布敗。宮被擒。操欲生之。宮不可。出就戮。操泣而送之。

陳容 【後漢】射陽人。隨臧洪爲東郡丞。洪被執於袁紹。將死。容曰。將軍舉大事而先殺忠義。可乎。紹慙。使人牽出。容顧曰。仁義豈有恆。蹈之則君子。背之則小人。今日寧與臧洪同日而死。不與將軍同日而生。遂見殺。◎【宋】福州長樂人。字公儲。號所翁。端平進士。知平陽縣。簡易從容。邑人化之。時與名士論文講藝。數繹大義。士習以興。官至朝散大夫。詩文豪壯。暇則游戲翰墨。以畫龍名。

陳家棟 【明】黃陂人。字巨任。初游京師。楊漣以劾魏忠賢。尸於朝。親故莫敢收。家棟獨往哭。收其尸。尋以國子生授建寧府經歷。

陳峴 【宋】溫州平陽人。字壽南。淳熙中以博學弘辭科賜第。開禧初韓侂胄好啓兵端。欲用其親吏蘇師旦爲節度使。密諭詞臣使草制。時峴以中書舍人兼直學士院。力持不可。未幾。中貴人有以特旨躐遷遙郡者。峴復論之。御史遂假事劾之以免。士論高之。後起知廣州。徙泉州卒。有東齋集。

陳師 【明】錢塘人。字思貞。嘉靖間會試副榜。官至永昌知府。有覽古評語。禪寄筆談。

陳師凱 【元】南康人。字道勇。隱居廬山。名其地曰東匯澤。有尙書蔡傳旁通。

陳師道 【宋】彭城人。字履常。一字無己。少刻苦問學。熙寧中王氏經學盛行。師道心非其說。遂絕意進取。元祐初蘇軾．傅堯俞輩薦其文行。起爲徐州教授。又用梁燾薦爲太學博士。改教授穎州。罷歸。久之召爲祕書省正字。師道高介有節。安貧樂道。堯俞嘗懷金贈之。見其詞色。不敢出。爲文師曾鞏。論詩推服黃庭堅。精深雅奧。自成一家。與趙挺之友壻。素惡其人。適預郊祀。寒甚。衣無綿。挺之與一裘。卻之。遂以寒疾死。有後山集．後山談叢．後山詩話。

陳師錫 【宋】建陽人。字伯修。熙寧進士。歷監察御史。出知宿遷縣。元祐初蘇軾薦其德行文章。以爲校書郎。徽宗立。拜殿中侍御史。疏陳時務。出知穎盧滑三州。坐黨論削官。置郴州卒。師錫始與陳瓘同論蔡京．蔡卞。時號二陳。有文集。

陳恕 【宋】南昌人。字仲言。少爲縣吏。折節讀書。第太平興國進士。累遷鹽鐵使。釐去宿弊。太宗深器之。題殿柱曰。眞鹽鐵陳恕。眞宗時拜吏部侍郎。知貢舉。首薦王曾。歎曰。名世才也。母亡。哀毀過甚。遂至羸瘠。起復遷尙書左丞。病劇。薦寇準自代卒。

陳恕可 【宋】固始人。字行之。以蔭補官。咸淳中以吳縣尹致仕。詩文醇正近古。工小篆。自號宛委居士。

陳恭 【明】新化人。幼孤。傭身養母。每得食品。未歸獻。不敢先嘗。及母喪。以傭得資殮葬。晝工作。夜廬墓側。哭泣盡哀。如是者三年。

陳恭尹 【清】邦彥子。字元孝。邦彥殉難。恭尹纔十餘歲。比長。遂隱居不仕。自號羅浮布衣。工詩。清迥拔俗。與屈大均．梁佩蘭稱嶺南三家。而爲之冠。兼精書法。有獨漉堂集。

陳振 【明】鄞人。字時起。成化進士。知吳縣。陞監察御史。所至皆著風采。以山東右布政使致仕。平生危言危行。以禮法自防。歷仕三十年。歸田後室廬蕭然。已而子孫死喪且盡。病臥一榻。終不干人。遂餓而死。

陳振孫 【宋】安吉人。字伯玉。號直齋。端平中爲浙西提舉。改知嘉興府。終侍郎。嘗仕於莆田。傳錄夾漈鄭氏方氏林氏吳氏舊書。至五萬一千一百八十餘卷。著直齋書錄解題。極精贍。

陳旅 【元】莆田人。字衆仲。幼篤志於學。以薦爲閩海儒學官。中丞馬祖常奇之。與游京師。虞集見所作。

有我老將休付子斯文之語。郎延至館中。以薦除國子助教。至元初遷國子監丞卒。旅為文典雅峻潔。不徇世好。有安雅堂集。

陳·時芳 〔明〕東陽人。從杜惟熙游。傳王守仁學。博覽多聞。而歸於實踐。歲貢不筮仕。

陳·時夏 〔清〕元謀人。康熙進士。雍正間為江蘇巡撫。疏請修濬福山塘·白茆河·七浦河·吳淞江·孟瀆河·新河·九曲河。尋坐事左遷山東布政使。終內閣學士。世宗時有田陳李鄂之稱。謂田文鏡·李衛·鄂爾泰及時夏也。

陳·書 〔清〕秀水人。錢綸光之妻。陳羣之母。自號上元弟子。晚號南樓老人。幼誦詩禮。好法書名畫。綸光侍親之官。書自教諸子。紡績授讀。並成其學。陳羣有夜紡授經圖以傳其事。生平玩心易理。愛復卦。名所居曰復庵。有復庵詩稿。繪事尤工山水。人物花鳥。並臻逸品。

陳·栻 〔清〕吳縣人。字涇南。號斗泉。以文學翰墨知名。書畫俱宗董其昌。

陳·桓 〔明〕滁人。從太祖渡江。收淮東浙西。平中原。累功授都督僉事。後從征雲南。略定汝寧·靖寧諸州邑。封普定侯。予世券。就令總制雲南諸軍。還坐藍玉黨死。

陳·浩 〔清〕江蘇嘉定人。字智周。號芷洲。諸生。工篆隸。精摹印。取法漢人撥蠟鑄印一派。有古籐齋印譜·篆隸源流·印章典則。⊙〔清〕昌平人。字紫瀾。雍正進士。官至少詹事。有生香書屋稿。

陳·浵 〔清〕安州人。字芈千。性倜儻。少好浮屠說。後棄去。從孫奇逢於蘇門。明季寇亂。浵以家貲收養婦孺。全活甚衆。舉順治鄉試。於陽明傳習錄·鹿善繼尋樂大旨等篇。所得尤深。年七十五卒。

陳·海雍 〔明〕清江人。自號龍潭老人。陳獻章受學於吳與弼。嘗以周易質疑。與弼曰。過清江可叩龍潭老人。獻章歸。如言往謁。適海雍蓑笠犂田。乃延至家。與對榻信宿。辨析疑義。獻章欣服去。既去。語兒輩曰。吳君非知我者。

陳·泰 〔三國魏〕羣子。字玄伯。累遷征西將軍。假節都督雍涼諸軍事。司馬昭稱其沈勇能斷。必能辦賊。後徵為尚書右僕射。高貴鄉公被弒。泰枕帝於股。號哭盡哀。昭曰。玄伯其如我何。泰曰。獨有斬賈充。少可以謝天下。昭曰。卿更思其他。泰曰。豈可使泰復發後言。遂嘔血而卒。謚穆。⊙〔元〕茶陵人。字志同。號所安。延祐進士。以天馬賦得薦。官龍泉簿。以吟咏自怡。有所安遺集。⊙〔明〕光澤人。字吉亨。舉鄉試第一。正統間以監察御史按治山東。克振風紀。以藩憲多匪人。陳疏數千言。大要以選賢去奸為治本。帝嘉納之。後為僉都御史。疏理臨清·濟寧諸處河道。涖下嚴而不苛。為政清明。吏不敢欺。遷右副都御史。謝政歸。成化中卒。

陳泰 〔清〕滿洲鑲黃旗人。姓鈕祜祿氏。額亦都之孫。從征錦州。圍大凌河城。攻杏山松山。略地山東。屢有功。順治間從入關。破李自成。征湖廣福建。破張獻忠餘黨。累官吏部尚書。兼都統。大將軍。封一等子。卒謚忠襄。

陳·泰交 〔明〕嘉興人。字同倩。萬曆中國子監生。有尚書註考·齎志齋集。

陳·泰來 〔明〕平湖人。字伯符。一字上交。萬曆進士。授順天教授。進國子博士。見執政與言路相水火。上書規之。坐是五年不調。引疾歸。後起禮部主事。進員外郎。以疏救趙南星謫饒平典史卒。有員嶠集。⊙〔明〕江西新昌人。字剛長。崇禎進士。為戶科給事中。都城戒嚴。自請假兵一萬。勦清盤殿。帝壯之。改授兵科。出視諸軍戰守方略。以功還吏科右給事中。乞假歸。唐王時起歷右僉都御史。提督江西義軍。清兵至。泰來與舉人曹志明等攻撫州。兵敗皆死。

陳·烈 〔宋〕侯官人。字季慈。為人介僻孝友。學行端飭。動遵古禮。仁宗朝歐陽修薦之。召為國子直講。辭不至。元祐初詔為本州教授。在職不受祿。家租有餘。則推以濟貧乏。卒年七十六。學者稱季甫先生。

陳·珩 〔宋〕一作桁。容弟。或作容姪。字行用。號此山。仕朝請郎。善畫龍水及墨竹枯荷蟲魚蟹鵲。極有生趣。

陳·珪 〔後漢〕球弟子。字漢瑜。少與袁術游。術有異謀。遺書於珪。珪曰。自當戮力漢室。營私阿附。吾不為也。官沛相。⊙〔明〕泰州人。洪武初從徐達平中原。積功至都督僉事。永樂初以靖難功封泰寧侯。董建北京宮殿。經畫有條理。卒謚忠襄。⊙〔明〕常熟人。字伯珪。號著菴。工畫山水。筆意高雅。

陳·阜 〔宋〕漢州人。工畫蕃馬。

陳·阜謨 〔明〕江陰人。字思贊。嘉靖進士。除知蒲州。歷南京工部郎中。有薄游·北游·南都諸稿。

陳·益 〔明〕高安人。字啓行。號行素。永樂間以五經教授於其鄉。學者稱行素先生。景泰間卒。有敝帚集。

陳·益稷 〔元〕安南國王陳日烜弟。至元中日烜拒戰敗走。益稷率官吏降。封為安南國王。命鎮南王脫歡等引兵納之。不克。益稷遂從師還鄂州。遙授湖廣行中書省平章政事。武宗朝官至金紫光祿大夫·儀同三司。卒謚忠銘。工詩。有安南集。

陳貞晟 〔明〕鎮海衞人。字剩夫。一字晦夫。年十七。即自拔於流俗。應試至福州。聞防察過嚴。乃辭歸。不復事舉業。務爲聖賢踐履之學。嘗曰。大學誠意。乃鐵門關。主一二字。乃玉鑰匙也。天順間詣闕上程朱正學纂要。不報。晚居漳之玉洲。自號漳南布衣。有布衣藏稿。

陳矩 〔明〕安肅人。萬曆中爲司禮秉筆太監。提督東廠。爲人平恕識大體。嘗奉詔收書籍。時有蜚書言鄭貴妃謀易太子者。帝必欲得主名。株連甚衆。矩多所保全。後掌司禮監。督廠如故。盧囚亦多平反。及卒。賜祠額曰清忠。

陳祇 〔蜀漢〕汝南人。字奉宗。弱冠知名。稍遷至選曹郎。矜厲有威容。多技藝。挾數術。費禕甚異之。累遷鎮軍將軍。與黃皓互相表裏。深見信愛。卒諡忠。

陳祚 〔明〕吳縣人。字永錫。永樂進士。擢河南布政司參議。坐事落職。洪熙初起爲監察御史。彈擊不避權勢。累官福建按察使僉事。祚篤學尙氣節。累以直言遭貶斥。而志不少挫。有小學辨惑。

陳祚明 〔清〕錢塘人。字允倩。博學善屬文。以賃傭書京師。沒於客邸。有稽留山人集。亦名敝帚集。

陳祖仁 〔元〕汴人。字子山。至正初廷對第一。授修撰。歷樞密副使。累上疏言軍政利害。後以翰林學士拜中書參知政事。是時天下亂已甚。而祖仁性剛直。遇事與時宰論議數不合。乃仍還翰林爲學士。尋遷太常禮儀院使。明兵入京。爲亂軍所害。祖仁一目眇。而議論俊偉。學博而精。爲文簡質。而詩清麗。世多傳之。

陳祖念 〔明〕第子。字修甫。所著易用。每卦詳論其義。又逐爻尋理。以切於人事爲主。故名。

陳祖范 〔清〕常熟人。字亦韓。號見復。雍正舉人。會試中式。以病不與殿試。乾隆中薦經學。授國子監司業銜。卒於家。於學務求心得。有經咫。掌錄。司業集。

陳祐 〔五代吳〕少有勇力。楊隆演署爲黑雲都將。吳越兵侵常州。祐與徐溫內外夾攻。大敗之。後擢爲大將。鎮潤州。平周郊之亂。◎〔宋〕仙井人。字純益。第進士。元符末拜右正言。徽宗令祐論韓忠彥援元祐臣僚事。祐上疏力言不可。遷右司諫。復以論章惇・蔡京・蔡卞・郝隨・鄧洵武忤旨。通判滁州。後編管歸州卒。◎〔清〕崑山人。字君祚。工傳神。嗜酒。鄉人號爲陳癡。順治中湖寇肆掠。執其父子。令祐爲賊魁寫眞。甫下數筆。賊衆皆曰肖。父子俱獲免。

陳祜 〔元〕寧晉人。一名天祐。字慶甫。少好學。家貧。母張氏嘗翦髮易書使讀之。長遂博通經史。鄉黨尊師之。稱茂行先生。初爲穆王府尙書。歷河南府總管。在官清愼。累遷至浙東道宣慰使。遇盜死。諡忠定。有節齋集。（按祜孫思謙傳及一統志均作祐。此從本傳。）

陳純德 〔明〕零陵人。字靜生。爲諸生。以學行稱。舉崇禎進士。擢御史。巡按山西。盡心職業。還朝陳時務七事。尋督畿輔學政。都城陷。賊令百官入見。衆擁純德入。還邸慟哭。自經死。福王時追諡恭節。

陳翁生 〔漢〕梁人。受歐陽尙書於林尊。官信都太傅。

陳耆卿 〔宋〕臨海人。字壽老。號篔窗。嘉定進士。官至國子監司業。有論孟紀蒙・篔窗集・赤城志。

陳耽 〔後漢〕東海人。字漢公。以忠正稱。歷位三司。光和中詔公卿以謠言舉刺史二千石爲民蠹害者。時太尉許馘・司空張濟於宦者子弟賓客。雖貪汚不問。而虛糾小郡清修有惠化者。耽上言謂放鴟梟而囚鸞鳳。宦官怨之。誣陷耽。死獄中。

陳訏 〔清〕海寧人。字言揚。康熙間由貢生官淳安教諭。有句股引蒙・句股述・時用集・宋十五家詩選。

陳訓 〔晉〕歷陽人。字道元。少好祕學。尤善風角。吳孫皓以爲奉禁都尉。使其占候。皓政嚴酷。訓知其必敗而不敢言。入晉。拜諫議大夫。去職卒。

陳起 〔南唐〕蘄州人。舉進士。爲黃梅令。時有妖賊諸佑者。聚衆數百。夜行晝伏。取貲於盜。起到官數日。籍佑爲里長。不服。執佑斬之。由是知名。遷監察御史。◎〔宋〕錢塘人。字宗之。開書肆於睦親坊。亦號陳道人。今所傳宋本諸書。稱臨安陳道人家開雕者。皆起刻也。能詩。凡江湖詩人俱與之善。刊有江湖集。南渡後詩家姓氏不顯者。多賴以傳。

陳起宗 〔宋〕字與祖。工詩。少入上庠。連冠多士。一日歸省。囑同舍生投試卷。起宗治書。同舍嫉之。輒易以周禮。試復第一。年三十七。以徽猷閣學士知并州卒。

陳起書 〔清〕郴州人。字通甫。一字松心。諸生。咸豐間殉難。有撼山草堂遺稿。

陳起鳳 〔清〕太倉人。字偉望。號叩桐。諸生。工詩畫。仿倪迂山水。有蕭閒淡遠之致。有匯影集。

陳軒 〔宋〕建陽人。字元輿。舉進士第二。授平江軍節度推官。元祐中以龍圖閣待制知廬州。徽宗立。擢兵部侍郎。兼侍讀。每勸帝以治貴清淨。帝頗聽行之。加龍圖閣學士。出知杭州福州卒。

陳·逅 【明】常熟人。字貞會。正德進士。除福清知縣。入爲御史。時同官朱制·馮明倫以諫昭聖皇太后免朝賀。詔獄拷訊。逅疏救之。幷下詔獄。謫合浦主簿。累官河南副使。坐事斥爲民。撫按交薦。不起卒。有石淙漫稿。

陳·郛 【宋】建陽人。字彥聖。嘉祐進士。知崑山縣。歲饑。屬邑希郡使者意。不敢蠲賦。郛曰。歲歉而賦不蠲。流離溝壑。何以字民。竟蠲之。後爲司農丞。未嘗謁政府。遷太府丞。請外。除閩漕。以元祐黨坐廢。復朝議大夫卒。郛性清鯁。歷官五十餘年。以廉潔稱。

陳·高 【宋】閩從子。字可中。少游湖學。元符中第進士。召試除太學錄。祭酒龔原·司業傅楫薦其潛心經術。尤深於易。遷博士。政和中除太醫學司業。累上封事。以切直忤蔡京休致。◉【元】溫州平陽人。字子上。至正進士。授慶元路錄事。未三年。輒自免去。方國珍欲招致之。不可得。平陽陷。浮海過山東。謁河南王擴廓帖木兒。論江南虛實。擴廓欲官之。居數月卒。高別號不繫舟漁者。詩文爲流輩推重。有子上存稿·不繫舟漁集。

陳·務滋 【清】湖北人。籍順天。字植夫。官佛岡司獄。工楷書。篆隸鐵筆尤古雅。

陳·商 【唐】繁昌人。字述聖。初隱馬仁山。以文謁韓愈。愈稱其語高旨深。登進士第。會昌中以諫議擢知貢舉。歷禮部侍郎。與撰敬宗實錄。終祕書監。有文集。

陳·啓泰 【清】蓋平人。隸鑲紅旗漢軍。任福建巡海道。値耿精忠叛。啓泰密與海澄公黃梧拒守。會梧病。事不可支。妻劉氏及女先縊。婢妾二十餘口相繼死。啓泰從容引僚屬入視。皆相顧失色。啓泰慷慨陳義。無異平時。再拜自盡。謚忠毅。

陳·啓源 【清】吳江人。字長發。康熙時諸生。研精經學。著毛詩稽古編。閱時十四載。稿凡三易乃成。數典辨物。咸極精博。又有尚書辨略·讀書偶筆·存耕堂稿。

陳·國政 【清】平湖人。字憲生。歲貢生。有陳子古業及詩集。

陳·國楨 【明】善畫翎毛。

陳·國瑞 【清】應城人。字慶雲。咸同間隨僧格林沁轉戰山東安徽湖北直隸河南等省。平苗沛霖。敗張洛型。勦張總愚·任柱。所向有功。官至提督。性好私鬬。喜殺人。曾國藩愛其勇。惡其驕。數戒數千言。國瑞不能從。光緒間卒至坐事削職。戍黑龍江。卒於戍所。尋復總兵。許歸葬。

陳·塤 【宋】永嘉人。字器之。少師葉適。後從朱熹游。所見超卓。登嘉定進士。以通直郎致仕。四方從學者數百人。稱潛室先生。塤嘗言善問者如攻堅木。善待問者如撞鐘。故集其答門弟子之問者曰木鐘集。又有禹貢辨·洪範解等書。

陳·基 【元】臨海人。字敬初。官經筵檢討。嘗爲人草諫章。幾獲罪。引避歸。南州用兵。起參張士誠太尉府軍事。士誠稱王。基獨諫止。官至學士院學士。軍旅倥傯。飛書走檄。多出基手。吳平。明太祖召入預修元史。賜金而還。有夷白齋稿。

陳·執中 【宋】恕子。字昭譽。以父任爲祕書省正字。仁宗時累遷至同中書門下平章事。昭文館大學士。在中書八年。人不敢干以私。惟王洙·石全彬以非禮導帝意。執中隨事奉行。爲世所譏。後以疾賜告就第。卒謚恭。

陳·寅 【宋】成子。以父恩補官。紹定初知西和州。元兵薄城。寅竭力固守。城陷。寅令妻杜氏避兵鋒。杜氏曰。安有生同君祿。死不共王事者。卽飲藥自殺。寅遂伏劍死。謚襄節。

陳·崧 【清】天長人。字壽山。繪夕照寺壁五松。縱橫二丈有奇。松本圍徑尺。離奇天矯。蒼翠濃鬱。極畫松之長。

陳·常 【宋】江南人。以飛白筆作樹石。有清逸意。折枝花以逸筆亂點花頭。妙奪造化。

陳·庶 【唐】揚州人。師邊鸞。工畫花鳥。兼善松石寫眞。

陳·庸 【明】南海人。字秉常。成化舉人。游陳獻章之門。獻章授以自得之學。年五十。以荆門州同入仕。蒞任五日。不能屈曲。卽解官歸隱。病革。設獻章像。焚香再拜而逝。年八十六。

陳·康伯 【宋】弋陽人。字長卿。宣和進士。累拜平章事。高宗稱其沈靜明敏。金兵至廬州。朝臣咸遣家預避。康伯獨迎家入浙。人恃以安。金敗盟。帝降手詔散百官。康伯焚之。奏請親征。尋敗敵於采石。孝宗卽位。封魯國公。及卒。配享孝宗廟庭。謚文恭。後改謚文正。

陳·康祺 【清】鄞人。入貲爲刑曹。同治間成進士。仍官郎中。師法錢大昕·俞正燮。博學多識。尤熟清代掌故。有郎潛紀聞。

陳·從易 【宋】晉江人。字簡夫。第進士。爲彭州軍事推官。召爲祕書省著作佐郎。預修冊府元龜。累擢太常少卿。出知廣州。以清德聞。仁宗時擢知制誥。進龍圖閣直學士。出知杭州卒。從易好學強記。爲人激直少容。喜別白是非。有泉山集·西清奏議。

陳·從信 【宋】永城人。字思齊。恭謹溫毅。心計精敏。太宗在晉邸。令典財用。王宮事悉委之。嘗建議請分屯諸軍率民船以資江淮漕運。其事大集。及卽位。以爲度支使卒。

陳·悰　明常熟人。字次杜。所著天啓宮詞。雜詠天啓軼事。頗足以廣異聞。朱彝尊靜志居詩話。述徐昂發之言。以爲本秦徵蘭撰。悰攘而有之。徵蘭字楚芳。亦常熟人。

陳·惟中　宋吳川人。字子敬。寶祐進士。任文昌縣。景炎中轉餉艘至井澳。元將劉深縱火焚艦。惟中與司戶何時被創力戰。値天反風。餉艘乘上流。亦縱火。深兵始退。

陳·惟寅　明廬山人。元末與弟惟允避兵居吳舡場巷宋朱勔故居。名朱家園。惟寅更曰綠水。日與高啓輩嘯歌釣遊其中。題咏殆遍。

陳·惟裕　明福建長樂人。字饒初。天順進士。官監察御史。屢糾大臣。風裁凜然。時曹石恃復辟功。橫行不法。惟裕疏劾之。幾爲所危。惟裕著文行。事親孝。以母憂卒。

陳·掃靜　後魏彭城舊營人。爲宣武典櫛梳。以巧佞與茹皓常在左右。擅勢納賄。皓敗。掃靜亦死於家。

陳·捷　淸浙江新昌人。字穎侯。號鶴皐。康熙進士。官編修。有止軒餘集。

陳·敏　晉廬江人。字令通。以郡廉吏補尙書倉部令史。出爲廣陵度支。還廣陵相。時惠帝幸長安。四方交爭。敏自謂勇略無敵。遂據歷陽以叛。據有吳越之地。幷假顧榮等爲將軍。逾年榮等以敏刑政無章。子弟凶暴。密告征東將軍劉準攻敏。敏兵潰被斬。傳首京師。◎宋無錫人。字伯修。受業胡瑗之門。瑗奇之曰。錫之英也。熙寧初舉進士。徽宗朝諸蔡用事。斥司馬光等爲奸黨。令郡縣皆立黨人碑。敏守天台。曰。誣司馬公。是誣天也。倅立石。敏碎之。謝事而歸。自號濯纓居士。◎宋皓子。字元功。精騎射。擢閤門祗候。時閩地多寇。敏爲統制。分兵要害。贛州齊述據地叛。敏領部下馳七日徑抵贛圍城。月餘破之。累功封武功縣男。高宗見其狀貌魁岸。除破敵軍統制。駐高郵。屢敗金人。終光州觀察使。◎明陝西華亭人。宣德時爲茂州知州。歷二十餘年。威惠大行。累進右參政。同事多忌之者。爲按察使張淑所劾。罷去。◎明巴州人。諸生。事母至孝。崇禎中賊破巴州。闔城逃散。時敏母病篤。不忍舍去。賊至。欲殺其母。敏引頸乞代。賊義而釋之。

陳·斌　淸德淸人。字陶鄰。號白雲。嘉慶進士。官安徽同知。有白雲文集。

陳·曼　淸南匯人。居川沙。字長倩。號崖道人。明諸生。書畫宗二米。嫻吟詠。有詠歸堂集。

陳·朗　宋兗州人。善製墨。蔡襄許墨。謂朗所製者。在李廷珪·張遇之次。◎淸平湖人。字太暉。號青柯。乾隆進士。官撫州知府。有青柯館集。

陳·桷　宋溫州平陽人。字季壬。政和中以上舍登第。高宗時權禮部侍郎。忤秦檜。罷官。後起知襄陽府。提舉江州太平興國宮卒。桷寬洪蘊藉。以誠接物。而淡於榮利。自號無相居士。有文集。◎明祁門人。字惟宜。學醫於同邑汪機。嘗取機諸弟子所記機治療效驗。裒爲一集。名曰石山醫案。

陳·桱　明著孫。字子經。世傳史學。以司馬氏通鑑·朱子綱目並終於五代。其周威烈王以上。雖有金履祥前編。而亦斷自陶唐。乃以盤古至高辛宋至元著爲二十四卷。名通鑑續編。明初僑寓白下。爲翰林學士。以非罪死。又有尺牘筌蹄。

陳·梅湖　元江寧人。善皇極數。受知世祖。凡遇推卜。多以易數諷諫。朝臣咸敬之。官至江西宣慰副使。

陳·梓　淸餘姚人。字俯恭。又字古銘。一作古民。號一齋。僑寓秀水。從張履祥弟子姚瑚游。以閑邪崇正爲己任。乾隆中舉鴻博·孝廉方正。皆不就。淸苦嚴毅。篤學不懈。有四書質疑·滋仁困知記疑·重輯楊園年譜·詩文集。

陳·梁　淸海鹽人。字則梁。自稱散木子。又號侖者山翁。亦稱涗公。明亡後爲僧。稱个亭和尙。善書工詩。有莧園·侖者·涗筆池·个亭諸集。

陳·淵　宋沙縣人。字知默。初名漸。字幾叟。早年從學二程。後師楊時。時稱其深識聖賢旨趣。且妻以女。紹興中以胡安國薦。充樞密院編修官。召對賜進士出身。除監察御史·右正言。論秦檜親黨鄭億年嘗從賊。乞寢職名。爲檜所惡。以宗正少卿去位卒。學者稱默堂先生。有默堂集。

陳·淬　宋莆田人。字君銳。紹聖初下第。挾策西遊。以戰功爲鄜延路兵馬都監。建炎初爲諸軍統制。金人犯采石。淬獨戰勢窮。大罵。刃交於胸而色不動。與其從子仲敏俱死。

陳·淳　宋龍溪人。字安卿。號北溪。朱熹守漳時。淳從游郡齋。熹稱其無書不讀。無物不格。嘗語人曰。南來吾道得一陳淳。嘉定中授安溪主簿。未上而卒。有論孟學庸義·字義詳講·禮詩女學·北溪大全集等書。◎明呈貢人。字維素。弘治中由舉人任太平府通判。郡有疑獄。淳爲辨之。尤多善政。去之日。民刻像以祀。◎明見陳道復條。

陳·深　陳後主四子。字承源。少聰慧有志操。容止儼然。雖左右近侍。未嘗見其喜慍。以母寵爲後主所愛。封始安王。禎明中立爲皇太子。隋軍入城。深時年十餘。閉閤而坐。使人勞軍。軍人咸敬之。仕隋爲枹罕太守。

◎元平江人。字子徵。宋亡。棄舉子業。閉門著書。天曆間或以能書薦之者。潛匿不出。所居曰寧極齋。別號清全。有詩一卷。又有讀易編・讀詩編・讀春秋編等書。

陳・涵 明字尊淵。畫山川景物。天趣橫生。工詩。善度曲。有擊壤詩集。

陳・清波 宋錢塘人。工畫。

陳・清遠 清錢塘人。號渠仙。善畫山水花鳥。尤精人物。曉音律。

陳・烺 清陽湖人。字叔明。號潛翁。以鹽官需次浙江。精於音律。有玉獅堂五種傳奇行世。

陳・球 後漢下邳人。字伯眞。少涉儒學。善律令。舉孝廉。累官侍御史。桂陽李研聚衆爲寇。命球爲零陵太守。期月盜息。光和初爲永樂少府。謀誅宦官。事洩。下獄死。

陳・祥裔 清順天人。本姓喬氏。號藕漁。康熙中官成都府督捕通判。嘗采蜀中故實。爲蜀都碎事。又著錄自秦漢以迄元明凡同姓名者。爲同人傳。采摭極詳。

陳・祥道 宋福州人。字用之。治平進士。元祐中爲太常博士。終祕書省正字。有禮書・論語全解。

陳・章 清錢塘人。字授衣。一字竹町。號紱齋。布衣。工詩古文。乾隆初舉鴻博不遇。客揚州馬曰琯小玲瓏山館。爲諸名士領袖。有孟晉齋集。

陳・章伯 宋敬叟子。字奎龍。少習舉業。有才藻。恭帝北狩。遂棄諸生。不治生計。茅屋數椽。閉門讀書以終。有巽溪嗣稿。

陳・第 明連江人。字季立。號一齋。萬曆時諸生。都督俞大猷召致幕下。教以兵法。起家京營。出守古北口。歷薊鎭游擊將軍。在鎭十年。邊備修飭。致仕歸。善詩。所居世善堂。藏書極富。有毛詩古音考・伏羲先天圖贊・尚書疏衍・屈宋古音義・寄心集・一齋詩集・五岳兩粵游草。

陳・紹 五代吳宛丘人。歷官左驍衛大將軍。與梁人戰於霍丘。大敗梁兵。是役爲楊隆演時戰功第一。未幾。叛走吳越。徐溫愛其勇。募人擒歸。復使典兵。◎清吳川人。由勇目隸水師營。咸豐・同治間轉戰浙江。所向有功。官至象山協副將。署黃巖鎭總兵。巡洋遇盜。力戰陣亡。謚勇烈。

陳・紹大 元黃巖人。字成甫。以聖學自任。爲文必本經義。生徒常數百人。學者稱西山先生。有四書辨疑。

陳・紹叔 元金沙人。字克甫。號浮丘。幼好學。弱冠博覽羣書。洞達性理。至老不倦。有浮丘集。

陳・紹儒 明南海人。字師孔。嘉靖進士。官至南京工部尚書。有大司空遺稿。

陳・紫芝 清鄞人。字非園。康熙進士。官至御史。伉直敢言。明珠專權。疏劾之。一日朝房値明珠。延坐進茗。歸寓暴卒。

陳・莊 陳後主八子。字承肅。封會稽王。容貌甚陋。性亦嚴酷。以母寵爲後主所愛。官至揚州刺史。入隋爲會昌令。

陳・莢 清秀水人。字甓夫。布衣。康熙中試鴻博不遇。有東谿詩稿。

陳・術 蜀漢漢中人。字申伯。博學多聞。位歷三郡太守。有釋問・益部耆舊傳及志。

陳・規 宋安丘人。字元則。中明法科。建炎中累官龍圖閣直學士。知順昌府。金兵薄城。規與劉錡巡城督戰。屢挫敵鋒。兀朮自將鐵浮屠軍來援。規勉激諸將。軍殊死鬬。斬獲無算。兀朮宵遁。錡奏功。遷樞密直學士。移廬州卒。追封忠利智敏侯。有守城錄。◎金稷山人。字正叔。明昌進士。正大初爲右司諫。數上章言事。尋權吏部郎中。未幾。坐事解職。改充補闕。後出爲中京副留守。未赴卒。規剛毅質實。博學能詩文。南渡後諫官稱許古・陳規。而規不以訐直名。

陳・許廷 明海鹽人。字靈茂。萬曆時諸生。以薦授兵部司務。有春秋左傳典略。

陳・貫 宋河陽人。字中通。少倜儻。數上疏言邊事。舉進士。眞宗識其名。擢眞高第。歷知衢州・涇州。督察盜賊。禁戢不肯。州人憚其嚴。後以刑部郎中直昭文館。知相州。還朝卒。貫喜言兵。所著兵略。世頗稱之。

陳・造 宋高郵人。字唐卿。淳熙進士。官至淮南西路安撫司參議。遭宋不競。事多齟齬。自以無補於世。遂號江湖長翁。善爲文。有江湖長翁文集。

陳・逢堯 清南匯人。字愷之。號華萃。諸生。工詩詞。有耕雲書屋稿・華萃詞草。

陳・陶 南唐劍浦人。少學長安。昇元中來奔。隱居洪州西山。工詩。兼通釋老。自號三教布衣。善天文曆象。所言多驗。以修養燒煉爲事。久之變姓名徒去。不知所終。

陳・傅良 宋瑞安人。字君舉。號止齋。少爲文自成一家。後師事鄭伯熊・薛季宣。傳永嘉之學。乾道中登進士甲科。累遷起居舍人。時光宗以疾不朝重華宮。傅良抗疏忠懇。至引帝裾。不聽。挂冠徑行。寧宗卽位。召爲中書舍人。兼侍讀。直學士院。嘉泰中知泉州。進寶謨閣待制。卒謚文節。學者稱止齋先生。有詩解詁・周禮說・春秋後傳・左氏章旨・歷代兵制・永嘉八面鋒・止齋論祖・止齋文集等書。

陳・勝 秦陽城人。字涉。少時嘗

與人傭耕。輟耕於壟上曰。苟富貴。無相忘。傭者曰。若爲傭耕。何富貴也。勝歎曰。燕雀安知鴻鵠之志哉。二世初發閭左戍漁陽。勝與吳廣皆爲屯長。會大雨失期。法當斬。遂舉兵。詐稱公子扶蘇·楚將項燕。又爲篝火狐鳴以惑衆。入據陳。稱王。號張楚。諸郡縣苦秦苛法。皆歸之。故人嘗與傭耕者謁勝。勝以其妄言斬之。諸將不親附。尋爲其御莊賈所殺。爲王凡六月。秦之亡由勝始。故司馬遷列之於世家。

陳·喬 【南唐】濬子。字子喬。幼穎悟。文辭淸麗。累官翰林學士承旨。門下侍郎。兼樞密使。以社稷爲己任。及建康不守。喬自縊死。李煜旣降。宋祖責其拒命。煜曰。臣爲陳喬所制。時喬已死。太祖憫其忠。詔改葬焉。

陳·喬樅 【淸】壽祺子。字樸園。一字樹滋。道光舉人。仕終撫州知府。治經好漢學。有今文尚書經說考。歐陽夏侯遺說考。三家詩遺說考。毛詩鄭箋改字說。四家詩異文考。齊詩翼氏學疏證。禮堂經說。禮記鄭讀考。

陳·善 【宋】字敬甫。號秋塘。淳熙間豪士。有雪篷夜話。◎【淸】大興人。工畫山水人物。雍正時供奉內庭。◎【淸】錢塘人。字扶雅。號壽客。嘉慶舉人。官嘉善教諭。有損齋文集。

陳·善仕 【明】欽州人。洪武中貢入太學。授山西平陽衞經歷。擢宰蒲縣。歷任三十餘年。妻子不入官舍。勞心撫字。吏民懷之。

陳·堯 【明】南通州人。字敬甫。號梧岡。少開敏。日記千餘言。登嘉靖進士。累官刑部左侍郎致仕。有陳梧岡集·史衡八書·遵聖錄。

陳·堯臣 【宋】婺州人。宣和時登科。假爲畫學正。王黼薦擢水部員外郎。假尚書使遼。繪天祚像。並圖其山川險易以上。擢右司諫。

陳·堯佐 【宋】堯叟弟。字希元。第進士。歷魏縣中牟尉。作海喩一篇。人奇其志。累官參知政事·同平章事。以太子太師致仕。堯佐少好學。初肄業錦屛山。後從种放於終南山。及貴。讀書不輟。善古隸八分。點畫肥重。世謂之堆墨書。尤工詩。自號知餘子。卒謚文惠。有愚丘集·遣興集·潮陽編·野廬編。

陳·堯咨 【宋】堯佐弟。字嘉謨。咸平中進士第一。授將作監。通判濟州。累擢右正言。知制誥·判吏部流內銓。舊格選人用舉者。數遷官。而寒士無以進。堯咨進其可擢者。帝特遷之。以龍圖閣直學士知永興軍。入爲翰林學士。尋拜武信軍節度使。徙知天雄軍。堯咨以氣節自任。工隸書。善射。自號小由基。卒謚康肅。

陳·堯叟 【宋】省華子。字唐夫。端拱初進士第一。授祕書丞。歷廣南西路轉運使。有惠績。會加恩黎桓。爲交州國信使。初將命者必獲賂遺數千緡。堯叟卻之。又悉捕亡命數千歸桓。桓感恩捕海賊爲謝。累官同平章事。拜右僕射。知河陽。還京師卒。謚文忠。有請盟錄三集。

陳·堯道 【宋】義烏人。字景傳。號山堂。負不羈才。工詩。與傅野齊名。◎【元】嘉禾人。字宗遠。自號竹林處士。博學通五經。元末不仕。日與楊維楨輩相倡和。有竹林集。

陳·堯舉 【宋】南豐人。字綱伯。淳祐進士。官至通判臨江軍。嘗承江西運司檄。考試廬陵士子。拔文天祥。世謂其知人。居官甘澹泊。無妄取。學者稱鳳岡先生。

陳·寔 【後漢】許人。字仲弓。少爲縣吏。有志好學。縣令鄧邵奇之。聽受業太學。司空黃瓊辟選聞喜長。再除太丘長。修德清靜。百姓以安。及逮捕黨人。事連寔。餘人多逃避求免。寔曰。吾不就獄。衆無所恃。乃請囚焉。遇赦得出。靈帝初大將軍竇武辟爲掾屬。時中常侍張讓權傾天下。父死歸葬。名士無往者。讓甚恥之。寔獨往弔。及後復誅黨人。讓感寔。故多所全宥。寔在鄉閭。平心率物。有爭訟。輒求判正。至歎曰。寧爲刑罰所加。毋爲陳君所短。累徵不起。年八十四卒。海內赴者三萬餘人。制衰麻者以百數。共刊石立碑。謚爲文範先生。子紀·字元方。諶·字季方。並著高名。時號三君。

陳·富春 【明】福寧人。字必亨。以隆慶選貢授濟寧州判。卻羨金。監泰山香稅。一無所取。遷晉藩經歷。謝病不赴。有岱宗小史。

陳·嶸 【淸】江蘇華亭人。字成京。號岞嵐。晚號慧香。貢生。以薦充纂修詩經館分校。議敘知縣。還乞歸。杜門著述。有祖硯堂集·呵壁詞。

陳·彭年 【宋】南城人。字永年。幼嗜學。年十三。著皇綱論萬餘言。爲名輩所賞。南唐主李煜聞之。召入宮。令幼子仲宣與之游。金陵平。師事徐鉉爲文。第雍熙進士。後附王欽若·丁謂。仕至兵部侍郎。性博聞强記。於朝廷典禮。無不參預。深爲眞宗所重。卒謚文僖。有文集·唐記·江南別錄。又奉勅編宋重修廣韻。

陳·循 【明】泰和人。字德遵。永樂進士第一。授翰林修撰。正統中累進戶部右侍郎。景泰中進華蓋殿大學士。嘗集古帝王行事。名勤政要典上之。英宗復位。杖循百。戍鐵嶺衞。循居政地久。進言多足採。然性刻躁。爲士論所薄。石亨等敗。循自貶所上書自訟。釋爲民卒。有芳洲集·東行百詠集句。

陳·復 【明】懷安人。字鼎初。永樂

進士。正統中由戶部主事知杭州。廉靜無私。獄訟大息。日坐堂皇。與曹掾講讀律令而已。丁母憂。民庶保留。起復。卒於官。貧至不能斂。⊙【明】燕山人。字啓陽。號垣垣居士。弘治時爲國子監典籍。善畫山水松竹。精寫照。兼工詩文。

陳・悲 【周】善相馬。

陳惠公、【春秋陳】哀公孫。名吳。楚靈王滅陳五歲。公子棄疾弑靈王代立。欲得和諸侯。乃求吳。立爲陳侯。續哀公卒時年而爲元。空籍五歲。在位二十八年卒。謚惠。

陳・惲 【三國吳】桐廬人。仕吳爲征寇將軍。有仙術。嘗於餘姚一夕築九里塘。不假人力而成。今桐廬南北二鄉。多陳侯廟。卽惲也。

陳・揆 【清】常熟人。字子準。道光時諸生。好古籍。精校勘。所居稽瑞樓。儲書甚富。尤備於地志。有琴川志注・琴川續志・虞邑遺文錄等書。

陳・揚 【宋】工畫雜蹟。

陳・援 【明】烏程人。字以通。性廉介。博學能文。洪武中由長興學訓導遷刑科給事中。累官大理寺丞。讞獄多所平反。嘗陳治平十疏。爲時所稱。

陳・敞 【漢】安陵人。工畫牛馬飛鳥。

陳・普 【宋】寧德人。字尙德。號懼齋。居石堂山。入元。隱居授徒。三辟爲本省教授。不起。巋然以斯道自任。四方及門者數百人。嘗聘主雲莊書院。晚居蔣中。造就益衆。其學以眞知實踐。求無愧於古聖賢而後已。學者稱石堂先生。有石堂遺集。

陳・景 【清】彝陵人。字子文。號借山。善畫牛。花鳥入能品。少好擊劍。有俠氣。嗜酒自放。後折節讀書。嘗出游。見羣雁飛鳴。得悟筆意。字學日進。詩有風致。

陳・景元 【宋】南城人。道士。字太虛。自稱碧虛子。讀書至老不倦。神宗聞其名。召對天章閣。累遷至右街副道錄。賜號眞人。乞歸廬山。行李百擔皆經史。詩書畫皆清婉可喜。⊙【清】漢軍正紅旗人。字石閭。工詩。有居白詩集。

陳・景行 【明】通州人。穆宗繼后陳皇后父。官錦衣千戶。封固安伯。爲人恭敬好學。居家常以退讓誡諸子。萬曆中卒。

陳・景沂 【宋】天台人。號肥遯。所著全芳備祖前後集。記花果草木。每一物分事實祖賦詠祖二類。薈仿藝文類聚之類。於兩宋尤詳備。多有他書不載及其本集已佚者。皆可資考證。

陳・景思 【宋】康伯孫。字思誠。以恩補承奉郎。仕至太府卿。兼夏官侍郎。競朋通達。而以門閥自畏。問學師友。出於嗜欲。時朱熹以僞學被攻。景思與韓侂冑有姻連。勸勿爲已甚。道學不遂廢。景思之力爲多。

陳・景雲 【清】吳縣人。字少章。康熙時諸生。從何焯游。博通羣籍。深於史學。尤長考訂。性孤介。游京師。試不售。年甫四十。以母老遂不復出。及卒。門人私諡文道先生。有讀書記聞・綱目辨誤・兩漢訂誤・三國志校誤・韓柳文校誤・文選校正・通鑑胡注正誤・紀元考略及文集。

陳・智 【明】湖廣咸寧人。字孟機。永樂進士。授御史。巡按福建蘇松。理冤獄。多善政。遷陝西按察使。洪熙初入覲。兵部奏以馬給朝覲官。智上章謂上親卽位。俾職官孳牧。恐傷國體。帝嘉納之。官至右都御史。

陳・智夫 【宋】襄陽人。長於歌詩。遇異人授吐納之術。佳句多於夢中得之。

陳・最 【宋】福安人。字季常。宣和進士。授新昌縣丞。會杭卒叛。最單騎見賊。以理諭之。賊感其義。送之歸。召對稱旨。授諸司糧料院。佐鄭剛中使川陝。與金畫地界。力折金使。時秦檜方主和議。最力沮之。檜不悅。出知興國軍。

陳・曾 【清】無錫人。字衣聖。與黃夢白同著詩經廣大全。

陳・朝老 【宋】政和人。字廷臣。元符末爲太學生。論事剴切。大觀中以何執中爲左僕射。朝老上書力諫。宣和末復與陳東等上書論蔡京・童貫・王黼・李彥・梁師成・朱勔爲六賊。編置道州。建炎改元。遇赦。歸耕石門。紹興間三詔徵之。堅辭不赴。學者稱曰陳三詔。

陳・棐 【明】鄢陵人。字文岡。嘉靖進士。任禮科給事中。直諫敢言。不避權貴。因忤旨謫大名長垣丞。陞知縣。蒞政寬平。吏民畏服。期年。百廢具舉。歷陞寧夏巡撫。都御史卒。有陳文岡集。

陳・棣 【宋】青田人。字鄂父。官至潭州通判。有蒙隱集。

陳・檠 【清】海寧人。字洛如。九歲能作擘窠書。直隸總督方觀承延入署。令書清愼勤三大字。懸之堂上。

陳・植 【元】吳郡人。字叔方。號愼獨叟。性純孝。刻苦力學。工詩。畫江浦樹石。蒼莽疎宕。有黃子久氣韻。⊙【明】廬江人。元末舉鄉試不仕。建文時官至兵部右侍郎。燕兵臨江。植監戰江上。部將有議迎降者。植責以大義。部將遂殺植以降。燕王誅部將。遣官護葬白石山上。

陳・欽 【漢】廣信人。字子佚。治左氏春秋。事黎陽賈護。王莽從欽受左氏學。以爲厭難將軍。

陳・湘 【明】杭州人。以左臂畫山水得名。⊙【清】常熟人。號寶齋。工畫花卉。

陳湜　清湘鄉人。字舫仙。咸豐間從攻洪秀全。轉戰江西安徽各省。所至有功。官至江西布政使卒。

陳湯　漢瑕丘人。字子公。少好書。博達善屬文。元帝時以薦爲郎。遷西域副校尉。湯多策謀。喜奇功。旣使外國。矯制發兵斬郅支單于。論功賜爵關內侯。成帝時王鳳奏爲從事中郎。以賕徙邊。還長安卒。追謚壯。

陳滑公　春秋陳懷公子。名周。立二十四年。楚惠王以兵北伐。殺公。遂滅陳。謚滑。

陳無宇　春秋齊須無子。事景公爲大夫。欒高氏皆嗜酒信內。強於陳鮑氏而惡之。無宇伐欒高氏。欒施·高彊奔魯。陳鮑分其室。無宇盡致諸公。而請老於莒。凡公子公孫之無祿者。私分之邑。國之貧約孤寡者。私與之粟。穆孟姬爲之請高唐。陳氏始大。卒謚桓子。

陳焯　清桐城人。字默公。順治進士。官兵部主事。親老乞歸。所輯宋元詩會。於宋元遺集之不傳者。蒐輯頗多。足資考據。◎清歸安人。字映之。號無軒。以貢生官鎭海訓導。博雅善賞鑒。工畫山水。有湘管齋寓賞編·清源雜志·感舊懷賢錄·湘管齋集。

陳琛　明晉江人。字思獻。杜門獨學。蔡清見其文異之曰。吾得友此人足矣。遂從清游。舉正德進士。歷官考功主事。乞終養歸。嘉靖中起江西提學僉事。辭不赴。學者稱紫峯先生。有四書淺說·易經通典·正學編·紫峯集。

陳琦　宋臨江人。字擇之。號克齋。乾道進士。從張栻游。負用世才。栻甚重之。張浚帥蜀。辟爲機宜。時蜀人私以楮幣爲貨。謂之交子。中官権其稅。再歲一易。謂之交界。有司因以爲弊。凡券之微壞者皆沒入之。不賂不易。浚謀於琦。卒杜其奸。蜀人大悅。朝議欲用爲郡。會病卒。◎明福安人。字公琰。永樂進士。以與修永樂大典。超授江西按察僉事。能斷疑獄。時稱神明。◎明吳縣人。字粹之。成化進士。授南京大理寺副。歷寺正。擢江西僉事。遷貴州副使罷歸。家具蕭然。日與學者講解經義。有觸發處。輒發於詩。有冷菴集。

陳琰　宋臨河人。字伯玉。第進士。爲太常博士。轉運使盧士倫。曹利用壻也。怙勢。聽獄不以直。訟者不已。付琰評決。琰直之。累遷殿中侍御史。天聖中祀南郊。中外以爲丁謂復還。琰上疏請勿原赦。帝然之。官至尚書工部郎中卒。

陳琳　三國魏廣陵人。字孔璋。初爲何進主簿。後歸袁紹。嘗爲紹移書曹操。數其罪狀。操先苦頭風。是日疾發臥。讀琳所作。翕然起曰。此愈我病。紹敗。歸操。愛其才而不咎。以爲記室。軍國書檄。多出琳手。數加厚賜。徙門下督卒。琳與王粲等俱以文學齊名。爲建安七子之一。◎宋珏子。字仲美。畫山水人物花鳥。無不臻妙。論者謂南渡二百年。無此手筆。◎明莆田人。字玉疇。弘治進士。由庶吉士改御史。上端本修政十五事。出督南畿學政。劉瑾逐劉健·謝遷等。琳抗章甚切直。謫揭陽丞。瑾敗。遷嘉興同知。世宗時終南京兵部右侍郎。

陳琴　清惠安人。由投誠義勇從勦海盜有功。嘉慶間隨提督王得祿勦蔡牽。轉戰至黑水洋。燬牽舟。牽溺死。官至定海鎭總兵。後因事奪職。戍新疆卒。

陳留老父　後漢桓帝時。黨錮事起。外黃令張升去官歸鄉里。道逢友人。相抱而泣。老父趨而過之。植其杖。太息言曰。龍不隱鱗。鳳不藏羽。網羅高懸。去將安所。二人欲與之言。不顧而去。莫知所終。

陳登　三國魏珪子。字元龍。舉孝廉。漢建安中爲廣陵太守。有威名。掎角呂布有功。加伏波將軍卒。後許汜在劉表坐。與劉備共論人物。汜曰。元龍湖海之士。豪氣未除。備問故。汜曰。昔過下邳。見元龍無主客禮。自上大牀臥。使客臥下牀。備曰。君有國士名。而不留心救世。乃求田問舍。言無可采。是元龍所諱也。如我當臥百尺樓上。臥君於地。何但上下牀之間哉。表大笑。◎明福州長樂人。字思孝。洪武中以儒士授羅田縣丞。善文辭。尤工篆籀。永樂初選入翰林。預修國史。擢中書舍人卒。有石田吟稿。

陳登元　明連江人。字龍淮。工書畫。以氣節自持。詩歌古文詞。類多感慨。有漁邨集。

陳登雲　明唐山人。字從龍。萬曆進士。除鄢陵知縣。徵授御史。時廷臣方爭建儲。鄭貴妃家陰阻之。登雲遂因災異劾妃父承憲。詞甚切直。朝右皆憚之。歷按遼東山西河南。風裁峻厲。久之移疾歸卒。

陳皓　宋石城人。字彥章。倜儻有大志。負武略。弱冠爲邑尉都部。靖康初金人來犯。集義兵勤王。建炎末贛賊李仁功陷寧都·石城。皓不肯降。潛從長汀募兵數千人。與子敏死戰。賊退。補承信郎。

陳策　宋上虞人。字次賈。受業於劉漢弼。累官帥幕。欲以經世自任而不遂。晚年自號南墅。◎清錢塘人。字嘉謀。有篆文纂要。

陳絳　宋莆田人。舉咸平進士甲科。再試賢良第一。除右正言。歷司諫·起居舍人。凡十年。以工部郎中知福州。左遷藤州通判卒。有文集。◎明上虞人。字用言。嘉靖進士。官至太常卿。仿論衡著山堂隨鈔。所居有金罍山。陶望齡爲删汰之。改名金罍子。

陳翔　【後漢】邵陵人。字子麟。少知名。善交結。以孝廉高第拜侍御史。遷揚州刺史。舉劾贓吏。威名大振。官至御史中丞。坐黨事考訊。以無驗見原。卒於家。

陳舒　【清】嘉善人。一作華亭人。僑居江寧。字原舒。號道山。順治進士。官布政使參議。工畫花鳥草蟲。善詩詞。有道山詩鈔。

陳舜申　【宋】連江人。字休謨。七歲能屬文。舉淳熙進士。知漳浦縣。有惠政。遷著作郎。入對以正心任人爲先。帝嘉納。由是有忌者。遂主管武夷沖祐觀。起參議淮閫。未赴卒。有易鑑・語孟中庸大學集解・高齋文集。

陳舜俞　【宋】烏程人。字令舉。博學強記。舉慶曆進士。又舉制科第一。熙寧中以屯田員外郎知山陰縣。青苗法行。舜俞不奉令。上疏自劾。貶監南康酒稅卒。舜俞嘗居秀州之白牛村。自號白牛居士。有廬山記・都官集。

陳象明　【明】東莞人。字麗南。崇禎進士。授戶部主事。榷稅淮安。以清操聞。累遷湖南道副使。永明王立廣東。檄象明調土兵至梧州。戰死。

陳象祖　【宋】侯官人。字儀父。從學黃榦。不避勞苦。榦稱其講之精。行之果。如干將・莫邪。先師之道。可不至如浮雲點翳。

陳象賢　【清】常熟人。號玉淵。性敏慧。通陰陽堪輿之學。有海虞別乘・寧夏兵變紀略・水利圖說・青烏雜著・選日要删。

陳賀　【漢】以舍人從高祖起碭。拜都尉。屬韓信擊項籍爲將軍。有功。封費侯。

陳睨　【南唐】閩人。志操古朴。不苟仕進。居廬山幾四十年。苦思於詩。學者多師事之。李景以幣致之。睨布裘鹿鞹。進止閒雅。因獻景陽宮懷古詩。景稱善。授官固辭。賜粟帛遣還。

陳貽範　【宋】臨海人。字伯模。治平進士。嘗游胡瑗之門。又師事陳襄。歷宗正丞。通判處州。民懷其德。有慶善集。

陳貴誼　【宋】福清人。字正甫。慶元進士。爲太學博士。時議更楮幣。貴誼援熙寧新法爲諫。理宗時遷中書舍人。內侍濫受恩賞。輒封還詔書。拜參知政事。兼同知樞密院事。帝恆獎其有憂國之言。未幾致仕卒。

陳越　【宋】尉氏人。字損之。少好學。尤精歷代史。文辭俊拔。咸平中舉賢良。累遷著作佐郎。直史館。預修册府元龜。與陳從易・劉筠尤爲勤職。擢右正言。性耿概任氣。家徒四壁。不以屑意。以嗜酒遘疾卒。

陳軫　【戰國】【齊】夏人。善游說。歷仕秦楚。

陳逵　【清】青浦人。韶弟。原名夢鴻。字吉甫。號東橋。諸生。善寫蘭。尤長竹石。工書及詩古文。有東橋詩鈔。

陳閎　【唐】會稽人。爲陳王府長史。畫師曹霸。開元中召入供奉。詔寫御容。善繪故實及人物士女。又工鞍馬。俱稱妙品。(按唐書藝文志作陳宏。此從舊唐書惠文太子範傳及浙江通志。)

陳開　【宋】仙遊人。字發明。熙寧進士。調密州教授。太守蘇軾深器重之。諸生力留。更七年而後代。密州儒風之盛自開始。後入爲太學博士。召對進二劄。其一排新法。其一去小人進君子。言議激切。當國者忌之。出爲雄州通判。尋陞宗正寺丞卒。

陳隆之　【宋】淳祐初官四川制置使。成都被圍。守禦旬勿下。部將開門納敵兵。隆之舉家數百口皆死。檻隆之至漢川。命諭守臣王夔降。隆之呼夔毋降。遂遇害。

陳階平　【清】泗州人。名安魁。以字行。號雨峰。別號鹿岑。乾隆間從軍。道光間官至福建水師提督。英人入厦門。階平督兵拒戰有功。尋罷歸。英人陷厦門。復起爲提督。和議成。假歸卒。

陳雅言　【明】永豐人。洪武中薦舉不起。後領永豐教事以終。所著四書一覽・大學管窺・中庸類編。均已佚。存者有書義卓躍。

陳集原　【唐】開陽人。世爲酋長。父龍樹。爲欽州刺史。有疾。集原輒不食。及亡。嘔血數升。即塋作廬。盡以田貲讓兄弟。里人高之。武后時歷右豹韜衛大將軍。

陳須無　【春秋】【齊】完孫。仕莊公爲大夫。宋向戌欲弭諸侯之兵以爲名。如晉。晉許之。如楚。楚亦許之。遂如齊。齊人難之。須無曰。晉楚許之。我爲得已。且人曰弭兵。而我弗許。則固攜吾民矣。遂許之。卒諡文子。

陳黃中　【清】景雲子。字和叔。晚號東莊谷叟。諸生。乾隆初召試鴻博不遇。嘗游南北歸。一意著作。爲文清勁雄深。尤長於史。有宋史稿・新唐書刊誤・謚法考・導河書・詩文集。

陳僅　【清】鄞人。字餘山。號漁珊。嘉慶舉人。累官寧陝廳同知。所至多善政。好讀書。尤長於詩。有羣經質・詩頌・捕蝗彙編・南山保甲書・繼雅堂集・竹林答問。

陳圓圓　【明】姑蘇名妓。本姓邢。幼從養姥氏陳。名沅。字畹芬。有殊色。善歌。初爲田畹所得。後歸吳三桂。李自成破京師。圓圓爲自成所得。三桂大怒。乞清師破自成。乃復得圓圓。順治中三桂進爵爲王。圓圓將正妃位。辭。三桂後婦悍妬。圓圓獨居別院。及三桂有異謀。圓圓窺其微。乞爲女道士以終。

陳・塤　【宋】鄞人。字和仲。嘉定進士。調黃州教授。喪父毀瘠。考古禮行之。師事楊簡。攻苦食淡。晝夜不怠。累官太常博士。論政切直。其舅史彌遠謂之曰。吾甥殆好名耶。塤曰。求士於三代之上。惟恐其好名。求士於三代之下。惟恐其不好名耳。出判嘉興府。彌遠卒。召爲樞密院編修官。歷國子司業。出知溫州。未上。以言事罷歸卒。學者稱習庵先生。

陳・塏　【宋】嘉興人。字子爽。咸淳中歷京湖制置使司。至戶部尙書。屢乘障節。軍民愛戴。幕客盛多。而樂薦士。尋以端明殿學士提舉太平興國宮。卒謚清毅。有可齋瓿稿。◉【明】餘姚人。字山甫。嘉靖進士。由行人轉南給事中。劾武定侯郭勛驕恣。嚴嵩欲見之。不可。出爲湖廣參議。轉參政歸。讀書如寒士。詩文不爲奇崛。有洪永風。

陳・敬　【宋】河南人。字子中。嘗集沈立・洪芻以下十一家之說。爲香譜一書。蒐采極博。佚文遺事。多賴以傳。◉【明】增城人。洪武中以賢良舉。授禮部郎中。左遷曲靖府幕官。尋署劍川州事。鄰寇竊發。攻州城。力戰死。

陳・敬宗　【明】慈谿人。字光世。號澹然居士。永樂進士。選庶吉士。與修永樂大典。授刑部主事。遷南京國子司業。進祭酒。威儀端整。爲士林所重。卒謚文定。有澹然集。

陳・敬忠　【明】貴池人。洪武進士。建文時爲刑科給事中。靖難後。有詔授敬忠官。敬忠上書請成祖退位。詔收之。腰斬於市。

陳・敬叟　【宋】臨武人。字炳然。博學能詩文。咸淳進士。授來陽學錄。恭帝北狩。遂隱居不仕。益肆力於詩文。有巽溪集。

陳・敬瑄　【唐】田令孜兄。少賤。爲餅師。僖宗時緣令孜籍。累擢西川節度使。封潁川王。令孜得罪。敬瑄被流端州。會昭宗立。敬瑄拒詔。募黃頭軍以自守。時王建據閬利。自請討敬瑄敗之。爲建所殺。

陳・新甲　【明】長壽人。萬曆舉人。崇禎中爲寧前兵備。擢右僉都御史。巡撫宣府。徧歷塞垣。具得士馬損耗。城堡傾頹。弓矢甲杖朽敝狀。屢疏請於朝。加意整飭。邊防賴之。楊嗣昌薦於朝。擢兵部右侍郎。總督宣大。累官兵部尙書。新甲雅有才。曉邊事。然不能持廉。深結中貴爲援。帝初甚倚之。使密與清兵圖和議。後以其洩機事。殺之。

陳・暐　【明】河南人。字耀卿。弘治間官蘇州通判。所著吳中金石新編。用意謹嚴。且多志乘文集所未載。足資考鏡。

陳・暄　【陳】昕少弟。學不師受。文才俊逸。尤嗜酒。沈湎無度。後主在東宮。引爲學士。及卽位。遷通直散騎常侍。與孔範・袁權等恒入禁中陪侍游宴。謂爲狎客。後主甚親暱而輕侮之。嘗倒懸於梁。臨之以刃。命使作賦。仍限以晷刻。暄援筆卽成。不以爲病。而傲弄轉甚。後主不能容。暄發悸死。

陳・暘　【宋】祥道弟。字晉之。中紹聖制科。授順昌軍節度推官。徽宗初進迓衡集。以勸導紹述。爲太學博士。祕書省正字。禮部侍郎趙挺之言暘所著樂書。貫穿明備。遷太常丞。進駕部員外郎。爲講議司參詳禮樂官。後官禮部侍郎。

陳・楚　【唐】定州人。字材卿。有武幹。始爲牙將。從李茂昭征伐有功。元和末定州亂。拜楚易定節度使。令馳傳赴州。軍校部伍。皆楚舊也。衆心遂定。入爲羽林統軍。檢校司空卒。

陳・楚舟　【元】臨武人。由明經授阜州衞經歷。泰定間遣使於番。番主遺以金珠。楚舟曰。義不可辱吾主。卻之。使還。帝嘉其廉。賜號蓬雪。

陳・楠　【宋】博羅人。得太乙金丹訣。能捻土療人病。人呼爲陳泥丸。後歸羅浮。能驅狐鞭龍。浮笠濟湍。顯諸神異。

陳・溱　【明】蘄州人。字濟寬。正統舉人。授工部主事。分督濟寧河閘。中貴樓船犯禁。溱繩以法。被誣謫戍貴州卒。有獨醉稿。

陳・源　【宋】淳熙中提舉德壽宮。頗有寵。光宗時除入內內侍押班。帝以疾不朝重華宮。源與內侍楊舜卿・林億年數有間言。寧宗卽位。命三人俱事光宗於泰安宮。御史章穎論其離間君親。詔貶源婺州死。

陳・煥　【宋】博羅人。字少微。安貧守道。敝衣疏食。處之宴如。鄉人稱曰陳先生。祭酒芮燁嘗造其廬。見四壁蕭然。贈以詩而去。煥詩清勁。以特科調高安縣簿。秩滿不仕。

陳・煥章　【元】永新人。一名與彰。字春成。又字宗周。號渙翁。又號古春先生。讀書不第。肆意於詩。晚遭亂。隱居白雲峰下以終。有白雲集。

陳・煒　【明】叔剛子。字文耀。號恥菴。天順進士。成化初選監察御史。風裁峻整。劾罷錦衣指揮門達。歷江西按察使・右布政使。平反疑獄。爲民興利除弊。具有實績。轉浙江左布政使。未上卒。有恥菴集。

陳・煌劉　【明】常熟人。字鴻文。後改名鴻。崇禎副貢。官翰林院典籍兼待詔。南都失。痛不欲生。歸隱以終。

陳・熙 明吳縣人。字子明。號五陵。工畫山水。得宋元筆意。性豪曠。畏壓驚。興至揮染。購者必坐候乃得。◎淸常熟人。字文緝。工寫人物兼傳神。◎淸杭州人。字右昭。號豆村。布衣。善畫山水人物。富陽董邦達欲延之京。以母老辭。終身不出郡城。

陳・熙晉 淸義烏人。字析木。號西橋。嘉慶優貢。以知縣揀發貴州。攝知府。改守宜昌。仁恕簡易。而疾惡不貸。生平不鶩聲華。惟沈潛經學。有宿儒循吏之目。有春秋術義拾遺・春秋規過考信・古文孝經術義疏證・宋大夫集箋注。

陳・瑞貞 明番禺陳仲裕女。通孝經內則列女傳女誡諸書。洪武初選充內尙書。宮嬪咸師事之。成祖時以病終於宮。

陳・瑛 明滁人。洪武中以人才貢入太學。建文初爲北平僉事。與燕王通密謀。逮謫廣西。燕王稱帝。召爲右副都御史。爲人殘刻。專以搏擊爲事。閱方孝孺・胡閏等獄。所籍數百家。帝寵任之。擢僉都御史。後得罪下獄死。◎明竹山人。永樂初以明經應詔。除刑科給事中。性剛直。奏劾無所忌。朝廷重之。◎明封丘人。母早喪。事繼母翟氏孝謹。翟卒。瑛廬墓三年。成化間詔旌其門。

陳・瑄 明合肥人。字彥純。闓爽英毅。喜閱載籍。尤精騎射。征南番諸蠻。累立戰功。擢都督僉事。永樂初封平江伯。充總兵官。總督海運。築管家湖高郵湖隄。開白塔河通大江。自淮至臨淸。建閘四十七所。舟楫利之。卒於官。諡恭襄。◎淸高郵人。字仲宣。號修六。又號范庵。康熙進士。官至戶部郎中。有范庵詩集・居官要覽・讀律佩觿註釋・蜀道紀游。

陳・瑑 淸詩庭子。字聘侯。一字恬生。道光舉人。幼孤。忍飢誦經。爲童子師以自給。精於書數之學。自署六九學人。有說文引經考證・春秋歲星算例・說文舉例。

陳・瑚 淸太倉人。字言夏。號確庵。明崇禎舉人。貫通五經。務爲實學。國變後。絕意仕進。從學者雲集。有聖學入門・求道錄等書。

陳・盟 明富順人。號鶴灘。天啓進士。官至吏部右侍郎。兼翰林院學士。有崇禎閣臣行略。

陳・祼 明吳縣人。一作雲間人。初名環。字叔祼。號白室。更字誠將。善書畫。晚年遁跡虎丘。以吟咏自適。有嫗解集。

陳・稜 隋襄安人。字長威。大業中拜虎賁郎將。汎海擊琉球國。斬其主歡斯渴剌兜及小王歡斯老模。虜男女數千而歸。積功拜右禦衞將軍。煬帝被弒。宇文化及引軍北上。召稜守江都。稜集衆縞素爲帝發喪改葬。論者義之。後奔杜伏威。伏威忌而害之。

陳・經 宋安福人。字顯之。一字正甫。慶元進士。官終奉議郎・泉州泊幹。經嗜書成癖。啓益後學爲多。有尙書詳解・詩講義・存齋語錄諸書。◎明益都人。字伯常。正德進士。擢兵科給事中。忠直敢言。武宗末劾奏寧彬餘黨。帝覽疏。顧左右曰。此臂給事中也。世宗時累遷兵部尙書。時邊警日至。經殫心籌畫。條上防禦事宜。帝皆允行。邊臣議復河套。經力陳不可。忤宰執意。乞致仕卒。◎淸烏程人。字抱之。官主事。嗜金石。藏三代尊彝及秦漢以下古錢私印古磚極多。題所居曰求古精舍。工隸書。◎淸荊溪人。字景辰。號墨莊。布衣。有墨莊古文。

陳・經正 宋平陽人。字貴一。與其弟經邦俱從程頤游。其二弟經德・經郛。亦私淑洛學。平陽學統。始於經正兄弟。經正嘗曰。盈天地間皆我之性。不復知我之爲我。

陳・經綸 明新會人。字汝學。少穎悟。弱冠領成化鄉薦第一。登進士。奉使廣西。暇與士子講易。一時宗之。授南京戶部主事。以事忤權貴。謫象州同知。至則撫定猺民。修學勸教。撫按疏薦之。尋卒於官。有寒泉遺稿。

陳・羣 三國魏紀子。字長文。爲兒時。祖父寔每奇之。魯國孔融。先與紀友。後與羣交。更爲紀拜。由是顯名。曹操辟爲司空掾。魏國建。累遷尙書。制九品官人之法。文帝踐阼。遷鎭軍大將軍。錄尙書事。授遺詔。明帝卽位。進封潁陰侯。羣前後數陳得失。每上封事。輒削其草。時人或譏羣居位拱默。正始中詔錄名臣奏議。朝士乃見羣諫事。皆歎息焉。卒諡靖。

陳・肅 元無錫人。字伯將。工詩。舉博學弘才。爲蘭溪州判官。累官翰林學士・兵部尙書・河南行省左丞。至正末沒於兵。有伯將集。

陳・與郊 明海寧人。字廣野。號玉陽仙史。萬曆進士。官至太常少卿。工樂府。有檀弓輯註・方言類聚・黃門集・廣修辭指南・杜詩註評・隅園集・文選章句・昭君出塞等雜劇。

陳・與義 宋希亮曾孫。希亮遷洛。故爲洛陽人。字去非。號簡齋。政和間登上舍甲科。紹興中累官參知政事。唯師用道德以輔朝廷。務尊主威而振紀綱。從帝如建康。還臨安。請閒。提舉洞霄宮卒。與義容狀儼恪。不妄言笑。其薦士於朝。退未嘗以語人。尤長於詩。嘗賦墨梅。見知於徽宗。有簡齋集・無住詞。

陳・著 宋鄞人。字子微。號本堂。寶祐進士。賈似道當國。諷其及門。

著不可。授安福令。改知嵊縣。時嵊爲戚畹所居。有司不得行其政者十七年。著至。獨持風裁。威令肅然。遷通判揚州。嵊民祖帳塞路。至城岡嶺上。因名曰陳公嶺。後以監察御史知台州。除祕書監。不就。宋亡。隱居四明山中卒。有歷代紀統·本堂集。(按嵊縣志陳公嶺舊名城岡嶺。宋元學案作城岡嶺。)

陳·葵　宋青田人。字叔向。篤學不倦。舉隆興進士。知平陽縣。居官廉介。師事魏益之。朱熹重其人。使學者往從之。曰。師之可以寡過。又與子在書曰。過青田不可不見陳叔向也。◎清　履謙子。字向父。有蘭洲雜編。

陳·葆先　宋道士。住天慶觀。嘗夢玄武授以白璧。遂善符篆。治病立愈。有丹神蒙求。

陳·萬年　漢相人。字幼公。起郡吏。累官右扶風。遷太僕。性廉平。內行修。然善事人。賂遺外戚。傾家自盡。丙吉薦於宣帝。後至御史大夫卒。

陳·萬言　明大名人。世宗孝潔皇后父。諸生。官都督同知。封泰和伯。乞武清·東安地各千頃爲莊田。給事中張漢卿諫阻之。勿聽。及皇后崩。萬言亦絀。

陳·萬卷　明黃岡人。字德備。嘉靖間爲安平典史。邑中白蓮教妖人聚衆謀襲城。萬卷知之。即日率鄉兵擒其巢。擒其帥。賊作幻術。甲騎起空中。萬卷默禱大呼。風雨驟至。人馬皆墜。乃剪紙爲之。衆悉就縛。

陳·萬勝　清湘潭人。咸同間從曾國藩克安慶。復太平。攻雨花臺。皆爲軍鋒。累功擢副將。龍膊子地道成。洪楊軍出城直犯地道。血戰竟夕。被執遇害。諡武烈。

陳·萬策　明江陵人。天啓舉人。有時名。隱龍灣。李自成據襄陽。遣使具書幣徵之。萬策曰。我爲名誤。既不能奮身滅賊。尙可惜踵頂耶。自經死。◎清　遷鶴子。字對初。一字謙季。康熙進士。官翰林院侍講學士。精研算術。有館閣絲綸·近道齋集。

陳·虞之　宋永嘉人。字雪翁。號止所。善畫墨竹。登咸淳進士。遷祕書省。兼國史院。元兵至溫。虞之率子姓鄉人登芙蓉巖死守。越一歲。爲所敗。遂自剄。從者八百餘人皆死之。

陳·虞岳　明泰和人。循五世孫。土木之變。循在內閣爲首揆。及景帝欲廢英宗太子。循依違不能匡正。以此爲當世所譏。虞岳以爲誣衊其祖。乃作傳信辨誤錄一書以辨之。

陳·詳　陳宗室。字文幾。少爲沙門。善書記。談論淸雅。武帝討侯景。召令還俗。配以兵馬。從定建鄴。永定中封遂與縣侯。討周迪。戰死。

陳·詡　唐閩縣人。一作翊。字載物。貞元進士。以文章名於時。三府交辟。德宗覽奏異之。官終戶部員外郎·知制誥。有詩集。

陳·詵　清海寧人。字叔大。號實齋。康熙舉人。授中書。擢刑科都給事中。言多施用。請復天妃閘以奠淮黃。尤爲有功於世。歷貴州·湖北巡撫。潔己愛民。官至禮部尙書。卒諡清恪。有四書述·讀律述·玩辭述等書。

陳·詩　清蘄州人。字愚谷。號大桴山人。乾隆進士。官工部主事。著作極富。多燬於火。有大桴山人偶存集·湖北舊聞等書。

陳·詩庭　清嘉定人。字畫生。號妙士。嘉慶進士。授知縣。不就。畫山水宗婁江。有讀書劄記·深柳居詩文集。

陳·詩桓　清江蘇華亭人。字岱門。自稱石鶴道人。性孤潔。工丹青。精篆刻。兼善章草。其所作十破詩。中有破瓢一篇。尤膾炙人口。人因呼爲破瓢先生。有裨堂詩略。

陳·軾　清侯官人。字靜機。明崇禎進士。入清官至蒼梧道。歸葺道山故居居之。詩文清婉和雅。有道山堂集。

陳·農　漢成帝時爲謁者。帝以中祕書散亡。使農求遺書於天下。詔光祿大夫劉向校之。

陳·遂　漢杜陵人。字長子。宣帝微時。與有故。相隨博弈。數負進。及帝即位。用遂至太原太守。賜璽書曰。官尊祿厚。可以償博進矣。元帝時至廷尉。

陳·達　晉寔六世孫。永嘉中爲長城令。有惠政。嘗謂所親曰。此地山水秀麗。當有王者興。二百年後。我子孫必鍾斯運。遂家焉。後十世孫霸先。受梁禪爲帝。

陳·遇　明上元人。字中行。元末爲溫州教授。尋棄官。隱居樂道。工畫山水。尤精象數。太祖下金陵。遣使聘至。留幕中參密議。優禮備至。既成帝業。累遷翰林學士·禮部侍郎。皆不受。帝終始敬信。稱爲先生而不名。學者稱靜誠先生。

陳·過庭　宋越州山陰人。本名揚庭。字賓王。紹聖進士。歷御史中丞。睦寇竊發。過庭言寘蔡京·王黼二人。則寇自平。又朱勔父子竊取名器。宜昭正典刑。由是忤權貴。謫黃州安置。欽宗立。擢尙書右丞。奉使至金。金人拘之軍中。後卒於燕山。建炎中諡忠肅。

陳·蓮淇　清壽昌人。字子瞻。以貢司鐸天台。精地理之學。手寫地輿圖凡十數幅。有易經講義·芸窗必讀。

陳·道　清江西新城人。字紹洙。號凝齋。乾隆進士。不謁選。後詔舉經學。亦固辭。家饒於貲。以任卹好義著稱。師事廣昌黃永年。治理學家書。嘗欲注春秋五傳。未及成書而卒。

陳・道夫 〔元〕懷寧人。余闕守安慶時。辟爲本縣尹。甚得民和。及陳友諒破城。與闕同死。

陳・道亨 〔明〕新建人。字孟起。萬曆進士。與同里鄧以讚・裘貞吉號江右三清。家燬於火。窮冬妻御葛裳。拾薪爇火以取暖。累官福建右布政使。所至不私一錢。拜南京兵部尚書。參贊機務。以魏忠賢用事。連疏求去。踰年卒。道亨貞亮有守。自參政至尚書。不以家累自隨。一蒼頭執爨而已。崇禎初謚清襄。

陳・道明 〔唐〕睦州人。學禪於黃蘗。嘗自織草屨。鬻以奉親。及施行路者。黃巢兵犯境。郡人恟懼。道明爲大草屨。標之三十里外。巢見之。卽舍去。宋元符中賜號悟空禪師。

陳・道周 〔宋〕湘潭人。少孤貧。奉母至孝。母沒廬墓。自陶磚。日成五枚。歷四年。甃墓高三丈。墓成而道周亡。鄉人立碑表之。

陳・道基 〔明〕同安人。字以中。嘉靖進士。歷官應天巡撫。檄下所司。諸告密株連者勿問。讞持人短長。快睚眦者必罪。自是告訐之風頓息。遷南京刑部尚書卒。

陳・道復 〔明〕長洲人。名淳。後以字行。別字復甫。號白陽山人。諸生。受業於文徵明。善書畫。尤工寫生。有白陽集。

陳・靖 〔後漢〕餘干人。幼慷慨有大志。王莽篡漢。靖忿恨。聞王常起曲阿。牽義兵赴之。常署爲中牙典軍校尉。甚得江湖間心。光武時拜散騎常侍。以母老乞歸。封餘干侯。⊙〔宋〕莆田人。字道卿。好學頗通古今。謁轉運使楊克巽。陳討賊策。授陽翟主簿。契丹犯邊。上五策。太宗異之。改將作監。眞宗時以祕書監致仕卒。靖平生多建畫。而於農事尤詳。嘗取淳化・咸平以來所陳章表。目曰勸農奏議錄上之。⊙〔清〕天津人。字青立。工畫山水。

陳・頎 〔明〕長洲人。字永之。景泰中以春秋領鄉薦。授武陽縣訓導。博學工詩文。清修介特。名重於時。少通醫。及老。亦資以自給。有味芝居士集。

陳・鼎 〔明〕新興人。字重器。永樂進士。擢監察御史。宣德中出知建昌府。蒞政明斷。民不敢欺。陞右僉都御史。進刑部右侍郎。留心刑獄。務崇矜恤。卒於官。⊙〔明〕蓬萊人。弘治進士。爲禮科給事中。奏劾廖堂子姪貪緣鄉薦。後以條陳弭盜機宜忤權璫。斥歸。嘉靖初用薦起授陝西參議。累遷應天府尹卒。鼎廉介剛正。爲時推服。⊙〔清〕江陰人。字定九。嘗仿元祐黨籍傳之例。著東林列傳。又有留溪外傳・滇黔紀游・黃山志概・竹譜・荔譜・蛇譜。

陳・僖 〔清〕清苑人。字藹公。有燕山堂集。

陳・僧權 〔明〕莆田人。初名晉則。號石人。諸生。善寫蘭竹。能詩。

陳・嘉 〔清〕荔浦人。咸豐間由武童投楚軍。從攻洪秀全。累戰有功。同治間隨蘇元春攻勦黔苗。大小數百戰。疊克名城。光緒間與法蘭西戰於越南。連獲克捷。殺法兵數百人。官至貴州安義鎭總兵。卒謚勇烈。

陳・嘉言 〔宋〕竟陵人。爲郡學諭。文行著於鄉里。開禧間金兵入境。脅之降。嘉言大罵。自沈於水。⊙〔明〕嘉興人。字孔彰。工畫寫意花鳥。

陳・嘉謨 〔明〕廬陵人。字世顯。號蒙山。嘉靖進士。官給事中。不附嚴嵩。出之外。歷湖廣參政。乞休歸。專用力於學。與王時槐闡明良知之說。有念初堂集。⊙〔清〕興化人。字我師。諸生。順治初父爲怨家所誣。繫獄。謀死之。嘉謨乃作血書懷之。自沈於河。事聞於兩淮運使。遂出其父。收葬嘉謨。而抵誣告者罪。

陳・墉 〔清〕錢塘人。字作甫。有卓廬文鈔。

陳・壽 〔晉〕安漢人。字承祚。少好學。師事同郡譙周。仕蜀爲觀閣令史。入晉舉孝廉。除著作郎。終御史治書。撰三國志。其書以魏爲正統。宋以後人多非之。又丁儀・丁廙有盛名於魏。壽謂其子曰。可覓千斛米見與。當爲尊公作佳傳。丁不與。竟不爲立傳。又諸葛亮嘗髡其父。諸葛瞻亦輕壽。遂謂亮將略非長。無應敵之才。言瞻惟工書。名過其實。凡此之類。均以私廢公。褒譏失當。有乖直筆。非良史才也。又撰古國志・益都耆舊傳。⊙〔明〕隨州人。洪武舉人。永樂時累遷工部侍郎。時太子監國。壽陳兵民困狀。又乘間言左右干恩澤者多。恐累明德。太子深納之。後被讒繫獄死。仁宗時謚敏肅。⊙〔明〕寧遠衞人。字本仁。成化進士。弘治中以右僉都御史巡撫陝西。四疏乞休不得。拜南京兵部侍郎。陝人號呼擁輿。移日不得行。踰年乞骸骨。就進刑部尚書致仕。壽清廉自持。歷官四十年。無家可歸。寓南都。所居不蔽風雨。⊙〔明〕黃陂人。字伯龍。居父喪。日夕不離苫次。流寇至。見壽守棺不去。疑有財貲。壽跪泣曰。寧殺我。勿驚先人。賊義之。獲免。經略盧象昇聞其孝。羅致幕下。後告歸。以壽終。

陳・壽孫 〔宋〕瑞安人。寶祐進士。授台州教授。會新郡守初視篆。乃丁大全黨。至謁廟日。壽孫揚言曰。太守乃丁大全黨。聚斂之徒。烏可升吾夫子之堂哉。守聞之。遂解印去。後直龍圖閣。歷福建提刑。入覲。與賈似道爭驗法事。被劾歸。元兵至。率市人操兵禦之。民潰散。遂被執。縊於獄。

陳·壽祺　(清)閩縣人。字恭甫。號左海。嘉慶進士。解經得兩漢大義。詩文沈博絕麗。有六朝三唐風格。歷官翰林院編修。年四十。棄官養母。主講鼇峯書院。以崇廉恥踐禮法研經術爲教。晚年自號隱屏山人。有左海全集。

陳·壽熊　(清)震澤人。字獻青。又字子松。諸生。其學兼綜漢宋。不務表暴。於易用力尤深。有周易集義·讀易漢學私記·靜遠堂詩文集·讀易啓蒙。周易正義舉正·周易本義箋·明堂圖考·考工記拾遺·詩說。

陳·夢元　(清)攸縣人。字涵一。又字體齋。乾隆進士。官檢討。林居二十年。以著述自娛。學者稱體齋先生。有春江詩文集·杓稿·雙江別稿諸書。

陳·夢雷　(清)閩縣人。字則震。一字省齋。康熙進士。授編修。假歸。耿精忠叛。脅夢雷以官。夢雷託疾以稽之。精忠敗。被誣下獄。謫戍尙陽堡。十餘年釋還。雍正初復緣事被譴。卒於戍所。有周易淺述。松鶴山房集。天一道人集。

陳·夢熊　(明)騰越人。官指揮。孫可望據滇。爲其黨楊武所迫。夢熊不屈。被殺。

陳·夢龍　(宋)潮陽人。開慶進士。由主簿改司法。吉信二王浮海。奉命招撫潮寇。會元兵入廣州。文天祥被執。夢龍伏兵海口謀奪之。不克。力戰死。

陳·察　(明)常熟人。字元習。弘治進士。正德中拜監察御史。嘉靖初按四川。帝親鞫楊言。落其一指。察大呼曰。臣願以不肖軀易言命。退具疏申理。直聲震朝。歷官僉都御史。巡撫南贛。因乞休。薦前御史萬鏜等可用。忤旨斥爲民。旣歸。敝衣糲食而已。

陳·寧　(明)茶陵人。元末爲鎭江小吏。從軍至集慶。代軍帥上書言事。太祖覽之稱善。用爲行省掾吏。軍書多出其手。歷拜參知政事·左御史大夫。後以與胡惟庸謀亂誅。寧有才氣。而性特嚴刻。嘗知蘇州。徵賦苛急。燒鐵烙人肌膚。人號爲陳烙鐵。

陳·實原　(明)寧德人。以藏經浩繁。難於尋覽。因錄其大要。括爲一書。名曰大藏一覽。

陳·慥　(宋)希亮子。字季常。少時使酒好劍。嘗與蘇軾論兵及古今成敗。自謂一世豪士。稍壯。折節讀書。晚年遯於光黃間。庵居蔬食。徒步往來山中。不與世相聞。其所著帽方聳而高。曰。此古方山冠遺像。人因謂之方山子。慥妻柳氏最妬。慥每宴客。有聲伎。則柳氏以杖擊壁。客爲散去。蘇軾有戲季常詩云。忽聞河東獅子吼。拄杖落手心茫然。

陳·摶　(宋)眞源人。字圖南。後唐末舉進士不第。遂隱於武當山九室巖。服氣避穀。移居華山。每寢處。百餘日不起。周世宗召爲諫議大夫。不受。太平興國中來朝。太宗甚重之。賜號希夷先生。摶好讀易。自號扶搖子。端拱初自言死期而卒。著指玄篇八十一章。言導養及還丹之事。又有三峯寓言·高陽集·釣潭集。

陳·榮杰　(清)會稽人。郁陽籍。字無波。一字慕陵。諸生。乾隆間舉鴻博。工詞。有香夢詞。

陳·演　(明)井研人。天啓進士。改庶吉士。授編修。崇禎時累官吏部尙書·武英殿大學士。是時國勢愈危。演無所籌畫。惟以賄聞。李自成陷京師。被執。以獻巨金獲釋。尋殺之。

陳·漸　(宋)堯叟從子。字鴻漸。少以文學知名。太宗時。嘗與父堯封同廷試。漸中第。辭不就。願擢其父。許之。咸平初始仕爲天水尉。時學者罕通揚雄太玄經。漸獨好之。著書十五篇。號演玄。奏之。後累官耀州節度推官卒。有文集號金龜子。◎(清)常熟人。號于磐。業流。性俊雅。工畫山水。時咏小詩。

陳·漢卿　(宋)閩中人。字師黯。用叔祖蔭累遷尙書虞部員外郎。喜爲歌詩。於射藝書法醫樂。皆精妙。尤好古書奇畫。每傾貲購之。

陳·爾幹　(清)浙江山陰人。字仲禎。號柏堂。咸豐舉人。有柏堂賸稿。

陳·福　(清)永春人。兄弟同居。至福已十世。家建二堂。以別男女飲食。家範整肅。世立一人督家政。世守醇樸。未嘗一至有司之庭。◎(清)榆林人。字東海。順治初以守備從征有功。康熙間累擢寧夏總兵。吳三桂叛。王輔臣據平涼遙應之。福移師西向固原。次惠安堡。會歲暮大雪。衆請暫歸。福不聽。夜中兵變。遂遇害。諡忠愍。

陳·綱　(後漢)字仲卿。少與同郡張宗同受學南陽。及綱以喪歸。宗爲劉元所殺。綱免喪復往南陽。値元醉臥。遂殺之。自拘有司。會赦得免。◎(宋)同安人。字舉正。淳化進士。爲建州觀察推官。故事。歲春夏間。率丁夫數萬爲採茶之役。綱以爲奪民時。勞民力。奏請以北苑供御之外。餘皆賦民。收其租入。在民者官復定其直償之。詔如所請。建民德之。

陳·綽　(清)福安人。字光裕。有周易錄疑·四書錄疑。

陳·維安　(清)福州人。字怡山。有海濱外史。雜記閩中故事。堪資談助。

陳·維邦　(清)漳州人。字子慶。號雲莊山人。善畫人物花鳥及寫照。兼工詩。

陳維岳 〔清〕維崧弟。字緯雲。刻苦勵學。與仲兄維嵋皆以文名。徐乾學·朱彝尊等皆推重之。有秋水閣古文·溜聲詩·紅鹽詞。

陳維岱 〔清〕維崧從弟。字石閭。父死國難。維岱悲憤終身。不求仕進。工詩古文。有石閭詞·二十一史約編。

陳維崧 〔清〕貞慧子。字其年。號迦陵。少以諸生負盛名。貌清臞而多鬚。時稱陳髯。康熙中舉鴻博。授檢討。與修明史。越四年而卒。其駢體文。才力富健。汪琬謂開寶以後七百年。無此等作。詞尤淩厲光怪。變化若神。有湖海樓詩集·迦陵文集·儷體文·迦陵詞。

陳維嵋 〔清〕維崧弟。字半雪。諸生。好飲酒賦詩。不諧於俗。一時名士多與之游。家素貧困。惟以詩自娛。有亦山草堂詩·詩餘·南曲。

陳維德 〔宋〕靖孫。字徽之。初爲長樂縣尉。慶曆中舉能吏治廣南。除知雷州。以公田歲入還官。罷採珠戶。官至虞部員外郎。

陳聞 〔清〕宜興人。字聞生。工詞。有絃清詞。

陳聞詩 〔明〕柘城人。字庭訓。嘉靖舉人。以親老絕意仕進。師尚詔陷柘城。欲劫爲帥。不屈。引其家數人斬之。聞詩紿曰。必欲吾行。毋殺人。毋縱火。賊許諾。擁以行。遂不食。至鹿邑。自經死。

陳膏 〔宋〕興化軍人。娶明州汪氏女。因家焉。初爲汾州教授。佐守臣張克戩捍金人。後知惠州。單馬造曾袞壘。譬曉降之。終太府少卿。

陳蒙 〔宋〕塤子。年十八。上書萬言論國事。爲太府寺主簿。入對。言賈似道爲相時國政闕失。貶建昌軍簿。錄其家。惟青氈耳。德祐初以刑部侍郎召。不赴卒。

陳誨 〔南唐〕建安人。始生數月。足脛能履。父異之。因小字阿鐵。及長。趫捷有勇力。時人呼爲陳鐵。初事閩富沙王爲將。後歸南唐。積戰功至永安軍節度使。常破福州兵於南豐江。軍聲大震。李景委以南方。而名其軍曰忠義。在鎮十餘年。多薦舉儒學。甄升將校。時議多之。李煜初引疾求退。卒謚忠烈。

陳誠 〔明〕吉水人。字子實。洪武進士。授行人。出使南安。令還所侵思明地。永樂中哈里入貢。詔誠偕中官李達等送其使臣還。遂頒賜西域諸國。誠乃遍歷哈里·賽瑪爾堪等十七國。諭以招懷之意。并圖其山川城郭。誌其風俗物產。爲西域記以獻。帝褒賚。擢郎中。後諸國數入貢。帝以誠勞。累擢右通政。有陳竹山文集。

陳豨 〔漢〕宛句人。事高祖。以郎中封列侯。監趙代邊兵。招致賓客。待如布衣交。趙相周昌言豨賓客盛。擅兵於外。恐有變。帝召豨。豨稱病。遂反。自立爲代王。帝自擊豨誅之。

陳豪 〔清〕仁和人。字藍洲。號邁庵。晚號止庵。官漢川知縣。工書畫。有冬暄草堂詩集。

陳輔堯 〔明〕揚州人。字九室。萬曆舉人。歷永平同知。轉餉出關。天啓初瀋陽破。左右以無守土責。勸之去。輔堯曰。孰非封疆臣。何去爲。望闕自剄死。諡忠烈。

陳遘 〔宋〕永州人。字亨伯。登進士第。徽宗時歷知中山·眞定·河間府。欽宗立。徙中山。金人再至。受圍半年。爲步將沙振所害。及其子錫幷僕妾十七人。城遂降。遘任部刺史二十年。每出行郡邑。必焚香祈天。願不逢貪濁吏。

陳遠 〔明〕遇弟。字中復。一字中孚。嘗隨遇侍太祖。永樂初爲翰林待詔。精繪事。

陳銑 〔清〕秀水人。字蓮汀。精鑑藏。善書。工寫生。尤長梅竹小品。

陳際泰 〔明〕臨川人。字大士。父流寓汀州武平。生於其地。家貧。父使治田事。年十歲。於外家藥籠中見詩經。攜至田所讀之。畢身不忘。後返臨川。與艾南英輩以時文名天下。舉崇禎進士。年已六十有八。旋授行人卒。有易經說意·周易翼簡捷解·五經讀·四書讀。

陳際清 〔清〕湘鄉人。捷足善行。能日馳四百里。傳初爲曾國藩材官。送文檄。漸授營官。以功歷處州鎮總兵·浙江提督卒。

陳際新 〔清〕宛平人。字舜五。諸生。官靈臺郎。爲監正明安圖高弟。安圖沒。割圜密率捷法之稿未竟。際新遂續成之。

陳韶 〔清〕青浦人。字九儀。號花南。由館學生議敘理問。擢台州同知。歷署烏鎮·紹興同知。有循聲。工詩。善畫山水。有花南詩集·梅莊小志。⊙〔清〕鄞人。字克諧。客西湖。工傳神。

陳韶孫 〔元〕番禺人。父劉以罪流肇州。韶孫年十歲。號泣願從。遂俱往。道過遼陽。平章塔出憫之。欲遣之返。韶孫曰。既不能以身代父。當死生以之。歸非所願也。塔出驚異。以錢賞之。大德中劉死。韶孫哀慟。見者皆爲之泣下。肇州萬戶府以聞。命遣還鄉里。仍旌異之。

陳鳴夏 〔清〕惠安人。雍正武進士。乾隆間由三等侍衞累擢浙江定海鎮總兵。條陳水師事宜。部議行。官至廣東提督。卒諡恭毅。

陳鳴鶴 〔明〕侯官人。字汝翔。天崇間諸生。有東越文苑·閩中考。

陳鳳 〔明〕上元人。字羽伯。號玉泉。嘉靖進士。從謝璘游。工詩。畢官陝西參議。有清華堂擇存。◎明榆林人。嘉靖中以世蔭歷官至大同總兵。坐失事奪職。起爲固原游擊將軍。屢立戰功。俺答把都兒寇大同。擊敗之。後寇入常樂堡。鳳率次子守義逆擊之。衆寡不敵戰死。

陳鳳梧 明泰和人。字文鳴。弘治進士。歷湖廣提學僉事・河南按察使。中官谷大用迎世宗於興邸。所至橫暴。鳳梧獨不屈。累擢右副都御史。巡撫應天十府。罷歸卒。

陳鳳翔 清一章子。字竹香。仕至江南河督。畫筆能紹父藝。

陳儀 清文安人。字子翽。一字一吾。康熙進士。官至侍讀學士。善治河。畿輔七十餘河。疏故濬新。所勘定者殆十六七。著述甚富。有毛詩臆評・鄉黨私記・學庸私記・南華經解・蘭雪齋讀離騷・廣前定錄。天游錄・文集。

陳勰 齊官將作大匠。撰雜碑文。爲金石學之祖。

陳厲公 春秋陳胡公十世孫。名佗。父文公。母蔡女。文公卒。長子桓公鮑立。桓公卒。蔡人爲公殺桓公太子免而立公。公復娶於蔡。蔡女與蔡人亂。公數如蔡淫。立七年。桓公太子免之三弟。共令蔡人誘公以好女。與蔡人共殺公。在位七年。謚厲。

陳增 明萬曆時礦稅太監。奉勑開採山東礦產。兼徵山東店稅。勢橫甚。巡撫尹應元奏增二十六罪。不問。肆惡山東十年始死。

陳增新 清嘉善人。字子更。與同里魏學渠等結詩社相倡和。稱柳洲八子。有柳洲詩集。

陳寬 明繼子。字孟賢。與弟完自相師友。被服甚古。兄弟皆工詩。頗得唐法。

陳履 明東莞人。字德基。原名天澤。隆慶進士。授蒲圻縣。移休寧。有惠績。累遷戶部郎中。司餉蘇州。課績爲督儲第一。擢廣西副使。備兵蒼梧。以病致仕歸。杜門謝客。結社浮丘。日以吟咏爲事。有懸榻齋稿。

陳履中 清貞慧孫。父宗石贅於商丘。遂爲商丘人。字執夫。號雁橋。康熙舉人。倜儻穎邁。雍正間累擢御史。出爲甘肅布政司參議。分守寧夏道。有惠政。坐事罷歸。家居二十餘年卒。有四書直解・孟子論文・河套志・宋州人物志・寓園纂集・雁橋詩鈔。

陳履平 清履中弟。字勉夫。歷官巡城御史。擢通政司右通政。性嚴毅。彈劾無所梗避。憂歸不復出。與履中優游倡和以終。有南原詩稿・奏稿。

陳履端 清維崧子。字求夏。工詞。有爨餘詞。

陳履謙 清欽縣人。字大涉。一字訒庵。諸生。好客。日典質以供飲。自稱天放山人。有集百二十卷。

陳廣 宋宣城人。工畫。

陳廣寧 清浙江山陰人。字靖侯。號默齋。官雲南騰越鎮總兵。有壽雲山房詩稿。

陳廢帝 陳文帝長子。名伯宗。字奉業。小字藥王。文帝崩。帝即位。仁弱無人君之器。政刑皆歸冢宰。慈訓太后稱文帝遺志而廢之。在位二年。年號光大。太建初卒。時年十九。

陳德 明濠人。字至善。世農家。有勇力。太祖起兵。首隸麾下。滅漢平吳並有功。累官同知大都督府事。從下河南。取山東陝西。封臨江侯。卒贈杞國公。謚定襄。

陳德文 明保昌人。一名瑩中。字文石。洪武中舉文學。歷按察使。使西域。居十二年。采風作詩。比歸。進之成祖。擢僉都御史。後修西域志。多據其言。又以隨征迤北功。進右僉都御史。

陳德永 元黃巖人。字叔夏。杜本稱其文章似歐陽修而尤長於理。嘗從盛象翁・林紘齋游。爲王柏再傳弟子。學者稱兩峯先生。歷官江浙儒學提舉。有兩峯慙草。

陳德誠 南唐誨子。少好學。才兼文武。有能詩名。周師南侵。德誠引卒數千赴壽春。時諸將戰多不利。惟德誠出入堅敵。未嘗少挫鋒銳。班師日。特旌其軍曰百勝以榮之。拜和州刺史。有政績。後與叔父誨繼領建州節旄。世稱其有父風。

陳德榮 清安州人。字廷彥。號密山。少與尹會一切劘正學。有經世之志。康熙間成進士。官至安徽布政使。服官二十餘年。皆在西南。其勳績在滇黔尤著。

陳德豫 宋連江人。字子順。淳熙進士。調建州戶曹。試教官首選。分教宣城。郡學舊有二程遺文。時禁程氏學。令焚毀之。德豫護藏唯謹。累遷諸軍糧料院。紹興中歲旱求言。德豫上封事。以諱天變諱人言爲致旱之由。乞去二諱以回天意。帝嘉納之。終大理卿。有訥齋集。

陳慧紀 陳武帝從孫。字元方。負材任氣。從武帝平侯景。及帝踐阼。封宜黃縣侯。以應接功。位開府儀同三司。入隋。依例授儀同三司卒。

陳慶之 梁國山人。字子雲。幼從武帝。甚見親賞。普通中爲武威將軍。以功除假節總知軍事。與魏兵相持。自春至冬。數十百戰。魏人犄角作十三城。慶之陷其四壘。復鼓譟攻其九城。斬獲殆盡。大通初魏元顥來降。求立爲魏主。武帝遣慶之送顥還北。轉戰至洛陽。所向無前。顥以爲車騎大將軍。顥敗。慶之東還。封永興縣公。除都督南北司西豫豫四州諸軍事。南北司二州刺史。卒謚武。

陳·慶子〔唐〕善畫寺壁佛像。

陳·慶鏞〔清〕晉江人。字乾翔。別字頌南。道光進士。官至御史。直聲震天下。尋回籍辦理團練有功。生平精研漢學。服膺宋儒。有籀經堂稿。齊侯罍銘通釋。

陳·搢〔明〕武昌人。字仲謙。善寫眞。永樂中寫御容稱旨。書宗趙孟頫。

陳·撰〔清〕鄞人。字楞山。號玉几。布衣。乾隆初舉鴻博不就。工書畫。精賞鑒。寄寓江都。所居玉几山房。搜藏最富。詩沖逸高妙。有繡綊集。玉几詩集。

陳·概〔宋〕晉城人。字平甫。乾道進士。對策慷慨。魏掞之讀而奇之。告以其鄉張栻之學。概遂以書請益。與兄栗同志於聖賢之道。蜀人重栻之學。以概爲最先。

陳·模〔宋〕泉州人。字中行。號可軒。慶元進士。宰執以學行薦。除國子正。開禧初召試館職。時議開邊。模對策譏王柟首謀之戮。不足以贖僵尸百萬之冤。參政李壁讀之歎曰。眞館職也。除祕書省正字。歷知汀州卒。有經史管窺。東宮備覽。

陳·澔〔元〕大猷子。字可大。號雲莊。又號北山。博學好古。宋季隱居不仕。教授鄉里。學者稱爲經師先生。有禮記集說。

陳·湖〔清〕泰興人。字東之。道光舉人。生平肆力經學。工小篆。精於六書音韻。尤銳志於算學。晝夜不輟。勞瘁成疾卒。

陳·潢〔清〕秀水人。一作錢塘人。字天裔。一字天一。號有齋。康熙時布衣。饒學識。河督靳輔過邯鄲。見題壁詩異之。蹤跡之。乃潢也。禮之入幕。治河多資經畫。聖祖閱工。從容問輔曰。爾必有博通古今之人爲之佐。輔以潢對。賜參贊河務。按察司僉事銜。陳靄生追述其敍論。爲治河述言。

陳·潛夫〔明〕錢塘人。字玄倩。崇禎舉人。榜名朱明。後更焉。廣交游。好爲豪舉。授開封推官。與劉洪起募兵起義。福王擢爲監察御史。巡按河南。尋入朝。陳中興之策。忤馬士英下獄。後歸魯王於紹興。加太僕少卿。募兵列營江上。師潰。走山陰。率妻妾投水死。

陳·璉〔明〕東莞人。字廷器。洪武舉人。爲桂林教授。累官南京禮部侍郎致仕。璉孝友和厚。博通經史。以文學知名於時。黃蕭養亂。璉設策平之。卒賜葬祭。有琴軒集。歸田稿。

陳·璋〔明〕光州人。字公獻。七歲舉奇童。稍長工詞賦。弱冠領嘉靖鄉薦。除景州知州。累擢刑部員外郎。亡何歸臥星湖。以吟咏著述自適。有光州志。鷞鳩集。防倭錄。太平事略。星湖漫稿諸書。◉〔清〕學洙子。字鍾庭。一字臨湘。康熙進士。累官翰林學士。提督順天學政。坐事罷歸卒。有東冶集。◉〔清〕海寧人。字奉義。號半圭。幼孤。奉母孝。讀書必手自鈔錄。明季諸遺老述作。編纂幾數百卷。與錢馥訪求張履祥遺文佚事。訂年譜及楊園未刻稿。其他著述甚富。未及編定而卒。

陳·確〔清〕海寧人。字乾初。受業於劉宗周。嘗病宋人論性之失。謂時時存養此心。卽時時本體用事。不須別求。議禮尤精。每以心之所安。變通古禮行之。明亡後。病廢家居卒。

陳·範〔宋〕崇安人。字朝弼。從朱熹學。登嘉定進士。爲婺源尉。會有大獄。範察其不當死。令佐受賕。給正其罪。吏請書獄。範歎曰。人命如是之輕乎。吾以書生獲一官。當以此力爭。竟不書。後發覺。令佐坐劇。人服其明。

陳·箴〔清〕龍溪人。字予寶。由貢生官連城教諭。有晚麗集。

陳·褒〔明〕寧德人。字邦進。嘉靖進士。官御史。敢言不諱。巡按江西。時夏言欲毀民居以益園囿。上書諷之。言憾之。謫泗洲。久之移慈谿令。歷遷廣西左江兵備。有驪山集。

陳·賡〔元〕臨晉人。字子颺。仕金爲河東山西道行中書省參議。北渡後。隱居不出。以詩倡酬。學者宗之。有子颺集。

陳·賢〔明〕壽州人。初從太祖立功。歷燕山右護衞指揮僉事。燕師起。從諸將轉戰。常突陣陷堅。軍中稱其驍勇。累遷都督僉事。永樂初封榮昌伯。從北征卒。◉〔明〕莆田人。字廷傑。洪武末舉儒士。爲南康教諭。永樂中召入館閣。預修大典。書成。改任湖口致仕。爲人嚴毅方直。其學以躬行爲先。及門弟子。成就者衆。號爲古道先生。

陳·輝〔明〕閩縣人。字伯煒。永樂進士。任貴州按察司僉事。終廣西副使。居官有清名。才識高遠。工詩。善鼓琴。名其集曰琴邊清唱。

陳·銳〔明〕瑄子。成化初分典三千營及團營。尋佩平蠻將軍印。總制兩廣。移鎭淮揚。總督漕運凡十四年。築隄疏泉。修舉廢墜。弘治中統兵援大同。坐擁兵自守。奪祿閒住卒。

陳·鋐〔清〕太倉人。字宏猷。不事科舉。隱居授徒。專力四子書。雖燕居。衣冠必正。鄉里笑之。號曰小朱文公。乾隆中卒。有四書析疑。四書就正錄。

陳·震〔三國蜀〕南陽人。字孝起。先主領荆州牧。辟爲從事。隨先主入蜀。累遷尙書令。善贊使命。孫權稱尊號。以震爲衞尉。賀權踐阼。與權交分天下。以徐豫幽青屬吳。并涼冀兗屬蜀。

其司州之士。以函谷關爲界。歃盟而還。封城陽亭侯卒。

陳霞亭 明江陰人。以都指揮守泗陵。流寇陷盱眙。率部下五百人往擊。殺賊無算。殲其魁。力盡被執。罵賊死。

陳霆 明德淸人。字聲伯。弘治進士。授刑科給事中。正德初以忤劉瑾謫判六安。瑾誅。起歷山西提學僉事卒。霆博洽多聞。留心風教。有唐餘紀傳・山堂瑣語・水南稿・渚山堂詩話・渚山堂詞話。

陳頤 明蔚州人。字克養。工畫山水人物花草。

陳駭 元閩縣人。字元甫。至正中以學行薦補勉齋書院山長。改潯渼場司丞。累遷廣東鹽課提舉。兼參潮惠循梅諸州軍事。旋歸田。道由泉州。父老固挽留之。遂家焉。晚築南湖墅。杜門謝事。種蒔自給。有方山堂稿。

陳儒 唐江陵人。世爲牙右職。僖宗時荊南監軍朱敬玫殺節度使段彥謩。署儒領府事。尋拜節度使。爲淮南將張瓌所害。⊙明錦衣衛人。字懋學。嘉靖進士。提督浙江學政。多得士心。陞山東布政使。爲鄉試提調。坐試錄犯忌諱逮治。降宜君尉。起歷刑部侍郎。致仕卒。

陳勳 明閩縣人。字元凱。萬曆進士。官戶部郎。出爲紹興知府。未任卒。書畫皆精妙。有元凱集・堅臥齋雜著。

陳器 明臨海人。字德器。正德進士。官至刑部郎中。有石居漫興稿。

陳學心 宋安仁人。淳祐進士。歷官高州知府。謝枋得起兵。使守安仁。元兵至。戰死。

陳學洙 清長洲人。字左原。康熙舉人。詩文負重名。爲人寬厚而有特操。徐乾學主會試。先期羅致諸名士。有友約學洙往會。行至中途。忽自念曰。中世守節。老而失身可乎。竟不往。有響山文集・西田詩草。

陳學海 清松江人。字浩如。號涵村。工詩善弈。畫山水蒼古渾厚。書學董其昌。

陳學夔 明宜山人。嘉靖進士。知江夏縣。以卓異擢御史。甚著風采。巡撫陝西。禦賊有功。復按雲南。以骨鯁廉直得罪。左遷。後復擢湖廣常岳兵備。⊙清侯官人。字解菴。康熙舉人。耿精忠逼以官。抗節不受。丁父喪廬墓。舉鴻博赴京。乞終喪。得請歸。後授山東寧陽縣令。遷兵部主事。有性理全註・杜詩注解・倦菴錄・榕城景物略。

陳寰 明察弟。字原大。正德進士。官至南京國子監祭酒。寰與桂萼爲同年。宦翰林時。力斥萼議大禮之非。坐是移南京。旋告歸。有琴溪集。

陳曇 唐字元成。貞元時官衡州刺史・邕管經略使。兼御史中丞。畫山水有神趣。

陳曇朗 陳武帝弟休先子。少孤。有膽力。善綏御。起家著作郞。武帝誅王僧辯。留曇朗鎭京口。知留府事。武帝梁紹泰中出質於齊。尋被害於晉陽。武帝踐阼。贈封南郡王。天嘉中追謚愍。

陳暹 明吳縣人。字季昭。號雲樵。工畫設色山水人物。圖像綿密蕭散。皆有氣態。以畫名者六十年。不喜親世務。所交惟杜瓊一人。弘治初年八十。詔賜冠帶。

陳槖 宋餘姚人。字德應。登政和上舍第。高宗時權刑部侍郎。時秦檜主和議。槖言不可。檜恨之。出知廣州。民夷悅服。改婺州致仕卒。槖博學剛介。不事產業。既謝事歸。僑寓僧寺。王十朋論會稽人物。謂杜祁公之後。有陳德應云。

陳樹周 清儋州人。字獻之。廩貢生。通經史。明故訓。不治生產。尤喜接賓客。晚盡鬻其產。至成都以醫爲活。有藥性論・醫學卮言。

陳樵 元東陽人。字居采。至正中遭亂不仕。隱居圜谷。每衣鹿皮。自號鹿皮子。專意著述。尤長於說經。與同郡黃溍輩友善。好爲古賦。組織縟麗。其詩屬對精巧。有鹿皮子集。

陳樽 清長洲人。字葦汀。號仲尊。又字古銜。工畫山水。後居山塘祠屋。有園池花木之勝。顏其楣曰白隄花隱。⊙清海鹽人。字組行。號酌翁。乾隆進士。知博白縣。畫山水有韻致。

陳濂 明鄞人。字德淸。正統進士。授南京刑部主事。明習文法。累遷廣東按察副使。巡視海道。時盜勢猖獗。濂輒親冒矢石。出奇應變。海南肅然。歷陞都御史。總督漕運卒。

陳灃 清番禺人。字蘭甫。道光舉人。汎濫羣籍。凡天文地理樂律算術古文駢體文塡詞篆籀眞行書。無不研究。先後主講學海堂及菊坡精舍。所著書曰漢儒通義・東塾讀書記。力排漢宋門戶之見。又有聲律通考・切韻考・漢書水道圖說・說文聲統・東塾集。⊙清松江人。字安瀾。號竹間。工畫山水。又善寫生。

陳澤泰 清上海人。字茹征。諸生。工詞。有春柳草堂詞。

陳璘 明翁源人。字朝爵。嘉靖末爲指揮僉事。從討英德賊有功。進廣東守備。與平大盜賴元爵及嶺東殘寇。歷官湖廣貴州總兵官。改鎭廣東。璘有謀略。善將兵。然所至貪黷。卒官。⊙清海寧人。字昆玉。一字谿齋。乾隆時諸生。工書。嗜古篆刻。所居曰松硯齋。嘗作許氏說文正義。未成而卒。其子鱣續成之。

陳璸【清】臨海人。字元卿。號淇園。順治進士。官壽張知縣。有旅書。

陳璚【明】長洲人。字玉汝。成化進士。由庶吉士累官南京左副都御史。爲古文詞。不屑爲腐俗語。尤工詩。

陳積善【唐】恪子。工畫山水。

陳縝【宋】羅源人。字德容。一字師文。淳質有守。少慕伊洛考亭之學。屢試禮部。獨以正心誠意爲說。俱見黜。淳熙中對時務擢第。廷試復如初。始終發明伊洛考亭之旨。孝宗擢特奏第一。

陳縞【明】郴州人。字美中。舉人。任泰和訓導。累擢監察御史。督理兩淮鹽政。陳鹽法十二事。巡按貴州。卒於道。有西昌北上諸稿。

陳興【宋】衞南人。開寶中應募爲卒。累官本州團練使。大中祥符中改徐州防禦使。知懷州卒。興起行伍。有武略。所至著聲績。眞宗言軍校之材。必以興爲能。

陳蕃【後漢】平輿人。字仲舉。年十五。嘗閑處一室。而庭宇蕪穢。父友薛勤謂之曰。孺子何不灑掃以待賓客。蕃曰。大丈夫當掃除天下。安事一室。勤甚奇之。郡舉孝廉。再遷爲樂安太守。郡人周璆。高絜士也。前後郡守招命莫肯至。唯蕃能致焉。字之而不名。爲特設一榻。去則懸之。累拜太尉。桓帝崩。竇太后臨朝。以蕃爲太傅。封高陽侯。與后父大將軍竇武同心戮力。共參政事。徵用名賢。爲人方峻疾惡。高絜之士爭歸之。漢末士大夫因之皆崇尚氣節。與武謀誅宦官曹節・王甫等。事泄。節等矯詔害之。

陳衡【明】淳安人。字克平。永樂舉人。官亳州學正。有半隱集。⊙【清】杭州人。字璇玉。號東疇。畫山水摹倣宋元俱妙。

陳諶【後漢】紀弟。字季方。與紀齊德同行。父子並著高名。時號三君。每宰府辟召。常同時旌命。羔雁成羣。當世榮之。早卒。

陳諫【唐】性警敏。嘗覽染署歲簿。悉能言其尺寸。順宗時官河中少尹。王叔文與之結爲死友。叔文敗。貶台州司馬。終循州刺史。

陳諤【明】番禺人。字克忠。永樂中以鄉舉入太學。授刑科給事中。彈劾無所避。每奏事。大聲如鐘。帝呼爲大聲秀才。嘗言事忤旨。命坎瘞奉天門。露其首。七日不死。赦出還職。宣德中歷鎮江府同知。致仕歸卒。

陳謀道【清】嘉善人。字心微。諸生。工小令。得南宋風致。王士禛選入倚聲集。稱其數枝紅杏斜陽句。勝於宋子京。人稱爲紅杏秀才。有百尺樓稿。

陳豫【明】瑄孫。字立卿。讀書修謹。正統末以副總兵從寧陽侯陳懋討平沙縣賊。也先入犯。出鎭臨清。建城堡。練兵撫民。安靜不擾。天順初歷南京守備。召還卒。贈黔國公。諡莊敏。

陳豫鍾【清】錢塘人。字浚儀。號秋堂。廩生。精六書。篆得李陽冰法。阮元撫浙時。作丁祭樂器。豫鍾摹古文以勒銘。元歎賞不置。招之卒不往。又工畫蘭竹。嘗集古今畫人爲小傳。

陳遺【南朝宋】吳郡人。宋初爲郡吏。母好食鐺底飯。遺在役。恆帶一囊。每煮食。輒錄其焦以貽母。母目失明。遺再拜號咽。母目豁然即明。

陳選【明】員韶子。字士賢。天順進士。授御史。巡按江西。盡黜貪殘吏。憲宗初疏劾馬昂。救羅倫。一時憚其風采。已督學南畿。改河南。進按察使。歷廣東左右布政使。忤中貴被逮。卒於南昌。員韶父子皆持操甚潔。而員韶量能容物。選務克己。因自號克菴。遇物亦稍峻。人謂員韶德性四時皆備。選得其秋。正德中追諡忠愍。

陳遵【漢】遂孫。字孟公。少放縱不拘。哀帝末以功封嘉威侯。居長安。性好客。每會飲。取客車轄投井中。雖有急不得去。善書。與人尺牘。皆珍藏之。時列侯有與同姓字者。每至人門。坐中莫不震動。既至而非。因號曰陳驚座。王莽奇遵材。起爲河南太守。復爲九江及河內都尉。更始時爲大司馬護軍。留朔方。爲賊所殺。⊙【明】嘉興人。後居吳縣。字汝循。少博雅。清談鼓琴。工畫花鳥。

陳遷鶴【清】晉江人。字聲士。康熙進士。累官左庶子。生平耽精著述。有易說・尚書私記・毛詩國風繹・春秋紀疑・春樹堂文集等書。

陳鋼【明】應天人。字堅遠。成化舉人。授黔陽知縣。有循跡。嘗病。民爭籲神願減己算益鋼壽。遷長沙通判。監修吉王府第。第成。王賜之金帛。不受。請王拔殿材修岳麓書院。弘治初丁母憂歸卒。

陳錄【明】會稽人。字憲章。以字行。號如隱居士。工詩畫。梅花尤有聲。

陳錡【明】福寧人。字器之。領鄉薦。擢御史。永樂間監軍甘肅。號令嚴明。軍民戴之。寇至。錡勒兵戰。孤軍不支。被執死之。

陳錦【清】錦州人。字天章。初爲明大淩河都司。天聰間降清。隸漢軍正藍旗。累官浙閩總督。屢與鄭成功戰。收復被陷郡縣。平舟山。擒斬甚衆。後成功寇漳浦。錦赴援失利。被刺卒。

陳錫嘏【清】鄞人。字介眉。一字怡庭。康熙進士。官編修。以經學名於時。父老告歸。尋卒。有兼山堂集。

陳錫爵　【明】南海人。字儒修。萬曆舉人。授光州知州。轉永昌府同知。雲南土知州段進忠負險不馴。錫爵密陳方略。縛進忠得其地。以功擢僉都御史。掛冠歸。有微覲閣集。

陳靜心　【唐】一作淨心。工畫地獄及山水。弟靜眼。一作淨眼。藝與靜心相頡頏。

陳頵　【晉】苦縣人。字延思。少好學。有文義。仕爲郡督郵。檢獲隱匿者三千人。爲一州尤最。太守劉享拔爲主簿。州辟部從事。齊王冏起義。州遣頵將兵赴之。拜駙馬都尉。元帝時典法兵二曹。以孤寒數有奏議。朝士多惡之。陶侃表爲梁州刺史。綏懷荒弊。甚有威惠。召還卒。

陳餘　【秦】大梁人。好儒術。與張耳爲刎頸交。秦滅魏。購求耳餘二人。變姓名俱之陳。爲里監門。陳勝起兵。耳餘立陳人武臣爲趙王而同事之。趙王以餘爲代王。後耳降漢。與韓信破趙井陘。斬餘於泜水上。

陳龍正　【明】嘉善人。字惕龍。號幾亭。師事高攀龍。留心當世之務。崇禎中成進士。授中書舍人。時東廠緝事寬濫。龍正上養和好生二疏。京師戒嚴。詔廷臣舉堪任督撫者。御史葉紹顒・主事趙奕昌皆舉龍正。帝不用。龍正居冷曹。好言事。坐僞學。左遷南京國子監丞。福王立南京。用爲祠祭員外郎。不就。南京不守。龍正已得疾。遂卒。私諡文潔。有救荒策會・程子詳本。

陳龍復　【宋】泉州人。與文天祥同登第。歷官太府少卿。天祥開府南劍。以龍復分司潮州。積糧治兵。天祥賴之。及移屯。爲元兵所襲。死之。

陳龍運　【明】紹英子。字階尺。工書畫。

陳龜　【後漢】泫氏人。字叔珍。永建中舉孝廉。遷京兆尹。平理怨屈。郡內大悅。拜度遼將軍。鮮卑不敢近塞。徵爲尚書。時梁冀暴虐日甚。龜上疏言其罪狀。帝不省。龜憂憤不食死。

陳嬰　【漢】秦二世時。嬰爲東陽令史。陳勝兵起。少年殺縣令。立嬰爲長帥。從之者二萬人。又欲立嬰爲王。其母曰。暴得大名不祥。不如以兵有所屬。事成猶得封侯。敗則易以亡。嬰從之。以兵屬項梁。後歸漢。封堂邑侯。卒諡安。

陳嶷　【陳】後主二子。字承嶽。封南平王。方正有器局。年數歲。風采舉動。有若成人。官至揚州刺史。尋除郢州刺史。未行而隋軍濟江。禎明末入關。卒於長安。◉【明】蒙城人。字九峯。宣德中舉賢良方正。授刑部照磨。屢決疑獄。楊士奇薦之。擢御史。巡按浙江。蜀獠叛。胡濙舉嶷往勸之。嶷集將士授以方略。一戰而克。陞陝西按察副使。

陳懋　【明】亨子。以指揮僉事從燕王起兵。封寧陽伯。永樂初累進右都督。鎮撫寧夏。屢從北征有功。英宗時佩征南將軍印。充總兵官。討平福建鄧茂七之亂。天順中卒。諡武靖。

陳懋仁　【明】嘉興人。字無功。官泉州府經歷。有泉南雜志・年號韻編・析酲漫錄・庶物異名疏。

陳懋齡　【清】上元人。字勉甫。乾隆副貢。官青陽教諭。嘗主講興化。成就後學甚衆。有經書算學天文考。

陳應和　【明】恪子。字文祥。父卒於京邸。與其兄鬻產給葬。悲思刻勵。常以父小像自隨。力學成進士。授蒲州知州。歷河南左布政使。所至以功名自顯。以忤典銓者致仕歸。

陳應芳　【明】泰州衛人。字元振。萬曆進士。官至福建布政司參政。因講求水道源委與河之利害。悉其形勢。集當時奏疏公移私札言河道者爲一書。曰敬止集。

陳應潤　【元】天台人。字澤雲。至正間官桐江賓幕。有周易爻變義蘊。

陳應選　【清】廣州人。字子性。康熙中諸生。所著陳子性藏書。專爲推衍流年及選擇時日之用。後人頗議其訛舛。

陳應麟　【清】江陵人。字璧山。明亡後。子然終身。賣畫自給。蘆雁成絕藝。

陳擬　【陳】武帝疏屬。字公正。性質直強記。武帝討侯景。以擬爲羅州刺史。及帝踐阼。封永修縣侯。官至通直散騎常侍中領軍。卒諡定。

陳濟　【明】武進人。字伯載。博學強記。六經子史。無不究覽。時稱爲兩腳書廚。永樂初以布衣召修永樂大典。爲都總裁。書成。授右春坊右贊善。居職十五年而卒。有書傳補・元史舉要・通鑑綱目集覽正誤・思齋集。◉【清】金山人。字用舟。貢生。有聽鶯詞。

陳濬　【五代吳】岳子。有史才。事楊溥爲中書舍人翰林學士。官終尚書。有吳錄。

陳璲　【明】臨海人。字廷嘉。號逸菴。永樂中鄉會試皆第一。殿試問禮樂刑政。璲爲推原其本。且極言靖難師起。骨肉之間。不無慚德。誅戮黃子澄・方孝孺等。其如禮樂刑政何。帝不之罪。授庶吉士。預修五經大全諸書。乞休。薦起督學江西。日與諸生講學。務以見諸踐履爲先。三載致仕卒。

陳矯　【三國魏】東陽人。字季弼。避亂江東及東城。辭孫策・袁術之命。還本郡。曹操辟爲司空。遷尚書。文帝嘗稱其明略過人。明帝時進爵東鄉侯。官至司徒。卒諡貞。

陳·禪 後漢安漢人。字紀山。舉茂才。爲漢中太守。夷賊聞其名。卽時降服。北匈奴入遼東。拜遼東太守。單于懾服。遺以胡中珍貨而去。順帝卽位。遷司隸校尉。卒官。

陳·禧 宋金陵人。工雜畫。

陳·臨 後漢香山人。字子然。爲蒼梧太守。推誠而理。嘗有殺人者。爲吏所獲。臨知其無嗣。令其妻侍獄中。後產一男。郡人歌曰。蒼梧府君惠及死。能令人死不絕嗣。

陳·薦 宋沙河人。字彥升。舉進士。從韓琦定州河東幕府。琦稱其廉於進。勇於退。嫌疑間毫髮不處。琦輔政。薦爲祕閣校理。神宗爲皇太子。加右諭德。帝卽位。累進資政殿大學士。提舉崇福宮卒。⊙明祁陽人。字君庸。隆慶進士。官御史。忤中官馮保。稱病歸。萬曆間起按陝西。時三秦荒旱。延慶爲甚。薦理贖鍰得四萬餘金。上疏請賑。全活甚衆。累官吏部尚書。有古今夷辨。

陳·薦夫 明閩縣人。名藻。以字行。更字幼孺。萬曆舉人。能爲六朝文。詩尤工麗。有水明樓集。兄价夫。字伯孺。亦以詩名。尤工書畫。有招隱樓稿。

陳·襄 宋侯官人。字述古。中慶曆進士。神宗時爲侍御史。論青苗法不便。請貶斥王安石·呂惠卿以謝天下。安石忌之。出知陳州。徙杭州。後以侍讀判尚書都省卒。襄言行皆以古人爲法。蒞官所至。務興學校。講求民間利病。在經筵時。神宗待之甚厚。薦司馬光·韓維·蘇軾等三十三人。學者稱古靈先生。有易義·中庸義·古靈集。

陳·觀 清南寶弟。字二止。明崇禎舉人。甲申之變。兄弟北望大哭。棄妻子入歐公山。破衣蔬食。歷八年。南寶死。觀爲左右穴。葬兄左。留其右待己。孤處萬峯中。又二十年卒。

陳·謙 宋傅良從弟。字益之。乾道進士。歷官寶謨閣待制·江西湖北副宣撫使。有易庵集·永寧編·雁山詩記等書。⊙元吳郡人。字子平。兄訓。至正間爲江浙行省照磨。張士誠兵至。訓謂謙曰。汝無官守。宜自爲計。謙曰。兄在弟何所之。俄頃兵突至。謙以身翼蔽訓。兵怒斥引出。復求入。見訓已殪。伏尸哭。遂幷遇害。謙善詩文。詞辨鋒出。有子平遺稿。⊙清如臯人。字自牧。中武舉。善寫梅。博學工詩文。

陳·謙壽 明永嘉人。號少南。性豪宕介潔。以善弈名滿天下。爲詩氣峻旨厚如其人。孫鑛嘗聯鉅公十八人與結詩弈社。有弈書·則易詩稿。

陳·鍾祥 清浙江山陰人。字息帆。道光舉人。官趙州知州。有趙州石刻全錄。

陳·鍊 清江蘇華亭人。字在專。號西庵。自稱鍊玉道人。能詩善書。以懷素法寫古鐘鼎文。章法絕妙。工篆刻。有秋水園印譜·嘯雲樓印譜·超然樓印譜·適安草堂詩鈔。

陳·駿 宋寧德人。字敏仲。號仁齋。乾道進士。除大冶丞。登朱熹之門。有論語孟子筆義。

陳·鴻 明吳江人。字文儀。號東橋。嘉靖舉人。官新鄉知縣。見權貴漸起。亟辭歸。畫倣米氏。⊙清錢塘人。字叔誠。號午橋。嘉慶進士。官至通政使參議。饗譽有聲。

陳·鴻壽 清錢塘人。字子恭。號曼生。嘉慶拔貢。官江南海防同知。善古隸。工畫及鐵筆。宜興素產砂壺。鴻壽宰是邑。辨別砂質。創製新樣。幷自製銘鐫句。人稱爲曼生壺。有桑連理館集。

陳·彝 清揚州人。字六舟。同治進士。授修撰。轉科道。負氣敢言。彈劾無所避。累擢安徽巡撫。以衰疾政竟不舉。官至禮部侍郎。

陳·攄 宋鄞人。字君益。元祐進士。紹聖間宰將樂。敦崇學校。獎進士類。先是。邑民家舉一子。富室不過二子。餘悉棄之。攄至。諭以天性。申以令甲。犯者窮治。自玆民無不舉子。男陳其名。女陳其氏。後卒於官。

陳·曙 南唐蘄州人。嘗壇觀道士。人謂百歲。步行日數百里。舍中惟一榻。素書數卷。與蛇虎雜居。李昪聞而召之。竟不行。後渡江居永興景星巖。觀以卒。

陳·燾 宋電白人。瞽目十年。紹興間母死將葬。燾欲扶柩至壙。人或止之。燾曰。母生我。今日視入土。燾忍以疾辭。執紼一二里。雙目頓開。人皆異之。

陳·璧 明長樂人。字璘卿。成化進士。事兄如父。以孝友稱。由知縣陞御史。多所建白。擢臨清兵備副使。以范仲淹爲法。顏署軒曰後樂。歷官右副都御史·巡撫蘇松卒。⊙明字天瑞。正德進士。出知滁州。累官江西僉事。獎廉黜墨。風紀肅然。璧外和內剛。與人寡合。自釋褐爲五品。凡二十餘年。不增一級。既歸。生事僅給。未嘗少有干請。

陳·璸 明漳浦人。字賓王。天啓進士。崇禎時累官湖廣右參議。分守湖南。討平八排賊。張獻忠陷長沙。璸督兵往救。被執不屈死。諡忠貞。⊙清海康人。字文煥。號眉川。康熙進士。累官閩浙總督。清廉卓絕。聖祖有苦行老僧之稱。嘗言貪取一錢。卽與百千萬金無異。卒之日。僅一綈袍覆一布衾而已。諡清端。

陳・翼飛　【明】平河人。字元朋。萬曆進士。除宜興知縣。被劾歸。詩摹七子。篇什甚富。有慧閣長梧二集。己未庚申辛酉壬戌行卷。

陳・藏器　【唐】鄞人。精於醫。開元中爲三原縣尉。嘗言人肉可療羸疾。故後之孝子多行之。嘗以神農本經。挂漏尙多。因廣集藥名。爲本草拾遺。

陳・藎謨　【明】嘉興人。字獻可。有皇極圖韻。元音統韻。礪庵槩。

陳・謨　【明】泰和人。字一德。隱居不仕。洪武初徵至京師議禮。引疾辭。家居教授。屢應聘爲江廣考試官。嘗謂學必敎本。莫加於倫常。莫先於變化氣質。若禮樂刑政錢穀甲兵度數之詳。亦不可不講習。一時經生學士。靡然從之。稱海桑先生。有海桑集。◉【清】平湖人。字汝師。號拙修。貢生。有拙修文稿。

陳・鎧　【明】祥符人。性至孝。家貧。妻死不復娶。父遺痿疾。十餘年。躬執炊爨。調湯藥。朝夕扶持。無少懈。比卒。哀毁骨立。季父老無子。鎧請侍養。弘治中旌表。

陳・鎰　【元】麗水人。字伯銖。官松陽教授。工詩。有午溪集。◉【明】吳縣人。字有戒。永樂進士。授御史。歷湖廣山東浙江副使。皆有聲。英宗卽位。擢右副都御史。鎭守陝西。爲人宅心平恕。不務苛刻。凡三鎭陝西。多有惠政。軍民愛戴。每還朝。必遮道擁車泣。景泰中進左都御史。召還掌都察院。卒諡僖敏。有介菴集。

陳・鎏　【明】祚玄孫。字子兼。號雨泉。嘉靖進士。爲人恬雅簡靜。不受衣冠束縛。耽佳山水。除工部主事。榷稅荆南。以廉聞。仕至四川右布政使。鎏善書法。與祝允明・文徵明先後各成一家。有已寬堂集。

陳・鎬　【明】會稽人。成化進士。官至右副都御史。巡撫湖廣。有闕里志・振鷺集。

陳・顏　【金】汲縣人。父光。宋李調壽陽尉未赴。值金兵取汴。光病圍城中。顏間關渡河往省。因扶疾北歸。家奴誣告光殺人。光繫獄。顏詣郡請代死。帥臣曰。眞孝子也。幷釋之。

陳・鵠　【宋】南陽人。字西塘。所著耆舊續聞。自汴京故事及南渡後名人言行。摭拾頗多。◉【清】江蘇通州人。字菊常。善畫人物花卉。

陳・寵　【後漢】咸曾孫。字昭公。父躬。事光武爲廷尉。寵明習家業。肅宗時爲尙書。時政尙嚴切。寵上疏請濟之以寬。是後風俗和平。屢有嘉瑞。歷二郡三卿。所在有續。後爲司空。寵雖傳法律而兼通經書。奏議溫粹。號爲任職。卒官。

陳・懷　【明】合肥人。襲父職爲眞定副千戶。永樂初積功至都指揮僉事。宣德中以總兵官鎭寧夏。勦松潘。正統中以總兵出古北口。征兀良哈。俱有功。累官左都督。封平鄉伯。後死土木之難。諡忠毅。

陳懷公　【春秋】【陳】惠公子。名柳。吳破楚。在郢召公。公欲往。大夫曰。吳新得意。楚王雖亡。與陳有故。不可倍。公乃以疾謝吳。後吳復召公。公恐。如吳。吳怒其前不往。留之。因卒於吳。在位四年。諡懷。

陳・櫟　【元】休寧人。字壽翁。學宗紫陽。宋亡。隱居著書。延祐初詔以科舉取士。有司強之。試鄉闈中選。不赴禮部。教授於家。所居堂曰定宇。學者因以定宇先生稱之。晚稱東阜老人。年八十三卒。有尙書集傳纂疏・歷朝通略・勤有堂隨錄・定宇集。

陳・瀚　【明】秀水人。號龍嶽。嘉靖舉人。官至廉州知府。有求志齋言草。

陳・瀧　【元】宋紹興初自汴徙家於吳。字伯雨。博涉經史百氏。最深於春秋晉書。屢試不第。放浪山水。倜儻有晉人風致。晚號碧淵翁。宋亡不仕。以吟詠自娛。有淡泊集。(按元詩選作陳龍。此從蘇州府志。)

陳・璽　【明】絳州人。諸生。父恕爲貴州參議。卒於官。璽扶櫬歸葬。廬墓。有雙鵲來巢之異。天順中被旌。

陳・繹　【宋】開封人。字和叔。中進士第。爲集賢校理。英宗臨政淵默。繹爲五箴以獻。判刑部獄。多所平反。帝稱其文學。以爲實錄檢討官。神宗朝歷祕書監・集賢學士。知廣州。坐事貶建昌軍。後爲大中大夫卒。繹爲政務摧豪黨。而行與貌違。暮年繆爲敦朴之狀。好事者目爲熱熟顏回。

陳・繹曾　【元】處州人。字伯數。舉進士。口吃而精敏異常。諸經註疏。多能成誦。文辭汪洋浩博。與陳旅齊名。又善眞草篆書。官至國子助敎。有文說・文筌・行文小譜。(按元詩選作歸安人。此從元史。)

陳・鏞　【明】錢塘人。字叔振。永樂進士。由庶吉士授禮部祠祭司主事。宣德中安遠侯柳升討黎利。兵部尙書李慶參贊其軍。舉鏞自隨。師入交阯。升意殊輕賊。不爲備。鏞諫。升不聽。直前中伏。鏞死之。有桂林集。

陳・騤　【宋】臨海人。字叔進。紹興中舉進士第一。歷知贛秀太平袁州。光宗時爲吏部侍郎。應詔疏三十餘條。皆切時病。寧宗卽位。知樞密院事。兼參知政事。以忤韓侂胄。提舉洞霄宮。卒諡文簡。有南宋館閣錄・文則。

陳・鵬年　【清】湘潭人。字北溟。別字滄洲。康熙進士。累擢江寧知府。以清廉著。有陳青天之稱。爲總督阿山誣劾下獄。江寧人痛哭罷市。學使者按試句容。八邑生童皆火其卷去。事白。起爲蘇州知府。官至河道總督。兼擢漕運總督。卒諡恪勤。有道榮堂文集・鳴月詞・歷仕政略・河工蠡約等書。

陳鵬飛 〔宋〕永嘉人。字少南。紹興進士。官太學博士・崇政殿說書。忤秦檜。謫居惠州卒。有羅浮集。

陳黼 〔宋〕東陽人。字斯士。少從呂祖謙游。永康林大中聞其賢。妻以女。登淳熙進士。不汲汲進取。以恬靜自守。大中欲召爲樞密院。力辭。嘉定初大中卒。乃遷國子博士・著作郎。凡三十年。偃蹇宦途。而不改其樂。後丐祠歸卒。有文集。

陳寶箴 〔清〕義寧人。字右銘。咸豐舉人。參曾國藩軍幕。以知府官湖南。光緒間累擢至湖南巡撫。務分官權與民。而尤以開通民智爲急。湖南新政之推行。實自寶箴始。後以薦保楊銳・劉光第落職。

陳寶應 〔陳〕晉安侯官人。父羽有材幹。爲郡雄豪。侯景之亂。晉安太守以郡讓羽。羽傳郡於寶應。武帝以爲閩州刺史。領會稽太守。寶應性反覆。多變詐。娶留異女爲妻。侯安都討異。寶應遣兵助之。又資周迪兵糧。出寇臨川。及迪破。文帝命章昭達討寶應。執送建康斬之。

陳懿典 〔明〕秀水人。字孟常。萬曆進士。官至中允。乞假歸。崇禎初起爲少詹事。不赴。有讀左漫筆・讀史漫筆。

陳獻章 〔明〕新會人。字公甫。正統舉人。再上禮部不第。從吳與弼講學。再游太學。以薦授翰林檢討。乞終養歸。屢薦不起。其學以靜爲主。居白沙里。門人稱白沙先生。蘭谿姜麟。至稱爲活孟子。工書。山居筆或不給。束茅代之。遂自成一家。時呼爲茅筆字。又善畫墨梅。弘治中卒。萬曆初從祀孔廟。追諡文恭。有白沙集・白沙詩教解。

陳纁 〔明〕鍾祥人。字紘公。崇禎進士。歷官榆林道副使。隨瑞王入蜀。張獻忠破城。舉家殉難。

陳繼 〔明〕汝言子。字嗣初。少孤。事母至孝。比長。貫穿經學。人呼爲陳五經。事母孝。永樂中舉孝行。以母老辭。洪熙初薦爲國子監博士。轉翰林五經博士。預修兩朝實錄。陞檢討。致仕卒。繼善寫竹。以文章擅名。有怡菴集。

陳繼之 〔明〕莆田人。建文進士。授戶科給事中。時江南僧道多腴田。繼之請人限田五畝。餘以賦民。從之。靖難師起。數條奏機宜。燕兵入。不屈見殺。

陳繼周 〔宋〕寧都人。字碩卿。淳祐中貢於鄉。歷知衡陽縣。咸淳中詔徵勤王。文天祥方守贛州。繼周爲具言方略甚詳。授江西安撫司。後禦元兵於南柵門。戰死。諡忠節。

陳繼儒 〔明〕松江華亭人。字仲醇。號眉公。又號麋公。諸生。隱居崑山之陽。後築室東佘山。杜門著述。工詩善文。短翰小詞。皆極風致。書法蘇米。兼能繪事。名重一時。或刺瑣言僻事。詮次成書。遠近爭相購寫。屢奉詔徵用。皆以疾辭。卒年八十二。有眉公全集。

陳繼聰 〔清〕鎮海人。字駿孫。同治舉人。有忠義紀聞錄。

陳耀文 〔明〕確山人。字晦伯。嘉靖進士。累官陝西行太僕卿。告歸卒。有經典稽疑・正楊・學圃萱蘇・天中記・花草粹編諸書。

陳藻 〔宋〕福清人。字元潔。師林亦之。爲林光朝再傳弟子。閉門授徒。不足自給。至浮游江湖。崎嶇嶺海。歸買田數畝。輒爲人奪去。顏其室曰樂軒。有樂軒集。

陳覺 〔南唐〕泰州人。李景時以謟事宋齊丘。官至樞密使。與李徵古同擅威柄。周世宗師駐迎鑾鎮。覺奉表貢方物。遂定畫江稱藩之議。齊丘既敗。覺安置饒州。遣使誅於路。

陳覺民 〔宋〕仙游人。字達野。熙寧進士。元祐中歷知漳福建三州。所至有治行。改知泉州。時有司建言欲榷六郡酤。覺民陳五不可。遷本路提刑。性嚴峻。未嘗與朋儕作談謔。官至中奉大夫。

陳闡 〔宋〕仙游人。字伯通。皇祐進士。知建州。年饑。境內有競糴者。令疑爲盜。白於州。闡曰。一日之聚。至數百人。殆以飢爭食耳。非盜也。推驗之果然。遂杖而釋之。且出粟賑貸。衆乃復業。移知萊州。致仕卒。

陳騫 〔晉〕矯子。沈厚有智謀。起家尚書郎。武帝受禪。以佐命勳。封高平郡公。遷侍中。出爲都督揚州諸軍事。累處方任。爲士庶所懷。卒諡武。

陳囂 〔漢〕山陰人。與紀伯爲鄰。伯竊囂藩地以自益。囂不校。益地與之。伯慚悔。歸所侵地。囂不受。鴻嘉中太守旌之。號曰義里。揚雄等上書薦爲大中大夫。

陳⿰犭寥立 〔宋〕漳浦人。名植。以字行。淳祐進士。督嶺南兵馬。帝昺航海。⿰犭寥立以舟師應援。馳檄諸蠻。圖立宋後。聞張世傑覆舟。變姓名匿九侯山。臨終。命葬海濱曰。吾死猶可南望崖山也。弟格爲監簿。帝昺亡。死之。

陳灌 〔明〕廬陵人。字子將。元末世將亂。環所居築場種樹。人莫能測。後十年。盜蠭起。灌率武勇結屯林中。盜不敢入。一鄉賴以全。太祖平武昌。灌詣軍門謁見。累除寧國知府。風裁嚴整。而爲治寬恤。後召入京卒。

陳蘭徵 〔清〕崑山人。字猗之。諸生。構西莊別業於吳淞江西。好畫梅。

工詩。又善鼓琴。

陳·鐸 明下邳人。家南京。字大聲。號秋碧。正德中世襲指揮。工詩善畫。尤工樂府。有秋碧軒·香月亭諸集。

陳·霸先 陳詳陳武帝條。

陳·韡 宋孔碩子。字子華。與弟韡從葉適學。登開禧進士。賈涉開淮閫。辟爲司幹官。劉琸用韡策。遂有堂門之捷。紹定初盜起閩中。以韡爲招捕使。汀境皆平。再平衢寇。又破饒寇陳三槍斬之。累拜參知政事。提舉佑神觀致仕。卒謚忠肅。

陳·顥 元清州人。字仲明。習金典章及諸國語。安藏薦顥入宿衛。尋爲仁宗潛邸說書。仁宗入定內難以迎武宗。顥皆預謀。及仁宗卽位。特拜集賢大學士。政事無不與聞。致仕歸。文宗立。復起爲大學士。卒謚文忠。

陳·饒奴 明饒州人。年十二。親併亡。寠弱居喪。又歲饑。或教其分弟妹可全性命。饒奴流涕身丐。訴相全養。刺史李復給資儲。署其門曰孝友童子。

陳·鶴 宋仙遊人。字聞野。宣和進士。官惠州僉判。惠俗僻陋。鶴與州守大興學校。親與教事。又捐俸置學田以增廩 表置學官。自後文士彬彬。蓋之倡學自鶴始。轉判廣州卒。⊙明浙江山陰人。家金陵。字鳴軒。號海樵生。嘉靖舉人。甫成童。知好古。買奇帙名帖。窮晝夜誦覽。年十七。以例襲其祖軍功。官百戶。畫水墨花草。最爲超絕。有海樵先生集·越海亭詩集。⊙清元和人。字鶴齡。號稽亭。嘉慶進士。官工部主事。性廉潔。善古文詞。熟悉史事。有明紀。

陳·鶴齡 清泖子。字鳴九。邃於理學。工文章。康熙舉人。授正定教授。倣宋胡瑗法立條約。遠近來學者數百人。終順天府學教授。

陳·瓘 宋世卿孫。字瑩中。號了翁。有學問。登進士甲科。紹聖初用章惇薦。爲太學博士。與惇忤。不復用。曾布爲相。薦爲諫官。又以爲忤出之。瓘爲諫官時。極言蔡京不可用。京深恨之。屢竄責。例用赦放歸。猶謫通州。宣和中卒於楚州。謚忠肅。學者稱了齋先生。有了翁易說·尊堯集。

陳·鑄 宋興化人。字師回。天聖中登甲科。康定初知南雄州。以親老求通判福州。力贊守臣增學田。延宿儒教以經術。歷知潮州登州。並有績。仕至光祿卿。

陳·鑑 明高安人。字貞明。宣德進士。正統中擢御史。歷按貴州。時大舉征麓川。軍民疲敝。鑑疏諫。言宜專責守臣。無遠勞禁旅。王振大怒。摭其罪論死繫獄。景帝嗣位。乃得赦。尋授河南參議。致仕卒。⊙明肅州人。正統進士。官翰林學士。使朝鮮。還歷祭酒·禮部侍郎。有皇華集。

陳·鑑如 元居杭州。工寫貌。爲元人第一。

陳·鶩 宋吉州人。字仲舉。自號石臺居士。善畫魚。工詞。

陳·巖 唐建寧人。字夢臣。有智略。乾符間黃巢轉掠福建諸州。巖聚衆數千。號九龍軍。保鄉里。巢不能爲害。境內賴之。中和中代鄭鎰爲福建觀察使。爲治有威惠。吏民懷服。王潮遣使降。巖表潮爲泉州刺史。大順中巖病劇。遣使以書召潮。欲授以軍政。未至而巖卒。及潮入福州。乃素服葬巖。厚撫其家。⊙宋青陽人。字清隱。咸淳末屢舉進士不第。入元。遂隱居不仕。偏遊九華之勝。作詩紀之。名九華詩集。

陳·巖肖 宋金華人。字子象。紹興間以任子中詞科。官至兵部侍郎。著庚溪詩話。所論具有矩矱。

陳·瓚 宋文龍從子。字瑟玉。德祐中以布衣詣闕。上攻守之策。不報。景炎初竭家財航海助張世傑瞻軍。部署賓客。攻殺林華。復興化。端宗除瓚知軍事。令與世傑犄角。復福泉二州。會唆都兵至。力戰被執。不屈死。謚忠武。(按福建通志以瓚爲文龍從叔。此從宋史。)⊙明常熟人。字廷祼。嘉靖進士。擢刑科左給事中。請錄建言廢斥者。廷杖除名。隆慶初起吏科。擢太常少卿。高拱惡瓚爲徐階所引。瓚已移疾歸。竟坐浮躁謫洛川丞。萬曆中累官刑部左侍郎。卒謚莊靖。有濟美集。

陳·顯仁 宋大卞子。還居莆田。字藏用。紹聖進士。調古田縣尉。大臣以其文行可領袖諸儒。遂除嘉禾教授。士多成就。宣和中以直祕閣知潭州卒。

陳·顯元 明蘄州人。由副榜授新安令。以城堞傾頹。不利禦寇。率士民入保關門塞。闖賊徼降。立碎其檄。及來犯。死守月餘。力竭而陷。罵賊死。

陳·顯曾 元毘陵人。字景忠。博學明經。至正舉人。累官翰林修撰。有昭先稿。

陳·顯微 宋淮陽人。字宗道。爲道士。自號抱一子。嘉定端平間。居臨安佑聖觀。有周易參同契解。

陳·顯達 南齊南彭城人。仕宋位羽林監。隸齊高帝。討桂陽賊大破之。中矢。眇其左目。帝卽位。進號鎮西將軍。武帝時積功至征南大將軍·江州刺史。爲人謙厚有智計。預廢鬱林之勳。進太尉。明帝之世。常懷危懼。及東昏立。屢誅大臣。傳聞當遣兵襲江州。乃舉兵數東昏罪惡。欲奉寶寅爲主。東昏命崔慧景督諸軍擊之。顯達發尋陽。敗臺軍於采石。潛師夜渡，臨宮城不克。蠻軍追斬之。

陳·體文 明江陰人。字仲約。號寄委。諸生。早辭學官。築耕舍於郊西。力耕而食。工詩。所作不留草。其友花左賓見輒錄之。名之曰友錄稿。

陳·麟 元溫州人。字文昭。從趙偕學。尤邃於易。以進士爲慈谿縣尹。善通下情。人稱慈谿第一循吏。方國珍入鄞。麟單騎入謁。勸以勤王。國珍留之不遣。置之海上之岱山。麟因著道士服。種牧自給。重興岱山書院。與山中子弟講學行鄉飲酒禮。諸山會長相戒不敢犯。國珍亡。南游閩中卒。

陳靈公 春秋陳宣公曾孫。名平國。與其大夫孔寧·儀行父通於夏姬。衷其衵服以戲於朝。泄冶諫。殺之。與二子飲於夏氏。公戲二子曰。夏徵舒似汝。二子曰。亦似公。徵舒怒。公罷酒出。徵舒伏弩廄門。射殺之。在位十五年。諡靈。

陳·鱣 清璘子。字仲魚。號簡莊。嘉慶初舉孝廉方正。旋舉鄉薦。藏書甚富。所心賞者。鈐以二章。一肖己像。上題仲魚圖像四字。一綴以十二字曰。得此書。費辛苦。後之人。其鑒我。阮元嘗書士鄉堂額以贈。

陳·觀 元著弟。字國秀。宋咸淳進士。官新城縣尉。晚歲足不入城。倘徉巖壑。與著窮幽抉奇。連唱賡和。成棣萼集。自著有竅蚓集·嵩里集。

陳·觀西 清錢塘人。字仲博。號二山。諸生。工詩。從使琉球。詩乃益壯。佐李鶚如修贛州府志。世稱精核。有含暉堂詩稿。

陳·觀濤 清成都人。字友生。舉人。納貲爲郎中。嘗入劉秉璋幕。後主芙蓉書院。初專治詩禮。後壹志攻史。善爲賦及駢文。

陳·讜 宋驥孫。字正仲。隆興進士。慶元中爲殿中侍御史。開禧中累官敷文閣待制奉祠。讜學問該貫。文章不爲險語而雅有典則。工書法。大楷尤妙。

陳·鑾 清江夏人。字芝楣。嘉慶進士。授編修。累官江蘇巡撫。權督兩江。歷官中外近二十年。爲政以教養爲心。務持大體。規久遠之利。有根心書屋詩文集。又輯三楚歷朝名賢墨蹟·楙楚帖。

陳·驥 宋仙游人。字德純。元符中由中舍選第進士。與直講張讀·參政李邴友善。歷宗學博士。性鯁特。蔡京用事。恥爲之屈。不肯相見。歷溫州通判。致仕歸。自號安處居士。

陵陽子明 周丹陽人。姓竇。嘗獲白魚。剖之。得丹書。論服餌之術。後遂仙去。嘗止陵陽山。因以爲名。

陶·一貫 明星子人。字孔啓。嘉靖中由選貢爲福建布政使理問。罷寓金陵。倭入蘇州。掠淮揚。一貫自赴軍門。願劾督討。募兵海上。遇賊於德清。戰沒。

陶·大臨 明諧孫。字虞臣。嘉靖進士。授編修。吳時來劾嚴嵩。大臨爲定疏草。時來下詔獄。大臨日餉之藥物。萬曆初累官吏部侍郎。卒諡文僖。

陶·子鏘 梁秣陵人。字海育。兄倚。宋末爲倖臣所怨。被繫。子鏘公私緣訴。流血稽顙。行路嗟傷。兄得釋。初子鏘母嗜蓴。母沒後常以供奠。梁武帝師至。是冬營蓴不得。慟絕。久乃蘇。遂長斷蓴味。

陶·之典 清汝鼐子。字五徽。號憺庵。順治拔貢。官內閣中書。性沖淡端方。工詩文。兼精醫術。有冠松巖集。

陶·元淳 清常熟人。字子師。康熙進士。知瓊州昌化縣。多善政。常步行村落間。問民疾苦。黎民樂業。在官日市韭一束。饔飧常不繼。署知崖州事卒。有廣東志·明吏傳·南崖集。

陶·元幹 元襄陽人。淹貫經史。尤明易。嘗註易。世稱爲陶易。

陶·元藻 清會稽人。字龍溪。號篁村。乾隆時諸生。嘗客兩淮鹽運使盧見曾所。詩文負重譽。歸里後。於西湖築泊鷗莊。以撰述自娛。有泊鷗山房集·全浙詩話·鳧亭詩話·越諺遺編考·越畫見聞。

陶·心 明貴州永寧人。弘治中鄉舉。歷官兵部員外郎。正德間帝將南巡。心率同列上章留之。忤旨。廷杖幾斃。後遷雲南參議。

陶·方琦 清會稽人。字子珍。同治進士。官編修。篤學好古。治易鄭注·詩魯故·爾雅漢注。又習大戴禮記·淮南王書。兼工駢儷文。督學湖南。號稱得士。有淮南許注異同詁·漢孳室文鈔·灑盧駢文選·湘麋閣遺詩·蘭當館詞。

陶·世徵 清絳州人。字視庵。與李生光·党成同學。平生願學孔子。即一部論語。追想孔子之精神命脈。名曰活孔子。

陶·丘洪 後漢平原人。字子林。清達博辨。文冠當代。史弼受誣。當棄市。平原人行賂於侯覽得免。時議譏之。洪曰。昔文王羑里。閎散懷金。史弼遭難。義夫獻寶。亦何疑焉。舉孝廉不行。辟太尉府。年三十卒。

陶·令 宋靖康間知盱眙。徽宗南渡。以南山十景欲臨幸。留所在清道。令辭以非浹旬可辦。帝嘉其直而止。

陶·弘景 梁秣陵人。字通明。幼得葛洪神仙傳。便有養生之志。讀書萬餘卷。善琴棋。工草隸。未弱冠。齊高帝引爲諸王侍讀。後隱於句容句曲山。自號華陽隱居。晚號華陽眞逸。又曰華陽眞人。性好著述。尚奇異。顧惜光景。老而彌篤。尤明陰陽五行風角星算山川地理方圖產物醫術本草。

著帝代年曆。又嘗造渾天象。武帝卽
位。每有吉凶征討大事。無不諮請。
時人謂之山中宰相。年八十五無病而
卒。或傳其仙去。謚貞白先生。又有
古今刀劍錄．眞誥．眞靈位業圖。
陶．必銓 〔清〕安化人。字士升。號
萸江。貢生。有萸江文存。
陶．本 〔明〕安族弟。字培之。少穎
敏有志。爲文渾灝而尤邃於理。太祖
詔舉經明行修之士。郡以本貢至京師。
偕劉崧輩二十人入見。試以治平之策。
擢工部主事。廉勤敏愼。克舉其職。
遷四川行省理問。卒於官。
陶．正祥 〔清〕蘇州人。字庭學。號
瑞庵。僑居郡門。以儥書爲業。能知
何書爲宋元佳本。都中欲購異書者皆
詣之。四庫全書館開。任以搜訪祕書。
能稱事。
陶．正靖 〔清〕貞一弟。字穉中。一
字晚聞。雍正進士。乾隆初授御史。
遇事敢言。官至太常寺正卿。召對忤
旨。遂罷歸。著說詩及春秋。有良史
才。有春秋說．晚聞集。
陶．立忠 〔清〕湖南安化人。咸豐間
以武童隸水師。從攻洪秀全。轉戰湖
北江西安徽江南等省。所至有功。同
治間從破江寧。巷戰尤力。積功累官
岳州鎭水師總兵卒。
陶．仲文 〔明〕黃岡人。嘗受符水訣
於羅田萬玉山。與邵元節善。嘉靖中
由黃梅縣吏爲遼東庫大使。秩滿。需次
京師。元節薦之於帝。以符水噀劍。
絕宮中妖。莊敬太子患痘。禱之而瘥。
封眞人。帝移居西內。日求長生。郊
廟不親。朝講盡廢。君臣不相接。獨
文仲得時見。見輒賜坐。稱之爲師而
不名。初授少保禮部尙書。久之加少
傅。仍兼少保。加少師。一人兼領三孤。
終明之世。惟仲文而已。封恭誠伯。年
八十餘卒。謚榮康惠肅。
陶．回 〔晉〕丹陽人。性雅正不畏強
禦。王導引爲從事中郎。遷司馬。蘇
峻之役。回請早出兵守江口。峻將至。
回謂峻必向小丹陽南道步來。宜伏兵
要之。庾亮不從。回尋還本縣。收合
義軍得千餘人。峻果從小丹陽來。迷
失道。亮大悔。後復與陶侃．溫嶠等
并力攻峻。又別破韓晃。以功封康樂
伯。遷吳興太守。時人飢穀貴。三吳
尤甚。回開倉賑饑。一境獲全。徵拜
領軍將軍。加散騎常侍。卒謚威。
陶．守立 〔南唐〕池陽人。少通經史。
能屬文。保大中應舉下第。退處齊山。
以琴棋詩酒自娛。尤善畫。釋道鬼神．
人物士女．山水樓閣。靡不精妙。
陶．安 〔明〕當塗人。字主敬。從書
儒李習游。元至正初舉鄉試。授明道
書院山長。避亂家居。太祖渡江。安與
習率父老出迎。太祖與語。善之。留參
幕府。授左司員外郎。洪武初命知制
誥。兼修國史。歷江西行省參知政事
卒。安學尤長於易。筮驗若神。國初
議諸禮。宋濂以外艱家居。其儀率安
裁定。福王時追謚文憲。有陶學士集。
陶．汝鼐 〔明〕湖廣寧鄉人。字仲調。
一字燮友。號密庵。崇禎舉人。官檢
討。詩文書法。名動海內。有楚陶三絕
之目。明亡。薙髮溈山。號忍頭陀。
有廣西涯樂府．嚏古集．寄雲樓集．褐
玉堂集．嘉樹堂集。
陶．汝礪 〔明〕湖廣寧鄉人。字用我。
早聘吳氏。將娶而吳病瞽。吳氏請絕
婚。汝礪曰。旣盟而棄。婦將安歸。
卒娶之。婦目復明。後知泰順縣。以
愷悌聞。
陶．自悅 〔清〕武進人。字心兌。號
艾圃。康熙進士。官至澤州知州。性
淳厚。深於經學。爲政寬猛相濟。有
古循吏風。有亦樂堂詩鈔。
陶．圻 〔清〕秀水人。字甸方。究心
理學。所著業儒臆說。皆論學之語。
陶．孚尹 〔清〕江陰人。字誕仙。官
桐城縣訓導。詩文爲王士禛所推重。
有欣然堂集。
陶．延 〔晉〕番禺人。字世賞。元帝
時以戰功官至伏波將軍。爲陶侃郎將。
湘賊杜弢誘五溪蠻寇武昌。延將兵掩
其不備。大破之。當論功進秩。會卒。
荊州人還其喪廣州。
陶．成 〔明〕鬱林人。字孔思。永樂
舉人。授交阯鳳山典史。歷官浙江副
使。遇事敢任。處州葉宗留作亂。成
督兵戰死。◉〔明〕寶應人。字懋學。號
雲湖仙人。成化舉人。善畫人物山水
花鳥。工詩。兼善篆隸。◉〔清〕南城人。
字企大。康熙進士。官檢討。旋致仕。
巡撫聘主豫章書院。學以居敬有恥爲
窮理致用之本。晚結屋曰吾廬。學者稱
吾廬先生。有皇極數鈔．吾廬遺書。
陶．沔 〔唐〕與李白．孔巢父．韓準．
裴政．張叔明居徂徠山。日沈飲。號竹
溪六逸。
陶．侃 〔晉〕本鄱陽人。吳平。徙家尋
陽。字士行。早孤貧。爲縣吏。廬江太
守張夔察侃爲孝廉。劉弘辟爲南蠻長
史。先後討平張昌．陳敏．杜弢．蘇峻。
官至侍中太尉。封長沙郡公。加都督
交廣寧七州軍事。拜大將軍。侃在軍
四十一年。雄毅有權。明悟善決斷。
自南陵迄於白帝。數千里中路不拾遺。
嘗刺廣州。在州無事。朝運百甓於齋
外。暮運於齋內。曰。吾方致力中原。
過爾優逸。恐不堪事。故自勞爾。後
轉荊州刺史。嘗語人曰。大禹聖人。乃
惜寸陰。至於吾人。當惜分陰。諸參佐
以談戲廢事者。命取其酒器蒱博之具。
悉投之於江。將吏則加鞭扑。曰。樗
蒱者。牧豬奴戲耳。嘗造船。其竹頭
木屑。侃皆令籍而掌之。人不解所用。
後會積雪初晴。廳前餘雪猶濕。乃以

木屑布地。及桓溫伐蜀。又以侃所貯竹頭作釘裝船。其綜理微密。皆此類。年七十六卒。諡桓。

陶侃母　晉新淦人。姓湛氏。侃父丹聘爲妾。生侃。侃少爲尋陽縣吏。嘗監漁梁。以一坩鮓遺母。湛氏封鮓及書責之。范逵嘗過侃。時大雪。母剉所臥薦以飼馬。又密截髮以易酒肴。逵聞之。歎息曰。非此母不生此子。

陶季　清寶應人。初名澂。字季深。以字行。復去深稱季。人咸目爲陶季。晚號括菴。明諸生。入清。棄舉子業。專力詩古文詞。康熙中以布衣游輦下。公卿欲以鴻博薦。辭不就。性嗜遊。所著詩多於舟車中得之。因名舟車集。王士禛以高岑龍標相况。又有湖邊草堂集・南渡集・庚辛詩。

陶季直　南朝梁秣陵人。五歲喪母。哀若成人。及長好學。淡於榮利。徵召不起。時人號曰聘君。宋末爲望蔡令。以疾免。齊時歷東莞・北海・建安太守。爲政清靜。百姓便之。梁臺建。辭疾還里。季直素清苦絕倫。及卒。至無以殯殮。聞者傷其志。有京都記。

陶宗儀　明黃巖人。字九成。元時舉進士。一不中卽棄去。古學無所不窺。工詩文。家貧。教授自給。洪武初累徵不就。晚年有司聘爲教官。嘗客松江。躬親稼穡。暇則休於樹陰。有所得。摘葉書之。貯一破盎。十年積盎以十數。一日發而錄之。得三十卷。名輟耕錄。又有國風尊經・南村詩集・滄浪櫂歌・說郛・書史會要・四書備遺・草莽私乘・古刻叢鈔。

陶宗還　元復初從子。字文昭。又字晉生。爲江浙儒學提舉。書畫並擅一時。

陶居仁　宋蕪湖人。號菊存。以行義聞。仕爲鎭江錄事參軍。元軍攻鎭江。統制官石祖忠舉城降。居仁被執不屈。遂見殺。

陶岳　宋潯陽人。字介立。有五代史補。

陶忠　宋紹興人。工水墨山水。

陶承學　明會稽人。字子述。嘉靖進士。遷南京御史。劾仇鸞罷。出爲徽州知府。歷遷河南布政使。所至撫巡愛養。常祿外錙銖不入。官至南京禮部尙書。卒諡恭惠。

陶昌祚　明溧陽人。諸生。鼎革時避兵竄匿屋上。父爲兵所執。將殺之。昌祚躍下抱父哭求代。兵怒。殺之。

陶舍　漢以中尉從擊燕代。封開封侯。卒諡愍。

陶青　漢舍子。嗣封。孝景時爲丞相。卒諡夷。

陶南望　清上海人。字遜亭。號一貫山人。詩文皆清拔。尤工書。嘗輯錄秦程邈迄明朱克誠共三百四十一家草法。分韻編次。名曰草韻彙編。

陶垕仲　明鄞人。名鑄。以字行。洪武中以國子生擢監察御史。尙氣敢言。劾刑部尙書開濟至死。直聲動朝野。擢福建按察司使。至卽誅贓吏數十人。興學勸士。撫卹軍民。卒於官。

陶貞一　清元淳子。字駿文。一字改之。康熙進士。官編修。不樂仕進。以養母乞歸。雍正初被薦與修明史。稿具。復乞歸。工詩古文。徜徉里中以卒。有崑邑先民傳・退庵文集。

陶貞寶　南朝宋隆子。字國重。善藁隸書。家貧。以寫經爲業。一紙直價四十。書體以羊欣・蕭思話爲法。（按南史陶弘景傳作陶貞。此從華陽隱居錄。）

陶夏　晉瞻弟。瞻被害。夏爲世子。性凶暴。父侃卒。夏送喪還長沙。與弟斌・稱各擁兵數千以相圖。斌先至長沙。悉取國中器使財物。夏遂殺斌。庾亮上疏請懲暴虐。表未至都而夏卒。

陶峴　唐潛後。開元中家崑山。雅好遊覽。治三舟。一自載。一置賓客。一貯飲饌。日與孟雲卿輩幽探山水。必窮其勝。自號雙鹿野人。吳越之士。號爲水仙。浪跡三十餘年。歸老於家。通八音。撰樂錄八章。

陶恩培　清會稽人。字益芝。一字問雲。道光進士。咸豐間官至湖北巡撫。洪楊軍陷武昌。死之。諡文節。

陶斌　晉夏弟。官至尙書郎。居喪不哀。爲夏所殺。詳陶夏條。

陶晉楧　明秀水人。字若楧。崇禎中嘗侍親官楚。有楚書。

陶珪　明黃岡人。字廷獻。嘉靖進士。事繼母以孝聞。累官山西按察使。所至稱廉平。時陶仲文以方術得幸。仲文故潘姓而隸於陶。旣貴。意欲得珪附己。珪勿爲動。

陶祖德　清會稽人。字愼先。善寫照。

陶崇　宋全州人。字宗山。嘉泰中舉進士。理宗在潛邸時。崇爲講讀官。及卽位。被召。首陳保業謹微愼獨持久之說。與史彌遠不合。出知信州。卒諡文肅。有澈齋文集。

陶晟　明安子。洪武中爲浙江按察使。貪賄不檢下。帝怒。并其兄昱誅之。

陶望齡　明承學子。字周望。號石簣。萬曆中會試第一。廷試第三。授編修。再遷諭德告歸。起國子祭酒。母老固辭不拜。母喪以毀卒。諡文簡。

陶梁　清長洲人。字寧求。號鳧鄉。諸生。有紅豆樹館詞。

陶淡　晉夏子。字處靜。幼孤。好導養之術。年十五六。便服食絕穀不娶。家累千金。僮客百數。淡終日嶋拱。曾不營問。頗好讀書易。善卜筮。結廬臨湘山中。養白鹿以自偶。州舉秀才。淡避居坤山。不知所終。

陶涵中　〔明〕嘉興人。字雪凡。萬曆舉人。官至建昌府同知。有男子雙名記。

陶紹原　〔清〕秀水人。初名淇。號雒庵。精究山水。得元明諸大家法。兼工花草。

陶凱　〔明〕臨海人。字中立。領元至正鄉薦。洪武初徵修元史。書成。授翰林應奉。教習大本堂。授楚王經。擢禮部尚書。與崔亮等酌定諸禮儀。凡詔令封册歌頌碑碣。多命凱屬草。復請依唐宋會要紀載時政。帝從之。出爲湖廣參政。以晉王府右相致仕。凱博學善屬文。尤工詩。嘗自號耐久道人。帝聞而惡之。後坐在禮部時朝使往高麗。主客曹誤用符驗論死。

陶弼　〔宋〕永州人。字商翁。倜儻知兵。慶曆中楊畋討湖南猺。授以兵。使往覘。大破之。以功得陽朔主簿。調陽朔令。爾知邕州。綏輯惠養。善政甚多。進西上閤門使。留知順州。交人襲取桄榔。弼獲間諜。諭以逆順。縱之去。終弼任不敢犯。改東上閤門使。未拜卒。

陶復初　〔元〕天台人。字明本。號介軒老人。爲台州儒學教授。善畫墨竹山水。兼善小篆古隸。

陶復亨　〔元〕新昌人。字仁叔。宋咸淳中試補國學。元初充興國軍教授。以文行名。有梅花百詠。

陶景眞　〔南齊〕善圖繪屋邑。亦善鳥獸。

陶欽皐　〔明〕欽夔弟。字克允。嘉靖進士。官御史。因爭東廠擅擬人命。中官呼爲大膽御史。

陶欽夔　〔明〕彭澤人。字克諧。嘉靖進士。累遷河南巡按御史。北敵入寇。欽夔疏責嚴嵩。嵩銜之。歷太倉襄陽辰沅兵備。五溪蠻反。討平之。後官河南左布政使。告歸卒。

陶琰　〔明〕銓子。字廷信。成化進士。弘治中歷固原兵備副使。執法不撓。正德初遷刑部侍郎。忤劉瑾下獄革職。瑾誅。再起官右都御史。巡視浙江。賑災禦賊築堤。多著功績。凡三督漕。軍民習其政。不嚴而肅。尋拜工部尚書。改南京兵部。乞休歸。琰清儉質樸。直道而行。時稱名德。卒諡恭介。◎〔明〕崑山人。字稚圭。號別峯。崇禎末諸生。明亡。殉節死。有仁節遺稿。（按蘇州府志作陶炎。字圭稺。四庫提要作陶琬。此從明史。）

陶答子妻　〔周〕答子爲陶大夫。三年。名譽不興。家富三倍。其妻數諫不用。居五年。答子從車五乘歸休。宗人擊牛而賀。其妻獨泣。姑怒之。妻曰。夫子能薄而官大。是爲嬰害。無功而家昌。是謂積殃。敗亡之徵見矣。姑怒棄之。處期年。答子之家。果以盜誅。唯母老以免。妻乃與少子歸。養姑以終。

陶菊隱　〔宋〕嘉興人。德祐末元兵南下。菊隱散家財。招集義兵。從文天祥於軍。宋亡退居。遺士流寓者多依之。與趙孟僩・殷澄稱秀州三義。

陶華　〔明〕餘杭人。字尙文。治病有奇效。鄉人抱奇疾不治者。華應手就痊。尤精傷寒。論者謂仲景以後一人。

陶賀　〔明〕樂平人。嘉靖初以歲貢爲揚州訓導。遷紹興府教授。善畫蘭。

陶越　〔清〕秀水人。字艾村。有過庭紀餘。

陶隆　〔南朝宋〕秣陵人。好學讀書。參征南中郎軍事。從孝武有功。封晉安侯。

陶雅　〔五代吳〕合肥人。楊行密用爲將。討定舒州盜。授池州制置使。改歙州刺史。有惠政。累加都團練使。治歙凡二十年。鎭靜寡言。善用兵。有應變之略。卒官。

陶敬益　〔清〕江寧人。康熙中知博羅縣。有羅浮山志。

陶椿卿　〔宋〕定海人。字均壽。以禮經魁鄉試。父卒。廬墓終身。元初被選舉。力辭不起。鄉里稱之。

陶滋　〔明〕絳州人。琰子。字時甫。以進士授行人。諫武宗南巡杖闕下。謫國子學正。嘉靖初歷兵部郎中。率同官伏闕爭大禮。再受杖。謫戍楡林。赦還卒。有石鼓文正誤。

陶呴　〔明〕秀水人。弘治進士。授永豐知縣。陞安慶知府。性恬靜。喜怒不形。流賊滋蔓。煦禦之。事寧而民不擾。終廣西按察司副使。

陶稱　〔晉〕斌弟。歷南平太守・南蠻校尉。性虓勇不倫。與諸弟不協。成康中庾亮以爲南中郎將。亮大會吏佐。責稱前後罪惡。使人收殺之。

陶裔　〔宋〕鄆人。太宗朝官翰林待詔。多巧思。工畫花鳥。尤精寫生。與黃筌齊名。時有西蜀黃筌・東京陶裔之稱。

陶爾穟　〔清〕青浦人。字穎儒。康熙進士。官葭州知州。工詩詞。有遵渚集・息廬詩。

陶銓　〔明〕絳州人。字文衡。正統進士。授行人。奉命至太原。會中官王振亦至。聲勢烜赫。銓竟不往謁。歷陝西右參議致仕。爲人愷悌弘博。有長者風。夜有盜持炬入室。見所有惟敝書舊衣。歎息而去。

陶鳳儀　〔明〕魯孫。以魯著績三藩。賜藉番禺。字瑞之。能文章。明法律。世宗時累官錦衣衛指揮同知。廉潔有聲。御史何維柏疏劾嚴嵩忤旨。發錦衣衛杖一百。時鳳儀方掌衛事。密諭行杖者曲護。從後遽私載而出。竟免於害。時論賢之。以母老乞歸卒。

陶模 [隋]京兆人。性明敏。有器幹。仁壽初爲嵐州司馬。漢王諒作亂。剌史喬鍾葵將赴逆。模拒之。被囚。諒平。煬帝嘉之。拜開府。授大興令。楊玄感反。率兵從衛玄擊之。以功進位銀青光祿大夫。卒官。⊙[淸]秀水人。字方之。一字子方。同治進士。由翰林出知文縣。累擢新疆巡撫。值俄兵入帕米爾。英人井坎巨提。模據理力爭。卒能如約。陞陝甘總督。調廣東。卒諡勤肅。模在邊陲逾二十年。撫綏培養。善政頗多。在秦州時。州城東南水齧城堙。築隄三百五十丈。濬池栽樹。夏秋密蔭蔽日。州人以爲遊憩之所。目曰陶公隄。

陶潛 [晉]侃曾孫。字淵明。或云字元亮。一作名元亮。少有高趣。博學善屬文。嘗著五柳先生傳以自況。親老家貧。起爲州祭酒。不堪吏職。自解歸。後爲彭澤令。在官八十餘日。郡遣督郵至縣。吏白應束帶見之。潛曰。吾不能爲五斗米折腰向鄉里小兒。卽日解印綬去職。賦歸去來辭。義熙末徵著作郎。不就。元嘉初卒。年六十三。世稱靖節先生。潛畜素琴一張。絃徽不具。每朋酒之會。則撫而和之。貴賤造之者。有酒輒設。自謂羲皇上人。以曾祖晉世宰輔。恥復屈身後代。所著文章。皆題其年月。義熙以前。明書晉代年號。自永初以來。惟云甲子而已。有陶淵明集。

陶澍 [淸]湖南安化人。字子霖。號雲汀。嘉慶進士。道光間官至太子少保·兩江總督。時鹽漕積弊甚深。澍首創海運及票鹽之法以救濟之。其他若治皖之荒政。在吳之三江水利。亦稱名績。卒諡文毅。有印心石屋文集·奏議·陶桓公年譜·淵明集輯注·靖節年譜·蜀輶日記。

陶穀 [宋]新平人。字秀實。本唐彥謙之孫。避晉諱改焉。歷仕晉漢。至周爲翰林學士·兵部侍郎。入宋歷禮刑戶三部尙書。乾德初郊祀法物制度。多所裁定。嘗得党進姬。命掬雪水烹茶。謂曰。党家有此風味乎。姬曰。彼粗人。但知銷金帳下。淺斟低唱。飲羊羔酒耳。穀有慚色。穀强記嗜學。博通經史。爲人雋辨弘博。然奔競務進。見後學有文采者。必極言以譽之。聞達官有聞望者。則巧詆以排之。其多忌好名類此。初。太祖將受禪。未有禪文。穀在旁出諸懷中而進之。曰。已成矣。太祖甚薄之。開寶中卒。嘗採摭唐及五代新穎之語。爲淸異錄一書。後人頗引爲詞藻之用。

陶綜 [淸]順德人。一作湘潭人。字若予。號甄夫。又自署陶者。世襲錦衣。晚居金陵。初。父淤沒於滇。跡攜幼弟徒步六千里歸楚。復隻身奉母歸。善畫花卉。工詩文。精書法。能篆刻。年八十餘卒。

陶節夫 [宋]鄱陽人。佩齋。字子禮。舉進士。累官知延安府。以招降羌人功。加集賢殿修撰。累進樞密直學士。後降爲待制。出知永興軍卒。

陶範 [晉]稱弟。最知名。太元時官至光祿勳。

陶鉉 [元]金陵人。號菊村。工畫山水。

陶魯 [明]副使成子。字自強。以父蔭授新會縣丞。遷知縣。從總督韓雍征大藤峽有功。陞按察僉事。善撫士卒。多智略。所向克捷。賊讎之剌骨。劫其鬱林故居。焚誥命。發先塋。戕其族黨。魯聞大慟。詔徙籍廣東。益奮志討賊。毀賊巢一百三十。前後撫安復業者十餘萬人。歷陞左參政按察使·湖廣左布政使卒。

陶[illegible] [淸]鄞人。字起巖。號雲谷。又號蔭城。諸生。工畫山水。能詩。

陶璜 [晉]秣陵人。字世英。初仕吳爲交州刺史。有謀策。周窮好施。能得人心。孫皓既降晉。手書勅璜歸順。璜流涕數日。遣使送印綬詣洛陽。武帝詔復其本職。封宛陵侯。在南三十年。威恩著於殊俗。及卒。舉州號哭。如喪慈親。

陶翰 [唐]潤州人。開元間擢進士第。又擢弘辭科。以冰壺賦得名。官禮部員外郎。

陶臻 [晉]侃兄子。字彥遐。有勇略。賜爵當陽亭侯。咸和中爲南郡太守。領南蠻校尉。卒諡肅。

陶諧 [明]會稽人。字世和。號南川。弘治進士。改庶吉士。授給事中。正德初劉瑾等亂政。諧請以瑾等誤國罪告於先帝罪之。瑾怒。坐以他事廷杖。斥爲民。嘉靖初復官。累遷兵部左侍郎。卒諡莊敏。有南川稿·陶莊敏集。

陶嬰 [周]魯陶門之女。少寡。養幼孤。紡績爲產。魯人或聞其義。將求焉。嬰聞之。恐不得免。乃作黃鵠之歌。魯人遂不敢復求。

陶謙 [後漢]丹陽人。字恭祖。以諸生四遷爲司馬。西討邊章。尋剌徐州。擊黃巾。大破之。境內晏然。時董卓雖誅而關內未平。四方斷絕。謙每遣使間行奉貢西京。遷徐州牧。加安東將軍。封溧陽侯。初。曹操父嵩避難瑯邪。爲謙士卒所害。興平初操擊謙。謙退保郯。病卒。

陶輿 [晉]臻弟。果烈善戰。以戰功累遷武威將軍。與杜弢戰。率輕舸出其上流擊之。所向輒克。賊望見輿軍。驚曰。且避陶武威。後被重創卒。侃慟惜之。

陶瞻 【晉】侃子。字道眞。少有才器。歷廣陵相。廬江建昌二郡太守。遷散騎常侍。封都亭侯。蘇峻叛。死之。諡愍悼。

陶籍 【晉】弘景子。字文海。仕齊爲餘杭令。政化如神。善於擿伏。下莫能欺。好學有才氣。爲詩類謝靈運。時人咸謂康樂之有陶籍。如仲尼之有丘明。老聃之有莊周。

陶鑄 【明】當陽人。崇禎中城陷。與弟冶俱被執。度不能免。請留一人奉先祀。兄弟爭死。賊兩殺之。

陶顯位 【明】寧鄉人。字仲仁。年十六讀易有疑。聞豐城李氏家傳易學。遂裹糧往受業。三年學成始歸。後任桃源訓導。攝縣篆。有暮夜投金者。御不受。既歸。復以易學授里中。年近八十。嗜學不衰。有周易學旨。

陸九思 【宋】金谿人。字子彊。舉進士。幼弟九淵始生。鄉人有求抱養爲子者。二親以子多欲許之。九思力以爲不可。是年九思適生子。因付田婦乳之。而令其妻乳九淵。九淵既長。事兄嫂如事父母。晚以恩授從仕郎。

陸九敍 【宋】九思弟。字子儀。善治生。總藥寮以給家用。諸弟有四方游旅者。爲治具。或論事未決。出一語折衷之。無不允當。人高其行義。稱爲五九居士。

陸九淵 【宋】九齡弟。字子靜。乾道進士。除敕令所刪定官。九淵少聞靖康間事。慨然有感於復讐之義。至是訪知勇士。與議恢復大略。因輪對陳五事。爲給事中王信所駁。詔主管台州崇道觀。遂還鄉。居貴溪之象山。學者輻湊。自號象山翁。學者稱象山先生。嘗與朱熹會講鵝湖。論辯多不合。熹主道問學。九淵主尊德性。熹好注經。九淵則謂學苟知道。六經皆我注腳。故理學遂有朱陸二派。光宗立。差知荊門軍。務以德化。民俗爲變。卒諡文安。有象山集·外集·語錄。

陸九皋 【宋】九敍弟。字子昭。少力學。文行俱優。舉進士。率諸弟講學。從游者多有聞。學者稱庸齋先生。以恩授修職郎。

陸九韶 【宋】九皋弟。字子美。學問淵粹。隱居不仕。與學者講學梭山。因號梭山居士。其學以切於日用爲要。晝之言行。夜必書之。舉遺逸不應。有梭山日記·梭山文集。(按宋史以九韶爲九齡弟。此據象山年譜。)

陸九齡 【宋】九韶弟。字子壽。乾道進士。爲全州教授。嘗與弟九淵講學鵝湖。學者稱復齋先生。與九淵相爲師友。時稱二陸。卒諡文達。有復齋集。

陸二龍 【清】平湖人。字伯驤。工畫山水。煙雲濛然。意在筆墨之外。

陸士仁 【明】師道子。字文近。號澄湖。諸生。畫山水筆法雅潔。書亦如之。

陸士楷 【清】武進人。字介侯。別字崑庭。明諸生。入清隱居教授以終。士楷專心理學。以聖賢名教自任。嘗師事李顒。記其論學之語爲中孚語錄。又有尙書彙纂。

陸士隆 【明】無錫人。字季平。洪武中舉明經。拜監察御史。抗疏發胡惟庸姦狀。忤旨見殺。妻子皆死之。劉基爲作忠節孝三歌。

陸大受 【明】武進人。字凝遠。萬曆進士。累遷戶部郎中。福王將之藩。詔賜莊田四萬頃。大受請減田額。因劾鄭國泰驕恣亂法。尋出爲撫州知府。以清節著。天啓初補韶州卒。

陸子才 【陳】子隆弟。有幹略。從子隆征討有功。除南平太守。封始興縣子。後從吳明徹北伐。監安州。累遷至信州刺史卒。

陸子眞 【南朝宋】仲元弟。元嘉中爲海陵太守。時中書舍人狄當見幸。家海陵。子眞不與相聞。時論高之。終中散大夫。

陸子隆 【陳】吳郡人。字興世。起家梁東宮直。隨張彪鎭會稽。文帝討彪。彪諸將皆降。而子隆力戰敗績。帝義之。表爲中兵參軍。及卽位。領甲仗宿衞。除廬陵太守。次第討平周迪·陳寶應·華皎之亂。屢著戰功。遷都督荊信祐三州諸軍事。進爵朝陽縣侯。鎭荊州。綏集夷夏。甚得民和。卒諡威。

陸子彰 【後魏】昕之從兄希道子。字明遠。本名士沈。年十六。出後昕之。事公主盡禮。正光中襲爵東郡公。歷官齊州刺史。務聚斂。晚節修改。虛己納物。武定中除中書監。崇好道術。曾嬰重疾。藥中須桑螵蛸。以不忍害物。遂不服。其仁恕如此。卒諡文宣。

陸子遹 【宋】山陰人。嘉定間爲溧陽令。俗信巫覡。子遹至。誅其魁。與學校。習禮讓。習俗頓革。

陸山才 【陳】吳郡人。字孔章。少偶儻。好文史。起家王國常侍。紹泰中都督周文育以山才爲長史。文育南討。剋蕭勃。擒歐陽頠。計畫多出山才。累除新安太守。留鎭富陽周平。遷西陽武昌太守。卒諡簡。

陸中善 【明】慈谿人。字仲善。洪武中由國子生授刑科給事中。成祖北巡。留太子監國。以中善爲丞。與侍講楊士奇共總青宮之政。小心愼密。後坐解縉事。出爲交趾丘烏令。復職卒。

陸之武 【陳】子隆子。年十六。領子隆舊軍。隨吳明徹北伐有功。官至弘農太守。仍隸明徹。明徹於呂梁敗績。之武逃歸。爲人所害。

陸之裘 【明】之箕弟。字象孫。貢生。官景寧教諭。有南門仲子集。

陸之箕【明】容孫。字背孫。一字汝瞻。號復泉。弘治貢生。有史餘·長白山人集。

陸仁【元】河南人。寓居崑山。字良貴。號樵雪生。又號乾乾居士。沈靜簡默。明經好古。工詩文。能書。館閣推重。稱爲陸河南。有乾乾居士集。

陸化熙【明】常熟人。字羽明。萬曆進士。歷工部郎中。督夏陽鎮河道。閩香賊起。化熙無彊宇守寄而禦捍之功甚偉。官至廣西提學僉事。進湖廣參政。未赴卒。有詩通·目營小輯。兄化淳。字君復。萬曆進士。官終贛州知府。亦有績。有松韻齋續集。

陸元方【唐】餘慶從子。字希仲。武后時官同平章事。后嘗問外事。對曰。臣備位宰相。民間碎事。不敢以聞。忤旨。除太子右庶子。進文昌左丞卒。元方性清慎。再執政。每進退羣臣。必先訪問。外祕莫知。臨終取奏稿焚之。曰。吾陰德在人。後當有興者。

陸元泓【清】常熟人。字秋玉。以志節自勵。無家。圖己像於水墨尺幅中。自號水墨中人。

陸元鼎【清】仁和人。字春江。同治進士。歷官江寧·上海知縣。勤政親民。清釐積案。以平允稱。官至江蘇巡撫·署漕運總督。

陸元輔【清】江蘇嘉定人。字翼王。明諸生。從黃淳耀游。淳燿稱其學行。

康熙中舉鴻博。不遇。家多藏書。手跋宋元明人經說。至數十種。朱彝尊經義考。多取其言。

陸卬【北齊】子彰子。字雲駒。少博覽羣書。善屬文。甚爲河間邢邵所賞。邵與子彰交游。嘗謂子彰曰。卿老蚌遂出明珠。起家員外散騎侍郎。歷文襄大將軍主簿·中書舍人。除中書侍郎。修國史。以父憂去職。居喪盡禮。兄弟相率廬墓。負土成墳。詔改所居里爲孝終里。天保初授吏部郎中。弟摶卒。卬聞。一慟便絕。卬篤慎周密。言論清遠。有人倫鑒。時咸惜之。謚文。

陸友【元】吳縣人。字友仁。一字宅之。父以市布爲業。友獨攻苦於學。博極羣物。工漢隸八分。尤長五言詩。虞集·柯九思薦之。未及用歸。自號研北生。有研史·墨史·印史·杞菊軒稿·研北雜志。(按四庫提要又有陸友仁。元吳郡人。字輔之。有詞旨。吳中舊事。與陸友恐係一人。)

陸天錫【清】平湖人。字畏蒼。乾隆舉人。工詞。旖旎豪宕處。無不與古作者意旨吻合。有古香閣詩稿。

陸引【明】羅源人。字惜遠。性嚴毅。不妄交游。鄉人號爲獨鶴。洪武中以人材薦。授象山縣丞。鋤強植弱。吏民懷之。性尤儉。食惟一蔬。家人不知魚肉之味。以憂勞卒。

陸心源【清】歸安人。字剛甫。一字潛園。號存齋。咸豐舉人。光緒間官至福建鹽運使。藏書極富。刻有十萬卷樓叢書。著有皕宋樓藏書志·儀顧堂集。

陸文圭【元】江陰人。字子方。博通經史百家。宋咸淳中以春秋中鄉選。宋亡。隱居城東。學者稱牆東先生。延祐設科。有司強之試。再中鄉舉。善屬文。東南學者皆宗師之。當道數遣使幣聘。不起。有牆東類稿。

陸文通【明】江南人。善畫山水。尤工道釋樓臺。

陸日愛【清】青浦人。字曦叔。一字雪亭。官浙江知府。有松陵詩徵續編·守拙齋詩文稿。

陸世楷【清】平湖人。字英一。以拔貢授平陽府通判。姜瓖圍平陽。世楷固守百日。誘降其魁。釋其黨。累官南雄知府。以艱歸。工詩詞。有越吟·晉吟·齊吟·種玉亭詞·蹈勝臺詞。

陸世儀【清】太倉人。字道威。明諸生。嘗從劉宗周學。博洽無所不通。窮居授徒。明亡。拓地十畝。鑿亭其中。自號曰桴亭。不通賓客。其學主敦守禮法。不虛談誠敬之旨。於講學諸家。最爲篤實。與陸隴其並稱二陸。及卒。門人私謚尊道先生。亦曰文潛先生。有思辨錄·宗祭禮·三吳水利志·書鑑·詩鑑·桴亭全集。

陸以湉【清】桐鄉人。字定圃。號敬安。道光進士。官杭州教授。以母老乞歸。有冷廬雜識。

陸正【元】海鹽人。贄後。字行正。號率齋居士。讀書一覽不忘。旁通律呂象數之學。始名唐輔。宋亡更名。世祖時屢徵不起。隱居教授以終。門人私謚靖獻先生。

陸生柟【清】廣西人。雍正間選知吳縣。改工部主事。坐事奪職遣戍。著封建論十七篇。世宗指爲悖逆。被誅。

陸亘【唐】吳人。字景山。元和中制策科中第。累官戶部郎中·太常少卿。歷刺兗蔡虢蘇四郡。遷浙東觀察使。移宣歙卒。亘強明嚴毅。所至稱理。

陸仲元【南朝宋】玩曾孫。以事用見知。歷右衞將軍·侍中。自玩至仲元。四世爲侍中。時人方之金張二族。

陸仲亨【明】濠人。年十七歸太祖。從渡江。取太平。定集慶。從征陳友諒。以功進驃騎衞指揮使。洪武初率軍征廣東。略定諸郡縣。積功封吉安侯。後坐胡惟庸黨誅死。

陸仲明【宋】工畫山水窠石。

陸光旭【清】平湖人。字始旦。號鶴田。順治進士。由御史出爲江安糧儲道。有屈亭遺稿。

陸光祖【明】平湖人。字與繩。號五臺。嘉靖進士。萬曆中累遷工部右侍郎。以議漕糧改折忤張居正。引疾歸。居正沒。復起。官至吏部尚書。以推用饒伸・萬國欽忤旨。求去。光祖練達朝章。每議大政。一言輒定。再居吏部。推轂人材。不念舊惡。人服其量。卒謚莊簡。

陸・光熙 〔清〕鍾琦子。字亮臣。光緒進士。授庶吉士。游學日本。畢業陸軍士官學校。山西民軍起事。由京赴山西。民軍破撫署。光熙挺身衞父。與鍾琦并及於難。謚文節。

陸・光圖 〔南漢〕四會人。劉鋹時爲郴州刺史。撫恤窮民。招輯士卒。境賴以安。民呼爲陸父。及宋師來伐。光圖樹柵拒之。會大雨。黃溪水溢。潘美順流破其柵。遂取郴州。光圖與大將暨彥贇力戰敗績。被執死之。

陸・同 〔宋〕歷城人。字彥和。建炎間父有常知臨淄縣。抗虜死節。同以恩補官。調建康戶曹。不畏強禦。知望江縣。蠲苛稅。流移復業。改知廬江。官終京西轉運使判官。

陸・在元 〔清〕錢塘人。字主調。號鶴房。爲江蘇布理問。調常熟知縣。善畫工詩。

陸・在新 〔清〕長洲人。字蔚文。康熙舉人。除松江教授。巡撫湯斌特舉卓異。擢知廬陵縣。建問苦亭於衙西。朔望坐其中。訪求民隱。常褁糧歷山谷間。勞苦百姓。軫其災患而導之於善。修學校。進諸生考論德藝。時江水泛溢。在新募船往救。全活無算。比卒。廬陵人罷市三日。會哭者萬餘人。

陸・圭 〔宋〕字朝璋。以蔭補泗州兵馬都監。宣和中饑。發粟賑之。全活者萬計。適方臘之亂。圭引兵敗賊於嚴之七里灘。率師還錢塘。舟覆而沒。

陸・宇燝 〔明〕宇鼎弟。字春明。別字披雲。明諸生。明亡棄去。與褫職之徒游。性嗜異書。好行義。學者稱明懷先生。有觀日堂集。

陸・宇鼎 〔明〕鄞人。字周明。一字戀庵。少與錢肅樂共學。肅樂江上之師。宇鼎參軍事。南都覆。與董幼安・毛象來等六人共起義兵。時號六狂生。魯王次會稽。授宇鼎按察副使。陳馬士英十大罪。乞梟其首。不報。遂棄官歸。及魯王航海。與諸遺臣出死力奉之。事敗。遂浪迹江湖間。康熙時被誣捕入獄。尋脫歸。道卒。弟宇燝爲私謚節介。有霜聲集。

陸・旭 〔後魏〕馛從孫。好易緯之學。有五星要訣及兩儀眞圖。太和中徵拜中書博士。遷散騎常侍。知天下將亂。遂隱於太行山。孝莊時累徵不起卒。

陸・有仁 〔清〕錢塘人。乾隆進士。補刑部主事。嘉慶間累官陝西巡撫。教匪之亂。有仁與額勒登保建築堡寨。行堅壁清野策。有功。卒於漢中。

陸・次雲 〔清〕錢塘人。字雲士。康熙時召試鴻博。未遇。官江陰知縣。有惠政。工詩。有八紘繹史・繹史紀餘・荒史・峒溪纖志・湖壖雜記・北墅緒言・澄江集・玉山詞。

陸・羽 〔唐〕竟陵人。字鴻漸。一名疾。字季疵。不知所生。或言有僧得諸水濱。既長。以易自筮。得蹇之漸。曰鴻漸於陸。其羽可用爲儀。乃以陸爲氏。名而字之。上元初隱居苕溪。自稱桑苧翁。又號竟陵子。久之。詔拜太子文學。徙太常寺太祝。不就。杜門著書。或獨行野中。誦詩擊木。慟哭而歸。嗜茶。著茶經三篇。貞元末卒。鬻茶者祀爲茶神。

陸・行直 〔明〕吳江人。字季衡。洪武中以人才授翰林典籍。工詩及書畫。

陸・西星 〔明〕字長庚。號方壺外史。所著南華經副墨八卷。焦竑作莊子翼。多引其說。

陸・佃 〔宋〕山陰人。字農師。居貧苦學。映月讀書。嘗受經王安石。而不以新法爲是。擢熙寧甲科。補國子監直講。安石以佃不附己。專付之經術。不復咨以政。徽宗時爲尚書右丞。每欲參用元祐人才。譏者遂詆佃名在黨籍。罷知亳州卒。佃長於禮家名數之說。有埤雅・禮象・春秋後傳・鶡冠子註・陶山集諸書。

陸・坊 〔清〕平湖人。字禮約。號野橋。嘉慶舉人。官永康訓導。學問通博。尤長於詩。有草心亭詩鈔。

陸・圻 〔清〕錢塘人。字麗京。一字景宣。號講山。順治時貢生。早負詩名。爲西泠十子之冠。又與陳子龍等爲登樓社。事親孝。久而知醫。莊鑨史禍作。被株連。久之得白。晚入武當爲道士。不知所終。子寅。往來萬里尋之。卒不能得。有從同集・旂鳳堂集・西陵新語・新婦譜。

陸・完 〔明〕長洲人。字全卿。成化進士。歷官兵部侍郎。時劇盜劉六・劉七起山東。勢不可遏。完統兵平之。進太子少保・兵部尚書。完有才智。急功名。善交權勢。宸濠萌異志。輦鉅金遺完求復護衞。完遂爲請。舉朝譁然。改吏部尚書。宸濠反。完下司寇論死。議功謫戍福建靖海衞。

陸・希道 〔後魏〕叡子。字洪度。歷覽經史。頗有文致。初拜中散。遷通直郎。坐父事徙遼西。以戰功賜爵淮陽男。累遷前將軍・鄆州刺史。善於馭邊。甚有威略。轉涇州刺史卒。

陸・希聲 〔唐〕景融四世孫。博學善屬文。嘗得撥鐙法。爲右拾遺。見州縣刓弊。上言當謹視賊盜。俄而王仙芝反。株蔓數十州。遂不制。累擢歙州刺史。昭宗聞其名。召爲給事中。拜戶部侍郎・同中書門下平章事。以太子少師罷。卒謚文。

陸・延 〔後魏〕眞子。字契胡提。襲爵河南公。累遷武川鎮將。入除太僕癰。正光初拜金紫光祿大夫。受使綏慰秀容。爲牧子所害。

陸．廷柱 〔清〕江蘇通州人。乾隆間由行伍累擢南澳鎭總兵。助勦臺灣林爽文．莊大田有功。後坐事發伊犂。

陸．廷燦 〔清〕江蘇嘉定人。字秩昭。官崇安知縣。有續茶經．南村隨筆．蓺菊志。

陸．抗 〔三國吳〕遜子。字幼節。建興初拜奮威將軍。孫皓卽位。拜都督信陵．西陵．夷道．樂鄉．公安諸軍事。晉羊祜率師向江陵。抗使輕兵襲之。祜引軍還。抗無矜色。故得將士歡心。抗與祜推儒札之好。抗嘗遺祜酒。祜飮之不疑。抗有疾。求藥於祜。祜饋之藥。抗服之不疑。人多諫。抗曰。羊祜豈酖人者。時以爲華元．子反復見於今。後拜大司馬．荆州牧卒。臨終上疏。以西方爲屬。史稱其貞亮籌幹。咸有父風。

陸．求可 〔清〕淮安人。字咸一。號密菴。順治進士。守裕州。有惠政。官至刑部郎中。有密菴詩文集。

陸．秀夫 〔宋〕鹽城人。字君實。景定初進士。才思清麗。性沈靜。不苟求人知。李庭芝鎭淮南。辟置幕中。德祐初以禮部侍郎使軍前請和不就。益廣二王走溫州。秀夫追從之。與陳宜中．張世傑等立益王於福州。進端明殿學士。僉書樞密院事。時君臣播越海濱。庶事疏略。秀夫儼然正笏立。如治朝。或時在行中。淒然泣下。以朝衣拭淚。衣盡浥。左右無不悲動者。王殂。又立衞王。以秀夫爲左丞相。元至元中厓山破。秀夫驅妻子先入海中。尋負王赴海而死。方秀夫在海上時。記二王事甚悉。以授鄧光薦。光薦死。其書存亡無從知。故海上之事。世莫得其詳。

陸．良弼 〔清〕錢塘人。字嘯霞。工畫。善詩古文辭。

陸．言 〔清〕錢塘人。嘉慶進士。由編修累官河南布政使。有政學錄。

陸．邦烈 〔清〕平湖人。字又起。毛奇齡弟子。嘗取奇齡經說所載。裒爲聖門釋非錄。謂聖門口語。未可盡非云。

陸．孟珠 〔明〕嘐城女子。一云蘇州人。名燕燕。又字綠珠。曾爲侯門寵妓。侯裁於法。孟珠邑邑不得志。流落江海間。自名紅衲道人。有東京夢華之想。製詩一卷。

陸．宗善 〔明〕松江華亭人。字尙訥。洪武中以實學高行舉於鄉。再令劇邑。所至有惠政。善爲詩。流麗雄偉。書法亦清勁。

陸．定 〔清〕松江華亭人。字文祥。工畫山水。

陸．定國 〔後魏〕麗子。襁褓時。文成幸其第。詔養宮內。游止常與獻文同處。年六歲。爲中庶子。獻文踐阼。拜散騎常侍。賜爵東郡王。定國求以父爵讓弟叡。乃聽之。太和初除秦益二州刺史。卒諡莊。

陸．尙質 〔明〕浙江山陰人。父渡江。忽風濤飄舟向海。尙質岸上見之。卽跳入濤中。欲挽舟近岸。父舟獲濟。而尙質竟溺死。里人呼其處曰陸郞渡。

陸．居仁 〔元〕松江華亭人。字宅之。自號巢松翁。又號松雲野褐。瑁湖居士。泰定舉人。隱居不仕。教授以終。工詩。與楊維楨．錢惟善相倡和。及沒。同葬於山。人目爲三高士墓。有松雲野褐集。

陸．政 〔後魏〕載孫。性至孝。母吳人。好食魚。北土魚少。得之甚艱。後宅側忽泉出而有魚。得以供母。時謂之孝泉。初從爾朱天光討伐。後歸宇文泰。官至原州長史。賜爵中都縣伯卒。

陸．明允 〔唐〕贄從子。字信夫。元和中爲奉化縣令。屬歲大旱。鄰境人相食。明允輯和其民。散廩食以給道路之餓者。全活數萬人。治行爲天下第一。在邑五年卒。民立祠祀之。

陸．明永 〔明〕丹陽人。字嵩年。崇禎舉人。爲松江教諭。清兵破城。題絕命詞於明倫堂。自經死。

陸．昕之 〔後魏〕定國子。字慶始。風望端雅。襲爵。尙獻文女常山公主。拜駙馬都尉。歷通直郞．兗青二州刺史。並有政績。轉相州刺史。卒諡惠。

陸．杲 〔梁〕徽孫。字明霞。少好學。工書畫。起家齊中軍法曹行參軍。入梁爲驃騎記室參軍。歷御史中丞。出爲義興太守。在臺號不畏強禦。在郡寬惠。爲民下所稱。信佛法。持戒甚精。中大通初位至揚州大中正。加特進。卒諡質。有沙門傳。

陸．昂 〔明〕字元偁。少游鏞泰之門。有吟窗涉趣．窺豹錄。

陸．治 〔明〕吳縣人。字叔平。居包山。號包山子。諸生。隱支硎山。善寫生。又工畫山水。爲人倜儻嗜義。以孝友稱。卒年八十一。

陸．法言 〔隋〕爽子。官承奉郞。仁壽初撰切韻五卷。其書已佚。宋陳彭年等重修廣韻。猶題曰法言撰。蓋仍陸氏之舊也。

陸．法和 〔北齊〕有道術。能前知。隱於江陵百里洲。侯景渡江。遣將任約擊梁湘東王於江陵。法和率蠻兵敗約擒之。梁元帝以爲都督郢州刺史。封江乘縣公。就加司徒。部曲數千人。通呼爲弟子。唯以道術爲化。不以法獄加人。元帝敗滅。法和舉州入齊。文宣以爲大都督。引見不稱臣。但云荆山居士。無疾而告弟子死期。至時。坐繩牀而終。

陸．法眞 〔南朝宋〕吳郡人。孝武時歷官有淸節。明帝初爲南海太守卒。

陸·玠 〔陳〕瑜從父兄。字潤玉。好學能屬文。舉秀才。對策高第。後主在東宮。聞其名。徵爲管記。甚見親待。後以疾失明。將還鄉里。太子解衣贈玠。爲之流涕。有集。

陸·玩 〔晉〕曄弟。字士瑤。器量淹雅。少有美名。王導初至江左。思結人情。請婚於玩。玩對曰。培塿無松柏。薰蕕不同器。玩雖不才。不能爲亂倫之始。導乃止。元帝引爲丞相參軍。蘇峻反。玩守宮城。潛說匡術歸順。以功封興平伯。累遷侍中·司空。歎曰。以我代三公。是天下無人矣。誘納後進。謙若布衣。縉紳之徒。莫不蔭其德。卒諡康。

陸·知命 〔隋〕富春人。字仲通。始爲陳始興王行參軍。及陳滅。召令諷諭反者。說下十七城。得其渠帥。以功拜儀同三司。煬帝嗣位。拜治書侍御史。時齊王暕驕縱。知命奏劾之。暕竟得罪。百僚震慄。遼東之役。卒於師。

陸·肯堂 〔清〕長洲人。字邃升。一字瀜成。康熙時會試殿試皆第一。由修撰遷侍讀。才氣磊落。爲文淩厲頓挫。朝廷大著作。多出其手。卒官。

陸·采 〔明〕粲弟。字子元。號天池。少爲校官弟子。不屑守章句。年十九。作王仙客無雙傳奇。(一名明珠記。)選梨園子弟。登場敎演。名重一時。性豪蕩。客遊南北。劇飮歌詩。年四十而卒。又有冶城客論。

陸·長春 〔清〕烏程人。字籥士。道光副貢。有綠鸚仙館詩文集·夢花亭駢文詩詞集·梅隱庵詩鈔·遼宮詞·眉月樓詩鈔·香飮樓賓談·遯齋隨筆。

陸·長源 〔唐〕餘慶孫。字泳之。贍於文學。天寶中官汝州刺史。徙宣武軍司馬。尋總留後事。遇軍亂被害。長源以清白自持。去汝州。送車二乘。曰。吾祖罷魏州。有車一乘。而圖書半之。吾愧不及先人。

陸·青 〔宋〕紹熙間爲畫院待詔。工畫山水。用墨淸秀簡易。

陸·俟 〔後魏〕突子。聰慧有策略。明元時累官給事中。典選部蘭臺事。當官而行。無所屈撓。拜冀州刺史。治績爲天下第一。歷安定長安二鎭大將。遷內都大官。加都督秦雍諸軍事。俱以方略討平巨寇。文成踐阼。以子麗策立勳。進爵東平王。卒諡成。

陸·南金 〔唐〕吳人。官太常奉禮郎。開元初以匿盧崇道按捕當重法。弟趙璧自言匿崇道者我也。御史怪之。趙璧曰。母未葬。妹未歸。兄能辦之。我生無益。不如死。御史驚上狀。玄宗皆宥之。官至太子洗馬卒。

陸·南陽 〔明〕武進人。字伯明。號聚岡。從唐順之游。隆慶間貢生。官善化知縣。公平正直。致仕歸。解橐不得一錢。有四書五經講義。

陸·垕 〔元〕江陰人。字仁重。自幼以孝友聞。至元間伯顏兵南下。垕時年未冠。率其鄉人見之。論議有合。元兵遂不涉其境。伯顏奏授同知徽州路。以廉能稱。累遷浙西廉訪使。卒諡莊簡。

陸·奎章 〔明〕武進人。字子翰。領嘉靖鄉薦。除知武康。不樂簿書。乞改寧波教授。與諸生朝夕論難。居常手不釋卷。有香奩四友傳。

陸·奎勳 〔清〕棻兄子。字聚侯。號星坡。又號陸堂。康熙進士。官檢討。少工詩文。喜談兵。又治仙佛及星學家言。中年後一意說經。好持異論。近毛奇齡。有陸堂易學·詩學·今文尙書說·春秋義存錄·戴禮緒言·陸堂詩文集。

陸·建瀛 〔清〕沔陽人。字立夫。道光進士。咸豐時官至兩江總督。洪楊軍犯武昌。建瀛督師溯江而上。師潰。收散卒還江寧。乘城守。城陷。死之。建瀛出師之初。輕出無備。諸將帥疾其平日矜張。復多作壁上觀。遂至一敗不振。東南之事大壞。中外交讋之。

陸·彥師 〔隋〕卬弟。字雲房。好學能文。親沒。與卬同廬墓。負土成墳。北齊表其閭。卬當襲父侯爵。以讓彥師。固辭乃止。時稱友悌孝義萃於一門。隋初爲吏部侍郎。任人甄別於士庶。論者美之。以病出爲汾州刺史卒。

陸·彥遠 〔唐〕柬之子。官贊善大夫。傳父書法。時稱小陸。後以傳其甥張旭。

陸·彥龍 〔清〕仁和人。字驤武。諸生。博學工文辭。有燹餘稿·徵君集。

陸·思孝 〔元〕山陰樵者。性至孝。母病痢。思孝方欲割股肉以進。忽夢有神人授以藥。卽以奉母。母疾遂愈。

陸·思鐸 〔後晉〕臨黃人。少事梁爲宣武軍卒。以善射知名。梁晉相距河上。思鐸鏤其姓名於箭笴。以射軍。矢中莊宗馬鞍。莊宗拔矢奇之。晉高祖時爲陳蔡二州刺史。有善政。卒官。

陸·持之 〔宋〕九淵子。字伯微。七歲能爲文。九淵居象山之上。學者百數人。有未達者。持之爲敷繹之。韓侂冑將用兵。持之憂時不懌。著書十篇。名鬱說。嘉定中特詔祕書省讀書。轉修職郎。差幹辦浙西安撫司。以疾致仕。有易提綱·諸經雜說。

陸·昭符 〔南唐〕秣陵人。宋開寶間問罪江南。李煜求緩師。以昭符爲進奏使。以其善計度。累加任使。嘗爲常州刺史。有善政。一日坐郡廳。忽雷電暴至。官吏震懾。昭符叱之。雷電頓止。及舉案轅。得大鐵索。重數百斤。人尤駭之。昭符神色自若。命收索付官庫。以示後人。

陸·柬之 〔唐〕吳縣人。虞世南甥。

官著作郎。少依舅氏臨書。遂以書專家。與歐褚齊名。隸行皆入妙品。

陸・洽源 清平湖人。字嗣開。號話山。雍治拔貢。官汝州知縣。有話山集・交游錄。

陸・炳 明其先平湖人。母爲世宗乳媼。炳從入宮。嘉靖中授錦衣副千戶。從世宗幸承天。衛輝。行宮夜失火。炳排闥負世宗出。由是得愛幸。復交歡夏言・嚴嵩。官至太保。權勢傾天下。帝數起大獄。炳多所保全。能折節士大夫。未嘗構陷一人。人以此稱之。卒謚武惠。

陸・柔柔 清海鹽女子。歐陽夢桂之妻。夢桂以事死於獄。柔柔母盜捲其物。以柔柔許嫁張姓。柔柔曰。主人平生豪傑。寧忍嫁。遂自經死。

陸・相 明餘姚人。字良弼。弘治進士。官至長沙知府。有陽明先生浮海傳。

陸・禹臣 唐河東人。字服休。避黃巢亂入南嶽。得仙術。隱宜州北山。後尸解。

陸・突 後魏代人。道武帝時率部民隨征伐有功。拜厲威將軍・離石鎮將。天興中爲上黨太守。封關內侯。

陸・胤 三國吳凱弟。字敬宗。始爲御史・尚書選曹郎。後至都尉。赤烏中交趾九眞夷賊攻沒城邑。交部騷動。以胤爲交州刺史・安南校尉。胤喻以忠信。務崇招納。交域清泰。就加安南將軍。永安初徵爲西陵督。封都亭侯。轉左虎林 中書丞卒。胤雅善著述。有廣州先賢傳。

陸・飛 清仁和人。字起潛。號筱飲。乾隆解元。畫山水花卉。均法天池。工詩詞題詠。有筱飲集。

陸・修靜 南朝宋東遷人。字見寂。生稟異相。目重瞳子。掌有篆字。背有斗文。博精象緯。好方外游。嘗與陶淵明・僧惠遠結社廬阜。泰始中詔江州刺史王景宗禮聘來朝。勅建傳經宗壇。因著齋法儀範。一日。若趣裝將行。忽然尸解。謚簡寂先生。

陸・倕 梁慧曉子。字佐公。少勤學。善屬文。讀書一徧。必誦於口。嘗借漢書。失五行志四卷。乃暗寫還之。略無遺脫。武帝愛倕才。敕撰新漏刻銘。仕至太常卿卒。有文集。

陸・倖 明吳縣人。字天爵。正德進士。官刑部郎中。持法不避權倖。以諫南巡廷杖。出爲寶慶知府。有惠政。尋棄官歸隱桃塢。種橘自資。有桃谷遺稿。

陸・唐老 宋會稽人。淳熙中進士第一。有增節音註資治通鑑。

陸・埈 宋塡弟。字子高。紹熙進士。授滁州教授。尊禮老成。作興小學。人皆趨學。遷兩浙轉運司幹辦公事。抑強扶弱。中外翕然。後除祕書省校書郎。有益齋集。

陸・垹 明嘉善人。字秀卿。嘉靖進士。官至右僉都御史。巡撫河南。有陸貫齋集・貫齋雜著。

陸・宲 宋字元珍。歷仁和縣尉・越州司工曹事。所至以治政稱。後提舉京畿常平等事。金人犯闕。諸司皆遁去。宲獨以便宜招集燕山戍卒數千。雜以保甲。日夜部勒督教。扼據要害。虜不能犯。而潰卒亦不爲亂。措置號令。有大將風采。（宲古文寶字。）

陸・宰 宋佃子。字元鈞。官朝請大夫。直祕閣。紹興間建祕閣。求天下遺書。首命紹興府錄宰家書來上。凡萬三千卷有奇。有春秋後傳補遺。

陸・家振 清崑山人。字渭英。幼孤。刻苦自奮。工畫山水。

陸・容 明太倉人。字文量。號式齋。成化進士。官兵部職方郎中。西番進獅子。請大臣往迎。容諫止之。累遷浙江右參政。所至有績。忤權貴罷歸卒。容性至孝。嗜書籍。與張泰・陸釴齊名。稱婁東三鳳。有式齋集・菽園雜記。

陸・師 清歸安人。字麟度。康熙進士。歷知河南新安・江蘇儀徵縣。所至多善政。尤善決獄。有神明稱。官至兗沂曹道。好讀書。常以儒者自命。有巢雲書屋・采碧山堂・玉屏山樵諸集。

陸・師閔 宋詵子。以父任補官。熙寧末李稷提舉成都路茶場。辟師閔共事。不三年。遂居稷職。茶禍被於秦蜀。蘇轍論其六害。貶主東嶽廟。久之。起蘄州。歷知河南永興軍・延安府卒。

陸・師道 明長洲人。字子傳。號元洲。更號五湖。嘉靖進士。爲禮部主事。以養母告歸。時高其志操。游文徵明門。稱弟子。後復起。累官尚寶少卿。師道善詩文。工小楷古篆繪事。人謂徵明四絕。不減趙孟頫。而師道並傳之。有左史子漢鐫・五湖集。

陸・庭曜 唐東郡人。一作陸曜。工畫人物鬼神。有氣韻。時稱第一。

陸・恭 清吳縣人。字謹庭。號孟莊。乾隆舉人。工畫花卉。精鑑賞。收藏古帖名畫極多。

陸・恭之 後魏暐弟。字季顯。有操尙。位終東荊州刺史。卒謚懿。有文章詩賦千餘篇。

陸・扆 唐贄族孫。字祥文。客於陝。遂爲陝人。舉光啓進士。從僖宗幸山南。累遷翰林學士。扆屬辭敏速。昭宗甚優遇之。官至中書侍郎・同平章事。天復初爲朱全忠所殺。

陸・時中 明澄從子。字幼貞。嘉靖舉人。幼聰敏。自登科後。有志力學。每以未聞道爲恨。洒然有遺世獨立之志。有建文逸史・午峯集。

陸・時化 清太倉人。字潤之。號

聽松。嗜書畫。鑒別甚精。藏書亦富。

陸·時隆 清江蘇嘉定人。一名游龍。號郭亭。有郭亭三編。

陸·時雍 明澄從子。字幼淳。嘉靖進士。知上高。以過豪梲拂當道。調永寧。有惠政。民爲立生祠。陞工部郎中。時武定侯郭勛權傾中外。時雍劾其欺罔朝廷。落職。提舉海北鹽課。後勛敗。累陞江西提學副使。以疾歸。有平川遺稿．南游漫稿。◎明桐鄉人。字仲昭。崇禎貢生。輯有古詩鏡．唐詩鏡。採摭精審。評釋詳核。爲明末諸選中之善本。

陸·晃 南唐嘉禾人。性疎逸。嗜酒尚氣。善畫村野人物。及神仙故實。

陸·浩 清定海人。字大瀛。與馮李驊同著左繡。

陸·烜 清平湖人。字子章。一字梅谷。又號巢雲子。諸生。隱居胥山。藏書甚富。工詩畫。有梅谷集。

陸·珩 明歸安人。徙河間。字用節。成化進士。授南京刑部主事。録決大獄。多所平反。歷應天府府尹。忤劉瑾。謫兩淮鹽運司同知。令致仕。嘉靖初復職。

陸·眞 後魏代人。少善騎射。數從太武帝征伐。摧鋒陷陣。屢受賞賜。太平眞君中從討蠕蠕。以功賜爵關內侯。文成帝時遷安西將軍。長安鎭將賀略孫叛於石樓。眞擊破之。進爵河南公。長安民素伏威信。眞到撫慰之。怡然安靜。在鎭數年。甚著威稱。卒謚烈。

陸·祐 宋侯官人。字亦顏。宣和進士。爲莆田主簿。判湖廣南路宣撫使。所至有惠愛。尤刻意學問。歸閩後。李楠．林之奇．李樗輩皆從之游。士大夫狀其學行。乞爲本州添差教授。命下而卒。學者稱支離先生。

陸·祖錫 清平湖人。字念劬。雍正拔貢生。乾隆時舉鴻博未遇。能詩文。善小楷。有松鱗集。

陸·納 晉玩子。字祖言。少有清操。王述引爲建威長史。累遷尚書令。恪勤貞固。始終勿渝。時會稽王道子委任羣小。納望闕歎曰。好家居。纖兒欲撞壞之耶。朝士咸服其忠亮。尋除左光祿大夫．開府儀同三司。未拜而卒。

陸·耽 晉雲弟。爲平東祭酒。亦有清譽。與二兄稱三陸。與雲同遇害。

陸·起龍 明上海人。字雲從。萬曆舉人。官永寧知縣。所著周易易簡編。采漢唐以來注疏暨家藏刻本。融會精理。彙而成編。

陸·偁 明鄞人。字君美。弘治進士。授監察御史。陞福建按察副使。巡視海道。時海寇充斥。偁濱水戰火攻之法距擊之。邊徼肅然。親亡。躬負土以葬。兄疾。親爲嘗糞。時人稱其孝友。

陸·培 明錢塘人。字鯤庭。少有文名。行誼修謹。崇禎進士。爲行人。奉使事竣歸省。南都覆。謀結壯士保鄉土。聞潞王降。遂自縊死。有威鳳堂集。◎清平湖人。字翼風。號南香。雍正進士。官東流知縣。有白蕉詞。

陸·堂 明常熟人。字肯堂。嘉靖中由禮部郎中知撫州。終日無疾言遽色。至所執一定。屹不可移。秩滿陞江西副使。

陸·堅 唐洛陽人。累官給事中。兼學士。善書。初名友悌。玄宗嘉其剛正。賜名堅。從封泰山。封建安男。帝嘗圖形禁中。親製贊以褒之。終祕書監。卒謚懿。

陸·埜 清平湖人。字我謀。工詞。妍雅綿麗。與北宋名家風格相似。有嚝聲詞。

陸·崑 明歸安人。字如玉。弘治進士。授清豐知縣。以廉幹徵拜南京御史。武宗即位。疏陳重風紀八事。時劉瑾擅權。崑率同官疏劾之。逮下詔獄。放歸。瑾誅。復官。致仕卒。

陸·康 後漢續孫。字季寧。少以義烈稱。舉茂才。除高成令。光和初歷武陵太守。轉守桂陽．樂安。所在稱之。後遷廬江太守。袁術攻城。康受敵二年。城陷。月餘。發病卒。

陸·從典 陳瓊子。字由儀。幼聰敏。八歲讀沈約集。見回文研銘。援筆擬之。傾有佳致。十三作柳賦。詞甚美。十五舉秀才。仕陳爲太子舍人。後入隋爲東宮學士．著作佐郎。嘗續司馬遷史記。迄於隋。名後史。未就卒。

陸·探微 南朝宋吳人。明帝時常侍從左右。工畫人物故實。參靈酌妙。動與神會。兼善山水草木。

陸·淞 明平湖人。字文東。弘治進士。預修明會典。授禮部主事。忤劉瑾下詔獄。得白。轉主客郎中。遷南京光祿卿。乞歸卒。

陸·深 明上海人。初名榮。字子淵。號儼山。弘治進士。嘉靖中爲太常卿。兼侍讀。世宗南巡。深掌行在翰林院印。進詹事府詹事。卒謚文裕。深少爲文章有名。工書。倣李邕．趙孟頫。賞鑒博雅。爲詞臣冠。有南巡日錄．淮封日記．南遷日記．蜀都雜鈔．科場條貫．史通會要．同異錄．書輯．古奇器錄．河汾燕閒錄．停驂錄．傳疑錄．春雨堂雜鈔．玉堂漫筆．金臺紀聞．春風堂隨筆．知命錄．溪山餘話．願豐堂漫書．儼山集．續集。

陸·淵之 明上虞人。字克深。成化進士。歷河南布政使。有東皐文集。

陸·爽 隋臨漳人。字開明。少聰敏。九歲就學。日誦二千餘言。周武帝聞其名。徵入關。同徵者多將輜重。爽獨載書數千卷。文帝受禪。官太子洗馬。與宇文愷等撰東宮典記。卒官。

陸琇　後魏馛子。字伯琳。年九歲。馛謂之曰。汝祖東平王有十二子。我爲嫡長。今已年老。汝幼沖。豈堪爲陸氏宗首乎。琇對曰。苟非闘力。何患童幼。馛奇之。遂立琇爲世子。襲爵。琇沈毅少言。雅好讀書。累遷祠部尙書。景明初試守河內郡。咸陽王禧謀反。以琇通情。徵詣廷尉。會將赦。卒於獄中。尋復爵。

陸紹曾　淸吳縣人。字貫夫。號白齋。精於賞鑒。好收蓄古書名跡。工畫善書。尤精八分。平生所見碑帖字畫。皆爲鈔錄成編。曰續鐵網珊瑚。曰吉光片羽。晚年好飛白。有飛白錄。

陸通　春秋楚見接輿條。◎北周吳郡人。字仲明。爲宇文泰帳內督。甚見親禮。因從平趙靑雀功。進爵綏德郡公。授驃騎將軍。賜姓步六孤氏。孝閔帝踐祚。拜小司空。累遷大司馬卒。

陸逞　北周通弟。字季明。初名彥。字世雄。襲爵中都縣伯。起家羽林監。獨兼文雅。幹識詳明。歷任三府。所在著績。進公爵。武帝時終太子太保。

陸釴　明崑山人。字鼎儀。少工詩。與太倉張泰・陸容齊名。號婁東三鳳。天順進士。殿試第二。授編修。歷修撰・諭德。侍孝宗東宮。論說皆見聽納。及卽位。遷太常少卿。兼侍讀。被疾乞歸卒。性嗜學。長於春秋。◎明銓弟。字舉之。號少石子。正德進士。授翰林編修。銳志問學。砥礪名節。時議禮諸臣欲引以爲重。釴卒不應。會預修武皇實錄成。進修撰。已而大禮告成。議禮者秉樞。修宿憾。遂出爲湖廣按察使僉事。擢山東按察副使。所至敦尙孝悌。分別義利。士習丕變。有山東通志・賢識錄・病逸漫記・少石集。

陸凱　三國吳遜族子。字敬風。黃武初爲永興・諸暨長。所在有治績。拜建武都尉。雖統軍衆。手不釋書。寶鼎初遷左丞相。時政事多謬。凱上疏切諫。義形於色。表疏皆指事不飾。忠懇內發。封嘉興侯。◎後魏琇弟。字智君。謹重好學。位太子庶子。給事黃門侍郎。凱在樞要十餘年。以忠厚見稱。痛琇之死。哭泣幾失明。訴冤不已。正始初復琇爵。凱大喜。置酒集諸親曰。吾數年中抱病忍死者。顧門戶計耳。今願已遂。吾事畢矣。頃之卒。謚惠。

陸卿子　明師道女。嫁太倉趙宧光。偕隱寒山。工詞章翰墨。流布一時。有考槃・玄芝等集。

陸卿榮　明武進人。字孟敔。號鑾澤。萬曆進士。歷太常少卿。所在有聲。以親老乞歸。父喪。以毀卒。

陸厥　南齊閑子。字韓卿。少有風槪。好屬文。嘗與沈約論四聲。爲王晏後軍行參軍。永元初閑被誅。厥弟絳抱頸求代死。併見殺。厥坐繫。尋遇赦。感痛而卒。有文集。

陸喜　晉瑁子。字恭仲。仕吳。累遷吏部尙書。太康中爲散騎常侍。少有聲名。好學。著書百篇。又作西州清論。借稱諸葛孔明以行其書。

陸喈　淸圻弟。字梯霞。隱居課讀以終。有白鳳樓集。

陸弼　明江都人。字無從。諸生。好讀書。尤喜結納賢豪。聲譽籍甚。當事議修正史。弼被徵與纂修。未上而罷。有正始堂集。

陸景　三國吳抗子。字士仁。澡身好學。著書數十篇。以尙公主拜騎都尉。封毗陵侯。領抗兵。拜偏將軍。與兄晏俱爲王濬所害。

陸景倩　唐象先弟。仕爲扶溝丞。河南按察使畢構覆州縣殿最。欲必得實。有吏言狀曰。某强清。某詐清。惟景倩眞清。官終監察御史。

陸景端　宋本海寧人。其後居吳。字子正。少學於尹焞。學問精深。造履清白。嘗官監稅。晚年以焞之學傳林光朝。

陸景融　唐景倩弟。以蔭補新鄭令。有政績。累遷工部尙書・東京留守。景融爲象先後母弟。象先被笞。景融諫不入則自楚。母爲損威。人多其友。

陸曾禹　淸仁和人。乾隆時國子生。嘗作救饑譜。吏科給事中倪國璉爲釐定進呈。帝命諸臣刪潤刊行。賜名康濟錄。

陸曾燁　明會稽人。字章之。有詩學內外傳・春秋見聞。字原。

陸森　元平江路人。字茂林。官陰陽教諭。有玉靈聚義。所述皆龜卜之法。

陸游　宋宰子。字務觀。早有文名。以蔭補登仕郎。舉試薦送屢前列。爲秦檜所嫉。檜死。始爲寧德主簿。孝宗稱其力學有聞。言論剴切。除樞密院編修。後知夔嚴二州。皆有建白。范成大嘗奏游爲參議官。以文字交。不拘禮法。人譏其頹放。因自號放翁。以寶章閣待制致仕。游才氣超逸。尤長於詩。卒年八十五。嘗愛蜀道風土。題其生平所爲詩曰劍南詩稿。其詩清新刻露而出以圓潤。能自闢一宗。故宋以後詩有劍南一派。又有入蜀記・南唐書・天彭牡丹譜・老學菴筆記・渭南文集・放翁詞。

陸焜　淸太倉人。字復華。號吟竹。工書畫篆刻及岐黃家言。有吟竹齋詩集。

陸琛　陳瑜從父弟。字潔玉。事後母以孝聞。歷豫章王文學。領記室。累遷至司徒左司掾。後主嗣位。遷給事黃門侍郎・中書舍人。參掌機密。坐漏洩禁中語賜死。◎明烏程人。字懷獻。弘治舉人。知滁州。歷按察僉事。居官清介。鄉邦多推重之。◎淸婁縣人。字懷玉。號純鄉。武生。工書畫。

陸琮 【宋】工畫山水及番馬。

陸琰 【陳】瓊從父弟。字溫玉。幼孤。好學有志節。以功曹參軍直嘉德殿學士。文帝以其博學。命侍左右。嘗使製刀銘。琰援筆即成。太建初爲武陵王功曹史。兼東宮管記。

陸絳 【南齊】厥弟。字魏卿。父閑被殺。絳抱父頸乞代死。不獲。遂以身蔽刃。併見害。

陸舜 【清】泰州人。字吳州。康熙進士。官浙江溫處道。有雙虹堂集。

陸象先 【唐】元方子。字崇賢。本名景初。睿宗賜今名。舉制科高第。景雲中累官同中書門下平章事。玄宗即位。太平公主謀廢立。象先不從。以保護功封兗國公。罷爲劍南按察使。爲政尚仁恕。所至尸祝之。每曰。天下本無事。庸人擾之爲煩耳。苟澄其源。何憂不治。遷太子少保卒。謚文貞。

陸費琭 【清】桐鄉人。原名恩鴻。字玉泉。號春帆。嘉慶副貢。官至湖南巡撫。負經世略。所至有惠政。尤耽吟詠。有眞息齋詩鈔。

陸費墀 【清】桐鄉人。乾隆進士。授編修。歷充四庫全書館總校及副總裁等官。又偕紀昀等編纂歷代職官表。尋以四庫全書有譌謬處。革職。

陸賀 【宋】金谿人。字道卿。九淵父。究心典籍。見於躬行。酌行儒先冠昏喪祭之禮。家道之整。著聞州里。

陸超之 【南齊】吳郡人。爲江州刺史。雅爲晉安王子懋所知。明帝殺鄱陽隨郡二王。子懋舉兵入討君側。事敗。人勸超之逃亡。答曰。吾若逃。非惟孤晉安之眷。亦恐田橫客笑人。端坐俟命。有門人周姓者。伺超之坐。自後斬之。頭墮而身不僵。

陸閎 【後漢】吳人。字子春。好學有令德。建武中爲尚書令。美姿容。喜著越布單衣。光武見之。歎曰。南方固多佳人。自是令會稽獻越布。

陸閑 【南齊】慧曉從子。字遐業。有風概。少爲同郡張緒所知。仕至揚州別駕。始安王遙光反。事敗。閑以綱佐被召。徐孝嗣啓閑不預逆謀。未及報。徐世標令殺之。

陸隅 【明】崑子。字元方。舉嘉靖鄉試。知大庾縣。改高淳。所在著聲績。以不能阿上意。引疾歸。既歸。深簡自重。罕與客接。性剛直。遇事無所避忌。士大夫多敬信之。

陸雲 【晉】機弟。字士龍。少與機齊名。號二陸。爲浚儀令。一縣稱其神明。後成都王穎表爲清河內史。轉大將軍右司馬。穎晚節政衰。雲屢以正言忤旨。機被誅。雲亦遇害。初雲嘗與荀隱同在張華座。華曰。今日相遇。勿爲常談。雲抗手曰。雲間陸士龍。隱曰。日下荀鳴鶴。時以爲名對。爲文詞藻麗密。旨意深雅。有陸士龍集。

陸雲公 【梁】閑孫。字子龍。九歲讀漢書。略能記憶。從祖倕與沛國劉顯質問十事。雲公對無所失。嘗製太伯廟碑。張纘讀其文。歎曰。今之蔡伯喈也。武帝召爲儀曹郎。累遷中書黃門郎。兼掌著作。有碁品序。文集。（此本南史。隋書經籍志作陸雲。誤。）

陸雲錦 【清】婁東人。字文襄。號耕霞。工畫人物花卉及山水。

陸塤 【明】崇德人。字子應。醇厚沈識。清而有容。事繼母以孝聞。與弟墢同居。友愛惟篤。墢先沒。念之不忘。扁墓菴曰懷庵。

陸嵩 【明】崑弟。字如嵩。弘治進士。初授羅源知縣。改南平。有治績。邑大疫。嵩綜理弗顧。因得疾以卒。民立祠祀之。

陸愈 【明】平湖人。字抑之。第進士。知江都。築邵伯堤。教民鑿溝澮。興水利灌田。時縣羨銀數萬。多議輸於戶部。愈請撫臣儲以救荒。其後果大祲。民賴是以濟。擢監察御史。按西蜀。卒官。

陸愚卿 【清】太倉人。字顧晉。號晉亭。又號遠湖息游。官經歷。性嗜蘭。工詩畫。有懷烟閣留草。國香志。

陸敬 【唐】工詩。仕竇建德爲祭酒。秦王軍武牢。敬說建德自太行。上黨以進。乘唐之虛以取山北。建德不從。以及於敗。後歸唐。有詩集。已佚。（一作陵敬。）

陸暐 【後魏】凱子。字道暉。與弟恭之並有時譽。嘗兄弟共候黃門郎孫惠蔚。惠蔚謂諸賓曰。不意二陸復在坐隅。吾德謝張公。無以延譽。歷尚書右民三公郎。正光中卒。暐擬急就篇爲悟蒙章。及七誘十醉章表數十篇。

陸暘 【清】善三絃絕技。坐客賦詩。便能歌之。宋琬嘗贈以詩。

陸楣 【清】無錫人。字紫宸。幼孤露。讀書雞棲豚柵旁。志意感慨。以古文辭見知於秦松齡。得縱觀秦氏藏書。客遊南北。其學益進。作古今官制考。未成而沒。有鐵莊集。

陸楫 【明】深子。字思豫。有蒹葭堂稿。又輯古今說海一百四十二卷。

陸棻 【清】平湖人。字林士。號龜湖。官知縣。善吟詠。書畫皆工。

陸滋 【宋】杭州人。字元象。通詩易春秋。凡聖經賢史九流百家之說。無不遍覽。皇祐中詔錄先朝遺士。府以滋上之。得杭州文學卒。滋嘗治其居。有以侵地紿者。滋笑。即爲縮材以建。

陸煥之 【宋】山陰人。字伯政。力學篤行。爲文一本六經。有山堂類稿。

陸瑁 【三國吳】遜弟。字子璋。好學篤義。州郡辟舉皆不就。嘉禾初徵拜議郎。選曹尚書。孫權欲征公孫淵。

壇上疏諫。權嘉其詞理端切。遂不行。

陸瑜 〔陳〕琰弟。字幹玉。少篤學美詞藻。與兄同時爲東宮學士。太建中累遷太子洗馬·中舍人。嘗受莊老於周弘正。學成實論於僧滔法師。並通大旨。時皇太子欲博覽羣書。以子集繁多。命瑜鈔撰。未就而卒。有集。◎〔明〕鄞人。字廷玉。宣德進士。授刑部主事。天順中累擢刑部尚書。明於法律。練習典故。屢辨冤獄。卒諡康僖。

陸筠 〔宋〕賀從孫。字元禮。紹興進士。官終朝奉大夫。平生篤好孟子。有翼孟音解。

陸粲 〔明〕長洲人。字子餘。嘉靖進士。補工科給事中。挺勁敢言。以爭張福達獄。下詔獄廷杖。尋草疏論張璁·桂萼。謫貴州都鎭驛丞。遷永新知縣。善治盜。以念母乞歸。母沒。未終喪卒。有左傳附註·春秋胡氏傳辨疑·左氏春秋鐫。

陸綏 〔南朝宋〕探微子。一作綏洪。工畫佛像人物。時推畫聖。

陸經 〔宋〕越州人。字子履。仁宗朝官至集賢殿修撰。善眞行書。坐謫流落。歐陽修憐其貧。每與人作碑誌。必先約令經書之。頗得濡潤。書名遂盛。有寓山集。

陸義 〔北齊〕字旦。文襄時襲爵始平侯。年十九舉司州秀才。歷官通直散騎侍郎。待詔文林館。於五經最精熟。人爲之語曰。五經無對有陸義。

陸萬友 〔宋〕靈丘人。少隸太原爲裨校。歷仕漢周。宋初歷沂蘄二州防禦使。雍熙中充河陰兵馬都監。逾年卒。萬友始業坯墁。既貴不忘本。以銀爲坯墁器數十事。示子孫。性猛暴。以武勇自任。

陸萬言 〔明〕松江華亭人。字君策。萬曆舉人。與兄萬里並工書畫。

陸萬齡 〔明〕熹宗時監生。魏忠賢擅權。萬齡謂孔子作春秋。忠賢作要典。孔子誅少正卯。忠賢誅東林。宜建祠國學。與先聖並尊。司業朱之俊竟爲舉行。會熹宗崩。乃止。

陸棻 〔清〕平湖人。原名世枋。字次友。一字義山。號雅坪。幼時。清兵南下。父被執。棻奔赴求代。營將令讀扇上詩。應聲解答。營將喜。挾與北。後辭歸。康熙中以進士舉鴻博。授編修。詩文敏贍。屢受優獎。歷官內閣學士。告歸。有雅坪集·詞譜。

陸詩 〔清〕江寧人。字以言。以習宋字入蒙養齋書局。學柳書。極神似。

陸詡 〔陳〕吳郡人。少習崔靈恩三禮義宗。梁時百濟國表求講禮博士。詔令詡行。還除給事中。天嘉初侍始興王伯茂讀。遷尚書祠部郎中。

陸詵 〔宋〕餘杭人。字介夫。第進士。知桂州。親往邕州閱武備。軍聲大振。交人遂遣使入貢。改知延州。李諒祚寇慶州。詵言復攻大順。既留其使。移牒問故。諒祚始謝罪。後知成都。陳青苗法不便。願罷四路使者。詔獨置成都一路。熙寧中卒。

陸賈 〔漢〕楚人。以客從高祖定天下。使說南越尉佗。賜印。封爲王。賈說佗稱臣。還拜大中大夫。賈時時前說詩書。帝令著秦漢所以興亡之故。因著書十二篇。帝稱善。號曰新語。孝惠時呂太后欲王諸呂。賈以病免。教丞相陳平交驩太尉周勃。卒誅呂氏。文帝卽位。復以大中大夫使尉佗。去黃屋稱制。皆如意指。以壽終。

陸載 〔後魏〕本吳郡人。從宋武帝平關中。軍還。留載隨其子義眞鎭長安。遂沒赫連氏。太武帝平赫連氏。載仕魏。任中山郡守。

陸鼎 〔清〕元和人。字玉調。號鐵簫。矢志不娶。工畫山水人物花鳥。不慕榮利。與人交。無城府。

陸鼎翰 〔清〕徽恩子。字彥和。同治廩貢生。候選教諭。性鯁直尚氣。好學不倦。晚耽禪悅。自號无門居士。有无悶居漫稿·蒲溪漁唱詞。

陸嘉淑 〔明〕海寧人。字冰修。諸生。有辛齋遺稿。

陸嘉穎 〔明〕蘇州嘉定人。字子垂。又字明吾。天啓中官主簿。嘗輯古來義僕事爲銀鹿春秋。又有硯隱集。

陸壽名 〔清〕長洲人。字處實。號芝庭。順治進士。官寧國府教授。有鳳鳴集。

陸夢發 〔宋〕歙人。字太初。博覽羣籍。尤深於春秋。登寶祐進士。累遷大理寺丞。時海寇拒命。有旨令夢發率兵討捕。兵敗死之。夢發爲人尚氣節。爲文瑰奇典雅。筆劄尤精。有烏衣集·圻南集。

陸夢龍 〔明〕會稽人。字君啓。萬曆進士。歷刑部員外郎。讞問張差梃擊事。侍郎張問達從夢龍言。命十三司會訊。獄乃具。累遷貴州右參政監軍。討賊有功。遷廣東按察使。上官建魏忠賢祠。列夢龍名。亟遣使劃去之。崇禎初分守固原。流賊來犯。擊卻之。巳賊陷隆德。圍靜海州。夢龍率衆禦之。所將止三百餘人。被圍數重。矢石如雨。突圍不得出。與二將俱戰死。諡忠烈。有易略·梃擊始末。

陸暘 〔唐〕吳縣人。字達夫。舉進士。以秘書丞爲觀察判官。素性謙和。而能剖斷公事。終日長吟。不視公牘。王仲舒徵責之。竟拂衣而去。

陸榮秬 〔清〕江蘇華亭人。字錫三。號香林。監生。有文譽。詩極清麗。乾隆間舉鴻博。不赴。有香林詩文集。

陸漻 〔清〕蘇州人。號其淸。精醫。與顧維岳·何岵瞻游。顏所居曰聽雲室。蓄古圖書金石甚富。

陸爾熙 〔清〕陽湖人。字廣敷。同

治進士。官編修。靜訥不通聲氣。居京師。課徒自給。其文精審。不苟下一字。終以此致疾卒。

陸維之 宋餘杭人。字永仲。一名凝之。字子才。少有超世志。隱於大滌洞天之石室。人稱石室先生。有石室小隱集。

陸綸 淸李勵子。字嫺雅。舉人。官至永州知府。多惠政。民稱爲佛子。有尤齋詩集。

陸綰 宋常熟人。字權叔。舉進士。兄弟分產。綰推先疇付之。捐俸致族。篤教孤姪登科名。官終尙書職方郎中。有春秋新解。

陸聚 明元樞密院同知。脫脫敗芝麻李於徐州。彭大等奔潰。聚撫流亡。繕城保境。寇不敢犯。徐達經理江淮。聚以徐宿二州降。累遷山東行省參政。封河南侯。後坐胡惟庸黨誅。

陸趙璧 明南金弟。詳南金條。

陸遜 三國吳康從孫。本名議。字伯言。仕孫權幕府。歷東西曹令史。出爲海昌屯田都尉。權以兄策女妻之。以呂蒙薦。召拜偏將軍・右都督。代蒙屯陸口。以功封婁侯。黃武初劉備率衆向西。權命遜爲大都督。以火攻破之。加拜輔國將軍。領荊州牧。改封江陵侯。吳蜀復通。時事所宜。權輒令遜語諸葛亮。凡入蜀書札。聽其裁定。後假黃鉞爲大都督。破魏曹休於皖城。亦爲中爲丞相。權欲廢太子。遜上疏力爭。不納。且遣使責讓。遂憤恚而卒。孫休時追諡昭。

陸銓 明偁子。字選之。嘉靖進士。除刑部主事。與弟編修釴爭大禮。並繫詔獄被杖。後官廣西按察使。討弩灘猺賊。平之。進廣東布政使。

陸馛 後魏俟子。多智有父風。興安初出爲相州刺史。假長廣公。爲政淸平。抑強扶弱。州中有德宿老名望素著者。以友禮待之。詢之政事。責以方略。如此者十人。號曰十善。又簡取州縣強門百餘人。以爲假子。誘接殷勤。賜以衣服。令各歸家爲耳目。於是發奸摘伏。事無不驗。民稱神明。後襲父爵。改封建安王。卒諡貞。

陸鳴皐 淸錢塘人。字士湄。號鶴亭。諸生。善圖畫。尤長山水。精書法。

陸鳴鑣 淸仁和人。字石菴。官河陽知縣。與趙士麟友善。罷官歸。會士麟巡撫浙江。延入書院講學。因輯其平日談話。爲會語支言。

陸鳳藻 淸吳縣人。字丹扆。嘉慶舉人。有小知錄。

陸增祥 淸太倉人。字魁仲。號莘農。道光進士第一。官翰林院修撰。精金石學。有八瓊軒金石補正・選辭疑畢釋證・紅鱗魚室詩存。

陸履謙 明常熟人。字道卿。工畫山水。

陸廣 元吳人。字季宏。號天游生。畫做王蒙。以蕭散幽淡爲宗。

陸德明 唐吳縣人。名元朗。以字行。善名理。歷仕陳隋。高祖時爲國子博士。封吳縣男卒。著有經典釋文。諸經音讀。多恃以爲依據。

陸德輿 宋崇德人。字載之。嘉定中由童子科登第。有文名。歷官至吏部尙書。宋亡。隱居不仕。弟文與。通經史。仕至按察使判官。

陸德蘊 明松江華亭人。字潤玉。隱居北郭。好古博學。工吟詠。

陸慶 陳吳人。少好學。徧通五經。有高節。爲婁令。陳天嘉初徵爲通直散騎侍郎。不就。永陽王聞其名。欲與相見。慶辭以疾。嘗詣陸榮宅。王穿壁觀之曰。觀陸慶風神凝峻。殆不可測。後築室屛居。以禪誦爲事。

陸慶頤 淸武進人。字鞠仁。著有性情齋文集。

陸慧曉 南齊子眞子。字叔明。淸介自立。不雜交游。張緒稱之曰。江東裴樂也。初應州郡辟。舉秀才。以母老還家。侍養十餘年不仕。高帝輔政。除爲尙書殿中郞。何點稱慧曉心如照鏡。遇形觸物。無不朗照。永元中累官南兗州刺史。以疾歸卒。

陸敷樹 淸嘉善人。字映尊。別字賓庵。孝友好善。常書爲善最樂四字置座右。有四子精義・世澂堂文集。

陸澄 南齊吳人。字彥淵。少好學博覽。無所不知。時稱碩學。王儉嘗曰。陸公書廚也。永明初爲度支尙書。領國子祭酒。隆昌初轉光祿大夫。卒諡靖。有地理書及雜傳。◎明歸安人。字原靜。一字淸伯。正德進士。授刑部主事。議大禮不合罷歸。後悔前議之非。上言自訟。帝惡其反覆。遂斥不用。澄師事王守仁。講致良知之說。守仁傳習錄。多澄所記。

陸瑾 宋江南人。畫江山風物。落筆瀟灑。布置宗王摩詰。媚嫵過之。

陸璉 梁吳人。天監中詔開五館。置五經博士。璉與沈峻等補博士。各主一館。懷經負笈者甚盛。

陸禕 晉凱子。字元容。徙家建安。仕吳爲偏將軍・太子中庶子。華覈嘗稱其在戎果毅。臨財有節。入晉。行左丞相・鎭西大將軍事。

陸質 唐吳人。初名淳。後避太子諱改。字伯沖。明春秋。師事趙匡。匡師啖助。質盡傳二家學。素善韋執誼。憲宗爲太子。詔侍讀。卒。門人私諡文通先生。有春秋集傳纂例・春秋微旨・春秋集傳辨疑。

陸霆龍 宋嘉興華亭人。字伯鑑。咸淳進士。宋亡。棲隱講授以終。

陸震 明蘭谿人。字汝亨。以學行知名。舉正德進士。累遷兵部武選員外郎。偕同官黃鞏諫南巡。杖死。福王時追謚忠定。◎(清)江蘇興化人。字仲子。一字種園。工行草書。貧而好飲。以筆質酒家。索書者出錢爲贖筆。

陸勳 (明)官比部郎中。有陸氏集異記。

陸叡 (後魏)定國弟。字思弱。襲爵平原王。沈雅好學。折節下士。年未二十。人便以宰輔許之。太和中與元琛並持節爲東西二道大使。褒善罰惡。聲稱聞於京師。後爲鎭北大將軍。擊蠕蠕。大破之。歷官散騎常侍。定州刺史。未發。與穆泰等構逆。賜死。

陸學欽 (清)字敦書。號子若。又號蘊眞。嘉慶舉人。善畫山水。精琴弈。有蘊眞小草。

陸憲曾 (清)桐鄉人。字愼齋。號鑑溪。官解州州判。治績頗著。有繕性居詩集。詩餘。尺牘。

陸操 (北齊)麗從孫。字仲志。雅好文操。累官廷尉卿。高澄爲世子。甚好色。時薛寘書妻元氏有色。迎入。欲通之。元氏正辭且哭。澄送付廷尉。罪之。操曰。廷尉守天下法。須知罪狀。澄怒。召操。命刀環築之。更令科罪。操終不撓。天保中官終殿中尙書。

陸據 (唐)河南人。字德鄰。工文辭。善物理。年三十始至京師。公卿交譽之。天寶末歷官司勳員外郎。

陸整 (晉)善寫況。

陸曄 (晉)機從弟。字士光。少有雅望。居喪以孝聞。明帝時歷官尙書左僕射。領軍將軍。受顧命輔太子。成帝卽位。拜左光祿大夫。蘇峻之難。曄隨帝在石頭。舉動方正。峻憚其名。不敢害。峻平。進爵江陵公。卒謚穆。

陸樹德 (明)樹聲弟。字與成。嘉靖進士。累官禮科給事中。有直聲。後以右僉都御史巡撫山東。乞休歸卒。

陸樹聲 (明)松江華亭人。字與吉。號平泉。嘉靖會試第一。歷官太常卿。掌南京祭酒事。嚴敕學規。著條教以勵諸生。神宗初累拜禮部尙書。韃靼要增歲幣。樹聲力爭。性恬退。通籍六十餘年。居官未及一紀。卒謚文定。有平泉題跋。茶寮記。汲古叢語。病榻寤言。耄餘雜識。長水日鈔。陸學士雜著。陸文定公書。

陸機 (晉)景弟。字士衡。少有異材。文章冠世。慨吳之亡。乃著辨亡論二篇。太康末與弟雲俱入洛。張華見之曰。伐吳之役。利獲二俊。累遷太子洗馬。著作郎。時齊王冏矜功自伐。機作豪士賦以刺。後事成都王穎。表爲平原內史。太安初穎起兵討長沙王乂。假機後將軍。河北大都督。及軍敗。孟玖等譖機有異志。穎使收機。機曰。華亭鶴唳。可復聞乎。遂遇害。有陸平原集。

陸璣 (三國吳)吳郡人。字元恪。官太子中庶子。烏程令。撰毛詩草木鳥獸蟲魚疏。毛詩陸疏廣要。(按璣字從玉。見經典釋文序錄及資暇集。明北監本引作陸機。誤。)◎(清)仁和人。字次山。廩貢生。官漢州知州。工詩能畫。有鐵園集。

陸翰 (清)杭州人。字少微。工畫。

陸錦雯 (清)平湖人。字淳高。號杏村居士。諸生。不樂仕進。工詩文。善畫山水。

陸錫熊 (清)上海人。字健男。號耳山。乾隆進士。博聞強記。資稟絕人。獻賦行在。賜內閣中書。以文學受知高宗。初奉命編通鑑輯覽。繼爲四庫全書總纂官。又編契丹國志。勝朝殉節諸臣錄。河源紀略等書。每書成。奏進表文。多出其手。累遷副都御史。卒官。有篁村詩鈔。寶奎堂文集。補陳壽禮志。炳燭偶鈔。陵陽獻徵錄。

陸餘慶 (唐)吳縣人。方稚博學。舉制策甲科。擢監察御史。聖曆初靈勝二州党項寇邊。詔餘慶招慰。喻以恩信。蕃酋內附。開元中累官太子詹事。卒謚莊。中宗朝倖臣貴主斜封大行。餘慶獨能以道自持。訖無悔尤。

陸龍騰 (清)巢縣人。字雲樓。貢生。詩文書畫皆有聲。有柳浪草。河干吟。雲樓集。

陸龜蒙 (唐)長洲人。居松江甫里。元方七世孫。字魯望。多所論撰。嗜茶。置園顧渚山下。不喜與流俗交。常乘舟設蓬席。齎束書茶竈筆牀釣具。放游江湖間。時謂江湖散人。或號天隨子。甫里先生。後以高士召。不至。有耒耜經。小名錄。笠澤叢書。甫里集。

陸徽 (南朝宋)吳人。字休猷。文帝時補建康令。清平無私。爲帝所善。元嘉中除平越中郎將。廣州刺史。清名亞王鎭之。後爲益州刺史。威惠綏著。寇盜靜息。蜀士安之。卒官。家無餘財。謚簡。

陸濟 (明)上海人。字公濂。畫宗小李將軍。點染人物。獨步一時。有畫史。竹譜。

陸燦 (明)平湖人。字振玉。崇禎進士。授濟南推官。城陷。死之。妻妾及子同死者三十七人。◎(清)婁東人。字慕雲。號星三。善傳寫。繪高宗御容稱旨。兼工山水花卉。

陸璪 (唐)餘慶子。字仲梁。舉明經。歷洛陽令。摧勒姦豪。人不敢犯。官終西河太守。

陸瓛 (明)蘭溪人。字溫夫。正德中以舉人授萬載知縣。豈弟有惠政。遷漳州府通判。去後民懷思之。

陸績 (三國吳)康子。字公紀。年六歲。於九江見袁術。術出橘。績懷三枚。拜辭墮地。術問之。曰。歸以遺母。術大奇之。既長。博學多識。星曆算數。無不該覽。孫權辟爲奏曹掾。

以直道見憚。出爲鬱林太守。雖有軍事。著述不廢。嘗作渾天圖。注易釋玄。豫自知亡日。年三十二卒。

陸繁弨 〔清〕明行人培子。字拒石。號偃胡。工駢文。自評儷語爲海內少雙。有善卷堂詩文集。

陸襄 〔梁〕絳弟。字師卿。本名衰。字趙卿。痛父兄遇禍之酷。喪過於禮。弱冠後終身蔬食布衣。不聽音樂。口不言殺害者五十餘年。太清初仕至度支尙書。侯景之亂。逃還吳。以憂憤卒。

陸鍾琦 〔清〕宛平人。原籍蕭山。字申甫。光緒進士。宣統末官至山西巡撫。民軍起事。新軍叛。合攻撫署。鍾琦死之。諡文烈。

陸鴻 〔明〕吳江人。字叔遠。善畫山水。⊙〔清〕太倉人。字儀吉。號雪舟。工寫生。

陸黻恩 〔清〕陽湖人。字亞章。號紫峯。道光舉人。揀選知縣。里居授徒。多成達者。有讀秋水齋詩文集。

陸耀 〔清〕吳江人。字朗夫。一字青來。乾隆間舉順天鄉試。授中書。累官湖南巡撫。清勤自勵。所至有績。其學無所不通。工詩善書畫。輯切問齋文鈔。多經世之文。自著有河防要覽。甘薯錄。切問齋古文。朗夫詩集。

陸簡 〔明〕武進人。字伯廉。號治齋。別號龍皋。成化進士。官至少詹事。有龍皋文集。

陸繕 〔陳〕偃兄子。字士繻。梁承聖中授中書侍郎。江陵陷。微服遁還京師。武帝引爲司徒司馬。遷侍中。掌東宮管記。繕儀表端正。文帝使太子諸王咸取則焉。太建初遷太子詹事。領揚州大中正。卒諡安。

陸贄 〔唐〕嘉興人。字敬輿。年十八登進士第。又中弘辭。德宗時爲翰林學士。甚見親任。雖外有宰相主大議。贄常居中參裁可否。時號內相。從幸奉天日。詔書旁午。皆出贄手。武夫悍卒。無不感泣。累遷中書侍郎。同平章事。爲裴延齡所譏。貶忠州別駕卒。諡宣。贄在朝論諫。言皆剴切。其奏議爲後世所宗。有陸宣公翰苑集。

陸閎 〔明〕揚州興化人。字伯暘。博學多能。工詩。擅書畫。洪武初任楚府伴讀。有續古樂章。詩集。

陸顒 〔明〕閎弟。字伯瞻。洪武中由明經辟舉。仕至禮部員外郎。工畫人物。善書能文。時稱三絕。

陸壑 〔宋〕會稽人。佃五世孫。字景思。號雲西。紹定進士。官禮部員外。崇政殿說書。謝翺編天地閒氣集。列於文謝諸人後。

陸瓊 〔陳〕雲公子。字伯玉。少聰慧。有思理。六歲爲五言詩。頗有詞采。大同末雲公受梁武帝詔。校定棊品。到溉·朱异以下成集。瓊年八歲。於客前覆局。京師號爲神童。天嘉中以文學遷尙書殿中郎。深爲文帝所賞。後爲給事黃門侍郎。轉中庶子。領大著作。撰國史。至德初累遷吏部尙書。瓊素尙清儉。俸祿皆散之宗族。卒之日。家無餘資。有集。

陸翽 〔晉〕爲國子助教。所著鄴中記。紀石虎事。敘述典核。頗資考證。

陸藝 〔清〕昆明人。字樹人。諸生。工詩能畫。有漱亭集。

陸隴其 〔清〕平湖人。字稼書。康熙進士。歷官嘉定·靈壽知縣。惠政不可勝紀。行取御史。再疏痛斥藉捐納以濟國用。因是府怨。引疾歸。卒諡清獻。從祀孔廟。其學以居敬窮理爲主。崇程朱。力闢王守仁爲禪學。論者謂程朱之統。自明薛瑄·胡居仁後。惟隴其爲得其正宗。有四書大全。困勉續錄。松陽講義。古文尙書考。讀書志疑。讀禮志疑。禮經會元注。戰國策去毒。呻吟語質疑。衞濱日鈔。問學錄。學術辨。讀朱隨筆。三魚堂賸言。松陽鈔存。靈壽縣志。三魚堂文集。

陸麗 〔後魏〕馛弟。少以忠謹入侍左右。審慎無愆失。賜爵章安子。稍遷南部尙書。太武崩。南安王余立。爲宗愛等所殺。麗首建大義。奉迎文成而立之。社稷獲安。受心膂之任。與安初封平原王。遷侍中。文成崩。乙渾擅朝政。忌而害之。諡簡。

陸寶 〔明〕鄞人。字敬身。一字青霞。明末難作。寶傾家輸餉。諸督師皆援之入朝。不赴。入清後。隱居不問世事。日以賦詩自娛。學者稱中條先生。藏書甚富。多異本。有霜鏡辟塵。悟香諸集。

陸繼輅 〔清〕陽湖人。字祁孫。一字修平。嘉慶舉人。官貴溪知縣。工詩。李兆洛稱其溫清多風。如其爲人。有崇百藥齋詩文集及札記。

陸耀遹 〔清〕武進人。字紹聞。號劭文。貢生。道光間官阜寧訓導。工詩。尤長尺牘。有續金石萃編。雙白燕堂集。

陸蘊 〔宋〕侯官人。字敦信。登進士第。崇寧中累遷太常少卿。議原廟不合。黜知瑞金縣。還擢御史中丞。頗論事。言皆中時病。後以龍圖閣待制知建州。引疾提舉鴻慶宮卒。

陸騰 〔北周〕旭子。字顯聖。魏大統中爲宇文泰帳下都督。遷武衞將軍。安康賊黃衆寶等作亂。騰大破之。遷龍州刺史。轉江州。歷龍州總管。拜司憲大夫。前後破平諸賊。賞賜甚衆。天和中遷江陵總管。陳人圍江陵。騰奮擊。遂遁。加位柱國。進爵上庸郡公。卒諡定。

陸續 〔後漢〕閎孫。字智初。仕郡戶曹史。時歲荒。太守使續於都亭賦民饘粥。事畢。問所食幾何。續因口說六百餘人。皆分別姓氏。無有差謬。爲郡門下掾。坐楚王英事繫洛陽獄。就考。肌肉消爛。終無異辭。母自吳至。無緣見續。但作食饋之。續對食悲泣。使者問之。曰。母來不得見也。問何由知之。曰。吾母切肉未嘗不方。斷葱以寸爲度。是以知之。使者以聞。特赦之。

陸．辯惠　【陳】繕子。年數歲。詔引入殿內。應對進止有父風。宣帝賜名辯惠。字敬仁。

陸．驂　【清】江蘇興化人。字白義。號左軒。善書。尤工狂草。名與鄭燮．顧于觀埒。

陸疊山　【明】杭州人。以疊假山爲業。堆垜峯巒。拗折澗壑。絕有巧思。時號陸疊山。

陸．驗　【梁】吳人。少貧苦。落魄無行。以商販致千金。因至都下。散貲以事權貴。朱异薦爲少府丞．大市令。以苛刻爲務。百賈畏之。官至太子右衛率。

陸．麟書　【清】鎮洋人。字韻庭。號子愉。道光舉人。有胥瓶山館文存。

陸．灝　【清】江蘇華亭人。字平遠。自號天乙山人。工畫。能摹元諸大家。又善山水。

陸讓母　【隋】上黨馮氏女。讓其孽子也。仁壽中讓爲番州刺史。坐贓罪當死。將就刑。馮氏蓬頭垢面。詣朝堂上表求哀。情辭甚切。帝以其有嫡母之德。足爲世範。減讓死。除名爲民。復賜物五百段。命諸命婦與馮相識。以寵異之。

陸．觀　【清】鄞人。字賓王。號佛民。明季諸生。工詩古文辭。國變後。深坐複閣中。人罕見其面。及卒。不薙髮。所著詩古文多散失。

雪山　【宋】高僧。歙人。少時遇盛夏。輒夜臥草莽中。以身施蚊蚋者二十年。後住休寧普滿寺。自號覺菴。及示寂。火之。頂骨不壞。有池陽百問。

雪梅　【明】僧。吳人。嘉靖中游金陵。蹤跡奇異。不拘戒律。日飲茗。間進酒肉。每見法師講經。便笑曰。亂說亂說。間出一語辨駁。聞者汗下。工詩文。自序其詩。以寒山．拾得自況。

魚．又元　【唐】華陽人。道士。工行書。得王羲之筆意。

魚．元傅　【清】翼子。字虞巖。素嗜書。尤好金石文。窮蒐絕壑。恆手自摹搨。

魚．天愍　【梁】義興人。大通中從陳慶之攻滎陽。敵衆三十餘萬。慶之等才七千。乃解鞍喻衆。一鼓悉使登城。天愍踰堞而入。遂克之。

魚．令徽　【唐】朝恩養子。官內給使。服綠。因事與同列忿爭。明日朝恩見帝曰。臣之子位下。願賜金紫在班列上。帝未及答。有司已奉紫服於前。令徽遽謝恩。帝滋不悅。由是有除朝恩之意。

魚．弘　【梁】襄陽人。累從征討。常爲軍鋒。歷南譙．盱眙．竟陵太守。嘗謂人曰。我爲郡有四盡。水中魚鼈盡。山中麞鹿盡。田中米穀盡。村里人庶盡。性侈靡。侍妾百餘人。車馬服玩。皆窮一時之勝。累官新興．永寧二郡太守卒。

魚．玄機　【唐】長安女子。字幼微。一字蕙蘭。喜讀書。有才思。補闕李億納爲妾。及愛衰。入咸宜觀爲女道士。後以笞殺女僮綠翹事。爲京兆尹溫璋所戮。有詩一卷。

魚．侃　【明】常熟人。字希直。永樂進士。歷官開封知府。斷決明允。請託不行。汴人稱爲包老。母憂歸。貧甚。或至罷炊。處之夷然。

魚．周詢　【宋】雍丘人。字裕之。早孤好學。第進士。仁宗時累官右諫議大夫。權御史中丞。聞見賅洽。明習吏事。知安州時。園吏見大蛇垂闌楯。即視之。乃周詢醉而假寐。世傳其異。

魚．孟威　【唐】咸通中爲郴州刺史。修靈渠。以石爲鏵隄。延亙四十里。植大木爲斗門十八重。舟楫乃通。大爲民利。

魚．注　【唐】即鄭注。注本姓魚。冒爲鄭。故當時號魚鄭。及用事。人以廋詞謂曰水族。詳鄭注條。

魚．思賢　【唐】開元初爲任丘令。開通利渠入滱水。陂淀蓄洩。得地二百餘頃。百姓利之。號爲魚君陂。

魚．俱羅　【隋】下邽人。膂力絕人。聲聞數百步。從晉王廣平陳。積功拜柱國。從楊素征突厥。所當皆披靡。後弟贊以凶暴被罪。煬帝慮其有異志。命將兵捕盜會稽。俱羅乃遣將糶米京洛。潛迎諸子。事發。斬於東都。

魚．翁叔　【漢】長安人。業賈致富。張湯爲小吏時。與翁叔交甚濃。

魚．崇諒　【宋】陝州人。字仲益。初名崇遠。幼能屬文。仕後唐爲陝州司馬。歷晉入漢。拜翰林學士。周祖踐阼。書詔繁委。皆崇諒爲之。尋以母老解官。太宗時授金紫光祿大夫．兵部侍郎。致仕卒。

魚．朝恩　【唐】瀘川人。天寶末以品官給事黃門。性黠。至德中爲監軍事。加開府儀同三司。代宗避吐蕃東幸。朝恩悉軍迎扈。號爲天下觀軍容宣慰處置使。恃勳恣橫。求取無厭。嘗與元載相惡。載偵其陰謀奧語上聞。會寒食賜宴。詔留議事。帝責其異圖。朝恩自辨悖慠。帝令左右縊殺之。

魚．豢　【三國魏】京兆人。撰魏略五十卷。事止明帝。

魚．遵　【前秦】馮翊人。仕苻洪爲右將軍。苻健嗣位。規取長安。遵爲前鋒。論功累遷太尉。受遺詔輔政。苻生殘暴。殺害勳舊忠良略盡。一日夢大魚食蒲。又聞長安謠云。東海大魚化爲龍。男皆爲王女爲公。乃殺暹。併其七子十孫。苻堅立。追謚廣寧公。

魚·翼 （清）昭文人。字振南。自號鳥目山樵。負才而隱於市。性喜畫。善鑒別古迹眞贋。撰海虞畫苑略。未竣。令子元傳續成之。

魚·贊 （隋）俱羅弟。煬帝在藩。給事左右。累遷大都督。及帝嗣位。拜車騎將軍。性凶暴。令左右炙肉。遇不中意。以籤刺瞎其眼。溫酒不適口者。立斷其舌。帝以恩舊不忍加誅。令自爲計。飲藥死。

鹵·公孺 （漢）卽眘翁孺。見眘翁孺條。

鹿·久徵 （明）定興人。字子徵。萬曆進士。知息縣。有惠政。擢御史。神宗以軍政貶斥臺省。久徵抗疏論救。謫澤州判官。遷滎澤知縣。未任而卒。

鹿·生 （後魏）乘氏人。再爲濟南太守。在任十年。時三齊始附。人懷苟且。每以蒱博廢農業。生立制禁之。聞者嗟善。獻文帝特賜驄馬靑服。彰其廉潔。後卒於淮陽太守。

鹿皮翁 （周）性機巧。舉手能爲器械。著鹿皮衣入山居焉。後百餘年賣藥於市。◎（明）淄川人。姓氏無考。惟嘗藍縷。每披鹿皮遊於市。平溪衛舉人鄭維藩求嗣。翁詣門曰。不久當生好子。約期來賀。生子日果至。既別。不知所之。

鹿·悆 （後魏）生子。字永吉。少好兵書陰陽釋氏之學。永安中爲黃門侍郎。進爵定陶侯。雖任居通顯。志存謙退。布衣糲食。孝莊嘉其清節。時賜以錢帛。天平中除梁州刺史。鄭榮業反。圍州城。城降。榮業送悆於關西。

鹿·善繼 （明）久徵孫。字百順。少讀王守仁書。不肯與俗浮沈。舉萬曆進士。授戶部主事。時遼餉絕。廣東金花銀適至。善繼請於尚書借給之。坐降級調外。光宗立。復官。尋改職方。從大學士孫承宗閱視楡關。拓地復城堡。善繼籌畫爲多。崇禎初爲太常寺少卿。告歸。清兵攻定興。善繼自鄉入扞城。城陷。死之。謚忠節。有四書說約。無欲齋詩鈔。

鹿·傳霖 （清）定興人。字芝軒。同治進士。光緒間以知府隨勦越南匪徒有功。累擢四川總督。平瞻對。疏請改土歸流。朝議不許。傳霖持之甚力。被劾奪職。再起爲江蘇巡撫。拳禍作。傳霖率師勤王。赴西安行在。任軍機大臣。官至大學士卒。謚文端。

麥·文貴 （元）保昌人。以博學薦。歷集賢學士。與修宋遼金三史。

麥·而炫 （明）高明人。字章闇。嗜學博古。長書法。善詩賦。崇禎進士。歷上海。安福知縣。唐王時擢御史。起兵守高明。清兵至。被執至廣州。不屈死。有廣山集。

麥·成 （明）順德人。正德中任安鄉典史。有才名。嘉靖初流賊掠鼎江口。成父子集民兵往禦之。比戰。馬蹶。賊叢槊刺之。遂遇害。

麥里 （元）徹兀臺氏。領徹里臺部。從定宗略定欽察。阿速。斡魯思諸國。又從憲宗伐宋有功。世祖卽位。諸王霍忽叛。麥里率所部擊之。奪其所掠諸部民以還。尋卒。

麥·孟才 （隋）鐵杖子。字智稜。果烈有父風。拜武賁郎將。江都之難。與武牙郎錢傑糾合恩舊。欲於顯福宮邀擊宇文化及。事洩。爲化及所害。

麥·宗 （元）通安州磨些人。生七歲。不學而識文字。及長。旁通吐番白蠻諸家之書。能解禽語。蠻中稱爲異人。

麥·育 （明）饒平人。舉人。崇禎間任沔陽知州。有文學。習吏事。敏練著聲。以直道忤時而去。

麥·鐵杖 （隋）始興人。驍勇有膂力。日行五百里。開皇中除車騎將軍。從楊素北征突厥。擊漢王諒。每戰先登。進柱國。遼東之役。請爲前鋒。力戰死。謚武烈。

麻·九疇 （金）易州人。字知幾。幼有神童稱。博通五經。尤長於易春秋。正大初特賜進士。累遷應奉翰林文字。資性野逸。高蹇自便。遂謝病去。元兵至。爲軍士所得。病死。九疇學易。後喜邵堯夫皇極書。因學算數。又喜卜筮射覆之術。晚更喜醫。盡傳張子和之學。爲文精密奇健。詩尤工緻。

麻·三衡 （明）溶孫。諸生。福王末舉兵應金聲。旁郡吳太平。阮恒。阮善長。劉鼎甲。胡天球。馮百家與俱起。號七家軍。皆諸生也。後均以軍敗死。

麻·士龍 （宋）元兵入常州。文天祥遣士龍及尹玉援之。率殘兵五百。奮勇與元兵大戰。死之。五百人俱死。無一人降者。

麻奴 （漢）燒當羌人。滇吾曾孫。初隨父降。居安定。永初中諸羌苦漢徭役。麻奴因率之出塞。永寧間入寇。敗馬賢等。尋南還湟中。延光初爲賢所破。種衆散亡。遂詣漢陽太守耿种降。

麻·永吉 （明）慶陽人。由庶吉士爲御史。終湖廣按察使。以淸操聞。

麻·仲英 （宋）希孟孫。七歲能詩。以親老不仕。博學高行。鄉里化服。雖凶年。盜不入其家。召爲國子助敎。東方學者咸師尊之。

麻·希孟 （宋）臨淄人。太宗召天下高年。希孟年九十。謁便殿。歷訪民間利病。多見采納。賜金紫。授工部侍郎。辭不受。

麻姑 古仙女。建昌人。修道於牟州東南姑餘山。後漢王方平降蔡經家。召麻姑至。是好女子。年可十八九許。頂中有髻。衣有文章。而非錦繡。謂方平曰。接待以來。已見滄海三爲桑田。今海水復清。淺於往昔矣。經見麻姑手爪似鳥。念曰。得此爪爬背。當佳。方平已知。卽鞭經背曰。麻姑神人也。汝何忽謂其爪可爬耶。因與宴飲。昇天而去。◉【後趙】秋女。秋嚮督築城。晝夜不止。雞鳴乃息。姑賢。有恤民之心。假作雞鳴。羣雞效聲。衆工乃止。秋覺。欲撻之。姑懼。逃入石洞修道。後飛昇。

麻·承恩 【明】錦從子。爲宣府延綏大同總兵官。更歷諸鎭。以勇力聞。後援遼東。屢退避。下獄當死。納馬贖罪。其家遂破。

麻·承詔 【明】錦從子。爲寧夏參將。從平哱拜有功。後爲耆頭所弒。弟承訓·承宣。承宗皆官總兵。麻氏多將才。人以方鐵嶺李氏。曰東李西麻。

麻·秉彝 【金】臨晉人。字仲常。性純孝。自幼敏悟。中皇統進士。歷官岳陽縣令·兵部主事。有能聲。

麻·秋 【後趙】太原胡人。仕石虎爲征東將軍。性虓險鴆毒。俗有兒啼。母輒恐之曰。麻胡來。啼聲遂絕。以冉閔亂奔鄴。秦苻洪使子雄迎擊。獲之。以爲軍師將軍。因宴鴆洪。爲秦世子健所殺。

麻·革 【元】虞鄉人。秉彝孫。字信之。正大中與張澄·杜仁傑輩隱內鄉山中。教授生徒。日以作詩爲業。人稱貽溪先生。有貽溪集。

麻勒吉 【清】滿洲正黃旗人。姓瓜爾佳氏。順治進士。廷試第一。授修撰。康熙中官至撫蠻滅寇將軍。兼廣西巡撫。額塔等攻雲南。麻勒吉運致糧餉。措置得宜。任粵一載。治績大著。還京。授提督九門步軍統領。尋卒。

麻·登雲 【明】山西右衛人。父患寒疾。醫曰。糞甘易愈。登雲嘗之苦。泣禱於神。願以身代。父忽思肉食。割股煎湯奉之。尋愈。

麻·貴 【明】錦弟。由舍人從軍。萬曆間積功爲寧夏總兵。平哱拜。備倭寇。累遷至右都督。鎭守遼東。果毅驍捷。善用兵。東征西討。並著功伐。時稱良將。

麻·溶 【明】宣城人。字明之。萬曆進士。歷吏部郞中。疏乞召還趙南星。忤執政。出爲汾州守稅使。及卒。貧不能斂。撫臣以清正聞。贈光祿卿。

麻·祿 【明】大同右衛人。嘉靖中爲大同參將。從鎭帥劉漢擊板升。大獲。積戰功爲宣府副總兵。

麻·達 【元】嘗注論語。

麻·僖 【明】永吉子。字立軒。萬曆進士。歷兵科給事中。遇事敢言。累有舉劾。尋乞假歸。論者以其依附東林。謫山西按察知事。天啓間累擢太常。爲魏忠賢黨劾去。崇禎初復官致仕。死於李自成之難。

麻·錦 【明】祿子。從父行陣有戰功。爲千總。以殺人奪官下吏。當事以塞上方用兵。貸之。累功遷宣府總兵官卒。

麻識理 【元】怯烈台氏。字邇道。經史過目輒領解。至正末累官翰林學士承旨。知大撫軍院事。無疾而卒。

麻襦 【晉】石虎時在魏縣市中乞丐。著麻襦布裳。故時人謂之麻襦。言語卓越。狀如狂者。其言後皆有驗。

傅大東〔宋〕寅子。紹承家學。敦慤有父風。弟大原從楊簡學。從弟定學於朱熹。一家之中。旁搜遠采。不名一師。

傅大聲〔宋〕仙游人。字仲廣。淳熙進士。通判道州。禦寇有功。尋知州事。百姓稱爲傅父。

傅子雲〔宋〕金谿人。字季魯。號琴山。出陸九淵之門。九淵出守荊門。使子雲居象山精舍。從游日衆。嘗主甌寧簿。決訟必傅經義。有易傳・論語集傳・學庸解・孟子指義・離騷經解等書。

傅山〔清〕陽曲人。初名鼎臣。字青竹。後改名山。字青主。一字仁仲。別署公之它。一作公他。亦曰朱衣道人。又字嗇廬。少有異稟。過目成誦。明季天下將亂。諸搢紳先生氣習腐惡。山獨堅苦持氣節。國變時。衣朱衣居土穴養母。天下大定。始稍稍出。隱於黃冠。康熙中年七十餘。徵舉鴻博。至京。堅臥城西古寺。不與試。授中書舍人。以老病辭歸。善畫山水墨竹。工詩文及金石篆刻。又精醫。家傳有禁方。乃賣以自活。有霜紅龕集。(按傅山別號甚多。於上見名號外。又曰石道人。曰隨厲。曰六持。曰丹崖翁。曰丹崖子。曰濁堂老人。曰青羊庵主。曰不夜庵老人。曰傅僑山。僑黃山。僑黃老人。僑黃之人。曰酒道人。酒肉道人。或徑稱居士。以喜苦酒。故稱老蘗禪。以受道法於龍池還陽眞人。故一名眞山。或署僑黃眞山。又曰五峰道人。曰龍池道人。曰龍池聞道下士。曰觀化翁。曰大笑下士。見丁寶銓傅山年譜。)

傅中〔明〕臨川人。字景華。少習儒。通太極數學。明師下豫章。鄧愈薦之。召對稱旨。從征陳友諒。料事多奇中。爲人狷介。寡與人言。嘗戴鐵冠。人因號鐵冠道人。

傅中玉〔清〕海寧人。居常熟。字崑岡。善畫山水。鉤勒花鳥尤鮮麗。寫意人物及傳神稱巨手。工詩。

傅介子〔漢〕義渠人。年十四。好學書。嘗棄觚而歎曰。大丈夫當立功絕域。何能坐事散儒。遂從軍。昭帝時以駿馬監使大宛。詔令責樓蘭・龜茲。皆服罪。因誅匈奴使者。還拜中郎。遷平樂監。介子謂樓蘭・龜茲數反復而不誅。無所懲艾。願往刺之。乃至樓蘭。持王首詣闕。封義陽侯。

傅仁均〔唐〕白馬人。善言曆。仕至太史令。

傅元順〔明〕臨川人。字信吾。隆慶進士。爲大理寺評事。擢御史。巡視茶馬。時有議甘鎭立廠。許西海得轉茶以市番者。元順力評。得寢。

傅友德〔明〕宿州人。徙居碭山。初從陳友諒。太祖攻江州。率衆降。用爲將。洪武初封潁川侯。伐蜀之役。論功第一。復充征南將軍。蠻地平。進爵公。加太子太師。尋遣還鄉。友德自偏裨至大將。每戰必先士卒。雖被創。戰益力。以故所至立功。後坐事賜死。

傅文用〔宋〕開封人。畫鵓鴿能分四時毛羽。有黃筌風概。

傅王露〔清〕會稽人。字良木。號玉笥。又號閬林。晚號信天翁。康熙進士。雍正時薦鴻博。部駁不與試。

傅世濟〔明〕嵩縣人。與兄世舟俱爲土寇所執。寇欲釋其一。世濟奪刃自到。兄乃免。

傅以漸〔清〕聊城人。字于磐。號星巖。順治間進士第一。官至秘書院大學士。以清勤著。學者稱星巖先生。有貞固齋詩集。

傅占衡〔清〕臨川人。字平叔。明諸生。性淡泊。恥事徵逐。明亡。奉父山中。謝絕一切。有漢書摭言・編年國策・臨川記・湘帆堂集。

傅可知〔明〕黃陂人。字伯求。幼爲諸生。喪父廬墓三年。六十喪母。啜粥亦三年。嘗道拾遺金。坐待其人還之。崇禎間賊至。不屈死。

傅弘之〔南朝宋〕暢曾孫。字仲度。少倜儻有大志。善騎。仕晉歷太尉行參軍。武帝北伐。弘之率軍自武關入。及留爲桂陽公義眞雍州治中從事史。義眞東歸。赫連勃勃傾國追躡於青泥。軍敗。不屈死。

傅弘烈〔清〕進賢人。字仲謀。號竹君。父應期。明季官粵西令。弘烈隨之任所。清師定兩廣。以人才應募。累擢慶陽知府。疏陳吳三桂陰謀不軌。戍梧州。三桂反。弘烈陽附之。受僞將軍職。密約尙可喜共圖恢復。授廣西巡撫。竟復桂林梧潯地千餘里。後爲賊所紿。執送世璠。不屈死。謚忠毅。

傅正夫〔宋〕夢泉從子。佚其名。楊簡門人。與兄道夫齊名。

傅永〔後魏〕清河人。字脩期。幼有氣幹。勇力過人。年二十餘。始發憤讀書。涉獵經史。兼有才筆。晚乃仕。王肅爲豫州。以爲長史。封濟河男。屢拒齊師有功。文帝每歎曰。上馬能擊賊。下馬作露布。惟傅脩期耳。年八十餘爲兗州刺史。猶能馳射。終平東將軍・光祿大夫。

傅永淳〔明〕靈壽人。天啓進士。知房縣。有惠政。崇禎中擢河南道御史。時秦寇猖獗。永淳單車入秦。以計大破之。都御史陳奇瑜督兵專辦流賊。永淳說以撲滅之策。奇瑜不從。賊遂不可制。累官吏部尙書致仕。李自成陷京師。永淳痛哭攜家浮海島。清康熙中卒。

傅·玄 〔晉〕幹子。字休奕。少孤貧。博學善屬文。解音律。州舉秀才。除郎中。歷官弘農太守。領典農校尉。封鶉觚男。武帝受禪。累遷司隸校尉。性剛勁亮直。不能容人。每有奏劾。或值日暮。捧白簡整簪帶坐而待旦。於是貴游懾伏。卒諡剛。著有傅子。

傅·立 〔元〕德興人。字權甫。刻意經學。同里祝泌著皇極元元集。立爲祝氏後人之甥。遂通其學。至元中以泌薦上。累官集賢院大學士。卒諡文懿。學者稱初菴先生。

傅·伏 〔北齊〕太安人。少從戎。以戰功官至開府。武平中除東雍州刺史。周武帝至晉州。遣人召伏。伏聞後主已被獲。北向哀號良久。武帝見之歎曰。朕平齊唯見公一人。遂引與同食。後爲岷州刺史。尋卒。

傅·先宗 〔清〕江夏人。咸豐間由武童從軍。同治間從攻廬州。鼓勇先登。轉戰陝西湖北甘肅。以功補涼州鎮總兵。督攻河州太子寺。中砲陣亡。

傅·光 〔宋〕雱弟。字子溫。爲諸王宮教授。未幾退歸田里。方臘平後。任大安統兵至。欲盡屠縣民。光力諫沮之。所全活甚衆。

傅·好禮 〔明〕固安人。字伯恭。萬曆進士。知涇縣。治最。入爲御史。疏請節宴遊。停內操。罷外戚世封。語止山陵行幸。又上崇實杜漸諸疏。皆剴直。巡按浙江。條上荒政。改山東。以病歸。還朝進光祿少卿。改太常。時稅使四出。海內騷然。好禮極論其害。帝大怒。謫大同廣昌典史。請歸卒。

傅·安 〔明〕太康人。字志道。洪武時爲禮科給事中。奉使西番。羈留十三年。執節不屈。永樂中始歸。

傅·汝舟 〔明〕侯官人。本名舟。字處木。號丁戊山人。一號磊老。善養生術。兼曉黃白。晚慕仙家服食之術。舍鄉井遨遊山水。好爲詩。多荒誕詭譎之語。有傅山人集。

傅·汝爲 〔明〕江陵人。字于宣。崇禎進士。授汝寧知府。李自成陷城。令妻子歸養老父。汝爲殉焉。

傅·米石 〔清〕鉅野人。字立元。康熙舉人。工爲古文。有練溪集。

傅·自修 〔宋〕察次子。字勤道。紹興中監泉市舶務。力除宿弊。及去。番商號泣岸下曰。昔官有白鬚者。我故多載。今不見此官。吾輩所載。衆奪殆盡矣。再除提舉福建市舶。椎髻之民。舉手相賀。官至直寶文閣。

傅·自得 〔宋〕察子。字安道。以父死於金。從母徙居晉江。用蔭補承務郎。爲福建提點刑獄司幹辦公事。使者李公懋。剛介好面折僚吏。獨屈意待自得。委以訟牒。歷知興化軍·漳州太守。所至有聲。有至樂齋文集。

傅·伯成 〔宋〕自得子。字景初。號竹隱。少從朱熹學。隆興初第進士。知漳州。以律己愛民爲本。推熹遺意而遂行之。創惠民局以濟民病。爲左諫議大夫。抗疏十有三。皆軍國大義。理宗時以寶謨閣直學士致仕。卒諡忠簡。伯成純實無妄。每稱人善。不啻如己出。語及奸邪。詞色俱厲。不少假借。有竹隱居士集·奏議·老至志。

傅·佇 〔宋〕仙遊人。字凝遠。宣和進士。授無棣主簿。調南安縣丞。歲大饑。民棄妻子相屬。佇請出常平倉錢。設安養院。民不失所。遷知晉江縣。會治戰船。佇躬督其役。勞費半他邑。而事獨先辦。以張浚薦。除茶司幹辦公事。

傅·作楫 〔清〕奉節人。字濟庵。康熙舉人。官夏鄉令。行取御史。頗著直聲。官至左都御史。詩宗少陵。有雪堂·燕山·西征·南征等集。

傅·作霖 〔明〕武陵人。由鄉舉仕唐王爲職方主事。倚何騰蛟於長沙。改監軍御史。永明王遙擢爲兵部尚書。從至武岡。城陷。死之。

傅·岐 〔梁〕翽子。字景平。歷始新。建康令。去始新日。縣人皆出境拜送。位至太僕司農卿。兼中書通事舍人。魏遣使欲通好。岐謂必是設間令侯景自疑。不可許。廷議不從。已而果有侯景之亂。宮城失守。帶疾出圍卒。

傅·希摯 〔明〕衡水人。累官右僉都御史。巡撫山東。隆慶末戶部以餉乏議裁山東河南民兵。希摯爭之而止。改總理河道。以茶城淤塞。開梁山以下寧洋山。出右洪口。終南京兵部尚書。以老被劾致仕。

傅·希龍 〔宋〕楫從子。官漳浦令。以不附二蔡入邪等。楫曰。不負吾學。

傅·廷標 〔清〕仁和人。字因其。號半村。康熙時諸生。長於繪事。兼工詩古文。◎〔清〕晉江人。乾隆間從征臺灣林爽文有功。嘉慶間隨勦川楚教匪。官至高州鎮總兵。

傅·彤 〔蜀漢〕義陽人。爲將軍。從先主伐吳。次猇亭。先主退軍。彤斷後拒戰。兵垂盡。吳將語彤令降。彤罵曰。吳狗。何有漢將軍降者。遂戰死。

傅·汶 〔宋〕佇子。字元晉。以父蔭補官。歷通判廣州。決獄有能聲。知貴州。郡倅月俸積壓。汶至。悉撥錢還之。張栻聞之曰。祇此一節。便見施爲。以薦除提舉江西茶鹽。知德慶府。皆有治績。官終朝議大夫。

傅·求 〔宋〕考城人。字命之。進士甲科。有吏能。歷梓州路轉運使。縣吏冒取播州田。夷獠恐而叛。求馳往按狀。黥吏置嶺南。患遂息。徙陝西。

自康定用兵。移稅輸邊。民力大困。求令輸本州。而轉錢以供邊糴。民受其惠。而兵食亦足。累遷龍圖閣學士。權開封府。坐事出知兗州卒。

傅良弼 【唐】清河人。字安道。以射冠軍中。德宗時使守樂壽。王廷湊叛。良弼固守者累年。擢忻州刺史。寶曆初擢夏綏銀節度使。蕃酋懷惠。終橫海節度使。

傅定 【宋】寅兄子。字敬子。寅遣定遠之建安。受業朱熹之門。既得其微言奧旨。乃歸與諸弟共講。

傅定保 【元】晉江人。六歲能解大學。事母至孝。大德初用薦為漳州學正。首以太極圖西銘講。聽者悅服。號古直先生。

傅宗龍 【明】昆明人。字仲綸。萬曆進士。由知縣徵授御史。天啓初應詔募兵。月餘得精兵五千。安邦彥反。自請討賊。不果。崇禎中歷貴州巡按。四川巡撫。保定總督。俱著勞績。入為兵部尚書。承楊嗣昌之後。以抗直忤旨。下獄。復起總督陝西。率兵擊李自成於新蔡。死之。諡忠壯。

傅尚文 【明】華容人。字元質。正德進士。任大理評事。武宗南巡。上疏諫。廷杖。左遷戶部照磨。嘉靖初還舊職。累遷江西副使。

傅昌 【後漢】俊子。徙封蕪湖侯。建初中遭母憂。因上書以國貧不之封。乞錢五十萬為關內侯。章帝貶為關內侯。竟不賜錢。

傅玨 【宋】大名人。能知人。常坐都市。閱公卿車騎之過者。言他日位任所至。無毫髮差。初不能相術。每曰。予自得於心。亦不能解也。

傅知柔 【宋】楫從孫。宣和中登第。授循州推官。會少龍亂。教民造兵以禦。卒破賊。擢知龍巖縣。虔寇聞其威名。獨不敢犯境。調泉州僉判。帥臣檄捕海寇。知柔出幟以示。寇即降。官終朝請郎。福州僉判。

傅育 【後漢】北地人。為臨羌長。隨捕虜將軍馬武等擊羌。勇冠諸軍。後為武威太守。聲聞於匈奴。

傅肱 【宋】會稽人。字自翼。嘗錄蟹之故事。為蟹譜。詮次雅馴。所引唐韻十七條。尤足以資考證。

傅芷 【宋】義烏人。字升可。淳熙進士。精於經史之學。為傅寅上弟子。從游甚盛。未仕而卒。有南園詩文集。南園講錄。

傅亮 【南朝宋】瑗次子。字季友。博涉經史。尤善文辭。義熙中累官中書黃門侍郎。武帝有受禪意。風示朝臣。亮悟旨。請暫還都。至都。遂徵武帝入輔。既受禪。以佐命功封建成縣公。入直中書省。專典詔命。轉尚書僕射。受顧命輔政。少帝之廢。亮與主謀。文帝即位。進爵始興郡公。加散騎常侍。開府儀同三司。元嘉初見誅。

傅俊 【後漢】襄城人。字子衛。光武徇襄城。俊以縣亭長迎軍。常從征伐有功。拜積弩將軍。封昆陽侯。為雲臺二十八將之一。卒諡威。

傅冠 【明】進賢人。字元甫。天啓進士。官至尚書。兼東閣大學士。性簡易。有章奏發自御前。冠以為揭帖。即援筆判其上。既知誤。惶恐引罪。即放歸。唐王時死難於汀州。血漬地久而猶鮮。人歎其忠。有寶綸樓集。

傅咸 【晉】玄子。字長虞。剛簡有大節。好屬文。庾純嘗歎曰。長虞之文。近乎詩人之作矣。惠帝時官至御史中丞。遭母憂去官。後起為議郎長。兼司隸校尉。京都肅然。貴戚懾伏。卒諡貞。

傅奕 【唐】鄴人。武德中為太史令。上疏極詆佛法。貞觀中卒。將卒。自誌曰。傅奕。青山白雲人也。以醉死。嗚呼。奕善數。然嘗自言其學不可以傳。奕又注老子。并集魏晉以來與佛議駁者為高識篇。

傅宣 【晉】祗子。字世弘。性至孝。好學。趙王倫以為相國掾。累遷驃騎從事中郎。懷帝時仕至御史中丞卒。

傅恆 【清】滿洲鑲黃旗人。姓富察氏。號春和。乾隆時定兩金川。征緬甸。勦準噶爾。積功官至大學士。封一等忠勇公。卒諡文忠。

傅思讓 【宋】信都人。有勇力。善騎射。太宗時累官平州刺史。破契丹兵於唐興口。四遷為容州觀察使。知隴州卒。

傅映 【梁】昭弟。字徽遠。三歲而孤。兄弟友睦。修身勵行。非禮不動。有文才而不以篇什自命。昭卒。映喪之如父。天監中為烏程令。遷太中大夫卒。

傅昭 【梁】靈州人。字茂遠。幼時為袁顗所稱。丹陽尹袁粲辟為郡主簿。仕齊至尚書左丞。入梁累遷散騎常侍。金紫光祿大夫。蒞官以清靜為政。居朝無所請謁。終日端居。以書記為樂。博極古今。尤善人物。世稱為學府。卒諡貞。

傅柔 【漢】浦江人。字仲席。為宣城令。無為而治。謳謠載道。遷鄂州刺史。（按洪邁東陽志。列柔於漢代。宋濂浦陽人物記以為隋以後人。）

傅眉 【清】山子。字壽毛。一字須男。又字竹嶺。別號糜道人。七歲能作小詩小賦。工書畫。能仿其父書。徧歷九邊。所如不合。歸賣藥太原市。先山卒。

傅若金 【元】新喻人。初字汝礪。又改字與礪。少貧。以織席為生。後改業鍼工。後有所激。乃讀書。工詩。

嘗游京師。虞集・揭傒斯見之。皆大加稱賞。有傅與礪詩文集。

傅・迪　〔南朝宋〕瑗長子。字長猷。仕爲右丞。廣讀書而不解其義。劉柳謂之書簏。宋初終五兵尚書。

傅・倘　〔宋〕惟肖子。爲潮州錄事參軍。嗣上供耗銀。民德之。後知肇慶府。亦有惠政。

傅・准　〔晉〕北地人。有文才。善詞賦。以西中郎參軍隨岳陽王督鎭襄陽。官至度支尚書。卒謚敬康。有文集。

傅・師　〔隋〕字子言。治春秋。工楷法。舉進士。樵德與於門生中推爲顏子。入翰林爲學士。歷尚書右丞。

傅・恭　〔明〕分宜人。正統末爲建寧主簿。沙寇起。民多被脅從。丞典以下盡遁。恭護縣事。悉力保障。以利害諭民。民於是鮮從亂者。

傅・恕　〔明〕鄞人。字如心。學通經史。有文名。洪武初詣闕陳治道十二策。太祖嘉納之。命修元史。事竣。授博野知縣。後坐累死。

傅・振邦　〔清〕昌邑人。道光武進士。咸豐間從攻洪秀全於江南。勦捻於徐豫間。所至皆克。積功官至湖北提督。卒謚剛勇。

傅・振商　〔明〕汝陽人。字君雨。萬曆進士。選庶吉士。改御史。按畿南。累遷右副都御史。巡撫南贛。以計縛巨寇丘𠙽等。遷南京兵部右侍郞。時魏黨懷寧侯孫承廕毒軍蠹民。道路以目。振商劾之。崇禎時進兵部尚書。卒謚莊毅。有杜詩分類・古論元箸・緝玉錄・蜀藻幽勝集・四家詩選。

傅・扆　〔清〕山東新城人。字蘭生。一字彤臣。別號麗農。順治進士。官至江西道監察御史。性至孝。以親老歸養。有奏疏・詩文集・詩話等書。

傅・桐　〔清〕泗州人。字味琴。道光拔貢。工駢體文。有梧生駢體文鈔。

傅・海　〔明〕威縣人。正統間父沒。廬墓三年。立祠宇。奉父母畫像。朝夕奉奠。夜有虎至。海正色視曰。爲我父母。生死不恤。語畢。虎遂去。人以爲孝行所感。

傅・浚　〔明〕南安人。字汝源。弘治進士。官至工部郞中。正德中督遵化鐵廠。有鐵冶志。

傅・烈　〔宋〕晉江人。字承仲。以易學名家。慶元進士。歷惠州敎授。知循州。有善政。

傅・珪　〔明〕清苑人。字邦瑞。成化進士。授編修。與修會典及孝宗實錄。累遷禮部尚書。珪貌類木訥。及當大事。毅然不可奪。忤權倖。致仕歸卒。嘉靖初追謚文毅。

傅・祗　〔晉〕嘏子。字子莊。性至孝。早知名。以才識明練稱。武帝時起家太子舍人。惠帝時遷司隸校尉。以討楊駿功封靈川縣公。懷帝卽位。爲右僕射・中書監。祗明達國體。朝廷制度。多所經綜。及洛陽陷。共建行臺。推祗爲盟主。以司徒持節大都督諸軍事。傳檄四方。徵義兵。遘暴疾卒。

傅・耆　〔宋〕遂寧人。字伯成。一云字伯壽。皇祐進士。勵志爲學。周敦頤判合州。聞其賢。以書通訊。耆往從之。官至知漢州。

傅・起巖　〔元〕汾西人。初爲丞相掾。累遷中書左丞。知經筵事。後拜行臺中丞。多著勳績。卒謚文獻。

傅陞　〔清〕滿洲正白旗人。姓郞佳氏。乾隆間從征廓爾喀有功。授三等侍衞。嘉慶間從攻川楚敎匪。所至有功。官至公中佐領。

傅・啓　〔明〕仙遊人。字思明。爲人忠信不欺。成化間以太學生除寶鈔提舉。鄕有仕於京者。舉家病疫。啓日夜爲治藥餌糜粥。因亦染疾。夫婦俱沒於京師。知者惜之。

傅・啓讓　〔明〕石首人。永樂進士。授河南僉事。清愼有爲。嘗奏築隄以禦河水。民皆德之。官至大理寺少卿。

傅・寅　〔宋〕義烏人。字同叔。少從唐仲友學。仲友以益友稱之。寅於天文地理封建井田學校郊廟律曆軍制之類。靡不研究根穴。訂其譌謬。每事各爲一圖。號曰羣書百考。隱居不仕。又不屑治生。晚益貧。太守孟獻捐俸以倡。諸好義者爲買田築屋於東陽之泉村。黨禍既作。遂杜門不出。學者稱杏溪先生。爲詩閑遠古淡。所著厲貢說斷。亦具有特解。

傅・崧卿　〔宋〕墨卿從父弟。字子駿。政和中擢甲科。授考功員外郞。兼太子舍人。以不從方士林靈素授符籙被譖。出爲蒲圻縣丞。高宗初除直龍圖閣。知越州。有溪風集・西掖制誥・夏小正傳。

傅・常　〔元〕鉛山人。字仲常。舉進士。調餘姚州官。至正中宣閫檄常偵賊定海。猝遇賊。死之。常居官廉。既捧檄。借人一𧝑褐。始成行。既死。其母及兄。貧不能歸。因家焉。

傅・康　〔宋〕肇弟。字仲寅。以父任知古田縣。有治績。爲司農寺丞。知汀州。徙南劍。發奸摘伏。吏不敢欺。累遷司農少卿。兼左司諫。練熟典章。帝甚材之。晚知袁州・直徽猷閣致仕。

傅・惟肖　〔宋〕南安人。字應求。紹興末上舍釋褐。知清江縣。屬歲歉。發倉賑濟。飢民遇糴者攘奪之。巡尉欲以盜論。惟肖不可。由是全活者衆。

傅・梅　〔明〕邢臺人。字元鼎。萬曆舉人。由登封令遷刑部主事。張差梃擊案起。諸司官將以瘋癲蔽獄。梅見侍郞張問達。反復言之。乃令十三司會鞫差。始成獄。比差棄市。梅竄其潛易。躬請監刑。用是爲鄭國泰所嫉。以京察奪官。崇禎中歷台州知府。解職歸。捐金佐順德知府吉孔嘉募兵守城。城破死節。有嵩書。

傅・洪　〔宋〕伃子。字元曕。紹興進士。除太府少卿。輪對。乞擇端謹誠慤之士。以備宮僚。帝從之。歷宗正少卿。直龍圖閣。卒贈甯田開國縣男。

傅・淳　〔明〕慈谿人。字伯厚。家世業儒。父時伯以道學名於鄉。淳能傳其家學。鄉人稱退密先生。有洪範數言・性理叢說・大學補略・覩志稿。

傅・涵　〔清〕臨川人。字聖涯。廩生。學問淹貫。乾隆時舉鴻博。與試未用。有新橋集。

傅清　〔清〕滿洲鑲黃旗人。姓富察氏。由藍翎侍衛洊擢副都統。雍正間充駐藏大臣。乾隆間累官固原提督。尋赴藏。珠爾默特那木札勒謀反。誅之。其黨叛。遂遇害。諡襄烈。

傅・野　〔宋〕義烏人。字景文。博學工文辭。咸淳間以詩名於時。

傅・堯俞　〔宋〕須城人。徙居濟源。字欽之。十歲能文。未冠及第。歷監察御史。重厚寡言。遇人不設城府。人不忍欺。論事君前。略無回隱。退與人言。不復有矜異色。司馬光嘗謂邵雍曰。清直勇三德。人所難兼。吾於欽之見焉。雍曰。欽之清而不耀。直而不激。勇而能溫。是爲難耳。元祐中拜中書侍郎。卒諡獻簡。

傅・喜　〔漢〕溫人。字稚游。哀帝祖母定陶傅太后從父弟。少好學問。有志行。哀帝立。以喜爲衛尉。遷右將軍。傅太后與政。喜數諫。太后不悅。賜喜以光祿大夫養病。廷臣疏留。帝亦重之。復拜大司馬。封高武侯。傅氏驕奢。嫉喜恭儉。又傅太后欲稱尊號。喜執正議不順。遂策免。平帝即位。召還。後復遣就國。卒諡貞。

傅・善祥　〔清〕金陵女子。容華媚治。暢曉文詞。太平軍破金陵。善祥爲楊秀清所擄。寵任之。官以女丞相。

傅・巽　〔三國魏〕嘏從父。字公悌。有知人鑒。辟公府。拜尚書郎。後客荊州。以說劉琮功。賜爵關內侯。文帝時爲侍中。巽在荊州。目龐統爲半英雄。證裴潛終以清行顯。後統附蜀。見待次於諸葛亮。潛位至尚書令。并有名德。及仕魏。魏諷以才智聞。巽謂必反。卒如其言。

傅・景星　〔清〕登封人。明崇禎進士。官山東道監察御史。李自成陷京師。景星從賊。受僞兵政府侍郎。順治初授原官。累擢工部右侍郎。

傅・朝　〔後漢〕徵士。劉備欲襲蜀。丞相掾趙戩謂備不濟。朝曰。劉備寬仁有度。能得人死力。諸葛亮達治知變。正而有謀。而爲之相。張飛・關羽勇而有義。皆萬人之敵。而爲之將。此三人者。皆人傑也。以備之略。三傑佐之。何爲不濟。

傅・朝佑　〔明〕臨川人。字右君。有孝行。能畫竹石。天啓進士。授中書舍人。崇禎中考選給事中。補兵科。出封益藩。事竣還里。即家進刑科都給事中。還朝愆期。貶秩調外。未行。疏論溫體仁六大罪。帝怒。下吏按治。已而國事益棘。獲罪者益衆。獄幾滿。朝佑自獄中上疏請寬恤。語過激。廷杖。創重卒。有英巨集。

傅・游藝　〔唐〕汲人。初爲左補闕。武后奪政。上書詭說符瑞。后說。擢給事中。閱三月。拜鸞臺侍郎。一歲之中。賜袍自青及紫。人號四時仕宦。旋有告其謀反者。下獄自殺。

傅・爲詝　〔清〕建水人。字嘉言。號謹齋。別號巖溪。雍正進士。乾隆間由檢討授御史。疏陳去奸民端風化清獄訟祛冗蠹申法禁諸端。皆關國家大計。累官副都御史。佐持風紀。以整肅臺綱爲己任。有明儒四家纂・斯文易簡錄・讀漢書論・藏密文鈔詩鈔。

傅・琰　〔南齊〕僧祐子。字季珪。仕宋歷武康・山陰令。並著能名。二縣皆謂之傅聖。遷益州刺史。永明中爲廬陵王安西長史・南郡內史・行荊州事。

傅・逸　〔宋〕開封人。工畫人物。師張諒。尤善描染。

傅・隆　〔南朝宋〕靈州人。字伯祚。元嘉初官御史中丞。當官而行。甚得司直之體。出爲義興太守。在郡有能名。徵拜太常。致仕歸。隆博學多通。尤精三禮。至老猶手不釋卷。

傅・雲龍　〔清〕德清人。官直隸候補道。有實學文導・續纂刻書目・纂喜廬叢書。

傅・雱　〔宋〕浦江人。多膽略。遇事奮發有爲。建炎初金兵始退。以宣教郎爲祈請使。獻二帝衣各一襲。遂留金軍。久之乃得歸。官至工部侍郎。有建炎通問錄。

傅・僉　〔蜀漢〕官都督。守陽安關拒魏師。魏鍾會遣別將攻關。分將蔣舒謀降。給曰。今賊至不擊。閉城以自守。非良圖也。僉曰。受命保城。惟全爲功。今出戰。若喪師負國。死無益矣。舒遂開門降。魏人乘虛襲城。僉格鬭死。

傅・幹　〔後漢〕燮子。字彥林。小字別成。燮守漢陽時。幹年十三。諫父曰。國家昏亂。遂令大人不容於朝。今天下已叛。而兵不足自守。不若徐至鄉里。率厲義徒。見有道而輔之。燮不可。因被難。幹後官至扶風太守。

傅・慎微　〔金〕本秦州沙溪人。遷居長安。字幾先。宋進士。累官河東路經制使。兵敗被獲。羈置歸化。尋用爲陝西經略使。值大旱。任京兆鄜延環慶三路經濟使。募民入粟。立養濟院。全活甚衆。擢陝西諸路轉運使。修渠溉田。募民屯種。民賴其利。大定初仕至禮部尙書。卒官。

傅新德 〔明〕定襄人。字元明。又字商盤。萬曆進士。官至國子監祭酒。卒謚文恪。有南雍誡勛淺言。

傅楫 〔宋〕仙遊人。字元通。少自刻厲。從孫覺·陳襄學。登治平進士。曾布薦爲太常博士。徽宗朝爲中書舍人。時布當國。自以有汲引恩。冀爲之用。楫略不傾下。帝每延訪。則以遵祖宗法度安靜自然爲言。尋丐去。以龍圖閣待制知博州卒。

傅滙 〔明〕金谿人。字原宗。洪武初任本縣訓導。時纂修經史。詔天下學博老成者入秘閣。滙被召預修。書成。卒於京師。

傅瑕 〔春秋鄭〕大夫。鄭厲公自櫟侵鄭。及大陵。獲瑕。瑕曰。苟舍我。請納君。與之盟而赦之。瑕殺鄭子儀而納厲公。公入。遂殺瑕。

傅瑗 〔晉〕咸子。以學業知名。官至安成太守。

傅著 〔明〕長洲人。字則明。有文名。洪武初召修元史。史成。歸爲常熟敎諭。後遷潞州知州。有味梅齋集。

傅詢 〔唐〕字誠之。能文。爲人精粹端美。會昌初第進士。歷昭義軍節度使。

傅道 〔明〕錢塘人。字士行。洪武中仟德化縣丞。清介自持。僅攜二童隨任。時方亂後。道撫綏有功。卒於官。貧不能歸葬。

傅達禮 〔清〕滿洲正黃旗人。姓吳雅氏。康熙間由員外郎累官禮部侍郎。命將滿語照漢文字彙集成書。名清文鑑。尋往雲南。經理撤藩事。吳三桂反。被留。及還。聖祖嘉其不屈。復原官。

傅鼎銓 〔明〕臨川人。字維新。崇禎進士。除翰林檢討。李自成陷京師。鼎銓出謁。賊敗南還。福王命予知府銜。赴贛州軍自効。尋復故官。贛州失。退隱山中。舉兵應金聲桓。聲桓敗。被執死之。

傅僧佑 〔南朝宋〕官安東錄事參軍。有吏才。嘗再爲山陰令。甚著能名。後爲劉劭所殺。

傅嘏 〔三國魏〕泥陽人。介子後。字蘭石。弱冠知名。司空陳羣辟爲掾。正始初除尙書郎。與曹爽·何晏等不洽。因事免官。爽誅。再遷爲尙書。司馬師征毌丘儉·文欽。以嘏守尙書僕射。俱東。儉欽之敗。嘏有謀焉。師卒。與司馬昭徑還洛陽。以功封陽鄉侯。卒謚元。

傅壽 〔清〕金陵妓。字靈修。能絃索。喜登場演劇。

傅夢泉 〔宋〕南城人。字子淵。號若水。陸九淵高弟子。淳熙進士。教授衡陽。宰寧都。邑號難治。夢泉一化以道。不踰年。俗大變。遷清江判。卒於官。嘗講學曾潭之滸。學者稱曾潭先生。

傅察 〔宋〕堯俞從孫。字公晦。端重有操。爲文溫麗。舉大觀進士。蔡京欲妻以女。弗答。以吏部員外郎接伴金使。至韓城鎮。時金渝盟。擁察去。道逢金太子斡離不。使拜。不屈死。謚忠肅。有忠肅集。

傅暢 〔晉〕祗次子。字世道。年未弱冠。甚有重名。侍講東宮。爲秘書丞。封武鄉亭侯。尋沒於石勒。勒以爲大將軍右司馬。諳識朝儀。恆居機密。勒甚重之。有晉諸公敍讚。公卿故事。

傅爾丹 〔清〕滿洲鑲黃旗人。費英東曾孫。康熙間襲三等公。以振武將軍擊準噶爾。雍正間勦噶爾丹策凌。以輕進潰敗。擬斬。乾隆間釋爲護軍統領。官至黑龍江將軍。卒謚溫慤。

傅福保 〔明〕仁壽人。正統間賊掠其村落。福保出覘賊。被獲。賊欲脅之從。不聽。令剮其肉。炙以火。罵不絕口而死。

傅維橒 〔清〕維鱗弟。字培公。號賓影。性恬退。不求仕進。以詩文自娛。有燕川漁唱詩·植齋文集。

傅維鱗 〔清〕永淳子。初名維楨。字掌雷。一字歉齋。順治進士。由編修出爲東昌兵備道。治行第一。遷左副都御史。上勸學疏。語極剴切。累進工部尙書。加太子太保。有明書三百卷。及歉齋說書·四思堂文集。

傅說 〔商〕高宗夢得聖人。名曰說。使百工求之野。得說於傅巖中。傅巖有澗水壞道。常使胥靡刑人築之。說賢而隱。故爲胥靡代築以供食。旣見高宗。與之語。果聖人。作說命三篇。號曰傅說。舉以爲相。國大治。遂命以傅爲氏。

傅誠 〔宋〕淇孫。字至叔。嘗從朱熹學。淳熙中登第。嘉定初除國子博士。遷太常。憂國勢不振。勸寧宗奮起治功。言甚鯁切。官至司封郎中。一日登對。忽卒於殿下。

傅輔之 〔金〕霖子。痛父沒於國事。力學登進士。授職滎陽令。元兵壓境。輔之抗節不屈死。

傅遜 〔明〕太倉人。字士凱。少游歸有光之門。萬曆間以歲貢授建昌訓導。有左傳屬事·春秋註解辯誤。

傅鳳翔 〔明〕應山人。字德輝。性豁達。才復通敏。居家以孝友稱。第嘉靖進士。知上蔡縣。築城不擾民。民生祠之。累遷兵部右侍郎卒。

傅墨卿 〔宋〕山陰人。字國華。初補太廟齋郎。宣和中以禮部尙書持節冊立高麗王楷有功。還賜同進士出身。建炎中守正奉大夫致仕。凡三使高麗。所過郡縣。輒爲守令道上德意。以寬宥爲務。及卒。高麗人廟祀之。

傅寬　【漢】初以魏五大夫騎將從沛公爲舍人。攻趙賁。擊楊熊。有功。沛公爲漢王。寬從入漢中。爲右騎將。先後定三秦及齊地。封陽陵侯。五歲爲齊相國。二歲爲丞相。卒諡景。

傅敷　【晉】咸子。字穎根。善屬文。除太子舍人。永嘉之亂。避地會稽。元帝引爲鎭東從事中郎。辭不獲免。輿病到職卒。

傅毅　【後漢】茂陵人。字武仲。博學能文。以明帝求賢不篤。士多隱處。嘗作七激以諷。章帝以爲蘭臺令史。拜郎中。與班固·賈逵共典校書。文雅顯於朝廷。永元初竇憲請爲主記室。及憲爲大將軍。復以爲司馬。早卒。

傅潛　【宋】衡水人。太宗時以從征范陽功。擢內殿直都虞候。咸平中爲鎭定高陽關三路行營都部署。以防契丹。恇怯不進。流房州。會赦。起爲汝州團練副使。遷判左金吾街仗卒。

傅瑾　【宋】汝陰人。字公寶。任蔡州助教。力學强記。尤邃於字學。篤內行。好施與。有字林補遺·音韻管見·聞見錄等書。

傅豎眼　【後魏】靈越子。靈越爲宋所殺。豎眼奔魏。鎭南王肅見而異之。表爲參軍。從征累有功。遷益州刺史。性清素。衣食之外。俸祿皆以賜夷酋。恤士卒。恩信大著。明帝初乞代去。州人追隨慟泣者數百里。受代者失人和。梁師乘間攻蜀。乃再以豎眼牧益州。加西征都督。遂敗梁師。後轉梁州刺史。子敬紹謀叛事泄。兵士執敬紹白豎眼殺之。豎眼恥恚發疾卒。

傅鼐　【清】滿洲鑲白旗人。姓富察氏。字閣峯。雍正間與準噶爾議和。畫阿爾泰山爲界。官至刑部尙書。坐事落職。

傅鼐　【清】浙江山陰人。字重庵。以軍功擢寧洱知縣。嘉慶初爲鳳凰廳同知。善治苗。大小百戰。無不克捷。累官湖南按察使。在苗疆十餘年。建碉堡千有餘所。屯田十二萬餘畝。所設施務爲經久計。苗人畏而德之。

傅壅　【宋】伯成子。字仲珍。慶元中登第。以宣教郎知崇安縣。善決獄。吏不敢欺。增築趙抃舊堤。創均惠倉。廣學田。立義塚。邑人爲立祠。歷漳州撫州。以都官郎召。未至卒。

傅濂　【清】臨海人。字歎生。諸生。嗜飲。工詩。善畫山水。與定海厲駿谷·鎭海姚梅伯。稱浙東三海。

傅澤洪　【清】字育菴。一字穉君。號怡園。隸漢軍某旗。累官江南淮揚道按察司副使。有行水金鑑。

傅澤鴻　【清】湘鄉人。字少卿。咸豐拔貢。以軍功官浙江知府。有史漢發明。

傅縡　【陳】靈州人。字宜事。七歲誦古詩賦至十萬餘言。長好學。能屬文。仕至秘書監右衞將軍。兼中書通事舍人。掌詔誥。爲文典麗。下筆輒成。未嘗起草。性木彊。負才使氣。怨者譖之。下獄賜死。有集。

傅融　【後魏】清河人。性豪爽。有三子靈慶·靈根·靈越。並有才力。融以此自負。嘗謂人曰。吾昨夜夢有一駿馬。人曰惟靈慶堪乘。又有弓一張。人曰惟靈根可以彎此弓。又有數紙文書。人曰惟靈越能解。意謂三子文武才幹。堪以駕馭當世也。一時豪勇之士。多相歸附。

傅餘頠　【晉】著複姓錄。

傅霖　【宋】青州人。少與張詠同學。霖隱居不仕。詠既顯。求霖三十年不可得。眞宗時詠知陳州。乃來謁。詠問爾昔何隱。今何出。霖曰。子將去。來別子爾。後一月詠卒。◎【金】玉田人。第進士。累官至崇義軍節度副使。行部臨潢。遇敵戰死。

傅應兆　【明】臨朐人。字文聰。嘉靖進士。授平涼訓導。以眞知主敬主靜之說皆空言無徵。獨主喻義以爲士行準繩。歸三十餘年卒。私諡淸毅先生。

傅應禎　【明】安福人。字公善。隆慶進士。知零陵縣。有平盜功。萬曆初授御史。疏陳三事。指斥張居正。坐謫戍。起擢大理丞。移疾歸卒。

傅檝　【明】浚子。字定濟。年二十登進士。弘治中授行人。浚繼妻某氏私其二奴。浚聞。將治之。遂暴卒。檝心疑未發。奴遽亡去。久之得一逃奴於德化巨家。袖鐵椎擊殺之。葬父畢。號慟曰。父讐尙在。何以爲人。乃裂衣冠。屏妻子。出宿郊墟間。蓬首垢面。凡三十九年。人目之爲狂。亦終不自明。繼母卒。乃歸。

傅濤　【清】杭州人。善畫人物仙判。花鳥亦工。

傅燮　【後漢】靈州人。字幼起。易字南容。舉孝廉。以護軍司馬討黃巾賊。既行。疏詆中官。及賊破。宦者趙忠譖之。故功多不封。後拜議郎。權貴多疾之。出爲漢陽太守。叛羌降附。金城賊圍漢陽。城中兵少食盡。燮固守不去。臨陣戰沒。諡壯節。

傅燮詷　【清】維鱗子。字去異。一字繩庵。官至汀州知府。有史異纂。明異叢·繩庵詩稿·琴臺遺響諸書。

傅燮雝　【清】燮詷弟。字獻來。一字笠亭。貢生。爲詩磊落纏綿。有古人風。著笠亭集。

傅禮　【清】字公緒。善畫禽鳥花木。布景染色。與鄭春。鄭堂如出一手。

傅翽　【漢】字君成。官諫議大夫。天性諒直。數陳讜論。武帝嘉之。

傅瀚　【明】新喻人。字曰川。天順進士。嗜學强記。善詩文。歷檢討。左諭德。弘治中至禮部尙書。嘗因災變條上軍民所不便者。請躬行節儉。

以先天下。又光祿寺進行戶物價至四萬餘兩。諭旨由供億之濫。願敦儉素。俾冗費不生。卒諡文穆。

傅·翽　梁琰子。有能名。後爲吳令。別建康令孫廉。廉因問曰。翽丈人發奸擿伏。惠化如神。何以至此。答曰。唯勤而清。清則憲綱自行。勤則事無不理。天監中歷山陰·建康令。所至有能名。官至驃騎諮議。

傅臘塔　清滿洲鑲黃旗人。姓伊爾根覺羅氏。康熙間授內閣中書。官至兩江總督。不畏權勢。愛惜軍民。稱爲于成龍以後一人。卒諡清端。

傅·獻　明松滋人。吳元年授江西行省官。陳友諒既平。擢中書省左丞。歷參知政事。與李善長定律令。務從循當。洪武初上郊廟議。時近京師火。四方水旱相仍。帝諭修省。獻以天心仁愛爲對。引罪自己。於是詔中書省及臺部集耆儒。講求弭災事宜。

傅·藻　明義烏人。字伯長。受業於黃溍。博通經史。善詞章。洪武中由本縣儒學召對稱旨。授翰林院編修。擢監察御史。輔東宮文字。出知武昌府。遷河南按察使。所至有聲。

傅·鐸　明內黃人。早擅才識。由太學生釋褐。歷官至戶部左侍郎。所至以勤能稱。

傅·巖　明義烏人。字野清。崇禎進士。官至監察御史。有事物考。

傅·靈根　後魏靈慶弟。靈慶既被誅。靈根與弟靈越奔河北。爲臨齊副將。母猶在南。靈越思母。與靈根南走。靈根差期不得渡。爲臨齊人所殺。

傅·靈越　後魏靈根弟。與靈根同奔河北。文成以爲青州刺史。後以思母南走。宋孝武見而禮之。拜兗州司馬。擢太原太守。意恒欲爲靈慶復仇。孝武子子勛反。靈越舉兵附之。子勛以爲前軍將軍。兵敗。爲明帝將王廣之軍人所擒。明帝欲屬宥之。靈越辭氣不撓。因殺之。

傅·靈慶　後魏融子。宋將蕭斌王玄謨寇碻磝。強引靈慶爲軍主。將攻城。攻車爲城內所燒。靈慶懼軍法。詐云傷重輿還。爲斌所殺。

傅·鑰　明廣寧人。字希準。正德進士。授給事中。嘗論邊事。會宣大將領失利。亡卒甚多。遣鑰覆視。得實以報。嘉靖間累陞山西按察使。用法平恕。能持大體。終河南巡撫。

傍、企本　唐本北地羌豪。爲薛舉將。來降。以叛誅。

傑書　清代善孫。封多羅郡王。賜號康。耿精忠反。率師平之。師還。命議政。後駐防歸化城。卒諡良。

傑殷　清滿洲正紅旗人。康熙間隨征王輔臣·吳之茂。轉戰陝西甘肅四川等省。均有功。官至護軍統領。

勝保　清滿洲鑲白旗人。姓蘇完瓜爾佳氏。字克齋。道光舉人。咸豐間洪楊事起。勝保以內閣學士兼禮部侍郎。幫辦軍務。擢欽差大臣。勦捻於河南山西山東等省。久無功。革職戍新疆。尋召回。勦捻於河南安徽。督辦陝西軍務。以淫貪被劾。賜自盡。

勝屠公　漢爲河東守。周陽由爲河東都尉。與之爭權相告言。勝屠公當抵罪。義不受刑。自殺。由棄市。

勞·大與　清浙江石門人。字宜齋。順治舉人。官永嘉教諭。有甌江逸志。聞鐘集·萬世太平錄。

勞·之辨　清浙江石門人。字書升。號介庵。康熙進士。官至左副都御史。有靜觀堂詩集。

勞·史　清餘姚人。字麟書。躬耕養父母。夜則披卷莊誦。嘗讀朱子大學中庸序。慨然以道自任。其論學始於不妄語不妄動。而極諸至誠無息。接後學。委曲盡誠。學者稱餘山先生。有餘山遺書。

勞·孝與　清南海人。字巨峯。一字阮齋。少受知於惠士奇。名日起。乾隆初試鴻博不遇。以拔貢歷龍泉·畢節知縣。龍泉人思之。建勞公書院。調鎮遠。卒官。有春秋詩話·阮齋詩文集。

勞·玭　明字汝明。爲戶科給事中。立朝侃侃。遇事敢言。嘗以直諫忤旨。被責不少挫。以疾卒於家。

勞·崇光　清善化人。字辛階。道光進士。咸豐間累擢廣西巡撫。在粵八年。洪楊軍犯桂林十餘次。並堅守得全。擢兩廣總督。值西人擾粵海。入居節署。崇光單騎入城。事遂大定。官至雲貴總督。卒諡文毅。有易圖詳說·常惺惺齋文稿·讀書日記·居官自省日記·奉使越南日記。

勞·堪　明鉞族子。字道亨。號廬岳。嘉靖進士。官至副都御史。博學能文。有憲章類編·詩海溯源·嗣海遺珠·柴桑子等書。

勞·鉞　明江西德化人。字廷器。景泰進士。歷知江浦臨清山陽三縣。俱有政聲。成化中遷湖州知府。卒官。

勞·樟　明崇德人。嘉靖中知羅田縣。多所興革。確然直行己志。去之日。百姓號泣載道。

勞·徵　清吳縣人。字在茲。工詩畫。嗜遊而好奇。足跡幾徧天下。晚年入洞庭西山終老。自稱林屋山人。(按畫史彙傳作勞澂。此從蘇州府志。)

勞·潼　清南海人。字潤之。號莪野。乾隆舉人。官國子監學正。家居奉母。絕意仕進。從學者常數百人。有四書擇粹·救荒備覽·讀史隨筆。

勞·諲　宋任城人。眞宗時爲京東轉運使。萊陽民私採銀砂。安撫使欲以劫盜論。諲謂山澤之利。人得有之。貸免甚衆。

勞·濟 【明】鉞子。字本仁。幼穎敏。長而苦學。通五經。尤長於詩。年四十二始舉鄉薦。教人以奢心不欺爲主。江州士夫多出其門。

勞薩 【清】滿洲鑲紅旗人。姓瓜爾佳氏。太祖太宗時屢從征戰。積功官至副都統。隨多爾袞與洪承疇力戰。沒於陣。贈三等子。諡忠毅。

勞·孎 【清】陽信人。字貞著。有中菴詩稿。倪城風雅。(按山左詩鈔作勞𡢃。此從四庫全書提要。)

勞·權 【清】仁和人。字平甫。與弟格俱以治經補諸生。後遂不與試。專攻羣史。時有二勞之目。格字季言。

博·子勞 【漢】善相馬。

博奇 【清】滿洲鑲紅旗人。姓達呼爾倭哷氏。咸豐間洪楊軍起。博奇隨征江南揚州。積功官至副都統。後在六合縣陣亡。諡果肅。

博明 【清】滿洲鑲藍旗人。姓博爾濟吉特氏。字希哲。一字晰齋。乾隆進士。累官雲南迤西道。降兵部員外郎。博學多識。於經史詩文書畫藝術。馬步射。繙譯國書源流。以及蒙古唐古忒諸字母。無不貫串嫺習。有鳳城瑣錄。西齋偶得。西齋詩輯遺。

博洛 【清】太祖孫。順治初隨多爾袞入山海關。破李自成。又從多鐸定江南。分兵略定杭州。明魯王據紹興。唐王據福建。領兵平之。浙閩悉定。累封和碩端重親王。

博勒果素 【清】滿洲鑲黃旗人。姓永圖哩氏。道咸間由甲兵從攻張格爾於新疆。以功累擢塔爾巴哈臺領隊大臣。勵伊犁回。遇害。諡節愍。

博啟圖 【清】滿洲鑲黃旗人。姓富察氏。嘉慶間由廕生襲一等誠嘉毅勇公。道光時官至領侍衛內大臣工部尚書。卒諡敬僖。

博斌 【清】滿洲鑲黃旗人。姓達呼哩氏。乾隆中從征金川。積功累擢頭等侍衛。臺灣林爽文之亂。從福康安平之。官至鑲白旗蒙古副都統。

博爾朮 【元】阿兒剌氏。善戰知兵。事太祖於潛邸。共履艱危。征伐四出。無往不從。時諸部未寧。博爾朮每警夜。帝寢必安枕。語及政要。或至達旦。太祖即帝位。與木華黎爲左右萬戶。位在諸將上。卒諡武忠。

博爾忽 【元】許兀愼氏。幼爲太后養子。既壯。有智勇。與木華黎。博爾朮。赤老溫齊名。太祖即位。授第一千戶。禿馬惕部復叛。以衆強道險。諸將皆憚往。太祖乃命博爾忽討之。中伏死。追封淇陽王。

博爾晉 【清】世居完顏。以地爲氏。隸滿洲鑲紅旗。太祖時攻明瀋陽、遼陽克之。又攻札魯特。斬其貝勒昂安。天聰時官至鑲紅旗滿洲都統。授一等男。卒諡忠直。

博爾都 【清】滿洲人。字問亭。號東皋漁父。襲封輔國將軍。工詩及畫。有問亭詩稿。白燕樓詩集。

博爾輝 【清】滿洲正白旗人。姓他塔喇氏。以護軍校從太宗征討。累擢護軍參領。順治間從入關。擊李自成。征湖廣有功。官至護軍統領。後坐事被誅。

博羅尼都 【清】一名大和卓木。世爲回部酋長。乾隆間與弟小和卓木同爲準部噶爾丹策零所執。幽諸伊犂。迨準部內亂。清軍定伊犂。得釋。使歸葉爾羌。統其舊部。小和卓木自伊犂遁歸。舉兵叛。清使雅爾哈善攻庫車。兆惠。富德復進奪喀什噶爾及葉爾羌。兩和卓木踰葱嶺。遁至巴達克山。爲土酋所殺。函首獻清。新疆回部遂亡。

博羅歡 【元】畏答兒曾孫。從世祖討阿里不哥。數有功。至元中拜御史大夫。督兵平乃顏。哈丹。累官上柱國。江浙等處行中書省平章政事。博羅歡有智略。能得將士死力。平居常以國事爲憂。忠義出於天性。卒諡武穆。

博囉特穆爾 【元】達實巴圖爾子。從父討賊。屢立功。累官太尉中書平章。順帝知其跋扈。詔罷兵權。四川安置。博囉特穆爾殺使者拒命。遣部將會圖沁特穆爾提兵犯闕。後伏誅。

博霽 【清】滿洲鑲白旗人。姓巴雅拉氏。康熙間由護衛授鑾儀使。累擢西安將軍。征噶爾丹。大敗之於昭莫多。官至川陝總督。

博靈阿 【清】蒙古正白旗人。姓鄂伯特氏。乾隆中以蒙古副都統隨征金川。屢有戰功。後攻當噶爾拉。力撲賊碉。受傷卒。

卿·仲遼 【後漢】清河人。以訴言爲有司執奏。所連及且千人。黃香時爲尚書令。科別據奏。全活甚衆。

卿·祖培 【清】瀋陽人。字錫祚。號滋圃。嘉慶進士。官至太常寺少卿。性純孝。讀書力追古人。官御史時。論劾無所避。所陳奏皆關國家大計。

卿秦 【戰國】燕王喜伐趙。使卿秦攻代。爲廉頗所破。(按國策作慶秦。慶是姓。卿其官耳。見史記注。)

喀山 【清】滿洲鑲藍旗人。姓納喇氏。太祖時授佐領。取瀋陽。遼陽。擊毛文龍部衆。屢有功。太宗時從征察哈爾。率精銳先驅。林丹汗竄遁。封二等子。卒諡敏壯。

喀克都哩 【清】滿洲正白旗人。世居那木都魯。以地爲氏。太宗時從攻遵化。永平。及朝鮮。察哈爾。勇敢善戰。官至正白旗都統。封二等子。

喀勒崇阿 【清】滿洲人。姓哈齊里氏。乾隆間從攻臺灣林爽文。大敗之。官至荊州左翼副都統。

喀喀木 【清】滿洲鑲黃旗人。姓薩

哈爾察氏。崇德間累擢吏部參政。順治初從入關。破李自成。定湖廣。授鎮守江寧總管。鄭成功陷鎮江。犯江寧。固守拒戰。成功敗遁。康熙間改總管爲將軍。仍以喀喀木任之。旋卒。

喀爾吉善 【清】喀齊蘭孫。乾隆初歷官至閩浙總督。以練習吏治。鎮靜和平。累獲優遇。卒諡莊恪。

喀爾塔喇 【清】滿洲鑲白旗人。姓章佳氏。順治間入關。敗李自成。下河南。定山西。平金聲桓。累擢護軍統領。孫可望．李定國掠湖南。喀爾塔喇領軍力戰。沒於陣。諡忠壯。

喀爾奇 【清】滿洲鑲白旗人。姓納喇氏。順治間以護軍校隨安達哩駐荊州。鄭成功攻江寧。喀爾奇敗其將楊文英於揚子江口。康熙間從擊吳三桂．耿精忠。敍功予雲騎尉世職。尋卒。

喀齊蘭 【清】滿洲正黃旗人。姓伊爾根覺羅氏。順治間以參領隨攻明晉王遺衆於舟山。康熙間隨討吳三桂。並有功。累官本旗滿洲副都統。

喀蘭圖 【清】滿洲正黃旗人。姓博爾濟吉特氏。崇德間授一等侍衞。康熙間擢理藩院尚書。往科爾沁等處與外藩盟會。還授內大臣。卒諡敏壯。

善住 【元】僧。字無住。別號雲屋。嘗居吳郡報恩寺。工詩。與仇遠．白挺．虞集．宋无諸人相酬唱。所著谷響集。在元代詩僧中。首屈一指。

善卷 【有虞氏】武陵人。居枉渚。唐堯聞其得道。北面師之。堯崩。舜以天下讓卷。不受去。入深山。莫知其處。(按呂氏春秋作善綣。此從莊子。)

善啓 【明】僧。長洲楊氏子。字東白。別號曉庵。通釋典及諸史百家。永樂間應召纂修永樂大典。併校大藏經。賜金縷僧伽黎。一時名人若沈民望．王汝玉．錢原溥輩。皆與爲方外交。

善無畏 【唐】高僧。中印度人。梵名戍婆揭羅僧訶。其先因國難分王烏荼。父曰佛手王。善無畏嗣位。後讓位於兄。遂出家。師事達摩掬多。授總持瑜伽三密教。後負經來華。玄宗尊爲教主。詔譯虛空藏求聞持法．大毗盧遮那經．蘇婆呼童子經．蘇悉地揭羅經。開元間卒。年九十九。贈鴻臚卿。

善慶 【清】滿洲正黃旗人。姓章佳氏。咸豐初從勦粵捻。轉戰安徽河南山東直隸湖北江南等省。所向克捷。珍鏟捻首任柱。功尤偉。官至福州將軍。卒諡勤敏。

善繼 【元】高僧。諸暨婁氏子。號絕宗。大德間出家。習天台教。居天台萬福寺。還能仁。會元季亂。東還華涇。專修淨業。一日端坐而逝。

善權 【宋】僧。靖安高氏子。字巽中。體貌清癯。人目爲瘦權。落魄嗜酒。能詩。有眞隱集。

喜布禪 【清】滿洲鑲藍旗人。姓瓜爾佳氏。乾隆間隨征緬甸及黔楚苗。屢著戰績。嘉慶間勦川楚教匪。以功官至浙江乍浦副都統。尋坐事奪職。

喜同 【元】河西人。周姓。爲後宮衞士。順帝時調南陽達魯花赤。妖賊起。城陷被殺。一家死者二十餘人。

喜明 【清】滿洲正藍旗人。姓佟佳氏。乾隆間以三等侍衞從攻臺灣。力戰有功。嘉慶間從勦教匪。積功累擢烏里雅蘇臺將軍。卒諡勤毅。

喜寧 【明】本降番。正統中爲太監。怙寵縱恣。土木之役。從帝陷於敵。輒爲也先畫策。邀求賞賜。導以入邊寇掠。後伏誅。

喻仁 【明】六安州馬醫。嘗與喻傑同撰療馬集。

喻仲衡 【明】字平甫。少穎悟。博通羣籍。師事陶安得。聞程朱性理之學。行業日進。洪武中有司以賢良薦。授台州知府。救荒有功。尤盡心於學校事。

喻合 【晉】南昌人。字匡孫。好學不慕榮寵。隱居廬山北阜。布衣蔬食。三十餘年。武帝徵之不起。

喻江 【明】字潮之。嘉靖間由鄉人知餘杭。調奉化。不攜妻孥。惟圖書數篋自隨。奸猾屏跡。民皆樂業。秩滿。以力不能赴京。棄其牒而歸。

喻汝礪 【宋】仁壽人。字迪儒。官祠部員外郎。張邦昌僭立。趣百僚入賀。汝礪捫其膝曰。不能爲賊臣屈。遂掛冠去。號捫膝先生。有捫膝稿。

喻均 【明】新建人。隆慶進士。官至按察使副使。嘗與劉元瀚同撰江右名賢編。

喻希連 【明】玉山人。字晉望。號素蘗。萬曆時嘗游京師。畫山水法沈周。嘉尚莊老。兼通內典。

喻希禮 【明】麻城人。官御史。世宗祈嗣禮成。希禮疏請寬赦議禮議獄得罪諸臣。坐謫戍邊衞。後赦還卒。

喻成龍 【清】漢軍正黃旗人。字武功。康熙間累官湖廣總督。詩學少陵。有塞上集。

喻良能 【宋】義烏人。字叔奇。紹興進士。補廣德尉。歷遷工部郎中．太常寺丞。出知處州。尋以朝請大夫致仕。嘗進忠義傳二十卷。孝宗深加歎賞。即命頒行。又有諸經講議．香山集．家帶編。

喻宗崙 【清】江西新城人。字東白。號桐鄉。優貢生。候選知縣。性慧。七歲能詩。十三能學窠書。尤精小楷。兼善八分。

喻昌 【清】新建人。字嘉言。明崇禎中以選貢入都。卒無所就。往來靖安間。後又寓常熟。讀書精醫術。治療多奇中。年八十。預知死期。坐論而化。有尚論篇．醫門法律等書。

喻南強 〔宋〕義烏人。字百強。少負奇氣。從陳亮游。亮以非罪下大理。門人噤不敢言。南強走東甌見葉適。述亮冤狀。適爲書數通。使南強持見諸臺官。誦言無忌。卒直亮之冤。累鄉試不第。用右科調富陽尉卒。

喻時 〔明〕光州人。字中甫。嘉靖進士。知吳江縣。以治行擢御史。嚴嵩入閣。時疏劾之。帝不省。官至南兵部侍郎卒。

喻陟 〔唐〕睦州人。字明仲。妙於長笛。持節數郡。每出按行。至山水佳處。馬上臨風。輒作數弄。

喻侶 〔宋〕良能從子。字佀經。嘗受經於陳亮。舉慶元進士。授宣城尉。嘗護糧餉軍。奮不顧難。官至朝奉郎。請祠歸。有隨見類錄。蘆隱類稿。

喻國人 〔清〕郴州人。字春山。崇禎舉人。鼎革後。絕意仕進。博覽載籍。嘗書三十五種。入四庫者有周易辨正。河洛定議贊。全易十有八變成卦定議。周易對卦數變合參。河洛眞傳。周易生生眞傳六書。餘多佚不傳。

喻猛 〔漢〕字驕孫。和帝時爲蒼梧太守。以清白爲治。郡人頌之。

喻傑 〔漢〕六安州馬醫。見喻仁條。

喻智 〔明〕當塗人。字晴江。正德進士。歷湖廣按察使。斷楚藩英燿獄。秩陞光祿卿。以副都御史巡撫南贛。秩滿歸。嚴嵩使者過縣。橫甚。智執而撻之。且諭之曰。歸語而主。撻爾者喻都堂也。

喻皓 〔宋〕都料匠。造開寶寺塔。望之不正。而勢傾西北。人問之。皓曰。京師地平無山而多西北風。吹之不百年當正也。有木經三卷。

喻德昭 〔明〕臨川人。洪武初父徙鳳陽。時德昭六歲。年十四。詣鳳陽求父母。間關十年。得見父於漢中屯所。而母已沒。乃扶父歸。比卒。廬於墓所。哀慟常如初喪。竟卒於墓旁。

喻樗 〔宋〕其先南昌人。後徙嚴。字子才。號湍石。受業楊時。登建炎進士。爲人質直好議論。趙鼎與語奇之。薦授秘書省正字。以不主和議出知舒州懷寧縣。通判衡州致仕。秦檜死。起爲大宗正丞。轉工部員外郎。知蘄州。孝宗卽位。用爲提舉浙東常平。以治績聞。樗善識鑒。嘗言沈晦張九成進士當第一。後果然。有中庸大學論語解。玉泉語錄。

喻歸 〔清〕嘗爲曲阜令。本姓諭。後改姓喻。嘗撰西河記。

喬一琦 〔明〕上海人。字伯圭。萬曆武舉。以游擊監朝鮮兵。出寬甸道。與劉綎並禦清兵於阿布達哩岡。軍敗。投滴水崖死。

喬三教 〔宋〕寶祐間畫院待詔。以畫名於時。

喬大凱 〔清〕濟寧人。字顛菴。乾隆舉人。有周易觀瀾。顛菴心言。

喬大臨 〔宋〕政和間爲海鹽令。時平江朱勔以花石得幸。其蒼頭至海鹽甚橫。大臨逮杖十餘人。坐罷。

喬中和 〔明〕內丘人。字還一。崇禎拔貢。官至太原府通判。有說易。說疇。圖書衍。元韻譜。大易通變。

喬允升 〔明〕洛陽人。字吉甫。萬曆進士。除太谷知縣。以治行徵授御史。累遷京兆尹。值三黨用事。移疾歸。天啓初起歷刑部左右侍郎。進尙書。魏忠賢逐吏部尙書趙南星。以允升爲南星黨。落職閒住。崇禎初召拜故官。時訟獄益繁。帝一切用重典。允升執法不撓。多所平反。後以註誤戍邊。未幾卒。天下惜之。

喬世臣 〔清〕濟寧人。字丹葵。號蓼圃。康熙進士。累擢江蘇按察使。所至有惠政。發奸摘伏。民以爲神。官至工部右侍郎。

喬世寧 〔明〕耀州人。字敬叔。嘉靖進士。歷官山西按察使。以母憂去。感時事乃復出。嘗督學楚中。勁直明敏。爲文宗秦漢。下筆數千言。爲世所重。

喬可聘 〔明〕寶應人。字君徵。一字聖任。天啓進士。師事劉宗周。黃道周。而善倪元璐。馬世奇。陳龍正。相與切磋問學。由中書舍人改授御史。巡按浙江。風裁甚著。後掌河南道事。持論侃侃。爲羣小所憚。有讀書劄記。醉陶集。

喬仲常 〔宋〕河中人。工雜畫。師李公麟。

喬份 〔明〕襄定人。正德間爲百夫長。賊聚東山。有司命份率衆討之。直抵賊所。援絕被害。

喬光烈 〔清〕上海人。字敬亭。乾隆進士。知寶雞縣。引汧水溉田。人稱惠民渠。勸種桑。教蠶事。人稱喬公桑。累官湖南巡撫。所至整飭吏治。拊循民隱。以事落職。尋起甘肅布政使。服官三十年。潔己奉公。既任封疆。妻張氏猶以紡績率下。有最樂堂集。

喬匡舜 〔南唐〕高郵人。字亞元。弱冠能屬文。以典贍稱。李昇輔吳。用爲秘書省正字。及開國。宋齊丘辟置幕中。後表爲節度掌書記。後主嗣位。歷殿中監。修國史。使知貢舉。時稱得人。遷刑部侍郎。致仕歸。卒諡貞。

喬同 〔宋〕學道有得。年逾八十猶壯健。蘇軾贈以詩。

喬吉 〔元〕太原人。字夢符。號笙鶴翁。美容儀。能詞章。居江湖間四十年。爲時所重。至正中卒。有惺惺道人樂府及雜劇金錢記等行世。

喬妃 〔宋〕初與高宗母韋氏俱侍鄭皇后。結爲姊妹。已而妃得幸徽宗。遂引韋氏。二帝北遷。妃與韋俱。及韋氏選。妃舉酒酹韋氏曰。姊善重保護。歸卽爲皇太后。妹無還期。終死朔漠矣。遂大慟而別。

喬宇 【明】樂平人。字希大。成化進士。武宗時官南京兵部尚書。宸濠反。宇嚴爲警備。宸濠遂不敢東。江彬矯旨宣索。每裁抑之。彬爲稍戢。論功加少保。世宗初爲吏部尚書。銓政一淸。爭召用席書・張璁・桂萼等忤旨。奪官。卒諡莊簡。

喬行簡 【宋】東陽人。字壽朋。學於呂祖謙。登紹興進士。歷淮西轉運判官。太宗時累疏論時政。拜參知政事。兼知樞密院事。時議收復三京。行簡上疏陳利害不從。尋拜右丞相。嘉熙間拜平章軍國重事。加少師。封魯國公。卒諡文惠。行簡歷練老成。居官知無不言。好薦士。多至顯達。

喬岳 【明】長興人。字伯宗。洪武中由歲貢選入史館。永樂初授監察御史。巡按雲南。撫夷民。興學校。政績頗著。居官淸謹。母憂歸不復仕。

喬林 【清】如皋人。字翰園。號墨莊。畫山水不拘家法。工吟詠。善篆隸。手製竹根章。尤精雅絕俗。

喬松年 【清】徐溝人。字健侯。號鶴儕。道光進士。歷官安徽陝西巡撫。平粵平捻。皆有功。官至東河總督。議築隄束水。順黃北趨入海。爲一勞永逸計。惜不果行。卒諡勤恪。有蘿亭札記・緯蕭及詩文集。

喬知之 【唐】馮翊人。有俊才。武后時累除右補闕。遷左司郎中。有侍婢曰窈娘。美麗善歌舞。爲武承嗣所奪。知之怨惜。因作綠珠篇以寄情。密送與婢。婢感憤自殺。承嗣大怒。因諷酷吏羅織誅之。

喬昱 【清】林子。字丹輝。號鏡潭。善畫水墨蘭竹。篆刻承家學。

喬若雯 【明】臨城人。萬曆進士。授中書舍人。崇禎初出知兗州府。剔除積弊。豪猾斂手。以疾歸。及臨城失守。若雯端坐按劍以待。遂遇害。

喬恕 【明】寧陵人。弘治進士。知平陸縣。調婺源。授御史。疏劾劉瑾。謫邳州判官。瑾敗。起補湖廣參議。歷太僕卿卒。

喬基 【明】江都人。中武科。性孝友。精騎射。膂力絕人。累官京營參將。以病歸。嘉靖間倭寇通州。基屢著戰功。授蘇松參將。以抗直中流言罷歸。及倭再寇通州。復起基禦之。大敗賊於狼山下。尋卒。

喬執中 【宋】高郵人。字希聖。擢進士。調須城主簿。王安石爲政。引執中編修熙寧條例。遷提舉湖南常平。章惇討五溪。執中走諭大田離子二峒酋。卽相率歸命。紹聖初以寶文閣待制知鄆州。執中寬厚有仁心。屢典刑獄。署活甚衆。

喬崇烈 【清】萊子。字無功。號學齋。康熙進士。改庶吉士。有學齋集。

喬通 【明】臨淸人。字世亨。領弘治鄉貢。任河南登封教諭。教育有方。士因成材。累遷國子助教・監察御史。

喬備 【唐】知之弟。武后時預修三教珠英。終襄陽令。

喬智明 【前趙】鮮卑前部人。字元達。少喪二親。哀毀過禮。長以德行著稱。晉成都王穎辟爲輔國將軍。歷隆慮・共二縣令。二縣愛之。號爲神君。惠帝伐鄴。穎以智明爲折衝將軍。永嘉之亂。仕於劉曜。從攻長安。城陷。不爲設備。爲晉將所襲殺。

喬景華 【明】山西山陰人。嘉靖中扶母避亂。父稍後見執。景華復奔救。翼之。右臂受刃。更易左臂。父子仆地。賊感其孝而去。

喬琳 【唐】太原人。少孤苦志學。擢進士第。性誕蕩無禮檢。郭子儀表爲朔方府掌書記。累拜同中書門下平章事。琳年高且聵。每進對失次。閱八旬。以工部尚書罷。從幸梁州。次盩厔。詭言馬殆不進。祝髮舍仙遊佛廬。朱泚遣數十騎取之。署吏部尚書。及收京師。伏誅。

喬竦 【宋】高郵人。字立之。教諭州里。倡明孔孟之教。從游者多以文行知名。

喬萊 【清】寶應人。字子靜。號石林。康熙進士。官內閣中書。舉鴻博。授編修。累遷侍讀。河督靳輔河工一疏。廷臣多是其言。萊持議河臣之言有四不可行。帝是之。乃寢。旋中蜚語罷歸。治廢圃曰縱棹園。讀易其中。有易俟。及應制・直廬・使粵・歸田諸集。

喬順 【隱逸】【宋】隱湘州樓霞谷。服飛龍藥。二十年不飢。文帝有詩詠之。

喬瑞 【明】霍州人。嘉靖進士。仕西安府推官。折獄多平反。歲饑。賑救全活甚衆。累陞大名兵備兼河道。練飭武備。通利漕渠。百姓畏若神明。

喬達 【元】燕人。字達之。官至翰林直學士。善畫山水墨竹。

喬夢符 【宋】東陽人。字世用。從呂祖謙學。登淳熙進士。知歙縣。累官大理正。鞫獄嚴明。不畏權勢。除監察御史。姦佞爲之斂跡。

喬維岳 【宋】南頓人。字伯周。周顯德初登第。治三傳。明習吏事。有治劇才。太平興國中爲泉州通判。會盜起攻城。維岳抗議堅守。民賴以全。累遷太常少卿。京府事繁。維岳評處詳敏。眞宗立。拜給事中。知審官院。以年衰乞外遷。歷壽州刺史卒。

喬誠 【明】朝邑人。由太學生累官山西布政使。立心忠信。處事寬大。人稱長者。

喬遠瑛 【清】孝感人。字肇珊。嘉慶進士。官至太僕寺少卿。前後陳奏甚多。爲文有氣魄而曲盡情理。詩亦清麗。著作多散佚。存者僅詩賦今古文數卷。

喬縉 〔明〕洛陽人。字廷儀。成化進士。由兵部主事擢四川參議。少穎敏。師事河東薛瑄。有性理解惑等書。

喬遷高 〔明〕定襄人。任肇昌知府。監孫傳庭軍。署潼關道。河南失利。傳庭退守潼關。遷高分捍南城。城陷。挺身巷戰。力殺數賊而死。

喬龜年 〔唐〕大曆時人。善小篆。養母孝。爲人作大字。獲錢以供甘旨。

喬懋敬 〔明〕上海人。字允德。嘉靖進士。官至湖廣右布政使。有古今廉鑑。

喬應甲 〔明〕猗氏人。萬曆進士。由襄陽推官入爲御史。力排東林。爲尚書孫丕揚所惡。出爲寧夏副使。辭病不赴。天啓中魏忠賢逐楊漣。起應甲代爲左副都御史。道中上十三疏。力攻東林。以李三才爲黨魁。巡撫陝西。得巨盜悉以賄免。盜益無所忌。遷南京右都御史。被劾落職。

喬鍾馗 〔宋〕寶祐中待詔。以所畫得名。

喬彝 〔元〕晉寧人。字仲常。性高介。爲詩文有法。至正中賊陷晉寧。城中死者十二三。彝整衣冠。令妻子晝循次投井中而己隨赴之。賜謚純潔。

喬璽 〔明〕山後人。正德中薊盜劉六等率衆攻東明。璽以召募從游擊將軍許泰擊賊。璽爲先鋒。力戰死。

喬穩 〔明〕章丘人。幼警敏。狀貌奇偉。通曉法律。洪武中以人才薦。授北平府理問。成祖兵過歷下。獻策稱旨。陞北平按察使。屢遷至行在刑部左侍郎。穩以寒素感激知遇。犯顏直諫。被譴責幾死。尋乞歸。

喬騰鳳 〔清〕孟縣人。字遙集。明崇禎舉人。入清後杜門著述。謝絕人事。於學無所不窺。有嶼山詩文集。

單公選 〔宋〕贛榆人。祥興中拜參知政事。時帝在厓山。元兵至。隨帝赴海死。

單氏 〔前趙〕單徵女。劉淵立爲皇后。淵死。聰即位。尊單氏爲皇太后。氏年少。姿色絕麗。聰遂烝之。子北海王乂屢以爲言。氏慚恚而死。

單父 〔宋〕字仲孺。種牡丹。能變易千種。人呼爲花師。

單右車 〔漢〕高祖微時有急。嘗給高祖馬。後以郎擊英布。封中牟侯。卒謚共。

單本 〔明〕會稽人。字槎仙。工樂府。有蕉帕記傳奇行世。

單仲友 〔明〕鄞人。名佑。以字行。刻意學問。自經史百氏以至周程張朱之書。靡不深究。家貧。不治產業。洪武中舉明經。入見太祖。敷陳治道。均切時宜。尋以心疾放還田里。復召授國子助教。改雲南大理府教授卒。

單仲昇 〔元〕增城人。養母至孝。母卒。蔬食水飲。不事家業。廬墓三年。

單宇 〔明〕臨川人。字時泰。號菊坡。正統進士。好學有文名。歷知嵊縣諸暨侯官諸縣。以慈惠聞。英宗北狩。宇上書請罷監軍內官。又請毀王振所建大興隆寺。有菊坡叢話。

單安仁 〔明〕濠人。字德夫。少爲府吏。元末江淮兵亂。安仁集義兵保鄉里。授樞密判官。從鎭南王守揚州。時羣雄四起。安仁以兵歸太祖。太祖命將其軍守鎭江。嚴飭軍伍。敵不敢犯。洪武初擢工部尚書。仍領將作事。安仁精敏多智。諸所營造。大小中程。改兵部尚書。請老歸卒。

單究 〔漢〕以舍人從高祖爲郎。入漢。定三秦。封昌武侯。卒謚靖信。

單俊良 〔明〕蕭山人。明初創圖籍駁數。俊良上其式。有詔命天下法之。又以踏車灌田之勢。創造牛車。以機輪轉之。今鄉之牛車。俊良制也。

單恂 〔明〕松江華亭人。崇禎進士。知麻城縣。工詞。有竹香庵詞。

單思恭 〔明〕揚州人。字惠仍。有甜雪齋集。

單時 〔宋〕字行可。乾道中爲殿中侍御史。上書諫擊毬。孝宗喜爲輔臣曰。擊毬。朕放下多時。酒當自戒。除右諫議大夫。

單國祚 〔明〕會稽人。崇禎間官通海典史。賊至城陷。握印坐堂上。罵賊被殺。印猶在握。縣人葬之諸葛山下。

單烺 〔清〕高密人。字曜靈。乾隆進士。初知龍門縣。勸民墾種。改其專事畜牧之俗。民便之。累官銅仁府。有政聲。烺有至性。能任事。好學工詩。有大崑崙山人集。

單超 〔後漢〕河南人。桓帝初爲中常侍。帝畏梁冀逼。與超等密謀。齧超臂爲盟。詔收冀及宗親黨與悉誅之。封超新豐侯。常侍預謀獲封者凡五。世謂之五侯。自是權歸宦官。朝政日亂。後拜車騎將軍卒。

單隆周 〔清〕蕭山人。字昌其。有希姓補。

單雄信 〔唐〕濟陰人。李密將。能馬上用槍。軍中號飛將。後降王世充。爲大將。東都平。斬洛渚上。

單煒 〔宋〕沅陵人。字炳文。號定齋居士。善畫竹。博學能文。又善考訂。書法得二王法度。

單煦 〔宋〕平原人。字孟陽。舉進士。知洛陽縣。歷知昌濮合州。皆有政績。累官光祿卿。煦友愛。兄熙嘗毆人至死。煦曰。家貧親老。仰兄以事。義當代死。卽詣闕待捕。已而死者蘇。驚問之。煦以情告。其人感歎。

逸輟訟。

單稙 【明】六安人。博學能文。中弘治鄉試。性至孝。父卒。廬墓三年。晝夜號泣。隣婦至爲廢食。貧甚。飦粥不繼。隣人輟食以餽之。拒不受。有司欲上聞。力辭曰。此分內事也。何異可聞。

單道開 【晉】敦煌人。常衣粗褐。呑細石子。晝夜不臥。一日行七百餘里。升平中至京師。後入羅浮山。百餘歲而卒。

單鉊 【清】高密人。字廉夫。號菱浦。有邁廬遺草。

單錫 【宋】宜興人。字君賜。明陰陽圖緯星曆之學。與蘇軾同舉進士。軾愛其賢。以女兄子妻之。

單懋謙 【清】襄陽人。道光進士。累擢詹事府右春坊右庶子。咸豐間洪秀全攻湖北。懋謙在籍督辦團練。後官至文淵閣大學士。卒謚文恪。

單濟之 【明】江陰人。字君濟。崇禎中里寇竊發。父兄皆遇害。濟之尙幼。挺身復仇。卒擒賊磔之。

單鍔 【宋】宜興人。字季隱。嘉祐進士。博學志經濟。不就官。獨留心於吳中水利。嘗獨乘小舟往來蘇州常州湖州間。經三十餘年。凡一溝一瀆。無不周覽其源流。考究其形勢。因著吳中水利書。蘇軾嘗爲狀進於朝。

單颺 【後漢】湖陸人。字武宣。以孤特淸苦自立。明天官算術。舉孝廉。歷官尙書卒。

單疇書 【清】高密人。康熙進士。以知縣行取御史。累官戶部右侍郎。操守廉潔。往寧夏管理察罕托輝渠工。卒於工所。

堯允恭 【宋】海陵人。字克遜。景定、咸淳間兩領鄉薦。宋亡。專意經傳。邃於易。深得性命之理。安貧樂善。自號觀物老人。有詩文集。

堯世美 【明】邵武人。號白東。爲人孤介端方。事母盡孝。嘉靖中舉於鄉。有司慕其爲人。饋以金。弗受。蕭然四壁。惟圖書數卷而已。及卒。

堯君素 【隋】湯陰人。煬帝爲晉王時。君素以左右從。及嗣位。累遷鷹擊郞將。大業末署河東通守。唐遣呂紹宗、韋義節等攻之。圍甚急。又賜君素金券。待以不死。君素卒無降心。其妻至城下招之。君素引弓射。應弦而倒。泣厲將士。誓以死守。歲餘。城中乏食。爲其左右所害。

堯傑 【北齊】雄從父兄。字壽性。輕率嗜酒。頗有武用。從神武破紇豆陵步藩有功。除鎭東將軍。封樂城縣伯。出爲滄州刺史。屬義兵起。歸神武。從平鄴。後爲都督。討平元樹於譙城。元象中拜車騎大將軍、儀同三司。累進爲公。出爲安州刺史卒。

堯雄 【北齊】暄孫。字休武。隨爾朱兆。後歸神武。爲瀛州刺史。封平城縣公。義然後取。接下以恩。吏人懷之。以戰功歷除豫州刺史。加驃騎大將軍、儀同三司。雄性寬厚。爲政舉大綱。在邊十年。屢有功績。愛人利物。多所施與。卒謚武恭。

堯須 【晉】撰擊壤錄。

堯暄 【後魏】長子人。字辟邪。本名鍾葵。後賜名暄。爲千人軍將。太武以其恭謹。擢爲中散。後累北部尙書。暄前後從征及出使檢察三十許度。皆有克己奉公之稱。賜爵平陽伯。轉大司農卿卒。

堯奮 【北齊】雄弟。字彥舉。解褐宣威將軍給事中。爵安夷縣子。從神武平鄴。破爾朱兆等。進爵爲伯。出爲南汾州刺史。西魏行臺薛崇禮舉衆攻奮。奮大破之。崇禮兄弟乞降。轉驃騎將軍左光祿大夫卒。

堵允錫 【明】無錫人。字仲緘。崇禎進士。以戶部郎中知長沙府。督鄉兵破滅山賊。以知兵名。唐王立。授湖北巡撫。駐常德。撫降賊李錦之衆三十萬。軍聲大振。永明王時與馬進忠、曹志建有隙。輾轉不得志而卒。

堵霞 【清】無錫人。進士伊令女。諸生吳音室。字綺齋。號蓉湖女史。博通經史。能詩畫。工小楷。

堵簡 【元】金壇人。字無傲。工詩畫。元末爲江浙行省檢校官。平章慶童領兵復松江。簡爲參謀。兵敗。爲賊所擒。不屈死。

壺公 【後漢】賣藥於汝南市。常懸一壺於屋上。市罷。輒跳入壺中。費長房爲市掾。事之得仙道。有召軍符召鬼神治病玉府符傳世。總名壺公符。

壺丘子林 【戰國】【鄭】列禦寇師事之。

壺充國 【漢】武帝時官大鴻臚卿。副司馬相如使邛莋西南夷。

壺叔 【春秋】【晉】從文公出亡。公賞從亡者。三賞不及叔。叔請其故。公曰。導我以仁義。防我以德惠。此受上賞。輔我以行。卒以成立。此受次賞。矢石汗馬之勞。此復受次賞。若以力事我而無補吾缺者。此又受次賞。三賞之後。故且及子。晉人聞之皆說。

壺衍鞮單于 【漢】匈奴狐鹿姑單于子。始元間嗣立。年少。國內乖離。其臣衞律主和親。歸蘇武、馬宏等。及衞律卒。漸致貧弱。宣帝時侵烏孫。烏孫求救於漢。趙充國等與烏孫合擊。大敗之。後自將擊烏孫。歸道爲丁零、烏桓、烏孫三國所襲。復多喪失。國勢益弱。在位十七年死。

壺遂 【漢】梁人。與太史令司馬遷等定漢律曆。官至詹事。其人深中篤行。武帝欲以爲相。會病卒。

奢崇明 【明】其先本猓玀種。世居永寧。爲宣撫司。傳至崇明。與其子寅均好亂。熹宗時募川兵援遼。崇明等遂反。進圍成都。國號大梁。貴州水西安邦彥起兵應之。自稱羅甸大王。朱燮元討平之。

奢龍 [上古]黃帝臣。爲士師。

蹇・衡 [明]眉州人。性至孝。母沒。水漿不入口者三日。葬祭悉遵家禮。後擢都水主事。丁繼母憂及父憂。哀毀廬墓。朝夕哭踊。

富・大用 [元]字時可。嘗踵宋祝穆事文類聚前後續別四集。爲新集外集。可備參考。

富・元衡 [宋]嚴曾孫。字公權。擢進士。調隨縣主簿。張浚以才薦。充宮教。紹興中官至工部郎中致仕。元衡守節清愼。終始不渝。名所居曰知止堂。倣蘇軾書能逼眞。尤善柳葉篆。

富・好禮 [明]洪武初爲順慶府同知。設立大小街衢。覈戶口。清田糧。人頌其德。

富・辰 [周]大夫。襄王將伐鄭。辰諫曰。兄弟讒鬩。侮人百里。我周之東遷。晉鄭是依。今以小忿棄之。無乃不可乎。不聽。遂以翟師伐鄭。王德翟人。將以其女爲后。辰曰。翟豺狼也。必不可從。又不聽。後紬翟后。翟人來伐。王出奔鄭。辰曰。吾數諫王不從。如是不出。王以我爲懟乎。以其屬死之。

富明安 [清]滿洲鑲紅旗人。姓富察氏。雍正間由筆帖式遷戶部主事。乾隆間累擢山東巡撫。留心水利。挑濬河渠甚多。民賴其利。官至湖廣總督。卒諡恭恪。

富・玫 [五代]工畫佛道像。

富・直柔 [宋]弼孫。字季申。少敏悟有才名。靖康初賜同進士出身。除秘書省正字。高宗朝累遷端明殿學士。同知樞密院事。呂頤浩與秦檜忌之。遂罷。起知衢州。復以失入死罪落職。遂徜徉山澤。放意吟詠以終。

富俊 [清]蒙古正黃旗人。姓卓特氏。繙譯進士。嘉慶・道光間四任吉林將軍。於雙城堡・伯都訥開墾屯田。成效甚著。官至東閣大學士。卒諡文誠。

富・恕 [元]吳江人。字子微。自號林屋山人。幼習儒業。元季世亂。棄家爲昭靈觀道士。好學工詩。別築室於霅灘。題曰拄笈亭。又繪仙山訪隱圖一卷。遂昌鄭元祐爲之記。

富・紹庭 [宋]弼子。字德先。性靖重。能守家法。歷宗正丞。通判絳州。徽宗立。除提舉河北西路常平。紹庭辭曰。先臣以不行青苗被罪。臣不敢爲此官。帝嘉之。擢祠部員外郎。未幾。出知宿州卒。

富善 [清]滿洲正黃旗人。愛星阿子。康熙間襲一等公。授領侍衛內大臣。征噶爾丹。富善請乘其不備擊之。噶爾丹僅以身免。敘功加太子太保。卒諡恭懿。

富略禪 [清]滿洲鑲紅旗人。姓那木都魯氏。天聰間以護軍校從攻大淩河及大同。克之。順治間從入關。擊走李自成。轉戰陝西甘肅。平姜瓖。累官西安將軍。封三等子。

富喇克塔 [清]滿洲鑲白旗人。姓郭絡羅氏。順治間授本旗蒙古都統。從擊李自成。定河南江南浙江福建皆有功。又從勦金聲桓於南昌。旋卒。

富・弼 [宋]河南人。字彥國。少篤學有大度。仁宗復制科。舉茂材異等。授將作監丞。慶曆中知制誥。再使契丹。力拒割地。辨和戰之利害。使南北之民。不見兵革者數十年。還拜樞密副使。至和中拜同中書門下平章事。與文彥博幷相。天下稱富文。以母憂去位。英宗立。召爲樞密使。封鄭國公。熙寧中再入相。會王安石用事。弼度不能爭。稱疾求退。後以僕射判汝州。弼言新法臣所不曉。不可以治郡。願歸洛養疾。加拜司空。進封韓國公致仕。弼早有公輔之望。遼使每至。必問其出處安否。臨事周悉。不萬全不發。當其敢言。奮不顧身。忠義之性。老而彌篤。家居一紀。朝廷有大利害。知無不言。卒諡文忠。

富僧德 [清]滿洲鑲黃旗人。姓瓜爾佳氏。乾隆末隨征黔楚苗。嘉慶間從征川楚教匪。並有功。又平滑縣李文成。官至西安將軍。卒諡武壯。

富・嘉謀 [宋]常熟人。弼後。字君美。以祖澤仕。調歸安尉。還知慶元縣。後知和州。奉祠卒。嘉謀才具優裕。臨政不苟。居鄉尤急於義。

富・嘉謨 [唐]武功人。舉進士。長安中累轉晉陽尉。用韋嗣立薦爲左臺監察御史。爲文雅厚。與吳少微皆知名。時稱吳富體。又與魏谷・倚同稱北京三傑。

富寧安 [清]滿洲鑲黃旗人。阿蘭泰子。由副都統遷倉場侍郎。康熙間率兵擊準噶爾。俘斬甚衆。雍正初授武英殿大學士。駐巴里坤管理軍務。尋還朝。授西安駐防將軍。封一等侯。卒諡文恭。

富・德庸 [元]濟南人。至元間宰慈谿。除暴安良。興學課士。民謳歌之。

富・燮 [宋]汴人。工畫。宣和間供御。布景運思。過於劉益。

富・嚴 [宋]青田人。占籍於吳。大中祥符進士。慶曆初除刑部郎中。知蘇州。轉知泉州越州。嘉祐中以秘書監再守蘇。秩滿告老。未嘗一造官府。以耆德著稱。

寒山 [唐]高僧。居天台唐興縣寒嵒。時往還國清寺。與拾得交友。好吟詞偈。狀類風狂。以樺皮爲冠。布襦木屐。人莫識之。閭丘胤官丹丘。往寺求之。寒山走歸寒嵒。入穴而去。

其穴自合。著詩二百餘首。曰寒山集。

寒泉子 戰國秦處士。惠王謂寒泉子曰。蘇秦欺寡人。欲以一人之智。反覆山東之君。從以欺秦。寡人忿然含怒日久。吾欲使武安子起往喻意焉。寒泉子曰。不可。夫攻城墮邑。請使武安子。善我國家使諸侯。請使客卿張儀。惠王曰。敬受命。

寒香 明與晚翠俱爲海鹽張寧妾。張無子而卒。二人翦髮自誓。不下樓者四十年。人以方關盼盼。

寒浞 夏事寒后伯明氏。伯明憎其善讒。棄之。及后羿篡帝相而代夏政。號有窮氏。信浞。使爲己相。浞行媚於內。施賂於外。愚弄其民。殺羿於桃梧而烹之。遂代夏立爲帝。襲有窮氏之號。夏之遺臣靡奔有鬲氏。因有鬲氏以滅浞而立少康。

寒朗 後漢薛人。字伯奇。博通書傳。舉孝廉。永平中以謁者守侍御史。考案楚獄顏忠·王平等。辭連隧鄉侯耿建·朗陵侯臧信諸人。朗心傷其冤。試以建等物色。獨問忠平。二人錯愕不能對。朗知其詐。上言建等無姦。專爲忠平所誣。疑天下無辜多類此。帝意解。自幸洛陽獄錄囚。出千餘人。建初中詔拜易長。遷濟陽令。以母喪去官。百姓追思之。帝聞其治迹。特召見。辟司徒府。再遷清河太守。坐法免。永初中以博士徵。會卒。

寒貧 三國魏安定人。本姓石。字德林。建安初客三輔。就長安宿儒欒文博學。始精詩書。後好內學。於衆輩中最玄默。漢中破。隨衆還長安。遂癡愚不復識人。食不求味。冬夏一敝布衣。獨居窮巷小屋。郡縣以其鰥窮。給廩日五升。食不足。頗行乞。乞不取多。人問其姓字。口不肯言。因號之曰寒貧。或素與有相知者。往存卹之。輒拜跪。由是人謂其不癡。

尋·适 明洪武初爲廣西按察使。廉謹清恪。風節凝峻。獄訟剖決如流。民無有稱冤者。公餘以吟詠自適。

尊法 唐高僧。西印度人。梵名伽梵達磨。永徽間來華。譯有大悲心陀羅尼經。

屠·大山 明鄞人。字國望。嘉靖進士。累官川湖總督。平叛苗龍阿仔。改南兵部侍郎。巡撫應天。與倭戰失利。黜爲民。罷官後與里中故人縱飲爲詩。了不求工而往往神來。有集。

屠·仁守 清孝感人。字梅君。同治進士。官御史。時醇王當國。天變屢見。仁守疏言時弊。忤旨褫職。尋授光祿寺少卿。好習天文算學。而尤研究性理。行止必端。人多嚴憚之。

屠·文漪 清松江人。字蘊洲。一字漣水。有九章錄要。詩餘草。

屠·本畯 明大山子。字田叔。以蔭歷太常典簿。辰州知府。生平喜讀書。至老尙手一卷。人曰。老矣。奚自苦。本畯曰。吾於書飢以當食。渴以當飲。欠伸以當枕席。愁寂以當鼓吹。未嘗苦也。起生壙於甬上。撰狀及表。自稱曰憨先生。一時詞家俱奉爲祭酒。有太常典錄。田叔詩草。

屠·沂 清孝感人。康熙進士。累官浙江巡撫。增築海寧草塘七百數十丈。塘工以固。乞休卒。

屠·叔方 明秀水人。萬曆進士。官至監察御史。有建文朝野彙編。

屠岸·賈 春秋晉始有寵於靈公。景公時爲司寇。將作難。乃治靈公之賊以致趙盾。擅與諸將攻趙氏於下宮。滅其族。後趙武立。與程嬰攻賈。亦滅其族。

屠·性 元餘姚人。字彥德。至正舉人。嘉定儒學聘爲經師。明春秋學。爲詩文嚴正有法度。有彥德集。

屠門·少 漢杜陵人。王莽時聚衆數千人。假號稱漢將。

屠門高 秦倡。秦采天下美女。以充後宮。幽愁怨曠。咸致災異。高作琴引以諫。

屠·俓 明鄞人。正德進士。以試中書進吏部文選司員外郎中。有俊才。詩賦書翰。稱雄一時。

屠·奎 明勳從子。字文奎。清介有文。爲御史。有直聲。奎在江右。鞫戢宸濠黨與。復累疏其不軌。終江西參議。

屠·倬 清錢塘人。字孟昭。號琴隖。晚號潛園。嘉慶進士。官至九江知府。工詩古文。旁及書畫金石篆刻。有是程堂集。

屠·宸楨 清青浦人。字周士。工詩詞。有醉經草堂稿·滄浪漁笛譜。

屠耆單于 漢匈奴握衍朐鞮單于從兄。名薄胥堂。初封日逐王。呼韓邪單于立。欲殺右賢王。故左大且渠都隆奇與右賢王立之。以抗呼韓邪。又自將兵擊車犂單于。連敗之。後爲呼韓邪所敗。自殺。

屠·湖 明琛子。字朝隱。誦法典訓。緯有父風。事寡嫂甚恭。撫其孤如己子。敎子僑·倬成進士。僑既顯。贈南京刑部尙書。

屠·湘靈 明隆女。名瑤瑟。爲士人黃振古妻。與隆子婦沈七襄皆能詩。萬曆中七襄·湘靈先後卒。兩家彙刻其詩曰留香草。

屠·琛 明鄞人。字廷贄。穎敏博洽。爲文不務雕繪爲奇。而藻行飭躬。恂恂若處子。然性剛執。言論侃侃阿。上春官。拜郴州訓導。崇經術。敦士行。課工程能。卒皆豫定矩度。滿九載。陞漳平教諭卒。

屠·隆 明鄞人。字緯眞。一字長卿。有異才。落筆數千言立就。舉萬曆進士。除潁上知縣。調青浦。時招名士飲酒賦詩。縱遊九峰三泖而不廢吏事。遷禮部主事。罷歸。家貧。賣文爲活以終。有鴻包・考槃餘事・游具雜編・及由拳・白榆・采眞・南遊諸集。

屠僑 【明】滽子。字安卿。正德進士。授御史。巡視居庸諸關。武宗遣使捕虎豹。僑力言不可。世宗時歷左都御史。卒謚簡肅。有東洲雜稿。

屠滽 【明】璪從子。字朝宗。成化進士。任御史。巡按四川湖廣。皆有聲績。累遷吏部尚書。黜陟無私。尤愛惜人才。痛抑僥倖。清寧宮成。詔許番僧入宮慶讚。再疏諫止。武宗登極。加太子太傅。兼掌院事。以忤劉瑾致仕。卒謚襄惠。

屠粹忠 【清】定海人。號芝巖。順治進士。官至兵部尚書。有三才藻異。

屠蒯 【春秋晉】晉平公時爲膳宰。荀盈卒未葬。平公飲酒樂。蒯趨入。請佐公使尊。遂酌以飲工曰。汝爲君耳。將司聰也。辰在子卯。謂之疾日。汝弗聞而樂。是不聰也。又飲外嬖嬖叔曰。汝爲君目。將司明也。今君之容。非其物也。而汝不見。是不明也。亦自飲曰。味以行氣。氣以實志。志以定言。言以出令。臣實司味。二御失官而君弗命。臣之罪也。公說。徹酒。初公欲廢知氏而立其外嬖。爲是悛而止。（按禮檀弓作杜蕢。此從左傳。）

屠遠 【清】武進人。字帆涇。博學能詩。工畫山水蘭竹。

屠曨 【清】吳興人。家長洲。字彝珍。號疎村。畫山水酷摹黃鼎。鬆秀迥不猶人。小幅尤佳。

屠勳 【明】平湖人。字元勳。成化進士。歷刑部郎中。有疑獄或事關權貴。尚書輒以屬勳。剖決無滯。弘治初爲大理少卿。漳州溫文進亂。勳往諭之。誅其渠。一方遂靖。累遷副都御史。巡撫順天。整飭薊州邊備。聲績最著。武宗立。進刑部尚書。引疾去。卒謚康僖。有太和堂集。

屠餘 【春秋晉】太史。見晉國之亂。以其圖歸周。

屠應埈 【明】勳子。字文升。號漸山。嘉靖進士。由郎中改翰林。官至右諭德。嘗簡命校文江右。當軸屬以子。竟不第。喜奇節偉行。有淩駕古人之思。工詩文。有蘭暉堂集。

屠爌 【清】嘉興人。字闇伯。諸生。事母至孝。與桐鄉張考夫講學。本諸踐履。邃於經學。有勗齋集。

嵇元夫 【明】歸安人。字長卿。少起貴介。放跡不羈。爲鄉曲所中。坐法下獄。既釋。厚自濯勵。苦心爲詩。有白鶴園集。

嵇永仁 【清】江寧人。徙無錫。字留山。別號抱犢山農。蘇州學諸生。康熙間游閩督范承謨幕。耿精忠叛。執承謨。脅永仁降。不屈。獄中以炭畫壁作詩。與承謨遞相倡和。後聞承謨遇害。遂自經死。有抱犢山房集。

嵇永福 【清】無錫人。字爾遐。號漪園。順治進士。康熙時試鴻博不遇。授嚴州府推官。左遷歷城縣丞。有漪園遺稿。

嵇含 【晉】紹從子。字君道。居鞏縣亳丘。自號亳丘子。好學能文章。舉秀才。除郎中。時弘農王粹以貴公子尚主。館宇甚盛。圖莊周於室。廣集朝士。使含爲之讚。含爲弔文以譏之。粹有愧色。永興中累官襄城太守。後依鎭南將軍劉弘於襄陽。性通敏。好薦達才賢。弘待以上賓禮。及弘卒。爲弘司馬郭勱所害。懷帝卽位。謚憲。所著南方草木狀。敍述最爲典雅。

嵇宗孟 【清】江南安東人。字淑子。善屬文。天資穎異。中順治舉人。歷守杭州。乞歸。薦舉鴻博。以疾辭不赴。有立命堂集・楚江蠡史諸篇。

嵇昭 【明】崑山人。正統中任灤州知州。涉獵古今。蒞民得體。

嵇康 【三國魏】銍人。字叔夜。早孤。有奇才。博洽多聞。長好老莊。與魏宗室婚。拜中散大夫。常修養性服食之事。著養生論。彈琴詠詩。自足於懷。與山濤・阮籍・阮咸・王戎・向秀・劉伶爲竹林之遊。世號竹林七賢。濤爲吏部尚書。欲舉康自代。康作絕交書以拒之。性好鍛。夏月常鍛大柳下。鍾會過之。康鍛如故。康曰。何所聞而來。何所見而去。會曰。有所聞而來。有所見而去。會深銜之。呂安與康友善。後安以事繫獄。辭相引證。因收康。會積私憾譖諸司馬昭。遂被害。臨刑自若。援琴而鼓曰。袁孝尼嘗從吾學廣陵散。吾每靳之不與。廣陵散於今絕矣。聞者哀之。有嵇中散集。

嵇紹 【晉】康子。字延祖。事母孝謹。山濤薦諸武帝。徵爲秘書郎。趙王倫篡位。署爲侍中。惠帝復阼。遂居其職。永興初河間王顒・成都王穎舉兵。紹從帝戰於蕩陰。侍衞皆潰。惟紹以身捍衞。遂被害於帝側。血濺御衣。事定。左右欲浣衣。帝曰。此嵇侍中血。勿浣。元帝時謚忠穆。

嵇曾筠 【清】永仁子。字松友。號禮齋。康熙進士。累官文華殿大學士。兼吏部尚書。督江南河道。任河務頗久。其治水用引河殺險之法。故動能奏績。善建壩。每於迎溜頂衝之處。輒爲磯嘴壩以挑之。至今有嵇壩之稱。卒謚文敏。有防河奏議・師善堂集。

嵇適 【宋】宋城人。爲石首主簿。父民有父子坐重辟者。府下適按之。主簿抵法而子免。父死。假人言曰。主簿仁人也。當令生子。明年生子穎。後果貴顯。（按萬姓統譜作稽適。此據宋史稽顓傳。）

稽·璜　清 曾筠子。字尚佐。一字黼庭。晚號拙修。雍正間以大臣子弟一體會試。登進士。乾隆間歷南河東河河道總督。兼兵部尚書。蒞任後。裁壩夫。栽堤柳。除墊崖貼坡諸弊。官至文淵閣大學士。卒諡文恭。

稽·穎　宋 適子。字公實。天聖進士。累官翰林學士。穎舉進士時。王曾·張知白相繼爲南京留守。見穎謹厚篤學。謂其子弟曰。若曹師表也。張堯封嘗從穎學文。後其女入禁中甚被寵。求編次其父稿。爲序以獻之。穎不答。亦不以獻。

稽·聳　宋 高郵人。布衣尚義。所居名稽家莊。文天祥見逐於眞州。聳知其有匡復志。迎專於家。使子德潤等護送。航海達行在。時有工部侍郎柳岳。奉降表詣元過莊。聳憤其賣國。殺之。（按尚友錄作稽聳。此據高郵州志。）

稽·寶鈞　梁 畫爲張僧繇之亞。賦采鮮麗。

稽·發　漢 以博戲致富。（按史記貨殖傳作桓發。此從漢書。）

庾·子與　梁 域子。字孝卿。齊永明末除州主簿。丁母憂。哀至輒嘔血。天監初爲尚書郎。父出守巴西。子與啓求侍從奉養。父感心疾。每至必叫。子與亦悶絕。及卒。子與奉喪還鄉。經灩澦·瞿塘。秋水猶壯。子與撫心長叫。其夜五更。水忽退減。安流南下。及渡。水復舊。居墓終喪。手足枯攣。歷官中郎司馬。大通初除巴陵內史。道卒。

庾·元威　梁 著有坐右方。

庾公差　春秋衛 大夫。字子魚。善射。尹公佗學射於庾公差。庾公差學射於公孫丁。（孟子作庾公之斯。此從左傳。）

庾·天錫　元 大都人。字吉甫。中書省掾。除員外郎。工樂府。有雜劇薦馬周等。（按天錫所著已佚。其目見錄鬼簿及太和正音譜。）

庾·弘遠　南齊 炳之子。字士操。清實有士譽。仕爲江州刺史。從陳顯達舉兵敗。斬於朱雀航。將刑。索帽著之曰。子路結纓。吾不可以不冠而死。子子耀抱父乞代命。遂併殺之。

庾·仲容　梁 登之從孫。字子仲。少孤。專精博學。晝夜手不釋卷。初爲安西法曹參軍·太子舍人。除安成王記室。太子以舊恩降餞賜詩。時輩榮之。後爲尚書左丞。坐推糾不實免官。仲容少有盛名。頗任氣使酒。好危言高論。士友以此少之。

庾·仲雍　晉 著有江紀。

庾·仲遠　南朝宋 登之之子。初爲明帝府佐。景和中明帝疑防賓客。故人無到門者。惟仲遠朝謁不替。明帝卽位。謂曰。卿所謂疾風知勁草。卒於豫章太守。

庾·光烈　唐 新野人。與弟光先不受安祿山僞官遁去。終大理少卿。光先終吏部侍郎。

庾·冰　晉 亮弟。字季堅。以雅素垂風。初徵爲秘書郎。預討華軼功。封都鄉侯。出補吳興內史。累官中書監。既當重任。經綸時務。不舍晝夜。賓禮朝賢。升擢後進。由是朝野注心。咸曰賢相。康帝卽位。力求外出。領江州刺史。鎭武昌。卒諡忠成。

庾·自直　隋 潁川人。少好學。沈靜寡欲。大業中授著作佐郎。自直解屬文。尤善五言詩。性恭愼。不妄交遊。帝有篇章。先示自直。自直稱善。然後方出。後知起居舍人事。江都之變。感激發病卒。

庾·何　唐 光烈子。朱泚反。與弟倬逃山谷間。義不臣賊。官兵部郎中。

庾·希　晉 冰子。字始彥。希旣后之戚族。冰女又爲海西公妃。故希兄弟並顯貴。後爲桓溫所陷。先後被誅。

庾·沙彌　梁 冰六世孫。父佩玉爲長沙內史。宋昇平中坐誅。時沙彌始生。及年五歲。所生母爲製采衣。不肯服。終身布衣蔬食。嫡母劉寢疾。沙彌晨夕侍側。衣不解帶。或應針灸。輒以身先試。及母亡。晝夜號慟。畢純孝。武帝召見。補歙令。還邵陵王參軍。隨府會稽。復丁所生母憂。喪還濟浙江。中流遇風將覆。沙彌抱柩號哭。俄而風靜。後卒於長城令。

庾·季才　隋 曼倩子。字叔奕。八歲通尚書。十二通易。好占玄象。梁元帝嘗與之論星曆。梁亡。周太祖令掌太史。深加優禮。時梁之士族沒爲賤隸。季才散所賜物。贖求親故。文帝爲丞相。嘗夜召季才。季才曰。符兆已定。公豈得爲箕潁之事。開皇初授散騎常侍。撰有靈臺秘苑·垂象志。

庾·抱　隋 隋文帝時爲延州參軍。入調吏部。尚書牛弘給筆札令自序。援筆而成。爲元德太子學士。及在隴西府。文檄皆出其手。後爲高祖記室。遷中書舍人。

庾·承先　梁 鄢陵人。字子通。少沈靜有志操。人莫窺其際。受學於劉虯。強記敏識。靡不該悉。辟功曹不就。鄱陽王蕭恢延講老子。得所未聞。尤加欽重。大通中卒。刺史厚有賵贈。門人黃士龍却不受。時論高之。

庾·於陵　梁 黔婁弟。字子介。七歲能言玄理。及長。清譽博學有才思。齊隨王蕭子隆爲荊州。召爲主簿。使與謝朓等抄撰羣書。永元末除東陽遂安令。爲民吏所稱。梁天監初拜太子洗馬。終鴻臚卿。

庾·易　南齊 新野人。徙居江陵。

字幼簡。性恬隱。不交外物。歷高帝武帝明帝三朝。徵辟皆不就。

庾・東 晉鄢陵人。以勇力聞。武帝時有西域健胡趫捷無敵。晉人莫敢與校。帝募勇士。惟東應選。遂撲殺之。名震殊俗。

庾・杲之 南齊蓽從子。字景行。幼有孝行。學涉文義。仕齊爲尙書駕部郎。清貧自業。食惟有韮葅瀹韮生韮雜菜。或戲之曰。誰謂庾郎貧。食鮭常有二十七種。言三九也。累遷尙書左丞。出爲王儉衛軍長史。蕭洒與儉書曰。盛府元僚。實難其選。庾景行若綠水芙蕖。何其麗也。時人稱蓮花幕。官至太子右衛率。卒諡貞。

庾・肩吾 梁於陵弟。字子愼。八歲能賦詩。初爲晉安王國常侍。隨在雍州。被命與劉孝威等抄撰衆籍。號高齋學士。累遷太子率更令・中庶子。簡文卽位。爲度支尙書。後侯景將宋子仙破會稽。購得肩吾。欲殺之。先謂曰。吾聞汝能作詩。今可卽作。若能。將貸汝命。肩吾操筆便成。辭采甚美。子仙乃釋以爲建昌令。仍間道奔江陵。歷江州刺史。封武康縣侯卒。有書品・文集。

庾・亮 晉袞弟子。字元規。明穆皇后兄。風格峻整。動由禮節。中與初拜中書郎。侍講東宮。時帝方任刑法。以韓子賜太子。亮諫以申韓刻薄傷化。不足留聖心。太子甚納焉。明帝立。累遷中書監。加左衛將軍。以功封永昌縣公。成帝初徙中書令。蘇峻平。亮鎭蕪湖。郭默叛。亮率步騎二萬討破之。遷都督江荆豫益梁雍六州諸軍事・征西將軍。鎭武昌。卒諡文康。亮在武昌。諸佐吏殷浩之徒。乘秋夜往共登南樓。亮至。將起避。亮徐曰。諸君少住。老子於此與復不淺。便據胡牀談詠。其坦率多類此。

庾・信 北周肩吾子。字子山。小字蘭成。文藻豔麗。與徐陵齊名。時稱徐庾體。仕梁爲右衛將軍。封武康縣侯。元帝使聘於周。被留不遣。明帝武帝並好文學。皆恩禮之。累遷驃騎大將軍・開府儀同三司。世稱庾開府。信雖位望通顯。常有鄉關之思。乃作哀江南賦以致意焉。有庾開府集。

庾・持 陳沙彌子。字允德。少孤。性至孝。父憂。居喪過禮。篤志好學。仕梁入陳。累遷尙書左丞。封崇德縣子。後爲大中大夫。領步兵校尉。持善字書。每屬辭。好爲奇字。有集。

庾・炳之 南朝宋登之弟。字仲文。初爲錢唐令。治民有績。累遷吏部尙書。素無學術。不爲衆望所推。既領選。不輯衆論。又通貨賄。坐免官。

庾・珉 晉峻子。字子琚。性淳和好學。行己忠恕。歷散騎常侍・侍中。封長岑男。懷帝之沒於劉聰也。珉從在平陽。聰大會。使帝行酒。珉不勝悲憤。大號哭。遂遇害。追諡貞。

庾・乘 後漢鄢陵人。字世游。嘗爲縣門士。郭泰勸游學宮。遂爲諸生傭。後能講論。自以卑第。每處下坐。諸生博士皆就讎問。由是學中以下坐爲貴。徵之不起。號曰徵君。

庾・峻 晉道子。字山甫。少好學。有才思。太常鄭袤見而奇之。魏舉爲博士。時重莊老而輕經史。峻獨潛心儒典。屬高貴鄉公幸太學。問尙書義於峻。峻援引師說。發明經旨。申暢疑滯。對答詳悉。遷秘書丞。長安有大獄久不決。拜峻侍御史往斷之。朝野稱允。入晉。賜爵關內侯。累拜侍中。加諫議大夫。是時風俗趨競。禮讓陵遲。峻上疏力爭。又疾世浮華。不修名實。著論以非之。

庾・悅 南朝宋亮曾孫。字仲豫。初仕晉。武帝平建業。累遷江州刺史。初劉毅酷貧。悅甚輕之。至是毅都督江州。悅以刺史移鎭豫章。數相挫辱。悅不得志。疽發背卒。

庾・純 晉峻弟。字謀甫。博學有才義。爲世儒宗。累官黃門侍郎。歷中書令・河南尹。時賈充專政自恣。純叱曰。天下兇兇。由爾一人。充怒。純自劾。免官。後拜少府卒。

庾・袞 晉鄢陵人。字叔褒。明穆皇后伯父。少履勤儉。篤學好問。事親以孝聞。咸寧中大疫。二兄俱亡。次兄毗復殆。父母諸弟皆出次於外。袞獨留不去。父老咸異之。初袞諸父並貴盛。惟父獨守貧約。袞躬親稼穡。以給供養。州郡察孝廉。舉秀才清白異行。皆不降志。世號庾異行。會賊張弘等肆掠於陽翟。袞乃率族姓保於禹山。賊畏其整。皆退。後攜妻子入林慮山而卒。

庾・條 晉冰弟。字幼序。官臨川太守。條於兄弟最凡劣。故祿位不至。

庾・域 梁新野人。字司大。少沈靜。有名鄉曲。齊永明末長沙王懿督梁州。以爲錄事參軍。帶華陽太守。時魏軍攻圍南鄭州。有空倉數十所。域手自封題。指示將士曰。此中粟皆滿。足支二年。但努力堅守。衆心以安。寇退。以功拜羽林監。遷懷寧太守。罷仕。入梁爲寧朔將軍・巴西梓潼二郡太守。魏襲巴西。域固守。魏軍退。封廣牧縣伯。遷寧蜀太守卒。

庾・彬 晉亮子。雅量過人。溫嶠嘗隱暗悒之。彬神色恬如。徐跪謂嶠曰。君侯何至於此。蘇峻之亂。遇害。

庾・旉 晉純子。字允臧。少有清節。歷位博士。齊王攸就國。旉上表諫。武帝怒。下廷尉免死。後復起爲散騎侍郎。終國子祭酒。

庾・曼倩 梁詵子。字世華。早有令譽。元帝辟爲主簿。後轉荆州諮議參軍。著喪服儀。文字體例。老莊義疏。注算經。七曜曆術等書。

庾勝 【漢】武帝時爲楊僕裨將。擊南越。築城塞嶺。嶺遂名大庾。

庾喬 【梁】華子。仕爲荆州別駕。時元帝爲荆州刺史。而州人范興話以寒賤還爲主簿。帝勒喬聽興話到職。屬元旦。府州縣朝賀。喬不肯就列。帝乃進喬而停興話。世以喬爲不墜家聲。

庾登之 【南朝宋】冰曾孫。字元龍。少以彊濟自立。初爲武帝鎭軍參軍。以與討桓玄功。封曲江縣男。謝晦爲荆州刺史。請爲長史。意甚不愜。晦拒王師。欲登之留守。登之不許。晦敗。免官還家。後爲司徒長史。時彭城王義康專攬政事。登之性剛。每陳己意。義康不悅。出爲吳郡太守。坐免。後卽拜豫章太守。遷江州刺史卒。

庾敬休 【唐】何子。字順之。夷澹多容可。不飲酒食肉。不邇聲色。擢進士第。又中弘辭。辟宣州幕府。文宗時累遷尚書左丞卒。

庾楷 【晉】羲子。孝武帝時官豫州刺史。安帝時會稽王道子憚王恭。殷仲堪等擅兵。故出王愉爲江州以爲形援。楷上疏以江州非險要之地。不應使愉。詔不許。因懷恨。使子鴻說王恭以譙王尚之兄弟握機權。勢過王國寶。恭亦素忌尚之。遂連謀舉兵。兵敗。奔桓玄。旣又懼玄必敗。密遣使結會稽世子元顯。若朝廷討玄。當爲內應。謀泄。被誅。

庾業延 【後魏】代人。後賜名岳。恭愼修謹。善處危難。道武嘉之。命爲外朝大人。參預軍國。從平中原。拜安遠將軍。以功賜爵西昌公。遷鄴行臺。岳爲將有謀略。士衆服其智勇。名冠諸將。遷司空。後有人告其行止風采。擬儀人君者。因被誅。

庾準 【唐】常州人。以柔媚進。得幸於王縉。驟至中書舍人。後官司農卒。

庾肅之 【晉】闡子。以文藻著稱。歷給事中。湘東太守。太元中卒。

庾詵 【梁】新野人。字彥寶。幼聰警篤學。該綜百氏。書射棋算。機巧獨絕。而性託夷簡。特愛林泉。蔬食布衣。不治產業。普通中詔爲黃門侍郎。不起。晚年尤遵釋教。卒諡貞節處士。有帝曆。易林。

庾道 【三國魏】乘子。廉退貞固。養志不仕。牛馬有蹊谿者。恐傷人。不貨於市。及子峻貴。拜太中大夫。

庾道愍 【南朝宋】冰玄孫。少孤貧。所生母漂流交州。道愍尚在襁褓。及長知之。求爲廣州綏寧府佐。至府而去交州尚遠。乃自負擔。冒險求母。卒得之。後仕齊至射聲校尉。

庾嘉德 【晉】頴川人。善於箴蔡之事。有人失一婢。庾卦云。君可出東陵口。有曹姓乘車者。但乘其載。得與不得。殆一理也。且出郭。果有曹郎上墓。徑升車。曹大駭呼。牛驚。奔入草。因得婢尸。

庾敳 【晉】珉弟。字子嵩。雅有遠韻。見王室多難。終知嬰禍。著意賦以豁情。累遷吏部郎。參東海王越太傅軍事。轉軍諮祭酒。時劉輿見任。於越人士多爲所構。惟敳縱心事外。無跡可間。後以石勒之難被害。

庾儉 【隋】質子。傳父業。兼有學識。仕歷襄武令。元德太子學士。恭帝初爲太史令。

庾敻 【梁】喬子。少聰慧。家富於財。好賓客。食必列鼎。又狀貌豐美。人謂敻必爲方伯。魏克江陵。死之。

庾蓽 【梁】新野人。字休野。博涉羣書。有口辨。仕齊爲荆州別駕。清身率下。明帝手敕褒美。遷通直散騎常侍。蓽早歷顯宦。鄉人樂藹有幹用。素與蓽不平。藹仕不得志。爲蓽所輒。及武帝卽位。藹以西朝勳爲御史中丞。蓽始得會稽行事。會有微譴。帝以藹爲其鄉人。使宣旨誨之。大憤。發病卒。

庾蔚之 【隋】著有禮論鈔。

庾質 【隋】季才子。字行修。八歲誦梁元帝玄象言志等十賦。拜童子郎。大業初授太史令。立言忠鯁。每有災異。必指事面陳。以忤帝意。下獄死。

庾震 【梁】新野人。字彥文。喪父母。貧無以葬。乃賃書以營。至於掌穿。葬事獲濟。南陽劉虯爲撰孝子傳。

庾導 【後魏】頴川人。與夏侯道遷俱入國。歷覽史傳。善草隸書。輕財重義。時稱奇士。初仕梁爲右中郎將。助戍漢中。及至洛陽。環堵敝廬。多與儁秀交。正光中爲饒安令。天平中卒於青州。

庾懌 【晉】亮弟。字叔豫。少以通簡爲亮所稱。歷左衛將軍。以討蘇峻功封廣饒男。亮以懌寬厚容衆。令爲梁州刺史。假節鎭魏興。遷豫州刺史。嘗以毒酒餉江州刺史王允之。允之密奏成帝。帝曰。大舅已亂天下。小舅復爾耶。懌聞。飲鴆卒。諡簡。

庾羲 【晉】彬弟。字義叔。爲吳興內史。時穆帝頗愛文義。羲至郡獻詩。頗存諷諫。方見授用而卒。

庾黔婁 【梁】易子。字子貞。少好學。多所講誦。仕齊爲編令。有異績。先是縣境多猛獸。黔婁至。猛獸皆度往臨沮界。時以爲仁化所感。徙孱陵令。性至孝。易在家遘疾。黔婁忽心驚流汗。卽日棄官歸。居喪過禮。廬於冢側。後除蜀郡太守。入梁累遷至散騎常侍卒。

庾翼 【晉】條弟。字稚恭。風儀秀偉。少有經綸大略。時杜乂。殷浩並才名冠世。翼每語人曰。此輩宜束之高閣。俟天下太平。然後議其任耳。初爲陶侃太尉府參軍。累遷南蠻校尉。領南郡太守。石城被圍得全。翼之勳也。賜爵都亭侯。授都督江荊司雍梁益六州諸軍事・荊州刺史。代庾亮鎭武昌。戎政嚴明。經略深遠。自河以南。皆懷歸附。康帝卽位。翼欲率衆北伐。詔加都督征討軍事。後還鎭夏口。卒諡肅。

庾・闡 【晉】東子。字仲初。幼好學。九歲能屬文。永嘉末母隨兄肇沒於石勒之亂。闡不櫛沐。不婚宦。絕酒肉。垂二十年。親鄰稱之。蘇峻之難。闡奔郗鑒爲司空參軍。峻平。以功賜爵吉陽縣男。出補零陵太守。徵拜給事中。卒諡貞。有詩賦銘頌行於世。

庾・龢 【晉】羲弟。字道季。好學有文章。叔父翼將遷襄陽。龢年十五。以書諫。翼甚奇之。升平中代孔嚴爲丹陽尹。除重役六十餘事。終中領軍。

彭・二 【明】建文時官都指揮。燕兵至。二躍馬呼市中。集兵千餘人。將攻燕府。會燕健士從府中出。格殺二。兵遂散。福王時諡武壯。

彭・九萬 【元】崇安人。字好古。工詞賦。宋德祐初上書言賈似道誤國。不報。至元間黃華叛。九萬被脅不從。遇害。

彭・三元 【清】善化人。字春浦。由武進士補千總。咸豐間將寶慶勇隸塔齊布。克武漢・興國・黃梅・廣濟。皆以寡擊衆。積功至參將。後與石達開戰。沒於陣。諡勤勇。

彭・士望 【清】南昌人。本姓危。字躬庵。一字樹廬。少究心經世之學。喜結客立義聲。崇禎間父晳病革。聞邸抄見黃道周平臺召對語。嘆曰。鐵漢也。顧謂士望師事之。道周下詔獄。士望傾身營救。尋參揚州幕。未久辭歸。明亡。徙寧都。與魏禧兄弟隱居翠微峯。爲易堂九子之一。其學尤以躬行爲本。卒年七十四。有恥躬堂詩文集。

彭・大壽 【清】孝感人。字松友。明諸生。順治時授徒雲夢之金蓮陂。號蓮陂居士。力學精進。闇然眞修。卒年七十九。有晳岡或問・通禮等書。

彭・大翮 【明】竟陵人。崇禎末賊逼承天。大翮出所著平賊檮略上之。當事不能用。遂自集一旅保鄉曲。邀斬賊過當。爲賊所襲。赴水死。

彭・大翼 【明】揚州人。字雲舉。又字一鶴。諸生。有山堂肆考二百餘卷。網羅至富。

彭・之壽 【清】湖南寧鄉人。字公眉。康熙貢生。吳三桂據楚。偪以官。不屈。善撫掖後進。及門登仕籍者。多爲良吏。有怡園集。

彭・元中 【明】道士。號檜亭。以善畫山水名。

彭・元瑞 【清】南昌人。字掌仍。一字輯五。號芸楣。乾隆進士。官至工部尙書・協辦大學士。卒諡文勤。元瑞天才敏贍。與紀昀同有才人之目。尤留意人才。汲引不遺餘力。凡所稱揚。多爲名臣。有恩餘堂稿。

彭・友信 【明】攸縣人。洪武初廷試至京。太祖微行遇之。口占紅霓詩。命友信續之。友信不知是帝。應聲成詩。帝大悅。明晨召對。授北平布政使。

彭・友勝 【清】長沙人。字雲臺。饒膽略。水陸戰必衝鋒陷陣。克武漢。攻九江。官至參將。從李續賓征皖。戰於三河鎭。力竭死之。諡果毅。

彭・天益 【宋】攸縣人。崇寧初爲太學博士。以議論不合。出爲湖南提舉。大觀初上封事。力言權姦誤國。年五十致仕。

彭・天翊 【明】江都人。字鵬父。萬曆進士。歷官副總兵。以言遼東五不可勝忤當事被逮。師果潰。得釋。命討白蓮賊大捷。又忤魏忠賢被斥。後復官。

彭・天錫 【元】湖州人。字仁仲。嘗取當時法令。區別科類。成政刑類要一書。⦿【明】與柳敬亭同時。串戲妙天下。多扮丑淨。張岱極傾其爲人。

彭・方 【宋】尋子。字季正。師朱熹。弱冠魁省闈。累官兵部右侍郎・龍圖閣學士。卒諡文定。

彭・止 【宋】崇安人。字應期。自號漫者。爲詩清麗典雅。有刻鵠集。

彭氏 【明】奉賢人。永寧王世子妃。生有國色。驍勇多智。力敵萬夫。江西破。永寧父子殉國。妃入閩聚衆數千。克寧化・歸化等十餘州縣。清兵畏之。會歲饑。爲叛將王夢煜所敗。被執。不屈死。

彭・世昌 【唐】宜春人。字懿之。修謹立名節。楊行密據楚。召爲長史。未幾。謝病歸。有豪猾子數百劫之曰。吾徒遭亂世。未有所託。方今德足而智有餘者。莫若君。請隸焉。世昌固拒之。因被害。

彭・世麒 【明】一作世麟。湖廣永順宣慰使。弘治間助平貴州苗。以功授昭勇將軍。尋從征賊婦米魯有功。累陞都指揮使。致仕。

彭・令昭 【秦】歌師。始皇時武夷君會鄉人於幔亭峯。令昭歌人間可哀曲。歌罷。彩雲四合。環佩鏘然。淩空而去。

彭・弘 【漢】宛人。哀帝時爲漁陽太守。偉容貌。有威於邊。王莽居攝。誅不附己者。弘與何武・鮑宣並遇害。

彭・永思 【清】長沙人。字位存。號兩峯。嘉慶進士。知楚雄縣。精於治獄。每聽訟。一言折服。鞫重囚。雖數日不加刑。然卒莫能遁。官至戶部員外郎。

彭・玉麟 【清】衡陽人。字雪琴。自號退省庵主人。咸豐間洪楊軍起。曾國藩治水師於衡陽。玉麟與楊岳斌分統之。轉戰長江各省。捷湘潭。復武漢。破田家鎮。拔湖口。奪小姑山。復彭澤。連克九江安慶蕪湖江寧。功甚偉。定長江水師之制。每年巡閱長江。官至兵部尙書。卒諡剛直。性剛介絕俗。善爲詩。下筆立就。尤善畫梅。海內流傳者過萬本。

彭·伉 〔晉〕蘭陵人。字武陽。累遷尙書左丞。永康中至南昌。事許遜。遜以長女妻之。永和中舉家仙去。(按尙友錄作彭抗。以女妻許遜子。宋永初中仙去。與此說異。此從淸一統志。)

彭·仲剛 〔宋〕平陽人。字子復。乾道進士。歷國子監丞。知全州。減郡費。寬商稅。輸租得自槪量。擇學師教其子弟。親執經講說。丁父憂。民泣送至境外數十里。服除。知亳州。未行。特令提舉浙東常平。命下而卒。

彭·任 〔宋〕岳池人。慶曆初富弼使遼。任與偕行。道次語弼曰。朝廷所謂書詞。萬一與口傳異。將何以對。啓視果不同。弼卽馳還朝。更書而去。

◉〔淸〕寧都人。字中叔。一字遜仕。明諸生。鼎革後。結廬巘山。名所居曰一草亭。足不履城市。後居翠微峯。爲易堂九子之一。嘗論朱陸異同。謂學者之病。不在辨之不明。而在行之不篤。卒年八十有四。有禮法類編。草亭文集。

彭·兆蓀 〔淸〕太倉人。字湘涵。又字甘亭。工詩。駢體文尤鴻博沈麗。爲時所重。嘗遊江蘇布政使胡克家及兩淮轉運使曾燠幕。道光初舉孝廉方正。未赴卒。有小謨觴館集。

彭·光友 〔淸〕湘鄉人。咸豐間以武童從軍。轉戰湖北安徽。擊敗陳玉成及捻匪十餘萬衆。同治間復蕪湖。克金柱秣陵二關。破江寧城。並有功。官至總兵。後在蘄水戰死。

彭·光斗 〔淸〕溧陽人。字資圜。號退庵。乾隆舉人。官知縣。有雲溪草堂文鈔。

彭·合 〔宋〕廬陵人。高宗時爲清江主簿。以土瘠賦重。力請蠲減。後爲京西總領。卒於官。喪過清江。民相聚哭。肖像立祠。

彭·在份 〔明〕莆田人。號從野逸人。嘗著讀丹錄一書。詳論修煉之法。

彭·年 〔明〕長洲人。字孔嘉。號隆池山樵。少與文徵明游。以詞翰名。時稱長者。有隆池山樵集。

彭·汝方 〔宋〕汝礪弟。字宜老。以汝礪蔭得簿尉。汝礪卒。棄官歸葬。宣和初知衢州。方臘作亂。汝方守孤城。三日而陷。罵賊死。諡忠毅。

彭·汝楠 〔明〕莆田人。字伯棟。萬曆進士。擢給事中。時魏忠賢擅權。汝楠疏論紅丸一案。觸帝怒。幾不免。尋進都給事中。卒六科伏闕請省刑薄稅。忠賢怒。矯詔奪職。崇禎時歷官兵部左侍郎。乞歸卒。

彭·汝實 〔明〕嘉定人。字子充。正德進士。授給事中。嘉靖初呂柟·鄒守益下獄。汝實抗章救之。數言時政缺失。以力爭大禮。奪職閒住。汝實與程啓充·徐文華·安磐皆同里。時稱嘉定四諫。

彭·汝器 〔明〕安福人。名連。以字行。永樂進士。入讀中秘書。官至翰林學士。嘗扈從北征。預修實錄。年踰三十卒。有扈從五雲二稿。

彭·汝霖 〔宋〕汝礪弟。字巖老。第進士。以曾布薦。爲秘書丞。擢殿中侍御史。由是附布。遷侍御史。及布失位。謫濮州團練副使。後以顯謨閣待制卒。

彭·汝礪 〔宋〕鄱陽人。字器資。治平初舉進士第一。神宗用爲監察御史裏行。首陳十事。指摘利害。多人所難言者。王中正·李憲主西師。汝礪言不當以兵付中人。元祐中遷中書舍人。詞命典雅。進權吏部尙書。出知江州卒。有易義·詩義·鄱陽集。

彭·百川 〔宋〕眉山人。字叔融。所著太平治迹統類前集。於朝庭大政及諸臣事蹟。條分縷析。多可與史傳相參考。

彭·百鍊 〔明〕泰和人。字若金。永樂進士。官至廣西道監察御史。有若金集。

彭·而述 〔淸〕鄧州人。字禹峯。明崇禎進士。授陽曲知縣。入淸官至貴州巡撫。終雲南布政使。久歷邊陲。所爲詩文皆雄奇峭拔。有讀史亭詩文集。

彭·行先 〔淸〕長洲人。字務敏。一字貽令。號竺里。明崇禎中以貢生授知縣不就。亂後隱居教授。書出入晉唐。與金俊明·鄭敷教稱吳中三老。年九十二。整襟起坐。斂手而逝。

彭·吳 〔漢〕武帝時穿穢貊·朝鮮。置滄海郡。燕齊之間。靡然發動。

彭·坊 〔淸〕衡山人。字禮崇。一字儀岳。乾隆舉人。官浦江知縣。有瓦屉集。

彭·孚 〔淸〕衡山人。字迴醴。貢生。有白雲編。

彭·廷棟 〔淸〕寧夏人。乾隆間武進士。以貴州提標參將。隨勦緬甸。於普洱·永昌間屢立戰功。累擢貴州提督。勦黔楚苗。卒於軍。

彭·志德 〔淸〕湘鄉人。字道一。咸豐間攻武昌。喋血鏖戰。五閱月不解鞍。胡林翼稱爲敢死士。獎千總。後每戰必爲前驅。累官參將。三河鎭之役。死之。贈副將。諡武烈。

彭·更 〔戰國〕孟子弟子。以孟子傳食諸侯爲泰。孟子告以食功食志之道。

彭·其位 〔淸〕吳縣人。字素君。有學宮備考。

彭叔夏 宋廬陵人。中紹熙鄉舉。有文苑英華辨證。考核精密。用意尤爲謹嚴。

彭定守 明衡州人。號一峯。好學洽聞。嘉靖間中鄉舉。知崇慶州。多善政。擢烏撒府同知。有中庸說旨。

彭定求 清瓏子。字勤止。一字南畇。幼承家學。又嘗師事湯斌。康熙中會試廷對皆第一。授修撰。歷官侍講歸。遂不復出。其爲學以不欺爲本。以踐行爲要。生平服教最切者。尤在明七子。作高望吟七章以見志。七子謂陳獻章・王守仁・鄒守益・羅洪先・顧憲成・劉宗周・黃道周也。又著陽明釋毀錄・儒門法語・南畇文集。

彭宗 南朝宋彭城人。年二十。嘗學於杜沖。棲眞味道。精貫天人。嘗從師採藥。忽墮谷中。又爲蛇嚙。曾無慍色。沖乃授丹經五千文。宗寶而修之。洞暢幽漠。能三晝夜爲一息。或一年不動。人以爲死。及起。顏色愈鮮。山中毒蛇猛獸見之皆馴伏。後爲太清眞人。

彭承堯 湖松滋人。乾隆進士。隨征金川。廓爾喀。皆有功。官至廣西提督。嘉慶間貴州南籠及廣西西隆一帶狆苗不靖。承堯奮力勦捕。黔邊悉定。凱旋。卒於途。

彭明輔 明世麒子。嗣爲湖廣永順宣慰使。平賊有功。嘉靖間致仕。與宣慰彭翼南復至松江備倭。捷於王江涇。加都指揮使。

彭俞 宋宜春人。字濟川。少隱集雲峯。學邃於易。自號蓮山子。紹聖進士。官終朝散郎。有君子傳・循吏龜鑑・貫通篇・時議・文集等。

彭宣 漢陽夏人。字子佩。事張禹受易。禹受易於施讎。由是施家有張彭之學。禹薦宣明經博古。有威重。可任政事。哀帝時官至大司空。封長平侯。王莽專政。乞歸卒。

彭彥章 五代吳天祐初爲袁州刺史。後爲周本所敗。執歸楊隆演。署百勝軍使。吳越兵入寇。彥章與裨將陳汾拒之。兵敗。汾擁兵不救。彥章死焉。

彭思永 宋廬陵人。字季長。天聖進士。爲侍御史。極論內降授官賞之弊。仁宗深然之。時張堯佐覬執政。王守忠求旄節。思永不俟命下。率同列言之。後復論濮王稱親之非。終戶部侍郎。

彭春勝 清康熙間官副都統。俄羅斯據雅克薩城。聖祖命春勝往討。春勝乘其未備而急往。據其四周形勝。一戰而俄兵大敗。窮蹙乞降。其衆卽時徙去。遂訂尼布楚通商條約。

彭昱堯 清平南人。字子穆。一字蘭畹。道光舉人。工古文辭。問業於永福呂璜・上元梅曾亮。以才氣雄放見長。又矜風節。嘗以文字受知於督學池生春。生春歿。爲經紀其喪。立專祠於桂林。有怡雲樓稿。

彭洋中 清湘鄉人。字彥深。一字曉杭。道光舉人。四川候補知府。有古香山館存稿。

彭炳 元崇安人。字元亮。留心經學。詩效陶柳。喜與海內豪傑游。至正中徵爲端本堂說書。不就。有元亮集。

彭宲 元廣陵人。字仲愈。無書不讀。通五經。性行尤純謹。學者多師事之。有仲愈集。

彭乘 宋華陽人。字利建。第進士。以親老乞歸侍養。仁宗朝遷翰林學士。質直寡言。性純孝。不喜事生業。聚書萬餘卷。皆手自刊校。蜀中所傳書。多出於乘。晚典贊命。文辭少工云。◎宋高安人。生於神宗時。所著墨客揮犀。於宋代遺聞軼事。以及詩話文評。徵引頗詳洽。

彭倫 明累功至都指揮同知。成化初從平大藤峽賊。進都指揮使。守備貴州清浪諸處。羣苗不敢犯。尋充右參將。仍鎭清浪。益盡心邊計。戎事畢舉。進都督僉事・貴州總兵。致仕卒。

彭修翼 明長山人。字淩漢。萬曆武進士。官至臨清參將。徐鴻儒陷鄒・滕。修翼凡十四戰皆捷。以勞卒。

彭城老父 漢龔勝年七十九。不食死。老父來弔。哭甚悲。旣而曰。嗟乎。薰以香自燒。膏以明自銷。龔生竟夭天年。非吾徒也。哭畢趨出。時會斂數百人。竟莫知其爲誰。

彭孫 宋連城人。字仲謀。應募勦賊。討嶺南・交趾。皆有功。後討河西。以三千軍獲輜重六萬。累官萊州防禦使。尋建言復靈州。進劄十五通。會神宗不豫。寢不報。遂乞歸。

彭孫貽 清海鹽人。字仲謀。一字羿仁。明選貢生。國變後杜門奉母。終身不出。平生耿介自守。孝行聞於時。工畫山水墨蘭。及卒。鄉人私諡孝介。有茗齋詩餘・茗齋雜記。

彭孫遹 清海鹽人。字駿孫。號羨門。順治進士。康熙中舉鴻博第一。授編修。歷官吏部右侍郎。文才敏贍。尤工詩。與王士禎齊名。時號彭王。有松桂堂・南淮・香匲・唱和等集。

彭師度 清江蘇華亭人。字古晉。號省廬。吳偉業謂與吳兆騫・陳維崧爲江左三鳳。有彭省廬詩文集。

彭庭堅 元瑞安人。字允誠。至正進士。歷同知建寧路總管府事。定建陽・浦城・邵武諸賊。陞同知福建道宣慰使司副都元帥。鎭邵武。時鎭撫萬戶岳煥素悍。縱卒爲暴。庭堅欲繩以法。煥懼。使部卒詐爲賊兵突入。衆潰。庭堅獨留不去。遂遇害。

彭時　（明）安福人。字純道。正統進士第一。授修撰。憲宗時累官吏部尚書。文淵閣大學士。進少保。立朝三十年。持正存大體。有古大臣風。卒諡文憲。有可齋雜記・彭文憲集。

彭桂　（清）溧陽人。原名椅。字上馨。一字愛琴。諸生。詩文浩瀚淹博。以數千言立就。康熙中薦舉鴻博。以母疾辭不赴。有泊菴詩鈔。

彭泰來　（清）高要人。字子大。號春洲。嘉慶拔貢。有昨夢軒文集。

彭眞　（明）字用實。洪武間領鄉薦。入太學。永樂間詔遴國子生四人輔贊親王。眞首被選。累遷戶部郎中。巡撫江浙。兼督糧稅。漕餉充給。吏戢民綏。上下便之。尋乞歸。

彭祖　（上古）姓籛名鏗。陸終氏第三子。帝顓頊之孫。自堯時舉用。歷夏至殷末。八百餘歲。常食桂芝。善導引行氣。封於彭城。故稱彭祖。論語曰。竊比於我老彭。舊注。老彭。殷賢大夫。好述古事。正義曰。老彭卽莊子所謂彭祖也。

彭祖賢　（清）蘊章子。號芍亭。以蔭生授戶部主事。同治間官至湖北巡撫。平居徐言緩視。粹然儒者。至遇大利害。侃侃不撓。必得其當而後已。

彭偃　（唐）銳於營進。自謂爲宰相所抑。鬱鬱不慊。朱泚之亂。匿於田家。泚用爲中書舍人。辭令一出其手。故辭尤誖慢。後事平。伏誅。

彭勗　（明）吉安永豐人。字祖期。永樂進士。除南雄建寧二府教授。有賢聲。正統初擢御史。督南畿學政。訓迪有方。士風大振。後爲山東副使。土木之變。數言兵事。以直不容於時。致仕歸。有書傳通釋。

彭啓豐　（清）定求子。字翰文。號芝庭。又自號香山老人。雍正間廷試第一。授修撰。乾隆間官至兵部右侍郎。致仕歸。立朝垂四十年。試士之典。無不在列。經歷滇南中州江右山左浙東西。所至皆稱得士。工畫山水。詩古文具有家法。碑版文尤推重於世。有芝庭詩文集。

彭堅　（元）文宗時寓蜀城。善畫釋像。宗吳道玄。

彭崧毓　（清）江夏人。字于蕃。號穉宣。又號漁孫。道光進士。官至雲南迤東道。有求是齋文存。

彭敎　（明）吉水人。字敷五。天順進士第一。授翰林院修撰。進侍講。銳意輔導。有瀧江集・東瀧遺稿。

彭淸　（明）榆林人。字源潔。初襲綏德衞指揮使。弘治中擢副總兵。守甘肅。從許進恢復哈密有功。遂爲總兵官。淸御士有恩。久鎭西陲。威名甚著。性廉潔。在鎭遺母及妻妹四喪。遺命其子不得受賻贈。故其喪亦不能歸。帝聞之。命撫臣發帑錢賚送歸里。

彭淵材　（宋）宜豐人。平生喜游。出入京兆貴人之門十餘年。父以書呼之歸侍。一日同一蹻徒負一布囊而歸。及解開。止有李廷珪墨一丸。文與可竹一枝。歐陽公五代史稿一巨編而已。淵材嘗自言平生有五恨。一恨鰣魚多骨。二恨金橘帶酸。三恨蓴菜性冷。四恨海棠無香。五恨曾子固不能詩。善曉大樂。嘗獻樂書。除協律郎。時洪覺範奇於詩。鄒元佐奇於命。淵材奇於樂。號新昌三奇。

彭淑　（清）長陽人。字秋潭。乾隆舉人。知吉水縣。喜學問。能文章。好切言高論。有蟾芝集。

彭琉　（明）安福人。字毓敬。永樂進士。授政和知縣。御史李寀巡銀場。家人爲奸利。琉縶之。謫教諭。楊士奇以文學薦。擢編修。官終湖廣副使。琉寡嗜慾。甘勞苦。勖以古人自期。廉名直節。表著一時。

彭紹升　（清）啓豐子。字允初。號尺木。又號知歸子。乾隆進士。工古文。初慕賈生之爲人。思赫然樹功烈。後讀儒先書。尤喜陸王之學。嘗與吳縣汪搢・瑞金羅有高等游。大閱藏經。居深山習靜。素食持戒甚嚴。欲以徹儒佛之樊。尋復家卒。有二林居集。

彭紹封　（清）益陽人。字渼池。諸生。有漢池文集。

彭紹賢　（明）海鹽人。字孔嘉。萬曆間官參將。工詞。有擊壺集。

彭紹謙　（清）長洲人。字濟光。乾隆舉人。官至曹州府桃源同知。有閑家類纂。

彭羕　（蜀漢）廣漢人。字永年。初仕州爲書佐。州牧劉璋髡鉗羕爲徒隸。先主入蜀。羕因龐統薦爲治中從事。羕起徒步。一朝處州人之上。囂然自矜。左遷江陽太守。遂出怨言。被誅。

彭翊　（清）啓豐曾孫。字仲山。工畫花卉。善隸書。書法唐人。

彭脩　（後漢）毗陵人。字子陽。年十五。侍父行道中。爲盜所劫。脩拔佩刀向盜曰。父辱子死。汝不畏死耶。盜義而舍之。仕郡爲功曹。從太守討賊。障扞太守。爲流矢所中死。賊素聞脩恩信。卽殺弩中脩者。餘悉降散。曰。今日之降。自爲彭君。不爲太守也。

彭通　（清）蠡縣人。好學書及畫。順治中與上谷張乘曬結北郊社。放曠行歌。一混於酒。後棄家游京洛間。年八十餘。飲酒浩歌如故。書畫益進。

彭富　（明）鶴慶人。字仲禮。嘉靖進士。累官四川布政。先後平李富。征十寨。討建越。均徭役。寬榷稅。平出納。所在以功德著。後巡撫貴州。致仕歸。

彭詩　（宋）都昌人。字師繹。文行爲鄉里所推。稱曰東園先生。

彭復初　（宋）安福人。進士。精於易。嘗本朱熹。邵雍之說。著易學源流。

彭景直　唐河間人。景龍末爲太常博士。嘗上言在禮陵不日祭。請罷之。帝不從。帝崩。葬定陵。議以和思皇后祔。后爲武后所殺。不得其喪所。將招魂以葬。景直請如橋山藏衣冠故事。納后褘衣以葬。制可。後歷禮部郎中卒。

彭欽　宋龜年子。字仲恭。嘉定間以父蔭授軍器監主簿。或欲删其父所編內治聖鑑。欽持不可。遂請外。添差嘉興通判。監司表其廉平。

彭畬　唐婺源人。黃巢亂。畬率兄弟起義兵。以捍鄉邑死。鄉人立廟祀之。

彭程　明鄱陽人。字萬里。成化進士。授御史。巡視京城。降人雜處。多爲盜。事發則投戚里閹豎。程每先譏制之。有發輒得。巡鹽兩浙。嚴毅莫敢干。代還。巡視光祿。以諫造皇壇器忤旨。下錦衣獄。家屬戍邊。

彭絲　元安福人。父應龍。宋江陵府教授。致仕。弟齊叔。父子兄弟。自相師友。博習修潔。俱以著述爲業。絲所著有算經圖釋。黃鐘律說。禮記集說。易庖。春秋辨疑等書。

彭舜卿　明長興人。號素仙。善畫人物山水。

彭華　明時族弟。字彥實。舉景泰會試第一。性深刻。多計數。善陰伺人短。與萬安。李孜省相結。藉以排異已。大臣相繼被逐。華遂由詹事遷禮部侍郎。入內閣。得風疾去。卒諡文思。有彭文思集。

彭越　漢昌邑人。字仲。初事項羽。後率兵歸漢。略定梁地。多建奇功。及項羽死。封梁王。都定陶。高祖既誅韓信。越懼誅及己。帝擊陳豨。徵兵於梁。越稱疾。使將將兵詣邯鄲。帝怒。遣人讓之。其將扈輒勸越反。越不從。梁太僕得罪。走漢告之。帝使使掩越。囚至洛陽。廢爲庶人。處蜀西。逢呂后從長安來。謂帝曰。彭王壯士。今徙之蜀。此自遺患。遂夷越三族。梟其首。欒布收而葬之。

彭進　清啓豐族弟。字晉蕃。號淺凡。又號愚谷子。貢生。善畫山水人物。

彭閎　後漢少習歐陽尚書。與桓榮爲同門生。光武時拜議郎。

彭開祐　清婁縣人。字孝緒。號椒巖。康熙進士。官武岡知州。工詩。有彭椒巖詩稿。

彭雲　唐宜春人。自幼力學。通陰陽圖緯。隱居不求聞達。玄宗遣使者以蒲輪召之。至再始行。命之官。不就。辭歸。

彭楚克林沁　清敖漢部落人。乾隆時爲台吉額駙。典宿衞數十年。通文藝。熟習遼金元諸代事。嘗與裘曰修談三史事。裘爲之瞪目。高宗稱之曰散漢先生。

彭殿元　清廬陵人。字上虎。康熙進士。授編修。與修明史。主順天鄉試。所取多名士。未幾罷官。構薌谷小隱。潛心講學數十年。有薌谷稿。

彭與明　明萬安人。洪武中貢入太學。歷給事中。建文初爲大理右丞。廉勤敏達。督軍與燕師戰。兵敗。被執縱歸。慚憤裂冠裳。變姓名亡去。不知所終。

彭愼　明崑山人。字季常。爲御史。執法不阿。受知宣宗。愼嘗被誣下法司鞫之。得白。宣宗笑曰。朕說小彭御史不受錢。那有此耶。後擢福建左參政。壽踰九十。

彭輅　明海鹽人。字子殷。嘉靖進士。官南京刑部主事。以察典罷歸。有彭比部集。

彭鉉　宋欽弟。字仲誠。累知贛州。蠲逋賦二十萬。擢直寶謨閣。有臨川可否錄。備寇議事錄。

彭寧求　清定求從弟。字文洽。號瞻庭。康熙進士。由編修歷侍講。勤於其職。母憂歸。服除不起。後召補侍讀。直暢春苑。以勞卒。有歷代山澤征稅記。

彭毓橋　清湘鄉人。字杏南。咸豐間從曾國荃援江西。攻景德鎮。克之。復安慶。取蕪湖。克江寧。官至布政使。後與捻寇戰於蘄水。被執遇害。諡忠壯。

彭端淑　清丹稜人。字樂齋。雍正進士。由吏部郎中出爲肇羅道。尋歸。獨肆力爲古文辭。其詩質厚重。不爲鑿悅之習。文亦如之。後主講錦江書院。名重一時。有白鶴堂詩文集。

彭綱　明清江人。字性仁。成化進士。官員外郎。上封事劾妖僧繼曉。出知汝州。鑿渠引水。灌田數千畝。世爲民利。再遷雲南提學副使。以明公稱。

彭聚　明爲北平都指揮。與孫太副宋忠守懷來。忠敗。聚力戰死。

彭肇洙　清丹稜人。字仲尹。雍正進士。官御史。有撫松亭詩集。

彭賓　清江蘇華亭人。字燕又。一字穆如。明崇禎舉人。入清官汝寧府推官。與夏允彝·陳子龍友善。而文章則各成一格。沒後遺稿散佚。康熙間其孫士超掇拾殘賸。爲搜遺稿四卷。

彭遠　明南昌人。字務本。永樂舉人。宣德中知淮安府。値歲饑。流民四至。爲構舍以居。發廩粟。寬醝禁。所活甚衆。後被誣當罷。適中使過淮。民擁舟乞爲奏請。宣宗命復留之。正統間擢廣東布政使。致仕卒。

彭韶　明莆田人。字鳳儀。天順進士。歷刑部員外郎。成化中以上疏忤旨再下獄。得釋。孝宗時官終刑部尙書。稟節無私。事關大體。皆抗疏極論。貴戚近習深疾之。遂乞歸。卒謚惠安。有政書。彭惠安集。

彭德淸〔明〕官欽天監正。扈從英宗北征。時王振威焰震主。大臣咸俯首順命。會有金星之異。德淸厲聲斥振曰。象緯示警。不可復前。若有疏虞。誰執其咎。振怒罵曰。倘有此。亦天命也。尋被害。

彭樂〔北齊〕安定人。字興。驍勇善騎射。初隨杜洛周。降於爾朱榮爲都督。又從高歡出山東。嘗與宇文泰相拒。樂深入被刺。腸出。納之不盡。截去復戰。身被數創而還。後復戰。樂馳入宇文泰營。虜將佐四十餘人。高歡使樂追泰。泰窘曰。癡男子。今日無我。明日豈有汝耶。何不急收金寶。樂如言。獲金帶一束歸。天保初封陳留王。遷太尉。以謀反伏誅。

彭誼〔明〕東莞人。字景宜。正統中鄉舉。成化中以右副都御史。巡撫遼東。誼好古博學。通曆律占象水利兵法之屬。平居謙厚簡默。臨事毅然能斷。鎭遼八年。軍令振肅。年未老。四疏告歸。家居四十餘年卒。

彭震龍〔宋〕永新人。字雷可。文天祥妹壻。性跌蕩喜事。天祥起兵。知永新縣。天祥出使被執。震龍遁歸。吉州已失。乃結峒獠起兵。天祥兵出嶺。震龍接應。復永新。元兵至。被執死之。

彭曉〔後蜀〕永康人。字秀川。善修煉。自號眞一子。仕孟昶爲祠部員外郎。嘗分魏伯陽參同契爲九十章而註之。以應火候九轉。有參同契分章通義九卷。

彭樹葵〔淸〕夏邑人。字觀之。號水南。乾隆進士。由編修累官總督倉場。戶部右侍郎。遇事精勤。凡所區處。必盡其當。而大意務以實惠及人。所爲詩文集外。輯有中州詩選。喩言集古二書。

彭澤〔明〕蘭州人。字濟物。弘治進士。歷遷浙江副使。河南按察使。所至以威猛稱。擢右副都御史。偕咸寧伯仇越討平劉惠。趙鐩等於河南。總督川陝。復破平川賊。進左都御史。與王瓊忤。乞歸。斥爲民。世宗初起兵部尙書。時部事積壞。澤覈功罪。杜干請。兵政一新。引疾歸。復以事奪職。卒謚襄毅。

彭興宗〔宋〕金溪人。字世昌。受業陸九淵。九淵令其教授諸子。稱有法度。淳熙中築精舍於應天山以居九淵。卽所謂象山也。後以購書訪朱熹。時方嚴黨禁。熹以詩戒之。

彭興祖〔宋〕五歲能詩。紹興中張浚以名聞。召見內殿。以爲迪功郎。

彭衞〔宋〕思永子。字明徵。性孝謹。以父老。棄官家居十餘年。族里稱之。

彭遵泗〔淸〕肇洙弟。號磬泉。乾隆進士。官編修。著有蜀碧。所載皆張獻忠禍蜀事也。

彭龜年〔宋〕淸江人。字子壽。乾道進士。從朱熹。張栻游。學益進。累官秘書郎。屢請光宗朝重華宮。寧宗時遷吏部侍郎。朱熹以論事見絀。龜年請與倂斥。不報。數論韓侂冑奸。坐落職。開禧中以寶謨閣待制致仕。卒謚忠肅。龜年學識正大。議論簡直。善惡是非。辨析甚嚴。有止堂集。

彭瑺〔後晉〕崇安人。字武仲。通經史。家饒於財。性喜釋典。仕至殿中監。

彭績〔淸〕長洲人。字其凝。更字秋士。絕意科舉。幷力爲詩。未嘗斅爲文。然有作輒工。家貧。賣屋以葬親。家具蕩盡。獨攜先世遺書二簏。轉徙無常居。有秋士遺集。

彭謙〔明〕湘陰人。永樂進士。累官四川按察副使。按治不法。四境肅然。後以四川左參議致政歸。

彭簪〔明〕安城人。自號石屋山人。官衡山知縣。有衡嶽志。

彭翼南〔明〕湖廣永順宣慰使。嘉靖間檄調至蘇松備倭。王江涇之戰。與保靖土兵協力敗之。倭爲奪氣。授昭毅將軍。後擢至右布政使。

彭藎臣〔明〕湖廣保靖宣慰使。嘉靖間檄調至蘇松禦倭。累敗之於石塘灣。王江涇等處。錄功授昭毅將軍。加右參政。

彭寵〔後漢〕弘子。字伯通。更始時爲漁陽太守。後歸光武。封建忠侯。賜號大將軍。光武至薊。寵上謁。自負其功。帝接之不能滿。以此懷不平。及光武卽位。寵獨無所加。愈怏怏。爲朱浮所譖。發兵反。寵蒼頭子密殺寵夫婦。持頭詣闕。夷其宗族。

彭蟾〔唐〕宜春人。字東瞻。好學不仕。以處士稱。重脩唐韻。著鳳池本草。廟堂龜鑑。

彭鏞〔元〕淸江人。字聲之。少穎敏過人。讀春秋通大義。工詩。不仕。性嗜酒。晚號淸江酒民。又號匏菴道人。有蕙櫋稿。

彭鯤躍〔淸〕濟南人。字南溟。善畫蘆雁。翔舉鳴宿。皆得其宜。

彭鵬〔淸〕莆田人。字奮斯。號無山。一號古愚。順治舉人。康熙間耿精忠叛。凡九拒之。卒能不汙僞命。由三河知縣舉廉能第一。累擢給事中。直聲震海內。與郭琇並稱曰郭彭。官至廣東巡撫。淸苦刻厲。罷官後貧無以自存。有古愚心言。

彭寶〔明〕桐城人。字惟善。爲諸生。父母怒則泣涕叩頭。得解乃起。父母不和。嘗終日跪以求解。妻胡氏事姑稍不敬。輒欲出之。妻悔悟。卒以婦道稱。後居喪哀毀卒。遺言以衰服斂。

彭·瓏 【清】長洲人。字雲客。號一菴。順治進士。授長寧知縣。有惠政。被誣劾歸。益力於學。初好釋道書。晚年得無錫高攀龍·顧憲成書。乃反本守約。一以主敬爲宗。自稱信好老人。署其室曰志矩齋。及卒。弟子私謚曰仁簡先生。

彭繼凱 【元】分宜人。至正末。歐普祥陷袁州。繼凱募義勇迎戰。大敗之。適安福義士袁明東等亦引兵來會。遂并力克復袁城。乃下令禁殺掠。脩城池。繕兵甲。弔死卹孤。民賴以安。遣人詣贛迎舊守寶童歸。寶童嫉其功。刺殺之。

彭·耀 【明】順德人。爲永明王給事中。齎敕至廣州諭唐王。以諸王禮見。備陳天潢倫序及監國先後。語甚切至。爲蘇觀生所害。

彭·蘊章 【清】啓豐曾孫。字琮達。一字詠莪。道光進士。授工部主事。累官工部尚書·武英殿大學士。原本家學。誦法洛閩。爲朝野推重。入內閣不由翰林。異數也。卒謚文敬。有詩文集·讀書記等書。

彭·蠡 【宋】尋弟。字師範。朱熹守南康。蠡從之游。爲熹所重。以積學名世。號梅坡先生。

彭·儼 【明】江西人。字若思。有類書曰五侯鯖。

彭·顯宗 【明】湖廣保靖宣慰使。成化間調征廣西及荆襄貴州蠻。屢有功。詔給誥命。以老致仕。

復株絫若鞮單于 【漢】匈奴呼韓邪單于子。名雕陶莫皐。建始中嗣立。河平中入朝。卒於鴻嘉初。

復·陸支 【漢】從驃騎將軍擊左賢王。以少破多。捕虜三千餘人。元狩初封杜侯。

復·揚清 【明】扶風典史。籍民爲上中下三等。憑以差役。莫不從令。貧無牛耕者爲假貸。秩滿。民詣闕乞留。乃陞祿任之。

復·塗禎 【春秋】【衞】靈公近癰疽·彌子瑕。二人者專君之勢以蔽左右。塗禎以夢諷公。公曰善。於是廢癰疽·彌子瑕而立司空狗。

復禮 【唐】高僧。京兆皇甫氏子。住興善寺。游心內典。兼博玄儒。尤工吟詠。永隆間太子文學權無二。述釋典稽疑十條以問復禮。遂撰十門辨惑論以答之。有文集。

循·景智 【梁】廬陵人。蕭穎孚自京師出亡。景智潛引與南歸。至廬陵爲起兵。屯藥山湖。參看循靈祐條。

循·靈祐 【梁】景智宗人。景智引蕭穎孚至廬陵。與靈祐同起兵屯藥山湖。穎孚率靈祐等進據西昌。齊東昏侯遣劉希祖入湘拒之。穎孚奔長沙。

惠·士奇 【清】周惕子。字天牧。一字仲儒。晚號半農居士。康熙進士。選庶吉士。授編修。再任廣東學政。以經學倡。士風大振。累官侍讀。以病告歸。初兼治經史。晚歲尤邃於經。著易說·禮說·春秋說。於古音古字。皆爲分別疏通。復援引諸史百家之文。以爲佐證。極深研幾。無不通貫。又有交食舉隅·琴笛理數考·紅豆齋小草·詠史樂府。及歸耕人海諸集。卒年七十一。學者稱紅豆先生。子七人。棟最知名。

惠日 【唐】僧。濮陽慶氏子。早歲達道。隱居衡嶽寺。盧藏用作十八高僧序。惠日其一也。

惠·民 【明】滿城人。字濟衆。天順舉人。知齊河縣。敕褒其中正不阿。在任九年致仕。

惠生 【後魏】僧。住洛陽。孝明帝時奉太后命與敦煌人宋雲往西域求佛典。遂至印度而還。得大乘經典百七十部。有使西域記。

惠立 【唐】高僧。本名子立。新平趙氏子。年十五出家於豳州昭仁寺。後授太原寺主。高宗時頻召入內與黃冠對論。稱旨。以師玄奘求經印度。紀述罕聞。撰慈恩三藏行傳。未成而卒。

惠休 【南朝】【宋】僧。姓湯氏。善屬文。徐湛之與之甚厚。武帝令使還俗。位至揚州從事。江淹雜體詩三十首。有擬休上人詩。顏延之每薄其詩。謂人曰。惠休制作。委巷中歌謠耳。鍾嶸詩品亦謂惠休淫靡。情過其才。世遂匹之鮑照。

惠光 【北齊】高僧。一作慧光。長盧楊氏子。博通經論。尤精律部。時人號之聖沙彌。初在京洛。任國僧都。後召入鄴。任至國統。卒年七十。有勝鬘遺教溫室仁王般若等注釋。又再造四分律疏。著玄宗論·大乘義律章·仁王七誡·僧制十八條等。

惠吉 【清】滿洲鑲黃旗人。姓富察氏。嘉慶間由蔭生除主事。道光間官至陝甘總督。值回民句結番衆。滋擾邊境。惠吉派兵進勦。事未定。卒官。

惠·希孟 【元】江陰人。字秋厓。性聰慧。博涉羣書。兄希顏·弟希點皆無嗣。希孟奉兄撫弟。篤愛無間。有易象鉤玄·雜禮纂要·家範等書。

惠成 【清】滿洲正白旗人。姓瓜爾佳氏。咸豐·同治間從攻洪楊軍。轉戰湖南江西安徽。官至宣化鎮總兵。

惠·周惕 【清】吳縣人。字元龍。少從徐枋·汪琬游。篤志羣經。爲文章有渠度。康熙中成進士。選庶吉士。改授密雲知縣。卒於官。有易傳·春秋三禮問·詩說·研溪詩文集。惠氏三世以經學著。周惕其創始者也。

惠忠 【唐】高僧。一作慧忠。上元王氏子。幼有異禀。年二十三出家。

志節高簡。住牛頭山四十年。終日兀坐。寒暑一衲。天寶初出居昇州莊嚴寺。大曆間坐化。有見性序及行路難行世。

惠旻 〔唐〕高僧。河東人。字玄素。好幽居。所處多在巖壑。九歲出家。通諸經。歷游天台等處。數年還吳。止通玄寺。結徒厲業。不出寺門者十七年。武德初復入高虞山隱居二十餘年。繼止南澗一草菴。卒年七十七。有十誦私記・僧尼行事・尼衆羯磨・道俗菩薩戒義疏。

惠明 〔宋〕高僧。住華亭普照寺。潦倒猖狂。人莫能測。談災福輒驗。能詩。與濟顚齊名。人號明顚。

惠・直 〔宋〕當塗人。初名直方。後去方名直。字子溫。崇寧進士。歷德化簿。歙州推官。政和中舉詞學兼茂科。遷太常博士。

惠・施 〔戰國〕〔宋〕爲梁國相。善辯。與莊周善。周謂其多方術。書五車。道舛駁而言不中云。

惠洪 〔宋〕僧。宜豐彭氏子。名覺範。工詩。有集名石門文字禪。又著冷齋夜話・僧寶傳・臨濟宗旨。

惠崇 〔宋〕僧。爲宋初九僧之一。工吟詠。兼善畫。著有句圖。

惠理 〔晉〕僧。西天竺人。咸和初來中國。至杭州。見山巖秀麗。曰吾國中靈鷲山之一小嶺。不知何年飛來。洞舊有白猿。遂呼之。應聲而出。飛來峯由是得名。惠理卽地建靈鷲靈隱二刹。常晏坐巖中。號理公巖。

惠・莊 〔漢〕長安儒生。元帝時五鹿充宗善易。朱雲與之論難。連折五鹿。莊聞之。歎曰。栗犢反能爾耶。遂裹糧從雲。

惠・棟 〔清〕士奇次子。字定宇。號松崖。人稱小紅豆。元和學生員。自幼篤志向學。於經史諸子稗官野乘及七經讖緯之學。無所不通。家貧。課徒自給。行義至高。乾隆中大臣薦經明行修。索所著書。未及進呈。罷歸。卒年六十二。棟於諸經熟洽貫串。尤邃於易。嘗追考漢儒易學。發明易之本例。撰易漢學・周易述・易微言・易例。又以古音古字。非經師不能辨。撰九經古義。又有明堂大道錄・禘說・古文尚書考・後漢書補注・王士禛精華錄訓纂・九曜齋筆記・松崖文鈔・諸史會最・竹南漫錄諸書。錢大昕謂擬諸前儒。當在何休・服虔之間。馬融・趙岐輩不及也。

惠寬 〔唐〕高僧。寧化葉氏子。入開元寺出家。虎爲害。惠寬馴伏之。衆號伏虎禪師。保泰間剏庵名普護。庵側軍嶺。高峻無水。惠寬於磐石上頓錫出水。至今不竭。建隆中示寂。

惠慶 〔清〕滿洲正黃旗人。姓富察氏。咸豐初轉戰兩粵。以功官至廣西提督。同治間任古城領隊大臣。漢回作亂。陷古城。闔門殉難。諡壯節。

惠・疇 〔宋〕江陰人。字敍之。嘉定進士。知常熟縣。劭農勸學。擢頁摘姦。政以大成。嘗建閣。丞相曾公榜曰景言以旌之。

惠齡 〔清〕蒙古正白旗人。姓薩爾圖克氏。乾隆間由主事累擢四川總督。會同福康安勦辦廓爾喀。督理糧運。嘉慶初教匪之亂。轉戰有功。官至川陝總督。卒諡勤襄。

惠・顯 〔明〕清澗人。由步卒積功至延綏副將。闖賊至。激厲將士閉城固守。城破被擒。不屈死。

惲・日初 〔清〕武進人。字仲升。號遜菴。又號黍菴。明崇禎副貢。受業劉宗周。以經濟才自負。嘗應詔上備邊五策。不報。歸隱天台山中。旋遊兵走建寧。爲浮圖。名明曇。參永明王軍事。兵敗歸。僧服講學以終。其說重知行並進。而防檢精密。大旨不離愼獨。有見則堂語錄・不遠堂詩文集。

惲・世臨 〔清〕武進人。字次山。道光進士。嫻掌故。諳郡國利病。由主事累官湖南巡撫。被劾罷歸。有櫟存草堂文集。

惲・本初 〔清〕武進人。字道生。後改名向。號香山。明經博學。明崇禎間舉賢良方正。授中書舍人不就。善畫山水。學董巨。晚年在倪黃之間。有畫旨。

惲・光宸 〔清〕大興人。原籍陽湖。字濬生。道光進士。授編修。咸豐間累擢江西按察使。洪楊軍圍攻南昌。光宸督兵守禦。大敗之。累官江西巡撫。

惲・冰 〔清〕壽平族曾孫女。字清于。善寫生。芊眠蘊藉。用粉精絕。迎日花朶俱有光。適同縣毛鴻調。築小樓。夫婦居之。以吟詩作畫老焉。

惲・秉怡 〔清〕陽湖人。字潔士。諸生。工書畫。以清操自厲。淡於進取。務爲經濟之學。

惲・彥琦 〔清〕大興人。原籍陽湖。字亦韓。號莘農。咸豐進士。官至湖北督糧道。署按察使。有損齋雜錄。

惲・巘 〔明〕武進人。景泰二年歲大祲。出粟二千石爲賑。事聞。敕旌爲義民。

惲・珠 〔清〕陽湖惲毓秀女。字星聯。別字珍浦。晚號蓉湖散人。嫁完顏氏。十歲能詩。十三工紩繡。善繪事。閨中有三絕之目。子麟慶。官至南河總督。所至多治績。母教也。珠道光間卒。所纂有閨閣實錄。清朝女士正始集。

惲・祖翼 〔清〕陽湖人。字叔謀。一字菘耘。同治舉人。由知縣累官浙江巡撫。時值衢州戕官焚教堂之變。英國欲以兵艦赴浙。祖翼禽捕眞犯十餘。

科以抵償。文武官襯職戍邊。事乃定。

惲．厥初　(明)武進人。字伯生。仕至方伯。歷官有聲。性和易。不肯矯激絕物。亦不趨附勢要。乞身歸里。以讀書賦詩自娛。有考槃集。

惲．敬　(清)陽湖人。字子居。號簡堂。乾隆舉人。歷知富陽江山二縣。遷江西吳城同知。以事去官。爲人負氣。矜尙名節。所至以振興文學爲務。自言其學非漢非宋。不主故常。治古文。得力於韓非．李斯。與蘇明允相上下。近法家言。世稱陽湖派。有大雲山房文集。

惲．壽平　(清)日初子。名格。以字行。更字正叔。號南田。又號白雲外史．雲溪外史。亦稱東園客。幼嘗薙染杭之靈隱寺。作山水。秀潤天成。見王翬畫。乃讓之獨步。自學花卉。以北宋徐崇嗣爲歸。賦色之妙。爲古今絕藝。書學褚河南。詩筆超逸。康熙中卒。有甌香館集。

惲．標　(清)壽平族孫。字樞亭。善畫花卉蟲魚。

惲．巍　(明)武進人。字功甫。弘治進士。由戶曹歷湖廣兵備副使。從王守仁用兵。多有方略。在武昌計擒叛魁趙燧。中丞毛伯溫薦以自代。劉瑾索賂不得。削其功。罷歸。

掌．禹錫　(宋)郾城人。字唐卿。中進士第。爲道州司李參軍。試身言書判第一。丁度薦爲侍御史。上疏請嚴備西羌。時議舉兵。禹錫引周宣薄伐爲得。漢武遠討爲失。且建畫增步卒。省騎兵。英宗卽位。以尙書工部侍郎致仕卒。禹錫矜愼畏法。居家勤儉。嘗預修皇祐方域圖志．地理新書．及校正類篇．神農本草。載藥石之名狀。爲圖經。又著郡國手鑑．周易集解。

揆敍　(清)滿洲正白旗人。明珠子。字愷功。號惟實居士。康熙時官至左都御史。卒諡文端。有隙光亭雜識．益戒堂詩集．雞肋集。

提．橋　(明)河間人。字景如。號濟如居士。明天啓進士。入清官至刑部侍郎。有詩說簡正錄。

提．彌明　(春秋晉)趙盾車右。勇士也。靈公伏甲欲攻盾。與飲。彌明知之。曰。臣侍君飲。過三爵。非禮也。扶而下。公嗾獒。彌明搏殺之。曰。棄人用畜。雖猛何爲。鬬且出。彌明卒死之。(按史記晉世家作示眯明。此從左傳。)

揚．无咎　(宋)清江人。字補之。號逃禪老人。又號清夷長者。高宗朝以不直秦檜。累徵不起。善書畫。詞格殊工。有逃禪詞。

揚古利　(清)滿洲正黃旗人。姓舒穆祿氏。世居渾春。父爲庫爾喀部長。爲部人所害。時揚古利年十四。手刃殺父者。太祖異之。日見信任。征輝發多壁城。阻水。揚古利率先逕渡。大獲而還。又破烏喇。征輝發。克瀋陽。直入長城。行軍四十餘年。大小百餘戰。被創最多。功業特偉。封超品公。卒後追封武勳王。

揚．烏　(漢)雄子。稱神童。九歲而夭。

揚．季衡　(宋)无咎從子。墨梅得家法。又善水墨翎毛。

揚善　(清)滿洲鑲白旗人。姓瓜爾佳氏。費英東弟子。天聰時從攻明。衝鋒破堅。所至有功。授議政大臣。順治初何洛會希多爾袞意。誣告豪格言詞悖妄。揚善旣不諫阻。又不擧首。與其子羅碩俱棄市。後世祖念其無辜。復世職。

揚．雄　(漢)成都人。字子雲。少好學。不爲章句訓詁。博覽無所不見。爲人簡易佚蕩。口吃不能劇談。好深湛之思。成帝時召對承明庭。奏甘泉河東長楊等賦。多仿司馬相如。後仕於王莽。朱子綱目書莽大夫。所著有太玄．法言．方言等書。

握衍朐鞮單于　(漢)匈奴烏維單于耳孫。名屠耆堂。初代父爲右賢王。神爵間嗣立。復修和親。性凶惡。盡殺虛閭權渠時用事貴人。又免其子弟近親。而任用顓渠閼氏弟都隆奇。及其子弟代之。國內多叛。立呼韓邪單于。而發兵擊握衍朐鞮。握衍朐鞮敗走。忿恚自殺。

揭．汯　(元)傒斯子。字伯防。年十八。盡通六經大義。攻古文詞。侍父於燕。以蔭補秘書郎。遷國史編修。歷官至肅政廉訪司事。守建寧。陳友諒兵寇松關。建寧受圍。汯與經略使普顏不花協謀禦賊。設方略。復延平等三州。改江西行省未赴。以工部郎中召。時淮浙亂。道不通。留家慈谿。子樞浮海趨遼東。制授刑部侍郎。旣而順帝脊避。乃南還。

揭．恂　(清)江西廣昌人。字木男。順治時寇大掠。父繫賊營。恂入營求代父。父脫。恂死之。工詩文。有尙書讕．瓶園集．頌讓賦。

揭．重熙　(明)臨川人。字祝萬。崇禎中以五經中鄉會試。時稱異才。授福寧知州。福王時遷吏部主事。後隨永明王招士兵聚保。兵敗被執。死之。

揭．祐民　(元)廣昌人。後寓居盱水上。自號盱里子。晚年又稱希章子。泰定中爲邵武經歷。有能聲。好遊。遇故都遺跡。必裴回悲歌而去。有盱里子集。

揭．軌　(明)臨川人。傒斯之後。洪武初以明經舉任淸河主簿。遷知縣事。民懷其德。已而謝歸。教授生徒。召定書傳會選。數承顧問。有淸河集。

揭．傒斯　(元)富州人。字曼碩。早有文名。大德間程鉅夫．盧摯薦於朝。

三入翰林。天曆初開奎章閣。首擢授經郎。教勳戚大臣子弟。文宗甚見親重。元統初累陞侍講學士。知經筵。與修經世大典及遼金宋三史。卒追封豫章郡公。諡文安。傒斯爲文嚴整簡當。詩尤清婉麗密。朝廷大典册及元勳茂德銘辭。必以命焉。有文安集。

揭陽．定 〔漢〕武帝時定以南越揭陽令降。封安道侯。

揭．暄 〔清〕江西廣昌人。字子宣。深明西算。而又別有悟入。其言七政小輪。旋轉而生漩渦。遂成留逆。實爲古今之所未發。所著璇璣遺述。一名寫天新語。

散宜生 〔周〕文王時亂臣十人之一。

敦拜 〔清〕滿洲正黃旗人。姓富察氏。太宗時從攻寧遠及錦州。屢有功。順治初從入關。敗李自成。定陝西。下江南浙江。征福建。平江西。官至太子太保。累封一等子。卒諡襄壯。

敦洽 〔周〕陳之醜人也。雄顙廣頞。色如浹頳。垂眼臨鼻。長肘而盭。

敦根珠巴 〔明〕吐番贊普之裔。世爲番王。後舍位出家。亦名羅倫嘉穆錯。爲達賴一世。嗣宗喀巴法。傳衣鉢。始以法王兼藏王事。

敦誠 〔清〕宗室。阿濟格裔。字敬亭。別號松堂。有四松堂詩文集．鷦鷯菴筆塵。

斐．豹 〔春秋〕〔晉〕悼公時以罪爲隸。著於丹書。時欒盈帥曲沃之甲以作亂。范宣子奉公以如固宮。欒氏之力臣曰督戎。國人懼之。斐豹謂宣子曰。苟焚丹書。我殺督戎。宣子許之。豹果殺督戎。欒盈遂敗。

斐雅斯哈 〔清〕滿洲正黃旗人。姓富察氏。天聰．崇德間略朔州。戰密雲。圍錦州。敗松山杏山援兵。皆有功。順治初入關。勦李自成於武昌。屢戰皆捷。從征四川。又敗孫可望於辰州。累功爵三等男。卒諡僖恪。

敤首 〔有虞氏〕舜女弟。又名嫘。舜父屢欲殺舜。敤首憐之。與二嫂諧。畫始於嫘。故又稱畫嫘。

斯．從 〔三國〕〔吳〕剡人。從給事縣吏。輕俠爲姦。時賀齊守剡長。欲治以法。主簿諫曰。從縣巨族。山越所附。今日治之。明日寇至。齊聞大怒。遂立斬從。從族黨遂糾衆千餘舉兵攻縣。竟爲齊破。

斯．敦 〔三國〕〔吳〕東陽人。赤烏間父偉爲廷尉。坐法當死。敦上書泣血。乞以身代。吳主嘉其孝。赦偉罪。仍表其門閭。

斯學 〔明〕僧。字悅支。號瘦山。居海鹽慈會寺。性慧能詩。吐詞多自然秀拔。有幻華集。

普．元理 〔元〕其先高昌人。徙公安。至正進士。任御史。遷江南湖北廉訪司使。時所治郡縣。地皆入於寇。遂詣湘憲假分司印。徵兵屬郡。未幾。兵潰。不屈死。

普化帖木兒 〔元〕答魯乃蠻氏。字兼善。至正中累遷南行臺御史大夫。張士誠既拘達識帖睦邇。使人索行臺印章。普花帖木兒封其印。置諸庫。曰。我頭可斷。印不可與。又迫之登舟。曰。我可死不可辱也。從容沐浴更衣與妻子訣。賦詩二章。仰藥死。

普．曰仁 〔明〕暉子。少穎悟。有才名。祖母王氏喪明。父命之侍。朝夕供奉惟謹。暨父擢南臺御史。迎王氏。抵下邳。夜起問安。溺水死。

普光 〔唐〕僧。玄奘於玉華宮譯大小乘經律論。普光隨同參預。時號大乘光。◎〔元〕僧。大同李氏子。字元暉。號雪菴。特封昭文館大學士。賜號玄悟大師。爲詩沖澹粹美。善行草書。

普．花 〔元〕臨安宣慰司同知。宅心忠厚。蒞政嚴明。遠近靖安。民常懷之。

普．恩 〔元〕雲南師宗州土官。爲武德將軍。世有其地。

普．泰 〔明〕陝西人。字魯山。號野庵。深禪觀。嗜儒學。嘗泝淮涉江。讀書鍾山寺。授易鄖縣。還京師。住隆興寺。有魯山詩集。

普寂 〔唐〕僧。河東馮氏子。從神秀於玉泉寺。六年盡得其道。秀卒。天下好釋氏者。咸師事之。中宗聞其高年。特下制。令普寂代神秀統法衆。開元中居京師卒。賜號大照禪師。

普勝 〔宋〕高僧。陸澤張氏子。於五臺山華嚴寺師事超化大師。又從崇法大師傳唯識論。歷數稔。精贍所學。以中山貞辯鈔解判失當。乃刪多補少爲四卷。太祖賜號宣教大師。

普喜 〔元〕僧。山東人。號吉祥。狀類梵僧。早歲求出家。父母責以無後爲大。因娶。育二子。始爲沙門。精究慈恩宗。研習唯識．師地．因明等論。至元間主持鎭江普照寺。及卒。邑人圖像祠之。稱爲吉祥佛。

普惠 〔元〕僧。平定人。號洞雲。住壽聖寺。能詩。有戒行。與中書左丞呂思誠爲方外友。後徙獅子山石岩下。年九十八示寂。

普．暉 〔明〕垣曲人。景德間中鄉舉。官白河知縣。政聲卓異。遷山東按察僉事。大臣迭薦有經濟才。將大用卒。時論惜之。

普滿 〔唐〕高僧。放誕不拘僧體。或入稽胡激勸修善。至有罷弋獵者。建初中於潞州佛寺題詩。其後所言皆驗。

普爾普 〔清〕蒙古正黃旗人。姓顏爾特肯氏。乾隆間以侍衛從征金川。積功授三等男。隨勦臺灣林爽文。晉二等男。

普．德 〔元〕雲南彌勒州土官。率衆向化。授土知州。

普濟　【宋】僧。字大川。住靈隱寺。所著五燈會元。敘錄簡要。考論宗系。若指諸掌。

普顏不花　【元】蒙古氏。字希古。至正中登右榜進士第一人。授翰林修撰。遷江西行省左右司郎中。徐壽輝來寇。普顏不花戰守之功爲多。轉中書參知政事。經略江南。至建寧。陳友諒來寇。拒戰六十四日。大敗之。再轉知樞密院事。平章山東行省。守禦益都。明兵壓境。城陷。力戰死。

普願　【唐】僧。新鄭王氏子。貞元間住池陽南泉院。溷跡樵牧。耕種以食。足不下山者三十年。太和間示寂。

景丹　【後漢】櫟陽人。字孫卿。少游學長安。王莽時舉四科。以言語爲固德侯相。光武拜爲偏將軍。擊破王郎將兒宏等。建武中封櫟陽侯。與吳漢等從擊破五校於羛陽。會陝賊破弘農。丹時病。帝以其舊將。令強起視事。尋卒。

景元　【宋】高僧。永嘉張氏子。號此菴。年十八出家。初習台教。尋棄去。謁圓悟於鍾阜。聞僧讀死心和尚語。便乃徹證。圓悟目爲聱頭元侍者。後居天台護國寺。稱爲元布袋。

景日昣　【清】登封人。字東陽。康熙進士。官至戶部侍郎。有說嵩・嵩嶽廟史・嵩陽學。

景安　【清】滿洲鑲紅旗人。姓鈕祜祿氏。乾隆間由官學生考取內閣中書。累擢河南巡撫。嘉慶間湖北教匪之亂。鋒偪河南。景安堵禦有功。封伯爵。升湖廣總督。尋坐事奪職。再起。官至領侍衛內大臣。

景自芳　【宋】雅州人。破賊有功。嘗於二月十二日作寒食。其後里人號景春寒食。

景延廣　【後晉】陝州人。字航川。高祖時累官馬步軍都指揮使。出帝立。大臣議告契丹致表稱臣。延廣獨不肯。但致書稱孫。契丹數以責晉。延廣謂契丹使者曰。晉有橫磨大劍十萬口。翁要戰則來。他日不禁孫子取笑天下。其後契丹入寇。延廣閉壁不敢出。尋出爲河南尹。北騎奄至。延廣顧慮其家。未能引決。被執。械送北行。伺守者怠。引手扼吭死。

景其濬　【清】興義人。咸豐進士。累官翰林院侍講學士。督河南學政。時捻匪進逼省城。其濬會同防守。連挫其鋒。省城以全。官至內閣學士。

景固勒岱　【清】滿洲正白旗人。世居扎庫塔。以地爲姓。天聰間征東海瓦爾喀部。收獲丁壯及馬牛甚多。順治初封二等男。卒諡忠直。

景林株　【宋】通州人。咸平間王均叛。州有賊應之。林株將鄉兵拒戰。爲賊所戕。首隕而身不仆。跨馬奔歸。州人訝而呼之曰。公無首矣。始墜地。邦人卽其地立祠祀之。

景芳　【明】定陶人。字德馨。性孝友淳懿。中成化鄉試。授臨漳令。有陳恕母告恕不孝。芳以恩意曉諭之。遂感爲孝子。遷慶陽同知卒。

景思立　【宋】思忠弟。攝保安軍。夏人寇順寧。思立赴援。以功知德順軍。累遷河中團練使。青宜結鬼章襲殺伐木卒。以書抵思立。詞不遜。思立帥兵攻之於踏白城。戰死。

景思忠　【宋】泰子。字進之。累官西京左藏庫使。爲遂州駐泊都監。夷寇淯井。鈐轄張承祐出兵救之。思忠部卒五百爲前鋒。夷乘險薄官軍。戰不利。左右勸思忠引避。不聽。奮劍疾戰而死。

景星　【明】餘姚人。字德輝。號訥菴。洪武中以儒士保陞杭州儒學訓導。其學特萃於經。尤長於春秋。有四書啓蒙。

景星杓　【清】仁和人。字亭北。少好任俠。傾家紓友難。已而折節讀書。精心種菊。自號菊公。得其種者。呼爲景氏菊。工詩文。著山齋客譚・文虁・蝭史・菊公拗堂醉翁諸集。俱手錄。書法類黃山谷。康熙末以詩文稿付棃調元而卒。

景差　【戰國】【楚】與宋玉同時。皆好辭。以賦見稱。

景泰　【宋】晉州人。字周卿。舉進士。通判慶州。卽上言元昊雖稱臣。誠恐包藏禍心。嘗選將練卒備不虞。三疏不報。俄元昊反。又上邊臣要略二十卷。遷都官。知滅州。奏平戎要略十有五篇。歷知寧州。徙原州。元昊兵十萬來寇。泰大破之。累官秦鳳路馬步軍總管卒。

景素陽　【元】襄陵道士。師事孫古賓。居阜山道院。元末兵亂。鄉人匿山中。唯素陽與古賓不去。兵至。求財不得。欲殺古賓。素陽曰。師老矣。願以身代。兵卽以刀砍素陽。刀忽斷爲三。兵皆驚異。羅拜而去。

景清　【明】眞寧人。本姓耿。訛景。洪武進士。授編修。改御史。建文初歷官御史大夫。燕師入。清約方孝孺等同殉國。至是獨詣闕自歸。挾利刃入朝。成祖故疑清。搜之得所藏刃。詰責之。清奮起曰。欲爲故主復讎耳。成祖怒。磔殺之。并夷其族。

景進　【後唐】伶人。莊宗好俳優。伶人亂國者。進與史彥瓊・郭門高爲最。軍機國政皆與參決。官至上柱國。

景廉　【清】滿洲正黃旗人。姓顏札氏。字儉卿。一字季泉。咸豐進士。累擢伊犂參贊大臣。同治間坐事落職。發寧夏軍營。領兵轉戰甘肅新疆。屢有功。後官至兵部尚書。左遷內閣學士。景廉忠厚愼密。將略非所長。左宗棠始亦推爲西北將帥第一。而終以書生少之。

景·暘　明儀眞人。字伯時。正德進士。授編修。時劉瑾陵轢朝士。暘不爲屈。進司業。與諸生講說。不避寒暑。典簿念暘貧。給官廩。私益其斛。暘知。歸所益米。讓之曰。奈何汚我。乞便養。改中允。擢南京司業卒。暘與鄉人蔣山卿·趙鶴·朱應登並工詩文。稱江北四子。有前溪集。

景·毅　後漢蜀郡人。字文堅。建寧中爲侍御史。李膺坐黨禁死。門生故吏皆株及。毅子顧不與。毅慨然曰。本謂膺賢。遣子師之。豈可以漏奪門籍。苟安而已。遂自表免歸。

景·範　後周長山人。世宗時官中書侍郎平章事。判三司。爲人厚重剛正。無所屈撓。然理繁治劇。非其所長。雖悉心盡瘁。終無稱職之譽。尋罷司計。以父喪罷相。

景·翩翩　明建昌妓。字三妹。一字驚鴻。有美色。工詩。誤歸建寧丁長發。自經死。有散花吟。

景·養　三國吳善相。孫休立。封皓爲烏程侯。養相皓當大貴。後果驗。

景·鸞　後漢梓潼人。字漢伯。少隨師學經。涉七州之地。遂明經術。還乃撰河洛交集，禮略，與道·月令章句。凡五十餘萬言。數上書陳救災變之術。州郡辟命皆不就。以壽終。

智一　宋高僧。居錢塘靈隱寺。精守戒範。善長嘯。聽者悲涼。謂之哀松梵。於澗邊養一白猿。有時逸去。智一呼之即至。時稱白猿梵。名智一爲猿父。後羣猿繼至。每來僧齋訖。斂飯送猿臺所。後人名曰飯猿臺。

智山　隋女僧。河東劉氏女。有戒行。沈靜寡言。談成敗吉凶皆驗。文帝初生於馮翊般若寺。紫氣充庭。智山將帝舍別館。躬自撫養。帝既踐阼。每以神尼爲言。沒後即葬寺中。爲起金浮圖。

智文　陳僧。丹陽陶氏子。專攻律學。住揚都奉誠寺。爲大律都。僧尼從受戒者三千餘人。有律義疏·羯磨疏·菩薩戒疏等。

智正　唐僧。定州白氏子。奉戒以精勤聞。居終南山至相寺二十八年。有請便講。詳論正理。無請便止。安心止觀。有華嚴疏。

智平　宋僧。住成都清涼院。工畫大士像。南商毛大節得其像以歸。過海。風浪大作。開展懇祈。光相忽現如月輪。久之。行已數千里矣。

智永　陳僧。會稽王氏子。住永欣寺。號永禪師。善書。能兼諸體。草書尤勝。臨書三十年。得眞草千文八百餘本。浙東諸寺。各施一本。覓書者如市。所居戶限爲之穿。乃爲鐵葉裹之。人謂之鐵門限。後取筆頭瘞之。號退筆塚。自製銘誌。隋煬帝嘗謂智永得右軍肉。智果得右軍骨。

智江　後周僧。幽州單氏子。精練淨名上生二典。於商丘開元寺講名數一支。精義入神。因著瑞應鈔。後唐時居宋州廣壽院。顯德間卒。

智命　唐高僧。滎陽鄭氏子。俗名顒。初仕隋爲羽騎郎。皇泰初官至御史大夫。憤世亂。與妻同歸釋教。法服擊錫謁王世充。被殺。臨刑說偈。面貌熙怡。有逾恆日。

智·受益　元南陽人。以善書負時望。至元中擢荊湖行省都事。征交趾。轉行省郎中。計度餽餉。歷遷宣慰副使。練習事物。吏不能隱。及爲潭岳總管。豪強斂迹。庭無留事。賜金虎符。進兩浙運使。

智昇　唐高僧。居長安西崇福寺。學大小乘。尤善毘尼宗。以大藏目錄新舊雜出。眞僞相亂。乃撰開元釋教錄。

智果　隋僧。會稽人。頗愛文學。能書。煬帝爲晉王時。召令寫書。智果不從。遂被囚於江都。及爲太子。出巡揚越。智果乃上太子東巡頌。得釋。召居慧日道場。

智威　唐高僧。縉雲蔣氏子。相傳爲徐陵後身。至沃洲石城寺學天台教。善辭藻。嘗撰桃巖寺碑與頭陀寺碑。後以法眼授慧威。時稱智威爲大威。慧威爲小威。

智炫　隋僧。益州徐氏子。入京聽學數年。遂擅名京洛。在北周時。武帝欲廢佛存道。智炫抗聲力辯。武帝不能屈。遂並廢二教。智炫逃至齊。入隋住孝愛寺。卒年百有二歲。

智首　唐高僧。安定皇甫氏子。出家於相州雲門寺。持律之精。一時無比。貞觀中於宮城之西造宏福寺。以智首爲上座。有五部區分鈔。

智·浹　宋好直言。岳飛以賓客待之。飛下吏。浹上書訟其冤。秦檜怒。併送獄。

智常　唐高僧。元和中居廬山歸宗寺。善談禪要。白居易貶江州司馬。與刺史李渤往訪之。渤問曰。教中有言。須彌納芥子。芥子納須彌。如何芥子納得須彌。智常曰。人言博士學覽萬卷書。而摩踵至頂。只若千尺身。萬卷書向何處著。渤俛首無言。稱歎者再。卒諡至眞禪師。

智脫　隋高僧。考城蔡氏子。由陳入隋。常入內講演。文帝於岐陽宮建齋發講。詔智脫先升座。智脫發言如流。聽者忘倦。煬帝以居慧日道場。有釋二乘名教·淨名疏等數十卷。

智通　唐高僧。安邑趙氏子。律行精明。經論該博。貞觀中詔入翻經館。與梵僧對譯千臂千眼經。永徽中又譯千轉陀羅尼觀世音菩薩呪·觀自在菩薩隨心呪·清淨觀世音菩薩陀羅尼等經。嘗云行瑜伽秘密教大有感。後不知所終。

智揖 【金】大定間知孟縣。寬而有制。值仲夏大旱。禱於藏山。以六事自責。俄而大雨。歲乃大豐。

智暉 【五代】僧。咸秦高氏子。頗精吟詠。工畫山水。喜遊覽。與之所至。落筆得趣。嘗作五溪烟景圖。極荒寒蕭瑟之致。梁乾化中至洛陽。創溫室以資洗濯。緇流便之。

智舜 【隋】高僧。趙州孟氏子。少爲諸生。博通墳素。師事雲門僧稠。習禪定。時或覺有妄念。即以錐刺股。由是塵慮不入。後辭師入贊皇山。山中獵者感其化。爲之捨業從道。

智圓 【宋】僧。錢塘徐氏子。字無外。自號中庸子。居孤山瑪瑙院。與林逋爲鄰友。有閑居編。

智愷 【陳】高僧。俗姓曹氏。住楊都寺。與法泰同往嶺表奉祈眞諦。智愷稟積道風。詞力殷贍。前後共對翻攝論・俱舍論及文疏等八十三卷。

智慧 【唐】高僧。北天竺人。梵名般刺若。姓憍答摩氏。通大乘。建中初齎經論來華。其舅氏子羅好心。爲神策軍正將。疏薦智慧。詔譯大乘理趣六波羅蜜多經。華嚴長者問佛那羅延力經。般若心經。後終於洛陽。

智緣 【宋】僧。隨州人。善醫。嘉祐末召至京師。每察脈。知人貴賤禍福休咎。熙寧中王韶謀取青唐。言蕃俗重僧。僧結吳叱臘主部帳甚衆。請智緣與俱至邊。神宗遣乘傳而西。稱經略大師。入蕃中。說結吳叱臘歸化。他族俞龍珂等皆輸款。還爲右街首座。

智賢 【晉】女僧。常山趙氏女。有雅操。戒行修備。太守杜霸羨其美。欲得之。智賢抗言力拒。霸怒。以刀斫之。卒不爲屈。後住司州西寺。門徒至百餘人。

智融 【宋】僧。俗姓邢。名遜。號草菴。自號老牛。世居京師。以醫入仕。南渡居臨安。尋棄官。祝髮靈隱寺。工畫。山深多蛇。作二奇鬼於壁。蛇患遂除。畫龍禱旱輒應。作詩語意清絕。

智頵 【唐】高僧。中山人。出家於五臺山。麤衣糲食。有餘則濟諸貧病。每預講席。傳法華維摩二部。窮源盡理。元和中爲五臺山都檢校守僧長。遇歲饑。被延爲華嚴寺都供養主。日供千僧。食無告乏。大中間示寂。

智藏 【梁】高僧。吳郡顧氏子。本名淨藏。年十六。代宋明帝出家。洞曉經論。高出儕輩。住鍾山開善寺。甚爲武帝所敬。普通中卒。凡講大小品・涅槃・般若・法華・十地・金光明・成實・百論・阿毘曇心等。各著義疏行世。◎【唐】僧。虔州廖氏子。事馬祖於臨川。盡受其法。元和間示寂。諡大覺禪師。◎【唐】高僧。西印度種族。世居廬陵。姓皮氏。精律藏。遊會稽。於杭烏山頂築小室安禪。著華嚴經妙義。元和間無疾而終。◎【明】僧。安福人。字竺堂。重修廬陵崇恩寺。有崇恩志略。

智顗 【隋】高僧。荊州陳氏子。字德安。出家湘州果願寺。後入天台山住國清寺。陳帝以國師禮迎入太極殿。講仁王經。煬帝尤相欽重。賜號智者大師。有法華疏。止觀門・修禪法・淨名疏。至佛道品等各數十卷。

智嚴 【唐】高僧。姓尉遲氏。名樂。本于闐國質子。授左領軍衞大將軍上柱國。封金滿郡公。神龍間疏請以所居宅爲寺。又乞捨官入道。均從之。譯有生無邊法門陀羅尼經。後居至相寺。不知所終。

智儼 【宋】僧。居華亭境之靜安寺。七月十五日村郭設會。寺僧盡赴會。惟智儼在寺。有胥村人來齋僧。請同往齋所。見捕蝦者。智儼買一斗啖之。謂漁者曰。齋回償汝錢。及還。漁者索錢。智儼曰。還汝蝦。隨吐活蝦盈斗。人始異之。將示寂。斂蒲草爲萬餘繩。懸之廊廡。曰吾將作大緣事。既坐蛻。人競施錢。懸繩皆滿。遂建佛閣。人稱靜安寺爲蝦子道場。

智騫 【隋】高僧。江表人。洞曉字源。精閑通俗。以所學得居慧日道場。自秘書正字讎校著作言義不通者。皆諮智騫以決。有衆經音及蒼雅字苑。圜敘周贍。識者高之。

曾三英 【宋】三異弟。嘗考究三國六朝攻守事蹟。著南北邊籌十八卷。又著蒙史。

曾三復 【宋】臨江人。字無玷。乾道進士。性耿介。恥奔競。紹興初拜監察御史。持論正平。累官至起居郎。兼權刑部侍郎致仕卒。

曾三異 【宋】三聘弟。字無疑。淳熙中鄉貢。少有詩名。尤尊經學。嘗從朱熹問辨。端平中授承事郎。主管華州雲臺觀。能作小楷。號雲巢先生。有新舊官制通考・通釋等書。

曾三聘 【宋】三復弟。字無逸。師朱熹。乾道進士。累官祕書郎。光宗時三疏陳時事。寧宗立。兼考功郎。韓侂胄爲相。指三聘爲故相趙汝愚腹心。坐追兩官。久之復原官與祠。侂胄誅。諸賢遭竄斥者相繼召用。三聘祿不及。終不自言。卒諡忠節。

曾士揚 【清】蒼梧人。性聰穎。少舉於鄉。潛心程朱之學。訓迪後進。肅然有規矩。雖燕居必盛服端坐。隆冬酷暑。手不停披。郡邑乘多其手輯。

曾大奇 【明】泰和人。字端甫。神宗末萬事叢脞。門戶之禍大起。大奇因作治平言十七篇。指陳時弊。

曾子良 【宋】金溪人。號平山。咸淳進士。知淳安縣。清愼自守。時邊事已急。子良多方保障。民賴以安。

入元。程鉅夫薦爲憲僉。不赴。顏其室曰節居。學者稱平山先生。

曾·丰 【宋】樂安人。字幼度。乾道進士。以文章鳴。官至知德慶府。有緣督集。

曾·元 【春秋魯】參子。參寢疾。童子曰。華而睆。大夫之簀與。參聞之。命元易之。元曰。夫子之病亟矣。不可以變。幸而至於旦。請敬易之。參不可。扶而易之。反席未安而沒。

曾·元忠 【宋】朝陽孫。大觀進士。官廣州教授。及卒。門人私謚文節先生。有春秋曆法．論語解．周易解。

曾·元蔭 【清】古田人。字首玉。以貢司鐸順昌。復調藍。以疾辭。善畫。尤工月梅葡萄。家饒園林之勝。日與騷人韻士。吟賞其間。

曾·公亮 【宋】會子。字明仲。舉進士。累官端明殿學士。知鄭州。爲政有能聲。至夜戶不閉。嘉祐中拜同中書門下事。熙寧中以太保致仕。卒謚宣靖。公亮方厚莊重。沈深周密。然性吝嗇。殖貨至鉅萬。知帝寵王安石。不能救正。世譏其持祿固寵。

曾·升 【宋】福州人。字孟高。幼以入粟補吏。靖康中金人犯邊。被檄戍楚州。至昭信縣。遇敵奮戰死。州賴以全。

曾·天 【春秋魯】爲季氏家臣。昭公初叔孫豹自會歸。天御季武子以勞之。旦及日中不出。天謂曾阜曰。旦及日中。吾知罪矣。曾以相忍爲國也。忍其外。不忍其內。焉用之。阜爲言於叔孫豹。乃出見之。

曾·文迪 【後梁】雩都人。天文讖緯黃庭內景之書。靡所不究。而地理尤精。貞明間至袁州萬載。愛其縣北西山之丘。謂其徒曰。死葬我於此。及卒。遂葬其地。後其徒在豫章忽見之。駭而歸。啓其藏。無有也。人以爲尸解。

曾·文照 【宋】七歲應南唐童子科。擢第三。江南平。爲永城令。上疏論邑利害。免挽船戶力。歲省萬計。遷蒙城令。蝗不入境。官終大理司直。

曾·曰都 【清】南豐人。字美公。諸生。年四十。餼於庠。忽棄之。受業謝文洊。腐豆賣錢以自食。其學務實體諸己。因自號體齋。剌取經史及語錄與人之篤於行誼關風化者。爲有用錄百餘卷。

曾·王孫 【清】秀水人。字道扶。本姓孫。贅於曾。遂以爲嗣。順治進士。官漢中司理。陞部曹。有清風堂集。

曾·布 【宋】鞏弟。字子宣。與鞏同登進士。熙寧初爲集賢校理。與呂惠卿共創青苗助役保甲農田之法。進翰林學士。權三司使。後以事忤王安石。出知饒州。哲宗時知樞密院。時章惇爲相。布贊惇紹述甚力。冀引爲執政。惇忌之。布復攻惇罷之。徽宗立。拜布爲右僕射。獨當國。漸進紹述之說。復與蔡京不相能。爲京所構。責授舒州司戶。卒謚文肅。

曾·民瞻 【宋】永豐人。字南仲。宣和進士。爲南昌尉。通天文之學。以晷漏差訛。遂更其法。刻木爲箭。箭傍爲二木偶。左者晝司刻。夜司點。則擊板以告。右者晝司晨。夜司更。則鳴鉦以告。自謂得古人之所未至。

曾·用虎 【宋】從龍弟。字君遇。歷官興化軍。創城堤及起太平陂。民蒙其利。號曾公陂。改江西提刑。後帥廣西。至鎮數月罷卒。

曾·伋 【宋】字彥思。紹興末知袁州。隆興初詔江西和糴百萬。轉輸丹陽。伋具不可糴狀。並乞罷黜。朝廷嘉而免之。袁得免和糴自伋始。

曾·全 【明】輔子。字復初。成化進士。授戶部主事。以星變上疏陳四事。且言都御史屠鏞不法。坐繫獄落職。

曾·同亨 【明】存仁子。字于野。嘉靖進士。歷官貴州巡撫、工部尚書。稅使所在虐民。同亨極諫。大計京官。持正不撓。卒謚恭端。

曾·如春 【明】撫州人。字景默。嘉靖進士。累官河南巡撫。時潞藩數潛游。所在震驚。如春抗疏以聞。詔責護衛。諸臣民始晏然。以工部侍郎總督河道。疏築有法。人民賴之。

曾·如驥 【宋】泰和人。字德稱。淳祐進士。官寶慶通判。元兵入城。如驥投資江死。景炎初謚忠愍。

曾·存仁 【明】吉水人。字楙遠。嘉靖進士。授禮部主事。忤旨免。起浙江參議。中官崔成監開礦擾民。存仁痛抑之。被詔逮獄。官終雲南布政使。

曾·亨應 【明】臨川人。字子嘉。崇禎進士。官吏部主事。被謫去。福王立。亨應命弟和應奉父入閩。已與艾南英等謀城守。清兵至。被殺。和應既奉父入閩。又遯之肇慶。聞兄死。乃拜辭其父。投井死。

曾·孝序 【宋】晉江人。字逢原。累官環慶路經略安撫使。論事忤蔡京。竄嶺表。後知潭州。破平猺人。進龍圖閣直學士。知青州。繕城訓兵。金人不敢犯。遷延康閣學士。青州民詣南都乞留。許之。後爲部將王定所害。謚威愍。

曾·孝純 【宋】公亮季子。字君施。以蔭爲殿中丞。賜同進士出身。辭。以所得官予族人。二十四年不改秩。紹興中擢太常丞。執政沮之。遂杜門不仕。

曾·孝寬 【宋】公亮子。字令綽。以蔭知咸平縣。民詣府訴雨傷麥。府以妄杖之。孝寬躬行田。辨其實。得蠲賦。熙寧中以端明殿學士知鄆。召爲吏部尚書。道卒。

曾·孝廣 【宋】公亮從子。字仲錫。

元祐中歷水部員外郎。河決內黃。詔孝廣行視。遂疏蘇村。鑿鉅野。導河北流。紓澶滑深瀛之害。擢戶部尚書。罷知杭州。歷成德軍太原府卒。

曾・孝蘊 宋 公亮從子。字處善。宣和初由天章閣待制知歙州。方臘起青溪。孝蘊約敕郡內。民賴以安。會移杭州。時賊已破杭。孝蘊單車至城。既克復。軍士多殺人。孝蘊下令從者得自首。無妄殺。皆束手不敢桀驁。以功加龍圖閣學士卒。

曾・宏父 宋 廬陵人。字幼卿。自稱鳳墅逸客。所著石刻鋪敍。凡所徵據。皆有典則。(按宋有兩曾宏父。其一名惇字宏父。爲曾紆之子。後人避寧宗諱。多以字行。遂與此宏父混而爲一。朱彝尊得此書。跋語謂宏父名惇以字行。未免舛誤。厲鶚等刻南宋雜事詩。直題此書爲曾惇撰。是承彝尊之譌矣。)

曾・廷枚 清 燠從父。字升三。一字修吉。號香墅。廩生。長小學。工詩文。書體遒媚。郡中題榜。多出其手。翁方綱極稱之。嘉慶末卒。有香墅漫鈔商略・瓣香山房編年・歷朝詩話腋・事物類聞。

曾・廷瑞 明 龍溪人。爲郡學生。燕王登極詔至。隨教授陳思賢集明倫堂不迎詔。設舊君位。哭臨如禮。後被執送京師死。爲思賢六生之一。

曾・忭 明 泰和人。號前川。嘉靖進士。官至都給事中。有前川奏疏。(按千頃堂書目作曹抃。以字形相近而譌。)

曾・沖子 元 江西人。字聖和。至元間程鉅夫奉詔求賢。以沖子應。授福建提刑司僉事。時閩部遠且險。吏乘爲奸。民迫爲亂。沖子行部。譬諭感切。民畏而懷之。以奉議大夫致仕。

曾・協 宋 肇孫。字同季。紹興中舉進士不第。以世賞得官。累任至臨安通判。乾道中權知永州事。有雲莊集。

曾・叔卿 宋 鞏族兄。字升之。慶曆進士。官著作佐郎。叔卿家貧。居鄉介潔。妻子困於饑寒。而撫庇孤惸。惟恐失其意。

曾・受 清 成都人。初由行伍隨征廓爾喀及湖南苗。嘉慶間隨勦川陝楚教匪。及河南教匪李文成。皆有功。道光間官至湖南提督。乞歸卒。

曾・和應 宋 字賢叔。隱居梅嶺。清苦好吟詠。年至八十不倦。有梅溪四體。◎ 明 亨應弟。詳見曾亨應條。

曾・奉先 宋 字紹忠。登進士。判羅源縣。有清名。歐陽修推重之。陞賀州法曹。

曾・季貍 宋 宰曾孫。字裘父。號艇齋。隱居蕭然。人爭薦之。皆不起。有艇齋雜著。

曾・岳 清 閩縣人。居順天。字文伯。善畫人物花鳥。

曾・易占 宋 致堯第五子。字不疑。以蔭補太廟齋郎。天聖進士。歷太子中允，太常丞。知如皐玉山二縣。守正不阿。有治績。著時論三十篇。如京師。病卒南都。以子布貴。封魯國公。

曾・易簡 宋 致堯第四子。有雋才。年十三。國子監舉送禮部。試清明日賜新火詩。援筆立就。盛傳於時。後獻所著唐臣事蹟・兩漢諫論。召試舍人院。卒於京師。

曾・松 宋 幾從孫。字堅伯。仕至江西參事。敬賢樂善。居官以才廉稱。

曾・治鳳 宋 用虎弟。字君儀。開禧進士。歷官廣東提刑。知袁州。復直煥章閣。帥廣東。性簡儉。不妄費。不嗜殺戮。寇發循惠間。郡請兵。不從。諭降之。端平初進直徽猷閣。改知建寧。罷歸卒。

曾・秉正 明 南昌人。洪武初爲海州學正。以天變上疏數千言。召爲思文監丞。歷通政副使。數言事。忤旨罷免。貧不能歸。鬻其四歲女。帝聞大怒。置腐刑。後不知所終。

曾・秉忠 清 奐川人。咸豐間由行伍從攻洪秀全。勇敢善戰。所向有功。轉戰湖北江南浙江。累官福建陸路提督。卒謚壯果。

曾・芳 唐 爲程鄉令。因民苦瘴。以藥濟之。求者接踵。乃以大囊藥置井中。令民汲水飲之而疾愈。後人名其井爲曾井。宋仁宗賜飛白書曾氏忠孝泉五大字。

曾・阜 春秋 魯 叔孫氏家臣。見曾天條。

曾・勉 元 楂溪人。字楂居。工畫水仙山礬墨梅。名其書室曰偃月齋。

曾・庠 宋 致堯孫。字明升。少自刻勵。好學能文章。嘉祐進士。歷常寧縣令。治獄訟能盡其情。綱紀具修。吏不敢犯。終秘書省著作佐郎。

曾・怘 宋 鞏孫。字仲常。補太學內舍生。遷通判溫州。需次於越。建炎初金人陷越。怘被執。辭氣不屈。家屬四十口。同日被害。謚忠。

曾・恬 宋 公亮曾孫。字天隱。少從楊時・劉安世諸賢游。爲存心養性之學。紹興中仕至大宗正丞。秦檜當國。恬自守不屈。求外祠。得主管台州。有上蔡語錄。恬與胡安國所錄謝良佐語也。

曾・泉 明 泰和人。字本清。永樂進士。爲御史。宣德初以言事謫汜水典史。民感其惠。爲立生祠。

曾洋和尚 清 南豐人。名不傳。以其兩目顱綠睛頂髮禿。但呼洋和尚。少爲邊將所掠。出入塞上。蹻勇冠其曹。尋脫身歸。耿精忠起事。部勒子弟以禦之。以三百人勝三千人。大吏欲予以官。固辭不受。日短衣草履。

漁釣射獵以終。醉作擘窠草書甚怪。

曾省吾 〔明〕鍾祥人。嘉靖進士。累官工部尚書。出張居正門。遂與王篆爲之羽翼。居正卒。言者交劾之。坐削籍。

曾紆 〔宋〕布子。字公袞。晚號空靑老人。初以蔭補官。紹聖中復中弘詞科。坐黨籍貶零陵。紹興初除直顯謨閣。歷知撫信衢三州。上書辨說宣仁后誣謗。士論韙之。官終直寶文閣。有空靑集。

曾紀澤 〔清〕國藩子。字劼剛。襲一等毅勇侯。同治間歷使英法俄諸國。與俄人力爭。毀崇厚已訂之約。更立新議。交還伊犂及烏宗島山・帖克斯川諸要隘。有功於新疆甚大。官至戶部左侍郎。卒諡惠敏。其學貫通中西。有奏疏及詩古文若干卷。早歲所著者。有佩文韻來古編・說文重文本部考・羣經臆說諸書。

曾紀鴻 〔清〕國藩次子。字栗諴。同治中國藩卒。紀鴻得賞給舉人。光緒初一就試而沒。少年好學。與兄紀澤並精算學。紀鴻尤神明代數術。銳思勇進。創立新法。同輩多心折。有對數詳解・圜率考眞圖解。

曾致堯 〔宋〕南豐人。字正臣。太平興國進士。官秘書丞。出爲兩浙轉運使。性剛直好言事。魏庠知蘇州。介舊恩以進。致堯劾之。太宗曰。曾致堯乃敢治魏庠。可畏也。卒罷庠。累遷禮部郎中。改吏部卒。有備邊羽翼・廣中台志・淸邊前要・西陲紀要・爲臣紀要・直言集等書。

曾英 〔明〕莆田人。字彥侯。年二十二。應募擊尤溪平和山寇。又以征猺黃功。授都司。守涪州。屢破張獻忠。擢四川左都督。餘賊數萬詭降。英欲盡殲之。會軍中自亂。中流矢死。

曾衍綸 〔清〕長淸人。郴州知州尙增女。年十一。從父之官。母病擬不能起。衍綸侍湯藥。至病不少休。老嫗然火爇衣焚及帷。衍綸突火入。以身覆母而死。郴人立祠祀之。

曾原一 〔宋〕興宗孫。字子實。紹定間領鄉薦。與從弟原郕俱博學工詩。避亂鍾陵。從戴石屛諸賢結江湖吟社。寇至。原一偕其叔益之傾貲產募丁壯。築城垣爲保障。寇知有備。不敢犯。民多德之。有選詩衍義・蒼山詩集。

曾家模 〔清〕武岡人。字資汀。家貧好學。平居授徒。一以窮經砥行爲務。有春秋述朱。

曾宰 〔宋〕鞏弟。字子翊。舉進士。官湘潭主簿。善文章。馳騁反復。原本經子。法制度數。聲音訓詁。貫穿旁羅。莫不極其說。

曾悟 〔宋〕肇孫。字蒙伯。宣和進士。靖康間爲亳州士曹。金人破亳州。悟被執。抗辭慢罵。與婁摯同日被害。

曾恩 〔宋〕紘子。字顯道。官衡陽知縣。工詩。有懷峴居士集。楊萬里稱其詩。蔚若玉井之蓮敷於月露。沛若雪山之水瀉於灩澦。其於山谷。蓋已歷階而升云。

曾振宗 〔元〕安仁人。字子聲。善治家。廉介不苟取。嘗手書易經佩之。山居水溢。必出而誦讀。

曾益 〔明〕浙江山陰人。字子謙。有左略・溫飛卿集箋註。◎〔清〕浙江山陰人。字鶴聞。順治時以善畫梅花稱。

曾祖道 〔宋〕廬陵人。字宅之。劉子澄門人。嘗師陸九淵。後爲朱熹之學。

曾紘 〔宋〕南豐人。字伯容。宣和特科進士。累官文林郎致仕。放浪江湖。與子恩賦詩爲樂。時人稱其五言秀出天然。原委山谷。有臨漢居士集。（按南豐志作曾紘。此從宋史藝文志。）

曾翀 〔明〕靈丘人。字習之。嘉靖進士。歷御史。與同官戴銑劾南京尙書劉龍・聶賢等。吏部尙書汪鋐庇之。與言官互詆。翀復抗疏攻鋐。廷杖死。

曾釗 〔清〕南海人。字敏修。又字勉士。道光拔貢。官欽州學正。嗜蓄書。積數萬卷。有周官注疏小箋・面城樓文存。

曾乾亨 〔明〕同亨弟。字于健。萬曆進士。累官大理少卿。趙南星以考察事被斥。乾亨論救。侵執政。引疾歸。乾亨言行不苟。與其兄並以名德稱。

曾乾度 〔宋〕文照子。字順承。淳化進士。官至太常少卿。旣致仕。率諸生興學校。教以孝弟。幅巾徜徉。縉紳榮之。

曾偉芳 〔明〕惠安人。字君彥。號滄巖。萬曆進士。官至兵部員外郎。以事謫賓州州判。有西行草。

曾參 〔春秋〕〔魯〕點子。字子輿。孔子弟子。事親至孝。嘗耘瓜誤斷其根。點怒。援杖擊之。幾死。有頃復蘇。鼓琴而歌。孔子聞之。告門人曰。參來勿內也。小杖則受。大杖則走。今參陷父不義。安得爲孝乎。參聞之。遂造孔子謝過焉。參性質魯。日三省其身。悟一貫之旨。述大學。作孝經。以其學傳子思。子思以傳孟子。後世稱爲宗聖。

曾唯 〔宋〕易占九世孫。字道子。入太學有文譽。寶祐間丁大全擅政。逐右丞相董槐。物論甚駭。唯憤曰。此亂邦也。乃與同舍生陳宜中・黃鏞・林則祖・劉黻・陳宗等六人。上書極言大全之奸。大全怒。矯旨削籍。編管崖州。大全旣竄。皆免歸。時稱六君子。

曾國荃 〔清〕國藩弟。字沅甫。道光優貢。咸豐間洪楊軍起。爲國藩畫三十二策。無不效。國藩困於南昌。國荃募勇援之。戰屢捷。肅淸江西。復安慶。進攻江寧。克之。擒洪福。

李秀成。盡滅洪楊軍。以功封一等威毅伯。官至兩江總督。太子太保。卒諡忠襄。

曾國華 清國藩三弟。字溫甫。咸豐間國藩督師江西。江楚不通。國華乞師於胡林翼。轉戰以抵瑞州。始得通問。以功擢同知。後襄辦李續賓軍務。三河鎭之敗。從續賓力戰。死之。諡愍烈。

曾國葆 清國藩季弟。字季洪。易名貞榦。字事恆。洪楊軍起。從國藩征討。累有功。官至知府。後率師與國荃會圍安慶。薄金陵。以病卒。諡靖毅。

曾國藩 清湘鄉人。字滌笙。號伯涵。道光進士。授檢討。累官禮部侍郎。丁憂歸。會洪楊事起。在籍督辦團練。遂編制鄉勇。連復沿江各省。封毅勇侯。爲同治中興功臣第一。以大學士任兩江總督。卒於官。諡文正。清道光以後。文武泄沓。自國藩以公忠誠樸。倡率其將佐僚屬。風氣爲之一變。治軍居官。粹然有儒者氣象。其論學謂義理考據詞章三者。闕一不可。所爲古文。亦卓絕一代。爲世所宗。所著書百數十卷。曰曾文正全集。

曾堅 明金谿人。字子白。少與危素齊名。元末進士。累官翰林學士。洪武初爲禮部侍郎。諳習典章。太常雅禮皆諮之。

曾崇範 後周廬陵人。竄薪不屬。而讀書自若。家藏九經子史。南唐刺史賈皓就取進之。以已縉償其值。崇範笑曰。墳典天下公器。世亂藏於家。世治藏於國。其實一也。何估值以償邪。召授太子洗馬。遷東宮使。

曾從龍 宋公亮四世從孫。字君錫。初名一龍。慶元間進士第一。累官給事中。兼直學士。嘉定間上言修德政。蓄人材。飭邊備。帝善其言。除湖南安撫使。撫安峒獠。威惠並行。時有三京之役。極論南兵輕進易退。未幾言驗。進知樞密院事。

曾敏行 宋吉水人。字達臣。自號浮雲居士。又號獨醒道人。又號歸愚老人。年甫二十。以病廢不能仕進。遂專意學問。工畫草蟲。所著獨醒雜志。於兩宋軼聞。可補史傳之闕。

曾望顏 清香山人。道光進士。由編修洊升光祿寺少卿。遇事敢言。累官陝西巡撫。洪楊軍由湖北援陝西。望顏堵禦有功。署四川總督。勦滇匪。以名山陷奪職。

曾梧 明廣昌人。字于易。正德進士。官至常州知府。有棟峯遺稿。

曾貫 元泰和人。字傳道。官紹興照磨。禦龍泉寇。死之。有周易變通。四書類辯。學庸標著。

曾造 宋布玄孫。知翁源縣。以化民成俗爲急務。籍官田之入以養士。於是文化大興。邑人祀之於學。

曾勝 清馬平人。字誠齋。乾隆間從攻湖南苗。嘉慶間從攻川陝楚教匪。皆有功。官至廣東陸路提督。卒諡勤勇。

曾幾 宋開弟。字吉甫。後僑居茶山。自號茶山居士。幼有識度。事親孝。紹興間歷官浙江提刑。秦檜怒開。幾亦罷。及檜死。起知台州。官終權禮部侍郎。卒諡文清。幾嘗從劉安世談經論事。又從胡安國游。其學益粹。爲文純正雅健。詩尤工。有經說及茶山集。

曾朝陽 宋永豐人。慶曆進士。爲石首令。寬其賦稅。改忠州從事。教民從事文學。有文集。

曾朝節 明臨武人。字直齋。萬曆進士。官至禮部尚書。充東宮侍講。卒諡文恪。有易測。

曾植 宋晉江人。字子直。太學上舍生。孝宗立。屢遷司農寺丞。輪對言用人之道。不當以文武南北二其心。又不當以腐儒之故。廢棄眞儒。求補外。知南劍州。陛辭奏三事。帝大悅。調知湖州。未赴卒。

曾棨 明永豐人。字子啓。永樂殿試第一。授修撰。帝愛其才。歷官少詹事。工書法。爲文如泉源。一瀉千里。館閣中自解胡後。諸大制作。多出其手。卒諡襄敏。有西墅集。

曾異撰 明晉江人。字弗人。事母至孝。爲詩古文有奇氣。娶妻不能具牀。恆宿於外。歲凶則採藷葉雜糠粃食之。然性介甚。長吏知其賢。欲爲之地不屑也。崇禎中舉於鄉。有紡授堂集。

曾逮 宋幾次子。字仲躬。師王蘋。累官戶部侍郎。學者稱習菴先生。有習菴集。

曾鈞 明進賢人。字廷和。嘉靖進士。擢南京禮科給事中。剛廉嫉俗。直聲震一時。出爲四川參政。平黔亂。官終南京刑部侍郎。卒諡恭肅。

曾開 宋其先贛州人。徙居河南府。字天游。崇寧進士。建炎中歷禮部侍郎。忤秦檜。罷知徽州。以病免。開從游酢學。與劉安世交。故立朝遇事。臨大節而不可奪。師友淵源。固有所自。

曾會 宋晉江人。字宗元。端拱進士。授光祿丞。出爲兩浙轉運使。丁謂建捍海塘。索民太急。時無敢言者。惟會列其狀。因中罷。軍民得安。

曾極 宋滂子。字景建。朱熹得其書及詩。大異之。又謂其文似蘇氏父子。以詩案謫道州。所著春陵小集已不傳。存者有金陵百詠。極悲壯。

曾楚卿 明莆田人。字元贊。萬曆進士。累官翰林學士。侍經筵。強黨以効魏忠賢罷。楚卿出黨門。亦坐削籍歸。崇禎初起禮部侍郎。進尙書。時溫體仁當國。遂累疏乞歸。

曾涍 〔宋〕臨川人。字孟博。爲人質直剛烈。師陸九齡。爲弟子冠。陸九淵亦甚愛重之。

曾煜 〔清〕太倉人。字亮工。貢生。有書癖。好考究字學。辨析正譌。尤喜吟詠。有發庵集。

曾瑞 〔元〕大興人。寓居錢塘。字瑞卿。號褐夫。善丹靑。能隱語小曲。有詩酒餘音及雜劇留鞋記行於世。

曾畹 〔清〕應遴長子。字庭聞。原名傳燈。工詞章。重然諾。弱冠游吳門。師事徐汧。應遴起兵。畹隨侍軍中。兵潰。走幷涼。出長城。著籍寧夏。舉順治鄉薦。計偕至京。甚爲名公卿所重。後省母歸江西。未幾病卒。有金石堂集。

曾義山 〔元〕上高人。一名法興。善占術。劉基丞高安。義山過之。語曰。相公絕世聰明。而器宇宏遠。當爲一代偉人。吾書盡以相贈。基遂領其要。後明太祖問基。始知所授受。乃令有司爲義山營居室。表其墳墓。

曾萬中 〔明〕吉水人。元季爲千戶長。江右大亂。萬中與弟粹中保障鄉里。歸明授江西行省參知政事。粹中爲親軍指揮使。並守吉安。陳友諒來攻。城陷。兄弟皆戰死。

曾詠 〔元〕樂安人。字師點。性孝友。至元間奉母避地。遇明兵。詠乞以身代母死。軍士憐之得免。

曾鉌 〔清〕滿洲人。字懷淸。起家筆帖式。累擢陝西糧道。光緒間官至湖北巡撫。時値戊戌政變後。抗疏言變法之利。請復行所罷諸新政。坐落職。拳匪之亂。窮餓死。宣統初復官。

曾鼎 〔明〕泰和人。字元友。元末奉母避賊。母被執。鼎跪泣求代。賊怒將殺母。鼎號呼以身翼蔽。傷頂肩及足。控母不捨。賊魁憫之。並得免。行省聞其賢。辟爲濂溪書院山長。洪武初縣令辟教社學。鼎好學能詩。兼工八分及邵子數學。

曾慥 〔宋〕公亮裔孫。字端伯。初爲尙書郎。直寶文閣奉祠。博學能詩。號至游居士。閑居銀峯。集百家類說凡六百二十餘種。又編高齋漫錄．樂府雅詞。

曾漸 〔宋〕南城人。字鴻甫。紹熙進士。私淑胡安國。官至工部侍郎。立朝有風節。卒諡文莊。

曾維綸 〔明〕江西樂安人。字惇吾。萬曆進士。官至嘉興府同知。有來復堂集。

曾肇 〔宋〕布弟。字子開。治平進士。元祐中歷中書舍人．吏部侍郎。徽宗卽位。累遷翰林學士。崇寧初元祐士大夫再被降黜。肇請與俱貶。言者繼之。遂落職。安置汀州卒。自熙寧以來四十年。大臣更用事。邪正相傾軋。肇身更其間。數不合。自少力學。爲文溫潤有法。更十一州。類多善政。紹興初諡文昭。有曲阜集．西掖集．內則．外則等書。

曾誕 〔宋〕公亮從孫。孟后之廢。誕三與鄒浩書。勸力請復后。浩不荅。及浩以論立劉氏南遷。誕著玉山主人對客問以譏之。人以比韓愈諍臣論。

曾銑 〔明〕江都人。字子重。嘉靖進士。歷總督陝西三邊軍務。有膽略。長於用兵。立志復河套。條上方略十八事。爲嚴嵩所誣。誅死。隆慶初追諡襄愍。有復套議。

曾鞏 〔宋〕易占子。字子固。少警敏。援筆成文。歐陽修一見奇之。登嘉祐進士。歷知齊襄洪福明亳滄諸州。所在多奇績。拜中書舍人卒。鞏性孝友。爲文原本六經。斟酌於司馬遷．韓愈。一時作者莫能過。後追諡文定。學者稱南豐先生。有元豐類稿。

曾鳳韶 〔明〕廬陵人。洪武進士。建文時爲御史。燕王入覲。馳御道。不拜。鳳韶劾王大不敬。以至親不問。及燕王稱帝。以御史召不赴。尋加侍郎。又不赴。乃刺血書衣襟。囑其妻李。子公望勿易衣。卽以此殮。遂自殺。年二十九。李亦自經。福王時諡忠毅。妻諡貞愍。

曾鳳儀 〔明〕衡州人。字舜徵。號金簡。萬曆進士。歷禮部郎中。致仕歸。講陸九淵主靜之學。建衡山集賢書院。以祀韓愈．李泌．趙抃．周敦頤四君子。

曾德 〔元〕漁陽人。母早亡。父仲祥再娶左氏。仲祥游襄陽。因攜左氏家焉。亂兵陷襄陽。遂失左氏。德徧求之。閱五年。乃得於廣海間。奉迎以歸。孝養甚至。

曾質粹 〔明〕永豐人。其先以避亂徙豫章。參五十九代孫。字好古。嘉靖中詔求曾子嫡嗣。得質粹。命以衣巾奉祀。授五經博士。

曾翬 〔明〕泰和人。字時升。宣德進士。歷官刑部左侍郎。巡撫浙江。還朝謝病歸。翬謹操行。所至有聲。

曾震 〔宋〕吉水人。字東老。幼不好弄。謝諤稱許之。晚試集英得官。累調廣州司戶。有羣玉集。

曾養性 〔清〕奉天人。初從耿繼茂征廣東。隸靖南王藩下。康熙間授藩下左翼總兵官。耿精忠反。養性附之。率兵犯浙江。淸軍入福建。養性率衆降。磔死。

曾魯 〔明〕新淦人。字得之。七歲能暗誦五經。稍長博學古今。凡數千年國體人才制度沿革。無不能言者。遂以文學聞於時。洪武初召爲纂修元史總裁官。譔輯功最多。尋授禮部主事。超六階拜禮部侍郎。未幾。引疾歸。道卒。有大明集禮。

曾·魯山【明】贛縣人。元時舉孝廉。親喪。絕意仕進。太祖遣將略定南服。過贛。強起之。擢潮州太守。

曾·機【宋】吉水人。字伯虞。謝諤高弟。諤稱其靜敏寡言。不事表襮。有靜菴集。

曾·暐【宋】鞏兄。字叔茂。善文章。弘瞻瓌麗。尤熟於治亂興亡之故。其貫穿反復。人莫有屈之者。皇祐間試進士不第。遂卒。

曾·興宗【宋】寧都人。字光祖。爲肇慶推官。慶元初禁僞學。興宗以嘗師事朱熹罷歸。自信益堅。未嘗少挫。

曾·靜【清】郴州人。雍正間遣其徒張熙詭名投書岳鍾琪。勸以同謀舉義。鍾琪拘訊之。并拘靜。靜以見呂留良評選時文內有論夷夏之防。及井田封建等語。故有是謀。世宗十下嚴旨。刊爲大義覺迷錄。懸之學宮。戮留良尸。親屬及友黨皆治罪。特赦靜。以示寬大。

曾·懋【宋】贛州人。字叔夏。元符進士。累官吏部尚書。有內外制及東宮日記。

曾·應遴【明】寧都人。字無擇。崇禎進士。累遷兵科給事中。轉工科。出督江西廣東兵餉。入掌兵科。值流賊蹦荆襄。凡所論奏。皆中機宜。尋罷歸。唐王時起太常卿。與楊廷麟等共起兵南贛。兵潰歸里卒。

曾·燦【清】應遴次子。字青藜。一字止山。原名傳燦。少有詩名。選海內名家詩。號過日集。明亡。祝髮爲僧。遨遊閩浙兩廣間。後歸。築六松草堂。躬耕養母。爲易堂九子之一。有止菴集。西崦草堂集。

曾·燠【清】南城人。字庶蕃。號賓谷。乾隆進士。選庶吉士。改主事。累官兩淮鹽運使。闢題襟館於邗上。與賓從賦詩爲樂。敦盤稱盛。後以貴州巡撫乞養歸卒。其詩清轉華妙。文擅六朝初唐之勝。有賞雨茅屋集。又輯江西詩徵。駢體正宗等書。

曾·點【春秋】【魯】南武城人。字皙。孔子弟子。嘗侍孔子言志。曰春服既成。冠者五六人。童子六七人。浴乎沂。風乎舞雩。詠而歸。孔子喟然歎曰。吾與點也。季武子之喪。大夫往弔。點倚其門而歌。蓋士之狂者。（按史記作曾蒧。此從論語。）

曾·璵【明】瀘州人。字東玉。號少岷山人。正德進士。官至建昌知府。宸濠之叛。率屬從王守仁破賊。復南康。有少岷拾存稿。

曾·璧光【清】洪雅人。字樞垣。道光進士。授編修。咸豐中累官貴州巡撫。時值苗亂。璧光節次掃盪。全黔底定。卒謚文誠。

曾·鎰【清】鯨孫。字受伯。工寫照。人物花鳥。不愧祖風。

曾·譚【漢】泉陵人。舉孝廉。拜尚書郎。有文武才。官終太常。

曾·鏞【清】泰順人。字在東。一字鯨堂。乾隆拔貢。知東安縣。有復齋詩文集。

曾·鯨【明】莆田人。流寓金陵。字波臣。寫照入神。妍媸惟肖。後人傳爲波臣派。

曾·鞶【明】永興人。字文載。成化進士。歷刑部員外郎。值平陽有訟田者久不決。蘇州衞有訟殺人罪者。繫獄十餘年。鞶往訊立決。擢知紹興府。政尚寬簡。

曾·櫻【明】峽江人。字仲含。萬曆進士。天啓初官常州知府。持身廉。爲政愷悌。公平不畏彊禦。歷南京工部侍郎。京師陷。唐王稱號於福州。以爲吏部尚書。文淵閣大學士。清兵破福州。櫻挈家避海外中左衞。後其地被兵。自縊死。

曾·鶴齡【明】泰和人。字延年。永樂進士第一。累官侍講學士。有松坡集。

曾·爟【明】吳江人。字日章。洪武間爲翰林院侍讀。與修永樂大典。使交趾。黎氏語不遜。爟折之。後從張輔等討之。交趾平。贊畫功居多。

曾·覿【宋】汴人。字純甫。孝宗時以潛邸舊人權知閤門事。後除開府儀同三司。用事二十年。權震中外。至於譖逐大臣。士夫重足。帝知其姦。漸疏之。覿憂恚以死。有海野詞。

曾·鑑【明】桂陽人。字克明。天順進士。弘治間累進工部尚書。鑑與韓文等請誅宦官不勝。諸大臣留者。率巽順避禍。鑑獨守故操。

曾·鑄【清】同安人。後占籍上海。字少卿。世業海商。至鑄家日起。光緒間美虐華工。鑄倡議抵制。全國響應。官候選道。鑄遇事進止。胸有定衡。間作畫。荻蘆秋雁。涉筆成趣。

朝·景煥【隋】著有野人閑話。

朝雲【後魏】河間王琛之婢。善吹篪。琛爲秦州刺史。討諸羌。令朝雲假爲貧嫗吹篪而乞。諸羌聞之。流涕歸降。秦民語曰。快馬健兒。不如老嫗吹篪。

◎【宋】錢塘名妓。姓王氏。蘇軾官錢塘時。納爲常侍。初不識字。既事軾。遂學書。粗有楷法。後軾貶惠州。家妓皆散去。獨朝雲相依。先軾卒。

棄宗弄贊【唐】吐蕃君長。慷慨有雄才。常馭野馬犛牛馳刺之以爲樂。西域諸國共臣之。貞觀中尚宗女文成公主。自以其先未有昏帝女者。爲公主築一城。以夸後世。自褫氈罽。襲紈綃爲華風。遣諸豪子弟入國學。又請儒者典書疏。永徽初卒。

棓生【漢】賢士。善術數。爰盎家多

怪。迺之棓生所問占。

棗·祗 〔三國魏〕潁川人。本姓棘。以避讐易爲棗。官陳留太守。時歲旱。軍食不足。祗募民屯田。軍國以饒。

棗·腆 〔晉〕據子。字元芳。以文章顯。永嘉中爲襄城太守。

棗·嵩 〔晉〕腆弟。字臺產。才藝尤美。官散騎常侍。爲石勒所殺。

棗·據 〔晉〕潁川人。字道彥。美容貌。善文辭。弱冠辟大將軍府。出爲山陽令。有政績。歷官冀州刺史卒。

棘·子成 〔春秋衛〕大夫。嘗與子貢論文質之槪。曰。君子質而已矣。何以文爲。子貢曰。惜乎。夫子之說君子也。駟不及舌。文猶質也。質猶文也。虎豹之鞟。猶犬羊之鞟。

棟·成 〔明〕滕縣人。洪武中征戰有功。官至吳州左長衞中所副千戶。

棟阿賚 〔清〕滿洲鑲白旗人。姓蒙郭氏。太宗時從攻錦州·寧遠。順治間從入關。破李自成。征湖廣。平福建。官至都察院參政。

棠公 〔春秋齊〕爲棠邑大夫。其妻即棠姜。

棠姜 〔春秋齊〕棠公妻。東郭偃之姊。棠公死。崔杼往弔。見棠姜美之。遂謀於偃而娶之。莊公通焉。驟如崔氏。杼射殺公。後慶封滅崔氏。棠姜自經死。杼歸。見妻子皆死。亦自縊。

棠無咎 〔春秋齊〕棠公子。崔杼娶其母。與東郭偃相崔氏。後爲杼子所殺。

棧·潛 〔三國魏〕任城人。字彥皇。嘗督守鄴城。時文帝爲太子。耽樂田獵。潛諫之。自後畋遊差減。明帝時衆役並興。戚屬疏斥。潛又疏諫。後爲燕中尉。辭疾不就卒。

棲霞 〔南唐〕一名敬眞。七歲以神童及第。天祐時南渡。居茅山修道。唐主加號眞素先生。嘗問何道可致太平。對曰。王者治身心乃及國家。陛下尙未能去飢嗔飽喜。何論太平。

棲隱 〔唐〕僧。字巨徵。姓徐氏。住洪州開元寺。廣明中避亂入隱廬山折桂峯。工詩。有桂峯集。

植·以進 〔明〕開建人。父母因貧徙居石寶山中。父早沒。事母極孝。樵採所得。悉以奉母。食必跪獻。隆慶間山寇充斥。以進負母入深僻處。鑿土室藏之。而定省跪食。雖顚沛不變。

植·敏槐 〔清〕邛州人。字稗青。順治舉人。明季兵燹後。郡內書籍蕩然。惟敏槐家藏禮記存要一書。案所講貫。乃以授邛郡諸生。築室白鶴山南。教授二十餘年。學者稱鶴山先生。

欽·明 〔宋〕著有百官階次。

欽拜 〔清〕滿洲鑲紅旗人。姓瓜勒佳氏。康熙間由頭等侍衞累遷兵部侍郎。參贊馬爾賽軍務。授內大臣。尋署建勳將軍。協辦烏里雅蘇臺糧馬。卒謚肅敏。

欽·善 〔清〕江蘇華亭人。字吉堂。號正念居士。諸生。博學勵節。工詩古文辭。有吉堂詩文稿。

欽·揖 〔清〕吳縣人。字遠猷。善畫山水。有宋元人遺意。書法褚歐。以儀禮注疏多不合經文。作爲圖解。洞徹今古。平居寓僧舍。終身不娶。

欽·德載 〔宋〕吳縣人。仕爲都督計議官。宋亡。德載不肯送降款。元兵帥募生致其人。議欲官之。德載裂其板授書。即遁隱碧巘山中。自號嵩農老人。楊維楨嘗作詩歌以用之。

殖·綽 〔春秋齊〕大夫。莊公時夙沙衞以高唐叛。慶封圍之弗克。綽夜縋納師。醢衞於軍。

減·宣 〔漢〕楊人。以佐史給事河東守。稍遷御史。治主父偃及淮南反獄。所以微文深詆殺者甚衆。數廢數起。爲御史及中丞者幾二十歲。嗣爲左內史。其治。米鹽事大小皆關其手。郡中爲小治辦。坐怒其吏成信。信亡。藏上林中。宣使郿令格殺信。射中上林苑門。下吏。以爲大逆當族。自殺。(按漢書作咸宣。師古曰。咸音減。省文。此從史記。)

渠·仲寧 〔明〕滕縣人。通相地術。成祖召試之而驗。授本科訓術。

渠·伯糾 〔周〕桓王之宰。嘗攝父職聘魯。春秋書名以譏之。

渠·復纍 〔漢〕以濁國大首渠擊匈奴有功。封昆侯。

渠·澄清 〔明〕徐州人。字允潔。萬曆歲貢。歷任宣城訓導·穀城教諭·歸州學正。澄清敦風節。富文藻。有易經問辨錄·三餘漫草。

渥巴錫 〔清〕土爾扈特酋長。一作烏布沙。乾隆時苦於俄羅斯之徵調。聞準部亡。思據伊犂爲游牧地。遂傾國東徙。爲哈薩克所掠。避入戈壁。死亡大半。歷八閱月。行萬餘里。始至伊犂界。知內備固。遂舉族內附。賜號卓哩克圖。授札薩克。游牧珠勒都斯。管領舊土爾扈特十旗。

游·九功 〔宋〕九言弟。字勉之。一字禹成。端平初累官司農少卿。知慶元府。以循吏稱。入權刑部侍郎。淸愼廉恪。與九言自爲師友。講明理學。學者稱受齋先生。卒謚文清。(按宋元學案作謚莊簡。此從福建通志。)

游·九言 〔宋〕建陽人。字誠之。師張栻。舉江西漕司進士第。歷古田尉。入監文思院。官終荆鄂宣撫參謀。卒謚文靜。學者稱爲默齋先生。有默齋遺稿。(案四庫全書提要作謚文靖。宋元學案作文清。此從福建通志。)

游·士任 〔明〕江夏人。字肩生。萬曆進士。累擢山東巡按監軍。特疏參客氏及魏閹。逮下錦衣獄。謫戍安慶。崇禎初釋還。

游士鳳 [清]沔陽人。字雲子。善畫人物寫照。聲著楚中。工詩。有學行。

游子源 [明]婺源人。洪武時舉明經。授吳江縣學教諭。爲清江王世子師傅。禮遇殊厚。既而以老疾辭。

游子遠 [前趙]幼聰亮好學。年十五至洛陽。爲張華所稱。後仕劉曜爲光祿大夫。直言敢諫。累遷儀同三司。

游元 [隋]明根玄孫。字楚客。少聰敏。仕周歷壽春令。譙州司馬。俱有能名。煬帝時拜朝請大夫。兼治書侍御史。遼東之役。宇文述等敗績。元按其獄。以公正稱。奉使黎陽。督運楊玄感謀逆。元以正言諭之。爲所囚。不屈死。◎[宋]撫州人。字淳夫。爲人外和易而中介特。讀書必玩味。欲知古人用心處。尤深於易。服膺陸九淵之學。論議平實。爲文健贍。舉進士。晚歲授安化簿。以義理訓導邑士。官終贛縣丞。

游少游 [宋]南豐人。字希卿。隆興進士。攝永興令。郡吏督賦。語侵少游。少游叱曰。剝民之政。吾不忍爲。命杖之。又取宗室武斷者繩以法。豪猾斂迹。官至朝散大夫。

游日章 [明]莆田人。字學絅。嘉靖進士。知臨川五載。潔己惠民。官終廉州知府。有鼯語雕龍。

游仲鴻 [宋]南充人。字子正。淳熙進士。知中江縣。以薦召赴闕。宰相趙汝愚甚重之。時光宗以疾久不朝重華宮。仲鴻遺汝愚書。陳宗社大計。官終利州路提點刑獄。卒諡忠。

游吉 [春秋][鄭]正卿。即子太叔。美秀而文。熟於典故。繼子產爲政。不忍猛而寬。鄭國多盜。取人於萑苻之澤。與徒兵以攻之。盡殺乃止。

游如棣 [明]沙縣人。事親溫摯。父柩在家。忽大水驟溢。如棣號哭不去。已而水平。人以爲孝感。

游旭 [清]婺源人。字穉生。善畫山水人物蟲鳥花卉。兼工詩。善篆刻。

游次公 [宋]建安人。字子明。范成大帥桂林。次公參閫幕。唱酬詩卷甚富。尤長於詞。

游似 [宋]仲鴻子。字景仁。嘉定進士。累官吏部尚書。入侍經幄。帝問貞觀治效何速。似推原以對。淳祐中拜丞相。兼樞密使。自南充伯進爵國公。卒諡清獻。

游完 [金]鄜州人。大定初歲荒。完日賑飢三百餘口。冬給衣糯。春秋以家財募人平治道路。及老。猶以仁愛勉勵子孫。

游志遜 [明]上饒人。慷慨有俊才。洪武間爲廣西興縣丞。入朝應制。賦詩最佳。擢監察御史。舉劾不避權豪。後拜四川按察司僉事卒。

游汶 [宋]似子。字魯望。咸淳中歷江西江東福建提刑。俱有能聲。賈似道當國。汶與論事。忠誠懇切。國亡隱居。元參政蒲大全薦爲福建路總管。固辭不就。嘗大書衣背云。前宋遺民。無寒暑皆衣之。

游居敬 [明]南平人。字行簡。嘉靖進士。累官都察院副都御史。巡撫雲南。鎮守沐朝弼恣橫。居敬裁之以法。東川會阿堂作亂。居敬請川貴兵勦之。阿堂窘急自刎。朝弼銜居敬裁抑。劾居敬。坐逮論戍。穆宗即位。擢刑部左侍郎。乞歸卒。

游於詩 [明]安慶人。字二南。以諸生入太學。性耿介不阿。事親承歡。至老不懈。倣朱熹立義倉於其鄉。凶歲全活甚衆。及卒。門人私諡靖康先生。

游明 [明]豐城人。字大昇。天順中爲福建司按察僉事。提督學校。待諸生有恩義。而尤以廉著稱。進副使。仍提督學校。旋卒。八郡諸生。皆爲位於僧寺而哭之。

游明根 [後魏]雅從祖弟。字志遠。太武擢爲中書學生。性寡欲。綜習經史。孝文時歷儀部尚書。遷大鴻臚卿。賜爵新泰侯。歷官五十餘年。處身以仁和。接物以禮讓。時論貴之。卒諡靖。

游芳 [明]婺源人。字闌仲。通五經。精博物理。隱居教授。以師道自任。有皇明正音。

游眅 [春秋][鄭]吉兄。字子明。簡公時爲大夫。將如晉。未出境。遭逆妻者。奪之。以館於邑。爲逆妻者所殺。（按游眅左傳今本作昄。宋本淳熙本岳本北宋刊本並作昄。纂圖本監本毛本作販亦非。）

游師雄 [宋]武功人。字景叔。學於張載。第進士。元祐時還軍器監。破吐蕃。擒鬼章。累遷直龍圖閣。知秦州。徙知陝州卒。師雄慷慨豪邁。有志事功。議者以用不盡其材爲恨。

游恭 [五代][吳]建安人。登唐進士第。博學能文詞。武義初累遷知制誥卒。有小東里集。廣東里集。

游烈 [宋]邵武人。字晉光。幼以孝節稱。從胡瑗學。官至職方員外郎。郡人知經學自烈始。

游祥 [後魏]肇子。字宗良。頗有才學。明帝時領尚書郎中。封高邑縣侯。卒諡文。

游紹安 [清]福清人。號心水。雍正進士。官至南安知府。爲文務奇崛。詩亦生闢。有涵有堂詩文集。

游復 [宋]建陽人。字執中。與楊時爲忘年友。總角已知經學。既壯。學益富。行益修。鄉里旁郡。多遺子弟從之游。

游欽祖 [明]曹州人。字君卿。洪武初以賢良舉知崇仁縣。嚴毅峭直。吏不敢欺。

游酢 [宋]醇弟。字定夫。師程頤兄弟。酢與楊時初見頤。頤瞑目而坐。

二子侍立不去。既覺。謂二子曰。賢輩尚在此乎。今既晚。且休。及出門。門外雪深三尺。元豐間登進士第。再爲太學博士。歷知漢陽軍・和・舒・濠三州而卒。學者稱廌山先生。有易說・詩二南義・中庸義・論語孟子雜解・廌山文集。

游・雅 後魏廣平任人。字伯度。小名黃頭。太武時與勃海高允等俱知名。累官東雍州刺史。甚有惠政。委以國史之任。竟無所成。性剛戇。好自矜誕。淩轢人物。卒諡宣。

游・楚 春秋楚鄭大夫。字子南。徐吾犯之妹美。楚聘之。從兄子晳又使強委禽焉。後女適楚。子晳欲殺楚而奪其妻。爲楚所傷。子產執楚數其罪。放之於吳。

游・暘 晉廣平人。王浚屢以書招暘。暘欲往。弟邃阻之。暘曰。彭祖忍而多疑。我稽留不往。將累及卿。且亂世宗族宜分。以冀遺種。邃從之。暘竟歸浚。與浚俱沒於石勒。

游・端 明江西德化人。永樂中由歲貢任給事中。彈劾無所顧忌。陞鎮江守。有惠政。

游・肇 後魏明根子。字伯始。孝文初爲內秘書侍御中散。明帝時累遷尚書右僕射。肇外寬內剛。耽好經傳。善周易毛詩。尤精三禮。卒諡文貞。

游・輔 宋莆田人。宣和進士。歷知潮陽縣。值梅州猺賊起。特除知梅州。羣盜斂迹遁去。後知象州卒。

游・儆 宋劍浦人。字敬仲。從朱熹游。爲熹所深許。有朱子語錄。

游・潛 明豐城人。字用之。弘治舉人。官雲南賓州知州。有博物志補・夢蕉存稿・夢蕉詩話。

游・輝 明高安人。字公憲。成化貢生。知浙江龍泉縣。有威惠。民感其德。居鄉以孝友慈愛稱。

游・醇 宋復從子。字質夫。元豐進士。仕至奉議大夫。文章理學。一時推重。

游・震得 明婺源人。字汝潛。嘉靖進士。由行人擢監察御史。世宗好方士。震得以疏諫。廷杖謫外。後官至副都御史。巡撫福建。以與化失守罷歸。再起督轄南京糧儲。少與歐陽德・鄒守益諸人游。故頗講姚江之學。有讓溪甲乙集。

游・樸 明福寧人。字太初。九歲能屬文。舉萬曆進士。授成都府推官。歷遷刑部郎中。三主法曹。無一冤獄。仕終湖廣參政。

游・應祥 元崇安人。酢七世孫。字子善。宋末躬耕自晦。操履端方。元初以武夷直學遷學正卒。

游・巘 宋師雄子。知眞定縣。時朝廷新得燕山。倉廩爲虜人席卷去。燕山大饑。郡邑徵糧調牛車。所在鼎沸。巘區處得宜。擢河北轉運使。

游・簡言 南唐恭子。字敏中。李昪時累遷內史舍人。一時典冊。皆出其手。李景立。歷吏部尚書。知省事。親治簿書。督責嚴峻。拜同平章事。卒諡宣靖。

游・邃 前燕暘弟。嘗爲昌黎太守。中國亂。避地於薊。仕慕容廆爲龍驤長史。爲廆擬定朝儀。

游・藝 宋建寧人。字子六。有天經或問前後集。

游・騰 周秦使樗里子入周。周以卒迎之。楚王怒其重秦客。讓周。騰爲周說楚王。楚王乃悅。

渾・瑊 唐釋之子。本名日進。及稍顯改焉。年十一。善騎射。從破賀魯部。勇冠三軍。後從李光弼定河北。又從郭子儀復兩京。敗安慶緒。數破吐蕃。並有功。累遷單于大都護。德宗幸奉天。授都虞候。京畿渭北節度使。朱泚兵薄城。瑊力戰却之。遷檢校尚書左僕射。同平章事。就奉天行營副元帥。泚平。論功加侍中。封咸寧郡王。卒諡忠武。瑊通春秋漢書。天性忠謹。功高而志益下。世方之金日磾。

渾・鎬 唐瑊子。性謙謹。喜交士夫。歷鄧唐二州刺史。有政譽。元和中討王承宗。以鎬將家可用。授義武軍節度使。治兵頗有法。然短於計略。不持重。軍敗。貶循州刺史卒。

渾・釋之 唐蘭州人。有將才。世爲本州都督。從朔方軍。戰功居多。累遷開府儀同三司。試太常卿。封寧朔郡王。廣德中與吐蕃戰。沒於靈武。

渾・鐵 唐鎬弟。以蔭補諸衛參軍。累擢豐州刺史。坐贓七百萬。貶袁州司馬。再遷殿中監。宰相言鐵嘗治郡有績。拜壽州刺史。終諸衛大將軍。

湛性 清僧。丹徒徐氏子。一名滿汎。字藥根。又字藥菴。居揚州之祗園菴。工詩。有雙樹軒詩鈔。

湛・俞 宋閩縣人。字仲謨。景祐進士。累官屯田郎中。年五十餘歸隱於閩之館前鄉。人因名其地爲湛隱坊。尋復遷於城南宿猿洞。三召不起。劉康夫爲撰山居記。

湛・若水 明增城人。字元明。號甘泉。少從陳獻章游。弘治末登進士。授編修。母喪。廬墓三年。嘉靖時歷南京兵部尚書。王守仁在吏部講學。若水與相應和。築西樵講舍。學者稱甘泉先生。卒諡文簡。有二禮經傳測・春秋正傳・古樂經傳・格物通・心性書・揚子折衷・遵道錄・甘泉新論・白沙詩教解註・甘泉集。

湛・然 清工畫蝶。

湛然 唐高僧。荊溪戚氏子。住天台國清寺。爲智顗五世法孫。受止觀法。常以宏法爲己任。天台一派。遂以中興。大曆中累徵不就。有法華釋義・法華疏記・止觀輔行傳宏訣・法華三昧補助儀・方等懺補闕儀・略維摩疏・維摩疏記・重治定涅槃疏・金錍論・止觀義例・止觀大意・止觀文句・十妙不二門等。

湛・賁　唐宜春人。初爲州吏。其妻與彭伉之妻。兄弟也。伉擢進士第。親族集賀之。座皆名士。以賁胥也。獨飯之後閣。妻數之曰。男子不自振勵。顧困辱如此。復何容。賁由是感憤力學。舉進士。伉聞賁舉。方跨驢赤松橋。驚而墮地。時人語曰。湛賁登第。彭伉落地。

湛・溫　五代閩光州人。王延翰時官御史大夫。國子祭酒。是時王審知養子延稟守建州。與延翰有隙。遣使來覘虛實。延翰命溫往餞。且鴆之。溫懼開釁。道經高安山西嶺。飲鴆自斃。國人哀之。名其嶺曰祭酒嶺。

湛・禮　明錢塘人。字用和。永樂進士。授內江令。累遷知韶州府。韶歲貢藤。而產於渤海。禮疏於朝。得免貢。嘗遣吏卒往樂昌督稅。法外需求無已。令械繫之。禮曰。令能不以府役故屈法貸之。其賢可知。由是府役至邑皆斂戢。在官以寬厚清白著稱。始終無替。致仕卒。

湯・九州　明石埭人。崇禎時爲昌平副總兵。流賊擾河北。九州與左良玉屢破賊兵。署都督僉事。後以孤軍深入。爲賊所乘。遂戰沒。

湯・三才　明丹陽人。字中立。有禮記新義。

湯・千　宋安仁人。字升伯。慶元進士。父德威。於古學無不通。千盡得其傳。歷南劍嘉與二郡學。多所成就。官終通直郎。有史漢雜考・楮幣芻言。

湯・大有　元溧水人。五世同居。子孫百口。無自私者。大德間表其門。

湯・大奎　清武進人。字曾輅。號緯堂。乾隆進士。官鳳山知縣。林爽文亂。大奎募鄉勇守禦。城陷遇害。有緯堂詩略。

湯・大紳　清陽湖人。字孫書。號藥岡。乾隆進士。官編修。爲人傲岸磊落。有藥岡詩鈔・詩餘。

湯・子昇　宋蜀人。畫山水人物頗工。志慕高逸。多繪方外事。

湯・巾　宋千弟。字仲能。嘉定進士。千主朱學。巾則主陸學。官至郡守。

湯・中　宋巾弟。字季庸。寶慶進士。與兄千並主朱學。稱大小湯。

湯・之昱　清斌孫。字南溪。號寶齋。善畫山水。筆極秀潁。能詩。

湯・之錡　清宜興人。字世調。仿高攀龍復七規。春秋兩會。四方學者翕然宗之。延陵書院・東林書院各延主講席。不就。有詢朱陸異同者。則曰顧力行何如耳。多辨論何益。人稱默齋先生。有偶然云集。

湯・允恭　宋貴池人。宣和進士。判常州。有叛卒及境。允恭單騎詣賊營諭之。寇卽解去。累擢兵部侍郎。

湯・允勣　明和曾孫。字公讓。工詩。負才使氣。景泰初求將才。試於兵部。于謙咨以古今將略及兵事。應答如響。稍遷至指揮僉事。後分守孤山堡。與賊戰死。方允勣官京師。與劉溥・王淮等唱酬。號十才子。有東軒集。

湯・文瓊　明九州從孫。字光縈。九州勦賊戰沒。文瓊伏闕三上書請恤不報。授徒京師。見國事日非。數獻策闕下。又不報。京師陷。投繯卒。

湯・世昌　清仁和人。字其五。號對松。乾隆進士。官至工科給事中。封事數十上。時人號爲湯多諫。有嘉藻堂集。

湯・世隆　明紹宗孫。襲爵靈璧侯。隆慶中協守南京。改提督漕運。歷四十餘年。以勞進少保。卒謚僖敏。

湯・世澍　清武進人。字潤之。國子監生。寫生鮮麗。爲近世江南賦色家一大宗。書學米芾。題識精美。時稱三絕。

湯・右曾　清仁和人。字西厓。康熙進士。由編修累官吏部侍郎。兼掌院學士。性伉直。在諫垣。所條議甚衆。帝尤重其文學。嘗以所作文光果七言律進。御製詩賜之。目爲詩公。其詩才大而能恢張。與秀水朱彝尊並爲浙派領袖。有懷清堂集。

湯・正仲　宋南昌人。字叔雅。號閒菴。畫師其舅楊補之。而能別出新意。尤善梅竹松石水仙蘭花。

湯・兆京　明宜興人。字伯閎。萬曆進士。知豐城縣。治最。徵授御史。累疏言事。以不得其職乞歸。時黨勢已成。正人多見齮齕。兆京力維持其間。清議倚以爲重。屢遭排擊。卒無能一言汚之者。有靈蘐閣集。

湯・光烈　明新建人。號西麓。官海豐教諭。正統時嘗上禦戎勤王擇官養民開科取士四疏。其子醴號小麓。嘗作野史辨誣。其郡人合刊之。名二麓正議。

湯・光啓　清長洲人。字式九。號藥房。處士。工畫花鳥。生平慷慨赴義。晚歲以筆墨自給。卒年七十有九。

湯・仲友　元吳人。先名益。字端夫。自號西樓。淹貫經史。氣韻高逸。學詩於周弼。浪跡湖海。有壯遊詩集。

湯妃　商有莘氏之女。湯娶以爲妃。生太丁・仲壬・外丙。亦明教訓致其功。統領九嬪。後宮有序。咸無妒媢逆理之人。

湯・有容　明名戩。以字行。自少能文章。勇於行義。洪武中舉於鄉。官終唐府伴讀。

湯・克寬　明邳州衞人。爲浙江副

總兵。數破倭寇。以功陞廣東總兵官。炒蠻入掠。克寬追出塞。遇伏戰死。

湯序　明字淑彝。通經史星曆之學。充欽天監天文生。天順初以天象應變。奉迎英宗復位。擢禮部右侍郎。

湯成烈　清武進人。字果卿。號確園。道光舉人。歷永康知縣。玉環同知。有惠愛。歸主延陵書院以終。有古藤書屋文集、清淮詞。

湯沐　明江陰人。字新之。弘治進士。授御史。以不附劉瑾謫武義知縣。嘉靖中入爲大理寺卿。坐黜李福達獄罷歸。沐居官三十載。以廉潔稱。

湯秀琦　清臨川人。號弓菴。順治中以歲貢生官鄱陽縣訓導。有讀易近解、春秋志。

湯來賀　清南豐人。字佐平。改字念平。號惕菴。明崇禎進士。官至廣東按察司僉事。明亡。歸主白鹿書院講席以終。有內省齋文集。

湯其仁　清南豐人。字長人。又字密齋。歲貢生。師事謝文洊。居家有法。每朔望。聚子弟訓以先正格言。有四書切問、省克堂集。

湯叔用　宋正仲弟。工畫墨梅。

湯和　明濠人。字鼎臣。幼有奇志。嬉戲常習騎射。部勒羣兒。及長。倜儻多計略。元末兵起。率子弟歸郭子興。後從太祖征伐。所至克捷。累功至御史大夫。封信國公卒。追封東甌王。諡襄武。和晚年益爲恭愼。請解兵柄。故能以功名終。

湯宗　明平陽人。字正傳。官北平按察僉事。建文時發北平按察使陳瑛密受燕邸金錢事。遷山東按察使。後爲大理丞。解縉下獄。辭連宗。坐繫十餘年。官終南京大理卿。

湯性方　明花縣人。字行素。舉永樂鄉薦。授刑部主事。歷員外郎。治獄多所平反。正統初遷廣西按察僉事。一方肅然。官終陝西行軍副使。

湯東野　宋丹陽人。字德廣。靖康中知平江。建炎初苗劉之變。與張浚同謀弭亂。超拜工部尚書卒。

湯泳　宋丹陽人。字永叔。師事朱熹。學者稱靜一先生。

湯芬　明嘉善人。字方侯。崇禎進士。福王時爲史可法監紀推官。後分守興泉道。清兵至。芬緋衣坐堂上。被害。

湯金釗　清蕭山人。字敦甫。一字勖茲。嘉慶進士。道光間官至協辦大學士、吏部尚書。坐事鐫四級。授光祿卿。其學以治經爲務。主敬爲本。不立門戶。不爭異同。大約本明道敬義夾持。而兼有取於良知即愼獨之說。以刻意勵行爲宗。卒謚文端。有寸心知室存稿。

湯奕瑞　清南豐人。號玉峯。雍正中官福建鹽場大使。有禹貢方域考。

湯建　宋樂清人。字達可。於天文地理。古今制度。考覈精詳。學者稱藝堂先生。有詩衍義、論語老子二解、藝堂文集。

湯思退　宋處州人。字進之。紹興時以附秦檜累官參知政事。拜右僕射。尋罷。隆興初復相。金人寨四郡。思退許之。且令孫造諭敵以重兵脅和。爲言者所論。遂罷相。太學生張觀等上書請斬思退。思退憂悸死。

湯洽名　清武進人。字誼卿。嘉慶時爲州同知。學於張惠言。以能文名。兼通曆算。有穀梁春秋例、句股算指、太初術長編諸書。

湯炳龍　元其先山陽人。居京口。字子文。自號北村老民。辟爲慶元市舶提舉。學問該博。善談論。四書五經皆有傳註。尤深於易。詩歌亦甚工。有北村集。

湯珍　明長洲人。字子重。與王寵兄弟讀書石湖治平寺十五年。爲蔡羽、文徵明所推重。年四十餘應歲貢。除崇德縣丞。工詩文。有迪功集。

湯若望　清德國人。字道未。明天啓中入中國傳天主教。習中國語言文字。精科學。明曆法。以徐光啓薦。官翰林。修正曆法。崇禎末令鑄大礮二十尊。以禦滿兵。入清爲欽天監監正。自是中國始用新法授時。世祖寵遇甚至。常從諮詢科學。洊擢卿貳。時教會亦寖盛。康熙初爲楊光先等排擊下獄。太后釋之。尋卒。有曆法西傳、新法表異二書。

湯修　清金釗子。字敏齋。晚自號泔翁。道光舉人。官至太常寺卿。居官遇事敢言。治經主敬。悉秉父教。著作多散佚。存者有奏疏、詩古文、隨筆數卷。

湯修業　清大紳子。字賓鷺。博覽強記。尤悉故家遺事。有毘陵文獻之目。乾隆時常州議修府志。修業撰人物稿垂就。志書不果成而卒。有賴古齋文集。

湯悅　宋即殷崇義。詳殷崇義條。

湯振商妻　清宜興人。姓秦氏。振商早卒。有子名思孝。口授四書經史。事舅姑孝敬弗懈。年三十九。以幽鬱卒。有依桂、紉蘭二稿。

湯㝵　明貴陽人。字伯元。年十四喪母。繼母韓氏性嚴苛。兩弟皆畏憚出亡。獨㝵能致其慈愛。嘉靖中成進士。歷官潮州知府。以風節自任。官終鞏昌知府。

湯時來　明澧州人。字應之。正德舉人。知江寧縣。調貞陽。居官勵志清苦。不苟依阿。歸惟圖書數篋。

湯泰亨　清溧陽人。明末隱白盤山。歲遇君親子卯日。輒并食堅臥不起。自知死期。豫別親友。題墓志。沐浴而逝。

湯·祖祥 〔清〕武進人。字克閎。畫花卉得南沙法。康熙間以國子生編纂古今圖書集成。

湯·豹處 〔清〕吳江人。字雨七。工詩善琴。行草書得祝允明筆意。而畫尤入神。創意畫水。名有百餘種。能窮盡變態。

湯·斌 〔清〕睢州人。字孔伯。一字荊峴。號潛庵。順治進士。入翰林。竟日讀書。不妄交遊。沈潛易理。究心聖賢之學。累擢江寧巡撫。澄清吏治。江南北無一物不得其所。官至工部尚書卒。諡文正。其學源出孫奇逢。而能持新安荊溪之平。大旨主刻勵實行。講求日用。有洛學編．睢州志．湯子遺書。及明史稿若干卷。

湯·淵 〔清〕常熟人。字渭泉。早喪父。事母至孝。妻生子而死。以貧故遂鰥居。奉母以終。

湯·第 〔清〕永新人。字眉山。幼嗜學。才略優長。而性耽泉石。居喪循古禮。不喜佛老。作闢佛語訓後。工書。

湯·組 〔清〕安徽太平人。字又蕤。諸生。後棄去。工書畫。善詩詞。喜刻老樹根爲人物鳥獸。摩挲不去手。

湯·紹宗 〔明〕和六世孫。孝宗時授南京錦衣衛指揮使。封靈璧侯。傳爵至明亡乃絕。

湯·紹恩 〔明〕安岳人。字汝承。嘉靖進士。歷紹興知府。有惠政。官終山東布政司。

湯·莘叟 〔宋〕寧化人。字起莘。紹興進士。少好吟詠。官終饒州推官。

湯·喬年 〔宋〕丹徒人。爲人慷慨自負。博學能文。秦檜欲館致之。不可。後以特恩授韶州推官。不赴。

湯·斯祚 〔清〕南豐人。字衎之。號亦廬。雍正中以歲貢生官新昌訓導。有亦廬詩集。

湯·景仁 〔宋〕廣德人。熙寧進士。爲寧國令。以廉介稱。邑民名其所居村曰湯清。

湯·琛 〔明〕新建人。任刑部主事。累陞江西按察使僉事。未及引年乞歸。性剛直。工文辭。

湯·貽汾 〔清〕大奎孫。字雨生。號粥翁。官至浙江樂清協副將。工詩書畫。退居江寧。焚香鼓琴。翛然塵外。海內名宿多與之游。咸豐癸丑。江寧陷。賦絕命詩。投池死。諡貞愍。有琴隱園詩詞集．畫筌析覽。

湯·開遠 〔明〕顯祖子。字伯開。崇禎間由舉人爲河南府推官。屢上疏極言時政。語皆剴切。擢按察僉事。監安廬二郡軍。賊大擾江北。開遠數有功。進秩副使。以勞瘁卒官。

湯·傳楹 〔清〕吳縣人。字子輸。更字卿謀。諸生。工詞。早夭。有湘中草。

湯·楙名 〔清〕貽汾子。字右民。爲廣西巡檢。工畫花卉蔬果。

湯·準 〔清〕溥弟。字稺平。號介亭。研究性命宗旨。務實踐。不立講學名。雍正初詔舉賢良方正。不就。闢臨漪園。讀書其中。有臨漪園類稿。

湯·溥 〔清〕斌子。字元博。諸生。不仕。肆力古文詩賦之學。兼工書法。有良思齋遺稿。

湯·祿名 〔清〕貽汾子。字樂民。官兩淮鹽運判。善畫。以花卉果實擅長。尤工美人古妝。爲世所寶。

湯·道衡 〔明〕三才子。字平子。萬曆進士。歷南昌東昌知府。有吏才。能治繁劇。所至吏民愛之。累遷僉都御史。巡撫甘肅。以母老歸卒。有禮記纂注。

湯·鼎 〔明〕句容人。字玉鉉。居祖母喪三年。未嘗見齒。由進士授吏科給事中。交阯叛。鼎奉使往。歷陳利害。遂歸侵地。獻方物。官終通政使。

湯·夢觀 〔宋〕萍鄉人。崇寧進士。知循州。時寇掠旁郡。不敢入其境。自相戒曰。切莫犯此老子。

湯·漢 〔宋〕千從子。字伯紀。號東澗。淳祐中充國史實錄院檢討。會大水火災。兩上封事。授太學博士。遷秘書郎。轉對極言邊事。度宗時以端明殿學士致仕。卒諡文清。有文集。

湯·綬名 〔清〕貽汾子。字封民。工畫墨梅桃花。

湯·賓尹 〔明〕宣城人。字嘉賓。萬曆中鄉舉第一。廷對第二。授編修。仕至南京國子監祭酒。有睡庵集。

湯·銘 〔明〕字德新。性穎悟。博學有材識。洪武中嘗爲太學生。通星曆之學。擧爲天文生。永樂初授欽天監五官靈臺。

湯·德明 〔明〕永新人。元末與母劉隨軍入贛州。後失母所在。輾轉訪求。閱三十年。母子始相見。得全孝養焉。

湯·盤 〔明〕烏程人。字日新。永樂中任監察御史。正色敢言。有武臣暴橫。盤劾置於法。京師肅然。

湯·鋐 〔清〕陽湖人。宛平籍。字東笙。官寧海知州。擅文翰。尤精寫生。有鹽秋閣集。

湯·頤年 〔宋〕丹陽人。字養正。好讀書。尤熟班氏史。工書。淳熙中以詞賦貢名禮部。

湯·鼐 〔明〕壽州人。字用之。成化進士。擢御史。孝宗嗣位。首劾大學士萬安罔上誤國。及少傅劉吉等奸貪。時言路大開。鼐意氣尤銳。大臣多畏之。爲劉吉所中。戍肅州。後釋歸。

湯·學尹 〔清〕黔江人。康熙擧人。黔江兵燹之後。經學失傳。學尹闡明易理。教授生徒。寒暑不倦。以勉菴名其居。

湯·燕生 〔清〕安徽太平人。字元翼。一字巖夫。號黃山樵者。甲申後棄諸生寓居蕪湖。工書畫。善詩文。博覽軍書。究心於易。有商歌集。

湯・衡 【明】贛州人。永樂中由中府都事降知昌化。以慈惠稱。時撫黎土官。桀驁爲民害。衡奏請革去。仍統於州縣。自後遂斂戢奉法。

湯・霖 【元】新建人。字伯雨。幼孤。事母孝。母嘗病熱。思得冰。時天甚燠。霖累日號泣池上。忽聞池中戛戛有聲。視之乃冰澌也。亟取以奉母。疾果愈。

湯・彌昌 【元】璹四世孫。字師言。號碧山。以周禮發解。由崑山學教諭歷瑞安州判官。生平篤學。以文名。有周禮解義・碧山類稿・湘江櫂歌。

湯・應龍 【清】衡陽人。字雲從。工醫。薄游吳越。權貴爭延之。有太和篇・毓麟要覽。

湯・懋綱 【清】巢縣人。號逸泉。畫山水法董巨。善書工詩。

湯・燊 【清】善化人。字幼尊。號楠村。有盾墨及文稿。

湯・璹 【宋】瀏陽人。字君保。淳熙進士。以上疏請召朱熹。忤權相意。直聲大聞於時。累官大理少卿。進直徽猷閣卒。璹負直聲。與韓侂冑・陳自強不合。屢爲奸黨中傷。生平奉祠閒居之日。多於敭歷。

湯・禮敬 【明】丹徒人。字仁甫。弘治進士。擢刑科給事中。正德初上言陛下踐阼以來。上天屢示災譴。由於倖臣竊權忠鯁疏遠之應。又偕九卿伏闕請誅八黨。劉瑾怒。謫薊州判官。瑾敗。屢召不起卒。有諫垣遺稿。

湯・鵬 【清】蕪湖人。字天池。以煅鐵爲業。所居與畫家隣。畫師自高其技。鵬不平。閉門搆思。煅鐵作草蟲花竹及山水屏幛。精妙不減名家圖畫。山水大幅。非積歲不能成。其流傳者多徑尺小景。名曰鐵畫。一時爭購之。◎【清】益陽人。字海秋。道光進士。官戶部員外郎。晉御史。意氣踔厲。勇於言事。以劾工部尚書宗室載銓。罷回戶部。尋遷郎中。一日有疾。飲大黃暴卒。鵬詩文豪放。尤熟於軍國利病。吏治要最。有浮丘子・海秋詩文集。

湯・鵬舉 【宋】金壇人。字致遠。登進士第。累官轉運副使。秦檜死。朝廷懲言路壅塞之弊。召鵬舉爲殿中侍御史。請黜檜姻黨。釋趙鼎子汾及李孟堅・王之奇等。累官御史中丞。知樞密院事。卒諡敏肅。

湯・蠖 【清】善化人。號小湑。晚號湑叟。工畫善書。兼習古文詩歌。尤工小詞。晚年賣畫自給。以窮死。

湯・巖起 【宋】貴池人。知營道縣。以廉稱。官終徽州通判。有論語義・詩集。

湯・護 【明】光烈子。號小麓。嘗受業於張元禎。元禎擢之入都。欲薦於朝。會元禎卒。不果。有野史辨誣。

湯・顯祖 【明】臨川人。字義仍。號若士。萬曆進士。官禮部主事。抗疏劾政府信私人塞言路。謫廣東徐聞典史。後遷遂昌知縣。投劾歸。研精詞曲。所著紫釵還魂南柯邯鄲四記。世稱臨川四夢。名重一時。詩宗香山眉山。文學南豐臨川。有玉茗堂集。

無弋爰劍 【戰國】羌人。爲秦厲公所執。以爲奴隸。後亡入河湟間。羌人推以爲豪。爰劍教之田畜。依附者日衆。俗謂奴爲無弋。故名。卒後種族繁滋。爲西羌始祖。漢時燒當亦其裔。

無可 【唐】僧。范陽賈島從弟。居天仙寺。詩亦與島齊名。

無作 【五代吳越】僧。姑蘇司馬氏子。字不用。自號逍遙子。涉獵孔老。博通玄學。隱於會稽四明山。錢鏐召之不出。善草隸。能詩。有道安六時禮佛文注及詩歌等。

無極高 【唐】僧。中印度人。梵名阿地瞿多。永徽中至長安。住慧日寺。譯有陀羅尼集經。

無溫 【明】僧。臨海陳氏子。字恕中。初居徑山。兩坐浙東名刹。投閒居大白。日本國王慕其名。奏請住持。召赴京師。以老病辭不赴。有山庵雜錄。

無著 【唐】高僧。永嘉人。大曆間入五臺山求聖跡。至金剛窟前。恍忽間遇文殊大士。遂駐錫於此。往往與文殊會語云。

無漏 【唐】高僧。姓金氏。新羅國王三子。居賀蘭山白草谷。時肅宗屢夢金色人念寶勝佛於御前。訪求之。以無漏至。帝視之曰。眞夢中人也。供養內寺。上元間示寂。

無彊 【戰國越】王。句踐六世孫。興師北伐齊。西伐楚。與中國爭彊。其後伐楚。楚威王大敗越。殺無彊。盡取故吳地至浙江。諸族子爭立。或爲王。或爲君。濱於江南海上。朝服於楚。

無澤 【有虞氏】舜之友。舜以天下讓之。乃自投清泠之淵。終身不反。

無餘 【夏】少康庶子。少康恐禹迹宗廟祭祀之絕。乃封無餘於會稽。文身斷髮。披草萊而邑焉。

無懷氏 【上古】帝王。其民甘食而樂居。懷土而重生。雞犬之音相聞。民至老死。不相往來。

焦・千之 【宋】丹徒人。字伯強。爲人嚴毅方正。歐陽修勉之。棄科舉學而專意經術。官無錫令。

焦・子順 【隋】道士。工相術。當文帝龍潛時。私謂之曰。公當爲天子。善自愛。及文帝踐阼。以子順爲開府。

焦・文炳 【元】瑾子。母劉病且死。文炳以刃決脅取肝一臠。詭爲藥以進。母大汗而甦。母目盲。文炳復夜稽顙北辰。且則舐母目。旬日復明。

焦・以恕 【清】江寧人。有儀禮纂說。

焦・用 【元】雄州人。初仕金爲東鹿

令。陞千戶。守雄州北門。元兵至。州人開南門降。用猶力戰。被獲。太祖以其忠壯。釋之。復其舊官。徇地山東。未嘗妄殺一人。

焦白 明淮南人。字任道。張士誠據吳。辟為湖學教授。不就。去隱海上。以詩畫自適。士誠敗。變姓名寄食於嘉定林氏以卒。

焦先 三國魏河東人。字孝然。中平末白波賊起。先避白波。東客揚州。建安初還留陝界。關中亂。先竄於河渚間。食草飲水。無衣履。然其行不踐邪徑。餓不苟食。寒不苟衣。結草為裳。科頭徒跣。每出見婦人則隱翳。須去乃出。自作一瓜牛廬。淨埽其中。營木為牀。布草蓐其上。至天寒時。構火以自炙。呻吟獨語。餓則出為人客作。飽食而已。不取其直。嘉平中太守賈穆初之官。故過其廬。先見穆再拜。穆與語不應。與食不食。後歲餘病亡。年八十九。

焦守節 宋繼勳子。字秉直。初補左班殿直。擢閤門祗候。咸平中置江淮南荊湖路兵馬都監。首被遷擢。又討施夔州賊。以大義諭其酋長。皆悔過內附。還遷閤門通事舍人。奉使契丹。歷知襄鄧汝三州。還四方館使。以右神武大將軍致仕卒。

焦旭 金柏鄉人。字明銳。第進士。累官御史中丞。章宗即位。太傅徒單克寧請出獵。旭劾奏其非。章宗為之罷獵。旭性警敏。練達時政。世稱能吏。官至西京路轉運使卒。

焦宏 明葉縣人。字克明。永樂進士。累官戶部侍郎。為御史時。嘗按貴州。平反疑獄。全活數百人。

焦希程 明象山人。榜姓周。嘉靖進士。官至貴州兵備副使。在四川時。值宜賓夷人作亂。巡撫張臬檄委希程勦平之。因彙刻當時部檄。成平夷功次錄一書。

焦延壽 漢梁人。字贛。昭帝時由郡吏舉小黃令。愛養吏民。化行郡中。舉最當遷。民詣闕留之。詔增其秩。元帝朝為三老。延壽從孟喜學易。授之於京房。嘗歎曰。得我道以亡身者。必京生也。後房果遇禍。有易林。(按東觀餘論以為名贛字延壽。)

焦廷琥 清循子。字虎玉。有尚書伸孔篇。讀書小記。

焦抑 宋焦縣人。紹興間為舒城丞。清行卓稱。兼工文學。

焦秉貞 清濟寧人。為欽天監五官正。工西洋畫法。繪人物作耕織田家風景。曲盡其致。康熙中祗候內廷。詔繪耕織圖四十六幅。稱旨。

焦芳 明泌陽人。天順進士。授編修。進侍講學士。芳麤陋無學識。性陰很。正德初擢吏部尚書。韓文將率九卿劾劉瑾。疏當首吏部。走告芳。芳陰洩其謀於瑾。瑾逐文。芳以本官兼文淵閣大學士。累加少師華蓋殿大學士。居內閣數年。瑾濁亂海內。變置成法。荼毒縉紳。皆芳導之。瑾敗。御史交劾。削官歸卒。

焦度 南齊南安氏人。字文續。少有氣幹。便弓馬。沈攸之反。度守郢城有功。嘗於城樓上罵辱攸之。人呼其樓為焦度樓。官終遊擊將軍。

焦思剛 明盩厔人。字士遠。弘治舉人。任開州判官。有清節。善決獄。政通化行。開人德之。

焦炳炎 宋本宣州人。寓居嘉興。字晦甫。理宗朝登進士。為諫官。論奏皆切中時病。累遷太常少卿。與弟煥炎並抱負英略。慷慨有大志。仕至鎮江太守。禦邊多顯效。

焦竑 明江寧人。字弱侯。號澹園。為諸生有盛名。萬曆中以殿試第一人官翰林修撰。竑既負重名。性復疏直。時事有不可。輒形之言論。政府惡之。謫福寧州同知。歲餘大計。復鐫秩。遂不出。竑博極羣書。善為古文。典正馴雅。卓然名家。年八十卒。福王時追謚文端。有易筌・禹貢解・遜國忠臣錄・澹然集・支談・焦弱侯問答・焦氏筆乘・焦氏類林・玉堂叢話・老子翼・莊子翼・陰符經解・獻徵錄・熙朝名臣實錄・俗書刊誤・國史經籍志・中原文獻。

焦琁 明大同人。喜讀兵書。尤善騎射。以功累官大同副總兵。崇禎中奉命東援。力戰死。

焦袁熹 清江蘇華亭人。字廣期。康熙舉人。不赴會試。穿穴經學。工制義。詩亦戛戛獨造。不徇流俗。有春秋闕如編・此木軒詩集・此木軒直寄詞。

焦善甫 元燕人。工畫花竹人物。尤善寫貌。

焦循 清江蘇甘泉人。字理堂。乾隆舉人。不應禮部試。閉戶著書。於經無所不治。其說易以卦爻經文比例為主。不拘守漢魏師法。尤推精詣。有易章句・易通釋・易圖略・周易補疏・孟子正義・尚書補疏・毛詩補疏・禮記補疏・春秋左傳補疏・論語補疏諸書。又精天學算術。著天元一釋・開方通釋諸書。文學柳宗元。有雕菰樓集。

焦復亨 清登封人。號陽長。性耽山水。以詩歌古文辭自娛。明季土人乘亂掠登邑。復亨決策守禦。城賴以全。有關侯世家・詩畫缶音・洛陽秋。

焦黃中 明芳子。傲很不學。廷試必欲得第一。李東陽・王鏊為置二甲首。芳不悅。言於劉瑾。徑授翰林檢討。俄進編修。瑾敗。黜為民。

焦嵩 晉安定人。初率衆據雍。劉曜之逼京都。麴允告難於嵩。嵩素侮允。曰。須允困當救之。及京都敗。嵩亦尋爲寇所滅。

焦・楷 【西秦】遺次子。爲太子司直。乞伏暮末降夏。楷奔廣寧。泣謂其父。請倡大義以殄滅寇仇。遺欲擇王族之賢者。奉以爲主而伐之。楷乃築壇誓衆。二旬之間。赴者萬餘人。會遺病卒。楷不能舉事。亡奔河西。

焦・源清 【明】三原人。字湛一。萬曆進士。崇禎中以右僉都御史巡撫宣府。坐萬全左衞失守奪官。謫戍。後釋還。與從弟源溥同爲李自成所執。抗節不食死。

焦・源溥 【明】源清從弟。字涵一。萬曆進士。歷知沙河・濬二縣。考最。召爲御史。熹宗嗣位。移宮議起。源溥抗疏言之。崇禎中巡撫大同。時邊事日棘。源溥亟請餉賑。且增兵餉。當事不能應。踰年。遂自劾求去。尋罷歸。李自成陷關中。源溥被執。脅降不屈。支解死。

焦・瑗 【宋】山東人。字公路。嘗游程頤之門。以避地至鄞。浙之洛學遂日盛。瑗家居必修容。雖見妻子不少惰。出與物接。動必中禮。

焦・遂 【唐】口吃。醒若不能言。醉後應答如響。爲飲中八仙之一。

焦・榮 【元】青城人。淹貫經史。尹武康。邑大治。再尹如皋。萬戶府出獵爲民害。榮納勅陳論止之。遷守太和。善政尤著。官至太中大夫。知松江府。

焦・寬 【明】南陽人。字仲容。正統進士。知崇德縣。多善政。暇輒與諸生講論經史。給油燭以資其夜誦。歷任六載。以考最擢湖廣道監察御史。

焦・德裕 【元】用子。字寬父。通左氏春秋。有才辯。善射。金將武仙敗走。其黨保仙故壘。太宗使德裕擒殺之。地悉平。累陞都元帥府參議。至元中從征鎭江。焦山寺僧誘居民叛。丞相阿朮既誅其魁。欲盡坑其黨。德裕諫止之。卒追封桓國公。諡忠肅。

焦・璉 【元】青城人。中統間李璮反。分兵寇青城。城且破。璉縋城紿賊以金帛牛酒。請緩攻。賊爲少却。翌日官兵至。賊走。一城獲全。◎【明】高安人。字艮玉。自幼聰敏好學。器識過人。永樂初授濬縣稅課大使。陞知濬縣。豪猾斂迹。民安其治。歷知長洲・贊皇。時帝以黃巖難治。特進璉六品俸。即命璉往知黃巖。未幾。民化政成。境內翕然。景泰中乞休卒。

焦・養直 【元】堂邑人。字無咎。夙以材器稱。爲典瑞少監。入侍世祖帷幄。陳說古先帝王政治。世祖聽之忘倦。累遷集賢大學士。卒諡文靖。

焦・學瀚 【淸】德州人。字唫雅。號梅東弟子。程恭壽繼室。晚號九溪十八澗老婦・景桓閣老人。工畫花卉。年逾八十。猶樂於點染。

焦・遺 【西秦】南安人。乞伏乾歸時爲太子太師。與參軍國大謀。乾歸曰。焦生非特名儒。乃王佐才也。後遷安南將軍・都督八郡諸軍事・廣寧太守。乞伏暮末末。南安諸羌共推遺爲主。遺不從。遂劫遺族子亮叛攻南安。暮末擊破之。遺殺亮出降。進號鎭國將軍。

焦・錫 【宋】紹興初爲畫院待詔。善畫人物。

焦・蹈 【宋】無爲人。字悅道。四首鄉薦。元豐中因禮部貢院火別試。蹈爲第一。放榜方六日而卒。

焦・禮 【明】蒙古人。字尙節。正統中積功至右都督。英宗北狩。景帝命充左副總兵。守寧遠。也先逼京城。詔禮率師入衞。寇退還鎭。景泰中進左都督。封東寧伯。卒諡襄毅。禮有膽略。精騎射。守寧遠三十餘年。士卒樂爲用。邊陲寧謐。

焦・寶願 【梁】工畫士女人物。

焦・繼勳 【宋】長社人。字成績。少讀書有大志。歷仕晉漢周。屢有戰功。入宋爲右武衞上將軍。時向拱爲西京留守。羣盜白日入都市。繼勳代之。月餘京城肅然。遷彰德軍節度卒。繼勳涉獵史傳。頗達治道。所至有善政。然性吝嗇。多省公府用度。時論少之。

焦・馨 【明】章丘人。字寧考。萬曆進士。歷官巡撫寧夏。道過堂邑。聞魏璫建祠事。馨曰。吾頭可斷。祠不可建。及抵任。將吏頻言。馨曰。倘有禍。我獨當也。卒不爲建。尋解組歸。

焦・顯 【明】德州人。字文明。景泰中由進士授湖廣道監察御史。巡視紫荆等關。威名大著。成化中知彰德府。安陽知縣崔鑑貪而善交權貴。顯捕治之。當路以爲言。顯不可。竟罷鑑。

然・丹 【春秋】【楚】鄭穆公孫。因事奔楚爲右尹。嘗以祈招之詩諫靈王。王不能自克。遂及乾谿之難。

然・友 【戰國】【鄒】文公爲世子時。友爲傅。定公卒。世子使友問禮於孟子。

然・明 【春秋】【鄭】見鬷蔑條。

然・溫 【後漢】江州人。仕爲度遼將軍。守桂陽。長於治民。能得民心。

犂・彌 【春秋】【齊】齊侯伐晉夷儀。東郭書讓登。犂彌從之。曰子讓而左。我讓而右。使登者絕而後下。齊侯賞犂彌。辭曰。有先登者。臣從之。晳幘而衣貍製。公使視東郭書。曰吾貺子。書辭曰。彼賓旅也。乃賞犂彌。

琦善 【淸】滿洲人。嘉道間以治河辦海運有功。官至直隸總督。文淵閣大學士。廣東禁煙之役。代林則徐督粵。悉反則徐所爲。以危言要挾和議。坐奪職。後屢黜屢起。咸豐間太平軍北犯。琦善在豫境堵勦。進圍揚州。旋被逸出。革職留任。卒於軍。諡文勤。

琳寧 【淸】滿洲鑲藍旗人。乾隆間由

筆帖式累擢盛京將軍。嘉慶間官至協辦大學士。禮部尚書。卒諡勤僖。

琴・牢　〔春秋衛〕字子開。一字子張。孔子弟子。與子桑戶・孟之反爲友。

琴・高　〔戰國趙〕能鼓琴。爲宋康王舍人。浮游冀州涿郡間二百餘年。後入涿水取龍子。與諸弟子期。某日當返。諸弟子齋潔待於水傍。高果乘鯉而出。觀者萬餘人。留一月。復入水去。

琴・彭　〔明〕交阯人。永樂中署茶龍州事。有善政。宣德初黎利反。率衆圍其城。彭拒守七月。糧盡卒疲。諸將無援者。城陷。死之。

琴操　〔宋〕妓女。蘇軾在杭。常攜之遊。一日軾與之參禪。琴操悟禪理。削髮爲尼。

甯・久中　〔宋〕濤子。工畫平遠山水人物。筆意不減其父。

甯・正　〔明〕壽州人。字正卿。幼爲韋德成養子。冒韋姓。沈鷙有膽略。元末隨德成歸明。從渡江。德成戰沒。正代領其衆。數從征伐。積功至四川都指揮使。沐英卒。授左都督。鎮雲南。已復命爲平羌將軍。總川陝兵。討平階文叛寇，洮州番。還京卒。

甯・玉　〔宋〕河陽人。身長九尺，膂力絕人。從伯顏南下。擢領軍千戶。鎮守吳江長橋。累官至浙西道都元帥。禮賢下士。有古良將風。卒諡武宣。

甯・安慶　〔明〕初仕元爲樞密僉使。守婺州。太祖征婺。攻城未克。安慶與諸將計議。知天命有在。夜開門納兵。遂取婺州。人民大悅。

甯・完我　〔清〕遼陽人。隸漢軍正紅旗。字公甫。太宗召直文館。尋授參將。從征察哈爾及大淩河。並以招撫有功。疏請設言官。並與范文程・馬國柱陳深入伐明之策。順治初擢內弘文院大學士。晉議政大臣。加太子太保。卒諡文毅。

甯・成　〔漢〕穰人。以郎謁者事景帝。好氣。爲小吏必陵其長吏。猾賊任威。稍遷至濟南都尉。郅都爲守。成素聞其聲。與結驩。久之都死。召爲中尉。其治效郅都。其廉弗如。然宗室豪桀。人皆惴恐。武帝卽位。徙爲內史。外戚多毀成之短。抵罪髡鉗。迺解脫。詐刻傳。出關歸家。稱曰。仕不至二千石。賈不至千萬。安可比人乎。貰貣陂田千餘頃。假貧民役使數千家。數年會赦。致產數千萬。（按甯成。史記作寧成。此從前漢書。）

甯・叔　〔後漢〕廣漢人。字茂泰。與友人張昌共受業太學。昌爲河南大豪呂條所殺。叔殺條自詣河南獄。順帝義而赦之。

甯・宗玉　〔元〕玉曾孫。玉鎭守吳江。因居焉。好書禮。有儒者風。幼侍其父戍廣湖五開衞。跋涉艱險。父卒。事母以孝聞。總兵知其賢。命掌中潮千戶所書記。剖決如流。人皆稱之。

甯・杲　〔明〕遼東海州人。舉進士。弘治末選御史。性狡佞。諂事劉瑾。驟擢大理左丞・左僉都御史。瑾敗罷歸。復夤緣起故官。先後巡撫保定宣化諸府。在任多所乾沒。嘉靖間劾戍雷州。

甯・俞　〔春秋衛〕大夫。卽武子。仕文公。有道之時。無事可見。成公無道。至於失國。乃能周旋其間。不避艱險。卒保其身。以濟其君。孔子稱之曰。邦有道則智。邦無道則愚。其智可及也。其愚不可及也。

甯・封　〔上古〕黃帝時人。世傳爲黃帝陶正。（按劉恕外記作寧封。）

甯・悌原　〔唐〕純從孫。少好學。永昌進士。授校書郎。累官至諫議大夫。兼修國史。一日玄宗取所修史閱之。見直書隱巢事。諭之。以對忤旨。去官。

甯・時鳳　〔宋〕浮梁人。字祥夫。登進士第。官蘄春主簿。金兵至蘄州。郡守李誠之問誰能共守者。諸寮佐不應。獨時鳳曰。見危授命。臣子大節。臨難苟免。吾不忍爲。卒死之。

甯・浤　〔清〕邵陽人。字季騰。一字柏巖。自號寧鳩山人。明諸生。性古執不苟。好古。工考證。發明四禮。於喪祭尤篤。國變入山。足迹不入城市者垂五十年。

甯・純　〔唐〕欽江人。字如和。世爲俚帥。父宣。在隋爲合浦太守。武德中歸附。宣卒。以純爲越州刺史。善撫衆。能以詩書教其宗人。蠻俗向化。徙刺合州，卒於官。

甯・堅　〔明〕邵武人。字永直。少游吳與弼之門，成化舉人。授鳳陽府同知。治河有功。未及期卒。堅事母至孝。家居教授。善開發人志意。尤致意於冠昏喪祭諸禮。一時風俗丕變。

甯・戚　〔春秋齊〕本衞人。家貧無資。爲人挽車。至齊。於車下飯牛。扣牛角而歌。桓公聞而異之。命管仲迎之。拜爲上卿。後遷國相。

甯・智　〔宋〕曲沃人。舉鄉貢進士。精通五經。教授晉絳。元祐中帝問樞密副使王巖叟曰。從誰學。對曰。從河東甯先生。其德行學問。獨冠一時。

甯・欽　〔明〕衡陽人。字宗堯。爲御史。武宗南巡。抗疏力請回鑾。又奏革吉府漁稅。定遞馬之制。減帶徵之數。郡人德之。

甯・猪狗　〔元〕山丹州人。母年七十餘。患風疾。猪狗手滌溷穢。護視甚周。造板輿載母。夫婦共舁行園田以娛之。母卒。居喪有禮。鄉閭稱焉。

甯・越　〔戰國〕中牟人。苦耕之勞。謂其友曰。何爲而可以免此苦也。友曰。莫如學。學三十歲則可以達矣。甯越曰。請以十五歲。人將休。吾將不敢休。人將臥。吾將不敢臥。十五歲而周威公師事之。（按甯越史記作寧越。此從呂氏春秋。又周威公西周君也。見呂氏春秋注。尙友錄作齊威公誤。）

甯·裕明 【清】衡陽人。初從劉長佑。後從楊玉科。積功官至副將。甲申越南之役。戰功以裕明爲第一。

甯·嘉勗 【唐】官永和丞。太子重俊起兵誅武三思。兵潰被害。嘉勗號哭。解衣裹其首。時人義之。宗楚客怒。收付獄。貶平興丞卒。

甯·壽 【漢】亢父人。龔勝爲諫大夫。以壽薦。詔徵之。稱疾不起。

甯·夢龍 【明】邵陽人。字兆祥。以歲薦任饒州府推官。致政家居。値奸賊李承賢之變。豫發其奸。及賊就誅。優詔褒奬。

甯·賷 【唐】鄱陽人。廣明中黃巢爲亂。賷與弟兕統義兵以拒之。保饒歙二州。以戰功官至御史大夫。

甯·閱 【明】正德間知德安府。廉愼剛果。蜀賊方四入寇。閱率民兵力禦。賊竟不得入。鎭筸苗過境劫掠。力主議勦撲。地方賴以保全。士民德之。

甯·濤 【宋】華陰人。畫師范寬而精雅過之。多作關右風景。

番·辰 【後漢】爲疏勒都尉。後叛。爲班超所破。

番·係 【漢】爲河東守。言轉漕事。武帝用之。

異牟尋 【唐】南詔蒙氏。閤羅鳳之孫。自閤羅鳳叛唐。國號大蒙。及卒。異牟尋嗣立。有智數。善撫衆。略知書。改國號曰大理。自稱日東王。後歸唐。與吐蕃絕。自將襲吐蕃破之。册封南詔王。

畱·仁譓 【宋】從效再從弟。淳化中爲泗洲長史。有淸節。官散俸薄。雖藜藿不充。未嘗妄干人。太宗聞之。特遷揚州觀察支使。

畱·元圭 【宋】端子。字粹中。以蔭授承奉郞。端使金。元圭時典牋奏。禮文悉所裁定。知建安縣。有治績。

畱·元剛 【宋】恭子。字茂潛。博聞強記。爲文奇峭。負盛名。開禧間試博學弘詞科。嘉定初爲祕閣校理。累遷起居舍人。已乃築圃北山。號雲麓。有雲麓集。

畱·正 【宋】從效六世孫。字仲至。紹興進士。授南恩州陽江尉。歷樞中書舍人。言記注進御。非設官本意。乞免奏御。從之。紹熙初拜左丞相。謹法度。惜名器。毫髮不可干以私。孝宗疾革。數請引趙汝愚與之共政。帝拂衣起。正引裾泣諫。車駕過宮。言極激切。累封魏國公。卒退上疏。謚忠宣。有詩文奏議外制。

畱·志淑 【明】晉江人。字克全。弘治進士。守杭州。浙鎭守太監畢眞爲宸濠羽翼。志淑悉其叵測狀。陰制之。宸濠反。眞以誅死。遷湖廣布政使參政。屬邑有腴田數百頃。水決爲陂塘。志淑爲復其故。築隄植柳。民呼爲留公隄。累陞浙江布政使。未任卒。

畱·肹 【漢】以都尉擊項羽。封侯。卒謚圉。

畱·孫 【元】世祖時天下大定。思與民休息。孫待詔尙方。因論黃老治道貴淸靜。聖人在位。宥天下之旨。帝深契焉。

畱·恭 【宋】正子。字伯禮。通判廣州。秩滿。民疏惠愛請留。後提舉浙西常平。全活境內饑民三十六萬餘人。除帥紹興。號稱循吏。改帥廣東。猺寇竊發。捕降其豪酋。四十四峒悉平。終建寧知府。

畱·從效 【宋】永春人。初事南唐。後歸太祖。爲淸遠軍節度使。封鄂國公。從效出自寒微。知人疾苦。專以勤儉養民爲務。

畱·異 【陳】長山人。善自居處。言語醞藉。爲鄉里雄豪。梁代歷晉安。安固二縣令。侯景署爲東陽太守。文帝平會稽。封異永興侯。異外示臣節。恆懷兩端。後被討兵敗。伏誅。

畱·進 【隋】著管絃記十卷。

畱·睿 【明】處州人。字若愚。一字養愚。治經術。攻詩古文。居靑田山中二十年。出游吳楚齊晉又二十年。遂歸隱。著書九篇。名曰留子。

畱·福 【宋】徐州人。屢有戰功。開寶間以觀察使判雄州。政尙平易。民甚便之。詣闕借留。詔爲立遺愛碑。

畱·端 【宋】恭弟。字端父。歷知邵州。奏蠲和糴。入爲司農寺丞。使金。察其勢必亡。歸陳備邊五策。端平中直龍圖閣。奉祠卒。正諸子中端最賢。

畱·贊 【三國吳】長山人。字正明。少爲郡吏。與黃巾賊帥吳桓戰。手斬之。贊一足被創。遂屈不伸。後引刃自割其筋。足伸創愈。淩統聞而壯之。乃表薦贊。累有戰功。稍遷屯騎校尉。好規諫。直言不阿旨。孫權憚之。諸葛恪征東興。贊爲前部。大敗魏師。遷左將軍。孫峻征淮南。拜左護軍。道病先還。爲魏師所襲。被害。

疏·受 【漢】廣兄子。字公子。以賢良舉爲太子家令。好禮恭謹。敏而有辭。宣帝賢之。拜少傅。與廣同辭歸。

疏·耽 【後漢】高平人。八及之一。

疏·源 【漢】南海人。字元流。性廉潔。爲尙書郞。習練故事。爲九卿所重。人有欲通苞苴者。源便與絕。從司徒上書言事。忤權貴。廢於家卒。

疏·廣 【漢】蘭陵人。字仲翁。明春秋。徵爲博士。地節中立皇太子。廣爲太傅。兄子受爲少傅。在位五年。廣謂受曰。官成名立。不去恐有後悔。乃上疏乞骸骨。帝許之。賜黃金二十斤。太子贈五十斤。公卿大夫送者車數百兩。觀者賢之。歸之日。散金與諸故舊。召鄉父老歡飲。不治田宅。或勸爲子孫計者。廣曰。賢而多財。則損其智。愚而多財。則益其過。終不聽。宗人悅服。以壽終。

皓端 【五代吳越】僧。嘉禾張氏子。住秀州靈光寺。不談世論。唯以佛法爲己務。誓不出寺門。錢弘佐賜署大德。號崇法。有金光明經隨文釋及傳錄記讚等七十餘卷。

盛大士 【清】太倉人。字子履。號逸雲。又號蘭畦道人。嘉慶舉人。官山陽教諭。善畫山水。得婁東正派。工詩。有蘊愫閣集。

盛大有 【清】茂燁子。名年。工畫山水蘭竹。善弈。爲清初國手。後爲黃龍士所敗。有弈府陽秋。仙機武庫。

盛大鏞 【清】字匏仲。初名葉。字奕雲。諸生。好收藏前賢文集。有匏庵集。

盛子充 【宋】興國人。親喪廬墓。鄉里稱其孝。家藏書甚富。有閣曰萬卷。嘗與王黼同舍。及黼登相位。子充一無所求。宦終朝奉郎。

盛小叢 【唐】越妓。李訥爲浙東廉使。夜登城樓。聞歌聲激切。召至。乃小叢也。時崔侍御元範至府幕赴闕。訥餞之。命小叢歌餞。在坐各賦詩贈之。

盛丹 【清】胤昌子。字伯含。工畫山水。花卉蘭竹。能集諸家之長。

盛元 【清】蒙古正藍旗人。姓巴魯特氏。字韻琴。號愷庭。自號鐵花館主人。駐防杭州。道光進士。官至南康知府。有營防小志。怡園詩草。

盛元珍 【清】常熟人。字寶巖。雍正初舉孝廉方正。官蒙城訓導。有經訓約編。

盛友聞 【明】巢人。少時母再適。後知母在永平。走數千里訪之。染疾歸。宣德中復籲天而行。載母歸。竭己奉養者二十年。

盛王贊 【明】吳江人。字子莪。崇禎進士。知閩谿縣。鑛寇竊發。王贊使人持檄賊中。諭以恩信。爭縛首惡以獻。爲巡按王範誣劾去官。士民巷哭。福王立。授東陽知縣。甫七日。以母喪去。明亡。削髮爲僧。課村童自給。日無再食。

盛世佐 【清】秀水人。字庸三。舉人。乾隆時官龍里知縣。撰儀禮集編。又訂正楊復儀禮圖。皆持論謹嚴。辨證甚詳。

盛以弘 【明】訥子。字子寬。萬曆進士。選庶吉士。累官禮部尚書。魏忠賢亂政。落其職。崇禎初起故官。性至孝。取與不苟。卒之日。幾不能具棺斂。有紫氣亭集。鳳毛館帖。

盛以恆 【明】潼關衛人。字勉南。萬曆舉人。性方嚴。寡交游。苦志勵學。授商城令。嚴法度。練鄉兵。浚城隍。民賴以安。張獻忠陷襄樊。乘勢南下。時以恆已薦陞開封府丞。士民懇留之。遂留禦賊。身被數矢。裹創拒敵。力盡城陷。被執遇害。

盛申甫 【宋】度子。仕終兵部郎中。集賢校理。嘗爲福建轉運使。頗以修潔稱。

盛禾 【清】楓弟。字既同。號玉山。貢生。官天台縣訓導。嘗游四方。凡所見聞。述其事迹積十數冊。頗資掌故。工詞。有稼村塡詞。

盛吉 【後漢】會稽人。字君達。仕爲廷尉。每至冬節。罪囚當斷。妻夜執燭。吉持冊筆。夫妻相向垂泣而後決罪。視事二十年。天下稱有恩無怨。

盛如梓 【元】衢州人。號庶齋。嘗官崇明縣判官。有庶齋老學叢談。多評論經史詩文之語。朝野逸事。亦間及之。

盛安 【明】江寧人。字行之。號雪篷。以寫梅馳名。筆力蒼老。形類草書。萱竹菊及他卉亦兼長。字學朱熹。頗得其似。

盛次仲 【宋】元祐間與孔平仲同在館中。夜論雪詩。次仲曰。看來天地不知夜。飛入園林總是春。平仲大服。

盛汝謙 【明】桐城人。字亨甫。嘉靖進士。歷戶部侍郎。性敦實。雅尚朴素。遇事有執持。人稱古君子。

盛百二 【清】秀水人。字秦川。號柚堂。乾隆舉人。官淄川知縣。精研六經。有尚書釋天。柚堂文集等書。

盛均 【宋】永春人。字之才。大中祥符進士。博聞強記。嘗病白氏六帖疏略。廣爲盛家十二帖。頗爲時人所稱。仕終昭州刺史。

盛宏 【明】寅弟。字叔大。亦精醫。與寅齊名。入爲御醫。景泰初治宮妃疾有效。當進官。不拜。乞落其兄戍籍。詔許之。尋致仕。

盛宏之 【南朝宋】爲臨川王侍郎。撰荊州記。

盛沖 【三國吳】官中書郎。孫休嘗從受學。及即位。以爲博士。使講論道藝。

盛京 【宋】度從兄。登進士第。累官諫議大夫。出守江寧。以老乞便郡。詔移海州。天資仁厚。不忍以法繩下。而吏民化服。終工部侍郎。

盛明叟 【宋】昌化人。號蒙齋。以文學名。官甌寧縣丞。

盛明遠 【宋】吳江人。咸淳中領鄉薦。爲廣州錄事判官。宋亡不仕。元世祖聞其賢。召判惠州。不就。詔書責迫。乃變姓名。爲黃冠以終。

盛度 【宋】豫子。字公量。舉進士第。累官尚書屯田員外郎。奉使陝西。因覽疆域。參質漢唐故地。繪爲西域圖以獻。眞宗稱其博學。景祐間以禮部侍郎參知政事。遷知樞密院事。後知應天府。以疾致仕。卒諡文肅。度好學。家居。圖書未嘗釋手。敏於爲文而氾濫不精。嘗奉詔同編續通典．文苑英華。著有愚谷．銀臺．中書．樞中諸集。

盛彥　晉廣陵人。字翁子。母因疾失明。彥不應辟召。躬自侍養。母疾久。婢使數見捶撻。婢忿恨。伺彥暫行。取蠐螬炙飴之。母食以爲美。藏以示彥。彥見之。抱母慟哭。絕而復蘇。母目卽開。仕吳至中書侍郎。入晉用薦爲小中正。

盛彥師　唐虞城人。少任俠。隋末爲澄城長。歸唐授行軍總管。擊斬李密。以功封葛國公。授武衛將軍。鎭熊州。討王世充。世充平。爲宋州總管。徐圓朗反。詔爲安撫大使。戰敗被執。圓朗令作書招其弟舉虞城叛。不從。圓朗壯而置之。後得還。以他罪誅。

盛景　明吳江人。字允高。倜爽負氣。景泰進士。授御史。清山東馬政。值其地災。上疏乞蠲民賦。出按廣東。劾巡撫揭稽不職。瀧水賊猖獗。景單騎諭之。遂降。後爲羅江知縣。擢敘州知府。

盛昱　清宗室。鑲白旗人。字伯熙。光緒進士。官至祭酒。爲人簡貴清讜。崇尚風雅。文譽滿海內。精鑑賞。考訂經史及中外地輿。皆精覈過人。尤練習清代故事。有鬱華閣遺集．雪屐尋碑錄。

盛昭　元歸德人。字克明。工畫。至正間爲淮南行省照磨。遣諭張士誠。被拘。士誠使將兵。昭罵不絕口。士誠怒。磔之。

盛洪　元臨安人。僑寓嘉興。一作洪甫。字文裕。善畫人物翎毛山水。⊙明崑山人。字思禹。成化進士。授刑部主事。明習文法。三被旨按獄。皆涉中貴。悉論如律。然用心平恕。嘗曰刑官當死中求生。不當生中求死。遷廣東海道副使。通番買港之徒。騷擾驛傳。至是屏絕市舶。中官利通私貨。乃潛饋以黃金。洪拒不納。劉瑾欲中傷之。無所得。以裁缺免歸。尋復召按察山東。道卒。

盛胤昌　明金陵人。字懋開。作畫頗拘尺幅。持身高潔。綽有古風。

盛茂燁　明長洲人。號念庵。亦作研庵。善畫山水。頗具烟林清曠之概。人物亦精工典雅。

盛師顏　宋金陵人。工畫雜蹟及道釋像。衆善士女。

盛或　元常熟人。字季文。家富於財。篤志力學。工詩文。值元季兵亂。徙家崑山。與楊維楨．鄭東暨游。有歸胡岡集。

盛時泰　明上元人。字仲交。號雲浦。嘉靖貢生。才氣橫溢。喜蓄書。善畫水墨山水竹石。工書。有蒼潤軒碑跋．牛首山志．城山堂集。

盛寅　明遼子。字啓東。郡人王賓得醫術於金華戴原禮。賓無子。以授寅。寅復討究諸方書。遂大有名。永樂初爲醫學正科。坐累輸作天壽山。監工者奇之。令主書算。中使言於成祖。召見。進藥有效。授御醫。賞賜甚厚。仁宗立。求出爲南京太醫院。正統中召還卒。

盛庸　明洪武中官都指揮。建文初以參將從伐燕。論功封歷城侯。授平燕將軍。充總兵官。後燕兵至浦口。迎戰於高資港。軍敗。以餘衆降。命守淮安。尋致仕。都御史陳瑛劾其怨望有異圖。自殺。

盛惇大　清惇崇弟。字甯山。乾隆舉人。官慶陽知府。以清省爲治。士民便之。尋乞歸。以書畫自娛。與惇崇齊名。

盛惇崇　清陽湖人。字柳五。號孟巖。乾隆進士。官至甘肅布政使。所在稱職。工書。善繪事。有睦園詩集。

盛符升　清崑山人。字珍示。康熙進士。官至御史。有誠齋詩集．崑山志。

盛紹先　明揚州人。字克振。以善畫名。

盛訥　明德子。字敏叔。天性仁孝。德討洛南盜戰死。訥號泣請於當道。勺水不入口。當道憐之。爲發兵討賊。舉隆慶進士。歷官吏部右侍郎。以母憂歸。卒諡文定。有玉堂日記。

盛陶　宋鄭州人。字仲叔。第進士。熙寧中爲監察御史。疏劾李復圭．程昉。二人實王安石所主。陶不少屈。陞侍御史。復陳官冗之弊。後以龍圖閣待制知瀛州。元符中例奪職。

盛欽　元餘杭人。字敬之。大德間爲江淮財賦府總管。讀書明理。清勤有節操。

盛象翁　宋黃巖人。字景則。學於車若水。又師王柏。累官昌國州判官。學者稱聖泉先生。有聖泉集。

盛逮　明吳江人。字景華。洪武初以賢良應召。賜冠帶。參大臣議事。與中書參政陳寧不合。以疾辭歸。弟彰以贓法被捕甚急。父憐其少不忍遣。逮請代之。因謫戍寧夏。卒年九十三。

盛敬　明字存禮。初任行人。其兄覆舟溺死。敬陳情奔歸。求得之。葬祭以禮。奉嫂撫孤。曲盡恩義。後陞監察御史。巡撫廣東．遼東。甚有厤幹譽。永樂中卒。⊙清太倉人。字宗傳。號寒溪。少與陸世儀善。同學者三年。厭薄聲華。不事舉子業。後與世儀及陳瑚．江士韶講學。倣先儒讀書記之法。各有所錄。旬日不著錄。卽互相糾。世儀著思辨錄。敬與士韶爲纂輯精要。類分而書之。

盛楓　清秀水人。字黼宸。號丹

山。康熙舉人。性孝友。尙風義。官安吉州學正。有鞠業集・安吉耳聞・觀瀾錄・嘉禾徵獻錄。

盛熙明 元 其先曲鮮人。後居豫章。清修謹飭。篤學多材。工翰墨。通六國書。有法書考。

盛萬年 明 秀水人。字恭伯。萬曆進士。歷官江西・廣西按察使。遷雲南布政使。未到官卒。有嶺西水陸兵紀。

盛著 明 懋從子。字叔彰。洪武中供事內府。善畫山水。

盛道 後漢 犍爲人。建安間聚衆起兵。事敗。與妻趙媛姜俱繫獄。趙夜中囑道潛逃。自留獄。道遂攜子走。趙見殺。會赦。道父子得歸。終身不娶。

盛僑 宋 嘉興人。師事胡瑗。瑗在太學。使爲堂長。嘗述中庸講義。

盛端明 明 饒平人。字希道。弘治進士。授檢討。累官右副都御史。督南京糧儲。劾罷。家居十年。自言通曉藥石。服之可長生。由陶仲文以進。嚴嵩亦左右之。遂召爲禮部右侍郎。進尙書。端明頗負才名。晚由他途進。士論恥之。卒謚榮簡。

盛遠 清 嘉興人。字子久。又字鶴江。號宜山。康熙時諸生。工書。無子。家築瓣香閣。以祀名人之無後者。有瓣香閣詩鈔。

盛鳴世 明 鳳陽人。字太古。國子監生。能詩攻苦。不苟作。善弈棋。有谷中集。

盛鳳儀 明 饒平人。字景瑞。成化間以貢授仁化縣學訓導。有賢名。巡撫韓雍檄置幕府。翁源乳源二縣叛亂。鳳儀設策平定。仍命耕種絕戶田。以紓民苦。又上議因田肥磽。定賦三則。擢安溪教諭。署縣事卒。

盛儀 明 江都人。字德章。弘治進士。官至太僕寺卿。有嘉靖維揚志。

盛德 明 潼關衛人。字汝修。世職指揮使。精騎射。戍榆林。擊退羣寇。推掌衛篆。洛南礦徒作亂。奉檄往捕。孤軍深入。爲賊所得。遂遇害。

盛德潛 明 號杞菊老人。善畫。性嗜古。劄記鼎彝奇物書畫眞蹟爲存古錄。

盛樂 清 武寧人。字水賓。號劍山。七歲能詩。十一中鄉舉。乾隆初召試鴻博罷歸。以著述自任。有劍山集。

盛賚汝 明 常熟人。字以善。嘉靖間舉於鄉。任增城知縣。靈山諸峒蠻阻險行劫。賚汝廣設方略。偵候精明。賊不得逞。故事諸夷以寶貨至者。由有司檢錄。必入其奇珍。然後市易。謂之抽盤。賚汝三郤之。夷人醵金樹楔。署曰郤金。移知崖州。結伍保。收散亡。黎人服其威信。擢開封同知。再遷漢陽知府。疏鑿漬水。漑田千餘頃。後人名曰盛公河。爲科臣張崇倫誣劾免官。家居貧困以卒。

盛憲 三國吳 會稽人。字孝章。器量雅偉。與弟宏・仲俱爲一時名士。舉孝廉。補尙書郎。遷吳郡太守。以疾去官。孫策平定吳會。誅其英豪。憲素有名。策深忌之。初憲與少府孔融善。融憂其不免禍。乃爲書言於曹操。徵爲都尉。未赴。果爲孫權所害。

盛璞 明 宣城人。性剛方。能文章。永樂中由國子生除寧波府同知。擢南戶部郎中。出守黃州。皆有聲。歷官二十餘年。所至不攜妻孥。

盛豫 宋 餘杭人。事吳越爲檢校太傅。使宋歸。人曰。盛太傅無憂色。吾屬安矣。歸宋。終尙書度支郎中。

盛遵甫 宋 京子。以光祿丞通判海州。歲旱。發公私藏粟以廩民。又設方略。捕奸盜。子仲孫以朝奉大夫守海州。亦著治績。人有盛使君家兒世世循吏之稱。

盛錦 清 吳縣人。字廷堅。諸生。爲詩沈雄頓挫。客京師。王公以下多折節下之。不耐冗雜歸。沈德潛歸田後。時引爲同調。有靑嶁詩鈔。

盛應期 明 寅四世孫。字思徵。弘治進士。授都水主事。累官右副都御史。巡撫四川。改撫江西。奏免雜賦。積穀備荒。人民德之。進兵部右侍郎。總督兩廣軍務。引疾歸。起右都御史。治黃河。致仕卒。

盛懋 元 洪子。字子昭。善畫山水人物花鳥。世其家學而益精。

盛與 元 吳江人。字敬之。初爲震澤教諭。陞錦州學正。兵興。參謀浙省軍政。擢崇德州判官。好古博識。醫卜地理之書。靡不通究。有韻書羣玉・滴露齋稿。

盛鴻 清 富陽人。字蕉亭。咸豐舉人。歷知直隸肥鄉・西寧・靈壽諸縣。居官以清介著。嘗與鄰邑令會勘隄工。鄰邑令僕從甚盛。鴻惟乘柴車。一僕自隨而已。李鴻章督直。稱爲直隸第一清官。

盛顒 明 無錫人。字時望。景泰進士。授御史。以劾曹吉祥違法事。出知束鹿。有水鏡之稱。成化初擢知邵武府。調延平。復以治績聞。累遷陝西左布政。時三邊多警。歲復洊饑。顒悉心經畫。軍民以安。召爲刑部右侍郎。値山東饑。改左副都御史往巡撫。顒至。舉救荒之政。推行九則法。黜暴除苛。民甚德之。致仕卒。

盛覽 漢 牂牁人。字長通。嘗問作賦之法於司馬相如。相如曰。賦家之心。苞括宇宙。總覽人物。斯乃得之於內。不可得而傳。覽乃作合組歌列錦賦而退。終身不復敢言作賦。

硯彌堅 元 應城人。一名賢。字

伯固。元初大將徇漢上。以彌堅名士。招致而北。因家眞定。以授徒爲業。旋被薦。擢眞定教授。循循爲教。終始不倦。至元初置國子監。召拜國子司業。歲餘以疾辭歸。彌堅學問淳正。文章質實。爲人清苦嚴重。士論推服。有鄖城集。

稅·與權 〔宋〕巴郡人。字巽甫。受業魏了翁之門。精於經學。有易學啓蒙小傳。古經傳、周禮折衷。

程·一枝 〔明〕休寧人。字仲木。號巢父。諸生。博習羣書。有靑藜閣草。史詮·漢詮等書。

程·一飛 〔元〕歙人。字翀甫。博習諸經。尤精於詩。文章操筆立成。不喜穿鑿附會。景定鄉試。以書經舉第二。早孤。事祖母孝。專以經學訓誨鄉閭子弟。其文清勁如其人。

程·九萬 〔宋〕靑陽人。字鵬飛。淳熙進士。知武康縣。有善政。歷司農簿·太府丞。充兩淮鹽鐵使。具有規畫。尋擢待制。安撫襄陽。

程·千里 〔唐〕萬年人。累官安西副都護。領北庭都護。天寶末討擒阿布思。擢右金吾衛大將軍。安祿山反。爲上黨長史。賊將蔡希德圍上黨。千里率百騎欲直擒之。幾得而救至。乃退。會橋壞馬顚。爲賊所執。遇害。

程·千秋 〔宋〕河南人。徽宗時知公安縣。時羣盜欲犯公安。千秋帥縣民禦之。岳鄂鼎灃。皆賴以安。民間多繪像祀之。就命通判荆南府。

程·士龍 〔宋〕懸谿人。字應辰。嘉定進士。歷知仙居及臨江軍。多善政。民爲立祠。理宗時官終知撫州。有神明之稱。

程·士鯤 〔明〕永豐人。字天修。號雲山樵叟。崇禎副榜。官樂平府推官。有雲樵文集。

程·大中 〔清〕應城人。字拳時。號是菴。乾隆進士。官教授。有四書逸箋·在山堂集。

程·大位 〔明〕徽州人。字汝思。所著算法統宗。專爲珠算而作。其法皆適於實用。惟拙於屬文。詞多支蔓。

程·大昌 〔宋〕休寧人。字泰之。紹興進士。孝宗時累官吏部尚書。出知泉汀等州。以龍圖閣學士致仕。卒諡文簡。大昌篤學。於古今事靡不考究。有禹貢論·詩論·易原·雍錄·易老通言·考古篇·演繁露·北邊備對等書。

程·大約 〔明〕休寧人。字幼博。慷慨好義。爲文不拘格律。有程幼博集。

程·川 〔清〕錢塘人。字郇鎭。號春疊。乾隆初舉鴻博。不遇。後官縣丞。撰朱子五經語類。唐鑑稱其條分縷晰。至爲明白。有運木集。

程·不識 〔漢〕初爲長樂衛尉。後與李廣俱以邊郡太守出擊胡。廣行無部曲行陣。人人自便。不擊刁斗。而不識正部曲行伍營陳。擊刁斗。吏治軍簿至明。軍不得自便。士卒長之。是時漢邊郡以廣與不識爲名將。孝景時以數直諫爲大中大夫。爲人廉。謹於文法。

程·之邵 〔宋〕眉山人。字懿叔。歷夔路轉運判官。徙知鄭州。元祐中主管秦蜀茶馬公事。歲有增羨。進熙河都轉運使。徽宗時秦鳳出師。命之邵經制。擢顯謨閣待制。敵犯熙河。攝師事。敵人聞風遁去。俄得疾卒。

程·元初 〔明〕歙人。字全之。有律古詞曲賦叶韻。歷代二十一傳殘本。

程·元豸 〔清〕如皋人。字直齋。官嘉興批驗所大使。工草書。仿孫過庭書譜。幾於入化。

程·元振 〔唐〕三原人。少以宦者直內侍省。張良娣謀立越王。元振見太子發其姦。與李輔國助討難。立太子。是爲代宗。累官驃騎大將軍·邠國公。盤總禁兵。權在輔國右。凶決又過之。惡李光弼。數譖之。由是方帥解體。廣德初吐蕃·党項內侵。帝奔陝。太常博士柳伉疏劾之。削官放歸。後復私入京圖不軌。長流溱州。行至江陵死。

程·元章 〔清〕上蔡人。康熙進士。授編修。雍正間累擢安徽巡撫。疏濬廬州金斗河。民利賴之。乾隆間官至吏部侍郎。尋奪職。

程·元愈 〔清〕寧國人。字偕柳。有二樓小志。專記寧國南北樓事。南樓卽文昌臺。北樓卽謝朓高齋也。

程·元鳳 〔宋〕歙人。字申甫。紹定進士。寶祐中累官右丞相。兼樞密使。丁大全謀奪相位。元鳳力辭去。復起判平江府。度宗卽位。進少保。以觀文殿大學士致仕。在朝所論列甚多。爲時名臣。卒諡文清。有訥齋文集。

程·元譚 〔晉〕太興初以鎭東軍謀襄州刺史。爲假持節新安太守。在郡爲良二千石。民愛懷之。受代請留。竟不得去。卒於郡。子孫家焉。

程·允基 〔清〕徽州人。字寓山。有琴談。所論頗得指法之妙。與松風閣諸譜不同。

程·公許 〔宋〕公碩弟。字季與。一字希穎。嘉定進士。累官權刑部尚書。立朝剛正。沖澹寡欲。爲文才氣磅礴。著述皆散佚。存者有滄洲塵缶編。

程·公說 〔宋〕眉山人。字伯剛。號克齋。積學苦志。第進士。官邛州教授。値吳曦以蜀叛。毀車服抱經逃歸。奉父入山。悒悒而沒。年僅三十七。有左氏始終·通例·比事·詩古文辭及語錄士訓等書。已散佚。存者有春秋分紀。

程·公碩 〔宋〕公說弟。字仲遜。第進士。嘗掌教益昌。吳曦以蜀叛。詈不屈賊。悒悒而沒。

程·公禮 〔明〕休寧人。字書祥。少

有至性。事親孝。自以家貧無以濟人。遂研究方書。診治多驗。有醫家正統。行仁輯要。保赤方略等書。

程王孫 宋仁壽人。官至雅州簽判。時稱躬行君子。與弟遇孫最友愛。後卒於官。

程文 元婺源人。字以文。居窮守約。通六藝百家之書。爲文明潔精深。與陳旅相伯仲。虞集稱之。年踰六十。始擢國史編修。仕至禮部員外郎。有蠡書小稿。彭南生集。

程文季 陳靈洗子。字少卿。幼習騎射。多幹略。果決有父風。文帝初累遷新安臨海二郡太守。靈洗卒。文季盡領其衆。起爲超武將軍。太建中從吳明徹北伐齊。文季常爲前鋒。齊軍深憚之。號爲程虎。後陷於周。不屈死。

程文德 明永康人。字舜敷。初受業章懋。爲敦本之學。後從王守仁游。舉嘉靖進士。授編修。累擢掌詹事府。供事西苑。不好爲道家祝釐事。所撰青詞。有規諷。帝銜之。調南京工部侍郎。疏勸帝享安靜和平之福。帝以爲謗訕。除其名。旣歸。聚徒講學。及卒。貧不能殮。萬曆間謚文恭。有松溪集。程文恭遺稿。

程文潞 明歙人。字滌古。嘗編程氏先世遺詩。自後唐迄明。曰順則集。

程日華 唐安喜人。德宗時爲張孝忠牙將。後領滄州刺史。朱滔·王武俊皆招之。日華不納。建中中以州來歸。帝大喜。置橫海軍。以爲節度使。拜檢校工部尚書卒。

程以藩 清歙人。業漆工。其精品有銀胎嵌螭。紅黑退光諸目。其尋常者亦采澤鮮妍。腠理堅緻。器無鉅細。至能載人其上而不摧裂。

程仕簡 明樂平人。舉明經。洪武中父彥初教授平陽。以表文觸諱。當大辟。仕簡連章乞代。不許。更乞同死。帝意其希寵自全。俾同出市。敕下而父子已俱絕。

程令說 宋休寧人。字彥舉。精經學。爲鄉里宗法。紹興進士。官終知理定縣。有茅堂詩集。

程令觀 清休寧人。字不山。家貧。走都下無所遇。課徒自給。工花卉寫生。

程功 清休寧人。字幼鴻。號柯亭。康熙武舉。讀書能詩。畫山水有奇氣。有千竿草堂集。

程包 後漢爲漢中上計吏。靈帝嘗問以征討板楯方略。包歷敘板楯忠功。因苦賦役致叛。但選明能牧守。自然安集。帝從之。果降服。

程可久 明婺源人。字季成。以太學生授監察御史。巡按雲南遼東。所至糾劾嚴肅。莅事剛果。民被其澤。

程可中 明休寧人。字仲檝。有程仲檝詩文集。

程可則 清南海人。字周量。一字湟溱。號石臞。順治進士。官內閣中書。累遷郎中。出知桂林府。其詩俊偉騰踔。聲光熊熊。與宋琬·施閏章·王士祿·士禎·汪琬·沈荃·曹爾堪稱海內八家。有海日堂集。

程尼 清滿洲鑲紅旗人。勞薩子。襲三等子。世祖時晉一等伯。任議政大臣。隨尼堪征湖廣。陣亡。謚誠介。

程本 春秋晉博學善持論。聚徒著書。自號程子。名稱聞於諸侯。時趙簡子爲政。欲致之。逡巡不肯起。去而之齊。館於晏氏。更稱子華子。孔子之郯。嘗遇於塗。傾蓋與語。後年老歸晉。不復仕。有子華子。

程本立 明德剛子。字原道。號巽隱。洪武中以明經薦爲秦府引禮舍人。後改周府禮官。坐累謫雲南吏目。土酋煽亂。本立單騎往諭。悉感悅。後復叛。西平侯沐英等屬本立行縣典兵事。且撫且禦。本立親歷行間凡九年。民夷安業。建文中歷右僉都御史。燕兵入。自縊死。福王時追謚忠介。本立文章爾雅。詩亦深穩樸健。頗近唐音。有巽隱集。

程正己 明長治人。字道先。號澄源。萬曆進士。官吏部郎中。一時正人如鄒元標·楊漣·馮從吾。左光斗皆與同志相引重。以僉都御史巡撫保定。魏忠賢以部民納交。拒之。及楊漣罷。道出恆山。人不敢通。正己獨致殷勤。忠賢銜之。引疾去。崇禎初起爲兵部侍郎。致仕歸。詩文惟取自適。無意求工。有滿園集。

程正揆 清孝感人。初名葵。字端伯。號鞠陵。又號清溪道人。明崇禎進士。入清後卜居江寧。官至工部侍郎。善畫山水。工書。有清溪遺稿。

程正誼 明粹子。字叔明。隆慶進士。累遷四川左布政使。三殿大工與。採木爲厲。正誼立折算法。刋爲書。商民不困。擢順天府尹。時蜀豁羨餘數萬金。吏以請。拒不納。赴京。以蜀屬不工。引罪歸。

程玉潤 明常熟人。字鉉吉。萬曆進士。嘗官部郎。有易窺。周易演旨。

程仲文 元胡炳文弟子。有大學釋旨。

程先 宋全子。字傳之。痛父死節。守墓不仕。力學好古。隱居邑之東山。嘗問道於朱熹。因老病不能卒業。遣子永奇往受學焉。有東隱集。

程兆彪 清休寧人。字慰書。官兵部主事。在河工二十餘年。多所贊畫。有治河書及黃運兩河圖。

程兆熊 清儀徵人。字晉飛。號香南。別號楓泉·澹泉·壽泉·小迂。

畫與華嵒齊名。工詩詞。能書。

程全 宋休寧人。字禹昌。宣和末方臘盜起。邑令棄印走。全起兵遮留之。賊平。累授承節郎。靖康初從康王入援。宗澤破金人於衛州。全與有力。以功遷開州團練使。會金人復入寇。全出戰。以衆寡不敵死之。

程名振 唐平恩人。隋大業末仕竇建德爲普樂令。盜不入境。俄棄歸。高祖立。詔授永寧令。使率兵經略河北。歷洺州刺史。太宗征遼東。拜右驍衛將軍。平壤道行軍總管。攻沙卑城。破獨山陣。皆以少擊衆。號爲名將。歷晉蒲二州刺史卒。謚烈。

程同文 淸桐鄉人。號春廬。嘉慶進士。官奉天府丞。有密齋文集。

程存 元休寧人。陳櫟弟子。有太極圖說。

程异 唐長安人。字師擧。第明經。擢鹽鐵使。時方討蔡。异使江表調財用。所至不剝下。不加斂。經用以饒。累官工部侍郎。同中書門下平章事。异以錢穀奮而至宰相。自以非人望。久不敢當印秉筆。後自請出爲巡邊使。卒謚恭。

程式淵 淸霍山人。字芳堅。善畫梅。

程汝繼 明婺源人。字志初。一字敬承。萬曆進士。官袁州知府。有周易宗義。

程羽 宋陸澤人。字沖遠。晉天福進士。歷廣鄕。醴泉。新都令。皆有政績。開寶中歷開封判官。性淳厚。蒞事謹恪。時太宗尹京。待以長者。及卽位。拜給事中。出知成都府。爲政寬簡。蜀人愛之。累遷文明殿學士。以兵部侍郎致仕卒。

程至善 明休寧人。字子止。有史砭。

程行諶 唐開元初。與裴子餘同舍。子餘以儒顯。行諶以文法稱。卒謚貞。子餘卒謚孝。張說歎曰。二謚可無愧矣。

程佃 淸南匯人。字振飛。號笠父。自稱笠道人。善畫山水。用筆沈著渾厚。拙於書。署款者少。年八十餘卒。

程仲叔 元休寧人。幼穎悟。再領鄕薦不第。棄去。講明正學。授紫陽書院山長。陞海鹽教授。有中庸講義。

程伯達 後魏駿從祖弟。以文辨見稱。與駿俱爲沮渠牧犍世子驂乘。時論美之。

程克仁 明嵩縣人。頤十七代孫。景泰中授翰林院五經博士。子孫世襲。以奉頤祀。

程克俊 宋浮梁人。字元顒。宣和進士。調湖州刑曹。改太學。召對。論事切直。擢翰林學士。時鄂之學宮經兵火。權貴請於朝以爲墓。有旨可其奏。克俊封還制書。學得不徙。遷樞密院。權參知政事。卒謚章靖。有易通解諸書。

程君房 明歙人。善製墨。與方于魯以名相軋。爲深讐。君房之墨。嘗介內廷進之神宗。于魯恨之。君房以不良死。實于魯之力。有程氏墨苑。

程含章 淸景東人。乾隆擧人。嘉慶間累擢工部左侍郎。辦理直隷水利。其治水以導字爲主。欲治上游。先治下游。欲治旁流。先治中流。官至山東巡撫。緣事左遷福建布政使。有讀鑑辨正。明倫述要。嶺南諸集。

程宏 明祁門人。字毅夫。成化進士。以才行選授河南道監察御史。嘗巡按廣東江西河南。激揚得體。名動中外。歷任廣東按察司副使。

程廷祚 淸江寧人。原名默。字啓生。號綿莊。少好治經。而於天文與地食貨河渠兵農禮樂之事。皆能究委探源。乾隆初以諸生召試鴻詞科。未入等。自此遂不應鄕擧。閉戶窮經。晚年自號靑溪居士。卒年七十七。嘗言墨守宋學已非。墨守漢學者尤非。故其著書多能救先儒之非。有易通。大易擇言。彖爻求是說。尙書通議。靑溪詩說。魯論說。春秋識小錄。禮說。詩文集。

程志道 淸吳縣人。字又川。諸生。善畫山水。工詩。

程杉 隋松弟。字仲材。仁壽中以學術徵。歷弘農郡守。父死。遂棄官。遯攸邑之靈谷。豫知人禍福。年百餘歲卒。

程沂 宋頤從子。字詠之。紹興間知崑山。爲政中和。有古循吏風。

程良玉 明歙人。字元知。五齡以瘖瞽目。十歲學卜。從茗上張星元受業。盡得秘奧。士夫爭相引重。年至四十。慮術不傳。鍵戶著書。曰易冒。皆論以錢代蓍之法。

程良籌 明詰子。字持卿。天啓進士。魏忠賢擅國。良籌以父故削籍。崇禎間遷吏部員外郞。坐事遣戍。久之釋歸。流寇陷荆襄。良籌守白雲山。戰四十日却走之。遂引兵克復孝感。雲夢。兵潰被執。不屈死。

程邦賢 明公禮子。字君敬。遭父喪。哀毀逾禮。日夜哭不絕聲。項下頓發大癭。遂究父業。於幼科獨神。撰醫集大成未竣卒。人稱大癭先生。

程邦憲 淸吳江人。字稷甫。一字竹盦。晚號拙存居士。嘉慶進士。官至鴻臚寺少卿。性恬退。風神和易。嘗以淸處靜泰四字顏其室。工詩歌。書法得晉人遺意。

程卓 宋大昌從子。字從元。淳熙中試禮部第一。遷刑部郞中。嘗使金。議論不屈。金人憚之。後知泉州。

民爲立祠。尋召同知樞密院事。封新安縣侯。進資政殿大學士。卒謚正惠。有使金錄。

程叔達　【宋】黟人。字元誠。性嗜學。紹興進士。典湖學。以論時弊擢御史。累官華文閣直學士。卒謚壯節。有玉堂集等書。

程坦　【宋】善雜畫。松竹頗佳。人物遜之。

程宗　【明】常熟人。字原伊。景泰進士。累官副都御史。所至有治績。巡視雲南。官至工部尚書致仕。◎【清】江蘇華亭人。字伯甫。善畫山水花卉。

程尚志　【清】婺源人。字心之。諸生。通算術。能推八線三角。以闡梅氏之學。卒年僅二十三。有古經義．史鏡．算學卮言。

程承辯　【後蜀】彭山人。善畫人物鬼神。兼善雕刻。機巧之物。奇絕當時。

程明哲　【明】歙人。字知晦。有考工記纂註。

程明善　【明】歙人。字若水。天啓中監生。所著嘯餘譜。總載詞曲之式。以歌之源出於嘯。故名。

程攸　【南齊】程鄉人。性嗜書。不慕榮達。里人服其行誼。有不平。不之官府而之攸。或詣其廬卽悔過。隋義寧初卒。

程防　【宋】開封人。以官者積遷西京左藏庫副使。熙寧初王安石欲興水利。以防知河事。使任創置河北河防水利。令開漳河。御史盛陶言其不便。王廣廉等皆論奏其姦欺之狀。後安石亦覺其虛誕。遂疏之。以憂死。

程昊　【明】婺源人。字希大。正統進士。授監察御史。巡按浙江。數奏劾不法。時賊葉仁八等攻掠郡縣。昊至。卽擒斬之。郡縣以寧。卒於官。

程昆　【明】休寧人。洪武中以明經舉任訓導。擢浦江知縣。律己嚴潔。陞知州。有周易集傳．覆瓿集。

程昌寓　【宋】知鼎州。兼鼎澧鎮撫使。時湖賊楊么來攻。昌寓以蔡兵禦之。後人爲立廟。名曰忠祐。

程昌期　【清】歙人。字階平。號蘭翹。乾隆進士。官至侍講學士。湛深經術。尤邃於考據之學。有周禮儀疏約貫。安玩堂集。

程松　【清】敢子。字伯材。以孝聞。隱居不受薦辟。◎【宋】靑陽人。字冬老。紹定進士。慶元中知錢塘縣。諂事吳曦以結韓侂胄。累除同知樞密院事。自邑宰至執政纔四年。後爲興元都統制。坐貶安置賓州死。

程林　【秦】以釀美酒得名。與烏巾同時。今浙江烏程縣之名本此。◎【清】新安人。徙居丹徒。字周卜。號靑谿。善畫山水。不用設色。

程直方　【宋】婺源人。字道大。號前村。讀書十年不下樓。尤深於易。入元。絕意仕進。行部至者。必造謁至學宮。執禮受教。有易堂隨筆．蔡傳辨疑．學詩筆記．諸傳考正．春秋旁通。

程知節　【唐】東阿人。本名齩金。初授秦王府左統軍。從破宋金剛．竇建德．王世充。以功封宿國公。隱太子譖之。出爲康州刺史。白秦王曰。大王去左右手矣。身欲久全得乎。知節有死不敢去。事平。改封盧國。顯慶初授葱山道行軍大總管。坐討賀魯逗軍還免。起爲岐州刺史。致仕卒。

程秉　【三國吳】南頓人。字德樞。逮事鄭玄。博通五經。官至太子太傅。有周易摘．尚書駮．論語弼凡三萬餘言。

程祁　【蜀漢】畿子。字公弘。與楊汰．張表．楊戲並知名。戲每推祁以爲冠首。

程長庚　【清】潛山人。字玉山。嘉道間入都演劇。爲座客所笑。遂鍵戶坐一室。三年不聲。一日登臺。座客數百人。皆狂叫動天。呼曰叫天。於是以皮黃著於京師。名動天下。咸同以來。號爲伶聖。召入內庭供奉。唱法字法。講求絕精。人皆奉爲圭臬。

程俊　【宋】會州人。紹興初居栗亭之泥陽鎮。俊幼時。父母陷靈夏。常號泣自毀。逮長。捐家財數十萬以贖焉。未至日。北向號泣以請。飲食爲廢。夏人感動。遂還其母。

程信　【明】其先休寧人。洪武中戍河間。因家焉。字彥實。正統進士。授吏科給事中。景帝嗣位。數直言。成化初累官兵部左侍郎。四川羣蠻數叛。進尚書。提督軍務。所向克捷。進兼大理寺卿。改南京兵部。參贊機務。卒謚襄毅。信有才力。識大體。征南蠻時。許便宜行事。迄班師。未嘗擅賞戮一人。

程南雲　【明】南城人。字靑軒。號遠齋。永樂間以能書徵。預修永樂大典。累官太常卿。南雲工詩文。善畫梅竹。尤精篆隸。爲時所尚。

程南節　【隋】漫子。佐父起兵東密巖以捍羣盜。每戰必爲前鋒。賊畏憚之。羣盜次第削平。南節之功居多。

程垓　【宋】眉山人。字正伯。有書舟詞。（按垓家有擬舫名書舟。見本集詞註。古今詞話謂號虛舟。蓋字誤也。）

程奐輪　【清】歙人。字雅扶。歲貢生。工大小篆八分書。手寫小篆十三經說文解字。又工刻石。仿秦漢印章。刻有二十四詩品。槐瀕印存。

程建勳　【清】黟人。字君望。諸生。善畫通醫。尤精痘疹。時稱天花聖手。嘗輯痘書。自敍其意。以察色驗氣爲主。從子陟洲受其傳。

程思廉　【元】東勝人。字介甫。至

元中爲監察御史。以劾權臣阿合馬繫獄。官至河東山西廉訪使。思廉累任風憲。剛正嫉惡。好薦達人物。卒諡敬肅。

程・思溫 〔明〕婺源人。字叔玉。正統進士。累官禮部儀制司員外郎。以清愼著名。後從北征。死於敵。

程・昱 〔三國魏〕東阿人。字仲德。累遷都督兗州事。文帝踐阼。爲衞尉。封安鄉侯。卒諡肅。嘗勸曹操因兗州三城以圖霸業。策袁紹必擒公孫瓚。孫權必不殺劉備。無不中者。

程・洙 〔宋〕休寧人。淳祐進士。授貴池縣主簿。調上元縣。德祐間建康陷。百官投牒降附。洙仰天歎曰。吾受宋官二十餘年。忍移所守。爲降虜以偷生乎。自縊而死。

程・洵 〔宋〕婺源人。字允夫。從朱熹游。嘗以尊德性名其齋。與熹往復論爲學之要及克己之功。歷任廬陵錄參。以僞學去官。有克齋集。

程・珌 〔宋〕休寧人。字懷古。以先世居洛水。因自號洛水遺民。紹熙進士。歷值學士院。累官禮部尚書・端明殿學士。進封新安郡侯。致仕。方直學士院時。寧宗崩。丞相史彌遠夜召珌同入禁中草矯詔。一夕爲制誥二十五。初許珌政府。楊皇后緘金一奩賜珌。珌受之。歸視所直不貲。彌遠銜之。卒不與共政。有洛水集。

程・相 〔明〕邦賢子。字子位。性孝友。傳家學。治病多驗。爲人倜儻好義。遇善舉。傾囊不吝。鄉人稱之。

程・茂 〔南齊〕休寧人。永元中爲郢州長史。會梁武帝起兵襄陽。分兵圍郢城。茂協力拒守。移書責武帝使反正。詔以茂都督郢司二州軍事・郢州刺史。援絕城降。義不受梁官。

程・若庸 〔宋〕休寧人。字達原。從饒魯學。得朱熹之傳。咸淳進士。歷安定・臨汝・武彝書院山長。學者宗之。稱勿齋先生。有性理字訓講義・太極洪範圖說。

程・若筠 〔宋〕宣政間太乙宮道士。善畫古木。極峭勁之致。兼善花竹翎毛。

程・貞白 〔清〕長洲人。字奎光。號顯菴。畫山水學子久。得蒼鬱之致。工楷書。詩亦新穎可愛。有顯菴詩稿・畫友錄。

程・迪 〔宋〕開封人。字惠老。宣和中從征方臘有功。爲榮州團練使。唐重以迪提舉永興路軍馬。金人破永興。迪率其徒力戰。身被創幾遍。絕而復蘇。猶厲聲叱戰不已。遂死之。諡恭愍。

程・迥 〔宋〕寧陵人。避亂徙居餘姚。字可久。舉隆興進士。歷宰泰興・德興・進賢・上饒諸縣。政寬令簡。所至有異績。卒官朝奉郎。嘗受經學於崑山王蘋・嘉禾聞人茂德・嚴陵喻樗。學者稱沙隨先生。有古易考・古占法・古易章句・易傳外編・春秋傳顯微例目・淳熙雜志・南齋小集等書。

程・修己 〔唐〕冀州人。居蘇州。字敬之。從周昉學畫。傳其妙訣。寶曆中應明經擢第。文宗好古重道。以晉衞協所畫毛詩草木鳥獸古賢君臣之像。不得其眞。召修己圖之。寵禮特厚。

程・俱 〔宋〕開化人。字致道。舉進士。高宗時爲秘書少監。時有司文章。例從省記。俱摭三館舊聞。比次爲書。名曰麟臺故事。上之。擢中書舍人。兼侍講。後除徽猷閣待制。秦檜薦領史事。力辭不就。俱在掖垣。命令下。有不安於心者。必反覆言之。不少畏避。爲文典雅閎奧。有北山小集。

程・俱羅 〔唐〕靈武人。居親喪。躬穿壙作冢。有助者。卽哭而卻之。廬墳次。哭泣無節。三年不止。

程・哲 〔清〕歙人。字聖跂。有蓉槎蠡說。

程・師孟 〔宋〕吳人。字公闢。進士甲科。判三司都磨勘司。接伴契丹使。蕭惟輔爭白溝地。師孟折之。惟輔愧謝。出爲江西轉運使。知福州。治行爲東南最。後累知廣州越州。爲政簡嚴。發隱擿伏如神。以光祿大夫卒。

程・庭 〔清〕歙人。字且碩。號若菴。有若菴集。

程・庭鷺 〔清〕嘉定人。一作振鷺。字序伯。號蘅薌。諸生。工詩及篆刻。有以恬養志齋詩集・尋璞堂詩文集・緬秋詞・虞山游草・練水畫徵錄・小松圓閣印存。

程・徐 〔明〕端學子。字仲能。以明春秋知名。初仕元至兵部尚書致仕。洪武初偕危素等自北平至京。歷陞刑部尚書卒。徐精勤通敏。工詩文。有集傳於世。

程・恭壽 〔清〕錢塘人。字容伯。道光舉人。官至光祿寺少卿。性喜結納。善清談。書法在北海南宮之間。咸同時都中推爲第一。

程・恩澤 〔清〕昌期子。字雲芬。號春海。嘉慶進士。道光時累官戶部右侍郎。其學於六藝九流。無所不通。工篆法。熟精許氏學。詩文雄深博雅。於金石書畫。考訂尤精審。有國策地名考・程侍郎遺集。

程・振 〔宋〕樂平人。字伯起。少有軼才。徽宗幸太學。振以諸生高第得官。靖康中拜刑部侍郎。金兵至河北。振請糾諸道兵犄角擊之。帝不能用。及汴京陷。金人索金帛無厭。振與梅執禮等詣金營。遇害。諡剛愍。

程・振鵬 〔清〕崑明人。以貢任蒙化訓導。孝友端方。篤於行誼。博文強記。嗜著述。有嶺雲編・啓蒙韻學・見聞錄。

程時登 宋樂平人。字登庸。少嘉義理之學。聞董銖得朱熹之傳。而鄉鄰程正則學於銖。因往師之。咸淳中入太學。宋亡不仕。有周易啓蒙錄・大學本末圖說・中庸中和說・太極通書・西銘互解・諸葛八陣圖通釋・律呂新書贊述・臣鑒圖・孔子世系圖・深衣翼・感興詩講義・古詩訂義・閩法贊語・文章原委。

程時翼 宋崇仁人。字勤道。家貧授徒。或累月食無鹽。不妄交接。晚爲始興尉。會寇亂。單騎入賊壘。諭降之。爲政簡嚴。吏不敢欺。紹興中歸。沐浴更衣。趺坐而逝。

程晉芳 清歙人。初名廷鐄。字魚門。號蕺園。乾隆進士。官吏部主事。爲四庫全書纂修官。改編修。家世殷富。業鹺於淮。晉芳獨好儒術。購書五萬卷。日夜搜討。又好周戚里。禮文士。聲華籍甚。卒以是傾其貲。客死關中。有周易知旨・尙書今文釋義・左傳翼疏・禮記集釋・勉行齋文・蕺園詩。

程泰 明祁門人。字用元。景泰進士。奉命犒師宣府。邊帥重之。授主事。歷郎中。覈山東災。陳賑卹四事。多見施行。擢廣西右參政。時安南以疆土未定。數近邊。泰自往定之。進布政使。律己以倡僚屬。爲時所稱。

程泰京 清林宗人。占籍浙江。字紫晉。號了鹿山樵。舉孝廉。畫山水學元人。不喜設色。兼善草書。

程珦 宋羽孫。字伯溫。慶曆間判南安。時周敦頤爲司理。珦奇其言貌。與語果知道者。因命二子顥・頤從受學。歷知磁漢諸州。熙寧法行。珦獨抗議未便。卽移疾歸。後累官太中大夫。致仕卒。珦慈恕剛斷。官小祿薄。克己爲義。人以爲難。

程益 元章丘人。字光道。至順進士。爲國子博士。與修宋遼金史。遷監察御史。劾宰相不報。卽解官歸。復起爲廉訪使簽事卒。

程祖洛 清歙人。嘉慶進士。道光間累擢湖南布政使。以興學課士爲務。擢巡撫。力除漕弊。諸所興革。風行雷厲。吏役無敢作奸。官至閩浙總督。卒謚簡敬。

程茯娥 清休寧人。號蓮村。蔣釐妻。工詞。有雙松詞。

程袁師 唐宋州人。事母至孝。代弟戍洛州。母終聞訃。日走二百里。負土築墳。永徽中詔吏促駕。毆至。不願仕。授儒林郎遣還。

程軏 明臨清人。字古川。舉進士。爲御史。出按陝西。賑饑禱雨立應。人號御史雨。歷右副都御史・陝西總督。尋以論罷。起總制三邊。以不附嚴嵩歸里。

程邕之 南齊時邊榮爲張敬兒所殺。邕之素依邊榮。抱榮求同死。敬兒殺之。三軍莫不垂涕曰。奈何一日殺二義士。

程高 後漢師涪翁。尋求積年。翁始授以醫術。隱跡不仕。

程務挺 唐名振子。少從父征討。以勇力聞。破突厥。討平阿史那伏念。生擒綏州部落稽白鐵余。進左驍衛大將軍。嗣聖初出爲單于道安撫大使。突厥憚之。不敢盜邊。武后以譖殺之。突厥聞務挺死。率相慶。爲立祠。每出師。輒禱焉。

程啓充 明嘉定人。字以道。正德進士。歷御史。上章請革權倖子弟冒濫軍功。又請早視朝罷冗費等。帝不省。世宗立。首爭興獻帝皇號。數以謇諤忤帝旨。張璁・桂萼亦惡之。謫戍邊衛十餘年。赦還卒。

程啓南 明武鄉人。字開之。萬曆進士。累遷濟南道副使。平青齊盜。進太常寺卿。以疏論魏璫被斥。後爲工部左侍郎。有日新堂稿。

程國仁 清商城人。字濟棠。號鶴樵。乾隆進士。累官貴州巡撫。生苗紅苗相讐殺。國仁嚴示以義。緝其爲亂之渠魁。苗衆悅服。

程國祥 明上元人。字仲若。萬曆進士。崇禎時累官戶部尙書。楊嗣昌議增餉。國祥不敢違。建議借都城賃舍一季租。所得僅十三萬。而怨聲載道。帝由是眷國祥。使之入閣。後召對無一言。帝責其緘默。遂乞休去。國祥雖歷卿相。布衣蔬食。不改儒素。與其子上並有詩集。及卒。家貧不能舉火。

程國勝 明徽州人。累功至萬戶。從太祖戰鄱陽。張定邊直前犯太祖。國勝與韓成等左右奮擊。太祖得脫。遂繞出敵艦後。援絕。力戰死。

程國儒 明徽州人。字邦民。元至正中任衢州路都事。明兵破衢城。被執至京。不屈。安置天界寺。以條自經。爲僕夫救免。無何聞子喪。哭曰。天其奪予志乎。數月召授內省都事。除洪都太守。坐事被繫。自盡。有雪厓文集。

程堂 宋知變流縣。聽斷明敏。縣無留獄。有蝗食苗。堂曰。吏奉天子命以撫民。吏無狀。蝗當食吏五臟。無害民食。遂吞之。蝗踰境去。◎宋眉人。字公明。舉進士。爲駕部郎中。善畫墨竹。◎清休寧人。號雨湖。諸生。善畫山水。

程寀 金析津人。字公弼。中進士甲科。歷翰林待制・右諫議大夫。上疏言宜追崇祖宗。釐正風俗。立紀綱。嚴宮禁。熙宗嘉納之。寀剛直耿介。不諂奉權貴以希苟進。有古君子之風。仕至彰德軍節度使卒。

程崇 宋歙人。淳祐進士。歷大

理寺丞。出守台州。抑絕權豪。甚有政聲。後官至將作監。

程·崇雅 〔後蜀〕蓬州人。父疾劇。崇雅嘗割股啖父。冬月母疾。崇雅泣竹林。得竹筍以療母。人皆稱爲孝子。

程·康莊 〔清〕武鄉人。字坦如。一字崑崙。以古文名家。和王士禛青溪逸事詞。辭旨悽麗。見者無不驚詫。

程·御龍 〔清〕歙人。號楓溪。康熙舉人。有楓溪遺文。

程·從龍 〔元〕嘉魚人。字登雲。號漢章。隱居教授。有程櫟軒集。

程·惟象 〔宋〕婺源人。以占算遊天下。言人貴賤禍福皆奇驗。自號三靈山人。英宗在潛邸。惟象嘗語人曰。後當爲太平眞主。卽位後。賜以御書。

程·敏政 〔明〕信子。字克勤。十歲以神童薦。詔讀書翰林院。舉成化進士。歷左諭德。直講東宮。學問該博。爲一時冠。孝宗嗣位。擢少詹。直經筵。官終禮部右侍郞。有新安文獻志・明文衡・宋遺民錄・眞西山心經附注・宋紀受終考・篁墩集・詠史集・唐氏三先生集等書。

程·接道 〔明〕頤後。崇禎中顥嗣失傳。河南巡撫李日宣請以頤後爲嗣。乃以接道爲翰林院五經博士。子孫世襲。于大忠作亂。接道死之。

程·涝 〔清〕廣信人。順天籍。字簑山。號岸舫。順治進士。畫山水灑落

磐厚。松石有別致。

程·紹 〔明〕德州人。字公業。萬曆進士。擢戶科給事中。再疏請撤礦使。不報。轉吏科。謫歸。光宗卽位。以副都御史巡撫河南。儀封宗人爲盜窟。紹列上其狀。廢徙高牆。會玉璽出臨漳。紹言國之所寶。在德不在璽。因薦鄒元標・馮從吾等。忤魏忠賢意。引疾歸。崇禎間官終工部右侍郞。

程·紹開 〔宋〕廣信人。號月巖。與徐直方爲同調。嘗築道一書院。以合朱陸兩家之說。

程·處默 〔唐〕上元間爲寧晉縣令。以地鹹鹵。城南有新渠。引洨水東入大陸澤。溉田十餘里。復引水入城。地用豐潤。民食乃甘。

程·通 〔明〕績溪人。字彥亨。洪武中舉應天鄉試第一。授遼王府紀善。燕兵起。從王浮海歸朝。上封事數千言。陳備禦策。進左長史。燕王卽帝位。從王徙荆州。有言通前上封事多指斥者。械至京。死獄中。家屬戍邊。有貞白遺稿。

程·勝 〔明〕歙人。字仲奇。號六無。工畫山水。以焦筆寫蕉蘭。落筆草草。而晴雨風煙。各臻神妙。

程·善慶 〔清〕銅山人。字桐園。廩生。長畫蘭。文筆超妙。書法平原。一郡碑石。咸出其手。

程·富 〔隋〕休寧人。靈洗後。以勇力聞。隋末起鄉兵據古城巖。推郡人汪華爲帥。據有歙宣杭睦饒婺六州。稱吳王。富力居多。高祖旣立。華奉六州歸唐。鄉人免於兵革。唐封華爲越國公。以富爲司馬・休寧縣侯。鄉人追感華德。立廟祀之。富配食焉。

◎〔明〕歙人。字好禮。領鄉薦。拜監察御史。出按湖廣及江西。平大盤山妖賊。累遷都御史。參贊陝西甘肅軍務。復以麓川不靖。往撫雲南有功。官終右副都御史。

程·嵋 〔清〕常熟人。號眉山。善寫竹。書學歐陽。工詩。有香雪集。

程·復心 〔元〕婺源人。字子見。性敏悟敦厚。沈潛理學。嘗取朱熹四書集註。會黃氏輔氏折衷之。分章爲圖。積三十餘年始成。名曰四書章圖。用趙孟頫薦。授徽州教授。以母老乞歸。

程·掌 〔宋〕丹稜人。字叔運。紹定進士。授揚州觀察推官。調巴州教授。平生嗜關洛之書。尤精通鑑。爲人負氣不屈。魏了翁以直養無害勗之。晚果有功。

程·曾 〔後漢〕南昌人。字秀升。習嚴氏春秋。積十餘年。還家講授。著書百餘篇。皆五經通難。又作孟子章句。建初中舉孝廉。除海西令。卒官。

程·普 〔三國吳〕土垠人。字德謀。初爲州郡吏。有計略。善於應對。從孫堅征伐。堅卒。復隨孫策有功。策卒。輔孫權討平不服。拜裨將軍。領江夏太守。性好施與。喜士大夫。累遷盪寇將軍卒。

程·景伊 〔清〕武進人。字聘三。乾隆進士。由編修累官文淵閣大學士。兼吏部尚書。工詞章。精吏牘。服膺濂洛五子之教。而不以道學名。喜爲詩。以沖和眞淡稱。卒諡文恭。有雲塘文集。

程·渭老 〔宋〕邁孫。字少呂。補登仕郞。被淮南憲檄。鞫龍舒管承議之獄。管遣人私致重賂。渭老正色叱去。躬親閱實。竟論如法。官終知靖州。渭老生長富貴。律身接物。不異寒素。書翰清勁。自成一家。

程·湘 〔唐〕灦弟。字從龍。乾符中黃巢亂平。草寇猶作。湘與兄灦・弟㵾同起兵守休寧之東密巖以拒賊。後湘爲歙州牙將。分兵守婺源。遂家焉。龍紀中歷檢校工部尚書卒。

程·喬采 〔清〕新建人。字晴峯。嘉慶進士。授禮部主事。道光時官至湖廣總督。・廣西會匪滋事。喬采赴衡州防堵。道州・永明・江華・嘉禾・桂陽相繼陷。坐奪職。旋戍新疆。越數年釋歸卒。

程·琳 〔宋〕博野人。字天球。舉服勤辭學科。仁宗時歷參知政事。拜大學士。同中書門下平章事。判大名府。琳持重不擾。前後守魏十年。守禦完

固。卒諡文簡。爲人敏厲深嚴。長於政事。章獻太后時嘗上武后臨朝圖。人以此薄之。

⊙〔清〕歙人。居嘉興。字雲來。善畫花卉。尤工水墨牡丹。

程·覃 〔宋〕字會元。嘉定間提舉兩浙常平茶鹽。權沿海制置使。以東錢湖沱山堰每患湮圮。始置田租。以所收歲給浚導者。撥錢及田造器服以勸學。鑄海錯果蓏之征以惠民。凡公府廨舍城郭戎器倉場橋道。以至鄉飲器具。纖悉畢備。人服其整。

程·註 〔明〕孝感人。字爾雅。萬曆進士。歷官禮戶吏三科給事中。時客魏子弟世襲錦衣。註奏世職太濫。引祖制以裁之。不報。於是婦寺惡之。坐削籍。崇禎時累遷刑部侍郎。

程·貢 〔宋〕江陽人。字季長。號丘園子。少孤力學。喜藏書。五十年間。簡册鉛槧。未嘗去手。撰太玄經訓義。未成而卒。

程·起振 〔清〕仁和人。字十然。性通脫。善詼諧。好彈琴。尤善製琴。精曆算諸學。喜讀春秋。有春秋正義。

程·進 〔明〕畫蹟精妙。善雕刻石像。

程·雅 〔明〕善雜畫。

程·雄 〔清〕休寧人。字雲松。所著松風閣琴譜。多出新意。又以士夫贈答之辭。譜作琴曲。曰抒懷操。

程·雲 〔清〕黃州人。字玉林。遭明季之亂。隱居江右百丈峯下。賣畫自給。所繪虬松怪石。尤稱逸品。

程·黑 〔漢〕從高祖擊項羽敖倉下。爲將軍。攻臧荼有功。封歷侯。卒諡簡。

程·嗣立 〔清〕淮安人。字風衣。號篁村。貢生。工詩。善書畫。性好客。構別業於城西之菰蒲曲。日與文士講貫其間。晚好黃老術。人或求其書。則以畫應。求畫則以書應。求書畫詩則與講毛詩莊子。乾隆初舉鴻博不就。有水南遺稿。

程·嗣章 〔清〕上元人。字元朴。號南耕。所著明儒講學考。於源流授受。宗派甚明。然時或失之氾濫。

程·戡 〔宋〕陽翟人。字勝之。舉進士。累官端明殿學士。仁宗時召拜參知政事。罷爲鄜延經略使。判延州。戡久在邊。安重習事。治不近名。卒諡康穆。

程·楷 〔明〕樂平人。字正之。號念齋。成化進士。官編修。著述甚多。存者惟程念齋集。

程·楚翁 〔宋〕婺源人。德祐末元兵入臨安。江東列郡皆下。楚翁結死士謀復郡城。事泄被執。賄守者得脫。往從謝枋得於閩。及枋得被執去。楚翁無所依。死於逆旅。

程·楙采 〔清〕新建人。字懋棠。嘉慶進士。授編修。道光中官安徽布政使。句稽官書。嚴杜弊竇。數年中。清釐節省至百有餘萬。升安徽巡撫。會江潮甚漲。倡修宿松縣舊隄。民德之。刻石曰程公隄。後調浙江巡撫。未赴卒。

程·熙 〔明〕歙人。字克和。以舉人授江州府同知。剛介廉慎。民歌頌之。紫雲臺有盜數千。嘗往來劫掠。熙單騎往諭之。皆散去。卒於官。

程·瑞 〔宋〕饒州人。字希鳳。號梧岡。工詩。隱居自娛。幼與同郡馬廷鸞相友。廷鸞貴顯。未嘗以仕進干之。

程·瑀 〔宋〕浮梁人。字伯寓。欽宗時除左正言。即極言時病。復請黜免徐處仁·吳敏·唐恪等。高宗即位。還給事中。時建修政局。瑀條上十四事。累遷兵部尚書。時秦檜主和。忌之。出知信州。坐事降朝議大夫卒。有周禮義·兩漢說及奏議。

程·筠 〔宋〕節弟。字德林。嘉祐進士。授縣令。時新法方行。筠條其不便。調知陳留。陳留近帝畿。筠均田賦。平徭役。不避權貴。擢戶部郎中。知眞州。蘇軾美之以詩。有君爲赤縣有古風。政聲直入明光宮之句。

程·萬里 〔明〕華容人。字道遠。天順進士。成化初授吏科給事中。上疏皆切時政。累官戶部右侍郎。時汪直橫肆。興大獄。萬里發其姦。罷直西廠。未幾。直復用事。遂致仕家居。有閒情集。

程·管 〔梁〕茂子。幼能文。以諸生選爲司徒長史。累遷散騎侍郎。大同中爲秘書少監。與柳渾齊名。

程·遐 〔後趙〕爲石勒將。時祖約以數百人奔勒。遐說勒曰。天下粗定。當顯明順逆。此漢高所以斬丁公也。今祖約猶存。臣竊惑之。勒遂誅約。

程·遇孫 〔宋〕壬孫弟。字叔達。累官潼川漕使。少年雄於文。已而折節爲南軒之學。與壬孫最友愛。

程·道生 〔明〕海寧人。字可生。有遁甲演義·射義新書。

程·道壽 〔明〕孝感人。字應正。知來安縣。旋告歸。崇禎末賊陷郡。置掌旅守之。道壽結壯士擊殺掌旅。後被執。令爲書招降白雲山程良籌。道壽罵之。遂見殺。

程·鉅夫 〔元〕京山人。後家建昌。名文海。避武宗諱以字行。世祖時屢遷集賢直學士。奏陳五事。又請興建國學。搜訪遺逸。帝嘉納之。奉詔求賢江南。薦趙孟頫等二十餘人。皆擢用。桑哥專政。鉅夫上疏極諫。皇慶初累官翰林學士承旨致仕。卒諡文憲。鉅夫閎才博學。被遇四朝。忠亮鯁直。爲時名臣。文章亦舂容大雅。有雪樓集。

程·鼎 〔宋〕婺源人。與羅源翟同學於朱松。得修身爲學之要。博覽經籍。爲文不效舉子尺度。不仕而卒。

程嘉 〔漢〕以將軍擊吳楚。用江都相。封建平侯。卒謚敬。

程嘉燧 〔明〕休寧人。字孟陽。號松圓。少不羈。棄舉子業。學擊劍不成。乃折節讀書。精音律。工書畫。尤長於詩。世稱爲松圓詩老。僑居嘉定。歸老於歙。有詩集曰浪淘集。謝三賓知縣事。以唐時升．婁堅．李流芳與嘉燧詩合刻之。曰嘉定四先生集。

程壽齡 〔清〕江蘇甘泉人。字漱泉。嘉慶進士。官太子庶子。工書畫。精篆隸。詞曲笙笛簫管之屬。亦皆通習。

程夢星 〔清〕江都人。字午橋。康熙進士。官庶吉士。以艱歸。不復出。好友朋。喜著述。主詩壇數十年。有李義山詩注．平山堂志．今有堂集．茗柯詞。

程榮秀 〔元〕休寧人。字孟敷。初學於方回。後從許月卿受易。延祐中薦授建康路明道書院山長。歷嘉興路儒學教授。爲教率先行義。後課試。薦授浙江儒學副提舉。以年老致仕卒。其爲學一以治心爲主。所至必揭四箴及敬齋箴於壁以自警。居家接物。動師古人。服食寢處。悉有常度。

程瑤田 〔清〕歙人。字易疇。乾隆舉人。官太倉州學正。粹於經學。精心格物。一蟲介之微。無不窮究其變態。有通藝錄。

程福贇 〔後晉〕爲人沈厚寡言而有勇。官奉國右廂都指揮使。開運中契丹入寇。出帝北征。奉國軍士有夜舉火謀亂者。福贇救火被傷。火滅而亂者不得發。坐誣被殺。

程端蒙 〔宋〕德興人。一作鄱陽人。字正思。朱熹門人。淳熙中補太學。時禁洛學。持書上諫議大夫王月然。責其斥正學。以對策不合去。自是不復應舉。有性理字訓．毓蒙明訓．學則等書。

程端學 〔元〕端禮弟。字時叔。通春秋。舉至治進士。仕爲國子助教。動有師法。剛嚴方正。學者憚之。遷太常博士。有春秋本義．三傳辨疑．春秋或問．積齋集。

程端禮 〔元〕慶元人。字敬叔。年十五。能記誦六經。曉析大義。從史蒙卿游。傳朱熹明體達用之指。官衢州路教授。有畏齋集．讀書分年日程。

程粹 〔明〕浙江永康人。字養之。弱冠爲諸生。從王守仁學。與王畿互相印正。歸卽壽山石洞。倡明正學。年八十卒。學者卽於五峯書院祀之。稱方峯先生。（按浙江通志作程梓。此從明史。）

程維 〔唐〕善雜畫。

程誥 〔明〕歙人。字自邑。性好游。所至輒記以詩。有霞城集。◎〔清〕績溪人。字魯菴。舉人。博覽羣書。尤篤嗜毛詩。有詩經解注．鳳山文集．雲广詩鈔。

程遜 〔唐〕善畫寺壁禽獸。◎〔後晉〕壽春人。字浮休。累官太常卿。天福中使吳越。母羸老雙瞽。遜未嘗白執政辭使職。將行。母以手捫其面。號泣送之。還遭風溺死。

程際盛 〔清〕長洲人。原名炎。字煥若。號東冶。乾隆進士。官至御史。有說文古語考．禮記古訓考．周禮古書考．儀禮古文今文考．駢字分箋．續方言補．清河偶鈔．稻香樓集。

程鳴 〔清〕歙人。占籍儀徵。字友聲。號松門。諸生。善畫山水。乾皴枯墨。運以中鋒。詩學王士禛。

程鳴鳳 〔宋〕祁門人。字朝陽。寶祐初射策第一。歷知德慶府。平山猺之亂。後知南雄。陞辭。進無逸說。帝嘉之。歷三年乞歸。有讀史發微。

程德玄 〔宋〕滎澤人。字禹錫。善醫術。太宗尹京邑。召置左右。頗親信用事。及卽位。拜翰林使。時陳洪進來朝。令德玄迎勞之。船渡淮。遇暴風。衆恐。請勿進。德玄曰。吾將君命。豈避險乎。以酒祝而行。風浪遽止。累遷知鎮州。受代還卒。

程德良 〔明〕雲夢人。字凝之。號雲連。萬曆進士。知崇信縣。著述甚多。存者惟三一子。

程德洽 〔清〕長洲人。字學瀾。有說文廣義。

程德剛 〔明〕崇德人。負才氣不仕。元兵過皂林暴掠。德剛爲陳利害。乃止。

程德賚 〔清〕安徽人。字子香。有子香文鈔。

程慶餘 〔清〕烏程人。字善夫。又名可大。博採四部書。凡天象地形樂律書數金石。罔不兼綜。惟不嫻舉業。隱居授徒。德清戴望出其門。同治時殉洪楊之難。

程璋 〔清〕江寧人。字達人。善畫山水人物花鳥。尤精傳神。

程畿 〔蜀漢〕閬中人。字季然。初事劉璋。爲江陽太守。先主領益州牧。辟爲從事祭酒。隨征吳。敗績。泝江而還。敵追至。遂戰死。◎〔後魏〕駿孫。字世伯。好學。頗有文才。官荆州府主簿。

程節 〔宋〕浮梁人。字信叔。嘉祐進士。累官廣西運使。帥桂府。甚得人心。官至寶文閣待制。有竹溪集。

程質 〔明〕婺源人。字文夫。性敏嗜學。涉獵經史。能詩文。隱居養親。尚氣節。弘治初與修憲宗實錄。有南峯小稿．文獻錄。

程輝 〔金〕靈仙人。字日新。皇統進士。大定間累拜參知政事。以老致仕。復起知河南府事。章宗立。乞歸。卒謚忠簡。輝性倜儻敢言。喜雜學。尤好論醫。

程鄭 〔春秋晉〕平公時大夫。平公嬖之。使佐下軍。會鄭公孫揮聘晉。鄭問曰。降階何由。揮不能對。歸以語然明。然明謂鄭將死。越年鄭果卒。◎〔漢〕山東遷虜。居臨邛。以冶鑄爲業。富埒卓氏。

程震 〔金〕東勝人。字威卿。第進士。知陳留縣。治最。召拜監察御史。彈劾無所撓。坐爲故吏所訟。罷官歲餘。嘔血卒。震剛直有材幹。忘身徇國。爲御史。臺綱大振。小人多側目。故不能久立於朝。士論惜之。

程頤 〔宋〕顥弟。字正叔。與顥同受學於周敦頤。年十八。游太學。著顏子好學論。胡瑗大驚異之。即延見。處以學職。哲宗初擢崇政殿說書。每進講。色甚莊。繼以諷諫。出句管西京國子監。頤學本於誠。以大學語孟中庸爲標指。而達於六經。動止語默。一以聖人爲師。世稱伊川先生。卒謚正公。有易春秋傳．語錄．文集。

程凝 〔五代〕善畫鶴竹。兼長遠水。

程學啓 〔清〕桐城人。字方忠。初陷於洪楊軍。後自拔歸清。同治間從李鴻章克蘇州。功稱最。攻嘉興。戰沒。謚忠烈。

程學博 〔明〕孝感人。字近約。號二蒲。嘉靖進士。歷知重慶府。清嚴剛直。庭無積案。後爲貴州參議。時東川．烏蒙．烏撒．芒部爲患。學博率兵討平之。遷雲南兵備。官終太僕卿。

程擇 〔元〕婺源人。字義夫。博通經史。尤好孫吳兵法。嘗爲武昌路學正。借充統兵掾史。平猺蠻有功。陞本路教授。至正間紅巾寇起。以府檄起義兵固守。城陷。死之。

程曉 〔三國魏〕昱孫。字季明。有通識。嘉平中爲黃門侍郎。時校事放橫。曉上書言其外託天威。以爲聲勢。內聚羣奸。以爲腹心。大臣含忍而不言。小臣鬱結而無告。於是罷校事。曉遷汝南太守卒。

程璠 〔宋〕知豐城。識用高爽。凡山川道途人物名氏。目所一見。耳所暫聞。閱年雖多。不復忘廢。爲邑三年。識其民且半。

程衞 〔晉〕曲周人。字長元。少立操行。彊正方嚴。劉毅聞其名。辟爲都官從事。毅奏中護軍羊琇犯憲應死。武帝與琇有舊。遣齊王攸諭毅。衞正色以爲不可。徑自馳車入護軍營收琇屬吏考問。先奏琇所犯狼籍。然後言於毅。由是名振遐邇。百官厲行。遷尚書郎．侍御史。在職皆以專幹顯。歷安定．頓丘太守。卒官。

程稃 〔明〕休寧人。字墨仙。工詞。不事雕飾。而自然情至。有石交堂集。

程瓛 〔清〕歙人。字賚饒。乾隆進士。爲鳳陽府教授。邃於易。有易讀．續世說新語．嫏嬛日錄．獺祭記．讀書隨筆．詩文集。

程嬰 〔春秋晉〕與趙朔友。屠岸賈殺趙朔。滅其族。朔妻遺腹生一兒。朔客公孫杵臼與嬰謀。取他人兒負之匿山中。嬰出。告所匿處。攻而殺之。嬰乃抱趙氏眞孤匿山中居。後韓厥言於景公。立爲趙氏後。是爲趙武。遂攻屠岸賈滅之。武既冠。嬰曰。今宜下報宣孟．杵臼。遂自殺。

程彌壽 〔明〕祁門人。字德堅。明初從下江南。有功。授行樞密分院都事。捍禦景德鎭。辭召不起。遁之淮西。終於家。有仁山遺稿。

程濟 〔明〕朝邑人。有道術。洪武末官岳池教諭。建文初上書言某月日北方兵起。帝謂非所宜言。逮至將殺之。濟大呼曰。陛下幸囚臣。臣言不驗。死未晚。乃下之獄。燕兵起。釋之。爲翰林編修。北師入金川門。隨建文出走。莫知所終。

程環 〔明〕徽州人。工畫山水人物。

程襄龍 〔清〕歙人。字夔侶。一字古雪。有澂潭山房集．古雪集。

程邁 〔宋〕黟人。字進道。仕爲顯謨閣直學士。嘗因使過其鄉。民有訟田者。二十年不決。邁閱其牘。問訟者年幾何。曰六十六。邁曰。爾齋券乃慶曆三年。時方七歲。安得要財置產。訟者歎服。

程駿 〔後魏〕曲安人。字驎駒。少孤貧。居喪以孝稱。敏而好學。爲著作佐郎。累拜秘書令。性介直。不競時榮。卒謚憲。

程鴻詔 〔清〕大興人。原籍黟縣。字伯敷。道光舉人。江蘇候補知府。有行有恆齋文集。

程歸則 〔北齊〕渤海人。天統中任國子博士。以詩授同郡劉敬和。故其鄉曲多爲詩者。

程璧 〔明〕徽人。僑居江陰。南京亡。破家充餉。

程邃 〔清〕歙人。家廣陵。字穆倩。號垢區。又號垢道人。江東布衣。明諸生。長於金石考證。篆刻精探漢法。而能自見筆意。擅名一代。畫山水多用乾筆。工詩。有會心吟。

程邈 〔秦〕下杜人。嘗爲獄吏。得罪幽繫雲陽。在獄無事。增減大篆書。去其繁複。爲新體。始皇善之。出爲御史。名其書曰隸書。定爲八體之一。主用於徒隸。從簡易也。◎〔唐〕工寫眞。兼善花鳥松石。

程鵠 〔清〕徽州人。字昭黃。供奉南薰殿。性耽風雅。凡一技一能。無不延攬。又偏游襄楚晉燕。畫學宋人。山水花鳥。悉臻精妙。

程懷立 〔宋〕南都人。畫工傳神。蕭然有意於筆墨之外。

程懷直 〔唐〕日華子。日華卒。懷直擅知留後事。即拜權知滄州刺史。

後擢爲節度使。懷直荒田獵。出輒數日不返。爲從兄懷信所拒。遂入朝。帝不之罪。使兼右龍武軍統軍卒。

程懷信 唐懷直從兄。爲懷直鎭下。懷直出獵。懷信乘衆怒。據滄州。閉門不納。帝遂以懷信爲留後。後擢節度使卒。

程灄 唐休寧人。靈洗十四世孫。黃巢之亂。衆推爲將。擊賊有功。楊行密遣田頵略地。令人諭之。灄曰。所以自保者。不欲三百年太平民爲賊虜耳。他又何求。頵乃單騎詣灄。灄因獻謀行密。遂以爲歙州同知兵馬使。兵聲大振。弟湘・淘。皆預有功。歷顯仕。

程繩祖 明休寧人。字叔武。洪武中舉經明行修。除陝西監察御史。左遷湖口縣令。有惠政。民立祠祀之。

程願學 元休寧人。字希聖。以薦除循州長樂令。民有死非命者。其妻訴不願理。叱曰。此即殺人賊也。一訊而服。羅江五峽諸賊。時出掠殺。不敢入長樂境。秩滿歸。道卒。

程蘭如 清歙人。善弈。爲清代大家。

程顥 宋珦子。字伯淳。舉進士。調鄠縣主簿。邑有石佛。歲傳其首放光。遠近聚觀。顥詰其僧曰。吾有職事。俟復見。爲吾取其首來觀之。自是光不復見。熙寧初爲御史裏行。神宗數召見。顥前後進說。大約以正心窒慾求賢育才爲言。務以誠意感悟主上。後與王安石議新法不合。出簽書鎭寧軍判官。知扶溝縣。哲宗立。召爲宗正丞。未赴卒。謚純公。顥資性過人。而充養有道。和粹之氣。盎於面背。門人交友相從數十年。未嘗見其忿厲之容。得不傳之學於遺經。以與起斯文爲己任。辨異端。闢邪說。使聖人之道。煥然復明於世。孟子之後。一人而已。文彥博采衆論。題其墓曰明道先生。後人集其遺文語錄。名程子遺書。

程權 唐懷信子。始名執恭。嘗夢滄州諸門悉署權字。乃改名以應之。懷信死。權遂襲領軍務。詔授留後。官終邠寧節度使。

程巖 清鉛山人。字巨山。號海蒼。乾隆進士。累官禮部左侍郎。以清節著。三視學政。皆收得人之效。

程瓚 隋以畫名。◎清上海人。字克家。摹元明山水。無不逼肖。人以賤値得之。裝潢轉售。輒獲厚利。而瓚仍食貧如故。

程顯道 宋婺源人。號松谷。事親孝。有孝經衍義。

程靈虬 後魏駿從祖弟子。幼孤。頗有文才。久淪末役。在吏職十餘年。坐事免。久之爲梁郡太守。以酗酒失官。後復爲著作郎。

程靈洗 陳茂子。字元滌。少以勇力聞。侯景之亂。靈洗聚徒拒景。梁元帝授靈洗譙州刺史。後歸陳武帝。授爲蘭陵太守。平徐嗣徽。破王琳。擊周迪。累官都督郢州刺史。封重安縣公。靈洗性嚴急。號令分明。與士卒同甘苦。衆以此德之。卒謚忠壯。

程觀生 明歙人。流寓嘉興。字仲孚。崇禎中知天下將亂。棄諸生。以相地術自給。有四易通義。

程曠 唐東平人。父本巨盜。後改行。曠少長知之。愧憤。數日不食。悉散其財。就里中讀書。漸通經史。動有繩墨。開成初時相聘之不起。

童大定 宋奉化人。字持之。從楊時游。靖康之亂。歸取古今書讀之。造詣益邃。登進士第。調漢陽尉。累轉江東漕屬。所至有善政。後通判靖江軍事。解秩歸。

童元鎭 明桂林右衛人。萬曆中由指揮累遷都督僉事。洊歷廣東廣西總兵官。熟悉蠻事。屢立戰功。後從李化龍出征失利。謫戍煙瘴卒。

童日銘 清塏子。能紹父藝。尤精草蟲。

童日鑑 清塏從子。畫亦師塏。

童叶庚 清崇明人。字松君。號睫巢。亦號巢睫山人。咸豐間官德清知縣。光緒間歸隱吳門。博學嗜古。手鈔羣籍。多海內孤本。所著益智圖・睫巢鏡影。皆爲世所珍玩。

童仲玉 後漢姑幕人。遭歲凶。傾家賑䘏。九族鄉里。全活者以百數。早卒。

童仲揆 明南京人。萬曆末由武進士擢四川副總兵。督兵援遼。充援勦總兵官。清師陷瀋陽。仲揆死焉。自遼左用兵。將士率望風奔潰。獨此役以少敵衆。雖力絀而殪。時咸壯之。

童伯羽 宋甌寧人。字飛卿。沈默寡言。好讀書。師事朱熹。不樂仕進。人稱敬義先生。有孝經衍義。五經訓解。性理發微諸書。

童成大 宋甌寧人。字元偉。博極羣書。精研性理。國亡不仕。隱於醫。

童佩 明龍游人。字子鳴。一字少瑜。世爲書賈。佩獨以詩文游公卿間。嘗受業於歸有光。詩格清越。不失古音。有童子鳴集。

童承敍 明沔陽人。字漢臣。一字士疇。有異質。弱冠知名。舉正德進士。授編修。晉國子司業。與司丞呂柟訓士以實學。預修寶訓實錄。會典諸書。有平漢錄。沔陽志。文集。

童宗說 唐南城人。字夢弼。居字秀整。操尚拔俗。爲袁州教授。號南城先生。有柳文音註。

童居易 宋慈谿人。字行簡。嘉定進士。趙葵開閫淮東。以居易攝天長縣。元兵攻城急。邑令與主將不協。

居易力爲陳解。遂協力捍防。城賴以全。調諸暨。以課最知蔘寧。累官德慶知府。上章乞歸。居杜洲之濱。學者稱杜洲先生。

童昌齡　【明】如皐人。字鹿游。工畫古木竹石。風味淡遠。

童金　【元】居易孫。字子丹。至元間以才能薦授進義副尉。歲督海運。秩滿。顏所居曰一閒。卽廬側築室百餘楹爲義塾。劃腴田數百畝。延名師以教學者。

童品　【明】蘭溪人。字廷式。號愼齋。弘治進士。官兵部主事。旋致仕。家居十九年。以讀書喪明而卒。有春秋經傳辨疑。

童恢　【後漢】仲玉子。字漢宗。少仕州郡爲吏。司徒楊賜聞其執法廉平。乃辟之。及賜被劾當免。掾屬悉去。恢獨詣闕爭之。及得理。掾屬悉歸府。恢杖策而逝。論者歸美。除不其令。耕織種收。皆有條章。一境清靜。遷丹陽太守卒。(按童恢。謝承書作僮种。此從范書。)

童倉　【明】猛哥帖木兒次子。清稱爲禱宴。童其姓。卽佟也。宣德時猛哥帖木兒爲七姓野人所殺。倉挾衞印與其部五百餘家遁入朝鮮界。正統初。畏朝鮮之逼。請回居遼東。詔遣遼東總兵曹義安置其部於佟家江之迤西。然自猛哥帖木兒死後。部事爲其叔范察暫代。事權早爲所奪矣。

童益　【宋】蜀郡人。一作仁益。字友賢。工畫人物佛像。出自天資。不由師訓。

童眞　【隋】僧。河東李氏子。通大小乘。尤善涅槃。開皇中召往大興善寺對翻梵本。旋又詔爲涅槃衆主。大業初造大禪定。以童眞爲道場主。存撫上下。有聲僧綱。

童眞　【明】仁和人。字守正。永樂中由貢生拜監察御史。巡按四川。風紀大振。擢山東副使。秩滿。當事者諷一見。眞不往。又使人至邸。眞偃臥不與交一言。徙官廣東。致仕。

童能靈　【清】連城人。字龍儔。號寒泉。諸生。篤嗜理學。乾隆中主漳州芝山書院。嘗與雷鋐論易。鋐主李光地。能靈主河圖。以明象數之學。有周易賸義。冠豸山堂集。

童軒　【明】鄱陽人。字士昂。景泰進士。授南京吏科給事中。憲宗時以副都御史提督松潘軍務。疏言松茂戍守。凡八害三利。條畫以聞。官至南京吏部尙書。軒廉介寡合。篤於內行。好學不倦。有紀夢要覽。清風亭稿。

童參　【宋】甌寧人。性淳樸。隱於耕。仁宗初年百有二歲。賜敕慰勞。授承務郎。逾年卒。

童基　【清】字虎方。善畫人物山水。

童敍　【明】甌寧人。字景和。性至孝。好學。手不釋卷。永樂中有司以孝廉薦至京。以母老乞終養。詔許之。終身不仕。有臨淸集。文房選粹。

童淑　【宋】壽昌人。身長八尺。面如紫玉。赤睛虎鬚。能挽強弓。宣和中從討方臘有功。擢殿前將軍。建炎初寇亂閩越。命淑討平之。授江南東路安撫使。

童添雲　【清】平江人。饒膂力。咸豐間洪楊軍起。從塔齊布征戰。平湘潭。克岳州。武昌。興國。大冶。黃梅。廣濟及田家鎭。屢有功。橫矛陷堅陣。槍丸如雨不稍卻。攻九江。礮傷胸卒。諡壯節。

童翊　【後漢】恢弟。字漢文。名高於恢。宰府先辟之。翊陽喑不肯出。及恢被命。乃就孝廉。除須昌長。有異政。吏民生爲立碑。後舉茂才。不就卒。

童貫　【宋】開封人。字道輔。一作道通。少出李憲門。性巧媚。給事宮掖。善策人主微指。徽宗時以供奉官主明金局。蔡京進用。貫實引之。京旣相。用兵靑唐。貫出監軍。時人稱京爲公相。因稱貫爲媼相。旋以平方臘功。進太師。封廣陽郡王。金將粘罕南侵。貫以河北宣撫奔入都。遂謫竄英州。未至。詔數其十大罪。誅之。貫握兵二十年。權傾一時。窮姦稔惡。流毒四海。雖葅醢不償責。

童堯民　【宋】遂安人。紹熙中登進士。累官至右正言。以言事忤韓侂胄罷歸。不復仕。

童巽　【後漢】字子舉。博學有才。太守京兆諒舉巽上掾。歷主簿功曹。諒後卒官。巽衰絰送喪。道遇賊。欲破棺。衆皆散走。巽以身蔽柩。慟哭嘔血。賊義而釋之。由是顯名。

童朝儀　【明】浙江山陰人。字令侯。天啓武進士。歷官後軍都督。工書畫。善詩詞。天性孝友。文采風流。一時推重。初爲大同副總兵。名振邊邏。總制楊嗣昌出控三邊。稱有古名將才。崇禎間以疾歸。

童琥　【明】蘭溪人。字廷瑞。弘治進士。官至工部郎中。有集古梅花詩。

童華　【清】鄞人。字惟充。號薇研。道光進士。光緖間官至禮部侍郎。前後坐事降調者二。革職留任者再。所學以天文輿地爲尤粹。中歲以後。歲誦五經論語孟子一過。曰。對此如見古人也。

童塏　【清】江蘇華亭人。一作愷。字西爽。工畫花卉翎毛。鉤勒著色。俱胎息宋人。兼工寫生。

童鈺　【清】浙江山陰人。字璞巖。又字二如。號二樹。善畫山水。蘭竹木石皆工。尤善寫梅。生平所作。不下萬本。肆力於詩。然詩名爲畫所掩。乾隆間卒於維揚。有二樹山人集。

童槐　【清】鄞人。字晉三。一字樹

眉。號專君。嘉慶進士。官至通政使副使。熟諳當代典章。四明文獻。工書。有今白華堂集。補雅。過庭從政眉叟諸筆記。

童漢臣 明錢塘人。字重頁。嘉靖進士。擢御史。巡按山西。俺答薄太原。爲設方略。督諸將擊敗之。以劾嚴嵩被謫。嵩敗。起知泉州府。倭寇犯境。有保障功。終江西副使。

童警 宋雙流人。字隱之。博通經學。尤長於易·太玄。著發隱一篇。蜀守蔣堂·張方平·趙抃咸以逸民薦。命爲州助教。不就。嘉祐中賜號沖退處士。

童銓 清仁和人。字佛庵。諸生。家貧好古。搜訪所得。頗有佳本。年七十餘。賦詩而逝。

童冀 明金華人。字中州。洪武中徵入書館。後爲北平教授。坐罪死。嘗與宋濂·張羽·姚廣孝相唱和。詞意清剛。不染元季綺靡之習。有尙絅齋集。

童錦 清塏子。字天孫。又字素文。亦工畫。鉤勒花鳥。設色妍麗。

童鎮陞 清鄞人。嘉慶間以屢獲海盜擢黃巖鎮總兵。與王得祿等圍攻蔡牽。牽落海死。官終廣東提督。

答失八都魯 元紐璘曾孫。世襲萬戶。至正間累擢四川行省參知政事。從丞相咬住討賊於荆襄。平之。又討平太康賊。累官河南行省左丞相。後爲賊所間。憂憤死。

答里麻 元高昌人。弱冠入宿衞。至治初除濟寧路總管。興學勸農。百廢具舉。府無停事。元統間歷遷山東廉訪使。時山東盜起。答里麻上擒賊方略。朝廷嘉納之。官至陝西行臺中丞。年六十九致仕。

答祿與權 明河南永寧人。字道夫。其先蠻部人有別號答祿子者。子孫因以爲氏。仕元爲河南北道廉訪司僉事。洪武中召爲御史。請重刊律令憲綱。頒之諸司。未幾擢翰林修撰。坐事降典籍。進應奉。以老致仕。

策卜坦 清滿洲鑲黃旗人。姓鈕祜祿氏。乾隆間由親軍累擢洮岷協副將。撒拉爾回滋事。防守蘭州。力戰却之。官至延綏鎮總兵。嗣坐事戍伊犂。

策妄阿拉布坦 清準部噶爾丹之兄子。康熙間噶爾丹入擾漢南。策妄阿拉布坦遂據伊犂與清通好。助勦噶爾丹。勢力浸強。乘西藏有宗教之爭。引兵陷拉薩。殺和碩特之拉藏汗。執拉藏所立之達賴六世。連敗清援軍於哈喇烏蘇河。清軍分道出青海及打箭鑪。並保護青海諸蒙古所立之新達賴入藏。準部屢敗。西藏遂屬於清。時策妄方西與俄搆兵。清軍至烏魯木齊。以策妄請和。撤師還。未幾策妄卒。

策淩 清外蒙古人。康熙時尙公主。授額駙。雍正時征噶爾丹。有功。封多羅郡王。晉和碩親王。先是外蒙古僅三部。至是增置賽音諾顏部。令策淩及其子孫世爲其部之札薩克。乾隆時卒。諡襄。

策楞 清滿洲正藍旗人。姓佟佳氏。乾隆間以健銳營前鋒從征緬甸。連拔數十寨。復從征金川。所向皆捷。官至正藍旗漢軍副都統。

粟大用 宋武宣人。字行之。年九歲。通五經。大中祥符間應童子科。至汴京。入見。眞宗奇之。補登仕郎。後仕至南雄太守。

絜舜 漢張敞守京兆尹。舜爲賊捕掾。敞使舜有所案驗。舜以敞劾奏當免。不肯爲敞竟事。曰。是五日京兆耳。安能復案事。敞聞。收舜殺之。

統葉護可汗 唐西突厥可汗。勇而有謀。戰輒勝。因并鐵勒。下波斯·罽賓。控弦數十萬。徙廷於石國北之千泉。遂霸西域。請婚於唐。高祖許之。未克婚。其諸父莫賀咄殺之。

絳賓 漢龜茲王。妻爲孫公主女爲夫人。上書言得尙漢外孫。願與公主女俱入朝。宣帝許之。留一年。樂漢衣服制度。歸國後。治宮室。出入傳呼。如漢家儀。外國胡人皆曰。驢非驢。馬非馬。若龜茲王。所謂贏也。

翙季高 宋號羽軒。工詩。

舒大猷 明通城人。嘉靖舉人。累官浙江布政使致仕。以文章政事名一時。有諸儒粹議·清心齋集。

舒元 宋沈丘人。少倜儻好學。通春秋三傳。初爲李守貞門客。爲守貞乞師江南。遂留江南。易姓爲朱。後被譖歸周世宗。入宋復姓。官終白波兵馬都監。元辨捷強記。或奏其治郡不親獄事。太祖面加詰問。元輒具誦辭牘。指述曲直。太祖甚嘉歎之。

舒元輿 唐東陽人。地寒不與士齒。元和中第進士。洊遷御史中丞。夙善李訓。兼附鄭注。尋以本官同平章事。詭謀謬算。日與訓比。遂同及甘露之禍。嘗爲牡丹賦。時稱其工。後文宗觀牡丹。憑闌誦賦。爲之泣下。

舒化 明臨川人。字汝德。嘉靖進士。由推官徵擢給事中。隆慶初帝任宦官。刑罪多從中旨。又詔廠衞密察部院政事。化皆極諫其不可。帝善其言。萬曆間累官刑部尙書。尋乞歸。卒諡莊僖。

舒化民 清江西靖安人。字以德。號自庵。嘉慶舉人。累官杭嘉湖道。所至興利除害。愛士養民。而尤以敦風化爲先。有厚德錄節識·呻吟語節識·備忘錄節識·文集·雜著等。

舒天民 元鄞人。字執風。嘗取周禮保氏六藝之文。因鄭玄之註。標爲條目。各以四字韻語括之。爲六藝綱目。其子恭爲之註。同郡趙宜中爲之附註。考證精核。於小學頗有發明。

舒卞 【宋】奉化人。字彥循。豪儁有文武才。建炎間禦金人有功。參岳飛軍幕。多所贊畫。比沒。民思之。祠於長壽鄉。

舒弘緒 【明】通山人。字崇孝。萬曆進士。官給事中。遇事敢言。會同官李獻可以疏請豫教元子事被罷。弘緒疏稱。言官可罷。豫教必不可不行。時他諫官亦多以爲言。神宗怒。斥諫者十一人。弘緒坐除名。

舒伯膺 【後漢】詳舒邵條。

舒位 【清】大興人。字立人。號鐵雲。小字犀禪。乾隆舉人。工詩。沈博閎恣。橫絕一世。嘗從勒保征种苗。貴州土司有龍么妹者。美而善戰。勒保欲爲位執柯。位婉辭之。復爲詩紀其事。時傳爲佳話。有瓶水齋集。

舒邦佐 【宋】靖安人。字平叔。淳熙進士。歷官善化主簿。調衡州參軍。俱以廉稱。嘗言吏蠹易滋。民冤難伸。去官。民爲流涕。

舒里琿 【清】滿洲正黃旗人。姓棟鄂氏。初任護軍校。天聰間從征大淩河。順治間從追流賊至延安。七戰皆捷。討姜瓖。征貴州。進攻雲南。破李成蛟營。俱有功。累官副都統卒。

舒明 【清】蒙古正黃旗人。姓烏梁海濟勒莫特氏。乾隆中以護軍統領赴北路軍。與阿爾泰共擒叛酋訥默庫。封男爵。官至綏遠城將軍。

舒明安 【清】滿洲正白旗人。姓果博勒氏。咸豐間英人犯天津。隨僧格林沁在大沽堵勦。有功。又平捻匪於山東。官至正白旗漢軍副都統。同治間在壽張陣亡。諡果毅。

舒東 【清】湘鄉人。字芬照。一字青洋。嘉慶時諸生。工詩善畫。有青芬山房文集。

舒知雄 【宋】元子。官鄜延路駐泊都監。辭疾居嵩山。召授泉福都巡檢使。眞宗初纔請入道。歸嵩陽舊隱。後以薦知處州。復求入道。賜號崇元大師。乾興初卒。

舒芬 【明】進賢人。字國裳。正德進士第一。授修撰。時武宗數微行。芬疏諫不報。及議南巡。復上疏極諫。帝怒。命跪闕下五日。杖三十。謫福建市舶副提舉。世宗卽位。召復故官。尋以大禮案復下獄廷杖。旋遭母喪歸。以毀卒。芬負氣峻厲。以昌明絕學爲己任。貫串諸經。尤精於周禮。學者稱梓溪先生。萬曆中追諡文節。有易問箋。周禮定本。東觀錄。太極繹義。成仁遺稿。

舒邵 【後漢】陳留人。字仲膺。與兄伯膺皆有重名。袁術時爲阜陵長。初伯膺親友爲人所殺。邵爲復仇。事覺。兄弟爭死。並得免刑。海內義之。

舒亮 【清】滿洲正白旗人。姓蘇佳氏。乾隆中從征金川。勦撒拉爾回。平臺灣林爽文。皆有功。嘉慶間勦川楚教匪。官至鑲藍旗漢軍副都統。尋以勦賊不力褫職。卒於軍。

舒保 【清】滿洲正黃旗人。姓舒穆魯氏。字輔廷。咸豐間從征洪楊。擢參領。轉戰直隸湖北。在軍十餘年。功甚著。官至副都統。後以粵捻由豫入鄂。戰於德安。陷陣死。諡貞恪。

舒俊鯤 【清】溆浦人。字滄夫。所著洪範圖說。蓋自爲一家之學。非經文本義也。

舒春芳 【明】鄱陽人。嘉靖進士。官湖廣參議。所至旌善導俗。剔奸鋤強。民信服之。卒於官。

舒津 【宋】奉化人。字通叟。景定進士。累官知平江府。蒞事勤敏。吏治之暇。雅志讀書。嘗博采傳記。著纘蒙求。尙書解。春秋集註。十七史綱目等書。

舒恕 【清】滿洲正白旗人。姓覺羅氏。康熙間由侍衞累遷吏部侍郎。討耿精忠。有功。授鎭南將軍。援廣東。招降劉定邦等數萬人。旋以兵敗稱病乞還京。聖祖察其欺罔。革職。尋從征噶爾丹。擢正藍旗蒙古都統。致仕卒。

舒泰 【明】婺源人。字尙嚴。官武岡州同知。地接夷境。狡黠難治。泰撫以恩信。民皆悅服。州爲藩封所在。官校需索。泰不爲阿徇。被譖不安於位。一旦求歸。民涕泣乞留不得。遂致仕。足迹不至公府。卒年八十餘。

舒崑山 【明】麻城人。字楚瞻。號青山。成化進士。累官副都御史。所至有政績。文章典重有法。一時碑碣多出其手。

舒常 【清】舒赫德子。乾隆中以護軍統領從征金川有功。歷任雲貴湖廣兩廣總督。卒諡恪僖。

舒清 【明】德興人。字本直。成化進士。授工部主事。歷營繕郎中。裁抑浮費。忤宦官不顧。擢河南參議。再遷四川布政使。立遞減法以便民。弘治中改廣西。益有聲。先是清在四川。憲宗遣中使取銅鼓諸物。及是孝宗亦索古琴。皆抗疏切諫。尋以疾歸。正德中姚源賊過其里。相戒曰。此廉吏家。斂兵而去。

舒景安 【清】宗室。正黃旗人。乾隆間襲奉恩將軍。累擢成都副都統。隨征金川。攻克日旁山戰碉。石包上卡。破金川門戶。功甚偉。

舒雅 【宋】旌德人。字子正。善屬文。南唐時舉進士第。歸宋爲將作監丞。後充祕閣校理。編纂經史。與吳淑齊名。後出知舒州。州境灊山靈仙觀。有神仙勝迹。雅恬於榮宦。秩滿郎請掌觀事。就加主客郎中。改直昭文館。在觀累年。以山水吟詠自樂。時人美之。

舒亶　〔宋〕慈谿人。字信道。號懶堂。試禮部第一。初官臨海尉。民有使酒詈逐後母者。亶自起斬之。投劾去。王安石當國。異而用之。游遷奉禮郎。累官御史中丞。舉劾多私。氣焰熏灼。掎摭善類。株連排抵。朝野側目。後坐罪廢斥。遠近稱快。

舒煥　〔宋〕字堯文。官徐州教授。時蘇軾守徐。詩酒談讌極歡。紹聖中累官熙州通判。子彥舉。亦有才。軾詩所謂郎君欲出先自贊者也。

舒靖　〔明〕靖安人。字守中。由進士爲嘉興守。能燭情僞。專意教化。營建學校。以道術課諸生。燕語從容。諮訪得失。坐忤鎮守中貴。免官。

舒榮　〔清〕沅陵人。有異術。能治外證。不方不藥。取水一盂呪之。指畫若符。患者服之立瘳。乾隆間福康安。和琳征苗。士卒中毒。飲水即瘥。羣稱神水。

舒榮都　〔明〕黔人。字曰俞。萬曆進士。爲御史。侃直敢言。嘗上疏論邊情。辨門戶。言皆剴切。魏忠賢專政。榮都列疏劾之。及楊漣・左光斗被害。榮都飲鴆死。

舒爾哈善　〔清〕滿洲鑲白旗人。姓葛哲勒氏。嘉慶間隨勦川楚教匪有功。官至喀什噶爾幫辦。張格爾之亂。城陷被戕。

舒爾哈齊　〔清〕顯祖三子。蜚悠城長策穆特黑苦烏喇之虐。乞攜家歸附。舒爾哈齊與代善率兵往徙之。敗烏喇之衆。盡收其環城屯寨五百戶。順治中追封和碩親王。諡莊。

舒赫德　〔清〕滿洲正白旗人。徐元夢孫。字伯雄。別字明亭。乾隆間由筆帖式授中書舍人。累官武英殿大學士。平定準回二部。紓籌晝策。厥功甚偉。卒諡文襄。

舒頔　〔元〕績溪人。字道原。博學洽聞。爲詩文不屬草。善隸書。再爲丹陽及台州路學官。入明。屢召不出。有貞素齋集。北莊遺稿。

舒璘　〔宋〕奉化人。字元質。一字元賓。從張栻・陸九淵・朱熹・呂祖謙游。舉乾道進士。爲徽州教授。時稱第一教官。薦知平陽縣。郡政頗苛。璘以民病告。守爲改容。官終宜州通判。淳祐中追諡文靖。有舒文靖集。

舒嶽祥　〔宋〕台州寧海人。字舜侯。一字景薛。寶祐進士。仕至承直郎。年二十六以文謁吳子良。子良稱其異稟靈識。如漢終賈。後果以文學名。宋亡。避地奉化。與戴表元友善。表元之學。得力於嶽祥爲多。後讀書閬風臺。人稱閬風先生。有史述・漢砭・補史家錄・蓀墅稿・避地稿・篆畦稿・蝶軒稿等二百二十卷。統名閬風集。

舒㸚　〔三國吳〕伯膺後。爲重安長。有罪下獄。潘濬欲殺之。孫鄰謂濬曰。昔舒伯膺爲海內義士。仲膺又有奉國舊意。今君殺其子弟。若天下一統。中州士人問仲膺繼嗣。云濬承明殺㸚。於事何如。濬意解。㸚遂得免。

舒賽　〔清〕滿洲鑲藍旗人。姓薩克達氏。從太祖征瓦爾喀。俘獲甚衆。天聰時屢從征討。每攻城。輒被綿甲先登。前後攻克十六城。封三等男。卒諡壯敏。

舒燾　〔清〕漵浦人。字伯誓。援例爲戶部郎中。有綠猗軒文鈔。

舒瞻　〔清〕滿洲正白旗人。姓他塔喇氏。字雲亭。乾隆進士。預修八旗滿洲氏族通譜。署浙江乍浦同知。工詩。有蘭藻堂集。

舒瀛　〔宋〕奉化人。字登甫。寶慶進士。授衢州西安尉。兵難猝起。瀛先衆捍敵死。朝廷嘉之。官其子楧。

舒蘭　〔清〕滿洲正紅旗人。姓納喇氏。康熙間從滿丕等招降巴爾瑚數千人。安駐察哈爾游牧地。編隸佐領。巴爾瑚叛。舒蘭勦平之。後偕拉錫窮黃河源。官至工部尚書。卒。

舒辯　〔宋〕津從弟。字平叟。清苦獨立。景定初讀書太學。講明正學。寒暑弗懈。有易釋・繫辭說・讀書隨筆・心書。(按兩浙名賢錄作舒譜。此從尙友錄。)

舜化眞　〔唐〕南詔國王。隆舜子。乾寧中嗣立。上書於唐。立四年。爲其臣鄭買嗣所奪。國亡。蒙氏自細奴羅至舜化眞十三世。共三百十年而爲鄭氏。

舜用禹　〔明〕慶都人。宣德中爲刻漏博士。

舜華　〔春秋晉〕大夫。與竇鳴犢俱有賢名。爲趙簡子所殺。孔子將西見簡子。聞之。臨河而返。還息乎陬鄉。作陬操以哀之。

莽古賚　〔清〕宗室。正藍旗人。初任侍衛。乾隆間往西寧辦理青海事務。在任三年。邊民悅服。官至杭州將軍。

莽何羅　〔漢〕事武帝。與江充善。充敗。懼禍及。遂謀爲逆。帝幸林光宮。何羅矯制夜發兵。明旦帝未起。何羅袖白刃從東廂上。見金日磾。色變。日磾抱何羅投殿下。窮治伏辜。本姓馬。後漢明德馬后恥與同宗。改爲莽氏。

莽依圖　〔清〕滿洲鑲白旗人。姓兆佳氏。順治間隨征貴州雲南。屢有功。康熙間吳三桂反。授鎭南將軍。自南康攻廣東。進征廣西。卒於軍。諡襄壯。

莽奕祿　〔清〕滿洲正白旗人。姓富察氏。以參將隨征廣東。敗桂王將李定國。康熙間討吳三桂。自湖廣轉戰貴州雲南。官至荊州將軍。卒諡敏肅。

莽喀察　〔清〕滿洲鑲白旗宗倫人。姓納喀塔氏。乾隆中從征準噶爾。勵回會。衝堅陷陣。屢戕大敵。授騎都尉。將軍溫福進勦巴朗拉。莽喀察以四百人攻奪碉卡六。被創卒。

莽鵠立 清滿洲鑲黃旗人。姓伊爾根覺羅氏。字樹本。號卓然。工西法寫照。康熙時授筆帖式。累官甘肅巡撫。正直有守。世宗嘉之。終正藍旗滿洲都統。卒諡勤敏。

菩提流支 後魏高僧。北天竺國人。譯名道希。通三藏。工咒術。永平初至中國。宣武帝敕住永寧寺。譯有楞伽法集深密等經。及勝思惟。大寶積。法華。涅槃等論共一百二十七卷。

菩提流志 唐高僧。南天竺國人。姓迦葉氏。年十二出家。博通有聲。永淳初高宗迎住福先寺。開元中住長壽寺。卒年一百五十六歲。譯有佛境界。寶雨。等嚴及大寶積等經。

菩薩 唐回紇酋長。本鐵勒部族。居娑陵水側。姓藥羅葛氏。材勇有謀。嗜獵射。戰必爭先。所向輒破。故下皆畏附。嘗與薛延陀侵突厥北邊。以五千騎敗頡利可汗兵十萬。由是聲震北方。附薛延陀。相爲脣齒。號活頡利發。樹牙獨樂水上。貞觀初通朝貢。

華士瞻 明偃師人。性淳篤。節操堅確。洪武初以賢良舉。累官湖廣布政使。

華允誠 明允誼弟。字汝立。號鳳超。天啓進士。受業於高攀龍。傳其學。崇禎中官職方員外郎。疏劾溫體仁。閔洪學亂政。奪俸。尋以省親歸。福王立。起爲驗封員外郎。十餘日即引疾去。允誠踐履篤實。不慕榮達。明亡。杜門讀易。不肯薙髮。被執至金陵。不屈死。有春秋說。四書大全參補。

華允誼 明無錫人。字汝正。號龍超。晚號後菴。崇禎貢生。從高攀龍遊。又從錢一本受易說。專用力澄心默坐。體會人生而靜之初。期日用踐履密與之合。嘗主東林講會。學者化之。明亡。匿隱鵝湖。不與世接。又十餘年而卒。有三像粹精。春秋傳載記纂疏等書。

華元 春秋宋督曾孫。歷事文共平三君。凡四十年。平公時爲右師。魚蕩澤弱公室。殺公子肥。元奔晉。魚石止之。至河乃反。攻蕩氏。殺子山。元使向戌爲左師。以靖國人。

華毋害 漢以越將從高帝起留。入漢定三秦。擊臧荼。封終陵侯。卒諡齊。

華世芳 清衡芳弟。字若溪。光緒間由拔貢官直隸州州判。精於算學。歷主書院講席。士論翕服。有恆河沙館算草。

華幼武 元無錫人。字彥淸。號栖碧。少有盛名。公卿有援之仕者。力辭不就。工詩。有黃楊集。

華玉淳 清金匱人。字師道。號澹園。諸生。講求經義。兼長曆算。顧棟高春秋大事表。資玉淳討論之力。有澹園詩稿。禹貢約義。孝經通義。

華白滋 明無錫人。字子梁。從顧憲成。高攀龍游。明季入粵。爲養利州學正。交阯入寇。城陷。自經死。有石砲當哭諸稿。

華亥 春秋宋平公時欲代兄華合比爲右師。乃與寺人柳比。公遂合比。遂使代之。元公立。無信多私。而惡華向。亥先誘執羣公子。公與華氏盟以爲質。未幾公殺華向之質而攻華氏。亥出奔陳。復入於宋。以南里叛。公子城以晉師救宋。大敗華氏。亥與向寧。華定等出奔楚。

華仲賢 明蘄州人。字廷佐。成化進士。以刑部員外郎出守常州。政號循良。官至福建左布政。以廉靜寡欲老成練達考上最。尋引疾歸。

華佗 後漢譙人。一名旉。字元化。遊學徐土。兼通數經。舉辟皆不就。曉養性之術。年且百歲。猶有壯容。精方藥鍼灸。曹操聞而召之。使常在左右。操苦頭風。每發。心亂目眩。佗針鬲。隨手而瘥。佗本士人。以醫見業。意常自悔。後操病重。使佗專視。佗久離家思歸。旣歸。辭以妻病。數乞期不反。操怒。使人收送獄考死。佗臨死。出一卷書與獄吏曰。此可以活人。吏畏法不受。佗索火燒之。方遂絕。

華希閔 清無錫人。字豫原。號劍光。又號芋園。康熙舉人。爲涇縣教諭。卒年八十。有延綠閣集。廣事類賦。

華初平 宋鎮子。大觀進士。爲太常博士。討論典故。據經考古。無所依附。靖康初爭金人尊號。貽怒當塗。及徽欽北狩。以憂憤卒。

華叔陽 明無錫人。字起龍。隆慶進士。官禮部主事。有華禮部集。

華坡 清無錫人。字子山。善畫。晚歲隱居鄉里。嘗自謂古人祭詩。吾兼祭畫。每遇除夕。取一歲詩稿畫本祭之。享以脯。酹以酒。聚而焚之。有詩集。華氏文獻集。

華宗韡 明幼武子。字公愷。自號貞固處士。嗜書博學。洪武中屢徵孝廉明經。辭不就。嘗錄古人嘉言懿行以訓子孫。名曰慮得集。

華岳 宋貴池人。字子西。別號翠微。爲武學生。輕財好俠。開禧初上書詆韓侂冑。侂冑大怒。下之大理。貶建寧圜土中。侂冑誅。放還。登嘉定武科第一。爲殿前司官屬。鬱鬱不得志。謀去丞相史彌遠。事覺。爲彌遠杖死東市。有翠微南征錄。◎元善畫山水。能詩。

華松 漢家本孤微。年十五。師丁子然學春秋。爲河南尹。優賢養民。

興崇教化。擢司隸校尉。時貴戚專勢。有司莫敢糾罰。崧閉閣不通私書。姦惡犯者輒死。羣豪斂手。遂見譖殺。

華·表 晉歆子。字偉容。年二十拜散騎黃門郎。累遷侍中。泰始中拜太子少傅。遷太常卿。以老病乞骸骨。卒諡康。

華·長發 清無錫人。字商原。康熙時諸生。工詩詞。嘗偕顧祖禹纂方輿紀要。尤工行草楷法。與孫竑禾·高世泰·嚴繩孫稱孫高嚴華。

華·冠 清無錫人。字慶吉。號吉崖。嘉慶初徵入都。供給事。官廣東佛山黃岡同知。工寫照。兼工山水。

華·恆 晉廙三子。字敬則。尚武帝女。拜駙馬都尉。元康中累遷散騎常侍。咸和初以討王敦功。封苑陵縣侯。蘇峻之亂。恆侍帝左右。從至石頭。備履艱厄。平生清恪儉素。死之日。家無餘財。唯有書數百卷。諡敬。

華·昶 明無錫人。字文光。弘治進士。授戶科給事中。以論劾程敏政調官太僕。出守韶州。政寬刑簡。動必益民。官至福建左布政使卒。有雙梧集。

華·津 明無錫人。字濟之。成化進士。由松滋令陞刑部主事。恤刑淮揚。多所平反。劉瑾用事。津不爲趨附。遷山西右參政卒。

華·秋 清臨河人。家貧。傭賃以養母。母終。遂絕櫛沐。髮盡禿落。負土成墳。廬於墓側。時羣盜起。常相戒曰。勿犯孝子。鄉人賴以獲全者甚衆。

華·胥 上古伏羲氏母。燧人氏之世。有大人跡出於雷澤。華胥履之而生伏羲。

華·胥 清無錫人。字羲逸。善畫人物士女。秀麗豔逸。猶存古意。兼工山水。水墨直參龍眠。

華·夏 明無錫人。字中甫。與文徵明·祝允明爲摯友。構眞賞齋於東沙。藏鼎彝金石練素。品鑒推江東巨眼。

華·時亨 清無錫人。字仲通。明季諸生。高攀龍講學東林。時亨亦參列其間。國變後。杜門著述。聚徒講學。目失明。常命一童子旁誦春秋左氏傳。意有所發。復命一童子旁書之。所著曰春秋法濫錄。蓋自託於左氏也。

華·浣芳 清蘇州人。華亭張榮妾。工詩。年二十三卒。有挹青軒詩稿。

華·高 明和州人。以巢湖水師歸附太祖。授總管。累功進行省平章政事。封廣德侯。高性怯。且無子。請得宿衛。有所征討。輒稱疾不行。令練水軍。復以不習辭。帝以故舊優容之。後繕廣東邊海城堡。高請行。帝曰。卿復自力。甚善。事竣至瓊州卒。諡武壯。

華·國光 清貴州人。字村五。以諸生習商。設鹺肆於遵義。運川鹽。丁寶楨督川。議改鹽法。乃爲唐炯草二綱九目。擬盡收滇黔楚及川東南各引。改官運督商銷。寶楨韙之。行之果效。歲增公帑百餘萬。薦授知府。不仕。

華·敏 明官南錦衣衛軍餘。意氣慷慨。讀書通大義。憤王振亂國。與儕輩言。輒裂眥怒罵。景泰中上書痛切言之。章下禮部。寢不行。

華·淞 清無錫人。字半江。諸生。爲王澍弟子。工篆書。兼工鐵筆。

華·混 晉廙子。字敬倫。廙被讒免官。混以冢嫡當襲爵。乃逃避。斷髮佯狂。病瘖不能言。得不拜。世咸稱之。歷位侍中尚書卒。

華·清 明應城人。字廉夫。穎慧博洽。成化進士。授蘇州府推官。以直免歸。吟詠自適。爲文爾雅。尤工詩。兼長書畫。有東軒集。

華·皎 陳暨陽人。仕梁爲尚書比部令史。陳文帝爲侯景所執。皎方事景。遇文帝甚厚。景平。文帝爲吳興太守。以皎爲都錄事。爲人聰慧。勤於簿領。文帝即位。除開遠將軍。進爵爲侯。歷尋陽太守·湘州刺史。宣帝既誅韓子高。皎亦內不自安。遣使句引周兵。奉蕭歸爲主。詔吳明徹輕兵襲之。皎敗請降。送京師誅之。

華善 清滿洲鑲黃旗人。姓伊爾根覺羅氏。順治初以刑部郎中隨征舟山。陷陣被創。力戰。遂敗之。官至甘肅巡撫。王輔臣叛。華善轉戰有功。尋以病乞休。

華·善繼 明無錫人。字孟達。精星術。官至永昌通判。與弟善述俱有才名。有折腰漫草。

華·嵒 清閩縣人。僑居杭州。字秋岳。號新羅山人。善畫人物山水花鳥草蟲。皆能脫去時習。詩亦古質。兼工書。時稱三絕。

華·費遂 春秋宋事元公爲大司馬。華亥之亂。公請於費遂。將攻華氏。對曰。臣不敢愛死。無乃求去憂而滋長乎。臣是以懼。敢不聽命。於是公殺華向之質而攻之。向奔陳。費遂之子登奔吳。

華·軼 晉歆曾孫。字彥夏。少有才名。汎愛博納。永嘉中歷官江州刺史。有威惠。流亡之士。赴之如歸。時四方瓦解。軼有匡天下之志。每遣貢獻入洛。不能祇承元帝教命。其後帝遣王敦·周訪等討之。軼衆潰。奔於安城。追斬之。

華·雲 明無錫人。字從龍。少師事邵寶。又出王守仁門。嘉靖進士。官至刑部郎中。性豪爽。喜援引人才。嚴嵩用事。遂乞休。工文辭。築眞休園。藏法書名畫甚富。

華·雲龍 明鳳陽定遠人。聚衆居

韭山。從太祖舉兵。轉戰有功。爲豹韜衞指揮。累進都督同知。兼燕王左相。鎭北平。封淮安侯。或言其據元相脫脫第宅。僭用故元宮物。召還。未至京卒。

華‧孳亨 【清】無錫人。字子宏。與顧棟高並習儀禮。嘗畫宮室制度於棋枰。以棋子記賓主升降之節。器物陳設之序。棟高撰春秋大事表。每一篇成。必以質諸孳亨。

華‧廉 【元】長興人。字仲清。自號絜微子。勤學博覽。作詩有唐人風。尤長書法。舉賢良不就。老於家。

華‧愛 【明】鄞人。字仁卿。正德進士。累官南刑部郎中。出知桂林。所至有聲。以直被劾罷。家居讀書自娛。爲詩力摹盛唐。精書法。尤工行草。

華‧溫琪 【後唐】下邑人。字德潤。少從黃巢爲盜。巢敗。溫琪走滑州。後事梁爲開道指揮使。累以戰功爲絳棣二州刺史。棣州苦河水爲患。溫琪徙於新州以避之。民賴其利。又歷齊晉二州。莊宗攻晉州。踰月不能破。梁末帝嘉溫琪善守。改晉州爲安昌軍。授溫琪節度使。明宗時至鎭國軍節度使。以太子太保致仕。天福初卒。

華‧督 【春秋】【宋】公族。食采於華。因以爲氏。事殤公爲太宰。攻殺孔父嘉而取其妻。公怒。督遂弑公。迎莊公於鄭而立之。自爲相。閔公時爲南宮長萬所殺。

華‧聘 【清】滿洲正黃旗人。姓墨爾丹氏。乾隆間由護軍從攻臺灣斗六門。有功。嘉慶間從平黔楚苗。勦川楚教匪。積功累官鑲紅旗蒙古副都統。

華‧鈺 【明】丹徒人。字德夫。萬曆進士。授荆州推官。以稅監陳奉僕不敬。笞之。奉銜之刺骨。後上疏極論鈺阻撓罪。逮下鎭撫獄。長繫獄中。已與馮應京研究窮理主靜之學。遇赦釋爲民。

華‧歆 【三國】【魏】高唐人。字子魚。少與邴原‧管寧俱游學。三人相善。時號爲一龍。歆龍頭。寧龍腹。原龍尾。漢末舉孝廉。除郎中。以病去官。後拜豫章太守。爲政淸靜不煩。吏民畏威。孫策略地江東。歆幅巾奉迎。策待以上賓之禮。後曹操表徵之。拜議郎。遷尙書令。承操旨。副郗慮勒兵入宮。收伏皇后。歆牽后出。幽殺之。文帝受禪。累拜相國。改司徒。明帝朝進封博陵侯。轉太尉。太和中卒。諡敬。

華‧察 【明】無錫人。字子潛。號鴻山。嘉靖進士。選庶吉士。歷兵部郎中。翰林修撰。使朝鮮。劾罷。起歷侍讀學士。掌南院事。丰裁峻厲。不肯詭隨。乞歸。時清丈田畝。以察力得劃邑中虛糧六千石。括諸豪蠹漏科者抵之。性樸素。工詩。有巖居稿‧翰苑稿‧皇華集。

華‧暢 【晉】徹弟。繼徹爲佐著作郎。以完父兄未竟之作。暢有才思。所著文章數萬言。永嘉之亂。避地荆州。爲賊所害。

華爾 【淸】美國紐約人。初仕本國爲將。以罪廢。來寓上海。同治初洪楊軍陷松江。英法人助淸軍防戰。募呂宋人爲兵。以華爾爲統領。防守上海。每戰爭先。遂復松江。尋改入華籍。募華人練洋槍隊。守松江。以五百人敗敵數萬。號常勝軍。並偕英法軍克嘉定‧靑浦‧寧波‧餘姚。官至副將。進攻慈谿。先登。中創卒。

華‧鈺 【淸】元和人。字重光。一字夢莊。工畫花鳥。尤善爲梅寫影。單瓣重臺。硃砂綠萼。無一不工。

華‧嶠 【晉】廙弟。字叔駿。博聞多識。泰始中拜散騎常侍。典中書著作。元康中封樂鄉侯。轉秘書監。以東觀漢紀煩穢。改撰後漢書九十七卷。其十典未成而終。張華等稱其有良史才。足以繼迹遷固。所著論難駁議詩賦之屬凡數十萬言。卒諡簡。

華‧廙 【晉】表子。字長駿。弘敏有才義。泰始初累遷南中郎將。都督河北諸軍事。因忤旨。免官削爵。棲遲家巷垂十載。教訓子孫。講誦經典。集經書要事。名曰善文。太康初襲封。惠帝卽位。累進開府儀同三司。卒諡元。

華‧徹 【晉】嶠中子。以佐著作郎續成父書。未竟而卒。

華‧翥 【元】吳江人。字伯翔。好古力學。有聲士林。性至孝。母疾。禱北辰而愈。及母沒。羸猶持律甚嚴。

華‧學泉 【淸】無錫人。字天沐。號霞峯。鍵戶讀書。日夜不倦。著儀禮喪服或問。高愈極稱之。又有春秋類考。張伯行撫蘇。延主東林講會。不赴。康熙中卒。

華‧融 【三國】【吳】江都人。字德蕤。寓居山陰蕊山下。時張溫至山陰。就皇象學。欲得所舍。或告溫曰。華德蕤雖年少。有令志。可舍也。溫遂止融家。朝夕談講。俄而溫爲選部尙書。乃擢融爲太子庶子。由是知名顯達。官至左將軍。後爲滕胤所殺。

華‧燧 【明】無錫人。字文輝。少涉獵經史。中歲好校閱同異。輒爲辨證。手錄成帙。既而爲銅活字板以繼之。曰。吾能會而通之矣。乃名其所居曰會通館。人亦稱之曰會通君。

華‧謙 【淸】胥弟。字子干。以畫名。

華‧鎭 【宋】會稽人。字安仁。元豐進士。官至朝奉大夫。知漳州軍事。好學博古。工詩文。有雲溪居士集。

華‧覈 【三國】【吳】武進人。字永先。以文學稱。仕爲中書丞。孫晧時遷東觀令。領右國史。前後陳便宜及貢薦良能解釋罪過。書百餘上。皆有補益。

後以徵識免。

華譚 【晉】廣陵人。字令思。博學多通。有口辯。太康中舉秀才。除侍中。永寧初出爲郟令。時境內飢饉。譚傾心撫郵。甚有政績。建興初拜鎮東軍諮祭酒。著書三十卷。名曰辯道。王敦構上牘進之。大興初轉秘書監。譚疾甚不能入省。坐免。卒於家。

華鯤 【清】無錫人。字子千。北遊京師。以明琮薦。授光祿寺典簿。後爲州同。嘗受業於王原祁。工畫山水。有黃鶴雲林之意。

華寶 【南齊】無錫人。父豪。義熙末戍長安。寶年八歲。臨別謂寶曰。我還爲汝冠。後長安陷。豪沒。寶年至七十不婚冠。或問之。輒號慟彌日。不忍答。建元中詔表其門閭。

華蘅芳 【清】金匱人。字若汀。官直隸州知州。研精算術。深明格致。同治初江南創設機器製造局。蘅芳多所贊畫。及繙譯館開。任譯算學地質學諸門。成書十二種。都百六十餘卷。先後主講上海格致書院。湖北自強學堂。兩湖書院者。垂二十年。成就甚衆。譯著各書。有行素軒算稿。代數術。三角數理。地學淺識。微積溯源。算式解法。防海新論。御風要術。測候叢談。代數難題。金石識別。行素軒文存等。

華燈 【明】仲賢子。字伯瞻。蚤負儁才。登成化進士。選翰林庶吉士。改編修。文詞清麗。爲時所推。早卒。

華顯 【清】滿洲正紅旗人。姓覺羅氏。康熙間授宗人府主事。累官川陝總督。修築營堡。選習士馬。軍政一新。秦民久困重斂。華顯禁革私徵。民困以蘇。性清約。屏絕餽遺。卒謚文襄。

華鸞 【明】章丘人。工繪事。每落筆。輒題詠其上云空塵詩畫。人因稱曰華空塵。

華鑰 【明】無錫人。字德啓。號水西。嘉靖進士。官至兵部郎中。以忤汪鋐去官。有水西居士集。

萇仕周 【清】汜水人。字穆亭。乾隆進士。知宜君縣。有易經講義。

萇弘 【周】敬王時爲大夫。孔子嘗就問樂。晉范中行氏之難。萇弘與焉。晉人以讓周。周爲之殺萇弘。（此本國語。一說。周靈王時人。能致神異。時異方貢玉人石鏡。萇弘言於王。謂爲聖德所致。周人以萇弘幸媚而殺之。流血成石。或言成碧。不見其尸。見拾遺記。）

萇從簡 【後唐】陳州人。善用槊。莊宗時以功累遷步軍都指揮使。爲人剛暴難制。廢帝時拜河陽三城節度使。尋降晉。官終金吾衛上將軍。

萇鳳 【唐】畢工。羅隱喜之。贈以雁頭箋百幅。士夫聞之。懷金問價。或以綵羅大組換之。

萊朱 【商】即仲虺。見仲虺條。

萊駒 【春秋晉】大夫。襄公與秦師戰於殽。梁弘御戎。萊駒爲右。公縛秦囚。使駒以戈斬之。囚呼。駒失戈。狼瞫取戈以斬囚。禽之。以從公乘。遂以爲右。

虛中 【唐】僧。宜春人。客於馬氏。住湘西乘城寺。與齊己。尙顏。棲蟾爲詩友。有碧雲集。

虛受 【後周】高僧。嘉禾人。住會稽大善寺。博通內外。有義評鈔。述義章。文集。

虛閭權渠單于 【漢】匈奴壺衍鞮單于弟。地節間嗣立。時匈奴虛弱。久不寇邊。漢亦罷塞外防戍。單于聞之。欲與漢和親。其臣以怨望故害其事。所爲輒沮。未幾卒。

蛭拔寅 【後魏】勅勒人。兄地于坐盜食官馬。依法當死。蛭拔寅自誣已殺。兄又云實已殺。兄弟爭死。辭不能定。孝文帝特原之。

袾宏 【明】高僧。錢塘沈氏子。號蓮池。先業儒。後爲僧。居雲棲寺三十餘年。融合志禪淨土二宗。定十約。僧徒奉爲科律。淸雍正中賜號淨妙眞修禪師。世稱蓮池大師。亦稱雲棲大師。

覃元先 【梁】南海人。初無名。嘗騎射。多力。齊末反者四起。元先募兵衛鄉里。據有番禺。廣州刺史李堅遣人說元先歸梁。武帝召見。謂曰。公當立勳業。書彝常。奈何無名乎。元先遂改今名。拜東寧州刺史。累著戰功。加雲麾將軍。侯景反。元先與蕭雲討之。擒斬賊將。所向無前。卒於軍。

覃光佃 【宋】慶元子。博學能文。登開寶進士。爲監察御史。彈劾不避權勢。進武騎尉。知雁州軍事。時沿邊將士多貪功妄殺。偷惰不職。光佃悉懲以法。尋陞沿邊都總管。兼勸農使。外籌軍政。內肅朝儀。爲時倚重。尋以老致仕。

覃吉 【明】憲宗時以老奄侍太子。太子年九歲。口授四書章句及古今政典。時有諫諍。弘治之世。君德清明。端本正始。吉有力焉。

覃季 【唐】祁陽人。耽志古學。著史纂子纂等書。黜陟使取其書以聞。除太子校書。棄歸。終於家。

覃昌 【宋】光佃子。慶曆進士。官至國子祭酒。致仕歸。閉戶講學。其教人一本六經。有文集。

覃達 【明】石門人。徙枝江。初爲陳友諒萬戶。入明除荊州衛副千戶。洪武中調征四川黃坪寇。奮不顧身。殺賊數人而死。以功賜營葬於大溪坪。

覃慶元 【宋】融州人。景德進士。大中祥符間拜御史中丞。莊重不阿。遇事敢言。舉朝服其公正。

覃·應元　明雲中人。字德芳。嘉靖進士。知河南府。闔境不嚴而化。擒妖民許天官。又擒嵩山巨賊八人。餘黨解散。陞四川副使。官終陝西兵備。性簡重。入仕二十餘年。所至以清操聞。

視連　晉鮮卑吐谷渾辟奚子。旣立。通聘於乞伏乾歸。拜爲白蘭王。幼廉愼有志性。父沒。不知政事不飲酒遊田者七年。以憂卒。在位十五年。

視羆　晉視連子。性英果有雄略。乞伏乾歸拜爲使持節都督龍涸以西諸軍事·沙州牧·白蘭王。視羆不受。語侵乾歸。乾歸遣衆擊之。視羆大敗。退保白蘭。在位十一年卒。

訾亘　金博州人。師事丹陽馬鈺·長春丘處機。自號守眞子。稱訾仙翁。游歷濟南。一日大雪丈餘。十餘日不出戶。人以爲死矣。除雪視之。端坐儼然。殊無寒餒色。元兵破關陝。軍民恐懼。訾亘曰。無妨。已而果然。哀宗幸蔡。問曰。天下城池攻陷殆盡。此城獨安。何也。人以訾仙翁對。訾亘忽澹然羽化。明日城陷。

訾·汝道　元齊河人。居父喪以孝聞。母嘗瘖疾。晝夜不去側。母卒。哀毀終喪。不御酒肉。性友愛。二弟將析居。悉以美田廬讓之。里中嘗大疫。汝道周行問所苦。嘗出粟貸人。至秋無以償。聚其券焚之。

訾·祏　春秋晉爲范氏之家老。范宣子與龢大夫爭田。欲攻之。叔向曰。盍訪之訾祏。訾祏實直而博。直能端辨之。博能上下比之。宣子問於訾祏。納其諫。乃益龢田而與之和。

訾·順　漢成帝時人。以捕得反者樊並。有功。封樓虛侯。

貂勃　戰國齊處士。常惡田單曰。安平君。小人也。安平君聞之。故爲酒而召勃。勃曰。跖之狗吠堯。非貴跖而賤堯也。狗固吠非其主也。明日安平君任之於王。王有幸臣九人。欲傷安平君。貂勃盛稱安平君之功於王。王乃殺九臣而益封安平君。

貴陞　清滿洲正白旗人。姓伊爾根覺羅氏。咸豐間隨征江南。有功。同治間官至副都統。勦回於甘肅寧夏。陣亡。謚勤武。

買住　元韶州路同知。以廉介聞。

費·于　後魏代人。少有節操。起家內三郎。從太武帝南征。以宿衛功除寧遠將軍。賜爵松陽男。卒於懷州刺史任。

費·子賢　明從太祖渡江。數有功。取武康·安吉。築城守之。張士誠以兵八萬來攻。子賢所部僅三千人。而守甚固。設車弩城上。射殺其梟將三人。敵乃退。以功進指揮同知。從取福建。克元部。以功授大都督府僉事。

費·丹旭　清烏程人。字曉樓。號子苕。又號環溪。工畫人物。兼善山水。亦能詩詞。有依舊草堂遺稿。

費·元祿　明鉛山人。字無學。一字學卿。爲詩歌落筆數千言。尤愛慕賢士。構館於鼂采湖上。有鼂采館清課。

費氏　明莊烈帝之宮人。崇禎末都城陷。氏時年十六。自投眢井中。賊鉤出。爭奪之。費紿曰。我長公主也。賊不敢逼。擁見李自成。自成命中官審視非是。以賞羅某。費復紿羅擇吉成禮。羅喜。置酒極歡。費懷利刃。俟羅醉。斷其喉立死。遂自刎。

費·立　晉犍爲南安人。字建熙。學綜沖邃。玄靜沈默。察孝廉。除王國中尉。匡諫得體。出爲成都令。入爲州大中正。轉梁益寧三州都督。加員外散騎常侍。封關內侯。每準正三州人物。品格褒貶。率意方規。無復親疏。人皆畏敬。永嘉中與子秩沒於胡。

費·仲　商紂之臣。善諛好利。國人弗親。

費·汎　漢吳興人。字仲膺。以孝廉除郎中·屯騎司馬。遷蕭令。視民如子。先教後罰。在官九年。百姓移風。惡慝不作。三年不斷獄。禎祥感應。時沛有蝗。獨不入界。汎由此顯名。朝廷嘉之。拜梁相。

費·而音　清杭州人。字葛坡。善畫。花鳥法徐熙。山水亦佳。

費·伯雄　清武進人。字晉卿。道光間貢生。精醫。名滿江南北。活人甚多。著作多燬於兵火。存者僅醫醇賸義·醫方論·留雲山館詩文鈔。

費·孝先　宋安仁人。至和初游青城董正圖學舍。壞其竹牀。欲償其值。正圖曰。成敗有數。何償焉。孝先視其側。書曰。某月日爲費孝先所壞。遂大驚歎。因師事正圖。授易學。遂以術名天下。

費·宏　明鉛山人。字子充。成化中進士第一。授修撰。正德中累遷戶部尚書。倖臣錢寧陰黨宸濠。欲交歡宏。不得。因搆以他事。宏遂乞休歸。宸濠敗。言者爭薦宏。世宗卽位。起加少保。入輔政。宏持重識大體。明習國家故事。及楊廷和去位。遂爲首輔。委任甚至。後復爲張璁·桂萼所搆。致仕。及萼死。璁亦去位。帝追念宏。再起官如故。卒謚文憲。有費文憲集·宸章集錄。

費·宗道　宋蔡州人。善畫佛道鬼神。至京師。畫太一宮中主火神。頃刻而就。衆工疾之。譖於監使。令壞毀。憤怒而卒。

費·念慈　清武進人。字屺懷。號西蠡。光緒進士。官編修。與文廷式·江標年相若。才相伯仲。皆有聲於詞館。後以事被劾。放歸。寄居蘇州。

工書。精鑒賞。

費昌 商 夏桀時去夏歸商。爲湯御。敗桀於鳴條。

費直 漢 東萊人。字長翁。治易。長於卦筮。仕爲郎。至單父令。

費金吾 清 烏程人。字曉亭。康熙舉人。授桂林府同知。芟除積弊。有治績。累擢山東布政。署巡撫事。疏排山左淤淺河道。如張孤山．十字河等處。陞湖北巡撫。道卒。

費長房 後漢 汝南人。爲市掾。見市中老翁賣藥。懸一壺於肆頭。市罷。輒跳入壺中。異而往拜 。欲從求道。翁斷一青竹。使懸於舍後。家人見之。卽長房形也。以爲縊死。遂殯葬之。長房從入深山。學道不成。辭歸。翁與一竹杖曰。騎此任所之。旣至。可投之葛陂。又爲作一符。曰以此主地上鬼神。長房乘杖。須臾來歸。自謂去家旬日。而已十餘年矣。以杖投陂。顧視則龍也。遂能鞭笞百鬼。驅使社公。後失其符。爲衆鬼所殺。

費俊 清 湖州人。字懿先。號鶴峯。康熙進士。累官福寧鎭總兵。臺灣事起。俊聞警。力疾發兵詣廈門。尋奉命編輯兵書。分閱操督戰陣法兵械四卷。又著玉樹堂草 甌督詩存。

費冠卿 唐 靑陽人。字子車。元和進士。聞母病革。馳歸。母已葬。遂廬墓終喪。隱於少微峯下。御史李行修舉其節孝。拜右拾遺。歎曰。得祿養親耳。親殁何以祿爲。再詔不起。

費昶 梁 江夏人。善爲樂府。又作鼓吹曲。武帝重之。嘆曰。才意新拔。有足嘉異。賜絹十匹。

費若 宋 烏程人。字如川。少從胡瑗學。登進士第。直史館。關林靈素。忤帝意。適朱勔進花石綱。晉湖州多奇石。若爭之。遂落職。高宗時起直院學士。充崇政殿說書。以薦李綱．宗澤．忤汪伯彥。棄官歸。卒謚文端。

費茂公 清 長白山東巴海人。字謹與。崇德間從征旅順。奪幟登城。功爲一軍冠。順治間從攻山東江南。取勞山。拔蘇州。自入關以後。大小百餘戰。身創無完膚。而銳氣不少挫。官至盛京工部侍郎。

費英東 清 滿洲鑲黃旗人。本名費英東札爾固齊。姓瓜爾佳氏。先世爲蘇完部長。太祖初從其父索爾果來歸。授一等大臣。尙主。大敗明兵於撫順。討東窩集部。征烏喇。攻葉赫。從太祖征討三十餘年。戰勝攻克。功甚偉。授一等總兵官世職。太宗時追封直義公。

費師古 宋 蒲圻人。天聖進士。英敏有才。尤長於詩。官至諫議大夫。

費袞 宋 無錫人。字補之。所著梁溪漫志。舊典遺文。往往而在。

費密 清 經虞子。字此度。少遇張獻忠之亂。棄家爲道士。流寓泰州。工詩。王士禛見其大江流漢水孤艇接殘春句。遂與訂交。後師事孫奇逢。學益純正。有鹿峯燕峯等集。又輯唐宮闈詩。

費宷 明 宏弟。字子和。正德進士。授編修。宸濠蓄異圖。謀復護衞。宷力持不可。宷妻婁姓女。宸濠妃之妹也。故有連。宸濠屢以意屬宷。宷陰折之。宸濠路中貴勸致仕。及宸濠叛。宷上書王守仁。請先定洪州以覆其巢穴。扼上流以遏其歸路。則成擒矣。後卒如其策。以薦起用。官至禮部尙書。卒謚文通。有費文通集。

費淳 清 錢塘人。字筠浦。乾隆進士。嘉慶間累官體仁閣大學士．工部尙書。歷官以廉潔稱。卒謚文恪。

費傑 明 子世產。以醫顯。性古慤淳篤。嘗設藥餌以周煢獨。葬疏遠無歸者十人。嫁外姓之孤者八人。有畏齋詩稿．名醫鈔．經驗良方。

費揚古 清 滿洲正白旗人。姓棟鄂氏。康熙間討吳三桂。戰屢捷。擢領侍衞內大臣。列議政大臣。噶爾丹不靖。授撫遠大將軍。討平之。封一等公。卒謚襄壯。◉清 費英東孫。驍悍善射。康熙間以參領從攻吳三桂。沒於陣。

費揚武 清 滿洲正藍旗人。姓納喇氏。由護軍校累遷參領。順治間從多鐸破揚州。定江寧。克蕪湖。進擊杭州。授議政大臣。後攻福建。沒於軍。

費曾謀 明 宏後。崇禎末以鄉舉知通許縣。纔四旬。賊猝至。抱印投井死。

費無極 春秋 楚 大夫。善讒。嘗讒蔡大夫朝吳。出蔡侯朱。譖太子建。殺連尹伍奢。其後又讒左尹郤宛於令尹囊瓦。瓦殺郤宛。人謗令尹。沈尹戌言於瓦。謂其愛讒自危。瓦於是殺無極。滅其族。謗乃止。

費貽 後漢 南安人。字奉君。公孫述徵之。佯狂以避。述亡。爲合浦太守。蜀中歌之曰。節義至仁費奉君。不仕亂世避惡君。修身於蜀。紀名亦足。

費開綬 清 武進人。字佩青。號鶴江。嘉慶進士。授編修。道光時官至江西巡撫。凡所陳奏。皆切中利弊。行之有效。爲時名臣。

費雅思哈 清 滿洲正黃旗人。姓富察氏。由護軍校累擢護軍參領。順治間從入關。敗李自成。破張獻忠。平姜瓖。攻桂王。官至護軍統領。列議政大臣。卒謚僖恪。

費雅達 清 滿洲正白旗人。康熙間由鑾儀衞整儀尉累擢漢中總兵。時王輔臣叛。漢中未復。費雅達督兵進戰。遂復漢中。敘功加都督同知。後防守永寧。城陷死。謚忠勇。

費・愚 〔明〕烏程人。字希顏。自號古直居士。少警敏。授南陵訓導。有文譽。舉入宛陵書院。督誨士子甚力。嘗署寧國太平績溪南陵四縣事。清約自守。撫民若子。陞知麻城縣卒。

費・敬 〔明〕字行簡。任大理寺左寺副。性愷悌。治獄多所平反。活三千餘人。少卿薛瑄甚推重之。

費・椿 〔清〕平湖人。字子年。號春林。諸生。有秋夢樓詩集。

費・瑄 〔明〕宏伯父。成化進士。弘治時爲兵部員外郎。貴州巡撫謝景總兵吳經等奏爛土苗反。乞發軍征討。命瑄及御史鄧庠往勘。苗實無反狀。撫定之。劾景。經等罪。官終貴州參議。

費・經虞 〔明〕新繁人。字仲若。嘗著雅論。詳論列代之詩。

費・著 〔元〕華陽人。第進士。授國子助教。居母喪。哀毀骨立。歷漢中廉訪使。調重慶府總管。明玉珍攻城。遁居犍爲而卒。有歲華記麗譜。述成都風俗之勝。兄克誠亦有時名。人稱成都二費。

費・詩 〔蜀漢〕南安人。字公舉。劉璋時爲緜竹令。後降先主。先主領益州牧。以詩爲督軍從事。出爲牂牁太守。還爲州前部司馬。及羣臣議上漢中王尊號。先主將卽位。詩疏諫。忤旨左遷。蔣琬秉政。以爲諫議大夫。

費・道用 〔明〕石阡人。字闇如。知福清縣。嘗與楊德周等同補國南唐雅。所錄皆閩中有唐一代之詩。搜采極詳。

費・道寧 〔宋〕懷安人。大觀初召入畫院。善花卉。多作交枝。

費・聚 〔明〕五河人。字子英。少習技擊。太祖遇於濠。偉其貌。深相結納。既定江東。以爲副元帥。從征屢有功。洪武初以都督府僉事鎮守平涼。封平涼侯。尋從征雲南廣南。先後定其地。坐黨李善長死。

費・誓 〔清〕吳江人。字所中。號仲雪。明季諸生。博學工文。明亡後。棄儒冠。服野服。徜徉山水間。有寒松堂稿及詩選。

費・鳳 〔後漢〕汎子。字伯蕭。以行義稱。漢安初舉孝廉。拜郎中。除陳國新平長。後宰棠邑卒。

費・廣 〔明〕合州人。以進士選御史。天順初疏劾石亨擅權。謫知永寧。改貴池卒。廣秀偉嚴重。工詩文。有約齋集。

費・緝 〔晉〕犍爲人。字文平。清儉有治幹。舉秀才。除歷城令。歷涪陵太守。還譙國內史。

費・禕 〔蜀漢〕鄳人。字文偉。在益州。與董允齊名。主時爲太子舍人。遷庶子。後主卽位。爲黃門侍郎。歷遷侍中。參軍。尚書令。益州刺史。封成鄉侯。甚見推任。功名略與蔣琬比。禕識悟過人。省讀書記。暫視已究意旨。嘗率師禦魏。光祿大夫來敏求共圍棋。於時羽檄交馳。嚴駕已訖。禕留意對戲。色無厭倦。敏曰。聊試君耳。君信可人。必能辦賊。後因歲朝大會。歡飲沈醉。爲魏降人郭循所害。謚敬。

費・誾 〔明〕丹徒人。字廷言。成化進士。歷官禮部右侍郎。議論宏偉。恥言人過。人以公輔期之。弘治初孝宗舉行臨雍釋奠禮。誾時爲祭酒。因錄其禮儀奏議爲臨雍錄。

費・震 〔明〕鄱陽人。洪武初以賢良徵爲吉水知州。寬惠得民。擢漢中知府。歲凶盜起。發倉粟十餘萬斛貸民。俾秋成還倉。盜聞。皆來歸。令占宅自爲保伍。得數千家。累拜戶部侍郎。進尚書。出爲湖廣布政使。以老致仕卒。

費・穆 〔後魏〕于孫。字朗興。性剛烈。有壯氣。頗涉書史。好尚功名。爲河陰令。有嚴明之稱。後破蠕蠕。平絳蜀。討妖賊李洪。屢著戰功。爾朱榮向洛。推奉莊帝。遂降。說榮大行誅罰。更樹親黨。榮大悅。累遷衛將軍。封趙平郡開國公。及元顥內逼。莊帝北幸。穆降於顥。殺之。莊帝還宮。追謚武宣。

費・與 〔漢〕王莽時以敢擊大臣見信任。後以大司馬司允爲荊州牧。莽問到部方略。與請罷六筦山澤之稅。莽怒。遂免官。

費・錫章 〔清〕歸安人。字煥槎。又字西墉。乾隆舉人。官至順天府尹。積學工文。志在經世。嘗奉使琉球。清正不辱命。名稱當時。有續琉球國志略・治平要略・賜硯齋詩存・一品集・使黔集。

費・錫琮 〔清〕吳江人。密子。字厚蕃。工詩。有白鶴樓詩。沈德潛選入別裁集。

費・錫璜 〔清〕錫琮弟。字滋衡。熟古樂府。蒼莽中時有古音。生平豪放不羈。嘗登之罘。投其詩於海中。痛哭而還。有掣鯨堂詩集。

費・襄 〔唐〕雙流人。至孝。母病。割股以進。遂愈。母沒。負土成墳。廬墓終喪。產業多推其兄。

費・蘭墀 〔清〕吳江人。字心谷。嘉慶進士。官編修。有遂庵文鈔。

費・瓛 〔明〕鳳陽定遠人。從成祖起兵。以總兵官鎭甘肅。宣宗嗣位。進右府左都督。封崇信伯。卒於鎭。爲人和易。善撫士。在鎭十五年。境內寧謐。

費・觀 〔蜀漢〕鄳人。字賓伯。劉璋妻以女。使參李嚴軍。拒先主於緜竹。與嚴俱降。先主既定益州。拜爲裨將軍。後爲巴郡太守。江州都督。封都亭侯。覬善於交接。嚴性自矜高。年位與相次者。都不與輕褻。覬少嚴二十餘歲。而與嚴通狎如時輩。

賀·人龍 明米脂人。崇禎中爲延綏總兵官。從陝督會勦張獻忠。破賊於瑪瑙山。功最多。督師楊嗣昌初許以平賊將軍。而賞終不及。人龍大觖望。遂不奉約束。遇賊輒走。帝怒。詔奪職。戴罪視事。尋授意督師孫傳庭殺之。

賀·上林 清丹陽人。父忤縣令。繫獄將死。上林謀脫父不得。會巡撫將至。迎舟大呼。從者呵阻不使前。憤極投河。巡撫令救之。已死。檢得訟冤狀。按部具得令不法狀。黜之。釋其父。

賀·士諮 明欽子。性通敏。博極羣書。領弘治鄉薦。抱道自娛。絕意仕進。都御史張文錦薦其材。應詔陳務實學存敬慎謹細微親賢遠邪等十二事。不報。卽辭歸。隱居終身。

賀·仁傑 元眞子。字寬甫。從世祖南征雲南。北征乃顏。皆著勞績。後與董文忠居中用事。知無不言。多所裨益。仕至上都留守。加中書右丞。請老歸。卒封雍國公。謚忠貞。

賀·世賢 明榆林衞人。少爲斷養。從軍積功至都督僉事。充總兵官。天啓初陣沒於瀋陽。

賀·令圖 宋懷浦子。少謹愿。隸太宗左右。雍熙中領平州刺史。會父戰死。卽以爲六宅使。領本州團練使。護瀛州屯兵。令圖握兵邊郡久。輕而無謀。遂爲契丹將于越所給。縛以去。一歲之中。父子同陷。

賀·仲軾 明獲嘉人。字景瞻。萬曆進士。上書極陳時事。語皆痛切。不報。後歷官陝西副使。甲申之變。自經。妻妾皆從死。有兩宮鼎建記。

賀·行素 清獲嘉人。字居易。一字希白。康熙舉人。性孝友。任俠好義。嗜讀書。有客燕草·亦在園集·枕上詩。

賀·沚 明廬州人。字汝定。隆慶舉人。官至蘇州同知。有圖卦億言。

賀·狄干 後魏代人。爲將以平當稱。稍遷北部大人。道武遣狄干結婚於姚萇。萇死興立。因止狄干而絕婚。狄干在長安。習讀書史。遂通論語尚書諸經。舉止風流。有似儒者。初帝普封功臣。遙賜狄干爵襄武侯。加秦兵將軍。後還國。見其言語衣服類中國。忿而殺之。

賀·季 梁革弟。明三禮。歷官尚書祠部郎。累遷步兵校尉·中書黃門郎。兼著作。

賀·宗 明湘鄉人。字敬祖。宣德進士。授大理評事。嘗疏言湘鄉田稅增重。歲遭水潦。民苦徵輸。請減十之一。以紓民困。帝從其請。湘人德之。正統間浙寇起。宗畫策討平之。

賀·岳 明海鹽人。字汝瞻。因母病盡購岐黃書誦之。且從四方國手講究。遂精其術。有明醫會要·醫經大旨·診脈家寶·藥性準繩。

賀拔·允 北齊尖山人。字可泥。便弓馬。頗有膽略。仕魏累封燕郡公。兼侍中。使蠕蠕。還至晉陽。素知神武非常人。早自結託。參定大策。中興初轉司徒。神武入洛。進爵爲王。轉太尉。加侍中。天平初因讒被殺。

賀拔·岳 後魏勝弟。字阿斗泥。爲爾朱榮帳下都督。與榮尊立孝莊。賜爵樊城鄉男。從破葛榮。平元顥。累遷武衞將軍。時万俟醜奴僭號關中。岳爲左廂大都督討擒之。又執蕭寶夤以歸。進爵爲公。後爲齊神武所害。謚武壯。

賀拔·勝 後魏允弟。字破胡。少有志操。善左右馳射。以預定策立孝莊帝功。封易陽縣伯。大昌初累除侍中。孝武將圖齊。拜勝都督荆州刺史。多所克捷。帝入關。授太保。錄尚書事。大破東魏軍。又嘗追齊神武。乖及之。馬爲流矢所中。神武逸去。卒謚貞獻。勝自居重任。始愛墳籍。又重義輕財。死之日。惟有隨身兵仗及書千卷而已。

賀·昌明 明武昌人。字震極。諸生。聞北京失守。斬衰祭莊烈帝。慟哭發狂疾死。

賀·知章 唐山陰人。字季眞。嗜飲。工文辭。善草隸。性曠夷。善談說。族姑子陸象先嘗語人曰。季眞清談風流。吾一日不見。則鄙吝生矣。證聖初第進士。開元中累擢禮部侍郎。兼集賢院學士。遷太子賓客。授秘書監。知章晚節尤誕放。自號四明狂客。又稱秘書外監。遨遊里巷。屬詞動成卷軸。天寶初請爲道士。歸里。以宅爲千秋觀。又求周宮湖數頃爲放生池。詔賜鏡湖剡川一曲。既行。帝賜詩。皇太子百官餞送之。年八十六卒。

賀·秉鉞 明大寧左衞人。崇禎中登武科。官天津參將。扶父櫬歸。過臨清。適臨清陷於賊。巷戰終日。矢盡被執。死之。

賀·虎臣 明保定人。崇禎間以總兵官鎭寧夏。勦賊屢著戰績。後擊寇於靈州。戰死。

賀·邵 三國吳景子。字興伯。善章草。孫皓時入爲左典軍。遷中書令。皓政事日弊。邵上疏諫。皓深恨之。邵奉公貞正。爲親近所憚。共譖邵謗毀國事。適邵中惡風。口不能言。去職。皓疑其詐。收殺之。

賀·金昆 清錢塘人。武解元。供奉內廷。善畫人物花草。

賀·長齡 清善化人。字耦耕。號西涯。晚號耐庵。嘉慶進士。道光時累擢貴州巡撫。在黔九年。惠政頗多。升雲貴總督。坐永昌回變落職。工文章。爲學以導養身心爲主。有耐庵文集。所輯有皇朝經世文編·孝經集注·勸學纂言。

賀·思聰　明永年人。業儒有聲。登成化進士。授亳縣令。吏民畏懷。以憂去。服除。亳人詣闕請復任。擢光祿寺丞。陞少卿。以峭直謫陝西運同。擢知汀州府。以疾告歸。

賀·祉　元岔都人。初入宿衞。至元中襲父職爲千戶。屢與宋師戰於淮泗間。有功。賜金虎符·懷遠大將軍。後從征交趾。軍還。至建康卒。

賀·紀　唐德仁從子。博學。高宗時爲太子洗馬·崇賢館學士。豫修五禮。

賀若·弼　隋敦子。字輔伯。敦爲宇文護所害。臨刑。語弼曰。吾必欲平江南。此心不果。汝當成吾志。吾以舌死。汝不可不思。因引錐刺弼舌出血。誡以愼口。弼慷慨驍勇。善屬文。博涉書記。獻取陳十策。文帝善之。賜以寶刀。爲行軍總管。陳平。累拜大將軍。煬帝嗣位。疎忌之。大業中從駕北巡。與高熲·宇文弼等私議得失。爲人所奏。坐誅。

賀若·敦　北周代人。父統仕西魏。官散騎常侍。敦少有氣幹。善騎射。爲將多智計。屢立大功。累官驃騎大將軍·開府儀同三司。進爵爲公。敦恃功負氣。每懷怨怒。宇文護怒。逼令自殺。建德初追謚烈。

賀若·誼　隋敦弟。字道機。性剛果有幹略。周閔帝受禪。除司射大夫。歷靈鄜二州刺史·原信二州總管。俱有能名。開皇初爲右武候將軍。時突厥屢爲邊患。朝廷以誼素有威名。拜靈州刺史。甚爲北夷所憚。乞歸卒。

賀·革　梁瑒子。字文明。少通三禮。及長。徧治孝經論語毛詩左傳。起家晉安王國侍郎。累官尚書儀曹郎。除秣陵令。遷國子博士。於學講授生徒。常數百人。再監南平郡。爲民吏所德。尋加貞威將軍。兼平西長史·南郡太守。革性至孝。常恨祿不及親。歷官所得俸秩。不及妻孥。專擬還鄉造寺。以申感恩。大同間卒。

賀·悅　後魏訥從父弟。道武初居賀蘭部。悅舉郡隨從。甚見寵待。後從平中原。以功賜爵北新侯卒。

賀·時泰　明江夏人。字叔交。或曰字叔文。一字陽亨。少爲諸生。以聾廢。因自號聾人。潛心學問。有思聰錄·作師編·人模等書。人因稱爲人模先生。

賀·泰　明吳縣人。字志同。弘治進士。由衢州推官入爲御史。武宗收京師無賴及宦官厮養爲義子。一日而賜國姓者百二十七人。泰抗言其非。左右激帝怒。謫衢州推官。終廣東參議。編有唐文鑑。

賀·眞　宋延安人。出自戎籍。善畫山水人物古木怪松。得郭熙筆法。宣和初繪寶眞宮壁。作雪林。高百尺。觀者歎賞。

賀·祖嗣　明西隅人。字思恒。永樂進士。仕至大理少卿。安樂王以逆誅。議者欲屠其郡。祖嗣力言乃止。

賀·純　後漢山陰人。本慶普後。避安帝父諱。改爲賀氏。字仲眞。少爲諸生。博極羣藝。十辟公府。三舉賢良方正。五徵博士。四公車徵。皆不就。後徵拜議郎。數陳災異。上便宜數十事。多見省納。遷侍中·江夏太守。

賀·國楨　清湘鄉人。咸豐間擊洪楊軍於江西安徽。累有功。旋移軍廣東。官至總兵。從張運蘭攻福建。沒於陣。

賀婁·子幹　隋關右人。字萬壽。少以驍武知名。以擊破尉迥功拜上開府。開皇初封鉅鹿公。吐谷渾寇涼州。子幹擊之。功最優。即令子幹鎭涼州。突厥寇蘭州。子幹大破之。冊授上大將軍。官終雲州刺史。卒謚懷。

賀·惟忠　宋定襄人。性剛果。知書。曉兵法。仕周爲儀鸞副使。知易州。尋還正使。宋初授本州刺史。兼易定祁等州都巡檢使。在易州日。捍禦有功。撫士卒得其死力。用兵所向必克。威震北邊。十餘年間。契丹不敢南牧。

賀·訥　後魏代人。道武帝元舅。總攝東部爲大人。遷居大寧。衆多歸之。劉顯謀逆。道武輕騎歸訥。訥與諸部大人奉道武爲代王。及帝討吐突鄰部。訥兄弟遂懷異圖。率諸部救之。帝擊之。大潰。遂徙訥部落。處之東界。訥又通於慕容垂。垂以爲歸善王。旋爲垂所攻。道武遣師救之。從伐中原。拜安遠將軍。以壽終於家。

賀·逢聖　明時泰子。字克繇。萬曆進士。授編修。遷洗馬。湖廣建魏忠賢生祠。忠賢聞上梁文出逢聖手。大喜。即日詣之。逢聖曰。誤借銜陋習耳。忠賢怫然去。翌日削逢聖籍。崇禎初復官。累遷禮部尚書·兼文淵閣大學士。入輔政。爲人廉靜。束修砥行。予告歸。宴餞便殿。感激大哭。流賊陷武昌。投湖死。福王時謚文忠。

賀·勝　元仁傑子。字貞卿。一字舉安。小字伯顏。嘗從許衡學。通經傳大義。年十六入宿衞。凝重寡言。世祖甚器重之。大德中代仁傑爲上都留守。民德之。爲立祠上都西門外。後爲丞相鐵木迭兒所害。至正中追封涇陽王。謚忠宣。

賀·勛　明湘鄉人。字安世。景泰中領鄉薦第一。授雲南府同知。擢雲南參政。以直著稱。與俗寡合。引疾歸。

賀善【宋】朱熹門人。或謂朱子綱目爲未成之書。善嘗爭論之。

賀弼【南朝宋】山陰人。字仲輔。有文才。爲竟陵王誕記室參軍。誕反。弼固諫。誕怒。抽刃向之。乃止。弼謂人曰。公舉兵向朝廷。此事既不可從。荷公厚恩。又義無違背。惟當一死明心耳。遂服藥自殺。

賀循【晉】邵子。字彥先。善屬文。博覽羣籍。尤精禮傳。舉秀才。歷陽羨。武康令。政以寬惠爲本。薦補太子舍人。趙王倫篡位。轉侍御史。辭疾去。石冰略有揚州。前南平內史王矩等倡義討賊。循亦合衆應之。事平。謝遣兵士。杜門不出。論功報賞。一無預焉。陳敏作亂。以循爲丹陽內史。辭以腳疾。敏竟不敢逼。元帝承制以爲軍諮祭酒。敦逼不得已。輿疾至。帝親幸其舟。諮以政道。建武初拜太常。朝廷疑滯皆諮之。循輒依經禮而對。爲當世儒宗。卒謚穆。

賀復徵【明】丹陽人。字仲來。所著文章辨體彙選。搜羅極博。

賀揚庭【金】濟陰人。字公叟。天德進士。調范縣主簿。有治聲。累遷刑部侍郎。轉山東東路提刑使。所至以廉能稱。除洺州防禦使。歲饑。諭蓄積之家。出所餘以糶之。飢者獲濟。以陝西西路轉運使致仕。

賀景【三國吳】齊子。官滅賊校尉。御衆嚴而有恩。兵器精飾。爲當時冠。早卒。

賀朝【唐】會稽人。官山陰尉。善文章。與包融。賀知章齊名。

賀欽【明】定海人。以戍籍隸義州衛。字克恭。別號醫閭。成化進士。授戶科給事中。因亢旱上章極諫。尋告病歸。聞陳獻章說爲已端默之旨。篤信不疑。從而稟學。遂決意不仕。構小齋讀書其中。杜門者十餘年。正德中卒。有醫閭集。

賀琛【梁】瑒從子。字國寶。幼受經於瑒。一聞便通義理。家貧。販粟自給。閑則習業。尤精三禮。武帝召見文德殿。與語悅之。歷官尚書左丞。御史中丞。通直散騎常侍。并參禮儀事。郊廟諸儀。多所創定。帝每與語。常移晷刻。侯景之亂。逃歸鄉里。遇疾卒。

賀登選【明】鄱陽人。號濟餘。崇禎進士。官至監察御史。著有易辰。

賀貽孫【清】永新人。字子翼。明諸生。工詩古文。入清抗志入山。巡按笪重光以布衣薦。徵書至。愀然曰。吾逃世而不逃名。宜有是累。乃變姓名從僧道游。不知所終。有詩觸。激書。水田居士集。

賀貴【元】鄞人。有材略。善攻戰。關中兵後。積尸滿野。貴爲大塚收瘞之。世祖即位。賜金符。總管京兆諸軍奧魯。卒追封雍國公。謚貞憲。

賀隆錫【清】曲沃人。僑居江寧。字庚侯。號晉人。由宣恩知縣擢同知。善畫山水人物蘭竹。兼工詩詞小楷。

賀廉【明】吳縣人。字以清。邃於易。成化中領鄉薦。授訓導。爲人簡嚴。屢以抗言忤當道。終福建按察知事。

賀熙齡【清】善化人。字光甫。號蔗農。嘉慶進士。官台州知府。有寒香館文鈔。

賀瑒【梁】道力孫。字德璉。少傳家業。天監初爲太常丞。有司舉治賓禮。召見說禮義。武帝異之。詔朔望預華林講。初開五館。以瑒兼五經博士。時方創定禮樂。瑒所建議。多見施行。拜步兵校尉卒。有禮易老莊講疏數百篇及賓禮儀注百四十五卷。

賀道力【宋】山陰人。善三禮。仕爲尚書三公郎。建康令。（按浙江通志作道養。此從梁書。）

賀逆和【明】逕祥人。字仲文。天啓舉人。篤學力行。潔清自好。以孝友著。侍母病月餘。衣不解帶。居家謹循禮法。直指使以其品行薦之朝。稱曰眞孝廉。

賀壽慈【清】蒲圻人。初名于逵。繼名霖若。字雲甫。晚號贅叟。又號楚天漁叟。道光進士。官至工部尚書。工書畫。善詩。手評莊騷陶杜諸集。謂精粹非餘子可及。有詩文集。

賀敳【唐】德仁從子。官率更令。兼太子侍讀。崇賢館學士。與兄紀并以博學稱。

賀榮【明】錢塘人。字師桓。世以醫名家。至榮尤工。兼博綜經史及百家言。喜論當世務。善詩文。多藏法書名畫彝器之屬。精鑒賞。有存齋稿。

賀裳【清】丹陽人。字黃公。康熙初諸生。取明人評史諸書。義有未當者。折衷其是。著史折。又有紅牙詞。措語極工。

賀銀【明】黃巖人。洪武中領鄉薦。累官宛平知縣。有政聲。歷通政左參議。奏對詳明。進工部右侍郎。以事左遷本部主事。復陞通政使。

賀齊【三國吳】純族子。字公苗。少爲郡吏。守剡長。轉守太末長。誅惡養善。期月盡平。建安初孫策以爲永寧長。歷討賊。威名大振。後拜安東將軍。封山陰侯。出鎮江上。魏曹休伐吳。見其軍容甚盛。憚而引退。遷後將軍。領徐州牧卒。

賀德仁【隋】德基從弟。與德基並師事周弘正。以文辭稱。人爲語曰。學行可師賀德基。文質彬彬賀德仁。兄弟八人。時比漢荀氏。太守王伯仁改所居甘滂里爲高陽。德仁在陳爲吳興王友。入隋至河東司法參軍。唐初隱太子以爲友。歷洗馬。東宮學士。貞觀初遷趙王友卒。

賀・德英 〔宋〕湘鄉人。七歲能文。淳熙間父以訟繫獄。乃詣縣自乞試。以贖父罪。縣令出題試之。援筆立就。薦於朝。試第一。卒時年十四。

賀・德倫 〔後梁〕河西人。從太祖征伐。以功累遷平盧軍節度使。貞明初末帝以魏州兵素驕難制。乃分建昭德軍。以德倫爲節度。効節軍將張彥謀於衆。執德倫。致之樓上。縱兵大掠。迫令降晉。唐莊宗入魏。斬彥。徙德倫爲大同軍節度使。行至太原。監軍張承業殺之。

賀・德基 〔陳〕山陰人。字承業。世傳禮學。累遷尙書祠部郎。自祖文發。父淹至德基。三世儒學。俱爲祠部。時論美其不墜。

賀・潔 〔清〕丹陽人。字靚君。溧陽史左臣妻。工詞。有文政堂詞。

賀・興隆 〔明〕湖廣安化人。元末率民保障鄉邑。後歸附太祖。從胡大海克寶慶。授指揮。討郝陽賊。沒於陣。

賀・盧 〔後魏〕訥弟。從道武帝平中原。以功賜爵遼西公。拜廣川太守。盧性豪雄。恥居冀州刺史王輔下。襲殺輔。奔慕容德。德以爲并州刺史。廣寧王廣固敗。盧亦沒。

賀霖 〔明〕鄱陽人。字時望。弘治初以御史守蘇州。有循聲。卒官。道路相弔。

賀・懋 〔明〕臨清人。字時勉。正統進士。任貴州道監察御史。以言謫定海丞。歷任太湖知縣。寬恕公明。清愼仁愛。民稱爲賀青天。秩滿。百姓乞留。在任至十二年。政績愈茂。

賀・應保 〔明〕水新人。字宏任。號正予。有傳家迂言。迂議。迂億。

賀・濤 〔清〕武強人。字松坡。光緒進士。官刑部主事。受業於張裕釗吳汝綸之門。究心道學。一以曾國藩爲宗。於譯行法政經濟各書。亦能融會貫通。得其精萃。有文集。

賀・懷浦 〔宋〕陳留人。爲散指揮使。太平興國初出爲岳州刺史。領兵屯三交。雍熙中從楊業北征。沒於陣。

賀・瓌 〔後梁〕濮州人。字光遠。初事鄆州朱宣爲都指揮使。降於梁。歷曹相二州刺史。宣義軍節度使。貞明初爲招討使。拒晉師。以疾卒於軍。

賀蘭・祥 〔北周〕武川人。字盛樂。少有膽氣。志在立功。從魏文帝。常留置帳下。積功封撫夷縣伯。除都督荆州刺史。有惠政。遠近蠻夷。莫不款附。性尤清素。旣與梁通好。行李往來。公私贈遺。一無所受。孝閔帝踐祚。遷大司馬。武成中進封涼國公。卒諡景。

賀蘭・棲眞 〔宋〕道士。自言百歲。善服氣。不憚寒暑。往往不食。或時縱酒游市廛間。能啖肉至數斤。居濟源奉仙觀。景德中召赴闕。賜號宗玄大師。尋求還舊居卒。

賀蘭・進明 〔唐〕肅宗時官河南節度使。屯臨淮。尹子奇圍睢陽。張巡遣南霽雲如臨淮告急。進明嫉巡聲威功績出己上。不肯救。睢陽遂陷。

賀・鑄 〔宋〕衞州人。字方回。身長七尺。面鐵色。面目聳拔。俗謂之賀鬼頭。喜談當世事。可否不少假借。雖權貴少不當意。便極詆之。博學強記。工語言。尤長於度曲。元祐中任通直郎。通判泗州。又倅太平州。以任酒使氣。不得美官。悒悒不得志。食官祠祿。退居吳下。藏書數萬卷。手自校讎。無一誤字。自號慶湖遺老。有東山樂府。慶湖遺老集。（按宋史載鑄自言賀知章後。且推本其初出王子慶忌。以慶爲姓。居越之湖澤。所謂鏡湖。本慶湖也。避漢安帝父清河王諱。改爲賀氏。慶湖亦轉爲鏡湖。故鑄自號慶湖遺老云。）

賁生 〔漢〕淮南人。景帝時常山太傅韓嬰推詩人之意。作內外傳數萬言。其語頗與齊魯間殊。賁生受其學。

賁・亨 〔元〕字文甫。襲行軍千戶。從渡江攻鄂有功。至元中總管山東諸翼軍。攻宋襄樊。亨出抄蘄黃。以五百人拔野人原。寫山砦。修白河新城。後偕元帥劉整朝京師。命爲征行千戶。江南平。以功陞宣武將軍。改處州路管軍萬戶。

賁・嵩 〔魏〕汝南人。清操之士。

賁・赫 〔漢〕初爲淮南王英布中大夫。以事見怒。懼被誅。適布有反謀。赫乘傳詣長安上變。高祖繫赫。使人徵驗布。布族赫家。舉兵反。帝乃以赫爲將軍。布滅。封期思侯。卒諡康。

賁・麗 〔漢〕成帝時爲郎。善星曆之學。綏和中熒惑守心。麗在郎署建言。謂大臣宜當之。帝乃冊問丞相翟方進。令審處。方進卽日自殺。

超哈爾 〔清〕滿洲鑲黃旗人。姓鈕祜祿氏。額宜都子。屢從太祖太宗征伐。累官兵部參政。隨圍錦州。力戰沒於陣。諡果壯。

超揆 〔清〕僧。長洲文震亨子。字輪菴。本名果。善畫山水。工詩。雍正間召入京。賜賚優渥。年七十餘示寂。諡文覺禪師。有寒溪詩稿。

超然 〔清〕僧。字友蓮。號松谿。住海寧白馬寺。工書。善畫蘭竹。人有以縑素請者。必屬戶爲之。勿令窺視。故其書畫多有靜妙之致。

超盛 〔清〕高僧。武進莊氏子。號如川。本名梁奕。字旬山。偶因墮車遇救。悟生死夢幻之理。遂出家西山。戒律精深。洞徹釋典。雍正間召見。

命居圓明園。封無閡永覺禪師。賜銀印專敕。特命回南省父。賜賚甚厚。有語錄傳世。

超慧 【後唐】高僧。字誨機。住寧州黃龍寺。初遊嶽麓。遇一僧曰。東北行遇洪卽止。逢龍可住。及至黃龍山。有雙峯庵。馬和尙以法付之而去。後禪侶雲集。黃龍一派被天下。

越石父 【春秋齊】有賢名。在縲紲中。晏嬰脫左驂贖之。載歸。勿謝。入閨久之。石父請絕曰。吾聞君子絀於不知己而伸於知己者。方吾在縲紲中。彼不知我也。夫子既以感悟而贖我。是知己。知己而無禮。固不如在縲紲之中。於是嬰延入爲上客。

越其杰 【明】貴陽人。字卓凡。萬曆舉人。倜儻好奇。工詩文。兼善騎射。天啓中任夔州府同知。奢崇明圍成都。其杰帥兵大破之。官至河南巡撫。有薊門、白門、橫槊、躡非諸集。

越昇 【明】貴陽人。宣德間以經明行修舉。授播州宣慰司儒學訓導。卒於官。

越姬 【春秋楚】昭王姬。越王句踐女。昭王救陳。越姬從。王病。有赤雲夾日如飛鳥。周史曰。是害王身。然可移於將相。王曰。將相猶股肱也。不聽。姬曰。大哉。君王之德。以是妾願從王矣。遂自殺。

越英 【明】昇玄孫。字德充。中弘治鄉舉。初任衡陽教諭。擢瀘州知州。好善嫉惡。守正不阿。棄官歸。以道義自持。爲鄉里所畏服。卒年八十餘。

跋異 【後蜀】汧陽人。善畫佛道鬼神。嘗於廣愛寺爲張圖排斥。後福先寺請異畫大殿護法善神。忽一人自稱李姓。善畫羅漢。鄉里呼爲李羅漢。願與角藝。異乃竭精竚思。屹成一神。李見其精妙。手足失措。異由是誇於人曰。昔見敗於張將軍。今取捷於李羅漢。

輖興 【明】直隸人。宣德間爲簡州衞千戶。愛恤士卒。崇尙禮義。尤勤於政事。

辜中 【元】字德中。至正間爲永豐尹。專尙德化。治行爲當時第一。

辜皐 【明】韶州人。洪武初知德興縣。宣布號令。招撫流亡。會寇竊發。乃聚民兵保障。時開山煉銅爲民患。皐奏罷之。修建學宮橋梁。民樂趨事。

辜增 【明】南昌人。宸濠反。見迫。抗節不從。一家百口皆死。

逯中立 【明】聊城人。字與權。號確齋。萬曆進士。官給事中。遇事敢言。先後抗疏爲高攀龍、顧憲成訟冤。貶陝西按察司知事。引疾家居卒。有周易劄記。兩垣奏疏。

逯宏 【明】魯曾四世孫。內附居錢塘。遂爲錢塘人。字希遠。洪武初從徐大章授書經。年十八陳時政得失。太祖悅之。試秋柳賦稱旨。授之官。吏部奏宏年少。賜歸卒業。尋以鄉貢分教松江。陞武進教諭卒。

逯杲 【明】安平人。以錦衣校尉爲門達腹心。天順改元。與奪門功。擢指揮僉事。英宗以杲強鷙。委任之。杲乃摭羣臣細故以稱旨。偵騎四出。大吏富家多以貨賄祈免。無賄則執送達鍛鍊成獄。冤誣甚衆。勢傾天下。後以曹吉祥反被殺。

逯相 【明】廣宗人。諸生。嘉靖中母沒。相廬墓三年。躬負土累墳。時大水不浸廬。遠近聞之。咸以爲異。

逯端 【明】仁和人。進士。官員外郎。英宗土木之變。死於難。

逯德山 【明】汝陽人。少負大志。從太祖征伐。以功陞鎭撫。帝征陳友諒。德山從戰鄱陽湖死。封汝陽縣子。

逯魯曾 【元】修武人。字善止。性剛介。通經術。天曆進士。官監察御史。至正間丞相脫脫討徐州賊。遷魯曾淮南宣慰使。領征討事。徐州平。使領所部軍討淮東。卒於軍。

都印 【明】吳縣人。字維明。號豫菴。有三餘贅筆。

都四德 【清】滿洲鑲紅旗人。字乾文。號秋莊。撰黃鐘通韻。論清字切音之法。皆中竅要。

都任 【明】祥符人。字弘若。萬曆進士。崇禎中累遷山西按察使。性剛毅。多忤物。以大計貶秩歸。後起歷右布政使。兼副使。飭榆林兵備。李自成據西安。遣其將李過以精卒數萬來寇。時榆林兵備空虛。任急集軍民。以死固守。殺賊甚衆。城陷。不屈死。

都杰 【明】蔚州人。字彥輔。嘉靖進士。官至南京兵部尙書。與李言恭同撰日本考。

都俞 【明】錢塘人。字仲夏。有類纂古文字考。

都郁 【宋】丹陽人。字子文。易學純粹。爲鄉里師。任惠州教授。學者多尊師之。

都尉朝 【後漢】魯人。受今文尙書於孔安國。

都敏 【清】滿洲鑲紅旗人。姓他塔喇氏。順治初授佐領。追李自成至延安。敗之。駐防陝西西安。敗賀珍、王光泰及回酋米喇印。定山西。攻明桂王。皆有功。官至西安右翼副都統。

都勝 【明】寧津人。襲職南京羽林左衞指揮僉事。成化初擢署都指揮僉事。備倭揚州。擊敗鹽徒爲亂者。以薦充參將。協同漕運。後署都指揮使。充總兵官。掌漕運。勝居官廉靜。歷任五十七年。所至皆膏腴地。而自奉簡淡。日食止豆腐。時人因以爲號。

都睨 【宋】臨川人。舉進士。官至鴻臚卿。每朝。帝慮己齊聞。睨據經而對。多見嘉納。拜梓州轉運。提押四川四十五州。多著美績。

都・嗣誠 【明】吳縣人。字文信。父恩早喪。母唐育之。遭至正之亂。家產蕩析。父友徐佑憐之。內爲壻。洪武初仇誣佑匿罪人。逮赴京。嗣誠曰。我母已亡。此報恩時也。遂冒姓名卜刑部獄。病革。出獄而絕。（按萬姓統譜作都文信。字士誠。此從吳縣志。）

都爾瑪 【清】蒙古鑲黃旗人。姓西納明安氏。天聰間從攻明錦州及大淩河。崇德間敗明洪承疇於杏山。克吳三桂於松山。順治間爵至二等子。授內大臣。卒諡忠直。

都爾德 【清】滿洲鑲藍旗人。姓覺爾察氏。安費揚古孫。順治初從入關。擊敗李自成。隨多鐸征陝西。由河南下江南。又隨博洛平浙江。進師福建。所至有功。官至護軍統領・議政大臣。封一等男。

都・潔 【宋】郁子。字聖與。世其家學。紹興中由進士累官吏部郎中・太府少卿・淮西總領。有周易說義・周易體裁。

都・頡 【宋】餘干人。字光遠。家貧苦學。元祐間閒居作七談。述鄱陽人物山川之勝。辭豔而意遠。後官至司農少卿。

都・穆 【明】卬子。字玄敬。弘治進士。授工部主事。歷禮部郎中。加太僕少卿致仕。穆清修博學。爲時所重。

雖老而好學不倦。嘗奉使至秦。訪其山川形勢故宮遺壞。作西使記。搜訪金石遺文。作金薤琳琅。又有周易考異・史外類抄・壬午功臣爵賞錄・寓意編・南濠詩略等書。

都興阿 【清】滿洲人。字直夫。咸豐初爲參領。轉戰湖北及江皖各省。肅清江北。功甚著。同治間平西捻張總愚。累官盛京將軍。卒諡清慤。

都・隨 【宋】餘干人。字與時。元豐進士。有節操。嘗以太常少卿使遼。既還。遼使至。必問起居。稱曰長者。仕終宗正少卿。

都藍可汗 【隋】突厥沙鉢略子。名雍虞閭。一稱頡伽施多那都藍可汗。繼業護而立。歲遣使朝貢。文帝平陳後。以陳叔寶屏風賜沙鉢略妻大義公主。主本宇文氏女。心念故周。恆不平。因作詩哀陳。帝聞而惡之。以計間都藍。於是都藍殺主。都藍弟突利可汗尙宗女安義公主。帝待之優厚。都藍怒。遂絕朝貢。數爲邊患。後爲其麾下所殺。

都類 【清】滿洲正紅旗人。姓棟鄂氏。何洛哩子。天聰時官正紅旗都統。順治初入關。從征張獻忠。斬獲甚多。封二等伯。

鄂・千秋 【漢】以謁者從高祖定諸侯有功。帝既封功臣。位次未決。千秋進曰。楚漢相峙。蕭何常全關中以待陛下。此萬世功也。當第一。帝善之。封千秋爲安平侯。

鄂屯 【清】滿洲鑲白旗人。姓富察氏。順治間從入關。敗李自成。累授一等輕車都尉。鄭成功踞海澄。鄂屯率兵攻之。三戰皆捷。師還。以老乞休。

鄂木順額 【清】滿洲正藍旗人。姓鈕祜祿氏。字見吾。一字復亭。嘉慶進士。道光時官至左副都御史・安徽學政。會江水溢。沿江府縣災。首出養廉助賑。全活者甚衆。

鄂本兌 【清】蒙古正黃旗人。姓曼靖氏。初爲明守備。太祖取遼陽。來降。天聰・崇德間屢與明戰。多斬獲功。守遵化。會明兵至。度不能守。居殿防衛。全師而還。官至右翼蒙古都統。封三等男。

鄂克遜 【清】滿洲鑲黃旗人。姓富察氏。康熙間以參領銜從攻吳三桂。轉戰湖南貴州雲南間。奮勇衝擊。所向披靡。以功累遷江寧將軍。卒諡武襄。

鄂克濟哈 【清】滿洲正黃旗人。姓納喇氏。康熙初爲副都統。王輔臣叛。與阿密達赴西安勦禦。隨圖海進復漢中・興安。克成都・保寧。四川平。任將軍。後卒於寧夏。

鄂昌 【清】滿洲鑲黃旗人。姓西林覺羅氏。雍正間由舉人授主事。累官甘肅巡撫。坐事奪職者再。任廣西巡撫時。嘗與胡中藻唱和。後中藻坐悖逆誅。鄂昌賜自盡。

鄂恆 【清】滿洲正黃旗人。姓伊爾根覺羅氏。字松亭。道光進士。累官侍講。改陝西知府。有求是山房遺集・味雪齋詩鈔。

鄂容安 【清】鄂爾泰子。字休如。號虛亭。雍正進士。乾隆間累擢兩江總督。授西路參贊大臣。平伊犂。會阿睦爾撒納叛。與班第皆被陷。力戰自盡。諡剛烈。

鄂泰 【清】滿洲正白旗人。姓瓜勒佳氏。順治間從征。常先登有功。康熙間擢盛京副都統。督兵擊王輔臣。敗之。尋卒。

鄂海 【清】滿洲鑲白旗人。姓溫都氏。自署吳遜。世居納殷江地方。康熙間由內閣中書累官川陝總督。有撫苗錄。

鄂莫克圖 【清】滿洲正藍旗人。姓納喇氏。天聰間從征朝鮮。克義州。後屢從戰陣。所至克捷。順治間從入關。擊李自成。破張獻忠。敍功授一等男。官至本旗副都統。卒諡襄壯。

鄂善 【清】滿洲鑲黃旗人。姓納喇氏。順治間任三等侍衞。康熙間累擢雲貴總督。值吳三桂反。雲貴已陷。留湖廣與蔡毓榮共籌勦禦。王輔臣叛。移守延安。官至甘肅巡撫。尋坐事奪職。

鄂實 【清】鄂容安弟。乾隆初爲滿洲副都統。以參贊大臣赴西路軍營。隨將軍兆惠與回酋霍集占戰於葉爾羌。

力竭死。諡果壯。

鄂爾奇 〔清〕鄂爾泰弟。字季正。一字復菴。號臞客。康熙進士。累官兵部尚書。有清虛齋集。

鄂爾泰 〔清〕滿洲鑲藍旗人。姓西林覺羅氏。字毅庵。康熙舉人。授侍衞。雍正時累官三省總督。平雲貴諸苗。前後數十戰。世宗嘗謂自信不如信鄂爾泰之專。事無大小。悉令平章以聞。進保和殿大學士。軍機大臣。封襄勤伯。卒諡文端。有西林遺稿。

鄂碩 〔清〕滿洲正白旗人。世居棟鄂。以地爲氏。崇德間隨多爾袞攻明。圍錦州。攻杏山。略寧遠。越燕京。趨山東。所至克捷。順治間從入關。擊敗李自成。定陝西。下江南。克蘇州杭州湖州等城。積功累擢內大臣。封三等子。卒諡剛毅。

鄂齊爾桑 〔清〕滿洲鑲黃旗人。姓博爾濟吉特氏。初任佐領，從征棟奎有功。天聰間圍大淩河。擊敗錦州援兵。攻大同。擊明總兵曹文詔軍。大破之。文詔素驍勇。爲明名將。及敗。明人氣益懾。順治初晉爵三等男。

鄂輝 〔清〕滿洲正白旗人。姓碧魯氏。乾隆間從平臺灣林爽文之亂。巴勒布滋擾西藏。鄂輝收復侵占之地。規畫設站定界事宜。多議行。累官四川總督。坐事奪職。後再起。官至雲貴總督。卒諡恪靖。

鄂穆圖 〔清〕滿洲人。一作鄂貌圖。姓張佳氏。字麟閣。一字遇羲。崇德舉人。幼而貧。嘗爇馬通讀書。尤好爲詩。開滿洲文學之先。世祖初授秘書院侍讀。師行必偕。平陝洛江南兩浙及福建雲南。鄂穆圖之策爲多。官至中和殿大學士。有北海集。

鄂彌達 〔清〕滿洲正白旗人。姓鄂濟氏。雍正間由筆帖式官至廣東總督。多所建白。貴州新闢苗疆。張廣泗奏設屯軍墾苗絕田。鄂彌達奏言苗民漸繁。恐生怨滋事。請以其田仍給苗民。尋調川陝總督。坐事革職。嗣再躓再起。以協辦大學士終。卒諡文恭。

鄂羅塞臣 〔清〕滿洲正藍旗人。姓郭絡羅氏。遜爾漢長子。屢從征討。以善戰稱。崇德間圍錦州。連敗洪承疇。順治間入關。破李自成。平姜瓖。累官都統。封二等子。卒諡果敏。

鈕錫納章 〔元〕爲眞定路達魯花赤。聞明師取元都。朝服登城西崖。北面再拜。投崖死。

鈕·克讓 〔元〕介休人。始歷岳州武昌二郡推官。用法平恕。守龍陽郡。多善政。終宣慰副使。

鈕·衍 〔明〕常熟人。字公裕。洪武中貢生。授德安知府。有妖人爲民害。衍廉得其實。誅之。郡人稱快。官至廣東參政。以清白見稱。

鈕·貞 〔清〕震澤人。字元錫。父爲游兵所執。貞求以身代。並得釋。善畫奇峰怪石。又工琴。

鈕·釗 〔宋〕吳江人。一作昭。字時勉。父文爲溫州守。釗隨侍。母妻留家。妻以疾卒。所親有銜釗者。說其母。從俗火葬。釗歸知之。以母故不言而心竊痛之。因誓不復娶。鰥居四十年卒。

鈕·琇 〔清〕吳江人。字玉樵。貢生。康熙時知高明縣。博雅多聞。所著觚賸。記明末清初雜事。幽豔悽動。有唐人小說之遺。詩亦變風之流。有臨野堂集。

鈕·樞 〔清〕吳縣人。字漢藩。工畫士女。宗仇英法。

鈕·福疇 〔清〕烏程人。字西農。工詞翰。道光拔貢。歷知休寧·全椒等縣。所至有循聲。有亦有秋齋詩鈔。

鈕·樹玉 〔清〕吳縣人。字匪石。隱於賈。博極羣書。尤深小學。有說文解字校錄·說文新附字考。

開方 〔春秋〕〔齊〕本衞公子。仕於齊。管仲謂其倍親以適君。非人情。管仲卒。桓公用之。與豎刁·易牙並專權。其後殺孝公子而立昭公。

開音布 〔清〕滿洲正白旗人。姓西林覺羅氏。康熙間累遷戶部右侍郎。監理高郵·寶應下河工程。請並濬串場河及丁溪·草堰·白駒等處。還京授鑲白旗滿洲都統。卒諡勤敏。

開·趙 〔宋〕爲英州刺史。性至孝。父有疾。嘗刲肝以進。事聞。特轉團練副使。

開·濟 〔明〕洛陽人。字來學。元末爲察罕帖木兒掌書記。洪武初以明經舉。累官刑部尚書。敏慧有才辨。凡國家經制田賦獄訟工役河渠事。濟一算畫。卽有條理品式可守。帝信任之。然性深刻。好以法中傷人。後因事下獄死。

閎夭 〔周〕事文王。紂囚文王於羑里。閎夭患之。乃求有莘氏美女。驪戎之文馬。有熊九駟。及他奇物獻之紂。紂乃赦文王。後隨武王滅紂。爲亂臣十人之一。

閎·孺 〔漢〕爲惠帝幸臣。無材能。但以婉媚貴幸。與帝臥起。公卿皆因關說。◉〔漢〕昭帝時爲汾北督郵。後官至廣陵相。有治名。

閎·子馬 〔春秋〕〔魯〕大夫。一稱馬父。季氏舍公鉏而立紇。以公鉏爲馬正。慍而不出。閎子馬見之曰。子無然。禍福無門。唯人所召。爲人子者患不孝。不患無所。敬共父命。何常之有。公鉏然之。敬共朝夕。恪居官次。季孫喜。使飲己酒。而以具往。盡舍旃。故公鉏富。又出爲公左宰。

閎·元衢 〔清〕烏程人。字康侯。自號歐餘生。自以終身不第。有似羅隱。著羅江東外紀。又有歐餘漫錄·吳興藝文補・增定玉壺冰。

閔・文振 明 浮梁人。字道充。有異物彙苑。

閔・本 元 河內人。字宗先。性剛正敏給。始爲御史臺掾。平反冤獄。甚有聲。積官集賢侍講學士。明兵薄京城。本北向再拜。大書其職銜姓名於屋壁。與妻陳氏及二女皆縊死。

閔・玄 明 浮梁人。幼失父。奉母盡孝。母沒廬墓。服闋。復追父喪三年。服除。復廬墓三十餘年。

閔・玕 元 覃懷人。字仲磐。陳苑門人。神清以夷。質方以正。談經率詳明敷暢。使聽者鄙吝俱消。金陵帥聘主學宮。從游者甚衆。

閔・如霖 明 珪從孫。字師望。號午塘。嘉靖進士。累官南京禮部尙書。致仕卒。如霖才名重一時。三典文衡。號稱得人。有午塘集。

閔孝子 清 湖州人。佚其名。性粗戇不知書。父老病且革。孝子剖心療之。父竟霍然。旬日。孝子頹於牀。捫心轉側。妻詰知。乃倉皇乞諸醫。醫妄出藥塗之。藥忽迸落。創已合。康熙間被旌。詔至。孝子遁去。

閔・廷甲 明 蘄水人。字翼墟。萬曆進士。授常州府推官。廉直有聲。擢吏部文選司郎中。神宗欲立福王爲嗣。廷甲同孟養浩等上疏力諫。坐鐫秩。後官至通政使。

閔・宜邵 明 珪孫。字安卿。嘉靖舉人。官荊州府通判。築隄防水。人稱爲閔公隄。性淳確。言無枝葉。動遵矩度。爲時所稱。

閔・則哲 清 應山人。字睿先。有檢心集。

閔・南仲 清 湖州人。字湘人。號石漁。有寒玉屏集・碎金集。

閔・彥忠 明 浮梁人。名恂。以字顯。飭行敎家。里人化之。累膺薦舉不赴。有芸軒集。

閔・貞 清 廣濟人。號正齋。年十二喪父母。及長。痛不獲養其親。由是學繪事。追摹其父母像而奉祀之。遠近稱爲孝子。旁通山水花鳥。尤精篆刻。朱筠・翁方綱皆器重之。

閔・珪 明 烏程人。字朝英。天順進士。授御史。有風力。官至刑部尙書。侃侃持正。爲時名臣。卒諡莊懿。有閔莊懿集。

閔・珮 清 杭州人。字玉蒼。號雪巖。康熙進士。由峨嵋知縣累擢御史。有本草纂要。

閔・益 清 新都人。字又損。號雪巖居士。又號巢道人。性耿介沈靜。居無長物。工詩。善弈棋。尤精書法。

閔・貢 後漢 太原人。字仲叔。世稱節士。建武中應司徒侯霸之辟。既至。霸不及政事。徒勞苦而已。仲叔恨曰。以仲叔爲不足問邪。不當辟也。辟而不問。是失人也。遂辭出。投劾而去。後客沛。以壽終。

閔・萃祥 清 江蘇華亭人。字頤生。布衣。張文虎弟子。工古文。得桐城宗派。精九九數。兼習醫。澹於榮利。光緒間隱居滬南十餘年。有式古訓齋詩文集。

閔・嗣同 清 烏程人。字來之。號雙溪。康熙副貢生。官景寧縣敎諭。有四書貫一解。

閔・損 春秋 魯人。字子騫。孔子弟子。居德行科。少爲後母所苦。冬月。後母衣損蘆花。衣二子以絮。父知。欲出妻。損告曰。母在一子寒。母去三子單。遂止。母感悟。待三子如一。

閔・業 後漢 寇恂門下掾。與恂同勸耿況歸漢有功。拜關內侯。遼西太守。

閔・頊 唐 江西人。字公謹。僖宗時鄧處訥逐潭州觀察使。被推爲留後。時撫州刺史鍾傳據洪州。議者欲二盜相噬。即復蕭鎭南軍。擢頊節度使。頊悟。不受命。更爲檢校尙書右僕射。欽化軍節度使。頊日強大。且治人有恩。後爲淮西將黃皓所害。

閔・遠慶 明 烏程人。字基厚。萬曆進士。官至四川按察使僉事。與何繼高・馮學易同撰長蘆鹽法志。

閔・齊伋 清 烏程人。字寓五。世所傳朱墨字版五色版謂之閔本書。多其所刻。有六書通。

閔・齊華 明 烏程人。崇禎中以歲貢任沙河知縣。有文選瀹注。

閔・德裕 清 廣濟人。字瑞玉。一字崑岡。好讀書。旁通堪輿術。有堪輿一貫釋義。

閔・鴻 晉 廣陵人。與薛兼・紀瞻・顧榮・賀循號五儁。初入洛。司空張華見而歎曰。此南金也。二陸深奇之。曰。此兒非龍駒。當是鳳雛。有集。

閔・樂 清 南匯人。字純如。號賓谷。工畫水墨花卉。尤善山水。能鼓琴。翛然稱修潔之士。

閔・懷英 清 錢塘人。字曉餘。方祜俊妻。有猗香樓吟稿。

閔・鶚元 清 歸安人。字少儀。別字時庭。乾隆進士。官至江蘇巡撫。歷官中外。並有政績。撫吳垂十年。尤多惠愛。坐事奪官。

陽・二敬 明 江西人。字司直。嘉靖進士。授蕭山令。爲政廉平。拜諫議。遇事敢言。歷太常寺少卿。

陽・尼 後魏 無終人。字景文。博通羣籍。歷官國子祭酒。兼幽州中正。孝文令諸州中正各舉所知。尼與齊州大中正房千秋各舉其子。後坐受鄉人貨免官。有書數千卷。所造字釋數十篇。未就而卒。

陽・休之 北齊 固子。字子烈。儁爽有風概。少勤學。愛文藻。弱冠擅擘。仕魏歷官中書侍郎。天統時除吏部尚書。凡所選用。才地俱允。周武帝平齊。拜上開府和州刺史。隋開皇初罷。有幽州人物志．文集。

陽．孝本 【宋】贛人。字行先。學博行高。隱城西通天巖二十年。蘇頌．蒲宗孟皆以山林特起薦之。蘇軾自海外歸。過而愛焉。號之曰玉巖居士。一時名士。多從之游。崇寧中擧八行。為國子錄。轉博士。以直秘閣歸。

陽．昍 【宋】號存齋。晏淵弟子。稱小陽先生。有易說。

陽．成延 【漢】以軍匠從起郟。入漢後為少府。作長樂未央宮。築長安城先就。封梧侯。卒謚齊。

陽．成胥 【周】晉隱士。

陽．成脩 【漢】王莽時為郎。莽妻死。脩獻符命。言繼立民母。又曰。黃帝以百二十女致神仙。莽於是遣中散大夫謁者各四十五人分行天下。博采鄉里所高為淑女者上名。

陽．並 【漢】成帝時為上谷都尉。與甄豐。皆當世名士。與王莽善。為之譽於帝。帝由是賢莽。後莽篡國。封並子為男。

陽．固 【後魏】承慶從弟。少倜儻任俠。年二十六。始折節讀書。有文才。歷官北平太守。有惠政。免歸。太傅清河王懌辟固。除步兵校尉。領汝南王悅郎中令。時悅年少。行多不法。固上疏極諫。悅甚敬憚之。後懌被害。固獨詣哭盡哀。官終前軍將軍。卒謚文。固剛直雅正。不畏彊禦。居官清潔。家無餘財。

陽．承慶 【後魏】尼從孫。官太學博士。尼造字釋數十篇。未竟。承慶遂撰字統二十卷。

陽．旻 【唐】惠元子。字公素。歷邢州刺史。盧從史既縛。潞軍潰。有驍卒五千。從史常以子視者。奔於旻。旻閉門不納。明諭禍福遣之。衆感悟。遂還軍。憲宗嘉之。遷易州刺史。後以討吳元濟功。累進御史大夫卒。

陽．枋 【宋】巴川人。初名昌朝。字宗驥。居字溪小龍潭之上。因號字溪。淳祐中入對。賜同進士出身。闔帥交辟之。官終紹慶學官。枋為晏淵弟子。稱大陽先生。有易說．字溪集。

陽．虎 【春秋】【魯】字貨。為季氏家臣。事季平子。平子卒。虎遂專政。欲去三桓。劫定公與叔孫州仇以伐孟氏。虎敗。脫甲如公宮。取寶玉大弓。入讙陽關以叛。魯師伐之。出奔齊。復奔晉。

陽．俊 【漢】仕新莽。以誅貉將軍出漁陽擊匈奴。徙為大將軍。守敖倉。

陽．恪 【宋】岊子。號以齋。理宗末為蜀擧首。有春秋夏時考正一編。以堯典定時成歲之後。四時十二月之序。一定不移。虞夏商周皆因之。謂夏時冠周月之說非是。

陽．昭 【北齊】固從弟。字元景。學涉史傳。尤閑案牘。為齊文襄府參軍。天保初除給事黃門侍郎。出為青州高陽內史卒。有文集。

陽．城 【唐】北平人。字亢宗。性好學。貧不能得書。求為吏。隸集賢院。竊院書讀之。六年無所不通。登第後。隱中條山。德宗召為諫議大夫。諸諫官紛紛言事細碎。天子益厭苦之。而城方與二弟及客日夜痛飲。韓愈作爭臣論以譏之。城亦不以屑意。及陸贄等貶。帝怒未解。中外惴恐。無敢救者。城帥拾遺王仲舒等。上疏論裴延齡奸佞。贄等無罪。帝又欲相延齡。城曰。延齡為相。城當取白麻壞之。慟哭於廷。乃改城國子司業。遷道州刺史。治民如治家。州之賦稅不登。觀察使數加誚讓。自署其考曰。撫字心勞。催科政拙。考下下。觀察使遣判官往按之。城載妻子行。中道逸去。順宗初追城赴京。未聞詔而卒。

陽．從易 【宋】晉江人。第進士。累官龍圖閣學士。知撫州。好學彊記。激直少容。有泉山集。

陽．晝 【春秋】【魯】宓子賤為單父宰。過於陽晝曰。子亦有以送僕乎。陽晝曰。吾少也賤。不知治民之術。有釣道二焉。請以送子。夫扱綸錯餌。迎而吸之者。陽鱎也。其為魚薄而不美。若存若亡。若食若不食者。魴也。其為魚博而厚味。子賤曰。善。於是未至單父。冠蓋迎之者交接於道。子賤曰。車驅之。車驅之。夫陽晝所謂陽鱎者至矣。於是至單父。請其耆老。尊賢者而與之共事。單父大治。

陽．猛 【後魏】上洛人。正光中万俟醜奴作亂。猛為襄威將軍禦之。孝武即位。頻典三郡。頗有聲績。後鎮潼關。關破。退守善淯。大統間為竇泰所襲。脫身得免。

陽．球 【後漢】泉州人。字方正。性嚴厲。好申韓之學。郡吏有辱其母者。殺之。滅其家。擧孝廉。為高唐令。拜九江太守。討平山賊。歷遷司隸校尉。奏收中常侍王甫．段熲等。五毒備極。死磔其屍。為張讓．曹節等所誣。誅死。

陽．處父 【春秋】【晉】太傅。處父聘於衞。過甯。甯嬴從之。及溫而還。其妻問之。嬴曰。以剛。書曰。沈潛剛克。高明柔克。夫子壹之。其不沒乎。且華而不實。怨之所聚也。犯而聚怨。不可以定身。余懼不獲其利。而罹其難。是以去之。後處父黜賈季。季怨之。知其無援於晉。殺之。

陽．弼 【後魏】藻子。字世輔。長於吏事。官本州別駕。屬杜洛周陷城。弼遂率宗親南渡。居於青州。值邢杲起逆。城民疑河北人為內應。遂遇害。

陽·惠元 唐平州人。以趫勇爲京西兵馬使。鎮奉天。德宗初移戍關東。擊田悅。戰御河。奪三橋。惠元功多。詔以兵屬李懷光。懷光叛。惠元走奉天。追騎迫。惠元被髮呼天。血流出背。袒裼戰而死。

陽·斐 北齊藻三子。字叔鸞。魏孝莊時斐於西兗州督護流人有功。賜爵方城伯。歷官起部郎中。使梁。梁尚書羊侃。魏之叛人也。與斐有舊。累召斐不往。官終儀同三司。卒諡敬簡。

陽·會龜 唐撰有令圖芝闡。

陽·越 春秋魯虎從弟。虎欲去三桓。謀享季桓子於蒲圃而殺之。及期。將虎爲前驅。林楚御桓子。越爲殿。將如蒲圃。桓子使楚以車適孟氏。楚怒馬及衢而騁。越射之不中。孟氏築者闔門。有自門間射越。殺之。

陽·雄 北周猛子。字元略。積戰功累官通洛防主。處疆埸務保境息民。接待敵人。必推誠信。遷江陵總管。封晉陽縣公。卒諡懷。雄善附會。能自謀身。故得任衆出納。保全爵祿。

陽·黑頭 南齊華陽人。疏從四世同居。並共衣食。建元中詔表門閭。蠲稅租。

陽·裕 前燕無終人。字士倫。少孤。歷州從事。應段眷召。拜郎中令。歷事段氏五主。出守燕郡。後歸慕容皝。遷大將軍左司馬。裕性謙恭清儉。剛簡慈篤。雖歷居朝端。類布衣之士。

陽·詮之 後魏固次子。字子衡。少著才名。辟司徒行參軍。早爲門生所害。時人悼惜之。

陽·辟強 北齊休之子。武平末爲尚書水部郎中。疏脫無文藝。休之引入文林館。爲時人嗤鄙焉。

陽·雍伯 漢一作陽翁伯。即羊公。詳羊公條。

陽瑪諾 明波而都瓦爾國人。萬曆間來中國傳教。有天問略。

陽·嶠 唐休之四世孫。徙居洛陽。武后時舉八科皆中。累遷右臺侍御史。歷本道按察使。以清白聞。終國子祭酒。封北平縣伯。卒諡敬。嶠謹飭好學。喜誘勸後生。爲祭酒。引尹知章。范行恭。趙玄默爲學官。皆爲名儒冠。

陽·膚 春秋魯曾子弟子。孟氏使膚爲士師。膚問治民之道於曾子。曾子曰。上失其道。民散久矣。如得其情。則哀矜而勿喜。

陽·霖 元新建人。字伯雨。少喪父。事母至孝。母嘗病熱。曰。惟得冰。我病可愈。時天氣甚燠。霖求冰不得。累日號哭池上。忽聞池中戛戛有聲。乃冰澌也。取以奉母。病果愈。

陽·靜立 北齊昭子。性淳孝。操履清方。美詞令。善尺牘。官三公郎中。開皇初爲州主簿。

陽·鎮 明湘鄉人。字山公。崇禎舉人。練博通雅。工詩。擅行草書。後遇亂兵被殺。

陽·鶩 前燕無終人。字士秋。少清素好學。器識沈遠。慕容皝即王位。遷左長史。東西征伐。參謀帷幄。歷官太尉卒。鶩清眞謙謹。老而彌篤。性尤儉約。卒諡敬。

陽·藻 後魏尼從孫。字景德。少孤有雅志。涉獵經史。歷官寧遠將軍。領統軍。外防內撫。甚得居邊之稱。以年老歸。闔門不關世事。孝昌中爲賊帥杜洛周所囚。發病卒。

陽·瓚 南朝宋爲滑州司馬。永和間魏主燾親督兵攻滑臺。東郡太守王景度先出奔。瓚獨堅守不動。魏人欲脅降之。不從。遂被殺。

隆·光祖 明平湖人。字與繩。嘉靖進士。歷儀制郎中。議事識大體。累遷工部侍郎。與張居正不合。引歸。尋召補吏部。凡居正所屏老成名德。悉爲起用。帝知其清直。進尚書。舉許孚遠。顧憲成等二十二人。時論翕然。卒諡莊簡。

隆科多 清滿洲鑲黃旗人。佟國維三子。康熙間襲一等公。由一等侍衛累遷吏部尚書。兼步軍統領。雍正間加太保。以與阿靈阿。年羹堯等交給專擅。務爲欺隱。削太保。革吏部尚書職。禁錮暢春園外。死於禁所。

隆·英 明利澤人。宣德中由舉人知南宮縣。敦朴節約。有古循吏風。時有神武二衛指揮。持牒至縣。占地下屯。英不爲禮。毅爭曰。吾縣無隙地。惟吾廳事前地乃隙耳。此外皆吾民常業。不敢聞命。二使知其廉介不可奪。乃舍去。後擢御史。

隆舜 唐南詔國王。世隆子。乾符中嗣立。好畋獵酣宴。政歸臣下。中和間上表款附。唐遣宗正少卿李龜年充使。妻以宗女。後內嬖失道。爲豎臣所殺。（按通鑑作法舜。此從滇載記。）

隋文帝 隋華陰人。姓楊名堅。小名那羅延。仕北周爲相國。爲孝靜帝外祖。初封隨公。旋廢帝而弒之。自立。改隨爲隋。亡梁。滅陳。自東晉以來。南北朝對立者百五十年。至是始統一。在位二十四年。爲太子廣所弒。廟號高祖。諡文。年號二。開皇。仁壽。

隋·世昌 元寶子。涉獵書史。善騎射。身長八尺。常持渾鐵鎗。重四十餘斤。能左右擊刺。至元中累官安遠大將軍。前後數百戰。金瘡徧體。卒諡忠勇。

隋·良輔 明益都人。明經守禮。以教諭致仕家居。晚執父喪。哀毀殆於滅性。一方爲之感化。

隋·昱 後漢五原人。王莽末起兵。後歸光武。拜五原太守。封鎬胡侯。

隋恭帝 隋元德太子昭子。名侑。

封代王。李淵克長安。立之爲帝。年號義寧。在位一年。禪位於淵。國亡。封爲酅國公。唐武德二年崩。諡恭。◉隋元德太子昭子。名侗。字仁謹。封越王。煬帝凶問至。留守官奉王卽位於東都。年號皇泰。在位二年。禪位於王世充。奉帝爲潞國公。尋爲世充所弑。諡恭。

隋煬帝 隋文帝第二子。名廣。一名英。小字阿麼。文帝寢疾。以廣所行無道。欲廢之。廣遂弑文帝。卽位。耽奢侈。廣土木。造西苑。置離宮四十餘所。開運河。邗溝・通濟渠・永濟渠。築長城。所役人民。不可勝計。衆怨沸騰。羣雄蠭起。南巡至江都。沈湎酒色。無意北歸。爲宇文化及所弑。在位十二年。年號大業。諡煬。

隋・羲 明棲霞人。正統間官主簿。其邑舊無桑棗。羲教之種植。有羣虎爲害。設法驅捕。民賴以安。

隋・贇 明卽墨人。字從禮。洪武初授英山主簿。擒陳友諒餘孽王玉兒送京師。太祖召見。賜宴勞之。累擢廣東按察使。

隋・寶 元萊陽人。初隸金軍。仕爲管軍都總領。入元授萊陽令。歷判官。改高密令。所至有能名。

雄陶 有虞氏舜七友之一。與方回・續牙・伯陽・東不訾・秦不空・(一作不虛)靈甫七人。皆一國之賢者。與舜北爲雷澤之游。

雅希禪 清滿洲鑲黃旗人。先世居馬佳。以地爲氏。事太祖。屢立戰功。授二等輕車都尉。封三等男。征扎魯特。與達音布攻其貝勒昂安所居寨。達音布中創沒。雅希禪直前奮擊。斬昂安。俘其孥以歸。尋卒。

雅泰 清滿洲正藍旗人。姓覺爾察氏。崇德間圍錦州。擊松山。屢立戰功。任吏部理事官。順治初隨入關。擊破流賊。官至國史院大學士。封三等男。

雅琥 元可溫人。字正卿。天曆進士。初名雅古。文宗爲改雅琥。授奎章閣參書。官至福建鹽運司同知。有正卿集。

雅爾哈善 清滿洲正紅旗人。字蔚文。姓覺羅氏。雍正繙繹舉人。官至通政使。坐事三奪職。乾隆間署江蘇巡撫。後以參贊大臣赴西路軍營。駐巴里坤。降酋巴雅爾叛。擒斬甚多。尋以靖逆將軍勦霍集占。大敗之。霍集占遁入庫車。副都統順德納請縱其出走擊之。霍集占遁去。坐疎縱論斬。

雅賚 清滿洲正藍旗人。姓納喇氏。康熙間署副都統。攻耿精忠於江西。督兵奮擊。所向潰遁。攻廣昌。遇伏。沒於陣。諡襄壯。

雅賴 清滿洲正白旗人。姓佟佳氏。準塔七弟。從太祖征烏喇。略地朝鮮。數被創。後隨攻遼東。破蒙古兵。俱有功。又征察哈爾。俘馘無算。太宗時征旅順口。與其兄薩穆什喀先登。遂取其地。順治間入關。定燕京。平河南江南。官至戶部尚書。封一等男。康熙初卒。

雲丹嘉穆錯 明西藏達賴第四世。生蒙古圖古隆汗族。十四歲入藏坐牀。二十八歲示寂。故事蹟不著。然河套・青海・蒙古。守其戒不敢鈔掠。西邊安枕者五十餘年。

雲・名山 明文昌人。字靜堂。少穎悟。以貢爲西寧新興學訓。歸築月評新居。闢霞洞石室。以助吟詠。年九十餘。猶手不釋卷。

雲・定興 隋女爲皇太子勇昭訓。及勇發。除名配少府。定興先得昭訓明珠絡帳。私賂於宇文述。數共交游。又以音樂奇服干述。爲造兵器。又勸述爲帝言殺長寧兄弟。累遷左屯衞大將軍。

雲門僧 明建文遜國後。隱於會稽。每泛舟賦詩。歸卽焚之。

雲・昱 明從龍七世孫。成化中喪母。服終如初喪。繼喪父。以憂思死。

雲英 唐裴航嘗過藍橋驛。路旁茅舍一老嫗績麻。航渴而求漿。嫗呼雲英捧甌飲人。且曰。欲娶此女。須得玉杵臼方可。航求得之。遂成夫婦。後俱僊去。◉唐鍾陵妓。羅隱詩有鍾陵一別十餘春。重見雲英掌上身之句。

雲・從龍 元文昌人。進士。爲行省參政。撫綏有功。兵民悅服。

雲・逢吉 宋景龍孫。爲郴州司戶參軍。有文學行義。

雲・景龍 宋許州人。字夏遇。乾道中知慈州。蒞政嚴明。幽枉必達。興學勸農。謹身節用。強梗肅然。而又不爲權要所屈。後去官。餽餞者爲之流涕。

雲・朝霞 唐文宗時爲教坊副使。善吹笛。新聲變律。深愜上旨。官至潤州司馬。

雲・滿 明張清雅之僕。清雅父子爲賊所害。滿具兩棺斂之。不食死。

項・大德 清漢陽人。字立上。刲股療母。不愈。以哀毀卒。有梯青集。

項・元汴 明篤壽弟。字子京。號墨林山人。工繪事。精於鑒賞。其所藏法書名畫。極一時之盛。以天籟閣項墨林印記識之。萬曆間卒。刊有天籟閣帖。淸兵至嘉禾。項氏累歲之藏。盡爲千夫長汪六水所掠。

項・元淳 明忠曾孫。字子南。早孤。有遺資萬三千。母黃命昇奇府藏。嘉靖歲祲。元淳悉鬻以賑。全活無算。郡守上其事。元淳力辭而止。

項・元淇 明忠曾孫。字子瞻。別號少嶽。南太學生。謁選得上林錄事。狷介寡儔。不事生產。於書無所不窺。

工詩古文辭。小楷嚴整。尤善草書。有少嶽山人集。

項公悅 宋永嘉人。字無欲。歷官無爲軍司理。讞閱忘寢食。獄爲空。改知侯官縣。以禱雨病暍疾卒。

項文曜 明淳安人。字應昌。宣德進士。正統中歷官吏部侍郎。持己蒞官。以清勤著聞。

項世賢 明樂平人。名嗣宗。以字行。精醫。遇異人授以子午八法用針之旨。不資丸散。治沈痾宿疾。輒有奇效。

項可教 明可試弟。字幼思。少與可試同從羅汝芳學。以貢爲龍泉訓導。有闕沙集。

項可試 明奉化人。字幼志。少隨父瑞昌任。從羅汝芳學。有學易緒言。史函。子函。

項它 漢高祖以韓信爲左丞相。與曹參。灌嬰俱擊魏王。問魏步卒將誰也。曰項它。曰是不能當曹參。吾無患矣。它後賜姓劉氏。封平皐侯。

項玉筍 清聖謨從子。字知父。一字帽雪。官竟陵知縣。工畫墨蘭。有檇李往哲續編。

項生 漢梁人。從田何受易。時丁寬爲項生從者。讀易精敏。材過項生。事何。學成東歸。

項仲山 漢安陵人。以清節著。飲馬渭水。每投三錢。

項充 宋龍泉人。字德英。幼未知學。兄洵美訓督甚至。後與胡銓俱以春秋學馳聲。終父母喪。兄弟當析產。充盡以遜兄。以報其教育之恩。

項如皐 明寧國太平人。字孟凱。崇禎舉人。授刑部主事。時黃道周忤旨。解學龍等皆以論救得罪。如皐抗疏極言事。獲解。卒於官。

項安世 宋括蒼人。字平父。淳熙進士。除祕書正字。光宗以疾不過重華宮。安世上書言之。尋遷校書郎。寧宗即位時。朱熹召至闕。未幾予祠。安世率館職上書留之。俄爲言者劾去。後除戶部員外郎。湖廣總領。坐事免。復以直龍圖閣爲湖南轉運判官。未上。用蠶章奪職。有易玩辭。項氏家說。

項守禮 明奉化人。字伯進。嘉靖進士。歷南京刑部郎中。剖析疑案。囹圄一空。累擢山西按察使副使。以內艱去。爲僚屬所譏。被劾。遂堅臥不起。

項汝廉 明浙江人。萬曆間知石城縣。吏事精明。寒畯多被優獎。移署化州。以神明稱。時中貴驕動。民不聊生。汝廉指斥之。雷州聞風。來歸者數百家。

項伯 漢籍季父。名纏。伯其字也。范增說籍擊沛公。項伯善張良。夜馳告之。欲與俱去。良與俱見沛公。約爲婚姻。願伯明言不敢背德。伯許諾。且日。沛公謝籍鴻門。因留飲。范增謂項莊以劍擊沛公。項伯以身翼蔽沛公。後封爲列侯。賜姓劉氏。

項伯藏 明仁和人。字智用。博學多識。設館授徒。壽至九十餘而卒。

項志寧 明常熟人。字靖伯。能文章。以明經薦。崇禎甲申變後。村居杜門而卒。門人私諡文烈。

項岱 漢注幽通賦一卷。

項怡 明奉化人。字友夫。宣德舉人。歷官翰林院檢討。前後爲國子助教二十餘年。勤愼周密。教誨有方。自景泰至成化。累承寵錫。

項忠 明嘉興人。字藎臣。正統進士。成化間理都察院事。固原土番滿俊反。據石城爲巢穴。忠總督軍務討之。大小三百戰。親當矢石。擒俊。賊盡殲。累拜兵部尚書。汪直開西廠。忠倡九卿劾之。斥爲民。直敗復官。尋致仕。忠倜儻多大略。練戎務。彊直不阿。敏於政事。故所在著稱。卒諡襄毅。

項承恩 明新安人。字寵叔。諸生。隱居浙之西湖。仿沈周畫。蒼莽淋漓。得子久家法。

項昕 元永嘉人。徙居餘姚。字彥章。性聰慧。喜詞章。善音律。工繪畫。以母病爲庸醫誤投藥死。痛之。乃立志學醫。以醫名世。爲人診疾病。決死生。無不立驗。所著脾胃後論。補東垣之未備。又有五運六氣撮要。

項松 明琮子。字林士。善畫山水。人以小米目之。

項冠 元嘉興人。字儀甫。以貿遷致富。已而欲散其財。乃助婚喪。賙逋負。江浙間咸稱長者。至元間境內饑。輸粟數萬。全活無算。世祖授以將仕郎少府丞。力辭不拜。隱於胥山。詠歌以終。

項奎 清聖謨子。字子聚。號東井。又號牆東居士。諸生。善畫山水。兼長蘭竹。有晚盥堂詩草。

項思教 明臨海人。字敬敷。嘉靖進士。歷湖廣參政。劃革宿弊。得士民心。擢廣西按察使。致仕歸。居家敦禮讓。子姓醇謹。有萬石家風。

項洙 唐文宗時處士。善水墨畫。

項炯 元臨海人。字可立。端行積學。通羣經大義。爲時名儒。晦迹不仕。一時名公碩士。多從之游。工詩。有可立集。

項容 唐天台人。處士。師事王默。善畫山水松石。挺特巉絕。曲盡其能。

項悰 清徽州人。流寓嘉定。字屺雲。工畫山水。

項惟貞 清秀水人。字端伯。朱彝尊門人。有燕臺筆錄。

項梁 秦燕子。嘗殺人。與從子籍避仇吳中。每有大繇役及喪。梁嘗主辦。陰以兵法部勒賓客及子弟。陳涉起兵。梁與籍共起兵於吳中以應之。屢戰秦軍。爲秦將章邯所敗。死焉。

項皐謨　明嘉興人。字懋功。自稱西山居士。有學易堂筆記。

項寘　淸秀水人。字不損。明諸生。入清官景陵知縣。有無事編

項莊　秦籍從弟。沛公謝籍鴻門。因留飲。范增起謂莊。入以劍舞。因擊沛公殺之。項伯以身翼蔽沛公。莊不得擊。

項傅梅　淸瑞安人。字者蛇。有耕讀亭集。

項喬　明永嘉人。字遷之。嘉靖進士。仕至廣東參政。張璁當國。以喬同里。嘗欲引致華要。謝却之。仕宦二十餘年。所至以善政聞。平居未嘗一日廢書。研窮理奧。多獨得。輒劄記以自鏡。爲文不事險棘雕鎪。有甌東文集。

項斯　唐江東人。一作台州人。字子遷。始未爲聞人。因以卷謁楊敬之。敬之贈詩云。幾度見詩詩盡好。及觀標格勝於詩。平生不解藏人善。到處逢人說項斯。未幾。詩達長安。會昌中擢進士。官終丹徒尉。

項景襄　淸錢塘人。字法滐。號眉山。順治進士。累官兵部右侍郎。治事精明果毅。片言立斷。凡朝廷有大議。以爲不可。必力爭之。

項傳霖　淸瑞安人。字叔雨。號几山。道光舉人。博通經史。旁涉天官歷算陰陽風角諸雜家之說。家藏古籍數萬卷。悉加丹鉛。晚官富陽教諭。

項愫　明奉化人。字思誠。景泰進士。授湖廣道御史。巡按四川。時筠連等處蠻叛。饑民爲亂。愫與布按督兵前往。身率輕騎覘詣筠州。賊怖聽命。又至連州。見賊有疑叛意。遂合大兵同進。大破之。事定。以勞卒。

項煜　明吳縣人。字水心。崇禎進士。官至詹事。李自成陷京師。與倪鴻寶。馬素相約死節。煜被門生黎志陞挾之以見自成。遂受僞職。自成敗。竄歸。被人執送留都。繫獄。以助餉得出。後走四明。土人執而沈諸河。

項聖謨　淸元汴孫。字孔彰。號易庵。又號胥山樵。工畫山水花卉。有朗雲堂集。

項嘉謨　明嘉興人。字君禹。工詩畫。以武健授薊遼守備。後棄官歸。南都破。盡東所著詩文於懷。率其二子及妾投天星湖死。

項夢原　明秀水人。字希憲。萬曆進士。官至刑部郎中。有宋史偶識。

項榮貴　宋奉化人。諸生。以文名。端平中尚榮王女臨川郡主。爲臨川郡馬都尉。時理宗遣三帥乘滅金之威。北爭河南。貴驚謂主曰。官家渝盟北伐。恐蒙古乘勝南下。江淮非國家有也。主啓王。王入奏。不聽。後果如所料。及崖山敗績。一慟而逝。

項誦　後漢豫章人。字叔和。順帝時爲郡主簿。時太守爲屬縣所認。詔逮治。誦隨守入京師。引刀自刺血出。齒皆墮地。太守以是得白。

項德　宋武義人。爲郡禁卒。宣和間盜陷邑。德率敗亡百人破賊。因據邑之城隍祠。自二月至五月。大小百餘戰。出則居選鋒之先。入則殿後。前後俘馘不可勝計。賊目爲項鶴子。方謀復黃姑。賊悉銳邀之黃姑嶺下。德戰死。邑人哭聲震山谷。圖像祀之。

項德明　明德新弟。號鑑臺。有族兄卒於旅。子幼。德明走數千里扶櫬歸。經紀其家。董其昌嘗稱元汴六子。或得其書法。或得其繪事。或得其博物。而季獨得其惇行。

項德純　明元汴子。名穆。以字行。號貞元。亦號無稱子。官中書。工書法。於晉唐名家。罔不該食。與世父元淇齊名。有雙樊帖行世。所著有書法雅言。元貞子詩草。

項德新　明德純弟。字復初。畫得荆關法。尤善寫生。入得之珍如拱璧。

項槖　春秋生七歲爲孔子師。(按項槖。見國策。史記。新序。論衡諸書。蓋謂此童子之言。能令孔子取爲法戒也。淮南子高誘注曰。項託七歲。窮難孔子而爲之師。小兒聞之。咸自矜大。是其證也。鮑彪注國策。本高誘說。以爲項槖者或卽列子所云問日出之人。孟康董仲舒傳。則云卽達巷黨人也。)

項燕　秦楚名將。爲秦將王翦所圍。自殺。

項穎　明愫子。字廷獻。正德中爲廣西南寧府訓導。痛父沒於王事。母曹茹貧守節。穎未嘗暫離膝下。及之任。念不得侍養。三載輒致仕歸。

項篤壽　明元淇弟。字子長。嘉靖進士。官至兵部郎中。性友愛。與弟元汴皆好藏書。有小司馬奏草。今獻備遺。全史論贊。

項徽謨　明元汴孫。善畫。

項霦　明臨海人。洪武中爲按察使僉事。有孝經述註。

項麒　明仁和人。字文祥。景泰舉人。歷南京刑部郎中。憲宗初詔求直言。麒指陳務正學。納諫諍。崇節義。遠近習。弭天變五事。語甚切直。尋以病致仕。居家三十年。甘貧屢空。以吟詠自適。

項籍　秦下相人。字羽。目重瞳子。力能扛鼎。嘗與叔父梁避地吳中。會始皇帝游會稽。渡浙江。梁與籍俱觀。籍曰。彼可取而代也。梁掩其口

曰。毋妄言。族矣。梁以此奇籍。二世初。陳涉等兵起。籍亦與梁起兵吳中。梁敗死。籍將其軍。遇秦軍九戰皆破之。自立爲西楚霸王。與漢高祖爭衡。戰無不利。後爲漢軍及諸侯軍圍於垓下。夜聞漢軍四面皆楚歌。潰圍出。至烏江。自刎死。

項·蘭貞　明秀水人。字孟畹。黃卯錫妻。歸卯錫後。學詩十餘年。有裁月雲露二草。

順昌山人　宋靖康末。有避亂於順昌山中者。深入。得茅舍。主人風裁甚整。卽之語。士君子也。怪而問曰。諸君何事挈妻孥能至是耶。因語之故。主人曰。亂何自而起耶。衆爭爲言。主人嗟惻久之曰。我父爲仁宗朝人也。自嘉祐末。卜居於此。因不復出。以我所聞。但知有熙寧紀年。亦不知於今幾何年矣。

順時秀　元妓。姓郭氏。字順卿。行第二。時稱郭二姐。姿態閑雅。善雜劇。爲閨怨最有名。

須之彥　明嘉定人。字君美。萬曆進士。歷官禮部儀制郎。神宗崩。光宗立。以先帝遺命。欲尊鄭貴妃爲皇后。侍郎孫如游袖中出令旨示之彥。之彥始終持不可。如游不能奪。仕終尚寶司少卿。

須·用綸　明武進人。字如卿。萬曆舉人。崇禎中授青州府司李。廉平正直。風節凜然。署府事。時兵餉告急。用綸裁各署雜費充餉。不費民間一錢。百姓德之。

須·無　漢高祖時。封陸量侯。紹封四代。

須·賈　戰國魏中大夫。范雎貧時嘗事之。後賈使於秦。雎已爲秦昭王相。微行敝衣見賈。賈以一綈袍贈之。雎爲言於昭王。罷歸賈。

馮·三　元湖廣省公吏。素不知書。至正中湖廣陷於蘄黃賊。皂隸起爲盜。拉三以從。三辭曰。賊名惡。我等豈可爲。強之弗從。將殺之。三唾罵。賊乃縛諸十字木。舁之以行而封其肉。三益罵不止。賊遂斷其喉。其妻隨三號泣。拾封肉納布裙中。伺賊遠。收血骸。脫衣裹之。大哭投江死。

馮·久照　宋汾州人。字明遠。少游太學。兵後入蜀居渠州。善畫山水。得郭熙家法。趙鼎與有舊。薦於川路監司。由是顯名。

馮·士元　明江西新昌人。字廷對。萬曆中由貢生授靖安縣訓導。遷河南府教授。有測史剩語。

馮·大有　宋吳人。自號怡齋。爲承事郎。七歲能文。寫陰晴風雨四種蘭。精巧入神。放情山水。時稱高士。

馮·子材　清欽州人。字粹亭。初聚徒博白縣。後附提督向榮。以討洪楊軍功。累擢廣西提督。光緒初法越之戰。命子材幫辦關外軍務。大敗法軍於諒山。晉太子少保銜。歷雲南提督。會辦廣西軍務大臣。卒諡勇毅。子材三次出關。討平越亂。恩威並著。越南軍民愛之若父母。敵人動靜。悉來報知。故屢出有功。

馮·子京　明錢塘人。字南台。嘉靖進士。官至湖廣按察使。輯有桃花源集。

馮·子咸　明惟健子。字受甫。少孤。事母孝。母疾。不解衣者踰年。母沒。哀毁骨立。萬曆初舉於鄉。講求濂洛之學。嘗曰爲學須剛與恒。不剛則靡。不恒則退。治家宗顏氏家訓。鄉人率其教。多爲善良。

馮·子振　元攸州人。號海粟。博洽經史。於書無所不讀。以文章名一世。爲文當酒酣耳熱。命侍者二三人潤筆以待。據案疾書。隨紙多少。頃刻輒盡。官集賢待制。有梅花百詠。

馮·子琮　北齊長樂人。孝昭時除軍府法曹。攝庫部。帝閱簿領。試令口陳。子琮對無遺失。累官吏部尚書。左僕射。其妻胡皇后妹。恃親放縱。干預除授。先定錢帛。然後奏聞。子琮不能制。擢引非類。爲時所譏。

馮·子華　唐東陽人。性至孝。親沒廬墓。有靈芝白兔之異。人號爲孝馮家。

馮·小青　清見小青條。(按定山堂題畫詩。顧橫波曾摹小青小像。錢謙益明詩閏集。託言柳如是助成之。其於小青。直謂拆情字之謎。竝無其人。後世因疑小青爲寓言。張山來書小青傳後云。讀吳菜紫雲歌。其小序云。馮紫雲爲維揚小青女弟。則又似實有其人矣。)

馮·小憐　北齊後主文穆后從婢。穆后愛衰。以五月五日進之。號曰續命。慧黠工歌舞。後主立爲左皇后。後爲周師所得。武帝以賜代王達。遂甚嬖之。

馮·山　宋安岳人。字允南。嘉祐進士。熙寧末爲祕書丞。通判梓州。鄧綰薦爲臺官。不就。退居二十年。范祖禹薦於朝。官終祠部郎中。有春秋通解。馮安岳集。

馮·允　後漢緄弟。字公信。清白有孝行。能通尚書。善推步之術。拜降虜校尉。

馮·允中　宋邵武人。字作肅。從朱熹學。所論懲創後生妄作之弊甚善。熹多稱許之。嘗名其居曰見齋。◎明郴州人。字執之。成化進士。擢御史。按兩淮。能振憲度。洗宿蠹。繼按蘇松。節費裕民。劉瑾用事。怒其守正。矯制逮獄。免歸卒。

馮·元　宋南海人。字道宗。性簡厚不治聲名。多識古今臺閣品式之事。尤精易。舉進士。爲江陰尉。會詔取明經。元自薦通五經。擢崇文院檢討。眞宗詔元講易。悅其說。仁宗卽位。與孫奭以經術並進講論。自是仁宗益嚮學。累官戶部侍郎。卒謚章靖。

馮元常 唐子琮曾孫。居安陽。舉明經及第。高宗時歷尙書左丞。嘗密諫帝抑中宮權。爲武后所惡。武后擢朝。出之外。累徙廣州都督。討平李嗣仙。不錄功。卒爲周興所陷。下獄死。元常閨門雍睦有禮法。神龍中旌其家曰忠臣之門。天下高其節。

馮元淑 唐元常從弟。歷清漳浚儀始平三縣令。不挈妻子。俸餘給貧窮長善。人稱神明。終祠部郎中。

馮元興 後魏肥鄉人。字子盛。對策高第。累官尙書殿中郎。侍讀孝明帝。授杜氏春秋。官至安東將軍・光祿大夫。有文集百餘卷。

馮元颷 明慈谿人。字爾賡。崇禎進士。授都水主事。與弟元飈俱以論中官有直聲。時稱二馮。累官右僉都御史。巡撫天津。帝眷甚厚。以衰老乞休。代未至而京師陷。由海道脫歸卒。

馮元飈 明元颷弟。字爾弢。天啓進士。崇禎初由揭陽令徵授給事中。有直聲。多智數。尙權譎。累遷兵部尙書。帝倚之甚至。元飈顧不能有所建樹。河南湖廣地盡陷。關寧又日告警。元飈規自脫。遂稱疾乞休。時論薄之。福王時卒。

馮友 明長安人。字益卿。嘉靖舉人。歷知嵐州・忻州。咸有治績。陞保定府同知。値嚴嵩當國。其僕持侍教生刺來謁。友見刺卽笞其人。被劾歸。友性孝友。篤志講學。學者稱兌泉先生。

馮夫人 漢楚主侍者。名嫽。爲烏孫右大將妻。能史書習事。嘗持漢節爲公主使。行賞賜於城郭。諸國敬信之。號曰馮夫人。宣帝時令錦車持節。詔烏就屠詣長羅侯赤谷城。立元貴靡爲大昆彌。烏就屠爲小昆彌。皆賜印綬。

馮文昌 清嘉興人。字研祥。諸生。收藏甚富。得右軍快雪時晴眞蹟。因築快雪堂於西湖之孤山。移居之。有吳越野民集。

馮文智 宋幷州人。世業方技。太平興國中。詣都自陳。召試。補醫學。旋轉醫官。加尙藥。奉御賜金紫。

馮文蔚 清烏程人。字蓮堂。光緒進士。勤學。善書。有聲於時。官至翰林院侍講。

馮文舉 元什邡人。舉進士。爲雲南學正提舉。明兵攻雲南。與妻馬氏皆自縊。時人義之。

馮世基 隋上蔡人。明悟有幹略。開皇中爲兵部尙書。顯名於世。

馮世傑 明尋甸人。始爲諸生。有氣節。安詮叛。世傑偕母李氏及弟妹匿巫恩橋下。爲賊所獲。皆投水死。

馮世維 明江夏人。字子和。嘉靖進士。由吏部郎出守臨安徽州二郡。有惠政。工詩文。有呂梁志・三石文集。

馮世寧 宋宦官。字靜之。哲宗欲夜出問訊公主疾。世寧執不可。帝雖微怍。卒爲之改容。禁中夜火。宿衛士撲滅之。旣定。令自他途出。蓋不欲使知宮書曲折也。政和初以內客省使彰化軍留後致仕。出入禁闥六十年。循謹無過。卒謚恭節。

馮仙湜 清浙江山陰人。字沚鑑。善畫山水。秀淡有雅趣。

馮令頵 南唐廣陵人。爲歙州鹽鐵院判官。裨將樊思蘊作亂燒營。火及令頵。叛卒皆釋兵救火。其得人心如此。

馮去非 宋椅子。字可遷。淳祐進士。寶祐中召爲宗學諭。丁大全爲左諫大夫。三學諸生叩閽言不可。下詔禁戒。詔立石三學。去非獨不肯書名。未幾罷歸。泊舟金焦。有僧上謁。致大全意。請毋遽歸。去非奮然絕之。

馮去疾 宋理宗時知興國軍。刊定本四書於滄浪亭。號興國本。

馮可賓 清益都人。字正卿。明天啓進士。爲湖州司理。入清隱居不仕。嗜茶。有岕茶牋。

馮弘 北燕跋弟。字文通。初封中山公。跋死。弘殺跋子翼自立。年號太興。僭位六年。爲魏所伐。東奔高句驪。居二年被殺。謚昭成。自跋稱號至弘。二世凡二十八年而滅。

馮正符 宋遂寧人。字信道。從何羣學。三上禮部不第。以經學教授梓遂間。於諸經多解說。熙寧中中丞鄧綰薦之。召試舍人院。賜同進士出身。授晉原主簿。沒後無子孫。其書爲估人擅易姓名。屬諸李陶。

馮玉 後晉定州人。字璟臣。出帝時歷遷禮部侍郎。帝納玉姊爲后。以外戚知制誥。玉不知書。制誥常遣同官殷鵬代作。累遷中書侍郎同中書門下平章事。廣納賄賂。晉滅。入契丹。爲太子太保。其子傑自契丹逃歸。玉懼。以憂卒。

馮生 宋咸淳間湖州筆工。製筆得絕法。圓不至輭媚。勁不至峭直。一筆可作萬字。

馮立 漢奉世子。字聖卿。學通春秋。歷典邊郡。與兄野王相代爲太守。民以大馮君小馮君歌之。後徙爲太原太守。更歷五郡。所居有迹。年老卒官。◎唐爲隱太子車騎將軍。有材武。隱太子之死。立率兵攻玄武門。殊死鬬。後自歸太宗。授廣州都督。不事家產。衣食不求贏。嘗見貪泉曰。此豈吳隱之所酌耶。吾雖日汲。庸易吾性哉。在職有惠愛。卒於官。

馮伉 〔唐〕元城人。第五經弘詞。累遷膳部員外郎。李抱眞卒。伉持節臨弔。贈以帛。力拒不受。會醴泉令闕。宰相高選。德宗曰。前使澤潞不受幣者。其人淸可用也。遂以授伉。伉著諭蒙十四篇。縣多囂猾。數犯法。伉勸之。俗爲之變。官終散騎常侍。

馮光裕 〔清〕代州人。字叔益。號損菴。雍正舉人。知雲南大姚縣。乾隆時官至湖南巡撫。在滇時定烏蒙猓夷。在湘時平鎭筸紅苗。皆有功。有柴門老樹村稿。

馮光熊 〔清〕嘉興人。乾隆舉人。任甘肅布政使。因事革職。留辦石峰堡回匪。事平。起任貴州巡撫。平松桃苗。又力勦南籠狆苗。官至左都御史卒。

馮吉 〔宋〕道子。字惟一。仕晉及周。累官太常少卿。嗜學。善屬文。工草隸。尤工琵琶。而無操行。每朝士宴集。雖不召亦常自至。酒酣卽彈琵琶。彈罷賦詩。詩成起舞。時人謂之三絕。建隆中卒。

馮吉亭 〔明〕慈谿人。字伯通。由進士試給事中。辭不就。乞補敎職。授龍泉敎諭。澹泊自守。立敎有法。改靑州敎授。守身訓士。一如龍泉。學者翕然宗之。致仕歸。隱於慈湖之南。稱湖南居士。年八十一卒。

馮后 〔後魏〕信都人。文成帝后。帝崩。后自投火中。左右救之。乃蘇。獻文帝卽位。尊爲皇太后。乙渾謀逆。后密定大策。誅渾。遂臨朝聽政。後行不正。內寵李奕。帝因事誅之。后不得意。帝暴崩。孝文帝立。尊爲太皇太后。復臨朝。年四十九崩。諡文明。⊙〔後魏〕熙女。太和中孝文帝立爲皇后。帝又引后姊昭儀至洛。有寵。后禮愛漸衰。昭儀輕后。不率妾禮。譖構百端。乃廢后爲庶人。后貞謹有德操。遂爲練行尼。後終於瑤光佛寺。⊙〔後魏〕熙女。初拜左昭儀。後立爲后。與中官高菩薩私亂。及孝文在汝南。后公然醜恣。帝南伐。疾甚。謂彭城王勰曰。後宮自絕於天。吾死之後。可賜自盡。及崩。長秋卿白整等入授后藥。乃含椒而盡。諡幽。⊙〔後晉〕定州人。初爲安重胤妻。封吳國夫人。後寡居有色。出帝悅之。高祖崩。帝居喪中納之。以爲后。專內寵。晉遂以亂。契丹犯京師。后隨帝北遷。哀帝之辱。數求毒藥。欲與帝俱死。而藥不可得。後不知所終。

馮如京 〔清〕代州人。字秋水。一字紫乙。順治拔貢。授永平知府。累遷廣東左布政使。屢平巨盜。每上疏陳事。亦第施行。母沒。如京年已六十餘。居喪哀毀骨立。服闋未幾卒。作詩頗淸利。尤工五晉。有秋水集。

馮如晦 〔宋〕安岳人。熙寧末范純仁帥環慶。時有訟純仁不法者。詔繫寧州。命如晦往訊之。力辨其誣。富弼·韓縝有詩述其事。

馮安國 〔宋〕順昌人。字彥修。少力學能文。行誼尤高。時行新法。非王氏之學不取。安國因晦迹於家。聚徒講經。建炎中范汝爲據富沙。籍民降附。安國不屈死。

馮守禮 〔明〕猗氏人。早有志操。舉於鄉。歷官萊蕪知縣。致仕家居。崇禎中與二子攄奇·拱奇並殉難。

馮汝弼 〔明〕平湖人。字惟良。嘉靖進士。官工科給事中。以言事謫潛山縣丞。遷知太倉州。調揚州府同知。不赴。有祐山雜說·祐山文集。

馮汝騤 〔清〕祥符人。字星巖。光緒進士。累官江西巡撫。舉行新政頗力。禁煙尤嚴。當民軍起。擬舉爲都督。不從。遂遣送之。道經九江自殺。諡忠愍。

馮至 〔清〕諸暨人。字紹泰。號森齋。乾隆舉人。官玉環訓導。性端嚴。爲文奇詭。尤留意鄉邦文獻。有周官述論·書疑·史繹·道學世系·允都名敎錄·金汀拾遺·森齋雜俎·綠野山莊詩文稿。

馮艾子 〔宋〕字偉壽。號雲月雙溪子。精於律呂。爲詞多自製腔。

馮行 〔清〕江西新城人。字人也。諸生。有耽齋文鈔。

馮行己 〔宋〕拯子。字肅之。以父蔭爲右侍禁。累官衞州防禦使致仕。與富弼·文彥博等十三人爲耆英會。

馮行可 〔明〕恩長子。字道卿。恩獲罪。行可年十三。刺血上書請代父死。不許。後領嘉靖鄉薦。授光祿署正。遷應天通判。所至淸惠有聲。

馮行貞 〔清〕行賢弟。字服之。長於弓馬。兼工詩畫。吳三桂叛時。曾佐某將軍幕府。出師有功。去之。又爲客報讎。槍法爲海內第一。

馮行賢 〔清〕班子。字補之。弱冠能詩。康熙時舉鴻博未遇。工書。尤精篆刻。有餘事集。

馮行襲 〔後唐〕均州人。字正臣。少以謀勇稱。山南盜孫喜欲襲均州。行襲計殺喜。遂逐刺史。據州城。山南節度使劉巨容因表爲刺史。洊擢戎昭軍節度使。官至司空。卒諡忠敬。

馮仲己 〔宋〕行己弟。字齊賢。以蔭累官知桂州。安化蠻犯邊。單騎出語酋豪曰。朝廷撫汝甚厚。乃自取滅亡耶。虜遂降。官至右衞大將軍卒。

馮作達 〔宋〕建昌人。有神術。常南行阻風。謂船主曰。欲速還。須安眠勿開眼。其夜聞舟去如飛。迅若電逝。聲刺刺如行樹杪。未明已達。

馮君道 〔元〕錢塘人。善畫花竹翎毛。

馮孜 〔明〕桐鄉人。字原泉。隆慶進士。官至湖廣布政使。有古今將略。

馮延己　〔南唐〕廣陵人。一名延嗣。字正中。李昪授爲祕書郎。李景時累官左僕射同平章事。既柄政。勳多徇私。紀綱頹廢。爲景所寵待。卒謚忠肅。延己工詞。景嘗因曲宴內殿。從容謂吹皺一池春水。何干卿事。延己對曰。安得如陛下小樓吹徹玉笙寒特高妙也。有陽春錄。

馮延登　〔金〕吉州人。字子俊。舉進士。累官國子祭酒。正大末使元。被留。命招鳳翔帥降。不從。延登美鬚髯。元人曰。汝愛汝髯猶命也。以刀截去之。延登岸然不動。後得還。歷禮吏二部侍郎。汴京陷。投井死。

馮延魯　〔南唐〕延己弟。一名謐。字叔文。與延己俱以文學得幸。銳於仕進。而喜言高退事。李景時爲中書舍人。以工部侍郎出爲東都副留守。嘗早朝集漏舍。歎曰。玄宗賜賀監三百里鏡湖。今得賜玄武湖。亦足遂意。徐鉉譏之曰。上豈惜一玄武湖。恨無賀知章耳。後入周歸宋。卒於金陵。

馮廷章　〔明〕常熟人。字子建。有子史囊纂。

馮廷櫆　〔清〕德州人。字大木。幼有奇童之目。讀書一覽不忘。康熙進士。授內閣中書。性孤峭。爲詩新妍峭蒨。神韻冷然。有馮舍人遺詩。

馮志　〔明〕慈谿人。字行甫。清方寡諧。出守汝寧。豪猾斂迹。武宗南狩。志獨不爲供備。竟以勁直忤上官。轉河東轉運。不踰年歸。布衣蔬食以終。

馮志沂　〔清〕代州人。字魯川。道光進士。同治間官至徽寧池太廣道。所至以清靜爲治。卒於官。有微尚齋詩文集。

馮成修　〔清〕南海人。字達天。號潛齋。父遠出失蹤。七齡喪母。乾隆間成進士。官禮部郎中。再乞假尋親不遇。有養正要規。

馮李驊　〔清〕錢塘人。字天閑。與陸浩同編左繡行世。

馮良　〔後漢〕南陽人。出於孤微。少作縣吏。恥在廝役。因壞車殺馬。毀裂衣冠。遁至犍爲。從杜撫問學。積十餘年乃還。志行高整。鄉黨以爲儀表。

馮京　〔宋〕江夏人。字當世。舉進士。自鄉試至廷對俱第一。後拜翰林學士。知開封府。韓琦爲相數月。不一見之。琦謂其傲。以語富弼。弼使往見。京謂琦曰。公爲宰相。而京不妄詣公者。乃所以重公也。豈曰傲哉。論王安石爲政更張。被黜。後以太子少師致仕。卒謚文簡。

馮京第　〔明〕慈谿人。字躋仲。號簟溪。魯王監國時官兵部右侍郎。舟山陷。死之。有浮海紀。

馮協一　〔清〕溥三子。字躬暨。以蔭官至臺灣知府。有友柏堂遺詩選。

馮定　〔唐〕宿弟。字介夫。與宿齊名。第進士異等。累遷諫議大夫。適李訓等敗。多誅公卿。中外危惴。及文宗改元御殿。仇士良請以神策仗衛殿門。定力爭罷之。又請許左右史從宰相至延英記所言。執政不悅。改太子詹事。以散騎常侍致仕。卒謚節。後源寂使新羅。韋休符使西番。見其國人寫定所爲黑水碑・畫鶴記・商山記於屏障。其名播戎夷如此。

馮奉世　〔漢〕潞人。徙杜陵。字子明。昭帝時補武安長。失官。年三十餘矣。乃學春秋。涉大義。讀兵法。宣帝時以衛候使持節使大宛。遂以便宜發兵擊莎車。威振西域。帝悅。下議封奉世。蕭望之獨以奉世矯制違命。生事夷狄。不當封。乃以奉世爲光祿大夫・水衡都尉。尋遷右將軍典屬國。永光間以擊破隴西羌功。賜爵關內侯卒。

馮忠　〔明〕慈谿人。字元孝。第進士。由給事中歷官揚州知府。政簡而肅。轉守彰德。修復韓魏公祠。勒文以紀。時謂其文可並羅池廟碑。有松樵集。

馮忠恕　〔宋〕汝陽人。字貫道。紹興初官黔州節度判官。後知梁山軍。有涪陵紀善錄。

馮承輝　〔清〕婁縣人。字少眉。一字伯承。諸生。性好學。工八分書。有石鼓文音訓考證・兩漢碑跋。

馮昌臨　〔清〕嘉興人。字與肩。有易學參說・日省錄。

馮武　〔清〕班從子。字竇伯。號簡緣。班以書法名一時。武受其學。亦能詩。有書法正傳・遙擲集。

馮河清　〔唐〕京兆人。始隸郭子儀軍。以戰功拜左衛大將軍。後從馬璘充兵馬使。數以偏師與吐蕃戰有功。德宗幸奉天時。河清爲涇原判官。與知州姚況集將士。激以忠義。發甲兵輸行在。由是軍聲大振。即拜涇原節度使。封安定郡王。後爲田希鑒所害。

馮治　〔清〕景夏孫。字虞伯。號秋鶴。諸生。畫山水宗法其祖。兼工隸書。不慕榮利。惟以文墨自娛。嘉慶時卒。年八十有九。按畫史作馮洽。此從書獻類徵。）

馮金伯　〔清〕南匯人。字冶亭。一字墨香。號南岑。貢生。官句容訓導。工詩古文辭。兼善書畫。有國朝畫識・墨香居畫識。

馮亭　〔戰國韓〕上黨守。秦攻上黨。絕太行道。韓不能守。亭乃入上黨於趙。趙封亭爲華陽君。與趙將趙括距秦。戰死長平。

馮亮　〔後魏〕南陽人。字靈通。博覽諸書。篤好佛理。隱居嵩山。世宗召爲羽林監。領中書舍人。固辭。亮敍工營製。承詔造閑居佛寺。林泉奇勝。曲盡山居之妙。

馮信　〔後漢〕廣漢人。公孫述徵之。託病眚盲。及聞述誅。盥洗更視曰。世適平。目即清。光武召之。會疾卒。

馮俊　〔明〕宜山人。字士彥。天順進士。官刑部。折獄仁恕。洊擢福建按察副使。建寧衞指揮楊壘以私憾殺人。上官庇之。俊臨訊。旬日獄具。壘論如律。累官都察院右副都御史。巡撫四川。卒於官。

馮保　〔明〕深州人。字永亭。號雙林。嘉靖中爲司禮秉筆太監。倚太后勢。遇帝嚴。賞罰皆自保出。帝積不能堪。及太后歸政。遂謫保奉御南京安置。籍其家。保善琴能書。亦時引大體。能約束子弟。人亦以此稱之。有經書音釋。

馮俞昌　〔清〕漢陽人。字日俞。舉孝廉。官縣令。工畫山水。

馮厚　〔明〕慈谿人。字艮載。別號坦菴先生。事母至孝。舉明經。歷官淮王府長史。嘗集文翰類選大成一百六十三卷。以貧啓泐。善詩文。有洪菴。中都。南陽諸稿。及測蠡管見。春秋卑論各書。

馮厚敦　〔明〕金壇人。字培卿。崇禎中爲江陰訓導。清兵下江陰。與典史閻應元登陴固守三月。城破。應元投水死。厚敦自刎明倫堂。妻女亦同死。

馮恢　〔晉〕長樂人。父爲太守。愛少子淑。欲以爵傳之。父終服闋。乃還鄉里。結草爲廬。陽瘖不能言。淑既襲爵。始仕爲博士祭酒。

馮拯　〔宋〕河陽人。字道濟。少以書生謁趙普。普奇其狀。曰。子富貴壽考。宜不在我下。太平興國中第進士。仁宗朝官同平章事。封魏國公。遷司徒。論事多合帝意。後罷相。拜武勝軍節度使。卒謚文懿。

馮昱　〔明〕濮州人。字景陽。正統舉人。累遷河南副使。藩府承奉某頗出督租爲民害。民怨將爲亂。昱啓王。不省。乃單騎率數卒縛某數其罪。仍疏於朝。詔以法治之。民賴以安。

馮治　〔宋〕大冶人。字深之。朱熹門人。手錄性理諸書。誦說不厭。

馮津　〔清〕桐鄉人。字雲槎。官雲南劍川知州。工書畫。精鑑賞。富收藏。有論畫編。畫家姓氏便覽。

馮冑　〔後漢〕奉世後。字世威。師事漢中李郃。郃卒。心喪三年。時人異之。常慕周伯況。閔仲叔之爲人。隱處山澤。不應徵辟。

馮衍　〔後漢〕野王孫。字敬通。幼有奇才。年二十博通羣書。王莽遣廉丹征山東。辟衍爲掾。衍因說丹棄莽與漢。丹不能用。乃亡命河東。後與鮑永從更始。領狼孟長。更始沒。罷兵歸光武。帝怨衍不時至。黜之。頃之命爲曲陽令。有功當賞。以讒不行。尋遷司隸從事。又以附陰就被廢。妻北地任氏女。悍忌不得畜媵妾。老竟逐之。遂埳壈以卒。有文五十篇。

馮唐　〔漢〕安陵人。文帝時爲中郎署長。時匈奴方入寇。因帝問廉頗。李牧。對以漢之文法太密。賞輕罰重。致將士莫爲盡力。并言雲中守魏尚削爵之冤。文帝悅。特令唐持節赦尚。武帝時舉賢良。唐時年九十餘。不能復爲官。乃以其子遂爲郎。

馮師孔　〔明〕原武人。字景魯。萬曆進士。歷刑部郎中。恤刑陝西。釋疑獄百八十人。崇禎間遷懷來兵備副使。移密雲。忤鎮守中官。被劾削籍歸。後起故官。擢右僉都御史。巡撫陝西。時孫傳庭督師出關。流賊十三家七十二營。降師殆盡。惟李自成以關中爲故鄉。士馬甲天下。決策西向。傳庭令師孔率師駐商雒爲犄角。師孔趣戰兵敗。退守西安。城陷死之。

馮恩　〔明〕松江華亭人。字子仁。嘉靖進士。以行人勞王守仁軍。因執贄爲弟子。擢南京御史。極論入學士張璁。方獻夫。右都御史汪鋐奸狀。帝大怒。詔下獄論死。及朝審。鋐東向坐。令拽恩使向西跪。恩不屈。且罵鋐。歷數其罪。觀者皆曰。是御史非但口如鐵。其膝其膽其骨皆鐵也。因稱四鐵御史。長子行可。時年十三。刺血上書。請代父死。帝覽疏感動。乃得戍雷州。越六年遇赦還。穆宗初即家拜大理寺丞。致仕卒。有芻蕘集。

馮挹芳　〔清〕長洲人。字琴仙。馮某妻。有三影樓詞。

馮時化　〔明〕字應龍。號與川。晚號無懷山人。著有酒史。

馮時可　〔明〕恩次子。字敏卿。號元成。隆慶進士。官至湖廣布政使參政。所至有治績。尤以著述爲海內所重。有左氏釋。左氏討。上池雜識。兩航雜錄及超然樓。天池。石湖。皆可。繡霞。西征。北征諸集。

馮時行　〔宋〕恭州人。字當可。號縉雲。紹興間進士第一。以奉禮郎召對。力言和議不可信。忤秦檜。出知萬州。尋罷職。檜死。起守蓬黎。以提點成都刑獄終。時行學於譙定。精易學。有縉雲集。

馮時雍　〔明〕交河人。字子際。弘治進士。歷官湖廣左右布政。性方嚴。人不敢干以私。嘗入覲至都。饋諸貴人各日曆數冊而已。諸貴人銜之。竟致仕。

馮桂芬　〔清〕吳縣人。字林一。號景亭。道光進士。官至詹事府右春坊右中允。精古文辭。兼通算學。有顯志堂詩文集。說文解字段注考正。使與行誼．校邠廬抗議．兩淮鹽法志等書。

馮涓 〔前蜀〕東陽人。或曰信都人。字信之。登大中弘詞科進士。有文譽。爲京兆府參軍。尋隱商山。昭宗起爲祠部郎中。擢眉州刺史。田陳拒命。不令之任。涓於成都墨池。灌園自給。王建據蜀。以爲翰林學士。終御史大夫。有文集。

馮涇 〔明〕慈谿人。字伯清。性孝友。正德進士。武宗南巡。偕同官伏闕諫。罰跪午門外。復廷杖。創重死。家貧不能還喪。世宗立。詔有司厚恤其家。

馮浩 〔清〕桐鄉人。字養吾。號孟亭。乾隆進士。官至御史。有孟亭居士詩文稿。

馮班 〔清〕舒弟。字定遠。號鈍吟。諸生。說詩力排嚴羽。尤不取江西宗派。而論事多達物情。論文能究古法。工書。尤精小楷。爲人落拓自喜。動不諧俗。以班行第二。時稱爲二癡。後趙執信見其鈍吟雜錄。至具朝服下拜於墓前。焚刺稱私淑門人。有定遠集．鈍吟詩文稿．評點才調集。

馮盎 〔唐〕高州人。字明達。隋末五州獠叛。盎擊平之。拜漢陽太守。從煬帝伐遼東。遷左武衛大將軍。隋亡。奔還嶺表。略有番禺．蒼梧．朱崖地。自號總管。或勸盎自王。盎曰。吾居越五世矣。惟恐或墮先德。敢自王哉。貞觀中累平洞寇。封越國公。

馮益 〔宋〕宦官。康邸舊人。及高宗卽位。恃恩驕恣。張浚．趙鼎等患之。會劉豫揭榜山東。言益遣人收買飛鴿。有不遜語。浚請斬益。高宗不許。鼎言事關國體。當解職加罰。始與祠放歸。後坐事送昭州編管。以連姻后族得免。卒於家。

馮紞 〔晉〕安平人。字少冑。博洽機辯。歷仕步兵校尉。徙越騎。得幸於武帝。承顏悅色。寵愛日隆。與賈充善。充女爲太子妃。紞有力焉。後復構齊王攸。譖張華。爲當世所譏。官終散騎常侍。

馮素弗 〔北燕〕跋弟。慷慨有大志。不修小節。成藻與語奇之。跋僭位號。素弗之功居多。累官大司馬．錄尚書事。封遼西公。卒。素弗在職。存亡繼絕。申拔舊門。論者美其有宰相之度云。

馮翁 〔明〕永樂間在夔州爲童子師。題詩稱馮二子。或馮生。或塞馬先生。嘗作詩大書壁間。見補鍋匠。歸卽剄去。

馮起震 〔明〕益都人。字青方。少負異稟。淹貫經史。兼善畫竹。

馮豹 〔後漢〕衍子。字仲文。年十二。見惡後母。欲行毒害。逃走得免。而敬事愈謹。人稱其孝。長好儒學。以詩書春秋教麗山下。舉孝廉爲郎。尋拜河西副校尉。遷武威太守。視事二年。河西稱之。復徵入爲尚書。卒官。

馮偃 〔後漢〕揚子。長不滿六尺。自恥短陋。恐子孫之似也。乃爲子伉娶長妻。伉生勤。長八尺三寸。

馮偉 〔北齊〕中山人。字偉節。杜門三十年。於書無所不通。尤明禮傳。以壽終。◎〔清〕太倉人。字偉人。號仲廉。乾隆舉人。有仲廉文集。

馮勖 〔清〕長洲人。字方寅。號勉曾。康熙時舉鴻博。授檢討。父客閩。死耿精忠之亂。勖入閩。尋父櫬於古寺中。不得。慟哭幾絕。忽有老父告曰。牆西有牛寸釘者是。諦視。題識宛然。遂扶以歸。人稱其孝。

馮參 〔漢〕立弟。字叔平。通尚書。少爲黃門郎給事。宿衞十餘年。以嚴見憚。竟寧中以王舅出補渭陵食官令。永始中超遷代郡太守。以邊郡道遠。徙安定太守。數歲病免。尋復爲諫議大夫。封宜鄉侯。後爲傅太后所誣陷。自殺。

馮商 〔漢〕陽陵人。字子高。治易事五鹿充宗。後事劉向。以能屬文待詔金馬門。受詔續太史公書七篇。

馮國用 〔明〕定遠人。太祖略地至妙山。國用偕弟勝來歸。曰。金陵帝王之都。先拔之以爲根本。然後四出征伐。倡仁義以收人心。勿貪子女玉帛。天下可定也。太祖大悅。日見親信。累官親軍都指揮使。從征紹興卒。追封郢國公。

馮國相 〔清〕漢軍鑲白旗人。康熙間從征吳三桂。屢立戰功。征噶爾丹。隨費揚古由西路督兵進戰。俘獲無算。官至都統。卒諡恪僖。

馮國鎮 〔明〕洛陽人。通幼科。年九十餘。尚健步。強壯者追之弗及。人稱爲地仙。有痘疹規要．幼幼大全等書。

馮堅 〔明〕洪武時爲南豐典史。嘗上書言事。太祖稱其知時務達事變。擢爲左僉都御史。頗持大體。卒官。

馮培 〔清〕元和人。字仁寓。乾隆進士。官至給事中。服官三十年。歸無一椽。以館爲家。工詩古文辭。晚好易。自號識易翁。有經學記纂．岳廟志略．鵲巢前後集。

馮培元 〔清〕仁和人。字因伯。一字小亭。性善畫梅。道光進士。咸豐間累官侍講學士。督學湖北。洪楊軍陷武昌。死之。諡文介。

馮婦 〔春秋〕〔晉〕善搏虎。既改行。遇衆逐虎。虎負嵎。莫之敢攖。馮婦乃攘臂下車。衆皆悅之。其爲士者笑之。

馮婕妤 〔漢〕奉世女。名媛。元帝時入宮爲婕妤。帝幸虎圈。有熊佚出圈。欲上殿。婕妤直前當熊而立。元帝以此倍敬重之。立爲昭儀。生子興。封中山王。尊爲中山太后。後爲傅太后所誣昭。自殺。

馮宿　唐　子華子。字拱之。貞元中與弟定並登進士第。初爲徐州張建封掌書記。長慶時進知制誥。歷工刑二部侍郎。累封長樂縣公。擢東川節度使。其興舉爲一方利賴。疾革。將斷重刑。家人請宥之。宿曰。命修短天也。吾不敢撓法以求祐。卒謚懿。

馮康國　宋　遂寧人。字元通。本名轓。爲太學生。負氣節。建炎中苗劉作亂。張浚遣康國諭以禍福。辭氣不屈。高宗反正。張浚辟爲主管機宜文字。詔進兩官爲荆湘宣諭使。歷官直顯謨閣。知夔州。除都大主管川陝茶馬卒。

馮庸　明　閬州人。字定之。通子史及春秋傳。言行必循禮法。恬靜自守。不事干謁。

馮彬　明　雷州衛人。字用先。嘉靖進士。知平陽縣。憂歸。服闋補上海。俗喪多以火化。彬諭以禮葬。有婦美而貞。姑與所私害之。廉得其情。按以法。擢御史。後補松江守。民愛戴之。

馮從吾　明　長安人。字仲好。生而純懿。長志濂洛之。受業許孚遠。登萬曆進士。授御史。巡視中城。閹人修刺謁。拒之。旋抗章言帝失德。帝大怒。欲廷杖之。閣臣力解得免。尋告歸。杜門謝客。造詣益邃。家居二十五年。光宗立。起爲尙寶卿。累遷工部尙書致仕。卒謚恭定。學者稱少墟先生。有元儒考略。馮子節要。馮少墟集。古文輯選。

馮惟重　明　臨朐人。字汝威。號庐泉。十歲能屬文。觀書數行俱下。刻意爲詩。無大曆以後語。書遒逸有晉人筆意。由進士官行人。奉使餽遺無所受。有詩集。

馮惟健　明　惟重從弟。字汝至。號陂門。弱冠有文譽。鄉薦後七上春官不第。既齟齬於時。奇思健氣。溢爲詞章。有陂門山人文集。

馮惟敏　明　惟健弟。字汝行。號海浮。以舉人官保定通判。詩文雅麗。尤善樂府。王元美稱其北調獨爲傑出。拍澳務頭。曲盡其妙。而才氣亦足發之。所著梁狀元不伏老雜劇。盛行於時。又有山堂詞稿。擊節餘音。

馮惟訥　明　惟健弟。字汝言。號少洲。嘉靖進士。由宜興令累擢江西左布政使。所舉多爲民傾。以光祿卿致仕卒。惟訥與兄惟健。弟惟敏。皆以詩文名齊魯間。有風雅廣逸。楚詞旁註。選詩約註。文獻通考纂要。杜律删註。馮光祿詩集。古詩紀。

馮敏昌　清　欽州人。字伯求。號魚山。乾隆進士。由庶吉士改戶部主事。遍游五嶽。工於詩。由昌黎。山谷以上追李杜。貫穿諸家。自成蹊徑。有羅浮草堂集。

馮淵　明　鹽江人。避地京口。字濟川。精於占筮。有海底眼索隱。

馮清　宋　閩鄉人。工畫。眞宗時官畫院。所居城南逆旅多橐駝。清常引視。求其情狀。然後命筆。故得聲譽。平日又能畫火。景靈宮北廊牆壁道經變相。清之筆也。

馮焌光　清　南海人。字竹儒。咸豐舉人。同治間任蘇松太道。創設求志書院。以經史有用之學課士。父玉衡卒於伊犂戍所。光緒間乞假出關。負父骨東歸。以勞瘁卒。

馮珵　元　涇陽人。字允莊。以貫入太學。一夕夢母病。覺心惕。明日即馳歸。母果病。自是遂奉母不仕。有五經正義。四書中說。

馮皐謨　明　海鹽人。字明卿。嘉靖進士。官至福建布政使參政。在粤時。平盜敗倭。皆有功。有豐陽集。

馮紹正　唐　一作昭正。又作紹政。開元中爲少府監。戶部侍郎。善畫諸禽。能盡其形態。龍水稱妙。間畫牡丹。

馮習　三國蜀　南郡人。字休元。隨先主入蜀。帝東征吳。習爲領軍。大敗於猇亭。死之。

馮逡　漢　野王弟。字子產。通易。太常察舉孝廉爲郎。建昭中選爲復土校尉。遷清河都尉。上言河隄方略。宜復穿東行。不豫修治。北決病四五郡。南決病十餘郡。然後憂之晚矣。朝議不行。後其言果驗。轉隴西太守。治行廉平。年四十餘卒。

馮野王　漢　奉世子。字君卿。通詩。以父任歷官隴西太守。以治行高。入爲左馮翊。京師稱其威信。遷大鴻臚。詔書推爲行能第一。野王以女弟爲昭儀。不得爲三公。乃歎曰。人以女寵貴。我兄弟獨以賤。成帝立。以王舅出爲上郡太守。病免歸。終於家。

馮傑　明　涿鹿人。字秀夫。弘治進士。初爲諸城令。有幹才。尋擢臨清守。事無留滯。後陞四川按察使。征寇死。諡恪愍。

馮勝　明　國用弟。初名國勝。又名宗異。最後名勝。雄勇多智略。與國用同時歸太祖。積功爲元帥。封宋國公。累官太子少師。予世劵。後太祖年高多猜忌。勝功最多。屢失帝意。或訟其家瘞兵器。太祖予勝酒曰。我不問。飲歸。遂死。

馮復京　明　常熟人。字嗣宗。強學博記。少治詩。鉤貫箋疏。著六家詩名物疏六十卷。又有遵制家禮。常熟先賢事略等書。

馮揚　漢　繁陽人。宣帝時爲弘農太守。子八人。皆二千石。趙魏間號曰萬石君。

馮·提伽　〔北周〕北平人。官散騎常侍。兼禮部侍郎。志尙淸遠。後避周末之亂。傭畫并汾間。山川草木。宛然塞北。車馬風格精密。動若神契。

馮·景　〔北周〕河間人。字長明。延景中說蕭寶夤效。朝廷。寶夤深然之。及爲大都督。引景爲功曹參軍。寶夤敗。以先有諫言得不罪。累官散騎常侍。行涇州事。封高陽縣伯。(一)〔淸〕錢塘人。字山公。見聞淵博。善屬文。康熙中以國子監生游京師。商丘宋犖聞其賢。聘就吳撫幕。爲人嚴氣正性。師友風義。以責善爲事。甚爲時輩所重。以母老歸里。貧老且病卒。有幸草·樊中·解春諸集。

馮·景夏　〔淸〕桐鄉人。字樹臣。一字伯陽。康熙舉人。知長安縣。治行爲秦中冠。累擢蘇松常鎭太糧儲道。剔除積弊。議置小口斛。漕政大理。官至刑部左侍郎。善畫山水。澹遠淸潤。奇秀在骨。

馮·智戴　〔唐〕盎子。勇而有謀。能得士心。武德中盎以地降高祖。拜智戴爲春州刺史。貞觀中盎遣智戴入侍。太宗聞其善兵。常指雲問曰。下有賊。今可擊乎。對曰。雲狀如樹。方辰在金。金利木柔。擊之勝。帝奇其對。累遷左武衞將軍卒。

馮·椅　〔宋〕都昌人。字奇之。一作儀之。號厚齋。性敏博學。舉進士。官至江西運幹。後家居授徒卒。有厚齋易學·周易輯說明解·經說·續史記及詩文志錄二百餘卷。

馮·琨　〔明〕崑山人。字君美。成化舉人。歷薊州知州。忤劉瑾下獄。杖八十。死而復甦。薊民競守圜土。餽餉不絕。有僧素昵於瑾。語之曰。馮知州惟飲薊州一杯水耳。瑾乃釋琨還。再遷登州知府。

馮·琦　〔明〕惟重孫。字用韞。一字琢庵。萬曆進士。累遷禮部尙書。蒞政勤勵。力抑營競。學有根柢。數陳讜論。帝欲用爲相。未果而卒。諡文敏。有北海集·經濟類編。

馮·甦　〔淸〕繩祖從子。字再來。號蒿庵。順治進士。以永昌司嚳雲南按察使。爲吳三桂所拘。以計至粵。與督撫合謀以粵歸朝。官至刑部右侍郎。有粵東奏議·滇考·劫灰錄·見聞隨筆·三臺文獻鳥吟·南中集·蒿庵集·詔石園·知還堂稿等書。

馮·異　〔後漢〕父城人。字公孫。好讀書。通左氏春秋·孫子兵法。漢末與父城長共城守爲王莽拒漢。後屬光武爲主簿。至蕪蔞亭。天寒衆饑。異上豆粥。至南宮。又進麥飯。因得度虖沱河。累拜孟津將軍。封陽夏侯。卒諡節。異進止皆有表識。每所止舍。諸將並坐論功。異常獨屛樹下。軍中號大樹將軍。

馮·登府　〔淸〕嘉興人。字柳東。號雲伯。又號勺園。嘉慶進士。官寧波府教授。工詩。兼喜倚聲。尤熟掌故。中年落閩。修鹽法志·福建通志。名震海嶠。有漢魏蜀唐北宋淸諸代石經考異·三家詩異文疏證·十三經詁答問。俱刻入皇淸經解中。又有石經閣文集。

馮·舒　〔淸〕復京子。字己蒼。號默庵。又號癸巳老人。肆力經史百家。尤邃於詩。遇事敢爲。小人嫉之如讎。順治初構釁於邑令瞿四達。指所著懷舊集爲謗訕。曲殺之。有默庵遺稿·文穀詩紀·詩紀匡謬·空居閣集·校定玉臺新詠·評點才調集。

馮·象臨　〔明〕慈谿人。諸生。天啓中父任爲工部主事。邸舍火。象臨凡三入火。負父母弟妹出。灼爛而死。

馮·貴　〔明〕武陵人。字孟敬。洪武進士。性純直。官給事中。不避權倖。歷遷交阯參議。勤殷方略。黎利叛。貴力戰。兵少不支。爲賊所害。

馮·越　〔淸〕杭州人。字世英。善畫人物寫照。

馮·跋　〔北燕〕信都人。畢萬之後。食采馮鄉。因以爲氏。字文起。慕容寶稱號。累遷中衞將軍。及高雲爲幸臣所殺。跋遂被推卽尊位。仍號燕。改元太平。在位二十二年卒。諡文成。廟號太祖。跋初以寬厚爲衆所推。後信惑妖祀。斥黜諫臣。無開馭之才。僅能保守疆宇而已。

馮·進成　〔宋〕江南人。工畫犬兔。思慮精巧。尤善寫生。

馮·雲山　〔淸〕花縣人。道光間與洪秀全同事朱九濤。奉上帝會。咸豐間秀全起事。封南王。雲山自廣西入湖南。與江忠源戰。大敗於蓑衣渡。中礮死。

馮·雲程　〔淸〕郿縣人。字海鷗。號峪泉子。生七歲而孤。感奮自立。與郿縣李柏·鄠縣王心敬等爲友。李顒爲之傳。盛稱其學行。

馮·雲路　〔明〕黃岡人。字漸卿。好學勵行。兼精禪理。著書數百卷。徵辟不就。流賊陷城。慕其才。強起之。不屈。與門人汪延陛俱死。

馮·雲驌　〔淸〕代州人。字鐵生。康熙進士。官編修。有翠滴樓詩集。

馮·勤　〔後漢〕偃孫。字偉伯。善計。初爲太守銚期功曹。有高能稱。期薦於光武。除郎中。給事尙書。以圖議軍糧。在事精勤。遂見親識。每引進。帝輒曰。佳乎吏也。由是使典諸侯封事。勤差量功次輕重。國土遠近豐薄。莫不厭服。累遷司徒。賜爵關內侯。中元初卒。

馮·暉　〔後晉〕魏州人。初隸梁將王彥章麾下。入唐。再入晉。天福中拜義成軍節度使。鎭靈武。撫綏邊鄙。凡十餘年。恩信大著。

馮源濟 〔清〕涿州人。字胎仙。順治進士。工畫。山水學董黃。布置宏潤。筆力深厚。

馮溥 〔清〕益都人。字孔博一字易齋。順治進士。授編修。累官文華殿大學士。兼吏部尚書。愛才若命。好汲引士類。鼇拜專政。屢忤之。撼無所回。卒諡文毅。有佳山堂集。

馮熙 〔後魏〕信都人。字晉昌。文明太后兄。有勇幹。好弓馬及陰陽兵法。累官侍中太師。出刺洛州。熙爲政不能仁厚。而信佛法。在諸州營建寺塔。多在高山秀阜。傷殺人牛。有沙門勸止之。熙曰。成就後人唯見佛圖。焉知殺人牛也。熙三女。二爲孝文帝皇后。一爲昭儀。貴寵無比。封昌黎王。卒諡武。

馮瑞 〔清〕婁縣人。字霄燕。康熙進士。官編修。工詞。有棣華堂詩餘。

馮經 〔清〕吳江人。字授之。咸豐副貢。洪楊軍陷吳江。經募勇守禦。後衆潰被擒。躍入水中死。有周易略解。羣經互解。

馮裕 〔明〕臨朐人。字伯順。號閭山。以戍籍生於遼東。師事賀欽。有學行。正德初舉進士。歷知晉州。所至多惠政。遷戶部郎。數忤權貴。乃密遣人偵伺裕闕失。無所得。益重之。出守貴州。遷按察司副使。先後七年。屢建平蠻功。解官歸。與石存禮。劉澄甫。陳經。黃卿。劉淵甫。楊應奎等結詩社北郭禪林。後輯所作爲海岱會集。

馮詠 〔清〕金谿人。字變颺。姿性英邁。與兄諴弟謙稱三馮。康熙進士。知丹徒縣。擢知開州。所至勤撫字。敦禮讓。民愛懷之。有桐村詩。

馮道 〔後周〕景城人。字可道。少純厚好學。善屬文。負米奉親。不恥惡衣食。天祐中事劉守光。守光敗。事張承業。薦之晉王。及莊宗卽位。拜戶部侍郎。明宗卽位。拜端明殿學士。晉滅唐。道事晉。累加司徒。封燕國公。契丹滅晉。道又事契丹。以爲太傅。漢高祖立。乃歸漢。以太師奉朝請。周滅漢。道又事周。拜太師兼中書令。卒諡文懿。道歷事四姓十君。在相位二十餘年。視喪君亡國。未嘗以屑意。自號長樂老。著書數百言。陳己官爵以爲榮。論者鄙之。卒年七十三。

馮道明 〔唐〕徐州人。下第。謁簡州牧雍陶。陶曰。與公素昧生平。道明曰。誦員外之詩。仰員外之德。詩集中日相見。何隔平生也。陶延之上座。待如舊交。

馮道根 〔梁〕鄼人。字巨基。少失父。家貧。傭賃以養母。年十三以孝聞。武帝起義師。以道根爲前鋒。建大功。歷處州郡。和理清靜。累官散騎常侍。左軍將軍。卒諡威。

馮達道 〔清〕武進人。字惇五。順治進士。官戶部主事。時江西布政莊應會疏除袁瑞二州浮糧。章下所司。同列者難之。達道力爭。得報可。累擢河東鹽道。更先封後掣例爲先掣後封。商人德之。

馮銈 〔清〕陽湖人。字石溪。又字鐵衣。諸生。爲許棫入室弟子。工詩。精字學。有石溪詩存。樹滋齋梅花詩。

馮靖 〔明〕績溪人。字寓安。宣德中由舉人洊官御史。時陝西罕東等番以易茶馬而譁。朝命帥兵往相機宜。夷民咸服。聞鄧茂七餘黨吳金七等據政和。靖往設奇擒獲。械送京師。官至浙江按察司副使。以廉能著。尋乞病歸。

馮嘉言 〔明〕慈谿人。字國華。諸生。有十菊山人詩集。

馮夢桂 〔明〕長洲人。字丹棻。善畫。

馮夢得 〔宋〕將樂人。字初心。篤志嗜學。登嘉熙進士。歷給事中。累擢禮部尚書。所薦拔後皆爲名臣。嘗奏立龜山書院。請復其後以主祀事。時謂扶植道南一脈。夢得之力居多。

馮夢禎 〔明〕秀水人。字開之。萬曆會試第一。官編修。與沈懋學。屠隆以文章氣節相尚。張居正奪情。夢禎詣其子嗣修力言不可。忤居正。病免。後復官。累遷南國子監祭酒。與諸生砥名節。正文體。尋中蜚語歸。家藏快雪時晴帖。名其堂曰快雪。有歷代貢舉志。快雪堂集。快雪堂漫錄。

馮夢龍 〔明〕吳縣人。字猶龍。崇禎中貢生。知壽寧縣。才情跌宕。善詩文。尤工經學。有春秋衡庫。別本春秋大全。智囊。智囊補。譚槩。

馮慈明 〔隋〕子琮子。字無逸。年十四。參齊淮陽王軍事。入隋累拜尚書兵曹郎。李密逼東都。詔慈明安集瀍洛。爲密所執。不屈。後爲翟讓所殺。諡壯武。

馮榮 〔明〕知華亭縣。流賊陷城。榮不屈。被囚。邑旋復。主將以其民從亂。欲屠之。榮力爭之曰。民由迫脅。必欲加兵。榮請先死。主將義其言。民得免。

馮禎 〔明〕綏德衛人。起卒伍。累功擢副總兵。以勇敢聞。正德中盜起中原。禎在延綏。奉詔入討。下令無顧首級。無貪鹵獲。遂大破賊。錄功進都督僉事。後勦賊洛南。爲他部牽率失利。力戰死。

馮緄 〔後漢〕宕渠人。字鴻卿。安帝時舉孝廉。累遷御史中丞。鮮卑寇邊。以緄爲遼東太守。曉喩降集。虜皆弭散。徵拜京兆尹。轉司隸校尉。所在立威刑。延熹間長沙蠻寇益陽。零陵蠻應之。武陵蠻又寇掠江陵間。緄以車騎將軍討平之。官終廷尉。

馮誠 【明】浮梁人。永樂進士。知香山縣。威而不猛。寬而有制。大得民心。累官湖廣按察使。

馮賓 【漢】魯人。受小夏侯氏尚書學於秦恭延君。官博士。

馮銓 【清】涿州人。萬曆進士。諂附魏忠賢。殺楊漣・熊廷弼。杖殺吳裕中。銓皆主其謀。官至戶部尚書・武英殿大學士。旋罷職。崇禎初忠賢伏罪。銓論杖徒。贖爲民。順治初起用。累官祕書院大學士・禮部尚書。加太保兼太子太師。康熙中罷歸卒。諡文安。

馮嫻 【清】錢塘人。字又令。錢廷枚妻。有和鳴集。

馮履祥 【明】慈谿人。字君德。生而警悟。好讀書。諸生。嘉靖中倭寇犯縣。履祥隨父出奔。倭逼父斷手。且裂其背。履祥以身蔽之。泣訴曰。此吾父也。願殺我。倭竟殺之。

馮澂 【清】江蘇通州人。字涵初。號清渠。廩貢生。有強自力齋文集。

馮調鼎 【清】江蘇華亭人。字雪鷗。有六書準。

馮震 【明】慈谿人。嘉靖中以御史巡按湖廣。持憲體。恤刑獄。公明正大。不爲烜赫之政。而吏民長服。豪猾斂迹。以名御史稱。

馮震生 【清】大梁人。字青門。氣豪善飲。好詼諧。喜游。足跡幾遍齊魯燕趙吳越。登臨攬勝。一寄於詩。有甘白堂詩集。

馮魴 【後漢】湖陽人。字孝孫。王莽末魴招聚豪傑。作營壍以待所歸。建武初徵詣行在。拜虞令。爲政敢殺伐。以威信稱。累遷司空。爵楊邑侯。以老乞歸卒。

馮學易 【明】臨海人。字韋卿。號乾所。隆慶舉人。知河南西平縣。有廉能聲。累官長蘆鹽運司運同。與何繼高・閔遠慶・同撰長蘆鹽法志。

馮澥 【宋】山子。字長源。登進士第。紹興中以資政殿學士致仕。爲文師蘇軾。論西事與蔡京忤。張廷堅以言事斥象州。澥力卹其妻子。爲時所稱。然議論主熙寧・紹聖。而排鄒浩・李綱・楊時。君子少之。

馮興宗 【宋】慈谿人。字振甫。與弟國壽皆師事楊簡。時號二馮。興宗於書無所不讀。袁甫持節江左。延爲象山書院堂長。舉士嚮信。

馮遷 【北周】弘農人。字羽化。修謹質直。明練時事。由晉國公護府司錄授陝州刺史。遷本寒微。一旦刺舉本州。唯以謙恭接待鄉邑。護敗。除名。卒於家。

馮應京 【明】盱眙人。字可大。號慕岡。萬曆進士。爲戶部主事。擢湖廣僉事。風采大著。稅監陳奉恣橫。應京劾其九大罪。奉亦誣奏應京撓命淩勅使。被逮。父老皆詣闕訴冤。帝不省。會星變獲釋。卒於家。天啟初追謚恭節。有六家詩名物疏・月令廣義・經世實用編。

馮應科 【元】吳興人。與陸文寶均善製筆。佳者以尖齊圓健四字全備爲上。其鄉習而精之。遂名於世。

馮應榴 【清】桐鄉人。字星實。乾隆進士。官至鴻臚寺卿。既告歸。益肆力於典籍。以蘇文忠公詩註。疎舛尙多。遂取王梅溪・施輔之・查初白諸本合鈔之。考定其是非得失。爲蘇文忠詩合注行世。

馮檀 【清】仙湜從子。字載煌。寫照法曾鯨。名重京師。兼工山水。

馮璪 【明】慈谿人。父高年失明。在牀蓐十五年。璪事之惟謹。家素貧。每食必備甘旨。父有老婢臥病。爲奉湯藥。如事所生。或誚之。璪曰。吾父存日。賴其周旋。忘之是忘吾父。吾豈忍。邑令賈竑雅重其行。欲以上聞。璪力辭。

馮禧 【後漢】山陽人。與張儉・檀彬・褚鳳・張肅・薛蘭・魏玄・徐乾・號爲八俊。

馮翺 【明】蘄州人。字時舉。號雷匡。爲諸生時。旁舍火。翺負其母及先世告身以出。餘無所問。一弟早亡。撫其孤如己子。後爲兗州推官。治獄多所平反。卒贈吏部右侍郎。

馮璧 【金】眞定人。字叔獻。承安間舉經義進士。累官大理丞。讞獄行部。劾宗室權貴姦贓之尤者十數。總帥牙吾塔違制縱掠。璧承詔句攝。佩符馳奪其軍。軍譁。璧不爲動。依法論罪。時論壯之。累官集慶軍節度使。致仕卒。

馮簡子 【春秋鄭】大夫。能斷大事。時子產爲政。凡通問於諸侯。必告簡子使斷之。可否始定。

馮覲 【宋】開封人。字御卿。一作遇卿。爲內臣。官至武翌大夫・永泰陵都監。善畫山水。◉【明】海寧人。字晉叔。別號小海。嘉靖進士。官至廣東按察司副使。有小海存稿。

馮顒 【明】瓊山人。字有孚。弘治進士。授戶部主事。後改御史。以事忤劉瑾。爲所誣。自經死。

馮曠 【宋】河南人。善畫山水。馳名熙豐間。設色蒼老。峯巒秀潤。畫鶴亦曲盡其妙。

馮纘祖 【明】臨海人。字武甫。性慷慨。不善謀生。好詩文。兼工書法。晚不得志。縱酒長歌。雖爨烟屢斷不之顧。有窺園草・蛙鳴・琴山雜詠。

馮繼業 【宋】暉子。字嗣宗。少以父任仕周。補朔方軍節院使。後殺其兄。代父爲朔方軍留後。入宋。仕爲靖難軍節度使。改鎭定國軍。吏民立碑頌其遺愛。太平興國初封梁國公卒。

馮・耀　【清】杭州人。字士宏。善畫山水美人。

馮・譽驥　【清】高要人。字展雲。道光進士。官至陝西巡撫。八法精絕。嶺南人士多宗之。

馮・續　【明】平度人。由進士授兵部主事。時山海關巡撫非其人。續劾罷之。改戶部。監通徐二州租稅。總管薊東邊儲。以廉能稱。累遷甘肅巡撫。

馮・瓚　【宋】歷城人。字禮臣。歷仕唐漢周三朝。入宋爲兵部郎中。有吏才。太祖甚寵之。累典州郡。爲趙普所忌。密奏其短。流沙門島。太宗復用之。官至大理寺卿。

馮・灝　【後漢】鄮人。初爲成都令。立文學。學徒八百人。開稻田八百頃。官至越嶲太守。避地梁冀。隱居作易章句。恬然以終。

馮・驩　【戰國齊】孟嘗君門下客。以食無魚出無車無以爲家。三爲長鋏歸來之歌。孟嘗君禮之。悉如所求。後爲孟嘗君收債於薛。召債主。焚券。民呼萬歲。及齊王遣孟嘗君就國於薛。薛民迎之百里。後卒賴驩力。得復其位。（按驩一作煖。）

兕殘　【清】僧。武陵劉氏子。住金陵牛首山。字白禿。一字介丘。號石溪。一號蕙壤。又號殘道者。菴住行人。工畫山水。好寫奇僻奧景。題識多寓興亡之感。（蒐古天字。）◉【清】僧。上元艾氏子。字石船。初爲羽流。後幕游四方。工畫人物花草。晚歲始祝髮爲僧。居不二庵。世稱明明和尙。湯貽汾最重之。

黃・一正　【明】揚州人。字定父。有事物紺珠。

黃・一鳳　【明】峽江人。字時鳴。萬曆進士。以術家通書多改竄成法。致多謬誤。因著選擇集要。以簡明稱。

黃・乙生　【清】景仁子。字小仲。少孤。刻苦於學。通鄭氏禮。嘗游廣東。爲巡撫朱珪所重。道光初舉孝廉方正。未赴卒。

黃・久約　【金】須城人。字彌大。性友弟。爲文典贍。第進士。累擢磁州刺史。磁素多盜。獲之多杖殺。或死獄中。久約曰。民雖爲盜。而不死於法可乎。乃請讞之而後行。遷太常卿。章宗卽位。所陳皆嘉納。授橫海節度使以優佚之。明昌間致仕卒。

黃・千人　【清】宗羲孫。字證孫。官泰安縣丞。倜逸敦行。工詩。有餐秀集・希夷集・寧野堂詩草・竹浦稼翁詞。

黃・千能　【宋】豐城人。字必強。刻意讀書。嘗謂皇極九疇之統。漢儒舉以參五事配六極。則失之妄。作皇極要論。又謂古今地理。無一定之形。神禹疏河之故道。蘇沒而離考。作禹貢圖說。

黃・士　【清】莆田人。字翰侯。順治間諸生。工畫美人。倜才不偶。困厄以死。

黃・士俊　【明】順德人。萬曆間殿試第一。歷官禮部尙書。崇禎間入閣。後相永明王。耄不能決事。數爲臺省所論列。乞歸卒。

黃・士毅　【宋】莆田人。字子洪。號壺山。幼嗜學。方慶元間詆排道學。士毅趨閩師朱熹。嘗註儀禮。又譔夾齋書說。文集。語錄等書。

黃・大笙　【清】字詩六。工畫。有白描水滸傳。能左手臨孫過庭書譜。作反字。背觀毫髮無失。兼精音律。

黃・大廉　【明】莆田人。字潔甫。嘉靖進士。知長洲縣。首定征徭。立三品格。輕重惟均。爲勢家所撼。罷去。起爲吉安教授。累官貴州參議。以忤嚴嵩。六年不調。乞歸卒。

黃・大楚　【清】香山人。精寫白描人物。亦善道釋圖像。

黃・大臨　【宋】庶子。字元明。自號寅菴。紹聖間知萍鄉縣。或諷其過慈。大臨曰。字民。令職也。豈其操三尺法。與百姓爲讐哉。時人歎爲名言。

黃・大輿　【宋】蜀人。字載萬。自署岷山耦耕。善樂府歌詞。嘗抱疾山陽。所居有梅一株。因錄唐以來才士詠梅之詞。目之曰梅苑。

黃・大鵬　【明】建陽人。字文著。崇禎進士。知義烏縣。有能聲。唐王召爲兵科給事中。守仙霞嶺。死節。

黃・子信　【宋】長泰人。嘉定間以文學行誼爲學者師。調新會場鹽官。清介不阿。有散翁集。

黃・子美　【明】曲阜人。徙濟寧。字尙舍。號萬溪。萬曆進士。官南京刑部主事。讞獄平允。民甚德之。擢陝西延安府。平哱劉之亂。進按察遼東寧監軍。清剛爲時第一。

黃・子游　【宋】浦城人。字叔偃。紹興中知池州。政尙中和。檢察六邑稅籍。唯青陽稅重。奏爲蠲減。命下之日。百姓呼舞。相與建祠祀之。

黃・子澄　【明】分宜人。名湜。以字行。洪武中會試第一。授編修。伴讀東宮。累官太常卿。惠帝卽位。兼翰林學士。與齊泰謀削諸王。成祖破京師。被執不屈。磔死。

黃・山　【明】高安人。字允高。成化進士。授行人。屢奉使。無毫髮私。弘治中擢御史。何文鼎以忠諫得罪。山上疏力爭。累陞廣東按察僉事。

黃・中　【宋】邵武人。字通老。紹興中廷試第二。除起居郎。使金還。輒言邊事。又獨陳備禦方略。尋兼給事中。內侍遷官不應法。諫官劉度坐論近習龍大淵忤旨補郡。已復罷之。中皆不書讀。乾道中爲兵部尙書。陳十要道。尋致仕。卒諡簡肅。有奏議。

◎宋平陽人。字仲庸。紹熙進士。嘗與朱熹論學。極爲熹所稱許。寧宗時累遷起居舍人。前後三十餘疏。爲當路所忌。出知泉州卒。

黃中色 明滕縣人。字元采。號守元。萬曆進士。知河南縣。清廉爲天下第一。改吏部。掌文選。銓政爲之一清。坐事謫興安州倅。以病歸。

黃中松 清上海人。字仲嚴。所著詩疑辨證。考證訛謬。校定異同。其言多有依據。

黃中美 宋邵武人。字文昭。紹聖進士。知衞縣。轉信德軍。宣和末金人攻信德。官吏皆降。中美奮死以守。金人退。宣撫使奇其節。俾行軍事。靖康初張邦昌僭竊。感憤卒。

黃中理 清湘潭人。字文在。康熙進士。選庶常。以父老乞養歸。構觀稼樓。讀書其中。足不入城市二十餘年。有觀稼樓文集・陸舫詩集。◎清南匯人。字若隱。自號九匏道人。諸生。家貧。以畫餬口。工牡丹。畫蘭雜草更精。與兄弟白首同居。年八十卒。

黃丹書 清順德人。字廷授。號虛舟。乾隆舉人。官教諭。詩出入唐宋諸家。於蘇尤近。兼工書畫。會試下第。朝貴爭延之。曰。貧與富交則損名。賤與貴交則損節。卒不往。有鴻雪齋詩文鈔・胡桃齋詩餘。

黃之雋 清休寧人。徙居江蘇華亭。字石牧。號唐堂。康熙進士。官編修。坐事罷歸。卒年八十餘。喜蓄書。撰述甚富。尤工詩。所著唐堂集。能別開生面。又嘗集句爲香屑集。并集唐人文句爲序。尤稱工巧。

黃之璧 明上虞人。字白仲。工辭章。書畫亦名重一時。

黃亢 宋浦城人。字清臣。少奇穎。年十五。以文謁章得象。得象奇之。游錢塘。以詩贈林逋。逋尤激賞之。有東溪集。

黃仁榮 宋孝先玄孫。字釋之。以薦知金谿縣。建議請盡鬻州縣閒田。得緡錢五百萬。高宗嘉之。除度支郎中。兩知臨安府。移知贛州卒。

黃仁儉 宋奉化人。字約之。幼警悟。長於記問。及長。恬淡韜晦。不與物競。以淳安主簿轉監台州支鹽倉。郡卒因事鼓譟。仁儉徐呼其長諭之。羅拜曰。黃佛子言。敢不敬聽。仁儉工書法。見重於世。

黃介 宋分寧人。字剛中。意氣卓越。喜兵法。制置使朱禩孫帥蜀。介上攻守策。禩孫愛之。以自隨。後家居。率鄉民爲保聚計。元兵至。介堅守。且射且詬。面中六矢不爲動。再戰。身被鏃如蝟。倚柵而死。

黃允 後漢濟陰人。字子艾。以儁才知名。郭泰恐其守道不篤。嘗戒之。後袁隗欲爲從女求姻。見允。歎曰。得壻如是足矣。允聞。黜遣其妻夏侯氏。婦將行。大集賓客。數允隱慝而去。允以此廢。

黃元 明將樂人。字元之。與周元齊名。時稱二元。爲閩中十才子之一。官泉州訓導。

黃元吉 清嘉興錫工。所造茶具。種種精巧。其色與銀無辨。海內咸珍異之。

黃元忠 明鄞人。字整菴。萬曆中由國子監學正出爲岳州府通判。有岳郡圖說。

黃元承 元婺源人。字子厚。歷官舟陽令。所至以廉稱。至於常俸不能自給。輒令家人鬻產以繼之。後遇賊被害。

黃元御 清昌邑人。字坤載。號研農。早爲諸生。因庸醫誤藥損其目。遂發憤學醫。於素問・靈樞・難經・傷寒論・金匱・玉函經。皆有注釋。凡數十萬言。大抵自命甚高。欲駕出魏晉以來醫者上。自黃帝・岐伯・秦越人・張機外。罕能免其詆訶者。又精研易學。有周易懸象。

黃元嘉 清錢塘人。字柔則。號再岑。性孝友。家貧。不苟得。與洪昇・沈吟蓀輩爲吟交。有再岑老人集。

黃元實 元泰寧人。字廷美。家貧好學。天曆中爲郡文學。多所造就。當道薦於朝。不就歸。至正中妖民作亂。令延元實議討賊計。賊奄至。遂遇害。工詩。有延美集。

黃公度 宋莆田人。字師憲。紹興間進士第一。除祕書正字。時秦檜當國。坐譏切時政。出判肇慶府。檜死召還。終考功員外郎。有漢書鐫誤・知稼翁集・知稼翁詞。

黃公望 元常熟人。一作富陽人。又作衢州人。亦名堅。本姓陸。嗣於永嘉黃氏。字子久。號一峯。又號大癡道人。至元中浙西廉訪使徐琰辟爲書吏。未幾棄去。隱於富春。善畫山水。師董源・巨然。晚年自成一家。其畫法有二種。一淺絳色。山多礬頭。筆勢雄偉。一水墨色。皴紋極少。筆意簡遠。爲畫中逸品。與王蒙・倪瓚・吳鎮。爲元末四大家。公望幼有神童之稱。應童子科。經史九流無不通曉。工詩文。通音律。有山水訣・大癡山人集。

黃公紹 宋昭武人。字直翁。咸淳進士。入元不仕。所著古今韻會已散佚。存者有在軒集。

黃公輔 明新會人。字振璽。萬曆進士。官御史。忤魏忠賢去官。後遷江西參政。分守寶慶。所至廉明練達。深得民心。

黃印 清無錫人。字堯杳。諸生。家貧力學。以教授生徒自給。注釋諸經。尤深於易。乾隆中修縣志。印別成識小錄。一名酌泉錄。於邑中掌故。參所辨正。(按耆獻類徵作黃印。此從錫金縣志。)

黃友 【宋】平陽人。字龍友。崇寧進士。通判澶州。會金人敗盟。燕士響應。友領數千人與之戰。召直徽猷閣。制置司參謀官。同种師中解太原圍。進榆次。敵兵四合。士卒奔潰。遂被執。不屈死。

黃天性 【明】通山人。字大本。洪武末以賢良薦。任廣德州同知。尋改工部主事。修漕河。駐沛。沛人建德潤堂祀之。

黃孔昭 【明】浙江太平人。初名曜。後以字行。改字世顯。天順進士。成化間爲文選郎中。故事。選郎率閉門謝客。孔昭曰。苟以深居絕客爲高。何由知天下才俊。公退遇客。輒延訪人才。書之於册。由是銓敘平允。其以私干者悉拒之。累遷南京工部右侍郎卒。嘉靖中追諡文毅。嘗與謝鐸同編赤城論諫錄。

黃引恩 【明】蓬萊人。萬曆間爲遼東守備。天津兵變。引恩單騎諭解之。累官海漕提督總兵官。押運至膠。禦敵死。

黃文政 【宋】淮人。戍蜀軍潰。間道走靜江。馬墍邀與同守。城破。文政被執。大駡不屈。元軍斷其舌。以次剮削之。比死不絕聲。◉【明】福建長樂人。字子正。永樂進士。選南臺御史。官終山西按察司僉事。剛果有爲。一時稱賢執法。

黃文晟 【宋】南豐人。字世成。篤學高行。結廬石仙巖之東。署曰壺隱。世稱壺隱先生。嘗與朱熹・陸九淵論學。九淵稱之曰。粹然其容。懇然其中。施不潰而守不渝云。(案江西通志作黃晟。字子成。此從宋元學案及南豐縣志。)

黃文暘 【清】江蘇甘泉人。字秋平。貢生。素通聲律之學。乾隆時兩淮鹽政設詞曲局。延爲總裁。後居運使曾燠題襟館中。爲詩清越高潔。有掃垢山房詩。

黃文煥 【明】福建永福人。字維章。天啓進士。崇禎中由山陽知縣擢翰林院編修。坐鉤黨與黃道周同下詔獄。獲釋。流寓南都以終。有詩經考・陶詩析義・楚辭聽直・秫留集。

黃文靖 【後梁】金鄉人。少附黃巢。後歸太祖。從平巢蔡。北定兗鄆。又累敗晉人。擒蕃將百餘。累遷左龍驤使。後從太祖北征。因閱馬得罪誅死。

黃文澍 【清】豐城人。字雨田。又字穀亭。有經解・經義雜著・童子問・敬義錄。

黃日起 【清】吳縣人。字伊旦。號桐菴。一作筠菴。工畫。以淡墨作瘦石。不用渲染。凹凸自具。

黃丕烈 【清】吳縣人。字紹武。一字蕘圃。號復翁。又號佞宋居士。乾隆舉人。官分部主事。喜藏書。得宋刻百餘種。顏其室曰百宋一廛。刊士禮居叢書。爲收藏家所重。其所藏書爲汪士鍾・楊以增所得。乾嘉之際。東南藏書家。以士禮居爲大宗。光緒間潘祖蔭・江標先後爲刻士禮居藏書題跋記。古書源流。言之甚詳。丕烈自著有蕘言印須集。

黃世成 【清】信豐人。字培山。號平庵。乾隆進士。官禮部主事。舉鴻博。以假歸未預試。博學有文譽。有平庵詩集。

黃世忠 【明】崇安人。字屏周。晚號石圃老人。萬曆舉人。署東陽教諭。講習不倦。後知廣西慶遠府。首平猺賊韋文義。尋致仕歸。

黃世康 【明】莆田人。字元幹。善六朝聲偶之文。意氣豪舉。貲財與貧交共之。後客死廣陵。

黃世清 【明】滕縣人。字澄海。崇禎進士。累官右參議。分守商雒。時民苦兵甚於賊。世清下令兵毋入城。關中兵經其地。有二卒搗門。擒以徇。督撫發兵。誡無犯黃參議。李自成兵至。城陷。不屈死。

黃仕簡 【清】梧曾孫。字立齋。乾隆間襲一等海澄公。授廣東提督。擒獲海洋劇盜。調福建水師提督。林爽文之亂。仕簡渡臺勦捕。無功。革職擬斬。臺灣平。釋回。

黃以周 【清】式三子。字元同。號儆季。同治舉人。官分水訓導。事親孝。爲學不拘漢宋門戶。尤邃三禮。撰禮書通故百卷。博采衆說而折衷之。俞樾稱其精核。又有子思子輯解・經訓比義・古文世本・黃帝內經集注及儆季雜著五種。光緒間主講南菁書院十五年。晚選處州教授。以特薦授內閣中書。卒年七十有二。

黃以恭 【清】定海人。字質庭。光緒舉人。有愛經居雜著。

黃以翼 【宋】維之猶子。字宗台。師陳淳・蔡和。莊毅有立。析理精詣。暮年記問益富。有易周禮說。

黃去疾 【宋】邵武人。咸淳間宰將樂。創龜山精廬。聚輯簡策。政暇與學子誦習其間。又取龜山紀訂正之。題曰年譜。

黃弘綱 【明】雩都人。字正之。學於王守仁。善推演師說。登鄉舉。官至刑部主事。學者稱洛村先生。有黃洛村集。

黃可久 【宋】蘄水人。徙居武昌。字柳溪。諸生。與妻偕隱。旁通仙佛醫卜之學。年九十卒。

黃必昌 【宋】晉江人。字景文。從陳淳學。又切磋於陳宓・潘柄。嘉定中登第。有大學中庸講稿。

黃・旦 【宋】浦城人。字昇之。咸平中登第。累遷知黎州。黎與南詔接境。旦以清靜。疾卒。州人思旦之德。立廟祀之。

黃・本驥 【清】湖南寧鄉人。字虎癡。道光舉人。官教諭。有聖域述聞・嵰山甜雪等書。都二十五種。

黃・正 【明】京口人。字景齊。性至孝。母華氏年八十餘卒。正居喪哀毀。廬墓側。負土築墳。素食三年。詔旌門閭。◉【明】碭山人。氣質剛方。洪武中爲邑吏。以直言擢右僉都御史。彈劾不避權貴。後忤旨。黜爲英山縣吏。會金山寇叛。徵正往討。平之。復爲左僉都御史。未幾命討雲南叛夷。降服而還。至普安。遇賊死。

黃・正色 【明】無錫人。字士尙。嘉靖進士。歷知南海縣。豪強斂跡。縣中大治。召爲南京監察御史。劾中官鮑忠等。被誣下獄。戍遼東三十年。穆宗初召還。遷南京太僕卿。致仕卒。

黃・正賓 【明】歙人。萬曆間以貲爲舍人。恥以貲入官。思立奇節。疏詆首輔申時行。下獄斥爲民。遂見推清議。莊烈帝卽位。復官致仕。

黃・正憲 【明】秀水人。字懋容。有易象管窺・春秋翼附。

黃・永年 【清】江西廣昌人。字靜山。號崧甫。乾隆進士。授刑部主事。於疑獄多有平反。累官常州知府。爲政寬而有體。嘗濬德勝・澡港。溉田二十餘萬畝。以直節忤總督黃廷桂去官。工詩古文。有黃靜山集。

黃・玄 【明】將樂人。字玄之。工詩。林鴻爲將樂學官。玄爲弟子。鴻雅重之。及鴻棄官歸。玄挈妻子入閩。師事終身。以歲貢入成均。授泉州訓導。

黃・玉鉉 【清】湘潭人。字節生。康熙中湖南道殣相望。玉鉉悉出所儲以賑。全活萬計。鄉曲有不平事。得玉鉉一言。事可立解。有焚餘草。

黃・玉衡 【清】丹書子。字伯璣。一字小舟。工書畫。嘉慶進士。官至御史。有侃直聲。有安心竟齋詩文集・在庵雜著。

黃・生 【清】歙人。字扶孟。明諸生。有字詁・義府・據書・杜詩說。

黃・用中 【宋】介子。母爲元兵所掠。求之逾十年。卒得之以歸。州里稱爲黃孝子。◉【明】閩縣人。字道行。號古山。能詩。善書畫。尤工山水竹石。

黃・由 【宋】長洲人。字子由。舉淳熙進士第一。累遷嘉王府贊讀。紹熙中孝宗疾。光宗不能問安。人情疑懼。由請嘉王過重華宮問安。孝宗爲之感動。慶元初有請斥僞學之黨者。由執奏不可。終刑部尙書。

黃・甲 【明】南京衞人。字首卿。嘉靖進士。仕至運判。爲人傲兀使氣。以文章自負。與李攀龍・王世貞等七子同時而不相附麗。有鳳䴊集。

黃・甲雲 【清】襄城人。字唱韓。有異才。順治拔貢。授樂安知縣。能書。工詩畫。機趣橫生。有楚游草。

黃・申 【宋】非研人。字酉卿。開慶進士。歷官安樂丞。爲政廉謹。有治聲。升從事郞。元兵拔撫州。下諸縣。索降狀。樂安令率其僚聯署以上。申獨抗不往。佯狂隱巴山中。

黃石公 【秦】隱士。張良游下邳圯上。遇老人。令良取所墜履。乃遺書一編。與良曰。讀此可爲王者師。後十三年見濟北穀城山下黃石。卽我矣。良讀其書。乃太公兵法也。遂佐漢高祖定天下。後十三年。從高祖過濟北穀城。得黃石。取而祠之。及良死。與石幷葬。相傳有黃石公三略・素書。

黃石翁 【元】南康人。字可玉。號松瀑。又號狷叟。少多疾。父母強使爲道士。所居宮室多唐宋雜蹟。工詩。有松瀑稿。

黃・石符 【明】福建人。字圯人。畫美人豐頤廣袖。霧鬢雲鬟。頗得周昉遺格。

黃・立極 【明】元城人。字中五。萬曆進士。累官禮部侍郞。天啓間魏忠賢以同鄉故。擢禮部尙書。兼東閣大學士。已而爲首輔。晉建極殿大學士。後逆案定。落職閒住。

黃・亘 【隋】大業時與弟袞皆巧思絕人。煬帝每令其兄弟直少府將作。於時改創多務。亘・袞每參典其事。亘官至朝散大夫。袞官至散騎侍郞。

黃・仲元 【宋】績子。字善甫。號四如。咸淳進士。授國子監簿。不赴。宋亡。更名淵。字天叟。號韻鄉老人。敎授鄉里以終。有四如講稿・經史辨疑・四如文集。

黃・仲炎 【宋】永嘉人。字若晦。窮經篤古。老而不第。紹定中著春秋通說。端平初進之。

黃・仲芳 【明】甌寧人。字時茂。永樂進士。知東陽縣。首鋤豪民奸吏。擢湖廣右參議。施州有僞土官田姓者。殺兄而奪其位。越十八年捕之不能得。仲芳設方略擒之。官終雲南右參政。有濟庵集・甸宣集・平恕錄等書。

黃・仲昭 【明】莆田人。名潛。以字行。成化進士。授編修。以直諫被杖。謫官。弘治初起江西提學僉事。乞歸。學者稱未軒先生。有未軒集。

黃・仲通 【宋】曲江人。名正。以字行。少孤貧勤學。以辭賦知名。登天聖進士。授大名府司理參軍。王洙主河北漕。辟爲衞州推官。王旦・杜衍交章薦。改著作佐郞。歷知惠州。儂智高反。攻廣州。與惠最近。仲通增堞浚隍。民恃無恐。秩滿乞歸。

黃・仲騏 【清】郴州人。字正夫。有

醉山草堂詩文集。

黃任　清福建永福人。字莘田。康熙舉人。知四會縣。工書。好賓客。詼諧談笑。一座盡傾。尤工詩。芳馨悱惻。名重一時。有香草齋集。秋江詩集。

黃休復　宋字歸本。通春秋學。校左氏公穀書。鬻丹養親。游心顧陸之藝。深得其趣。有益州名畫錄。茆亭客話。(休復里籍未詳。李畋稱為江夏黃氏。陳振孫書錄解題疑為蜀人。)

黃光岳　清上高人。字碩廬。雍正進士。知金華縣。輯其鄉吳學詩。黃鐵。李堅三人之詩刻之。為三詩合編。

黃光昇　明晉江人。字明舉。嘉靖進士。累拜兵部侍郎。總制楚蜀黔三省。討叛苗。撫降二十八寨。遷南京刑部尚書。尋罷歸。有昭代典則。

黃吉士　明內黃人。字雲蛟。萬曆進士。累官御史。正色立朝。權貴憚之。後巡蘆溝。按淮陽及宣雲。皆有建白。官終京兆尹。

黃向堅　清吳縣人。字端木。父孔昭。仕明為雲南大姚令。鼎革後。道梗不得歸。向堅冒兵戈歷險阻至滇。經時年半。歷地二萬六千里。卒迎父母以歸。自作紀行一編。工畫。所寫山水。皆其所歷。吳人為作樂府傳其事。

黃回　南朝宋竟陵郡軍人。拳捷果勁。勇力兼人。由郡府雜役從臧質討元凶劭有功。擢置隊主。後事中書舍人戴明寶。會明帝即位。四方反叛。明寶啓帝使回募江西楚人。得快射手八百。假回寧朔將軍軍主。累以戰功遷右將軍。齊高帝以其不附己。殺之。

黃夷行　宋浦城人。字用之。以蔭補官。調監分寧酒稅。遭父喪。故事。小使臣喪制只百日。夷行懇請持服。嘗建論委將帥。訓舟師。及銓選用人利害。孝宗召對便殿。稱旨。特授閤門祗候。尋假泉州觀察使。知閤門事。官終武功大夫。

黃夷簡　宋福州人。字明舉。少孤好學。有名江東。初事吳越。署光祿卿。後隨錢俶入朝。官終平江軍節度使。夷簡喜談論。善屬文。尤工詩。老而不輟。

黃好謙　宋孝先子。字幾道。嘉祐進士。官新蔡令。歲凶。民多棄兒。好謙賑之。全活甚衆。累遷監察御史裏行。上言開封府當受部民訴常平事。且直賈蕃被誣之獄。又謂宦官同管當三班院非祖宗故事。識者韙之。歷知蔡州。濮州卒。

黃妃　五代吳越錢俶之妃。嘗於南屏山雷峯顯嚴院建塔。奉藏佛螺髻髮。始以百丈十三層為率。尋以財力未充。姑建七級。已又用形家言。止存五級。名黃妃塔。俗稱雷峯塔。建塔時。以石刻華嚴經鏤甃其下。楷法絕類歐陽詢。俶有建塔記。

黃宇　明平壩人。號禮門。萬曆舉人。歷官廣南守。好古力行。學者稱禮門先生。

黃守中　明邵武人。字無言。萬曆間布衣。以孝友稱。好遊山水。善繪事。諸郡王招之不往。或以為諷。守中曰。某散人也。可作王門客乎。其清曠如此。

黃安濤　清嘉善人。字凝輿。號霽青。嘉慶進士。官至潮州知府。博學工詩。有詩娛室詩集。息耕草堂詩。眞有益齋文編。

黃式三　清定海人。字薇香。道光間歲貢生。事親孝。嘗應鄉試。母裘暴病卒。馳歸慟絕。誓不再赴試。其學博綜羣經。尤長於三禮。不立門戶。所著論語後案。論者謂能持漢宋之平。又有易釋。書啓幪。詩叢說。敍說通。詩傳箋考。春秋釋。

黃朴　宋彥臣曾孫。字文卿。歷陽江尉。邑之大豪持吏長短。或謂朴。朴數其過。寘之法。一邑肅然。改秩宰安溪。崇學校。課農桑。檄攝韶州。不就歸。

黃汝亨　明仁和人。字貞父。萬曆進士。官至江西布政司參議。有天目記游。廉吏傳。古奏議。

黃汝成　清嘉定人。字庸玉。號潛夫。廩貢生。道光時選泗州訓導。未赴。家富好施。博洽工文章。尤尌言經濟。有日知錄集釋刊誤。袖海樓文稿。

黃汝良　明晉江人。字明起。萬曆進士。歷南北國子司業。有監生挾巨璫書至。汝良曰。國學四方觀型。司成無與中涓通書例。按治之。擢東宮日講官。每敷引古今。隨事披陳。累官禮部尚書致仕。有河干集。冰署筆談。野紀矇搜。樂律志諸書。

黃汝楫　宋諸暨人。家富。仗義疏財。宣和中方臘犯境。掠士女千餘人。閉空室中。汝楫以二萬緡贖之。紹興中為河江令。後五子開。闓。閎。閏。闡。皆相繼登科。

黃百家　清宗羲子。字主一。能世其學。宗羲編宋元學案。未成卒。百家續成之。喜拳法。學於王來咸。盡得其傳。又從梅文鼎問推步法。有內家拳法。體獨私鈔。王劉異同。句股矩測解原。幸跌草。

黃臣　明濟陽人。字伯鄰。弘治進士。改翰林庶吉士。歷右副都御史。嘉靖初以議大禮。忤旨廷杖。既而鑒其忠。甚委任之。官至大中丞。

黃自然　宋甌寧人。字元輔。嘉定末教授邵學。以禮學誨諸生。齋宿間歸。卒至夜分。官至吏部侍郎。

黃·艾 宋莆田人。字伯書。舉乾道進士第二。光宗朝充嘉王贊讀。寧宗時擢左司諫。權工部侍郎。兼侍講。時朱熹罷經筵。艾因進講問逐熹之驟。爲請再三。不聽。官終刑部侍郎。

黃·亨 明巽弟。從巽之任。巽死。亨痛憤。率衆與賊戰。勇氣百倍。賊潰去。亨亦傷左目。抱兄骨歸葬。

黃·伯固 宋將樂人。字德常。紹熙進士。爲人嚴義利。重然諾。知上高縣。奸豪屏迹。累官兵部侍郎。卒謚忠簡。

黃·伯思 宋履孫。字長睿。別字霄賓。自號雲林子。元符進士。爲祕書郎。縱觀册府藏書。至忘寢食。性好古文奇字。彝器款識。悉能辨正。自六經及子史百家。無不精詣。善畫。工詩文。篆隸正行草飛白。皆妙絕。頗好道。有翼騷。東觀餘論。文集。

黃·仲 宋邵武人。字彥發。嘉祐進士。知河南縣。以文彥博薦擢知泉州。改建州。以治最聞。官終司農卿。

黃·佐 明香山人。字才伯。嘉靖進士。選庶吉士。授編修。累擢少詹事。與大學士夏言論河套事不合。尋罷歸。日與諸生論道。其學以程朱爲宗。學者稱泰泉先生。卒謚文裕。有樂典等二百六十餘卷。

黃·何 宋休寧人。字景蕭。乾道進士。調大冶簿。邑產鐵。盜鑄者四千人。起爲亂。何至。單騎往諭。焚其具。一境晏然。遂延朱熹門人萬人傑爲學者師。俾知趨向。後知岳州。以廉謹稱。官終朝議大夫。

黃·克恭 宋南安人。字彥禮。淳熙進士。教授循州。講授不倦。知寧德縣。以最聞。官終知興化郡。

黃·克晦 明惠安人。一作晉江人。字孔昭。號吾野。少時於沙岸畫沙作山水景物。長學畫。宗沈周。筆甚蒼勁。稱神品。能詩善書。稱三絕。有北平稿。楚游集。匡廬唱和集。吾野詩集。

黃·克纘 明晉江人。字紹夫。萬曆進士。累官刑部尚書。預受兩朝顧命。歷官中外。清彊有執。持議與爭三案者異。攻擊紛起。自是羣小排東林。創要典。率推克纘爲首功。克纘推不與東林合。引疾歸。後魏忠賢盡逐東林。召爲工部尚書。視事數月。與忠賢忤。復引疾歸。崇禎初起南京部尚書。不就卒。有古今疏治黃河全書。

黃·初平 漢丹谿人。一作皇初平。年十五。牧羊。遇道士。引至金華山石室中。四十餘年。能叱石成羊。後仙去。

黃·呂 清歙人。字次黃。號六鳳山人。善畫山水人物花鳥蟲魚。皆臻妙境。工詩文。書法晉人。并精篆刻。晚年益樸茂。作畫每以自鐫印鈐之。人謂四美具備。

黃·均 清元和人。字穀原。號香疇。工畫山水花卉。道光中供奉內廷。修書畫譜成。議敘得官。知瀦江縣。有墨華庵吟稿。（一說均官瀦江主簿。未之任卽歸。）

黃·孝先 宋浦城人。字子思。爲廣州尉。改宿州司理。以善治獄遷大理丞。改知咸陽縣。調綿竹。西夏用兵。詔蜀中稅縉錢。孝先奏罷之。歷太常博士。通判石州卒。所著詩二十卷。蘇軾爲序之。

黃·孝綽 宋浦城人。再舉進士不第。遁跡紆州灊山。自號灊山叟。以詩酒自適。善書。

黃·孝錫 清吳縣人。字備成。號約園。家饒於財。性拓落。不爲帖括之學。專精鐵筆三十年。家日落而聲名籍甚。有棣花堂印譜。篆學。

黃·宏 元黃巖人。博覽羣經。尤工詞賦。有以史才薦者。不就。落魄江湖。幾三十年。有穀城稿。◎明鄞人。字德裕。弘治進士。任萬安知縣。民好訟。訟輒禱於神。宏毀其祠曰。令在。何禱也。訟者至。輒片言折之。累遷江西左參議。死於宸濠之難。

黃·宏憲 明仁和人。字文甫。崇禎時入曆局。與徐光啓訂正曆法。授博士。曆書成。加光祿寺署正。後棄官歸卒。

黃·希 宋宜黃人。字夢得。乾道進士。官終永新令。嘗作春風堂於縣治。楊萬里爲之記。有補注杜詩。搜剔微隱。皆前人所未發。未及成而卒。子鶴續成之。重定年譜。名曰黃氏補註杜詩。

黃·希旦 宋道士。邵武人。一名晞。字姬仲。自號支離子。熙寧中召至京師。典太乙宮事。後病卒。其徒傳爲仙去。

黃·希憲 明金谿人。字伯容。嘉靖進士。官御史。請錄用建言諸臣。參政福寧。值島賊入寇。擊敗之。後爲嘉興知府。繕修捍海諸隄。爲數郡利。擢按察副使。歸卒。◎明分宜人。字雙南。原名金貴。天啓進士。擢御史。巡鹽兩淮。時中貴用事。額課不足。希憲特疏更綱。鹺政一新。巡按甘肅。約浮費。飭將吏。綏輯有方略。遷太僕少卿。應天巡撫。◎明通州人。字千頃。善畫山水花卉。

黃·延浩 五代吳越工畫人物故實。

黃·廷桂 清漢軍鑲紅旗人。字丹崖。世襲雲騎尉。乾隆時累官陝甘總督。武英殿大學士。加太保。封忠勤伯。生平寡笑語。所在見芒角。專以招怨謗忤權貴爲務。嘗在川二十年。體國奉公。不遺餘力。卒謚文襄。

黃·廷新 明潮州人。寓興寧縣東

郊。家貧。隱居肆。口不言技術。或時露一二。成化中流賊攻長樂。廷新以遁法解賊圍。繇是知名。不輕以法授人。或呼爲黃先生。則不應。曰。吾屠子也。以能自藏用。故不及於禍。

黃·廷鑑〔清〕常熟人。字琴六。諸生。精考證。研摩羣籍。手校者百數十種。有琴川三志補記續記。第六絃溪文集。

黃·成富〔清〕連江人。六世同居。雍睦無間。人各執業。每出田作。衆婦俱往。惟留一婦視諸兒。循環乳哺。不辨誰子。懸衣於桁。入則衣。垢則辯。不問誰物。

黃·杞〔宋〕願孫。字景華。知浦城縣。有清介聲。再知溫之平陽。政績尤著。官終知潮州。

黃·沃棠〔清〕香山人。字蔭亭。諸生。善畫工詩。有楚游草。

黃·洧〔宋〕仙遊人。字朝宗。元符進士。徽宗奇其才。嘗以江南豪士稱之。官至祕閣修撰。

黃·秀〔清〕巴陵人。字君實。康熙進士。官至山東道御史。崇尚樸學。有實庵文集。

黃·良佑〔明〕休寧人。字國祥。資明敏。有隱德。棄儒業醫。以針石療人多奇中。有本草類方。痲痘祕法等書。

黃·谷〔清〕雲南人。以寫眞名。爲張遠師。

黃·邦俊〔宋〕福州永福人。政和進士。累遷大理寺丞。後知英州。有眞陽共理集。胥訓語文。纂韻譜。強記集。

黃·邦鎭〔明〕高明人。字迺康。崇禎間歷高州信宜學教諭。攝縣事。西賊數千犯境。邦鎭擊却之。擢松滋知縣。有平賊集。

黃·里〔明〕浙江山陰人。字德隣。從王冕學。通春秋三傳。工詩詞。洪武初舉明經。授雲內州同知。死於山寇之難。

黃·京〔宋〕龍溪人。字華叔。初在郡學。與高登友善。同年擢第。調連州戶曹。以清白聞。秩滿歸里。聞登以直言被斥。遂恬然無仕進意。性尤樂善。鄉人稱曰黃長者。

黃·卷〔明〕莆田人。字聖模。善畫山水美人。

黃·叔元〔清〕吳縣人。字雲山。爲人無町畦。工醫。不敢售。善畫驢。又工寫照。好讀關尹子書。性精巧。乾隆間號聲吳中。

黃·叔英〔元〕叔雅弟。字彥實。歷晉陵。宣城。蕪湖教諭。又爲和靖采石兩書院山長。以家學教授閩越間。名其居曰戇庵。學者稱戇庵先生。有戇庵雜著。戇庵暇筆。

黃·叔敖〔宋〕廉子。字嗣深。第元祐進士乙科。累官廣東轉運判官。兼提舉市舶。疏言嶺表瘴癘所鍾。所產不足以奉玉食。再三力請。爲奸人所中。免官。未幾復職。遷戶部尚書致仕。有文集。奏議。春秋講義。

黃·叔琳〔清〕大興人。字崑圃。本歙縣程氏子。以父爲大興黃氏後。故爲大興人。康熙進士。累官詹事。以重赴瓊林。加侍郎銜。嘗以文學政事受知康熙雍正乾隆三朝。當代推爲鉅儒。世稱北平黃先生。有硯北易鈔。詩經統說。夏小正傳註。史通訓故補註。文心雕龍輯註。顏氏家訓節錄。硯北雜錄等書。

黃·叔雅〔元〕文潔先生震子。字仲正。居家以孝友禮讓聞。學問淹博。三奉科舉令。卒不應試。延祐間卒。

黃·叔達〔宋〕庭堅弟。字知命。少負奇節。人有臭味同者。推挽不遺餘力。有不可。雖衣冠貴人。必唾辱之。與劉師道同謁法雲禪師於京師。夜歸過李公麟。叔達著白衫。騎驢道中。搖頭而歌。師道負杖挾囊於後。一市驚異。公麟爲寫圖與諸友歌詠之。叔達小詩樂府。清麗可愛。附見山谷集。

黃·叔璥〔清〕叔琳弟。字玉圃。晚號篤齋。康熙進士。累官江南常鎭道。其學以立誠爲本。要其功於篤敬。究心宋五子書及元明諸儒學說。晚歲所養益粹。有近思錄集註。愼終約編。既倦錄。廣字義諸書。

黃·叔豐〔宋〕金谿人。字元吉。師事陸九淵。極爲九淵所稱。

黃·周〔元〕先世固始人。占籍邵武。字仲文。擢本邑令。尋判邵武。工畫墨竹。於書無所不覽。

黃周·星〔清〕上元人。字九烟。少育於湘潭周氏。崇禎進士。官戶部主事。疏請復姓。國變後遁迹湖州以終。有芻狗齋集。

黃·和〔明〕沂州人。號慰川。萬曆進士。性孝友。任固安令。大璫弟郭成殺人。一繩以法。擢苑馬卿。致仕。

黃·奇孫〔宋〕度曾孫。字行素。入元不仕。有蚓鳴集。南明志。又輯其祖三朝言行錄。

黃·宗旦〔宋〕禹錫孫。字叔才。幼有神童稱。咸平進士。知蘇州。晚直史館。病目。以刑部郎中出知襄州卒。

黃·宗明〔明〕鄞人。字誠甫。正德進士。歷南京兵部員外郎。從王守仁論學。宸濠反。上防江三策。武宗南征。抗疏力諫。官終禮部侍郎。有文集。

黃·宗昌〔明〕卽墨人。字長倩。天啓進士。崇禎初爲御史。首請斥矯旨僞官黃克纘。范濟世等六十一人。帝以列名太多。不聽。又劾周延儒。溫體仁。不納。清兵圍卽墨。宗昌拒守。城獲全。而仲子基中矢死。其妻及三妾殉之。時人謂之一門五烈。

黃宗炎 淸宗羲弟。字晦木。一字立谿。崇禎中貢生。學行與宗羲埒。而奡岸過之。畫江之役。步迎魯王於蒿壩。兄弟毀家紓難。時稱世忠營。明亡。提藥籠遊海昌。石門間。或刻印作畫以自給。於象緯律呂軌革壬遁之學。皆有神悟。著周易象辭・尋門餘論・圖書辨論諸書。力闢陳摶之說。晚年以石函錮所著述於其中。語其子曰。急則埋之丙舍。如其言。子卒。遂莫知所在。學者稱鷓鴣先生。

黃宗傳 宋寧德人。字景孟。淳熙進士。學問該博。尤長於易。設帳授徒。從游甚衆。嘗自爲贊曰。何事窮能到骨。只緣氣要衝冠。有易傳。

黃宗會 淸宗炎弟。字澤望。號縮齋。明季拔貢。少與宗羲・宗炎並負異才。稱浙東三黃。而性尤狷介。明亡後。隱於浮屠。浪遊名山以終。生平讀書。一再過不忘。自經史四部外。兼通釋道二藏。詩文古澹。有縮齋文集・縮齋日記・學御錄・瑜珈師地論註・成惟識論註。學者稱石田先生。

黃宗載 明豐城人。一名垕。字厚夫。洪武進士。永樂初爲湖廣僉事。坐事謫楊青驛丞。起御史。彈劾不少避。巡按交阯。歸無私橐。累遷南京吏部尙書。乞休歸。宗載居官廉正。學問文章。俱負時望。

黃宗道 宋京師人。宣和間爲畫院待詔。工蕃馬人物。時稱東丹王畫馬得骨。胡瓌得肉。宗道二法俱備。

黃宗漢 淸晉江人。道光進士。咸豐間累擢浙江巡撫。時洪秀全陷江寧。宗漢嚴防江皖入浙要路有功。官至兩廣總督。尋授吏部右侍郎。同治初以迎合載垣革職。

黃宗羲 淸尊素子。字太沖。號梨洲。尊素死詔獄。宗羲具疏訟冤。袖長錐錐許顯純等。莊烈帝歎爲忠義孤兒。歸益肆力於學。盡發家藏書讀之。不足。復借鈔之。建續鈔堂於南雷。以承東發之緒。受業劉宗周。南太學諸生作留都防亂公揭。璫禍諸家子弟。推宗羲爲首。及江南奄黨糾宗周。並及宗羲。會清兵至得免。隨孫嘉績・熊汝霖諸軍於江上。魯王以爲左僉都御史。後海上傾覆。乃奉母返里。畢力著述。其學主先窮經。而求事實於史。以濂洛之統。綜會諸家。從游日衆。康熙中舉鴻博。薦修明史。均力辭。詔取所著書宣付史館。史局大案。必咨之。卒年八十有六。私諡文孝。有南雷文定・宋元明儒學案等書數十種。學者稱南雷先生。

黃定 宋福州永福人。字泰之。乾道中進士第一。累官知潮州。爲政務剗弊蘇瘵。潮民德之。官終廣東提舉。有文集。◎明烏程人。字叔志。洪武中由國子生累官山東布政使卒。爲人端重清約。與人語。款懇若恐拂人意。遇不合。則毅然不與之苟同。

黃尙正 明東莞人。任龍泉秀洲巡檢。嘉靖間流賊至。尙正迎戰。賊退走。兵不繼。與僕俱被執。尙正紿賊釋僕。還取贖。潛與縣刻期外攻。至夜。尙正乘賊醉。殺其渠數人。縣兵不至。遂被害。

黃尙質 明江寧人。字宗商。嘉靖舉人。攝巴縣令。妖寇蔡百貫作亂。躬自捍禦。民賴以安。改峽江令。萬曆初詔雪練子寧。其遺嗣久流爲厮養。尙質多方覓得之。復其姓。立祠買田。俾主其祀。擢饒州別駕。乞歸卒。◎明餘姚人。號疊泉。一作醒泉。嘉靖舉人。爲景州知府。工畫山水人物。

黃居中 明晉江人。字明立。萬曆舉人。官至南京國子監丞。遂家金陵。好藏書。恆手自鈔撮。學者稱海鶴先生。有千頃齋集。

黃居寀 宋筌季子。字伯鸞。仕蜀孟昶爲翰林待詔。歸宋授光祿寺丞。能世家學。作花竹翎毛。默契天眞。寫怪石山景。往往過父。太宗尤加眷遇。屬搜訪名畫。詮定品目。時輩莫不斂衽。

黃居實 宋筌子。工畫。有會禽圖。（按十國春秋云。筌子五人。以畫名者。居寶・居寀・居實。又云居實不知筌第幾子。）

黃居寶 宋筌次子。字辭玉。事蜀孟昶。累官水部員外郎。入宋。隸翰林圖畫院。工畫花鳥松石。號善八分書。年未四十卒。

黃岳 五代閩福寧人。博通經典。尤邃易象曆數之學。唐末由鄉貢入太學。王審知稱王。必欲仕之。岳度力不能拒。投淵死。

黃庚 宋上海人。太學生。工丹青。能文章。宋亡不仕。有樵吟集。◎元天台人。字星甫。嘗客山陰。試越中詩社。爲當時所推重。其詩風致婉約。具晚唐之一體。有月屋漫稿。

黃忠 蜀漢南陽人。字漢升。從先主入蜀。自葭萌還攻劉璋。常先登陷陣。勇毅冠三軍。建安末於漢中定軍山。擊斬魏夏侯淵。遷征西將軍。賜爵關內侯。卒諡剛。

黃忠浩 淸黔陽人。字澤生。少好經世致用之學。尤喜言兵。舉優貢生。主講沅州書院。督撫先後延理戎事。會廣西賊陸亞發叛據柳州。忠浩連戰平之。授右江鎭總兵。署四川提督。尋乞歸。宣統末統巡防營。受任三日。會武昌民軍起。長沙新軍應之。入城執忠浩。脅之降。不屈。被殺。

黃性震 淸漳浦人。字元起。號靜庵。鄭氏自臺灣入寇。性震條陳平海十便於閩督姚啓聖。啓聖用其言。遂平臺灣。以功授直隸霸昌道。官至太常寺卿卒。

黃承元 【明】洪憲子。字履常。萬曆進士。授工部主事。出理張秋河道。時議濬泇河以濟運。承元實經始之。歷官副都御史。巡撫福建。所至有聲績。有盟鷗堂集．北河紀略．河漕通考等書。

黃承吉 【清】江都人。字謙牧。號春谷。嘉慶進士。官岑溪知縣。爲漢儒之學。通曆算。能辨中西異同。尤工詩古文。有經說．夢陔堂集。

黃承昊 【明】承元弟。字履素。號闇齋。萬曆進士。歷官福建海防按察司副使。以平海寇功。調廣東按察使。開釋濫獄。雖病不輟。致仕歸。卜築吳興杼山。自號樂白道人。承昊兼究醫理。有詩文集．折肱漫錄。

黃承彥 【蜀漢】襄陽人。高爽開朗。爲沔南名士。有女黃頭黑色而有才。以妻諸葛亮。時人語曰。莫作孔明擇婦。正得阿承醜女。

黃易 【清】仁和人。字小松。官濟寧同知。工詩文。所畫墨梅。饒有逸致。兼工分隸篆刻。討論金石。極有根據。有小蓬萊詩。

黃昌 【後漢】餘姚人。字聖真。曉習文法。仕郡爲決曹。刺史行部。見昌奇之。辟從事。後拜宛令。政尚嚴猛。發奸伏稱神明。遷蜀郡太守。斷理寃不得所。宿奸大惡。皆奔走他郡。漢安初累遷大中大夫卒。

黃昌言 【明】嘉靖時官吏部。工畫大幅山水。不在文徵明下。

黃明薰 【清】新會人。粵秀山三元宮道士。號越塵。畫山水極秀朗。工詩能書。彈琴博弈。無不通曉。好施與。重氣誼。

黃昇 【宋】閩人。字叔暘。號玉林。又號花菴詞客。早棄科舉。雅意歌詠。曾以詩受知游九功。閩帥樓秋房以泉石清士目之。有散花菴詞．花菴詞選。

黃旹 【宋】寧德人。字景純。紹熙武舉。開禧初復登進士第。累官知慶德州。文章政事。皆有聲於時。嘗掇取聖賢言行百餘條。爲韆身錄。著有胖軒等集。

黃松 【清】安徽太平人。字天其。號黃石。又自署太松。工畫。花鳥師周之冕。臨摹舊蹟。無不精妙。

黃武 【明】浙江山陰人。字惟周。少穎悟。精岐黃術。先是越人療傷寒證。率用麻黃等耗劑。武獨曰。南人質本弱。且風氣漸漓。情慾日溢。本實已撥。而攻其表。殺人多矣。乃投以參芪。輒收奇效。自是越之醫。咸祖述之。有醫學綱目．脈訣等書。

黃河 【清】婁縣人。原名野。字日林。性情狂怪。見禽蟲草木。描寫逼真。又善畫馬。

黃河水 【明】魯曾子。初名德水。字清父。諸生。魯曾卒。家益落。日坐空樓讀書。工詩。有燕市．碧雞．國華諸集。

黃泓 【前燕】斥丘人。字始長。父沈善天文祕術。泓從父受業。愈精妙。博覽經史。尤明禮易。性忠勤。永嘉之亂。避地幽州。歸慕容廆。廆引爲參軍。每事諮訪。泓止說成敗。事皆如言。慕容暐時官至太史。暐敗。以老歸家。年九十七卒。

黃法氍 【陳】新建人。字仲昭。少勁捷有膽力。日行二百里。能距躍三丈。累戰功授平南將軍。封義陽郡公。官終豫州刺史。卒謚威。

黃玠 【元】鈐孫。字孟成。躬行力踐。以聖賢自期。隱居教授。於書無不通曉。樂吳興山水。因卜居弁山。人號弁山小隱。有弁山集．知非稿。

黃玨 【明】餘姚人。字玉合。號菊東。從黃叔英受蔡氏尚書。郡邑爭延致之。洪武間以尚書試有司不利。遂絕意進取。喜甑邵子皇極經世書。旨趣淵妙。有以自樂。

黃玢 【清】吳縣人。字憲尹。號怡谷。工畫山水。有學行。

黃直 【明】武進人。建文時累官侍中。從亡後。往來夔慶間。爲人補鍋。人有學其藝。教之不索謝。夔慶間皆呼之爲老補鍋。（按明史及清一統志皆無姓氏。此本武進縣志。）◎【明】金谿人。字以方。嘉靖進士。除漳州推官。疏請早定儲貳。謫沔陽判官。又以抗疏救楊名。戍雷州衛。赦還卒。

黃知彰 【清】南匯人。字賁芬。號秋圃。貢生。應南北試不售。潛心著述。善詩畫。晚益精進。有秋圃詩集．非非草．非非詞。

黃秉中 【清】漢軍鑲紅旗人。字惟一。康熙間知山東范縣。累擢御史。所條奏皆關大體。官至浙江巡撫。值大饑。懸禁不得抑米價。並請開內洋販運之禁。地方以安。

黃芮 【唐】歙人。建中初繼母洪氏病。割股饋羹而愈。貞元中父卒。號泣不絕聲。廬墓終身。墓側產芝及連理木。事聞。詔旌其門。

黃芳世 【清】梧兄子。字周士。康熙間以一等侍衛。爲福建隨征總兵官。從兄芳度死。襲海澄公。守漳州。卒謚忠襄。

黃芳度 【清】梧子。康熙間襲封海澄公。守漳州。部將吳淑與鄭氏通。引兵陷漳。芳度巷戰。力竭投井死。期功男女從死者三十餘人。贈王爵。謚忠勇。

黃芳泰 【清】芳世弟。康熙間耿精忠反。芳泰至廣東請兵。會尚之信叛。芳泰偕芳世及巡撫楊熙力戰而出。後襲海澄公。卒謚襄愍。

黃表 【明】湖廣咸寧人。字一屏。

子澄之後。燕兵靖難。子澄九宗皆赤。幼子仲眞潛居咸寧之㵎湖。易姓名爲田中直。生達顯。顯生秩。仁宗登極。褒揚子澄之忠。錄用其後。秩得復姓。官陝西苑馬寺少卿。秩生璣。字齊軒。以明經任邳州同知。擢知開封府。累遷參政。表其子也。生而穎異。日記千言。舉進士。官工部主事。世宗即位。議大禮稱旨。將大用之。以父憂歸卒。

黃衫客　唐俠客。佚其名。霍王女名小玉。與隴西李益通。後爲益所棄。小玉憂憤而病。終不得見益。忽有黃衫豪士挾益至其家。小玉既相見。長慟而絕。(按黃衫爲唐時少年之華服。唐玄宗使樂工少年姿秀者衣黃衫立左右。見唐書禮樂志。)

黃‧采　明嘉定人。字宗素。洪武中任監察御史。受命治藍玉獄。白註誅者三百餘人。數言事。調龍溪知縣。歷知紹興府。所至有循吏風。◎明南城人。字亮工。號復堂。師事謝文洊。篤志力學。事親孝。繼母周得狂易疾。扶持三十餘年如一日。居家以小學家禮倡引後進。風俗爲一變。卒年八十有四。有聖闢顧學錄。聖學彙編。性圖。

黃‧金臺　清平湖人。字鶴樓。歲貢生。性剛潔嫉惡。好交游。蹤跡徧江淮諸郡。有木雞書屋詩文鈔。左國閒吟。聽鸝館日識。所選有今文悵。盛藻集。

黃‧俊　宋南海人。沈重有謀。宋末爲摧鋒軍將。性剛毅。不能隨時俯仰。德祐間元兵陷廣州。不屈死。◎明武進人。字愼齋。弘治進士。累官刑部郎中。忤權璫意。出守嚴州。調守漢陽。銓曹聞其清介。授山東轉運使。陳利弊十四條。清望日隆。爲當道所忌。乞歸卒。

黃‧信　明彭澤人。洪武中由太學生擢監察御史。有能聲。歷湖廣按察使。持正不撓。終都察院右副都御史。

黃‧信中　明餘干人。知樂清縣。奸人給寡婦至京。誣告鄉人謀叛。而已逸去。詔行所司會鞫。信中廉得其情。獲全甚衆。調錢塘。課最當遷。部民相率乞留。擢知杭州府。

黃‧俣卿　明閩人。嘉隆間福建瀕海嘗被倭患。俣卿推其致禍之中。著倭患考原。

黃‧則有　清邵陽人。字古愚。四歲喪父。比長。授徒里中。以戀母故。終其身所館不出二十里外。性好吟詠。喜施與。母沒。以毀卒。

黃‧垓　宋羅源人。任安撫司。德祐中元兵四十餘萬自溫州道羅源。垓以白金三千兩贖民命。後元兵回。羅源僵尸蔽野。垓悉葬之。

黃‧姬水　明省曾子。字淳父。有文名。學書於祝允明。傳其筆法。工詩。有貧士傳。白下集。高素齋集。

黃‧宣　宋莆田人。政和進士。知遂平縣。時李彥附蔡京。以公田脅制郡縣。有奸民乞籍遂平之租。以供延福內藏。凡三奉御札。專委檢校。宣屢執不從。因得免籍。官終太學博士。

黃帝　上古帝王。姓公孫氏。生於軒轅之丘。故曰軒轅氏。國於有熊。故亦曰有熊氏。時蚩尤暴虐天下。兼幷諸侯。帝與戰於涿鹿之野。擒蚩尤誅之。諸侯尊爲天子。以代神農氏。因有土德之瑞。故號黃帝。命蒼頡爲史。始制六書。風后衍握奇圖。始制陣法。命隸首定數。而律度量衡以成。命伶倫定律呂。而始有五音。咨於岐伯而作內經。於是始有醫藥方法。人得以盡年。凡宮室器用衣服貨幣之制。皆始於黃帝。在位百年而崩。

黃‧庠　宋分寧人。字長善。博學強記。超敏過人。初至京師。就舉國子監開封府禮部皆第一。名動京師。所作程文。流傳外夷。歸江南。以病卒。

黃‧度　宋新昌人。字文叔。號遂初。紹興進士。爲御史。寧宗即位。改右正言。以忤韓侂胄罷歸。侂胄誅。累官煥章閣學士。度以人物爲己任。推挽不休。每曰無以報國。惟有此耳。嘗知建康。救荒有法。活民百萬。有詩書周禮說及史通諸書。◎清建寧人。字于叔。號鑿谷。歲貢生。官閩縣訓導。乾隆中舉鴻博不就。有于山晚翠集。

黃‧建中　明興化人。字艮輔。萬曆進士。官至南京戶科給事中。持正敢言。中內計罷去。有留垣疏草。

黃‧彥士　明黃陂人。字抑美。萬曆進士。官御史。會有孝定太后之喪。贊神宗行三年喪。示後世法。帝納之。光宗踐祚。條上十事。熹宗立。復上講學疏。巡按河南。未發。見璐藩稅監暴橫。杖其黨數人。請立撤稅監。卒以抗直左遷歸。

黃‧彥平　宋豐城人。字季岑。號次山。宣和進士。靖康初坐與李綱善貶官。南渡後。官吏部郎中。多所建白。出提點湖南刑獄。有三餘集。

黃‧彥臣　宋龍溪人。字叔燦。治平進士。授南平簿。歷任泉廣二州倅。守莆汀建劍四郡。官至朝散大夫。歷官中外。皆有聲稱。

黃‧彥淸　明歙人。建文時官國子博士。以名節自勵。永樂初以私諡建文帝坐死。

黃‧彥遠　宋金谿人。字思邈。政和進士。爲平江府教授。值睦寇偪近邑境。官吏宵遁。彥遠以義率士民城守。賊不敢犯。調吉水令。歸隱東菴。有五經指南。東菴文集等書。

黃彥標　清惠安人。字樹之。號樸亭。康熙進士。善屬文。工畫山水花草。得宋元逸趣。人以文沈目之。

黃昭　明江陰人。字明甫。弘治進士。授刑部主事。改職方。正德初以忤劉瑾罷官。瑾誅復起。累官福建按察副使。黃田山寇嘯聚。聞昭往。散去。昭與賈安甫、史艮佐同在正德黨籍。朝紳贈詩有三虎之句。

黃昭道　明平江人。字文顯。弘治進士。武宗時爲御史。以言事忤劉瑾斥爲民。後起江西僉事。宸濠招亡命。劫彭蠡諸處。昭道捕獲數百人。訊治如法。再遷雲南參政。撫木邦·孟密有功。官終左布政使。

黃洧　宋甌寧人。字清臣。孝宗朝累遷廣東轉運判官。深入瘴鄉。問民疾苦。移使荆湖南路。行部入舂陵界。聞郴桂飢民爲變。乘夜深入。賊出不意。驚潰。遂以無事。兩郡民悉畫像生祠之。

黃洽　宋侯官人。字德潤。隆興初太學試春官第二。累官御史。所論列未嘗攄摭細故。帝因商榷除目。罄竭無所顧避。帝大喜。除資政殿大學士。光宗受禪。特詔晉秩。洽奏以用人爲首務。致仕卒。洽質直端重。有大臣體。兩朝推爲名臣。有文集·奏議。

黃洪元　清丹徒人。幼時父死於仇。及長。謀報。以母在。隱忍十年。母沒既葬。覓仇殺之。自陳繫獄。尋得釋。

黃洪憲　明秀水人。字懋中。隆慶進士。官至少詹事。嘗奉使朝鮮。洪憲以文受知張居正。居正敗。共詆以逆。洪憲曰。江陵誠驁。顧其輔幼主功。不當末減分宜耶。因與衆不合歸。有朝鮮國紀·玉堂日鈔·碧山學士等集。

黃炳垕　清餘姚人。號蔚亭。同治舉人。幼凝靜有神解。精曆算之學。左宗棠撫浙時。爲測造沿海經緯輿圖。一時當道爭延致。輒辭不往。惟就寧波辨志精舍之聘。遂開浙東算學。越南兵興。中樞以所著測地志要頒發諸統帥。光緒中纂修會典。炳垕已老。尙爲之參定條例。有五緯捷算·黃忠端年譜·黃梨洲年譜·誦芬詩略。

黃玹　明蒲圻人。字敬潤。成化進士。授高安知縣。有政績。拜監察御史。時征貴州都匀苗。玹往監軍。改土爲流。改州爲衞。厥功居多。遷大理寺丞。

黃珍　明休寧人。一作金陵人。字懷季。正德貢士。官教諭。工書畫。能詩。◎清錢塘人。字西清。號山民。又號鈎夫。少孤。讀書不得志。學畫入神。善古文。能詩。骨清而味腴。

黃珂　明遂寧人。字鳴玉。成化進士。由縣令累官工部尚書。有介直譽。宸濠謀復護衞。珂堅執不署。時以爲難。卒諡簡肅。

黃相　宋庭堅子。小字小德。生母出於微賤。故庭堅詩云。解著潛夫論。不妨無外家。又嘗與王瀘州帖。稱其骨相寵厚。

黃省曾　明魯曾弟。字勉之。舉嘉靖鄉試。從王守仁·湛若水游。又學詩於李夢陽。以任達睥睨終其身。於書無不覽。詳聞奧學。近古無比。有西洋朝貢典錄·擬詩外傳·客問。騷苑·五嶽山人集等書。

黃禹錫　宋晉江人。字仲元。攝莆田令。時林某負險倡亂。諷禹錫爲主。禹錫曰。頭可斷。賊不可爲。密遣長子覲乞兵於漕使。賊聞之怒。坐禹錫與其次子覿於帳下。持刃臨頸。父子神色自若。不爲屈。旣而覲等以兵至。賊平。尋請老歸。

黃英　明醴陵人。元末授修武校尉。率孤軍克復武昌。以衆歸太祖。充先鋒。守江陰。從討樅陽。卒於陣。

黃重　明南海人。字子任。正德進士。擢戶科給事中。已而清理畿內倉場。以清介聞。進兵科左給事中。以諫大禮被杖。官終南京太常少卿。

黃飛鵬　清連江人。嘉慶中與李長庚夾攻蔡牽有功。屢與海盜戰。官至廣東陽江鎭總兵卒。

黃香　後漢安陸人。字文彊。年九歲。失母。思慕憔悴。殆不免喪。事父至孝。夏月扇枕席。冬則以身溫被。稍長。博通經典。能文章。京師號曰。天下無雙。江夏黃童。和帝時官至尙書令。祇勤物務。憂公如家。在位多所薦達。遷魏郡太守。坐事免。卒於家。

黃倬　清善化人。字恕皆。道光進士。官至吏部侍郎。有詩韻辨字略。

黃倫　宋三山人。字彝卿。舉進士第。有尙書精義。

黃匪躬　後梁連州人。幼負詩名。第光啓進士。後仕梁。掌江西鍾傳幕奏記。楚王馬殷極傾慕之。

黃唐　宋福州人。字雍甫。寧宗朝爲考功郎中。時韓侂胄爲父誠陳乞作謚。唐當覆議。乃見宰相京鏜。言不能奉承。因求去。

黃尋　元金溪人。字殿士。博學明經。善屬文。尤長於詩。至正中歷官國史院編修。京城破。赴井死。

黃哲　明番禺人。字庸之。太祖駐師金陵。招徠名儒。拜翰林待制。出知東阿縣。剖決如流。一縣帖然。後判東平。以註誤罹於法。嘗構軒名雪篷。學者稱爲雪篷先生。有雪篷集。

黃家舒　清無錫人。字漢臣。明季諸生。明亡後。坐臥斗室。謝絕交游。自名其集曰爲文堂集以見志。

黃家瑞　明滕縣人。字禎臻。崇

禎進士。累官揚州兵備道。有却賊功。超拜右僉都御史。督理淮揚鹽法軍餉。後守松江。清兵陷城。轉戰至浦口。赴水死。

黃師雍　宋福州人。字子敬。寶慶進士。少從黃榦學。性簡淡寡欲。尤明於邪正之辨。恥出史彌遠門。不往見。爲監察御史。劾罷史嵩之。遷禮部侍郎卒。

黃師魯　明蒲圻人。字希聖。號清河道人。精篆籀。洪武初辟崇陽訓導。

黃庭　清長洲人。字葭山。康熙舉人。有說研老人詩稿、采香涇詞。

黃庭堅　宋庶子。字魯直。號涪翁。幼警悟。舉進士。知太和縣。以平易爲治。哲宗立。召爲校書郎。神宗實錄檢討官。遷著作佐郎。實錄成。擢起居舍人。紹聖中知鄂州。章惇、蔡卞惡之。貶涪州別駕。黔州安置。徙戎州。徽宗初起知太平州。復謫宜州卒。私諡文節先生。庭堅文章天成。與張耒、晁補之、秦觀俱游蘇軾門。天下稱爲四學士。而庭堅尤長於詩。世號蘇黃。又善行草書。楷法自成一家。初游灊皖山谷寺石牛澗。樂其泉石之勝。因自號山谷道人。有山谷內外集、別集、詞、簡尺、年譜。

黃恩彤　清寧陽人。道光進士。累官廣東巡撫。因事奪職。咸豐間捻擾山東。恩彤在籍。倡議築壘掘濠。建礮臺以守。捻無所掠食。遂漸窮蹙。

黃恩長　清長洲人。字奕載。號蒼雅。能詩工畫。尤精篆刻。有敦好齋印譜、千頃堂畫譜。

黃振龍　宋閩縣人。字仲玉。得朱熹端莊存養之說。默契於心。書之座隅。已從黃榦游。極爲榦所稱許。以鄉貢卒。

黃晉良　清閩縣人。字朗伯。號處安。明諸生。唐王時官工部主事。入清。嘗參軍幕。既而隱居著述。精研儒釋之辨。尤愛黃道周易學。工書。善畫竹石。有唐詩剩義。

黃浮　後漢汝南人。桓帝時爲東海相。敢治中常侍徐璜兄子宣。掾史以下固諫。浮曰。徐宣國賊。今日殺之。明日坐死。足以瞑目矣。坐髡鉗。輸作右校。

黃海　明餘姚人。字伯川。天順時舉於鄉。爲建寧教諭。工詩。有竹橋十詠。

黃流　明直隸人。有志聖人之道。一時名儒。如羅倫、陳獻章輩咸與之游。以親老。絕意仕進。竭盡孝道。弘治初被徵不就。隱處以終。

黃烈　宋浦城人。字元功。宣和間守處州。方臘竊發。諸邑淪陷。詔烈卽劍州治事。降方臘將洪載。重修郡城。民賴以安。

黃珣　明餘姚人。字廷璽。成化進士。廷試第二。歷官翰林國子監。終南京吏部尚書。性和易而節概凜然。劉瑾勒令致仕。嘉靖時追諡文僖。

黃益　宋工畫山水。

黃眞　後漢雍丘人。字夏甫。爲郡小史。吳祐舉孝廉。郡中祖道。祐越壇共眞歡語移時。結友而別。眞後舉孝廉。爲新蔡長。世稱其清節。

黃祖　後漢爲江夏太守。事劉表。袁術使孫堅攻荆州。表使祖禦之。射殺堅。表送禰衡至。祖初善待之。後祖大會賓客。衡言不遜。祖怒殺之。孫權既立。以父仇屢攻祖。建安間兵敗城陷。祖挺身亡走。爲其下所殺。

黃祖舜　宋福清人。字繼道。宣和進士。紹興中權刑部侍郎。進論語講義。兼給事中。楊愿家乞遺表恩。祖舜言愿陰濟秦檜。寢其命。秦熺卒。贈太傅。祖舜奏追奪之。仕至同知樞密院事。卒諡莊定。有易說、國風小雅說、禮記說、歷代史議及遺文。

黃秩林　清宜黃人。字子幹。道光舉人。知松滋縣。有存雅堂集。

黃鍔　宋莆田人。字季野。師林光朝。同游士自劉夙而下。咸推崇之。官終懷安縣丞。

黃衷　明南海人。字子和。弱冠舉弘治進士。督糧廣西。嚴法繩奸。境內肅然。後撫雲南。鎮湖廣。皆有政績。官終兵部右侍郎。所著海語。述海中荒忽奇譎之狀。極爲詳備。工詩。有矩洲集。

黃訓　明歙人。嘉靖進士。官至副都御史。輯洪武至嘉靖名臣經世之言。爲名臣經濟錄。又著讀書一得。

黃起龍　明莆田人。字應興。萬曆進士。累遷南京吏科給事中。時講筵久罷。福藩不就國。廷臣莫敢言。起龍甫拜官。首疏及之。又請復建文年號。追諡靖難仗節諸臣。遇事直陳。有留垣奏議。

黃配元　明江西樂安人。字位兩。崇禎進士。令懷寧。流寇焚掠江北。配元擊却之。賊不敢逼。後以都御史巡撫安慶。厲兵馬。飭守禦。以內艱去。

黃偉　明同安人。字孟偉。正德進士。授刑部郎。嘉靖初應詔陳九事。權出守南雄。介直敢爲。改授松江。權貴有銜之者。稱疾歸。◎明正德時太監。內臣爲匿名書詆劉瑾。瑾矯旨召百官詰責。偉謂諸臣曰。書所言皆爲國爲民。挺身自承。雖死不失爲好男子。奈何枉累他人。因被逐。

黃商衡　清農子。字景淑。原名師憲。幼孤。刻苦於學。夜寢。刻香繫鐵錘。下承銅盤。香盡錘墜。擊盤鏗然。卽驚覺起讀。年四十餘。補諸生。遂無意功名。日讀先儒性理書。

尤好蘇山人極圖說。著困學錄。自命爲又次學人。乾隆中卒。

黃國用 【明】廬陵人。正德進士。授行人。以諫武宗南巡。謫南京國子學正。嘉靖間累遷監察御史。忤中貴。謫廣東驛丞。官至貴州提學僉事。

黃國堯 【清】湖南乾州人。字聰軒。咸豐間從曾國藩充水師營隊長。自湘潭轉戰湖北江西。後入安徽。創巢湖水師。扼廬州。積功累擢游擊。以入城會議。適寇至。巷戰死。

黃國鎭 【宋】字子芳。元符間登第。爲福清尉。孤介不可犯。及去官。一奴荷籠。縱步南歸。後仕至本路提刑。

黃培芳 【清】香山人。字子實。又字香石。傳其父紹統學。嘉慶副貢。官乳源。陵水教諭。少以詩名。與張維屏。譚敬昭稱粤東三子。工書畫。卒年八十二。學者稱粤嶽先生。有易宗。浮山小志。雲泉隨札。虎坊雜識。縹緗雜錄。藤陰小記。嶺海樓詩文鈔。香石詩話。

黃寅 【宋】邵武人。字直翁。少時頗豪逸。後奮勵修飭。師朱熹。學問精詣。爲鄉人所敬畏。

黃崇 【蜀漢】權子。仕爲尙書郎。隨諸葛瞻拒鄧艾。到涪縣。屢言宜速行據險。無令敵得入平地。瞻猶豫未決。崇至於流涕。會鄧艾長驅至。瞻卻戰至於綿竹。崇帥厲軍士期必死。竟沒於陣。

黃崇階 【清】湘鄉人。字升吉。號躋軒。一號泰垣。好學能文。事母以純孝著。緣母病遂精醫。居鄉多義舉。舉孝廉方正。力辭不就。有南嶽遊草。北遊紀行。詩集。

黃崇嘏 【前蜀】女子。居恆爲男子裝。游歷兩川。因事下獄。獻詩蜀相周庠。庠薦攝司戶參軍。政事明敏。庠愛其才。欲妻以女。嘏作詩以見意。有曰。幕府若容爲坦腹。願天速變作男兒。庠得詩大驚。問之。乃黃使君女也。後歸臨邛。不知所終。

黃巢 【唐】冤句人。世鬻鹽。富於貲。巢次居第六而多詐。世稱黃六。善騎射。稍通書記。喜養亡命。僖宗時王仙芝起事。巢募衆應之。未幾。仙芝敗。巢率衆攻掠河南江西福建浙東宣歙廣南荆襄諸州。乘勢取洛陽。破潼關。陷長安。帝奔蜀。巢稱齊帝。爲李克用所破。自刎死。亂平。帝復還長安。自始亂至平。凡十年。

黃常 【元】饒州樂平人。字仲綱。延祐進士。判梧州。時朝論以常博雅偉望。假禮部侍郎。使安南稱職。後以討八撒刺不花功。遷江西行省參知政事。

黃庶 【宋】分寧人。字亞父。慶曆進士。歷佐一府三州。皆爲從事。後攝知康州。工詩。有伐檀集。

黃彬 【明】江夏人。從歐普祥攻陷袁吉。已勸普祥納款太祖。陳友諒勢大蹙。太祖以兵臨之。遂棄江州。彬力也。未幾。普祥死。彬領其衆。普祥故殘暴。彬盡反所爲。民甚安之。以功封宜春侯。後坐胡惟庸黨死。

黃得功 【明】合肥人。徙開原衞。號虎山。本姓王。崇禎中以討流賊功封靖南伯。福王時進封侯。鎭廬州。與劉良佐。高傑。劉澤清分守江北。號四鎭。後移鎭太平。清兵至。倉卒中流矢。知事不可爲。拔箭刺吭死。得功粗猛不識文義。然行軍嚴紀律。所至人感其德。

黃從龍 【宋】江南東路永豐人。嘉定進士。爲郢州推官。元兵入襄峴。郢當要衝。守將潛遁。從龍抱印登城。大呼曰。張巡。許遠之事。正在今日。齧指血書死戰報國四字。與子熙力戰而死。

黃惟楫 【明】天台人。字說仲。詩沿七子流波。有黃說仲詩草。

黃惟亮 【宋】筌弟。初事蜀孟昶。善畫。入宋隸翰林圖畫院。擅名一時。

黃敏 【明】桐城人。字宗學。少有文名。洪武初除內丘令。考最。累遷廣西按察司副使。所至有威惠。

黃斌老 【宋】潼川人。文同之妻姪。登科。任戎州倅。黃庭堅貶戎州。與定交。善畫竹。庭堅有詠其橫竹詩。

黃斌卿 【明】莆田人。字明輔。爲舟山參將。甚得民心。福王時升江北總兵。南都亡。遁歸。退保舟山。唐王封爲威鹵侯。鎭舟山。刻意爲保聚計。欲效土司之所爲。魯王至舟山。不納。張名振。阮進等合謀攻之。斌卿與二女赴水死。

黃晛 【宋】甌寧人。字東暉。紹興初登第。後知曹之屬縣。章貫宣撫陝西。道出曹州。郡縣羅拜於庭。晛獨秉笏挺立。貫密詢姓名。遂棄官去。

黃晞 【宋】建安人。字景微。少通經。聚書數千卷。學者多從之游。石介在太學。遣諸生以禮聘召。晞走匿不出。樞密使韓琦表薦之。以爲太學助教。受命一夕卒。有歔欷瑣微論。

黃晟 【五代吳越】鄞人。官散騎常侍。明州刺史。時盜賊四起。獨相戒曰。毋犯黃公境。江東人士多依之。董昌反。晟移書規諭。及錢鏐舉兵擊昌。晟應之。在任十八年卒。◎【清】吳縣人。字香涇。乾隆舉人。善畫寫意花草。蒼勁中有秀潤氣象。工詩文。能書。

黃梧 【清】平和人。字君宣。明亡。爲鄭成功總兵。守海澄。順治間降。封海澄公。薦施琅。陳勦滅成功之策。克廈門。金門。浯嶼等島。晉一等公。康熙間耿精忠反。招梧。梧方病疽。投袂而起。齧口迸裂死。贈太保。謚惡恪。

黃·淮　明永嘉人。字宗豫。洪武進士。仕太祖及宣宗。歷五帝。爲漢王高煦所譖。繫詔獄十年。洪熙初復官。終戶部尚書。性明果達治體。善讞疑獄。卒謚文簡。有省愆集。黃介菴集。

黃·淳　明新會人。字鳴谷。萬曆進士。爲寧海知縣。下車。卽新方孝孺祠堂。以崇教化。黠豪猾無所避。上官聞其善畫。索之。淳曰。敝邑救過不遑。遑及畫哉。謝病歸。工詩。有鳴山堂集。李杜或問。

黃·淳熙　清鄱陽人。字子春。咸豐初爲湖南知縣。治事有能聲。後從駱秉璋入蜀。剛勇善戰。將兵務猛進。恥言持重。由萬縣進攻順慶。戰死。謚忠壯。

黃·淳耀　明嘉定人。字蘊生。號陶菴。爲文原本六經。舉崇禎進士。歸益研經籍。南都亡。嘉定亦破。偕弟淵耀縊於西城僧舍。門人私謚貞文。淳耀弱冠卽有志聖賢之學。晚而充養和粹。造詣益深。詩古文卓然名家。有山左筆談。陶菴集。

黃·淵　春秋晉大夫。欒盈之黨。悼公時。士匄逐欒盈。淵被殺。

黃·淵耀　明淳耀弟。字偉恭。諸生。好學敦行如其兄。與兄同死節。

黃·淸老　元邵武人。泰定進士。累官翰林編修。學行爲時所重。詩有盛唐風。有春秋經旨。四書一貫。

黃·祥　明邵武人。號水雲。工書。尤善畫。濃淡停勻。儼有生意。嘗作宮女圖。畫至六七百人。所嬉所服所事。絕不犯複。時稱奇絕。

黃·章　宋度子。字觀復。師陳傅良。嘗爲幹官。檢身正。與人恕。及卒。師友咸痛惜之。◉明莆田人。字斐士。善畫人物。

黃·紱　明其先封丘人。徙家平越。字用章。正統進士。歷刑部郎中。爲人剛廉。人目之曰硬黃。弘治間累拜南京戶部尚書。改左都御史。歷官四十餘年。性卞急。不能容物。然操履潔白。所至有建樹。乞休卒。

黃·紹　元臨川人。字仲先。至正進士。爲靖安縣尹。壬辰兵變。集鄉兵爲守禦計。後兵敗。不屈死。

黃·紹杰　明萬安人。天啓進士。崇禎初官給事中。因旱求言。紹杰上疏請罷溫體仁。降上林苑署丞。遷行人司副。後賊犯皇陵。紹杰再劾體仁誤國召寇。再謫應天府檢校。屢遷南京吏部郎中卒。

黃·紹統　清香山人。字燕勳。號翼堂。乾隆舉人。官瓊州府教諭。有仰山堂集。

黃·紹箕　清體芳子。字仲弢。光緒進士。官侍講。紹箕博學工文章。善鑑別書畫。尤愛才好士。康有爲未遇時。紹箕力爲延譽。及戊戌政變作。紹箕聞信。奔告有爲。遂脫於難。嗣爲榮祿所惡。告歸。尋起爲湖北提學使。卒官。

黃·翊　明餘姚人。字九霄。工畫竹石。畫菊尤稱妙品。

黃·訥　五代吳蘇州人。天祐時爲鎮南節度使劉威幕客。楊行密既卒。或譖之於徐溫。溫將圖威。訥勸威輕舟入覲。威從之。溫待威甚恭。威得還鎭。訥與有功焉。

黃·通　宋邵武人。字介夫。嘉祐進士。除大理丞。每浩歌長嘯。有爲元夕觀詩者。通以詞語未壯。自爲詩云。綵樓十二玉梯橫。紫府千門夜不扃。疑是嫦娥弄春色。彩雲移下一天星。其雄俊如此。

黃·釧　明安溪人。字珍夫。由舉人官溫州同知。嘉靖間倭入犯。釧擊走之。知必復來。亟爲備。後倭果大至。釧迎擊。左右二軍潰。倭合兵擊釧。遂被執。脅降。不屈。責以金贖。釧笑且罵。遂被害。

黃·傅　明閩谿人。字夢弼。弘治進士。官至監察御史。清苦自持。有白露山人遺稿。

黃·卿　明益都人。字時庸。號海亭。正德進士。歷知武進·涉縣。遷守應州。所至皆以能稱。擢守太原。五閱月而郡大理。累遷江西左布政使卒。

黃·媛介　清嘉興女子。字皆令。適士人楊世功。髫齡卽嫻翰墨。好吟詠。工書畫。書仿黃庭經。畫似吳仲圭而簡遠過之。有離隱詩。

黃·寔　宋陳州人。字師是。舉進士。哲宗時累遷寶文閣待制。知定州卒。寔孝友敦睦。世稱其內行。

黃·尊素　明餘姚人。字眞長。萬曆進士。天啓中擢御史。會災異。力陳時政十失。忤魏忠賢。既而楊漣劾忠賢被譴。尊素復抗疏繼之。及萬爆杖死。再疏申辨。愈忤忠賢意。削籍歸。尊素謇諤敢言。尤有深識遠慮。忠賢黨必欲殺之。卒被逮拷掠死。福王時追謚忠端。

黃·彭年　清輔辰子。字子壽。道光進士。官至湖北布政使。生平以整飭風紀扶植士類爲己任。嘗掌教保定蓮池書院。成就尤衆。

黃·復　宋沙溪人。字乾叟。寶慶進士。通判滁州。與知州陳廣協力拒金。廣死。攝州事八十餘日。援不至。前後數百戰而沒。

黃·復圭　元饒州安仁人。字均瑞。博學以詩鳴。至正中陷賊。不屈死。有均瑞集。

黃·復祖　宋廬陵人。字仲謙。有春秋經疑問對。

黃·掌倫　清龍溪人。字展之。號吟川。沈潛篤學。尤酷嗜金石文字。

詩學杜牧。許渾。行楷書有古致。旁及繪事。師法荊關。康熙中卒。有吟川詩鈔。

黃揆 【宋】三山人。字端甫。淳熙間知龍溪縣。爲人勤敏仁厚。常積弊之後。理財撫民。家給人足。陞知瓊州。民爲立生祠。

黃景仁 【清】武進人。字漢鏞。一字仲則。乾隆時諸生。少有狂名。工詩。以奇肆嶄譽見長。嘗客安徽督學朱筠幕。上巳日。會采石之太白樓。賦詩者十數人。景仁年最少。頃刻數百言。坐客爲之閣筆。性好遊。遍歷九華。匡廬。彭蠡。洞庭之勝。後又自京遊陝。卒於解州。年僅三十有五。有兩當軒集。

黃景昌 【元】浦江人。字清邃。一字明遠。從方鳳。吳師齋。謝翺游。通五經。尤善書春秋。晚號槐窗居士。又號田居子。有春秋舉傳論。周正如傳考。蔡氏傳正誤。古詩考。

黃景昉 【明】晉江人。字太穉。天啓進士。歷官詹事。直日講。崇禎間陞戶部尙書。文淵閣大學士。屢有建白。旋乞歸。國變後。家居十餘年卒。

黃景說 【宋】閩人。字巖老。號白石。工詩。時人與姜白石並稱。號雙白石。乾道進士。嘉定中直祕閣。知靜江府。有白石丁稿。

黃智深 【宋】休寧人。字常甫。爲文汪洋霧滯。喜談兵。以古豪傑自期。後從滕鉛講明義理之學。尤篤信朱氏之說。宋亡。結茅山中。日與門人講明正學。學者稱草窗先生。有草窗集。

黃朝英 【宋】建州人。紹聖後舉子。爲王安石之學。所著靖康緗素雜記。足資考證。

黃棐 【宋】文晟子。字彥文。師陸九淵。極爲九淵所稱。九淵嘗令其誦屈子覽冀州兮有餘。橫四海兮焉窮之語。以勵其志。

黃棨 【宋】中孫。字肅甫。嘉泰進士。爲靖州倅。於州學傍建書院。政暇講學其中。官至工部員外郎卒。

黃淼 【宋】甌寧人。字水心。通經史百家言。景定間領鄉薦。宋亡不仕。隱於天湖山。有正一齋集。

黃渙 【宋】光澤人。字德亨。從呂祖謙學。淳熙中舉南省第二。守岳州。罷酒傳。蠲魚稅。捕淫巫。治績甚著。

黃焯 【明】南平人。字子昭。正德進士。歷永州知府。斃俗爲革。九溪蠻叛服不常。師興。卒賦諸民。焯取郡鹽引錢貯庫。備軍需。以紓民困。遂著爲令。官至湖廣參政。致仕卒。有尊美堂政錄。修來篇。中庸論語讀法。貽光堂集。

黃琬 【後漢】瓊孫。字子琰。建和中爲五官中郎將。與陳蕃同心輔政。顯用志士。爲權富所中傷。被廢禁錮。後爲豫州牧。擊平寇賊。威聲大振。徵封關內侯。董卓秉政。以琬名臣。徵爲司徒。遷太尉。更封陽泉鄉侯。與司徒王允同謀誅卓。卓將李傕。郭汜攻破長安。遂收琬下獄死。

黃琛 【明】武昌人。洪武初以帳前參隨舍人擢兵馬指揮。帝愛其謹厚。命尙兄蒙城王女。授千戶。數從征討。累官驃騎將軍。◉【明】將樂人。字廷獻。正統進士。歷官江西左布政使。討平朱紹綱之亂。官終南京戶部侍郎。

黃琮 【宋】莆田人。字子方。元符中登第。初爲長溪尉。遭父艱。邑令以千緡爲賻。辭。徒步扶櫬歸。遷閩清。捐俸代民輸租。有閩清清過伯夷清之謠。移同安。與陳麟。翁谷號三循吏。◉【清】昆明人。道光進士。累官兵部左侍郎。咸豐間漢回讎殺滋事。琮在籍辦理團練。以回匪突撲省城。憂憤自盡。謚文潔。◉【清】崇明人。字耀琨。號耕雲。畫葡萄松鼠入妙品。

黃異 【元】灝裔孫。字民同。少好學。讀書白鹿洞。至元進士。爲惠州學錄。後爲道源書院山長。元季兵亂。隱居不仕。自號節庵。有節庵詩集。

黃登 【清】番禺人。字俊升。號積庵。輯有嶺南五朝詩選。

黃登顏 【清】叔琳子。字雲門。乾隆進士。累官左副都御史。提督山東學政。在農部最久。又兩任巡漕。於漕政素熟悉。處置輕重。悉得其宜。學不務雜。以小學近思錄爲主。

黃皓 【蜀漢】後主時宦官。陳祗代董允爲侍中。與皓互相表裏。皓始預政事。祗卒。皓從黃門令爲中常侍。奉車都尉。操弄威柄。終至覆國。鄧艾入蜀。聞皓姦險。收閉將殺之。皓厚賂艾左右。得免。

黃童 【明】政和人。字仕穉。由太學生累擢監察御史。按南畿。嘗於道中見一巨蛇。昂首若有所訴。童令人尾至圜中。就其穴掘之。得圜主者殺人狀。人以爲神。後遷廣西副使卒。

黃策 【宋】吳人。字子虛。元祐進士。歷齊州教授。元符末昭慈聖獻皇后既復位號。而典册未正。策引古誼上書甚切。蔡京深銜之。崇寧初入黨籍。羈管登州。赦歸。仕至工部侍郎。

黃筌 【宋】成都人。字要叔。以善畫得名。年十七。事前蜀王衍爲待詔。後蜀廣政中累遷如京副使。國亡。與江南布衣徐熙入宋。同隸圖畫院。嘗寫白兔於練素。宋祕閣珍藏之以爲上品。

黃翔鳳 【元】慈谿人。震族弟。字子羽。嘗爲山長。學者稱虛谷先生。

黃超然 【元】黃巖人。字立道。號壽雲。舉宋進士。精易學。至治初卒。門人私謚康敏。有周易通義。或問。發例。釋象。壽雲集。

黃越 【清】上元人。字際飛。康熙

進士。官編修。逾年告歸。潛心宋五子書。制舉業尤貴重名。有退谷詩文集。

黃閔 【明】武陵人。博學有詞藝。撰杭州志。廣章懷太子注後漢書郡國志。取以爲證。

黃開 【宋】諸暨人。字必先。博學好古。邃於經術。舉紹興進士。官崇安令。有語孟發揮。周易圖說。孟子辨志。麟經總論。春秋妙旨。六經指南。諸史決疑。浣溪文集。共二百六十餘卷。

黃開榜 【清】施南人。咸豐間由行伍從攻洪秀全。轉戰湖北安徽各省。官至九江鎭總兵。同治間率兵攻捻。肅清寶應。勦平宿州。所至有功。卒諡剛愍。

黃閏 【明】信豐人。字期餘。永樂進士。穎敏不羣。預選翰林。爲忌者所阻。能詩。有竹居集。

黃雲 【元】撫州人。至正間勇士。禦蘄黃賊。爲前鋒。身中數十鎗。罵賊死。◎【明】崑山人。字應龍。號丹巖。家貧好學。弘治中以歲貢授瑞州訓導。有丹巖集。◎【清】泰州人。字仙裳。號舊巢。布衣。善詩文。有悠然堂。桐引樓諸集。

黃嵩 【明】龍溪人。字中立。宣德貢士。正統時授廣東都司經歷。時寇亂軍興。嵩統理大有裨益。景泰時擢平樂知府。猺獞叛服不常。嵩至。境內晏然。猺獞叛。聞嵩有備。解去。嵩遍歷諸寨洞勸諭。悉降之。致仕卒。

黃幹 【宋】長溪人。字尙質。師事朱熹。著述甚富。餘干饒魯。寧德李鑑。皆師事之。官至直學士。有五經講義。四書紀聞。

黃廉 【宋】庠從弟。字夷仲。嘉祐進士。歷州縣。神宗詔訪時務。對甚悉。擢監察御史裏行。河決曹村。壞民田廬。受詔安撫。全活甚多。元祐初爲戶部郎中。陸師閔茶法爲川陝害。廉奏罷其太甚者。累拜給事中卒。

黃愼 【明】海陽人。字仲修。有堪輿類纂人天共寶。◎【清】寧化人。僑居揚州。字恭懋。號癭瓢山人。雍正間布衣。與鄭燮友善。畫宗倪黃。出入仲圭之間。字學懷素。事母以孝稱。有詩集。

黃損 【南漢】連州人。字益之。梁龍德進士。官至尙書左僕射。與宋齊丘桑維翰善。每論天下事。二人自以爲不及。有桂香集。

黃暐 【明】吳縣人。字日昇。號東樓。弘治進士。官至刑部郎中。性剛廉。用法平恕。忤權貴歸。有蓬窗類記。

黃棫材 【清】上高人。字豪伯。官知縣。熟於地理測量之術。有得一齋雜著四種。

黃極 【元】撫州樂安人。字建齋。師事吳澄。元統中徵不起。有西齋集。

黃極忠 【漢】以羣盜長爲臨江將。已而爲漢擊臨江王。及諸侯破英布。封邸侯。卒諡嚴。

黃歇 【戰國楚】有口辨。相楚二十餘年。號春申君。娶李園妹。知其有身。乃出之謹舍。時考烈王無子。歇言諸王。王召幸之。遂生男。立爲太子。園妹爲后。王卒。太子立。是爲幽王。園用事。忌歇。伏甲士於棘門。刺殺之。

黃溥 【元】蒲圻人。字彥傳。至元初舉於鄉。授慶元路鄮山書院山長。爲人敦樸。知務本之學。◎【明】潤玉孫。字存吾。幼傳家學。以貢授蕪湖訓導。有簡籍遺聞。◎【明】弋陽人。字澄濟。號石崖居士。正統進士。擢御史。歷官廣東按察使。用法得平。有石崖集。漫興集。

黃溶 【清】鄆城人。字浴遠。雍正中貢生。有舒曉齋存稿。

黃溍 【元】義烏人。字晉卿。延祐進士。歷諸暨州判官。所至有治績。累擢侍講學士。知制誥。同修國史。致仕卒。追封江夏郡公。諡文獻。溍天資介特。在朝挺立無所附。史稱其清風高節。如冰壺三尺。纖塵弗汚。其學博極羣書。而約之於至精。剖析經史疑難。及古今因革制度名物之屬。多先儒所未發。文辭布置謹嚴。援據精切。有義烏志。日損齋稿。筆記。

黃滔 【唐】莆田人。字文江。乾寧進士。光化中歷監察御史裏行。充威武軍節度推官。王審知據有全閩。終其身爲節將。滔規正有力焉。詩清醇豐潤。有泉山秀句。黃御史集。

黃煥國 【宋】揭陽人。字章卿。紹興進士。初宰臨汀。政協民心。有戡亂功。秩滿。汀民臥轍留之。爲立祠於南安。再遷鄞江卒。

黃熙 【清】南豐人。字維緝。順治進士。官臨川教諭。乞養歸。遂不出。與謝文洊爲友。折節師事之。時與甘京。封濬。危龍光。曾曰都。湯其仁號程山六君子。有儆園遺稿。

黃瑜 【明】香山人。字廷美。景泰舉人。官長樂知縣。有惠政。以勁直棄官。植槐構亭。吟嘯其間。自稱雙槐老人。作雙槐歲鈔。◎【明】松江華亭人。字廷美。天順初官肇慶知府。編刊書學會編。

黃瑊 【宋】浦城人。震子。字公度。以蔭補太廟齋郎。累除國子博士。出知撫州。罷秩。奉襄知監院。言瑊才器明敏。資性公廉。嘉祐末以薦爲廣濟都大發運司卒。

黃瑀 【宋】閩縣人。字德藻。紹興進士。累官御史。時王繼先以醫得幸。恃寵蠧政。瑀欲論之。病未及上。杜華老來問疾。三呼不應。華老曰。吾今日擊去王繼先矣。瑀卽躍然起曰。君能任職。吾何病。探枕中片紙示之。乃劾繼先疏也。官終朝散郎。

黃瑗 〔明〕晉江人。字純玉。弘治進士。知長山縣。善決疑獄。擢守肇慶。以平賊功進三品秩。

黃經 〔清〕如皋人。字維之。又字濟叔。別字山松。畫山水師大癡。得其縕蘊。工詩詞書法。兼工鐫印。

黃義明 〔宋〕義剛弟。字景亮。師黃榦。孝友慈祥。待人如一。自號徽齋。有詩文講義。

黃義勇 〔宋〕臨川人。字去私。從朱熹武夷精舍。爲白鹿洞堂長。極爲黃榦所稱。

黃義剛 〔宋〕義勇弟。字毅然。事朱熹最久。嘗敍所聞曰先師德言。

黃與迪 〔宋〕善畫墨竹。

黃與堅 〔清〕太倉人。字庭表。號忍菴。順治進士。康熙中試鴻博。授編修。遷贊善。善畫工詩。有忍菴集。錢謙益稱其頓挫鉤鎖。纏綿惻愴。吳偉業嘗選婁東十子詩。以與堅爲冠。十子者。與堅・周肇・顧湄・許旭・王撰・王攄・王昊・王揆・王抃・王曜升也。

黃萬戶 〔後蜀〕少爲高唐觀道士。學六丁法於道士張君。常持一鐵鞭療疾。輒驗。又能投符化鐵而食。其他術皆類此。

黃萬頃 〔宋〕同安人。字景度。紹興進士。知雷州。陛對言馬政甚悉。歷知廉州瓊州。從官四十年。不事封殖。所著詩文數百篇。又集古今詩話爲筆苑。

黃葆光 〔宋〕黟人。字元暉。從使高麗得官。試吏部銓第一。賜進士出身。累擢監察御史左司諫。上言三省吏猥多。其大弊有十。願一切革去。徽宗卽命釐正之。蔡京怒其異己。徙爲符寶郎。復拜侍御史。疏劾京。京中以他事。安置昭州。京致仕。復起知處州。州當方臘殘亂之後。盡心牧養。加直祕閣卒。葆光善論事。會文切理。不爲橫議所移。時頗推重。

黃虞稷 〔清〕泉州人。徙江寧。字俞邰。七歲能詩。號神童。年十六。補諸生。與江左諸名士爲經史會。康熙中舉鴻博。不與試。旋充明史一統志纂修官。家富藏書。至八萬餘卷。著千頃堂書目。又有楮園雜志・我貴軒・朝爽閣・蟬窠諸集。

黃補 〔宋〕滔裔孫。字季全。紹興進士。官安溪令。嘗之惠州。得陳鵬飛師友之。已而教授於鄉。及門者數百人。有九經解・論語人物志。

黃農 〔清〕元和人。字古處。事父母至孝。母沒。逾年猶淚漬其枕。父館於外。五日一省。事兄篤友。與人恭謹。犯者勿校。先父卒。

黃遇隆 〔清〕湖南寧鄉人。字介三。乾隆進士。官知縣。未任以憂歸。潛心洛閩之書。言論造次。必於儒者。主講城南書院。教人以道義爲標準。學者宗之。

黃運昌 〔明〕平壩人。萬曆舉人。歷官永平守。溫恭純粹。有黔紀・閩紀。

黃道周 〔明〕漳浦人。字幼玄。一字螭若。號石齋。天啓進士。崇禎初官右中允。疏救錢龍錫。降調。龍錫得減死。遘疾求去。瀕行上疏。語刺大學士周延儒・溫體仁。斥爲民。復起爲少詹事。道周工書善畫。以文章風節高天下。嚴冷方剛。不諧流俗。公卿多畏而忌之。時廷推閣臣。帝用楊嗣昌等。道周劾之。謫戍廣西。越年復故官。以病歸。福王時官禮部尙書。南都覆。唐王以爲武英殿大學士。率師至婺源。與清師遇。兵敗不屈死。謚忠烈。有易象正義・三易洞璣・洪範明義・孝經集傳・春秋揆・續離騷・石齋集等書。(按明史作字幼平。此從明儒學案。)

黃道婆 〔元〕上海烏泥涇人。亦稱黃婆。初淪落厓州。元貞間附海舶歸。攜閩廣木棉種之。紡織爲布。利被一鄉。及卒。鄉人立祠祀之。

黃道賢 〔元〕泉州人。嫡母唐無子。道賢在襁褓。生母蘇以疾去。既長。屢請於父。得召歸。道賢孝養二母。得其歡心。父卒。廬墓終制。

黃達 〔清〕江蘇華亭人。字上之。乾隆進士。官淮安教授。有一樓集。

黃鉞 〔明〕常熟人。字叔揚。建文進士。授刑科給事中。以憂歸。時燕師日南。方孝孺問以計。後皆如所料。國變後。杜門不出。尋以戶科給事中召。中途。自投於水。以溺死聞。故其家得不坐。◎〔清〕當塗人。字左君。一字左田。乾隆進士。嘉慶時官至禮部尙書。工書善畫。山水得蕭雲從餘韻。與大學士董誥稱董黃二家。予告歸。年九十餘。目失明。自號盲左。卒謚勤敏。有西齋集。

黃鼎 〔清〕六安人。字玉耳。明末以諸生從軍。積功至總兵官。後降洪承疇。官至提督。其婦獨不降。擁兵數萬人。據濠泗山谷中。與清兵抗。總督馬國柱命其子往勸降。婦曰。必得總督親來。國柱卽自至廬。婦率衆出見。以兵餉簿籍授之。卽上馬馳還山中居。終不見鼎。◎〔清〕常熟人。字尊古。號曠亭。又號獨往客。畫山水。受法於王原祁。游覽徧天下。評者謂王翬看盡古今名畫。下筆有淵源。鼎看盡九州山水。下筆有生氣。性伉爽。不受纏縛。年羹堯開府秦中。具幣招往。既至。聞其縱恣無節。遂策馬還。途中繪終南雲氣武功太白諸圖以壯行色。聞者高之。晚號淨垢老人。雍正中卒。年七十有一。◉清崇慶人。字肇封。爲諸生。有大略。同治間從劉蓉領軍。轉戰陝西。敢戰有名。捻魁張總愚竄陝。各軍皆覆。鼎獨戰勝。破壩橋之圍。退保西安。威名大震。後從左宗棠勦回於甘肅。官至按察使。

黃·嘉 宋萍鄉人。靖康初爲太學生。從陳東伏闕上書。請誅蔡京用李綱。退詣開封。責府尹王時雍曰。初以尹獻熙豐十事。將喜君有爲。乃今姦邪如此。時雍唯唯。執政者見嘉讜論事曰。諸公日止食國家二升米耳。吾徒有愧多矣。後終廉州司法參軍。

黃·嘉賓 明嘉祥人。字國賢。初爲河南府推官。斷獄明決。庭無留訟。遷兵部主事。諫武宗南巡。兩受廷杖。蒞事愈厲。官終太僕卿。

黃·圖安 清堂邑人。明崇禎進士。官至易州道。順治初降清。仍原官。以勸撫功擢甘肅巡撫。調寧夏。請終養。部議以規避革職。尋復爲寧夏巡撫。坐事降調卒。

黃·壽生 明莆田人。字行中。永樂進士。改庶吉士。預修五經四書性理大全。除檢討。壽生端重博贍。時人重之。

黃·夢炎 宋瑞州新昌人。字如晦。嘉定進士。官贛縣尉。調饒州軍判官。夢炎少與姚勉。胡仲雲。劉元高齊名。號錦江四俊。嘗相與詣書庫。借其籍。一覽而焚之。各具紙默疏。纖悉無遺。後終於家。

黃·夢幹 元慈谿人。震子。字祇勉。沈潛好學。宋亡不仕。欲奉父講學。尋卒。

黃摑·九住 金臨潢人。大定間以廕補部令史。累官知彰德府事。戰沒。

黃摑·敵古本 金星顯水人。從破寧江。取咸州。平東京路及諸山寨柵。皆有功。張覺晉春被圍於西山。敵古本引兵救之。解其圍。幷獲糧五千斛。招降戶口甚衆。皇統間以功襲謀克。遷棣州防禦使卒。

黃·榦 宋瑀子。字直卿。少受業於朱熹。熹稱其志堅思苦。以女妻之。熹病革。出所著書授榦曰。吾道之託在此。歷官漢陽軍。安慶府。多善政。安慶人至以黃父稱之。卒諡文肅。世稱勉齋先生。有經解。勉齋文集。

黃·榮 明黃岡人。精司馬兵法。明初以戰功授和陽衞指揮。平蜀後鎮黃州。招懷降附。一方賴之。尋調紹興衞。

黃·榮六 明桐城人。元末兵亂。榮六保障一方。築城於蔣家山南。遠近皆來歸。太祖下安慶。榮六請降。尋歸隱。

黃·毓祺 明江陰人。字介之。號大愚。天啓間貢生。好學有盛名。精釋氏學。崇禎末清兵逼江陰。毓祺謀舉兵。城陷。亡去。後被捕繫金陵獄。將刑。命取襲衣自斂。趺坐而逝。

黃·碣 唐閩縣人。初爲閩小將。喜學問。戰安南有功。爲漳州刺史。徙婺州。有治績。董昌爲威勝軍節度使。表爲副。及昌反。碣諫。被害。

黃·禎 明安丘人。字德兆。號北海野人。嘉靖進士。性磊落自負。歷吏部文選司郎中。好爲詩。與樂安李舜臣齊名。時稱李黃。有北海野人稿。

黃·福 明昌邑人。字如錫。號後樂翁。由太學生歷金吾前衞經歷。上書論國家大計。超拜工部右侍郎。成祖時遷尙書。交阯平。福往鎮之。在任十九年。交人戴之如父。改南京戶部。加少保。福歷事六朝。多所建白。當官不爲赫赫名。事微細無不謹。憂國忘家。老而彌篤。正統中卒。成化初諡忠宣。有黃忠宣集。

黃·種 明隆德人。永樂貢士。官戶科給事中。資性鯁介。不苟合。久居清要。及歸。行李蕭然。

黃·端伯 明江西新城人。字元公。自號海岸道人。崇禎進士。授寧波推官。改杭州。以憂去。服闋。棄家爲僧。朝旨勸問。復蓄髮。福王時授禮部郎中。清師渡江。被執不屈死。有易疏。瑤光閣集。

黃·綰 明息人。武宗時爲刑部主事。諫南巡被杖。歷郎中。出爲紹興知府。以寬大爲治。爲張璁等所陷。下獄瘐死。◉明孔昭孫。字宗賢。一作叔賢。號久庵。以蔭入官。累擢禮部尙書。兼翰林學士。致仕卒。綰師事王守仁。守仁沒。桂萼齮齕之。綰上疏言昔議大禮。臣與萼合。臣遂直友以忠君。今萼毀臣師。臣不敢阿友以背師。又以女妻守仁子正億。攜之金陵。鋤其外侮。有五經原古。(按明史於綰多貶詞。參之明儒學案。多不盡然。茲從學案。)

黃·綬 明平谷人。洪武末以奇童召見。命送國子監讀書。宣德中舉進士。授御史。英宗將北征。綬疏諫不聽。從至土木。兵潰。死節。

黃·維之 宋泉州人。字叔張。紹興進士。遷國子監簿。除大理丞。時諸卿奏獄空。維之以所隸有獄事未竟。不書名。尋求補外。出知邵武軍。歷江西提學。皆有聲。

黃·蓋 三國吳泉陵人。字公覆。初爲郡吏。察孝廉。辟公府。孫堅舉義兵。蓋從之。凡宰九縣。所在平定。赤壁之役。蓋建策火攻。大破曹軍。拜武鋒中郎將。武陵蠻反。以蓋領太守。討平之。累加偏將軍卒。

黃·裳 宋南平人。字冕仲。邃禮經。元豐進士第一。政和間知福州。累遷端明殿學士。禮部尙書。方三舍法行。裳謂宜近不宜遠。宜少不宜老。

宜富不宜貧。不如遵祖宗科舉之制。人以爲確論。喜道家玄祕之書。自號紫玄翁。有演仙集。◎〔宋〕晉城人。字文叔。乾道進士。累官嘉王府翊善。每勸講。必援古證今。即事明理。凡可以開導王心者無不言。時光宗以憂疑成疾。不過重華宮。裳上疏極諫。寧宗即位。改禮部尚書。兼侍讀。復上奏數千言。卒諡忠文。有王府春秋講義·兼山集。◎〔宋〕寧德人。字元吉。少有奇節。淳熙間中武舉。三歷郡。俸入多以給親舊。任子恩必先其兄之子。而後己子。人高其義。

黃誥　〔宋〕平江人。字君謨。熙寧進士。爲長沙簿。章惇開梅山。請增稅役。誥力請罷之。後知益陽縣。中使採木至益陽。遣二卒句典押而無引牒。誥杖而遣之。官至太府卿卒。

黃輔　〔晉〕建城人。有高行。穆帝時仕至御史。清直有節操。晉政不綱。遂隱去。

黃輔辰　〔清〕貴筑人。字琴隝。道光進士。累擢吏部郎中。咸豐間回籍辦團練。陝西議興屯田。輔辰著屯田輯要以貽陝撫劉蓉。遂擢鳳邠道督其事。期年。墾田十餘萬畝。有小西山房文集。

黃輔國　〔宋〕轍子。字應興。元豐進士。官右司諫。知無不言。擢起居舍人。會閱元祐臣僚章疏。欲籍爲姦黨。輔國不奉詔。出知袁州。大觀初歷知福泉二州。召爲給事中。未赴卒。

黃銖　〔宋〕建安人。字子厚。隱居不仕。爲劉子翬高弟。有穀城集。

黃頗　〔唐〕宜春人。字無頗。工文章。韓愈爲袁州刺史。頗師事之。會昌末舉進士。仕至監察御史。

黃魁　〔明〕建文時爲禮部侍郎。有學行。習典禮。燕兵入。不屈死。

黃鳴俊　〔明〕莆田人。字啓甸。萬曆進士。擢禮部主事。魏忠賢勢張甚。鳴俊獨屏迹不與通。累官右僉都御史。巡撫浙江。李自成陷京師。鳴俊聞變誓師。值江南馬士英·阮大鋮柄政。阻天下勤王兵。遂棄官歸。

黃鳴傑　〔清〕合肥人。字季侯。嘉慶進士。由主事累官浙江巡撫。以清介自持。尤留心水利。疏濬杭嘉湖河道。民賴其利。

黃鳳翔　〔明〕晉江人。字鳴周。隆慶進士第一。授修撰。萬曆初張居正奪情。杖諸諫者。鳳翔誦言於朝。編纂章奏。盡載諸諫疏。擢禮部右侍郎。疏爭建儲事不報。請告去。復起爲南京禮部尚書。以養親歸。卒諡文簡。

黃鳳麟　〔宋〕江夏人。好學能文。以德行稱。舉進士。累遷侍御史·比部員外郎。有文集。

黃齊　〔宋〕建陽人。字思賢。擢進士第。皇祐間歷起居舍人。累官兵部侍郎。蔡京柄用。以顯謨閣待制知通州卒。齊工畫。嘗繪風煙欲雨圖。非陰非霽。如梅天霧曉。霏微晻靄之狀。殊有深思。◎〔宋〕臨桂人。字義卿。紹興進士。調宮川尉。遷知昌化軍。賜對。具言桂林賓興數狹。折納輸重。詔增鄉貢。減軍輸。邦人利之。攝新州踰年。種刺竹圍城千二百餘丈。後知廉州。禁民採珠。民以不擾。

黃齊賢　〔清〕嘉興人。字敬思。有孝史類編。

黃儀　〔清〕常熟人。字子鴻。精輿地之學。謂班書地志所載諸川。第言其所出所入。而中間經歷之地不可得聞。乃據水經注。每水各爲一圖。凡郡邑建置沿革山川險易。皆纖析而條分之。與閻若璩·顧祖禹同修一統志。蒐討之力爲多。

黃寬　〔清〕香山人。號綽卿。幼孤好學。有奇童之目。以貧牧至澳門。受業於美教士布朗。後隨布朗至美國。卒業文科大學。及蘇格蘭之壹丁不爾厄醫科大學。授醫學博士。咸豐間歸國。行醫於廣州。精解剖學。光緒間卒。我國之留學歐洲醫術者自寬始。

黃履　〔宋〕邵武人。字安中。舉進士。累官御史中丞。哲宗即位。徙翰林學士。承蔡確·章惇風旨。排擊正人。至是更自謂有定策功。劉安世發其罪。出之外。紹聖初復爲御史中丞。極論呂大防·劉摯·梁燾垂簾時事。乞正典刑。又言司馬光變更先朝已行之法爲罪。徽宗立。拜尚書右丞。後加大學士。提舉中太一宮卒。

黃廣　〔宋〕靖州人。字彥暉。善畫竹。

黃德溫　〔明〕信豐人。字伯理。正統進士。官吏部主事。英宗北狩。王振黨旁叱言官。德溫與朝士共批殺之。主兵部選。劾武臣怙勢求遷者。選法一清。以事出判鎮江府卒。

黃德源　〔明〕鄞人。字茂椒。洞曉音律。嘗於市中得古鐵簫。品之有異聲。因自號鐵簫。工畫山水蘭竹。兼工寫生。善篆刻。通堪輿術。

黃徹　〔宋〕莆田人。字常明。宣和進士。官至平江令。以忤權貴棄官歸。張浚欲辟之。不肯就。有碧溪詩話。

黃模　〔清〕錢塘人。字相圖。有夏小正分箋·夏小正異義。

黃標　〔明〕上海人。字良玉。藏書甚富。陸深臨文有疑義。必屬標考核。著書學異同等書。◎〔清〕潮州人。字殿豪。嘉慶初以緝捕功累擢廣東左翼鎮總兵。善泅水。能於海洋中出沒月餘。尤善占雲氣測風雨。著測天賦及海疆理道圖。於東南水道淺深險易。如指諸掌。博羅會黨踞羅浮山。標往平之。封武顯將軍。捕獲海盜。尤多偉績。

黃．潛善 〔宋〕邵武人。字茂和。第進士。累擢徽猷閣待制。知河間府。靖康初金人入攻。康王承旨拜副元帥。及卽帝位。進右僕射。兼中書侍郎。陳東上書言潛善輩不可任。歐陽澈又以書詆時事。潛善啓帝幷殺之。識與不識。咸爲流涕。金陷鄆．濮。右丞許景衡請帝避其鋒。潛善以爲不足慮。俄泗州奏金人且至。乃著黃出走。死者相枕籍。人無不怨憤。後貶英州死。

黃．潤玉 〔明〕鄞人。字孟淸。少有至性。永樂初徙南方富民實北京。潤玉請代父行。官少之。對曰。父去日益老。兒去日益長。官異其言。許之。旣至。築室治圃。鬻蔬自給。閒輒力學。舉順天鄉試。授建昌府學訓導。以薦擢御史。出按湖廣。歷廣西僉事。提督學政。所至有聲。後謫含山知縣致仕。其學以程朱爲宗。學者稱南山先生。有儀禮及戴禮記附注．書經補注．學庸通旨．四明文獻錄等書。

黃．潤昌 〔淸〕湘潭人。字邵坤。咸同間以諸生從戎。克潛山．太湖。招降程學啓。克安慶。復江寧。累官按察使。後征苗於貴州。戰死。諡忠壯。潤昌工詩及行草書。有黃茅山集。

黃．澂之 〔淸〕建陽人。初名師先。字帥先。晚易今名。改字波民。明末以布衣爲史可法幕府上客。可法殉國。遂行遯以老。詩筆妍麗。嘗作小桃源山居詩。王士禛亟稱之。

黃．澄 〔淸〕莆田人。字庭聞。康熙中諸生。嘗取朱子小學內外篇。參會舊注。附以己見。爲小學集解。

黃．璂 〔淸〕文煥子。字基玉。性任俠。淸初歷官廣東肇羅僉事。乞歸。居金陵。工畫。喜作幽磵奇石。皆有生意。有姬山集．岱游草．西江日譜。

黃．璋 〔淸〕宗羲玄孫。字稚珪。號華陔。乾隆舉人。官沭陽知縣。有大俞山房集。

黃．畿 〔明〕香山人。字宗大。成化間隱居粵洲草堂。著皇極經世書傳。其子佐續成之。

黃．罃 〔宋〕庭堅從孫。字子耕。嘗從郭雍．朱熹學。以道自任。反覆辨論。必無所疑然後止。舉進士。知盧陽縣。獠人感悅。遷知台州。葉適謂罃條目建置。憂民如家。有復齋集。

黃．節 〔明〕華容人。字文忠。成化時舉於鄉。通判廣州。以計使娼擒巨盜。擢肇慶同知。又擒巨盜馬文堅。幷其黨數千人。進福建鹽運司同知。時劉瑾竊柄。落職歸卒。

黃．質 〔明〕范縣人。字文之。舉進士。正德間爲戶科給事中。劉瑾竊權。質上疏。指斥中人。後遷浙江按察副使。平汀漳羣盜。爲共事者竊其功。改辰沅兵備副使。與朝臣多不相能。坐左遷。遂乞歸。

黃．輝 〔明〕南充人。字平倩。一字昭素。幼穎異。稍長。博極羣書。年十五舉鄉試第一。登萬曆進士。授編修。時同館詩文推陶望齡。書畫推董其昌。而輝與齊名。官終少詹事。

黃．震 〔宋〕浦城人。字伯起。第進士。累擢江淮發運使。初李溥自三司小吏爲發運使十餘年。姦贓狼藉。無敢言者。震發溥姦贓數十事。溥坐廢。而震亦爲溥訟奪一官。後復官。徙廣東轉運使卒。◎〔宋〕慈谿人。字東發。寶祐進士。爲史館檢閱。以直言出判廣德軍。知撫州。改提點刑獄。皆有惠政。爲人淸介自守。獨宗朱氏學。及卒。門人私謚文潔先生。有古今紀要．黃氏日鈔。◎〔淸〕太倉人。字振宇。號竹廬。工畫。畢沅嘗招之入關。恣覽形勝。作太華圖。幷自寫雲山小像。氣着神逸。名人競爲題詠。

黃．鞏 〔明〕莆田人。字伯固。弘治進士。正德中歷武選郎中。以諫南巡請誅江彬下詔獄。廷杖斥爲民。旣歸。潛心著述。或米盡。日中未爨。晏如也。世宗立。召爲南京大理丞卒。天啓初追謚忠裕。

黃．頤 〔明〕蒲圻人。字敬德。博學強記。舉成化進士。知溫縣。調陳留。爲政愷悌。民懷其惠。及致仕。居鄉如諸生時。人稱爲長者。

黃．養正 〔明〕瑞安人。名蒙。以字行。永樂中以善書授中書舍人。官至太常少卿。性端謹淹博。工詩文。正統中從駕北征。死於土木之變。

黃．魯曾 〔明〕吳縣人。字得之。正德間舉於鄉。嚴嵩欲招致之。謝不往。父授產千金。悉以置書。有續吳中往哲記．兩漢博聞．南華合璧集。

黃．黎獻 〔宋〕從劉牧受易。有續鉤隱圖．略例義．室中記師隱訣。

黃．儒 〔宋〕建安人。字道輔。熙寧進士。博學能文。早卒。有品茶要錄。

黃．儒炳 〔明〕順德人。字士明。萬曆進士。歷官吏部左侍郎。內傳欲以中璫出鎭。儒炳直諫。嚴旨詰責。踰三拜疏。右侍郎缺。逆黨借內傳挾補。儒炳執不可。逆謀始寢。旣而魏良卿封伯爵。儒炳歎曰。事不可爲矣。卽日請告歸。逾月母終。以毀卒。

黃．勳 〔宋〕南海人。字有功。紹興進士。授永福丞。縣令久病廢事。勳爲決獄除弊。並代民還逋賦八千三百餘緡。民歡呼。稱爲再生父。以薦歷知新昌．雷州。官終朝散大夫。

黃．學朱 〔淸〕甌寧人。諸生。順治間土寇亂。兄弟同被執。學朱給賊以身爲質。令弟取金以贖。賊釋其弟歸。學朱竟被害。

黃．學行 〔宋〕惠安人。字上文。嘉定間登第。教授全州。後知循州。破贛寇。擒其酋。有史說．垣齋類稿。

黃·學海 明正色子。字宗於。嘉靖進士。知贛州。屬邑以丈田事民譁變。議者將臨以兵。學海不許。捕首亂者置之法。餘衆悉解。翁源賊負險縱掠。學海一鼓擒其渠。未幾乞歸。

黃·學皐 宋龍溪人。字習之。博通經史。尤長詩書春秋。朱熹守漳。學皐與同邑宋文禮俱以稚年論講。嘉定中登第。官終泉州察推。

黃·學謙 淸善化人。字又謙。一字天益。明天啓副貢生。官興平知縣。精書法。晚右手病廢。以左手作小楷行草。更遒逸有致。有紫巖集。照杯亭遺草。

黃·憲 後漢愼陽人。字叔度。年十四。潁川荀淑與語。移日不能去。之爲顏子。陳蕃。周舉嘗相謂曰。時月之間。不見黃生。則鄙吝之萌。復存於心。郭泰少遊汝南。稱叔度汪汪若千頃波。澄之不清。淆之不濁。初舉孝廉。又辟公府。人勸其仕。憲亦不拒。暫到京師而還。竟無所就。年四十八卒。天下號曰徵君。

黃·憲淸 明晉江人。字以寧。領嘉靖鄉舉。授陽春令。有廉名。遷廣州府同知。劇賊李茂聚衆橫海上。憲淸以計散其衆。茂卒就擒。兩攝府篆。並以最聞。

黃·憲卿 明武進人。字弘度。嘉靖進士。累官戶部郎。時嚴嵩方柄用。或勸謁嵩。憲卿不往。嵩敗。擢江西按察副使。乞歸卒。

黃·曉 宋南城人。大中祥符進士。流落銓調二十年。嘗謂大丈夫當自奮拔。豈能碌碌出人門下。通判廬州。轉運使陳杲以威倡下。吏有訟杲者。朝廷遣曉鞫之。人皆危曉。爲屬部勢不可問。曉治之以理。略不爲意。識者歎服。累官至職方員外郎。

黃·樵仲 宋彥臣曾孫。字道夫。登淳熙第。調汀州錄事參軍。有善績。居家每旦率子弟衣冠見家廟。退則默坐終日。居喪三年。人未嘗見其笑容。有禮記解。小學口義。

黃·樹穀 淸錢塘人。字松石。一字培之。號黃山。少耽經史。工篆隸。兼善詩文。父沒於保定。負骸以歸。及卒。鄉人私諡端孝先生。有格物考。河防私議。百衲琴。淸華錄。楷癭齋集。扶風縣石刻記。

黃·機 宋東陽人。字幾仲。一云字幾叔。嘗宦於州郡。遊蹤則多在吳楚間。工詞。有竹齋詩餘。◎淸錢塘人。字次辰。順治進士。康熙間官至文華殿大學士。端厚淸謹。公忠體國。兩任吏部。抑奔競。疏壅滯。會陳時務。言皆剴切。立朝四十餘年。廉潔自愛。不名一錢。卒諡文僖。

黃·澤 元資州人。字楚望。生有異質。以明經學道爲志。好爲苦思。盡悟失傳之旨。大德中授江州景星書院山長。又爲東湖書院山長。秩滿卽歸。閉門授徒以養親。家窶貧。經歲大祲。家人采木實草根以療飢。晏然曾不動其意。至正中卒。有易學濫觴。春秋指要等書。◎明閩縣人。字敷仲。永樂進士。官河南左參政。宣德初上疏陳十事。皆關治體。帝雖嘉歎。不能用。擢浙江布政使。澤在官有政績。然多暴怒。爲巡按所劾。逮獄黜爲民。

黃·璞 唐侯官人。後徙莆田。字德溫。大順進士。官至崇文館校書郎。昭宗時歸隱。黃巢入閩。以璞儒者。戒毋毀其居。有閩川名士傳及文集。

黃·璘 宋浦城人。字邦美。重和進士。除分水丞。改密州教官。再丞拱州襄邑。靖康初金人犯拱州。璘赴井而死。

黃·暐 明南海人。字時雍。領成化鄉薦。試銓曹第一。授驗封員外郎。時東廠肆虐。曹署謁見必跪。暐惟長揖。擢雲南左參政。所部土司相攻。積數十年。暐單車往諭。二酋聽命。吏民稱爲鐵漢公。

黃·穎 宋莆田人。字仲實。元祐間舉經明行修。弗就。哲宗就其家起之。歷知長泰縣。修治學舍。晨治邑事。日中與諸生講肄經旨。逮暮而歸。權龍溪尉卒。◎宋穎弟。字秀實。以上舍赴廷試。指陳時政。無所忌諱。抑殿兩科。累官至中書舍人。出爲提點江州太平觀。穎溫恭廉介。尤工隸書。有周禮解義。春秋左氏事類。

黃·蕡 宋震曾孫。字仲實。嘗作易傳。推明大衍之數。甚精確。元祐進士。歷贛縣尉。在官尙氣節。不能俯仰。遷知奉新縣。不赴卒。

黃·衡 宋浦城人。字平國。建炎進士。爲安福令。郡守呂源方六月欲修城壁。衡以書諫。源劾之。朝廷得實。源因罷。衡得福州教官。遷校書郎。累丐補外。得邵武軍倅。至家卒。

黃·燮 明文江人。字仲燮。撰詩法三篇。

黃·諤 唐以畫馬名於時。◎明餘姚人。字廷直。工畫山水。

黃·諫 明高郵人。徙蘭州。字廷臣。博學多藝。工隸篆行楷。兼善畫。正統間以一甲第三人登第。歷官侍講學士。兼尙寶寺卿。使安南。議定迎詔坐次等儀。還本院學士。後謫廣州府判。從學者甚衆。廣人立祠祀之。有書經集解。從古正文。使南稿。蘭坡集等書。

黃·諷 金精畫蕃騎。

黃·遵 明淸江人。舉懷材抱德科。掌武進縣兩學教事。因家焉。雅擅文學。有松軒集。

黃·遵憲 淸嘉應人。字公度。光緒舉人。官至湖南按察使。工詩。喜以舊文學運新思想。有日本國志。人境廬詩集。

黃龍　明遼東人。崇禎初以小校從復錦州。又復灤州。功第一。尋鎭東江。充總兵官。龍抵皮島。誅叛黨。焚賊舟。擊走賊高成友。移駐旅順。大治兵。賊拘龍母及妻子以脅之。龍不顧。大敗之。後清兵攻之。兵敗。自刎死。

黃龍士　清儀徵人。名霞。一字月天。善弈。能自出新意。窮極變化。弈時沖和淡泊。好整以暇。康熙時稱爲弈聖。盛大有負盛名。龍士與之對局。勝之。又與周東侯齊名。論者有龍士如龍東侯如虎之稱。

黃龜年　宋福州永福人。字德邵。崇寧進士。累官侍御史。劾秦檜專主和議。植黨專權。章三上。褫檜職。遷中書舍人。有希檜意者劾龜年。落職閒住卒。

黃應甲　明懷寧人。字汝第。隆慶間累遷浙江總兵官。改鎭廣東。屢破峒賊及倭寇。入僉中軍府罷歸。

黃應徵　明江都人。字君求。天啓中諸生。偃蹇不第以卒。有自娛齋詩集。

黃應諶　清順天人。字敬一。號別菴。爲上元縣丞。工畫人物。傳染一遵古法。供事內廷。賜官中書。

黃懋　明元氏人。字子勉。永樂進士。累官嘉興知府。有能名。尤篤意學政。孜孜好賢。官終福建左布政使。

黃燮清　清海鹽人。原名憲清。字韻珊。別號吟香詩舫主人。道光舉人。官宜都．松滋知縣。有政聲。工樂府。有倚晴樓集．拙宜園詞．國朝詞綜續編。

黃璨　明永嘉人。一作燦。字蘊詩。宣德間直內閣。擅長書畫。兼工詩文。

黃績　宋莆田人。字德遠。初遊淮浙。偏參諸老。已而從陳宓．潘炳游。及宓炳卒。讀約聚講。如宓炳規約。學者皆就正焉。嘗爲涵江書院山長。有四書遺說．近思錄義類等書。

黃襄　明南安人。字國著。嘉靖進士。資性凝重。敢任事。爲御史。按逐左及眞定。中外憚之。官終太僕寺少卿。

黃鍔　宋高宗南渡時官司農卿。黃潛善誤國。軍民無不憤恨。鍔至江上。軍士聞其姓。以爲潛善也。爭數其罪。揮刃而前。鍔方辨其非是。而首已斷矣。

黃鍰　宋浦城人。字用和。從楊時學。時器重之。第政和進士。歷西安丞。靖康初李綱宣撫河東。辟爲幕屬。高宗拜監察御史。首陳七事。將處以諫職。會有尼之者。除江西提點刑獄。乞奉祠以卒。有奏議．雜著。

黃鍾　明延慶人。字伯魁。正德進士。除戶科給事中。彭澤節制川陝有功。爲忌者所誣。鍾上疏白其冤。擢順天府丞。勳戚巨璫。一繩以法。遷都察院僉都御史。巡撫山西致仕。

黃隱　宋莆田人。字仲光。治平進士。官侍御史。元祐初爲國子司業。力排王安石之學。入元祐黨籍。

黃鞠　清江蘇華亭人。字秋士。號菊癡。工畫花卉士女。兼長篆刻。有湘華館集。

黃鴻　明錢塘人。字鴻耀。工詞。有廣寒集。

黃點　明荊門人。字淑字。明理學。精通五經。由選拔知賀縣。嘗設講堂於沙洋之西。從學甚衆。後人名其山曰夫子山。

黃彝　宋斌老弟。字子舟。其名字初非彝與子舟。黃庭堅以其倘氣。故取二器以規之。自後折節爲純儒。舉八行。官終朝郎奉郎。彝善畫竹。文同自以爲不及。

黃檩　宋樵仲弟。字實夫。淳熙中舍選。獻十論。升進士丙科。爲林之奇學侶。官終宣教郎。有詩解及中庸語孟解。

黃爵滋　清宜黃人。字德成。號樹齋。道光進士。由編修官御史。遇事敢言。無所回避。請禁煙尤力。官至刑部左侍郎。坐事落職。少以詩名。言詩者爭轉。與閩詩人張際亮友善。有奏議．海防圖表．詩文及他雜著百數十卷。

黃璧　清潮陽人。字小癡。工畫山水。渾厚有姿。◎清江西人。字白元。善畫。山水人物翎毛俱精妙。寫照尤絕倫。

黃簡　宋建安人。寓吳。一名居簡。字元易。號東浦。工詩。嘉熙中卒。有東浦集．雲墅談乘。◎清吳人。字惟文。善寫照。

黃翼升　清湘鄉人。字昌岐。咸豐間曾國藩創練水軍。禦洪楊軍。命監造戰船。後統偏師。屬彭玉麐．楊載福。轉戰湖南北．九江．安慶皆有功。增設淮揚水師。翼升爲總統。遂別樹一幟。克安慶。援江蘇。累官長江水師提督。每戰必身先士卒。躬冒礮石。然寸膚不傷。時稱福將。卒謚武靖。

黃翼聖　明太倉人。字子羽。崇禎中以諸生應聘起家。官安吉知州。致政歸。晚築蓮蕊樓。自號蓮蕊居士。性好古銅磁器及宋雕古書。搜訪把玩。如美人好友。國變後杜門不出卒。

黃謨　清海鹽人。字啓人。號蟲谷。諸生。工畫。初於山水花卉翎毛草蟲。無不精妙。後獨寫山水。宗北苑．巨然。專事水墨。有以設色請者。對曰。墨中未嘗無色也。性恬淡。敦孝友。以琴弈自娛。

黃鎮成　〔元〕邵武人。字元鎮。以聖賢之學自勵。薦授江南儒學提舉。未上卒。有尚書通考。秋聲集。

黃鎬　〔明〕侯官人。字叔高。舉進士。授御史。正統末按貴州。時羣苗盡叛。官軍大敗。鎬以孤軍圍守平越九月。城卒全。官終南京戶部尚書。鎬有才識。敏吏事。卒諡襄敏。

黃諫　〔明〕後埭人。字擎叔。宣德中以明經薦授仙遊訓導。天順中陞廣元教諭。廣元爲蜀北鄙。戍卒多而編氓少。學政久廢。諫修學舍。建文廟。每日衣冠坐堂上教授諸生。廣元人樂從其教焉。

黃懷玉　〔宋〕華原人。學范寬山水。頗得其格。

黃璽　〔明〕餘姚人。字廷璽。兄伯震商十年不歸。璽出求之。經行萬里不得。禱南嶽。夢神授以纏綿盜賊中狼狽江漢行句。一書生告以此杜甫舂陵行詩。舂陵今道州。盍往尋之。璽從其言。既至。無所遇。一日如廁。置傘道旁。伯震適過之。曰此吾鄉傘也。取視之。璽出問。遂奉兄以歸。

黃瓊　〔後漢〕香子。字世英。初以父任爲太子舍人。辭不就。永建中公卿交薦。公車徵至綸氏。稱疾不進。李固素慕瓊。以書逆之曰。盛名之下。其實難副。俗論處士純盜虛聲。願先生弘此遠謨。一雪此言。瓊至。卽拜議郎。累遷尚書僕射。爭議朝堂。莫能抗奪。梁冀既誅。拜瓊太尉。奏劾貪汚。海內翕然望之。官至司空。卒諡忠。

黃疇若　〔宋〕豐城人。字伯庸。淳熙進士。知廬陵縣。治爲諸邑最。開禧初應詔言急務。拜監察御史。吳曦叛。朝命疇若知成都府。蠲積欠。罷冗員。平諸蠻。留蜀四年。政績甚著。召權兵部尚書。以煥章閣學士致仕卒。有竹坡集。

黃贊湯　〔清〕廬陵人。字莘農。道光進士。授編修。同治初官至廣東巡撫。其先累典文衡。皆稱得士。及官粵撫。擒會匪。安土客。治效頗著。

黃贇　〔宋〕臨江人。字止敬。父沒於永平。贇往。欲奉柩歸葬。求父墓弗獲。禱於神。一夕夢老父以杖指葬處。果得父骨以歸。

黃轍　〔宋〕浦城人。字遵晦。四歲能誦書。日記數千言。治平進士。爲安仁令。率民墾田。時治溝洫。進子弟之秀者於學。遷知新昌。課第一。官至朝奉郎卒。

黃韞生　〔清〕江蘇華亭人。字蘭初。馮有光妻。工畫花木。能詩。有夕琴樓詩。

黃願　〔宋〕彥臣子。字修可。宣和中以父任補官。靖康初知楚州。値京東震恐。有劉士忠者。肆爲浮言。願誅之以安衆。建炎初徙知揚州。安撫淮南東路。金寇至。時相黃潛善命願赴京口。坐失守削秩。後復官致仕卒。

黃鵬揚　〔清〕晉江人。字遠公。順治舉人。官知縣。有讀史吟評。史評辨正。

黃黼　〔宋〕餘杭人。字元章。乾道進士。累遷太常博士。輪對言用人之道。帝嘉獎之。除兩浙轉運副使。毗陵民饑。取草根以充食。郡縣不以聞。黼取民食以進。乞賑濟。全活甚衆。官至侍御史。

黃寶　〔明〕極子。字仲瑤。淹洽經史。與何淑。張潔。王翊稱樂安四傑。永樂間遣使徵之。不起。◎〔明〕長沙人。字廷用。成化進士。歷吏部郎。典選事。風節凜然。後擢都御史。巡撫陝西。姦寇莫敢犯。秦地以寧。以忤劉瑾罷歸。瑾誅。復起巡撫雲南卒。有東岡集。

黃獻　〔明〕平樂人。字仲賢。號梧岡道人。孝宗時爲中官。少學琴於司禮監太監戴某。刻琴譜正傳。

黃繼善　〔宋〕盱江人。字成性。所著史學提要。以四言韻語。編貫諸史。始自上古。迄於宋末。以便初學記誦。

黃藻　〔宋〕延平人。知清流縣。修學養士。興利除害。適隣寇亂作。相戒曰。彼有善政。愼勿犯。去任時。老稚攀轅。數日始得出境。

黃覺　〔宋〕浦城人。字民先。景德進士。任殿中丞。有詩名。嘗送客都門外。至則客已去。見一道士在側。因取所攜酒肉呼與同飲。既罷。道士掬水寫呂字。始悟其爲呂洞賓。道士曰。明年江南相見。果得官江南。及期見。道士出大錢七文。次十文。又小錢三文。與之曰。數不可益也。又與藥數寸。藥垂盡。作詩曰。牀頭曆日無多字。屈指明年七十三。果以是歲卒。

黃覺經　〔元〕建昌人。五歲因亂失母。稍長。誓必求母所在。渡江涉淮。行乞而往。於汝州梁縣。得其母以歸。

黃鐘　〔宋〕興化人。字器之。乾道進士。待次德化尉。講學授徒。調漳州錄事參軍。有周禮集解。荀揚續注。杜詩註釋。史要諸書。◎〔清〕如皋人。字宏音。號蘧廬。康熙中諸生。有蘧廬草。◎〔清〕無錫人。字樂亭。候選縣丞。善醫。疑難證應手奏效。手葺解圍元數古本行於世。

黃譽　〔明〕莆田人。字廷永。正統進士。景泰間爲浙江按察司僉事。所至摧奸去暴。人敬憚之。累擢湖廣參政卒。

黃霸　〔漢〕陽夏人。字次公。少學律令。武帝末補侍郎謁者。歷河南太守丞。時吏尚嚴酷。而霸獨用寬和爲名。宣帝時爲廷尉正。坐夏侯勝事繫獄。霸因從勝受尚書。後擢潁川太守。

官至丞相。封建成侯。漢世言治民吏。以霸爲首。及爲相。功名損於治郡時。卒諡定。

黃・權 國漢閬中人。字公衡。爲劉璋主簿。璋議迎先主。權力諫不從。出爲廣漢長。先主襲取益州。郡縣望風景附。權閉門堅守。璋服乃降。先主假權偏將軍。先主伐吳。以權爲鎮北將軍。督軍防魏。及先主爲吳所敗。道絕不得還。率衆降魏。累遷車騎將軍。封育陽侯。卒諡景。

黃・鑑 宋浦城人。字唐卿。少敏鋭過人。舉進士。同郡楊億尤善其文詞。延置門下。由是知名。累擢直集賢院。以母老出通判蘇州卒。

黃・鏷 明晉江人。字于宣。弘治進士。擢守思恩軍民府。思恩故土官岑氏世襲。餘孽猶肆。鏷至。悉擒捕之。設官置學。均徭定賦。治之悉如內郡法。官終桂林守。

黃・瓚 明儀眞人。字公獻。成化進士。累官江西右布政。寧王宸濠不法。諸司多爲所制。瓚獨不屈。以治行第一晉應天府尹。巡撫山東。官終南京兵部右侍郎。有雪洲文集。

黃・體元 明榖城人。字長卿。萬曆進士。官至山東按察司副使。有四然齋集。

黃・體芳 清瑞安人。字漱蘭。同治進士。官至兵部右侍郎。降通政使。峭直剛正。同光間爲京朝清流之魁。視學江蘇。建南菁書院。以經訓造士。得士最盛。

黃・灝 宋都昌人。字商伯。擢進士第。光宗卽位。歷太常寺簿。論今禮教廢闕。請勅有司取政和冠婚喪葬儀。及司馬光・高閌等書。參訂行之。出知常州。提舉本路常平。旣歸里。幅巾深衣。騎驢匡山間。若素隱者。灝性行端飭。以孝友稱。朱熹守南康。灝執弟子禮。熹沒。黨禁方厲。灝單車往赴。徘徊不忍去。有西坡集。

黃・讓 明蕪湖人。字用遜。景泰進士。正統間爲御史。坐言事謫。知安岳縣。多善政。後遷中府都事。以撻錦衣衛吏戍廣西。赦還。課耕自給。

黃・鷟 宋連江人。六歲能詩。構思敏捷。有設對者。應聲而答。無不中的。大中祥符中應童子舉。賜進士出身。

黃・觀 明貴池人。字伯瀾。一字尙賓。洪武中會試廷試皆第一。授修撰。累遷禮部右侍郎。建文初遷侍中。與方孝孺等並親用。燕王舉兵。觀奉詔募兵至安慶。聞變。投江死。福王時諡文貞。

黃・鑰 清金陵人。字北門。工畫山水。⊙清歸善人。字魚門。諸生。畫山水洸著。工隸書。精篆刻。能詩。

黃・驥 明全州人。洪武中舉於鄉。爲沙縣敎諭。永樂時擢禮科給事中。曾三使西域。仁宗初遷右通政。與李琦等撫諭交阯。不辱命。使還卒。

黑・志聰 明登封人。諸生。早孤。事母孝。母性嚴厲。一日款客有誤。卽席撲責。每怒輒不食。母沒。廬墓三年。

黑的兒 明西域人。一作海拔兒。洪武間官欽天監靈臺郎。明兵入元都。收其圖籍。其間西域書亦不少。遂置回回司天監。徵黑的兒等至京議曆法。譯有天文書行世。

黑・春 明其先建州人。世官廣寧衞指揮使。春承廕以功歷遼陽副總兵。嘉靖間寇掠湯站堡。春逆擊。乘勝逐之。陷伏中。力戰二晝夜。援師不至。死之。諡忠壯。

黑・雲鶴 明崇禎間參將。猾兵逼西平。與守將羅一貫同戰沒。

黑齒・常之 唐百濟西部人。驍毅有謀略。龍朔中降唐。累遷左領軍員外將軍。儀鳳間從擊吐蕃。敗之。蒞軍七年。吐蕃畏威。不敢盜邊。封燕國公。官至燕然道大總管。會周興等誣其反。捕繫詔獄。投繯死。

十三畫

亶·誦 【後漢】中謁者。延光中與張衡·周興等論曆。

傳燈 【明】高僧。衢州人。字有門。號無盡。出家天台高明寺。精鍊戒行。學識高超。有天台山方外志·幽溪別志·楞嚴圓通疏·維摩無我疏。凡弘台教者。咸以為中興始祖。

傷槐女 【春秋齊】女。名婧。景公有所愛槐。令曰。傷槐者死。婧父衍醉而傷槐。公使吏拘之。且加罪焉。婧懼。見晏子曰。妾父見風雨不時而禱之。不勝麴蘖。先犯君令。罪故當死。然鄰國聞之。皆謂君愛樹而賤人。晏子悟。言於景公而出之。

僩·宗 【漢】入南山為盜。校尉將兵逐捕。歲餘不能擒。王尊守京輔都尉。行京兆尹事。到官旬月。盜賊皆清。

園客 【晉】濟陰人。嘗種五色香草。積數十年。食其實。一日有五色蛾止香樹梢。園客收而以布薦之。生桑蠶。至蠶時。有好女夜至。自稱園客妻。與園客俱收蠶。得百二十頭。繭皆如甕大。繅一枚六七日始盡。訖則俱出。莫知所在。濟陰人立桑蠶祠祀之。

圓至 【元】僧。高安人。字牧潛。號天隱。至元以來。遍歷荆襄吳越。釋理外頗工古文。詩尤清婉。有牧潛集·唐詩說。

圓明 【唐】僧。蘄黃人。武德中往曹溪參六祖。道經贛。見一青蛇橫道。叱去復來。心忽覺悟。四顧山勢清高。遂以錫杖插其處。祝曰。曹溪還。此杖存。是吾道場。三年返。錫杖如故。遂創寺居焉。

圓悟 【明】高僧。宜興蔣氏子。字覺初。號密雲。崇禎中居天童。闡曹溪嫡派。傳徒頗盛。有天童語錄。

圓復 【明】僧。鄞人。字休遠。有延壽寺紀略。

圓測 【唐】高僧。通三藏。高宗時應選入譯經館。翻大乘。顯識等經。又有唯識疏鈔。

圓琛 【元】僧。山西人。字仲寶。金末避亂留內黃。工詩善書。有以牋素請者。隨手應之不厭。結草廬城旁。穿池引水。種白蓮其中。自號蓮菴。

圓照 【唐】高僧。藍田張氏子。通諸經典。旁及儒墨。大曆間以四分律有法礪舊疏·懷素新疏。莫衷一是。每致異議。詔圓照與名德僧十四人簽定之。建中初奏進。累官內供奉。賜紫。充臨壇兩街十望大德。又有大唐利涉法師傳·貞元續釋教錄等書。

圓澄 【明】高僧。會稽夏氏子。字湛然。別號散木道人。得戒於雲棲。年三十悟道。萬曆中匡徒說法。觸事了了。性不黐滯。以平易簡亮推重一時。開顯聖道場。宗風大暢。

圓澤 【唐】高僧。與李源相善。同至三峽。期後世見於葛洪川畔。後十二年如期再生相遇。今杭縣天竺寺有三生石。即圓澤再生與源相遇處。

圓鏡 【明】高僧。臨汾人。早悟諸經密旨。嘗游隰州妙樓山石室寺。至北門瓦窰坂。鑿洞構庵龕坐其中。囑徒衆曰。明日午時當歸。次日沐浴焚香。說偈而化。

圓覺 【唐】高僧。隴西李氏子。歸成都金和尚。授以二訣。大曆中忽見身坐圓光中。遠近花木。變成蓮萼。後端坐而化。

塔不已兒 【元】東呂糺氏。太宗時以招討使出征。破信安·河南。以功授征行萬戶卒。

塔出 【元】蒙古札剌兒氏。父札剌台伐高麗有功。塔出以勳臣子授東京路總管府達魯花赤。歷官遼東道宣慰使。破乃顏。功最多。累拜遼陽等處行中書省平章政事卒。◎【元】善騎射。世祖時歷僉淮西等處行樞密院事。與宋人戰。屢破之。為政識大體。積功至江西都元帥·中書左丞·行中書省事卒。

塔失不花 【元】高天錫孫。成宗命襲祖職。以居喪辭。累遷至大司農。英宗居東宮。塔失不花撰集前代嘉言善行。名曰承華事略。并畫豳風圖以進。帝嘉之。命置於東宮。俾太子時時觀省。後乞休歸卒。

塔本 【元】伊吾廬人。從太祖征討。戡諸部弗褻殺。太祖聞而喜之。俾鎮撫白霫諸郡。號行省都元帥。徙治興平。召父老問所苦。為除之。薄賦斂。役有時。民大悅。卒謚忠武。

塔克世 【明】覺昌安第四子。清太祖努兒哈赤之父。明人稱為他失。覺昌安入阿台圖城中。令塔克世俟於城外。久之以父未出。入城探視。城破。與父俱死。追尊為顯祖宣皇帝。

塔里赤 【元】康里人。幼穎異。長參戎幕。調度軍馬。動合事宜。以戰功官福建招討使。擒討諸盜。征交阯。擊敗黃聖許等。遷浙東宣慰使卒。

塔思 【元】木華黎孫。幼與常兒異。英才大略。綽有祖風。及長襲爵。每語必先忠孝。累敗金兵。與忽都虎略定河南諸郡。功最多。年二十八卒。

塔海 【元】武宗時歷和寧路總管。改汴梁。省民間虛糧二十二萬。改廬州。救荒有善政。以樞密僉院守潼關及河中府。破四軍。累官資善大夫。

塔海帖木兒 【元】答答里帶人。從征四川及諸蠻。皆有功。最後從也速答兒西征。不知所終。

塔勒岱 【清】滿洲鑲白旗人。姓博和哩氏。康熙間從愛星阿由雲南入緬甸。追擒明桂王有功。授前鋒侍衛。從攻吳三桂·王輔臣。擢鑲白旗蒙古都統。卒謚勇壯。

塔塔兒台 【元】孔溫窟哇第三子。帶孫郡王之後。憲宗崩。命護靈駕赴北。爲阿里不哥所拘留。至元初從阿速台來歸。世祖嘉之。授東平達魯花赤。蒞官一紀。鎭靜不擾。郡人賴之以安。

塔塔統阿 [元]畏兀人。聰慧善言論。深通本國文字。乃蠻大敭可汗尊之爲傅。命掌金印錢穀。太祖西征。乃蠻國亡。塔塔統阿懷印逃去。俄就擒。帝以爲忠。命居左右。是後凡有制旨。始用印章。仍命掌之。太宗時卒。

塔察兒 [元]博爾忽從孫。驍勇善戰。幼値宿衛。從太宗伐金。授行省兵馬都元帥。大破金兵。進圍汴城及蔡州。滅金。遂留鎭中原。分兵屯大河之上。以遏宋兵。尋卒。

塔齊布 [清]滿洲鑲黃旗人。字智亭。由三等侍衛官湖南都司。曾國藩練鄉勇。一見器之。因薦其忠勇可大用。積功官至湖北提督。每戰皆身先士卒。手刀矛套馬竿。技皆精絕。治軍紀律極嚴。與士卒同甘苦。人樂爲用。後攻九江。氣脫而死。諡忠武。

塗・定辭 [唐]有道術。居石室。貯五十萬錢賞廉者。卒不得一人。

塗・近正 [宋]高安人。字尊爵。嘉定中以承務郎致仕。篤行敦倫。博學能文。而深於性理。所著明倫集。與朱子小學相爲表裏。

塗・時相 [明]石屛人。字葵宇。萬曆進士。任戶部主事。陞大名守。有廉聲。歷官南京太僕卿。以病歸。時巡撫陳用賓議加稅充兵餉。時相上書力爭。語甚激切。人咸稱其鯁直。

塗・惲 [漢]平陵人。字子眞。受古文尙書於徐敖。王莽時貴顯。(按塗惲字子眞。見漢書儒林傳。尙友錄作塗禪。萬姓統譜旣列塗禪。復列塗子眞。均誤。)

塗・源 [元]高安人。字源叟。早失父。事母盡孝。延祐中除知黎州。以母老不肯赴。母強之至京師。即請老而歸。母沒。廬墓三年。

塗・榮臺 [明]安慶人。號望軒。幼穎異。補諸生不第。教授生徒。以省身克己爲要。有克己錄・四書辨疑・性理集成諸書。

塗・濟亭 [元]謙子。字吉甫。克紹家學。歷寧州判官。知永新州。所至以廉能稱。

塗・謙 [元]高安人。字伯益。至元間以功授瑞州判官。累遷懷遠大將軍。同知廣東宣慰司。雖貴爲連帥。而雅淡沖約。益勵操行。致仕歸。優游山水以終。自號雲溪道人。

奧屯・忠孝 [金]胡土虎猛安人。字全道。幼孤。事母孝。大定進士。累官參知政事。中都圍急。忠孝搜括民間積粟。知大興府事胥鼎計畫軍食。奏許人納粟補官。鼎已籍者。忠孝再括之。令百姓兩輸。欲爲己功。爲言官所論。罷爲太子太保。出知濟南府事。卒諡惠敏。

奧屯・茂 [元]大名人。大德間任河東陝西都轉運使。有惠政。旣去。民立像祀之。

奧屯・襄 [金]上京路人。爲平南蕩江將軍。以功歷昌武軍節度使。崇慶改元。爲元帥左都監。救西京。至墨谷口。一軍盡殪。襄坐除名。宣宗立。累擢宣撫使。留守北京。爲完顏習烈所害。

奧敦・世英 [元]女眞人。其先世仕金。太祖兵下山東。世英及弟保和迎降。皆授以萬戶。世英倜儻有武略。累遷德興府尹。巡部定襄。卒於軍。

奧敦・保和 [元]世英弟。由萬戶陞昭勇大將軍・德興府元帥。領諸道農事。凡闢田二十餘萬畝。改眞定路勸農事。致仕。

奧敦・醜和尙 [金]爲代州經略使。貞祐中元兵攻代州。醜和尙戰敗。被執。不屈死。

奧魯・赤 [元]札剌台人。性朴魯。智勇過人。至元間攻襄陽。授金符蒙古軍萬戶。丞相伯顏大舉伐宋。以所部從。宋主降。分討未下州郡。加鎭國上將軍・江西行省平章政事。成宗時累進上柱國。卒諡忠宣。

嵩・眞 [漢]安定人。明算術。嘗自算其年壽。及期果死。又曰。北邙青隴山上。孤櫝之西四丈。鑿之入七尺。吾欲葬此地。及眞死。依言往掘。得古時空槨。即以葬焉。

嵩祝 [清]滿洲鑲白旗人。姓赫舍哩氏。康熙間以佐領累擢廣東將軍。廣東廣西湖廣三省間猺人。宋明以來。時出擾害。嵩祝招降之。官至文華殿大學士。兼禮部尙書。尋坐事奪職。

嵩壽 [清]滿洲正黃旗人。希福曾孫。雍正進士。授編修。乾隆初累充陝西・安徽學政。再使安南・朝鮮。擢禮部右侍郎。襲子爵。

幹欒 [元]北庭人。其祖自畏吾兒歸元。世居永昌。幹欒歷官平章政事。聰明典重。通達治體。敭歷中外。皆有令聞。

廉・公謂 [宋]堂邑人。爲萊蕪令。百姓歌之。累遷司農少卿。出知滑州。有治績。

廉・布 [宋]山陽人。字宣仲。自號射澤老農。登進士。官至武學博士。後以聯貴姻坐累。遂廢終身。工畫山水及枯木叢竹。幾登蘇軾之堂。

廉・仲祥 [明]澄城人。字天瑞。甘貧嗜學。讀書以窮理爲先。爲文以意會理。以辭達意。不爲嶄絕奇詭之體。講說獨喜蔡沈蒙引。曰。學貴窮理。文辭非所急也。一時學者多宗之。

廉・孚 [宋]布子。工畫。有父風。

廉希賢 【元】希憲從弟。一名中郎海牙。字達甫。年二十餘。侍世祖。出入禁中。小心愼密。至元初北部王拘殺使者。世祖命希賢往諭。辭旨條暢。王悔謝。還進兵部尙書。後使宋。至廣德軍獨松關。守關者不知爲使。擊而殺之。

廉希憲 【元】畏吾人。布魯海牙子。字善甫。初布魯海牙拜廉使。命下之日。希憲適生。喜曰。吾聞古以官爲姓。天其以廉爲吾宗之姓乎。故子孫皆姓廉氏。世祖立。希憲年十九。得入侍。一日因讀孟子。嘗以性善義利之旨爲對。世祖目爲廉孟子。累拜中書平章政事。至元中以平章行省事於荆南。禁剽奪。通商販。興利除害。兵民安堵。復內召爲相。卒諡文正。

廉范 【後漢】杜陵人。字叔度。父遭亂客死於蜀。范年十五。西迎父喪。至葭萌。船觸石破沒。范抱柩俱溺。衆傷其義。求得之。竟免於死。歸葬服竟。詣京師受業。事薛漢。永平初。爲鄧融功曹。後辟公府。會薛漢坐楚王事誅。范獨往收殮之。由是顯名。舉茂才。遷雲中太守。匈奴不敢犯。後遷蜀郡。百姓歌之。免歸鄉里。廣田地。積財粟。悉以賑宗族朋友。世稱其好義。

廉郊 【唐】樂工。師於曹綱。綱曰。教授人多矣。未有此性靈弟子也。郊嘗於池上彈蕤賓調。忽聞芰荷間有物跳躍出岸。乃方響一片。有知之者。謂是蕤賓鐵也。

廉復 【宋】章丘人。年四十。卜廬於繡江之側。誦易種竹。優游不仕。治平中詔求遺逸。刺史王才叔迫之行。復固拒。而陰薦其弟子胡鄗以自免。年九十餘卒。里人李格非爲之序。立碑繡江之岸。

廉惠山海牙 【元】希憲從子。字公亮。幼孤。言及父。輒泣下。獨養母。而家日不給。垢衣糲食。不以爲恥。至治初登進士第。至正中累官翰林學士承旨。知制誥。兼修國史卒。

廉答失蠻 【元】中山人。久客江淮。得南儒性理之學。至正初由監生擢武鄉令。居官立身。皆本平日所學。扶弱鋤強。不茹不吐。去官。邑民思之。

廉頗 【戰國趙】良將。惠文王拜爲上卿。以勇氣聞於諸侯。與藺相如爲刎頸交。孝成王時將兵攻秦。王信秦間。以趙括代頗。括兵敗。賴諸侯救得解。燕舉兵擊趙。頗擊破之。封信平君。爲假相國。王卒。悼襄王立。使樂乘代頗。頗怒。攻乘。乘走。頗遂奔魏。魏不能用。趙後困於秦。復思用頗。使使者之魏。視頗尙可用否。頗之仇人郭開。多與使者金。令毀之。遂不召。楚聞頗在魏。陰使人迎之。爲楚將無功。卒死於壽春。

廉廣 【明】成化間爲都督僉事。征兩廣蠻賊有功。

廉潔 【春秋衞】字庸。一字子操。孔子弟子。

微子 【商】紂同母庶兄。微國名。爵爲子。本名開。漢時避景帝諱。改作啓。爲紂卿士。紂淫亂。數諫不聽。作誥父師少師。遂去之。周公誅武庚。命微子代殷後。國於宋。作微子之命。

微生高 【春秋魯】武城人。孔子曰。孰謂微生高直。或乞醯焉。乞諸其鄰而與之。

微生畝 【春秋魯】隱士。嘗問孔子曰。丘何爲是栖栖者與。無乃爲佞乎。孔子曰。非敢爲佞也。疾固也。

微虎 【春秋魯】大夫。吳師伐魯。微虎欲宵攻吳王之舍。私屬徒七百人。三踊於幕庭。得任行者三百人。有若與焉。或謂季孫曰。不足以害吳。而多殺國士。不如已也。乃止。吳王聞之。一夕三遷。

意而子 【周】穆王迎意而子。訪以至道。後欲以爲司徒。意而子愀然不悅。奮身化作玄鳥。飛入雲中。故後人呼玄鳥爲意而。

感天后 【西遼】德宗后。姓蕭。名塔不煙。德宗沒。子夷列年幼。遺命皇后權秉國政。號感天皇后。稱制。時在宋紹興六年。改元咸清。在位六年。

愛必達 【清】蒙古正白旗人。姓阿拉克奇特氏。官副都統。有大谷山堂集。◎【清】滿洲鑲黃旗人。姓鈕祜祿氏。遏必隆孫。乾隆間由吏部郎中累官湖廣總督。謫戍伊犂。有黔南識略。

愛同 【唐】高僧。天水趙氏子。住開業寺。神龍中翻經。愛同爲證義。義淨所出諸經。與有力焉。有五分律疏。

愛松古 【清】滿洲鑲白旗人。姓納喇氏。太祖太宗時屢從征伐。順治間授佐領。破李自成。征蘇尼特部。卒姜瓖。累擢鑲白旗蒙古副都統卒。

愛星阿 【清】滿洲正黃旗人。姓舒穆祿氏。揚古利之孫。授領侍衛內大臣。吳三桂鎮雲南。疏請發兵入緬甸擒桂王。詔加愛星阿定西將軍。偕三桂進征。緬人以桂王與其親屬獻軍前。事定還京。仍爲內大臣。封一等公。卒諡敬康。

愛音塔穆 【清】滿洲鑲藍旗人。姓戴佳氏。順治間屢從多鐸及濟爾哈朗等攻明。定河南。克江寧。攻寶慶。擊沅州。所當皆克。積功封一等子。

愛隆阿 【清】滿洲正黃旗人。姓覺爾察氏。乾隆中平準噶爾・回部。累戰克捷。功稱最。官至伊犂參贊大臣卒。

愛新保 【清】滿洲正紅旗人。姓伊爾根覺羅氏。乾隆間從勦湖南苗。嘉慶間從攻湖北教匪。皆有功。官至川北鎮總兵。

愛新泰　清滿洲正白旗人。姓伊爾根覺羅氏。乾隆間隨征金川。累擢臺灣鎮總兵。嘉慶時蔡牽寇臺灣。愛新泰督兵夾擊。敗之。卒諡壯勇。

愛薛　元西域拂菻人。通西域諸部語。工星曆醫藥。初事定宗。直言敢諫。至元中從獵保定。日且久。乃從容於帝前語供給之民曰。得無妨爾耕乎。帝爲罷獵。大德中授平章政事。卒封忠獻王。

愼·旦　明歸安人。嘉靖間以歲貢任均州學正。捐俸置廟器。後陞國子監典籍。

愼·到　戰國趙人。學黃老道德之術。因發明序其指意。著十二論。爲四十二篇。名愼子。漢書藝文志列之法家。申不害·韓非嘗稱之。（按愼到。趙人。見史記。中興書目作瀏陽人。誤。又明人刻本云。到一名廣。按陸德明釋文。田駢下注曰。愼子云名廣。是駢一名廣。非到一名廣。尤舛誤也。）◉宋眉州人。任諫官。嘗疏劾秦檜。有直聲。

愼·東美　宋錢塘人。字伯筠。狂縱不就規矩。有文辨。工詩。善書。筆法老逸。不偶俗好。嘗以貢試京師。見棘闈嚴甚。曰。此非所以待天下士也。拂衣歸。嘉祐間韓琦薦於朝。因留京師。一日過蜑紛道人。傾蓋與談。人莫解其語。自是遂不飲食。亦不復作詩。

愼·知禮　宋溫其子。年十八。錢俶辟掌書記。後從俶歸宋。授鴻臚卿。歷知興元府。以母老乞歸。退處十年。縉紳稱其孝。知禮好學。自幼至白首。歲讀五經。周而後止。每開卷必正衣冠危坐。未嘗少懈。

愼·從吉　宋知禮子。字慶之。初從錢俶歸宋。久居散秩。景德初上言求領事務。判刑部。頗留意法律。改右諫議大夫。判吏部銓。務嚴察。尋以給事中權知開封府。坐其子鈞·銳等納賄事削官。天禧中起爲衞尉卿。以光祿卿致仕。從吉喜爲詩。工醫術。善治生。晚年進取彌篤。以至於敗。物論鄙之。

愼·溫其　五代吳越信安人。有詞學。仕錢俶。終元帥府判官。

愼·鋮　宋康定初知建昌軍。治尚大體。明而不苛。民咸戴之。

愼·蒙　明歸安人。字山泉。嘉靖進士。官至監察御史。有天下名山諸勝一覽記。

搖·毋餘　漢仕越爲隊將。從破秦。入漢定三秦。以都尉擊項籍。封海陽侯。卒諡齊信。

搠阿　元察哈札剌兒氏。事烈祖。及太祖嗣位。年尚幼。所部多叛亡。搠阿獨不去。精騎射。帝甚愛之。號爲默爾傑。華言善射之尤者也。

搠思監　元怯烈氏。順帝時爲右丞相。公受賄賂。與朴不花表裏爲姦。爲博羅特穆爾所殺。

敬·元禮　唐番禺人。官吉州參軍。武氏之亂。御史李福業與桓彥範謀討之。彥範被殺。福業亦流番禺。匿元禮家。爲吏捕得。俱坐死。福業將刑。謝元禮。元禮曰。公窮而歸我。我得已乎。見者傷之。

敬·羽　唐寶鼎人。性便辟。善候人意。補匡城尉。繼爲朔方節度府屬。肅宗初擢監察御史。治獄暴忍。人多濫死。寶應初斥道州刺史。詔殺之。

敬君　周齊人。爲齊王圖九重臺。不得歸。思其妻。乃畫妻對之。

敬·君弘　唐絳人。顯儁曾孫。武德中爲驃騎將軍。封黔昌縣侯。掌屯營兵於玄武門。隱太子之死。其部下馮立·謝叔方率兵攻玄武門。君弘挺身出戰。沒於陣。

敬信　明宗室。字子徵。舉人。官部郎。歷遷至戶部尚書。熟清掌故。當官謹飭無他長。恒微服行。一日過給事中吳光奎。恐其參劾。憂病卒。

敬姜　春秋魯大夫公父穆伯之妻。見公父文伯母條。（按列女傳云。敬姜。莒女。號戴己。諡穆伯。考魯文公時仲孫氏有公孫敖。諡穆伯。敖子穀。諡文伯。左傳文公七年。穆伯娶於莒。曰戴己。生文伯。杜注穆伯。公孫敖也。文伯。穀也。又定公時季孫氏有公父穆伯。名靖。穆伯子文伯。名歜。敬姜乃靖之妻。歜之母。莒女戴己。則公孫敖之妻。穀之母也。列女傳混而爲一。誤。）

敬·括　唐河東人。字叔弓。少以文辭稱。舉進士。累官殿中侍御史。爲楊國忠所惡。外除梁州刺史。累進兵部侍郎。志尚簡淡。在職不求名。後爲同州刺史。歲餘入拜御史大夫。隱然持重。弗以私害公。士頗稱焉。

敬·珍　北周蒲坂人。字國寶。偉容儀。有氣俠。學業騎射。爲時所稱。與從兄祥結同郡豪右謀襲擊北齊軍。以應文帝。拜平陽太守。領永寧防主。遷絳州刺史。以疾免。

敬·釗　隋珍孫。字積善。仁壽中爲繁時令。有能名。漢王諒反。釗出迎戰。城陷被執。辭氣不撓。諒將喬鍾葵強以官。釗正色拒之。會鍾葵遂出戰。兵敗。釗遂免害。終朝邑令。

敬·晦　唐括孫。字日彰。第進士。辟山南東道節度府。累擢諫議大夫。武宗時趙歸眞以詐熒罔帝。御史平吳湘獄。得罪宰相。晦上疏極道非是。不少回縱。後爲兗海節度使。以太子賓客分司卒。諡肅。（按敬晦。萬姓統譜作鄭敬晦。考唐書敬晦傳系於鄭薰傳後。或因是致誤。）

敬脫　明高僧。汲郡人。以孝行旌

直知名。好學。美容儀。通諸經論。又善文章及聲韻。兼工書。時人目爲僧傑。煬帝徵居慧日道場。甚見寵異。嘗召見。賜大竹扇及松抱高䄌。令著於宮中而出。

敬・翔 後梁馮翊人。字子振。深沈有大略。從梁太祖在軍中。謀畫多中。甚見信任。梁之篡弒。翔謀爲多。及梁受禪。改樞密院爲崇政院。以翔爲使。遷兵部尚書。金鑾殿大學士。友珪立。懼翔圖已。改中書侍郎。同平章事。末帝時愈見疎遠。梁亡。自經死。

敬・嗣暉 金易州人。字唐臣。天眷進士。補尚書省令史。有才辯。海陵篡立。擢起居注。正隆間拜參知政事。世宗卽位。惡其巧佞。放歸。嗣暉練習朝儀。進止應對閑雅。由是起爲丹州刺史。母憂起復。爲左宣徽使。會將有事南郊。復拜參知政事。攝太常事。禮成卒。

敬・新磨 後唐以伶人事莊宗。善俳。莊宗獵於中牟。踐民田。中牟令當馬切諫。莊宗怒。欲殺令。新磨爲諧語責令。令因得免。

敬・暉 唐絳州太平人。字仲曄。弱冠擧明經。聖曆初爲衞州刺史。罷修城之役。事農畝。闔部以安。屢遷中臺右丞。以誅張易之。昌宗功。加金紫光祿大夫。爲侍中。封平陽郡王。薛季昶勸暉幷誅武三思之屬。不從。卒爲三思所制。貶崖州司馬。徙周利貞所害。睿宗時追復官爵。謚肅愍。(按新唐書謂絳州平陽人。唐時平陽屬郴州。新唐書誤。此從舊唐書。)

敬・會眞 唐平陽人。開元初詔擧能治易老莊者。會眞被薦。擢四門博士。俄兼集賢直學士。終太學博士。

敬・肅 隋蒲坂人。字弘儉。少以貞介知名。釋褐州主簿。開皇初爲安陵令。有能名。歷秦州・衞州司馬。煬帝時遷潁川郡丞。俱有異績。薛道衡稱其心如鐵石。老而彌篤。將擢太守。爲宇文述所毀。不果。大業末乞歸。去官之日。家無餘財。

敬・鉉 元易州人。金進士。元初爲中都儒學提擧。博通經史。文章名世。學者稱爲大寧先生。有春秋備忘。

敬・播 唐河東人。貞觀初擢進士。詔詣祕書內省參纂隋史。再遷著作佐郞。兼修國史。進太子司議郞。與令狐德棻等撰晉書。房玄齡嘗稱爲陳壽之流。玄齡以顏師古所註漢書文繁。令播掇其要爲四十篇。坐事出爲越州長史。徙安州刺史卒。

敬・澄 唐字深源。官無錫令。嘗疏泉引灌以增慧山之勝。有循績。民歌頌之。

敬・儼 元鉉從孫。字威卿。幼好學。善屬文。大德中爲監察御史。皇慶中累官中書。參知政事。立朝多政績。仁宗禮之。字而不名。文宗朝以平章政事告歸。家居十餘年。猶劬學不倦。官浙東參政日。嘗從金華許謙講學。卒謚文忠。

敬・顯儁 北齊平陽人。字孝英。少英俠。有節操。從神武擧兵信都。歷官度支尚書。神武攻鄴。顯儁督造土山。以功封永安縣侯。多歷顯官。所在著名。卒於兗州刺史。(按敬史君碑作字顯儁。闕其名。與史微異。)

新垣・平 漢趙人。文帝時平以望氣見。因說帝設立渭陽五廟。欲出周鼎。嘗有玉英見。後事覺。夷三族。

新垣・衍 戰國魏爲客將軍。魏王使衍入趙。因平原君說趙王。共尊秦昭王爲帝。以罷秦圍趙兵。魯仲連辭却之。

新柱 清滿洲鑲黃旗人。姓富察氏。乾隆初由藍翎侍衞洊擢福州將軍。署湖廣總督。修築隄塍。保障田廬。頗有治績。後官理藩院尚書。卒謚勤肅。

會寧 唐高僧。居成都。麟德中往天竺觀禮聖跡。道經波淩。與其國僧人若那跋陀羅同譯涅槃經後分。

會隱 唐高僧。玄奘弟子。高宗時選高僧。會隱與焉。麟德中敕與西明寺僧玄則等於一切經中略出精義玄文三十卷。號禪林要鈔。書成奏之。

暗伯 元唐兀人。世祖時從征乃顏有功。爲萬戶。諸王哈㫘。駙馬禿綿答兒等叛。暗伯身中七創。鏖戰愈力。剌殺禿綿答兒。生擒哈㫘。累官知樞密院事。卒謚忠。

楊・一 元懷孟人。至元間憐其叔清家貧。密以分契詣神祠焚之。與清同居者三十年。無間言。

楊・一清 明安寧人。徙巴陵。字應寧。成化進士。遷山西按察僉事。以副使督學陝西。在陝八年。以其暇究邊事甚悉。與張永謀誅劉瑾。三爲陝西三邊總制。累陞至太子太師・特進左柱國・華蓋殿大學士。後被張璁等所構。落職。疽發背死。追謚文襄。一清博學善權變。尤曉暢邊事。羽書旁午。一夕占十疏。悉中機宜。其才一時無兩。或比之姚崇云。

楊・一葵 明漳浦人。字翹卿。萬曆進士。官至雲南布政使。有芙蓉館集。

楊・一鵬 明臨湘人。字大友。萬曆進士。歷官大理寺丞。削籍歸。崇禎時復起爲戶部尚書。兼右僉都御史。督淮安漕運。兼巡撫鳳陽。流賊陷鳳陽。焚陵寢。一鵬在淮安。不及救。坐棄市。

楊・九齡 後蜀蜀人。擅儁才。擢蜀桂堂編事。中紀廣政擧試事。載詩賦策題。及知貢擧登科人姓氏。且言科擧起於隋開皇。或以爲自唐太宗始者非也。又撰要錄。亦爲士林所稱道。

楊．三虎 清義烏人。累軍功官桑州副將。康熙間征四川。克成都。得永寧鎭。賊來攻。城陷死之。

楊．三炯 清諸暨人。字千木。號南喬。康熙舉人。少好任俠。與戴名世友善。會南山集獄起。方苞株連下獄。三炯置身禁籍。日冒罪胥入獄省視。及名世被刑。三炯捧首棺斂。用是名動京師。累官濟寧道。治河有聲績。查嗣庭獲罪。三炯以通書嗣庭坐黜。乾隆間朱軾。方苞合疏薦其才。尋卒。

楊．于庭 明全椒人。字道行。萬曆進士。官至兵部職方司郎中。所著春秋質疑。議論至精確。又工詩。有楊道行集。

楊．千萬 三國蜀臨氐。拜百頃氐王。

楊．士弘 元襄城人。寓臨江。好學善屬文。尤工詩。嘗選唐人詩名曰唐音。積十年之力而成。去取頗爲不苟。其自著有覽池春草集。

楊．士奇 明泰和人。名寓。以字行。早孤力學。授徒自給。建文初用薦入翰林。與編纂事。尋試吏部第一。成祖卽位。累官左春坊大學士。進少傅。宣宗崩。皇太子方九齡。內廷頗有異議。士奇請見皇太子於文華殿。頓首稱萬歲。羣臣皆賀。浮議乃止。正統中進少師。以子稷下獄。憂死。諡文貞。士奇雅善知人。好推轂寒士。所薦達有初未識面者。居官廉能。爲天下最。有三朝聖諭錄。奏對錄。歷代名臣奏議。文淵閣書目。

楊．士林 清元和人。字大樁。號梅巖。諸生。工詩畫。闢竹饒書巷稿。有寒香齋詩稿。

楊．士達 清金谿人。字耐軒。道光舉人。有耐軒文鈔。吏治識小錄。

楊．士賢 宋宣和時畫院待詔。紹興間賜金帶。山水人物師郭熙。多作小景。山水林木。挺勁可取。

楊．士聰 明濟寧人。字朝徹。號鳧岫。明崇禎進士。授檢討。入清官至諭德。所著玉堂薈記。其自序謂凡十餘年來世局朝政物態人情。粗載於此。而戲笑不經之事。亦往往而在云。

楊．士瀛 宋懷安人。字登父。號仁齋。世業醫。至士瀛尤精。每以活人爲心。有活人總括。醫學眞經。直指方論等書。

楊．士鏞 清江寧人。號雨湖。善畫山水。工篆書鐵筆。精鑒別。

楊．大全 宋青神人。字渾甫。乾道進士。調溫江尉。除監登聞鼓院。光宗以疾久不省重華宮。大全三上疏以諫。寧宗卽位。累遷司農寺丞。韓侂胄私臺諫爲羽翼。有力薦大全者。屬一往見之。大全笑謝不往。明日遂丐外知金州。道病卒。

楊．大壯 清江蘇甘泉人。字貞吉。一字竹廬。官至安徽參將。日讀古經注疏。尤精曆算律呂之學。

楊．大明 宋字民瞻。號至樂子。本關中將家子。棄蔭爲道士。善畫龜蛇。

楊．大淵 元天水人。初仕宋爲總兵。守閬州。元憲宗來攻。以城降。後拜侍郎。都行省。悉以閫外之寄委之。以功進東川都元帥。卒諡肅翼。

楊．大眼 後魏難當孫。少驍捷。跳走如飛。太和中用爲軍主。累除平東將軍。荆州刺史。大眼撫循士卒。呼爲兒子。及見傷痍。爲之流涕。自爲將帥。恆身先兵士。當其鋒者。莫不摧拉。淮泗荆沔之間。童兒啼者。恐之云。楊大眼至。無不卽止。

楊．大異 宋醴陵人。字同伯。從胡宏受春秋。嘉定進士。授衡陽主簿。調龍泉尉。皆有惠政。累遷四川制置司參議官。元兵入成都。大異巷戰死。詰旦復甦獲免。遷大理丞。平反冤獄七。後召對。極言時政得失。出知澧州。提點廣東刑獄。所至姦吏屏息。寇盜絕迹。廣海數千里。道不拾遺。以秘閣修撰奉祠歸卒。

楊．大雅 宋錢塘人。覃從子。字子正。本名侃。素好學。日誦數萬言。端拱進士。累官集賢院學士。知亳州卒。大雅樸學自信。無所阿附。直集賢院二十五年不遷。天禧中使淮南。遇風覆舟。冠服盡喪。時丁謂鎭金陵。遣人遺衣一襲。大雅辭不受。有大隱集。西垣集。職林。兩漢博聞等書。

楊．大業 清自唐子。幼有奇質。善詩文。川邊改土。從父客江西。弟振業以征壚功任都司。能詩。與兄酬詠甚多。大業有文集五十卷。

楊．大鶴 清武進人。字九皋。號芝田。康熙進士。官左諭德。有春秋屬釋比事。史漢注辨誤。二十一史姓氏考。詩文稿。

楊．子阿 後漢成紀人。善相馬。馬援少嘗師事子阿。受相馬骨法。及征交阯。得駱越銅鼓。乃鑄爲馬式。表上之。

楊．子崇 隋文帝族弟。少好學。開皇中以車騎將軍典宿衛。煬帝時爲離石郡太守。治有能名。遭兵亂。爲仇家所殺。

楊．子華 北齊官直閤將軍。員外散騎常侍。嘗畫馬於壁。夜聽啼齧長鳴。如索水草。圖龍於素。舒卷輒雲氣縈集。武成帝重之。居禁中。天下號爲畫聖。

楊．子器 明慈谿人。字名父。成化進士。歷知崑山。高平。常熟諸縣。有惠政。擢吏部考功主事。陳邊務十二事。時孝宗大開言路。子器數有建白。多見施行。官終河南布政使。

楊．子謨 宋知章子。字伯昌。淳

熙進士。通判成都。因入對論事遭忌。提刑成都。兼知嘉定府。皆有善政。尋奉祠。講學雲山書院。不輕著述。欲使人粘體實踐。有浩齋退稿。

楊山松 【明】嗣昌長子。字長蒼。一字龍髯。別號忍古頭陀。以蔭襲錦衣衛指揮軍監紀同知。才略明敏。從父督師。贊畫軍務。每至達旦。嗣昌卒。廷臣摭其病國事。連疏劾之。山松撰孤兒籲天錄以上。事多得雪。吳三桂反。欲授以職。遯之江南得免。

楊千度 【後漢】倭人。善戲猴。畜猴十餘頭。習人語。孟昶甚悅之。命入教坊。好事者多祖之。嘗謂猴實不解人言。餌以靈砂。變其獸心乃可教。

楊幺 【宋】高宗時聚衆洞庭湖爲水寇。恃其險。曰。欲犯我者。除是飛來。高宗命岳飛招捕之。其黨黃佐。楊欽等率數萬衆來降。幺負固不服。浮舟湖中。以輪激水。旁置撞竿。官舟迎之輒碎。飛以計破之。幺投水。爲牛皐所擒斬。

楊不花 【元】桑兒只子。幼好讀書。善書。仁宗召對欲官之。力辭。後遭家難。益勵節爲學。累官僉河東廉訪司事。有惠政。天曆初除通政院判。將行。會陝西諸軍拒詔。守吏皆逃。不花禦之。兵潰。被殺。

楊中訥 【清】雍建子。字而木。號晚研。康熙進士。官至右中允。督江南學政。工詩古文辭及書。有叢桂集。

楊丹珉 【明】龍溪人。永樂間由國子生知奉新縣。先是邑民爲人誣殺。誣逮者衆。丹珉至。得主名。盡釋誣逮者。歲旱。禱雨輒應。蝗起不入境。後知溧水縣。終泰州同知。俱有政績。

楊介如 【宋】豐城人。字固卿。開禧間遊邊塞。畫策不售。遂隱於黃冠。後入閤皁山。有隱居集。

楊仁 【後漢】閬中人。字文義。習韓詩。舉孝廉。補北宮衛士令。明帝崩。馬氏諸子貴盛。爭欲入宮。仁披甲執戟。嚴勒門衛。莫敢輕進者。章帝立。拜什邡令。爲政寬惠。掾史子弟。悉令就學。由是義學大興。官終閬中令。

楊允孚 【元】吉水人。字和吉。所著灤京雜詠。紀元一代避暑行幸之典。多史所未詳。其自註亦皆賅悉。而敍宮禾黍之感。則與東京夢華錄。武林舊事諸書同一用意。

楊允恭 【宋】綿竹人。少倜儻任俠。太宗時爲廣連都巡檢使。捕海盜殆盡。命督江南水運。又盡捕緣江盜賊。轉發運使。數建議言利弊。咸平初累官荆湖江浙都巡檢使。卒於官。允恭有膽幹。能以方略捕賊。又工心計。好言事。時茶鹽漕運規制未備。故因其建白而從之。利甚溥焉。

楊允繩 【明】松江華亭人。字翼少。嘉靖進士。官給事中。數言事。後巡視光祿。劾光祿丞胡膏僞增物直。爲膏所譖。坐誅。天啓初賜謚忠愍。

楊元杲 【明】滁人。從太祖渡江。掌簿書文字。勤勞十餘年。練達政體。知慮周密。擢知應天府尹。卒官。

楊元眞 【前蜀】金水人。始居蜀。後召入鄴。工畫佛道。精布色。

楊元卿 【唐】吳少誠據蔡州。元卿以褐衣見。署劇縣。俄入幕府。又事少陽。陰輸款朝廷。元濟抗命。元卿欲困其財使不振。說以大賜將士。并請章表見天子。既至。具條賊虛實。元濟覺。殺其妻子。憲宗僑置蔡州。以元卿爲刺史。累官涇原渭節度使。然性險巧。所至聚斂。諂結權近。故累更方任。

楊元琰 【唐】閿鄉人。震十八代孫。字溫。初爲平棘令。課第一。歷州刺史。有風績。張柬之執政。引爲右羽林將軍。相與定計誅張易之。昌宗。以功封弘農郡公。敬暉等爲武三思所構。元琰知禍未已。詭請祝髮。中宗不許。暉等死。元琰獨得全。睿宗時官終刑部尙書。卒謚忠。

楊元禧 【唐】弘武子。爲尙舍奉御。善醫。爲武后所信愛。以忤張易之。爲易之所譖。貶資州刺史。

楊公則 【梁】天水人。字君翼。仕齊累官湘州刺史。梁武帝起兵。公則受命先驅。與敵對壘。矢貫胡床。左右皆失色。公則談笑如初。東昏選勇士夜攻公則柵。軍中驚擾。公則堅臥不動。徐命擊之。東昏軍乃退。事平。進左將軍。天監初封寧都縣侯。入爲散騎常侍。以北伐卒於軍。謚烈。

楊公度 【宋】訓子。字元宏。政和進士。歷福建提舉常平司。主管趙鼎嘗薦其才。秦檜弟梓與公度同年。稱公度學問於檜。或勸使往見。公度謝之。嘗攝潭州事。軍兵謀爲亂。立誅首惡數十人。事遂息。有玉峯集。

楊公遠 【元】歙人。字叔明。其詩集曰野趣有聲畫。不出宋末江湖之格。然一丘一壑。自有佳致。惟公遠自宋入元。絕無故國之思。且多干謁當路頌揚德政之語。故後人多譏議之。

楊太后 【宋】度宗妃。生端宗昰。宋亡。昰走溫州。又走福州。册爲太后。昰卒。弟昺代立。陸秀夫負昺投海死。太后聞之。大慟曰。我忍死間關至此者。正爲趙氏一塊肉爾。今無望矣。遂赴海死。

楊太眞 【唐】元琰女。小名玉環。初爲壽王瑁妃。後令丐籍女官。號太眞。玄宗召入幸之。天寶中進册貴妃。妃善歌舞。曉音律。性警穎。迎意輒悟。宮中號娘子。儀體與皇后等。安祿山反。帝出奔。至馬嵬坡。六軍以妃與兄國忠交亂國。不肯發。乃殺國忠。而縊妃於路祠。

楊天民 明山西太平人。字全甫。萬曆進士。歷知朝城、諸城縣。有異政。擢禮科給事中。敢於言事。建儲之疏。至十二上。卒以讁死。有楊全甫諫草。

楊天惠 宋郫人。字佑父。幼警敏。嘗取韓愈、歐陽修文集縱觀。作歌行數十篇。一時驚歎。中元豐進士。攝邛州學官。徽宗時上書言事。後入黨籍。有文集。

楊少愚 元青陽人。少好學。博通羣書。有孝經述孝編、秋浦集、九華外史。

楊引 後魏襄垣人。三歲喪父。爲叔所養。母年九十三卒。引年七十五。哀毀過禮。三年服畢。恨不識父。追服斬衰。哀慕不改。◎明吉水人。好學能詩文。爲宋濂、陶安所稱。時方不次用人。有司類以孝廉文學善書薦。皆不赴。復以纂修徵。亦不就。其教學者。先操履而後文藝。迄老。視聽不衰。

楊文 明倉山人。洪武間以總兵官征廣西及五開有功。建文初屯開平。燕師起。文守遼。時出兵擾北平。後召還。憐其開國老將。得不死。

楊文仲 宋彭山人。字時發。淳祐中以胄試第一入大學。升內舍。時言路頗壅。因季冬雷震。帥同舍叩閽。極言時事。寶祐初登進士第。累官至崇政殿說書。在講筵。每以積誠感動。德祐時元兵渡江。朝士率多棄去者。侍從惟文仲一人。有見山集。

楊文安 元大淵兄子。字泰叔。中統初授監軍。攻禮義城。累與宋戰有功。攻取蜀中州郡甚多。擢龍虎衛上將軍、中書左丞。行江西省事卒。

楊文言 清武進人。通曆算。尤明習幾何原本。爲耿精忠部下幕客。精忠叛。文言被羈。大軍至得出。後明史曆志初成。文言曾有增定。

楊文岳 明南充人。字斗望。萬曆進士。崇禎時歷遷至兵部右侍郎、總督保定山東河北軍務。李自成陷洛陽。犯開封。文岳赴救。屢破賊。斬其魁一條龍。賊遂遁去。後賊復圍開封。文岳馳救之。城陷。不屈死。

楊文奎 明工樂府。有兒女團圓雜劇。

楊文思 隋寬子。字溫才。初仕周。累軍功官隆州刺史。開皇初進爵正平郡公。後爲魏州刺史。甚有惠政。官終左光祿大夫。卒謚定。

楊文紀 隋文思弟。字溫範。少剛正有器局。初仕周。襲爵華山郡公。隋初爲宗正少卿。改封上明郡公。遷荆州總管。卒謚恭。

楊文乾 清宗仁子。字元統。號霖宰。康熙間授曹州知州。雍正間官至廣東巡撫。多善政。闔屬虧帑甚多。命文乾往查。秉公辦理。毫無瞻顧。自閩回粵。卒於官。

楊文修 宋諸暨人。字中理。性篤孝。鄉人名曰佛子。年六歲。視母食多寡爲飢飽。及長。以母多病習醫。母卒。捧土成墳。朱熹道經諸暨。聞文修名。延與談名理。後人名其談理之室曰紫陽精舍。著有醫衍。

楊文卿 明鄞人。字質夫。少穎敏不凡。弱冠入郡庠。發解浙省第一。舉會試第二。初授刑部主事。累官山東提學副使。以勞卒。文卿平居恂恂和易。臨事卽確然不可奪。有崧畦集、筆談類稿、苕溪集。

楊文蓀 清海寧人。字芸士。歲貢。好收藏圖籍。尤嗜說文。曾著清朝古文彙鈔。評選精確。世稱善本。又有逸周書王會解廣注、兩漢會要補遺、南北朝金石文字考、南宋石經考、希鄭齋詩。

楊文廣 宋延昭子。字仲容。以補討賊功授殿直。從狄青南征。爲廣西鈐轄。遷興州防禦使、秦鳳副都總管。韓琦使築篳篥城。文廣聲言城噴珠。率衆急趣篳篥。比暮至其所。部分已定。遲明。敵騎大至。知不可犯而去。遣將襲之。斬獲甚衆。歷遷步軍都虞候。遼人爭代州地界。文廣獻陣圖幷取幽燕策。未報而卒。

楊文德 後魏保宗弟。保宗既誅。氐羌立文德。屯於濁水。自號征西將軍、秦河梁三州牧、仇池公。被討。走漢中。尋入統汧隴。遂有陰平、武興之地。後爲荆州刺史劉義宣所殺。

楊文驄 明貴陽人。字龍友。舉於鄉。崇禎時官江寧知縣。御史劾其貪汙。奪官候訊。事未竟。福王立於南京。馬士英當國。起爲監軍。駐京口。擢右僉都御史。巡撫其地。與清兵隔江相持。後兵敗。走處州。時唐王已自立於福州。乃拜兵部右侍郎、兼右僉都御史。提督軍務。清兵至。不能禦。退至浦城。被執不降。死之。文驄善書。有文藻。好交遊。干士英者多緣以進。爲人豪俠自喜。頗推獎名士。士亦以此附之。然以士英故。亦多爲人詆諆。

楊方 晉會稽人。字公回。少好學。爲小吏。王導辟爲掾。遷司徒參軍事。求補遠郡。欲閑居著述。遂補高梁太守。著五經鉤沈。更撰吳越春秋幷雜文。皆行於世。◎宋長汀人。字子眞。清修篤孝。行已拔俗。登隆興進士。調弋陽尉。道崇安。謁朱熹。面受所傳。趙汝愚帥蜀。辟機宜文字。淳熙末除編修官。首乞朝重華宮。辭甚懇切。未幾。坐趙汝愚、朱熹黨罷。黨禁解。終廣西提刑。

楊方達 清武進人。字符蒼。乾隆舉人。治經深於易。有周易輯說存正。易學圖說會通·春秋義補注。

楊·方熾 〔清〕海鹽人。字成章。號見如。晚號復春。雍正間監生。工畫山水人物花鳥。性喜閒靜。染翰不輟。流傳甚多。四十後轉以弈自娛。

楊·方興 〔清〕廣寧人。隸漢軍鑲白旗。字浡然。崇德舉人。順治初由祕書院學士授河東總督。勦平土寇。疏通河道。克稱其職。捐隆朱源寨口決。結茅廬於隄上。盛暑隆冬。寢食其中。後加太子太保致仕。

楊·无咎 〔清〕吳縣人。字震伯。號易亭。有小宛集。

楊·日言 〔宋〕開封人。字詢直。由內臣官至晉州觀察使。工畫山水。氣韻高邁。尤善寫貌。繪古賢故實。兼精篆隸八分。幼喜讀經史。精春秋之學。卒謚莊簡。

楊·日嚴 〔宋〕河南人。字垂訓。第進士。初爲益州轉運使。無他治能。及知益州。頗爲蜀人所信愛。官終同知審官院。

楊·月澗 〔元〕善畫花鳥龍虎。有聲於時。

楊·王休 〔宋〕象山人。字子美。乾道進士。仕爲黃巖尉。授南康軍判官。時朱熹守郡。事悉委之。除益利路轉運判官。兼提點刑獄。蜀民德之。爲光宗時四名監司之一。官終吏部侍郎。

楊·王孫 〔漢〕城固人。治黃老術。家業千金。厚自奉養。及病且死。先令其子曰。吾欲裸葬。以返吾眞。其子往告王孫之友祁侯。祁侯與王孫書勸之。王孫報書。具言厚葬之無益。祁侯曰善。遂裸葬。

楊·世恩 〔明〕崇禎時歷官副總兵。數敗賊。後守宜昌。救夷陵。被困。走黃連坪絕地死。

楊·令寶 〔後魏〕武都人。有膂力。善射。仕蕭鸞。數爲小將。至譙郡太守。景明初除南兗州刺史。在淮南征戰累捷。官終京兆內史。

楊·仙喬 〔唐〕長安人。喬或作橋。好圖佛寺鬼神。

楊·以成 〔明〕路南人。萬曆中授貴陽通判。理畢節衞事。天啓初安邦彥陷貴陽。以成倉皇投繯。賊繫之去。乃爲書述賊中情形。置竹筒中。令弟以恭赴雲南告變。事泄。並被害。

楊·以增 〔清〕聊城人。字益之。一字至堂。道光進士。以知縣發貴州。先教化。後刑政。有兩漢循吏風。後官至江南河道總督。咸豐初以豐工漫口。革職留任。旋卒。謚端勤。生平無他嗜。一專於書。所收數十萬卷。建海源閣以藏之。刋海源閣叢書。子紹和。撰楹書隅錄。別築宋存室。以庋宋元精槧。江標爲撰宋元本書目。今北方藏書家。推爲第一。與常熟瞿氏並峙。世有南瞿北楊之稱。

楊·以叡 〔清〕長世從子。字維明。諸生。有汲亭詩文鈔。

楊·以儼 〔清〕長世從子。字維莊。貢生。有強恕齋文鈔。

楊·巨源 〔唐〕蒲州人。字景山。貞元進士。累拜國子司業。以詩訓後進。多成其藝。年七十致仕。太和中以爲河東少尹。不領職務。歲給祿以終其身。◎〔宋〕益昌人。字子淵。監興州合江贍軍倉。吳曦叛。陰有討賊志。遂與安丙·李好義等合謀殺曦。丙奏功。以巨源爲第一。賞不酬功。會有人誣以將謀亂。丙遂收殺之。後李珙爲之訟寃。賜廟贈官。謚忠愍。

楊·平 〔晉〕南海人。字伯衡。穆帝時拜交州刺史·征西將軍。與滕畯伐林邑。九戰大破之。林邑王遣子請和。與盟而還。加平龍驤將軍。封南陵縣侯。

楊·弘 〔隋〕文帝從祖弟。字辟惡。性明悟。有文武幹略。數從征伐。文帝爲相。委以心腹。及受禪。拜大將軍。立爲河間王。授寧州總管。治尙清靜。轉蒲州刺史。在官十餘年。風教大洽。煬帝即位。徵拜太子太保卒。

楊·弘武 〔唐〕弘禮弟。少修謹。高宗時歷司戎少常伯。補授吏部五品官。遷西臺侍郎。帝嘗讓曰。爾在戎司授官多非其才。何耶。弘武曰。臣妻剛悍。此其所屬。不敢違。以諷帝用武后言也。帝笑不罪。弘武無他才。特謙慎自守。居職清簡。卒謚恭。

楊·弘道 〔元〕淄川人。字叔能。金哀宗時嘗監麟游酒稅。後仕宋。理宗時爲府學教諭。攝唐州司戶。尋北還。生平流離南北。出處殆無可言。工詩。與元好問等皆以詩名。爲北方巨擘。有小亨集。

楊·弘禮 〔唐〕素弟子。字履莊。太宗征遼東。拜兵部侍郎。領步騎二十四軍。所向摧靡。後爲崑丘道副大總管。破處密。殺焉耆王。降馭支部。獲龜茲·于闐王。官終太府卿。卒謚質。

楊·旦 〔明〕榮曾孫。字晉叔。弘治進士。歷官太常卿。以忤劉瑾。謫知溫州。治稱最。瑾誅。累擢至南京吏部尙書。嘉靖時張璁·桂萼驟進。旦率九卿極言其不可。轉北京吏部尙書。未至。爲陳洸所劾。勒致仕。

楊·本 〔明〕中牟人。初爲太學生。通禽遁術。建文中應募授錦衣鎭撫。從李景隆討燕有功。景隆忌之。不以聞。尋以孤軍獨出。被擒。繫北平獄。後被殺。

楊·本巖 〔元〕廬陵人。起家直學。遷白鹿書院山長。元季兵起。以保障功還本縣主簿。中賊伏。遇害。

楊·正芳 〔明〕天啓間以小校從軍。屢勦貴州賊。積功官至副總兵。崇禎初擊破定番叛苗。復屢破賊。後援雒南。

兵敗死。

楊・永斌 〔清〕昆明人。字壽廷。號陸山。康熙舉人。乾隆間歷官湖北江蘇巡撫。所至皆有政績。尋授禮部侍郎。以病乞休歸卒。

楊・玄 〔後魏〕盛子。善於待士。爲流舊所懷。太武時拜征南大將軍・都督梁州刺史・南秦王。卒私諡孝昭。

楊・玄就 〔後魏〕仲宣子。幼而俊拔。仲宣被收時。玄就九歲。牽挽兵人謂曰。欲害諸尊。乞先就死。兵人以刀斫斷其臂。猶請死不止。遂先殺之。

楊・玄感 〔隋〕素子。以父軍功位至柱國。拜郢州刺史。吏民信服。煬帝時累官禮部尚書。性驕倨。愛重文學。四方知名之士。多趨其門。自以累世尊顯。有盛名於天下。在朝文武。多父將吏。復見朝綱日紊。帝又猜忌。內不自安。謀廢帝立秦王浩。帝征遼東。遂舉兵反。玄感驍勇多力。每戰身先士卒。喑嗚叱咤。莫不震懾。又善撫馭。士樂致死。後兵敗。自知不免。令弟積善抽刀斫殺之。

楊・玉科 〔清〕善化人。字雲階。同治初以義勇入滇營。岑毓英授爲隊長。旋充營官。所向有功。破迤西城砦數百。擒悍酋數千。斬叛回數十萬。光緒間官至雲南提督。法越之役。在諒山戰死。諡武愍。玉科性好勇而嗜殺。岑毓英嘗戒以勿暴虐勿妄殺。授以春秋。遂成名將。

楊・玉英 〔明〕建寧女子。涉獵書史。善吟詠。年十八。許字宜時中。時中有非意之獄。父母改受他聘。女聞之。自經死。遺詩曰。崑山一片玉。既售與卞和。和足苦被刖。玉堅不可磨。

楊・玉香 〔明〕金陵娼家女。閩縣林景清過金陵。以詩挑之。玉香亦答詩。遂與定情。及林還訪之。已前卒。有瑤華館詩。

楊・甲 〔宋〕昌州人。字鼎卿。乾道進士。有六經圖。

楊・由 〔後漢〕成都人。字哀侯。少習易。凡七政元氣風雲占候。所言多驗。爲郡文學掾。著書十餘篇。名曰其平。

楊・由義 〔宋〕開封人。字宜之。避地臨官。與漕薦不第。隆興初以閤門祗候使金。不屈而還。孝宗嘉歎。累遷太府卿兼刑部侍郎。朱熹嘗受業焉。

楊・申 〔宋〕新喻人。字宣卿。天聖進士。累官光祿卿。立朝有風節。王安石當國。以論新法不合。出知濟州。多善政。尋乞致仕。呂大防表其所居爲耆德坊。

楊・石 〔宋〕次山子。字介之。以外戚恩。累授保寧節度使。寧宗崩。史彌遠謀廢皇子竑而立昀。命石與兄谷白恭聖皇后。遂矯詔廢竑爲濟王而立昀。是爲理宗。石又嘗疏陳宣仁臨朝之由。漢唐母后稱制得失。后覽奏即命擇日撤簾。石性恬澹。每拜爵。必辭官。終彰德集慶節度使。封魏郡王。

楊・禾 〔清〕淮安人。字稼軒。博學工文辭。有老子解・易蘊・詩文集。

楊・立 〔後唐〕潞州小校。初事李嗣昭及李繼韜。皆畜養甚厚。繼韜被誅。憤憤失志。尋以叛誅。

楊・仲元 〔宋〕管城人。字舜明。第進士。調宛丘主簿。歷官光祿卿。改中散大夫。戒諸子曰。吾居官五十年。未嘗以私怒加人。雖杖刑之微。苟有兩比。不敢與重法。以是爲報國耳。

楊・仲昌 〔唐〕元琰子。字蔓。玄宗時以河陽尉對策擢第一。授蒲州法曹參軍。遷監察御史。坐累爲孝義令。遷下邽。終吏部郎中。仲昌資長於吏。常分父邑租振宗黨。御身以約。善與人交。士樂從之游。

楊・仲武 〔元〕保安人。字德威。皇統中歷同知臨洮尹。改河中府。羌人苦邊將貪婪爲寇掠。仲武從數騎入其營諭之。羌人喜悅息兵。後復掠熙河。諭之不肯去。曰。楊總管來我乃解。仲武復至。責其負約。與爲誓。羌人羅拜而去。官終陝西西路轉運使。

楊・仲宣 〔後魏〕順子。有風度才學。孝莊初累官正平太守。在郡有能名。還京之日。與父兄同遇害。

楊・仲興 〔清〕嘉應州人。字直庭。號訒庵。雍正進士。累官湖北按察使。改刑部郎中。以疾歸。工古文辭。古奧深峭。浸淫兩漢。有性學錄・讀史提要・觀察紀略・四餘偶錄・文集。

楊・兆年 〔清〕長世從子。字爾逢。官宜黃訓導。有栩栩園文鈔。

楊・兆鳳 〔清〕長世從子。字爾翔。官上饒縣訓導。有寓鴻亭文鈔。

楊・兆魯 〔清〕武進人。字青巖。順治進士。官至福建延平道按察司副使。官建寧時。巨寇蕭維堂等作亂。招撫有功。有遂初堂文集。

楊・兆蟾 〔清〕長世從子。字又平。有鈍齋文鈔。

楊・兆璜 〔清〕邵武人。字古生。嘉慶進士。官至廣平知府。兩爲郡守。皆以忤上官奪職。少負才氣。尤耽山水。遊跡半天下。年六十餘。始漸歸淳泊。服膺宋儒。工詩。有東霞集。

楊・光先 〔清〕歙人。字長公。明時爲新安所千戶。劾大學士溫體仁・給事中陳啓新。廷杖。戍遼西。清順治中德人湯若望・比人南懷仁在欽天監。以西法造時憲書頒行天下。光先上書攻之。世祖以光先爲欽天監監正。罷西法不用。康熙間以論閏法不合遣戍。

楊・光溥 〔明〕沂水人。成化進士。累官山西按察司副使。有剪燈瑣話・沂州文集・素封亭稿・梅花集詠。

楊・光輔 〔宋〕安丘人。居馬耆山。學者多從受經。州守王溥文薦爲太學助教。孫奭知兗州。又薦爲太常寺奉禮郎·州學講書。仁宗召至。命說尚書。時年七十餘。光輔講無逸一篇。論說明暢。帝悅。欲留爲學官。固辭。以國子監丞老於家。

楊光遠 〔後晉〕沙陀部人。字德明。初爲唐莊宗將。戰折一臂。後降晉。高祖以爲節度使。出帝時光遠益驕。乃反。召契丹入寇。其子承勳劫光遠幽之。遣人奉表待罪。遂伏誅。光遠召夷狄。爲天下首禍。卒滅晉氏。瘡痍中國者三十餘年。

楊再思 〔唐〕原武人。第明經。延載初爲鸞臺侍郎·同平章事。居相位十餘年。阿附取容。畏愼足恭。未嘗忤物。張易之兄同休請宴。謂再思曰。公面似高麗。再思欣然爲高麗舞。滿坐鄙笑。張昌宗以姿貌幸。再思每曰。人言六郎似蓮華。非也。正謂蓮華似六郎耳。其巧諛無恥類此。卒諡恭。

楊再興 〔宋〕爲賊曹成將。紹興間岳飛破成。赦再興。勉以忠義。飛屯襄陽以圖中原。再興取長水。盡復西京險要。又得馬萬匹芻粟數十萬。中原響應。後以三百騎遇兀朮兵十二萬於小商橋。再興戰死。獲其尸焚之。得箭鏃二升。

楊匡 〔漢〕陳留人。一名章。字叔廉。好學。教授門徒。補蘄長。政有異績。遷平原令。時中常侍徐璜兄曾爲國相。匡恥與接事。託疾牧豕。桓帝時太尉杜喬辟爲掾。後喬與李固坐黨禍死。暴尸城北。家屬故人。莫敢視者。匡星行至洛。守護尸喪。上書乞固喬骸骨歸葬。太后許之。匡送固喬喪還葬。遂隱匿不仕。

楊后 〔晉〕華陰人。名豔。字瓊芝。善書。姿質美麗。閑於女工。武帝即位。立爲皇后。賈充妻郭氏賂后。求以女爲太子妃。后盛稱賈氏有淑德。帝聽之。泰始中選良家以充後宮。后性妬。惟取潔白長大。其端正美麗者並不見留。年三十七崩。諡元。◎〔晉〕駿女。元后從妹。名芷。字季蘭。小字男胤。元后臨終。勸武帝納之。咸寧中立爲皇后。帝以太子妃賈氏妬。將廢之。后力諫止。賈妃不知。謂后構之於帝。忿怨彌深。帝崩。誣后謀亂。廢爲庶人。絕膳而崩。年三十四。永嘉初追復尊號。諡悼。◎〔北周〕隋文帝長女。名麗華。宣政初立爲皇后。柔婉不妬。四皇后咸愛而仰之。及隋受禪。后意不平。形於言色。文帝內甚愧之。議奪其志。后誓不許。大業中殂於河西。◎〔宋〕會稽人。與曹美人俱有寵。慶元中恭淑皇后崩。韓侂胄勸帝立曹。帝不聽。遂立后。后深銜之。會侂胄議用兵中原。后乃使其兄次山與史彌遠謀。伏兵擁侂胄至玉津園椎殺之。由是彌遠遂專國政。紹定中崩。諡恭聖仁烈。

楊吉老 〔宋〕字克一。善畫竹。

楊名 〔明〕遂寧人。字實卿。嘉靖時鄉試第一。廷試第三。授編修。彗星見。應詔上疏切諫。帝大怒。下詔獄拷訊。究主使。數瀕死無所承。詔謫戍瞿塘衛。尋釋歸。屢薦不召。家居奉親孝。親沒。與弟台廬墓終喪卒。

楊名時 〔明〕歙人。字不棄。博雅多能。精於鑑古。工畫。又善臨摹古帖。◎〔清〕江陰人。字賓實。一字凝齋。康熙進士。御纂周易折中·性理精義等書。皆出其手。聖祖甚重之。歷官吏部尚書。爲雲貴總督。尤有政績。雍正時或誣以贓私。革職。乾隆初召入教皇子。侍直南書房。卒諡文定。其學以存誠爲主。所著有易義隨記·詩義記講等書。其楊氏全書。則門人之所輯也。

楊名高 〔清〕遼東人。隸鑲黃旗漢軍。崇德間攻明。克塔山·杏山。順治間累擢福建漳州提督。屢敗新建王朱由榛軍。後與鄭成功戰。以調度無方奪職。

楊回 〔春秋〕〔晉〕居鄉三逐。事君三去。趙簡子用爲相。其國大治。

楊存中 〔宋〕震子。本名沂中。字正甫。少警敏。膂力絕人。學孫吳兵法。善騎射。震及難時。存中從征河北。故獨免。由忠翊郎累官至檢校少保。兼領殿前都指揮使。乾道初以太師致仕。卒追封和王。諡武恭。存中忠孝勇敢。大小二百餘戰。身被五十餘創。宿衛出入四十餘年。最寡過。高宗嘗以郭子儀比之。

楊守一 〔宋〕本洛陽人。徙宋鄭間。字象先。稍通周易及左氏春秋。事太宗於晉邸。累官宣徽北院使·簽署樞密院事。性質直勤謹。無他材術。徒以肇自王府。久事左右。適會時機。歷職通顯云。

楊守阯 〔明〕守陳弟。字維立。成化鄉試第一。成進士。累遷翰林侍讀學士·南京吏部右侍郎。年七十。乞骸骨。進尚書致仕。守阯博極羣書。師事守陳。學行相埒。其爲解元學士侍郎。皆與兄同。又對掌兩京翰林院。人尤豔稱之。有碧川文選·浙元三會錄。

楊守知 〔清〕雍建孫。字次也。康熙進士。官平涼知府。工詩。與歸安沈樹本·平湖陸奎勳·嘉善柯煜稱浙西四才子。有致軒集。

楊守亮 〔唐〕曹州人。本姓訾。名亮。與弟信俱爲盜。楊復光平江西得之。養爲假子。改今名。楊復恭收京師。守亮以戰功拜山南西道節度使·檢校太保。及復恭敗。依守亮。李茂貞等劾守亮納叛人。因坐誅。

楊守珍 〔宋〕祥符人。字仲寶。以宦者入爲內黃門。習書史。學兵家方略。善射。許民周繼宗被誣通番。辭服。遣守珍覆問。悉辨理出之。累遷內圍使右班都知。領端州刺史卒。

楊守陳 【明】鄞人。字維新。祖範有學行。嘗誨守陳以精思實踐之學。守陳舉景泰進士。改庶吉士。授編修。孝宗嗣位。遷吏部右侍郎。上疏言帝王治世之道。帝深嘉納。上章乞解部務。乃以本官兼詹事府。專事史館。卒諡文懿。

楊守隅 【明】守隨從弟。字維德。成化進士。歷官江西參政。有政績。劉瑾惡守隨。並罷守隅官。瑾誅。起官四川。終廣西布政使。

楊守隨 【明】守陳從弟。字維貞。成化進士。授御史。巡按江西。所至以風采見憚。嘗疏陳六事。時不能從。又因災異陳九事。擢應天府丞。弘治中歷工部尚書。掌大理寺。遇事持法不撓。武宗立。八黨弄權。戶部尚書韓文等伏闕力爭。文等旣逐。守隨獨上章極論。攻劉瑾尤甚。瑾深銜之。坐繫獄除名。瑾誅復官。卒諡康簡。

楊守謙 【明】志學子。字元亨。嘉靖進士。累官保定巡撫。俺答入寇。率師倍道入援。進兵部右侍郎。協同仇鸞提督內外諸軍事。鸞徘徊觀望。守謙孤軍無繼。不敢戰。坐失誤軍機下獄。戮於市。守謙性坦易。居官廉。馭下多恩意。及死。將士無不流涕。隆慶初追諡恪愍。

楊守禮 【明】蒲州人。字秉節。正德進士。嘉靖初歷湖廣僉事。有平賊功。以右僉都御史巡撫四川。才器敏達。中外以爲能。改寧夏。進右都御史。總督軍務。尋以憂去。俺答薄都城。廷臣以守禮薦。詔趣就道。寇退。止不行。久之卒。

楊安 【前秦】從苻堅討匈奴右賢王。大敗之。繼與王猛攻荆州。掠安陽民萬餘戶而還。累功封博平郡侯。擢右大將軍・益州牧。後移鎭樊鄧。爲前秦名將。

楊安止 【宋】時子。官院判。秦檜當國日久。安止有劄子勸之去位。坐此去職。

楊安國 【宋】光輔子。字君倚。以五經及第。仁宗時爲崇政殿說書。久之進天章閣侍講・龍圖閣直學士。歷判尚書刑部太常寺。在經筵二十七年。講說一以注疏爲主。無他發明。仁宗稱其行義淳實。比之崔遵度。

楊安道 【宋】九江人。工畫人物山水。

楊安辨 【清】祥符人。字爲山。一字巽行。乾隆時貢生。父官秦州。以累。與母俱卒於任所。安辨奔走十餘年。始克歸葬。終其身衣冠皆素。時稱孝子。工詩古文。晚年讀易。益究性命之旨。有易說・瓢斟集。

楊屾 【清】西安府人。字雙山。所著幽風廣義。詳述樹桑織紝養蠶諸法。繪圖列說。而雞豚畜飼之法。亦附見焉。

楊异 【隋】儉子。字文殊。美風儀。深沈有器局。九歲丁父艱。哀毀幾滅性。初仕周。爲寧都太守。有能名。數以軍功封樂昌縣侯。文帝時累官刑部尚書。出爲吳州總管。卒官。

楊收 【唐】發弟。字藏之。早孤。母授之經。善屬文。號神童。及壯。博學彊記。他藝無不通解。擢進士。懿宗時爲相。以功進尚書右僕射。稍自盛滿爲奓侈。門客童吏倚爲姦。爲中尉楊玄价所構。知政凡五年罷。後流驩州。賜死。繼又追雪其辜。復官爵。

楊旭 【清】昭文人。字曉村。號藹廬。工畫花鳥。寫生不用粉本。精鑑賞。有虛白軒稿。

楊朱 【戰國】字子居。後於墨子。與墨子弟子禽滑釐辨論。其說謂古之人損一毫利天下不與也。悉天下奉一身不取也。人人不損一毫。人人不利天下。天下治矣。其說戰國時盛行。時人目爲爲我。與墨子之兼愛相反。孟子斥爲異端。辭而闢之。

楊朴 【宋】鄭州人。字契元。少與畢士安同學。士安薦之太宗。以布衣召見。賦莎衣詩辭官歸。朴性癖。嘗騎驢往來鄭圃。每欲作詩。即伏草間冥搜。得句則躍而出。遇之者皆驚。有東里集。

楊朵兒只 【元】寧夏人。幼時語言儀度如成人。事仁宗於藩邸。甚見倚重。佐平內難。仁宗居東宮。論功以爲太中大夫・家令丞。日夕侍側。仁宗立。累官御史中丞。數直諫。多所匡救。轉集賢學士。仁宗崩。爲權臣鐵木迭兒所害。追諡襄愍。

楊次山 【宋】上虞人。字仲恭。恭聖仁烈皇后兄。儀狀魁偉。少好學能文。補右學生。累封至會稽郡王。能避權勢。不預國事。時論賢之。

楊汝士 【唐】虞卿弟。字慕巢。第進士。擢弘辭。牛僧儒・李吉甫均與之善。引爲中書舍人。開成初録兵部侍郎爲東川節度使。終刑部尚書。族人嗣復嘗大宴。汝士與元稹・白居易賦詩。汝士後成最佳。歸語人曰。今日壓倒元白。

楊汝眞 【明】揚州人。自幼刻苦。修全眞之道。遇異人。入蜀彭縣。獻王敬禮之。年百二十一歲尸解。

楊汝穀 【清】懷寧人。字令詒。號石湖。康熙進士。官至左都御史。以老病乞歸。平生立朝。初終一轍。官御史時。疏凡數十上。贊中樞。歷副相。遇事必言。卒諡勤恪。

楊汝諧 【清】江蘇華亭人。字端揆。號柳汀。又號退谷。以貲授通判。富收藏。能詩善書。通音律。寄情篆刻。有崇雅堂詩鈔。

楊・自唐 清天全人。字翊清。世爲碉門土司。授宣慰使。西邊改土。安置於南昌。平居積書嗜學。喜飲酒賦詩。二子俱以詩名。

楊・至 宋晉江人。字至之。受業朱熹之門。文采發越。有文公語錄。

楊・至質 宋閤阜山道士。字休文。號勿齋。淳祐中敕賜高士。右街鑒儀。主管教門公事。所著書皆曰勿齋集。吐屬雅潔。猶有樊南甲乙集之遺。

楊・行密 五代吳合肥人。字化源。初爲盜。後應募爲州兵。遷隊長。使出戍。因起兵爲亂。據廬州。唐昭宗拜爲淮南節度使。封吳王。悉有淮南江東地。爲人寬厚雅信。能得士心。在位十五年。其後子溥稱帝。追尊爲太祖武皇帝。

楊・行祥 明僧。鈞州人。自稱建文帝。詳見應能條。

楊・伯仁 金伯雄弟。字安道。皇統進士。除應奉翰林文字。拜大名少尹。誅鋤豪強。四境帖然。累官禮部侍郎。兼太常卿卒。

楊・伯元 金尉氏人。字長卿。大定進士。累官安武軍節度使。卒謚達。伯元以才幹多被委任。凡兩爲推排定課使。累爲審錄官。人稱其平。每有疑獄。必專遣決。明辯多中理。

楊・伯淵 金冀城人。字宗之。早孤。事母孝。疏財好施。天會初賜進士。累官平州路轉運使。知泰安軍。有惠政。正隆末羣盜起。州郡罹害。獨濟南賴伯淵保全。致仕卒。

楊・伯通 金弘州人。字吉甫。大定進士。由尚書令史爲順義軍節度使。以憂去。吏部薦其廉幹。授同知定武軍節度使。承安初拜參知政事。進尚書左丞。致仕卒。

楊・伯嵒 宋代郡人。字彥思。號泳齋。淳祐中以工部郎守衢州。所著九經補韻。考據經義。精確者頗多。又有六帖補。宋代遺文逸事。亦頗藉以考見。

楊・伯雄 金伯淵族弟。字希雲。皇統進士。爲海陵所器重。官直學士。世宗時爲丞相。權詹事。知無不言。匡救弘多。後宮侍有詭隨者。人必稱楊詹事以愧之。官終河中尹。卒謚莊獻。

楊・伯醜 隋馮翊人。好讀易。隱於華山。文帝召與語。竟無所答。賜衣服。捨之而去。於是被髮陽狂。遊行市里。後開肆賣卜。所言皆驗。其論易辭義。皆異先儒之旨。而思理玄妙。出於獨得。非常人所及。以壽終。

楊・佐 宋宣州人。字公儀。第進士。爲陵州推官。皇祐中以鹽鐵判官同判都水監。京城地勢南下。夏秋苦霖潦。佐開永通河。患遂息。又辯孟陽河以便運。累遷江淮發運使。天章閣待制。復判都水監。英宗時使契丹。卒於道。

楊・佐國 清荊門人。字荊湖。順治進士。授商州。有善政。擢刑部員外郎。有貴家殺人。同官多瞻徇。佐國獨持正。尚書魏象樞亟稱之。卒從其議。累遷太僕少卿。卒官。

楊・何 漢淄川人。字叔元。自曾商瞿受易於孔子。六傳而至王同。何從同受易學。元光中徵爲大中大夫。

楊・克讓 宋馮翊人。字慶孫。石晉末以戶曹掾歷仕漢周。入宋起爲左補闕。掌榷務。遷西川轉運副使。有善政。受代歸。疏民利病十事稱旨。太祖將加大用。爲侯陟所沮。後徙知廣州。兼轉運市舶使。居官廉謹。以幹局稱。

楊・告 宋允恭次子。字道之。賜同學究出身。由廬江尉累遷開封府推官。使趙元昊不屈。拜右諫議大夫。官終知壽州。告曉法律。頗知財利。而不務苛刻。時號能吏。

楊・孝邕 後魏昱子。昱被害。孝邕走匿蠻中。潛結渠帥。謀應齊神武。以誅爾朱氏。微服入洛。事泄被害。

楊・宏 明大河衞人。字希仁。嘉靖中以指揮使署都督同知。有漕運通志。

楊・宏中 宋侯官人。字充甫。弱冠補國子生。寧宗立。韓侂胄竄弄國柄。趙汝愚竄永州。宏中與諸生林仲麟・徐範・張衜・蔣傅・周端朝五人上書不報。繳副封於臺諫。侂胄大怒。送宏中太平州編管。天下號爲六君子。後赦還。舉開禧進士。歷太學正。夏旱上封事。指切無隱。終通判潭州。

楊・岐珍 清壽州人。字西園。長身鶴立。威儀甚整。性坦直。生平未嘗欺人。初在籍練鄉兵禦苗沛霖有功。授都司。從李鴻章征捻。官至福建提督。

楊・希閔 宋克讓子。字無間。生而失明。令諸弟讀經史。一歷耳輒不忘。屬文善緘尺。趙普守西洛。闢疏皆希閔所爲。將署爲掾。不受。優加給贍。張齊賢・李沆・薛惟吉・張茂宗領府事。皆優待之。卒年三十九。有遺集。

楊・延宗 唐元卿子。開成中爲磁州刺史。與河陽兵謀逐帥自立。事敗。詔以元卿嘗毀家歸宗。杖死延宗京兆府。賜還田產。

楊・延昭 宋業子。本名延朗。幼沈默寡言。兒戲多爲軍陣。業嘗曰。此兒類我。太宗朝以崇儀使知保州。眞宗時官終高陽關副都部署。延昭智勇善戰。號令嚴明。與士卒同甘苦。每遇敵。必身先行陣。克捷推功於下。故人樂爲用。在邊二十餘年。契丹憚之。目爲楊六郞。

楊・延齡　宋官至朝奉郞。有楊公筆錄。

楊・廷和　明新都人。字介夫。成化進士。改庶吉士。授檢討。爲人美風姿。性沈靜詳審。爲文簡暢有法。好考究掌故民瘼邊事及一切法家言。鬱然負公輔望。正德初歷官至太子太師・華蓋殿大學士。武宗崩。無子。議所當立。廷和據祖訓請立興獻王子。是爲世宗。世宗未至。廷和總朝政幾四十日。以遺詔盡罷一切非常例者。中外大悅。及大禮議起。廷和力爭。議不合。乞休歸。後竟削職。卒年七十一。隆慶初復官。諡文忠。有楊文忠公三錄。

楊・廷英　淸新建人。字書侶。雍正進士。乾隆時舉鴻博。未遇。知尉氏縣。有杜詩註。

楊・廷樞　明長洲人。字維斗。擧崇禎鄕試第一。時復社諸生氣甚盛。而廷樞與徐汧等尤相契。南都旣破。廷樞避鄧尉山中。久之四方弄兵者羣起。廷樞旣負重名。咸指目之。當事者執廷樞好言獻之。廷樞嫚罵不已。因被害。

楊・廷璋　宋眞定人。字溫玉。素微賤。姊歸周太祖。廷璋因給事左右。數獻奇計。世宗時爲建雄軍節度。在鎭有惠愛。數破北漢兵。宋初加檢校太尉。李筠叛。廷璋上攻取之策。太祖卽委以經略。事平。改鎭邠州。官終千牛衞上將軍。◎淸漢軍鑲黃旗人。雍正間由筆帖式授工部主事。乾隆間歷官浙江巡撫・總督閩浙直隸。皆有政績。後官刑部尙書。卒諡勤慤。

楊・廷麟　明淸江人。字伯祥。崇禎進士。授編修。勤學嗜古。有聲館閣間。充講官。兼直經筵。改兵部主事。贊盧象昇軍。象昇戰死。都城失守。南都繼陷。唐王加廷麟吏部右侍郞。進兵部尙書。兼東閣大學士。攻復吉安。未幾復失。退保贛州。淸兵圍之半年。城陷。赴水死。

楊・志誠　唐文宗時爲盧龍節度李載義牙將。逐載義爲留後。累進檢校尙書右僕射。爲下所逐。尋誅死。

楊・志學　明徐州人。字遜夫。弘治進士。巡撫大同・寧夏。邊人愛之。累官刑部尙書。卒諡康惠。

楊・成玉　明知揚州府。嘗蒐輯宋人詩話。凡劉攽・歐陽修・司馬光等十家。在當時皆祕笈也。

楊・成章　明道州人。父泰納妾丁。生成章。甫四歲。泰卒。丁之父逼丁改適。丁鶉銀錢與嫡妻何各藏其半。約成章長授之。及成章爲諸生。何臨沒。授以半錢。告之故。遂尋母得之。及母卒。廬墓三年。嘉靖中授國子學錄。

楊・扶　唐浦江人。字聖儀。爲武源令。遷交州刺史。所至有恩惠。州人爲之謠曰。楊聖儀。政多奇。

楊・汲　宋晉江人。字潛古。登進士第。調趙州司法參軍。讞獄得情。主管開封界常平。權都水丞。行汴水淤田法。神宗嘉之。提擧淮西常平。修古芍陂。灌田萬頃。召判都水監。紹聖中終戶部侍郞。

楊・汪　隋華陰人。字元度。少凶疎。好與人鬭拳。所擊無不踣。長更折節勤學。專精左氏傳。通三禮。爲周冀王侍讀。累遷下大夫。入隋歷荆洛二州長史。暇則延生徒講授。拜尙書左丞。煬帝時爲國子祭酒。令百僚與汪講論。皆不能屈。後出爲梁郡通守。越王侗徵拜吏部尙書。王世充僭號。汪復用事。世充平。以逆黨誅死。

楊・沃衍　金朔州人。一名斡烈。貞祐初官嵐州節度使。累有戰功。正大初歷拜陝西元帥左監軍。兵敗。走鈞州。元使人招之降。不屈。自縊死。

楊・沂孫　淸常熟人。字子與。號詠春。晚自署濠叟。道光擧人。官至鳳陽知府。沂孫少學於李兆洛。尤嗜篆隸。篆書名天下。筆意出獵碣及各鐘鼎款識。有管子今編・莊子正讀・文字說解問譌・在昔篇・觀濠居士集。

楊・牢　唐河南人。字松年。父茂卿。從事田氏府。趙軍反。殺田氏。茂卿死。牢自洛陽走常山。號伏叛壘。往譬意感解。以尸還之。單縗冬月。徒來太行間。凍膚皸瘃。銜哀雨血。路人爲之泣下。後擢進士第。

楊・秀　隋文帝第四子。開皇初立爲越王。徙封蜀。歷官上柱國。出鎭於蜀。秀有膽氣。多武藝。甚爲朝臣所憚。而奢侈違法。及太子勇以讒廢。秀甚不平。晉王廣旣爲太子。恐秀終爲害。遂構成其罪。廢爲庶人。幽內侍省。煬帝卽位。禁錮如初。宇文化及弑煬帝。欲立秀爲帝。羣議不許。遂害之。幷其諸子。◎淸大定人。乾隆間從攻金川。敍功擢延綏鎭總兵。嘉慶間從攻湖北教匪。連戰皆捷。以賊匪竄逸革職。尋補雲南提標中軍參將。以病罷歸。

楊・秀淸　淸先世花縣人。與洪秀全起兵於廣西。轉戰各地。屢敗淸軍。封東王。後與秀全有隙。爲韋昌輝所殺。時與秀全並稱曰洪楊。

楊・良　淸字白眉。善畫驢。愛食牛肉。人有求其畫驢者。以牛肉一觔。輒換得之。成謂之曰楊驢子。

楊・言　明鄞人。字惟仁。正德進士。嘉靖時歷官給事中。數抗章論事。詞甚切直。錦衣百戶王邦奇借哈密事請誅楊廷和・彭澤等。言上書力爭。帝怒。收繫言。親鞫之。備極五毒。折其一指。卒無抗詞。獄亦以解。累官湖廣參議。言爲吏多著聲績。所至民皆祠祀。

楊・邠　〔晉〕武陽人。字岐之。舉秀才。永嘉初累官衡陽內史。城爲賊破。推邠爲主。邠不許。夜走湘州。會刺史荀眺降賊。邠孤軍守城。爲賊所攻而卒。⊙〔五代漢〕冠氏人。官至中書侍郎兼吏部尚書・同平章事。邠出於小吏。不喜文士。雖長吏事。而不知大體。以故秉大政而務苛細。然爲人頗儉靜。四方之賂。雖不卻而往往以獻於帝。後爲左右所構。被殺。

楊・邦乂　〔宋〕吉水人。字晞稷。舉進士。建炎初知溧陽縣。金兀朮兵至。守將降。金將欲降邦乂。誘怵百端。終不屈。遂被害。謚忠襄。

楊・邦基　〔金〕華陰人。字德懋。號息軒。天眷進士。授太原交城令。太原尹徒單恭託名鑄金佛。屬縣輸金。邦基獨不與。尹召至府。將以鐵拄杖撞其面。邦基不爲動。以廉爲河東第一。累遷永定軍節度使。邦基能屬文。尤以善畫名當世。

楊・邦弼　〔宋〕億四世孫。字夏佐。紹興進士。通判信州。尋以大理出持漕節。不務鉤致。甚得大體。從王藻游。探極理趣。吳中建三賢祠。以陳長方與邦弼配饗。

楊・侗　〔隋〕見隋恭帝條。

楊・侃　〔後魏〕播子。字士業。性愛琴書。時播一門貴盛。侃獨不交遊。或勸其仕。曰。苟有良田。何憂晚歲。但恨無才具耳。年三十一襲爵華陰伯。從長孫稚平長安有功。元顥內逼。從孝莊至河北。及南還。進爵爲公。與密謀除爾朱榮。普泰初爾朱天光誘而殺之。

楊・佶　〔遼〕南京人。字正叔。統和中舉進士第一。重熙時累官同中書門下平章事。佶居相位。以進賢爲己任。事總大綱。責成百司。人樂爲用。有登瀛集。

楊・佺期　〔晉〕華陰人。震裔。沈勇果勁。少仕軍府。屢擊苻堅將敗之。官龍驤將軍。以疾去職。殷仲堪引爲司馬。擢雍州刺史。隆安中爲桓玄所攻。兵敗。被殺。

楊・來嘉　〔清〕福州人。初從鄭錦爲都督。康熙初降清。授襄陽鎮總兵官。吳三桂反。來嘉附之。屢與清軍戰。後清軍破重慶。來嘉降。逮至京。死於道。

楊・卓　〔明〕泰和人。字自立。洪武進士。授吏部主事。遷廣東行省員外郎。復通判杭州。以病免。卓精吏事。吏不能欺。而治尚寬恕。民悅服焉。

楊・坦　〔唐〕長安人。一作垣。善畫鬼神天女。

楊・奉　〔後漢〕獻帝時爲興義將軍。與董承侍送車駕東歸。郭汜遣將逼脅乘輿。奉與戰累破之。車駕乃幸安邑。還至洛陽。以奉爲車騎將軍。別屯梁。曹操至洛。徙帝都許。奉自梁欲要之。不及。操遂擊奉。奉南奔依袁術。

楊・奇　〔後漢〕震曾孫。靈帝時爲侍中。帝嘗問之曰。朕何如桓帝。對曰。陛下之於桓帝。亦猶虞舜比德唐堯。帝不悅曰。卿強項。眞楊震子孫。死後必復致大鳥矣。出爲汝南太守。帝崩。復入爲侍中・衞尉。從獻帝西遷。有功勤。後追封奇子亮爲陽成亭侯。

楊・孟容　〔宋〕眉山人。累官知懷安軍。在治平時。與濮議不合。在熙寧間。議新法又不合。元祐中乞致仕。哲宗書清節二字賜之。

楊・季昭　〔唐〕再思弟。爲殿中侍御史。薛顗爲齊州刺史。武后命季昭按之。不得反狀。后怒。放於沙州。尋赦還。爲懷州司馬。

楊・季鸞　〔清〕寧遠人。字紫卿。國子監生。咸豐間舉孝廉方正。有春星閣詩集。

楊・定　〔後秦〕難敵曾孫。苻堅拜爲尚書領軍。盡力於堅。堅死。乃率衆奔隴右。招夷夏得千餘家。稱藩於晉。孝武以爲秦州刺史。道武時遂有秦州之地。自號隴西王。後爲乞伏乾歸所殺。謚武王。

楊・宜　〔明〕衡水人。字伯時。嘉靖進士。官御史。撫河南。平劇賊師尙詔。代周琉爲總督。辦倭。趙文華督察軍務。威出宜上。宜懲禍曲意奉之。又不善馭客兵。坐失事。奪職閒住。

楊・宛　〔明〕金陵妓。字宛淑。能詩。善草書。歸茗上茅生。生重其才。有家傳傲骨爲迂叟。帝賚詞人作細君之句。生沒。盡橐裝奔國戚田宏遇。田死。還金陵。爲盜所殺。

楊・宗仁　〔清〕漢軍正白旗人。字天爵。康熙間由監生授慈利知縣。雍正初官至湖廣總督。廉潔勤敏。鹽商歲餽數萬金及諸餽遺。概屏絕。馭屬吏嚴而不殘。尤加意武備。賞罰公明。士卒競奮。卒謚清端。

楊・尚希　〔隋〕弘農人。少孤。入太學。周文帝釋奠。令講孝經。奇之。賜姓普六茹氏。擢國子博士。隋受禪。拜度支尚書。授上儀同。尚希性惇厚。兼以學業自通。甚有雅望。爲朝廷所重。拜蒲州刺史。卒謚平。

楊・岫之　〔唐〕大曆中人。工畫鬼神。

楊・岳斌　〔清〕善化人。初名載福。字厚菴。善書。臨摹閣帖書譜。皆極神似。初以外委帶湘鄉練勇。曾國藩治水師。拔爲營官。岳州及城陵磯之敗。惟岳斌所部獨完。後破田家鎭。再復武漢。克湖口。奪小孤山。復彭澤・銅陵・安慶。克九洑洲。湘軍水師。名聞天下。官至陝甘總督。引疾歸。光緒間法人肇釁。起岳斌幫辦軍務。

渡臺灣。與劉銘傳籌戰守。和議成。還湘。卒謚勇毅。

楊忠 北周華陰人。小名奴奴。隋文帝父。初從元顥入洛。賜爵壽昌縣伯。從魏孝武西遷。進爵爲侯。嘗從周文帝狩。獨當一猛獸。北臺謂猛獸爲揜于。因以字之。邙山之戰。先登陷陣。進車騎大將軍。出鎮穰城及蒲坂。賜姓普六茹氏。武成初進封隋國公。位至大司空。卒謚桓。文帝受禪。追尊爲武元帝。廟號太祖。◎明寧夏人。正德時官都指揮僉事。廉介有謀勇。死安化王寘鐇之變。

楊念如 明吳縣人。天啓中魏忠賢遣緹騎逮周順昌。士民憤。擊旂尉斃之。事後不得主名。念如與顏佩韋·馬傑·沈楊·周文元五人自認爲首。被誅。

楊恢基 清山西人。字石樵。官睢寧知縣。工畫山水花卉。

楊所修 明商城人。萬曆進士。故魏忠賢黨。歷左副都御史。入逆案。讀徒爲民。張獻忠陷商城。罵賊死。

楊承信 宋承勳弟。字守眞。幼以父任爲牙校。契丹滅晉。以承信繼父職。爲平盧軍節度使。事周累戰功襲忠正軍節度。同平章事。宋初加兼侍中。征李筠。爲澤州西面都部署。封趙國公卒。承信美儀表。善持論。多藝能。累歷藩鎮。爲政不苛。故雖叛臣之子。而能始終富貴。

楊承勳 後晉光遠子。歷萊州防禦使。在郡亦頗理。嘗欲殺父側奸黨。每省父。父爲匿焉。光遠構變。承勳胥父出降。授鄭州防禦使。契丹入汴。責其害父背己。使臠其肉而殺之。

楊政 後漢京兆人。字子行。性嗜酒闊略。不拘小節。然篤於義。從范升受梁丘易。善說經書。升嘗繫獄。政抱升子候駕叩頭曰。范升一子。孤之可哀。虎賁射之。施頭以戟叉政。傷胸。政哀請不已。帝即赦升。政由是顯名。建初中官至左中郎將。◎宋臨涇人。字直夫。父忠戰沒。政甫七歲。哀號如成人。建炎間從吳玠擊金兵。累捷。積功至環慶路經略安撫使。改經略安撫涇原。兼帥環慶秦路。徙知熙州·利州。累拜太尉。卒謚襄毅。

楊於陵 唐虞鄉。字達夫。年十八擢進士第。穆宗時累遷戶部尚書·東都留守。封弘農郡公。於陵器量方峻。節操堅明。始終不失其正。時人尊仰之。卒謚貞孝。

楊昇 唐開元館畫直。以寫照擅名。學僧繇沒骨法。亦善山水。◎明吳縣人。字起同。弘治進士。爲庶吉士。除給事。時方詔海內直言。昇疏事有所規益。奉使遼碭。以勞得疾。値奔母喪卒。

楊昌文 清廣東人。善畫閩花竹石。

楊昌泗 清湖南乾州人。字廉泉。咸豐間以武生從攻洪楊軍於湖北。連復漢陽·廣濟·黃梅等城。以功累擢延綏鎭總兵。卒謚剛介。

楊昌濬 清湘陰人。字石泉。與左宗棠爲布衣交。咸豐間洪楊軍起。昌濬隨宗棠平浙有功。累擢浙江巡撫。坐事去官。光緒間宗棠平甘回。復請起用昌濬。官至陝甘總督。在任七年。加太子太保。坐甘肅教回復亂。褫職。有平浙紀略·平定關隴紀略。

楊明海 清長沙人。咸豐間以武童從楊岳斌與洪楊軍戰。克武·漢·蘄·黃·湖口·彭澤·九江·安慶等城。皆有功。又勦平新疆回亂。光緒初官至狼山鎭總兵。

楊明復 宋臨海人。字復翁。操履純正。博通經籍。時稱浦城先生。有周易會粹·尙書暢旨·詩學發微·冠婚喪祭圖。

楊杲 隋煬帝三子。小字季子。年七歲。封趙王。拜河南尹。從幸淮南。詔行江都太守事。杲聰令美容儀。性至孝。見帝風動。不進膳。亦終日不食。宇文化及反。杲在帝側。號慟不已。裴虔通使賊斬之帝前。時年十二。

楊果 元蒲陰人。字正卿。金正大進士。歷諸劇縣。治數稱最。入元。累官參知政事。出爲懷孟路總管。卒謚文獻。果性聰敏。美風儀。工文章。尤長樂府。有西菴集。

楊東明 明虞城人。字起修。萬曆進士。歷官給事中。請定國本。出閣豫教。早朝勤政。值歲凶。上河南饑民圖。官終刑部侍郎。有青瑣藎言。

楊枝 清如皋冒襄家歌童。龔鼎孳·陳維崧均有詩贈之。

楊武 漢爲高祖郎中騎將。從起下邽。擊陽夏。後以斬項籍功。封吳房侯。卒謚嚴。

楊武通 隋華陰人。性果烈。善馳射。以討西南夷功拜左武衞將軍。時党項羌爲邊患。朝廷以其威名。授岷·蘭二州總管。後討嘉州叛獠。頻戰破之。賊知其無援。悉衆至。爲賊所執。殺而啖之。

楊沛 三國魏萬年人。字孔渠。除新鄭長。累遷九江·東平·樂安太守。並有治績。後又爲鄴令。曹洪等畏沛。各遣告子弟。使自檢勅。轉護羌校尉。領京兆尹。黃初中儒雅並進。沛本以事能見用。至是遂以議郎冗散里巷卒。

楊治卿 明四明人。字宇春。工畫竹。尤精翎毛。

楊炎 唐播子。字公南。文藻雄麗。豪爽尙氣。父喪廬墓。號慕不廢聲。德宗時累拜門下侍郎。同中書門下平章事。以片言移人主意。作兩稅法。

一變租庸調舊制。當時便之。初炎矯飾志節。頗得名。後黨元載。坐貶。及得政。睚眦必仇。果於用私。以劉晏劾載及己。貶晏忠州。誣而殺之。及罷相。爲盧杞所構。賜死。後詔復官。謚平厲。

楊炎正 宋廬陵人。字濟翁。年五十二始登第。爲寧遠簿。其詞集曰西樵語業。屛絕纖穠。自攄清俊。非俗豔所可擬。（按陳振孫書錄解題載西樵語業一卷。楊炎正濟翁撰。文獻通考引之。誤正字爲止字。毛晉刻六十一家詞。遂誤以楊炎爲姓名。止濟翁爲號。考楊萬里誠齋詩話曰。余族弟炎正。字濟翁。年五十二乃登第。是當爲炎正無疑。）

楊珏 宋鄞人。字君寶。紹定進士。授迪功郎．上虞尉。調贛州教授。庠校一新。官終知肇慶府。爲人以剛直廉介稱。

楊玩 蜀漢爲主簿。建興中常播被誣受刑。辭終不撓。惟玩證明其事。與播辭同云。

楊知 宋陽信人。少警悟。遇異人。傳以風鑑。太宗微時散行遇知。知謂曰。君其治世主乎。太宗却避。及登極。詔號眞人。卽太山爲庵以居。後莫知所之。

楊知章 宋潼川人。號雲山老人。得張栻之學。以授其子。謂欲造聖門。當從此入云。

楊知新 清歸安人。字元鼎。一字拙園。嘉慶間廩生。熟明史稿。論某事在某卷。驗之不爽。所校讐書籍善本數十種。有夙好齋詩文鈔。

楊祁 宋崇寧人。善畫花鳥及竹。又工畫雞。

楊秉 後漢震子。字叔節。爲豫荆徐兗四州刺史。所至以淳白稱。延熹中拜太尉。時宦官方熾。守令多非人。秉條奏牧守以下五十餘人。或死或免。天下肅然。又劾中常侍侯覽．具瑗罷之。每朝廷有得失。輒盡忠規諫。多見納用。嘗曰。我有三不惑。酒色財也。及卒。賜塋陪陵。

楊芮 元簡五世孫。字大章。文行素優。性尤坦易。好施與。學士危素等交薦不起。

楊芝 清錢塘人。工畫人物仙佛鬼判。筆力雄健。不假思慮。愈大愈妙。嘗云安得三十丈大壁。磨墨一缸。以田家滌場大帚醮之。乘快馬以掃數筆。庶幾手臂方舒。而心胸以暢也。

楊芝茂 清順天人。字子瑞。人物倣小李將軍。寸馬豆人。設色絢麗。又善寫貌。曾召寫御容。

楊芳 清松桃人。字誠村。從楊遇春勦川楚教匪。每戰輒爲軍鋒。又平逆回張格爾於新疆。累官湖南提督。封一等果勇侯。加太子太保。卒謚勤勇。芳威望與遇春埒。時稱二楊。

楊芳燦 清無錫人。字蓉裳。乾隆拔貢。官甘肅伏羌知縣。回民田五爲亂。守城五日圍解。擢知靈州。後官戶部員外郎。好爲詩。出入義山昌谷間。又工駢文。驚才絕豔。世謂盈川復生。有吟翠軒初稿。

楊表正 明延平人。字西峯。有琴譜大全。

楊金監 清武進人。原名鑑。字用民。官訓導。有適園文鈔。

楊金龍 清邵陽人。字鏡巖。同治間從攻洪楊軍有功。光緒間率湘軍馬隊出關。克復烏魯木齊等處。官至江南提督。

楊長世 清瑞金人。字延會。官興安縣訓導。有影居文鈔。

楊長年 清江寧人。字樸庵。同治舉人。光緒間主講敬業書院。後移主鍾山書院。有周易省心錄．春秋律身錄。

楊長春 清漢軍鑲黃旗人。康熙中爲京口參領。搜緝海寇有功。官至浙江提督。卒謚勤恪。◎清襄陽人。咸豐間與洪楊軍戰於安徽。有功。擢守備。同治間從僧格林沁勦捻於河南。官至雲南臨元鎮總兵。

楊長孺 宋萬里子。字伯大。號東山。守湖州。彈壓豪貴。治績炳然。郡人相與肖像祠於學宮。擢經略廣東。以己俸代下戶輸租。遷福建安撫使。卒謚文惠。

楊阜 三國魏冀人。字義山。初爲涼州刺史韋康別駕。以破馬超功。賜爵關內侯。明帝時累遷將作大匠。每朝廷會議。阜嘗侃然以天下爲己任。數諫爭不聽。乃屢乞遜位。及卒。家無餘財。

楊亭 清晉子。字雲房。工雜畫。能紹家學。◎清揚州人。字元草。寄寓秣陵。畫山水少温潤。然挺特嶮巖。自成一家。家貧無子。晚年與瞽妻對坐荒池草閣中。晨夕禮佛。雖晨炊屢空。嘯咏自若。年七十餘卒。

楊信 宋瀛州人。以武功累官至殿前都指揮使．鎮寧軍節度使。質實自將。善部分士卒。有紀律。太平興國初卒。◎明能弟。字文實。仕正統至成化。官總兵。歷鎮宣府．延綏．大同。屢敗邊寇。在邊三十年。鎮以安靜。人樂爲用。然性好營利。卒謚武毅。

楊信民 明浙江新昌人。名誠。以字行。舉於鄉。宣德時除工科給事中。正統中擢廣東參議。清操絕俗。景帝監國。廣東賊黃蕭養攻廣州。以信民爲右僉都御史。巡撫其地。既至。使人持檄入賊營。諭以恩信。蕭養曰。得楊公一言。死不憾。信民單騎往諭。賊黨爭羅拜。將降。信民忽暴卒。軍民聚哭。建祠祀之。成化中賜謚恭惠。

楊俊　【三國魏】獲嘉人。字季才。漢末兵亂方起。俊以河內處四達之衢。必爲戰場。乃扶持老幼詣京密山間。同行者百餘家。俊賑濟貧乏。通共有無。宗族親故爲人所掠作奴僕者。凡六家。俊皆傾財贖之。後仕魏官至南陽太守。文帝常恨俊稱美曹植。坐以事。收付獄。自殺。衆冤痛之。◎【隋】文帝第三子。字阿祗。開皇初立爲秦王。歷秦州揚州幷州總管。俊仁恕慈愛。崇敬佛道。初有令聞。後漸奢侈違法。性頗好內。妃崔氏甚妬。心不平之。遂於瓜中進毒。俊因得疾。徵還。免官。以王就第。俊慚怖疾篤卒。諡孝。妃崔氏坐廢。賜死。◎【明】洪庶子。景泰中積官至右都督。屢黜屢起。初守永寧懷來。聞也先欲奉上皇還。密戒將士毋輕納。既還。又言是將爲禍本。及上皇復位。坐誅。

楊俊民　【元】眞定人。字士傑。師安熙。明於易。篤守師說。累官御史。◎【明】博子。字伯章。嘉靖進士。萬曆中累官戶部尚書。小人競請開礦。俊民爭不得。稅使四出。天下騷然。時議咎之。

楊保宗　【後魏】玄子。嗣爲南秦王。爲玄弟難當所廢。拜爲鎮南將軍。後歸太武。拜爲秦州牧。武都王。尙公主。鎭上邽。駱谷。弟文德說保宗令叛。事泄。坐誅。

楊冠卿　【宋】江陵人。字夢錫。進士。嘗出知廣州。以事罷。才華清儁。四六尤流麗渾雅。有客亭類稿。

楊勇　【隋】文帝長子。字睍地伐。文帝受禪。立爲皇太子。頗好學。解屬辭。賦性寬厚。無矯飾之行。然多內嬖。妃元氏。無寵暴卒。獨孤后疑有他故。甚恨之。晉王廣遂構奪宗之計。廢勇爲庶人。帝寢疾。廣矯詔賜勇死。追封房陵王。

楊契丹　【隋】官至上儀同。（一作參軍）善畫佛像人物故實。與田僧亮·鄭法士同在京師光明寺繪壁。鄭深歎服。

楊奐　【元】乾州奉天人。字煥然。又名知章。蚤喪母。哀毀如成人。金末嘗作萬言策。指陳時病。欲上不果。元初隱居敎授。學者稱爲紫陽先生。耶律楚材薦爲河南廉訪使。約束一以簡易。在官十年請老。卒諡文憲。詩文光明俊偉。有中原文獻之遺。著有還山集。

楊厚　【後漢】統子。字仲桓。少學父業。順帝時遣使特徵至長安。累官侍中。每有災異。厚輒上消救之法。而閹宦專政。言不得信。梁冀欲與相見。厚不答。後謝病歸。教授門徒至三千餘人。卒年八十二。私諡文父。

楊娃　【宋】會稽人。亦稱楊妹子。寧宗恭聖皇后妹。以藝文供奉內庭。有題馬遠松院鳴琴小幅。

楊威　【宋】絳州人。工畫村田樂事。

楊妍　【清】金陵歌妓。字步仙。能詩善書。工畫叢蘭竹木。

楊宣　【漢】什邡人。字君緯。能通鳥言。長於災異。教授弟子以百數。仕爲太倉令。上言宜封周公孔子後。詔從之。薦龔勝等四人。哀帝卽位。封外屬六人爲列侯。宣以爵土過制爲諫。居攝中卒。

楊度汪　【清】無錫人。字勗齋。乾隆初由拔貢生召試鴻博。授庶吉士。改德興知縣。篤學工詩文。有雲逗樓詩集。

楊彥伯　【五代吳】新淦人。幼穎敏。大順間擢童子科。宰安福。境內安堵。仕於楊行密。楊溥時官終門下侍郎。

楊彥溫　【後唐】汴州人。梁小校。天成中爲河中副指揮使。潞王從珂鎭河中。奏爲衙內都指揮使。以謀叛誅。

楊彥詢　【後晉】寶鼎人。字成章。高祖鎭太原。以爲太原節度使。天福中徙鎭國。爲政有惠愛。以疾罷爲金吾衛大將軍卒。

楊恂　【宋】丹稜人。字信仲。元豐進士。元符初知廣都縣。上書言事。甚切直。後入元祐黨籍。

楊恆　【明】諸曁人。字本初。少穎悟。爲文峻潔。知名於世。居白鹿山。帶經躬耕。嘯歌自樂。自號白鹿生。太祖下浙東。屢辟不就。性醇篤。家無儋石。而臨財甚介。鄉人奉爲楷法。

楊思忠　【明】平定人。字孝夫。嘉靖進士。擢禮科給事中。帝欲祧仁宗。祔孝烈后太廟。思忠與尙書徐階據禮力爭。帝摘其疏中語。杖之百。斥爲民。隆慶初起擧吏科。終南京戶部右侍郎。

楊思恩　【隋】爲車騎將軍。楊義臣擊漢王諒。諒將王拔驍勇數陷陣。義臣募能當拔者。思恩應募。率騎士篡馬赴之。突擊殺數人。直至拔麾下。短兵方接。從騎退。思恩爲拔所殺。

楊思訓　【唐】恭仁子。襲父爵歷右屯衛將軍。從高宗幸幷州。右衛大將軍慕容寶節夜邀思訓與謀亂。思訓不敢對。爲寶節所毒死。

楊思勗　【唐】石城人。本蘇氏。冒所養姓。少爲宦者。給事內侍省。從玄宗討內難。擢左監門衛將軍。開元中與光楚客討平安南蠻。又征五溪。執首領覃行章。擒封陵獠梁大海。縛瀧州蠻陳行範。累官驃騎大將軍。封虢國公。卒年八十餘。思勗鷙忍好殺戮。將士憚服。以是能立功。

楊思義　【明】洪武初官戶部尚書。請令民間皆植桑麻。四年始徵其稅。不種桑者輸絹。不種麻者輸布。如周官里布法。詔可。思義首邦計。以農桑積貯爲急。雖本帝意。而經畫詳密。時稱其能。官終陝西行省參政。

楊·思聖 【清】鉅鹿人。字猶龍。號雪樵。順治進士。官至四川左布政使。工詩。兼善書畫。有且亭詩集。

楊·思權 【後唐】新平人。初事梁爲控鶴軍使。唐滅梁。以爲都指揮使。潞王從珂反鳳翔。思權首降。由是諸鎮皆潰。官終左衞上將軍。

楊·昭 【隋】煬帝長子。大業初立爲皇太子。有武力。能挽強弩。性謙沖。未嘗忿怒。後朝於雒陽。體素肥。因致勞疾卒。謚元德太子。

楊·昭述 【宋】浦城人。字宗魯。賦性醇雅。長於議論。遠近爭遣子弟師之。陳襄主浦城簿。以鄉先生待昭述。嘉祐間奏名出身。授池州石埭尉。始至。選秀民進而教之。於是邑人相率趨學。官終雷州海康縣令。

楊·昭復 【宋】閩人。師陳淳。得朱熹之傳。(楊一作王。一作黃。)

楊·昭儉 【宋】長安人。嗣復曾孫。字仲寶。舉後唐進士。官殿中侍御史。入晉爲中書舍人。周世宗愛其才。召入翰林爲學士。宋初爲太子詹事。以工部尚書致仕卒。昭儉美風儀。善談名理。事嘗有直聲。然利口。喜譏訾執政。大臣憚其構謗。多曲徇其意。

楊·昱 【後魏】椿子。字元晷。累官散騎常侍。南道大都督。鎮滎陽。元顥內逼。招昱令降。不從。城陷。顥執昱面責之。昱曰。分不望生。但恨老父無人侍養。乞小弟一命。死且不朽。顥拘之。後孝莊還宮。復昱官。爾朱兆入洛。昱歸鄉里。爲爾朱天光所害。

楊·春 【清】桐鄉人。字南礀。諸生。工繪事。有香坡詩集。◎【清】江寧人。字靈泉。一字珍予。乾隆間諸生。工吟詠。有樂禧堂詩鈔。

楊·春卿 【後漢】新都人。善圖讖學。爲公孫述將。漢兵平蜀。春卿自殺。臨命戒子統曰。吾綈袠中有先祖所傳秘記。爲漢家用。爾其修之。統感父遺言。遂明術數。

楊·朏 【宋】京師人。後家泗上。工畫佛道人物。作觀音尤擅絕。

楊·洪 【蜀漢】武陽人。字季休。先主定蜀。以洪爲蜀郡從事。及征漢中。諸葛亮表爲蜀郡太守。衆事皆辦。漢嘉太守黃元反。洪策擒之。後爲越騎校尉。領郡如故。洪忠清款亮。憂公如家。事繼母至孝。卒官。◎【明】六合人。字宗道。仕永樂至天順朝。累官宣府總兵。御兵嚴肅。士馬精強。諸部憚之。呼爲楊王。然未嘗專殺。又頗好文學。卒謚武襄。◎【清】黔陽人。字映川。晚號警齋。精刑名術。兼善醫。有警齋餘話。西湖紀遊。陶情偶吟。

楊·泉 【晉】梁國人。字德淵。徵士。嘗采秦漢諸子之說爲物理論。又有太玄經及文集。俱不傳。

楊·洲 【明】揚州人。字伯海。工畫山水小景。

楊·津 【後魏】順弟。字羅漢。少端謹。以器度見稱。歷岐州華州刺史。皆有聲。孝昌中除定州刺史。杜洛周圍州。守禦三年。城陷被執。尋得釋。元顥內逼。莊帝以津爲中軍大都督。顥敗。津封閉府庫。迎帝於北邙。尋爲司空。普泰初爲爾朱天光所害。謚孝穆。◎【清】仙遊人。一作莆田人。號巨源。善畫山水花鳥。尤以人物鬭竹名於時。

楊·洞潛 【南漢】始興人。字昭元。唐末爲邕管巡官。遭亂客南海。劉隱招禮之。爲隱畫策取湖南容管。劉龑嗣立。用洞潛謀。盡有五管地。以功表爲節度副使。累官兵部侍郎。同平章事。後見政亂。謝病歸卒。

楊·炳 【宋】晉江人。字若晦。少力學。精於左氏春秋。第進士。累官左司諫。嘗論治贓吏當自大吏始。且謂大臣不爲私。則小臣不敢干以私。臺諫不爲私。而後可以責人之私。累遷寶謨閣直學士。有易說。禮記解。西掖稿。諫垣存稿。

楊·炳桂 【清】吳江人。字辛甫。性曠澹。不趨榮利。工畫蘭。瘦肥濃澹。自成一家。

楊·畋 【宋】新泰人。字樂道。舉進士。慶曆間知岳州。擢殿中丞。提點本路刑獄。討平湖南猺賊。後遷龍圖閣直學士。知諫院。畋出於將家。折節喜學問。爲士大夫所稱。性清介謹畏。自奉甚約。及卒。家無餘貲。

楊·畏 【宋】洛陽人。字子安。幼孤好學。事母孝。舉進士。不之官。刻志經術。以所著書謁王安石。呂惠卿。爲鄆州教授。自是尊安石之學。累官提點刑獄。元祐初呂大防。劉摯爲相。俱與畏善。用爲侍御史。畏助大防攻摯。摯罷。蘇頌繼之。畏復攻頌。頌罷。畏意欲蘇轍爲相。宣仁后召范純仁。畏不攻純仁。且知轍不相。復上疏詆轍。其傾危反覆如此。後復薦章惇。蔡京可大用。人目爲楊三變。謂其進於元豐。顯於元祐。遷於紹聖也。官終寶文閣待制。

楊·畏知 【明】寶雞人。字介甫。崇禎中鄉試第一。歷雲南副使。討平土官沙定洲亂。唐王時進右僉都御史。巡撫雲南。擢東閣大學士。爲孫可望所害。

楊·相如 【唐】南昌人。神龍進士。補當塗尉。嘗上書言事。改歷晉陵。陸渾。又上君臣政要三卷。拜右拾遺。開元末復上書。語益切直。出爲懷州別駕。

楊·約 【隋】素異母弟。字惠伯。性多譎詐。好學強記。爲大理少卿。晉王廣規奪宗。約受賂。說素構廢太子勇而立廣。煬帝立。拜內史令。以事免。復起爲淅陽太守。徵入朝卒。

楊美 【宋】文水人。武力絕人。周廣順初從征淮南。以功擢鐵騎都指揮使。宋初爲北海軍使。政尚簡易。歷官保靜軍節度使。美任氣好施。凡得賜予俸祿。盡周給故舊親戚。及卒。家無餘財。

楊苗 【宋】吉水人。字文卿。性至孝。紹興間歲饑。爲親負米百里外。遇盜奪之。不與。盜欲兵之。苗慟哭曰。我爲親負米。不食三日矣。幸哀我。盜義而釋之。

楊英 【明】寧化人。善畫樓閣山水。尤長古松。嘉靖間屢徵直畫院。不就。自傷其目。

楊茂元 【明】守陳子。字志仁。成化進士。歷刑部郎中。出爲湖廣副使。改山東。弘治中河決張秋。茂元乞召還中官李興。平江伯陳銳。而專委劉大夏治之。興。銳遂章劾茂元。逮付詔獄。父老遮道怨。會言者交論救。謫長沙同知。遷廣西參政。正德中劉瑾索賄不予。勒致仕。瑾誅。起官。終刑部侍郎。

楊茂搜 【晉】飛龍養子。元康中自號輔國將軍。右賢王。羣氐推以爲主。關中人士流移者多依之。愍帝以爲驃騎將軍。

楊茂勳 【清】漢軍鑲紅旗人。順治間以蔭生授太僕寺副理事。康熙間總督四川。時値吳三桂反。其黨據夔州。茂勳統兵由楚江峽路逆流而上。破巫山。不二日抵夔城。三桂黨宵遁。茂勳隨軍進征。雲南平。還京卒。

楊茂謙 【唐】清河人。爲臨洛令。擢制舉。授左拾遺內供奉。爲吏勤介。歷祕書郎。竇懷貞薦爲御史中丞。開元初出爲魏州刺史。坐與司馬張懷玉互訐短長。左遷桂州都督。徙廣州卒。

楊迪 【宋】時子。字適道。兒時如成人。旣冠。益貫穿古今。孝友和易。游太學。甚有譽。一旦棄去。師程頤。爲頤所器許。

楊述曾 【清】椿子。字二思。號企山。乾隆進士。授編修。進侍讀。與修通鑑輯覽。垂成而卒。有南圃文稿。

楊重進 【宋】太原人。少有膂力。初爲周太祖衞士。入宋累遷內殿直都虞候。從征太原。又隨曹彬北征。除武州防禦使。高陽關都部署。會契丹兵至。力戰。沒於陣。

楊重雅 【清】德興人。字慶伯。道光進士。咸豐間知成都府。時蜀寇方張。省會戒嚴。重雅晝夜巡城。不安枕者七十二日。駱秉章規畫全蜀。功在西南。重雅實與有勞。官至廣西巡撫。

楊飛龍 【晉】千萬孫。嗣爲百頃氐王。漸強盛。武帝假授平西將軍。無子。養外甥令狐茂搜爲子。

楊食我 【春秋】【晉】羊舌肸子。字伯石。楊爲肸封邑。食我黨於祁盈而助亂。爲晉所殺。族滅。

楊香 【晉】楊豐女。年十四。隨父刈稻田間。父爲虎所噬。香徒手搤虎頸。虎奔逸。父得免。詔旌門閭。

楊乘 【唐】發子。大中初登進士第。終殿中侍御史。發兄弟四人。與諸羣從皆以文學登高第。自號修行楊家。◎【元】渤海人。字文載。至正初爲介休縣尹。民饑散爲盜。乘招之。使自新。皆爲良民。累官江浙行省左右司員外郎。坐事免官。寓居松江。張士誠入平江。招之。不屈。自經死。

楊倫 【後漢】東昏人。字仲理。少師事丁鴻。習古文尚書。爲郡文學掾。更歷數將。志乖於時。遂去職。講授於大澤中。弟子至千餘人。順帝卽位。徵拜侍中。免歸。陽嘉初徵拜大中大夫。又以直諫不合去。旣歸。閉門講授。自絕人事。卒於家。◎【清】陽湖人。字西木。乾隆進士。官荔浦知縣。生平論學以不欺爲本。主講江漢書院七年。士尊信之。有九柏山房稿。杜詩鏡銓。

楊修 【後漢】彪子。字德祖。好學有俊才。建安中舉孝廉。除郎中。爲曹操主簿。嘗從操過曹娥碑下。碑背題黃絹幼婦外孫齏臼八字。操問修解否。修曰。黃絹。色絲也。幼婦。少女也。外孫。女子也。齏臼。受辛也。所謂絕妙好辭也。操曰。亦如孤意。操平漢中欲還。出教曰雞肋。人莫能曉。修曰。雞肋。食之無所得。棄之則可惜。公歸計決矣。操果迴師。又常出行。籌操有問外事。乃逆爲答記。勅守舍兒。若有令出。依次通之。操怪其速。廉之知狀。由是忌修。後以他事誣殺之。修著文凡十五篇。

楊倓 【隋】昭子。字仁安。敏慧美姿儀。好讀書。尤重儒素。封燕王。母劉良娣早卒。每至忌日。流涕嗚咽。煬帝益奇之。宇文化及將作亂。倓覺變。欲入奏。恐事露。因穿芳林門水竇入。冀見帝。爲司宮者所遏。俄難作被害。年十六。

楊剛中 【元】上元人。字志行。自幼勵志操。官江東憲府照磨。風采凜凜。爲文奇奧簡澀。動法古人。仕至翰林待制。有霜月集。易通微。詩講義。

楊容華 【唐】炯姪女。工詩。炯初見鄭義眞。誦容華臨鏡曉妝詩。鄭大擊節。後誦己作數十首。鄭皆曰不如。炯爲之汗背。

楊家龍 【明】曲陽人。字惕若。知寧鄉七年。流亡復業。遷忻。流賊至。家龍曰。此城必不守。我出。爾民可全也。出城罵賊而死。

楊峴 【清】歸安人。字見山。號庸齋。晚號藐翁。咸豐舉人。曾權知常州府。研精隸書。於漢碑無所不窺。

故落筆神明變化。又工古文。有膚齋文集·遲鴻軒詩鈔。

楊師厚 〔後梁〕斤溝人。事太祖累立戰功。爲天雄軍節度使。太祖與晉戰湖北。嘗爲招討使。悉領勁兵。太祖崩。師厚遂逐其帥。稍矜倨難制。朱友珪欲圖之。召計事。其吏勸勿行。師厚曰。吾知上爲人。今雖往。其如我何。乃朝京師。友珪益恐懼。厚賜而還。末帝謀討友珪。得師厚力。卒殺友珪。末帝卽位。封鄴王。詔書不名。事皆諮之。然心益畏忌。及師厚卒。末帝爲之受賀於宮中。

楊師道 〔唐〕恭仁弟。字景猷。清警有才思。客洛陽。爲王世充所拘。逅歸高祖。尚桂陽公主。官太常卿。貞觀中拜侍中。預朝政。性周謹。未嘗語禁省事。遷中書令。罷爲吏部尚書。用人多違其才。後復爲太常卿。師道善草隸。工詩。卒諡懿。

楊庭 〔唐〕爲時經生。善書。得楷法之妙。唐時書法。經生自成一律。庭在長壽間。尤爲流輩所推許。

楊庭光 〔唐〕工畫。開元中與吳道玄齊名。所畫釋道人物。行筆差細。雜畫山水。皆儁妙秀逸。

楊庭顯 〔宋〕慈溪人。字時發。以處士爲後進師。與物最恕。省過最嚴。陸九淵志其墓。稱四明士族躬行有聞者。以庭顯爲首。

楊恭仁 〔隋〕雄子。隋仁壽中爲甘州刺史。臨政不苛細。徼人安之。後從擊楊玄感。破之。歸唐封觀國公。爲涼州總管。恭仁久乘邊。習知種落情僞。悉心綏慰。遷洛州都督。性沖厚。以禮自閑。未嘗忤物。時人方漢石慶。卒諡孝。

楊恭懿 〔元〕奉元人。字元甫。力學強記。書無不讀。尤精易禮春秋。至元間與許衡俱被召。不至。又數年。太子下教中書。俾如漢惠聘四皓者以聘恭懿。乃至。時議設取士科。恭懿言宜敕有司舉有行檢通經史之士。試以經義。則民俗趨厚。國家得才矣。尋歸鄉里。又詔改曆。授集賢學士。辭歸。後凡三召。皆不至。

楊恩壽 〔清〕長沙人。字蓬海。有麻灘驛等傳奇六種。

楊恕 〔宋〕玨曾孫。字仲如。篤學力行。歷官憲司知事。宋亡。不食數日。投菱塘死。⊙〔清〕杭州人。字西溪。工書。善寫意人物。花鳥得惲氏法。

楊振 〔明〕義州衞人。世爲本衞指揮使。崇禎初以戰功擢副總兵。松山被圍。議遣兵救援。諸將莫敢應。獨振請行。中途遇伏。一軍盡覆。振被執。令往松山說降。未至里許。踞地南向坐。語從官李祿曰。爲我告城中人堅守。援軍卽日至矣。城中人聞之。益堅守。振與祿皆被殺。⊙〔清〕陽湖人。字蕉隱。初名振甲。工書。嘗作後書譜序。補孫過庭所未及。

楊振崑 〔清〕武進人。字步青。號蓮塘。善畫。不名一家。尤工設色山水。

楊時 〔宋〕將樂人。字中立。熙寧進士。調官不赴。學於程顥。顥死。復學於程頤。高宗時官至龍圖閣直學士。致仕。以著書講學爲事。東南學者。推爲程氏正宗。朱熹·張栻之學。其源皆出於時。卒諡文靖。學者稱龜山先生。有二程粹言·龜山集。

楊時偉 〔明〕著有正韻箋·春秋編年舉要·諸葛忠武書·狂狷裁中。

楊時喬 〔明〕上饒人。字宜遷。號止菴。嘉靖進士。萬曆中累官吏部左侍郎。絕請謁。謝交遊。止宿公署。苞苴不及門。銓敘平允。卒諡端潔。有周易古今文全書·馬政記·楊端潔集。

楊晉 〔清〕常熟人。字子鶴。號西亭。善畫山水。爲王翬高弟。兼工人物花草。翬畫中人物牛馬。多晉代寫。

楊桓 〔後秦〕弘農人。初仕後涼呂光。光之季年。內外叛作。桓從弟統舉兵推桓爲主。而桓執義彌厲。後仕南涼禿髮利鹿孤。爲右司馬。姚興聞桓有德望。徵之。屢仕顯職。竟卒於秦。⊙〔元〕兗州人。字武子。號辛泉。爲郡諸生。歷校書郎。至元末拜監察御史。成宗卽位。疏上時務二十一事。擢祕書少監。秩滿歸里。以貲業悉讓弟楷。鄉里稱焉。桓爲人寬厚。事親篤孝。博覽羣籍。尤精篆籀之學。著有六書統·六書泝源·書學正韻。大抵推明許氏之說而意加深。皆行於世。

楊浩 〔隋〕俊子。王妃崔氏所生。浩以母罪廢。不得爲嗣。煬帝立。乃封爲秦王。坐事廢免。宇文化及弒煬帝。立浩爲帝。尋爲化及所害。

楊涉 〔後梁〕嚴子。舉唐進士。哀帝時爲相。爲人端重有禮法。以謙靜終免禍。唐亡事梁。仍爲相。在位三年。俛首無所施爲。罷爲左僕射卒。

楊浚 〔元〕高安人。字子元。文才博洽。尤精吏事。至元間辟爲掾史。活人甚多。壯年歸隱。養親課子以終。

楊泰之 〔宋〕青神人。字叔正。少刻志於學。臥不設榻。幾十年。慶元初類試。授瀘州尉。累官知晉果二州。有異政。理宗時遷大理少卿。出知重慶府。在朝屢發讜論。有克齋文集及經史雜著凡二百九十七卷。

楊泰基 〔清〕平湖人。字瞻岳。號海農。畫山水宗馬遠。著古簡淡。尤善指畫。

楊珧 〔晉〕駿弟。字文琚。歷官尚書令·衞將軍。素有名稱。得幸於武帝。時望在駿前。以兄貴盛。固求遜位。時稱其退讓。後乃合朋黨構出齊王攸。羊琇與成粲謀欲手刃之。珧知而辭疾不出。及駿敗。坐誅。

楊．益 元官南雄路總管。興利剔蠹。不受私謁。吏民悅之。

楊．砥 明澤州人。字大用。洪武進士。歷官湖廣布政司參議。成祖卽位。歷禮部侍郎。坐事貶工部主事。累遷太僕卿。砥剛介有守。尤篤孝行。母喪。以毀卒。

楊．紘 宋億子。字望之。歷官知鄞縣。除海盜。以億文獻。賜進士出身。累遷轉運按察使。紘御下慤。聞者望風解去。與王鼎．王綽號江東三虎。坐事降知衡州。官至太常少卿卒。

楊．素 隋敷子。字處道。少落拓有大志。善屬文。初事周武帝。官車騎大將軍。後從文帝定天下。羣臣莫居其右。以功加上柱國。封越國公。掌朝政。素以智詐自立。貴盛無比。晉王廣深相交結。遂成奪宗之計。構成太子勇．蜀王秀之罪。並坐廢黜。煬帝立。拜司徒。外示殊禮。內實猜忌。太史言隋分野有大喪。楚與隋同分。改封楚以厭之。卒諡景武。

楊．素蘊 清宜君人。字筠湄。一字退菴。順治進士。除東明知縣。授御史。亢直敢言。前後上章十數。皆切中時弊。疏劾吳三桂。坐降調。拂衣歸。閉門不出者十年。後再起。官至湖北巡撫。有西臺奏議．京兆奏議．見山樓詩文集。

楊．能 明洪從子。字文敬。沈毅善騎射。從洪立功。爲開平指揮使。景泰初官總兵。鎭宣府。天順初陞都督。仍鎭宣府。破寇磨兒山。封武強伯卒。

楊．能格 清漢軍正紅旗人。字簡侯。號季眞。道光進士。官至江寧布政使。工書。

楊．荐 北周寧夷人。字承略。性廉謹。喜怒不形於色。魏永安中。以討賊功封高邑縣男。文帝臨夏州。補帳內都督。魏孝武欲向關中。荐贊成其計。進爵清水縣子。論侯景反覆。人稱其智。閔帝踐阼。荐以奉使突厥稱旨。遷大將軍。保定中進爵南安郡公。官終梁州刺史。

楊．訓 宋湘潭人。字子中。第進士。受學胡安國。嘗因問孝。退而思曰。吾從事於新經之教。以太學進士爭能否於筆舌之間者已二十年。豈有內省之功。從事於言行者乎。乃更誦語孟經史。稼穡致養。爲安國高弟。⊙宋浦城人。字公發。元豐進士。歷山陰東陽二縣令。學問精博。初受業王安石之門。與蔡京同學。後京當國。太宰余深備道京欲見之意。訓辭不往。人咸高之。有禮記解．文集。

楊．訓文 明瀘川人。字克明。工詩。元時爲淮海書院山長。遇亂遂居江都。吳元年徵爲起居注。兩遷左司郎中。洪武中官禮部尚書。改戶部。出爲河南參政卒。

楊．起元 明歸善人。字貞復。萬曆進士。選庶吉士。學於羅汝芳。張居正方惡講學。汝芳被劾罷。而起元自如。累官吏部左侍郎卒。起元清修姱節。然其學不諱禪。天啓初追諡文懿。有證學編．楊文懿集．諸經品節。

楊．迹 宋青神人。少有文名。嘗謁黃庭堅論學術邪正。自是學有指歸。時用王安石新經。屏黜孔安國訓詁。迹曰。吾不能強束縛進身。遂棄去。

楊．高望 清雲南太和人。字仰山。咸豐舉人。母沒。居喪哀泣。左目遂瞽。杜文秀踞大理。強徵之至。尋釋歸。岑毓英克大理。禮聘之。不久去。妻死不寧家。莫知所之。

楊．乾運 北周興勢人。字玄邈。少雄武。爲鄉閭信服。仕魏爲安康郡守。陷於梁。歷潼．南梁二州刺史。後通款文帝。授梁州刺史。卒於長安。

楊．偕 宋中部人。字次公。舉進士。仁宗時爲殿中侍御史。郭皇后廢。偕與孔道輔．范仲淹力爭。道輔仲淹既出。偕止罰金。乃言願與道輔等皆貶。富民陳氏女選入宮。將以爲后。偕上疏諫止。累官翰林學士。偕性剛而忠朴。敢爲大言。數論天下事。尤喜古今兵法。有兵書及遺集。

楊．偉 宋億弟。字子奇。天禧初獻頌。召試賜進士。仁宗時累遷兵部員外郎。清愼無治劇才。尋權諫院。當時譏其無補。官終中書舍人。

楊．健 清清泉人。字剛亭。嘉慶進士。由戶部主事累官湖北巡撫。善決疑獄。所在有勸績。坐事休致。

楊．務廉 唐中宗時官將作少匠。素以工巧見用。爲宣恕所論。左授陵州刺史。

楊．啟運 清湖廣人。善畫山水。

楊．國忠 唐太眞從兄。初名釗。少飲博無行檢。不爲姻族齒。從父元琰死蜀州。國忠護視其家。因與妹虢國夫人通。玄宗時由御史至宰相。領四十餘使。淫縱不法。安祿山有寵。國忠惡其不出己下。屢言其將反。祿山被逼果反。潼關陷。帝奔蜀。陳玄禮率軍士誅之於馬嵬山下。爭噉其肉且盡。

楊．國柱 明義州人。精騎射。崇禎時爲宣府總兵。引兵救錦州。至松山。陷伏中。清兵四面招降。國柱太息語其下曰。此吾兄子昔年殉難處也。吾獨爲降將軍乎。突圍中矢墮馬死。

楊．國華 清嶍峨人。由行伍擢守備。雍正間轉戰雲南。蕩平諸猓。官至湖廣鎭筸總兵。

楊．國興 明鳳陽定遠人。洪武初以右翼元帥守宜興。斬叛將陳保二。授神武衞指揮使。從征平江。戰死。

楊國寶 宋 字應之。邵雍門人。為人挺勁不屈。官至學士。自為布衣以至入官。未嘗有求於人。亦未嘗假人以言色。篤信好學。至死不變。極為程頤所稱許。

楊基 明 吳縣人。字孟載。號眉庵。九歲能背誦六經。及長。著書十餘萬言。名曰論鑒。嘗於楊維禎座上賦鐵笛歌。維禎驚喜。與高啓。張羽。徐賁號四傑。兼工書畫。洪武初官至山西按察使。有眉菴集。

楊堅 隋 見隋文帝條。

楊堉 清 晉江人。字義山。居金陵。幼號神童。性孝友。重然諾。嘉慶中舉孝廉方正。能詩。善畫山水蒼松或梅蘭蕉石。性愛竹。寫竹尤佳。

楊執柔 唐 恭仁從孫。歷地官尚書。武后母即恭仁叔父達女。及武后臨朝。武承嗣等用事。后曰。常欲我家及外氏一人為宰相。乃以執柔同中書門下三品。未幾卒。

楊寅秋 明 廬陵人。士奇裔孫。字穀叔。號臨臯。萬曆進士。以平貴州苗夷功。累官廣西按察司副使。左江兵備道。及征楊應龍。寅秋為監軍。離安楊之黨。卒平播亂。為文和平典雅。有臨臯文集。

楊崇本 後梁 幼事李茂貞。養以為子。表為靖難軍節度使。太祖攻邠州。崇本迎降。遷其家於河中以為質。崇本妻有美色。太祖往來河中。嘗私之。崇本怒。復背歸茂貞。後為其子彥魯所弒。

楊崇勳 宋 薊州人。字寶臣。以父任為東西班承旨。事眞宗於東宮。眞宗授以書。自是稍通兵法及前代興廢事。累官羣牧使。仁宗時拜同平章事。判定州。卒諡恭毅。崇勳性貪鄙。久任軍職。當眞宗時。每對輒肆言中外事。喜中傷人。人以是畏之。

楊彪 後漢 賜子。字文先。傳習舊聞。熹平中徵授議郎。獻帝時拜太尉。時董卓專權。欲遷都以避諸侯兵。彪力爭。卓遂奏免彪官。卓死。起為太尉。郭汜·李傕之亂。彪節衞主。曹操忌之。誣以大逆。孔融力救乃免。魏文帝立。欲拜為太尉。固辭。乃賜之几杖。待以賓禮。黃初中卒。

楊御蕃 明 肇基子。從勦滅妖賊鄒滕。積戰功至通州總兵官。堅守萊城拒孔有德·李九成。凡七閱月圍始解。以功最加署都督同知。總兵鎭登萊。

楊惟中 元 弘州人。字彥誠。喜讀書。有膽略。太宗時奉使西域三十餘國。宣暢國威。從伐宋。凡得名士數十人。取伊洛諸書送燕都。建太極書院。延名儒講授。慨然欲以道濟天下。拜中書令。累遷江淮京湖宣撫使。卒諡忠肅。

楊惟德 宋 大中祥符中官保章正。能傳渾儀法。

楊授 唐 嗣復子。字得符。於昆弟最賢。官終太子少保。◉宋 字夢錫。崇寧進士。任銅鞮尉。攝邑事。俗陋無應進士舉者。授至。士始務學。秩滿授上津令。終更東歸。道經光化。愛其地沃民淳。買田築室。因居焉。日事唱酬。優游以卒。

楊掞 宋 臨川人。字純甫。少能詞賦。參淮閫杜杲幕。治法征謀。多咨於掞。安豐被兵。掞以奇策解圍。制置使孟珙辟於幕。常用其策。呼為小子房。後登第。以戰功陞三官。

楊捷 清 先世家揚州。以軍籍為義州人。字月三。初為明裨將。順治初降清。授山西遊擊。身經數十戰。所向輒克。官至江南提督。加昭武將軍。卒諡敏壯。有平閩記。

楊晟 唐 初隸鳳翔軍。節度使李昌符畏其勇。欲殺之。妾周諷使亡去。隸神策軍。僖宗在陳倉。擢晟感義軍節度使。兵敗。西奔田令孜。假晟威戎軍節度使。守彭州。王宗裕來攻。城陷被殺。初昌符死。晟得其妾周。母事之。周請為妻。晟固辭。旦夕問省。乃視事。晟有仁心。下懷其恩。雖城中食盡。無叛者。

楊晨 宋 達州人。宣和進士。授荊南府教授。丞相趙鼎薦其才。除祕書省正字。歷遷兵部郎中。高宗遣撫諭西蜀。晨至。興利除害。稱帝旨。尋改祠部左府。時書檄塡委。晨援筆立成。凡大議未決。必取裁焉。官至禮部侍郎。

楊梓 元 海鹽人。至元末以從征爪哇功。為安撫總使。後為杭州路總管。卒諡康惠。梓性節俠風流。尤善音律。嘗製豫讓吞炭等雜劇。教家僮歌之。州人傳其家法。以能歌聞於浙右。

楊凌 唐 憑弟。字恭履。大曆中進士。善屬文。官終侍御史。

楊淮 明 無錫人。字東川。正德進士。歷官戶部郎中。始監京倉。絕宿弊。繼監淮通二倉。最後監內庫。除供餽。公勤廉愼。長官重之。大禮議起。淮伏闕力爭。受杖卒。

楊深秀 清 聞喜人。字漪邨。又號孴孴子。光緒進士。累官御史。講宋明義理之學。以氣節自厲。初入臺。即極言世界大勢。請聯英日以拒俄。詞甚切直。後屢疏言事。多切於時務。德宗推行新政。深秀毘贊之功為多。孝欽后再聽政。被誅。為戊戌六君子之一。有雪虛聲堂詩草及奏稿。

楊烱 唐 華陰人。舉神童。授校書郎。永隆初充崇文館學士。坐事左遷盈川令。以嚴酷稱。卒於任。烱與王勃·盧照鄰·駱賓王齊名。時稱王楊盧駱為四傑。烱嘗言吾愧在盧前。恥居王後。議者然之。有盈川集。

楊·爽　隋　文帝異母弟。字師仁。小字明達。文帝受禪。立爲衞王。除涼州總管。爽美風儀。有器局。治甚有聲。拜行軍元帥。遇沙鉢略可汗於白道。大破之。復爲元帥。出合州。突厥遁。入爲納言。未幾卒。謚昭。

楊·斑　明　錢塘人。字夷白。有龍膏記等傳奇。

楊·衆　後漢　震曾孫。以謁者僕射從獻帝入關。累遷御史中丞。及帝東還。夜走渡河。衆率諸官屬步從至太陽。拜侍中。封務亭侯。

楊·終　後漢　成都人。字子山。少爲郡小吏。太守奇之。遣詣京師受業。習春秋。明帝時拜校書郎。後坐事徙北地。赦還故郡。永元中徵拜郎中。卒。有春秋外傳十二篇。改定章句十五萬言。

楊·紹　北周　華陰人。字子安。少慷慨有志略。初仕魏。累從征伐有功。爲鄜州郡守。性恕直有威惠。百姓安之。累官輔國將軍。孝閔踐祚。位大將軍。卒謚信。

楊·紹文　清　浙江山陰人。字子掞。隨父夢符僑居常州。官鎭洋縣丞。有雲在文稿。

楊·紹先　後魏　飛龍後。嗣立爲武興王。年幼。委事二叔集起·集義。集義遂扇動諸氐。推紹先僭大號。爲傅堅眼所攻。執送京師。國滅。後奔還。復自立爲王。

楊·翊　宋　字王臣。天聖進士。授泉州南安尉。尋歸隱。以詩酒自娛。平淡簡古。有晉宋間風度。翊與蔡襄同年相厚。慶曆間襄薦之。堅臥不起。

楊·莊　漢　蜀人。成帝時爲郎。揚雄始能草文。作縣邸銘等。莊爲誦之於帝。帝好之。以爲似相如。

楊·處綱　隋　文帝族父。生長北邊。少習騎射。初仕北周。以軍功拜上儀同。文帝受禪。封義成縣公。累官右領軍將軍。處綱性質直。在官彊濟。拜蒲州刺史。吏民安之。遷秦州總管。卒謚恭。

楊·衒之　後魏　初魏都洛陽。篤崇佛法。佛寺甲於天下。永熙之亂。城郭丘墟。衒之行役洛陽。感念廢興。因摭拾舊聞。追敍故蹟。成洛陽伽藍記。(按劉知幾史通·晁公武讀書志。皆作羊衒之。隋書經籍志及今本洛陽伽藍記皆作楊。今從之。)

楊·通杰　明　通照弟。詳楊通照條。

楊·通俊　清　濟寧人。字聖期。貢生。與兄通睿·弟通久·通俶·通佺號五楊。康熙中官蓬萊教諭。有竹西詞·烟霞紀游等集。

楊·通照　明　銅仁人。母周氏有疾。與弟通杰爭拜禱求以身代。閱三年不入內室。萬曆中羣苗流劫至其家。母被執去。二人追鬭數十里。至鬼空溪。見賊縶母。大罵。橫擊萬衆中。爲賊所磔死。

楊·陸凱　明　爲盧象昇掌牧。象昇爲清兵所圍。戰死。陸凱懼衆殘其屍而伏其上。背負二十四矢以死。

楊·陸榮　清　青浦人。字采南。諸生。有易互·五代史志疑·禹貢臆參·三藩紀事本末·潭西詩集。

楊·傑　宋　無爲人。字次公。嘉祐進士。元豐中官太常。一時禮樂之事。皆預討論。元祐中爲禮部員外郎。出知潤州。除兩浙提點刑獄。自號無爲子。有無爲集·樂記。⊙　宋　閬州人。工畫鬼神。每下筆。先畫手足。然後兩三筆成就全體。

楊·傑只哥　元　寶坻人。家世業農。少有勇略。從攻遼左定西夏諸部有功。又從阿朮魯攻信安。傑只哥三往說降之。後從攻徐州及歸德。皆有殊績。乘勝率舟師追擊宋師。溺死。

楊·備　宋　億弟。字修之。慶曆中爲尚書虞部員外郎。分司南京。有姑蘇百題·金陵覽古詩。(按景定建康志載作金陵詩者楊備。字修之。張敦頤六朝事蹟作楊修。今據文獻通考與中吳紀聞所載姑蘇百題。俱屬楊備。六朝事蹟作楊修。誤。)

楊·勛　宋　知新化。有善政。及卒。邑人留其柩葬邑下。爭負土成墳。

楊·博　明　蒲州人。字惟約。嘉靖進士。官戶部郎中。隨大學士翟鑾巡九邊。盡記其形勢利害。吉囊·俺答歲盜邊。尚書張瓚一切倚辦博。帝或中夜降手詔。博隨事條答。皆稱旨。累遷薊遼總督。數卻寇盜。後召還。帝眷倚若左右手。進吏部尚書。理兵部事。卒謚襄毅。博臨事安閒有識量。出入中外四十餘年。始終以兵事著。有本兵疏議。

楊·厥　後漢　武陽人。字孟文。明帝永平中。官司隸校尉。於褒水東南開石門。通道六丈。桓帝建和二年。漢中太守王升嘉厥開鑿之功。琢石頌德。以爲石牛道。(按司隸校尉楊君頌碑文。作楊君厥。字孟文。水經及歐趙皆謂之楊厥碑。考華陽國志。楊渙字孟文。則孟文似當名渙。又楊淮碑云。楊君厥諱淮。字伯邳。大司隸孟文之玄孫。以彼例此。則厥字當是語助。見隸釋及關中金石記。)

楊·喬　後漢　會稽人。字聖達。桓帝時爲尚書。容儀偉麗。數上言政事。帝愛其才貌。欲妻以公主。喬固辭不從。遂不食而死。

楊·喜　漢　華陰人。爲高祖郎中騎將。從起杜。屬韓信。後從灌嬰共斬項籍。封赤泉侯。卒謚嚴。

楊·善　明　大興人。字思敬。永樂初爲鴻臚寺序班。進右寺丞。仁宗卽位。擢本寺卿。正統時擢禮部左侍郎。土木之變。善間行得脫。後使也先。迎還上皇。英宗復辟。敍奪門功。封興濟伯。卒諡忠敏。善負才辨。以巧取功名。而險忮爲士論所棄。

楊善會　【隋】華陰人。字敬仁。大業中爲鄃令。後以擊賊拜清河郡丞。前後七百餘陣。未嘗負敗。以衆寡懸殊。未能滅賊。後楊義臣用善會策。卒斬賊帥張金稱。高士達。進清河通守。竇建德來攻。拒守四旬。城陷被害。

楊富　【清】漳州人。初從鄭錦爲都督。康熙間降清。官至江西南瑞鎮總兵。吳三桂犯江西。富潛謀內應。巡撫董衞國擒斬之。

楊循吉　【明】吳縣人。字君謙。成化進士。授禮部主事。善病。好讀書。致仕歸。年纔三十一。結廬支硎山下讀書。性狷隘。好持人短長。武宗駐蹕南都。召賦打虎曲稱旨。易武人裝侍御前。善爲樂府小令。帝以俳優畜之。循吉以爲恥。辭歸。晚歲落寞。益堅癖自好。卒年八十九。有松籌堂集及雜著十餘種。

楊復　【宋】福安人。字志仁。受業朱熹之門。勤特通敏。考索最精。眞德秀帥閩。卽郡學創貴德堂以處之。學者稱信齋先生。有祭禮。儀禮圖。家禮雜說附註。

楊復光　【唐】閩人。本喬氏。少養於內侍楊玄价家。頗以節義自奮。有謀略。王仙芝反。復光爲周岌監軍。岌受賊命。嘗夜召復光飲。復光往。說以恩義利害。岌流涕。因持盃盟。卽遣子斬賊使。後京師平。以功封弘農郡公。卒諡忠肅。

楊復吉　【清】震澤人。字列侯。號慧樓。乾隆進士。從王鳴盛游。家富藏書。古文說部。寓目殆遍。文行爲時所重。著鄉月樓學古文。夢闌瑣筆。史餘備考。又輯遼史拾遺補。元文選。昭代叢書續集。虞初餘志。元稗類鈔。燕窩譜等書。

楊復恭　【唐】字子恪。本林氏子。宦者楊玄翼養以爲子。僖宗時爲左神策中尉。定策立昭宗。遂擅權。帝罷爲鳳翔監軍。因丐致仕。詔賜几杖。使者還。遣腹心殺之於道。或告其謀亂。遣兵攻殺之。

楊惲　【漢】敞子。字子幼。宣帝時任爲郎。霍氏謀反。惲以聞。霍氏誅。封平通侯。遷中郎將。居殿中。廉潔無私。然伐其行治。又性刻害。好發人陰伏。由是多怨。爲人所告。免爲庶人。惲失爵。家居治產業。起室宅。以財自娛。友人孫會宗以書戒之。惲報書。辭語怨懟。宣帝見而惡之。當惲大逆無道。坐腰斬。

楊愔　【北齊】津子。字遵彥。幼有清譽。魏永安初拜散騎侍郎。孝莊末潛竄累載。屬神武至信都。引見。署爲行臺郎中。轉右丞。文檄教令。皆自愔出。遭罹家難。常以喪禮自居。頃之表請解職還葬。時風霜嚴厚。愔跣步號哭。見者哀之。後懼罪變姓名爲劉士安。入田橫島。以講誦爲業。神武徵之。復授右丞。天保初尚太原長公主。遷尚書令。拜驃騎大將軍。封開封王。乾明初孝昭篡位。被殺。愔早著聲譽。風標鑒裁。爲朝野所稱。典選二十餘年。以獎擢人倫爲己任。然取士多以言貌。爲時所譏。

楊惠　【晉】辟召不就。善畫。

楊惠之　【唐】開元中與吳道玄同師張僧繇。巧藝並著。道玄聲光獨顯。惠之焚筆硯。毅然發憤。改塑像。崑山慧聚寺天王像。爲其所塑。傍二侍女尤佳。徐林嘗爲文戒後人。不可妄加修飾。後果爲俗工所修。失其初意。

楊揆　【清】芳燦弟。字同叔。號荔裳。乾隆舉人。少擅風雅。爲文洸博絕麗。與芳燦齊名。由中書從征衞藏。爲海蘭察參贊。甚見推重。累官四川布政使。有藤華吟館集。衞藏紀聞。

楊敞　【漢】喜曾孫。初爲霍光軍司馬。光愛厚之。後遷御史大夫。拜丞相。封安平侯。與光共廢昌邑王。立宣帝。卒諡敬。

楊敞妻　【漢】司馬遷之女。昌邑王卽帝位。淫亂。大將軍霍光謀廢立。議既定。使大司農田延年報敞。敞驚懼不知所言。汗出浹背。夫人遽從東廂謂敞曰。此國之大事。今已議定。來報君侯。君侯猶與無決。先事誅矣。因與延年參語許諾。請奉大將軍教令。遂共廢昌邑王。

楊斯盛　【清】川沙人。字錦春。幼孤。業圬於上海。光緒中葉。江海關建新屋。稅務司懸最新之西式。招華人構築。無敢應者。斯盛獨應之。落成。大爲西人歎賞。業遂日盛。晚年積資四十萬。析其大半。創設中小學校於黃浦江之東。成就甚多。

楊暄　【明】豐城人。字延獻。景泰進士。官至浙江按察使。有復辟錄。

楊晳　【遼】安次人。字昌時。幼通五經大義。聖宗聞其穎悟。詔試詩。授校書郎。太平中擢進士乙科。累拜樞密使。封遼西郡王。

楊智積　【隋】文帝從子。授同州刺史。聽政之暇。端坐讀書。門無私謁。初父整與文帝不睦。智積常懷危懼。及煬帝立。諸王多得罪。智積愈懼。出爲弘農太守。後從幸江都。以疾卒。臨終。謂所親曰。吾今日得保首領沒於地矣。時人哀之。

楊景仁　【清】常熟人。字靜巖。嘉慶舉人。官刑部主事。學問根柢經史。講求經世術。有籌濟篇。

楊景行　【元】吉安太和人。字賢可。

延祐進士。授會昌州判官。始教民穿井陶瓦。民得免火災疾癘。有豪民十人號十虎。干政害民。景行悉捕置之法。創學養士。文教大興。調永新州判官。授宜黃縣尹。擢撫州路總管府推官。皆有惠政。◎〔清〕黔陽人。字晉峯。乾隆時諸生。年十四。即通易理。學使盧文弨稱其經學第一。有周易億·詩經添聲說·春秋纂義·潛溪文集。

楊景辰 〔明〕晉江人。萬曆進士。由庶吉士積官吏部右侍郎入閣。官翰林時。爲要典副總裁。一徇奸黨指。又三疏頌魏忠賢。及朝局已變。乃請燬要典。坐落職。

楊景宗 〔宋〕章惠皇太后從父弟。字正臣。少捕博無賴。累官刺史·觀察使。屢坐不法貶。官終建寧軍留後。性暴戾。所至爲人患。卒謚莊定。

楊景素 〔清〕捷曾孫。字樸園。乾隆初以縣丞投効直隸河工。累擢直隸布政使。王倫之亂。分守河西有功。官至直隸總督。

楊景隆 〔宋〕晉江人。字伯淳。開禧進士。博學強識。講授經史。鈎玄提要。生徒常數百人。著有春秋漢唐通鑑史志解。學者傳之。官終建寧司戶參軍。

楊最 〔明〕射洪人。字殿之。正德進士。累官太僕寺卿。世宗好神仙。用方士言。議廷臣令太子監國。最上疏諫。因詔獄重杖死。監國議亦罷。隆慶初追謚忠節。

楊朝正 〔清〕漢軍鑲白旗人。字匡齋。康熙間由侍衛出知東昌府。訪民間利病。銳意興革。有訟者。輒自剖決。民憚其嚴明。皆樂業向善。

楊朝英 〔元〕青城人。所著朝野新聲太平樂府。前爲小令。後爲套數。凡當時士大夫所撰。及院本之佳者。皆經選錄云。

楊朝晟 〔唐〕朔方人。字叔明。初從李懷光討劉文喜。以功官驃騎大將軍。及懷光反。斬之。懷光平。累官邠寧節度使。築城方渠。過吐蕃路。城成。吐蕃悉衆至。不能奪。復城馬嶺而歸。開地三百里。卒於屯。

楊棟 〔宋〕青城人。字元極。紹定進士。歷樞密院編修官。除宗正少卿。入對。理宗曰。止是正心修身之說乎。棟對曰。臣所學三十年。止此一說。至爲簡易。累拜參知政事。棟學本周程。負重望。有崇道集·平舟文集。

楊棨 〔清〕會稽人。初名枝。字載轅。號吉園。歲貢生。官泰順訓導。有蝶庵詩草。

楊湜 〔元〕藁城人。字彥清。習章程學。工書算。中統初辟中書掾。累官戶部侍郎。兼諸路交鈔都提舉。湜心計精析。時論經費者。咸推其能。

楊渥 〔五代吳〕行密長子。字承天。行密卒。渥嗣立。以其腹心陳璠·范遇爲東院馬軍以自衛。徐溫·張顥等有立渥功。惡其僭權。殺之。渥不能止。心憤未發。溫等不自安。遣盜縊殺渥。時年二十三。在位三年。謚景。弟溥僭號。尊爲烈宗。

楊湛 〔隋〕浩弟。識果有膽略。大業初爲滎陽太守。坐浩免。後爲宇文化及所害。

楊焯 〔宋〕金華人。嘉定中教授。學毀於開禧兵火。器用圖籍。蕩無存者。焯乃按圖考制。衷金命工。鑄爲祭器。仍置書籍以資生徒。學校稍復其舊。

楊琮 〔唐〕華陰人。字孝璋。隋末爲上津令。因亂去官。與秦王同里居。武德初爲王府參軍。兼庫直。歷沔綏二州刺史。姆饋孺子以餅。妻爲受而棄之垣外。人稱其廉。

楊琛 〔宋〕奉化人。字獻子。負器識。富文學。紹熙進士。累拜國子博士。召試館職。時韓侂胄專政。遂拂袖歸。絕口不言時事。

楊琠 〔明〕揭陽人。字景瑞。正德進士。授御史。師陳獻章。與王守仁友善。講明正學。彈劾不避權貴。按南畿。激揚有聲。致仕卒。

楊琳 〔清〕鐵嶺衛人。隸正紅旗漢軍。康熙間以守備從征吳世璠有功。擢遊擊。官至廣東總督。

楊發 〔唐〕馮翊人。字至之。登太和進士。又中拔萃科。累官左司郎中。遷蘇州刺史。治以恭長慈幼爲先。擢福建觀察使。亦有政績。拜嶺南節度使。以剛嚴致亂。貶婺州刺史卒。

楊盛 〔後魏〕定從子。分諸氐羌爲二十部。設護軍各爲鎮戍。不置郡縣。遂有漢中之地。道武時爲征南大將軍。仇池王。卒私謚惠文。

楊統 〔後漢〕春卿子。字仲通。習河洛書及天文推步星術。建初中爲彭城令。以祈雨有驗。朝廷災異。多訪之。統作家法章句及內讖二卷解說。位至光祿大夫。爲國三老。年九十卒。

楊舒 〔清〕滿洲正藍旗人。姓郭絡羅氏。創業之初。率其族自沾河來歸。妻以長公主。從征。所至有功。

楊華 〔梁〕大眼子。少有勇力。容貌雄偉。魏胡太后逼通之。懼禍來降。累從征伐。有戰功。歷官太僕卿·太子左衛率。侯景亂。妻子被陷。遂降之。

楊覃 〔宋〕巖孫。字申錫。太平興國進士。歷判壽州。有政績。咸平中判三司。獻時務策五篇。出爲陝西轉運使。務循舊。不欲更張。與副使朱台符不合。徙知隨州。累擢太常少卿。直昭文館。知廣州。覃勤於吏事。所至以幹濟見稱。卒於官。

楊象濟 〔清〕秀水人。字利叔。咸

曾擧人。少志於學。好論經世。工文章。性戇。慕汲黯以自況。故號汲庵。爲督撫幕客以老。有汲庵詩文存。

楊·買奴 元妓。美姿容。善謳唱。士夫咸愛賞之。性嗜酒。後嫁樂人。憔悴而死。

楊·超曾 清武陵人。字孟班。康熙進士。乾隆間官至兩江總督。授吏部尙書。負經世才。蒞官能盡力民事。在遂東奏罷莊頭之議。在粵西豁加賦虛田凡數萬畝。在兩江免松太廢田額租。所以惠民者無不至。卒謚文敏。

楊·軻 晉天水人。少好易。學業精微。授徒數百。劉曜徵拜太常。固辭不起。隱於隴山。後石季龍迫致之。既見不拜。與語不合。歸秦州。仍教授不絕。後爲亂軍所殺。

楊·逸 後魏遁弟。字遵道。有當世才度。以功賜爵華陰男。爲光州刺史。折節綏撫。乃心民務。復廣設耳目。兵吏出使下邑。皆自持糧。人或爲設食者。雖在闇室終不進。咸言楊使君有千里眼。那可欺之。後爲爾朱仲遠所害。太昌初追謚貞。

楊·鈞 後魏播族弟。博學彊識。擧秀才。累官恆州刺史。懷朔鎮將。還七兵尙書。北道行臺。卒謚恭。

楊·開沅 清江蘇山陽人。字用九。康熙進士。官編修。受業黃宗羲。尤明河漕之利害。

楊·隆演 五代吳渥弟。字鴻源。徐溫·張顥既弒渥。隆演以次得立。仍稱唐天祐年號。幼懦不能自持。權在徐氏。及建國稱制。非其意。常快快酣飲。稀復進食。立十年。改元武義。卒諡宣。弟溥僭號。尊爲高祖。

楊·隆禮 唐暕孫。歷州刺史。善檢督吏。以嚴辨自名。開元初爲太府卿。性詳密。出納皆自按省。凡物經楊卿者。號無不精麗。歲省二百萬。任職二十年。年九十餘。以戶部尙書致仕卒。

楊·雄 隋文帝族子。初名惠。美姿容。有氣度。文帝受禪。封廣平王。以右衛大將軍參預朝政。寬容下士。朝野傾矚。文帝惡其得衆。拜爲司空。奪其兵權。雄乃閉門不通賓客。煬帝立。改封觀王。遂東之役。師次瀘河鎭。疾卒。諡德。

楊·集 隋爽子。字文會。嗣父爵。煬帝時諸王恩禮漸薄。猜防日甚。集憂懼不知所爲。乃奉醮以祈福。有人告集呪詛。坐除名徙邊。後不知所終。⊙明常熟人。字浩然。景泰進士。上書于謙。論易儲之失。謙以書示王文。文曰。書生不知忌諱。要爲有膽。當進一官。遂除知安州。坐事落職歸。

楊·雲林 明工畫花鳥。

楊·雲翼 金贊皇人。字之美。明昌間進士第一。哀宗時累官禮部尙書。兼侍讀。天性雅重。自律甚嚴。與人交。死生禍福不少變。國家之事。知無不言。兼精曆算醫方。卒諡文獻。有文集·續通鑑·大金禮儀·周禮辨等書。

楊·雲鵬 元汝海人。字飛卿。專意爲詩。元好問與爲知己。嘗序其詩有萬慮洗然。深入空寂。盪元氣於筆端。寄妙理於言外等語。有陶然集。

楊·順 後魏椿弟。字延和。性寬裕謹厚。累官太僕卿。預立莊帝。以功封三門縣開國公。出爲冀州刺史。罷還。爲爾朱氏所害。

楊·須跋 唐以畫名。

楊僊公 後蜀淄青間道士。世莫知其年壽。或有白頭翁。往往言自兒時見之。嘗取鐵椎自擊其項。又令人奮力舂之。了無所損。間入山中。與虎豹戲。以手押之。皆馴服而去。孟知祥改元前一歲來蜀。居峨嵋山。後不知所終。

楊·傳第 清陽湖人。字聽臚。號汀鷺。咸豐擧人。以知府官河南。有才稱。捻匪之亂。其母抗節死。傳第仰藥殉母。入祀孝子祠。文章爾雅。有汀鷺遺文。

楊·傳粲 清武進人。字峋儂。一字槐谿。晚號藎如。嘉慶擧人。知容城縣。性強項。不得於上官。免歸。有三傳異同考·毛詩疏解·懷芳閣集。

楊·匯 宋成都人。杜門委巷之下。著書賦詩。人無知者。邵伯溫爲部使者。薦其學行。不報。及卒。學者諡爲靜恭先生。

楊·嗣 宋信弟。眞宗時累遷保州團練使。時楊延昭方爲刺史。嗣言嘗與延昭同官。職居其上不可。願守舊官。帝嘉其讓。乃遷延昭官。嗣與延昭久居北邊。俱以善戰聞。時謂之二楊。官終左隆武大將軍。

楊·嗣昌 明鶴子。字文弱。萬曆進士。崇禎時累拜兵部右侍郎。總督宣大山西軍務。時羣盜蜂起。上六疏陳邊事。復議大擧平賊。爲十面張網之計。而勢已蔓延不能制。及命督師。又以遙制失機會。襄陽陷。襄王被害。嗣昌驚悸。上疏請死。俄聞洛陽陷。福王遇害。遂不食而死。

楊·嗣訓 宋漳浦人。字尹叔。受業朱熹之門。醇靜警敏。刻勵自修。由太學擢第。爲永福令。有惠政。

楊·嗣復 唐於陵子。字繼之。貞元進士。工詩。累遷中書舍人。牛僧孺·李宗閔引之。由戶部侍郎擢尙書右丞。太和中宗閔罷相。嗣復出爲劍南東川節度使。宗閔復知政事。入爲戶部侍郎。俄拜同中書門下平章事。武宗立。貶潮州刺史。大中初以吏部尙書召。卒諡孝穆。

楊·塤 明字景和。工畫。以髹漆繪

染几屏器具。無不精絕。（塡或作瑄。）

楊寘　宋察弟。字審賢。少有儁才。慶曆中舉進士。試國子監禮部皆第一。既試崇政殿。帝臨軒啓封。見名。喜動於色。謂輔臣曰。楊寘也。遂擢第一。授將作監丞。通判潁州。未至官。持母喪。病羸卒。

楊廉　明豐城人。字方震。父崇受業於吳與弼門人胡九韶。廉承家學。早以文行稱。舉成化進士。正德時累官南京禮部侍郎。嘉靖初遷尙書。卒諡文恪。廉與羅欽順善。爲居敬窮理之學。文必根六經。自禮樂錢穀至星曆算數。具識其本末。學者稱月湖先生。有月湖集。

楊愼　明廷和子。字用修。號升菴。年二十四。登正德間廷試第一。授修撰。武宗微行出居庸關。愼抗疏諫。世宗立。充經筵講官。大禮議起。愼與同列伏左順門力諫。帝命執首事下獄。愼及王元正等撼門大哭。帝益怒。悉下詔獄廷杖之。削籍。遣戍雲南永昌衞。卒年七十二。愼投荒多暇。書無所不覽。明世記誦之博。著述之富。推爲第一。詩文外雜著至一百餘種。有升菴集八十一卷。天啓中追諡文憲。妻黃氏。有才情。愼久戍滇中。黃氏兩寄詩詞。讀者傷之。

楊愼矜　隋隆禮子。沈毅任氣。健而才。初爲汝陽令。有治稱。玄宗時歷侍御史。高置風格。累官戶部侍郎。兼御史中丞。爲王鉷・李林甫等所構。賜死。

楊愛愛　宋錢塘倡家女。姿體纖素。善歌舞。精胡琴。年十五時。泛舟西湖。爲金陵少年張逞所調。遂相攜潛遁於京師。踰二年。逞爲父捕去。不及與愛愛別。人傳逞死。愛愛素服蔬膳。感疾死。

楊損　唐授弟。字子默。官殿中侍御史。忤宰相路巖。出按獄黔中。後爲京兆尹。與宰相盧攜不協。陝虢軍亂。逐節度使崔蕘。以損代之。至則盡誅有罪者。拜平盧節度使。徙天平。卒官。

楊敬　明歸德人。父沒於陣。爲木主招魂以葬。每讀書至戰陣之事。輒隕涕不止。母柩在堂。隣火將及。敬撫柩哀號。風止火滅。

楊敬之　唐淩子。字茂孝。元和進士。累官國子祭酒。兼太常少卿。是日二子戎・戴登科。時號楊家三喜。官終工部尙書。性愛士類。雅善項斯詩。所至稱之。斯由是擢上第。

楊敬惠　元臨海人。字仲禮。歷官應奉翰林文字。泰定中選授浙江儒學提舉。工詩。有仲禮集。

楊暕　隋煬帝次子。字世朏。小字阿孩。美容儀。工騎射。封齊王。元德太子卒。咸以暕當嗣。而暕驕恣不法。昵近小人。又挾左道爲厭勝。事發。恩寵日衰。以帝防閑。每懷危懼。後爲宇文化及所害。

楊暐　後魏津弟。字延季。性雅厚。頗有文學。孝昌初累官安南將軍。莊帝初。遇害於河陰。

楊晙　宋浦城人。字元輝。崇寧進士。歷彬州司錄。改宣教郎。還朝。宣和中新制明堂。除明堂頒朔布政府司令。終朝散大夫。有文集・宦游集。

楊業　宋太原人。弱冠事劉崇。屢立戰功。號爲無敵。太宗征太原得之。以爲右領軍衞大將軍。歷代州刺史。甚爲契丹所憚。雍熙間北征。連拔雲應寰朔四州。會契丹國母領衆十餘萬復陷朔州。業以援兵失期被擒。不食三日死。業不知書。忠烈有智謀。爲政簡易。御下有恩。朔州之敗。麾下尙百餘人。無一生還者。

楊楫　宋長溪人。字通老。與楊方・楊簡俱師事朱熹爲高弟。時號三楊。累官江西運判。卒祀於學。有奏議・悅堂文集。

楊椿　後魏播弟。字延壽。性寬謹友愛。歷濟州刺史。討武都氐有功。還兼太僕卿。秦州羌呂苟兒・涇州屠各・陳瞻等聚衆反。詔椿爲別將討之。陰簡精卒。夜襲斬瞻。永安初累官太保・侍中。後爲爾朱天光所害。◎宋眉山人。省試第一。累任憲節。甚有風績。後以不附秦檜。罷政家居。紹興末。始自兵部尙書兼權翰林學士。除參知政事。卒諡文安。◎淸大鶴子。字農先。弱冠以古文鳴於時。康熙進士。官至侍講學士。沈酣經史。至老不倦。有孟鄰堂集・古周易尙書定本・詩經釋辨・春秋類考・周禮訂疑・明史贕稿長編・稽古錄・水經注廣釋・古今類纂諸書。

楊溫　隋綸弟。字明徹。好學善屬文。坐綸徙零陵。作零陵賦以自寄。煬帝見而怒之。徙南海。其辭哀怨。

楊準　元泰和人。字公平。號玉華居士。履行修潔。從學吳澄。文章高古。爲虞集・揭傒斯所推許。危素尤敬服之。

楊源　明瑄子。字本淸。幼習天文。授五官監候。正德時劉瑾亂政。源數上書言災變。謂小人擅權。下將叛上。瑾怒。矯旨杖三十。又上言乞收攬政柄。思患預防。蓋專指瑾。瑾大怒。矯旨杖六十。謫戍肅州。半道以創卒。天啓初賜諡忠懷。

楊溥　五代吳渥弟。梁龍德初嗣爲吳王。立七年。徐溫卒。遂僭號稱帝。又十年而爲南唐徐知誥所篡。尋卒於丹陽。年三十八。諡睿。年號順義・乾貞・太和・天祚。自楊行密以唐景福初據有淮南。至溥歷四主。以晉天福二年國亡。凡四十六年。南唐遷其子孫於海陵。嚴兵守之。久而男女自爲匹偶。吳人多哀憐之。後李昪盡殺其族。楊氏遂絕。◎明石首人。字弘濟。建文進士。授編修。永樂中侍皇太子爲洗馬。坐繫獄十年。讀書不輟。仁宗立。擢翰林學士。掌弘文閣事。正統中入內閣典機務。進少保。武英殿大學士。卒謚文定。溥有雅操。與楊士奇·楊榮同心輔政。時號三楊。◎明長沙人。自號水雲居士。有水雲錄。◎淸東湖人。字偉濤。號鑑山。工寫生。尤長山水。

楊·煚　唐授子。字公隱。累擢左拾遺。昭宗初立。數遊宴。煚上疏極諫。官終諫議大夫。

楊·照　明字明遠。嘉靖中積功至遼東總兵官。性忠勇負氣。撫士有恩。以敢戰知名。被劾罷。以薦復起爲遼東總兵官。屢戰皆捷。會寇聚衆廣寧塞外。謀大舉。照率衆分道掩之。夜行失道。去寨六十里。天明爲寇所覺。麾衆圍之。力戰。中矢死。

楊·煥緯　淸海寧人。字治馨。號雲浦。歲貢生。有雲浦文鈔。

楊·瑄　明豐城人。字廷獻。景泰進士。官御史。剛直尙氣節。天順時劾石亨·曹吉祥。下獄論死。會天變得釋。戍嶺衞。赦還。復謫南丹。憲宗卽位。還故官。遷浙江副使。修捍海塘。築海鹽隄岸。政績卓然。進按察使。浚西湖。功未就卒。

楊·瑞雲　淸吳縣人。字麗卿。號靜娥。汪昂姬。工書畫。能詩。有印癖。精篆刻。得昂指授。

楊·瑀　元杭州人。字元誠。天曆中擢中瑞司典簿。以廉愼累遷建德路總管。瑀蒞郡。視之如家。民亦視之如父母。進階中奉大夫。有山居新語。

楊·瑝　淸湘陰人。字元音。乾隆進士。工詩古文辭。嘗卽席賦梅花詩。都下傳誦。有元音集。

楊·瑒　唐琮子。字瑤光。初爲麟遊令。竇懷貞大營道觀。暴斂以佐費。瑒拒不應。爲罷其役。初韋后表民二十二爲丁限。及敗。有司追趣其課。瑒執不可。由是顯名。累官戶部侍郎。嘗廷議天下戶版。條言利病尤詳。官終左散騎常侍。卒謚貞。

楊·祺　淸龍溪人。字吉生。明諸生。能文工詩。後結茅北山語雲峯。肆情書畫。卒年九十有六。

楊·筠松　唐竇州人。字叔茂。僖宗朝國師。官至金紫光祿大夫。掌靈臺地理事。黃巢破京城。乃斷髮入崑崙山步龍。後至虔州。以地理術行於世。號救貧先生。卒於虔。有疑龍經·撼龍經·立錐賦·黑囊經·三十六龍等書。

楊·義　淸洪洞人。明崇禎進士。順治間官汝陽知縣。行取授御史。劾孫承澤·劉正宗。有直聲。官至工部尙書。

楊·義方　宋眉山人。仕蜀。舉進士。工詩。

楊·義臣　隋代人。本姓尉遲氏。幼養宮中。賜姓楊氏。拜陝州刺史。義臣性謹厚。能馳射。從破突厥。擊漢王諒。有功。大業中從征遼東。還軍討渤海賊。敗之。帝惡其威名。遽召還。拜禮部尙書。卒官。

楊·與立　宋浦城人。字子權。受業朱熹。知遂昌縣。以道淑人。學者多宗之。稱船山先生。有朱子語錄。

楊·葆光　淸江蘇華亭人。字古醞。號蘇盦。官高昌知縣。有蘇盦文錄·駢體文錄·詩錄·詞錄。

楊·萬里　宋吉水人。字廷秀。紹興進士。調零陵丞。時張浚謫居永州。勉以正心誠意之學。萬里服其教終身。改知奉新。孝宗時召爲國子監博士。後以寶文閣待制致仕。進寶謨閣學士。寧宗朝韓侂冑用事。築南園。屬萬里爲之記。許以掖垣。萬里曰。官可棄。記不可作。及家居。侂冑專僭日甚。萬里憂憤成疾。會族子言侂冑用兵事。萬里慟哭失聲。呼紙書其罪狀。又書十四言別妻子。擲筆而逝。年八十三。謚文節。光宗嘗爲書誠齋二字。學者稱誠齋先生。有誠齋易傳·誠齋集·詩話。

楊·虞卿　唐弘農人。字師皐。第進士。累遷監察御史。穆宗初立。逸遊荒恣。虞卿上疏諫。李宗閔·牛僧孺輔政。引爲給事中。虞卿佞柔善諧。附麗權幸。倚爲姦利。後與鄭注有隙。爲注等所構。貶虔州司戶參軍死。

楊·補　淸長洲人。字無補。號古農。性孝謹。重然諾。工詩善畫。遊京師。館閣諸公皆與定交。明亡。歸隱鄧尉山。鬱鬱數年卒。

楊·載　宋涪陵人。以功名自負。金人立劉豫。載白張浚。願得白刃。橫行虜中。當手刃劉豫并虜酋以報。浚壯其言。遂遣之。載偕十士至金。僞降金。任之官。行反間。劉豫果廢。及欲行謀。而十士已亡其八。遂決歸計。浚以其名聞。特賜從事。知達州永睦縣。◎元杭州人。字仲弘。少孤。博涉羣書。年四十不仕。以布衣召爲翰林國史院編修官。旋舉延祐進士。官終寧國路推官。載爲文自成一家。而詩尤有法。一洗宋季之陋。有楊仲弘集。

楊·載鳴　明泰和人。字虛卿。嘉靖進士。官至通政使。有大拙堂集。

楊·遁　後魏津子。字山才。性恬退。累官尙書郎。孝莊北巡。奉詔慰勞山東。車駕入洛。除尙書左丞。遷征東將軍。被害於洛。追謚恭定。

楊·運長　南朝宋宣城人。善射。爲明帝所委信。元徽中累官後軍將軍。

運長質本廉正。治身甚清。而凡鄙無知識。順帝時出爲宣城太守。尋去郡還家。沈攸之反。運長有異志。坐誅。

楊・道夫 宋 興立從弟。字仲愍。朱熹授易詩禮弟子。

楊・道亨 明 松江華亭人。字豫甫。嘉靖進士。歷雲南按察副使。道亨風骨聳秀。而溫然謙卑。性孝友。好施與。時稱君子。

楊・道賓 明 晉江人。字維彥。萬曆進士。歷禮部侍郎。習練朝典。嘗因星變請釋逮繫言官。南京水災。請御殿決政。章疏毋留中及內降。東宮輟講。疏引唐宦仇士良語爲戒。深中時弊。卒諡文恪。

楊・達 隋 雄弟。字士達。文帝受禪。爲鄯鄭趙三州刺史。文帝差品天下牧宰。達爲第一。擢拜工部尙書。達爲人弘厚有局度。煬帝卽位。轉納言。遼東之役。卒於軍。諡恭。

楊・達夫 金 三原人。字晉卿。泰和進士。有才幹。嘗主鄠縣簿。事一從簡。吏民樂之。達夫亦愛其山水之勝。因家焉。會有詔徙民東入關。達夫從行。及韶之橫嶺。爲游騎所執。見殺。

楊・達仙 明 泰寧人。自號紫髯山人。又稱幔亭仙侶。亦署十六洞天埜人。善畫山水花鳥竹石。以己意點染。窮神盡妙。能詩。有作。輒自題句。

楊・遇明 清 錦州人。明守備。順治間降清。累官廣東提督。以老乞休。家於常德。子寶蔭爲吳三桂藩下總兵。從三桂反。至常德。遇明爲內應。城遂陷。遇明尋死。清軍復沅州。寶蔭降。流徙寧古塔。

楊・遇春 清 崇慶人。字時齋。乾隆武舉人。從征甘肅・臺灣・廓爾喀。皆有功。又平貴州苗・川楚教匪及叛回張格爾。官至陝甘總督。封一等昭勇侯。卒諡忠武。自結髮從戎。大小數百戰。皆陷陣冒矢石。未嘗受毫髮傷。世稱福將。每戰必張黑旗。時稱爲楊家軍。

楊・鉉 明 北京人。布衣。善寫眞。崇禎末賊陷都城。攜二子赴井死。

楊・雍建 清 海寧人。字自西。一字以齋。順治進士。知高要縣。召授兵科給事中。陳廣東八害。皆切中時弊。歷三垣三載。疏前後三十上。嘗一日而上九疏。直聲震朝野。官至兵部左侍郎。有黃門疏稿・撫黔奏疏・政學編・景疏樓詩文・自怡集等書。

楊・靖 明 淮安山陽人。字仲寧。洪武進士。選庶吉士。擢戶部侍郎。進尙書。調刑部。坐事免。會征龍州。詔靖諭安南輸粟。以白衣往。反覆諭之。安南遂奉詔。帝大悅。召爲左都御史。靖有智略。善理繁劇。治獄明察而不深文。坐爲鄉人代改訴冤狀草。竟賜死。年三十八。時論惜之。

楊・鼎 明 陝西咸寧人。字宗器。家貧力學。舉鄉會試第一。廷試第二。授編修。也先寇京師。詔行監察御史事。成化中累官戶部尙書。鼎居戶部持廉。然性頗拘滯。卒諡莊敏。

楊・鼎勳 清 華陽人。咸豐間應募從軍。攻洪秀全。轉戰湖北安徽江蘇浙江福建各省。所向有功。同治間勦捻於山東河南。在軍十餘載。戰功甚著。官至湖南提督。卒諡忠勳。

楊・僕 漢 宜陽人。以千夫爲吏。河南守舉爲御史。使督盜賊關東。治放尹齊。以敢擊行。武帝以爲能。南越反。拜爲樓船將軍。有功。封將梁侯。東越反。帝欲復使爲將。爲其伐前勞。乃以書勅責之。使伐東越以掩過。僕遂破東越。後與荀彘俱擊朝鮮。坐罪免爲庶人。

楊・嘉禎 清 宜春人。諸生。有學行。順治中兵將至。渡水報父。水湍急。被溺。猶強躍急呼速走。遂溺死。

楊・壽 元 臨海人。字景熙。一字景曦。博涉經史。絕世故。與陳剛中並以詩名。有五雲集。

楊・夢申 北漢 天會中累官右諫議大夫。能文章。尤長於碑記。奉敕撰定王繼顒神道碑。文不加點。典雅有則。朝士稱之。

楊・寧 唐 開元中爲史館讎直。工繪像。風神氣骨。不止於求似。◉明 歙人。字彥謐。宣德進士。授刑部主事。機警多才能。負時譽。正統初從尙書魏源巡視宣大。尋與都督吳亮征麓川蠻。擢郎中。又從王驥破賊。超拜刑部右侍郎。閩浙盜起。命寧鎭江西。賊至。輒擊敗之。暇則詢民瘼。士民懾服。官終禮部尙書。

楊・察 宋 合肥人。字隱甫。景祐進士。累官御史中丞。論事無所避。數忤宰相陳執中。後遷戶部侍郎。充三司使。察美風儀。敏於爲文。尤勤吏職。卒諡宣懿。

楊・愿 宋 字原仲。宣和末補太學錄。二帝北遷。金人聞愿名索之。奔濟州。高宗卽位。歷越州判官。第進士。秦檜專政。召爲秘書丞。累遷端明殿學士。簽參知政事。紹興間罷提舉太平觀。愿希檜意。附下罔上。至是斥去。天下快之。官終知建康府。以憂卒。

楊・慥 元 五臺人。舉進士。累官戶部尙書。有清望。識大體。資器雅重。處巨細事皆有法。

楊・戩 宋 宦者。善測伺人主意。自崇寧後日有寵。政和中拜彰化軍節度使。歷官至太傅。遂謀撼東宮。宣和中卒。

楊・歘 後漢 秉弟。篤志博聞。議者以爲能世其家。早卒。

楊榮 漢梁人。字子孫。從戴聖受禮學。爲琅邪太守。◎明建安人。字勉仁。初名子榮。建文進士。授編修。成祖簡入文淵閣。爲更名榮。榮有才智。見事敏捷。最受帝知。每北巡及出塞。必令扈從。仁宗立。累進謹身殿大學士·工部尚書。宣德中加少傅。正統中卒。諡文敏。榮歷事四朝。有謀能斷。與楊士奇·楊溥並入閣。稱三楊。榮最以才著。詩文雍容平易。胥其爲人。有後北征記·楊文敏集。◎明餘姚人。字時秀。成化進士。工畫竹。◎明宦者。萬曆時爲尚膳監。命采礦雲南。幷使監稅。怙寵恣行威虐。杖殺數千人。且言將盡捕六衞官。於是指揮賀世勛等率冤民萬人集榮第殺之。幷其黨二百餘人。事聞。帝爲不食者數日。誅世勛等。

楊漢公 唐虞卿弟。字用乂。累官荊南節度使。入爲工部尚書。或劾漢公治荊南有贓私。降秘書監。宣宗擢爲同州刺史。給事中鄭裔綽等奏漢公冒猥無廉榮。不可處近輔。三還制書。而漢公素結左右有奧助。制卒行。後更宣武天平兩節度使卒。

楊漣 明應山人。字文孺。磊落負奇節。第萬曆進士。除常熟知縣。舉廉吏第一。累遷兵科右給事中。光宗立。寢疾。漣以小臣與顧命。擁熹宗即位。力請李選侍移宮。帝稱其忠。乞歸。復起爲左副都御史。魏忠賢竊柄。氣燄張甚。漣劾忠賢二十四大罪。忠賢使其黨徐大化劾漣與左光斗黨同伐異。招權納賄。坐贓二萬。遂逮漣。士民數萬人擁道攀號。所歷村市。悉焚香建醮。祈佑生還。比下獄。酷法拷訊。體無完膚。遂斃於獄。年五十四。崇禎初諡忠烈。官其一子。

楊熊 秦二世時爲將。與沛公會戰白馬。又戰曲遇東。熊大敗。坐誅。

楊爾銘 明筠連人。年弱冠登崇禎進士。知桐城縣。會張獻忠黨來寇。爾銘率民兵固守。七年如一日。民愛之如父母。立祠祀之。後徵入京。授御史。明亡。棄官流落江湖以死。按小說家謂聊齋志異之顏氏女。卽指爾銘。殆出於傅會。殊不足信。）

楊端 明鄞人。字惟正。成化間寓居揚州。嘗采摭前人瓊花篇什。爲瓊花譜。

楊端本 清潼關人。字樹滋。號函東。順治進士。官臨淄知縣。有潼水閣集。

楊粹中 宋眞定人。建炎初知濮州。金人大入。粹中固守月餘。城陷。粹中登浮圖不下。粘罕嘉其忠義。許以不死。乃以粹中歸。竟不屈而死。

楊綸 隋瓚子。字斌籀。嗣父爵。性弘厚。美姿容。頗解鐘律。綸以父故。當文帝之世。每不自安。煬帝卽位。尤被猜忌。尋除名爲民。徙始安。及天下大亂。爲賊林士弘所逼。攜妻子竄於儋耳。後歸唐。封懷化縣公。

楊綰 唐華陰人。字公權。第進士。大曆中累拜中書侍郎·同中書門下平章事。綰旣輔政。漸復太平舊制。釐補穿敝。惟綰是賴。卒諡文簡。

楊維 宋武陵人。第進士。幼穎悟。嘗撰宮柳詩百篇以進。帝大稱賞。御書清白傳家四字賜之。

楊維垣 明文登人。萬曆進士。官御史。力排東林。入逆案。後附錢謙益。遷左副都御史。南京破。驅二妾入井。整衣冠自經死。

楊維楨 明維翰弟。字廉夫。父宏。築樓鐵崖山。植梅百株。聚書數萬卷。去梯。俾讀書五年。因自號鐵崖。元泰定進士。署天台尹。狷直忤物。十年不調。會修遼金宋三史。維楨作正統辨千言。總裁官歐陽玄功讀之歎曰。百年後公論定於此矣。值兵亂。浪跡浙西山水間。張士誠招之不赴。徙居松江。明興。詔徵遺逸之士修纂禮樂。維楨被召。謝曰。豈有老婦將就木而再理嫁者耶。賦老客婦謠以進。太祖賜安車詣闕。留百一十日。所纂敘例略定。卽乞歸。抵家卒。年七十三。維楨詩名擅一時。號鐵崖體。古樂府出入少陵二李間。尤號名家。善吹鐵笛。自稱鐵笛道人。又曰抱遺老人。有春秋合題著說·史義拾遺·東維子集·鐵崖古樂府·復古詩集·麗則遺音。

楊維翰 元諸暨人。字子固。號方塘。官郡文學。遷慈谿校官。終錢州雙溪書院山長。善書。工畫墨蘭竹石。柯九思自以爲不及。推爲方塘竹。

楊維聰 清海鹽人。字海石。善畫魚。唵喁踴躍。無不入神。片鱗半甲。人爭寶之。

楊肇 晉宛陵人。字季初。官至折衝將軍·荊州刺史。工草隸。

楊肇基 明沂州衞人。起家世職。積官至大同總兵。天啟中爲山東總兵官。討平妖賊徐鴻儒。累進左都督。官終薊鎮西協。加太子太師卒。

楊賓 清浙江山陰人。字可師。號大瓢。父戍寧古塔。請代不許。賓赴闕訟冤。得釋。求父過之柳條邊。迎歸。作柳邊紀略。塞外人稱楊夫子。工書。精鑒碑版。有金石源流·晞髮堂稿。

楊輔 宋遂寧人。字嗣勳。乾道進士。擢利西安撫使。吳挺病。輔以吳氏世帥吳興。久恐生變。密白二府。早擇人望以鎮方面。累官至寶謨閣學士·四川制置使。安丙·楊巨源密謀誅吳曦。輔請以事任付丙。復除兵部尚書。知建康府。兼江淮制置使。卒諡莊惠。

楊遠 淸錢塘人。字仲聲。工畫。善倣北宋人山水。

楊謐 淸奉天正黃旗人。字靜山。善騎射。用弓至十石。康熙時官固安令。累擢麗江知府。皆有善政。後官至四川巡撫。乾隆初坐事罷。再起終光祿寺少卿。

楊鳳苞 淸歸安人。嘉慶時諸生。熟明季事。嘗著南疆逸史跋十二篇。賦西湖秋柳詩。人競稱賞。號楊秋柳。筆翰尤美。終身不娶。卒年六十。

楊齊賢 宋春陵人。字子見。有李太白集集註。

楊儀 蜀漢襄陽人。字威公。爲人幹敏。諸葛亮以爲參軍。署府事。每出軍。儀規畫分部。籌度糧穀。咸取辦焉。及亮卒。儀領軍還。復討殺魏延。自以爲功大。當秉政。而亮初意在蔣琬。琬遂爲尙書令。儀拜爲中軍師。於是怨憤不平。詔廢爲民。復坐上書誹謗。自殺。◎明集孫。字夢羽。嘉靖進士。官山東副使。移病家居。惟以讀書著述爲事。構萬卷樓。藏書其中。多宋元本。有蠙頭密語·驪珠隨錄·高坡異纂·古虞文錄。

楊儀之 唐爲湖南度支使。韓愈稱其智足以造謀。才足以立事。忠足以存下。而又侈之以詩書六藝之學云。

楊儉 後魏穆弟。字景則。偉容儀。有才行。孝昌中爲頓丘太守。元顥入洛。授撫軍將軍。孝莊反正。廢於家。後歷潁州北雍州刺史。政尙寬惠。夷夏安之。大統初從破高歡於沙苑。封夏陽縣侯。出爲華州刺史。卒諡靜。

楊億 宋浦城人。字大年。年十一。太宗聞其名。詔送闕下試詩賦。授祕書省正字。後賜進士第。眞宗時兩爲翰林學士。官終工部侍郎。兼史館修撰。卒諡文。億性耿介。尙名節。文格雄健。尤長典章制度。喜誨誘後進。敕與王欽若等纂册府元龜一千卷。有括蒼·武夷·潁陰·韓城·退居·汝陽·蓬山·冠鰲等集。

楊寬 北周儉弟。字景仁。魏孝莊時累官華州大中正。入周拜大將軍。別封宜陽縣公。性通敏。有器識。頗牧數州。號爲淸簡。歷居臺閣。有當官之譽。然與柳慶不協。欲案成其罪。時論譏之。官終總管梁興等十九州諸軍事·梁州刺史。卒諡元。

楊履正 宋晉江人。字子順。朱熹弟子。生徒數百人。

楊履基 淸金山人。初名開基。字履德。號鐵齋。乾隆優貢生。服膺陸隴其之學。重編松陽講義。家居授徒。性耽著述。於四書詩書易小學。皆有劄記。於春秋有四傳存疑。於禮有臆說。又有觀禮編·律呂指掌圖·鐵齋偶筆·詩文集。

楊廣 隋見隋煬帝條。

楊廣仁 明上饒人。讀書識大體。永樂間爲虞城知縣。百廢具興。遭艱去。民哭送者千數百人。

楊德本 唐吳人。中宗時善雜畫。

楊德周 明鄞人。字齊莊。萬曆舉人。官高唐知縣。有澹圃芋紀·輿識隨筆·金華雜識·杜詩解·銅馬編·閩南唐雅補等書。

楊德紹 唐以畫擅名。

楊德幹 唐初爲洛陽令。性酷烈。嘗杖殺人以立威。歷澤齊汴相四州刺史。有威嚴。時人語曰。寧食三斗炭。莫逢楊德幹。後子神讓與徐敬業起兵。皆坐誅。

楊德榮 淸會稽人。字華庭。諸生。有夏蟲自語·華庭詩鈔。

楊慮 蜀漢儀兄。字威方。少有德行。爲江南冠冕。州郡禮召。諸公辟請。皆不能屈。年十七夭。鄉人宗貴。號曰德行楊君。

楊慶 隋河間人。字伯悅。祖玄。父剛。並以至孝知名。慶頗涉書記。郡察孝廉。以侍養不赴。母疾。不解襟帶者七旬。及居母憂。哀毁骨立。負土成墳。齊文宣表其門閭。文帝受禪。版授平陽太守。◎隋弘子。嗣父爵。性傾曲。善候時變。煬帝時諸王多坐罪廢。惟慶獲王。累遷滎陽太守。頗有治績。李密來攻。慶拒之。已而降密。改姓郭氏。密爲王世充所破。慶更爲楊氏。世充將篡。慶首勸進。復爲郭氏。世充敗。慶遂歸唐。復姓楊氏。爲宜州刺史。◎宋鄞人。父病。封股啖之。頁已。其母病不能食。慶取右乳。焚之成灰。和藥進焉。入口遂瘥。久之乳復生。紹興中表其門。◎淸隴西人。篤志實學。以窮理愼獨爲歸。坐立舉止。皆中規矩。中年屛去科舉之業。凡制度典章名物。莫不探索原委。有大成通志·佐同錄諸書。

楊慶麟 淸吳江人。字振甫。道光進士。官至內閣學士。閎鑑博識。收藏之富。甲於吳下。

楊播 後魏懿子。初字元休。孝文爲改字延慶。累官衞尉少卿。兩征蠕蠕有功。從孝文南征。師還。播爲殿。敵兵圍急。播乃令精騎三百列其舟大呼曰。今我欲渡。能戰者來。遂擁而濟。敵莫敢當。累封華陰伯。除華州刺史。坐借民田削官。卒復爵。諡壯。◎唐鳳翔人。舉進士。退居求志。玄宗召拜諫議大夫。棄官歸養。肅宗時卽家拜散騎常侍。號玄靜先生。

楊敷 北周寬兄子。字文衍。仕魏累官廷尉少卿。斷獄平允。入周爲汾州刺史。齊將段孝先來攻。敷拒守累旬。糧盡援絕。爲孝先所擒。卒於鄴。諡忠壯。

楊樞 【明】松江華亭人。字運之。自號細林山人。嘉靖舉人。官至臨江府同知。所著淞故述。於松江之遺聞軼事。記載詳備。有裨文獻。

楊澈 【宋】徽之宗人。字晏如。幼聰警。建隆初舉進士。歷青州司戶參軍。決獄平允。無所阿畏。江南平。改通判虔州。令就大將曹彬分兵以行。旣入境。僞帥郭再興擁兵自固。澈單騎入壘。諭以威信。再興卽奉符以代。土豪羅黎二姓聚衆爲亂。澈平之。累官祠部郎中卒。

楊璇 【後漢】喬弟。字機平。舉孝廉。靈帝時爲零陵太守。是時蒼梧。桂陽猾賊相聚攻郡縣。璇制馬車兵車尅期會戰。奔突賊陣。羣盜駭散。郡境以清。三遷爲勃海太守。所在有異政。以事免。復起拜尙書僕射。病免歸。

楊璉 【五代吳】溥子。溥僭號。立爲皇太子。及南唐篡國。降封弘農公。歷平盧康化節度使。昇元中謁平陵。一夕大醉暴卒。諡靖。

楊璉眞加 【元】世祖用爲江南釋教總統。發掘故宋趙氏諸陵之在錢塘。紹興者。及其大臣塚墓。凡一百一所。受人獻美女寶物無算。

楊範 【後魏】廣宗人。字法僧。初爲中謁者。靈太后臨朝。徵爲常侍。父子納貨。勞役兵民。爲御史所糾。廢於家。再起官終鎭南將軍。

楊節 【明】餘姚人。字居儉。弘治末以善書直內殿爲序班。畫菊得草書法。

楊翥 【明】吳縣人。字仲舉。宣宗時授檢討。正統中詔簡郕王府僚。翥爲左右長史。王卽大位。累遷禮部尙書。致仕卒。翥篤行絕俗。一時縉紳厚德者。推之爲最。

楊諒 【隋】文帝第五子。字德章。一名傑。開皇初立爲漢王。出爲并州總管。太子勇廢。諒居常快快。陰有異圖。及蜀王秀以罪廢。諒愈不自安。文帝崩。遂發兵反。爲楊素擊敗。窮蹙而降。除名爲民。竟以幽死。

楊調元 【清】貴筑人。字孝夔。號餘甫。又號仲和。同治進士。官陝西知縣。以經術飾吏治。爲秦中循吏。宣統末知渭南縣。國變殉難。調元工篆書。精小學。著作多散佚。僅存訓纂堂遺集。綿桐館詞。

楊賜 【後漢】秉子。字伯獻。少傳家學。篤志博聞。桓帝時官侍中。靈帝朝侍講華光殿。累遷司徒。直言極諫。以師傅恩得免咎。歷太尉。封臨晉侯。還司空。卒諡文烈。

楊賢 【後漢】爲刺客。杜林避難西州。隗囂不能屈。建武中其弟成物故。囂乃聽林持喪東歸扶風。旣遣而悔。令賢追而殺之。賢至隴坻。追及林。見其身推鹿車。載致弟喪。乃歎曰。當今之世。誰能行義。我雖小人。不忍殺義士。因亡去。

楊賢寶 【宋】洛陽人。邵雍弟子。通雍易圖。

楊輝 【南唐】江南人。工畫魚。善狀揚鬐鼓鬣之態。又工水草。（按輝一作暉。或作揮。）

楊適 【宋】慈谿人。字安道。隱居大隱山。爲人醇厚介特。善言治道。治經不守章句。後進師之。稱大隱先生。仁宗時授將仕郎。試太學助教。賜袍笏。適辭不受。遁去。

楊銳 【明】蕭縣人。字進之。正德中署都指揮僉事。守備安慶。宸濠反。東下至安慶城下。銳晝夜拒戰。乃稍卻。會敵悉兵至。號十萬。舳艫相接六十餘里。乃募死士夜劫敵營。敵大驚。解圍去。宸濠平。進都督僉事。歷鎭遼東·淮安。罷歸卒。◎【清】緜竹人。字叔嶠。又字鈍叔。光緒間以舉人授內閣中書。鯁直尙名節。以陳寶箴薦。加四品卿銜。充軍機章京。參預新政。孝欽后再聽政。被誅。爲戊戌六君子之一。有說經堂詩草。

楊震 【後漢】寶子。字伯起。少好學。明經博覽。諸儒稱爲關西孔子。不答州郡禮命數十年。衆人謂之晚暮。後有冠雀銜三鱣魚飛集講堂前。都講取魚進曰。蛇鱣者。卿大夫服象也。數三者。法三台也。先生自此升矣。年五十始舉茂才。四遷荊州刺史。東萊太守。當之郡。道經昌邑。故所舉荊州茂才王密爲令謁見。至夜懷金十斤遺震。震不受。密曰。暮夜無知者。震曰。天知神知我知子知。何謂無知。密愧而出。後轉涿郡太守。故舊或欲令爲開產業。震曰。使後世稱清白吏子孫。以此遺之。不亦厚乎。延光初爲太尉。時乳母王聖及中常侍樊豐等更相扇動。震屢上疏切諫。豐等譖之。詔遣歸本郡。行至城西夕陽亭。飲酖卒。順帝卽位。詔令改葬。有大鳥集喪前。悲鳴淚下。葬畢飛去。時人因立石鳥像於墓所。◎【宋】崞人。字子發。以弓馬絕倫爲安邊巡檢。從折可存討方臘有功。還知麟州建寧砦。靖康初夏人圍建寧。力戰死。諡恭毅。

楊震仲 【宋】成都人。字革父。負氣節。有志當世。第淳熙進士。權大安軍。吳曦叛。馳檄招之。辭疾不赴。飲藥死。諡節毅。

楊霆 【宋】大異子。字震仲。以世澤補將仕郎。辟荊湖制置司幹官。帥呂文德密薦諸朝。除通判江陵府。臨事裁決。處之泰然。德祐初爲湖南安撫司參議。與安撫使李芾協力戰守。出奇應變。帥府機務。芾一以委之。城破。霆赴水死。

楊頤 【清】茂名人。字子異。號蓉浦。晚號蔗農。同治進士。累官兵部左侍郎。光緒間中外多故。屢疏陳事。甲午日本之役。請懲失律以肅軍令。雖未施行。時論韙之。

楊魯 後漢光和中待詔尙方。畫於鴻都學。

楊凝 唐憑弟。字懋功。大曆進士。累官司封員外郎。坐黜正嫡庶封邑。爲權幸所忌。遷右司郎中。宣武節度董晉表爲判官。行亳州刺史事。有政績。時孟叔度橫縱撓軍治。而凝亦荒湎。晉卒作亂。凝還京師。官終兵部郎中。

楊凝式 後周涉子。善文詞。工顚草。居洛下十年。凡琳宮佛祠牆壁間。題紀殆遍。官至太子太保。

楊學可 明新都人。所著明氏實錄。記明玉珍父子始末。序次頗詳。足與正史相參考。

楊導 明士奇子。字叔簡。少豪放。後折節向學。博涉經史。能詩賦。官終太常少卿。

楊憲 明陽曲人。字希武。洪武初官御史中丞。數短李善長於帝前。善長由是忌之。出爲山西參政。歷中書左丞。有才辨。刻深多忌。爲善長所劾。伏誅。

楊憑 唐弘農人。字虛受。一字嗣仁。善詩文。與弟凝·淩並有重名。大曆中俱登第。稱三楊。累官湖南江西觀察使。在鎭汰侈。性簡傲。接下脫略。人多怨之。入拜京兆尹。爲御史中丞李夷簡所劾。貶臨賀尉。官終太子詹事。

楊樹兒 唐以畫名。

楊機 後魏冀人。字顯略。少有志節。宣武孝明時歷官至清河內史·河北太守。並有能名。永熙中除度支尙書。方直之心。久而彌厲。奉公正己。爲時所稱。家貧無馬。多乘小犢車。時論許其清白。後爲齊神武所殺。

楊樸 元河南人。字文素。官全椒縣尹。縣陷於賊。樸度必死。盡殺其妻女。朝服坐堂上。盜欲降之。不可。賊倒懸樸於樹而剮其肉。至盡。猶罵不絕口。

楊獬 宋新喻人。字正伯。紹興進士。知吉水縣。救荒有善政。累官至司農少卿。以直顯謨閣知明州。會海寇劫掠。獬捕擒之。海道平。改知寧國府卒。

楊璟 明合肥人。以管軍萬戶從太祖。積功擢湖廣行省平章政事。率周德興·張彬將武昌諸衛軍取廣西。還爲偏將軍。再從徐達鎭北平。練兵遼東。卒諡武信。

楊璞 宋新鄭人。字契元。善歌詩。士大夫多傳誦。每乘牛往來村店。自稱東野遺民。嘗杖策入嵩山窮絕處。搆思爲歌詩。凡數年。得百餘篇。被召還。作歸耕賦以見志。眞宗朝諸陵。道出鄭州。遣使以茶帛賜之。◎淸偃師人。兄弟同居奉母。弟富璞貧。伊洛水溢。弟以舟載其妻以去。璞負母於背。漂泊達岸。遇救得生。妻子隨流漂下。衆救之。亦得免。其弟舟抵北山。大樹崩壓。夫婦俱溺死。

楊暐 元扶風人。性至孝。母嘗病劇。暐叩天求代。遂瘥。母沒。暐獨廬墓上。蔬食飲水終其喪。父卒亦如之。

楊穆 後魏鈞子。字紹叔。孝武末弟寬以澄城縣伯讓穆。拜都督井州諸軍事·井州刺史。卒於家。

楊翮 元剛中子。字文舉。世其家學。爲江浙提學有聲。遷太常博士。工古文。有佩玉齋類稿。

楊翰 淸宛平人。字海琴。號息柯。道光進士。官至辰永沅靖道。工書畫。好金石文字。長於鑑賞。詩亦清矯拔俗。晚年罷官游粵。有粵西得碑記·息遺草堂集。

楊興 漢字君蘭。元帝時爲長安令。以材能得幸。勸賈捐之親石顯以希見用。爲顯所白。貰城旦。成帝時官至部刺史。

楊衡 唐吳興人。字仲師。工詩。初與苻載·崔羣·宋濟隱廬山。號山中四友。後登第。官至大理評事。

楊豫孫 明松江華亭人。字幼殷。嘉靖進士。累官太僕寺少卿。徐階當國。引豫孫自輔。凡海內人物。國家典故。悉諮而後行。士大夫欲求知宰相者。輻輳其門。豫孫謝之不得。力求出。以右僉都御史巡撫湖廣卒。

楊辨 唐工畫。

楊遵勗 遼范陽人。字益誠。重熙進士。累官樞密院都承旨。樞府事叢。簿書塡委。遵勗一目五行俱下。判決如流。敷奏詳敏。太康初拜南府宰相。耶律乙辛誣皇太子。遵勗按其事。不敢正言。時議短之。尋拜北府宰相。卒諡康懿。

楊選 明章丘人。字以公。嘉靖進士。累官薊遼總督。以却敵功進兵部右侍郎。辛愛與把都兒大舉入寇。京師戒嚴。及寇退。坐守備不設律。戮於市。

楊錫紱 淸清江人。字方來。號蘭畹。雍正進士。累官兵部尙書·漕運總督。少嗜宋儒書。及在官。試其所學。學日以顯。敭歷中外三十餘年。所至皆有實政。凡所陳奏。悉協大體。在漕督任最久。興利革弊。漕政肅清。卒諡勤愨。有漕運全書·四書講義·節婦傳·四知堂文集。

楊錫觀 淸無錫人。字顒若。幼孤。事母至孝。工翰墨。尤精篆籀。有六書辨通·六書例解。

楊徽之 宋浦城人。字仲猷。周顯德中舉進士。累官右拾遺。眞宗時官至翰林侍讀學士卒。徽之純厚清介。守規矩。尙名教。尤疾非道以干進者。嘗言溫仲舒、寇準用搏擊取貴位。使後輩務習趨競。禮俗寖薄。世謂其知言。有文集。

楊應奎 【明】益都人。字文煥。號滬池。宦至知府。嘉靖間致仕歸。與石存禮、劉澄甫等八人結詩社於北郭禪林。後編輯所作唱和詩爲海岱會集。

楊應詔 【明】建安人。嘉靖舉人。所著閩學源流。歷載楊時以後諸儒。終於蔡清。各誌其言行。詳其傳授。

楊應詢 【宋】鄢人。眞宗楊淑妃族孫。字仲謀。歷知信安保定軍。爲河北安撫使。有政績。知雄州。治兵積粟。契丹不敢犯。宦至定州眞定大名副都總管。卒諡康理。

楊應龍 【宋】嘉定人。字汝濟。號性齋。寧宗時官武功大夫、兩浙西路兵馬鈐轄。暮年丐祠。主管建寧府沖祐觀使。嘗著進授册五萬餘言。又有知見錄、性齋詩稿。◉【明】萬曆初襲四川播州宣慰使。性雄猜。阻兵嗜殺。以次子被羈死。不得歸喪。遂置關據險。結苗人焚劫諸屯衞。陷綦江。恣行殺戮。總督李化龍駐重慶。分八路進討。劉綎、吳廣等連敗之。應龍闔室自焚死。子朝棟亦伏誅。楊氏自唐時居播州。傳至應龍八百餘年而亡。

楊戲 【蜀漢】武陽人。字文然。爲諸葛亮主簿。蔣琬辟爲東曹掾。歷建寧梓潼二郡太守。入爲射聲校尉。所在清約不煩。後以忤姜維意免爲庶人。戲性簡略。未嘗以甘言加人。篤於故舊。居誠存厚。有識者貴之。有季漢輔臣贊。

楊摽 【北周】高涼人。字顯進。少豪俠以義烈聞。從魏孝武入關。文帝授通直散侍。慰撫稽胡。頗有權略。能得邊情。保定間爲建州刺史。自鎭東境二十餘年。數與齊人戰。常克獲。有輕敵心。爲齊所破。遂降於齊。

楊濟 【晉】珧弟。字文通。累官太子太傅。有才藝。號爲稱職。與珧深慮盛滿。切諫長兄駿。駿遂疏濟。後與諸兄俱見害。

楊濛 【五代吳】隆演弟。字志龍。徐溫秉政。濛內不能平。溫忌之。及隆演卒。濛以次當立。溫竟奉濛弟溥嗣。封臨川王。累加昭武軍節度使。徐知誥將謀受禪。遣人告濛。構成其罪。殺之。

楊燧 【宋】開封人。善騎射。應募從征貝州。穴城以入。賊平。功第一。又從征儂智高有功。英宗時累拜寧遠軍節度、殿前副指揮使卒。

楊璲 【元】餘姚人。字元度。師事柳貫。與海內博洽者辨說。數困之。註詩傳名物類考。以鄉貢歷寧海、縉雲、本州學官。

楊甑生 【後魏】大眼子。氣幹有父風。大眼死。甑生與弟領軍征南等開大眼棺。遂取屍。令人馬上抱之。左右扶挾以叛。奔於襄陽。遂歸蕭衍。

楊績 【遼】良鄉人。太平進士。清寧初拜參知政事。兼同知樞密院事。咸雍間拜南院樞密使。嘗燕見論古今治亂。人臣邪正。累表告歸不許。太康中封遼西郡王致仕。

楊褒 【成漢】略陽人。仕李雄。累遷左僕射、尙書令。直言敢諫。無所忌諱。卒諡莊。

楊謙 【淸】浙江山陰人。字六生。善做龍眼白描人物。寫花卉偏翻有致。◉【淸】嘉定人。字炳南。善寫梅。

楊賽因不花 【元】其先太原人。後居播州。初名漢英。字熙載。年十二。世祖擢爲侍衞親軍都指揮使。大德時討宋隆濟及折節等平之。加勳上護軍。後討播南盧崩蠻。卒於軍。諡忠宣。

楊避舉 【宋】夔州人。李守至其家。其諸父皆年百二十餘。祖年百九十五。其九代祖尙在。不語不食。不知其年。

楊還吉 【淸】卽墨人。字六謙。貢生。能書工詩。康熙時舉鴻博未遇。有味道樓集。

楊駿 【晉】華陰人。字文長。官驍騎鎭軍二府司馬。武帝立。以后父超遷車騎將軍。封臨晉侯。武帝疾篤。后奏以駿輔政。惠帝卽位。駿總朝政。偏樹親黨。賈后憚駿不得逞欲。遂密旨誅駿。夷三族。

楊黻 【明】吉水人。字民服。永樂進士。授御史。仁宗卽位。上疏言十事。擢衞王府右長史。盡心獻替。未嘗苟取一錢。宣德初卒。(按明史作楊黼。江西通志云。林志人物志皆作黻。字民服。考登科錄。永樂乙未進士有楊黻。無楊黼。今從之。)

楊彝 【明】餘姚人。字宗彝。別號銀塘生。自號萬松老人。洪武間爲長泰主簿。書畫精妙。兼工詩文。

楊彝珍 【淸】武陵人。字湘涵。一字性農。道光進士。官兵部主事。有移芝室文集。

楊爵 【明】富平人。字伯珍。以學行名。舉嘉靖進士。授行人。擢御史。以母老乞歸。服闋起故官。時郭勛用事。歲頻旱。帝日夕建齋醮。經年不視朝。爵上疏極諫。帝震怒。立下詔獄。歷五年得釋。抵家甫十日。復逮繫獄。又三年始還。卒諡忠介。所著周易辨錄。其說多以人事爲主。頗切著明。又有楊忠介集。

楊璿 【宋】鹽官人。字子平。安貧樂道。尤嚴謹獨之操。學者稱謹獨先生。及卒。邑令魏伯恂合張九成、施德操祀之。

楊簡 【宋】庭顯子。字敬仲。乾道進士。授富陽主簿。會陸九淵道過富陽。問答有契。遂定師弟之禮。調知樂平縣。興學訓士。邑人以訟爲恥。夜無盜警。路不拾遺。民呼楊父。紹興中召爲國子博士。嘉定初授祕書郎。出知溫州。在郡廉儉。民愛之如父母。成畫像事之。官終寶謨閣學士。卒謚文元。學者稱慈湖先生。有甲乙稿。楊氏易傳。五誥解。慈湖詩傳。冠記。昏記等書。

楊瞿崍 明晉江人。字稚實。萬曆進士。官至江西提學副使。有易林疑說。嶺南文獻補遺。

楊蟠 宋章安人。字公濟。慶曆進士。爲密和二州推官。歐陽修稱其詩。蘇軾知杭州。蟠通判州事。與軾倡酬居多。後知壽州卒。

楊鎮 宋嚴陵人。字子仁。號中齋。尙理宗女周漢國公主。累官至慶遠軍節度使。工丹青。墨竹蘊藉可觀。

楊鎬 明商丘人。萬曆進士。累官右僉都御史。經略朝鮮軍務。倭將行長清正屯蔚山。鎬進兵攻之不下。行長救兵至。鎬大懼先奔。喪兵二萬。詭以捷聞。帝怒。欲誅之。輔臣營救得免。後清兵破撫順。起鎬爲兵部右侍郎。往經略。分四道。定期出塞。天大雪。兵不前。師期洩。遂大敗。逮鎬下獄誅。

楊顒 國蜀襄陽人。字子昭。爲巴郡太守。丞相諸葛亮主簿。亮常自校簿書。顒諫曰。爲治有體。上下不可相侵。故古人稱坐而論道。謂之三公。今明公爲理。親自校簿書。流汗竟日。不亦勞乎。亮謝之。後爲東曹屬。典選舉。

楊瀚 清建寧人。字在東。凡諸子百家。天文地理。農田水利。與夫兵法礮制船制。無所不通。爲古文瓌瑋瑰麗。光緒初以諸生終。有海雲山人詩文集。儒備錄。

楊瓊 宋西河人。太宗時以平蜀賊功拜單州刺史。歷河外都巡檢使。賊累寇邏。瓊固捍有功。導黃河溉民田數千頃。數敗賊。眞宗時爲鄜州觀察使。寇陷清遠。坐恇怯不前。長流崖州。官終賀州團練使。

楊纂 北周廣寧人。少慷慨有志氣。勇力兼人。初從高歡起兵信都。官安西將軍。後歸款。從文帝解洛陽圍。經河橋。邙山之戰。每先登。孝閔踐阼。封隴東郡公。官終華州刺史。纂性質樸。不識文字。但推誠信。吏人懷之。◉唐弘禮族父。字纘卿。隋大業進士。貞觀中累官吏部侍郎。右俗才。抑文雅。進黠吏。度時舞數以自進。官終戶部尙書。卒謚恭。

楊繪 宋綿竹人。字元素。少奇警。仁宗時第進士。歷開封推官。徙興元府。皆有聲。神宗立。召修起居注。知諫院。與曾公亮忤。改兼侍讀。繪以諫官不得其言則去。不拜。後累擢翰林學士。爲御史中丞。忤王安石。罷知亳州。元祐初以天章閣待制知杭州卒。繪爲吏敏彊。性疏曠。表裏洞達。每事一出於誠。爲時所重。有集八十卷。

楊繩武 明彌勒人。字念爾。崇禎進士。官御史。召見。吐言如流。畫地成圖。帝偉之。超擢巡撫奉天。洪承疇圍松山。進總督。率師出關救松錦。加銜督師。未幾卒。謚莊介。◉清元告子。字文叔。康熙進士。官編修。秉志節。通經術。大學士王掞深重之。館閣大著作。多出其手。丁憂歸。遂不出。有古柏軒集。文章鼻祖。

楊難敵 晉茂搜子。嗣位。與弟堅頭分部曲。自號左賢王。屯下辨。堅頭號右賢王。屯河池。難敵後封仇池公。咸和末卒。

楊難當 後魏玄弟。玄臨終。付難當以國事。難當固辭。立玄子保宗。既又廢保宗自立。稱藩於宋。叛服不常。文成帝時拜營州刺史。還爲外都大官。卒謚忠。

楊鯤 清寧武人。康熙間由守備累擢直隸正定總兵。性廉潔。有第一清廉總兵之稱。官至直隸總督。兼提督。坐事奪職。

楊鵬 明夜郎人。字龍友。舉孝廉。給事獨舒性靈。一遵古法。

楊黼 明雲南太和人。博學工篆籀。好釋典。隱居不仕。庭前有大桂樹。縛板樹上。題曰桂樓。巢居其中。注孝經數萬言。父母沒。營葬畢。入雞足。棲羅漢壁石窟山十餘年。壽至八十。子孫迎歸。一日沐浴告子孫曰。明日吾行矣。果卒。◉明卽楊黻。詳楊黻條。

楊嚴 唐收弟。字凜之。舉進士。累遷翰林學士。收爲相。請補外。拜浙東觀察使。收貶。嚴亦斥爲邵州刺史。乾符中以兵部侍郎判度支卒。

楊夔 五代吳有儁才。爲宣州田頵上賓。夔知頵不足抗楊行密。著溺賦數百言以戒之。頵不用。竟至於敗。

楊寶 後漢敞曾孫。習歐陽尙書。隱居教授。王莽徵之。遁去。光武高其節。建武中公車特徵。不至卒。寶年九歲時。至華陰山北。見一黃雀爲鴟梟所搏。墜樹下。寶取歸置巾箱中。食黃花百餘日。毛羽成。乃飛去。其夜有黃衣童子向寶再拜曰。我西王母使者。感君仁愛救拯。以白環四枚爲謝。令君子孫潔白。位登三事。當如此環。寶子孫後果貴顯。

楊寶彝 清歸安人。字性甫。號抱山。諸生。有抱山草堂詩存。

楊懿 後魏弘農人。延興末爲廣平太守。有稱績。孝文南巡。吏人頌之。徵爲選部給事中。有公平之譽。卒謚簡。

楊・懿孺　宋長洲人。字彝甫。以行義隱居。與方惟深同時。號吳中二老。以承奉郎致仕。平居以誠自信。不知世間有傾巧事。

楊・礪　宋鄠人。字汝礪。建隆初舉進士第一。仕至翰林學士。咸平初遷工部侍郎。樞密副使。及卒。眞宗冒雨臨其喪。礪居委巷中。乘輿不能進。步至其第。嗟憫久之。有文集。

楊・繼宗　明陽城人。字承芳。天順進士。授刑部主事。擢嘉興知府。以一僕自隨。性剛廉孤峭。人莫敢犯。而時時集父老問疾苦。爲袪除之。大興社學。子弟八歲不就學者。罰其父兄。孝宗時累官僉都御史。巡撫雲南。卒謚貞肅。

楊・繼洲　明萬曆中醫官。所著針灸大全。以素問難經爲主。又肖銅人像繪圖立說。亦頗詳晐。

楊・繼益　明松江人。字茂謙。有瀫齋內外言。

楊・繼盛　明容城人。字仲芳。號椒山。嘉靖進士。歷南京兵部右侍郎。俺答入寇。大將軍仇鸞畏寇甚。請開馬市。繼盛極陳其不可。貶狄道典史。已而俺答敗約。鸞伏誅。帝思繼盛言。累遷刑部員外郎。時嚴嵩用事。恨鸞陵己。心善繼盛。欲驟貴之。改兵部武選司。而繼盛惡嵩甚於鸞。劾其十大罪。嵩構之。遂下獄。杖之百。創甚。或遺之蚺蛇膽。卻之曰。椒山自有膽。坐繫三載。竟棄西市。臨刑賦詩。天下傳誦。穆宗立。追謚忠愍。有楊忠愍集。繼盛將行刑時。其妻張氏上書請代死。不報。及繼盛死西市。張亦同日自縊。

楊・騰　後漢建安中爲西夷部落大帥。勇健多計略。始徙居仇池。仇池方百頃。因以爲號。◎後魏華陰人。文帝之舅。爲襄城太守。甚有聲。文帝卽位。遷開府儀同三司。卒謚貞。

楊・鶚　明鶴從弟。崇禎進士。官御史。有才名。擢順天巡撫。福王以爲兵部右侍郎。總督川湖軍務。

楊・巍　明海豐人。字伯謙。嘉靖進士。萬曆時累官吏部尚書。時申時行當國。巍年耄耽皦。多聽其指揮。巍初歛歷中外。甚有聲。及秉銓。聲望大損。然有淸操。性長厚。不爲刻覈行。工詩。有存家詩稿。

楊・鶴　明武陵人。字修齡。萬曆進士。崇禎初累拜兵部右侍郎。總督陝西三邊軍務。鶴素有淸望。然不知兵。一意主撫。賊旣降復叛。坐戍袁州卒。

楊・儼　隋勇長子。封長寧郡王。勇廢。亦坐黜。上表乞宿衛。辭情哀切。文帝覽而憫之。煬帝卽位。儼常從行。以鶡死。諸弟悉被害。

楊・櫶　宋盱江人。少穎悟不羣。聞張眞牧有道行。往從之。眞牧授以九返之術。曰逢江莫行。至沘則止。後舟次九江沘背。始悟。遂結茅修煉其中。時大疫。施以符水輒效。後作頌而逝。咸淳中封通慧孚惠眞人。

楊・巖　五代吳越弘農人。歷事錢鏐父子。累官至丞相。

楊・瓚　隋文帝母弟。字恆生。一名慧。初仕北周。尙武帝妹順陽公主。瓚美姿儀。好書愛士。甚有令名。時人稱曰楊三郞。文帝爲相。瓚拜大宗伯。見文帝執政。羣情未一。恐爲家禍。陰有圖文帝之計。文帝優容之。及受禪。立爲滕王。開皇中從幸栗園。暴卒。謚穆。◎宋度宗淑妃父。字繼翁。號守齋。官列卿。能畫墨竹。好古博雅。善琴。◎明蠡縣人。永樂進士。知趙城縣。課績爲山西最。擢鳳陽知府。正統中擢浙江右布政使。景泰初瓚以湖州諸府官田賦重。請均之。田賦稱平。久之卒於官。

楊・顯之　元大都人。工樂府。與關漢卿交莫逆。有瀟湘雨等雜劇行世。

楊・護　淸金谿人。字邁功。乾隆進士。授刑部主事。因事與和珅力爭。和珅不能奪。後官至浙江巡撫。所至以公正著稱。

楊・體秀　明江右人。善畫蘭蕙竹石。

楊・觀光　明招遠人。字用賓。崇禎進士。官至少詹事。善畫山水。方爲贊善時。嘗進簪養圖。其說皆舍實踐而談微妙。非啓迪引翼之道。

楊・驤　宋與立從弟。字子節。從朱熹受易禮。

楊・鸞　淸潼關人。字子安。乾隆進士。官知縣。有邈雲樓集。

楚子比　春秋楚共王三子。平王棄疾兄。旣立。以弟子晳爲令尹。時靈王已死。國人不聞靈王死。而畏靈王之來。觀從謂子比曰。不殺棄疾。禍未已也。子比曰。余不忍。從曰。人將忍王。不聽。國人每夜驚曰。靈王來矣。棄疾使船人從江上走呼曰。靈王至矣。子比及子晳皆自殺。在位十餘日。棄疾遂卽位。

楚文王　春秋楚武王子。名熊貲。始都郢。伐申過鄧。鄧三甥曰。王可取也。鄧侯不許。王後伐鄧滅之。又伐蔡。虜哀侯。江漢間小國皆畏之。在位十三年卒。謚文。

楚丘　春秋齊掌龜卜。齊懿公將伐魯。戒師期而有疾。醫曰。不及秋將死。魯文公聞之。卜曰。尙無及期。惠伯令楚丘占之。曰。齊侯不及期。非疾也。君亦不聞。令龜有咎。公薨。後數月。齊人弑懿公。

楚平王　春秋楚共王五子。名棄

疾。及卽位。改名熊居。王以詐殺子比及令尹子晳而自立。恐國人及諸侯叛之。乃施惠百姓。復陳蔡之地。而立其後。歸鄭之侵地。存恤國中。王爲太子建娶於秦。秦女美。王自取之。生子壬而疏外建。使居城父。費無忌日夜讒太子建於王。王遂囚建太傅伍奢。而召其二子。告以免父死。奢長子尙至。卽與奢并殺之。奢次子子胥亡奔吳。建亡奔宋。其後子胥遂爲楚患。在位十三年卒。諡平。

楚共王 【春秋楚】莊王子。名審。王救鄭。與晉人戰於鄢陵。楚師敗。晉射中王目。王召子反。子反嗜酒。從者豎陽穀進酒。醉。王怒。射殺子反。罷兵歸。在位三十一年卒。諡共。

楚安 【明】僧。什邡句氏子。工畫人物樓臺。有明皇幸華清宮避暑圖。吳王宴姑蘇臺圖。

楚考烈王 【戰國楚】頃襄王子。名熊元。時楚益弱。東徙都壽春。在位二十五年卒。諡考烈。

楚成王 【春秋楚】文王子。名熊惲。初卽位。布德施惠。結好於諸侯。齊桓公侵楚。數以不貢王室。盟於召陵而退。又與宋襄公會於盂。執襄公。已而歸之。後伐宋。射傷襄公。尋與晉戰於城濮。楚師大敗。世子商臣弒之。在位四十六年。諡成。

楚兒 【唐】妓。字潤娘。爲三曲之尤。辯慧能詩。狂逸特甚。萬年捕盜官郭鍜納置別館。

楚武王 【春秋楚】若敖孫。蚡冒弟。名熊通。楚伐隨。隨曰。我無罪。楚曰。我蠻夷也。今諸侯皆爲叛。我有敝甲。欲以觀中國之政。請王室尊吾號。隨人爲之請於周。不許。熊通怒。曰我自尊耳。乃自立爲王。與隨人盟而去。後復伐隨。王卒於師。在位五十一年。諡武。

楚·芝蘭 【明】襄城人。自言有異人授以六壬遁甲之術。屬朝廷博求方技。詣闕自薦。錄爲學生。以占候有據。歷官尙書工部員外郞。

楚南 【唐】僧。閩張氏子。投開元寺出家。乾符中昌化令徐正元召住千頃山慈雲院。訓示僧徒之外。惟以禪定爲事。昭宗聞其道化。賜以鹿胎衣。有般若經品頌偈·破邪論。

楚威王 【戰國楚】惠王五世孫。名熊商。齊田嬰欺楚。王伐齊。敗之於徐州。而令齊必逐田嬰。以張丑言而止。在位十一年卒。諡威。

楚·建中 【宋】洛陽人。字正叔。第進士。知滎河縣。多善政。元昊歸款。建中白府築堡以控東道。夏人果來。以有備不敢入。累遷陝西都轉運使。以正議大夫致仕卒。

楚昭王 【春秋楚】平王子。名壬。王立十年。吳王闔廬·伍子胥·伯嚭。與唐蔡伐楚。遂入郢。子胥鞭平王墓。王出奔。使申包胥請救於秦。秦救楚。敗吳於稷。王入郢。遷都於鄀。吳伐陳。王救之。軍於城父。王病。有赤雲如鳥。夾日而蜚。周太史曰。是害於王。可移於將相。王弗聽。卜之。河爲祟。大夫請禱。王曰。先王受封。望不過江漢。河非所獲罪也。止不許。孔子在陳聞之。曰。楚昭王通大道矣。其不失國宜哉。在位二十七年。卒於城父。諡昭。

楚·昭輔 【宋】宋城人。字拱辰。有才幹。善心計。初隸太祖麾下。陳橋推戴時。昭憲太后在城中。遣昭輔問起居。昭輔具言士衆推戴之狀。太后乃安。性剛介。人不敢干以私。累遷樞密使卒。

楚·衍 【宋】開封人。少通四聲字母。於九章緝古綴術海島諸算經。尤得其妙。明相法及聿斯經。善推步陰陽星曆之數。間語休咎無不中。自陳召試宜明曆。補司天監學生。天聖初製崇天曆。進司天監丞。又造司辰星漏曆十二卷。

楚·執柔 【宋】政和間官江陰丞。善知水道。治縣境諸水。使疏而不壅。節而不濫。農田貲利者凡六千餘頃。

楚莊王 【春秋楚】穆王子。名旅。時晉之靈成景厲。皆庸相繼。霸業不競。莊王遂興霸業。滅庸。伐宋。伐陳。圍鄭。討陸渾戎。觀兵於周郊。周定王使王孫滿勞王。王問鼎之小大輕重。隱有圖周之志。在位二十三年卒。諡莊。

楚頃襄王 【戰國楚】懷王子。名橫。立七年。迎婦於秦。秦楚復平。各自稱爲帝。月餘復歸帝爲王。旣欲與齊韓連和伐秦。因欲圖周。計輟不行。後爲秦所敗。質太子於秦。在位三十六年卒。諡頃襄。

楚頃襄王夫人 【戰國楚】縣邑之女。姓莊。頃襄王好臺榭。出入不時。諫者蔽塞。秦欲襲其國。使其左右謂王南遊唐。王將往。有女伏道旁諫。王悟。後車載之反。門已閉。王乃發鄢郢之師擊之。僅能勝之。乃立女爲夫人。

楚野辨女 【春秋楚】昭氏之妻。鄭簡公使大夫聘於楚。至於狹路。女與大夫轂擊。而折大夫車軸。大夫怒。將執而鞭之。女曰。君子不遷怒。不貳過。不侮鰥寡。鞭則鞭耳。惜子大夫之喪善也。大夫遂慚而釋之。

楚惠王 【春秋楚】昭王子。名章。子西召平王太子建之子勝於吳。以爲巢大夫。號曰白公。初建亡在鄭。鄭殺之。勝亡走吳。故怨鄭。至是請兵子西伐鄭。子西許而未發。會晉伐鄭。楚使子西救鄭。受賂而去。勝怒。襲殺子西·子綦於朝。因劫王置之高府。欲弒之。王從者負王。亡走昭王夫人宮。勝自立爲王。月餘。葉公沈諸梁來救楚。王之徒與共攻勝。殺之。王乃復位。滅陳蔡杞三國。廣地至泗上。在位五十七年卒。諡惠。

楚·智 明驍將。洪武中數從馮勝·藍玉出塞有功。歷陞都指揮使。建文中從李景隆討燕。戰輒奮勇。北人望旗懾股栗。夾河之役。被執不屈死。

楚·煙 明曹縣人。字方壺。天啓進士。宰龍溪。蕩平海寇。累陞戶部主事致仕。崇禎末城破。被執。賊知其賢。欲縱之。煙立求死。遂見害。

楚·鼎 元蒙城人。以功授管軍總管。加懷遠大將軍。至元中東征日本。鼎率千餘人從左丞范文虎渡海。大風忽至。船壞。鼎挾破舟板漂流三晝夜。至一山。會文虎船。因得達高麗之金州。合浦海屯駐散兵。亦漂泛來集。遂領之以歸。

楚·樟 明朝城人。性資明敏。博通經書。洪武初以明經舉訓導。教人有法。陞詹事府丞。

楚穆王 春秋楚成王子。名商臣。爲人蠭目豺聲。成王將立爲太子。令尹子上諫。不聽。後又欲立子職。商臣遂弑成王而自立。滅江六蓼三國。在位十二年卒。諡穆。

楚懷王 戰國楚威王子。名熊槐。秦欲伐齊。患楚與齊親。乃令張儀佯去秦。南見王。說王絕齊。願獻商於之地六百里。王大悅。遂絕齊。使一將軍西受封地。儀詐之曰。儀與王約六里。不聞六百里。使者歸報。王大怒。興師伐秦。秦擊之。大破楚師。其後秦昭王與楚婚。欲與王會。王欲行。昭睢·屈平共諫之。王不聽。入武關。秦伏兵絕其後。遂死於秦。在位三十年。諡懷。◎秦楚懷王之孫。名心。秦末兵起。范增說項梁立楚後。乃求得心於民間。立之爲楚懷王。居盱眙。與諸將約。先入關者王。沛公先入。及項籍定河北而西。沛公守關。籍攻破之。使人致命懷王。王曰如約。籍怒。乃陽尊爲義帝。徙長沙。趣之行。令人擊殺之於江中。

楚靈王 春秋楚共王次子。名圍。共王孫麇立。是爲郟敖。時圍爲令尹。主兵事。使鄭。聞郟敖疾而還。遂弑之。既立。改名熊虔。會諸侯於申。遂以諸侯兵伐吳。克朱方。囚慶封。滅其族。王立十一年。伐徐以恐吳。次於乾谿以待。明年。弟棄疾殺王太子祿。立弟子比爲王。王聞之。亡走山中。芋尹申亥奉之以歸。王縊於申亥家。諡靈。

楞額禮 清滿洲正黃旗人。姓舒穆祿氏。揚古利次弟。少從太祖征伐。太宗時任正黃旗都統。封三等子。略喀爾喀巴林地。征朝鮮。圍大淩河城。招降祖大壽。功甚著。卒諡武襄。

業首 南朝宋女僧。彭城張氏女。風觀峻整。戒行清白。武帝深重之。元嘉中王景深母范氏施地爲立青園寺。潘貴妃又爲立佛殿及僧房。衆二百人。法事不絕。卒年九十。

源·子恭 後魏子雍弟。字靈順。聰敏好學。稍遷尚書主客郎。正光中爲豫州刺史。以軍功加鎮南將軍。復討破爾朱世隆。兼尚書僕射。爲大行臺大都督。永熙中入爲吏部尚書。天平初除中書監。又爲齊神武王軍司。卒諡文獻。

源·子雍 後魏懷子。字靈和。少好文雅。篤志於學。推誠待士。士多歸之。累官夏州刺史。破六韓圍城。城中糧盡。兵無離貳。子雍自出求糧。途爲胡帥曹阿各拔所執。仍禮待之。因說之降。會拔死未果。而拔弟覓率衆隨子雍降。復除給事黃門侍郎。封陽平縣公。葛榮陷信都。拜冀州刺史。與裴衍俱進討。敗沒。諡莊穆。(按北史作子邕。此從魏書。)

源·休 唐臨漳人。以幹局累遷京兆少尹。奉使回紇還。宰相盧杞忌其以口辯結恩。遽奏授光祿卿。休怨望。乃勸朱泚僭號。泚以爲宰相。判度支。內外咨謀。一稟休畫。泚敗死。休走鳳翔。爲其部曲所殺。

源·光裕 唐乾曜從孫。有令譽。歷官中書舍人尚書左丞。終鄭州刺史。歷職清謹。爲世良吏。卒官。諡懿。

源·延 後魏賀子。性謹厚。少好學。以功臣子拜侍御中散。賜爵廣武子。卒諡簡。

源·奐 後魏懷弟。字思周。少謹密。初爲中書學生。隨父討勅勒有功。遷中散。前後使檢察州鎮十餘所。皆有功績。除長樂太守。以母老解官歸養。

源·洧 唐光裕子。以雍睦保家。士友推之。天寶中爲給事中·襄州刺史。安祿山犯河洛。爲江陵大都督長史。以禦賊卒。諡懿。

源·師 隋彪子。字踐言。少知名。明辨有識悟。尤以吏事自許。仕齊爲尚書外兵郎中。周武帝平齊。授司賦上士。入隋累遷尚書左丞。以明幹著稱。煬帝即位。拜大理少卿。居職強明有口辯。而無廉平之稱。卒於刑部侍郎。

源·乾曜 唐臨漳人。師孫。第進士。開元中自尚書左丞拜黃門侍郎。同平章事。踰月罷。以京兆尹留守京師。治尚寬簡。居三年。政如初至。復爲黃門侍郎·同中書門下三品。東封還。爲尚書左丞相。進侍中。乾曜性謹重。歷官皆以清慎恪敏得名。爲相十年。未嘗廷諍可否事。晚節唯唯聯署。務爲寬平悖大。故鮮咎悔。人亦以此譏焉。

源·彪 隋子恭子。字文宗。少有

名譽。及升朝列。以幹局見知。魏永安中以父功賜爵臨潁伯。除涼州大中正。齊文襄擢選。以爲尚書祠部郎中。皇建初累遷涇州刺史。以恩信待物。甚得邊境之和。後轉青州。周授儀同大將軍·司成下大夫。隋初授莒州刺史卒。

源·湜　明高郵人。字仲源。洪武初任大都督府斷事。陞監察御史。出知辰州。過武昌。有黃鶴樓詩。爲時所傳誦。

源·賀　後魏西平人。本河西王禿髮傉檀之子。偉容貌。善風儀。奔魏。魏賜姓源氏。又本名破羌。爲易曰賀。數從征伐。爲人雄果。善撫士卒。文成即位。以定策勳封隴西王。自殿中尚書出爲冀州刺史。考最。徵拜太尉。嘗討河西。依古今兵法及先儒舊說爲十二陣圖上之。獻文覽而嘉焉。以都督諸軍事屯漢南。稱疾還京卒。諡宣。

源·雄　隋子恭弟子。字世略。少寬厚。偉姿儀。仕魏歷祕書郎。在周以伐齊功封朔方公。歷任冀平二州刺史·檢校徐州總管。入隋進位上大將軍。遷朔州總管。從平陳。進上柱國。復鎭朔方。表乞骸骨。卒於家。

源·楷　北齊彪從父兄。字鄭延。有器幹。善草隸書。歷黃門郎·假儀同三司。

源·懷　後魏延弟。初名思禮。賜名懷。謙恭寬雅有大度。文成末爲侍御中散。後督諸屯於漠南。清儉有惠政。善撫之。除雍州刺史。景明中爲尚書左僕射。詔爲使持節。巡行北邊六鎭。恆燕朔三州。時連年旱儉。百姓困弊。懷銜命撫導。存恤有方。所上事宜三十餘條。皆見嘉納。正始初蠕蠕六道并進。詔懷以本官加使持節侍中。出據北蕃。指授規略。既至雲中。蠕蠕亡遁。遷驃騎大將軍。卒諡惠。

準塔　清滿洲正白旗人。姓佟佳氏。崇德間隨阿濟格征皮島。肉薄而登。克之。順治間從多爾袞入關擊流賊。從豪格勦張獻忠。平陝西賊黨。累有功。封一等子。卒諡襄毅。

溥光　元僧。大同李氏子。字玄暉。號雪窗。趙孟頫薦之朝。特封昭文館大學士。賜號玄悟大師。工畫。山水學關仝。墨竹學文同。俱成趣。爲詩沖淡粹美。善眞行草書。尤工大字。凡禁扁皆其所書。

溥洽　明僧。會稽陸氏子。放翁之後。字南洲。出家於普濟寺。禮雪庭爲師。貫串經藏。旁通儒典。禪定之餘。肆力於詞章。洪武中召爲僧錄司右講經。累遷左善世。被誣左遷。尋復右善世。仁宗卽位。數被召問。乞居南京報恩寺養老。遣中官護送之。有雨軒集。

溥圓　元僧。芝田李氏子。字大方。號如菴。溥光法弟。畫山水墨竹學王庭筠。書學溥光。能詩。

滇吾　後漢滇岸子。建武中元間部落轉盛。與弟滇岸率衆寇隴西。敗劉旴·張鴻等。永平間爲竇固·馬武所破。遠引去。後與滇岸先後降。

滇良　後漢燒當羌人。世居河北大允谷。敢羌有恩信。建武間因種小人貧。爲先零卑湳所侵陵。滇良掩擊大破之。奪居大榆地。由是始強。

滇零　後漢先零羌人。永初中燒當羌麻奴叛出塞。滇零因入寇。敗鄧隲·任尙等。稱帝於北地。招集諸種。東犯趙魏。南入益州。殺漢中守。寇鈔三輔。及襲中河東至河內。詔移金城·隴西·安定·北地·上郡於內地以避之。尋爲任尙所敗。

滑·壽　明先世襄城人。徙儀徵。後又徙餘姚。字伯仁。一字伯本。幼聰敏。日記千餘言。爲文有風致。尤長樂府。後學醫於京口王居中。又參會張仲景·劉守眞·李明之三家而會通之。治疾無不中。既學鍼法於東平高洞陽。乃著十四經發揮。又有難經本義注·讀傷寒論鈔·診家樞要·痔瘻篇。及纂諸書本草爲醫韻。皆有功後學。晚自號攖寧生。江浙間無不知之。(按尙友錄作宋人誤。此據明史方伎傳。)

溫·一貞　清烏程人。字又元。號也癡。諸生。善畫。工六法。老益勤學。有書畫管見錄·也癡題跋·綺石居雜志·臥癡樓詩鈔。

溫·大有　唐彥博弟。字彥將。隋仁壽中。授羽林騎尉。高祖舉兵。引爲太原令。從秦王徇西河。西河下。攝大將軍府記室。與兄大雅同掌機近。武德初累遷中書侍郎。封清河郡公。卒諡敬。

溫·大雅　唐祁人。字彥弘。性至孝。好學有才辯。與弟彥博·大有俱知名。仕隋爲東宮學士·長安尉。以父憂去。遭亂不復仕。高祖鎭太原。引爲記室參軍。專掌文翰。武德初拜黃門侍郎。進工部尙書。太宗朝轉禮部。封黎國公。卒諡孝。所著大唐創業起居注。與正史頗有異同。

溫·子昇　後魏冤句人。字鵬舉。博覽百家。文章清婉。熙平初對策高第。補御史。臺中文筆。皆子昇爲之。歷官散騎常侍·中軍大將軍。梁使寫子昇文筆。傳於江外。梁武稱之曰。曹植·陸機。復生北土。恨我辭人。數窮百六。濟陰王暉業嘗云。江左文人。宋有顏延之·謝靈運。梁有沈約·任昉。我子昇足以陵顏轢謝。含任吐沈。子昇嘗作韓陵山寺碑。庾信使北還。人問北方文士何如。信曰。惟韓陵片石。堪共語耳。齊高澄引爲諮議參軍。及元僅。劉思逸等作亂。澄疑子昇知其謀。錄諸晉陽獄。食敝襦而死。太尉長史宋游道集其文筆爲三十五卷。又撰永安記。子昇外恬靜。與物無競。言有準的。不妄毀譽。而內深險。事故之際。好豫其間。所以終致禍敗。

溫·曰鑑　清烏程人。字霽華。號鐵花。監生。好蓄書。有金石癖。精輿地之學。有魏書地形志校異·古壁叢鈔·拾香草堂集·鐵餘·勸書巢吟卷·響南唱和集。

溫·仲舒　宋河南人。字秉陽。太平興國進士。端拱初拜右正言。淳化中累官右諫議大夫·同知樞密院事。罷知秦州。先是俗雜羌戎。爲平民患。仲舒部兵歷按諸砦。諭以威信。俾獻地內屬。而悉徙其部落於渭北。民感其惠。畫像祠之。拜戶部侍郎·參知政事。罷政。出知河陽。大中祥符中進戶部尙書。卒諡恭肅。仲舒敏於庶務。自爲正言至貳樞密。皆與寇準同進。人稱溫寇。

溫·如玉　明鄖縣人。嘉靖進士。除行人。擢監察御史。出督兩淮鹽政。公私稱便。一按關中。再按吳下。風采凜然。饕墨屏跡。擢山東按察司副使。以疾乞休卒。

溫·如璋　明海澄人。字數德。萬曆進士。授貴溪知縣。改靈丘。有治聲。行取御史。出視兩浙鹺政。宿弊頓清。繼按山東。疏糾稅監馬堂暴橫不法。尋奉命按吳卒。

溫·汝能　清順德人。字希禹。號謙山。乾隆舉人。官中書。未幾乞歸。性豪邁。高出流品。築中齋於蓮溪上。從事著述。有謙山詩文鈔·孝經約解·龍山鄉志。輯有粵東詩文海共一百七十餘卷。

溫·汝适　清順德人。字步容。號筼坡。乾隆進士。官至兵部右侍郎。以母老告歸。母沒。哀毀致疾。服闋還京。卒於途。生平嗜蓄書。詩詞氣和平。肖其人品。有曲江集考證·曲江年譜·攜雪齋詩文鈔·咫聞錄·韻學紀聞·日下紀遊略。

溫·汝遂　清汝适弟。字遂之。擅草書。尤工畫墨竹。好事者每以炙鵝換之。精鑑賞。徜徉詩酒以終。有夢痕錄。

溫·序　後漢祁人。字次房。仕州從事。建武中徵爲侍御史。遷護羌校尉。行部至襄武。爲隗囂別將苟宇所拘劫。諭使從己。序曰。分當效死。義不貪生。宇義之。賜以劍。序以口銜鬚曰。無令鬚汚土。遂伏劍而死。

溫·良　明晉江人。字元善。又字允仁。號敬齋。正統中舉於鄉。仕爲中書舍人。精畫。能文章。嗜六書。工晉唐書法。與修宋元綱鑑·一統志·英宗實錄。以憂歸。

溫·佶　唐大雅四世孫。字輔國。以字行。安祿山亂。往見平原太守顏眞卿。助爲守計。後居鄴。薛嵩薦之朝。授太常丞。佶一謝嵩。卽去。屛處郊野。世服其高節。

溫·放之　晉嶠子。嗣父爵。累官給事黃門侍郎。以貧求爲交州。既至南海。甚有威惠。討破林邑。卒官。

溫·彥博　唐大雅弟。字大臨。聰悟有口辯。涉獵書記。隋開皇末對策高第。授文林郎。爲幽州總管羅藝司馬。從藝歸唐。嘗以并州道行軍長史與突厥戰於太谷。軍敗被執。突厥數問唐兵多少及國虛實。不肯對。乃囚之陰山苦寒地。太宗卽位。突厥歸款。得還。貞觀中遷中書令。封虞國公。進尙書右僕射。彥博性周愼。既掌機務。謝賓客不通。進見必陳政事利害。帝數褒美之。卒諡恭。

溫·恢　三國魏祁人。字曼基。家足於財。歎曰。世方亂。安以富爲。一朝盡散。振施宗族。州里高之。舉孝廉。爲廩丘長。累官揚州刺史。武帝稱其曉達軍事。文帝時爲侍中。出守魏郡。遷涼州刺史卒。

溫·疥　漢以燕將軍從高祖破曹咎軍。爲燕相。封栒侯。卒諡頃。

溫·秀　明新弟。字仲實。由舉人官至襄陽府同知。嘗游李夢陽之門。有中谷詩集。

溫·若春　宋番禺人。少力學能文。事親以孝聞。嘉定中對策。奏名第一。調瀧川英德學官。歷秘書省正字。尋轉校書郎。崔與之素重其學行。薦諸朝。謂宜清要之任。授秘書郎。號稱職。以朝奉郎致仕。家居節儉。手種香芸。以遺子孫。

溫迪罕·老兒　金爲同知上京留守事。蒲鮮萬奴攻上京。其子鐵哥生獲老兒。脅之使招餘人。不從。鐵哥怒。亂斫而死。

溫迪罕·咬查剌　金官同知順州軍事。與朮甲法心俱守密雲縣。城破。咬查剌被執。不屈而死。

溫迪罕·移室懣　金速頻屯懣歡春人。性忠正強毅。善騎射。膂力過人。皇統初襲兄職謀克。積戰功爲洮州刺史。以兄子斡魯古已長。遂以謀克讓還之。正隆中遷臨潢尹。窩斡反。來攻臨潢。移室懣領城中軍士邀擊。斸殺甚衆。所乘馬中流矢而仆。爲賊所執。不屈死。

溫迪罕·斡魯補　金西北路宋葛斜斯渾猛安人。年十五。居父喪。不飲酒食肉。廬於墓側。母疾。割股肉療之。疾愈。詔以爲護衛。

溫迪罕·達　金蓋州按春猛安人。字子達。性敦厚。寡言笑。明昌進士。興定中官集慶軍節度使。時大水。碭山下邑。野無居民。轉運司方憂兵食。

遙護閭二縣無主稻田且萬頃。收可數萬斛。卽具奏。朝廷大駭。詔戶部尙書高夔專治其事。所獲無幾。夔坐累抵罪。遙自念失奏。慚愧發病卒。

溫迪罕·蒲里特 金隆州禼閔阿胡勒出寨人。魁梧美髯。有謀略。以智勇聞。都統完顏杲取中京。蒲里特櫟猛安。領軍五千。敗契丹賊萬餘。太祖定燕。自儒州至居庸關。執其喉舌人。有頃。賊復寇臨門華道。蒲里特整隊先登。賊識其旗幟。望風而遁。大定中累遷開遠軍節度使卒。

溫迪罕·蒲睹 金爲兀者羣牧使。西北路契丹撒八等反。諸羣牧皆應之。賊至。執蒲睹而問之曰。今欲反未。蒲睹曰。吾家世受國恩。子姪皆仕宦。不能從汝反而累吾族也。賊怒。斲而殺之。子與孫皆遇害。

溫迪罕·締達 金該習經史。以女直字出身。大定中累官翰林待制。初丞相希尹制女直字。設學校。使訛离剌等教之。其後學者漸盛。轉習經史。故納合椿年·紇石烈良弼皆由此致位宰相。締達最號精深。卒謚文成。

溫·革 宋惠安人。字叔皮。政和進士。歷官祕書郎。紹興初被命使河南修山陵。歸奏以實。語甚憤激。帝爲泣下。忤秦檜意。出守延平。刊五嶽眞形圖於郡治。復守臨漳。甚得民譽。終福建轉運使。

溫·庭筠 唐彥博裔孫。本名岐。字飛卿。少敏悟。工爲詞章。與李商隱齊名。號溫李。文思神速。作賦八叉手而八韻成。然薄於行。無檢幅。又多作側辭豔曲。公卿無賴子弟。相與蒱飲狎昵。數舉進士不中。大中末授方山尉。徐商鎭襄陽。奏署巡官。不得志。去歸江東。廢棄終身。有握蘭集·金荃集·漢南眞稿。(按新唐書作廷筠。此從舊唐書。)

溫·庭皓 唐庭筠弟。咸通中署徐州觀察使幕府。値龐勛反。以刃脅使爲作表求節度使。庭皓罵曰。我豈以筆硯事汝邪。速殺我。勛笑曰。儒生有膽耶。囚之。遂遇害。(按新唐書作廷皓。此從舊唐書。)

溫·益 宋泉州人。字禹弼。第進士。建中靖國初累官尙書左丞。狡諂善附和。援蔡京復相。遂進中書侍郞。時人惡之。

溫·素知 明閩喜人。字忠赤。天啓恩貢。沈毅有氣節。知華陰縣。調郃陽。値歲荒。停徵斂。止訟獄。流賊蒞境。率民登埤守。以勞卒。

溫·純 明三原人。字景文。嘉靖進士。由光壽知縣徵爲戶科給事中。屢遷左都御史。倡諸大臣伏闕泣請罷鑛稅。神宗初震怒。繼知倡自純。乃爲霽威。遣人慰諭。以與首輔沈一貫不合。力請致仕。純淸白奉公。薦百傑。振風紀。時稱名臣。卒謚恭毅。有溫恭毅公集。⊙淸烏程人。字一齋。好儲古人法書。善篆隸眞草。尤工篆刻。畫山水力追董巨。喜搜尋祕籍。如金石史·五經算術·雲谷雜記·敬齋古今黈·翁林題跋諸書。俱手校梓行。

溫·訓 明漢陰人。少岐嶷。博涉羣書。善詩文。嘉靖舉人。授萊州推官。遷成都同知。丁憂服闋。改補太原。擢戶部員外。所至以淸廉著。居家視姪如子。宗族婚喪與鄉閭貧乏者。輒周卹之。

溫·常綬 淸太谷人。字印侯。號少華。乾隆進士。官至戶科給事中。歷官三十年。淸約如寒士。有尙書評·考工記集評·春秋三傳評·孟子評·杜詩評·義山詩評·論語輯解等書。

溫·琇 明新會人。國子生。永樂初知永春縣。勸農興學。均役平賦。士民德之。徙治建陽。亦多善政。

溫·祥卿 明大同人。精陰陽術數之學。元末避兵長興。耿炳文與語奇之。以儒士留贊軍事。屢納其策。累官四川布政使卒。

溫·紹原 淸江夏人。字北屛。咸豐間知六合縣。洪楊軍起。募鄉勇親加訓練。故揚州破。江北大營潰。而六合獨完。積戰功累官道員。留辦六合團練。陳玉成陷六合。死之。謚壯勇。

溫·造 唐信子。字簡輿。性嗜書。隱王屋山。慨然有高世之心。徐州節度張建封以書幣招禮。奏署參謀。累官侍御史。疏劾夏州節度李祐違詔進馬。祐曰。吾夜入蔡州擒吳元濟。未嘗心動。今日膽落於溫御史矣。與元軍亂。殺李絳。授造山南西道節度使。往定其亂。召爲御史大夫。方倚以相。會疾。改禮部尙書卒。

溫敦·昌孫 金宣宗皇后之姪。爲人短小精悍。性復豈弟。哀宗幸蔡。授殿前左副點檢。圍城中數引軍潛出巡邏。捕綠江魚供尙食。中伏。力戰而死。

溫敦·蒲剌 金隆州移里閔河人。烏春裔孫。初從希尹征伐。攝猛安謀克事。遇賊突出。力擊敗之。擢修武校尉。天德初充護衛。遷宿直將軍。與衆護衛射遠。皆莫能及。累遷顯德軍節度使。致仕卒。

溫·景葵 明大同人。字志愨。嘉靖舉人。授知縣。擢御史。剛正敢言。陞蘇州知府。發奸摘伏。吏畏民懷。歷都御史。巡撫遼東。告病歸。後屢徵不起。

溫·琮 明華陽人。字廷用。第進士。授監察御史。巡按雲南。時鎭守錢能貪橫。民號爲閻羅。憚琮風力。爲之斂迹。滇民因稱爲溫太歲。

溫·新 明洛陽人。字伯明。嘉靖

進士。官戶部主事。有太谷詩集。

溫·羨 【晉】序後。字長卿。少以朗悟稱。除尚書郎。惠帝時從討成都王穎有功。拜冀州刺史。懷帝卽位。累遷左光祿大夫。開府。領司徒。卒諡元。

溫達 【清】滿洲鑲黃旗人。姓費莫氏。事親至孝。康熙間由筆帖式累官文華殿大學士。纂修政治典訓。平定朔漠方略。一統志。並充總裁官。卒諡文簡。

溫·鉞 【明】大同人。父景清。嘉靖間受巡撫蔡天祐命。捕斬叛兵首要。後餘黨復叛。仇景清。索不獲。拽鉞并其母妹去。詰景清匿所。鉞曰。欲殺我父。而我告其處。是我殺我父也。怨不可釋。則殺我以舒憤耳。賊復逼母使言。母大罵。母子遂俱被害。

溫·睿臨 【清】烏程人。字令貽。一字鄰翼。號哂園。康熙舉人。官內閣中書。性伉直。以詩文雄於時。有山響樓集。南疆逸史。均役全書。

溫·福 【明】洪武間知宜章縣。守己廉潔。賦役均平。逋民聞風思歸。

溫福 【清】滿洲鑲紅旗人。姓費莫氏。雍正間補兵部筆帖式。乾隆間征金川。戰功甚著。官至武英殿大學士。駐軍木果木。為賊所劫。中槍陣亡。諡忠武。

溫·儀 【明】將樂人。字仲威。正統舉人。除溫州推官。廉愼善治獄。平陽葉八·麥順徐懷恩反。儀先後勦平之。以功進五品階。⊙【清】三原人。字可象。號紀堂。康熙進士。知進賢縣。官至霸昌道。工畫。受業王原祁。謹守其法。

溫·嶠 【晉】羨弟子。字太眞。性聰敏有識量。博學能文。善談論。少以孝悌稱。舉秀才。參劉琨軍。琨以為左長史。使奉表江東勸進。其母固止之。嶠絕裾而去。旣至。具陳琨忠誠。辭旨慷慨。元帝器而嘉焉。除散騎侍郎。遷太子中庶子。明帝卽位。拜侍中。參綜機密。轉中書令。深見親倚。王敦忌之。請為左司馬。表補丹陽尹。還都。奏敦逆謀。先為之備。敦反。加中壘將軍。率師討平之。咸和初為江州刺史。鎮武昌。甚有惠政。蘇峻反。臨京師。嶠屯尋陽。要陶侃同赴國難。奉侃為盟主。處分規略。一出於嶠。遂破賊石頭。拜驃騎將軍。開府儀同三司。封始安郡公。朝議將以輔政。固辭還鎭。至牛渚磯。水深不可測。世云其下多怪物。嶠遂燬犀角而照之。須臾見水族覆火。奇形異狀。意甚惡之。旋中風。至鎭未旬而卒。諡忠武。

溫·德中 【明】寧都人。元末盜起。與弟致中·允中起義兵保障鄉里。致中陷賊死。德中洎諸弟卒捕賊渠。以復弟仇。會明兵至贛。倡議歸附。歷官昭勇將軍。

溫德勒克西 【清】滿洲鑲紅旗人。姓李佳氏。咸豐初以驍騎校從征。與洪楊軍轉戰湖北安徽。疊著戰功。後勦回於陝西。勦捻於河南山東江蘇。屢任桂。破張總愚。官至都統。卒諡威恪。

溫·璋 【唐】造子。以父蔭累官大理丞。擢邠寧節度使。轉京兆尹。為政嚴明。力鉏宿弊。豪右懾服。懿宗時以直諫貶振州司馬。仰藥死。

溫·憲 【唐】咸通中及第。與張喬等號十哲。

溫·璜 【明】體仁再從弟。初名以介。字於石。號石公。後改今名。字寶忠。崇禎進士。官徽州府推官。清順治間起兵與金聲相應。以拒清師。城破。手刃其妻女。自剄死。越日甦。復絕粒。閱五日。兩手自抉其創。乃死。有遺集。

溫·豫 【宋】晉陽人。字彥幾。有續補侍兒小名錄。

溫·邈約 【唐】字從禮。為唐世臣。黃巢亂。邈約至長沙。糾義兵來往捍禦。積功官至鄂州制置使。

溫·徽 【明】介休人。字世美。幼聰穎。博覽羣書。為晉藩司儀。流賊圍城。徽發三彈。三中賊目。賊解去。

溫·應祿 【明】烏程人。字古隠。嘉靖中廷對第三。授編修。偵霖雨。京師饑饉。撰救災疏。指陳時事。咸嘗背綮。人傳誦之。早卒。

溫·禧 【明】程鄉人。字宗錫。洪武間以明經薦。授本學訓導。性至孝。母卒。勺飲不入口三日。人稱梅野先生。

溫·韜 【後梁】華原人。初事李茂貞為華原鎭將。冒姓李。名彥韜。茂貞以為耀州刺史。降梁。梁以為靜勝軍節度使。復其姓。更名曰昭圖。在鎭發掘唐諸陵。昭陵所藏鍾王筆迹。遂傳人間。徙鎭忠武。降於唐。賜姓名曰李紹沖。明宗入洛。收下獄。尋流德州。賜死。

溫·繼宗 【明】沁州人。諸生。家貧。事親至孝。父卒不能葬。北兵至。人勸其入城避之。不聽。從叔父濰等力禦。中矢。死父柩旁。嘉靖間旌表。

溫·體仁 【明】烏程人。字長卿。萬曆進士。授編修。崇禎初累官禮部尚書。為人外曲謹而內猛鷙。機深刺骨。值會推閣臣。體仁望輕弗與。遂疏訐錢謙益結黨受賄。謙益坐罷官。諸臣先後劾之。帝益疑廷臣植黨。謂體仁孤立。漸嚮用。尋詔兼東閣大學士。代為首輔。居位八年。專務刻核。迎合帝意。卒以張漢儒訐錢謙益·瞿式耜一獄。帝始悟體仁有黨。體仁懼。佯引疾。竟放歸。卒贈太傅。諡文忠。福王立。削贈諡。天下快之。

熙麟　清滿洲鑲黃旗人。姓富察氏。道光進士。同治初官至陝甘總督。回亂。熙麟防勦有功。卒諡忠勤。

瑕丘仲　周西寧人。賣藥百餘年。因地震宅壞。仲與里中數十家皆死。或取仲屍棄於延水中。收其藥賣之。俄而見仲被羔裘詣之取藥。棄仲者懼。叩頭求哀。仲曰。使人知我耳。非恨汝也。後爲夫餘王驛使。自北乘車至寧。人謂之謫仙。

瑕丘江公　漢受穀梁春秋及詩於魯申公。武帝時江公與董仲舒並。仲舒通五經。能持論。江公訥於口。帝使與仲舒議。不如仲舒。丞相公孫弘本爲公羊學。比輯其議。卒用董生。

瑕叔盈　春秋鄭大夫。魯隱公會齊侯鄭伯伐許。至城下。潁考叔取鄭伯之旗蝥弧以先登。子都自下射之。顚。叔盈又以蝥弧登。周麾而呼曰。君登矣。鄭師畢登。遂入許。

瑕禽　周靈王卿士伯輿之屬大夫。王叔陳生與伯輿爭政。晉悼公使士匄平王室。瑕禽與王叔之宰坐獄於王庭。瑕禽辭直。王叔奔晉。

瑚什　清滿洲鑲黃旗人。姓瓜勒佳氏。乾隆間以侍衞往西域。從勦霍集占。轉戰八十餘次。降回衆萬餘。功甚偉。官至正黃旗護軍統領。

瑚什布　清滿洲鑲藍旗人。姓喇納氏。天聰間從征通古索爾和部。身中七創。仍力戰敗敵。旋從攻明萬全衞定興縣。屢有戰功。官至理藩院副理事卒。

瑚尼勒圖　清黑龍江人。姓鄂納氏。乾隆間由護軍累擢參領。隨征金川。屢立奇功。官至散秩大臣。

瑚沙　清滿洲鑲黃旗人。姓鈕祜祿氏。從太宗征戰。嘗以八騎敗明騎兵三百。轉戰松山杏山。屢有斬獲。順治初從入關。破李自成·張獻忠。征湖南。擒明桂王之總督何騰蛟。敘功擢鑲黃旗蒙古副都統。封二等男。

瑚里布　清滿洲正紅旗人。姓赫舍里氏。太宗時屢從戰陣。順治間從入關。破李自成於陝西。追逐至湖廣。五戰皆捷。從征四川。平張獻忠。下湖南。克雲南。累擢右翼前鋒統領。康熙間吳三桂反。詔瑚里布參贊軍務。勸王輔臣於平涼。卒於軍。

瑚松額　清滿洲正黃旗人。姓巴岳忒氏。嘉慶間從征湖北及滑縣教匪。均有功。道光間勦辦湖南江華猺及廣東猺。又平臺灣匪。累官熱河都統。署陝甘總督。卒諡果毅。

瑚圖　清滿洲鑲白旗人。姓洪鄂氏。順治間以護軍校隨敗明桂王將於岳州·武昌。敗鄭成功於廈門。擢江寧副都統。康熙間轉戰浙江福建。降耿精忠。敗鄭錦。戰績甚偉。官至杭州將軍。卒諡敏恪。

瑚爾起　清滿洲鑲藍旗人。姓瓜勒佳氏。雍正中隨征金川及準噶爾。又隨勦回部。定和闐。擒霍集占。積功授正白旗蒙古副都統。疏言呼倫貝爾多水泉可耕。詔爲總管董其事。尋復從征緬甸。收復猛拱猛養等處。卒於軍。

瑚寶　清滿洲鑲白旗人。姓伊爾庫勒氏。雍正武進士。以守備從征巴里坤。與準噶爾戰。屢有功。乾隆間官至湖廣總督。卒諡恭恪。

瑛棨　清漢軍正白旗人。姓鄭氏。原名瑛桂。道光·咸豐間由內務府筆帖式累擢河南布政使。防堵教匪。截勦捻匪。豫省肅清。官至陝西巡撫。以事革職。尋補山西按察使卒。

瑛寶　清滿洲正白旗人。字夢禪。隱居不仕。善繪事。書法亦俊逸可喜。尤善指頭畫。

瑞元　清鐵保子。號容堂。別號少梅。道光舉人。官刑部員外郎。爲人清直自矢。時有白面包公之目。咸豐間官至湖北按察使。洪秀全陷武昌。瑞元自刎死。諡端節。

瑞昌　清滿洲鑲黃旗人。字雲閣。咸豐間洪楊軍北犯。瑞昌從僧格林沁轉戰高唐·連鎮間。官至杭州將軍。李秀成破杭州。瑞昌力守旗城。乞援於張玉良。合擊敗退之。杭州再破。旗城亦陷。瑞昌自焚死。諡忠壯。

瑞常　清蒙古鑲藍旗人。杭州駐防。姓石爾德特氏。字芝生。號西樵。道光進士。同治間官至文華殿大學士。卒諡文端。有如舟吟館詩鈔。

瑞麟　清滿洲正藍旗人。姓葉赫那喇氏。道光間由生員累擢內閣學士。咸豐間洪楊軍踞靜海。瑞麟擒林鳳祥有功。同治間授兩廣總督。擊敗汪海洋。在粵十年。官至文華殿大學士。卒諡文莊。

瑋錦　清蒙古鑲黃旗人。姓薩爾圖氏。任參領。順治初從入關。擊李自成。從平四川湖南。官鑲藍旗蒙古副都統。後從征雲南。與李定國戰。沒於陣。諡壯勤。

睢世雄　宋工繪事。尤善魚及水。瀇灩灕漇。活潑有神。時人寶之。

睢浩　明館陶人。知行唐縣。任事六載。以清介明恕著。後遷知定州。縣民號泣攀送。

睦大用　元爲汾州同知。公廉有威。吏民畏服。去任。州人思之。

睦豫　北齊高邑人。字道閑。弱冠舉秀才。天保中參議禮令。歷遷散騎常侍。隋開皇中卒於洛州司馬。

祿氏　清雲南人。隴慶侯母。雍正間慶侯襲鎮雄土府。以匿奸革職。衆欲構亂。祿氏諭止之。烏蒙賊作亂。祿氏率屬夷環守州署。協濟軍儲。城賴以全。

祿東贊 【唐】吐蕃酋長。姓薆氏。初相棄宗弄讚。弄讚卒。以贊普年幼。國事皆委祿東贊。性明毅嚴重。用兵有節制。吐蕃倚之。遂爲彊國。卒後。子欽陵等四人皆有才略。復專其國。

禽息 【春秋秦】大夫。薦百里奚於繆公。不納。及公出。息當車以頭擊闑。腦精出。曰。臣生無補於國。不如死也。繆公感悟。遂用奚。秦以霸。

禽堅 【漢】成都人。生而失父。三出徼外。乃尋獲之。後王商爲蜀郡太守。以堅有志性。表其墓。

禽滑釐 【戰國】墨子弟子。嘗問小國所以禦強敵大之道於墨子。師事三年。面目黧黑。役身給使。不敢問欲。(按禽滑釐師事墨翟。見墨子。莊子天下。列子湯問。楊朱。呂覽尊師。當染均同。漢書儒林傳序謂受業於子夏。未知所據。又禽滑釐之名。諸書各有異同。墨子各篇及列子湯問。莊子天下。說苑反質。均作禽滑釐。呂覽尊師作禽滑黎。當染作禽滑釐。列子楊朱作禽骨釐。漢書儒林傳序作禽滑氂。人表作禽屈釐。皆一人也。)

禽慶 【漢】北海人。字子夏。以儒生去官。不仕王莽。

稠雕 【漢】以匈奴大當戶與濮邪降。元狩間封常樂侯。

筦路 【漢】瑯邪人。從疏廣受公羊春秋。又事顏安樂。官至御史中丞。

筦蘇 【春秋楚】共王之常侍。王有疾。召令尹曰。筦蘇常忠我以道。正我以義。吾與處不安也。不見不思也。雖然。吾有得也。其功不細。必厚爵之。王卒。令尹即拜筦蘇爲上卿。

經元善 【清】上虞人。號蓮珊。性好善。光緒間直豫秦晉旱災。集貲鉅萬辦急賑。滬地有協振公所自此始。歷辦各省賑捐。募款達數百萬。官至知府。後因電爭廢立獲罪。避至澳門。羈獄中。拳亂後獲解出獄。卒於滬。

經文岱 【清】滿洲鑲紅旗人。姓烏嚕哩氏。道光間由二等侍衛累擢雲南昭通鎮總兵。咸豐間勦捻於河南。與洪楊軍戰於直隸。生擒林鳳祥。積功官至固原提督。

經承輔 【明】江都人。字蘭谷。性孝友。少孤。事母誠篤。撫弟成名。隱居平山之麓。栽梅種竹。耕讀教子。不與世事。年七十七無病而終。

經濟 【明】滁州人。爲鄉里耆老。明初太祖至滁。賜濟等宴。勉以訓教子弟孝弟勤儉。

羨門 古之仙人。名子高。秦始皇東遊海上。求仙人羨門之屬。

義太初 【宋】道州人。字仲遠。先以詞賦名。尋舍去。宗濂溪之學。登淳熙進士。周必大。朱熹皆與之游。屢表其能。歷官知高瓊二州。俱有聲。有冰壺詩。易集注。文集。

義母 【戰國齊】當宣王時。有人鬭死於道。母二子爭承殺之。欲相代死。期年不能決。王使相召其母問之。對曰。殺其少者。吏怪問之。對曰。少者妾之子也。長者前妻之子也。賴言於王。皆赦不殺。號曰義母。

義玄 【唐】高僧。曹州邢氏子。參學諸方。不憚艱苦。住眞定臨濟院。咸通中卒。敕諡慧照大師。今號臨濟禪宗。

義甫 【遼】慶曆間任高平尹。進階中散大夫。以勤敏惠愛稱。

義忠 【唐】高僧。襄垣尹氏子。有奇操。通經論。住京兆大慈恩寺。有成唯識論纂要。成唯識論鈔。法華經鈔。無垢稱經鈔。

義姑姊 【春秋魯】齊攻魯至郊。一婦人棄其所抱兒。而抱其所攜兒。齊將追而問之。對曰。所抱者妾兄之子也。所棄者妾子也。今不能兩護。故棄妾子。齊將義之。按兵而止。魯公賜婦人帛百端。號曰義姑姊。(福山王照圓列女傳注謂姊當作妹。)

義金 【明】僧。太原張氏子。禮了空爲師。遊金陵。永樂中詔赴京。譬校內典幷三藏法。授官弗就。歸故山。

義宣 【唐】高僧。晉陵人。住興寧寺。以明律稱。與慧宣。德宣並稱爲三宣。有折中記。

義倩 【漢】韋賢門下生。爲博士。

義寂 【宋】高僧。永嘉胡氏子。字常照。出家於開元伽藍。後至天台山研尋止觀。與螺溪道場。僧衆成趨之。智顗一宗。自湛然而後。至義寂而復盛。有止觀義例。法華十妙不二門科節。

義淨 【唐】高僧。一作淨義。范陽張氏子。字文明。咸亨初往西域。徧歷三十餘國。經二十五年。求得梵本四百部歸譯之。

義問 【唐】嘗從曾孝寬使河東。還奏事。記利害綱目於笏。帝歷舉以問。應析如流。

義渠安國 【漢】昭帝時官光祿大夫。元康中兩府遣安國行視諸羌。分別善惡。安國至。召先零諸豪三十餘人。視尤桀黠者皆斬之。縱兵擊其種人。斬首千餘級。於是諸降羌楊玉等背畔犯塞。安國引還。

義楚 【後周】高僧。安陽裴氏子。七歲至歷下。後該覽大藏。擬白樂天六帖。纂釋氏庶事彙品。以類相從。建其門目。都四百四十門。始從法王利見部。終獅子獸類部。物類檢括。顯德初進呈。世宗敕付史館。加號明教大師。

義福 【唐】高僧。潞州姜氏子。師事神秀。住藍田化感寺二十餘年。未嘗出宇外。後隸京城慈恩寺。開元中從駕往東都。經蒲虢二州。刺史及官吏士女皆齎幡花迎之。所在途塞。卒賜號大智禪師。

義・縱 漢河東人。少爲盜。有姊以醫幸王太后。太后告武帝。乃補上黨郡中令。縣無逋事。舉第一。遷長陵及長安令。直法行治。不避貴戚。歷官河內都尉。南陽定襄太守。居官以鷹擊毛摯爲治。所至多誅殺。吏民不寒而慄。後徙左內史。時武帝病久。猝起幸甘泉。道不治。帝怒。嗛之。會楊可方受告緡。縱以爲亂民。捕可使。帝以縱廢格沮事。詔棄市。

肆葉護可汗 唐西突厥主。統葉護子。名咥力特勒。初避莫賀咄之難。亡於康居。泥孰迎立之。號乙毗鉢羅肆葉護可汗。與莫賀咄連兵不息。尋敗之。遂爲大可汗。性猜狠信讒。無統馭略。憚泥孰。陰欲圖之。於是羣下反抗。仍遁於康居。憂死。

肅順 清滿洲人。鄭王端華同母弟。字豫庭。爲文宗所寵任。文宗崩於熱河。肅順與端華等立穆宗。專朝政。孝欽后欲垂簾。肅順等力抗之。孝欽乃與孝貞后密謀殺肅順。賜端華死。肅順素驕橫。爲當時清議所斥。然好士。能拔擢賢才。後人頗稱道之。

萬・人傑 宋大冶人。字正淳。初師事陸九齡。後復從九淵學。九淵嘗言吾門惟曹立之・萬正淳可不爲利害所動。已而見朱熹於南康。亦力稱之。遂爲朱學。

萬・个 清江西人。朱耷高弟。善繪石。凹凸淺深。曲盡肥瘦之致。

萬・士和 明宜興人。字思節。號履菴。嘉靖進士。隆慶中以禮部左侍郎引疾歸。萬曆初起爲禮部尚書。條上崇儉數事。又以災祲屢見。奏乞杜倖門。容戇直。汰冗員。抑干請。多犯時忌。卒以積忤張居正。謝病去。居正沒。起南禮部尚書。不赴。卒諡文恭。有履菴集。

萬・元吉 明南昌人。字吉人。天啓進士。崇禎中以督師楊嗣昌薦。爲大理右評事・軍前監紀。嗣昌倚若左右手。丁內艱歸。福王時擢太僕少卿。監軍江北。南京失。走歸唐王。拜兵部右侍郎。總督江西湖廣諸軍。守贛。城破。赴水死。

萬・元亨 明詳萬文英條。

萬・文 明武弟。字世學。事母至孝。永樂中承兄職。率海艦追斬倭寇有功。尋轉禦桃渚。舟破溺死。

萬・文英 明南昌人。字仲實。崇禎進士。爲鳳陽推官。賊破城時。文英臥病。賊索之。子元亨年十六。泣語父曰。兒不得復事親矣。出門呼曰。若索官何爲。我卽官也。賊縶之。顧見其師萬師尹。亦被縶。給賊曰。若欲得者官耳。何縶此賤吏。賊遂釋之。元亨乃極口大罵。賊怒。斷頸死。文英獲免。福王時起禮部主事。丁艱不赴。唐王授爲兵部員外。監黃道周諸軍。協守廣信。諸軍敗於鉛山。文英舉家赴水死。

萬・文勝 宋寧國人。倜儻有大志。累官至福州觀察使。總殿前諸軍。理宗以飛白書忠實二字賜之。

萬氏尸逐鞮單于 後漢南匈奴單于長子。名檀。永初間入朝。旋聽漢人韓琮謀。叛入寇。爲梁慬・耿夔所破。復乞降。立二十七年卒。

萬・世德 明山西偏頭關人。字伯修。隆慶進士。授南陽知縣。歷元城・寶坻。皆以能名。生有膂力。知兵法。善騎射。歷西寧兵備僉事。遇敵入邊。每戰皆捷。時出塞搗其巢穴。累遷右布政。倭犯朝鮮。以僉都御史經理朝鮮。大敗倭兵。特命總督薊遼。在任寬大簡重。以息兵寧人爲要務。卒官。

萬・正色 清晉江人。號中菴。由行伍起家。康熙間授陝西興安遊擊。吳三桂反。四川應之。正色連破野狐嶺及陽平關。後又復岳州。征福建。久歷行陣。勞績甚多。官至雲南提督。有平岳疏議・平海疏議。

萬・民英 明大寧都司人。字育吾。嘉靖進士。歷官河南道御史。出爲福建布政司右參議。有星學大成・三命通會。

萬・玉山 明羅田人。初名福敦。嘗棄儒出家。釋名道璣。邑令某器之。與爲方外友。且勸其蓄髮爲羽士。於是自號玉山。深味丹經。旁通風角堪輿奇門符水。而尤精於醫。繪竹蘭清逸有韻。語人禍福多奇中。嘉靖中賜號清微神霄演法眞人。

萬・光泰 清秀水人。字循初。號柘坡。博學工詩文。善畫山水。尤精於周髀之學。上自注疏。旁及諸史。以至明之三曆。布算了了。時稱絕才。乾隆初試鴻博。報罷。旋舉鄉闈。梁詩正續修通考。延光泰董其事。卒於京寓。有轉注緒言・漢音存正・遂初堂類音辨・柘坡居士集。

萬・安 明眉州人。字循吉。正統進士。成化中以禮部左侍郎入內閣參機務。安無學術。既柄用。惟諂事萬貴妃。結諸閹以自固。憲宗久不視朝。大臣力言之。及召見。語未盡。安遂頓首呼萬歲。諸臣不得已皆退。一時傳笑。謂之萬歲閣老。進吏部尚書・華蓋殿大學士。孝宗嗣位。以進房中術書。爲言者交劾。慍遽乞休去。道中猶望三台星。冀復用。卒諡文康。

萬・安國 後魏代人。明敏有貌。超以國甥復尙主。爲獻文帝所親寵。超拜大將軍・大司馬。封安城王。素與神部長奚買奴不平。竟矯詔殺之。孝文大怒。賜安國死。

萬・自約 明太原衛人。萬曆進士。

爲刑科給事中。改戶科。前後劾罷兩尙書兩都御史一翰林學士。歷光祿少卿。適倭犯朝鮮。主兵事者謀以封貢款之。自約抗疏力爭。累遷順天府尹。以停罷大內所索珠寶。貶官。

萬・衣　明溧陽人。字章甫。嘉靖進士。官至河南布政使。有萬子迂談。

萬・宏衜　淸秀水人。字正思。工畫山水。摹董巨筆意。不落浙習。

萬・廷言　明虞愷子。字以忠。號思默。受業王守仁。湛深儒術。尤精於易。登進士第。歷禮部郎官。出爲提學僉事。罷官歸。杜門三十餘年。專以修學明道爲務。

萬・廷埕　明四川人。字欽之。正德間由舉人知安福縣。性謹飭。邑故事甲首該役。財力必平輸。無差等。貧民多流亡。廷埕立九等法。酌量應役。民便之。遷南京刑部主事。

萬・言　淸斯年子。字貞一。號管村。以古文名。由副貢與修明史。獨成崇禎長編。出知五河縣。忤大吏論死。尋得免。有管村集。

萬・邦孚　明達甫子。字汝永。號瑞巖。少爲諸生。襲指揮。累遷至左軍都督府僉事。鎭福建。邦孚有文武才。所在著功績。天啓末引疾歸。

萬・邦寧　元寶坻人。字細英。至正中由廕知樂淸縣。適監邑燕帖木兒討方氏部屬。舉邑驅動。邦寧既至。以理開諭。渠魁懾伏。⊙明奉節人。天啓進士。有者史。

萬・邦榮　淸襄城人。字西田。康熙舉人。乾隆時舉鴻博未用。後知莘縣。有才略。學亦奧博。尤工詩。有紅崖草堂詩集。

萬・孟雅　明洪武初知汝寧府。奏清戶口。除奸弊。時稱其能。

萬・宗義　明進賢人。字克方。嘉靖舉人。署鄞州學正。時萬鏜掌吏部。人或以同宗爲問。輒弗認。其剛介類此。擢知盧龍縣。直道不合。卽引去。

萬・庚　宋樂淸人。字汝金。善詞賦。太學上舍及第。授縉雲尉。以憂不赴。調全州教授。郡將異其才。俾兼攝幕職。爲文雄深雅健。時湖南諸郡碑碣。多庚所撰。秩滿。改洪州錄參。虞允文入相。以王十朋言擬除爲學官。名未上而卒。

萬・承紀　淸南昌人。字廉山。乾隆副貢。嘉慶初由軍功起家知縣。官至海防同知。署淮揚道。篆法似李陽冰。畫入北宋之室。癖好金石。嘗以所藏漢魏碑縮臨。刊於端石硯之背。凡百種。名百漢碑硯。

萬・承風　淸江西義寧人。字卜東。號和圃。乾隆進士。官至兵部左侍郎。卒諡文恪。有思不辱齋詩文集。

萬・承蒼　淸南昌人。字宇光。號孺廬。康熙進士。官翰林院侍讀學士。有孺廬詩文全集。

萬・松齡　淸宜興人。字星鍾。號葆靑。乾隆中由舉人舉鴻博。授檢討。文學德行。見推於世。爲諸生時。從父游滇南。父沒於旅次。松齡徒步走萬里負骸骨歸。肩脊皆生瘡痂。觀者咸歎息泣下。

萬・武　明鍾子。字世忠。襲父職。爲寧波衛指揮僉事。永樂中從征南蠻。戰死。

萬・表　明文後。字民望。號鹿園。世襲寧波衛指揮僉事。正德中武會試及第。仕至漕運總兵・僉書南京中軍都督府。表督漕日久。於國計贏絀。河流通塞。靡不曉暢。且通經術。熟先朝典故。所著書甚夥。武臣中通儒學者。以表爲著。有海寇議・玩鹿亭稿・萬氏家鈔濟世良方。

萬・青藜　淸江西德化人。道光進士。咸豐間遷內閣學士。時洪秀全攻湖北。江西戒嚴。青藜與陳孚恩等條上江西團練章程。旨允行。光緒間官至吏部尙書。卒諡文敏。

萬・宣　明當塗人。字邦達。以舉人卒業太學。選授陳州知州。剛果有爲。又嚴於治盜。立四義社學。以教民間子弟。州民德之。

萬・思謙　明南昌人。字益父。學宗王守仁。第嘉靖進士。知嘉定縣。築城備倭。歷官南京太常卿。會張居正奪情視事。移書責之。坐罷。

萬・恭　明南昌人。字肅卿。嘉靖進士。累遷至兵部侍郎。上選兵議將練兵車火器諸事。巡撫山西。擊寇有功。後與朱衡總理河道。築長堤。濬高寶諸湖。河患以戢。恭強毅敏達。一時稱才臣。治河三年。言者劾其不職。罷歸。

萬・振孫　明合肥人。字性儒。嘉靖進士。性剛正。知襄陽府。舉劾屬令贓過。令賄監司爲解。勿釋也。陞副楚臬。適礦使縱橫。振孫捕其爪牙立斃之。以忤旨削籍。

萬・時華　明南昌人。字茂先。性至孝。以文名海內幾四十年。不獲一第。學使倪峒會稱爲眞儒。及卒。祀之學宮。有溉園集・詩經偶箋。

萬・泰　淸邦孚子。字履安。晚自號悔庵。明崇禎舉人。官戶部主事。與陸符齊名。其詩敍史事。寧波文學風氣。泰實開之。入淸。以遺民終。子八人。斯年・斯程・斯禎・斯昌・斯選・斯大・斯備・斯同。皆受業黃宗羲之門。稱高座弟子。

萬・祚亭　明嘉興人。字元嘉。號雪城。諸生。畫山水得詩意。饒有味致。有臥溪集。

萬迴　唐高僧。閿鄉張氏子。兄戍役安西。父母憂思。萬迴朝往視之。暮持兄書返家。因號萬迴。高宗時得度。武后詔入內道場。賜錦衣。號法雲公。安樂公主將謀逆。萬迴遇之。望塵呼曰。血腥不可近。未幾。安樂果誅。玄宗在藩。嘗私謁萬迴。萬迴撫其背曰。五十年太平天子。其神異類此。一日忽求閿鄉河水。飲畢而逝。賜號國公。圖形集賢院。

萬．凰 【明】光州人。事母至孝。人稱爲萬孝子。嘗登武當天柱峰。見老人語甚秘。歸隱銀山。閉關習靜。遇事先知。嘉靖中詔訪巖穴。不赴。佯跛山中。嘗謂人曰。甲子迫矣。果以甲子正月沐浴而化。人以爲仙去。

萬．啟琛 【清】南昌人。字龐軒。官至江寧布政使。有防未然齋稿。

萬．國欽 【明】新建人。字二愚。萬曆進士。授婺源知縣。徵拜御史。言事慷慨。不避權貴。以抗疏劾申時行。謫劍州判官。終南京刑部郎中。

萬．國楨 【明】南海人。字伯文。貢生。善畫水墨花卉。又工翎毛。

萬．斌 【明】定遠人。字文質。沈靜尙志節。仗劍從太祖。克滁和眞三州。授副千戶。鎭滁州。洪武初調永平。尋出征沙漠。戰死於阿魯完河。

萬．斛泉 【清】湖北興國人。字淸軒。布衣。結茅山中。讀書講道。以朱子小學近思錄爲宗。洪楊軍至。坐誦不輟。寇不敢偪。引去。家貧性孝。取與不苟。咸豐間胡林翼奏舉隱逸。給國子監學正銜。同治間主講龍門書院。風裁嚴整。士習一變。卒年九十七。

萬．淸 【元】南城人。字仕廉。由進士官至樞密院使。至正中鎭守建昌路總管府。元亡。竄閩。明太祖屢徵不應。使人求得之。貶知和州。仍不就。

萬．章 【戰國齊】孟子弟子。孟子去齊。絕糧於鄒薛。退與萬章之徒。序詩書。述仲尼之意。作孟子七篇。

萬．脩 【後漢】茂陵人。字君游。更始時爲信都令。與太守任光。都尉李忠共迎光武帝。拜偏將軍。從平河北。以功封槐里侯。後與堅鐔俱擊南陽。病卒於軍。爲雲臺二十八將之一。

萬．頃 【宋】江州人。甫十歲。記誦經史如流。紹興中召見。賜文林郎。

萬．規 【宋】樂淸人。字仁甫。熙豐間試禮部不中。謝舉子業。閉戶讀書。累薦不就。所居海濱有赤水港。舊多覆溺。乃竭家貲建橋。人名萬橋。有東平生文集。

萬．斯大 【清】泰第六子。字充宗。不事科舉業。湛思諸經。以爲非盡通諸經。不能通一經。非悟傳注之失。不能通經。非以經釋經。亦無由悟傳注之失。於是融會諸家。考證皆極確實。尤精春秋三禮。排纂說禮之言。爲書三百卷。其別出者曰學禮質疑。周官辨非。儀禮商。禮記偶箋。又輯春秋二百四十卷。燬於火。晚年復輯。絕筆於昭公。爲人剛毅有守。張煌言及其父友陸符死。皆葬之。晚號跛翁。學者稱褐夫先生。康熙中卒。外著有丁災甲陽草。

萬．斯同 【清】泰第八子。字季野。號石園。其學以愼獨爲主。專意古學。博通諸史。尤熟於明代掌故。康熙中薦博學鴻詞科。不就。後以布衣參史局。明史稿五百卷。皆其手定。又爲尙書徐乾學纂讀禮通考二百餘卷。性不樂榮利。見人惟以讀書勵名節相切劘。及卒。門人私諡貞文先生。有歷代史表。紀元彙考。宋季忠義錄。南宋六陵遺事。庚申君遺事。河源考。河渠考。儒林宗派。石經考。石鼓文考。羣書辨疑。書學彙編。周正彙考。歷代宰輔彙考。石園詩文集。

萬．斯年 【清】泰長子。字繩祖。號澹庵。明末避亂播遷。必載書以行。晝業農。夜集子弟講誦。設教桃源書院。多所造就。

萬．斯備 【清】泰第七子。字允誠。隱居不試。工書法。兼精篆刻。與婦翁李鄴嗣唱和二十年。相依如左右手。有深省堂集。

萬．斯選 【清】泰第五子。字公擇。躬行實踐。爲同堂領袖。嘗言宋儒自游楊後。雖朱陸大賢。不免夾染二氏。至明儒尤甚。其於諸儒書。彈駁疵類甚衆。黃宗羲以爲吳與弼之流。有白雲集。

萬．琛 【明】宣城人。字廷獻。慷慨負氣節。成化中舉於鄉。弘治中知瑞金縣。劇盜大至。率民兵迎敵。力屈被執。罵不絕口死。

萬．發祥 【明】新喻人。名養正。以字行。性孝友。積學力行。登崇禎進士第。授庶吉士。闖賊陷京師。絕粒飲藥。不死。尋被賊執。以刃脅之降。不爲動。賊敗去。間關南旋。寓吉州。唐王授爲兵科給事中。贛州失。殉難。

萬．象春 【明】無錫人。字仁甫。萬曆進士。授工科給事中。久在諫垣。前後七十餘疏。多關軍國計。出爲山東參政。歷山西左布政。以右副都御史巡撫山東。忤中使陳增奪俸。引疾歸。

萬貴妃 【明】諸城人。四歲選入掖庭。及長。侍憲宗於東宮。憲宗年十六卽位。妃已三十有五。機警善迎帝意。讒廢皇后吳氏。六宮希得進御。掖庭御幸有身。飲藥傷墮者無數。孝宗生母紀淑妃之死。實妃爲之。成化末暴疾卒。

萬．雲鵬 【明】鳳陽人。字圖南。正德進士。嘉靖初爲湖州知府。法嚴守潔。歷官都御史。以剛直稱。

萬．敬宗 【明】南昌人。字靜原。崇禎末由貢生知光化縣。以死自誓。賊薄城。闔門殉節。賊義之。城獲全。

萬．敬儒 【唐】廬州人。三世同居。

親甕廬墓。刺血寫佛經。斷兩指輒復生。州改所居曰成孝鄉廣孝聚。

萬楚　唐開元進士。工詩。

萬祺　明南昌人。字維壽。精星曆。以掾授鴻臚寺序班。超擢吏部主事。石亨謀復辟。祺以祿命之說力贊之。英宗復位。以亨薦擢郎中。成化末累遷工部尚書。祺由掾吏列六卿。物論不平。然能自謙約。以功名終。

萬經　清斯大子。字授一。別字九沙。自幼濡染家學。博通經史性理及金石家言。康熙進士。選庶吉士。授編修。視學黔中。因事罷歸。增補斯大禮記集解凡數萬言。以春秋定哀二公未畢。續纂數萬言。又訂從兄言尚書說。輯成一編。以成萬氏經學。又重修叔父斯同列代紀年。及從兄言明史舉要。以成萬氏史學。雖疏食不給。而見義常必爲。詔舉鴻博及薦修三禮。皆以老不赴。晚年家燬於火。先世遺書皆燼焉。年八十有三卒。有分隸偶存。

萬虞愷　明南昌人。字懋卿。嘉靖進士。擢南京兵科給事中。厲武職冗員。黜戚畹冒襲及他越資遷授者百二十人。尋劾罷南京戶部尚書閔楷。督儲都御史劉渠。出爲山東參議。歷右副都御史。總督漕儲。所至著政績。終刑部右侍郎。虞愷敦朴有行義。不務爲名高。一時推爲長者。

萬達甫　明表子。字仲章。號純初。諸生。少襲世職。官至廣東海防參將。表雖將家子。而篤好詞翰。達甫承其淵源。亦喜吟詠。有皆非集、一枝軒吟草。

萬壽祺　清徐州人。字年少。明崇禎舉人。入清後儒衣僧帽。往來吳楚間。世稱萬道人。工詩文。善畫。仕女及白描人物尤佳。兼精篆刻書法。有隰西堂集。

萬榮恩　清江寧人。字玉卿。諸生。工畫山水禽蟲。尤長詞曲。有摘花樓傳奇。

萬齊　唐故鄣人。以博學名於時。與烏程包融、會稽賀朝萬、河南荊臣齊名。號包萬荊賀。

萬齊融　唐越州人。文辭俊秀。神龍中與賀知章等揚名於上京。人間往往傳其文。官終崑山令。（按舊唐書作齊融。誤。）

萬潮　明進賢人。字汝信。正德進士。由寧國推官入爲禮部主事。諫武宗南巡。廷杖除名。與舒芬、夏良勝、陳九川稱江西四諫。世宗即位。起故官。屢遷右副都御史。巡撫延綏。所至著聲。

萬適　宋宛丘人。字縱之。自號遺玄子。喜學問。精於老子書。殫心著述。不求仕進。韓絳言於朝。召爲愼縣主簿。尋卒。有狂簡集、雅書、志苑、雍熙詩、經籍擿科討論記。

萬樹　清宜興人。字花農。一字紅友。佐兩廣總督吳興祚幕。以才稱。尤工詞曲。塡樂府二十餘種。以詩餘諸舊圖多紊亂。成詞律一書。士林珍之。又有堆絮園集、香膽詞、璇璣碎錦。

萬煒　明恭孫。字闇夫。少好學。砥礪名行。舉萬曆進士。官至工部主事。疏劾魏忠賢。忠賢大怒。矯旨廷杖。絕而復甦。罷奄更肆蹴踏。越四日卒。崇禎間追謚忠貞。

萬諤　宋饒州人。字叔康。紹興間知沙縣。惠愛及民。廣寇犯閩境。諤受命督餉。率鄉兵千餘人拒賊。賊遁。往追入險。墮而傷。尋卒。民感其忠義。爲立祠。

萬應隆　清涇縣人。字道吉。明崇禎舉人。入清不仕。有三峯文集。

萬濟　宋工畫墨竹。

萬鍾　宋歸安人。字元亨。仕至龍圖閣待制。宋亡。元世祖三徵之不起。◎明斌子。字榮祿。襲副千戶。守定海。以軍功擢寧波衞指揮僉事。遂爲鄞人。建文中拒燕師。戰死於大興花園。

萬鎮　宋平江人。字子靜。師事方逢、饒魯。魯語人曰。天下讀書。伯易第一。子靜次之。伯易謂湯漢。亦魯弟子。賈似道帥荊。辟充公安書院山長。不赴。淳祐閒登第。授澧州司戶參軍卒。有左傳十辨。

萬鏜　明進賢人。字仕鳴。弘治進士。授刑部主事。嘉靖中累官南京右都御史。應詔陳八事。請錄用得罪諸臣。被斥。家居十年。嚴嵩柄政。援引之。官至吏部尚書。每事委隨。頗通饋遺。卒爲趙文華所排。黜爲民。久之卒。有治齋集。

萬寶常　隋齊時坐父罪。被配爲樂戶。因而妙達鍾律。徧工八音。開皇中奉詔造諸樂器。應手成曲。其聲雅淡。不爲時人所好。善聲者多毀之。家貧無子。會臥疾。其妻竊資物以逃。遂餓死。將死。取所著書焚之。

萬顯　明藤縣人。成化間由舉人官封川訓導。時有寇警。率民兵防禦甚力。陞知縣。政事修舉。深得民心。

萬觀　明南昌人。字經訓。弱冠成永樂進士。授御史。改知嚴州府。七里瀧有漁舟數百。時剽行旅。觀編十舟爲一甲。令晝地巡警。不匝月盜屛跡。乃勵學校。勸農桑。治行爲天下第一。累擢山東布政使卒。

萬章　漢長安人。字子夏。以游俠聞。居城西柳市。號曰城西萬子夏。爲京兆尹門下督。從至殿中。諸貴人爭欲揖章。莫與京兆尹言者。與中書令石顯善。因顯權力。得廣結納。顯敗當去。遺器物直數百萬。欲以與章。不受。曰。石氏之禍。萬氏反以爲福耶。及王尊爲京兆尹。乃捕殺之。

萼綠華　古之女仙。晉穆帝升平中降永州羊權家。自言是九疑山中得道女羅郁。年可二十許。自此一月輒六過其家。贈權詩一篇。并火澣布手巾一方。金玉條脫各一枚。又授權尸解藥。權亦隱影化形而去。

落魄仙　唐姓張。常賣鼠藥於梓州。獄吏王昌市藥歸。鼠食之皆飛去。後昌入瀘。又遇之。乃易藥餌之。呼昌爲易元子。授以道術。取馬送昌歸。至家。馬化龍入潭。昌後遂仙去。

葉一源　唐松陽人。字九江。幼有志操。能詩書。習騎射。高祖克長安。一源兵千餘。間道趨太原。高祖使典機要。後從太宗征高麗。單騎陷陣。中流矢卒。諡武義。

葉士寬　清長洲人。字映庭。康熙舉人。知沁州。爲政善知民隱。滋煩苛。遇事不假手胥吏。事辦而民不擾。累官寧紹台道。所至有循聲。時浙東屢遇旱災。士寬議復紹之鑑湖。寧之廣德湖。大興灌溉之利。會去官而止。有浙東水利書。

葉士龍　宋括蒼人。字雲叟。號澳軒。從黃榦游。嘗爲考亭書院堂長。編朱子語錄。

葉大年　清杭人。字壽卿。善畫翎竹小鳥。

葉大有　宋顒從曾孫。字謙之。紹定中省試第一。歷侍御史。右諫議大夫。除寶章閣直學士。出入館閣書路十餘年。諫疏至百二十餘奏。皆切中時弊。又薦蔡抗可用。爲士論所歸。

葉大椿　清無錫人。字子容。精於瘍科。應手輒愈。有瘍學眞傳。

葉大慶　宋字榮甫。嘗官建州州學教授。以詞賦知名於時。所著考古質疑。多前人所未發。

葉子奇　明浙江龍泉人。字世傑。號靜齋。從王毅游。聞理一分殊之旨。知聖賢之學。以靜爲主。以薦授巴陵主簿。有草木子。太玄本旨。靜齋集。

葉子雲　明浙江寧海人。正統間閩寇竊發。都御史陳詔提兵勦捕。退魁解去。餘黨未平。遣子雲單騎入賊巢諭之。一夕遁散。當得官。子雲不受。時論高之。

葉子韶　清建昌人。字晉聰。有道術。辟穀食氣。能立致風雨。驅雷電。救人疾疫。其應如響。不知所終。

葉子儀　宋侯官人。文章博洽。有易玄神契。絳蓮集。

葉小鸞　明紹袁幼女。字瓊章。一字瑤期。貌姣好。工詩。字崑山張氏。將嫁而卒。七日乃就木。舉體輕軟。家人咸以爲仙去。有集曰返生香。

葉山　明諸生。字八白。所著八白易傳。借易以言人事。不必盡爲經義之所有。其言亦往往可爲法戒。

葉之溶　清平湖人。字立亭。諸生。學使李清植以人品端方薦。後徵鴻博。有小石林集。列國考。

葉仁遇　宋進成族弟。工書。多狀江表市肆風俗。田家景物。

葉元堦　清慈谿人。字仲闓。號心水。諸生。爲詩淸眞峭健。有毛詩說。杜詩心說。赤堇詩鈔。

葉天士　清吳縣人。名桂。以字行。號香岩。父朝采。精醫。天士少傳父學。遂以醫名於時。治病多奇中。卒年八十。臨沒。戒其子曰。醫可爲而不可爲。必天資與學力相濟而後可懸世。不然。鮮有不殺人者。有許學士本事方注。門人復取其驗方。集爲臨證指南醫案。

葉天賜　清歙人。籍江都。字孔章。號詠亭。廣交游。工詩善書。

葉文炳　宋字晦叔。仕晉江簿。歷閩縣丞。鄞州錄參。在官潔己愛民。初終一節。官至奉議郎。

葉文詩　宋麗水人。天慶觀道士。善畫山水人物。

葉文榮　明海寧人。性孝友。弟殺人論死。母日悲泣不食。文榮患之。遂詣官服殺人罪。弟得釋而文榮坐死。

葉方恆　清崑山人。字嵋初。號學亭。順治進士。官至濟寧河道。於河防利害。運道通塞。多所論說。在濟寧四年。口不言功。百姓多隱受其惠。有山東全河備考。

葉方蔚　清方藹弟。字數文。學康熙鴻博未遇。讀書吟詠。以明經終。

葉方藹　清方恆弟。字子吉。號訒庵。順治進士。康熙間充講官。數陳忠機。官至刑部右侍郎。卒諡文敏。有讀書齋偶存稿。獨賞集。

葉世倬　清上元人。字子雲。乾隆舉人。以知縣發四川。道光時官至福建巡撫。弱冠有志聖賢之學。服官後。闡善若嗜飲食。所在以興教化獎風俗爲己任。

葉以清　宋浮亭人。尙氣節。友客死無子。後事悉仗以清。籍遺物歸其家。過客王氏寄官橐以清所。王卒。封還之。累辟不赴。隱居蔬圃以終。

葉永秀　明東莞人。字汝實。弘治進士。知烏程縣。邑有水患。築塘四十八條石橋四十八孔以疏之。擢御史。正德間巡按北直隸。執政惡其直。出知永州。劉瑾誣以事。奪職歸。瑾誅。起知衞輝府。陞陝西按察司兵備副使卒。

葉永盛　明涇縣人。字子沐。萬曆進士。擢爲御史。巡鹽兩浙。按江西。居御史九載。疏數十上。直聲震中外。累陞太僕寺卿。有葉玉成全集。

葉由庚　宋義烏人。字成甫。生而口吃。嗜讀書。試有司不中。遂絕意進取。與金華何基。王柏辨析理學。

不立異。不苟同。慮已精審。必求眞是之歸。學者稱通齋先生。

葉向高　明福清人。字進卿。號臺山。萬曆進士。選庶吉士。累官吏部尚書。兼東閣大學士。時帝在位久。朝事廢弛。又寵鄭貴妃。福王不肯之國。向高居相位。每事爭執。多所救正。數陳時政得失。帝不能用。遂乞休歸。光宗立。召爲首輔。天啓改元。魏忠賢擅政。欲興大獄。憚向高耆臣。不敢逞。善類賴以保全。已知時事不可爲。力求去位。忠賢遂日肆羅織。善類爲之一空。卒諡文忠。有說類。

葉名琛　清漢陽人。字崑臣。道光進士。咸豐初由廣東巡撫升兩廣總督。拜大學士。喜自負。好大言。時水師登英艇執逸匪。下英旗。英人以爲辱。進攻廣州。名琛不設備。廣州遂陷。名琛被捕。英人挾之至香港。尋徙印度。居之鎭海樓。卒於印度。

葉名灃　清名琛弟。字潤臣。道光舉人。官內閣侍讀。以汲引人材自任。在都門。聞翁方綱曾孫女淪跡市中。貧無以度。引爲己女。擇名門子嫁之。士林益頌其賢。性好吟詠。有敦夙好齋詩集·橋西雜記。

葉好文　明交河知縣。政尚德化。初以老牸牛駕車之任。後產三犢。比徵去。留犢與貧民爲耕。縣民頌之。

葉存仁　清江夏人。雍正間知銅山縣。乾隆間累擢河南巡撫。勸修漳河水利。平反湖北歸州冤獄。官至河東河道總督。

葉安節　宋浦城人。字亨之。第進士。知鄞縣。部有海昜太丘鹽嚴三鄉介山谷間。王安石嘗鑿巖起斗門於海濱。未就而去。安節踵成之。三鄉蒙其利。改宣德郎。知諸暨縣。發奸擿伏。政號神明。遷太府丞。

葉有年　清上海人。字君山。工畫山水。足跡徧天下。得江山之助。筆墨愈工。晚應肅府聘。爲上客。

葉有聲　明上海人。字君實。萬曆進士。由知縣擢禮科給事中。以疏劾魏忠賢削籍。崇禎初復官。終左副都御史。有綠天館文集·奏疏。

葉臣　清世居兆佳。後隸滿洲鑲黃旗。姓完顏氏。天聰時攻朝鮮義州及明永平。皆先登。稱驍將。順治間入關。從定山西江南等地。時洪承疇任招撫。凡不順命者。咨葉臣討之。輒奏績。授一等子。

葉舟　清松江人。字飄仙。號雪漁。工畫花卉。籃中折枝尤妙。明亡。隱於緇。晚年唯畫佛像。

葉伯巨　明浙江寧海人。字居升。通經術。以國子生授平遙訓導。洪武間星變。下詔求言。伯巨爲萬言書。言分封太侈。求治太急。用刑太繁。帝大怒。謂其離間骨肉。詔逮繫刑曹問狀。病死獄中。後燕王稱兵。人以伯巨爲先見。福王時追諡忠愍。

葉兌　明浙江寧海人。字良仲。以經濟自負。尤精天文地理卜筮之學。元末以布衣獻書太祖。列一綱領三目。言天下大計。太祖奇其言。欲留用之。力辭。賜銀幣襲衣以歸。後數歲削平天下。規模次第。略如兌言。

葉克舒　清滿洲正紅旗人。姓輝和氏。天命間從攻遼陽有功。天聰間屢略明邊。並攻瓦爾喀。朝鮮。及察哈爾部。順治間從入關。破李自成。平山東。授總管。鎭守盛京。封三等男。坐事奪職。並革世爵。

葉初春　明吳縣人。字處元。萬曆進士。除順德知縣。以治行徵。授禮科給事中。李獻可因請豫教元子得罪。初春疏救之。與崑山張棟·長洲沈之佳並斥。時稱吳中三諫。◎清湖口人。明崇禎進士。官至工部左侍郎。李自成陷都城。初春附之。順治初降清。仍原官卒。

葉希賢　明松陽人。一名雲。洪武中舉賢良。任御史。靖難之變。家人驚潰相失。疑其已死。乃發喪以衣冠歸葬。希賢實從亡在外。削髮爲僧。號雪菴和尚。好事者異之。爲建剎於蜀重慶之松柏灘。朝夕誦經咒。其徒諦聽之。則易之乾卦也。時有補鍋匠。亦毀形韜迹。往來隆安里。佯狂以死。蓋與希賢爲傑友。同出亡者。

葉延　晉鮮卑吐延子。年十歲。其父爲羌酋姜聰所害。每旦。縛草爲姜聰像。哭而射之。母病。三日不食。葉延亦不食。長而沈毅。以其祖名吐谷渾。因以爲氏。在位二十三年卒。

葉廷甲　清江陰人。字保堂。號雲樵。從盧文弨學。家有水心齋。藏書至五萬卷。以表章文獻爲事。嘗校刊邑先輩楊名時遺集。及元王逢梧溪集·明徐宏祖霞客遊記等書。道光中卒。有保堂詩鈔·水心齋劄記。

葉廷秀　明濮州人。字謙齋。天啓進士。崇禎中歷南京戶部主事。黃道周逮下獄。廷秀抗疏救之。遣戍福建。廷秀受業劉宗周門。造詣淵邃。爲宗周高第弟子。與道周未相識。冒死論救獲重罪。處之帖然。道周深服其養。福王時召爲僉都御史。南都覆。唐王召拜左僉都御史。進兵部右侍郎。事敗。爲僧以終。有西曹秋思·詩譚。

葉廷珪　宋崇安人。字嗣忠。政和進士。出知德興縣。紹興中爲太常寺丞。與秦檜忤。以左朝議大夫出知泉州。廷珪喜讀書。每聞士大夫家有異書。無不借讀。擇其可用者手抄之。名海錄碎事。

葉廷琯　清吳縣人。字調生。諸生。志趣高淡。年七十。劬學不衰。同治初舉孝廉方正。辭不就。有吹網錄・鷗波餘話。同人詩略。

葉・志超 清合肥人。字曙青。初投効淮軍。光緒間由練軍統領任正定鎮總兵。越南之役。扼守寧海城老龍頭。擢直隸提督。朝鮮亂起。志超率師赴援。始據牙山。節節敗退。守平壤。總統前敵諸軍。日軍來攻。左寶貴陣亡。志超遽退走。自平壤直過鴨綠江。守九連城。尋亦陷。奪職下獄。

葉・志詵 清漢陽人。字東卿。於金石之學。剖晰毫芒。所藏彝器甚多。筠清館金石錄多采錄之。

葉・成忠 清鎮海人。字澄衷。少孤貧。咸豐之季。商於上海。初習負販。積久資本漸裕。遂設肆專營洋貨進口事業。業日盛。積貲逾八百萬。爲當時上海商界巨擘。光緒間斥私財三十餘萬。設澄衷學校於上海。吾國富人獨力創設私立學校。自成忠始。

葉・李 元富陽人。字太白。一字舜玉。少有奇質。補京學生。宋景定中與同舍生上書攻賈似道。竄漳州。宋亡。歸隱富春山。世祖求遺逸。徵爲浙西道儒學提舉。召見詢治道。請復立各學儒學提舉及郡教授。累擢尙書左丞。始定至元鈔法。官至平章政事。卒謚文簡。

葉・秀發 宋金華人。字茂叔。師事呂祖謙。慶元進士。爲慶元府教授。曾著論語講義以誨諸弟子。一時鉅儒皆相契重。後知高郵軍。建石埭艱水患。學者稱南坡先生。

葉・良佩 明台州太平人。字敬之。嘉靖進士。官至刑部郎中。有周易義叢・葉海峯文。

葉・良器 明浙江寧海人。慷慨有大節。總制官胡深薦爲千戶。征方國珍。克平陽城。陞萬戶。深入敵境。被獲。不屈死。

葉・見泰 明臨海人。博學善草書。知用兵之道。明軍取台州。衣褐造軍門。署部從事。授高唐州官。終刑部主事。

葉・酉 清桐城人。字書山。乾隆進士。官至左庶子。深於經術。有春秋究遺・詩經拾遺。

葉・京 唐建安人。字垂孫。工詞賦。咸通中舉進士。爲太常博士。

葉・佩蓀 清歸安人。字丹穎。號辛麓。乾隆進士。官湖南布政使。治古易。著易守。多前人所未發。

葉・來 清嘉應人。流寓新嘉坡。營錫礦業。屢與土蠻爭。嘉慶末柔佛王下令逐華人。來率族三百人與抗戰。勝之。更遣使歸嘉應。購械募勇。葉氏舉族萬餘人皆渡海相助。所在響應。血戰八年。卒定柔佛全境。尋檳榔嶼亦受土蠻侮。來乞援。來復助以師。三年定之。其後英吉利在新嘉坡通商日盛。由口岸漸及內地。來知勢不敵。以領土主權歸之。僅保其土地所有權而納租稅焉。

葉・味道 宋溫州人。一云龍泉人。初名賀孫。以字行。更字知道。師事朱熹。登嘉定進士。調鄂州教授。授太學博士。兼崇政殿說書。開導引翼。切於治道。官終著作佐郎。卒謚文修。學者稱西山先生。有四書說・大學講義・祭法宗廟享郊社外傳・經筵口奏故事講義。又輯次朱子語錄。

葉・宗人 明松江華亭人。字宗行。永樂間以諸生言事稱旨。擢知錢塘縣。均徭役。簡訟詞。自奉甚儉。時稱錢塘一葉清。後督工匠往營北京。道卒。

葉・宗可 明鄞人。字宗可。通經史。工文詞。登進士。署刑部侍郎。未幾以父老乞侍養。辟爲郡庠訓導。父以事就戍。瀕發。宗可求以身代。父得考終於家。以薦授國子助教。

葉・宗兗 明浙江山陰人。字希淵。王守仁倡道於鄉。宗兗與徐愛受業最早。守仁稱其沈潛。第正德進士。官至四川提學僉事。

葉・承 清鳳毛從子。字子敬。號松亭。雍正進士。以常山知縣改池州教授。工詩畫。能書。尤善小楷。有松亭集。

葉・旺 明六安人。初隸長槍軍謝再興爲千戶。再興叛。旺自拔歸。從北征。積功至指揮僉事。洪武初與馬雲並鎮遼東。大破納哈出於連雲島。以功爲後軍都督府僉事。遼東有警。命還鎮。尋卒。旺在邊凡十七年。翦榛棘。修城隍。建立官府。撫輯軍民。墾田萬餘頃。遂爲永利。

葉・昇 明合肥人。左君弼據廬州。自拔歸。以右翼元帥從太祖征江州。取吳。定明州。洪武初論功僉大都督府事。從湯和以舟師取蜀越。出爲都指揮使。鎮守西安。西番叛。與都督王弼征之。降乞失迦。復討平延安伯顏帖木兒。擒洮州番酋。論功封靖寧侯。鎮遼東。後坐胡惟庸黨誅死。

葉・杲卿 宋錢塘人。名晷。以字行。生而穎悟。嘗試御前。授鄭州長史。司法桂州卒。杲卿師事林逋。篇翰盡得其妙。天禧末錢塘有巨石浮於江。太守問逋。逋以問杲卿。乃按楳子五行志以應曰。其當在萬乘乎。未幾眞宗崩。於是人服杲卿多聞。

葉・欣 清江蘇華亭人。一作無錫人。流寓金陵。字榮木。善畫山水。爲八家之一。

葉・武子 宋邵武人。字成之。號息庵。受學朱熹。補太學生。朝議有欲以韓侂胄首和敵者。武子以國體所繫。率同舍叩閽爭之。擢嘉定甲科。調郴州教授。刻四書集註章句以授諸生。淳祐初加祕閣修撰卒。

葉・法善 唐括蒼人。字道元。世

爲道士。傳陰陽占籙符架之術。能厭劾怪鬼。高宗召至京。欲寵以官。不拜。歷高中二宗朝。時時召入禁內。睿宗時拜鴻臚卿。封越國公。開元中卒。年百有七歲。法善嘗爲其祖國重求刺史李邕碑文。文成。并求書。邕不許。一夕。邕夢法善再求書。喜而爲書。未竟。鐘鳴夢覺。至丁字下數點而止。法善刻畢。持墨本往謝。邕驚曰。始以爲夢。乃眞耶。世稱此碑爲追魂碑。又稱丁丁碑。

葉．直　【清】浙江石門人。字古愚。善畫山水。

葉．秉乾　【明】同安人。爲人慷慨好義。正統中歲饑。出稻二千石入官。儲以賑貧民。會沙尤寇發。秉乾倡義率民兵與戰。不利。死之。

葉．秉敬　【明】衢州西安人。字敬君。萬曆進士。官至荆西道布政使參議。學問淹通。有字孿．韻表．書肆說鈴．明謚考．寅陽十一論．葉子詩言志。

葉．芬　【明】松江人。字清之。善畫。

葉．采　【宋】湜子。鄉貢進士。從李方子問學。得其指歸。⊙【宋】邵武人。字仲圭。一字平巖。初從蔡淵受易學。已而往見陳淳。淳以其好蹤高妙而少循序就實工夫。屢折而痛砭之。采自是屛斂鋒鍔。駸趨著實。淳深喜之。寶慶初爲祕書監。

葉．奕　【清】字林宗。居洞庭山中。好學多藏書。搜訪不遺餘力。

葉．奕苞　【清】方藹從弟。字九來。監生。少負異才。博雅擅詩歌。能畫。康熙間薦試鴻博。會有忌之者。匿卷不呈。罷歸。築半繭園。與名流觴詠。有金石錄補．金石小箋．醉鄉約法．賓告．經鋤堂詩集．續花間集。

葉．封　【清】黃陂人。字井叔。自號退翁。順治進士。官工部主事。性澹泊。嗜讀書。工篆隸。詩雅健。與新城王士禛等稱十子。有嵩志。嵩陽石刻集記．嵩山詩集。

葉．恆　【元】鄞人。字敬常。治春秋。善文辭。登泰定間春官第。授餘姚州判官。置石堤以禦海患。民德之。後官鹽城尹卒。至正間詔封仁功侯。

葉．春　【明】海鹽人。字景陽。警敏有才識。起掾吏。永樂初以薦授禮部主事。累官四川右參政。宣德中浙西蘇松諸路多猾吏奸豪。詔與大理胡概巡察之。治事無私。擢刑部右侍郎卒。

葉．春及　【明】歸善人。字化甫。隆慶初由鄉舉授教諭。上書陳時政三萬餘言。都人傳誦。遷惠安令。民感其德。尋引歸。以太常卿艾穆薦。起鄖陽同知。入爲戶部郎中卒。春及工詩文。有石洞集。

葉．映榴　【清】有聲子。字炯霞。號蒼巖。順治進士。累擢湖廣糧儲道。署布政使。夏逢龍作亂。罵賊死。諡忠節。有葉忠節集。

葉．洪　【明】德州人。字子源。嘉靖進士。任工科右給事中。汪鋐遷吏部尚書。洪極論其奸。鋐修怨。坐洪浮躁。貶寧國縣丞。尋奪職。

葉．洮　【清】字金城。號雲川。居青浦。工詩詞。畫山水喜作大劈斧。康熙中祇候內廷。作暢春園圖稱旨。賜以錦綺。奏對自稱山農。

葉．禹　【明】吳縣人。字伯印。學有端緒。尤長於詩。元季中江浙行省鄉試。署和靖書院山長。耿炳文薦於朝。禹力辭。放情山水。自稱浮丘醉史。客死長興。按萬姓統譜作葉顒。此從蘇州府志。）

葉．紈紈　【明】紹袁長女。字昭齊。三歲能誦長恨歌。十三能詩。書法亦遒勁有晉風。歸袁氏。悒悒不得志。幼妹小鸞將嫁而卒。紈紈哭之過哀。發病而死。有集曰愁言。

葉．茂才　【明】無錫人。字參之。號園適。萬曆進士。累官南京太僕少卿。時朝士方植黨爭權。祭酒湯賓尹．修撰韓敬旣敗。其黨猶力庇。茂才抗疏折之。竟自引去。天啓中起爲南京工部右侍郎。抵官甫三月。以時政日非謝病歸。友人高攀龍被逮。赴水死。使者將逮其子。茂才力救免之。未幾卒。與顧憲成．顧允成．高攀龍．安希範．劉元珍．錢一本．薛敷。稱東林八君子。

葉．茂林　【清】遂昌人。字秀也。順治時諸生。能詩善書。工水墨畫。性放曠。有甬上吟．飛鴻閣詩略．臥雲亭稿。

葉．邽　【宋】金華人。字子應。官大冶主簿。受業呂祖謙之門。以所得於祖謙者授徐僑。僑後爲朱熹門人。而於邽仍執弟子禮。

葉．修　【清】奕子。字祖德。與弟裕皆少有才名。奕娶後妻。修與裕皆失愛。以憂死。裕字祖仁。自稱枝指生。兄弟迭爲酬唱。名其集曰華萼集。

葉．時　【宋】錢塘人。字秀發。自號竹埜愚叟。淳熙進士。授奉國軍節度推官。歷官吏部尚書。理宗初以顯謨閣學士出知建寧府。後以寶文閣學士提舉崇福宮。卒諡文康。有禮經會元．竹埜詩集。

葉．海　【明】慈谿人。字用深。由弟子員入太學。授湘潭知縣。陞平度知州。有治績。奸民中以飛語。繫刑部而卒。

葉．祐之　【宋】吳縣人。字元吉。弱冠鄉貢。潛心性理之學。楊簡至吳。祐之摳衣求教。學大進。尤工於詩。忍窮四十年。一日酣飲極醉而卒。學者稱同菴先生。

葉．祖洽　【宋】邵武人。字敦禮。熙寧初策試進士。祖洽所對。專投合用事者。呂惠卿擢爲第一。紹聖中累遷中書舍人。給事中。性狠愎。喜諛附。密言王珪於册立時有異論。珪遂追貶。又言蔡確受遺定策。而貶死嶺外。乞恤其孤。其論率類此。曾布引爲吏部。布罷。出知定州卒。

葉砥（明）上虞人。字周道。一字履道。有學行。洪武進士。除定襄縣丞。建文初召爲翰林編修。修國史。或又薦砥才任風憲。改廣西按察僉事。永樂初坐修史書靖難事多微詞被逮。事白。仍與史事。改考功郎中。尋副總裁永樂大典。侍講東宮。請郡得饒州知府。有惠政。卒於官。

葉荆才（元）尤溪人。幼時風采特異。丞相伯顏遇於道。命載後車歸。既而第進士。官至總管。

葉釗（明）豐城人。字時勉。弘治進士。除南京刑部主事。獄囚久淹。悉按法出之。進員外郎。武宗立。應詔陳八事。以劾中官爲主。劉瑾見疏憤甚。坐以斷獄詿誤。削籍歸。講學西江。瑾誅。起禮部員外郎。未聞命卒。學者祀諸石鼓書院。

葉堂（清）天士孫。字廣明。一字廣平。精音律。輯有納書楹曲譜。

葉寅（宋）邵武人。字直翁。少時飄蕩豪爽。後發奮修飭。登朱熹之門。以學行稱。鄉人敬歎之。

葉彬（明）建安人。字允均。父濳。永樂進士。知鄱陽縣。一日公出。暴水壞廨垣。彬祖母令人撤板榜以權蔽。讎家發其事。彬母聞法當論死。欲以身代。彬時年十歲。卽自詣官首實。得收贖。後彬學有成。歷六安廣城二學教諭。

葉康直（宋）建州人。字景溫。第進士。知光化縣。時豐稷爲穀城令。皆有善政。人歌之曰。葉光化。豐穀城。清如水。平如衡。曾布行新法。以爲司農屬。元祐初以寶文閣待制知亳州。通濬積潦。民獲田數十萬畝。召爲兵部侍郎卒。

葉晝（明）無錫人。字文通。又自稱錦翁。或稱葉五葉。或稱葉不夜。最後名梁無知。謂梁溪無人知之也。多讀書。有才情。故爲詭異之行。有四書第一第二評・水滸琵琶拜月諸評。

葉淇（明）淮安山陽人。字本清。景泰進士。成化中累官大同巡撫。孝宗立。召爲戶部侍郎。進尙書。加太子少保。哈密爲土魯番所陷。守臣請納其遺民。淇寢其奏。奸民獻大名地爲皇莊。淇議歸之有司。凡居戶部六年。能爲國家惜財用。乞休歸卒。

葉清臣（宋）長洲人。字道卿。好學善屬文。舉天聖進士。寶元初爲兩浙轉運副使。疏盤龍匯滬瀆港入於海。民賴其利。知永興軍。浚三白渠。漑田踰六千頃。仁宗御天章閣。召公卿問當世急務。清臣聞之。爲條對。極論時政闕失。言多切劘權貴。擢翰林學士。權三司使。知河陽卒。有文集。

葉紹翁（宋）處州龍泉人。字嗣宗。號靖逸。其學出於葉適。尤與眞德秀善。所著四朝聞見錄。南渡以後諸野史足補史傳之闕者。朝野雜記外。次卽是書。（宋詩紀事稱紹翁爲建安人。按處州府志紹翁之先固始人。徙浦城。後又遷龍泉。今從之。）

葉紹袁（明）吳江人。字仲韶。號天寥道人。天啓進士。官工部主事。不耐吏職。乞養歸。妻沈宛君。工詩。五子三女。並有文藻。一門之中。更相倡和。乙酉之變。棄家爲僧。自號粟庵。有湖隱外史　甲行日注。

葉紳（明）吳江人。字廷縉。成化進士。除戶科給事中。歷禮科左給事中。弘治中太子年十七。猶未出閣。紳請擇講官教諭。尋以修省陳八事。末言去大奸。專劾李廣。又極陳大臣恩蔭葬祭之濫。擢尙寶少卿卒。

葉惠仲（明）臨海人。初名見。以字行。與兄夷仲並有文名。爲方孝孺所知。惠仲初任廣武衞知事。陞知縣。徵充史官。修太祖實錄。遷知南昌府。永樂初坐直書靖難事。族誅。

葉敦艮（清）浙江西安人。字靜遠。劉宗周弟子。嘗與陸世儀貽書討論。世儀喜證人緒言之不墜。

葉朝榮（明）向高父。字良時。隆慶間恩貢。官養利知州。有詩經存固・芝堂遺草。

葉棠（宋）顒孫。字次魏。以祖任入官。累遷知邵武軍。陛辭奏事。乞法孝宗。以仁孝勤儉爲治。俄由太府丞出知台州。紹定初權浙東提舉。築堤以防水患。台民圖像祀之。後知寧國府。予祠。召爲將作監卒。

葉森（宋）工畫山水。

葉湜（宋）建安人。字子是。以父任調新化簿。尉寧都。歷安仁令卒。湜壯歲游朱熹之門。得以直養氣之說。眞德秀稱其居官有特操。

葉琛（明）麗水人。字景淵。元季從參政石抹宜孫討寇有功。授行省元帥。歸明授營田司僉事。尋遷洪都知府。祝宗・康泰叛。琛被執。不屈死。福王時追諡貞肅。

葉盛（明）崑山人。字與中。正統進士。授兵科給事中。代宗立。進都給事。物論推重。擢右參政。督宣府。協贊軍務。天順時以右僉都御史巡撫兩廣。督諸將擒瀧水猺鳳弟吉。憲宗朝擢禮部右侍郎。時議搜河套復東勝。盛力言不可。後師竟無功。人服其先見。轉吏部左侍郎。卒諡文莊。有葉文莊奏議・菉竹堂稿・水東日記。

葉竦（明）臨川人。字喬新。正德進士。授龍泉令。龍泉風氣强戾。竦以誠心開諭。不期月邑大治。調懋谿。

一如治龍泉時。補常山。民戴之無異二縣。陞刑部主事卒。

葉舒崇 清紹袁孫。字元禮。康熙進士。官內閣中書。舉鴻博。未試卒。少負儁才。美丰儀。望之如神仙。詩古文名振一時。有宗山集、謝齋詩詞。

葉舒璐 清吳江人。字景鴻。雍正貢生。工詩。有分干詩鈔、月珮詞。

葉棻 宋南陽人。字子實。嘗與魏齊賢同編五百家播芳大全文粹。所錄皆宋代之文。宋人專集不傳於今者。賴是書略存梗概。

葉隆禮 宋嘉興人。號漁林。淳祐進士。由建康府通判歷官祕書丞。有契丹國志。

葉進成 宋江南人。工畫人物士女。

葉僊鼐 元長吾人。幼事世祖於藩邸。從征土蕃及宋。積功授土蕃宣慰使。恩威兼著。頑獷悅服。旋內用。官至陝西行省平章政事。卒諡敏忠。

葉新 清金華人。字維一。康熙舉人。雍正間知仁壽縣。有善政。乾隆間擢瀘州。瀘俗好訟。新立爲剖決。遂無留獄。遷知建昌府。以簡靜爲治。先教化而後刑罰。以不合上官罷歸。

葉楠 宋貴池人。字元質。乾道進士。爲鄱陽尉。力請蠲租以救荒澇。後繼蘇轍爲績溪令。邑人歌曰。前有蘇黃門。後有葉令君。有知非集。

葉溥 明永嘉人。字思周。正統舉人。知大冶縣。以清操稱。◎明處州龍泉人。嘉靖中由郎中出守大名。性剛介自持。人不敢干以私。境內肅然。時稱葉青天。

葉溫琪 後梁下邑人。末帝時累以戰功爲棣州刺史。時州苦河水爲患。溫琪徙新州以避之。民賴其利。

葉經 明上虞人。字叔明。嘉靖進士。任御史。時嚴嵩爲禮部。受諸藩賄。經劾之。後按山東監鄉試。嵩指經發策語爲誹謗。廷杖卒。經與同里徐學詩、謝瑜、陳治劾嵩最先。時稱上虞四諫。

葉義問 宋壽昌人。字審言。建炎進士。爲饒州教授。護郡印。輒發常平米賑饑。擢殿中侍御史。時樞密湯鵬舉植黨蠹諫。義問累章劾罷鵬舉及其黨周方崇等。遷吏部侍郎。拜同知樞密院事。金主亮南侵。命視師。義問不習軍旅。狼狽而還。遂請罷。隆興初被劾謫饒州。乾道中卒。

葉虞仲 宋玉山人。字聖參。皇祐進士。通判江州。持身甚廉。歐陽修嘗與書往來。同邑有解官歸者。遺斥田數十頃以誇虞仲。虞仲笑曰。吾貧甚不能辦此。請以二十五櫃書當之。

葉裕仁 清鎮洋人。字復三。舉孝廉方正。有歸盦文集。

葉釤 清嘉善人。號潛夫。嘗依朱熹小學體例。編有續小學。

葉雋 元松溪人。字頁弼。讀書通大義。至正間父景仁死於賊。雋傾家貲募壯士。從間道入賊境。殺其渠首。載父屍以還。事聞。授南豐州同知。辭不拜。廬於墓側。自號滿盧樵者。

葉鼎奇 清杭人。字奇胥。善畫花卉。

葉夢得 宋吳縣人。字少蘊。號石林。紹聖進士。徽宗朝累遷翰林學士。數上書極論時事。高宗駐蹕揚州。除戶部尚書。陳待敵之計有三。曰形曰勢曰氣。因請南巡。阻江爲險。以備不虞。紹興初爲江東安撫大使。上章請老。拜崇信軍節度使。致仕卒。夢得嗜學早成。多識前言往行。尤工於詞。有石林春秋傳、石林居士建康集、石林詞、避暑錄話、石林燕語、石林詩話。◎宋貴溪人。號是齋。受業傅子雲。爲陸九淵再傳弟子。由進士授祕書丞。建石林書院。與陸九韶等講學其中。

葉夢淇 明崑山人。正德中知衡州府。廉能公正。治民如治家。惟玩法者不貸。以疾卒於官。貧無斂具。僚屬助其喪歸。闔郡悲之。

葉夢鼎 宋寧海人。字鎮之。以太學上舍試入優等。釋褐授信州推官。咸淳中歷參知政事。賈似道當國。動多相左。遂引疾歸。端宗即位於閩。召爲少師。海道梗塞。不能進。因慟哭而歸。後二年卒。

葉夢熊 明歸善人。字男兆。嘉靖進士。由福清知縣入爲戶部主事。改御史。以諫受把漢那吉降。貶郃陽丞。萬曆時累擢右副都御史。巡撫甘肅。夢熊有膽決。敢任事。哱拜反。上疏自請討賊。尋代爲總督。寧夏平。以功進右都御史、太子太保。入爲南京工部尚書卒。有運籌綱目、決勝綱目。

葉夢鱻 宋建安人。應聘赴臨安。少帝北行。遂隱於西甌。以講學爲事。有經史旨要。

葉榮 清祁門人。字淡生。號樗叟。好遊山水。自言於匡廬得畫法。故繪峯巒石骨多似之。時稱逸品。

葉榮梓 清青浦人。字孝常。號容齋。雍正廩生。乾隆時舉鴻博未用。工詩。性愛山水。有紀年稿、容齋詩稿。

葉漢卿 宋善畫墨竹。

葉禎 明高要人。字夢吉。中宣德鄉舉。授潯州府同知。補鳳翔。調慶遠。天順初兩廣峒賊叛。禎領兵與戰。子公榮死之。禎身被數鎗。猶手刃一人。與從子官慶及三百人皆死。

葉綰 宋閩人。紹興中知龍泉縣。令行禁止。訟牒至。委曲開諭。抵罪者咸自輸服。先是邑佐括民老病以爲隱丁。強之輸納。綰免之。邑人感頌。

葉維周 宋松溪人。少孤。事母

至孝。母多病。躬究醫術。母遘疫。維周傾刻不離。母病得愈。及母終。哀毀骨立。鄉人稱之。

葉維庚 淸秀水人。字實三。號爾绹。嘉慶進士。官泰州知州。有紀元通考．鍾秀山房詩文集．三國地理考及雜著。

葉誕 宋蘭溪人。字必大。乾道進士。從呂祖謙游。官至吳縣令。

葉賓 宋景德進士。知南安縣。民有訴盜截牛舌者。賓陽叱去。陰令屠之。果有告私屠牛者。賓謂之曰。截牛舌者汝也。訊之伏罪。官至都官員外郎．南劍州通判。

葉銘臻 明慈谿人。字維新。永樂進士。工詩文。爲舉主解縉所稱賞。除爲韓王府伴讀。尋乞歸。居家動遵禮度。不威自肅。士大夫語家法者。以爲稱首。有詩鈔及居家集。

葉鳳毛 淸敷子。字超宗。號恆齋。仕爲中書。遷典籍。工書畫。兼善詩古文詞。卒年七十二。自爲墓志。有說學齋詩文集。

葉齊 宋建陽人。字思可。端拱進士第一。爲館陶令。契丹擾邊。太宗幸河北。或言齊督糧芻不足。將加之罪。齊曰。使虜聞此。將輕中國。以臣試之。糧可充十年。太宗悟而釋之。

葉儀 明金華人。字景翰。受業於許謙。深研奧旨。已而授徒講學。士多趨之。太祖克婺州。召見授諮議。以老病辭。知府王宗顯聘爲五經師。未久亦辭歸。有南陽雜稿。

葉審言 元霖子。字謹翁。又號贅翁。晚號曲全道人。於書無所不讀。卓然自立。父子相爲師友。嘗仕浦江義烏二縣教諭。晉秩同知瑞安州致仕。其學以寡欲爲宗。許謙．柳貫．吳師道等皆推重之。有四勿齋稿．曲全集。

葉廣居 元嘉禾人。字居仲。天資敏悟。才力絕人。工古文詩歌。仕至浙江儒學提舉。有自德齋集。

葉德良 明遂昌人。字克復。爲莆田縣丞。嘉靖中倭寇莆田。令簿尉棄城走。德良獨堅守。城陷死之。

葉慧光 淸南匯人。字妙明。有疎蘭詞。

葉敷 淸映橘子。字來青。號南田。又號雲巢散人。善畫。初以諸生蔭補荆門知州。有惠政。任永康時。土寇結寨山谷。敷擒其渠魁。餘黨驚散。居民失愼。延官廨及庫廒。吏請如故事加耗。弗許。變產以償。易茨爲瓦。仕至沂州知府。卒年八十餘。

葉標元 淸古田人。字首乾。乾隆進士。知陵縣。書畫自成一家。古文詩詞。去盡塵言。居官有政績。

葉澄 明吳縣人。字源靜。亦作元靜。畫山水倣北苑。爲戴進師。

葉澐 淸崑山人。字蒼九。監生。少濡染家學。長入北雍。偏歷燕晉兩楚齊魯趙魏之墟。凡輿圖扼塞。風土人物。莫不鉤稽默識。於古今典憲。尤爲綜貫。有綱鑑會編．歷代統系表略．歷代官制考略．歷代郡國考略。

葉確 宋賓從子。元豐進士。時鄉人蔡京當國。確爲其內姻。知其必敗。未嘗一詣其門。官終河北提舉。

葉適 宋永嘉人。字正則。志意慷慨。雅以經濟自負。登淳熙進士。召爲太學正。遷博士。嘗薦陳傅良等。皆召用。時稱得人。寧宗時累官寶文閣待制。兼江淮制置使。初韓侂胄欲開兵端。以適有大讐未復之言。重之。適屢以審愼爲言。至是。侂胄誅。中丞雷孝友劾適附侂胄。遂奪職。杜門著述。自成一家。學者稱水心先生。卒諡忠定。有水心文集．外集。◎淸歸善人。字西郵。康熙舉人。官教諭。文章行誼。卓然不羣。詩游心於石湖．劍南之間。有西郵集。

葉憲祖 明餘姚人。字美度。一字相攸。號桐柏。又號檞園居士。萬曆進士。官工部主事。坐建魏忠賢生祠不肯督工削籍。後起歷廣西按察使。工樂府。有北邙說法．鸞鎞記等雜劇。

葉樹蓮 淸世居太湖洞庭山中。常遊虞山。樂其山水。因家焉。字石君。性嗜書。考訂精審。遇宋元鈔本。雖零缺單卷必購之。

葉衡 宋金華人。字夢錫。紹興進士。負才足智。知於潛縣。以政績聞。召對擢知常州。除太府少卿。奏募民耕合肥瀕湖圩田。倣營田制。官私各收其半。從之。除樞密院都承旨。命措置江淮民兵。咸稱得治兵之要。累拜參知政事。右丞相。兼樞密使。爲湯邦彥所譖。罷相謫郴州。邦彥得罪。詔衡復官。與祠卒。

葉錫 明永嘉人。字玄圭。宣德進士。知吳縣。舉卓異。奸民訐於朝。將逮繫。吳人羣詣闕頌錫。乃令視事如故。抵誣者罪。尋擢寧國知府。

葉霖 宋邽孫。以家學授徒。端明殿學士王埜．知南康軍葉閶咸敬禮焉。官終蘭溪儒學教授。

葉靜 唐明州人。有道術。常謫經廬白觀。忽南海龍化一髯叟哀訴曰。胡僧咒力甚大。欲竭海竭。靜乃書朱墨符救之。龍得無恙。觀初無井。汲水遠。一夕龍於觀左穿一渠。泉流不竭。(按一統志作葉靜能。此從浙江通志。)

葉默 宋建安人。字彥思。第進士。徽宗時知泗州。會詔改宣梵院爲神霄宮。默極論崇信方士廣建眞館之非。疏入。謫柳州。

葉應驄 明鄞人。字肅卿。正德進士。授刑部主事。偕同官諫南巡。予杖。嘉靖初歷郎中。爭大禮。再下獄廷杖。姦人陳洸獄起。應暘會勘具其罪。忤桂萼。尋遷　安知府。萼益用事。反洸獄。應暘戍遼東。後赦歸。應暘敦行誼。好著書。數更患難。氣不少挫。

葉燮　【清】紹袁子。籍嘉善。字星期。號己畦。康熙進士。授寶應知縣。以伉直忤巡撫慕天顏。被劾歸。徧遊四方。晚居吳縣之橫山。構小園曰獨立蒼茫處。人稱橫山先生。其論文以不蹈襲前人能自立言爲主。論詩以杜韓蘇三家爲宗。陳見俗障。掃而空之。有原詩．已畦詩文集。

葉濤　【宋】處州龍泉人。字致遠。登熙寧進士乙科。從王安石學爲文詞。紹聖初爲祕書省正字。編修神宗史。曾布引爲中書舍人。司馬光等追貶。呂大防等責官。皆濤爲制詞。文極醜詆。安燾降學士。濤封還命書。蔡京劾爲黨。罷知光州。後以龍圖閣待制提舉崇禧觀卒。

葉嬌然　【清】閩縣人。字思菴。順治進士。官樂亭知縣。所著易史參錄。於每卦象爻各證以史事。所舉不免掛漏牽合。

葉薦　【宋】建安人。字宋穎。第進士。紹興中爲福建帥幕。汀寇作。薦被檄招懷。直造巢穴。諭以禍福。寇悉聽命。調羅源令。築白柯塘以捍田。民賴之。

葉謙　【清】寧波人。字天益。工詩。日與方授等相倡和。遺詩在湖上七子集中。

葉謙亨　【宋】青田人。字伯益。孝宗時進士。後中博學弘詞科。累遷起居舍人。兼權中書。知撫州。終浙江提點刑獄。所至發擿奸盜。人皆信服。

葉簡　【宋】剡人。善卜筮。凡有盜賊。皆知其姓名。

葉顒　【宋】顗弟。字子昂。紹興進士。爲南海主簿。以廉退薦。召見論國讐未復。中原民日企鑾輿之回。其語剴切。除吏部侍郎。進尚書左僕射。兼樞密使。首薦汪應辰．王十朋等。高宗嘉納。乾道中帝親郊而雷。顒引漢故事上印綬。提舉太平興國宮。歸至家而卒。謚正簡。顒爲人清介。處大事毅然不可奪。自初仕至宰相。服食僮妾。不改其舊。◎【明】金華人。字景南。一字伯愷。元末隱居不出。自號雲天顛民。自刻其詩。曰樵雲獨唱。洪武中舉進士。官行人司副。免官家居。徒衆甚盛。

葉璽　【清】滿洲鑲白旗人。姓果羅洛氏。崇德間以護軍參領從攻明杏山松山等處。屢敗明兵。順治初從擊李自成有功。征喀爾喀。沒於陣。

葉潘　【清】太倉人。字桐初。有詩詞名。終身不試。客遊四方。名公卿爭延禮之。晚客涿州。卒於旅次。有惜樹齋詞。

葉顗　【宋】仙遊人。政宣間與弟顒徒步入京師。並爲太學博士弟子員。金人入寇。朝廷始設武藝謀略科。顗首中其選。授承節郎。隨劉延慶爲京城東北守禦官。金兵攻圍急。顗囑顒歸養。登陣力戰。死之。

葉繼雯　【清】漢陽人。字雲素。乾隆進士。官至戶科給事中。有薇林館詩集。

葉瓖　【明】婺源人。元兵亂後。琢龍尾硯者日拙。瓖獨擬新製。極稱精妙。後之琢硯者皆師之。

葉護　【唐】回紇葛勒可汗之太子。至德中可汗遣葉護將四千騎助討安祿山。帝命廣平王俶見葉護。約爲兄弟。收復兩京。後得罪死。

葉護可汗　【隋】突厥沙鉢略可汗之弟。名處羅侯。勇而有謀。嘗生擒西突厥阿波可汗。既立。累遣使表貢於隋。後西征。中流矢卒。

葉顒　【唐】建州刺史。武德初妖賊作亂。顒嬰城捍賊。城陷。不屈死。郡人立廟祀之。

葉鸞　【明】舒城人。字應和。景泰進士。任貴州參議。雜苗難治。鸞廉靜忠誠。按部所至。一斷以法。有宣慰使封人腸。藩臬莫能糾。鸞馳諭卽服罪。親老。授副使終養。

葛士達　【清】上海人。字伯材。號子材。諸生。同治初隨軍勦捻。官至平定知州。工詩古文。有從戎日記．遂志齋集。

葛元喆　【元】金谿人。登進士。辟浙江行省掾。至正中以大臣薦爲本縣尹。未幾兵亂。浮海至大都卒。私謚文貞先生。元喆博學工文。有英氣。居官以善績稱。有詩文集。

葛天氏　【上古】帝王。其治世不言而信。不化而行。（按帝王世紀稱有巢氏之後有葛天氏等。皆襲伏羲之號。路史謂在伏羲以前。）

葛天民　【宋】越州山陰人。字無懷。初爲僧。名義銛。字朴翁。後返初服。居西湖上。一時所交皆勝士。

葛玄　【三國吳】琅邪人。字孝先。慕長生不死之道。因遁跡靈岳。入天台赤城。上羅浮。遇蘇元朗。授以金丹之旨。或云。從左慈受九丹金液仙經。漢建安中遊閤皂山。嘗於東峯坐臥雲庵修煉。後得仙。號葛仙公。

葛由　【周】羌人。成王時好刻木羊賣之。一旦騎羊入蜀中。王侯貴人追之上綏山。綏山在峨嵋山西南。高無極。隨者不復還。皆得仙道。故諺曰。得綏山一桃。雖不得仙。亦足以豪。

葛立方　【宋】勝仲子。字常之。紹興進士。官至吏部侍郎。有韻語春秋．歸愚集。

葛守昌　【宋】京師人。畫院祗候。

工畫花竹翎毛草蟲蔬菓。率有生意。

葛守禮　【明】德平人。字與立。嘉靖進士。官禮部郎中。有行賂請繼封者。事聞。籍記遺賂無守禮名。帝重其廉。累遷戶部尚書。奏定國計簿式。夙弊以清。時徐階·高拱·張居正更用事。交相傾軋。守禮周旋其間。正色獨立。人以爲難。卒諡端肅。有端肅公集。

葛邠　【宋】青陽人。字用光。乾道初知本縣事。有循績。

葛宜　【清】海寧人。字南有。諸生。朱爾邁妻。性閒靜。喜讀書。書畫弈算。無不精妙。兼通西法。能以儀器測星象。有玉窗遺稿。

葛昕　【明】德平人。字幼明。號龍池。由都督府都事遷工部屯田司郎中。風節侃侃不阿。官至尚寶卿。爲文疏爽倘快。有集玉山房稿。

葛林　【明】錢塘人。字茂林。善小兒醫。成化中充太醫院官。武宗在豹房。痼作。召林醫治。一匕而愈。累官太醫院判卒。有杏塢祕訣。

葛芝　【清】崑山人。本名雲芝。字瑞五。明季諸生。國變後潛心理學。以王守仁爲宗。有臥龍山人集·容膝居雜錄。

葛邲　【宋】立方子。字楚輔。其先居丹陽。後徙吳興。登進士第。累官刑部尚書。紹熙中拜左丞相。以少保致仕。卒諡文定。邲在言路。論疏皆切中時弊。居相位。能守法度進人才。處己以不欺爲本。有詞業·文集。

葛長庚　【宋】閩清人。家瓊州。字如晦。號海瓊子。後隱於武夷山。初至雷州。繼爲白氏子。名玉蟾。博洽羣書。善篆隸草書。工畫梅竹。事陳翠虛九年。始得其道。時稱其入水不濡。逢兵不害。嘉定中詔徵赴闕。對稱旨。命館太一宮。一日不知所往。每往來名山。神異莫測。詔封紫清眞人。有海瓊集·道德寶章·羅浮山志。

葛拱辰　【元】字宗極。少負才能。納交名士。大德中以皇太后宿衞士授十一路總管府治中。改將仕郎·歙縣丞。綽有能聲。仕終常山令。

葛洪　【晉】句容人。字稚川。咸和初爲散騎常侍。領大著作。固辭不就。聞交趾出丹砂。求爲句漏令。攜子姪過廣州。刺史鄧嶽留之。不聽。乃止羅浮山煉丹。丹成尸解。所著言黃白之事。名曰內篇。其餘駁雜通釋。名曰外篇。自號抱朴子。因以名書。餘所著神仙傳·集異傳·肘後方及碑誄詩賦雜文。共數百卷。◉【宋】東陽人。字容父。從呂祖謙學。登淳熙進士第。歷官尚書員外郎。上疏乞嚴飭將帥。申敵軍實。帝嘉納之。嘉定中累遷參知政事。封東陽郡公致仕。自號蟠室老人。卒諡端獻。有涉史隨筆。

葛宮　【宋】江陰人。字公雅。舉進士。善屬文。上太平雅頌十篇。眞宗嘉之。召試學士院。又上寶符閣頌。官至工部侍郎。熙寧中卒。

葛師旦　【清】寶山人。字匡周。號石村。博學多能。工畫山水。精篆刻。通陰陽地理。詩亦清遠。

葛書思　【宋】密子。字進叔。第進士。調建德主簿。時密已老。遂投劾歸養。居喪哀毀骨立。盛暑不釋苴麻。終禫不忍去冢舍。累年乃出仕。歷封丘主簿。至朝奉郎卒。後近臣表其志行。特諡清孝。

葛泰　【明】績溪人。字文彬。性至孝。正統初母疾篤。思食生梅。時八月。梅無存者。泰但遇梅樹。盤桓涕泣。竟得生梅二顆如初熟者。持以食母。疾遂瘳。人以爲孝感。

葛浩　【明】上虞人。字天宏。弘治進士。官御史。正德初帝允司禮中官高鳳請。令其從子得林掌錦衣衞。浩爭之不聽。坐削籍。劉瑾復誣以他事。逮杖闕下。瑾誅。起知邵武府。嘉靖中歷官兩京大理卿。自劾致仕歸。

葛祖亮　【清】江寧人。字聞橋。乾隆進士。官禮部主事。性狷介。謹於自守。雅愛山水。海內名勝。十探其五。有花妥樓詩。

葛素　【明】湖廣咸寧人。字叔繪。洪武中官工科給事中。母喪服闋。將赴京。時楚藩使岸頭湖爲鳧雁池。旗校橫甚。素以計縛其用事者十人。欲與詣闕。王恐。遣使請還所侵。咸寧民賴之。

葛乾孫　【明】應雷子。字可久。生有奇氣。貌偉特。好擊刺戰陣法。後折節讀書。兼通陰陽律曆星命之術。屢試不售。乃傳父業。然不肯爲人治疾。治輒著奇效。

葛勒可汗　【唐】回紇酋長。名磨延啜。懷仁可汗子。剽悍善用兵。歲遣使者入朝。肅宗立。使者來請助討安祿山。遣其子葉護將四千騎來。隨廣平王收復兩京。帝以幼女寧國公主下嫁。冊爲英武威遠毗伽可汗。

葛哩麻　【明】烏斯藏人。成祖聞其名。遣使迎至京。封如來大寶法王·西天大善自在佛。性樂林泉。奏辭遊五臺。遣使衞送。命修大顯通寺居之。

葛啓森　【清】績溪人。字林木。讀書不求仕進。愛探山水。嘗獨遊黃山。窮幽索險。三十六峯盡攬其槪。自號養餘老人。有黃山紀勝。

葛密　【宋】宮弟。字子發。舉進士。爲光州推官。善決獄。仕至太常博士。天性恬淡。年五十。即請老退居。號草堂逸老。年八十四卒。平生爲詩慕李商隱。有西崑高致。

葛崇　【明】灊山人。洪武初徵爲都察院檢校。有才名。陞山東監察御史。

出按雲貴。有殿明聲。

葛從周 後梁鄄城人。字通美。從太祖攻蔡州。救太祖墮馬。因用爲大將。擒朱宣。走朱瑾。表爲兗州留後。略地山東。五日而下洺邢磁三州。乃兼邢州留後。劉仁恭攻魏。從周隨太祖救魏。敗之。爲泰寧節度使。太祖卽位。拜左金吾衞上將軍。末帝初封陳留郡王卒。

葛紹體 宋天台人。家於黃巖。字元承。師事永嘉葉適。有東山詩選。

葛郯 宋丹陽人。字謙問。有信齋詞。

葛勝仲 宋丹陽人。書思子。字魯卿。紹聖進士。累遷太常卿。兼諭德。採春秋戰國以來歷代太子善惡成敗之迹。日進數事。詔嘉之。除國子祭酒。尋知湖州。徙鄧州。朱勔媒蘗其短。罷歸。建炎中復知湖州。修城郭作戰艦以禦盜。歲大飢。發官廩賑之。民賴以濟。紹興中丐祠歸。卒諡文康。有丹陽集。

葛進 明建文中歷官河南都指揮使。充偏將。靖難兵至藁城。時進爲先鋒。率步騎萬人渡滹沱河。半渡。李遠擊之。進見遠兵稍退。繫馬林間。急鼓衆擊遠。遠大敗。脫身走。靖難後坐死。宥之。掌寧夏衞事。

葛閎 宋皇祐中知江陰縣。以軍守田視他郡差厚。閎謂瘠人厚己。歲所得七百斛。盡輸之官。運河自黃田港達五瀉堰。中多淤梗。閎以積潦害稼。募里中殷實。得粟二萬斛。大濬治之。長四十里。

葛雲飛 清浙江山陰人。字雨田。道光武進士。官守備。五擢至定海鎮總兵。鴉片之役。與王錫朋·鄭國鴻同鎮定海。英人再至。力戰死。諡壯節。

葛嵩 明無錫人。字鍾甫。弘治進士。由行人擢禮科給事中。孝宗時閱薊州軍儲。核貴戚所侵地歸之民。武宗時以發讐弊力抗權倖。請出先朝宮人。罷馳騁射獵。因劾魏國公徐俌。又偕九卿請誅劉瑾。瑾斥爲奸黨。罷歸。

葛源 宋麗水人。仕爲雍丘令。時有中貴人擊驛吏。府不敢劾。源上書論其事。中貴人坐黜。時論高之。官終湖北路提點刑獄。

葛萬里 清崑山人。號夢航。所著別號錄。雖多遺漏。而采摭甚勤。於史學足資考證。

葛詡 明正統中官沂州學訓導。秩滿。拜監察御史。陞湖廣按察僉事。有廉幹勤能之譽。

葛榮 後魏本賊帥元洪業黨。孝昌中殺洪業。領其衆。自稱天子。號曰齊國。歷陷殷冀瀛定諸州。後圍相州。爲爾朱榮討擒。

葛閏孫 元合肥人。早喪父。事母孝。嘗出爲州文學。既而曰。此非養志之道。遂歸。力耕供養。結環翠山房以延來學。執政薦其學行於朝。召爲翰林。不赴。及卒。余闕表其墓。

葛誠 明洪武末爲燕府長史。嘗奉王命奏事京師。帝問府中事。誠具以實對。遣還。王佯病。暑月擁爐坐。誠言王實無病。將爲變。又密疏聞於帝。及張昺·謝貴將圖王。誠與護衞指揮盧振約爲內應。事敗被殺。夷其族。

葛徵奇 明海寧人。字無奇。號介龕。崇禎進士。官至光祿寺少卿。告歸。遨游湖山以終。所著蕪園詩集。頗有閒適之致。

葛慶龍 宋九江人。寓越。號秋巖。又號寄漁翁·江南野道人。早年嘗入国廬學浮屠法。尋歸俗。放浪江湖以終。工詩。落落有奇氣。

葛賡 宋金谿人。字德載。建炎間虜騎將至郡城。賡善用長戈。率保社勇敢士扞拒。獲其正使告身。鄉人欲上其事。賡曰。吾志除賊。無意論功。後以子逢時貴。封宣義郎。賜緋衣銀魚。

葛震 清寧遠衞人。後遷陝西鞏昌。字勇之。康熙舉人。詩文高潔。有種松堂詩文集·史贊·北巡紀行錄。

葛樹蕃 清湘鄉人。字筠僑。自號莞花居士。嘉慶貢生。少有才譽。與同縣舒東交篤。時稱舒葛。年近九十。猶喜吟詠。有綠石齋文集。

葛與 明績溪人。字應禎。成化中由監生授山東濟寧州判。惠政及民。致仕歸卒。有靜齋稿。

葛嬰 漢符離人。陳涉令將兵徇蘄以東。嬰立襄彊爲楚王。後聞涉已王。因殺襄彊還報。涉殺嬰。

葛應雷 明長洲人。字震甫。以醫名。時北方劉守眞·張潔古之學未行於南。有李姓者。中州名醫。官吳下。與應雷談論。大駭服。因授以劉張書。自是江南有二家學。著有醫學會同。

葛懷敏 宋霸子。以廕授西頭供奉官。使契丹。歷知隰莫保三州。累遷涇原路馬步軍副總管。兼涇原·秦鳳兩路經略。進安撫副使。慶曆中趙元昊寇鎮戎軍。懷敏督諸將與戰。遇害。諡忠隱。

葛鏞 明字文振。爲南京大理評事。審於讞獄。有丐者強亂良人婦。婦自經。里人王亮奮義擊殺之。吏逮捕引伏。臺部皆允。及鏞閱案。評曰。丐罪不容誅。亮爲匹婦復讐。情可原。竟免亮死。他所辨雪皆類此。

葛曦 明德平人。字仲明。號鳳池。萬曆進士。官翰林院檢討。有葛太史集。

葛蘭娥 清江都女子。工詩文。父爲仇所陷。傾其產。旣死。蘭娥以復仇爲志。控之官。往來金陵·廣陵間。

瀕死者屢。眞州孝廉黃正學屢資助之。後復爲白其事於制府。卒得雪父仇。後歸正學爲側室。

葛霸 【宋】眞定人。善擊刺騎射。始事太宗於藩邸。及踐阼。補殿前指揮使。領檀州刺史。戍定州。淳化初出爲鎭州都部署。徙天雄軍。霸雖懦。然能謹直自守。景德中徙知耀州卒。

葛龔 【漢】寧陵人。字元甫。和帝時以善文記知名。勇力過人。永初中舉孝廉。爲太官丞。上便宜四事。歷蕩陰・臨汾令。皆有稱績。

董一元 【明】一奎弟。勇如兄而智略過之。萬曆中以都督僉事歷昌平・宣府・薊州總兵官。擢鎭延綏。徙遼東。戰功甚著。進左都督。時與麻貴・張臣・杜桐・達雲爲邊將選云。

董一奎 【明】宣府前衛人。官都督僉事。嘉靖間累鎭山西・延綏・寧夏三邊。以勇敢著。

董三策 【清】江寧人。康熙武進士。官萬州游擊。勦賊定安。轉戰百餘里。恃勇深入黎洞。中毒矢死。

董士元 【元】文炳子。一名不花。字長卿。世祖時爲千夫長。出師南征襄漢。分禁兵戍淮上。修飭武備。號令肅然。累功遷武節將軍。從行省阿里攻揚州。阿里旋遁去。士元赴敵死戰。創重卒。諡忠愍。

董士選 【元】士元弟。字舜卿。幼從父居兵間。晝治武事。夜讀書不輟。文炳與宋兵戰金山。士選戰甚力。丞相伯顏壯其驍勇。奏爲管軍總管。累拜江西行省左丞。討平贛州盜劉六十。遷御史中丞。歷汴梁陝西行省平章政事。士選以忠義自許。尤號廉介。治家有禮法。禮敬賢士。爲當時所推。

董士錫 【清】武進人。字晉卿。一字損甫。嘉慶副貢。候選直隸州州判。從其舅張惠言學。工古文詩賦。精虞氏易。兼通壬遁之學。河督黎世序聘修續行水金鑑。著有遁甲因是錄・齊物論齋集。

董大醌 【清】婺源人。字北溟。諸生。以孝友稱。家素封。好行其德。有十三經音畫辨譌・春秋四傳合編・喪服圖考・二十一史編年。

董子莊 【明】江西樂安人。名琰。以字行。有學行。洪武中以鄉薦除雲南學官。遷知茂名縣。永樂間爲趙王府右長史。隨事匡正。王多過。帝輒以責長史。子莊以能諫得無過。後以陪祀國社。夙興。正衣冠端坐而卒。

董子華 【隋】來和門人。文帝龍潛時。嘗私謂帝曰。公當爲天子。善自愛。及帝踐阼。爲上儀同。

董小宛 【清】冒襄之妾。名白。字小宛。一字青蓮。本金陵妓。後家金閶。遇襄。堅欲委身。以負累轇轕。事將決裂。錢謙益以三千金償其逋。致之如皐。遂歸襄。小宛天姿巧慧。容貌娟妍。針神曲聖。食譜茶經。莫不精曉。嘗集古今閨幃軼事。薈爲一書。名曰奩豔。卒年二十八。襄爲作影梅庵憶語。記得小宛始末。及其行事。清豔動人。爲襄傑作。（世傳小宛爲清豫王多鐸兵間擄之入宮。時人遂以小宛影射清世祖之董鄂貴妃。按董鄂一作棟鄂。世居棟鄂地方。遂以爲姓。董鄂妃之父爲鄂碩。以妃父故。封三等伯。妃死於順治十七年。追封孝獻皇后。與董小宛渺不相涉。且多鐸下江南在順治二年。五月破南都。六月即入浙。十月班師還京。小宛之事辟疆。以影梅庵憶語考之。歸辟疆時當在崇禎十六年。死則在順治八年。時代固極分明。當時流言。不足辨也。）

董山 【明】猛哥帖木兒子。清稱爲充善。正統中與其叔范察爭建州左衛指揮印不決。朝廷更給新印。使領左衛。景泰・天順中求兼三衛都督。復私受朝鮮官職。明廷特開撫順關。爲建州設馬市。漸強盛。怨賞賜薄。糾毛憐海西諸夷盜邊無虛日。成化初促入朝。董山既至。禮甚嫚。歸抵廣寧。有詔羈之。遂以私通朝鮮罪置之法。

董允 【蜀漢】和子。字休昭。後主時爲黃門侍郎。諸葛亮北征。表允志慮忠純。必能裨補闕陋。尋遷侍中。累擢尙書令。盡心獻納。後主愛宦者黃皓。皓畏允不敢爲非。終允之世。位不過黃門丞。及允卒。皓始預政事。終至覆國。蜀人無不追思允。

董元亨 【宋】東鹿人。仁宗朝累官國子博士・通判貝州。王則據城叛。是日元亨方謁天慶觀。聞變。促馬馳還坐廳事。賊黨索軍資庫鑰。元亨據案叱之。遂遇害。

董元愷 【清】長洲人。字舜民。順治舉人。侘傺不自得。激昂哀感。悉寓於詞。有蒼梧詞。

董公 【漢】新城人。高祖至洛陽。董公遮說高祖曰。項羽無道。放弑其主。天下之賊也。夫仁不以勇。義不以力。大王宜率三軍以伐之。於是高祖始爲義帝發喪。

董六泉 【清】武進人。名文穀。善弈。爲嘉道間名手。年七十餘卒。

董天弼 【清】大興人。由武進士授守備。乾隆間隨征瞻對・金川有功。累官四川提督。征小金川。戰死。

董文用 【元】文蔚弟。字彥材。弱冠成詞賦進士。世祖時累遷翰林學士承旨。立朝侃侃。以薦賢恤民爲務。甚見優禮。成宗眷賚益厚。陞資德大夫。知制誥。卒諡忠穆。

董文甫 【金】潞州人。字國華。以進士累官司直。後爲河南府治中。醇謹篤實。於六經語孟之書。深思有得。以實行爲事。晚年自號無事老人。稍參老佛二家。臨終預知期日。齋沐而逝。子安仁。傳其學。

董文忠 元文直弟。字彥誠。世祖時爲郎。帝與密近。常呼董八而不名。文忠不爲容悅。隨事獻納。兄文炳爲中書左丞卒。帝使繼其官。文忠辭曰。臣兄有平定南方之勞。可居是位。臣常給事居中。所宜何力。敢冒居重職乎。後授資德大夫。僉書樞密院事。卒諡忠貞。

董文直 元文用弟。字彥正。剛毅莊栗。簡言笑。通經史法律。爲藁城長官。尋棄官浮沈里社。任眞率意。親朋過從。尊酒相勞。家門日以煊赫。己獨恬然。不見諸辭色。

董文炳 元俊子。字彥明。幼孤。儼如成人。以父任爲藁城令。有惠政。從世祖取淮西。率弟文用等趨江南岸。大敗宋兵。宋力自此遂窮。伯顏平宋還。留事一委文炳。所過禁戢豪猾。撫慰士女。宋民不知易主。累官至中書左丞。卒諡忠獻。

董文蔚 元文炳弟。字彥華。性重厚勤學。及長。善騎射。膂力絕人。事母孝。接人謙恭。世祖授爲藁城等處行軍千戶。南鎮鄧州。築荊襄接境沿邊城壁。衆人感其慈惠。各竭力成之。累戰功爲武衞軍千戶卒。

董文驥 清武進人。字玉虬。號易農。順治進士。官御史。外遷隴西道。乞休歸。年未五十。家居注三禮。有微泉閣集。

董方 宋九舉不第。號白臟明經。時以張鷟青錢學士爲對。

董父 有虞氏能擾畜龍。事帝舜。封諸鬷川。

董仙 明陝西人。不知其名。往來城市。言皆徵驗。冬夏不著衣。惟裹牛皮。人又呼爲牛皮董。正德間遍辭鄉人。跨鶴而去。

董以寧 清武進人。字文友。諸生。善詩文。於曆象樂律方輿。多所發明。晚年專事窮經。尤深於周易春秋。恤交游。重然諾。弟子恆數百人。有正誼堂集。

董史 宋字更良。自稱閒中老叟。所著書錄。采南北宋書家一百五十餘人。徵引典核。考據精審。非泛濫撏撦者可比。

董平 唐溧陽人。永貞進士。累官門下中書侍郎。太和末與賈餗等謀誅宦官。事泄。有甘露之變。平殉其難。

董必 宋南陵人。字子彊。嘗謁王安石於金陵。咨質諸經疑義。爲安石稱許。登進士第。紹聖中提舉湖南常平。時相章惇方置諸君子於罪。必承惇意。無辜繫訊多死者。惇與蔡卞將大誅流人。必往廣西察訪。哲宗旣止不治。然必所至猶以慘刻按脅立威。累官顯謨閣待制卒。

董正 後漢番禺人。字伯和。雅性高潔。累辟皆不就。鄉里有少過。必相戒曰。伯和得無入耳否。有不平者。多從正直之。卒葬東郭。表曰漢徵士董夫子之墓。實弘慕其風采。聞於朝。詔旌墓門。禁牧豎樵采。

董永 後漢千乘人。少失母。奉父避兵。流寓汝南。後徙安陸。父亡無以葬。乃從人貸錢一萬。曰後無錢還。當以身作奴。葬畢。道遇一婦人。求爲永妻。永與俱詣錢主。令織縑三百疋以償。一月而畢。旋辭去。乃曰。我天之織女。天帝令我助君償債。言訖。淩空而去。因名其地曰孝感。（按董永墓在今孝感縣。孝感在漢時爲安陸縣地。今汝南縣西亦有董永墓。汝寧府志云。舊稱仙女墓。錄異記。永子仲思母。追葬衣冠之所。一本董仲作董仲舒。疑誤。）◎宋定遠人。子槐。永遇之嚴。聞槐自方諸葛亮周瑜。怒而嘻曰。不力學。又自喜大言。此狂生耳。吾弗願也。槐遂折節向學。

董立 元陝西咸寧人。字植夫。號玉峯。中經元會試。以疾還。隱居教授三十餘年。順帝時以隱逸徵。累官禮部侍郎。進正治上卿卒。諡文定。

董任 明鄞人。字文衡。工書畫。家富好施。中落。後爲貴州驛丞。冬月猶著葛衣。嘗有句云。黃金散盡無知己。博取人間浪子名。聞者惜之。

董份 明烏程人。字用均。號泌園。嘉靖進士。官至禮部尚書。兼翰林學士。有泌園集。

董仲 後漢永子。幼靈異。數書符鎮怪。嘗游京山之瀆泉。以其山多蛇虺毒。書二符鎮之。其害遂絕。

董仲舒 漢廣川人。少治春秋。下帷講授。三年不窺園。武帝時以賢良對天人三策。爲江都相。中廢爲中大夫。以言災異下獄。尋赦之。後爲膠西王相。以病免。仲舒學有源委。嘗言仁人正其誼不謀其利。明其道不計其功。爲漢醇儒。免官家居。朝廷有大議。常遣使就其家問之。以年老終於家。有春秋繁露。董子文集。

董兆熊 清吳江人。字敦臨。一字夢蘭。諸生。咸豐初舉孝廉方正。工駢文。有味無味齋稿。南宋文錄。明遺民錄。注厲鶚樊榭山房集。

董全禎 唐德興人。天祐中爲御史。兼八營將首。一日賊自浙東來。全禎兵寡不能戰。乃自斷其首。已而雷電晦冥。如有戈甲甚盛。賊大驚潰。邑人廟祀之。

董匡 明番禺人。字宗輔。永樂間領鄉薦。累官貴州道監察御史。性介特。邃於易。尤善草書隸篆。與弟匯俱負才名。稱番禺二董。有二董集。

董后 後漢河間人。爲解犢亭侯

萇夫人。生靈帝。帝卽位。上尊號曰孝仁皇后。居南宮。竇太后崩。始與朝政。使帝賣官。求貨自納。中平中以后兄子重爲驃騎將軍。初后自養皇子協。數勸帝立爲太子。議未定而帝崩。何太后臨朝。太后兄進與三公奏請孝仁后還宮本國。收重。重自殺。后憂怖發疾暴崩。

董好子 【唐】一作奴子。工畫花鳥松石。兼善人物寫眞。

董如蘭 【清】吳縣人。字逸僊。喜讀有用書。間爲山水游。詠歌自適。有西山日記．西湖紀游．天籟吟．蓑園賸稿．叢稿。

董安于 【春秋】【晉】臣於趙孟。荀盈．范吉射將作亂。安于聞之。告趙孟曰。先備諸。趙孟曰。晉國有命。始禍者死。爲後可也。安于曰。與其害於民。寧我獨死。請以我說。趙孟不可。范氏中行氏伐趙氏。魏襄子又與范昭子相惡。互相攻伐。知文子以爲言。安于曰。我死而晉國寧。趙氏定。將焉用生。乃縊而死。後趙氏祀安于於廟。

董安國 【漢】內史。爲農家言。著書十九篇。

董守志 【金】汧隴人。字寬甫。號凝陽。本姓尢虎。慕神仙之術。精於修煉。

董守諭 【清】鄞人。字次公。明天啓舉人。魯王時官戶部主事。有剛直聲。淸兵渡江。遂杜門著書以終。有讀易一鈔二鈔．卦變考略．易韻補遺．春秋簡秀集．董戶部集等書。

董旭 【元】浙江新昌人。字太初。少負英氣。博通羣書。與邁里古思最善。邁總制浙東軍馬。與師討方國珍。臺臣怒其不稟命。殺之。旭作詩弔之。遂歸隱。後方氏強欲致之幕下。拒之。遂遇害。◉【清】錢塘人。善畫人物。

董旭兆 【明】長安人。號暘谷。嘉靖間布衣。讀書彈琴。淡於世味。草書有羲獻法。士大夫珍重之。

董朴 【元】順德人。字太初。自幼強記。師事樂舜咨．劉道濟。有求道之志。至元中爲陝西知法官。未幾。以親老歸養。召不起。皇慶初以翰林修撰致仕卒。其學自六經及孔孟先儒微言。莫不融貫其旨。爲人淸而通。和而介。學者稱龍岡先生。

董汝翰 【明】青州人。字子雝。號西嶼。領嘉靖鄉薦。傳春秋之學。靑之言春秋者多出董氏門。後除建平知縣。築石堤。得水田萬三千餘畝。民呼其圩曰董公圩。陞戶部員外郎。監天策諸倉及權鈔淮關。政績俱著。晉正郎。乞歸卒。

董羽 【宋】常州人。字仲翔。口吃不能疾談。俗號董啞子。善繪龍水海魚。初事李煜爲翰林待詔。後歸宋。太宗常令畫端拱樓下四壁。極其精思。一日。太宗與嬪御登樓。時皇子尙幼。見畫壁驚啼。亟令圬墁云。

董含 【清】江蘇華亭人。字閬石。號榕菴。順治進士。有文名。喜遨游山水間。觀政吏部。以奏銷案被黜。爲詩蒼涼幽咽。有古樂府．閔離草。

董均 【清】婁縣人。字平銓。貢生。官無爲訓導。有疎庵詩餘。

董孝初 【明】松江華亭人。字仁常。一作左常。畫山水具元人法脈。筆墨簡遠。爲時所稱。

董宏毅 【清】奉天人。隸漢軍正紅旗。字士超。號任菴。康熙間宰奉新縣。時金聲桓倡亂。連陷城邑。圍奉新。宏毅屢敗敵兵。堅守一年。城社以完。兵後。民苦輪餉。宏毅力請題蠲。民困始蘇。以循良累官都御史。

董宋臣 【宋】理宗朝宦者。淳祐中以睿思殿祇候特轉橫行官。歷翰林院編修。言者累劾。帝曲爲諭解。及卒。帝猶命特轉節度使。其見寵愛如此。

董廷桂 【清】上海人。字西堂。金山衞庠生。善畫水墨花卉。墨菊尤妙。書法北海。工詩。並嫺醫。

董廷蘭 【唐】琴工。出入房琯所。琯昵之。廷蘭藉勢數招賕謝。爲有司劾治。

董扶 【後漢】綿竹人。字茂安。事同郡楊厚學圖讖。還家講授。徵辟皆不就。靈帝時拜侍中。扶私謂太常劉焉曰。京師將亂。益州分野有天子氣。遂爲蜀郡屬國都尉。後一歲。帝崩。天下大亂。乃去官還家。及劉備稱帝於蜀。皆如扶言。

董成夫 【元】奉元人。以軍功授察罕腦兒宣慰使。當時無西北之憂者。成夫之力居多。旋以敵兵入邊。奮戰死之。諡忠烈。

董汲 【宋】東平人。字及之。有脚氣治法總要．旅舍備要方。

董玘 【明】會稽人。字文玉。弘治進士。嘉靖初修武宗實錄。玘以焦芳所修武宗實錄。變亂是非。多不可信。請一并發出。重爲校勘。疏上。士論翕然。其諸經筵陳奏。據經議禮。亦多類此。官至吏部左侍郎。兼翰林學士。以憂歸。爲胡明善．汪鋐論劾。遂不復出。◉【清】雲南人。字玉崖。號文山。康熙進士。授檢討。尋棄職奉母家居。雍正間舉孝廉方正。不赴。事親盡孝。歷久不懈。母沒。以哀毀卒。有詩古文集。

董良櫹 【清】浙江山陰人。字堯封。武進士。官參將。善畫山水。

董邦政 【明】信陽人。嘉靖間以貢知六合縣。善騎射。擒江中劇盜。有廉武聲。擢按察使僉事。禦倭寇。累有功。爲趙文華所抑。左遷蘇州府同知。嗣又累敗倭寇。竟引疾去。時論惜之。

董邦達 【清】富陽人。字孚存。號東山。家貧力學。雍正拔貢。將北上。無力治裝。挾錢八枚。投所知。始達京師。尋成進士。授編修。曾修石渠寶笈·西清古鑑諸書。以邦達博學嗜古。命入內廷襄事。授中允。充日講起居注官。累擢工部尙書。卒諡文恪。邦達篆隸得古法。工畫山水。取法元人。善用枯筆。鉤勒皴擦多逸致。

董京 【晉】字威輦。初與隴西計吏俱至洛陽。宿白社中。或乞於市。被髮而行。逍遙吟詠。著作郎孫楚就社中與語。載與俱歸。後數年遁去。莫知所之。◎【後魏】東武城人。以碩學播名遼海。

董其昌 【明】松江華亭人。字元宰。號思白。父漢儒。有學行。其昌舉萬曆進士。改庶吉士。授編修。皇長子出閣。充講官。坐失執政意。出爲湖廣副使。移疾歸。起故官。督湖廣學政。不徇情屬。爲勢家所怒。謝事歸。光宗立。召爲太常少卿。天啟初擢本寺卿。修神宗實錄。擢禮部右侍郎。尋轉左。拜南京禮部尙書。閹豎用事。其昌深自引遠。踰年請告歸。詔加太子太保。致仕卒。諡文敏。其昌天才俊逸。少負重名。奄人請書翰者。一切謝絕。然不激不隨。故得免於黨人之禍。書法超越諸家。獨探神妙。其畫集宋元諸家之長。四方金石刻得其制作手書。以爲二絕。人擬之米芾·趙孟頫。有畫禪室隨筆·容臺文集等書。

董卓 【後漢】臨洮人。字仲穎。性麤猛有謀。少嘗游羌中。盡與豪帥相結。膂力過人。爲羌胡所畏。桓帝末以六郡良家子爲羽林郎。屢有戰功。靈帝時拜前將軍。帝崩。將兵入朝。廢少帝。立獻帝。弒何太后。袁紹等起兵討卓。卓擁帝入長安。自爲太師。凶暴滋甚。司徒王允密誘卓將呂布殺之。尸於市。卓素充肥。守尸吏然火置卓臍中。光明積日。

董叔封 【隋】開皇間爲鹽亭令。有德愛。政暇宴游鳳凰山。後人思之。號董叔山。

董和 【蜀漢】枝江人。字幼宰。先主定蜀。與諸葛亮並署左將軍大司馬府事。外牧殊域。內幹機衡。二十餘年。死之日。家無儋石之財。亮甚追思之。

董奉 【三國吳】侯官人。字君異。居廬山。爲人治病。不取錢。愈者使栽杏。數年得十餘萬株。後杏大熟。作一倉。榜示人曰。欲買杏者。不須報奉。但將穀一器。易杏一器。有置穀少而取杏多者。虎輒吼而逐之。奉盡以散貧者。士燮嘗病死。已得穀。三日。奉以一丸藥與服。中日能起坐。四日復能語。其奇效多類此。一旦竦身入雲中去。在人間三百餘年。顏狀如三十許人。

董宜陽 【明】上海人。字子元。博學工詩文。嘉靖中與同里顧從義等八人同遊荆溪。有唱和集曰荆溪唱和詩。又有中園雜記·金閶集。

董居中 【唐】晉孫。善詩。爲張籍所稱。

董忠 【漢】陽翟人。有材力。能騎射。給事期門。與張章相知。章語忠霍禹謀反。忠以語楊惲。共發覺。封高昌侯。◎【唐】能繪寺壁神佛。

董承 【後漢】獻帝舅。爲車騎將軍。受帝密詔。令先主誅曹操。事覺。承爲操所殺。

董昌 【後漢】餘姚人。字聖眞。居近學宮。遂就經學。又曉習文法。仕郡爲決曹。刺史行部奇之。辟從事。後拜宛令。好發姦伏。皆稱神明。遷蜀太守。訟者七百餘人。悉爲斷理。宿惡大姦。皆走他境。後補大司農。◎【唐】臨安人。始籍土團軍。以功擢石鏡鎮將。中和間進義勝軍節度使。始爲治廉平。人頗安之。時天下貢輸不入。獨昌賦外獻常三倍。累拜檢校太尉同中書門下平章事。爵隴西郡王。寖自侈大。乾寧間僭位。國號大越羅平。改元天册。自稱聖人。爲鎮海節度使錢鏐所敗。昌旣敗。去僞號。曰。越人勸我作天子。固無益。今復爲節度使。鏐將執昌殺之。

董旻 【後漢】卓弟。爲左將軍。封鄠侯。王允誅卓。使皇甫嵩攻旻於郿。殺其母妻男女。盡滅其族。◎【明】樂平人。字子仁。成化進士。擢兵科給事中。偕同官陳鶴·胡智疏劾大學士商輅·尙書姚夔等。帝不悅。復與御史鄭已等合詞攻之。下獄廷杖。復官。又疏糾李希安以羽流不宜侍經筵。遂寢其命。歷吏科都給事中。尋以事謫石臼知縣。後官至四川參議。

董果 【清】豐順人。乾隆武進士。由侍衛累擢副將。助勦金川。並總理軍糧。有功。官至海壇鎭總兵。

董沛 【清】鄞人。字孟如。號覺軒。光緒進士。知上饒縣。善折獄。與復水利隄工。尤留心文獻。表章前哲。士民愛戴之。告歸後。主講崇實辨志兩書院。以詩古文負重名。著書甚富。已刻者有明州繫年錄·兩浙令長考·甬上宋元詩略·六一山房詩集。

董狐 【春秋】【晉】史官。靈公欲殺趙盾。盾出奔。已而趙穿弒公於桃園。盾遂復還。狐書曰。趙盾弒其君夷公。盾曰不然。對曰。子爲正卿。亡不越境。反不討賊。非子而誰。孔子曰。董狐。古之良史也。書法不隱。

董祀 【後漢】陳留人。蔡文姬之後夫。爲屯田都尉。犯法當死。文姬詣曹操請之。操乃原祀罪。

董芳 【清】陝西咸寧人。雍正武舉。

累官湖廣提督。貴州苗叛。與哈元生統兵勦撫。以無功奪職。尋以副將發雲南。平金川。累功加左都督。擢貴州提督。卒。

董·邵南 【唐】安豐人。舉進士。不得志。去游河北。將求用於諸鎭。韓愈爲文送之。

董·俊 【元】藁城人。字用章。少力田。長涉書史。善騎射。金末歸元。以功累官左副元帥。俊器度弘遠。善戰而不妄殺人。故人樂爲用。大小百戰無不克捷。號其衆爲匡國軍。爲政寬明。見人善治田廬。必召與歡語。有惰者則恕罰之。故其部完實。後圍金主於歸德。力戰死。謚忠烈。

董·俞 【清】含弟。字蒼水。號樗亭。順治舉人。詩文與含齊名。時稱二董。舉鴻博不遇。有浮湘·度嶺諸稿。（按四庫全書提要。以俞爲兄。含爲弟。又謂俞終於布衣。此從松江府志。）

董·威 【明】威縣人。成化進士。累官江西布政司參議。時劉瑾擅權。多納賂求媚。威曰。枉道徇人。剝民取寵。君子不爲也。吾寧自守以獲罪。吾甘心焉。瑾聞之。果矯詔遣輸粟於居庸關以贖罪。威傾貲以輸。了無怨色。轉參政。遂求去。

董·宣 【後漢】圉人。字少平。初爲司徒侯霸所辟。舉高第。累遷北海相。以濫殺徵詣廷尉。在獄晨夜諷誦無憂色。光武特原宣刑。以爲江夏太守。特徵爲洛陽令。搏擊豪強。京師號爲臥虎。湖陽公主蒼頭殺人。因匿主家。吏不能得。及主出行。以奴驂乘。宣於途候之。駐車扣馬。以刀畫地。大言數主之失。叱奴下車。因格殺之。主訴於帝。帝大怒。召宣欲箠殺之。宣曰。陛下聖德中興。而縱奴殺人。將何以治天下乎。即以頭擊楹。帝令小黃門止之。使叩頭謝主。宣不從。強使頓之。宣兩手據地。終不肯俯。因勅強項令出。及卒。帝遣使臨視。惟見布被覆屍。大麥數斛。帝曰。董宣廉潔。死乃知之。賜文綬。葬以大夫禮。⊙【明】上元人。字繼善。成化間爲青田儒學訓導。修明職業。迎母於官所。晨起課諸生畢。叩候於寢門。承顏盡歡。母喪。擗頓隕越。終艱廢講讀。有青田雜錄。

董·建中 【清】婁縣人。字正度。工畫。花卉宗黃筌法。初以國子生考授州同知。聖祖南巡。以所繪蟠桃圖進呈。旋命畫扇稱旨。授湖北荊門知州。

董·恢 【蜀漢】襄陽人。字休緒。事先主爲宣信中郎。副費禕使吳。孫權大醉。問禕曰。楊儀·魏延。牧豎小人。一朝無諸葛亮。必爲禍亂。禕不答。恢曰。方今掃除強寇。混一區夏。功以才成。業由才廣。若捨此不任。防其後患。是猶有風波而逆廢舟楫。非長計也。權大笑。諸葛亮聞之。以爲知言。辟爲丞相府屬。遷巴郡太守。

董·恂 【清】江蘇甘泉人。字醖卿。道光進士。官至戶部尚書。有江北運程。⊙【清】烏程人。字謙甫。號壺山。諸生。工詩能醫。亦通經學。有紫藤花館駢文·詩集·詞集·古今名醫傳·宮閨聯名譜·夏小正傳注集證·古今醫籍備表·南潯蠶桑樂府·麗雪聯吟·文房雜錄。

董·思安 【五代閩】莆田人。身長九尺。勇冠一時。朱文進既弒王曦。思安因與王忠順等謀復王氏。殺泉州刺史黃紹頗。迎天德從子主軍府事。會南唐兵攻建州急。思安將兵赴難。戰數不利。或勸之去。不可。衆感其誠。無有叛者。城陷。思安全軍歸泉州。南唐以爲漳州刺史。後爲副使劉從願鴆死。

董·思恭 【唐】吳縣人。所著篇詠。甚爲時人所重。初爲右史。知考功舉事。坐預泄問目。配流嶺表而死。嘗與許敬宗等撰瑤山玉五百卷。

董·恆湛 【清】其昌裔孫。字太原。號鏡甫。寫生蟲蝶。妍雅可愛。

董·斿 【清】泰順人。字仲常。號霞樵。廩生。有羅陽詩始。

董·昭 【三國魏】定陶人。字公仁。舉孝廉。除癭陶長·柏人令。袁紹以爲參軍。旋領魏郡太守。時郡界大亂。賊以萬數。遣使往來。交易市買。昭厚待之。因用爲間。乘虛掩討。輒大克破。後事太祖。策畫多中。明帝時拜司徒。爵樂平侯。卒謚定。

董·洵 【清】浙江山陰人。字企泉。號小池。又號念巢。官四川南充主簿。善寫蘭竹。工篆刻。落職後。徧游蜀中名勝。詩益閎放。畫亦雄奇。有小池詩鈔·董氏印式。

董·相 【明】嵩縣人。正德進士。官御史。巡視居庸諸關。江彬遣小校米英執人於平谷。恃勢橫甚。相收而杖之。將以聞。彬遽譖於帝。謫判徐州。

董·紀 【明】上海人。字良史。以字行。更字述夫。洪武中舉賢良方正。廷試稱旨。授江西按察使僉事。旋告歸。築西郊草堂以居。所著西郊笑端集。不免過質傷俚。然其合作。往往得元白張王遺意。

董·重 【後漢】董后兄子。中平中爲驃騎將軍。帝崩。何太后臨朝。重與太后兄進權勢相害。被收。自殺。

董·重質 【唐】本淮西牙將吳少誠子壻。性勇悍。識軍機。善用兵。吳元濟拒命。重質爲謀主。元濟敗。歸李愬。累官夏綏銀宥節度使。訓兵立法。羌戎畏服。

董·倬 【明】傑弟。天性孝友。庭無間言。少從徐旭受舉子業。旭染疫。

羣弟子逃避。倬獨奮身供藥餌得愈。

董倫 明恩州人。字安常。洪武中以薦授左春坊大學士。出爲陝西參議。坐事謫雲南教官。雲南初設學校。倫以身教。人皆嚮學。建文初召拜禮部侍郎。兼翰林學士。與方孝孺同侍經筵。成祖卽位。倫年已八十。命致仕卒。

董展 隋汝南人。字伯仁。以才藝稱鄉里。號爲智藪。官至光祿大夫。殿中將軍。尤長於畫。與展子虔齊名。曾作道德經變相。爲時所稱。

董師中 金洛州人。字紹祖。皇統進士。章宗時累拜尚書左丞。通古今。善敷奏。練達典憲。處事精敏。嘗言曰。宰相不當事細務。要在知人才。振綱紀。但一心正兩目明足矣。工文。性通達。疏財尚義。平居眞率樂易。臨事剛決。卒諡文定。

董恭 漢雲陽人。哀帝時爲御史。徙光祿大夫。蕭咸久爲郡守。病免。爲中郎將。兄弟並列。恭慕之。爲子寬信求咸女爲婦。咸辭之。深自謙薄。恭歎曰。我家何用負天下。而爲人所畏如是。意不悅。子賢敗。徙合浦。

董振秀 明平原人。明末土寇蜂起。糾鄉勇爲守禦計。歲饑。施粥活數萬人。順治中由貢生通判太平。累遷福建副使。建寧兵薄城下。振秀完守備。率死士擊敗之。獲糧數萬斛。兵民以安。

董晉 唐虞鄉人。字混成。德宗時朱泚反。晉宣慰恆州。還至河中而李懷光反。晉說之。喜且泣。故懷光雖偃蹇。亦不助泚。貞元間累官同中書門下平章事。爲宣武節度副大使。晉汴士素驕怙亂。嘗介勇士伏幕下。晉一罷之。後拜汝州刺史。謙愿簡儉。事多循仍。故軍粗安。卒諡恭惠。

董桂敷 淸婺源人。號小穡。嘉慶進士。官編修。有自知室文集。

董班 後漢宛人。字季。桓帝時李固爲梁冀所害。露尸四衢。班往哭。殉尸不肯去。太后憐之。聽襚斂歸葬。班由此顯名。三公並辟。然竟隱身。莫知所歸。

董珪 金祁州人。童時讀書。卽曉大義。日記數千言。嘗隨父出。道見古碑。使視之。一覽輒記。父大驚。遣就名師學。遂成其業。至治間登第。授定州路同知。

董眞卿 宋鼎子。字季眞。胡一桂弟子。有周易會通。

董祐誠 淸基誠弟。初名曾臣。字方立。嘉慶舉人。少喜文章。後更肆力於律曆數理輿地名物之學。精慧倍常人。道光中卒。年僅三十有三。有割圜連比例術圖解。橢圜求周術。斜弧三邊求角補術。堆垜求積術。三統術衍補。水經注圖說殘稿。甲乙集。蘭石詞。

董純 隋成紀人。字德厚。少有膂力。便弓馬。從周武帝平齊。以功拜儀同。高祖受禪。累功進位上開府。拜柱國。爵郡公。出爲汶山太守。帝征遼東。留守彭城。累破悍賊。時百姓思亂。盜賊日益。純雖頻戰克捷。所在蜂起。或譖純怯懦不能平賊。竟伏誅。

董荆 明旭弟。字宗楚。博學好古。工詩文。尤善畫。隱居不仕。太祖親問治道。授以縣丞。辭不就。卒於家。有翠微漫稿。

董偃 漢始與母以賣珠爲事。年十三。隨母入武帝姑館陶公主家。左右言其姣好。主因留第中。主寡。年五十餘。近幸偃。偃因主見帝。大貴寵。郡國狗馬蹴鞠劍客。輻湊董氏。以東方朔諫。帝寵日衰。年三十而終。

董國華 淸吳縣人。字琴南。號榮若。嘉慶進士。官至廣東雷瓊道。少工詞賦。有雲壽堂詩文集。香影庵詞。

董基 明掖縣人。字巢雄。萬曆進士。官刑部主事。帝集內豎三千人。授以戈甲。操於內庭。基抗疏諫。謫萬全都司都事。終南京大理卿。

董基誠 淸陽湖人。大興籍。字子詵。號玉椒。嘉慶進士。官至開封知府。頗著政聲。工駢儷。與弟祐誠及方履籛齊名。有移華館集。

董常 宋嘉興人。工畫道釋像。

董從誨 後蜀成都人。工畫釋道人物。

董教曾 淸上元人。字益甫。又字觀橋。乾隆進士。嘉慶間官至閩浙總督。卒諡文恪。教曾量弘毅而識明果。在督撫中最有名。嘗謂人不可作無益事。不可爲無益語。不可用無益錢。又云刻於己爲儉。儉於人爲刻。時稱爲名言。

董淳 宋善爲文章。太宗時爲工部員外郎。直史館奏詔。撰孟昶紀事。

董淞 明海寧人。字子壬。博學好古。弘治中以薦詣闕。上萬言書。數陳王道。命試禮部。罷歸。有聖學全書。

董祥 明京師人。爲翰林待詔。工畫花木及折枝。

董紹 後魏鄃陽人。字興遠。少好學。有文義。起家四門博士。爲宣武所賞。後除洛州刺史。以拒蕭寶夤功封新蔡縣男。孝武崩。宇文泰與百官推奉文帝。勸進。不許。泰曰。爲文能動至尊。惟董公耳。乃命紹爲第三表。操筆便成。表奏。泰曰。開進人意。不當如此耶。及文帝登祚。方任用之。以議論朝廷賜死。

董紹顏 五代吳善能知人。嘗詣鄂州節度使李簡。簡出諸子視之。時平頭小兒何敬洙侍側。紹顏曰。諸子皆有功名。然不若平頭極貴也。後敬滌累授節鎮。爲時名將。

董・訥 〔清〕振秀孫。字茲重。號默菴。康熙進士。由編修累官左都御史。尋總督兩江。改督漕運。設易知小單。剔弊釐奸。漕政肅清。有督漕疏草・柳村詩集。

董・逌 〔宋〕東平人。字彥遠。靖康末官司業。有廣川藏書志・廣川詩故。

董・傑 〔明〕涇縣人。字萬英。號五城。成化進士。孝宗時湯鼐論暑月緩讞。傑方謁選。亦抗疏爭。由是知名。授沔陽知州。坐鼐黨逮獄。後遷河南布政使。所在盡職業。爲民所懷。終右副都御史。

董・勛 〔後漢〕有人問勛元日飲屠蘇酒從少者起何故。勛答曰。俗以少者得歲。故賀之。老者失歲。故罰之。元日以後。遞飲食相邀。因號曰傳座。

董・厥 〔蜀漢〕義陽人。字龔襲。爲諸葛亮令史。亮稱爲良士。仕至尚書令。蜀亡入晉。官相國參軍・兼散騎常侍。

董・尋 〔三國魏〕河東人。爲司徒軍議掾。明帝徙長安鐘簴銅人。尋上書諫。主者奏收尋。詔弗問。後爲貝丘令。清省得民心。

董・敦逸 〔宋〕吉州永豐人。字夢授。登進士第。元祐中歷監察御史。言蘇軾昔爲中書舍人。制誥中指斥先帝事。其弟轍相爲表裏。以紊朝政。出爲湖州運判。哲宗朝復爲監察御史。凡論議主元祐者斥去之。徽宗時爲諫議大夫。極言蔡京・蔡卞過惡。遷戶部侍郎卒。

董・斯張 〔明〕烏程人。字遐周。監生。與周永年・茅維爲詞友。有靜嘯齋詞。所著吳興備志。典雅確核。足資考據。又有廣博物志・吳興藝文補。

董・曾 〔明〕旭弟。字貫道。通經史。善古文。方國珍據台慶。旭以不屈被害。曾避居東陽。太祖至金華。以禮招致。授撫爲知州。陳友諒攻城。被執不屈死。有詩集。

董・景道 〔晉〕弘農人。字文博。少好學。千里從師。不與人通。明春秋三傳・京氏易・馬氏尚書・韓詩。皆精究大義。永嘉中知天下將亂。隱於商洛山。衣木葉。食樹果。彈琴歌笑以自娛。毒蟲猛獸皆繞其旁。劉曜徵爲太子少傅・散騎常侍。並固辭。以壽終。

董・景曜 〔後魏〕巒子。孝文問巒南事。巒怖不能對。景曜進代父答。申敘蕭鸞篡弒始終。辭理橫出。言非而調。帝異之。授員外郎。謀南叛。徙朔州。及巒南奔。景曜遂誅死。

董・欽承 〔清〕會稽人。字在公。別字靖庵。順治進士。官兵部主事。有及水居集。

董・渫 〔漢〕以舍人從擊秦爲都尉。入漢。定三秦。出關。以將軍定諸侯。封成侯。卒謚敬。

董・琮 〔宋〕德興人。字玉振。慶元進士。任龍陽簿。嘗師事董銖。學者稱復齋先生。有書傳疏義・復齋集。

董・琛 〔宋〕金陵人。工畫山水。

董・琦 〔明〕陽信人。字天粹。弘治進士。授高平令。正德時劉瑾黨爲禍。琦詰治如法。督儲居庸關。再督芻石渠諸廠。中貴斂手。司徒劉琦修張家灣陸運。琦言車輓之利。多在貂璫。不若西湖出京。趙漕最便。疏上。中官私以墨汙其牘。坐不敬下獄。世宗時分巡河南。晉少參。歸卒。

董・策 〔明〕鄞人。字清賓。以畫名。

董・筆潭 〔元〕奉化人。少牧牛。嘗夢筆浮潭上。且往視之。果得筆。遂以筆潭名。由是畫鷹隼及翎毛果木皆絕倫。

董鄂妃 〔清〕世祖之妃。姓董鄂氏。亦作棟鄂。父鄂碩。以妃貴封三等伯。妃有淑德。世祖寵愛甚至。封貴妃。前世祖一年卒。世祖痛之。追封皇后。謚孝獻。

董・越 〔明〕寧都人。字尚矩。少孤貧。奉母孝。成化進士。授編修。孝宗即位。遷右庶子。使朝鮮。多所撰述。累官南京工部尚書。卒謚文僖。有圭峯文集・使東日錄。

董・鈞 〔後漢〕資中人。字文伯。習慶氏禮。博通古今。數言政事。永平中爲博士。時草創郊廟禮樂威儀章服。多從鈞議。當時號爲通儒。累遷五官中郎將。常教授門生百餘人。

董・傳策 〔明〕松江華亭人。字原漢。嘉靖進士。除刑部主事。疏劾嚴嵩爲惡誤國六罪。下獄問主使。拷掠慘毒。再絕復甦。會地震得宥。謫戍南寧。穆宗立。召復故官。萬曆初累遷南京禮工二部侍郎。言官劾之。免歸。繩下過急。爲家奴所害。有奏疏輯略・采薇集・幽貞集・邕歙集・奇游漫記。

董・嗣成 〔明〕烏程人。字伯念。萬曆進士。歷禮部員外郎。時給事李獻可等以疏請豫教元子貶斥。嗣成特疏爭之。帝怒。奪職歸。嗣成家世貴顯。重氣節。爲士論所稱。有青棠詩集。

董・嗣杲 〔宋〕杭州人。官武康令。宋亡。入山爲道士。改名思學。字無益。有廬山集・西湖百詠。

董・搏霄 〔元〕磁州人。字孟起。至正間累官河南行省右丞。嘗克復杭湖徽饒諸路。斬獲無算。尋駐兵南皮縣境。而毛貴兵奄至。遂督兵力戰死。謚忠定。搏霄早以儒生起家。輒爲能吏。會天下大亂。復以武功自奮。當時用之不能盡其才。君子惜之。

董・暘 〔明〕繁峙人。以戰功累官游擊。嘉靖間敵入馬市口。戰死。贈鎮國將軍。嗣子一奎・一元。皆仕至總兵都督。並稱良將。

董・楷　〔宋〕臨海人。字正翁。寶祐進士。初爲績溪簿。遷知洪州。皆有惠政。官至吏部郎中。師事陳器之。傳朱熹之學。有克齋集・程朱易解。

董・源　〔南唐〕鍾陵人。字叔達。又字北苑。事李煜爲後苑副使。善畫秋風遠景。多以奇峭之筆寫江南諸山。水墨類王維。著色如李思訓。荊關之後。源爲最著。與釋巨然並稱曰董巨。（源一作元。）

董・煟　〔宋〕德興人。字季興。自號南隱。紹熙進士。知瑞安。改辰溪。值歲饑。行救荒策。民賴以蘇。寧宗詔褒之。有救荒活民書。可爲史氏拾遺。又有南隱集。

董・瑜　〔明〕武進人。字清溪。善繪事。幾與惲壽平抗行。商丘宋犖招致之。不肯往。

董解元　〔金〕名里無考。輟耕錄云。章宗時人。所著西廂彈唱本。爲王實甫西廂記傳奇所自出。世稱絃索西廂。亦名董西廂。

董・遇　〔三國魏〕弘農人。字季直。性質訥而好學。建安初舉孝廉。稍遷黄門侍郎。明帝時官大司農。以病卒。遇善治老子。爲作訓註。又善春秋左氏傳。作朱墨別異。人有從學者。云苦無日。遇言當以三餘。或問三餘之意。遇言冬者歲之餘。夜者日之餘。陰雨者晴之餘也。

董・道明　〔宋〕襄信人。母死出葬。道明潛匿墓中。人爨之。經三日。家人發冢取之。道明無恙。終身廬墓側。

董・鉞　〔宋〕德興人。字毅夫。治平進士。任夔州轉運使。遇事剛果。耿介不羣。致仕歸。過黄州。蘇軾和鉞歸去來詞。有左手引妻子右手抱琴書之句。

董・鼎　〔宋〕夢程族弟。字季亨。別號深山。私淑黄榦・董銖。所著尚書輯錄纂註。采拾極博。不守一師之說。有功於尚書。

董・僎　〔元〕眞卿子。眞卿著周易會通。嘗供檢閱參校之職。

董・僧慧　〔南齊〕姑熟人。慷慨有節義。甚驍果。晉安王子懋舉兵討君側。事敗遇害。故人無敢至。僧慧號哭盡哀。爲喪殯。遂被執。僧慧曰。晉安舉義兵。僕實豫議。願至主人大殮畢。退就湯鑊。王玄邈義而許之。具白明帝。配東治。子懋子昭基九歲。以方二寸絹爲書。參其消息。并遺錢五百。以金假人。崎嶇得至。僧慧視書。悲慟而卒。

董・夢程　〔宋〕銖從子。一作夢臣。字萬里。號介軒。得朱熹之學於黄榦。登開禧進士。官朝奉大夫。知欽州。著詩書訓釋。

董嫗　〔清〕江都韓文適家嫗。順治初文適將與妻子死節。其妻抱三歲兒泣拜嫗。嫗泣受。褒諸懷而夜遁。祝曰。天不絕韓氏。勿啼。匍匐蛇行。歷百險得脫。卒以存韓氏後。

董・槐　〔宋〕永子。字庭植。少喜言兵。既而學於葉師雍及輔廣。登嘉定進士。寶祐中累官右丞相。兼樞密使。爲政務大體。苟可以利國家。知無不爲。進封許國公。一日將暮。雷雨大作。槐起。衣冠而坐。爲諸生說兌謙二卦。問夜如何。以中夜對。遂卒。謚文清。

董・榕　〔清〕字恆岩。號謙山。又號繁露樓居士。官九江知府。有芝龕記傳奇。

董・漢策　〔清〕烏程人。字帷儒。號芝筠。又號甦菴。康熙間舉賢良方正。官道員。有穄文雜著・補計然子・攬勝文集・帶園集。

董・漢儒　〔明〕大名開州人。字學舒。萬曆進士。歷官江南糧儲參政。稅監陳增恣橫。其胥役爲盜。漢儒捕殺之。擢湖廣按察使。累遷宣大總督。天啟初入爲兵部尚書。魏忠賢矯旨欲蔭其弟姪爲錦衣僉事。漢儒上疏力爭。言極鯁直。會丁母憂歸。崇禎初進太子太保。才赴卒。謚肅敏。

董・盡倫　〔明〕台州人。字明吾。萬曆舉人。除清水知縣。調安定。咸有惠政。天啟初奢崇明反。薄州城。盡倫固守。屢挫賊鋒。城獲全。後擣重慶。孤軍深入。中伏死。

董・睿思　〔清〕崇安人。端純有學行。賊劫其父及弟。睿思冒險往救。父得釋。又斂貲贖弟歸。親柩在堂。鄰火延及。睿思抱柩痛哭。誓與俱燼。火爲之返。時稱孝感。

董・福祥　〔清〕寧夏人。字星五。同治間聚眾於陝西。先後爲金順・劉松山所敗。窮蹙受撫。光緒間以參將隸劉錦棠。攻克烏魯木齊及瑪納斯城。並收復和闐有功。中日之戰。福祥留防畿輔。尋還勦循化叛回。敗之。官至甘肅提督。戊戌政變。榮祿召入京。令添練甘軍。分防直隸山西。拳亂作。福祥附和端剛。助匪爲亂。戕日本使館書記生。京津陷。隨兩宮出走。和議成。奪職歸卒。

董・維　〔清〕黄山人。居江都。字四明。號遯菴。畫法宋元。雄渾莫及。

董・聞京　〔清〕烏程人。字丹鳴。康熙初官吉安知府。有復園文集。

董・說　〔清〕份曾孫。字雨若。又字月函。號俟庵。嘗受易於黄道周。國變後。祝髮爲僧。號南潛。嗜文字。詩清淡荒遠。草書尤奇。著書凡十餘種。合題曰補樵書。補樵者。說自號也。又有七國考。

董・誥　〔清〕邦達子。字雅倫。一字西京。號蔗林。乾隆進士。累官東閣大學士・太子太傅。和珅用事時。張戚編。排擠異己。諂播扗其間。遇事多所糾正。工詩古文。善畫。進呈諸本。多有高宗題詠。卒諡文恭。誥性寬厚。嘗回籍。族人多以董誥呼之。其僕從聞而惡之。誥曰。吾在族。齒最卑。其呼名宜也。時人多其量。

董銖 〔宋〕德興人。字叔重。登進士。官金華尉。爲朱熹門人。來學者必命銖與辨難。然後折衷。有性理註解・易書註。人稱槃澗先生。

董劍鍔 〔清〕鄞人。字佩公。一字孟威。號曉山。工詩古文。有懸陽集・曉山游草。

董徵 〔後魏〕頓丘人。字文發。好古學。尙雅素。遍受諸經。六義精練。太和末爲四門小學博士。宣武帝詔徵教授京兆清河廣平汝南四王。歷官安州刺史。嘗誡子弟曰。此之富貴。匪自天降。乃勤學所致耳。入爲光祿大夫。永安初累加平東將軍。卒諡文烈。

董德元 〔宋〕永豐人。字體仁。工詩。少魁鄉舉。累試禮部不第。就特奏名補文學。初任寧遠簿。復預漕司薦。舉紹興進士第一。以秦檜援引。官至參知政事。檜死。罷歸廬陵。

董德修 〔宋〕樂安人。字仲修。三赴漕試不第。隱居力學。曰。吾族自顯膺矣。何必仕。嘗進陸象山之門。終日靜坐。潛心理窟。從游者多德成名立。學者稱心齋先生。

董樞 〔宋〕元氏人。後唐太清中。以獻書授校書郎。歷仕晉周。遷殿中侍御史。乾德中遷主客員外郞。上書請伐蜀。蜀平。通判劍州。全師雄叛攻劍。樞敗之。遷比部郎中。兼桂陽監使。開寶間大舉伐劉鋹。克之。累官西京留司御史臺。以在桂陽時隱沒羨餘。被劾。坐死。

董穀 〔明〕澐子。字石甫。正德舉人。歷知安義漢陽二縣。所至廉靜不苛。罷歸後。自號碧里山樵。又曰漢陽歸叟。少游王守仁之門。有碧里雜存・澉浦續志。

董澐 〔明〕海鹽人。字復宗。號蘿石。以能詩聞江湖間。嘉靖間年六十八。游會稽。聞陽明良知之說。遂師事之。詩友非笑之。澐曰。吾從吾之所好耳。因號從吾道人。有董從吾稿。

董潮 〔清〕武進人。籍海鹽。字曉滄。號東亭。乾隆進士。性至孝。慷慨負志節。工詩文。兼善六法。又嘗賦紅豆樹歌。傳誦都下。稱紅豆詩人。有東亭詩選。

董潤 〔清〕建寧人。字經之。號藕船。光緒貢生。少覺篤學。工詞賦。尤酷嗜爲詩。有藕船詩文集・藕船賦鈔・女宗金鑑。

董熜 〔清〕烏程人。字訥夫。諸生。沈靜嗜學。家富藏書。雍正中舉鴻博。有南江詩文集。

董璋 〔後唐〕爲梁驍將。以軍功進指揮使。梁亡。事唐爲邠寧節度使。郭崇韜伐蜀。以爲馬步軍都虞候。軍事大小。皆與璋參決。蜀平。以爲劍南東川節度使。孟知祥鎭西川。璋與連謀以反。尋疑知祥賣己。率兵攻知祥。爲所敗。陵州刺史王暉執殺之。

董緒 〔明〕江西樂安人。字禹方。少從鄒守益・聶豹游。講良知之學。工詩。有龜川詩集。

董謐 〔後魏〕京子。好學。傳父業。中山平。入朝。拜儀曹郎。撰朝覲饗宴郊廟社稷之儀。

董賢 〔漢〕恭子。字聖卿。哀帝幸臣。爲人美麗自喜。出則驂乘。入侍左右。與帝同臥起。嘗晝寢。偏藉帝褎。帝欲起。賢未覺。不欲動賢。乃斷褎而起。其恩愛至此。性柔和便辟。善爲媚以自固。妻子居官寺。女弟爲昭儀。賞賜無度。封高安侯。年二十二。官至大司馬、衞將軍。帝崩。王莽劾賢。罷歸第。自殺。

董養 〔晉〕浚儀人。字仲道。泰始初到洛下。及楊后廢。著無化論以非之。永嘉中洛城東北步廣里中地陷。有二鵝出焉。其蒼者飛去。白者不能飛。養歎曰。昔周時所盟會。卽此地也。今二鵝蒼者胡象。白者國家象也。豈可盡言乎。顧謂謝鯤・阮孚曰。易稱知幾其神乎。君等可深藏矣。乃與妻荷擔入蜀。莫知所終。

董養性 〔元〕樂陵人。字邁公。至正中嘗官昭化令。攝劍州事。入明不仕。有周易訂疑・高閒雲集。

董養河 〔明〕閩縣人。字叔會。崇禎中黃道周以鉤黨下獄。養河亦被逮。有羅溪閣韻語。其與道周唱和詩曰西曹秋思。

董學 〔明〕海寧人。字愚齋。嘉靖進士。擢御史。巡按宣大畿輔等處。皆務大體。至沒。無以爲殮。

董學禮 〔清〕廣武人。明花馬池副將。李自成陷陝西。學禮從之。授僞總兵。駐懷慶。順治間多鐸下河南。學禮降。隨平陝西。敍功授一等子。累官湖廣提督。屢敗桂王將李來亨。並降其黨。尋卒。

董樾 〔明〕寧波人。字子亨。萬曆進士。値潞王出閣。授編修。充講讀官。後官貴州參議。時播州宣慰楊應龍叛。樾乘檄監軍。與都司林盛統兵前進。斬老軍關。出播難民。隨檄宣慰給地耕種。流民遂安。遷四川副使卒。

董樸 〔明〕麻城人。字汝淳。成化進士。授行人。後知重慶府。歷參政。所至稱廉直。薄田敝廬以終老。爲詩類陶韋。時稱董五言。

董璘 〔明〕高郵人。字德文。英宗時官修撰。劉球諫征麓川。爲王振所銜。球又言今之太常。卽古之秩宗。

宜愼選儒臣。使領其職。會璘乞改官太常。振遂指爲同謀。並下獄。旋殺球。璘從旁竊血裙遺球家。獄解遂歸。不復出。

董篤行 (清)洛陽人。順治進士。授給事中。疏劾總河楊方興。河道方大猷贓私累萬。方興坐降級。篤行官至左副都御史。

董興 (明)長垣人。正統中爲右參將。從陳懋討鄧茂七。破餘黨。進都督同知。南海賊黃蕭養圍廣州。興大破之。蕭養中流矢死。餘黨皆伏誅。進右都督。後分督京營。與曹吉祥結姻。冒奪門功。封海寧伯。終宣府總兵。

董衞國 (清)漢軍正白旗人。初任佐領。康熙間累擢江西總督。勦除耿精忠餘黨。撫定江西各縣。進攻湖南貴州。屢有功。雲南平。調湖廣總督。卒於官。

董謌 (唐)一作蕚。字重照。開元中在尚方。善畫盤車與牛。兼工雜畫。

董遵誨 (宋)范陽人。太祖微時。依遵誨父宗本。遵誨憑藉父勢。太祖每避之。及卽位召見。遵誨伏地請死。太祖釋不問。累官通遠軍使。遵誨不知書。豁達無崖岸。多方略。能挽強命中。武藝皆絕人。在通遠軍凡十四年。夏人悅服。太平興國中卒。

董龍 (唐)盩厔人。家貧。與里人共祀社。衆買牲牢。龍撰文以祭。祭畢分胙。久之。衆不平。逐出龍。龍造泥飯以祭。祭畢泣於樹下。將焚文。有白鼠銜文入地穴。掘之。獲白金一斗。龍不自私。率衆首官。縣令賢之。表其閭曰義夫閭。

董應舉 (明)閩縣人。字崇相。萬曆進士。天啓間官太常。陳急務數事。擢太僕卿。兼河南道御史。經理天津至山海屯務。大著成效。遷工部侍郎。兼理鹽政。巡鹽御史惡其侵官。因落職。崇禎初復官。應舉好學。善古文。居官慷慨任事。在家興利捍患。比沒。海濱人立祠祀之。

董濬 (宋)德興人。字禹川。崇寧進士。除太學錄。徽宗賜對。陳治道千餘言。歷祕書少監。時有東宮官奏罷讀孟子。濬力詆其非。建炎間上書進所撰輔宋集。與治綱領圖。中興四議。中興指掌圖。國用須知。除江西提刑。知興仁府。請老。又有五行新書。同官辨疑。大成書。

董燧 (明)臨川人。字兆時。號蓉山。少從王艮。聶豹講良知之學。嘉靖舉人。官南京刑部郎中。有蓉山集。

董隱子 (宋)隱於乞。從人乞於南康市中。與酒無不飲。未嘗見其醉。風連敗紙敝後前。衣穿結不周腹背。嚴冬人挾纊戰栗。其面有孺子色。嘗皆玩人。然狂而不悖。與高安劉道純爲友。自言爲宿州人。

董燿 (清)秀水人。字繼華。號枯匏。博覽羣籍。旁及內典。工端楷。

董贇 (宋)長社人。工畫山水寒林。

董豐垣 (清)烏程人。字菊町。乾隆進士。官東流知縣。有識小編。

董鎭 (元)杭州人。字仲眞。師金華許謙。謙卒。鎭築室仙華山。三年而後歸。仙華山。謙講學處也。後作嘉會堂於靈泉。右畫考亭像。左書儒行篇。從游者日衆。平生未嘗著述。惟默會經學。見之躬行。洪武初卒。

董雙成 古女仙。杭州人。相傳爲西王母侍女。煉丹宅中。丹成得道。自吹玉笙。駕鶴昇僊。邑人立橋望之。因名望仙橋。

董鏞 (明)建文時御史。燕師起。諸御史有志節者。時時會鏞所。誓以死報國。諸將校觀望不力戰。鏞輒露章劾之。城破被殺。⊙(明)仁和人。字孟聲。永樂進士。入翰林爲庶吉士。授文學官。久之薦知永豐縣。有學行。善文章。詩和平類其人。

董鯤 (明)海寧人。字少溟。嘉靖進士。任宜興令。以治行拜侍御史。所建白刺舉。悉合大體。時稱名御史。

董璽 (明)匡弟。永樂間與匡同登乙榜。授金谿訓導。參看董匡條。

董嚴 (明)臨淸人。少聰敏。性多仁愛。領宣德鄉薦。授南宮教諭。生徒有貧者。嚴推俸以食。擇其聰明特達者。身教育之。多成偉器。

董鑫舟 (清)烏程人。字濟甫。號鑄范。道光時監生。通經史。善書畫。著書甚多。有周易鄭義。釋祀。三國志雜校補。十六國史擇逸。五代史記纂誤。董鄖病夫詩錄。鹿巢集。隨筆。雜著。鑄范自訂稿。傭暇集。德辨齋集。垢囊臏稿。遂非集。多暇日庵集。鬧情竹抱室集。夢好樓集。

董黯 (後漢)句章人。字叔達。仲舒六世孫。事母孝。比鄰王寄之母。以黯能孝諷寄。寄忌之。伺黯出。辱其母。黯恨之。後母死。斬寄首以祭母。自陳於官。和帝釋其罪。旌異行。召拜郎中。不就。

董儼 (宋)洛陽人。字望之。太平興國進士。眞宗朝累官工部侍郎。以狡詐出知青州。尋貴授山南東道節度行軍司馬。儼俊辨有才幹。然不學無操行。所至賄賂鄙屑。用傾狡圖位。終以致敗。

董巒 (後魏)營陽人。字仲舒。眞君末隨父南叛。性疏武。不多識文字。孝文以爲越騎校尉。後從車駕南討漢陽。尋單騎南走。子景曜被捕詣行在。敕而斬之。

董襲 (三國吳)餘姚人。字元代。身長八尺。武力過人。孫策署門下賊實。以平山寇功。拜別部司馬。尋遷揚武都尉。彭虎平。遷偏將軍。從討黃祖。翻功第一。從孫權逆曹操濡須口。其夜暴風。翻所督五樓船俱傾。衆驚潰。乞翻亟出。翻怒曰。將軍令備賊。可委去耶。敢復言者斬。於是莫敢言者。船敗翻死。

虞·大中 宋崇文人。字士明。乾道進士。歷知隆興新建縣。通判汀州。皆有惠政。嘉泰間除知循州。慈幼恤孤。廉潔自持。改知南康軍。嘉定中乞歸。

虞·大寧 宋廣信人。熙寧間知鄱縣。興修水利。躬自相度。溉田五百餘頃。民甚利之。

虞·允文 宋祺子。字彬甫。七歲能屬文。紹興間第進士。累官中書舍人。直學士院。金主亮入寇。渡淮臨采石。朝命允文犒師采石。遂督兵戰。大敗之。劉錡執其手曰。朝廷養兵三十年。今日大功乃出儒者。孝宗時拜左丞相。封雍國公。卒謚忠肅。允文出入將相垂二十年。孜孜忠勤。置翹材館。延四方賢士。懷袖有方冊曰材館錄。聞一善人必書。首薦胡銓·周必大等二十人。一時得人稱盛。有奏議詩文等集。

虞公 春秋虞晉人以璧馬假道伐虢。公許之。且請先伐虢。宮之奇諫。不聽。晉滅虢。師還。館於虞。遂襲虞滅之。

虞·世南 唐荔子。字伯施。出繼叔寄爲後。少受學顧野王。十年精思不懈。文章贍博。仕陳入隋。爲祕書郎。煬帝疾其峭正。弗甚用。太宗時爲弘文館學士。改祕書監。封永興縣公。世南貌儒謹而中抗烈。議論持正。帝嘗命寫列女傳於屏風。無本。暗疏之。無一字謬。帝稱其德行忠直博學文詞書翰爲五絕。以銀青光祿大夫致仕。卒謚文懿。有北堂書鈔。

虞·世基 隋荔子。字茂世。博學有高才。兼善草隸。煬帝時爲內史侍郎。專典機密。參掌朝政。帝幸江都。世基以盜賊日盛。請發兵屯洛口倉。帝不從。世基知不可諫。又懼禍及。因唯諾取容。有告敗者。每不以實聞。又鬻官賣獄。朝野咸共疾怨。爲宇文化及所害。

虞丘子 春秋楚令尹。聞孫叔敖賢。薦於莊王。以爲己代。王從之。賜虞丘子采地三百。號曰國老。

虞丘·進 南朝宋郯人。字豫之。少隨謝玄討苻堅。有功。封關內侯。晉隆安中從武帝征孫恩。成句章城。累戰皆有功。封望蔡縣男。永初中遷太子右衞率卒。

虞·以文 明洪武中爲陝西按察僉事。上疏言前任御史按治漢中。見其民多居深山。遷徙無常。以避徭役。其膏腴水田。皆灌莽彌望。莫肯下山開種。蓋因用力勞而稅畝重。今若減其租賦。則田野闢而民有恆產矣。帝然其言。詔行之。

虞·中 宋丹徒人。資性和厚。勇於赴義。宗族有負司農錢者。悉爲償之。仲弟死。嫁其五女。撫幼孤。視之如已子。

虞仲 商周太王次子。即仲雍。與兄太伯俱適荊蠻。以避弟季歷。荊蠻立太伯爲吳君。太伯卒。無子。虞仲立。左氏傳稱太伯·虞仲。太王之昭也。指此。◎周周章之弟。武王克殷。求太伯·仲雍之後。得周章。周章已君吳。乃封周章弟於周之北故夏墟。是爲虞仲。列爲諸侯。

虞·仲文 金寧遠人。字質夫。第進士。工畫。累仕州縣。以廉能稱。舉賢良方正。對策優等。擢起居郎·史館修撰。三遷至太常少卿。宰相薦文行第一。權知制誥。討平白霫。天會間累官至翰林侍講學士。卒謚文正。

虞·仲琳 宋賓子。與弟仲瑤同舉進士。爲永嘉教授。嘗從尹焞游。焞稱其篤學。

虞·兆淑 清海鹽人。字蓉城。工詞。有玉映樓詞。

虞·夷簡 宋知富順監。以崇化善俗爲務。禁科斂。賑貧窶。儲藥石以濟民。復立義莊。俾養生送死無憾。爲魏了翁所稱。

虞·汜 三國吳翻四子。字世洪。生南海。父卒還鄉里。孫綝廢亮。欲入宮爲不軌。汜以正言折之。孫休立。以汜爲散騎中常侍。以討扶嚴功。拜交州刺史·餘姚侯卒。

虞·臣 明崑山人。字元凱。成化進士。累官四川布政司參議。剛正不屈。二年乞休去。居家清操尤著。

虞·似良 宋台州人。字仲房。號橫溪。自號寶蓮山人。詩詞清婉。尤工隸書。有篆隸韻書。

虞·初 漢河南人。武帝時以方士侍郎號黃車使者。漢書藝文志有虞初周說九百四十三篇。爲小說家之祖。

虞·孝仁 隋慶則子。煬帝時授候衞長史。兼領金谷監。監禁苑。有巧思。伐遼。授都水丞。充使監運。頗有功。性奢華。以駱駝負函。盛水養魚而自給。或告孝仁謀不軌。被誅。

虞·延 後漢東昏人。字子大。性敦朴。力能扛鼎。少爲戶牖亭長。王莽末兵亂。延捍禦鈔盜。賴其全者甚衆。光武時官洛陽令。陰氏有客馬成爲姦盜。延收斬之。外戚莫敢干法。累遷爲司徒。會楚王英謀反。陰氏中傷之。詔書切責。遂自殺。

虞·沆 宋會稽人。紹興中知瓊州。瓊隔海洋。吏無顧忌。民苦侵漁。沆乃上疏乞敕監司按治。重行責罰。數年之間。民得安其生。

虞汲 元剛簡孫。爲黃岡尉。宋亡。僑居臨川之崇仁。與吳澄友善。澄稱其文清而醇。嘗再至京。贖族人被俘者十餘口以歸。由是家貧。晚稍起家教授。以翰林院編修致仕卒。

虞沅 晉江都人。居常熟。字畹之。一作輸之。善畫花草翎毛。鉤染工整。賦色妍雅。得古人遺法。

虞叔 春秋虞國虞公弟。叔有玉。公求之。叔曰。匹夫無罪。懷璧其罪。吾焉用此以賈害。乃獻之。又求其寶劍。叔曰。是無厭也。無厭將及我。遂伐公。公出奔共池。

虞宗濟 明常熟人。字思訓。洪武間父兄坐有罪。吏將逮治。宗濟詣吏白父兄無所預。吏疑而訊之。悉自引伏。竟斬於市。

虞忠 三國吳翻五子。字世方。貞固幹事。好識人物。仕至宜都太守。晉征吳。忠堅守不下。城潰被害。

虞放 後漢延從曾孫。字子仲。少爲楊震門生。及震被讒自殺。放詣闕白震冤。由是知名。桓帝時爲司空。封都亭侯。性疾惡宦官。靈帝初以黨事誅。

虞昌 晉字大生。寫眞有生氣。

虞玩之 南齊餘姚人。字茂瑤。少嫻刀筆。汎涉書史。仕宋爲烏程令。高帝領東府。引爲驃騎諮議參軍。以應對之美。深見知遇。遷驍騎將軍。黃門郎。領本部中正。永明中告歸卒。

虞俊 漢無錫人。字仲卿。少以孝友稱。明春秋公羊左氏傳。哀帝時爲御史。遷丞相司直。王莽執政。召爲司徒。俊飲藥而卒。光武即位。表其墓。

虞信 明沔陽人。字尚忱。永樂間以歲貢拜監察御史。立朝有直聲。擢四川按察副使。吏畏民懷。終河南右布政使。

虞奕 宋策弟。字純臣。第進士。崇寧中提點河北刑獄。西部盜起。奕上方略悉降之。累遷戶部侍郎。時內侍總領內藏。予奪顓己。奕以去就力爭。詔爲罷內侍而徙奕工部。未幾卒。

虞姬 戰國齊威王之姬。名娟之。威王即位九年。佞臣周破胡專權。姬請退破胡而進北郭先生。破胡乃毀姬與北郭先生通。王召姬問之。大寤。遂烹破胡。◎楚漢時項羽之姬。羽敗漢圍垓下。起飲帳中。悲歌慷慨。自爲詩曰。力拔山兮氣蓋世。時不利兮騅不逝。騅不逝兮可奈何。虞兮虞兮奈若何。姬和之曰。漢兵北略地。四面楚歌聲。大王意氣盡。賤妾何聊生。遂自刎。(虞姬。史記作美人名虞。一云姓虞氏。又按虞姬之死。史漢不載。此本女俠傳。)

虞思 國有虞之君。少康奔有虞。虞思妻之以二姚。而邑諸綸。有田一成。有衆一旅。遂收夏衆。復禹之績。

虞昺 晉翻八子。字子文。仕吳黃門郎。以捷對見異。超拜尚書。侍中。入晉爲濟陰太守。抑強扶弱。甚著威望。

虞洮 後蜀蜀人。習鹽素家言。孟知祥鎮西川時。董璋患渴疾求醫。知祥遣洮往。洮既至梓州。謂璋曰。公之疾非渴漿而實渴士。得士則不藥愈矣。璋大悅。時璋有據東川之志。故洮陽以言諷之。

虞胤 晉豫子。元敬皇后弟。襲侯爵。拜右將軍。與南頓王宗俱爲明帝所昵。並典禁兵。及帝不豫。宗陰謀發覺。事連胤。頻徙琅邪。廬陵太守。卒。

虞剛簡 宋允文孫。字仲易。一字子韶。以郊恩任官。再舉禮部。嘉定中爲利州路提刑。有治績。嘗與魏了翁。范仲黼。李心傳輩講學蜀東門外。得程朱微旨。著易書論語說以發明其義。蜀人師尊之。稱滄江先生。

虞原璩 明瑞安人。字叔圜。博涉經史。永樂中以楷書薦。與修大典。事竣將授官。以母老辭歸。溫州守何文淵時往訪之。相與辨難經史。商榷時務。一夕坐談至夜半。村落無所覓酒。遂以新醯代之。對酌劇論。人謂之醋交。

虞唐佐 宋盈川人。字堯弼。從學於范浚。中淳而外謹。刻意學問。浚稱其十年不異一日。

虞悝 晉長沙人。孝悌廉信。爲鄉黨所稱。少仕州郡。王敦之亂。爲譙王承長史。督護諸軍。及魏乂來攻。城破被害。

虞恭 後漢詡子。有俊才。官至上黨太守。

虞荔 陳餘姚人。字山披。幼聰穎。及長。善屬文。梁武帝置士林館。命爲學士。以文史見知。陳文帝時除太子中庶子。領大著作。初侯景之亂。荔母隨荔入臺。卒於臺內。尋城陷。情禮不申。由是終身布衣蔬食。不聽音樂。性沈密。凡所獻替。莫見其際。文帝深器之。卒諡德。有鼎錄。

虞堅 南齊以畫名。

虞執中 元望江人。字伯權。聰敏好學。於古書無所不讀。至元間成進士。授中興路錄事。居官恪謹。仕終榆社縣尹。

虞寄 陳荔弟。字次安。弱冠舉秀才。對策高第。梁大同中嘗上瑞雨頌。武帝稱美。陳寶應據閩中。欲引爲僚屬。固辭。及寶應有逆謀。諷諫被拒。乃僞稱疾不起。寶應既擒。文帝勅寄還京。除建安王諮議。太建中卒。

虞常 漢長水人。後沒入匈奴。與緱王謀劫單于母閼氏歸漢。事洩被斬。

虞悰〔南齊〕餘姚人。字景豫。少以孝聞。仕宋位黃門郎。建元初爲太子中庶子。累遷祠部尙書。鬱林王廢。悰歎曰。王徐遂縛袴廢天子。天下豈有此理邪。明帝立。引悰參佐命。悰不奉詔。稱疾篤還。尋卒。悰家善爲滋味。武帝嘗求諸飲食方。悰祕不出。後帝醉。體不快。悰乃獻醒酒鯖鮓一方。

虞授〔晉〕餘姚人。少嗜經史。壯負志略。以文武才幹舉爲奏曹。歷仕廣州刺史。居常以死節自勵。後竟死難。

虞望〔晉〕悝弟。字子都。與悝並以操行稱。王敦之亂。譙王承命爲司馬。遣討湘東太守鄭澹。望斬澹以徇四境。及魏乂來攻。望先登力戰而死。

虞袤〔南齊〕悰從弟。矢志不仕。王敬則反。取袤監會稽郡。而軍事悉付寒人張靈寶。郡人攻郡殺靈寶。袤以不豫事得全。

虞通之〔宋〕餘姚人。善言易。仕至步兵校尉。

虞卿〔戰國〕游說之士。說趙孝成王。一見賜黃金百鎰。白璧一雙。再見爲趙上卿。故號虞卿。後與魏齊去趙。困於梁。乃著書八篇。以譏刺國家得失。世傳之曰虞氏春秋。

虞喜〔晉〕餘姚人。字仲寧。少立操行。博學好古。永嘉、太寧、咸康中累徵不起。永和初有司議祧廟不能決。朝廷遣就喜諮訪。喜專心經傳。兼覽讖緯。嘗著安天論以難渾蓋。又釋毛詩。注孝經。爲志林三十篇。

虞堪〔明〕長洲人。字克用。一字勝伯。號靑城山樵。元末隱居不仕。家藏書甚富。手自編輯。其爲詩清潤典麗。閒寫山水。亦有思致。洪武中爲雲南府學教授卒。有希澹園詩。

虞復〔宋〕義烏人。字從道。學於倪千里。以進士爲楊村酒官。上四十八規。理宗大喜。累官大宗正丞。知信州。忤史嵩之。罷職退居十有五年。董槐爲相。力薦於朝。改尙書郎官。知瑞州。以疾辭。有成己、告蒙、忠告、遠齋等集。

虞景星〔清〕金壇人。字東皐。康熙進士。官吳縣教諭。工詩。精書畫。有三絕之譽。

虞策〔宋〕錢塘人。字經臣。登進士第。元祐中爲監察御史。進右正言。數上書言事。哲宗納后。上正始要言。遷左司諫。帝親政。條所當先者五十六事。後多施行。累官吏部尙書。奏疏徽宗。請均節財用。出知潤州卒。

虞舜〔有虞氏〕姚姓。名重華。其先國於虞。號有虞氏。性至孝。父頑母嚚。弟象傲。常欲殺之。舜修孝道日謹。其父亦允若。堯用之。使之主事而事治。使之主祭而百神享。乃使攝位三十年。遂受禪爲天子。都於蒲阪。在位四十八年。南巡。崩於蒼梧之野。年百有十歲。

虞舜曰〔明〕順昌人。字熙民。工畫山水花木。又工草書。善詼諧。

虞舜臣〔元〕弋陽人。謝枋得弟子。枋得死後二十四年。舜臣爲之築室買田。祠於弋陽之東。語之行省。賜名疊山書院。

虞集〔元〕汲子。字伯生。號道園。隨父居崇仁。三歲知讀書。從吳澄游。大德初以薦授大都路儒學教授。文宗朝累遷奎章閣侍書學士。纂修經世大典。一時大典册。咸出其手。每承顧問。必委曲盡言。隨事諷諫。卒謚文靖。集早歲與弟槃同闢書室。左書陶淵明詩曰陶庵。右書邵堯夫詩曰邵庵。故世稱邵庵先生。平生爲文萬篇。有道園學古錄、道園類稿、平猺記。

虞黃昊〔清〕錢塘人。字景明。康熙舉人。官教諭。十歲卽善屬文。嘗薄柳州乞巧。更作辭巧文。後以詩名。與丁澎等稱西泠十子。

虞溥〔晉〕昌邑人。字允源。少專心墳籍。郡察孝廉。爲鄱陽內史。大修庠序。廣招學徒。移告屬縣。勉勵於學。爲政嚴而不猛。風化大行。嘗注春秋經傳。又撰江表傳。及文章詩賦數十篇。

虞熙〔隋〕世基子。大業末爲符璽郎。宇文化及將亂之夕。或勸熙出走。熙曰。背君棄父。求生何地。及難作。兄弟競請先死。於是先世基殺之。

虞祺〔宋〕仁壽人。政和進士。任潼川路轉運判官。例多重征。祺悉蠲放。每謂法無重征。例不可壞法。

虞經〔後漢〕武平人。爲郡縣吏。案法平允。務存寬恕。每上狀。恆流涕隨之。嘗曰。吾子孫何必不爲九卿。故字其孫詡曰升卿。

虞詡〔後漢〕經孫。字升卿。年十二。通尙書。孝養祖母。舉順孫。拜郎中。永初中羌人反。鄧隲欲棄涼州。詡駁之。由是爲隲所惡。會朝歌賊攻殺長吏。乃以詡爲朝歌長。及到官。募求壯士。殺賊數百人。大有治聲。遷武都太守。增竈進兵。大破羌人。累遷尙書僕射。數忤權戚。遭譴考。性終不屈。永和初以尙書令去官卒。

虞預〔晉〕喜弟。字叔寧。少好學有文章。初爲縣功曹。諸葛恢、庾亮等薦其才行。太興中遷秘書丞。著作郎。爵平康縣侯。官終散騎常侍。有晉書、會稽典錄、諸虞傳。

虞僧誕〔宋〕餘姚人。爲國子助教。以左氏傳教授。聽者常數百人。時博士崔靈恩先習左氏服解。不爲江東學者所好。乃改說杜義。每文句常申服難杜。僧誕最精杜學。作申杜難服。

世並傳之。

虞愿 南齊餘姚人。字士恭。宋元嘉末爲湘東王國常侍。明帝立。除通直散騎侍郎。數以直言忤旨。出爲晉安太守。郡有越王石。嘗隱雲霧中。惟清廉太守乃見。愿往觀。清徹無所蔽。郡産蚺蛇。膽可爲藥。有遺愿蛇者。愿放之。蛇歸者再。論者以爲仁心所致。累遷廷尉。領東觀祭酒。建元初卒。有五經論問·會稽記及文翰數十篇。

虞摶 明義烏人。字天民。自號花溪恆德老人。博覽能文。因母病遂精醫。著醫學正傳。其學以朱震亨爲宗。而參以張機·孫思邈·李杲諸家說。各選其方之精粹者。復爲或問以申明之。又有方脈發蒙·百字吟·半齋稿。

虞槃 元集弟。字仲常。少與集從吳澄游。嘗著非非國語。時稱其有識。第延祐進士。累官湘鄉州判官。治巫蠱之亂。吏民咸伏。秩滿。除嘉魚縣尹。槃已卒。槃於詩書春秋。皆有論著。

虞綽 隋餘姚人。字士裕。博學有俊才。尤工草隸。大業初爲祕書學士。與虞世南等撰長洲玉鏡等書十餘部。綽所筆削。帝未嘗不稱善。以度遼功。授建節尉。後因楊玄感黨。變姓名出亡。爲吏所執。坐斬。

虞賓 宋餘姚人。字舜臣。以進士知長洲縣。屬歲大祲。民無蓋藏。部使者猶急宿負。賓周東文書不問。民勒碑頌之。官終翰林承旨。（按萬姓統譜作山陰人。此從餘姚縣志。）

虞慶則 隋櫟陽人。本姓魚。其先仕於赫連氏。遂家靈武。幼雄毅倜儻。以射獵爲事。中更折節讀書。仕周至石州總管。甚有威惠。開皇初進位大將軍·吏部尚書。突厥入寇。慶則爲元帥討之。尋授上柱國。封魯國公。轉右武候大將軍。嶺南人李賢反。命慶則爲桂州道行軍總管討之。賢平。使婦弟趙什柱詣京奏事。什柱告慶則謀反。遂被誅。

虞潭 晉忠子。字思奧。清貞有檢操。舉秀才。歷醴陵令。張昌作亂。潭起兵斬昌。又與諸軍平陳恢。討杜弢。累遷宗正卿。以疾告歸。會王含·沈充等攻逼京師。潭招合義軍。進赴國難。事平。徵拜尚書。出守吳興。蘇峻反。率衆討之。以功進爵武昌侯。拜右光祿大夫·開府儀同三司。卒諡孝烈。潭和弱而內堅明。有膽決。屢統軍旅。尠有傾敗。

虞儔 宋寧國人。字壽老。孤介不苟。舉隆興進士。歷官績溪令。飲食服用。悉取給於家。諸司上其治狀。累遷監察御史。排擊貴近。朝紀肅然。出爲浙東提刑。知湖州。推行荒政。全活甚衆。仕終兵部侍郎。工詩古文。有尊白堂集。

虞嘯父 晉潭孫。官侍中。爲孝武帝所親愛。隆安初王廞舉兵叛。嘯父行吳興太守。應廞。廞敗。罪應斬。贖爲庶人。尋復拜尚書。桓玄用事。以爲太尉左司馬。出爲會稽內史。去職卒。

虞豫 晉外黃人。元帝敬皇后父。少有美稱。州郡禮辟並不就。拜南陽王文學。早卒。明帝卽位。追贈開府儀同三司·平山縣侯。

虞閼父 周虞舜之後。武王時爲陶正。

虞聳 晉翻六子。字世龍。在吳歷清官。入晉除河閒王相。務抽引人物。疾俗喪祭無度。弟昺卒。祭以少牢酒飯而已。當時族黨並遵行之。

虞薦發 宋丹陽人。字君瑞。德祐中避地無錫。無錫學久廢。薦發爲之師。招諸生講說義理。爲鄉校官十餘年。當路交辟不就。歸自號薇山。學者因稱薇山先生。

虞謙 明金壇人。字伯益。洪武中由太學生知杭州府。永樂初召爲大理少卿。天津衞倉災。焚糧數十萬。御史謂主典者盜之。縱火以自蓋。逮幾八百人。論死者百。謙白其濫。得減。仁宗時爲正卿。嘗應詔上言七事。皆切中時務。宣德初卒於官。謙工詩畫。自負才望。有玉雪齋集。

虞翻 三國吳餘姚人。字仲翔。少好學。有高氣。爲孫策功曹。出爲富春長。曹操辟不就。孫權以爲騎都尉。翻數犯顏諫爭。權不悅。多見謗毀。坐徙丹陽涇縣。後又以酒失徙交州。講學不倦。門徒常數百人。在交十餘年卒。翻精於易。有易注。又爲老子論語國語訓注。

虞顗 後漢詡子。中常侍張防欲害詡。顗與門生百餘人舉幡候中常侍高梵車。叩頭流血。訴言枉狀。梵乃入言之。防坐徙邊。卽日赦出詡。

虞騫 梁會稽人。工五言。與何遜齊名。官至王國侍郎。

虞騤 晉潭兄子。字思行。有素行。與桓彝俱爲吏部。情甚篤。仕終吳興太守。

虞龢 宋餘姚人。少好學。居貧屋漏。恐濕墳典。乃舒被覆書。書獲全而被大濕。時人以比高鳳。位中書郎·廷尉。

虞謹 明寧波人。就傅授詩。至明發有懷。卽隕涕。尚書楊守陳稱爲篤孝兒。成化中代從兄謙戍安定。守陳爲之請免。弘治中父母相繼卒。哭久廢碍爲潰。遠其妻不相接。體本肥澤。如是者十五年。遂骨立而瘦。人號之曰瘦齋。

蜀後王 蜀漢昭烈帝子。名禪。字公嗣。小字阿斗。帝[illegible]位。諸葛亮輔政。信任不疑。國大治。及亮卒於軍。蔣琬、董允相繼卒。宦人黃皓便辟佞慧。帝寵之。皓竊政。操弄威柄。魏遣鄧艾、鍾會伐之。姜維戰敗。鄧艾至成都。帝用譙周策詣艾降。國亡。舉家遷洛陽。魏封帝安樂公。在位四十一年。紀元四。建興、延熙、景耀、炎興。

蜀昭烈帝　【三國[?]】涿縣人。姓劉氏。名備。字玄德。漢景帝子中山靖王勝之後。少孤。與母販履織席為業。靈帝末討黃巾賊有功。豪傑歸之。見諸葛亮於隆中。情好日密。後漢建安十九年。帝入成都。自領益州牧。二十四年。取漢中。自立為漢中王。明年曹丕廢獻帝。蜀中傳言漢帝已遇害。帝乃發喪制服。即皇帝位於武擔之南。都成都。關羽沒。帝助之。自將伐吳。遂軍猇亭。諸軍敗績。帝還白帝城。遂崩。諡昭烈。史稱先主。在位三年。年號章武。

蜎淵　【周[?]】楚人。老子弟子。著蜎子十三篇。

衙博　【晉[?]】官督護。從討李特。為所敗。衆盡降。

裕庚　【清】漢軍正白旗人。字朗西。光緒間以廩貢生歷官道員。應參英翰、盛善、裕祿幕事。旋劾再奪職。中法失和。裕庚投効臺灣軍營。以福建知府用。旋出使法國。升太僕寺少卿。回京辦理各國外交事宜。旋卒。

裕泰　【清】滿洲鑲紅旗人。姓他塔喇氏。字東巖。號餘山。由官學生考取繙譯中書。累擢湖廣總督。勦崇陽鍾人杰。平新寧李沅發。皆有功。後官陝甘總督。卒諡莊毅。

裕彬[?]　【清】滿洲人。肅順之黨。咸豐間為筆帖式。肅順薦擢主事。入四山避之。肅順誅。覓其尸。奕訢壯其高誼。召之不至。隱於霸州。光緒初卒。

裕瑞　【清】宗室。字思元。封輔國公。嘗譜西洋地球圖。通西番語。謂佛經皆自唐時流入西藏。近日佛藏皆出一本。無可校讎。乃取唐古特字譯校。以復佛經唐本之舊。有思元齋集。

裕祿　【清】德弟。號壽泉。光緒間官至直隸總督。義和拳之亂。裕祿為莊端所嗾。縱任拳匪與各國啟釁。聯軍遂陷天津。裕祿走蔡村。服毒自盡。

裕德　【清】滿洲正白旗人。字壽田。光緒進士。官至大學士。有聲價[?]。卒諡文慎。

裕謙　【清】蒙古鑲黃旗人。姓博羅武氏。班第曾孫。原名裕泰。字魯山。嘉慶進士。道光間官至兩江總督。英人擾閩浙。赴浙防勦。守鎮海。城陷。死之。諡靖節。

裘曰修　【清】新建人。字叔度。一字漫士。乾隆進士。歷官禮刑工三部尚書。奉敕撰熱河志、太學志、西清古鑑、秘殿珠林、石渠寶笈、錢錄等書。又奉命補葺殿經殘本。所蒞有名績。治水為尤著。嘗奉命勘視河道。卒諡文達。

裘安邦　【清】會稽人。字吉忱。號梅林。嘉慶武進士。官至徐州鎮總兵。安邦雖武人而雅好文治。嘗讀陸宣公奏議。能作詩。尤關心民間疾苦。時比之晉羊祜。

裘行簡　【清】曰修子。字敬之。乾隆間賜舉人。以中書直軍機處。隨同桂勦甘肅石峯堡回有功。嘉慶間累官兵部侍郎、直隸總督。卒諡恭勤。

裘廷舉　【元】會稽人。至正末兵亂。與從子近忠斬木為鹿角。立寨駐日嶺。內設強弩。聚民守之。敵至。屢為所傷。寨破。俱被害。

裘承詢　【明】會稽人。居雲門山前。十九世無異爨。子弟習絃誦。鄉里稱其敦睦。

裘尊生[?]　【清】錢塘人。字義門。一字果園。雍正間客揚州。善畫人物花卉。書學黃山谷。

裘煥　【清】錢塘人。字煜炎。號了菴。年十五為諸生。善畫。精岐黃。嗜古博覽。日以著書為事。

裘萬頃　【宋】新建人。字元量。有孝行。篤志學問。粹然一出於正。淳熙進士。累官江西撫幹。有竹齋詩集。

裘璉　【清】慈谿人。字殷玉。康熙進士。選庶吉士。有横山集。

裘稜　【清】璉子[?]。字寧方。善畫花卉。

補鍋匠　【明】建文遺臣。詳黃直條。

解一貫　【明】交城人。字會唯。正德進士。除工科給事中。嘉靖初出按牧馬草場。凡內臣勳戚所據莊田。奉歸之民。帝為后父陳萬言營第極壯麗。一貫力請裁節。尋進吏科都給事中。張璁、桂萼同擠費宏。復偕同官力詆之。謫開州判官卒。

解子元　【元】吉水人。字真我。延祐進士。官校書郎。至正間兵亂。率衆為保障。為寇所困。力戰死。

解元　【宋】保安軍德清砦人。字善長。猿臂善騎射。韓世忠麾下。後以戰功。累官保信軍節度使卒。

解奴辜　【後漢】能隱形。出入不由門戶。變易物形。以誑幻人。

解汝楫　【元】誠子。從討李璮平宋。累獲功賞。卒諡忠毅。

解延年　【漢】毛公治詩。授同國貫長卿。長卿授延年。延年為阿武令。授徐敖。⊙【明】棲霞人。正統進士。知順慶府。政先德化。郡民祀之。有蜀類稿[?]。

解系　【晉】九眞太守華元勇將。陶璜以計間元。元因殺系。⊙【晉】脩子。字少連。與二弟並清身潔己。甚得聲譽。初辟公府掾。遷尚書。出為雍州刺史、西戎校尉。會氐羌叛。與征西將軍趙王倫討之。倫信佞人孫秀。與系爭軍事。更相表奏。爲倫秀所譖。免官。尋爲倫所收殺。

解叔謙 【南齊】雁門人。字楚梁。母有疾。夜禱。聞空中語云。須丁公藤爲酒。便瘥。叔謙遍訪至宜都郡山。遇老翁伐木。問之。曰。此丁公藤。叔謙求歸漬酒。母飲之。疾瘥。

解奉先 【唐】開元中洛陽畫匠。善畫像。

解帖哥 【元】汝楫子。從征廣西。積官萬戶。尋從征交趾有功。陞廣東道宣慰使。卒諡武宣。

解忠鯁 【唐】著有龍武玄兵圖。

解法選 【北齊】河內人。少精相術。鑒照人物。皆如其言。

解狐 【春秋晉】祁奚請老。悼公問嗣焉。稱解狐。其讎也。將立之而卒。

解育 【晉】脩三子。字稚連。名亞二兄。累官弘農太守。與兄俱被害。妻子徙邊。

解倩 【梁】工畫人物士女。鬼神故實。通變巧捷。◎【唐】善畫鬼神。

解珙 【明】興化人。號一齋。工畫山水人物。

解悰 【隋】工畫。時稱名手。

解敏 【明】陽武人。性剛勁。好學明敏。以古人自期。第洪武進士。積官浙江按察使。政聲著聞。

解脩 【晉】著人。仕魏爲琅邪太守。梁州刺史。考績爲天下第一。武帝受禪。封梁鄒侯。

解處中 【南唐】江南人。工畫雪竹禽鳥。

解琬 【唐】元城人。中幽素科。歷官侍御史。安撫烏質勒及十姓部落。景龍中遷御史大夫。兼朔方行軍大總管。前後守邊積二十餘年。務農習戰。華夷安之。官終同州刺史。

解結 【晉】脩次子。字叔連。少與兄系齊名。累官御史中丞。時孫秀亂關中。結在都議秀罪應誅。秀因此致憾。及系被害。結亦同戮。

解開 【明】吉水人。字開元。元末與弟闓隱居山中。俱有文名。時稱二解。明初徵爲本縣師。訓迪有方。吉水文學之盛自開始。學者稱筠澗先生。有書解文集。

解暉 【宋】臨洛人。少有勇力。累戰有功。淳化中以上將軍致仕卒。年八十。暉驚猛木強。每受詔征伐。常身先之。金創遍體。時稱驍將。

解禎期 【明】縉兄子。縉坐事下獄。籍其家徙邊。後召還。以善書選天下第一。仁宗召爲中書舍人。

解綸 【明】開長子。洪武進士。授監察御史。太祖稱其篤實。改應天教授。居三年。以剛直忤權貴。歸養父。竟不起。

解蒙 【元】觀弟。字求我。天曆舉人。以善易名於時。有易精蘊大義。

解誠 【元】定興人。善水戰。多謀略。從伐宋。以功授水軍萬戶。卒諡武定。

解潛 【宋】紹興初爲荊南鎮撫使。募人耕荒田。收大利。紹興中屯田自此始。疾劇。張九成往候之。泣曰。平生誓與賊戰死。此心忠義。惟有天知。言終而逝。

解學龍 【明】揚州興化人。字石帆。萬曆進士。天啓初官刑科給事中。遼東難民多渡海聚登州。招練副使劉國縉請帑金十萬賑之。多所乾沒。學龍三疏發其弊。國縉獲譴。王紀忤魏忠賢削籍。學龍爭之。失忠賢意。不報。崇禎時累官至南京兵部右侍郎。福王立。擢刑部尚書。定六等從賊罪。忤馬士英。削籍歸卒。

解縉 【明】綸弟。字大紳。洪武進士。授庶吉士。嘗草疏萬言指斥時政。帝稱其才。改御史。以其年少。令還家進業。太祖崩。縉奔喪。至京。有司劾非詔旨。謫河州衞吏。用薦召爲待詔。成祖入京。擢侍讀。命與黃淮楊士奇等入直文淵閣。預機務。累進翰林學士。兼右春坊大學士。以贊立太子。爲漢王高煦所惡。數構讒言。又諫討交阯忤旨。遂出爲廣西參議。既行。爲李至剛所構。改交阯。高煦又陷以他事。逮下詔獄死。有文毅集。又與黃淮等奉敕撰古今列女傳。

解禮 【明】鄢陵人。幼純篤。親沒廬墓。負土成墳。手栽柏樹數千株。有雙兔馴擾墓上。人稱其孝。

解觀 【元】吉水人。初名子尙。字觀我。師吳澄。澄更字之曰伯中。幼嗜學。自天文地理兵刑律曆。靡不精究。尤深於易。中天曆鄉舉。預修宋史。著書甚多。有周易疑義通釋。宋書。儒家博要。四書大義等。又作萬分曆。推步如神。

觟陽鴻 【後漢】中山人。字孟孫。以孟氏易教授。有名稱。永平中爲少府。

詮修 【清僧】崑山李氏子。字二勝。自號蒙泉道人。俗名子柴。能詩。工八分。善畫人物花鳥。

詹士龍 【元】固始人。字雲卿。父鈞爲宋都統。沒於鄂州。士龍甫三歲。隨母北徙。董文炳以見世祖。世祖歎曰。此忠臣子。汝善養之。既長。士龍知己非董出。卽晝夜痛哭。懇求復姓。文炳戲曰。試爲投石水中。浮則爾從。士龍因以石投水。沈而復浮者數四。文炳許之。歷官廣西道僉事。致仕卒。

詹友端 【宋】宣城人。字伯尹。政和中鄉貢第一。建炎初伏闕上書。言甚剴激。不報。監池州贍軍酒庫。會盜發。友端攝西安尉。與賊力戰。中流矢卒。

詹·天顏 明龍巖人。號儋伍。崇禎初恩貢。令石泉縣。會舉邊才。晉慶陽同知。時張獻忠破蜀郡。天顏多布方略。龍安以全。累官四川巡撫。清兵克嘉定。天顏兵敗。被執死之。

詹·天寵 清婺源人。字君錫。性敏。精給事。尤善花卉。書法仿朱熹。見者駭歎。陰陽星緯術數之書。無不精曉。

詹·方杜 清休寧人。字天木。精書畫。通術數醫理。以四方未靖。避居崧蘿山。有四家小品。

詹·世勛 宋婺源人。修偉沈毅。其勇臭敵。紹興中爲舒城縣民兵正將。弟世勣副之。招募壯勇。拒金人於榜栳原。身被重創死。

詹·仕顯 明邵武人。司教如皐。能詩。通繪事。寫菊濡墨就影。生態具足。

詹·功顯 清福清人。由行伍隨勦海寇蔡牽。道光中積功官至浙江提督。

詹·必勝 五代閩婺源人。唐景福初王潮遣其弟審知收福州。審知擢必勝爲先鋒兵馬使。領兵攻其西南。城陷。必勝冒矢石先登。沒於陣。

詹·本 宋延安人。字道生。高抗不仕。丞相江萬里薦爲郎。先致書於本。本方坐門前石磯垂釣。使者至。問本居。本紿之曰。前村即是。及使者去。本即持竿渡溪而去。不知所終。

詹·仰庇 明安溪人。字汝欽。嘉靖進士。由南海知縣徵授御史。隆慶初詔戶部購寶珠。仰庇疏乞罷購。穆宗頗耽聲色。陳皇后微諫。帝怒。出之別宮。仰庇復疏還坤寧宮。會奉命巡視監局庫藏。以論內官坐被杖。黜爲民。神宗即位。起廣東參議。累官左僉都御史。刑部右侍郎。致仕卒。

詹·先野 宋崇安人。字景舒。經史諸子。歷覽無遺。天聖中領鄉薦。繼應賢良。後隱居廬江之濱。每嘯咏武夷山水間。終日忘歸。人謂其有仙風道骨。

詹·兆恆 明永豐人。字月如。崇禎進士。知甌寧縣。多善政。徵授南京御史。福王時進大理寺丞。阮大鋮起。兆恆力爭之。已請告歸。唐王召爲兵部左侍郎。與黃道周協守廣信。城破。奔懷玉山。聚衆數千人攻開化。兵敗死。

詹·同 明婺源人。字同文。初名書。元至正中舉茂才異等。除郴州學正。陳友諒以爲翰林學士承旨。太祖下武昌。召爲國子博士。賜今名。遷累官吏部尚書。與宋濂等修日曆。爲總裁官。明年書成。凡一百卷。尋以老乞歸。同操行耿介。終始淸白。卒諡文敏。有天衢吟嘯集。海涓集。

詹·何 戰國善術數。一日坐。弟子侍。有牛鳴於門外。弟子曰。是黑牛也。而白題。何曰然。是黑牛也。而白在其角。使人視之。果黑牛。而以布裹其角。

詹·初 宋休寧人。字以元。以薦入太學爲學錄。上疏請辨君子小人邪正之分。忤韓侂胄罷歸。遂入廬山不仕。有流塘集。

詹·希原 明同從孫。初名希元。字孟舉。以書學名世。洪武初官中書舍人。宮殿及城門坊扁。皆希原所手書。楊士奇嘗稱其大字爲國朝第一。

詹·成 宋高宗朝匠人。雕刻精妙無比。所造鳥籠。四面花板。皆於竹片上刻成宮室人物山水花木禽鳥。纖悉俱備。其細若縷。

詹·沂 明宣城人。字浴之。隆慶進士。由新建知縣擢給事中。時張居正奪情議起。省垣希旨乞留。疏具。沂獨不署名。出爲山東副使。累遷左副都御史。乞歸不許。掛冠歸。有潔身堂稿。

詹·良臣 宋分水人。字元公。爲縉雲尉。方臘犯境。良臣爲賊所執。賊臠其肉。使自啖之。良臣且吐且罵。至死不絕聲。徽宗聞而傷之。官其子孫二人。

詹·事講 明江西樂安人。字明甫。別號養貞。萬曆進士。官至北直隸提學御史。有詹養貞集。

詹·明章 淸海澄人。字羲士。號兼山。生於明季。入清。隱居不出。精於河洛之學。魏荔彤守漳郡。築景雲樓以優禮之。康熙末卒。年九十三。有易義及河洛解等書。

詹·泮 明玉山人。字少華。正德進士。官至禮科給事中。嘗從章懋游。以講學自任。其詩文亦別爲一格。有少華集。

詹·阜民 宋遂安人。字子南。累官宗正寺丞。兼駕部郎中。知徽州府。民爲立祠。與朱熹同祀焉。

詹·俊 明當塗人。字國章。洪武初爲磁州同知。始至。大書忠勤廉謹四字於座隅以自勵。嘗遇飛蝗。呼天告哀。蝗遂出境。久旱。作歌自責。大雨即至。陞汝寧通判。善吟咏。尤喜作大書。

詹·庠 宋崇安人。字周文。大中祥符進士。官三門白波輦運判。景祐中進君臣龜鑑六十卷。有詔襃諭。

詹·度 宋縉雲人。字安世。政和初知眞州。以課最。加直龍圖閣。度嘗與郭藥師同知燕山府。藥師欲居度右。度告於朝。朝廷恐其交惡。命蔡靖代度。度言藥師瞻視不常。趨向匪異。逆節已著。與金人交結。背負朝廷。興禍不遠。願早爲之慮。始遣官究問。而金兵已南下矣。人服其先識。

詹·彥中 明臨淮人。元末辰沅蠻叛。命鎭辰州。創衛所。增浚城池。

軍政嚴肅。洪武初拜湖廣行省參知政事。辰有五溪。爲槃瓠蠻獠雜處。彥中撫馭有方。民夷懷之。卒於任。郡人立懷德碑。

詹師文 〔宋〕崇安人。字叔簡。刻意好學。慶元中第進士。調江西憲司檢法官。治獄無冤。討平赤水關賊。秩滿歸家。與眞德秀·鄒應龍交游。不復仕進。有幔亭遺稿·通典編要。

詹珪 〔明〕鄱陽人。字朝章。嘉靖中知建寧縣。有惠政。去後。民追思。樹遺愛碑於名宦祠。官終貴州副使。

詹勗 〔明〕夔州人。字勗之。洪武中知東莞縣。廉介有守。修飾壇壝。以嚴祀典。推人戶甲乙。以均力役。又重修廟學。時瀕海寇發。躬率衆擒之。還其籍。境上寧謐。民樂其生。

詹崇樸 〔元〕江西樂安人。字叔厚。通經義。爲時名儒。大德中夏友蘭建鰲溪書院。請崇樸主其教事。學者多所成就。有厚齋奎光集。

詹淵 〔宋〕崇安人。字景憲。慶元進士。爲臨江戶曹掾。江西俗尚嚚訟。有數年不決者。淵一閱之。皆得其情。於是環十一郡之民。有求直於有司者。皆請屬淵。時爲語曰。寧爲戶曹非。不願他官直。

詹惠明 〔宋〕婺源人。熙寧間父坐事當死。惠明詣郡求代罪。坐府門。以艾火灼頂。趨庭哀懇。斷右耳。血出淋漓。郡守以狀聞。詔減父罪。賜惠明錢帛。

詹敦仁 〔五代閩〕仙遊人。字君澤。嘗詣王昶上書。昶命參決軍事。強以袍笏。不受。以詩謝之。

詹景仁 〔宋〕崇安人。以文學辟掾三公府。元祐間出貳浙東憲幕。擢江西撫州路總管。與京兆杜徵君本友善。攜歸武夷平川。景仁築萬卷樓。本築思學齋·懷友軒。當時名公鉅卿。莫不往謁。相與唱酬焉。

詹景鳳 〔明〕休寧人。字東圖。號白岳山人。以南豐教諭爲吏部司務。工書畫。有畫苑補益·書苑補益·詹氏小辨·東圖元覽·六緯擷華等。

詹棗 〔宋〕崇安人。字德寬。嘉泰進士。爲安福尉。時有婦人非命死。官屢檢視。不得其實。上官檄棗檢覆。見其腹脹。因推究之。得竹刃於隱際。賊亦隨獲。開禧間調瑞州法曹。

詹軾 〔明〕玉山人。字敬之。正德進士。授行人。諫武宗南巡。杖死。福王時追謚忠潔。

詹道傳 〔元〕臨川人。所著四書纂箋。雖不免疏漏。然大致皆有根柢。

詹鼎 〔明〕寧海人。爲人豪邁奇偉。方國珍聞其名。強致之。明師臨慶元。國珍遁於海。太祖怒。將誅之。鼎爲草表謝。辭恭而辨。太祖見之曰。孰謂方氏無人乎。乃舍不問。更以國珍爲左丞。鼎亦召至京。爲書萬餘言。須車駕出上之。太祖立馬受讀。付丞相。授以官。後以刑部郎中謫陝西卒。

詹信 〔明〕鄞人。一作名禾。字仲和。號鐵冠道人。初爲縣諸生。已而棄去。學書師王右軍·趙子昂。皆逼眞。年七十餘。燈下能作小楷如蠅頭。名動公卿。而亢潔自好。終不屑丐一官。

詹嘉言 〔明〕松陽人。字心聲。爲象山訓導。佐縣令平海寇。轉蒼溪教諭。流賊猝至。被執不屈死。

詹愷 〔宋〕浦城人。字應之。安貧守道。一介不取。誘掖後進。孜孜不倦。從游者多所成立。爲文操筆立就。人以爲腹稿。晚任信豐尉。有文集。

詹榮 〔明〕山海衛人。字仁甫。嘉靖進士。歷戶部郎中。督餉大同。值兵變。以靖亂功擢光祿少卿。再遷右僉都御史。巡撫甘肅。移大同。時俺答數犯邊。榮多方計戰守。數敗之。築邊牆。開屯田。邊備大飭。官終兵部左侍郎。

詹爾達 〔明〕江西樂安人。字起鵬。萬曆進士。爲湖南兵備。勦武陵藍山之寇。平四川藺酋。遷大名道。平鄒滕間白蓮妖盜。擢光祿卿。以劾魏璫閒住。崇禎初起兵部侍郎。辭終養不赴。

詹爾選 〔明〕江西樂安人。字思吉。崇禎進士。擢御史。閣臣錢士升以票擬忤旨。引告回籍。爾選申救。且言悖祖訓十二事。帝大怒。召入武英殿面詰。爾選侃侃不少撓。帝指疏中權宜苟且四字。罪以指斥。命錦衣提下。諸大臣力救。得免死罷歸。福王立。首起故官。羣小憚其鯁直。令補外僚。遂不出。入清後卒。

詹肇堂 〔清〕儀徵人。字石琴。工詞。乾隆舉人。有嫺雅山房詞。

詹鳳翔 〔明〕江西樂安人。字道存。洪武進士。被薦赴京。以病免。歸任本府儒學訓導。自少至老。書册未嘗去手。多著述。有大學中庸章句·語孟節要·書經釋義·書傳旁通·家禮括要·律呂新書括要·理學類編·奎光堂文集。

詹儀之 〔宋〕遂安人。字體仁。紹興進士。淳熙中知信州。時朱熹·呂祖謙在鵝湖論學。儀之往復問辨無虛日。後帥廣東。論廣鹽官鬻之弊。孝宗嘉之。除吏部侍郎。知靜江府。在任六年。官鬻弊革。已中飛語。謫袁州。歸卒。

詹範 〔宋〕崇安人。字器之。知惠州。從蘇軾游。靖康間官京師。張邦昌迫以僞命。不受。逃歸行在。高宗即位。召對奏虜事甚詳。擢爲太常丞。遷祠部員外郎。

詹適 〔宋〕縉雲人。字德遠。幼以孝聞。第嘉祐進士。仕至龍圖閣學士。居官廉正。所至有惠愛。

詹應陳 〔宋〕字俊卿。舉進士。調

衢州戶曹。公廉自許。德祐時元兵南下。應陳被俘。使治馬芻。善調馴。欲任以行軍掌書記。應陳辭以不善書。逃歸。教授生徒以終。

詹儼 〔明〕休寧人。字以寬。洪武初官翰林學士。以善書名。兼善畫馬。

詹體仁 〔宋〕慥子。字元善。隆興進士。爲太常少卿。陛對首陳父子至恩之說。孝宗崩。率同列抗疏請駕詣重華宮。寧宗登極。天下晏然。體仁與諸賢密贊趙汝愚之力也。官終司農卿。體仁穎邁特立。博極羣書。少從朱熹學。以存誠愼獨爲主。周必大嘗國。體仁薦三十餘人。皆當世知名士。郡人眞德秀。亦早從之游。

誇扎 〔清〕滿洲鑲紅旗人。姓伊爾根覺羅氏。康熙間從討耿精忠於江西。吳三桂於湖南。馬承廕於廣西。皆有功。官至鑲紅旗蒙古都統。

詧光 〔唐〕僧。永嘉吳氏子。字登封。多作古調詩。長於草隸。聞陸希聲謫宜豫章。往謁之。授五指撥鐙訣。書體遒健。昭宗召對。於御榻前作書。賜紫方袍。

貊高 〔元〕穎州太和人。初爲擴廓帖木兒部將。至正間任平章事。孤忠敢言。不畏權勢。誅李羅之叛。討擴廓之逆。屢受特詔。奮不顧身。屹然河北保障。

賫金 〔明〕雲南人。初爲維摩州土官。後歸流。金與其族賫高。相繼作亂。州治爲墟。後金爲家奴所殺。其嗣遂絕。

賈二姐 〔清〕鹿邑人。張姓婢。配僕王林。主沒家中落。林欲攜之遁。二姐曰。若何不義若此。不憶我與若幼時寒衣饑食。皆仰給於主乎。後林死。其姑勸之改圖。二姐遂與姑絕。買一驢鬻麵以養主母。甘旨不少缺。

賈三光 〔明〕偏關人。字孟明。客寧武周遇吉所。李自成圍城。遇吉促之行。三光曰。公爲君死。吾寧不爲公死乎。城陷自殉。

賈三近 〔明〕嶧縣人。字德修。隆慶進士。授吏科給事中。所陳時政。多長者之言。萬曆間平江伯陳王謨以太后家姻。賫緣得鎮湖廣。三近劾其垢穢。給事中雒遵·御史景嵩·韓必顯劾譚綸被謫。三近率同列救之。官至兵部右侍郎。嘗採錄寓言爲滑燿編。

賈大隱 〔唐〕公彥子。儀鳳中爲太常博士。累遷中書舍人。垂拱中博士周悰請武氏廟爲七室。唐廟爲五。下比諸侯。大隱奏言不可。武后不獲已。爲聽之。時皆服大隱沈正不詭從。有大臣體。官終禮部侍郎。

賈子光 〔漢〕居長安市中爲名豪。報仇怨。養刺客。成帝時爲京兆尹王尊所誅殺。

賈子坤 〔宋〕懷安軍人。字伯厚。嘉定進士。爲西和推官。攝通判。關外被兵。子坤與郡守陳寅誓死城守。城陷。子坤朝服與其家十二口死之。

賈山 〔漢〕穎川人。涉獵書記。不能爲醇儒。孝文時言治亂之道。借秦爲喩。名曰至言。其後帝下鑄錢令。山復上書諫。遂禁鑄錢。又訟淮南王無大罪。宜急令反國。言多激切。然終不加罰。

賈仁元 〔明〕萬泉人。嘉靖進士。由歷城知縣累官兵部尙書。以淸節著。

賈元紹 〔後魏〕濮陽人。孝文時爲冠軍將軍。工卜筮。

賈允升 〔清〕黃縣人。乾隆進士。授檢討。嘉慶中任御史。伉直敢言。多所匡救。官至兵部右侍郎。

賈公彥 〔唐〕永年人。永徽中官至太學博士。有周禮義疏·儀禮義疏。周禮疏尤極博核。足以發揮鄭學。

賈公望 〔宋〕昌朝孫。字表之。資稟甚豪。嘗謂仕宦當作御史。排擊奸邪。否則爲將攻羌戎。知蘇州。疾朱勔父子。與奔競其門者。爲詩自勵。因以刺之。其風節類如此。

賈公傑 〔宋〕昌朝孫。字千里。一作千之。工畫佛像。

賈六十八 〔元〕塔剌渾孫。至元間諸軍圍襄樊九年。六十八率所部戍駱駝嶺一字城。立砲不發。以怠敵心。俄率銳卒突出。破之。又從諸軍追宋二王至海。下三十餘城。官終砲手軍匠萬戶。

賈午 〔晉〕充少女。光麗豔逸。端美絕倫。見韓壽姿容而悅之。潛修音好。時西域貢奇香。一著人則經月不歇。武帝惟賜充。午密盜以遺壽。充覺。遂以午妻壽。及子謐敗。被誅。

賈少沖 〔金〕通州人。字若虛。天眷進士。歷官河中府判官。海陵淺失道。少沖謂所親曰。天下且亂。不可仕也。秩滿乃不求仕。大定間官至順天軍節度使。爲人外柔內剛。每從容進諫。世宗稱美之。

賈文備 〔元〕輔子。字仲武。襲父左副元帥。領所部屯亳州。以戰守有功。累遷湖廣行省參知政事。卒諡莊武。

賈必選 〔明〕上元人。字直生。萬曆舉人。官戶部主事。以辯倪嘉慶冤謫外。旋遷南京工部郎中。所著松蔭堂學易一書。皆發明邵子之說。

賈田祖 〔清〕高郵人。字稻孫。號禮耕。乾隆時廩生。好學多所瞻涉。喜左氏春秋。朱墨爛然。未嘗去手。與陽湖洪亮吉·同里王念孫友善。以名節自矜。善爲詩。有稻孫集。

賈疋 〔晉〕詡曾孫。字彥度。愍帝時爲雍州刺史。率衆攻劉曜於長安。大敗之。曜中流矢退走。遂迎秦王。奉爲皇太子。建行臺於長安。加疋征西大將軍。後爲彭蕩仲子天護所害。疋勇略有志節。以復晉室爲已任。不幸殞墜。時人咸痛惜之。

賈·仲名 【明】一作仲明。工樂府。有雜劇對玉梳等。入元曲選。

賈·充 【晉】逵子。字公閭。襲父爵爲侯。文帝時歷廷尉。武帝受禪。有佐命功。遷侍中。專以諂媚取容。累遷司空·侍中·尙書令。伐吳之役。詔充總統六師。充慮大功不捷。表以爲雖腰斬張華。不足以謝天下。及吳平。慚懼請罪。罷節鉞。卒諡武。

賈充母 【晉】姓柳氏。重節義。武帝受禪。柳數罵成濟之不忠。而不知充之預其事。侍者聞之。無不竊笑。及將亡。充問所欲言。柳曰。我敎汝迎李新婦尙不肯。安問他事。遂無言。

賈充妻 【晉】李豐女。淑美有才行。豐誅。坐流徙。充後娶郭槐。李尋赦還。武帝詔充置左右夫人。充母使充迎之。充畏槐不敢。別築室居之。槐盛儀往省。旣入戶。不覺腳屈。因遂再拜。自是充每出行。槐輒使人尋之。恐其過李也。李有女訓行世。

賈后 【晉】充後妻郭槐出。名南風。醜而短黑。泰始中冊爲太子妃。妬忌多權詐。太子畏而惑之。惠帝卽位。立爲皇后。荒淫放恣。威服內外。務爲姦謀。旣廢愍懷太子。又害之以絕衆望。罪惡昭著。趙王倫率兵入宮。遣使齎金屑酒賜后死。

賈·同 【宋】臨淄人。字希得。篤學好古。有時名。舉進士。王欽若方貴盛。欲致之。不往。歷官兗州通判。天聖初上書言丁謂造符瑞欺先帝。今宜明告天下。以徵其謬。又言寇準忠亮。不宜貶黜。時章獻太后臨朝。而同言如此。人以爲難。再遷殿中丞。知棣州卒。門人諡曰存道先生。

賈·名儒 【明】眞定人。萬曆進士。官御史。李獻可偕六科諸臣請豫敎皇子。帝大怒。一時斥諫官十一人。名儒特疏爭之。帝怒甚。謫邊方。

賈·如規 【宋】樂清人。字元範。宣和中補太學生。靖康之亂。諸生欲逃去。如規特奏。召調廣昌尉。捕盜有功。再調興國軍司理。不赴。重義好施。族里賴之。時稱倘義者。必以賈司理爲首。

賈·安宅 【宋】烏程人。字居仁。大觀中殿試以第一人及第。累官至戶部侍郎。歷仕三朝。屢司文柄。其所掄選。皆得成材。徽宗嘗手詔獎諭之。

賈·收 【宋】烏程人。字耘老。有詩名。喜飲酒。其屋有水閣曰浮暉。蘇軾與之游。倡酬極多。軾游道過回。值風雨。泊舟登浮暉閣。命官奴秉燭。掃風雨竹於壁間。後刻石於墨妙亭。收素貧。軾每念之。嘗寫古木怪石以贈。後軾去。收作亭以懷蘇名之。有詩號懷蘇集。

賈·至 【唐】曾子。字幼隣。擢明經第。爲單父尉。從玄宗幸蜀。知制誥。歷中書舍人。至德中將軍王去榮坐事當誅。肅宗惜去榮材。詔貸死。至切諫。謂壞法當誅。代宗時歷官右散騎常侍。卒諡文。

賈·行恭 【宋】北地人。善畫佛道鬼神。尤長巨人駿馬。

賈佗 【春秋晉】公族。文公好學而不貳。生十七年。以佗爲股肱。

賈·似道 【宋】涉子。字師憲。少落魄爲游博。不事操行。理宗時以姊爲貴妃。累拜右丞相。軍漢陽。元兵攻鄂州。似道割地納幣請和。詭以鄂州圍解表聞。尋入朝。益擅政。權傾中外。度宗立。以太師平章軍國事。封魏國公。賜第葛嶺。作半閒堂。吏抱文書就第署。大小朝政。一切決於館客。日與羣妾鬭蟋蟀。元兵迫建康。宋軍屢敗。似道單舸奔揚州。陳宜中等交章論劾。謫高州團練使。循州安置。爲鄭虎臣所拉殺。

賈·宏祚 【清】韓城人。字永錫。順治進士。官至御史。性孝友。以祿養未逮。終身不衣裘帛。不置酒張樂。

賈·廷佐 【宋】東陽人。剛毅有大節。高宗時爲大理司直。秦檜主和議。廷佐上書力言不可。乞斬王倫以謝天下。忤檜意。出通判湖州。

賈·步緯 【清】南匯人。字心九。幼好書算。及長。盡通其奧。咸豐間避亂寓滬。師李善蘭。善蘭薦爲製造局航海測量館暨天文館敎習。光緒間舉經濟特科不應。譯述之書甚多。有航海通書·弦切八綫·對數增廣·對數表·八綫表·五星表·步緯算法·量法代算·句股六術·躔離引蒙·日月交食引蒙。

賈·秀 【後魏】彝子。太武時位中庶子。獻文時進爵陽都子。歷奉五帝。雖不至大官。常掌機要。而廉清儉約。不營貲產。年七十三遇疾。賜几杖。朝廷有大事。每遣尙書高平公李敷就第訪決焉。卒諡簡。

賈·言忠 【唐】洛陽人。補萬年主簿。護役蓬萊宮。或短其背。高宗廷詰。辨列詳諦。帝異之。擢監察御史。方事遼東。奉使案軍餉。還奏山川道里。并陳高麗可破狀。及諸將材否。悉以爲知言。累轉吏部員外郎。李敬玄嫉尙書。言忠尙氣。及主選。不能下。貶邵州司馬。後除建州司戶參軍卒。

賈·邦獻 【金】霍邑人。舉進士第。質直有勇略。元兵攻河東。邦獻集兵民爲守禦計。旣而兵大至。居民悉降。邦獻棄其家。獨與子懿保松平寨。興定間兵復大至。病不能避。與懿俱被執。欲以爲鎮西元帥。持刃脅之。邦獻不屈。密遣懿歸松平。遂自刎而死。

賈·季 【春秋晉】中軍帥。陽處父易

以爲佐。以無援於晉而怨。遂使續鞫居殺陽處父。晉殺鞫居。季奔狄。

賈宗　後漢　復子。字武孺。少有操行。多智略。建初中爲朔方太守。匈奴畏之。不敢入塞。徵爲長水校尉。宗兼通儒術。每燕見。常與少府丁鴻等論議於前。章和初卒。

賈居貞　元　獲鹿人。字仲明。世祖時爲中書左右司郎中。從帝北征。每陳說資治通鑑。雖在軍中。未嘗廢書。以從丞相伯顏伐宋有功。拜湖北宣慰使。有惠愛。旋遷江西行省參知政事。未至。民爭千里迎怨。南安李梓發作亂。居貞至。皆散匿不復爲用。比還。不戮一人。卒諡文正。

賈易　宋　無爲人。字明叔。元祐進士。歷常州司法參軍。自以儒者不閑法令。歲讞獄。惟求合於人情。迄去。郡中稱平。哲宗時歷官侍御史。上書論天下大勢。言頗切直。然皆老生常談。志於抵扼時事。無他奇畫。又痛詆蘇軾兄弟。議者由是薄易。徽宗時終寶文閣待制。知鄧州。尋入黨籍卒。

賈明觀　唐　萬年縣捕賊吏。事劉希暹。恣爲凶惡。希暹。魚朝恩旣死。元載復受明觀姦謀。潛容之。奏令江西効力。明觀將出城。百姓數萬人懷磚石候之。在洪州二年。爲觀察使路嗣恭所笞殺。

賈昌朝　宋　琰從孫。字子明。天禧初賜進士。爲崇正殿說書。慶曆中拜同中書門下平章事。英宗時判尙書都省。封魏國公。昌朝在侍從。多得名譽。及執政。乃不爲正人所與。而數有攻其結宦官宮人者。卒諡文元。有羣經音辨及奏議文集百餘卷。

賈昌衡　宋　昌朝弟。字子平。舉進士。由梓州路轉運判官。歷官兩浙轉運使。熙寧更法度。核吏治。昌衡數以利害聞。神宗獎其論奏忠盡。終正議大夫。

賈昔剌　元　大興人。其父仕金爲庖人。昔剌體貌魁碩。有志於當世。從睿宗於和林。典司御膳。世祖在潛邸。知其重厚。自是預謀幃幄。勳中機會。甚爲帝所親幸。及即位。提點尙食尙藥二局。卒諡敬懿。

賈炎　宋　昌朝從子。字長卿。知鄆州。永興初錢法屢變。炎上書極論其不便。入爲工部侍郎。童貫簽書樞密院河西北兩房。侍從邀炎俱往賀。炎曰。故事無簽書兩房者。彼非執政。何賀爲。尋卒官。

賈玭　宋　南皮人。字仲寶。晉天福進士。宋初爲刑部郎中。歷知浚儀縣。嚴毅善教子。士大夫子弟來謁。必諄諄誨誘之。

賈直言　唐　河朔人。代宗時父道沖坐事賜鴆將死。直言取鴆代飮。迷而踣。旋得蘇。帝憐之。減父死。俱流嶺南。後署李師道府屬。及師道不軌。提刀負棺入諫。師道怒。囚之。劉悟旣入。釋其禁。辟署義成府。每有過必爭。悟死。子從諫不發喪。表求繼位。直言入讓。從諫拜曰。唯大夫救之。直言乃自攝留後。使從諫居喪。軍中遂安。太和中卒。

賈俊　明　東鹿人。字廷杰。以鄉舉入國學。天順中授御史。歷巡浙江山西陝西河南南畿。所至有聲。成化間巡撫寧夏。在鎭七年。軍民樂業。官至工部尙書。致仕卒。

賈姬　明　趙穆王常淸宮妓。善琵琶。王雅愛臨淸謝榛竹枝詞。命姬歌之。萬曆初榛過鄴見王。更製新竹枝詞十四闋。姬按而譜之。不失毫釐。王遂以姬歸榛。後榛卒於大名。姬率二子奉喪。每夜操琵琶一曲歌竹枝詞。必慟哭乃罷。已令二子歸葬。自破樂器。歸老於闤闠。

賈待問　明　威縣人。字學叔。隆慶進士。歷懷慶知府。築堤以禦沁河。人稱賈公堤。累擢陝西巡撫。中官以權采肆橫。待問力爲節制。在任七年。甚有威惠。

賈思同　後魏　思伯弟。字仕明。歷官襄州刺史。雖無明察之譽。百姓安之。元顥之亂。思同獨不降。莊帝還宮。封營陵縣男。後爲侍講。授靜帝杜氏春秋。拜侍中。卒諡文獻。時國子博士衛冀隆精伏氏學。上書難杜氏春秋六十三事。思同復駁冀隆乖錯者十一條。互相是非。積成十卷。詔下國學。集諸儒考之。事未竟而思同卒。

賈思伯　後魏　益都人。字仕休。爲孝文所知。累遷中書侍講。入授明帝杜氏春秋。思伯少雖明經。從官廢業。至是更延儒生。夜講晝授。性謙和。傾身禮士。每途遇。停車下馬。接誘恂恂。客曰。公今貴重。寧能不驕。思伯曰。衰至便驕。何常之有。當世以爲雅言。卒諡文貞。

賈思勰　後魏　官高平太守。所著齊民要術。自序稱起自耕農。終於醯醢。資生之業。靡不畢書。

賈洪　三國魏　新豐人。字叔業。好學有才。精春秋左傳。建安初仕郡舉計掾。應州辟。歷守三縣。所在輒開除廢舍。教授諸生。太祖召署軍謀掾。延康中轉白馬王相。善能談戲。

賈洙　清　武林人。字石浮。善畫山水。

賈郁　五代閩　侯官人。字正文。以文辭干王審知。補仙遊主簿。秩滿爲令。峭直不容人過。正身奉法。以風賕吏。吏多畏憚之。

賈島　唐　范陽人。字浪仙。初爲浮屠。名無本。後去而舉進士。嘗於京師騎驢苦吟。得句曰。鳥宿池邊樹。僧敲月下門。初欲作推字未決。引手作推敲勢。不覺衝京兆尹韓愈輿。愈詰之。島以實對。愈曰。敲字佳。遂並轡論詩。因敎以爲文。累舉不第。坐誹謗謫長江主簿。時稱賈長江。會昌初以普州司倉參軍遷司戶。未受命卒。島每歲除夕。檢一年所作詩。祭以酒脯。曰。勞吾精神。以是和之耳。有長江集。

賈師古 〔宋〕汴人。紹興時畫院祗候。善畫道釋人物。師李公麟。白描得閒逸狀。

賈師順 〔唐〕岐州人。爲常樂縣令。開元間吐蕃攻常樂。師順固守。大將悉諾邏使人勸之降。不可。又使人索賂。師順請脫士卒衣裝爲賂。悉諾邏知城中無財帛。收營而去。師順遽閉門收器械。修守備。吐蕃果回襲。知有備而去。

賈恩 〔南唐〕〔宋〕諸暨人。少有志行。母亡未葬。爲鄰火所逼。恩及妻柏氏。號哭奔救。鄰近赴助。棺得免。恩及妻柏俱燒死。有司改其里爲孝義里。

賈捐之 〔漢〕誼曾孫。字君房。元帝時上疏言得失。召待詔金馬門。珠崖反。議大發軍。捐之以爲不當擊。由是罷珠崖。數召見。言多納用。數短石顯。以故不得官。後稀復見。卽與長安令楊興共爲薦顯奏。顯知白之。遂下獄棄市。

賈時泰 〔明〕蠡縣人。性愚直。習拳勇。獨喜擊賊。時直魯羣盜起。獨蠡之南鄉。以時泰故得無事。後受任爲鄉長。蠡之鄉大治。尋被誣繫獄。事白。爲僧以終。

賈涉 〔宋〕偉子。字濟川。慷慨有大志。知盱眙軍。金人不敢窺淮東者六七年。嗣收登萊濟沂等州。而恩博景德至邢洺十餘州。相繼請降。金人犯淮西。涉斬余暉以狥。諸將畏懼。無不用命。官終太府少卿。制置副使。

賈益 〔金〕少沖子。字損之。大定進士。大安初歷官安國軍節度使。爲戰守備。按察使止之不聽。既而兵至。以有備解去。宣宗召爲太常卿。上防秋十三事。卒官。

賈益謙 〔金〕沃州人。本名守謙。避哀宗名改。字彥亨。大定詞賦進士。歷仕州郡。以能稱。明昌間歷官右諫議大夫。時鎬王以疑忌下獄。帝怒甚。朝臣無敢言者。益謙上章論其不可。言極懇切。貞祐間累拜尚書左丞卒。

賈純孝 〔宋〕子坤孫。咸淳進士。爲揚州敎授。元兵下江南。二王在福州。文天祥辟佐其幕。累官右司。轉朝散郎。厓山師敗。純孝偕妻李同蹈海死。

賈耽 〔唐〕南皮人。字敦詩。天寶中舉明經。建中時累遷義成節度使。淄青李納雖僭僞號。陰蓄姦謀。耽推誠待之。納亦心服。貞元間同中書門下平章事。順宗立。進左僕射。王叔文干政。屢移疾乞去。不許。耽嗜觀書。老益勤。尤悉地理。通陰陽雜數。器度恢然。不喜臧否人物。爲相十三年。雖安危大事。亡所發明。而檢身厲行。自其所長。每歸第。對賓客無倦容。家人近習不見其喜慍。世謂淳德有常者。卒諡元靖。

賈偉 〔宋〕天台人。嘗守開江。貽書丞相趙雄。極論武興守吳挺之橫。及陛對。又乞裁抑郭棣・郭杲兵權。孝宗嘉納。後反爲所擠以沒。

賈偉節 〔宋〕開封人。第進士。歷官江淮發運副使。蔡京壞東南轉般法爲直達綱。偉節率先承奉。花石海錯之急切。自此而興。以顯謨閣直學士提舉醴泉觀卒。

賈冕 〔明〕廣寧衞人。世職指揮。尋舉武會試。進署都指揮僉事。爲中路游擊將軍。嘉靖中寇犯遼陽。南抵海州。冕督軍往禦。死之。諡忠壯。

賈國維 〔清〕高郵人。字千仞。康熙中順天舉人。聖祖南巡。獻賦稱旨。取入內廷纂修。後登一甲第三人及第。授編修。

賈彪 〔後漢〕定陵人。字偉節。兄弟三人。並有高名。彪最優。時語曰。賈氏三虎。偉節最怒。桓帝時爲新息長。民困窮多不養子。彪嚴爲之制。數年。人養子者以千數。皆曰此賈父所生。生男名曰賈子。生女名曰賈女。黨事起。彪曰。吾不西行。大禍不解。乃入洛說竇武霍諝訟之。帝悟。遂赦黨人。彪後以黨禁錮卒於家。

賈斌 〔明〕南河人。爲山西都司令史。景泰間疏論宦官之害。引漢桓帝。唐文宗・宋徽欽爲戒。且獻所輯忠義錄四卷。乞命工刊布。坐罔言斥爲民。

賈淑 〔後漢〕介休人。字子厚。世有冠冕。性險害。與郭泰同鄉里。泰遭母憂。淑往弔。既而鉅鹿孫威直亦至。見淑怪之。不進而去。泰追而謝之曰。賈子誠有凶德。然洗心向善。仲尼不逆互鄉。故吾許其進也。淑聞之。改過自厲。終成善士。

賈混 〔晉〕充弟。字宮奇。篤厚自守。無殊才能。太康中歷鎭軍將軍。加侍中。封永平侯卒。

賈淵 〔南齊〕襄陵人。字希鏡。宋明帝時歷丹徒令。高帝嘉淵世學。累官大司馬司徒府參軍。先是譜學未有名家。淵祖弼之廣集百氏譜記。專心習業。晉太元中朝廷給弼之令史書吏。寫藏祕閣。淵父及淵。三世傳學。凡十八州士族譜。合百帙七百餘卷。該究精悉。當世莫比。建武中遷長水校尉。傖人王泰寶買襲琅邪譜。淵當死。淵子謝罪。稽顙流血。朝廷哀之。淵得免。官終北中郎參軍。撰氏族要狀及人名書。並行於世。

賈祥 〔宋〕開封人。字存中。內臣。

工畫竹石人物。官至保康軍節度使觀察留後。知入內侍省事。卒諡忠貞。

賈嵓 〔宋〕開封人。字民瞻。神宗時爲內殿承制。累功轉莊宅副使。紹聖中遷西路鈐轄。嵓在兵間二十年。有智略。能拊御士卒。所向輒勝。官終瀛州團練使。

賈復 〔後漢〕冠軍人。字君文。少好學。習尚書。光武以爲都護將軍。從擊青犢。賊堅陳不卻。復被羽先登。所向皆靡。賊乃敗走。拜執金吾。遷左將軍。復從征伐。未嘗喪敗。光武卽位。累功封膠東侯。諸將每論功自伐。復未嘗有言。又知帝欲偃干戈修文德。不欲功臣擁衆京師。乃與高密侯鄧禹以列侯就第。與公卿參議國家大事。恩遇甚厚。卒諡剛。

賈循 〔唐〕會子。有大略。蘇頲爲益州。表署列將。敗吐蕃於西山。三遷靜塞軍營田使。以功擢游擊將軍。安祿山殺平盧節度。表爲副。祿山反。循守幽州。顏杲卿招之。以傾賊巢穴。循許可。謀洩。爲賊所害。諡忠。

賈敦實 〔唐〕敦頤弟。咸亨初爲洛州長史。性寬惠。人心懷向。洛陽令楊德幹矜酷烈。杖殺人以立威。敦實喩止之。德幹爲衰減。始洛人爲敦頤刻碑大市旁。及敦實入爲太子右庶子。人復爲立碑其側。故號常棣碑。歷懷州刺史。致仕卒。

賈敦頤 〔唐〕冤句人。貞觀時數歷州刺史。資廉潔。歷瀛洛二州刺史。多惠政。發奸摘伏。人無能欺。卒官。

賈敦臨 〔清〕平湖人。字吉甫。號衛石。諸生。有知止堂稿。守約齋詩稿。

賈曾 〔唐〕言忠子。玄宗爲太子。遴選官僚。以曾爲舍人。俄與蘇晉同掌制誥。皆以文詞稱。時號蘇賈。官終禮部侍郎。

賈智 〔後魏〕顯度弟。字顯智。少有膽決。以軍功累遷金紫光祿大夫。隸爾朱仲遠。仲遠舉兵。智不從。莊帝善之。孝武帝時歷滄州刺史。以貪縱聞。徵還。除濟州刺史。率衆逵東郡。仍停不進。天平初赴晉陽。智去就多端。後坐事死。

賈景儁 〔後魏〕禎兄子。以學識知名。爲京兆王愉府外兵參軍。愉起逆於冀州。將授以官。不受死之。諡貞。

賈景興 〔後魏〕景儁弟。淸峻剛正。少爲州主簿。遂棲遲不仕。後葛榮陷冀州。爲榮所擒。稱疾不拜。景興每捫膝而言曰。吾不負汝。以不拜榮也。

賈朝琮 〔清〕平湖人。字公桓。號嘯軒。乾隆副貢。有嘯軒詩集及偶筆。

賈渾 〔晉〕爲介休令。爲喬晞所殺。妻宗氏。有姿色。晞將納之。宗氏罵曰。屠販奴。何不促殺我。因仰天大哭。遂遇害。年二十餘。

賈琮 〔後漢〕聊城人。字孟堅。舉孝廉。靈帝時爲交阯刺史。巷路歌曰。賈父來晚。使我先反。今見淸平。吏不敢飯。在事三年。政爲十三州最。遷冀州刺史。百姓聞風震竦。貪吏解印綬去。何進表爲度遼將軍。卒官。

賈琰 〔宋〕獲鹿人。字季華。風神峻整。有吏幹。佐太宗居幕府。凡五年。勤於所職。太宗卽位。超拜左正議大夫。樞密直學士。擢三司副使。昆弟五人。琰最幼。及琰歷官。諸兄皆沒。拊循諸孤。聚族凡百口。分給衣食。庭無間言。士大夫以此稱之。

賈策 〔元〕中州人。字治安。爲杭州仁和尹。工畫花竹禽鳥。

賈虛中 〔元〕國人。柯九思之友。善畫工詩。家藏古琴三張。曰瓊瑤音。環珮音。蓬萊音。皆九思所鑑定。

賈逵 〔後漢〕徽子。字景伯。少傳父業。弱冠能誦左氏傳及五經本文。以大夏侯尚書敎授。兼通五家穀梁之說。諸儒爲之語曰。問事不休賈長頭。性愷悌。多智思。倜儻有大節。永平中獻左氏傳解詁三十篇。國語解詁二十一篇。明帝重其書。寫藏祕閣。章帝時令逵自選公羊嚴顏諸生高才者二十人。教以左氏。尋遷逵衛士令。和帝時累官侍中。以老病乞歸。所著經傳義詁。及論難百餘萬言。又作詩頌誄書連珠酒令凡九篇。學者宗之。然不修小節。爲當世所譏。◎〔三國魏〕襄陵人。字梁道。初爲郡吏。守絳邑。後舉茂才。除澠池令。曹操征馬超。以領弘農太守。召見計事。大悅之。與夏侯尚並掌軍計。文帝卽位。歷官豫州刺史。外修軍旅。內治民事。過鄢汝。造新陂。斷山溜長溪水。造小弋陽陂。又通運渠二百餘里。稱賈侯渠。卒諡肅。◎〔宋〕藁城人。隸洪聖爲卒。至西染院副使。從狄青征儂智高。戰於歸仁驛。旣陣。不待令而趨。山賊至。逵麾衆馳下。斷爲二。賊首尾不救。遂潰。逵詣青請罪。青拊其背勞之。累遷秦鳳路鈐轄。徙幷代路。邊人畏服。元豐初歷殿前都指揮使。卒諡武恪。

賈逸祖 〔宋〕邯鄲人。字元放。好古博學。嘗應宏詞科。寓居天王寺。安貧守道。有半隱齋。陸游爲之記。

賈鈞 〔元〕居貞子。字元播。仁宗時累拜參知政事。爲政持大體。風裁峻整。皇慶初從幸上都。以疾卒於家。

賈開宗 〔明〕商丘人。字靜子。明諸生。少負才放縱。不事生業。孫傳庭知縣事。極相引重。東平侯劉澤淸鎭淮陰。奏爲翰林院孔目掌書記。開宗察其有異趣。不就職。以白衣從軍。後辭歸。與同里侯方域交。潛心學問。於星象占緯兵食圖籍。各有論說。自號野鹿居士。年七十餘卒。有遡園集。

賈黃中 〔宋〕玭子。字媧民。六歲舉童子科。十五舉進士。太宗時累官參知政事。當世文行之士。多所薦引。然長愼過甚。中書政事。頗留不決。時論亦不之許。有文集。

賈・塔剌渾　元冀州人。太祖用兵中原。募能用砲者籍爲兵。授四路總押。以功累拜元帥。從睿宗入散關。略關外四州。經興元。渡漢江。略唐鄧申裕諸州。鼓行而東。陞總領都元帥。從大帥太赤攻徐邳平之。尋卒。

賈・會　隋華原人。有高節。嘗稱疾不答辟署。里中號一龍。親亡。負土成墓。廬其左。手蒔松柏。時號關中曾子。及卒。縣人私諡廣孝徵君。

賈・楨　清黃縣人。道光進士。咸豐間累官武英殿大學士。穆宗登極。偕周祖培等合疏請太后聽政。卒諡文端。

賈・粲　後魏酒泉人。字季宣。太和中坐事腐刑。頗涉書記。宣武時歷光祿大夫。與元叉・劉騰等廢靈太后。威福震於京邑。靈太后反政。出粲爲濟州刺史。尋遣刁宣馳驛殺之。

賈・詡　三國魏姑臧人。字文和。董卓入洛陽。詡以太尉掾爲平津都尉。張繡在南陽。詡陰結繡。繡遣人迎詡。詡遂往。説繡歸曹操。操表詡爲執金吾。封都亭侯。詡自以非操舊臣。而策謀深長。懼見猜嫌。闔門自守。退無私交。男女嫁娶。不結高門。文帝時爲太尉。卒諡肅。

賈・達　元保定人。字顯道。泰定間知平陽州事。廉幹勤敏。民稱神明。

賈・鉉　金博平人。字鼎臣。大定進士。補尚書省令史。累遷左諫議大夫。與党懷英同修遼史。上書言親民之官。任情立威。決杖不如法式。及揀茶害民事。皆從其請。遷禮部尙書。時有詔凡奉敕商量照勘公事。皆期日奏聞。鉉言如此恐官吏姑務苟簡。反害事體。泰和中拜參知政事。後出爲安武軍節度使。改知濟南府。致仕卒。

◉　清臨汾人。字玉萬。號可齋。康熙時官黃州知府。工畫竹石及折枝花卉。喜用瘦筆乾墨。兼擅荷花。

賈・嘉　漢誼孫。武帝立。舉誼孫二人爲郡守。嘉最好學。世其家。昭帝時爲九卿。

賈・漢復　清曲沃人。字膠侯。號靜庵。明季爲淮安副將。入清。隸正藍旗漢軍。累官右副都御史。兵部尙書。陝西巡撫。補葺漢南棧道。濬長安龍首・通濟二渠。補刻西安學宮孟子石經。尋解任卒。

賈・禎　後魏彝從兄之曾孫。字叔願。學涉經史。居喪以孝聞。太和中爲中書博士。歷官晉陽太守。清素善撫接。稍遷通直散騎常侍卒。

賈・輔　元蒲陰人。初仕金爲祁州刺史。以衆歸太祖。時張柔開府滿城。命輔行元帥府事於州。從定山東。遷左副元帥。柔將兵在外。輔常居守。累功領順天河南等路軍民萬戶卒。

賈・銘　明海寧人。自號華山老人。元時嘗官萬戶。入明已百歲。太祖召問頤養之法。對云。要在愼飲食。因進所著飲食須知。卒年百有六歲。

賈・銓　明邯鄲人。字秉鈞。永樂進士。擢禮科給事中。有聲諫垣。旋出知大理府。累遷右副都御史。巡撫山東河南。銓在雲南。治行爲一時冠。比爲巡撫。清靜不自表暴。卒諡恭靖。

賈・儁　後魏秀子。字異鄰。孝文帝時歷官荆州刺史。州在重山中。民不知學。儁表置學官。選聰悟者以教之。在州五載。清靜寡事。吏民以安。景明初卒。

賈・奭　唐河陽人。字師道。與柳宗元之父同室讀書。爲人謹順少調。官河南尉。年五十。棄家隱伊陽鳴皐山中。著書號鳴皐子。後不知所終。

賈・履上　清上海人。字季超。號雲階。歲貢生。就職訓導。家貧力學。尤好宋儒家言。課徒三十年。造就多機學士。有性理輯要。懷新堂集。

賈・模　晉充從子。字思範。少有志尙。頗覽載籍。沈深有智算。深爲充所信愛。賈后豫朝政。欲委信親黨。拜模散騎常侍。二日擢侍中。模盡心匡弼。推張華・裴頠同心輔政。數年之中。朝野寧靜。然模潛執權勢。多所中傷。貪冒聚斂。富擬王侯。但后性殘暴。模每盡言。開陳禍福。以此見疏。憂憤卒。諡成。

賈・緯　後周獲鹿人。唐末舉進士不第。天成中辟趙州軍事判官。長於史學。唐自武宗以後無實錄。緯爲唐年補錄六十五卷。雖多所闕誤。而喪亂事迹粗存。亦有補於史氏。晉天福中官修撰。漢隱帝時與王伸等同修晉高祖・出帝・漢高祖實錄。廣順初實錄成。求遷官不得。由是怨望。旋貶平盧軍行軍司馬卒。

賈・誼　漢洛陽人。年十八。以能誦詩書屬文稱於郡中。文帝召爲博士。時年二十餘。歲中超遷至太中大夫。誼請改正朔。易服色。制法度。興禮樂。絳灌等毀之。出爲長沙王太傅。既辭往。聞長沙卑溼。自以壽不得長。又以謫去。意不自得。及渡湘水。爲賦以弔屈原。居三年。有服鳥飛入舍。止於坐隅。乃爲賦以自廣。帝後思誼。召見宣室。問鬼神事。至夜半。帝不覺前席。拜梁王太傅。上治安策。論者以爲通達國體。梁王墮馬死。誼自傷爲傅亡狀。哭泣歲餘亦死。年三十三。世稱賈太傅。又稱賈長沙。以其年少。亦稱賈生。所著新書。後人頗疑其殘闕失次云。

賈・諒　明嶧縣人。字子信。永樂舉人。擢刑科給事中。累有劾奏。朝廷肅然。拜右副都御史。巡視四川江西湖廣。按治豪強不少假。卒官。

賈·魯　元高平人。字友恆。延祐·至治間兩以明經領鄉貢。累官工部郎中。會河決白茅隄。又決金隄。魯循行河道。考察地形。往復數千里。備得要害。丞相脫脫以魯爲總治河防使。使之治水。以八月之功。河復故道。拜集賢殿大學士。討紅巾賊。卒於軍。

賈·遵　晉充從子。有鑒裁。爲黃門侍郎。

賈·餗　唐河南人。字子美。舉進士高第。又策賢良方正異等。歷官考功郎。知制誥。餗美文辭。開敏有斷。然褊急。氣凌輩行。累官集賢殿大學士。劉蕡對策。指中人爲禍亂根本。而餗爲考官不敢聞。後竟爲中人所陷。被誅。

賈·應春　明眞定人。字東陽。嘉靖進士。累官兵部右侍郎。總督三邊軍務。俺荅寇延綏。應春督諸將邀擊有功。總督宣大。築邊垣萬一千八百餘丈。以花馬池閒田二萬頃給軍屯墾。邊人賴之。累官戶部尚書。致仕卒。

賈·隱林　唐循從子。爲永平兵馬使。朱泚之難。扈德宗行在。陳攻守計。遷檢校右散騎常侍。賊圍急。隱林冒矢石死戰。已而賊解圍去。拜神策統軍卒。

賈·徽　後漢平陵人。誼後。從劉歆受左氏春秋。兼習國語周官。又受古文尚書於塗惲。學毛詩於謝曼卿。作左氏條例二十一篇。

賈·獲　春秋陳大夫。鄭入陳。陳侯扶其太子偃師奔墓。遇獲。載其母妻。下之而授公車。公曰。舍而母。辭曰。不祥。與其妻扶其母以奔墓。亦免。

賈·舉　春秋齊莊公侍人。崔武子娶棠姜。莊公通焉。崔子欲弒公而不獲間。公鞭舉而又近之。乃爲崔子間公。遂弒之。

賈·謐　晉韓壽子。字長深。賈充外孫。充無嗣。以謐爲後。賈后專恣。謐權過人主。負其驕寵。奢僭踰度。一時貴游豪戚及浮競之徒。莫不盡禮事之。歷位侍中。與后謀誣陷太子。及趙王倫廢后。以詔召謐於殿前斬之。

賈·彝　晉充從子。有鑒裁。爲黃門侍郎。◎後魏廣川人。字彥倫。父爲苻堅鉅鹿太守。坐訕謗繫獄。彝年十歲。詣長安訟父獲申。弱冠爲慕容垂遼西王農記室參軍。垂遣其太子寶來寇。大敗。彝被執。道武帝立。拜尚書左丞。參預國政。天賜末爲叛胡所拘。執送姚興。積數年遁歸。又爲赫連勃勃所執。拜祕書監卒。

賈·馥　後唐鎭州人。家聚書三千卷。手自刊校。莊宗授鴻臚少卿。旋致仕歸。結茅別墅。課兒孫耕牧。初累爲鎭冀屬邑令。有能政。性恬澹。與物無競。爲鎭州士人之秀。

賈·瓊　隋受學於王通。性明敏。治禮記。與房喬·魏徵齊名。通嘗稱之曰。瓊也明而毅。可謂達道君子矣。

賈·繼春　明新鄉人。萬曆進士。天啟初官御史。始以李選侍移宮事詆楊漣。後見公議直漣。畏漣嚮用。俛首乞和。聲言疏非己意。還朝。則極詆漣。及忠賢誅。又極譽高弘圖之救漣。且薦韓爌·倪元璐以求容於清議。後入逆案。坐徒三年。自恨死。

賈·護　漢黎陽人。字季君。尹更始以左氏春秋授翟方進·胡常。常授護。哀帝時待詔爲郎。劉歆復受左氏於方進。言左氏者。護與劉歆並稱。

賈·黯　宋穰人。字直孺。擢進士第一。累官給事中。權御史中丞。嘗合議以濮王爲皇伯。執政弗許。會被疾。以翰林侍讀學士知陳州。未行卒。口占遺奏數百言。猶以濮王議爲請。黯修潔自喜。在朝數言事。人稱其介直。然卞急。初通判襄州。疑優人戲己。以人齒啖之。在開封爲罪人所詈。又啖以人齒。言者亦以是詆之。

賈·巖　明滁州人。字魯瞻。萬曆中授戶部主事。與顧允成同爭三王並封。尋考功郎趙南星以清正被斥。又抗疏申救。貶曹州判官。投劾歸卒。

賈·顯度　後魏無極人。初爲別將。防守薄骨律鎭。正光末爲賊攻圍。顯度率鎭民浮河而下。爲爾朱榮所留。隨榮破葛榮。累遷南兗州刺史。孝武帝時歷官雍州刺史。顯度嘗言其弟智曰。智性輕躁。好去就。覆敗吾家。其此人也。武帝入關後。智果同於齊神武。孝武乃賜顯度死。

賈·讓　漢哀帝時爲待詔。時河從魏郡以東多溢決。水迹難以分明。求能浚川疏河者。讓奏治河三策。上策放河使北入海。徙冀州之民當水衝者。中策多穿漕渠於冀州地。分殺水怒。下策繕完故隄。增卑培薄。爲河防名論。

賈·驥　明洪武間知新昌縣。廉謹自守。九載滿去。民擁道遮留焉。

路什　清滿洲鑲黃旗人。姓納喇氏。順治間以參領從征。轉戰陝西湖廣四川。封二等男。康熙時吳三桂反。路什扼岳陽湖之九馬嘴。力戰沒於陣。

路·去病　北齊陽平人。儀表瓌異。爲饒陽縣令。性嚴毅。人不敢欺。爲政廉平。吏民歎服。移知成安縣。治績稱首。歷周入隋。卒於冀氏縣令。

路·仲翁　後漢好學家居。受學者遠方而至。徵爲博士。

路·亨　明當塗人。正統中知安溪縣。居官廉慎。尤加意學校。

路·伯達　金冀州人。字仲顯。性沈厚有遠識。博學能詩。登正隆進士。章宗初嚮學。伯達以文行知名。遷爲侍讀。累官安武軍節度使卒。

路·晏　唐元和中爲祁門令。鑿武

陵嶺爲盤道。又置斗門於閭門灘。民便之。

路昌衡 【宋】祥符人。字持正。起進士。至太常博士。治獄苛峻。紹聖中歷知開封。瀛州。成都。徽宗立。上書頗詆時政。復爲南京留守。坐上書言事落職。入黨籍卒。

路泌 【唐】陽平人。字安期。通五經。端亮寡言。以孝悌聞。建中末爲長安尉。德宗幸奉天。泌棄妻子。潛詣行在。又從幸梁州。排潰軍而出。以策說渾瑊。瑊深重之。召置幕府。瑊討李懷光。奏署副元帥判官。從瑊會盟平涼。爲吐蕃所執。死焉。

路法常 【後魏】景略從祖弟。幼而修立。爲郡功曹。早卒。

路思令 【後魏】恃慶季弟。字季僞。歷陽平太守。南冀州刺史。葛榮遣其清河太守據季虎高唐城以招叛民。思令命麾下并率鄉曲。潛軍夜往。大破之。徐乃收衆南還。詔并領冀州流民。葛榮滅。還鎮平原。進衞將軍。右光祿大夫卒。

路恃慶 【後魏】清淵人。字伯瑞。有幹用。太和中除奉朝請。稍遷尙書儀曹郎。後爲定州河間王琛長史。琛貪暴肆意。恃慶每進苦言。卒諡襄。

路振 【宋】湘潭人。字子發。幼穎悟。五歲通孝經論語。淳化中舉進士。試卮言日出賦。所作典贍。擢甲科。通判邠州。大中祥符初遷太常博士。左司諫。擢知制誥。文辭溫麗。屢奏賦頌。爲名輩所稱。尤長詩詠。嗜酒得疾卒。有集及九國志。

路振飛 【明】曲周人。字見白。號皓月。天啓進士。知涇陽縣。不附奄黨。崇禎初徵授御史。疏劾首輔周延儒。陳時事十大弊。又忤溫體仁。謫河南按察司檢校。稍遷至漕運總督。淮揚巡撫。福王時以母憂去。唐王立於閩。振飛赴召。未至而汀州破。走居海島。明年赴永明王召。卒於途。

路邕 【後魏】清淵人。宣武時除東魏郡太守。蒞政清勤。値歲荒。出家粟賑貧窘。靈太后下詔褒美。稍遷南青州刺史卒。

路彬 【宋】紹興中爲廣東提刑。時昭州夏稅折布錢太重。民甚苦之。彬奏乞蠲減。後去任。民攀留不捨。

路皐 【宋】井門人。乘醉畫橐駝有生意。兼長鬼神。

路博德 【漢】平州人。以右北平太守從霍去病出征有功。封符離侯。後以衞尉爲伏波將軍。破南越益封。坐法失侯。爲彊弩都尉。屯居延卒。

路景略 【後魏】恃慶從叔。起家中書博士。歷魏郡。平原二郡太守卒。

路雄 【後魏】景略弟。字仲略。容貌偉異。以軍功爲給事中。孝文帝稱爲好尙書郎才。以僕射李沖言。仍用爲武職。遷伏波將軍。奉車都尉卒。

路嗣恭 【唐】三原人。字懿範。始名劍客。歷蕭關。神烏。姑臧令。考績爲天下最。玄宗以其可嗣漢魯恭。因賜名。遷江西觀察使。以善治財賦稱。大曆中嶺南將哥舒晃作亂。詔兼嶺南節度使。封冀國公。晃平。株戮舶商。沒其財數百萬。私有之。代宗惡焉。德宗立。駁宰相楊炎。錄前功。更拜兵部尙書卒。

路敬淳 【唐】臨清人。少志學。足不履門。居親喪。倚廬不出者三年。後擢進士。遷崇賢館學士。奉詔裒輯慶邮儀典。又著姓略。衣冠系錄等百餘篇。唐初姓譜學。唯敬淳名家。後有譔次者皆本之路氏。後坐交通綦連耀下獄死。

路敬潛 【唐】敬淳弟。少與兄齊名。歷懷州錄事參軍。坐綦連耀事繫獄。免死。後爲遂安令。累遷中書舍人。

路楷 【明】汶上人。由進士官御史。嘗以得賄庇楊順。又受嚴嵩屬。翻易前奏。事發。降邊方雜職。復以嵩力累遷戶部主事。坐貪縱削籍。隆慶初被劾論斬。

路溫舒 【漢】鉅鹿人。字長君。父使牧羊。截澤中蒲爲牒。編用寫書。稍習善。求爲獄小吏。因學律令。轉爲獄史。太守見而異之。署決曹史。又受春秋。通大義。舉孝廉。爲山邑丞。坐法免。復爲郡吏。昭帝時守廷尉史。宣帝卽位。溫舒上書言尙德緩刑。帝善其言。遷廣陽私府長。舉文學高第。遷右扶風丞。久之遷臨淮太守。治有異迹。卒官。

路羣 【唐】冠氏人。字正夫。通經術。善屬文。性志純潔。親沒。終身不肉食。累官中書舍人。翰林學士承旨。歷踐臺閣。未嘗以勢位自矜。

路義 【元】順帝時官鄜城主簿。以循吏稱。

路粹 【後漢】陳留人。字文蔚。少學於蔡邕。建安初拜尙書郎。後爲軍謀祭酒。典記室。孔融有過。曹操使粹爲奏。承指數致融罪。融誅。人無不畏其筆。轉祕書令。坐違禁誅。

路德 【清】盩厔人。字潤生。嘉慶進士。官戶部郎中。以目眚歸。主關中各書院。以制舉業名於時。其詩古文曰檉花館集。

路隨 【唐】泌子。字南式。幼以父恩授八品官。擢左補闕。史館修撰。以鯁亮稱。文宗朝拜同中書門下平章事。進門下侍郎。弘文館大學士。爲鄭注所忌。出爲鎭海節度使。道病卒。諡貞。

路應 【唐】嗣恭子。字從衆。以父蔭爲著作郎。貞元間出爲虔州刺史。鑿贛石梗險。以通舟道。累遷宣歙池觀察使。李錡反。應發鄉兵救湖常二州。以故錡不能拔。元和中以疾授左散騎常侍。卒諡靖。

路・鐸 金伯達子。字宣叔。官臺諫。有直臣之風。章宗稱其敢言。屢優容之。出爲景州刺史。遷十二訓以教民。詔遍諭州郡。後爲孟州防禦使。貞祐初城破。投沁水死。爲文尚奇。詩溫潤精緻。有虛舟居士集。

路・巖 唐羣子。字魯瞻。第進士。咸通間以兵部侍郎同平章事。時年三十六。在相位八年。累遷左僕射。頗通賂遺。奢肆不法。俄與韋保衡同當國。二人勢動天下。時目其黨爲牛頭阿旁。言如鬼陰惡可畏也。旣而與保衡相惡。罷爲劍南西川節度使。以勞封魏國公。坐縱容親吏。流儋州。賜死。

載・大昌 清婺源人。字斗源。乾隆舉人。官宣城教諭。有補餘堂集。

載・君用 明吳縣人。父福。洪武中因監稅失火。法當死。君用代父刑於閭門。

載垣 清宗室。道光間襲封怡親王。以御前大臣受宣宗顧命。咸豐間英法入寇通州。從文宗幸熱河。文宗崩。與端華・肅順稱贊襄政務大臣。專擅跋扈。穆宗年幼。太后將垂簾。載垣力阻。迨太后還京。與奕訢密謀。逮捕下獄。賜自盡。

載・祖啟 清上元人。字敬咸。乾隆進士。有師華山房集。

載・燮元 清湖南人。字和甫。一字少梅。號八愚。咸豐舉人。官戶部郎中。有愚齋文鈔。

載齡 清宗室。鑲藍旗人。道光進士。咸豐間累擢工部右侍郎。時洪秀全衆北竄河間・阜城一帶。載齡督防固安・黃村有功。光緒間官至體仁閣大學士。卒諡文恪。

辟奚 晉鮮卑吐谷渾葉延子。性仁厚慈惠。嘗遣使貢獻於苻堅。堅悅。拜爲安遠將軍。時辟奚三弟皆專恣。爲長史所誅。辟奚素友愛。聞之恍惚成疾。以憂卒。在位二十五年。(按辟奚。魏書作碎奚。此從晉書。)

辟閭・嵩 晉建武中段匹磾署爲代郡太守。嵩與劉琨所署雁門太守王據・後將軍韓據等。密謀作攻具。欲以襲匹磾。韓據女爲匹磾兒妾。聞其謀。以告匹磾。嵩等悉被害。

過・元眩 清長洲人。字穆君。幼時卽有志知人論世之學。中歲棄科舉業。鈔錄前史中嘉言善行。曰二十二史言行錄。節目甚備。

過・百齡 明無錫人。名文年。以善弈遊京師。名籍甚。天下高手。無與抗衡。遂羣奉爲國手。後與周懶予對局。爲懶予所敗。百齡馴雅有士行。葉向高禮而客之。

過・宗一 元海鹽人。父蚤喪。獨與母居。至正間張士誠陷姑蘇。略地至海上。宗一負母逃。與寇遇。欲殺之。以身蔽母。中數創。賊舍而去。

過・春山 清吳縣人。字葆中。號湘雲。乾隆時諸生。博通經史。尤精於新舊唐書。嘗爲補遺糾謬。惠棟極稱之。未及成而卒。年僅二十九。詩宗韋柳。沈德潛采入別裁集中。

過・勗 明源從孫。字紹古。博覽能文。性至孝。有至孝通神集。

過・源 宋臨川人。字道源。號浩齋。少穎異。篤志聖賢之學。嘗曰人終身只是一箇窮理。元不分知行。行之至知之極也。嘉祐間召爲國子直講。不赴卒。學者稱浩齋先生。有浩齋語錄。或謂後人所僞託。

過・儀 明無錫人。字廷章。擅詞翰。放情詩酒。有司薦於朝。不就。善畫。作長松特妙。自號聽松道人。

過・龍 明吳縣人。字雲從。隱於醫。與祝允明・文徵明游。自號十足道人。有鍼灸要覽・十四經發揮・茶經。

遏必隆 清長白山人。姓鈕祜祿氏。額宜都子。天聰中官侍衛。從圖松山。敗明總兵曹變蛟。後屢有戰功。累擢領侍衛內大臣。加少傅。兼太子太保。晉一等公。康熙初與鼇拜同輔政。鼇拜專橫。遏必隆不能與爭。及鼇拜獲罪。坐奪爵。尋復之。卒諡恪僖。

道一 唐高僧。什邡馬氏子。習定於衡嶽。遇懷讓大師。密授心印。大曆中居豫章開元寺。聚徒說法。時稱馬祖。貞元中於建昌石門山示寂。憲宗賜諡大寂禪師。

道元 宋吳僧。輯佛祖及近世名人禪語爲傳燈錄。

道世 唐高僧。京兆韓氏子。字玄惲。因太宗諱以字行。年十二出家。顯慶中詔居京師西明寺。著法苑珠林一百二十卷及信福論・大小乘禪門觀・大乘觀・四分律討要・四分律尼鈔・金剛經集注。

道・同 明河間人。其先蒙古族。洪武初知番禺縣。邑號煩劇。軍衛尤橫。同至。剛毅持正。民賴以安。以數忤永嘉侯朱亮祖。被劾誅死。縣民或刻木主祀於家。卜之輒驗。遂以爲神云。

道因 唐高僧。濮陽侯氏子。幼喪母。哀毀如成人。服闋出家。隋末避難居益州多寶寺。後召赴京。與玄奘法師翻譯校定梵本。顯慶間終於長安慧日寺。道因研幾史籍。尤好老莊。故所講經訓。該通內外。有維摩章疏。歐陽通有道因法師碑。

道安 晉秦高僧。扶柳魏氏子。少游學至鄴。遇佛圖澄。澄見而嗟歎。習鑿齒聞道安至。往見之。稱言四海習鑿齒。道安曰彌天釋道安。時人以爲名荅。苻堅取襄陽得之。迎居長安五重寺。有僧尼軌範・法門清式。

道成 隋高僧。丹陽陶氏子。字

明範。少出家。住永嘉崇玄寺。梁大同初游京師。善講說。開皇中示寂。有律大本羯磨諸經疏。

道沖 宋高僧。武信荀氏子。字擬絕。住四明天童寺。時京兆尹建法華寺。特奏請道沖爲開山第一代。理宗又命主杭州雙經。臨終。上堂說法。辭衆入方丈。至夜分。與衆論道。移時。寂然而逝。

道岸 唐高僧。光州唐氏子。常居會稽龍興寺。中宗徵至京。爲菩薩戒師。後放還。開元間示寂。初江表多行十誦律。罔知四分。道岸請帝墨敕執行南山律宗。於是四分律始盛於江淮間。

道岳 唐高僧。洛陽孟氏子。出家從僧粲爲弟子。隋大業初召住大禪定道場。貞觀中太子召諸碩德集宏文館殿講義。道岳發言如流。大爲太子所嗟賞。遂以爲普光寺任。有十八部論疏等數十卷。

道忞 明高僧。潮陽林氏子。字木陳。年二十棄諸生爲僧。主天童寺。戒律精深。世祖徵至京。封弘覺禪師。

道玠 唐僧。工畫山水。

道芬 唐會稽僧。工畫山水。

道信 唐高僧。蘄州司馬氏子。受法於僧粲。武德中居破頭山。學徒奔湊。貞觀末召赴京。使三返。以疾辭。嘗與其徒弘忍同住東山寺。世稱東山法門。代宗時追諡大醫禪師。爲禪宗第四祖。

道宣 唐高僧。丹徒錢氏子。初居終南山白泉寺。後居京師西明寺。與處士孫思邈結交。持律堅定。號爲南山律宗。乾封間示寂。懿宗追諡澄照。有法門文記・廣宏明集・續高僧傳・三寶錄・羯磨戒疏・行事鈔・義鈔等二百數十卷。

道恂 明僧。有師子林紀勝。

道恆 後秦高僧。幼事母以孝聞。母亡。遂出家。從鳩摩羅什游。有盛名。姚興欲令還俗而仕。道恆遁入琅邪山。終不出。

道怤 五代吳越高僧。永嘉陳氏子。在越州與皮光業常相辯難。錢鏐私署順德大師。錢元瓘創杭州龍冊寺以居之。吳越禪學之興始此。天福間示寂。

道洪 唐高僧。河東尹氏子。博通內外。有聲緇流。貞觀中爲律藏寺大總持。生平講涅槃八十七遍。及宏福譯經。選充證義。示寂之日。異香滿院。

道紀 北齊高僧。住鄴下。講成實論三十載。又嘗出鄴郊講所著金藏論。七日一遍。往必荷擔。身甘勞苦。以勵道俗。後不知所終。

道英 隋高僧。猗氏陳氏子。初隱太行山。後棄去。至龍臺澤。觀游魚愛之。即解衣入水。宴坐深淵。七日而出。又嘗隆冬覩嚴冰。愛其瑩澈。坐臥其上。信宿而起。晚居蒲州普濟寺。貞觀中示寂。

道哲 唐高僧。臨邑唐氏子。通諸經論。初入京。住仁覺寺。大莊嚴寺聞其名。延住華館。有百識觀門。智照自體論・大乘聞思論。

道悟 宋高僧。號佛光。蘭州冠氏子。出家於熊耳山。相傳爲郭子儀後身。時羣盜盤踞劫民。道悟率衆盡破其穴。爲說偈。鬀髮而釋之。由是數十里間。路不拾遺。大定中出主鄭州普照寺。又遷三鄉竹閣庵。尋示寂。

道氤 唐高僧。高陵長孫氏子。初舉進士第。後出家。善屬文。爲供奉。隨玄宗至雒。時一行禪師奏請召集天下英髦學兼內外者。大建論場。道氤被推登首座。諸師皆爲屈伏。尋從駕西還。有對御論衡・大乘法寶・五門名數・信法儀・唯識疏・法華經疏・御注金剛經疏。

道泰 明僧。泰州人。字來峯。有集鐘鼎古文韻選。

道基 唐高僧。東平呂氏子。隋尚書令楊素重其佛學之深。請於東都講揚心論。大業中召入慧日道場。及登法座。衆又推爲玄宰。入唐。住益州福感寺。有雜心玄章并抄及大乘章抄。

道莊 隋高僧。建業人。通經史。能詩文。入居慧日道場。晚住日嚴寺。有法華疏及集數十卷。

道喇 清滿洲正黃旗人。姓輝和氏。葉克舒長子。從太宗屢與明戰。順治初敗唐通於一片石。入關。隨定山西。征金聲桓。敗桂王。累官本旗蒙古都統。卒諡襄勤。

道童 元高昌人。自號石巖。性深沈寡言。以世胄入官。有能名。至正中以平章政事行省江西。陳友諒來攻。道童不知兵。爲賊所害。諡忠烈。

道貴 齊女僧。長安壽氏女。年十七出家。博覽經律。精苦過人。齊竟陵王蕭子良爲造頂山寺。請道貴爲知事。不從。乃以爲禪範。天監中示寂。

道標 唐高僧。富陽秦氏子。年七歲。出家於靈隱山。至德間配居天竺寺。後退居西嶺。人稱西嶺和尚。工詩。辭體古健。比之潘劉。長慶間示寂。

道潛 後周高僧。蒲津武氏子。居衢州古寺。錢俶召入府。受菩薩戒。署慈化定惠禪師。建慧日永明寺以居之。宋建隆初示寂。◎宋僧。於潛何氏子。號參寥子。住杭州智果寺。於內外典無不窺。能文章。尤喜爲詩。與蘇軾・秦觀深相契。軾稱其詩無一點蔬筍氣。軾在黃州時。夢與賦詩。有寒食清明都過了。石泉槐火一時新之句。後軾守杭州。於寒食之明日訪之。作應夢記。道潛所著詩曰參寥子集。

道樹 唐高僧。唐州閻氏子。少耽經籍。年近四十始出家。得法於神秀。居壽州三峯山。常有野人至。服色素朴。言譚詭異。時現諸幻相。或發異聲。道樹但作不見不聞。凡十年方滅迹。遠近爲之欽服。寶曆初示寂。

道臻 西魏高僧。長安牛氏子。出家後。清眞寡交。惟以讀經博聞爲業。諸法師於經義有迷忘者。皆往問之。文帝尊爲師傅。爲立大中興寺。以爲大僧統。佛法賴以不替。

道濟 宋高僧。天台李氏子。字湖隱。年十八就靈隱落髮。狂嗜酒肉。人稱濟顚。復依淨慈寺。火發寺燬。道濟行化嚴陵。以袈裟籠罩諸山。山木盡拔。浮江而出。報寺衆曰。木在香積井中。六丈夫句之而出。蓋六甲神也。瀕湖居民。食螺已斷尾矣。道濟乞放水中。活而無尾。嘉定初坐逝。葬虎跑塔中。⊙清僧。詳石濤條。

道璨 宋僧。南昌陶氏子。字無文。咸淳中主饒州薦福寺。有語錄及柳塘外集。

道邃 唐高僧。住天台山國淸寺。貞元中有日本僧人最澄渡海至。求道邃指教天台法門。後最澄歸國。斯敎大行。透尊道邃爲祖師。

道隱 宋僧。海鹽李氏子。字仲儒。號月澗。工畫蘭石墨竹。

道顛道人 清江寧人。隱其姓。或曰姓胡。流寓維揚。畫山水花木。有奇趣。

道辯 後魏高僧。范陽田氏子。天性疎朗。才術高世。初住北臺。後隨南遷。時有經曰大法尊王。盛行於世。道辯知其僞。集而焚之。有維摩勝鬘金剛般若注及小乘義。大乘義。申玄照等。

達三泰 清滿洲鑲黃旗人。姓呢瑪奇氏。初名達音泰。乾隆間從征石峯堡回。勦廓爾喀。攻黔楚苗。並有功。嘉慶間從勦川陝楚教匪。累戰皆捷。官至甘肅提督。後沒於陣。諡壯節。

達瓦齊 清準部貴族。乾隆間噶爾丹策零卒。霸業旣終。內亂乃起。達瓦齊爲部衆所擁。遂聯合輝特部台吉阿睦爾撒納突入伊犂。殺剌麻達爾濟而自立。阿睦爾撒納旋懷侵略。嘗與攻戰。尋阿睦爾撒納率所部降清。備言伊犂可取狀。而準部諸台吉亦多附清。清征之。達瓦齊果敗。踰天山。走回疆。爲烏什城主霍吉斯執獻淸軍。於是天山南北路統屬於清。

達克薩哈 清滿洲鑲白旗人。姓賽密勒氏。順治間從討姜瓖。攻渾源州。先登克之。又從攻桂王。定貴州雲南。累官本旗滿洲副都統。

達受 清僧。居海寧白馬寺。號六舟。又號小綠天庵僧。耽翰墨。行脚半天下。精鑒別古器碑版之屬。摹拓金石。尤稱絕技。阮元稱爲金石僧。

達哈塔 清滿洲正白旗人。姓佟佳氏。順治繙譯進士。康熙間授兵部督捕左侍郎。爲人醇樸淸謹。嘗監修賦役全書。奏定錢糧刪忽存絲。推行各省。累擢吏部尙書。卒官。

達洪阿 清滿洲人。道光間任臺灣總兵。咸豐間以副都統往廣西。尋隨勝保敗太平軍於直隸獨流鎭。後被創。卒於軍。諡武壯。

達音布 清滿洲正白旗人。姓他塔喇氏。從太祖征伐。輒爲前鋒。多所斬獲。累功授三等輕車都尉。征蒙古札魯特。攻其貝勒昂安所居寨。中創沒。

達奚・明 隋大業末爲溧陽令。嘗疏涇瀆。以備旱潦。民皆懷之。

達奚・武 北周代人。字成興。初爲賀拔岳別將。岳爲侯莫陳悅所害。武收屍歸平涼州。文帝平悅。封須昌縣伯。大統初自大丞相府中兵參軍出爲東秦州刺史。歷雍同二州。累著戰功。進封鄭國公。轉太傅。武微時。好華飾。及居重位。不持威儀。行常單騎。門不施戟。每曰天下未平。國恩未報。安可過事威容。卒諡桓。

達奚・長儒 隋代人。字富仁。少爲周文親信。以質直恭樸授大都督。數有戰功。宣政中破陳軍。獲吳明徹。以功進位大將軍。高祖受禪。封蘄春郡公。突厥衆十餘萬來寇。以長儒爲行軍總管。卒衆二千。力戰却之。進上柱國。歷鄜州刺史。母憂去職。長儒性至孝。毀悴過禮。起爲夏州總管。匈奴不敢窺塞。轉荆州總管。卒諡威。

達奚・寔 北周洛陽人。字什伏代。少有幹局。從文帝擒竇泰。復弘農。沙苑。加車騎將軍。寔性嚴重。文帝深器之。六官建。拜蕃部中大夫。進爵平陽縣公。終文州刺史。卒諡恭。

達奚・震 北周武子。字猛略。少習武藝。頗有政術。歷華州刺史。太和中拜柱國。建德初襲爵鄭國公。從平鄴。拜大宗伯。終原州刺史。

達海 清滿洲正藍旗人。世居覺爾察。以地爲氏。九歲讀書。能通滿漢文義。太祖時召直同文館。凡與明及蒙古・朝鮮詞命。悉出其手。天聰間從征大淩河。招降祖大壽。議定朝賀禮儀。詳定淸書字體。授三等輕車都尉世職。卒諡文成。

達珠瑚 清滿洲正藍旗人。姓兆佳氏。以佐領從太祖征烏拉及葉赫有功。封三等男。天聰間征瓦爾喀。斬獲甚衆。旋爲仵卒所害。諡襄敏。

達眞 清僧。松江楊氏子。字簡菴。工畫翎毛花草。王鴻緒嘗以其畫扇進呈聖祖。通內外典。能詩工書。

達素 清滿洲鑲黃旗人。姓章佳

氏。太宗時從攻大淩河。錦州。寧遠。屢敗明兵。順治間從入山海關。敗李自成。破張獻忠。平姜瓖。勦鄭成功。官至領侍衛內大臣。康熙初卒。

達淩阿 〔清〕滿洲鑲黃旗人。姓佟佳氏。嘉慶間隨勦教匪。累戰川陝楚三省。所向克捷。道光間平張格爾於新疆。官至西安將軍。卒謚武莊。

達理善 〔清〕滿洲正黃旗人。姓那本都魯氏。順治時隨定太原。杭州。南昌。雲南累有功。康熙間王輔臣叛。復自請隨征。連敗敵衆。卒於軍。謚武毅。

達·雲 〔明〕涼州衛人。勇悍饒智略。萬曆中累官西寧參將。破土酋永邵卜有功。進都督同知。歷鎭延綏甘肅。收復松山。拓境五百里。累加太子少保。雲爲將。先登陷陣。所至未嘗挫衂。名震西陲。爲一時邊將之冠。

達爾漢 〔清〕滿洲鑲黃旗人。姓郭絡羅氏。太祖時從征葉赫。積功授一等男。後從太宗征札魯特及朝鮮。攻錦州。遵化。大淩河。察哈爾皆有功。官至本旗都統。晉一等子。

達爾黨阿 〔清〕滿洲鑲黃旗人。乾隆間由三等侍衛累官吏部尚書。率索倫兵隨定伊犂。又以定邊左副將軍與哈達哈分勦阿睦爾撒納。至雅爾拉。敵伏谷中。奮勇鏖殺。凡千餘人。阿睦爾撒納易服遁。以疎縱革職。尋以勦回。授二等侍衛。卒於軍。

達摩 〔梁〕高僧。南天竺王子。姓刹帝利。泛海達廣州。普通中武帝迎至金陵。與談佛理。不契。折蘆渡江入魏。居嵩山少林寺。面壁九年。人莫能測。爲禪宗第一祖。大同初示寂。葬熊耳山。（摩亦作磨。）

達摩笈多 〔隋〕高僧。南賢豆羅囉國人。姓弊耶伽羅。後改名法密。喜遊方。歷諸國至隋。文帝延入京城。令住興善寺翻經。煬帝立。於上林園中置翻經館。徵達摩笈多及諸學士任之。所譯經論七部。文義澄潔。華質顯暢。

達頭可汗 〔隋〕突厥主。名玷厥。沙鉢略從父。舊爲西面可汗。助阿波以攻沙鉢略。屢困之。後與沙鉢略子都藍可汗有隙。數相征伐。隋使和解之。都藍死。達頭自立爲步迦可汗。與啓民可汗相爭。爲隋師所敗。未幾國亂。奔吐谷渾。

達禮 〔清〕滿洲鑲白旗人。姓溫都氏。鄂海子。字履中。折節讀書。詩文清健。官郎中。有拳石堂集。

達禮麻識理 〔元〕開平人。怯烈台氏。字遵道。幼敏於學。至正中官上都留守。兼開平府尹。時孛羅帖木兒擁兵京師。而皇太子出居於外。達禮麻識理暗結人心。陽奉而陰備之。孛羅帖木兒遣兵來犯。力戰敗之。卒斬孛羅帖木兒。官至翰林學士。知樞密院事。大撫軍院事卒。

達識帖睦邇 〔元〕鐵木兒塔識弟。字九成。入國學爲諸生。讀經史通大義。尤好學書。至正中累官中書平章政事。出爲江浙行省左丞相。任用非人。肆通賄賂。所部郡縣。往往淪陷。亦恬不爲意。尋爲張士誠弟士信所逼。從之嘉興。士信自爲左丞相。防禁甚嚴。達識帖睦邇日對妻妾飲酒放歌自若。聞普化帖木兒仰藥死。遂命左右以藥酒進。飲之而死。

鄧·一桂 〔清〕卿森子。字原襄。號小山。雍正進士。選庶吉士。乾隆時累遷內閣學士。兼禮部侍郎。所陳學政事宜及恤刑諸條。皆蒙俞允。以老歸。加尚書銜。再與香山九老會。卒年八十有七。工繪事。山水法宋人。花鳥分枝布葉。條暢自如。惲壽平後所僅見。有小山文集。

鄧·士隨 〔清〕顯吉子。字景何。號晴川。雍正進士。畫山水。皴染得大癡意。工詩古文。

鄧·大觀 〔元〕清流人。字光伯。至正進士。官廷尉。剛正不阿。讞決多所平反。至正末徐達兵入城。被執不屈。羈京八載。洪武中釋歸。

鄧·之璽 〔清〕武進人。字臣虎。又號衣白山人。明萬曆進士。福王時官至都御史。明亡。自號逸老。又號昧庵。好古力學。博極羣書。兼善畫山水。

鄧·元佐 〔宋〕精通五行。有洪範奧旨。

鄧·元斗 〔清〕婁縣人。贅於周。居常熟。字少微。號春谷。又號林屋山人。爲蔣廷錫高弟。康熙中以畫供奉內廷。仕爲中書舍人。妙於山水。寫生尤長設色。善書工詩。

鄧·元標 〔明〕吉水人。字爾瞻。別號南皐。九歲通五經。弱冠從泰和胡直游。卽有志爲學。舉萬曆進士。累官至刑部右侍郎。天啓初首進和衷之說。元標立朝。以方嚴見憚。晚節造詣純粹。不復形崖岸。務爲和易。或議其遜初仕時。因笑曰。大臣與言官異。風裁卓絕。言官事也。大臣非大利害。卽當護持國體。可如少年悻動耶。後魏忠賢竊柄。因建首善書院。集同志講學。將加嚴譴。遂力求去位。卒謚忠介。有願學集。

鄧·允隆 〔明〕光澤人。名冒。以字行。正統進士。歷太常寺丞。凡大典儀文。率取正於允隆。往謚安南。會夷僭服。陞廣東提學僉事卒。

鄧·文盛 〔明〕公安人。字時鳴。弘治進士。除吏科給事中。正德朝累遷至右副都御史。巡撫貴州。累平苗寇。世宗時遷戶部尚書。爲人廉謹。踐踐若無能。卒謚莊簡。

鄧·文蘇 〔清〕新化人。字望之。嘉

慶饑貢。以鄭貢學教授鄉里。自闢精舍爲古經堂。嘗屈竹篾爲渾儀。製綸蚍爲古弁冕。深衣禮服。依近世江戴兩家所圖古制。製爲假車。與弟子肄禮其中。所著曰景山遺集。子漢勛傳其學。

鄒・方鍔 清金匱人。字稼章。號半谷。一號笠溪。乾隆舉人。有大雅堂集。

鄒・世任 清鄒縣人。字太沖。號宗山。康熙進士。官吏部郎中。性孝友。以行義世其家。居官多善政。有貽嶽堂集。

鄒・世安 明茌平人。有子三人。以孝友稱。孫十人或耕或讀。六世同爨。家百口。內外無間。遞爲家長。終身不蓄私財。論者比之萬石家風云。

鄒・世聞 元登州人。字聞遠。貌魁偉有氣節。授管軍百戶。戍杭海寧。瀕海竈民多私鬻鹽而禁甚嚴。世聞寬其法。民稱鄒父。後屏居峽石。元亡。不食而死。

鄒・以信 明永樂初知無爲州。處事精詳。政尚德教。郡人感之。且以其博學能文。稱之曰文章太守。

鄒・代鈞 清新化人。字沅帆。光緒間隨使歐西。後充京師大學堂教員。官至學部參議。精地理之學。嘗刻中外輿地全圖。爲近世輿圖佳本。又有西征紀程。則其隨使時之日記也。

鄒・用 明江西新昌人。字惟信。讀書好義。元末盜起。糾義兵保鄉里。驅破賊。安撫流亡。後歸太祖。授雄武軍管軍百戶。以備倭功贈廣信校尉。

鄒・冰 清坤子。字雪度。以畫名。

鄒・守益 明賢子。字謙之。正德進士第一。出王守仁門。授編修。踰年告歸。謁守仁。講學於贛州。宸濠反。與守仁軍事。世宗即位。始赴官。因直諫謫廣德州判官。廢淫祠。建復初書院。與學者講授其間。遷南京禮部郎中。州人立生祠以祀。歷祭酒。復以諫落職歸。守益天姿純粹。里居日事講學。四方從游者踵至。學者稱東廓先生。卒諡文莊。有東廓集。

鄒・守愚 明莆田人。字君哲。嘉靖進士。曾攝江西學政。所拔多名士。累官河南左布政使。時師尚詔陷歸德。率兵平之。晉戶部右侍郎。卒諡襄惠。

鄒・朴 明永豐人。字爾愚。洪武中以儒官仕周藩。直言極諫。王禁錮之。太祖以朴忠。陞御史。遷秦府長史。燕師至。不食而死。

鄒・伯顏 元高唐人。字從吉。爲崇安縣尹。有惠政。遷調漳州路判官。

鄒・伸之 宋紹定中蒙古遣使來通好。因假伸之朝奉大夫。京湖制置使參議官往使。伸之因取所聞見及往復問答。成使北日錄一書。

鄒・君默 明漳州人。諸生。成祖即位詔至。君默隨教授陳思賢集於明倫堂。不出迎詔。毀舊君位。哭如禮。郡人執送京師。與思賢皆死。

鄒・宏志 清吳江人。字念尊。工小詞。以香豔名。有邀月詞。

鄒・志明 明安福人。性至孝。嘗遇兵於谷源。將殺其父。志明泣拜請代。不許。觸石死。

鄒・良 明江西樂安人。永樂進士。知松溪縣。陞衡州知府。有惠政。有四書編言存養錄。

鄒・谷 金諸城人。字應仲。大定進士。官潞王府文學。有吏才。陝西河南訪察及定課。皆稱職。累官大理寺丞。歷定海泰寧軍節度使。貞祐初卒。

鄒・來學 明麻城人。字時敏。宣德進士。歷戶部主事。從征麓川有功。轉通政參議。督儲山海關。景泰中巡撫蘇松常鎮。以勞卒。

鄒・坤 清喆子。字子貞。傳其家學。工畫山水。(坤一作壽坤。)

鄒・孟卿 宋字淳甫。開禧進士。知豐城。興元軍士爲亂。孟卿討平之。官至四川制置兼茶馬使。西北敵不敢犯邊。被譖賜死。追諡忠襄。

鄒・定 宋新興人。字信可。有詩名。官奉議郎。

鄒・宗善 明上杭人。字本初。夙負至性。以古人自期。清師平閩。宗善走明倫堂痛哭。歸家自經死。

鄒・忠倚 清無錫人。字于度。順治進士。廷對第一。授修撰。性孝友謙謹。詩古文皆春容靜細。未幾卒官。

鄒・近仁 宋樂平人。字季友。官龍陽丞。嘗問道於楊簡。頓有覺悟。性至孝。所當爲。雖強禦不畏。有歸軒集。

鄒・長倩 漢公孫弘之故人。弘舉賢良。貧不能起。長倩以衣資資之。又贈生芻一束。素絲一襚。撲滿一枚。遺書曰。芻束則謹。心縱則驕。絲積微至著。善雖小而爲大。撲滿土器。所以蓄錢。有入無出。則有傾覆之敗。可不戒乎。後人謂之三事喻。

鄒・長孺 宋泰寧人。字齊賢。篤志學問。仁宗時與太學試。居上第。聞父喪。哀毀踰禮。自京師歸。跣足走三千餘里。有司以八行舉。不應。

鄒・非熊 宋宜黃人。字宗望。淳熙進士。歷樂昌尉。曲江令。一意撫綏。獄無滯囚。後除廣東提刑。未赴卒。

鄒・亮 明長洲人。字克明。工詩文。輕俠無行。爲景泰十才子之一。後折節讀書爲名儒。正統間以薦擢吏部司務。遷監察御史。以謙謹聞。喜藏書。有鳴珂・漱芳諸集。

鄒・勇夫 五代閩同始人。事王審知爲僕射。後南唐有併閩意。歸化鎮適當要衝。王延羲命勇夫往鎮之。時干戈相尋。是邑獨不被兵。人物蕃阜。

田野塾圖。勇夫之力也。

鄒・奕 明吳江人。字宏道。秀目美髯。貌若玉雪。議論英發。文辭高邁。登元至正進士。洪武初知贛州府。坐事謫甘肅二十餘年。召還卒。有吳樵稿。

鄒・奕孝 清無錫人。字念喬。乾隆進士。累官國子祭酒。高宗臨雍。講易天行健一節。奕孝以聖學帝治。反覆敷陳。高宗動容嘉歎。擢工部左侍郎。奕孝深通音律。郊祀大典中和韶樂。皆所編定。

鄒・括 宋棐弟。字仲發。元祐進士。知寧化縣。以恩信懷民。歷知亳州。蔡京當國。謝病退居二十餘年卒。

鄒・柄 宋浩子。字德久。弱冠棄科舉。從楊時游。靖康初權給事中。出守天台。行其所學。頗多善政。有文集及伊川語錄。

鄒・泉 明常熟人。字子靜。號蟫山。正德中諸生。精研書義。晚棄舉子業。著書澗谷山中。有四書折衷・翼衷・口義會粹・詩經約說・宗聖譜・尚論編・經世格要。

鄒・炳泰 清無錫人。字仲文。號曉屏。乾隆進士。累官吏部尚書。加太子少保。協辦大學士。遇事持正。人不敢干以私。嘉慶間兼順天府尹。林清變起。未能先事覺察。降中允。致仕歸。收藏書畫甚富。有午風堂叢談。

鄒・祇謨 清武進人。字訏士。號程村。順治進士。事母以孝聞。母教之極嚴。祇謨即以讀書娛其母。經史百家及天文宗乘。無不悉記。其詩文亦益工。寧都魏禧兄弟治古文山中。祇謨見而歎賞。逢人輒稱道。海內知有三魏。實自祇謨始。有遠志齋集。

鄒・迪光 明無錫人。字彥吉。號愚谷。萬曆進士。歷官湖廣學政。罷官時。年尚壯。卜築錫山下。極園亭歌舞之勝。晝山水脫盡時俗。一樹一石。必求精妙。兼工詩文。年七十餘卒。有鬱儀樓集・調象菴集・石語齋集・文府滑稽。

鄒・容 清巴縣人。字威丹。光緒間游學日本。後回上海。著革命軍。章炳麟爲之敘錄。炳麟尋爲清吏所捕。容聞之。自詣獄。瘐死。

鄒・師顏 明宜都人。字希賢。起家太學生。永樂中任御史。人不敢干以私。遷大理寺丞。署戶部事。與夏原吉同下獄。仁宗即位。釋之。擢禮部右侍郎。踰年告歸省墓。還至通州卒。貧不能歸喪。宣宗命給官舟送之。

鄒・浩 宋晉陵人。字志完。元豐進士。哲宗朝爲右正言。累上疏言事。章惇獨相用事。浩露章數其不忠。因削官。羈管新州。徽宗立。復爲右正言。累遷兵部侍郎。兩謫嶺表。復直龍圖閣。卒諡忠。有道鄉集。學者稱道鄉先生。

◎明寧夏人。弘治進士。擢御史。忤劉瑾。謫眞定府推官。後巡撫四川。以平爽蠻及松潘功。陞右都御史。

鄒・烜 明建安人。字允輝。永樂時有奏江陰侯不法者。烜奉命訊鞫。盡得其情。奏論不少諱。左遷衛經歷。遷德慶同知。以卓異擢沔陽知州卒。

鄒・矩 明宜黃人。字元方。博學工文。與涂幾齊名。人稱鄒涂。洪武初以通經儒士薦任南城縣學訓導。有文集。

鄒・祐 明江西永寧人。洪武間以貢士爲廣東監察御史。有風裁。所至斥蠹剔奸。陞按察司副使卒。

鄒・致 宋瑞州新昌人。字至之。博洽強敏。事母甚孝。授諸子各一經。時稱五經鄒氏。

鄒・捷 晉湛子。有文才。永康中爲散騎侍郎。趙王倫篡逆。捷與陸機俱作禪文。倫誅。坐下廷尉。後爲太傅參軍。永嘉末卒。

鄒・斌 宋臨川人。字俊甫。博記敏識。見陸九淵。問平日何學。以求放心對。登嘉定進士。制置使趙方嘗委經理三關形勝。措置有方。匾所居曰南堂。聚書萬卷。好學不倦。學者稱南堂先生。有南堂稿。

鄒・逢吉 明湖口人。字夔石。崇禎進士。擢兵科給事。未踰旬離作。飲酖死。

鄒・卿森 清顯吉弟。字衡湘。工詩畫。爲人愷弟樂易。人稱長者。

鄒・善 明守益子。嘉靖進士。累擢山東提學僉事。時與諸生講學。萬曆間授太常卿致仕。

鄒・喆 清吳人。家金陵。字方魯。山水工穩。有古氣。兼長花草。

鄒・復元 元道士。善寫竹。能詩。

鄒・復雷 元道士。復元弟。工畫梅。能詩。

鄒・智 明合州人。字汝愚。年十二能文。家貧。讀書焚木葉繼晷者三年。登成化進士。上疏極言時事。不報。後以坐誣謫廣東石城卒。天啓初追諡忠介。智詩文多發於至性。不假修飾。眞氣流溢。有立齋遺文。

鄒・期楨 明無錫人。字公寧。萬曆中諸生。與吳桂森同從高攀龍學。稱兩素衣先生。有倘書揆一。

鄒・棐 宋泰寧人。字堯叟。有文名。熙寧進士。始學於劉彝。又從楊時游。仕終宣城令。有惠政。

鄒・欽堯 明瑞安人。從永嘉。字維則。諸生。讀書明大義。聞國變。自沈永嘉江而死。

鄒・湛 晉新野人。字潤甫。少以才學知名。仕魏爲太學博士。泰始間歷征南從事中郎。深爲羊祜所器重。累遷國子祭酒。轉少府。所著書及論奏議二十五首。爲時所重。

鄒游 唐與顏眞卿友善。眞卿使李希烈。游往送之。故蘇軾送王子立詩云。送行萬里一鄒游。

鄒湘 清山東人。貌突兀。有韜略。通奇門遁甲。客年羹堯幕。甚相得。羹堯平金川。湘運籌有功。欲奬以官。固辭不受。

鄒異 宋長樂人。字士奇。有孝行。親沒。廬墓六年。有甘露芝草之應。元祐中舉經明行修。有司因改其里曰賓賢。坊曰文行。

鄒陽 漢臨淄人。景帝時與枚乘。嚴忌仕吳。以文辨知名。吳王陰有邪謀。陽上書諫。不聽。去之梁。從孝王游。爲羊勝等所譖。下獄。上書自陳。王出之。待爲上客。

鄒極 宋宜黃人。字適中。治平進士。累官度支員外郎。時掌鹽法者爭以羨餘希進。極條其不便。丐外。除江西提刑。親喪服除曰。讀書丐祿。以娛親耳。今親喪。可復仕乎。力請致仕。自號一翁。

鄒補之 宋開化人。字公兗。受業朱呂之門。登淳熙進士。官江寧通判。有春秋語孟注。兵書解。宋朝職略等書。

鄒夢遇 宋近仁從孫。字元祥。楊簡門人。以詞賦薦於鄉。爲人孝弟。喜慍不形。極爲簡所稱許。

鄒寧 明用子。智勇有父風。洪武間征都勻。又從征平州。牙州。龍海等處。俱有功。授昭信校尉。

鄒幹 明濟子。字宗盛。正統進士。擢兵部右侍郎。以才爲于謙所器。改禮部。考察山西官吏。黜布政使侯復以下五十餘人。遷禮部尚書。卒諡康靖。

鄒漢章 清漢勛弟。字叔明。邑諸生。以水師從曾國藩。屢破沿江各壘。攻武昌。援寶慶。皆有功。官至兵備道。後至粵西督水師。卒於軍。

鄒漢勛 清文蘇子。字叔績。咸豐舉人。以博學名。於易詩經訓史家地理音韻小學金石字畫。靡所不究。洪楊事起。以知縣從江忠源守廬州有功。遷直隸州同知。城陷。死之。有斅藝齋遺書。

鄒維璉 明江西新昌人。字德輝。一字德耀。萬曆進士。授延平推官。耿介有大節。天啓間爲郎中。刑部主事譚謙益薦妖人宋明時。能役神兵。復遼左地。魏忠賢陰主之。維璉極言其妖妄。忠賢矯旨譙責。維璉欲去不得。詔留視事。乃嚴覈官評。無少假借。楊漣劾忠賢。被旨切責。維璉復抗疏極論。已削籍論戍。崇禎間累擢右僉都御史。巡撫福建。在事二年。勞績甚著。爲溫體仁所忌。復罷官。有達觀樓集。(按浙江通志以維璉爲浙江新昌人。此從明史。)

鄒維勳 明清流人。崇禎間任肇慶府守備。流寇攻韶州。維勳破走之。尋中伏陣亡。

鄒誕 南朝宋爲輕車都尉。著史記音三卷。

鄒鳴鶴 清無錫人。字鍾泉。號松友。嘉慶進士。咸豐間官至廣西巡撫。洪楊軍攻桂林。鳴鶴力守危城。得不陷。以不及援全州落職。尋赴江寧襄軍務。城破。死之。諡壯節。有世忠堂詩古文集。撫粵奏議。桂林守城日記。道齋正軌等書。

鄒德泳 明善從子。字汝臣。萬曆進士。官御史。李獻可請預教太子。斥爲民。德泳偕同官救之。削籍歸。光宗時歷太常卿。魏忠賢用事。乞休歸。有湛源文集。應求徵旨。平旦錄。振玩錄。復古純書。

鄒德涵 明善子。字汝海。號聚所。隆慶進士。歷刑部員外郎。張居正方禁講學。德涵守之自若。出爲河南僉事。貶秩歸。服習父訓。後專以悟爲宗。於祖父所傳。殆一變矣。有鄒聚所文集。

鄒德溥 明德涵弟。字汝光。萬曆進士。歷司經局洗馬。早負盛名。以居錦衣千戶霍文炳故居。發其藏金。爲東廠劾罷。有易會。春秋匡解。學庸宗釋。雪山草。

鄒澍 明武進人。字潤安。晚號閒庵。事父母至孝。工詩古文辭。隱於醫。有本經疏證。本經續疏。本經序疏要。

鄒瑾 明永豐人。建文時爲大理丞。掌御史。燕師至。都督徐增壽有異志。瑾與御史魏冕大呼。請速加誅。宮中火起。遂自殺。後諡貞烈。

鄒緝 明吉水人。字仲熙。洪武中舉明經。永樂中累官翰林侍講。進右庶子。三殿災。緝上疏極陳時政缺失。凡數千言。幾得禍。緝博極羣書。居官勤愼。清操如寒士。其在東宮。所陳皆正道。卒官。

鄒賢 明安福人。字恢才。弘治進士。授南京大理評事。數有條奏。歷官福建僉事。擒殺武平賊渠黃友勝。居家以孝友稱。

鄒靚 宋平江人。字行之。朱熹帥長沙。道經平江。靚謁之。教以歸取四書讀之。於立身宅心自有得。靚歸讀論語。卽恍然有悟。自謂獨得朱子之傳。

◎ 明武進人。字敏行。正德進士。歷廣西參議。招降土賊有功。改雲南副使。擒賊豪迷。境內寧謐。

鄒魯 明盱眙人。洪武中以薦授河南主簿。尋以事降會稽縣典史。耆民奏其廉能。擢陞知縣。執法不阿。被誣逮至刑部。事直。特拜大理寺丞。

鄒餘 宋宜黃人。字損道。元豐

進士。調通城令。邑多豪猾。餘至乃服化。哲宗時爲侍御史。所陳十餘事。皆切大體。大臣不樂其言。遂奉祠歸。

鄒應博 宋應龍從弟。師廖德明。開禧初登第。歷知婺州蘇州。提點江南西路刑獄。眞德秀嘗薦之。

鄒應龍 宋泰寧人。字景初。慶元進士第一。累官起居舍人。與韓侂胄不合。出知贛州。有惠政。侂胄敗。歷禮部尙書。以剛直聞。嘉熙初拜端明殿學士。權參知政事。致仕歸。理宗書南谷二字賜之。卒諡文靖。◎明長安人。字雲卿。嘉靖進士。擢御史。以劾嚴嵩得名。累官兵部侍郎。巡撫雲南。發黔國公沐朝弼罪。又平香寇。爲忌者所排。削籍歸卒。

鄒渢 宋吉水人。字鳳叔。少慷慨有大志。從文天祥勤王。爲江西招諭副使。復興國永豐二縣。進兵部侍郎。後走潮州。天祥被執。遂自殺。

鄒濟 明錢塘人。字汝舟。博學強記。尤長春秋。永樂間累進少詹事。時宮僚多得罪。濟以憂卒。追諡文敏。

鄒賽貞 明鉛山人。濮未軒妻。少聰慧。博雅能詩。當時稱爲女士。因號曰士齋。有士齋集。

鄒禮 宋高安人。字用和。才識明敏。尤練達條章。辟掾史。執法平允。年三十四即歸隱。總管張公疇敬其爲人。薦諸集賢。賜稱德逸處士。

鄒顯吉 淸無錫人。字黎眉。七歲能詩。與秦松齡、嚴繩孫輩相推致。鍵關湖北草堂。甄錄漢魏六朝三唐人集。寄情深遠。尤善畫山水人物。

鄒觀光 明雲夢人。字孚如。萬曆進士。爲吏部郎。公平廉正。門無私謁。性孝友。丁父憂。廬墓三年。建尙藏書數千卷於學宮。俾士就讀。建尙行書院講學。學者多從之。與吉安鄒元標齊名。時稱二鄒先生。官至太僕卿。有鄒孚如集。

鄔大昕 宋河源人。字東啓。政和進士。僉判廣州。廣濱海。往來甚病。大昕規度鹿步澪鑿之。東起東洲。西接黃木灣。延袤十餘里。人便之。

鄔中涵 明浙江寧海人。字世元。號槐東。嘉靖間以貢授福清訓導。邑故無城。令莫敢往。中涵曰。一命之臣。皆有封疆之責。況我官訓導。顧可自叛名教乎。倭寇至。力戰死。

鄔佐卿 明丹徒人。字汝翼。天性樸雅。工詩能書。少爲貴公子。喜遊狹斜。富於才調。有纏頭集。

鄔克誠 宋樂安人。字信叔。寧宗時以布衣詣闕。上易說六卷。築小圃。以文史自娛。一時金石之作。多出其手。

鄔希文 淸餘姚人。字亦范。號松巖。諸生。善畫。工文章。兼能琴。

鄔彤 唐錢塘人。官金吾兵曹。工草書。與懷素爲羣從中表。嘗與懷素論草書。懷素不復應對。但連叫數十聲曰。得之矣。

鄔良佐 明浙江人。字世忠。幼負大志。博學經史。入太學。嘉靖初上疏請祀方孝孺。不報。有道學統宗內外二傳。

鄔若虛 明浙江寧海人。字君受。中萬曆乙榜。初授崖州守。拒黎蠻倭寇皆有功。遷邵武同知。致仕歸卒。

鄔修 明南昌人。字存誠。洪武進士。授行人。陞廣東僉事。生平操履淸勤。士論稱之。

鄔連 明江西新昌人。嘉靖進士。累官應天府尹。所至著淸聲。擢副都御史。巡撫浙江。科臣有忌之者。遂歸里。杜門不出。

鄔景和 明崑山人。字時濟。先世以閣右徙實京師。景和器度凝重。年十六。選尙永福長公主。拜駙馬都尉。掌宗人府事。以言事忤旨放還。隆慶初復職。卒諡榮簡。

鄔璠 明江西新昌人。字汝璠。宣德中任溧陽縣丞。鋤強扶弱。賦役均平。隸胥不得爲奸。秩滿。數千人詣闕保留。陞知縣。卒官。

鄔臧 春秋晉祁盈家臣。祁勝與鄔臧通室。盈執之。勝賂荀躒。爲言於晉侯。執盈。盈之臣殺勝及鄔臧。晉殺盈而滅其族。

鄔鶴徵 淸浙江山陰人。字雪舫。諸生。有唫秋樓詩鈔。

鉏商 春秋魯叔孫氏之車子。哀公十四年。從狩於大野。獲麟。以爲不祥。以賜虞人。仲尼曰。麟也。然後取之。

鉏麑 春秋晉力士。靈公不君。趙盾數諫。公使鉏麑賊之。晨往。盾盛服將朝。尙蚤。坐而假寐。麑退而歎曰。不忘恭敬。民之主也。賊民之主不仁。棄君之命不忠。乃觸槐而死。

鉗耳文徹 隋大業中爲恆山郡九門縣令。邑人頌之。爲立淸德碑。

鉤弋夫人 漢河間人。姓趙氏。武帝夫人。生而兩手皆拳。武帝過河間。自披之。手即時伸。號曰拳夫人。進爲婕妤。居鉤弋宮。稱鉤弋夫人。生昭帝。將立爲太子。以母少。恐女主顓恣亂國。乃賜死。

隗仁 北涼沮渠蒙遜時爲沮渠漢平司馬。乞伏熾磐率衆襲湟河。漢平降。仁勒壯士百餘據南門樓上。三日不下。以衆寡不敵。爲熾磐所擒。留五年而還。蒙遜以爲高昌太守。爲政有威惠。然頗以愛財爲失。

隗炤 晉汝陰人。善易。臨終書版授妻曰。後五年春。當有詔使來。姓龔。此人負吾金。即齎版往責之。至期果有龔使至。妻齎版往。使者憮然良久乃悟。取蓍筮之。歎曰。吾不負金。汝夫自有金。知汝漸困。故藏金以待。知我善易。故書版以寓意耳。金五百斤。盛以青甕。覆以銅柈。在屋東。去壁一丈。入地九尺。如言掘之。果得金。

隗·相 三國蜀犍爲人。事母孝。母惡江邊水不潔。必得江心水乃就飲食。相以舟汲之。患其流急。後江心忽出一石。舟乃可依。人以爲孝感。

隗·純 後漢囂子。囂死。其黨立純爲王。旋爲來歙·耿弇等所攻破。純降。徙弘農。後與賓客數十騎亡入胡。至武威。被捕。誅死。

隗·崔 後漢囂叔父。素豪俠。能得衆。聞更始立。王莽兵連敗。於是謀起兵應漢。以囂有名。推爲上將軍。

隗·禧 三國魏京兆人。字子牙。少好學。初平中三輔亂。禧南客荆州。擔負經書。每以採梠餘日誦之。黃初中爲譙王郎中。王宿聞其儒者。常虛心從之。後拜郎中。年八十餘。以老處家。就之學者甚多。禧旣明經。又善星官。撰作諸經解數十萬言。

隗·囂 後漢成紀人。字季孟。王莽末。據隴西。稱西州上將軍。初附更始。旋歸光武。後又叛附公孫述。光武西征。囂奔西城而死。

雋·不疑 漢渤海人。字曼倩。治春秋爲郡文學。進退必以禮。武帝末徵拜靑州刺史。昭帝初擢京兆尹。吏民敬其威信。有男子詣北闕。自謂衞太子。詔公卿雜識視。莫敢發言。不疑後至。叱從吏收縛曰。昔蒯聵違命出奔。輒拒不納。春秋是之。衞太子得罪先帝。此罪人也。遂送詔獄。帝與霍光聞而嘉之曰。公卿大臣。當用經術。明於大誼。由是名聲重於朝廷。後以病免。

雋不疑母 漢仁而善教。不疑爲京兆尹。行縣錄囚還。問有所平反。母喜笑飲食。言語異於他時。或無所出。母怒爲之不食。故不疑爲吏。嚴而不殘。

雍·存 宋全椒人。隱居求志。以文史自娛。號南郭先生。縣有獨山。又號獨山翁。州守錢公輔·曾鞏皆與之游。

雍·孝聞 宋蜀人。崇寧間廷對。力詆時政。授右列。卒不仕。政和末變姓名爲道士。入內說法。徽宗謂其得林靈素之半。因賜姓木。更名廣莫。竟不知其爲孝聞也。

雍·沖 宋洋州人。太學生。紹聖中章惇等變更元祐政事。沖上書數其罪。乞斬之。有旨移興元府。其後張浚試吏興元。以沖爲友焉。

雍秀才 宋工畫魚及草蟲。

雍·糾 春秋鄭祭仲之壻。鄭伯患祭仲。使糾殺之。糾妻知其謀。以告祭仲。祭仲殺糾而尸之。公載以出。曰。謀及婦人。宜其死也。

雍門·子迪 戰國齊越甲至齊。刎頸而死。是日越人引甲而退七十里。曰。齊王有臣。均如雍門子迪。使越社稷不血食。遂引甲而歸。齊王葬雍門子迪以上卿之禮。

雍門·周 戰國善鼓琴。嘗干孟嘗君。鼓琴而歌。孟嘗君涕泣悲哀。下而就曰。先生鼓琴。令文若破國亡邑之人。

雍·恭 明清水人。字可南。萬曆中以拔貢知富川縣。地多瘴。前官避古城寨涖事。恭修城繕學。復居縣治。懲盜聽訟。明斷如神。乞歸卒。

雍·泰 明陝西咸寧人。字世隆。成化進士。初令吳縣。作隄捍太湖。民稱雍公隄。累官右副都御史。巡撫宣府。時軍吏驕蹇。泰持法壓抑之。被黜爲民。正德初起南京戶部尙書。劉瑾擅權。瑾·泰鄉人也。怒泰不與通。復罷歸。瑾誅。復官。卒諡端惠。

雍·陶 唐成都人。字國鈞。太和進士。能詩。大中間自國子毛詩博士。出爲簡州刺史。

雍·渠 春秋衞宦者。孔子居衞。靈公與南子同車。渠參乘。使孔子爲次乘。招搖市過之。孔子遂去衞。

雍·焯 明狄道人。字闇仲。嘉靖中任監察御史。巡按山東。有風裁。

雍·無逸 唐大曆中仕爲龍州別駕。吐蕃入寇。無逸夜濳其城。破之。以功封什邡縣男。

雍·鈞 宋南充人。治平進士。官御史臺主簿。章惇用事。朝士滿門。鈞獨不往。惇惡之。黜知蓬州。

雍·熙日 明無爲人。字緝如。圍棋稱國手。有弈正。

雍·樂成 漢以貨殖名。擲家搏掩。犯姦成富。與良善之人。齊齒並列。班固謂爲傷化敗俗之道。

雍·齒 漢沛人。從高祖起兵。旋畔去。已而復歸高祖。從戰有功。然終爲高祖所不快。高祖嘗恐諸將怨望。從張良言。先封齒爲什邡侯。於是諸將皆喜曰。雍齒且侯。吾屬無患矣。卒諡肅。

雍·爓 宋興元人。字幼山。舉進士。工畫山水。又善墨竹墨梅。

零昌 後漢先零羌人。滇零子。永初間立。年幼。同種狼莫爲其謀主。元初間入寇。後爲任尙·鄧遵所敗。尙復懸賞募羌人。先殺其將杜季貢。幷殺零昌。

雷·三益 宋清流人。魁岸有勇略。景炎初文天祥入汀。開府集兵。三益同丙·戊·庚三子應召。父子英烈。皆沒於軍。

雷·士俊 清江都人。字伯顯。幼補諸生。後棄去。專力經史百家。熟悉古今治亂得失之故。康熙中卒。有艾陵文集。

雷大升 明長洲人。字允上。幼業儒。既長善醫。治疾無不效。善琴工詩。有金匱辨正・經病方論・要症論略・丹丸方論。

雷子堅 明綏德人。正德舉人。知廣州。剛介不畏強禦。值流賊劫掠。繕完守備。賊不敢犯。因抗論將帥失利。落職。瀕行。出所貯金幣於官。民歌思之。

雷子霖 清朝邑人。字午天。明崇禎舉人。事親以孝聞。論學篤守橫渠矩尺。湯斌甚敬之。有孝經初授編・西銘續生編・太極圖說・柏堂集。

雷仁 清寧朔人。乾隆間由行伍隨征金川。勦平甘肅回。征廓爾喀。皆有功。嘉慶間協勦教匪。轉戰陝西四川。官至重慶鎮總兵。坐事奪職。戍伊犁。尋釋回。

雷允恭 宋開封人。初爲黃門。頗慧黠。周懷政僞爲天書。允恭豫發其事。累遷內侍省押班。章獻太后初臨政。丁謂潛結允恭。凡機密事。令傳達禁中。由是允恭勢橫中外。後爲山陵都監。坐改穿帝穴賜死。

雷公 上古黃帝之臣。帝既咨岐伯作內經。復命雷公及俞跗察明堂。究息脈。有至教論・藥性炮製等書。

雷仕柟 明建安人。字元芳。成化進士。累官至浙江右參政致仕。倘書暢且稱其自處之高自守之嚴自信之確爲三大節。人以爲確論。

雷以諴 清湖北咸寧人。字鶴皋。道光進士。官至光祿寺卿。署刑部侍郎。咸豐間洪楊軍起。幫辦江南軍務。用錢江策。倡收百貨釐捐助餉。釐捐之設。自以諴始。有雨香書屋詩鈔。

雷光霆 元分寧人。字友光。家居教授。學士程鉅夫・詹天遊皆其徒也。至元間遣使徵之。未至卒。學者稱龍光先生。有九經輯義・史辨・詩義指南等書。

雷有終 宋有鄰弟。字道成。初署萊蕪尉。發知監劉祺奸贓。代知監事。太宗卽位。聞其名。召爲大理寺丞。淳化中歷度支鹽鐵副使・江南嶺外茶鹽制置使。李順之亂。命爲峽路隨軍轉運使・同知兵馬事。規畫戎事。調發兵食。皆有節制。眞宗初王均據蜀爲亂。以有終知益州。討平之。景德初徙并代副都部署。契丹入寇。帝幸澶淵。有終赴援。聲威甚振。召拜宣徽北院使卒。

雷有鄰 宋德驤子。德驤削籍流靈武。有鄰意趙普害之。擊登聞鼓訟普不法事。普由是出鎭洛陽。有鄰授祕書省正字。自是累上疏密告人隱事。未幾卒。

雷次宗 南朝宋南昌人。字仲倫。少入廬山。事沙門釋慧遠。篤志好學。尤明三禮毛詩。隱退不受徵辟。元嘉中徵至都下。開館於雞籠山。聚徒教授。尋又爲築室於鍾山西巖下。謂之招隱館。使爲皇太子講喪服經。次宗不入公門。乃使自華林東門入延賢堂就業。卒於鍾山。

雷孚 宋筠州人。字保信。政和進士。宰宜春。倅章貢。居官清白。年八十餘卒。

雷孝先 宋有鄰子。字子思。舉進士。試大理評事。眞宗幸大名。孝先以部芻糧河北。首至行在。擢太常寺奉禮郎。王均之亂。隨季父有終進討有功。改將作監。累遷領軍衛大將軍・昭州刺史卒。

雷協 宋寧化人。字彥一。以易學知名。登政和進士。調上饒尉。終宣教郎・興化軍教授。

雷宗 明桐城人。字希曾。弘治進士。由汝陽知縣擢四川道監察御史。正德時征霸州劇賊。奉命監諸軍。風裁凜然。被誣謫瀏陽典史。轉知崞縣致仕。家居十餘年卒。

雷宗道 宋商州人。工雜畫。尤長佛像。山水似郭熙。

雷宜中 宋豐城人。字宜叔。淳祐進士。爲賈似道記室。以不合去。經略廣東。北還。奏復吳潛官及濟邸封爵。

雷亮 明咸寧人。以才學薦任湖廣按察司僉事。有賢能之譽。

雷威 唐善作琴。遇大風雪。獨往峨眉酣飲。著簑笠入深松中。聽其聲連延悠颺者。伐以爲琴。妙過於桐。

雷度 宋臨川人。字世則。器識高遠。研精於易。鄉里爲不義者。愧曰。世則得無知我乎。

雷彥威 唐滿子。滿卒。彥威自立。聞荊南節度使成汭兵。出襲江陵。入之。焚樓船。殘墟落。數千里無人跡。爲其弟彥恭所逐。

雷彥恭 後梁彥威弟。嘗攻劫爲荊湖患。開平初馬殷發兵攻彥恭。彥恭奔楊行密。卒於淮南。

雷思 金渾源人。舉進士。累官大理寺卿。持法寬平。後同知北京轉運使事。嘗註易。有易解。

雷思齊 宋臨川人。字齊賢。宋亡後。棄儒服爲道士。居烏石觀。後卒於廣信。有易圖通變・易筮通變。

雷弱兒 前秦南安羌酋。仕苻健至大司馬。初晉殷浩陰遣人誘弱兒殺健。許以關右之任。弱兒僞許之。及浩北伐。爲姚襄所襲。襄浩相持。秦人遂收其利。後桓溫來伐。師次灞上。弱兒拒之。溫不得前。健賞其功。以弱兒爲丞相。受遺詔輔政。弱兒性剛鯁。好直諫。爲苻生嬖臣趙韶・董榮所恨。譖之於生。生殺之。并其九子二十七孫。於是諸羌皆有離心。

雷·芳　明安陸人。字琇倩。號陸海。早歲工詩。萬曆舉人。累官工部郎中。有北遊草·雁字詩。

雷·淵　金思子。字希顏。一字季默。幼孤。入太學。讀書晝夜不倦。後從李之純游。遂知名。登至寧進士。爲東平錄事。河朔重兵所在。驕兵悍卒。倚外敵爲重。淵出入軍中不爲屈。未數月。閭里間多畫淵像。與定末拜監察御史。彈劾不避權貴。出巡郡邑。所至有威聲。至蔡州。杖殺五百人。時號雷半千。後官翰林修撰卒。

雷·紹　後魏武川鎮人。字道宗。少有膂力。折節讀書。事親孝。隨賀拔岳征討。爲岳長史。勸岳迎孝武西都長安。後爲京兆太守。清平理物。甚得人和。岳被害。與寇洛等迎宇文泰入軍。以功授大都督。終渭州刺史。

雷·被　漢善擊劍。仕淮南王安爲郎中。安太子遷召與戲。被辭讓。誤中太子。太子怒。王使郎中令斥免被。上書自明。事下廷尉。逮淮南太子。

雷·復　明湖廣寧遠人。字景暘。正統進士。授行人。歷官廣西副使。成化初以大臣會薦。擢山東右布政使。召爲禮部右侍郎。改右副都御史。巡撫山西。端恪守法。得軍民心。卒官。

雷·塤　明建安人。字原中。洪武進士。授工科給事中。糾劾無所避。永樂中奉命鎮守蘇常松三府。未及期。封章四十上。纔命巡按廣西。吏畏民懷。諸蠻讋服。有原中類稿。

雷·搢　清江蘇華亭人。字書廷。工畫山水。畫龍尤有名。時稱雷龍。

雷·殿直　宋工畫竹。

雷·煥　晉豫章人。通緯象。武帝時斗牛間常有紫氣。張華問煥。是何祥。煥曰。寶劍之精。上徹於天耳。華問在何郡。煥言在豫章豐城縣。華卽補煥爲豐城令。煥到縣。掘獄屋基。得龍泉太阿二劍。送龍泉與華。太阿自佩。或謂煥得兩送一。張公豈可欺乎。煥曰。本朝將亂。張公當受其禍。此劍當繫徐公墓樹。靈異之物。終當化去。不永爲人服也。華得劍。報煥書曰。詳觀劍文乃干將。莫邪何復不至。雖然。天生神物。終當復合。因以華陰土致煥。拭之倍益精明。華誅。失劍所在。煥卒。子華持劍過延平津。劍忽躍入水。但見二龍各長數丈而去。華歎曰。先君化去之言。張公終合之論。此其驗乎。

雷·義　後漢鄱陽人。字仲公。獻帝朝爲郡功曹。嘗濟人死罪。罪者以金二斤謝。不受。後舉孝廉。拜尚書侍郎。有同時郎坐事當刑。義密自表。取其罪。事覺。順帝詔除刑。義歸舉茂才。以讓友陳重。刺史不聽。義遂佯狂被髮。走不應命。時語曰。膠漆自謂堅。不如雷與陳。後拜侍御史。除南頓令。卒官。

雷·萬春　唐事張巡爲偏將。令狐潮圍雍丘。萬春立城上與潮語。伏弩發。六矢著面。萬春不動。潮疑刻木人。諜得其實。乃大驚。萬春彊毅用命。每戰巡任之。後死難。

雷·說　宋淳化中爲大寧監。人戶汲泉。強弱相陵。說於穴旁創石池以瀦之。外設橫板三十竅。承以修竹。謂之筧筒。人咸稱便。

雷·境　明建安人。字彥達。幼孤。事母至孝。究心典籍。永樂間薦至京師。固辭而歸。鄉人多從之受學。

雷·夢麟　明進賢人。字伯仁。嘉靖進士。任刑部主事。恤刑江南。歷山東按察使。有讀律瑣言。

雷·滿　唐武陵人。字秉仁。爲人兇悍猾勇。文身斷髮。廣明中聚諸蠻號土團軍。推滿爲帥。高駢鎮荊南。召滿隸麾下。後據朗州。昭宗以爲武貞軍節度使。常以輕舟上下荊江。攻劫州縣。天復初卒。

雷·德驤　宋郃陽人。字善行。周廣順中進士。累官右拾遺。宋初判大理寺。官屬附會宰相趙普。擅增刑名。因求見白其事。辭色俱厲。太祖怒。黜爲商州司戶參軍。至郡爲文訕上。削籍徙靈武。後召爲祕書丞。太宗時累遷戶部侍郎。頗以強直自任。坐事責授感德軍行軍司馬。以憤成疾卒。

雷·樂　明建安人。嘉靖間由貢生官廣州訓導。有周易古經。

雷·淥　宋長沙人。光宗時知宜章。有善政。民立祠祀之。官至吏部郎中。

雷·鋐　清寧化人。字貫一。一字翠庭。雍正進士。官至左副都御史。文章簡要沖夷。有古作者風。其學以躬行爲主。以仁爲歸。以敬義爲堂戶。力宗程朱。於象山·陽明。辨之甚力。有經笥堂集·自恥錄·讀書偶記·校士偶存·聞見偶錄。

雷·學淇　清順天通州人。字瞻叔。嘉慶進士。官永從知縣。好爲討論之學。嘗以竹書紀年。自五代以來。頗多殘闕。爰積九年之力。博考李唐以前諸書所稱引。成竹書紀年考·紀年義證二書。又有古今天象考·夏小正經傳考·夏小正本義·亦囂囂齋經義考。

雷·機　元建安人。字子樞。延祐進士。授古田丞。歷調興化尹。察豪強數家置之法。賦役不均。率吏民首實而品第之。民呼爲雷神。終朝散大夫。有龍津·龍山·鄞川·環中·黃鶴磯·梅易齋·碧玉環七稿。父德潤邃於易。機及弟栱·杭。俱以易名。有周易註解。稱雷門易。

雷·澤　明定襄人。字時霖。天順進士。除刑科給事中。抗直不避權勢。疏陳戚畹驕恣。被杖幾死。既醒。復諫不止。聞者稱爲鐵漢。仕至光祿寺卿。

雷興 〔清〕遼陽人。隸正黃旗漢軍。崇德間累官祕書院都察院理事官。順治初爲天津巡撫。勦土賊李聯芳平之。並請設戰船等於大沽口。以備海防。遷陝西巡撫。卒官。

雷龍濟 〔宋〕建安人。字暘祿。號師古。第進士。嘗舉義兵赴崖山。圖復王室。沒於萬石灘。

雷應春 〔宋〕郴人。字春伯。以詩擅名。嘉定進士。累官監察御史。首劾時相。繼忤權貴。出知全州。弗就。歸隱北湖。後知臨江軍。安靜不擾。嘗欲城新淦以備不虞。當路阻之。及己未之亂。臨江倉卒無備。人始服其先見。終江東憲。有洞庭·玉虹·日邊。盟鷗·清江諸集。

雷縯祚 〔明〕太湖人。字介公。崇禎舉人。授刑部主事。擢武德道兵備僉事。山東被兵。縯祚守德州。有詔獎勵。乃疏劾督師范志完·首輔周延儒·尙書范景文·諭德方拱乾等。與志完等抵京面質。帝怒誅志完。而令縯祚還任。福王立於南京。馬士英以縯祚嘗主立潞王議。逮治賜自盡。

雷膺 〔元〕淵子。字彥正。幼孤篤學。以文章稱。中統初爲監察御史。首以正君心正朝廷百官爲言。又斥聚斂之臣。不宜作相。歷外任。並著威惠。徵拜集賢學士。卒謚文穆。

雷隱翁 〔宋〕桂州人。名本。少磊落不羣。舉進士不第。即棄去。默坐終日。或笑其癡。笑曰。終不以吾癡易汝黠。後遠遊不知所之。元祐中有朝士遊羅浮。見隱翁嘯傲林下。自道姓名云雷隱翁。乃知其仙也。

雷禮 〔明〕豐城人。字必進。嘉靖進士。授興化司理。讞獄多奇中。民頌之如神明。官至工部尙書。致仕卒。禮嗜學。明習朝典。有明大政記·明六朝索隱·列卿記。

雷簡夫 〔宋〕孝先子。字大簡。隱居不仕。康定中樞密使杜衍薦爲校書郎。累遷知雅州。會辰州蠻酋彭仕羲內寇。諸臣安撫不能定。命簡夫往。至則督諸將進兵。築明溪上下二砦。據其險要。拓取故省地石馬崖五百餘里。仕羲內附。後官尙書職方員外郎卒。簡夫始起隱者。出入乘牛。冠鐵冠。自號山長。既仕。自奉驕侈。里閭指笑之曰。牛及鐵冠安在。

雷鯉 〔明〕建安人。字白波。又字惟化。號半窗山人。諸生。工書畫。

雷燧 〔明〕建安人。字有融。永樂進士。選庶吉士。拜監察御史。巡按雲南。奏劾內使十九人。悉置於法。爲浙江按察司僉事。討平處州盜葉宗留。尋奉敕巡視浙江福建海道。卒於官。

雷鐸 〔清〕蒲城人。字伯覺。康熙舉人。事繼母孝。貧米他郡以爲養。家雖貧。待從兄弟及寡姊妹有恩禮。朔望聚族人習禮講法。稱篤行之士。有克念堂文鈔。

雷觀 〔宋〕寧化人。靖康間在太學。上書言張邦昌不宜重相。又云漢陳龜有言。三辰不軌。擢士爲相。四夷不恭。拔卒爲將。此何時而遞遷貴臣耶。其言激切。士論韙之。

靖乃勤 〔清〕黃岡人。家貧力學。尤精三禮。性慷慨。有經濟才。山寇蠢動。乃勤力贊太守于成龍討平之。

靖天民 〔金〕原武人。字達卿。年二十。以鄉賦魁鄭州。後棄去。學擊刺。當正隆征南。頗欲馳逐戎行。既而大定詔下。兵各罷歸。乃浮湛里社。買田南湖。自號南湖先生。與賓客歌管琴槊以爲樂。所與游。皆天下名士。喜爲詩。樂府尤蘊藉。大安中卒。

靖安民 〔金〕永興人。貞祐初充義軍。以功歷遙知德興府。行中路西路元帥府事。封易水公。出兵至攀山。元兵至。提控馬豹等以安民妻子及老弱出降。安民軍中聞之駭亂。衆議欲降。安民不肯。遂遇害。

靖嵩 〔隋〕高僧。固安張氏子。博覯衆經。妙通文理。北齊琅邪王深重之。特開法座。以靖嵩爲法主。開皇中奉敕住崇聖寺。禮誦精苦。垂三十載。手膝按地之所。悉成軌迹。所著經疏甚多。

靖道謨 〔清〕乃勤子。康熙進士。選庶常。移疾歸。爲文深宏博雅。根柢經史。有禮記過庭紀聞編·果園叅集。

靖邁 〔唐〕高僧。梓潼人。居簡州聚福寺。貞觀中玄奘翻譯於廣福寺。召證義大德諳練經論者。靖邁預其選。所撰譯經圖記。銓序古今經目。譯人名位。單譯重翻。疑僞等科。皆具條理。見編於藏。

靳永 〔明〕東發子。字少張。爲鄆縣主簿。工畫。長於山水。

靳克忠 〔元〕潞州人。字唐臣。通經術。精吏治。累官西臺御史。後知河中府。天曆初鐵木兒叛。從大慶關渡河。克忠不從。遇害。謚忠愍。

靳更生 〔宋〕江陰人。字春伯。嘉定進士。官海南教授。與王呈瑞·楊蟠叔俱以文鳴。有南華經解。

靳和 〔元〕曲沃人。居鄉喜周貧乏。金貞祐間兵擾。和結鄉人自保。後仕元知絳陽軍。爲政以公恕稱。

靳尙 〔戰國〕楚上官大夫。幸於懷王。嫉屈原之賢能。譏於王而逐之。楚惡張儀。儀如楚。楚欲得而殺之。儀乃以厚幣結靳尙。因寵姬鄭袖以言於王。卒釋儀歸。

靳東發 〔明〕字茂遠。宜州倅。性多能。人目之爲靳百會。工畫。嘗集古今諫諍百事以爲圖。號百諫圖。

靳治荊 〔清〕漢軍鑲黃旗人。字熊

封。官至吉安知府。有思舊錄。

靳·靑　宋　字野處。絳之縣卒。遇異人得道。畫貓能辟鼠。

靳·昺　元　曲沃人。字克昌。兄榮官於朝。母沒。昺兄弟護喪還家。至平定。會大雷雨。流水驟至。昺護柩溺死。事聞。賜碑旌之。

靳·時芳　明　姚安人。侍父赴京。父疾不能乘馬。時芳背負而行。母病。時芳晨夕抱扶。歷三十二年如一日。家貧教授。跬步有繩尺。游其門者。皆有規程。年八十三卒。

靳康女　前趙　準從弟康女。美姿容。有志操。劉曜誅靳氏。將納爲妻。女曰。陛下既滅其父母兄弟。復何用妾爲。妾聞逆人之誅也。尙汚宮伐樹。而況其子女乎。因號泣請死。曜哀之。免康一子。

靳·祥　元　潞州人。後徙大名。善星曆。金末兵亂。與母相失。母悲泣而盲。祥後遇母。爲舐其目。百日復明。劉敏辟置幕下。時藩帥擅生殺。無辜者多賴祥以免。卒謚安靖。

靳·智翼　南唐　工畫佛。

靳·裁之　宋　潁川人。通儒術。胡安國嘗師事之。

靳·貴　明　丹徒人。字充遂。號戒菴。弘治進士。授編修。歷官至武英殿大學士。性靜重簡默。不輒臧否。對客論事。恆不盡其辭。及立朝。侃侃正言。略無顧忌。居家簡約。嘗作師儉堂以示子孫。卒諡文僖。有戒菴文集。

靳·準　前趙　匈奴人。劉聰沒。太子粲立。耽酒色。準爲大將軍。決國事。尋殺粲。滅其族而自立。稱漢天王。稱藩於晉。旋爲石勒、劉曜所滅。

靳·義　明　淇縣人。字原禮。由太學生解褐。累遷監察御史。永樂初出按畿輔。糾貪墨。決疑獄。吏民畏服。日惟蔬食。無取於民。時皇太子居守北京。賜魚米旌其廉。尋遷湖廣按察司副使。奏劾奸貪。風裁肅然。

靳·聖居　明　長垣人。字淑孔。崇禎進士。歷知濟源萊陽二縣。歷謫復起慶陽推官。擢刑部主事。未行。城陷於賊。被執。罵不絕口死。

靳·輔　清　遼陽人。隸漢軍鑲黃旗。字紫垣。順治間由官學生考授國史院編修。康熙間累官河道總督。時黃河四瀆。輔因勢利導。專主築隄束水。河患以平。有治河書。稱千古河防龜鑑。卒諡文襄。輔性孝友。居家整肅。精力獨瘁於河工。奏開中河。尤國家百世之利。論者以爲不在宋禮開會通。陳瑄鑿清江浦下云。

靳·德進　元　祥子。幼讀書通大義。精星曆之學。世祖時選爲太史官屬。所言休咎輒驗。時因天象以進規諫。多所裨益。累官祕書監。掌司天事。成宗時授昭文館大學士。知太史院。預議中書政事。所建白者多見施行。卒諡文穆。

靳·學曾　明　學顏弟。嘉靖進士。官至山西按察副使。有治績。

靳·學顏　明　濟寧人。字子愚。嘉靖進士。授南陽推官。以廉平稱。入爲太僕卿。巡撫山西。應詔陳理財萬餘言。言甚切至。改吏部右侍郎。以首輔高拱專恣。謝病歸卒。有兩城集。

靳·彊　漢　其先西河人。後從曲沃。以郎中騎從高祖擊項羽。遷中尉。破鍾離昧。封汾陽侯。卒諡嚴。

靳·歙　漢　以中涓從起宛朐。遷騎都尉。從定三秦。封信武侯。卒諡肅。

靳·懷德　宋　高唐人。本名湘。太平興國中明法。解褐廣安軍判官。歷知邛·滄·昭·澶等州。以強幹稱。頗著政績。又知陝州。踰年歸闕卒。

頓·起　宋　元祐進士。熙寧中爲教授。通判秦州。嘗過景德寺。櫝故相富弼像。修整張范祠。扁曰三賢堂。與蘇軾友善。

頓莫賀　唐　回紇部族。初爲牟羽可汗宰相。既殺可汗。遂自立爲合骨咄祿毗伽可汗。遣使朝貢。請易回紇爲回鶻。唐使源休往。册爲武義成功可汗。以咸安公主嫁之。

頓·琦　元　蒼梧人。字孝異。居母喪。獨身築壙。歷年乃成。手種松柏。哀毀踰制。有飛鳥白鳩棲息於廬側。見人輒去。見琦而留。南齊永明中范雲爲州刺史。使祭其墓。

頓·銳　明　涿州人。字叔養。正德進士。官代府右長史。少負詩名。時稱涿郡有才一石。銳得八斗。晚卜居懷玉山。吟詠自適。有鷗汀長古集·漁嘯集。

鼾·臂　戰國　江東人。字子弓。受易於橋庇子庸。以授燕周醜子家。（按史記仲尼弟子傳。商瞿傳楚人鼾臂子弘。弘傳江東人矯子庸疵。疵傳燕人周子家豎。又應劭云子弓子夏門人。此從漢書儒林傳。）

鳩摩羅什　後秦　高僧。天竺人。苻堅遣呂光伐龜茲得之。光還而堅已卒。姚興伐涼。迎至長安。禮以國師。居逍遙園。與羣僧共譯經論三百餘卷。後納與所給宮嬪。諸僧有效之者。鳩摩羅什聚針盈鉢謂曰。若相效。能食此者乃可畜室耳。進針如常膳。諸僧愧而止。居秦九年卒。爲三論宗之開祖。

十四畫

儵極 【上古】黃帝孫。（按儵亦作蟜。）

僕固·懷恩 【唐】鐵勒部人。世襲都督。善戰鬬。曉識戎情。部分譁嚴。安祿山反。從郭子儀討賊。復兩京。平史朝義。有殊功。累官尚書左僕射。兼中書令·河北副元帥。封太寧郡王。後以怨望。誘合諸蕃入寇。至鳴沙。病甚。還死靈武。部曲焚其屍以葬。

僕朋 【漢】以校尉從驃騎將軍擊匈奴。得五王。封煇渠侯。卒諡忠。

僕散·安貞 【金】揆子。以討賊功官樞密副使。與定中議和於宋。宋人不受。以安貞權參知政事。行尚書省元帥府。分道伐宋。敗之。復伐宋。累有功。安貞每獲宋壯士。輒釋不殺。無慮數萬。尚書省因奏安貞謀叛。令覆按。幷其二子殺之。

僕散·忠義 【金】拔盧古河人。魁偉長髯。喜談兵。有大略。累戰功爲謀克。皇統中爲博州防禦使。公餘學女直字及古算法。盡能通之。在郡不事田獵燕游。以職業爲務。郡中稱治。及滿考。郡民詣闕留之。世宗立。拜尚書右丞。移剌窩斡僭號。兵久不決。忠義請効死。拜平章政事兼右副元帥。大破之。窩斡入奚中。其黨皆降。契丹平。還尚書左丞。封沂國公。尋拜左丞相。兼都元帥。卒諡武莊。

僕散·師恭 【金】老海達葛人。渾坦弟。本名忽土。爲宿衛長。海陵謀逆。使爲內應。忽土許之。遂弒熙宗。海陵卽位。遷左副檢點。賜鐵券。改名師恭。拜太子少師。封王。尋疑與寧德太后有異謀。族滅之。

僕散·揆 【金】忠義子。以戰功遷西北路副招討。陞西南路招討。累拜平章政事。封濟國公。泰和中宋人來侵。揆爲右副元帥。遣將禦之。敵悉遁出境。復詔揆總大軍南伐。江表震恐。揆次下蔡。遇疾卒。諡武肅。揆體剛內和。與物無忤。臨民有惠政。爲將。軍門鎭靜。賞罰必行。所至因糧於敵。無饋運之勞。未嘗輕士。而與之同甘苦。人亦樂爲用。南征北伐。爲一代名將。

僕散·渾坦 【金】蒲與路挾懣人。勇健有力。善騎射。以功遷利涉軍節度使。世宗卽位。爲廣寧尹。移剌窩斡反。爲行軍都統。敗窩斡於長濼。以金紫光祿大夫致仕。渾坦沈厚有識。雖未嘗學問。明於聽斷。所至有治聲。

僕散·端 【金】猛安人。事親孝。選充宿衛。章宗時累拜平章政事。貞祐中判南京留守。表請南遷。凡三奏。宣宗意乃決。明年中都失守。帝至南京。以端知開封府事。數月以左丞相兼都元帥。行省陝西。端雖癃老。凡朝廷使至。必遠迓。宴勞不懈。故議備不果行。卒諡忠正。

僕黜 【漢】以匈奴王降景帝。封易侯。

僖負羈 【春秋曹】大夫。晉公子重耳過曹。曹君欲觀其駢脅。僖負羈諫。不聽。其妻勸以自貳。乃饋盤飧置璧焉。後文公卽位。加兵於曹。執曹伯。數之以不用僖負羈之罪。令無入僖負羈之宮而免其族。

戲貸季 【上古】神農時人。岐伯祖之師。神農嘗命之理色脈。對察和齊。摩踵諄告。以利天下。而人得以繕其生。岐伯對黃帝云。我於戲貸季理色脈。已二世矣。蓋吾國醫家之最古者。

僧化 【後魏】東莞人。識星分。按天占以言災異。時有所中。普泰中爾朱世隆惡其多言。遂繫於廷尉免官。永熙中出帝召之。與孫安都共撰兵法。未就而帝入關。遂罷。後死於晉陽。

僧伽 【唐】西域高僧。姓何氏。高宗時至長安洛陽行化。歷吳楚間。手執楊枝。混於緇流。神變無方。尋於泗洲構伽藍居之。中宗親爲書額曰普光王寺。遷止薦福寺。景龍末卒。乾符中諡證聖大師。

僧念 【梁】女僧。南城羊氏女。十歲出家。住太后寺。苦心貞節。博涉多通。蔬食禮懺。老而彌篤。齊永明中。移住禪林寺。諮學者紛至。天監中卒。

僧旻 【梁】高僧。富春孫氏子。住白馬寺。精力篤課。後居揚都莊嚴寺。自齊迄梁。登座講說。逾二十年。大通中卒。有論疏雜集·四聲指歸·詩譜決疑等書。

僧法 【梁】女僧。太學博士江泌女。幼年出家。有時靜坐。閉目誦出淨土妙莊嚴等經。總三十五卷。天監中在光華殿親對武帝誦出異經。揚都道俗咸稱爲神授。

僧建 【梁】高僧。清河人。初在魏。幼時慧俊出羣。及長。好談名理。與法貞俱有名於時。時人自建爲文句無前。目貞爲入微獨步。後入梁。住江陰何園寺。

僧英 【元】僧。錢塘人。字實存。號白雲。有詩名。歷走閩海江淮燕汴。一日登徑山。聞鐘聲有省。遂棄官爲浮屠。結茅天目山中。爲詩超然出世。有白雲集。

僧述 【梁】女僧。彭城懷氏女。年十九出家。節行精苦。法檢不虧。住禪林寺。爲禪學所宗。後居閑居寺。天監中卒。

僧格林沁 【清】蒙古科爾沁親王。姓博爾濟吉特氏。咸豐時洪秀全遣將林鳳翔攻天津。僧格林沁擒之。英法聯軍攻大沽。力戰失利。革爵。勦除髮捻。轉戰直隸山東河南安徽湖北等省。功甚偉。復王爵。同治初追捻於曹南。遇伏陣亡。諡忠。時稱爲僧王。

僧格桑 【清】小金川澤旺子。乾隆時。澤旺老病。僧格桑代主其地。與大金川索諾木訂攻守同盟約。屢攻鄰部。遂叛清。敗清將桂林軍。旋爲阿桂所敗。竄大金川。合力拒清軍。擊斃清將溫福。復奪據小金川。迨阿桂．明亮再抵美諾。僧格桑仍走大金川。索諾木以屢爲清軍所敗。乃酖殺僧格桑。獻尸於清。

僧涉 【前秦】西域人。一稱涉公。少爲沙門。苻堅時入長安。虛靜服氣。不食五穀。日能行五百里。言未然之事多驗。能以祕咒祈雨。後無疾而化。

僧祐 【梁】僧。下邳俞氏子。出家揚都建初寺。武帝時居鍾山定林寺。有宏明集。梁以前名流著作。賴以存。

僧朗 【前秦】高僧。京兆人。少事佛圖澄。碩學淵通。尤明氣緯。隱於泰山西北金輿谷之崑崙山。大起殿舍。苻堅欽其德素。事以師禮。慕容垂．姚興並皆致禮焉。

僧猛 【隋】高僧。涇陽段氏子。性聰慧。數十年中。躬事講說。凡有解悟。靡不通練。文帝召至京。住興善寺。講揚十地。尋授爲隋國大統三藏法師。委以佛法。開皇中卒於雲華寺。

僧敬 【南齊】女僧。會稽李氏女。年五歲。聞人經唄。輒能誦憶。讀經數百卷。妙解日深。宋元嘉中魯郡孔默出鎮廣川。攜與同行。留滯嶺南者三十餘年。衆爲立衆造寺居之。宋明帝迎之還。敕住崇聖寺。永明中示寂。

僧瑗 【後周】僧。昌邑郁氏子。字辯空。住虎丘山寺。勤行精進。知名於時。永昌中示寂。有武丘名僧苑．郁子注．文集。

僧稠 【北齊】高僧。鉅鹿孫氏子。通經史。被徵爲太學博士。旋出家。習禪得定。又常修死想。遭賊。爲說諸業行。皆擲其弓矢。受戒而返。後詣懷州西王屋山。有兩虎交鬭。以錫杖中解。各散去。魏孝明帝三召之。不赴。天保中居雲門寺。乾明初端坐而逝。

僧粲 【隋】高僧。一作僧璨。不言名氏。或曰徐州人。爲北齊居士。年四十有薦疾。謁二祖慧可。求懺罪。二祖器之。爲剃度。密授法要信衣。會周武帝廢教。粲往來太湖縣司空山。傳法於道信。徧游江上。歷羅浮諸山。復還舒州皖公山。爲衆說法已。合掌立逝。唐玄宗賜諡鑑智禪師。著信心銘六百言。爲禪宗三祖。

僧肇 【晉】僧。幼爲人傭書。遂博觀子史。尤善莊老。年二十爲沙門。所著般若無知論．物不遷等論。皆妙盡精微。年三十二示寂。

僧達 【北齊】高僧。上谷李氏子。深習禪法。梁武帝引入重雲殿。晉爲弟子。敕住同泰寺。北魏廢帝又召之入鄴。受菩薩戒。文宣帝尤重之。爲立洪谷寺。又捨神武廟爲定寇寺以居之。時感靈異。嘗爲山神讀金光明經。年八十二示寂。

僧遠 【南齊】高僧。居鍾山。高帝幸其所居。遠以老病辭不出迎。帝遣使勞問而去。居山凡五十餘年。食不繼。澗飲二十餘年。世皆仰其高行。武帝時示寂。

僧鳳 【隋】高僧。梁武帝族孫。隋開皇中。從僧粲出家。性聰慧。能文翰。僧粲授以眞乘。貞觀中居定水寺。卒年七十七。臨終。力疾而起曰。妙法華經。最後言別。終須一釋。用通累念。對衆開講畢。奄爾神逝。有法華經疏及遺文百餘首。

僧徹 【唐】高僧。住大安國寺。爲知玄高弟。能詩文。通內外學。知玄著如來藏經疏．大無量壽經疏．勝鬘師子吼經疏。徹皆著法鑑法燈法苑以闡明之。充左右街應制。講論瀏亮。當時號爲法將。懿宗賜號淨光大師。廣明中黃巢犯闕。徹扈從入岷峨。不知所終。

僧範 【北齊】高僧。平鄉李氏子。通儒書。旁及天文筮術。出家住鄴東大覺寺。初聽涅槃。頓盡其致。每一講經。五衆歸之如市。所講華嚴．十地．地持．維摩．勝鬘等經論。各有疏記。

僧蓋 【南齊】女僧。趙國田氏女。幼出家。住彭城華林寺。以禪定顯名。永明中移居禪基寺。雖老而志不衰。

僧叡 【晉】僧。冀州人。博通經論。游歷天竺諸國。還至關中。從鳩摩羅什學。著大智論．十二門論．中論等序。並注大小品．法華．維摩．思益．自在王．禪經等序傳世。久之入廬山。依慧遠修淨業。後止京師烏衣寺。彭城王義康尤深敬之。元嘉中無疾而逝。著有十四音訓梵。

僧藏 【梁】高僧。西河人。喜玄辯。日誦金剛般若。武帝時釋子多縱率。詔以律行僧正事。藏獨不奉詔。引據陳說。帝不能奪。藏一日登御座。左右呵止之。藏曰。貧道定光金輪之裔。寧愧此座。倘見殺。不慮無受生處。帝聞。置之弗罪。

僧辯 【唐】高僧。南陽張氏子。年甫七歲。日誦千言。出家後。專尋經論。隋大業初召入大禪定道場。貞觀中召居宏福寺。以講經名滿天下。所講攝論中邊唯識思塵佛性無性論。並有章疏。

嘉．兆 【元】潞州人。平金有功。授平陽太原等處都達魯花赤。

嘉．彬 【元】兆子。以父平金功。累擢內臺御史。糾平章阿合馬受賄事。旌直聲。累官僉湖廣行中書省事。

圖明阿 【清】蒙古正黃旗人。姓杭阿塔氏。嘉慶間從勦陝西教匪。連戰皆捷。官至西安副都統。

圖思德 【清】滿洲鑲藍旗人。姓覺羅氏。乾隆間由筆帖式累擢雲貴總督。

頗有政績。調湖廣。卒謚恭愨。

圖們 清滿洲鑲藍旗人。姓覺羅氏。官佐領。太祖時屢從征伐有功。天聰間從攻大淩河。首摧敵鋒。明監軍道張春率衆數萬來援。圖們身先迎敵。礮中股。筋絶而未殊。猶奮勇不退。傷重竟卒。

圖桑阿 清滿洲正白旗人。姓董鄂氏。賚揚古孫。乾隆中襲一等侯。任涼州副都統。平石峯堡回有功。嘉慶間累敗川楚教匪。官至烏魯木齊提督卒。

圖海 清滿洲正黃旗人。姓馬佳氏。字麟洲。聖祖初爲正黃旗滿洲都統。定湖廣。平察哈爾。累有功。王輔臣叛於平涼。爲撫遠大將軍。自陝西進攻。大破之。又規復興漢。駐漢中。防守秦蜀。以疾還京。官至太子太傅・中和殿大學士・兼吏部尙書。世襲三等公。卒謚文襄。

圖喇 清滿洲正黃旗人。姓舒穆祿氏。順治間隨征陝西江南。定舟山。平山東土賊于七。累官杭州將軍。

圖淸格 清滿洲正紅旗人。字牧山。性至孝。官山西大同知府。工寫石。自闢一徑。爲鄭燮石交。

圖理琛 清先世葉赫人。姓阿顏覺羅氏。康熙五十一年五月。以內閣侍讀出使土爾扈特。由喀爾喀越俄羅斯國至其地。五十四年三月回京。往返三載餘。經行數萬里。旣歸。因述其道里山川民風物產。以及應對禮儀。爲異域錄一卷上之。雍正間官至吏部侍郞。終內閣學士。

圖欽保 清滿洲鑲黃旗人。姓瓜勒佳氏。乾隆中隨征緬甸及金川。所向無前。功績稱最。授陝西固原總兵。撒拉爾回人叛。圖欽保率兵進逼其巢。馬蹶墜死。

圖爾格 清滿洲鑲黃旗人。姓鈕祜祿氏。額亦都子。自少隨征。忠勇有父風。積功累爵輕車都尉。從太宗伐明。克遵化。攻大淩河。破錦州・松山。略山西。敗曹變蛟・吳三桂・王樸等軍。勳績甚著。官至內大臣。爵二等公。卒謚忠義。

圖蒙肯 清外蒙古土謝圖汗人。時喀爾喀紅黃二教喇嘛相爭。圖蒙肯力護黃教。達賴喇嘛嘉其功。賜號三音諾顏。屬於土謝圖汗。傳至其孫額駙策淩。以從征準部功。始別成一部。仍號三音諾顏。爲喀爾喀四大部之一。

圖魯什 清滿洲鑲黃旗人。姓伊爾根覺羅氏。屢從太宗攻明。大淩河・松山・錦州諸役。皆有功。後從征察哈爾。毀明邊牆入大同。略地至宣化。被創卒。贈三等子。謚忠宣。

圖賴 清滿洲鑲黃旗人。姓瓜爾佳氏。費英東子。天聰間從攻明。薄燕京。以功授騎都尉世職。崇德間授議政大臣。順治初破唐通於一片石。敗李自成。從多鐸定河南。平陝西。移兵江南。克揚州。從博洛征浙閩。斬唐王朱聿鍵於汀州。勇而善謀。能以寡覆衆。屢立奇功。未嘗挫衄。爵至一等公。卒謚昭勳。

圖薩布 清滿洲正紅旗人。姓瓜爾佳氏。乾隆舉人。由主事累擢甘肅蘭州道。撒拉爾回犯蘭州。圖薩布防禦有功。官至廣東巡撫。

圖鍇布 清滿洲人。字裕軒。乾隆進士。官至侍講學士。喜爲詩而不求工。然遇事發抒。往往有眞意。有枝巢詩草。

壽山 清黑龍江漢軍正白旗人。光緖間官黑龍江將軍。拳亂作。朝命宣戰。俄兵至。以書乞假道赴奉天。壽山拒之。俄兵逼卜奎城。將以大礮轟擊。壽山乃遣人往議和。而自仰藥死。遺書有云。不戰無以衛陪京。不和無以全民命。謹以一死自明。

壽・光侯 漢能劾百鬼衆魅。令自縛見形。章帝召試其術。

壽・良 晉成都人。字文淑。治春秋三傳。貫通五經。澡身貞素。舉才行。除始平太守。有治稱。轉秦國內史。李密表薦之。武帝徵爲黃門侍郎。梁州刺史。遷散騎常侍。大長秋卒。

壽・寂之 南朝宋吳興人。弑前廢帝。泰始初爲羽林監。遷南泰山太守。多納賄賂。請謁無窮。常云利刀在手。何憂不辦。爲有司所奏。徙送越州。途謀逃叛。乃殺之。

壽富 清宗室。寶廷子。字伯茀。號菊客。光緖進士。官編修。尙氣節。重新學。治經不局漢宋。論天下大勢。以泯滿漢畛域爲先。充大學堂分教。赴日本考校章程。旣歸。黨禁起。杜門蒔菊以自娛。拳亂作殉難。有讀經劄記・菊客文集。

壽陽公主 南朝宋武帝女。人日臥於含章殿簷下。梅花落於額上。成五出之花。號爲梅花粧。

壽夢 春秋吳周章十四世孫。或曰。與孰姑爲一人。又名乘。壽夢立。吳始益大。稱王。楚申公巫臣奔晉。自晉使吳。教吳用兵乘車。始通中國。徙居句吳。

壽寧 元僧。上海人。字無爲。號一菴。居邑西靜安寺。寺有名蹟八。因作靜安八咏。幷彙諸家之作。編爲靜安八咏詩集。

夢英 宋僧。衡州人。號宣義。教十八體書。尤工玉箸。嘗至大梁。太宗召之簾前。易紫服。去遊中南山。當世名士如陳摶輩。皆以詩稱述之。

夢麟 清蒙古正白旗人。姓西魯特氏。字文子。號午塘。乾隆進士。未弱冠入詞垣。工詩。五言則蕭寥澄曠。七言多激楚蒼涼。官至工部侍郞卒。

年僅三十一。有太谷山堂集。

嫘祖 【上古】詳西陵氏條。

嫦娥 【上古】一作姮娥。后羿妻。羿請不死之藥於西王母。嫦娥竊之以奔月。

嫪毐 【秦】呂不韋求大陰人嫪毐以爲舍人。進之太后。爲宦者。與太后通。始皇九年。夷三族。而遷太后於雍。

嫫母 【上古】黃帝次妃。甚醜而賢。

察罕 【元】太祖時以功爲御帳前首千戶。征西域。又從攻西夏。破甘州及靈州。帝欲盡坑之。皆以察罕諫而止。後伐宋。累有功。憲宗時官終都元帥。卒諡武宣。◎【元】西域拔勒紇城人。博覽強記。通諸國文字。仁宗時累官參知政事。得大臣體。暮年居德安白雲山別墅。以白雲自號。嘗入見。仁宗望見曰。白雲先生來也。其被寵遇如此。旣致仕。優遊八年以終。嘗譯貞觀政要。帝範。聖武開天紀。紀年纂要。太宗平金始末等書。

察罕帖木兒 【元】系出北庭。字廷瑞。幼篤學。居常慨然有當世之志。至正間以平賊功除中書刑部侍郞。嗣平叛苗。破淮右及陝州賊。復關隴。定河東。其復汴梁。破山東羣賊。功最著。累拜中書平章政事。爲王士誠所刺。追封忠襄王。諡獻武。

察哈泰 【清】滿洲鑲紅旗人。姓薩克達氏。天聰時屢從征伐。積功至佐領。崇德初征朝鮮。敗敵於納穆山。從攻明。圍錦州。敗洪承疇於松山。順治初入關。破流賊。進師西安。從平福建江西。屢有功。康熙初授鎭東將軍。進勦吳三桂。卒於軍。

察哈喇 【清】滿洲鑲白旗人。姓郭絡羅氏。天聰間守遵化。明兵圍之。突圍出。全師以還。後與明戰於南海島及大淩河西。皆敗之。官至都統卒。

實叉難陀 【唐】高僧。于闐人。善大小乘。旁通異學。武后時徵至京。譯文殊授記等經。以母老歸國。景龍中再徵至京卒。焚其骸。薪盡火滅。其舌猶存。

寶行 【清】僧。山陰林氏子。字奕菴。居雁山能仁寺。有雁山圖志。

寧國公主 【唐】肅宗幼女。下嫁回紇葛勒可汗。帝餞公主。主泣曰。國方多事。死不恨。可汗死。國人欲以公主殉。主曰。回紇萬里結昏。本慕中國。吾不可以殉。乃止。然剺面哭。亦從其俗。後以無子得還。

對哈納 【清】滿洲正藍旗人。姓鈕祜祿氏。順治間由筆帖式遷工部主事。累擢刑部尙書。時實身旗籍之人。多捏詞索詐民人。對哈納疏禁之。官至文華殿大學士。卒諡文端。

廖·人俊 【元】寧都人。性至孝。好學工詩。尤愛李白詩。爲補注行於世。有冰崖集。

廖·大受 【清】福建人。字君可。客宜興。寫照精絕。

廖·中 【明】順昌人。字用中。成化進士。官刑部員外郞。陞山東僉事。築壽章堤岸。以勞進副使。力請致仕。中幼喪母。事繼母以孝聞。異母弟四人。睦之如同產。在刑部時。莆田林俊言事逮獄。中日使人存恤其家。俊謫官。中令其弟晟偕行。又命一僕送至貶所。人咸義之。

廖·元度 【清】長沙人。字大隱。諸生。通經史。工詩。歷遊名山大川。所至傾倒。吳三桂之亂。毀其家。子居僧寺。晚築息機園。輯楚風補。楚詩紀。十年乃成。所著有雪蕉堂。息機園諸集。

廖·化 【三國蜀漢】襄陽人。本名淳。字元儉。爲關羽主簿。羽敗屬吳。乃詐死。奔歸先主。拜宜都太守。後主時遷右車騎將軍。領并州刺史。封中鄉侯。以果烈稱。

廖·天覺 【宋】順昌人。字仲先。紹聖進士。知餘姚縣。屬行方田法。簡其事目。民甚便之。改知古田。編民貲上供銀布幾數百萬。多方爲理償之。部使者張穆稱其可比古循吏。後以朝請大夫致仕。有魚山集。

廖·文昌 【明】福建沙縣人。字克盛。永樂舉人。歷官御史。巡按兩廣。風裁甚著。致仕歸。值鄧茂七作亂。破縣。被執。罵賊死。

廖·文貴 【明】曹縣人。洪武初任工部營繕司主事。有能名。後以建言工役事。謫戍大寧。卒於戍所。

廖·正一 【宋】正古弟。字明略。元豐進士。元祐中召試館職。除正字。嘗居言路。著直聲。出知常州。後入元祐黨籍。自號竹林居士。有白雲溪二集。

廖·正古 【宋】將樂人。字明遠。治平進士。知西安縣。有惠政。屢言青苗法不便。遂乞歸。有歸田集。

廖·永安 【明】巢人。字彥敬。元季以舟師自巢湖歸太祖。從渡江。大小數十戰。所至輒有功。後擢同知樞密院事。遇吳將呂珍於太湖。與戰。舟膠淺被執。張士誠愛其才勇。欲降之。不可。被囚八年。竟死於吳。諡武閔。改封鄖國公。

廖·永忠 【明】永安弟。從永安迎太祖於巢湖。年最少。副永安將水軍渡江。永安陷於吳。襲兄職爲樞密僉院。總其軍。戰功甚著。洪武初略定閩中諸郡。拜征南將軍。進平兩廣。從徐達北征還。封德慶侯。從湯和伐蜀。太祖製文旌其功。有傅一廖二之語。後坐僭用龍鳳諸不法事賜死。

廖·用賢 【明】建寧人。字賓于。諸生。與同里陳一言等結詩社。唱和無虛日。四方詞客至者。多主其家。去則賵以金。家漸落。不少惜。有倚友錄·吸露齋集。

廖·立 蜀漢臨沅人。字公淵。先主領荊州牧。擢長沙太守。及進位漢中王。徵爲侍中。後主襲位。徙長水校尉。坐怨望。諸葛亮奏廢爲民。徙汶山郡。立躬率妻子耕植自守。聞亮卒。垂涕歎息。後終徙所。

廖·匡圖 五代楚虔州人。字贊禹。馬氏辟幕下爲天策府學士。以文藻知名。

廖·匡濟 五代楚爲湖廣決勝指揮使。帥衡山時。黔南有警。率兵鏖戰死。馬希範賢之。厚恤其家。

廖·有方 唐交州人。柳宗元作序送之。稱其剛健重厚孝悌信讓。

廖·有衡 宋翰孫。字致平。熙寧進士。官至朝議大夫。家有荔枝二株。色綠而味甘。黃庭堅與友善。號爲綠荔廖氏。後人因而稱之。以別其族。

廖·行之 宋衡州人。字天民。淳熙進士。官巴陵尉。以親老歸。授寧鄉主簿。未赴。生平內行修飭。留心經濟。在官多著循績。有省齋集。省齋詩餘。

廖·君玉 宋翔州人。字國華。元祐中以朝請郎知英州。素好學。建書堂於桂山。名紫桂堂。吟咏其間。政亦不廢。

廖·均用 元蒲圻人。父喪。負土成墳。手植異松。元末避亂南山。散財饗士。鄉民賴以全活。躬耕南山下。儲穀至二十萬石。値歲旱。均用盡發所儲。嘉魚咸寧蒲圻崇陽四縣。咸取濟焉。

廖·希賢 明茶陵人。字叔愚。嘉靖進士。知高安縣。陞工部主事。歷駕承天。尋遷郎中。擢山西提學。講學河汾書院。海氛甚熾。御史檄令勦捕。殲之。進浙江按察使卒。

廖·廷相 清南海人。光緒進士。入翰林。爲詞章。一以漢魏六代爲法。

廖·扶 後漢平輿人。字文起。習韓詩·歐陽尙書。教授常數百人。尤明天文讖緯風角推步之術。州郡公府辟召。皆不就。常居先人冢側。未曾入城市。時人號爲北郭先生。

廖·沖 梁桂陽人。字清處。博學能文辭。於經史無所不通。飭身修行。鄉閭稱之。以儒術知名。官主簿·西曹祭酒。時武帝好儒學。招徠天下名士。沖與焉。湘東王繹就國。聞沖有詞藻。請以爲王國常侍。帝許之。王性猜忍而外浮華。沖嘗爲講老子。進無欲自靜之說。凡王所爲。多所規諫。遂日見疏薄。挂冠歸。結廬靜福山居之。陳光大中卒。

廖·玖 宋連州人。字粹老。由徐州教授歷守循潯二州。紹興中移守新州。清白有爲。月得供給錢。悉付公帑。以備不虞之用。

廖·邦傑 宋順昌人。字懷英。淳祐間知建寧縣。修學宮。增學廩。闢貢士莊。建會寧倉。刱仁壽廬。歲饑疫。治藥餌糜粥以濟民。全活者甚衆。咸淳間以帥參攝事軍伍。嘗修圖經。他政績亦多。

廖·居素 南唐將樂人。以剛直見忌。困校書郎二十年。始得大理司直。後主時。稍遷瓌林光慶使·檢校太保。判三司。以諫後主不聽。朝衣冠投井死。大書於几曰。吾之死。不忍見國破也。徐鍇爲文弔之。以比伍員·屈原。

廖·忠 唐萬年人。大中間同弟恕糾率精兵。與黃巢迎敵。賊斬其首。猶躍馬七里。後人名其地爲七里山·走馬嶺。鄉人立廟祀之。

廖·昇 明襄陽人。以學行最知名。與方孝孺相友善。洪武末由左府斷事擢太常少卿。建文初修太祖實錄。爲副總裁官。聞燕師渡江。慟哭與家人訣。自縊死。

廖·金鳳 宋增城人。居鄉能賙窮恤匱。端平間廣州軍變。招集義兵。守護縣治。事平。有司以聞。朝廷將官之。先卒。

廖·洪 唐筠州人。父母卒。捧土爲墳。結草廬墓。有靑蛇白獸。來止廬側。咸通中表其門。(按唐書孝友傳序。以洪爲萬載人。考南唐時。始分高安縣地置萬載縣。屬筠州。唐時無萬載縣。史家從後書之耳。)

廖·紀 明九江衛人。字維脩。弘治進士。知安吉州。累遷工部郎中。奉公執法。多忤權要。出守延平平陽二府。遷廣西按察副使。所至有政聲。以疾卒於官。◉明東光人。字時陳。弘治進士。嘉靖初歷官吏部尙書。光祿署丞何淵。請建世室祀獻帝。紀執不可。復抗疏爭之。議竟寢。御史魏有本以劾郭勛救馬永謫官。紀從容爲言。有本得無譴。卒諡僖靖。有大學管窺·中庸管窺。

廖·剛 宋順昌人。字用中。號高峯。少從陳瓘·楊時學。登崇寧進士。宣和初擢監察御史。時蔡京當國。剛論奏無所避。出知興化軍。紹興初盜入順昌。剛遣長子遲諭賊。賊知剛父子信義。散去。召爲吏部員外郎。請經營建康。親擁六師。往爲固守計。以社金人窺伺。歷拜御史中丞。知無不言。秦檜銜之。金人叛盟。剛乞起舊相之有德望者。檜聞之曰。是欲置我於何地耶。改工部尙書。致仕卒。有高峯文集。子四人。遲·過·遂·邇。仕皆秉廉節。邦人號爲萬石廖氏。

廖·師 唐郴州人。懿宗召入。行道術有驗。後乞歸。居靜福山。

廖·偁 宋衡山人。天禧進士。好古能文。有朱陵編。

廖偃 〔南唐〕虔化人。少倜儻喜奇節。通春秋、漢書。初事楚爲裨將。後歸李景。授萊州刺史。會明州叛。潭州亦潰。偃所部多潭人。中夜作亂。偃力戰死之。諡節。

廖國遴 〔明〕長沙人。字孟符。崇禎進士。授揚州推官。時內官楊顯名奉使作威。國遴糾其專擅。調保定。修城賑饑。備嘗勞瘁。擢戶科給事中。上守邊諸策。後同鄉熊開元劾周延儒。忌者謂疏出國遴手。以他事下詔獄。尋釋歸。

廖執象 〔宋〕順昌人。字遜父。七歲能詩。甫冠入京師。獻詩文。太宗憐而善之。赴省試。以疾卒。初陳摶見之。謂曰。子謫仙人也。第不能久留塵世耳。有文集。

廖寅 〔清〕鄰水人。字亮工。號復堂。乾隆舉人。知葉縣。緝獲教匪劉之協。以功累官兩淮鹽運使。所至有善政。學以朱熹爲宗。有詩文集。

廖得金 〔明〕南平人。世業農。自曾祖迄得金。昆弟諸孫。凡五世同居共爨。每晨起。婦女聚一堂。以次列坐。治女工。男子出治農桑。長者荷畚插前行。諸子姪各執田器隨之。無敢淩躐。人謂其家有古禮教之遺。

廖莊 〔明〕吉水人。字安止。號東山。宣德進士。歷刑科給事中。有直聲。遷南大理少卿。景泰中上疏勸代宗朝事上皇。友愛皇儲。廷杖。謫定羌驛丞。天順初召還。歷刑部左侍郎卒。諡恭敏。莊性剛。喜面折人過。實坦懷無芥蒂。好存謝賓客爲歡狎。卒之日。幾無以爲斂。有廖恭敏佚稿。

廖復之 〔宋〕建寧人。字仁敬。由太學生登嘉定進士第。初授沅陵簿。再調陵水。適有寇警。受命往南丹結約羅蠻。即日就道。諭以大義。諸蠻翕然聽命。旋卒。

廖棠 〔晉〕將樂人。字實卿。性質直不汎交。隱於泰寧之雲蓋山。讀書終歲不出。王羲之聞其賢。遣使徵之。固辭不赴。

廖欽 〔明〕官河內丞。以廉能稱。居八年。調吳江。後坐事論戍。久之。以老病放歸。道河內。河內民競持羊酒爲壽。且遺之縑。須臾裒數百匹。欽固辭不得。一夕遁去。

廖琚 〔明〕龍門人。幼嗜學。行誼爲鄉民敬服。父母沒。每遇忌日及朔望。清齋三晝夜。勺水不入口。人稱其孝。

廖雲翔 〔明〕懷安人。正德中由舉人知奉化。持身廉介。有貧民負官錢者。以其俸貸之。不責償。先是縣官謁鎮守市舶內臣。率賄賂左右乃得通。及見。必奉金幣以贄。雲翔曰。一錢尺幣。皆民脂也。寧忍剝吾民以媚人邪。卒不可。後調虹川致仕。

廖雲錦 〔清〕江蘇華亭人。字織雲。嫁馬氏。早寡。有織雲樓詩稿。

廖瑀 〔宋〕雩都人。字伯禹。年十五通五經。鄉人稱廖五經。建炎中以茂異薦。不第。精堪輿術。得金精山善地。因自稱金精山人。有九星穴法一書。蓋後人依託之作。

廖衙 〔宋〕字仲辰。楊時姪壻。在時門下與羅從彥友。聚生徒於羅源南齋。議論得其壼奧。

廖道南 〔明〕蒲圻人。字鳴吾。正德進士。歷官翰林侍講學士。修大禮書。直經筵。歸田後。爲世宗作楚紀六十卷。又有殿閣詞林記。

廖鉉 〔明〕崇慶人。成化進士。知監利西安二縣。有惠政。遷大理同知。知廣南府。恤老興教。民懷其德。致政歸。

廖壽恆 〔清〕壽豐弟。字仲山。同治進士。以內閣學士任河南學政。甄取甚嚴。一時士風整飭。累擢禮部尚書。授軍機大臣。拳匪之變。爲忌者所排。引疾罷歸。

廖壽豐 〔清〕嘉定人。字穀似。又字闇齋。晚號止齋。同治進士。授編修。累官浙江巡撫。其學以孔孟程朱爲宗。熟於史事。兼通句股算經。在浙時提倡新政尤力。

廖漢 〔明〕蒲圻人。字天章。弘治進士。授南京戶部主事。孤介有聲。正德初劉瑾柄國。上疏抗論時政。不報。再疏乞歸。隱五洪山以終。

廖嶢 〔宋〕順昌人。字次山。工於文。元符間入太學。蘇軾卒。爲詩以弔。措語皆妙絕。崇寧中上書言時政。黜歸。有雲溪集。

廖德明 〔宋〕順昌人。字子晦。受業於朱熹。登乾道進士。以宣教郎知莆田縣。務重風教。抑豪強。累遷吏部左選郎官。奉祠卒。嘗語人以仕學之要。曰。吾自始仕以至爲郎。惟用三代直道而行一語。僞學禁嚴。確守師說。不爲時變。有文公語錄·春秋會要·槎溪集。

廖澄 〔南唐〕順昌人。少負忠義。梁開平進士。仕南唐。累官大理評事。宋曹彬下江南。人勸之降。不可。城陷死之。

廖瑩中 〔宋〕邵武人。字羣玉。號藥洲。登科爲賈似道客。嘗除太府丞。知某州。皆不赴。咸淳間命善工翻刻淳化閣帖·絳帖。皆逼眞。似道還越待罪。瑩中相從不捨。一夕與似道痛飲。悲歌雨泣。五更歸舍。服冰腦而死。

廖凝 〔南唐〕衡陽人。字熙績。隱居南岳。李景聘爲彭澤令。視事未幾。即解印歸。其後復起爲連州刺史。尋歸隱不仕。

廖燕 〔清〕曲江人。初名燕生。字柴舟。生明季甲申崇禎國變之歲。及長。抗節不仕。以布衣終。工古文辭。

善草書。狀如古木寒石。筆有奇氣。有二十七松堂集。

廖・翰　宋宜賓人。少以孝義聞。嘗有蠻反。翰與戰於馬鳴溪。敗陷溪中。流數里不沒。時皆異之。

廖・融　五代楚衡陽人。一名容。字元素。隱衡山。號衡山居士。與任鵠・凌蟾・王正己・王元相友善。負詩名。避亂不仕。

廖・衡　宋順昌人。幼警敏絕人。六歲能屬文。縣尉催租見之。負抱至衙。吟兩中山茶詩。尉大奇之。十三中鄉舉。後歷轉運判官。

廖・應淮　宋南城人。字學海。自號溟涬生。抱負奇偉。年三十。遊杭。上疏言丁大全亂政狀。配漢陽軍。荷校行歌出都。見者壯之。蜀人杜可大言之營將。得脫戍籍。且授以邵康節先天易數。一授即了。乃坐臨安市樓賣卜。卜已。輒閉樓危坐。有曆髓・星野指南・象滋說會補　畫前妙旨。

廖・謙　宋衡陽人。字益仲。從朱熹講學於南嶽。熹教以打破舉子程文。專心理會學問。謙毅然承之。

廖・鴻荃　清侯官人。字鈺夫。嘉慶進士。道光間累官工部尚書。時議改河道。朝命鴻荃往勘。請仍堵築漫口。挽歸故道。尋坐事奪職。再起官太常寺卿。卒諡文恪。

廖・鴻章　清福建永定人。字羽明。號南厓。乾隆進士。官檢討。有南雲書屋文集。

廖・謨　明泰和人。字文續。永樂進士。正統間爲河間府同知。才識優長。爲政簡靜。尋陞本府知府。聲譽益著。卒於官。

廖・謹　明南海人。字愼初。以字行。恬靜力學。淹貫經史。人號廖五經。解縉出爲交阯參議。與謹遇。與之上下議論。不能有加。亟以名儒稱之。以明經舉爲四會訓導。陞南安教授。致仕卒。有澹交集。

廖・顒　宋玖子。字季印。聰慧博學。九歲能屬文。登紹興進士。歷縣令。改授封州教官。以父憂去。服闋知化州。郴寇李金嘯聚。漓水猺乘時爲亂。顒統諸將討之。部分嚴整。金懼而宵遁。復傳檄諭猺酋。皆降。後守英州循州。並有政績。淳熙中爲廣南西路提點刑獄卒。

廖・鏞　明永忠孫。任散騎舍人。歷官都督。建文時與議兵事。宿衛殿廷。與弟銘嘗受學於方孝孺。孝孺死。鏞銘檢遺骸。瘞聚寶門外山上。坐見收。論死。

廖・騰煃　清將樂人。字占五。號蓮山。康熙舉人。官至戶部侍郎。服官頗著清節。

彰庫　清滿洲鑲白旗人。姓瓜爾佳氏。康熙間以驍騎校署參領。從攻耿精忠。旋復進攻廣西雲南。敗吳世璠。累擢鑲黃旗滿洲副都統卒。

彰泰　清宗室。封鎭國公。康熙時吳三桂反。參尙善軍務。旋領水師克岳州。由貴州直趨雲南。全滇底定。官至宗人府左宗正。尋以濫舉屬官罷。

彰寶　清滿洲鑲黃旗人。姓鄂謨托氏。乾隆中由內閣中書累官雲貴總督。時進征緬甸。彰寶催督軍儲無誤。旋因病乞休。以勒索知縣王錫供應銀四萬餘兩。事發擬斬。尋卒。

慈安太后　清文宗后。姓鈕祜祿氏。咸豐初以貴妃冊立。無子。文宗殂。后與穆宗生母那拉氏均爲太后。分居寧壽宮。性仁柔知大體。才不逮慈禧。自奉甚儉。同治初誅載垣等。垂簾聽政。皆慈禧主之。后仰成而已。後爲慈禧所扼。光緒間卒。年四十五。諡孝貞。

慈禧太后　清文宗之妃。穆宗之母。姓那拉氏。穆宗德宗兩朝。垂簾聽政者四十餘年。初任奕訢・文祥等。朝政稱清明。後因戊戌政變。幽德宗於瀛臺。任用載漪等。信義和團。輕啓外釁。致人心瓦解。滿清之亡。實肇於此。卒諡孝欽。

斡勒・合打　金蓋州本得山猛安人。以戰功爲本縣令。歷知河間府。權元帥右都監。行元帥府事。駐兵蔡息間。權同僉樞密院事。歷守邊要。無他將略。雖未嘗敗北。亦無大功。元光初卒。

斡勒・忠　金蓋州人。習女直契丹字。累官武寧軍節度使。性敦慤。通法律。以直自守。不交權貴。故時譽歸之。(按斡勒忠見金史。萬姓統譜作斡勤忠。氏族典承之。誤。)

斡・道沖　宋靈武人。其先從夏主遷興州。世掌夏國史。道沖通五經。爲蕃漢教授。譯論語注。別作解義二十卷。又作周易卜筮斷。行於國。(按尙友錄作斡道沖。此從奇姓通。)

斡魯朶　元朮赤子。太宗時。其弟拔都西征。斡魯朶與俱往。擊敗歐洲諸侯王之聯合軍。後領中央亞細亞阿拉海之東北。稱白帳汗。子孫世治其地。

斡離不　金見完顏宗望條。

斡羅思　元康里氏。官雲南行省理問。以忤桑哥被譖。籍其家。唯金玉帶各一。黃金五十兩。皆帝所賜者。乃以公用係官孳畜加之罪。帝曰。口腹之事。其寢之。累官四川行省平章政事。

暢・大隱　宋洛陽人。字濬道。事程頤。程氏遺書二十五卷。即其所記。

暢・亨　明河津人。字文通。成化進士。由長垣知縣擢御史。巡按浙江。歲饑。奏罷上供綾紗等物。又請罷溫處銀課。而禁鎭守中官張慶於法。慶搆之。謫涇陽知縣。

暢·明瑾 [唐]嗇子。工畫。過於父。

暢·宣 [明]官泰安知縣。有循聲。以母憂去。民頌於副使鄺埜以聞。仁宗命服闋還任。

暢·師文 [元]南陽人。字純甫。幼敏悟。家貧無書。手錄口誦。過目輒不忘。師事許衡。與姚燧·高凝相友善。至元間陳時政十六策。丞相安童奇其才。辟爲令史。延祐初拜翰林學士卒。追封魏郡公。諡文肅。有農桑輯要。

暢·惠明 [南齊]撰有論語義。

暢·曾 [漢]撰有水德經。

暢·華 [明]隴西人。字子實。正德進士。歷官至廣東僉事。蒞政勤敏。平岢嵐賊有功。

暢·當 [唐]璀子。擢進士第。貞元初爲太常博士。昭德后崩。當議太子服期。請循魏晉制卒哭而除。心喪三年。詔從之。官終果州刺史。

暢·誓 [唐]工畫山水。

暢·璀 [唐]河東人。鄉舉進士。郭子儀辟爲從事。肅宗卽位。大收俊傑。或薦璀。召見悅之。拜諫議大夫。大曆中遷戶部尙書卒。璀廓落有口才。好談王霸之略。居職貴成屬吏。齪齪無過而已。

榮·玉材 [清]漢軍正黃旗人。嘉慶間由印務章京累升哈密協副將。道光間擢西寧總兵。平·蘊依族番及西寧口外野番。竄淸河北。官至雲南提督。

榮全 [清]滿洲正黃旗人。姓關佳氏。同治間任喀喇沙爾辦事大臣。回亂。陷伊犂。榮全署伊犂將軍。以關內未靖。不遑兼顧。俄人遂乘間以兵據伊犂。後屢議收回。俄人以議界相要。日久不得要領。光緒間回京。授鑲黃旗蒙古副都統。

榮·汝楫 [清]無錫人。字作舟。拔貢生。官宿遷教諭。有半讀齋集。

榮·宗範 [宋]任城人。眞宗時知鉛山縣。詔罷縣募民采銅。民散爲盜。宗範請復如故。擢提點江浙諸路銀銅坑冶。

榮·林 [清]常熟人。字上谷。號西樵。王翬弟子。畫山水得大癡法。書法秀勁。工詩。

榮·建緒 [隋]無終人。初仕北周爲載師。平齊後。留鎭鄴城。因著齊紀三十卷。開皇中歷始洪二州刺史。俱有能名。

榮杜 [清]滿洲正白旗人。姓伊爾根覺羅氏。字鐵齋。號采芝生。由刑部主事洊擢至河南巡撫。改盛京刑部侍郎。工詩。善寫花卉。

榮·毗 [隋]建緒弟。字子謀。少剛鯁有局量。初仕北周爲內史。開皇中以華陰多盜。選爲長史。世稱其能。轉蒲州司馬。漢王諒反。毗被執。及諒平。爲侍御史。立朝侃然正色。百僚憚之。

榮·恕旻 [宋]歸信人。兄弟異居積年。大中祥符中恕旻家楡樹兩本自合。感其異。復相聚。鄉人稱其雍睦。

榮·旂 [春秋]魯人。字子麟。孔子弟子。以務學篤實稱。

榮·啓期 [春秋]孔子遊泰山。見啓期鹿裘帶索。鼓琴而歌。問曰。先生何樂也。曰。吾樂甚多。天生萬物。人爲貴。吾得爲人。一樂也。男女之別。男尊女卑。吾得爲男。二樂也。人生有不見日月不免襁褓者。吾行年九十矣。三樂也。貧者士之常。死者人之終。居常以待終。何不樂也。

榮·將 [上古]黃帝臣。一作榮猨。帝命伶倫與將鑄十二鐘。以和五音。

榮·琇 [明]瓊州人。早孤。與弟瑄事母以孝聞。

榮·華 [明]藍田人。字公美。成化進士。治鞏·洛陽。有四虎爲害。榮祝而捕之者三。民曰。猛虎猶知約束。吾民豈可輕犯。擢御史。

榮·黃 [春秋]楚大夫。令尹子玉爲瓊弁玉纓。未之服也。夢河神索之曰。與我。將祐汝。子玉弗與。及與晉戰。黃請與之。弗聽。黃曰。非神敗令尹。令尹其不勤民。實自敗也。後果爲晉所敗。

榮·楫 [金]棣州人。家富於財。章宗時山東大飢。楫踐米復助錢。特補一官。楫之族有榮昌者。又嘗以錢三十萬助葺學宮。時稱義民榮家。

榮·瑄 [明]琇弟。天順中。與兄琇扶母避賊。將見獲。琇謂瑄曰。並死無益。吾以死衛母。汝急去。瑄從之。賊將殺其母。琇曰。貸吾母。願相從。遂陷賊中。後琇爲官軍所執。將刑。瑄趨至曰。兄以母故陷賊。今母老。恃兄爲命。願代死。遂見殺。

榮祿 [清]滿洲正白旗人。字仲華。光緒間官至大學士直隸總督。甚得孝欽后信任。戊戌政變。以兵力協助孝欽后復出聽政。捕戮譚嗣同·林旭等六人。進軍機大臣。拳匪之亂。榮祿時總統武衛諸軍。密令董福祥統兵圍攻使館。迨聯軍入京。隨兩宮走西安。事平。任督辦政務大臣。卒諡文忠。

榮·漣 [清]無錫人。字三華。少孤。多病。母命入明陽觀爲道士。善畫能詩。嘗徧游名山。後歸養不出。邑人爲築室錫山顚以居之。漣浚池植梅。名所居曰香雪社。

榮·廣 [漢]魯人。字王孫。從瑕丘江公受穀梁春秋及詩。盡能傳其所學。高才捷敏。與公羊大師眭孟等論。數困之。

榮·諲 [宋]宗範子。字仲思。舉進士。累遷戶部副使。歷官皆有惠政。以集賢殿修撰知洪州。徙舒州。未至卒。

榮·駕鵝　[春秋]魯大夫。公孫嬰齊子。一名欒。卽榮成伯。襄公自楚還。聞季武子驟卞。欲毋入。榮成伯賦式微。乃歸。昭公之喪。季孫使役如闞。公氏將溝焉。榮成伯曰。生不能事。死又離之。以自旌也。縱子忍之。後必或恥之。季孫又欲爲惡謚。榮成伯曰。生弗能事。死又惡之。以自信也。將焉用之。季孫乃止。

槃直腯魯華　[元]蒙古克烈氏。初以其部人二百。從太祖征乃蠻。西夏有功。命將萬人。爲木華黎前鋒。破遼東西諸州。復以計下東京。徇地河北。攻大名。大小數十戰。城垂陷。中流矢卒。武宗時追謚武敏。

毓本　[清]宗室。更名豫本。字茶村。號陳芳外史。道光進士。工詩。有還夢樓詩鈔。

毓科　[清]滿洲正藍旗人。姓他他拉氏。道光進士。咸豐間累遷江西巡撫。時洪楊軍進逼江西。毓科分路迎禦。累戰皆捷。尋以飲酒廢事奪職。同治間起西寧辦事大臣。以病歸卒。

毓賢　[清]滿洲正黃旗人。號佐臣。光緒間任山東巡撫。務排外仇教。獎助大刀會。改名義和團。於是教案疊起。解職入京。後調撫山西。自稱義和團統領。妄殺教士敎民。及京津變起。兩宮出走。開議和約。外人堅請嚴懲禍首。遂伏誅。

滿月　[唐]高僧。西域人。以博曉經論爲緇流所推。知玄禮以爲師。深得其指授。並請翻諸禁呪。滿月因譯陀羅尼集及佛爲毗戍陀天子說尊勝經。

滿丕　[清]滿洲正藍旗人。姓伊爾根覺羅氏。康熙間隨郎坦赴尼布楚。與俄羅斯議界。又從征噶爾丹。撫輯降人。有功。官至正藍旗蒙古都統。

滿·昌　[漢]潁川人。字君都。受齊詩於匡衡。官至詹事。

滿·長武　[三國魏]偉子。爲大將軍掾。高貴鄉公之難。以掾守閶闔掖門。司馬昭弟安陽侯幹欲入。長武令由東掖門。參軍王羨亦不得入。恨之。壽春之役。偉從司馬昭至許。以疾不進。長武求還省疾。事定乃歸。由此內見恨。收長武。考死杖下。時人冤之。

滿保　[清]滿洲正黃旗人。姓覺羅氏。字九如。一字鳧山。康熙進士。累官浙閩總督。朱一貴倡亂於臺灣。出師征討。七日而臺地悉平。以功加兵部尚書。有檢心堂稿。

滿桂　[明]蒙古人。幼入中國。家宣府。少勇敢便騎射。及壯。累遷參將。天啓初擢副總兵。尋與袁崇煥守寧遠。遠近莫不歸附。崇禎初官大同總兵。清兵入近畿。滿桂率師入衛。拜武經略。盡統入衛諸軍出師。以衆寡不敵。力戰死。

滿·偉　[三國魏]寵子。字公衡。嗣爲昌邑侯。以格度知名。官至衞尉。子長武被杖死。偉亦免爲庶人。

滿速兒　[明]土魯番酋長。阿黑麻子。正德初嗣爲速檀。時哈密拜牙卽昏愚失道。滿速兒誘拜牙卽叛。據哈密。犯肅州。嘉靖間寇掠甘肅。失利去。遂卑詞求貢。許之。已而其黨牙蘭及沙州番族來降。詔處之內地。而哈密城印遂置不復問。

滿·朝薦　[明]麻陽人。字震東。萬曆進士。授咸寧令。稅監梁永縱其下劫諸生橐。捞笞平民。朝薦捕治之。永誣朝薦劫奪稅物。詔逮問。吏民數千詣闕。擊登聞鼓訟冤。不聽。繫獄七年。大學士葉向高以爲言。得免歸。光宗時起爲尙寶卿。天啓中疏陳時事。語極危切。晉太僕少卿。劾沈㴶。被斥回籍。崇禎初擢太僕卿。未赴卒。

滿達爾漢　[清]滿洲正黃旗人。姓納喇氏。太祖征東海卦爾察部。俘二千人以歸。太宗時征虎爾哈部。攻朝鮮。克皮島。累官禮部承政。封二等男。卒謚敬敏。

滿福　[清]滿洲鑲藍旗人。姓瓜勒佳氏。雍正初以三等侍衞署參領。乾隆間授都統。率兵駐巴里坤。沙拉斯瑪呼斯叛。滿福率兵由阿勒輝往勦。擊敗之。賊僞降。被圍力戰死。謚武毅。

滿·福周　[明]章丘人。器宇端重。通經史。練達事要。縣尹舉爲亭老。時元末政弁。民多橫罹冤酷。福周悉爲平之。明初以人才赴召。授浙江左布政使。政績甚著。（按尙友錄作佛周。一統志作滿甫。此從山東通志。）

滿·閬　[宋]自號逍遙子。工詩。有唐人風。坐盧多遜黨得罪。遷舒州潛山寺中爲行者。

滿·奮　[晉]偉從子。體量通雅。元康中仕至尙書令。司隸校尉。

滿·寵　[三國魏]昌邑人。字伯寧。從太祖力戰有功。文帝卽位。破吳於江陵。拜伏波將軍。歷封昌邑侯。太和中。以前將軍代曹休都督揚州諸軍事。拜征東將軍。時孫權歲來合肥。寵屢擊退之。景初中以年老徵還。遷太尉。卒謚景。寵立志剛毅。勇而有謀。不治產業。家無餘財。

漁父　[南朝宋]孫緬爲尋陽太守。落日逍遙渚際。見一輕舟。陵波隱顯。俄而漁父至。神韻瀟灑。垂綸長嘯。緬與語甚異之。勸其仕。漁父鼓棹而去。

漂母　[漢]韓信釣於淮陰城下。有一漂母見信飢。飯信。竟漂數十日。信謂漂母曰。吾必重報母。母怒曰。吾哀王孫而進食。豈望報乎。後信爲楚王。召所從食漂母。賜千金。

漆·文昌　[明]瑞州新昌人。嘉靖舉人。知應城縣。距江陵張居正近。竟不通謁。人多其介。累擢知永昌府。遷參政告歸。田數十畝。兼分弟姪。杜門訓子。輿論重之。

漆・希範 【元】高安人。字文翁。才識發邁。善屬文。仕本縣文學。陞靜江路教授。湖廣省臺聞其賢。辟爲掾。屢譏修飭。甚器之。陞臨江路知事。淸望益著。

漆室女 【周魯】漆室邑之女。過時未適人。倚柱而嘯。鄰人婦謂曰。何嘯之悲也。子欲嫁耶。女曰。始吾以子爲有知。今無識也。吾憂魯君老。太子幼。婦笑曰。此乃魯大夫之憂。婦人何與焉。女曰。不然。昔有客馬逸。踐吾國葵。使吾終歲不飽葵。魯國有患。君臣父子被其辱。婦女獨安所避乎。及三年。魯果亂。

漆雕・哆 【春秋魯】字子斂。孔子弟子。

漆雕・徒父 【春秋魯】字子文。一曰子期。孔子弟子。

漆雕・開 【春秋魯】或曰魯人。字子若。少孔子十一歲。習尚書。不樂仕。孔子使之仕。對曰。吾斯之未能信。孔子說。

漏・瑜 【明】浙江山陰人。字元瑜。正德中貢士。有詩名。

漕・中叔 【漢】西河人。以游俠名。王莽名捕之。不能得。素與彊弩將軍孫建善。莽疑建藏匿。泛以問建。建曰。臣名善之。誅臣足以塞責。莽不竟問。其子少游復以俠聞於世。

漢元帝 【漢】宣帝長子。名奭。少好儒。及卽位。徵用儒生。委之以政。貢禹・薛廣德・韋玄成・匡衡迭爲宰相。帝優柔不斷。宦者石顯・弘恭等迫殺太傅蕭望之。帝聞之驚。卻食涕泣。召顯等責問。皆免冠謝。良久乃已。尋以顯爲中書令。在位十六年崩。謚元。改元四。初元・永光・建昭・竟寧。

漢少帝 【漢】惠帝子。惠帝張皇后無子。呂太后使陽爲有身。取後宮美人子名之。殺其母。以爲太子。惠帝崩。帝卽位。太后臨朝稱制。帝立四年。自知非皇后子。乃曰。后殺吾母。我壯卽爲變。呂后乃幽之永巷。殺之。

◉【後漢】靈帝子。名辯。養於道人史子助家。號曰史侯。靈帝時羣臣請立太子。帝以辯輕佻無威儀。欲立中子協。會崩。少帝卽位。母何太后臨朝。何進召董卓將兵詣京師。宦官張讓等入宮殺進。劫太后。帝出至河上。袁紹捕宦官悉誅之。卓與帝語。語不了。遂廢帝爲弘農王。弑太后。在位六月。改元二。光熹・昭寧。初平初卓聞東方兵起。乃酖殺之。

漢文帝 【漢】高帝中子。名恆。初立爲代王。及呂后崩。大臣誅諸呂。迎立爲帝。除誹謗妖言法及肉刑。置三老孝弟力田常員。以敦朴示天下。所幸愼夫人衣不曳地。帷帳無文繡。專務以德化民。是以海內殷富。興於禮義。幾致刑措。爲三代後賢主。在位二十三年崩。謚文。

漢平帝 【漢】元帝庶孫。中山孝王興子。名衎。哀帝崩。太皇太后王氏卽日召取璽綬。以王莽爲大司馬。遣王舜迎帝立之。時年九歲。太皇太后臨朝。莽秉政。百官總己以聽。以莽女爲皇后。封莽安漢公。封王惲等八人爲列侯。帝益壯。以莽隔絕衛太后故。怨不說。莽因臘日上椒酒。置毒酒中。帝崩。在位五年。謚平。年號元始。

漢光武帝 【後漢】蔡陽人。名秀。字文叔。高祖九世孫。王莽篡立十四年。帝起兵舂陵。大破莽兵於昆陽。及莽誅。更始立帝爲蕭王。帝始貳於更始。旋卽帝位。定都洛陽。平銅馬諸賊。降赤眉。討公孫述・隗囂等。天下大定。又留心文學。重高節之士。內治亦盛。在位三十三年崩。謚光武。廟號世祖。改元二。建武・中元。

漢安帝 【後漢】章帝孫。清河王慶子。名祜。年十歲好學史書。和帝嘗稱之。數見禁中。殤帝崩。太后迎入。立爲和帝嗣。既卽位。郡國數地震。羌夷盜賊數起。災異屢見。在位十九年。幸葉。崩於乘輿。謚安。改元五。永初・元初・永寧・建光・延光。

漢成帝 【漢】元帝長子。名驁。帝在位。外戚王氏專政。劉向上封事極諫。帝不能用。以陽阿公主家歌者趙飛燕及其女弟爲倢伃。貴傾後宮。譖許后廢之。立飛燕爲皇后。在位二十六年暴崩。謚成。改元七。建始・河平・陽朔・鴻嘉・永始・元延・綏和。

漢沖帝 【後漢】順帝長子。名炳。年二歲卽位。梁太后臨朝。時揚徐羣盜范容等作亂。九江盜馬勉稱帝於當塗。帝在位一年崩。謚沖。年號永嘉。

漢和帝 【後漢】章帝第四子。名肇。帝卽位十歲。竇太后臨朝。竇氏父子兄弟。皆居親要之地。封宦者鄭衆爲鄛鄉侯。宦者封侯自帝始。在位十七年崩。謚和。改元二。永元・元興。

漢明帝 【後漢】光武第四子。名莊。帝善刑理。法令分明。又重儒學。臨辟雍。行大射養老禮。嘗遣使之天竺求佛法。得其書及沙門至京師。立白馬寺於洛城。爲佛教入中國之始。在位十八年崩。謚明。廟號顯宗。年號永平。

漢昌邑王 【漢】武帝孫。昌邑哀王髆子。名賀。昭帝崩。霍光迎王。王居道上不素食。使從官略女子載衣車內。及卽位。發樂府樂器。擊鼓歌吹作俳倡。與昭帝宮人蒙等淫亂。立二十七日。光奉太后命廢之。詔歸昌邑。宣帝立。封賀爲海昏侯。

漢武帝 【漢】景帝中子。名徹。承文景之業。興太學。崇儒術。平南越・東越・朝鮮。下滇及西南夷。斥匈奴。

通西域諸國。版圖益廓。稱爲雄主。然以信神仙。營土木。急征斂。重刑誅。致盜賊益多。巫蠱事起。皇后衞氏及太子據皆自殺。在位五十四年崩。諡武。改元十一。建元。元光。元朔。元狩。元鼎。元封。太初。天漢。太始。征和。後元。爲帝王有年號之始。

漢宣帝 漢武帝曾孫。戾太子據孫。初名病已。後更名詢。字次卿。養於民間。具知閭里姦邪及吏治得失。卽位後。勵精圖治。魏相。丙吉。黃霸。于定國等相繼爲相。趙廣漢。朱邑。龔遂。尹翁歸等皆一時之循吏。兩漢吏治。莫盛於此。置西域都護。漢威遂遠及西北諸國。在位二十五年崩。諡宣。改元七。本始。地節。元康。神爵。五鳳。甘露。黃龍。

漢恆山王 漢惠帝子。名山。帝立爲恒山王。更名義。呂后既殺少帝。立爲帝。更名弘。后崩。大臣謂帝實諸呂子。誅之。在位四年。

漢哀帝 漢元帝庶孫。定陶恭王康子。名欣。帝初立。躬行儉約。政由己出。朝廷翕然望治。罷王莽就第。以師丹代爲大司馬。遣王根就國。免王況爲庶人。立二年。改元太初。更號陳聖劉太平皇帝。尋罷。後寵幸董賢。公卿側目。在位六年崩。諡哀。改元二。建元。元壽。

漢昭帝 漢武帝少子。名弗陵。武帝崩。霍光。金日磾。上官桀等受遺詔輔政。燕王旦謀反。上官桀。蓋主。桑弘羊等與王通。詐令人爲王上書。言光專權自恣。帝辨其詐。時帝年十四。左右皆驚。而上書者果亡。已而桀等復謀廢帝。立燕王。杜延年以聞。詔捕桀等。并宗族悉誅之。蓋主。燕王皆自殺。在位十三年崩。諡昭。改元三。始元。元鳳。元平。

漢桓帝 後漢章帝曾孫。蠡吾侯翼子。名志。翼卒。帝襲爵爲侯。本初元年梁太后徵帝。將妻以女弟。會質帝崩。遂與兄冀定策。迎帝入南宮卽位。帝數微行。楊秉上疏諫。不納。太后崩。冀伏誅。封宦者單超等五人爲列侯。毒流海內。黃瓊。陳蕃。李膺等上書極諫。折其姦謀。黨禍既作。正人君子。禁錮終身。在位二十一年崩。諡桓。改元七。建和。和平。元嘉。永興。永壽。延熹。永康。

漢高祖 漢豐人。姓劉。名邦。字季。秦時爲泗上亭長。二世立。帝起兵於沛。自立爲沛公。入咸陽。降秦王子嬰。除秦苛法。約法三章。已而項羽攻破咸陽。立帝爲漢王。以蕭何爲相。韓信爲大將。還定三秦。破羽於垓下。五年卽皇帝位。國號漢。建都關中。帝不修文學。然寬仁愛人。豁達大度。好謀能聽。卒成帝業。在位十二年崩。無諡。以其功高。而爲漢帝之太祖。故特稱高祖。匹夫崛起而有天下者。自高祖始。⊙五代漢沙陀部人。後世居太原。姓劉氏。名知遠。從晉高祖起兵。有佐命功。拜中書令。封太原王。方出帝時。高祖常憤憤不親晉。及契丹滅晉。不赴難。旋卽帝位於晉陽。改名暠。國號漢。後都汴。稱天福十二年。尋改乾祐。在位一年崩。是爲高祖。

漢章帝 後漢明帝第五子。名炟。素知人。厭明帝苛切。事從寬厚。嘗令諸儒會白虎觀議五經同異。詔曹褒定漢禮。凡百五十篇。又遣班超發諸國兵擊莎車降之。在位十三年崩。諡章。廟號肅宗。改元三。建初。元和。章和。

漢惠帝 漢高祖長子。名盈。始立爲太子。高祖以其仁弱。欲廢之。而立戚夫人子趙王如意。賴大臣爭及張良策。得毋廢。既卽位。母呂太后怨戚夫人。欲并召趙王誅之。帝與趙王共起居飲食。太后欲殺之不得間。後帝晨出射。趙王獨居。太后殺趙王。斷戚夫人手足。命曰人彘。召帝視之。帝驚因病。歲餘不能起。使人謂太后曰。此非人所爲。臣爲太后子。終不能治天下。遂日飲爲淫樂。不聽政。在位七年崩。諡惠。

漢景帝 漢文帝長子。名啓。節儉愛民。有文帝之風。惟天資刻薄。用鼂錯計。致七國之變。又戮鼂錯。殺周亞夫。不無慙德。史以文景並稱。實愧父多矣。在位十六年崩。諡景。

漢順帝 後漢安帝長子。名保。永寧初立爲皇太子。延光中廢爲濟陽王。安帝崩。中黃門孫程等迎帝卽位。封孫程等十九人爲列侯。封乳母宋娥爲山陽君。在位十九年崩。諡順。改元五。永建。陽嘉。永和。漢安。建康。

漢殤帝 後漢和帝少子。名隆。生始百餘日。立爲帝。鄧太后臨朝。在位一年崩。諡殤。年號延平。

漢質帝 後漢章帝玄孫。名纘。沖帝崩。梁冀與太后定策禁中。迎帝入南宮卽帝位。帝少而聰慧。嘗因朝會。目冀曰。此跋扈將軍也。冀深惡之。使左右置毒於煮餅以進。帝食之而崩。在位一年。諡質。年號本初。

漢濱老父 後漢桓帝幸竟陵。過雲夢。臨沔水。百姓莫不觀者。有老父獨耕不輟。尚書郎張溫異之。使問焉。老父笑而不對。溫下道。自與之言。溫大慙。問其姓名。不告而去。

漢隱帝 五代漢高祖第二子。名承祐。帝信用郭允明等。殺諸大臣。遣使殺郭威。威反。允明知事不濟。遂弒帝而自殺。在位三年。諡隱。年號乾祐。國亡。

漢獻帝 後漢靈帝中子。名協。少帝立。封帝爲陳留王。董卓廢少帝而立之。關東起兵討卓。卓奉帝西遷長安。及呂布誅卓。卓部曲李傕·郭汜舉兵犯闕。已而傕攻汜。劫帝入其營。張濟自陝來和汜·傕。迎帝東歸。曹操入朝。帝以操錄尚書事。操遷帝於許。自是政歸曹氏。天子守位而已。操弒伏后。后與帝訣曰。不能復相活耶。帝曰。我亦不知命在何時。曹丕篡位。廢帝爲山陽公。漢亡。魏青龍二年崩。在位三十二年。諡獻。改元三。初平·興平·建安。

漢靈帝 後漢章帝玄孫。名宏。桓帝崩。無子。竇太后與文武定策。迎帝立之。宦者曹節等殺陳蕃·竇武。遷太后於南宮。帝封節等六人爲列侯。復治鉤黨。殺李膺等百餘人。帝好文學。置鴻都門學生。皆市井小人。士君子恥與爲列。帝每歎桓帝不能作家。曾無私錢。乃開邸舍於西園賣官。又作列肆於後宮。使諸采女販賣。帝著商賈服從之爲樂。中平初黃巾賊起。旬月之間。天下響應。在位二十二年崩。諡靈。改元四。建寧·熹平·光和·中平。

熊一瀟 清南昌人。字漢若。康熙進士。授御史。有直聲。歷官工刑二部侍郎。改兵部督捕。督捕職緝逃人。例嚴連坐。一瀟請止罪家長。餘不問。以工部尚書致仕。在朝四十餘年。以清愼稱。有澹雲堂詩文集·奏疏。

熊三拔 明意大利國人。善天文曆算。萬曆間入中國傳教。以深明曆法食俸十餘年。後爲廷臣所劾。遣赴廣東。有簡平儀說·泰西水法·表度說等書。

熊士伯 清南昌人。字西牧。康熙時拔貢。由南康教授擢知高陵縣。清灘田。減鹽丁。民皆德之。以勞卒官。有古音正義·等切元聲。

熊才 清昆明人。少有雋才。爲文援筆立就。及長。研精諸子百家書。晚年詩文益邃。尤工書畫。

熊之垣 清南昌人。流寓秦淮。字楚香。號江湖載酒人。以修內廷書得官。宦游江浙間。工書畫。

熊仁瞻 唐建昌人。性至孝。爲宜春縣丞。母卒。卜葬某鄉。岡阜峻險。念非水道不得達。罄傾家貲。掘地以通江。俄大雨。水湧成川。與江流接。舟以得達。既葬。廬墓六年。有慈烏來巢之異。

熊天喜 清永綏人。咸豐間從征洪楊。轉戰廣西湖南湖北安徽。官至壽春鎭總兵。後於丹陽戰沒。諡勤勇。

熊天錫 元岑溪人。博學多才。宋末以賈似道當國。不應試。元初登第。

熊太古 元朋來子。第進士。官至江西行省郎中。至正末天下盜起。太古力陳守禦計。當事者不能從。棄官去。入明不仕。善畫。有冀越集記。

熊少牧 清長沙人。字書年。又字雨臚。道光舉人。官藍山教諭。有讀書延年堂集。

熊文燦 明貴州永寧人。萬曆進士。崇禎初累官右僉都御史。巡撫福建。時海盜猖獗。文燦撫鄭芝龍爲己用。閩盜遂平。擢督兩廣。仍以芝龍力平海盜劉香。時以爲知兵。中原寇亂。楊嗣昌薦之。拜兵部尚書。總理軍務。文燦一意主撫。張獻忠遂詐降。擁萬人踞穀城。索十萬人餉。文燦與之。已而復反。事遂不可爲。文燦坐棄市。

熊文舉 清新建人。明崇禎進士。官吏部郎中。福王時以文舉曾附李自成。入從賊案。順治初投誠。累官兵部右侍郎。

熊方 宋豐城人。字廣居。由上舍生官至迪功郎。權澧州司戶參軍。有補後漢書年表。以經緯周密稱。

熊方受 清廣西永康人。字介茲。號夢庵。乾隆進士。由檢討累擢山東兗沂曹濟道。喜爲詩文。有偶園草。

熊本 宋鄱陽人。字伯通。兒時知學。爲范仲淹所賞。舉慶曆進士。察訪梓夔。時羅晏夷叛。詔本便宜行事。諸夷悉平。先後奉命安撫渝州宜州獠蠻。邊績懋著。神宗稱其文有典誥體。遂知制誥。然本曾薦蔡京練習新法。又上書極贊改制。君子少之。官終知洪州。有文集·奏議。

熊禾 宋建陽人。字去非。後改名鉌。字位辛。號勿軒。又號退齋。有志濂洛關閩之學。從朱熹門人游。舉咸淳進士。授汀州司戶參軍。宋亡不仕。入武夷山。築室講讀其中。謝枋得聞禾名。自江右來訪。又嘗與江西胡庭芳論學。有三禮考異·春秋論考·經序學解·勿軒集等書。

熊兆 宋建安人。字世癯。受業於朱熹。隱居求志。自號牛逸子。

熊兆珪 明廷弼子。少有文名。廷弼性剛急。不能下人。兆珪每幾諫。不聽。退而流涕。廷弼在獄三年。走京師理其薪水。既被殺。拾骸骨徒步至家。兩足俱穿。未幾。魏閹復誣贓十七萬。下獄追比。兆珪遂自裁。刃在手而屍不仆。時人悲之。

熊安生 北周阜城人。字植之。博通五經。尤精三禮。弟子千餘人。仕北齊爲國子博士。與周使尹公正辨析周禮疑義數十條。咸究其根本。公正歸言於朝。及周主入齊。安生遽令掃門。已而果幸其第。執手引與同坐。安車入朝。敕於大乘寺參議五禮。拜露門學博士下大夫。時年已八十餘。尋致仕卒。有周禮禮記孝經諸義疏。

熊汝霖 明餘姚人。字雨殷。崇禎進士。由同安令徵爲給事中。疏凡二十上。歷陳兵事及用將之失。坐是謫官。晉王監國。督師防江。進兵部尚書。爲鄭彩所害。

熊伯龍 【清】漢陽人。字次侯。晚號鍾陵。順治進士。由國史院編修累官內閣學士。兼禮部侍郎。屢司文柄。皆得士。其制舉文。雄渾雅健。與劉子壯齊名。時號熊劉。古文亦樸茂。有賜穀堂詩文集。

熊克 【宋】建陽人。字子復。紹興進士。知諸暨縣。有惠政。被薦直學士院。後出知台州。奉祠卒。克博聞強記。淹習當代典故。有九朝通略。中興小曆。諸子精華等書。

熊好 【清】方受女。字孟嫺。工書。無兄弟。侍親不字。以貞孝稱。

熊孝則 【宋】性至孝。孝宗聞其名。召對賜金帛。固辭。惟受通鑑性理孝經等書。

熊廷弼 【明】江夏人。字飛百。萬曆進士。擢御史。巡按遼東。精核軍實。風紀大振。督學南畿有聲。旋以事罷。楊鎬喪師。遼事日棘。復起赴遼宣慰。遂授經略。自按遼時。即持守邊議。至是主守益堅。所至招流移。繕守具。分置兵馬士卒。人心復固。以性剛屢見忌嫉。因王化貞兵敗。論死。傳首九邊。遠近莫不嗟憤。

熊成基 【清】揚州人。字味根。少懷大志。喜讀兵書。光緒間畢業於南京將弁學校。充安慶砲隊營官。憤清廷專制。常抱革命之思。會太湖秋操。兩宮薨。遂聯合他營同志千餘人攻城。事敗。走皖北。自青島赴日。專心於軍事及製造學。尋至哈爾濱。謀狙擊海軍大臣載洵。事洩被捕。遂遇害。

熊良輔 【元】南昌人。受學於熊凱。善屬文。有易傳集疏。風雅遺音。小學入門等書。

熊卓 【明】豐城人。字士選。弘治進士。爲監察御史。屢疏陳時事。巡撫廣東。豪強斂迹。劉瑾誣以姦黨。勒令致仕。工詩。有熊士選集。

熊其英 【清】青浦人。字純叔。歲貢生。有恥不逮齋集。

熊宗立 【明】建陽人。字道軒。好講陰陽醫卜之術。有素問運氣圖括定局立成。洪範九疇數解。

熊宜僚 【春秋】楚勇士。白公勝欲殺子西。石乞謂白公曰。市南有熊宜僚者。若得之。可當五百人。白公請之。固辭。承之以劍。不動。遂去之。宜僚善弄丸。後楚與宋戰。宜僚披胸受刃。於軍前弄丸。宋軍停戰觀之。遂敗。莊王免於敵而霸。

熊尚初 【明】南昌人。始爲吏。以才擢都察院經歷。正統中用薦遷泉州知府。盜起。被檄爲監軍。賊逼城下。守將不敢禦。尚初提民兵數百拒於古陵坡。力戰而死。

熊明遇 【明】進賢人。字良孺。萬曆進士。由長興令行取給事中。多所論劾。疏陳時弊。言極危切。坐東林事。再謫再起。累官至兵部尚書致仕。

熊朋來 【元】豫章人。字與可。宋咸淳末登第。隱處州里。以三禮教授。學者百數十人。後以薦連爲兩郡教授。學者稱天慵先生。有小學標注。瑟譜。天慵文集。

熊建益 【清】湘鄉人。咸豐間從攻洪秀全。樸勇善戰。同治間從蔣益澧援勦浙江。所向有功。官至總兵。攻新城。沒於陣。謚勇烈。

熊玻 【明】涇陽人。字瑩之。貢生。親喪廬墓。賊過之不忍犯。弘治中旌表。後官獲鹿知縣。

熊茂松 【明】瑞州人。字汝辰。號衛阜。官員外郎。工畫山水佛像。

熊剛大 【宋】建陽人。少穎敏。從蔡淵。黃幹游。嘉定進士。授建安教授。學者稱古溪先生。

熊浹 【明】南昌人。字悅之。正德進士。宸濠將爲變。浹與同邑御史熊蘭首發其謀。出核松潘餉。副總兵張傑倚勢積贓。啓邊釁。浹盡發其狀。世宗立。浹以議禮得帝眷。累遷吏部尚書。復以諫止左道。忤旨削官。隆慶初復職。卒謚恭簡。

熊祚延 【明】孝感人。字祈公。力學敦行。里中貧不能婚葬者。常鬻產以應。流寇至。避亂白雲山中。賊大舉來攻。率衆禦之。會風雪晝晦。士卒相失。以十餘騎從間道陷泥淖中。被執。不屈死。

熊翀 【明】光州人。字騰霄。成化進士。授武進知縣。以薦拜監察御史。按江西。時寧藩威屬毛氏橫於鄉。翀密訪追捕。悉置之法。豪強屏息。累陞南京戶部尚書。致仕卒。有止菴集。

熊望 【唐】字原師。第進士。粗有文詞。而性險躁。以辯說游公卿間。劉栖楚尹京兆。樹權勢。望出入門下。爲刺取事機。陰佐計畫。敬宗喜爲歌詩。議置東頭學士。備燕狎。望被薦。未及用。帝崩。文宗立。韋處厚輔政。大去姦黨。貶望漳州司戶參軍。

熊桴 【明】江夏人。字元乘。嘉靖進士。知太倉州。禦倭有功。陞蘇松兵備僉事。擊海寇。戰屢捷。官至右副都御史。巡撫廣東。以勞卒於軍。

熊霈 【明】黃岡人。字渭公。喜部子皇極書。頗言未來事。崇禎十六年元旦。以所撰性理格言。圖書懸象。大易參諸書付弟曰。讀此可以保身立命。善藏勿失。城破前一日。貽書其友馮雲路曰。明日覓我某樹下。及期。行樹旁。賊追至。躍入荷池死。友爲斂其尸。

熊凱 【元】南昌人。字舜夫。精理學。以明經教授四十餘年。時稱遙溪先生。

熊喬　漢舂陵人。字伯峯。初平中辟爲曲江長。雍容蒞事。聽覽如流。後拜騎都尉。

熊復　元新建人。字庶可。以五經教授鄉里。四方來學者常數百人。有春秋成紀。

熊景　明南昌人。字開爾。成化進士。授刑部主事。屬多大獄。鞫者恆視閹豎意爲出入。景執法不撓。擢廣西僉事。平猺亂。乞休歸。

熊景星　清南海人。字蓫江。嘉慶舉人。官教諭。能畫山水花竹。尤工詩古文詞。善書。

熊渠　周熊繹四世孫。當周夷王之時。王室微。諸侯或不朝。自相攻伐。熊渠甚得江漢間民和。乃興兵伐庸楊粵至於鄂。立其子三人爲王。皆在江上楚蠻之地。及周厲王暴虐。熊渠畏其伐楚。去王號。尋卒。

熊渠子　周楚人。夜行見臥石。以爲虎。射之沒鏃。旦而視之。石也。復射。矢躍。不復能入。

熊爲霖　清新建人。字浣靑。乾隆進士。官侍讀。博學善屬文。尤工金石篆刻。假歸。累主書院講席。有蠶簇洞虛錄。左氏紀事本末。

熊登之　明新建人。字養直。早懸博學。舉明經。絕意仕進。闡明理學。從游者數百人。事繼母盡孝道。及卒。門人私謚貞孝先生。有性理解。聖學正宗。

熊登武　清湖南人。從鮑超。曾國荃軍。積功官至提督。登武好謀。計事輒中。諸將稱爲軍師。

熊超　清善化人。字班若。康熙舉人。客京師。嘗館於某王邸。王心重之。謂人曰。熊孝廉翰林選也。可立得。超聞之。疑王爲其聲援。遂辭歸。不與會試。邃於易。研精程朱語錄。後學多嘉傚之。

熊週　明臨川人。字六有。工書畫。淹貫經史。萬曆間游學至臨涼州。人士從之受業爲文者。皆有法度。

熊開元　明嘉魚人。字魚山。天啓進士。由吳江令行取給事中。坐事貶。久之。復起。遷行人司副。時首輔周延儒姦貪。開元極論之。廷杖遣戍。唐王立。任爲大學士。旋棄家爲僧。隱蘇之靈巖以終。

熊義山　元安鄉人。官萬戶。至正間倪文俊兵至。執縣尹張繼和。義山保障黃山。一縣獲安。越二年。文俊襲執之。不屈死。

熊與龢　宋豫章人。字天樂。性介潔。不娶妻。不食肉。通經史百氏之書。布衣草履。遨遊名山。尤嗜彈琴。工草書。

熊過　明富順人。字叔仁。嘉靖進士。累官禮部郎中。坐事貶秩。復除名爲民。與陳束等有嘉靖八才子之目。有周易象旨。春秋明志錄。

熊鼎　明臨川人。字伯穎。元末舉於鄉。長龍溪書院。江西寇亂。鼎結鄉兵自守。陳友諒壓脅之。不應。洪武初歷浙江僉事。分部台溫。盡遷方氏僞官悍將於江淮間。居民始安。歷山東僉事。以彊直稱。進副使。坐累左遷。改寧衛經歷。死於寇難。

熊夢祥　元富州人。一作蒙祥。字自得。晚號松雲道人。通羣書。旁曉音律。能作數體書。畫山水亦清古。以茂才舉教官。輒棄去。放意詩酒。游淮浙間。卜居婁江以終。

熊榮　明光山人。字以仁。正德進士。授行人。諫武宗南巡被杖。降學錄。尋擢御史。按山東。平礦賊之亂。移按雲南。協征岑猛有功。官至參政。

熊遠　晉翹孫。字孝文。元帝初累遷尚書左丞。散騎常侍。帝每歎其公忠。轉御史中丞。時尚書刁協用事。遠奏免協官。冬雷電。遠上疏陳三失。補會稽內史。王敦作逆。加遠將軍。拒不受。徵還拜太常卿。敦深憚之。引爲長史。數月病卒。

熊德陽　明建昌人。字日乾。號胥嶼。萬曆進士。天啓初擢御史。彈劾中官諸不法者。奉使祭告北鎭。具知熊廷弼。王化貞功罪。條上河西情形。旣而化貞敗遁。樞臣張鶴鳴猶庇之。德陽幷劾鶴鳴。鶴鳴中以他事謫歸。崇禎初復職。

熊德謙　清崇寧人。以外委隨征廓爾喀及黔楚苗有功。嘉慶間追勦川陝楚教匪。又協勦河南教匪。斃賊首李文成。道光初官至古州鎭總兵。

熊慶胄　宋建陽人。字竹谷。少受業於蔡淵。後游蔡元定之門。幷師劉垕。有三禮通議。

熊槩　明豐城人。字元節。永樂進士。洪熙初以廣東按察使內召。巡視南畿。奸宄帖息。諸當興革者。皆列以聞。宣德中還朝。官至右都御史。

熊節　宋建陽人。字端操。十歲讀易。即知問難。必得解乃止。登慶元進士。廷對條陳三德。累官通直郎。有性理羣書。中庸解。智仁堂稿。

熊緯　明南昌人。字文江。崇禎進士。授行人。兩都旣覆。常涕泣悲憤。後走延平。唐王擢爲給事中。從至汀州。城潰。不屈死。

熊賜履　清孝感人。字敬修。一字青岳。順治進士。官檢討。館閣著作。皆出其手。康熙中歷官學士。上書數千言。遷掌院事。知經筵。進講弘德殿。拜武英殿大學士。尋罷歸。纂修世祖實錄。兩朝國史。政治典訓。北征方略。孝經衍義。朱子全書。明史等書。卒謚文端。賜履潛心理學。有學統。閑道錄。下學堂劄記。經義齋集。

澡修堂集。

熊學鵬 【清】一瀟孫。字雲亭。雍正進士。乾隆間累官廣西巡撫。平上林獞匪陸李能。調廣東。尋奪職。

熊曇朗 【陳】南昌人。侯景之亂。聚少年據豐城縣爲柵。梁元帝以爲巴山太守。入陳授平西將軍。封永化縣侯。後以反誅。史稱其姦慝翻覆。夷滅爲幸。

熊穎捷 【明】當陽人。字非熊。崇禎舉人。署江陵教諭。闖賊屯襄。入遠安鳴鳳山。與都司方應新據險協守。賊環攻之。砦將潰。遺書與兄曰。朝廷不忍負。祖宗何可辱。投崖死。

熊蕃 【宋】建陽人。字茂叔。善屬文。宗王安石之學。工吟詠。築室顏曰獨善。學者號獨善先生。有宣和北苑貢茶錄。所述皆建安茶園採焙入貢法式。

熊應周 【宋】金陵人。工畫山水花鳥。

熊應鵬 【明】武陵人。諸生。有瞽母年八十二。爲賊獲。應鵬跽以身免其母。遂見殺。母獲全。

熊襄 【南齊】南昌人。著齊典。上起十代。名爲河洛金匱。

熊鍊 【明】進賢人。字學潤。宣德進士。歷湖廣提學僉事。秉性剛直。不避權勢。以正本惇行爲先。士民畏愛。官至廣西布政司參政。

熊曜 【唐】南昌人。剛直有文學。與達奚珣・王淮爲文章之友。開元中第進士。爲貝州參軍。

熊皦 【後晉】唐清泰間登進士第。延州景巖辟爲從事。入晉拜補闕。貶商州上津令。有屠龍集。

熊繡 【明】道州人。字汝明。成化進士。弘治初以右副都御史巡撫延綏。練兵積粟。邊備修舉。歷兵部左右侍郎。尚書劉大夏深倚重之。正德中總督兩廣軍務。忤劉瑾罷官。卒謚莊簡。

熊翺 【晉】南昌人。嘗爲石崇蒼頭。性廉直有士風。潘岳見而稱異。勸崇免之。乃還鄉里。

熊懷 【明】豐城人。字性安。天順進士。由刑部主事知廣平府。歷廣東左布政使。皆有治行。性嚴重。寡言笑。官終南京刑部侍郎。

熊繹 【周】芈姓。事成王。封以子男之田。居丹陽。爲楚得國之始。

熊蘭 【明】南昌人。字天秀。正德進士。授御史。宸濠蓄異志。蘭發其謀。巡按廣東。所至旌廉黜貪。人莫敢犯。遷太平知府。到官五月罷歸。

爾朱・天光 【後魏】榮從祖兄子。少勇決。善弓馬。榮親愛之。常預謀謨。封廣宗公。歷官左衞將軍。建義中討擒万俟醜奴。有定關西之功。視爾朱仲遠等差不暴酷。莊帝時進爵爲王。元曄又以爲隴西王。高歡兵起。天光東下。爲所敗。被執。斬於都市。

爾朱・文略 【北齊】文暢弟。襲梁郡王。聰明儁爽。多所通習。高祖遺令恕文略十死。恃此益橫。多所陵忽。平秦王有七百里馬。文略敵以好婢。賭而取之。明日王使人致請。文略殺馬及婢遺之。王訴之於文宣。繫於京畿獄。居數月。奪防者弓矢以射人。遂伏法。

爾朱・文暢 【北齊】榮子。初封樂昌王。其姊魏孝莊皇后。高祖納之。待其家甚厚。由是拜肆州刺史。家富於財。招致賓客。既藉門地。窮極豪侈。與丞相司馬任冑等潛謀逆亂。爲任氏家客告發。問皆具伏。以其姊寵故。止坐文暢一房。

爾朱・世隆 【後魏】仲遠弟。字榮宗。建義初除給事黃門侍郎。莊帝立。封樂平郡公。元顥逼大梁。世隆以前軍都督鎭虎牢。無將帥之略。及聞敗。懼而遁走。致莊帝倉卒北巡。及帝還。除尚書左僕射。帝將圖爾朱榮。世隆潛告榮。勸速發。榮不從。及榮死。世隆奉榮妻率衆夜走。北攻河橋。尋共推長廣王曄爲主。以世隆爲尚書令。既總朝政。生殺自由。公行淫佚。無所畏避。高歡起義。被誅。

爾朱・仲遠 【後魏】彥伯弟。頗知書計。落魄無行。嘗詐造從兄榮啓請表。人爲官。大得財貨。以資酒色。孝莊卽阼。除清河太守。榮死。仲遠勒衆向京師。攻陷西兗州。前廢帝立。進爵彭城王。鎭大梁。仲遠天性貪暴。大宗富族。誣之以反。沒其家口。簿籍財物。皆以入己。諸將婦有美色者。莫不被其淫亂。東南牧守。下至民俗。比之豺虎。後與高歡戰敗奔梁。死於江南。

爾朱・兆 【後魏】榮從子。字萬仁。少驍猛善騎射。手格猛獸。蹻捷過人。以軍功除平遠將軍。榮死。兆據晉陽。元曄立。爵兆爲王。兆與世隆等定謀攻洛。莊帝步出雲龍門外。爲兆所縶。兆撲殺皇子。汙辱妃嬪。縱兵擄掠。先令衞送莊帝於晉陽。遂害帝。前廢帝立。加都督十州諸軍事。世襲并州刺史。高歡起兵擊兆。兆軍敗。自縊死。

爾朱・羽健 【後魏】北秀容人。登國初爲領民酋長。從駕平晉陽。定中山。論功拜散騎常侍。割秀容三百里封之。以爲世業。

爾朱・度律 【後魏】榮從父弟。鄙朴少言。長廣王之立。以度律爲太尉公・四面大都督。封常山王。與爾朱兆入洛。兆還晉陽。留度律鎭京師。聚斂無厭。所至之處。爲百姓患毒。戰於韓陵敗還。被人擒送洛。斬於都市。

爾朱・彥伯 【後魏】榮從弟。性和厚。爲榮府長史。廢帝既立。爵爲王。高歡將除爾朱。廢帝令舍人郭崇報彥伯知。彥伯狼狽出走。爲人所執。尋與弟世隆同斬於閶闔門外。

爾朱·洞 【隋】號歸元子。遇異人得道。落魄成都市中。嘗於江濱取白石投水。衆莫測。後賣丹於市。價十二萬。刺史召問其值。更增十倍。以其反覆。盛以鐵籠棄諸江。至瀘州。漁人石姓者得之。因授以丹。俱仙去。

爾朱·敞 【隋】彥伯子。字乾羅。父爲高歡所誅。敞亡去。變姓名隱嵩高山。略涉經史。入周歷信臨熊潼四州刺史。從武帝東征。攻城陷陣。所當皆破。文帝受禪。累拜徐州總管。在職數年。號爲明肅。以老乞歸卒。

爾朱·逵 【唐】郇陽人。倜儻有奇節。歷官監察御史。東都留守押衙。加柱國。母在荆楚。不克迎養。兄弟八人。更迭定省。人以孝稱。尤輕財好施。凡有叩者。未嘗不應。人益多其德。

爾朱·榮 【後魏】羽健玄孫。字天寶。明帝時累官都督幷肆汾廣恆雲六州諸軍事。時方討葛榮。聞明帝崩。欲稱兵入匡朝廷。已立莊帝。百官朝於行宮。榮集列騎圍遶。責天下喪亂明帝卒崩之由。因縱兵害之。死者千三百餘人。靈太后。少主其日暴崩。既欲廢帝自立。後更愧悔奉帝。其擒葛榮。誅元顥。戮邢杲·翦韓婁·万俟醜奴·蕭寶夤。功績甚偉。累拜天柱大將軍。後以威權日盛。爲帝所誅。前廢帝時追謚武。

瑤里·孛迭 【金】北京路窟白猛安陀羅山謀克人。歷海濱令。累遷崇義軍節度使。勇決善戰。自幼以軍功顯。任兵鎮十餘年。所向克捷。甚爲章宗所倚注。

瑪沁 【清】滿洲鑲紅旗人。姓完顏氏。順治間從入關。敗李自成。由護軍校累官鑲紅旗蒙古副都統。從征湖廣。至衡州。疾卒。

瑪奇 【清】滿洲鑲白旗人。姓納喇氏。康熙中爲鑲白旗滿洲都統。吳三桂反。由廣西進征雲南。戰功頗著。官至鎮安將軍。尋革職。

瑪拉 【清】滿洲鑲白旗人。姓納喇氏。順治間隨征姜瓖。康熙間攻克察哈爾。以功累擢工部尚書。時俄羅斯數侵邊。瑪拉先後疏言征伐方略。復以熟知雅克薩諸地形勢。從復雅克薩城。功甚著。授西安將軍。卒謚敏恪。

瑪哈達 【清】滿洲正白旗人。姓佟佳氏。康熙間由參領累擢正白旗滿洲副都統。討耿精忠。轉戰浙江福建。屢有功。官至正白旗滿洲都統。

瑪祜 【清】滿洲鑲紅旗人。姓哲柏氏。順治進士。康熙時巡撫江南。疏蠲逋賦百九十餘萬。濬河以時蓄洩。民利賴之。後霖雨爲災。以憂卒官。謚清恪。

瑪爾漢 【清】滿洲正白旗人。姓兆佳氏。順治間由繙譯舉人授筆帖式。康熙時從征王輔臣。復湖南。平雲南。俱有功。累官吏部尚書。卒謚恭勤。

瑪爾賽 【清】滿洲正白旗人。姓他塔喇氏。順治間署副都統。從征貴陽。援江寧。定湖廣。皆有功。諂事鼇拜。累官戶部尚書。及卒。鼇拜擅與謚曰忠敏。鼇拜敗。追革官爵。

瑪墨特 【明】回教主穆罕默德二十六世孫。明末自墨德遁葱嶺。東遷喀什噶爾。爲新疆回會之始。旋臣屬於厄魯特部。

甄·玄成 【北周】中山人。字敬平。善屬文。少爲梁簡文所知。以記室參軍隨蕭詧鎮襄陽。頗參政事。詧密書與梁元帝通款。爲詧所知。詧信佛法。以玄成素誦法華經。遂獲免。後詧見之。常曰。甄公好得法華經力。官終吏部尚書。

甄·立言 【唐】權弟。亦工醫。武德中累官太常丞。有本草音義·古今錄驗方。

甄后 【三國魏】無極人。九歲喜書。視字輒識。數用諸兄筆硯。袁紹破鄴。爲中子熙納焉。及曹操破紹。文帝見其姿貌絕倫。納爲夫人。有寵。立爲后。生明帝及東鄉公主。後郭后有寵。后失意。有怨言。帝怒。賜死。明帝立。追謚文昭皇后。

甄妃 【遼】世宗后。本後唐宮人。有姿色。世宗從太宗南征得之。寵遇甚厚。及即位。立爲皇后。風神閑雅。內治有法。察割作亂。遇害。

甄·宇 【後漢】安丘人。字長文。清靜少欲。習嚴氏春秋。建武中徵拜博士。每臘日。詔賜博士人一羊。宇獨取其瘦者。後朝會。詔問瘦羊博士所在。京師因以號之。官終太子少傅。

甄·侃 【後魏】琛子。字道正。位祕書郎。性險薄。多與盜劫交通。隨琛在京。以酒色擊人下獄。久乃特旨出之。沈廢卒於家。

甄·承 【後漢】宇孫。少篤學。世傳嚴氏春秋。講授常數百人。建初中舉孝廉。終於梁相。

甄·法崇 【南朝宋】中山人。永初中爲江陵令。在任嚴整。縣境肅然。

甄·邯 【漢】孔光之壻。王莽引爲侍中。莽稱帝。按金匱拜大司馬。封承新公卒。

甄·恬 【梁】無極人。字彥約。數歲喪父。哀感若成人。家人以肉汁和飯飼之。恬不肯食。年八歲。恨不識父。悲泣累日。忽若有見。言形貌。則其父也。家貧。養母常得珍羞。後官至安南行參軍。

甄·婆兒 【明】鄆縣人。年十歲。母劉爲里人董知政所殺。婆兒避仇他徙。稍長。知其事。時方寒食。具酒殽詣母墳慟哭。袖斧往見知政。斫其腦殺之。太宗嘉其能復母仇。貸之。

甄密　〔後魏〕琛從父弟。字叔雍。清謹少嗜欲。頗涉書史。疾世俗貪競。為風賦以見意。後參中山王英軍事。英敗。鄉人蘇良沒於賊。密傾私財以贖之。良歸。傾貲報密。密不受。孝莊時封密為安市縣子。終北徐州刺史。歷官有平直之譽。卒謚靖。

甄庸　〔明〕宛平人。洪武舉人。永樂中任御史。出巡廣西。召還拜工部右侍郎。尋陞南京兵部尚書致仕。庸性凝重。言若不出口。遇事綽有餘裕。

甄彬　〔齊〕法崇孫。有行業。鄉黨稱善。嘗以苧就人質錢。後贖苧。於苧束中得五兩金。送還之。武帝為布衣時聞之。及踐阼。以為益州錄事參軍。帶郫縣令。

甄逢　〔唐〕濟子。初名意臺。幼孤。及長。耕宜城野。自力讀書。不謁州縣。好賙贍。嘗以父名不得在國史。欲詣京師自言。元和中袁滋表濟節行。而逢與元稹善。稹移書於史館修撰韓愈。由是父子俱顯名。

甄尋　〔漢〕豐子。以材能幸於王莽。為侍中。京兆大尹。作符命。言平帝后黃皇室主當為尋妻。莽怒。誅尋。放其屍於三危。

甄惠　〔明〕東鹿人。字之哲。舉進士。以翰林檢討出判汝寧宿三州。用薦陞兵部武選主事。西征有功。三州之民。咸懷舊惠。交章保留。遂改陞宿州知州。

甄樓真　〔宋〕單父人。字道淵。長詩賦。應舉不第。棄家為道士。大中祥符中居晉州。性和靜。無所好惡。晉人愛之。以為紫極宮主。後自鑿殯室。室成。不食一月。別所知臥磚榻卒。及歲久。形如生人。以為尸解。樓真自號神光子。嘗與人以詩論養生祕術。目曰還金篇。

甄琛　〔後魏〕無極人。字思伯。太和中屢遷車騎將軍。拜侍中。卒謚孝穆。琛性輕簡。好嘲謔。故少風望。然明解有幹具。在官清白。孝文。宣武。孝明。咸相知待。

甄亶　〔隋〕中山人。字道一。慷慨多大畧。以孝徵。累官夏州都督。

甄楷　〔後魏〕侃弟。字德方。粗有文學。頗習吏事。明帝末定州刺史廣陽王淵召為長史。委以州任。鮮于修禮反。引向州城。楷收州人中麤豪者殺之。以絕內應。民心乃固。後為齊文襄儀同府諮議參軍卒。

甄實　〔明〕沛人。永樂初鄉貢。歷官湖州府同知。陞太僕寺卿。益著勤能。遷四川左布政使。

甄徹　〔宋〕本中山人。居宛丘。字見獨。大觀中登進士第。時林攄為同知樞密院。當唱名。讀甄為堅音。帝謂當讀真音。呼徹問之。從帝所呼。攄遂以不識字坐黜。

甄慧　〔宋〕睢陽人。工畫釋像。具天人之威儀。亦工牛馬。

甄誼　〔明〕西安人。洪武中同知長沙府事。課農桑。興學校。鋤強扶弱。綽有政聲。陞知順天府。

甄濟　〔唐〕無極人。字孟成。少孤好學。以文雅稱。居青巖山十餘年。遠近服其仁。環山不敢畋漁。天寶中以左拾遺召。安祿山求濟於帝。授范陽掌書記。居府中。論議正直。久之。察祿山有反謀。不可諫。密置羊血左右。至夜若嘔血狀。陽不支。舁歸舊廬。祿山反。使蔡希德封刀召之。濟色不動。希德嗟歎。以實病告。東都平。肅宗召館之三司署。使汙賊官羅拜以愧其心。授祕書郎。歷侍御史卒。

甄豐　〔漢〕附王莽。平帝初以定策功拜少傅。及莽稱帝。按金匱拜更始將軍。廣新公。後其子尋以作符命誅。豐自殺。

甄權　〔唐〕扶溝人。以母病與弟立言習方書。遂為高醫。隋開皇初為祕書省正字。稱疾免。貞觀中權已百歲。太宗幸其舍。擢朝散大夫。尋卒。年一百三歲。有脈經針方明堂等圖。

甄鸞　〔北周〕官司隸校尉。漢中郡守。精於步算。嘗釋周髀等算經。所著又有五經算術。發明經史。駁訂疑義。尤有功於考證之學。

監伯陽　〔後魏〕清河人。頓丘董徵從之受論語毛詩春秋周易。

監居翁　〔漢〕為南越桂林監。聞漢兵破番禺。諭甌駱民四十餘萬降。封湘成侯。

碧玉　〔唐〕見窈娘條。

碩色　〔清〕滿洲正黃旗人。姓烏雅氏。雍正間授戶部主事。累擢四川巡撫。革除平餘。以杜官吏借端需索之弊。乾隆間官至湖廣總督。

碩岱　〔清〕滿洲正白旗人。姓喜塔喇氏。順治間從攻姜瓖及明桂王。屢有功。康熙間先後從征吳三桂．噶爾丹。戰績甚著。官至內大臣。

碩雲保　〔清〕滿洲鑲白旗人。姓莫勒特氏。乾隆中從征撒拉爾回．石峯堡回。平臺灣。戰功稱最。嘉慶間協勦川楚教匪。官至塔爾巴哈臺領隊大臣。

碩詹　〔清〕滿洲正紅旗人。姓富察氏。從太宗征朝鮮。圍明錦州。皆有功。順治間累官戶部侍郎。隨征河南陝西江南湖廣。累封一等男。卒謚明敏。

福時　〔明〕順天東安人。本姓張。福時其名。諳韜鈐。善騎射。嘉靖中歷官漕運參將。晉掛印總兵。總漕務。不染一錙。世宗以清不過福時。勇不過馬芳稱之。後被言官論去。臺班特薦不起。世宗常錫之手勅。皆名而不氏。故改福氏。

福康安　〔清〕滿洲鑲黃旗人。姓富

察氏。傅恆子。字瑤林。生而貴盛。由三等侍衞。不十年擢任將軍。乾隆中葉。平金川．臺灣．安南．衞藏。所至皆有功。晉封貝子。一時榮寵。無與倫比。其用兵有膽略。生平未嘗挫衄。卒諡文襄。

福敏　清滿洲鑲白旗人。姓富察氏。一作傅敏。亦作富敏。字龍翰。號湘鄉。康熙進士。官至武英殿大學士。兼工部尚書．翰林院掌院學士。心懷廓然。骨性鯁直。至老不變。卒諡文端。

福敏泰　清蒙古正藍旗人。姓博羅特氏。乾隆中以都司隨征金川．巴里坤有功。甘肅石峯堡回亂。在陝邊防禦。大敗之。官至正黃旗蒙古副都統。

福喇特　清宗室。有文武才。封固山貝子。嘗從征李自成於湖廣。又平福建漳泉等郡。耿精忠反。命爲寧海將軍。與傑書共督師討平之。卒於福州。諡惠獻。

福祿　清蒙古正白旗人。姓旺察氏。乾隆間歷參贊大臣。從兆惠會勦霍集占，累戰有功。官至領侍衞內大臣。

福壽　元唐兀人。至正中還江南行臺御史大夫。明兵圍集慶。福壽斂督兵出戰。城破。百司皆奔潰。已獨留勿去。遂遇害。諡忠肅。

福增格　清滿洲人。字贊侯。號松巖。官廣東將軍。有酌雅齋集。

福滿　明董山孫。清稱都督福滿。尊爲興祖直皇帝。正德中有建州左衞都指揮兀升哈入貢。自稱奴婢。討陞一級職事。或云兀升哈卽福滿也。生六子。分居六處。謂之寧古塔貝勒。皆居興京附近。其時左衞渙散。及嘉靖中。王杲遂以右衞雄長建州。

福興　清滿洲正白旗人。姓穆爾察氏。咸豐間洊擢高州鎮總兵。時洪秀全起。其黨擾廣東。福興擒陳鳳昌。殲淩十八。轉戰廣西湖南湖北江西江蘇等省。功甚著。官至綏遠城將軍。卒諡莊愍。

福濟　清滿洲鑲白旗人。姓必祿氏。道光進士。咸豐間累擢安徽巡撫。與洪楊軍戰。連克六安．英．霍．廬州．旋以洪楊勢盛。日久無功。內用授內閣學士。後官烏里雅蘇臺將軍。

稱忠　漢以捕得反者樊並。永始中封新山侯。

窩闊台　元詳元太宗條。

端方　清滿洲正白旗人。字匋齋。號午橋。光緒舉人。由工部主事官至陸軍部尚書．直隸總督。嘗赴歐西考察各國政治。回國後歷任南北洋大臣。爲中外人望所歸。宣統初坐事奪職。川中爭路事起。銜命入川。至資州值國變。被害。諡忠愍。精金石學。收藏甚富。有匋齋吉金錄．藏石記。

端木．百祿　清國瑚子。字叔總。一字小鶴。道光拔貢。候選直州判。幼承家學。治易。好爲詩。尤嗜金石文字。洪楊軍犯浙東。百祿思集義旅禦之。以憂勞卒。有石門山房詩鈔。

端木．叔　戰國賜後裔。藉其先貲。家累萬金。行年六十。盡散其貲於宗族國人。及病。無藥石之儲。死無槥葬之需。國人憐焉。返其財於子孫。段干生稱之曰。端木叔。達人也。

端木．國瑚　清青田人。字鶴田。晚號太鶴山人。嘉慶舉人。初以文字受知於督學阮元。號青田一鶴。通堪輿家言。道光中召相吉地。官內閣中書。性靜退。治經深於易。有周易指．太鶴山人詩文集。

端木．埰　清江寧人。字子疇。同治間以優貢官知縣。累升至侍讀。性兀傲。不能諧俗。工書。有名文勛行錄．賦源．楚辭啓蒙．詩文集．碧瀣詞筆記。

端木．賜　春秋衞字子貢。孔子弟子。少孔子三十一歲。好比方人物。智足以知聖人。得聞一貫之旨。孔子嘗以瑚璉稱之。善言語。嘗說吳出師敵齊以存魯。越因以霸。又善貨殖。廢貯鬻財於曹魯之間。七十子之中。最爲饒益。

端．可榮　明新鄭人。諸生。母卒未葬。鄰有火災。可榮抱柩痛哭。願與同燼。已而火滅。人謂誠孝所感。

端．孝文　明復初子。官翰林待詔。奉使朝鮮。朝鮮重其才。將厚爲壽。叩行李何在。孝文曰。吾持一節來耳。請惟以一節返。人皆服其清節。

端．孝思　明孝文弟。初爲史官。善屬文。尤工書法。繼孝文使朝鮮。孝文勉以詩。孝思拜受而去。後果以清介著。朝鮮爲立雙清館以榮之。

端．宏　明當塗人。字仲仁。景泰進士。任御史。有風裁。後爲湘王府長史。以廉稱。謝事歸。足跡不至公門。

端．廷赦　明當塗人。字思恩。嘉靖進士。授高安令。擢監察御史。首劾武定侯郭勛驕橫。貴戚歛手避之。累陞僉都御史。歷任多政績。復遷吏部右侍郎。轉南京左都御史。有大俠善結納要路。傷害客商。擒治之。又以鍰法濫惡。出令禁治。中外凜凜。

端甫　唐高僧。天水趙氏子。十歲出家。嘗夢梵僧以舍利使吞之。自是學業精進。德宗時被徵。與儒道議論。賜紫方袍。掌內殿法儀。錄左街僧事。開成間卒。賜諡大達。塔曰玄祕。

端．淑卿　明當塗人。教諭廷弼之女。適丹湖儒官丙儒。幼時日讀毛詩列女傳諸篇。笄總後。博通羣書。備有儀法。與其夫白首相莊。里黨重之。工詩。有綠窗詩稿。

端．復初　明溧水人。字以善。本姓端木。會稱端氏。性嚴峭。元末爲小吏。太祖知其名。召爲徽州經歷。

除豐潤司丞。遷爲令。時官署新立。簿書填委。復剏鉤稽無遺。超拜刑部尙書。用法平允。終湖廣參政。以治辦聞。

端華　【清】宗室。封鄭親王。文宗崩。與弟肅順及怡親王載垣。稱贊襄政務大臣。旋以專擅跋扈。並伏誅。

端裕　【宋】高僧。會稽錢氏子。號佛智。年十四出家。以穎邁見推。晚事圓悟於鐘阜。道聲大著。奉召演法。賜金襴袈裟。紹興間居育王山。唱道無倦。卒諡大悟禪師。

端濟布　【清】滿洲鑲黃旗人。姓瓜勒佳氏。乾隆間官鑲黃旗察哈爾總管。率兵隨將軍兆惠。轉戰庫車・黑水有功。授鑲紅旗滿洲副都統。卒諡壯節。

箕子　【商】紂諸父。名胥餘。封子爵。國於箕。紂無道。箕子諫而不聽。佯狂爲奴。周武王克商。釋其囚。訪以天道。作洪範。乃封之朝鮮而不臣。後朝周。過商故墟。作麥秀之詩。聞者皆爲流涕。今平壤有箕子陵。是其遺跡。

箕文　【五帝】炎帝時人。仕於諸侯夙沙氏。夙沙叛。箕文直諫。被殺。

箕・季　【戰國】【衞】文侯見箕季。其牆壞而不築。文侯問之。曰。不時。其牆枉而不端。又問之。曰。固然。從者食其園之桃。箕季禁之。少焉日晏。進糲餐之食。瓜瓠之羹。文侯出。曰。吾一見季而得四焉。教我無奪農時。無侵封疆。下無侵上。無多斂於百姓。以省飲食之養也。

箕・閎　【漢】成帝時官胡騎校尉。有名當世。時王莽未受封。方折節勤學。恭儉敕備。閎與戴崇。金涉等。咸爲莽言。帝由是賢莽。

管・及　【宋】全州人。崇寧間黃庭堅謫居宜州。親知絕迹。時及爲宜州理曹。不避權勢。與庭堅交游甚密。庭堅書折桂亭三大字貽之。且謂之曰。君家積慶。後必有登進士科者。其後言果驗。

管・世銘　【清】武進人。字緘若。號韞山。乾隆進士。由戶部主事累遷郎中。授御史。工制舉業。從游之士甚衆。尤精詩古文。深於經術。有韞山堂詩文集。

管・仲　【春秋】【齊】潁上人。名夷吾。一作敬仲。敬其謚也。少與鮑叔牙爲友。嘗曰。吾與叔牙分財多取。不以我爲貪。知我貧也。謀事困窮。不以我爲愚。知時不利也。三仕三退。不以我爲不肖。知我不遇時也。三戰三走。不以我爲怯。知我有老母也。生我者父母。知我者鮑子也。後相桓公。稱仲父。富國強兵。攘夷狄。尊周室。九合諸侯。一匡天下。孔子曰。微管仲。吾其被髮左衽矣。所著有管子八十六篇。書中有言管子後事者。蓋後人所附益也。

管・同　【清】上元人。字異之。道光舉人。從姚鼐游。以文名家。簡嚴精邃。能世當法度。兼工詩。人以爲得蘇黃之朗峻。有因寄軒詩文集・七經紀聞・孟子年譜。

管・如德　【元】黃陂人。仕宋爲江州統制。至元中以城降。先是如德嘗被俘。思其父。間道南歸。被獲。如德引械擊殺數十人。破械南走。間關萬里達父所。比入覲。世祖嘉之。後從丞相阿朮南伐。爲前鋒。累立戰功。遷江西行尙書省左丞。卒諡武襄。

管・希寧　【清】江都人。字幼孚。號平原生。涉獵諸史百家。旁及金石。尤究心書畫。有就儒齋詩集。

管・志道　【明】婁江人。字登之。隆慶進士。官南京刑部主事。疏陳利弊九事。忤張居正。出爲分巡嶺東道。以察典罷官。有孟義訂測・問辨牘・從先維俗議・覺迷蠡測。

管・良相　【明】烏撒衞指揮。爲人慷慨負奇節。天啓初樊龍等反於四川。巡撫李橒召與籌軍事。良相策安邦彥必反。佐橒爲固守計。逾月。邦彥果反。圍其城。良相固守不下。久之外援不至。城陷自縊死。

管叔鮮　【周】文王三子。武王克商。封於管。使與蔡叔度相紂子武庚祿父。治商遺民。武王崩。成王少。周公旦攝政。管叔與蔡叔疑周公不利於成王。乃挾武庚以作亂。周公承成王命東征。誅武庚。殺管叔。

管・宗聖　【明】餘姚人。字霞標。宗良知之學。爲人孝友忠亮。言動必準於禮。鄉人多化之。少保孫鑛始與宗聖爲文字交。既從講聖學。歎曰。向嗜讀左國秦漢百家書。先生爲我洗盡矣。崇禎間祁彪佳薦於朝。詔徵不起卒。

管・思易　【明】鄞人。字原理。永樂進士。授刑部主事。持法平恕。奉命使湖廣辨疑獄。釋繫囚。全活甚衆。時有四罪不應死。尙書吳中以私憾論死。思易爭之。不聽。竟殺之。乃歎咤憤惋。感疾而卒。生平有至行。臨財廉。事親孝。與人不爲依阿。人皆憚之。

管・貞　【明】字源清。洪武進士。授陽穀縣丞。寇至。貞危坐堂上。罵不絕口。遂遇害。

管・迥　【五代】【漢】武漢球守鄜時。辟爲判官。及漢球卒於汴。迥在洺州未之知。一日忽謂所親曰。太保遣人召我。遂沐浴新衣冠。無疾瞑目而終。

管・修　【春秋】【楚】大夫。仲之後。以賢稱。白公勝作亂。殺修。葉公子高聞而討之。

管・師仁　【宋】龍泉人。字元善。熙寧進士。知建昌軍。有善政。擢右正言。請蠲減河北租賦。以綏流民。一方賴其賜。累遷工部侍郎。遷曾吏多挽法。師仁攝領發其姦。後知定州。時邊備不整。師仁預爲計。度增陴繕甲。一日舉千萬。轉盼迄成。帝手書獎勸。召爲吏部尚書。同知樞密院事。才兩月。以病歸。

管師常 宋師復弟。履行貞固。精經術。繼兄爲陳襄都講。容止莊謹。自律以勸人。又從胡瑗學。益留心民事。適於時用。以薦爲太學正。歷監江寧府上元縣事。

管師復 宋龍泉人。陳襄門人。襄講學仙居。令爲都講。爲人仁勇好義。工詩。神宗欲官之。不受。學者稱臥雲先生。有白雲集。

管時敏 明松江華亭人。初名訥。以字行。洪武中以秀才徵。拜楚府長史。任事四十餘年。忠誠謹恪。始終如一。年七十致仕。王留居武昌。祿養之終身。所著蚓竅集。舂容淡雅。多近唐音。

管晏 清繩萊子。字敬伯。官河南知縣。署運河廳同知。歷參左宗棠閻敬銘戎幕。所著詩文多亡佚。存者有山東軍興紀略。

管敢 漢爲李陵軍候。陵以五千人入匈奴。敢爲校尉所辱。亡降匈奴。具言陵軍無後救。陵遂敗。

管朝用 明祁陽人。父早死。事母至孝。母病經年。日侍湯藥。非手調不供。非口嘗不進。歷寒暑不倦。

管棆 清武進人。官師宗州知州。有據梧詩集。

管湛 宋師仁後。儒居臨川。字定夫。累官廣西提刑。兼經略安撫區處橫山羅甸。蠻人帖服。三遷至大理少卿。有定齋類稿甲乙集。

管統 三國魏初仕袁紹。爲東萊太守。後袁譚更以爲樂安太守。譚破。諸城皆服。統守樂安不下。曹操命王修取統首。修以統亡國忠臣。因解其縛使詣操。操悅而釋之。

管嗣復 清同子。字小異。諸生。通算學。能文。早卒。文附同集。

管幹貞 清武進人。字陽復。號松崖。工畫。乾隆進士。累官漕運總督。在任七載。以清節著。遇當糾劾。雖要人無所顧忌。坐事奪職。

管楫 明陝西咸寧人。字汝濟。號平田。又號竹木山人。正德進士。官至右副都御史。巡撫山東。以治聞。忤嚴嵩。辭疾家居二十年。文徵明嘗畫平田草堂杜曲山房二圖並詩以貽之。有平田集。頗沿七子之派。

管筠 清錢塘人。陳文述之妾。字湘玉。號靜初。性悅禪。工寫佛。有小鷗波館集。

管輅 三國魏平原人。字公明。年八九歲。便喜仰視星辰。及成人。風角占相之道。無不精微。體性寬大。每欲以德報怨。清河太守華表召爲文學掾。正元初爲少府丞。自知不壽。嘗終於四十七八間。果四十八而卒。

管道昇 元吳興人。字仲姬。一字瑤姬。趙孟頫之妻。封魏國夫人。世稱管夫人。畫墨竹蘭梅。筆意清絕。亦工山水佛像。翰墨詞章。不學而善。書牘行楷。殆與其夫不辨。衞夫人之後。無與儔者。

管寧 三國魏朱虛人。字幼安。與平原華歆。同縣邴原相交。游學異國。並敬善陳寔。嘗與歆同席讀書。有乘軒冕過門者。歆廢書觀之。寧與割席分坐。曰。子非吾友也。黃巾之亂。至遼東。往見太守公孫度。語惟經典。不及世事。乃因山爲廬。鑿坏爲室。越海避難者。皆來就之。旬月而成邑。遂講詩書。陳俎豆。飾威儀。明禮讓。非學者無由見。由是度安其賢。民化其德。黃初中徵爲太中大夫。明帝時以爲光祿勳。並辭不受。正始初卒。

管樂 清晏弟。字才叔。諸生。候選訓導。與晏齊名。縱談豪飲。所至諸巨公爭相延致。以幕客終老。身後僅遺文稿古今體詩二百餘篇。日記數册。

管瑋 明安福人。字相器。成化舉人。歷樂清・穀城令。俱有政聲。比歸。囊無長物。兩邑皆祠祀之。

管遹羣 清武進人。字兆鑅。號椒軒。道光進士。官至浙江巡撫。嘗言理煩如治絲。惟靜可以解紛。又以南人脆弱。思復明戚繼光軍制。以振起之。未及施行。以暴疾卒。

管應律 明陝西咸寧人。字正之。萬曆進士。歷宰元城・泗水。有政聲。以不阿權貴乞歸。有南遊草・偶然草等集。

管繩萊 清世銘孫。字孝逸。官知縣。長於詩古文辭。有萬綠草堂詩文集・鳳孫樓詞。

管鯨 明陝西咸寧人。字文化。讀書養親。不求仕進。周恤貧困。有古義士風。又以工書名於時。

綠珠 晉石崇之愛妾。美而豔。善吹笛。孫秀求之。崇不許。秀矯詔收崇。綠珠自投樓下而死。

綠圖 上古顓頊受學於綠圖。亦作錄圖。

綦公直 元益都樂安人。世業農。至元初爲益都勸農官。世祖知其勇。召授荊南招討。南伐有功。自南贛入廣東至南海。皆下之。加昭勇大將軍。後從伯顏征海都。追擊褻遠。援兵不至。陷敵死。

綦毋俊 後漢上虞人。爲交阯刺史。元初中合浦蠻反。遣御史任逴督州郡兵討之。俊以蒼梧當合浦下。蠻或流劫。猝難回顧。乃先保障蒼梧。後往合浦。所向擁靡。功當封賞。上書歸功於遠。自謂致寇當誅。詔褒美之。論者稱後能讓。

綦毋張 [春秋][晉]大夫。郤克將八百乘禦齊師以救魯衛。陳於鞍。張喪車。從韓厥曰。請寓乘。從左右。皆肘之。使立於後。齊師敗績。

綦毋虛 [宋]高要人。字深之。宣和中提舉廣東西路茶鹽事。再除轉運判官。奏令稅戶買町戶鹽田。依原額送納。由是歲額無虧。町戶復業。

綦毋潛 [唐]荊南人。字孝通。開元中由宜壽尉入爲集賢待制。遷右拾遺。終著作郎。有詩名。

綦毋邃 [晉]注史記。

綦毋闓 [後漢]漢川人。劉表爲荊州刺史。立學校。博求闓等。撰立五經章句。

綦毋懷文 [北齊]以道術事神武。官信州刺史。

綦泰 [元]公直子。初奉詔襲萬戶職。至元間公直自陳父年老。乞以泰爲樂安尹。就養其父。制可。仍終身勿徙他職。後公直父沒。葬事畢。遂計樂安稅課。及貧民逋負。悉以賜金代輸之。乃行。泰後官終知寧海州。

綦崇禮 [宋]北海人。字叔厚。幼穎邁。十歲能爲人作墓銘。登重和上舍第。高宗時由縣主簿洊拜中書舍人。歷漳州明州。除翰林學士。極潤飾論思之選。所撰詔命數百篇。文簡意明。深得代言之體。性廉儉寡欲。獨覃心詞章。洞曉音律。立朝端方亮直。不憚彊禦。官終知紹興府。有北海集。

綦連猛 [北齊]代人。字武兒。初事爾朱榮。爾朱兆。後爲神武親信。爾朱文暢將爲逆。猛曰。昔事其父兄。寧今日受死。不忍告而殺之。神武聞之曰。事人當如此。舍其罪而益親之。以軍功累封山陽王。猛頗疾姦佞。嘗議時有可采。官至大將軍卒。

綦儁 [後魏]洛陽人。字擲顯。孝莊時累官散騎常侍。儀同三司。性佞巧多詐。與賀拔勝善。勝出鎮荊州。過儁爲別。儁故見敗氈敝被。勝更遺之錢物。終殷州刺史。卒諡文貞。

綦鏊 [宋]端平中知休寧縣。以廉平得民。去官。民立像祀之。

維祇難 [三國][吳]天竺人。世奉異道。以火祀爲上。後出家爲僧。遊化諸國。黃武中至武昌。齎曇鉢經。時吳士乃共請出經。維祇難旣未善國語。譯爲漢文。頗有不盡。

維琳 [宋]高僧。武康沈氏子。好學能詩。熙寧中蘇軾倅杭。請住景山。宣和初崇右道教。詔僧爲德士。皆頂冠。維琳衆徒說偈而逝。

維儼 [唐]高僧。絳州韓氏子。年十七出家。嚴持戒律。謁石頭和尚。得其宗旨。往澧州藥山。披榛結菴。僅庇趺坐。鄉人攜飲饌往。輒辭不受。請所需。曰。日米一升足矣。忽一旦謂其徒曰。乘郵而行。及暮而息。未有久行而不息者。吾將有以息矣。語畢。隱几而化。

綸布春 [清]滿洲鑲白旗人。姓羅佳氏。乾隆中從征廓爾喀及黔楚苗有功。嘉慶間從征川楚教匪。官至鑲藍旗蒙古副都統。

綺里季 [漢]居綺里。季其字也。或云姓朱。名暉。避秦居商山中。爲四皓之一。參看東園公條。

綽和諾 [清]滿洲鑲紅旗人。姓納木都魯氏。從征扎庫塔。遼東沙嶺及錦州。皆直前力戰。天聰間官鑲紅旗副都統。從征大凌河。力戰沒於陣。

綽拜 [清]蒙古鑲白旗人。姓巴林氏。天聰。崇德間。從征瓦爾喀部。略明邊。越燕京直抵濟南。順治間從入關。敗李自成。勦金聲桓。累官本旗都統。封一等男。

缾巽 [後漢]字子然。北海相孔融以其賢。配社祭之。(按後漢書孔融傳第五種傳。均作甄子然。袁宏漢紀作北海戲子然。應劭風俗通作瓶巽。字子然。瓶甄戲三字相近。萬姓統譜作缾裴。缾即瓶字。裴乃巽之誤也。)

翟大坤 [清]嘉興人。寄居吳門。字子垕。號雲屏。後病耳。又自號無聞子。畫山水兼綜各家。任意揮灑。皆成妙構。於倪沈尤合度。寫生得古法。性亦蕭散。

翟云升 [清]掖縣人。字文泉。桂馥弟子。道光進士。官國子監助教。工隸書。有五經歲徧齋集。

翟公 [漢]下邽人。文帝時爲廷尉。賓客塡門。及罷。門外可設雀羅。後復任廷尉。賓客欲往。公大署其門曰。一死一生。乃知交情。一貧一富。乃知交態。一貴一賤。交情乃見。

翟文怡 [清]字子毅。明諸生。以經濟自任。善壬遁陰陽家言。有雅餘詩草。

翟方進 [漢]上蔡人。字子威。少孤。給事太守府爲小史。相者汝南蔡父謂有封侯骨。當以經術進。乃西至京師。從博士受春秋。積十餘年。經學明習。以射策甲科爲郎。永始中累擢丞相。封高陵侯。方進知能有餘。兼通文法。以儒雅緣飾吏事。號爲通明。尋以災異賜詔書自殺。諡恭。

翟永固 [金]良鄉人。字仲堅。歸宋。宋人以經義策取士。永固中第一。授開德府儀曹參軍。金破宋。永固北歸。中天會詞賦科。正隆中累官翰林學士承旨。以諫親征忤海陵意。罷歸。大定初起拜尚書左丞。請依舊制廉察官吏。革正隆守令之汙。從之。後以眞定尹致仕卒。

翟光鄴 [後周]景珂子。字化基。初事唐。官至耀州團練使。歷晉漢至右領軍衛大將軍。太祖入立。拜宣徽使。樞密副使。出知永興軍。卒官。光鄴爲人沈默多謀。事繼母以孝聞。不植財產。假官舍以居。日與賓客飲酒聚書爲樂。

翟·守珣 宋太祖時。爲李重進親吏。重進移鎭青州。謀舉兵。遣守珣往潞。陰結李筠。守珣識太祖。往還京師。潛求見太祖。太祖厚賜之。

翟·守素 宋任城人。以父任仕晉爲殿直。歷漢周至宋。爲引進副使。錢俶獻浙右之地。詔守素爲兩浙諸州兵馬都監。安撫諸郡。人心甚悅。卽以知杭州。淳化中徙石州。以老病乞歸本郡卒 守素逮事四朝。歷內職五十餘年。寬仁容衆。所至有治績。

翟·汝文 宋丹陽人。字公巽。舉進士。徽宗時拜中書舍人。外制典雅。一時稱之。紹興初除參知政事。秦檜劾其專擅。罷去。及卒。門人私諡忠惠。汝文風度翹楚。好博古。工畫。尤精篆隸。所著忠惠集。極爲作者所推。

翟·均廉 清仁和人。字春沚。乾隆舉人。官內閣中書。有周易章句證異。校勘精密。又著海塘錄。綜括古今。考訂亦頗賅洽。

翟·良 明益都人。字玉華。刻意方書。窮治冥蒐。所活不可量數。有脈訣彙編·經絡彙編·藥性對答·本草古方講意·痘科類編等書。

翟·法賜 南朝宋孺子。少守家業。不立屋廬山頂。喪親後便不復還家。不食五穀。以獸皮及結草爲衣。人莫能見。徵辟一無所就。後家人至石室尋求。因復遠徙遁迹。後卒於巖石間。

翟·牧 漢沛人。字子兄。與蘭陵白光同受易於孟喜。仕爲博士。由是易有翟孟白之學。

翟·盱 漢高祖時爲燕令。以都尉下楚九城。封衍侯。卒諡簡。

翟·宣 漢翟方進子。字太伯。明經篤行。爲關都尉·南郡太守。嗣父爵。坐弟義起兵死。

翟·彥衡 清桂林人。字邦鈞。從馮子材禦法蘭西師於安南。以功擢都司。子材提督雲南。隨入滇。爲防營長。駐騰越邊境。番人戴之。歷遷參將。庚子拳匪起。隨軍攻京師。子材以忤外人移黔。彥衡大憤。去爲僧。卒於四川淩雲山寺。

翟·思暀 清涇縣人。字及三。號耕墅。廩貢生。官臨淮訓導。有耕墅文集。

翟·唐 明長垣人。字堯佐。弘治進士。正德中由御史出按湖廣。以上疏論時事忤劉瑾。久之遷寧波知府。又以裁抑市舶中官。謫雲南嵩明知州。再遷陝西副使卒。

翟·耆年 元汝文子。字伯壽。別號黃鶴山人。以父任入官。好古文。性孤介不苟合。自謂爲吏必以贓罷。棄官歸。著有籀史。與薛尙功鐘鼎彝器款識有相輔之功。

翟·院深 宋營丘伶人。畫山水師李成。頗得其風。少時適郡守宴會。院深執樂失節。樂工劾其過。守詰其故。具情對曰。性本善畫。操撾之次。忽見浮雲在空。宛若奇峯絕壁。可爲畫範。目不兩視。因失鼓節。守歎而釋之。故卒窮其藝。

翟·祥 明蘇州嘉定人。字君瑞。少通易學。爲太祖占候皆驗。賜以勅命爲訓術。有希微子簡易錄。

翟·莊 晉湯子。字祖休。少以孝友著。遵湯之操。不交人物。耕而後食。端居蓽門。歠菽飲水。州府禮命及公車徵。並不就。

翟·逢亨 宋歸善人。博學。事母至孝。居白鶴峯東。蘇軾謫惠時。嘗與往還。

翟·善 明泰興人。字敬夫。洪武中以貢舉歷官吏部文選司主事。會尙書詹徽·侍郎傅友文誅。命善署部事。再遷尙書。明於經術。奏對合帝意。帝以爲賢。後坐事降宣化知縣卒。◎清徽州人。字從之。畫山水倣宋人。柯枝夾葉。山頭皴染得當。

翟·敦仁 宋章城人。字靜叔。好古博物。逢寶鼎奇器。不計家有無。倒橐易衣。志於必得。治一室。寀不留塵。列藏所書。旣病不能興。猶取置臥內。寤寐對之。

翟·普林 隋楚丘人。事親以孝聞。州郡辟命。皆不就。躬耕色養。鄉里稱楚丘先生。大業中擢授孝陽令。

翟·景珂 後晉鄄城人。倜儻有膽氣。梁晉相距於河上。景珂率聚邑人守永定驛。晉人攻之。踰年不能下。後戰死。

翟·湯 晉尋陽人。字道深。篤行純素。仁讓廉潔。不屑世事。耕而後食。饋贈一無所受。永嘉末寇害相繼。聞湯名德。皆不敢犯。鄉人賴之。康帝以散騎常侍徵。湯固辭老疾不至。卒於家。

翟·琰 唐工畫。師吳道玄筆法。得賦色之妙。

翟·進 宋興弟。字先之。以捕盜勞。補下班殿侍。累功充京西第一將。屢與金人夾河戰。乘勝入洛陽。遷武功大夫。充京西北路兵馬都鈐轄。尋陞本路制置使。楊進絕水犯進營。進乘牛渡擊之。追賊數十里。馬驚墜塹。爲賊所害。

翟·進宗 後晉初事唐。後事晉爲淄州刺史。楊光遠反。以騎兵數百脇取至青州。進宗不屈。遂被殺。

翟·溥福 明東莞人。字本德。永樂進士。任知青陽縣。尋陞南康知府。咸有惠政。修白鹿書院。講明道義。

民知慕學。爲江西第一郡守。致仕去。家事蕭然。清貧自甘。

翟．義 漢宣弟。字文仲。以父任爲郎。累遷至東郡太守。王莽居攝。義舉兵討莽。立劉信爲天子。自稱大司馬．柱天大將軍。移檄郡國三輔。豪傑多起應之。兵敗死。(按漢書儒林傳作翟誼。此從翟方進傳。)

翟．夢青 清涇縣人。字燕符。諸生。以善畫竹知名。書擅眞行草隸。

翟．湫芳 清涇縣人。字潤之。號藪圃。道光舉人。有仰山堂集。

翟．酺 漢雒人。字子超。四世傳詩。好老子。尤善圖緯天文曆算。徵拜議郎。遷侍中。試策第一。拜尚書。時安帝任用外戚。酺上疏諫。寵臣咸畏惡之。出爲酒泉太守。擊斬叛羌。威名大震。還京兆尹。順帝即位。遷將作大匠。損省經用歲息四五千萬。屢因災異。多所匡正。又因酺言更起太學。開拓房室。學者爲酺立碑。著援神鉤命解詁十二篇。

翟．鳳翀 明益都人。字凌元。萬曆進士。歷知吳橋．任丘。有治聲。徵授御史。好直諫。天啓初歷官光祿大理少卿。進右僉都御史。巡撫延綏。爲魏忠賢黨所劾削籍。崇禎初起兵部右侍郎。出撫天津。以疾歸卒。

翟．鳳翥 清聞喜人。字象陸。順治進士。官至福建布政使。嘗講學於其鄉之涑水。有涑水編。

翟．璋 後晉好勇多力。時目爲大蟲。後唐清泰中。官至右領軍衞上將軍。領新州。高祖割新州屬契丹。契丹委璋平叛奚。圖雲州。皆有功。以不得南歸。遇疾不治卒。

翟．整 明永樂初知南豐縣。政務寬平。民心悅服。秩滿。邑人疏留之。尋致仕。

翟．璜 戰國魏下邽人。嘗薦吳起．西門豹．樂羊．李克．屈侯鮒於文侯。文侯與士大夫坐。問曰。寡人何如君也。皆曰。君。仁君也。璜曰。君非仁君也。文侯怒。問任座。對曰。仁君也。曰。子何以知之。對曰。臣聞之。其君仁者其臣直。向璜之言直。是以知也。文侯曰善。復召璜爲上卿。(按此見新序。呂氏春秋亦載此事。而任座與翟黃之名互倒。又呂氏春秋．新序．韓詩外傳．皆作翟黃。說苑作翟觸。此從史記。)

翟．興 宋伊陽人。字公祥。徽宗時。與弟進應募擊賊。號大翟小翟。以保護陵寢功。累官京西北路安撫制置使。兼知河南府。討平楊進。屢勝金兵。進武功大夫．忠州團練使。紹興初劉豫將還汴。陰遣人殺興。事聞。贈保信軍節度使。興爲將多勇。軍食或不繼。士以蔬粟雜蕪菁食之。激以忠義。無不奮厲。在河南。金人不敢犯諸陵。詔賜軍名忠護。

翟．嬌 清莊子。有高操。屢辭徵辟。

翟．繩祖 明廣州人。字從先。少負奇節。重然諾。好讀書。滇撫李材以誣陷下獄。繩祖伏闕上書訟其冤。因得赦出。繩祖與材素不相識。其慷慨慕義多若此。

翟．鵬 明撫寧衞人。字志南。正德進士。嘉靖間歷官右僉都御史。巡撫寧夏。坐劾總兵趙瑛。爲所訐奪職。久之起故官。再遷宣大總督。尋又罷歸。俺答大入山西。再起鵬原官。令兼督河南山東軍務。駐大同。鵬質直端勁。不通貨賄。柄臣惡之。北虜退。摭摭細故勒閒住。明年虜又至。諸大臣益畏懼莫肯出大同。復起鵬提督如故。以防禦功。歷陞兵部尙書。復以俺答入犯。下詔獄卒。人皆惜之。

翟．繼昌 清大坤子。字念祖。號琴峯。弱冠時畫筆已工。山水蒼古。尤善花卉。

翟．瓚 明昌邑人。字延獻。正德進士。授工科給事中。有直聲。出爲河南僉事。靑羊寇反。瓚首破賊巢。歷陞湖廣巡撫。平寧鄉巨寇。以憂歸。其後屢薦不起。

翟．灝 清仁和人。字大川。後改字晴江。乾隆進士。官金華教授。性嗜讀書。自經史外。凡諸子百家山經地志。以及荒冢破壁之奇字。靡不包孕而貫串之。自壯至老。譔述不倦。有四書考異．爾雅補郭．湖山便覽．通俗編．無不宜齋詩稿。

翟．鑾 明諸城人。字仲鳴。弘治進士。嘉靖中累遷吏部左侍郎。兼學士。入直文淵閣。後加少傅．武英殿大學士。繼夏言爲首輔。嚴嵩初入。忌鑾貲地出己上。假其子科場事。褫其官。鑾初輔政。有修潔聲。中持服家居。起爲巡邊使。饋遺不貲。用以遺貴近。得再柄政。聲譽頓衰。又爲其子所累。迄不復振。逾年卒。穆宗即位。復官。諡文懿。

翠荷香 元妓。姓李氏。雜劇爲當時所推。嫁石萬戶。萬戶卒。終日卻掃。焚香誦經終其身。

聞人．宏 宋嘉興人。字君度。弱冠游太學。有名。第大觀進士。授通州司法。陳瓘貶台州。宏願從之游。乞改天台兵曹。人高其誼。後知宣城。有善政。轉通判常州卒。有中興要覽．周官通解．經史旁闡．文集。

聞人．珇 明餘姚人。成化間知寧國縣。治縣如家。勤於撫字。陞兵部郎中。

聞人．益 明餘姚人。字仲璣。工畫山水。

聞人．祥正 宋有集句宮詞。

聞人．紹宗 明工畫水墨松檜。

聞人通漢 漢沛人。字子方。后倉說禮數萬言。號曰后氏曲臺記。授通漢。以太子舍人論石渠。官至中山中尉。

聞人滋 宋字茂德。多著書。尤邃於小學。喜留客。官進賢令。

聞人詮 明餘姚人。字邦正。從學外兄王守仁。嘉靖進士。知寶應縣。遷御史。巡視山海關。修城堡四萬餘丈。論救都御史王應鵬。逮入廷杖。爲南京提學御史。以士無實學。校刻五經三禮舊唐書行世。與訂陽明文錄。出爲湖廣副使歸。有東閣圖·南畿志。

聞人夢吉 元金華人。字應之。父詵嘗游王柏之門。夢吉受學家庭。手鈔七經傳疏。閉戶十年。洞究奧旨。泰定中貢於鄉。以薦起爲校官。累遷泉州教授。至正中授福建等處儒學提舉。辭不赴。晚避地永康魁山下卒。及門宋濂等。私諡凝熙先生。

聞人奭 晉吳興人。爲博平令。太元中嬖人茹千秋等起微賤。竊弄威權。奭上疏切諫。

聞人闇 明詮弟。詮嘗病危。闇祈死求代。未幾闇卒。母王氏哭之喪明。王守仁曰。聞人氏慈孝兼至矣。

聞大成 明羅田人。字子與。明末。授江南監紀推官。入清。避酈水西山中。酈令韓具贍以書招之。不赴。已而械致之。談笑吟詠自若。或勸之委蛇自全。唾弗顧。卒就死於郡。

聞元奎 明璋子。以孝友稱。與人交。敬而有辨。由貢生授江陰訓導。遷上海教諭。以身作則。所造就甚多。

聞元晟 清嘉善人。字名夏。號茗厓。雍正舉人。乾隆初薦舉鴻博。不就試。性落拓。工詩。有竹洲詩鈔。

聞元璧 明元奎弟。仁孝好施。有父風。然侃侃不阿。性闊達而高朗。孤弱者多倚以爲植。早卒。

聞秀才 宋善畫梅蘭竹石。

聞良輔 明德清人。才行超卓。洪武中爲監察御史。累遷大理少卿。出使暹羅。官至廣東按察使。

聞宗時 明鄞人。性至孝。幼喪母。奉繼母承順篤至。嘉靖中倭寇突至。脅宗時父取金錢不得。欲殺之。宗時請求代。遂被殺。父得釋。時家奴李三抱宗時幼子。不忍舍去。幷被殺。

聞釗 明常熟人。字遠明。成化進士。任南京大理左評事。進左寺正。給事中方向以論中貴不法下獄。事下釗議。釗竟抵中貴於法。遂爲所構。左遷。知華容縣。有清節。卒於官。

聞啓祥 明錢塘人。字子將。博綜羣書。工制舉業。嘗入京師。已及國門。忽意不自得。趣車徑返。後屢以薦被徵。堅辭不赴。有自娛齋稿。

聞淵 明元璧子。字靜中。號石塘。弘治進士。嘉靖間累官吏部尚書。侍郎徐階得帝眷。前尚書率推讓之。淵自以前輩。事取獨斷。大學士夏言柄政。淵老臣不能委曲徇。後議言獄。淵謂言事祇任意。迹涉要君。請帝自裁決。忤帝意。又扼於嚴嵩。遂乞歸。卒諡莊簡。

聞斑 清鎮洋人。初名朱樾。字種懷。號書巖。乾隆舉人。官江寧教諭。性好學。讀書至老不倦。所著金石文字幾及千種。

聞璋 明鄞人。字廷實。父可信。敦朴善賈。與物無競。璋世其德。益寬大坦夷。家頗豐殖。有貸輒應。或逋不償。亦弗責。已而復貸。輒復應之。居家孝友恭儉。時稱篤行君子。

聞澤 明元奎子。字美中。舉正德進士。授兵部主事。諫武宗南巡受杖。累官江西布政司參議卒。澤居家孝友。服官忠勤。皆謂其克承世德。

臧中立 宋毗陵人。善醫。元豐間客鄞南湖。求療者日數千人。所診治無不應手愈。

臧丙 宋大名人。初名愚。字仲回。改今名。字夢壽。太平興國進士。釋褐大理評事。剛果有吏幹。淳化初拜右諫議大夫。歷知江陵府卒。

臧未甄 梁燾曾孫。博涉文史。有才幹。宋末爲領軍主簿。入齊歷丹陽尹。武帝霸府建。引爲參軍。丁母憂。廬墓三年。天監中累遷廷尉卿。官終江夏太守。

臧均 三國吳臨淮人。諸葛恪誅。均上書請收葬恪屍。始聽恪故吏斂葬。

臧性 明鄞人。字孟庠。永樂間以能書徵入祕閣。繕寫永樂大典。成進士。官終宜興令。性剛毅。持守廉謹。

臧旻 後漢射陽人。有幹事才。熹平中以平賊功歷匈奴中郎將。還京師。太尉袁逢問西域諸國土地風俗人物種數。旻口陳其狀。手畫地形。逢奇其才。轉拜長水校尉。終太原太守。

臧相 清庸子。字木齋。道光舉人。傳其父業。有漢學師承記。

臧洪 後漢旻子。字子源。以父功拜童子郎。知名太學。年十五舉孝廉。補郎丘長。中平末棄官還家。太守張超請爲功曹。時董卓圖危社稷。洪說超誅卓。爲天下倡。超然其言。後袁紹以洪領青州刺史。任事二年。紹憚其能。徙爲東郡太守。曹操圍張超於雍丘。甚急。洪徒跣號泣。從紹請兵。紹不許。超遂族滅。洪由是怨紹。絕不與通。紹興兵圍洪。城陷被執。死之。

臧盾 梁未甄子。字宣卿。幼從琅邪諸葛璩學。性至孝。居喪哀毀。爲尚書中兵郎。美風姿。善容止。每趨奏。武帝甚悅之。入兼中書通事舍人。官終江夏太守。領軍將軍。爲人啟聽有風力。長於撥繁。職事甚理。卒謚忠。

臧·衍 〔國〕荼子。亡在胡。燕王盧綰從高祖擊陳豨。豨求救匈奴。綰亦使其臣張勝使匈奴。言豨等軍破。衍說勝緩擊豨。與胡連和。事寬。得長王燕。勝以爲然。還報綰。

臧·倉 〔戰國〕魯平公嬖。平公將見孟子。爲倉所阻。

臧·哲 〔明〕諸城人。洪武初以儒士爲本縣訓導。轉兵馬指揮。發奸摘伏。不避權豪。累遷廣西布政使。以廉介稱。

臧孫母 〔春秋〕魯臧孫辰母。辰將使齊。其母曰。汝刻而無恩。魯之寵臣多怨汝。又皆通於齊。是必使齊圖魯。而拘汝留之。汝必施恩布惠而後出。以求助焉。於是辰託於三家。至齊。齊果拘之。欲襲魯。辰使人遺公書。而譎其辭。公及大夫莫能知。乃召其母而語之。母詳說之。於是軍於境上。齊聞之。乃還辰。

臧孫·辰 〔春秋〕魯大夫。達孫。孔子言辰有不仁者三。不智者三。下展禽。廢六關。妾織蒲。三不仁也。作虛器。縱逆祀。祀爰居。三不智也。卒謚文仲。

臧孫·紇 〔春秋〕魯大夫。臧爲異母弟。襄公時諸侯伐齊。季武子以所得於齊之兵作林鐘而銘魯功。紇以爲非禮。邾庶其以漆·閭丘來奔。季武子以公姑姊妻之。從者皆有賜。於是魯多盜。武子使紇詰盜。紇謂召外盜而大禮焉。何以止吾盜。後爲季孫所攻。出奔邾。以防求立後於魯。乃立臧爲。紇致防而奔齊。孔子以爲要君。卒謚武仲。

臧孫·許 〔春秋〕魯大夫。辰子。宣公卒。季文子欲去東門氏。許遂逐公孫歸父。齊頃公伐魯。許如晉乞師。與齊侯戰於鞌。齊師敗績。卒謚宣叔。

臧孫·達 〔春秋〕魯大夫。臧彊子。宋華父督弑殤公。以郜大鼎賂魯。桓公取之。納於太廟。達諫不從。周內史聞之曰。臧孫達其有後於魯乎。君違。不忘諫之以德。卒謚哀伯。

臧·宮 〔後漢〕郟人。字君翁。從光武征戰。以勇稱。又從破羣賊。將兵徇江夏。拜輔威將軍。擊諸郡平之。後平蜀。拜廣漢太守。封朗陵侯。卒謚愍。宮謹信質樸。故常見任用。

臧·寅 〔南朝宋〕凝之子。字士若。爲沈攸之征西功曹。順帝時攸之舉兵討蕭道成。兵敗。或呼寅俱亡。寅曰。我委質事人。豈可苟免。我之不負公。猶公之不負朝廷也。乃自投水死。（按宋書臧熹傳作臧黃。南史作寅。又宋書沈攸之傳作寅。今從之。）

臧·庸 〔清〕琳玄孫。字在東。一字拜經。初名鏞堂。性沈默樸厚。學術精審。從盧文弨游。後客阮元幕。元輯經籍籑詁。十三經注疏校刊記。出庸搜錄者爲多。著拜經日記。拜經堂文集。又嘗輯月令雜說。孝經考異。樂記二十三篇注。子夏易傳。詩考異。韓詩遺說。盧植禮記解詁。爾雅古注。說文舊音考。蔡邕明堂。月令章句。王肅禮記注。聖證論。帝王世記。尸子。賈逵國語注。蕭該漢書音義。校鄭康成易注。皆有補於經。

臧·惟一 〔明〕諸城人。字守中。嘉靖進士。歷文選郎中。萬曆時累遷順天府尹。奏行寬恤十事。巡撫河南。詔取麒麟皮。惟一疏諫忤旨。遂乞歸。後起爲南京兵部侍郎卒。

臧·梓 〔宋〕紹興間爲壽昌令。教化大行。爲三輔最。後歷荊湖南路安撫制置使。

臧·荼 〔漢〕故燕將。從項羽入關。羽析燕爲二。以燕王廣爲遼東王。荼爲燕王。都薊。荼之國。逐廣之遼東。廣弗聽。荼復攻殺廣。并其地。後荼反。爲高祖所擒。

臧·厥 〔梁〕盾弟。字獻卿。以幹局稱。爲晉安太守。郡居山海。常結聚逋逃。前二千石討捕不能止。厥下車宣化。凶黨皆繦負而出。自是居人復業。然爲政嚴酷。百姓謂之臧虎。官終員外散騎常侍。

臧·爲 〔春秋〕魯賈弟。祥臧賈條。

臧·琳 〔清〕武進人。字玉林。康熙間諸生。其教人先以爾雅說文。謂不識字無以讀書。不通訓詁無以明經。其論治經必以漢唐注疏爲主。有經義雜記。尚書集解。別白精審。實事求是。閻若璩見其書。稱爲隱德君子。

臧·會 〔春秋〕魯臧賜從弟。賜如晉。會竊其寶龜僂句。以卜爲信與僭。僭吉。會如晉。賜問家故。盡對。及內子與母弟叔孫。則不對。歸及郊。逆問如初。至次於外而察之。皆無之。將執而戮之。逸奔郈。爲賈正。季臧有惡。及賜從公奔齊。季平子立臧會。會曰。僂句不余欺也。

臧·賈 〔春秋〕魯臧孫許子。臧孫紇奔邾。使人告賈。且致大蔡。使請於魯。爲先人立後。賈乃使弟爲納龜以請。爲遂自爲請。魯人立爲。賈竟不得立。

臧·壽恭 〔清〕長興人。初名曜。字眉卿。嘉慶舉人。鍵戶著述。於經喜春秋左傳。爲春秋古誼。以正杜注之失。於史有南史事略。又通疇人術。卒後。著作爲人攫去。

臧·夢解 〔元〕慶元人。宋末第進士。入元。累官廣東肅政廉訪使。夢解爲時名儒。而敏於政事。操守介特。時稱魯山先生。有周官考。春秋微。

臧·彊 〔春秋〕魯大夫。孝公子。字子臧。隱公將如棠觀魚。彊諫。不聽。

途往。踈魚而觀之。彊稱疾不從。卒諡僖伯。

臧・榮緒　南齊　莒人。幼孤。躬灌園以供祭祀。母沒。朔望拜薦。甘珍未嘗先食。純篤好學。括東西晉爲一書。紀錄志傳百一十卷。又著五經序論。常以宣尼生庚子日。陳五經拜之。隱居京口教授。自號被褐先生。高帝爲揚州刺史。徵爲主簿。不至。

臧・爾令　明　惟一子。字玉巖。天啓進士。授元氏令。舉卓異。入爲禮部主事。移疾歸。流賊至。殉焉。

臧・賜　春秋魯　大夫。爲子。卽昭伯。與季平子相惡。昭公將去季氏。謀於昭伯。昭伯言其難逐。公伐季氏不克。與昭伯如墓謀。遂出奔齊。(按昭伯之名。不見左傳。賈逵云名賜。茲從之。)

臧・質　南朝宋　熹子。字含文。有氣幹。文帝以爲徐兗二州刺史。元嘉末守盱眙。禦魏兵有功。遷雍州刺史。討擒元凶劭。封始興郡公。爲江州刺史。質遇事專行。積漸猜懼。以義宣凡闇易制。謀立之。舉兵反。兵敗被殺。

臧・凝之　南朝宋　燾孫。學涉有當世才。少與傅僧祐俱以通家子爲文帝所引見。時帝與何尚之論鑄錢事。凝之傾干其語。帝因回與語。僧祐引凝之衣令止。凝之大言曰。明主難再遇。便應正盡所懷。帝與往復十餘反。凝之辭韻銓序。兼有理證。帝甚賞焉。累官尚書右丞。以徐湛之黨。爲元凶劭所殺。

臧・熹　南朝宋　燾弟。字義和。好經籍。後習騎射。志立功名。晉隆安初從武帝至建業。收圖書器物。封府庫。爲臨海太守。綏輯綱紀。招聚流散。歸之者千餘家。後從伐蜀平成都。遇疾卒。

臧・應奎　明　長興人。字賢徵。受業湛若水之門。以聖賢自期。正德進士。爲南京車駕主事。所生母卒。法不得承重。執私喪三年。後改禮部主事。以諫大禮被杖卒。

臧・懋循　明　長興人。字晉叔。萬曆進士。官南國子監博士。博聞強識。畋漁百氏。官南中時。與名人覽六朝遺跡。命題分賦。或至丙夜。忌者以沈湎中之。遂歸。輯古詩所・唐詩所・元曲選。自著者曰負苞堂集。

臧・燾　南朝宋　莒人。字德仁。少好學。善三禮。晉太元中爲國學助教。武帝卽位。以后兄拜太常。燾雖外戚貴顯。彌自沖約。所得俸祿。與親戚共之。以光祿大夫致仕卒。

臧・禮堂　清　庸弟。字和貴。少溷苦於學。家貧。事親以孝聞。阮元撫浙。聘纂詁經精舍。著說文引經考。段玉裁・王引之皆歎其精確。年止三十卒。

臧・嚴　梁　寅弟子。字彥威。孤貧好學。性孤介。未嘗造請。僕射徐勉欲識之。嚴終不詣。累遷湘東王宣惠輕車府參軍。於學多所諳記。尤精漢書。王嘗以四部書目試之。嚴答無遺失。官終鎮南諮議參軍。有文集。

臧・霸　三國魏　華人。字宣高。父戒爲縣獄掾。據法不聽太守私殺。太守怒。收戒詣府。霸年十八。將客數十要奪之。與父俱亡命。由是以勇壯聞。從陶謙擊黃巾。大破之。後爲呂布將。布亡。歸魏。屢立戰功。封良成侯。位特進。卒諡威。

臺・亨　宋　夏縣人。工畫。元豐間詔天下畫工詣京師。選試其優者待詔翰林。畀以官祿。亨第一。以父老固辭歸養。閭里賢之。

臺・佟　後漢　鄴人。字孝威。隱武安山。鑿穴而居。採藥自業。建初中州辟不就。刺史行部。使從事致謁。佟往謝。刺史執贄見佟曰。孝威居身。如是甚苦。佟曰。佟幸得保終性命。存神養和。如明使君奉宣詔書。夕惕庶事。反不苦耶。遂去隱逸。終不見。

臺・産　前趙　上洛人。字國儁。少專京氏易。善圖讖祕緯天文洛書風角星算。尤善望氣占候推步之術。隱居商洛南山。汎情教授。不交當世。劉曜時署爲博士祭酒。歷位尚書太子少師。

臺・駘　上古　少皞之苗裔。世爲水官之長。顓頊封之於汾川。後遂以爲汾水之神。

臺・濛　五代吳　合肥人。字頂雲。從楊行密起廬州。驍勇善戰。積功至漣水制置使。田頵變作。濛斬頵於陣。遂克宣州。其用兵得虛實之祕。當時多取以爲法。以功表授檢校太保・宣州觀察使。天祐初卒於官。

蒙古・綱　金　咸平府猛安人。本名胡里綱。承安進士。宣宗時徙知東平府事。遷元帥右監軍。拜右副元帥。權參知政事。行尚書省。旋以山東不能守。許綱內徙。改兼靖難軍節度使。行省邳州。元光初以邳州經略司隸綱。令募勇敢。收復山東。綱御下嚴。信賞必罰。邳州軍不樂屬綱。遂遇害。

蒙・武　秦　驁子。初爲裨將。從王翦破楚。殺項燕。後又攻楚。擄楚王。

蒙阿圖　清　滿洲正白旗人。姓佟佳氏。初爲佐領。擢正白旗副都統。太宗時征瓦爾喀。攻明兵於遵化。討虎爾喀。皆俘獲甚多。官至工部承政卒。

蒙・恬　秦　武子。事始皇爲內史。秦幷天下。使恬將三十萬衆。北逐戎狄。築長城。西起臨洮。東至遼東。延袤萬餘里。威震匈奴。二世卽位。爲趙高所搆。矯詔賜死。恬始作筆。以枯木爲管。鹿毛爲柱。羊毛爲被。所謂蒼毫也。

蒙・詔 明番禺人。字廷綸。嘉靖進士。以御史先後巡察宣大浙閩等處。僉吏望風解綬。擢右僉都御史。提督南贛軍務。地方利病。輒上封事以聞。尋被論歸。

蒙・詢 明賓州人。嘉靖舉人。任湖廣承天府推官。遷知歸州。申減茶稅。楚人思之。立祠以祀。

蒙・穀 春秋楚大夫。昭王自隨反郢。五官失法。百姓昏亂。穀獻典。五官得法。百姓大治。王欲封之。穀辭。

蒙・毅 秦恬弟。始皇時位至上卿。出則參乘。入則御前。恬任外事。而毅常為內謀。諸將相莫與之抗。後為二世所殺。

蒙・歸義 唐南詔王。初名皮羅閣。開元末賜名歸義。詳見皮羅閣條。

蒙・鷔 戰國秦齊人。事昭王。官至上卿。後為將。累伐韓趙魏有功。

蓨桃 宋寇準之妾。準因會贈歌姬以束綾。蓨桃作詩曰。一曲清歌一束綾。美人猶自意嫌輕。不知織女寒聰下。幾度拋梭織得成。

蒯・光典 清德模子。字理卿。以進士入翰林。改官道員。督鹺淮南。擢京堂。出為歐洲留學生監督卒。光典博覽羣書。能文章。於許慎說文・陸德明釋文・南北史・文選及諸史輿地。皆有纂注劄記。考證異同。張之洞稱其學兼今古。

蒯・良 後漢中廬人。字子柔。為荊州刺史劉表謀主。

蒯・亮 南齊為海州錄事參軍。與徐鉉善。

蒯・恩 南朝宋承人。字道恩。膽力過人。從伐廣固。破盧循。追斬徐道覆。與王鎮惡襲江陵。隨朱齡石伐蜀。又從伐司馬休之。武帝錄前後功。封新寧縣男。帝北伐。留恩侍衛世子。命朝士與之交。益自謙損。撫士卒甚有恩紀。歷官輔國將軍・淮陵太守。後入關迎桂陽公義真。沒於赫連勃勃。

蒯・祥 明吳縣人。本香山木工。初授職營繕。仕至工部左侍郎。食俸一品。自永樂至天順。凡內殿陵寢。皆其營繕。以兩手握筆畫雙龍。合之如一。每修繕。持尺準度。不失釐毫。至憲宗時。年八十餘。仍執技供奉。帝每以蒯魯班稱之。

蒯・通 漢范陽人。本名徹。史家避武帝諱。追書曰通。楚漢時說士。有權變。武信君用其策。降燕趙三十餘城。韓信用其計。遂定齊地。曹參為齊相。以為上賓。通嘗論戰國說士權變。亦自序其說。凡八十一首。號曰雋永。

蒯・欽 晉襄陽人。為弘訓少府。太傅楊駿之姑子。少相昵。欽直亮不回。屢以正言犯駿。駿弟珧。濟為之寒心。欽曰。文長雖闇。猶知人之無罪。不可妄殺。必當疏我。我得疏外。可以不與俱死。不然。傾宗覆族。其能久乎。文長。駿字也。其後駿果敗。

蒯・越 三國魏良弟。字異度。劉表為荊州刺史。訪越與謀。越遣人誘宗賊。至者五十五人。皆斬之。襲取其眾。更詣襄陽說張虎・陳生等降。江南悉平。曹操平荊州。以為光祿勳。封侯。

蒯・廉 唐工畫花鳥。

蒯・德模 清合肥人。咸豐進士。官出守夔州。善決疑獄。時稱神明。官至江寧布政使。德模天資穎銳。工駢文詩詞。

蒯聵 春秋衛靈公子。一作蕢聵。為太子時。欲殺靈公夫人南子。靈公怒。蒯聵出奔晉。及出公立。晉人送蒯聵。衛人拒之。不得入。入宿而保。孔圉之妻伯姬。蒯聵姊也。生子悝。圉卒。伯姬通於豎渾良夫。而使良夫如蒯聵。蒯聵與之盟。許事成。以伯姬為之妻。二人劫悝盟之。遂立蒯聵為君。既立。背晉。晉人圍衛。被殺。在位三年。諡莊。

蒯・鼇 宋宣城人。少孤貧。居鄉無行。不為士人所容。後篤志於學。善屬文。以廉直自勵。太宗時擢進士第。歷茶陵令。以殿中丞致仕。隱廬山卒。

蒲・大順 明永州人。字達夫。少有雅操。為諸生。廩於庠。宗王守仁良知之學。嘗謂良知徹天徹地。便自浩然。學者多從之游。稱浩然先生。

蒲・云 宋綿竹人。幼有方外之趣。入布裘笻杖。遊山野間。賣藥得錢。輒入酒家。醺然一醉。尤喜翰墨。嘗以雙鉤字寫河上公注道德經。筆墨清細。若遊絲縈漢。孤烟裊風。連綿不斷。

蒲・元 蜀漢性多奇思。於斜谷為諸葛亮鑄刀三千口。刀成。言漢水鈍弱不任淬。蜀江爽烈。是大金之元精。命人於成都取之。既至。言雜水不可用。取水者捍言不雜。元以刀畫水。言雜八升。取水者叩頭云。於涪津覆水。遂以涪水八升益之。尋以竹筒納鐵珠滿中。舉刀斷之。應手虛落。名曰神刀。（按尚友錄作蒲元性。因本傳蒲元下有性多奇思句而誤。）

蒲・永昇 宋成都人。善畫水。性嗜酒放浪。人或以勢使之。則嘻笑舍去。遇欲書。不擇貴賤。

蒲衣 上古賢人。年八歲。舜讓以天下。不受而去。莫知所終。

蒲・卣 宋閬州人。字君錫。母任知書。生中號任五經。卣幼以開敏聞。中元豐進士。提舉京湖常平及提點潼川路刑獄。俱有治績。累官中大夫卒。

蒲・延昌 後周思訓養子。與思訓同為待詔。工畫佛道鬼神。尤精獅子。

蒲·叔獻 宋南部人。舉進士。爲成都漕。百姓歌之。召爲中正卿。韓侂胄用事。遂請去。

蒲·宗孟 宋新井人。字傳正。皇祐進士。神宗朝官集賢校理。助呂惠卿制手實法。擢翰林學士。拜尚書右丞。帝嘗以無人才爲歎。宗孟曰。人才半爲司馬光邪說所壞。帝不悅。罷知亳杭鄆三州。徙河中卒。宗孟趣尙嚴整。而性侈汰。每旦刲羊十豕十。然燭三百入郡舍。蘇軾與書。勸以慈儉云。

蒲·宗瑞 明永州人。字信之。居家孝友。正德時以貢授崇善令。愛民如子。以疾歸。過盜。掠其行李。止竹籠一肩。羣盜曰。囊橐如此。其廉可知。因相戒散去。時稱淸白吏。

蒲·尙佐 淸松潘廳人。乾隆間從勦永綏苗有功。嘉慶間從勦教匪。轉戰川陝楚各省。積功累官甘肅提督。

蒲·松齡 淸淄川人。字留仙。號柳泉。康熙歲貢。所著聊齋志異。極膾炙人口。詩文曰聊齋集。

蒲·秉權 明永明人。字度之。號平若。萬曆進士。授江西建昌令。舉卓異。拔置吏垣。以劾魏忠賢廷杖褫職。後起補西寧兵備道。再轉肅州副使。所至有聲。乞歸卒。有碩薖園集。

蒲·思訓 後蜀蜀人。一作師訓。又作宗訓。初師房從眞繪人物鬼神蕃馬。從眞自歎弗及。孟知祥與修諸廟。命之畫壁。及知祥卒。繪陵廟鬼神儀仗。縱橫浩瀚。莫不周至。授翰林待詔。

蒲·禹卿 前蜀成都人。慷慨好直言。王衍時用制科對策。言奸佞滿朝。貪淫如市。以是求治。是謂倒行。執政欲誅之。衍以其言有益。擢爲右補闕。已出爲秦州節度判官。安重霸等請衍東遊。禹卿上表切諫。蜀亡。從衍歸唐。及衍被誅。禹卿慟哭曰。蜀人自此重不幸也。題詩於驛門而逃。不知所終。

蒲·虔軌 後蜀蜀人。著易軌若干卷。不知所終。

蒲·國寶 宋富順人。開禧中進士第一。入元不仕。家貧。耽志經史。

蒲·從善 明南江人。有道行。祈禱治病。符篆靈驗。洪武中遊南畿。受知於帝。

蒲·規 宋安岳人。字正臣。有文名。爲洪雅令。始以嚴治。終以仁濟。夷人德之。

蒲·堯仁 宋福州人。字彥性。紹興進士。知泰和縣。廉白端謹。自奉尤薄。或經旬不知肉味。曰。吾不以口腹累人。

蒲·道源 元世居眉州。後徙興元。字得之。號順齋。元初爲郡學正。皇慶中官至國子博士。旋引疾去。及年七十。復被召爲陝西儒學提舉。不就。所著閒居叢稿。平實顯易。有承平之風。

蒲·壽宬 宋泉州人。咸淳中知梅州。益廣二王航海至泉州。弟壽庚守泉。距城不納。壽宬佯著黃冠野服入法石山下。自稱處士。密令壽庚納款於元。所著心泉學詩稿。頗有沖澹閒遠之致。（按宬一作晟。亦作宬。）

蒲察·世傑 金曷速館斡篤河人。徙居遼陽。本名阿撒。爲人多力。海陵簒位。以爲護衞。令伐兄弟有異志者。世傑受詔而不肯爲。海陵怒。面責之。世傑曰。臣自誓不以非道害物。累遷亳州防禦使卒。世傑少貧。然疎財尙氣。每臨陣。敵衆既敗。必戒士卒毋縱殺掠。平居非忠孝不言。親賢樂善。甚獲當世之譽。

蒲察·必達 元金縣人。官翰林學士。奉命窮星宿海之源。後人知星宿海。自必達始。

蒲察·合住 金以吏起身。久爲宣宗所信。聲勢烜赫。性復殘刻。人知其蠹國而莫敢言。爲恆州刺史。元兵入陝西。關中震動。合住被執。誅死。

蒲察·官奴 金少嘗爲北兵所虜。往來河朔。後自拔歸。從攻平陽。論功第一。權副都尉。拜元帥。統馬軍。天興初從哀宗北渡。平章白撒率諸將戰。官奴之功居多。及渡河朔。惟官奴一軍。號令明肅。秋豪無犯。累拜參知政事。尋坐事誅。

蒲察·阿里 金興州路人。泰和中伐宋。以功遷武衞軍副都指揮使。崇慶初遷元帥左都監。時都城被圍。道路梗塞。阿里由太原至眞定。率師赴援。抵中山不克進。貞祐初移駐大名。徵河南鎭防軍。圖再舉。衆旣憚於行。而阿里遇之有厚薄。軍變。遇害。

蒲察·阿虎迭 金初授信武將軍。尙海陵姊遼國長公主迪鉢。爲駙馬都尉。迪鉢卒。繼尙鄧國長公主崔哥。皇統中爲右副點檢。使宋爲賀正旦使。改武定軍節度使。封葛王卒。

蒲察·思忠 金隆安路合懶合兀主猛安人。本名畏也。大定進士。累遷翰林院侍講學士。同修國史。轉侍讀。兼兵部侍郎。享於太廟。思忠攝太尉。醉毆禮直官。御史臺劾奏。降祕書監。翰林學士。同修國史卒。

蒲察·胡盞 金案出滸水人。年十八從軍。從父謀克。其後敗夏兵。累與宋人接戰。皆先登有功。授德順州刺史。鳳翔尹卒。

蒲察·婁室 金東北路人。泰和進士。調慶都牟平主簿。以廉能稱。累遷同知河中府事。權元帥右都監。河東路安撫使。將兵救鄜州。轉戰而至。城破死之。諡襄勇。

蒲察·移剌都 金東京猛安人。宣宗時累遷隆安府。拜尙書右丞。賫隆安戰馬。擅造銀牌。睚眦殺人。已嬌稱宣召。棄隆安赴南京。宣宗皆釋不問。後權右副元帥。御史奏其不法。坐誅。

蒲察．通【金】中都路胡土愛割蠻猛安人。本名蒲魯渾。海陵時以御院通進從侵宋。使總隆州諸軍。聞海陵遇弑。京悶仆地。衆掖而起。徑入營哭之。世宗時窩斡反。通督戰破之。屢進平章政事。封任國公。舉太子率府完顏守貞．監察御史裔俱可大用。後皆爲名臣。世多其知人。以年老命知眞定府。移鳳翔。致仕卒。

蒲察．琦【金】陽信人。字仁卿。本名阿憐。世襲謀克。正大中秦藍總帥府。辟琦爲安平都尉黏葛合典下都統。兼知事。小關破。事勢已迫。合典令避矢石。琦曰。業已從公。死生當共之。尙安所避耶。與元好問相得。崔立變後。令改易巾髻。琦謂好問曰。琦一刑部譯吏。襲世爵。安忍作此。至家欲懸梁。家人泣勸。母曰。勿勸。兒所處是矣。卽自縊死。

蒲察．鼎壽【金】上京曷速河人。本名和尙。性沈厚有明鑒。長於吏事。尙熙宗女鄭國公主。加駙馬都尉。歷澄州防禦使。所至有惠政。民刻石紀之。改河間尹。郡內大治。卒官。鼎壽以皇后父。世連姻戚。寵遇特異。未嘗以富貴驕人。當時以爲外戚之冠。

蒲察．斡論【金】上京益速河人。徙臨潢。性剛毅。有技能。天輔初以功臣子充護衛。遷左衛將軍．定武軍節度使。改東平尹。從海陵伐宋有功。官至北京留守．大定尹卒。

蒲察．鄭留【金】東京路斡底必剌猛安人。字文叔。大定進士。累遷北京臨潢按察副使。西京人李安兄弟爭財。府縣不能決。鄭留不問。會釋奠孔子廟。乃引安兄弟與諸生列坐會酒。陳說古之友悌數事。安兄弟感悟。誓不復爭。貞祐中累官東京留守致仕卒。臨終取奏稿盡焚之。

蒲盧．胥【周】齊人。善射弋。

蒲．積中【宋】著有古今歲時雜咏四十六卷。古來時令之詩。摘錄編類。莫備於此。爲典故之淵藪。

蒼舒【有虞氏】高陽氏才子。爲八愷之一。舜舉之使主后土。以揆百事。

蒼葛【周】詳倉葛條。（按春秋石經宋本淳熙本岳本作倉。今經文則作蒼。）

蒼頡【上古】詳倉頡條。

蓋公【漢】膠西人。善治黃老言。曹參爲齊相。遣使聘之。既見。爲言治道貴清靜而民自定。參避正堂以舍蓋公。用其言。齊國大治。

蓋．文達【唐】信都人。博涉前載。尤明春秋三家。刺史竇抗集耆儒劉焯．劉軌思．孔穎達等講論。文達依經辨舉。皆諸儒意所未叩。一坐厭服。貞觀初由秦王文學館學士擢諫議大夫。後拜崇賢館學士卒。

蓋．文懿【唐】文達宗人。以儒學稱。當時與文達號二蓋。高祖於祕書省置學。以教王公子弟。文懿爲國子助教。譬曉密微。遐近宗仰。終國子博士。

蓋．方泌【清】蒲臺人。字季源。又字碧軒。以拔貢官陝西州判。嘉慶間署商州州同。川楚教匪亂。屢擾商州。方泌募兵出擊。賊望風潰。相戒不入商州境。以功累擢臺灣知府。所至有聲績。

蓋．延【後漢】要陽人。字巨卿。身長八尺。彎弓三百斤。彭寵爲太守。召延署營尉。後與吳漢歸光武。拜偏將軍。從平河北。光武卽位。以延爲虎牙將軍。累戰功拜左馮翊。封安平侯。食萬戶。卒於位。

蓋．泓【晉】仕燕爲聘晉使。著有珠崖傳。

蓋．苗【元】元城人。字耘夫。延祐進士。授單州判官。累遷至陝西行臺御史中丞。歷中外。多善政。卒諡文獻。苗平居恂恂謙謹。及遇事。張目敢言。雖經挫折。無少回撓。有古遺直之風。

蓋將妻【春秋】蓋將丘子妻。戎伐蓋。殺其君。令於蓋羣臣曰。敢有自殺者。妻子盡誅。丘子自殺。人救之不得死。既歸。其妻曰。吾不能與子蒙恥而生。遂自殺。戎君賢之。祠以太牢而以將禮葬之、

蓋．寓【後唐】蔚州人。李克用節制鴈門。署爲都押牙。累授檢校太傅。封成陽郡公。性通黠多智數。克用性嚴急。惟寓規其趨向。多所參裨。在諸將中最推親信。家精於府饌。克用非寓家所獻不食。恩寵之洽。時無與比。

蓋．寬饒【漢】魏郡人。字次公。明經爲郡文學。宣帝朝舉方正。對策高第。累擢司隸校尉。刺舉無所回避。公卿貴戚皆恐懼。莫敢犯禁。京師爲清。爲人剛直公廉。然深刻喜陷害人。又好言事刺譏。奸犯上意。坐怨謗下吏自殺。

蓋．勳【後漢】廣至人。字元固。初舉孝廉。爲漢陽長史。歷官討虜校尉。靈帝問天下何苦而反亂如此。勳曰。倖臣子弟擾之。時宦者蹇碩在坐。以此恨勳。董卓亂政。憚勳。徵爲議郎。時自公卿以下。莫不卑下於卓。惟勳長揖爭禮。然內厭於卓。不得意。疽發背卒。

蓋．豫【後漢】建武時爲徐州刺史。嘗授古文尙書於汝南周防。

蓋．霖【明】孟縣人。有奇才。洪武中由太學生任禮部主事。被旨掌部事。規畫建置。多所裨益。坐事謫居興濟。用薦起授交阯府同知。未抵任卒。

禆．惠【晉】桓彝任宣城內史。惠爲長史。蘇峻之亂。彝糾合義衆。欲赴援

朝廷。惠以郡兵寡弱。山民易擾。說彝案甲以須後舉。彝不從。時州郡多遣使降峻。惠又勸彝僞與通和。以紓究至之禍。又不從。卒以勢孤致敗。

裨·諶 春秋鄭大夫。善謀。鄭國將有諸侯之事。子產問於子羽。使多爲辭令。與裨諶乘以適野。使謀可否。

裨·竈 春秋鄭大夫。明天文占候之術。歲星客於玄枵。知周王及楚子將死。星出婺女。知晉君將卒。火出陳災。知陳國將亡。所言無不奇中。

裴·大娘 唐善歌。適竿木侯氏。與人私。事泄被罪。

裴·子烈 隋聞喜人。字大士。少有志氣。以驍勇聞。嘗從吳明徹征討。官至北譙太守·岳陽內史。封海安縣伯卒。

裴·子通 隋聞喜人。開皇中以太中大夫居母喪。哭喪明。有白烏巢冢樹。兄弟八人。皆爲名孝。詔表門闕。世謂義門裴氏。

裴·子野 梁昭明子。字幾原。武帝以爲著作郎。再遷員外郎。時大舉北侵。敕子野爲移魏文。受詔立成。武帝目之曰。其形雖弱。其文甚壯。自是諸符檄皆令具草。遷中書侍郎·鴻臚卿。在禁省十餘年。靜默自守。未嘗有所請謁。及歸。妻子恆苦飢寒。唯以教誨爲本。人以師道推尊之。卒諡貞。有宋略·喪服集注·衆僧傳等書。

裴·子雲 唐爲新鄉令。邑人王恭戍邊。留牸牛六頭於舅李璡家。五年產犢三十頭。恭還索牛。止還三頭。恭訴之。子雲收入獄。提璡至曰。賊盜牛三十頭。藏爾莊內。即拷之。璡急曰。吾牛實外甥牸牛所生。於是以五頭酬璡。餘盡還恭。

裴·子餘 唐守眞子。事繼母以孝聞。擧明經。補鄠尉。景龍中爲左臺監察御史。司農卿趙履溫奏籍隋世番戶爲奴婢。子餘廷詰其議。開元初累遷冀州刺史。爲政惠裕。入爲岐王府長史。卒諡孝。

裴·之平 梁之高弟。字如原。少倜儻有志略。以軍功封費縣侯。累遷散騎常侍·太子詹事。陳文帝初除光祿大夫。慈訓宮衞尉。並不就。築山穿池。植以卉木。居處其中而終。諡僖。

裴·之高 梁邃兄子。字如山。頗讀書。少負意氣。隨邃征伐。所在立功。後除梁郡太守。時侯景作亂。之高弟之悌在景中。或傳之悌斬景。元帝使人報之高。之高直云。賊自殺賊。非之高所聞。元帝深嗟其介。承制除特進金紫光祿大夫。卒諡恭。

裴·之橫 梁之平弟。字如岳。少好賓游。重氣俠。不事產業。之高以其縱誕。乃爲狹被疏食以激勵之。之橫歎曰。大丈夫富貴。必作百幅被。遂於芍陂大營田墅。以致殷富。簡文在東宮。聞而美之。以爲河東王常侍。元帝時位廷尉卿。隨王僧辯破侯景。又破武陵王。除吳興太守。乃作百幅被。以成其志。後爲徐州刺史。魏軍至。戰沒。諡忠壯。

裴·之禮 梁邃子。字子義。美容貌。能言玄理。爲西豫州刺史。歷位黃門侍郎。武帝設無遮會。儛象驚。排突陛衞。王公皆散。之禮不動。帝壯之。以爲壯勇將軍。終少府卿。諡壯。

裴·仁基 隋河東人。字德本。少驍勇便弓馬。平陳之役。以親衞從征。先登陷陣。拜儀同。煬帝時進位光祿大夫。李密據洛口。帝令仁基爲河南道討捕大使。旋以其衆歸密。密以爲河東郡公。密敗。爲王世充所虜。署爲禮部尚書。後仁基不自安。謀歸國。爲世充所殺。諡忠。

裴·文睍 宋開封人。仁宗時翰林待詔。工畫水牛。與戴嵩·厲歸眞二人齊名。

裴·文舉 北周正平郡守邃子。字道裕。少忠謹。涉獵經史。孝閔踐阼。襲爵澄城縣子。齊公憲鎭劍南。以爲總管府中郎。遷絳州刺史。所在廉約。入爲司憲大夫。進爵爲伯。文舉早喪父。其兄又在山東。唯與弟璣幼相訓養。友愛甚篤。璣又早亡。文舉撫視遺孤。逾於己子。時人以此稱之。後終南靑州刺史。

裴·日英 明台州人。字文璧。工畫花鳥。尤善墨竹坡石。

裴·尼 北周漢子。字景尼。性弘雅有器局。累官從事中郎。魏恭帝初從于謹平江陵。餘人皆競取珍玩。尼唯取梁元帝素琴一張。謹深歎美之。官終御正下大夫。

裴·玄 三國吳下邳人。字彥黃。有學行。官至太中大夫。嘗以齊桓晉文夷惠四人優劣問其子欽。欽答所見。與玄相反覆。各有文理。

裴·仲規 後魏延儁從弟。少好經史。頗有志節。咸陽王禧爲司州牧。辟爲主簿。仍表行建興郡事。孝文自代還洛。次於郡境。仲規朝於路側。奏對稱旨。除司徒主簿。中山王英征義陽。引爲統軍。戰沒。諡貞。

裴·休 唐肅子。字公美。操守嚴正。擢進士第。擧賢良方正異等。大中時以兵部侍郎進同中書門下平章事。太和後漕法久壞。休著新法十條。又立稅茶十二法。人以爲便。秉政凡五載。罷爲宣武軍節度使。封河東縣子。歷昭義河東鳳翔荆南四節度使卒。休不爲皦察行。所治吏下畏信。能文章。書楷遒媚有法。爲人蘊藉。進止雍閑。宣宗嘗曰休眞儒者。

裴·光庭 唐行儉子。字連城。靜默寡交。歷臺省皆稱職。玄宗有事岱宗。中書令張說恐諸蕃乘隙竊發。議加兵守邊。用光庭策。遣使突厥。召其大臣赴行在。邊塞晏然。累拜侍中。兼吏部尚書。遷弘文館學士。撰瑤山往則·維城前軌二篇以諷。帝手制褒美。後封正平縣男。卒諡忠獻。(按新唐書作光廷。諡忠憲。此從舊唐書。)㊄五代吳越湖州人。累官中書令。有術士張景巖能言休咎。輒以紙大書忌字貽光庭。不旬日。果貶台州刺史。有政聲。

裴·向　唐遵慶子。字傃仁。能以學行持門戶。以蔭得調。建中初李紓爲同州刺史。奏署判官。李懷光叛河中。使其將趙貴先築壘於同州。紓奔奉天。而向領州務。詣貴先壘開諭之。貴先降。同州不陷。向力也。歷陝虢觀察使。以吏部尚書致仕卒。

裴·夙　後魏延儁從弟。字買興。沈雅有器識。儀望甚偉。孝文見而異之。位河北太守。以忠恕接下。百姓懷之。卒於郡。

裴·耑直　唐字禮卿。性婞亮。第進士。歷中書舍人。武宗立。耑直視册牒不肯署。乃出爲杭州刺史。斥驩州司戶參軍。宣宗初內徙。復拜江華等州刺史。終散騎常侍。

裴·守眞　唐稷山人。叔業六世孫。舉進士。六科連中。永淳中授太常博士。時謂才稱其官。天授中爲司府丞。推覈詔獄。多裁恕。全免數十姓。不合武后旨。出爲汴州司馬。後爲成州刺史。政不務威。吏民懷之。徙寧州。送者千數。出境尚不止。長安中卒。

裴·安祖　後魏駿從弟。少聰慧。年八九歲。就師講詩。至鹿鳴篇。語諸兄云。鹿得食相呼。而況人乎。自此未嘗獨食。弱冠辟州主簿。有兄弟爭財相訟。安祖以禮義責讓之。兄弟相率謝罪。孝文幸河東。拜安邑令。固辭。卒於家。

裴·羽　後周賛子。字用化。唐明宗時爲吏部郎中。與散騎常侍陸崇使於閩。爲海風所飄。至錢塘。時唐方絕吳越朝貢。羽等被留經歲。而崇以疾卒。後錢鏐遣羽還。羽求載崇尸與俱歸。士人皆多羽之義。太祖時爲左散騎常侍卒。

裴·聿　後魏延儁族兄。字外興。以操尚貞立。爲孝文所知。任北中府長史。時帝以聿清貧。欲以幹祿優之。乃以聿帶溫縣。時人榮之。卒於平秦郡太守。

裴·行立　唐守眞曾孫。重然諾。學兵有法。以軍勞累授安南經略使。環王國叛人李樂山謀廢其君。命部將討平之。蠻人悅服。徙爲桂管觀察使。平賊有功。遷安南都護。召還卒。

裴·行儉　唐仁基次子。字守約。貞觀中舉明經。爲長安令。高宗將立武昭儀。行儉以爲國家憂從此始。與長孫無忌·褚遂良祕議。語洩。左除西州都督府長史。麟德中遷吏部侍郎。典選有知人之明。吐蕃叛。出爲洮州道左二軍總管討平之。拜禮部尚書。兼檢校右衛大將軍。突厥阿史德溫傅反。爲定襄道行軍大總管。復討平之。封聞喜縣公。行儉通兵法。善知人。兼工草隸。論士先器識後文藝。所引偏裨。類爲世名將。卒諡獻。所譔選譜·草字雜體數萬言。

裴·行儼　隋仁基子。隨仁基歸李密。驍勇善戰。號萬人敵。密敗。爲王世充所虜。以爲左輔大將軍。世充憚其威名。頗加猜防。仁基不自安。謀歸國。事泄。並爲世充所殺。

裴·伯茂　後魏叔義子。出後仲規。博涉羣書。文藻富贍。太昌初爲中書侍郎。好飲酒。頗涉疏傲。久不徙官。爲豁情賦以見志。卒諡文。

裴·伯耆　明安南舊臣。祖父皆執政大臣。死國事。伯耆幼侍國王。官五品。洪武末黎季犛篡弒。伯耆家屬遭害。棄軍遁伏山谷。永樂初詣闕號泣。請師討逆。復立陳氏後。帝命所司周以衣食。會老撾送陳天平至。而黎氏使亦至。出天平示之。皆錯愕下拜。伯耆責使者以大義。惶恐不能答。及安南平。改設郡縣。授伯耆爲交阯按察司右參議。

裴·伷先　唐炎從子。未冠推蔭爲太僕丞。炎死。坐流嶺南。上變陳得失。請宜還太子東宮。罷諸武權。不然。豪傑乘時而動。不可不懼。武后怒。杖朝堂。流瀼州。歲餘逃歸。以財自雄。養客數百人。多詗候朝事。后懼之。中宗復位。召授太子詹事丞。累進工部尚書。以東京留守累封翼城縣公卒。

裴·佗　後魏聞喜人。詵六世孫。字元化。舉秀才。以高第除中書博士。累遷趙郡太守。爲政有方。威惠甚著。轉荆州刺史。蠻酋田敬宗等恃衆阻險。佗至州。單使宣慰。敬宗聞風歸附。性剛直。所交皆名士。清白任眞。不事家產。以老乞還卒。

裴·君合　明偃師人。有孝行。崇禎中流寇至。君合聚衆保沙岸寨。力竭遇害。

裴·均　唐倩子。字君齊。以明經爲諸暨尉。累遷荆南節度使。劉闢叛。均發精甲擊之。賊奔却。加檢校吏部尚書。元和中入爲尚書右僕射·同中書門下平章事。出爲山南東道節度使。累封郇國公。以財交權倖。任將相凡十餘年。荒縱無法度。尋卒。

裴·孝仁　北周果子。涉獵經史。有譽於時。起家舍人上士。遷長寧鎮將。扞禦齊人。甚有威略。歷建譙亳三州刺史。

裴·孝源　唐官中書舍人。著有貞觀公私畫史。考隋以前古畫名目。莫古於是。爲賞鑒家之祖本。

裴·岑　後漢雲中人。永和間爲敦煌太守。時北匈奴呼衍王勢日張。岑將郡兵三千人。誅呼衍王等。斬馘部衆。克敵全師。紀功勒石而還。(按漢自安帝以後。北匈奴呼衍王常輾轉蒲類秦海間。專制西域。共爲寇抄。及班勇爲長史。破平車師。西域稍通。陽嘉四年。呼衍王復攻後部破之。時呼衍勢日張。岑能以郡兵誅之。可謂不世奇勳。而漢史不著其事。今據裴岑紀功碑列入。碑在今巴里坤關帝廟前。見金石粹編。)

裴·希度　淸陽曲人。字晉卿。號中菴。明崇禎進士。官監察御史。入淸官至太常寺少卿。有息齋藏書。

裴·延儁　後魏聞喜人。徽八世孫。字平子。少孤。事後母以孝聞。涉獵墳史。頗有才筆。舉秀才。累官至幽州刺史。考績爲天下最。後歷中書令。莊帝初於河陰遇害。

裴·延齡　唐河東人。由汜水尉累官司農少卿。假領度支。延齡素不善財計。乃廣鉤距。取宿姦老吏與謀。以儉僞罔上。德宗頗知其誕。但以其好詆人。冀聞外事。特親厚之。陸贄爲宰相。極論其醜變不可任。帝以爲媢嫉。贄卒爲延齡所構。貶外。其後延齡死。人語以相安。唯帝悼不已。元和中有司謚繆。

裴·忌　陳之高子。字無畏。侯景之亂。隨武帝征討。及帝誅王僧辯。僧辯弟僧智舉兵據吳郡。忌勒部下精兵直趨吳郡。鼓譟而入。武帝嘉之。表除吳郡太守。宣帝時歷位都官尚書。監吳明徹軍北伐。善於撫綏。甚得人和。軍敗。見囚於周。隋開皇中卒於長安。

裴·秀　晉潛子。字季彥。少好學。八歲能屬文。時語曰。後進領袖有裴秀。仕魏爲散騎常侍。改定官制。司馬昭未定嗣。因秀言。乃立武帝。及武帝受禪。封鉅鹿郡公。爲司空。秀以職在地官。作禹貢地域圖十八篇奏之。卒謚元。

裴·良　後魏延儁從弟。字元賓。宣武時以尚書左丞爲西北道行臺。時有五城郡山胡馮宜都·賀悅回成等以妖妄惑衆。良大破之。孝靜初爲衞大將軍·太府卿。卒謚貞。

裴·佶　唐耀卿孫。字弘正。第進士。授藍田尉。德宗幸梁。佶奔見行在。授補闕。李懷光以河中叛。佶建議請討。帝深器之。歷遷諫議大夫·黔中觀察使。部夷安服。官至工部尚書。卒謚貞。

裴·叔泳　宋一作叔永。汴人。徙居錢塘。字德游。號靜菴居士。善寫蘭竹及枯木怪石。

裴·叔業　後魏聞喜人。徽後。少有氣幹。以將略自許。仕南齊。明帝時累遷黃門侍郎。拜徐州刺史。東昏侯立。遷南兗州。時內難未已。叔業憂懼。奉表附魏。宣武以爲豫州刺史。封蘭陵郡公。軍未度淮卒。謚忠武。

裴·叔義　後魏仲規弟。有學行。孝文末除兗州刺史。累遷太山太守。爲政清靜。吏民安之。遷司空從事中郎。卒謚宣。

裴·坦　唐聞喜人。字知進。及進士第。歷楚州刺史。令狐綯當國。薦爲職方郎中。累官中書侍郎·同中書門下平章事。不數月卒。坦性簡儉。子娶楊收女。齎具多飾金玉。坦命撤去。曰。亂我家法。世淸其概。

裴·居敬　元河中人。字太簡。累官雲南行省參政。積學勵行。家蓄書至二萬餘卷。卒謚憲懿。

裴·承祖　明長陽人。洪武中以秀才異等拜監察御史。命同御史張亨等署都察院事。劾奏武定侯郭英。帝命議其罪。已而宥之。尋出爲浙江按察僉事。治獄平允。擢江西按察司使。

裴·政　隋之禮子。字德表。博聞強記。達於從政。仕梁。以軍功封夷陵侯。周師圍荊州。政見獲。周文以爲刑部下大夫。轉少司憲。參定周律。用法寬平。文帝受禪。累轉左庶子。爲襄州總管。有神明稱。卒官。

裴·旻　唐善劍舞。與李白歌詩張旭草書稱三絕。嘗與幽州都督孫佺北伐。爲奚所圍。旻舞刀立馬上。矢四集。皆迎刃而斷。奚大驚而去。後以龍華軍使守北平。北平多虎。旻善射。一日得虎三十一。有老父曰。此彪也。稍北有眞虎。遇之且敗。旻怒趨之。果遇虎。小而猛。據地大吼。旻馬辟易。弓矢皆墜。自是不復射。

裴·松之　南朝宋聞喜人。字世期。博覽墳籍。立身簡素。武帝領司州刺史。以松之爲州主簿。宋國初建。召爲太子洗馬。累轉中書侍郎。文帝使注陳壽三國志。松之鳩集傳記。廣增異聞。既成奏上。帝曰。裴世期爲不朽矣。出爲永嘉太守。勤恤民隱。吏民便之。後爲國子博士。進太中大夫。使續何承天國史。未及撰述而卒。有文論及晉紀。

裴·果　北周聞喜人。字戎昭。少慷慨有志略。魏太昌中爲平陽郡丞。從軍征討。每先登陷陣。以功授河北郡守。後從周文戰河橋及芒山。勇冠當時。補帳內都督。歷著戰功。累官隆眉復三州刺史。加使持節驃騎大將軍。封冠軍縣公。卒謚質。

裴·炎　唐聞喜人。字子隆。寬厚有奇節。舉明經及第。調露中爲中書令。中宗欲以后父韋玄貞爲侍中。炎固執不從。帝怒。炎因與武后謀。廢帝爲廬陵王。更立豫王爲皇帝。以定策功封永淸縣男。后已持政。稍自肆。炎嘗因事固爭。及徐敬業兵興。炎請歸政。后大怒。繫獄坐死。睿宗立。追諡忠。

裴玢 唐本疏勒王裔。後籍京兆。初事金吾將軍論惟明爲傔力。德宗在奉天。以戰功封忠義郡王。定何朝宗亂。累官山南西道節度使。爲治嚴毅。長遠權勢。不務貢奉。性儉約。倉庫完實。百姓安之。卒諡節。

裴知古 唐雍州人。善樂律。爲太樂丞。神龍初享太廟。樂作。知古密語萬年令元行沖曰。金石諧婉。將有大慶在唐室子孫。未幾。中宗復位。又能聽婚夕環佩之聲。知人夫妻終始。後卒於太樂令。

裴芬之 後魏叔業子。字文馥。性好施。篤愛諸弟。仕齊爲羽林監。入魏。以父勳封上蔡伯。爲東秦州刺史。在州有淸靜稱。後遷岐州刺史。爲隴賊所執。被害。

裴邵 晉楷從子。字道期。元帝爲安東將軍。以邵爲長史。王導爲司馬。二人相與爲深交。徵爲太子中庶子。隨東海王越出項。卒於軍中。及導爲司空。歎曰。裴道期在。吾不得獨登此位。

裴俠 北周解人。字嵩和。幼聰慧異常童。魏正光中解巾奉朝請。從孝武西遷。賜爵淸河縣伯。從戰沙苑。先鋒陷陣。以功進侯爵。後爲河北郡守。周文命俠別立。曰。裴俠淸愼奉公。爲天下最。衆中有如俠者。可與俱立。無敢應者。號獨立使君。孝閔時進公。累官工部中大夫。卒諡貞。

裴垍 唐聞喜人。字弘中。舉進士。補美原尉。累遷翰林學士·中書舍人。李吉甫罷相。拜中書侍郎·同中書門下平章事。器局峻整。人不敢干以私。諫官言得失。執政多忌之。惟垍獎勵使盡言。初垍爲學士時。引李絳·崔羣與同列。及相。又擢裴度知制誥。李夷簡御史中丞。皆踵躡爲輔相。號名臣。自宅選任。罔不精明。故元和之治。百度修舉。以病罷爲兵部尙書卒。

裴宣 後魏修弟。字叔令。通辯博物。早有聲譽。孝文初徵爲尙書主客郎。累遷益州刺史。甚得羌戎之心。性廉退。嘗奉表求解。宣武不許。乃作懷田賦以敍心。卒諡穆。

裴度 唐聞喜人。字中立。貞元進士。累遷司封員外郎。知制誥。田弘正獻魏博六州於朝。憲宗遣度宣諭。魏人懽服。淮蔡作亂。王師數不利。羣臣爭請罷兵。度力請討賊。帝復倚之。卽拜門下侍郎·平章事。督諸軍力戰。擒吳元濟。撫定其人。策勳封晉國公。入知政事。正色立朝。言無不盡。爲程异·皇甫鎛所構。罷爲河東節度使。穆宗卽位。入爲中書侍郎·平章事。旋爲李逢吉所間。罷爲山南西道節度使。寶曆中復入輔政。帝崩。定策誅劉克明等。迎立文宗。牛僧孺·李宗閔以度功高忌之。罷爲山南東道節度使。徙東都留守。時閹豎擅權。搢紳道喪。度不復有經濟意。乃治第東都。作別墅曰綠野堂。與白居易·劉禹錫觴詠其間。開成中拜中書令。卒諡文忠。度神觀邁爽。操守堅正。旣有功。名震四夷。以其用不用爲天下重輕。及卒。天下莫不思其風烈。

裴昭明 南齊顗子。少傳儒史之業。仕宋至祠部通直郎。武帝以爲始安內史。累遷安北長史·廣陵太守。歷郡皆有勤績。常曰。一身之外。夫復何須。子孫不才。我聚彼散。若能自立。不如一經。終身不治產業。中興中卒。

裴柔之 唐元稹妻。有才思。能詩。常與稹相唱和。（按柔之。各書皆作裴。惟雲溪友議作宣柔之。）

裴約 後唐潞州牙將。莊宗時爲澤州刺史。李繼韜以潞州留後叛降梁。攻澤州。約召其州人泣諭。衆皆感泣嬰城固守。城陷。死之。

裴冑 唐寬弟子。字胤叔。擢明經。佐李抱玉鳳翔幕府。抱玉劾貶桐廬尉。時李栖筠觀察浙西。取冑爲支使。代宗召栖筠爲御史大夫。引冑拜殿中侍御史。爲元載所惡。會栖筠卒。冑護喪歸。洛陽人爲危之。冑屹然不沮。元載誅。始拜刑部員外郎。累遷荊南節度使。時方鎭爭剝下希恩。中使至。斂公帑市歡。冑待之有節。餉直不數金。人以是稱之。卒諡成。

裴茂 後漢聞喜人。靈帝時歷縣令郡守尙書。建安初以奉使率導關中諸將討李傕有功。封列侯。

裴衍 後魏粲弟。字文舒。事親以孝聞。優於學識。兼有將略。仕齊位陰平太守。歸魏。歷建興河內二郡太守。廉貞寡欲。善撫百姓。人吏追思之。孝昌初討平安樂王鑒之亂。除相州刺史·北道大都督。封臨汝縣公。北討葛榮。軍敗見害。

裴迪 後梁聞喜人。字昇之。爲人明敏。善治財賦。精於簿書。太祖鎭宣武。辟節度判官。太祖用兵四方。留迪以調兵賦。王師範謀襲汴。迪密發其謀。極爲太祖所稱。累官右僕射。以司空致仕卒。

裴修 後魏駿子。字元寄。淸辯好學。孝文時歷位祕書中散·主客令。累遷中大夫。兼祠部曹事。職主禮樂。每有疑義。斟酌故實。咸有條貫。卒諡恭。

裴倩 唐稹子。字容卿。歷信州刺史。勸民耕田二萬畝。以治行賜金紫服。官至度支郎中。卒諡節。

裴倫妻 隋河東人。姓柳氏。少

有風訓。大業末倫爲渭源令。城爲賊所陷。倫遇害。柳氏自投於井。其女及兒婦相繼死。

裴庭裕 唐一作廷裕。聞喜人。字膺餘。乾寧中在內廷。文書敏捷。號下水船。官至右補闕。自宣宗以後。垂四十年。中原大亂。日曆起居注。不存一字。庭裕就所聞見。爲東觀奏記。司馬光作通鑑。多采其說。然亦不盡信之。

裴泰 明靈石人。景泰舉人。授博野知縣。行政一本慈恕。陞定州知州。置旌善記惡簿。嚴緝盜賊。時大同鈌餉。部檄令定民京倉挽運。泰上議請由紫荆關直抵大同。當道韙之。在博野請祀二程。定州改正韓魏公祠。其雅重文教類如此。

裴矩 隋訥之子。字弘大。好學。有文藻智數。仕北齊。補高平王文學。入隋。累遷吏部侍郎。時西域諸國至張掖互市。煬帝令矩護視。矩知帝勤遠略。乃訪諸商胡國俗山川險易。撰西域圖記三篇奏之。且言胡多環寶易吞併。帝由是甘心四夷。委矩經略。遂破吐谷渾。拓地數千里。及與帝定征遼之議。王師再臨遼。皆從行。以勞加右光祿大夫。後從帝幸江都。以忤旨解職。宇文化及僭位。以爲河北道安撫大使。旋爲竇建德所得。建德敗。歸唐。累遷民部尚書。卒諡敬。

裴航 唐長慶中秀才。下第。維舟襄漢。遇雲翹樊夫人。使其婢裊烟貽詩一絕。夫人答詩云。一飲瓊漿百感生。玄霜搗盡見雲英。藍橋便是神仙路。何用崎嶇上玉京。後航經藍橋驛。求漿於老嫗。航飲之。眞玉液也。見一女名雲英。姿容絕世。願納禮娶之。嫗曰。昨有神仙與藥一刀圭。須得玉杵臼搗之。欲娶此女。必以此爲聘。航求獲玉杵臼。爲搗藥百日。乃得娶雲英而仙去。雲翹夫人。雲英姊。劉綱妻也。

裴茙 唐以蔭爲京兆司錄參軍。來瑱鎭陝州。引爲判官。移襄州。又爲行軍司馬。遇之甚厚。及瑱私漢上。茙欲得其處。密表奏聞。代宗欲倚以圖瑱。密詔茙爲襄州刺史。而茙性輕褊少謀。師興。給用無節。時瑱亦奉詔依舊任。兵敗。爲瑱所擒。朝旨務安漢南。乃歸咎於茙。流費州。至藍田賜死。

裴虔通 隋河東人。累從隋煬帝征役。官至通議大夫。與司馬德戡同謀作亂。執帝於西閣。宇文化及以爲光祿大夫。令鎭徐州。化及敗。歸唐。授徐州總管。轉辰州刺史。封長蛇男。尋以隋朝弒逆之罪。除名。徙嶺表死。

裴冕 唐河東人。字章甫。以蔭再調渭南尉。歷殿中侍御史。明銳果於事。衆號稱職。玄宗入蜀。拜御史中丞。從肅宗至靈武。與杜鴻漸等勸進。拜尚書右僕射。兩京平。封冀國公。性豪侈。自製巾子甚工。人爭效之。號僕射巾。後以罪降施州刺史。代宗時復拜左僕射。同中書門下平章事卒。

裴堅 五代吳越光庭子。字延實。幼明敏善屬文。及長。有知人之鑒。歷事錢元瓘。錢宏佐。錢俶。多善政。累官中書令。拜丞相。卒諡文憲。

裴寂 唐桑泉人。字玄眞。隋大業中爲侍御史。晉陽宮副監。雅與高祖厚善。秦王世民建大計。因寂以白高祖。起義兵。及高祖即位。累遷尚書左僕射。賜與甚厚。貴震當世。呼爲裴監而不名。寂無他才。討賊數敗。帝待遇如初。尋册拜司空。坐事放靜州。以破山羌功召還卒。

裴祥 北周俠子。性忠謹。有理劇才。少爲成都令。清不及俠。而斷決過之。後除長安令。爲權貴所憚。終司倉下大夫。

裴紹宗 明裴孫。字伯修。正德進士。除海門知縣。武宗南巡。受檄署江都事。權倖憚之。供億大省。世宗即位。召入爲兵科給事中。立朝正直。尋以伏闕爭大禮。受杖卒。

裴莊 宋閩中人。字端己。爲高陵主簿。曾德驤稱其有守。遷太子中允。端拱初通判眞定。累遷祠部郎中。至光祿卿卒。莊有吏幹。好爲規畫。慷慨敢言。太宗獎其忠讜。多聽納。晚年喜接賓客。終日無倦。

裴莊伯 後魏敬憲弟。字孝夏。器度閑雅。文筆與敬憲相亞。臨淮王彧引爲記室參軍。聞兄疾徑歸。以侍疾憔悴病卒。永安中追諡獻。

裴訥之 北齊謀之弟。字士言。純謹有局量。弱冠爲平原公開府墨曹掌書記。從至并州。其母在鄴。忽病心痛。訥之是日不勝思慕。心亦驚痛。乃請急而還。當時以爲孝感。文宣踐阼。累轉太子舍人。免官卒。

裴斐 明渭南人。字成章。性聰敏好學。正統舉人。授御史。立朝有風采。出按遼陽。將領振肅。士卒悅服。官終按察司僉事。

裴景融 後魏叔義子。字孔明。篤學好屬文。舉秀才。射策高第。元象中儀同高岳以爲錄事參軍。卑退廉謹。無競於時。弟景龍。景顏被劾廷尉獄。景融亦被彈免官。病卒。

裴景鸞 北齊延儁從子。與弟景鴻並有逸才。河東呼景鸞爲驥子。景鴻爲龍文。景鸞任華州刺史。景鴻和夷郡守。

裴植 後魏叔業兄子。字文遠。少好學。尤長釋典。隨叔業在壽春。叔業卒。寮佐共舉植監州。納魏軍。詔以植爲兗州刺史。入爲大鴻臚卿。尋除揚州大中正。再遷度支尚書。志意驕滿。嘗謂人曰。非我須尙書。尙書亦須我。及入參議論。時對衆官面有譏毀。侍中于忠嫉成其罪誅之。

裴・湘 宋愈子。字楚老。仁宗朝內臣。帝御便殿。試進士詩。亦命湘賦之。數刻而成。帝嗟賞。左右爲之動色。有肯堂集。

裴・琰之 唐聞喜人。永徽中爲同州司戶參軍。年甚少。吏白積案數百。書決一日畢。名動一州。號霹靂手。後爲永年令。有惠政。官終倉部郎中。

裴・開 前燕嶷從子。字士先。仕慕容廆爲車騎司馬。才略深遠。屢進奇策於廆。事多納用。尋轉軍諮祭酒。

裴・愈 宋字益之。眞宗朝內臣。奉命至江南搜訪遺書名畫。歸奏稱旨。用是累居三館。以聞識自任。

裴・敬憲 後魏宣子。字孝虔。學博才淸。滯於榮利。舉秀才高第。除太學博士。工草隸。解音律。五言之作。獨擅於時。世有德於鄉。賊過其宅。輒相約不犯。卒諡文。

裴・敬彝 唐子通曾孫。七歲能文章。宗族重之。號甘露頂。年十四。詣巡察使唐臨訟父冤。臨命作賦。賦工。臨表於朝。補陳王府典籤。一日。忽泣涕謂左右曰。大人病。吾輒心痛。今心悸而痛。事叵測。乃請急歸。而父已卒。羸毀逾禮。乾封初累遷太子左庶子。武后時爲酷吏所陷。死嶺南。

裴・楷 晉徽子。字叔則。弱冠知名。尤精老易。美容儀。時稱爲玉人。武帝爲撫軍。以楷參軍事。時吏部郎闕。文帝問其人於鍾會。會曰。裴楷清通。王戎簡要。皆其選也。於是以楷爲吏部郎。武帝登阼。拜散騎侍郎。累遷侍中。與楊駿婚親。不阿附。及駿誅。封臨海侯。爲中書令。與張華・王戎並管機要。性寬厚。與物無忤。亦淡退不樂處勢要。卒諡元。

裴・瑗 後魏延儁族人。字珍寶。少孤貧。清苦自立。爲汝南王悅郎中令。夙夜恭勤。爲悅所愛賞。孝靜時卒於雍州刺史。

裴・瑜 後漢河東人。字稚璜。聰明敏達。觀物無滯。史弼爲河東太守。以舉孝廉忤中常侍侯覽。被檻車徵。瑜以前孝廉送至崤澠之間。大言於道旁曰。明府摧折虐臣。選德報國。如其獲罪。足以垂名竹帛。願不憂不懼。弼曰。昔人刎頸。九死不恨。瑜後位至尙書。

裴・粲 後魏植弟。字文亮。沈重善風儀。性好釋學。親昇講座。風韻可重。孝武初累官驃騎大將軍・膠州刺史。時耿翔寇亂三齊。粲唯高譚虛論。不事防禦之策。翔乘其無備。襲殺之。

裴・肅 隋祥弟。字神封。貞亮有才藝。仕周至御正下大夫。開皇中授膳部侍郎。歷朔州總管長史・貝州長史。俱有能名。見太子勇廢黜。上書請復。帝徵肅入朝。煬帝嗣位。謫永平郡丞。甚得夷人心。歲餘卒。夷獠爲之立廟。◎唐濟源人。貞元時爲浙東觀察使。劇賊栗鍠誘山越爲亂。陷州縣。肅引兵破擒之。自記平賊一篇上之。德宗嘉美焉。

裴・翛然 唐父思訓官迎州刺史。翛然爲人詼諧強學。不成一名。好詩酒。善丹青絲竹。隱於黃冠以終。

裴・詵 前秦解縣人。仕晉爲太常卿。避地涼州。苻堅克河西。詵與兄子憧自河西歸。復居解縣洗馬川。號洗馬裴。憧仕秦爲大鴻臚。

裴・詢 後魏修子。字敬叔。美儀貌。多藝能。音律博弈。咸所開解。明帝時尙太原長公主。除散騎常侍。時本邑中正闕。司徒召詢爲之。詢以讓其族叔昞。時論善之。武泰中以七兵尙書兼侍中。於河陰遇害。諡貞烈。

裴・遐 晉綽子。善言玄理。嘗與河南郭象談論。一坐嗟服。又嘗在平東將軍周馥坐。與人圍棊。馥司馬行酒。遐未卽飲。司馬醉怒。因曳遐墮地。遐徐起還坐。顏色不變。其性虛和如此。東海王越引爲主簿。後爲越子毗所害。

裴・徫度 淸曲沃人。字晉式。號香山。工詩文。善書繪及音律之學。納貲爲部曹。雍正時官江西巡撫。擢左都御史卒。

裴・漢 北周寬弟。字仲霄。操尙弘雅。聰敏好學。除大丞相府士曹行參軍。轉墨曹。理識明贍。斷決如流。相府爲之語曰。日下粲爛有裴漢。天和中加車騎大將軍・儀同三司。時晉公護擅權。搢紳詔附。漢直道自守。故八年不徙職。建德初卒。

裴・漼 唐琰之子。舉明經。累官監察御史。時崔湜・鄭愔坐姦贓。詔漼按訊。而安樂公主・上官昭容爲阿右。漼執正其罪。天下稱之。累進中書舍人。睿宗當旱造金仙玉眞二觀。漼上書力諫。開元中拜吏部侍郎。甄拔士爲多。擢吏部尙書。卒諡懿。

裴・滿后 金達女。熙宗立爲后。干預政事。無所忌憚。帝內不能平。左丞相亮生日。帝遣大興國賜以禮物。后亦附賜。帝怒。杖興國。而奪回所賜。海陵因之疑畏愈甚。久之帝積怨。遂殺后。及海陵篡立。諡后曰悼。大定間加諡曰悼平。

裴・滿亨 金臨潢府人。本名河西。字仲通。章宗時累官河南北路按察使。性謹密。出入宮禁數年。讜議忠言。多所裨益。所歷州郡。皆有政績可紀。

裴滿・胡喜 金桓赧散達大會諸部來攻。世祖使胡喜率大紫騮馬以爲武。馬馳至陣。身爲軍鋒。突入敵陣。大敗之。

裴・滿・達　金婆盧木部人。本名忽撻。爲人淳直孝友。天輔中從蒲家奴追叛寇於鐵呂川。力戰有功。熙宗娶其女爲后。皇統初除會寧牧。海陵弒熙宗。封達爲王。

裴・綽　晉楷弟。字季舒。器宇宏曠。官至黃門侍郎。長水校尉。

裴・綸　明璉子。字景宜。永樂進士。廷試第三。與劉球善。嘗忤王振。振以他事中球罪而撫綸不得朝謁。英宗一日顧問曰。翰林白面裴綸何在。振始不敢加害。景泰初外補山東右藩。劾罷鎭守太監覃廣。卒諡文僖。

裴・奭　明杭人。字師召。能詩。尤工畫竹。

裴・寬　北周聞喜人。字長寬。博涉羣書。釋褐員外散騎侍郎。魏孝武西遷。寬謂諸弟曰。今天子西幸。理無東面以虧臣節。乃將家屬避難於大石嶺。獨孤信鎭洛陽。始出爲。大統中授都督同軌防長史。與東魏戰被擒。齊文襄厚遇之。卒遁歸。周文以疾風勁草稱之。授持節帥都督。封夏陽縣男。後爲沔州刺史。沒於江左。◎唐漼從祖弟。性通敏。工騎射彈棋投壺。尤善畫。舉拔萃科。歷仕藩鎭。天寶中由范陽節度使入爲戶部尚書。兼御史大夫。裴敦復平海賊。廣張功簿。寬密白其妄。李林甫媒孽之。坐貶睢陽太守。後入爲禮部尚書卒。寬爲政務清簡。所蒞人愛之。天寶間稱舊德。以寬爲首。

裴・慶孫　後魏聿從父兄子。字紹遠。釋褐員外散騎侍郎。正光末汾州吐京胡亂。詔慶孫爲募人別將討之。每摧其鋒。明帝立邵郡。以慶孫爲太守。時爾朱榮死。世隆擁衆北渡。詔慶孫爲大都督。率衆進擊。慶孫密與世隆通。事洩被斬。慶孫任俠有氣。鄉曲壯士多相依附。愛好文流。與諸才士相交結。輕財重義。爲時所稱。

裴・樞　唐向孫。字紀聖。咸通進士。昭宗時以散騎常侍爲汴州宣諭使。樞素與朱全忠相結納。故全忠聽命。修貢獻不絕。以全忠力。拜門下侍郎。平章事。哀帝嗣位。柳璨方用事。全忠以牙將張廷範爲太常卿。樞持不可。全忠殺之。

裴・潛　三國魏茂子。字文行。避亂荆州。劉表待以賓禮。武帝定荆州。以潛參丞相軍事。後爲代郡太守。烏丸王及其大人凡三人。各自稱單于。專制郡事。潛撫之以靜。單于以下。悉還所略財物。在代三年。百姓歸心。明帝時封清陽亭侯。歷官尚書令。爲人材博有雅。清省恪然。世稱其潔。卒諡貞。

裴・濟　唐聞喜人。篤學善隸書。元和初爲左補闕。會伐蔡。以中人領使。濟諫以爲內人及外事。亂職分。帝嘉其忠。擢起居舍人。憲宗喜方士。濟極諫。貶江陵令。穆宗立。召還。累官兵部侍郎。卒諡敬。

裴・璉　明監利人。字汝器。洪武間知劍州。歷浙江江西僉事。執法不撓。被誣去。尋起爲御史。以平寇功陞河南副使。改刑部主事。歷侍郎。忤旨出知涪州。卒於家。

裴・積　唐光庭子。以蔭仕。累遷起居郎。開元末壽王瑁以母寵欲立爲太子。積陳申生・戾園禍以諫。玄宗改容謝之。詔授給事中。積曰。陛下絕招諫之路。爲日滋久。今臣一言而荷殊寵。則言者將衆。何以錫之。帝善其讓。止不拜。俄授祠部員外郎卒。

裴・諏之　北齊讓之弟。字士正。少好儒學。釋褐太學博士。嘗從常景借書百卷。十許日便還。景疑其不能讀。每卷策問。應對無遺。景歎曰。應奉五行俱下。禰衡一覽便記。今復見之於裴生矣。楊愔闔門改葬。託諏之頓作十餘墓志。文皆可觀。獨孤信入據金墉。以諏之爲開府屬。號曰洛陽遺彥。信敗。諏之居南山。後爲周文帝大行臺倉曹郎中卒。

裴・諗　唐識弟。有文名。藉蔭累官工部侍郎。宣宗思度勳望。故待諗有加。後爲太子太師。封河南郡公。黃巢盜國。迫以官。不從。遇害。

裴・頠　晉秀子。字逸民。弘雅有遠識。惠帝時爲國子祭酒。兼右軍將軍。以誅楊駿功封武昌侯。奏修國學。刻石寫經。累遷尚書。每授一職。殷勤固讓。博引古今成敗以爲言。進尚書左僕射。專任門下事。頠患時俗浮虛。著崇有論以釋其蔽。後爲趙王倫所害。惠帝反正。追諡成。

裴・憲　晉瓚弟。字景思。少而穎悟。好交輕俠。及弱冠。更折節嚴重。修尚儒學。初侍講東宮。歷黃門・吏部郎。王浚承制以爲尚書。永嘉末浚爲石勒所破。棗嵩等莫不謝罪軍門。惟憲恬然私室。勒素重其名。待以賓禮。署從事中郎。出爲長樂太守。後爲光祿大夫・司徒・太傅。在朝玄默。未嘗以物務經懷。但以德重名高。動見尊禮。竟卒於石氏。

裴・皞　後唐河東人。字司東。少好學。唐光化中舉進士。歷仕梁唐。至禮部侍郎。高祖時爲工部尚書。以右僕射致仕卒。皞以文學在朝廷久。宰相馬胤孫・桑維翰皆皞所取士。維翰已作相。嘗過皞。皞不迎送。人問之。曰。我見桑公於中書。庶僚也。桑公見我於私第。門生也。何迎送之有。人亦以爲當。

裴・諝　唐寬子。字士明。擢明經。歷考功郎中。代宗幸陝。諝徒步扶南曹印赴行在。帝嘉其忠。爲元載所惡。

拜河東租庸鹽鐵使。累遷右金吾將軍。德宗新卽位。以刑名治天　。時大行將葬陵事。禁屠殺。郭子儀家奴宰羊。諝列奏。人以不庇社稷臣爲問。諝曰。尙父方貴盛。上必謂黨附者衆。今發其細過。以明不恃權安大臣耳。嘗惡法吏舞文。獻獄官箴以諷。畫山水極有思致。後至河南尹卒。

裴・謀之 北齊讞之弟。字士令。少有風格。邢邵每云我裴四。武成爲開府。辟爲參軍。掌書記。

裴・謁之 北齊讞之弟。字士敬。少有志節。好直言。文宣末年昏縱。謁之上書正諫。言甚切直。文宣將殺之。白刃臨頸。辭色不變。楊愔救之。乃遣出。齊亡。卒於獲嘉令。

裴・遵 後漢雲中人。爲燉煌太守。從光武平隴蜀有功。後徙河東安邑。

裴・遵慶 唐聞喜人。字少良。幼強學。該綜圖傳。始爲大理丞。全救役夫論逝者數十族。擢吏部員外郎。判南曹。詳而不苛。世稱吏事第一。肅宗時累遷尙書右僕射。知選事。每薦賢有來謝者。輒以爲恥。諫疏皆焚其稿。大曆中卒。

裴・遼 宋工畫山水。兼善繪牛。

裴・駰 南朝宋松之子。字龍駒。仕至南中郎參軍。嘗採九經諸史幷漢書音義。著史記集解一百三十卷。所引證多先儒舊說。

裴・嶷 前燕聞喜人。字文冀。清方有幹略。仕晉至昌黎太守。後歸慕容廆。時諸流寓之士。見廆草創。並懷去就。嶷首定名分。爲羣士啓行。廆悅之。以爲長史。委以軍國之謀。及悉獨官寇逼城下。廆用嶷策。遂陷寇營。威德甚振。官至樂浪太守。

裴・徽 三國魏潛弟。字文季。高才逸度。善言玄理。時傅嘏善名理而荀粲尙玄遠。每至共語。相爭而不相諭。徽於其間。釋二家之義。通彼此之懷。常使兩情皆得。仕至冀州刺史。

裴・應章 明清流人。字元闇。隆慶進士。歷兵科都給事中。數有論奏。號稱職。鄖陽兵變。以右副都御史往撫。戮其渠魁。宥脅從。亂遂定。仕至南京吏部尙書。有懶雲居士集。

裴・濟 宋聞喜人。字仲溥。耀卿八世孫。由太原鎭將歷知鎭定二州。威績甚著。咸平初領順州團練使。知靈州。至州二年。謀緝八鎭。興屯田之利。民甚賴之。清遠軍陷。夏人大集。斷饟道。孤軍援絕。城陷。死之。

裴・蘊 隋忌子。仕陳。歷直閤將軍・興寧令。以父在北。陰奉表於文帝。請爲內應。陳平。超授開府儀同三司。煬帝時爲太常少卿。時帝好聲色。蘊奏括天下周齊梁陳樂家子弟。皆爲樂戶。其六品已下。有善音樂及倡優百戲者。皆直太常。自是異技淫聲。咸萃樂府。累擢御史大夫。與裴矩・虞世基參掌機密。候伺人主微意。鍛鍊刑獄。順意輕重。引致姦黠。共爲朋黨。進位銀青光祿大夫。及司馬德戡爲亂。遂見殺。

裴・隱 唐臨湘人。字逸人。居白馬磯。與李白相友善。官侍御。掛冠歸。鼓琴自娛。白亦常與倡和賓處。

裴・駿 後魏聞喜人。幼聰慧。親表稱爲神駒。因以爲字。弱冠通涉經史。方檢有禮度。蓋吳作亂於關中。來襲聞喜。駿率鄉豪奔赴之。太武親討蓋吳。嘉駿忠義。補中書博士。崔浩亦深器駿。目爲三河領袖。後轉中書侍郎。卒諡康。

裴・邃 梁聞喜人。字淵明。十歲能屬文。善左氏春秋。天監中爲廬江太守。征邵陽洲。以功封夷陵縣子。遷廣陵太守。歷北梁・秦・豫三州刺史。普通中以宣毅大將軍督衆北伐。卒於軍中。諡烈。邃深沈有志略。爲政寬明。居身方正有威重。及卒。淮肥之間。莫不流涕。◎北周聞喜人。性方嚴。爲州里所推挹。大統中東魏來寇。邃糾合鄉人。分據險要以自固。及李弼略地東境。邃爲之鄉導。多所降下。文帝嘉之。封澄城縣子。卒於正平郡守。

裴・贊 唐坦從子。字敬臣。及進士第。累擢刑部尙書。昭宗引拜中書侍郎・同中書門下平章事。以風檢著。尋以司空致仕。爲朱全忠所害。

裴・邈 晉頠從弟。字景聲。少有通才。頠器賞之。歷太傅從事中郎・左司馬・監東海王軍事。

裴・懷古 唐壽春人。儀鳳中補下邽主簿。頻遷監察御史。詔爲姚嶲道討擊使。申明誅賞。叛者日歸。遂定南方。蠻人立石著功。從閻知微使突厥。默啜欲官之。懷古不肯拜。囚軍中。亡歸。遷祠部員外郎。歷桂幷幽等州都督卒。懷古清介審愼。馭士信。臨財廉。爲時名將。

裴・識 唐度子。字通理。性敏悟。推蔭補京兆參軍。宣宗時爲涇原節度使。治保障。整戎器。開屯田。立限戍邊。將士歲限滿者代。親七十就近戍。由是人人感悅。徙鳳翔・忠武・天平・邠寧・靈武等軍。加尙書左僕射。所莅皆有可述。卒諡昭。

裴・顗 南齊昭明從弟。字彥齊。少有異操。宋泰始中劉秉用爲參軍。昇明末爲奉朝請。齊臺建。世子裴妃須外戚譜。顗不興。遂分籍。高帝受禪。以謗被殺。

裴・巖 唐壽春人。舉賢良方正。策第一。拜拾遺。遷駕部郎中。知制誥。太和中以太常少卿權京兆尹。強幹不阿貴勢。後爲翰林學士。

裴・耀卿 唐子餘弟。字煥之。擢

童子舉。歷仕州縣。皆有惠政。開元中遷京兆尹。請廣漕運以實關輔。幷陳留倉納租水陸易道轉運諸便宜。玄宗然其計。拜黃門侍郎。同中書門下平章事。充轉運使。三年。積粟七百萬石。省運費三十萬緡。或勸以此緡納於上。耀卿曰。以國財求寵可乎。敕吏爲和市費。天寶初進尚書左僕射。卒諡文獻。

裴·寰 明澤州人。正德進士。歷官通政使參議。終山東副使。篤學博才敏。有滁陽·薊門等集。

裴·瓚 晉楷子。字國寶。官中書郎。風神高邁。特爲王綏所重。每從其游。綏父戎謂之曰。國寶初不來。汝數往何也。對曰。國寶雖不知綏。綏自知國寶。楊駿之誅。爲亂兵所害。

裴·讓之 北齊佗長子。字士禮。清明俊辯。早得聲譽。魏天平中舉秀才。對策高第。累遷主客郎中。省中語曰。能賦詩。裴讓之。歷文襄大將軍主簿。兼中書舍人。容儀醞藉。文襄目爲佳舍人。齊受禪。以參掌儀注封寧都縣男。除清河太守。姦吏斂迹。盜賊清靖。侍中高德政舊與讓之不協。勸其受禪之時。眷意魏朝。嗚咽流涕。遂賜死。

裴·讞之 北齊讓之弟。字士平。七歲便勤學。早知名。累遷司徒主簿。儀曹郎。尤悉歷代故事。儀注喪禮。皆能裁正。爲許昌太守。賓客過郡。出私財供給。𣣈賦於民。去日爲吏人所懷。齊亡仕周。卒於伊川太守。

誠慧 後唐高僧。靈丘李氏子。從法順和尚披剃。嘗誦華嚴於李牛谷。有五六儒服者來坐聽。或持異花鮮果而獻。怪問之。答曰。某神仙也。願充執侍。誠慧捨而他適。同光初莊宗製書幷紫衣賜之。固辭不受。壽八十卒。諡法雨大師。塔號紫雲。

豪格 清太宗第一子。英毅多智略。從征蒙古·董夔·察哈爾·鄂爾多斯諸部功最。授貝勒。晉封和碩肅親王。世祖時平陝西。整兵入蜀。擊斬張獻忠。蜀寇悉平。後爲多爾袞所構陷。下獄死。

賓牟·賈 春秋魯人。侍坐於孔子。孔子問樂。賈答焉。爲孔子所許。又以所答之事。猶有未明。更請問於孔子。

賓·起 周景王庶子。字孟。王子朝之傅。朝有寵於王。王與起說之。欲立之。劉獻公之庶子伯蚡。事單穆公。惡起之爲人。欲殺起而逐朝。起適郊。見雄雞自斷其尾。問之侍者。曰。自憚其犧也。遽歸告王。且曰。雞其憚爲人用乎。人異於是。犧者實用人。人犧實難。己犧何害。王弗應。及王卒。伯蚡立王子猛。攻起而殺之。

賓·須無 春秋齊大夫。桓公時賢臣。

賓·禮慶 明德州人。永樂中任永州推官。公平寬大。訟者至庭下。以禮義諭之。使自悔悟。人多感化。獄無繫囚。時稱良吏。

賓·繼學 明平南人。正統舉人。歷文選司主事。廉介不阿。銓法一清。尚書王翺器重之。

赫臣 清滿洲正黃旗人。姓伊爾根覺羅氏。天命初征烏拉有功。奉使葉赫。抗節不屈。

赫·奕 明鄖縣人。嘉靖舉人。萬曆間任龍安知府。以平番酋功。陞廣東布政使。未任卒。

赫胥氏 上古帝王。其民鼓腹而游。含哺而嬉。莫知作善而作惡。(一說。有赫然之德。使民胥附。故曰赫胥。蓋炎帝也。)

赫特赫訥 清滿洲鑲黃旗人。駐防杭州。字藕香。道光進士。官至江蘇督糧道。未之官。咸豐中隨將軍瑞昌守駐防營城。克復杭州。留辦軍務。杭城再陷。巷戰陣亡。闔門自焚。有白華館詩存。

赫·崇德 明綏德人。諸生。明亡。聞僞官入城。即具衣冠自縊於文廟。爲門斗救免。拔至學宮。觸柱而死。

赫連·子悅 北齊勃勃後。字士欣。文襄時除鄭州刺史。治爲天下最。入爲都官尚書。鄭州民八百餘。請立碑頌德。後以本官兼吏部。子悅在官。唯以清勤自守。既無學術。又闕風儀。人倫清鑒。去之彌遠。一旦居銓衡之首。大招物議。由是除太常卿卒。

赫連·定 五胡夏昌弟。字直獪。凶暴無賴。昌既敗。定奔平涼。自稱尊號。改元勝光。魏太武親率輕騎襲平涼。定方陳自固。太武四面圍之。定衆潰。定單騎遁走。收其餘衆。西保上邽。魏神䴥中爲吐谷渾慕璝所襲。擒定送京師。伏誅。定在位四年。國亡。

赫連·昌 五胡夏勃勃子。一名折。字還國。既僭位。改元永光。魏太武聞勃勃死。諸子相攻。關中大亂。以輕騎襲之。師至。上下驚擾。昌出戰。大潰。不及入城。奔上邽。遂克其城。後侍御史安頡擒昌。太武使古弼迎至京師。給以乘輿之副。又詔昌尚始平公主。封秦王。坐謀反伏誅。昌在位四年。

赫連·勃勃 五胡夏匈奴右賢王去卑之後。劉淵之族。字屈孑。父衛辰爲西單于。爲魏所殺。國亡。勃勃仕秦姚興。鎮朔方。既而叛秦。託大夏之裔。稱大夏天王。劉裕入長安。以內患南歸。留子義眞守之。勃勃伐義眞。大破之。入長安。僭稱皇帝。都統萬。其先本姓鐵弗。北人謂父爲鮮卑。母爲鐵弗也。後取徽赫與天連之義。改姓赫連。勃勃性凶暴。殺人無算。宋元嘉二年卒。在位十九年。年號龍昇·鳳翔·昌武·眞興。卒諡武烈。（按勃勃。南朝謂之佛佛。卽勃勃之轉音也。）

赫連·達　北周盛樂人。勃勃後。字朔周。剛鯁有膽力。少從賀拔岳征討有功。賜爵長廣鄉男。及岳被害。迎宇文泰匡復秦隴。後復弘農。戰沙苑。皆有功。武帝初爲大將軍·夏州總管。廉儉仁恕。進爵樂川郡公卒。

赫連·韜　唐漳浦人。會昌咸通間布衣。祭酒黃滔稱其有不羈之才。而自坎於命。與莆田陳黯·王肱·蕭樞·林顥。福州陳蔇·陳發·詹雄齊名。時稱八賢。

赫連·鐸　唐本吐谷渾部酋。開成中其父率種人三千帳自歸。守雲中。李克用攻之。鐸奔李匡威。遂失其地。

赫德　清英國人。字樂彬。一字鷺賓。咸豐間爲駐華領事。清廷延爲海關總巡。光緒間陞總稅務司。請創辦郵政。歲省驛站費甚巨。拳匪之亂。助南省大吏與各國領事議立保護東南之約。授太子少保。宣統間回英。旋卒。

赫·瀛　明濬縣人。萬曆進士。爲蘇州推官。遷御史。官至大理寺丞。居官清要。巡方所至。彈劾不避權貴。

趙·一清　清昱子。字誠夫。國子監生。學於全祖望。著水經注釋及刊誤。最稱精審。又有東潛文鈔。

趙·一漁　清鄞人。字更深。性閒曠。善琴。工畫山水。

趙·一德　元新建人。至元中被俘至燕。爲鄭留守家奴。歷三十年。忽泣拜請於其主。欲歸視父母。許之。至家父兄已沒。惟母在。年八十餘。一德葬父兄畢。如期而還。主歎其孝。卽縱之。將辭歸。會主人以冤被誅。羣奴各亡去。一德獨留。爲訴枉得雪。主家分以田廬。一德不受而歸。皇慶初旌其門。

趙·一韓　明巢縣人。字如勃。萬曆進士。司李九江。時中璫收稅恣橫。痛繩以法。視権蕪關。著廉聲。

趙·九成　明鄞人。諸生。被誣。爲督學所黜。以棋遊京師。孝宗御燕殿。召九成試之。累壓流輩。所行算多出古棋譜外。稱爲國手。命供御。官鴻臚。

趙·上交　宋范陽人。本名遠。避漢祖諱。以字行。美風儀。善談論。負才任氣。爲鄉里所推。後唐同光中歷涇秦二鎭州節度判官。入晉爲御史中丞。彈劾無所避。歷漢周。累拜吏部侍郎免官。宋初起爲尙書右丞卒。上交所莅官。以幹聞。當時稱有公輔器。尤好吟詠。有集二十卷。

趙·士安　宋宗室。工畫墨竹。

趙·士亭　明晉江人。字應嘉。元季隱九峯山。居父母喪。廬墓終制。洪武初以人材薦。授河舶官。尋引疾去。

趙·士表　宋宗室。善畫山水墨竹。

趙·士春　明用賢孫。字景之。崇禎進士。授編修。楊嗣昌奪情。復謀入閣。士春抗疏劾之。忤旨。謫布政司照磨。後復官。終左中允。

趙·士衎　宋宗室。號花一相公。長著色山水。宣和初進畫。特轉一官。

趙·士嵲　宋太宗五世孫。字仰夫。以廕累轉太子率府副率。建炎初隆祐太后幸洪州。敵奄至。百司散走。士嵲負二帝御容以走。遇潰兵。欲聚爲盜。士嵲出御容示之。曰盜不過求食。爲朝夕計耳。孰若仰給州縣。衆聽命。乃走謁太后虔州。會虔民作亂。士嵲復請太后肆赦。事遂定。遷右監門衛大將軍·惠州防禦使卒。

趙·士晤　宋允讓曾孫。字公美。弱冠爲貴州團練使。從徽宗北遷。次洺州東。諸宗室議欲遁還據城。事泄。爲金人所圍。皆亡走。士晤趨磁州。招集義兵解洺圍。力戰破之。入城守禦。飛大砲碎其攻具。以計生得其首領。敵乃解圍去。終平海軍承宣使。遷節度使。未拜而卒。諡忠靖。

趙·士腆　宋宗室。官武節郞。工畫。所繪寒雲晴浦。得雲煙晦明之狀。甚有思致。間作寒禽竹石。

趙·士暕　宋宗室。字明發。元符初試宗室藝業。賜進士出身。工畫。少好學。喜爲詩文。書學米芾。

趙·士跋　宋士隆弟。靖康末爲右監門衛大將軍·吉州團練使。金人驅宗室北行。士跋由間道遁去。居邢州。結土豪將舉事。事泄。爲金人所害。諡忠果。

趙·士晴　宋太宗之後。從徽宗北遷。乘間變姓名。落髮衣僧衣以行。抵會稽。扈駕循幸。以覃恩轉千牛衛將軍。奉朝請卒。

趙·士雷　宋宗室。字公震。仕至襄州觀察使。善畫。所繪溪塘飛鳥。有詩人思致。作花竹。多在風雪荒寒中。山水人物。尤清雅可愛。

趙·士隆　宋太宗之後。字景曦。累遷淮南西路鈐轄。擊走劇賊丁一箭。詔遷三官。除東路鈐轄。郡盜李成寇淮南。圍九江。與守將捍禦百餘日。城中食盡。守將委去。士隆獨死守。城陷。衆號呼言無殺我趙鈐轄。賊義之。授僞安撫使。士隆陰裂帛以書寄示諸子。遂仰藥而卒。

趙·士選　明隨州人。崇禎時流寇至。士選同父避難峯義寨。父被執。士選願以身代。賊遂釋其父。而執士選至黃州。尋得釋。

趙·士駿　明鄞人。字西星。輯有增定灣圃芊紀。采摭頗詳。

趙·士㒟　宋宗室。字立之。好學善屬文。歷同知大宗正事。時康王建大元帥府。士㒟請於孟太后。奉王承大統。從之。黃潛善等用事。士㒟論其誤國。苗傅·劉正彥作亂。士㒟貽書張浚·呂頤浩。趣其勤王。事平。累遷開府儀同三司。判大宗正事。後以數言事忤秦檜。岳飛被誣。士㒟以百口保之。檜大怒。奪官。謫居於建。凡十二年而卒。

趙士麟　【清】河陽人。字麟伯。康熙進士。由平遠推官補容城知縣。有聲。累擢浙江巡撫。代民償旗兵債。頌聲雷動。官至吏部左侍郎。生平於濂洛關閩之學。身體力行。每闡發必有奧義。有綵衣集·敬一錄·讀書堂法帖。

趙大亨　【宋】趙伯駒·伯驌之皂隸。時人以其肥偉。目爲趙大漢。自恥其俗。因名大亨。善畫。能亂兩人之眞。多靑綠山水神仙故實。

趙大訥　【元】元儼之後。徙居浦江。字敬叔。官至婺州路同知。有金石竹帛遺文。

趙大鯨　【清】仁和人。字横山。別字學齋。雍正進士。官至左副都御史。以終養乞歸。掌敎數文書院。汲引後學。孜孜不倦。工詩。書法秀勁。得趙董遺法。

趙子　【漢】河內人。事燕韓嬰受詩學。以授同郡蔡誼。誼授食子公與王吉。子公授泰山栗豐。吉授淄川長孫順。由是韓詩有王食長孫之學。

趙子厚　【宋】宗室。善畫小山叢竹。

趙子砥　【宋】宗室。仕至鴻臚丞。隨二帝北遷。後遁歸。高宗召問。復故官。命知台州卒。子砥在金。嘗密刺其國事。備知情狀。著燕雲錄一書。末言金人必不可和。其後竟驗如操券。

趙子㑺　【宋】高宗族兄。孝宗既封建國公就傅。子㑺因言宗室之寓於外者。當聚居官舍。選尊長鈐束之。年未十五附入州小學。十五入大學。許依進士就舉。未出官者亦許入學聽讀。及二年聽參選。高宗納其說。累官左朝奉大夫。卒謚安僖。追封秀王。

趙子崧　【宋】德昭五世孫。字伯山。崇寧進士。宣和間知淮寧府。汴京失守。起兵勤王。移檄中外。止諸路毋受張邦昌僞赦。又移書責邦昌。康王即位。子崧請放諸路常平積欠錢。幷建三屯之議。除延康殿學士。後爲御營統制辛道宗中傷。以單謫居南雄州卒。

趙子晝　【宋】德昭五世孫。字叔問。警敏強記。工書翰。宣和間充詳定九域圖志編修官。建炎中試太常少卿。集太常因革禮八十篇。終徽猷閣直學士。知秀州。奉祠歸卒。

趙子淔　【宋】德昭五世孫。字正之。官龍圖閣祕閣修撰。靖康初金人侵洛。子淔奔荆南。潰兵祝靖等破荆南。子淔泣說以亟還都城。護社稷。取功名。無食財擾州縣。皆應諾。因草檄趣之。靖等遂北行。紹興間進寶文閣直學士。再知西外宗正司卒。子淔善談論。工詩。然崇寧·大觀間。土木繁興。子淔每董其役。識者鄙之。

趙子深　【明】淸江人。工畫山水。

趙子雲　【宋】山西人。工畫。寫人面及手頗工。繪衣褶如草符篆。一筆而就。自成一家。

趙子新　【宋】陸九淵門人。九淵稱歎其美質。謂爲人中之一瑞。但以其不能進境爲憂。

趙子嶙　【宋】太祖六世孫。第進士。建炎初知湖州。時金人南侵。子嶙親率將士禦敵。皆感勵死守。事甫定。遽罷去。民攀戀涕泣。紹興間徙居諸暨智度寺卒。

趙子澄　【宋】宗室。字處廉。紹興末官稊鄉。善畫。筆力遒壯。兼善草隸。長歌詩。廉介修潔。流落巴峽四十年。藉添差祿以自給。

趙子潚　【宋】宗室。字淸卿。宣和進士。官眞州刑曹掾。與守爭獄事。解官去。改衢州推官。累遷江淮轉運使。浚鑿楅山塘等處。北注大江。水患以息。孝宗立。圖恢復。子潚習爲鵝鸛魚麗之陣。積官龍圖閣學士。知泉州卒。

趙子櫟　【宋】德昭五世孫。字夢授。元祐進士。靖康中爲汝州太守。金人再渝盟。破荆湖諸州。獨子櫟能保境土。以功遷寶文閣直學士。提舉萬壽觀。紹興中卒。有杜工部年譜。

趙子覺　【宋】太祖六世孫。字彥先。嘗爲嚴倅。能詩。有雪齋集。號雪齋。

趙才　【隋】酒泉人。字孝才。少驍武。便弓馬。煬帝時從征吐谷渾。以功累遷右候衞大將軍。帝將幸江都。才極諫。帝大怒。命囚之。宇文化及弑帝。矯詔執才。以爲本官從事。鬱鬱不得志。尋竇建德破化及。才復被虜。心彌不平。數日而卒。⊙【後蜀】蜀人。工畫人物鬼神。亦長甲騎。

趙不尤　【宋】宗室。有武力。靖康之難。募義兵與金人戰。雄長河南北。盜皆避其鋒。高宗時從岳飛平湖寇。飛死。檜奪其兵。遣守橫州而卒。

趙不息　【宋】宗室。字仁仲。性篤孝。年七歲。父士圖從徽宗北遷。每思慕涕泣。長力學。母曾氏止之。答曰。君父讎未報。非敢志富貴也。紹興間登第。累官右監門衞大將軍·惠州防禦使。知大宗正事。所至有聲。立朝好言天下事。卒謚宣簡。

趙不棄　【宋】太宗裔。字德夫。紹興中爲江東轉運判官。秦檜忌四川宣撫使鄭剛中。以不棄能制之。除四川宣撫使總領官。二人不相能。檜幷召還。剛中在蜀。服用頗踰制。不棄復文致其事。檜乃罷剛中。不棄累官敷文閣直學士。知紹興府卒。

趙不羣　宋太宗六世孫。字介然。靖康初宰章丘。地當河北山東之衝。不羣募兵五千。增城浚濠。爲戰守備。金人攻圍兩月不能下。高宗時判郴州。盜不能犯。移知鼎州。既而復留不羣於郴。曹成犯郴。不羣復拒卻之。累遷兩浙路轉運副使卒。

趙不虞　漢武帝時以校尉三從大將軍擊匈奴。攻辰吾。先登石壘。封隨城侯。元狩初坐事免。

趙不試　宋太宗六世孫。建炎初知相州。金人執其子似。遣來割地。似至相。不試固守不下。翊年。金人大入。不試知事不可爲。遂登城與金人約弗殺。許之。既乃納其家井中。不試從焉。州人皆免於死。

趙不器　唐鼓城人。與子夏日，冬曦，和璧，安貞，居貞，頤貞，彙貞，父子八人皆及第。時稱科第趙家。

趙中行　明字子與。嘉靖舉人。以經濟自負。時邑有倭警。畫守禦策。料敵悉中。兩上春官不第。有故人官給事中。重其才。薦於嚴嵩。欲授以臨清知州。中行聞之。夜半促裝南旋。家居鶉衣藿食。絕意仕進。

趙之琰　明保山人。初名千里。萬曆中由戶部郎致仕歸。遭流寇之亂。三拒僞職。救饑埋骨。建養生院。置義田地。收贖被擄子女。人多感其德。

趙之琛　淸錢塘人。字獻甫。號次閑。嗜金石文字。爲阮元摹刊積古齋鐘鼎款識。工篆刻。集浙派之大成。好事者彙爲補夢迦室印譜。人爭寶之。兼精繪事。樹石草蟲。致極生動。

趙之龍　明彝之後。明泰昌間襲職。崇禎時守南京。福王立。馬士英挾擁戴功。內約之龍等擅朝政。順治間多鐸下江南。之龍迎降。授三等男。隸漢軍鑲黃旗。尋以老病致仕。

趙之謙　淸會稽人。字撝叔。號益甫。又號梅庵。更號悲盦。晚號無悶。咸豐舉人。官南城知縣。孤憤好嬉笑怒罵。詩文皆務爲新奇可駭愕。由是不諧於世。書畫刻石。卓絕一時。有勇盧閒話。梅庵集。悲盦居士詩賸。仰視千七百二十九鶴齋叢書。二金蜨堂印存。緝雅堂詩話。

趙之韓　明汜水人。官渾源知州。與王濬初同撰恆嶽志。

趙之璽　明樂平人。字如石。父紱以進士累官兵部尙書。里居時遇流賊至。不屈死。之璽由拔貢中解元。助父拒賊。父死。賊挾之入城。索餽無以應。刀下如雨。臂且斷。之璽曰。吾不怖死。所以不偕衆逸者。父柩在耳。汝能留一椽勿燬。吾瞑矣。賊義而舍之。後歷官參政。鼎革時死節燕京。

趙五老　明太倉人。名淮。字長源。善醫。能詩歌。程嘉燧有聽曲贈趙五老詩。

趙今燕　明妓。名彩姬。與馬湘蘭同時。善詩詞。吳縣張獻翼嘗以詩贈之。由是知名。

趙仁本　唐河北人。太宗時累轉殿中侍御史。會有勅遣御史達使。同列皆弗願。仁本越次請行。及還。稱旨。擢吏部員外郎。知政事。以拒右相許敬宗請託。爲所構。授尙書左丞。罷知政事。咸亨初卒官。

趙仁基　淸陽湖人。字厚子。道光進士。官至湖北按察使。有悔廬文集。

趙介　明番禺人。字伯貞。明初閉戶讀書。不求仕進。屢薦皆辭。坐累逮赴京師。卒於途。有詩集曰臨淸集。四子潔，絢，繹，純，皆善詩文。工篆隸。絢隱居不出。純仕御史。

趙介如　元浮梁人。字元道。江萬里門人。其學醇深有本。宋寶祐進士。通判饒州。元起爲雙溪書院山長。從游者甚衆。

趙允良　宋元儼子。歷五節度領寧海平江兩軍。官至太保，中書令。好酣寢。以日爲夜。一宮之人。皆晝睡夕興。及卒。以其反易晦明。謚榮易。

趙允初　宋允迪弟。初名允宗。勤於朝會。雖風雨不廢。未嘗問財物厚薄。惟誦佛書。人以爲不慧。累遷寧國軍節度使，同中書門下平章事卒。

趙允迪　宋允良弟。累官耀州觀察使。居父喪不哀。又嘗在宮中爲優戲。爲妻錢氏所告。降秩絕朝請。錢氏亦度爲洞眞道士。

趙允弼　宋元偓子。神宗時累拜太保，諸宮增學官員。允弼已貴。猶日至講席延伴讀官講孟子一節。領宗正三十年。爲宗屬所推敬。卒謚孝定。

趙允寧　宋元份子。字德之。性至孝。因父感疾。恍惚失常。既而嗜學。尤喜讀唐史。通知近朝典故。工虞世南楷法。眞宗賜詩激賞之。又善射。官終武定軍節度使。卒諡僖簡。

趙允懷　淸常熟人。字孝存。舉人。有小松石齋文集。

趙允讓　宋允寧弟。字益之。天資渾厚。外莊內寬。始爲右千牛衛將軍。周王祐卒。眞宗迎養於禁中。仁宗生。還邸。仁宗卽位。累拜寧江軍節度使。知大宗正寺。爲宗子所畏服。官至判大宗正司。卒謚安懿。追封濮王。

趙元　後秦姚洸部將。晉伐秦。洸守洛陽。元說洸。衆寡勢殊。宜堅守待援。洸不聽。元遂戰沒於陣。⊙唐河間人。字貞固。少負志略。好論辯。遊雒陽。士爭慕嚮。武后稱制。調宜祿尉。尋卒。其友魏元忠等私謚昭夷先生。⊙金范陽人。字善長。遼天慶進士。仕至尙書金部員外郎。遼亡入金。累官行臺左司員外郎。擢吏部事。在行臺凡十年。吏事明敏。爲完顏宗弼所知。行臺或有事上相府。宗弼必問曾經趙元未也。其見重如此。歷彰德・武勝等節度使。致仕卒。

趙・元份【宋】太宗四子。初名德嚴。累拜太傅。性寬厚。言動中禮。妻李悍妬。帝每有恩賜。詔令均給。李盡取之。眞宗北征。爲東京留守。卒諡恭靖。追封商王。

趙・元亨【宋】開封人。字彥德。一作懷寶。工畫道釋人物。兼長屋木。多狀京城市肆車馬。盡事物之情。

趙・元佐【宋】太宗長子。初名德崇。字惟吉。少聰警。貌類太宗。帝鍾愛之。年十三。從走乘輿前。一發而中。積官天策上將軍。初廷美遷涪陵。元佐獨申救之。廷美死。元佐遂發狂。眞宗時聽養疾不朝。平居不接人事。而事或預知。卒諡恭憲。追封漢王。

趙・元昊【西夏】見李曩霄條。

趙・元長【宋】蜀人。一作長元。字慮善。通天文。仕後蜀爲靈臺官。亦善丹青。凡星宿緯象。皆命畫之。從孟昶赴闕。太祖特原之。配文思院爲匠人。常備禁中之役。畫關雎於御屏。會五坊人按鷹。有雕鷙欲擊者。帝命縱之。徑入殿宇。以搏畫雉。帝驚賞久之。召入圖畫院爲藝學。

趙・元益【清】新陽人。字靜涵。光緒舉人。好醫書。篤信張仲景法。同治初入繙譯館。譯述西國格致醫學書。術業益精。尤嗜古籍。購藏頗富。有高齋叢刻。

趙・元偁【宋】太宗七子。字令聞。七歲授檢校太保・右衛上將軍。景德中累拜太保。體素羸多病。眞宗幸眞源。帶疾求扈從。至鹿邑。肩輿先還卒。諡恭惠。追封楚王。有筆札及集。

趙・元偓【宋】太宗六子。字希道。厚重寡言。曉音律。眞宗卽位。屢以學術勗宗子。元偓首冠蕃戚。益自修勵。累官至太尉。卒諡恭懿。追封鎭王。

趙・元淑【隋】雲陽人。性疏宕。不事生產。文帝時授驃騎將軍。煬帝立。漢王諒作亂。元淑從楊素擊平之。以功進位柱國。歷德州潁州刺史。並有威惠。拜司農卿。楊玄感有異志。元淑與通謀。玄感敗。事覺亦伏誅。

趙・元清【宋】金華赤松觀道士。號石泉。有松花集。

趙・元傑【宋】太宗五子。初名德和。字明哲。眞宗時積官武寧・泰寧等節度使。好學善屬辭。工草隸飛白。建樓貯書二萬卷。卒諡文惠。追封越王。

趙・元陽【明】安福人。字宜眞。幼習進士業。後爲道士。師李元・張天全。謝衆閉關匝五月。啓關呼弟子於前。書偈畢。雷電交作而逝。

趙・元楷【隋】家富於財。妻崔氏女。家有禮度。元楷甚敬之。雖在宴私。不妄言笑。妻爲盜所掠。以烈死。元楷後得殺妻者。支解之以祭妻柩。

趙・元靖【金】道士。工畫墨竹。

趙・元僖【宋】太宗次子。初名德明。累封許王。資貌雄毅。沈靜寡言。尹開封五載。政事無失。卒贈皇太子。諡昭成。

趙・元儼【宋】太宗八子。少奇穎。爲太宗所特愛。不欲其早出宮。期以年二十始就封。以行次居八。宮中稱爲二十八太保。仁宗朝。累拜太師。官至荆南淮王節度大使。元儼嚴毅不可犯。天下崇憚之。名聞外夷。事母孝。寡嗜慾。惟喜聚書。好爲文辭。頗善二王書。工飛白。卒諡恭肅。追封周王。

趙・公祐【唐】長安人。寓居蜀。李德裕鎭蜀。以賓禮遇之。工畫人物。尤善佛像鬼神。

趙・公豫【宋】常熟人。字仲謙。紹興進士。歷知仁和・餘姚・高郵軍・眞常二州。官至寶謨閣待制。致仕卒。公豫沈厚清苦。平居以靜坐爲適。居官廉正。常言吾求爲循吏。不求爲健吏。有奏議・燕堂類稿。

趙・化龍【明】四明人。字雲門。善畫。

趙・午【漢】相趙王張敖。高祖過趙。趙王旦暮自上食。帝甚慢之。午與貫高欲刺帝不成。事泄逮捕。午自到。

趙・印【魏】充國子。爲右曹中郎將。宣帝時辛武賢請擊羌。充國上言屯田。帝兩從其計。使印與武賢出擊。斬首二千餘級。武賢後以充國言遺歸。上書告印泄禁中語。下吏自殺。

趙・及【宋】偃師人。字希之。舉進士。累遷侍御史。權宗正丞。劾奏無所避。歷知萊州。權判吏部流內銓。初銓吏匿員闕與選人爲市。及奏闕至卽牓之。吏部牓闕自及始。官終知徐州。及和厚篤內行。所歷有聲。

趙・友【明】括蒼人。一作萩。工畫花鳥。

趙・友同【明】長洲人。字彥和。沈厚溫雅有行誼。自少篤學。嘗從宋濂游。洪武末任華亭訓導。永樂初用薦授御醫。與修永樂大典・五經大全諸書。有存軒集。(按四庫全書總目作字彥如。此從蘇州府志。)

趙・天麒【清】武鄉人。字平符。幼稱神童。明崇禎末進士。闖賊遣其黨來聘。天麒裂冠服投深崖下。衣掛於樹得不死。順治間姜瓖之亂。授僞官。不從。父卒。不食死。有續高士傳等書。

趙・天澤【金】蜀人。字鑑淵。工畫梅竹。

趙・天錫【元】冠氏人。字受之。以功授冠氏令。俄遷元帥左都監。宋將彭義斌據大名。冠氏元帥降之。天錫令衆姑避其鋒。以圖後舉。乃率將佐往依大將孛里海軍。卒破義斌。又力拒鄭倜。每戰輒勝。後伐宋。被病卒。

趙・夫人【戰國】趙簡子之女。代王

之夫人。簡子既葬。襄子誘代王擊殺之。平其地。而迎其姊趙夫人。夫人曰。今代已亡。吾將奚歸。遂泣而呼天。自殺於靡笄之地。(按靡笄亦作摩笄。)◉三國吳趙達妹。孫權夫人。能於指間以綵絲織龍鳳錦。號機絕。於方帛之上繡作五嶽列國地形。號針絕。又以膠續髮爲幔。號絲絕。世稱三絕。

趙孔昭　明邢臺人。字子濳。嘉靖進士。授鄢陵知縣。擢御史。出按浙江。尙書趙文華討陶宅敗績。孔昭劾之。神宗時官終兵部左侍郎。孔昭廉毅自持。遇權倖不易操。故所至皆克樹立。

趙少微　唐元子。元與陳子昂厚。少微復與子昂子光相善。俱以文稱。

趙文　元廬陵人。字儀可。一字惟恭。號青山。入學爲上舍。宋亡。依文天祥於閩。元兵至。與天祥相失。遁歸故里。後爲東湖書院山長。授南雄文學。所著青山集。有哀江南賦之餘音。◉明長洲人。字宗文。永樂中知鄱陽縣。以不阿權倖坐謫。久之歸卒。文性淳厚強毅。有愼獨齋文集。理學逃言。

趙尹　清徽州人。字莘子。工畫山水。倣北宋。筆墨遒勁。

趙文表　北周天水人。少修謹。便弓馬。好讀左氏春秋。略舉大義。武帝時從宇文貴使突厥。迎皇后。典儀注。皆合禮度。以功封伯爵。尋除梁州長史。累功至大將軍。進公爵。大象中拜吳州總管。爲刺史毛顗所殺。

趙文度　北漢玉子。後唐明宗時舉進士。歷徐兗陳許四鎭從事。漢初爲河東掌書記。文度捷給善戲謔。劉崇推愛之。及稱帝。累官至門下侍郎。入宋。官檢校太傅・安國軍節度使。歷三鎭而卒。善爲詩。有觀光集。

趙文恪　唐并州人。武德初官都水監。時中國經大亂。馬耗。詔文恪至井州市邊馬以備軍。劉武周寇太原。屬城盡沒。李仲文守浩州。兵力孤絕。文恪率步騎千餘助守。會太原陷。遂棄城遁。詔下獄死。

趙文炳　明任縣人。字爲光。隆慶舉人。由知縣擢御史。出按湖廣及山西。首劾中使殃民八事。有奸民倚藩爲虐。賄奪官地。有司莫敢問。文炳下檄親丈之。積弊一淸。

趙文相　後魏叔隆族人。官前軍將軍。故有恩於叔隆。後無報德之意。更與文相斷絕。文相不以爲恨。及爲汝南內史。猶經紀其家焉。

趙文哲　清上海人。字損之。號璞函。乾隆時獻詩行在。召試賜舉人。授中書。直軍機處。詩文瑰瑋。性機警。善析人情物態。代作奏記文字。爲時所重。因事奪官。後從尙書溫福討金川。以功復原官。擢戶部主事。師潰於木果木。死難。有媕雅堂・藏海廬・娵隅等集。

趙文孫　宋宗室。家晉江。字道鳴。初名必鋒。爲長樂主簿。宋亡不仕。易今名。不接流俗。專以講授爲事。

趙文宿　明阿迷人。家貧。性純孝。敕賜天下孝子第一。

趙文深　北周宛人。字德本。少學楷隸。年十一。獻書於魏帝。雅有鍾王之則。周文帝以隸書紕繆。命文深與黎季明・沈遐等依說文及字林刊定六體。成一萬餘言行於世。及王褒入關。貴游等並學褒書。文深書被棄。慚恨形於辭色。後知好尙難反。亦攻習褒書。然竟無所成。轉被譏議。謂之學步邯鄲焉。天和初除趙興郡守卒。

趙文博　明代州人。字子約。景泰進士。授監察御史。天順中劾石亨・曹吉祥下獄。尋貶淳化知縣。有善政。亨敗。擢衛輝知府。以右副都御史巡撫河南。卒官。

趙文華　明慈谿人。嘉靖進士。官至工部尙書。性傾險。與嚴嵩結爲父子。誣殺尙書張經方・浙江巡撫李天寵。先後論罷總督周琉・楊宜等。後以失寵黜爲民。既遭譴。意邑邑。一夕腹破死。著有嘉興府圖記。敍述頗有體例。

趙文澤　宋麗水人。六歲喪父廬墓。有羣鼠銜花白鷰來巢之異。大觀中詔賜束帛。

趙方　宋棠子。字彥直。從張栻學。淳熙進士。知靑陽縣。歷荊湖制置使。兼知襄陽府。一意主戰。數敗金人。累官刑部尙書。進京湖制置大使。卒謚忠肅。方起自儒生。帥邊十年。以戰爲守。留意人才。諸名將多出其麾下。推誠擢任。致其死力。使朝廷無北顧之憂。及卒。人皆惜之。

趙日亨　明安寧人。字貞所。萬曆進士。時山東歲饑兵亂。日亨奉命撫循。請蠲賦赦脅從。東方以寧。轉川南兵備。値奢崇明之亂。募死士斬叛黨。進解省城之圍。以功晉秩。尋致仕歸卒。

趙氏　元應城人。早寡。家貧。傭織於人。得美食必持歸奉姑。自啖粗糲不厭。念姑老。鬻次子爲姑治棺。鄰失火。婦以棺重不可移。撫膺大哭。旋火隨風而北。家得不焚。人以爲孝感。

趙王孫　漢槐里人。雖爲俠而有退讓君子之風。

趙世延　元其先雍古族人。家成都。字子敬。喜讀書。究心儒者之學。弱冠世祖召見。授承事郎。皇慶中累遷御史中丞。所歷有聲。嘗劾丞相帖木迭兒。幾不免。文宗時官至奎章閣大學士・中書平章政事。預修經世大典。封魯國公。世延歷事九朝。歇歷省臺五十餘年。負經濟之資。凡軍國利病。民生休戚。知無不言。而於名教尤拳拳焉。元統中卒。

趙·世清　（宋）德昭曾孫。累官保信軍留後。愛諸弟。作棣萼會於邸中。卒謚恭安。追封統王。

趙·世卿　（明）歷城人。字象賢。隆慶進士。萬曆初授南京兵部主事。陳匡時五要。忤張居正意。落職歸。居正死。累遷戶部尚書。請停礦稅。署吏部。推舉無所私。素厲清操。當官盡職。帝重之而不能用。後連章乞去。不報。乘柴車徑去。帝亦不罪。

趙·世開　（宋）德昭曾孫。神宗時宮僚有缺不即請。而以他官攝。故私謁公行。又宗女當嫁。皆富家大姓。以貨取。不事銓擇。世開悉言之。帝嘉納。欲以爲宗正。固辭。以其言著爲令。官至奉國軍留後。卒謚獻敏。追封信王。

趙·世雄　（宋）德昭曾孫。熙寧中嘗請營都宅以處疏屬。立三舍以訓學者。詔用其議。置兩京敦宗院。六宮各建學。徽宗時拜崇信軍節度使。卒謚恭憲。追封淄王。

趙·世德　（宋）衡山人。宣和進士。初攝鄉邑。時邑遭兵燬。移治上封。賊曹成大掠。脅世德斂民金帛。世德不從。被執。以死自誓。百姓相率以金帛贖。後官廣西機宜。

趙·他羽　（漢）長安人。字公子。以游俠聞。

趙代王嘉　（戰國趙）悼襄王適子。趙王遷之母。邯鄲娼也。嬖於悼襄王。廢王嘉而立遷。秦既虜遷。趙之亡大夫共立嘉爲王。王代。凡六年。秦進兵破嘉。遂滅趙以爲郡。

趙·令庇　（宋）德昭玄孫。爲衡州防禦使。工畫墨竹。

趙·令松　（宋）德昭玄孫。字永年。官右武衛將軍·隰州團練使。工畫花竹及水墨花果。作狗意態殊逼眞。

趙·令俊　（宋）德昭玄孫。字景升。封嘉國公。善畫馬。

趙·令歲　（宋）德昭玄孫。初名令穓。建炎初領兵戍武昌。以存撫功直龍圖閣。知黃州。賊張遇過城下。招令歲。度不能拒。出城見之。遇飲以酒。一舉而盡曰。固知飲此必死。願勿殺軍民。遇驚曰。先以此試公耳。更取毒酒沃地。地裂有聲。乃引軍去。金人犯黃州。城陷。欲降令歲。大罵不屈而死。謚愍。

趙·令衿　（宋）德昭玄孫。博學能文。靖康初言事忤旨。奪官。紹興中張浚罷。令衿請留浚。言官論之。復罷。秦檜嗛令衿。欲置之死。誣與張浚，李光謀逆。會檜死。乃獲免。

趙·令時　（宋）德昭玄孫。字德麟。所交多元祐勝流。坐與蘇軾游。入黨籍。後從高宗南渡。襲封安定郡王。同知行在大宗正事。所著侯鯖錄。采錄故事詩話。頗爲精贍。

趙·令勝　（後魏）超宗弟。疏狂有膂力。歷河北恆農二郡太守。並坐貪暴。爲御史所彈。遇赦免。神龜末自後將軍·太中大夫。復爲恆農太守卒。

趙·令詪　（宋）德昭玄孫。字君序。隆興初除同知大宗正事。遷左中大夫。知紹興府。蒞事明敏。有風采。然嘗與章茇不協。陰中以法。陷茇於死。世以此少之。

趙·令穰　（宋）德昭玄孫。字大年。仕至崇信節度觀察留後。因端午節進所畫扇。爲哲宗所稱。雅有美才高行。遊心翰墨。尤工草書。卒追封榮國公。

趙·以夫　（宋）宗室。居長樂。字用父。嘉定進士。歷官資政殿學士。著有易通·虛齋樂府。

趙·冬曦　（唐）不器子。性放達不屑世事。第進士。歷左拾遺。神龍初上書請定律令格式。刊定科條。直書其事。當時稱之。官至國子監祭酒卒。

趙·卯發　（宋）昌化人。字漢卿。咸淳間通判池州。元兵渡江。卯發繕壁聚糧爲守禦計。既而都統張林降。卯發知不可守。置酒會親友與訣。散家貲與弟姪僕婢。遂與妻雍盛服同縊。謚文節。雍贈順義夫人。

趙·可　（金）高平人。字獻之。貞元進士。仕至翰林直學士。博學高才。一時詔誥。多出其手。流輩服其典雅。其歌詩樂府尤工。號玉峯散人集。

趙·左　（明）松江華亭人。字文度。工畫山水。蘇松一派。爲其首創。

趙·弁　（宋）東都人。字祖文。工書。臨安諸貴人愛之。凡祕書省及新作政府屏壁。多出其手。

趙·弘殷　（後周）宋太祖之父。少驍勇。善騎射。事趙王王鎔。將兵援唐莊宗於河上有功。莊宗愛之。留典禁軍。漢乾祐中。以討王景功遷護聖都指揮使。入周累官檢校司徒。封天水縣男。與太祖分典禁軍。卒贈太尉。宋初追尊爲宣祖。

趙·弘智　（唐）軌子。幼以孝聞。通三禮史記漢書。高宗初累轉陳王師。講孝經於百福殿。時宰相弘文館學士太學生皆在。弘智舉五孝。諸儒詰辨。隨問酬答。舌無留語。帝悅。進國子祭酒。卒謚宣。有文集。

趙·弘偉　（元）甘陵人。後徙潁川。字子英。大德中僉浙西廉訪司僉事。鎮江旱。弘偉蠲民租九萬餘石。大風海溢。潤·常·江陰等州廬舍多蕩沒。民乏食。弘偉不待報。發廩以賑。累遷江南治書侍御史。延許謙於金陵。師事之。卒謚貞獻。學者稱松澗先生。

趙·弘毅　（元）晉州人。字仁卿。少好學。家貧無書。傭於巨室。暇則爲役。夜則借書讀之。曾受經於臨川吳澄。始辟翰林書寫。尋調大樂署令。明兵入京城。與妻解氏自縊死。

趙必愿 【宋】崇憲子。字立夫。嘉定進士。知崇安縣。歷知全台諸州。一循其祖汝愚之政。擢權戶部尙書。以言忤當事論罷。淳祐間起知福州。兼福建安撫使。以平易近民。忠信厚俗。尤留意武備。其所立皆卓然可稱。

趙必漣 【宋】崇安人。字仲連。少刻苦讀書。開慶間以父澤當補官。辭不受。晚築室黃柏里。自號山泉翁。植梅數百株。名其居曰梅花莊。與弟若椰日觴詠其中。尤精於醫。有倚梅吟稿。

趙必曓 【宋】宗室。家晉江。字伯暺。號庸齋。補承務郎。悵望中原。慨然有祖逖之志。從益王至永嘉。轉承議郎。招撫使蒲壽庚與田子眞叛降元。遣兵勒草降詔。必曓誓必死。持匕首自剌。壽庚盡殺宗室。參軍吳伯厚以計出必曓得免。必曓善楷隸。有續書譜辨妄。茹芝東陵等集。(按書史會要作必睪。此從福建通志。)

趙必瑑 【宋】太宗十世孫。居東莞。字玉淵。號秋曉。咸淳進士。初任高要尉。後文天祥辟摭惠州軍事判官。入元後。隱居溫塘村。爲詩體格清勁。有覆瓿集。

趙本學 【明】善以易推衍兵家奇正虛實之權。世宗時俞大猷嘗從其受業。

趙母 【後漢】虞韙妻。才敏多覽。嘗嫁女。敕之曰。愼勿爲好。女曰。不爲好。可爲惡耶。母曰。好尙不可爲。況惡乎。著有列女傳解。世號趙母。

趙民望 【明】藁城人。洪武初舉儒士。後拜四輔官。兼太子賓客。與杜斆等侍左右。講論治道。以老致仕。

趙永 【明】臨淮人。字爾錫。嘉靖初與魯鐸相繼爲祭酒。尋遷南京禮部侍郎。大學士楊一淸重其才。欲引以自助。乃爲他語挑之。永正色拒。遂請致仕去。人服其廉介。

趙永孝 【清】常熟人。字漢忠。號謹凡。乾隆間舉鴻博未遇。第進士。與兄錫孝相繼爲常州教授。俱勲懇訓士。晉陵稱二趙。潛心理學。有鑑古堂詩文集。

趙玄 【漢】受夏侯尙書。哀帝時爲御史大夫。

趙玄默 【唐】玄宗時直國子監。承詔校文籍繆闕。是正文字。

趙玉 【後唐】漁陽人。嘗客滄洲。盧戳依節度使呂兗。劉守光破滄洲。盡戮兗親屬。兗子琦年十四。玉貿之以逃。至太原。變姓名。丐衣食以給琦。琦仕後唐至兵部侍郎。當時燕趙間以玉能存呂氏之孤。翕然稱之。玉仕至職方員外郎。琦事之如父。

趙玉芝 【明】番禺人。憲宗時因中官高諒進。以曉方術累擢太常卿。

趙用賢 【明】常熟人。字汝師。隆慶進士。萬曆時官檢討。疏論張居正奪情。與吳中行同杖戍。居正沒。起官。終吏部侍郎。謚文毅。用賢剛直嫉惡。議論風發。官庶子時。常言蘇松嘉湖財賦半天下。民生坐困。條十四事上之。執政以爲吳人不當言吳事。格不行。有松石齋集．三吳文獻志．國朝典章．因革錄。

趙甲 【清】澂子。字垣公。以畫名。

趙申喬 【清】武進人。字愼旃。康熙進士。授商丘知縣。以治行行取入京。授刑部主事。累擢浙江布政使。革南糧口袋及藩司陋規。遷巡撫。於江岸築子塘以捍潮。塘外湧沙成洲。潮不爲害。官至戶部尙書。論學以不欺爲本。周悉物情。果於自任。卒謚恭毅。有趙恭毅賸稿。

趙立 【宋】徐州人。以勇敢隸兵籍。靖康初金人大入。盜賊羣起。立數有戰功。爲武衛都虞候。建炎中金人攻徐。王復拒守。命立督戰。中六矢。戰益厲。復酌酒撫勞之。城陷。復與其家皆死。立巷戰奪門以出。金人擊之死。夜半得微雨而蘇。乃殺守者。入城求復屍瘞之。金人北還。立率殘兵邀擊。軍聲復振。遂復徐州。金圍楚州。詔以立守。立募士焚其梯。登磴道以覘。飛砲中其首而絕。謚忠烈。◎【宋】重慶人。字德修。第進士。以上書忤賈似道被謫。德祐初起爲太社令。湖北提刑。使蜀。趣諸將入衞。至重慶。則昝萬壽已降。張珏方城守爲後圖。立無以復命。還至涪。沈水死。

趙仲佺 【宋】太宗玄孫。字隱夫。歷官潤州刺史。畫草木禽鳥。有詩人思致。卒謚惠孝。

趙仲將 【北齊】彥深子。沈敏有父風。學涉羣書。善草隸。

趙仲卿 【隋】天水人。爲周齊王憲所禮重。累從擊齊。以功授大都督。隋初拜石州刺史。法令嚴猛。纖微之失。無所容捨。時人謂之於菟。而事多克濟。又以破突厥功。進位上柱國。時有表言仲卿酷暴者。帝惜其功不罪。仲卿益恣。因免官。

趙仲僩 【宋】太宗玄孫。一作仲僴。字存道。官至保康軍節度留後．開府儀同三司。常隨意作畫。率有佳趣。卒謚嘉惠。追封榮國公。

趙伉夫 【宋】醫川人。字尊道。開禧間知上高。政尙慈恕。民懷愛之。目爲趙佛子。終樞密院都承旨。

趙伊 【清】廷璧子。字有莘。畫山水克繼家學。

趙充國 【漢】上邽人。字翁孫。後徙金城令居。以六郡良家子。善騎射。補羽林。爲人沈勇有大略。通知四夷事。武帝時以假司馬從貳師將軍擊匈奴有功。拜爲中郎。又擊定武都氐。遷水衡都尉。擢後將軍。宣帝初以定冊功封營平侯。西羌叛。充國時年七十餘。受詔至金城。圖上方略。因招降罕幵。擊破先零。罷兵屯田。振旅而還。其言屯田十二便。寓兵於農。尤爲後人所宗。卒年八十六。諡壯。甘露中與霍光等列畫未央宮。成帝時西羌嘗有警。上追美充國。召揚雄即充國圖畫而頌之。

趙先雅　【清】益陽人。字麗澤。嘉慶進士。官御史。有水經補注、趙侍御集。

趙光　【漢】以南越蒼梧王降。武帝時封隨桃侯。卒諡頃。◎【清】昆明人。字蓉舫。嘉慶進士。同治間官至刑部尚書。在刑部十餘年。以勤勞著稱。卒諡文恪。工書。與許乃普、祁寯藻、陳孚恩爲四書家。

趙光抃　【明】江西德化人。字彥清。天啓進士。崇禎中歷兵部郎中。擢[illegible]。以發監視中官鄧希詔奸謀。坐遣戍廣東。兵事棘。起官。拜兵部右侍郎。總督薊州、永平、山海、通州、天津諸鎮軍務。以兵敗不敢救坐誅。

趙光胤　【五代】光逢弟。唐大順進士。以才藝知名。仕梁歷清顯。與光逢俱以方雅自高。莊宗時拜平章事。才力無餘。未能恢遺。自恃名德。爲內官所排。悒然不樂。病疽卒。

趙光逢　【五代】隱子。字延吉。唐僖宗朝進士。以文行知名。時人稱其方直溫潤。謂之玉界尺。歷太常卿。有能名。事梁入唐。累拜太保卒。

趙光輔　【宋】華原人。太宗朝爲畫院學生。鄉里呼爲趙評事。畫佛道人物。坐立觀聽。皆得其妙。兼精蕃馬。性喜幽曠。無仕進意。

趙匡　【唐】河東人。字伯循。與陸質同爲啖助高弟。質稱爲趙夫子。助卒。匡爲損益其春秋集註。歷洋州刺史。

趙匡明　【五代】匡凝弟。字贊堯。以軍功歷峽二州刺史。爲荊南留後。天祐初見逼於朱全忠。趨蜀。王建待以賓禮。及稱帝。用爲工部尚書卒。

趙匡胤　【宋】見宋太祖條。

趙匡凝　【五代】德諲子。字光儀。嗣父爵爲襄州留後。以威惠聞。天祐初封楚王。時諸道不上供。惟匡凝歲貢賦天子。朱全忠遣人諷止之。匡凝流涕曰。吾爲國屏翰。敢有他志。遂爲全忠所攻。戰敗。奔揚行密。後爲徐溫所害。

趙吉　【宋】富安丐者。散衣蓬髮。好飲酒。自言生一百二十七年矣。人皆謂之狂。元豐中見蘇轍曰。君好道而不得其要。陽不降。陰不升。故肉多浮。吾教君挽水以溉百骸。諸疾可去。後居興國死。蜀僧法寶至豐安。見一丐者曰。吾姓趙。頃於黃州識蘇公。爲我謝之。轍大驚。發其墓。惟一杖及兩脛在。

趙吉士　【清】休寧人。字天羽。順治舉人。康熙間知交城縣。縣有交山者。盤谷阻邃。自明季爲盜窟。吉士至。設計進捕。巨盜先後就擒。以功擢國子監丞。卒於官。有文集及寄園寄所寄諸書。

趙吉甫　【元】其先蜀人。徙居玉沙。自號拙存。以文學名於世。與許衡友善。衡至武昌。首問吉甫。謂人曰。吉甫爲人。天資醇俊。富某一著。其爲衡見重如此。

趙同魯　【明】吳人。字與哲。少抗爽不羈。於詩雖不涉獵。意存當世。喜論事。不隨俗是非。嘗上書當道。言皆剴直。能詩。有仙華集。

趙在禮　【五代】涿州人。字幹臣。唐莊宗時爲指揮使。將魏兵戍瓦橋關。軍士皇甫暉作亂。推在禮。在禮遂反。還攻魏。自稱兵馬留後。明宗時歷鎮橫海、泰寧等處。所至邸店羅列。積貨巨萬。晉出帝時爲北面行營都虞候。以擊契丹。未嘗有戰功。在宋州人尤苦之。已而罷去。宋人喜而相謂曰。眼中釘拔去矣。尋復職。乃籍管內口率錢一千。自號拔釘錢。晉亡。契丹入汴。在禮遇拽剌等。迎拜馬首。侵辱誅求。不勝其憤。遂自經死。

趙夙　【春秋】叔帶五世孫。獻公使爲將。滅耿霍魏。賜封於耿。

趙好德　【明】汝陽人。字秉彝。太祖時爲吏部尚書。帝慕其典銓平。嘗召與四輔官入內殿。坐論治道。命畫史圖像禁中。終陝西參政。

趙存約　【唐】植子。文宗時署興元從事。值軍亂。存約方與節度使李絳語。絳趣存約使去。對曰。荷公厚德。不當獨免。即部勒左右拒之。遂同被害。

趙安　【明】狄道人。字仲磐。永樂初以臨洮百戶。使西域。從北征有功。進都指揮同知。正統初累戰功進都督同知。充右副總兵官。鎮甘肅及涼州。時稱西邊良將。

趙安仁　【宋】孚子。字樂道。太宗時第進士。補判官。以親老弗果往。會國子監刻五經正義板本。以安仁善楷隸。遂奏留書之。後直集賢院。眞宗朝積官御史中丞。性實直純愨。善訓諸子。各授一經。尤嗜讀書。所得祿賜。多以購書。三館舊闕虞世南北堂書鈔。惟安仁家有此本。眞宗命內侍取之。手詔褒美。卒諡文定。有集五十卷。◎【遼】樂壽人。字小喜。聖宗時歷內侍省押班御院通進。仁德皇后與欽哀皇后有隙。欽哀密令安仁伺仁德動靜。無不知者。重熙初欽哀攝政。欲廢帝立少子重元。帝與安仁謀。選太后慶州守陵。授安仁左承宣監門衞大將軍。後不知所終。

趙安易 宋普弟。字季和。太宗時積官宗正卿。時屬籍未備。奏請纂錄。咸平初與梁周翰同事修纂。安易略涉書傳。性強很。好談世務。而疎闊不可用。又屢言陵廟事。辭多鄙俚。晚歲進趨不已。時論嗤之。尋卒。

趙安稽 漢以匈奴王降。成帝時封昌武侯。從驃騎將軍擊左右王益封。

趙屼 宋抃子。字景仁。由蔭登第。神宗時擢監察御史。以父老請外。提舉兩浙常平。元祐中復爲御史。所言皆切時務。避執政親嫌。出提點京東刑獄。元符中歷鴻臚太僕少卿卒。初抃廬母墓三年。縣榜其里曰孝弟。及屼執父喪。而甘露降墓木。屼卒。子雲又以毀死。人稱其世孝。

趙次誠 元樂清人。字學之。號雪溪。章仕堯弟子。隱居不仕。有四書考義．雪溪集。

趙汝回 宋永嘉人。字幾道。嘉定進士。官至主管進奏院。詩才高邁。自成一家。從其學者多知名。

趙汝迕 宋樂清人。字叔午。族貴且蕃。兄弟羣從。多擢高科。登顯仕。汝迕尤以詩知名。登嘉定第。將進用。因夜雨梧桐王子第．春風楊柳相公橋之句。觸怒時相。謫官淪落。不得志而卒。

趙汝述 宋太宗八世孫。字明可。孝宗時官順昌尉。寧宗朝累官刑部尚書。爲尉時應詔上封事。論議懇惻。立朝薦引。多知名之士。然爲時相所親。躐躋通顯。人以此少之。

趙汝修 宋晉江人。字蹇卿。嘉定進士。端平初除知鬱林州。陛對。得宗臣進言體。將行。改韶州。治以平易。卒官。爲人清曠。託僧廬以居。

趙汝能 宋字公舉。紹興進士。知海陵。歲饑。民嘯聚爲亂。汝能殲其魁。民始定。諸司多以滯訟委之。號稱平允。興學校。增養生徒。士風翕然丕變。詩文清純有體。自號雲谷道人。

趙汝适 宋太宗八世孫。嘗官福建路市舶提舉。著有諸蕃志。敍述詳核。爲史家所依據。

趙汝廉 明太和人。字敦夫。嘉靖進士。爲考功郎中。主內察時。趙文華在黜中。冢宰以其爲嚴嵩私人不可。汝廉曰。若文華不黜。則無可黜之官矣。後擢都御史。謇諤有大臣節。致仕家居。不治產業。益敦內行。推俸與兄弟宗黨共之。

趙汝愚 宋善應子。字子直。早有大志。擢進士第一。除祕書省正字。尋以集英殿修撰帥福建。紹熙初召爲吏部尚書。除知樞密院事。孝宗崩。光宗疾。不能執喪。汝愚遣韓侂胄以內禪意請於憲聖太后。奉嘉王卽皇帝位。卽喪次命朱熹待制經筵。悉收召士君子之在外者。進右丞相。侂胄忌之。誣以謀危社稷。謫寧遠軍副使。至衡州。爲守臣錢鍪所窘。暴卒。後追謚忠定。有詩文集．太祖實錄舉要。

趙汝楳 宋善湘子。理宗時官至戶部侍郎。有周易輯聞。

趙汝漟 宋宗室。嘉熙初以奉議郎知桐廬縣。發縣帑五千緡。增置學田養士。又創屋三楹於常平倉後。捐己俸糴豐糶歉。名曰惠民倉。人便之。

趙汝談 宋餘杭人。太宗八世孫。字履常。淳熙進士。歷江西安撫司幹辦公事。佐丞相趙汝愚定大策。汝愚去國。汝談與弟汝讜上疏乞斬韓侂胄。聞者吐舌。累獻備邊計。歷江西提舉常平。理宗初入對。言多剴切。兼直學士。權吏部侍郎。復疏邊事及楮法。帝稱歎。進權刑部尚書。卒謚文恪。汝談天資絕人。自少至老。無一日去書冊。著有易書詩周禮禮記及孟荀莊諸子通鑑杜詩等注．南塘四六。（按宋史本傳缺系籍及謚。茲據咸淳臨安志。）

趙汝靚 宋汝愚從弟。苦節講學。於餘干建東山書院。延朱熹講學。餘干學者祀熹。以汝靚爲配。

趙汝鄉 宋宜城人。善射。理宗時官文州通判。元兵至。與州守劉銳誓死守。城垂陷。猶手提雙刃入陣。中十六矢。被執死之。

趙汝騰 宋福州人。太宗七世孫。字茂實。號庸齋。寶慶進士。累官禮部尚書兼給事中。嘗入奏言前後姦諛興利之臣。言甚切直。終端明殿學士兼翰林學士承旨。有庸齋集。

趙汝鐩 宋袁州人。太宗八世孫。字明翁。嘉泰進士。授館職。嘉定中分司鎭江管榷。有野谷詩稿。

趙汝讜 宋一作汝譡。汝談弟。字蹈中。少倜儻有軼材。折節讀書。與兄齊名。韓侂胄謀逐汝愚。汝讜上疏乞留汝愚斬侂胄。坐廢十年。後登嘉定進士。歷知溫州。有政績。卒官。

趙聿之 宋宗室。建炎中爲成忠郎。金人圍潭州。帥臣向子諲率衆守城。聿之隸焉。子諲題聿之曰。君託體華胄。不可效他人苟簡。聿之感慨流涕。金人縱火登城。子諲突圍去。聿之巷戰大駡而死。

趙自化 宋自正弟。精醫學。游京師。診治有奇效。授醫官。累遷至正使。有四時養頤錄．漢沔詩集。

趙自正 宋平原人。周顯德中。與弟自化偕至京師。以醫術稱。補翰林醫學。

趙自然 宋繁昌人。家荻港旁。以鬻茗爲業。本名王九。年十三。疾甚。父抱詣青華觀。許爲道士。夢中有人授以辟穀法。出柏枝令啗。及覺。遂不食。神氣清爽。日惟啖生果清泉。曾爲玄道歌。言修煉之要。太宗召赴闕。賜道士服。改名自然。遣還。仕青華觀。

趙至 〔晉〕代郡人。字景眞。寓居洛陽。後改名浚。字允元。少時詣師受業。聞父耕叱牛聲。投書而泣。師怪問之。至曰。我小未能奉養。使老父不免勤苦。師甚異之。後向遼西占戶。幽州三辟部從事。斷九獄。見稱精審。太康中以良吏赴洛。方知母亡。初至自恥士伍。欲以宦學立名。期於榮養。旣而其志不就。號憤慟哭。歐血而卒。

趙行樞 〔隋〕太常樂戶。家財億計。暱於大將軍宇文述。述呼爲兒。受其賂遺。稱爲驍勇。起家折衝郎將。

趙伯圭 〔宋〕孝宗同母兄。字禹錫。孝宗時除敷文閣待制。知明州。充沿海制置使。番商死境內。遺貲巨萬。吏請沒入。伯圭不可。戒其徒護喪及貲以歸。會海寇猖獗。伯圭遣人諭降其衆。使擒其黨。悉黥而用之。賊黨遂散。累遷太保。

趙伯振 〔宋〕太祖八世孫。欽宗時爲鄭州司錄。捍禦有功。遷直祕閣。通判州事。高宗時金人犯鄭州。守臣棄城走。閱八日城陷。伯振率兵巷戰。中流矢墜馬死。

趙伯深 〔宋〕字逢原。居棣州。金人渡河。母子相失。伯深訪母二十餘

年。一旦聞在瀘南。徒步入蜀。間關累年。乃得其母。曾慥賦詩以美其孝。

趙伯符 〔南朝宋〕倫之子。字潤遠。文帝時官徐兗二州刺史。爲政苛暴。吏人畏之若豺虎。而寇盜遠竄。無敢犯境。後拜領軍將軍。卒諡肅。

趙伯駒 〔宋〕太祖七世孫。字千里。仕至浙東兵馬鈐轄。工畫山水花果翎毛。人物樓臺界畫。亦極工細。

趙伯驌 〔宋〕伯駒弟。字希遠。少從高宗於康邸。以文藝侍左右。仕至和州防禦使。畫山水花木。傅染輕盈。頗有生意。

趙似 〔宋〕神宗十三子。哲宗母弟。哲宗崩。徽宗立。加司徒。領鳳翔·雄武。以王府史語言指斥。送大理驗治。似上表待罪。以左司諫江公望諫。止治其左右。卒諡榮憲。封楚王。

趙佗 〔漢〕眞定人。秦時爲南海龍川令。南海尉任囂死。佗行南海尉事。秦滅。自立爲南越武王。漢高祖定天下。遣陸賈立佗爲南越王。高后時自尊爲南越武帝。發兵攻長沙邊邑。文帝立。復使陸賈讓佗。佗上書謝。稱蠻夷大長老夫臣佗。孝景時使人朝請。建元四年卒。

趙佑 〔明〕雙流人。字汝翼。弘治進士。歷官御史。正德初言劉瑾輩日獻鷹犬。導騎射。乞置之法。瑾奄大恨。瑾得志。指佑爲姦黨。勒罷之。瑾

誅。起山西僉事卒。⊙〔清〕仁和人。字啓人。號鹿泉。乾隆進士。由編修歷官左都御史。歷典文衡。工品藻。文望與竇光鼐埒。同以制舉業名天下。有清獻堂集。

趙克己 〔宋〕廷美曾孫。曉音律。哲宗時嘗作雅樂圖樂曲以獻。侍宴太清樓。進所學虞世南書。賜器加等。終右千牛衛大將軍。

趙克敦 〔宋〕廷美曾孫。元豐間集父承幹遺文以進。神宗嘉之。詔承幹父子以藝文儒學名於宗藩。宜有褒勸。因追封承幹爲東平王。以克敦爲宣州觀察使。卒贈和國公。

趙克裕 〔後梁〕河陽人。少爲牙將。好讀書。謹儀範。累擢虎牢關使。歸太祖。隸宣武軍。領亳鄭二州刺史。有農戰之備。民賴以安。終泰寧軍留後。

趙克龜 〔宋〕宗室。爲右武衛大將軍·漳州團練使。善畫游魚。得浮沈之態。卒後追封高密侯。

趙克寬 〔明〕武鄉人。字得軒。工詞賦。爲名諸生。崇禎末流賊陷城。率衆巷戰。爲賊所執。脅之跪。不屈。罵賊死。

趙克繼 〔宋〕廷美曾孫。善楷書。尤工篆隸。仁宗嘗令臨蔡邕古文法。寫論語詩書。復詔與朝士分隸石經。訓子弟力學。一門登儒科者十有二人。嘗進所集廣韻字源。帝稱善。藏之祕

閣。終定武軍觀察留後。卒諡章靖。

趙冏 〔明〕松江人。字洞如。工畫山水。秀色絕倫。

趙匣剌 〔元〕世祖時官千戶。累從欽察攻宋。數有功。鵝溪之役。宋兵大敗。匣剌亦身被三創。矢鏃中肩不得出。欽察惜其勇。取死囚封其肩。視骨節淺深。知可出。即爲鑿其創。拔鏃出之。匣剌神色不動。其後常爲軍鋒。瀘州叛。匣剌輿疾以往。遂爲所獲。死之。

趙君都 〔漢〕長安名豪。居酒市。報仇怨。養刺客。京兆尹王尊捕殺之。

趙君錫 〔宋〕良規子。字無愧。元祐初官給事中。論蔡確·章惇有罪。不宜復職。拜御史中丞。君錫素有志行。後隨人低昂。初稱蘇軾之賢。後附賈易詆軾。爲宣仁后所斥。紹聖中貶少府少監卒。

趙均 〔明〕宦光子。字靈均。承父之學。喜蒐求金石。嘗彙各種碑目識跋。與夫近代續出耳目所及者。爲金石林時地考。以便訪求。

趙孚 〔宋〕洛陽人。字大信。周顯德進士。宋初添永寧令。民懷其惠。太宗時知開封府司錄參軍事。受詔行視黃河。建議於澶滑二州立分水之制。時重惜民力。其議遂寢。又奏禦戎策。爲帝所嘉。終殿中侍御史。

趙孝 〔後漢〕普子。字長平。王莽

之世。天下亂。人相食。弟禮爲餓賊所得。孝聞之。卽詣賊曰。禮久餓羸瘦。不如孝肥飽。賊驚異。並放還。明帝聞其行。拜諫議大夫。遷衛尉。以弟禮爲御史中丞。詔十日一就衛尉府。大官送供具。令相對盡歡。

趙孝成王 【戰國趙】惠文王子。名丹。初年惠文后用事。後秦攻韓上黨。守馮亭以上黨入之趙。王大喜。平陽君豹勸王弗受。平原君勝勸王受之。王乃令勝受地。以趙括代廉頗軍長平。秦圍趙括。括以軍降。進圍邯鄲。平原君如楚請救。魏公子無忌亦來救。遂解邯鄲圍。在位二十一年卒。諡孝成。

趙孝祖 【唐】永徽中朗州總管。討平白水蠻。因奏勃弄以西與葉榆洱河相接。無大酋長。好結讎怨。明年。移文大破西南夷。撫而安之。其境遂定。

趙孝穎 【宋】宗室。字師純。仕至慶德軍節度使。翰墨之餘。雅善花鳥。描寫陂湖物趣。得之遐想。

趙完璧 【明】膠州人。字全卿。號雲壑。晚號海壑。由貢生官至鞏昌府通判。工詩。有海壑吟稿。多觸事起興。吐屬天然。與明末矯激取名者殊。

趙宏 【五代吳國】字德彰。善畫花鳥。變邊鸞古體而奪其眞。

趙宏恩 【淸】漢軍鑲紅旗人。字芸堂。由歲貢捐道員。累官左都御史。有玉華堂詩集。

趙宏燦 【淸】宏棟長子。康熙間由蔭生擢寧夏總兵。從宏棟征討有功。累官兵部尙書。卒諡敏恪。

趙宏燮 【淸】宏燦弟。字亮工。號理庵。康熙間由直隸完縣令累官直隸巡撫。在官十年。習知畿輔民風土俗。特加總督。仍管巡撫事。直隸之改總督。自宏燮始。

趙岐 【後漢】長陵人。初名嘉。字臺卿。後改名。字邠卿。仕州郡。以廉直疾惡見憚。永興初辟司空掾。爲皮氏長。時河東太守爲中常侍左悺兄。以恥疾宦官西歸。京兆尹延篤辟爲功曹。又嘗與兄襲得罪中常侍唐衡。避禍變姓名。賣餅北海市。衡死乃出。徵拜議郎。擢太常。年九十餘。建安中卒。有孟子章句。三輔決錄。

趙希弁 【宋】宗室。袁州人。漕貢進士。官祕書省校勘。參校其家所藏書目。續輯郡齋讀書附志。

趙希抃 【明】甌寧人。字宋卿。家貧尙氣節。繪畫彷彿沈周。善鼓琴。工詩。

趙希言 【宋】宗室。字若訥。淳熙進士。調衢州司戶。擢西安令。強幹不阿。授淮西總所幹辦。始至。庫見錢不滿千緡。比去。庫錢充溢。累充樞密院檢詳。卒諡忠憲。

趙希泊 【宋】宗室子。居宜春。歷官戶部尙書。咸淳中忤丞相賈似道。出領廣東轉運使。後以勤王兵敗。被執。不食死。

趙希乾 【淸】南豐人。字仲易。幼孤。依母以生。母病篤。剖胸割腸以奉母。母愈。希乾創亦漸合。而終身矢從胸上出。學使特拔充弟子員。尋選恩貢。明亡。奉母避山中。以壽終。

趙希普 【宋】高安人。字宋卿。天資警敏。有詩名。以宗室恩。拔授臨江主簿。終臨江倅。有西莊婁稿。

趙希錧 【宋】太祖九世孫。字君錫。受業陳傅良。徐誼。安貧苦學。舉慶元進士。調汀州司戶。破峒寇李元勵。累歷安德軍節度。希錧風資凝重。胸抱魁壘。比卒。追封信安郡王。

趙希懌 【宋】德昭八世孫。字伯和。淳熙進士。趙汝愚帥閩。希懌爲屬吏。取古今居官著惠愛者輯爲一編。曰。是吾師矣。汝愚嘉之。薦於辛棄疾。棄疾尙氣。僚屬不敢與可否。希懌獨盡言無所避。累遷江西節度使。以計降黑風峒寇。改昭信軍節度使致仕。

趙希璜 【淸】廣東長寧人。字渭川。乾隆舉人。官安陽知縣。少讀書於羅浮山。詩無塵俗氣。好交海內名士。嘗爲黃景仁刻全集。所著有四百三十二峯草堂詩鈔。研欃齋集。

趙希鵠 【宋】宗室。家於袁州。所著洞天淸錄。援引考證。類皆確鑿。爲賞鑒家之指南。

趙延進 【宋】頓丘人。父暉爲周偏將。漢末從父討王景崇。時年十八。常爲軍鋒。旣又平睢陽盜。周世宗征淮南。授千牛衛將軍。宋初歷知河中府梓相靑三州。太平興國初討幽薊。詔督造礟具。期以半月。八日而成。遼人擾邊。三戰大破之。以功累遷右金吾衛大將軍卒。

趙延溥 【宋】晁子。宋初爲鐵騎指揮使。太平興國中以馬步軍都虞候從平太原。略地燕薊。六軍扈從。帝欲躡後期至者。以延溥諫而止。積官滑州部署。知貝州卒。

趙延義 【後周】秦州人。字子英。以術數仕蜀。爲司天監。蜀亡。仕唐爲星官。延義兼通三式。頗善相人。契丹滅晉。延義隨虜至鎭州。李筠。白再榮謀歸漢。猶豫未決。延義假術數贊成之。太祖入京師。召判司天監卒。

（按舊五代史作延乂。此從新五代史。）

趙延壽 【後晉】常山人。本姓劉。爲趙德鈞養子。姿貌奸柔。稍涉書史。仕唐累遷樞密使。鎭徐州。高祖起義於晉陽。唐末帝委延壽北伐。遂陷於契丹。契丹主委以圖南之事。許以中原帝之。乃導誘番軍。竄食河朔。旣封燕王。爲樞密使。延壽又求爲皇太子。契丹主不許。進大丞相。契丹主死。延壽下敎於諸道。稱權知南朝軍國事。爲永康王烏裕所執。籍其家。以延壽入國。竟卒於契丹。

趙廷臣 〔清〕漢軍鑲黃旗人。字君鄰。順治初由貢生知山陽縣。康熙間官至閩浙總督。加太子少保。張煌言竄伏海島。廷臣率兵擒之。浙東悉定。在浙八年。多惠政。而折獄尤敏。卒諡清獻。

趙廷美 〔宋〕太宗弟。字文化。本名光美。開寶中累官京兆尹。永興軍節度使。太宗卽位。加中書令。開封尹。累封秦王。或告廷美驕恣。將有陰謀竊發。罷開封尹。授西京留守。會趙普再相。廉得盧多遜與廷美交通事。帝怒。勒歸私第。房州安置。幽悸卒。諡悼。徽宗時改封魏王。

趙廷隱 〔後蜀〕開封人。初仕梁。後隨孟知祥入蜀。拳勇有智略。爲馬步軍都指揮使。敗唐師於劍門。破石敬瑭。敗董璋。擢保寧軍節度使。孟昶時官至太師。中書令。卒諡忠武。

趙廷璧 〔清〕江蘇華亭人。字連城。工畫山水人物。

趙弟 〔漢〕以貳師將軍騎士斬郁成王首。武帝時封新時侯。後爲太常。坐鞫獄不實。贖爲城旦。

趙志皐 〔明〕蘭谿人。字汝邁。隆慶進士。萬曆初官侍讀。忤張居正謫官。居正沒。累進禮部尚書。入參機務。年已衰。爲朝士所輕。言者攻擊不已。遂乞歸。於罷礦建儲諸大政。猶敏力疾疏爭。在告四年。疏八十餘上。卒諡文懿。有靈洞山房集。四遊稿。內閣奏題稿。

趙成侯 〔戰國〕〔趙〕敬侯子。名種。立八年。與韓分周以爲兩。又與韓魏分晉。封晉君以端氏。魏獻榮椽。因以爲檀臺。在位二十五年。卒諡成。

趙成穆 〔清〕吳縣人。字敬儀。號鹿坪。爲高其佩弟子。工畫。專寫花草并指畫人物花卉。

趙戒 〔後漢〕成都人。爲南陽太守。糾率豪傑吏民。奏免中官子弟爲令長貪濁者。官至太尉。桓帝立。以定策功封廚亭侯。

趙抃 〔宋〕衢州西安人。字閱道。第進士。景祐初累官殿中侍御史。彈劾不避權倖。時稱鐵面御史。歷益州路轉運使。加龍圖閣學士知成都。以一琴一鶴自隨。爲政簡易。神宗立。擢參知政事。與王安石不合。再知成都。蜀部晏然。以太子少保致仕。卒諡清獻。抃長厚清脩。日所爲事。夜必衣冠露香以告於天。晚學道有得。將終。與子岏訣。詞氣不亂。安坐而沒。詩諧婉多姿。不類其爲人。有趙清獻集。

趙杞 〔宋〕徽宗子。累封景王。欽宗初拜太傅。詣金營充賀正旦使。旣歸。又從幸靑城。及上皇出郊。杞日侍左右。上皇製發願文。述靳天請命之意。以授杞。杞頓首泣。及北行。鬚髮盡白。

趙汸 〔明〕休寧人。字子常。黃澤門人。究心春秋之學。晚年屏迹東山著述。學者稱東山先生。有春秋集傳屬辭。左氏補註。師說。東山存稿。

趙甸 〔清〕浙江山陰人。字禹功。又字璧雲。明末諸生。家甚貧。學術以養親。藝絕工。世稱孝子。嘗游劉宗周之門。鼎革後隱於緇。賣畫以活。晚年講學。生徒稱盛。

趙良 〔明〕浙江人。好學。善卜。所言悉驗。遊京師。士大夫多客禮焉。欲薦用貴顯之。良辭不就。以例授江南巡檢。有松泉詩集。

趙良仁 〔明〕蘇州人。字以德。從朱震亨學醫。治療多有奇效。名動浙西東。有醫學宗旨。金匱方衍義。丹溪藥要。

趙良金 〔宋〕宗室。婺源人。字古淡。嘉定末選宗室嗣位。良金在選中。辭之。寶祐間登第。知無錫縣。文天祥。陳宜中。陸秀夫皆稱其人。良金嘗移書賈似道誤國。不報。遂歸隱以終。有隨意集。

趙良淳 〔宋〕汝愚曾孫。字景程。少學於饒魯。知立身大節。及仕。所至以幹治稱。咸淳末知安吉州。加直祕閣。元兵至。投繯死。

趙良規 〔宋〕安仁子。字元甫。張知白薦之。召試賜進士及第。擢集賢校理。累遷工部侍郎。終知濠州。所至州郡。爲政不甚力。然善委任佐屬。祿賜多分贈族人。餘皆輸之酒家。

趙良弼 〔金〕東平人。字君卿。補嘉興路吏。遷調杭州。善丹青。能書。工詩文詞曲。◎〔元〕女眞人。字輔之。本姓朮要甲。音訛爲趙家。因以趙爲氏。從世祖南征。參議元帥事。兼江淮安撫使。五戰皆捷。所至安堵。及還。陳時務十二事。陞參議陝西省事。會有以私憾誣廉希憲。商挺有異志者。以良弼爲徵。帝召問。良弼泣曰。二臣忠良。願剖臣心以明之。帝意不釋。至欲斷其舌。良弼誓死不少變。乃解。積官同簽書樞密院事。卒諡文正。

趙良棟 〔明〕陝州人。官蓬萊教諭。罷歸。寓澠池。寇陷澠城。父子挺身罵賊死。其媳及孫亦赴井死。◎〔清〕先世自陝西綏德衞遷居安邊。後遷寧夏。字擎之。別字西華。少有大志。順治初從英王入關。署潼關守備。以戰功累遷天津總兵官。鋤強暴。惠孤弱。奸宄屏跡。尋以提督撫安寧夏。在任三載。威信大行。進兵平四川雲南。擢雲貴總督。兵部尚書。卒諡襄忠。

趙良嗣 〔宋〕本燕人馬植。遼大族。仕至光祿卿。行污而內亂。政和初童貫出使。載以歸。易姓名曰李良嗣。卽獻結女眞攻遼策。帝嘉納之。賜姓趙氏。以爲祕書丞。國燕之議自此始。宣和初使金。議取燕雲。頗能緩頰盤心。與金爭議。進光祿大夫。既而朝廷納張覺。良嗣爭之。不聽。靖康初御史胡舜陟論其結成邊患。竄柳州。尋伏誅。

趙良霄 [清]涇縣人。字肅徵。號肯巖。乾隆進士。官內閣中書。性孝友。立身先行誼。不務科名。有讀春秋讀詩讀禮讀易諸書。肯巖文鈔。

趙邦杜 [明]湖廣咸寧人。字安甫。萬曆進士。累官通政司參議。時諸中官請乞。日以百數。邦杜痛抑之。中官爲氣沮。

趙邦試 [清]柘城人。授福建興化守備。擢同安游擊。恢復海澄縣。取廈門。金門及漸山等處十九寨。敍功授左都督。

趙佩節 [明]普定衞人。字至剛。天順進士。爲吏科給事中。屢上疏言事。皆切時弊。帝嘉納之。陞通政使右通政。卒官。

趙來章 [明]弘智玄孫。父矜。官襄陽丞。客死柳州。閱十七年。來章往求其喪不得。野哭再閱旬。卜者筮之。如言得墓。遂歸葬。

趙典 [後漢]戒子。字仲經。桓帝時爲大鴻臚。遷太常。以諫爭違旨免官。再遷衞尉。公卿表典篤學博聞。宜備國師。會病卒。諡獻。典篤行博學。與李膺齊名。列於八俊。

趙叔向 [宋]廷美裔。方汴京破時。叔向潛出之京西。金人退。引衆屯青城。入至都堂。叱王時雍等速歸政。置教駕義兵。其後部將上變。告叔向謀爲亂。遂被誅。

趙叔近 [宋]廷美玄孫。高宗時爲秀州守。撫定叛卒陳通。尋權兩浙提刑。復招降通。推誠待其衆。皆感服。及還秀州。王淵兵至杭。詐殺通。並誣叔近通賊。因被害。

趙叔盎 [宋]宗室。字伯充。善畫馬。嘗投詩蘇軾。軾次其韻。

趙叔問 [宋]廷美裔。自號西隱老人。有肯綮錄。

趙叔堅 [北齊]彥深子。以父故。官中書侍郎。頗招物議。時大臣子官中書者。有馮子琮子時明。祖珽子君信。以叔堅爲最劣。

趙叔皎 [宋]宗室。元豐中爲右班殿直。累遷德州兵馬都監。自靖康以來。劉順·呂拱·劉亨相繼謀叛。叔皎皆設方略捕戮之。後死於金人之難。

趙叔隆 [後魏]逸從子。永平初與懸弧城民同謀逆。被獲見宥。尋以貨自通。爲西州長史。以聚斂聞。歷太中大夫。又納賂。爲中山內史。奸詐無行。忘恩背義。爲時論所賤薄。

趙叔憑 [宋]宗室。建炎間任陝州都監。金人圍陝州久。援兵不至。叔憑子宜盧氏。遺以蠟丸書曰。人臣當死國難。況吾以近屬。其可辱命。死固其宜也。遂死之。

趙叔儺 [宋]宗室。官濮州防禦使。善畫禽魚。下筆多合詩意。卒贈少師。

趙和 [後魏]洛陽人。太武時官陵江將軍。南討渡淮。聞父喪輒還。所司將致之於法。曰罔極之恩。終天莫報。若許安厝禮畢。而即罪戮。死且無恨。言訖號痛。悲感旁人。主司以聞。遂宥之。喪畢。加閤內都督。◎[唐]咸通中江陰令。能以片言折獄。淮陰有農爲西鄰不認續契錢八百緡。州縣不能決。越江來訴。事乃明。◎[明]雲南白鹽井人。天順間母遭兵掠。和年十四。晝夜涕泣。隨至遼東。見其母。主者留不即遣。和泣血哀求。乃與母俱還。

趙坤 [清]寧夏人。由行伍累擢鶴麗鎭總兵。康熙間定西藏。雍正間平苗亂。皆有功。官至湖廣提督。

趙坦 [清]仁和人。字寬夫。諸生。道光初舉孝廉方正。不赴。奏給六品頂戴。治漢學。尤好古金石文。有周易鄭注引義·春秋異文箋·石經考續·保甓齋文錄及札記。

趙奉璋 [唐]官咸寧太守。上書言李林甫罪二十條。被杖死。

趙孟桀 [宋]元軍駐紹興。孟桀與福王謀舉兵。事泄。被執至臨安。爲范文虎所殺。既死。雷電晝晦者久之。（按萬姓統譜作孟崧。誤。此從宋史。）

趙孟奎 [宋]字文耀。號春谷。官祕閣修撰。善畫竹石蘭蕙。

趙孟堅 [宋]宗室。海鹽人。字子固。號彝齋居士。寶慶進士。累官翰林學士承旨。修雅博識。善畫。工詩文。宋亡。隱居秀州。從弟孟頫自苕州來訪。閉門不納。夫人勸之。始令從後門入。坐定。第問弁山笠澤。近來佳否。孟頫云佳。孟堅曰。弟奈山澤佳何。孟頫慚退。便令蒼頭濯其坐具。卒年九十有七。有梅譜·彝齋文編。

趙孟淳 [宋]孟堅弟。字子眞。號竹所。又號虛閒野叟。畫墨竹可觀。亦工詩。

趙孟頖 [宋]宗室。吳興人。字景督。累官僉書高郵軍判官。宋亡。不求仕進。日以翰墨爲娛。嘗九經一過。細字端楷。人珍玩之。

趙孟僩 [宋]宗室。黃巖人。嘗游廬陵歐陽守道·劉辰翁之門。文天祥開閫浙西。辟從事。偕行僅五十日。而大事已去。孟僩遂隱爲道士。又爲僧。因自號三教遺逸子孫。遂家華亭。有河山汗漫集。

趙孟頫 [元]孟堅從弟。宋太祖子秦王德芳之後。因賜第湖州。故爲湖州人。字子昂。號松雪道人。至元間程鉅夫奉詔搜訪遺逸。以孟頫入見。才氣英邁。神采煥發。如神仙中人。世祖覽之喜。使坐右丞葉李上。仁宗卽位。官至翰林學士承旨。卒贈魏國公。諡文敏。著有尚書注·琴原·樂原。得律呂不傳之妙。又著松雪齋集。詩文清邃奇逸。讀之使人有飄飄出塵之想。篆籀分隸眞行草書。無不冠絕古今。畫山水木石花竹人馬尤精緻。妻管氏。亦以書畫知名。

趙·孟錦 【宋】少不羈。遊淮。以軍功爲將佐。元兵攻眞州。每戰輒爲士卒先。時元兵重艦駐江上。孟錦乘大霧襲之。俄霧解。見孟錦兵少。逐之。登舟失足墮水死。

趙·孟濟 【宋】汴人。德祐間爲清居令。居官介特。豪猾屏息。已而元兵來攻。城破死。

趙·孟壘 【宋】合州人。開慶初登第。爲金華尉。臨安降。與從子由鑑懷太皇太后帛書詣益王。擢宗正寺主簿監軍。復明州。戰敗被獲。不屈死。

趙·孟籲 【元】孟頫弟。字子俊。爲承務郎。同知劍州。畫人物花鳥頗佳。書得家傳。

趙·季通 【明】天台人。成祖時與修洪武實錄。累擢司業。與董子莊同被選爲趙府長史。當時論親藩輔導之臣。以二人爲極選。

趙·宗 【明】閩人。字迪所。宋裔。明初首倡詩學。與林子羽輩齊名。有鳴秋集。

趙·宗立 【宋】元佐庶長孫。從張揆學春秋。仁宗時太清樓侍宴預坐。悉賦祼玉詩。宗立詩先成。帝稱善。屢賜飛白書。稱其文雅。遂襲恭憲封。終武寧軍節度觀察留後。

趙·宗印 【宋】孝義人。少爲僧。范致虛令還俗。授河東制置使。提義兵。所向輒下。王師敗於富平。慟哭入華山。不知所終。

趙·宗悌 【宋】元佐孫。字元發。輕財好施。所生母早世。宗悌聞父婢語平生。輒掩泣。繼得其肖貌。繪像奉之如生。終明州觀察留後。諡孝憲。

趙·宗祐 【宋】宗楚弟。克己自約。蕭然若寒士。好讀書。尤喜學易。嘉祐中從父允初未立嗣。詔以宗祐爲後。泣曰。臣幼失怙恃。將終身悲慕。忍爲人後乎。敢以死請。仁宗憐而許之。累遷靖海軍節度使。加檢校司徒卒。追封欽王。諡穆恪。

趙·宗晟 【宋】允讓子。嗣濮王。以武安軍節度使判大中正。好古學。藏書數萬卷。爲仁宗所嘉。英宗數被疾。宗晟請早建儲貳以繫天下望。世稱其忠。卒諡端恪。

趙·宗閔 【宋】爲尙書郎。畫墨竹。筆勢甚妙。

趙·宗愈 【宋】宗晟弟。以鎭安節度使·開府儀同三司·檢校司徒嗣封。故事嗣王以四時詣祠所。宗愈方屬疾。或曰。不可以暑行。宗愈不可。尋卒。追封襄王。諡恭憲。

趙·宗楚 【宋】宗愈弟。累官武勝軍節度使。嗣濮王。旣嗣爵。當詣園薦獻。會有疾。以弟宗漢代行。歎曰。不能親奉籩豆。享我先王。而浮食厚祿安乎。請以爵授弟。不許。卒贈惠王。諡僖節。

趙·宗肅 【宋】宗諤弟。宗諤嘗亡寶器。意宗肅家人竊之。宗肅曰。吾廉不足取信兄弟如此乎。立償其值。宗諤愧不取。久之器得。宗肅不復言。終安化軍留後。

趙·宗萬 【宋】山陰人。字仲因。善八分草隸書。築室於照水坊。畜一鶴。號丹砂。引以爲侶。足跡不及高門。祥符中舉遺逸。以老辭。請自託於道流。朝廷卽其家賜羽服。後十餘年卒。

趙·宗壽 【宋】臨安人。一作君壽。工寫眞及士女。

趙·宗漢 【宋】英宗幼弟。封東陽安康郡王。遷開府儀同三司。嗣濮王。善畫。嘗作八雁圖。人稱其工。徽宗時加太尉卒。追封景王。諡孝簡。

趙·宗潔 【宋】括蒼人。字敏則。爲右司郎。每以人才爲宰相薦。理宗朝中貴盧必升等擅權用事。在朝無人敢言。宗潔奏乞罷斥之。以肅紀綱。由是名振朝野。居官不受私謁。所至以激濁揚清著聲。

趙·宗儒 【唐】驊子。字秉文。第進士。貞元間累官考功員外郎。黜陟詳當。無所回憚。德宗善之。遷給事中。尋以本官同平章事。元和初遷檢校吏部·荆南節度使。太和中授司空致仕。宗儒以文學歷將相。位任崇劇。然無儀矩。以治生瑣碎失名。卒諡昭。

趙·宗諤 【宋】允寧子。累官同中書門下平章事。進封豫章郡王。乞比外使相給傳。仁宗以非衆侍中令詰主吏。宗諤上章自陳。於是御史張商英劾其招權立威等罪。遂落平章事。英宗卽位。還所奪。

趙·定 【漢】渤海人。知音善雅琴。宣帝欲與協律之事。丞相魏相以定薦。

趙·尙寬 【宋】安仁子。字濟之。仁宗時知平陽縣。鄰邑有大囚夜逸。殺居民。將犯境。尙寬捕獲之。遷知忠州。以考課第一。知唐州。唐素沃壤。經五代亂。土曠民稀。尙寬按視圖記。得漢召信臣陂渠故迹。疏三陂一渠。溉田萬餘頃。凡五年。民圖像以祀。徙同宿二州河中府。又徙梓州。所至勤於農。故治有異等。仁宗嘗進秩賜金。積官至司農卿卒。

趙·岢 【明】榆林衞人。年十四。持刀出塞外。遇寇三人挾岢。岢奪其挺。反撲之。進斬三人首以歸。由是知名。嘉靖中嗣指揮職。積功至延綏總兵官。

移鎮大同。改宣府。進都督同知卒。

趙·庚夫 〔宋〕莆田人。字仲白。舉進士不第。遂專意爲詩。嘗自删取五百首。既沒。劉克莊擇百篇爲山中集。屬趙以夫序而傳之。

趙·忠 〔後漢〕靈帝時宦中常侍。嘗與夏惲構呂強至死。以與誅梁冀功。封都鄉侯。貪殘蠹害。爲袁紹所捕斬。◉〔明〕長洲人。字行恕。宣德時由進士爲御史。官至雲南參議。以清白稱。致仕卒。

趙·忠義 〔後蜀〕德元子。亦工畫。孟氏明德中。與父同於福慶禪院畫東流傳變相。凡一十三堵。皆盡其妙。蜀主知忠義之藝。妙於鬼神。令畫關將軍起玉泉寺圖。授翰林待詔。

趙·忠濟 〔清〕東陽人。字濟卿。別號岐寧。受學於陳其慕。以致良知爲主。嘗曰。求性命不出盡倫物。倫物懇切處。卽性命透徹處。倫物恰好處。卽性命精微處。倫物常盡自慊處。卽性命純亦不已處。講學於法界湛閣而終。

趙·性 〔宋〕赤水人。紹興中對策有曰。以囊括爲深計。臣知其人矣。主和議者當之。以首鼠爲玄機。臣知其人矣。杜言路者當之。考官大驚。以爲劉蕡無以過。秦檜欲擯斥之。會檜卒而止。

趙·所 〔清〕杭州人。字申錫。畫山水秀勁清雅。

趙·承 〔後漢〕河內人。李固弟子。桓帝時固爲梁冀所誣下獄。承與弟子數十人腰斧鑕詣闕通訴。及固冤死。承等悲歎不已。乃共論固言迹。爲德行一篇。

趙·承宗 〔宋〕普子。歷官羽林大將軍。知潭鄆二州。皆有聲。

趙·承規 〔唐〕匡明子。匡明見逼於朱全忠。將謀奔淮南。承規諫曰。昔諸葛兄弟。分仕三國。若適揚州。是自取疑也。乃趨成都。

趙·承慶 〔明〕輔子。協守南京。武宗時坐傳寫諫官劉蒞疏。爲劉瑾所惡。削半祿閒住。

趙·抱一 〔宋〕秦州人。本農家子。常牧羊田間。一夕有叩門召之者。以杖引行至崖頂。自是不熟食。茹甘菊柏葉果食井泉。間亦飲酒。貌如嬰兒。素不習文墨。口占辭句。頗成篇詠。眞宗詔賜名抱一。度爲道士。令居太乙宮。與人言。多養生之事。

趙·拔扈 〔後魏〕新城人。兄富於財。爲太守樊文茂所殺。拔扈走免亡命。斫道旁樹而占曰。文茂殺兄。今欲報之。若事克。斫處便生。不克卽死。三日而樹生。遂聚衆至成都。殺文茂而還。

趙·昂 〔三國魏〕冀人。字偉章。馬超攻冀城。昂與尹奉戮力討超。以功遷益州刺史。

趙·昇 〔宋〕字向晨。所著朝野類要。徵引當時朝廷故事。以類相從。開卷瞭然。有功考證。

趙·昌 〔唐〕天水人。字洪祚。德宗時官虔州刺史。安南酋獠杜英翰叛。都護高正平以憂死。拜昌安南都護。夷落響化。後以足疾還朝。以兵部侍郎裴泰代。未幾。州將逐泰。時昌年逾七十。復拜安南都護。詔書至。人相賀。叛兵卽定。官至太子少保。卒諡成。◉〔宋〕劍南人。字昌之。工畫花果。師滕昌祐。後過其藝。生菜草蟲折枝果尤妙。晚年多出金自購舊所畫。欲自祕也。性傲易。雖強勢亦不下之。◉〔明〕涇縣人。字鳴盛。號朴菴。景泰進士。除戶部主事。操守廉勤。歷郎中。忤中貴謫長沙同知。洞寇竊發。昌討平之。成化初復爲戶部郎中。值蘇松旱災。奉使檢覈。奏減秋糧三十餘萬。民困以蘇。累遷山東右布政卒。

趙·昌言 〔宋〕孝義人。字仲讜。少有大志。文思甚敏。太平興國進士。累官樞密副使。遷戶部侍郎。卒諡景肅。昌言強力尚氣槪。所至以威斷立名。喜推獎後進。李沆判潭州。昌言謂有公輔之量。表聞於朝。王旦宰岳州平江。昌言一見。識其遠大。以女妻之。後皆爲賢相。

趙·明 〔漢〕槐里人。王莽居攝。東郡太守翟義舉兵誅莽。明起兵應之。◉〔宋〕爲上猶尹。有循良聲。禱雨捕蝗。咸有異績。比去。民爲立棠陰碑。

趙·明叔 〔宋〕膠西人。家貧好學。州守蘇軾樂與游。明叔常醉而言曰。薄薄酒。勝茶湯。蘇軾衍之爲長歌。

趙·明誠 〔宋〕挺之子。字德父。歷官知湖州軍州事。嘗以所藏三代彝器及漢唐以來石刻。仿歐陽修集古錄例。成金石錄三十卷。紹興中其妻李清照表上之。

趙·朋 〔宋〕遂寧民兵。吳曦叛。朋拒戰。左臂已斷。而戰不休。沒於陣。事聞。褒恤之。

趙·東曦 〔明〕上海人。字馭初。萬曆進士。崇禎時由知縣入爲刑科給事中。請與屯塞下以充軍用。不報。以劾內臣王坤獲譴。稍遷至禮部郎中歸。福王時召爲給事中。東曦已前卒。

趙·林 〔宋〕懷州人。字子安。工畫山水。

趙·武 〔春秋晉〕盾孫。亦稱趙孟。父朔爲屠岸賈所殺。朔妻遺腹生武。賈索之急。賴程嬰。公孫杵臼以免。後立爲卿。相悼公。薄諸侯之幣而重其禮。諸侯以是睦於晉。晉人謂文子爲知人。文其諡也。

趙·武孟 〔唐〕張掖人。少游獵。以所獲饋其母。母泣曰。汝不好書而敖蕩。吾安望哉。不爲食。武孟感激。遂力學。淹該書記。自長安丞累遷至右臺御史。有河西人物志。

趙·武端 唐 喜繪寺壁釋像。

趙武靈王 戰國趙 肅侯子。名雍。五國相王。趙獨否。令國人謂己曰君。胡服騎射。以教百姓。攘地北至燕代。西至雲中九原。在位二十七年。立子何爲王。封長子章爲代安陽君。自號爲主父。詐爲使者入秦。秦昭王不知。已而怪其狀。使人逐之。而主父馳以脫關矣。其後章作亂。敗走主父。主父納之。公子成·李兌圍主父宮。章死。主父欲出不得。又不得食。探爵鷇而食之。三月餘。餓死沙丘宮。諡武靈。

趙·法逞 後魏 清河人。善卜筮。

趙·炎 宋 嵊縣人。字光叔。陳著門人。著稱其有學有識。有才有骨。官義烏簿。

趙·牧 後漢 長安人。少知名。以公正稱。修春秋。奉樂恢。恢以直諫死。牧爲陳冤得申。後舉高第。歷侍御史·會稽太守。皆有稱績。及爲彭城靖王恭相。以誣奏恭大逆不道。坐下獄。會赦。免死。

趙·玭 宋 澶州人。晉天福中以納財助邊官濮州司戶參軍。至周爲刺史。入宋遷左監門衛大將軍判三司。爲人狂躁婞直。多忤旨。太祖頗優容之。後以大言詆趙普。黜爲汝州牙校卒。

趙·知微 唐 衡山人。穆宗時以布衣上書。辭旨危切。帝詔宰相慰諭。宰相因賀天子納諫。然不能用。◎唐 九華人。延華觀道士。嘗於巖下種桃。著花皆碧色。因名爲碧桃巖。乾寧中屢召不出。

趙·知禮 陳 隴西人。字齊旦。涉獵文史。善書翰。武帝討元景仲。引爲書記。每占授軍書。下筆便就。當時計畫。莫不預焉。侯景平。授中書侍郎。天嘉初封始平縣伯。再遷右將軍。卒諡忠。

趙·秉文 金 滏陽人。字周臣。號閑閑老人。大定進士。與定初累拜禮部尚書。哀宗即位。改翰林學士。工書畫詩文。仕五朝。官六卿。勗君以道。自奉如寒士。性好學。自幼至老。未嘗一日廢書。有易叢說·中庸說·資暇錄·刪集論語·孟子解·滏水文集等書。

趙·秉沖 清 文哲子。字謙士。號研懷。乾隆時欽賜舉人。官至戶部右侍郎。博雅嗜古。工篆隸。能摹印。尤好金石書畫之學。

趙·迎 明 鞏縣人。嘉靖進士。官工部主事。著有範圍數。其自序謂本之河洛。以干支配合先後天成數。推人祿命。相傳以爲出於陳摶云。

趙·秉忠 明 益都人。字季卿。號峨陽。萬曆殿試第一。官翰林。分校禮闈。得孫承宗。典試江南。得張瑋·姚希孟·周順昌。皆爲一代名臣。累遷禮部尚書。以忤魏忠賢削籍。◎清 江蘇興化人。字景光。號秋墅。乾隆進士。改庶吉士。未散館卒。有敝帚集。

趙·秉溫 元 瑨子。事世祖潛邸。命受學劉秉忠。從征吐蕃·雲南·大理。中統初詔行右三部事。至元中創習朝儀。累官昭文館大學士。卒諡文昭。

趙·芬 隋 天水人。一作棻。字士茂。少有智辯。頗涉經史。仕周有聲績。武帝朝拜少御正。明習故事。每朝廷有疑議。衆不能決者。輒爲評斷。莫不稱善。文帝爲丞相時。尉遲迥與司馬消難陰謀往來。芬密白帝。由是見信任。開皇初拜尚書左僕射。兼內史令。以老病拜蒲州刺史。乞歸卒。

趙·芾 宋 鎮江人。工畫人物山水。

趙·釆 元 潼川人。字德亮。號隆齋。所著周易程朱傳義折衷。以宋學爲宗。兼及於象數變互。頗存古義。

趙·金 明 烏程人。字淮獻。布衣。正德中詔徵不赴。有浮休集。

趙·金龍 清 江華縣錦田鄉猺人。道光間楚粵奸民結天地會。屢強劫猺寨牛穀。黨連官役。猺無所賴。金龍倡言復仇。糾廣東湖北猺共起爲亂。裹脅至萬人。湖北提督羅思舉督兵平之。金龍中槍死。

趙·長卿 宋 宗室。居南豐。自號仙源居士。所著惜香樂府。多得淡遠蕭疏之致。

趙·阿哥潘 元 土播思烏思藏掇族氏。始附宋。賜姓趙氏。世居臨洮。父阿哥昌以其衆來歸。阿哥潘以破大安功。授同知臨洮府事。敗宋師於瀘川。進逼成都。大小五十餘戰。皆先登陷陣。世祖南征。命攝元帥。憲宗出蜀。爲選鋒。授臨洮府元帥。中統初還鎮。以軍事越青居山道。爲宋兵所邀。戰死。諡桓勇。

趙·青藜 清 涇縣人。字然乙。乾隆進士。選庶吉士。授編修。改御史。有直聲。其糾協揆彭維新奪情。議尤侃侃。沈德潛爲諫垣五君子詠。青藜與焉。後告歸。卒年八十餘。其學以不欺爲主。受古文於方苞。風格似之。詩宗昌黎。尤長史學。有讀左管窺·漱芳居士詩文集。

趙·俁 宋 神宗十子。靖康初授河東劍南四川節度使。累封燕王。徽宗幸青城。與弟偲爲徐秉哲逼送金營。北行至慶源境上。俁乏食卒。偲至韓州亦卒。

趙·俊 宋 宋城人。字德進。紹聖進士。官至朝奉郎。隱居杜門。雖鄉里不妄交。建炎末士大夫皆避地。俊獨不肯。曰。但固吾所守耳。死生命也。劉豫官之。辭不受。凡家書文字。不用豫僭號。但書甲子。後三年卒。◎明 太祖時自工部侍郎進尚書。帝以國子監所藏書板。歲久殘剝。命諸儒考補。工部督匠修治。俊奉詔監理。

古籍始備。

趙信　〔清〕昱弟。字辰垣。號意林。國子生。乾隆初舉鴻博不遇。與昱並擅詩名。時號二林。詩極秀婉。工書善畫。有秀研齋吟稿。（臨略。）

趙俞　〔清〕嘉定人。字文饒。號蒙泉。康熙進士。官定陶知縣。有紺寒亭詩文集。

趙保吉　〔西夏〕詳李繼遷條。

趙保忠　〔西夏〕詳李繼捧條。

趙南星　〔明〕高邑人。字夢白。萬曆進士。歷文選員外郎。方嚴疾惡。上疏陳四大害。觸時忌乞歸。再起考功郎中。主京察。要路私人。貶斥殆盡。被嚴旨落職。名益高。與鄒元標·顧憲成海內擬之三君。光宗立。累拜左都御史。慨然以整齊天下爲己任。進吏部尙書。銳意澄淸。起用廢錮。中外方忻忻望治。魏忠賢矯旨削籍。戍代州卒。崇禎初諡忠毅。有史韻·學庸正說。

趙咨　〔後漢〕東郡燕人。字文楚。少孤。有孝行。延熹初舉至孝有道。遷博士。靈帝時累遷敦煌太守。以病免還。躬率子孫耕農爲養。盜嘗夜往劫之。咨恐母驚懼。乃先至門迎盜。因請爲設食。盜皆慚歎奔出。拜東海相。在官淸簡。計日受俸。以疾自乞。徵拜議郎。臨終。勅子薄葬。時稱明達。◎〔三國〕〔吳〕南陽人。字德度。博聞多識。應對辯捷。仕爲中大夫。使魏。魏主嘉美之。遂拜騎都尉。

趙奕　〔元〕孟頫子。字仲光。號西齋。隱居不仕。日以詩酒自娛。善畫。工眞行草書。雖不脫家法。而行墨結字。微有不同。

趙宣　〔宋〕宣和間試中畫人。善用飛白筆作人物。

趙宧光　〔明〕吳縣人。字凡夫。讀書稽古。精於篆書。與妻陸卿子隱於寒山。足不至城市。夫婦皆有名於時。常事多造門求見者。宧光亦不下山報謁。有說文長箋·六書長箋·九圜史圖·寒山帚談·牒草·寒山蔓草。

趙帥　〔清〕涇縣人。字元一。乾隆舉人。知安肅縣。以事罷歸。工詩文。有偉堂詩詞鈔。

趙幽繆王　〔戰國〕〔趙〕悼襄王庶子。名遷。秦再擊趙。趙將李牧。司馬尙擊之。已而王信讒。殺牧免尙。用郭開。秦破趙。王降。國亡。在位七年。秦流王於房陵。王思故鄉。作山水之謳。聞者莫不隕涕。卒諡幽繆。亦稱滑王。或曰無諡。

趙建　〔清〕澄孫。以畫名。

趙彥　〔後漢〕琅邪人。通術數。桓帝時琅邪賊與太山賊殘害吏民。宗資爲討寇中郎將。彥爲陳孤虛遁甲之法。一戰破之。◎〔明〕趙州人。宣德中知高縣。以廉惠得民心。郡守嫉之。削其籍。後蠻部作亂。招撫弗聽。惟曰。趙尹來。吾即降。於是辟彥單騎諭之。蠻果降。◎〔明〕膚施人。萬曆進士。光宗時以僉都御史巡撫山東。請增兵戍諸島。設鎭登州。天啓初平妖賊徐鴻儒。論功進兵部尙書。加太子太保。因極陳邊將尅餉役軍虛伍占馬諸弊。條列事宜。帝稱善。立下諸邊舉行。以抗疏劾魏忠賢削籍。尋追敘邊功。即家進太子太傅卒。

趙彥可　〔明〕洪武間知臨淸縣。性廉公愛民。初爲山陽丞。其妻受賂遺。彥可察知之。首於府。遣其妻還鄉。後陞知鞏昌府。

趙彥正　〔元〕雍從子。一作彥徵。工畫山水人物。

趙彥吶　〔宋〕彭州人。字敏若。登四川類試第。少以材稱。吳曦叛。遣將守夔。彥吶納義士暗殺之。遂顯名。嘉定中經理西和州。金人再至。戰卻之。在州五年。得軍民心。累官四川制置使。以不得行其言。爲金人所敗。貶衡州死。

趙彥昭　〔唐〕武孟子。字奐然。少豪邁。風骨秀爽。第進士。景龍中累遷中書侍郎·同中書門下平章事。睿宗時貶歸州。俄授涼州都督。爲政嚴。下皆股慄。遷刑部尙書。彥昭本以權倖進。中宗時有巫挾鬼道出入禁掖。彥昭以姑事之。其得宰相。巫力也。被劾貶江州別駕卒。

趙彥俠　〔宋〕宗室。字安卿。初調溧陽尉。改平江府推官。擢宜興縣。知於潛。所至懲奸袪蠹。弊俗爲革。開禧初知興國軍。帥臣用其策平叛徭。遷知紹興府。嘉定中調江西轉運使卒。

趙彥械　〔宋〕餘姚人。字元道。陸九淵門人。累官吏部尙書。兼給事中。以華文閣學士知平江府。嘗力辨陸學之非禪云。

趙彥秬　〔宋〕東陽人。字周錫。師事呂祖謙。擢取應科。授右選。精春秋左氏傳。作發微百篇。借和州觀察使。充接伴副使。登隆興進士。換宣義郎。終眉州通判。

趙彥敔　〔宋〕監青龍鎭稅。建鎭學。百里之間。絃歌相聞。兵部侍郎杜孝嚴以彥敔有官不顯。有民不多。而所知者本。所務者要。爲文記之。

趙彥深　〔北齊〕平原人。名隱。避齊諱。以字行。幼孤貧。事母甚孝。安閑樂道。不雜交遊。爲雅論所歸服。神武徵補大丞相功曹參軍。專掌機密。文翰多出其手。神武崩。祕喪事。文襄巡撫河南。委彥深後事。既而內外寧靜。彥深力也。累遷司徒卒。

趙彥肅　〔宋〕建德人。字子欽。私淑陸九淵。乾道進士。官寧海軍節度推官。學者稱復齋先生。有易說·士冠·士昏·饋食圖等書。

趙彥逾 【宋】廷美七世孫。字德先。紹興進士。淳熙中累官工部尙書。孝宗崩。與趙汝愚定策立寧宗。及卽位。出知建康。改四川安撫制置使。歷知明州。乞祠歸卒。彥逾始與汝愚協濟大計。冀引已共政。及外除。頗觖望。乃疏當時名臣上之。目爲汝愚黨。吳挺卒。朝廷議併利西安撫於東路。以革世將之弊。彥逾奏復之。其後吳曦因之以生變。人以是咎彥逾云。

趙彥端 【宋】廷美七世孫。字德莊。號介菴。乾道淳熙間以直寶文閣知建寧府。終左司郎官。有介菴集。介菴詞。彥端嘗賦西湖謁金門詞。有波底夕陽紅濕之句。爲高宗所喜。有我家裏人也會作此等語之稱。

趙彥衞 【宋】字景安。紹興間宰烏程。後官新安郡守。所著雲麓漫鈔。以賅博稱。

趙彥徽 【宋】安喜人。與太祖同事周世宗。太祖兄事之。以翊戴功。與韓重贇張光翰分領諸軍節度。

趙彥橚 【宋】廷美七世孫。字文長。乾道進士。尉樂淸。累官福建路運幹。有循聲。慶元中擢監登聞檢詳院。時韓侂冑方柄用。朝士悉趨其門。彥橚竊歎惋。侂冑死。進戶部侍郎兼樞密院檢詳。士夫前與兵議者。坐侂冑黨。將併逐之。彥橚每見帝。必言才難。遷湖廣總領。終寶謨閣待制。

趙彥韜 【宋】順政人。初事孟昶。紹道人至都下爲諜。彥韜潛取昶與幷州蠟丸帛書以告宋。因言伐蜀之狀。太祖遂以爲鄕導。蜀平。遷本州刺史。性凶率。所爲不法。民家詣闕訴冤。太祖怒。令杖配蔡州。

趙思 【宋】字再可。紹興進士。調鍾離簿。以虞允文薦。孝宗問恢復大計。思對合帝意。命守台州。治聲翕然。累遷起居舍人。充金國賀生辰使。不稱御名。金以爲慢。來詰。不得已罷之。後官終中大夫。

趙思溫 【遼】盧龍人。字文美。少果銳。膂力兼人。爲平州刺史。太祖經略燕地。思溫迎降。及伐渤海。以爲漢軍團練使。力戰拔扶餘城。身被數創。太祖親爲調藥。累官保靜盧龍臨海軍節度使。加檢校太師卒。

趙思綰 【五代漢】魏州人。高祖時據永興以叛。送款於李守貞。守貞以爲晉昌節度使。隱帝遣郭威討之。先圍守貞於河中。居數月。思綰城中食盡。殺人而食。每犒宴。殺人數百。庖宰如羊豕。思綰計窮。詣郭從義乞降。拜鎭國軍。未幾有二志。從義擒斬之。

趙恆 【明】晉江人。字志貞。嘉靖進士。教授袁州。累擢姚安知府。郡故雜苗俗。恆爲定婚娶之禮。有春秋錄疑。

趙括 【戰國趙】奢子。少學兵法。與其言兵事。奢不能難。然不謂善。嘗曰。破趙軍者。必括也。及秦趙構兵。括爲將。其母上書言括不可將。王勿聽。括母請毋隨坐。王許諾。括既代廉頗爲將。悉更約束。易置軍吏。秦將白起縱奇兵大破之。射殺括。趙卒被阬者四十五萬。趙王以括母先言。竟不誅。

趙持滿 【唐】長孫詮之甥。工書善射。力搏猛獸。捷及奔馬。而親仁愛衆。京師無貴賤皆愛慕之。官涼州長史。許敬宗懼其作難。誣以與詮謀反殺之。

趙昱 【後漢】琅邪人。字元達。淸己疾惡。潛志好學。雖親友希得見之。獻帝時爲徐州別駕從事。以忠直見疏。出爲廣陵太守。爲笮融所害。◉【隋】蜀人。隱靑城山。煬帝聞其賢。徵召不起。督讓益州刺史強起之。昱至京師。縻以上爵。不就。獨乞爲蜀太守。帝從之。拜嘉州太守。斬潭中老蛟。以除民害。蒞政五月。國大亂。遂隱去。不知所終。◉【宋】雄子。字希光。少苦學。以司馬周程氏爲師。又私淑張栻。性沖淡。出仕二十餘年。然歷任不滿三年。爲廣安守。家居無復宦情。先是雄嘗爲孝宗言吳挺專制之害。不能用。開禧間吳曦之變。昱每念父言。輒投身大痛。後竟絕粒死。◉【淸】仁和人。原名殿昂。字功千。號谷林。貢生。乾隆初薦試鴻博不遇。性耽風雅。築春草園。有池館之勝。其藏書處曰小山堂。異本數萬卷。與揚州馬曰琯家相埒。其好客亦如之。有愛日堂集。

趙昶 【北周】南安人。字長舒。少以材力聞。魏孝昌中拜都督。太祖擢爲相府典籤。積功封章武縣伯。累遷驃騎大將軍開府儀同三司。時氐羌數反。昶悉平之。世宗錄前後功。進爵長道郡公。賜姓宇文氏。拜賓部中大夫卒。◉【唐】犫弟。字大東。神采軒異。而內沈厚有法度。破孟楷功多。代犫爲陳州刺史。當時言忠壯吏治。舉言犫昶。犫既老。授留後。遷忠武節度使。於人有恩惠。加同中書門下平章事卒。

趙昭 【淸】文俶女。字惠文。號子惠。馬班妻。工畫花卉蘭竹。後入空門。字德隱。結庵西湖香林。澄影二十年卒。

趙昭儀 【漢】飛燕女弟。飛燕寵衰。昭儀寵無比。而皆無子。嬌媚不遜。後宮有子者輒殺之。及成帝暴崩。皇太后詔治問皇帝病狀。昭儀自殺。

趙柔 【後魏】金城人。字元順。少以德行才學著名河右。太武平涼州。內徙。文成帝立。拜著作郎。後出爲河內太守。甚著信惠。◉【元】涞水人。有膽略。善騎射。好施予。金末避兵西山。柵險以保鄉井。時劉伯元等亦各聚衆數千。聞柔信義。共推爲長。太祖破紫荆關。柔以衆歸。授涿易二州長官。後羣盜並起。柔單騎說降其衆。以功累遷正定涿等路兵馬都元帥。卒諡莊靜。

趙・泉 清當塗人。字雝泗。貢生。畫竹石淸疏有奇氣。工詩善文。市人每乘其窘乏。擲錙銖而取之。酒後激昂。或裂紙畀火。世以狂生目之。年七十餘卒。

趙・洄 明松江華亭人。字行之。善畫。

趙・洪慶 後魏宦太史令。與孫僧化等校比天文書。

趙・炳 後漢東陽人。字公阿。能爲越方。但行禁架。所療皆除。◎元惠州灤陽人。字彥明。幼失怙恃。鞠於從兄。歲饑。往平州就食。遇盜。將殺兄。炳年十二。泣請代。盜驚異。舍之西去。弱冠侍世祖於潛邸。恪勤不怠。至元中累官京兆路總管・安西王相。所至有聲。爲運使郭琮等所害。諡忠愍。

趙・炳言 清歸安人。嘉慶進士。任湖南按察使。禁株累婪索之弊。民甚德之。累擢湖北巡撫。鍾人杰陷崇陽。炳言平之。官至刑部右侍郎卒。

趙・炳然 明劍州人。字子晦。嘉靖進士。由知縣徵拜御史。覈宣大山西兵餉。劾前後督撫樊繼祖等一百七十七人侵冒罪。坐謫有差。歷遷浙江巡撫。廉潔率下。悉更諸政令不便者。民皆尸祝之。以知兵召爲兵部尙書。協理戎政。兼總督宣大山西軍務。邊防甚飭。召還加太子少保。炳然歷官三十餘年。淸勤練達。所至有聲。隆慶初乞休歸。卒諡恭襄。

趙・狩 宋受業石介與士建中。後受業於孫復。忽與方士游。學養生術。介作可嗟文責之。

趙・相 宋演子。字才仲。世其學。文學柳州。詩與蘇過齊名。

趙・盾 春秋晉衰子。襄公時代衰將中軍。爲政既成。以授陽處父・賈佗。使行諸晉國以爲常法。襄公卒。使先蔑・士會迎立公子雍於秦。後背先蔑以敗秦師。立靈公。賈季嘗曰。趙衰。冬日之日也。趙盾。夏日之日也。靈公不君。盾驟諫不入。公欲殺盾。公介靈輒倒戈以救得免。遂出奔。趙穿弒公乃反。太史董狐書曰。趙盾弒其君。以其爲正卿。亡不越境。反不討賊也。盾使穿迎立成公於周。卒諡宣子。又稱宣孟。

趙・禹 漢斄人。武帝時以刀筆吏積勞累遷爲御史中大夫。與張湯論定律令。禹爲人廉靜。爲史以來。舍無食客。公卿相造請。終不行報謝。務在絕請託。孤立行意。見法輒取。亦不覆按。後爲少府九卿。益酷急。吏務爲嚴峻。而禹治加緩。以老徙爲燕相。數歲誖亂。有罪免歸。卒於家。◎宋青州人。仁宗時上書言趙元昊必反。宰相以禹狂言。徙建州。後元昊果反。禹至京自理。宰相怒。下開封獄。陳希亮言禹可賞不可罪。乃以禹爲徐州推官。

趙・竑 宋宗室。初名均。改名貴和。寧宗以國嗣未定。立爲皇子。賜名竑。好琴。史彌遠買美人善琴者納之。令伺皇子動靜。竑嬖之。一日指輿地圖示之曰。此瓊崖州也。他日必置史彌遠於此。又嘗呼彌遠爲新恩。以他日非新州則恩州也。美人以告。彌遠懼。陰與他宗室子昀通。帝大漸。彌遠矯詔廢竑爲濟王。立昀爲皇子。卽帝位。竑爲彌遠逼死。後追封鎭王。諡昭肅。

趙・約 後魏司州淸河人。以醫名。

趙・狃 明祥符人。字雲翰。洪武舉人。入太學。授兵部職方司主事。圖天下要害阨塞屯戍所宜以進。帝以爲才。遷浙江右參政。築捕海寇有功。成祖時使交趾。卻其餽。擢刑部右侍郎。改禮部。進尙書。致仕卒。狃性精敏。歷事五朝。位列卿。自奉如寒素。

趙・胡 漢佗孫。武帝時嗣爲南粵王。閩粵王郢興兵南擊邊邑。帝遣軍往討。郢弟餘善殺郢以降。胡遣太子嬰齊入宿衞。卒諡文。

趙・胤 晉誘子。字伯舒。王敦使周訪擊杜曾。胤請從行。多所斬獲。王導引爲從事中郎。南頓王宗反。胤殺宗。於是王導・庾亮並倚重之。歷西豫州刺史卒。

趙・苞 後漢東武城人。字威豪。初仕州郡。舉孝廉。熹平末累遷遼西太守。遣使迎母及妻子。道經柳城。値鮮卑入寇。遂爲所劫質。載以擊郡。苞悲號。母遙謂曰。人各有命。何得相顧。以虧忠義。苞卽時進戰。賊悉摧破。母與妻皆遇害。苞殯殮畢。自載歸葬。桓帝遣使弔慰。封鄃侯。苞葬訖。謂鄉人曰。食祿而避難。非忠也。殺母以全義。非孝也。何面目立於天下。遂嘔血而死。

趙・若 元崇安人。字順之。不就辟薦。隱於家。工詩詞。能自度曲。教子弟按之。會宴飲。則出以相娛樂。時人多之。

趙・若樕 宋必漣弟。字自木。號霽山。咸淳末登第。入元不仕。性倜儻。不治生產。獨嗜吟咏。徜徉山水間以終。有潤邊集。

趙・范 宋方子。字武仲。寧宗時與弟葵屢破金人。累遷直徽猷閣・知揚州・淮東安撫副使。其後力主討李全。籌畫甚備。議皆不行。既而討賊之謀決。用其策。梟戮全。進工部尙書。

歷京湖安撫制置使。兼知襄陽府。范至。則倚王旻·李伯淵等爲腹心。朝夕酣狎。邊防廢弛。南北軍將交爭。范失於撫馭。因之劫略。錢糧倉庫。悉爲敵有。被劾。送建寧府居住。嘉熙中復職。知靜江府卒。

趙·貞吉 明內江人。字孟靜。號大洲。嘉靖進士。授編修。時方士進用。貞吉請求眞儒以贊大業。爲司業。以知本率性之學教士。俺答薄都城。貞吉廷議合帝旨。擢左諭德。監察御史。奉旨宣諭諸軍。會嚴嵩以事中之。廷杖謫官。後累遷至戶部侍郎。復忤嵩奪職。隆慶初起官。歷禮部尚書。文淵閣大學士。尋與高拱不協。乞休歸。卒諡文肅。有文肅集。

趙·軌 隋酈子。少好學。有行檢。周蔡王引爲記室。以淸苦聞。文帝時爲齊州別駕。有能名。在州四年。考最。徵入朝。與牛弘撰定律令格式。授原州總管司馬。人吏莫不欽挹。數年遷硤州刺史。撫緝萌夷。甚有恩惠。尋轉壽州總管長史。秩滿歸。

趙·廸 元藁城人。幼孤。事母孝。金末爲藁城丞。太祖改藁城爲永安軍。以廸同知節度使。嘗從帝西征。他將校豪橫俘掠。獨廸治軍嚴。所過無犯。先是眞定旣破。廸亟入索藁城人在城中者。得男女千餘人。謂曰。吾懼若屬爲他將所得。則分奴之矣。故索以歸我。今縱汝往。各爲良民。衆感泣而去。◎明福建懷安人。字景哲。自號白湖小隱。能詩。有鳴秋集。

趙·重華 明雲南太和人。年七歲。父廷瑞出遊不返。及長。謁郡守。請路引。書父年貌邑里數千紙。所歷郡會州縣徧張之。閱十三年無所得。後遇一僧。告以父所在。遂得父於無錫南禪寺中。奉之以歸。

趙·重福 金豐州人。字履祥。通女直大小字。試女直誥院令史。歷官同知陳州防禦事。改滄州鹽副使。歲饑。民煮鹵爲鹽。賣以給食。鹽官往往杖殺之。重福曰。寧使課殿。不忍殺人。貞祐中累官河東北路轉運使。致仕卒。

趙·飛燕 漢成陽侯趙臨之女。初學歌舞。以體輕。號曰飛燕。成帝悅之。召入宮。爲倢伃。許后廢。立爲后。與其妹昭儀。日事蠱惑。致帝無嗣暴崩。及哀帝崩。廢爲庶人。自殺。

趙·食其 漢穀利人。武帝時以主爵爲右將軍。從霍去病出定襄。迷失道。當斬。贖爲庶人。

趙·修己 宋浚儀人。少精天文推步之學。晉天福中李守貞表爲司戶參軍。軍中占候多中。守貞陰懷異志。修己屢以禍福諭之。不聽。遂辭疾歸。周祖鎭鄴。奏參軍謀。密與決渡河之計。卽位。以爲鴻臚少卿。遷司天監。顯德中累加檢校戶部尚書。宋初遷太府卿·判監事卒。

趙·俶 明浙江山陰人。字本初。元至正進士。洪武中徵授國子博士。請以正定十三經頒行天下。屏戰國策及陰陽讖卜諸書。勿列學宮。尋擇諸生穎拔者三十五人。命俶專領之。教以古文。以翰林待制致仕卒。

趙·倩 南朝宋伯符子。尙文帝海鹽公主。公主故與始興王濬通。倩入宮。卽怒罵搏擊。遂絕婚。殺主所生蔣美人。伯符慙懼。發病卒。

趙·倫之 南朝宋僮人。字幼成。武穆皇后弟。幼孤貧。事母以孝稱。武帝起兵。以軍功封閬中縣五等侯。其後以佐命功更封霄城縣侯。元嘉初累拜領軍將軍。倫之雖外戚貴盛。而居身儉素。性拙澀。於世事多不解。卒諡元。

趙·剛 北周洛陽人。字僧慶。少機辯。有幹能。歷魏司徒府從事中郎。魏孝武與齊高歡構隙。剛奉旨召東荊州刺史馮景昭。景昭集府僚議。司馬馮道和請據州待北方處分。剛抽刀投地曰。公若爲忠臣。可斬道和。景昭遂率衆赴關右。又詔剛使三荊。聽便宜從事。使還稱旨。除穎川太守。洛陽不守。剛遂隔敵中。侯景別帥來寇。大破之。時有流言傳剛東叛。齊高歡因設反間。剛露板言狀。文帝知其無二。乃加賞賚。歷遷驃騎大將軍。開府儀同三司。孝閔帝踐阼。進浮陽郡公。出爲利州總管。終渠州刺史。卒諡成。

趙·原 明吳縣人。或曰山東人。字善長。號丹林。善畫山水。洪武中徵畫史集中書。令圖往賢書功名者。原應對忤旨。坐法。(原。一作元。)

趙·娥 後漢酒泉人。父爲同縣人所殺。娥兄弟三人俱病物故。讎喜而自賀。娥感憤。潛備刀以候。十餘年不能得。後遇於都亭。刺殺之。詣縣自首。福祿長尹嘉義之。欲與俱亡。娥不可。後遇赦得免。

趙·師 唐字耶利。善鼓琴。貞觀初獨步上京。嘗云吳聲清婉。若長江廣流。綿綿徐逝。國士之風。蜀聲躁急。若激浪奔雷。亦一時俊快。時以爲名言。

趙·師旦 宋稹從子。字潛叔。知江山縣。遇事明斷。吏不能得民一錢。遺物道上。無敢取者。後死儂智高之難。其喪歸至江山。邑人哭祭。數百里不絕。

趙·師民 宋臨淄人。字周翰。九歲能屬文。舉進士第。學問精博。志尙淸遠。仁宗時歷官崇正殿說書。遷宗正丞。上書陳十五事。在經筵十餘年。甚見器異。三遷刑部郎中卒。有集。

趙·師秀 宋永嘉人。字紫芝。號靈秀。太祖八世孫。紹熙進士。沈浮州縣。終高安推官。爲詩野逸淸瘦。以矯江西之失。不復沿溯開寶遺風。

有清苑齋集·衆妙集。

趙師孟 【宋】宗室。字醇叟。監潭州南嶽。自是遂寓居南嶽蕭寺中。從胡宏游。久之未有得。一日晨起。洒然有喜色。已而謂其友曰。今而後始爲不負此生。平時滯吝。冰解凍消。其樂有不可名言者。乾道末卒。

趙師俠 【宋】汴人。一作師使。字介之。德昭七世孫。舉進士。有坦菴長短句一卷。摹寫風景。體狀物態。俱極精巧。

趙師夏 【宋】師雍弟。字致道。號遠菴。紹熙進士。歷官朝奉大夫。知南康軍。從朱熹游。悉得奧旨。

趙師宰 【宋】字牧之。號隨菴。居天台。嘗從學眞德秀。善畫墨竹。得徐熙之妙。

趙師恕 【宋】字季仁。黃榦門人。爲餘姚令。行鄉飲酒禮。榦稱其官不達而忘其貧。今不合而志於古云。

趙師淵 【宋】宗室。黃巖人。字幾道。號訥齋。乾道進士。師朱熹。嘗與之論校綱目。歷官寧海軍推官。丞相趙汝愚薦爲職事官。汝愚以讒去。遂翩然東歸。益就所學。積十餘年不仕。終太常丞。

趙師雄 【隋】睢陽人。開皇中過羅浮山。天寒日暮。見林間有酒肆。旁茅舍。一美人淡粧靚色。素服出迎。相與扣酒家門共飲。雄不覺醉臥。既覺。乃在大梅樹下。有翠羽嘈啾其上。月落參橫。惆悵而已。

趙師楷 【宋】漳州人。紹熙進士。累陞浙漕幹官。改湘潭。又倅惠陽。守梅州。皆有異政。除提舉廣東市舶。革無名和買之需。尋帥廣東卒。

趙師雍 【宋】師淵弟。字然道。淳熙進士。師陸九淵。兼學於朱熹。師雍嘗言諸公傷於著書。而其心反有所蔽。意指熹言。九淵卒。師雍致書於熹。言惜不及見兩家論辨。有所底止。熹答書有敝帚千金之語。蓋亦諷之。

趙師魯 【元】文安人。字希顏。補中書省掾。典章故實。律令文法。無不練習。及與銓選。人服其公。泰定間拜監察御史。時宰相倒剌沙密專命令。師魯極言其不可。倒剌沙雖剛很。亦服其敢言。官終河間路轉運鹽使。卒諡文清。

趙師睪 【宋】伯驌子。字從善。自號無著居士。又號東牆。善畫花草。第淳熙進士。光宗時遷司農卿。知臨安府。詔事韓侂冑。累官工部侍郎。侂冑嘗飲南園。過山莊。謂師睪曰。此眞田舍間氣象。但少雞鳴犬吠耳。俄聞犬嗥叢薄間。視之乃師睪也。侂冑大笑。久之以工部尚書知臨安府。罷歸復起用。凡四尹臨安。與祠卒。

趙師櫝 【宋】宗室。理宗時以罪拘管西外宗正司。福建提刑王夢龍以智勇可用。屬製軍器。會寇過尤溪。令師櫝統兵往戍。賊至。師櫝乘馬適陷田中。賊斷其左臂。師櫝以右手拔背刀。斬七級。力盡死。

趙師舉 【唐】絳州人。高宗時父爲人殺。師舉幼。母改嫁。仇家不疑。及長。爲人傭。夜讀書。手殺仇人。詣官自陳。帝原之。

趙恭 【元】弘毅子。爲中書管句。明兵至。與妻子訣曰。今乘輿北奔。我父子食祿。不能效尺寸力。吾父母已死。尚何敢愛死乎。遂公服北向再拜縊死。

趙振 【宋】歸信人。字仲威。景德中爲隰州兵馬監押。累官左神武大將軍。剛強有武力。喜謀畫。輕財尚氣。衆樂爲用。

趙振芳 【清】浙江山陰人。字香山。著有易原。

趙挺之 【宋】諸城人。字正夫。熙寧進士。徽宗朝累官御史中丞。排擊元祐諸人。不遺餘力。時蔡京爲相。帝謀置右輔。京薦挺之。進拜尚書右僕射。既相。與京爭雄。屢陳京奸惡。且請去位避之。帝因盡除京諸蠹法。罷京。加挺之特進。仍爲右僕射。卒諡清憲。

趙晁 【宋】眞定人。仕周累官河陽三城節度·孟懷等州觀察措置等使。宋初加檢校太尉。以疾歸卒。晁儀貌雄偉。好聚斂。處方鎭。以賄聞。以周初與趙弘殷分掌禁軍。故太祖常優禮之。

趙時中 【明】羅山人。字宜之。成化中舉鄉薦。歷官御史。忤劉瑾。廷杖落職。遭父喪廬墓。有白鳩來巢。事聞。詔旌其門。

趙時庚 【宋】宗室。所著金漳蘭譜。極詳贍。

趙時春 【明】平涼人。字景仁。號浚谷。嘉靖會試第一。選庶吉士。歷兵部主事。以言事切直。黜爲民。久之授翰林編修。復以言事黜。京師被寇。起官。擢御史。巡撫山西。思以武功自奮。旋遇寇於廣武。一戰而敗。時將帥率避寇。功雖不就。天下皆壯其氣。尋被論。解官歸。時春讀書強記。文章豪肆。詩伉浪自喜。類其爲人。有浚谷集。

趙時鉞 【宋】崇安人。字子禮。少有文名。第嘉定進士。調星子簿。再調汀州丞。皆有政聲。擢上杭令。又擢賓州。破海賊黎夢符。除權發遣南寧軍事。未幾。卒於海上。

趙時遠 【宋】字無近。號漸磐野老。善畫工詩。

趙時賞 【宋】宗室。字宗白。居太平。咸淳進士。端宗初擢知邵武軍。文天祥開都督府於南劍。奏辟參議軍事·江西招討副使。提兵趨贛州。復寧都縣。斂以偏師當一面。戰皆有功。及空阬之敗。被執。不屈死。

趙時踐 〔宋〕僑居采石。字容月。德祐初攝建平縣事。元兵南下。先驅至東門。時踐與總轄起及縣尉王君等。登縣樓爲守禦計。城陷。與妻子僕妾凡九人赴溪潭死。

趙栩 〔宋〕徽宗七子。累封濟王。靖康初積官太傅。與兄杞爲賀金正旦使。旣還。又與何㮚爲請和使。金帥紿言祇欲割地。栩以白帝。後從帝北去。

趙涉 〔漢〕周亞夫東擊吳楚。至霸上。涉遮說曰。右走藍田。出武關。直入武庫。諸侯聞之。以爲將軍從天而下也。亞夫如其計。以涉爲護軍。

趙涓 〔唐〕冀州人。天寶進士。德宗時爲衢州刺史。始永泰時禁中火。近東宮。代宗疑之。涓以監察御史爲巡使。驗治明辭。帝在東宮頗德之。及治衢。被奏免官。帝見其名。拜尚書左丞卒。

趙烈文 〔清〕陽湖人。字惠甫。曾國藩特保常州四人。其一卽烈文也。官易州知州。中歲解組歸。寓居常熟。覃精金石。有天放樓集。

趙烈侯 〔戰國〕〔趙〕鞅曾孫。名籍。與韓魏相立爲諸侯。好音。初欲賜歌者田。相國公仲連持不與。以趙之賢者牛畜·荀欣·徐越進。烈侯遂止歌者田。官三人官。在位九年。卒謚烈。

趙珜 〔漢〕閬中人。爲公車令。王莽居攝。棄官而歸。

趙珝 〔唐〕犨子。字有節。雄毅喜書。善騎射。黃巢圍城。珝從犨軍中。激勵麾下。約皆死。庫有巨弩。機牙壞。不能張。珝以意調治。激矢至五百步。人馬皆洞。賊畏不敢逼。以勞授檢校尚書右僕射。叔父昶代爲忠武節度使。陳州土惡。善圮。珝甃甓表墉。遂無患。光化中封天水郡公。按鄧艾故蹟。決翟王渠溉稻以利農。一家三節度使。相繼二十餘年。陳人宜之。位至右金吾衛上將軍卒。

趙玼 〔宋〕澶州人。晉天福中以納粟助邊用。授濮州司戶參軍。刺史白重進以其年少。欲試以事。因以滯獄授之。玼爲平決。悉能中理。宋初累官左監門衛大將軍。玼狂躁婞直。多忤帝旨。太祖頗優容之。後以訐趙普。黜爲汝州牙校卒。

趙珣 〔宋〕振子。年十六。仁宗召試便殿。歷濠州兵馬都監。初。珣隨父在西邊。得五路徼外形勝利害。作聚米圖經五卷。又上五陣圖兵事十餘篇。擢招討都監。居涇原。兼治籠竿城。武功甚多。旣夏人入寇。當事者不聽其計。兵敗被禽。死賊中。◎〔明〕莆田人。初名之璧。字十五。又字枝斯。善畫山水花鳥蟲雁。娟韻可觀。工草書。能詩。

趙益 〔金〕太原人。讀書肄業。元兵入境。合土豪保聚山陝。屢戰有功。署壽陽令。又以功升太原知府。元兵至。攻城益急。知不支。遂焚府庫。殺妻子。遂自殺。

趙矩 〔元〕大都人。字義成。少嘗師許衡。至元末爲南樂縣尹。稱循吏。

趙破奴 〔漢〕九原人。武帝時爲驃騎將軍司馬。後爲匈河將軍。擊虜樓蘭王。封浞野侯。尋將二萬騎擊匈奴。生爲所得。居匈奴中十歲。復與其太子安國亡入漢。後坐巫蠱族誅。

趙祐 〔後漢〕北海人。桓帝時宦官。以清忠聞。博學多覽。著作校書。諸儒稱之。

趙祖仝 〔宋〕豫章人。僑寓富順。隱居讀書。志行純潔。鄉閭以爲矜式。嘗主郡學師席。守貳以下。皆尊禮之。善屬文。凡郡邑學舍祠廟碑刻。皆出其手。

趙秩 〔明〕洪武間爲萊州同知。奉詔使日本。責其不奉皇帝正朔。王氣沮。延秩禮遇有加。秩遂以其使入朝。

趙衰 〔春秋〕〔晉〕夙弟。字子餘。從文公出亡十九年。文公之立。多得從者之力。衰與狐偃尤稱首功。返國後。爲原大夫。佐文公定霸。襄公時佐中軍。敗秦師於彭衙。卒謚成子。亦稱成季。子孫世爲晉卿。其妻文公之女。號趙姬。衰從文公奔狄。妻狄女叔隗。生盾。及返國。文公以趙姬妻之。生原同·屏括·樓嬰。趙姬請迎盾與其母。旣來。姬以盾賢。請立爲嫡子。使三子下之。以叔隗爲內婦。姬親下之。

趙衷 〔金〕吳江人。字原初。號東吳野人。本業醫。善白描人物。能篆隸。

趙訓之 〔宋〕宗室。字誨道。政和進士。知吳縣。朱勔怙勢役州縣。訓之不爲屈。移疾去。會金人犯京師。訓之居揚州。率大姓募士勤王。聞都城失守乃止。建炎初知永豐縣。死於杜彥·楊世雄之難。謚忠果。

趙起 〔北齊〕廣平人。字興洛。性沈謹。神武以爲相府騎曹。典兵馬十餘載。文宣時歷九卿·侍中。仍以本官監兵馬出納。居腹心之寄。武平中卒於師。◎〔宋〕字得君。自稱河汾散人。有种太尉傳。專記种諤事蹟。◎〔清〕陽湖人。字子岡。道光鄉舉。以敘勞保至中書銜。善畫。工小詞。所居曰約園。亭榭頗勝。以文翰自娛。咸豐中洪楊軍逼常州。江督何桂清宵遁。起使兄子祿保勵衆固守。城陷。與其家人同殉焉。有約園詞稿。

趙邕 〔後魏〕南陽人。字令和。潔白美鬚眉。初在司空李沖家。給按摩奔走之役。太和中給事左右。歷殿中監。宣武時以常侍兼侍中。甚被寵幸。官終幽州刺史。

趙偲 宋神宗十二子。累封越王。靖康初授永興成德節度使。參看趙俁條。

趙偕 宋宗室。慈谿人。字子永。入元不仕。隱居大寶山以終。學者稱寶峯先生。有寶峯集。學宗楊簡。不免以語錄爲文云。

趙偏惜 元妓。樊李蘭溪妻。善旦末。江淮間多師事之。樊院本亦罕與比。

趙卨 宋依政人。字公才。第進士。累遷直龍圖閣。知延州。召問方略。卨審形勢。爲破夏人之策以獻。又聽民募兵占田。訓練以時。擢天章閣待制。以功進龍圖閣直學士。復帥延安。拜端明殿學士。紹聖中以與元祐棄地議。係名黨籍。

趙參魯 明鄞人。字宗傳。隆慶進士。選庶吉士。授給事中。抗直敢言。爲中官馮保所譖。謫高安典史。累擢右副都御史。巡撫福建。還吏部侍郎。日本封貢議起。參魯持不可。因著東封三議。辨利害甚悉。後封事卒不成。終南京刑部尙書。卒諡端簡。

趙商 後漢河內人。鄭玄弟子。玄年六十。商等自遠方至者數千人。

趙國忠 明錦州衞人。字伯進。嘉靖中舉武會試。累功爲遼東總兵官。進都督同知。復鎭宣府。被論罷。國忠善戰。射穿札。爲將有威嚴。邊防賴之。

趙國珍 唐牂牁苗裔。天寶中以軍功累遷黔府都督。時南蠻畔。宰臣楊國忠奏用之。在五溪凡十餘年。中原興師。惟黔中封境無虞。代宗時拜工部尙書卒。

趙國祚 淸奉天人。隸鑲紅旗漢軍。崇德間從征黑龍江有功。順治初從征江南。克江陰。總督浙江。敗鄭成功於溫州。康熙間吳三桂反。以提督駐九江。會耿精忠叛應三桂。移師駐南昌。及精忠降。乃轉勦三桂。連敗三桂衆於長沙·寶慶·武岡。尋以創發卒。諡敏壯。

趙國華 淸豐潤人。字菁衫。同治進士。官山東候補道。有靑草堂集。

趙國麟 淸泰安人。字仁圃。康熙進士。乾隆間累官文淵閣大學士。未幾因事罷歸。以疾卒。國麟潛心宋五子書。嘗設靑巖義社於泰山之麓。有文統類編·學庸困知錄·與點集·雲月硯軒藏稿。

趙執信 淸益都人。字伸符。號秋谷。晚號飴山老人。康熙進士。官右贊善。以國恤時燕飲觀長生殿劇。議制去官。年未三十。工詩。以思路劖刻爲主。本爲王士禛甥壻。相契重。後以求作觀海集序。士禛屢失其期。遂漸相詬厲。齮齕終身。所著談龍錄。力排士禛。人謂足救專主神韻之弊。又因士禛以古詩韻調自矜。著聲調譜以發其祕。卒年八十有三。所著曰因園集·飴山文集。

趙執端 淸執信從弟。號緩菴。爲王士禛之甥。執信與士禛以爭名構釁。著書互詆。執端獨舍執信而從士禛。有寶菌堂遺詩。

趙密 宋淸源人。字微叔。政和中用材武試河北隊將。金兵陷揚州。士民數萬從乘輿渡江。密露立水濱。麾舟濟之。從張俊征戰。屢立功。累遷殿前都指揮使。隆興初進少保卒。（本傳作太原淸河人。按宋志太原無淸河。河字誤。今改正。）

趙將夕 漢以趙將降漢。定趙齊楚。封深澤侯。卒諡齊。

趙崡 明盩厔人。字子函。萬曆舉人。家近漢唐故都。多古石刻。時挾楮墨訪搨。並乞於朋友之宦遊四方者。積三十餘年。所蓄舊碑頗多。有石墨鐫華。

趙崇度 宋崇憲弟。字履節。號節齋。爲右曹郎中。提舉湖南常平。改江西。終朝散大夫。少時謁朱熹。熹授以大學一編。汝愚歸臥里門。又授以通鑑。崇度受父師之教。自勵如玉雪。有磐湖集·左氏常談·史鑑·節齋聞記等書。

趙崇祚 後蜀字宏基。事孟昶爲衞尉少卿。編有花間集。詩餘自宋以後。體製益繁。選錄益衆。而溯源星宿。當以此集爲最古。

趙崇絢 宋汝适子。字元素。所著雞肋一書。蛤偶然記錄之作。明陳禹謨之駢志·淸方中德之古事比。其體例實源於此。

趙崇滋 宋永嘉人。字澤民。登嘉定第。調嚴州司戶。尙氣不屈。工詩。善筆札。得羲獻遺意。

趙崇模 宋崇度弟。劉光祖帥荊湘。辟爲機幕。時亦辟趙師劭之弟。崇模以師劭官藥局時。請斬汝愚以謝天下。義不與其子弟接。草箋辭謝。光祖遽勒回師劭之弟。

趙崇憲 宋汝愚子。字履常。淳熙進士。汝愚旣追復官職。孝宗以崇憲爲奉議郎。知南昌縣。崇憲請雪父冤。改正史。從之。遷著作佐郎。因雨上封事。言甚切至。權隆興府。帥漕司。終廣西經略安撫。所至有惠政。

趙崇皤 宋南豐人。一作崇嶓。字漢宗。嘉定間爲石城令。時寇賊橫虐。以恩信結將士。討除元惡。改淳安縣。上疏極論儲嗣未定及中人專橫。官至朝散大夫。有奏議曰白雲稿。

趙崇禮 明涇縣人。字豁叔。工畫蘭。七歲工書。深入二王。詩文淸雅。有文燕齋遺稿。

趙崇韜 後蜀廷隱子。事孟昶。歷沿邊都指揮使。漢源驍果有父風。漢源之戰。獨策馬先登。及蜀軍敗。猶手擊殺十數人。爲宋師所擒。

趙庶明 [元]新建人。少倜儻有大志。嘗上書言契丹不可恃其恭順而不之備。又言趙元昊必叛。朝廷以爲狂。斥建州。未幾元昊果叛。識者高之。

趙康 [後漢]南陽人。字叔盛。桓帝時。隱武當山。以經傳教授。同郡朱穆年五十。奉書稱弟子。及康沒。縗葬之如師。

趙庸 [明]廬州人。從太祖破陳友諒。伐張士誠。定中原。論功賞賚。亞於大將軍。以庸在應昌嘗私納奴婢。不得封公。封南雄侯。已平閩粵盜。以左副將軍從燕王出古北口。降乃不花。還坐胡維庸黨死。

趙從吉 [明]字雲齋。善畫墨梅。

趙御衆 [明]灤州人。字寬夫。號惕齋。明諸生。避亂徙密縣。師事孫奇逢。其學以事心爲主。奇逢稱其善於補過。晚年自號超化老人。有山曉堂集。

趙悰 [宋]晉江人。字彥忠。爲福建運管。寬鹽法之病民者。知惠州。惠前稱豐郡。後復艱窘。悰曰。必吏欺也。覈之果得米斛七千。緡錢五萬。公入既羨。斥其餘惠民。治以最聞。就提舉常平。卒官。

趙悼后 [戰國趙]邯鄲之倡。悼襄王以其美而取之。李牧諫不聽。生子遷。王遂廢太子嘉而立遷。黜后而立倡爲后。及遷立。后淫亂。多受秦賂。誅其良將李牧。秦遂滅趙。大夫怨之。乃殺后。滅其家。

趙悼襄王 [戰國趙]孝成王子。名偃。李牧將攻燕。拔武遂。方城。明年龐煖復攻燕。擒其將劇辛。在位九年卒。諡悼襄。

趙惟吉 [宋]德昭子。字國祥。好學善屬文。以賢孝稱。雅善草隸飛白。眞宗時累官感德軍節度使。卒諡康孝。

趙惟和 [宋]惟吉弟。字子禮。好學。爲詩頗清麗。優游典籍。以禮法自居。眞宗時累官右千牛衞上將軍卒。

趙惟憲 [宋]太祖孫。字有則。父德芳早卒。惟憲美風儀。少頗縱肆。長修謹。善射。好吟咏。多讀道書。端拱初授左屯衞將軍。歷官資州團練使卒。

趙敏 [明]汝陽人。字子聰。能文章。工書畫。永樂間中鄉舉。授兵部主事。擢吏部郎中。正統時扈從土木。失車駕所在。衆欲南奔。敏不可。乃易服躍馬而北。陷陣死之。

趙敔 [明]武進人。字叔成。景泰進士。授御史。成化初爲于謙訟冤。乞復官遺祭。從之。按河南江西。俱有聲。遷江西按察使。改山西致仕。

趙旉 [宋]高宗子。金人侵淮南。高宗幸臨安。會苗傅。劉正彥作亂。逼帝禪位於旉。既而傅等伏誅。帝復位。以旉爲皇太子。從幸建康。太子立。屬疾。宮人誤蹴地上金爐有聲。太子驚悸。疾轉劇。卒諡元懿。

趙淇 [元]葵子。字元德。號平遠。又號太初道人。合曰平初。又號靜華翁。拜湖南宣慰司。工畫墨竹。風致甚佳。斵琴度曲。爲文辭圖畫以自樂。卒諡文惠。

趙淮 [宋]葵從子。李全之叛。屢立戰功。累官至淮東轉運使。德祐中戍銀樹壩。兵敗。與其妾俱被執至瓜州。元帥阿米使淮招李庭芝。許以大官。淮陽許諾。至揚州城下。乃大呼曰。李庭芝。男子死耳。毋降也。元帥怒殺之。其妾長沙人。淮既死。棄尸江濱。妾俘於軍校帳中。乃詭言葬淮後始從。軍校憐而許之。妾聚薪焚淮骨。置瓦缶中。自拖持。操小舟至急流。躍入水而死。

趙清 [明]鳳陽人。有膂力。善用兵。洪武中積官至北平都指揮使。陞後軍都督僉事致仕。清去北平時。常懷隱憂。不敢言。靖難兵起。黃齊諸人薦清帥河南兵守彰德。靖難兵至城下。遣人招清。清對使人曰。殿下至京城。但出片紙召清。清不敢不至。今爲朝廷守封疆。不敢棄命失職。靖難後召清還。清遂乞閑。不許。

趙清潤 [金]淮人。工畫人物仙女。

趙猛 [北齊]太安人。性方直。有器幹。神武舉義。累遷南營州刺史卒。

趙率教 [明]陝西人。萬曆中歷官延綏參將。屢著戰功。被劾罷。遼事急。詔赴軍前立功。天啓中積官左都督。崇禎初援遵化。中流矢死。

趙祥星 [清]漢軍正白旗人。順治間知趙城縣。康熙間官至山東巡撫。清釐隱漏地畝四萬一千餘頃。晉兵部尚書。尋坐事革職。

趙紳 [明]諸暨人。字以行。父秩。永樂中爲高郵州學正。考滿赴京。至武城縣墮水。紳奮身下救。河流湍悍。俱不能出。明日屍浮水上。紳兩手猶抱父臂不釋。宣德中旌其門。

趙紹祖 [清]涇縣人。字繩伯。號琴士。廩生。道光初舉孝廉方正。不赴。奏給六品頂戴。主講池州秀山太平翠螺二書院。卒年八十有三。於學無所不究。尤深於史。有新舊唐書互證。通鑑注商。建元考。校補竹書記年。校補王氏詩考。金石文正續鈔。金石跋。讀書偶記。古墨齋筆記。觀書記。畫記。琴士詩文鈔。又輯其生平師友詩爲蘭言集。校刊涇川叢書百餘卷。

趙終根 [漢]武帝時以假吏副蘇武使匈奴同歸。拜中郎將。

趙脩 [後魏]趙郡人。字景業。得幸於宣武。積官光祿卿。常出入驂乘。帝亦數幸其第。脩葬父。嬉戲無戚容。與賓客奸掠婦女裸觀。從者噂沓喧譁。

詬詈無節。爲王顯所訐。徙燉煌爲兵。

趙訥 明孝義人。字孟敏。嘉靖進士。授定與知縣。歷知保寧府。移疾歸。訥性孝友。嗜讀書。多著述。居官清廉。及卒。門人私諡文直先生。有語錄詩文三十卷。

趙逢 宋嬀州懷戎人。字常夫。漢乾祐中求舉進士。擢登甲科。釋褐祕書郎。宋初拜中書舍人。累遷給事中。所至有聲。然傷慘酷。又言多詆訐。故縉紳目之爲鐵橛。

趙逢龍 宋鄞人。字應甫。嘉定進士。理宗時歷知州郡。居官自常俸外一介不取。究心荒政。以羨餘爲平糴本。遷中正少卿。兼侍講。凡道德性命之蘊。禮樂刑政之事。縷縷爲帝開陳。疏奏甚衆。稿悉焚棄。家居講道。四方從游者皆爲鉅公名士。卒年八十八。

趙野 宋開封人。政和進士。累拜刑部尙書·翰林學士。時蔡京·王黼更秉政。野處之皆得其心。積官門下侍郎。尋落職。高宗時知密州。時盜賊充斥。車駕如淮南。命令阻絕。野棄城去。爲軍校杜彥等所殺。

趙鈛 明桐城人。字子舉。一字鼎卿。嘉靖進士。官至右僉都御史。巡撫貴州。有古今原始。無聞堂稿。

趙備 明江南人。字湘南。工畫疊竹。

趙勝 戰國趙惠文王弟。秦圍邯鄲急。用毛遂合楚之盟。及傳舍吏子李談之策。遂復存趙。相惠文王及孝成王。喜賓客。食客嘗數千人。封於東武城。號平原君。與齊孟嘗·楚春申·魏信陵爲四君。太史公稱平原君翩翩濁世佳公子。◎後魏官太史。知天文。◎明遷安人。字克功。天順初與孫鏜等預奪門功。由都指揮僉事遷都督僉事。成化間遷左都督。封昌寧伯。勝初與李杲並有名。後屢督大師。無功。貪緣得封。名大損。後以營萬貴妃塋。墮崖石間死。諡莊敏。

趙博 漢仕王莽。莽抑奪下權。博以敢擊大臣見信任。後莽敗俱死。

趙博文 唐博宣弟。畫師周昉。善寫貌。工士女。尤善畫子母犬兔。

趙博宣 唐涓子。擢進士第。畫師周昉。藻翰豪邁。沈於酒。傲忽少檢。陳許曲環辟署於府。久不能堪。乃誣受吳少誠金爲反間。詔杖四十流康州。時人冤之。

趙善 後魏南安人。字僧慶。少好學。涉獵經史。初爲爾朱天光長史。孝武時歷官尙書左右僕射。性溫恭。有器局。雖位居端右。而愈自謙退。時人稱其有公輔量。從戰邙山。爲敵所獲。卒於東魏。

趙善佐 宋宗室。居邵武。字佐卿。受學張栻·朱熹。累官知泰州·常德·贛州。奉法愛民。卒官。有易疑問答。

趙善沛 宋長安人。字濟世。一字興甫。淳熙間登第。歷官以廉勤稱。攻苦食淡。過於寒素。平居杜門。人罕識面。終南康守。

趙善俊 宋太宗七世孫。字俊臣。紹興進士。風儀秀整。喜功名。尤好論事。孝宗時官至祕閣修撰。移知鎭江府。列郡皆有聲績。丁母憂歸卒。

趙善括 宋宗室。第進士。官至岳州漕帥佐。著有應齋雜著。所上諸劄。率簡潔切當。詩詞駿邁。類辛棄疾。

趙善堅 宋宗室。居袁州。字德固。乾道進士。通判婺州。朱熹爲常平使者。深器重之。時旱甚。善堅奉行荒政。全活甚衆。歷任以廉能稱。終戶部尙書。

趙善湘 宋宗室。居明州。字清臣。慶元進士。歷煥章閣直學士。紹定中李全犯淮東。善湘以江淮制置使屢建討逆功。淳祐中進觀文殿學士致仕。有周易約說·周易或問·洪範統論·中庸約說·大學解·論語大義·孟子解·春秋三傳通義。詩詞雜著等書。

趙善瑛 明成都人。字廷璋。八歲能詩。明詩禮春秋。隱居樂續山中教授。元至正中明玉珍據蜀。累遣使徵辟不就。內附後。徙家成都。年七十八。賦觀化詩。端坐而逝。

趙善慶 清德州人。字怡齋。由貢生授國子監助教。官至金華知府。學詩於王士禛。士禛稱其詩妙在本色。有重知堂詩。

趙善璙 宋宗室。歙人。字德純。少苦學登第。爲德清縣簿。嘗謂士大夫莅官臨民。不明九章則無以斷疑。後除大理評事。累官尙書郎。有自警編。

趙善應 宋餘干人。字彥遠。官至修武郎·江西兵馬都監。性純孝。親病。嘗刺血和藥以進。父母之喪。哭泣毀瘠。與諸弟篤友愛。聞四方水旱。輒憂形於色。及卒。丞相陳俊卿題其墓曰。宋篤行趙公彥遠之墓。

趙善譽 宋太宗裔。字靜之。乾道中試禮部第一。歷潼川路提刑轉運判官。居官威惠並著。引年乞祠。歸處一室。以圖書自娛。無疾而卒。生平多著述。郭雍·朱熹嘗取其易說云。

趙堯 漢趙人。爲御史大夫周昌史。嘗侍高祖。高祖心不樂。悲歌。羣臣不知帝所以然。堯進問曰。陛下所爲不樂。非以趙王年少。戚夫人與呂后有隙。恐萬歲之後。趙王不能自全乎。陛下但爲趙王置彊相。爲呂后太子羣臣素所敬憚者。獨周昌乃可。高祖稱善。拜昌趙相。以堯爲御史大夫。呂后時以前怨乃抵堯罪。

趙壹 後漢西縣人。字元叔。恃才倨傲。不爲鄉里所容。作窮鳥賦以自遺。光和初擧郡上計。時司徒袁逢受計。計吏皆拜伏。壹獨長揖。逢斂衽下堂。延置上座。問西方事。大悅。顧坐者屬目。往造河南尹羊陟。陟與語大奇之。乃與袁逢共稱薦之。名動京師。後十辟公府。並不就。著賦頌等十六篇。

趙・奢 戰國趙 爲田部吏。平原君家不肯出租稅。奢以法治之。殺用事者九人。平原君以爲賢。言於惠文王。用治國賦。秦伐韓。韓請救於趙。趙以奢爲將。大破秦軍。號馬服君。

趙・弼 明 雲南太和人。字廷直。成化進士。官至太僕丞。遂歸田。躬親耒耜。有同榜姚祥者。來爲監司。訪諸田間。去鋤而揖之。祥問生事何蹇。弼曰。差勝諸生時矣。祥歎服而去。◎明 延平人。字輔之。號雪航。博學多識。尤邃於易。有雪航膚見。

趙・復 元 河南德安人。字仁甫。太宗皇子闊出征江南。俘得之。會姚樞奉命搜訪人才。見復與語。大悅。與之北上。楊惟中請建太極書院。遂延復爲師。復乃錄其所記程朱之書。以教學者。由是河朔始知道學。後薦不受官。爲人樂易而耿介。雖燕居不忘故土。以江漢自號。學者稱江漢先生。

趙惠文王 戰國趙 武靈王庶子。名何。立四年。兄安陽君章來朝。主父從旁觀之。見章之傫然也。反北面爲臣。心憐之。欲分趙而王章於代。計未決。章與其徒作亂。公子成與李兌殺章。滅其黨。是時王少。成兌專政。畏誅。故主父餓死沙丘宮。在位三十三年。有廉頗・趙奢爲將。卒諡惠文。

趙・敦臨 宋 鄞人。字芘民。紹興進士。授蕭山縣簿。郡守使者交薦之。改湖州教授。有語孟書禮春秋解。

趙・普 漢 蘄人。仕王莽爲尚書大夫。使勞北邊。普言五原齊壞。宜罷田官。乃以普爲田禾將軍。◎宋 薊人。字則平。初事太祖爲書記。能以天下事爲己任。太宗時拜太師。封魏國公。歷相兩朝。決事如流。普初寡學術。太祖勸以讀書。自是手不釋卷。嘗謂太宗曰。臣有論語一部。以半部佐太祖定天下。以半部佐陛下致太平。卒封韓王。諡忠獻。

趙・景良 元 南豐人。字秉善。取劉壎所作補史十忠詩。及壎子昭忠逸詠。又采宋末遺老諸作。釐爲二卷。總名之曰忠義集。於時宋史未修。蓋藉詩以存史云。

趙・景緯 宋 於潛人。字德父。號星渚。少勤學。恨不及游朱熹之門。與其門人葉味道諸人往來。研索益精。登淳祐進士。知台州。以化民成俗爲先務。歷崇政殿說書。以易禮進講。皆有補於君德。每進秩。必固辭。累官顯文閣待制。疾作。謝醫卻藥曰。使我淸心以順天命。無重惱我懷。拱手三揖而卒。諡文安。

趙・景賢 淸 歸安人。字竺生。道光間官內閣中書。咸豐間洪楊軍起。毀家紓難。率民兵守湖州。血戰三年。解圍者三。殲戮萬計。累官福建督糧道。後以食盡城陷。景賢被執至蘇。縶獄經年。不屈死。諡忠節。

趙・景麟 明 鄞人。諸生。聞紹興破。裂巾服。燬所作文。謁先塋。赴泮池。未死。復投於江。

趙・智 明 鉅鹿人。與弟讓並有孝行。盜至。將殺其母。智讓爭代死。賊曰。慈孝人也。俱釋之。

趙・曾 淸 萊陽人。字北嵐。乾隆擧人。官知縣。好金石文字及古錢。治經深於三禮及古文尚書左氏春秋。與濟寧許鴻磐齊名。

趙・棠 宋 衡山人。少從胡宏學。慷慨有大志。嘗見張浚於督府。浚雅敬其才。欲以右選官之。棠不爲屈。累以策言兵事。浚奇之。命子栻與棠交。棠之子方遂從栻學焉。◎宋 曹州人。棄官隱居番禺。與異僧志言善。以偈頌相寄。萬里間數日而達。棠死。盛夏身不壞。仁宗以身置寺中。賜曰顯化禪師。其後善厚者禮之。見額上熒然有光。就視之。得舍利。

趙・植 唐 奉天人。德宗出狩。變起倉卒。羽衛單寡。朱泚攻城急。植率家人奴客。以死拒守。獻家財勞軍。賊平。擢鄭州刺史・鄭滑節度副使。大將宋朝晏火其營。夜爲亂。植列卒不動。須之。遲明而潰。捕斬皆盡。優詔嘉慰。擢嶺南節度使卒。

趙・植庭 淸 陽湖人。寄籍順天。字樹三。一字宮槐。嘉慶進士。分刑部主事。歷郎中。總辦秋審處。治獄必反覆推求。嘗曰。吾不能洛外句其生。何敢草率速之死也。平反稱允。出守安陸。未赴卒。有倚樓詩詞集。

趙・棻 淸 上海人。字儀姑。一字子逸。戶部侍郎趙秉沖女。烏程汪延澤妻。有濾月軒集。

趙・渙 明 吳江人。字少文。學行醇謹。尤工五言古體。與史玄・吳易相唱和。號爲東湖三子。明亡。落魄不偶。抑鬱而死。

趙・渢 金 東平人。字文孺。大定進士。仕至禮部郎中。性沖淡。學道有得。尤工篆書。時人以比党懷英。號曰党趙。自號黃山。有黃山集。

趙・湘 宋 華州人。字巨源。第進士。眞宗時知新繁縣。以吏最聞。遷太常博士。上補政忠言十篇。官至集賢院學士。◎宋 衢州西安人。字叔靈。抃祖。淳化進士。嘗官廬江尉。所著南陽集。詩風骨蒼秀。古文掃除排俗。有李翺・皇甫湜・孫樵之遺。

趙・焯 宋 開封人。字景昭。呂祖

謀誓介之見汪應辰。應辰稱其練達世故。於流輩中不易得。焯遂師應辰。官司直。

趙無恤 【春秋晉】鞅次子。亦作毋卹。卽襄子。鞅以無恤賢。廢太子伯魯而立之。與知伯及韓魏盡分范中行氏故地。知伯逐出公。立懿公。(或作哀公)益驕。請地於趙。無恤不與。知伯率韓魏攻之。無恤奔保晉陽。三家引汾水灌其城。無恤懼。使其臣張孟談陰與韓魏約。反滅知伯。共分其地。卒諡襄子。

趙琬 【元】璉弟。字仲德。仕至台州路總管。至正末方國珍以舟挾琬至黃巖。絕粒死。

趙琦美 【明】用賢子。字元度。號清常道人。以蔭官刑部郎中。好聚書。嘗假借繕寫。網羅而校讐之。錢謙益稱爲近古所未有。有脈望館書目。

趙琰 【後魏】溫子。字叔起。遭苻氏亂。琰爲乳母攜奔壽春。年十四乃歸。盡心色養。飪熟之節。必親調之。累官淮南王長史。時闕禁甚嚴。積三十餘年不得葬二親。及蔡營拜獻。未營不嬰葷。絕鹽粟。斷諸滋味。食麥而已。年八十卒。

趙絢 【明】介子。善詩文。工篆隸。隱居不出。有父風。

趙舒翹 【清】長安人。字展如。光緒間由鳳陽知府官至刑部尚書。拳亂起。舒翹往近畿一帶撫諭。迎合端剛。草率覆命。京津陷。隨兩宮出走。和議成。以罪魁賜自盡。

趙貴 【北周】善從弟。字元貴。少有節概。魏孝昌中從爾朱榮討元顥有功。賜爵燕樂縣子。從賀拔岳平關中。進爵魏平縣伯。累遷鎭北將軍。岳爲侯莫陳悅所害。貴詣悅詐降。因請收葬岳。言辭慷慨。悅壯而許之。貴旣收岳屍。奔平涼。圖拒悅。首議迎宇文泰。悅平。泰以爲大都督。孝閔帝時遷冢宰。封楚國公。及宇文護攝政。貴自以元勳。每懷怏怏。謀殺護。事覺被誅。

趙賀 【宋】封丘人。字餘慶。舉毛詩及第。出補臨朐縣主簿。爲寇準所知。改大理評事。眞宗決策澶淵。遣使省州縣。賀以太子中舍安撫京東。歷通判明宿二州。徙漢州。蜀吏喜弄法。而賀精明。多所究詰。人目爲趙家關。累遷給事中。歷知延同秦鄧越潞廬鄭蔡壽十州卒。

趙貴亨 【元】天錫子。字文甫。世祖時累伐宋。以五百人拔野人原。從攻樊城。冒矢石先登。後又從攻鎭江。江南平。以功陞宣武將軍。季文龍等據處州叛。貴亨破平之。官終處州路監軍萬戶。

趙超宗 【後魏】翼從子。有將略。太和末爲豫州平南府長史。帶汝南太守。多所受納。宣武時以賂爲岐州刺史。徙河東太守。更自修勵。清靜愛民。卒諡成伯。

趙逯 【明】東平人。字子重。弘治舉人。受易於蔡清。蔡氏易止行於閩南。至是北行齊魯矣。以會試不第。遂抗志不出。

趙進美 【清】益都人。字嶷叔。一字韞退。明崇禎進士。入清。官至福建按察使。有清止閣集。

趙逵 【宋】資州人。字莊叔。紹興中對策擢第一。秦檜不悅。卽罷知舉。王曮授逵簽書劍南東川。帝問檜趙逵安在。乃除祕書郎。旣就職。未嘗私謁檜。檜欲以賄致。又不答。幾及禍。會檜死。得免。累遷中書舍人。薦遂士類。爲時名臣。卒官。帝嘗謂逵文章似蘇軾。稱爲小東坡。有棲雲集。

趙逸 【後魏】溫弟。字思羣。初仕姚興。歷中書侍郎。後歸太武帝。拜著作郎。歷中書。出爲寧朔將軍。赤城鎭將。綏和荒服。百姓安之。性好墳典。老而彌勤。年踰七十。手不釋卷。有詩賦銘頌五十餘篇。

趙開 【宋】安居人。字應祥。元符進士。宣和中除成都路轉運判官。總領四川財賦。從張浚治兵秦州。經畫費用。常無鈌。尋除徽猷閣待制。終右文殿修撰都大主管川陝茶馬。

趙開心 【清】長沙人。字鹽伯。明崇禎進士。順治間授御史。屢疏言事。有直聲。坐事屢蹶屢起。官至總督倉場。戶部右侍郎。

趙閎 【隋】閬中人。一作宏。嘗游長安。刺史王尊奇之。後仕爲涼州刺史。有能聲。

趙隆 【宋】成紀人。字子漸。從王韶收復熙河。又從李憲破西市師。討鬼章外河諸羌。擒鬼章。爲涇原將。戰平夏川。功最多。童貫與論燕雲事。款以爵賞。隆曰。隆武夫。豈可干賞以敗祖宗二百年之好。貫遂白知西寧州。充隴右都護。累遷捧日天武都指揮使。仍爲本道馬步副都總管卒。

趙隃 【金】遼陽人。字德固。以伐宋功。歷官隴州團練使。改知石州。隃久在兵間。不善治民。坐謗議被謫。性重義。喜接儒士。海陵卽位。累遷太子詹事。鎭沁南卒。

趙雄 【宋】資州人。字溫叔。隆興初省試第一。除正字。召見極論恢復。以中書舍人使金。與金主爭辯。金人謂之龍鬭。淳熙中累官參知政事。拜右丞相。朱熹極論時事。帝怒。雄言熹狂生。罪之適成其名。乃止。光宗初又上萬言書。陳修身齊家以正朝廷之道。言甚剴切。卒諡文定。

趙雲 【三國蜀】眞定人。字子龍。初事公孫瓚。後從先主爲主騎。先主敗於當陽長坂。棄妻子南走。雲身抱幼主。保護甘夫人。皆得免難。遷牙門將軍。先主攻劉璋。雲與張飛等泝江西上。平定郡縣。成都既定。以雲為翊軍將軍。雲嘗陷曹軍。且鬭且卻。入營。更大開門。偃旗息鼓。曹軍疑有伏。引去。雲擂鼓震天。惟以戎弩射曹軍。曹軍大駭。自相蹂踐。墮漢水中死者甚多。先主明旦至行營。視昨戰處。曰。子龍一身都是膽也。建興初封永昌亭侯。累遷鎮軍將軍。卒諡順平。

趙雲子　【宋】隱士。畫諸仙奇絕。尤善道像。畫筆略到而意已具。

趙雲巖　【金】溫州人。一作雪巖。寓華亭青龍鎮。畫花鳥設色有法。又善墨竹。

趙順孫　【宋】縉雲人。字和仲。淳祐進士。自秘書郎五遷至侍御史。皆兼講讀之職。遇災異。輒援據經傳及累朝故實。隨時致戒。其他論列。亦力持大體。累官福建安撫使。知時事不可為。亟歸。憂憤疾篤。不肯御藥而卒。學者稱格齋先生。有四書纂疏。近思錄精義。孝宗繫年錄。中興名臣言行錄。格齋集。

趙嗣助　【宋】潮陽人。字衍燮。咸淳進士。官至朝奉大夫。後佐文天祥討斬劉興。宋亡不仕。

趙嗣美　【清】澤州人。順治進士。工畫山水。

趙幹　【南唐】江寧人。畫院學生。所畫山水林木。皆江南風景。

趙康　【宋】東都人。工畫山水。宣和時甚得幸。◎【明】湖州人。以畫虎稱。

趙愭　【宋】孝宗太子。初名愉。立未久。病喝卒。諡莊文。

趙愷　【宋】孝宗子。愭同母弟。愭卒。愷次當立。既而孝宗以恭王英武類己。竟立之。加愷雄武保寧兩軍節度使。判寧國府。究心民事。性寬恕。累封魏王。終揚州牧。諡惠憲。◎【明】嘉善人。性行誠樸。為鄉里所重。嘉靖中安銓叛。擁衆攻城。愷率鄉民拒之。為賊所執。刃脅之。愷紿之曰。待率家口相從。愷至家。集衆泣曰。吾死。汝等舉火焚屋。毋致吾屍暴露也。遂自縊。合門自焚。

趙慎軫　【清】武陵人。字遵路。號笛樓。嘉慶進士。官至雲貴總督。卒諡文恪。慎軫博覽先儒格言。凡有益身心可致用者。皆潛心體驗。遇事斷民生疾苦國家憂樂者。思之輒竟夕不寐。有從政錄。載筆錄。補巢雛識。會蠻室擭筆。讀書日記。惜日筆。詩文集。

趙敬侯　【戰國】【趙】烈侯子。名章。始都邯鄲。與韓魏共滅晉。分其地。在位十二年卒。諡敬。

趙新　【明】樂清人。博通經史。洪武間任本縣訓導。積官翰林修撰。有四書說約。行素稿。

趙暉　【後周】澶州人。字重光。初隸唐莊宗帳前。與梁兵經百餘戰。晉初以戰功官奉國指揮使。以部兵屯陝。屬契丹入汴。慨然憤激。及聞漢祖起義。遂與部將謀逐契丹官屬。據有陝州。漢祖遂命暉為保義軍節度。破王景崇。加檢校太保。周初加中書令。累授太子太師。致仕卒。

趙楷　【宋】徽宗三子。歷奉寧鎮安等歲十一節度使。政和間進士第一。拜太傅。累封鄆王。提舉皇城司。甚被寵任。靖康初與諸王皆北遷。

趙樗　【宋】徽宗十五子。政和中歷劍南東川威武軍節度使。累封沂王。後從欽宗北遷。與駙馬劉彥文皆上皇左右謀變。金遣人按問。對辯三日。樗·彥文氣折。被誅。

趙楠　【金】高平人。字才美。第進士。哀宗時為刑部郎中。平反丞相納坦出之子忙押門獄。省中喻以風旨。楠不可。忙押門因得赦。◎【明】南昌人。諸生。兄機嘗捐粟佐賑。宸濠夜捕機索金。楠代兄往。脅以威不屈。被拷掠死。

趙殿成　【清】仁和人。字松谷。有王右丞集箋註。

趙殿最　【清】仁和人。字奏功。又字鐵巖。康熙進士。累擢給事中。能言人之所不敢言。乾隆初為戶部侍郎。命勘視衛河。請於漕船入運。量水勢盈縮。以定啟板之高下。蓄洩得宜。於漕運民田。均有利益。官至工部尚書。以事告歸卒。

趙源　【明】元和人。字湘帆。善畫士女。風神綽約。兼工花卉。

趙溫　【後漢】謙弟。字子柔。初為京兆郡丞。棄官去。獻帝西遷。累拜司徒。錄尚書事。李傕劫帝幸北塢。溫於塢中。又欲移帝於黃白城。溫移書切責。幾不免。建安中卒。◎【後魏】天水人。字思恭。博學有高名。為姚泓天水太守。後沒於氐。氐王楊難當以為輔國將軍。難當稱藩。太武以為難當府司馬。

趙溫奇　【宋】一作蘊奇。公祐子。幼穎秀。工畫。

趙溫珪　【前蜀】秦州人。父嘗明遁數術。避亂於蜀。溫珪事王建。為司天監。每為建占吉凶。小不中。輒加詰責。臨卒。戒子孫以他道仕進云。

趙滋　【宋】開封人。字子深。少果敢任氣。有智略。康定初以右侍禁選捕京西叛卒有功。遷左侍禁。後為涇原儀渭鎮戎軍都巡檢。歷知保州雄州。英宗即位。領端州防禦使卒。滋馭軍嚴。戰卒為不服役。滋役之如廂兵。莫敢有言。繕治城壁樓櫓。至於簿書米鹽。皆有條法。性亢廉謹。然傲慢自譽。此其短也。◎【金】汴人。字濟甫。畫入能品。書法為當時第一。

趙·滑 【宋】葵子。字元晉。號冰壺。咸淳中知建寧府。所著養痾漫筆。雜記宋時瑣事。後人疑爲書賈從說部中錄出。殆非舊本。

趙·熙 【後晉】光逢從子。字績巨。唐明宗時累遷至起居郎。數上章言事。高祖時承詔與張昭遠等修唐史。出帝時授諫議。及契丹入汴。遣使於晉州率配豪民錢幣貢行橐。熙畏契丹峻法。窮力搜索。遂爲百姓所害。

趙·煥 【明】掖縣人。字文光。嘉靖進士。神宗時累官吏部尚書。雅不善東林。諸攻東林者乘間入之。所舉措往往不協清議。被劾乞歸。後復代鄭繼之爲吏部尚書。一聽亓詩教指揮。不敢異同。素望益損。尋卒。

趙·煦 【後魏】琰子。字寶育。好音律。以善歌聞於世。官秦州刺史。

趙·煚 【隋】天水人。字賢通。少孤。養母至孝。仕周歷陜州刺史。禦陳數有功。累官大宗伯。文帝受禪。拜尙書右僕射。以忤旨出爲冀州刺史。甚有威德。煚嘗有疾。百姓奔馳爭爲祈禱。卒官。

趙·經畬 【清】宜陽人。字新田。以進士官戶部主事。乞休歸。主錦屛書院。精校讎之學。著有通志商榷·南北史拾遺。又邃於史學。二十四史皆有劄記。

趙·聖傳 【清】江蘇興化人。字蓉裳。廩貢生。精熟左氏傳。先治世族學。於舊說之失。多所舉正。復考夏商官制。語極精覈。光緒中黃以周主講南菁書院。聖傳年六十餘。至院肄業。該博爲諸生冠。署爲齋長。有左傳服義述·穀梁詁義。

趙·肅 【後魏】洛陽人。字慶雍。孝昌中起家殿中侍御史。大統中除廷尉卿。凡所處斷。咸得其情。先是宇文泰令撰法律。肅積思累年。遂感心疾卒。

趙·肅侯 【戰國】【趙】成侯子。名語。嘗游大陵。出於鹿門。大戊午扣馬曰。耕事方急。一日不作。百日不食。肅侯下車謝。在位二十四年卒。秦楚燕齊魏各出銳師萬人來會葬。諡肅。

趙·與旹 【宋】太祖七世孫。字行之。又字德行。寶慶進士。官麗水丞。所著賓退錄。考證經史。辨析典故。頗多精核。可爲夢溪筆談·容齋隨筆之續。

趙·與東 【宋】嚴陵人。字賓暘。太祖十世孫。宗學上舍。寶祐進士。仕至司農寺排岸班。改奉議。有晉齋小稿。

趙·與票 【元】宋宗室。字晦叔。伯顏渡江。與票詣軍門上書。力陳不嗜殺人。可以一天下。且乞全其宗黨。授翰林待制。朝廷立法。多所咨訪。忠言讜論。無所顧憚。累遷翰林學士。卒諡文簡。

趙·與虤 【宋】太祖十世孫。字威伯。所著娛書堂詩話。多名章俊句軼事遺文。足資聞見。

趙·與懃 【宋】宗室。號蘭坡。嘉熙間知臨安府。以右文殿修撰奉祠。善摹古。墨竹亦佳。

趙·與褣 【宋】宗室。官蘄州司理。權通判事。嘉定中金兵圍蘄州。與褣偕郡守李誠之竭力捍禦。凡二十五日而城陷。全家沒於難。與褣僅以身免。因著辛巳泣蘄錄。

趙·與檡 【宋】宗室。德祐初爲浙閩廣察訪使。益王昺楊亮節居中秉權。與檡自以國家親賢。多所諫止。遂犯忌嫉。元兵逼浙東。乃命與檡出瑞安。與守臣方洪共任備禦。事敗。與檡等率衆巷戰。俱死之。

趙·與篡 【宋】太祖十世孫。居湖州。字德淵。嘉定進士。累官淮浙發運使。差知平江府。特轉兩官。所至急於財。幾於聚斂之臣。致仕卒。

趙·與懽 【宋】德昭八世孫。字悅道。嘉定進士。授大理評事。以直寶章閣出知安吉州。設鋼鉦縣門。欲愬者擊之。冤無不直。歷遷戶部侍郎。所論多根本大計。論邊事至深切。累官資政殿大學士。三爲府尹。盡心民事。都人稱爲趙佛子。拜少傅卒。諡清敏。有奏議詩文百卷。

趙·萬全 【明】會稽人。父客死。長而知之。乃書父名籍年貌於背。獨行求父。歷燕齊楚豫秦隴。周行五六年。抵馬邑。卒得負父骨以歸。

趙·萬年 【宋】長溪人。字方叔。慶元武舉。爲襄陽制置司幹辦官。開禧中金人圍襄陽。宣帥諸司相繼遁。萬年糟兵峙糧。力贊招撫使趙淳爲死守計。相拒九十餘日。賊遁去。以功進武德大夫。有襄陽守城錄·稗幄集。

趙·葵 【宋】范弟。字南仲。號信庵。父方爲荆湖制置使。葵常從。每聞警報。與諸將偕出。遇敵輒深入。一日方行犒賞。軍士懷其薄。葵時年十三。亟呼曰。此朝廷賜也。本司別有賞賚。軍士遂定。人服其機警。其後敗金人。破李全。功最多。累官右丞相。兼樞密使。四上表力辭。罷爲觀文殿學士。歷兩淮宣撫使。判揚州。加少傅。封冀國公。以武安軍節度使致仕。舟次小孤山卒。諡忠靖。葵善畫墨梅。工詩文。有詩集。

趙·裔 【明】朱餘弟子。工雜畫。兼長佛道人物。又善花鳥。

趙·詢 【宋】德昭後。寧宗收養宮中。賜名曮。開禧初邊事急。金人請誅首謀用兵者。曮用彌善史彌遠計。奏韓侂冑輕起兵端。上危宗社。宜賜黜罷。以安邊境。帝從之。旋立爲皇太子。後更名詢。年二十九卒。諡景獻。

趙·軏 【明】高平人。嘉靖進士。官兵科給事中。時內豎私置禁器。軏發其事。謫封丘丞。尋罷歸。穆宗朝召補禮科給事中。帝戎服郊祀。軏遮道諫止。又疏請薛瑄從祀。帝從之。終太僕寺卿。

趙‧遐 【後魏】翼從子。從孝文征南陽。以功封牟平縣開國子。後督巴東諸軍事。率甲士九千。所在衝擊。莫不摧靡。以輔國將軍出爲滎陽太守。時蕭衍將馬仙琕圍朐城。別將敗退。遐以孤軍奮擊破斬之。圍遂解。熙平初出爲平西將軍‧汾州刺史。貪濁聞於遠近。卒諡襄。

趙‧道興 【唐】酒泉人。父才。官隋右武候大將軍。道興貞觀初歷遷左武候中郎將。號稱職。因授右武候將軍。其父時廨宇。仍舊不改。道興嘗指其廳事曰。此是趙才將軍廳。還使趙才將軍兒坐。朝野傳爲口實。後遷金吾衞大將軍。致仕卒。

趙‧達 【三國吳】河南人。治九宮一算之術。究其微旨。能計飛蝗。射隱伏。無不徵中。寶惜其術。終不肯語人。孫權行師征伐。每令達推步。皆如其言。達死。其術不傳。

趙‧鉉 【明】江陰人。生六歲。祖父俱以遇賊死。隨母吳氏避難。又相失。育於祖父之故人。稍長。輾轉訪求。得母於鄞縣。迎歸奉養。及卒。廬墓三年。洪熙初旌其門。

趙‧雍 【元】孟頫子。字仲穆。以書畫知名。官至集賢待制‧同知湖州路總管府事。

趙‧鼎 【宋】聞喜人。字元鎭。號得全居士。崇寧進士。對策斥章惇誤國。隨高宗南渡。累官殿中侍御史。陳四十事。遷御史中丞。進尙書右僕射‧同中書門下平章事。兼樞密使。初鼎薦張浚。後並相。協心以圖興復之功。與秦檜論和議不合。罷謫嶺南。移吉陽軍。不食而卒。自題銘旌云。身騎箕尾歸天上。氣作山河壯本朝。孝宗卽位。追諡忠簡。爲詩文皆無愧作者。有忠正德文集。(紹興中鼎監修神哲二宗實錄成。高宗親書忠正德文四字賜之。因以名集。見四庫提要。宋史則稱得全集。)⊙【明】定襄人。字宜之。博通書傳。處事詳雅。工詩。有重名。

趙‧鼎臣 【宋】衞城人。字承之。號葦溪翁。元祐進士。紹興中登弘詞科。官至太府卿。有竹隱畸士集。鼎臣與蘇軾‧王安石諸人交好。相與酬和。故所作具有門徑。能力追古人云。

趙‧僧巖 【南齊】北海人。寥廓無常。人不能測。與劉善明友善。善明爲靑州。欲舉爲秀才。拂衣去。後忽爲沙門。棲遲山谷。嘗以一壺自隨。一日謂弟子曰。吾今夕當死。至夜果逝。時人以爲知命。

趙‧像之 【宋】高安人。字明則。嗜學忘寢食。紹興進士。詩文平淡簡遠。授臨川司戶。仕至軍器少監。

趙‧嘏 【唐】山陽人。字承祐。會昌進士。工詩。杜牧嘗愛其長笛一聲人倚樓之句。人因目爲趙倚樓。官渭南尉。有渭南集。

趙‧察 【宋】來安人。少負才望。事親孝。生養死葬。力竭而禮盡。母沒廬墓。有芝草九莖生墓亭。詔旌其門。

趙‧戩 【後漢】岐從子。字叔茂。性質正多謀。初平中爲尙書。典選舉。董卓欲有所私授。戩拒不聽。卓怒欲殺之。衆人悚慄。而戩辭貌自若。卓悔謝釋之。後爲平陵令。王允被害。莫敢收允尸者。惟戩棄官營喪焉。

趙‧榛 【宋】徽宗十八子。累封信王。從欽宗北行。至慶源。亡匿眞定境中。遣人詣行在。奏請委總大軍。與諸砦鄉兵約日大舉。黃潛善‧汪伯彥疑其非眞。會有言榛將渡河入京。高宗因詔擇日還京。以伐其謀。金人知之。事遂敗。榛亡。不知所在。或曰。後與徽宗同居五國城。

趙‧榮 【元】扶風人。母強氏有疾。榮刲股肉啖之者三。復負母登太行山。禱於神。得聖水。飲之乃痊。後卒。榮號痛不食。三日方飲水。七日乃食粥。負土成墳。廬墓終喪。⊙【明】閩縣人。字孟仁。爲中書舍人。英宗北狩。也先兵屯德勝門。朝議遣使。榮獨請行。景泰初復與都御史楊善往迎英宗。天順中進工部尙書。兼大理卿卒。

趙‧毓 【元】唐州人。其先三世同爨。毓官福州司獄。秩滿歸。以母老不復仕。一日會諸弟。泣申遺訓。願世世無異處。自是大小百口。略無間言。

趙‧演 【宋】汝漢人。字仲長。呂希哲女夫。講厚篤實。勵法古人。從希哲學。希哲謫符離。演時時來省。事希哲如父。

趙‧漑 【元】甘泉人。明於經術。至正中累官吏部尙書。清介不阿。政績最著。

趙‧漢 【明】平湖人。字鴻逵。正德進士。官兵科給事中。嘉靖初請譴逐太監崔文。不聽。已哭爭大禮。繫獄廷杖。以疾去。後起用。遷工科都給事中。疏言桂萼‧霍韜黷職。張璁專橫。忤旨奪俸。終山西右參政。有漸齋詩草。

趙‧熊詔 【清】申喬子。字侯赤。一字裘萼。康熙間以一甲第一人授修撰。後以大臣子効力西陲。督運者再。節運費歸公。人服其才守。以父憂歸。哀毀卒。熊詔生平篤恩義。工詩文。通籍後。肆力天文句股之學。有裘萼公賸稿。

趙‧爾豐 【清】漢軍正藍旗人。字季和。光緒間拳匪之亂。隨升允堵扼聯軍於直隸廣昌。旋往四川。勦平巴塘叛番。攻克裏塘。以功擢建昌道。尋督辦川滇邊務。宣統末擢署四川總督。時川中紳民力爭路權。爾豐疏請川路暫歸商辦。詔不許。乃拘禁士紳。並以兵力壓迫之。會國變。遇害。

趙・瑨 【元】蔚州人。太祖時爲百戶。從木華黎攻隰州。金兵閉城拒守。裨將戰死。木華黎怒。將屠其城。瑨以母兄在城中。哀懇得免。又從攻相州。七日拔其城。授冀州行軍都元帥。瑨讓其兄珪。從之。累遷河南道提刑按察使卒。諡襄穆。

趙・睿 【明】涇縣人。字若思。嘉靖進士。由蕭山知縣擢御史。巡視十庫。璫報車駕幸西上門觀獅子。請暫避。睿正色曰。職在補過拾遺。主上來。正宜拱侍。何避爲。帝聞。卽斂轡還。累遷四川左布政使。

趙・端頤 【宋】臨川人。字養正。幼孤貧。究心陸學。嘉定中登第。授懷安簿。歷建寧簿。以廉勤稱。旋歸隱。端平初召赴都堂審察。力辭。

趙・鈸夫 【宋】嘉定間知袁州。待士恤民。一出於誠。理宗嘗問廉吏。眞德秀以鈸夫對。首賜御筆褒寵。

趙・粹中 【宋】字叔達。自密州徙居鄞。孝宗銳意復北疆。以論兵事。一歲九遷。由秘書郎權起居郎・給事中。後除吏部侍郎。嘗上疏罷王安石父子從祀。乞雪岳飛冤狀。又集司馬光・范鎮等奏議。正太祖東向之位。議不行。

寧宗即位。卒如其議。後以待制知池州。郡政修舉。民立生祠祀之。

趙・綰 【漢】代人。受詩申公。武帝時爲御史大夫。請立明堂。以朝諸侯。願不能就其事。竇太后不悅儒術。得綰過。以讓帝曰。此欲復爲新垣平也。帝因廢明堂事。下綰吏。因自殺。

趙・綽 【隋】河東人。字士綽。開皇初爲大理丞。執法平允。累遷少卿。刑部侍郎辛亶衣緋褌。帝以爲厭蠱。欲斬之。綽執不可。帝怒。命斬綽。綽曰。執法一心。不敢愛死。乃釋之。進開府。及卒。帝爲流涕。

趙・綸 【宋】鼎曾孫。字君任。趙汝愚深器之。白帝用爲澧州安鄉令。以平羣盜功。改安撫機宜文字。嘉定間累督軍破金人。用兵如宿將。嫉妒亦自此起。充淮西安撫使。知廬州。未幾論罷。尋知其無罪。令復官而綸已卒。有時齋集。

趙・維烈 【清】上海人。字承哉。工詞。有醋舫詞。

趙・維新 【明】茌平人。字素衷。年二十。聞張後覺講良知之學。遂師事之。次其問答語。爲弘山教言。性純孝。家貧。併日而食。以歲貢生爲長山訓導。年九十二。無疾而卒。有感述錄。

趙・維賢 【明】崞縣人。博學能文。仕至太常禮儀院奉禮郎。有春秋集傳。

趙・蒼璧 【清】錢塘人。字晉襄。號闇庵。康熙進士。知廊城縣。有善政。擢御史。以敢言稱。有性理解。

趙・誘 【晉】淮南人。字元孫。州辟主簿。刺史郄隆被齊王冏檄。使起兵討趙王倫。隆欲坐觀成敗。無所偏助。誘策倫必敗。勸隆出兵。隆不聽。遂爲其下所害。後誘爲王敦參軍。與討華軼。擊杜弢。有殊功。尋代陶侃爲武昌太守。杜曾之亂。誘戰沒。諡敬。

趙・賓 【漢】蜀人。好小數書。爲易飾易文。持論巧慧。易家不能難。皆曰非古法也。云受孟喜。喜爲名之。後賓死。莫能持其說。喜因不肯認。

趙・輔 【明】鳳陽人。襲職指揮使。成化初以都督同知討兩廣蠻。克大藤峽。封武靖伯。已而蠻入潯州。爲言官所劾。旋總兵征遼東有功。進侯爵。廷議大舉搜河套。拜輔將軍。輔至榆林。寇已深入。輔不能制。又被劾。帝皆不問。卒諡恭肅。

趙・輔和 【北齊】清都人。少以明易善筮爲高歡館客。太寧・武平中。筮後宮誕男女及時日多中。授通直大夫。

趙・銘 【清】秀水人。字桐孫。同治舉人。署順德知府。工駢文。有琴鶴山房駢體文鈔。

趙・銓 【明】廬陵人。字仲衡。精岐黃家言。善太素脈。以諸生入監貢。宰靈壽・靈山兩邑。有春風堂集・石亭醫案・岐黃奧旨・諸家醫斷・太素脈訣・體仁彙編諸書。

趙・鞅 【春秋晉】武孫。卽簡子。定公時爲卿。時晉衰亂。荀寅・范吉射伐趙氏。簡子奔晉陽。韓魏請趙氏於公。公召歸復位。改名志父。荀躒以簡子家臣董安于爲趙氏謀。始禍晉國。告簡子欲治其罪。安于遂自縊。趙氏以定。簡子帥師納衞太子蒯聵於戚。敗鄭師。又圍朝歌及邯鄲。逐荀寅・范吉射。卒諡簡。

趙・鳳 【後唐】幽州人。莊宗時歷官禮部侍郎。好直言。時皇后及羣小用事。鳳言不見納。夙與任圜善。明宗時圜爲安重誨所殺。而誣以謀反。重誨方用事。鳳獨號哭呼重誨曰。任公天下義士。豈肯謀反。而公殺之。何以示天下。重誨慚不能對。累拜門下侍郎・同中書門下平章事。及重誨得罪。羣臣無敢言。鳳數言重誨忠。罷爲安國軍節度使。廢帝立。召爲太子太保。病足。卒於家。⊙【後周】棗強人。幼讀書舉童子。既長。兇豪多力。以殺人暴掠爲事。吏不能禁。晉天福中往投契丹。署爲羽林都指揮使。漢祖時歸闕。廣順初爲巡檢。善捕盜。擢單州刺史。剛忿不仁。得位愈熾。被訟。賜死。

趙・寬 【明】吳江人。字栗夫。號半江。成化進士。仕終廣東按察使。爲文雄渾秀整。行草亦清潤。有半江集。

趙廣 【宋】合肥人。李伯時小史。待左右。得其法。尤工畫馬。建炎中陷賊。賊使圖所擄婦人。不從。遂斷右手拇指遣去。而廣平生實用左手。亂定。惟畫觀音大士而已。

趙廣漢 【漢】蠡吾人。字子都。宣帝時爲京兆尹。發奸摘伏如神。名聞匈奴。及坐法。吏民守闕號泣者數萬。曰。臣生無益縣官。願代趙京兆死。廣漢竟坐要斬。

趙徵 【明】字徵遠。工畫佛像。

趙德 【唐】海陽人。第進士。沈雅專靜。通經有文章。韓愈刺潮州。置鄉校。牒請德攝海陽縣尉。爲衙官。專領學事。自是潮士篤於文行。人稱天水先生。

趙德元 【後蜀】雍京人。一作元德。唐天復中入蜀。工畫山水佛像屋木亭臺。向背低昂。代無比者。嘗得隋唐名畫百餘本。所畫車馬人物益精博。

趙德文 【宋】廷美八子。字子砥。少好學。經史百家。手自抄撮。工辭章。眞宗以其刻勵如諸生。戲呼之曰五秀才。仁宗嘗稱爲五相公而不名。以德文三兄早卒。於次爲第五也。累官感德武勝二軍節度使。卒諡恭裕。

趙德光 【清】郎岱廳人。字輝堂。本姓張氏。咸豐間由勇丁勦雲南回匪。尋回黔。值狆狪苗教之亂。轉戰貴州。所向克捷。官至貴州提督。善超距騰劫之法。敵畏憚之。號曰鐵腳版。戰於安平。遇害。諡剛節。

趙德宏 【明】鶴慶人。字有容。正德舉人。父沒於京師。德宏徒跣扶柩歸。既葬。廬墓三年。時稱其孝。判順慶。決疑獄三事。洗十餘人冤。及知潼川。積贖鍰得粟萬八千石以濟歲凶。累官慶府長史。歷官以清白稱。

趙德芳 【宋】太祖四子。太平興國初授山南西道節度使·同平章事。閱五年卒。封秦王。諡康惠。

趙德昭 【宋】太祖次子。字日新。太平興國中從征幽州。軍中嘗夜驚。不知帝所在。有謀立德昭者。帝聞不悅。及歸。以北征不利。久不行太原之賞。德昭以爲言。帝大怒曰。待汝自爲之。未晚也。德昭退而自刎。帝聞驚悔。追封燕王。諡懿。

趙德勝 【明】濠人。初爲元義兵長。善馬槊。每戰先登。會太祖興於滁。德勝母在軍中。乃棄其妻來從。太祖喜。賜之名。爲帳前先鋒。從征伐。累有功。從守南昌。爲陳友諒所圍。中流矢死。年三十九。追封梁國公。諡武桓。列祀功臣廟。德勝剛直沈鷙。馭下嚴肅。號令一行。旗幟改色。未嘗讀書。臨機應變。動合古法。平居篤孝友。如修士云。

趙德鈞 【後唐】幽州人。本名行實。唐莊宗賜名紹斌。後改名德鈞。鎮幽州凡十餘年。甚有善政。高祖起於晉陽。契丹兵至太原。唐末帝詔德鈞邀擊之。德鈞遷延不從。通款契丹。求立以爲帝。仍許晉祖長鎮太原。契丹不許。遂降焉。高祖至。迎謁馬前。高祖不禮之。尋卒於契丹。◎【宋】廷美五子。字子正。性和雅。善書翰。好爲篇什。景德間累遷右監門衛大將軍卒。

趙德齊 【蜀】溫奇子。三世精藝。奇蹤逸筆。時輩咸推服之。光化中畫西平王儀仗。又於朝眞殿上畫后妃嬪御。極精妙。昭宗喜之。遷翰林待詔。

趙德諲 【唐】蔡州人。從秦宗權爲右將。以討黃巢功授申州刺史。光啓初宗權假德諲山南東道節度留後。德諲度宗權必敗。舉地附朱全忠。全忠舉以自副。宗權平。加中書令。封淮安郡王卒。

趙德彝 【宋】廷美三子。字可久。年十九。代兄德隆判沂州。時飛蝗入境。吏民請坎瘞火焚之。德彝曰。上天降災。守臣之罪也。乃責躬引咎。齋戒致禱。既而蝗自殪。咸平間累遷保信軍節度觀察留後。卒諡安簡。

趙憬 【唐】隴西人。字退翁。志行峻潔。通今古。不自衒賈。寶應中歲饑。憬褐衣上疏。請殺禮從儉。李泌薦之。對召。占奏明辨。拜給事中。貞元中累進中書侍郎·同中書門下平章事。憬精治道。常以國本在選賢節用薄賦寬刑。懇懇爲帝言之。又陳前世損益當時之變。獻審官六議。帝皆然之。輔政五年卒。諡貞憲。

趙槩 【宋】虞城人。字叔平。少篤學自力。器識宏遠。舉進士第。歷官知制誥。蘇舜欽等以羅飲逐。槩嘗預會者皆館閣名士。舉而棄之。非國之福。入爲翰林學士。聘遼。會獵。請槩賦詩。遼見禮重。代韓絳爲御史中丞。絳以論張茂實不宜典宿衛罷。槩至。首言之。茂實竟去。仁宗時累官樞密使·參知政事。以太子少師致仕。上嘗集古今諫諍事爲諫林百二十卷。神宗賜詔褒獎。卒諡康靖。

趙模 【明】楠兄。見趙楠條。

趙樓臺 【宋】相州人。實畫中都。所作屋宇雖極深邃。背陰向陽。不失規矩繩墨。

趙潔 【明】介子。善詩文。工篆隸。

趙澂 【清】潁州人。本名澄。晚年得銅漢章。遂曰澂。字雪江。一字滿之。布衣。工畫山水。善臨摹。得意之作。皆用銅章。以博學能詩稱。

趙瑩 【後晉】華陰人。字玄暉。高祖爲節度使。常以瑩從。及即位。累拜中書令。契丹滅晉。瑩從出帝北徙。將卒。告契丹。願以尸還中國。契丹遂遣其子護喪南歸。

趙璉 【元】潁川人。字伯器。至治

進士。累官杭州路總管。強毅開敏。精力絕人。吏服其明決。不敢欺。累拜參議中書省事。後爲淮南參知政事。移鎮泰州。張士誠既降復叛。欲挾璉登其舟。璉瞋目大罵。遂死之。

趙·積 〔宋〕單父人。徙宣城。字表微。第進士。眞宗時歷官兵部員外郎。益州路轉運使。數言部中事。一日章數上。以厚結劉美人家婢。天聖初累擢吏部侍郎。遷禮部尙書致仕。卒諡僖質。

趙·纛 〔明〕永寧人。有志節。以學行聞。洪武間由訓導舉賢良。累官工部尙書。奏定天下歲造軍器之數。及議定藩王宮城制度。改刑部致仕。

趙·蓮 〔清〕海鹽人。字淩洲。善畫梅。工詩。

趙·談 〔漢〕文帝時宦者。以星氣幸。

趙·諒 〔明〕其母與孝康皇后爲兄弟。壯勇知兵。建文初爲留守右衞指揮僉事。靖難兵起。諒時奉密命往來諸將間。壬午秋常。宗人並得罪。諒亦坐廢。憂懣卒。

趙·賓 〔金〕思溫裔。字景道。大定末舉進士不第。隱居燕城南教授。章宗游春水。聞絃誦聲。幸其齋舍。繼又召至行殿。命之官。固辭。賜田千畝。復之終身。

趙·賢 〔明〕汝陽人。字良弼。嘉靖進士。爲戶部主事。出監臨清倉。治遼東餉。皆勵清操。累遷右僉都御史。巡撫湖廣。上便宜十事。復奏行救荒四事。時張居正綜覈吏治。諸司振飭。賢特爲巡撫冠。終南京吏部尙書。

趙·輝 〔明〕永樂中以千戶守金川門。年二十餘。狀貌偉麗。尙太祖最幼女寶慶公主。輝家故豪侈。姬妾至百餘人。凡事六朝。歷掌南京都督及宗人府事。成化中卒。壽九十。享富貴者六十餘年。

趙·鄰幾 〔宋〕須城人。字亞之。周顯德初舉進士。太宗初直史館。遷左補闕。知制誥。尋卒。鄰幾爲文浩博。慕徐庾及王楊盧駱之體。及掌誥命。冗長不達體要。有追補唐實錄未成。淳化中太宗取其書。得鄰幾所補會昌日曆及文集。又著鯫子·六帝年略·史氏懋官志等書。

趙·霄 〔宋〕瑞安人。字彥昭。程頤門人。崇寧進士。官濟州教授。導諸生以躬行之實。不專事科舉。東方士俗爲之丕變。

趙·鞏 〔宋〕錢塘人。字子固。乾道進士。官祕閣修撰。知揚州。嘗使金。金主歎服其文學。從游者甚衆。號西林先生。慶元中禁僞學。入黨籍。

趙·學輸 〔清〕侯玉從子。字季由。嘉慶進士。官湖州知府。善書。偶寫蘭。兼工篆隸。

趙·憙 〔後漢〕宛人。字伯陽。從兄爲人所殺。憙年十五。思報之。挾兵以往。仇家皆病。憙曰。因病殺人非仁者。乃出。更始即位。舞陰大姓李氏擁城不下。云趙憙信義著名。願得降之。乃除憙郎中。行偏將軍事。使詣舞陰。李氏遂降。光武時累遷郡刺史。永平初封節鄉侯。章帝時進太傅。卒諡正。

趙·整 〔前秦〕清水人。或云濟陰人。字文業。一名正。仕苻堅。歷官武威太守。性度敏達。堅有過。整輒以詩諫。官至祕書侍郎。堅死。遁商洛。

趙·曄 〔後漢〕山陰人。字長君。少爲縣吏。奉檄迎督郵。曄恥爲廝役。遂棄車馬去。詣犍爲從杜撫受韓詩。究竟其術。積二十年乃歸。州召補從事。不就。後舉有道。卒於家。著吳越春秋·詩細·歷神淵。蔡邕讀詩細而歎息。以爲長於論衡。邕還京師傳之。學者咸誦習焉。

趙·曉 〔清〕太倉人。字曉日。畫山水受王原祁法。平淡古雅。設色渾朴沖淵。墨竹迥拔時流。

趙·璘 〔唐〕宗儒從孫。字澤章。開成進士。爲左補闕。後爲衢州刺史。所著因話錄。足資考證。雖不免舛誤緣飾。在唐說部中猶爲善本。

趙·璠 〔宋〕衡山人。咸淳進士。與其叔父淼起兵湘鄉。應文天祥。授軍器監。天祥敗。璠等不知所終。

趙·瓚 〔明〕安福人。字廷實。號西峯。弘治進士。世宗時官工部尙書六年。値帝初政。銳意釐剔。中官不敢撓。故得舉其職。後論執不已。諸權倖嫉者衆。帝意亦寖疏瓚。遂乞致仕。後召復故官。未上卒。諡莊靖。有歸閑述夢。

趙·穆 〔後魏〕翼從子。善書記。有刀筆之用。爲汾州平西府司馬。翼臨卒。以穆託領軍元叉。爲汝南刺史。

趙·賁翁 〔元〕山陽人。字維靑。延祐初始設科取士。賁翁成進士。授泗州判官。後爲總管中大夫。補著雅樂。有覆瓿集。

趙·興 〔漢〕嬰齊子。嗣爲南粵王。其母樛太后未爲嬰齊妻時。嘗與霸陵人安國少季私通。國人頗知之。多不附太后。太后恐亂起。勸王及幸臣。求內屬。其相呂嘉不服。攻殺太后王。盡殺漢使者。立嬰齊長男子建德爲王。漢遣路博德·楊僕討之。封建德爲海常侯。郡其地。自佗及興凡五世。九十三年而亡。◎〔後漢〕下邳人。章帝時官司隸校尉。不卹諱忌。每入官舍。輒更繕修館宇。移穿改築。故犯妖禁。而爵祿益隆熾。三世皆爲司隸。

趙·興基 〔明〕雲南人。崇禎初以鄉舉通判廬州。張獻忠游騎抵城下。興基與經歷鄭元等分門守。爲賊所給。興基挺刃鬭。被創死。

趙與祥【金】盧龍人。思溫六世孫。仕遼爲閤門祗候。有孝行。後歸金。天德初積官左宣徽使。海陵嘗問欲使子弟爲官。當自言。與祥辭。遷少傅。世宗時復爲左宣徽使。卒官。

趙蕤【唐】鹽亭人。字大賓。博學韜鈐。長於經世。夫婦俱有隱操。開元中召之不赴。有長短要術。(按北夢瑣言作長短經。茲據唐書藝文志。)大旨主於實用。非縱士詭譎之謀。其文格亦頗近荀卿申鑒。劉邵人物志云。

趙蕃【宋】信州人。字昌父。號章泉。以曾祖暘致仕恩補官。終直祕閣。剛介不可奪。始受學劉清之。年至五十。乃問學於朱熹。年九十餘卒。諡文節。有乾道稿·淳熙稿·章泉稿。

趙誠【宋】晉江人。字希平。天聖進士。通判撫州。讞疑獄獲免甚衆。知歸州。毀淫祠。投像於江。州東有灘。前後溺舟。不可勝計。誠條奏利害。力請疏鑿。結廬視役。既成。人號曰趙江。即其廬祠焉。歷三司戶部判官。出知明州卒。

趙諶【宋】欽宗太子。欽宗幸青城。命太子監國。稱制行事。金人請二帝諭太子出城。衆聚議。遲疑不決者五日。范瓊以危言讋衛士。擁太子與皇后共車以出。太子呼曰。百姓救我。哭聲震天。已而北去。

趙豫【明】安肅人。字定素。宣宗時以諸生歷官松江知府。在職十五年。清靜如一日。去郡。老稚攀轅。留一履以識遺愛。

趙賴【清】漢軍正藍旗人。順治初從征姜瓖。康熙間吳三桂反。賴轉戰江西湖南貴州等省。官至貴州提督。擡本旗漢軍都統。

趙遹【宋】開封人。徽宗時累官兵部尚書。嘗平晏州夷。擒其酋。拓地二千里。募人耕種習戰守。號其兵曰勝兵。淶水人董才聚衆爲賊。後爲遼人所破。遂上書請取全燕以自効。遹極言其害。及遹安撫熙州。諸蕃相賀曰。吾父來。朝廷眞欲無事矣。爭出犒糗。牛價爲頓高。尋以疾致仕。

趙錦【明】餘姚人。字元樸。嘉靖進士。擢南京御史。清軍雲南。因元旦日食。錦以爲權奸亂政之應。馳疏劾嚴嵩罪。逮下詔獄。斥爲民。穆宗即位。起故官。擢太常少卿。尋巡撫貴州。平叛苗龍得鮓等。萬曆初歷南京禮吏二部尚書。以忤張居正乞歸。後拜左都御史。改兵部尚書。卒諡端肅。

趙霖【金】熙宗時人。善畫。

趙霑【宋】霄弟。字彥澤。學業亞於其兄。大觀中以八行舉。恥爲蔡氏所設科。力辭不赴。方賊之難。守禦有勞。既卒。縣人立祠祀之。

趙頵【宋】英宗四子。端重明粹。博通羣書。工飛白篆籀。歷武勝山南等十節度。秩滿輒奏留。久者至十餘年。頗好醫書。手著普惠集效方。累封益王。卒諡端獻。

趙默【後魏】涼州隸戶。字文靜。初名海。海生而涼州平。沒入爲閹人。因改名默。累遷選部尚書。當官任舉。頗得其人。孝文時尚書李訢亦有寵。同綰選部。默疾訢虧亂選體。爭於殿庭。遂成深隙。訢黜默爲門士。默後還尚書左僕射。兼選部。因構訢罪。誅之。官終冀州刺史。以清儉稱。卒諡康。(按魏書作趙黑此從北史。)

趙壎【明】新喻人。字伯友。好學工屬文。太祖時與修元史。書成。諸儒多授官。壎不受歸。尋與宋濂同直史館。濂兄事之。出爲靖江王府長史。

趙嬰齊【漢】胡子。嗣爲南粵王。漢數使使者風諭令入朝。嬰齊好生殺自恣。懼入見。要以用漢法。比內諸侯。遂稱病不朝。遣子次公入宿衞。卒諡明。

趙徽【遼】南京人。重熙間擢甲科。累遷大理正。道宗時銅州人妄毀三教。徽按鞫之。以狀聞。稱旨。歷煩劇。有能名。累遷門下侍郎·平章事。卒諡文憲。

趙應奎【清】商丘人。字觀吾。有勇略。歷官袁臨鎮總兵。吳三桂反。袁地襟帶數省。應奎兀踞其中。使閩楚不得交通。耿精忠寇袁。應奎率諸道兵大破之。後從取湖南有功。擢廣西左江提督。卒諡襄壯。

趙應童【明】洪武初人見其乞食應城中。爲人治病。莫知其年。邑西有趙姓者。言其家遠祖訪道未還。意其是乎。遍而物色之。曰我非趙姓。自謂乞食應城久。即改曰應童。邑中叟年九十餘者。兒時即見應童。因備言其異。應城人漫呼之爲趙神仙。嘉靖中龍虎山張眞人迎之。求長生術。應童無一言。眞人怒鞭之。遽死。及葬。棺甚輕。啓視之。惟一竹杖而已。(按清一統志作趙童。此本名山藏。)

趙環【宋】無錫人。性剛毅。不畏強禦。人號趙鐵頭。農田水利。無不修舉。邑人德之。

趙璩【宋】太祖七世孫。字潤夫。初名伯玖。生而聰慧。高宗命養於宮中。賜名璩。淳熙中累除少傅。高宗崩。奔赴得疾。踰年卒。追封信王。

趙襄【周】仕王莽爲諫大夫。莽立太子。置師友各四人。以襄爲先後。

◉【明】永新人。字元遜。天順間遊太學卒業。成化間登進士第。除松滋縣尹。以治行考最。陞刑部主事。歷員外郎中。讞獄明恕。出守南寧卒。

趙謙【後漢】典從子。字彥信。獻帝時爲司隸校尉。車師王侍子爲董卓所愛。數犯法。謙收殺之。卓大怒。殺都官從事。素敬憚謙。不加罪。轉前將軍。擊白波賊有功。封鄄侯。◎【明】餘姚人。初名古則。字撝謙。後更名謙。幼孤貧。寄食山寺。長游四方。與諸名人游。博究六經百氏之學。尤精六書。時目爲考古先生。洪武中預修正韻。授國子監典簿。久之。以薦召爲瓊山學教諭。有六書本義·聲音文字通·考古文集等書。

趙賽濤　【明】杭州女子。工詩詞。正德中其母攜二女觀燈。叢雜中爲惡少掠去。賓臨清青樓中。號賽濤。以詞翰能賽薛濤也。其姊歸周子文。子文赴京過臨清。見賽濤貌類其妻。詰之。得其故。攜之歸。其父母卽以歸子文。有曲江黨鳴集。

趙隱　【唐】存約子。字大隱。以父死難。與兄騭廬墓幾十年。闔門誦書。不應辟召。會昌中擢進士第。歷州刺史河南尹。咸通末進同中書門下平章事。性仁悌。不以權貴自處。始布衣時。與騭同耕以養。未嘗干人以財。宦浸顯。還家易衣侍左右。猶布衣也。

趙彝　【明】虹縣人。洪武時爲燕山右衛百戶。以沙漠築城功。遷永平衛指揮僉事。後降燕。歷戰有功。累陞都指揮使。封忻城伯。後屢坐罪論治。仁宗立。召還。宣德初卒。◎【清】高淳人。字孟敦。明崇禎進士。善書畫。工詩。兼嫻韜略。甲申後。隱居以終。

趙璧　【清】善彈五絃琴。人問其術。曰。吾之五絃也。始則心驅之。中則神遇之。終則天隨之。方吾浩然。眼如耳。耳如鼻。不知五絃之爲璧。璧之爲五絃也。◎【元】懷仁人。字寶仁。世祖在藩時聞其名。召見。呼爲秀才而不名。憲宗卽位。召璧。問天下如何而治。對曰。請先誅近侍之尤不善者。世祖曰。秀才。汝渾身是膽耶。璧退。歷河南經略使。威惠大行。中統初拜燕京宣慰使。進平章政事。卒諡忠亮。◎【明】歷城人。成化進士。授刑科給事中。萬妃家人驕橫。璧奏劾。謫榮經主簿。累陞陝西按察僉事。行部至永昌金川堡。遇賊千餘騎。璧挺身與戰。斬獲頗多。尋卒官。

趙瞿　【漢】上黨人。病癩垂死。家人棄置山穴中。遇仙人。賜以藥。服之而愈。仙人曰。此松脂也。瞿服之不輟。體輕而齒不落。髮不白。乃上抱犢山仙去。

趙瞻　【宋】盩厔人。字大觀。第進士。授孟州司戶參軍。歷知萬泉·夏縣。皆有善政。英宗時以侍御史出判汾州。神宗時判開封。上疏言青苗法不便。出知同州。累遷同知樞密院事。卒諡懿簡。有春秋論·史記牴牾論·唐春秋·奏議·文集·西山別錄等書。

趙翺　【唐】安州人。徙居天水。母沒廬墓。刺血以寫佛書。及父沒。益毀瘠。翺卒。子光遠。毀瘠如其父。詔表其門。

趙翼　【後魏】逸曾孫。粗涉書傳。通率有器藝。初爲平昌太守。甚有治稱。累遷光祿大夫卒。◎【清】陽湖人。字耘松。一字雲崧。號甌北。乾隆進士。殿試第三。授編修。累官貴西道。性倜儻。才調縱橫。初以內閣中書入直軍機處。進奏文字。頃刻千百言。又佐兩廣總督李侍堯幕。臺灣之平。籌畫爲多。告歸後。主講安定書院。詩與袁枚·蔣士銓齊名。尤精史學。卒年八十有八。有廿二史劄記·武功記盛·陔餘叢考·甌北詩集·簷曝雜記·十家詩話。

趙謨　【明】信陽人。諸生。父卒於廣西之南丹。謨徒步六千里。扶櫬歸。廬墓三年。蝗不入境。盜不敢犯。嘉靖中獲旌。後爲景州訓導。

趙邈齪　【宋】一作邈卓。佚其名。朴野不事修飾。故人以是稱之。工畫虎。氣韻俱妙。樹石亦佳。如草書法。

趙鎔　【宋】樂陵人。字化鈞。以刀筆事太宗於潛邸。及卽位。補供奉官。以告秦王廷美陰事。遷六宅使。累官同知樞密院事。嘗遣吏卒變服散之京城察事。頗有誣害。太宗知之。後廉事不復聽。眞宗立。出爲壽州觀察使卒。

趙鎭寰　【清】上虞人。名如山。以字行。乾隆諸生。幕游梁宋間。工詩。喜爲學窠大書。

趙魏　【清】仁和人。字恪生。號晉齋。康熙歲貢。考證碑版最精。所藏金石。有竹崦庵金石目。年至篤老。雖衣褐不完。猶堅守勿釋。

趙懷玉　【清】武進人。字億孫。一字味辛。乾隆舉人。官登州知府。好學深思。工詩。與同里孫星衍·洪亮吉·黃景仁並稱孫洪黃趙。有亦有生齋集。

趙繹　【明】介子。善詩文。工篆隸。

趙贊　【宋】薊人。延壽子。字元輔。七歲誦書二十七卷。唐明宗賜童子及第。後歸晉。漢祖起。贊奉表勸進。授左驍衛上將軍。周世宗平淮南。以戰功授保信軍節度。宋初移忠正軍節度。封衛國公。贊知書。喜爲詩。容止閑雅。接士大夫以禮。馭衆有方略。爲政雖無異績。而吏民畏服。爲時賢帥云。◎【宋】并州人。性險詖辯給。好言利害。太宗時積官供奉。專鉤校三司簿。令贊自選吏十數人爲耳目。專伺中書樞密及三司事。乘間白之。帝以爲忠。授西京作坊副使。會上元節。京城張燈。帝以上清宮成臨幸。贊邀其黨攜妓樂登宮中玉皇閣。帝大怒。配隸房州。賜死於道。

趙鵬飛　【宋】綿州人。字啓明。號木訥。有春秋經筌。

趙麗華　【明】金陵妓。字燕如。小字寶英。年十三。隸籍教坊。容色殊麗。

應對便捷。能綴小詞。卽被入絃索中。性豪宕任俠。數致千金散之。所與游皆一時名士。尤工詩。

趙孌 【南齊】武帝時爲文安縣令。多異政。値大旱。乃自焚。縣人感慕。爲立祠祀之。

趙犨 【唐】宛丘人。資警健。善騎射。世爲忠武軍牙將。黃巢亂。陳人請授爲刺史。犨乃培城疏塹。實倉庫。峙藳薪。爲守計。未幾。巢將孟楷寇項城。犨擊擒之。拜檢校司空。巢聞楷死。乃悉軍攻之。州人大恐。犨引銳士大小數百戰。會汴軍至。犨因急擊賊破之。圍凡三百日而解。累遷檢校司徒。龍紀初進同中書門下平章事·忠武軍節度使。流亡踵還。卒官。

趙獻可 【明】鄞人。字養葵。號醫巫閭子。好學淹貫。尤精於醫。其醫以養火爲主。著醫貫一書。議論甚精。爲醫家指南。又有內經抄·素問注·經絡考正·脈論二本一例等書。

趙繼序 【清】休寧人。號易門。乾隆舉人。所著周易圖書質疑。緐取漢宋。持論平允。

趙繼普 【清】昆明人。博學力行。以貢生任蒙自訓導。公愼廉介。有雲莊詩文集。

趙燿 【明】寧晉人。初以中書省提控從徐達取蘇州。授大都督府都事。又從達平山東河南。克元都。取山西。入關中。克著勞績。達愛重之。凡戰守機宜方略。燿皆預焉。終北平參政。

趙覺 【宋】未詳何許人。修煉於合州之東山。嘉祐中仙去。今山頂有飛龍觀。石室丹井。井不盈尺。人每取水。則以淨巾覆井上。默禱。少頃水自滿。可愈疾。又有禮斗臺。石上衣佩履迹猶存。

趙顥 【宋】英宗次子。字仲明。哲宗時累官太保。歷成德橫海節度使。恩禮甚至。顥嗜學。工飛白。善射。好圖書。累封吳王。卒謚榮。

趙鶴 【明】江都人。字叔鳴。弘治進士。累官金華知府。以忤劉瑾謫官。終山東提學僉事。生平嗜學不倦。晚註諸經。考論歷代史。正其謬誤。有書經會註·維揚郡乘·具區文集·金華正學編·金華文統諸書。

趙儼 【三國魏】陽翟人。字伯然。事曹操爲朗陵長。恩威並著。入爲司空掾屬主簿。幷參于禁·樂進·張遼三軍。時諸將任氣。多不協。儼每事訓諭。遂相親睦。累遷關中護軍。明帝時進封都鄉侯。遷司空卒。謚穆。

趙襲 【後漢】岐從兄。字元嗣。時中常侍唐衡兄玹爲京兆都尉。襲以其進不由德。與岐數貶議。後爲玹所害。

趙鑑 【金】章丘人。字擇善。宋建炎進士。齊國建。除長城丞·長清令。政績甚著。遷提舉涇原路弓箭手。爲邊將所嚴憚。歷左司郎中。尋解職。海陵時累遷河北轉運使卒。⊙【明】壽光人。字克正。成化進士。除蕭山知縣。擢御史。按宣大。時邊帥久不進。鑑上疏劾之。又陳方略甚悉。於是將士奮勇。連戰皆捷。正德中進右副都御史。巡撫甘肅。大修邊務。乃諭吐蕃復哈密侵地。歷官刑部尙書。致仕卒。謚康敏。

趙驊 【唐】穰人。字雲卿。少嗜學。操履清鯁。開元中擢進士第。建中初累官祕書少監。敦交友行義。與殷寅·顏眞卿·柳方·陸據·蕭穎士·李華·趙軫善。時爲語曰。殷顏柳陸。李蕭邵趙「謂能全其交也。涇原兵反。驊竄山谷。病死。

趙巖 【後梁】犨子。末帝時爲戶部尙書·租庸使。與張漢傑·漢倫等居中用事。裒克商旅。其門如市。租庸之物。半入其私。魏州牙兵數爲亂。巖議分相魏爲兩鎭。牙兵亂。以魏博降晉。梁由是盡失河北。莊宗兵將至汴。末帝登建國樓。或勸幸洛陽。保險以召天下兵。巖曰。勢已如此。一下此樓。何人可保。末帝卒死於樓上。後巖走許州依溫韜。韜斬其首獻莊宗。尋族誅。⊙【明】堂邑人。母亡。奉父甚謹。家貧。營貸以供父。艱苦不使父知。父沒合葬。建祠墓側。圖親容。事之如生。永樂中旌其門曰孝行。

趙麟 【金】雍子。字彥徵。以國子生登第。爲浙江行省檢校。善畫人物。工書。

趙讓 【明】肥城人。家貧。幼孤。事母至孝。傭力以供給。母沒廬墓。後有賊入廬。讓告止有二升米。以爲母忌祭資。賊感其孝。以百錢遺之。永樂中詔旌其門。

輔公祏 【唐】臨濟人。隋季與鄉人杜伏威爲盜。伏威自號總管。以公祏爲長史。武德初授淮南行臺。伏威忌公祏。陰解其柄。公祏遂與故人左游仙僞學辟穀以自諱。會伏威入朝。留公祏居守。公祏遂舉事。僭號宋。年號天明。爲李孝恭所擒斬。凡十三年而亡。

輔匡 【蜀漢】襄陽人。字元弼。隨先主入蜀。益州既定。爲巴郡太守。建興中徙鎭南右將軍。封忠鄉侯。

輔果 【春秋晉】大夫。知氏之族。知宣子將以子瑤爲後。果謂不如庶子宵。若立瑤。知宗必滅。弗聽。果遂別族於太史爲輔氏。及知氏亡。惟輔果在。

輔超 【宋】秀容人。晉開運中隸潭州軍籍。周顯德中從太祖征淮南。定滁泗。破淮陰。下揚州。俱有功。宋初從平上黨。累官至萊州團練使卒。

輔逵 【宋】慶源人。字彥達。乾道間爲後軍統制。孝宗欲處以邊郡。問其能勝任否。曰。當以家法治之。又問何法。曰。子視兵民。愛惜財賦。遂除知泰州。語寮寀曰。吾目不識字。手不能書。但心能燭理耳。郡中果稱治。

輔·廣 宋遂子。字漢卿。號潛庵。師事呂祖謙及朱熹。寧宗初僞學禁嚴。學徒多避去。廣不爲動。嘉定初上政府書。反覆於是非成敗之際。築傳貽書院。教授學者。時稱傳貽先生。有四書纂疏·六經集解·通鑑集義·詩童子問·日新錄等書。

遜柱 清滿洲鑲紅旗人。姓棟鄂氏。順治間從入關。擊敗李自成。官至文淵閣大學士。

遜塔 清滿洲鑲藍旗人。姓覺爾察氏。安費揚古之孫。崇德時與洪承疇戰於松山。卻之。順治初從入關。敗李自成。破張獻忠及曹良臣。平桂王於雲南。累官本旗滿洲都統。封一等男。卒諡忠襄。

遜達哩 清滿洲正黃旗人。姓噶布哩氏。每從征伐。輒奮勇先登不少卻。崇德間攻明。轉戰至山東。克濟南。順治初晉爵二等男。康熙初勦茅麓山賊郝搖旗等有功。加太子少傅。卒諡果壯。

鄔·單 春秋魯人。字子家。孔子弟子。(按史記注徐廣曰。一作鄔單。)

鄢·正儀 明福建永福人。字德郁。少倜儻。甲申之變。正儀北向慟哭。幾絕。遂遁跡深山。棄諸生。不應舉。恆作詩文見意。自號亦必道人。丙戌冬。與妻子永訣。沐浴整衣自經死。弟正衡。明亡亦不仕。有蹇菴集。

鄢·桂枝 明大足人。嘉靖中鄉舉。知翼城縣。邑大治。擢知劍州。翼民遮道送之。先是麗江土夷鄰劍境。利田膏腴。前守聽民自賣。桂枝一切禁止之。

鄢·高 明南昌人。字時升。明周易。正德中領鄉薦。拜定安令。時瓊守以入覲常例。誅索屬邑。高曰。剝民以媚人。吾弗爲也。遂降調湖州府學教授。

鄢·鼎臣 明豐城人。字玉鉉。崇禎中署宜黃教諭。志行卓越。日與諸生劄席攻文。歲饑。力請邑令發賑。未幾寇至。首捐簿糈以犒義勇。人爭效之。城賴以全。

鄢·懋卿 明高子。嘉靖進士。屢遷左副都御史。爲嚴嵩父子所暱。戶部以兩浙·兩淮·長蘆·河東鹽政不舉。請遣大臣總理。嵩遂用懋卿。所至市權納賄。歲時饋遺嚴氏及諸權貴。不可勝紀。性奢侈。至以文錦被廁牀。白金飾溺器。其按部。嘗與妻同行。製五綵輿。令十二女子舁之。儀從烜赫。道路傾駭。官至刑部右侍郎。及嵩敗。被劾戍邊。

銀瓶 宋岳飛幼女。聞飛被害。投井而死。(按銀瓶事說頗不一。明田汝成西湖志餘。沈儀懋兩湖塵談。均謂飛幼女抱銀瓶墜井死。是銀瓶之名。由死事而起。清楊雪湖瑣談。謂飛女小字銀瓶。以王夫人夢抱銀瓶而生。故字之。全祖望鮚埼亭集。引來集之樵書。則謂並無其人。俞樾曲園雜纂。有銀瓶徵一卷。考證頗詳。)

銀·鏡 明太原人。正德初由進士知雞澤縣。盡力農桑。盜賊屏息。政績甚著。劉寇至。與民共守。賊望風遁。擢戶部主事。

銘岳 清漢軍正白旗人。姓蘇完瓜爾佳氏。字痩仙。號東屏。道光進士。官至南康府同知。援浙陣亡。有妙香館集。

銚·期 後漢郟人。字次況。容貌絕異。矜嚴有威。光武聞期志義。召署賊曹掾。屬鄧禹。徇旁縣。拜偏將軍。別徇眞定·宋子。攻拔樂陽·稾·肥纍等地。從擊王郎將於鉅鹿。先登陷陣。被創中額。攝幘復戰。遂大破之。拜虎牙大將軍。降銅馬賊數十萬。從擊青犢赤眉。身被三創。戰尤力。賊遂破走。光武卽位。拜衛尉。封安成侯。期重信義。自爲將。有所降下。未嘗擄掠。及在朝廷。憂國愛主。其有不得於心。必犯顏諫諍。卒諡忠。

閣羅鳳 唐南詔王蒙歸義之子。天寶中邊臣以事激怒南詔。閣羅鳳發兵攻雲南。陷之。遂與唐絕。北臣吐蕃。吐蕃號之爲東帝。大曆中卒。孫異牟尋立。仍歸唐。

雒·于仁 明遵子。字少經。萬曆進士。歷大理評事。疏獻酒色財氣四箴以諫。帝怒。斥爲民卒。

雒·守一 明三原人。字執中。宣德鄉舉。歷廣昌·壺關訓導·蔚州學正。所在勤於訓誨。不受束脩。比歸。饔飧常不給。而未嘗干謁。有古儒者風。

雒·昂 明三原人。字仲俛。嘉靖進士。擢吏科給事中。劾大學士張璁·左都御史汪鋐。已薦致仕尙書羅欽順·趙璜等。屢忤旨。歷右副都御史。巡撫河南。會鈞州知州陳吉發徽王過失。王自訟。帝怒。逮吉及昂。杖死。

雒·遵 明涇陽人。字道行。嘉靖進士。歷吏科都給事中。神宗初馮保竊權。帝每御便殿。保輒侍立御座。遵斥其無理。尋以劾兵部尙書譚綸。謫浙江布政使照磨。保敗。遷僉都御史。巡撫四川。

韶·護 明岐山人。洪武中自戶部主事謫嵩山典史。勤恪敏達。事無凝滯。歷陞按察僉事。

頗·廷相 明萬曆時副將。從張承蔭拒清兵於撫順。承蔭戰死。廷相已潰圍出。見失主將。亦陷陣死。

魁玉 清滿洲鑲紅旗人。姓富察氏。字時若。咸豐間以涼州副都統從攻洪楊軍於湖北。歷克武昌・漢陽等十餘城。同治間克丹陽。復金陵。並有功。官至成都將軍。卒謚果肅。魁玉喜吟詠。有翠筠館詩。

魁保 清蒙古鑲白旗人。姓布蘇克氏。嘉慶間官綏靖鎮總兵。平永綏苗。在任十二年。多善政。兵民頌之。官至湖南提督。尋致仕。

鳳山 清滿洲人。光緒間總統四鎮新軍。宣統間官至廣州將軍。爲民黨炸斃。

鳳全 清滿洲人。光緒間官至駐藏大臣。番人亂。被戕。謚威愍。

鳳・翕如 明吳縣人。字鄰凡。以貢入官。崇禎末任漢陽通判。攝縣事。張獻忠來攻。太守棄印去。翕如勵衆死守。賊不能克。舍去。陞衡州知府。卒官。

鳳・綱 漢漁陽人。常採百草花以水漬封泥之。自正月始。盡九月末止。埋之百日。煎九火。死者以藥納口中。皆立活。綱常服此藥。至數百歲不老。後仙去。

齊・士坤 明遂寧人。洪武末知新河。寬仁愛民。政清事簡。秩滿致仕。朝廷以其守官清白。賜俸優養於家。

齊・大成 明鄜州人。諸生。崇禎末流賊掠西安。大成棄妻子。衣冠入文廟。不食而死。

齊己 唐僧。益陽胡氏子。少爲浮圖學。戒律之外。留心書翰。嘗住江陵之龍興寺。自號衡嶽沙門。好吟詠。與鄭谷酬唱。積以成編。號白蓮集。谷嘗改齊己早梅詩數枝開作一枝開。齊己下拜。人以谷爲一字師。

齊・之鸞 明桐城人。字瑞卿。正德進士。改庶吉士。遷兵科左給事中。宸濠反。從張忠・許泰等南征。忠泰廣搜逆黨。株引無辜。之鸞多所開釋。世宗踐阼。大計京官。被中傷。謫崇德丞。歷遷寧夏僉事。增築邊牆數百里。終河南按察使。有蓉川集。

齊太公 戰國齊陳完九世孫。姓田氏。名和。仕齊爲卿。遷齊康公於海上。與魏文侯會濁澤。求爲諸侯。魏爲請於周。遂立爲齊侯。在位二年卒。是爲太公。

齊・天覺 宋青陽人。字莘夫。家貧。好讀書。倦則隱几而臥。三十年未嘗就寢。經史子集。靡不淹貫。舉於州。授溫州天富知監。秩滿。遷知襄陽宣城二縣。改贛州僉判。

齊文宣帝 北齊神武帝二子。名洋。字子進。少有大度。外柔內剛。理劇處繁。終日不倦。魏武定中累封齊王。進相國。總百揆。尋廢孝靜帝而自立。初卽位。頗留心治術。以法馭下。征伐四克。威震戎夏。六七年後。以功業自矜。遂留連沈湎。肆行淫暴。嘗支解其所幸薛嬪。弄其髀爲琵琶。已而對之流涕曰。佳人難再得。甚可惜也。其顚癡類如此。無故殺人。習以爲常。酷濫不可勝紀。在位十年崩。謚文宣。廟號顯祖。年號天保。

齊・文郁 元博興人。至正中任山東宣慰僉事。明兵下益都。文郁自縊死。藁葬城外。植棗樹一株識之。枝皆北向。其孫振遷葬。植榆樹二株。枝仍北向。

齊文襄帝 後魏見高澄條。

齊王氏 清襄陽人。亦稱齊二寡婦。安襄鄖荊道茶役王某女。年十六。襄陽縣總差役齊林娶爲第四妾。安徽奸民劉松傳混元教於河南鹿邑。案發。遣戍甘肅。復使其徒宋之清・劉之協傳教楚豫隴蜀間。襄陽以林爲首。約嘉慶元年正月十五日破城。謀洩。伏誅。林徒劉啓榮・姚之富等謀爲林復仇。推齊王氏爲主。年二十。衣盡白。假名白蓮教。蹂躪豫楚川陝間。勢甚猖獗。後與之富有私。羽黨漸引去。爲將軍明亮所圍攻。與之富墜崖死。年二十二。其黨遂次第肅清。

齊王建 戰國齊襄王子。秦兵擊齊。王聽相后勝計。不戰。以兵降秦。秦虜王建。遂滅齊爲郡。天下壹并於秦。秦遷王於共。齊人怨王不蚤與諸侯合縱攻秦。聽姦臣賓客以亡其國。歌之曰。松耶柏耶。住建共者客耶。在位四十四年而國亡。

齊・召南 清天台人。字次風。號瓊臺。晚號息園。雍正副貢。乾隆初舉鴻博。授庶吉士。累官禮部侍郎。坐事削職。召南幼稱神童。書一覽卽記。最精輿地之學。嘗以酈道元水經注開於西北。闇於東南。著水道提綱。盛行於時。又有史漢侯第考・後漢公卿表・歷代帝王表・寶綸堂・賜硯堂詩文集等書。

齊平公 春秋齊簡公弟。名驁。既卽位。田常相之。專齊之政。割齊安平以東爲田氏封邑。在位二十五年卒。謚平。

齊幼主 北齊後主長子。名恆。武平初立爲太子。先是望氣者言當有革易。後主遂禪位於幼主。時年八歲。已而周師圍鄴。後主及幼主出走。爲周師所獲。送之長安。遂滅齊。在位一月。年號承光。建德中與後主俱賜死。

齊孝公 春秋齊桓公子。名昭。桓公與管仲屬昭於宋襄公。以爲太子。桓公卒。無詭立三月。宋襄公率諸侯兵。送昭而伐齊。齊人恐。殺無詭。將立昭。四公子之徒攻昭。昭走宋。宋遂與四公子戰。敗四公子師。而立昭。在位十年卒。謚孝。

齊孝昭帝 北齊神武帝六子。名演。字延安。既廢廢帝。遂卽位於晉陽。詔封功臣。禮賜耆老。延訪直言。追贈名德。廢帝在鄴。望氣者言鄴中有天子氣。遂徵至晉陽殺之。在位一年崩。諡孝昭。年號皇建。

齊・抗 〔唐〕淑孫。字遐舉。吏事開敏。有文雅。自處州刺史歷蘇潭二州觀察使。進太常卿。以中書侍郎同中書門下平章事。爲相無遠謀大略。雖用心至精。末乃滋彰苛刻。以病罷爲太子賓客卒。諡成。

齊・汪 〔明〕天台人。字源澄。孝友忠義。挺出儕輩。登正統進士。歷兵部車駕司郎中。土木之變。死之。

齊・邦典 〔明〕濱州人。父通判鎮江。流寇至。太守檄往勦賊。時邦典年十八。父病請從行。即代父率兵禦賊於江。兵潰。邦典獨奮身力戰。沒於陣。

齊・受 〔漢〕從高祖起留。以驍騎都尉擊項籍。得樓煩將。封平定侯。卒諡敬。

齊・周華 〔清〕天台人。字巨山。雍正諸生。好游覽。足跡徧天下。以保呂留良磔於市。有五嶽游草・名山藏副本。

齊和帝 〔南齊〕明帝八子。名寶融。字智昭。封南康王。東昏既廢。帝即位。在位一年。禪位於蕭衍。衍奉帝爲巴陵王。尋使鄭伯禽殺之。國亡。諡和。年號中興。

齊・季若 〔唐〕貞元中陸贄主試。試明水賦・御溝柳詩。季若與韓愈・歐陽詹・賈稜・陳羽等同榜。皆天下孤儁偉傑之士。號曰龍虎榜。

齊・承彥 〔清〕天津人。道光舉人。由刑部主事累官刑部尚書。在刑部四十餘年。以勤愼稱。卒諡恪勤。

齊・政 〔明〕山陽人。永樂進士。知嘉興府。時徵役鑄錢。民苦妨農政。乃分爲三番。使得更代。迄役而民不知勞。

齊・明 〔戰國〕東周之臣。後仕秦楚及韓。與周最・樓緩之徒。合從締交。

齊明帝 〔南齊〕蕭道生子。名鸞。字景栖。小字玄度。少孤。高帝撫育過諸子。封西昌侯。延興中廢帝爲海陵王而自立。性猜忌。亟行誅戮。高帝武帝諸子。誅殺殆盡。在位五年崩。諡明。廟號高宗。紀元二。建武・永泰。

齊東昏侯 〔南齊〕明帝第二子。名寶卷。字智藏。即位後。每當哭。輒云喉痛。羊闡入臨。無髮。俯仰幘脫。帝輟哭大笑。謂左右曰。禿鶖啼來乎。帝與近習謀誅大臣。皆發於倉猝。人人莫敢自保。性奢侈。後宮遭火之後。更起仙華神仙玉壽諸殿。窮極綺麗。於芳樂苑中立市。使宮人屠酤。潘妃爲市令。帝爲市魁。世稱宮市。嘗鑿金爲蓮花以帖地。令潘妃行其上。曰此步步生蓮花也。永元末蕭衍起兵圍建康。王珍國弒帝於含德殿。追封爲東昏侯。在位三年。年號永元。

齊・林 〔清〕白蓮教魁。詳齊王氏條。

齊武帝 〔南齊〕高帝長子。名賾。字宣遠。小字龍兒。帝即位。留心政事。郡縣久於其職。永明之世。百姓豐樂。盜賊屏息。晚年好游宴華靡之事。常言恨之。未能頓遣。在位十一年崩。諡武。廟號世祖。年號永明。

齊武成帝 〔北齊〕神武帝九子。名湛。帝在鄴。孝昭帝遺命至。疑其詐。使所親先詣殯所發視。使者復命。大喜。馳赴晉陽即位。帝母婁太后崩。帝不改服。置酒作樂。宮女進白袍。和士開請止樂。帝怒撾之。嘗使士開與胡后握槊。因與后姦通。河南王孝瑜諫。帝酖殺之。在位四年。傳位太子緯。自稱太上皇。後四年崩。諡武成。廟號世祖。紀元二。太寧・河清。

齊・秉節 〔元〕珪子。字子度。魁偉沈毅。涉獵書史。稍知兵法。襲父職鎭棗陽。從伐宋。數著戰功。又討平安仁賊。累官宣武將軍管軍總管。授棗陽萬戶府副萬戶卒。

齊・勉 〔明〕洪武初知尉氏縣。清愼蒞職。先是雙洎河水爲患。勉築隄六十餘里。又康溝河淤塞。復疏通之。自是尉氏免水患。

齊哀公 〔周〕太公望四世孫。名不辰。紀侯譖之周。周烹公。諡哀。

齊姜 〔春秋齊〕桓公之宗女。晉文公之夫人。文公爲公子時。出亡適齊。桓公以齊姜妻之。公子安之。趙衰等欲行。謀於桑下。蠶妾在其上。聞其謀。以告齊姜。齊姜殺之。而謂公子曰。子有四方之志。其聞之者。吾殺之矣。公子曰。無之。齊姜曰。行也。懷與安。實敗名。公子不可。齊姜與舅犯謀。醉而遣之。文公立。迎齊姜以爲夫人。(按文公迎齊姜。事見列女傳。左傳不載。)

齊威王 〔戰國齊〕桓公子。名因齊。王即位。委政卿大夫。九年之間。諸侯並伐。國人不治。時即墨大夫毀言日至。而阿大夫譽言日至。於是王封即墨大夫。烹阿大夫。遂起兵西擊趙衞。敗魏於濁澤。齊國大治。諸侯不敢加兵於齊者二十餘年。自稱爲王。在位三十六年卒。諡威。

齊宣王 〔戰國齊〕威王子。名辟彊。魏將龐涓攻韓。韓請救於齊。王使田忌・田嬰將。孫子爲軍師。定擊魏救韓之計。大敗魏於馬陵。其後三晉之王。皆因田嬰朝王於博望。王喜文學游說之士。騶衍・淳于髡之徒七十六人。皆賜列第。爲上大夫。不治而議論。是以稷下學士復盛。且數百千人。在位十九年卒。諡宣。

齊・彥槐 〔清〕婺源人。字夢樹。號梅麓。又號蔭三。嘉慶進士。授庶吉士。選金匱知縣。有治績。嘗建海運議於蘇撫陶澍。得旨優奬。以知府候補。罷官後。僑寓荊溪。精鑑藏。工書法。爲詩出入韓蘇。尤長駢體律賦。有雙溪草堂詩文集・書畫錄・天球淺說・海運南漕叢議等書。

齊後主 北齊武成帝子。名緯。字仁綱。帝頗好文學。置文林館。引諸文士。以侍郎李德林・顏之推共撰修文御覽。而不喜見朝士。多嬖寵。任陸令萱・和士開・高阿那肱・穆提婆・韓長鸞等宰制天下。奴婢雜戶等濫得富貴者萬數。甚至犬馬雞鷹。亦有封號。後益驕縱。爲無愁之曲。自彈琵琶而唱之。人謂之無愁天子。重斂繁役。於晉陽起十二院。窮極奢麗。在位十一年。周伐之。帝大敗。遂奔鄴。傳位太子恆。紀元二。天統・武平。明年。爲周師所獲。封溫國公。尋族滅。

齊・恢 宋蒲陰人。字熙業。第進士。通判陳州。提點成都府路刑獄。徙河東。餽餉一無所受。韓琦薦其賢。進太子左諭德。神宗時以天章閣待制出知相州。召知審官西院。糾察在京刑獄卒。恢居鄉里。恂恂稱君子。臨政明白簡約。所至人愛之。

齊・映 唐恢弟。一作暎。善晝山水。雅正好學。舉進士。中博學弘詞。補河南府參軍事。德宗幸奉天。授御史中丞。貞元中累官中書侍郎。封河閭縣男。與崔造・劉滋並輔政。吐蕃數入寇。帝欲避之。映入諫。俯伏流涕。帝感悟。後被劾坐貶。歷桂管・江西觀察使。卒諡忠。

齊相御妻 春秋齊晏嬰僕御之妻。嘗窺其夫。爲相御。揚揚自得。既歸。求去。夫問其故。曰。晏子長不滿六尺。名顯諸侯。今子長八尺。乃爲人僕御。而子之意。自以爲足。是以求去也。其夫乃深自責。學道謙遜。晏子怪而問之。具以實對。晏子薦以爲大夫。顯其妻以爲命婦。

齊・述 明之鑾子。號柳峯。諸生。工詩。性淳謹。中歲游太學。例授別駕。辭不就。耕於兔濱。以吟詠自娛。有柳峯集。

齊・原芳 明洪武初爲郾城縣丞。元末兵燹。城邑丘墟。原芳繕城邑。修室廬。督農事。通商賈。流民聞風而歸者九百餘戶。

齊・唐 宋廓弟。字祖之。少警苦學。得書皆自寫誦。登天聖進士。兩應制科皆首選。兩對策皆第一。當道忌其切直。復排去。遷著作佐郎。僉判南雄。嘗交陸進麒麟。唐據史傳非之。衆服其博識。以職方員外郎致仕。築廬於少微山以居。有學死精英・少微集。

齊哩克齊 清蒙古鑲黃旗人。初爲額魯特人。以地爲氏。乾隆間隨征回部霍集占。降回衆萬二千餘。征緬甸及金川。均有功。官至領隊大臣。坐事奪職。

齊・恭 晉注漢書。

齊桓公 春秋齊襄公弟。名小白。以襄公無道出奔莒。襄公被弑。歸國即位。鮑叔牙薦管仲。任以爲相。尊周室。攘夷狄。九合諸侯。一匡天下。終其身爲盟主。爲五霸之首。後管仲死。用豎刁・易牙・開方等。怠於政事。多內寵。及卒。諸公子爭立。霸業遂衰。在位四十二年。諡桓。◉戰國齊太公子。名午。秦魏攻韓。韓求救於齊。公召大臣而謀。田忌曰。秦魏攻韓。楚趙必救之。是天以燕予齊也。公曰。善。乃陰告韓使者而遣之。韓與秦魏戰。楚趙果救之。齊因起兵襲燕國。取桑丘。在位六年卒。諡桓。

齊・泰 明溧水人。初名德。太祖賜今名。洪武進士。歷兵部侍郎。太祖器之。臨崩。召授顧命。輔皇太孫。建文帝立。進兵部尚書。建削奪諸王之策。靖難兵起。泰請削燕屬籍。聲罪致討。燕師入京。泰被執不屈死。禍及九族。福王時追諡節愍。

齊海陵王 南齊蕭長懋二子。名昭文。字季尚。鬱林既廢。蕭鸞奉帝纂統。帝在位。起居飲食。皆諮鸞而後行。在位四月。廢爲海陵王。尋弑之。諡恭。

齊・珪 元蒲臺人。以戰功授無棣縣尹。後擢征行千戶。鎮漢陽。城守周密。宋師抵城東門。珪率衆力戰卻之。城賴以完。賜金符。眞授千戶。至元中告歸。舉子秉節自代。

齊・祖望 清雞澤人。字望子。號勉菴。博學工詩。康熙進士。累官刑部郎中。出守鞏昌。坐事罷歸卒。有勉菴說經・素心堂集・增補洗冤錄諸書。

齊神武帝 後魏見高歡條。

齊高帝 南齊南蘭陵人。姓蕭氏。名道成。字紹伯。小字鬬將。廢宋順帝而自立。國號齊。都建康。殺宋宗室。無少長皆死。帝沈深有大量。博涉經史。善屬文。工草隸。性清儉。嘗言使我治天下十年。當令黃金與土同價。在位四年崩。廟號太祖。年號建元。

齊國公主 唐代宗女。始封昇平。下嫁郭曖。大曆末寰內民訴涇水爲磑壅不得溉田。京兆尹黎幹請撤磑。時主及曖家。皆有磑。丐留。帝不許。諡昭懿。

齊康公 春秋齊平公孫。名貸。田常曾孫田和。始爲諸侯。遷公於海濱。在位二十六年卒。諡康。呂氏遂絕其祀。

齊・從 後涼魏安人。仕呂光爲左衛將軍。世子紹初嗣立。庶子纂攻洪範門。從抽劍斫纂中額。及纂即位。

謂從曰。彌前斫我。一何甚也。從泣曰。隱王先帝所立。陛下雖應天順人。而微心未達。此時惟恐陛下不死。何謂甚也。纂嘉其忠。普遇之。

齊・得一 宋諸城人。幼嗜學。及長。通五經。教授鄉里。士大夫子弟皆就之肄業。開寶中詔郡國舉廉退孝悌之士。郡以得一應詔。至闕。策試中選。授章丘主簿。

齊悼公 春秋齊景公子。名陽生。初。陽生亡在魯。季康子以其妹妻之。及歸卽位。使迎之。季姬與季魴侯通。言其情。魯弗敢與。故齊伐魯。竟迎季姬。季姬嬖。齊復歸魯侵地。鮑子與公有隙。遂弒公。在位四年。諡悼。

齊・皎 唐高陽人。善畫蕃馬人物。山水尤高雅雄壯。工小楷古篆。能射。曉音律。官至澤州刺史。

齊莊公 春秋齊靈公子。名光。棠公妻美而寡。崔杼娶之。莊公通焉。數如崔氏。以杼之冠賜人。爲杼所弑。在位六年。諡莊。

齊・訥菴 明咸寧人。諸生。善屬文。工畫山水。又嘗作瓦硯。時謂不減銅雀陶瓦云。

齊頃公 春秋齊桓公孫。名無野。晉使郤克於齊。公使夫人帷而觀之。郤克跛而登。夫人笑之。郤克歸。會魯衛曹之師伐齊。公敗績。悉反魯衛侵地。在位十七年卒。諡頃。

齊・普 明山東人。寬裕博雅。事親以孝聞。宣德間由進士任知縣。明達治體。躬行率民。民服其化。

齊景公 春秋齊莊公弟。名杵臼。公好治宮室。聚狗馬。厚賦重刑。彗星見。公坐柏寢歎曰。美哉泱泱乎。堂堂乎。誰有此乎。羣臣皆泣。晏嬰諫。後公與魯定公會於夾谷。以孔子相魯。懼其霸。從犂鉏之計。方會進萊樂。孔子以禮讓公。公慚。乃歸魯侵地。在位五十八年卒。諡景。

齊・景雲 明萬曆間妓。能詩。與士人傅春定情。春坐事繫獄。景雲爲營珥以供橐饘。春遠戍。景雲欲從不得。賦詩極哀。抑鬱而死。

齊湣王 戰國齊宣王子。名地。旣立三十六年。稱東帝。蘇代說之。去帝復爲王。兵力甚盛。欲以幷周室爲天子。諸侯恐懼。其後燕秦楚三晉合謀伐齊。王出亡。之衛。復不遜。衛人侵之。走鄒魯。弗納。遂走莒。楚使淖齒將兵救齊。因相王而殺之。在位四十年。諡湣。

齊・琦名 明鼎名弟。字越石。天資敏妙。萬曆進士。知紹興府。清白自矢。有蘂韓草。

齊・愼 清新野人。字禮堂。嘉慶間以武生從攻川陝楚教匪。奮勇力戰。擒斬甚衆。道光間平回部。積功官至四川提督。卒諡勇毅。

齊・鼎名 明之鸞孫。字調宇。一字重客。聰慧贍博。文雅標名。有史略・剫緌集。

齊・廓 宋會稽人。字公闢。舉進士。累官江淮西南轉運使。同時奉使者。競爲苛刻邀聲名。獨廓奉法如平時。終祕書監。

齊・榮顯 元聊城人。字仁卿。幼聰悟。總角與羣兒戲。畫地爲戰陣。端坐指揮。各就行列。仕金歸元。屢立戰功。官至東平路總管府參議。領博州防禦使。嘗攻淮南。道出東平。民間供給兵費二萬錠。榮顯請折充賦稅。民賴以不困。中統初告歸卒。

齊爾格申 清滿洲鑲白旗人。世居寧古塔。以地爲氏。太祖時屢有戰績。天聰時駐守蓋州。捕獲逃人甚衆。順治間任福陵總管。封三等男。

齊墨克圖 清蒙古正白旗人。姓博爾濟吉特氏。德穆圖弟。太宗時三圍錦州。累著功績。官至本旗蒙古副都統。順治間從破流賊。封三等子。

齊・履謙 元字伯恆。幼通算術。自星曆生累遷授時郎秋官正。仁宗卽位。擢國子監丞。改司業。立陞齋積分等法。自是人人勵志。多文學之士。泰定中以太史院使奉使宣撫江西福建。黜罷官吏之貪汚者四百餘人。天曆中卒。至順中追諡文懿。有大學四傳小注。中庸章句讀解。論語言仁通旨。書傳詳說。易本說。春秋諸國統紀。二至晷景考。經串演撰八法等書。

齊廢帝 南齊見齊海陵王條。◎南齊見齊鬱林王條。◎北齊文宣帝長子。名殷。字正道。性敏慧。天保間雅有令名。及卽位。常山王演。長廣王湛位地親偪。楊愔等恐不利於帝。謀出之。演殺愔等。廢帝爲濟南王。在位一年。年號乾明。皇建中崩於晉陽。大寧初諡閔悼。

齊・德成 明閬縣人。字中孚。質實好義。事親以孝聞。世業醫。至德成術尤精。貧者施以良劑。全活甚衆。年八十餘卒。有全嬰寶鑑。

齊・魯 明富縣人。洪武進士。授監察御史。性鯁介敢言。嘗因事進諫。擊落二齒。魯拾之。謂帝曰。臣此二齒。當送史館。帝默然。自是益重之。歷遷都御史。

齊・學裘 淸彥槐子。字子貞。號玉谿。工詩善書。性閒適。不求仕進。光緒間寓上海。與劉熙載・毛祥麟時相過從。多唱酬之作。

齊・澣 唐義豐人。字洗心。少開敏。李嶠稱其有王佐才。聖曆進士。景雲初姚崇引爲御史。開元中遷中書舍人。論駁書詔。皆準古誼。朝廷大政。必以咨之。時號解事舍人。後爲江南採訪使。以瓜步多風濤。乃移漕路於京口。又立伊婁埭。後世利濟。

終平陽太守。

齊襄公 春秋齊莊公孫。名諸兒。魯桓公夫人。公之女弟也。公與之私。桓公知之。怒夫人。夫人以告。公使彭生拉殺桓公。後爲公子無知所弒。在位十二年。公嘗伐紀。以復九世之仇。春秋大之。諡襄。

齊襄王 戰國齊湣王子。名法章。湣王遇弒。法章變姓名。爲莒太史敫家庸。敫女奇其狀貌。常竊衣食之。而與私通焉。淖齒去莒。法章自言我湣王子。莒人共立之。王旣立。以敫女爲王后。田單以卽墨攻破燕軍迎王於莒。入臨淄。齊故地盡復屬齊。封田單爲安平君。在位十九年卒。諡襄。

齊簡公 春秋齊悼公子。一作景公子。名壬。初公與悼公俱在魯。闞止有寵。及卽位。使爲政。田常憚之。驟顧於朝。諸御鞅言於簡公曰。田闞不可並也。君其擇焉。弗聽。尋爲田常所弒。在位四年。諡簡。

齊・藏珍 後周少歷內職。累遷諸衞將軍。以罪配沙門島。世宗卽位。自流所徵還。命爲濠州行州刺史。爲人險陂無行。殘忍辯洽。張永德與李重進有間言。藏珍遊說重進。世宗聞之怒。以其冒稱檢校官罪殺之。

齊懿公 春秋齊桓公子。名商人。昭公卒。子舍立。商人卽墓上弒之而自立。初・公爲公子時。與邴歜之父爭田弗勝。及卽位。乃掘而刖之。而使歜僕。閻職之妻美。公納之宮。而使職驂乘。歜職因合謀弒公。在位四年。諡懿。

齊獻公 周齊哀公同母少弟。名山。周人旣烹哀公。而立其弟靜。是爲胡公。山襲殺之而自立。盡逐胡公子。因徙薄姑。都臨菑。在位九年卒。諡獻。

齊蘇勒 淸滿洲正白旗人。姓納喇氏。字篤之。康熙間爲永定河分司。雍正初官至河道總督。以德勝至張莊。河形陡直。水勢建瓴。於適中建設石壩。水小資其瀾蓄。水大聽其漫溢。漕運便之。加太子太傅。卒諡勤恪。

齊・鱗 明五臺人。洪武進士。以文學異等擢翰林院編修。累官至禮部侍郎。

齊靈公 春秋齊頃子。公立二十七年。晉伐之。齊師敗。公走入臨淄。晏嬰止之。公弗從。曰。君亦無勇矣。晉兵遂圍臨淄。焚郭中而去。明年公卒。在位二十八年。諡靈。

齊靈仲子 春秋齊靈公夫人。宋侯之女。初・靈公娶聲姬。生子光。以爲太子。仲子與其娣戎子皆嬖於公。仲子生子牙。戎子請以牙爲太子。公許之。仲子固爭不可。公不聽。逐光而立牙。高厚爲傅。公卒。崔杼立光。殺高厚。

齊・鷹揚 金爲淄州軍事判官。貞祐初元兵取淄州。鷹揚募兵備禦。城破被執。不屈死。

齊鬱林王 南齊武帝太孫。文惠太子長懋長子。名昭業。字元尙。永明中太子卒。立爲皇太孫。在位不及一年。爲蕭鸞所弒。廢爲鬱林王。年號隆昌。

十五畫

儀·行父　春秋陳大夫。與陳靈公及孔寧通於夏姬。又同飲酒於夏氏。靈公謂行父曰。徵舒似女。對曰。亦似君。徵舒病之。公出。自其廐射殺之。行父及孔寧奔楚。其後楚伐陳。復納之。

儀狄　夏作酒而美。進之禹。禹飲而甘之。曰。後世必有以酒亡其國者。遂疏儀狄而絕旨酒。(按國策云。昔者帝女令儀狄作酒。路史以儀狄爲帝女非。)

儀·長孺　漢西河人。受相馬法於西河子輿。後馬援鑄銅馬式。卽依長孺鞠中骨相以爲法。

儀晏　五代吳越高僧。吳興許氏子。少游歷諸方。已入定於陳司徒廟後叢竹間。蟻蠹其衣。敗葉沒脛。遂爲僧。開運中游江郞巖。視石龕。命弟子壘石塞門。入定經年乃出。後回信安。錢俶賜號開明禪師。宋淳化初示寂。年一百五十歲。

儀·智　明高密人。字居眞。洪武末舉耆儒。歷官布政使。坐事罷。尋召爲禮部左侍郞。以楊士奇等薦。命輔導皇太孫。每進講。反覆啓迪。以正心術爲本。年八十致仕。卒謚文簡。

儀·銘　明智子。字子新。爲人易直孝友。經明行修。宣宗時以薦授行在禮科給事中。景泰間累官兵部尙書。嘗因災異錄皇明祖訓以進。深見獎納。卒謚忠襄。

儀·銳　明濮州人。字宗敏。平生任質好義。取舍不苟。其父仕廣宗。銳往省之。道中拾遺銀一囊。求失銀者。悉還之。不受謝而去。

儂·智高　宋廣源州蠻人。儂氏自唐初卽雄於西原。世爲州酋領。唐末知儻猶州儂全福。爲交人所殺。其妻改適商人。生智高。冒姓儂。交人使知廣源州。智高遂襲安德州。據廣南。攻邕州。建國曰南天國。僭號仁惠皇帝。年號啓歷·景瑞·端懿·大曆。皇祐中狄靑夜度崑崙關。大敗之於邕州。智高走大理死。廣南平。

劇·可久　宋范陽人。字尙賢。明法令。歷仕晉周。官大理卿·太子右庶子。與侍御史張湜等刪定刑統三十卷。建隆初以光祿卿致仕。可久在廷尉四十年。用法平允。以仁恕稱。

劇·辛　戰國趙人。燕昭王卑禮厚幣以招賢者。於是辛自趙往。任國政。下齊之計。辛功爲多。

劇·孟　漢洛陽人。以俠顯。文帝時吳楚反。周亞夫乘傳至河南得孟。喜曰。吳楚舉大事而不求孟。吾知其無能爲已。孟嘗過高陵袁盎。盎善待之。母死。客會葬者千餘乘。及孟死。家無十金之財。

劇·鵬　後魏高陽人。粗覽經史。閑曉吏事。充宦官。孝文遷洛。常爲宮官事幽后。后之惑薛菩薩也。鵬密諫止之。不從。遂發憤卒。

劉·一止　宋歸安人。字行簡。七歲能屬文。登宣和進士。爲祕書郞。遷給事中。封駁不避權貴。居瑣闥百餘日。忤秦檜罷去。紹興中以敷文閣直學士致仕。文章推本經術。詩寓意高遠。自成一家。有非有齋類稿。後改名苕溪集。

劉·一相　明長山人。字維衡。萬曆進士。官至陝西布政使。嘗采周秦漢魏六朝三唐之詩。區別差次。爲詩宿一書。

劉·一清　元臨安人。著錢塘遺事。均紀南宋一代之事。於宋末軍國大政。及賢姦進退。多有正史所不及者。

劉·一儒　明夷陵人。字孟眞。張居正姻也。嘉靖進士。累官刑部侍郞。居正當國。嘗貽書規之。居正不懌。沒而親黨多坐斥。一儒獨以高潔名。尋拜南京戶部尙書。卒於家。天啓中追謚莊介。

劉·一燝　明南昌人。字季晦。萬曆進士。選庶吉士。累官禮部侍郞。光宗立。晉尙書。兼東閣大學士。帝崩。李選侍匿皇長子不出。一燝入臨畢。大言誰敢匿新天子者。乃出之。一燝急趨前呼萬歲。掖升輦。至文華殿。卽東宮位。明日羣臣疏請移宮。一燝偕同官請卽日降旨。竚立宮門以俟。選侍不得已。移仙宮。事始大定。熹宗踐祚。與韓爌同心輔政。發內帑。抑近倖。登俊眞。搜遺逸。中外欣然望治。已而魏忠賢·客氏漸用事。羣小附和。力攻一燝。遂致仕歸。忠賢矯旨削奪。崇禎初復官卒。後追謚文端。

劉·丁　淸南昌人。字先庚。明諸生。古文宗司馬遷·韓愈。詩學杜甫。尤邃於易。居鄉篤行。嘗兵亂遇盜。詢知姓名。卒不敢犯。康熙中卒。有家居便覽·歷代典略及詩古文。

劉·九德　淸順天人。字陽升。工畫人物士女。尤長寫眞。

劉·乃大　淸山陽人。字有容。雍正時以諸生保舉知鄆縣。後以征苗功遷成都知府。畫山水率筆圓勁。豪邁自喜。

劉·几　宋溫叟孫。字伯壽。第進士。知邠州。儂智高犯嶺南。几上書願自効。從狄靑擊敗之。神宗時知保州。治狀爲河北第一。還爲祕書監致仕。元豐間詔詣太常定雅樂。加通議大夫。几篤於風義。去官後。築室嵩山玉華峯下。號玉華庵主。出入乘牛吹鐵笛。後遇異人得養生訣。至老不衰。年八十一卒。

劉·三吾　明茶陵人。名如孫。以字行。自號坦坦翁。仕元爲廣西儒學副提舉。洪武中始召爲左贊善。遷翰林學士。年七十三矣。三吾博覽善記。應對詳敏。屢承顧問。御製書成。多使爲序。後坐事戍邊。建文初召還卒。有坦齋文集。書傳會選。

劉・三復　唐句容人。以善文章知名。少孤。母病廢。三復丐粟以養。李德裕爲浙西觀察使。奇其文。表爲掌書記。會昌時德裕入相。擢三復刑部侍郎。弘文館學士。

劉・三嘏　遼懷行三子。第進士。尙主。爲駙馬都尉。獻聖宗一矢斃雙鹿賦。帝嘉其贍麗。因與公主不諧。奔宋。歸殺之。

劉・于潯　清南昌人。字養素。道光舉人。咸豐間江西始立水師。曾國藩以于潯爲統領。累戰皆捷。強武爲江右第一。官至甘肅按察使。

劉・叉　唐元和時人。少任俠。因酒殺人亡命。會赦出。更折節讀書。能爲歌詩。聞韓愈接天下士。往歸之。後以爭語不能下賓客。因持愈金數斤去。曰。此諛墓中人得耳。不若與劉君爲壽。遂行歸齊魯。不知所終。

劉・士元　明彭縣人。字伯儒。正德進士。官御史。巡按畿輔。武宗獵於古北口。將招致朶顏衞酋花當把兒孫等。納質燕勞。士元歷陳四不可。爲嬖幸所譖。下詔獄。謫麟山驛丞。世宗立。復故官。累遷右副都御史。巡撫貴州。居三年罷歸。

劉・士斗　明南海人。字瞻甫。崇禎進士。知太倉州。多惠政。大計降按察司知事。以母憂歸。服闋。補成都推官。李自成破成都。士斗罵賊遇害。闔門二十餘人皆死之。

劉・士奇　明順德人。字邦正。正德進士。授刑部主事。錦衣千戶劉淳枉法殺人。言官請逮治不聽。士奇再請。竟正其罪。嘉靖初議禮。與諸臣伏闕哭諫。杖幾死。出守梧州。累官山東右布政。乞歸。

劉・士昭　宋泰和人。嘗爲鍼工。與鄉人同謀復泰和。戰敗。血指書帛云。生爲宋人。死爲宋鬼。赤心報國。一死而已。因以其帛自經死。

劉・士英　宋武康人。字仲發。以上舍擢第。宣和間爲溫州教授。方臘陷處州。士英聚兵拒守。城賴以全。靖康初通判太原。金人大入。與郡將王稟堅守。及城陷。戰死。門人私謚安節先生。

劉・士涇　唐昌子。德宗時尙雲安公主。拜駙馬都尉。累遷少卿。後遷太僕給事中。士涇家富於財。善胡琴。以此交結權倖。時論鄙之。

劉・士逵　明慈谿人。字伯鴻。嘉靖進士。歷御史。出按近畿。劾中官嚴綬等不法。又劾吏部尙書許讚。因備摘六部賄濫之弊。帝怒。斥知臨淮縣。終襄府長史。

劉・士寧　唐玄佐子。玄佐死。衆起士寧於喪。帝遂以士寧爲左金吾衞將軍。嗣節度。性忍暴淫亂。或手殺人於杯案間。悉烝父之嬖妾。每出畋獵。數日方還。爲大將李萬榮所逐。

劉・士儁　隋彭城人。性至孝。丁母喪。勺飲不入口者七日。既葬廬墓。負土成墳。列植松柏。狐狼馴擾。爲之取食。文帝受禪。表其門閭。

劉・士儒　明浙江山陰人。字繼相。一作名世儒。號雪湖。工畫雪梅。筆意瀟灑。著有梅譜。

劉・士驥　明萬城人。字允貞。萬曆進士。官編修。有蟋蟀軒草。

劉・大　宋夏縣人。爲醫助教。居親喪不飲酒食肉。終三年。司馬光傳之。以爲今士大夫所難。

劉・大中　宋眞州人。字立道。紹興中以兵部尙書知處州。所部肅然。初民輸秋租。監官恣下漁取。大中令輸戶自解。吏不能爲擾。未幾召還。除吏部尙書。尋再知處州。乞祠。提舉臨安洞霄宮。

劉・大夏　明仁宅子。字時雍。天順進士。官職方郎中。明習兵事。弘治間河決張秋。尙書王恕薦大夏治之。事竣。移疾歸。築草堂東山下。讀書其中。時稱東山先生。廷臣交薦。起歷兵部尙書。忠誠懇篤。事有不便。悉條上釐革之。孝宗尤見親信。武宗立。因裁抑中官。自知不見用。乞休歸。劉瑾復坐以事。戍肅州。後赦歸。瑾誅復官。尋致仕。卒謚忠宣。

劉・大彬　元道士。錢塘人。號玉虛子。延祐中襲封茅山四十五代宗師。洞觀微妙玄應眞人。著有茅山志。

劉・大紳　清雲南寧州人。字寄庵。乾隆進士。知山東新城縣。有異政。以朱熹小學誨諸生。士習一變。歲大旱。極力賑䘏。全活甚多。尋以事遣戍。縣人斂鏹請贖。得放歸。仍官山東。乞養歸。

劉・大櫆　清桐城人。字才甫。號海峯。副貢生。乾隆時舉鴻博經學。皆報罷。晚官黟縣教諭。卒年八十三。工古文。喜學莊子。尤力追昌黎。嘗游京師。以文謁方苞。苞大驚服。語人曰。吾文何足算。邑子劉生乃國士耳。自是名大著。姚鼐實從之游。世遂有桐城派之目。詩格亦高。有海峯詩文集。

劉・大觀　清丘縣人。字松嵐。乾隆拔貢。官至山西河東道。署布政使。工詩。蕭閒刻峭。卓然自立。有玉磬山房詩鈔。

劉・子羽　宋韐子。字彥修。建炎中張浚宣撫川陝。辟參軍事。金人窺江淮。浚合五路兵以進。子羽爭之。浚雖衄師。卒以全蜀。子羽之功居多。

仕至徽猷閣待制。秦檜諷諫官論罷之。吳玠未知名。子羽獨奇之。朱松以子熹託子羽。子羽與弟子翬篤教之。卒為大儒。

劉・子壯 【清】黃岡人。字克猷。一字稚川。順治進士。廷對第一。授修撰。性至孝。九歲失恃。每念母。輒為孺子泣。遂以屺思名其堂。有屺思堂集。

劉・子尚 【南朝宋】孝武帝二子。字孝師。封西陽王。前廢帝即位。都督揚南徐二州諸軍事。初為孝武所寵。後新安王子鸞以母幸見愛。子尚寵稍衰。既長。凶慝有廢帝風。明帝殞。後廢帝稱太皇后令賜自盡。時年十六。

劉・子房 【南朝宋】孝武帝六子。字孝良。封尋陽王。明帝時徵為撫軍。領太常。長史孔覬不受命。舉兵應晉安王子勛。子勛即偽位。進子房車騎將軍。開府儀同三司。及敗。貶為松滋侯。尋被殺。時年十一。

劉・子玠 【宋】砥子。字君錫。父卒乃生。鞠於外家。六歲哭其叔父如成人。長從黃榦學。非名士不交。非義理之書不存。嘗類列先賢矩範。參之已意。以教戒其子弟。年未五十卒。

劉・子俊 【宋】廬陵人。字民章。少與文天祥同里閈。相友善。天祥開督府興國。子俊詣府計事。補宣教郎。辟督府機宜。天祥兵敗。子俊被執。自詭為天祥。未幾。別隊執天祥至。因被烹。

劉・子翊 【隋】彭城人。少好學。善屬文。性剛謇。有吏幹。大業中為治書侍御史。在朝辨析疑議。多出人意表。從幸江都。值天下大亂。子翊因侍切諫。忤旨。出為丹陽留守。督運上江。為賊兵所虜。見害。

劉・子章 【清】貴筑人。字道闇。別號豹南。康熙舉人。出知襄城縣。有循聲。擢監察御史。性喜讀書。自經史百家以及星命地理。皆能通曉。有同聲堂文集・耐堂詩集。

劉・子勛 【南朝宋】孝武帝三子。字孝德。封晉安王。督江州諸軍事。孝武崩。廢帝賜子勛死。長史鄧琬等因奉子勛起兵。明帝定亂。進子勛為車騎將軍。琬等不受命。奉子勛稱帝於尋陽。沈攸之諸軍至。兵敗被殺。時年十一。

劉・子華 【明】字昭甫。明春秋。工為詩詞。洪武初以明經薦。太祖命賦開平王常遇春挽詩。稱旨。授大興同知。改青州推官。有政聲。

劉・子頊 【南朝宋】孝武帝七子。字孝列。封臨海王。明帝即位。進號平西將軍。長史孔道存不受命。舉兵應晉安王子勛。子勛即偽位。進子頊為衛將軍・開府儀同三司。及敗。賜死。時年十一。

劉・子輔 【明】廬陵人。名詡。以字行。由太學生擢監察御史。永樂間陞廣東副使。左遷交阯諒江知府。撫民如子。值黎利來寇。固守數月。城陷。與妻子俱死。兵民無一人降者。

劉・子翬 【宋】子羽弟。字彥沖。以蔭判興化軍。年三十以父死難。哀毀致疾。不堪吏事。辭歸武夷山。講學不倦。與胡憲・劉勉之為道義交。朱松死。以子熹為託。熹問入道次第。子翬曰。吾於易得入道之門。所謂不遠復者。三字符也。學者稱屏山先生。有屏山集。

劉・子孺 【梁】字季友。性敏速。善屬文。嘗在御坐為李賦。受詔便成。文不加點。武帝甚稱賞之。大同中出為晉陵太守。

劉・子薦 【宋】安福人。字貢伯。知融州。以廉靜著聞。廣西經略司檄為參議官。德祐中元兵至。勢不支。時帝㬎已入燕。子薦取笏書其上云。我頭可斷。膝不可屈。登城北望再拜。死之。

劉・子翼 【唐】晉陵人。字小心。有學行。性峭直。朋友有過。輒面責之。退無餘訾。李百藥嘗語人曰。子翼雖復訾人。人終不憾。為隋祕書監。太宗徵之。辭以母老不至。母沒。召拜吳王府功曹參軍。終著作郎・弘文館直學士。◎【宋】子羽弟。字彥禮。以蔭補官。宣和中累遷浙東提舉茶鹽事。歷廣東轉運判官。奉祠歸。俄以循吏薦。起知撫信等州。子翼開朗誠決。而本之以恕。所至簡易不擾。民甚愛之。

劉・子鸞 【南朝宋】孝武帝八子。字孝羽。封新安王。以母殷淑儀有寵。愛冠諸子。凡帝所盼遇者。莫不入子鸞之府國。宦至中書令・領司徒。前廢帝即位。疾子鸞有寵。遂賜死。時年十歲。明帝立。追封始平王。諡孝敬。

劉・山甫 【五代】【閩】彭城人。有才藻。王審知入閩。署為威武軍節度判官。官終殿中侍御史。有金谿閒談。

劉・才 【明】霍丘人。字子才。元末為元帥。入明歷營州指揮僉事。燕師襲大寧。才降。從戰有功。封廣恩伯。世襲指揮同知。才倜儻無華。不為苟合。亦不輕訾毀人。甚為仁宗所重。

劉・才卲 【宋】廬陵人。字美中。宣和中中宏詞科。高宗時為中書舍人。兼權直學士院。帝稱其能文。時宰忌之。出知漳州。卽城東開渠十有四。為牐與斗門。以豬匯決。溉田數千畝。民甚德之。官至吏部尚書。有檆溪居士集。(按四庫提要云。卲字從卩。不從阝。他書或書作阝者。傳寫誤也。)

劉・中立 【明】禹城人。嘉靖進士。任給事中。張居正當國。中立抗疏劾之。出為陝西參政。轉山西。時溫峪有山賊嘯聚。發兵平之。父喪。徒跣至家。號痛感疾而卒。

劉中理 [清]海鹽人。字蟾客。號小海。自幼好學。畫山水師董惲。喜吟詠。有山居清嘯草。

劉中敷 [明]大興人。燕王舉兵。以諸生守城功。累遷江西右參議。宣德中遷山東左布政使。質直廉靜。吏民畏懷。正統初父憂奪情。召拜戶部尚書。瓦剌入貢。詔問馬駝芻菽數。不能對。論斬繫獄。釋爲民。景帝立。起戶部左侍郎。居五年卒。

劉中藻 [明]福安人。字薦叔。崇禎進士。授行人。賊陷京師。薙髮被擄掠。賊敗。南還事唐王。既事魯王。攻降福寧守之。移駐福安。清兵至。城破。爲文自祭。吞金屑死。

劉之仁 [清]銅仁人。嘉慶間川楚教匪之亂。之仁轉戰川楚界有功。官至寧陝鎭總兵。

劉之亨 [梁]之遴弟。字嘉會。少好學。美豐姿。善占對。武帝臨荊州。見虬二子。帝曰。之遴必以文學顯。之亨當以功名著。後舉秀才。累遷步兵校尉·南郡太守。有異績。

劉之協 [清]安徽人。白蓮教之首。傳教授徒。徧川陝湖北。嘉慶初奉河南王氏子發生。詭稱明裔。煽動流俗。事覺逮捕。之協遠颺。詔責所司窮緝。株連羅織。湖北最甚。破產亡命者不可勝計。荊宜之民遂反。四川失業之民應之。分道擾陝西。其渠有姚之富及齊林妻王氏等。皆狡悍善戰。經七年。額勒登保·楊遇春·那彥成等討平之。之協在湖南寶豐縣被擒。伏誅。

劉之奇 [唐]工畫山水。

劉之勃 [明]鳳翔人。字安侯。崇禎進士。擢御史。上節財六議疏。陳東廠三弊。帝俱納之。出按四川。張獻忠陷成都。欲用之。不屈。叢射死。

劉之望 [宋]合江人。紹興進士。薦除學官。遷秘書省正字。有觀堂集。

劉之章 [周]畫稱名手。

劉之源 [清]漢軍鑲黃旗人。崇德間以參領從攻錦州·杏山·松山。順治間追擊李自成於山陝湖廣等省。擒何騰蛟於湘潭。破魯王於舟山。敍功累晉三等子。授鎭海大將軍。守鎭江。康熙間致仕。尋坐黨附鼇拜革職。

劉之瑄 [明]宿松人。字朗生。廩生。崇禎間賊將至。適父病風。家人呼之瑄出避。拒曰。父臥床。吾惟有死守耳。賊斫其父。之瑄以身蔽之。受刃而死。父得免。

劉之綸 [明]宜賓人。字元誠。家世務農。之綸讀書暇。從父兄力田。崇禎初第進士。累官兵部右侍郎。清兵已拔遵化。永平援軍皆觀望。獨之綸奮前。營於娘娘山。再戰力盡。身被兩矢。遂死之。

劉之鳳 [明]中牟人。字雝鳴。萬曆進士。歷南京御史。天啓時忤魏忠賢奪職。崇禎中起故官。累遷刑部尚書。會范景文劾南京給事中荊可棟貪墨。下部訊。之鳳予輕比。帝疑其受賄。下之吏。舉朝莫敢言。瘐死獄中。

劉之遴 [梁]虬子。字思貞。八歲能屬文。十五舉茂才對策。沈約·任昉見而異之。起家寧朔主簿。辟太學博士。累遷都官尚書·太常卿。侯景亂。之遴避難還鄉。湘東王繹嫉其才學。密送藥殺之。有文集。

劉仁之 [後魏]洛陽人。字山靜。粗涉書史。頗工眞草書。前廢帝時深爲爾朱世隆所信用。孝武時除衞將軍·西兗州刺史。官至吏部尚書。卒謚敬。仁之外示長者。內懷矯詐。而愛好文史。敬重士流。時人以此尚之。

劉仁本 [元]黃巖人。一作天台人。字德元。以進士乙科歷官江浙行省左右司郎中。入方國珍幕。欲借國珍力以圖興復。國珍海運輸元。仁本實主其事。明朱亮祖下溫州。獲仁本以還。鞭背潰爛死。仁本學問淹雅。工吟詠。有羽庭集。(按仁本始終實未仕明。永樂大典稱國朝劉仁本。非其實也。)

劉仁宅 [明]華容人。永樂舉人。知瑞昌縣。流民千餘家匿山中。邏者索賂不得。誣民反。衆議加兵。仁宅單騎招之。民爭出訴。遂罷兵。擢廣西副使。

劉仁罕 [宋]堂邑人。輕俠自任。五代末以禦盜功爲內黃鎭將。嘗因事至酒家。遇羣寇暴集。以計悉梟其首。宋初遷許州龍衞副指揮使。會王師征廣南。爲前鋒。還改同州都校卒。

劉仁軌 [唐]尉氏人。字正則。少貧賤好學。貞觀中累遷給事中。以剛正爲李義府所惡。出爲青州刺史。高宗時百濟再叛。詔以仁軌發新羅兵援之。事平。拜帶方州刺史。累功封樂城縣男。復以平高麗。破新羅。進爵爲公。拜尚書左僕射。知政事。武后時上疏辭疾。因陳漢呂氏禍敗事以規后。后璽書慰勉。改文昌左相卒。開元中追謚文獻。

劉仁師 [唐]彭城人。長慶中爲陵令。有惠政。遷屯田郎中。兼侍御史。劉禹錫稱其理人爲循吏。理財爲能臣。

劉仁恭 [唐]深州人。豪縱有智數。能穴地攻城。軍中號劉窟頭。初以裨校事幽州李匡威。匡威被逐。奔太原。李克用表爲盧龍節度使。旋叛附朱全忠。光化初遣其子守文擊魏州羅紹威。爲全忠將李思安所敗。復求救於克用。時中原多故。仁恭倚燕彊。無所憚。常居大安山。李思安攻之。其子守光將兵擊走思安。自稱盧龍節度。囚仁恭別室。及李存勗破燕。執仁恭斬之。

劉仁贍 [南唐]彭城人。字守惠。

為黃袁二州刺史。所至稱治。周師侵淮。仁贍為節度使。鎮壽州。周世宗攻之不能下。明年世宗復至淮上。李景兵大敗。奉表稱臣。仁贍獨堅守。其子崇諫謀出降。立斬之。旋病甚。其副使孫羽以城降。仁贍於是日卒。

劉允　宋海陽人。字厚中。紹聖進士。為循州戶曹。改知程鄉。歲旱。州督租如故。允力爭之。得免。復權知化州。歲市瑇瑁翠羽以萬計。允至悉罷之。吳川鹽戶以蓄戎器坐盜。允為辨其冤。全活者五十餘人。◎明當塗人。字子允。洪武進士。授懷慶通判。以直道忤上官。謫瑞安縣丞。在官興學勸農。均徭理訟。超拜北平按察司副使。考績。留教授親王於內。後請老卒於家。◎明武宗時太監。正德中奉敕往烏思藏迎番僧號活佛者。所齎金寶。以百餘萬計。內府積貯為空。既至。為番人所襲。盡亡其所齎。允走免。及歸。武宗已崩。遂獲罪。

劉允升　宋建州人。名階。以字行。聞岳飛被逮。以布衣詣闕上書訟其冤。秦檜大怒。下棘寺論死。◎清丹徒人。字敬堂。號桐村。諸生。畫山水得文氏家法。

劉允文　宋廣漢人。工畫佛像。

劉允孝　清肅州人。以武舉入營。嘉慶初隨征教匪。轉戰川陝。累有功。官至江南提督。卒諡果恪。

劉允迪　宋玉山人。隆興進士。知德安縣。為政以惠愛得民。後居家。建義學。以教族子弟及鄉人之願學者。累官至朝奉郎。參議沿海制置使軍事卒。

劉允章　唐伯芻孫。字蘊中。登進士第。咸通中為禮部侍郎。改國子祭酒。後為東都留守。黃巢至。受偽官。後廢於家。

劉允濟　唐鞏人。少孤。事母孝。工文辭。與王勃齊名。舉進士。累遷著作佐郎。尋為來俊臣所構。當死。以母老丐餘年。會赦免。後修國史。除青州長史。有清白稱。官終修文館學士。

劉元　元寶坻人。字秉元。始為黃冠。師事青州杞道錄。傳其藝。嘗從阿尼哥學西天梵相。亦稱絕藝。至元中凡兩都名剎。塑土範金。摶換為佛像。出元手者。神思妙合。天下稱之。其上都三皇尤古粹。識者以為造意能得三聖人之微。兩賜宮女為妻。官昭文館大學士。正奉大夫祕書卿卒。

劉元化　清諸城人。字季雅。一字斗杓。明萬曆舉人。歷知高陵、雒川縣。所至有治聲。以忤上官罷歸。順治間卒。善飲工詩。尤善草書。

劉元亨　宋南康人。字子嘉。篤信好學。開寶中入廬山白鹿洞修學業。及江南廢國學官。例選赴闕。咸平中第進士。授德平簿。有政聲。

劉元和　唐彭城人。居白鶴峯。後入五老峯石室鍊丹。種木瓜為食。丹成而逝。舉棺將葬。空無人矣。所居有丹井丹臼存焉。

劉元炳　清湘潭人。字叔文。號碧崖。雍正進士。官檢討。性恬退。館選後即假歸不復出。有碧崖集。

劉元珍　明無錫人。字伯先。萬曆進士。授主事。進南京職方郎中。京察。吏部侍郎楊時喬、都御史溫純盡黜政府私人錢夢皐等。大學士沈一貫密為地。元珍抗疏言一貫比暱憸人。帝怒。除其名。光宗即位。起光祿少卿。卒官。

劉元貞　明翼城人。父卒。廬墓三年。哀毀骨立。有羣烏飛繞。異草叢生。瓜蔕開蓮之異。宣德中旌表。

劉元振　宋崇安人。字君式。弱冠游太學。持身有禮。衆敬之。國子先生呂大臨、游酢皆與之友善。元豐中士子方尙文華。元振獨沈涵載籍。深造義理。以是不合於有司。遂歸。篤志養親。卒於家。◎元黑馬子。字仲舉。宋瀘州守將劉整求降。黑馬遣元振往受之。宋將俞興率兵圍瀘州。城幾陷。元振募善游者齎蠟書至成都求援。又權造金銀牌分賞有功。未幾援兵至。合擊興兵。大敗之。累官潼川路副招討使。

劉元高　宋應龍子。字仲山。幼穎異。一目十行。既長。與姚勉、胡仲雲論天下事。輒慷慨激烈。時號高安三俊。登淳祐進士第。歷官至御史。所著有漢史、意抄、書史續抄、貴華錄、三劉家集、山居稿。

劉元卿　明江西安福人。字調父。隆慶間舉於鄉。會試對策。極陳時弊。主者不敢錄。既歸。師事同邑劉陽。遂絕意科名。後以累薦。召為國子博士。擢禮部主事。尋引疾歸。肆力撰述。有山居草、還山續草、諸儒學案、賢弈編、思問編、禮律類要、大學新編、劉聘君全集。

劉元進　隋餘杭人。兩手各長尺餘。臂垂過膝。好任俠。煬帝興遼東之役。百姓騷動。元進陰有異志。遂聚合亡命。會楊玄感起於黎陽。元進舉兵應之。將渡江而玄感敗。吳郡朱燮等共迎元進為主。據吳郡稱天子。帝令王世充發淮南兵擊之。元進拒戰。人各持茅。因風縱火。世充懼。將遁。遇反風火轉。元進退。世充簡銳卒擊殺之。

劉元熙　清湘潭人。字賓門。乾隆進士。入翰林。尋乞養歸。有四香閣詩文集。

劉元瑜　宋河南人。字君玉。第進士。累官右司諫。劾奏集賢校理陸經。又疏李用和、曹琮、李昭亮不可典軍。璪適不當除翰林學士。范仲淹宜在左右。尹洙。余靖。歐陽修皆以朋黨斥逐。此小人惡直醜正者也。既而與靖等相失。因論靖知制誥不宜兼領諫職。修靖皆惡之。論者以元瑜爲奸邪。出知潭州。猺人聽命。歷襄州。剖斷疑獄。人服其明。以左諫議大夫知青州卒。

劉元靖　唐武昌人。爲道士。師王道宗。道宗仙去。元靖入南嶽穴石以居。絕粒鍊氣。武宗召入。賜號廣成先生。還山。宣宗時尸解。

劉元賓　宋安福人。舉於鄉。任潭州司理。通陰陽術數醫藥。眞宗試之驗。賜號通眞子。有神巧萬全方。注解叔和脈訣。傷寒論。洞天鍼灸經。集正曆橫天卦圖。

劉元稷　清吳縣人。字子穀。號縈谷。善畫山水。寫梅竹亦有意趣。

劉元震　明任丘人。字元東。隆慶進士。選庶吉士。授編修。神宗時歷國子祭酒。檢束諸生。置旌善紀過二簿示懲勸。因進詩經注疏。規諷切至。帝嘉納之。累遷吏部侍郎。掌詹事府。性至孝。得父母書。必南向頓首而後啓。以母年近百歲。乞養歸。卒謚文莊。

劉元霖　明元震弟。萬曆進士。歷官工部尚書。福王開邸洛陽。有所營建。元霖執奏。罷之。以母老。與元震先後乞養歸。尋卒。

劉元燮　清湘潭人。字理齋。一字梅坨。雍正進士。官御史。以事謫廣西南丹州同知。復被劾。謫戍貴州。旋釋回。有耨學齋稿。梅坨吟。寒香草堂詩集。

劉元禮　元元振弟。沈厚有謀。至元初累官潼川路漢軍都元帥。宋制置使夏貴率軍五萬犯潼川。元禮以數千人大敗之。又奏修眉州城以扼嘉定往來之路。興役七日而畢。宋人駭其速。鎭守眉州五年。以養母乞歸。

劉公言　清益都人。字德白。明季諸生。肆力詩古文辭。尤邃於星命之學。推人壽天貴賤多奇中。晚年賣卜自給。有投老吟。斗數九辨。

劉公榮　晉嗜酒。與人飲。雜穢非類。或譏之。答曰。勝公榮者不可不與飲。不如公榮者亦不可不與飲。是公榮輩者又不可不與飲。故終日共飲而醉。王戎弱冠詣阮籍。時公榮在坐。籍謂戎曰。偶有二斗美酒。當與君共飲。彼公榮無預焉。二人交觴酬酢。公榮遂不得舉杯。而言語談戲。三人無異。或問之。籍答曰。勝公榮者不得不與飲。不如公榮者不得不與飲。惟公榮可不與飲。

劉六符　遼愼行六子。有志操。能文。重熙初遷政事舍人。擢翰林學士。兩使宋。定進貢名。還加同中書門下平章事。與參政杜防有隙。出爲長寧軍節度使。俄召爲三司使卒。

劉化源　宋𡋯州人。紹興進士。建炎初金人陷關陝。化源時知隴州。城陷被執。金人驅入河北。鬻蔬果隱民間者十年。終不屈辱。

劉卞　宋須昌人。字叔龍。少爲縣吏。入太學。試經爲臺四品。累遷尙書郎。所歷皆稱職。除幷州刺史。入爲左衞率。知賈后廢太子之謀。甚憂之。以計干張華。不見用。恐爲賈后所誅。飮藥卒。

劉卞功　宋安定人。字子民。築環堵於家之後圃。不語不出者三十年。徽宗聞其名。召之不起。賜號高尙先生。靖康之變。不知所終。

劉友　漢高祖第六子。立爲淮陽王。惠帝初徙王趙。以諸呂女爲后。不愛。愛它姬。諸呂女譏之於太后。太后怒。召友至。幽殺之。謚幽。

劉友仁　明合肥人。與弟謙隨胡大海取徽寧等處。多戰功。沒於陣。

劉友益　宋永新人。宋亡。卜築萬山間。杜門讀書。不與世接。著通鑑綱目書法。研精覃思。歷三十年而後成。

劉天民　明歷城人。字希尹。號函山。正德進士。官至按察司副使。有函山集。

劉天孚　元大名人。字裕民。累知河中府。視事甫兩月。阿思罕爲亂。天孚度不能拒。凡八遣人至晉寧乞援。不報。遂投水死。事平。謚忠愍。

劉天和　明麻城人。字養和。正德進士。以御史出按陝西。忤中官下獄。謫金壇丞。遷湖州知府。嘉靖間撫陝西。討平湖店大盜及漢中妖賊。黃河南徙。命天和總理河道。遂疏汴河及山東七十二泉。不三月訖工。改兵部侍郎。總制三邊軍務。吉囊入寇涼州。寧夏等處。天和檄鎭將擊敗之。以兵部尙書乞休歸。卒謚莊襄。有仲志。問水集。

劉天起　明起於匹夫。哀宗時汴京戒嚴。嘗上書求自効。每言戰國兵法。平章白撒等信之。令監造革車。天興初授都招撫使。往陳州運糧。順兒之變。天起不從。爲所殺。

劉天爵　明河曲人。諸生。少孤。事母至孝。母孀居五十載。奉侍如一日。及母卒。水漿不入口。數日亦卒。

劉天麒　明臨桂人。字仁徵。弘治進士。分司呂梁。奄人過者不爲禮。諸奄誣之。下詔獄。謫安莊驛丞卒。

劉天衢　明廣濟人。字一登。隆慶進士。累官雲南副使。直指巡哀牢汰兵。兵鼓譟劫執同知。天衢穿隧通賊臥榻。密出之。賊大沮。遂平之。遷金滄道左參政。值緬甸入寇。天衢移駐騰衝。集諸司土兵分討之。盡復故地。累遷太僕卿致仕。

劉太后 〔金〕遼陽人。性聰慧。書過目不忘。最喜佛經。世宗爲東京留守。因擊毬見而奇之。大定初選入東宮。配顯宗。生宣宗。尋卒。宣宗卽位。尊爲皇太后。追諡昭聖。

劉太沖 〔唐〕宣州人。博洽工詩。顏眞卿守平原。辟從事。晝策拒安祿山。

劉太眞 〔唐〕太沖弟。善屬文。師蘭陵蕭穎士。舉高第進士。淮南陳少游表爲掌書記。累遷刑部侍郎。德宗詔羣臣宴曲江。自爲詩。羣臣皆和。帝自第之。以太眞、李紓等爲上。遷禮部。掌貢士。多取貴近子弟。坐貶信州刺史卒。

劉太清 〔明〕定陶人。字得一。天啓中以明經知望江縣。勦除巨寇黃文鼎。一城安堵。以忤權貴歸。崇禎末殉節死。

劉孔和 〔明〕鴻訓子。字節之。工詩。倜儻負奇氣。好談兵擊劍。結納賓客。甲申歲。破家殺賊。後以於廣坐中侮劉澤清。被害。

劉巴 〔蜀漢〕烝陽人。字子初。少知名。先主辟爲左將軍西曹掾。先主爲漢中王。巴爲尙書。後代法正爲尙書令。諸葛亮嘗曰。運籌帷幄之中。吾不如子初。巴躬履清儉。不治產業。又懼見猜嫌。恭默守靜。退無私交。非公事不言。

劉文 〔明〕陽和衞人。嘉靖中以總兵官鎭陝西。大破洮岷叛番若籠板爾諸族。積功至都督同知。卒諡武襄。

劉文秀 〔明〕張獻忠養子。獻忠入蜀僭號。文秀爲撫南將軍。獻忠敗死。文秀從孫可望降於永明王。封撫南公。清兵南下。可望使文秀入川拒之。復成都。圍保寧。爲吳三桂所敗。罷職歸滇。後可望與李定國構惡。詔文秀和解之。文秀刺血書告可望。可望不聽。文秀遂飲酖死。

劉文炳 〔明〕宛平人。字淇筠。莊烈帝生母孝純太后之姪。崇禎中進侯爵。晉少傅。性謹厚不妄交。獨與宛平太學生申湛然、布衣黃尼麓及駙馬都尉鞏永固善。李自成陷京師。闔家自盡。文炳投井死。

劉文起 〔唐〕文靜弟。爲通直散騎常侍。文靜與裴寂有隙。家中妖怪數見。文起憂之。遂召巫者爲厭勝之法。時文靜有愛妾失寵。其兄上變。高祖遂殺文靜、文起。籍沒其家。

劉文敏 〔明〕安福人。字宜充。號兩峯。與從弟邦采及子弟九人。共學於王守仁。返躬實踐。瞬息不少懈。以諸生終。

劉文淇 〔清〕儀徵人。字孟瞻。嘉慶優貢生。學貫羣經。尤致力於左氏傳。嘗謂左氏之義。爲杜注剝蝕已久。因輯左傳舊注疏證一書。遍搜賈服鄭三家之注及近儒補注。而以己意疏通證明之。未及成書而卒。子毓崧。孫壽曾。世傳其學。他著有左傳舊疏考證、揚州水道記、青谿舊屋集。

劉文通 〔宋〕開封人。眞宗時畫院藝學。善樓臺屋木。

劉文卿 〔明〕江西廣昌人。字徯如。萬曆進士。官至南京兵部員外郎。性孤介。嘗以忤權姦左遷。爲文有英氣。卒年僅三十三。有劉直洲集。

劉文惠 〔宋〕善繪翎毛花竹。京師人貴之。至擕金玉易之而不可得。

劉文煥 〔明〕撫寧人。幼孤。事母孝。母沒。廬墓三年。有泉湧出。人號爲孝子泉。推官沈之唫詣其廬。感動。請解官歸養。◎〔明〕廣濟人。與兄文輝運糧愆期當死。文輝以長請坐。文煥以兄子幼。詣吏請代。有司上其狀。命宥之。則文煥已死矣。太祖書義民二字獎之。

劉文煊 〔清〕浙江山陰人。字紫仙。號雪舸。諸生。善畫工詩。有題襟集。

劉文裕 〔宋〕保州保塞人。字以寧。開寶中起家補殿值。歷秦隴巡檢。以擒李飛雄功遷軍器庫使。控石嶺關。又爲高陽關都監。破契丹萬餘騎。累遷鎭州兵馬部署卒。

劉文質 〔宋〕文裕弟。字士彬。簡穆皇后從孫。幼從母入禁中。累官麟府濁輪砦兵馬鈐轄。破契丹。拔黃太尉砦。徙知慶州。咸平中清遠軍陷。坐逗撓奪官。久之起爲太子率府率。官至代州刺史。

劉文蔚 〔明〕新河人。崇禎末由歲貢爲淮安府通判。清兵攻城。文蔚竭力守禦。城破。不屈死。◎〔清〕浙江山陰人。字豹君。號柟亭。貢生。性眞摯。篤於風義。有石飄山人集。

劉文曄 〔後魏〕休賓子。有志尙。綜覽羣書。坐從兄聞慰南叛。與二弟文顥、季友俱徙邊。孝文帝特聽還代。帝幸方山。文曄求見。申宣久屈。賜爵都昌子。拜協律郎中。卒諡貞。

劉文靜 〔唐〕武功人。字肇仁。倜儻有器略。隋末爲晉陽令。與太宗友善。共定計起兵。高祖卽位。擢納言。授民部尙書。文靜自以材略功勳。在裴寂之右。而位居其下。意不平。家數有妖。弟文起召巫厭勝。因坐誅。

劉方 〔後漢〕平原人。字伯況。官襄城令。章帝詔曰。安靜之吏。悃愊無華。日計不足。月計有餘。如襄城令劉方。殆近之矣。◎〔隋〕長安人。性剛決。有膽氣。開皇初以軍功至大將軍。歷甘瓜二州刺史。仁壽中交州俚人李佛子作亂。詔授交州道行軍總管。方法令嚴肅。仁而愛士。進兵臨佛子。先令人諭以禍福。佛子懼而請降。尋授驩州道行軍總管。經略林邑。至其國都。刻石紀功而還。卒贈盧國公。

劉・日升　明廬陵人。萬曆進士。官至應天府尹。有笏司紀。

劉・曰寧　明南昌人。字幼安。萬曆進士。授編修。累官右中允。直皇長子講幄。時册立未舉。外議紛紜。曰寧旁慰曲喻。依於仁孝。光宗心識之。時礦使四出擾民。曰寧發憤上疏。極言稅監李道・王朝諸不法狀。疏入留中。官至南京國子祭酒。卒諡文簡。

劉氏　前趙新興人。名娥。字麗華。太保劉殷小女。劉聰后。聰慧美風儀。好學性孝友。善幾諫。聰所爲不道。多規正焉。卒諡武宣皇后。其姊英。字麗芳。亦聰敏涉學。而文詞機辨。曉達政事。尤過於娥。拜左貴嬪。尋卒。追諡武德皇后。◉前趙劉曜后。少孤。爲叔父侍中大司徒劉昶所養。光初中曜立爲后。尋疾篤。曜問所欲言。曰。妾叔父昶無子。妾少養於叔父。無以報德。願陛下貴之。妾叔皚女芳有德色。願以備後宮。曜許之。卒諡獻烈皇后。◉前趙劉曜后。侍中劉皚女。先皇后劉氏死。曜追念之。遂立爲后。姿德才色。邁於別宮。◉後趙復部胡人。敏慧多幹略。有美色。石勒納之。張祎反於襄城。劉氏拔劍斬之。勒賴以濟。建平初立爲皇后。勒死。子弘卽位。尊爲皇太后。從子虎專權。劉氏謀徵兵討之。事洩。爲虎所殺。◉後唐代北人。李克用正室。封秦國夫人。明敏多智略。教其侍妾騎射。以佐克用。無子。賢而不妬。與克用次妃曹氏相得甚歡。莊宗立。册爲皇太妃。同光中卒。◉後唐莊宗妃。帝戰河上十餘年。獨以劉氏從。其父聞女貴。詣魏宮上謁。劉氏方爭寵。以門望相高。謂父早死。因命笞劉叟於宮門。帝卽位。立爲后。及帝崩。后與李存渥走太原。在道與存渥姦。明宗立。賜死。◉前蜀王衍宮人。有容色。秦川之變。行刑者將免之。劉氏曰。家國喪亡。義不受辱。遂就死。◉清漢軍某旗人。工繡能畫。幼字浙江張四維。四維家貧。跛一足。其父悔之。將以別字。劉氏執不肯。及歸四維。藉作畫刺繡以給薪米。四維死。劉氏殉焉。

劉・世亨　元敏子。字嘉甫。憲宗時敏與牙魯瓦赤同政。請以世亨代。許之。賜名塔塔兒。善畫竹。

劉・世芳　明英山人。字穎生。拔貢生。歷任廬陵・宛平丞。升新河令。超擢濟南僉事。未赴。聞李自成陷京師。仰天慟哭。以頭觸柱。嘔血數升卒。

劉・世珍　明儀眞人。字武夷。工畫。

劉・世淸　北齊代人。武平末爲侍中開府儀同三司。通四夷語。後主命以突厥語翻涅槃經。以遺突厥可汗。勅中書侍郎李德林爲序。隋開皇中卒於開府親衞驃騎將軍。

劉・世揚　明閩縣人。字實甫。正德進士。累官給事中。世宗初議加興獻帝皇號。世揚疏諫。旣偕同官劾張璁・桂蕚黨王瓚・彭澤等。又陳修省八事。語皆切時弊。爲璁等所構。謫江西布政司照磨。歷官河南提學僉事。所至皆有聲。

劉・世曾　明起宗從子。嘉靖進士。累官右僉都御史。巡撫雲南。討平緬寇。恢復三宣六慰。晉右都御史。性醇孝。官京堂時。父加以巨杖。怡然順受。居官淸苦。爲時所稱。

劉・世龍　明慈谿人。字元卿。正德進士。累官南京兵部主事。嘉靖中南京太廟災。世龍應詔陳三事。疏入。帝震怒。謂世龍訕上庇逆。械至京。詔獄廷杖。斥爲民。家居養親以卒。

劉・世讓　唐醴泉人。字元欽。仕隋爲徵仕郎。高祖入長安。授安定道行軍總管。率兵拒薛舉。戰敗。與弟寶皆被獲。舉令至城下給使說降。世讓陽許之。至則告守者曰。賊兵極於此矣。善自固。舉重其節。不加害。及舉平。授彭州刺史。後授廣州總管。帝問以備邊策。答曰。突厥南寇。特有馬邑爲地耳。帝乃使馳驛經略。世讓至。突厥患之。縱反間云。世讓與可汗爲亂。帝不之察。因誅之。

劉・丙　明實孫。字文煥。成化進士。累官右副都御史。巡撫湖南。討平貴州等處叛苗。官至工部右侍郞。丙操履淸介。敢任事。所至嚴明。法令修舉。卒諡恭襄。

劉・仕　明中部人。字以學。正德進士。授刑部主事。以爭大禮廷杖。後與定李福達獄。下吏遣戍。穆宗卽位。起太僕少卿。年老不就。

劉・仕貆　明安福人。字伯貞。父閒隱居不仕。著書終其身。仕貆少受父學。洪武中應賢良舉。授廣東按察司僉事。以廉惠大得民和。遭風溺死。

劉・令嫻　梁孝綽妹。徐悱妻。孝綽有三妹。並有才學。令嫻最幼。世稱劉三孃。悱爲晉安郡卒。喪還京師。令嫻爲文祭之。辭甚悽愴。爲世傳誦。

劉・仝祖　宋福州人。仕歷督府監丞。恥臣元。與林同合謀起兵。取福州興化南劍三郡。未幾三郡叛降於元。仝祖自縊死。

劉・以忠　元湯陰人。字恕夫。至正中劉福通侵河朔。以忠避地林縣鹿嶺山。羣盜襲之。請爲主。以忠遂以頭觸石。血流滿面。賊度其志終不改。遂殺之。

劉・仔肩　明鄱陽人。字汝弼。所編明初詩曰雅頌正音。明初諸家之無專集者。頗藉以略存梗概。

劉・古心　宋工畫梅竹鳥雀。

劉可訓　明澧州人。萬曆中舉於鄉。歷官刑部員外郎。天啓初恤刑四川。會奢崇明反。圍成都。可訓佐城守有功。擢僉事監軍。以功遷兵備參議。崇禎中破賊十萬衆於五峯山。斬崇明及安邦彥。官至右僉都御史。巡撫順天、永平。督薊鎭邊務。後卒於家。

劉可軒　宋善寫眞。

劉可毅　清武進人。原名毓麟。字葆眞。光緒進士。官編修。於書無所不讀。經史大義。中外近情。皆循流討源。貫徹首尾。尤熟於中興兵事。庚子殉拳匪之難。有遺集。

劉台拱　清寶應人。字端臨。乾隆舉人。其學長於考訂。而於聲音文字尤深。嘗館京師。與王念孫輩稽經考古。爲諸老宿所推服。後官丹徒訓導卒。有論語補注、漢學拾遺、荀子補注。

劉四端　遼三嘏弟。以衞尉少卿使宋。方宴。大張女樂。竟席不顧。人憚其嚴。還拜樞密直學士。

劉奴眞　後魏馬邑人。庫仁族。道武卽位。庫仁子顯自善無南走馬邑。奴眞領部來附。兄犍先居賀蘭部。奴眞請召犍。讓以部。道武義而許之。犍既領部。自以久託賀訥。德之。訥弟染干誘之叛。奴眞遂殺犍來奔。

劉尼　後魏代人。勇果善射。太武見而善之。拜羽林中郎。賜爵昌國子。宗愛殺南安王余於東廟。尼密以狀告源賀、陸麗。謀迎文成卽位。衆咸呼萬歲。尼遷內行長。累封東安王。尋出爲定州刺史。以清愼稱。官至司徒。

劉巨容　唐徐州人。爲州大將。龐勛之反。自拔歸。歷遷山南東道節度使。以扞黃巢功。遷檢校禮部尚書。諸將欲乘勝追斬巢。巨容曰。朝家多負人。有危難不惜官賞。事平卽忘之。不如留賊爲富貴地。故巢復熾。遷檢校司空。道出襄鄧。秦宗權攻之。奔成都。爲田令孜所殺。

劉巨麟　唐廣州都督。州山峻水深。民不井汲。巨麟始鑿井。民便之。

劉平　後漢彭城人。字公子。本名曠。後改平。更始時天下亂。平扶母避難。弟仲遺腹女始一歲。平抱仲女而棄子。後舉孝廉。拜全椒長。政有恩惠。百姓懷感。明帝時鍾離意薦之。拜議郎。永平間累官宗正。◎宋祥符人。字士衡。剛直任俠。善弓馬。讀書強記。第進士。以寇準薦爲殿中丞。累遷鄜州觀察使。趙元昊盛兵攻保安軍。范雍以書召平救延州。平素輕敵。督騎兵晝夜倍道行。與敵遇。時平地雪數寸。轉鬭三日。被執。後沒於興州。諡壯武。

劉弘　晉馥孫。字和季。少家洛陽。與武帝同居永安里。又同年共研席。以舊恩起家。累官侍中、荊州都督。車騎將軍。時天下大亂。弘專督江漢。威行南服。每有興廢。手書守相。丁寧款密。人皆感悅爭赴之。咸曰得劉公一紙書。賢於十部從事。卒諡元。◎晉相人。字終嘏。官光祿勳。兄粹。字純嘏。弟潢。字沖嘏。並有名中朝。時人語曰。洛中雅雅有三嘏。◎隋彭城人。字仲遠。魏太常卿芳之孫。少好學。有行檢。重節概。平陳之役。以功封濩澤縣公。拜泉州刺史。高智慧攻州。弘守城百餘日。救兵不至。糧盡城陷。爲賊所害。

劉弘昌　南漢龔五子。封越王。龔欲立爲太子。未果。三子玢嗣位。失德。弘昌諫不聽。爲劉思潮所殺。弘昌乃迎兄晟立之。以功加太尉。兼中書令。諸道兵馬都元帥。未幾。晟以弘昌賢而得衆。使人殺之。以盜殺聞。

劉弘杲　南漢龔十子。封循王。兄晟之立也。國中議論洶洶。弘杲屢請討賊。陰勸斬劉思潮等。以止外議。思潮等聞之。譖弘杲謀反有異心。晟怒。召弘杲。賜死。

劉弘基　唐池陽人。從高祖舉兵太原。引兵先濟河。次長安。京師平。功第一。討薛舉。諸軍皆沒。惟弘基力戰。矢盡爲賊拘。不屈。仁杲平。乃克歸。累封夔國公。卒諡襄。

劉弘弼　南漢龔六子。封齊王。兄晟卽位。出爲建武節度使。及弘杲得罪。弘弼自以居大鎭。恐罹不測之禍。請束身入朝。許之。未幾。命幽弘弼私第。乾和中被殺。

劉弘邈　南漢龔十二子。封高王。兄晟立。出爲雄武節度使。鎭邕州。素柔懦。無所短長。委政僚佐。日飲酒禱鬼神以爲常。有人上書誣弘邈謀亂。晟遣甘泉宮使林延遇酖殺之。

劉必泰　清莆田人。諸生。哭母幾喪明。父沒廬墓。每大風雨。輒繞墓哀號。事兄如父。以孝友稱。

劉必榮　明武岡人。字懋德。洪武中歷鴻臚少卿。永樂間交阯黎季犛叛。命必榮安撫之。至則季犛已竄。必榮冒險涉遠。直抵其巢。季犛聞之。遯出迸。表獻方物。兼贈必榮金綺。卻不獲。還悉獻於朝。

劉旦　漢武帝四子。封燕王。爲人辨略。博涉經書雜說。好星曆數術倡優射獵之事。招致游士。昭帝立。上官桀等私與燕交通。謀殺霍光。廢帝。迎立燕王。謀洩。桀等伏誅。旦自殺。賜諡剌。◎後漢工畫。光和中待詔尚方。畫於鴻都學。

劉本　明玉田人。洪武進士。由行人歷官陝西左布政使。所至有惠政。爲人廉明剛介。以直獲罪。降交阯參政。以討黎季犛、陳季擴、簡定之功。陞山東按察使。工詩詞。有雲泉集。

劉・正　〔宋〕侯官人。字道醇。建炎間知尤溪縣。廉明不阿。紹興初建劍寇起。正訓練民兵以衞縣境。鄉民林悌・鄭侑招集亡命欲爲亂。正廉得其情。執而戮之。民賴以安。◉〔元〕清州人。字清卿。少讀書。習吏事。累官至中書左丞。多所建白。仁宗初政。風動天下。正與諸老臣陳贊之力居多。拜榮祿大夫・平章政事。卒謚忠宣。

劉・正夫　〔宋〕衢州西安人。字德初。未冠入太學有聲。與范致虛・吳材・江嶼號四俊。元豐間舉進士。仕爲左司諫。時徽宗方究蔡邸獄。正夫入對。徐引淮南斗粟尺布之謠。帝意遂解。累拜中書侍郎。進少宰。封康國公。卒謚文憲。

劉・正宗　〔清〕安丘人。明崇禎進士。授編修。順治間授國史院編修。官至文華殿大學士。坐事被劾論死。寬免奪職。

劉・正彥　〔宋〕官御營右軍副都統制。建炎中與苗傅謀作亂。殺王淵。請帝禪位。張浚・呂頤浩起兵執送行在。磔於市。

劉・民先　〔宋〕崇安人。字聖任。熙寧初累與計偕至禮部。輒不合。慨然曰。吾親老矣。不可闕養。於是屏居潭溪。作一枝堂。朝夕奉養唯謹。後以特奏釋褐。謂人曰。吾豈貪一命者哉。顧因是可榮親耳。母年九十。果以恩封崇安縣太君。

劉・永　〔後漢〕睢陽人。梁孝王八世孫。父立爲王莽所誅。更始卽位。永先詣洛陽。詔封爲梁王。更始政亂。永遂據國起兵。更始敗。永自稱天子。光武遣蓋延等擊之。永將慶吾斬永首降。◉〔蜀漢〕後主庶弟。字公壽。封魯王。改封甘陵王。憎宦官黃皓。皓譖構永於後主。後主稍疏之。咸熙初永東遷洛陽。封鄉侯。◉〔宋〕開封人。工畫山水松石。◉〔明〕大庾人。字克修。永樂進士。授刑部主事。歷郞中。以大學士楊士奇薦。授荆州知府。一郡稱治。劾楚藩不法。械繫詔獄。得釋復原官。前後歷十四年。卒於任。

劉・永一　〔宋〕大弟。孝友廉謹。熙寧初巫咸水溢入城。民多溺死。永一持竿立門前。見他人物流入者。輒擿出之。有僧寓錢數萬於其室。僧死。永一詣縣自言。請歸其弟子輩。其廉介不苟多類此。

劉・永之　〔元〕清江人。字仲修。自號山陰道士。工詩文。擅書法。日與郡士楊伯謙輩講論風雅。當世翕然宗之。明洪武初徵至金陵。以重聽辭歸。有山陰集。

劉・永年　〔宋〕彭城人。徙開封。從廣從子。字君錫。一作公錫。生四歲授內殿崇班。仁宗愛之。年十二始聽出外。歷知涇代二州。遷邕州觀察使・步軍副都指揮使。卒謚莊恪。永年善繪鳥獸蟲魚。兼工道釋人物。

劉・永昌　〔明〕安東衞人。崇禎末爲鎭守江淮總兵官。闖賊陷應州。父被執。招之。不屈。投江死。

劉・永祚　〔明〕青陽人。父光復。以梃擊案建言被逮。永祚聞報。冒暑星馳。伏闕請代。以勞瘁卒。◉〔明〕熙祚弟。字叔遠。由選貢生知嵊縣。遷養利知州。有惠政。後以副使知興化府事。清兵破城。仰藥死。

劉・永澄　〔明〕寶應人。字靜之。一字練江。萬曆進士。補順天儒學教授。北方學者稱爲淮南夫子。其學以刻苦自勵爲歸。以裨益身心世道爲驗。動必以古人自師。官至兵部主事。年三十七卒。學者私謚貞修先生。有劉練江集。

劉・永錫　〔清〕魏縣人。字欽爾。號膽菴。明崇禎舉人。署崇明縣事。庭無留獄。遭鼎革。隱相城。率妻女織席以食。有遺之粟者。非其人不受。竟以餓死。

劉・玄　〔後漢〕光武族兄。字聖公。王莽末光武與兄伯升起兵。號玄爲更始將軍。與諸將共立爲天子。改元更始。海內響應。因以破莽。旣入洛陽。遂遷長安。耽於酒色。闇不視事。赤眉入長安。降之。旋被殺。光武立。追封淮陽王。

劉・玄佐　〔唐〕匡城人。本名洽。賜名玄佐。初從永平軍爲牙將。大曆中襲破宋州。詔以州隸其軍。節度使李勉表署刺史。建中間大破叛鎭李納兵。徇下濮陽。李希烈反。進取汴州。詔加汴宋節度使・陳州諸軍行營都統。性豪縱。輕財厚賞。故下益爲用。尋以嬖妾故。爲假子樂士朝酖死。謚壯武。

劉・玄明　〔南齊〕臨淮人。爲山陰令。有吏能。大著名績。傅翽代其任。問之。玄明臨別謂之曰。作縣令惟日食一升飯。而莫飲酒。

劉・玉　〔明〕磁州人。字仲璽。有膂力。給侍曹吉祥家。從征麓川。積功至都指揮僉事。天順初以奪門功進都督僉事。鎭守涼州。成化中討平固原賊。進左都督。卒謚毅敏。◉〔明〕萬安人。字咸栗。弘治進士。知輝縣。陞御史。忤劉瑾削籍。瑾誅。起河南按察司僉事。官至刑部左侍郎。坐李福達獄削籍。歸卒。玉於天文地理兵制刑律皆有論著。隆慶初謚端毅。

劉・玉汝　〔元〕廬陵人。字成之。舉鄉貢進士。著詩纘緒。發明朱子集傳。

劉・玉麐　〔清〕寶應人。字又徐。乾隆拔貢。官鬱林州判。百色苗亂。隨營治軍書。以勞卒。有甓齋遺稿。

劉・用　〔宋〕相州人。曉音律。善騎射。事太宗於晉邸。太宗卽位。補軍職。累遷并州副都部署。景德初爲邢州部署。車駕北征。以城守功。進爵邑。歷知齊陳潞三州。大中祥符中卒。

劉・用惠 明江西人。永樂間族有誤傷人者。父彥昭以族長論死。用惠挺身代父。繫獄十餘年。遇赦免。

劉・田 明東阿人。字伯耕。弘治進士。授元氏知縣。劉瑾遣其下至縣。坐傳舍。趣召縣令。田至。恐其不起立。卽執送獄。求解乃得去。民間獲白兎送縣。丞以下皆來賀。謂當奏聞。田因留置酒。卽炙兎啖之。尋督江南漕運。盡革運役需索之弊。

劉・甲 宋龍游人。字師文。淳熙進士。歷知興元府。金立吳曦爲蜀王。甲上書告變。後拜寶謨閣學士。紹興中移知潼川。嘉定中卒於官。嘗曰。吾無他長。惟足履實地。晝所爲。夜必書之。名曰自鑒。爲文平淡。有奏議十卷。卒諡清惠。

劉・申錫 明應山人。舉人。崇禎中嘗預養死士百人。及賊陷城。倡義圖復。兵敗。爲賊將白旺所殺。百人皆戰死。

劉・白 漢新豐人。能畫人物。工爲牛馬飛鳥。

劉・白墮 晉河東人。善釀酒。曝日中昧不變。飲之不醒。可遠致千里。故名酒爲白墮。後魏永熙中青州刺史齎酒之番。路逢盜賊。飲之卽醉。皆被擒。時游俠語曰。不畏張弓拔刀。惟畏白墮春醪。

劉・立之 宋河間人。字宗禮。其父與二程有舊。立之早孤。數歲卽養於二程家。娶二程叔父之女。嘗官晉城。爲承議郎。

劉・丞直 明贛縣人。字宗弼。元至正進士。入明爲國子司業。官至浙江僉事。能詩。尤工選體。出入鮑謝之間。

劉・交 漢高帝同父少弟。好書。多材藝。少與魯穆生、白生、申公俱受詩於浮丘伯。帝爲沛公。交與蕭曹等俱從至霸上。封文信君。帝卽位。立爲楚王。卒諡元。申公始爲詩傳。號魯詩。交亦次詩傳。號元王詩。再傳至王戊。稍淫暴。與吳王反。自殺。

劉・仲尹 金蓋州人。字致君。正隆進士。以潞州節度副使召爲都水監丞。有龍山集。

劉・仲甫 宋錢塘人。精弈。爲南渡時國手。著有棋訣。

劉・仲武 宋成紀人。字子文。熙寧中試射殿廷補官。累轉涇原將。知河州。吐蕃趙懷德等叛。仲武設伏大敗之。爲西寧都護。樸哥之降。仲武功居多。徽宗召對勞之。官其九子。歷拜瀘川軍節度使。卒諡威肅。

劉・仲洙 金宛平人。字師魯。大定進士。累官定海軍節度使。性剛直。果於從政。所在皆有功績。時稱能吏。章宗時上書辯田穀等冤。帝乃復穀官爵。黨禁遂解。

劉・仲誨 金箸子。字子忠。皇統中賜進士第。官至太子少師。兼御史中丞。前後爲東宮官十五年。多所規戒。立朝峻整。容色莊重。世宗嘗曰。朕見劉仲誨。常若將切諫者。其剛嚴見重如此。(按萬姓統譜作彥宗子誤。)

劉・仲質 明分宜人。字文質。洪武初爲宜春訓導。被薦入京。擢翰林典籍。歷禮部尚書、華蓋殿大學士。爲人厚重篤實。博通經史。常當帝意。爲文典確。不尙浮藻。

劉・仲錦 清遼陽人。隸漢軍正藍旗。崇德間隨多爾袞攻明。圍錦州。擊松山、杏山。降塔山。轉攻黑龍江瑚爾哈部。俘獲甚衆。旋復從攻寧遠。太原。擊李自成。勦姜瓖。皆以紅衣礮攻戰。所至克捷。官至左都督。鎭守泉州。以疾召還卒。

劉・仲懷 宋山陰人。元祐時徙居諸暨。畫墨竹師文同。

劉・伉 後漢章帝長子。封千乘王。和帝時以伉長兄。甚見尊禮。卒諡貞。

劉・休 南齊相人。字弘明。多藝能。尤精占筮。宋孝武帝時爲駙馬都尉。襲祖爵爲南鄕侯。建元時官御史中丞。出爲豫章內史。

劉・休仁 南朝宋文帝十二子。封始安王。廢帝虐待備至。及明帝克定禍難。殞帝於華林園。以休仁爲揚州刺史。泰始中四方逆命。休仁督諸軍討平之。負重望。爲帝所忌。表求解鎭。進位太尉。帝疾篤。慮後事。遂賜死。

劉・休若 南朝宋文帝十九子。封巴陵王。授荆州刺史。泰始中兄休祐被殺。休仁見疑。京邑譌言休若有至貴之表。明帝以言報之。休若內甚憂懼。會被徵。代休祐爲都督南徐等六州諸軍事。將士咸謂還朝必有大禍。中兵參軍王敬先因陳不宜入。勸割據荆楚以拒朝廷。休若執錄馳使白帝。敬先坐誅。休若還朝。卒賜死。

劉・休茂 南朝宋文帝十四子。封海陵王。大明中爲雍州刺史。休茂性急疾。欲自專。主帥每案之。常懷忿怒。殺主帥。舉兵。參軍尹元慶起兵擒斬之。

劉・休祐 南朝宋文帝十三子。明帝定亂。以爲荆州刺史。封晉平王。休祐素無才能。強梁自用。貪淫好財色。在州裒刻百姓。不復堪命。泰始中徵爲徐州刺史。留之京邑。與帝獵於巖山。帝令休祐射雉。休祐便馳去。帝遣壽寂之等共毆拉殺之。

劉・休範 南朝宋文帝十八子。封桂陽王。爲中書監。中軍將軍。出爲江州刺史。休範素凡訥。少知解。不為諸兄所齒。明帝晚年。休祐豐見害。唯休範得自保。而常懷憂懼。元徽初遂舉兵反。至新林。朝廷震動。屯騎校尉黃回偽往請降。斬之。

劉・休賓 後魏北海人。字處幹。少好學。有文才。仕宋為兗州刺史。娶崔邪利之女。生子文曄。邪利之降。文曄母子俱入魏。及慕容白曜軍至。休賓不降。白曜請崔氏與文曄巡視城下。遂降。以休賓為懷寧令。卒諡貞。

劉・全 五代吳曲溪人。楊行密引兵至天長。全與高霸等悉衆來屬。居三十六英雄之一。官濠州團練使。威名大震。為濠人所稱。子孫凡三世典濠梁。為一時之盛。◎金彭城人。率鄉鄰數百避兵沫溝。推為砦主。北兵至徐。盡俘其老幼。全父亦在俘中。北兵質之以招全。全縛其人送徐州。因竊其父以歸。徐帥益都嘉其忠。承制以為昭信校尉。遙領彭城縣尉。後遇國用安。以其不附己見殺。

劉・全諒 唐武涉人。始名逸準。事劉玄佐為牙將。勇果善騎射。累兼御史中丞。官至宣武節度使。賜名全諒。尋卒。

劉・兆 晉東平人。字延世。武帝時五辟公府。三徵博士。皆不就。安貧樂道。潛心著述。不出門庭數十年。卒於家。

劉・兆麒 清寶坻人。隸漢軍鑲白旗。字瑞圖。順治間由官學生授秘書院編修。康熙初擢湖廣巡撫。李來亨叛。兆麒力籌兵餉。不以累民。後官至閩浙總督。條上海防機宜。兩省賴之以安。尋坐事左遷。補黑龍江總管。乞歸卒。

劉・光世 宋延慶子。字平叔。以討河北賊有功。授奉國軍承宣使。從高宗南渡。命為制置使。屯鎮江。苗劉為亂。光世與韓世忠討破之。遷太尉御營副使。及張浚撫師淮上。命光世由太平州移屯廬州。浚言光世不可用。遂引疾罷軍政。拜少師。後封楊國公。卒諡武僖。光世於諸將中最先進。馭軍無法。逋寇自資。見詆公論。

劉・光南 清新化人。字景衡。乾隆諸生。著大學中庸訓解・中庸圖說。督學盧文弨為之序。稱其平易切實。多與舊聞相合。

劉・光祖 宋陽安人。字德修。第進士。為潼州提刑司檢法。淳熙中召對。論恢復事。光宗時為侍御史。極論道學所係。官終顯謨閣直學士。卒諡文節。有後溪集。

劉・光祚 明榆林衛人。字鴻基。歷官延綏游擊。崇禎中勤王。戰灤州有功。累擢保定總兵官。清兵至渾河。以恇怯論死。大學士范復粹錄囚。力言光祚才武。以斷事官戴罪辦賊。時傳宗龍敗沒於項城。南陽震恐。光祚適經其地。唐王邀與共守。城陷死之。

劉・光國 唐海寧子。劉文喜據涇州叛。光國手斬文喜。獻闕下。拜左驍衛大將軍。封五原郡王。

劉・光弼 清遼陽人。隸鑲藍旗漢軍。天聰・崇德間屢從太宗攻明。先衆馳擊。奮力陷陣。先後克大凌河・錦州・松山・杏山・前屯衛・中後所諸城。順治間從攻山西浙江福建江西等省。所至有功。累官江西提督。

劉・光復 明青陽人。由諸暨知縣徵授御史。神宗因張差事。召見廷臣於慈寧宮。光復大聲言。陛下甚慈愛。皇太子甚仁孝。意將有所申說。神宗遽發怒。廷杖下獄。久之赦出。光宗立。起光祿寺丞。尋卒。

劉・光第 清富順人。字裴村。博學能詩文。工書。尤重氣節。中光緒進士。官刑部主事。以陳寶箴薦。加四品卿銜。參預新政。孝欽后垂簾。被誅。為戊戌六君子之一。有介白堂詩集。

劉・光濟 明靖江人。字憲謙。嘉靖進士。初任戶部主事。權臨清。復命時。北騎薄都門。大同勤王師首至。廷議遣郎一人餉之。北兵隔絕。勢不可全。光濟請行。竟領餉達雲中。夜與敵遇。躬擐甲而前。敵不敢逼。累官兵部尚書。張居正奪情議起。光濟獨不署名。銜之。嗾御史曾士楚論罷。

劉・光譔 明貴池人。萬曆中官處州府通判。署青田縣事。多惠政。民無逋賦。治造漕艘於杭州。計材程功。徧恤軍匠。人咸德之。

劉・吉 宋江左人。初仕南唐李煜為傳詔承旨。歸宋為供奉官。熟知河渠利害。委以八作務。太平興國中河大決。吉治河有方略。人目為劉跛河。後為崇儀使。工詩。有釣鼇集。◎明博野人。字祐之。正統進士。累官戶部尚書・謹身殿大學士。孝宗即位。委寄愈專。言者攻之。吉數興大獄。臺省為空。中外側目。後眷頗衰。帝遣中官諷令致仕。始上章引退。卒諡文穆。吉多智數。銳於營私。時為言路所攻。居內閣十八年。人目之為劉棉花。以其耐彈也。

劉・同升 明應秋子。字晉卿。崇禎中殿試第一。授修撰。楊嗣昌奪情入閣。同升抗疏劾之。謫福建按察使知事。移疾歸。南都陷。偕楊廷麟共謀興復。唐王授以兵部左侍郎。巡撫南贛。以勞瘁卒。諡文忠。

劉・向 漢交四世孫。字子政。本名更生。初為諫大夫。宣帝招選名儒俊材。向以通達能屬文與焉。為人簡易無威儀。專積思於經術。晝誦書傳。夜觀星宿。或不寐達旦。數上封事。以陰陽休咎論時政得失。語甚切直。

元帝時爲中壘校尉。時外戚王氏擅權。帝數欲用爲九卿。爲王氏及諸大臣所持。官終不遷。嘗校書天祿閣。夜獨坐。有老人衣黃衣。植青藜杖。吹杖端煙。與說開闢前事。出天文地理書授之。問名。曰。太乙之精。聞卯金之子好學。下觀焉。所著有洪範五行傳・列女傳・列仙傳・新序・說苑等書。

劉后 〔南齊〕廣陵人。名智容。高帝后。嚴正有禮法。家庭肅然。宋泰豫初卒。建元初追謚昭。◎〔宋〕華陽人。幼孤。鞠於外氏。善播鼗。蜀人龔美者。以鍛銀爲業。攜入京。眞宗即位。入爲美人。李宸妃生仁宗。后以爲己子。仁宗即位。尊爲太后。政出宮闈。而號令嚴明。恩威加天下。有請依武后故事立劉氏廟者。程琳亦獻武后臨朝圖。后擲其書於地。不許。帝既長。猶不知爲宸妃所出。終后之世。無毫髮隙。卒謚章獻。◎〔宋〕初爲哲宗御侍。明豔冠後庭。且多才藝。有盛寵。累進賢妃。時孟后位中宮。后不循妾禮。陰造奇語以售謗。孟后既廢。竟代焉。徽宗立。尊爲太后。頗預外事。且以不謹聞。帝將廢之。而后已爲左右所逼。自縊死。年三十五。謚昭懷。

劉因 〔元〕容城人。初名駰。字夢驥。後改今名。字夢吉。號靜修。天資絕人。才器超邁。蚤喪父。事繼母孝。至元中不忽木以學行薦於朝。擢右贊善大夫。以母疾辭歸。卒謚文靖。有靜修集・四書集義精要。

劉在明 〔五代漢〕幽州人。少有膽氣。歷仕唐晉。高祖踐阼。授幽州道行營都部署。時契丹守中山。在明出師經略。契丹棄城去。授鎭州留後。乾祐初授節度使卒。

劉夙 〔宋〕莆田人。字賓之。師事林光朝。登紹興進士。除著作佐郎。疏言嚴法守。裁僥倖等事。後出知溫州。引疾歸。

劉好禮 〔元〕祥符人。字敬之。幼有志。知讀書。至元初以廉希逸薦。召見言事稱旨。遷益蘭等州五部斷事官。以比古之都護。後北方諸王叛。執好禮。好禮間道南走。至昌州入見。授澧州路總管。累遷戶部尚書卒。

劉如意 〔漢〕高祖四子。戚夫人所生。立爲趙王。高祖崩。呂太后徵王到長安。鴆殺之。諡隱。

劉如愚 〔宋〕崇安人。字明遠。有才幹。善屬文。尤善吟詠。居鄉日。與朱熹唱酬。與從子珙同登第。調海鹽尉。獲海賊。改秩知古田縣。終江西參議官。

劉如漢 〔淸〕世曾曾孫。字倬章。順治進士。由檢討轉兵科給事中。所陳奏多報可。累遷副都御史。巡撫江西。未抵任。丁父憂。以毀卒。

劉妃 〔宋〕臨安人。入宮爲紅霞帔。紹興中進賢妃。頗恃寵驕侈。因盛夏以水晶飾腳踏。高宗見之。命取爲枕。妃懼。撤去之。淳熙中卒。

劉宇 〔漢〕宣帝四子。立爲東平王。元帝即位。宇就國。壯大通姦犯法。帝以至親貰勿罪。卒謚思。◎〔明〕鈞州人。字至大。成化進士。知上海縣。累遷右都御史。總督宣大山西軍務。劉瑾用事。宇介焦芳以結瑾。進吏部尚書。兼文淵閣大學士。瑾誅。言官交劾之。削官歸。

劉宇亮 〔明〕綿竹人。萬曆進士。崇禎中累遷禮部尚書。與薛國觀同入閣。宇亮短小精悍。善擊劍。居翰林。常與家僮角逐爲樂。性不嗜書。館中纂修直講典試諸事。皆不得與。座主錢士升爲之援。又力排同鄉王應熊。張己聲譽。竟獲大用。淸兵深入。宇亮以首輔督察各鎭勤王兵。後落職卒於家。

劉守文 〔後梁〕仁恭子。唐光化初襲取滄州。逐節度盧彥威。自爲留後。進攻魏州。梁將李思安等敗之。仁恭爲守光所囚。守文率兵往討。爲守光所殺。

劉守光 〔後梁〕守文弟。爲人庸愚。以烝父嬖妾被逐。開平初父仁恭爲梁所攻。守光自外將兵擊走之。自爲盧龍節度。執幽仁恭。敗其兄守文。益驕縱。晉王將伐梁。患彊燕在後不敢發。守光遂諷諸鎭共尊己。乾化初自稱燕帝。改元應天。閱三年。周德威會鎭定兵攻破之。南走滄州。爲晉所獲。斬於太原。

劉守素 〔宋〕鋹三子。咸平中宦侍御。家貧。眞宗賜白金百兩。詔宰相曰。諸僞王子孫。率多窘迫。蓋僭侈之後。不知稼穡艱難所致也。後累官至內殿崇班。

劉守緒 〔明〕湖廣興國人。字克承。正德進士。授奉新知縣。從王守仁平宸濠。後官至太僕卿。

劉安 〔漢〕長子。嗣爲淮南王。爲人好書。招致賓客方術之士。作爲內書二十一篇。外書甚衆。又有中篇八卷。言神仙黃白之術。亦二十餘萬言。名淮南子。時武帝方好藝文。甚尊重之。賜几杖不朝。其後有反謀。使宗正以符節治王。未至。自殺。◎〔明〕榮子。正統末與郭登鎭大同。也先擁英宗至城下。安出見。伏哭帝前。景帝降敕切責。安馳至京。會京師戒嚴。充總兵官。寇退。進都督同知。英宗復位。予世侯。卒謚忠僖。◎〔明〕慈谿人。字汝勉。嘉靖進士。擢御史。時政尚綜核。臣下救過不給。安疏諫。帝怒。逮赴錦衣衛拷訊。謫餘干典史。後歷鳳陽知府。以治行卓異。賜三品服。安有淸操。居官布衣蔬食。如未仕時。以憂歸卒。

劉·安上【宋】安節從弟。字元禮。與安節俱以學行爲鄉里所推。時稱二劉。登紹聖進士。累官侍御史。時蔡京擅政。安上抗章直言其罪數十條。時蔡未報。又與中丞石公弼率同列廷劾之。京以太一宮使罷相。遂致仕。安上遷右諫議大夫。知婺州。宣和初致仕。有劉給事集。

劉·安世【宋】航子。字器之。登進士第。不就選。從學於司馬光。光入相。薦爲秘書省正字。累進諫議大夫。論事剛直。一時敬懾。目之曰殿上虎。章惇惡之。安置英梅等州。凡投荒七年。甲令所載遠惡地。無不歷之。徽宗卽位。超知眞定府。蔡京既相。又七謫至峽州羈管。稍復承議郎。卜居宋都。卒諡忠定。有盡言集。安世儀狀魁碩。音吐如鐘。家居未嘗有惰容。不好聲色貨利。其忠孝正直。皆則象司馬光。

劉·安雅【宋】紹興間知梅州。會虔州賊陳槃等圍城。安雅命取鉤吻草研汁。投酒中。散於民居。賊遣人齎牒索金銀。遂磔之。盜入民居縱飲。死者百數。賊疑懼遁去。圍遂解。

劉·安節【宋】永嘉人。字元承。與從弟安上師事程頤。以學行爲時推重。登元符進士。除御史。決大獄。多所平反。後謫知饒州。徙宣州。值水疫。安節設法拯救。全活甚多。卒於官。有劉左史集。

劉·安禮【宋】安節弟。字元素。學於安節。於書無所不讀。有才氣。宣和中睦州之亂。守城有功。鮑敬亭病於京師。安禮以師友之誼。不遠千里往視。得寒疾卒。時論惜之。

劉·式【宋】新喻人。字叔度。明春秋公穀之學。南唐末舉進士。開寶中隨李唐入宋。官至刑部員外郎。妻陳氏。既寡。以遺書教諸子曰。先大夫秉行清潔。有書數千卷以遺後。是墨莊也。安事隴畝。由是諸子皆以學爲郎官。世稱墨莊夫人。

劉·有年【明】沅州人。字大有。洪武中以明經爲州學訓導。擢御史。激揚有聲。出知太平府。永樂中上儀禮逸經十有八篇。官終交阯按察僉事。

劉·朴【宋】工畫人物。師范彬。又師梁楷。◎【明】廬江人。少有志節。耿介絕俗。其書清勁灑落。爲文章詩歌。古雅典則。洪武中試翰林得官。客死京師。

劉·次莊【宋】長沙人。字中叟。熙寧進士。博洽淹貫。詞翰絕倫。元祐中謫居新淦。築室東山寺前。俯瞰清流。自謂有濠梁間趣。因號戲魚翁。崇寧中官至殿中侍御史。次莊臨摹古帖。最得其眞。有法帖釋文。

劉·汋【明】宗周子。字伯繩。以清介力學稱。宗周死國難。明唐晉二王皆遣使祭。且蔭以官。汋皆辭之。曰。父死敢因爲利。既葬。居小樓二十年。杜門絕人事。著禮經考次一書。及卒。門人私諡貞孝先生。

劉·汝舟【宋】穀子。字元造。政和中第進士。謫與化軍司法。與張浚有故。建炎初獻浚平戎十策。浚辟爲參謀官。◎【宋】準子。字端父。確守父訓。平居無戲言惰容。郡之名士大夫。相繼來居。一時林下衣冠爲盛。

劉·汝璆【清】江西安福人。字笏堂。官至金衢嚴道。有環生館集。

劉·汝懋【明】沙縣人。字文郁。膂力過人。精於武伎。正統中鄧茂七攻邑。汝懋據巷力戰。賊奔潰。追至翔鳳橋側。中槍死。

劉·自強【明】扶溝人。字體乾。嘉靖進士。累遷山西副使。甫蒞任。擒斬叛帥王廈。餘黨悉平。以左副都御史巡撫四川。支羅寇黃中負險猾驁。自強討平之。隆慶初官至刑部尚書。致仕卒。

劉·自潔【清】謙子。字恒叔。康熙進士。先後主講大梁瀛洲兩書院。官編修。有周禮質疑。陰符經注。漢書集粹。定性齋文集。

劉·行本【隋】沛人。寓居京兆之新豐。性剛烈。有不可奪之志。初仕周爲掌朝下大夫。文帝踐祚。累遷黃門侍郎。帝嘗怒一郎。殿前笞之。行本諫。帝不顧。行本正當帝前。置笏於地而退。帝斂容謝。遂原所笞者。拜左庶子。以方直爲太子所敬憚。未幾卒。

劉·行臣【遼】善畫鬼神。精彩灑落。子茂德。亦善父藝。

劉·亨安【元】遂東川州人。木華黎承制授亨安絳州節度使。行元帥府事。從王師渡河入關。敗金人於三峯山。拒宋軍於龍門北。後又從征巴蜀。出奇制勝。戰功居多。所獲金帛。悉推與將佐。士卒咸樂爲用。

劉·伯正【宋】餘干人。字直卿。開禧進士。累官監察御史。有事明堂。雷電忽至。執事者多離次。伯正獨儼然立殿下。聲色不動。帝以大任期之。遷左司諫。三上章疏。淳祐間拜端明殿學士。參知政事卒。

劉·伯林【元】濟南人。任俠善騎射。金末爲威寧防城千戶。降太祖。屢下京邑。以功累遷西京留守。兼兵馬副元帥。伯林在威寧十餘年。務農積穀。與民休息。鄰境凋瘵。而威寧獨爲樂土。卒諡忠順。

劉·伯芻【唐】迺子。字素芝。第進士。行修謹。淮南杜佑奏署節度府判官。累遷給事中。擢刑部侍郎。元和中以左常侍致仕卒。伯芻風度高嚴。善談謔。而動與時適。論者少之。

劉·伯莊【唐】彭城人。貞觀中爲弘

文館學士。遷國子博士。與許敬宗等參修文思博要及文館詞林。龍朔中授崇賢館學士。有史記音義。史記地名。漢書音義。

劉伯愚 【明】格子。字千之。幼穎異。書過目不忘。明末文體詭譎支離。伯愚守其家學。力追先正。一時雪苑有吳侯徐劉之目。謂吳伯裔。侯方域。徐作霖及伯愚也。流賊陷商丘。投井死。亂後。其子德培搜其遺文刻之。

劉伯龍 【南朝宋】蕭人。少而貧薄。及長。歷位尚書左丞。少府。武陵太守。貧窶尤甚。嘗在家。慨然召左右。將營什一之利。忽見一鬼在旁撫掌大笑。伯龍歎曰。貧窮固有命。乃復爲鬼所笑邪。遂止。

劉伯燮 【明】安陸人。字元甫。隆慶進士。歷戶部主事。工科給事中。遇事敢言。彈劾不避權要。督學滇南。操執清愼。遷廣東按察使。以母老不赴。

劉伶 【晉】沛國人。字伯倫。容貌甚陋。放情肆志。常以細宇宙齊萬物爲心。性尤嗜酒。與阮籍。嵇康相善。常乘鹿車。攜一壺酒。使人荷鍤隨之。謂曰。死便埋我。伶妻以伶飲酒太過。非攝生之道。伶曰。當誓神斷矣。妻爲具酒。伶跪祝曰。天生劉伶。以酒爲名。一飲一石。五斗解酲。婦兒之言。愼不可聽。引酒御肉。隗然復醉。嘗醉與俗人相忤。其人攘袂奮拳而往。伶徐曰。雞肋不足以安尊拳。其人笑而止。伶雖陶兀昏放。而機應不差。未嘗厝意文翰。惟著酒德頌一篇。嘗爲建威參軍。泰始初對策盛言無爲之化。時輩皆以高第得調。伶獨罷。以壽終。

劉伸 【遼】宛平人。字濟時。以詞翰聞。登重熙進士。累官大理卿。明法而恕。人以不冤。一日奏獄。帝適與近臣語不顧。伸進曰。自古帝王必重民命。願陛下省臣之奏。帝大驚異。後拜參知政事。爲耶律乙辛所排。出爲保靜軍節度使。徙崇義。致仕卒。

劉位 【宋】招信人。知滁州。節制徐泗二州軍事。金人入寇。位屢敗之。後中流矢沒於陣。建廟滁陽。號剛烈。

劉克明 【唐】宦者。得幸敬宗。帝獵夜還。與克明等軍飲。既酣。帝更衣。燭忽滅。克明等弒帝。矯詔立絳王。王守澄等與裴度討之。克明投井死。出其尸戮之。

劉克莊 【宋】夙孫。字潛夫。號後村。嘉定間以郊恩官建陽令。言官摭其詠落梅詩以爲訕謗。鄭清之力辨得釋。淳祐初特賜同進士出身。除祕書少監。兼中書舍人。揭史嵩之罪狀。有直聲。累官龍圖閣學士。致仕卒。諡文定。有後村居士前後續新四集。

劉克遜 【宋】克莊弟。字無競。以父任補官。調古田令。以救荒捕盜著勞績。累遷知邵武軍。除劇盜。興教化。威愛並行。移泉州。以疾奉祠。克遜一生清貧。尤工於詩。葉適。趙汝談稱之。

劉劭 【三國魏】邯鄲人。字孔才。文帝時爲散騎侍郎。受詔集五經羣書作皇覽。明帝時爲陳留太守。敦崇教化。百姓稱之。遷散騎常侍。詔作許都洛都賦。時外興軍旅。內營宮室。二賦皆寓諷諫。正始中執經講學。賜爵關內侯。凡所撰述。法論。人物志之類百餘篇。（按四庫提要作劉邵。此從三國志。）◎【南朝宋】文帝長子。字休遠。六歲立爲皇太子。年十二出居東宮。多過失。慮帝知。遂爲巫蠱。黃門慶國預巫蠱事。慮見及。具以白帝。帝大怒。將廢劭。劭因行弒逆。卽僞位。改元太初。孝武帝及南譙王義宣。隨王誕並舉義兵。禽斬之。史稱元凶。

劉助 【唐】瞻弟。字元德。性仁孝。幼時與諸兄游。至食飲取最下者。及長。能文詞。喜黃老言。年二十卒。

劉君良 【唐】饒陽人。四世同居。門內尺布斗粟無所私。隋末荒饉。妻勸之異居。君良與兄弟別處月餘。斥去妻。召兄弟復同居。時天下方亂。鄉人共依之。衆築爲堡。號義成堡。其家六院同一庖。子孫皆有禮節。貞觀中旌其門閭。

劉君輔 【清】會澤人。乾隆間累遷湖廣提督。時貴州苗亂。君輔與安籠總兵花連布皆驍勇爲苗所畏。苗號連布爲花虎。君輔髯而黑。號爲黑虎。嘉慶間擊川陝楚三省教匪。無功。降補建昌鎭總兵。致仕卒。

劉君賢 【元】泰和人。字文定。元末兵亂。依母族袁氏於零昌。故亦姓袁。有學問要編。

劉君舉 【元】南豐人。字季賢。博學修行。以堯舜君民爲己任。初受學於王磐。繼聞劉因講學容城。盡棄所學。學之三年。於誠僞之辨。確有定見。甚爲因所器。

劉吳龍 【清】南昌人。字紹聞。號平田。雍正進士。乾隆時官至刑部尚書。在吏部十年。任事最久。剔除宿弊。務持大體。屢掌文衡。世稱得士。卒諡清慤。

劉均 【金】林慮人。爲亳州觀察判官。楊春旣逐荆山。納款元兵。脅均同降。均佯應之。歸家服朝服仰藥死。

劉圻父 【宋】字子寰。號篁[illegible]。游朱熹之門。有篁沙集。

劉孝忠 【宋】太原人。母病經三年。孝忠割股食之。母病心痛劇。又炙火掌中。以分其痛。母尋愈。及母卒。傭爲富家奴。得錢以葬。富家養爲己子。後富家兩目失明。孝忠舐之。復能視。太祖親征太原。召見慰諭。

劉・孝孫 唐荊州人。少知名。隋大業末爲王世充弟杞王辯行臺郎中。辯降。衆引去。獨孝孫攀援號慟。送於郊。貞觀中歷諮議參軍。遷太子洗馬。未拜卒。

劉・孝師 唐一作劉爽。工畫。點畫不多。皆爲樞要。鳥雀尤極變態。

劉・孝綽 梁繪子。字孝綽。本名冉。小字阿士。七歲能爲文。母舅王融稱爲神童。每曰。天下文章。若無我。當歸阿士。歷官尚書水部郎。嘗侍武帝宴。賦詩七篇。帝歎賞。累遷祕書丞。時昭明太子好士愛文。孝綽與殷芸・陸倕・王筠・到洽等同見賓禮。孝綽仗氣負才。有不合意。極言詆訾。由是與世乖忤。屢起屢蹶。終祕書監。孝綽辭藻。爲世所宗。每作一篇。好事者咸諷誦傳寫。有文集數十萬言。兄弟及羣從子姪七十人。皆能文。

劉・孝誠 宋富順人。性至孝。親喪廬墓。有芝草之異。

劉・孜 明萬安人。字顯孜。正統進士。授御史。出按遼東。將吏懾伏。擢山東按察使。治行稱最。累遷右副都御史。巡撫江南。成化初拜南京刑部尚書。懲南部法弛。矯之以嚴。官吏畏憚。致仕卒。孜居官廉慎。治事精密。號稱能臣。

劉・宋 明麻城人。字與賢。嘉靖進士。初知宿州。會歲饑。約己裕民。妻孥僅供饘粥。歷郎署藩臬二十五年。所至以廉能稱。累遷南京戶部尚書。致仕卒。

劉・宏 南朝宋文帝七子。字休度。封建平王。少閑素。篤好文籍。帝寵愛異常。爲立第於雞籠山。盡山水之美。孝武入討元凶劭。事平。以爲尚書左僕射。轉尚書令。爲人謙儉周慎。禮賢接士。明曉政事。卒諡宣簡。

劉・宏化 明長沙人。萬曆進士。歷刑科給事中。首糾輔臣附權貴。內臣懵批答。有直聲。議移宮紅丸之案。侃侃不阿。會熊廷弼論死。宏化力爭之。坐受廷弼賄罷官。崇禎初起兵科都給事中。累遷南大理寺卿。以疾歸。

劉・宏遇 清遼東人。初從明總兵祖大壽爲參謀。天命間降清。隸漢軍正藍旗。順治間官陝西布政使。考績稱最。累擢山西巡撫。勸降流賊。與民休養。頗有善政。坐事降補福建督糧道。

劉・完素 金河間人。字守眞。嘗遇異人飲以酒。及寤。洞達醫術。自號通玄處士。撰運氣要旨論。精要宣明論。傷寒直格方。素問藥證。處庸醫或出妄說。又著素問玄機。原病式。特舉二百八十八字。注二萬餘言。

劉・希仁 宋莆田人。字居厚。嘉定進士。歷安吉令。通判臨安府。提轄文思院。引對獻言。皆涉貴近。時論壯之。累除直祕閣。以臺疏罷奉祠。除將作監。希仁屢以謗退。官止中大夫。生平每遇遷擢。必有論建。雖屏居猶上箴缺失焉。

劉・希文 明華容人。天啓中以貢生授興文教諭。奢崇明陷城。縣令張振德被害。希文暫署縣事。賊復至。誓死不去。與其妻白氏同殉。

劉・希夷 唐汝州人。善爲從軍閨情之詩。詞調哀苦。爲時所重。志行不修。爲姦人所殺。

劉・希岳 宋龍谿人。端拱中爲道士。居靈都老子觀。遇異人得道。號了然子。一日沐浴更衣。陳席而臥。須臾飛出一金蟬。遂失所在。

劉・希暹 唐出自戎伍。有膂力。形貌光偉。善騎射。魚朝恩用爲神策都虞候。封交河郡王。諷朝恩於北軍置獄。召坊市兇惡少年。羅織城內富人。誣以違法。捕置獄中。忍酷考訊。錄其家產。並沒於軍。後下獄賜死。

劉・希簡 明漢州人。字以順。嘉靖進士。除行人。爲工科給事中。甫五月。兩以直言得罪。直聲大振。久之謫縣丞。終登昌知府。

劉・延 後漢光武帝四子。封淮陽王。性驕奢而遇下嚴烈。永平中有上書告延招姦猾。作圖讖。祠祭祝詛事。徙封阜陵王。卒諡質。

劉・延世 宋敞從子。字玉孟。號述之。少有盛名。元祐初游太學。不得志。築堂講業。名曰抱甕。

劉・延孫 南朝宋道產子。初爲徐州主簿。舉秀才。孝武卽位。累擢南徐州刺史。復徵爲侍中。尚書左僕射。領護軍將軍。卒諡文穆。

劉・延祐 唐胤之從子。擢進士。補渭南尉。有吏能。治第一。封薛縣男。累遷安南都護。衆亂遇害。

劉・延朗 後唐虞城人。末帝起於鳳翔。延朗參與謀議。帝旣立。以爲樞密副使。勸帝留晉高祖於京師。帝罷兵柄。皆不聽。高祖起兵。帝自焚死。延朗以一騎走南山。爲追兵所殺。

劉・延皓 後唐渾元人。劉后之弟。始以后戚自藩邸出入左右。甚以溫厚見稱。末帝嗣位。委居近密。及出鎮大名。所執一變。掠人財賄。納人園澤。而三軍所給不時。內外怨之。爲屯將張令昭所逐。晉高祖入洛。延皓逃匿龍門廣化寺。自經死。

劉・延嗣 唐審禮從弟。爲潤州司馬。徐敬業攻潤州。延嗣與刺史固守。俄而城陷。邀以降。不可。繫江都獄。敬業敗。轉汾州刺史。

劉・延慶 宋保安軍人。世爲將家。雄豪有勇。數立戰功。積官鎮海軍節度使。靖康之難。延慶分部守京師。城陷出走。爲追騎所殺。

劉廷元 明平湖人。萬曆進士。由南海知縣入爲御史。張差持梃入東宮被擒。廷元巡視皇城。創瘋癲之說。天啓初言者追論廷元曲庇張差。落職。後魏忠賢起爲太僕少卿。累遷南京兵部尚書。忠賢敗。被劾罷。尋入逆案。贖徒爲民。

劉廷訓 明順天通州人。由歲貢爲吳橋訓導。崇禎中清兵入畿內。廷訓守城。堅拒三晝夜。城外發矢如雨。廷訓受傷。束胸力戰。又中六矢乃死。

劉廷敕 明江右人。善白描佛像人物。

劉廷斌 清溫江人。由行伍從征廓爾喀有功。嘉慶間從攻川陝楚教匪。奮勇鏖戰。所向克捷。道光中官至廣東提督。尋以事革職。

劉廷傑 明榆林參將。李自成陷西安。傳檄榆林招降。廷傑歃血誓師。賊攻城七晝夜。官軍力戰。殺賊無算。城陷。賊怒廷傑。磔殺之。

劉廷傳 明潁州人。字維中。性篤孝。崇禎中流寇至。與弟廷石倡義守城。及陷。兄弟俱罵賊死。

劉廷標 明上杭人。字霞起。號玉存。由貢生歷永昌府通判。孫可望入雲南。廷標與推官王運開。方發兵守瀾滄。時沐天波在永昌。遣子納款。諭兩人以印往。兩人堅不與。士民號泣於門。乞納款以紓禍。廷標曰。衆情如此。吾輩惟一死自靖耳。是夕運開先自經。廷標沐浴賦詩三章。亦自經。

劉廷璣 清漢軍鑲紅旗人。字玉衡。號在園。康熙間由蔭生累官江西按察使。降江南淮徐道。有在園雜志・葛莊分類詩鈔。

劉廷翰 宋浚儀人。周世宗鎭澶淵。廷翰以膂力隸帳下。卽位。累從征伐。宋初預平上黨・維揚。太宗卽位。遷雲州觀察使。以功領大同軍節度。累官大名尹・天雄軍節度卒。廷翰自衞士至上將。寬厚容衆。雖不事威嚴。而長於御下。

劉廷讓 宋仁恭曾孫。字光乂。從周世宗征淮南。以功領雷州刺史。太祖卽位。轉江州防禦使。乾德中領前軍伐蜀。蜀平。秋毫無犯。改領鎭安軍節度。雍熙中知雄州。禦契丹。一軍皆沒。以疾求歸。不俟報。坐配隸商州。怏怏不食。行至華州卒。◎元大寧武平人。至順初遭兵亂。挈家避山中。有幼弟方乳。母王氏置於懷。兵急。廷讓乃棄己子。一手抱弟。一手扶母。疾驅得免。事聞旌之。

劉廷鑾 清城子。字得與。淹雅該博。尤好詞賦。爲時所稱。晚以貢入京考授州同。纂述凡數百卷。

劉忱 宋字明復。以字行。官直龍圖閣。畫山水師李成。筆特細秀。

劉志 北周華陰人。少好學。魏正光中以明經徵拜國子助教。永熙中除安北將軍・廣州別駕。大統中文帝遣獨孤信復洛陽。志糾合義徒。舉廣州歸國。本名思。至是賜名。明帝立。除車騎大將軍・儀同三司。進爵武鄉縣公。賜姓宇文氏。武帝嗣位。拜刑部中大夫。執法平允。甚得時譽。終成州刺史。卒諡文。

劉志淵 金萬泉人。字海南。事親至孝。夙慕神仙道。自號元沖子。後遇長春眞人於棲遊菴。値亂。避兵綿山。獨不罹害。壽七十有九卒。

劉志壽 明密人。字伯齡。以世業任南京欽天監五官靈臺郎。能詩。善畫翎毛。尤長蟹蝦。

劉志選 明慈谿人。萬曆進士。授刑部主事。以言事謫福寧州判官。後用爲工部郎中。時年已七十餘。嗜進彌銳。諂附魏忠賢。力詆王之寀・孫愼行等。官至右僉都御史。提督操江。忠賢敗。論死。志選先自經。

劉成 明靈璧人。以統兵總管從耿炳文定長興。爲永興翼左副元帥。數有功。李伯昇以十萬衆來攻。城中兵僅七千。成引數十騎出西門。擊敗之。擒其將。敵悉兵圍之。遂戰死。

劉沈 晉燕國人。字道眞。博學好古。衞瓘辟爲掾。領本邑大中正。敦儒愛賢。後以侍中假節討李流。河間王顒請留爲軍司。尋領雍州刺史。及顒遣張方逼京師。詔沈入衞。沈馳檄四境。聚衆萬餘。與顒督護虞夔戰於好時。敗之。顒急呼方還救。沈軍潰。爲陳倉令所執。遇害。

劉沔 唐彭城人。字子汪。少孤。客范希朝。署牙將。軍中大會。沔捉刀立堂下。希朝奇之。召謂曰。後日必處吾坐。希朝卒。入爲神策將。累遷大將軍。擢涇原節度使。徙振武。開成中突厥劫營田。沔擊之。賊一磬無返者。積功拜太子太傅。致仕卒。

劉汲 宋丹稜人。字直夫。紹聖進士。欽宗時置京西轉運司於鄧州。以汲添差副使。金人再犯京師。諸道不知朝廷動息者三月。汲馳數十騎赴都城。二帝已北行。汲素服慟哭。尋加直龍圖閣。知鄧州。金人攻之急。矢下如雨。軍中請遯去。不許。敵大至。死之。諡忠介。

劉沆 宋景洪孫。字沖之。天聖進士。擢右正言。知制誥。皇祐中累官同中書門下平章事。後罷爲工部尚書。知應天府。徙陳州。沆長於吏事。性豪率。少儀矩。然任數。善刺探權近過失。陰持之以軒輊取事。論者以此少之。卒諡文安。

劉沐 宋廬陵人。字淵伯。文天祥開府南劍。沐收部曲會之。授太府寺簿。專將一軍。爲督府親衞。空坑兵敗。被執。至豫章。與其長子仲子皆死。季子復從天祥死嶺南。當時江西忠義。皆沭所號召。

劉沂春 明福建長樂人。字泗哲。崇禎進士。官刑部主事。周延儒繫獄。沂春讞之。不阿上意。遂落職歸。

劉汶 元鄜州人。字師魯。以文藝擢高科。由端本堂司經拜西臺監察御史。糾劾不避。忤時貴左遷。累官戶部尚書。爲人豪邁激昂。以詩名於時。有師魯集。◎淸淇弟。字魯田。康熙舉人。受知世宗。當時有二難之目。有詔對・太極答問・陳言・女訓・詩雜文。

劉牢之 晉彭城人。字道堅。沈毅多計畫。太元初謝玄鎭廣陵。募勁勇。牢之應選。領精銳爲前鋒。百戰百勝。號北府兵。敵人畏之。敗苻堅。平孫恩。威名甚盛。進號鎭北將軍。都督會稽五郡。朝廷命討桓玄。牢之慴不能制。又慮平玄之後。功蓋天下。將不能容。遣子敬宣降玄。旣敬宣勸牢之襲玄。猶豫不決。其下多散走。自縊死。

劉玘 後唐雍丘人。仕後梁爲襄州都指揮使。節度使王班爲亂軍所殺。推玘爲留後。玘僞許之。擒爲亂者殺之。襄州平。以功拜復州刺史。末帝時爲晉州觀察留後。凡八年。日與晉人交戰。莊宗滅梁。玘來朝。頓首謝罪。遣還鎭。遂以爲節度使。徙鎭安遠。拜天勝軍節度使。道卒。

劉秀 後漢詳漢光武帝條。

劉秀之 南朝宋莒人。字道寶。少孤貧。有志操。東海何承天雅相知器。以女妻之。兄欽之爲朱齡石右軍參軍。隨齡石敗沒。秀之哀戚不歡宴者十年。元嘉中遷建康令。性纖密。善糾摘微隱。甚有政聲。累官雍州刺史。卒諡忠成。

劉秀石 淸平谷人。蒲州知府登庸女。生甫周晬。許字山陽程允元。登庸卒。家屬流寓天津。允元亦南歸。消息阻絕。秀石兄弟皆亡。乃矢志不移。寄跡尼庵。後允元附漕船北上。聞人傳說貞女事。趨訪之。女不從。因告運弁移牘天津縣。始合巹成禮。時年五十五矣。

劉良 後漢光武帝叔父。字次伯。平帝時舉孝廉。爲蕭令。光武兄弟少孤。良撫循甚篤。建武間封廣陽王。徙趙。卒諡孝。◎唐見呂向條。

劉良臣 淸直隸人。明游擊。守大淩河。天聰間隨祖大壽降淸。順治間累官甘肅總兵。回人米喇仰作亂。良臣被執。死之。

劉良佐 淸直隸人。明總兵。福王時封廣昌伯。扼潁壽。順治間多鐸下江南。良佐率兵十萬降。隸漢軍鑲黃旗。授三等子。隨征金聲桓・王得仁於江西。平之。累官直隸提督。改左都督。

劉虬 南齊喬七世孫。徙居江陵。字靈預。抗節好學。宋泰始中爲晉王記室。解官辟穀。永明・建武中累徵不出。精信釋氏。禮佛長齋。注法華經。

劉言 後周廬陵人。事楚馬希範。爲辰州刺史。靜江指揮使王進逵等因衆怨逐武陵節度使馬光惠。推言權武平留後。南唐命邊鎬入楚。遷馬氏於金陵。因并召言。言不行。遣進逵與何敬眞等攻鎬。大敗之。言遂盡取湖南故地。奉表於朝。太祖乃升武平軍在武安軍上。除言節度使・同平章事。因以武安授進逵。進逵自以言爲己所迎立。不爲之下。遂襲武陵。執言殺之。

劉言史 唐邯鄲人。與李賀同時。歌詩美麗恢贍。自賀外世莫能比。亦與孟郊友善。初客鎭冀。王武俊奏爲棗強令。辭疾不受。人因稱爲劉棗強。後客漢南。李夷簡署爲司空掾。尋卒。

劉辰 明金華人。字伯靜。少負氣節。喜功名。太祖下婺州。首上謁。署典籤。以親老辭歸。建文中薦擢監察御史。出知鎭江府。永樂初遷江西左參政。居官廉勤尙氣。與都司按察使不相得。坐免。起刑部右侍郎致仕。有國初事蹟。

劉辰翁 宋廬陵人。字會孟。少舉進士。時賈似道專國。方殺直臣以塞言路。辰翁因對策極論之。以親老請濂溪書院山長。江萬里薦居史館。又除太學博士。皆固辭。宋亡。託方外以歸。有須溪集・班馬異同評・放翁詩選後集。

劉迂 宋宜黃人。字漫翁。號巢松。隱居不仕。文章敏贍。自成一家。諸子百家之書。無不精究。年八十餘卒。有漫堂詩集。

劉迅 唐知幾子。字捷卿。歷京兆功曹參軍事。嘗寢疾。房琯聞。憂而不寐。曰。捷卿有不諱。天理欺矣。陳郡殷寅名知人。見迅歎曰。今黃叔度也。劉晏每聞其論曰。皇王之道盡矣。迅續詩書春秋禮樂五說。書成。語人曰。天下滔滔。知我者希。終不以示人。

劉邦 漢詳漢高祖條。

劉邦采 明安福人。字君亮。學於王守仁。丁父憂。疏水廬墓。免喪不復應舉。提學副使趙淵強之試。遂中式。仕至嘉興府同知。尋棄官歸。邦采識旣高明。用力復果銳。故造詣特深。

劉阮 淸漢軍鑲紅旗人。字仲阮。榷稅九江關等處。工畫山水人物花鳥。兼工篆隸行草。御製窯器。多其主之。自畫者尤精。

劉京 漢從邯鄲張君學道。受雲母朱英方。服之。年百三十餘歲。視之如三十許人。⊙後漢光武帝十一子。封琅邪王。性恭孝。好經學。明帝尤愛幸。都莒。好修宮室。窮極伎巧。殿館壁帶。皆飾以金銀。卒諡孝。

劉・侗　明麻城人。字同人。崇禎進士。官吳縣知縣。與于奕正同撰帝京景物略。自著有名物考。

劉・佳　清江山人。原名侹。字德甫。號眉士。嘉慶舉人。官溧水知縣。幼能文。及長名愈噪。居官猶日執丹鉛。一時稱名宿。有釣魚蓬山館集。

劉・佳引　明爲總兵官。崇禎末龍文光代陳士奇巡撫四川。與佳引率兵三千。由順慶馳赴之。部署未定而城陷。賊殺文光。佳引自沈於浣花溪。

劉・侃　明京山人。字正言。嘉靖進士。任戶部郎。廉正有聲。出知成都府。平薛兆乾。擢洮岷道副使。有善政。歷官福建左轄。有新陽詩草。

劉・典　清湖南寧鄉人。字伯敬。一字克盦。咸豐間以諸生隨左宗棠轉戰江西皖南。每得奇捷。宗棠督閩浙。督陝甘。皆奏詔幫辦軍務。平定關內外。典贊助之力爲多。官至廣東巡撫。卒諡果敏。

劉・叔雅　明高郵人。善畫牛。隱居湖濱。以高潔稱。

劉・受二　元江西德化人。至正間以貢爲池州推官。張士誠兵起。受二戰於城西渡口。敗績。衆皆逃。受二還城死守。城陷死之。

劉・和　前趙淵子。字元泰。嗣淵立。在位一月。爲弟聰所弑。⊙明吉水人。字元中。年十三。父行賈池州溺死。自後和行賈往來其地。輒設祭號慟。正德中母沒。廬墓三年。

劉・和仲　宋羲仲弟。有超軼材。作詩清奧刻厲。欲自成家。爲文慕石介。有俠氣。蚤卒。

劉・命清　清臨川人。字穆叔。明末捍禦土寇有方略。福王時揭重熙薦充館職。不就。入清以布衣終。有虎溪漁叟集。

劉・坤一　清湖南新寧人。字峴莊。咸豐間洪楊事起。以諸生從戎。屢著戰績。官至兩江總督。光緒間義和拳之亂。與各國訂力保長江之約。維持東南大局。後力爭東三省條約。會商各國商約。皆能極力堅持。於事有裨。卒諡忠誠。

劉・坦　梁安衆人。字德度。齊建元初補廣陵令。以幹濟稱。義師起。行湘州事。東昏侯遣安成太守劉希祖破范僧簡於平都。始興內史王僧粲應之。自是湘部諸郡。悉皆蜂起。坦遣將拒僧粲。相持未決。鎭軍鍾元紹謀應僧粲。坦以計斬之。州部遂安。天監初論功封荔浦縣男。遷新興太守卒。

劉・奇　唐政會子。長壽中爲天官侍郎。薦張鷟・司馬鍠爲監察御史。二人因申屠瑒以謝。奇正色曰。舉賢本無私。何見謝。聞者皆竦。後爲酷吏陷。被殺。⊙明錢塘人。字間之。工畫山水人物花鳥。用筆精工。善於設色。

劉・奉世　宋敞子。字仲馮。中進士第。元祐中累官僉書樞密院事。章惇當國。乞免去。終端明殿學士。奉世優於吏事。治尙安靜。文詞雅贍。最精漢書學。與父及叔攽齊名。世稱三劉。

劉・孟節　宋壽光人。少師种放。篤古好學。隱於青州之南冶。歐冶子鑄劍地也。富弼爲築室以居。范仲淹・文彥博皆欲薦之。辭不就。

劉・季述　唐宦者。乾寧中與王仲先爲左右中尉。時昭宗嗜酒。怒責左右不常。季述自危。謀廢帝。因與仲先等矯皇后令。立皇太子以主社稷。囚帝少陽院。欲盡誅百官。乃弑帝。挾天子令天下。都將孫德昭等伏士安福門。斬仲先。馳入左軍。執季述。杖殺之。迎帝復位。

劉・季孫　宋字景文。監饒州酒務。時王安石爲江東提刑。按酒務至州。見屏間小詩云。呢喃燕子語梁間。底事來驚夢裏閒。說與傍人渾不解。杖藜攜酒看芝山。卽不問務事。升車而去。差攝學事。季孫由此知名。後知隰州卒。家無餘財。但有書三萬軸。畫數百幅而已。

劉・季眞　隋龍兒子。隋大業時龍兒擧兵稱王。爲梁德所破。唐兵起。弟六兒復聚爲盜。附劉武周。季眞從之。自號太子王。六兒爲拓定王。迭爲邊害。張綸・李仲文討之。季眞降。詔以爲石州總管。賜姓李。封彭山郡王。宋金剛戰澮州。勢未決。復連武周。武周敗。秦王執六兒斬之。季眞奔高滿政。被殺。

劉・季連　梁彭城人。字惠續。齊建武中爲蕭遙欣長史。遙欣侮季連。季連憾之。乃密表遙欣有異迹。明帝心德之。以爲輔國將軍・益州刺史。東昏時季連聞京師多故。稍自驕矜。士人怨望。多叛亂。武帝以鄧元起爲益州刺史。季連遂聚兵反。帝宣詔降季連。季連詣闕謝。免爲庶人。後爲蜀人蘭道恭所殺。

劉・季道　明吉水人。洪武初爲起居注。陞浙江按察司僉事。機敏如神。以忤權貴。下獄死。

劉・季裴　宋福安人。字少度。十歲能文。舉紹興進士。累官祕閣修撰。乾道間作十論以進。論何承天屯田。規畫甚詳。帝方欲屯田兩淮。大見稱賞。經筵顧問。所對皆稱旨。有論孟周易解・頤齋遺稿。

劉・季篪　明餘姚人。名韶。以字行。洪武進士。授行人。擢陝西參政。

建文中召爲刑部侍郎。居官多善政。永樂中預修大典。坐失出下獄。謫外任。復降授工部主事。卒官。

劉・定之 明永新人。字主靜。幼有異稟。正統初會試第一。授編修。憲宗時歷官至禮部左侍郎。多所建白。卒諡文安。定之謙恭質直。擅文學。以敏博稱。有易經圖釋・宋論・呆齋集・否泰錄・文安策略等書。

劉・宗仁 明茌平人。諸生。正德中流賊寇城。偕兄宗順急赴村落寧家。途遇賊。執宗仁使從。厲聲罵賊。賊怒。推刃其兄。宗仁以身翼之。俱死。

劉・宗古 宋汴人。宣和間待詔。紹興時進車輅式。稱旨。除提舉車輅院。工畫人物山水佛像。

劉・宗臣 明甕安人。事父母至孝。天啓中水西兵變。破甕安。邑人盡逃。宗臣祖母年八十。病不能行。宗臣不忍舍去。賊至。身被數刃。終不離側。賊義而釋之。

劉・宗周 明浙江山陰人。字起東。號念臺。萬曆進士。天啓初爲禮部主事。歷右通政。劾魏忠賢・客氏。削籍歸。崇禎初起順天府尹。時帝方綜核刑名。宗周以仁義之說進。又請除詔獄。免新餉。帝不省。謝病歸。再召授工部侍郎。累擢左都御史。復以論救姜埰・熊開元。革職歸。福王監國。起原官。痛陳時政。劾馬士英・劉孔昭・劉澤清・高傑。又爭阮大鋮必不可用。皆不納。乞骸骨歸。杭州失守。絕食二十三日卒。門人私諡正義。清賜諡忠介。宗周學以誠意爲主。慎獨爲功。清修篤行。不愧衾影。學者稱念臺先生。又嘗築證人書院。講學蕺山。又稱蕺山先生。所著周易古文鈔・聖學宗要・學言・人譜・人譜類記・論語學案・道統錄・陽明傳信錄・證人社約言・文集等書。皆原本性命。闡明聖學。有關世道人心者。

劉・宗泗 清恩廣弟。字恭叔。康熙舉人。性仁孝。事兄尤謹。兄卒。撫勉子姪。勵學成名。有中州道學存眞錄・恕齋語錄・抱膝廬文集・襄城文獻錄等書。

劉・宗敏 明藍田鍛工。最驍勇。殺其妻子以從李自成。自成入京師。封汝侯。自成敗。爲清師所執。誅死。

劉・宗源 宋茶陵人。以義兵破郴寇李全黨二十餘萬。淳熙中於北湖壩戰死。自持其首。跨馬抵家而仆。

劉・宗道 宋京師人。工畫。嘗作照盆孩兒。以手指影。影亦相指。形影自分。◉明龍溪人。名駟。以字行。洪武中以秀才被徵。對策第一。擢德行特異。復居首。拜都御史。上格君心澤民物二十事。後爲奸人所構。徙南詔。有愛禮集。門人稱愛禮先生。

劉・居敬 元大都人。年十歲。繼母郝氏病。居敬憂之。籲天求代。狀聞。褒美之。

劉・屈氂 漢武帝庶兄中山靖王勝子。征和間爲左丞相。封澎侯。戾太子爲江充所譖。發兵入丞相府。屈氂挺身逃。後治巫蠱獄急。郭穰告丞相夫人祝詛主上。欲令昌邑王爲帝。詔要斬屈氂東市。

劉・岱 後漢寵弟方子。字公山。方官至山陽太守。董卓入洛陽。岱從侍中出爲兗州刺史。虛已愛物。爲士民所附。黃巾賊入兗州。岱擊之。戰死。◉明陝州人。神宗昭妃弟。襲父爵爲左都督。寇陷燕京。岱闔門舉火自焚。男女百餘口。無一存者。

劉・岳 後唐洛陽人。字昭輔。好學。敏於文辭。善談論。舉進士。仕梁累官兵部侍郎。明宗時爲吏部侍郎。宰相馮道世本田家。狀貌質野。兵部侍郎任贊與岳在其後。道行數反顧。贊問岳何爲。岳曰。遺下兔園冊耳。兔園冊者。鄉校俚儒教田夫牧子之所誦也。道聞之大怒。徙岳祕書監。終太常卿。◉元開孫。字公泰。號東匡。世業醫。岳傳其學。宋季遷吳。至元初應徵。官太醫院。時稱劉三點。以其指點三下。洞知受病之原也。尋改翰林學士。知制誥。同修國史。後授建昌路總管卒。有東匡小稿。

劉・岳申 元吉水人。字高仲。爲遼陽儒學副提舉。以泰和州判致仕。其文辭簡約峻潔。爲吳澄・虞集所推重。學者稱申齋先生。有申齋集。

劉・幷 宋寧化人。字清叔。事繼母以孝稱。端平進士。爲大庾令。會譚如海嘯聚。憲司檄幷督捕。遂擒之。後知瑞金。能名益著。以平洞寇功。改京秩。終奉議郎。

劉・迪簡 明安福人。字簡卿。邃於易詩春秋。洪武改元。徵入京。授尚寶館副使。陳時務五十條。及進皇王大學旨要。差往汴陝。採訪前代政績。筆削成書以獻。奉詔使交阯。還至南寧。道卒。有尚賓集。

劉・怦 唐昌平人。少爲范陽裨將。朱滔時積功至雄武軍使。李寶臣以兵擊滔於瓦橋。滔走。寶臣乘勝欲襲幽州。怦設方略。勒兵完守。滔敗歸。終不二。及滔死。軍中推怦總軍事。俄詔爲節度副大使。未幾卒。諡恭。

劉・忠 明陳留人。字司直。成化進士。授編修。仕至吏部尚書・文淵閣大學士。致仕。卒諡文肅。忠性峻寡合。一介不取。在內閣未久。無大建白。然重厚持正。爲貴倖所嫉。

劉・忠嗣 明清苑人。字蘊堂。世襲大寧後衞指揮。流賊攻城。與張羅彥分守東門。城危。先殺其妹及妻毛氏子婦王氏暨女。仍登陴抗賊。城破被執。支解死。

劉忠翼 唐 本名清潭。爲宦者特進。與左衞將軍董秀皆有寵於代宗。掊冒財賄。貲產累巨萬。德宗在東宮。忠翼與黎幹陰謀。幾危宗嗣。遂積前罪誅。

劉承規 宋 山陽人。字大方。建隆中補高班。太宗卽位。超拜北作坊副使。大中祥符初封泰山禮成。以左驍衞上將軍·安遠軍節度觀察留後致仕。卒謚忠肅。承規歷事三朝。以精力聞。掌內藏三十年。製定權衡法。檢察精密。頗好儒學。喜聚書。間接文士。質訪故實。多見禮待。

劉承漢 明 武昌人。字心五。諸生。張獻忠陷武昌。諸民竄伏蘆葦中。承漢露立。爲賊所執。扼吭而死。

劉放 三國魏 涿郡人。字子棄。舉孝廉。遭世大亂。依王松。後事曹操。參司空軍事。黃初初爲中書監。掌機密。明帝時尤見寵任。放善爲書檄。三祖詔命。多放所爲。封方城侯。累官驃騎將軍。卒謚敬。

劉政 後漢 沛人。高才博物。學無不覽。以爲世之榮貴。須臾耳。乃求養生之術。勤尋異聞。能變化隱形。又能隱三軍之衆。使成一叢林。亦能使成鳥獸。後不知所終。◎金 洺州人。性篤孝。母老喪明。政以舌舐之。逾旬復明。母卒。負土起墳。廬墓三年。防禦使以聞。除太子掌飲丞。◎明 長洲人。字仲理。性聰睿。肆力學問。洪武中鄉試第一。出方孝孺門。燕兵起。草平燕策將上之。爲家人所尼。聞孝孺被殺。嘔血死。◎明 確山人。父母相繼沒。廬墓六載。歲大旱。獨周其墓田五六里得雨。有不肖數火其廬。火皆自息。

劉政會 唐 胙人。隋大業中爲太原鷹揚府司馬。以兵隸高祖麾下。武德初授衞尉少卿。留守太原。會劉武周寇并州。晉陽豪傑應之。政會爲武周所擒。每密表賊形勢。旣平。復官。封邢國公。貞觀初轉洪州都督。卒謚襄。

劉攽 宋 敞弟。字貢父。與敞同登進士。熙寧初同知太常禮院。嘗貽書王安石。論新法不便。出知曹州。曹爲盜區。重法不能止。攽爲治尚寬平。盜亦衰息。元祐中召拜中書舍人卒。攽邃於史學。與司馬光同修資治通鑑。專職漢史。爲人疎儁。不脩威儀。喜諧謔。數招怨悔。終不能改。有東漢刊誤·彭城集·文選類林·中山詩話·公非先生集。

劉於義 清 武進人。字喻旃。號蔚岡。康熙進士。入翰林。文譽甚著。性沈密。習勞苦。能辦大事。乾隆間官至吏部尚書·協辦大學士。卒謚文恪。

劉昌 唐 開封人。字公明。善騎射。天寶末從張介然討安祿山。劉玄佐領宣武。擢昌左廂兵馬使。以兵三千守寧陵。李希烈率衆五萬攻之。不能克。昌復從玄佐敗之。貞元中遷四鎭北庭行營兼涇原節度。官至檢校尚書右僕射。封南川郡王卒。昌在邊最久。身率士墾田。軍有羨食。邊障安寧。◎明 長洲人。字欽謨。弱冠舉正統進士。爲文贍麗。詩宗盛唐。官至廣東參政卒。有中州名賢文表·河南志·姑蘇志·文集等。◎清 祥符人。明天啓進士。官至戶科給事中。李自成陷京師。昌附之。順治初投誠。累官工部尚書。卒謚勤僖。

劉昌言 宋 南安人。字禹謨。少篤學。文辭靡麗。陳洪進辟爲功曹參軍。掌牋奏。太平興國中登第。淳化初趙普留守西京。表爲通判。委以府政。普病。屬昌言後事。普卒。爲經理其家事。太宗以爲忠。累遷右諫議大夫。同知樞密院事。因與凶人趙贊素善。贊誅。心不自安。出知襄州。咸平中拜工部侍郎卒。

劉昌叔 明 福安人。善繪畫。尤工寫眞。

劉昌祚 宋 眞定人。字子京。以父賀戰沒。錄爲右班殿直。哲宗時累官武康軍節度使。卒謚毅肅。昌祚善騎射。箭出百步之外。夏人得箭以爲神。持歸祀之。著有射法。

劉昌嗣 五代漢 湘鄉人。爲磁相二州刺史。隱帝遇害。昌嗣避地衡山。馬氏招以賓禮。不赴。周行逢逼以僞祿。昌嗣曰。吾嘗致身漢代。縱不能效夷齊。獨不可效梅福乎。乃改姓范。號愚叟。躬耕以終。

劉昌詩 宋 清江人。字興伯。開禧進士。官縣令。所著蘆浦筆記。足資考據。

劉昌裔 唐 陽曲人。字光後。客河朔間。曲環方攻濮州。表爲判官。累遷營田副使。環卒。上官涚知後務。吳少誠引兵薄城。涚欲遁去。昌裔止之。以守城功擢陳州刺史。涚卒。軍中推昌裔。詔檢校工部尚書。卒謚威。

劉昌魯 五代楚 鄴人。唐僖宗時爲高州刺史。黃巢寇嶺南。帥羣蠻據險拒之。擢防禦使。及劉隱有嶺南。自度非隱敵。遂歸馬殷。署永順軍節度副使。卒官。

劉昆 後漢 東昏人。字桓公。受施氏易於沛人戴賓。能彈琴。知清角之操。王莽時教授弟子。恆五百餘人。建武中舉孝廉不行。教授於江陵。除江陵令。縣連年火災。昆向火叩頭。能降雨止風。旋遷弘農太守。先是殽黽驛道多虎。行旅不通。昆爲政三年。仁化大行。虎皆負子渡河。帝異之。徵爲光祿勳。召問其事。對曰。偶然耳。左右皆笑其質訥。帝笑曰。長者之言也。累官騎都尉。以老乞休。詔賜洛陽第。以千石祿終其身。

劉旻 北漢 知遠同母弟。初名崇。少無賴。嘗黥爲卒。知遠仕晉。署崇都指揮使。及卽位。以爲太原尹·北京留守。與郭威不協。隱帝被弒。威迎立崇子贇爲漢嗣。尋又殺之。崇遂於周廣順初稱帝於太原。改名旻。據十一州。是爲北漢。伐周累敗。後乘周世宗新立。與遼共出師。復大敗於高平。憂憤卒。在位四年。年號乾祐。諡神武。廟號世祖。⊙明 衡陽人。天順進士。官給事中。彈劾不避權貴。成化中再論宮闈事落職。直聲震中外。

劉昉 隋 望都人。周宣帝時以技佞見狎。寵冠一時。及帝不豫。召昉屬以後事。昉見靜帝幼沖。遂引文帝輔政。以定策功拜上大將軍。封黃國公。文帝受禪。進位柱國。不復任使。因謀反。事泄。坐誅。

劉易 宋 忻州人。性介烈。博學好古。喜談兵。韓琦知定州。上其所著春秋論。授官不仕。寓虢之盧氏。習辟穀術。趙抃復薦其行誼。賜號退安處士。治平末卒。

劉易從 唐 審禮子。審禮沒於吐蕃。易從往省。晝夜哭不止。乃還其尸。徒跣萬里以歸。累遷彭城長史。永昌中酷吏周興誣以死罪。將刑。百姓奔走爭解衣投地曰。爲長史祈福。有司平直。乃十餘萬。天下冤之。（易從德威孫。萬姓統譜誤爲德威次子。）

劉昇 唐 易從子。易從得罪。昇年十餘歲。流嶺表。六道使誅流人。昇以信愛爲首領所庇免。後易姓溫。北歸洛。開元中官至太子右庶子。能文。善草隸。

劉昂 金 興州人。字之昂。大定進士。高曾以下。七世登科。昂天資警悟。律賦自成一家。詩得晚唐體。泰和初自國子司業擢左司郎中。坐事降上京留守判官卒。

劉旺 明 三萬衞人。爲都指揮使。成化間敵入邊。與其子答斷於古城堡設伏伺之。敵至出戰。援絕矢竭。父子俱沒於陣。

劉杳 梁 歊弟。字士深。十三丁父憂。哀感行路。好學。博綜羣書。沈約·任昉以下。有遺忘。皆訪問焉。初知餘姚。累遷步兵校尉。著作郎。官終尙書左丞。杳治身清儉。無所嗜好。有要雅·楚辭草木疏·高士傳·東宮新舊記·古今四部書目。

劉杲 明 長洲人。字世熙。由進士累遷湖廣副使。朝議括流民戍邊。所在洶懼。杲急白上官。驗文引及生業。以定去留。民乃安。三遷江西左布政使。天下朝覲官。劉瑾皆要重賄。杲故無所齎。力拒不應。士論稱其剛正。瑾誅。以時望方遷擢。而杲力乞罷。詔進右副都御史致仕。

劉林甫 唐 觀城人。武德時爲內史舍人。與蕭瑀等撰定律令。著律議萬餘言。歷中書吏部侍郎。賜爵樂平縣男。始天下初定。州府以赤牒授官。至是令悉集吏部。林甫隨才銓錄。咸以爲宜。論者方之隋高孝基。

劉松 清 安徽人。爲白蓮教之首。乾隆間以河南鹿邑邪教事發被捕。遣戍甘肅。⊙清 常熟人。字石亭。善畫山水花鳥。

劉松山 清 湘鄉人。字壽卿。忠勇多大略。咸豐間隸王錱部下。從戰湖南湖北江西諸省。歷有名績。同治中援曾國藩於祁門。勦捻於河南陝西。累官廣東陸路提督。征甘隴叛回。破堡寨數百。勦馬化隆於金積堡。中礮死。諡忠壯。

劉松年 宋 錢塘人。紹熙間待詔畫院。師張敦禮。工畫人物山水。寧宗勅進耕織圖。稱旨。賜金帶。

劉松老 宋 涇子。字榮祖。畫山水師蘇軾。書學米芾。

劉東星 明 沁水人。字子明。隆慶進士。累官吏部右侍郎。以父老請侍養歸。父卒。起工部左侍郎兼右僉都御史。總理河漕。以功進兵部尙書。又奏開泇河。引漕淮海。垂成而卒。天啓初諡莊靖。東星性儉約。歷官三十年。敝衣蔬食如一日。

劉武 漢 文帝二子。立爲代王。徙淮陽。又徙梁。築東苑方三百餘里。廣睢陽城七十里。招延四方豪傑。自山東游士莫不至。栗太子廢。太后欲以梁王爲嗣。大臣及爰盎等關說於帝。太后議格。王使人刺殺盎。後入朝。欲留。勿許。歸國卒。諡孝。

劉武元 清 遼東人。字鎭藩。明游擊。守大淩河。隨祖大壽降清。隸鑲紅旗漢軍。順治間累擢南贛巡撫。與金聲桓·李成棟等屢戰有功。官至太子太保·兵部尙書。卒諡明靖。

劉武周 唐 景城人。父匡。徙居馬邑。武周爲人驍悍。善騎射。喜交豪傑。爲鷹揚府校尉。太守王仁恭頗愛遇之。令直閤下。久之盜仁恭侍兒。懼覺誅。又見天下已亂。陰有異計。隋大業末斬仁恭。自稱太守。遣使附突厥。突厥立爲定楊可汗。僭稱帝。建元天興。武德中侵幷州。齊王元吉委州遁。武周入據之。秦王以精騎突擊破賊。武周棄幷州。北走突厥。未幾。謀歸馬邑。計露。突厥殺之。

劉沼 梁 魏昌人。字明信。幼善屬文。既長博學。仕齊起家奉朝請。天監初拜臨川王記室參軍·秣陵令卒。

劉泌 宋 餘干人。嘉泰進士。性至孝。歷官郡縣臺省院部。後拜參知政事。攝相事八十日。以母老乞養歸。

劉泗源 明 鄖縣人。諸生。明末路遇二賊圍城。城中食盡將潰。泗源縋城入賊營。爲諜以間之。兩賊互相猜疑。尋遁去。

劉・波 明隴州人。貢生。以學博致仕歸。崇禎中高應祥・李自成・張獻忠等共寇隴。波慮孤城難支。合鄉官任三才等誓以死守。城陷。波力戰被執。遇害。

劉・炎 宋邵武人。字潛夫。朱熹門人。◎宋括蒼人。字子宣。精究理學。無門戶之見。著邇言十二章。

劉・牧 宋衢州西安人。字先之。舉進士第。調州軍事推官。與州將爭公事。爲所擠。幾不免。及范仲淹至。牧大喜曰。此吾師也。遂以爲師。及仲淹撫河東。舉牧可治劇。於是爲兗州觀察推官。累官荆湖北路轉運判官卒。牧受易學於范諤昌。諤昌本於許堅。實與邵雍同所自出。有易解・卦德通論・先儒遺論九事。(按弘治衢州府志稱牧西安人。字牧之。官終屯田員外郎。著易解與易象鉤隱圖。四庫提要謂彭城人。字長民。墓誌作字先之。官至太常博士。此據宋元學案。)

劉・玨 宋長興人。字希范。崇寧進士。建炎初爲中書舍人。金人大入。帝如臨安。以玨爲吏部侍郎。遷尚書。隆祐太后奉神主如江西。詔玨爲端明殿學士。從行。金人分兵追太后。舟至太和縣。衞兵皆潰。玨奉太后退保虔州。御史張延壽論玨罪。貶衡州。紹興初以朝散大夫分司西京。卒於梧州。有吳興集・兩漢蒙求等書。(按四庫提要作劉班。此從宋史。)◎明長洲人。字廷美。號完菴。郡守況鍾聞其才。舉爲吏。不就。正統中領鄉薦。授刑部主事。遷山西按察使僉事。工書畫。居官多善政。有完菴集。

劉・玢 南漢龑子。初名洪度。龑卒嗣立。更名玢。改元光天。居喪召伶人作樂飲酒。宮中裸男女以爲樂。或衣墨縗。與倡女夜行。出入民家。尋爲陳道庠等所殺。諡殤帝。在位一年。

劉・玠 宋爲潭州將。建炎中金人陷潭州。玠挺身血戰。中數十矢。死於陣。民立廟祀之。

劉・知俊 後梁沛人。字希賢。少事時溥。溥與梁相攻。知俊與其麾下降太祖。多戰功。累官檢校太尉。封大彭郡王。太祖性猜忌。屢殺諸將。知俊遂叛附李茂貞。已而茂貞左右忌知俊功。以事間之。知俊乃奔王建。建以爲武信軍節度使。使反攻茂貞。取秦鳳階成四州。建陰忌其材。而蜀人亦共嫉之。遂見殺。

劉・知信 宋邢州人。字至誠。起家授供奉官。雍熙初領檀州團練使。護屯兵於鎮州。會大舉北伐。師還。諸將失道。知信獨整所部以歸。俄知定州。兼兵馬鈐轄。一日宴犒將士。契丹騎乘間至。知信不介而出。斬獲甚衆。以功累官東京都巡檢使。復知定州卒。

劉・知柔 唐藏器子。性簡靜。美風儀。居親喪。廬墓側。詔築闕表之。累遷太子賓客。封彭城縣侯。卒諡文。

劉・知幾 唐知柔弟。字子玄。與兄知柔俱以善文辭知名。擢進士第。累遷鳳閣舍人。兼修國史。擢太子率更令。開元初遷左散騎常侍。以功封居巢縣子。知幾領國史垂三十年。自負史才。著史通內外四十九篇。譏評今古。又別撰劉氏家史及譜考。議者高其博。嘗言史有三長。才學識世罕兼之。時以爲篤論。會子貺抵罪。知幾爲請於執政。玄宗怒。貶安州別駕卒。諡文。有集。

劉・知過 宋天台人。字與機。未冠領鄉薦。紹興間中特科。監南嶽廟。與弟知變俱以文名。尤工詩。參政賀允中題其詩曰江東天籟。

劉・知遠 五代漢見漢高祖條。

劉・知謙 唐上蔡人。避亂客封州。爲清海牙將。黃巢自嶺表北還。湖湘間羣盜蟻聚。知謙因據封州。有詔即授刺史。撫納流亡。境內肅然。久之病卒。(按五代史作劉謙。此從唐書。)

劉・祁 元從益子。字京叔。金太學生。入元復試。魁南京。選山西東路考試官。後征南行省辟置幕府。有歸潛志。所紀皆金事。修金史多採之。

劉・秉 南朝宋字彥節。少有才俊。朝野推譽之。泰始初尹丹陽。順帝時轉尚書令。時蕭道成專政。將圖篡逆。秉與袁粲等謀誅之。事敗。遇害。

劉・秉忠 元邢州人。字仲晦。初名侃。從釋氏。名子聰。拜官後更名秉忠。自幼好學。至老不衰。邃於易及邵氏經世書。平居蔬食。自號藏春散人。年十七。爲邢臺節度使府令史。尋棄去。隱武安山中爲僧。後遊雲中。世祖在潛邸。海雲禪師被召。過雲中。邀與俱行。既入見。應對稱旨。遂留藩邸。上書數千百言。皆天下大計。世祖征大理雲南及伐宋。每以天地好生力贊於帝。所至全活不可勝計。至元初拜太保。參領中書省事。益以天下爲己任。知無不言。每因顧問。輒推薦人物。他如頒章服。舉朝儀。給俸祿。定官制。皆自秉忠發之。爲一代成憲。卒贈常山王。諡文正。有藏春集・玉尺經。

劉・秉直 元武清人。字清臣。至元中爲衞輝路總管。平徭役。興教化。惠政及民。民德之。秩滿。以親老乞養歸。

劉・秉政 清漢軍正紅旗人。初爲雞澤知縣。累官福建巡撫。耿精忠反。秉政附之。後從精忠降。逮赴京。道死。

劉·秉恬　〔清〕洪洞人。乾隆舉人。累擢倉場侍郎。時分路進勦大小金川。秉恬專辦糧餉。身親督率。不辭勞瘁。嘉慶間官兵部左侍郎卒。

劉·秉恕　〔元〕秉忠弟。字長卿。好讀書。年弱冠。受易於劉肅。與兄同事世祖。擢禮部侍郎。邢州安撫使。歷彰德等五路總管。所至有惠政。召除禮部尚書。終平陽路總管。

劉·秉監　〔明〕宣子。字遵教。號印山。正德進士。歷河南僉事。俗惑鬼。多淫祠。秉監毀境內淫祠以千數。遷大名兵備副使。以忤巨奄逮繫詔獄。謫判韶州。移貳潮州。調知臨安府。未至卒。秉監學於湛若水。復篤志陽明之學。講學之會。四馬奚童。往來山谷間。儉約如寒士。母勞之曰。兒孝且弟。何必講學。對曰。人見其外。未見其內。將求吾眞。不敢不學。

劉·秉德　〔金〕容城人。性安靜恬退。與物無競。貞祐間避地豫之許封山。以教授為業。興定中舉進士。累官鄭州防禦判官。甚有能聲。

劉·秉璋　〔清〕廬江人。字仲良。咸豐進士。初從李鴻章。後自領一軍。轉戰江蘇浙江山東河南等省。勦平髮捻。所向有功。光緒間官至四川總督。在蜀八年。以歷辦教案皆主平斷。教士訌於京。坐褫職。卒後復原官。

劉·秉權　〔清〕漢軍正紅旗人。順治初任兵部主事。累擢廣東巡撫。廉靜和平。兵民信服。劉進忠叛於潮州。秉權督兵進勦有功。卒於軍。諡端勤。

劉·肥　〔漢〕高祖子。高祖微時外婦曹夫人所生。高祖卽帝位。封齊王。孝惠時入朝。帝與燕飲。置之上坐。如家人禮。太后怒。欲鴆之。齊王陽醉去。懼不免。因獻城陽郡。以尊魯元公主為王太后。呂太后喜而許之。遣王歸國。卒諡悼惠。

劉·芳　〔後魏〕彭城人。字伯文。處貧窘而業尙貞固。聰敏過人。篤志墳典。晝則傭書以自給。夜則窮經不寢。著窮通論以自慰。尤長音訓。辨析無疑。時人號為劉石經。宣武帝時仕至中書令。轉太常卿。定律令及朝儀。所撰述凡十有三種。卒諡文貞。◎〔清〕河南永寧人。父為巨浪所漂。芳入水援救。俱獲免。大吏表其居曰孝子村。

劉·芳名　〔清〕寧夏人。明柳溝總兵。順治初降清。隸正白旗漢軍。官寧夏總兵。轉戰陝西甘肅。功甚著。後調隨征江南右路總兵。加左都督銜。卒於軍。諡忠肅。

劉·芳奕　〔明〕洛陽人。慷慨負智略。舉於鄉。為昌樂知縣。解官歸。歲大歉。人相食。芳奕傾囊濟之。李自成陷洛陽。自縊死。

劉·芳喆　〔清〕宛平人。字宣人。別號拙翁。順治進士。官國子監司業。乞休歸。學主於庸。所求皆子臣弟友之事。有拙翁集、庸語諸書。

劉·芳躅　〔清〕宛平人。字增美。號鍾山。順治進士。康熙間官山東巡撫。時山左多明時藩產。正供外仍有租。民累甚。上疏免之。又疏停地方緝盜預勒名數之例。詔從之。尋以憂歸。

劉·芮　〔宋〕東平人。字子駒。師胡安國。所造粹然。為永州獄掾。與太守爭議獄。謂今覿疏駁者之設意。大與古人用心不同。從古惟聞死中求生。不聞生中求死。託疾歸。有順寧集。

劉·虎　〔後魏〕南單于之苗裔。居新興慮虒之北。父為北部帥。父死。虎始臣附於魏。自以衆落稍多。舉兵外叛。歸劉聰。拜安北將軍。昭成初寇西部。帝遣軍破之。虎死。

劉·表　〔後漢〕高平人。字景升。魯共王餘之後。姿貌溫偉。與同郡張儉等號為八顧。初平中為荊州刺史。愛民養士。從容自保。及曹操與袁紹相持於官渡。紹求助於表。表許之而未往援。操既敗紹。自將征表。未至。表疽發背而死。

劉·迎　〔金〕東萊人。字無黨。大定進士。除豳王府記室。改太子司經。有詩文樂府號山林長語。

劉·采　〔明〕興山人。事母孝。母病思食山藥。采求之廢間。遇虎。泣拜之。虎弭耳去。因獲奉母。疾亦瘥。

劉·長　〔漢〕高帝六子。立為淮南王。早失母。常附呂后。孝文驕蹇數不奉法。力能扛鼎。以宿怨椎殺辟陽侯審食其。詣闕謝罪。帝赦不治。歸國益恣。數上書不遜。坐事廢處蜀嚴道。不食而死。諡厲。◎〔後漢〕明帝少子。封濟陰王。卒諡悼。

劉·長佑　〔清〕湖南新寧人。字子默。號印渠。道光間拔貢。咸豐間從江忠源軍。積功獎知縣。轉戰江西廣西各省。所向皆捷。又平東西捻。創設黃河水師。官至雲貴總督。寬和得衆。熟悉邊情。卒諡武愼。有遺書。

劉·長庚　〔明〕同州人。諸生。慷慨有志節。崇禎末李自成蹂躪秦關。長庚挺身誓衆固守。城陷。妾雷氏先自刎。長庚遂自經。女七歲。橫刀於壁。以頸就之死。

劉·長卿　〔唐〕河間人。字文房。開元時舉進士第。性剛多忤。官終隨州刺史。詩調雅暢。權德輿稱為五言長城。有劉隨州集。

劉·長孺　〔宋〕耀州人。為博州判官。與劉豫舊。勸以轉禍為福。豫怒。追其官。囚之百日。終不屈。紹興中宣諭使周聿薦之朝。詔赴行在。而樓照言長孺老病。遂命轉兩官奉祠。其後金復渝盟。長孺之華陰縣。不屈死。

劉·門司　〔宋〕以墨戲名。

劉·阿祖　〔唐〕善畫釋像。

劉青芝 【清】青蓮弟。字芳草。號實夫。晚號江村山人。雍正進士。官庶吉士。未幾引疾歸。閉戶著書。垂三十年。學者宗之。爲文不名一體。尤長傳記。有江村山人稿·尙書辨疑·學詩闕疑·周禮質疑·史記紀疑·史漢異同是非·古氾城志·擬明代人物志·續錦機·江村隨筆諸書。

劉青蓮 【清】宗泗子。字華嶽。一字藕船。康熙時歲貢生。邃於經學。晚歲築七一軒。與弟青芝日吟嘯其中。張鵬翀爲寫江村七一圖。一時傳爲盛事。有七一軒詩文·學禮闕疑·古今孝友傳·藕船題跋·續一鄉雅言。

劉青震 【清】宗泗兄子。字嘯雲。號方來。康熙舉人。官知縣。性孝友。負經濟才。放情山水。以詩酒自娛。有葵園詩草。

劉青霞 【清】青震弟。字嘯林。羣從六人。皆績學砥行。有中州六劉之目。青霞尤邃於史。爲文章。力摹司馬遷。晚得關中李顒書。益潛心理學。以諸生終。有愼獨軒文集及史論。

劉青藜 【清】恩廣子。字太乙。一字臥廬。號嘯月。康熙進士。官庶吉士。積學能文。事母至孝。乞歸不復出。有高陽山人詩文集·金石續錄。

劉非 【漢】景帝五子。立爲汝南王。吳楚反。上書自請擊吳。吳已破。徙王江都。好氣力。治宮館招四方豪傑。驕奢甚。卒諡易。

劉亮 【北周】中山人。本名道德。倜儻有計略。普泰初從賀拔岳西征。以功拜大都督。封廣興縣子。大統中以復潼關功。進位車騎大將軍。以勇敢見知。爲時名將。文帝曰。卿文武兼資。孤之孔明也。乃賜名亮。賜姓侯莫陳氏。出爲東雍州刺史卒。諡襄。

劉亮采 【明】歷城人。字公嚴。萬曆進士。善書畫。侏儒滑稽。長於詩詞。調笑怒罵。皆成文章。有詩稿。

劉侯仁 【後魏】豫州人。白早生殺刺史司馬悅。據城南叛。悅息朏走投侯仁。賊雖重價購募。嚴其捶撻。侯仁終無漏泄。朏遂免禍。事寧。有司奏侯仁操行。請免府籍。敍一小縣。詔可。

劉俁 【宋】象山人。字碩翁。總角日誦千言。爲文操筆立成。登紹興進士。倅紹興府。帥王希呂·使者朱熹雅敬之。委以諸暨·蕭山荒政。活民十萬。改知岳州。除直祕閣。召直尙書禮部郎中卒。

劉係宗 【南齊】丹陽人。少善書畫。仕宋歷員外郎。高帝卽位。除建康令。武帝時累官右軍將軍·淮陵太守。唐寓之亂。發禁兵東討。命係宗隨軍慰勞。民賴以安。時欲修白下城。苦役煩。係宗啓役東人隨寓之爲逆者。帝從之。官終宣城太守。

劉俊 【明】深州人。字君佐。成化進士。授青州推官。鞫獄詳允。徵授御史。累遷河南按察司副使。終日閉門。不通一謁。獨好飲酒。酒人至。輒開閣與飮。然性介。不能有所干。◎【明】博平人。諸生。正德中流寇猖獗。肆行屠毒。時俊同女歸自鄉里。遇數騎於道。驅之使從。俊怒然曰。我儒生。豈從汝作賊耶。因被害。擄其女。女又不從。懼之以刃。罵不絕口。被殺。◎【明】字廷偉。畫人物山水入能品。

劉保乂 【後蜀】青州人。治尙書左氏家言。廣政初官戶部郎中。充諸王侍讀。性嚴急。業不進者輒抶之。王宮乳嫗密諭保乂。宜少假借。保乂曰。膏粱之性。不過督。則它日皆豚犬也。其端方不撓多此類。

劉保勳 【宋】處讓子。字修業。少好騎射。習刑名之學。頗工詩。仕周至工部員外郎。太宗時官至御史中丞。廉謹有守。雍熙中命曹彬等征幽州。保勳以本官知幽州行府事。會王師不利。濟拒馬河。保勳陷淖中死。

劉信 【漢】高祖兄子。高祖微時。常與賓客過其丘嫂食。嫂陽爲羹盡轑釜。客去。視釜中有羹。怨嫂。及卽帝位。封其子信爲羹頡侯。高后時削爵一級。爲關內侯。◎【五代漢】高祖從弟。性昏懦。黷貨無厭。喜行酷法。初掌禁軍。領義成軍節度使。徙領許州。高祖臨終。遣赴鎭。周太祖軍變於澶州。王峻遣馬鐸以兵巡檢許州。信惶惑自殺。◎【五代吳】中都人。初爲羣盜。敗奔廣陵。事楊行密數有功。累官鎭南軍節度使。楊隆演立。命信攻虔州譚全播。克之。加征南大將軍。及唐莊宗滅梁。遣薛昭文使閩。假道洪州。信燕勞之。謂曰。皇帝知有信否。漢有韓信。吳有劉信。一等人也。君還語天子。當來校射於淮上。暨唐師伐蜀。徐溫急召信爲左統軍。託以內備。而實奪其地。未幾卒。

劉勉之 【宋】崇安人。字致中。以鄉舉詣太學。師事譙定。究心伊洛之旨。力耕自給。紹興間召至。與秦檜不合。卽謝病歸。學者踵至。隨材施教。所居有白水。人稱白水先生。朱松將卒。屬以後事。且戒其子熹受業。勉之經理其家。誨熹如子。熹之得道。自勉之始。

劉南甫 【宋】吉水人。字山立。號月澗。年十七。以治尙書第嘉熙進士。嘗講學白鷺書院。歷安遠縣簿。人稱神明。性警敏。爲丞相江萬里所重。

劉南英 【清】宣城人。字宇千。工詩。尤精琴理。有琴學集成。

劉厚基 【清】耒陽人。咸豐間以武童從軍。同治間從攻藍潮鼎及石達開。轉戰川陝間。所向克捷。又從左宗棠平陝西回亂。積功官至陝西延綏鎭總兵卒。

劉·哈喇八都魯 元河東人。世業醫。至元中召見。世祖謂其目有火光。異之。留侍左右。昔里吉叛。別里鐵穆兒奉命往征。帝諭從行。既獲昔里吉。獻俘行宮。帝輟羊胾以賜。劉其美者懷之。曰。母幸存。請以遺之。帝嘉其志。命自今賜食。必先其母。官至御史中丞。

劉·哈喇不花 元其先江西人。徙居燕趙。倜儻好義。有古俠士風。至正中穎亳盜起。朝廷以泰不花總兵討之。哈剌不花上書陳攻守方略。泰不花大喜。卽辟爲掾史。累官河南行省平章政事。

劉·垓 明潛江人。字達可。隆慶進士。初任太平推官。入爲祠部郎。吳中行·趙用賢劾大學士張居正奪情廷杖。垓救之。被謫。起視雲南學政。得士心。致仕歸。閉門講學以終。

劉·垕 宋㷆子。字伯醇。號靜齋。知江寧縣。辟制置司幕官。以攻李全功。歷知常州衡州。移南劍州。以疾不赴。與門徒熊竹谷輩講道終其身。有毛詩解·家禮集注·心經集說。

劉·奎 明孝感人。字文瑞。性剛峻。弘治中授廬州府同知。時武宗南巡。江彬等作威福。奎攝邳州事。不爲禮。彬銜之。調永寧同知。辭免歸。

劉·奕 宋若虛子。字蒙伯。天聖進士。累遷屯田員外郎。慶曆中用兵。韓琦爲經略使。辟鳳翔府判官。兵民事劇。多倚奕辦集。歷判潤州卒。

劉·威 五代吳愼縣人。仕楊行密爲牙將。畫策破孫儒。後授廬州刺史。時四郊多壘。井邑蕭然。威內撫百姓。外禦寇兵。廬州以寧。擢鎭南軍節度使卒。

劉·宣 後漢南陽宛人。字子高。宣知莽將篡。變姓名。抱經書。隱避林藪。建武初乃出。光武以宣襲封安衆侯。◎南齊字士則。朴鈍少言。好學修絜。官右部都尉。蒞官清恪。劉淵卽王位。宣之謀也。故特荷尊寵。軍國內外。靡不專之。◎宋爲秦鳳路兵馬都監。金人入關陝。宣遺蠟書與吳玠相結。且率金將任拱等以所部歸朝。約日已定。有告之者。金人取宣縷擘之。其家屬配曹州。◎元潞州人。徙太原。字伯宣。居家孝友。沈毅清介。有經世志。嘗從許衡講明理學。伯顏平江南。宣贊畫居多。累官吏部尚書。時世祖伐交阯。再征日本。宣上疏諫。遷行臺御史中丞。爲忙古臺所羅織。就逮。自剄死。延祐中追謚忠憲。◎明安福人。字紹和。父成廬龍卒。宣補其役。因爲衛學生。能自奮於學。景泰中成進士。授編修。弘治初歷官南京工部尚書。卒謚文懿。宣性耿介疾惡。多知國家典故。爲文以理勝。不喜新奇。有沖濟集。

劉·宥 宋知天水縣。後致仕。適金騎至。掠宥行橐。視其誥命曰。隨我去官北朝。宥罵曰。我爲南朝鬼。不爲蕃朝官。因遇害。

劉·封 蜀漢本羅侯寇氏。爲先主養子。先主攻劉璋。封所在戰克。以爲副軍中郎將。遷副軍將軍。關羽圍樊城·襄陽。令封與孟達發兵自助。封不應。後達降魏。封爲魏所襲。走還成都。賜死。

劉·幽求 唐武強人。聖曆中舉制科。爲朝邑尉。臨淄王入誅韋庶人。預參大策。號令詔勅。一出其手。以功授中書舍人。參知機務。初桓彥範等誅二張。而不殺武三思。幽求諫不聽。曰。公等無葬地矣。已而果然。官至尚書右僕射。開元中進尚書左丞相。累次貶斥。恚憤卒。謚文獻。

劉·庠 宋顏子。字希道。中進士第。英宗求直言。庠上書論時事。除監察御史裏行。帝不豫。儲嗣未正。庠疏顥王長且賢。宜使日侍禁中。神宗立。遷右司諫。歷知開封府。王安石欲見之。竟不往。奏論新法。不附安石。元祐初加樞密直學士。知渭州卒。庠有吏能。淹通歷代史。安石稱其博。◎清衡孫。字慤民。號鈍叟。咸豐舉人。官內閣中書。受業曾國藩。性恬退。文章清澈。少好考證。晚復致力兩宋諸子書。嘗手寫十三經。自號寫十三經老人。歷主徐州雲龍海州敦善各書院。卒年七十八。有易說·說文蒙求·儉德堂文集·紫芝丹荔山房詩集等書十餘種。

劉·度 宋長興人。字汝一。博覽強記。紹興中以制科薦登進士。歷官臺諫。金人敗盟。度條陳三策。不報。孝宗卽位。抗疏陳春秋正始之道。有傳言鑑古及雜文。◎清錢塘人。字叔憲。一作叔獻。工畫山水。師藍瑛。後變其法。師大小李將軍。界畫樓臺人物。仇十洲之後。無出其右者。

劉·建鋒 唐朗山人。字銳端。爲忠武軍部將。與孫儒·馬殷同事秦宗權。儒敗。建鋒與殷收散卒轉寇江西。略洪乾歙州。乾寧初取潭州。自稱節度留後。奉表京師。詔拜武安軍節度使。建鋒既得志。卽嗜酒不事事。私於新息小史陳贍之妻。爲贍擊死。

劉·迺 唐伊闕人。字永夷。少警穎。善文辭。天寶中擢進士第。累拜兵部侍郎。德宗幸奉天。迺臥疾私第。朱泚遣人召之。固稱疾篤。復遣僞相蔣鎭慰誘。迺佯瘖不答。灸無完膚。鎭乃止。聞車駕幸梁州。自投於牀下。搏膺呼天不食卒。謚貞惠。

劉·弇 宋安福人。字偉明。元豐初舉進士。繼中博學弘詞科。知峨眉縣。改太學博士。元符中進南郊大禮賦。哲宗覽之。以爲相如子雲復出。徽宗時改著作佐郎。弁爲文劇剔瑕類。卓詭不凡。有龍雲集。

劉彥宗 〔金〕 宛平人。字魯開。在遼擢進士乙科。仕爲簽書樞密院事。太祖至居庸關。彥宗與左企弓等奉表降。遷左僕射。天會中大舉伐宋。彥宗畫十策。詔兼領漢軍都統。卒諡英敏。

劉彥貞 〔南唐〕 昊左統軍信子。以父任爲大理評事。歷刺海楚二州。善騎射。矢不虛發。軍中號曰劉一箭。吏事亦以強濟見稱。遷定遠軍節度使。入爲神武統軍。周師侵淮南。拜北面行營都部署。援壽州。戰敗死。諡壯。

劉彥琮 〔後唐〕 雲中人。字比德。事太祖累從征役。以殺叛將王瓘功。太祖甚奇之。後從莊宗解上黨之圍。累官陝州節度使。

劉彥琛 〔五代吳越〕 安國人。爲錢俶將。多戰功。官衢州刺史卒。

劉彥齊 〔梁〕 官左千牛衞將軍。畫竹有情致。人物多假胡翼之手。

劉思尹 〔宋〕 瑞州新昌人。字堯杏。一字元衡。少力學。詣闕獻書。不報。初授長沙司戶參軍。再授江陵府察推。廉潔無私。自號戒得翁。致仕歸。詩酒自娛。幾二十年。稱玉坡老人。

劉思祖 〔後魏〕 芳從子。勇健有將略。孝文末入朝。歷羽林監。梁沛二郡太守。屢統軍南征。累著功捷。後除揚烈將軍。遼西太守。思祖於路叛奔梁。武帝以爲北徐州刺史。頻寇淮北。數年死。

劉思逸 〔後魏〕 平原人。少受腐刑。爲小史。累轉東莞太守。思逸雖身在閹寺。而性頗豪率。輕薄無行。好結朋遊。官至中侍中。平東將軍。武定中與元瑾等謀反。伏誅。

劉思敬 〔元〕 斌子。賜名哈八兒都。襲職爲正行千戶。世祖時從伐宋。復平定蜀省。累官四川北道宣慰使。遷江西行省參知政事。治吉贛盜。民賴以安。卒諡忠肅。◎〔元〕 宜君人。事繼母沙氏杜氏至孝。父年八十。兩目俱喪。會亂兵剽其鄉。思敬負父避於巖穴中。兵至欲殺之。思敬泣曰。我父老。又無目。我死不足惜。使我父何依乎。兵憐其孝。不忍殺。父子皆免於難。

劉思溫 〔明〕 渾源人。嘉靖中官登封知縣。嘗錄唐以後人所爲少林寺詩文。爲少林古今錄。

劉思義 〔宋〕 紹興間官畫院待詔。畫山水善於傅色。

劉思誨 〔明〕 贛縣人。字忠甫。萬曆進士。知臨淮六年。以治行第一擢御史。遷大理丞。魏忠賢擅政。思誨謂中旨頻宣。非所以安元輔。請以票擬屬閣臣。疏入。貶三秩調外。崇禎初召復原官卒。

劉思賢 〔明〕 石首人。字用賓。弘治進士。歷戶部郎中。正德間以忤劉瑾繫獄免官。瑾誅。起知重慶府。累遷工部侍郎。恭慎端慤。囊無餘儲。

劉思禮 〔唐〕 世龍從子。萬歲通天中爲箕州刺史。少嘗學相術於許州張憬藏。相己必歷刺史。位至太師。及授箕州。益自喜。與洛州錄事參軍綦連耀謀反。事發。並伏誅。

劉恢 〔漢〕 高祖七子。立爲梁王。趙幽王友死。呂后徙恢王趙。以呂產女爲恢妃。恢不得自恣。有愛姬。妃鴆殺之。恢悲思自殺。諡共。

劉恂 〔唐〕 昭宗時官廣州司馬。所著嶺表錄異。記載博贍。文章古雅。多錄蟲魚草木。訓詁名義亦精核。

劉拯 〔宋〕 南陵人。字彥修。第進士。神宗時爲監察御史。歷提點廣西刑獄。紹與初復爲御史。歷詆范祖禹。黃庭堅諸人。累遷戶部尚書。以失蔡京意。罷知蘄州。後復爲吏部尚書。昏憒不能舉其職。左轉工部。知同州。削職。

劉昞 〔後魏〕 明帝六子。封常山王。徙淮陽王。卒諡頃。◎〔後魏〕 敦煌人。字延明。少就博士郭瑀學。後隱居酒泉。不應州郡辟命。受業者五百餘人。西涼李暠。北涼沮渠蒙遜俱敬禮之。號玄處先生。太武平涼州。夙聞其名。拜樂平王從事中郎。尋返涼州。道卒。昞以三史文繁。著略記百三十篇。又著周易注。韓子注。人物志。黃石公三略。涼書。敦煌實錄。方言。靖恭堂銘。

劉昺 〔宋〕 東明人。字子蒙。元符進士。起家太學博士。兄煒通樂律。煒卒。蔡京擢昺大司樂。引蜀人魏漢津鑄九鼎。作大晟樂。撰鼎書。新樂書。皆漢津妄出己意。而昺爲緣飾。累官戶部尚書。後與王寀交通。事敗。長流瓊州死。

劉昫 〔後晉〕 歸義人。字耀遠。神彩秀拔。文學優贍。與兄暄弟皥知名燕薊間。唐莊宗以爲翰林學士。明宗愛其風韻。遷端明殿學士。未幾入相。時人榮之。末帝時監修國史。與李愚相詆訶。罷爲右僕射。天福中爲東都留守。開運中拜司空平章事。以目疾乞休。罷爲太保卒。有舊唐書。（按尙友錄作煦。字日輝。此從舊五代史。）

劉星 〔晉〕 祥符人。諸生。有學行。年十三喪父。哀毀甚。母病。封股以進。疾遂瘳。終身雖盛暑不袒裼。

劉星煒 〔清〕 武進人。字映榆。號圃三。乾隆進士。官兵部侍郎。工駢文。獨標清轉華妙之旨。有思補堂集。

劉春 〔明〕 巴縣人。字仁仲。成化進士。授編修。正德時歷禮部尚書。專典誥勅。掌詹事府事。時覲官各言鎭守內臣入貢之害。春列上累朝停革貢獻詔旨。乞一切停罷。掌禮三年。宗藩請封請婚及文武大臣祭葬贈謚。多所裁正。卒謚文簡。

劉昭 【梁】高唐人。字宣卿。幼清警通老莊義。及長。勤學善屬文。爲剡令。卒官。有幼童傳・文集・後漢書集注。◎【明】全椒人。永樂中以都指揮同知敗番賊於鹽藏。討平松潘寇。招諭罕東酋遂爾扎。守邊二十年。西陲賴之。

劉昶 【南朝宋】文帝九子。字休道。封義陽王。位徐州刺史。前廢帝卽位。疑昶有異志。昶遂委母妻攜妾間行歸魏。三尙公主。爲駙馬都尉。封丹陽王。每陳本國事故。語及征伐。則歔欷涕泗。孝文拜爲大將軍。開府鎭徐州。不能綏懷。內外奸雜。卒謚明。

劉昱 【明】武城人。字景陽。洪武中自吏科給事中遷左通政。出爲河南參政。改交阯。嚴肅有治材。吏民畏憚。永樂中征安南。昱與尙書劉儁贊黔國公沐晟軍務。被圍。死之。

劉柳 【晉】耽子。字叔惠。有名譽。時右丞傅迪好廣讀書而不解其義。柳謂爲書簏。官徐兗江三州刺史。

劉洎 【唐】江陵人。字思道。貞觀中爲尙書右丞。累加銀青光祿大夫。太宗欲聞己過。洎曰。頃上書有不稱旨。或面窮詰。無不羞汗。恐非所以進言路。帝稱善。及征遼東。詔兼左庶子。輔皇太子監國。與褚遂良不相能。帝還。爲遂良誣奏。賜死。

劉洙 【明】建水人。字道源。正德進士。在諫垣十二年。以謇諤著名。凡諫武宗遊畋五事・世宗端治本七事。時論韙之。

劉洪 【後漢】蒙陰人。字元卓。篤信好學。善算。當世無偶。觀六藝羣書。意以爲天數微。遂專心銳思作七曜術。拜郎中。檢校東觀。與蔡邕共述律曆紀。及造乾象術十餘年。考驗日月。與象相應。官終山陽太守。◎【明】安陸人。字希範。成化進士。歷官僉都御史。巡撫貴州。値米魯叛。勦滅餘黨。城其要處。進右都御史。

劉洵直 【宋】字子浩。年十二。父亡。十六失母。時已知苦學。一夕族父聞哭聲甚哀。問故。曰讀馬周傳。言少失父母。犬馬之養。無所施。爲之悲感。不能自止。諸父奇之。登紹興進士第。官終通判平江府。

劉炫 【隋】景城人。字光伯。少以聰敏見稱。周武帝平齊。瀛州刺史宇文亢引爲戶曹從事。署禮曹。有吏幹。開皇中徧直三省。不得官。尋除殿內將軍。坐罪除名。後與諸儒修定五禮。授旅騎尉。以楊達薦。射策高第。除太學博士。以品卑去任。尋陷於賊。賊破。炫無所依。凍餓死。門人謚曰宣德先生。炫性躁競。頗誹諧。好輕侮當世。由是宦途不顯。有論語孝經春秋尙書毛詩述義・春秋攻昧・五經正名・注詩序・算述等書。

劉炳 【宋】爚弟。字韜仲。淳熙進士。調劍浦令。專尙德義。教化平易近民。累官兵部郞中。丐祠閒居。誦讀不輟。自號悠然翁。有睦堂類稿。◎【金】葛城人。性倜儻。有氣節。貞祐中第進士。卽日上便宜十事。宣宗嘉納之。補御史臺令史。◎【明】鄱陽人。字彥昺。洪武初獻書言事。授中書典籤。出爲大都督掌記。除東阿知縣。旋引疾歸。工詩。有劉彥昺集。◎【清】長洲人。母中年而瞽。炳孝養備至。母死。匍匐哭墓。三年如一日。素以未彰母節爲歉。洎得旌。無疾而逝。

劉珍 【後漢】蔡陽人。一名寶。字秋孫。少好學。永初中爲謁者僕射。鄧太后詔使校定東觀諸書。又詔作建武以來名臣傳。延光中轉衞尉。卒官。珍著誄頌連珠凡七篇。又撰釋名三十篇。以辨萬物之稱號。

劉珊 【清】漢川人。字介純。嘉慶進士。官潁州知府。多善政。工詩文。有詩文集・劉氏藏書記。

劉玶 【宋】子翬子。字平父。仕爲從事郞。自號七省翁。與朱熹諸名賢倡和。有詩集。

劉畊孫 【元】茶陵人。字存吾。至順進士。尹臨武。大興學校。歷建德徽州瑞州三路推官。所至有政績。轉寧國路。賊攻寧國。城陷。死之。

劉盈 【北周】彭城人。以西中郞府錄事參軍隨蕭詧之鎭。有器度。勤於在公。詧之軍國經謀。頗得參預。累遷雍州刺史・尙書僕射卒。

劉盆子 【後漢】式人。城陽景王章之後。赤眉賊樊崇爲亂。掠盆子。立以爲帝。號建世。後降於光武。以爲趙王郞中。病失明。賜滎陽均輸官地。使食其稅終身。

劉盼春 【明】萬曆間汴梁樂工女。年十八。與汴人周恭相慕悅。恭父嚴禁之不令通。盼春杜門謝客。母欲奪其志。不從。恭致書使從母命。綴一小詞。盼春得詞。投繯死。及火其尸。獨所佩香囊鮮好。中藏恭所寄詞。周藩因作香囊記傳奇。

劉祉 【後漢】光武族兄敞子。字巨伯。光武起兵。祉兄弟相率從軍。更始立。以祉爲太常將軍。紹封舂陵侯。更始降赤眉。祉間行亡奔洛陽。建武時封城陽王。卒謚恭。

劉禹錫 【唐】中山人。字夢得。工文章。登貞元進士弘詞二科。官監察御史。以附王叔文。坐貶朗州司馬。作竹枝辭十餘篇。武陵夷俚悉歌之。久之召還。又以作玄都觀詩。語涉譏忿。出爲播州刺史。易連州。又徙夔州。後由和州刺史入爲主客郞中・集賢直學士。復刺蘇州。再遷太子賓客。禹錫恃才而廢。乃以文章自適。素善詩。晚尤精。白居易推爲詩豪。會昌中加檢校禮部尙書卒。有劉賓客文集及外集。◎宋永豐人。官江州觀察推官。爲政以寬爲本。民愛慕之。擢湖北路提刑。將歸。有持金帛獻者曰。公生我。願以此謝。禹錫力却不受。從者載一缸於船尾。禹錫覺。命碎之。曰。無汙我。

劉·美 宋并州人。字世濟。眞宗劉后之兄。初事眞宗於藩邸。以謹力被親信。及卽位。補三班奉職。累官武勝軍節度觀察留後。

劉·胥 漢武帝五子。立爲廣陵王。壯大好倡樂逸遊。力扛鼎。空手搏熊彘猛獸。動作無法度。以不得爲漢嗣。迎女巫李女須。使下神祝詛。宣帝時事發。以綬自絞死。諡厲。

劉·胡 南朝宋涅陽人。本以面坳黑似胡。故名坳胡。及長。單名胡。出身郡將。稍至隊主。討伐諸蠻。往無不捷。蠻甚憚之。小兒啼。語云劉胡來。便止。明帝卽位。除越騎校尉。

劉·胤 晉掖人。字承胤。舉賢良。辟司空掾。並不就。元帝時爲尙書吏部郎。王敦請爲右司馬。知敦有不臣心。稱疾不視事。出爲豫章太守。後代溫嶠爲平南將軍。都督江州諸軍事。縱酒耽樂。大殖財貨。爲郭默所殺。

劉·胤之 唐彭城人。少志學。與李百藥爲忘年交。永徽初爲著作郎。弘文館學士。與令狐德棻。楊仁卿等譔次國史幷實錄。以勞封陽城縣男。終楚州刺史。

劉·胤祖 南朝宋官至吏部尙書郎。畫師晉明帝。蟬雀特妙。筆致超越。爽俊不凡。

劉·致 元河東人。字時中。官至翰林待制。風情高簡。蚤負聲譽。能篆。有復古糾繆編。

劉·茂 後漢晉陽人。字子衛。孝行著於鄉里。習禮經。教授常數百人。哀帝時察孝廉。建武初爲郡門下掾。赤眉來攻。茂負太守孫福。觸刃踰城。出保孟縣。晝逃隱。夜求食。積百餘日。賊去。乃得歸府。明年。詔求天下義士。徵拜議郎。後拜侍中卒。◎後漢愷子。字叔盛。好禮讓。桓帝時爲司空。會李膺抵罪。成瑨。劉瓆下獄當死。茂與陳蕃。劉矩共上書訟之。遂坐免。建寧中復爲太中大夫卒。◎明魯山人。字本深。正德間流賊犯城。闔境逃竄。茂獨守母柩。抱哭不去。賊感爲致賻。堅却不受。因未屠一人。焚一室。境內保全。鄉人祀之。

劉·英 後漢光武帝六子。封楚王。少好遊俠。交通賓客。晚喜黃老。學爲浮屠。後交通方士。作金龜玉鶴。刻文字以爲符瑞。男子燕廣告英有逆謀。廢徙丹陽涇縣。英至丹陽自殺。追諡厲。

劉·苞 梁彭城人。字孝嘗。性至孝。天監中仕至太子洗馬。掌書記。與從兄孝綽。從弟孺。並以文藻見知。苞居官有能名。性和直。與人交。面折其非。退稱其美。士友咸以此歎惜之。卒官。

劉·若金 清潛江人。字雲密。明天啓進士。崇禎末官至刑部尙書。尋歸隱。自號蠡園逸叟。尤精於醫學。有本草述。

劉·若虛 宋閩縣人。字叔揚。成平進士。以大理評事歷屯田員外郎。知邵武軍卒。若虛事親孝。親有疾。不食酒肉。居親側。雖盛暑必嚴衣冠。丁謂爲相。聞若虛名。欲屈見之。終辭不往。

劉·若愚 明太監。善書。好學有文。天啓初李永貞取入內直房主筆札。永貞多密謀。若愚心識之而已。不敢與外廷通。魏忠賢敗。若愚爲御史楊維垣所劾。充孝陵淨軍。莊烈帝誅永貞。幷坐若愚大辟。久之得減等。若愚痛己之冤抑。而恨王體乾輩之漏網。作酌中志以自明。

劉·衍 後漢明帝七子。封下邳王。有容貌。章帝卽位。常在左右。卒諡惠。◎宋龍溪人。字成之。治平進士。博學有器識。累官知新州。以禦妖賊功加騎都尉。秩滿詣京師。與王安石議青苗法不合。力乞致仕。累辟不起。

劉·貞亮 唐本俱氏。名文珍。冒所養宦父姓。故改。順宗立。淹痼弗能朝。王叔文用事。將收宦者權。貞亮勸帝立廣陵王爲太子。盡逐叔文黨。官至右衛大將軍。知內侍省事。元和間卒。憲宗之立。貞亮爲有功。然終身無所寵假。

劉·軌思 北齊渤海人。說詩甚精。少事同郡劉敬和。敬和事同郡程師則。故其鄉多詩人。天統中任國子博士。

劉·迥 唐知幾子。第進士。歷殿中侍御史。以剛直稱。大曆初爲吉州刺史。治行尤異。累遷給事中。有集。

劉·述 宋湖州人。字孝叔。舉進士。神宗時爲侍御史。王安石參知政事。述兼判刑部。與安石爭謀殺刑名。述執奏不已。復率御史劉琦。錢顗等疏論安石姦詐專權。願早罷逐。以慰天下。貶知江州卒。

劉·郁 元眞定人。著有西使記。記常德西使皇弟錫里庫軍中往返道途之所見。時錫里庫方討平西域法勒噶巴諸國也。

劉·郇膏 清太康人。字松厰。道光進士。咸豐間知上海縣。多善政。有劉青天之稱。李秀成犯上海。練民兵守禦有功。官至江蘇布政使卒。

劉．重進 宋幽州人。本名晏僧。晉初以習契丹語。應募使北邊。因賜是名。歷事漢周。爲節度使。宋初封燕國公。授右羽林統軍。乾德中改左領軍衞上將軍卒。重進徒善譯語。無他才能。值契丹入中原。遂至方鎮。

劉．首昂 清江西安福人。字閬客。康熙間諸生。少負氣。喜談兵法。吳三桂攻吉安。首昂率鄉兵迎敵。累却之。敵不敢窺。爲文章有根柢。有古忠臣言行錄。諏廢兵陣圖法等書。

劉．香 清湘潭人。字九蘭。號補庵。乾隆初國子監生。爲學以變化氣質爲先務。顏其堂曰履實。及門皆崇實行。有禹貢圖考。音韻心傳。水竹山房詩草。補庵筆記。

劉．倚友 宋青田人。字夢澤。政和進士。宰開封有聲。靖康初金人犯闕。受檄爲東壁彈劾官。登城按視。爲金人所獲。脅使降。不屈死。

劉．兼濟 宋平弟。字寶臣。善騎射。讀兵書。累遷鄜延路兵馬都監。徙知籠竿城。夏人寇邊。衆號數萬。兼濟將兵千餘。轉戰至黑松林。敗之。屬平戰沒。特授內殿崇班。歷知原寧鄜冀慈雄忻等州。管句三班院卒。

劉．剛中 宋建寧人。字德言。少慷慨力學。好爲文。喜老莊荀楊之書。及登朱熹之門。始篤志於道。熹爲易其字曰近仁。與黃榦友善。切磋之益居多。既歸。築室講學。號曰琴軒。從遊甚衆。登嘉定進士第。調鬭溪丞卒。有師友問答。西溪奇語等集。

劉．勍 五代楚累官靜江指揮使。當馬希範時。溪州刺史彭仕然引蠻兵寇辰澧二州。勍與廖匡齊帥兵搗溪州。仕然走保山砦。危巖斗絕。勍造作梯機。圍之三匝。匡齊力戰死。勍因風縱火。繼以火矢。燔其營寨。仕然窮迫。送款。勍班師。改爲錦州刺史。是役也。平蠻之功。以勍爲第一。

劉．原淥 清安丘人。字崑石。明末與仲兄禦賊。兄被九創。原淥矢盡。從兄後。兄止之。大呼曰。離兄一步。非死所矣。賊卒敗遁。原淥初喜養生家言。既而讀宋儒語錄。乃篤信朱熹之學。作續近思錄。以居敬窮理爲教。學者稱直齋先生。康熙中卒。年八十二。有讀書日記。

劉．城 清貴池人。字伯宗。明季諸生。入清屢薦不起。高隱以終。有春秋左傳地名錄。人名錄。嶧桐集。讀書略記。古今事異同。南宋文鑑。古今名賢年譜。古今廟學記等書。

劉．娥 前趙殷女。字麗華。性聰慧。晝營女工。夜誦書傳。每與諸兄辯論經義。理致超然。劉聰僭立。納爲右貴妃。尋立爲后。聰將起鷃儀殿。陳元達切諫。聰將斬之。娥諫止。聰所爲不道。娥多規正。卒諡武宣皇后。

劉．宬 宋由科第知古田縣。嘗質經於陳宓。評史於鄭寅。問易於蔡淵。有易稿。漢考等書。

劉．宰 宋金壇人。字平國。紹熙進士。歷任州縣。有能聲。尋告歸。理宗立。以爲籍田令。遷太常丞。知寧國府。皆不就。端平間時相收召譽望略盡。所不能擧者。宰與崔與之耳。隱處三十年。於書無所不讀。爲文淳古質直。既卒。朝廷嘉其節。諡文清。有漫塘文集。

劉．容 元雲京人。字仲寬。幼穎悟。稍長喜讀書。其俗素尙武。容亦善騎射。然弗之好也。中統初入侍皇太子。每退直。卽詣國子祭酒許衡。衡亦與進之。仕終廣平路總管。

劉．峻 梁懷珍從父弟。字孝標。好學安貧。耕讀不輟。齊永明中奔江南。聞有異書必往借。崔慰祖謂之書淫。天監初典校祕書。安成王秀引爲戶曹參軍。使撰類苑。未成。以疾去。因遊東陽紫巖山。築室居焉。吳會人士多從之學。爲山栖志。文甚美。武帝引見。峻占對失旨。不見用。乃著辨命論以寄懷。普通中卒。門人諡曰玄靖先生。有類苑。所注世說新語。尤典贍。爲考證家所引據。

劉．峨 清單縣人。字先資。號宜軒。乾隆間由縣令累官兵部尙書。以老病乞歸。官直隸時。兩以伉直忤上官。官湖北按察使時。嘗特劾一巧宦之屬吏。歷官中外。近四十年。以功名終。卒諡恪簡。

劉．師正 宋號安退處士。善解春秋。李濳從之學。嘗爲濳言今之爲學者。皆非所以爲學。濳自是篤行自守。

劉．師立 唐虞城人。始事王世充爲親將。洛陽平。當誅。秦王世民壯其才。引爲左親衞。遷左驍衞將軍。羅藝反。詔師立檢校右武候大將軍。藝平。有司劾蕭與。師立坐與善除名。尋以藩邸舊屬。改檢校岐州都督。破吐谷渾。轉始州刺史。卒諡肅。

劉．師朱 明大名人。字仲文。號嵩潭。萬曆中由貢生官至廬州府同知。有江皐吟。

劉．師知 陳相人。博涉書史。工文筆。善儀體。臺閣故事。多所詳悉。梁世歷王府參軍。紹泰初武帝入輔。以師知爲中書舍人。掌詔誥。及卽位。仍爲舍人。性疎簡。與物多忤。雖位宦不遷。而委任甚重。文帝崩。宣帝入輔。師知遣舍人殷不佞矯詔。令宣帝還府。事覺。賜死。

劉．師勇 宋廬州人。度宗時以戰功歷環衞官。督淮師潰。師勇助姚訔守常州。及城陷。潰圍出。從二王至海上。見時事不可爲。憂憤縱酒卒。

劉．師貞 唐彭城人。字文通。少喪母。及長。追慕廢寢食。刻木爲像。

敬事如生。每有時新之物。必先薦之而後食。

劉．師恕　清寶應人。康熙進士。由檢討累擢禮部右侍郎。協理直隸總督事。遇事直達。不稍隱諱。雍正間充福建觀風整俗使。乞病歸。以事奪職。

劉．師道　宋東明人。字損之。雍熙進士。累官樞密直學士。師道敏於吏事。所至有聲。性慷慨尚氣。善談世務。工爲詩。多與楊億輩酬唱。當時稱之。

劉．庫仁　後魏南單于苗裔。本字沒根。一名洛垂。少豪爽有智略。爲南部大人。苻堅以爲陵江將軍．關內侯。令與衞辰分國衆統之。位在衞辰上。衞辰叛。庫仁破之。盡收其衆。苻堅加庫仁振威將軍。後慕容垂圍苻丕。庫仁將大舉以救丕。部屬慕容文等攻庫仁。殺之以奔垂。

劉．庭式　宋齊州人。字得之。舉進士。通判密州。後監太平觀。老於廬山。以高壽終。初庭式約取鄉人女。及舉進士。女以疾盲。且貧甚。其家不敢復言。庭式卒取之。及婦死。哭之甚哀。程頤．蘇軾皆歎以爲不可及。

劉．恕　宋筠州人。渙子。字道原。少穎悟。未冠舉進士。歷官祕書丞。篤好史學。司馬光編資治通鑑。遇紛錯難治者。輒以委恕。王安石欲引寘三司條例。恕以不習金穀爲辭。因言宜恢張堯舜之道以佐明主。不應以財利爲先。安石變色。恕不少屈。尋以親老告歸。有十國紀年．通鑑外紀。

劉．恩　元洺州人。徙威州。字仁甫。勇而有謀。以管軍總管從入蜀。爲先鋒。與宋將戰。有功。授成都管軍副萬戶。招降夔府等州邑。嘉定末授四川西道宣慰使。僉行樞密院事。卒。

劉．恩廣　清襄城人。十歲值寇亂。父被執。哭救不獲。負父屍以歸。與兄同居無間。母沒。哀毀卒。

劉．恩澤　明扶溝人。領鄉薦。慷慨能任事。崇禎中流賊逼城。衆議守禦。而縣令駿不解事。恩澤痛哭曰。我不幸從木偶人死。城陷。墜樓而死。

劉．恭　後漢盆子兄。少習尚書。爲赤眉所掠。隨樊崇等降更始。封式侯。拜侍中。赤眉欲殺更始。恭爲請不能得。拔劍欲自刎。崇等共救止之。謝祿縊殺更始。恭夜往收藏其屍。建武中爲更始報殺謝祿。自繫獄。赦不誅。◉後漢明帝五子。賜號靈壽王。封鉅鹿王。章帝末徙彭城。敦厚威重。舉動有節度。吏人敬愛之。卒諡靖。◉宋南城人。字伯協。紹熙進士。知瑞安縣。爲陸九淵講友。

劉．恭冕　清寶應人。字叔俛。光緒舉人。有何休注訓．論語述．廣經室文鈔。

劉．悛　南齊勔子。字士操。累從父出征。以功加寧朔將軍。助守石頭。勔戰死。悛時遇疾。哭求父屍。持喪墓側。武帝立。拜司州刺史。歷監益寧二州諸軍事。與帝有舊。恩寵甚至。尤能承迎權貴。明帝時轉五兵尚書。以父死朱雀航。終身不行此路。及明帝崩。衞送山陵。路經朱雀航。感慟而卒。諡敬。

劉．悟　唐全諒兄子。全諒器其敢毅。署牙將。以罪奔潞州。還東都。豪橫犯法。繫獄。後貸免。李師古奇其才。令將後軍。後殺李師道。拜義成節度使。頗專肆。累進檢校司徒．同中書門下平章事。寶曆初巫者妄言師道以兵屯琉璃陂。悟惶恐。命禱祭。自往求哀。將易衣。嘔血數斗死。

劉．振之　明慈谿人。字而強。性剛方。敦學行。以名教自持。崇禎中舉於鄉。署東陽教諭。遷鄢陵知縣。流賊大至。振之集吏民共守。城陷。索印不與。縛置雪中三日夜。罵不絕口。亂刃交下乃死。

劉．捍　後梁開封人。太祖初鎮宣武。以爲客將。及北攻鎭州。與王鎔和。鎔軍未知梁意。方嚴兵。捍馳一騎入城中諭鎔。鎔聽命。後數有功。太祖即位。遷左天武指揮使。出爲佑國軍留後。劉知俊反。執捍送李茂貞。見殺。

劉．效祖　明濱州人。寓居京都。字仲修。嘉靖進士。累官副使。備兵固原。坐內計罷職。年才四十。效祖以詩自豪。篇什流傳禁中。穆宗嘗遣中官出索其詩。

劉．時舉　宋太學生。史嵩之父喪去位。詔以右丞相起復。時舉與王元野等九十四人上疏力爭。累官通直郞．國史實錄院編修官。有續宋編年資治通鑑。◉明銅仁人。父仁倅梧州。道卒。舟次昭平。爲猺賊所劫。舉家遇害。時舉被執入巢。以機智得脫歸。謹身力學。嘉靖中舉於鄉。歷官陝西副使。所至有廉能聲。

劉．時寵　明上蔡人。有孝行。崇禎中流賊陷城。其父宗祀年老不能行。遂自殺。時寵慟哭。刺死一子三女。夫婦並自剄。其妹適歸寧。亦從死。

劉．晏　唐南華人。字士安。玄宗封泰山。晏始八歲。獻頌行在。授太子正字。肅宗代宗朝兩爲戶部侍郎。領度支鹽鐵轉運鑄錢租庸使。拜吏部尚書．同平章事。兼江淮常平使。德宗立。又加關內河東三川及諸道靑苗使。楊炎執政。構晏。貶忠州刺史。賜死。天下冤之。晏有精力。多機智。當安史之亂。戶口什亡八九。州縣多爲藩鎭所據。朝廷府庫耗竭。皆倚辦於晏。其用人。必擇通敏精悍廉勤之士。出納錢穀。必委之士類。吏惟書符牒。不得輕出一言。凡興舉一事。必預計使任事者私用無窘。而後責其成功。又以戶口滋多。賦稅自廣。故其理財以愛民為先。為後來言利者所不及。◎宋嚴州人。字平甫。入遼舉進士。為尚書郎。宣和中率衆歸宋。授通直郎。金人犯京師。以晏總遼東兵。號赤心隊。建炎初從劉正彥擊淮西賊降之。正彥反。晏以衆歸韓世忠。後追擊賊戚方。為所害。詔立廟死所。號曰義烈。

劉・書年　清獻縣人。字仙石。有劉貴陽經說。

劉・朔　宋夙弟。字復之。紹興中舉南省第一。孝宗初立。召對曰。陛下何不延納憤激敢言之士。而聽訐直難堪之言。因以自考察成敗得失。且及曾覿・龍大淵罪狀。出知福清縣。尋奉祠。再召入對。時虞允文方贊恢復。朔言宜練兵蓄財。以待其變。免試。除正字。出為福建帥參。道卒。

劉・校　明鄢城人。字宗道。性至孝。正德進士。授刑部主事。帝將南巡。校疏諫被杖。將死。大呼曰。校無恨。恨不見老母耳。子元婁年十一。哭於旁。校曰。爾讀書不多。獨不識事君致身義乎。善事祖母及母。毋愧而父。遂絕。福王時追謚忠毅。

劉・根　後漢潁川人。成帝時隱居嵩山中。諸好事者就根學道。其術能令人見鬼。太守史祈以為妖妄。執而驗之。根左顧而嘯。有頃。祈之亡父祖及近親數十人。皆反縛在前。向根叩頭。祈驚懼。忽俱去。不知所在。

劉・格　明商丘人。字念劬。家饒於財。以文學為時所重。舉萬曆鄉薦。時文體詭異。格獨好先正。嘗延浙中名士宋鳳翔至家。教其子伯愚甥吳伯裔等。其後皆以古學名世。其鄉後起知尚古文。格之力為多。有詩稿。

劉・桐　清烏程人。字舜輝。一字疏雨。貢生。藏書十餘萬卷。沒後悉散失。有蠹游草・蠹游續草・聽雨軒稿。

劉・桃符　後魏盧奴人。九歲喪母。性恭謹。好學。舉孝廉。射策甲科。累遷中書舍人。以勤明見知於宣武。後拜豫州刺史。善郵蠻左。為吏民所懷。徵還卒。

劉・殷　前趙新興人。字長盛。七歲喪父。哀毀過禮。弱冠博通經史。綜核羣言。齊王冏輔政。辟為大司馬軍諮祭酒。轉新興太守。永嘉之亂。歸附劉聰。累官侍中太保・錄尚書事。劍履上殿。二女為聰皇后。四女孫為聰貴人。卒謚大昌文獻公。殷有子七人。五子授五經。一子授史記。一子授漢書。一門之內。七業俱備。

劉・泰　宋隆興時為樞密院忠義前軍正將。慷慨好義。以私財募兵三百。糧儲器械。一切不資於官。金人犯壽春。泰率所部赴援。轉戰累日。金人引去。泰被創死。◎明海鹽人。字世亨。能詩文。工行草書。景泰中以庶吉士授監察御史。

劉・浩　宋無錫人。居華陰。工畫雪驢水磨及故事人物。

劉・海　明開平人。都御史劉源清見其貌偉。選為管軍百夫長。後為馬營參將。遇敵萬餘騎。海與旗牌官張宣犯陣。戰死。

劉・海賓　唐彭城人。以義俠聞。為涇原兵馬將。與段秀實友善。累戰功兼御史中丞。劉文喜據涇州叛。海賓子光國斬文喜。獻闕下。封海賓樂平郡王。

劉・海蟾　後梁陝西人。名哲。字元英。號海蟾子。事燕王劉守光為相。喜黃老之學。一日有道人自稱眞陽子來謁。假事設譬。海蟾大悟。遁跡終南山下。丹成。化鶴飛去。道家南宗奉以為祖。(一說。海蟾為遼進士。名操。此從陝西通志。)

劉・涇　宋陽安人。字巨濟。熙寧進士。王安石薦其才。為經義所檢討。元符末官至職方郎中。善作林石槎竹。作文務為奇詭語。好進取。常為人排斥。屢躓不伸。

劉・涓　元義烏人。字德源。先世避吳越王錢鏐嫌名。改姓金。故一作金涓。嘗受經於許謙。學文章於黃溍。為虞集・柳貫所知。交薦於朝。皆辭不赴。明初州郡辟召。亦堅拒不起。徙居蜀山之青村。教授鄉里以終。學者稱青村先生。有湖西・青村等集。傳者惟青村遺稿。

劉・涓子　南朝宋少時於丹陽郊外射獵。至一處。得癰疽方一帙。藥一臼。後從武帝北征。有被金瘡者。以藥塗之。隨手而愈。取其方演為十卷。號曰鬼遺方。

劉・珙　宋子羽子。字共父。登進士乙科。紹興中遷禮部郎官。秦檜欲追謚其父。召禮官會問。珙不至。檜怒。逐之。孝宗朝拜參知政事。奏除福建鈔鹽歲額。罷江西和糴・廣西折米鹽錢。及蠲諸路積年逋欠。官終觀文殿學士。及卒。疏言近習用事之戒。又手書訣張栻・朱熹。以未能為國雪恥為恨。謚忠肅。珙精明果斷。所至令行禁止。民愛之若父母。

劉・珝　明壽光人。字叔溫。正統進士。授編修。成化中歷吏部左侍郎。充講官。每進講。反覆開導。詞氣侃侃。聞者為悚。以本官兼翰林學士。入閣預機務。帝每呼東劉先生。進吏部尚書・謹身殿大學士。同列萬安陰構之。遂乞休。珝性疏直。喜譚論。人目為狂躁。母喪。廬墓三年。比歸父沒。復廬墓。弘治中卒。謚文和。

有劉古直集。
劉·琉 [金]益都人。字伯玉。幼名太平。以功臣子補閤門祇候。海陵篡立。斥居鄉里。世宗卽位。琉馳謁。以爲護衛。往招宗敍。白彥敬。紇石烈志寧。皆相繼來附。帝嘉之。官終定海軍節度使。
劉·益 [宋]汴人。字益之。以字行。宣和間供御。工畫花鳥。尤長小景。
劉·眞 [明]合肥人。以開國功累陞左軍都督。充大寧總兵官。靖難兵起。眞及卜萬。陳亨引兵出松亭關。營沙河。成祖入松亭關。眞夜貿勑印浮海歸。後陞左都督。鎭遼東。恒懷悒憤。永樂初卒。(按萬姓統譜作劉貞。此從明史。)
劉·眘虛 [唐]新吳人。字全乙。洪州刺史吳競高其行。改其里爲孝弟鄉。開元中擧弘詞。累官崇文館校書郎。與孟浩然。王昌齡友善。評者目其詩情幽興遠。思苦語奇。可以傑立江表。有集。
劉·矩 [後漢]蕭人。字叔方。少有高節。擧賢良方正。四遷爲尙書令。性諒直。不能諧附貴勢。失大將軍梁冀意。出爲常山相。延熹中爲太尉。與司空黃瓊。司徒种暠同心輔政。號爲賢相。靈帝時再爲太尉。所辟召皆名儒宿德。尋免。卒於家。◎[明]大名開州人。字仲方。永樂進士。授編修。遷修撰。硏窮性理。口不言人過。爲文溫醇典雅。以病歸卒。
劉·砥 [宋]福州長樂人。字履之。六歲日誦千言。乾道間與弟礪俱中童子科。師事朱熹。熹嘉其篤志敏學。時方禁道學。砥遂不復仕進。爲文閎博。年四十五卒。
劉·祖謙 [金]安邑人。字光甫。承安進士。歷州縣有政績。拜監察御史。以鯁直稱。正大間官至翰林修撰。家多藏書。常以鑒裁書畫自名。一時名士如雷淵。李獻能。王渥皆游其門。
劉·祐 [後漢]安國人。字伯祖。初察孝廉。補尙書侍郎。累官大司農。時中常侍蘇康。管霸用事於內。占民田業。祐移書所在。依科品沒入之。桓帝大怒。論輸左校。靈帝初陳蕃輔政。以祐爲河南尹。蕃敗。祐黜歸。◎[隋]滎陽人。開皇初爲大都督。其所占候。合如符契。奉詔撰兵書。名曰金韜。復著陰策。觀臺飛候。玄象要記。律曆術文。婚姻志。產乳志。式經。四時立成法。安曆志。歸正易。
劉·神山 [清]湘鄉人。字佑甫。咸豐初隸羅澤南。大小七十戰。無役不與。再克武昌。入湖口。復九江。克潛。太。舒。桐。功稱最。官至副將。三河口之戰。首陷陣被害。諡忠壯。
劉·秩 [唐]知幾子。字祚卿。至德初遷給事中。出爲閬州刺史。貶撫州長史卒。有政典。止戈記。至德新議。指要等書。◎[明]豐城人。字伯序。工詩。洪武初授典籤。累官知崇明州。奏免租課酒稅。後被誣下獄。事白。棄官歸。有聽雪篷詩集。
劉·純 [明]陝西咸寧人。字宗厚。博學工文辭。明醫道。有續增玉機微義。雜病治例。傷寒治例。
劉·翀 [明]威清衞百戶。勇略超羣。正統中從征麓川。冒矢石出入敵陣。斬獲渠魁。累官指揮僉事。◎[明]平陸人。字文翔。有大志。以名節自礪。正德進士。授行人。擢四川道監察御史。武宗北狩。力諫回鑾。及議大禮。抗疏闕下。以直道不容。遂乞歸卒。門人私諡忠毅先生。
劉·耽 [晉]喬孫。字敬道。少有行檢。以義尙著稱。歷度支尙書。在職公平廉愼。所在著績。桓玄。耽女壻也。玄輔政。以耽爲尙書令。加侍中。不拜卒。
劉·航 [宋]魏人。第進士。歷知虞城。犀浦縣。爲政寬猛急緩不同。兩縣皆治。累官河北西路轉運使。熙寧大旱求言。航論新政不便者五。不報。終太僕卿。
劉·般 [後漢]宣帝玄孫。字伯興。居彭城。數歲而孤。篤志修行。建武時封菑丘侯。奉孝王祀。章帝時官至宗正。在位數言政事。其恤收九族。行義尤爲時人所稱。
劉·荀 [宋]摯孫。字子卿。耽精理學。嘗從胡寅。張九成游。凡二人緒言皆筆之。名曰思問記。淳熙中知餘干縣未滿。適周必大入相。以荀爲首薦。改判德安。知盱眙軍。有政規。明本。座右記。文源。凝兒錄。德安守禦。都梁記問。邊防指掌圖。南北聘使錄。
劉·荊 [後漢]光武帝九子。封山陽王。性刻急隱害。有才能而喜文法。西羌反。荊不得志。冀天下有變。私迎能爲星者與謀議。明帝聞之。徙封廣陵。遣之國。其後坐使巫祭祀祝詛。自殺。諡思。
劉·虔之 [南朝宋]彭城人。居京口。不營產業。輕財好施。武帝西征。司馬休之。魯宗之等。遣參軍檀道濟。朱超石步騎出襄陽。虔之時爲江夏相。率府郡兵聚糧以待。道濟等積日不至。爲宗之子軌所襲。戰敗見殺。
劉·訏 [南朝梁]懷珍從孫。字彥度。幼孤。事伯母及昆弟孝友篤至。兄絜爲之聘妻。訏聞而逃匿。辟本州主簿。不就。好釋典。與族兄歊聽講於鍾山諸寺。因共卜築宋熙寺東澗。嘗著鹿皮冠。被衲衣。遊山澤。風神穎峻。意氣彌遠。遇者以爲神仙。年三十一卒。友人諡曰玄貞處士。
劉·訒 [明]鄢陵人。正德進士。累

官刑部尚書。時法官率飢法徇上意。稍執正。譴責隨至。訶以雪胡纘宗獄坐黜。天下稱之。

劉・訓　後唐永和人。字遵範。同光中授襄州節度使。天成中荆南高季興叛。詔訓爲南面行營招討使。知荆南行府事。荆渚地氣卑濕。人多疾疫。訓本無將略。人咸苦之。遂罷兵。令將士散略居民而回。責授檀州刺史。未幾授建雄軍節度使。移鎭延平卒。◉明麻城人。字忠言。正統進士。知金壇縣。有惠政。邑人王豪・錢濬貧而好學。訓以俸資給。後俱成進士。吏部尚書王翺疏其治行爲天下第一。擢山西參政。

劉・起宗　明春孫。嘉靖進士。爲戶科給事中。以疏忤嚴嵩父子廷杖。謫荔浦典史。終遼東苑馬寺卿。居官廉正。卓有風裁。致仕後。潛心理學。有園中圖說。

劉・起龍　清廣東新安人。嘉慶間追勦海賊。屢有功。道光間累官福建水師提督。

劉・邕　南朝宋穆之孫。嗣爲南康郡公。嗜食瘡痂。以爲味似鰒魚。嘗詣孟靈休。靈休先患灸瘡。痂落牀上。邕取食之。靈休大驚。乃悉褫取以飴邕。南康國吏二百許人。不問有罪無罪。遞互與鞭。鞭瘡痂常以給膳。

劉・侃　明上高人。字豫甫。元季爲瑞州路學正。與劉基・胡泰爲友。精易卜。世亂。棄官家居。懸棹爲識。號銀河棹。與人言吉凶。無不立驗。洪武初薦任本學訓導。有銀河棹外編。

劉・健　元濬子。濬死賊舍。健斂濬屍瘞之。歸請兵復父讐。弗聽。健盡散家貲。結死士入賊中。手斬殺其父者。幷擒寇首王善・陳伯祥來獻。磔之。事聞。授古田縣尹。◉明洛陽人。字希賢。從事伊洛之學。舉天順進士。累遷少詹事。孝宗時進文淵閣大學士。代徐溥爲首輔。學問深粹。以身任天下之重。時四方洊災。屢陳時宜。皆嘉納之。武宗時劉瑾等導帝盤游。健屢入諫不聽。致仕歸。瑾復以他事矯詔削籍爲民。瑾誅。復官。嘉靖中卒。諡文靖。

劉・勔　南朝宋彭城人。字伯猷。少有志節。兼好文義。大明初以平廣陵功。封金城縣侯。豫州刺史殷琰叛。命勔致討。戰無不捷。及琰請降。屢令三軍不得妄動。士庶感悅。明帝臨崩。授勔守尚書右僕射。中領軍。元徽初桂陽王休範爲亂。奄至建業。勔戰敗死之。諡忠昭。

劉・參　漢文帝三子。初立爲太原王。徙王代。復并得太原。都晉陽如故。五年一朝。卒諡孝。

劉・商　唐彭城人。字子夏。大曆進士。官禮部郎中・汴州觀察使。工畫。格性高邁。隱義興。好道術。有劉虞部集。

劉・國用　宋漢州人。工畫羅漢。

劉・國容　唐長安妓。能詩。與進士郭昭述相愛。後昭述授天長簿。赴任。行至咸陽。國容使女僕馳矮騎齎短書送之。

劉・國能　明延安人。始與李自成・張獻忠輩同爲盜。自號闖塌天。就撫於熊文燦。署守備。從征數有功。授副總兵。守鄖陽。移守葉縣。國能與自成輩夙結爲兄弟。及國能歸正。自成輩深恨之。圍其城四面力攻。國能不能支。城陷被殺。

劉・國傑　元本女眞人。姓烏古倫。後入中州。改姓劉氏。字國寶。性雄猛。至元中以千戶從張弘範戍萬山堡。宋兵來攻。國傑以數百人敗之。由是有名。從略荆南。取淮南。賜號霸都。先後平湖南廣東江西盜。以功累官湖廣行省平章政事。大德中羅鬼女子蛇節反。陷貴州。國傑討平之。進光祿大夫。卒諡武宣。

劉・國樑　清任丘人。乾隆中武進士。從征緬甸・金川。所向克捷。官至陝西延綏鎭總兵。

劉・基　三國吳繇子。字敬輿。年十四。居父喪盡禮。故吏餽餉。皆無所受。姿容美好。孫權愛敬之。權嘗宴飲。騎都尉虞翻醉酒犯忤。權欲殺之。基諫爭得免。累官郎中令。改光祿勳。分平尚書事卒。◉明青田人。濂曾孫。字伯溫。元末進士。官高安丞。有廉直聲。後棄官歸。太祖定括蒼。聘至金陵。陳時務十八策。建禮賢館處之。佐太祖滅陳友諒。執張士誠。降方國珍。北伐中原。遂成帝業。授太史令。累遷御史中丞。諸大典制。皆基與李善長・宋濂計定。封誠意伯。以弘文館學士致仕。性剛嫉惡。與物多忤。爲胡惟庸所構。憂憤卒。正德中追諡文成。基博通經史。尤精象緯之學。有郁離子・覆瓿集・寫情集・犂眉公集等書。

劉・執嘉　漢高祖之父。史稱太公。居櫟陽。高祖卽帝位。五日一朝太公。如家人父子禮。太公家令說太公以人主之尊。於是高祖朝。太公擁篲迎門卻行。高祖大驚。下扶太公。太公曰。帝人主也。奈何以我亂天下法。高祖乃尊太公爲太上皇。

劉・堅　宋瀟湘人。爲畫院學士。頗柔媚。師范寬。樓閣人物。多作小景。竹石甚有風致。

劉婆惜　元妓。頗通文墨。滑稽歌舞。迥出其流。時貴多重之。

劉・寀　宋字道源。一作宏道。流寓都下。因上所陳事。神宗嘉之。歷任州縣。授朝奉郎。專畫魚。又能爲長短句。

劉寅 明嶧縣人。洪武進士。所著三略直解。頗能發明黃老沈幾觀變之旨。參校諸本。註其異同。較他家特為詳贍。⊙明淯江人。字敬甫。嘉靖舉人。官山東道御史。有經理川湖及飭從儉二疏。剴切精詳。以直諫名於時。

劉寄 漢景帝十二子。立為膠東王。淮南王謀反時。寄微聞其事。私為之備。及吏治淮南事。辭連寄。寄於帝最親。意自傷。發病死。諡康。

劉寂妻 唐胙城人。姓夏侯氏。字碎金。父衷明。求與劉絕。歸侍父疾。父亡。毀不勝哀。被髮徒跣。身負土作冢。廬其左。寒不緜。日一食者三年。詔旌門閭。

劉將孫 元辰翁子。字尙友。宋末進士。為延平教官。臨汀書院山長。能繼其父之學。當日有小須之目。吳澄謂其文浩瀚演迤。自成一家。有養吾齋集。

劉崇 後漢蕭縣人。太祖微時。常傭力崇家。及即位。召崇用之。歷殿中監。商州刺史。崇之母撫太祖有恩。梁氏號為國婆。徐宋之民。謂崇家為豢龍劉家。⊙北漢詳劉旻條。

劉崇俊 南唐山陽人。字德修。祖金。父仁規。世典濠州。崇俊繼之。盡反仁規之政。人懷其惠。居數年。漸專恣不法。李景升濠州為定遠軍。拜崇俊節度使。移鎭壽州。卒諡威。

劉崇望 唐崇龜弟。字希徒。第進士。以員外郎主南曹。選事清辦。僖宗幸山南。王重榮不肯奉職。崇望以諫議大夫持節往。既至。陳君臣大義動之。重榮順服。昭宗時為門下侍郎。判度支。楊守信反。帝列兵延喜門。命崇望守度支庫。禁卒將大掠。崇望馳馬勞曰。公等不帝前殺賊取功。而苟欲剽掠成惡名乎。士皆唯唯。至長樂門。賊望兵至。乃遁去。仕終兵部尙書。

劉崇遠 南唐河南人。唐末避黃巢之亂。渡江南徙。仕李氏為文林郎。大理司直。嘗纂黃初平之為人。自號金華子。因以為所著書名。

劉崇魯 宋崇望弟。字郊文。第進士。景福中以水部郎中知制誥。與崔昭緯善。帝以韋昭度李磎輔政。昭緯懼見奪。共謀阻之。及磎墨麻出。崇魯輒掠麻大哭。兄崇龜聞之。恚不食曰。吾兄弟未始以聲利敗名。乃不幸生是兒。昭緯敗。崇魯貶崖州司戶參軍。後終水部員外郎。

劉崇龜 唐政會七世孫。字子長。擢進士。官至清海軍節度使。精敏善決獄。性廉潔。姻舊或干以財。率不答。但寫荔支圖與之。然不能防檢其家。既沒。有齎珠翠羽者。由是名損。

劉崧 宋吳興人。字伯高。與弟岑。嶠均以才學見稱於時。岑字仲高。嶠字季高。⊙明泰和人。字子高。舊名楚。七歲能詩。洪武初舉經明行修。改今名。召為兵部郎中。遷北平按察司副使。有異政。拜禮部侍郎。擢吏部尙書。尋致仕歸。踰年。再徵為國子司業卒。諡恭介。崧博學有志行。微時兄弟三人共居一茅屋。有田五十畝。及貴。無所增益。居官未嘗以家累自隨。暇則賦詩達旦。豫章人宗其詩為江西派。有槎翁詩文集。

劉崑 清景東人。字韞齋。道光進士。官至湖南巡撫。書學顏平原。無槎枒氣習。森張渾厚。傳世絕少。

劉常 宋金陵人。畫花木。氣格清秀。名重江左。

劉康 漢元帝二子。立為濟陽王。徙山陽。又徙定陶。多材藝。習知音聲。帝奇器之。成帝時厚遇異於他王。卒諡共。子哀帝立。尊為共皇帝。⊙後漢光武帝三子。封濟南王。在國不循法度。卒諡安。

劉康乂 後唐安豐人。沈默有膂力。善用矛矟。唐中和中從太祖赴鎭。委以心膂。以戰功累遷密州刺史。政甚簡靜。時王師範叛據青州。乞師於淮夷。淮人知密州虛弱。晝夜急攻。遂陷。為賊所害。

劉康夫 宋奕子。字公南。早從周希孟學。主鄉校者三十餘年。熙寧中進志述二十七卷。其文曾羽翼詩書。根柢仁義。後主泉州學卒。有經訓雜文。古律詩。

劉康祖 南朝宋虔之子。便弓馬。膂力絕人。每犯法。文帝以勳臣子。原貸之。拜員外郎。孝武鎭歷陽。以康祖為征虜中兵參軍。既被委任。折節自修。元嘉中轉左軍將軍。文帝北伐。魏衆八萬騎。與康祖相及。康祖僅八千人。率厲將士。無不一當百。魏軍死者大半。康祖為矢中頸死。魏人傳康祖首示彭城。面如生。諡壯。

劉強學 宋西安人。字行父。以太學生補官。累遷知南康軍。饑民嘯聚為亂。強學大發粟賑之。而戮其幸亂始禍者。建祠以祀周程。以近思錄教士子。擢廣東提刑。尋遷湖北。於獄事最盡心。

劉彬 清霍丘人。流寓雲南。為永北人。字玉章。有鐵園囈語集。

劉彬華 清番禺人。字藻林。幼穎悟好學。嘉慶間成進士。授編修。父卒。以母老不復出。主講端溪越華兩書院。勤於課士。粹然為儒者。有嶺南羣雅集。

劉得仁 唐長慶中以詩名。自開成至大中三朝。昆弟皆歷貴仕。而得仁出入舉場三十年。卒無成。有詩集一卷。

劉得常 五代吳昇州人。十七歲

作大道歌。詣茅山見國師吳法通。執弟子禮。居紫陽觀二十年。不踰戶閾。楊隆演時。華姥山一夕有童子歌曰。虛靈菌長。金刀響。山中人數聞之。虛有兵。是年盛產黃芝。經月枯悴。得常逝焉。

劉・從一 唐 祥道從孫。擢進士宏詞第。調渭南尉。雅爲常袞・盧杞所厚。授監察御史。德宗居奉天。超居相位。從幸梁州。帝遇之善。然無它才能。容身遠罪而已。貞元初罷爲戶部尚書卒。

劉・從益 金 渾源人。字雲卿。大安進士。累官監察御史。坐與當路辨曲直得罪去。久之。起爲葉縣令。修學勵俗。有古良吏風。召入授應奉翰林文字卒。有蓬門集。

劉・從義 宋 善爲文章。多藏書。嘗纘長安碑文。爲遺風集。

劉・從廣 宋 美子。字景元。以外戚少出入禁中。侍仁宗左右。累拜滁州防禦使。趙元昊反。從廣自言待罪行間。不能捍禦疆埸。坐耗縣官。願上所給公使錢。帝嘉納之。久之拜宣州觀察使。同句當三班院。出知洛州。徙邢州。籍鄉軍之罷老者。聽引子弟自代。著爲令。遷眞定府路馬步軍副都總管卒。諡良惠。

劉・從諫 唐 悟子。少狡獪。李師道使悟出屯。署門下別奏。悟卒。主留事。以賂拜節度使。文宗時入朝。見事柄不一。心輕朝廷。又以譏切中人。與仇士良交惡。因與朝廷猜貳。武宗立。兼太子太師。性奢侈。無遠略。買人子獻口馬金幣。署牙將。使行賈州縣。所在暴橫。聞士良寵方渥。欲自入朝。恐不脫禍。被病卒。

劉・惇 三國吳 平原人。字子仁。遭亂避游廬陵。事孫輔。以明天官。達占數。顯於南土。輔以爲軍師。惇於諸術皆善。尤明太乙。推演其事。窮盡要妙。著書百餘篇。

劉・惔 晉 相人。字眞長。少清遠有標格。與母寓居京口。織芒屩爲養。雅善言理。簡文帝初作相。與王濛並爲談客。累遷丹陽尹。爲政清靜。門無雜賓。知桓溫有不臣之迹。請勿使居形勝地。帝不納。溫伐蜀。惔以爲必剋。恐終專朝廷。後竟如其言。卒後。孫綽誄之云。居官無官官之事。處事無事事之心。時人以爲名言。

劉・惟輔 宋 涇州人。爲熙河馬步軍副總管。金人陷秦州。惟輔將騎禦之。舞矟刺其先鋒將。敵爲奪氣而退。隴右都護張嚴追之。遇伏死。惟輔自石鼻砦遁歸。金人追及執之。閉口不言而死。

劉・惟謙 明 以才學舉。洪武初歷官刑部尚書。命擬新律。刪繁損舊。輕重得宜。帝親加裁定頒行。後坐事免。

劉・惟簡 宋 開封人。由入內黃門積官至兵馬都監。爲入內押班。英宗初立。惟簡自河北來朝。帝識其姓名屏間。擢幹當延福宮。自是蒙親信。哲宗在藩時。惟簡奔奏服勤。及親政。召至左右。擢內侍押班。尋卒。

劉・捷 清 江寧人。字古塘。諸生。有文名。讓產歸庶弟。而覓食自活。自遠方歸。解裝得數十百金。輒以周戚族。年羹堯巡撫四川。延入幕。固辭歸。後舉康熙鄉試。友人方苞以南山集被逮。盡室北上。捷曰。吾義不可不偕行。至京師。已失試期。遂不復與試。

劉・敏 蜀漢 泉陵人。善草書。後主時除侍御史。爲揚威將軍。與王平鎮漢中。以功封雲亭侯。拜成都大尹。⊙ 元 宣德青魯人。字有功。自號年豐老人。善繪墨竹。少入太祖行營。留宿衛。通諸部語。累從征伐。戍燕。置二總管府。敏總其役。有威惠。歷官行尚書省。憲宗時命與牙魯瓦赤同政。病歸。帝伐宋。輿疾以諫。歸燕卒。⊙ 明 肅寧人。舉孝廉。爲中書省吏。嘗暮市蘆龍江。且載於家。俾妻織蘆席。鬻以奉母。而後入治事。性廉介。或遺磁瓦器。亦不受。爲楚相府錄事中書。以沒官女婦給文臣家。衆勸其請給以事母。敏固辭曰。事母子婦事。何預他人。擢拜工部侍郎。改刑部。出爲徽州府同知。有惠政。卒官。⊙ 清 青浦萬壽院道士。字半霞。道行超妙。善畫。於詩學琴理。均能通習。

劉・敏中 元 章丘人。字端甫。幼卓異不凡。至元中爲監察御史。劾權臣桑哥。不報。辭職歸。復起。歷集賢學士。商議中書省事。上書陳十事。武宗卽位。召至上京。庶政多所更定。累遷翰林學士承旨。延祐中卒。諡文簡。平生義不苟進。進必有所匡救。爲文理備辭明。有平宋錄・中菴集。

劉・敏元 前趙 北海人。字道光。勵己修學。好星曆陰陽術數。潛心易太玄。不好讀史。永嘉之亂。同郡管平以年老從敏元西奔。及滎陽。爲盜所劫。敏元已免。復還。說盜以免之。後仕劉曜爲中書侍郎・太尉長史。

劉・敏行 金 平州人。天會進士。歷肥鄉令。歲大饑。盜賊掠人爲食。諸縣老弱入保郡城。不敢耕種。敏行白州借軍士三十。護縣民出耕。多張旗幟爲疑兵。由是盜不敢犯。而耕稼滋植。累官河北東路轉運使。致仕卒。

劉・敏寬 明 安邑人。萬曆進士。歷官兵部尚書。總制三邊。所至簡兵蒐乘。儲糈繕堡。奏捷三十有奇。進階少保。榆林人立祠祀之。

劉・斌 隋 南陽人。頗有詞藻。官至信都郡司功書佐。竇建德署爲中書舍人。建德敗。復爲劉黑闥中書侍郎。與黑闥亡歸突厥。不知所終。◉宋定州人。父加友爲從弟志元所殺。景德中娍挾刃伺志元於道。刺之不殊。詣吏自陳。州具獄上請。詔釋娍罪。◉元歷城人。少孤。有勇力。從張榮起兵。屢立戰功。陞濟南新舊軍萬戶。移鎭邳州。宋將憚之。病作。謂其子曰。居官當廉正自守。毋黷貨以喪身敗家。語畢而逝。諡武莊。

劉旋 明江寧人。字遜生。孝友篤學。崇禎中以恩貢知崇寧縣。有惠政。張獻忠自廣元寇蜀。州縣望風遁。旋誓守。賊至。冠服坐堂上。罵賊死。

劉晝 北齊阜城人。字孔昭。少孤貧好學。習三禮春秋。俱通大義。舉秀才。入京考策不第。乃恨不學屬文。著六合賦以呈魏收。收謂其愚。又撰高才不遇傳三篇。皇建・太寧之朝。頻上書。終不見收采。天統中卒。

劉晞 後晉涿州人。少以儒學稱於鄉。嘗爲唐將周德威從事。後陷於契丹。契丹以漢職縻之。爲燕京留守。歷同平章事・兼侍中。隨契丹入汴。契丹主死。隨蕭翰北歸。後卒於北蕃。◉宋臨桂人。字升之。家近辰山。日棲止巖中。有詩名。桂帥李愿中邀賦秦城王氣詩。欲以媚秦檜。晞托疾不往。後帥李大異聞而嘉之。題所居巖曰蟄龍。

劉晟 南漢龔四子。初名宏熙。封晉王。既弒兄玢。遂自立。改元應乾・乾和。取桂州。全有嶺南地。恐諸弟與其子爭國。盡殺其男。納其女後宮。暴虐淫侈。在位十六年卒。廟號中宗。

劉晟基 清永北人。字景傅。歲貢。九歲喪父。奉母匿山中。刻苦自勵。養志承顏。工詩文。爲一時推重。永郡人士。多出其門。任雲州司訓十餘載。課士有方。人咸稱之。有瓠圃堂集。

劉晨 後漢剡溪人。永平中與阮肇同入天台山。採藥失道。遇二女。顏色絕麗。邀劉阮至其家。食以胡麻飯。止宿行夫婦禮。後求去。至家。子孫已七世。欲還女家。不復獲路。

劉梁 後漢寧陽人。字曼山。一名岑。少孤貧。賣書於市以自給。桓帝時舉孝廉。除北新城長。大作講舍。延聚生徒數百人。朝夕自往勸誡。儒化大行。召拜尙書郎。後爲野王令。未行。光和中病卒。

劉殺鬼 北齊官梁州刺史。善畫鬬雀如生。武成帝重之。令常居禁中。

劉淇 清確山人。寓居濟寧。隸漢軍鑲白旗。字武仲。一字龍田。號南泉。工詩古文。有周易通說・禹貢說・助字辨略・堂邑志・衞園集。

劉淑 後漢章帝子。封城陽王。卒。諡懷。◉後漢河間孝王開子。封解瀆亭侯。◉後漢樂成人。字仲承。通五經。隱居講授。生徒常數百人。桓帝時徵拜議郎。累遷侍中・虎賁中郎將。上疏請罷宦官。靈帝時宦官譖之。下獄自殺。與竇武・陳蕃並稱三君。

劉淑英 清廬陵人。王藹妻。知書能詩。兼精禪學劍術兵法。年十八而寡。李自成陷京師。淑英散家財募士卒。思殲賊以報國仇。順治間楚將張先璧請謁。淑英欲資爲助。爲指陳大義。已而先璧欲娶之。淑英大怒。跨馬歸。闢小庵。誦佛終身。

劉淮夫 宋彝子。字長源。元豐中爲台州判。以父被召赴闕。遂不待任滿。乞隨侍去。父卒。監江寧酒務。念母年老。以朝散郎致仕。母卒。無屋可居。無田可食。未嘗有干請。東南薦紳先生皆稱爲孝子。淮夫聞之。輒惶恐曰。此乃人子之當然。無足道也。鄒浩薦之。終不起。

劉淳 清鐵嶺人。字叔和。號虛白。生而穎慧。雅好讀書。習詩賦。學篆隸。爲有司所擯。遂由武生歷雲麾使。暇輒作畫賦詩。摹古印章。高古蒼健。且善琢硯。後以督造金器虧缺。遣戍。逾年得釋。有虛白印稿・虛白詩鈔。

劉淵 前趙新興匈奴冒頓之後。冒姓劉氏。字元海。家於汾晉之間。幼而儁異。師事上黨崔游。博習經史。嘗語同門生曰。吾常恥隨陸無武。絳灌無文。於是兼學文武。初爲晉任子。代爲左部帥。惠帝時將兵在鄴。會八王亂起。淵說成都王穎。欲招集五部以赴國難。乃歸至左國城。遂爲大單于。稱漢王。時爲晉永興元年。永嘉二年。徙都蒲子稱帝。又徙都平陽。僭位六年卒。諡光文。廟號高祖。年號元熙・永鳳・河瑞。

劉淵甫 明澄甫弟。字子深。號范泉。正德舉人。累官漢陽知府。有善政。嘉靖中與兄澄甫及石存禮・藍田・馮裕・陳經・黃卿・楊應奎。結詩社於北郭禪林。後輯所作曰海岱會集。

劉淵然 明贛縣人。幼出家。爲祥符宮道士。後詣雩都紫陽觀。師趙原陽。傳其法。能符召風雷。太祖聞其名召之。賜號高道。館朝天宮。宣德初進號大眞人。乞骸骨。命送南京朝天宮卒。淵然有道術。爲人清靜自守。不干世事。故爲累朝所禮。

劉混康 宋晉陵人。幼遇異人。授咒術。治病輒驗。徽宗聞而召之。後居茅山。賜號葆眞沖和先生。

劉淸 清廣順人。字天一。號朗渠。又號松齋。由拔貢官蜀。得民心。有劉靑天之稱。嘉慶間教匪之亂。轉戰川東數載。大小百十戰。累擢山東鹽運使。平滑縣・定陶諸賊。身先士卒。所向披靡。授雲南布政使。請改武職。授登州鎭總兵。調曹州鎭。乞休歸卒。

劉・清之 宋臨江人。字子澄。紹興進士。調萬安丞。知宜黃縣。周必大薦於孝宗。召對。首論民困兵驕。大臣退託。小臣苟媮。又言用人四事。言皆切摯。改太常主簿。通判鄂州。改衡州。光宗卽位。起知袁州而疾作。猶貽書執政論國事。初清之欲應博學宏詞科。及見朱子。盡取所習焚之。慨然志於義理之學。母不逮養。展閱手澤。涕泗交頤。宗族有流寓者。皆迎養之。有曾子內外雜篇・訓蒙新書・外書・戒子通錄・墨莊總錄・祭儀・時令書・續說苑・文集・農書。

劉・清叟 元江西人。字立雪。少年才氣卓犖。連蹇不第。中更世故。蹙頞悲吟。鮮居隱處。年踰七十而終。有立雪稿。

劉・清泰 清遼陽人。隸正紅旗漢軍。初名朝卿。太宗賜今名。順治間由弘文院學士累擢浙閩總督。鄭成功陷漳泉。坐奪職。康熙間起用。官至河南總督。

劉・焉 後漢光武帝五子。封左馮翊王。以郭太后少子。故獨留京師。徙封中山王。卒諡簡。◎後漢竟陵人。字君郎。居陽城山。積學教授。舉賢良方正。靈帝時領益州牧。初平間任岐・賈龍並反。焉擊殺之。意氣漸盛。造作乘輿車重千餘乘。後以二子範・誕謀誅李傕。戰敗被殺。又遇大火燒其城府車重。徙居成都。疽發背卒。

劉・炯 宋爚弟。字季明。慶元進士。遷閩始令。早從朱熹學。聞正心誠意之旨。比挂冠歸武夷。徜徉九曲之間。悠然自尋其樂。

劉・猛 後漢熹平初爲司隸校尉。時有人書朱雀闕。言天下大亂。曹節・王甫幽殺太后。常侍侯覽多殺黨人。公卿皆尸祿。無有忠言者。詔猛逐捕。猛以誹書言直。不肯急捕。月餘主名不立。坐左轉諫議大夫。節等奏猛抵罪。輸左校。朝臣多以爲言。始免刑。復公車徵之。◎後漢琅邪人。桓帝時爲宗正。直道不容。自免歸家。靈帝時陳蕃・竇武輔政。復徵用之。爲尙書令。坐與桓彬善。彬得罪。不舉正其事。免官禁錮。

劉・球 明安福人。字求樂。永樂進士。胡濙薦侍經筵。歷翰林侍講。正統初王振欲征麓川。球抗疏力諫。復應詔力規時政。振大怒。逮下詔獄。屬指揮馬順殺球。順遂支解之。瘞獄戶下。景泰初諡忠愍。球爲文和平溫雅。有兩溪文集。

劉・理 蜀漢先主子。後主庶弟。字奉孝。立爲梁王。建興中改封安平王。卒諡悼。

劉・理順 明杞縣人。字復禮。年五十始登崇禎進士。帝親擢第一。授修撰。朝退。輒鍵戶讀書。非其人不與交。歷右諭德。入侍經筵。兼東宮講官。甲申之變。理順具袍笏北面再拜。入別宗祠。投繯死。妻萬・妾李皆殉。後諡文正。

劉・祥 南齊莒人。字顯徵。少好文學。性韻剛疎。輕言肆行。不避高下。司徒褚淵入朝。以腰扇障日。祥從側過曰。作如此舉止。羞面見人。扇障何益。淵曰。寒士不遜。祥曰。不能殺袁劉。安得免寒士。永明初遷長沙王鎭軍。撰宋書。譏斥禪代。又著連珠十五首以寄懷。後免官。徙廣州。不得意。終日縱酒。病卒。◎北周瑤子。字休徵。幼聰慧。占對俊辨。號神童。十歲能屬文。十五通五經。解褐梁宜豐侯主簿。遷記室參軍。江陵平。隨例入國。齊公憲以其善於詞令。召爲記室。累遷車騎大將軍。出宰萬年長安二縣。頗獲時譽。大象末卒。◎明福建長樂人。字瑞初。號雪溪。精醫。善畫龍虎。

劉・祥開 清汀州人。一作祥生。字瑞先。寫眞得曾鯨之傳。

劉・祥道 唐林甫子。字同壽。少襲爵。歷御史中丞。遷吏部黃門侍郎。知選事。釐補敝缺。上疏陳六事。遷司刑太常伯。每覆大獄。必欷歔累歎。奏決日。爲再不食。麟德初拜右相。數陳老病。罷爲司禮太常伯。從高宗封泰山。禮成。進爵廣平郡公。卒諡宣。

劉・章 漢齊悼惠王子。入宿衞。高后封爲朱虛侯。以呂祿女妻之。嘗入侍燕。請以軍法行酒。諸呂有一人醉亡酒。章追斬之。自是諸呂憚章。高后崩。章與周勃・陳平誅諸呂。孝文時立爲城陽王。諡景。◎宋龍游人。字文孺。少警異。日誦數千言。紹興中廷對第一。授鎭江軍簽判。遷祕書郎。兼王府教授。專以經義文學。啓迪掖導。秦檜嗛其不附己。諷言者劾之。出倅筠州。檜死召還。拜禮部侍郎。權尙書。以資政殿學士致仕卒。諡文靖。章容貌魁碩。以周密自守。出入兩朝。被顧遇。未嘗洩禁中一語。

劉・章甫 清長沙人。字蟻峯。號望衡居士。善畫花鳥及竹。山水工於摹倣。繪牛尤神妙。

劉・累 夏陶唐氏之後。學擾龍於豢龍氏。事帝孔甲。能飲食之。夏后嘉之。賜氏曰御龍。以更豕韋之後。

劉・紹 晉彭城人。字彥祖。官至侍中。善小篆飛白。入能品。

劉・紹攽 清三原人。字繼貢。雍正中以諸生薦爲什邡縣。調南充。有政聲。工詩古文。喜講古韻及方程句股。熟於史事並當代典制。有九畹集。

劉・紹祖 宋胤祖弟。官至太康太

守。工畫。不假構思。雀鼠尤歷落出羣。

劉紹能 宋保安軍人。字及之。以父懷忠與夏寇戰死。錄爲右班殿直。累遷鄜延路兵馬都監。後總軍進討。爲夏人所忌。設疑以間之。神宗手詔曰。紹能忠勇第一。此必夏人畏忌間之耳。紹能捧詔感泣。守邊四十七年。大小五十戰。終簡州團練使。

劉翊 後漢潁陰人。字子相。家世豐產。常能周施而不有其惠。獻帝遷都西京。翊舉上計掾。夜行晝伏。得達長安。詔拜議郎。遷陳留太守。東歸惟餘車馬。見士大夫病亡道次。以馬易棺葬之。又逢知故困餒於路。因殺所駕牛以救其乏。遂俱餓死。

劉莊孫 宋寧海人。字正仲。號樗園。其文學與舒嶽祥齊名。爲吳子良弟子。有易志·詩傳音旨補·書傳·周官集傳·春秋本義·論語章指·老子發微·楚辭補注音釋·深衣考。芳潤稿。

劉處靜 唐彭城人。居遂昌。字道遊。善吐納之術。肅宗召見。賜緋衣。退居縉雲之仙都山隱眞巖。結廬金龍洞側。咸通中解化。自譔玄虛志。後十年。有見其在襄陽之間者。弟子啓墓視之。惟有劍履而已。

劉處讓 後晉滄州人。字德謙。少爲張萬進親吏。莊宗卽位。爲客省使。常使四方。多稱旨。累遷左驍衛大將軍。晉高祖立。歷宣徽南院使。以副招討諭降范延光有功。終右金吾衛上將軍。

劉訥 晉隗伯父。字令言。有人倫識鑑。初入洛。見諸名士。歎曰。王夷甫大鮮明。樂彥輔我所敬。張茂先我所不解。周弘武巧於用短。杜方叔拙於用長。官終司錄校尉。

劉訥言 唐乾封中。歷都水監主簿。以漢書授沛王。王爲太子。擢訥言洗馬。常集俳諧十五篇。爲太子歡。太子廢。高宗見之怒。除名爲民。復坐事流振州死。

劉貫道 元中山人。字仲賢。工畫。元貞時寫御容稱旨。補衣局使。山水師郭熙。釋道人物。鳥獸花竹。有古法。高出時輩。

劉跂 宋摯子。字斯立。元豐進士。官朝奉郎。紹聖間從摯於謫所。徽宗立。詔反摯家屬。以跂請。摯得歸葬。跂又訴文及甫之誣。遂貶及甫等。跂能文章。遭黨事。爲官拓落。家居避禍。政和末以壽終。有學易集。

劉逖 北齊芳孫。字子長。少聰敏。好弋獵騎射。愛交遊。善戲謔。尤好學。工文藻。世宗以爲開府行參軍。皇建初除太子洗馬。從武成帝赴晉陽。詔附和士開。授中書侍郎。入典機密。聘周。還拜儀同三司。武成崩。未幾被戮。

劉通 元齊河人。字仲達。爲齊河總管。尋授鎭國上將軍。宋將彭義斌攻齊河。率衆夜登。通與六七人鼓譟而進。宋人驚懼。墜溺死者甚衆。義斌僅以數騎免。遷軍民總管卒。◎元譙縣人。家貧業農。母卜氏好聲樂。每炫技者以簫鼓至門。必令娛侍。或自歌舞以悅母心。卜氏目失明。通誓斷酒肉。禱之三十年不懈。卜氏年八十五。忽復明。至大間旌表。

劉通微 五代吳精術數。素爲宋齊丘所知。乾貞初徐知誥執政柄。徐溫將佐忌之。屢請以溫子知詢爲代。中外岌岌。齊丘夜召通微同宿。而徵其事。坐久聞鼓聲。通微投袂起曰。安若泰山。不足多慮也。彼懷惡志者行當受禍。金鼓之聲澌澌然。殆有大喪。天未曙。捷步至。白溫死矣。

劉逢源 清曲周人。字津逮。康熙時貢生。通星數河洛之學。生當明季。流離江漢淮海間。故所爲詩多憂憤語。時以逸民目之。嘗手鈔二十一史。甚精謹。有積書巖集及漫興稿。

劉逢祿 清綸孫。字申受。嘉慶進士。官禮部主事。少從外祖莊存與·從舅莊述祖學。精於公羊春秋。以何氏解詁爲主。創通條例。貫串羣經。爲清代言今文學者之冠。旁通虞氏易及九章小學。在部十二年。好據經決事。道光中卒。有公羊何氏釋例·公羊何氏解詁箋·發墨守許·穀梁廢疾申何·左氏春秋考證·箴膏肓論評·論語述何·劉禮部集諸書。

劉連捷 清湘鄉人。字南雲。咸豐間從劉騰鴻轉戰江西瑞州。後從曾國荃克吉安·安慶·江寧。累擢布政使。加太子少保。光緒間卒。諡勇介。連捷樸勇無華。軍人化之。雖爲大將。而恂謹如儒者。有臨陣心法。

劉野夫 宋青州人。有道術。嘗約友人龔德莊曰。今夕君家人必出。我往見君。至晚。德莊坐待不至。俄火自門起。德莊犯烈焰而出。翌日野夫來曰。君家人幸出。可賀也。陳瑩中深重之。政和中寓興國寺。人計其壽。一百四十五歲矣。

劉釪 明球子。字伕和。景泰進士。歷官浙江提學副使。學行爲時楷模。人咸謂其有父風。

劉陶 後漢潁陰人。字子奇。一名偉。通尙書春秋。舉孝廉。累官侍御史。封中陵鄕侯。三遷尙書令。拜侍中。數切諫。爲權臣所憚。徙京兆尹。到職當出修宮錢直千萬。陶恥以錢買職。稱疾不聽政。靈帝宿重陶才。原其罪。徵拜諫議大夫。上陳要急八事。言亂由宦官。宦官共譏之。被收下獄死。

劉備 蜀漢見蜀昭烈帝條。

劉傑 明偁弟。幼敦行義。宗黨咸以孝弟稱。洪武間以經明行脩舉。試優等。授吏科給事中。論劾無避。諸有私歎者。皆畏其知之。陞雲南參議。興利去弊。民夷畏服。致仕歸。

劉勝 漢景帝九子。立爲中山王。爲人樂酒好內。有子百二十餘人。諡曰靖。◎後漢和帝長子。少有痼疾。封平原王。卒諡懷。

劉善明 南齊懷珍族弟。宋元嘉末青州饑。善明開倉救鄉里。百姓呼其家田爲續命田。魏克青州。善明因母在魏。哀戚如持喪。元徽初贖母還。沈攸之反。善明獻計平之。高帝踐阼。封新塗伯。建元中卒。諡烈。家無遺儲。惟有書八千卷。

劉善經 隋河間人。博物洽聞。尤善詞筆。仕歷著作佐郎。太子舍人。有酬德傳。諸劉譜。四聲指歸等書。

劉喬 晉南陽人。字仲彥。少爲祕書郎。以誅楊駿功。賜爵關中侯。累遷散騎常侍。御史中丞。時齊王冏腹心董艾勢傾朝廷。百僚莫敢忤。喬二旬之中。奏劾艾罪者六。張昌之亂。喬與劉弘共討昌。惠帝西幸長安。喬復與諸州郡舉兵迎大駕。後爲都督豫州諸軍事。鎮東將軍。豫州刺史。卒於官。

劉埏 元江陰人。字公坦。童時趙孟頫賞其秀異。書小齋二字貽之。遂自號小齋。工詩文。精書法。恬放自守。至正間辟帥府照磨。不久謝歸。

劉堯夫 宋金溪人。字淳叟。年十七師陸九淵兄弟。好閉目靜坐。淳熙中舉進士。除國子正。遷太博。陞對極言時相之失。通判隆興府。已而怨背九淵之學。言其大謬。朱熹責之。尋學禪。遂爲僧。九淵深歎惜之。未幾卒。有井叢齋集。

劉堯晦 明臨武人。字君納。號凝齋。嘉靖進士。歷官僉都御史。巡撫福建。平巨寇林鳳。擒倭衆麻里。奏設總兵鎮南澳島。移撫江西。陞兩廣總制。平蠻林木頭等十砦。晉兵部尙書。參贊機務。致仕歸卒。有虛籟集。

劉富 明金鄉人。正德中流賊寇金鄉。富父俊爲賊所執。索其少女。富奔賊處誑曰。吾妹避礓山洞。汝釋父執我。吾妹可得。賊釋俊。執富與俱。將至礓山。富伺其父得脫難。乃望父大呼曰。吾以死當之。勿使吾妹辱賊也。賊怒殺之。

劉寔 晉高唐人。字子眞。少貧苦。賣牛衣以自給。然好學。手約繩。口誦書。博通古今。清身潔已。以計吏入洛。調爲河南尹丞。有先見。鄧艾、鍾會伐蜀。寔決其破蜀而皆不還。後竟如其言。永嘉初官至太尉。累封循陽侯。卒諡元。有春秋條例。

劉彭祖 漢景帝八子。立爲廣川王。徙王趙。爲人巧佞卑諂。足恭而心刻深。好法律。持詭辯以中人。立六十餘年。相二千石無能滿二歲。輒以罪去。大者死。小者刑。以故二千石莫敢治趙。卒諡敬肅。

劉惠 後漢韓馥爲冀州牧。惠爲治中。時袁紹起兵。以討董卓爲名。馥謀於衆曰。助袁氏乎。助董氏乎。惠勃然曰。興兵爲國。安問袁董。◎明忠州人。父患癱。醫以穢難施藥。惠口吮之。及卒。廬於墓側。一夕隣家火。將延其舍。惠不爲動。火尋滅。人咸異之。◎淸遵義人。乾隆武舉人。隨征緬甸及金川。勦雲南苗。皆有功。官至鎭遠鎭總兵。

劉揖 漢文帝少子。封梁王。好詩書。帝愛之。異於他子。五年一朝。凡再入朝。因墮馬死。諡懷。

劉揚祖 宋慈谿人。字弘宗。幼有志操。穎悟絕人。講伊洛之學。中景定進士。除江州教授。學政修舉。擢爲崇文院校書郎。時賈似道執政。內外爭附。揚祖獨挺然不阿。國事日蹙。遂有隱志。宋亡。改冠裳慟哭。徙家雲湖山。墾田給食。自號介白散人。終身不出。

劉揮 明蒙化人。字本忠。以歲貢任雅州學正。先是迷渡人未知學。揮築館授徒。迷人游泮。自揮開其始。

劉敞 漢光武族兄。襲爵爲舂陵侯。居南陽之白水鄉。謙儉好義。盡推父時金寶財產與昆弟。荆州刺史上其義行。拜廬江都尉。族兄劉崇起兵。王莽徵敞至長安。免歸國。及莽篡立。敞奪爵。尋卒。追諡康。◎宋新喻人。字原父。慶曆進士。歷右正言。知制誥。奉使契丹。素知山川道徑及異獸形狀。遼人歎服。改集賢院學士。判御史臺。敞學問淵博。爲文敏贍。嘗草制。時將下直。會追封王主九人。立馬却坐。頃之九制成。歐陽修每有所疑。輒以書問之。修服其博。長於春秋。有春秋權衡。春秋傳。春秋意林。公是集等書。世稱公是先生。

劉敦儒 唐晛孫。母病狂易。非笞掠人不能安。左右皆亡去。敦儒日侍疾。體常流血。母乃能下食。敦儒怡然。元和中權德輿薦之。授左龍武軍兵曹參軍。時稱劉孝子。

劉斯組 淸新建人。字錫佩。一字斗田。雍正舉人。乾隆間試鴻博不第。知廣東西寧縣。多善政。後主嶽麓書院。學者稱斗田先生。邃於經學。有撥易堂易解。太玄別訓。

劉斯潔 明易州人。字我山。嘉靖進士。歷祠祭郎中。有藩府奏求優佾。抗議不允。夜遺千金。峻却之。萬曆中擢都御史。巡撫四川。平九絲蠻。繼巡撫江西。張居正憾尙書朱衡。

厲斯潔伺其事。笑曰。吾豈能殺人以媚人耶。後終南京禮部尚書。致仕歸。

劉景　宋桂州人。字仲遠。遇異人授以術。遂遊方外。嘗館買昌朝家。冬夏一裘。終日不食。善談老莊周易。皇祐中還家。容色如少年。其所居石室。號劉仙巖。◎遼河間人。字可大。好學能文。應曆初積官翰林學士。景宗卽位。知其忠實可倚用。乃書其笏曰。劉景可爲宰相。後以節度使兼侍中致仕。

劉景昭　明崇陽人。字子成。嘉靖進士。歷貴州僉事。屢破叛苗。擢淮揚道副使。有破倭寇功。官至右僉都御史。巡撫鳳陽諸府。

劉景洪　五代吳永新人。楊行密得江西。衙將彭玗據州自稱太守。屬景洪以兵。欲脅衆附湖南。景洪僞許之。復以州歸行密。退居不仕。及徐溫建國。以禮聘之不起。自言不從彭玗。幾活萬人。後世當有隆者。因名所居北山曰後隆山。

劉景素　南朝宋宏子。有父風。好文章書籍。招集才藝之士。由是爲朝野屬意。後廢帝狂凶失道。內外皆謂景素宜當神器。而阮佃夫等慮景素立。不見容。深相忌憚。景素因此要結才力之士。元徽中垣祇祖勸令舉兵。軍敗被斬。三子並誅。

劉景巖　後晉延州人。家素富。能以貲交遊豪傑。歷丹州刺史。高祖起兵。延州節度使楊漢章發鄉民赴京師。將行。景巖遣人激怒之。殺漢章。迎景巖爲留後。高祖卽位。拜景巖延州節度使。開運中致仕。後爲高允權所誣殺。

劉智　晉寔弟。字子房。素有兄風。少貧窶。每負薪自給。誦讀不輟。以儒行稱。著喪服釋疑論。多所辨明。官至侍中尚書。卒謚成。◎清上元人。字介廉。號一齋。世皈回教。智博學有文辭。偏閱佛道及西洋書。歷游各省。晚年居金陵清涼山掃葉樓。乾隆時卒。生平著書凡數百卷。刊行者有天方典禮。天方性理。五功釋義。字母解義。至聖實錄年譜。天方典禮釋要解。

劉智敏　唐善畫。

劉最　明崇仁人。字振廷。正德進士。官禮科給事中。嘉靖中中官崔文以禱祠事誘帝。最極言其非。忤旨。出爲廣德州判官。尋逮獄。謫戍邵武。後赦還卒。

劉朝　明李選侍私閹。後歸司禮太監王安。與魏忠賢深相結。忠賢嗾言官論安。降充南海子淨軍。以朝爲南海子提督。使殺安。◎明太監。舟山城破。朝護王妃陳氏。貴嬪張氏。義陽王妃杜氏入井。用石覆之。自刎其旁。

劉棠　宋龍溪人。字君美。元祐進士。歷樞密院編修。出爲利州路提舉學事。後提舉兩浙常平。以朝請郎致仕。同邑有陳補者。與棠俱爲詞賦有聲。時稱之曰。劉棠。陳補。撞巖賦虎。

劉棨　清諸城人。字弢子。康熙進士。初爲長沙令。禁俗棄女。全活甚夥。擢知寧羌州。時關中大饑。棨假倉粟以賑之。山多槲樹。教民蠶織法。州人利之。名曰劉公綢。又創義學。親爲講解。寧羌士始有得第者。官至四川布政使。

劉棲楚　唐爲鎭州小史。王承宗薦於李逢吉。擢右拾遺。敬宗立。遷起居郎。辭疾歸洛。未幾宣授刑部侍郎。改京兆尹。性詭激。敢爲怪行。峻誅罰。不避權豪。出爲桂管觀察使卒。（按舊唐書作栖楚。此從新唐書。）

劉森峯　清永新人。字一棣。康熙舉人。官至內閣中書。幼貧力學。日誦萬言。爲文頃刻立就。善書法。酒酣一揮百幅。更入神妙。

劉植　後漢昌城人。字伯先。王郎起。植聚兵據昌城。後附光武爲驍騎將軍。眞定王劉揚起兵附王郎。光武遣植說降揚。封昌城侯。討密縣賊戰沒。

劉欽　漢宣帝二子。立爲淮陽王。壯大好經書法律。聰達有材。帝甚愛之。元帝立。遣之國。成帝卽位。以淮陽王屬爲叔父。敬寵異於它國。卒謚憲。◎宋扆子。字子時。蔡沈弟子。以廕累官同知樞密院事。歸隱武夷。自號冰壺散人。卒謚忠簡。有尙書衍義。文集。◎元醴泉人。字仲賢。元末兵至九嵕山。欽負母而逃。攜子與姪。度難兩全。以姪爲母所鍾愛。謂其妻曰。父母愛則愛之。敢以恩奪孝。爲不道之人哉。遂投子於涇水。強母攜姪而行。卒脫兵患。孝義聞於郡國。

劉渙　宋筠州人。字凝之。天聖進士。爲潁上令。剛直不善逢迎。棄官歸隱廬山之陽。環堵蕭然。而無戚戚意。歐陽修高其節。賦廬山高以美之。◎宋文質子。字仲章。有才略。尙氣不羈。臨事無所避。初以父任爲將作主簿。天聖中章獻太后臨朝久。渙謂天子年加長。上書請還政。仁宗親政。擢爲右正言。郭后廢。渙與孔道輔。范仲淹等伏闕爭之。歷知諸州。皆著聲績。熙寧中以工部尙書致仕。

劉渡　清漳州人。字前度。善畫宋元山水。尤精寫景。

劉渢　南齊南陽人。字處和。母亡。事後母盡孝。母感其意。慈愛遂隆。弟溓事渢。過於同產。事無大小。必諮而後行。渢後爲始安王遙光諮議。遙光有異志。渢諫不從。事敗。渢坐府中待死。溓奔赴不去。遂俱見殺。

劉·渴侯 後魏稟性剛烈。太和中爲徐州後軍。以力死戰。衆寡不敵。遂被擒。不屈死。

劉·渾 南朝宋文帝十子。字休淵。累封武昌王。少凶戾。元凶劭弑立。以爲中書令。孝武卽位。授征虜將軍。出鎭京口。作文檄。自號楚王。建號永光。備置百官。以爲戲笑。長史王翼之得其手跡。封呈孝武。免爲庶人。逼令自殺。

劉·湘烇 清江夏人。字允恭。康熙時從梅文鼎學曆算。著曆學古疏今密論。日月食算稿。各省北極出地圖說。答全椒吳荀淑曆十問書。文鼎謂足匡其不逮。及死。遺書無一存者。

劉·湛 南朝宋涅陽人。字弘仁。小字班虎。負才氣。博涉史傳。初爲武帝功曹。及受禪。以湛爲王府長史。文帝時殷景仁薦之。召爲太子詹事。被任遇。漸與景仁有隙。時彭城王義康專執朝權。湛昔爲上佐。遂以舊情委心自結。獨當時務。帝不能平。收付廷尉伏誅。子黯等並坐死。

劉·湜 宋彭城人。字子正。舉進士。累遷殿中侍御史。詔詣渭州勘尹洙。洙坐廢。遷爲尙書禮部員外郎。除鹽鐵副使。議者謂湜探宰相意。深致洙罪。故得優擢。累遷龍圖閣學士。知密州卒。

劉·渤 宋眉山人。元符初詔求直言。九上書言宣仁太后之誣及司馬光之枉。乞用范純仁·蘇軾·蘇轍。斥退章惇·蔡卞·呂惠卿·蔡京。改提舉河北路常平。尋坐元祐黨籍廢。(按萬姓統譜作劉勃。此從四川通志。)

劉·無雙 唐劉震女。震甥王仙客因父早亡。與母同歸外氏。仙客之母臨沒。曾乞以無雙歸仙客。朱泚之亂。震受僞命處極刑。無雙沒入掖庭。押往園陵。仙客往求古押衙。押衙求茅山道士藥。使無雙婢假作中使。以無雙逆黨。賜藥令自盡。因贖其屍歸仙客。無雙復活。押衙自刎死。仙客與無雙歸襄鄧偕老。

劉·焯 隋信都人。字士元。開皇中舉秀才。射策甲科。除員外將軍。於國子共論古今滯義。以精博稱。奉敕與劉炫等考定洛陽石經。後與炫議論。深挫諸儒。遂爲飛章所謗。除名歸里。煬帝卽位。遷太學博士。著有稽極·曆書·五經述議。劉炫與之齊名。時稱二劉。論者以爲數百年來。博學通儒。無出其右者。

劉·琦 後漢表子。表初以琦貌類己。甚愛之。後惑於後妻蔡氏之言。遂惡之。琦嘗與諸葛亮謀自安之術。亮初不答。後引亮升高樓。去梯而問焉。亮曰。君不見申生在內而危。重耳在外而安乎。琦感悟。求出爲江夏太守。表卒。次子琮以地降曹操。操赤壁敗後。劉備表琦爲荆州刺史。尋卒。⊙宋宣城人。字公玉。博學強覽。立志峻潔。以都官員外郎通判歙州。召爲侍御史。後貶通判鄧州卒。⊙元臨湘人。生二歲。母劉氏陷於兵。琦稍長。請於父。往求其母。遍歷河淮間。數歲得於池州之貴池。迎以歸養。其後十五年。父沒。又三年母沒。終喪猶蔬食。詔旌表孝義。⊙明洛陽人。字廷珍。正德進士。嘉靖初授兵科給事中。以災異陳七事。妖人李福達逃洛川。琦知之甚悉。因疏陳顚末。幷劾郭勛黨逆。帝置不問。旣以福達事下獄。謫戍瀋陽。越十年。赦還卒。

劉·琨 晉魏昌人。字越石。少有儁朗之目。惠帝時爲范陽王虓司馬。共破東平王楙。斬石超。降呂郞。以功封廣武侯。愍帝時拜都督幷冀幽三州軍事。元帝稱制江左。琨遣長史溫嶠上表勸進。轉侍中太尉。琨忠於晉室。素有重望。段匹磾忌之。爲所害。諡愍。琨初與祖逖俱爲司州主簿。同寢。中夜聞雞鳴。逖蹴琨覺。曰。此非惡聲也。皆起舞。後聞逖被用勝敵。與親故書曰。吾枕戈待旦。志梟叛逆。常恐祖生先我着鞭。其意氣相期如此。

劉·琨之 南朝宋遵考子。爲景陵王誕司空主簿。誕之叛。以爲中兵參軍。辭曰。忠孝不得並。琨之老父在。將安之乎。誕殺之。後贈黃門郎。詔謝莊爲誄。

劉·琮 宋顯子。字粹老。大觀進士。任諸王宮翊善。靖康中京城受圍。金人議立張邦昌。使范瓊脅百官勸進。琮自服利藥。疾勢委頓。乃不果偪。平生多著述。有文集。⊙元歷城人。父久病。貲竭。琮鬻女及妻。又不繼。乃焚香請代父死。書牒坎地埋之。遂得錢一窖。錢出水湧。父飮卽愈。因名其處曰孝感泉。後父沒。琮遂捨宅爲寺。披剃爲僧。

劉·琯 明貴陽人。起家鄉舉。崇禎中爲戶部主事。致政歸。張獻忠餘寇入黔。琯與吳子騏等率鄉兵扼賊。被執。俱不屈死。

劉·琰 蜀漢魯國人。字威碩。性風流。善談論。先主定益州。授固陵太守。後主時遷車騎將軍。車服飮食。號爲侈靡。侍婢數十。皆能爲聲樂。又悉教誦魯靈光殿賦。後以失志慌惚。妻胡氏有美色。入賀太后。留經月乃出。琰疑與後主有私。因遣卒撾胡。坐下獄棄市。

劉·留臺 宋少極貧。專事趨謁。鄉人厭之。歲久不能自存。徒步至漳州。市水浴堂中。拾金一袋。浴畢。託疾臥房中不去。翌日有一人號泣而來。劉遂舉還之。及還。鄉人愈薄之。責以拾金不能營生。而復來相干。答曰。吾平生賦分。止合如此。若掩他人物以為己有。是欺心矣。必有禍災。後一舉登第。官至西京留守。五十年間。子孫在仕途者二十三人。

劉・發 漢景帝十子。立為長沙王。母唐姬。故程姬侍者。微無寵。故王卑濕貧國。卒諡定。

劉・竘 宋靖康初。為眞定路都鈐轄。金人來攻。竘率衆晝夜搏戰。城陷。猶巷戰。知不敵。顧其弟曰。我大將也。可受賊戮乎。挺身之孫氏山亭中。自縊死。

劉・筈 金彥宗次子。天輔中太祖攻燕。筈從其父兄出降。歷宣徽使。皇統初充江南封冊使。宋人榜其居曰行宮。筈曰。未受命而名行宮。非也。請去榜而後行禮。宋人又賄以金珠三十餘萬。筈不顧。天德初累拜右丞相。封曹王。致仕。筈自為宣徽使。以得悼太后意。致位宰相。海陵即位。意頗鄙之。慚懼而死。

劉・策 明武定人。字範董。萬曆進士。除保定新城知縣。授御史。天啓中累官兵部右侍郎。御史潘汝禎劾策為東林遺奸。遂削籍。崇禎中起故官。總理薊遼保定軍務。策雅負清望。用兵非其所長。甫蒞任。清兵由大安口入內地。策不能禦。被劾論死棄市。

劉・絢 宋常山人。字質夫。力學不倦。明春秋。極為程顥所稱。以蔭為壽安主簿。長子令。元祐初韓維薦為京兆府教授。王巖叟又薦為太學博士。卒官。

劉・統勳 清棨子。字延清。號爾鈍。雍正進士。官至東閣大學士。加太子太保。性強直。勵清節。事之可否。洞燭幾先。終身不失其正。疏劾張廷玉。訥親。直聲震朝野。卒諡文正。有劉文正集。

劉・翔 宋浦城人。字圖南。通諸經。尤注意於易。以累舉得官。調蘄春尉。授福州教授。蒞任初。謂教官實風化所係。要當上不負天子。次不負州郡。下不負子弟入學之意。再任潭州教授。卒官。有經進易解。

劉・舜 漢景帝少子。立為常山王。驕淫數犯禁。帝常寬之。卒諡憲。

劉・舜卿 宋開封人。字希元。元祐中知熙州。夏人連西羌鬼章。將大舉入寇。舜卿乘其未集擊之。俘鬼章。遷馬軍都虞候。再遷徐州觀察使。知渭州卒。諡毅敏。舜卿知書。曉吏事。謹文法。善料敵。著名北州。

劉・萇 後漢章帝玄孫。襲封解瀆亭侯。以子宏嗣桓帝後。追尊為孝仁皇。

劉・詞 後周元城人。字好謙。少以勇悍知名。唐莊宗下魏博。與梁戰夾河。詞為效節軍使。廢帝時以功拜沁州團練使。徙房州。暇日常被甲枕戈而臥。謂人曰。我以此取富貴。豈可一日忘之。且人情易習。一墮其筋力。有事何以報國。漢高祖時討李守貞於河中。領寧江軍節度使。太祖入立。加同中書門下平章事。卒諡忠惠。

劉・貴 後魏陽曲人。剛格有氣斷。歷爾朱榮府騎兵參軍。建義初以預定策勳。封敷城伯。尋進為公。建明初除晉州刺史。高歡起兵。貴棄城歸歡於鄴。東魏天平中除御史中尉。興和初卒。諡忠武。貴凡所經歷。莫不肆其威酷。非理殺害。然以嚴斷濟務。有益機速。故見賞於時。◎明思州人。元末為宣慰司同知。洪武初贊田氏稱臣入貢。以忠順累遷宣慰司副使。

劉・晛 唐知幾子。字惠卿。好學。多所通解。知幾卒。有詔訪其後。擢起居郎。歷右拾遺內供奉。有六經外傳・續說苑・太樂令壁記・眞人肘後方・天宮舊事。

劉・賀 漢見漢昌邑王條。

劉・超 晉臨沂人。字世瑜。以忠謹清慎為元帝所拔。從渡江。轉安東府舍人。後拜中書通事郎。以平錢鳳功封零陵伯。蘇峻謀逆。盡以妻孥入處宮內。王師敗績。王導以超為右衛將軍。親侍成帝。峻遷帝於石頭。超侍左右。雖幽厄中猶啓授孝經論語。旋為峻所害。峻平。追諡曰忠。

劉・越 宋大名人。字子長。少孤貧。有學行。舉進士。知襄城固始二縣。有能名。遷祕書丞。

劉・軻 唐曲江人。字希仁。童年嗜學。著書甚多。後登進士第。歷官史館。馬植稱其文為韓愈流亞。薦之朝。累遷侍御史。

劉・進忠 清遼陽人。初為明總兵馬得功部校。順治間隨得功迎降。累官潮州總兵官。耿精忠反。進忠應之。精忠降。進忠亦窮迫歸順。後與精忠同被殺。

劉・逵 宋隨州人。字公路。舉進士高第。累官至中書侍郎。無他才能。以附蔡京致顯進。京以彗星見去相。逵首勸徽宗碎元祐黨碑。寬上書邪籍之禁。稍正京悖禮害民之政。及京復相。謫鎮江軍節度副使。安州居住。後京再罷。稍起知杭州。加資政殿學士。◎明項城人。性寡默。善書翰。家世以忠孝相承。鄉邦稱之。洪武間以人材舉薦。累官至刑部尚書。

劉・銑 明珝子。字汝中。八歲時憲宗召見。愛其聰敏。即命為中書舍人。歷官五十餘年。嘉靖中至太常卿。兼五經博士。仍供事內閣誥敕房。博學有行誼。與長洲劉棨並淹貫故實。時稱二劉。

劉・鈞 北漢旻次子。初名承鈞。周顯德初嗣立。閱二年。改元天會。自宋受禪。周李筠敗死潞州。鈞兵亦累敗。乞援於遼。嗣又失遼歡心。憂痺卒。在位十四年。年號乾祐·天會。諡孝和。廟號睿宗。承鈞孝謹好學。工書。卽位之後。頗勤政愛民。故雖兵戈不息。而境內粗安。

劉·開 【後漢】章帝子。封河間王。延平初就國。奉遵法度。吏人敬之。卒諡孝。◎【宋】星子人。稱神醫。號復眞先生。◎【淸】桐城人。字明東。號孟塗。諸生。從姚鼐游。詩文天才閎肆。光氣煜爚。與同門方東樹·管同·梅曾亮·稱方劉梅管。爲人脫略不羈。家貧。客公卿間。聲名日盛。而以士節自持。道光中卒於亳州。有孟塗詩文集·論語補註·大學正旨·中庸本義·孟子拾遺·廣列女傳。

劉·閎 【漢】武帝三子。立爲齊王。其母王夫人有寵。閎尤愛幸。卒諡懷。

劉·閏 【宋】陳州人。聚居至七百口。累數十百年。眞宗時旌表。

劉·閔 【明】莆田人。字子賢。早孤。絕意科舉。副使羅璟立社學。構養親堂。延閔爲師。提學僉事周孟中捐金助養。知府王弼亦置田五十石資之。閔皆不辭。及母卒。送田還官。廬墓三年。弘治中巡按御史宗彝饒瑭欲薦閔經明行修。力辭。知府陳敎請遂其志。榮以學職。正德初遙授儒學訓導。

劉·陽 【明】安福人。字一舒。初從劉曉受經。曉告以王守仁學。遂往謁守仁於贛州。舉於鄉。知碭山縣。有惠政。徵授御史。久之引疾歸。父喪。哀毀廬墓。遂不出。有劉兩峯集。

劉·隆 【後漢】字元伯。王莽居攝中。隆父禮與安衆侯崇起兵誅莽。事泄。隆以年未七歲得免。光武時累拜誅虜將軍。守南郡太守。坐墾田不實。免爲庶人。尋以中郞將副馬援擊交阯。有功。封長平侯。後爲驃騎將軍行大司馬事。封愼侯。卒諡靖。◎【明】武平人。字守庸。幼穎異。讀書過目成誦。登永樂進士。擢御史。巡按浙江。時太監黃金肆虐。靑田民潘孟吉等聚衆殺之。事聞。將屠其邑。隆力奏請誅首惡。而宥其餘。民立石頌之。◎【明】定海人。字大昌。衞指揮使。以強幹屢總諸衞備倭。時海上寇起。隆提舟師薄之。舟膠。隆腹中一矢。益奮怒鏖戰。揮諸舟競進。卒破之。嘉靖中陞都指揮僉事。倭薄瑞安。與偏將尹千戶往援。中伏死。

劉·雄 【北周】臨洮人。字猛省。初爲文帝親信。以軍功除子城令。賜姓宇文氏。天和中封周昌侯。尋爲河州刺史。鄉里榮之。宣政初突厥入幽州。雄戰沒。◎【明】臨淮人。官四川都指揮僉事。性剛勁。遇敵輒前。嘗捕賊漢州。生擒七十餘人。及趙鐇亂。追之羅江大水河。手馘數人。賊連敗。千戶周鼎傷。雄前救之。徑奔賊陣。叢刺死。

劉·順 【後漢】光武族兄。字平仲。與光武同里閈。少相厚。更始時爲虎牙將軍。更始降赤眉。閒行詣光武。拜南陽太守。封成武侯。卒諡孝。◎【淸】順天人。雍正武進士。以副將從征金川。奮勇善戰。金川平。累官安西提督。卒諡壯靖。

劉·黃老 【晉】彭城人。太元中爲尙書郞。注愼子·老子。

劉·黃裳 【明】繪子。官兵部員外郞。倭陷朝鮮。命黃裳贊畫侍郞宋應昌軍務。渡鴨綠江。抵平壤。大敗賊兵。賊遁。黃裳追逐。又連破之。錄功進郞中。

劉·黑馬 【元】伯林子。名嶷。字孟方。以小字行。驍勇有志略。襲父職爲萬戶。屢立奇功。睿宗假道於宋以伐金。命黑馬先由興元東下。遇金將合達。與戰破之。復從破南京·蔡州。滅金。累授都總管萬戶。中統間兼成都路軍民經略使。卒諡忠惠。

劉·黑闥 【唐】漳南人。嗜酒喜蒱博。隋末事李密爲裨將。密敗。王世充擄之。補馬軍總管。鎭新鄉。時李世勣陷於竇建德。攻新鄉。擄黑闥獻之。建德用爲將。封漢東郡公。武德中建德敗。還匿漳南。黑闥得兵百餘。襲破之。不半年盡有建德故地。號漢東王。建元天造。都洛州。秦王世民下相州。黑闥衆潰。奔突厥。秦王還。黑闥復入寇。詔齊王元吉擊之。不進。又詔皇太子督兵。頻戰皆捷。黑闥遁。馳至饒陽。所署總管崔元遜迎拜。延之入。諸葛德威執詣皇太子所斬之。

劉·傳 【明】蔚州人。嘉靖中守備赤城。善撫士卒。敵犯馬營。傳率所部赴援。直前搏戰。敵圍之數重。傳令士卒下馬步鬬。引滿四射。箭無空發。傳身中矢如蝟毛。比撤圍。甲裳盡赤。臥瘡月餘卒。◎【明】含山人。字眞習。號月川。工畫雲山。筆勢秀勁。

劉·傳瑩 【淸】漢陽人。字椒雲。道光舉人。官國子學正。初慕顧炎武·閻若璩·顧祖禹諸人。考古務精博。好爲詩古文辭。尤究心輿地之學。後益反求諸身。不以文學人自處。體羸善病。而勤學彌甚。所爲日記。多痛自繩檢。未幾告歸卒。年僅三十有一。

劉·嗣明 【宋】祥符人。入太學。累官給事中。張商英居相位。惡其不附己。時鄭居中雖以嫌去樞密。然陰植黨與。窺伺益固。嗣明與之合計傾商英。遷大司成。已而言者論其取悅權貴。黜知潁州。未幾入爲工部侍郞。累官工部尙書卒。

劉·嗣綰 【淸】陽湖人。字簡之。號芙初。嘉慶進士。官編修。工詩文。在翰林十餘年。歸主東林書院。有尙絅堂詩文集。

劉·塞翁 【淸】潛江人。工畫翎毛。

奕奕有生氣。

劉愚 宋龍游人。字必明。幼警敏力學。弱冠入太學有聲。釋褐居第一。調江陵府教授。與葉適·項安世講論不倦。移知安鄉縣。有惠政。諸司交薦改秩。愚不樂仕進。遂致仕。結廬城南。頹垣敗壁。蓬蒿蕭然。著書自適。謂禮語孟皆有解。年八十三卒。門人私諡曰謙靖先生。

劉愚妻 宋姓徐氏。在家時。母將以嫁姑子之富者。徐泣曰。不願爲富人妻。遂歸劉愚。愚嘗懷白金歸。徐怒曰。我以子爲賢。而若是乎。亟具歸。愚出書以示。固束脩也。乃已。

劉感 唐鳳泉人。武德初以驃騎將軍戍涇州。爲薛仁杲所執。令約城中降。感紿諾。至城下。大呼曰。秦王數十萬衆且至。仁杲怒。埋其半土中。馳殺之。諡忠壯。

劉愷 後漢般子。字伯豫。當襲爵。讓與弟憲。遁逃避封。永元間常徵拜爲郎。稍遷侍中。性篤古。貴處士。每有徵擧。必先巖穴。論議弘正。辭氣高雅。安帝時官至太尉。致仕卒。

劉慎行 遼景子。累官北府宰相。出爲彰武軍節度使。賜保節功臣。帝多卽宴飲行賞罰。以慎行諫而止。

劉損 南朝宋粹族弟。字子騫。元嘉中爲吳郡太守。至閶門。便至泰伯廟。時廟室頹毀。垣牆不修。損愴然曰。清塵尙可髣髴。衡宇一何摧頹。卽令修葺。卒贈太常。

劉敬 漢齊人。本姓婁。高祖在洛陽。敬獻西都關中之策。賜姓劉氏。號爲奉春君。尋封關內侯。號爲建信侯。冒頓兵彊。數苦北邊。使敬往結和親約。還言秦中新破。請徙齊諸田楚昭屈景燕趙韓魏後及豪傑名家居關中。無事可以備胡。乃使敬徙所言十餘萬口。◎明上杭人。字謙之。幼孤。事母至孝。正統間賊攻城急。敬負母出奔。賊追及之。箠楚索金。且及其母。敬抱母號哭乞免。母被傷。病不能與。敬含哺飼之。賊退。貧甚。日採食以養。母卒。終喪骨立。

劉敬和 唐高苑縣令。嘗令高山·鄒平。皆有聲。至高苑。適歲饑。卽擅開倉賑民。民述其德政。樹碑於縣治。

劉敬叔 南朝宋彭城人。起家中兵參軍。元嘉中官給事黃門郎。所著異苑。詞旨簡澹。無小說家猥瑣之習。

劉敬宣 南朝宋牢之子。字萬壽。八歲喪母。晝夜號泣。四月八日。敬宣見衆人灌佛。乃下頭上金鏡以爲母灌。悲泣不自勝。後爲元顯諮議參軍。元興初牢之與敬宣謀共襲桓玄。不至。牢之自縊。敬宣奔鮮卑慕容德。武帝平京口。召還。從擊鮮卑。大破之。累官右將軍。司馬道賜謀反。被害。

劉暄 南齊彭城人。字士穆。明帝后弟。爲右衛將軍。明帝崩。東昏侯失德日彰。始安王遙光自以年長。屬當鼎命。暄以遙光若立。已失元舅之望。不肯同。遙光事起。以討暄爲名。事平。遷領軍將軍。爲茹法珍等所譖。坐誅。

劉會昌 明清苑人。崇禎擧人。少奇穎。狀貌嶔崎。能古文辭。習聲律。城陷被執。不屈死。

劉暐 宋翁源人。博學治聞。熙寧進士。歷官中外有聲。崇寧初置廣南東路提擧學事司。歲察師儒優劣。諸生勤惰。命暐充之。教士子立課程。稽實行。崇信讓。雖鄉曲一無所私。

劉暐澤 清長沙人。字芳久。雍正進士。知宜賓縣。文章政事。異於俗吏。乾隆間試鴻博不遇。有斯香堂集。

劉楗 清大城人。字玉罍。號公愚。順治進士。授戶科給事中。出歷山西湖北江西湖南四省。以經術爲治。撫百姓如家人父子。終刑部尙書。諡端敏。有雙鶴堂詩集·諫垣疏稿。

劉楚先 明江陵人。字衡野。隆慶進士。授檢討。累官禮部侍郎。兼學士。神宗時國儲未定。楚先七上疏請婚冠期。不報。家居十六年。起禮部尙書。掌詹事府事。卒諡文恪。

劉楨 三國魏梁孫。字公幹。有文才。與王粲·孔融·陳琳·阮瑀·應瑒·徐幹相友善。時號建安七子。曹操以爲丞相掾屬。嘗從操子丕飲。酒酣。丕命夫人甄氏出拜。坐中咸伏。楨獨平視。操聞之。乃收治罪。刑竟署吏。建安中卒。◎元瀘州人。字維楨。進士。嘗爲大名路經歷。棄官家居。明玉珍攻重慶。道瀘。部將劉澤民薦之。玉珍往見。與語大悅。卽日延至舟中。尊禮備至。次年楨屛人說之。玉珍遂卽皇帝位於重慶。以楨爲宗伯。◎清常熟人。字宸翰。楊晉弟子。畫山水筆力蒼秀。早卒。

劉楷 明江陵人。字甸方。少爲諸生。苦讀書。有膂力。崇禎中賊犯荊州。楷奮勇斬賊。賊披靡解圍去。後隨王參將赴汝寧援勦。戰死。

劉歆 漢向子。字子駿。後名秀。字穎叔。與向領校祕書。集六藝羣書種別爲七略。經籍目錄之學自歆始。歆欲建立左氏春秋及毛詩逸禮古文尙書。皆列於學官。大爲衆儒所訕。且忤執政大臣。乃出爲太守。王莽少時與歆俱爲黃門郎。甚重之。建平初改名秀。及莽篡位。引爲國師。歆怨莽殺其三子。又以南陽兵起。懼大禍將至。從王涉言。將謀誅莽。事泄。自殺。

劉源 宋潛山人。字叔清。景炎中與張德興起義兵。立寨司空山。復黃州壽昌軍。元將昂吉兒來攻。源堅守三年。力竭死之。◎元中牟人。母吳氏。年七十餘。病甚。兵火起。延至其家。源趨入抱母。被火焚死。◎明祥符人。字仲阮。天才超詣。善畫山水人物。工書。自鍾王以下八分行草。撫之無不酷似。

劉・源清　明東平人。字汝澄。正德進士。知進賢縣。宸濠反。源清積薪環室。命家人曰。事急火吾家。毋污於賊。宸濠妃弟婁伯歸上饒募兵。源清邀戮之。賊平。徵為御史。累官兵部左侍郎。總制宣大軍務。侍郎黃綰以蜚語中傷。逮繫詔獄。久之罷歸。

劉・源澄　明邵陽人。為諸生。負才慷慨。崇禎中張獻忠陷城。率鄉兵拒戰。死之。

劉・源灝　清永清人。字鑑泉。道光進士。由編修出知揚州府。治獄如神。會洪澤湖盛漲。河督令開壩洩水。源灝念壩開則下河數州縣。田禾廬舍均淹沒。力持緩開。而湖水亦陡落。兩岸民歡聲雷動。官至雲貴總督。

劉・準　宋鄞人。自幼好學。當宋末知國事日非。隱居教授。絕意仕進。卜築青山之原。日以教子讀書為事。學者稱南窗先生。

劉・溥　明長洲人。字原博。少敏悟。八歲能詩。宣德初授惠州局副使。調太醫院吏目。工畫。精天文律數。通醫學。研究載籍。與長洲鄒亮・儀眞蔣忠等。號景泰十才子。有草窗集。

劉・滂　宋武義人。字德霖。大觀進士。蔡京與滂祖為布衣交。滂至京師。京欲挽滂為黨。滂曰。此胡為及我哉。京聞之不悅。滂亦拂衣而去。

劉・滋　唐貺子。字公茂。通經術。喜持論。以蔭授太子正字。累擢吏部侍郎。時稱舉職。貞元中為相。無所設施。廉抑畏愼而已。後罷相。還吏部尚書。刻苦嫉惡。掌選多所發擿。更代詐偽者尤畏之。卒諡貞。◎明閩人。善畫鷹。尤長畫竹。

劉・溫叟　宋岳子。字永齡。後唐清泰中為右補闕。後晉開運中充翰林學士。契丹入汴。溫叟北遷。漢祖南下。授駕部郎中。周初拜左諫議大夫。入宋官至御史中丞。兼判吏部。有清操。

劉・溫舒　宋元符間官至朝散郎太醫學司業。有素問入式・運氣論奧。

劉・煇　宋鉛山人。原名幾。字之道。好為險語。歐陽修深惡之。會主試。見其文。以大朱筆橫抹之。謂之紅勒帛。嘉祐中易名應試。修賞之。擢進士第一。人曰。此卽劉幾也。修愕然。官至大理評事。祖母沒。解官行喪禮。有諸叔而嫡孫承重者自煇始。嘗買田以贍族人之貧者。又結廬以迎遠方從學之士。有東歸集。

劉・煒　明慈谿人。字有融。正統進士。為南京刑科都給事中。景泰中戶部以邊儲不足。奏令罷退官輸米二十石。給之誥勑。煒抗疏止之。都督黃竑以易儲議得帝眷。奏求武清縣地。煒劾竑怙寵妄干。請明正其罪。直聲振中外。大順初出為雲南參政。改廣東。會大軍征兩廣。以勞瘁卒官。

劉・熙　漢北海人。字成國。所著釋名二十篇。可因以考見古音。並推求古人制度之遺。（按後漢書劉珍傳稱珍撰釋名五十篇。鄭明選作秕言。頗以為疑。然歷代相傳。無引劉珍釋名者。蓋其書久佚矣。）◎明鹿邑人。崇禎末父被賊擄。熙自縛詣營。願代父備驅策。父得歸。熙度父去遠。乃罵賊。賊怒磔之。

劉・熙古　宋寧陵人。字義淳。博通經史。旁究陰陽象緯等書。後唐長興中擢第。仕周為亳州推官。入宋累官參知政事・戶部尚書。雖貴顯不改寒素。有歷代紀要・續律斯歌・六壬釋卦序例。頗精小學。又作切韻拾玉。摹刻以獻。詔付國子監頒行之。

劉・熙祚　明武進人。字仲緝。天啟中舉鄉試。崇禎中巡撫湖南。流寇陷武昌・岳州。熙祚以長沙不能守。奉吉惠二王走廣西。而已返永州拒守。俄賊騎追至。執赴衡州見張獻忠。不屈見殺。事聞。諡忠毅。

劉・熙載　清江蘇興化人。字伯簡。一字融齋。道光進士。官至左中允。治經無漢宋門戶。自子史天文算法字學韻學。靡不通曉。尤以躬行為主。秉性儉約。至貴不易其初。後主講上海龍門書院以終。有四音定切・說文雙聲・說文疊韻・持志塾言・藝概・昨非集。

劉・煥　金中山人。字德文。宋末兵起。城中久乏食。煥尙幼。煮糠覈而食之。自飲其湑者。以醲厚者供其母。里人異之。稍長讀書不怠。登天德進士。為中都市令。以廉升京兆推官。累遷遼東路轉運使卒。

劉・瑞　明內江人。字德符。弘治進士。選庶吉士。授檢討。武宗卽位。疏陳端治本九事。因劉瑾肆虐。卽謝病。貧不能還鄉。依從母子李充嗣於澧州。授徒自給。瑾誅。以副使督浙江學政。嘉靖中累官南京禮部右侍郎。卒諡文肅。

劉・瑞芬　清貴池人。字芝田。咸豐間從李鴻章軍。由知縣累擢道員。督辦淞滬釐捐。淮軍之餉。胥仰給之。官至廣東巡撫。與外人交涉。力崇國體。防微杜漸。謀慮深遠。時以諳練外國事務稱。

劉・瑀　南朝宋穆之孫。少有才氣。為文帝所知。性陵物護前。不欲人居己上。孝建中為益州刺史。坐奪人妻為妾免官。大明初起為東陽太守。官至吏部尚書。卒諡剛。

劉・瑋 金咸平人。字德玉。幼聰悟。業進士舉。熙宗錄其舊。賜及第。累官戶部尚書。章宗時官終尚書右丞。帝嘗以收恩避怨責瑋。卒諡安敏。◎明常熟人。善寫竹。

劉・瑑 唐仁軌五世孫。字子全。第進士。遷左拾遺。諫罷武宗方士。言多懇惻。大中初擢翰林學士。宣宗始復關隴。詔書夜數十。瑑捉筆遽成。辭皆允切。累官河東節度使。詔同中書門下平章事。領度支。加工部尚書。卒。

劉・瑗 宋開封人。字伯玉。官至通侍大夫・武勝軍承宣使。父有方。喜收藏晉唐以來書畫。故瑗能考核眞僞。論辯古今。工畫。持身端愨。初終無玷。卒諡忠簡。

劉・瑜 後漢廣陵人。字季節。少好經學。善圖讖。延熹中拜議郎。竇武欲誅宦官。引瑜爲侍中。武敗被誅。◎南朝宋歷陽人。七歲喪父。事母至孝。年五十二喪母。三年不進鹽酪。號泣晝夜不絕聲。服除後二十餘年。布衣蔬食。言輒流涕。常居墓側。未嘗暫違。元嘉初卒。◎金棣州人。家貧甚。母喪不能具葬。乃質其子以給喪事。明昌中詔賜粟帛。復其終身。

劉・睦 後漢縯孫。嗣爲北海王。少好學。博通書傳。中興初禁網尚闊。而睦性謙恭好士。聲價益廣。卒諡敬。

劉・睦之 南朝宋宋平人。居交州。隱身求志。泰始中除武平太守。不拜。

劉・祿 明章丘人。字惟學。嘉靖進士。除給事中。疏救尚書王杲。忤嚴嵩。廷杖七十。謫荔浦尉。隆慶初詔復職。陞太常少卿。

劉・筠 宋大名人。字子儀。舉進士。詔試選人。校太清樓書。擢筠第一。爲祕閣校理。預修圖經及冊府元龜。累進翰林學士。嘗草丁謂罷相制。旣而謂復留。令別草制。筠不奉詔。請補外。知廬州。復召爲翰林學士承旨。再知廬州卒。筠文辭善對偶。尤工詩。初爲楊億所識拔。後遂與齊名。時號楊劉。凡三入禁林。三典貢舉。臨事明達。而治尚簡嚴。有刑法敍略。

劉・肇 後魏懋子。字士文。少聰慧。年十二詣尚書王衍。衍與語大奇之。遂上疏薦拜祕書郎。與元初卒。年二十八。

劉・粲 前趙聰子。字士光。嗣立後。荒耽酒色。游讌後庭。軍國之事。一決於靳準。準作亂。殺之。年號漢昌。

劉・綎 明顯子。字省吾。勇敢有父風。每遇敵。提刀陷陣。軍中號曰劉大刀。以功累官四川總兵。討平播酋楊應龍。進左都督。同楊鎬出遼東。戰死。綎於諸將中最驍勇。大小數百戰。威名震海內。天啓初贈少保。祠曰表忠。

劉・瓘 晉琨子。字公度。少隨父在晉陽。遭逢寇亂。數領偏軍征討。性清愼。有裁斷。得士類歡心。及琨爲段匹磾所害。盧諶等奉瓘依末波。石虎滅遼西。以瓘爲中書令。至冉閔敗。遇害。

劉・羨 後漢明帝四子。封廣平王。博涉經書。有威嚴。與諸儒講論於白虎殿。後徙封陳。卒諡敬。

劉・義季 南朝宋武帝七子。文帝爲荊州。武帝使隨往江陵。由是特爲文帝所愛。封衡陽王。都督荊湘雍益梁寧南北秦八州諸軍事・安西將軍・荊州刺史。素嗜酒。自彭城王義康廢後。遂爲長夜之飲。略少醒日。卒諡文。

劉・義宣 南朝宋武帝六子。封竟陵王。出爲荊州刺史。元凶劭弑立。義宣卽時起兵。孝武帝時改封南郡王。在鎭十年。兵強財富。臧質欲假手爲亂。誘義宣。舉兵反。事敗自盡。

劉・義恭 南朝宋武帝五子。封江夏王。進位司空。魏人寇豫州。文帝以義恭出鎭彭城。魏退。義恭不敢追。降號驃騎將軍。孝武帝時授太尉・錄尚書六條事。前廢帝狂悖無道。義恭謀廢立。被害。諡文獻。

劉・義眞 南朝宋武帝二子。初封桂陽縣公。關中平定。武帝以義眞行都督事。委以關中之任。後封廬陵王。遷南豫州刺史。鎭歷陽。徐羨之等謀廢少帝。以義眞次第當立。奏廢之。殺於徙所。年十八。後諡孝獻。

劉・義康 南朝宋武帝四子。封彭城王。元嘉間與王弘共輔政。弘多疾。每自推讓。內外衆務一斷之。勢傾天下。尋授江州刺史。出鎭豫章。范曄謀反。事連義康。免爲庶人。尋賜死。

劉・義慶 南朝宋道憐子。嗣道規後。永初中襲封臨川王。潛居研志。寡嗜慾。好文義。爲宗室之表。所著世說新語。起後漢。迄東晉。軼事瑣語。足爲談助。官至南兗州刺史。卒諡康。

劉・義節 唐幷州人。本名世龍。隋大業末補晉陽鄉長。從平京師。封葛國公。貞觀初轉少府監。坐罪廢爲民。徙嶺南。終欽州別駕。

劉・肅 唐所著大唐新語。起武德初。迄大曆末。皆取軼文舊事。有裨勸戒者。都爲三十門。明時有改其名爲唐世說者。◎元洺州人。字才卿。金興定初詞賦進士。爲尚書省令史。嘗辨析冤獄。出十一人於極刑。金亡。依東平嚴實。中統初授左三部尚書。宣曹典憲。多所議定。未幾。兼議中書省事。致仕。肅性舒緩。有執守。嘗集諸家易說曰讀易備忘。卒諡文獻。

劉・蕚 金彥宗季子。天輔中授禮賓使。累官濟南尹。淫縱無行。廉使劾之。引刃自殺。不死。罷歸卒。

劉・茝 明泗州人。字惟馨。弘治進士。正德初官戶科給事中。時劉瑾擅權。首抗疏極言其姦。被杖落職。璫敗。起金華知府。舉治行卓異。世宗初終江西副使。

劉·虞 後漢 郯人。字伯安。初舉孝廉。稍遷幽州刺史。民夷感其德化。以事去官。後復拜幽州牧。勸督農植。民悅年登。黃巾之難。歸虞者百餘萬口。討公孫瓚。兵敗被執。斬於薊市。

劉·蛻 唐 荊南人。字復愚。荊南歲解舉人。多不成名。蛻始及第。號破天荒。爲文奇詭岸傑。自成一家。官至左拾遺。論令狐滈恃權納賄之罪。謫華陰令。有文泉子集。

劉·裕 南朝宋 見宋武帝條。

劉·詵 宋 福清人。字應伯。舉進士。由莆田主簿知廬江縣。崇寧中進大晟府典樂。詵通音律。嘗上歷代雅樂因革及宋制作之音。故委以樂事。歷太常少卿卒。◉元 廬陵人。字桂翁。延祐間復科舉。詵益肆力於名物度數訓詁箋註之學。既十年不第。乃刻意於詩古文。至正中卒。年八十三。有桂隱詩文集。

劉·詵迪 清 武岡人。少習天文。於遁甲風角諸術。多所宣究。陳弘謀深信之。所蒞必與俱。有地理辨疑。

劉·賈 漢 高帝從父兄。帝東擊項籍。使將二萬人入楚地。燒其積聚。及定天下。立爲荊王。黥布反。賈爲所殺。

劉·載 宋 范陽人。字德輿。後唐清泰中舉進士。漢初爲殿中侍御史。周世宗擢知制誥。拜右諫議大夫。太平興國中歷知襄州。代還告老。載好學。博通史傳。善屬文。雅信釋典。敦尚名節。

劉·辟彊 漢 遂弟。文帝立。憐其父友以幽死。封辟彊爲河間王。卒諡文。◉漢 交孫。字少卿。好讀書。能屬文。武帝時以宗室隨二千石論議。冠諸宗室。清靜少欲。常以書自娛。不肯仕。昭帝卽位。拜光祿大夫。徙宗正卒。

劉·過 宋 廬陵人。字改之。光宗寧宗時。以詩游謁江湖。韓侂胄嘗欲官之。使金。輕率漏言。卒以窮死。有龍洲集。龍洲詞。

劉·遂 漢 友子。文帝憐友以幽死。仍立遂爲趙王。孝景時鼂錯以過削趙常山郡。吳楚反。遂與合謀起兵。漢使曲周侯酈寄擊之。兵敗自殺。

劉·遂淸 後晉 北海人。字得一。歷仕梁唐。官至刺史。有善政。高祖時轉宣徽北院使。開運中遷安州防禦使卒。遂淸性至孝。素不知書。但多計畫。判三司日。議減百官俸料。爲衆論所不許。

劉·遇 宋 淸池人。少魁梧。有膂力。宋初以瓊州團練使從征太原。歷遷洮州觀察使。征江南。會諸路兵破吳兵三萬於皖口。擒其將朱令贇·王暉等。獲戎器數萬。金陵平。錄功加領大同軍節度使。性淳謹。待士有禮。尤善射。太宗待之甚厚。

劉·運昇 明 五開衞人。事繼母盡孝。値流寇破城。負母避入山中。賊追及。母勸之逃。運昇曰。母在此。兒將安去。賊義而釋之。

劉·遐 晉 易陽人。字正長。性果毅。便弓馬。値亂。爲塢主。每擊賊。率壯士陷堅摧鋒。冀方比之張飛·關羽。冀州刺史邵續深器之。壁於河濟之間。賊不敢逼。聞道遣使受元帝節度。朝廷嘉之。以爲龍驤將軍。平原內史。太寧初平王含。以功封泉陵公。遷徐州刺史卒。

劉道士 宋 建康人。工畫佛道鬼神。山水師董源。與巨然同時。筆亦相似。

劉·道合 唐 居嵩山。高宗卽所隱立太乙觀。使居之。時將封泰山。雨不止。帝命道合禳祝。俄而霽。咸亨中爲帝作丹。劑成而卒。帝後營宮。遷道合墓。見骸坼若蟬蛻。帝聞恨曰。爲我合丹而自服去。然所餘丹無他異。

劉·道產 南朝宋 簡之子。初爲無錫令。有能名。累遷雍州刺史。兼襄陽太守。善於臨民。蠻夷前後叛戾不受化者。並皆順服。百姓樂業。由此有襄陽樂歌。進號輔國將軍。卒諡襄。

劉·道規 南朝宋 武帝少弟。字道則。少倜儻有大志。桓玄時桓弘鎮廣陵。以爲征虜中兵參軍。武帝克京城。道規與劉毅共斬弘。收衆濟江。進平京邑。累官荊州刺史。義熙間卒。武帝受禪。追封臨川王。諡烈武。

劉·道斌 後魏 灌津人。好學。有器幹。舉孝廉。入京拜校書郎。轉主書。頗爲孝文所知。累遷岐州刺史。所在有清治之稱。

劉·道醇 宋 大梁人。有五代名畫補遺。宋朝名畫評。

劉·道憐 南朝宋 武帝中弟。義熙初領堂邑太守。江陵平。爲荊州刺史。武帝受禪。封長沙王。卒諡景。

劉·達夫 宋 渙子。字宣子。元豐中入太學。以父年老。每歲一歸省。父卒。遂無仕進意。隱居北山。崇寧中授松江主簿。後毛友薦於朝。召見。將任以中都官。辭曰。仕非志也。遂遷越州教授卒。

劉·鉉 明 長洲人。字宗器。少孤。事母以孝聞。永樂中舉順天鄉試。歷教習庶吉士。景帝立。遷國子祭酒。天順初進少詹事。卒諡文恭。鉉性介特。言行不苟。教庶吉士及課國子生。規條嚴整。讀書至老不倦。

劉·隗 晉 彭城人。字大連。少有文翰。避亂渡江。元帝以爲從事中郎。遷丞相司直。彈奏不畏彊禦。晉國既建。拜御史中丞。與刁協並爲元帝所寵。拜都督青徐幽平四州軍事。鎭泗口。王敦甚惡之。及敦作亂。以討隗爲名。詔徵隗還。率衆屯金城。及敦克石頭。隗攻之不拔。入宮告辭。帝雪涕與之別。隗至淮陰。爲劉遐所襲。奔於石勒。官從事中郎卒。

劉·靖 【三國魏】馥子。黃初中爲廬江太守。累遷河南尹。靖爲政初如碎密。終於百姓便之。有馥遺風。封廣陸亭侯。官至鎭北將軍。假節都督河北諸軍事。卒諡景。

劉·頌 【晉】廣陵人。字子雅。武帝時拜尚書三公郎。累遷廷尉。在職六年。號爲詳平。官至吏部尚書。趙王倫害張華。頌哭之慟。倫黨憚頌持正。不能害。以爲光祿大夫。卒諡貞。

劉·頍 【金】彥宗後裔。字元矩。以大臣子孫。充閤門祗候。累遷西上東上閤門使。貞祐中官至御史中丞。太子少師卒。

劉·鼎 【五代漢】蕭人。字公度。仕終諫議大夫。善交游。能談笑。居家仁孝。事繼母趙氏甚謹。異母昆仲凡七人。撫之如一。性若寬易。而典選曾按吏。俱有風稜。人稱爲能。◎【明】東寧衞人。成化中爲鴻臚寺序班。母姚沒。鼎負土爲墳。廬墓三年。

劉·鼎孫 【宋】江陵人。字伯鎭。第進士。累官翰林學士。德祐末從二王至厓山。陸秀夫負王赴海死。鼎孫亦驅家屬並輜重沈海。不死。爲元兵所執。一夕得脫。卒蹈海死。

劉·鼎新 【明】呈貢人。萬曆中知雙流縣。奢崇明之變。寇攻雙流。鼎新設伏以待。凡三攻皆不克。賊去。引鄉兵援省城。救蘭州。斬渠魁晉仲賢。收降萬餘人。功最多。

劉·僑 【明】麻城人。字東鄉。世襲錦衣職。授北鎭副使。魏忠賢屬陷汪文言。僑不從。削籍歸。崇禎初起用。命訊喬允升。易應昌。僑素重二人端方。保全之。後委緝六部十三省事。僑極言耳目難信。忤旨謫戍。馮元飈疏僑忠直宜還職。報可。未用卒。

劉·僧利 【後魏】芳族兄。爲人輕財通俠。甚得鄉情。孝文幸徐州。引見善之。拜徐州別駕。遷沛郡太守。後徵拜羽林監卒。

劉·嘉 【後漢】光武帝族兄。字孝孫。與縯俱學長安。更始時爲漢中王。衆數十萬。建武間從征伐。拜千乘太守。封順陽侯。卒諡懷。

劉·墉 【清】統勳子。字崇如。號石庵。乾隆進士。由編修累官體仁閣大學士。加太子太保。善書。名滿天下。政治文章。皆爲書名所掩。卒諡文清。有石庵詩集。

劉墉妾 【清】嘉興人。姓黃氏。一作王氏。墉晚書多出黃手。小楷竟至莫辨。有家書十册。黃氏書後。諸城批答。皆妙絕。

劉·壽曾 【清】毓崧子。字恭甫。一字芝雲。同治。光緒中兩中副榜。校書金陵書局。文章大雅。治經有家法。祖文淇爲左傳舊注疏證。兩世未成書。壽曾續纂至襄公四年而卒。又有春秋五十凡例表·南史校義集平·傳雅堂集等書。

劉·夢鵬 【清】蘄水人。字雲翼。乾隆進士。官饒陽知縣。著春秋義解。大旨推本公穀而斥左氏。

劉·實 【明】安福人。字嘉秀。嗜古博學。宣德進士。改庶吉士。出爲金華府同知。陞南雄知府。忤權要。瘐死獄中。實苦節自持。政務紛遝。未嘗廢書。士大夫重其學行。

劉·寧 【明】山陽人。字世安。襲世職爲永寧衞指揮使。勇敢善戰。自以冗散無所見。會延綏用兵。疏請效死。尚書白圭許之。以功累官左都督。時稱良將。

劉·寧止 【宋】一止弟。字無虞。宣和進士。建炎初爲兩浙轉運判官。苗劉之變。寧止自毘陵馳詣京口。見呂頤浩·劉光世。勉以忠義。退而具軍需以佐勤王。帝復位。累進右文殿修撰·吏部侍郎。以顯謨閣直學士提舉太平觀卒。有教忠堂類稿。

劉·愨 【明】萬安人。玉子。嘉靖進士。累官僉都御史。撫治湖廣。施州土官覃壁劫印烝嫂。謀爲不軌。愨上其逆狀討之。壁力屈詣轅門。伏誅。陞大理寺卿。轉南京工部侍郎。以勞卒。

劉·愿 【宋】天水人。天資耿介。時王安石新書盛行。學者靡然向風。愿獨潛心伊洛之學。後以八行舉。

劉·戩 【明】安福人。字景元。成化進士。孝宗時以侍講頒詔安南。饋遺無所受。交人重之。有暫軒集。

劉·暢 【後漢】明帝二子。封汝南王。徙梁王。性聰惠。自少驕貴。不遵法度。永元間梁相舉奏暢不道。削成武單父二縣。暢慙懼上疏謝。卒諡節。

劉·榛 【清】商丘人。字山蔚。號董園。諸生。學行爲孫奇逢·湯斌所稱。文筆秀潔。兼工塡詞。性至孝。嘗以不及事其父爲恨。因名其廬曰事菴。康熙中卒。有虛直堂文集。

劉·榮 【漢】景帝二子。初立爲皇太子。廢爲臨江王。坐侵廟壖地爲宮。徵詣中尉府對簿。自殺。諡閔。◎【明】宿遷人。初冒父名江。從徐達戰灰山。爲總旗。給事燕邸。貌豐偉。驍勇多智略。王深器之。授密雲衞百戶。從起兵爲前鋒。屢立戰功。充遼東總兵官。倭數寇海上。江盡覆之。自是倭不敢入。召封廣寧伯。始更名榮。復之鎭。卒諡忠武。

劉·榮祖 【南朝宋】懷愼庶長子。少

好騎射。爲武帝所知。以戰功參太尉軍事。從討司馬休之。陷陣。身被數創。及帝北伐。轉鎭西中兵參軍。大破魏軍於半城。爲人輕財貴義。善撫將士。永初中爲輔國將軍。追論半城功。賜爵都鄉侯。卒官。

劉・榮嗣 明曲周人。字敬仲。萬曆進士。歷官工部尚書。有半舫集。

劉・歊 梁平原人。字士光。博學有文。不娶不仕 與族弟訏並隱居。以山水書籍相娛。常欲避人世。以母老不忍違。著革終論。年三十二卒。親故誄其行迹。諡貞節處士。

劉・毓崧 清文淇子。字伯山。一字松崖。道光優貢。傳父左氏學。旁通經史諸子百家。精於校勘。有春秋左氏傳大義。周禮尚書毛詩禮記舊疏考正。經傳史乘諸子通義。通義堂詩文筆記等書。

劉・滬 宋文質二子。字子濬。頗知書。深沈寡言。有智略。康定中爲渭州瓦亭寨監押。權靜邊寨。擊破党留等族。平穆寧・臨洮生氐。官終西路都巡檢。內殿崇班。爲邊人所懷。

劉・演 晉琨兄子。字始仁。爲陽平太守。自洛奔琨。琨以爲輔國將軍。鎭廩丘。爲石勒所攻。演拒戰。勒退。元帝拜爲都督後將軍。後隨段鴦屯厭次。被害。

劉・漢 明平魯衞人。嘉靖中以署都督僉事充大同總兵官。北兵聚喜峯口。將攻薊鎭。漢乘其虛。自鎭河堡出塞。搗其帳於灰河。尋又大破之於豐州。進都督同知。

劉・漢宏 唐兗州小史。從大將擊王仙芝。劫輜重叛去。乾符末略江陵。都統王鐸遣將崔鍇降之。表爲宿州刺史。僖宗在蜀。貢輸踵驛而西。帝悅。授義勝軍節度使。漢宏既有七州。志侈大。中和間遣弟漢宥率諸將攻杭州。爲董昌所敗。復遣兵七萬瀕江而屯。昌使錢鏐宵濟。襲破之。漢宏走台州。鏐執以見董昌。斬於市。

劉・漢祚 清漢軍正黃旗人。順治間知河間府。累官福建巡撫。時鄭成功陷閩安鎭。山賊紛起。漢祚次第招撫。漸平之。

劉・漢卿 宋工畫山水。

劉・漢弼 宋上虞人。字正甫。嘉定進士。擢監察御史。宰相史嵩之引用私人。布列要地。漢弼首疏劾之。卽引去。既復以左司諫召。除侍御史。密奏宜聽嵩之終喪。言皆剴切。官至戶部侍郎。卒諡忠。

劉・漢傳 宋漢弼弟。年四十六始舉進士。累官至監都。進奏院。陛對陳四事。曰崇聖學・闢異端・伸直氣・恤民隱。遷司農丞。咸淳間知南康軍。多善政。漢傳知宋將亡。臨終索筆書曰。生爲宋臣。死爲宋鬼。有洪範奧旨・通鑑會評・止善集。

劉・漢儒 清大興人。明天啓進士。崇禎時累官四川巡撫。流賊陷夔州。圍太平。石砫土司秦良玉援之。太平圍解。中書涂原率鄉勇守梁山。擊退賊。漢儒請用原。以蜀人治蜀兵。莊烈帝不許。并罷漢儒。順治初起授左副都御史。尋以病乞休。

劉・漳 明蘭州人。字永濟。正德進士。知開封府。治行稱最。後巡撫遼東。所在有政績。

劉・爾懌 清中部人。字雪石。博極羣書。力耕自給。康熙中嘗薦舉博學鴻詞。辭不赴。有雪石堂詩草。

劉・瑤英 秦女子。隨父華避亂石城琉璃山。因食異果。遂絕粒。容貌頓改。獨跨一白鶴往來。後仙去。人名其山爲仙姑嶺。

劉・瑱 南齊繪弟。字士溫。少有行業。工文藻丹青篆隸。時有滎陽毛惠遠善畫馬。瑱善畫婦人。並爲當世第一。官至吏部郎。義與太守卒。

劉・轂 梁沛人。字仲寶。少方正有器局。自國子禮生射策高第。稍遷湘東王記室參軍。又轉中記室。太清中侯景亂。孝元帝承制。上流書檄多委之。轂亦竭力盡忠。甚蒙賞遇。承聖中遷吏部尚書・國子祭酒。

劉・禋 明中部人。字誠吾。性剛介。事親孝。崇禎中賊陷中部。禋負父走免。後由鄉舉授登封知縣。李自成陷城。禋被縛。不屈見殺。

劉・福 宋下邳人。魁岸有膂力。以功累官雄州防禦使。福至部。按行城壘。調鎭兵以給繕完。出私錢以資宴犒。寇雖大至。恃以無恐。淳化初遷涼州觀察使。判雄州事卒。福雖不學。而御下有方略。爲政簡易。人甚德之。

劉・禕 南朝宋文帝八子。字休秀。元嘉中封東海王。明帝踐阼。進太尉。改封廬江王。泰始中河東柳欣慰謀反。欲立禕。禕與相酬和。帝責禕。逼令自殺。

劉・禕之 唐子翼子。字希美。以文詞直昭文館。高宗密與參決時政。以分宰相權。時謂北門學士。儀鳳中官檢校中書侍郎。垂拱中或告禕之與許敬宗妾私通。太后遣王本立鞫治。以敕示禕之。禕之曰。不經鳳閣鸞臺。何謂之敕。后以爲拒制。賜死。

劉・端 漢景帝七子。立爲膠西王。爲人賊戾。數犯法。殺傷二千石甚衆。卒諡于。◎明南昌人。字季莊。建文進士。累官大理丞。成祖卽位。遣端還職。命與王高治方孝孺獄。時方暑月。坐縱孝孺息樹陰。並劓鼻死。

劉・粹 南朝宋蕭人。字道沖。從武帝平建業。征廣固。以功封西安縣侯。永初末以佐命功改封建安縣侯。

文帝卽位。爲雍州刺史。加都督。初謝晦與粹善。以粹子曠之爲參軍。粹受命南討。一無所顧。文帝以此嘉之。晦遣送曠之還。粹亦不害也。尋卒。

劉綜 宋虞鄉人。字居正。雍熙進士。至道初遷太常丞。職事修舉。用薦出爲河北轉運使。時靈州孤危。獻言者或稱棄之。綜極言其利中國。不當輕棄。卒從其議。兩河用兵。邊事繁劇。轉漕之任。尤爲急務。綜領其職。號爲詳練。歷拜樞密直學士。知開封府。終右諫議大夫。

劉維本 明魚臺人。流賊破城。藏母而逃。旣出。聞母被執。趨返見賊。傾貲以贖。賊未饜。哀請以身代死。賊感動。母子俱得全。

劉維綸 明青澗人。字子孚。正德進士。知滑縣。滑故多訟繫者。維綸縱之。治其素無良者三四人。訟遂息。黃河故道經滑縣。民歲出錢治河。後徙封丘。徵錢如故。維綸罷之。增築滑外城。擢監察御史。弟維祺爲晉帥。以軍事被逮。維綸痛憤成疾卒。

劉綱 三國吳下邳人。字伯經。爲上虞令。能檄召鬼神。禁制變化之事。亦潛修密證。人莫能知。爲理尙清靜簡易。而政令宣行。民受其惠。歲歲大豐。與妻樊雲翹居四明山。同仙去。◎明邛州人。字正峯。萬曆進士。改庶吉士。上疏言元輔趙志皐匪人。帝得疏恚甚。將罪之。以方遣殿災。留中不報。已而授編修。居二年。京察。坐浮躁調外任。遂歸。

劉綸 清武進人。字愼涵。號繩庵。乾隆時由廩生舉博學鴻詞科。授編修。累官文淵閣大學士。兼工部尙書。卒諡文定。在政府十載。與劉統勳相得。有南劉北劉之稱。爲文章浸淫六朝而根柢漢魏。於詩獨喜高啓。謂能入唐人門閫。有繩庵內外集。

劉綺莊 唐詩人。著集類一百卷。

劉聚 明清豐人。從父永誠爲太監。聚爲金吾指揮同知。以奪門功進官。尋擢右都督。成化中赴延綏追賊出境。論功進左都督。以內援封寧晉伯。代趙輔爲將軍。總陝西諸鎭兵。卒諡威勇。

劉聞 元安成人。字文廷。至順進士。授臨江錄事。有善政。至正中與修宋史。官至翰林修撰。出知沔陽府。有春秋通旨。容窗集。

劉肇基 明遼東人。字鼎維。崇禎中累遷副總兵。福王立。史可法督師淮揚。肇基請從征自効。累加左都督。太子太保。援揚州。城破。死之。

劉臧 梁沛人。性方正。篤志好學。居家以孝聞。仕爲著作郎。

劉臺 明安福人。字子畏。隆慶進士。萬曆時爲御史。劾張居正專恣。廷杖除名。居正復誣以他事。戍廣西。至潯州暴卒。是日居正亦卒。天啓初追諡毅思。

劉蒙 宋渤海人。字子明。恥爲詞賦。不肯舉進士。都轉運使劉庠舉遺逸。召試第一。知湖陽縣。常平使者召會諸縣令。議免役法。蒙不肯與議。退而條上其害。卽投劾去。元豐中卒。私諡正思先生。◎宋彭城人。崇寧中爲龍門之游。因著劉氏菊譜。

劉蒙正 宋熙古子。字頤正。乾德中以蔭補殿直。遷供奉官。王師征江南。出與盧絳戰。矢中左脅。戰愈力。眞宗初出知滄冀磁三州。未幾以擅乘驛馬。責授亳州團練副使卒。

劉蒙叟 宋蒙正弟。字道民。好學善屬文。第乾德進士。歷知廬濠滁汝四州。以太常寺少卿致仕卒。有五運甲子編年曆。

劉蒼 後漢光武帝八子。封東平王。少好經書。雅有智思。爲人美須髯。腰帶十圍。明帝時拜驃騎將軍。在朝數歲。多所隆益。尋上疏歸職。帝嘗言日者問王處家何等最樂。王言爲善最樂。其言甚大。副是腰腹矣。章帝時尊重恩禮。踰於前世。諸王莫與爲比。卒諡憲。

劉蓉 清湘鄉人。字孟容。號霞仙。初佐曾國藩戎幕。後從駱秉章入蜀。運籌決策。功獨多。官至陝西巡撫。擊平叛回。勦捻挫於華陰。罷職歸。有養晦堂詩文集。思辨錄疑義。

劉誕 南朝宋文帝六子。字休文。封廣陵王。元凶劭弑立。孝武入討。事平。以誕爲侍中。驃騎大將軍。揚州刺史。改封竟陵王。帝性多猜。誕造立第舍。窮極工巧。多聚材力之士實之。帝意大不平。大明初出爲南兗州刺史。吳郡民劉成告誕謀反。帝遣沈慶之討誕。殺之。

劉誠 明維澤人。字則明。弱冠登進士第。擢翰林院檢討。陞秀王府長史。多所啓沃。著千秋金鑑錄以獻。王卒。改寧國府同知。遷湖廣布政司參議。所在有政績。卒官。

劉輔 漢河間人。宗室。舉孝廉。爲襄賁令。擢諫大夫。成帝欲立趙婕妤爲后。輔上書諫阻。論爲鬼薪。終於家。◎後漢光武帝二子。立爲中山王。徙沛王。矜嚴有法度。好經書。善說京氏易孝經論語傳及圖讖。作五經論。時稱賢王。卒諡獻。

劉遜 明安福人。字時讓。成化進士。由知縣擢南京御史。弘治初與同官姜綰劾內侍蔣琮。下詔獄。謫濬州判官。遷武岡知州。復以裁岷府祿米。貶四川行都司斷事。歷湖廣副使。劉瑾徵賄不得。坐缺軍儲被逮。瑾誅。起官。歷福建按察使。遜有氣節。雖數遭挫辱。志不少屈。

劉銚 元廬陵人。字桂翁。幼失

父。年十二。能文章。既冠。重厚醇雅。教學者有法。江南行御史臺薦以遺逸薦。不報。爲文根柢六經。蹦轢諸子百家。融液今古。而無踔厲風發之狀。有桂隱集。

劉銓 宋樂清人。字全之。舉進士。隆興中知海鹽。救荒有善政。學舍久廢。捐租二百斛倡修之。爲時循吏。◎宋成都人。字眞孺。善畫山水。尤精佛像。

劉銖 五代漢陝州人。與高祖有舊。高祖卽位。拜永興軍節度使。銖用法刻。民有過者。問其年幾何。卽隨其數杖之。謂之隨年杖。每杖一人。必兩杖俱下。謂之合歡杖。隱帝患銖剛暴。召還京師。權知開封府。周太祖兵犯京師。銖悉誅太祖家屬。太祖入京師。執銖。梟首於市。

劉銘傳 清合肥人。字省三。少無賴。聚黨販私鹽。拒捕傷人。遂投軍。同治間從李鴻章克江陰·常州。連戰皆捷。勦平東西捻。功第一。光緒間法人擾海疆。銘傳督辦臺灣軍務。事平。官臺灣巡撫。撫定各路生番。興造鐵路以通南北。乞病歸。卒諡壯肅。有大潛山房詩稿。

劉髦 明永新人。字孟恂。永樂中舉鄉試。不仕。教授鄉閭。事母以孝稱。鄉人化其德。有易傳撮要。脩身箴·覆瓿集·石潭存稿。

劉魁 明泰和人。字煥吾。正德中登鄉薦。受業王守仁之門。嘉靖中歷知鈞州·潮州。所至潔己愛人。扶植風教。入爲工部員外郎。疏陳安攘十事。帝惑方士言。建雷殿於太液池。魁極諫。觸詔獄四年得釋。在獄屢瀕死。與楊爵·周怡講論不輟。未幾。復逮之。又三年始釋。有省愆稿。

劉鳳 明長洲人。字子威。嘉靖進士。官至河南按察僉事。家多藏書。勤學博記。有續吳先賢贊·雜組·子威集。

劉鳳起 清建寧人。字豳村。雍正拔貢。有石溪史話·四書辨義·春秋辨義·詩草·詩餘。

劉鳳臺 明燕妓。福清林丙卿納爲妾。劉卒。丙卿刻玉爲主。鐫句玉上。未幾遊粵西。爲舟子所殺。沈屍於江。丙卿友爲蒼梧司理。夢婦稱冤狀。因嚴捕之。搜舟子橐得玉主。遂伏辜。閩縣徐𤊹爲作玉主行。

劉鳳誥 清萍鄉人。字丞牧。號金門。乾隆進士。官至吏部右侍郎。降編修。有存悔齋集。

劉鳴珂 清蒲城人。字伯容。有易圖疏義·砭身集。

劉齊 清無錫人。字言潔。性耿介。康熙中以選貢入太學。徐乾學欲致之門下。齊作閨女詞五章謝之。立名義者爭歸之。教習官學生期滿。以忤權貴。注籍州判。及卒。方苞書其墓曰。狷者劉言潔之墓。

劉齊賢 唐祥道子。襲爵。累侍御史出爲晉州司馬。帝以其方直憚之。時將軍史興宗獵苑中。言晉州出佳鷂。可捕取。帝曰。齊賢豈捕鷂之人耶。累進同中書門下平章事。武后時代裴炎爲侍中。辨炎不反。武后怒。貶吉州長史。永昌中爲酷吏所陷。自縊死。

劉儀 清武進人。字翰儆。號五山。嘉慶舉人。官長興知縣。有五山文稿。

劉儀鳳 宋普州人。字韶美。紹興進士。補祕書丞。所草牋奏。以典雅稱。乾道初遷兵部侍郎。兼侍講。俸入半以儲書。凡萬餘卷。御史張之綱論儀鳳錄四庫書以傳私室。遂斥歸蜀。後起知漢州。罷歸卒。

劉儁 明江陵人。字子士。洪武進士。歷兵部右侍郎。建文時爲侍中。成祖卽位。進尚書。大征安南。以儁參贊軍務有功。既還。簡定復叛。儁再出參贊沐晟軍務。襲賊至大安海口。颶風大作。後軍不繼。被執。罵賊死。洪熙初諡節愍。

劉勰 梁莒人。字彥和。早孤。篤志好學。家貧不婚娶。依沙門居處。積十餘年。遂博通經論。天監中。以東宮通事舍人遷步兵校尉。昭明太子好文學。深愛接之。後與慧震撰經於定林寺。啓求出家。改名慧地。未幾卒。有文集。所撰文心雕龍。論古今文體及文之工拙。沈約謂其深得文理。

劉審交 五代漢文安人。字求益。少讀書。尤精吏道。仕唐歷官磁州刺史。晉高祖踐阼。爲襄州防禦使。撫綏有術。累官檢校太尉。入漢歷汝州防禦使。皆有政績。百姓歌之。乾祐中卒。

劉審禮 唐德威子。少喪母。隋末大亂。審禮自鄉里負祖母渡江。轉側避地。及天下平。西入長安。貞觀中累官工部尚書·檢校左衛大將軍。儀鳳中吐蕃寇涼州。副中書令李敬玄討之。審禮敗。爲賊執。其子殆庶詣闕待罪。詔殆庶弟易從省之。既至而審禮卒。諡僖。

劉審瓊 宋范陽人。家素貧。初爲殿直。從太祖平澤潞。累遷軍器庫使。太宗時知潭州。有便民之政。徙知河陽。年八十餘。筋力不衰。髭鬚黳黑。官終坊州刺史。

劉寬 後漢華陰人。字文饒。桓帝時爲南陽太守。典歷三郡。溫仁多恕。雖在倉卒。未嘗疾言遽色。吏民有過。但用蒲鞭示辱而已。靈帝時爲太尉。遷光祿勳。封逯鄉侯。卒諡昭烈。

劉寬夫 唐伯芻子。寶曆中爲監察御史。轉左補闕。陳岵注浮屠書。因供奉僧以聞。除濠州刺史。寬夫劾狀。敬宗怒謂宰相曰。岾不餘僧得州。諫臣安受此言。寬夫曰。衆劾岾。獨臣草狀。應伏誅。推言所從。恐累國體。帝韙其言。釋之。

劉·履 元上虞人。字坦之。入明不仕。自號草澤閒民。洪武間浙江布政使強起之。至京師。以老疾固辭。遣還。未及行而卒。有風雅翼。

劉·履徇 清寶應人。官典簿。有秋槎雜記。

劉·廞 後魏芳次子。字景興。好學強立。善事當世。靈太后令廞以詩賦授弟元吉。累官至驃騎大將軍。及孝武入關。高歡至洛。責廞而誅之。

劉·廣 明羅田人。有膽略。洪武中以軍功爲指揮僉事。守永平。敵騎內侵。廣率十餘騎遇於城北。力戰死。

劉·廣衡 明萬安人。字克平。永樂進士。授刑部主事。用法平恕。累官刑部尙書。爲人清脩簡朴。不事浮靡。有古人風。

劉·廙 三國魏安衆人。字恭嗣。事曹操爲丞相掾屬。轉五官將文學。文帝卽位。官侍中。封關內侯。著書數十篇。及與丁儀共論刑禮。皆傳於世。

劉·德 漢景帝三子。立爲河間王。修學好古。實事求是。從民得善書。必爲好寫與之。留其眞。得書多與漢朝等。皆古文先秦舊書。被服造次。必於儒者。山東諸儒。多從之游。卒諡獻。⊙漢宗正辟彊子。字路叔。少修黃老術。有智略。昭帝初爲宗正丞。遷太中大夫。與立宣帝。封陽城侯。卒諡繆。⊙元奉元人。事後母如所生。家貧。傭工取直。寸錢尺布皆上之。四弟並後母出。德撫愛尤篤。年五十未娶。稱貸得錢。悉爲弟求婦。諸弟亦化其德。一門藹然。鄉里稱爲劉佛子。

劉·德仁 宋滄州人。始生有光照一室。及長。讀書通大義。靖康之亂。徙居鹽山太平鄉。有老者授以道德要言。投筆一枝而去。自是學大進。金大定初詔居京師天長觀。賜號東岳眞人。

劉·德升 後漢字君嗣。桓靈之世。以造行書擅名。旣以草創。亦甚妍美。風流婉約。獨步當時。胡昭。鍾繇並師其法。而昭書體肥。繇書體瘦。亦各有德升之美。

劉·德秀 宋豐城人。自號退軒。舉進士。歷官四川制置使。改知潘州。召簽樞密院。進爵郡公。爲政嚴而不苛。帥蜀尤有去思。有退軒遺稿。

劉·德威 唐彭城人。隋大業末從裴仁基討賊。後歸李密。密降。俱入朝。授左武候將軍。封滕縣公。詔將兵擊劉武周。爲武周所獲。自拔歸。盤上賊中虛實。高祖嘉納。改彭城縣公。貞觀中仕至刑部尙書。卒諡襄。

劉·德基 金大興人。貞祐初特賜同進士出身。守官邊邑。夏兵攻城。德基坐廳事。積薪其傍。謂家人曰。城破卽焚我。及城破。其家人不忍縱火。遂被執。不屈死。

劉·德淵 元內丘人。字道濟。生而貌古。刻苦好學。中統間三府累辟不就。嘗著書數萬言。數析司馬光通鑑數百條。悉與朱子綱目合。許衡雅敬之。⊙元燕人。字仲淵。官藍山縣尹。工畫墨竹。

劉·德溫 元大興人。字純甫。起家中書省宣使。遷內宰司丞。奉旨徵河南民逋糧。德溫輒平其價。令出鈔以償。民甚便之。歷大都永平二路總管。皆有治績。卒諡清惠。

劉·德濱 明涿州人。國子生。父源汴。明季官鴻臚寺鳴贊。流賊破京師。按京朝官搒掠求賂。德濱自詣曰。我劉鳴贊也。任賊拷責無言。度父去已遠。奮起罵賊死。

劉·慧斐 梁彭城人。字文宣。少博學。能屬文。起家安成王法曹行參軍。嘗遊匡山。有終焉之志。因不仕。居東林寺。於山北構園一所。號曰離垢園。時人謂爲離垢先生。(按南史作字宣文。此從梁書。)

劉·慶 後漢章帝長子。立爲皇太子。以竇后日夜毀譖。廢爲清河王。小心恭孝。自以廢黜。尤畏事愼法。卒諡孝。

劉慶妻 明宣城人。姓馮氏。年十九而慶亡。遂誓守。娣姒諷之曰。守未易言。非能齩斷鐵釘者。恐不勝。馮卽投袂起。拔釘齧之。復抉臂肉釘壁上。曰。脫有異志。卽狗彘肉。卒堅守至老。

劉·摯 宋東光人。字莘老。嘉祐中擢甲科。歷冀州南宮令。以治行稱。遷御史裏行。王安石一見器異之。顧不附安石。上疏極論新法之弊。擢監衡州鹽倉。哲宗朝擢侍御史。論罷蔡確·章惇。累遷尙書右僕射。性峭直。觸機卽發。勇於去惡。爲讒所中。連貶鼎州團練副使。新州安置卒。摯嗜學。老不釋卷。邃於三禮春秋。其教子孫。先行實後文藝。每曰士當以器識爲先。一號爲文人。無足觀矣。紹興初追諡忠肅。有忠肅集。

劉·皡 後周昫弟。字克明。歷事唐晉漢。累官宗正卿。周初改衞尉卿。廣順中爲高麗册使。至鄆而卒。皡從儒學。好聚書。嗜酒無儀檢。然衷抱無他。急於行義。士友以此多之。

劉·槩 宋壽光人。字孟節。少師种放。喜爲詩。慷慨有氣節。舉進士及第。爲幕僚。不得志。棄官隱青州南治源山。富弼爲築室以居。范仲淹。文彥博皆優禮之。欲薦之朝。槩辭不就。⊙明濟寧人。字大節。成化進士。知壽州。毀境內淫祠幾盡。三年。教化大行。弘治初入覲。值御史湯鼐以言遺禍。因逮及焉。吏部尙書王恕憐其誣。力爲申白。得戍海州。卒於戍所。◎明洪子。字平甫。正德進士。授行人。諫南巡杖死。

劉・樞　金三河人。字居中。少以貢家子從軍。屯河間。同輩皆驕射。獨樞刻意經史。登天眷中進士。爲飛狐令。刺史貪汙。樞一無所應。乃摭以他事繫獄。將致之死。郡人有憐樞者。道樞脫走。訴於朝。會廉察使至。樞治狀入優等。驟遷刑部員外郎。官終山東路轉運使。

劉・模　後魏信都人。頗涉經籍。微有注疏之用。高允領祕書。典著作。選爲校書郎。太和初遷中書博士。出除潁州刺史。爲新蔡太守。在二郡寬猛相濟。頗有治稱。正始初出爲陳留太守。因家於南潁川。不復歸。

劉・毅　周大夫。靈王崩。儋括欲立王子佞夫。佞夫弗知。殺與尹言多、單蔑、甘過、鞏成殺佞夫。◎後漢睦子。初封平望侯。永元中坐事奪爵。毅少以文辯稱。安帝時拜議郎。◎晉掖人。字仲雄。少厲清節。好臧否人物。僑居平陽。太守杜恕請爲功曹。人爲之語曰。但聞劉功曹。不聞杜府君。太康初爲司隸校尉。糾正豪右。京師肅然。累官尙書左僕射。夙夜在公。言讜切直。無所曲撓。然以峭直。故不至公輔。以光祿大夫致仕卒。◎晉沛人。字希樂。小字盤龍。好樗蒱。一擲百萬。有大志。仕爲州從事。桓玄簒位。與劉裕等起兵討平之。爲撫軍將軍、豫州刺史。以匡復功。封南平郡開國公。官至荆州刺史。後與劉裕不協。爲裕所攻。兵散。縊死。◎宋字毅中。元祐進士。知南豐縣。邑有稅官恣橫。陰養無賴以爲爪牙。市民胥怨。毅白於郡。稅官怒。因集惡少三十餘人。刻期劫甲仗庫。欲逞宿憤。或泄其謀。毅遂密伏兵於私舍。皆驚愕就擒。列其事於郡。轉承議郎。知龍泉縣。未赴而卒。

劉・潔　後魏信都人。爲樂陵太守。數從征討。嘗擊吐京叛胡。爲所執。送赫連勃勃。潔聲氣不撓。勃勃壯而釋之。後還國。典東部事。太武監國。潔與古弼並綜機要。及卽位。遷尙書令。恃寵自專。時議伐蠕蠕。潔意不欲。乃矯詔更期。諸將不至。軍行無功。乃收潔幽之。尋誅死。

劉・潛　梁孝綽弟。字孝儀。天監中舉秀才。累遷尙書殿中郎。敕令製雍州平等寺金像碑文。甚宏麗。大同中遷御史中丞。在職多所彈糾。出爲臨海太守卒。潛爲人寬厚。內行尤篤。有文集。◎宋定陶人。字仲方。少卓逸。有大志。好爲古文。舉進士。歷知蓬萊縣。代還過鄆州。方與石曼卿飲。聞母疾。亟歸。母死。一慟遂絕。其妻哭潛亦死。時人傷之。

劉・澄甫　明琢孫。字子靜。號山泉。正德進士。官至山西參議。所至有善政。致仕歸卒。有山泉集。

劉・潼　唐晏從孫。字子固。擢進士第。累遷祠部郎中。大中初討党項羌。軍乏食。宰相以潼爲供軍使。會復河湟。以潼判度支。河湟供軍。按歷京兆少尹。累官西川節度使。討六姓蠻。俘五千人。南詔大懼。自是不敢犯邊。以功加右僕射卒。

劉・瑾　宋沆子。字元忠。第進士。累官天章閣待制。知瀛州。改鎭廣州。與樞密院論戍兵不合。改虔州。戰櫂都監楊從先。奉旨募兵不至。擅遣其子懋糾諸縣巡檢兵集郡下。瑾怒責之。懋訴瑾於朝。遂廢於家。踰年復待制。歷知福州、秦州、成德軍卒。瑾素有操尙。所蒞以能稱。然好面折人短。以故多致譽怨。◎元安福人。字公瑾。博貫經史。隱居不仕。有詩傳通釋、律呂成書。◎明興平人。本談氏子。幼自宮。投中官劉姓者以進。因冒其姓。孝宗時坐法當死。得免。遂切齒廷臣。武宗卽位。掌鐘鼓司。性狠戾。有口辯。日以鷹犬歌舞角觝之戲與帝狎。尋改內官監。總督團營。帝漸信用之。大學士劉健等請誅瑾。帝大怒。立命瑾掌司禮監。瑾旣得志。顧擅威福。大小事皆瑾專決。不復白帝。因是遂謀不軌。爲張永所奏。帝命執之。籍其家。磔瑾於市。

劉・璉　明基子。字孟藻。有文行。洪武中試監察御史。出爲江西參政。爲胡惟庸黨所脅。墮井死。璉工詩。詞旨高雅。而運思深摯。幾於駕兩宋而上之。有自怡集。◎明中敷子。正統進士。累官太僕寺卿。性恥華靡。居官剛果。左遷遼東苑馬寺卿卒。

劉・璋　蜀漢焉子。字季玉。焉卒。監益州刺史職。曹操加璋振威將軍。別駕張松說璋迎先主。先主圍成都。璋出降。還璋於南郡。孫權取荆州。以璋爲益州牧。駐秭歸卒。◎明南平人。字廷信。天順進士。歷戶部郎中。會計精核。吏不能欺。弘治時累遷工部尙書。有詔求善造銅鼓及能鑿者。璋言四方告災。正撤樂減膳之時。豈宜爲此。又言不宜興大工。動大衆。徵財賄。帝皆納之。以太子少保致仕卒。◎明嘉定人。字圭甫。撰明書畫史。

劉・稹　唐從諫從子。從諫卒。稹祕不發喪。遣將姜崟請醫於朝。使者至牙門。不得前。諸將乃詣監軍崔士康。邀說請如河朔故事。士康懦不敢拒。帝怒。詔稹護喪還東都。稹不奉詔。坐奪官。勅諸軍進討。郭誼誘稹至北第。斬首獻京師。

劉・節　明大庾人。字介夫。弘治

進士。歷任浙江左布政使。好賢禮士。見學官弟子。每延款而咨訪之。不屑以俗吏自居。仕至刑部侍郎致仕。有春秋列傳·廣文選·梅國集·寶制堂錄等書。◎明世宗時供奉內殿。善繪魚。尤神於鯉。

劉·範　宋金華人。原名濡。太學諸生。有聲三舍。爲陳亮所稱。

劉·蔭樞　清韓城人。字相斗。別字喬南。晚自號秉燭子。康熙進士。累擢江西按察使。以失出罷官。再起爲雲南按察使。擢貴州巡撫。在滇黔各五年。以教養斯民爲己任。坐阻撓軍務。發博爾丹種地。尋復職。有春秋蓄疑·易經解·宜夏軒雜著。

劉·禕　北齊彭城人。字彥英。威重好學。善三禮。尤留心吉凶儀制。魏孝昌中累遷睢州刺史。邊人服其威信。文襄輔政。降書褒獎。秩滿還歸侍父疾。竟不入朝。五子璿·玘·璞·瑗·瓚。並有志節。爲世所稱。

劉·誼　宋長興人。字宜翁。爲江西提舉。熙寧中上疏。極論新法不便。坐廢黜。隱於茅山以終。

劉·諒　齊孝綽子。字有信。少好學。有文才。尤博悉晉代故事。時人號曰皮裏晉書。位中書·宣城王記室。爲湘東王所善。王嘗游江濱。歎秋望之美。諒對曰。今日可謂帝子降於北渚。王有目疾。以爲刺己。應曰。卿言目眇眇以愁予耶。從此嫌之。

劉·賜　後漢光武帝族兄。字子琴。隨續攻擊諸縣。與更始俱到洛陽。爲丞相。封宛王。建武間封安城侯。卒謚孝。

劉·賡　元禰孫。字熙載。自少有文名。至元間薦授國史院編修。累遷翰林學士承旨。加光祿大夫卒。賡久典文翰。當時大製作。多出其手。以耆年宿德。爲朝廷所推重。

劉·輝　後魏昶子。字重昌。正始初尚蘭陵長公主。拜員外常侍。公主頗嚴妒。輝淫陳張二氏女。公主與輝忿爭。輝推主墮牀。手脚毆蹈。主遂傷胎卒。靈太后執輝幽於司州。會赦得免。復其官。遷中散大夫卒。◎遼好學。善屬文。疏簡有遠略。大康中第進士。大安末爲太子洗馬。上書言西邊諸番爲患。莫若城於臚朐。實以漢戶。使耕田聚糧。以爲西北之費。言雖不行。識者韙之。擢史館修撰卒。

劉·鄩　後梁安丘人。王師範表爲登州刺史。以爲行軍司馬。梁祖西攻鳳翔。師範乘梁虛。因遣人分襲梁諸州縣。梁以葛從周爲兗州節度。將兵在外。鄩使人負油甕城中。悉視虛實。襲破之。梁祖引兵東還。遣從周攻鄩。鄩降。以爲都押衙。太祖即位。累遷左龍武統軍。末帝初領鎮南軍節度使。與唐莊宗戰。大敗。段凝等素惡鄩。譖之。罷歸洛陽。酖殺之。

劉·醇　明祥符人。字文中。號菊莊。能詩。善屬文。元季隱居不仕。洪武末以儒士起家。累官周府右長史。致仕卒。有菊莊集。◎清天門人。字孝長。嘉慶舉人。官安遠教諭。少以文字受知於督學鮑桂星。稱爲曠代奇才。性豪邁。喜談經濟。詩文不規規於法度。而其氣獨盛。尤工於詞。有雲中詩文集·辛儂長短句。

劉·醇驥　清廣濟人。字千里。號廓菴。性方直。康熙間以歲貢入都。與魏象樞講業極歡。或勸之仕。曰。吾不任此也。遂歸。詩宗王李。有芝在堂集·學庸古本解諸書。

劉·銳　宋理宗時爲文州太守。嘉熙初北兵來攻。銳與通判趙汝曏固守兩月餘。援兵不至。敵攻城甚急。銳度不免。集其家人。盡飲以藥。皆死。家素有禮法。幼子同哥才六歲。飲以藥酒。猶下拜受之。城陷。銳及二子自刎死。◎明寧洋人。字伯剛。永樂進士。授行人。陞戶部員外郎。乞歸省。適鄧茂七作亂。銳率衆力戰。被執死之。

劉·鞈　宋崇安人。字仲偃。紹聖進士。欽宗時累拜資政殿學士。京城不守。遣使金營。金人命僕射韓正館之僧舍。曰。國相知君。今用君矣。鞈仰天大呼。沐浴更衣。酌酒而縊。建炎初謚忠顯。

劉·養徵　明廣濟人。字敬伯。有康谷子集。

劉·儒　後漢陽平人。字叔林。郭泰謂儒口訥心辯。有珪璋之質。察孝廉。舉高第。三遷侍中。桓帝以災異求直言。儒上封事。甚忠切。出爲任城相。徵拜議郎。會竇武事起。下獄自殺。

劉·儗　宋廬陵人。一云名仙掄。字叔儗。工詞。有招山集。

劉·凝　清南豐人。字二至。由貢生官崇義縣訓導。有稽禮辨論·韻原表·石鼓文定本。

劉·凝之　南朝宋枝江人。字志安。小名長年。慕老萊·嚴子陵爲人。推家財與弟及兄子。非其力不食。元嘉初徵爲祕書郎不就。性好山水。一日攜妻子泛江湖。隱居衡山之陽。登高山。絕人跡。爲小屋居之。采藥服食。妻子皆從其志。卒年五十九。

劉·器之　金祁陽人。善寫墨竹。兼精小景。

劉·奮庸　明雒陽人。嘉靖進士。以禮部主事侍穆宗裕邸。及即位。以舊恩擢尚寶卿。大學士高拱亦故講官。頗專恣。奮庸疾之。附拱者遂劾奮庸。謫興國知州。神宗即位。擢山西提學僉事。再遷陝西提學副使。以疾乞歸卒。

劉學箕　宋子翬孫。字習之。恬於仕進。年未五十。卽南山之下居焉。自號種春子。家饒池館。有堂曰方是閒。爲文高爽閒雅。得其家傳。劉淮稱其詩摩香山之壘。詞拍稼軒之肩。有方是閒居士小稿。

劉彊　後漢光武帝長子。郭后所生。立爲皇太子。郭后廢。彊數因左右諸王陳其懇誠。願備藩國。封爲東海王。卒諡恭。

劉憲　唐寧陵人。字元度。擢進士。調河南尉。累進左臺監察御史。天授中奉詔按來俊臣罪。爲所構。貶潾水令。俊臣死。召爲給事中。坐善張易之。出爲渝州刺史。官終太子詹事。◎明益陽人。字廷試。成化進士。拜監察御史。歷遷都御史。巡撫寧夏。値北邊有警。憲募士兵禦之。捷聞。賜金帛有差。後忤劉瑾。逮繫詔獄卒。◎明靈石人。諸生。樸實有孝行。父先沒。母年八十餘。正德中流賊入境。憲負母入山避難。賊至。憲曰。寧殺我。勿害吾母。遂遇害。

劉憲寵　明慈谿人。字抑之。萬曆進士。授吉安推官。治獄明恕。歷儀制司郎中。帝將立東宮。以册寶未具。傳諭易期。舉朝駭愕。憲寵急詣閣臣沈一貫封還。大禮遂定。泰昌改元。遷太僕卿。引疾歸。憲寵清介不附門戶。魏忠賢指爲東林。遣削奪。崇禎初復官。

劉懌　後魏芳子。字祖欣。有父風。頗好文翰。累官大司農卿。所歷皆有當官之稱。卒諡簡。◎清翰清弟。字申孫。道光舉人。官至雷州知府。學蘊深厚。中歲益耽禪悅。深究佛理。書得二王眞脈。品詣尤超。

劉據　漢武帝長子。元狩初立爲太子。少受詔習春秋。通賓客。江充用事。據與有隙。充恐見誅。以巫蠱事誣據。據舉兵斬充。旋亡抵湖。匿泉鳩里。帝下吏捕。據自經死。後帝知據冤。作思子宮。爲歸來望思之臺於湖。後據孫病已嗣立。追諡戾。史稱戾太子。

劉整　三國魏合肥人。吳諸葛恪圍合肥新城。城中遣整出圍傳消息。爲所得。語整曰。諸葛公欲活汝。整曰。當必死。終無他辭。◎唐任祕書正字。大曆中爲將作監。畫山水有氣象。畫松不循常轍。◎元鄧州人。字武仲。沈毅有智謀。善騎射。金亂入宋。隸荆湖制置使孟珙麾下。累遷知瀘州軍州事。中統中入附。世祖嘉其來。授夔州行省。累遷中書左丞。卒諡武敏。

劉暾　晉光祿大夫毅子。字長升。正直有父風。武帝時累官侍御史。武庫火。尙書郭彰率百人自衞而不救火。暾正色詰之。彰伏不敢言。惠帝時爲左丞。正色立朝。三臺淸肅。王彌入洛。以暾鄉里宿望。故免於難。後至東阿。爲石勒游騎所獲。遂遇害。

劉曇淨　晉莒人。字元光。解褐安成王國左常侍。父卒。曇淨不食飲者累日。每哭輒嘔血。服闋。除安西行參軍。事母尤淳至。及母亡。晝夜哭泣不絕聲。哀感行路。未及葬而卒。

劉曉　明邦采族子。字伯光。舉於鄉。王守仁官南京。曉往師之。吉安講席大興。由曉倡也。後爲新寧知縣。有善政。解官歸卒。

劉曉華　清武進人。字廉方。有廉方文稿。

劉曄　三國魏成德人。字子陽。許劭稱其有佐世之才。曹操辟爲司空倉曹掾。累官侍中。封東亭侯。卒諡景。

劉樸　明慈谿人。字維素。洪武末由太學生授獲鹿知縣。靖難師南下。井陘。平山諸邑。望風降附。樸抗節不屈。死之。◎明莒州人。一作璞。號栢山。舉博學鴻詞。初任郾縣。召爲御史。彈魏忠賢八可誅。削籍歸卒。

劉樹義　唐文靜子。貞觀中追復文靜官爵。以樹義襲封魯國公。許尙公主。後與其兄樹藝怨其父被戮。謀反。伏誅。

劉機　明璉子。幼有孝行。登成化進士。改庶吉士。正德中代張綵爲吏部尙書。以人言乞歸。起南京兵部尙書。參贊機務。流賊犯江上。衆議擇將。適都督李昂自貴州罷官至。機卽召任之。昂以無朝命辭。機曰。機奉敕有云。敕所不載。聽便宜。此卽朝命也。衆服其膽識。致仕歸卒。

劉歆　後漢光武帝族父。字細君。更始立。歆從入關。封元氏王。更始敗。東奔洛陽。建武閒立爲泗水王。

劉澤　漢高祖從祖昆弟。封營陵侯。高后時立爲琅邪王。高后崩。澤與齊王合謀。欲誅諸呂。至長安。共立孝文帝。文帝徙澤爲燕王。卒諡敬。

劉澤清　清曹縣人。明時官至左都督。加太子太師。李自成陷京師。澤清與馬士英。高傑等擁立福王。鎭淮北。封東平侯。多鐸圍揚州。準塔分兵由徐州趨淮安。澤清迎降。授三等子。後以謀叛。被殺。

劉濂　明南宮人。字濬伯。正德進士。擢御史。累有劾奏。嘉靖中嚴嵩爲禮部尙書。將有入閣之命。濂上疏極言嵩貪詐不可用。而嵩竟相。濂遂謝病歸卒。有易象解。樂經元義。九代樂章等書。

劉澭　唐濟弟。爲瀛州刺史。請以所部爲天子戍隴。悉發其兵千五百人馳歸京師。無一卒敢違令者。德宗甚寵之。拜秦州刺史。番戎畏懾。不敢入寇。封彭城公。卒諡景。

劉燁　宋溫叟子。字耀卿。第進

士。知龍門縣。通判益州。召還。眞宗以其識大體。命爲右正言。數言事。累遷龍圖閣直學士。知河中府卒。

劉・燕歌　【元】妓。善歌舞。齊參議還山東。燕歌賦太常引以餞。辭極悽婉。

劉・璟　【明】璉弟。字仲璟。洪武中拜閤門使。以剛直聞。改授谷府長史。靖難師起。詣闕獻策。命赴李景隆軍。歷諸險阻。以疾歸。成祖即位。召用。辭以疾。逐逮至京。猶稱殿下。且云殿下百世後。逃不得一篡字。下獄自經死。福王時諡剛節。有易齋集。

劉・璠　【晉】靖孫。司馬郭勱欲推成都王穎爲主。璠率兵討勱斬之。詔璠爲順陽內史。江漢之間。翕然歸心。徵爲越騎校尉。◉【北周】沛人。字寶義。九歲而孤。居喪合禮。少好讀書。善爲文。嘗謁蕭瞱。瞱甚重之。母居建康遘疾。璠時在淮南。未之知。忽一日舉身楚痛。尋而家信至。云其母病。璠即號泣戒道。奔喪毀瘠。遂感風氣。服闋後一年。猶杖而起。仕梁元帝爲宜豐侯蕭循平北府司馬。後爲文帝所得。以爲中外府記室。遷黃門侍郎・儀同三司。明帝時授內史中大夫。掌綸誥。在職清白簡亮。以不合於時。左遷同和郡守。善於撫御。羌俗化之。天和中卒。有梁典及文集。

劉・璣　【金】琬弟。字仲璋。天德進士。累遷戶部員外郎。條上便宜數事。後擢太常卿。以昏耄被劾罷。◉【明】陝西咸寧人。字用齊。成化進士。除曲沃知縣。歷知九江・衡州。正德中劉瑾以其同鄉。召爲太僕少卿。尋遷戶部尚書。去知府時。方一歲。璣治績可稱。爲瑾所用。聲譽頓衰。然以屈節中官。居常鬱鬱。日飲酒放廢邸舍。無過從者。瑾敗。自劾去。家居二十餘年。緼袍脫粟。鄉人愛信之。

劉・璡　【南齊】瓛弟。字子璥。五歲聞舅氏讀管寧傳。欣然聽之。曰。此可及也。袁粲嘉其清德。薦爲祕書郎。建元初爲武陵王參軍。與友人孔逷同舟。逷留目女子。璡舉席自隔。不復同坐。瓛夜呼璡。不答。方下床著衣立。然後應。瓛怪其久。璡曰。向束帶未竟。其立操如此。官終射聲校尉。

劉・穆之　【南朝宋】莒人。徙居京口。字道和。從武帝平建業。諸大處分。倉卒立定。累官尚書右僕射。內總朝政。外供軍旅。決斷如流。事無壅滯。性奢豪。食必方丈。旦輒爲十人饌。好賓客。未嘗獨餐。卒追封南康郡公。諡文宣。

劉・穎　【宋】衢州西安人。字公實。紹興進士。調溧陽主簿。張浚知其賢。遣子栻與游。歷知郡縣。所至皆有治行。初與韓侂胄交。及侂胄用事。遂謝絕之。官至寶謨閣直學士。致仕卒。

劉・羲仲　【宋】恕子。字壯輿。以父蔭官郊社齋郎。恕以史學自命。羲仲亦世其家學。所著通鑑問疑。辨論皆極精核。

劉・翰　【宋】臨津人。世習醫業。周顯德初爲翰林醫官。太祖北征。命翰從行。乾德初令太常考較翰林醫官藝術。以翰爲優。與馬志等詳定唐本草上之。淳化中官終醫官使。

劉・翰淸　【清】武進人。字開生。道光舉人。官至河南道員。隨使西洋。充參贊。洪楊軍勢盛時。曾國藩特保翰清及趙烈文・方駿謨・周騰虎四人。皆發營差遣。翰清尤能周知四國。郭嵩燾・曾紀澤皆推服焉。

劉・臻　【隋】顯子。字宣摯。仕周爲露門學士。文帝受禪。進位儀同三司。皇太子勇引爲學士。甚褻狎之。臻無吏幹。耽悅經史。終日覃思。至於世事。多所遺忘。尤精兩漢書。時人呼爲漢聖。有遺集。

劉・輿　【漢】元帝三子。立爲信都王。徙中山。成帝議立太子。孔光以爲兄終弟及。輿宜爲後。成帝以輿不材。又兄弟不得相入廟。乃立哀帝。卒諡孝。

劉・興居　【漢】肥子。高后時封東牟侯。宿衞長安。與大臣共立文帝。割齊郡。立爲濟北王。尋發兵反。棘蒲侯柴將軍擊破之。自殺。

劉・興哥　【金】虢縣人。起於羣盜。爲楊沃衍部將。初元兵破西夏。長驅而至。關輔千里皆震。沃衍與興哥率兵往來邠隴間。屢戰屢勝。故元軍猝不能東下。後於清化戰死。元兵至。醉酒以弔。西州耆老語之。至爲泣下。

劉・興祖　【宋】大庾人。字孝先。習易春秋。旁通聲律。登乾道進士第。以春秋授藍廷堅。中丙科。初調韶之錄參。因感陽廣爲士師之言。遂五仕爲冷官。以通直郎致仕。

劉・蕡　【唐】昌平人。字去華。明春秋。沈健有謀。浩然有救世意。擢進士第。時宦官橫甚。蕡常痛疾。太和初舉賢良方正。能直言極諫。引諸儒百人於庭策之。考官見蕡對嗟伏。以爲過古晁董。而畏中官不敢取。士人讀其詞。至感激流涕。諫官御史交章論其直。時被選者二十三人。所言皆冗龊常務。類得優調。河南府參軍李郃謂人曰。劉蕡下第。我輩登科。實厚顏矣。又疏請以所受官讓蕡。不納。令狐楚・牛僧孺皆表蕡幕府。授祕書郎。以師禮禮之。而宦人深疾蕡。誣以罪。貶柳州司戶參軍卒。

劉・融　【元】薊丘人。字伯熙。官至祕書卿。畫山水師郭熙。

劉・衞辰　【後秦】虎孫。代兄悉勿祈領部落。潛通苻堅。堅以爲左賢王。後掠堅邊民。乃背堅歸國。堅遣鄧羌討擒之。復附堅。堅遂分國民爲二部。

以衛辰爲西單于。累爲寇害。登國中道武大破之。遁走。爲其部下所殺。

劉·衡　後漢光武帝十子。立爲臨淮公。卒諡懷。◎宋崇安人。字毅道。建炎初以勤王補官。從韓世忠敗金人於濠。累功遷秩。晚年棄官歸。潛心邵雍之學。久乃徙武夷。隱居以終。◎清南豐人。字蘊聲。號廉舫。嘉慶副貢生。道光中官至開歸陳許兵備道。以循吏名。其知巴縣時。懸鉦衙前。民擊鉦。卽出爲聽理。有事於鄉。計所歷有民訟者。就近爲之取決。川民稱爲劉青天。亦曰劉大鑼。有讀律心得。爲治問答等書。◎清吳縣人。字原定。工畫墨竹。

劉·諶　蜀漢後主子。封北地王。鄧艾入蜀。後主奉書乞降。諶傷國之亡。先殺妻子。次自殺。◎元江西人。爲仁壽教官。明玉珍入蜀。棄官隱瀘州。玉珍欲官之。不就。

劉·豫　宋阜城人。字彥游。世業農。豫始舉進士。宣和中除河北提刑。金人南侵。豫棄官避亂。建炎中張慤薦知濟南府。時盜起山東。豫不願行。執政惡之。不許。豫忿而去。金人攻濟南。啗以利。豫懲前忿。遂納款兀朮。徙豫知東平府。册爲皇帝。國號大齊。都大名府。紹興中豫遷都汴。籍民兵三十萬。分三道入寇。楊沂中大破之於藕塘。金人聞敗。詰豫誤狀。有廢豫意。金主先令兀朮僞稱南侵。至汴。宣詔責豫。以鐵騎數千圍宮門。迫之行。併其子麟徙於臨潢。封豫爲曹王。年六十五卒。僭號凡八年。

劉·遵　梁孺弟。字孝陵。少清雅有學行。起家著作郎。累遷晉安王記室。大通中王立爲皇太子。除中庶子。寵遇莫及。大同初卒。

劉·遵考　南朝宋武帝族弟。始爲振武參軍。隨武帝北伐。南還。除游擊將軍。武帝受禪。封營浦縣侯。明帝時官至侍中。卒諡元。

劉·遵海　清祥符人。字聿南。道光進士。官至順天北路同知。所至有聲。治獄尤精密。虛心研詰。雖不折服。有深致軒詩文集。

劉·鄴　唐三復子。字漢藩。少依李德裕。歷中書舍人。遷承旨。德裕以朋黨抱誣死。鄴申直其冤。世高其義。後爲鳳翔節度使。黃巢方熾。帝西狩。追乘輿不及。賊捕急。不屈見殺。

劉·錡　宋德順軍人。字信叔。仲武子。美儀狀。善射。聲如洪鐘。高宗初爲隴右都護。與夏人戰。屢勝。夏人兒啼。輒怖之曰。劉都護來。紹興中充東京副留守駐汴。金兵圍順昌。錡要擊大敗之。又以計令金人終夜自戰。積屍盈野。後兀朮自來。錡又大破之。兀朮平日恃以爲強者。什損七八。金人震恐喪魄。見順昌旗幟。卽退走。累加太尉。金主亮調軍六十萬南來。以錡爲江淮浙西制置使。節制諸路軍馬。錡以病求解兵柄。召還。提舉萬壽觀。卒諡武穆。

劉·錦棠　清松山從子。字毅齋。咸豐間從松山轉戰江西皖南。其後無役不從。無戰不勝。同治間破叛回於金積堡。平肅州。光緒間定天山南北路。官至甘肅新疆巡撫。封男爵。加太子太保銜。以疾乞歸。卒諡襄勤。

劉·錫嘏　清直隸通州人。字淳齋。乾隆進士。入詞垣。官至淮徐道。工畫墨梅。有快晴小築詞。

劉·錫鴻　清番禺人。字雲生。光緒初副郭嵩燾出使英國。有英軺日記。

劉·鋹　南漢晟子。初名繼興。晟卒。以長子立。改元大寶。性剛忌。不能任臣下。而獨任其嬖倖。在位十三年。宋開寶中潘美伐之。鋹出降。送汴京。赦爲左千牛衛大將軍。封恩赦侯。太宗將討晉陽。召近臣宴。鋹預之。自言朝廷威靈及遠。四方僭竊之主。今日盡在坐中。旦夕平太原。劉繼元又至。臣率先來朝。願得執梃爲諸國降王長。太宗大笑。賞賜甚厚。其詼諧皆類此。江南平。遷左監門衛上將軍。太平興國初進封衞國公卒。史稱後主。

劉·隨　宋考城人。字仲豫。第進士。通判益州。歷右司諫。官終天章閣待制。隨爲言官。以清直聞。在蜀臨事明銳。比卒。帝憐其家貧。賜錢六十萬。

劉·霖　宋永川人。徙居瀘州。德祐初瀘州按撫使梅應春以城降於元。霖獻計於郡守張珏。復瀘州。珏以霖爲知軍。旣而元兵陷重慶。被執。死之。◎元安福人。少從虞集學。博通五經。元季寇陷安城。乃避地泰和。學者師尊之。性耿介。有四書纂釋。太極圖解。易本義。童子說。杜詩類注。

劉·靜　明萬安人。諸生。正德間流賊破縣。靜負母竄。賊欲害靜母。靜翼蔽求代。賊怒。攢槊殺之。猶抱母不解。旣死。屍七日不變。

劉·餗　唐貺弟。字鼎卿。天寶初歷集賢殿學士。兼知史官。終右補闕。有史例。傳記。樂府古題解。

劉·餘　漢景帝五子。立爲淮陽王。徙王魯。好治宮室苑囿狗馬。季年好音。不喜辭。爲人口吃難言。卒諡恭。餘初欲壞孔子舊宅以廣其宮。聞鐘磬琴瑟之聲。遂不敢復壞。於其壁中得古文經傳。

劉·餘祐　清宛平人。字中徽。號玉吾。明萬曆進士。累官工部侍郎。福王時以餘祐嘗附李自成。入從賊案。順治初降清。官至戶部尙書。坐在刑部時受賄。革職杖徙。尋死。有燕香齋文集。

劉・龍 隋河間人。性強明。有巧思。齊後主令修三爵臺。甚稱旨。文帝時拜右衞將軍。兼將作大匠。遷都之始。與高熲參掌制度。時號爲能。

劉・龍光 清長洲人。字蓼蕭。諸生。父官明益王府長史。清初道梗。不知父母存沒。徒步往建昌。時益府舊人無存。又冒死歷萬山。展轉尋訪。卒奉母扶父柩以歸。母沒。得心疾以終。龍光好古學。精爾雅蟲魚之義。音切箋釋。皆極其旨。

劉・龍兒 唐離石胡人。隋大業中擧兵。自稱王。以子季眞爲太子。弟六兒爲永安王。鋒甚銳。將軍潘長文連年擊之不能下。後虎賁郞將梁德破殺龍兒。衆乃散。

劉・龜年 宋字且老。孝宗時知武陵。寬嚴有則。息訟均賦。定版籍。毀淫祠。部使者聞於朝。龜年秩滿造朝。竟不謁政府而歸。

劉・優 後漢零陵人。少有雋聲。擧孝廉。獻帝時爲侍御史。遷御史大夫。再遷尙書右僕射。朝綱無所不總。臺閣爲之肅然。

劉・壎 元南豐人。字起潛。博覽工詩文。至大中爲延平教授卒。有隱居通議・水雲村稿・英華錄。

劉・孺 梁悛子。字孝稚。幼聰敏。七歲能屬文。年十四居父喪。毀瘠骨立。沈約聞其名。引爲主簿。累官吏部尙書。孺少好文章。性又敏速。嘗在御坐爲李賦。武帝甚稱賞之。母憂以毀卒。諡曰孝子。

劉・嶽昭 清騰鴻從弟。字藎臣。咸豐間洪楊事起。從蕭啓江於江西。後自領一軍。轉戰江西湖南四川貴州等省。官至雲貴總督。同治間罷歸。

劉・彌正 宋夙子。字退翁。淳熙進士。知臨川縣。入爲太常寺丞。時韓侂胄爲相。兵禍已萌。使行兩淮議用鐵錢。返言無故而先發。天理不順。無預而輕擧。人謀不從。侂胄怒不聽。已而果敗。官終吏部侍郞。

劉・彌邵 宋彌正弟。字壽翁。父夙方盛年沒。家貧有書數廚。彌邵慨念先澤。臥起其間。不爲擧子業。惟以學古爲心。郡守楊棟創尊德堂於學宮以處之。彌邵僅一至。及棟提點福建刑獄。復論薦於朝。未報卒。學者稱習靜先生。有易稿・讀書日記諸書。

劉・徽 晉著有海島算經。

劉・徽柔 金安次人。字君美。天眷進士。累遷洪洞令。秩滿。縣人遮戀。不得去者彌日。大定中同知河東南路轉運使事。察廉第一。改知平定軍。累遷中都路轉運使卒。

劉・應同 明潛江人。字襟河。萬曆進士。知漢中府。郡有張桓侯廟。里人歲爲神娶婦。一不應。則多水火疾疫。蓋妖物憑之。應同至。火其廟。一郡震慴。是年亦殊無故。里人感德。立祠祀焉。

劉・應李 宋炳孫。字希泌。初名棨。咸淳進士。授建陽主簿。宋亡不仕。退與熊禾・胡廷芳講道於淇源山。建化龍書院於莒潭。聚徒講授。有易經精義。

劉・應秋 明吉水人。字士和。萬曆進士。授編修。累官祭酒。時詞臣多優游養望。而應秋獨負才氣。好議論。以此取忌。會有撰憂危竑議者。御史指及應秋。遂調外。辭疾歸卒。崇禎時諡文節。

劉・應時 宋四明人。字良佐。喜爲詩。與陸游・楊萬里善。有頤菴居士集。

劉・應棠 清奉新人。字又許。有梭山農譜。

劉・應賓 清沂水人。明進士。福王時官通政使。順治間降清。擢安廬池太巡撫。破擒金聲於徽州。招降寧國・太平・廣德等處賊首二百餘名。解散賊衆數萬。後爲洪承疇所劾。革職。

劉・應節 明濰人。字子和。嘉靖進士。隆慶中以兵部右侍郞總督薊遼保定軍務。奏罷永平・密雲・霸州采礦。又議通漕密雲。與清軍補兵之策。一切規畫。俱防邊要政。累擢刑部尙書。後以出郭與雲南參政羅汝芳談禪。爲給事中周良寅劾罷。

劉・應龍 宋高安人。字漢臣。嘉熙進士。歷官戶部侍郞・廣東經略安撫使。以討南海賊功。進封開國男。入爲寶章閣直學士・兵部尙書。辭歸。隱九峯卒。

劉・應龜 元義烏人。字元益。宋咸淳間太學生。鼎革後築室南山。自號山南隱逸。賣藥以自晦。至元間部使者強起主教鄉邑。遷杭州學正。有山南先生集。

劉・懋 後魏芳從子。字仲華。聰明好學。博綜經史。善草隸書。識奇字。宣武初位尙書外兵郞中。孝明初大軍攻硤石。懋爲李平行臺郞中。城拔。懋頗有功。進太尉司馬。卒諡宣簡。所著詩文。見稱於時。又考諸器物造作之始。名其書曰物祖。◉明江陵人。字勉之。成化進士。授刑科給事中。封駁無所避。値權閹汪直用事。懋首劾之。尋論昭德貴妃專寵。杖繫詔獄。出爲浙江按察僉事。以憂歸。家居數十年。足跡不至城市。◉明臨潼人。字養中。號渭溪。萬曆進士。官至兵科給事中。有兵垣奏疏。

劉・濛 唐晏孫。字仁澤。擧進士。累官度支郞中。會昌初擢給事中。爲李德裕所知。時朝廷經略河湟。遣濛按邊。調兵械糧餉。爲宣慰靈夏以北党項使。始議造木牛運。宣宗立。德裕得罪。濛貶朗州刺史。終大理卿。

劉・濟　唐怦子。字濟。游學京師。第進士。怦卒。嗣節度。累遷檢校尙書右僕射。同中書門下平章事。王承宗叛。濟裨將譚忠激濟伐承宗。命次子總以兵八千先登。拔其城。進中書令。濟之出。以長子緄攝留務。總爲行營都知兵馬使。濟病甚。總與左右親近謀寘毒。濟飲而死。緄至涿州。總矯濟命殺之。諡莊武。◎明郟縣人。景泰舉人。仕至遼東苑馬寺少卿。濟性至孝。父喪。廬墓三年。哭奠如一日。時邑內蝗。獨不近塋域者十餘里。◎明騰驤衛人。字汝楫。正德進士。累官刑科都給事中。濟在諫垣久。言論侃侃。直聲振中外。大禮議起。伏哭左順門。受杖。謫戍遼東。卒於戍所。

劉・濠　元青田人。字浚登。基之曾祖。仕爲翰林掌書。宋亡。林融起兵興復。戰死。元遣使至境。糾察餘黨。鄉豪挾仇投籍。逮無辜至萬餘人。濠醉使者。探袖取籍。錄巨魁二百人燬之。縱火樓下。籍燬。朝使無計。濠乃出懷中二百人授之。存活萬計。

劉・濤　宋彭城人。字德潤。後唐天成進士。周顯德初拜右諫議大夫。遷右詹事。濤性剛毅不撓。素與宰相范質不協。常鬱鬱不得志。遂退居洛陽。以書史自娛。太祖素知濤履行。開寶中召赴闕。以老病求退。授祕書監致仕。◎宋昌言曾孫。字普公。工詩及草書。徽宗召入禁中。因問卿字孰師。對曰。無師。不稱旨而退。晚年困躓。讀書靈泉院。自號靈泉山人。

劉・濬　南朝宋文帝次子。字休明。年八歲。封始興王。累遷荆州刺史。領護南蠻校尉。初濬曲意事太子劭。與劭多有過失。屢爲帝所詰讓。乃共爲巫蠱。事發。濬入謝潘淑妃。妃抱持泣涕。濬奮衣而去曰。天下事尋當自判。劭入弑。馳馬召濬。濬戎服乘馬見劭。及劭敗。江夏王義恭斬濬。及其三子。◎南漢廣州人。字伯深。劉隱據番禺。濬居幕府。議論多所商定。乾亨中劉龑練兵於潮。欲以侵閩。濬力諫不聽。爲閩人所敗。大有中擢中書侍郎。同平章事。在位清簡執持。勸龑養民息兵。子孫在廣南。多有顯者。◎元河南人。字濟川。爲連江縣巡檢。至正中江西賊帥王善寇閩。濬與仲子健將兵進。遇賊於中麻。突其陣。斬前鋒五人。賊兵大至。濬中箭墮馬。被執大罵。賊割其喉舌而死。

劉・濞　漢高帝兄仲子。立爲吳王。孝文時吳太子入見。侍皇太子飲博。爭道不恭。皇太子引博局提殺之。濞怨望。稱疾不朝。鼂錯議削吳。濞說膠西王。約膠東。菑川。濟南。楚。趙皆反。周亞夫將軍擊之。濞走保東越。東越紿濞出勞軍。使人縱殺之。

劉・濩　元三山人。字聲之。嘗以經學教授錢塘。工詩。有聲之集。

劉・燦　清鎭海人。字星若。嘉慶優貢生。積學嗜古。治經實事求是。能化漢宋門戶。有詩緝補義。詩古音考。續廣雅。支雅。原書。小學校誤。日知錄記疑諸書。

劉・禪　蜀漢　見蜀後主條。

劉・總　唐濟子。性陰賊險譎。已毒濟。領軍政。朝廷不知其奸。故詔嗣節度。及王承宗死。總失支助。大恐。譚忠說總上疏。願奉朝請。穆宗拜總檢校司徒。天平節度使。行及定州卒。

劉・績　明江夏人。字用熙。號蘆泉。弘治進士。官至鎭江知府。有三禮圖。六樂說。管子補註。

劉・繇　三國吳牟平人。寵弟子。字正禮。漢興平中爲揚州刺史。袁術據淮南。繇不敢之州。吳景。孫賁迎置曲阿。孫策東渡。繇保豫章。駐彭澤。尋病卒。

劉・縯　後漢光武帝長兄。字伯升。性剛毅慷慨。有大節。王莽篡位。縯發舂陵子弟。部署賓客。與新市。平林兵合軍而進。斬甄阜。梁丘賜於潢淳水。破嚴尤。陳茂於育陽。後爲更始所害。光武卽位。追封齊王。諡武。

劉・義仲　宋恕子。字壯輿。號漫浪翁。長於史學。平居厲節操。以蔡京薦。召爲宣教郎編修官。至京師。時宰以下。並不造謁。忤京。不復仕。卒於廬山。有太初曆。通鑑問疑。

劉・義叟　宋晉城人。字仲更。歐陽修使河東。薦其學術。試大理評事。累遷著作佐郎。終崇文院檢討。義叟強記多識。尤長於星曆術數。及修唐史。令專修律曆天文五行志。有十三代史志。劉氏輯曆。春秋災異諸書。

劉・聰　前趙淵四子。字玄明。一名載。猿臂善射。弱冠遊京師。多與名士交結。樂廣。張華尤異之。隨淵還左國城。拜鹿蠡王。晉永嘉四年殺兄和自立。遣王彌。劉曜攻陷洛陽。執晉懷帝。於是驕奢淫暴。殺戮無已。事皆左貴嬪決之。與羣臣宴。逼晉帝行酒。尋鴆殺之。愍帝卽位於長安。聰遣劉曜等陷之。帝出降。在位八年死。諡昭武。廟號烈宗。年號光興。嘉平。建元。麟嘉。

劉・舉　明寧武人。以世襲百戶。積功官河保營參將。流賊入境時。舉已擢右衛副總兵。需代者。或勸疾趨右衛。以避其鋒。舉不從。召麾下勵以大義。咸爲感憤。迎戰於土溝。賊衆大至。舉衆寡不敵。突陣死之。

劉・褒　後漢桓帝時官蜀郡太守。畫烏鵲酷似。所繪雲漢圖。北風圖。尤有名於時。◎宋字伯寵。十歲能屬文。淳熙進士。除司門郎中。才高見忌。遂歸隱。自號梅山老人。有梅山詩集。

劉襄　漢肥子。惠帝時嗣立爲齊王。高后崩。襄發兵誅諸呂。呂產遣灌嬰將兵擊之。嬰諭襄連和。以待諸呂之變。大臣迎立代王。罷兵歸。卒諡哀。

劉謙　宋仁罕子。少慷慨。不拘小節。初詣嶺表省父。賫令北歸。爲鄉里惡少所辱。謙不勝怒。毆殺之。亡命京師。遂應募從軍。補衞士。眞宗時累官保靜軍節度使。守職寡過。卒官。◉宋開封人。字漢宗。少補衞士。數遷至捧日右廂都指揮使。領嘉州團練使。元昊反。改環慶路馬步軍總管。兼知邠州。邠人愛之。徙知涇州。未行。會賊寇鎮戎軍。謙引兵深入。破其聚落而還。以功擢象州防禦使卒。◉明字光甫。號東軒。以畫山水名。◉清武強人。字益侯。號思菴。師事李光地。盡得其傳。康熙進士。官至左都御史。性節儉。自起寒素至通顯。奉養益薄。立朝不爲黨援。以公正稱。坐事罷。學者稱碧峯先生。有四書朱傳綱目。周禮論義。雁平堂文集。

劉謙之　南朝宋簡之弟。好學。官廣州刺史。有晉記。

劉邁　晉沛人。字伯羣。有才幹。爲殷仲堪中兵參軍。後爲竟陵太守。劉毅。劉裕同謀起義兵。討桓玄。邁將應之。事泄。爲玄所害。

劉鍇　宋蟠子。初以父蔭爲大理評事。咸平中擢進士第。嘗獻幸太學頌。眞宗出以示輔臣。且言鍇幼孤能自立。召試。命直史館。累遷至戶部郎中。鹽鐵副使。

劉鍾　南朝宋彭城人。字世之。從武帝伐孫恩有功。爲劉牢之鎭北參軍督護。討盧循。斬徐道覆。平成都。封永新縣男。累官龍驤將軍。領石頭戍事卒。

劉闃　宋北海人。字靜叔。以拳力爲軍校。從文彥博討貝州。功第一。累遷辰州團練使。韓絳宣撫陝西。詔闃自河東爲犄角。至鐵治溝。夏人大集。衆懼。闃自殿後。率銳驍搏戰。飛矢蔽體。不爲卻。敵解去。擢冀州駐泊總管。以左金吾大將軍致仕。

劉隱　後梁上蔡人。先世業商。因家南海。父謙爲封州刺史。及卒。隱代之。盧琚。覃玘作亂。隱往平之。唐天祐初。襲取廣州。後代薛王知柔爲清海軍節度使。開平中兼靜海軍。累封南海王。卒諡襄。弟龑稱帝。追尊襄帝。廟號烈宗。

劉鰤　晉高密人。字長魚。幼不染俗。長而希古。篤學勵行。化流邦邑。咸康中以博士徵。到京師。自陳年老不拜。以壽終。

劉鴻　明泰和人。字雲表。自號七星居士。成化舉人。屢上公車不第。遂放游山水以終。有七星詩文存。

劉鴻訓　明長山人。字默成。萬曆進士。累官少詹事。忤魏忠賢。斥爲民。莊烈帝即位。拜禮部尚書。兼東閣大學士。參預機務。是時忠賢雖敗。其黨猶滿朝。鴻訓乃毅然主持。次第斥之。人情大快。以事忤旨革職。謫戍代州。卒於戍所。福王時復官。有玉海纂。

劉鴻儒　清遷安人。字魯一。順治進士。授給事中。請行兵丁會屯及令畿輔民出邊墾種。下部議行。官至左都御史。被劾歸卒。有四留堂集。

劉鴻翱　清濰縣人。字次白。嘉慶進士。官至福建巡撫。有綠野齋集。

劉黻　宋樂清人。字聲伯。早有令譽。讀書雁蕩山中。以太學生上書。言朝廷進退大臣。當以禮。忤執政。送南安軍安置。盡取濂洛諸子書。輯成十卷。名曰濂洛論語。既還。復極言政治得失。官至吏部尚書。二王泛海。陳宜中迎黻共政。至羅浮。以疾卒。諡忠肅。有蒙川遺稿。◉明衡陽人。字伯黼。正德進士。授行人。武宗南巡。上疏切諫。受杖。改南京國子監學正。世宗繼統。詔復黻官。授御史。按蜀有威望。未幾疏請終養。有易卦變。兩州奏議。童訓等書。

劉儲秀　明關中人。字士奇。正德進士。嘉靖中任浙江左布政使。剛方有治才。深得民心。仕至戶部尚書。

劉彝　宋福州人。字執中。幼從胡瑗學。登慶曆進士第。爲朐山令。凡所以惠民者無不至。邑人紀其事。目曰治範。神宗時除都水丞。尋知虔州。俗尚巫鬼。不事醫藥。彝著正俗方以訓。斥淫巫使易爲醫。俗遂變。有七經中議。明善集。居易集等書。

劉曙　明長洲人。字公旦。崇禎進士。南都亡。上海諸生欽浩。通款於魯王。曙忠義士二十三人。以曙爲首。其書爲邏者所得。捕曙對簿。曙實未嘗識浩。而絕不置辯。強項不肯屈膝。臨死賦詩別母。乃就刃。◉清江西人。字東海。工畫山水。

劉曜　前趙淵族子。字永明。少孤。養於淵。頗知書計。有膂力。仕聰有功。位至相國。鎭長安。晉太興初靳準之難。自立於赤壁。誅準。徙都長安。改國號趙。西擊張駿。南服仇池。窮兵不已。自將拒石勒於洛陽。恣情飲博。爲勒所擒殺。在位十三年。年號光初。自劉淵以晉永興初自稱漢王。至曜共四主。於晉咸和四年爲後趙所滅。凡三十五年國亡。

劉龘　宋長興人。字無言。未冠入太學。與陳亨伯等以八俊稱。元祐中蘇軾知貢舉。稱其文章典麗。遂中甲科。善書。筆勢遒勁。召修閣帖。

有見南山集。

劉·爵 明淮南人。字子修。號易湖。工畫山水。

劉·璧 明確山人。崇禎末任岳州府通判。破闖賊於洞庭。陞漢陽知府。未之任。張獻忠攻岳州。各官逃散。惟璧與巡按劉熙祚堅守三月。糧盡城陷。被執至長沙。脅之降。不屈死。

劉·璵 後蜀精於經術。廣政中補石室教授。未幾卒。門人私諡寶中先生。

劉·瑢 蜀漢後主太子。字文衡。蜀既亡。鍾會作亂於成都。瑢爲亂兵所殺。

劉·瞻 唐桂陽人。字幾之。舉進士博學弘詞皆中。咸通中以中書侍郎同平章事。同昌公主卒。懿宗捕太醫韓紹宗等送詔獄。繫宗族數百人。瞻固爭。帝怒。貶驩州司戶。僖宗立。復官。居位三月卒。瞻性廉約。四方饋遺不及門。行己始終廉潔。

劉·簡 明歸善人。字以忠。永樂中由鄉舉爲交趾諒江州判。洪熙初黎利叛。攻劫郡邑。所在皆奔降。獨簡城守數月。援兵不至。城遂陷。被執不屈死。弟及妻子七人。皆赴井死。

劉·簡之 南朝宋莒人。有志幹。爲武帝所知。帝將謀興復。收集才力之士。嘗再遣簡之。會有客。簡之悟其意。謂弟虔之往見之。及虔之至。武帝已剋京口。虔之即投義。簡之殺耕牛會衆以赴之。位至諮議參軍。

劉·翼 宋福清人。字驥文。登陳藻之門。有心遊摘稿。◎明耀州人。畫山水學范寬。而有自得之趣。

劉·翼明 清諸城人。字子羽。少工詩。喜交天下士。膠東王儲以詩來相倡和。爲仇所殺。翼明走東萊。盡取其仇。寘於法。義聲動海內。康熙中官利津訓導。卒年八十二。所爲詩凡數千首。

劉·藏器 唐延祐從弟。高宗時爲侍御史。衛尉卿尉遲寶琳脅人女爲妾。藏器劾還之。寶琳私請帝止其還。凡再劾再止。藏器曰。陛下用捨繇情。法何所施。乃詔可。出爲宋州司馬卒。

劉·蟠 宋渤海人。字士龍。漢乾祐中舉進士。乾德中召拜監察御史。累官諫議大夫。蟠性清介寡合。能攻苦食淡。事事苛刻。好設奇詐以售知人主。太平興國初卒。

劉·謹 明浙江山陰人。字維勤。洪武中父坐法戍雲南。謹方六歲。問家人雲南何在。或以西南指之。輒朝夕向之拜。年十四。遂奮身往。閱六月抵其地。艱苦萬狀。遇父於逆旅。相持號慟。俄父患瘋痺。謹告官乞代。國法戍邊者。惟十六以上嫡長男始許代。時謹未成丁。而兄謙先死。乃歸家攜兄之子以往。悉鬻其產畀兄子。始獲奉其父還。家貧。力營甘旨以養。

劉·豐 北齊普樂人。字豐生。有口辯。好說兵事。魏永安初除靈州鎮城大都督。率戶數萬奔齊。累官左衞將軍。王思政據長社。文襄命豐與清河王岳攻之。遏洧水以灌。城將陷。豐與慕容紹宗同入船。忽有暴風從東北來。纜絕。漂至城下。爲敵人所害。諡忠。

劉·鎮 宋南海人。字叔安。嘉泰進士。自號隨如。學者稱隨如先生。所作樂府。兼周柳辛陸之能事。

劉·鎮之 南朝宋毅族父。字仲德。以子毅貴顯。閒居京口。未嘗應召。嘗謂毅曰。汝必破我家。毅甚畏憚之。每還京口。未嘗敢以羽儀入鎮之門。以左光祿大夫徵。不就。元嘉中卒。

劉·鎰 清豐城人。字兼萬。幼失怙。事祖母及母。皆至孝。鄰火將及母寢。突烈焰負母出。焦灼幾斃。迨母老獨留。預戒勿廬墓。乃枕塊三年。懸兩世像。事如生。

劉·顏 宋彭城人。字子望。少孤。好古學。不專章句。舉進士第。以試祕書省校書郎知龍興縣。後授徐州文學。居鄉里。教授數十百人。除任城主簿。歷兗青二州從事卒。有儒術通要。經濟樞言。

劉·馥 三國魏相人。字元穎。漢建安初爲揚州刺史。數年恩化大行。百姓樂其政。流民越江山而歸者以萬數。

劉·寵 後漢牟平人。字祖榮。以明經舉孝廉。遷會稽太守。簡除煩苛。禁察非法。郡中大化。徵爲將作大匠。山陰五六老叟齎百錢送寵。寵爲選一大錢受之。累遷至司徒。太尉。卒於家。

劉·懷珍 南齊平原人。字道玉。辟豫州主簿。宋元嘉中討平司馬順則。讓功不居。時人稱之。泰始初累功拜豫州刺史。高帝輔政。徵爲都官尚書。建元初轉左衞將軍。封霄城侯。卒諡敬。

劉·懷胤 南齊晉陵人。年十歲。與弟懷則遭父喪。不絮帛。不食鹽菜。建元中表門閭。

劉·懷慎 南朝宋懷肅弟。少謹慎質直。從武帝征討。位徐州刺史。爲政嚴猛。境內震肅。以平廣固盧循功。封南城縣男。雖名位轉優。而恭恪愈至。永初中進爵爲侯。景平初遷護軍將軍。祿賜班於宗族。卒諡肅。

劉·懷肅 南朝宋武帝從母兄。家貧好學。初爲劉敬宣寧朔府司馬。征孫恩有功。後歸武帝。平江陵。累官輔國將軍。封東興縣侯。坐事免官卒。

劉·懷慰 南齊懷珍從子。本名聞慰。字彥泰。父死於難。懷慰持喪不食醯醬。冬日不用絮衣。養孤弟妹。事寡叔母。皆有恩義。齊國建。爲輔國將軍．齊郡太守。有治跡。著廉吏論以達其意。高帝聞而嘉之。永明中卒。

劉曠 隋 開皇初爲平鄉令。在職七年。風教大洽。獄中無繫囚。及去。少長號泣於路。將送數百里不絕。遷爲臨潁令。清名善政。爲天下第一。高熲疏言其狀。帝召見勞之。下優詔。擢拜莒州刺史。

劉璽 明 南京龍驤衛人。幼有孝行。爲諸生。能自力學。襲世職指揮同知。嘉靖中歷督漕總兵官。清愼自持。蒞事五年。軍民懷德。罷歸。行李蕭然。書數卷而已。

劉疇 晉 訥子。字王喬。善談名理。曾避亂塢壁。賈胡百數欲害之。疇無懼色。援笳而吹之。爲出塞入塞之聲。以動其遊客之思。羣胡皆垂泣而去。永嘉中位至司徒左長史。爲閻鼎所殺。其後王導拜司徒。謂人曰。劉王喬若過江。我不獨拜公也。其爲人所推服如此。

劉瓌 後漢 高唐人。字文理。有經術。歷太原太守。以直言坐罪。死獄中。天下冤之。

劉穩 明 鄒縣人。字朝重。嘉靖進士。歷南韶兵備道。猺賊猖獗。穩單騎至賊壘諭解之。計擒山寇馬五等。進本道副使。勸殺賊帥官祖政於黃岡。築英德城以扼賊吭。韶南以寧。以疾歸。再起廣東參政。晉南太僕寺卿。

劉繪 南齊 悛弟。字士章。性機悟。歷中書郎。永明末都下人士盛爲文章談議。皆湊竟陵王子良西邸。繪爲後進領袖。悛坐事將見誅。繪伏闕請代死。明帝輔政。救解之。帝即位。遷太子中庶子。母喪去官。持喪墓下三年。食麤糲。服闋。轉大司馬卒。⊙明 光州人。字子素。一字少質。好擊劍。力挽六石弓。舉鄉試第一。登嘉靖進士。授行人。改戶科給事中。兩劾夏言。言憾之。出爲重慶知府。土官爭地相仇。繪諭之即定。上官交薦。言再入政府。屬言者論罷之。居家二十年卒。有嵩陽集。

劉繹 明 代州人。字以成。弘治進士。以戶部主事督理遼東糧儲。正德間觸劉瑾怒。罷爲民。尋起監察御史。遷衛輝知府。有禦賊功。終長蘆運使。

劉羅辰 後魏 代人。宣穆皇后之兄。有智謀。父眷爲北部大人。帥部落歸國。羅辰謂父曰。從兄顯。忍人也。願早圖之。眷不以爲意。後顯殺眷代立。又謀逆。道武帝討之。羅辰率騎來奔。拜南部大人。賜爵永安公。以軍功除定州刺史。卒謚敬。

劉贊 後唐 魏州人。舉進士。爲判官。明宗時累遷刑部侍郎。守官以法。權豪不可干以私。拜祕書監。爲秦王從榮傅。從容諷諫。率以正道。王敗。贊長流嵐州。清泰初赦還卒。⊙前蜀 官嘉州司戶。工畫花鳥龍水。繪陳後主三閣圖。并作歌以諷。王衍不能用。亦不罪之。

劉贇 五代漢 崇子。高祖愛之。隱帝以爲己子。乾祐初拜徐州節度使。隱帝遇弒。羣臣議立贇。傳太后意召之。贇行至宋州。周太祖自澶州爲兵士擁還京師。封贇湘陰公。幽死。⊙宋 官翰林醫學。韓晟從太祖征晉陽。弩矢貫左髀。鏃不出幾三十年。景德初帝遣贇視晟。贇傅以藥出之。步履如故。遷醫官。

劉邊 元 建安人。字近道。有詩名。有讀史摭言。自家意思集。

劉難經 宋 東郡人。通黃帝八十一難經。病註者失其旨。乃自爲解。獻於闕下。自號曰劉難經。其治疾察脈。無隱不知。肘後有二藥奩。止藥末數品。每視人病。取諸末合和加減。分爲數劑。服盡病愈。

劉韞 宋 韜弟。字仲固。以門蔭入仕。歷倅三州。典二郡。皆有政聲。後以朝散大夫致仕。築室於縣南。有園林花木之勝。日夕諷詠。自號秀岑。隱處以終。

劉顗 北齊 逖從子。字君卿。好文學。工草書。歷瀛州外兵參軍。司空功曹。隋開皇中爲鄜州司馬卒。

劉鵬 明 安陸人。字南夫。嘉靖間壽藩軍尉橫擾市民。郡守抑之。王疏劾守。詔廷尉訊。鵬佐守對簿。守事白。左遷。就見其廬。鵬不見。守歎服久之。⊙明 上虞人。官侍郎。工畫山水。

劉寶 晉 高平人。字道眞。有歷代史書考異。⊙宋 岳飛將。嘗從破楊么。有功。及飛遇害。寶遂散其部下士卒。隱居華容山以終。

劉寶楠 清 台拱從子。字楚楨。道光進士。歷文安。三河知縣。有循良稱。其學受於台拱。而不墨守門戶。嘗病論語皇邢疏蕪陋。輯漢儒舊說。益以近世諸家及宋人長義。爲正義一書。又有釋穀。漢石例。寶應圖經。愈愚錄。詩文集。

劉獻之 後魏 饒陽人。少孤貧。雅好詩傳。博觀衆籍。其學以德行爲本。時人高其行義。希造其門。著錄門下者。多通經之士。郡舉孝廉不就。孝文幸中山。徵典內校書。固以疾辭。有三禮大義。三傳略例。注毛詩序義并章句疏。注涅槃經未就而卒。四子放古。爰古。參古。修古。放古幼有人才。爲州從事。爰古 參古並傳父詩。

劉獻廷 清 大興人。字君賢。一字繼莊。別號廣陽子。其學主於經世。自象緯律曆邊塞關要財賦軍政之屬。旁及岐黃釋道家言。無不窮究。尤精於輿地音韻。以布衣游名公間。萬斯同最心折之。引參明史館事。後寓居吳江卒。有廣陽雜記。

劉·獻煜 〔明〕華陰人。字台凝。諸生。父濯翼。明崇禎間司訓武昌。攜妻及幼子往。國變道絕。清初獻煜徒步至楚求之。屢瀕死乃達。卒得其父母骸骨以歸。性彊直。晚講樹藝。爲小圃。讀易其中。朝夕自娛。

劉·礪 〔宋〕砥弟。字用之。幼穎悟孝弟。舉童子科。後受學於朱熹。與黃榦友善。及禁僞學。志尙愈篤。蔡元定編置道州。礪與其兄餞贐甚厚。

劉·繼元 〔北漢〕繼恩弟。本姓何。劉鈞養爲子。繼恩被害。郭無爲迎繼元立之。改元廣運。繼元美風儀。善談論。頗通禪學。御下甚刻。殺傷不可勝紀。宋太宗親征。繼元降。在位十一年。封彭城郡公。授保康軍節度使。居房州卒。諡英武。自劉旻以周廣順初稱帝於晉陽。至繼元共四主。凡二十九年。於宋太平興國四年爲宋所滅。

劉·繼文 〔北漢〕旻嫡孫。爲人魁梧有氣局。沈毅寡言。歷官侍衞親軍使。天會時契丹來問罪。劉鈞乃命繼文請命。被留。未幾遼主怒解。移書令以繼文同平章事。繼文歸。秉國政。左右害其寵。多譖毀之。出爲代州刺史。國亡。復奔契丹。封彭城郡王。終於其國。⊙〔明〕靈璧人。嘉靖進士。知萬安。清苦愛民。累擢浙江參政。有妖僧惑衆。立除其奸。考滿。與海瑞並稱。爲天下清官第二。官至戶部侍郎卒。

劉·繼忠 〔北漢〕鈞養子。鈞疾革。郭無爲建議盡斥公族。出繼忠守忻州。繼忠有怨言。或以白繼恩。尋縊殺之。

劉·繼芳 〔明〕太平人。字養元。精治外證。得華佗肘後之傳。有發揮十二勁脈圖解·怪證表裏因等集。

劉·繼恩 〔北漢〕鈞養子。本姓薛。嘗爲太原尹。選懦不治。鈞恆語郭無爲曰。繼恩殊非濟世才。無爲默不對。鈞卒。繼恩嗣立。怨無爲不助己。外示優禮。而內實疏之。居位六十餘日。爲供奉官侯霸榮所弒。無爲殺霸榮幷其黨。或謂無爲授意霸榮。故殺之以滅口。

劉·繼欽 〔北漢〕旻諸孫。累官大內都檢點。初劉鈞以繼元弟兄幼弱。委繼欽掌禁衞事。以爲副。及繼元立。親舊多所誅放。繼欽謝病請罷。黜居交城。尋殺之。

劉·繼聖 〔清〕濰縣人。字衍泗。康熙間以歲貢生知慈利縣。爲政以寬。不輕用刑。與民語。常呼爲兒。有罪人被杖而呼。蹙然曰。兒再忍一板。人民相戒毋犯法。及去。貲不給。人出一錢饋之。凡數萬。

劉·繼勳 〔後晉〕衞州人。累官華州刺史。出帝與契丹絕好。繼勳與其謀。及契丹主至闕。繼勳來朝。契丹主責之。鎖繼勳。尋解之。疾終於家。⊙〔宋〕爲左藏庫使。知寧州。善畫。

劉·繼顒 〔北漢〕守光子。守光死。削髮爲浮圖。爲人多智數。善商財利。劉鈞嗣位。用宗姓例。拜鴻臚卿。繼顒遊華嚴。見地有寶氣。乃於團柏谷置銀冶。募民鑿山。取礦烹銀。即其地建寶興軍。繼元立。進太師。兼中書令卒。追封定王。

劉·耀 〔宋〕朴子。字耀卿。工畫。山水學馬夏。人物世其學。

劉·藻 〔後魏〕易陽人。字彥先。父爲劉裕廬江太守。藻歸國。賜爵易陽子。擢拜南部主書。時北地諸羌作亂。以藻爲太守。藻推誠布信。諸羌咸來附。遷雍城鎮將。有惠政。累遷岐州秦州刺史。⊙〔清〕菏澤人。初名玉麟。字麟兆。號素存。雍正舉人。乾隆間舉博學鴻詞。授檢討。累擢左僉都御史。疏請停減圓明園工作。官至雲貴總督。以緬甸兵事。遣將失律。降湖北巡撫。旋落職。留滇效力。自戕。

劉·隲 〔後魏〕厥子。字子昇。少有風度。頗涉文史。弱冠州辟主簿。奉使詣闕。見孝莊帝於顯陽殿。隲應對閑敏。帝善之。遂除員外散騎侍郎。厥死。率勒鄉部。抗禦王師。每戰流涕突陣。兵敗被擒。官終左長史。

劉·騰 〔後魏〕譙人。字靑龍。幼時坐事受刑。補小黃門。累遷太府卿。封長樂縣開國公。騰手不解書。裁知署名而已。姦謀有餘。善射人意。靈太后臨朝。特蒙進寵。嘗恨淸河王懌。遂與領軍元叉害之。廢太后於宣光殿。叉以騰爲司空公。四年之中。生殺之威。決於叉·騰之手。正光中卒。

劉·騰鴻 〔清〕湘鄉人。字峙衡。咸豐間以從九品領軍攻武漢。援江西。累戰皆捷。官至直隸州。攻瑞州。沒於陣。騰鴻治軍刁斗森嚴。凜不可犯。臨陣則屹如山立。有名將風。諡武烈。

劉·騰鶴 〔清〕騰鴻弟。字杰人。咸豐間從騰鴻攻瑞州。騰鴻沒於陣。騰鶴急攻克之。進援臨江·吉安。調防九江。戰勝於牯牛嶺。官至知府。進規建德。力戰死。

劉·髆 〔漢〕武帝六子。立爲昌邑王。卒諡哀。

劉·鶚 〔宋〕廬陵人。太宗召見。未及用而卒。嘗懷五季文辭卑弱。倣揚雄法言。著法語八十一篇。⊙〔元〕吉安永豐人。字楚奇。皇慶間以薦授揚州學錄。累官翰林修撰。紅巾賊起。擢江州總管。寇不敢犯。陞廣東副使。守韶州。後分兵討洞獠。饒寇數萬猝至。城陷被執。不屈死。鶚爲文風骨高秀。學者稱浮雲先生。有惟實集。

劉·黨 〔後漢〕明帝六子。賜號重熹王。封樂成王。聰慧善史書。喜正文字。與章帝同年。尤相親愛。卒諡靖。

劉·龔 〔南漢〕隱弟。初名巖。又名

陟。隱卒。龑代知清海軍。梁貞明中稱帝。國號漢。採周易飛龍在天之義。爲龑字以名焉。龑專任閹人。用刑殘酷。鑊鋸互作。血肉交飛。便殿視之。垂涎呀呷。不覺朶頤。人以爲眞蛟蜃也。在位三十二年卒。諡天皇大帝。廟號高祖。年號三。乾亨・白龍・大有。

劉・顒　【漢】宣帝三子。立爲定陶王。徙楚。素行孝順。之國二十餘年。無孅介之過。卒諡孝。

劉・爚　【宋】建陽人。字晦伯。與弟韜仲受學於朱熹。呂祖謙。登乾道進士。爲國子司業。乞罷僞學之詔。又請以朱熹白鹿洞規頒示太學。取熹四書集註刊行之。累官工部尚書。卒諡文簡。學者稱雲莊先生。有奏議・史稿・經筵故事・東宮詩解・禮記解・講堂故事・雲莊外稿。

劉・蘭　【後魏】武邑人。年三十始入小學。受春秋詩禮於中山王保安。三年後遂以儒學名。聚徒二百人。蘭長於左氏。兼通諸經。又明陰陽。博物多識。爲儒者所宗。永平中爲國子助教卒。◎【唐】北海人。字文郁。仕隋爲鄱陽郡書佐。淮安王神通安撫山東。率宗黨歸顧。貞觀初梁師都未平。蘭上書陳方略。遷豐州刺史。累官檢校代州都督。以謀反伏誅。

劉・覽　【梁】瓛弟。字孝智。十六通老易。位中書郎。以所生母憂廬於墓。再期不食鹽酪。隆冬止著單布衣。家人夜置炭於牀下。及覺知之。號慟嘔血。武帝聞其至性。敕使人省視。服闋。除尚書左丞。當官清正無所私。出爲始興內史。居郡尤厲清節。

劉・躍雲　【清】綸子。字青垣。乾隆進士。官至禮部侍郎。父子相繼服官七十年。家無一畝之宮。半頃之田。其家法可見。有貽拙齋詩文集。

劉・鐶之　【清】墉子。字信芳。號佩循。乾隆進士。道光時官至吏部尚書。居官廉正。明白敢言。工畫山水。卒諡文恭。

劉・闢　【唐】字太初。擢進士弘詞科。佐韋皐府。皐卒。闢主後務。憲宗以給事中召之。不奉詔。時帝新卽位。欲靜鎭四方。卽拜劍南西川節度使。闢意帝可動。益驁蹇。求統三川。杜黃裳薦高崇文等將神策行營兵西討。詔許自新。闢不聽。崇文取東川。帝乃下詔奪其官。擒送京師斬之。

劉・韡　【宋】韐弟。字仲文。一字濬文。有智謀。善兵。從韐平定睦寇有功。補承信郎。再從守眞定。適虜圍城。韐命韡以強弩射之。虜退去。轉修武郎。以疾終於家。

劉・儼　【明】吉水人。字宣化。正統進士第一。授修撰。天順初累官翰林掌院事。卒諡文介。儼有文學。立朝正直。居鄉有惠澤。嘗預修五倫書・歷代君鑑。總裁寰宇通志・宋元通鑑綱目。有劉文介集。

劉・權　【隋】豐人。字世略。少有俠氣。重然諾。後更折節好學。動循法度。從晉王平陳。以功授開府儀同三司。大業中拜衞尉卿。從征吐谷渾。逐北至青海伏俟城。置河源郡・積石鎭。大開屯田。留鎭西境。在邊五載。諸羌懷附。道路無壅。徵拜司農卿。尋爲南海太守。會羣盜起。豪帥願推權爲首。權無異圖。守之以死。

劉・權之　【清】長沙人。字德輿。號雲房。乾隆進士。嘉慶時官至體仁閣大學士。管理工部事務。任京秩五十餘年。當官能舉其職。疊典文衡。未嘗有所私昵。卒諡文恪。

劉・鑄　【宋】長興人。字季冶。幼孤。鞠於伯父。比長。報以父禮。李濬稱爲純德士。讀書天竺山。從學者百餘人。母死。廬於墓側。有仕族賢之。欲妻以女。鑄曰。吾窶夫而得仕族女。必不肯提甕出汲。以修婦道。竟謝卻之。有燕石編。

劉・鑑　【元】關中人。字士明。有經史正音・切韻指南。◎【明】高郵人。永樂進士。爲諸生時。有訓導董光善相。以鑑目有神。遂授以相法。言人貴賤生死無不驗。◎【明】以畫松著名。

劉・霽　【梁】懷慰子。字士烜。九歲能誦左氏傳。十四居父憂。有至性。每哭輒嘔血。既長。博涉多通。天監中歷位尚書主客侍郎・海鹽令。前後宰二邑。並以和理稱。母疾。霽年已五十。衣不解帶者七旬。及亡。廬於墓。哀慟過禮。未終喪而卒。有釋俗語・文集。

劉・驎之　【晉】南陽人。字子驥。少尚質素。虛退寡欲。好游山澤。志存遯逸。桓沖聞其名。請爲長史。固辭不受。沖嘗到其家。驎之方樹條桑。使者致命。驎之曰。使君既枉駕光臨。宜先詣家君。沖聞大愧。於是乃造其父。父使驎之於內自持濁酒蔬菜供賓。沖勅人代驎之斟酌。父辭曰。若使從者。非野人意也。沖慨然。至昏乃退去。去家百餘里有一孤姥。病將死。歎息謂人曰。誰當埋我。惟劉長史耳。何由令知。驎之先聞其有患。故往候之。値其命終。乃身爲營棺殯送之。其仁愛惻隱若此。

劉・夔　【宋】崇安人。字道元。大中祥符間進士。歷知陝州廣州。皆有廉名。累官樞密直學士。知鄆州。發廩賑饑。民賴全活。盜賊屏息。後知建州。以戶部侍郎致仕。英宗卽位。遷吏部卒。

劉・巖　【清】江浦人。字大山。康熙進士。官編修。因草戴名世南山集序文。隸籍旗下。世宗卽位。詔被累者悉還本籍。而巖已前卒。有大山詩集。

劉瓚 【前燕】平原人。字彥眞。經學該通。爲世純儒。非禮不動。弟子從之受業者常數百人。慕容廆引爲東庠祭酒。使太子覲師事之。

劉纓 【明】蘇州人。字與淸。成化進士。知滕縣。三年。以治最召爲河南道御史。弘治中按福建。守臣妄奏俘男千數。可宮以給用者。有詔往取。纓南海虜家子以充腐。且三百餘人。纓曰。彼無罪而絕其世。不可。況全者無幾耶。縱遣之。家人感恩。卽以纓姓姓之。累官兵部右侍郎卒。

劉鑠 【南朝宋】文帝四子。字休玄。封南平王。爲豫州刺史。元凶劭弑立。以爲中軍將軍。柳元景至新亭。劭親自攻之。挾鑠自隨。及義軍入宮。孝武帝以藥毒殺之。諡穆。

劉顯 【梁】瓛族子。字嗣芳。六歲時號曰神童。瓛無嗣。齊武帝詔顯爲後。天監初尚書令沈約領太子少傅。於座策經史十事。顯對其九。顯問約五事。約僅對其二。擢爲中書郎。累遷尚書左丞。後佐兩府。並事驕主。咸見禮重。◎【宋】吉水人。字微之。元豐進士。爲光祿主簿。時曾布當國。顯於布爲甥壻。恬退自持。布貶。顯得免。後爲夔路提舉常平。◎【宋】浩子。工畫。世其業。◎【明】南昌人。膂力絕倫。稍通文義。家貧落魄。入蜀冒籍爲武生。嘉靖中宜賓苗亂。顯從軍陷陣。賊平。官副千戶。輸貲爲指揮僉事。擢總兵官。鎭守廣東。會福建倭犯棘。顯赴援。大破之。萬曆初進都督同知。卒官。

劉體仁 【淸】廷傳子。字公献。順治進士。歷官吏刑二部郎中。有詩名。與宋犖・汪琬・王士禛・施閏章等唱和。時號十才子。告歸後。日手一編。不問戶外事。善畫山水。有蒲菴集・七頌堂集・七頌堂識小錄。

劉體重 【淸】趙城人。字子厚。號梅坪。又號靑溪。乾隆舉人。嘉慶間由知縣累官湖北布政使。所至以革弊鋤奸愛民養士爲急務。故歷仕多善政。尤長於治獄。

劉體乾 【明】順天東安人。字子元。嘉靖進士。累官戶部尙書。隆慶時內供日多。數下部取大倉銀。體乾淸勁有執。每疏爭。積忤帝意。竟奪官。神宗卽位。起南京兵部尙書。萬曆初致仕。

劉麟 【金】豫子。字元瑞。天會中豫以濟南降。以麟知濟南府事。齊國建。歷尙書左丞相。豫請立麟爲太子。朝廷不許。曰。若與伐宋有功。則立之。於是麟連歲帥兵南伐。皆無功而還。後爲兀朮所執。遷臨潢。頃之授北京路都轉運使。累官參知政事・尙書左丞。終上京路轉運使。◎【明】江西安仁人。後流寓長興。字元瑞。一字子振。績學能文。與顧璘・徐禎卿・稱江東三才子。弘治進士。累官工部尙書致仕。嘗欲建樓以居。力不能構。懸籃興於梁曲。臥其中。名曰神樓。文徵明繪圖遺之。年八十七卒。諡淸惠。有劉淸惠集。

劉麟瑞 【元】塤次子。號如郁。工詩。至治間追惟宋末仗義死節之士。搜討遺事。賦五十律。題曰昭忠逸詠。

劉麟長 【明】晉江人。字孟龍。號乾所。萬曆進士。官至南京戶部郎中。有浙學宗傳。

劉灝 【淸】涇陽人。字波千。康熙進士。官至御史。出巡長蘆鹽政。劾去大吏。按治私販。威惠大著。旋以事罷。工詩古文及書法。皆秀拔。

劉瓛 【南齊】相人。字子珪。小字阿稱。惔六世孫。性至孝。博通五經。聚徒教授。丹陽尹袁粲薦爲祕書郎。不見用。粲死。瓛微服往哭。高帝踐阼。瓛以母老闕養。拜彭城郡丞。還會稽。當世推爲大儒。梁天監初詔諡貞簡先生。有文集。

劉靈助 【後魏】燕郡人。師事劉弁。好陰陽占卜。而粗疏無賴。事爾朱榮。遂被親待。建義中爲幽幷營安四州行臺。及榮死。孝莊帝幽崩。遂自號燕王。爲孝莊擧義兵。妄說圖讖。言劉氏當王。民多信之。普泰初率衆至博陵之安國城。與叱列延慶等戰。兵敗被擒。誅死。

劉靈哲 【南齊】懷珍子。字文明。嫡母崔氏及兄子景煥。宋泰始中沒於魏。靈哲爲布衣。不聽樂。及懷珍卒。當襲爵。靈哲固辭。以兄子在魏。存亡未測。無容越當茅土。朝廷義之。靈哲傾產贖嫡母及景煥。累年不得。武帝哀之。令北使告其主。主送以還南。襲懷珍封爵。靈哲終兗州刺史。

劉觀 【明】雄縣人。洪武進士。永樂中擢左副都御史。時左都御史陳瑛殘刻。右都御史吳中寬和。觀委蛇二人間。務爲容悅。仁宗時爲太子賓客。以贓汙戍遼東。客死。◎【明】吉水人。字崇觀。正統進士。方年少。忽引疾告歸。杜門讀書。求聖賢之學。四方來問道者甚衆。平居飯脫粟。服澣衣。翛然自得。作勤儉恭恕四箴。以教其家。取呂氏鄉約以教其鄉。所居曰臥廬。學者稱臥廬先生。

厲元吉 【宋】餘姚人。字允告。號牛村。咸淳進士。爲烏程尉。德祐末歸隱從山。元至元中訪求前宋故臣。元吉遯跡湖海。白首始歸。有牛村集。

厲文才 【唐】東陽人。貞觀初爲道州刺史。時荔浦賊寇猖獗。文才臨郡期月。羣盜悉平。甚著威愛。改容州刺史。未幾歸里。遨遊山水以終。

厲仲方　宋東陽人。字約甫。原名仲祥。師事葉適。素留意於事功之學。以武學諸生舉第一。任領衞官。尋出知安豐軍。俄召授左領衞中郎將。防守建康。已而復還領衞。仲方有將才。其在安豐。種桑墾田。軍實甚衆。又造戰車九牛弩。後人卒用之以敗金師。韓侂胄謀開邊。諜妄言金衰亂。仲方亦適奏淮北飢民多叩關求接應。侂胄乃藉爲口實。後臺臣遂劾以附會開邊。罷官奉祠。尋徙邵州卒。

厲汝進　明灤州人。字子修。嘉靖進士。歷官吏科都給事中。上書劾兩淮副使張祿。遣使入都。廣通結納。詞連嚴世蕃。帝怒。廷杖八十。謫雲南典史。尋奪職。隆慶初起故官。未至京卒。

厲孝先　明永樂間人。家貧。父被誣繫京師。乞以身代。事尋得白。父遘疾卒。稱貸歸葬。廬墓以終。

厲志　清定海人。字駭谷。號白華山人。諸生。工書。尤精行草。兼擅山水蘭竹。有白華山人詩鈔。

厲汪　宋東陽人。字萬頃。隆興進士。授永嘉簿。遷知樂清縣。民安其化。以厲佛子稱之。積官至西外宗丞。

厲秀芳　清儀徵人。字實夫。一字惕齋。道光舉人。官武城令八年。政績頗著。以養親乞歸。有夢談隨錄。冀州竹枝詞。

厲昇　明無錫人。字文振。性狷介。以歲貢入國子監。授青田知縣。公廉愛民。致仕歸。民立祠祀之。

厲昭慶　宋豐城人。善畫佛像。尤長於觀音。凡畫古今人物。至於衣紋生熟亦能分別。初仕南唐爲翰林待詔。入宋。授圖畫院祇候。

厲達　明海州人。永樂中將兵征西涼。復三十餘城。陞都指揮。鎭守其地。

厲歸眞　後梁道士。善畫牛虎。兼工鷙禽雀竹。綽有奇思。惟著一布裘。入酒肆娼家。太祖召問。君有何道理。對曰。衣單愛酒。以酒禦寒。用畫償酒。此外無能。太祖然之。

厲鶚　清錢塘人。字太鴻。號樊榭。康熙舉人。乾隆初召試鴻博不遇。性嗜書。嘗館揚州馬曰琯小玲瓏山館數年。所見宋人集最多。而又求之詩話說部山經地志。著宋詩紀事。南宋院畫錄。遼史拾遺。東城雜記。湖船錄諸書。皆博洽詳贍。詩幽新雋妙。自成一家。詞亦冷峭獨絕。有樊榭山房集。

增忍　唐高僧。陳留史氏子。會昌初出家於白草谷。結茅而居。節度使李彥佐嘉其名節。爲建白草院於龍興寺。咸通中示滅。嘗刺血寫經二百八十餘卷。有大悲論。三教毀傷論。

增齡　清滿洲正黃旗人。姓覺羅氏。字松厓。嘉慶舉人。官臨清知州。有遜吟小築文集。

墨西　清高要人。姓陸氏。屈大均姬人。大均令朝夕在硯之西磨墨。字之曰墨西。

墨胎允　商初子。字公信。卽伯夷。詳伯夷條。

墨胎初　商字子朝。封於孤竹國。卽孤竹君也。

墨胎智　商允弟。字公達。卽叔齊。詳叔齊條。

墨翟　戰國魯仕宋爲大夫。生於周定王時。安王末卒。年八十餘。倡兼愛尙同之說。流行頗盛。當時與儒家並稱。孟子稱其摩頂放踵利天下爲之。國策載其百舍重繭以救宋國事。蓋操行堅卓而專以利濟爲主者也。然孟子斥爲無父。力闢其說。故其學不傳於世。有墨子十五卷。其門人所記也。(按墨子一作宋人。蓋因墨子爲宋大夫而誤。以本書考之。當以魯人爲是。說見墨子閒詁。又伊世珍瑯嬛記引賈子說林。謂墨子姓翟。名烏。母夢烏而生。遂名之。其說謬妄。不足辯。)

墨麟　明高陵人。字士禎。洪武中以國子生擢監察御史。陞北平按察副使。永樂初以城守功陞兵部侍郎。尋就少詹事。卒謚榮毅。

嫣昌　漢王莽始建國初封昌爲始睦侯。奉虞帝後。

嫣皓　後漢官尙書郎。文質彬彬。明達國典。桓帝末城門校尉竇武薦皓於朝。◉晉餘杭人。字完起。少有至行。父昆。官南郡太守。被劾入獄。皓時年十六。髡頭詣闕。通章不省。皓悲泣絕飮食。懷石腰中。往詣公卿。輒出石置地叩頭。流血覆面。莫不傷懷。遂奏理昆罪。

審忠　後漢梁人。字公誠。靈帝時爲郎中。光和間連有災異。忠以爲朱瑀等罪惡所感。上書論之。言甚切至。不報。宦官誅。始辟公府。

審邽　唐字次都。爲泉州刺史。喜儒術。通春秋。善吏治。中原亂。公卿多依之。

審食其　漢沛人。以舍人侍呂后。後從破項籍。封辟陽侯。爲左丞相。幸於呂后。百官皆因決事。文帝立。免相卒。一說爲淮南王長所殺。

審晃　後漢魏郡人。靈帝時拜濟陰太守。爲政簡靜。撫節愛民。吏民歌之。

審配　後漢魏郡人。字正南。少忠烈慷慨。有不可犯之節。袁紹牧冀州。以配爲治中。委以腹心之任。紹卒。配等奉紹子尙爲嗣。使配守鄴。曹操攻鄴。配堅守。城陷被執。操欲活之。配意氣壯烈。終無撓辭。遂斬之。

寬徹普化　元脫歡子。封威順王。鎭武昌。恣行不法。至正中徐壽輝遣將陷武昌。寬徹普化棄城走。阿魯輝克復武昌。寬徹普化以討賊功。復鎭武昌。後敗走陝西。卒於成州。

廣印 【明】僧。嘉善人。字聞谷。住徑山。得紫柏·雲棲·海印三老眞傳。

廣成子 【上古】軒轅時人。隱居崆峒山石室中。黃帝問以至道之要。

廣厚 【清】滿洲鑲黃旗人。姓高佳氏。乾隆進士。累擢甘肅按察使。嘉慶間湖北教匪闌入甘境。堵禦有功。累官湖南巡撫。

廣宣 【唐】僧。蜀中廖氏子。與劉禹錫最善。元和長慶兩朝。並爲內供奉。賜居安國寺紅樓院。有紅樓集。

廣賓 【明】僧。天竺舊有李金庭志。廣賓以其附會舛訛。乃删補舊志。爲上天竺志。

廣德公主 【唐】宣宗女。下嫁于琮。琮爲黃巢所害。主泣曰。今日誼不獨存。賊宜殺我。巢不許。乃縊室中。主治家有禮法。爲世聞婦。

徵在 【春秋】魯孔子母。姓顏氏。叔梁紇娶魯之施氏。生九女。其妾生孟皮。孟皮病足。乃求婚於顏氏。徵在從父命爲婚。生孔子。

徵側 【後漢】交阯麊泠縣雒將之女。嫁爲朱䳒人詩索妻。甚雄勇。交阯太守蘇定以法繩之。徵側忿。及其妹徵貳反。凡略六十五城。自立爲王。光武遣馬援等討平之。斬徵側。徵貳。

徵·崇 【三國吳】河南人。字子和。治易春秋左氏傳。兼善內術。本姓李。遭亂更姓。隱於會稽。以薦授太子率更令。東宮官僚。皆從諮詢。太子登數訪以異聞。年七十卒。

德山 【明】高僧。姓山氏。入山修道。終日惟息緣靜念。時遊化竹林·龍池。開悟道俗。以淸簡爲本。後止天皎山。卒年九十八。

德正 【宋】僧。信州徐氏子。初登第。爲平州教官。棄而爲僧。事師李公麟。畫山水松石人物。俱淸絕稱妙。居廬山疊石菴。登山臨水。橫笛自娛。

德立 【明】僧。字鶴臞。號西池。住吳之怡賢寺。善畫菜。工草書。能詩。有藕花圖詩。

德光 【宋】僧。新喩彭氏子。幼失怙恃。年二十一出家。孝宗詔居靈隱。召對稱旨。留宿內觀堂。賜號佛照。因進宗門直指一篇。嘉泰間別衆書偈。坐寂於東菴。諡普慧宗覺禪師。

德成額 【清】蒙古正黃旗人。姓伍彌特氏。乾隆中隨征甘肅石峯堡回·臺灣林爽文。皆有功。官至廣西提督。

德昌 【清】滿洲鑲藍旗人。姓那拉氏。乾隆間從征石峯堡回。嘉慶初平粵西苗。勦川楚教匪。皆有功。官至烏魯木齊領隊大臣。

德林 【清】滿洲人。字硯香。搜藏金石甚富。工篆隸。名重京師。

德沛 【清】宗室。字濟齋。襲封簡親王。世宗時巡撫甘肅。尋遷湖廣總督。調浙閩。再調江南。有善政。乾隆間淮揚大水。凡留養資遣煮糜張廠加恤各色目。靡不舉。勸地丁稅課銀至千萬。雖奇災而民不失所。有周易補注·實踐錄。

德保 【清】滿洲正白旗人。姓索綽絡氏。字仲容。一字潤亭。號定圃。又號龐村。乾隆進士。官至禮部尚書。卒諡文莊。有樂賢堂詩文鈔。

德英阿 【清】滿洲鑲藍旗人。姓赫業氏。嘉慶間以佐領協勦川楚教匪。又平河南教匪李文成。道光間官至伊犂將軍。卒諡剛果。

德格 【清】蒙古鑲紅旗人。姓阿蘇特氏。乾隆間從征金川。平甘肅撒拉爾回。屢有功。嘉慶間從攻湖北教匪。以功累遷荆州左翼副都統。

德清 【明】僧。全椒蔡氏子。字澄印。慈聖李太后爲建道場於五臺及牢山。賜額曰海印。後坐事戍雷陽。慈聖崩。得釋。居廬山五乳峯下。天啓初卒於曹溪。時稱憨山大師。有觀老莊影響論。

德祥 【明】僧。錢塘人。字麟洲。號止菴。洪武中主持徑山。工詩。有桐嶼集。

德楞泰 【清】蒙古正黃旗人。姓伍彌特氏。隨征金川·臺灣·廓爾喀皆有功。累擢護軍統領。嘉慶間川楚教匪之亂。與額勒登保協力平賊。馬蹄岡之戰。轉敗爲勝。尤爲奇勳第一。官至都統。封一等繼勇侯。加太子太保。卒諡壯果。

德楞額 【清】滿洲正藍旗人。姓烏闌哈特氏。乾隆間從攻闌州回。殲賊渠蘇四十三等於陣。又平石峯堡回有功。嘉慶間官至成都副都統。

德寧 【清】蒙古鑲白旗人。姓杭阿坦氏。乾隆間以守備隨征石峯堡回及廓爾喀。平苗亂。功甚著。嘉慶間隨攻川省教匪。敗王三槐·齊王氏·姚之富等。官至總兵。

德福 【清】蒙古正藍旗人。姓巴魯特氏。乾隆中從征金川。達瓦齊及回部。又從明瑞擊蠻結猛育等。授總兵。攻賊於老官屯。督戰被創死。

德韶 【宋】高僧。龍泉陳氏子。唐光化中往參靜慧禪師文益。師問如何是曹溪一滴水。德韶大悟。至天台。見智顗遺跡。恍如舊居。疑即智顗後身也。錢俶嗣位。迎至杭州。尊爲國師。開寶中卒。有傳燈錄。

德樂 【南齊】女僧。毗陵孫氏女。出家後。游學京師。住南永安寺。篤志精勤。窮研經律。後遊會稽。止於剡之白山照明精舍。學衆雲集。道遂盛於東南。永明中卒。

德穆圖 【清】蒙古正白旗人。姓博爾濟吉特氏。順治間從入關。破李自成。隨多鐸定河南江南。官至本旗蒙古副都統。

德興保 清滿洲正白旗人。姓瓜爾佳氏。荊州駐防。乾嘉間由前鋒隨征金川有功。累擢佐領。隨勦湖南苗。又在湖北堵禦川陝楚教匪。以功授寧夏副都統。

德謙 元高僧。定平楊氏子。號福元。幼嗜佛書。凡六經四論一律。靡不窮究。尋遊京師。詔居萬寧崇恩二寺。後退隱以終。

德聰 宋高僧。姑蘇仰氏子。初受戒於梵天寺。參諸方。密契心印。太平興國中結廬余山之東峰。有二虎名大青小青爲侍。挂佛經梁間。造之者問常讀否。曰。既知其義。何再讀爲。天禧初趺坐而逝。

德齡 清滿洲鑲黃旗人。姓鈕祜祿氏。康熙進士。累官湖北巡撫。雍正中赴西寧總理青海番人事務。乾隆間官至盛京禮部侍郎。

德齡母 清滿洲人。夫早卒。持身以禮。訓子有方。族黨稱之。後德齡成進士。高宗聞其賢。製詩賜之。

徹克 清滿洲鑲白旗人。姓瓜爾佳氏。天聰間入大同。薄左衞城。崇德間從圍錦州。破洪承疇軍。順治間會勦姜瓖。分兵援太原。有功。累官祕書院大學士。加少師。累太子太師。卒諡文端。

徹里 元燕只吉台氏。曾祖大赤。以功封徐邳二州。因家於徐。世祖時桑哥爲相。恣橫無狀。徹里具陳奸貪誤國害民狀。帝怒批其頰。辯愈力。帝大悟。籍桑哥家。累遷中書平章政事。卒諡忠肅。◎元阿速氏。事世祖充火兒赤。從征海都。奮戈擊其前鋒。官軍二人陷陣。掖而出之。天曆間以功累官左衞阿速親軍都指揮使司僉事。

徹里帖木兒 元阿魯溫氏。早備宿衞。累遷刑部尚書。京師豪右憚之。不敢犯法。而以非罪麗法者。多所全脫。至元初官至中書平章政事。忤伯顏。又坐他事。貶死南安。

徹徹 元扭古思氏。幼喪父。事母篤孝。稍壯。母沒。既葬。居喪有禮。年四十餘。思慕如孺子。每見人父母。輒嗚咽流涕。至大中被旌。

慕・天顏 清靜寧人。字拱極。順治進士。知錢塘縣。康熙間累擢江蘇巡撫。疏濬吳淞江・劉河及常熟之白茆港・武進之孟瀆河。並請免荒田賦額二百餘萬。皆報可。坐事去官。再起終漕運總督。卒於蘇州。有撫吳封事・撫黔封事・督漕封事。

慕・完 元新鄉人。明敏有大志。累官侍御史・刑部侍郎。善決獄。持法平允。至順間封魏郡公。

慕容・三藏 隋紹宗子。幼聰明。多武略。有父風。仕齊累戰功爲右衞將軍。後主失守東遁。王公以下皆降。三藏猶率麾下抗拒周師。及齊平。周武帝恩禮甚厚。隋初以平嶺南功授大將軍。歷廓州刺史・淮南郡太守。所在有惠政。改金紫光祿大夫卒。

慕容・永 西燕廆弟運之孫。字叔明。慕容暐既爲苻堅所併。永隨暐徙長安。家貧。夫妻賣韡於市。慕容沖時以永爲右僕射。沖被殺。永攻段隨殺之。最後立慕容泓子忠。忠被殺。永據長子。即帝位。改元中興。悉誅慕容儁及慕容垂子孫。後爲垂所敗。被殺。自沖及永立國凡九年。

慕容・白曜 後魏皝玄孫。少爲中書吏。以敦直給事宮中。稍遷北部尚書。文成崩。與乙渾共執朝政。遷尚書右僕射。皇興初加征南大將軍。攻中纂。一旬拔四城。威震齊土。累功進都督青州刺史。封濟南王。初・乙渾專權。白曜頗所挾附。後緣此追責。遂誣以謀反見誅。時論冤之。

慕容・沖 西燕暐弟。小字鳳凰。苻堅滅燕。沖姊清河公主。年十四。有殊色。堅納之。沖年十二。亦有龍陽之姿。堅又幸之。姊弟專寵。宮人莫進。王猛切諫。遂出沖爲平陽太守。尋起兵叛堅。兄泓爲衆所殺。衆立沖爲皇太弟。承制行事。置百官。進據阿房。稱帝。改元更始。在位一年。以暴毒爲左將軍韓延所殺。後諡威皇帝。

慕容・延釗 宋太原人。仕周。以戰功爲北面行營馬步軍都虞候。太祖即位。命延釗按治邊境。以鎮靜聞。加殿前都檢點。同中書門下三品。建隆中爲湖廣行軍都部署。擒賊將王端。平荊湘。加檢校太尉卒。

慕容・垂 後燕皝五子。初名霸。字道業。改名䫘。後更今名。字道明。小字阿六。初封吳王。爲大將軍。爲慕容評所譖。懼誅。奔苻堅。堅以國士待之。命爲冠軍將軍。封賓都侯。堅爲晉敗。遂叛秦。稱帝於中山。在位十三年卒。諡成武皇帝。廟號世祖。

慕容・契 後魏白曜弟子。輕薄無檢。以名家子擢爲中散。遷宰官。微好碎事。頗曉攻作。主司廚宰。稍以見知。累官朔州刺史。卒諡克。

慕容・彥超 五代漢劉暠弟。嘗冒姓閻氏。黑色胡髯。號閻崑崙。拜鎭寧軍節度使。徙鎭泰寧。後爲周太祖所破。夫婦皆投井死。其子繼勳。率其徒五百人出奔。被擒。遂滅其族。

慕容・彥逢 宋宜興人。字淑遇。元祐進士。復中紹聖弘詞科。受知徽宗。列禁近官侍從者十五年。一時典冊。多出其手。官至刑部尚書。卒諡文定。有摛文堂集。

慕容・恪 前燕皝四子。字玄恭。從皝征伐。臨機多奇策。鎭遼東。恩威甚著。高句驪憚之。不敢爲寇。輔兄儁及暐。封太原王。累遷大司馬。總攝朝政。量才授任。庶僚化德。卒諡桓。

慕容·眞安 後魏 白曜子。年十一。聞父被執。將自殺。家人止之曰。輕重未可知。眞安曰。王位高功重。若有小罪。終不至此。我何忍見父之死。遂自縊。

慕容·紹宗 北齊 恪後。字紹宗。曾祖騰歸魏。遂居代。紹宗恢毅深沈有膽略。爾朱榮入洛。欲因百官出迎。悉誅之。紹宗諫不聽。後以軍功封索盧侯。還爾朱兆長史。及兆敗。紹宗自歸高歡。東魏元象初以軍功進爵爲公。還尚書左僕射。侯景反。命紹宗爲東南道行臺。討景於渦陽。大捷。西魏王思政據潁川。又以紹宗爲南道行臺。與高岳·劉豐圍擊之。堰洧水灌城。臨堰忽暴風飄艦向敵城。紹宗度不免。遂投水而死。諡景惠。

慕容·盛 後燕 寶庶長子。字道運。初依叔父沖。沖被殺。遂與叔父柔及弟會間行東歸。寶卽位。進爵爲王。寶爲蘭汗所殺。盛起兵斬汗。以長樂王卽帝位。在位三年卒。諡昭武皇帝。廟號中宗。年號建平·長樂。

慕容·超 南燕 德兄子。字祖明。德無子。立爲太子。及德死。以晉義熙元年嗣位。改元太上。不恤政事。畋游是好。杜忠直。進讒佞。在位六年。爲劉裕軍所敗。執送建康市斬之。自德至超凡十三年。以義熙六年滅。

慕容·雲 後燕 寶養子。字子雨。高句驪支庶。自云高陽氏之苗裔。故以高爲姓。深沈有局量。厚重寡言。寶爲太子。雲以武藝給事。侍東宮。賜姓慕容氏。弑慕容熙。爲馮跋等所推。卽天王位。復姓高氏。改元正始。國號大燕。尋爲幸臣離班·桃仁所弑。諡惠懿皇帝。

慕容·廆 前燕 鮮卑人。字弈洛瓌。弱冠往謁張華。華一見異之曰。命世器也。因以所着簪幘遺之。晉永嘉初自稱鮮卑大單于。太興初封遼東公。在位四十九年。卒諡襄。及子皝。始不奉晉正朔。後諡武宣皇帝。廟號高祖。

慕容·暐 前燕 儁三子。字景茂。儁死。卽皇帝位。改元建熙。外迫秦晉之兵。內政不修。爲苻堅所敗。被執。封新興侯。既而慕容垂·慕容沖起兵。暐謀殺堅以應之。事發。爲堅所誅。後諡幽皇帝。自廆至暐四世。凡八十五年。暐在位十一年。以晉海西公太和五年滅。

慕容·暉 宋 父惟直。領州刺史。因家陽羨。嗜酒好吟。不務進取。所居有雙楠。軒豁如蓋。嘗從蘇軾游。目爲雙楠居士。

慕容·熙 後燕 垂少子。字道文。小字長生。兄子盛死。太后丁氏廢太子定。迎熙卽尊位。馮跋·張興以熙政虐。與跋從兄萬泥等。乘熙送苻氏喪出門。乃閉門拒守。熙敗入龍騰苑。慕容雲弑之。在位七年。諡昭文皇帝。年號光始·建始。自垂至熙四世。凡二十四年。以晉義熙三年滅。

慕容·儁 前燕 皝二子。字宣英。小字賀賴跋。皝死。嗣位。尋稱帝。都鄴。立子暐爲太子。在位十一年卒。諡景昭皇帝。廟號烈祖。年號燕元·元璽·光壽。儁雅好文籍。自初卽位至末年。講論不倦。覽政之暇。唯與侍臣錯綜義理。凡所著述四十餘篇。

慕容·德 南燕 皝少子。字元明。慕容暐時封范陽王。兄垂稱燕王。以德爲車騎大將軍。復封范陽王。晉隆安中自鄴徙滑臺。後卽皇帝位於廣固。更名備德。乘時角逐。跨有全齊。崇儒術。延讜言。在位七年卒。諡獻武皇帝。廟號世宗。年號燕平·建平。

慕容·德豐 宋 延釗子。字日新。爲昇州都監。以廉潔聞。咸平初遷知鎭州。遼人南侵。德豐繕兵固守。餉饋不絕。進潁州團練使。知貝瀛二州。德豐輕財好施。厚享將士。及卒。家無餘財。

慕容·皝 前燕 廆三子。字元眞。小字萬年。廆爲遼東公。立爲世子。以晉咸康三年。卽燕王位。以世子儁爲太子。遷都龍城。躬巡郡縣。勸課農桑。起龍城宮闕。立東庠於舊宮。以行鄉射之禮。雅好文籍。勤於講授。學徒至千餘人。在位十五年卒。子儁僭號。追諡文明皇帝。廟號太祖。

慕容·翰 前燕 廆庶長子。字元邕。性雄豪。多權略。猨臂善射。廆委以征伐。所在有功。愛儒學。自士大夫至於士卒。莫不樂而從之。爲弟皝所忌。遂奔段遼。復北奔宇文氏。後返國。爲建威將軍。將兵擊破高句驪。皝夙忌翰。或告翰反。遂賜死。

慕容·鍾 南燕 德從弟。字道明。少有識量。喜怒不形於色。至於臨難對敵。知勇兼濟。爲德佐命元勳。後公孫五樓規挾威權。慮鍾抑己。勸慕容超誅之。鍾遂謀反。事敗。奔姚興。拜始平太守。封歸義侯。

慕容·寶 後燕 垂四子。字道祐。小字庫句。少輕果無志操。好人佞己。及爲太子。砥礪自修。朝士翕然稱之。垂死。寶嗣位。改元永康。南伐魏。衆軍憚役。奔散。寶南奔蘭汗。還至龍城。汗弑之。在位三年。諡惠愍皇帝。廟號烈宗。年號永康。

慕容·儼 北齊 成安人。字恃德。容貌出羣。學兵法。爾朱氏敗。歸高歡。天保初以軍功授開府儀同三司。梁陸法和以郢州城內附。議求忠勇過人者守之。衆推儼。遂遣鎭郢城。梁都督侯瑱。任約率水陸軍并力圍攻。糧運阻絕。徽信賞必罰。分甘同苦。自正月至六月。人無異志。後還。進爵義安王。出爲光州刺史卒。

慕喆 宋高僧。臨川聞氏子。祝髮於南豐之永安。後謁翠巖可眞。言下大悟。可眞入寂。乃往潙山。每粥飯放參。常自役作。不眠者四十年。紹聖初住智海院。哲宗召見延和殿。稱旨。說偈示寂。有舍利塔在汴城東。

慧心 明高僧。通海馬氏子。號妙空。祝髮秀山。不識文字。惟反觀冥坐。常禮觀音大士。十年如一日。遇禱雨。默然危坐。靈雨應之。後至省城。建箭竹寺居焉。

慧文 北齊高僧。爲天台宗第一祖。東魏北齊之頃。布教於北地。由龍樹之智度論。而發三諦三觀之理。爲天台宗之要旨。

慧日 唐高僧。東萊辛氏子。遊西域歷七十餘國。往返經時十八年。開元中還長安。進帝佛眞容梵夾等。玄宗賜號慈愍三藏。住洛陽罔極寺。平生勤修淨土業。有往生淨土集。◎明高僧。天台賈氏子。號東溟。習天台教。住上天竺寺。元順帝賜以慈光妙應普濟之號。洪武中召赴蔣山法會。奏對稱旨。以年老眉白。太祖呼以白眉而不名。卒年八十九。

慧可 後魏高僧。洛陽姬氏子。博極羣書。尤精玄理。初名神光。達摩大師居嵩山少林寺時。神光請道甚摯。至雪夜。斷其左臂。達摩感而許之。改其名曰慧可。後受達摩衣鉢。繼禪宗之法統。於鄴都行化三十四年。爲第二祖。隋開皇間卒。年百有餘歲。謚正宗普覺大師。

慧永 晉高僧。河內潘氏子。與慧遠同依道安。後居廬山西林。至其室者常聞異香。因號香谷。一虎同居。人至輒驅去。鎭南將軍何無忌常曰。永公清散之風。多於遠師。

慧休 唐高僧。瀛州樂氏子。住相州慈潤寺。戒行清苦。見著廡履。經三十餘年。於道往還。執箒先掃。存護物命。貞觀中累徵不起。卒年九十八。有雜心玄章抄疏。

慧因 唐高僧。海鹽于氏子。隋仁壽中造禪定寺。以慧因爲知事上座。唐初舉十大德。慧因亦與焉。貞觀中卒於大莊嚴寺。先夕告其弟子。整容如常。潛思入定。至日正坐而終。所講三論。皆有文疏。

慧舟 宋僧。天台人。號一山叟。住西湖長慶寺。能詩工畫。作小叢竹。或二三竿。或百十成叢。無重複冗雜者。

慧命 北周高僧。太原郭氏子。住河陽仙城山善光寺。以習禪名。有大品義章．融心論．還源鏡．行路難．詳玄賦。通述佛理。識者成誦。

慧則 唐高僧。崑山糜氏子。大中間出家於京兆西明寺。後避難止明州阿育王寺。撰塔記．出集要記。淸苦執持。近古罕有。除講貫外輪誦經呪。自法華以降可三四十本。以資口業。

慧南 宋高僧。信州章氏子。住黃龍寺。初依泐潭。再謁石霜．慈明。言下大悟。開法同安。嘗發三問。學者莫契其旨。叢林目之爲黃龍三關。

慧思 陳高僧。武津李氏子。從慧文受正法。光大中避難居南嶽。從之者如歸市。宣帝迎住棲玄寺。能遇雨不濕。履泥不汚。人以爲神。尋還山。有四十二字門．無諍行門等行世。

慧昭 唐高僧。住武陵開元寺。性僻而高。好言休戚。多奇中。元和中有武陵官陳廣訪之。慧昭自言姓劉。爲宋鄱陽王休業曾孫。年已二百九十歲。廣求爲弟子。遜去。不知所終。

慧乘 唐高僧。彭城劉氏子。年十二出家。有辯才。隋煬帝於江都建慧日道場。延慧乘住之。號家僧。大業中於四方館仁王行道。敕慧乘爲大講主。武德中住勝光寺。貞觀初示寂。

慧涉 後魏高僧。絳州楊氏子。幼出家。日誦數千言。嘗入秦。寓麥積山石室。造百法論鈔。涸井生泉。至蜀以法殪術士妖猴。還憩中條山竹林精舍。有維摩搜徵記略科．般若心經鈔．無常經眞釋．四分律科。晚歸絳。將化。戒三分其軀。一投水。一擲郭外。一隨燌燼。勿塔勿銘。以違佛戒。及茶毗。獲舍利百餘。舌不壞。色如黃金。

慧能 唐高僧。亦作惠能。新州盧氏子。與神秀同師黃梅弘忍禪師。受其法。神秀稱北宗。慧能爲南宗。居於韶州曹溪山寶林寺。爲禪宗第六祖。弟子甚多。一日謂衆曰。吾於忍大師處受法要及衣鉢。今汝等信根純熟。但說法要。衣鉢不須傳也。先天中卒。年七十六。憲宗謚爲大鑑禪師。

慧寂 唐高僧。須昌葉氏子。初謁耽源。後參潙山。遂升堂奧。一日有梵僧從空至曰。特來東土禮文殊。卻遇小釋迦。遂出梵書貝葉數十與慧寂。作禮乘空而去。因號小釋迦。唐末居袁州仰山。梁貞明初說偈示終期。兩手抱膝而逝。謚智通禪師。

慧淨 唐高僧。眞定房氏子。住紀國寺爲上座。神彩孤拔。博通經論。有辯才。能詩文。房玄齡等稱爲東方菩薩。求與爲法友。貞觀中以爲普光寺主。佛法之盛於唐。慧淨頗有功。有雜心玄文．金剛般若釋文舉義．大莊嚴論．文疏．法華經纘述．勝鬘仁王般若溫室盂蘭盆上下生等要鈔．及詩英華等。

慧皎 梁高僧。上虞人。學通內外。

博訓經律。住會稽嘉祥寺。春秋宏法。秋冬著述。有涅槃義疏．梵網經疏．高僧傳。

慧善 〔北周〕高僧。住揚都棲玄寺。徵擊論道。四座驚神。梁末避難江陵。後住長安崇華寺。敷導終老。天和中卒。有散花論。

慧智 〔唐〕高僧。本印度人。住東都佛授記寺。善天竺梵語。寶思惟等翻譯。皆以慧智爲證。後不知所終。自譯有觀世音頌。

慧琳 〔南朝宋〕僧。秦縣劉氏子。有才華。兼內外之學。爲廬陵王義眞所知。嘗著均善論。頗貶裁佛法。文帝嘉之。⊙〔唐〕高僧。疏勒國人。姓裴氏。通內外學。尤精訓詁。開元中住京師西明寺。有大藏音義一百卷。（按卽一切經音義。）

慧超 〔梁〕高僧。陽平廉氏子。幼簡靜寡欲。長遂廣採經部。並能盡其深義。住南澗寺。善俳諧。工草隸。兼能占相。武帝時爲僧正。嘗聚徒講菩提心義。大力善神。咸來受法。普通中示寂。

慧開 〔梁〕高僧。海鹽實氏子。住揚都彭城寺。學無時習。經耳不忘。多從酒諸博弈自娛。善談論。解名析理。應變無窮。雖逢勍敵巧談。罕有能折其角者。性疎率。不事形儀。衣服未嘗浣濯。天監中卒。

慧雲 〔唐〕高僧。湖湘姚氏子。住東京相國寺。道行爲士庶所欽。歷遊荆鄂江浙。所至勸人捨資蓋造寺宇。前後共成二十餘所。累著靈異。時號爲造寺祖師。

慧嵬 〔晉〕高僧。止長安大寺。戒行澄潔。屢有鬼來作異形。慧嵬皆隨言遣之。一日大雪。有一女子來求宿。自稱天女。慧嵬曰。吾心若死灰。無以革囊見試。後遊西域。不知所之。

慧滿 〔唐〕高僧。貞觀間於大蜀山誦法華經。有白衣稱東海王少子。來聽經。時苦旱。慧滿令其降雨。答曰。盜布天澤。當殛死。慧滿曰。汝捨身救民。我誦經度汝。白衣去。大雨隨至。越三日。龍死於山。取而葬之。民爲立祠。

慧遠 〔晉〕高僧。樓煩賈氏子。幼好學。博綜六經。尤善莊老。受業於道安。太元中立精舍於廬山。與慧永．宗炳等結白蓮社念佛。有十八賢之目。而慧遠爲之冠。卜居三十餘年。足不出山。送客以虎溪爲界。義熙中卒。年八十三。有匡山集。⊙〔隋〕高僧。燉煌李氏子。幼聰穎。博涉經論。周武帝將廢二教。諸僧不敢言。慧遠獨抗聲力爭。帝無以難。入隋住京師淨影寺。所養鷄亦聞鐘聽法。四方從學者七百餘人。臨終端坐正神。相如入定。有地持疏．十地疏．華嚴疏．涅槃疏等。⊙〔宋〕高僧。眉山彭氏子。字曉堂。游方四十年。機鋒峻發。無所抵捂。乾道中居杭州靈隱寺。孝宗屢召入內殿。咨論法要。賜號佛海大師。淳熙中說偈預示終期。安坐而逝。

慧緒 〔南齊〕女僧。高平閭丘氏女。年十八出家。初住荆州三層寺。戒業具足。爲時所敬。豫章王嶷爲造福田寺。常召入府行道。武帝又立集善寺以居之。永元初卒。

慧褒 〔唐〕高僧。慕含山縣北山靄之勝。遂結廬其下。寒暑不出。時人莫能測其涯際。圓寂後。葬於山址。後因名其山爲褒禪山。

慧蹟 〔唐〕高僧。江陵李氏子。開皇中住江陵寺。年甫十二。會大興法席。衆共請爲法主。後住清禪寺。洽聞博達。能詩文。善書畫。精鑑賞。朝士大夫多樂與游。

慧覺 〔隋〕高僧。齊人。俗姓范氏。住幷州武德寺。明華嚴十地。善講經。來聽者至不能容。施主爲造千人講堂。卒年九十。有十地．華嚴．維摩等疏。

慶父 〔春秋魯〕莊公母弟。卽共仲。通於哀姜。哀姜欲立之。閔公立。共仲使卜齮賊公於武闈。成季以僖公適邾。共仲奔莒。僖公入立。以賂求共仲於莒。莒人歸之。及密。自縊。

慶·安世 〔漢〕年十五爲成帝侍郎。善鼓琴。能爲雙鳳離鸞之曲。趙后悅之。自帝得出入御內。絕見愛幸。

慶·克 〔春秋齊〕大夫。通於聲孟子。與婦人蒙衣乘輦而入於閎。鮑牽見之。以告國佐。國佐召克而謂之。克告孟子。孟子訴之。刖鮑牽。崔杼爲大夫。克佐之。帥師圍盧。國佐從諸侯圍鄭歸。如盧師。殺克。

慶·虬之 〔梁〕長安人。善爲賦。嘗爲清思賦。時人不之貴。乃託以司馬相如所作。遂大見重於世。

慶昀 〔清〕滿洲正白旗人。姓喜塔臘氏。咸豐中累官寧夏將軍。值回亂。籌兵籌餉。固守滿城。凡兩載餘。卒諡莊恪。

慶保 〔清〕慶桂弟。字佑之。官廣州將軍。善畫花卉蟲蝶。

慶·封 〔春秋齊〕大夫。克子。字子家。與崔杼謀殺莊公。莊公死。更立景公。崔杼相之。杼之子爭後私鬭。封令盧蒲嫳興甲以誅之。盡殺杼之妻子及枝屬。杼歸。已無歸矣。因自縊。封遂相景公。景公苦之。與陳無宇．公孫竈．公孫蠆謀誅封。封鬭不勝。走如魯。齊人以爲讓。又如吳。吳與之朱方。富於其舊。楚靈王伐吳。拔朱方。得封。殺之。

慶忌 〔春秋吳〕王僚之子。以勇聞。筋骨果勁。萬人莫當。走追奔獸。手接飛鳥。骨騰肉飛。拊膝數百里。公子光既弑王僚。慶忌在衞。公子光憂之。使要離刺殺之。

慶桂 〔清〕滿洲鑲黃旗人。姓章佳氏。尹繼善子。字樹齋。納貲授員外郎。熟悉邊情。兩授塔爾巴哈臺參贊大臣。嘉慶間官至文淵閣大學士。加太保。卒諡文恪。

慶眞 〔宋〕高僧。順昌爾氏子。年十四出家。十九受戒。遊江西。得眞旨於泐潭禪師。了然開悟。歸將樂含雲寺。大振宗風。尋化去。

慶祥 〔清〕蒙古正白旗人。姓博特氏。嘉慶間協勦教匪李文成有功。累官喀什噶爾參贊。張格爾破喀城。自經死。諡壯直。

慶・普 〔漢〕沛人。字孝公。受禮於后倉。由是禮有慶氏之學。仕爲東平太傅。

慶童 〔元〕康里氏。字明德。以勳臣子孫。受知仁宗。爲遼陽行省平章政事。以寬厚爲政。遼人德之。遷平章。行省江浙。適時承平。頗沈湎於宴樂。凡遺逸之士。舉校官者。輒擯斥不用。由是不爲物論所與。久之。召拜中書平章政事。至正末明兵逼京師。帝北奔。命淮王監國。慶童爲中書左丞相。京城破。被殺。

慶都 〔古〕陳鋒氏堯之母。生於斗維之野。嘗有黃雲覆護其上。

慶福 〔清〕滿洲鑲黃旗人。佟國維子。襲一等公。乾隆間歷官川陝總督。時四川口外土司瞻對恃險肆劫。土酋班滾抗命。慶福率兵進攻。搗其巢寨。旋以妄報班滾焚死。賜自盡。

慶鄭 〔春秋〕晉惠公時大夫。晉饑。秦輸之粟。秦饑。晉閉之糴。慶鄭諫不聽。秦伐晉。晉將戰。卜右。慶鄭吉。弗使。步揚御戎。家僕徒爲右。乘小駟。鄭入也。慶鄭又諫。卒弗聽。以迄於敗。及惠公自秦歸。殺慶鄭而後入。

慶諸 〔唐〕高僧。新淦陳氏子。住潭州石霜山。後混跡長沙・瀏陽間。人莫能識。僖宗聞其名。專使賜紫。堅辭不受。光啓中坐化。

慶霖 〔清〕慶保弟。字晴村。嘉慶時官至福州將軍。嗜文墨。善畫蘭。

慶・鴻 〔後漢〕洛陽人。慷慨有義節。與杜陵廉范爲刎頸交。時人稱曰。前有管鮑。後有慶廉。位至琅邪會稽二郡太守。所在有異績。

慶蘭 〔清〕慶桂弟。字似村。嘉慶時諸生。家世貴盛。獨居僻巷以避車馬。耽吟詠。兼工繪事。幼隨其父尹繼善江督任。以詩見許於袁枚。數十年郵筒往來無虛日。有絢春園詩鈔。

摩訶 〔唐〕南海守遺陶峴古劍長二尺許。玉環竟四寸。海船崑崙奴名摩訶。勇健善泅水。遂悉以所得歸。曰。吾家之三寶也。越數歲。渡巢湖。投環劍令取之。摩訶纔入。獲劍環跳波而出。

摩訶衍 〔南朝宋〕高僧。苦節有精理。大明中於都下出新經勝鬘經。爲時所重。

摩羅 〔後趙〕西域烏陽國人。聰慧利根。學窮釋氏。至中國卽曉魏言隸書。凡所聞見。無不通解。

摯・恂 〔後漢〕京師人。峻十二世孫。字季直。明禮易。遂治五經。博通百家。善屬文。詞論清美。以儒術教授。隱於南山。不應徵聘。名重關西。馬融從之受業。恂愛其才。以女妻之。後融果爲大儒。永和中詔博求名儒。公車徵不詣。大將軍竇憲舉賢良。不就。清名顯於世。三輔稱焉。

摯・峻 〔漢〕長安人。字伯陵。少著清節。與司馬遷交好。隱岍山。遷旣貴。以書勸峻進。峻報書卻之。遂高尚不仕。卒於岍。岍人立祠。號曰岍君。

摯・虞 〔晉〕長安人。字仲治。少師事皇甫謐。才學通博。舉賢良。武帝詔會東堂策問。擢太子舍人。除聞喜令。後歷祕書監・衛尉卿。從惠帝幸長安。及東軍來迎。百官奔散。遂流離鄠杜間。糧絕飢甚。拾橡爲食。後得還洛。歷光祿勳・太常卿。時懷帝親郊。禮儀弛廢。虞考正舊典。法物粲然。及洛京荒亂。以餒卒。有三輔決錄注・文章志・文章流別集等。

摯・瞻 〔晉〕虞兄子。字景游。少善屬文。起家著作郎。中朝亂。依王敦爲戶曹參軍。歷安豐・新蔡・西陽太守。復出爲內史。年始二十九。別王敦。敦謂瞻曰。卿年未三十。已爲萬石。亦太早。瞻曰。方於將軍。今爲太早。比之甘羅。已爲太老。

撒吉思 〔元〕回鶻人。初爲太祖弟斡眞傅。以功與火魯和孫分治黑山。後從憲宗攻釣魚山。建言乘勢定江南。憲宗崩。世祖立。以推戴功授北京宣撫。遼東以寧。平李璮。遷山東經略統軍二使。慕古人舉讎舉親之義。叛帥故卒。得與子姪參用。公論多之。卒諡襄惠。

撤・大經 〔明〕廣宗人。字守道。正德間舉於鄉。少聰慧。日記數千言。篤志於學。以聖賢自期。上書宰相李東陽。東陽稱爲海內人豪。平生著述甚多。年三十二而卒。

撤・君錫 〔明〕絳縣人。字寶王。崇禎中爲荊州府訓導。李自成兵至。君錫正衣冠端坐明倫堂。罵賊死。

暴・昭 〔明〕潞州人。洪武中由國子生授大理司務。擢刑部右侍郎。歷左都御史・刑部尚書。耿介有峻節。以清儉知名。建文初充北平採訪使。具得燕王不法狀以聞。及燕兵起。設北平布政司於眞定。命昭掌之。燕王入京。被執。大罵不屈。磔死。

暴・勝之 〔漢〕河東人。字公子。武帝末爲直指使者。時郡國盜賊蜂起。

勝之衣繡衣。持斧。逐捕盜賊。督課郡國。東至海。以軍興誅不從命者。威振州郡。遷御史大夫。嘗薦雋不疑。有知人之譽。

暴·顯 北齊斥丘人。字思祖。善騎射。嘗從魏孝莊獵。一日手獲禽獸七十三。後從高歡舉兵。遷北徐州刺史。封屯留縣公。天統中位特進。驃騎大將軍。封定陽王卒。

槩·齊物 五代吳越杭州人。一作濟物。字子虛。師玉清觀諸君緒。受法籙神符。後隱入大滌山中。依巖洞爲室。東西各置一隙。采日月光華。錢俶欲爲賜度弟子。對曰。樂靜已久。不願有也。久之。忽語左右曰。吾將復往羅浮石樓間矣。遂不知所之。(按十國春秋作暨齊物。)

樂·士宣 宋祥符人。字德臣。官至虔州刺史。畫花鳥有生意。尤工水墨。時爲北省絕藝。

樂·大原 元定海人。字君道。居家孝讓。事繼母尤謹。大德中東浙大祲。大原發巨艘販米。平價使人就糴。全活甚衆。有持舊書易米濟飢者輒應之。遂蓄至數千卷。曰。吾子孫必有能讀是者。孫良果以學行知名。

樂·大䕶 明沙縣人。一作士䕶。字伯聲。正德間爲濟南府經歷。善畫墨竹。博學能詩書。有四體千字文。

樂·子雲 晉法才弟子。美容貌。善擧止。爲江陵令。武帝承制。除光祿卿。魏克江陵。衆奔散。呼子雲。子雲曰。終爲虜矣。不如守以死節。遂撲地。卒於馬蹄之下。

樂·史 宋宜黃人。字子正。太宗時上書言事。擢著作佐郎。知陵州。召爲三館編修。雍熙中獻所著書四百餘卷。悉藏之祕府。有仙洞集。廣卓異記。又所著太平寰宇記。卷帙浩博。考據尤精核。

樂正·子長 宋卽墨人。嘗遇仙於鼇山。授巨勝赤散方。告以此藥蛇服之化龍。人服之長生。子長服之。年逾百八十歲。如童顏。登勞山仙去。

樂正·子春 春秋魯曾子弟子。下堂而傷其足。數月不出。猶有憂色。門弟子問之。子春曰。君子頃步弗敢忘孝。今予忘孝之道。是以有憂色也。

樂正·裘 春秋魯與牧仲並爲孟獻子之友。(按漢書古今人表作樂正求。牧中。求裘中仲並古今字。六書正義。證曰。有以樂氏而正名。裘氏而牧仲名者非。)

樂·羊 戰國魏爲文侯將。伐中山。其子在中山。中山之君。烹其子而遺之羹。羊啜之盡一盃。文侯疑之。旣收中山。返而論功。文侯示之謗書一篋。羊再拜稽首曰。此非臣之力。主君之功也。文侯封之靈壽。

樂羊子妻 後漢樂羊子。河南人。嘗行路得遺金一餅。還以與妻。妻曰。妾聞志士不飮盜泉之水。廉者不受嗟來之食。況拾遺求利。以汚其行乎。羊子大慚。乃捐金於野而還。羊子遠尋師學。一年來歸。妻引刀趨機而言曰。夫子積學。若中道而歸。何異斷斯織乎。羊子遂復還終業。後有盜欲犯之。而先劫其姑。妻乃自殺。太守以禮葬之。號曰貞義。

樂·臣公 戰國趙毅族人。好黃老。恬散不仕。及趙爲秦滅。臣公東之齊。以老子顯名。齊人尊之。號稱賢師。

樂·伯 春秋楚莊王圍鄭。晉師救鄭。王使求成於晉。晉人許之。盟有日矣。楚以許伯御樂伯。攝叔爲右。以致晉師。晉人逐之。左右角之。樂伯左射馬而右射人。角不能進。

樂·均用 元畬都人。字國寶。讀書斥口耳之學。中統中守臣強之仕。不受。徙嶺南。怡然就道。嶺南守臣復薦之。亦辭不受。

樂·良 明大原孫。字仲本。少治理學。師事程端禮。元至正間以賢良徵至京。見元政不綱。歸隱讀書。洪武初辟爲定海學教諭。課試有方。一時英俊若張信。陳韶輩。咸出其門。有遺稿五十卷。

樂·京 宋荊南人。性至孝。嘉祐初以薦得校書郎。歷湖陽赤水二令。神宗求言。京上疏以畏天保民爲請。助役法行。京上言不便。均不報。遂丐去。尋著作佐郎。十年乃復官。以承議郎致仕。元祐初召赴闕。不赴卒。

樂·叔 漢毅孫。高祖求毅後。得叔。封之樂鄉。曰華成君。

樂昌公主 陳後主女弟。色豔麗。歸徐德言。會陳政衰。德言謂公主曰。國破必入權豪家。乃破鏡各分其半。約他日以正月望日賣於都市。及陳亡。公主爲楊素所得。德言至京。有蒼頭賣半照者。德言出半照合之。題曰。鏡與人俱去。鏡歸人未歸。無復嫦娥影。空留明月輝。公主得詩。悲泣不食。素知之。乃召德言。以公主還之。

樂·法才 梁藹子。字元備。幼有美名。沈約稱爲才子。爲建康令。不受俸秩。比去任。將至百金。縣曹啓輸臺庫。武帝嘉其淸節。曰。可以爲百城表矣。累遷至江夏太守卒。

樂·祁 春秋宋喜孫。一作樂祁犂。字子梁。爲司城。晉叔孫婼聘於宋。元公宴之。語相泣也。祁曰。哀樂而樂哀。皆喪心也。心之精爽。是謂魂魄。魂魄去之。何以能久。未幾。婼及元公俱卒。

樂·俊 後漢建武中浚儀令。時武陽令張汜上言。河決積久。宜改修隄防。後上言元光間人庶繁盛。而瓠子河決。尚二十年不卽壅塞。今漸被兵革。宜須平靜。請更議。其事乃止。

樂·彥瑋 【唐】長安人。字德珪。顯慶中爲給事中。時劉洎之子詣闕。訴洎爲褚遂良譖死狀。李義府右之。高宗問近臣。彥瑋曰。辨之是暴先帝過刑。事遂寢。麟德初以西臺侍郎同東西臺三品。數月。罷爲大司憲卒。

樂·彥禎 【唐】魏州人。歷博州刺史。下河陽有功。遷澶州。魏人立之。詔檢校工部尚書。領留後。進節度使。彥禎見王室微。頗驕滿不軌。子從訓因軍亂囚彥禎。尋弒之。

樂·恢 【後漢】長陵人。字伯奇。好經學。爲世名儒。和帝時爲尚書僕射。時竇憲兄弟擅權。恢上書諫。不省。乃稱疾歸鄉里。憲風厲州郡迫脅。恢遂仰藥死。

樂·洪 【宋】衡山人。字德秀。從汪應辰游。自號曲肱先生。有周易卦氣圖。

樂·峻 【唐】工畫山水。

樂·欬 【春秋魯】字子聲。孔子弟子。

樂·純 【明】沙縣人。字白禾。號雪菴。自號天湖子。廩生。工書畫。善詩古文辭。博通經史。有雪菴清史。紅雨樓集。（按四庫全書總目作字思白。此從沙縣志。）

樂清樵夫 【明】不知姓名。建文末適負薪至港橋。聞市人語云。天子自焚死。燕王卽位。殺方孝孺、卓敬等。長吁失聲曰。國既就篡。我不願爲其氓。遂投橋下水中死。

樂·備 【宋】崑山人。字順之。舉進士。有學行。能文章。尤長於詩。與范成大齊名。官至軍器監簿。

樂·喜 【春秋宋】正卿。卽司城子罕。宋人或得玉以獻喜。喜弗受曰。我以不貪爲寶。爾以玉爲寶。平公築臺。喜請俟農功之畢。築者謳歌稱頌之。喜聞之。親執朴以行築者而抶其不勉者。謳者乃止。

樂善 【清】滿洲人。咸豐間從勝保勦捻河南。屢著戰功。官至直隸提督。僧格林沁檄守大沽礮臺。英法入寇。力戰不支。自刎投河死。

樂·舜賓 【明】定海人。由進士知江西溪縣事。嘉靖中海寇迫城下。舜賓登陴創立藥弩。殺其渠帥。賊宵遁。

樂·進 【三國魏】衛國人。字文謙。容貌短小。有膽略。從武帝征伐。所至皆先登。以功封廣昌亭侯。累遷右將軍。建安中卒。諡威。

樂·鈞 【清】臨川人。初名宮譜。字元淑。號蓮裳。嘉慶舉人。工詩。與吳嵩梁同爲翁方綱弟子。以才名遨遊王侯公卿間。有青芝山館詩集。

樂·閒 【戰國趙】毅子。封昌國君。燕王召問趙可伐乎。曰。趙四戰之國。其民習戰不可伐。後果敗。閒奔趙。

樂·黃目 【宋】史子。字公禮。淳化進士。累官右諫議大夫。知亳州卒。黃目性簡默。爲吏處劇。亦無廢事。有學海搜奇錄。聖朝郡國志及遺集。

樂·詳 【三國魏】河東人。字文載。少從謝該問左氏傳。杜畿署爲文學祭酒。黃初中徵拜博士。五經並授。有質難不解者。詳以杖畫地。牽譬引類。至忘寢食。又善推步。與定律曆。轉拜騎都尉。正始中以年老罷歸。門徒數千人。

樂·運 【隋】淯陽人。字承業。廣八世孫。仕北周。累遷京兆郡丞。時宣帝昏暴。運乃輿櫬詣朝堂。陳帝八失。帝將殺之。後見宥。及文帝爲丞相。左遷運爲澮陽令。開皇中轉高唐令。並有聲績。運常願處一諫官。以性訐直。爲人所排。不被任用。乃錄夏商以來諫諍事。集而部之曰諫苑。奏之。文帝嘉焉。

樂·道融 【晉】丹陽人。少有大志。爲王敦參軍。敦謀害朝賢。道融說甘卓襲敦。敦求和於卓。卓旋軍。道融晝夜涕泣諫。憂憤而死。

樂·預 【南齊】頤弟。字文介。明帝時爲永世令。人懷其德。卒於官。時有一嫗。擔朝菽葉造市貨之。聞預亡。大泣棄溪中曰。失樂令。我輩孤獨老姥。正應就死耳。其惠化如此。

樂·雷發 【宋】道州寧遠人。字聲遠。少穎敏。長詩賦。累舉不第。門人姚勉登科。以讓第疏上。理宗召親試對。賜及第。因數議時政不用。歸隱雪磯。號雪磯先生。有雪磯叢稿。

樂·綝 【三國魏】進子。果毅有父風。官至揚州刺史。諸葛誕反。掩襲殺綝。

樂·臺 【唐】有鬼谷子注。

樂·遜 【北周】猗氏人。字遵賢。少從徐遵明受孝經喪服論語詩書禮易左氏春秋大義。魏廢帝時宇文泰召遜教授諸子。孝閔踐阼。除秋官府上士。轉小師氏下大夫。遜以經術教授。甚有訓導之方。明帝時爲露門博士。進爵崇業郡公。以年老出爲東揚州刺史。隋開皇初卒於家。遜柔謹寡交游。立身以忠信爲本。不自矜尚。學者以此稱之。有孝經論語毛詩左氏春秋序論。春秋序義。

樂·韶 【宋】零陵人。字成之。穎悟絕人。讀書五行俱下。十歲能文。弱冠登進士。授桃源尉。

樂·韶鳳 【明】全椒人。字舜儀。博學能文章。從太祖渡江。參軍事。洪武初授起居注。累遷兵部尚書。與中書省御史臺都督府定教練軍士法。改侍講學士。與承旨詹同釐正釋奠先師樂章。編集大明日曆。又與撰回鑾樂章及洪武正韻。尋病免。未幾起國子司業。遷祭酒致仕。以壽終。

樂·廣 【晉】淯陽人。字彥輔。善談

論。每約言析理。以厭人心。王戎爲荊州刺史。擧爲秀才。衞瓘見而奇之。曰。此人之水鏡也。見之若披雲霧而覩青天。累遷侍中 河南尹。爲政無當時功譽。然每去職。遺愛爲人所思。後至尙書令。女適衞玠。有婦翁冰清女壻玉潤之語。成都王穎。亦廣之壻也。與長沙王乂構難。廣竟以憂卒。

樂毅 戰國中山羊後。賢而好兵。自魏使燕。昭王以爲亞卿。後拜上將軍。率趙楚韓魏燕五國兵伐齊。下齊七十餘城。以功封昌國。號昌國君。會昭王死。惠王立。素不快於毅。田單乃縱反間於王。王乃使騎劫代將而召毅。毅畏誅。乃降趙。趙封毅於觀津。號曰望諸君。惠王因騎劫敗。悔失毅。使人請毅而以書謝之。於是燕以其子閒爲昌國封。毅往來復通燕。燕趙二國以爲客卿。後卒於趙。

樂頤 南齊涅陽人。字文德。仕爲京府參軍。性至孝。父在郢亡。頤號泣徒步而往。扶柩歸葬。嘗得病。忍而不言。嚼被至碎。恐母聞之憂己也。湘州刺史王僧虔引爲主簿。以同僚非人棄官去。後仕至郢州治中卒。

樂豫 春秋宋昭公立。爲司馬。公欲去羣公子。豫謂不可。公不聽。穆襄之族率國人以攻公。殺公孫固。公孫鄭於公宮。六卿和公室。豫舍司馬以讓公子卬。

樂[illegible] 明讀書嫺韜略。正統中征麓川。陞指揮使。蒞政明恕。威惠兼至。羣夷畏服。卒官。衞人立祠祀之。

樂藹 梁廣六世孫。世居江陵。字蔚遠。幼時。其舅宗懿取史傳一卷授之。藹略讀具擧。懿奇之。天監中累遷御史中丞。性公強。居憲臺稱職。出爲廣州刺史。卒官。

樂璘 明洪武中知臨淮及無爲州。爲吏民所畏服。陞知荊州。父老感垂泣攀留。

樂頀 明臨川人。字鳴殷。弘治進士。精天文數學。歷光祿卿。掌欽天監事。嘉靖中五星聚營室。廷臣並上表稱賀。獨頀上疏以爲非是。禮官劾奏之。出知宿州。改陝西參政。致仕歸。有木亭雜稿。

樅公 漢高祖將。與御史大夫周苛守滎陽。因建謀殺魏王豹。後項羽拔滎陽。殺之。

樊一蘅 明宜賓人。字君帶。萬曆進士。崇禎間累官榆林兵備參議。數挫賊。積功擢右僉都御史。巡撫寧夏。被劾罷歸。以薦起兵部右侍郎。總督川陝軍務。道阻命不達。福王立。申前命。時張獻忠已據全蜀。一蘅方避地遵義。乃檄諸郡舊將。會師大擧。連擊敗賊。孫可望等率殘卒南奔。踵陷綦江。遵義。王祥等復取保寧二郡。一蘅再駐江上。爲收復全蜀計。永明王拜一蘅戶兵二部尙書。而諸將各據州縣。號令不行。勢日孤。遂謝事避山中。尋遘疾死。

樊士信 明應城人。洪武進士。授兵部主事。建文間燕師起。士信督餉協擊。大敗北兵。諸將勒石記事。及燕師破徐。成祖見所樹碑。遣人按姓名收捕之。士信遂被逮死。

樊子蓋 隋廬江人。字華宗。煬帝時歷武威太守。以善政聞。帝幸遼東。命留守東都。楊玄感反。子蓋竭力備禦。帝褒美之。以比蕭何。寇恂。加光祿大夫。封建安侯。子蓋在軍持重。蒞官明察。然嚴酷少恩。果於殺戮。卒謚景。

樊子鵠 後魏平城人。初隸爾朱榮爲倉曹參軍。從榮擧兵入洛。建義初拜晉州刺史。政有威信。徵授都官尙書。榮在晉陽。京師之事。以委寄焉。太昌中自尙書右僕射出爲兗州刺史。孝武西遷。子鵠據城爲應。齊神武遣將討之。城久不拔。南青州刺史大野拔斬子鵠。降於東魏。

樊夫人 唐雲英姊。劉綱之妻。有國色。長慶中與裴航同舟還都。航賂其侍兒。投以詩。樊答曰。一飲瓊漿百感生。玄霜擣盡見雲英。藍橋便是神仙宅。何必崎嶇上玉京。航後過藍橋。果遇雲英。

樊世 前秦本氐豪。佐苻健定關中有功。拜特進。封姑臧侯。王猛用事。世數挫辱之。一日苻堅謂欲以女妻楊璧。璧固世壻。世爭不可。猛因讓世競婚。世亦醜詈猛。堅怒。殺世於西廐。

樊世寧 明長山人。字子泰。萬曆武進士。除濟南衞鎭撫。改中平衞。擢湖廣操捕都司。會苗賊皮林亂。世寧單騎入賊所。諭以禍福。解衣衣之。賊羅拜伏罪。事平。遷都指揮僉事。復以平楚藩功。晉湖廣都指揮使。

樊玉衝 明玉衡弟。字棠軒。萬曆進士。知商城縣。以德化民。訟者多引去。中使採鑛至境。勢張甚。玉衝不爲動。調崑山乞歸。及卒。督學董其昌請謚曰孝介。

樊玉衡 明黃岡人。字以齊。萬曆進士。由廣信推官擢御史。性強直敢言。疏請皇長子出閣講學及三王不宜並封。神宗怒。謫戍雷州。長子鼎伏闕請代。不許。光宗立。起南京刑部主事。以太常少卿致仕卒。嘗採古初至明代用智之事。著智品一書。

樊仲子 漢長安人。爲俠。恂恂退讓。有君子風。

樊仲華 後漢新野人。少與光武游。建武初徵爲侍御史。遷河東都尉。終天水太守。

樊光遠 宋錢塘人。字茂實。少從張九成學。紹興中省試第一。除祕書正字。上疏請獎忠讜。戒濫進。惜民力。作士氣。時方議休兵。罷爲閩州教授。後召爲祕書丞。遷監察御史。尋補外知嚴州卒。

樊·圻　【清】沂弟。字會公。工畫山水。爲金陵八家之一。並精花卉人物。

樊·宏　【後漢】重子。字靡卿。光武之舅。少有志行。王莽末劉縯與族兄賜攻湖陽。湖陽軍帥繫宏妻子。令宏出譬縯。因留不反。更始欲以爲將。宏辭曰。書生不習兵事。竟得免歸。與宗親作營塹自守。老弱歸之者千餘家。赤眉欲攻宏營。聞其仁厚。引兵而去。光武卽位。拜光祿大夫。位至特進。封壽張侯。宏謙柔畏愼。不求苟進。常戒其子保身全己。所上便宜。輒手自書寫。毀削草本。宗族染其化。未嘗犯法。帝甚重之。卒諡恭。

樊·廷　【清】武威人。初名王剛。隨征烏蒙及青海。西藏。俱有功。雍正初累擢副將。準噶爾犯科舍圖卡倫。廷轉戰七晝夜。以寡敵衆。爲軍功首。擢固原提督。後隨查郞阿効力邊疆。復屢有戰功。官至駐哈密總統提督。卒諡勇毅。

樊·志張　【後漢】南鄭人。博學多通。隱身不仕。嘗游隴西。破羌將軍段熲請見之。其夕熲軍爲羌所圍。因留軍中不得去。夜說熲向東南角乘虛引出。及百里。還師攻之。可以全勝。熲從之。果破賊。表聞。有詔特徵。會病卒。

樊·沂　【清】字浴沂。工畫山水及花卉人物。

樊·良樞　【明】進賢人。字尙植。號致虛。萬曆進士。知仁和縣。歷刑曹。出爲雲南副使。改浙江。有樊致虛詩集。

樊·並　【漢】尉氏人。僞百兩篇尙書。後謀反。迺黜其書。

樊·事眞　【元】京師妓。參議周仲宏嬖之。仲宏歸江南。事眞餞之。誓曰。妾若負君。當刳一目以謝君子。後仲宏至京師。事眞語曰。別後非不欲保持。卒爲豪勢所逼。昔日之誓。豈徒設哉。乃抽金篦刺左目。血流遍地。仲宏駭然。因歡好如初。好事者編爲雜劇。

樊·叔略　【隋】陳留人。父觀仕魏。爲高氏所誅。叔略被腐刑。給使殿省。復奔西魏。宇文泰器之。引置左右。授都督。從周武帝平齊。以功封淸鄕縣公。拜汴州刺史。號爲明決。入隋。進爵安定郡公。遷相州。政爲當時冠。百姓爲之語曰。智無窮。淸鄕公。上下正。樊安定。徵拜司農卿。朝廷有疑滯。輒與評決。叔略雖無學術。然所見每與理合。卒諡襄。

樊·宗師　【唐】澤子。字紹述。元和中擢軍謀宏遠科。授著作佐郞。歷金部郞中。綿絳二州刺史。有治績。進諫議大夫。未拜卒。宗師家饒於財。悉散施姻舊賓客。力學多通解。爲文奇澁。不肯剽襲前人。一言一句。皆戛戛獨造。時號澀體。所著絳守居園池記。至不可句讀。韓愈稱宗師論議平正有經據。嘗薦其材。有樊紹述集。

樊·於期　【戰國秦】爲秦將。避罪於燕。燕太子丹舍之。秦王購之急。丹使荊軻刺秦王。軻願得樊將軍首。以獻秦王。於期遂自剄。

樊·知古　【宋】長安人。徙家池州。字仲師。初名若水。字叔淸。太宗爲改名。在南唐舉進士不第。遂謀北歸。詣闕上書。言江南可取。令送學士院試。賜本科及第。授舒州軍事推官。江南平。擢拜侍御史。改江南轉運使。知古明俊有吏幹。累任轉運。甚得時譽。後爲西川轉運使。會盜起不能弭。逃走東川。帝特宥之。詔以本官知均州。尋以憂懣卒。

樊·育　【漢】長安人。工畫。以善布色名。

樊·阿　【三國魏】彭城人。從華陀學醫。善針術。從陀求服食之有裨益於人者。陀授漆葉靑黏散。言久服輕體。阿從其言。壽百餘歲。

樊·阜　【明】縉雲人。字時登。成化舉人。官延平訓導。工詩。嘗集樊氏詩爲樊山集。

樊姬　【春秋楚】莊王夫人。王卽位。好狩獵。姬諫不止。乃不食禽獸之肉。王改過。勤於政事。王嘗聽朝罷晏。姬問之。曰。與賢者虞丘子語。姬掩口而笑。王曰。所笑何也。姬曰。虞丘子相楚十餘年。未聞進賢退不肖。是蔽君而塞賢路。是以笑也。於是虞丘子乃迎孫叔敖而進之。王以爲令尹。三年而霸。樊姬之力也。

樊·封　【清】漢軍正白旗人。廣州駐防。字昆吾。副貢。有論語注商。讀孟稽疑。樸學山房文集。

樊·建　【晉】義陽人。字長元。仕蜀漢爲校尉。使吳。孫權問諸葛恪曰。建何如宗預。恪曰。才識不及預。而雅性過之。後爲侍中。守尙書令。入晉爲相國參軍。兼散騎常侍。歷給事中。

樊·英　【後漢】魯陽人。字季齊。習京氏易。兼明五經。善風角。隱於壺山之陽。著易章句。世名樊氏學。以圖緯教授。受業者自四方至。州郡禮請。公卿薦舉。皆不就。順帝備禮徵之。不得已至京。稱病不起。強輿入殿。猶不以禮屈。帝乃爲設壇席。待以師傅之禮。延問得失。英不敢辭。拜五官中郞將。尋稱疾篤。詔以爲光祿大夫。賜告歸卒。英初被詔命。僉以爲必不降志。及後應對。又無奇謀深策。談者以爲失望。

樊·重　【後漢】湖陽人。字君雲。性

溫厚。有法度。三世共財。管理產業。物無所棄。課役童隸。各得其宜。故能上下戮力。財利歲倍。嘗欲作器物。先種梓漆。時人嗤之。然積以歲月。皆得其用。貲至鉅萬。而賑贍宗族。恩加鄉閭。所貸人數百萬。臨終。遺令焚削文契。責家慙。爭往償之。諸子竟不肯受。後追謚敬。

樊香歌　元金陵妓。妙歌舞。善談謔。頗涉獵書史。朝士愛賞之。卒年二十三。好事者春遊。必攜酒奠其墓。

樊師孔　明平越人。舉人。官至山西參政。有戡亂才。乞歸。以詩文自娛。有聽命堂·好還紀略·冷況等集。

樊珪　元臨晉人。有孝行。至大間任大都提舉。母思之。哭泣喪明。珪聞卽告歸。以舌舐母目。七日復明。事聞。詔旌爲孝感之門。

樊素　唐妓。善歌。白居易詩有櫻桃樊素口之句。

樊執敬　元鄆城人。字時中。由太學生擢授經郎。嘗見帝師不拜。或問之。曰。吾知尊孔氏而已。至正中累官江浙行省參知政事。賊攻城。執敬率衆出戰。奮力殺賊。中槍死。

樊梵　後漢儵子。字文高。爲郎二十餘年。時服其重慎。悉推財物二千餘萬與孤兄子。官至大鴻臚。

樊深　北周猗氏人。字文深。有孝行。弱冠講習五經。晝夜不倦。魏永安中以軍功累遷中散大夫。孝武西遷。深父叔幷遇害。因易姓名。游學汾晉間。習天文曆算之術。及宇文泰平河東。乃歸葬父。負土成墳。置學東館。以深爲博士。後除國子博士。武帝時遷縣伯中大夫。加開府儀同三司。致仕歸。朝廷有疑義。常召問之。有孝經喪服問疑·七經異同諸書。⊙明大同人。嘉靖間官通政使。會俺答薄都城。疏陳禦寇七事。詆仇鸞養寇要功。斥爲民。穆宗初復官。遷刑部左侍郎。罷歸卒。有西田語略。

樊淵　元句容人。字浩翁。好學善詩。至元中奉母避兵茅山。兵至。欲殺其母。淵乞以身代。兵兩釋之。江東廉訪使辟爲吏。母亡奔喪。哀慕終身。臺憲交薦。淵不忍去墳墓。強之終不起。

樊猛　陳毅弟。字智武。幼倜儻有幹略。及壯。便弓馬。膽氣過人。隨毅援臺城。累戰功爲威戎將軍。從破武陵王蕭紀。手擒紀父子三人。功最多。遷司州刺史。太建初累遷武毅將軍。隸章昭達。西討江陵。潛軍入峽。焚周軍船艦。以功封富川縣侯。後主時官至忠武將軍。南豫州刺史。陳亡。入於隋。

樊陵　後漢英孫。嘗求爲李膺門徒。膺鄙之不受。後以阿附宦官。致位太尉。爲志節者所羞。

樊喬　金河中人。初爲礮軍萬戶。鳳翔破。降於元。司礮如故。從軍圍汴。喬紿主者曰。礮利於短。不利於長。主者信之。使截其木數尺。綆十餘握。由是機難起伏。所擊無力。喬卽日捐家走城。竟死於難。

樊景溫　宋芮城人。兄弟異居積年。景溫家樗樹。五枝幷爲一。感其異。兄弟復義聚。鄉人稱雍睦焉。

樊景麟　明新繁人。嘉靖初以進士知漢陽府。鯁介不阿。勤恤窮民。水壞城堵。令役計日措工。躬率隸役隨地斂石。轉運江岸。民頌其德。仕至雲南憲副。忤上官歸卒。

樊雲　淸圻子。字青若。以書名。

樊須　春秋魯人。字子遲。故亦作樊遲。孔子弟子。（按家語曰魯人。鄭玄曰齊人。）

樊敬　明鄆城人。字守一。洪武進士。初授春坊司諫。改行人。歷鴻臚寺卿·右通政。督餉征安南及沙漠。數有功。特命撫眞定。復以行軍司馬鎮濟寧。官終刑部左侍郎。

樊楫　元冠州人。初爲軍吏。數從征戰有功。累進行中書省參知政事。至元中從攻交趾。班師回。爲賊邀遮於白藤江。楫舟膠。死焉。謚忠定。

樊準　後漢宏族曾孫。字幼陵。少勵志行。修儒術。和帝時爲尚書郎。疏請寵進儒雅。屢舉敦樸仁賢之士。再遷御史中丞。會水旱。請遣使持節慰安。尤困乏者徙置熟郡。乃擢議郎。使冀州。到部開倉散粟。流人咸得蘇息。還拜鉅鹿太守。課督農桑。廣施方略。外禦羌寇。內撫百姓。郡境以安。轉河內太守。屢討逐羌人。威名大行。三轉爲尚書令。準明習故事。遂見任用。元初中官至光祿勳卒。

樊瑀　明文安人。弘治初由進士知浙州。毅然以古良牧自期。廉能寬恕。政平訟理。自創邑以來。興利之多。遺澤之深。未有踰於瑀者。

樊萬　元縉雲人。字萬里。嘗執經許衡之門。任滁州教授。入爲應奉翰林文字。終江浙儒學提舉。

樊資深　宋字逢源。從司馬光學。皇祐初中拔萃科。授滁州別駕。致仕歸。性剛介。博通經史。居家力行任卹之惠。散粟助棺。費以萬計。

樊夢斗　淸文安人。字北一。號文成。明崇禎鄉貢。明亡。絕意仕進。攜家入桐柏山以終。有駐樸詩集。

樊綽　唐懿宗時爲安南經略使從事。所著蠻書。於六詔種族風俗山川道里。及前後措置始末。撰次極詳。爲輿志中最古之本。

樊維甫　明維城弟。字山圖。生而聰敏絕倫。貫穿經史。入南雍肄業。屢中副車。不第。父卒。遂棄舉子業。

屏跡山林。不與人事。兼通形家言。有西霞集・三易衍符・天機祕鈐諸書。

樊・維城　明玉衡子。字紫蓋。萬曆進士。除海鹽知縣。遷禮部主事。坐事謫上林苑典簿。崇禎初抗疏請誅魏忠賢。遷戶部主事。歷福建副使。以大計罷歸。張獻忠破黃岡。罵賊不屈。刃洞胸而死。有鹽邑志林。

樊・遜　北齊猗氏人。字孝謙。專心典籍。恆書壁作見賢思齊四字以自勉。寓鄴中爲縣主簿。右僕射崔暹引爲賓客。天保中詔入祕府刊定書籍。嘗代楊愔作書。愔以示魏收。收不能改一字。愔歎曰。文章成就。莫過樊孝謙。淸河初爲主書。遷員外散騎侍郎卒。

樊・毅　陳湖陽人。字智烈。累葉將門。少善騎射。梁太清中侯景之亂。率部曲從援臺城。復從討河東王蕭譽。以功除威戎將軍。右中郎將。歷梁與天門太守。封夷道縣侯。及武帝受禪。與弟猛舉兵應王琳伐陳。琳敗奔齊。太尉侯瑱遣使招毅還。授通直散騎常侍。數立戰功。後主時爲侍中・護軍將軍。封逍遙郡公。入隋始卒。

樊・瑩　明常山人。字廷璧。天順進士。授行人。使蜀不受餽。土官作郤金亭識之。擢御史。出知松江府。憂歸。起知平陽。薦擢河南按察使。鉤考田賦。積弊一淸。累遷南京刑部尙書致仕。卒諡淸簡。瑩性誠愨。晨月坐籃輿戴笠。令子孫舁行田間。曰。非徒視稼。欲子孫習勞也。其後人率敎。多愿朴力學者。

樊・瑾　明南昌人。字公瑾。景泰鄉薦。知績溪。調彭山。時松潘苗作亂。當道以瑾識天文知兵。使參戎事。發縱指示。咸得其宜。事平。陞兵備僉事。

樊・噲　漢沛人。以屠狗爲事。與高祖俱隱於芒碭山澤間。陳勝初起。蕭何・曹參使噲迎高祖。立爲沛公。從攻秦。屢先登有功。沛公入咸陽。欲居秦宮室。噲諫。乃還軍霸上。項羽會沛公於鴻門。范增謀殺沛公。噲持盾直入譙讓羽。是日微噲。沛公幾殆。及定天下。累遷左丞相。封舞陽侯。卒諡武。

樊・曄　後漢新野人。字仲華。與光武有舊。及卽位。徵爲侍御史。歷河東都尉。盜賊斂跡。吏人畏之。遷揚州牧。敎民耕田種樹理家之術。視事十餘年。坐法左轉軹長。復拜天水太守。政嚴猛。好申韓法。善惡立斷。視事十四年卒官。

樊・澤　唐南陽人。字安時。初爲堯山令。舉賢良方正上第。擢左補闕。澤有武力。喜兵法。議者謂有將相器。德宗召對延英。論兵稱旨。累遷山南東道節度使。加檢校右僕射。襄漢之間。服其威惠。卒諡成。

樊・興　唐安州人。以罪爲奴。從太宗征戰。積功封營國公。貞觀中討陵州獠。擊吐谷渾。累遷左監門大將軍。封襄城郡公。太宗征遼。以興忠謹。副房玄齡留守京師。拜檢校右武候將軍卒。

樊・融　後漢曄子。少有俊才。好黃老。不肯爲吏。

樊・鯈　後漢宏子。字長魚。謹約有父風。事後母至孝。母卒。哀毀過禮。受公羊嚴氏春秋於丁恭。爲刪定之。世號樊侯學。敎授門徒。前後三千餘人。永平初拜長水校尉。與公卿定郊祠禮儀。以讖記正五經異說。徙封燕侯。廣陵王荆有罪。詔鯈與任隗雜理其獄。事竟。奏請誅荆。帝怒曰。諸卿以我弟故欲誅之。卽我子。卿等敢爾邪。鯈對曰。天下。高帝天下。臣等以荆屬託母弟。故敢請耳。如令陛下子。臣等專誅而已。帝歎息良久。卒諡哀。

樊・鎭　明考城人。性剛直。博通經史。洪武進士。授監察御史。振肅風化。有政聲。累官山西右布政使。所至有時譽。◎淸順天通州人。爲道士。俗名嗣曾。字主實。號竹師。一號煮石山人。主白馬廟。工書畫。精煉術。年逾九十。童顏鶴髮。縱談無倦。有來鶴山房詩集・畢玉編。

樊・鵬　明信陽人。字少南。嘉靖進士。官至陝西按察僉事。嘗師何大復。爲詩文有聲稱。

樊・繼　明洪武中知興國州。廉介公平。有惠政。勸民喪葬用朱子家禮。民多化之。

樊・繼祖　明敬曾孫。字孝甫。弘治進士。擢僉都御史。撫大同。西邊警聞。總制督戰有功。終工部尙書。謝政歸。

樊・騰鳳　淸堯山人。字凌虛。嘗論切字之法。著五方元音。

樊・鐸　明縉雲人。字伯廣。有畏齋存稿。

樓・大年　宋義烏人。字元齡。朱熹弟子。舉進士。歷知遂安・南昌縣。所至多善政。理宗爲訓廉謹刑二銘。大年摭古之可法戒者二百事疏之。號銘心偶錄。

樓・玄　三國吳蘄人。字承先。孫皓時爲宮下鎭禁中侯。主殿中事。從九卿持刀侍衞。正身率衆。奉法而行。以切直數忤皓意。後人誣玄謗訕政事。命送廣州。又徙付交阯將張奕殺之。奕以玄賢。不忍殺。玄知之。仰藥死。

樓・异　宋郁孫。字試可。元豐進士。徽宗時知本州。墾廣德湖爲田七百二十頃。歲得穀三萬六千。但湖水蓄泄。自是苦旱。睦寇起。善理城戍。進徽猷閣直學士。知平江府卒。

樓・弆　宋郁孫。字元應。讀書敏

而勤。無不該貫。小學尤精。鄙流俗簡陋。手以古字寫春秋左氏傳禮記莊子。以課其子。

樓・昉　宋鄞人。字陽叔。號迂齋。少從呂祖謙學。與弟昞俱以文名。紹熙進士。授從事郎。遷宗正簿。有直諒聲。後以朝奉郎守興化軍卒。昉爲文汪洋浩博。從學者凡數百人。有中興小傳・宋十朝綱目・東漢詔令・崇古文訣。

樓・炤　宋婺州永康人。字仲暉。政和進士。官至簽書樞密院事。樞參政。被劾除知宣州。徙廣州。未行卒。諡襄靖。炤早附蔡京。其後立朝。至位二府。皆與秦檜同時。其宣諭陝西。妄自尊大。或者論其好貨失將士心。

樓・英　明蕭山人。字全善。精於醫。居元度巖。治效甚多。有仙巖文集・氣運類註・醫學綱目等書。

樓・郁　宋奉化人。徙居鄞。字子文。慶曆中爲郡縣教授。前後三十餘年。鄉人翕然師之。登皇祐進士。官至大理評事致仕卒。學者稱西湖先生。有遺集。

樓・海　宋權宰清遠。峒寇一夕入縣治。倉卒告變。海挺身出諭。被害。

樓・得達　明鄞人。性尚閒雅。博於文藝。於弈則稱專家。永樂初驛召至京。與江陰相子先弈。累勝之。命吏部給冠帶焉。

樓・望　後漢雍丘人。字次子。治嚴氏春秋。操節清白。建初間累官左中郎將。教授不倦。稱爲儒宗。諸生著錄者九千餘人。年八十。卒官。

樓・惠明　南齊揚州東陽人。字智遠。有道術。居金華山。禽獸毒螫者皆避之。永明間忽乘輕舟向臨安縣。已而賊破郡。文惠太子令住蔣山。武帝敕爲立館焉。

樓・登　後漢塞外白馬羌豪。建武間率種人內附。封歸義君長。

樓・楷　明鄞人。號南沙。有通書捷徑。

樓・煩　漢善騎射。楚漢相持廣武間。楚挑戰三合。煩輒射殺之。項羽大怒。出戰。瞋目叱之。煩目不能視。手不能發。走歸壁。

樓・澄　明鄞後。自鄞徙居吳。字文淵。早從貝翶學。深於書。夏原吉與論水利。欲薦之。以疾辭。有林皋鼓缶集。

樓・璉　明義烏人。字士連。嘗從宋濂學。建文時爲侍讀。成祖命方孝孺草登極詔。不屈死。改命璉。璉懼不敢辭。語妻子曰。我固甘死。正恐累汝輩耳。其夕自經死。

樓・緩　戰國趙事武靈王。王欲胡服。羣臣皆不欲。緩獨稱善。

樓・龍兒　後魏爲安州都將。庫莫奚犯塞。龍兒擊破之。

樓・應元　宋東陽人。陳亮弟子。父民範。工詩文。與亮善。應元亦工詩文。

樓・璹　宋异子。字壽玉。一字國器。除於潛令。以課最聞。紹興中累官至朝議大夫。持節十有餘年。所至多著聲績。有耕織圖詩。

樓・護　漢齊人。字君卿。父世醫。少誦醫經本草方術數十萬言。後學經傳。爲京兆吏。甚得名譽。王氏五侯賓客。各有所厚。惟護與谷永。同爲五侯上客。長安語曰。谷子雲筆札。樓君卿脣舌。言其見信用也。舉方正。爲諫大夫。擢天水太守。數歲免。王莽專政。以捕執呂寬。封息鄉侯。位列九卿。莽篡。封樓舊里附城卒。

樓・儼　清義烏人。字敬思。號西浦。康熙間聖祖南巡。儼獻織具圖詩詞。擢第一。官至江西按察使。有蓑笠軒僅存稿。

樓・覯　宋台州人。舉進士。與兄覺皆知名。時號二樓。官至大理少卿。

樓・鑰　宋璹弟子。字大防。隆興進士。歷知溫州。光宗時擢起居郎。兼中書舍人。繳奏無所迴避。禁中或私請。帝曰。樓舍人朕亦憚之。不如且已。遷給事中。乞正太祖東嚮之位。朱熹以論事忤韓侂胄。除職與郡。鑰請還講筵。不報。彭龜年攻侂胄。出知外郡。鑰奏留不得。尋告老。侂胄誅。起翰林學士。歷同知樞密院・參知政事。卒諡宣獻。鑰通貫經史。文辭精博。善大字。自號攻媿主人。有范文正年譜・攻媿集。

樗里子　戰國秦惠王異母弟。名疾。以居渭南陰鄉之樗里。故號樗里子。滑稽多智。秦人號曰智囊。伐晉趙楚有功。爲右相。卒葬於渭南章臺之東。曰。後百歲。是當有天子之宮夾我墓。至漢興。長樂宮在其東。未央宮在其西。武庫正直其墓。秦人諺曰。力則任鄙。智則樗里。

歐・大任　明廣東順德人。字楨伯。讀書纖言。確有元本。嘉靖時以貢生歷官國子博士。終南京工部郎中。王世貞品爲廣五子之一。有虞部集。

歐・大聰　明龍川人。性至孝。母沒。廬墓三年。寒無重衣。徒跣骨立。亂寇過墓。亦悲之。爲引去。

歐・子復　明會昌人。父爲賊掠去。子復乞貸詣賊壘。哀賊贖父以回。已而父沒。遭兵亂。負母以避。孝養至老不衰。

歐冶子　春秋越善鑄劍。越王聘之作五劍。曰湛盧巨闕勝邪魚腸純鉤。後又與干將爲楚王作三劍。曰龍淵泰阿工布。（一作工市。）福建閩侯縣冶山西。有歐冶池。相傳爲歐冶子鑄劍之地。周數里。今多湮塞。

歐・信　明景泰間以廣東破賊功。

纘都指揮同知。累功爲廣西總兵官。已而鎭守遼東。巡撫陳鉞貪功。信不能違。爲巡按所劾。謫一官閒住。飲恨而卒。

歐・善堂 【明】永州人。洪武初李文瘏內附。餘黨未息。平章楊璟駐兵道州。議縣北十里外盡屠之。善堂總縣事。率耆老說璟止之。賴以全活者十數萬人。

歐陽・一敬 【明】彭澤人。字司直。嘉靖進士。由蕭山知縣授刑科給事中。自嚴嵩敗。言官爭發憤論事。一敬尤敢言。嘗劾高拱威制朝紳。專柄擅國。已陳兵政八事。皆議行。擢太常少卿。拱再起柄政。一敬懼。卽日告歸。半道以憂死。

歐陽・中立 【宋】袁州人。試部郞。上書言新法不便。以司馬光門下坐廢。遂不復起卒。弟子私謚節孝先生。

歐陽・元量 【宋】新喩人。字宏中。少有遠志。嘗與弟昌邦入靑原山。著決勝兵要經進於上。自寧鄕令轉陽山令。紹興間盜黃三夏謀結猺獠三延爲暴。元量率三鄕民兵夜屯富連巖佛寺。期至明破賊。賊出不意。夜劫其寺。元量與戰不利。被執死。民祠祀之。

歐陽・斗南 【宋】安福人。性質直尙風節。時秦檜專政。斗南上書言國事。伏闕下。三日不納。斗南退宿旅舍。束草爲人。以書置手中。設祭其前。鑰門而去。後爲舍人所首。檜大怒。移文索之。不可得。

歐陽・旦 【明】安福人。字子相。成化進士。由休寧知縣擢御史。請逐劉吉。罷皇莊。不聽。旦醇謹有文學。終南京副都御史。

歐陽・玄 【元】龍生子。字原功。號圭齋。八歲能日記數千言。及長。經史百家。靡不研究。伊洛諸儒源委。尤爲淹貫。延祐中登第。官至翰林學士承旨。玄性度雍容。爲政廉平。歷官四十餘年。凡宗廟朝廷文册制誥。多出其手。海內名山大川釋老之宮。王公貴人墓隧之碑。得其文詞以爲榮。卒謚文。有圭齋文集。

歐陽生 【漢】千乘人。字和伯。事伏生受尙書。授兒寬。寬授生子。世世相傳。至曾孫高爲博士。高孫地餘。裔孫歙。復以傳業顯名。由是尙書世有歐陽氏學。

歐陽・兆熊 【清】湖南人。字曉岑。詩文皆法唐人。工詞曲聯句之屬。書亦險勁。世不恆見。善醫。有詩集。

歐陽・光祖 【宋】崇安人。字慶嗣。九歲能文。時人目爲童瑞。從劉子翬朱熹講學。乾道中再舉登第。趙汝愚張栻力薦於朝。方欲召用而汝愚去國。後爲江西運幹。致仕卒。

歐陽・地餘 【漢】生玄孫。字長賓。爲博士。元帝卽位。侍中貴幸。至少府。戒其子曰。我死。官屬卽送汝財物。愼毋受。汝九卿儒者子孫。以廉潔著。可以自成。及地餘死。少府官屬共送數百萬。其子不受。帝聞而嘉之。賜錢百萬。

歐陽・安 【明】成祖時任翰林院庶吉士。四知貢舉。六典文衡。與修永樂大典。書成。賜宴文淵閣。以直諫忤旨。謫蕭縣訓導而卒。

歐陽・守道 【宋】廬陵人。字公權。少孤貧。自力於學。以德行爲鄕郡儒宗。淳祐初舉進士。授雩都主簿。以憂歸。後累官著作郞。兼崇政殿說書。於學無所不講。尤深前代治亂與廢存亡之說。學者稱巽齋先生。有易故・巽齋文集。

歐陽・朴 【宋】昌邦子。字全眞。舉進士。作州縣二十餘年。不求人知。改知衡陽。未赴。一日無疾。輒大書力學持身語數幅戒其子。且命勿徇俗爲釋老齋。言畢而逝。

歐陽・初 【明】潮陽人。字遂初。性至孝。博學能文。舉洪武鄕貢。授泉州府學教授。其教先德行而後文藝。國人士出其門者。多矜名節。滿考。改柳州教授。永樂間歸卒。

歐陽・利見 【清】湘鄕人。光緒初授浙江提督。甲申之役。駐寧波。親督諸將防守。礮擊敵艦。中之。法帥孤拔。實死其役。

歐陽・序 【明】江寧人。字維禮。能詩。工篆。究心名理。謁選福州府幕。兩署閩與侯官篆。不妄刑一人。不妄取一錢。郡人德之。

歐陽・汝 【明】分宜人。字伯魯。以經明行修舉。授開封府訓導。改永康。不受士贄。師範嚴整。進國子學錄。嘗疏論時事。遷周府長史。改伊府。致仕家居。不造城府。時論服其淸介。

歐陽・言 【宋】營道人。字鳴道。建炎中登甲科。性廉退。任遂江令。嘗獲胄爵人陳椿。以賞合改秩。固辭不受。後宰劇邑。愈有聲。遷員外郞致仕。故廬蕭然。僅蔽風雨。

歐陽・宗衡 【明】嘉溪人。字曆閩。好博覽。殫力河洛星緯之學。喜交游。著述不怠。年幾九十。猶誦習不輟。

歐陽・尙公 【明】尙誠弟。從征遇害。旣已喪元。猶乘騎奔走如生。抵家始仆。鄕黨神而祠之。洪武中尙誠平洪懸。洪黨復仇。尙公妻謂其妾曰。吾儕爲洪黨所辱。遂閉門自焚死。

歐陽・尙誠 【明】彭澤人。以孝友著稱。元末舉兵保鄕里。太祖征陳友諒。尙誠齋牛酒勞師。友諒平。召至京。授世襲本縣令。力辭。授本縣丞終其身。

歐陽・忞 【宋】廬陵人。修從孫。有輿地廣記。(按晁公武讀書志謂實無其人。乃著書者所僞託。陳振孫書錄解甌謂恣爲修從孫。茲從之。自序稱廬陵人。疑爲傳寫之誤。）

歐陽·政　〔漢〕地餘少子。爲王莽講學大夫。

歐陽·旻　〔宋〕永新人。一作閔。字彥昭。隆興初任新化主簿。儒雅機素。莅政公勤。以丞務郎致仕。有盡心錄。

歐陽·昌邦　〔宋〕元量弟。字德升。靖康間在太學。時張邦昌僭號。或勸改名。曰。吾惟知避國諱而已。他何暇計。遂辭歸。後以恩科終永淳令。

歐陽·杲　〔明〕鄱陽人。字景廬。嘉靖中鄉薦第一。平生博涉經史。撰作多獨得之見。有蠹藏諸集。

歐陽·東鳳　〔明〕潛江人。字千仞。年十四。父喪。哀毀骨立。母病嘔。跪而食之。舉於鄉。縣令憫其貧。遺以田二百畝。謝不受。舉萬曆進士。除興化知縣。累遷潁州兵備副使。並有政績。有晉陵先賢傳。

歐陽·泳　〔清〕桂東人。字子季。號松洲。道光拔貢。有寬閒堂遺文。

歐陽·直卿　〔宋〕仙遊人。字溫叟。以張俊特薦。爲惠州軍士推官。歷知海陽縣。素有才能。所至號爲易治。轉判饒州。致仕歸。

歐陽·厚均　〔清〕湖南安仁人。字福田。號坦齋。嘉慶進士。官至御史。以母老告歸。主講嶽麓書院。弟子著錄者三千餘人。有易鑑·望雲書屋集·學東遊草。

歐陽·建　〔晉〕世爲冀州右族。字堅石。石崇甥。雅有理思。才藻美贍。擅名北州。歷官馮翊太守。甚得時譽。與趙王倫有隙。孫秀譖之。因被誅。

歐陽·恂　〔明〕安福人。字誠之。正德末知常德府。性鯁直。政尚簡易。治行稱最。

歐陽·持　〔唐〕高安人。字化基。天復進士。爲太學博士。昭宗遷洛。持遁歸西山。惕行密察朱全忠有異志。奏除左拾遺。未幾歸。

歐陽·春　〔明〕郴州人。幼孤。事母孝。母病。躬湯藥。達旦弗寐。以歲貢任全州訓導。薦轉魯府伴讀。春性忠厚。不彰人過。嘗有盜竊其家。春見之。卻立不進。亦終不發其事。

歐陽·紇　〔陳〕頠子。字奉聖。有幹略。天嘉中襲封陽山郡公。都督交廣等十九州諸軍事·廣州刺史。在州十餘年。威惠著於百越。進號輕車將軍。宣帝以紇久在南服。疑之。太建初徵爲左衞將軍。紇遂舉兵反。攻衡州。兵敗被執。伏誅。

歐陽·貞　〔明〕分宜人。字元春。自號石戶農。從學士揭傒斯·鄉進士夏鎮學。工古文。元季隱退不仕。洪武初以易經魁江西鄉舉。授考城主簿。改扶溝歸卒。有周易問辨·史提鉤·餘學初集·龍江叢稿·東齋寓錄·賢樂集。

歐陽·迥　〔後蜀〕華陽人。少事王衍。後隨衍至洛陽。孟知祥僭號。以爲中書舍人。廣政中累拜門下侍郎。嘗擬白居易諷諫詩五十篇以獻。孟昶嘉之。隨昶歸宋。官翰林學士。轉左散騎常侍。坐事罷職。以本官分司西京卒。

歐陽·重　〔明〕廬陵人。字子重。正德進士。授刑部主事。劉瑾竊柄。百官謹事之。重獨不顧。張銳·錢寧掌廠衞。連構縉紳獄。重皆力與之爭。累擢右僉都御史。巡撫應天。會尋甸反。改巡雲南。討平叛蠻。諸所設施。民咸稱便。既劾黔國公沐紹勛與鎮守中官杜唐。爲所構。遂罷歸。

歐陽·修　〔宋〕廬陵人。觀子。字永叔。自號醉翁。舉進士甲科。慶曆初召知諫院。改右正言。知制誥。時杜衍·韓琦·范仲淹·富弼相繼罷去。修上疏極諫。出知滁州。徙揚州·潁州。還爲翰林學士。在翰林八年。知無不言。嘉祐間拜參知政事。與韓琦同心輔政。熙寧初與王安石不合。以太子少師致仕。修博極羣書。得昌黎遺稿。苦心探索。遂以文章冠天下。晚號六一居士。謂集古錄一千卷·書一萬卷·琴一張·棋一局·酒一壺·鶴一雙也。卒諡文忠。有新唐書、新五代史·毛詩本義·集古錄·歸田錄·洛陽牡丹記·文忠集·試筆·居士集·六一詩話·六一詞。（按宋史稱修爲廬陵人。考修自序譜云。祖居沙溪。沙溪分屬永豐。譜雖著廬陵。實爲吉州永豐人。今永豐縣境有沙溪。表石具存。又韓魏公歐陽文忠墓碑亦稱修永豐人。惟修文自稱廬陵歐陽修。後之稱修者。亦通稱廬陵。故仍之。）

歐陽修母　〔宋〕姓鄭氏。修四歲而孤。母守節教育之。家貧甚。常以荻畫地學書。後修以直諫貶夷陵。母言笑自若。曰。吾家故貧賤。吾處之有素矣。封韓國夫人。修爲瀧岡阡表。述其事甚詳。

歐陽·倫　〔明〕尚安慶公主。頗不法。洪武末茶禁方嚴。倫數遣人販茶出境以牟利。大吏不敢問。家奴周保擅捶辱司吏。吏不堪。以聞於朝。帝大怒。賜倫死。保等皆坐誅。

歐陽·哲　〔明〕泰和人。字廣哲。永樂進士。僉事浙江。洗冤誣之獄。民生祀之。歷官四十年。以清介著。人稱爲介翁。

歐陽·珣　〔宋〕廬陵人。字全美。崇寧進士。爲將作監丞。金人逼京師。朝議割地講和。珣極言不可。時宰怒。欲殺珣。乃遣珣奉使割深州。珣至深州城下。慟哭謂城上曰。朝廷爲姦臣所誤。吾已辦一死來矣。汝等勉爲忠義報國。金兵怒。執送燕。焚死之。

歐陽·秬　〔西晉〕詹從子。字降之。擢

開成進士第。性亮直。工爲文。潞澤劉從諫表爲幕府。其子稹拒命。表斥時政。或言秬爲之。時秬還家。詔流崖州賜死。臨刑神色不撓。爲書徧謝故人。自誌墓。人皆憐之。

歐陽・寅 明 從化人。成化中領鄉薦。任鬱林知州。廉直有惠政。九載秩滿。民乞留。加俸復任三年。擢南寧府同知。尋致仕歸。鬱林人祠祀之。

歐陽・彬 後蜀 衡山人。字齊美。博學能文。先以所著書詣馬殷。不用。乃入前蜀。獻賦王衍。衍大悅。擢爲翰林學士。前蜀亡。歸孟知祥。廣政中累官尚書左丞。出爲寧江軍節度使。尋解官歸卒。

歐陽・斌元 清 新建人。字憲萬。明諸生。博覽工文辭。與南昌彭士望爲兄弟交。講求經濟。嘗爲南左司馬呂大器草疏。劾馬士英二十四大罪。又佐督師史可法幕。薦擢推官。士英擯勿用。順治中卒。有文集。

歐陽・深 明 福建南安人。少爲郡諸生。性慷慨。家世饒貲。深以好施盡之。嘉靖間閩被倭害日甚。時深以納級除授本衛提兵。軍府檄深應援。戰死。

歐陽・莘 明 洪武初爲開州判官。爲政寬簡。奸弊悉除。遷行省郎中。邑民咸懷去思。

歐陽・通 唐 詢子。字通師。儀鳳中累遷中書舍人。居母喪。詔奪哀。入朝徒跣。非公事不語。還家輒號慟。居廬四年不釋服。天授初轉司禮卿。判納言事。輔政月餘。會張嘉福請以武承嗣爲太子。通與岑長倩固爭。忤諸武意。下獄死。通亦善書。與詢齊名。時號小歐陽。

歐陽・逢泰 宋 新子。字思叟。爲潭州學錄。宋以詞賦取士。季年惟閩浙賦擅四方。逢泰爲賦。務爲典雅。每一篇出。士爭學之。由是湘賦與閩浙頡頏。

歐陽・雪友 宋 楚翁子。工畫山水竹石水墨梅花。四時之景。亦臻其妙。

歐陽・凱士 宋 建陽人。字彥成。爲文敏捷。建炎間屬兵興。上書論當世得失。忤時相。謫發洪州得還。徜徉玩世。不求仕進。預知屬纊之日。有無旁集。

歐陽・復 明 桂陽人。字孟元。天順末知泉州。廉明正直。事集而民不擾。訊決獄訟。多平反。◉明 蕭人。性諒直。材武過人。驍北京武功衛指揮使。崇禎末流寇躪徐州。復與戰。被執。不屈死。

歐陽・朝初 元 萬載人。至正進士。歷通山龍南二縣尹。以文章名世。學者多禮事之。

歐陽・棐 宋 發弟。字叔弼。登進士乙科。知蔡州。忤曾布婦兄魏泰。徙潞州。後以直祕閣知蔡州。蔡地薄賦重。轉運使又爲覆折之令。多取於民。民不堪命。會有詔禁止。而佐吏憚使者。不敢奉行。棐毅然行之。未幾坐黨籍廢。十餘年卒。有文集。

歐陽・發 宋 修子。字伯和。少好學。師事安定胡瑗。得古樂鐘律之說。不治科舉。文詞獨探古始立論議。自有書契以來君臣世系制度文物。旁及天文地理。靡不悉究。以父恩補將作監主簿。賜進士出身。累遷殿中丞。卒年四十六。蘇軾哭之。謂發得文忠之學。蔡伯喈・張茂先之流也。

歐陽・楚翁 宋 道士。字無塵。居龍虎山。善畫山水窠木竹石水墨梅花四時之景。尤工畫龍。

歐陽・瑜 明 德族人。字汝重。從王守仁學。舉於鄉。不就會試。曰。老親在。三公不與易也。母沒。廬墓側。虎環墓而嗥。不爲動。後爲通州學正。歷官四川參議。所至有廉惠聲。

歐陽・新 宋 吉州人。字仲齊。與子必泰寓居瀏陽。因家焉。聞歐陽守道至。往訪之。守道禮新爲嶽麓書院講書。新講禮記天降時雨山川出雲一章。守道起曰。長沙自有仲齊。吾何爲至此。踰年卒。守道哭之慟。自銘其墓。

歐陽・椿 宋 分宜人。字永年。紹興進士。未老。以奉議郎致仕。號宜林老人。有自備集。

歐陽・暉 明 從化人。字伯曦。萬曆舉人。知臨賀縣。擢南京刑部主事。改香河。再謫南京錦衣衛知事。忤魏璫繫獄。杖遣歸。尋聞同繫知府劉鐸致法。自度不免。辭家赴飛來峽投水死。有寓燕草・生還草・端雲山房諸刻。

歐陽・經 宋 連州人。登進士第。築草堂。日讀書其中。初任杭州幕官。以詩文見稱。時蘇軾帥杭州。薦之。官至朝散大夫・知封州。◉明 恭城人。字時用。以歲薦謁選。授閩都司。歷任九載。有賢聲。秩滿。陞蜀威州知州。以廉愛稱。生番亂。經率熟番平之。民賴安堵。致仕歸。

歐陽・詹 唐 晉江人。字行周。貞元間與韓愈・李觀等聯第。時稱龍虎榜。爲國子四門助教。與愈同爲博士。詹事父母孝。與朋友信義。其文章切深。往覆明辨。既卒。愈爲作哀辭。有歐陽行周集。

歐陽・詢 唐 紇子。字信本。博貫經史。仕隋爲太常博士。太宗時官至太子率更令・弘文館學士。封渤海男。善書。初倣王羲之。而險勁過之。因曾爲率更令。故名其體曰率更體。卒年八十五。有藝文類聚一百卷。隋以前遺文祕籍。十九不存。此書可資考證。

歐陽・輅 閩 善化人。原名紹洛。

字念祖。一字礀東。乾隆舉人。博學多通。書過目不忘。少孤貧。客遊南北。非其力不食。尤以詩爲世所重。灝氣洸轉。含章內映。時稱韓蘇以後一人。卒年七十有五。有礀東詩鈔。

歐陽・道 元湖廣寧鄉人。字性之。宋德祐初舉進士不第。隱居泉溪之右巖。開元阿里海牙拔潭州。將屠城。杖策勸勿殺。海牙深納之。辟爲荆湖行樞密院掌書記。轉中書令史卒。（按萬姓統譜作歐道。此從寧鄉縣志。）

歐陽・誠 明分宜人。字志遠。博學善考據。以貢入國子。中嘉靖舉人。授景陵知縣。未赴任卒。

歐陽・銘 明泰和人。字日新。洪武初以賢才薦。除江都丞。遷知臨淄縣。邑大治。秩滿。入覲卒。

歐陽・韶 明永新人。字子韶。洪武初授御史。嘗入侍。帝甚怒。將戮人。他御史不前。韶趨跪庭下。倉卒不能措詞。急捧手加額呼曰。陛下不可。帝察其樸誠。爲霽威。尋致仕卒。

歐陽・廣 南唐吉水人。武安節度使邊鎬昏懦無斷。在湖南政出多門。不合衆心。廣上書。言鎬非將帥才。必失湖南。宜別擇良帥。益兵以救其敗。不報。已而劉言驅鎬。據之。唐主思廣之言。拜本縣令。

歐陽・德 明泰和人。字崇一。號南野。從王守仁學。嘉靖進士。歷刑部員外郎。以學行改編修。累遷禮部尚書。與徐階・聶豹・程文德並以宿學居顯位。集四方名士於靈濟宮。與論良知之學。赴者五千人。德遇事侃侃持正。其學務眞知實踐。引掖後進。如恐不及。卒謚文莊。有歐陽南野集。

歐陽・澈 宋崇仁人。字德明。爲人慷慨尙氣。憂國憫時。出於天性。靖康初應制條敝政。陳安邊禦敵十策。高宗卽位。澈徒步行在。伏闕上封事。極詆用事大臣。遂見殺。帝悔之。追贈祕閣修撰。范應鈴爲立祠學中。有歐陽修撰集。

歐陽・頠 陳臨湘人。字靖世。少以言行篤信著聞於嶺表。州郡頻辟不應。廬於麓山寺傍。專精習業。博通經史。年三十。其兄逼令從宦。起家信武府中兵參軍。官至都督廣交十九州諸軍事。廣州刺史。進號征南將軍。封陽山郡公。卒謚穆。

歐陽・勳 清湘潭人。字功甫。諸生。有秋聲館遺稿。

歐陽・學啓 明長沙人。字省微。家貧好學。以進士授中牟令。時値內臣專擅。學啓不爲禮。璫庭辱丞尉。將以脅學啓。士民憤璫不法。交撻幾死。學啓亦瀕於危。當事持之得無恙。逾年卒於任。

歐陽・廩 明序弟。字惟功。以詩畫名。亦能大小篆。官松滋通判。

歐陽・曄 宋觀弟。字日華。與觀同登進士。歷桂陽監。善決獄。官至都官員外郎。

歐陽・歙 後漢千乘人。字正思。自歐陽生傳伏生尙書。至歙八世。皆爲博士。光武時拜汝南太守。推用賢俊。政稱異迹。在郡教授數百人。徵爲大司徒。坐在汝南臧罪千餘萬。發覺下獄。諸生守闕爲歙求哀者千餘人。而歙已死獄中。歙掾陳元上書追訟之。乃賜棺木印綬。賻縑三千匹。

歐陽・澤 宋營道人。少貧爲郡吏。因弟稆入仕籍。乃罷役發憤讀書。登進士。官至節度推官。

歐陽・龍生 元逢泰子。字成叔。從醴陵田氏受春秋三傳。試春秋中第。至元間侍父還瀏陽。左丞崔斌召之。以親老辭。後辟爲文靖書院山長。

歐陽・璲 明潛江人。字岣嶁。崇禎中知盱眙縣。廉明有聲。後致仕歸。流寇陷郢。被執。與妻同殉。

歐陽・謙 明沔陽人。字伯益。洪武中監察御史。優於文學。有滄浪集。

歐陽・彝 宋廬陵人。字元鼎。與兄弇・弈・弁俱有文采。時稱四傑。而彝尤俊敏。胡銓措置海盜。彝畫禦戎要策。銓奇之。所著憤世疾邪書。尤爲人所傳誦。

歐陽・鎭 宋字伯禹。號東谷。潛心象山之學。以篤孝稱。

歐陽・獻可 宋連州人。字晉叔。幼領鄉薦。學爲古文。嘗作見山臺記。張浚亟稱之。州苦上供銀額。上書州郡。乞奏蠲除。人咸頌之。

歐陽・熻 明衡陽人。字洞陽。少以文章知名。由貢爲國子監學錄。擢梧州通判。公稅之外。一無私取。以勦猺賊功。遷高州同知。抵任未匝歲。歎曰。廉吏可爲而不可爲。雖爲廉。不如勿爲吏也。遽引疾歸。（按湖南通志作歐淪。此從衡州府志。）

歐陽・鐸 明泰和人。字崇道。正德進士。授行人。上書極論時政。歷延平知府。改福州。並以治行聞。累遷南京光祿卿。奏革太官珍羞諸署積弊六事。進右副都御史。巡撫應天十府。再擢南京吏部右侍郎。自陳去。鐸有文學。內行修潔。雖通顯不改其素。卒謚恭簡。有歐陽恭簡集。

歐陽・闢 宋靈川人。字晦夫。至和間與弟簡同學詩於梅堯臣之門。元祐間舉進士。任雷州石康令。時蘇軾南遷。與之交游。乞休歸。居無完璧。

歐陽・顯宇 明桂陽人。字高鉉。以貢授巴陵教諭。署縣事。張獻忠攻城。顯宇死守。城破。罵賊不屈死。

歐陽・觀 宋廬陵人。字仲賓。少孤力學。性仁孝。歲時祀先人。必涕泣曰。祭之豐。不如養之薄也。登咸平進士。歷泗綿二州推官。嘗秉燭治官書。屢歷而歎。妻問之。曰。此死獄也。我求其生不得爾。生子修。方三歲。乳者抱立於旁。觀曰。術者謂我歲在戌必死。使其言驗。不及見兒之立也。後當以吾言告之。官終泰州判官。

歐陽·觀遠 明工書。得劉昌叔筆意。

歐陽·釁 宋南封人。工傳寫。其藝與僧維眞相抗。

歐·敬竹 明武進人。不識字。舌短而好大言。無生產。寓城南弋橋。爲人修破扇。明末聞變。招鄰人飲酒與訣。自經死。

歐·道江 明長樂人。博學洽聞。四方從游者數千人。

歐·慶 宋乾德人。字貽孫。以治三禮出身。歷知永春縣。爲人忠信孝弟。居官廉平。及卒。歐陽修爲表其墓。

歐·磐 明滁人。襲世職指揮使。成化中擢廣東都指揮僉事。屢勦蠻寇有功。弘治中進都督僉事。尋命佩平蠻將軍印。鎮守湖廣。磐爲將廉能得士。久鎮南邦。爲蠻人所畏服。

歐·賢 明延平人。穎敏好學。正統朝選入內庭。成化弘治間鎮守陝西。數有平賊功。

歐·煇 明長泰人。字貞明。性剛方。甘貧嗜學。正統進士。累遷廣東僉事。以廉介稱。

歐·寶 國平都人。性至孝。父喪廬墓。里人格虎。虎投其廬中。寶以衣覆之。虎得脫。渡江而去。其後虎致鹿以助寶祭。人以爲孝能格猛獸云。（按尙友錄作歐寶。漢安成人。吉安府志作歐陽寶。南北朝永豐人。江西通志作區寶。（舊志亦作歐。）漢平都人。考太平御覽引王孚安成記曰。平都區寶者後漢人。平都漢侯國。本安平改。今屬安福縣。太平寰宇記載寶墓在縣南十里可證。豫章十代文獻略云。言南北朝者時誤。言歐陽寶者姓誤。區本有歐音。茲從尙友錄作歐寶。）

穎·考叔 春秋鄭爲穎谷封人。時莊公以叔段之叛。置其母姜氏於城穎。有獻於公。公賜之食。食而舍肉。公問之。對曰。小人有母。請以遺之。公感悟。遂爲母子如初。後與公孫閼爭車有隙。從伐許先登。公孫閼自下射之。顚墜而死。

穎·容 後漢長平人。字子嚴。博學多通。善春秋左氏傳。徵辟皆不就。初平中避亂荆州。聚徒千餘人。劉表以爲武陵太守。不肯起。建安中卒。有春秋條例五萬餘言。

穎·贄 宋太宗時拔萃登科。官至太子中允。善爲文章。

潘·士良 淸濟寧人。明萬曆進士。累官刑部右侍郎。順治間起補兵部右侍郎。撫治鄖陽。擊敗流賊餘黨。降散其衆。尋被劾解任。以王光泰陷鄖陽。革職。死於家。

潘·士達 明烏程人。字在聞。萬曆進士。官至廣東提學僉事。嘗取諸子百家所載孔子之言。分類排纂。倣論語二十篇之數。爲增訂論語外篇一書。

潘·士遴 明烏程人。字叔獻。天啓進士。官至大理寺副。有尙書葦籥。

潘·士藻 明婺源人。字去華。號雪松。萬曆進士。歷官御史。內侍侯進忠牛承忠私出狎婦女。邏者執之。爲所毆。訴於士藻。爲牒司禮監懲兩閹。時張鯨方掌東廠。銜之。會火災修省。士藻直言。鯨激帝怒。謫廣東布政司照磨。尋擢南吏部主事。再遷尙寶卿。卒官。有洗心齋讀易述。

潘·士權 淸黔陽人。字龍庵。附貢生。乾隆中補天文生。署太常博士。精象數音律。有學庸一得。洪範九疇。大樂元音諸書。

潘·大武 明曾定人。嘉靖舉人。知江油縣。以清廉著。免戍卒及金井夫役。民便之。歷曲靖郡丞。告歸。

潘·大臨 宋黃岡人。字邠老。少警敏不羈。與弟大觀皆以詩名。從蘇軾·黃庭堅·張耒游。雅所推重。有柯山集。

潘·子秀 明江陵人。幼穎異。性彊記。讀書過目成誦。登弘治進士。累官江西提學副使。淸介著於一時。

潘·中 宋浦城人。字民極。崇寧進士。知長沙縣。二帝北狩。中拜詔。涕泣交頤。見者皆爲感動。會建卒幫潰叛。中冒險與戰。被執。不屈死。

◎明錢塘人。字大本。永樂進士。授楚府伴讀。持身以禮。貌莊而詞確。同列皆敬憚之。一官三十年。雖以直道齟齬。終無變屈。

潘·中矩 明澠池人。正德舉人。知內黃。恬淡樂易。與民道疾苦。藹然如家人。公出。常齎金以自給。每歲首。疏其錢穀之可緩及工役之可已者。停止之。一時有循良之稱。

潘·之恆 明歙人。僑寓金陵。字景升。工詩。嘉靖間官中書舍人。有黃海·名山注·涉江詩選·鸞嘯集。

潘·之淙 明錢塘人。字無聲。號達齋。嘗薈萃書家各說。著書法離鉤。

潘·之善 淸育龍從孫。隨育龍効力。康熙間從征噶爾丹於昭莫多。後授肅州游擊。駐防哈密。以兵二百敗策妄阿喇布坦兵二千。又隨富寧安擊準噶爾於烏魯木齊。時名將以至少擊至衆者。推之善爲最。官至固原提督。

潘·允端 明恩子。字仲履。嘉靖進士。性勤學好古。官四川右布政使。恩致仕。允端作豫園樂壽堂以奉之。

潘·及甫 宋揚州人。字憲臣。勵志文行。胡瑗倡學吳興。及甫往從。補學職。瑗妻以女弟。慶曆中登第。歷官至祕書丞。充楚王宮大學教授。

律宗室以禮法。神宗嘉之。

潘友文 宋時從子。字文叔。陸九淵稱其慈祥惻怛。一意師慕善人。服行善事。嘉定中官提舉福建常平茶鹽公事。

潘友恭 宋友端弟。字恭叔。與兄並學於朱熹。爲江淮宣撫使司幹。

潘友端 宋金華人。字端叔。年十七即有志於道。從朱熹游。登淳熙進士。爲太學博士。

潘夫人 三國吳會稽人。父坐法死。夫人輸織室。孫權見而異之。召充後宮。得幸。生子亮。立爲皇后。性險妒。權不豫。使問中書令孫弘呂后專制故事。諸宮人伺其昏臥。共縊殺之。託言中惡。

潘天成 清溧陽人。字錫疇。號鐵廬。寄籍桐城。爲安慶府學生。幼與父母避仇相失。年十五。乞食尋親。至江西界得之。遂迎歸。傭販以養。備極堅苦。嘗從湯之錡游。又請業於梅文鼎。學以養心爲體。經世爲用。年七十四。窮餓以死。有鐵廬集。

潘文 明寧武人。萬曆進士。知漢中府。礦賊俞士乾聚衆肆劫奪。文設策招之。使充牙兵。未一載。殺人如故。文以計擒之。一日殲焉。

潘文奎 明永嘉人。字景昭。宣德初爲左春坊司直郎。清愼寬厚。有愷悌之德。文翰爲時所重。與修國史。七秉文衡。官至福建布政司參議。

潘方 宋瑞安平陽人。寶祐進士。方出監慶元府市舶。慶元降附於元。方不屈。赴水死。

潘世恩 清吳縣人。字槐堂。號芝軒。乾隆進士。授修撰。累官體仁閣大學士。加太傅。直樞廷幾三十年。壽八十有六。子孫科第踵武。極人爵之榮。卒謚文恭。有思補堂集。

潘世標 明監利人。字翰臣。號耐安。由副貢選知資縣。告歸。性至孝。主陽春書院時。一夕心動。謂人曰。吾母其念我乎。促舟歸。母果病癱。親吮之。母尋愈。世標博洽能詩。晚尤嗜學。有初照亭諸集。

潘可大 明江寧人。起將才。嘗建功齊魯間。北援京師。南援閩粵。皆有功。後爲安慶府游擊。禦流賊於酆家店。士寡糧盡。度不能生。乃以關防印襟袂十餘處。殉焉。

潘尼 晉岳從子。字正叔。少有清才。與岳俱以文章見知。性靜退不競。著安身論以明所守。舉秀才。爲太常博士。元康中爲宛令。寬而不縱。恤隱勤政。歷著作郎。趙王倫篡位。乃以疾篤取假。聞齊王冏起義。赴之。冏引爲參軍。事平。封安昌公。累遷太常卿。洛陽沒。攜家回里。道病卒。

潘平格 清慈谿人。字用徵。治理學。以求仁爲宗。自言直接孟子。不入程朱陸王窠臼。有求仁錄。

潘弘 明淮安山陽人。字若稚。貢生。知舞陽縣。敷討敗土寇。李自成來攻。弘據城力守。諸生潛遣人約降。開門縛弘以獻。賊脅降。弘怒罵不屈。遂支解之。子澄瀾。痛憤投井死。

潘旦 明珍族子。字希周。弘治進士。知漳州。邵武。歷浙江左布政。斥羨金不取。嘉靖中撫治鄖陽。數平巨寇。後以兵部侍郎督兩廣軍務。會詔起毛伯溫討安南。旦以安南方有貢使。疏乞緩師觀變。部臣絀其議。伯溫又詆旦不知兵。遂改南兵部。未行。引疾乞休。語侵伯溫。帝怒。勒致仕。將還。吏白例支庫金爲道里費。旦笑曰。吾以不妄取爲例。

潘本愚 明博羅人。字克明。景泰進士。授戶科給事中。改刑科。出知興化府。爲政肅而明。公而惠。與學厚民。以憂去。起知漳州。卒官。

潘正衡 清有爲從子。字鈞石。諸生。好學工詩。以豔體得名。嗜黎簡書畫。藏弆甚夥。因以黎名齋。有黎齋詩草。

潘永基 後魏廣宗人。字紹業。性通率。輕財好施。爲冀州鎭東府法曹行參軍。歷長樂太守。葛榮攻州城。永基與刺史元孚戮力防拒。數月力窮乃陷。永熙中遷左光祿大夫。加衞大將軍。除東徐州刺史。元象初卒。

潘永圓 清金壇人。字大生。有讀史津逮。宋稗類鈔。（按宋稗類鈔作永因。此從四庫提要。）

潘仲春 明分水人。字正和。性至孝。父訪卒。治喪悉遵古禮。及葬。廬於墓左。後以明經選撫州教授。署臨川金谿二縣事。循良有聲。

潘仲驂 明烏程人。字天泉。進士。授編修。以直言忤嚴嵩。謫端州司理。嵩建第多役民夫。仲驂復盡裁之。再忤而歸。後起官。終安慶守。

潘夙 宋美從孫。字伯恭。天聖中上書論時政。授仁壽主簿。歷知韶。桂。潭諸州。嘗督兵討蠻。破其團峒九十。熟於邊事。遷知荆南鄂州卒。

潘妃 南齊東昏侯妃。名玉兒。嘗鑿地爲金蓮花。令妃行其上。曰。此步步生蓮花也。後梁武帝入建康。見妃色美。欲納之。王茂諫曰。亡齊者此物也。不可留。將以賜田安啓。玉兒不從。自縊死。

潘好謙 宋松陽人。字伯益。自號嬌齋。性嗜文史。恂恂馴飭。尤尚理學。遣其子景夔。景尹師事呂祖謙。歷官麗水尉。終通判紹興府。

潘好禮 唐宗城人。博學能議論。節行修整。第明經。累遷上蔡令。治稱最。開元初爲邠王府長史。兼司馬。王好游觀。農月出獵。好禮乃臥馬下呼曰。今農在田。王何得非時暴禾稼。

以損下人。請先踐殺司馬。王慚而還。後遷豫州刺史。勸力於治。然喜察細事。下厭其苛。以公累徙溫州別駕卒。

潘存實 唐 漳浦人。字正之。初應舉。以晨光麗仙掌賦及雙陸子賦得名。元和中登進士第。官左庶子。累遷戶部侍郎。

潘安固 宋 平陽人。字仲碩。熙寧間入太學。得伊洛之傳。大觀中舉入行。不就。紹興初王師討寇范汝爲。道經平陽。官民駭避。安固散財粟資戰士。邑賴以安。韓世忠上其勞。以宣德郎召。不赴。

潘安禮 清 南城人。字立夫。號東山。雍正進士。乾隆中舉鴻博。授編修。官至左諭德。才華博贍。工詞賦。有東山草堂集。

潘守恆 金 爲內侍。知書。南遷後。規益甚多。哀宗自蒲城走歸德。道次民家。守恆進櫛曰。願陛下還宮之日。無忘此草廬中。更加儉素。以濟大業。哀宗爲悽惋咨嗟久之。

潘有爲 清 番禺人。字毅堂。乾隆進士。官內閣中書。忤權貴。久不調。遂歸。所居擅園林花竹之勝。詩名籍甚。有南雪巢詩。

潘江 清 桐城人。字蜀藻。工詩古文。四方從游甚衆。康熙中舉鴻博。以母老不赴。隱居著述以自娛。有六經蠡測·字學析疑·記事珠·古年譜·木齋詩集等書。

潘汝一 宋 海陵人。字古玉。淹貫經史。善文章。建炎中許容攝州事。迎虜西郊。汝一不食數日。所親強之乃起。虜遣人誘致。大罵之。後以進士得官。更歷州縣。

潘汝楨 明 桐城人。字鎭璞。萬曆進士。知縉雲縣。調慈谿。所至有能聲。擢御史。視屯田。按山西。釐奸剔弊。墨吏畏之。天啟初以僉都御史巡撫浙江。轉南京兵部左侍郎。緣浙事罷歸。鄉里稱其孝。

潘耒 清 檉章弟。字次耕。號稼堂。師事徐枋。顧炎武。淹貫羣書。工詩文辭。兼長史學。康熙中以博學鴻詞徵。試授檢討。纂修明史。充日講起居注官。坐浮躁降調歸卒。耒性至孝。於師門之誼尤篤。炎武著日知錄。耒在閩中。有贈買山錢者。舉以刻之。其學旁及曆法算數宗乘道藏。於聲音反切。能通其微。晚號止止居士。有類音·遂初堂詩文集。

潘自牧 宋 金華人。慶元進士。官龍游令。所著記纂淵海。以賅備稱。

潘至善 明 浦城人。洪武中薦除戶部郎中。知撫州府。禮賢興學。士民懷之。

潘伯修 元 黃巖人。字省中。至正中嘗三中省試。方國珍亂。劫致之海上。欲官之。不從。遂死於難。工詩。有江檻集。

潘作梅 清 烏程人。字宵野。號戒平。雍正拔貢。官海寧學正。敦內行。博學多藝。精書法。畫山水得雲林逸致。

潘佑 南唐 本幽州人。父處常避禍江南。爲散騎常侍。佑生而氣宇孤峻。閉門苦學。文章議論。見推流輩。尤喜老莊家言。起家祕書省正字。直崇文館。累遷內史舍人。後主時時呼以潘卿。因屢疏極論時政。詞激觸怒。遣使收之。遂自殺。有榮陽集。

潘兌 宋 吳縣人。字說之。崇寧進士。歷中書舍人。知洪州。遷徽猷閣待制。同郡朱勔恩寵無比。兌不登其門。勔護父喪歸。亦不往迎。勔修敬於兌。兌杜門不納。勔至京。假御史誣兌以罪。落職。

潘君諧 明 安鄉人。字名弼。工詩。尤善作草書。官宜都訓導。終歸德通判。

潘呈雅 清 濟寧人。字雅三。號秣陵山人。工詩古文。尤工漢隸篆刻。所與交游。皆一時名流。

潘尫 春秋楚 楚大夫。字師叔。莊王伐庸。師叔曰。姑與之遇以驕之。彼驕我怒。而後可克。七遇皆北。庸不設備。楚遂滅庸。

潘希宗 宋 黃巖人。一名樟。字景昭。從蔡希點·車若水游。景定間領漕薦。丞相文天祥器之。有書札往來。宋亡不仕。號柏峯居士。有文集。

潘希曾 明 金華人。字仲魯。弘治進士。改庶吉士。授兵科給事中。因災異陳八事。指斥近倖。出覈湖廣貴州軍儲還。獨不賂劉瑾。瑾怒。矯詔廷杖除名。瑾誅。起吏科右給事中。嘉靖中歷太常卿。伏闕爭大禮。以右僉都御史巡撫南贛。平惠州賊。遷工部侍郎。代盛應期治河。築長隄百四十餘里。期年而工成。歷兵部左右侍郎卒。有竹澗集。

潘廷桂 明 江夏人。字貞菴。有孝行。母病。籲天請代。成化間由明經授南昌府經歷。父卒於任所。奉櫬歸。舟至鄱陽遇颶風。廷桂度不免。以繩繫櫬於身。誓死相隨。俄風送至一洲。得免。既歸葬。廬墓三年。

潘廷章 清 海寧人。字美含。號梅巖。自稱海峽樵人。有硤川志·渚山樓集。

潘志伊 明 吳江人。字伯衡。嘉靖進士。官刑部郎中。出知九江府。坐在刑部失察冤獄。謫知陳州。終廣西右參政。歷官有聲。

潘良貴 宋 金華人。字義榮。一字子賤。號默成。以上舍釋褐爲博士。遷祕書郎。蔡京欲引致。謝絕之。累官中書舍人。戶部侍郎向子諲入見。語言煩褻。良貴厲聲叱退。閤門併彈之。乃求去。後以徽猷閣待制提舉亳州明道宮。既歸。十年不出。家居甚貧。秦檜諷令求郡。不答。卒於家。有猷成文集・摩鏡帖。

潘谷 〔宋〕歙人。造墨精妙。或不持錢求墨。不計多少與之。黄庭堅嘗以錦囊貯其墨半丸。後飲酒三日。發狂赴井死。人下視之。趺坐井中。手持數珠。蘇軾嘗贈以詩云。一朝入海尋李白。空看人間畫墨仙。

潘辰 〔明〕景寧人。字時用。少孤。以文學名。弘治中薦授翰林待詔。預修會典成。進五經博士。正德中劉瑾摘會典小疵。降典籍。起故官。累遷太常少卿。致仕卒。辰居官勤愼。典制誥時。有以幣酧者。堅卻之。士夫重其學行。稱南屏先生。

潘京 〔晉〕漢壽人。字世長。弱冠郡辟主簿。有機辯。舉秀才。至洛。與尚書令樂廣共談累日。廣歎其才。曰。君天才過人。恨不學耳。若加以學。必爲一代談宗。京遂勤學不倦。時武陵太守戴昌父子亦善談。俱爲京所屈。歷巴丘邵陵泉陵三縣令。明於政術。道不拾遺。遷桂林太守。不就。歸家卒。

潘京南 〔明〕新都人。自號蕭櫟生。嘗摭錄古今隱逸閒適之事爲一編。名曰衡門晤語。

潘周岱 〔清〕涇縣人。家貧。世業竹工。事親至孝。父病足。周岱恆負父往返。居喪旦暮悲號。先後廬墓各三年。服除。夕必至墓所。爇香燃燈。雨雪罔間。二十餘年如一日。

潘孟陽 〔唐〕炎子。登博學弘詞科。補渭南尉。貞元末權知戶部侍郎。憲宗立。詔馳驛江淮視財賦。孟陽侍臾主。又氣豪侈。所至留連倡樂。招金錢。多補吏。聲望大喪。使還。罷爲大理卿。與宰相武元衡有舊。復以戶部侍郎判度支。用度侈汰。人多指怨之。病風痺。改左散騎常侍卒。諡康。

潘季馴 〔明〕烏程人。字時良。嘉靖進士。官御史。巡按廣東。行均平里甲法。人民便之。累遷工部尚書・右都御史。前後四奉治河命。功績最著。在工二十七年。習知地形險易。增築設防。置官建閘。下及木石樁埽。綜理纖悉。乞休歸卒。有河防一覽・兩河管見・兩河經略・奏疏・留餘堂集。

潘宗洛 〔清〕吳縣人。字書原。號巢雲。別號垠谷。康熙進士。官至偏沅巡撫。三掌文衡。胥號精鑒。在湖南時。出入苗界。羣苗底定。政績甚著。善詩賦。曉天文兵法。

潘宗顏 〔明〕保安衛人。字士瓚。萬曆進士。歷官戶部郎中。數上書言遼事。命督餉遼東。擢開原兵備僉事。後監馬林軍。戰於稗子峪。林軍敗。宗顏殿後。奮呼衝擊。膽氣彌厲。沒於陣。諡節愍。

潘岳 〔晉〕中牟人。字安仁。總角辯惠。摛藻清豔。鄉邑稱奇童。舉秀才。泰始中武帝躬耕籍田。岳作賦美其事。才名冠世。爲衆所疾。棲遲十年。出爲河陽令。縣中滿種桃李。人以爲美談。累遷給事黄門侍郎。性輕躁。趨世利。與石崇等諂事賈謐。謐二十四友。岳爲之首。趙王倫輔政。孫秀爲中書令。秀挾夙忿。誣岳及石崇・歐陽建謀奉淮南王允・齊王冏爲亂。遂被誅。岳美姿容。少時嘗挾彈出洛陽道。婦人遇之者。皆連手縈繞。投之以果。滿載而歸。爲文詞藻絕麗。尤長於哀誄。有悼亡詩三首。爲世傳誦。◎〔明〕六安人。字居仁。永樂間領鄉薦。授鄭州訓導。擢監察御史。彈劾不避權貴。忤旨。發充後軍都督府掾。復職。按浙閩。單騎問民疾苦。暑日手自持蓋。家居置田給族人。以承庸調。

潘府 〔明〕上虞人。字孔修。號南山。成化進士。孝宗踐阼。疏請行三年喪。議不克行。授長樂令。遷南兵部主事。陳軍民利病七事。歷員外郎。超擢廣東提學副使。終養不出。嘉靖初起太僕少卿。改太常。致仕歸。布衣蔬食。以發明經傳爲事。年七十三卒。有孝經正誤。

潘承祐 〔南唐〕晉安人。初仕吳。至吏部尚書・同平章事。以諫削官。勒歸私第。查文徽破建州。以禮致之。李景署爲衛尉少卿。遷鴻臚卿。委以南方事。升降人物。制置郡縣。多用其言。以禮部尚書致仕卒。

潘明之 〔元〕至大間爲嘉興尉。與金華許謙友善。謙稱明之英姿挺達。德性剛明。傳朱呂之學。能折節下民。在縣時嘗聘謙教其縣人。謙未赴。明之亦遂解縣。

潘昂霄 〔元〕濟南人。字景梁。號蒼崖。雄文博學。爲時推重。官至翰林侍讀學士。卒諡文僖。有蒼崖類稿・河源記・金石例諸書。

潘炎 〔唐〕大曆末爲右庶子。後遷禮部侍郎。以病免。劉晏任權。炎乃其壻。雖書疏報答。未嘗輒開。時稱有古人節。晏得罪。坐貶澧州司馬。

潘枋 〔宋〕閩縣人。字庭堅。端平初策進士。枋語最直。殿中侍御史蔣峴劾其不順。調鎮南軍節度推官。歷遷太學正。出通判潭州。日食應詔上封事。丞相游似心善其言。將收用之。會卒。

潘育龍 〔清〕靖遠人。康熙間陝西提督王輔臣叛應吳三桂。育龍以把總隨阿密達擊之於涇州・平涼・慶陽・寧州。俱有功。從征四川及噶爾丹。累官陝西提督。授鎮綏將軍。馭兵飭伍。邊境寧清。卒諡襄勇。

潘金芝妻 〔清〕桐城人。姓吳氏。

名坤元。生有異才。事姑以孝聞。金芝亡。不復臨鏡。好學。老猶不倦。工詩畫。有松聲閣詩。

潘長壽 明長興人。字煥文。恬靜好學。洪武間爲右僉都御史。

潘亮淵 清沅陵人。字敬公。號月山。康熙時諸生。有月山堂集。

潘奕鈞 明奕雋族弟。字效先。號鶴舟。工畫山水人物。點染花卉。尤精草蟲。寫水墨西方法相。頗得龍眠法。兄奕鏊。字有山。號觀亭。技與奕鈞同。弟奕薦。字巨椿。號石泉。亦工花鳥。

潘奕雋 清吳縣人。字守愚。號榕皋。又號水雲漫士。乾隆進士。官戶部主事。進四品卿銜。工行楷篆隸。善畫山水。畫蘭尤得天趣。卒年九十有一。有說文蠡箋・三松堂詩文集・水雲詞。

潘奕藻 清奕雋弟。字思質。號畏堂。乾隆進士。官刑部郎中。與奕雋先後解組歸。時人方諸漢之二疏。從弟奕檉。字檉林。亦工畫。早卒。

潘思榘 清陽湖人。字絜方。號補堂。雍正進士。乾隆間官至福建巡撫。務興水利。治公務若營其家。愛士育才。惟恐不及。講求經濟實學。治經尤邃於易。卒諡敏惠。有周易淺釋・豁峯講義。

潘恬如 清長洲人。字克先。其學切於內省。以師道推重鄉里。與彭定求・尤侗友。康熙中卒。年八十。先一日。致書侗曰。存吾順事沒吾寧。到此覺眞實受用也。定求歎其知命。

潘拯 宋關中人。字康仲。師事張載。又嘗問學於二程。

潘星鑑 清宜興人。名耀遠。善弈。爲道咸時名手。年四十卒。

潘柄 宋植弟。字謙之。年十六。即有志於道。從朱熹學。學者稱瓜山先生。卒祠三山書院。有易解・尙書解。

潘珍 明婺源人。字玉卿。弘治進士。廉直有行誼。正德中歷官湖廣左布政使。嘉靖中爲兵部左侍郎。諫討安南。帝責其撓成命褫職。尋以恩詔復官。致仕卒。

潘眉 清吳江人。字稺韓。一字壽生。廩貢生。好學。凡與鑿金石及三統大衍曆數。靡不究心。有三國志考證・小遂初堂詩文集。

潘相 清安鄉人。字潤章。號經峯。乾隆進士。官濮州知州。有響文書屋集。

潘美 宋大名人。字仲詢。少倜儻。仕周。以功官至引進使。太祖受禪。陝帥袁彥兇悍。美往諭以天命。彥遂入朝。後從石守信平揚州。南征廣州。定金陵。北伐太原・范陽。皆有功。累官忠武軍節度使。封韓國公。雍熙中北伐。師敗削秩。尋復授檢校太師。加同平章事。卒諡武惠。追封鄭王。

潘茂名 晉潘州人。永嘉中入山。遇二道士弈。顧謂茂名曰。子亦識此否。答曰。入猶蛇蟠。出似雁行。道士笑可其說。因語以服食之法。遂仙去。

潘衍桐 清南海人。原名汝桐。字嶧琴。同治進士。官至侍講學士。有朱子論語集註訓詁考・兩浙輶軒錄・爾雅正郭・緝雅堂詩話。

潘迪 元元城人。博學能文。歷官國子司業・集賢學士。有易春秋學庸述解・格物類編・六經發明。

潘音 元紹興新昌人。字聲甫。甫十歲而宋亡。見長老談崖山事。即潸然涕下。長從吳澄學。讀夷齊傳憤歎。終身不仕。築室南洲山中。自名其軒曰待清隱居。有待清遺稿。(按四庫全書總目作天台人。此從浙江通志。)

潘修 宋萍鄉人。字文叔。年十七領鄉舉。獻書宰相張浚。浚奇之。隆興初以累舉特奏召。陳時務六事。從參廣西軍事。討平洞賊李楫。著鬱林記事。又上書二廣通販鹽法事宜。與當國者異。格其賞不行。致仕歸。

潘師正 唐宗城人。少以孝聞。事王遠知爲道士。得其術。居逍遙谷。高宗幸東都。召見問所須。對曰。茂松清泉。臣所須也。既不乏矣。帝尊異之。詔即其廬作崇唐觀。時太常獻新樂。帝更名祈仙望仙翹仙曲。卒年九十八。諡體元先生。

潘庭堅 明當塗人。字叔聞。元末爲富陽教諭。太祖駐太平。用陶安薦。爲太平翼元帥府教授。參機密。以愼密謙約。爲太祖所稱。擢中書省博士。同知金華府事。守浙東。及設翰林院。命爲侍讀學士。以老歸。復召主會試卒。

潘庭筠 清錢塘人。字蘭公。號德園。乾隆進士。官至御史。工繪事。後皈依淨域。捐棄一切。惟隨筆作水墨花卉。

潘恩 明上海人。字子仁。六歲能辨四聲。嘉靖進士。累官山東副使。坐以試錄忤旨。謫河源典史。四遷復爲江西副使。進浙江左參政。禦倭有功。尋以右副都御史巡撫河南。劾徽王載埨貪虐。王遂奪封。伊王典楧驕橫。恩一切裁之。名大著。以左都御史致仕。卒諡恭定。有笠江集。

潘恭壽 清丹徒人。字愼夫。號蓮巢。善畫山水。初苦無師承。王宸以宿雨初收曉煙未泮八字授之。畫大進。能詩。故畫多含詩意。兼工寫生人物。

潘扆 南唐善劍術。嘗依撫州刺史鄭匡國。匡國館之於馬廄。一日從匡國獵。匡國妻詣廄中覘扆。見竹籠中有錫丸二。扆還。發籠視之。大驚曰。定爲婦人所觸。幸吾攝其光芒。

不爾頸落矣。國人以告匡國。匡國知爲劍客。求試其術。晨探囊出二錫丸。俄出氣如白虹。旋繞匡國頭上。匡國懼。晨笑。舉手收之。仍爲二錫丸。匡國表薦於唐主。召居紫金宮數年卒。

潘晃 唐廣德人。事父至孝。嘗以役事至京。一夕夢神告曰。汝父病篤。晃驚惶不已。亟馳歸。後父卒。廬墓側三年。昭宗詔旌其門。授廣德令。

潘時 明普定人。弘治舉人。仕至廣西太平守。行檢端方。居恒書不愧屋漏四字於座右。

潘時正 明永樂中爲濟寧同知。存心公恕。長於撫字。建言開通河道。自濟寧直抵臨清。朝廷從之。其後漕運遂永賴其利。

潘時敏 清庭筠子。字遜伯。號小烟。工畫仙佛。

潘時雍 明錢塘人。性簡淡。力學。隱居郡城之東。號灌園生。詩多奇語。字亦遒勁。爲徐大章賦獨樹軒詩。膾炙人口。

潘時舉 宋臨海人。字子善。從朱熹學。有聞必記。其辨析經義及問學大端。多爲師門稱許。嘉定中以上舍釋褐。終無爲軍教授。

潘桂 元金陵人。善寫貌。

潘盎 宋蒼梧人。有道術。常儒衣持一大瓢。行坐獨語。皇祐中儂智高陷邕。至梧城下。聞其異。召而問曰。吾形貌何如。盎曰。汝將斬首。豈能有學邪。賊怒。遂害之。

潘祕 三國吳濬子。孫權以姊陳氏女妻之。調湘鄉令。後官尙書僕射。代習溫爲荆州大公平。甚得州里之譽。

潘祖蔭 清曾綬子。字伯寅。號鄭盦。幼好學。涉獵百家。喜收藏。儲金石甚富。咸豐進士。官至工部尙書。好士重賢而性坦率。治事勤。日寅而起。至官署恆在人先。輿馬甚儉。同僚笑之。弗計也。卒謚文勤。有滂喜齋。功順堂叢書。

潘純 元合肥人。字子素。壯遊京師。名公卿爭延致之。每宴集。談笑傾座。嘗著輥卦以諷切當世。文宗欲繫治之。亡走江湖間。後爲行臺御史大夫納璘子安安所殺。有子素集。

潘高 明寧化人。嘉靖進士。博學雄才。多所著述。累官大理寺正。獄無遁情。轉陝西參議罷歸。◎清金壇人。字孟升。家貧工詩。王士禛謂其清眞古澹。可與邢昉頡頏。有南村集。

潘乾 後漢字元卓。光和中爲溧陽長。布政優優。矜孤頤耇。推泮宮之教及決拾之禮。

潘勗 後漢中牟人。字元茂。初名芝。獻帝時爲尙書郎。遷右丞。詔以勗前在二千石曹。才敏兼通。明習舊事。勅并領本職。歷尙書左丞卒。建安中曹操九錫策命。爲勗所作。

潘崇 春秋楚成王時爲世子商臣師。誘商臣弑成王。商臣立。以其爲太子之室與崇。使爲太師。且掌環列之尹。

潘崇徹 宋南海人。初事南漢劉鋹。爲內侍省局丞。頗立戰功。代大將吳懷恩伐桂州。劉鋹嗣位。加西北面都統。信讒召歸。自是居常怏怏。鋹敗入宋。授汝州別駕卒。

潘從善 元蘭陵人。字擇可。至正進士。累官承直郎。同知制誥。兼國史編修。終福建儒學提舉。工詩文。善小楷。有松溪集。

潘惟吉 宋美從子。累官天雄軍駐泊都監。能以禮法自飭。敭歷中外。人咸稱其勤敏。

潘惟嶽 明普定人。字伯瞻。嘉靖舉人。知永平縣。遷知昆陽州。所至有惠政。卒之日。家無餘貲。至鬻產以葬。

潘梧 明番禺人。字太操。湛若水門人。從學於小禺洞。端粹純謹。鄉里化之。有爲不義者。惟恐梧知。時謂有陳太丘之風。

潘淑妃 南朝宋文帝妃。本以貌進。未見賞。帝好乘羊車。經諸房。妃密令左右以鹹水灑地。帝每至戶。羊輒舐地不去。帝曰。羊乃爲汝徘徊。况於人乎。於是愛傾後宮。

潘時 宋良貴從子。字德鄰。性穎悟。工篆隸楷法。爲登仕郎。後知興化軍。時卽學宮召諸生教飭之。諸生無敢以事至庭中者。累遷安撫。進直顯謨閣。除尙書左司郎中。不就卒。

潘細衣 唐畫稱名手。

潘紹周 清育龍孫。雍正間爲廣西慶遠協副將。鄂爾泰奏開古州。都江河道。以定旦來牛二寨苗梗路。紹周與貴州兵會勦破之。都江路通。官至古北口提督。

潘訪岳 清鄞人。字師汝。明諸生。以薦授國子學錄。入清後。放浪山水。鬻畫自給。

潘凱 宋永嘉人。字南夫。弱冠入太學。上書言史彌遠擅政。登紹興進士。教授常德府。勇信軍作亂。凱裂帛植於門以靖軍士。止戮其首亂者。郡人德之。淳祐末除監察御史。三疏論丞相鄭清之不勝任。未報。卽歸。起刑部侍郎。丐外。擢寶章閣待制。知太平州卒。◎清志伊孫。字仲和。一字豈凡。別字貽令。明諸生。爲詩典雅。尤工尺牘。雖忽遽不作草書。有平望志。本草類方。

潘掌綸 清湘鄉人。字龍田。嘉慶時諸生。讀書善悟。兼通韜符壬遁諸術。尤精於醫。有龍田心方。

潘景愈 宋景憲弟。字叔昌。嘗爲太學解魁。年三十餘。甚有志趣。

呂祖謙稱其有意務實。

潘・景憲 宋金華人。字叔度。九歲以童子貢京師。後入太學。益自刻厲。學官皆推重。登隆興進士。請爲南嶽祠官。秩滿。力請太平教授。父喪服除。不復仕。與呂祖謙同年而齒長。後乃服呂氏之學而游其門云。

潘・景齋 淸長洲人。善弈。爲淸代名家。著有棋譜。

潘・曾沂 淸世恩子。字功甫。嘉慶舉人。官內閣中書。有功甫小集。

潘・曾紘 明烏程人。字昭度。萬曆進士。崇禎間巡撫南贛。徵天下勤王。曾紘提兵入衞。獨先諸道渡江。以勞卒於軍。

潘・曾瑋 淸曾綬弟。字季玉。號玉詮。以廕生官道員。有玉詮詞。

潘・曾綬 淸曾瑩弟。字紱庭。道光舉人。官至內閣侍讀。早歲以詩文名都下。年未艾致仕。以著述自娛。

潘・曾瑩 淸曾沂弟。字申甫。別字星齋。道光進士。咸豐間官至吏部左侍郎。學有根柢。長於史學。畫以靑籐白陽爲宗。書則初學吳輿。晚學襄陽。尤得其神髓。有賜錦堂經進文稿。小鷗波館文鈔詩鈔補鈔詞鈔。題畫詩。畫識。畫品。䕫寄。墨緣小錄。

潘・植 宋福州懷安人。字立之。世業儒。植承家學。聞朱熹講道武夷。與弟柄往從之。工文。尤嗜史學。上下數千年。貫穿出入。未嘗射策決科。居家兄弟怡怡。日以濂洛諸書相磨礱而已。

潘・集 明會稽人。字子翔。淸兵陷浙東西。集與友人痛飮。約同死。書几上曰。昔年東渡。今復渡東。水與月白。吾骨不黑。袖石自沈渡東橋下死。

潘・棠 明辰州衞人。字希召。號雲巢。弘治進士。授懷慶推官。擢南吏科給事中。疏寧藩有異志。人服其先見。後爲忌者所排。降武義丞。稍遷內江令。以雲南按察僉事丁父憂歸。遂不復出。

潘・殖 宋浦城人。字子淳。自號浩然子。大觀中兩以鄕薦上禮部。建炎中始以累擧除官。調眞州推官。性嗜學不倦。初好王氏學。後棄之。有忘筌書・性理書。

潘・閔 宋瑞安人。字子文。嘗入洛問學於程頤。志趣高遠。見當時黨禍烈。隱居不仕。

潘・塤 明淮安山陽人。字伯和。正德進士。授工科給事中。性剛決。彈劾無所避。三遷至兵科都給事中。以忤權貴謫開州同知。與墜舉廢。奸宄斂息。嘉靖間累官右副都御史。巡撫河南。勦平潞州盜陳卿。會大飢。塤不以時賑。遂爲給事中蔡經等所劾罷。有淮郡文獻志・楮記室。

潘・彙征 宋溧陽人。字太初。舉進士。紹興初官眞州教授。歷知崑山縣。以廉平服人。調知繁昌卒。

潘・愼修 宋承祐子。字成德。仕南唐爲起居舍人。入宋授太子右贊善大夫。善弈。太宗屢召對弈。因作棊說以進。帝善之。眞宗朝官至翰林侍讀學士卒。愼修風度醞藉。博涉文史。多讀道書。善清談。士大夫推其素尙。有集。

潘・滋 明婺源人。嘉靖間嘗爲登州府推官。有蓬萊觀海亭集。

潘・煇 淸作梅子。字照庭。號嵁齋。乾隆拔貢。爲樂淸教官。性磊落。工畫山水。書學顏歐。兼工詩。有浮玉山人詩集。

潘・瑞 明普定人。正德舉人。知雲陽縣。擢工部主事。以督工事忤權貴繫獄。尋得釋。遷郎中。歷官雲南參議。遜產於諸昆季。人稱其克讓。

潘・瑛 明儀徵人。性簡厚。永樂間由監生任善化簿。下車卽詢民疾苦。嚴於御吏。民愛而畏之。陞工部主事。

潘・瑂 淸錢塘人。父外出。家遇火。母丁氏倉卒以一篋令瑂負之先行。回視失母。復入。與母及妹俱死。年纔十五也。其聘妻仍歸潘氏。事舅以孝聞。

潘・祺 宋溧陽人。好學尙氣節。性至孝。父病篤。焚香籲天。請以身代。後果愈。游太學。與陳東爲友。東欲陳時政。祺曰。奈親老不能與子俱。子不可不勉。後登第。調宣州司戶。

潘・預 宋博羅人。字習卿。善易。著易範八篇。三山林東少許可。抵浮。聞預論易。遂爲之屈。乾道中以特科授宣州司法參軍。

潘・鼎立 淸鼎新弟。咸豐間率練勇復本縣三河鎭。同治間從鼎新與洪楊軍戰於江浙間。復從攻捻於山東直隸。連戰皆捷。官至皖南鎭總兵。

潘・鼎新 淸廬江人。字琴軒。道光舉人。同治間從李鴻章轉戰蘇浙。平東西捻。功稱最。官至廣西巡撫。法越之役。以失鎭南關褫職。開復。受代歸。

潘・墀 宋金華人。字介巖。嘗取朱子語類補其論語所不備。別爲論語類行世。官至祕書修撰。

潘・榛 明鄒人。字茂昆。萬曆進士。初任汝陽令。値歲饑。捐俸賑粥。全活億萬。歷刑部主事。矜恤冤濫。官至冀寧監司。以母病告養歸。

潘・榮 元婺源人。字伯誠。隱居博學。通諸經。尤長於史。嘗著通鑑總論。又嘗集蘇句一百篇。學者稱節齋先生。◉明竹山人。永樂初爲刑部主事。讞決無私。嘗曰。一點墨。一人命。可不愼乎。人服其言。◉明龍谿人。字尊用。正統進士。犒師廣東遷。除吏科給事中。景泰初疏論停起復抑奔競數事。帝納之。累遷南戶部尙書。恬淡謹厚。服官四十年。卒職無過。弘治初謝政歸卒。

潘·爾夔　清吳江人。寓居烏程南潯鎭。字友龍。明諸生。有涉江草及潯溪文獻。

潘·禋　明鄞人。字成夫。永樂中徵修永樂大典。授後軍都事。宣德初從安遠侯柳升征交趾。升恃勝有驕色。禋諫不聽。升敗。禋格鬭死。

潘·綜　晉烏程人。孫恩之亂。綜與父驃共走避賊。驃困乏。綜迎賊叩頭。曰。父年老。乞賜生命。賊斫驃。綜抱父於腹下。賊復斫綜。凡四創。有一賊謂曰。殺孝子不祥。於是父子俱得免。後以薦累官遂昌長。宋元嘉中改其里曰純孝。蠲租布三世。

潘·維城　清吳縣人。字朗如。有論語古注集箋。

潘·遜　明沔陽人。字禮卿。號蘇泉。萬曆武進士。授常鎭守備。會歲旱多盜。遜每獲其渠魁。語邑令曰。僕無縱而公無寬。各司其職也。令心折其言。能詩。有蘇泉集。

潘·鳳　明丹陽人。字梧山。畫山水人物宗馬夏。耆老秀逸。超出恆谿。有巧思。仿滇南料絲燈。煉石成絲如式。自此丹陽絲燈。甲於海內。

潘·德元　明崑山人。字鄰玉。嘉靖舉人。仕至應天府治中。能詩。兼工書翰。爲歸有光所稱。有遺集。

潘·德輿　清江蘇山陽人。字彥輔。一字四農。道光舉人。博學工文章。其學以克己有恥爲歸。尤喜言治術。客遊京師。名甚著。以大挑補安徽知縣。未赴卒。有養一齋詩文集。

潘·德馨　清嘉定人。字式周。性至孝。事父母怡色婉容。善以色養。母程病蠱。割肱以進。居父喪。哭泣傷脅。待諸弟極友愛。

潘·樂　北齊石門人。本名相貴。後以爲字。寬厚有膽略。初爲爾朱榮別將。高歡牧晉州。引爲鎭城都將。累以軍功拜東雍州刺史。齊受禪。封河東郡王。遷司徒。除瀛州刺史卒。

潘·毅　明臨濠人。明初從征。累有功。拜虎賁衞指揮使。復從西征。卒於道。追封滎陽伯。謚武。

潘·潤　明廣信永豐人。字德夫。號玉齋。師事婁諒。講身心之學。李夢陽督學江右。聞其名。致禮欲見之。潤方居憂。以衰服拜於門下。終不肯見。夢陽歎其知禮。終成都教諭。

潘·潤民　明貴陽人。字用霖。萬曆進士。入翰林。歷藩臬。以清節著。天啓中安邦彥圍貴陽。潤民在告家居。與當事誓死堅守。復捐金餉士。城賴以全。圍解。疏薦起用。終雲南左布政。

潘·澂　明崑山人。字弱水。敦尙氣節。工畫。山水師黃公望。沈周。酒酣放筆。高巖古榦。盤鬱淋漓。明崇禎末與歸昌世。許夢龍等結畫社。圖像題曰玉山高隱。◎清浙江新昌人。字冰壺。諸生。工詩畫。有看弈堂集。

潘·璋　三國吳發干人。字文珪。居貧。嗜酒。好賒酤。債家至門。輒言俟後豪富相還。事孫權。屢平寇盜有功。署別部司馬。累遷平北將軍。襄陽太守。權稱尊號。拜右將軍。璋爲人粗猛。禁令肅然。領兵數千。而所在常如萬人。嘉禾初卒。

潘·禎　明岳子。字景徵。天順進士。任御史。亮節直聲。爲流輩所推。歷官左布政使。爲人倜儻無華。與人交無町畦。

潘·緯　宋雲間人。字仲寶。紹興中舉進士甲科。恬於進取。嘗官灊山教授。工著述。有柳集音義。◎明歙人。字仲文。一字象安。萬曆中以貲官武英殿中書舍人。能詩。有潘象安詩集。

潘·諒　明武進人。字友貞。宣德舉人。歷官禮部郎中。以資久會推禮部侍郎。丁祖母憂。服闋。改南吏部郎中。擢守臨江。以平易寬大爲政。致仕歸。

潘·賜　明浦城人。字文錫。號容庵。永樂進士。授行人。出使日本。歸獻德化書。永樂大典頌。帝稱善。命入史館。轉鴻臚少卿。再使日本。陞江西右參政。嘗家摘其詩句。誣爲妖言。坐落職。洪熙初起南刑部主事。宣德間除鴻臚少卿。又使日本。全節而歸。卒官。賜操履方正。三使外夷。時論賢之。有竹梅篇。皇華勝覽。容庵文集。

潘·銳　明六安人。字宗啓。舉進士。授行人。疏諫武宗南巡。廷杖。謫南京國子監學錄。嘉靖初復職。復訐當事大臣罪。尋又以言事下詔獄。放歸卒。

潘·閬　宋大名人。自號逍遙子。嘗居洛陽賣藥。能詩。太宗時用王繼恩薦召對。賜進士第。尋以狂妄。追還詔書。後坐事亡命。眞宗捕得之。釋其罪。以爲滁州參軍。有逍遙集。

潘·潢　明婺源人。字薦叔。嘉靖進士。授樂清令。徵入禮部。進大學衍義。勸經筵御講。改吏部。前後累數十章。皆切至。署選事。冢宰囑以私。潢執不從。累遷至戶部尙書。以議條例不合。徙南工部。再轉兵部。留守南都。致仕歸。

潘·興嗣　宋新建人。與王安石曾鞏善。仕爲德化縣尉。許瑊與興嗣同郡。爲江州刺史。興嗣往見。瑊踞坐不爲禮。興嗣卽歸。徜徉山水間。自號清逸居士。以瑞州推官召。不赴。

潘·蕃　明崇德人。字廷芳。初習

鍾姓。旣顯始復。成化進士。授刑部主事。弘治中以右副都御史巡撫四川。兼提督松潘軍務。蠻人畏服。累進右都御史。總督兩廣。平黎寇符南蛇之亂。討平岑濬。均有功。正德初入爲南京刑部尙書。忤劉瑾。謫戍肅州。瑾誅。以原官致仕。

潘諮　清會稽人。字誨叔。一字少白。道光時布衣。少好奇節。獨遊天下奇山水。足跡踰數萬里。晚年遊燕趙。與歸安姚學塽善。乃兢兢於庸言庸行。其論學以修已不責物爲事。間爲詩古文。超曠絕俗。有常語及詩文集。

潘選　明婺源人。由進士知江山縣。擢戶部主事。父卒。哀毀甚。服闋。陞山西按察僉事。正己率物。風裁嚴肅。以母老求致仕不允得疾。棄官歸。至家。値母病思鯽羹。急不可得。家人請以他魚代。選曰。欺母。欺天也。解衣入池。果得二鯽。後母以壽終。選哀毀。後七日亦卒。

潘錫恩　清涇縣人。字芸閣。嘉慶進士。由編修累官南河河道總督。宣防修築。務權緩急。先後任事十載。無河患。淸淮士民。稱頌不衰。卒諡文愼。

潘徽　隋吳郡人。字伯彥。性聰敏。少受禮詩書。講老莊。並通大義。尤精三史。善屬文。能持論。仕陳爲客館令。陳亡爲州博士。嘗撰韻纂・江都集禮諸書。於馬上爲述恩賦。行一驛而成。煬帝時爲京兆郡博士。與楊玄感兄弟友善。玄感敗。出爲威定縣主簿。意不平。道卒。

潘應斗　清武岡人。字章辰。明崇禎進士。入清官至太常寺卿。有允孚堂詩文集。

潘應龍　明莆田人。字元辰。萬曆進士。初知揭陽縣。以卓異擢南刑部主事。歷郎中。出知池州。德著於民。進廣東右江道。備兵賓州。奉檄截龍山賊竄路。時已遷川東參政。巡撫重其才。堅留之。應龍遂以討賊自任。尋遇瘴死。

潘檉章　清耒子。字聖木。一字力田。明諸生。亂後棄去。隱居韭溪。肆力於學。綜貫百家。已乃專精史事。與友人吳炎共撰明史記。未成。適烏程莊氏史獄起。參閱有檉章名。遂及於難。有今樂府・國史考異・辛丑曆辨・松陵文獻・杜詩博議・王林韭溪集。

潘濬　三國吳漢壽人。字承明。初事劉表。爲湘鄉令。治甚有名。劉備領荊州。以爲治中從事。入吳拜輔軍中郎將。孫權稱尊號。拜少府。封劉陽侯。遷太常。討五溪蠻。信賞必行。法不可干。斬獲數萬。自是羣蠻衰弱。一方寧靜。赤烏初卒。◎明南海人。字季深。萬曆進士。爲安福令。編審田賦。甚有政聲。擢御史。疏減粵東稅。按黔。勦平苗蠻。繼按滇。汰墨吏。蠲貢金。興革得宜。風采益著。歷遷僉都御史。以忤權璫出爲南刑部尙書卒。

潘環　後晉洛陽人。字楚奇。少業負販。後事梁邢州節度使閻寶爲帳中親校。梁末帝時官至左雄威指揮使。每戰先登。金瘡徧體。唐莊宗平梁。命典禁軍。清泰中爲耀州團練使。入晉歷金州澶州節度使。累官檢校太傅。後蕃將高牟翰率兵入洛。援劉晞。慮環有變。乃害之。漢天福初追贈太尉。

潘禮　明商丘人。字嘉會。天順進士。授戶科給事中。剛直敢言。累遷工部左侍郎。督易州山廠。以清節著稱。乞休歸。

潘翼　宋青田人。字雄飛。貫穿諸子百家。明天文。作皇圖證驗。著九域賦。凡山川州里遠近。與親歷者無少異。括隱僻字。補註篇韻遺漏。辯爾雅本草名物。尤工古文。邑人登科者多出其門。王十朋自少從游。每歎不能竟其學。

潘鯁　宋齊安人。字昌言。元豐進士。授蘄水尉。累遷吉州軍事推官。以奉議郎致仕。張耒稱其學正言文。篤於孝弟。惠下愛民。有春秋斷義講義・易要義。

潘懷　元鄱陽人。字景進。元季兵亂。父希古爲寇所縛。露刃索貲。懷哀請代父。引頸以俟。其弟爭代。寇憐其孝。併釋之。

潘鏜　明六安人。字宗節。弘治進士。有孝行。爲滿城知縣。憂歸。裝不滿一車。繼知滑縣。擢御史。陳時務大計四事。孝宗嘉納之。爲劉瑾所惡。傳旨誣以奸黨。坐除名。瑾誅。起廣東僉事。謝病歸。

潘霨　清吳縣人。字偉如。少以孝行著。光緒初累官貴州巡撫。所至有政績。以仁柔著稱。罷歸。工書。精醫學。

潘韜　清吳川人。乾隆中任閩浙督標水師營參將。平臺灣林爽文有功。官至南澳鎮總兵。

潘黼　明庭堅子。字章甫。幼穎悟絕人。師事陶安。初授太平府學教授。改金壇縣簿。未幾擢起居注。吳元年除江西湖東道按察使。會修律令。留爲議律官。書成卒。黼謹飭類父。而文采清雅過之。

潘繼善　清婺源人。號本庵。有音律節略考・聖學輯要・經史筆記。

潘黨　春秋楚尫子。字叔黨。爲大夫。善射。鄢陵之役。與養由基蹲甲而射。徹七札焉。以示楚王曰。君有二臣如此。何憂於戰。王以其不知謀斥之。

潘鐸〔清〕江寧人。字木君。號振之。道光進士。咸豐間任湖南布政使。洪楊軍攻長沙。鐸督衆固守。城賴以全。同治初署雲貴總督。以持正爲屬吏所怨。練總馬榮突入省城。鐸往撫諭。被害。謚忠毅。有上蔡語錄闡義、方輿紀要簡覽、評輯戰功考。

潘鑑〔明〕婺源人。字希古。正德進士。授南京大理評事。歷官工部右侍郎。督採木。事竣。奏言湖廣川貴諸府。民疫於採辦。請量議蠲復。從之。起撫兩廣。以疾卒。謚襄毅。鑑性坦易。不爲危言激論。而耿介卓立。不可干以私。

潛玉〔明〕縉雲人。字國聞。洪武貢生。任太寧縣簿。永樂時棄官變姓名。隱於杭之西湖。

潛眞〔唐〕高僧。太原王氏子。住京師興善寺。學通內外。性相融朗。有文殊師利菩薩佛刹莊嚴經疏、菩提心義、發菩提心戒、十善法戒。

潛淇〔明〕高安人。字彥鴻。永樂進士。授御史。成祖遣使北平。面命十數事。既出。追還詔問。對無遺。帝器之。遇事有難決者。輒曰付虎眼御史。謂淇也。仕至廣東副使。

潛說友〔元〕處州人。字君高。宋淳祐進士。咸淳間權戶部尚書。封縉雲縣開國男。賈似道勢方熾。說友曲意附和之。嗣守平江。元兵至。棄城遁。宋亡。降元。受宣撫使之命。以官軍支米不得。王積翁以言激衆。遂爲李雄剖腹死。所著咸淳臨安志。爲宋以來地志善本。

滕中〔宋〕元發子。字元直。歷知安吉、解州。咸有善政。終承議郎。尤長於詩。

滕中正〔宋〕北海人。字普光。弱冠舉進士不第。太平興國中累官權御史中丞。出知河南府。病罷。淳化初判留司御史臺卒。中正性峻刻。連鞫大獄。時議以爲深文。權中丞日。振舉綱憲。人以稱職許之。

滕元發〔宋〕東陽人。初名甫。後以避高魯王諱。以初字元發爲名。更字達道。舉進士。神宗時歷官御史中丞。除翰林學士。知開封府。論議讜直。在帝前論事。如家人父子。言無文飾。歷知鄆州、定州諸郡。被謫貶居筠州。哲宗時除龍圖閣直學士。復知鄆州。徙眞定、太原。治邊凜然。威行西北。號稱名帥。官終龍圖閣學士。改知揚州。未至卒。謚章敏。有孫威敏征南錄。

滕文公〔戰國滕〕君。文公爲世子。使於楚。過宋。見孟子。父定公卒。文公使問喪禮於孟子。五月居廬。未有命戒。至葬。四方來觀之。顏色之戚。哭泣之哀。弔者大悅。又嘗問爲國及井地於孟子。爲戰國時賢君。

滕方〔清〕杭州人。字公遠。工畫山水。

滕用亨〔明〕德懋從子。初名權。字用衡。善鑒古。精篆隸書。永樂初以善書徵。年已七十。授翰林待詔。

滕安上〔元〕定州人。字仲禮。少孤。治性理之學。以薦累拜監察御史。京師地震。上書累數千百言。不得達。引疾去。尋起國子司業卒。謚文穆。有東庵集。

滕佐〔明〕蘭州人。字貢輔。景泰進士。授監察御史。風采凜然。擢山西副使。四川按察使。所至廉公有威。以剛直忤權要。改知河間府卒。

滕克恭〔明〕祥符人。字安卿。博通經史。元末第進士。累官集賢學士。洪武初兩爲河南鄉試考官。有春秋要旨、謙齋稿。

滕含〔晉〕脩孫。初爲庾冰輕車長史。討蘇峻有功。封夏陽縣開國侯。授平南將軍、廣州刺史。在任積年。甚有威惠。卒謚戴。

滕延〔後漢〕北海人。字伯行。桓帝時爲濟北相。時中常侍侯覽、小黃門段珪僕從賓客。在濟陰侵犯百姓。劫掠行旅。延一切收捕。殺數十人。陳屍道路。覽珪大怒。訴於帝。坐免。後爲京兆尹。有能名。

滕更〔戰國滕〕文公之弟。學於孟子。

滕定〔明〕父瓚仕元樞密知院。洪武初降明。官至燕山右衛指揮使。定嗣父官。歷從出塞有功。進都督僉事。宣德時封奉化伯。卒官。

滕宗智〔明〕拔縣人。永樂間由舉人選授御史。時大難方靖。朝政多闕。權貴用事。宗智正色立朝。彈駁不避。上疏論肅朝綱振國勢八事。多見采納。

滕宗道〔明〕大庾人。宣德間任興寧知縣。破流寇。擢海州知州。聞倭警。部署有方。久之。以知兵薦。擢兵部員外郎。卒官。

滕宗諒〔宋〕河南人。字子京。與范仲淹同舉進士。累官殿中丞。出知湖州涇州。慶曆中以仲淹薦擢天章閣待制。坐事謫守岳州。遷知蘇州卒。宗諒尚氣。倜儻自任。好施與。及卒。家無餘財。

滕昌佑〔唐〕吳人。字勝華。從僖宗入蜀。以文學從事。工畫花鳥蟬蝶竹枝生菜。傅采鮮澤。宛有生意。尤長於畫梅畫鵝。志尚高潔。不婚不宦。

滕牧〔三國吳〕孫皓還建業。以牧鎮武昌。寬以結民。嚴以防寇。時稱其能。

滕知白〔宋〕善爲詩。與戚同文相友善。官至刑部員外郎、河北轉運使。

滕彥休〔五代吳越〕幼岐嶷有辨才。天寶中出使契丹。大得契丹心。自是累奉使修和。契丹主賜名述呂。及授官遣還。往返數四。輯睦之功爲多。

滕・昭 明汝州人。字自明。正統中由舉人歷御史。四川都司有殺人獄。久不決。命昭往。一訊伏罪。成化初累官副都御史。巡撫蘇松。歷兵部左侍郎致仕。

滕・胄 三國吳耽弟。善屬文。孫權待以賓禮。軍國書疏。悉令潤色。早卒。

滕・胤 三國吳胄子。字承嗣。少有節操。美儀容。弱冠尚公主。爲丹陽太守。徙會稽。所在見稱。尋與諸葛恪等受遺詔輔政。恪伐魏。以胤爲都下督。掌統留事。胤日接賓客。夜省文書。或通曉不寐。後爲孫綝所殺。

滕・茂實 宋臨安人。字秀穎。政和進士。靖康初假工部侍郎。副路允迪出使。爲金人所留。遷之代州。聞欽宗將至。自爲哀詞。且篆宋工部侍郎滕茂實墓九字。以授友人董詵。欽宗及郊。茂實具冠幘迎謁。拜伏號泣。金人迫令易服。不從。請從舊主共行。金人不許。憂憤成疾卒。

滕・員 明甌寧人。字尚默。宣德舉人。正統中任韶州府同知。多所興革。吏不能欺。以治行擢禮部郎中。後死於土木之難。

滕・宬 宋吳人。字季度。沈敏好學。耽研經史。淳熙中以賢良徵。既試。午漏不移晷。已就。考官疑其輕已。擯之。後再召。遂不起。葉廷珪奏其學行。號肅靖居士。

滕・家勝 清湖南乾州人。字謹亭。咸豐間以行伍從征。轉戰廣西湖南湖北江蘇安徽。以敢戰名。官至徐州鎭總兵。後勦捻於東平・汶上。力戰死。諡武烈。

滕・珙 宋璘弟。字德章。號蒙齋。淳熙進士。官合肥令有聲。與璘俱游朱熹之門。嘗取熹語錄分類編次。曰經濟文衡。

滕・祐 明甌寧人。字吉甫。成化進士。授行人。弘治初擢監察御史。嘗抗疏論傳奉官。又論太常清職不當濫授黃冠。尋移疾歸。居家以行義稱。

滕・耽 三國吳劇人。與劉繇州里通家。以世亂渡江依繇。孫權爲車騎將軍。拜耽右司馬。以寬厚稱。早卒。

滕・康 宋宋城人。字子濟。崇寧進士。累官中書舍人。高宗卽位。屢上封事。擢端明殿學士・同簽書樞密院事。坐事貶永州。改提舉明道宮卒。有文集。◎明甌寧人。字景晉。正統中由鄉貢通判松江。改惠州。所至多善政。陞惠州知府。在任十餘年。政績顯著。

滕・斌 元黃岡人。一名賓。字玉霄。風流篤厚。往往狂嬉狎酒。韻致可人。至大間任翰林學士。出爲江西儒學提舉。後棄家入天台山爲道士。有玉霄集。

滕・脩 晉南陽人。字顯先。初仕吳爲將帥。歷廣州刺史。晉師伐吳。脩率衆赴難。至則孫皓已降。乃縞素流涕而還。武帝以爲安南將軍・廣州牧。封武當侯。在南積年。爲邊夷所附。卒諡忠。

滕・處厚 宋全州人。字景重。邃於春秋。魏了翁遷渠陽。日往從游。了翁奇之。留置門下。以古人之學勉之。後調柳州馬平簿。再辟潭州甘泉酒庫兼帥幕。居官守正不阿。易簣時談笑賦詩而終。

滕・揖 明洪武初知長沙府。在任六年。訟簡賦均。民安盜息。闔郡畏而愛之。

滕・隆 宋婺源人。以太學生恩科入仕。授營道主簿。有災異缺政。輒上言不忌。熟八陣圖。嘗以策干廟堂。不省。遂歸。汪伯彥遺書薦用之。隆投書於江曰。窮達有命。何能折腰於此。

滕・瑮 宋婺源人。字仲復。生宋末。入元不仕。嘗求文天祥遺墨。得所書過金陵驛詩。日懸於堂。焚香泣拜。過西湖。拜岳飛墓。賦詩以攄憤鬱。時稱其學會朱陸而得其同。

滕・愷 宋婺源人。字南夫。幼穎悟好學。尹焞高弟呂和問客於婺。愷與爲師友。登紹興進士。調信州司戶參軍。極爲朱熹所稱。

滕・逵 唐貞元中明經及第。歷大理評事・長洲令。徙吳縣。時人歌曰。朝判長洲暮判吳。道不拾遺人不孤。人謂有漢滕撫之遺風。官至侍御史。

滕・鉛 宋珙子。字和叔。爲安仁令。學有源委。有尚書注。

滕・綱 清昌樂人。字建三。性至孝。母疾。一日夜行五百里。求得異藥以愈親。家貧。嚴於取與。隱居窮經。其論學皆宗程朱而斥陽明。旁縣好學者多從之游。乾隆中以歲貢生卒。門人私諡安節先生。

滕・德懋 明吳人。字思勉。由中書省掾歷外任。洪武初官戶部尚書。爲人有才辨。器量弘偉。長於奏疏。一時招徠詔諭之文。多出其手。以事免官卒。

滕・撫 後漢劇人。字叔輔。爲涿令七年。道不拾遺。建康初九江及廣陵賊起。召拜九江都尉。東南悉平。入爲左馮翊。所得賞賜。盡分於麾下。性方直。不交權勢。爲太尉胡廣所奏黜。

滕・毅 明鎭江人。字仲弘。太祖征吳。以儒士見。留徐達幕下。尋除起居注。官終江西行省參政。

滕・霄 明建安人。字子沖。弘治進士。授編修。累遷司經局洗馬。淸愼敦厚。爲文純正典雅。一時推重。有九川文集。

滕曇恭　(南朝梁)南昌人。五歲時母楊氏患熱。思食寒瓜。土俗不產。曇恭歷訪不能得。銜悲哀切。俄遇一僧曰。我有兩瓜。分一相遺。還以與母。舉室驚異。及父母卒。哀慟幾絕。蔬食終身。豫章內史王僧虔引為功曹。不就。王儉號為滕曾子。

滕璘　(宋)婺源人。字德粹。與弟珙俱從朱熹游。造詣深邃。淳熙間中乙科。歷四川制置司幹官。韓侂胄當國。或勸璘一見可得掌政。璘不可。官至朝奉大夫。有溪齋類稿。

滕膺　(宋)茂實從子。字子勤。舉進士。授台州戶曹參軍。宣和中盜發仙居。以應方臘。膺備禦有方。寇不為患。轉淮寧通判。拒劉豫孔彥舟等數十萬衆。移知婺州。卒謚忠惠。

潭玉瑞　(明)茶陵人。字雍祥。弘治進士。授行人。進司正。居官簡約狷潔。妻子無私蓄。奉使寧藩。屏絕餽遺。處親族多義行。

潮海　(元)札剌台氏。以國子生為靖安縣達魯花赤。至正中蘄黃賊兵數萬由武寧來寇。潮海率衆與戰於象湖。屢戰皆捷。會前鋒黃雲戰死。潮海遂被圍。為賊所執。因被害。

澄觀　(唐)高僧。山陰夏侯氏子。住五臺山清涼寺。博綜經論。德宗延入譯場。使造疏。遂編成十卷以進。為人俊朗高逸。好遊名山。一時多慕其高風。憲宗時賜號清涼國師。尋示寂。弟子傳法者百餘人。有毗盧疏。隨疏演義。華嚴綱要。法界玄鑑。三聖圓融觀等書。

澆彧　(明)成化間以副總兵征松茂。謀勇過人。嘗率軍士搜羅山寨。甚有威望。

澓仲翁　(漢)東海人。宣帝微時。受詩於仲翁。

熱依木　(清)庫車回人頭目鄂對妻。鄂對以功授葉爾羌阿奇木伯克。烏什反。葉爾羌人欲從之。鄂對計無所出。熱依木約衆再議。衆至。則大怒罵。曉以義。脅以威。衆大驚。跪陳無反狀。熱依木乃張筵大會。而陰使人徧收其器械馬匹。呈送辦事大臣。葉爾羌遂賴以無事。

熱煥　(宋)紹興中殿使。以工畫人物得名。

瑩川　(清)滿洲人。寧古塔氏。字如亭。尚書鐵保妻。讀經史。工大草。善寫蘭竹。兼精騎射。嘗過濟州登太白樓。憑欄賦詩。胸懷灑落。非尋常閨閣所及。

盤古　(上古)相傳為天地初闢首出御世者。路史注謂渾敦氏即盤古。

盤谷　(元)僧。海鹽人。號麗水。貌不揚而志氣超邁。博覽經史。尤工詩。喜遊山水名勝。嘗云。足迹半天下。詩名滿世間。晚年名益重。構精舍於松郡居之。有游山詩集。

盤庚　(商)賢王。大戊五世孫。先是商都河北已久。宮室奢侈。民居墊隘。水泉瀉鹵。不可行政化。王欲徙成湯故都。臣民安土重遷。咸相咨怨。乃作書告諭。即商書盤庚三篇是也。渡河而南。復居於亳。改國號曰殷。商道復興。諸侯來朝。在位二十八年崩。

穀梁赤　(春秋)(魯)子夏弟子。傳春秋。(按唐楊士勛穀梁傳疏。穀梁子名淑。字元始。一名赤。孝經序正義引七錄作名俶。)

節女　(漢)長安人之妻。其夫有仇人。欲報其夫而無由。聞其妻仁孝。乃劫其妻之父。使要其女。女念不聽則殺父。聽之則殺夫。欲以身當之。乃諾曰。旦日樓上東首臥者是矣。妾請開戶待之。夜半仇家至。斷頭持去。明而視之。乃其妻之頭也。以為有義。遂釋不殺其夫。

節姑姊　(戰國)(梁)家失火。兄子與己子在內。欲取兄子。輒得己子。將自趣火。其友止之。節姑姊曰。梁不義之名。何面目以見國人。欲復投吾子。為失母之恩。吾勢不可以生。遂赴火死。(福山王照圓列女傳注。謂姊當作妹。)

篇古　(清)舒爾哈齊子。天聰初任都統。從征大凌河。後征察哈爾。入明獨石口。取長安嶺。攻赤城。皆有功。崇德間復率師入長城。征朝鮮。登朝鮮王宮城。以功封固山貝子。緣事革爵。尋復封輔國公卒。順治間追謚端定。

線國安　(清)遼東人。隨孔有德降。隸漢軍正紅旗。封二等男。順治間從入關。隨有德破李自成於潼關。定湖南廣西。擢廣西提督。李定國陷桂林。國安復之。進定貴州雲南。積功封三等伯。授廣西等處鎮守征勦將軍。康熙間孫延齡據桂林叛。國安從之。旋病死。

線補袞　(明)以世職官寧遠衛指揮。進參將。嘉靖中寇犯小團山。擊卻之。追至黃土臺。寇大至。圍之數周。補袞手刃數人。面中二矢。卒於軍。

線榮　(元)字子華。大德間縣尹。時永安寺僧豪勢壓鄉民。榮挫辱之。江浙省平章也速答兒至其寺。僧譖使辱榮。榮抗辭以對。左右皆懾。由是名重於時。

緜愉　(清)仁宗少子。封惠親王。咸豐初髮捻亂熾。畿輔瀕危。[illegible]奉命大將軍。將兵禦寇。恇怯不敢進。寇亦漸西。因得無過。卒謚端。

緜億　(清)宗室。封榮郡王。性聰敏。善書法。熟古今經史。遇大節能侃侃不苟。卒謚恪。

緜駒　(春秋)(齊)善歌。處於高唐。齊右之人化之。皆善歌。

編·盲意 漢潁川人。能與鬼物交通。

編·訢 後漢章帝時爲治曆官。時太初曆失天益遠。帝知其謬誤。召訢及李梵等綜校其狀。(按編訢。李梵。見後漢書律曆志。志中又稱訢梵者。二人之合稱也。萬姓統譜既列訢梵。又列訢梵。蓋誤二人爲一。復誤訢爲訴也。)

縧仙姑 唐長沙人。修道於衡嶽。有鳥飛來爲伴。每有人遊山。則鳥必預說姓氏。及期。皆驗。後入九疑山仙去。

縧·謙 明成化間遼東巡撫陳鉞啓釁召敵。敵至。務爲欺蔽。謙時爲總兵官。匿不以聞。後官南京右通政。

練·子寧 明高子。名安。以字行。性英邁。志操不凡。洪武進士第二。授修撰。累官吏部侍郎。遷左副都御史。燕師起。子寧疏劾李景隆觀望不忠。請斬以釁鼓。蕭用道。周是修上書論大計。指斥用事者罪。書下羣臣議。用事者怒。詬兩人。子寧言國事至此。尙不容言者乎。詬者愧而止。成祖卽位。縛子寧至。語不遜。斷其舌。曰。吾欲效周公輔成王。子寧手探舌血。大書地上曰。成王安在。遂磔死。族其家。弘治中王佐刻其遺文曰金川玉屑集。李夢陽立金川書院以祀之。

練·山甫 宋浦城人。字補之。年十五能挽強弓。補國子生。後補武學。因論弓箭法忤神宗。罷歸。後登第。調涇源路總管。司教閱官。以功累官武德大夫。

練夫人 五代閩章仔鈞妻。本姓楊。名㑺。以家住練湖。人稱練夫人。仔鈞屯戍浦城。會南唐將假道過。怨鼓譟攻壘。仔鈞遣二校乞援於建安。二校失期當斬。夫人止之曰。世方亂。奈何殺壯士。仔鈞悟。釋不誅。二校遂奔南唐。仔鈞卒。夫人居建州。城破。二校在行間。將屠城。使以白旗遺夫人。令植於門。且曰。已戒士卒勿犯。夫人反其旗。曰汝念舊德。願全此城。必欲屠之。吾與衆俱死。不獨生也。二校感其言。遂不復屠。及卒。州人留其柩。葬而祀之。

練·亨甫 宋句容人。字葆光。幼穎悟。七歲能屬文。十四歲入京師。王安石奇之。呼爲小友。引爲白衣檢討。熙寧中決取進士科。調泗州推官。遷太學正。除崇文殿校書。嘗從高遵裕西征。坐事謫彬州監稅。未幾召爲史館編修。

練·何 唐河內人。本東姓。貞觀中爲總管府錄事參軍。從李勣伐高麗。獻火攻策。焚南蘇羅城。遂破之。以精練軍戎之故。賜姓練。封岐山侯。

練·定 宋字公檣。嘉祐進士。調烏江尉。再除福州司理。紹聖初呂惠卿知大名。奏掌機宜文字。召對論事。以尊主強國爲先。失時宰意。通判信州。久之召爲將作監。除湖南轉運判官。崇寧間提點本路刑獄。移廣南路。諸子不欲踰嶠。勉以丏祠。定正色曰。君命召不俟駕。詎可擇地爲去就。卽日就道。官至朝請大夫。有靑丘集。

練·來 宋幹譽子。字彥本。累試禮部不利。閉門著書。有大易發微。二禮釋疑。采野遺民集。

練·㳇 宋延平人。爲旌德令。政務簡易。興學獎士。成就頗衆。㳇雅有淸操。人飮酒淸者。皆曰。此練長官酒也。其見稱如此。

練·貞吉 淸商丘人。字石林。順治拔貢。讀書自娛。與侯方域。賈開宗諸人相唱和。有叢菅詩話。掃葉居士集。

練·盎 明德興人。正德中任高明縣學訓導。和而不苟。講學忘倦。士多化之。

練·高 明新淦人。字伯上。一作伯尙。元末領鄉薦。隱居不仕。以文章氣節重於時。洪武間召爲起居注。以直言忤旨。出爲廣德州同知。後歷臨汀鎭安二府通判卒。

練·國事 明永城人。字君豫。萬曆進士。授沛縣知縣。調山陽。天啓初徵授御史。屢忤魏忠賢。削籍。崇禎朝復故官。以右僉都御史巡撫陝西。屢破流賊有功。已而賊陷寶雞。關中賊復熾。侍郎陳奇瑜委罪於國事。論遣戍。福王時召爲戶部左侍郎。尋改兵部尙書。致仕卒。

練·逢 宋字彥默。初官撫州司戶。改劍浦令。再調本州推官。用薦改秩卒。楊時爲銘其墓。

練·埧 明長洲人。字聲伯。洪武中以文學薦聘。授左春坊司直郞。嘗劾大臣不法事。特賜錦衣一襲。改御史。以氣節自負。僚采憚之。

練·幹譽 宋建安人。字克家。爲考城令。時督辦軍賦甚急。幹譽堅以民力匱竭爲請。中官屬以私者。卒置於法。初與王黼善。及黼當國。未嘗一造其門。奉祠卒。

練·綱 明埧孫。字從道。宣德舉人。授御史。以直言左遷邠州判官卒。性侃直。攻訐太甚。時有練綱口之號。

練·魯 元松陽人。字希曾。號悾悾子。少博學。經史子集。靡不精究。爲詩文有逸思。至正中登第。明洪武初應徵至武陵。著辭病詩。聲調悲壯。佯狂而回。有悾悾子文集。

練·繪 宋浦城人。字質夫。少游程頤之門。頤甚器之。登大觀進士。浮沈州縣。恬然安之。惟以扶翼名敎爲己任。官至奉議郞。

繶·縈 漢姓淳于。父意爲太倉令。

無子。有女五人。緹縈其季。文帝時意有罪當刑。罵其女曰。生子不生男。緩急非有益。緹縈悲泣。隨父至長安。上書願入身爲官婢。以贖父罪。帝悲其意。爲除肉刑法。

膠鬲 商 遭紂之亂。隱遁爲商。文王於鬻販魚鹽中得之。舉以爲臣。武王伐紂。至鮪水。殷使膠鬲候周師。武王見之。膠鬲曰。西伯將何之。曰。將之殷也。膠鬲曰。曷至。武王曰。將以甲子至殷郊。膠鬲行。天雨。武王疾行不輟。軍師皆諫。武王曰。吾已令膠鬲以甲子之期報其主矣。今甲子不至。是令膠鬲不信也。膠鬲不信。其主必殺之。吾疾行以救膠鬲之死也。果以甲子至殷郊。因戰。大克之。

膠蒼 漢 見聊蒼條。(按漢書藝文志有待詔金馬聊蒼三篇。嚴助傳作膠蒼。志傳不同。錢大昭曰。廣韻二蕭聊下云。亦姓。風俗通有聊蒼。著子書。據此則作膠者非。)

蓬球 晉 北海人。字伯堅。太始中入山伐木。忽覺異香。遂遡風尋至一處。見宮殿盤鬱。入門。有四婦人。妙麗絕倫。彈棋堂上。球懼而出。回顧忽不見。至家。乃建平中。其舊居閭舍。皆爲墟矣。

蓮池大師 明 見袾宏條。

蓮儒 明 僧。自號白石山衲子。著畫禪。凡緇流之能畫者皆列焉。又有湖州竹派。記文同畫竹之派凡二十人。

蔚能 明 朝邑人。字惟善。初爲吏。以能授光祿典簿。累進本寺卿。天順初拜禮部右侍郎。仍掌寺事。居光祿逾三十年。清愼守法。未嘗私取一臠。先後官光祿者皆不及。

蔚昭敏 宋 興子。字仲明。眞宗爲襄王。昭敏自東班殿侍選隸府。帝卽位。累遷崇儀使・冀貝行營兵馬都監。遼以五千騎突至。昭敏擊敗之。咸平中爲鎭定高陽關三路先鋒。遼兵退趨莫州。昭敏追斬萬餘級。拜唐州團練使。累遷保靜軍節度使卒。

蔚春 明 合肥人。字景元。弘治進士。任兵科給事中。陳時政八事。邊務七事。咸見施行。參政廣西。以餼介爲忌者中傷。乞歸。

蔚綬 明 合肥人。洪武中官戶部主事。尋遷員外郎。著能聲。陞山西參議。永樂初召拜禮部侍郎。益勵勤恭。宣德中以禮部尙書致仕卒。

蔚興 宋 祥符人。事周世宗。數戰伐有功。從太宗平太原。終龍尉都虞候。

蔡一槐 明 晉江人。字景明。嘉靖進士。官廣東參議。善作墨蘭竹石及小楷行草。解任後。遨遊江湖。年八十餘卒。

蔡人妻 春秋宋 女。旣嫁於蔡。夫有惡疾。其母將改嫁之。女曰。適人之道。壹與之醮。終身不改。彼無大故。又不遣妾。何以得去。終不聽其母。

蔡八兒 金 不知其所始。性純質。趫捷有勇。官忠孝軍元帥。天興中自息州入援。及哀宗傳位承麟。八兒謂所親曰。事至於此。有死而已。安能更事一君乎。遂戰死。

蔡千秋 漢 沛人。字少君。受穀梁春秋於魯榮廣。又事皓星公。爲學最篤。宣帝時爲郎。召見與公羊家並說。帝善穀梁說。擢爲諫議大夫・給事中。後左遷。復求能爲穀梁者。莫及千秋。帝愍其學且絕。迺以千秋爲郎中戶將。選郎十人從受學。

蔡士英 清 漢軍正白旗人。字伯彥。號魁吾。世居錦州。隨祖大壽降清。順治間爲江西巡撫。奏免瑞袁二府浮糧。陞漕運總督。卒諡襄敏。有撫江集・督漕奏議・滕王閣集。

蔡士順 明 蘇州人。由國子監生官福建按察司照磨。嘗輯東林諸人詩文爲同時尙論錄。

蔡大業 北周 大寶弟。字敬道。性寬恕。學涉經史。有將命村。事蕭詧父子。位至左民尙書・太常卿。卒諡簡。

蔡大寶 北周 考城人。字敬位。性嚴整。有智謀。善屬文。蕭詧鎭會稽。引爲記室。及爲梁主。累官尙書僕射・雍州刺史。軍國之事。咸委決焉。詧稱帝江陵。徵爲侍中・尙書令。參掌選事。封安豐侯。詧子巋嗣位。授中樞大將軍・領吏部尙書。卒諡文凱。有文集・尙書義疏。

蔡子英 元 河南永寧人。至正進士。累官行省參政。元亡。單騎走關中。亡入南山。明太祖求得之。館於儀曹。大哭不止。人問故。曰。思舊君爾。帝知其不可奪。命有司送出塞。

蔡中孚 明 德清人。字信之。正德進士。官大理丞。左遷寶慶同知。廉明練達。弊絕風清。陞貴州按察僉事。

蔡之定 清 德清人。字麟昭。號生甫。乾隆進士。官侍講學士。以言事忤旨。降鴻臚寺少卿。歸田後。自號積穀山人。有奏疏・古今體詩。

蔡元友 清 蕭山人。號石舟。諸生。善畫山水。工詩。

蔡元定 宋 發子。字季通。幼承庭訓。長從朱熹游。熹扣其學。大驚曰。此吾老友也。不當在弟子列。遂與對榻講論經義。每至夜分。四方求學者。必俾先從元定質正。韓侂冑興僞學之禁。謫道州。至舂陵。遠近來學者日衆。貽書訓諸子曰。獨行不愧影。獨寢不愧衾。勿以吾得罪故遂懈。卒後追諡文節。有律呂新書・八陣圖說。洪範解。太衍詳說。燕樂原辯。皇極經世。太玄潛虛指要。嘗登西山絕頂。忍饑讀書。學者稱西山先生。

蔡元偉　明晉江人。字伯膺。嘉靖間舉鄉試。授羅田教諭。歷署樂安。崇仁同知。並著勞績。嘗作考德錄。日識所行事。有四書折衷。易經聚正。

蔡元康　宋平陽人。字君濟。初入太學。慨然歎曰。學止科舉而已邪。私淑洛學。以誠正爲本。崇寧中游京師。謂其友曰。連日不樂。得非吾親不安耶。馳歸。父果病。尋愈。以八行薦。未報而卒。

蔡元銳　明無錫人。字北濠。嘉靖中倭寇入犯。與弟元鐸負父逃匿。賊執元銳。令言其父所在。不從。見殺。元鐸不知。挾重資往贖兄。亦遇害。

蔡元鼎　宋漳浦人。少以文章自豪。宋初屢徵不就。講學大帽山。人稱蒙齋先生。有中庸大學解。語孟講義。洪範會元等。

蔡元導　宋臨安人。博聞強記。家貧無書。有市書者過之。輒留數部。經宿還之。曰吾已默記矣。嘉祐初第進士。仕至南劍州推官。

蔡允恭　隋江陵人。大業子。工爲詩。仕隋歷起居舍人。煬帝屬詞賦。多令諷誦之。嘗遣教宮人。允恭恥之。數稱疾。由是疏斥。後太宗引爲秦府參軍。貞觀初除太子洗馬。有後梁春秋及集。

蔡卞　宋京弟。字元度。與京同年登科。王安石妻以女。因從之學。紹聖中累官尚書左丞。託紹述之說。多中傷善類。姦惡過於章惇。徽宗時貶少府少監。分司池州。踰歲起知大名。擢知樞密院。時京爲相。嘗以政事相齟齬。遂求去。出知河南。旋拜昭慶軍節度使。易節鎮東。政和末謁歸上冢。道死。紹興中追貶其官。有毛詩名物解。

蔡天祐　明睢州人。字成之。弘治進士。歷山東副使。分巡遼陽。歲歉。活饑民萬餘。闢海濱圩田數萬頃。累遷山西按察使。大同兵亂。殺巡撫張文錦。擢天祐僉都御史代之。從數騎馳入城。諭軍士獻首惡。亂遂定。在鎮七年。威德大著。進兵部侍郎。告歸卒。

蔡文淵　元東平人。爲滕安上高第。至大間官國史院編修。

蔡文範　明江西新昌人。字伯華。隆慶進士。除刑部主事。張居正起復。同舍郎艾穆．沈思孝抗疏杖闕下。文範慷慨護視。謫閩司運官。凡七年。居正沒。起武庫郎。累遷廣東參議。有縉雲齋稿．甘露堂集。

蔡方炳　清崑山人。字九霞。號息關。長洲諸生。有願學齋集。

蔡世遠　清漳浦人。字聞之。號梁村。世居漳浦之梁山。學者稱梁山先生。康熙進士。受業於張伯行。力崇正學。嘗主講鼇峯書院。其教以立志爲始。以孝弟爲基。以讀書體察克己躬行爲要。雍正間官至禮部侍郎。卒謚文勤。有二希堂文集．鼇峯學約．朱子家禮輯要等書。

蔡以封　清嘉善人。字桐川。以優貢生官桐鄉訓導。所著觀光集。爲其監數文書院時。高宗南巡。率諸生迎駕所賦詩及樂府也。

蔡平侯　春秋蔡景侯少子。名廬。楚靈王既殺靈侯。遂滅蔡。使公子棄疾爲蔡公。三歲。棄疾弑靈王。代立爲平王。欲親諸侯。故復立蔡後。求得廬立之。在位九年卒。謚平。

蔡幼學　宋瑞安人。字行之。從陳傅良游。乾道進士。寧宗朝仕至權兵部尚書。兼太子詹事。卒謚文懿。幼學早以文鳴。兼擅豪翰。中年述作。益窮根本。非關教化之大由性情之正者不道。器質凝重。終日危坐。一語不妄發。及辯論義理。縱橫闔闢。雖辯士不及也。

蔡必勝　宋平陽人。字直之。乾道進士。累遷閤門舍人。曾覿方用事。冀其附己。必勝故不往。光宗在東宮聞之。歎息言佳士。及即位。擢知閤門事。孝宗崩。光宗不能喪。中外洶洶。憂禍起旦夕。必勝助趙汝愚定議。立寧宗。天下晏然。韓侂胄忌之。出知廬州。既鎮淮右。遂議浚熙河。造戰艦。大張聲勢以基遠圖。未就。擢吉州刺史。奉祠卒。

蔡正孫　宋字粹然。自號蒙齋野逸。謝枋得門人。有詩林廣記前後集。

蔡玄　後漢南頓人。字叔陵。學通五經。門徒常千人。順帝徵拜議郎。講論五經異同。甚合帝意。遷侍中。出爲弘農太守。卒官。

蔡用之　宋新昌人。字宗野。天禧進士。嘗獻策賦。眞宗驚喜。出示諸學士曰。此江南夫子也。促赴闕。詔下而卒。

蔡仲　周蔡叔度子。名胡。度既遷而死。胡乃改行。率德馴善。周公言於成王。復封於蔡。以奉蔡叔之祀。

蔡仲舒　宋新昌人。字王臣。景祐進士。幼不治生產。苦志於學。喜吟詠。初爲鄂州崇陽簿。薦授通山令。徙湘潭。縉雲。會昌。以弭盜功。奏改承奉郎。武勝軍僉判。致仕。加太子中允。居家猶教學不輟。

蔡仲熊　南齊濟陽人。嗜學博聞。執經議論。往往與時宰不合。亦終不改操求同。仕至尚書左丞。常時恨其不遇。

蔡充　宋南城人。字公度。天聖進士。累官司封員外郎。家貧。刻苦養母。居官未嘗廣田宅。平居衣冠容貌肅然。臨事沈默愼靜。以廉節見稱。

蔡再雄 宋辰州猺人。武健多謀。在周行逢時。屢以戰鬭立功。蠻獠皆服之。太祖察其可用。特擢辰州刺史。官其子爲殿直。賜予甚厚。至州日。訓練士兵得三千人。皆能披甲渡水。歷山飛塹。捷如猿猱。又選親校二十人。分使諸蠻。宣朝廷懷來之意。蠻黨悅服。莫不從風歸降。太祖大喜。復召至闕。面加奬激。改辰州團練使。再雄盡瘁邊圉。五州連袤數十里。不增一兵。不費帑庾。終太祖世。邊境無患。

蔡如松 宋龍溪人。襄之族。字勁節。慷慨有大志。與顏師魯友善。吳獬以文倡一時。如松與之論辨不爲屈。歷新與推官。

蔡汝揆 宋用之七世孫。字君審。師事饒魯。得道學之傳。門人稱爲愚泉先生。有希賢錄。貫道集。友議諸種。

蔡汝楠 明德清人。字子木。號白石。兒時聽湛若水講學。輒有解悟。舉嘉靖進士。始好爲詩。有重名。中年乃究心經學。知衡州日。聚諸生講經於石鼓書院。及參政江西。與鄒守益羅洪先游。學益進。仕至南京工部右侍郎卒。有自知堂集。說經劄記。

蔡汝賢 明松江華亭人。字用卿。一字思齊。隆慶進士。官御史。疏劾勳戚無顧忌。終南兵部侍郎。致仕卒。有東南夷圖說。嶺海異聞。諫垣疏草。披雲叢集。

蔡羽 明吳縣人。字九逵。由國子生授南京翰林孔目。自稱林屋山人。又稱左虛子。好古文辭。自負甚高。或謂其詩似李賀。羽曰。吾詩求出魏晉上。乃爲李賀邪。有林屋南館二集。

蔡攸 宋京子。字居安。崇寧初賜進士出身。歷進少師。封英國公。領樞密院。出入宮禁。常侍曲宴。多道市井淫媟語。又附會道家說以迎合帝意。與京權勢日相軋。父子各立門戶。遂爲讎敵。內禪之議。攸實成之。靖康初責永州安置。連徙潯。雷。京死。御史言攸罪不減其父。當竄海島。詔置萬安軍。尋遣使者隨所至誅之。

蔡伷 宋襄孫。與弟佃。伸俱有聲太學。號三蔡。大觀中進士。官至徽猷閣待制。

蔡佃 宋伷弟。崇寧初進士第二。時蔡京當國。力欲羅致門下。竟不能屈。會星異。上疏論宰相非人。宜學漢汲黯故事。以應天變。責監溫州稅。官至朝奉郎。直龍圖閣。

蔡伸 宋佃弟。字伸道。政和進士。歷太學博士。通判眞饒徐楚四州。改知滁和等州。初與秦檜同舍又同舉。後伸以趙鼎黨。乞祠累年。檜欲援之。伸竟不肯干。官至左中大夫卒。有友古詞。

蔡伯俙 宋福清人。一作伯倫。年四歲。試童子科。眞宗賜詩以獎。授校書郎。東宮伴讀。元符初以司農卿致仕。（按尙友錄作蔡伯禧。此從福建通志。）

蔡克 晉考城人。字子尼。少好學。博涉書記。性公亮不苟交。山簡與王衍書。稱曰今之正人。辟東曹掾。以朝政日弊。遂絕不仕。東嬴公騰爲車騎將軍。鎭河北。舉克爲從事中郎。以軍期致之。不得已至。騰爲汲桑所攻。城陷。克見害。

蔡克廉 明晉江人。字道卿。嘉靖進士。官至戶部尙書。少與鄉人王愼中皆負文名。有可泉集。

蔡孝恭 宋元導四世孫。博聞強記。以賢良薦。上批鱗十三策。至京師。或謂宜謁當路。孝恭曰。以嫵媚取科第。我不能也。遂歸不仕。

蔡完 明黃陂人。字人備。性孝友。安貧樂道。第嘉靖進士。初任蘭溪令。以賢能徵。百姓願留。補御史。赫然有聲。及卒。囊無私積。僅存匹絹。賴同官賻贈。始得歸葬。

蔡宏勳 清永嘉人。字銘士。諸生。其畫擅名一時。並善書。有雪齋集。

蔡希點 宋太平人。字子與。號春山。博學善詩。隱居教授。從游者以百數。有春山雜稿。

蔡延世 宋南城人。建炎時爲建昌軍兵馬監押。金人猝至。延世嬰城固守。斬其使。復率衆擊却之。遂領軍事。

蔡延慶 宋齊從子。字仲遠。第進士。神宗時累官龍圖閣直學士。知成都。徙知渭州。元祐中終工部侍郎。延慶有學問。平居簡默。遇事能別白是非。所至有惠政。

蔡延禧 宋熙寧間官御史。嘗學呂惠卿兄弟。有直名。

蔡廷玉 唐昌平人。與朱泚同里相狎。泚爲幽州節度使。奏署幕府。幽州將士驕悍。廷玉屢勸泚入朝。諸校怒。縛廷玉辱之。無撓辭。泚不忍殺。囚之歲餘。持前說不屈。後泚以軍付弟滔。入朝。廷玉從。詔授泚涇原鳳翔節度使。廷玉以大理少卿爲泚司馬。滔惡廷玉。表請殺之。泚不從。比滔反。乃貶廷玉柳州司戶參軍以慰滔。道中投河死。德宗憫其忠。厚贈之。

蔡廷治 清揚州人。字潤汝。好讀書。年十餘。盡通六經百家之說。順治初補諸生。旋棄去。長於治易。授徒課子。以終其身。有易玩室文。

蔡志學 宋新昌人。字及之。號如心。淳祐進士。調興國主簿。憲使李迪愛其才。檄入幕。按法訊讞。民稱不冤。秩滿。調武昌節度掌書記。再調太和令。獨立不撓。剖決如流。旋知高郵。終朝奉郎。

蔡抗 宋宋城人。字子直。第進

士。稍遷邇親宅講書。英宗在官邸。器重之。每見。必衣冠盡禮。義兼師友。英宗立。自廣東轉運使召爲三司判官。諭曰。卿乃吾故人。朕望於卿者厚。勿以常禮自疎也。知諫院。時方議濮安懿王典禮。抗引禮指陳。已而大臣畏其諫列。白知制誥。出知定州。帝惜其去。曰第行。且召矣。神宗立。改樞密直學士。知秦州卒。◎宋模弟。字仲節。號久軒。博通經史。邃於理學。紹定進士。累遷諸王教授。疏言權奸不可復用。國本不可不早定。帝善之。官至參知政事。卒謚文肅。(按福建通志作蔡杭。此從宋史。)

蔡沆 宋淵弟。字復之。號復齋居士。父元定憐外表兄虞英無子。與之爲嗣。更名知方。及領鄉舉。從母命歸宗。入則受教家庭。出則從朱熹學。官至文林郎。兩浙運幹。有春秋五論。春秋大義。春秋衍義等書。人稱其有功於春秋。

蔡沈 宋沆弟。字仲默。少師事朱熹。熹晚欲著書傳。遂以屬沈。洪範之數。學者久失其傳。父元定獨心得之。然未及論著。曰成吾書者沈也。沈受父師之託。沈潛反復者數十年。遂成書經集傳。洪範皇極。發明先儒之所未及。從元定謫道州。父子相對。常以理義自怡悅。元定沒。徒步護喪還。屢薦不就。隱居九峯。學者稱九峯先生。明代追謚文正。

蔡京 宋仙游人。字元長。熙寧進士。元豐末知開封府。司馬光復差役法。爲期五日。同列病太迫。京獨如約。光許爲奉法。紹聖初權戶部尚書。乃助章惇定雇役法。識者有以知其姦。徽宗時因童貫以進。累遷左僕射。兼中書侍郎。更鹽鈔法。既竄元祐諸臣略盡。復王安石新法。進司空。拜太師。封魏國公。屢罷屢起。凡四出執國政。倡爲豐亨豫大之說。庫儲掃地。徧布戚黨。疾視人民。遂有靖康之變。天下罪京爲六賊之首。欽宗立。侍御史孫覿等極疏其姦。貶衡州安置。徙韶儋二州。行至潭州死。

蔡佩 清浙江山陰人。字子佩。工畫山水。

蔡叔度 周文王五子。武王克殷。封於蔡。周公攝政。叔度與管叔鮮疑之。乃挾武庚以作亂。周公誅武庚。遂放蔡叔。遷之於郭鄰。與車十乘。徒七十人。卒於遷所。

蔡和 宋晉江人。字廷傑。從朱熹高弟陳易授業。居白石村。學者稱白石先生。喪祭酌古今禮。鄉閭化之。

蔡定 宋會稽人。字元應。父革坐法。定詣府請代。弗許。定知終不可贖。預爲志銘其墓。又爲狀若詣府者。結置袂閒。敘陳冤死之由。遂赴水死。府帥聞而異之。立命出革。厚爲定具斂。而撫周其家。

蔡宗兗 明浙江山陰人。字希淵。號我齋。從王守仁學。正德進士。以教授奉母。孤介不爲當道所喜。輒思棄去。守仁以爲傷於急迫。乃止。入爲大學助教。南考功郎。擢四川督學僉事。有蔡氏律同。

蔡宗堯 明天台人。自號東郭子。嘉靖舉人。官松溪縣教諭。有龜陵詞。

蔡居中 宋南康人。字正夫。好學不倦。尚名節。事親以孝聞。政和閒以太學生釋褐。主文霍端友稱其文簡潔明粹。足爲兩學矜式。置第二。仕至大宗正丞。以清白稱。

蔡居厚 宋延禧子。字寬夫。第進士。大觀初拜右正言。進右諫議大夫。嘗論東南兵政七弊。又言學官書局皆爲要塗。宜公選實學多聞之士。後知東平府卒。

蔡念成 宋德安人。字元思。朱熹講學白鹿洞。念成從之游。隱居求志。樂道不仕。嘉定初長延平書院。晚與同門數人。每季月一集以相切磋。三十年無間。州閭服行其化。

蔡承禧 宋元導子。字景繁。與父同登進士。授太平州司理。調知雩都縣。決事明敏。熙寧中拜監察御史裏行。呂惠卿怙權任私。承禧面奏其罪。又奏其弟升卿考校國子阿私。章五上。帝並其黨黜之。賜五品服。曰旌卿讜直。加集賢院校理。後出爲淮南轉運使。

蔡松年 金眞定人。字伯堅。父靖。宋宣和末守燕山。降金。因辟松年爲令史。除眞定府判官。遂家眞定。海陵時歷參知政事。尚書左丞。進右丞相。封衛國公。卒謚文簡。松年文詞清麗。尤工樂府。與吳激齊名。時號吳蔡體。有文集。

蔡長澐 清世遠子。字巨源。號克齋。乾隆閒由廩生舉優行。累官兵部侍郎。性至孝。作令江南時。有第一清官之稱。

蔡青 宋漳浦人。紹興閒青與同縣鄭進。熊保。俱爲左翼軍步兵。時山寇至。三人被髮操戈瞋目叱於衆曰。吾屬當爲國死。既而與賊遇。自卯至酉。殺傷甚衆。賊遁。乘勢追追。賊窮反鬬。三人皆中傷以沒。邑人哀之。爲合葬於邑西門外。稱曰勇士墓。

蔡侯齊 春秋蔡昭侯四世孫。立四年。爲楚惠王所滅。蔡遂絕祀。

蔡冠卿 宋充子。字元輔。慶曆中進士。爲原武主簿。遷知下邽。鄢陵。所至有惠政。入爲大理少卿。復出知饒州。後爲晉守。有循績。

蔡哀侯 春秋蔡仲十世孫。名獻舞。娶於陳。息侯亦娶陳。息夫人將歸。過蔡。哀侯不敬。息侯怒。使謂楚文王曰。伐我。吾求救於蔡。楚因擊之。楚子從之。虜哀侯歸。在位十一年。又九歲。死於楚。諡哀。

蔡·昂 明淮安山陽人。字衡山。少穎異。嗜讀書。每假人書。一覽成誦。正德進士。在史館幾三十年。有聲於時。歷官禮部侍郎。有頤貞堂集。

蔡昭侯 春秋周悼侯弟。名申。朝於楚。楚相子常欲得其美裘。不與。子常讒昭侯。留之楚三年。獻裘乃歸。後與吳王破楚。入郢。楚昭王復國。伐蔡。蔡告急於吳。吳爲蔡遠。約遷以自近。遂遷於州來。已而昭侯將朝於吳。大夫恐其復遷。令賊殺之。在位二十八年。諡昭。

蔡·洪 晉吳郡人。字叔開。有才名。初仕吳。後入洛。洛中人問曰。幕府初開。羣公辟命。君吳楚之士。亡國之餘。有何異才而應斯舉。洪曰。夏禹生於東夷。文王生於西羌。賢聖所出。何必常處。昔武王伐紂。遷頑民於洛邑。得無諸君是其苗裔乎。元康初爲松滋令。嘗作孤奮論。與王沈釋時論意同。讀者莫不歎息焉。

蔡·洸 宋伸子。字子平。以蔭補將仕郎。歷知鎭江府。會西溪卒移屯建康。舳艫相銜。時久旱。郡民築陂瀦水灌漑。漕司檄郡決之。父老泣訴。洸曰。吾不忍獲罪百姓也。卻之。已而大雨。漕運通。歲亦大熟。後遷戶部尚書。未幾奉祠歸。囊無餘資。

蔡·珍 元安豐人。素饒勇。從憲宗及世祖征伐。所至有功。入備宿衞。至後衞親軍千戶。佩金符。白海初建行營。命珍督役。號令嚴肅。卒事民不知擾。世祖嘉之。

蔡·約 南齊興宗子。字景撝。少尙宋武帝女安吉公主。入齊。歷遷司徒左長史。明帝時爲錄尙書輔政。百僚屣履到席。約躡屐不改。帝謂江祏曰。蔡氏是禮度之門。故自可悅。祏曰。大將軍有揖客。復見於今。性好飮酒。夷淡不與世雜。官終太子詹事。

蔡·致君 宋大梁人。隱居不仕。閉門讀書。不與當世公卿交。藏書二萬卷。蘇過有夷門蔡氏藏書目序。

蔡·茂 後漢懷人。字子禮。哀平間以儒學顯。徵試博士。以高等擢拜議郎。遷侍中。王莽居攝。以病自免。光武初徵拜議郎。遷廣漢太守。上書乞禁制貴戚。光武納之。建武中代戴涉爲司徒。在職清儉匪懈。卒於位。

蔡·衍 後漢項人。字孟喜。少明經講授。以禮讓化鄉里。有爭訟者。輒指衍決之。其所平處。皆無怨。舉孝廉。稍遷冀州刺史。徵拜議郎。梁冀聞衍賢。請欲相見。辭疾不往。坐表救成瑨等收糾宦官事免官。靈帝時復拜議郎卒。

蔡·追 宋齊孫。字肩吾。文詞字畫皆過人。流落川蜀。韓元吉典銓曰。以文卷相訪。元吉薦於朝。又作晶說以送之。追議論從容。有故家典則。仕終桂陽令。或曰。追爲尹焞門人。與蔡仍號二蔡。

蔡·倫 後漢桂陽人。字敬仲。有才學。和帝時爲中常侍。數犯顏匡諫。元初中封龍亭侯。爲長樂太僕。始造意用樹膚麻頭及敝布魚網爲紙。天下咸稱蔡侯紙。安帝親政。以倫前受竇后諷旨誣陷宋貴人。勅使自致廷尉。倫恥受辱。乃飮藥死。

蔡·哲 明武昌人。字思賢。始仕陳友諒爲御史。尋歸太祖。以功累擢中書省參政。尋受命入蜀。報聘於明昇。因挾畫史同往。圖其山川險易以獻。後爲侍御史。坐失舉。免官卒。

蔡·挺 宋樞密直學士抗弟。字子政。舉進士。累官至直龍圖閣。知慶州。拒西夏。防守盡力。神宗朝徙知渭州。治軍有方。熙寧中拜樞密副使。帝問涇原訓兵之法。召部將按於崇政殿。帝善之。下以爲諸郡法。卒諡敏肅。

蔡·時鼎 明漳浦人。字台甫。萬曆進士。歷知桐鄉、元城。爲治清嚴。徵授御史。順天考官張一桂得罪。時鼎以糾發從中出。極言宵人蜚語。直達御前。其漸不可長。帝怒。謫馬邑典史。告歸。起太平推官。遷至南京禮部郎中。

蔡·朗 後魏字仲明。以魯詩教授。生徒雲集。元和初徵拜博士。後爲瑯邪王傅。

蔡·格 宋淵子。字伯至。號素軒。性資沖澹。持身謹恪。教諸子姪。必遵先世禮義之訓。嘗與學者講孟子。力詆佛老。作至書以譬之。又著廣仁說以自勵。學者稱素軒先生。

蔡·烈 明龍溪人。字文繼。弱冠爲諸生。受知於蔡清及陳茂烈。隱居鶴鳴山之白雲洞。不復應試。舉遺佚亦不就。學士費熙見烈。歎曰。先生不言躬行。熙已心醉矣。學者稱鶴峯先生。

蔡·兹 宋永春人。字光烈。紹興進士。官南安守。秩滿掛冠歸。榜所居曰長春書室。兹早以文學名。嘗爲試官。謂人曰。吾取中後生。三篇旂皆欲爲朝廷措置大事。他日必非尋常人。乃朱熹也。

蔡·珪 金松年子。字正甫。天德進士。歷官戶部員外郎。兼太常丞。號爲辨博。朝廷制度損益。多所裁定。坐事落職。久之復起用。至禮部郎中。封眞定縣男。時得風疾失音。改濰州刺史。致仕。珪以文學顯。多識古今奇字。有補正水經五篇、南北史志、續金石遺文跋尾、晉陽志、古器類編。文集。

蔡·祈 北周興子。字承先。有智

力。便騎射。從宇文泰征伐。數有功。嘗與齊高歡戰於芒山。祐時著明光鐵鎧。所向無敵。齊人目之曰鐵猛獸。後封懷寧郡公。拜大將軍。明帝朝拜小司馬。以本官權鎭原州。卒諡莊。祐每征伐。爲士卒先。軍還。諸將爭功。祐終無所競。性節儉。身死之日。家無餘財。

蔡豹 晉圉城人。字士宣。有氣幹。元帝時爲建威將軍．徐州刺史。會泰山太守徐龕叛。詔豹進討。戰敗。執送建康斬之。豹在徐。內撫將士。外懷諸衆。甚得遠近情。及聞其死。多爲悼惜。

蔡邕 後漢圉人。字伯喈。性至孝。三世同居。少博學。好辭章數術天文。妙操音律。善鼓琴。歷遷議郞。熹平中與楊賜奏定六經文字。自書册鐫碑。立於太學門外。會災異數見。應詔上封事。爲程璜所構。詔下獄詰狀。論減死一等。髡鉗徙遠方。明年赦還。亡命江海。後董卓辟之。稱疾不就。卓怒。切勅州郡舉邕。邕不得已至。三日三遷。後拜左中郞將。卓誅。邕在司徒王允坐。言之而歎。有動於色。允怒。收付廷尉。邕乞黥首刖足。續成漢史。不許。士大夫多矜救之。不能得。遂死獄中。有獨斷，蔡中郞集。◎後漢上虞人。與陳留蔡邕同時。亦字伯喈。隱居不仕。以孝行聞。

蔡高 宋襄弟。字君山。景祐進士。爲長溪尉。善折獄。人稱神明。遷太康簿。卒年二十八。

蔡啓僔 清德清人。字石公。號崑暘。康熙進士第一。累官右春坊右贊善。典試順天。與崑山徐乾學力挽時趨。所收皆卓異士。以疾歸。工詩及書。有游燕草．存園集。

蔡啓盛 清諸暨人。字曬客。優貢生。官知縣。有經窺。

蔡國用 明金谿人。萬曆進士。由中書舍人擢御史。以忤璫罷。崇禎初起故官。累遷吏部尙書．兼東閣大學士。入參機務。居位淸謹。碌碌無所見。卒諡文恪。

蔡國珍 明奉新人。字汝聘。嘉靖進士。嚴嵩以其同里。欲羅致門下。不應。乞就南刑部主事。遷福建提學副使。以侍養歸。遭母喪。遂不出。萬曆間起故官。累遷吏部尙書。屢疏乞休。卒諡恭靖。國珍素以學行稱。著清操。有怡雲堂集。

蔡密 宋京族子。性矯妄。喜談鬼神事。京薦於朝。以道士服入謁。累官給事中．兼侍讀。京去位。言者併攻之。奪職。及京復相。徽宗戒毋得用密。但復集英殿修撰。旋還待制。提舉洞霄宮。

蔡彬 明武邑人。由太學生歷官至山西布政司左參政。有惠政及民。

蔡悼侯 春秋蔡靈侯太子友之子。名東國。平侯殺太子友。平侯卒。悼侯攻平侯之子而代立。在位三年卒。諡悼。

蔡悉 明合肥人。字士備。嘉靖進士。累官南京尙寶卿。移署國子監。悉有學行。淡宦情。仕五十年。家食強半。淸操亮節。淮西人宗之。有書疇彝訓．大學注。

蔡斌 南唐宋善畫人物故實。爲天下標冠。有遊仙圖．蘇武像尤著稱。

蔡淵 宋元定子。字伯靜。號節齋。淸修苦學有父風。躬耕不仕。邃於易。有周易訓解．易象意言。

蔡清 明晉江人。字介夫。成化進士。累官江西提學副使。以忤宸濠。乞致仕。起南京國子監祭酒。命甫下而卒。清飭躬砥行。貧而樂施。少從朱玭學。以善易名。其學初主靜。後主虛。故以虛名齋。學者稱虛齋先生。萬曆中追諡文莊。有四書蒙引．易蒙引．虛齋集。

蔡牽 清同安人。奸猾善掉闔。能使其衆。嘉慶間安南王阮福映盡逐國內奸匪。其在閩者悉爲牽所併。剽掠商船。勢張甚。後爲李長庚所攻。僞降。得遁。尋犯臺灣。攻府城。稱鎭海王。長庚令總兵許松年．王得祿進攻。五戰皆破之。長庚追入粵海。牽僅餘三舟。會長庚中礮殞。牽遁安南。後王得祿．丘良功等復擊之於定海。牽自裂其船。沈海死

蔡斑 清鋐榮子。字若璞。號禹功。別號無動居士。又號松山季子。康熙進士。累官直隸總督。降奉天府府尹。有守素堂詩集。

蔡紫瓊 清江西德化人。周文麟妻。字韞卿。一字玉婷。九歲通琴理。能畫墨蘭。十二歲工楷書。尤喜吟詠。

蔡紹元 清名啓胤。以字行。號溪巖。明季廩生。入清後。絕意仕進。晚嗜濂洛關閩及河會姚涇遺集。潛體默玩。多所自得。有四書洞庭集．蒙解集．鑑觀錄．文集。

蔡規 宋建昌軍人。善畫山水。謝無逸稱之。有揮灑若無心．筆端出萬怪之語。

蔡逢時 明宣城人。字應期。萬曆進士。由海鹽知縣擢禮部郞。議藩封祿制。著爲令。遷溫處兵備副使。圖畫海防。斬倭七十餘人。累官四川左布政使。有溫處海防圖略。

蔡喆 明洪武中爲福建參政。廉明自持。涖政以正風俗合民心爲要。民皆墓之。

蔡復一 明同安人。字敬夫。好古博學。善屬文。萬曆進士。累擢兵部右侍郞。巡撫貴州。進總督貴州雲南湖廣軍務。討安邦彥屢有功。卒以

事權不一致敗。解任候代。卒於軍中。諡清憲。生平耿介負大節。既沒。甕無餘貲。有遯菴全集。

蔡景侯 春秋蔡繆侯曾孫。名同。為太子般娶婦於楚。景侯通焉。太子弒景侯自立。在位二十九年。諡景。

蔡景歷 陳考城人。字茂世。少俊爽。有孝行。家貧好學。工草隸。為海陽令。政有能名。武帝在鎭。辟記室參軍。及受禪。遷祕書監。中書通事舍人。掌詔誥。文帝立。以定策功封新豐縣子。進爵為侯。累遷度支尚書。卒諡忠敬。有文集。

蔡曾 宋 字子飛。淹貫經史。少為太學生。至和中丞相劉沆館之以訓諸生。欲以郊祀恩例官之。不就歸。闢南園隱處其中。自號東郭居士。

蔡款 三國吳 彭城人。字文德。幼孤微。為張承所識拔。歷仕內外。以清貞顯。後以衛尉領中書令。封留侯。

蔡湘 清 上海人。字竹濤。監生。工詩文。有聲譽。與王士禎・朱彝尊輩倡和。皆服其才。後客死交城。年甫二十。有竹濤集。

蔡琰 後漢 邕女。字文姬。知音律。適衛仲道。為胡騎所獲。在胡二十年。生二子。曹操以金璧贖之歸。作胡笳十八拍。後再嫁董祀。嘗寫邕遺書呈操。文無遺誤。

蔡琬 清 蔡毓榮女。高其倬妻。濡染家學。博極羣書。詩詞之外。兼通政術。其倬歷中外。奏疏文檄。出自閨中者居多。

蔡發 宋 建陽人。字神與。晚號牧堂老人。博學強記。杜門卻掃。專以讀書教子為務。子元定生十歲。即教使讀西銘。稍長。則示之以程氏語錄・邵氏經世・張氏正蒙而語之曰。此孔孟正脈也。朱熹嘗稱發所以教其子者。不干利祿而開以聖賢之學。其志識高遠。非世人所能及。

蔡開 金 崇德人。字子明。以進士宰德清。征調不擾。知邵武郡。罷官租帶納之例。以紓民困。除漕司。兼知岳州。點軍營田。每九軍一日而畢。改漕江西。亦多惠政。有畏齋集。

蔡雲程 明 臨海人。字亨之。嘉靖進士。官至刑部尚書。有鶴田草堂集。

蔡雲翰 明 大庾人。宣德進士。授工部主事。以事謫廣西平樂通判。政尚簡靜平恕。遷福建按察僉事。謝病家居。文學尤著。

蔡順 後漢 安城人。字君仲。少孤養母。嘗出求薪。客卒至。母望順不還。乃噬指。順即心動馳歸。母終。未及葬。里中災。火將逼舍。順伏棺號哭。火遂越燒他室。得免。母平生畏雷。亡後。每雷震。輒圜冢泣曰。順在此。後舉孝廉。順不能遠離墳墓。遂不就。終於家。

蔡黃裳 宋 晉江人。字叔文。大中祥符進士。知虢縣。郡守有親校。招權納賄。黃裳至縣。先縛校於傳舍。謁郡守。具條其姦狀。寘於法。一府盡驚。尋知建陽縣。秩滿解去。邑人遮使者乞留。遂再任。

蔡絛 宋 攸弟。字約之。自號百衲居士。官至徽猷閣待制。絛頗能文。京既老眊。事悉決於絛。且代京入奏。由是恣為姦利。竊弄威柄。及京敗。絛流白州死。有西清詩話。所著鐵圍山叢談。稱說部佳本。

蔡翛 宋 攸弟。初以恩澤為親衛郎。祕書丞。宣和中拜禮部尚書。翛知父必敗。密與攸議。稍持正論。故與京異。而攸又忌翛。會徽宗南幸。攸假旨請翛守鎭江。流言徽宗將復辟於鎭江。乃責翛昭信軍節度副使。攸之誅。帝取詔批其尾曰。翛亦然。於是併誅。

蔡傳 宋 襄仲子旬之子。字永裔。以旬早世。及襄卒。朝廷錄其子孫。以傳守將作監簿。時方二歲。母劉氏撫教至於知書。傳篤學力行。歷朝奉郎。通判南京留守司。年四十三致仕。奉親以歸。有歷代吟譜。

蔡微 元 瓊山人。字希元。通經史。善文詞。元末隱居不仕。李思迪敍其文。推為海南儒者之冠。有瓊海方輿志。

蔡戡 宋 襄四世孫。字定夫。始居武進。補溧陽尉。舉乾道進士。累官寶謨閣直學士。持節五羊。代輸數銀。民甚便之。為湖南憲。李昂霄有異謀。未發。單車馳喻。立定。寧宗朝為京兆尹。有惠政。後為廣西經略。淮西總領。韓侂胄當國。乃請老。有定齋集。

蔡新 明 永樂間人。字日新。父仲真。為仇所戕。新自詣復仇。繫冤獄者十年。後獲免。卒業太學。擢慈利令。慈地逼夷獠。素號難治。新鋤強扶弱。苗民歸化。丁母憂去。服闋。改臨湘縣。◎清 世遠從子。字次明。號葛山。乾隆進士。官至文華殿大學士。吏部尚書。致仕。卒諡文恭。其學以求仁為宗。以孟子不動心為指歸。嘗苦此心難治。因集先儒言操心養心存心求心之法。彙為一冊。曰事心錄。其端和恭謹。多得諸世遠之教。有緝齋詩文集。

蔡瑁 三國魏 襄陽人。字德珪。性豪。與蒯越・蒯良等並知名於時。劉表為荊州刺史。延為謀主。累官鎭南大將軍軍師。嘗助表少子琮。譖其長子琦。故為時人所薄。表敗入魏。歷司馬長水校尉。封漢陽亭侯。文帝作典論。以瑁成之。

蔡·瑗 宋龍溪人。字希蘧。嘉祐進士。歷典五郡。官至朝請大夫。徽宗時上封事。言商三宗寅畏。周文王無逸。爲萬世法。後官提點江淮諸路坑冶。有鷄城錄。古今名賢錄。

蔡·瑄 明滎河人。洪武中以儀禮司序班累官通政使。出納以公。劾正衆譔。百司肅然。乞病還。道卒。

蔡·祿 清海澄人。康熙間官至河北鎭總兵官。吳三桂反。祿潛謀應三桂。阿密達擊擒之。幷斬其子。

蔡·經 後漢遇王方平。得道去。後十餘年還家。云七月七日王君當來。及期。方平至。旣見經。卽遣人與麻姑相聞。須臾麻姑來。經舉家見之。

蔡·義 漢溫人。以明經給事大將軍衛靑幕府。昭帝詔求能爲韓詩者。徵義待詔。及召見說詩。悅之。擢光祿大夫·給事中。後爲丞相。封陽平侯。卒諡節。(按漢書本傳標蔡義。霍光傳儒林傳均作蔡誼。)

蔡·裔 晉豹從子。字元子。官兗州刺史。有勇氣。聲若雷震。嘗有二盜入室。裔拊牀一呼而盜俱殞。殷浩北征。還裔爲前鋒。卒於軍。

蔡·運 明南康人。以貢起家。建文中歷官四川參政。清勁直諒。不諧於俗。罷歸。復起知賓州。有惠政。靖難後論死。

蔡·道恭 梁冠軍人。字懷儉。仕齊爲右衛將軍。梁武帝起兵。以功任右將軍·司州刺史。天監初封漢壽縣伯。進號平北將軍。魏圍司州。道恭隨方抗禦。皆應手摧卻。魏軍甚憚之。會疾卒。其兄子及部下將帥猶堅守三月餘。糧盡乃陷。

蔡·道憲 明晉江人。字元白。崇禎進士。爲長沙推官。治盜有殊績。吉王府宗人恣爲奸。道憲先治而後啓王。張獻忠陷武昌。長沙大震。道憲議守岳以保長沙。巡撫不能從。長沙陷。道憲被執。曰汝不降。將盡殺百姓。道憲大哭曰。願速殺我。毋害我民。賊知不可奪。磔之。時年二十九。諡忠烈。健卒林國俊等九人亦不屈。同死。

蔡·夢弼 宋建安人。所著杜工部草堂詩箋已佚。存者有草堂詩話。皆采自宋人詩話語錄文集。以詳贍稱。

蔡·夢說 宋黃巖人。字起巖。嘗從車瑾游。究心濂洛之學。開門授徒。多所造就。著有詩箋。

蔡·廓 南朝宋謨曾孫。字子度。博涉羣書。言行以禮。晉末起家著作佐郎。以方鯁爲武帝所知。武帝領兗州。引爲別駕從事史。宋臺建。歷遷御史中丞。多所糾奏。百僚震肅。武帝稱爲平世三公之選。元嘉初終祠部尚書。

蔡·榮名 明黃巖人。字去疾。少負奇才。以古文辭自許。王世貞延爲上賓。有太極圖註·芙蓉亭稿。

蔡·槐 元德興人。僑居建康。嗜讀書。卓犖不羣。工相術。至元中召至京。詔問休咎多驗。授集賢學士。辭不拜。歸隱鍾山。

蔡·毓榮 清士英子。字仁菴。順治間補刑部理事官。吳三桂反。毓榮爲綏遠將軍。率兵定雲貴。遂爲雲貴總督。撫綏甚力。士民戴之。轉倉場總督。戶部右侍郎。坐事革職遣戍。未幾召還。有通鑑本末紀要。

蔡·漴 宋新昌人。字慶崇。乾道進士。初爲湘潭簿。以廉明薦。調巴州教授。改安化令。庭無留訟。尋通判金州。卒官。

蔡·肇 宋丹陽人。字天啓。元豐進士。徽宗時爲吏部員外郎。編修國史。後拜中書舍人。罷爲顯謨閣待制。知明州。肇能爲文。最長詩歌。工畫山水人物。有丹陽集。

蔡·蒙吉 宋程鄉人。年十二應童子科。賜進士出身。授韶州司戶兼司法。值元兵入境。檄權梅州。城陷。罵賊死。三日。顏如生。元將異而瘞之。

蔡·蒙叟 宋閩縣人。號貞白子。博學不仕。從游甚衆。郡守李欣薦授州助教。卒於家。著有繩子。

蔡·蓁春 清宣城人。字大美。喜交游。善屬文。有來諗居集·續宛雅。潛水雜著。

蔡·齊 宋膠水人。字子思。大中祥符間舉進士第一。眞宗顧謂寇準曰。得人矣。詔金吾給七騶以寵之。仁宗朝以禮部侍郎參知政事。後罷相。出知潁州。卒諡文忠。齊方重有風采。性謙退不妄言。丁謂秉政。欲齊附己。終不往。所薦士。後卒爲名臣。

蔡·齊基 宋連州人。字夢得。年十九領鄉薦。嘗著周易述解。嘉定中爲瓊州司錄。呂祖謙門人趙善譚進其書於樓鑰。由是知名。詩詞辭麗。能自成一家。

蔡·儁 北齊石門人。字景彥。初爲杜洛周所擄。時高歡亦在洛周軍中。儁與歡共謀誅洛周。事泄。走奔葛榮。仍背葛榮歸爾朱榮。從破葛榮。除諫議大夫。復從歡舉兵爲都督。數有戰功。魏太昌中終於揚州刺史。齊受禪。配享廟庭。

蔡·劍 唐高安人。字純鉤。以平黃巢功。爲左散騎常侍·江南西道節度副使。鍾傳割據洪州。求婚於劍。劍曰。吾家世爲唐忠臣。肯以女事賊乎。拒不許。

蔡·審廷 宋武安人。善騎射。仕周爲副指揮使。隸宋祖麾下。入宋屢著戰功。終鎭州兵馬都鈐轄。

蔡·徵 隋景歷子。字希祥。幼聰

敏。精識強記。繼母不慈。事之益謹。陳太建中累遷太子中舍人。後主器其才。遷戶部尚書。陳亡。入長安。文帝聞其敏贍。召見顧問。言輒會旨。除太常丞。終給事郎。

蔡•德晉 清無錫人。字仁錫。雍正舉人。乾隆中薦經明行修。授國子監學正。遷工部司務。嘗謂橫渠以禮教人。最得孔門博約之旨。故其律身甚嚴。有禮經本義•禮傳本義•通禮。

蔡•撙 梁約弟。字景節。風骨峻整。初仕齊爲給事黃門侍郎。梁臺建。爲侍中。歷臨海•吳興太守。詔褒其清。加信武將軍。累遷吏部尚書。在選弘簡有名稱。帝嘗設大臣餅。撙在坐。帝頻呼姓名。不答。食餅如故。改喚蔡尚書。始放筯執笏而應。後爲中書令。卒於吳郡太守。諡康。

蔡•標 清黔西人。字錦堂。以膽略爲人所稱。從岑毓英軍。積功至提督。授開化鎭總兵。歛權雲南提督。庚子勤王。以所部疲弱。遣歸。尋卒。能畫梅。有地營圖說。

蔡•模 宋沈子。字仲覺。隱居篤學。一以聖賢爲師。淳祐中謝方叔乞表異之。以勸後學。詔補迪功郎。添差本府教授。嘗輯續近思錄。著有易傳集解•大學衍說•論孟集疏•河洛探賾等書。學者稱覺軒先生。

蔡•樞 宋橚弟。字子歷。政和中與從父伸同登第。歷官西京提舉學司主管文字。御史常安民在黨籍。人多疏之。樞獨事以師禮。提舉湖南學事。時張所教授潭州。未知名。會所自事樞問可任事者。所舉劉安世。樞矍然曰。自崇觀來。禁錮元祐之學。子乃敢伸公論耶。卽薦所。樞官至朝請大夫。

蔡•毅中 明光山人。字宏甫。萬曆進士。授檢討。天啓中遷禮部右侍郎。領國子祭酒。楊漣劾魏忠賢。得嚴旨。毅中率其屬抗疏言之。忠賢大詬。嗾其黨劾罷之。卒諡文莊。

蔡•潤 宋建康人。善畫舟船及江湖水勢。隨南唐後主歸宋。籍爲八作司赤白匠。太宗偶覽潤舟車圖。問知其名氏。遂詔入圖畫院爲待詔。勅畫楚襄王遊江圖。尤爲精備。甚嗟異之。

蔡•璋 金珪弟。字特甫。第進士。有書名。筆法與珪如出一手。

蔡•確 宋晉江人。字持正。有智數。不謹細行。第進士。擢監察御史裏行。初附王安石。及知神宗已厭之。卽疏其過以賣直。自知制誥爲御史中丞•參知政事。皆以興獄奪人位而居之。元豐中拜尙書右僕射。尤厭與羅織之獄。元祐初始罷知陳州。再責英州別駕。新州安置。卒於貶所。

蔡•節 宋永嘉人。所著論語集說。間參己意。詞約理該。非諸家所及。

蔡•範 宋幼學子。字道甫。守衢州。化行山峒。終吏部侍郎。嘗編宋通志五百卷。

蔡•凝 陳撙孫。字子居。美容止。博涉經傳。有文詞。尤工草隸。太建中尙信義公主。累官吏部侍郎。年位未高。而才地爲時所重。非素貴名流。罕所交接。尋免官。後主時起給事黃門侍郎。遷晉熙王府長史。不得志。作小室賦以見志。陳亡。入隋。道病卒。

蔡•勳 漢好黃老。平帝時爲郿令。王莽徵之。欲授以官。乃攜家逃入山中。

蔡•曇智 南朝宋以孝行著。鄉里號爲蔡曾子。高士沈顗重之。常云聞蔡曇智之風。怯夫勇。鄙夫有立志。

蔡•澤 戰國秦燕人。善辨多智。游說諸侯。不遇。後入秦。昭王召見與語。悅之。拜爲客卿。尋代范雎爲相。東收周室。相秦數月。人或惡之。懼誅。乃謝病歸相印。號爲綱成君。居秦十餘年。始皇時卒。◎清江寧人。字蒼霖。善畫人物。兼長山水花鳥。時稱名手。

蔡•興宗 南朝宋廓子。以名爲字。孝武帝時爲吏部尙書。帝頗虐侮羣臣。惟興宗以方直見憚。前廢帝立。興宗箴規得失。博論朝政。大忤江夏王義恭等。出爲新昌太守。義恭誅。再掌吏部。明帝踐祚。遷尙書右僕射。封樂安縣伯。帝崩。與袁粲等同被顧命。進都督荊湘等八州軍事•征西將軍•開府儀同三司•荊州刺史。尋卒。

蔡•興祖 清長沙人。號墨村。指頭畫得高其佩法。

蔡•詵 宋筠州人。字伯恭。元祐間隱居不仕。築書院以教學者。自號無爲居士。邑有訟。不之官而決於詵。有王烈之風。卒年八十一。

蔡•遲 明江陵人。成化進士。知泰興縣。有異政。後官至太僕寺丞。

蔡•遷 明元末從芝蔴李據徐州。李敗。歸太祖爲先鋒。積功爲廣西行省參政。從靖江王相。討平諸叛蠻。還爲將十五年。每戰輒奮勇突出。橫刀左右擊敵。皆披靡不敢近。及卒。詔歸葬京師。贈安遠侯。諡武襄。

蔡•錫 明鄞人。字廷予。永樂中舉鄉試。仁宗朝擇試國子生。拔能者充近侍官。錫與焉。選授兵科給事中。彈劾不避權貴。出知泉州府。有惠政。遷山東副使。參贊宣府總兵軍務。奉敕撫治湖廣。致仕歸。有貿山稿。

蔡•錫勇 清龍溪人。字毅若。畢業京師同文館。隨使美國。通速記術。光緒中卒。有傳音快字。淸季設速記學校。以爲教本。更名中國速記學。

蔡•應泰 清偃師人。性至孝。乾隆間伊洛水溢灌城。應泰負母柩轉洪濤中。瞬息八十里。抵鞏縣神隄灘。遇救得免。人以爲孝感。

蔡繆侯 【春秋蔡】哀侯子。名肸。其女弟爲齊桓公夫人。桓公與夫人戲船中。夫人蕩舟。桓公止之。不可。公怒。歸之。未絕也。繆侯嫁其弟。齊桓公怒。伐蔡。虜繆侯。已而諸侯爲蔡謝齊。齊歸繆侯。在位二十九年卒。諡繆。

蔡懋德 【明】崑山人。字維立。少慕王守仁爲人。著管見頁知之說。舉萬曆進士。天啓中歷祠祭員外郎。尙書率諸司謁魏忠賢祠。懋德託疾不赴。崇禎初出爲江西提學副使。好以守仁拔本塞源論教諸生。遷浙江右參政。計擒劇盜。累擢右僉都御史。巡撫山西。流賊陷平陽。自縊死。諡忠襄。

蔡檽 【宋】傳子。字子強。大觀中與從父佃同登進士。歷官朝奉郎。直祕閣。知泉州。泉州乃曾祖襄舊治。檽爲政。人謂有襄風烈。官至朝奉大夫。

蔡薈 【南晉】陳留人。字休明。清抗不與俗人交。李撝稱之曰。古人稱安貧清白曰夷。涅而不緇曰白。如蔡休明者。可不謂之夷白乎。

蔡襄 【宋】仙遊人。字君謨。天聖進士。累官知諫院。直史館。兼修起居注。論事無所回撓。進知制誥。每除授非當職。輒封還之。以龍圖閣直學士知開封府。再知福州。聘郡士周希孟。陳烈等以經術授學者。常至數百人。躬至學舍。執經講問。徙知泉州。建洛陽橋長三百六十丈。以利濟者。閩人勒碑頌德。後以端明殿學士移守杭州。卒諡忠惠。襄善書。爲當時第一。詩文清遒粹美。皆入妙品。有茶錄。荔枝譜。蔡忠惠集。

蔡鍊 【明】餘姚人。字懋成。弘治進士。官工部主事。管理山東河道時。輯濟寧州太白樓諸題詠碑刻之文。爲太白樓集。

蔡嶷 【宋】開封人。字文饒。以諸生試策詆蔡京。擢第一。釋褐纔九月。至中書舍人。與京敍族屬。尊爲叔父。京命攸。翛等出見。亟云向者大誤。公乃叔祖。此諸父行也。遽列拜之。後爲禮部尙書。陰附檝倖。事覺。貶單州團練副使。宣和中復龍圖閣直學士。知杭州。喜怒徇情。任刑大慘。因強取西北戍卒犒絹。卒怒。欲殺之。踰垣走免。詔奪職歸。

蔡謨 【晉】克子。字道明。元帝爲相日。辟爲掾。累遷侍中。以平蘇峻功。封濟陽男。歷遷太常。禮儀祖廟制度。多所議定。拜征北將軍。都督徐兗青州諸軍事。徐州刺史。深謀遠略。爲時所重。康帝時遷侍中。司徒。固讓。尋更乞疾。穆帝臨軒。遣使徵謨。十餘反不至。公卿論其傲。詔免爲庶人。卒諡文穆。謨博學。初渡江。見彭蜞。以爲蟹。食之而吐。謝尙調之曰。卿讀爾雅不熟。幾爲勸學死。

蔡攀龍 【清】同安人。乾隆中從征林爽文於臺灣。戰功甚偉。官至福建陸路提督。坐事降補狼山鎭總兵。

蔡闢 【金】開弟。字子正。博通六經。居太學以直諒稱。第進士。除授海陵侍從。薦孝友。累遷國子博士。陞監察御史。論事慷慨。首言百司欺罔及郡縣暴斂將帥掊克之弊。又乞風厲士大夫。收用善類。以爲國本。官終國子祭酒。

蔡權 【宋】參政抗弟。字仲平。聰明英毅。肄業於家庭。兄弟聯席自相師友。以兄恩補承務郎。嘗主廬峯書院。教授生徒。講明義理。學者稱靜軒先生。

蔡襲 【後魏】高平人。正光中爲齊安郡守。後從孝武西遷。賜爵平舒縣伯。除岐雍二州刺史卒。

蔡璿 【清】江寧人。字璣先。從梅文鼎學算。爲刻中西算學通。

蔡顯 【清】江蘇華亭人。字笠夫。又字景眞。號閒漁。雍正舉人。著閒閒錄。詩中多雌黃處。乾隆間爲郡人訐告。摘其引古人紫牡丹詩。有奪朱非正色異種盡稱王之句。以爲狂悖。遂棄市。門弟子謫戍者二十四人。又有笠夫雜錄。宵行雜誌。

蔡靈侯 【春秋蔡】景侯子。名般。弒景侯自立。楚靈王以其弒父。誘之至申。伏甲飲之醉而殺之。刑其士卒七十人。在位十二年。諡靈。

蔡鑁 【明】寧晉人。字天章。嘉靖進士。官至監察御史。巡按河南。剛直敢言。與楊爵等同繫獄。罷歸。居家教授。修學廟。置膳田。設義學。行鄉約。人稱洨濱先生。嘗從韓邦奇·湛若水游。有洨濱語錄·洨濱集。

蔣一葵 【明】常州人。字仲舒。有堯山堂外紀。堯山堂偶雋·唐詩選。

蔣乂 【唐】將明子。初名武。字德源。博學強記。有史才。將明在集賢。乂署集賢小職。判集賢。父子並爲學士。累遷祕書監。乂家富藏書。故通百家學。居史職二十年。朝廷有大政事。宰相不能決。輒諮之。乂據經義或舊章以參時事。允切該詳。以是被遇。以忤貴近。不至顯官。

蔣于京 【清】常熟人。字敏士。能琴善書。

蔣士銓 【清】鉛山人。字心餘。一字苕生。號清容。其先爲錢氏。自長興遷鉛山。始姓蔣。乾隆進士。官編修。風神散朗。如魏晉間人。而激揚風義。甄拔寒畯。有古烈士風。詩古文皆負盛名。詩尤氣體雄俊。與袁枚。趙翼並稱。兼工南北曲。有忠雅堂集。紅雪樓塡詞九種。

蔣子文 【後漢】爲秣陵尉。逐盜山中。傷額而死。嘗自謂骨貴。死當爲神。及孫權都建業。子文常乘白馬執白羽扇而出。遂立廟鍾山。封蔣侯。

蔣·子正 元宋末爲溧陽學官。後入元。所著山房隨筆。多宋末元初之事。

蔣·子成 明宜興人。善畫山水人物。傅彩精致。尤擅長水墨大士像。永樂間徵入京師。時以子成人物與趙廉·邊景昭翎毛爲禁中三絕。(按金陵瑣事作子誠。此從畫史會要。)

蔣·子杰 明奉化人。強記捷識。志操高厲不凡。洪武中舉於鄉。授刑部主事。日勤訊鞫。獄多平反。遷山西按察使。後改鳳陽知府。以寬濟殿。惠政尤多。

蔣·子春 宋歷陽人。建炎初金人至新塘。子春方教授里中。金人見其挾書。又人物秀整。喜之。欲命以官。子春怒罵。乃殺之。

蔣·子愼 唐義興人。與高智周善。有客常視兩人曰。高公位極人臣而嗣少弱。蔣侯官不達。後且興。後果如客言。

蔣·山 清儀隴人。字靜軒。同治進士。官安徽太平知縣。有鐵峯居遺稿。

蔣·山卿 明儀眞人。字子雲。正德進士。嘗以諫被謫復起。官至廣西布政司參政。有南冷集。

蔣·中和 清江南靖江人。字本達。又字眉三。順治進士。官滄州州判。有半農齋集。

蔣·之奇 宋堂從子。字穎叔。第進士。又舉賢良方正。神宗初累遷殿中侍御史。以誣劾歐陽修貶官。旋爲淮東轉運副使。歲惡民流。之奇募使修水利。以食流者。如揚之天長三十六陂。宿之臨渙橫斜三溝。皆其大者。升江淮荆浙發運使。其所經度。皆爲一司故事。徽宗時累拜觀文殿學士。卒諡文穆。

蔣·之翹 明秀水人。字楚稺。家貧。好藏書。明末避盜村居。搜名人遺集數十種。輯甲申前後集。又嘗重纂晉書。校注昌黎·河東集。自著者有天啓宮詞。

蔣·仁 清仁和人。字山堂。號吉羅居士。原名泰。字階明。布衣。終身罕與人接。工篆刻。尤善書。詩亦清雅拔俗。

蔣·允升 宋元子。字季高。師方麟·李亦。父師繼沒。允升東書歸山中。博考精思。發爲文章。動合法度。官慶元路學正。有時敏齋稿。

蔣·允汝 明永嘉人。字彬夫。號蒼巖。元末避地閩中。就試。中流寓榜進士第一。洪武初官府學教授。有四書類纂·中庸詳說。

蔣·允儀 明宜興人。字聞韶。萬曆進士。天啓初擢御史。力劾兵部尚書張鶴鳴失地罪。會議紅丸事。請盡奪方從哲官階祿蔭。嗣復累有論劾。忤魏忠賢。削籍歸。崇禎初起御史。劾奸黨王紹徽。佐都御史大計。仕路爲清。後撫鄖陽。坐事戍邊卒。

蔣·允濟 宋興安人。紹興間登第。任新化令。力除弊政。人多德之。後爲賓州倅。攝昭州。先是官出錢一百予民。民輸布一疋。折布爲錢。十倍取之。允濟疏聞。減其半。尋知潯州。守邕管。以廉介聞。

蔣·元 宋東陽人。字子晦。一字晦者。從許謙游。不仕卒。學者私諡貞節先生。有四書箋惑·學則·中庸注。

⊙ 清平湖人。字大始。諸生。讀近思錄有得。悉發先儒書。辨析同異。一折衷於朱子。篤信張履祥之說。謂程朱之學。不被頁知剝盡者賴此。有古文載道編·喪祭雜說·廣人譜·救荒書·叢桂堂詩文集·楊園先生年譜。

蔣·元中 宋永嘉人。字元中。見道超卓。與許景衡等爲洛學。元豐中太學有永嘉九先生之目。元中居其一。

蔣·元夫 宋清湘人。嗜學善屬文。游張栻·陸九淵之門。性慷慨好義。爲時所重。

蔣·元振 宋淳化中知廉州。清苦勵節。家屬多。貧不能贍。悉寄漳州。在任啜菽飲水。政尚簡易。民甚愛之。

蔣·元益 清長洲人。字希元。一字漢卿。號時庵。乾隆中進士第一。官至兵部右侍郎。少有夙慧。於書無所不窺。喜習騎射。督學時校試武生。最稱得人。有二十一史訂誤·周易精義·清雅堂詩餘·志雅齋詩鈔·學吟集。

蔣·元龍 清秀水人。字乾九。號春雨。乾隆副貢。口吃心敏。善鑑別書畫。尤工繪事。有桃花亭詞·西齋過眼錄·春雨樓詩。

蔣·公直 明象山人。勇智出儕偶。禮讓孝友。洪武初山賊據縣治。公直率衆勦捕之。邑賴以安。擢知陽朔縣。居民不識蠶桑。公直教以種桑育蠶之法。民甚德之。卒於官。

蔣·公順 宋清湘人。字成父。精研義理之學。從魏了翁游者七年。所得益廣。築室湘源。名曰一鶴。了翁爲之銘。歷官黔陽尉卒。

蔣·少游 後魏博昌人。性機巧。有文思。工書畫雕刻。薦補中書博士。累官前將軍·將作大匠。孝文時製衣冠。營太廟及華林殿沼。修舊增新。改作金墉門樓。皆所措意。號爲妍美。雖有文藻。不伸其才。卒諡質。有文集。

蔣·文旭 明諸暨人。字公旦。洪武中以鄉貢擢河南道監察御史。性耿介。爲方孝孺所器。以論易儲忤旨。賜死。北面拜曰。苟有裨於國。臣敢偷生。帝尋悟。赦至已無及。死年十九。

蔣文旭妻 明諸暨人。姓孟。名蘊。工詩。許聘文旭。文旭得罪死。

蕭年二十。矢志不嫁。孟氏構柏樓以居之。時號孟貞女。有柏樓吟。

蔣·文照 清烏程人。字容輝。號蓉村。監生。有毛詩諸經引文異同·大學古注·地理百一·地理管窺。

蔣·文慶 清漢軍正白旗人。字蔚亭。嘉慶進士。咸豐間累官安徽巡撫。洪楊軍陷安慶。遇害。

蔣·曰綸 清睢州人。字金門。號霽園。乾隆進士。由檢討擢御史。發猾吏利誘某婦案。以法繩之。嘉慶間累官工部右侍郎卒。

蔣·曰豫 清陽湖人。字侑石。監生。知蔚州。工詩文篆隸。有問奇堂文集。

蔣·以化 明以忠弟。字仲學。隆慶舉人。官至監察御史。所著西臺漫記。雜記見聞。多僻逸幽怪之事。

蔣·以忠 明常熟人。字鮐孝。隆慶進士。官至廣平知府。居官廉潔。負文名。有藝圃琳瑯·清樾山人集。

蔣·平階 明松江華亭人。字大鴻。諸生。工詩文。性豪儁。有古義俠風。晚精堪輿。嘗三元法者皆宗之。輯有東林始末。

蔣·必勝 元字賀甫。元末以明經教授高郵。池州。陞慶元主簿。建東湖書院。捐地二千餘畝。以供春秋祀事師生廩餼之用。與弟必壽等俱好義。人謂之義門。

蔣·永修 清宜興人。字慎齋。號紀友。順治進士。官至湖廣提學副使。有慎齋遇集。

蔣·玄暉 唐事朱全忠為腹心。昭宗東遷。玄暉為樞密使。受全忠旨。弑帝於行在。全忠殺玄暉以自解。既為凶逆百姓。

蔣·玉龍 清昭化人。道光間從勦瞻對野番有功。咸豐間從勦黔苗各匪。轉戰四川貴州。官至貴州提督。在軍數十年。戰功甚著。卒謚勇果。

蔣·生芝 清懷寧人。字鍾玉。貢生。司鐸寶應。工畫。喜作枯木竹石。尤善書。有獅嶺堂詩稿。

蔣·用文 明句容人。洪武中以精醫官太醫院使。每侍仁宗。隨事獻規。仁宗賜之第。固辭。儉居蕭寂以終。謚恭靖。

蔣·伊 清常熟人。字渭公。號莘田。康熙進士。官御史。有陳六部積習及請減白糧價諸奏。彈劾大吏。無所撓避。又集民間疾苦繪十二圖以獻。聖祖披覽嘉納。出為參議。督糧廣東。多所興除。遷河南提學副使。以實行移士習。稱公明第一。有莘田詩文集。

蔣·光煦 清海寧人。字生沐。號放庵居士。少孤。好學。喜藏書。積四五萬卷。著有東湖雜記。輯刊別下齋叢書·涉聞梓舊。世稱善本。

蔣·因培 清常熟人。字伯生。官齊河知縣。嫻吏治。任事果決。百齡。孫星衍等皆與之交。有烏目山房詩錄。

蔣·存誠 宋青田人。字遂明。好學工文詞。仕為國子祭酒。出知饒州。◎宋鄞人。字秉信。為楊簡講學之友。聞歌有省。德性清明。

蔣·汝通 宋江陰人。字亨伯。早入太學。晚得一官。高尚不仕。以琴詩圖史自娛。好古博雅。尤邃性命之學。嘗著質疑。以註干支五行配合之說。又有引睡集。

蔣·羽化 明隆萬間人。工畫人物花草。

蔣·行簡 宋永嘉人。字仲可。舉進士。歷明州市舶監。紹興中知海鹽有聲。還朝獻所著樞言五十篇。遷通判興國軍·知處州。聞趙汝愚謫死。遂感疾不起。

蔣·伸 唐係弟。字大直。第進士。大中間為史館修撰。歷兵部侍郎。判戶部。宣宗雅信愛伸。每見。必諮天下得失。伸言比爵賞稍易。人且偷。帝嗟歎。遂以本官同中書門下平章事。懿宗朝累遷太子太傅。致仕卒。

蔣·攸銛 清遼陽人。隸漢軍旗籍。字穎芳。號礪堂。乾隆進士。道光間官至文淵閣大學士·兩江總督。所至有聲績。尋坐鹽梟事。左遷侍郎。道卒。謚文勤。性聰強。熟左氏傳。為政明而不苛。清而不刻。有繩櫆齋集·黔輶紀行集。

蔣·作輯 清海寧人。字韓方。諸生。工繪事。以詩文名。有適齋詩草。

蔣·宏道 清臨汾人。字扶二。順治進士。由檢討累遷禮部右侍郎。凡遇大典禮。多所諮悉。官至左都御史。

蔣·廷貴 明長洲人。堂後。字大用。才思敏捷。登成化進士。知欒亭縣。有惠愛。事無不舉。以勞卒官。

蔣·廷錫 清陳錫弟。字揚孫。號西谷。一號南沙。康熙舉人。賜進士。官至文華殿大學士。秉公執政。嚴剔弊端。吏無由為奸。參贊機務。縝密周詳。人不能探其崖略。少工詩。善畫花卉。多用逸筆寫生。點綴坡石。無不超絕。卒謚文肅。有尚書地理今釋·青桐軒·秋風·片雲諸集。

蔣·廷瓚 明滑縣人。少有學術。識治體。洪武中以才行薦。除都督府經歷。改嘉興通判。永樂初歷官至工部侍郎。致仕歸。

蔣·彤 清陽湖人。字丹棱。諸生。有丹棱文鈔。

蔣·志章 清鉛山人。字恪瘉。道光進士。咸豐時官至陝西巡撫。時值甘肅金積堡叛回入陝。饑民流離。志章言先撫後勦先振後墾之策。關中大定。民甚德之。卒謚文恪。

蔣·沈 唐欽緒子。博學少有名。與兄以孝廉授洛陽尉。遷監察御史。

演•溶•弟。清俱爲才吏。沈累遷大理卿。持法明審。德宗幸奉天。沈奔行在。爲賊所拘。欲誘署僞職。絕食不應命。竄伏里中。京師平。乃出。擢右散騎常侍卒。

蔣•汾功　清陽湖人。字東委。雍正進士。官松江教授。有讀孟居文集。

蔣•防　唐義興人。字子徵。李紳即席令賦韝上鷹詩云。幾欲高飛天上去。誰人爲解綠絲縧。紳識其意薦之。後歷翰林學士。中書舍人。

蔣•佳徵　明灌陽人。天啓間舉於鄉。崇禎中知盱眙縣有聲。縣故無城。佳徵知流賊必至。訓民爲兵。後賊果來犯。設伏要害。殲賊甚衆。賊怒。環攻之。力戰死。

蔣•和　清康熙貢生衡孫。字仲叔。號醉峯。書法類其祖。並善畫。工人物寫照花卉及墨竹。乾隆時以太學生充四庫篆隸校錄。賜舉人。復以石經刻成。賜國子監學正。有說文集解•書學正宗。

蔣•季錫　清廷錫女弟。字蘋南。適華亭王圖煒。工書精弈。繪事亦娟秀。得虞山宗派。善詩詞。有挹清閣集。

蔣•宗海　清丹徒人。字星巖。號春農。乾隆進士。官內閣中書。工畫。躬精篆刻。尤篤內行。年四十。即乞養里居。或甘旨不繼。賣文自給。有春農吟稿。

蔣•宗簡　元明州人。字敬之。師程端禮。凡身心性命之本。古今治亂得失之迹。靡不參究。未幾卒。

蔣•忠　明儀眞人。徙句容。字主忠。有詩名。爲景泰十才子之一。

蔣•昇　北周平河人。字鳳起。少好天文玄象之學。宇文泰雅信待之。所言多驗。魏恭帝初授車騎大將軍•儀同三司。封高城縣子。除河東郡守。入周官至太史中大夫。以老致仕。加定州刺史。卒於家。

蔣•知廉　清士銓子。字修隅。工詩。有家法。由拔貢署臨清州同。勘災得水腫疾。吟五言絕句四章而卒。有弗如堂詩集。

蔣•知讓　清知廉弟。字師退。亦工詩。召試舉人。官唐縣令。有妙吉祥詩集。

蔣•秉采　明全州人。字衷白。天啓舉人。知靈丘縣。崇禎間清兵攻靈丘。秉采募兵死守。力絀衆潰。投繯死。闔門殉之。

蔣•芸　宋開化人。字仁甫。號芹澗。咸淳解元。上疏論賈似道奸。不報。遂不就南宮試而歸。宋亡。元累徵不起。人稱芹澗先生。

蔣•芾　宋璿孫。字子禮。紹興中進士第一。孝宗時累遷簽書樞密院事。首奏加意邊防及拔將材於行伍。又採衆論參已見爲籌邊志上之。拜右僕射•同中書門下平章事。兼樞密使。以議和戰拂帝意。提舉洞霄宮卒。

蔣•長源　明字永仲。仕爲大夫。工著色山水。畫松有生意。

蔣•信　明本蒙古人。原名把台。永樂間降明。授都督僉事。賜姓名。正統中封忠勇伯。從駕陷土木。也先使隸賽罕王帳下。信雖居塞下。志常在中國。每詣上皇所痛哭。擁衛備至。後從駕還。卒謚僖順。

⊙　明武陵人。字卿實。師王守仁。嘉靖初貢入京師。復師湛若水。後舉進士。累官四川僉事。卻播州土官賄。置妖道士於法。遷貴州提學副使。踐履篤實。湖南學者宗其教。稱爲正學先生。有道林諸集及蔣道林文粹。

蔣•係　唐乂子。善屬文。太和初授昭應尉。直史館。歷工禮兵三部郎中。皆兼史職。懿宗立。累官檢校尙書右僕射。徙東都留守卒。

蔣•俊明　宋奉化人。字彥昭。學術修明。神宗時詣闕上書。論君子小人之黨。言極剴切。帝嘉納之。授溧陽縣簿。辭弗就。後以薦除大理評事。遷尙書金部員外郎卒。

蔣•南金　宋嘉定中知容州。興學校。立貢院。在任三年。日以教養爲事。未嘗有逸豫遊樂之好。

蔣•宥　明常熟人。字朝恩。善畫人物。弘治中以都御史朱瑄薦入京應制寫御容。

蔣•昇　明全州人。字成之。成化進士。知南海縣。以卓異徵入朝。嘉靖初累官戶部尙書。數月。以老疾辭。弟冕。亦以少傅致仕。相與優游林泉。昇天性純篤。不知世人機械事。蒞官以廉明清介稱。

蔣•春霖　清江陰人。字鹿潭。咸豐時官鹽大使。少工詩。中歲棄去。專力於詞。遂負盛名。仁和譚獻推爲倚聲家杜老。有水雲樓詞•水雲樓賸稿。

蔣•洲　清溥弟。字履軒。由蔭生官至山東巡撫。善鉤勒花卉。有家法。

蔣•炳　清陽湖人。字曉滄。一字晴厓。雍正舉人。考授中書舍人。擢御史。居言路四年。章凡十餘上。累官總督倉場戶部右侍郎。卒於官。炳敭歷中外三十餘年。諳達時務。慷慨自奮。凡所設施皆有成效。

蔣•炳文　宋興安人。字仲虎。大觀間通判融州。南渡後。詣行在上書言時事。宰相趙鼎薦爲中都官。炳文願就外職自試。除瓊管安撫使。秩滿奏事。忤權臣意。辭歸。

蔣•禹玉　元之奇七世孫。字叔寶。中漕舉。授安吉主簿。宋末提義兵救常州不克。棄家入吳。客杭州。元初以儒士貢。除杭州學錄。年九十卒。

蔣科 宋電白人。字進之。寶祐進士。爲瓊州教授。篤意教養。歷宜陽令。撫輯蠻峒。教以詩書。時稱循吏。

蔣英 明嘉善人。舉進士。歷知松溪・漳浦・宜興。天啓時爲福建副使。遭璫禍削籍。魏忠賢敗。起故官分巡蘇松。坐事貶秩。未行而宜興民變。英單騎往諭。懲豪家僮客數人。令亂民獻首惡。亂遂定。周延儒方柄國。與豪家有連。銜英。再貶兩秩。遂歸。

蔣重珍 宋無錫人。字良貴。嘉定間進士第一。簽判奉國軍。紹定・端平間屢召入對。當路憚之。以祕書郞兼崇政殿說書。每草奏。齋心盛服。有密啓。則手書削稿。尋遷著作佐郞。丞相主出師關洛。重珍力爭不聽。遂自劾。累遷集英殿修撰。知安吉州。三辭不許。復自劾。詔守刑部侍郞致仕。卒諡忠文。學者稱一梅先生。

蔣宮 明儀眞人。字伯雝。三歲喪母。哀痛如成人。五歲通諸經。善屬文。遭父喪。勺水不入口者三日。既葬。朝夕哭墓下。元末亂作。避地浙西。以薦授行樞密院句管。洪武初擢蘭陽縣丞。兵火之餘。興學崇禮。邑人化之。

蔣家駒 清丹陽人。字千里。康熙舉人。官懷集知縣。有尙書義疏、春秋義疏。

蔣峴 宋奉化人。字伯見。慶元進士。官至殿中侍御史。嘗自誓曰。勿欺心。勿負主。勿求田。勿問舍。號四勿先生。

蔣師爚 清仁和人。字嘉劉。一字晦之。號東橋。乾隆進士。官兵部主事。性恬退。研經證史。寒暑不輟。有周易尙書毛詩三禮等精義・漢書疏證・通志略勘誤・敦艮堂詩文集。

蔣悌生 明福寧人。字仁叔。檢身勵行。洪武初舉明經。任本州訓導。多所造就。有五經蠡測。

蔣恭 南朝宋臨津人。元嘉中以恭妻弟吳晞張之儔侶劫人。收恭及兄協科罪。恭・協並款舍住晞張家而不知劫情。恭列晞張妻息是婦之親。求免協。協列是戶主。求免恭。州議以爲並不合罪。皆遣還。後除恭義成令。協義怡令。

蔣恭棐 清長洲人。字維御。一字迪甫。康熙進士。官編修。乾隆初充清會典及五朝國史館纂修官。旋休致。主揚州安定書院卒。恭棐工詩文。藏書數千卷。皆手評數過。有西原草堂集。

蔣晉 後漢泉陵人。靈帝時舉孝廉。拜尙書郞。累遷兗州刺史。入奏事。應對不滯。拜尙書。在位清直。爲羣寮所推服。

蔣般 後梁幼爲王重盈養子。冒姓王。太祖以王氏舊恩。錄其子孫。般由是累遷宣徽院使。友珪弒立。拜寧武軍節度使。末帝時以福王友璋代般。般懼。不受代。般從弟王瓚懼爲累。上章言般本姓蔣。非王氏子。詔削官爵。還其姓。命牛存節等討之。般舉族自燔死。

蔣浩 清嘉興人。字花隱。諸生。善畫山水小品。工詩。有思無邪齋全稿。

蔣珙 明溧陽人。字國信。第進士。正德間知桐鄉縣。治尙寬恕。累官湖廣僉事。工書。畫尤重於時。（按萬姓統譜作蔣洪。此從桐鄉縣志。）

蔣珣 清餘姚人。字少泉。嘉慶舉人。官瑞安教諭。有易義書義詩義春秋義等無忘錄・三徑堂詩文稿。

蔣益澧 清湖南安福人。字薌泉。咸豐間入軍旅。隸羅澤南戲下。從戰江西。援武昌。皆有功。其後平廣西。助左宗棠平浙江。累官廣東巡撫。卒諡果敏。

蔣祝 清仁和人。字賓三。號省齋。雍正進士。知直隸晉州。歲葺滹沱河堤。堤上徧植柳。民呼爲蔣公柳。擢永昌同知。有土司亂法。祝單騎入苗洞。曉以大義。境內帖然。

蔣乾 明嵩子。字子健。隱居吳之虹橋。因以爲號。畫山水過父。生平一介不苟。八十年如一日。

蔣偕 唐伸弟。以父蔭歷右拾遺。史館修撰。宣宗命與修唐曆。累遷太常少卿。又與盧耽等撰次文宗實錄。蔣氏世禪儒。惟偕兄伸及係・子兆能以辭章取進士第。然不爲文士所多。三世踵修國史。世稱良筆。謂之蔣氏日曆。⊙宋鄭人。字齊賢。舉進士。歷大理寺詳斷官。密州豪人王澥使奴殺人。偕當澥及奴皆大辟。宰相陳堯佐欲寬澥。偕持不從。以是知名。陝西用兵。數上書論邊事。歷知汾涇二州。徙原州。累有擒斬。盜爲衰息。儂智高反。官廣南東西路鈐轄。爲賊襲殺。

蔣冕 明昇弟。字敬之。成化進士。正德間累官戶部尙書。時主昏政亂。冕持正不撓。有匡弼功。世宗初朝政維新。而上下扞格彌甚。冕守之不移。爲首輔僅兩月。卒齟齬以去。論者謂有古大臣風。卒諡文定。有湘皐集・瓊臺詩話。

蔣國柱 清漢軍鑲白旗人。順治間授都察院啓心郞。累擢山東巡撫。山東自明季重斂之餘。糧有包荒。役有雜派。國柱一切奏除之。民困以蘇。調浙江。卒於官。

蔣堅 唐晉陵人。元和中在永州學。爲春秋師。⊙清鉛山人。字非磷。號適園。精法家言。諸侯爭延之。所至發奸擿伏。衆以爲神。有求生錄、律斷。

蔣堂 〔宋〕宜興人。字希魯。第進士。眞宗時授大理寺丞。累遷樞密直學士。知益州。慶曆初詔天下建學。漢文翁石室。在孔子廟中。堂因廣其舍爲學宮。選屬官以教諸生。士人翕然稱之。以禮部侍郎致仕卒。堂清修純飭。遇事不屈。好學工文辭。延譽後進。至老不倦。尤嗜詩。有吳門集。

蔣將明 〔唐〕義興人。天寶末辟河中使府。安祿山反。以計佐其帥全并潞等州。兩京陷。被拘。乃陽狂以免。虢王巨引致幕府。累擢集賢殿學士。

蔣康國 〔宋〕古田人。字彥禮。嘗從朱熹講論。熹著楚辭集注。凡楚集皆質之康國。學者稱鼎山先生。

蔣彬蔚 〔清〕吳縣人。字頌芬。號子頁。咸豐進士。官至刑科給事中。不輕言事。有所陳奏。輒見施行。嘗續成董方立漢官譜。又取李志常所撰丘長春西遊記。考其山川道里。釋以今名。累數千百言。

蔣捷 〔宋〕陽羨人。字勝欲。德祐進士。元初遁跡不仕。大德間憲使臧夢解、陸垕交章薦其才。卒不就。平生著述。一以義理爲主。其小學詳斷。發明旨趣尤多。家竹山。學者稱竹山先生。又工詞。有竹山詞。

蔣敏修 〔宋〕營道人。字鰷甫。年十五徧讀諸經子史。其父命作無弦琴賦。援筆立成。旣長。以文名。登元豐進士。爲桂州理刑掾。有文稿。

蔣斌 〔蜀漢〕琬子。爲綏武將軍漢城護軍。魏大將軍鍾會至漢城。與斌書。欲祠琬墓。斌許之。後主旣降鄧艾。斌詣會於涪。待以交友之禮。隨會至成都。爲亂兵所殺。

蔣清 〔唐〕沇弟。舉明經中第。調谿丞。東京留守李憕賢之。表爲判官。與憕同死安祿山之亂。追諡忠。◎〔明〕字洽生。以文學名。寫蘭竹文石。秀骨楚楚。爲時所重。

蔣淦 〔明〕泉州人。字汝潔。正德進士。歷惠州知府。政先仁恕。讞獄者至不煩鞭扑。而皆得其情。累官工部侍郎。

蔣深 〔清〕長洲人。字樹存。號繡谷。又號蘇齋。能書畫。以纂修書畫譜官朔州知州。有繡谷詩鈔。

蔣紱 〔明〕常熟人。字洪章。號無礙。景泰進士。擢試御史。石亨有母喪。傾朝縞素往。紱獨吉服過其門。亨怒。黜知吉水。改光山。爲人氣高志洪。侘傺不遇。家居搜剔書史。工詩文。晚精醫術。有無礙集。

蔣陳錫 〔清〕伊子。字文孫。號雨亭。康熙進士。官至雲貴總督。爲政務持大體。不尙苛細。會西陲用兵。命往西藏犒軍。未至藏百里。遘疾卒。

蔣傅 〔宋〕字象夫。寧宗時爲太學生。忠鯁有聞。韓侂胄竊弄國柄。論罷趙汝愚。國子祭酒李祥、博士楊簡連疏救爭。俱被斥。楊宏中將論之。衆莫應。獨傅與林仲麟、徐範、張衜、周端朝五人。願預其議。書上。編管太平州。時稱太學六君子。後放還卒。（傅又作傳。）◎〔明〕驥孫。嘉靖中累典軍府。以征南將軍鎭兩廣。平海賊及慶遠猺有功。加太子太保。

蔣勛 〔明〕肥鄉人。成化進士。知濟源縣。有治績。擢御史。立朝不爲依阿。官至河南按察司僉事卒。◎〔清〕吳縣人。字奇武。畫山水仿宋人。筆墨沈著。

蔣復 〔宋〕零陵人。字汝行。師張栻。隱居南山。介然自守。有淡巖文集。

蔣敦復 〔清〕寶山人。原名爾鍔。字克父。一字劍人。工詩詞。喜談大略。嘗以策干楊秀清。不能用。乃遍歷南北。晚歸憔悴死。有嘯古堂集。

蔣景祁 〔清〕宜興人。字京少。諸生。康熙間舉鴻博未遇。有東舍集。

蔣景高 〔明〕象山人。字伯高。刻意問學。與弟景武築室山中。朝夕講論。旁及經史曆數之學。爲詩文。得古作者之趣。洪武初薦授國子助教。晚年自號丹台外史。

蔣欽 〔三國吳〕壽春人。字公奕。從孫策東渡。拜別部司馬。平定三郡。又從定豫章。征合肥。皆力戰有功。遷盪寇將軍。領濡須督。召還。典領詞頌。孫權嘗入其室。母疏帳縹被。妻妾布裙。權歎其在貴守約。後督水軍入沔。道卒。◎〔明〕常熟人。字子修。弘治進士。授衞輝推官。徵擢南京御史。正德初以劾劉瑾被杖繫獄。越三日。復上疏諫。再被杖。方欽屬草時。燈下微聞鬼聲。欽念疏上且掇奇禍。此殆先人之靈。復坐。奮筆曰。死即死。此稿不可易也。杖後三日卒於獄。後追謚忠烈。

蔣欽緒 〔唐〕萊州人。工文辭。擢進士第。爲太常博士。中宗親郊。祝欽明建言皇后應亞獻。欲以媚韋氏。詔禮官議。衆曲意阿徇。欽緒獨陳不可。諸儒壯其節。累官汴魏二州刺史卒。

蔣渙 〔唐〕子慎曾孫。舉進士。天寶末爲給事中。永泰初歷鴻臚卿。日本使嘗遺以金帛。不受。惟取牋一番。爲書以貽其副。終禮部尙書。

蔣湋 〔宋〕零陵人。黃庭堅坐黨事謫宜州。士大夫畏禍不敢近。獨宜倅余若著爲之經理舍館。敬遇不怠。且遣二子滋、漪從游。湋亦日陪杖屨。比庭堅疾革。湋往視。庭堅大喜握手曰。海外骨肉惟君。請以身後事託之。湋唯唯。及卒。爲棺斂。具舟送之歸。

蔣湘南 【淸】固始人。字子瀟。道光舉人。有七經樓文鈔。

蔣琬 【蜀漢】湘鄉人。字公琰。從先主入蜀。諸葛亮嘗稱蔣琬社稷之才。非百里才。亮駐漢中。琬統府事。常足兵食相給。亮每言公琰託志忠雅。當共贊王業。密表後主。云後事宜以付琬。亮卒。累官尚書令。封安陽亭侯。時亮初喪。遠近危悚。琬舉止如常。衆望漸服。元熙初詔琬屯軍漢中。又命開府。加大司馬。卒諡恭。◉【明】貴孫。嗣爲侯。成化中帥京軍防秋大同宣府。陳機宜十餘事。皆報可。佩將軍印出禦邊寇。寇退班師。加太保。兼太子太傅。卒諡敏毅。

蔣琳 【明】錢塘人。驥子。官左副都御史。淸強驚銳。勇於立功。巡撫貴州。提督總兵軍馬。行事峻整。先是草塘夷叛。官軍屢挫。琳至。計須獨薙。而總兵以下難之。琳毅然主討。直抵巢穴。自是諸苗斂畏。後坐于謙黨論死。

蔣琮 【明】大興人。孝宗時宦官。守備南京。與御史姜綰相訐奏。覆勘兩人皆不實。綰等鐫級。宥琮不問。琮由是益無忌。後石文通奏琮僭侈殺人。掘聚寶山。傷皇陵氣及毆殺商人諸罪。琮竟免死。充孝陵淨軍。

蔣舜民 【明】字虞中。正德進士。知猗豐縣。有惠政。不能曲事上官。而接物和易。官至山西按察使僉事。

蔣貴 【明】江都人。字大富。以燕山衞卒從成祖起兵。雄偉多力。善騎射。從征交阯及沙漠。累遷都指揮僉事。宣德間討平西邊。征麓川蠻。充總兵。封定西侯。貴起卒伍。不識字。天性朴實。忘己下人。與士卒同甘苦。臨陣輒身先之。故所向有功。卒諡武勇。◉【明】儀眞人。號青山。畫宗吳偉。人物逼眞。山水近似。

蔣貽恭 【前蜀】吳人。流落入蜀。性耿直。有逸才。每一吟詠。率多諷刺。王建見詩大喜曰。敢言之士也。特授名山令。(按十國春秋作蔣詔恭。鑑戒錄·唐詩紀事·北夢瑣言均作蔣貽恭。事實相近。當係一人。)

蔣超 【淸】鳴玉子。字虎臣。順治進士。官編修。主浙江試。所拔多知名士。遷修撰。刻苦讀書。甚於諸生。後解官遍游名山以終。性廉靜。不嗜名利。手錄書至數百卷。工書。有綏庵集。

蔣進 【淸】超弟。字度臣。號退庵。性孝友。任俠好義。有勞人草·此山中詩餘·古近體詩。又輯經史百家事類。名曰墨農。

蔣嵩 【明】金陵人。號三松。善畫山水人物。多以焦墨爲之。尺幅中寸山勺水。悉臻化境。

蔣敬 【淸】仁和人。字敬之。號採芝生。工畫山水人物。

蔣暉 【明】錢塘人。字廷暉。自幼好學。博涉子史。精楷法。以薦入翰林。累遷禮部郎中。兼侍書。致仕歸卒。暉在官四十餘年。小心謹密。出入禁闥。未嘗有過。

蔣楫 【明】全州人。字濟之。博學善屬文。元末舉進士不第。洪武間以學行薦。官至衞府紀善。工詩文。爲時傳誦。

蔣溥 【淸】廷錫子。字質甫。號恆軒。雍正進士。乾隆間官至東閣大學士。兼管戶部事。性寬厚。警敏絕倫。自通籍後。精心奉職。善寫生。得廷錫遺法。卒諡文恪。

蔣煜 【宋】仙居人。有文學。宣和間寇亂。寇欲妻以女。煜拒之。脅之拜。亦不從。寇曰。吾戮汝矣。煜伸頸就刃。詈聲不絕而死。◉【淸】無錫人。號鼎堂。畫古松大石。有石田意。

蔣煃 【淸】浙江山陰人。字子蘊。工畫山水人物。

蔣猷 【宋】金壇人。字仲遠。元豐進士。政和間拜御史中丞。有直聲。宣和末爲刑部尙書。靖康初奏表起居太上皇於淮陰。時特詔貶童貫。猷奏貫得罪天下。願疏遠之。上皇以爲然。令宜詔趣貫赴貶所。遂奉上皇還京。累官徽猷閣直學士卒。

蔣瑎 【宋】之奇子。字夢錫。元祐進士。以明經薦。徽宗擢爲大司樂。與梁師成議樂舞不合。瑎曰。一代禮典當質經。不顧而去。燕雲初復。廷臣議上尊號。瑎曰。裕陵卻徽號。爲萬世法。奈何故說以虧盛德。卒止之。

蔣詡 【漢】杜陵人。字元卿。嘗於舍前竹下開三徑。惟故人求仲。羊仲從之游。哀帝時爲兗州刺史。以廉直得名。王莽居攝。病免歸。卒於家。

蔣資 【明】化州人。洪武進士。官至郎中。時成祖繼統。因諫見怒。資就縛。絕食三日不死。充口外軍。復上疏諫。帝嘉其忠。召還。知濟寧州。陞參議。廉能簡易。民甚德之。

蔣雷卿 【明】長興人。字子仁。力學砥行。舉進士不第。家貧。晚以選貢入京師。嚴嵩欲招致門下。力辭歸。後除青陽教諭。授經講藝。以力行爲先。遷荊州府教授。以庶祖母老辭歸。聞者高之。

蔣滿 【漢】宣帝朝爲上黨令。其子萬爲北地都尉。同詔徵見。帝曰。父子宜同日剖符。卽下詔以滿爲淮南相。萬爲弘農守。

蔣瑤 【明】歸安人。字粹卿。弘治進士。正德時歷南京御史。陳時弊七事。尋出知揚州。武宗南巡至揚。瑤供御取具而已。權倖要求。皆不應。中官以鐵絙繫之。數日始釋。民皆感泣。嘉靖間累官工部尙書。以老致仕。

卒謚恭靖。

蔣·維勤　清長洲人。字敏修。號拈華。官廣西知州。善山水寫生。能詩。有丹青雜志。

蔣·誠　明大庾人。字性存。永樂進士。知巴縣。廉愼公勤。興學勸士。巴民歌謠之。擢御史。有能聲。遷廣西行軍副使。爲石亨等所嫉。致仕。

蔣·赫德　清遷化人。本名元恆。天聰時降清。隸鑲白旗漢軍。順治間官至國史院大學士。疏陳貪官蠹吏懲治之法。除因循積弊。卒謚文肅。

蔣·銘　明大庾人。字公紀。宣德進士。累陞雲南澂江知府。清介不阿。民不忍欺。尋致仕。

蔣·鳴玉　明金壇人。字楚珍。號中完。崇禎進士。官台州府推官。曾著四書講義曰舌存。五經講義曰圭約。惟圭約尙存。

蔣·德璟　明晉江人。字申葆。一字若柳。性鯁直。天啓進士。崇禎間累官禮部尙書。兼東閣大學士。時周延儒、吳甡各樹門戶。德璟無所比。黃道周召用。劉宗周免罪。德璟之力居多。進備邊册。凡九邊十六鎭新舊兵食之數。及屯鹽民運漕糧馬價悉志焉。以爭練餉事。乞歸卒。有敬日草。

蔣·慶第　清玉田人。字箸生。咸豐進士。知章丘縣。有友竹草堂文集。

蔣·徽蔚　清元和人。字蔣山。兄華。弟夔皆工詩。時稱三蔣。徽蔚尤淵博。治經史小學。兼通象緯。乾隆時入浙。督學阮元約爲兄弟交。復序其經學齋詩。謂夢見孔鄭賈許時。不失顏謝山水懷抱。

蔣·賢　明宜興人。字仲賢。輕財好施。洪武初率鄉民運糧赴太平以助軍。帝嘉其誠。賜璽敕。俾知宜興州。以老辭。用其孫貞代之。

蔣·凝　唐字仲山。咸通進士。官至侍郎。美風姿。每到朝士家。人以爲祥瑞。號水月觀音。著有賦三卷。及第時。爲賦止及四韻。頃刻傳播。時人謂白頭花鈿滿面。不若徐妃半妝。

蔣·潞　清睢州人。曾問業於張庚。善畫。

蔣·璣　明平樂人。字大器。弘治舉人。正德間知連城縣。邑舊無城。璣至未期而城完。隣邑武平賊首劉隆等爲民害。璣擒斬之。厲衆搗其巢。爲賊所執。不屈死。

蔣·興祖　宋之奇孫。以蔭累調饒州司錄。防盜有功。遷知陽武縣。邑故傅濵沙地。土脈脆惡。大河薄其南。常積雨汎溢。埽具潰。與祖躬救護。露宿其上彌旬月。隄以不壞。治爲畿邑最。靖康初死於金人之難。

蔣·彝英　清字石巖。爲巨室小星。凡技藝一一涉獵。而於琴尤得絕調。書法董文敏。亦時作蘭竹小畫。詩絕似義山、飛卿。後度爲比丘尼。

蔣·衡　清進子。原名振生。字湘帆。一字拙存。晚號江南拙叟。又號函潭老布衣。康熙貢生。善書法。嘗以楷書寫十三經凡八十餘萬言。閱十二年而成。乾隆時奉旨刻石列太學。選英山教諭。舉鴻博。皆不赴。古文師大興王源。有拙存堂詩文集。拙存堂臨帖、易卦私箋。◎清長洲人。字丕紹。號芝岡。附貢生。工古文辭。官至江西按察使。

蔣·錫震　清宜興人。字豈潛。康熙進士。官編修。有青溪詩偶存。

蔣·靜　宋宜興人。字叔明。元豐進士。調安仁令。毀淫祠神像三百軀。後遷國子司業。徽宗幸太學。命講書無逸篇。賜金紫服。終顯謨閣待制。

蔣·龍　明工畫花鳥。

蔣·徽　清東鄉人。字琴香。一字錦秋。號石溪漁婦。吳嵩梁妻。工畫山水。有琴香閣詩箋。

蔣·槱　清溥子。字作梅。工畫花卉。乾隆進士。授翰林侍講。累官兵部左侍郎。卒官。

蔣·濟　三國魏平阿人。字子通。明帝時爲中護軍。時中書監號爲專任。濟上疏諫。景初中外勤征役。內修宮室。濟又諫。齊王卽位。遷太尉。時丁謐、鄧颺等輕改法度。濟復因星變極言得失。後以隨太傅司馬懿屯洛水浮橋誅曹爽等。進封都鄉侯。卒謚景。

蔣·濬　明南海人。字希舜。積學能文。領正統鄉薦。知晉江縣。明敏有異政。視地宜給民穀種。敎之播耕。民蒙其惠。名曰蔣家稻。性慈祥愷悌。詩近唐體。遷泉州府同知。致仕卒。

蔣·璯　宋慈谿人。字季莊。力排王氏新經。獨寫遺經。不入城市。高閌每積所疑如干條則造訪之。小廬促膝。竟夕不倦。閌告辭。璯送之數里外。論者交重之。

蔣·璨　宋之奇從子。字宣卿。崇寧中爲蘭溪主簿。歷平江臨江二府。勦刈強梗。豪黠畏之。累官敷文閣待制。善書。大者徑尺。小者如蠅頭。怪奇瑋麗。獨步一時。有景坡堂詩卷。

蔣·舉　宋清湘人。字時舉。久在太學。一日告友黃無悔曰。學者所以學爲忠與孝也。有親弗孝乎。忠旣未立。孝焉可忘。我其歸矣。無悔感其言。歌以送之。舉由是以孝行知名。

蔣·曙　唐係子。字曜之。咸通進士。歷起居郎。黃巢之亂。曙闔門被難。以是絕意仕進。隱居洮痛。中和初表請爲道士。許之。

蔣·燾　明廷貴子。字仲仁。九歲能究百家言。十一補郡學生。年十七卒。有東壁遺稿。

蔣·禮　明和州人。永樂進士。授編修。官至禮部郎中。外和內剛。門無私謁。文譽日著。而退然似不能言。歸老十餘年。屏跡公門。爲後學矩度。

蔣・薰 【清】海寧人。字聞大。號丹崖。明崇禎舉人。入清官伏羌知縣。有留素堂集。

蔣・鎮 【唐】義興人。與兄鍊並以文學進。天寶末舉賢良。累轉諫議大夫。阿附韓滉。遷給事中・工部侍郎。以贓偷稱於時。後屈節於朱泚。署僞宰相。泚平。斬東市。

蔣・雝 【宋】莆田人。字元肅。少博學強記。於書無所不覽。鄉先輩宋藻每以南方夫子稱之。與林光朝等十人俱知名。號莆陽十先生。紹興間試詞賦兼春秋舉於鄉。旋以詞賦登進士。教授泉州。嘗撰時政十議。後知通州。秩滿入覲。首言江東鹽課之絀。口誦指畫。應對如響。將除贛州。爲執政所沮。遂告歸。凡四請祠。以壽終。

蔣・勸善 【明】安平人。字小范。萬曆舉人。知孟津縣。清苦自持。民逋賦萬餘金。勸善力請蠲之。遷河間同知。以忤當道告歸。流寇入黔。被執。不屈死。

蔣・寶齡 【清】昭文人。字子延。號霞竹。又號琴東逸史。布衣。工詩。畫山水高逸古雋。名重東南。有墨林今話。

蔣・纂 【三國】【吳】沛人。單貧有志。就陸瑁游處。

蔣・繼周 【宋】國子祭酒存誠從子。舉進士。歷館職二十餘年。一日孝宗問宰相葉衡其人何如。對曰。臣備位宰相。不識其面。卽日除右正言。帝稱其奏議得陸贄體。

蔣・鏜 【明】長洲人。字明遠。少敏悟。博涉經史。成化間以毛詩舉於鄉。官寧遠知縣。性疏豁有器量。有九疑山志。

蔣・續 【宋】堂孫。皇祐中簽判平江軍。堂卒。續自言少孤育於祖。乞服衰以報。朝議以堂有別子。不許。遂辭疾謁醫。去職行服焉。

蔣・儼 【唐】義興人。擢明經第。爲左屯衛兵曹參軍。太宗將伐高麗。募爲使者。人皆憚行。儼奮然請行。爲莫離支所囚。以兵脅之。不屈。高麗平。乃得歸。高宗時歷官蒲州刺史。爲良二千石。徙太子右衛副帥。中宗在東宮。數爭過失。以太子詹事致仕卒。

蔣・顯 【蜀】【漢】斌弟。爲太子僕。鍾會愛其才學。與斌同時死難。

蔣・麟昌 【清】炳子。字靜存。乾隆進士。官編修。年僅二十二卒。有萋溪遺草。

蔣・驥 【明】錢塘人。字良夫。建文進士。授行人。出使以清謹稱。入爲翰林檢討。宣德初陞侍講。與修兩朝實錄。終禮部侍郎。◎【明】琬子。弘治中充總兵官。歷鎮薊州・遼東・湖廣。官中外二十年。家無餘貲。◎【清】武進人。字涑塍。生康熙時。有山帶閣楚辭注・楚辭餘論・楚辭說韻。明以來說楚辭者。此書最爲翔實。◎【清】金壇人。貢生衡子。字赤霄。號勉齋。書不逮父。而特以寫眞名。有續書法論。傳神祕要。

虢・射 【春秋】【晉】大夫。獻公時里克帥師。梁由靡御。虢射爲右。敗狄於采桑。梁由靡請逐之。里克不可。射曰。期年狄必至。示之弱矣。後狄果伐晉。

虢國夫人 【唐】楊太眞之姊。太眞有姊三人。皆豐碩修整。工於謔浪。天寶中封大姨爲韓國夫人。三姨爲虢國夫人。八姨爲秦國夫人。同日拜命。皆月給錢十萬爲脂粉資。然虢國不施妝粉。自衒美豔。常素面朝天云。

虢・廣 【漢】春秋博士。

褚人穫 【清】長洲人。字學稼。有讀史隨筆・退佳鎖錄・堅瓠集・續蟹譜。

褚・大 【漢】蘭陵人。從胡母生治公羊春秋。官至梁相。

褚・不華 【元】石樓人。字君實。沈默有氣局。由中瑞司譯使累官淮東廉訪副使。至正中汝潁盜發。不華行部至淮安。極力守禦。以功陞廉訪使。後城陷。被執不屈。爲賊所磔。諡忠肅。子伴哥冒刃護之。亦見殺。

褚・少孫 【漢】沛人。事王式。問經數篇。式謝曰。聞之於師具是矣。自潤色之。元成間爲博士。由是魯詩有褚氏之學。

褚・无量 【唐】鹽官人。字弘度。幼刻意墳典。尤精三禮司馬史記。擢明經第。累遷國子司業・修文館學士。中宗南郊。祝欽明等建言皇后爲亞獻。无量據禮固爭。玄宗爲太子。兼侍讀。撰翼善記以進。及卽位。遷左散騎常侍。兼國子祭酒。封舒國公。數上書陳得失。請採天下遺書。不數年四庫完治。卒諡文。(按舊唐書作無量。此從新唐書。)

褚・向 【梁】蓁子。字景政。年數歲。父母相繼卒。哀毀若成人。及長。淹雅有器量。位侍中。風儀端麗。眉目如畫。每公庭聚列。爲衆所瞻望。終北中郎廬陵王長史。

褚・汝航 【清】廣東人。字一帆。咸豐間曾國藩治水師於衡州。汝航以知府與夏鑾在湘潭監造戰艦。旣成軍。累克湘潭岳州。擢道員。陳輝龍城陵磯之敗。汝航赴援。血戰死。

褚・伯玉 【南齊】錢塘人。字元璩。少有隱操。寡嗜慾。及婚。婦入前門。伯玉從後門出。遂往剡居瀑布山。性耐寒暑。時人比之王仲都。在山三十餘年。隔絕人物。高帝徵之不就。敕於剡白石山立太平館居之。

褚伯秀 [宋]錢塘人。字雪巘。天慶觀道士。性孤僻。以清行苦節聞。有南華眞經義海纂微。

褚廷琯 [清]嘉興人。字硯耘。明崇禎舉人。入清後。杜門不出。以草書擅名。

褚廷璋 [清]長洲人。字左莪。號筠心。乾隆進士。官翰林院侍讀學士。性鯁直。不阿權勢。通聲音字母之學。工詩及書。諳悉回部山川風土。有西域圖志・西域同文志。

褚秀之 [南朝宋]爽子。字長倩。歷武帝鎭西長史。妹爲晉恭帝后。雖晉室姻戚。而盡心於武帝。及卽位。徙太常。元嘉初卒官。

褚承亮 [金]眞定人。字茂先。宋蘇軾謫官過其邑。承亮以文謁之。大見稱賞。第宣和進士。金兵南下。破眞定。拘籍境內進士。策試上皇無道少帝失信。承亮詣主者責之。長揖而出。薦知蘽城縣。漫應之。卽棄去。年七十卒。門人私謚元貞先生。

褚玠 [陳]澐孫。字溫理。早有令譽。及長。博學能屬文。訓義典實。不好豔靡。太建中除山陰令。去官無還裝。種蔬菜以自給。太子手書賜粟二百斛。令入直殿省。累遷至御史中丞。甚有直繩之稱。卒於官。所著章奏雜文二百餘篇。皆切事理。以此見重於世。

褚亮 [唐]玠子。其先自陽翟徙居錢塘。字希明。少警敏。博覽圖史。在陳隋時已顯名。入唐授秦王文學。太宗每征伐。亮在軍中。常預祕謀。貞觀中累遷散騎常侍。封陽翟縣侯。太宗旣平寇亂。作文學館收聘賢才。亮與杜如晦等並以本官兼學士。命閻立本圖像。使亮爲之贊。號十八學士。時在選中者。人謂之登瀛洲。致仕歸卒。謚康。

褚思莊 [南朝宋]蘇州人。以善弈名。瑯邪王抗品思莊第一。官給事中。

褚炤 [南齊]淵從弟。字彥宣。少有高節。一目眇。王儉稱其才堪保傅。召爲國子博士。不拜。常非淵身事二代。淵拜司徒。賓客滿座。炤歎曰。彥回少立名行。何意披猖至此。門戶不幸。乃復有今日之拜。淵以軺車給炤。炤大怒曰。著此辱門戶。索火燒之。御人奔。車乃免。

褚炫 [南齊]炤弟。字彥緒。少清簡。爲從舅王景文所知。仕宋爲中書侍郎・司徒右長史。入齊累遷吏部尚書。炫居身清正。非弔問不雜交游。及在選部。門庭蕭索。賓客罕至。改散騎常侍。卒謚貞。

褚胤 [晉]吳人。年七歲善弈。及長。冠絕當代。父榮期與臧質同逆。胤坐誅。時論惜之。

褚英 [清]太祖子。以功封貝勒。瓦爾喀斐優城人民苦烏拉國布占泰之虐。聚族來歸。褚英等收其環城屯寨五百戶。布占泰以萬人要諸路。褚英與弟代善擊破之。尋復征烏拉。圍伊漢阿林城。俘其衆以歸。

褚修 [梁]伯玉孫。父仲都。善周易。歷五經博士。修少傳父業。武陵王紀爲揚州刺史。引爲參軍。兼帳內記室。性至孝。父喪。毀瘠過禮。及丁母憂。水漿不入口者二十三日。每號慟。輒嘔血。遂以毀卒。

褚峻 [清]郃陽人。字千峯。工鐫字。康熙間以販鬻碑刻爲業。每裹糧走山谷間。搜求金石文字。據所親見。繪其形狀。摹其字畫。爲金石經眼錄。

褚庫 [清]滿洲鑲黃旗人。姓薩爾圖氏。從征蒙古。擒其驍將徹濟格。順治間隨阿濟格勦李自成。從豪格征張獻忠。敗鄭成功於福州。官至蒙古副都統。卒謚襄壯。

褚寅亮 [清]長洲人。字搢升。號鶴侶。乾隆舉人。官刑部員外郎。卒年七十有六。寅亮初爲公羊何休之學。後從事禮經。幾三十年。尤精天文曆算之術。有儀禮管見・公羊釋例・句股廣問・經史筆記等書。

褚淵 [南齊]湛之子。字彥回。幼有清譽。初尙宋武帝女。累拜尙書右僕射。美儀貌。善容止。每朝會。百僚遣國使者。皆目送之。明帝崩。遺詔以爲中書令。與袁粲同心理事。務弘儉約。百姓賴之。淵心識齊高帝非常人。顧命之際。引帝預焉。及卽位。封南康郡公。加尙書令。世頗以名節譏之。武帝時改授司空・驃騎將軍。卒謚文簡。

褚淡之 [南朝宋]裕之弟。字仲源。爲武帝車騎從事中郎。遷廷尉卿・左衞將軍。宋受命。爲侍中。淡之兄弟並忠事武帝。恭帝每生男。輒令方便殺焉。或誘賂宮人。或密加毒害。前後如此非一。及恭帝遜位。淡之兄弟又奉令毒殺帝。官終會稽太守。卒謚質。

褚爽 [晉]裒孫。字茂弘。小字期生。少有令稱。謝安甚重之。嘗曰。若期生不佳。我不復論士矣。及長。俊邁有風氣。好老莊之言。當世榮譽。弗之屑也。唯與殷仲堪善。累遷中書郎・義興太守。早卒。女爲恭帝皇后。

褚球 [梁]裕之玄孫。字仲寶。少孤貧。篤學有才思。官至御史中丞。性公強。無所屈撓。在憲司甚稱職。官至光祿大夫。加給事中卒。

褚翜 [晉]陽翟人。有局量。以幹用稱。嘗爲縣吏。事有不合。令欲鞭之。翜曰。物各有施。榱椽之材。不合以爲藩落也。乃舍之。家貧辭歸。年垂五十。羊祜言於武帝。始被擢用。

官至安東將軍。

褚陶　晉錢塘人。字季雅。少聰慧。以墳典自娛。年十三。作鷗鳥水碓二賦。見者奇之。吳平。召補尚書郎。張華謂陸機曰。君兄弟龍躍雲津。顧彥先鳳鳴朝陽。謂東南之寶已盡。不意復見褚生。仕至中尉卒。

褚湛之　南朝宋秀之弟。字休玄。再尚武帝女。謹實有意幹。爲文帝所知。歷官左戶尚書。丹陽尹。元凶弒逆。以爲吏部尚書。復出爲丹陽尹。孝武入伐。湛之南奔。後拜尚書左僕射。卒謚敬。（按南史作秀之子。此從宋書。）

褚翔　梁向子。字世舉。少有孝行。起家祕書郎。累遷義興太守。省繁苛。去浮費。百姓安之。徵爲吏部郎。公清自持。不爲請囑易意。遷侍中。守吏部尚書。丁母憂。以毀卒。

褚華　清上海人。字秋萼。有寶書堂集。

褚菊書　清嘉興人。字榮九。康熙舉人。知上海縣。乾隆中舉鴻博。不第。後官滁州知州。好吟詠。有易經象數臆解。讀杜臆說。投筆齋集。

褚裒　晉䂮孫。字季野。少有簡貴之風。桓彝目之曰。季野有皮裏春秋。謝安恆曰。裒雖不言而四時之氣備矣。郗鑒辟爲參軍。蘇峻平。封都鄉亭侯。康帝時授都督。出鎮京口。及石虎死。表請伐之。除征討大都督。率衆三萬徑進彭城。河朔士庶歸降者。日以千計。裒撫納之。甚得人心。還鎮病卒。遠近嗟悼。謚元穆。

褚賁　南齊淵子。字蔚先。少耿介。淵背袁粲等輔高帝。賁深執不同。終身愧恨。有棲退之志。武帝以爲侍中。領步兵校尉。左戶尚書。常謝病在外。帝令辭爵。讓與弟蓁。卒謚穆。

褚暉　隋吳郡人。字高明。以三禮學稱於江南。大業中徵天下儒術之士。集內史省。相次講論。暉博辯無所屈。擢太學博士。有禮疏一百卷。（按隋書作褚輝。此從北史。）

褚翜　晉裒從兄。字謀遠。以才藝幹略稱。襲爵關內侯。歷官奮武將軍。淮南內史。王敦構逆。征西將軍戴若思令翜出軍赴難。翜即遣將領五百人從之。成帝初爲左衛將軍。蘇峻之亂。翜與王導抱帝登殿。侍立左右。峻兵入。翜正立呵之。兵不敢動。峻平。累遷尚書左僕射。卒謚穆。

褚裕之　南朝宋秀之弟。字叔度。初從武帝征伐有功。歷越中郎將。在任四年。廣營貲財。坐免官禁錮。宋受命。封番禺縣男。後爲雍州刺史。領南蠻校尉。以清簡致稱。景平中卒。

褚該　北周陽翟人。字孝通。善醫術。仕梁歷武陵王府參軍。後歸周。武成初除醫正上士。天和中歷官車騎大將軍。儀同三司。該性淹和。不自矜尚。時論稱其長者。後以疾卒。

褚遂良　唐亮子。字登善。博涉文史。工楷隸。太宗嘗歎虞世南死無與論書者。魏徵白見遂良。貞觀中歷官諫議大夫。兼起居注。太宗曰。朕有不善。卿必記耶。對曰。臣職載筆。君舉必書。累遷黃門侍郎。參綜朝政。尋與長孫無忌同受顧命。高宗即位。遷尚書右僕射。封河南郡公。帝將廢后立武昭儀。遂良力諫不納。因置笏殿階。叩頭流血。曰。還陛下笏。乞歸田里。累貶愛州刺史。以憂卒。

褚蓁　南齊賁弟。字茂緒。位義興太守。改封巴東郡侯。表讓封還賁子霽。詔許之。建武末爲度支尚書。

褚澄　南齊淵弟。字彥道。尚宋文帝女。拜駙馬都尉。歷官清顯。善醫術。建元中爲吳郡太守。永明初遷侍中。領右軍將軍卒。

褚澐　梁炫子。字士洋。歷曲阿。烏程令。兄亡棄縣。還爲御史中丞。湘東王辟議參軍卒。澐爲縣清愼。好學。解音律。雅重賓客。爲湘東王所親愛。

褚璆　唐遂良曾孫。字伯玉。第進士。累拜監察御史裏行。先天中突厥圍北庭。詔璆持節總督諸將破之。尋拜禮部員外郎。氣象凝挺。如在臺時。

褚篆　清長洲人。字蒼書。諸生。淬厲古學。屏棄舉子業。聖祖南巡。召見。書海鶴風姿額賜之。時年九十六。越歲卒。有海鶴堂集。

褚璵　明字廷輝。積官國子博士。經學優長。操守端潔。

褚鏞　明涇陽人。字孟玉。性至孝。母病。求糞嘗之。比沒。哀毀踰禮。既葬。廬墓三年。正德中鄉舉。未仕卒。

談一鳳　明無錫人。字文瑞。弘治中應天舉人。任桂林府學訓導。時建宣成書院。選八桂儁士延師分教。推一鳳經理其事。嚴立教條。析疑義。正文體。每勵諸生以明體達用之學。後知應山縣。多惠政。移官平江歸。

談三才　明蒙自人。諸生。萬曆中土舍祿重謀與土酋。事機將就。諸生齊赴明倫堂。皆言不可。學博洪元禎曰。諸生不識事體。毋妄言。三才力爭。元禎欲辱之。三才自褫其衣巾而出。祿重謀不行賴此。

談友仁　清炎衡子。號文圃。善寫眞。兼工山水。

談文理　元德清人。五歲父卒。母潘氏矢節撫之。既成立。博學能詩。隱居養母。時稱純孝。

談炎衡　清長洲人。字履元。號二瓢。又號禮園。善畫山水。工詩。有禮園詩鈔。

談·英 宋曲陽人。居祖父喪。被髮跣足。廬於墓側。晝夜哀號泣血。卒葬於縣治北。名曰孝墓。

談·修 明無錫人。字思永。著有惠山古今考。又掇取先進言行。及近代風俗澆漓。可爲鑒戒者。成避暑漫筆一書。

談·倫 明上海人。字敬仲。弘治進士。正德中任湖州知府。矜恤民隱。蠲免無徵米。湖人甚戴之。

談·泰 清江寧人。字階平。舉人。官南匯訓導。博覽勤學。精於天算。得梅文鼎之傳。所著考證經史之書曰觀書雜識。其算術之書。有測量周徑正誤等二十餘種。

談·愷 明一鳳子。字守教。嘉靖進士。累官副都御史。巡撫南贛汀漳。擒賊李文彪。海寇徐璧溪攻陷濱海城邑。愷至。開誠布信。遂降文彪。平璧溪。拜兵部右侍郎。移鎮兩廣。討平峒寇。擒勦大羅山賊。以功加右都御史。致仕歸卒。

談·戭 唐曲阿人。官至長洲尉。有詩名。與包融等十八人爲詩。殷璠類次之爲丹陽集。

談·遷 清海寧人。字孺木。明季諸生。入清隱居不出。好審古今治亂。尤熟於歷代典故。有國榷·棗林集·北游錄·西游錄·棗林雜俎·棗林外乘·海昌外志等書。

談·鑰 宋吳興人。官樞密院編修。撰有吳志。

諒·輔 後漢新都人。字漢儒。仕郡爲五官掾。時夏大旱。太守出禱山川。連日無應。輔乃自暴庭中。慷慨咒曰。日中不雨。乞以身塞無狀。積薪將自焚。俄澍雨。一郡霑潤。世以此稱其至誠。

諒·毅 戰國趙辨士。使秦。有專對之才。

論·弓仁 唐本吐蕃族。聖曆中率部自歸。授左玉鈐衛將軍。封酒泉郡公。神龍中爲朔方軍前鋒游奕使。大小數百戰。未嘗負。賜賚莫與比。累遷左驍衛大將軍。朔方副大使。

論·惟明 唐建中中爲慶州刺史。德宗狩奉天。惟明以兵赴。次泥泉。與朱泚值。遂還奉天。命統衛軍。

論·惟貞 唐弓仁孫。名璵。以字行。志向恢大。開元末爲左武衛將軍。肅宗在靈武。以衛尉少卿募兵綏銀。從還鳳翔。遷光祿卿。李光弼討史朝義。以惟貞守徐州。假潁州刺史。斬賊將。降者萬人。封蕭國公。光弼病。表惟貞自代。擢左領軍衛大將軍。改英武軍使卒。

豎亥 夏禹之臣。禹使豎亥步南極。盡於北垂。凡二億三萬三千五百里七十五步。豎亥右手把算。左手指青丘北。

賚塔 清滿洲正白旗人。姓那穆都魯氏。崇德間隨攻錦州。擊松山杏山。屢有斬獲。順治間征江南陝西福建廣東。康熙間平耿精忠於福建。復自廣西深入雲南。戰功甚著。累官平南大將軍。卒諡襄毅。

賚圖庫 清滿洲正黃旗人。姓顏扎氏。祖父三等男爵。天聰·崇德間屢從攻明。所至克捷。順治間從入關。擊敗李自成。積功晉一等子。擢內大臣。兼佐領。康熙時加太子少保卒。

輪扁 春秋齊桓公讀書於堂上。輪扁斲輪於堂下。釋椎鑿而上。問公曰。敢問公所讀者何言乎。公曰。聖人之言也。曰。聖人在乎。曰。死矣。曰。然則君之所讀者。古人之糟粕矣。以臣斲輪之言觀之。徐則甘而不固。疾則苦而不入。不徐不疾。得之於手而應之於心。口不能言。有數存焉於其間。臣不能以喻臣之子。臣之子亦不能受之於臣。是以行年七十而老斲輪。古之人與其不可傳也死矣。然則君之所讀者。古人之糟粕已夫。

適之 宋僧。著有金壺記·金壺字考。

遲·大成 明萊陽人。號之萊。博學強記。明春秋。由江都令擢御史。以鯁直清介。有鐵面之目。

遲任 上古賢人。殷王盤庚遷都於亳。作誥諭民。引遲任之言曰。人惟求舊。器非求舊。惟新。

遲·維坤 清漢軍正白旗人。字繪堂。康熙中知聊城縣。月以三八日召諸生課文。歲以三七月巡行畎畝。縣多賊。維坤杖殺其桀黠者一人。賊皆遠竄。官府興作。必如值給錢。買器物一從市價。商民頌之。

遲·鳳翔 明臨朐人。字德徵。嘉靖進士。由戶部主事累官兵部侍郎。歷官廉能。不阿權貴。以母病乞養歸。有四書說·易說·胸岡集。

鄧·三鳳 宋東安人。字鳴陽。博學。以詞賦名。舉賢良方正。登紹興進士。判福州。以薦躬閱御書。參訂儀禮。復上書追論王安石父子。進禮部尚書。與梁克家不合。乞歸卒。所修宋儀禮制。論議方正。有古史風。

鄧·士元 明徐聞人。字虞臣。萬曆中以貢授漳州司理。征倭有功。陞府丞。嘗捐田以濟貧族。又念學校課業無資。割田以給。

鄧·士錦 清南城人。字太初。雍正間廩生。保舉孝廉。任瓊州府額外教授。乾隆中試鴻博未遇。工詩。有來園集。

鄧·大林 清東莞人。字震東。早孤。登乾隆進士。歷廣西道御史。以母老乞歸。遇歲祲。輒捐貲倡賑。有三餘齋集。

鄧·大臨 清常熟人。字起西。號

丹丘。受業江陰黃繁祺。順治初江陰城守不下。繁祺起兵竹塘。大臨募兵崇明。事敗。繁祺入獄死。大臨爲棺斂送歸。竄身爲黃冠。徧走江湖。侘傺而死。

鄧子龍 明豐城人。字武橋。驍勇絕倫。嘉靖中應辟平江西賊。萬曆初從張元勳平巨盜賴元爵·陳金鶯·羅紹清等。累遷湖廣參將。討平厤陽靖州諸苗。緬甸犯雲南。詔移永昌。屢破賊衆。進副總兵。倭陷朝鮮。子龍督粵兵爲前鋒。力戰死。子龍善書。喜吟詠。有橫戈集。

鄧中和 宋長垣人。字祖德。仁宗時舉三禮。親沒。廬墓終喪。定省往來如事生者二十年。

鄧元昌 清贛州人。字慕濂。爲諸生。有文名。年二十五。得宋五子書讀之。遂屏棄制舉業。館雩都宋昌圖於家。爲日程。疏記言動。互相校摘。有田在城南。秋熟視穫。挾小學書坐城阿。見貧人子拾秉穗甚衆。因教之識書。書熟則量穀與之。人咸敬而愛之。乾隆中卒。

鄧元起 梁當陽人。字仲居。少有膽幹。性任俠。仕齊爲武寧太守。武帝起兵。元起率衆與帝會於夏口。中興初以爲益州刺史。進號征虜將軍。及即位。封當陽縣侯。元起在州。用庾黔婁·蔣光濟爲佐。頗有善政。後乃疎之。政迹稍損。母老乞歸。徵爲右衞將軍。以蕭藻代。元起語輕藻。藻恚。醉而殺之。遂誣元起反。羅研詣闕訟冤。事白。追謚忠。

鄧元錫 明南城人。字汝極。號潛谷。年十七。即行社倉法以惠鄉人。游邑人羅汝芳門。又走吉安。學於諸先達。嘉靖中舉於鄉。復從鄒守益·劉邦采諸儒論學。居家著述。踰三十年。數辭當道薦。徵授翰林待詔。有司敦促就道。將行而卒。鄉人私謚文統先生。元錫之學。淵源於王守仁。而不盡宗其說。時心學盛行。謂學惟無覺。一覺無餘蘊。元錫力排之。有五經繹。三禮編繹。函史。明書。潛學稿。

鄧文原 元綿州人。流寓錢塘。字善之。一字匪石。博學善書。初爲杭州路儒學正。累官翰林待制。出僉江南浙西廉訪司事。讞獄明允。至治中遷集賢直學士。兼國子祭酒。卒謚文肅。文原內嚴而外恕。家貧而行廉。有巴西文集。內制集。素履齋稿。

鄧文進 唐南海人。家雄於財。折節下士。館客至千餘人。因擇其勇略者。使扞鄉井。俚峒夷獠。聞風悚服。隋末盜賊四起。五嶺亦擾。文進散財集兵數萬。掠地至始興。保有廣韶二州。歸之者如市。武德中率所部降。拜韶州刺史。益盡心民事。卒官。文進嚴重有威。每戰必身先士卒。軍中謠曰。鄧守嘷。百夫避途。言其勇也。

鄧文鑑 明永安人。字德璧。洪武進士。知茂名縣。以治最召爲刑部主事。累陞至僉都御史。貴戚有冒禁鬻私茶者。衆莫敢言。文鑑獨劾之。卒寘其人於法。坐是出知武昌府。

鄧方 蜀漢南郡人。字孔山。以荆州從事從先主入蜀。爲犍爲屬國都尉。因易郡名。爲朱提太守。選爲安遠將軍。輕財果壯。當難不惑。

鄧氏 清西寧人。汪起瀾妻。起瀾溺於河。鄧氏投水者三。皆遇救。及斂畢。具酒饌沿河招魂。行至天車渠側。忽投入波中。波勢迅急。水與車爭。鄧氏旋轉其中。筋骨迸露而死。康熙中立祠祀之。

鄧世昌 清番禺人。字正卿。官至總兵。管駕致遠兵艦。蒞官無嗜好。用法嚴。甲午之役。戰旅順口西。以一艦爲敵。四艦圍攻。然猶發礮擊沈一艦。以無援應。及於難。謚忠壯。是役海軍全覆。惟世昌見危授命云。

鄧世隆 唐相州人。隋末王世充兄子太引爲賓客。爲書報秦王。語多慢。太敗後。亡命白鹿山。號隱玄先生。貞觀初召授國子主簿·修史學士。帝諭曰。爾爲人作書。各忠其主耳。毋有後疑。歷衞尉丞。終著作郎。

鄧以讚 明新建人。字汝德。號定宇。隆慶進士。授編修。張居正柄國。以讚時有匡諫。不納。移疾歸。起中允。復以念母返。再起南京祭酒。至吏部右侍郎。再疏請建儲。且力斥三王並封之非。不報。居母憂。不勝喪卒。謚文潔。以讚未第時。從王畿游。傳王守仁良知之學。躬行實踐。以清介爲世所重。有文潔集。

鄧右符 明南豐人。字台卿。有龍城隱集。

鄧可策 清新化人。字遠功。順治時諸生。博洽多通。尤精地志。有式穀堂輿地圖刊本。宜興儲大文坐臥其下三日。歎爲精嚴。

鄧可賢 元乳源人。至正中賊犯縣境。可賢率民置砦固守。以忠孝大義相勗。遣子間道趨韶州上方略。同知買住遂擊敗賊。賊忿嫉之。力攻砦。被執遇害。砦民四百家無一降者。

鄧平 漢仕爲太史丞。造太初曆。

鄧旦 宋連城人。字日升。警之後。少穎悟。爲文典雅。四舉於禮部不遇。遂絕意進取。卜居縣東之石巖。顏所居曰尙友齋。日以詩酒自娛。郡檄下。同儕趨行。旦蹙眉曰。勿復敗吾佳思。以壽終。

鄧正直 陳衡陽人。以行義聞。永定初歐陽頠刺衡州。辟知慮陽縣。罷征弭盜。修城濬河。興學崇教。人多稱之。

鄧玄挺 唐藍田人。少善屬文。爲頓丘令。有善政。累授中書舍人。性儁辨。機捷過人。武后臨朝。遷吏部侍郎。不稱職。左遷澧州刺史。復以善政聞。召拜麟臺少監。重爲天官侍郎。其失又甚於前。永昌初得罪下獄死。

鄧玉函 明熱而瑪尼國人。善天文曆算。萬曆間至北京。與徐光啓等同撰新法算書。又著有奇器圖說・五經算經等書。

鄧石如 清懷寧人。初名琰。避仁宗諱。以字行。更字頑伯。居皖公山下。又號完白山人。少好篆刻。客江寧梅氏。縱觀秦漢以來金石善本。手自臨摹。爲時八年。遂工四體書。篆書尤稱神品。包世臣著藝舟雙楫。推爲清代第一。性廉介。名成後游公卿間。仍以書刻自給。尤好游名山水。嘗一笻一笠肩行李走百里。自號笈游道人。嘉慶中以布衣終。

鄧先 漢成固人。多奇計。景帝時以謁者僕射爲校尉。擊吳楚爲將。還言軍事。因陳誅鼂錯之非策。帝善之。拜城陽中尉。後免官。建元中招賢良。公卿以先爲言。起爲九卿。一年。復謝病歸。(按史記作鄧公。此從漢書。)

鄧光布 唐固始人。字明遠。乾符初爲崇安鎮將。智略絕人。與沙縣令曹朋協謀。徙縣治。後死於黃巢之難。沙民立祠祀焉。

鄧光薦 宋廬陵人。字中甫。宋末避地於閩。趙總卿辟爲幹官。薦除宣教郎・宗正寺簿。元兵至。挈家居香山。遇土賊。妻子皆焚死。隨駕厓山。除祕書丞。兼權禮部侍郎。遷直學士。國亡。投海者再。不得死。元將張弘範禮致之。累請爲緇黃。不許。後得放歸。元大德初卒。光薦嘗與文天祥倡和。有東海集。天祥爲之序。

鄧名世 宋孝甫孫。字元亞。天資篤厚。爲文長於敍事。時議禁學春秋及諸史者。名世獨酷嗜之。試有司。屢以擬春秋見黜。同舍又告毋藏元祐黨人文集。笑曰。是足以廢吾身乎。乃杜門卻掃。益研究經史。考三傳同異。發諸儒所未發。以尚書趙汝愚薦。遂以布衣召見。進治人務實等說。高宗嘉納。尋賜出身。除敕令所刪定官。兼史館校勘。有春秋論說・春秋類史・春秋公子譜・列國諸臣圖・左氏韻語・國朝宰相年表・古今姓氏書辨證・皇極大衍數・大樂書・文集等三百餘卷。(按李心傳繫年要錄。謂名世先第進士。詔赴行在。此從玉海及朱子語類。)

鄧后 漢後漢訓女。名綏。和帝后。永元中入掖庭爲貴人。恭肅小心。動有法度。貌姝麗。陰后以巫蠱事廢。遂立爲皇后。帝崩。后臨朝十餘年。多德政。永寧中卒。諡熹。◎後漢桓帝后。名猛女。帝多內幸。后恃尊驕忌。與帝所幸郭貴人更相譖訴。帝遂廢后。送暴室。以憂死。

鄧安 明定遠人。官福建都指揮僉事。多智計。有威望。正統間鄧茂七反。外邑民多避地入城。奸民將乘機爲亂。安捕殺首惡。復精選士卒。勤訓練。以警備之。民賴以安。

鄧守恩 宋并州人。幼以黃門事太宗。咸平初爲入內高班。累遷入內副都知。涖事幹敏。以彊果稱。

鄧旭 清壽州人。字元昭。順治進士。以翰林院檢討出爲甘肅洮岷道。乞歸。有林屋詩集。

鄧汝功 清聊城人。字謙持。乾隆進士。傳臚後即病歸。赤及釋褐而卒。有密娛齋詩稿。

鄧汝相 明南豐人。字仲弼。嘉靖舉人。知祁陽縣。以治最陞雲南賓州知州。謝病歸卒。有南溪集。

鄧羽 明南海人。洪武初爲青陽令。後爲道士。常居武林。後隱武當山之南巖。永樂中不知所往。人以爲仙去。有觀物吟。

鄧至 宋雙流人。通六經。從學者甚衆。有往事龜鑑・通書・二江集。

鄧艾 三國魏棘陽人。字士載。原名範。字士則。少有大志。每見高山大澤。輒規度軍營處所。司馬懿辟爲掾。遷尚書郎。甘露初以鎮西將軍都督隴右諸軍事、封鄧侯。尋遷征西將軍。景元中大舉伐蜀。艾督軍自陰平道。以氈自裹。推轉而下。將士攀木沿崖。魚貫而進。遂入成都。蜀平。詔進太尉。艾捷於應對。然口吃。語稱艾艾。司馬昭嘗戲之曰。卿云艾艾。定是幾艾。對曰。鳳兮鳳兮。故是一鳳。後爲鍾會所構。監軍衞瓘遣人要於綿竹。斬之。子忠與俱死。

鄧攸 晉殷孫。字伯道。少孤。居喪以孝聞。永嘉末沒於石勒。諸胡敬之。勒過泗水。攸擔其兒及其從子綏以逃。數遇賊。度不能兩全。以其弟早亡。特全其從子。乃棄其子而去。至江東。爲太子中庶子。出爲吳郡太守。廉明得百姓心。載米之郡。俸祿無所受。惟飲吳水而已。累遷尚書左僕射。每有進退。無喜慍之色。攸棄子之後。竟無嗣。時人義而哀之曰。天道無知。使鄧伯道無兒。

鄧伯羔 明常州人。字孺孝。有古易詮・今易詮・藝彀。

鄧均 宋建昌人。一名垌。嘉定進士。官至吏部侍郎。踐履純粹。政事寬平。所至以鄧佛稱之。卒諡清惠。

鄧孝甫 宋臨川人。字成之。第進士。積官奉議郎。提點開封府界河渠。坐事去官。遂閉戶著書。不復言仕。元符末應詔陳言。爲蔡京所嫉。

削籍。覊筠州卒。有卜世大寶龜・伊周素蘊・義命雜著・太平策要。

鄧・孝廉 【宋】曲江人。字清臣。邃於春秋。登建炎進士。爲韶州教授。通判邕州。攝州事。發廩賑饑。全活甚衆。遷知德慶府卒。

鄧・希顏 【宋】南豐人。字子皋。咸平進士。累官大理司直。兼侍御史。危言讜論。甚爲朝廷所重。

鄧・廷楨 【清】江寧人。字嶰筠。嘉慶進士。道光間官兩廣總督。時值禁煙。與英人六接戰。英船皆傷退。終其任不得入虎門。後調閩浙。坐事戍伊犂。尋召回。官至陝西巡撫。精吏治。有神明稱。於詩及古音韻學。所得尤深。有詩雙聲疊韻譜・說文解字雙聲疊韻譜。

鄧・廷羅 【清】江寧人。字叔奇。號偶樵。順治拔貢。官至湖廣荆南道。有兵鏡。

鄧・廷瓚 【明】巴陵人。字宗器。景泰進士。知淳化縣。有惠政。遷太僕丞。擢知貴州程番府。在任九年。治行大著。弘治初累遷右副都御史。巡撫貴州。有平苗功。進掌南院。尋提督兩廣軍務。兼巡撫。亦有聲績。復召掌南院。未行卒。謚襄敏。廷瓚有雅量。待人不疑。世稱長者。其所設施。動中機宜。屢督軍務。出必成功。

鄧・成珠 【清】泰寧人。家貧。傭工以事母。母目盲。便溺必親者五年。母卒。日夜長號。葬畢。不知所之。

鄧・玘 【明】四川人。天啓初從軍。積功官守備。勇冠諸將。崇禎間累遷保定總兵官。進右都督。玘勦流寇。大小數百戰。所向克捷。以久戍觖望。恣其下淫掠。又不善馭軍。及戍樊城。其部將以剋餉鼓譟。玘懼。越牆墮地死。

鄧・季筠 【後梁】下邑人。初爲朱晃牙將。唐天順初爲李克用所擒。待以賓禮。俄典戎事。景福中來歸。晃大喜。令主雁子都。旋奏授登州刺史。入梁。改鄭州刺史。累官至檢校司空。卒以治軍無狀誅。

鄧・宓 【漢】番禺人。有謀略權勇。元狩末羅弘舉爲國都尉。尋爲南海郡丞。後官日南太守。善於柔遠。民夷懷之。

鄧・定 【明】閩人。字子靜。隱居不仕。有哄隱集。

鄧・宗古 【宋】簡州人。父死。自培土爲墳。廬其側。晨夕號慟。甘露降墓木。里中號爲鄧孝子。

鄧・忠臣 【宋】長沙人。字謹思。熙寧進士。爲大理丞。以獻詩賦擢正字。遷考功郎。坐元祐黨籍。出守彭門。改汝海。以宮祠罷歸。居玉池峯。別號玉池先生。有同文館唱和詩。

鄧・析 【春秋鄭】大夫。治名家言。嘗改鄭所鑄刑書。別造竹刑。駟顓殺之。而用其竹刑焉。或云子產所殺。有鄧析子二篇。

鄧・林 【宋】福清人。字楚材。淳熙中登第。授泰和主簿。嘗與辛棄疾・周必大・陳傅良・戴溪・朱熹・呂祖謙等爲友。凡三上書於朝。譏切朝政。時朝議欲授以中都幹官。或沮之。改石城縣丞。有虛齋文集。◎【明】新會人。原名彝。又名觀善。字士齋。號退菴。洪武舉人。授貴縣教諭。考滿入京。預修永樂大典。尋出教南昌。遷吏部主事。宣德間以事忤旨。謫居杭州卒。林工詩古文辭。有退菴集・湖山游詠錄。

鄧・泳 【宋】約禮子。字德栽。嘉定進士。累官淮西帥幕。措置江防。佐孟珙解齊安圍。功第一。歷遷刑部侍郎。所至以廉見稱。晚歲坐累遷謫。自號巽坡先生。

鄧・牧 【宋】錢塘人。字牧心。號三教外人。又號九鎖山人。宋亡不仕。居餘杭洞霄宮之超然館。經月不出。沈介石爲營白鹿山房居之。與謝翺・周密等友善。世稱文行先生。大德中無疾而逝。有洞霄圖志。其詩文集名伯牙琴。

鄧・羌 【前秦】安定人。驍勇善騎射。事苻堅。歷車騎將軍。領御史中丞。性鯁直不撓。以建節將軍討平李儼。又平益州。勒銘嶓山。累進車騎將軍。并州刺史卒。

鄧・芝 【蜀漢】新野人。禹後。字伯苗。先主擢爲郫令。遷廣漢太守。入爲尚書。先主崩。諸葛亮遣芝使吳。說以吳蜀二國宜爲脣齒。吳遂絕魏連蜀。封陽武亭侯。累遷假節車騎將軍。芝爲大將軍二十餘年。賞罰明斷。善卹卒伍。性剛簡不飾意氣。卒之日。家無餘財。

鄧・長春 【清】遼陽人。明副將。守大淩河。天聰間隨祖大壽降清。隸漢軍鑲黃旗。順治間官戶部侍郎。從征李自成於潼關。定河南。平江南。取杭州。敗舟山海賊。積功封一等男。

鄧・咸 【宋】湘陰人。天禧間縣未有學。咸創立義塾。以訓族子弟及游學之士。時論嘉之。

鄧・庠 【明】宜章人。字宗周。成化進士。官至南戶部尚書。終蘇州巡撫。有東溪稿。

鄧・春卿 【宋】長汀人。字榮伯。甘貧樂道。崇寧間詔舉隱逸。郡守陳粹以春卿應。後舉八行。郡守章清又以名聞。俱辭不就。卜築南山之阿。年九十六卒。

鄧・思銘 【明】南城人。字建侯。諸生。聞北都陷。集其儕數十人爲庠兵。期朔望習射學技擊。請於有司。有司笑曰。庠可兵邪。衆志遂懈。思銘鬱鬱不得志。城陷。死之。

鄧·愉 明宿松人。字性善。宣德初由舉人知內鄉。敦本抑末。民不擾而事集。巡撫表其政績。未及擢用。以疾卒。

鄧·恂美 五代閩連州人。有敏才。工詩賦。時湖南朱昂博學。號朱萬卷。士類無當意者。獨推遜恂美。天祐中第進士。湖南節度使周行逢辟為館驛巡官。置幕下。恂美背傴。時謂之鄧馱子。性迂僻。行逢禮待日薄。頗疑恂美泄己陰事。呵責之。黜為易俗場官。尋又使人詐為山賊。突入官署殺之。聞者無不慟惜。

鄧·洵武 宋綰子。字子常。世濟其姦。第進士。紹聖中為國史院編修官。撰神宗史。議論專右蔡卞。詆誣宣仁后尤切。史禍之作。其力居多。又為帝言陛下方紹述先志。羣臣無助者。乃獻愛莫助之圖。力請以蔡京為相。京既相。進中書舍人。歟遷至知樞密院。位特進。拜少保。封莘國公。卒謚文簡。

鄧·玲筠 清湖南寧鄉人。字沼薌。原名淩雲。道光舉人。咸豐間以知縣發貴州。權知印江。苗教各匪犯印江。屢敗之。旋出境勦賊。死於難。有鉏業堂稿。

鄧·禹 後漢新野人。字仲華。幼游學長安。與光武相親善。及光武收河北。禹杖策往見。光武大悅。與定計議。任使諸將。多訪於禹。以前將軍持節西入關。大破王匡·劉均諸軍。名震關西。光武即位。拜大司徒。禹時年二十四。進討赤眉。還拜右將軍。天下平定。論功最高。封高密侯。明帝時拜太傅。永平初卒。謚元。圖像雲臺。居諸將之首。禹行淳內篤。有子十三人。各使守一藝。修整閨門。教養子孫。皆可為後世法。

鄧·約禮 宋本盱江人。後家臨川。字文範。從陸九淵學。九淵稱其細密。登淳熙進士。嘗為江州德化丞。攝邑事。葺理凋弊。甚得民心。改溫州教授。與葉適定交。調常德府推官卒。約禮篤於學行。嘗語人曰。某得一官。但能少濟諸貧困兄弟耳。學者稱直齋先生。

鄧·若水 宋井研人。字平仲。博通經史。為文章有氣骨。第嘉定進士。時史彌遠柄國久。若水對策。極論其姦。置下等。嘉熙間召為太學博士。當對。草奏數千言。請禪位近屬。丞相喬行簡見之。大駭。奏出若水通判寧國府。到官數月。以言罷。遂不仕。隱太湖之洞庭山。後西歸蜀。死於兵。

鄧·郁 晉建平人。少而不仕。隱居衡山極峻之巖。辟穀二十餘載。惟以澗水服雲母屑。日夜誦大洞經。武帝敬信殊篤。為帝合丹。帝不敢服。起五嶽樓貯之。後無病而終。世稱南嶽鄧先生。

鄧·剡 宋廬陵人。字光薦。號中齋。祥興時歷官禮部侍郎。丞相文天祥雅重之。厓山兵潰。為張弘範所得。教其次子。得放還。有中齋集。

鄧·剛 明以戰功積官揚州衛鎮撫。沈鷙有膽略。建文中燕師至揚州。剛佐巡按御史守禦。深資贊畫。後命剛縋城出議息戰。至燕軍。不屈死。

鄧·原岳 明閩縣人。字汝高。萬曆進士。授戶部主事。累遷湖廣按察司副使。工詩。有西樓集。

鄧·展 三國魏南陽人。建安中為奮威將軍。封高樂鄉侯。嘗注漢書。

鄧·根 宋昭武人。字深伯。登進士第。建炎初為崇德令。以風力聞。陳通叛於杭。根力禦之。賊略地。獨不敢入境。又擒秀州叛卒徐明。遷秀州守。兵燼之後。經理有方。秀民賴之。

鄧·殷 晉襄陵人。亮直彊正。官澠池令。鍾會奇其才。召為主簿。質充又以為長史。授皇太子詩。歷淮南·汝陰太守。後為中庶子。

鄧·眞 明江夏人。幼穎異好學。登永樂進士。擢監察御史。涖事通敏。讞獄詳明。陞山東按察使。轉左布政使。卒官。

鄧·祚 宋沙縣人。字成材。建炎進士。授建昌軍簽判。金人破洪州。傳檄至建昌。守擬以城降。祚毅然斥之。遂棄官歸。後以薦擢廣西轉運判官。歷知泉州·興隆府。遷江西安撫。以疾請祠。有焦桐集。

鄧·祖禹 明蘄水人。字又元。萬曆中舉武會試。授潛陽守備。崇禎中積功至辰沅副總兵。攻賊士璧山。盡掩所獲為己有。當事將劾之。請勦寇自贖。許之。討賊於麻城。軍敗被執。不屈死。

鄧·訓 後漢禹六子。字平叔。少有大志。不好文學。明帝初為郎中。謙恕下士。士大夫多歸之。會烏桓變。詔訓屯兵狐奴為防。遷烏桓校尉。鮮卑聞其恩威。不敢近塞。元和中拜張掖太守。遷護羌校尉。羌胡來者。待以恩信。大小感悅。皆款塞納質。威信大行。遂罷屯兵。各令歸郡。訓寬中容衆。於閨門甚嚴。兄弟莫不敬憚。以病卒官。羌胡旦夕臨哭者數千人。家為立祠。元興初追封平壽侯。謚敬。女為和帝后。

鄧·偉奇 明湖南安仁人。字子才。天資穎敏。博洽能詩文。洪武進士。授修撰。終刑部主事。

鄧·啓 宋崇仁人。字元迪。有氣節。早負詩名。徐守約為序其集。

鄧·嵩 明武陵人。字惟玉。永樂進士。授兵科給事中。數上章論事。

隰河間長蘆鹽運使。建議鹽課利害。多切時病。終兵部侍郎。

鄧康 後漢禹孫。少有操行。紹父珍爵夷安侯。爲越騎校尉。康以太后久臨朝政。宗門盛滿。數上書諫爭。太后不從。遂謝病不朝。安帝徵康爲侍中。順帝立。爲太僕。有方正稱。名重朝廷。以病免。卒諡義。

鄧彪 後漢新野人。禹之宗。字智伯。父邯以功封鄳侯。仕至渤海太守。彪少勵志。有孝行。父卒。讓爵於異母弟鳳。明帝高其節許之。後仕州郡。辟公府。和帝即位。以爲太傅。錄尙書事。賜爵關中侯。五遷桂陽太守。徵入爲太僕。遷大司農。進太尉。在位清白。爲百僚式。以疾乞罷。

鄧得遇 宋邛州人。字達夫。淳祐進士。累官廣西提點刑獄。兼知靜江府。德祐初元師陷靜江。得遇書幅紙云。宋室忠臣。鄧氏孝子。不忍偷生。寧甘溺死。朝服南向拜。投南流江而死。

鄧晨 後漢新野人。字偉卿。世吏二千石。初娶光武姊元。光武嘗避吏其家。與相親愛。更始立。以晨爲偏將軍。與光武略地潁川。破王尋・王邑。遷常山太守。光武追賊冀州。晨助射士千人。輸餉不絕。及即位。封房子侯。徵還京師。拜光祿大夫。復爲中山太守。吏民稱之。徙汝南。封西華侯。卒諡惠。

鄧曼 春秋楚武王夫人。屈瑕伐羅。鄧曼知其必敗。武王伐隨心蕩。鄧曼歎曰。王祿盡矣。盈而蕩。天之道也。王果卒於樠木之下。君子謂鄧曼知天道。

鄧淵 後魏冀子。字彥海。性貞素。言行可復。博覽經書。長於易筮。道武定中原。擢著作郎。出爲蒲丘令。誅翦姦猾。盜賊肅清。遷吏部尙書郎。明制度。多識故事。參定朝儀律令音樂及軍國文記詔策。多淵所爲。從征平陽。以功賜爵下博子。加中壘將軍。坐事賜死。◎宋湘陰人。崇寧進士。徽宗爲鄜延經略司機宜。入奏邊事。徽宗嘉其敏捷。除國子丞。遷虞部員外郎。大觀初星變求直言。淵上封事。言至剴切。蔡京惡之。因左遷。終知懷州。

鄧深 宋湘陰人。字資道。一字紳伯。紹興進士。爲太府丞。出提舉廣西市舶。以親老求便郡。知衡州。盜望風帖息。擢潼川路轉運使。鹽酒虛額。久爲民害。深請蠲除之。守令貪汙。即劾奏。虞允文稱其剛介。後以朝散大夫終於家。有鄧紳伯集。

鄧球 明祁陽人。字應明。號三吾。寄漫子。嘉靖進士。官戶部郎中。丐外補銅仁知府。致仕歸。有閒適劇談。

鄧祥麟 明武岡人。字玉書。一字子輿。官岷府長史。工詩。善書畫。明亡後。於新寧之石田鵝峯山下結廬以居。

鄧章 漢先子。以修黃老言顯於諸公間。

鄧紹良 清湖南乾州人。字臣若。咸豐間與洪楊軍戰。累有功。解桂林・長沙圍。復蕪湖沿江賊壘。累官浙江提督。幫辦皖南軍務。寧國陷。克之。進軍灣沚。會黃池再陷。力戰死。諡忠武。

鄧處訥 唐龍潭人。字沖韞。僖宗時從欽化軍節度使閔頊。頊還潭州。以處訥爲邵州刺史。周岳陷潭州。頊爲淮西將黃皓所殺。處訥礪甲訓兵。積八年。結朗州雷滿爲援。攻岳斬之。昭宗詔拜武安軍節度使。未幾爲劉建鋒所殺。

鄧通 漢南安人。以濯船爲黃頭郎。文帝夢欲上天。有黃頭郎推上。見其衣尻帶後穿。覺而求之。得通。衣穿如夢中所見。遂寵幸之。官至上大夫。使相者相通。云當貧餓死。帝曰。能富通者我。何謂貧。賜以蜀嚴道銅山。得自鑄錢。由是鄧氏錢布天下。景帝立。以事怨通。免歸。人告通盜出徼外鑄錢。下吏驗問。盡沒入之。竟寄死人家。◎後漢字子淵。官越騎校尉。爲營士所敬畏。

鄧富 宋大庾人。字彥積。有志勇。紹興間爲諸塞長。賊畏之。呼曰鄧江南。以功累知昌化軍。

鄧彭祖 漢沛人。字子夏。嘗從五鹿充宗受梁丘賀易。仕至眞定太傅。

鄧景山 唐曹州人。本以文吏進。累遷監察御史。至德初擢青齊節度使。徙淮南。爲政簡肅。以討劉展功。拜尙書左丞。復出爲太原尹。振綱紀。吏不敢隱。惟馭下過嚴。少將黃抱節因衆怒作亂。遂遇害。諡敬。

鄧棨 明南城人。字孟擴。永樂進士。授監察御史。巡撫蘇松諸府。有能聲。將代去。父老詣闕乞留。後以楊士奇薦。遷陝西按察使。正統中入爲右副都御史。扈從北征。卒於土木之難。諡襄敏。

鄧欽文 明江陰人。字徵甫。工詩。有倚竹・記游二集。

鄧渼 明江西新城人。字遠遊。號籲曲山人。萬曆進士。除浦江知縣。累官至僉都御史。巡撫順天。忤魏忠賢。謫戍貴州。崇禎初放還卒。有大旭山房・留夷館・南中・紅帛・芙蓉樓・瀰水諸集。

鄧琬 南朝宋南昌人。字元琬。初爲南海太守。歷丹陽丞。大明中擢給事黃門侍郎。出爲晉安王子勛鎮軍長史・尋陽內史。行江州事。子勛舉兵反。會明帝定亂。琬不解甲。遂奉子勛即位。性鄙闇貪吝。至是賣官鬻嚮。明帝命將討子勛。琬戰敗。謀斬子勛。封府庫以謝罪。爲張悅所誘斬。

鄧盛　後漢　廣州人。徙居蒼梧。字伯直。爲秭歸令。聞母病。解印綬決去。及歸。母卒。居喪盡禮。太尉馬日磾嘉其孝行。辟主簿。尋爲太尉諸曹掾。時彭城相左尙以贓獲罪。三府掾屬考驗。踰年不竟。更選盛復考。盛至獄。沐尙解械賜席。尙感其意。卽引筆具對。時人語曰。一間得竟。皋陶鄧盛。

鄧逸　晉　遐弟。字茂山。有武幹。位建威將軍．平越中郎將．廣州刺史假節。

鄧酢　宋　始興人。字賓禮。少力學。紹興初詣闕上書。召試授官。知虔州。移撫瓊州。親擒叛首。擢廣西運判。剿賊淩鐵閙風請降。帥府奪其功。不與校。胡銓銘其墓。嘉其有功不伐。

鄧雅　元　江西人。字伯言。明洪武中徵入都。尋放還。與梁寅友善。講學石門山中。工詩。有玉笥集。

鄧雲霄　明　東莞人。字玄度。萬曆進士。除知長洲縣。累官至廣西參政。有冷邸小言．及漱玉齋．百花洲．鏡園．解弢諸集。

鄧傳之　宋　永豐人。約禮從子。字師孟。年十三。能作賦。十七從曾丰游。篤意正學。復登葉適之門。歸作求齋記。欲自求於內。收放心於外。年二十二卒。有求齋稿．易繫辭說。

鄧傳安　清　夢琴子。字鹿耕。號盱原。嘉慶進士。歷權羅源．武平．閩縣。皆有實政。官至建寧知府。致仕卒。有蠡測彙鈔。

鄧傳密　清　石如子。字守之。號少伯。工篆隸。得家傳。

鄧愈　明　虹縣人。本名友德。太祖賜今名。年十六。卽以善戰稱。太祖起滁陽。愈來歸。累功官江西行省參政。陳友諒衆六十萬來攻。圍數百重。城壞三百餘丈。愈且築且戰。晝夜不解甲者三月。圍得解。徇江西諸路悉下。以功進右丞。常遇春克襄陽。以愈爲湖廣行省平章。鎭襄陽。威惠甚著。吳元年召爲御史大夫。洪武初以定擴廓．何鎭南功。進右柱國。封衛國公。會吐番川藏梗剽貢使。愈以征西將軍討平之。還卒於途。追封寧河王。謚武順。

鄧椿　宋　名世子。官至郡守。祖洵武嘗知樞密院。其時最重畫學。椿以家世聞見。作畫繼一書。續張彥遠歷代名畫記．郭若虛圖畫見聞志而作故名。又名世所著古今姓氏書辨證。椿裒次之。父子相繼。用力尤多。故較他姓氏書特精核。

鄧粲　晉　騫子。少以高潔名。不應州郡辟命。會荆州刺史桓沖卑詞厚禮。辟爲別駕。乃應召。名由此滅。後以疾求去。粲以父有忠信言而世無知者。乃著元明記。又有老子注。

鄧肅　宋　南劍沙縣人。字子宏。少警敏能文。善談論。入太學。時東南貢花石綱。賦詩言守令搜求擾民。被斥。欽宗立。召對。授鴻臚寺簿。金人犯闕。被命詣金營。留五十日而還。張邦昌僭位。肅義不屈。奔赴南京。擢右正言。遇事感激。不三月。凡抗二十疏。言皆切當。多見採納。會李綱罷相。上疏爭之。干執政怒。罷歸卒。有栟櫚集。

鄧棨　明　樂昌人。顥後。諸生。性剛俠。崇禎間流賊破城。棨以身護縣令林開馥。罵賊死。

鄧萬斛　明　富順人。弘治進士。授諸城知縣。發奸擿伏如神。邑田多不可耕。民苦於賦。萬斛奏乞減免。民愛戴之。

鄧訔　宋　連城人。字晦之。有材武。好讀兵書。以功擢皇城使。性剛嚴。遇下有禮。與士卒同甘苦。故皆樂爲之用。以收復熙河功遷都統。終武功大夫。

鄧鞈　宋　崇仁人。字國驂。博學。爲文簡嚴。靖康間以布衣言事。不合。歸隱。自號陋室。及卒。門人私謚文定。子虎。亦有文名。

鄧遐　晉　嶽子。字應遠。勇力絕人。氣蓋當世。時人方之樊噲。數從桓溫征伐。歷冠軍將軍．數郡太守。號爲名將。襄陽城北沔水中有蛟害人。遐入水揮劍。截蛟數段而出。因名曰斬蛟渚。枋頭之役。桓溫憚遐勇果。免其官。尋卒。

鄧嘉緝　清　江寧人。字熙之。同治優貢。有扁善齋文存。

鄧夢琴　清　浮梁人。字虞揮。一字賛山。乾隆進士。官至漢中知府。所至有政績。治獄多平反。有棣亭詩文集。

鄧寧　宋　南劍沙縣人。字仲吉。熙寧進士。任威武軍簽判。移漳州．福州。浮屠侵民田。寧判歸民。遷提轄江淮荆浙福建茶鹽。東南鹽貨。歲額浸竊。寧爲之條畫輸運。由是歲增數十萬。擢河東提舉。以微累謫。起知黃州。尋與祠卒。寧博學工詩文。有七峰集。

鄧榮陞　清　永州人。字金階。廉介樸勇。不取非義。以鄉勇從江忠源軍。積功至參將。調征滇。擢提督。授昭通鎭總兵。卒於官。

鄧漢儀　清　泰州人。字孝威。康熙中舉鴻博。以年老授中書舍人。淹洽通敏。尤工詩。嘗次近代名人之詩爲詩觀。自著有過嶺集。王士禎激賞之。

鄧爾恆　清　廷楨子。字子久。道

光進士。由編修出知雲南曲靖府。累擢布政使。以清正爲巡撫徐之銘所忌。陰授意武弁欲害之。及爾恆陞陝西巡撫。至曲靖。遇害。諡文愍。

鄧・瑤 清新化人。字伯昭。又字小耘。道光拔貢。官龐陽教諭。有雙梧山館文鈔。

鄧・綰 宋至子。字文約。擧進士第一。通判寧州。條上時政數十事。以媚王安石。安石薦於朝。除集賢校理。累擢御史中丞。人有笑且罵者。綰曰。笑罵從汝。好官須我爲之。久之帝知其姦。斥知虢州。元豐初知鄧州卒。

鄧・裵 清江西新城人。字又楷。工詩知醫。又銳心經世之學。晚年研精理學。居城東湖之濱。邑人尊其學行。稱曰東湖先生。康熙末卒。年七十九。私諡貞憲。有藥房詩集。

鄧・輔綸 清新化人。字彌之。以貢生從戎。洊擢至道員。性慷慨。能詩文。有白香亭詩文集。

鄧・韍 明常熟人。本姓龔。育外家。因從其姓。字文度。號梓堂。正德擧人。棄擧子業。以圖籍自娛。工畫山水。能詩文。好宋儒書。且必齋衣冠焚香盥手而讀之。撫按重其學行。即其家建尙志坊。年八十有八卒。有常熟志・濮州志・易解・泉坊議事錄・松雪集。

鄧・慶宋 明福州人。字道協。嘗輯諸家荔支譜。爲荔支通譜。

鄧・澄 明建昌新城人。字于德。萬曆進士。授御史。出爲湖廣僉事。有大隱堂・清雅堂・東園等集。

鄧・潤甫 宋建昌人。字溫伯。皇祐進士。熙寧中遷翰林學士。哲宗立。進承旨。一夕草制二十有二。與修神宗實錄。以母喪去。終制。除禮部尙書。首陳紹述之說。拜尙書左丞。章惇議重謫呂大防・劉摯。潤甫不以爲然。曰。俟見上。當力爭。無何暴卒。諡安惠。

鄧・璋 明涿州人。字禮方。成化進士。正德初以副都御史巡撫河南。蒞政嚴明。豪猾屛跡。歷南戶部尙書。

鄧・晉 南朝宋桂陽人。字約子。四歲父戍邊。晉泣送如成人。人稱孝童。元徽中擧秀才。爲郡小吏。進本郡太守。剖決無滯。有惠澤於民。齊永明中卒。贈司徒。民立廟祀之。

鄧・儒 漢字伯翹。補尙書令。正身機密。不撓強臣。

鄧・曄 後漢析人。爲人勁悍廉直。更始初大將軍申屠建等討王莽。攻武關。曄與里人于匡等起兵應之。自稱輔漢左將軍。西拔湖。敗莽虎士於回谿。遂開武關。迎漢兵。引軍至長安。共誅莽。拜復漢將軍。執金吾。後討隗囂。破延岑。皆與其役。

鄧・熹 宋遂昌人。有勇略。善文章。宣和中睦賊犯松陽・遂昌間。熹捐家貲。集鄉民禦之。與賊戰大勝。遂全兩縣。郡守黃葆光薦於朝。授遂昌尉。

鄧・諫從 宋漢嘉人。字元卿。范仲黼講學二江。時有二江九子之目。諫從其一也。嘗通判黎州。

鄧・遷 明閩人。字世喬。嘉靖擧人。官嘉興通判。工詩。有別駕集。

鄧・嶽 晉陳郡人。字伯山。少有將帥才略。始爲王敦參軍。轉西陽太守。蘇峻叛。溫嶠遺嶽與王愆期・紀瞻等率兵赴難。又討郭默。破夜郎。皆有功。封宜城伯。督交廣寧三州。遷南平將軍卒。

鄧・應仁 明南海人。字子榮。第進士。弘治末自戶部郎中出知太平。政尙平恕。門無私謁。既去。民思慕之。有繪像祀於家者。

鄧・璩 明宣化人。弘治間知雷州。性廉介。與學崇敎。有循良稱。

鄧・謙 明資縣人。洪武擧人。累官浙江左布政使。才識優裕。以勤能著。

鄧・鍾 明晉江人。字道鳴。萬曆中倭寇朝鮮。海上傳警。總督蕭彥命鍾取鄭若曾籌海圖編刪輯之爲籌海重編。

鄧・鍾岳 清聊城人。字東長。號悔廬。康熙進士。官至禮部左侍郎。有知非錄・寒香閣詩集。

鄧・隱 蜀梓州人。工山水花鳥雜畫。兼佛像鬼神。

鄧・颺 三國魏南陽人。禹後。字玄茂。明帝時爲尙書郎。除洛陽令。坐事免。拜中郎。又入兼中書郎。以浮華見斥。正始初出爲潁川太守。遷侍中尙書。颺爲人好貨。嘗許臧艾以顯官而納艾父妾。坐曹爽黨誅。

鄧・騭 後漢訓子。字昭伯。一曰名陟。騭以后兄累遷車騎將軍・儀同三司。定策立安帝。封上蔡侯。不受。西羌叛。詔騭將兵討平之。拜大將軍。騭既輔政。崇節儉。罷力役。推進賢士楊震等。天下以安。以母病。上書乞侍養還第。詔令有大議與公卿參謀。建元初復封上蔡侯。位特進。尋被誣徙羅侯。不食而死。順帝立。復官。錄其子孫。

鄧・鴻 後漢禹少子。好籌策。永平中以爲小侯。引入與議邊事。帝以爲能。拜將兵長史。章帝時爲度遼將軍。永元中與大將軍竇憲。俱出擊匈奴。有功。徵行車騎將軍。後坐逗留下獄死。

鄧・黻 明松江華亭人。流寓常熟。字文度。正德擧人。通經博古。嘗做呂成公大事記。論次古今得失。類成卷帙。曰。如有用我。執此以往。

鄧翼 【前秦】羌子。爲河間相。慕容垂圍鄴。以翼爲冀州刺史。翼泣對使者。辭不受。垂復遣使諭之曰。吾與車騎結異姓兄弟。卿亦猶吾之子弟。安得辭乎。翼曰。冀州宜任親賢。請他役効命。乃用爲河間太守。尚書左丞。皆有聲稱。終趙郡太守。卒於官。

鄧鎭 【明】永川人。博通經史。善屬文。性剛鯁。議論持正。成化中走京師書大計。忤權貴。下錦衣獄搒掠。折去一足。後赦回。以教授終。

鄧顒 【明】樂昌人。字伯昂。正統進士。知永豐縣。鄧茂七反。顒率衆與戰。生俘賊將。遇伏被執。罵賊死。諡忠毅。

鄧藩錫 【明】金壇人。字晉伯。崇禎進士。歷南兵部主事。遷兗州知府。甫抵任。聞清師入塞。亟勸魯王散積儲以鼓士氣。不能從。城破。不屈死。

鄧繼曾 【明】資縣人。字士魯。正德進士。累擢兵科給事中。數言事。世宗即位未久。漸疏大臣。政率內決。繼曾抗章極論。帝震怒。下詔獄掠治。謫金壇丞。終徽州知府。

鄧騫 【晉】長沙人。字長眞。少有志氣。推誠行己。識量弘遠。刺史譙王承命爲主簿。承爲魏乂所敗。乂求騫甚急。鄉人皆懼。騫笑曰。彼新得州。欲求賢耳。往詣乂。乂喜以爲別駕。歷武陵。始興太守。遷大司農。

鄧儼 【金】宜民人。字子威。天德進士。大定中累官左司郎中。宰臣薦其明事機。有心力。擢吏部侍郎。明昌初爲戶部尚書。尋知歸德府事。致仕卒。

鄧顯芳 【明】辰州人。諸生。正德間鎭筸苗叛。村人皆逃。顯芳以母柩在堂。固守勿去。苗至。使芳爲鄉導。不從。遂遇害。

鄧顯鵠 【清】新化人。字子振。號雲渠。嘉慶時諸生。博洽能文。終身不仕。著書自娛。有春秋目論。說詩讕語。聽雨山房文鈔。

鄧顯麒 【明】奉新人。字文瑞。號夢虹。正德進士。授行人司副。時諸臣諫南巡。其疏稿爲顯麒所擬。再予廷杖。謫國子監學正。嘉靖初擢監察御史。其子夷惠集前後奏疏爲夢虹奏議。

鄧顯鶴 【清】顯鵠弟。字子立。號湘皋。嘉慶舉人。官寧鄉訓導。博究羣書。足跡半天下。以搜討鄉邦掌故爲己任。纂資江耆舊集。沅湘耆舊集。增輯周聖楷楚寶。搜刻蔡忠烈遺集。王船山遺書。編校歐陽圭齋集。重訂周子全書。詩古文詳贍演迤。壹意表章先哲。歸然稱楚南文獻者垂三十年。生平尤篤風義。喜振拔孤寒。卒年七十有五。有南村草堂詩文鈔。易述諸書。

鄧驛 【宋】沙縣人。字千里。淳熙進士。累官左司諫。亮直敢言。不避權倖。慶元間拜中書舍人。朱熹以忤韓侂胄罷講筵。驛面奏乞留。不許。呂祖儉疏留趙汝愚。并論朱熹等不當逐。語侵侂胄。安置韶州。太學生楊宏中以救汝愚坐編管。驛皆封還錄黃。不草制。未幾以集英殿修撰知泉州。進文華閣待制。奉祠歸。

鄧觀灝 【清】萍鄉人。父坐事繫刑部獄三年。觀灝冒死營救。父卒得免。時稱孝子。

鄭一初 【明】揭陽人。字朝朔。幼以高節自負。登成化進士。有以千金求爲居間。一初毅然拒之。正德中授御史。會王守仁講學京師。一初受業不怠。時已病。或勸少休。曰。朝聞道。夕死可矣。尋乞歸卒。

鄭一鵬 【明】莆田人。字九萬。正德進士。改庶吉士。嘉靖初官戶科左給事中。性伉直。遇事敢言。武定侯郭勛。欲得虎賁左衛以廣其第。一鵬劾以曠縱罔上。勛銜之。復以李福達獄劾勛。因坐以妄奏。搒掠除名卒。

鄭三俊 【明】池州建德人。字用章。萬曆進士。天啓中歷光祿少卿。遷戶部右侍郎。極陳魏忠賢。客氏之罪。及楊漣。趙南星等被貶。遂乞歸。崇禎初起南戶部尚書。尋掌吏部。是年京察。澄汰魏黨一空。入都留爲刑部尚書。轉吏部。爲人端嚴清亮。正色立朝。多引薦賢士。乞休歸。明亡後。家居十餘年乃卒。

鄭士利 【明】士原弟。字好義。諸生。士原坐空印事繫獄。會星變求言。士利上書。詳言空印之不爲罪。觸帝怒。與士原皆輸作江浦。

鄭士原 【明】台州寧海人。字孝仁。剛直有才學。洪武初以進士授懷慶府同知。擢湖廣按察司僉事。豪猾屏息。以反安陸定讞。爲御史所銜。坐空印事繫獄。輸作終身。

鄭士超 【清】陽山人。字卓仁。號貫亭。少力學。家貧。攜書而牧。誦勿輟。不知牛之逸去。乾隆間成進士。官監察御史。

鄭士達 【明】瑞安人。字達世。洪武中以貢任肥鄉訓導。燕兵南下。徇廣平。有議迎附者。士達毅然曰。我儒官也。若效順。如綱常何。激守臣堅壁以守。不聽。棄官歸。永樂中坐戍右屯衛。卒於戍所。

鄭士懿 【宋】寧德人。字從之。第端平進士。時眞德秀知貢舉。得其卷曰。經世才也。歷官太學博士。出知武岡軍。公明廉愼。有定齋集。

鄭大同 【明】莆田人。字皆吾。號于野。嘉靖進士。授行人。累官至刑部侍郎。有居俟堂集。

鄭大進 【清】揭陽人。號退谷。乾隆進士。知肥鄉縣。累擢湖北巡撫。迭修荆襄隄垸以防水患。陞直隸總督。尤究心畿輔水利。卒諡勤恪。

鄭子眞 【漢】褒中人。名樸。修道守默。成帝時大將軍王鳳禮聘之。不應。家於谷口。世號谷口子眞。

鄭子明 【金】大定府人。字景純。幼穎異。及長。有能賦聲。成天德進士。授翼城丞。累遷至侍講。兼修國史。子聃英俊有直氣。其爲文亦然。以疾卒官。

鄭子儀 【春秋鄭】莊公四子。祭仲立以爲君。爲傅瑕所弒。在位十四年。以其微弱。臣子不以君禮赴於諸侯。稱鄭子。（按史記云名嬰。此從左傳。）

鄭子亹 【春秋鄭】莊公三子。高渠彌弒昭公而立之。齊襄公會諸侯於首止。子亹往會。高渠彌相。子亹至。不謝齊侯。齊侯怒。遂伏甲而殺子亹。轘高渠彌。在位一年。

鄭子默 【北齊】道昭曾孫。字靈雀。少有器識。博學好文章。武平末位司徒記室參軍。齊亡。歷周隋不仕。隱居滎陽三簋山。放誕不自羈束。或有所遺。乘驢衣纔。破繳而往。風神俊發。無貴賤並敬服之。

鄭小同 【三國魏】玄孫。玄以其手敎似己。名曰小同。英發不羣。綜覈六經。鄉人師之。高貴鄉公髦時爲侍中。嘗詣司馬昭。昭有密疏未函。如廁。還問曰。卿見我疏乎。對曰未見。昭曰。寧我負卿。無卿負我。遂鴆之。初。玄沒之後。門人述其問答爲八篇。小同編次爲十一卷。題曰鄭志。原本久佚。今傳者僅三卷。好古者從諸書綴輯。以存鄭學之崖略者也。

鄭山輝 【明】工畫蘭。

鄭己 【明】山海衛人。字克修。成化進士。歷御史。偕同官爭慈懿太后葬禮。彗星見。又陳時政八事。尋劾大學士商輅等不職。下獄廷杖。後復官。出按甘肅。鎭守定西侯蔣琬多役軍民。將劾之。反爲所構。謫成宜府。

鄭中丞 【唐】文宗時宮人。善胡琴。因忤旨。縊死投河中。爲權相舊吏梁厚本所見。將養得活。納爲室。自言善琵琶。其琵琶在南趙家修理。號大忽雷小忽雷。厚本購得之。値良辰酒酣。不覺朗彈幾曲。文宗知之。宣召問其故。乃赦厚本罪。任從匹偶。仍加賜賚。

鄭之文 【明】南城人。字應尼。一字豹先。萬曆進士。官眞定知府。工詩詞。嘗作白練裙雜劇。以嘲名妓馬湘蘭。盛傳於時。有遠山堂。錦硯齋集。

鄭仁表 【唐】綮孫。豪爽有文。仕爲起居郎。嘗以門閥文章自矜曰。天瑞有五色雲。人瑞有鄭仁表。傲縱多所陵籍。人畏薄之。劉鄴嘗爲仁表所鄙訾。及爲相。因罪貶仁表。死嶺外。

鄭仁誨 【後周】晉陽人。字日新。初事唐將陳紹光。紹光因醉欲殺之。仁誨植立無懼色。紹光稱歎其器量。擲劍於地。後還鄉里。太祖與之善。及爲樞密使。乃召仁誨用之。軍中機畫。多所參決。太祖立。累遷樞密使。留守東都。卒。封韓國公。諡忠正。

鄭介夫 【元】衢州開化人。字以居。性剛直敢言。至大間上太平策。一綱二十目。奏入。多見採納。終金谿縣丞。有韻海。

鄭元 【唐】舉進士第。元和中累官刑部尙書。兼御史大夫。性嚴毅。有威斷。更踐劇任。時稱其能。

鄭元斗 【清】婁縣人。字少微。號春谷。又號林屋。蔣廷錫弟子。官中書。工寫生。供奉內廷。世爭稱其畫得天趣。

鄭元祐 【元】遂昌人。徙家錢塘。字明德。幼穎悟。於書無所不讀。至正間除平江路儒學教授。移疾去。遂流寓平江。後擢浙江儒學提舉。卒於官。元祐右臂脫骱。以左手寫楷書。自名爲尙左生。有遂昌雜錄・僑吳集。

鄭元素 【南唐】華原人。少習詩禮。避亂南游。隱居廬山青牛谷四十餘年。採薇食蕨。絃歌自若。會集古書。殆至千餘卷。

鄭元弼 【五代閩】良士子。事王昶爲禮部員外郎。及曦繼立。擢諫議大夫。曦欲杖御史中丞劉贊。以元弼諫而止。遷禮部尙書判三司。朱文進弒曦自立。抗辭不屈。元弼黜歸田里。尋爲文進所殺。

鄭元慶 【清】歸安人。字子餘。一字芷畦。少習易禮。通史傳及金石文字。覃精著述。期有用於世。康熙中幕游四方。以歲貢生終。有廿一史約編・禮記集說參同・湖錄・石柱記箋釋。又代傅澤洪撰行水金鑑。尤稱精博。（按碑傳集作鄭慶元。此從耆獻類徵。）

鄭元瑾 【唐】滎陽人。武德初爲蒲圻令。在任多善政。官署學校田土經制。悉所區畫。

鄭元璹 【唐】譯子。字德芳。性察慧。尙文藝。在隋以父功拜儀同。大業末爲文城郡守。城破歸唐。授太常卿。突厥寇汾晉。受詔諭罷可汗兵。被囚。數年始得還。帝勞之曰。不辱於虜。可輩蘇武・張騫矣。拜鴻臚卿。元璹幹敏。五聘絕域。皆臨危不屈。後爲宜州刺史。以老致仕。

鄭元禮 【北周】述祖從子。字文規。少好學。愛文藻。有名望。高澄引爲館客。歷太子中舍人。大象中終始州別駕。

鄭公玉 【宋】古田人。字潤甫。紹定進士。官終朝議郎・潭州通判。好獎拔後進。工詩文。

鄭公智 【明】台州寧海人。字叔貞。

師方孝孺。建文初舉賢良。力學好古。工文辭。孝孺薦爲監察御史。持法不阿。燕師入京。坐孝孺黨死。

鄭．公顯 宋龍溪人。字隱之。乾道進士。建州司戶。秩滿。獻時事十論。除知同安縣。累官權刑部郎。兼直學士院。廟堂制。多出其手。有文集。

鄭．升之 宋江山人。字公明。師事徐存。以進士除學官。嘗言學術之害莫甚於老莊。乞勿命題。召試館職。累官吏部郎。守賀州。有鄭賀州集。

鄭．天民 宋字先覺。宣和中郎官。工畫山水。

鄭．太 後漢衆曾孫。字公業。少有才略。廣交豪傑。名聞山東。靈帝末舉孝廉。何進輔政。以爲尚書侍郎。遷侍御史。進謀誅宦官。欲召董卓爲助。太力諫。不聽。棄官去。進尋見害。卓作亂。太與何顒．荀攸共謀殺卓。事洩。脫身東歸。袁術以爲揚州刺史。未至官。道卒。(太通作泰。)

鄭．太和 明浦江人。世稱義門鄭氏。字順卿。嘗輯宋以來諸家題贈詩賦及碑志序記題跋之類。爲表揚義門而作者共爲一編。曰麟溪集。

鄭．孔庠 明衢州西安人。號樾溪。性穎敏。工詩。有樾溪集。

鄭．少微 宋成都人。字明舉。少孤力學。元祐進士。時蘇軾知貢舉。得少微與古郫楊天惠。三嶼李新。時人號爲三傑。宣和間上書論時政。坐廢。貧無田宅。而志學益力。爲文益工。後徙居臨邛。自號木雁居士。官至朝請郎。

鄭．心材 明履淳子。字敬仲。號恩泉。屢試不第。以蔭生官至應天府治中。有鄭京兆集。

鄭文公 春秋鄭厲公子。名踕。立三十六年。晉公子重耳過鄭。公弗禮。及重耳卽位。公又背晉助楚。晉與秦穆公共圍鄭。鄭人患之。乃使燭之武說秦。秦兵罷。時公子蘭在晉軍。晉欲入蘭爲太子。鄭許之。與晉盟。晉亦罷兵。在位四十五年。卒謚文。

鄭．文炳 淸莆田人。字蘊斯。少有志操。長探性命之學。作正學論要。以閩洛爲歸。父光春。客游四方。文炳蹤跡至滇南得之。請俱還。不果。未幾父卒。復奔赴。負骸歸葬。人目爲孝子。補弟子員。入鼇峰書院。從蔡世遠學。雍正．乾隆間兩舉孝廉方正。皆不就。後主講洞橋書院。卒年八十有六。有周易要義．明倫集．性理廣義．省心堂集等書。

鄭．文康 明崑山人。字時乂。號介菴。正統進士。以父母繼亡。遂絕意仕進。家居枕藉經史。爲文頃刻千言。有平橋稿。

鄭．文琅 淸浙江西安人。字玉衡。號崑林。諸生。有率性吟。

鄭．文昺 元浦江人。字紹卿。綺後裔。十世同居。凡二百四十餘年。一錢尺帛不敢私。至大間表其門。

鄭．文融 元文昺從弟。字大和。文昺沒。文融繼主家事。嚴而有恩。家庭中凜然如公府。狀聞。復其家。部使者余闕爲書浙東第一家以褒之。有家範三卷。

鄭．文霖 明福州長樂人。一作休寧人。字汝衆。自號耽犖子。好善樂道。建文初徵辟不仕。好吟詠。與王恭等相倡和。有耽犖卷。練子寧作耽犖子賦以贈之。

鄭．文寶 宋彥華子。字仲賢。仕南唐至校書郎。入宋。登太平興國進士。官至兵部員外郎。好談方略。以功名爲已任。久在西邊。參預兵計。然心有餘而識不足。工詩及篆書。善鼓琴。有文集．江表志．南唐近事．江南餘載等書。

鄭．方坤 淸建安人。字則厚。號荔鄉。雍正進士。官兗州知府。博學有才藻。好網羅文獻。有經稗．蔗尾集．補五代詩話．全閩詩話。

鄭．日奎 淸貴谿人。字次公。順治進士。官禮部主事。康熙中與新城王士禛同典四川鄉試。士禛詩所謂水部風流似鄭虔者也。有靜菴集。

鄭．曰敬 淸長沙人。字德輿。號蕉園。光緒舉人。有九溪文集。

鄭氏 唐朝散郎侯莫陳邈之妻。姪女策爲永王妃。因作女孝經以戒之。⊙五代閩建州人。守將余敬洪妻。南唐師下建州。裨將王建封得鄭氏。以其美。脅之刃。不屈。轉獻大將査文徽。文徽欲納之。鄭大罵。文徽訪其家歸之。

鄭．王臣 淸莆田人。字愼人。一字闞陔。乾隆拔貢。官至蘭州知府。有蕭風淸籟集。

鄭．世元 淸餘姚人。字亦亭。號黛參。雍正舉人。博綜羣籍。工詩。與陳梓同遷秀水。家於鴛湖。倡和獨多。後入京。公卿爭相引重。有耕餘居士集。

鄭．世威 明福州長樂人。字中孚。嘉靖進士。歷官江西僉事副使。敷以事忤夏言．嚴嵩。遷四川參政。時嵩方柄政。遂致仕。及嵩敗。以薦起左副都御史。累遷刑部侍郎。時詔採珠寶。諫不聽。謝病歸。卒謚恭介。

鄭．世翼 唐滎陽人。弱冠有盛名。武德中歷萬年丞。揚州錄事參軍。數以言辭忤物。稱爲輕薄。時崔信明自謂文章獨步。多所陵轢。世翼遇諸江中。謂曰。聞公有楓落吳江冷之句。願見其餘。信明欣然示百餘篇。世翼覽未終篇。曰。所見不如所聞。遂投之於江。信明不能對。擁檝而去。世翼貞觀中坐怨謗。流巂州卒。

鄭丙　【宋】福州長樂人。字少融。紹興進士。初爲諫官。頗以風力稱。累遷吏部尚書・浙東提舉。因庇唐仲友。且迎合宰相意。奏近世所謂道學。欺世盜名。不宜信用。其後遂爲慶元學禁。丙嘗知泉州。爲政暴急。官終端明殿學士。卒諡簡肅。

鄭伯　【陳】官至東宮洗馬。幼通經史。尤善草書。深慕鍾王之法而得其旨。喜用禿筆。鋒藏韻古。

鄭以偉　【明】上饒人。字子器。萬曆進士。授檢討。天啓中以禮部左侍郎協理詹事府。直講筵。因忤璫告歸。崇禎初召拜禮部尚書。久之。偕徐光啓並相。以偉修潔自好。書過目不忘。文章奧博。而票擬非所長。嘗曰。吾讀書萬卷。而窘於數行。乃爲後進所訛。卒諡文恪。有靈山藏集。

鄭可復　【宋】昇孫。字彥修。嘉定進士。調東陽縣尉。授婺州教授。官至朝奉郎。性儉朴。無嗜好。惟喜古書。嘗修爾雅。刊戴氏禮。祿入悉以市書。手自編錄。晚年積至數千卷。

鄭可學　【宋】莆田人。字子上。號持齋。少孤貧。屢試不第。從學朱熹之門。自以稟性卞急。於懲忿工夫尤力。久之最得精要。及熹知漳州。延可學教其子弟。熹晚年刪定大學一編。曰。此書欲付托得人。惟子上足以當之。後以特科調衡州司戶。有春秋博議・師說・三朝北盟舉要。

鄭史　【唐】宜春人。字惟直。開成進士。爲易學博士。積官永州刺史。

◉【宋】江南人。字揚庭。爲盂縣主簿。嘗求學於邵雍之門。雍以其多外慕。不之許。後竊得王豫書。以爲己學。著易傳・易測・宋範・五經明用等書。又竊雍先天圖爲變卦圖。入京。國子監試策問八卦次序。史以取得之說對。擢優第。後以贓罪竄。

鄭弘　【漢】昌弟。字穉卿。好學明經。通法律政事。與兄齊名。爲南陽太守。遷淮陽相。以高第入爲右扶風。京師稱之。後爲御史大夫。坐與京房論議免歸。

◉【後漢】山陰人。字巨君。少爲鄉嗇夫。太守第五倫奇之。召署督郵。舉孝廉。弘師同郡河東太守焦貺。貺坐事被捕。道卒。妻子繫詔獄。掠考連年。諸生故人。懼禍變姓名。弘獨髡頭負鈇鑕詣闕上章。爲貺訟罪。明帝悟。卽赦其家族。弘躬送貺喪及妻子還鄉里。由是顯名。元和中累拜太尉。時第五倫爲司空。班在下。每正朔朝見。弘曲躬自卑。帝問知其故。遂聽置雲母屛分隔其間。以爲故事。在官四年。多所補益。爲時名臣。乞歸病卒。弘微時嘗採薪白鶴山。持遺箭還神人。問所欲。告以若耶谿載薪爲難。願旦南風。暮北風。後果然。故若耶谿風呼爲鄭公風。

鄭弘道　【明】蘭谿人。字克修。性至孝。萬曆進士。授徽州司理。讞鞫明允。郡無冤民。有士人投謁。以石硯爲贄。發之則金也。立拒之。時人歎爲廉吏。攝休歙二縣事。調南雄。去之日。士民攀號數百里。

鄭旦　【春秋越】美人。句踐使相者國中。得苧蘿山鬻薪之女。曰西施・鄭旦。三年學服而獻於吳。吳王大悅。

鄭本公　【明】朔州衞人。正德進士。歷御史。爭大禮。言最切中。帝召張璁・桂萼入京。本公痛劾之。偕廷臣伏闕哭諫。廷杖繫獄。還職。官至南太僕少卿。

鄭本忠　【明】鄞人。自號安分先生。少篤學。從鄉人舒亨受尚書。方國珍據浙。欲官之。杜門不出。洪武間以明經舉。不起。後用薦授昌國訓導。尋陞秦府教授。有安分齋集。

鄭札　【三國吳】沛人。才學博達。孫權爲驃騎將軍。以爲從事中郎。命與張昭・孫邵共定朝儀。

鄭永禧　【清】浙江西安人。字渭川。光緒舉人。有竹隱廬隨筆。

鄭玄　【後漢】高密人。字康成。少爲鄉嗇夫。意不樂棄去。往事扶風馬融。三年辭歸。融喟然曰。鄭生今去。吾道東矣。旣歸。客耕東萊。門徒千數百人。建寧初黨禍作。杜門修業。孔融爲北海相。深敬之。告高密縣。特立一鄉。曰鄭公鄉。廣開門衢。曰通德門。時黃巾賊勢盛。至相約不入縣境。建安中徵拜大司農。尋卒。唐貞觀中從祀孔廟。所著書凡百餘萬言。今存者有毛詩箋・周禮儀禮禮記注。其易注及春秋之箴膏肓・發墨守・起廢疾・駁五經異義。皆後人所輯佚書。殘缺不完矣。經學家稱鄭衆爲先鄭。玄爲後鄭。

鄭玉　【元】歙人。字子美。博究六經。尤邃春秋。教授於鄉。門人甚衆。學者稱師山先生。卽其地構師山書院以處焉。至正間徵拜翰林待制・奉議大夫。辭疾不起。日以著述爲事。明兵至。守將欲要致之。玉具衣冠。自縊死。有周易纂註・春秋經傳闕疑・師山集。

鄭甲　【清】慈谿人。字孝春。號雪橋。工書畫。善琴。尤精算學。年二十四。抑鬱而卒。有溪雪居士稿。

鄭申之　【宋】福州人。字惟任。乾道進士。官至國子助教。嘗從朱熹學。晚教授於鄉。從游甚衆。立文行忠信四齋以處之。熹爲題所居樓曰樂道。

鄭立中　【宋】長汀人。字從之。有節操謀略。政和進士。調崇安尉。破方臘餘黨。民賴以安。改知海門縣。未赴。會金人南侵。攝行軍總管。奉使募福建民兵。得數千人。轉戰而前。

收復光・蔡等州。因守蔡。金人再犯。遂被害。

鄭・交甫　周嘗適楚。至漢皋。遇江妃二女。解佩珠與之。交甫受而懷之。行數十步。二女不見。珠亦隨失。

鄭・仲熊　宋衢州西安人。字行可。舉進士。爲右正言。累官權參知政事。時秦檜專政。仲熊嘗疏論趙鼎立專門之學。可爲國家慮。後卒爲檜所惡。奉祠歸。孝宗卽位。復端明殿學士。致仕。

鄭・仲禮　北齊儼子。少輕險有膂力。高歡寵其姊。以親戚被昵。官至帳內都督。

鄭・仲夔　明江西人。字龍如。嘗採錄漢魏以來僻事雋語。爲蘭畹居清言一書。又著耳新。亦輟耕錄之類。

鄭・伉　明常山人。字孔明。爲諸生。不屑志於科舉。往師撫州吳與弼。辭歸。日究諸儒論議。而折衷於朱子。事親孝。設義學。立社倉。以惠族黨。所著易義發明・讀史管見・觀物餘論・蛙鳴集。多燬於火。

鄭・先護　後魏羲從孫。少有武幹。解褐員外郞。轉通直郞。莊帝居藩。先護深自結託。以納爾朱榮功。封平昌縣侯。除廣州刺史。元顥入洛。捍禦有功。進爵郡公。遷豫州刺史。後假驃騎將軍・大都督。討爾朱仲遠。衆潰。奔梁。仲遠誘而殺之。

鄭・光祖　元襄陵人。字德輝。以儒補杭州路吏。爲人方直。工曲。與馬致遠・關漢卿・白樸稱四大家。有㑳梅香等雜劇。

鄭・光羲　淸無錫人。字夕可。有續近思錄。

鄭・沖　晉開封人。字文和。清恬寡欲。博究儒術及百家言。初仕魏爲陳留太守。以儒雅爲德。累官太保。封壽光侯。入晉拜太傅。進爵爲公。致仕卒。諡成。有論語集解。

鄭・吉　漢會稽人。以卒伍從軍爲郞。數出西域。習外國事。宣帝時攻破車師。降日逐。威震西域。累官衞司馬。爲西域都護。都護之置自吉始。以功封安遠侯。漢之號令班西域。始自張騫而成於吉。卒諡繆。

鄭・后　唐丹陽人。元和初李錡反。有相者言后當生天子。錡聞。納爲侍人。錡誅。沒入掖廷。侍懿安郭后。憲宗幸之。生宣宗。及卽位。尊爲皇太后。卒諡孝明。

鄭・向　宋陳留人。字公明。舉進士甲科。爲大理評事。累遷龍圖閣直學士。知杭州卒。五代亂亡。史册多漏失。向著開皇紀。摭拾遺事。頗有補焉。

鄭・圭　明錢塘人。字孔肩。嘗取六十四卦各爲一論。著易臆一書。

鄭・如英　明秦淮妓。小名妥孃。工詩。

鄭・守仁　元黃巖人。字蒙泉。幼著道士服。長游京師。寓居萬松間。一夕。大雪塡門。守仁讀書偃臥自若。京師號爲獨冷先生。工詩。有蒙泉集。

鄭・安　元歙人。字子寧。宋亡後二年。李世達起兵。元將怒。將屠城邑。安杖策詣軍門。爲民請命。獲許。遂使安宰歙邑。以服衆心。鄉人感其德。立祠祀之。◎明潮州海陽人。字康民。景泰進士。授監察御史。彈劾不避權要。憲宗卽位。抗疏陳八事。多見採用。遷陝西按察副使。討平駝龍等族。及固原州上達滿四等。民賴以安。居官二十年。淸貧如故。以母老乞歸。

鄭・安世　後漢衆子。能傳家業。爲長樂未央廐令。安帝廢太子爲濟陰王。安世與桓焉・來歷等共諫。及順帝立。安世已卒。追賜錢帛。

鄭・安民　明惠南人。性孝友。父妾見逐。安民知其已有娠。迎置別室。後生弟澤民。田宅奴婢。悉讓之。以貢生爲蜀府長史。流賊寇蜀。安民時防守青州。力戰敗之。以功加四品服。崇禎末賊陷成都。蜀王赴水死。安民亦躍入水。抱王屍而死。

鄭・旭　明閩縣人。字景初。洪武中以學行薦爲國子掌儀。帝幸太學。親選才德兼備者十人以傳東宮。旭居第二。後以飛語謫雲南二十餘年。建文中以明經薦。起爲高安縣學訓導卒。有詩經總旨・初學提綱・詠竹稿。

鄭・汝閭　宋括蒼人。字山甫。以父任爲金華令。歷守衢婺二州。一以簡靜爲治。入爲吏部侍郞。紹定間劍寇猖獗。永嘉震驚。邑羅告竭。汝閭移書廟堂。通浙東港禁。又置惠民倉。民感其德。相率繪像祀之。

鄭・汝諧　宋青田人。字舜擧。自號東谷居士。累官徽猷閣待制。有東谷易翼傳・論語意源・東谷集。

鄭・汝璧　明縉雲人。字邦章。隆慶進士。授刑部主事。累官僉都御史。巡撫山東。改延綏。進兵部侍郞。總督宣大。有明帝后紀略・明臣諡類鈔・由庚堂集。

鄭・汝翼　元河南人。字鵬擧。東發讀書。學刑名家。得法外意。金時官刑部檢法。入元擢詳議中書省。尋授大理丞。後以左三部郞中致仕。有永徽法經。

鄭・江　淸錢塘人。字璣尺。晚號筠谷。康熙進士。官至右春坊右贊善。與修明史。所學無不貫。尤邃於經。有春秋集義・詩經集詁・禮記集註・筠谷詩鈔・書帶草堂詩鈔・文集・析疑錄・粵東遊記。

鄭・自璧　明祥符人。隸籍京師。字采東。正德進士。改庶吉士。除工科給事中。嘉靖初爭大禮。受杖。三遷至兵科都給事中。自璧在諫垣。最敢言。所言皆權倖。直聲震朝野。卒爲科道共劾。謫江陰縣丞。竟不召。

鄭至果 宋晉江人。字子剛。嘉定進士。授福清尉。調永福丞。歷撫國。永福二縣事。修學宮。造輿梁。德政昭著。改知梅州。州屢易官。百凡廢墜。至果閲實修舉。百廢具興。撿治劇盜。境賴以安。

鄭至道 宋知天台縣。爲政寬簡。事務教化。民心悅服。後秩滿。邑民攀留不忍其行。因留家松關。後有松關留鄭故事。

鄭亨 明合肥人。洪武中襲父職爲副千戶。遷密雲衛指揮僉事。燕師起。率所部降。成祖卽位。以功遷中府左都督。封武安侯。出鎭宣府。開平。規畫周詳。邊備完固。亨嚴肅重厚。善撫士卒。仁宗卽位。移鎭大同卒。諡忠毅。

鄭伯玉 宋露之後裔。字賓臣。景祐進士。試祕書省校書郎。累遷殿中侍御史。爲人峭直。不屈權貴。好爲詩。所作曰錦囊集。時人以與陳琪。方孝寧詩彙爲一集。號烏山三賢詩。

鄭伯英 宋伯熊弟。字景元。號歸愚翁。與兄齊名。人稱大鄭公小鄭公。伯英俊健果決。喜慷慨論事。第隆興進士。性剛。自度不能俯仰於時。甫任秀州判官。遂以親老丐祠。有歸愚翁集。

鄭伯海 宋伯英弟。字彥容。紹興進士。授海門尉。歷沿海制置司參議。卒於官。伯海持躬廉愼。家居立義塾。延師訓生徒五百餘人。人名所居里曰學堂里。

鄭伯猷 後魏羲從孫。博學有文才。早知名。舉司州秀才。以射策高第。除幽州平北府外兵參軍。後爲南青州刺史。貪賄公行。爲御史劾廢。武定中除太常卿卒。

鄭伯熊 宋永嘉人。字景望。德行夙著。邃於經學。第紹興進士。歷官宗正少卿。以直龍圖閣知寧國府卒。諡文肅。伯熊與薛季宣皆以學行聞。而伯熊於古人經制治法。討論尤精。紹興末。伊洛之學稍息。伯熊與弟伯英。伯海。皆以振起爲任。由是永嘉學者。成宗鄭氏。有鄭景望集。鄭敷文書說。

鄭伯謙 宋永嘉人。字節卿。官修職郎。衢州府學教授。嘗著太平經國書。以發揮周禮之義。

鄭作 明歙人。字宜述。讀書方山之上。自號方山子。已而棄去。爲商宋梁間。時從俠少年射獵大梁藪中。爲詩敏捷。游於李夢陽門下。論詩較射。過從無虛日。周王聞其名。召見。長揖不拜。王禮而遣之。嘉靖初年四十餘卒。

鄭克 宋著折獄龜鑑。以和凝疑獄集及其子𡶶所續。均未詳盡。因採摭舊文。補苴其闕而成此書。分二十門。以賅備稱。

鄭君 漢陳人。嘗事項籍。籍死。屬漢。高祖令故項籍臣。皆名籍。鄭君獨不奉詔。詔逐之。遂死。

鄭君乙 戰國鄭定公五世孫。名乙。在位二十一年。爲韓哀侯所滅。（按史記集解徐廣曰。一本云立幽公弟乙陽爲君。是爲康公。）

鄭君老 宋長溪人。字邦壽。咸淳進士。乞歸養親。連丁內外艱未起而宋亡。元初廷臣交薦於朝。竟不起。鄉居學益篤。守益固。後進多師之。及卒。學者私謚靖節先生。有五經解疑。梅壑集。

鄭均 後漢任城人。字仲虞。少好黃老書。好義篤實。兄爲縣吏。頗受賂遺。均數諫不聽。卽出爲傭。得錢帛歸以與兄。曰物盡可再來。名毀不可復得。兄感其言。遂以廉名。均不應州郡辟召。建初中公車特徵。再遷尚書。章帝敬重之。後以病乞骸骨。拜議郎。告歸。帝東巡。幸均舍。敕賜尚書祿終其身。時號白衣尚書。

鄭孝穆 北周瓊子。字道和。一云名道邕。孝穆其字也。幼而謹厚。以清約自居。年未弱冠。涉獵經史。魏大統中行岐州刺史。時百姓久遭離亂。逃散殆盡。孝穆留情撫綏。遠近咸至。文帝嘉賞之。徵爲京兆尹。遷中書令。賜姓宇文氏。以疾免。保定中歷宜華虞陝四州刺史。皆有政績。以疾乞歸。

鄭希古 宋河東人。工畫。每出新意。輒過人。

鄭延昌 唐字光遠。咸通進士。遷監察御史。佐鳳翔節度鄭畋府。黃巢之亂。畋倚延昌調兵食。且慰諭諸軍。畋再秉政。擢司勳郞。後以中書侍郞同平章事。無它功。罷爲尚書左僕射卒。

鄭廷玉 元彰德人。工曲。有楚昭公等雜劇。

鄭廷暘 明長洲人。字嵎谷。監生。工書。有紺珠堂集。

鄭成公 春秋鄭襄公子。悼公弟。名睔。楚以有德於公。使人來與盟。公私與盟。旣而朝晉。晉執公。使欒書伐鄭。鄭人患之。乃立公庶兄繻爲君。晉聞鄭立君。乃歸公。鄭人聞之。亦殺君繻而迎公。其後公復背晉。盟於楚。晉厲公怒。發兵伐鄭。楚共王救之。戰於鄢陵。楚師大敗。在位十四年卒。諡成。參看鄭悼公條。

鄭成功 明芝龍子。初名森。字大木。唐王賜姓朱。改名成功。芝龍降清。成功遁入海島。據南澳。桂王封爲延平郡王。招討大將軍。連攻舟山及福建諸府。軍勢大振。取臺灣爲根據地。奉明年號。成功卒。子經立。經卒。次子克塽立。康熙時爲清所破。克塽降。

鄭・成憲　【明】神宗鄭貴妃父。貴妃有寵。成憲父子宗族並驕恣。帝悉不問。官至都督同知。

鄭・步雲　【清】歸安人。字養田。又字蓀葵。乾隆進士。官禮部郎中。工畫。晚年恬淡自適。以繪事自娛。

鄭・沂　【明】濂從弟。字叔魯。洪武末以人材徵。自白衣擢禮部尚書。年餘致仕。永樂初入朝。留爲故官。未幾復謝去。

鄭・灼　【陳】東陽人。字茂昭。少受業皇侃。梁簡文在東宮。雅愛經術。引灼爲西省義學士。元帝時拜威戎將軍。兼中書通事舍人。入陳累遷中散大夫。兼國子博士。灼性精勤。尤明三禮。家貧。鈔義疏。以日繼夜。嘗蔬食講授。多苦心熱。瓜時輒偃臥。以瓜鎭心。起便誦讀。其篤志如此。

鄭・町　【唐】滎陽人。工畫山水。極淡雅之致。

鄭・良　【宋】德安人。晉果裔孫。樂道不仕。精於地理。

鄭・良士　【五代閩】仙遊人。一作士昺。字君夢。初名昌士。景福中獻詩五百篇。授國子四門博士。累遷康恩二州刺史。後棄官歸。隱於白巖山。王審知辟爲左散騎常侍。爲人沈厚寡言。有白巖詩文集・中壘集。

鄭・良臣　【宋】福州人。淳祐初守潮州。舊有白丁錢。儲科者據籍取辦。雖有遷徙物故。不爲除豁。公私交病。良臣爲易籍更編。又增置田稅於學及韓山書院。以爲養士費。士民德之。

鄭・良金　【唐】官太祝。玄宗詔草定四部。良金與焉。書成。擢右補闕。

鄭・良弼　【明】淳安人。字子宗。號宵巖。萬曆舉人。有春秋續義發微。蓋取胡安國傳所未及者。續明其義。一步一趨。皆由安國之義而推之。故得失亦與安國相等。

鄭・谷　【唐】史子。字守愚。幼穎異。七歲能詩。光啓中舉進士。司空圖見而奇之。拊其背曰。當爲一代風騷主。僧齊己攜早梅詩詣之。谷爲改數枝開作一枝開。齊己不覺下拜。以爲一字師。乾寧中仕至都官郎中。人稱爲鄭都官。以鷓鴣詩得名。又謂之鄭鷓鴣。退居仰山東莊卒。有雲臺編・宜陽集。

鄭・辰　【明】衢州西安人。字文樞。永樂進士。授監察御史。屢平反冤獄。超遷山西按察使。糾治貪濁不少貸。英宗朝遷兵部右侍郎。以疾告歸卒。

鄭・采　【元】東弟。字曲全。爲文規製峻整。能詩。與東齊名。

鄭・阮　【後晉】洺州人。少爲本部牙將。歸唐莊宗。遷軍職。末帝時爲趙州刺史。性貪濁。改曹州。爲政益弊。晉祖入洛。自鄆來朝。旋爲本州指揮使石重立所殺。

鄭・亞　【唐】滎陽人。字子佐。元和進士。又應賢良方正・書判拔萃。皆中其科。李德裕鎭浙西。辟爲從事。累官給事中・桂管觀察使。坐吳湘獄不得直。貶循州刺史。卒於官。

鄭・佶　【明】黃陂人。孝友篤行。剛直不阿。嘉靖中知豐城縣。遷大理評事。後守雲南。繩黔國公沐朝弼以藩臣禮。讞判通州。禦倭寇有功。後守尋甸歸。俸餘悉分給三黨。家無長物。

鄭・制宜　【元】鼎子。小字納懷。性聰敏莊重。有器局。襲父職爲萬戶。戍鄂州。攝府事。有善政。後以戰功累官大都留守。成宗素知其名。眷遇甚厚。卒封澤國公。謚忠宣。

鄭・受益　【後晉】處晦子。字謙光。以文學致身。累遷右諫議大夫。言訐無忌。執政惡之。告歸。以不赴國哀。停任。會赦。拜京兆尹。以贓敗。

鄭・和　【明】雲南人。小字三保。初事燕王。從起兵有功。累擢太監。時稱三保太監。成祖疑惠帝亡海外。欲蹤跡之。且欲耀兵異域。示中國富強。乃命和將士卒二萬餘。多齎金幣。造大舶通使西洋。使還。爵賞有差。至宣德間。和已七次奉使。前後所歷。凡三十餘國。所獲寶物。不可勝計。俘三佛齊王・錫蘭王。定蘇門答剌之亂。尤稱偉績。故俗傳三保太監下西洋。爲明初盛事。宣德中卒。

鄭・宗圭　【清】閩縣人。字圭甫。號瞻亭。明崇禎舉人。入清。官烏程知縣。留心史學。褒譏平允。無詆訶吹索之弊。有山園堂集・讀史卮言。

鄭・宗周　【明】文水人。字伯恍。萬曆進士。爲監察御史。列首輔方從哲姦狀。光宗崩。累疏請正李可灼・崔文昇妄投劑藥之罪。與楊漣・左光斗並稱忠鯁。崇禎中擢兵部右侍郎。巡撫天津。以母喪歸。不復出。

鄭・宗強　【宋】金華人。字南夫。遊呂祖謙之門。講貫理道。篤志根源。終朝請大夫。有坦溪集。

鄭・定　【明】閩縣人。字孟宣。善擊劍。工篆隸。爲閩中十才子之一。陳友定辟爲記室。友定敗。定浮海亡交廣間。尋還居長樂。洪武中徵爲延平訓導。歷齊府紀善。終國子助教。有澹齋集。

鄭・定公　【春秋鄭】簡公子。名寧。周敬王避弟子朝之亂。出居狄泉。公如晉。晉與公謀。誅周亂臣。入王於周。在位十三年卒。謚定。

鄭・倚子　【隋】法士孫。官睦州建德尉。傳其家學。尤工畫鬼神。善爲顚筆。

鄭・居中　【宋】開封人。字達夫。登

進士第。由中書舍人遷擢至翰林學士。大觀初同知樞密院。罷改資政學士。蔡京去後。徽宗頗有悔意。居中微知之。乃爲言以迎合。京再得政。居中厚責報。京援居中再入樞密。而爲宦官所沮。居中由是懟京。政和中再知樞密院。事事與京立異。由是士論頗多之。拜太宰。加少師。封燕國公。卒諡文正。有政和五禮新儀二百二十卷。

鄭居津　宋河南人。字知要。高宗時爲浙東路提舉。性鯁直。以敢言稱。卒官。

鄭居貞　明滑子。名植。以字行。洪武中舉明經。授鞏昌通判。陞禮部郎中。文行爲時所重。歷進河南參政。永樂初坐方孝孺黨論死。有閩南集。

鄭岳　明莆田人。字汝華。弘治進士。爲戶部主事。累官江西左布政使。宸濠侵奪民田。民立砦自保。宸濠欲兵之。岳持不可。後爲李夢陽所訐。奪官。世宗初起撫江西。尋召爲大理卿。帝數不豫。岳請遵聖祖寡欲勤治之訓。退朝卽御文華。裁決章奏。日暮還宮。以養壽命之源。又陳刑獄失平八事。遷兵部左侍郎。以議大禮乞休去。有莆陽文獻、山齋集。

鄭岱　清錢塘人。字紫城。號澹泉。華嵒弟子。畫山水花鳥。不亞於師。書亦秀勁。

鄭忠　元嘉興人。字原凱。閉門讀書。無問寒暑。從衛富益講易。志趣恬淡。雅好泉石。終身不仕。◉明玉族孫。字以孝。少隨玉學。玉殉國。爲書貽之。戒以忠孝。後用薦爲歙學訓導。自號溪西漁。

鄭性　清梁子。字義門。號南谿。服膺黃宗羲之學。築二老閣。祀其祖溱及宗羲。又以故城賈氏刊明儒學案。顚倒次第。爲正其誤而重刊之。性好遊。自署五嶽遊人。乾隆中卒。年七十九。有南谿偶存。

鄭性之　宋侯官人。字信之。初名自誠。嘉定中進士第一。端平初爲吏部侍郎。請開言路。以通壅蔽。立朝無所依附。累拜參知政事。以觀文殿學士致仕卒。

鄭放　唐官太僕少卿。玄宗自擇良刺史十一人。特擢放爲定州刺史。詔宰相諸王以上。祖送洛濱。蒞官以治最聞。

鄭旻　五代買嗣子。襲南詔國王。攻蜀黎州。爲王建所破。求婚於南漢劉氏。漢主以金城公主妻之。卒傳位於子隆亶。爲節度楊干眞所殺。國亡。

鄭明選　明歸安人。一作侯官人。字侯升。萬曆進士。官南京刑科給事中。移疾歸卒。著有秕言。

鄭昌　漢剛人。字次卿。爲太原涿郡太守。甚著治績。條教法令。爲後所述。

鄭昇　宋仙游人。字元擧。皇祐進士。試祕書省校書郎。蒞官有能聲。昇自少刻苦問學。於書無所不讀。尤深於周易春秋。詩文工緻可觀。

鄭旼　清歙人。字慕倩。善畫山水。工書。嗜理學。有拜經齋、致道堂、正己居等集。

鄭昈　唐滎陽人。歷郾城尉。徙北海。安祿山反。縣民孫俊殺市人以應。昈率衆擊殺之。遷沂州刺史。詭降賊李浩五千人。終滁州刺史。

鄭東　元溫州平陽人。字季明。號杲齋。幼嗜書。明春秋。肆力古文辭。歐陽玄奇其才。欲薦之。會疾卒。弟采亦能詩。有鄭氏聯璧稿。

鄭杲　清遷安人。字東甫。光緒進士。官刑部主事。治經長於春秋。以會通三傳爲主。有鄭東甫遺書。

鄭松　宋樂安人。字特立。嘗以邵雍皇極經世書。止於周顯德。乃爲續之。起宋庚申訖甲午金亡止。書法嚴謹。入元不仕。隱居布水谷以終。

鄭杓　元仙遊人。字子經。泰定中辟南安教諭。與陳旅爲文字交。精於字學。嘗著衍極書。皆論篆籀書法之變。齊履謙爲上於朝。

鄭杰　清侯官人。字人杰。又字昌英。乾隆間貢生。藏書數萬卷。其藏書之所曰注韓居。

鄭武公　周鄭桓公子。名掘突。夫人武姜生太子寤生。生之難。夫人勿愛。後生少子叔段。生易。愛之。公疾。夫人欲立段爲太子。公弗聽。在位二十七年卒。諡武。

鄭法士　隋初仕周爲大都督、員外侍郎。建中將軍。封長社縣子。入隋授中散大夫。工畫。師張僧繇。善圖繪故實。尤長人物。論者謂江左自僧繇以降。法士獨步焉。

鄭法輪　隋法士弟。亦工畫。屬意溫雅。用筆調潤。

鄭注　唐翼城人。世微賤。以方技游江湖間。本姓魚。冒爲鄭。時號魚鄭。爲人詭譎陰狡。善揣人意。初以醫結襄陽節度李愬。署衙推。漸得參預軍政。監軍王守澄與語驚服。及入知樞密。遂挈之入京。注日夕爲守澄計議。因陰通賂遺。擢右神策判官。守澄薦於文宗。召對。進太僕卿。險人躁夫。日走門干謁。權震天下。注又援用李訓。因與訓日日議論帝前。謀鉏翦中官。冀爲要功地。而訓實忌注。乃請出注爲鳳翔節度使。以作外援。注到鎭。託言入護守澄喪。因以鎭兵擒誅羣宦。訓恐注專功。先五日已發。是爲甘露之變。注聞訓敗。中道而還。爲監軍張仲淸所殺。宦者矯旨族誅之。

鄭玨　後唐綮諸孫。唐末舉進士。

位監察御史。入梁。拜左補闕。末帝時以中書侍郎同平章事。唐莊宗入汴。帝惶恐慟哭。珏稱臣有一策。願得陛下傳國璽。馳入唐軍。以緩其行。而待救兵之至。帝曰。寶不足惜。顧卿之行。能了事否。珏俛首徐思曰。但恐不易了。左右皆大哭。莊宗入汴。珏迎謁道左。貶萊州司戶參軍。復召爲太子賓客。明宗時拜平章事。碌碌無所爲。又病聾。致仕卒。

鄭玫 〔清〕龍巖人。字伯潤。康熙舉人。除三水令。有循聲。生平崇尙正學。嘗編輯程氏日程。呂氏鄉約。以教後進。有詩文鈔。

鄭芝龍 〔明〕南安人。字飛黃。小字一官。天啓時據海島爲盜。受招撫。累官總兵。明亡。擁唐王圖恢復。封南安伯。晉平國公。兵敗降清。以其子成功據臺灣不降。被殺。

鄭芳叔 〔元〕鄞人。字德仲。宋亡。遯從遺老游。博學強記。工文辭。家貧。嘗借書繕寫。積數十百卷。兩任郡學訓導。晚署郡學錄。未赴卒。

鄭虎文 〔清〕秀水人。字炳也。號誠齋。乾隆進士。官至左贊善。以經濟自負。有呑松閣集。

鄭虎臣 〔宋〕字景兆。爲會稽尉。父爲賈似道所害。德祐初似道謫授高州團練副使。循州安置。虎臣自請監押。殺之於木綿庵。所著吳都文粹。綜輯頗富。

鄭阜義 〔明〕字公直。永樂進士。廷命吏部於進士中擇學行超卓者。授以方面。阜義得山東參政。尋改廣東。蒞任九載。政聲日起。以疾卒。

鄭信 〔明〕鳳陽府人。洪武間採樵山中。遇二老對弈。信旁立久。遂受其教。明日復詣。不復見。由是藝高天下。先自題其墓曰弈仙。

鄭俠 〔宋〕福清人。字介夫。治平進士。數以書言新法之爲民害者於王安石。不答。久之。監安上門。時久旱。流民扶攜塞道。身無完衣。被鎖械。猶負瓦揭木。賣以償官。俠知安石不可諫。悉繪所見爲圖。奏疏詣閤門。不納。乃假稱密急。發馬遞上之銀臺司。神宗覽圖長歎。翌日下詔罷青苗新法。及安石去。呂惠卿執政。俠又上書論之。惠卿議置之死。帝曰。俠所言非爲身也。豈宜深罪。徙英州。哲宗立。始得歸。徽宗時還故官。又爲蔡京所奪。歸田里。自號一拂居士。及卒。里人揭其閭曰鄭公坊。有西塘集。

鄭俠如 〔清〕江都人。字士介。明貢生。官工部司務。以勤職稱。工詞。有休園詩餘。

鄭南升 〔宋〕潮陽人。字文振。朱熹門人。篤志力學。尤潛心於論孟。時有質問。熹甚稱之。

鄭厚 〔宋〕莆田人。字景韋。博學。工文詞。與弟樵齊名。尤長於易。紹興中以詞賦中南省第一。官至昭信軍節度推官。學者稱溪東先生。有湘鄉文集。

鄭奕夫 〔宋〕鄞人。字景允。清之曾孫。幼穎悟絕人。動止中矩度。潛心性理。官至浮梁教授。學者稱習齋先生。有論語本義。中庸大學章旨。衍桂堂集。

鄭度 〔後漢〕漢中縣人。有智謀。爲益州牧劉璋從事。蜀先主自葭萌攻璋。度說璋急驅巴西・梓潼之民。由涪水以西盡燒除野穀。固壘以待。使敵軍無所資食。璋不納。遂敗。論者惜之。

鄭建 〔明〕淮安人。字弘中。宣德進士。選庶吉士。授南雄通判。奏蠲逋負。改處州。閩寇鄧茂七侵掠浙境。建率民兵平之。累遷浙江按察僉事。

鄭建中 〔後周〕安陸人。家饒貲。好施舍。遇親故必周之。每大雨過。輒載瓦代人補屋漏。隆冬月蠲僦舍錢無算。子孫皆貴顯。

鄭建充 〔金〕鄜州人。字仲實。仕宋知延安府。降於金。累立戰功。遷環慶路經略安撫使。知慶州。改平涼尹。性剛暴。事上不屈。或誣以謀反。下獄死。

鄭彥 〔宋〕壽昌人。字季英。治春秋。通史傳。淳祐中進士乙科。授崇陽尉。除眞州司戶。居官以誠愛爲本。所至勸農勉學。民樂其化。授國子監丞卒。

鄭彥華 〔宋〕寧化人。少以勇聞。南唐初署軍校。拒周師於淮南。大小百餘戰。身被五十餘創。累遷至鎭海軍節度。宋伐南唐。彥華以水師迎戰於慈湖峽。後隨李煜入宋。爲左千牛衞大將軍。

鄭思永 〔宋〕思忱弟。字景修。好學篤行。蔡和愛其樸粹。妻以女。偕從學終身。有易說。

鄭思忱 〔宋〕安溪人。字景千。嘗從蔡和學。嘉定中登第。爲新興令。除遺利錢三百萬。知崇安縣。復均惠倉。以私糴面錢。市糴實之。左遷浦城丞。尋起知南恩州。辟浙東帥府參議官。以雷變上封事。言士溺苟且。習久難化。民坐困且盜。宜去暴郵賓。節用蓄力。除監登聞鼓院卒。有詩書釋。

鄭思肖 〔宋〕連江人。字所南。一字憶翁。初名某。宋亡。改思肖。即思趙。所南。憶翁皆寓意。示不忘宋也。初以太學上舍應博學弘詞科。會元兵南下。叩闕上書。不報。宋亡。隱居吳下。自稱三外野人。坐必南向。歲時伏臘。輒望南野哭。再拜乃返。聞北語。必掩耳亟走。人知其孤僻。亦不以爲怪。工畫墨蘭。自易代後。

爲蘭不畫土。或詰之。則云爲番人奪去。汝猶不知耶。不欲與。雖迫以權勢。不可得。終身不娶。浪游無定跡。疾亟。屬其友唐東嶼爲書一位牌。曰大宋不忠不孝鄭思肖。語訖而卒。有詩集曰心史。所言多種族思想語。舊無傳本。明崇禎時於吳中承天寺井中出之。有鐵函封緘。世稱鐵函心史。亦稱井中心史。

鄭·持正　元嘗倣韓愈毛穎傳例。著文章善戲一書。

鄭·春　明工畫禽鳥花木。

鄭·昭　清潮州人。幼隨父流寓暹羅。仕至宰相。暹羅與緬甸世爲仇讎。乾隆間緬王攻暹。滅之。悉殲前王遺族。昭時年五十餘。已罷相居南部。國變後。乃刻苦自勵。陰結國人圖光復。旋與緬人三戰。三破之。盡復故地。暹民戴爲王。復與清聯軍征緬。破之。昭無子。以暹羅士人華策格里爲養子。復以女妻之。昭卒。襲其位。改稱鄭華。

鄭昭公　春秋鄭莊公子。名忽。宋莊公聞公立。誘召祭仲而執之。曰。不立突將死。公聞祭仲以宋要立其弟突。遂出奔衞。後突出居於櫟。祭仲迎公復位。初。公爲太子時。莊公以高渠彌爲卿。公惡之。及公復入。渠彌懼。遂弒公。前後在位三年。諡昭。

鄭·昭先　宋閩縣人。字景紹。淳熙進士。初主浦城簿。歎曰。僥倖一第。問學未悉。遂游朱熹之門。遷知歸安。民咸愛之。累官知樞密院事。兼參知政事。進右丞相。卒諡文靖。有日湖遺稿五十卷。

鄭·昭甫　明閩縣人。一作連江人。自號雲居山人。洪武初選入京。善山水寫眞。有節操。嘗有駙馬都尉借郡馬王恭逼致圖像。昭甫投筆大哭去。二人無如之何。

鄭·昭叔　宋寧德人。字顯仲。朱熹守漳州。朝廷欲行經界之法。乃以昭叔知仙遊。日經界次第。申諸司。乞上之。朝省下之屬部。使按差官吏有所取法。致仕卒。

鄭·柏　明楷弟。字叔端。隱居著述。蜀王聞其名。謂其兄楷曰。叔端可謂清逸之士。人以清逸處士稱之。有文章正原・金華賢達傳・進德齋稿。

鄭·泉　三國吳陳郡人。字文淵。博學有奇志。性嗜酒。每曰。願得美酒滿五百斛船。以四時甘肥置兩頭。反覆沒飲之。憊即住而啖肴膳。酒有斗升減。隨即益之。不亦快乎。孫權以爲郎中。遷大中大夫。泉好面諫。權嘗與之言曰。寧畏龍鱗乎。對曰。君明臣直。今值上下無諱。實恃弘恩。不畏龍鱗。臨卒。謂同類曰。葬我陶家之側。庶百歲後化而成土。幸見取爲酒壺。實獲我心矣。

鄭·洙　宋侯官人。字敎先。寶元初擢三禮科。仕至虞部郎中卒。初郡未立學。洙請於知州謝微。於是始表立學。閩人德而祀之。號東山先生。

鄭·洛　明安肅人。字禹秀。嘉靖進士。萬曆間以兵部左侍郎總督宣大山西軍務。款撫俺答。威望大著。累加太子太保。召爲戎政尙書。洮河用兵。詔兼右都御史。經略陝西延寧甘肅及宣大山西邊務。言者劾其重利媚敵。謝病歸。卒諡襄敏。

鄭·洛英　清侯官人。字書仲。號西灃。又號恥虛。乾隆舉人。從建寧朱仕琇游。仕琇稱其詩蒼鬱孤清。得古人神理。能鼓琴。兼工書畫騎射。有恥虛齋集。

鄭·洛書　明莆田人。字啓範。號思齋。正德進士。知上海縣。有善政。召拜御史。剛直敢言。出視南畿學政。道聞喪而歸。會命科道官互糾。洛書被劾落職。卒於家。有鄭思齋文集。

鄭·洧　明濂從弟。字仲宗。濂坐事當逮。洧念先世有兄代弟死者。亦欲代兄死。詣吏自誣服。斬於市。洧受業於宋濂。有學行。鄉人哀之。私諡貞義處士。

鄭·洪　元永嘉人。一云三衢人。字君擧。號素軒。工詩。有素軒集。

鄭·珍　清遵義人。字子尹。晚號柴翁。道光擧人。學宗許鄭。精通聲音文字之原。與古宮室冠服車輿之制。兼長詩古文辭。同治間以荔波訓導補江蘇知縣。未赴而卒。有儀禮私箋・說文新附考・說文逸字・汗簡箋正・鄭學錄・巢經巢經說・巢經巢詩鈔等書。

鄭·畋　唐亞子。字台文。第進士。僖宗朝以兵部侍郎進同平章事。坐與盧攜口爭。罷爲太子賓客。黃巢亂作。畋時爲鳳翔節度使。先諸軍破賊。後爲行軍司馬李昌言襲奪其軍。遂委軍去。就醫興元。尋召至行在。拜司空・門下侍郎・平章事。坐籌帷幄。終以復國。帝東還。畋以昌言輩疾已。引疾去。以靖反側。帝鑒其誠。乃授太子太保。罷政事。卒諡文昭。

鄭·相如　清涇縣人。字漢林。康熙副貢。博貫經史。當事以博學鴻詞薦。不遇。有虹玉堂集。

鄭·紀　明仙遊人。字廷綱。號東園。天順進士。累官太常卿。武宗在東宮。紀采帝王嘉言懿行。各繪圖作贊。名曰聖功圖以進。仕終南戶部尙書。紀工文辭。爲文不構思。不易稿。有歸田錄・東園詩文集。

鄭·冑　三國吳札少子。有文武資局。少知名。擧賢良。稍遷建安太守。呂壹賓客於郡犯法。冑收付獄。壹懷恨。密譖冑。孫權大怒。召冑還。尋得釋。拜宣信校尉。遷執金吾。

鄭若沖 [明]華亭人。字季眞。少失怙恃。育於伯父章。稍長力學。與同里汪大猷，陳居仁，樓鑰相善。後三人貴顯。未嘗一造其門。平居謹飭。與人交。惟恐傷其意。至於明是非。辨義理。未嘗有所假借。學者嚴憚焉。

鄭若庸 [明]崑山人。字中伯。號虛舟。年十六爲諸生。隱支硎山。肆精古文辭。尤工詩。趙王厚煜聘入鄴。名重海內。爲厚煜著類雋一書。多至千卷。嚴嵩父子請見。不往。厚煜卒。去趙居清源。年八十餘卒。詩名蛣蜣集。又善度曲。有玉玦記傳奇等行世。

鄭若曾 [明]文康玄孫。字伯魯。號開陽。嘉靖初貢生。少師魏校。又師湛若水，王守仁。有經世志，佐胡宗憲平倭寇。敍功授錦衣世蔭。不受。歸而著書。薦修國史。亦不就。有籌海圖編，江南經略，四陝圖論，黃河圖議。

鄭英 [明]福清人。字伯華。性純篤。事親孝謹。父卒。哀毀踰禮。既葬。舉明經。以母老辭。母數遘疾。英侍湯藥。未嘗解帶。母卒。復以明經孝弟舉。授南寧府經歷卒。

鄭茂 [明]莆田人。字士元。嘉靖進士。除海鹽知縣。擢兵科給事中。萬曆初累遷河南按察使。有尺牘，詩集。

鄭述祖 [明]莆田人。字季述。永樂進士。授刑部主事。坐累謫惠州通判。爲政嚴平。淸訟獄。均徭賦。禁暴絕亂。民不敢犯。正統初擢知南雄府。興學教士。治行稱首。致仕卒。

鄭述祖 [北齊]嚴祖仲弟。字恭文。少聰敏。好屬文。有風檢。歷官所至。皆有惠政。天保中拜儀同三司，兗州刺史。境內無盜。初父道昭亦刺兗州有績。人歌之曰。大鄭公。小鄭公。相去五十載。風教猶相同。述祖能鼓琴。自造龍吟十弄。當時以爲絕妙。遷光州刺史。病篤。曰。吾老矣。富貴已足。以淸白之名遺子孫。死無所恨。卒諡平簡。

鄭重 [明]歙人。流寓金陵。字千里。善寫佛像人物及山水小景。摹仿宋元。體韻精妍。◎[明]建安人。字山公。弘治進士。以靖江令擢行人。選吏部主事。終刑部左侍郎。檢閱諸司案牘。多所糾釋。居官三十年。精白如一。有霞園文集，京草，秦游草，越使吟，文選集註。

鄭重光 [清]歙人。字在辛。精醫。有傷寒論條辨續註。

鄭修 [後魏]北海人。少隱於岐南几谷中。依巖結宇。不交世俗。雅好經史。專意玄門。前後州將每徵不至。岐州刺史魏蘭根頻遣致命。修不得已暫出見。尋還山舍。◎[宋]蓬州人。年七歲。日誦萬言。游太學。登元祐進士。知梁州。軍政有餘。悉爲民代輸。尋棄官歸。扁所居曰飯牛菴。

鄭剛 [明]南陽人。天資英邁。家貧嗜學。洪武中以國子生擢禮科。累官至工部右侍郎。居官恭愼。爲時所重。

鄭剛中 [宋]金華人。字亨仲。登紹興進士甲科。累官四川宣撫副使。治蜀頗有方略。威震境內。初剛中嘗爲秦檜所薦。後檜怒其在蜀專擅。責濮州團練副使。封州安置卒。檜死。追諡忠愍。有周易窺餘，北山集，經史專音等。

鄭師孟 [宋]建德人。字齊卿。號存齋。家貧力學。六經註疏。皆手自抄錄。受業朱熹之門。嘗著洪範講義。以發明朱子皇極之義蘊。

鄭恕 [明]仙居人。字本忠。能賦詩。善書畫。好古博雅。家甚貧。一介不妄取。後爲昌國訓導。知蕭縣。靖難師破蕭。恕死之。福王時諡惠節。

鄭恭和 [明]恭燮弟。字仲協。一字寅卿。諸生。有纖輔屯田議及與兄唱和詩詞。

鄭恭燮 [明]吳江人。字孟調，一字理卿。諸生。著周官職方考。未竟而卒。

鄭振 [宋]仙遊人。字亨叔。建炎中嘗糾民兵破賊楊勍。羣盜畏而遁。紹興中盜詹鐵父入振井里。振帥衆拒之。殺數十人。遂遇害。

鄭振圖 [清]閩縣人。號滄山。乾隆舉人。官臨城知縣。有滄山文集。

鄭時 [宋]戩孫。字是弼。登進士。官令富塗縣。律身清謹。政尚寬厚。官至朝奉大夫。嗜讀書。老而篤勤。從游者甚衆。

鄭時昌 [金]洪洞人。字仲康。性孝友。八歲通易。大定中對策第一。世宗命典樞要。辭不受。就汾州教授。衍河汾之傳。理學大明。

鄭時敏 [明]將樂人。宣德間官錦衣鎭撫。善畫山水。有顯宦久客京師。母未迎養。思親入夢。時敏爲繪萱花圖。題詩其上。顯宦爲之感泣。即日乞養。

鄭格 [宋]福清人。字迪民。少穎悟。博聞強記。時號書廚。舉淳熙進士。歷建寧司理。知攸縣。以淸介聞。

鄭桓公 [周]厲王少子。宣王庶弟。名友。宣王立。封於鄭。百姓皆便愛之。幽王以爲司徒。和集周民。民皆悅。王寵褒后。諸侯多畔。公乃徙其民雒東。虢鄶見公方用事。獻十邑。犬戎殺幽王於驪山下。因并殺公。在位三十四年。諡桓。

鄭珣瑜 [唐]滎澤人。字元伯。少孤。値天寶亂。退耕陸渾山以養母。大曆中以諷諫主文科高第。授大理評事。累遷吏部侍郎。爲河南尹。請靜嘉下。召爲吏部侍郎，同中書門下平章事。順宗立。王叔文內交閹人。攘撓政機。章執誼爲宰相。居外奉行。與叔文同飯閣中。珣瑜歎曰。吾可復居此乎。命左右取馬歸。臥家不出。七日。罷爲吏部尚書。卒諡文獻。

鄭珫 明清流人。爲縣刑曹掾。景泰中寇攻掠鄉村。珫挺身與戰。賊亂鎗傷其胸。珫不顧。賊畏其勇而退。珫力亦疲。倚石僵立而死。

鄭珞 明瑛弟。字希玉。永樂進士。選庶吉士。授刑部主事。宣德中擢寧波知府。中官裴可烈以公事至郡。貪暴不法。珞上其罪。詔置可烈於法。母憂歸。郡民上疏乞留。詔復任。治績爲兩浙最。陞左參政。卒官。有訥菴雞肋二集。(按明史作鄭恪。寧波府志。明詩紀事。福建通志皆作鄭珞。)

鄭益恩 後漢玄子。孔融舉爲孝廉。及融爲黃巾所圍。益恩赴難。遂死。

鄭眞 明駒弟。字千之。研窮六籍。尤長於春秋。並旁究百氏傳記。洪武中鄉舉第一。歷官廣信教授。嘗類聚諸家格言。著爲集傳集說集論。又有四明文獻錄。滎陽外史集。

鄭純 後漢鄭人。字長伯。爲益州西部都尉。地產金銀琥珀犀象翠羽。向時宦斯地者。皆富及十世。純毫毛不犯。明帝嘉之。改西部爲永昌郡。以純爲太守。在官十年卒。列畫頌東觀。

鄭耕老 宋莆田人。字穀叔。少負才學。紹興進士。歷明州教授。以通經術薦。孝宗親擢國子監主簿。添差福建安撫司機宜文字。秩滿歸卒。有詩易中庸洪範論孟訓釋。

鄭虔 唐滎陽人。字弱齋。天寶初爲協律郎。或告其私撰國史。坐謫。後還京師。玄宗愛其才。更置廣文館。以爲博士。在官貧約。善圖山水。好書。苦無紙。於慈恩寺貯柿葉數屋。日取葉肄書。歲久殆遍。嘗自寫其詩幷畫以獻。帝大署其尾曰。鄭虔三絕。遷著作郎。安祿山反。僞授虔水部郎中。稱疾求緩。賊平。貶台州司戶參軍。虔學長於地理。嘗爲天寶軍防錄。言典事賅。諸儒稱服。時號鄭廣文。

鄭起 宋字孟隆。善文辭。詩尤清麗。少佻薄無檢。聞襄州雙泉寺僧能爲黃金。遂削髮往依焉。久之知其誑。乃反初服。舉進士。周恭帝時位至殿中侍御史。乾德初掌泗州市征。負才倨傲。刺史張延範銜之。奏起嗜酒廢職。乃出爲河西令。卒官。

鄭偉 北周先護子。字子直。小名闍提。少倜儻有大志。善騎射。膽力過人。起家通直散騎侍郎。魏孝武西遷。歸里不仕。及獨孤信復洛陽。偉亦糾合州里。攻拔梁州。率衆入朝。宇文泰與語。歎美之。拜北徐州刺史。封武陽縣伯。從戰常先鋒陷陣。天和中改華州刺史。卒諡肅。偉所至以威猛爲治。吏民莫敢犯禁。然頗以此見稱。

鄭冕 明江西樂平人。正統進士。官御史。劾曹吉祥違法。謫知衡山縣。有善政。天順間擢知衡州卒。

鄭國 春秋魯字子徒。孔子弟子。或云卽薛邦。字子從。◉戰國韓水工。韓使鑿涇水自中山西抵瓠口。爲渠三百餘里。中作而覺。秦欲殺國。國曰。渠成。亦秦之利也。卒使竟功。關中遂成沃野。因命曰鄭國渠。

鄭國昌 明邠州人。萬曆進士。歷官參政。崇禎時以按察使治兵永平。清兵臨城。國昌自縊於城上。

鄭國賓 明蘭谿人。字汝嘉。嘉靖進士。除婺源知縣。徵授兵科給事中。改禮科。坐失糾廷杖削籍歸。自號樸里子。工詩歌。有臥雲堂集。

鄭國魁 清合肥人。咸豐間以監生捐游擊銜。何桂清檄令募兵駐無錫高橋。洪楊軍猝至。諸軍潰。國魁以孤軍血戰三晝夜。同治間轉戰江蘇浙江山東。積功官至天津鎮總兵卒。

鄭國鴻 清湖南鳳凰廳人。字雪堂。由雲騎尉世職官黃州協副將。道光間官至處州鎮總兵。鴉片之役。與王錫朋。葛雲飛同鎮定海。英人再至。力戰死。諡忠節。有詩經疏義。

鄭域 宋三山人。字中卿。號松窗。慶元中嘗隨張貴謨使金。著燕谷剽聞。官幹辦行在諸軍糧料院。

鄭基成 清青浦人。字大集。工畫花鳥山水人物。性耽金石。精篆刻。

鄭婉娥 元陳友諒之婕妤。工詩詞。年二十卒。殯於九江琵琶亭側。明洪武初吳江沈韶遊九江。月夜登亭遇之。有贈答詩。

鄭寀 宋累官殿中侍御史。左諫議大夫。劾罷臺諫之不才者。又疏請愼重名器。淳祐中拜端明殿學士。同簽書樞密院。爲言者論罷。

鄭寅 宋僑子。字子敬。博習典故。以父任補官。歷知吉州。召對言濟王冤狀。指斥權臣。端平初召爲左司郎中。兼樞密院副都承旨。又請爲濟王立廟。且言三邊無備。宿患未除。宜正綱紀。抑僥倖。裁濫賞。汰冗兵。以張國勢。出知漳州。進直寶章閣卒。有包蒙。中興綸言集。

鄭崇 漢高密人。字子游。少爲郡文學史。至丞相大車屬。哀帝時薦擢尚書僕射。每曳革履進見。帝曰。我識鄭尙書履聲。卒以直諫見疏。尙書令趙昌構崇與宗族通。帝責崇曰。君門如市。何以欲禁切主上。崇答曰。臣門如市。臣心如水。帝怒。下獄窮治。死獄中。

鄭崇敬 清鄞人。字子壽。舉人。官雲南知縣。乞休歸。襄慈谿學務。學問贍博。尤習清代掌故。未久卒。

鄭崇儉 明鄉寧人。字大章。萬

曆進士。授河南府推官。積遷兵部右侍郎。總督陝西三邊軍務。張獻忠反。督師楊嗣昌檄秦軍入蜀。崇儉率兵直抵獨猫山擊賊。五日三捷。威名甚振。以年衰乞骸骨。不許。令率兵還關中。及獻忠大亂蜀中。嗣昌言崇儉撤兵太早。致賊猖獗。命削籍候代。獻忠陷襄陽。嗣昌死。帝益恨崇儉不犄角平賊。逮下獄。責以縱兵擅還失誤軍律。棄市。（按明史作寧鄉人誤。此從山西通志。）

鄭從讜　唐處晦弟。字正求。會昌中登進士第。補校書郎。僖宗朝擢同中書門下平章事。進門下侍郎。沙陀擾邊。朝廷以爲憂。拜從讜爲河東節度使。兼招討使。自擇參佐。皆一時選。人比太原爲小朝廷。言得才多也。時鄭畋以宰相鎭鳳翔。移檄討賊。兩人以忠義相提衡。賊尤憚之。號二鄭。還拜司空。復秉政。進太傅。兼侍中。以疾還第卒。謚文忠。

鄭悼公　春秋鄭襄公子。名費。許靈公惡鄭於楚。公使弟睔如楚訟。不勝。楚囚睔。鄭請成於晉。睔私於楚子反。子反爲言。歸睔於鄭。在位二年卒。謚悼。

鄭惇方　宋滎陽人。字希道。嘗作篆髓及字義。凡古今字説。班揚賈許二李二徐之學。其精者皆在。其有未盡。傳以新意。

鄭惟忠　唐宋城人。第進士。補井陘尉。天授中召對稱旨。擢左司禦胄曹參軍事。遷鳳閣舍人。中宗朝以御史大夫持節賑給河北道。且許黜陟守宰。還奏稱旨。封滎陽縣男。遷太子賓客卒。

鄭敏　明洪武間爲齊東知縣。恤民勤政。賦役均平。後以事逮至京。縣民詣闕言敏廉勤有守。民懷其惠。朝廷復其官。仍賜楮幣五百。衣三襲。

鄭斌　清長洲人。字德純。號雪漁。恩貢。工詩畫。有雪漁高士集。

鄭朗　唐覃弟。字有融。歷右拾遺。擢起居郎。文宗與宰相議政。適見朗執筆螭頭下。謂曰。向所論事。亦記之乎。朕將觀之。朗援故事。云天子不觀史。帝稱其善守職。後爲工部尚書。同中書門下平章事。以疾罷爲太子少師卒。

鄭望之　宋僅子。字顧道。少有文名。登崇寧進士。歷開封府儀工戶曹。臨事勁正。不受請託。靖康初假尚書工部侍郎爲軍前計議使。爲金人所拘留。踰旬得還。因言敵勢強大。不可不和。既而金兵退。罷望之提舉亳州明道宮。建炎初起爲吏部侍郎。紹興中以徽猷閣直學士致仕卒。

鄭梁　清慈谿人。字半人。號禹梅。受學於黃宗羲。康熙進士。官至高州知府。工詩。善畫山水。晚年右臂不仁。以左手畫。更饒別致。有寒邨集。

鄭淵　明浦江人。字仲涵。性至孝。母疾。思食西瓜。既食而卒。後見瓜輒泣。終身不忍食。嘗從學於宋濂。以古文名於時。及卒。濂表其墓曰貞孝處士。有遂初稿・續文類。

鄭淑嫦　清洲鄉女子。父尊友。以行伍積功至副將。淑嫦習書史。工詞翰。字喻某。未幾殤。淑嫦聞耗號泣。誓奉親以終。後其父將嫁之。淑嫦爲絕命詩十餘首。自經死。

鄭淸之　宋若沖子。字德源。初名燮。字文叔。別號安晚。少從樓昉學。能文。登嘉泰進士。累官國子學錄。同史彌遠定策立理宗。累官右丞相。卒謚忠定。有安晚集。

鄭球　晉默子。字子瑜。少辟宰府。成都王穎爲大將軍。討趙王倫。球自頓丘太守爲右長史。以功封平壽公。累遷尚書右僕射。卒謚元。

鄭產　漢泉陵人。字景載。爲白土鄉嗇夫。漢末多事。國用不足。產子一歲。輒出口錢。民多不舉子。產乃勅民勿得殺子。口錢當自代出。爲表上言。錢得除。更名白土爲更生鄉。

鄭衆　後漢興子。字仲師。年十二。從父受左氏春秋。明三統曆。作春秋難記條例。兼通易詩。知名於世。永平初爲給事中。持節使匈奴。不拜。單于怒。圍守閉之。欲脅服衆。衆拔刀自誓。乃止。後拜武威太守。謹修邊備。虜不敢犯。還左馮翊。政有名迹。建初中爲大司農。以清正稱。受詔作春秋。删十九篇。卒官。經學家稱爲鄭司農。亦稱先鄭。⊙後漢鄲人。字季產。爲人謹敏有心幾。章帝朝爲中常侍。和帝初加位鉤盾令。大將軍竇憲等謀不軌。衆首謀誅之。以功遷大長秋。封鄛鄉侯。由是常與議事。漢末中官用權。實自衆始。

鄭紹叔　梁開封人。字仲明。仕齊爲安豐令。有能名。梁初授衛尉卿。轉司州刺史。廣田積穀。招納流民。又傾心接物。多所薦舉。士類亦以此歸之。徵爲左將軍。加通直散騎常侍。尋卒。武帝謂朝臣曰。鄭紹叔立志忠烈。善則稱君。過則歸己。當今殆無其比。其見賞惜如此。謚忠。

鄭莊公　春秋鄭武公子。名寤生。公卽位。封弟段於京。段至京。繕治甲兵。與母武姜謀襲鄭。公伐段。段出奔共。公於是遷武姜於城潁。誓曰。不及黃泉。毋相見也。已而悔之。從潁考叔謀。闕地及泉。隧而相見。遂爲母子如初。其後公侵周地取禾。桓王伐之。公敗王師。射王中肩。在位四十三年卒。謚莊。

鄭處晦　唐澣子。字廷美。文辭秀拔。早爲士友所推。太和中第進士。仕至宣武節度使。撰明皇雜錄。爲時盛傳。(按舊唐書作鄭處誨。字延美。此從新書。)

鄭·袤　晉太子。字林叔。少孤。有識鑒。仕魏累官濟陰太守。下車旌表孝悌。敬禮賢能。徙廣平。以德化爲先。郡中愛之。高貴鄉公時轉太常。景元初疾病失明。乞骸骨不許。武帝踐祚。進爵密陵侯。拜司空。固辭。以侯就第卒。謚元。

鄭·逢蘭　明閩縣人。字楚澤。天啓舉人。崇禎末官兵部員外郎。闖賊破京師。逢蘭分守西直門。被執不屈。嚙舌噴血罵賊。觸牆死。

鄭·陶孫　元滁孫弟。字景潛。宋進士。監西嶽祠。世祖徵至闕。授翰林國史院編修官。會纂修國史。至宋德祐末年事。陶孫曰。臣嘗仕宋。宋是年亡。義不忍書。世祖嘉之。陞應奉翰林文字。出爲江西儒學提擧。當時最號博洽。儒學之士。翕然推之。有文集。

鄭·頂　北周偉族人。字寧伯。少有幹用。起家員外散騎侍郎。歷陽城陳留二郡守。隨偉入朝。賜爵魏昌縣伯。歷職內外。雖有恪勤之譽。卒於衞尉少卿。

鄭·凱　後漢潁川人。太守朱寵辟爲功曹。寵問潁川前賢往哲。凱歷擧以對。

鄭·善夫　明閩縣人。字繼之。號少谷。弘治進士。授戶部主事。権稅許墅。以清操聞。憤嬖倖用事。棄官去。築室金鼇峯下。起禮部主事。進員外郎。諫南巡受杖。明年力請歸。嘉靖初起南吏部郎中。便道游武夷。風雪絕糧。得病死。善夫敦行誼。所交盡名士。工畫。叢篠怪石。得象外趣。作詩力摹少陵。有經世要錄·少谷山人集。

鄭·善果　隋滎澤人。仕隋歷沂州刺史·魯郡太守。母崔賢明。嘗坐閣內。聽善果處決。或當理則說。有不可則責媿之。故善果所至有績。號清吏。入唐累遷檢校大理卿。奉法持正。風績顯公卿間。後歷刑部尚書。貞觀初出爲岐州刺史。改江州卒。

鄭·寓　唐善果後。工畫釋道人物。

鄭·嵎　唐長安人。字賓先。大中進士。善八分。有津陽門詩。

鄭·復言　明本忠子。永樂進士。選庶吉士。預修永樂大典。作應制賦稱旨。授禮部主事。終太僕少卿。

鄭·愔　唐滄州人。字文靖。年十七。擢進士第。武后時張易之兄弟薦爲殿中侍御史。易之敗。貶宣州司戶。既而附武三思。累遷吏部侍郎。後譙王重福爲亂。愔預其謀。被誅。

鄭·敦義　宋英德人。字尚仁。以鄉薦歷潮陽令。哲宗朝諫止市牛革。徽宗即位。復上書陳時政。詔進一階。

鄭·敦謹　清長沙人。字叔厚。號筱山。道光進士。同治間官至刑部尚書。肅順擅權時。多方羅致。卒不往。居官負重名。以清節著。卒謚恪慎。

鄭·普　明南安人。字汝德。號海亭。嘉靖進士。官至雲南府知府。究心經學。有海亭集。

鄭·景平　宋吳人。字希尹。熙寧進士。剛正不撓。居官廉介。知饒州。數月棄官歸。或問故。答曰。天子命景平爲郡。當以撫字爲職。乃不得行其志。今日須金若干。明日須粟若干。民枯骨矣。安得不歸。時多附朱勔。獨景平終始不阿。

鄭·景曜　明池州建德人。名拱南。以字行。永樂進士。授江西道御史。按遼東。有元時故吏儲欽等爲奸利。有司不敢問。景曜假微行縛治之。民以寧。擢貴州左參政。平苗亂。晉階中大夫。以年老致仕歸。事母極孝。善兄弟。白首無間言。

鄭·曾子　宋晉江人。字子可。號唯齋。孝友篤義。弱冠有文聲。咸淳中入太學。景炎間隨蹕三山。以迪功郎爲潮州司法。未行。泉州降元。元左丞蒲壽庚薦授梅州路治中。不就。

鄭·棠　明濂從子。字叔美。受學於宋濂。有文行。永樂中官翰林檢討。有金史評·道山集。

鄭·欽　明浦江人。字子敬。繼太和爲後。孝友天至。太和著家規未完。欽續之。得七十三則。自號青健居士。

鄭·欽說　唐滎陽人。開元初由新津丞請試五經擢第。授鞏縣尉·集賢院校理。歷右補闕·內供奉。通曆術。以博物名著於時。雅爲李林甫所惡。韋堅死。欽說嘗爲堅判官。因自殿中侍御史貶夜郎尉卒。

鄭·渭　明閩人。榜姓孫。字伯清。嘉靖進士。官至河南副使。有望川存稿。

鄭·渾　三國魏太弟。字文公。曹操召爲掾。歷下蔡長·邵陵令。時天下未定。民生子多不擧。渾課使耕桑。重去子之法。民漸豐給。所育男女。多以鄭爲字。文帝即位。爲侍御史。遷陽平沛郡二太守。郡患水澇。乃興陂開田。民賴其利。號曰鄭陂。轉山陽·魏郡太守。治行亦著。遷將作大匠卒。

鄭·湜　宋閩縣人。字溥之。乾道進士。光宗即位。爲祕書郎。因轉對。首乞盡事親之道。以全帝王之大孝。慶元初權直學士院。趙汝愚罷相。湜草制。坐無貶辭免。後爲刑部侍郎。名隸慶元黨籍。卒謚文肅。◎明濂弟。字仲持。時有言鄭氏交通胡惟庸者。吏捕之。湜與兄濂爭任罪。太祖義而宥之。擢湜爲福建左參議。居官有政聲。南靖民爲亂詿誤者數百家。湜言於諸將。蠱釋免。居一歲。入覲卒。

鄭・爲虹　明江都人。字天玉。崇禎進士。知浦城。有廉名。唐王召爲御史。部民乞留。乃令以御史巡視仙霞關。駐浦城。清兵破城。死之。

鄭・琚　宋壽昌人。字伯潤。資性明敏。淳祐間登進士乙科。爲金華尉。以能稱。咸淳間遷安吉州司理參軍。治獄無冤濫。引疾歸。

鄭・琮　後晉太原人。唐莊宗時爲馬步都虞候。戎伍之事。一覩不忘。凡所詰問。應答如流。從伐魏州。以功授左羽林統軍。長興中出刺武州。高祖立。復居環衛。卒官。

鄭・琰　明閩縣人。字翰卿。豪於布衣。任俠遨遊。工詩。至都下。閩中詞館諸公爭延致之。高文典册。多出其手。後之金陵。新安富人吳生。禮以上客。琰醉輒罵主人爲錢虜。後吳疑琰泄其陰事。文致之。捕置京兆獄。竟瘐死獄中。有二陳詩稿。

鄭・絪　唐滎陽人。字文明。幼有奇志。善屬文。擢進士弘辭高第。累遷中書舍人。憲宗即位。拜同中書門下平章事。進門下侍郎。居相位四年而罷。後自河中節度入爲檢校尚書左僕射。太和中致仕卒。謚宣。絪以儒術進。守道寡欲。治事篤實。善名理學。世以耆德推之。

鄭・華　明臨海人。字思孝。洪武進士。授行人。奉使有聲。坐註誤謫東平州判官。將赴任。聞燕師起。時鄉人趙次進爲無錫縣丞。華以妻託之。馳至東平。力疾戰。城破。不食五日死。謚貞壯。

鄭・華原　唐德宗時人。工畫松。

鄭・覃　唐珣瑜子。以父蔭補弘文校書郎。文宗召爲翰林侍講學士。覃該深經術。醇篤守正。每以厚風俗黜朋比爲言。累官門下侍郎・弘文館大學士。遇事嚴規。得大臣體。帝以覃名儒。使領祭酒。因請置五經博士。刊石經於太學。遷太子太師。以病罷相。武宗初授司空。致仕卒。◎宋明州人。字季厚。靖康中買於鄉。建炎中州陷於金。挈族避難山谷間。爲金兵所劫。不屈。躍入水中死。

鄭・買嗣　唐南詔國王。世爲蒙氏清平官。昭宗時滅國王舜化眞。滅蒙氏而自立。改國號曰大長和。

鄭・閎　明蘇州嘉定人。字以純。少受易於元進士鮑恂。崑山・長洲更聘爲訓導。精易學。洪武間舉授禮部郎中。以病告歸。郡邑從學者甚衆。自號味易叟。有味易餘吟集。

鄭・階　明吳縣人。字晉之。嗜酒耽吟。齋中常設一木主。題杜甫名。得醇醪佳茗。必先以奠。有慎獨居詩存。

鄭・雲逵　唐鄠子。爲人詭譎敢言。登進士第。朱泚表爲掌書記。妻以弟滔女。滔代泚。以雲逵爲判官。滔助田悅。雲逵諫不從。遂挈室自歸。德宗悅。擢諫議大夫。李晟表爲軍司馬。時時咨詢戎略。元和初爲京兆尹卒。

鄭・須德　明莆田人。字存修。萬曆舉人。知彭縣。有綠野堂集。

鄭・僅　宋彭城人。字彥能。第進士。爲冠氏令。盜相戒不犯境。知福昌縣。値歲饑。悉意振貸。民不流亡。累遷吏部侍郎。知秦州。以顯謨閣直學士・通議大夫卒。謚修敏。

鄭・嵩　清天都人。字天峻。號頴溪。工畫花鳥。善傳神。◎清新安人。字息中。工畫花鳥草蟲。寫生尤精。

鄭・廉　清商丘人。字介夫。自號柳下野人。諸生。有柳下堂集。

鄭・愚　唐番禺人。家世殷富。幼穎異力學。登開成進士第。釋褐祕書省校書郎。咸通初爲桂管觀察使。所至廉察吏弊。闔境肅然。遷嶺南西節度使。變兵襲邕。盡力守禦。以功徵拜禮部侍郎。中和初出鎭南海。以撫綏功召拜尙書右僕射卒。無子。詩文多散逸。

鄭・敬　後漢汝南人。字次都。清志高世。新蔡都尉逼爲功曹。廳事前樹時有清汁。以爲甘露。敬曰。明府政未能致甘露。此靑木汁耳。辭病歸。汝南太守請爲門下掾。尋亦辭去。隱弋陽山中。漁釣自娛。◎明東莞人。字德聚。少明敏力學。正統進士。授南監察御史。廉介自持。曹無滯牘。陞江西按察司僉事。改雲南。及去任。士爭循故習。餽以兼金異貨。峻拒不受。以山東副使致仕歸。卒之日。貧無以爲斂。

鄭・楷　明棠從兄。字叔度。除蜀王府教授。賜號醇翁。遷長史致仕。有鳳鳴集。

鄭・源澳　明錫文子。字與聚。正德進士。授刑部主事。偕同邑林公黼等疏諫南巡。廷杖創甚。公黼死。仍匍匐爲黼治喪。衆難之。後官至建昌郡守。

鄭・溫　元靈壽人。初爲千戶。從征西川。四月不解甲。特賞以鞍勒。積功遷至江浙左丞卒。

鄭・滁孫　元處州人。字景歐。博識多聞。宋景定間進士。知樂淸縣。至禮部郎官。至元末以薦召見。累官集賢學士。致仕歸。有大易法象通贊・周易記玩等書。

鄭・熙績　清江都人。字懋嘉。康熙舉人。官刑部主事。有蕊棲詞。

鄭・照　明閩人。字孔昭。性鯁介不苟。正統間授安遠令。以憂去。起復改德安。爲政以節用愛人爲主。一錢不妄費。一民不輕用。致仕歸卒。私謚清介先生。

鄭・瑗　明莆田人。字仲璧。成化

進士。嗜學。經史百家。靡不涉獵。善爲詩文。歷官禮部郎中卒。有井觀瑣言。蝸笑偶言。

鄭瑛 明閩縣人。字希晦。永樂進士。授樂會訓導。有弦齋集。

鄭瑞星 明仙遊人。字廷璽。萬曆進士。知信陽州。調崖州。峒蠻久爲民患。瑞星恩威并用。遂歸化。陞刑部員外郎。左遷贛郡通判。擒斬賊首陳江華等。商舶賴以無虞。性嗜學。雖涖事。亦以文史自隨。尋乞養歸。

鄭當時 漢陳人。字莊。以任俠自喜。聲聞梁楚間。景帝朝爲太子舍人。每五日洗沐。常置驛馬四郊。存問故人。惟恐不徧。其所交皆天下名士。武帝朝爲大司農。客至。無貴賤皆執賓主之禮。與官屬言。若恐傷人。聞人之善言。進之上惟恐後。山東諸公。以此翕然稱鄭莊。坐罪廢。贖爲庶人。起守長史。遷汝南太守卒。

鄭義 元河間人。初事太宗。佩金符。爲山東路都元帥。兼景州軍民人匠長官。從伐金。戰於歸德。死之。

鄭義宗妻 唐姓盧氏。涉書史。事舅姑恭順。夜有盜入。人皆匿竄。惟姑不能去。盧冒刃立姑側。爲盜捽捶幾死。賊去。人問何爲不懼。答曰。人所以異鳥獸者。以其有仁義也。今鄰里急難尙相赴。況姑可委棄耶。

鄭肅 唐滎陽人。字乂敬。學有根柢。第進士書判拔萃。累擢太常少卿。博士有疑議往咨。必據經條答。開成初拜吏部侍郎。兼賓客。爲太子授經。既而太子被譖。肅因入見。言天下大本不可輕動。意致深切。帝爲動容。朝廷謂肅臨義不可奪。侹侹有大臣節。會昌中以檢校尙書右僕射同平章事。與李德裕協心輔政。宣宗卽位。罷爲荆南節度使。卒諡文簡。

鄭與僑 淸濟寧人。字惠人。號確庵。又號荷澤。明末舉人。入淸奉母不出。有文集。

鄭裔綽 唐覃子。峭立有父風。以門蔭進。累官諫議大夫。宣宗朝遷給事中。以直言忤旨。貶商州刺史。後爲浙東觀察使。終太子少保。

鄭詹尹 戰國楚爲太卜。屈原既放。三年不得復見。嘗往見決疑。

鄭遨 唐善畫山水。天寶中知名梁宋間。

鄭遇春 明濠人。與兄遇霖俱以勇力聞。太祖下滁州。俱來歸。遇霖戰死蕪湖。遇春領其衆。所部驍果。累戰功多。授左翼元帥。從平陳友諒。身先士卒。未嘗言功。洪武中進同知大都督府事。封滎陽侯。後坐胡惟庸黨死。

鄭道昭 後魏羲弟。字僖伯。少而好學。綜覽羣言。好爲詩賦。自稱中岳先生。孝文時累官國子祭酒。數以崇儒敦學之言進。爲光州刺史。（按魏書本傳及文公碑。皆作光州刺史。北齊書作兗州刺史。）政務寬厚。以祕書監加平南將軍卒。諡文恭。道昭工書。初不甚著。淸嘉道間發見雲峯山諸石刻。包世臣·張琦·吳熙載等。極推重之。遂爲習北碑者所宗。

鄭達 明廣濟人。字叔通。宣德中知盩厔縣。開渠溉田千頃。秦民賴之。秩滿。會崑山大饑。詔加達六品俸往蒞之。始至。殍羸載道。達設粥賑飢。疫作。徧給醫藥。全活百萬人。

鄭雍 宋襄邑人。字公肅。第進士甲科。元祐間拜尙書左丞。紹聖間累官中書舍人。多所諫納。徙北京留守。章惇以白帖貶元祐臣僚。哲宗疑之。雍欲附惇。爲自安計。乃援熙寧故事。以爲惇解。然卒坐元祐黨。罷知成都府。元符初卒。

鄭雍言 明復言弟。一作永言。永樂進士。改庶吉士。授中書舍人。文詞典雅。作字亦端楷嚴密。甚類其人。陞河南按察僉事。宣宗立。留直文華殿。日備顧問。擢太常少卿卒。

鄭鼎 元陽城人。字國器。讀書曉大義。既長。勇力過人。尤善騎射。初爲千戶。從伐宋。平大理。數立戰功。至元中爲平陽路總管。興水利。修學校。厲風俗。民德之。後以湖北道宣慰使鎭鄂州。會蘄黃二州叛。鼎率兵討之。舟覆溺死。諡忠肅。◎明龍溪人。字爾調。萬曆舉人。爲廣順知州。土酋安邦彥反。罵賊不屈死。

鄭鼎新 宋仙遊人。字中實。嘉定進士。知晉江縣。建問政堂。輯論語中繫於政者二十四章。書於壁。以便省覽。尋通判處州。累官朝奉郎。鼎新少受業於黃榦之門。深於禮。有禮學舉要。禮學從宜集。

鄭僑 宋樵從子。字惠叔。號回溪。乾道進士第一。以春秋侍講東宮。拳拳於父子君臣君子小人之際。寧宗卽位。拜參知政事。進知樞密院事。後以觀文殿學士致仕。卒諡忠惠。僑善行草書。有書衡三篇。

鄭僖公 春秋鄭成公子。名髡頑。爲太子時。適晉不禮。適楚亦不禮。卽位後。與諸侯會於鄬。子駟相。又不禮焉。侍者固諫。遂殺之。子駟使賊夜弒公。在位五年。諡僖。

鄭夢協 宋玉山人。字新恩。師事趙蕃。與魏了翁·眞德秀厚。講道最篤。劉宰尤稱其文章。官祕閣修撰。

鄭戩 宋吳縣人。字天休。天聖進士。累官樞密副使。罷知杭州。遷吏部侍郎。拜奉國軍節度使。卒諡文肅。戩遇事果敢必行。然憑氣近俠。用刑峻深。士民多怨之。

鄭滎 宋壽昌人。字光遠。幼聰敏有才思。力學不倦。七歲能屬文。

登天禧進士。天聖初奉使契丹。嚴毅威重。契丹深敬憚之。授崇寧令。丁父憂。服闋起知西安。廉能才幹。深得民心。卒官。

鄭滿 【明】慈谿人。字守謙。弘治舉人。官濮州知州。有勉齋遺稿。

鄭演 【後魏】滎陽人。宋明帝時爲瑯邪太守。入魏除彭城太守，拜太中大夫。封雲陽伯。其子孫遂家彭泗。

鄭爾忠 【明】寶應人。字孝初。有淮海西遊書・柿齋・鶯音等集。

鄭爾垣 【清】浦江人。字一樞。鄭氏自宋建炎至明初。合族而居者十三世。世稱義門。有義門鄭氏奕葉吟集。

鄭轂 【宋】建州人。字致剛。政和進士。建炎中爲諫議大夫。苗傅・劉正彥等作亂。劫帝傳位。轂庭立。面折二凶。拜御史中丞。復密遣人見張浚等。具言城中事。高宗復辟。進簽書樞密院事。執政百日而卒。

鄭瞀 【春秋楚】成王之夫人。鄭女。王將立商臣爲太子。令尹子上以爲不可。王問夫人。夫人曰。令尹之言可從也。王不聽。後又欲立公子職。夫人退而與其保言曰。吾懼禍亂將作。不如死以明之。吾死。必寤太子之不可釋也。遂自殺。

鄭端 【清】棗強人。字司直。順治進士。康熙間累擢偏沅巡撫。素履醇謹。歷任著聲。終江蘇巡撫。有政學錄・朱子學歸・孫子彙徵・日知堂文集。

鄭綮 【唐】滎陽人。字蘊武。第進士。累官廬州刺史。秩滿去。餘錢千緡。藏州庫。後它盜至。終不犯鄭使君錢。遷右散騎常侍。往往條摘失政。衆譏傳之。昭宗時以禮部侍郎同平章事。初綮善詩。多詼諧。時號鄭五歇後體。及拜相。宗戚詣賀。綮搔首曰。歇後鄭五作宰相。事可知矣。立朝侃然。無復故態。未三月引疾。以太子少保致仕卒。有開天傳信記。

鄭綺 【宋】浦江人。字宗文。通春秋穀梁學。撰合經數萬言。事親極孝。父照。繫獄當死。綺上書請代。事遂白。母張病攣。綺抱持若嬰兒。三十年不懈。臨沒。誓言子孫毋分財異爨。乾道間賜號沖素處士。子孫世守其教。

鄭誠 【明】南城人。字文實。永樂間以國子生選擢吏部司務。端愼勤謹。歷遷文選員外郎・郎中。掌選精密。宣德初陞本部右侍郎卒。

鄭鄤 【明】武進人。號峚陽。天啓進士。改庶吉士。崇禎中爲溫體仁所構。誣以杖母不孝。磔於市。於詔獄中作峚陽草堂說書。授其子珏。皆提倡心學之談。

鄭銓 【宋】宜春人。字應權。號應菴。學通六經。工大字。長於詩。宣和間兩貢上舍不偶。棄歸。學者踵門日衆。建炎中金人犯江西。銓上書知州事王仲嶷言時事。責其守城。著排姦黨說。極論崇寧人才之弊。年八十卒。

鄭銘 【明】邯鄲人。天順進士。授監察御史。出按山海關。繼巡陝西茶馬。皆著才略。尋按蘇松等處。擊貪暴。獎善良。聲振於時。陞山東按察副使。爲宦官所譖。左遷山西參議。後得直。擢右布政使。以老乞歸卒。

◉【明】新會人。字克信。弘治進士。歷戶部郎中。出知袁州府。善事繼母。以孝稱。有岡州近稿・使滇雜興。

鄭際熙 【清】侯官人。字大純。乾隆舉人。能文章。以學行稱。早卒。有浩波遺集。

鄭魁士 【清】宣化人。道光末從勦李沅發於湖南。擒之。咸豐間洪楊亂起。轉戰廣西湖南湖北安徽。同治間勦捻於直隸山東。所向有功。官至浙江提督。每臨陣。首陷兇鋒。出生入死。創痕徧體。爲一時名將。卒諡忠烈。

鄭儀孫 【宋】建安人。字翠屏。從丘富國學易。咸淳中以賢良舉。少帝北行。儀孫退而著書。有易說・大學中庸章句・史學蒙求纂註・性理字訓。

鄭厲公 【春秋鄭】莊公次子。名突。母爲宋雍氏女。雍氏有寵於宋。故宋執祭仲以立公。公立。祭仲專政。公患之。使其壻雍糾殺之。糾妻告諸母。祭仲怒。反殺雍糾。公出居櫟。祭仲立昭公。後傅瑕迎公入。復即位。前後在位十一年。卒諡厲。

鄭審 【唐】滎陽人。乾元中爲袁州刺史。工詩善畫。

鄭寬中 【漢】平陵人。字少君。有儁才。師張山拊傳小夏侯尚書。以博士授太子尚書。成帝時賜爵關內侯。遷光祿大夫・領尚書事。疾卒。谷永疏請加葬禮。賜之令諡。帝弔贈甚厚。

鄭履淳 【明】曉子，字叔初。嘉靖進士。除刑部主事。遷尚寶丞。隆慶間言事忤旨。受杖繫獄。得釋爲民。神宗立。起光祿少卿卒。嘗編其父鄭端簡年譜及衡門集。

鄭德文 【清】法士子。一作法輪子。亦工畫。時稱其筆蹟纖懦。英靈銷歇。與法輪・劉烏同。

鄭德本 【唐】高祖時爲瀛州刺史。有治績。與滄州薛大鼎・冀州賈敦頤齊名。河北稱爲鐺脚刺史。

鄭德珪 【宋】綺四世孫。性孝友。弟德璋。爲仇家所陷。當會逮揚州。德珪哀弟見誣。請獨行。德璋追至諸暨道中。兄弟相持。爭就死。德珪夜半間道逸去。德璋追至廣陵。德珪已斃於獄。德璋慟絕。負骨歸葬廬墓。每一悲號。烏鳥皆翔集不食。

鄭德普 【明】崇安人。字景厓。幼聰敏博記。刻意學詩。與趙若槪・范師孔諸人。日相酬唱。

鄭慤 【三國魏】嘗於夏日。集賓僚避暑。取大荷葉盛酒。刺令與柄通。屈莖如象鼻吸之。名碧筩飲。

鄭敷教 【清】長洲人。字士敬。號桐庵。明崇禎舉人。與楊廷樞齊名。舉賢良方正。以母老辭。隱居教授。學深於易。卒私謚貞獻先生。有周易廣義。

鄭潛 【明】歙人。字彥昭。與玉不同譜。而以叔父事之。玉嘗稱其敏悟堅篤。仕元官至海北廉訪司副使・泉州路總管。後寓居福州懷安。買田建義學。以教後進。又於縣西南。立白苗陽崎二渡。買田以給操舟者之食。人利之。立石以記名。曰鄭公渡。入明。起爲寶應縣主簿。遷潞州同知。致仕卒。有樗庵類稿。

鄭潛曜 【唐】滎陽人。母代國長公主。開元中主寢疾。潛曜日侍左右。主疾革。刺血爲書。丐諸神。請以身代。翌日主愈。後尙臨晉公主。歷太僕・光祿卿。

鄭溎 【清】儀徵人。字晴波。號楓人。乾隆舉人。召試賜中書。官至浙江糧道。有玉句草堂集。

鄭璉 【元】玉弟。字希貢。慷慨有志略。至正中仕至歙縣尹。自遭喪亂。隨兄玉於患難。不避艱險。鄧愈購玉。璉先赴難。既不能脫。玉挺身出。謂璉曰。汝當屈身以保家。璉泣應之。終其身不仕。

鄭褎 【戰國楚】王妃。張儀之楚。貧。儀請北見晉君。楚王資以珠玉。令求中國之女。時南后・鄭褎貴於楚。聞之大恐。皆以金贈儀。儀乞王賜之觴。王乃召南后・鄭褎而觴之。儀再拜曰。行天下徧矣。未嘗見人如此其美也。王曰。吾固以爲天下莫若是兩人也。

鄭賜 【明】建寧人。字彥嘉。洪武進士。嘗官北平參議。事成祖甚謹。後爲工部尙書。督河南兵扼燕。成祖入京。或訐賜罪。釋不問。調刑部。尋改禮部。賜爲人頗和厚。然不識大體。帝頗輕之。以憂悸卒。謚文安。

鄭賡唐 【清】縉雲人。字而名。號寶水。明天啓舉人。學宗陽明。以經世自任。唐王時官吏部員外郎。充福寧兵備。明亡。隱居不仕。事親以孝聞。著讀易蒐・春秋引斷・賽上吟等書。

鄭賢 【明】莆田人。字元直。官震澤教諭。有人物論。

鄭輪 【宋】德化人。字景行。嘉泰進士。爲保昌尉。獲盜不肯論賞。曰。人命可易官乎。爲龍南令。邑之上鄉隣山峒。民舊不輸租。一日數十人肩鎗挈錢而至。吏驚詰之。曰。聞有好長官。願爲王民。秩滿。民遮留之。辟知循州卒。

鄭遨 【後唐】白馬人。字雲叟。以字行。少好學。敏於文辭。唐末舉進士不第。見世方亂。乃入少室山爲道士。種田自給。其妻數以書勸還家。遨輒投於火。節度使劉凝以寶貨遺之。不一受。高祖以諫議大夫召。不赴。賜號逍遙先生。

鄭頤 【北齊】彭城人。字子默。爲人聰敏。以文學見知於文宣。位黃門侍郎。文宣崩。頤與尙書令楊愔等。同受遺詔輔政。拜散騎常侍。常山長廣二王執殺愔。頤亦見殺。

鄭駒 【明】覺民子。字千里。持身修潔。爲文溫潤縝密。洪武初聘爲郡庠訓導。陞義烏教諭。以道淑人。宋濂自翰林歸。見即珍重。以賓禮遇之。卒官。駒與弟眞・鳳並以文學著名。

鄭儔 【唐】工畫。師檀智敏。屋木樓臺稱妙品。

鄭勳 【宋】仙遊人。字景周。嘉泰進士。知博羅縣。戍卒焚掠州縣。勳正衣冠坐廳事以待之。寇至。迫以刃不爲動。遂遇害。

鄭學醇 【明】廣州順德人。字承孟。隆慶舉人。官武緣知縣。有句漏集。

鄭憲 【明】仙遊人。字有度。正德進士。授刑部主事。連遭父母喪。先後六年。不入私室。先與禮部主事方獻夫相友善。及服闋。以主事謁選。獻夫已以議禮。驟致通顯。相値邸舍。憲一揖而出。獻夫銜之。逾年仍補刑部。終光祿寺丞。

鄭曉 【明】海鹽人。字窒甫。嘉靖進士。授職方主事。日披故牘。盡知天下阨塞士馬虛實強弱之數。尙書金獻民屬撰九邊圖志。人爭傳寫之。以兵部侍郎總督漕運。禦倭有功。官至兵部尙書。爲嚴嵩所惡。落職歸。卒謚端簡。曉通經術。習國家典故。時望蔚然。有禹貢圖說・吾學編・文集。

鄭樵 【宋】莆田人。字漁仲。博學強記。搜奇訪古。遇藏書家。必借留讀盡乃去。初爲經旨禮樂文字天文地理蟲魚草木方書之學。皆有論辨。紹興中以薦召對。授右迪功郎・禮兵部架閣。言者劾之。改監南嶽廟。給札歸鈔所著通志。書成。入爲樞密院編修官。樵居夾漈山。學者稱夾漈先生。又自號溪西逸民。

鄭樸翁 【宋】平陽人。字仁宗。弱冠入太學。升上舍。釋褐歷福州教授。尋除國子正。宋亡。諸陵被發。與友人林景熙謀間行拾之。既而歸隱蕩山。二十餘年。以病反家卒。

鄭澣 【唐】餘慶子。本名涵。第進士。累遷右補闕。敢言不諱。憲宗謂餘慶曰。涵卿之令子。而朕之直臣也。可更相賀。遷考功員外郎。文宗立。

錄。愛其傳而精。試舉諸條櫛問之。即酬析無留答。出爲山南西道節度使。以戶部尚書召。未拜而卒。謚宣。

鄭濂 明 文嗣孫。字仲德。別號采苓子。其家累世同居。稱爲義門。洪武初以賦長詣京。召見。問治家長久之道。以謹守祖訓不聽婦言對。帝稱善。欲官之。以老辭。會坐事當逮。從弟湜慷慨詣吏誣服代死。濂尋卒。

鄭獬 宋 安陸人。字毅夫。少負俊材。詞章豪偉峭整。皇祐中進士第一。通判陳州。入直集賢院。英宗卽位。請申詔中外。許令盡言。有可採錄。召與之對。必能有益治道。神宗朝爲翰林學士。權知開封府。以不肯用新法。爲王安石所惡。出知杭州。徙青州。方散青苗錢。獬言但見其害。不忍民無罪而陷憲網。引疾祈閑。提舉鴻慶宮卒。有鄖溪集。

鄭璜 清 吳江人。字元吉。號瘦山。晚號醉駒。嘉慶舉人。少能詩。入竹溪社。名噪一時。兼窮經學。有春秋地理今釋。

鄭穆 宋 侯官人。字閎中。性醇謹好學。進退容止必以禮。門人千數。與陳襄、陳烈、周希孟友。號四先生。舉皇祐進士。累官至寶文閣待制、國子祭酒。請老歸。太學生數千人請留。不從。去之日。空學出祖。

鄭穆公 春秋鄭 文公子。名蘭。文公卒。秦穆公使三將將兵襲鄭。至滑。鄭賈人弦高詐以十二牛勞秦軍。秦兵乃還。在位二十二年卒。謚穆。

鄭穎 宋 壽昌人。字茂叔。號志齋。嘉定進士。爲理官。執法平允。時相開邊。薦參謀官知政事。穎抗論政府非賞功之地。遂寢。出守嘉興。致仕歸。

鄭興 後漢 開封人。字少贛。少學公羊春秋。晚善左氏。能達其旨。兼明周官。長於曆數。建武中徵拜太中大夫。數言政事。依經守義。文章溫雅。後使監征南積弩營。坐私買奴婢。左轉蓮勺令。遂不復仕。客授閿鄉。卒於家。

鄭興裔 宋 開封人。字光錫。初名興宗。徽宗后外家三世孫。以后恩授成忠郎。歷福建路兵馬鈐轄。知揚廬二州。皆有政績。寧宗卽位。除知明州告老。授武泰軍節度使。卒謚忠肅。興裔歷事四朝。以材名結主知。當時外族之賢。未有其比。有奏議。

鄭舉舉 唐 妓。善令章。嘗與天水僊哥互爲席糾。時稱鄭都知。巧談諧。爲諸朝士所眷。

鄭羲 後魏 開封人。字幼驎。優於文學。孝文時累官中書令。出爲西兗州刺史。政以賄成。性又嗇吝。西門受羊酒。東門酤賣之。然時論亦多

入爲翰林侍講學士。帝使擷經史爲要

其能薦賢。徵爲祕書監。卒謚文靈。今習北碑者所宗之鄭文公碑。包世臣疑卽羲子道昭所書。上碑在天柱山之陽。後覓得佳石。又刊下碑。文字皆同。均磨崖也。其石於清之中葉始發見。故今尙完好。

鄭誠 唐 閩縣人。字中虞。會昌進士。累官國子司業、鄖安鄧三州刺史。工爲文。時同邑林滋長於賦。詹雄長於詩。時稱誠文滋賦雄詩。爲閩中三絕。

鄭錡 明 蘭谿人。字威甫。號聽菴。自幼力學。博綜子史。登成化進士第。任靖江令。政尙平易。務以德敎化民。母喪歸。遂不復出。有聽菴稿。

鄭錫文 明 福州長樂人。字禹範。弘治進士。授義烏令。拜南監察御史。時劉瑾竊柄。臺諫皆其私人。錫文引病乞歸。瑾奪其官。瑾誅。起雲南僉事。累擢廣西右布政使。歷官三十餘年。清愼自將。旣歸。堅苦不渝。鄉里重之。

鄭闇 明 關弟。字公望。永樂進士。授安陸州學正。改無爲州。終廣信敎諭。性質直剛毅。嫉惡不少假借。居官三十年。囊無餘貲。其學精於禮記。旁及子史醫曆之書。能詩善畫。有抑齋集。

鄭餘慶 唐 絪從子。字居業。少善屬文。擢進士第。貞元中由翰林學士累進中書侍郎、同中書門下平章事。每奏對。多傳經義。坐事貶郴州司馬。憲宗立。復入相。時主書滑渙弄權。爲餘慶所面叱。帝聞而善之。拜太子少師。封滎陽縣公。穆宗立。加檢校司徒。卒謚貞。餘慶行己完潔。祿入悉賙所親。或濟人急。絪家昭國坊南。餘慶第在坊北。世稱南鄭相北鄭相。

鄭默 晉 袤子。字思元。爲人敦重。柔而能整。起家祕書郎。累遷司徒左長史。武帝受禪。爲中庶子。出爲東郡太守。詔書褒歎。比之汲黯。仕終光祿勳。卒謚成。

鄭嬰垣 清 平湖人。孤介絕俗。與李天植稱金石交。明亡。凍死雪中。

鄭應龍 宋 長沙人。字少愨。慶元中登第。後試律中首選。調潭州司理。有兵士盜帥金下獄。株連數人。皆坐流。應龍以去就爭。帥歎服焉。

鄭懋中 明 晉江人。名辭。以字行。景泰中鄉薦。擢知程鄉縣。治先禮義。不尙法律。民歌頌之。程鄉民鮮知學。自懋中作新學校。親爲生徒講解。始有登第者。

鄭濟 宋 莆田人。字興梁。元豐進士。大觀初擢兵部員外郎。權吏部。以涖事詳明考最。蔡京客石豫欲薦之臺職。力辭。居郎官不遷者四年。政和初除衛尉少卿。出知海州。邑多盜。

濟推行保伍之法。道無拾遺。除提點荊湖南路刑獄。徙知泉州。尋以奉祠致仕。◉明濂弟。嘗學於宋濂。有文行。洪武中以東宮官屬久曠。命廷臣舉孝弟敦行者。特擢濟爲奉議大夫。左春坊左庶子。致仕卒。

鄭濟川 明蘇州嘉定人。洪武間以懷才抱德薦。和御製詩稱旨。擢廣東道御史。改北平布政司都事。永樂初致仕。起署滁州卒。

鄭濤 元浦江人。字仲舒。受業於柳貫。工詞翰。爲丞相脫脫所知。累官太常博士。有旌義編。◉清江山人。能詩嗜酒。乾隆間以廩生入貲爲知縣。官至知府。被劾歸。與王可羣等結詩社。刊其詩文曰青龍集。偏暱戚友。怨家剌取其詩句。指爲大逆。控之官。擬大辟。會高宗厭其事。得免死。以重貲悉贖其所贈集以歸。更名學淵。匿迹以終。

鄭燮 清江蘇興化人。字克柔。號板橋。乾隆進士。官濰縣知縣。有惠政。爲人疏宕灑脫。工畫蘭竹。書法以隸楷行三體相參。別成一格。詩近香山。放翁。有板橋全集。

鄭環 明仁和人。字瑞夫。號栗菴。天順進士。累官太常少卿。廉介正直。不妄取與。及家居。足跡不踐公府。有栗菴遺稿。◉明麟子。世其家學。尤精醫術。

鄭禧 元吳郡人。字熙之。一作禧之。山水學董源。清潤可愛。墨竹禽鳥。全法趙孟頫。善書。

鄭襄公 春秋鄭靈公庶弟。名堅。楚莊王以鄭與晉盟。圍鄭三月。公以城降。王爲却三十里而後舍。與鄭平。在位十八年卒。謚襄。（按年表。襄公。靈公庶兄。此從鄭世家。）

鄭褒 宋字成之。事親至孝。嘗應進士罷去。遇王元之留之。言家有老母。計程以待。逾十日即貽母憂。元之稱歎。後登咸平進士第。判福州。

鄭謐 明金華人。字彥淵。幼穎悟。通陰陽歷數。嘗註郭璞葬經。後與范祖幹。葉儀爲友。乃肆志於正學。有心學圖說。

鄭轂 宋建安人。字致遠。謝良佐高弟。初就學。能知聖人之道在中庸。父鎮甚奇之。既冠。入大學。所爲文不尙時好。執父喪。有籲天止火之異。第進士。調御史臺主簿。以祕書郎守臨江。遂丐祠歸。

鄭鍔 宋鄞人。字則中。躬行孝友。貫通經史。兼工詞賦。後學多宗之。登紹興進士第。仕至屯田郎。寧宗在英邸。鍔兼小學教授。嘗進勸戒元龜。

鄭鮮之 南朝宋開封人。字道子。渾玄孫。累官御史中丞。性剛直不阿。宋國建。自右長吏轉奉常。武帝即位。遷太常都官尙書。鮮之爲人通率。在帝坐言無所隱。人甚憚焉。初武帝在晉爲宰相。時或言論。人不敢難。惟鮮之未嘗寬假。時人謂爲格佞。元嘉中遷尙書右僕射卒。

鄭鴻磬 清字漸逵。進士。官江蘇同知。精輿地學。凌次仲亟稱之。有雪帆雜著。

鄭璹 宋穎子。字伯壽。通春秋。以父任補官。除大理評事。時權相嫉邊守王惟中勳名。下大理寺。諷致於死。璹執法不阿。遂以忤歸。景定間起爲大理寺正。出守處州。蕭然儒素。除刑部郎中。遷軍器少監。倣范文正公義田置仁壽莊。以睦宗族。

鄭璽 清上元人。字汝器。號谷口。能醫。工書。

鄭簡公 春秋鄭僖公子。名嘉。在位三十六年。晉伐之。與晉盟。楚伐之。與楚盟。一歲之中。嘗更朝晉而冬朝楚。其執政者皆侈。相誅殺。及子產爲政。鄭賴以存。卒謚簡。

鄭薰 唐字子溥。擢進士第。歷考功郎中。懿宗朝累遷吏部侍郎。時數大赦。階正議光祿大夫者。得廕一子。門施戟。宦人用階請廕子。薰却之。不肯敍。再知禮部。舉引寒俊。士類多之。進左丞。以太子少師致仕。號所居爲隱巖。植松於庭。號七松處士。

鄭豐 晉胄子。字曼季。有文學操行。與陸雲善。常與雲詩詞往反。司空張華辟之。未就卒。

鄭雛 北齊述祖族子。有識尙。操行清整。仕至膠州刺史。初文宣爲皇太子。納其女爲良娣。雛時爲尙書郎。趙郡李祖昇兄弟。微相敬憚。楊愔奏授雛趙郡太守。祖昇兄弟具服至雛門投剌拜謁。文宣聞之。喜笑曰。足得殺李家兒矣。

鄭瓛 明石康人。字汝明。天順中母謝氏爲流賊所掠。時瓛年十六。挺身入賊壘。給以身代母。歸取金贖。賊拘瓛而釋其母。瓛既脫母。言笑自若。賊知其詐。遂害之。

鄭懷魁 明龍溪人。字輅思。萬曆進士。爲戶部郎。管北新大軍。二廨宿弊一清。上供大璫索珠貝睛綠急。懷魁抗疏。得減十之三。後爲處州知府。聽斷甚簡。民稱牛餐太守。有葵圃集。

鄭瓊 後魏羲從孫。字祖珍。有彊幹稱。爲范陽太守。治頗有聲。瓊家兄弟雍睦。其諸姊姒亦咸相親愛。閨門之內。有無相通。爲時人所稱美。

鄭羆 後魏瀛州高陽人。有義行。范陽盧度世以崔浩事。棄官逃匿羆家。使者囚羆長子。將加箠楚。羆戒之曰。君子殺身以成仁。汝雖死。勿言。子奉命被拷掠。至以火爇其體。因以物故。卒無所嘗。度世得免。

鄭鏗 〔元〕將樂人。字子聲。長於書。嗜學工詩。

鄭闓 〔明〕閩縣人。字公啓。能詩。師事林鴻。有石室遺音。

鄭韜光 〔後晉〕頲子。字龍府。在唐累官給事中。入晉以戶部尙書致仕。性恬和。凡事十一君。越七十載。無官謗。無私過。士無賢不肖。皆恭己接納。晚年背傴。時人咸曰鄭傴不迂。

鄭鵬 〔明〕閩人。字于漢。弘治舉人。官淮安教授。有編苕集。

鄭嚴祖 〔後魏〕道昭子。頗有風儀。粗觀文史。輕躁薄行。不修士業。孝靜初歷北豫州刺史。除鴻臚卿卒。

鄭寶 〔明〕莆田人。字時珍。成化舉人。官鬱林州同知。攝北流縣事。賊李通寶攻縣。寶率兵與戰。被創死。子圭馳救。亦死焉。

鄭懿 〔後魏〕羲子。字景伯。涉歷經史。閑雅有治才。景明初拜太常少卿。出爲齊州刺史。好勸課。善斷決。義然後取。百姓思之。卒謚穆。

鄭灂 〔明〕浦江人。字仲養。自宋乾道以來。世稱義門。藏書八萬卷。建文帝爲書擘窠大字扁之。後燬於火。

鄭獻甫 〔清〕象州人。字小谷。道光進士。官刑部主事。博覽強記。十三經注疏校勘記。皆有評點。尤熟諸史。爲文章直抒所見。力闢道統文派之說。同治間主講榕城書院。卒年七十二。有愚一錄・家藏書目解題及詩文集。

鄭獻翁 〔宋〕莆田人。字帝臣。少從黃績學。第咸淳進士。終漳州推官。元既改物。故官例起用。獻翁以老疾免。爲人豁達。郡人咸敬仰之。

鄭繼之 〔明〕襄陽人。字伯孝。嘉靖進士。除知餘干縣。萬曆中累官至吏部尙書。是時言路持權。有齊楚浙三黨。大僚進退。惟其喜怒。繼之夙負清望。及秉銓政。既耄而憒。乃一聽楚黨指使。論者短之。以老累疏乞去卒。

鄭覺民 〔元〕芳叔子。字以道。號求齋。積學累行。承其家學。性至孝。母患目翳。日以舌舐之卽愈。爲龍游教諭三月。棄官歸。經略使徵署婺州學職。後中書奏授處州教授。命下巳卒。

鄭譯 〔隋〕孝穆次子。字正義。幼聰敏。涉獵羣書。工騎射。尤善音樂。周宣帝時以恩舊拜內史上大夫。封沛國公。譯與文帝有同學之舊。傾心援引。及文帝爲大冢宰。敘譯爲上柱國。然以譯不親職務。贓貨狼籍。亦陰疎之。及帝受禪。賞賜豐厚。而未委以重任。嘗奉詔參議樂事。更修七始之議。名曰樂府聲調。卒於岐州刺史。

鄭露 〔唐〕其先出滎陽。後徙莆田。字愚叟。卜居南山。與弟莊・淑構書堂於其間。潛修儒業。號南湖三先生。郡人化之。始知向學。

鄭櫻桃 〔後趙〕冗從僕射鄭世達家妓。石虎數歎其貌於太妃。太妃給之。虎卽天王位。立爲天王皇后。生太子邃。及邃伏誅。廢櫻桃爲東海太妃。櫻桃美麗善歌。擅寵宮掖。性妬。譖殺虎妻郭氏崔氏。虎死。石氏大亂。虎子遵立。尊爲皇太后。尋爲冉閔所殺。

鄭顥 〔唐〕絪孫。登進士第。授弘文館校書。累遷起居郎。尙宣宗女萬壽公主。拜駙馬都尉。歷禮部侍郎。典貢士二年。振拔滯才。人多稱之。終於河南尹。

鄭儼 〔後魏〕滎陽人。字季然。容貌壯麗。爲胡太后所幸。與徐紇俱爲舍人。共相表裏。勢動內外。爾朱榮舉兵向洛。以儼・紇爲辭。儼走歸鄉里。謀據郡起兵。爲部下所殺。

鄭權 〔唐〕開封人。擢進士第。佐涇原節度劉昌府。昌入朝。檄權主後務。昌軍作亂。權挺身冒刃。明論順逆。殺首亂者。一軍畏伏。遂試參軍。拜行軍司馬。累擢山南東道節度使。穆宗立。持節爲回鶻告哀使。權有口辯。與可汗爭曲直。持議明壯。虜禮遇之。使還。三遷工部尙書。用度豪侈。乃結權幸求鎭守。卒於嶺南節使度。

鄭瓘 〔明〕錡子。字溫孀。弘治進士。任鄒平知縣。改長洲。遇事英發。言論過激。與時不諧。陞楚雄通判。致仕。有道德陰符經正解・儀禮纂通。蛙鳴集。

鄭鑑 〔宋〕連江人。字自明。試進士第不。淳熙初以太學生釋褐爲著作郎。好事嫉邪。爲時相所惡。遂丐外。出知台州卒。

鄭犧 〔元〕霞浦人。字子乘。少受業於韓信同。信同嘗曰。君可讀吾閩五賢理學。信同卒。心喪三年。有詩文集。

鄭麟 〔明〕福清人。以畫名於時。

鄭麟趾 〔明〕景泰初爲高麗使臣。還著高麗史進之。體例頗可觀。

鄭瓛 〔明〕江寧人。弘治進士。由刑部郎中出知南昌府。宸濠反。械繫之。尋得脫。奪馬潰圍。馳赴贛撫王守仁。備陳賊勢。守仁使爲巡徼。俘賊三十餘人。宸濠平。擢山東鹽運使。

鄭靈公 〔春秋〕〔鄭〕穆公子。名夷。楚獻黿於公。子家・子公將朝。子公之食指動。謂子家曰。佗日食指動。必嘗異味。及入見公。進黿羹。子公笑。公問之。子家以告。公召大夫食。獨弗與子公。子公怒。染指於鼎。嘗之而出。公怒。欲殺子公。子公與子家謀先。遂弒公。在位一年。謚靈。

鄭讓 〔宋〕河南人。字士龍。登進

士第。知乾州。提點益州路刑獄。奏弛引江溉田之禁。慶曆中爲河北轉運使。以討賊功除官。固辭不受。推功前任。累遷尙書工部郎中。以疾知華州卒。◉宋玉山人。字濬翁。元符進士。知溧陽縣。歲饑。民多逃亡。濬吏按籍督逋賦。籲患之。盡去其籍。時議自建康鑿漕渠。將破民田。籲條析利病力止之。後爲熙河蘭廓路經略司屬官。留意邊事。撰有拓邊錄。河隴人物志。譜諸系諸書。高宗初以直祕閣知同州。金人陷城。赴井死。諡威愍。

閭·大肥 後魏蠕蠕人。道武時歸魏。尙華陽公主。明元卽位。爲內都大官。從宜城王奚斤攻武牢。太武初復與奚斤破大檀。從討赫連昌。以功授榮陽公。後將拜爲王。遇疾卒。

閭丘·方遠 唐宿松人。學修眞出世之術。昭宗累召不赴。賜號妙有大師。天復中尸解。後有見之仙都山者。

閭丘先生 春秋齊桓公獵於杜山。閭丘先生見焉。公賜免租。不謝。又賜免役。復不謝。公問先生何願。曰願賜富貴壽考耳。公曰。壽天主之。貴則大官無缺。富則倉廩無妄發。何以賜先生乎。閭丘曰。非也。選良吏平法度。臣得壽矣。賑之以時。臣得富矣。令少敬長。臣得貴矣。公乃反。與管子修政教而齊以伯。

閭丘·均 唐成都人。與陳子昂。杜審言齊名。武后時官博士。尋罷。後從唐九徵爲管記。南中碑碣。多出其手。

閭丘·孝終 宋字公顯。蘇軾嘗云。蘇州有二丘。不到虎丘。則到閭丘。其爲名流推重如此。

閭丘秀才 宋江南人。畫水自成一家。

閭丘·昕 宋麗水人。字逢辰。舉進士。爲義烏令。有政績。除監察御史。累遷吏部侍郎。卒諡清簡。

閭丘·賓用 宋隱於吳市。力耕以養其親。廉直不汚。尤力學好吟詠。

閭丘·曉 唐詩人。爲濠州刺史。賊圍宋州。張巡告急張鎬。鎬倍道進。檄曉趣救。曉復撓逗遛不肯進。比鎬至淮口而巡已陷。鎬怒。杖殺曉。

閭丘·嬰 春秋齊崔杼見棠姜而美之。遂取之。莊公通焉。崔子弑之。嬰以帷縛其妻而載之。與申鮮虞乘而出。鮮虞推而下之曰。君昏不能匡。危不能救。死不能死。而知匿其暱。其誰納之。

閭丘·觀 宋麗水人。字民表。倜儻有大志。宣和中睦州方臘寇作。賊首洪載據松邑攻遂昌。勢張甚。朝廷下詔安之。觀慨然請行。以義感賊。成約而還。授承信郎。靖康初本路帥命部衢處婺三州兵赴婺州。及還。遇高宗渡江。領兵勤王。凡歷九任。積官至武翼大夫。

閭·和 晉惠帝時官右衞佽飛督。趙王倫以兵廢賈后。和爲內應。

閭·毗 後魏代人。本蠕蠕人。恭皇后之兄。太武時降魏。後生文成。太安初以毗爲平北將軍。賜爵河東公。後進爵爲王。官征東將軍。評尙書事卒。

閭·紇 後魏毗弟。太安初爲寧北將軍。賜爵零陵公。後進爵爲王。官征西將軍。中部大官卒。

閭·勍 宋建炎中節制淮南軍馬。駐定遠縣。金人陷定遠。勍爲所執。不屈死。

閭·莊 後魏紇子。本名豆。後賜名莊。太和中初立三長。以莊爲定戶籍大使。甚有時譽。位終七兵尙書。

閭·鉦 明涇州人。字靜之。成化進士。歷官貴州布政使。蠻酋作亂。鉦同將官討之。死於陣。

閭·潔 明陝西人。字奐清。弘治進士。爲劉瑾奴壻。瑾令督山東學政。

隤敳 上古高陽氏才子。爲八愷之一。舜舉之使主后土。以揆百事。

鞏·永固 明宛平人。字洪圖。尙樂安公主。崇文雅。喜與賢士大夫游。崇禎末流寇陷城。公主柩尙在堂。永固以黃繩繫二女於柩前。縱火焚之。因大書身受國恩義不可辱八字。自刎而死。

鞏·伋 漢爲侍中。秉忠貞之節。

鞏·固 明洋縣人。宣德中知拱縣。有勇略。生擒賊首阿具田等。夷人畏憚。不敢近城。

鞏·信 宋安豐軍人。爲荊湖都統。沈勇有謀。後隸文天祥。累官江西招討使。初至都府。天祥以義士千人付之。信曰。此輩徒累人耳。乃招淮士數千自隨。然常怏怏曰。有將無兵。其如彼何。後與元兵戰於方石嶺。傷重不能戰。自投崖石而死。◉元彥暉子。襲授銀符。易州等處管軍把總。世祖時伐宋數有功。江南平。陞武略將軍。管軍千戶。鎭太平州。

鞏·建豐 淸伏羌人。字子文。號渭川。又號介亭。康熙進士。官至翰林院侍讀學士。有朱園山人集。

鞏·彥暉 元彥榮弟。代彥榮爲百夫長。伐宋累有功。賜銀符牌。俾兼鎭撫事。後次武昌中伏。投水。敵援之出。載歸武昌見宋官。不屈死。

鞏·彥榮 元易州人。與弟彥暉俱以武勇稱。爲百夫長。隸千戶何伯祥下。累有戰功。後請老。以彥暉代之。

鞏·思容 明東平人。舉人。嘉靖間任安化知縣。性剛毅明辨。法行禁止。有巨盜匿其贓物。思容一訊立得其情。民皆稱之。

鞏·珍 明應天人。永樂間遣鄖和

使西洋。宣宗嗣位。復命和及王景宏等徧諭諸番。時珍從事總制之幕。往還三年。歷國二十。記其風土人物。成西洋番國志。

鞏·珪 明貴池人。正統間爲黑鹽井提舉司副提舉。侃直任事。秩滿。父老遮留。不忍其去。

鞏·嶸 宋豐弟。字仲問。淳熙進士。累官大理寺丞。上書言兵端不可開。忤宰相。出知嚴州。已而直祕閣。歷遷司封郎致仕。爲人靜正夷博。未嘗媒進。而儒術吏治。所至皆有聲。有厚齋集。

鞏簡公 周敬王卿士。棄其子弟而好用遠人。其後鞏子弟賊簡公。

鞏·豐 宋武義人。字仲至。號栗齋。少游呂祖謙之門。淳熙間第進士。嘗知臨安縣。稍遷提轄左藏庫卒。豐片詞半牘。皆清頴得言外趣。尤工詩。有東平集。

頡利 唐突厥可汗。姓阿史那氏。名咄苾。高祖時兵銳馬多。歲入寇。視中國爲不足與。帝方經略天下。故屈禮。贈賚不貲。貞觀中帝令李靖討之。頡利走保鐵山。張寶相禽之。俘送京師。授右衛大將軍。死贈歸義王。諡荒。

養·由基 春秋楚大夫。善射。去柳葉百步射之。百發百中。晉楚戰於鄢陵。由基蹲甲而射。徹七札焉。

養·奮 後漢鬱林人。字叔高。博通古籍。郡人重之。以布衣舉方正。和帝時策問陰陽不和。或水或旱。奮以時政干逆天氣。所對言多切直。奮蓋一時名儒。惜莫究所終。

駒·幾 漢以屬國騎擊匈奴。捕單于兄。封騏侯。

駟先生 漢齊人。失其名字。淮陽王欽母舅張博遺王書曰。聞有駟先生者。善爲兵法。大將材也。今天下騷動。微此人莫安。博欲誘王爲非義。事泄。博坐誅。

駟·赤 春秋魯爲郈工師。侯犯以郈叛。駟赤說侯犯求事於齊。而宣言於郈中曰。侯犯將以郈易於齊。齊人將遷郈民。衆兇懼。圍侯犯。駟赤納魯人。侯犯奔齊。

駟·偃 春秋鄭大夫。字子游。娶於晉。生子絲。偃卒。絲弱。其父兄立子游叔父駟乞爲嗣。乞字子瑕。子產憎子瑕之爲人。且以爲不順。弗許亦弗止。晉使如鄭問故。子產曰。天之所亂。寡君實不敢知。其誰實知之。晉人舍不問。

駟·鈞 漢齊王襄舅。初齊王與鈞謀發兵誅諸呂。後大臣既誅諸呂。將立齊王。皆曰。母家駟鈞惡戾。虎而冠者也。立齊王。是復爲呂氏也。乃立代王。文帝立。鈞封隝侯。坐濟北王反。弗救免。

駟·勳 後漢會稽人。仕郡爲功曹史。會楚王英謀反事發。太守尹興被誣詣廷尉獄。勳亦詣獄就考。備受五毒。肌肉消爛。終無異辭。卒得赦還。

髮·福 漢東海人。從長孫順受韓詩。至大官。徒衆甚盛。

魯·一同 清江蘇山陽人。字通甫。一字蘭岑。道光舉人。性疏奇。好言經世。洪楊之難。嘗佐清河令吳棠。城守有功。爲文昌明洞達。切於事情。有通甫類稿。

魯·九皋 清江西新城人。原名仕驥。字絜非。號山木。乾隆進士。知夏縣。有惠政。以積勞卒官。嘗至建寧。受古文法於朱仕琇。復與桐城姚鼐善。其文沖夷和易。持論尤中正。有山木居士集。

魯女生 後漢長樂人。初餌胡麻及朮。絕穀八十餘年。日少壯。色如桃花。日行三百里。走及麞鹿。道成。入華山仙去。

魯·之茂 宋海鹽人。號雪村。寧宗時仕爲郎。以善畫名。

魯·之裕 清麻城人。字亮儕。康熙舉人。官至直隸清河道。署布政使。氣概豪邁。不隨俗俯仰。河督田文鏡命往摘中牟令某印而代之。之裕力白其能得民。文鏡異之。從其請。在官多政蹟。尤精水利。濬畿南河道七百餘。於書無所不窺。有詩古文及纂輯經史源流諸書共二百餘卷。又有長蘆鹽法志。

魯·介 清金陵人。字南宮。善畫蘭竹花卉。

魯·仁圻 清會稽人。號元長。好讀經。邃春秋學。能馬上左右射。補博士弟子員。順治中官千總。有春秋評解。

魯公子般 春秋魯莊公子。初。魯雩。講於梁氏。般與女公子觀之。圉人犖自牆外與之戲。子般怒。鞭之。公曰。不如殺之。犖有力焉。及公卒。般卽位。次於黨氏。爲犖所弒。(般亦作斑。)

魯文公 春秋魯僖公子。名興。卽位三年。朝於晉。嘗敗翟於鹹。獲長狄僑如。在位十八年卒。諡文。

魯·文質 明以醫名。洪武初授太醫院判。

魯·丕 後漢恭弟。字叔陵。沈深好學。兼通五經。以魯詩尙書教授。爲當時名儒。建初初舉賢良方正。歷青州刺史。遷趙相。就學者常百餘人。關東號之曰五經復興魯叔陵。歷侍中。左中郎將。再爲三老。

魯·世任 明垣曲人。字姚尹。性端方。事親孝。天啓舉人。崇禎間知鄖州。會流賊來犯。親勒民兵禦之。戰敗自刎死。

魯·世達 隋餘杭人。煬帝時爲國

子助教。有毛詩章句義疏。

魯仕能 宋平江人。字時舉。淳祐進士。從饒魯學。爲監利令。辟充沅州錄事。兼餉事。以事失帥意。羈流沅州。帥死。事得白。仕能始終無憂喜色。旣歸。講道寶潭。時稱寶潭先生。

魯平公 戰國魯穆公四世孫。名叔。一作名旅。嘗欲見孟子。爲嬖人臧倉所沮。在位三十二年卒。謚平。

魯弘道 明合肥人。多材武。膂力過人。崇禎時流賊犯廬。圍數匝。時啓北關。賊乘之。守者皆散。弘道挺矛斃數人。賊始退。至夕。賊更攻東關。將入。弘道復持矛抵之。關賴以完。以功授守備。

魯仲連 戰國齊高蹈不仕。喜爲人排難解紛。游於趙。秦圍趙急。魏使新垣衍請帝秦。仲連義不許。見衍曰。彼卽肆然爲帝。連有蹈東海而死耳。秦軍爲却。後因單言於齊王。欲爵之。連逃隱於海上以終。

魯匡 漢平陵人。王莽時爲羲和。有權數。設六筦以窮工商。時盜賊多。公孫祿以爲言。因左遷匡。以厭民望。

魯旭 後漢恭孫。官太僕。從獻帝入長安。與司徒王允謀共誅董卓。及李傕入長安。與允同遇害。

魯有開 宋宗道從子。字元翰。好禮學。通左氏春秋。以蔭知韋城。確山。富弼薦之。以爲有古循吏風。尋知南康軍。代還。熙寧行新法。王安石問江南如何。曰。法新行。未見其患。當在異日也。以所對乖異。出通判杭州。所歷皆有政績。官至中大夫卒。

魯伯 漢瑯邪人。與河內張禹俱從沛國施讐學易。官至會稽太守。

魯伯能 宋安吉人。博學彊記。九歲通五經。日讀萬言。家貧。夜乘月光誦讀達旦。歷官處州太守。生平無所嗜好。惟以翰墨自娛。有文集三百餘卷。

魯孝公 周魯懿公弟。名稱。宣王伐魯。殺其君伯御而立之。公肅恭明神。敬事耆老。賦事行刑。必問於遺訓。而咨於固實。不干所問。不犯所知。在位二十七年卒。謚孝。

魯成公 春秋魯宣公子。名黑肱。初。宣公欲去三桓。會宣公卒。襄仲之子歸父奔齊。齊伐魯取龍。公與晉郤克敗齊師於鞌。齊復歸魯侵地。在位十八年卒。謚成。

魯秀 南朝宋爽弟。才略過爽。偕爽南歸。累官司州刺史。後從義宣叛。兵敗而死。

魯邦彥 明睢州人。字鄭卿。嘉靖進士。授行人。考滿當選科道。大學士嚴嵩欲引之。遂乞養歸。杜門掃軌。潛心經術。以名行推重。

魯定公 春秋魯昭公弟。名宋。與齊景公會於夾谷。孔子行相事。齊欲襲公。孔子以禮歷階。齊侯懼。乃止。歸魯侵地而謝過。公使仲由毀三桓城。收其甲兵。孟氏不肯墮城。伐之。不克而止。齊人歸女樂。季桓子受之。君臣相與觀之。廢朝禮三日。孔子行。在位十五年卒。謚定。

魯宗之 南朝宋郿人。字彥仁。晉太元末歷官至南郡太守。恭帝時起義。以功爲輔國將軍。武帝討劉毅。與宗之同會江陵。封南陽郡公。宗之自以非帝舊隸。屢建大功。有自疑之心。遂北奔。頃之病卒。

魯宗貴 宋錢塘人。紹定間畫院待詔。工畫花竹鳥獸窠石。尤長寫生。

魯宗道 宋譙人。字貫之。登進士。天禧中爲右正言。多所論列。眞宗書殿壁曰魯直。仁宗時判吏部流內銓。釐正銓格。悉揭科條。拜參知政事。章獻太后臨朝時。有請立劉氏七廟者。太后問輔臣。衆不敢對。宗道抗言若立劉氏七廟。如嗣君何。樞密使曹利用恃權驕橫。宗道屢於帝前折之。自是爲貴戚所嚴憚。目爲魚頭參政。因其姓。兼言其骨鯁如魚頭也。卒謚肅簡。

魯炅 唐薊人。長七尺餘。略通書史。安祿山反。炅爲山南節度使。兵敗。保南陽。被圍凡一年。晝夜戰。食盡。人相食。卒無救。乃率衆突圍走襄陽。乾元初與九節度圍安慶緖於相州。炅中流矢輒奔。諸節度潰去。尋羞惕仰藥死。

魯明善 元畏吾兒人。以字魯爲氏。名鐵柱。以字行。出監壽州。著農桑衣食撮要二卷。分十二月令。件繫條別。簡明易曉。以補農桑輯要所未備。

魯武公 周魯君。名敖。與長子括少子戲西朝宣王。王愛戲。欲立爲魯太子。樊仲山甫諫。弗聽。卒立戲。在位十年卒。謚武。

魯治 明吳縣人。號岐雲。工[illegible]花竹翎毛。

魯芝 晉郿人。字世英。耽思墳籍。舉孝廉。仕魏累官天水太守。曹爽輔政。引爲司馬。屢有讜言嘉謨。爽弗能納。司馬懿起兵。芝率衆斬關馳出赴爽。勸爽保許昌。爽不能用。遂委身受戮。芝坐爽下獄當死。而口不訟直。志不苟免。懿嘉之。赦而不誅。累官光祿大夫。卒謚貞。

魯宣公 春秋魯文公庶子。名倭。公私事襄仲。襄仲請於齊惠公。殺文公嫡子惡及視。而立公。魯由此公室卑。三桓彊。在位十八年卒。謚宣。

魯昭公 春秋魯襄公庶子。名稠。年十九猶有童心。居喪而有喜色。比及葬。三易衰。君子曰。是不終也。

累朝晉。謝還之。魯人以爲恥。立二十五年。三家共伐公。公出奔齊。久之。公如晉求入。晉六卿受季氏賂。乃處公於乾侯。在外八年。卒於乾侯。諡昭。

魯哀公　【春秋魯】定公子。名蔣。齊田常弒其君。孔子請伐之。哀公不聽。公患三桓。將欲因諸侯而劫之。三桓攻公。公奔於衛。去如鄒。遂如越。國人迎公復歸。卒於有山氏。在位二十七年。諡哀。

魯・貞　【元】開化人。字起元。號桐山老農。元統舉人。隱居不仕。邃於理學。躬行實踐。余闕薦之不起。有春秋按斷。中庸解。易註。桐山老農文集。

魯・軌　【南朝宋】宗之子。一名象齒。武便弓馬。筋力絕人。爲竟陵太守。武帝定長安。爲荆州刺史。鎭長社卒。

魯・峻　【後漢】昌邑人。字仲嚴。治魯詩顏氏春秋。初舉孝廉。歷拜屯田校尉。以病歸卒。

魯・恭　【後漢】匡孫。字仲康。年十五。與弟丕俱居太學習魯詩。爲諸儒所稱。章帝時宰中牟。專以德化爲理。時郡國螟蝗傷稼。獨不入中牟。河南尹袁安聞之。使掾往廉之。恭隨行阡陌。有雉過童子旁。掾曰。何不捕之。童子曰。雉將雛。不可害之。掾歸。稱爲三異。謂蟲不及境。化及禽獸。童子有仁心也。累遷至司徒。恭性謙退。奏議依經。潛有補益。然終不自顯。故不以剛直稱。以老病罷歸卒。

魯桓公　【春秋魯】惠公嫡子。名軌。公子翬既弒隱公。遂立公。以宋之賂鼎入於太廟。君子譏之。後與夫人姜氏如齊。齊襄公通於夫人。公怒。夫人以告。襄公饗公。公醉。使公子彭生弒公。在位十八年。諡桓。

魯班　見公輸班條。（按孟子注。公輸子。名班。魯之巧人。世盡以公輸魯班爲一人。廣陽雜記云。太平廣記載魯班燉煌人。莫詳年代。巧侔造化。又六國時有公輸班。爲木鳶以窺宋城。似兩人。又古樂府。誰能刻鏤此。公輸與魯班。則明係兩人矣。）

魯・翁孺　【漢】太原人。以任俠聞。恂恂退讓。有君子之風。（按史記作魯公孺。此從漢書。）

魯・訔　【宋】嘉興人。字季欽。自號冷齋。紹興進士。仕至福建提點刑獄公事。有杜詩註。杜工部詩年譜。

魯・國男　【清】大興人。明昌平副將。順治初阿濟格勦李自成於山西。國男詣降。敗賊黨高一功於保德。寧武。隨征陝西。復榆林。延安。累官正定總兵。加都督僉事。勦平曹縣土賊李化鯨。山西土賊張五桂。王天平等。屢有功。後以貪淫殘縱。奪職病死。

魯・得之　【清】錢塘人。僑寓嘉興。字孔孫。號千岩。工書。善畫墨竹。晚年右臂不仁。左手畫風竹尤有致。

魯悼公　【戰國魯】哀公子。名寧。時三桓強。魯如小侯。卑於三桓之家。在位三十七年卒。諡悼。

魯・悉達　【陳】扶風郿人。字志通。仕梁爲南平嗣王中兵參軍。侯景之亂。糾合鄉人保新蔡。招集晉熙等五郡。盡有其地。景平。元帝授悉達北江州刺史。敬帝時王琳據有上流。悉達撫綏五郡。甚得民和。琳授鎭北將軍。武帝亦遣授征西將軍。江州刺史。各送鼓吹女樂。悉達兩受之。遷延顧望皆不就。後王琳結齊以制悉達。遂歸武帝。悉達雖仗氣任俠。而雅好詞賦。招禮才賢。會遭母憂。哀毀遘疾卒。諡孝。

魯・淑　【三國吳】肅子。永安中督武昌。建衡中遷夏口。所在嚴整有方幹。

魯・淵　【元】淳安人。字道源。私淑楊簡。錢時之學。至正進士。出爲華亭丞。新安失守。爲賊所得。淵吟詠自若。豫作自祭文。誓以必死。賊平得脫。起爲浙江儒學提舉。尋歸隱岐山下。以春秋傳學者。洪武初累徵不起。學者稱岐山先生。有春秋節傳。

魯・爽　【南朝宋】軌子。少有才藝。魏太武帝知之。常置左右。後南歸。爲司州刺史。南譙王義宣約爽至秋同舉兵。爽狂酒乖謬。即日舉事。兵敗死。

魯・莊　【宋】杭人。乾道間祗應備內司。工畫人物。

魯莊公　【春秋魯】桓公子。名同。初公築臺臨黨氏。見孟任。說而愛之。許立爲夫人。生子般。又取齊女爲夫人。曰哀姜。無子。其娣叔姜生子啓。公無適嗣。愛孟任。欲立其子般。公病。問嗣於弟叔牙。曰。慶父在。可爲嗣。公患之。問其弟季友。曰。臣以死奉般。乃使鍼季鴆叔牙。公在位三十二年卒。諡莊。季友遂立子般爲君。

魯頃公　【戰國魯】平公孫。名讎。在位二十四年。楚考烈王滅之。遷公於下邑。爲家人。魯絕祀。公卒於柯。諡頃。

魯・勝　【晉】代郡人。字叔時。少有才操。爲佐著作郎。元康初遷建康令。著正天論。嘗歲日望氣。知將來多故。便稱疾去官。張華遣子勸其更仕。再徵博士。舉中書郎。皆不就。其著述多遺失。惟墨辯倘存。

魯惠公　【周魯】孝公子。名弗湟。嫡夫人無子。公賤妾聲子生子息姑。息姑長。爲娶於宋。宋女至而好。惠公奪而自妻之。生子軌。登宋女爲夫人。以軌爲太子。在位四十六年卒。諡惠。（此據史記。按經傳不言惠公無道。傳記宋武公生仲子。手中有魯夫人文。故歸魯。生桓公。與史記異。）

魯・曾煜　【清】會稽人。字啓人。號秋塍。康熙進士。官庶吉士。有秋塍文鈔。

魯·欽　【明】長清人。萬曆中奢崇明·安邦彥反貴州。欽代杜文煥總川貴湖廣浙土軍。會羣苗蠭起。欽佐王三善防勦。三善敗於內莊。自殺。欽以殘卒還。未幾。大敗賊兵。後邦彥復大舉入寇。欽禦之河上。連戰數日。將士逃竄。欽遂自刎。

魯·琪光　【清】南豐人。字芝友。同治進士。官至濟南知府。居官多惠政。尤工書法。

魯·超　【清】會稽人。字文遠。監生。官至廣東布政使。有謙庵詞。

魯閔公　【春秋魯】莊公子。名啓。弟慶父與哀姜通。哀姜與慶父謀殺公而立慶父。慶父使卜齮襲殺公於武闈。在位二年。諡閔。（按史記避景帝諱作名開。又閔公作湣公。此從左傳。）

魯陽公　【戰國】與韓構難。戰酣方暮。援戈而麾之。日爲之反三舍。

魯·璉　【清】江西新城人。字建玉。康熙進士。授檢討。累官右通政致仕。主教豫章書院。平生無疾言遽色。人不敢干以私。學者稱西村先生。

魯·經　【明】麟子。武宗時襲指揮。世宗時擢陝西總兵。守莊浪二十餘載。驍勇敢戰。奉職寡過。保功名。稱良將。

魯·肅　【三國吳】東城人。字子敬。家富於財。好施與。得鄉邑歡心。周瑜爲居巢長。故過候。且求資糧。肅有米兩囷。囷三千斛。乃指一囷與之。瑜遂薦於孫權。獨建議結劉備拒曹操。權甚重之。拜奮武校尉。屯陸口。恩威大行。從權破皖城。轉橫江將軍。肅爲人方嚴。雖在軍陣。手不釋卷。又善談論。能屬文。思度弘遠。有過人之明。周瑜之後。肅爲之冠。建安中卒。

魯僖公　【春秋魯】閔公弟。名申。閔公被弒。季友聞之。自陳奉申入立之。哀姜奔邾。慶父自殺。齊桓公召哀姜於邾而殺之。以其屍歸。公請而葬之。以汶陽·費二邑封季友。在位三十三年卒。諡僖。

魯·論　【明】江西新城人。字孔璧。號西麓。天啓中以貢生授潁州州同。終福州同知。有四書通義·仕學全書。

魯·廣達　【陳】悉達弟。字遍覽。少慷慨。志立功名。虛心愛士。賓客或自遠而至。侯景之亂。與悉達以功同授官。入陳。累立戰功。後主時積官中領軍。隋將賀若弼來攻。數敗之。及弼攻敗諸將。悉衆相薄。遂被執。禎明中依例入隋。廣達愴懷故國。遘疾不治卒。

魯·賜　【漢】碭人。申公弟子。治詩。仕至東海太守。在官有廉節稱。

魯·憲學　【明】南漳人。字爾章。崇禎中領鄉薦。博學善書畫。工詩文。

魯·澥　【宋】清江人。字子明。力學強記。尤精於易。喜吟詠。嘗與向子諲爲詩社。澥有林園二十畝。塢內有含笑花數十株。自號笑塢老人。

魯·穆　【明】天台人。字希文。永樂進士。除御史。有直聲。遷福建僉事。民呼魯鐵面。正統初擢右僉都御史。敭歷中外三十餘年。被服一如寒士。有葩經或問·禮記日抄。

魯穆公　【戰國魯】悼公孫。名顯。一作名不衍。以公儀休爲政。尊禮子思。無人乎子思之側。則不能安子思。在位三十三年卒。諡穆。一作繆。

魯·謁居　【漢】河東人。張湯吏。李文與湯有隙。謁居知之。使人告文姦事。事下湯。論殺文。湯心知謁居爲之。謁居病。湯自往視。爲摩足。趙王告湯大臣。爲史摩足。疑與爲大姦事。湯卒以此敗。

魯·點　【明】南華人。字子與。萬曆進士。知休寧縣。有齊雲山志·黃樓集。

魯·褒　【晉】南陽人。字元道。好學多聞。以貧素自甘。元康之後。綱紀大壞。褒傷時貪鄙。乃隱姓名而著錢神論以刺之。世共傳其文。褒不仕。莫知所終。

魯襄公　【春秋魯】成公子。名午。即位時年三歲。立九年。與晉伐鄭。晉悼公冠襄公於衛。季武子從相行禮。時武子欲專公室。三桓氏分爲三軍。公室遂削弱。屢朝於晉。在位三十一年卒。諡襄。

魯隱公　【春秋魯】惠公長庶子。名息姑。惠公卒。太子軌少。故魯人共立息姑攝政。行君事。在位十一年。公子翬謂公曰。百姓便君。君其遂立。吾請爲君殺太子。君以我爲相。公曰。吾爲太子少。故攝代。今太子長矣。吾方營菟裘之地而老焉。翬懼。反譖公於太子。遂弒公。諡隱。

魯·璸　【清】懷寧人。字星村。貢生。善畫。工書。有星村詩鈔·管窺集·瑣事合編。

魯懿公　【周魯】武公少子。名戲。在位九年。兄括之子伯御與魯人攻弒公。而立伯御爲君。諡懿。

魯·鐸　【明】景陵人。字振之。弘治中舉進士第一。官編修。武宗立。使安南。卻其餽。歷兩京國子祭酒。敎士務實學。致仕歸。累徵不起。卒諡文恪。

魯·鑑　【明】其先大同人。鑑嗣職爲莊浪衛指揮同知。久之擢都指揮僉事。成化中固原滿四反。以土兵千人從征。出則先驅。入則殿後。最爲賊所憚。積官甘肅總兵。鎮守延綏。孝宗立。致仕卒。

魯·麟　【明】鑑子。孝宗時襲指揮。擢甘肅副總兵。豪健如其父。而恭順不如。帝皆優容之。

黎·子雲　【宋】儋州人。昆弟貧而好

學。所居多林木水竹。蘇軾在儋耳。甞造訪子雲兄弟。執禮甚恭。每與弟載酒過從。請益問奇。軾因題其別墅曰載酒堂。

黎·士宏 清長汀人。字媿曾。順治舉人。錢謙益等推爲海內名士。服官江西陝西江南。政績甚著。以蕩寇功晉秩布政司參政。乞歸卒。有西陲聞見錄。託素齋詩文集。仁恕堂筆記。理信存稿。

黎·元寬 清南昌人。字左嚴。一字博庵。明崇禎進士。歷浙江提學副使。以忤溫體仁罷歸。明亡。構草廬於谷鹿洲。與生徒講學。順治初有薦之者。以母老固辭。有進賢堂稿。

黎·公弁 明臨川人。字之冕。宣德中由經明行修薦。歷任蒲圻教諭。聚典文衡。博學洽聞。每夜課諸生業。一鼓乃罷。雖祁寒暑雨不少變。有蓴川。蠅鳴等集。弟公潁。字之秀。與公弁同薦。官至監察御史。有問齋日錄。

黎·公眞 元爲甘泉令。有仁政。後去任。民思之。圖其像於學舍。

黎·世序 清羅山人。字湛溪。初名承惠。嘉慶進士。知南昌縣。在官五年。治狀爲一時最。累官至南河總督。以束水攻沙蓄清敵黃爲務。淡泊寧靜。一滌靡俗。爲治河名臣。卒諡襄勤。有河上易注 滌溪文集。

黎·弘業 明廣東順德人。初名弘基。後以避諱改。字孟擴。號行儉。天啓舉人。知和州。崇禎中流賊犯州境。禦卻之。旋復至。募死士登陴固守。城將陷。妻妾及女皆自經。弘業自刎未殊。濡頸血大書曰。爲臣盡忠。爲子盡孝。何惜死。賊入。傷數刃而死。

黎·民安 明金谿人。號九華。崇禎間授運糧把總。以禦張獻忠有功。授游擊。李自成破襄陽。民安力戰被執。罵賊死。

黎·民表 明貫子。字惟敬。自號瑤石山人。嘉靖舉人。授翰林孔目。轉吏部司務。執政知其能文。用爲制敕房中書。供事內閣。萬曆中官至河南布政使參議致仕。民表性坦夷。好讀書。其詩與梁有譽、歐大任齊名。工畫。尤善書法。有瑤石山人稿。北游稿。諭後語錄。養生雜錄。

黎·民衷 明民表弟。字惟和。號雲野。嘉靖進士。累官吏部郎中。以清操聞。有忌之者。遂出爲廣西糧儲參政。蠻寇陷城劫藩庫。民衷率守者與戰。被創卒。有司封集。

黎·民懷 明民衷弟。字惟仁。號白泉。嘉靖中嘗以歲薦。廷試後至豫章。諸王孫聞其才名。爭求識面。書畫出入晉宋。詩清曠閒逸。時稱三絕。與兄民表、民衷師事黃佐。有三鳳之目。旣歸。絕意仕進。卒年八十有一。有滴居集。

黎·由高 清通城人。字鵬霄。有周易後天歸圖。

黎·立武 宋新喻人。字以常。自號寄翁。咸淳進士。官至國子司業。與文天祥、謝枋得相友善。學者稱所寄先生。宋亡不仕。有中庸指歸及分章。大學發微及本旨。

黎·仲吉 宋寧都人。字漢儒。淳化進士。天禧中叩閤言事。忤丁謂。授洪州文學。謂罷相。召對。改袁州戶曹。解職歸隱。時稱方外高人。

黎·光 明東莞人。字仲輝。博學能文。洪武中以鄉薦拜御史。巡蘇州。執法不阿。爲御史大夫陳寧所忌。以事中之。死貶所。

黎·伯淳 明大足人。事母至孝。一日山莊火。淳獨負母走。火滅。渡溪。適水至。同行多沒。惟淳母子得全。人以爲孝感。母死。拊櫬號呼。氣絕而死。與母同葬。

黎·廷瑞 宋鄱陽人。字祥仲。咸淳進士。官肇慶府司法參軍。有芳洲集。

黎·志 宋宜州人。第治平進士。爲化州吳川令。以政最加勳武騎。賜緋魚袋。羅成嘗謂馮三元以文學魁天下。黎特科以及第擅當世。並稱爲人物之傑出。

黎·良德 清寧化人。字實存。號懷古。以博雅稱。足跡徧天下。由太學生授州同。工書畫。士大夫多重之。有漫游草。

黎·定國 清江都人。字于一。嘗客福建學使幕。有續聞小記。

黎·明 宋長沙人。字才翁。以孝友信義著稱。師事胡安國。舍人薛徽言使湖南。高宗令訪山林不仕賢者。以明薦。命未下而卒。

黎·近 明臨川人。字之大。甫弱冠。遂以著述爲事。宣德間應文學材行科。除高要知縣。時猺賊據城東南。近出榜諭降之。被誣奏。逮繫獄十年。作大明鐃歌。鼓吹曲。太平頌等以獻。英宗嘉歎。釋之。有未齋稿。奉心集。黎子雜識。(按四庫提要作黎久之。字未齋。此從江西通志。)

黎·恬 明愼弟。字潜輝。與愼有倡和詩。人比之二劉三孔。中永樂進士。授監察御史。歷官春坊諭德。與修宣宗實錄。進講經筵卒。有觀過稿。

黎·恂 清遵義人。字雪樓。晚號拙叟。嘉慶進士。官巧家同知。淡於榮利。好學不倦。爲古今文。沖夷典雅。尤長於詩。有蛉石軒詩文集。四書纂義。讀史紀要。千家詩註。北上紀程。運銅紀程。

黎·貞 明新會人。字彥晦。性坦

蕩不羈。以詩酒自放。自號陶生。洪武初署本邑訓導。以事被誣。戍遼陽十八年。從游者甚衆。放還卒。有秫坡詩稿。

黎・倩 宋伎。胡銓貶海外十年。北歸之日。飲於湘潭胡氏園。愛倩。留題壁間。有君恩許歸此一醉。傍有梨頰生微渦之句。

黎・耿然 清晉江人。字介菴。久困諸生。乃棄而從軍。積功至雲南總兵官。有時一吟詩。

黎・培敬 清湘潭人。字開周。號簡堂。晚號竹間道人。咸豐進士。以編修視學貴州。署布政使。綜軍需。汰浮冗。綜察不遺。擢貴州巡撫。光緒間官至江蘇巡撫。卒諡文肅。有奏議。公牘。書札。黔郵紀程。求補拙齋詩文略。外集等。

黎・宿 宋東莞人。敦行禮義。鄉人化之。嘗封股以愈親疾。被旌。

黎・崇 明南城人。字好禮。居父喪。哀毀踰禮。廬墓側三年。不櫛沐。終喪猶縞衣。諱日輒哭臨不止。時稱孝子。

黎・崇宣 明番禺人。字孺旬。善古文辭。膂力過人。好騎射。善談兵。工楷草及隸書。中萬曆進士。授廣德知州。政簡刑清。以抗直掛冠歸。起袁州府推官。不就。優遊林下。母羅氏壽百歲。崇宣日侍左右承歡。崇禎中母卒。適北都變聞。崇宣哀痛而卒。有怡情集。

黎・庶昌 清遵義人。字蒓齋。廩貢生。同治間上萬言書。以縣令發兩江。官至川東道。兩使日本。影鈔唐宋舊籍。成古逸叢書。皆中土不傳之本。自著有拙尊園叢稿。

黎・淳 明華容人。字太樸。天順進士第一。成化中歷官左庶子。時高瑤疏請追崇景帝廟號。淳欲阿憲宗意。力駁之。爲士論所薄。後以南京禮部尚書致仕。有狷介稱。卒諡文僖。

黎莊公夫人 周衛侯之女。黎莊公之夫人。既嫁。未嘗得見。傅母閔夫人賢。謂之曰。夫婦之道。有義則合。無義則去。夫人曰。婦人之道。壹而已矣。彼雖不吾以。吾何可以離於婦道乎。

黎・貫 明從化人。字一卿。正德進士。改庶吉士。授御史。世宗入繼。貫請復起居注之制。命詞臣編類章奏備纂述。從之。會帝從張璁議。去孔子王號。改稱先師。幷損籩豆佾舞之數。貫率同官合疏爭之。帝震怒。下法司按治。褫貫職爲民。久之卒於家。有臺中稿。使閩稿。西巡稿。文集。

黎・崱 元安南國人。字景高。號東山。東晉交州刺史阮敷後。世居愛州。幼與黎琫爲子。因從其姓。仕安南至侍郎。佐靜海軍節度使陳鍵幕。世祖伐安南。鍵等出降。其國邀擊之。鍵沒於軍。崱入元授奉議大夫。居漢陽。著安南志略。所紀事實。與元史多有異同。可證史氏之譌。其他山川人物。亦詳贍。可資參考。

黎・景熙 北周疑曾孫。字季明。以字行。好讀書。強記默識。其從祖廣。嘗從崔弘受字義。崔浩學楷隸。景熙傳習其法。頗與許氏有異。又好占玄象。頗知術數。宇文泰徵之。令正定古今文字於東閣。尋拜著作佐郎。勤於所職。著述不怠。然性專固。不合於時。天和中終於車騎大將軍。

黎・貴臣 宋醴陵人。從朱熹受業。講明道學。士類多宗之。

黎・幹 唐戎州人。善星緯術。玄宗時待詔翰林。累擢諫議大夫。遷京兆尹。性貪暴。專徇財色。挾左道希主恩。代宗甚惑之。德宗在東宮。幹與宦者劉忠翼陰謀廢立。及卽位。除名長流。俄賜死。

黎・愼 明淸江人。字充輝。以字行。童子時爲詩輒有奇語。長從梁寅游。博通羣籍。落魄不羈。永樂初應明經召至京。授職不就歸。

黎・靖德 宋永嘉人。嘉祐間爲沙縣主簿。攝縣事。淸謹善理繁劇。博學能文詞。有朱子語類。

黎・載 元臨川人。字仲基。性端重。嘗謁吳澄於郡學。以文章請益。澄喜曰。期年所接。無如君氣節文章皆善者。歷官太平路教授。

黎・遂球 明番禺人。字美周。崇禎舉人。杜門著述。肆力詩古文辭。善畫山水。再試春官不第。時揚州進士鄭元勳集四方名士於影園。賦黃牡丹詩。推錢謙益爲之品題。懸金罍爲資。遂球南還過之。卽席成十首。竟冠諸賢。一時聲名籍甚。共呼牡丹狀元。禮部侍郎陳子壯以經濟名儒薦。因母老不就。甲申變後。子壯復薦之唐王。遂出受兵部職方司主事。提督廣東兵赴援贛州。城破。與弟遂琪死之。諡忠愍。有周易爻物當名。易史。蓮鬚閣詩文集。

黎・福 明江西樂平人。字天與。天順進士。授御史。疏天下利病。有人所難言者。累官右副都御史。撫治鄖陽。擢南京兵部侍郎卒。天性廉靜。不爲崖岸。事至必盡心力。埶所樹立與衆殊。

黎・確 宋字介然。官至吏部侍郎。龍圖閣待制。知漳州。崇寧間與汪革。饒節遊宿州。呂希哲在焉。皆往受學。師弟間雍容感發。有儒者氣象。

黎・錞 宋廣安人。字希聲。慶曆進士。官朝議大夫。英宗以蜀士爲問。歐陽修對曰。文行蘇洵。經術黎錞。嘗知眉州。蘇軾作遠景樓記。稱其簡而文。剛而仁明。正而不阿。久而民金信之云。

黎・嶷　後魏鄭人。太武時從破平涼有功。賜爵容城縣男。加鷹揚將軍。後爲燕郡守。（周書・北史俱作河間鄭人。按河間無鄭縣。當係鄚之誤。）

黎・擴　明臨川人。字大量。正統初由賢良舉授貴池訓導。遷蘇州教授。有學鳴稿。

黎・簡　淸廣東順德人。字簡民。一字未裁。號二樵。乾隆拔貢。十歲能詩。由山谷入杜。峻拔清峭。刻意新穎。書得晉人意。畫直造元四家堂奧。性好山水。所居曰百花村。亭曰衆香。閣曰藥煙。一時鉅公至粵者。咸折節下之。有五百四峯草堂詩文鈔・藥煙閣詞鈔・芙蓉亭樂府・注莊・韻學。

黎・獻　元東莞人。字子文。性警敏篤學問。弱冠授徒。一依紫陽白鹿洞遺規。取經史子集與稗雅小說之言。摘其的對奇語爲事類蒙求。別號拙翁。人稱拙翁先生。

黎・騫　淸江西淸江人。初字子鴻。號藹僧。後字藹雲。順治拔貢。康熙中舉鴻博。授檢討。有玉堂集。

十六畫

冀・元亨 明武陵人。字惟乾。號闇齋。正德舉人。師王守仁。主講濂溪書院。宸濠貽書守仁問學。守仁使元亨往報。既見。宸濠以語挑之。元亨佯不喻。獨與論學。宸濠厚贈之。元亨不受。及宸濠敗。張忠・許泰欲誣守仁與通。捕元亨。世宗初事白。出獄五日卒。

冀元亨妻 明姓李氏。元亨被逮。並繫李。李無怖色。獄中與二女治麻枲。不輟。事且白。按察諸僚婦聞其賢。召之。以囚服見。手不釋麻枲。問其夫學。曰。吾夫之學。不出閨門衽席間。聞者悚然。

冀・如錫 清廣平人。字公治。一字鎔我。以進士授刑部主事。康熙間累擢都察院左都御史。所建白皆切中利弊。陞工部尚書。致仕歸。如錫殫心理學。以躬行實踐為務。晚年尤耽周易。其持己接物。得力於易為多。

冀・邦直 元齊河人。文宗時為茌平尹。勞農桑。立鄉社。政尚廉簡。百姓安之。

冀・禹錫 金龍山人。字京用。幼聰慧。工詩。畫亦勁健可喜。弱冠有聲太學。登至寧進士。累擢應奉翰林文字。充尚書省都事。蒲察官奴之變。家人請微服免禍。不從。赴水死。

冀・凱 明鹿邑人。以貢入太學。授滁州判官。廉幹有為。正直不撓。官至工部左侍郎。

冀・綺 明寶應人。字文華。成化進士。授戶部主事。歷應天府尹。性質直。有治才。改尹京兆。宿弊盡革。邑人德之。

冀・儁 北周陽邑人。字僧儁。性沈謹。善隸書。特工模寫。文帝嘗使儁為魏帝敕書。給費也頭。令將兵助討侯莫陳悅。儁依舊敕模寫。與真無異。後歷襄樂郡守。遷湖州刺史。加驃騎大將軍。開府儀同三司。進爵昌樂侯。性廉靜。所歷頗有聲。

冀・練 明益都人。字純夫。嘉靖進士。知長安縣。擢戶部主事。以伉直久不調。神宗時官至戶部侍郎。以清勤著。卒謚端恪。

冀・體 明武安人。萬曆中官御史。趙志皋為首輔。體上疏極論志皋不可不去。帝怒。責對狀。抗辭不屈。斥為民。後累薦不起卒。

嘯父 古仙人。冀州人。在西周市中補履數十年。市人奇其不老。好事者求其術不能得。惟梁母得其作火法。

噶辰祿 清滿洲人。官牛彔章京。工畫蟹。尤精律呂。雅歆投壺。有儒將風。

噶塔布 清滿洲正黃旗人。姓鄂拉氏。乾隆間由前鋒累擢參領。助勦金川有功。官至伊犂領隊大臣。

噶達渾 清滿洲正紅旗人。姓納喇氏。順治初從入關。破李自成。討姜瓖。屢戰皆捷。累官兵部尚書。封三等男。鄭成功陷福州內地。噶達渾與李率泰會兵勦撫。成功遁入海。卒謚敏壯。

噶爾丹 清準噶爾部之酋。攻略車臣汗・科布多・伊犂・青海。占有其地。跋扈漠北。威令及於西藏。聖祖親征。大敗其軍。復偵其從子策妄阿拉布坦反於伊犂。噶爾丹窮蹙自殺。

噶爾丹策零 清準部策妄阿拉布坦子。雍正間嗣立。居伊犂。年少好兵。善馭士卒。時青海羅卜藏丹津敗投準部。以清軍來討。乞獻丹津以緩師。旋內犯。敗清將傅爾丹軍。乘勝東侵喀爾喀。轉戰入三音諾顏境。為清額駙策淩所敗。同時又進犯哈密。為岳鍾琪所敗。遂乞和。清亦以路遠勞師。歷久無功。撤軍還。乾隆間卒。

噶爾弼 清滿洲鑲紅旗人。姓納喇氏。乾隆間準噶爾據西藏。授噶爾弼定西將軍討平之。官至鑲藍旗蒙古都統。卒謚果毅。

噶爾漢 清噶達渾子。康熙間官鎮安將軍。楊來嘉叛於襄陽。譚宏叛於四川。噶爾漢偕佟國瑤由江中並南北兩岸三路進勦。戰功甚著。授荊州將軍。尋以武昌兵變。奪職。卒於家。

噶禮 清滿洲正紅旗人。姓棟鄂氏。康熙間征噶爾丹。以督運兵糧功。累遷山西巡撫・兩江總督。性貪賊。與張伯行互劾。奪職。後以謀書其母。賜自盡。

壁昌 清蒙古鑲黃旗人。姓額爾德特氏。和瑛子。字星泉。道光間官至福建將軍・內大臣。前後三出嘉峪關。一督兩江。卒謚勤襄。有兵武聞見錄・葉爾羌守城紀要・牧令要訣。

嬴公 漢東平人。為昭帝諫大夫。師董仲舒。治公羊春秋。仲舒弟子顯達者多。惟嬴公守師法不失。授東海孟卿・魯國眭孟。

嬴・咨 後漢黨錮八及之一。

學誠 清覺羅雅爾哈善妹。字丹奉。大居第八。世稱覺羅八姑。好讀書。談古今節義事。自以有廢疾。立志依父母以終。有素言。

寰中 唐高僧。蒲坂盧氏子。早舉甲科。母喪服闋。遂出家。受心印於百丈禪師。初結茅於南嶽。後居杭州大慈山。問道者衆。山素缺水。有二虎以爪跑地。泉自涌出。因名虎跑泉。咸通中卒。僖宗時追謚性空大師。

彊・華 後漢光武在長安時。華與光武為同舍生。嘗自關中奉赤伏符至鄗。羣臣因以為受命之符。

彊・霓 宋自金歸宋。知環州。歷環慶路統制軍馬兼沿邊安撫使。隆興間金兵圍環州。霓堅守。弟霙爲環慶路統領。城陷。皆死之。

憑・祥興 〔唐〕雩都人。饒智略。與二弟皆英武尙義。黃巢之亂。傾貲募兵勤王。累功爲將軍。

憨山 〔明〕高僧。全椒蔡氏子。年十二祝髮於金陵古長干寺。長入五臺山。後遠遁東海之牢山。神宗再徵不應。住曹溪演法。一日浴罷。焚香危坐而逝。嘗有採珠開礦使入粵。殊驛騷。過曹溪。憨山徐與言利害。由是珠罷採。粵人誦其德。

戰・正 〔明〕高密人。字德義。父沒於大寧。正往取父骨。遍訪弗獲。仰天號泣。忽一老人備以告。果得之以歸。永樂中領鄉薦。未仕卒。

戰・翙 〔明〕正從子。字膽霄。父卒。廬墓三年。景泰中舉鄉薦。母卒復廬墓。服闋。授冀城訓導。時內侍曹吉祥謀反伏誅。因上疏論杜宦官之禍。罷官歸。教授生徒。常百餘人。

操・師乞 〔隋〕鄱陽人。大業中舉兵反。自號元興王。建元天成。攻陷豫章郡。煬帝遣治書侍御史劉子翊討平之。（按煬帝本紀作操天成。此從唐書。）

操・欽 〔明〕宣德間爲縣令。蒞事廉明。百姓畏而愛之。以薦爲監察御史。所至著能聲。

暨・彥賓 〔南漢〕乾和時累官巨艦指揮使。常以兵入海掠商人金帛。爲劉晟離宮之費。已而率兵戍郴州。大寶中宋師南侵。陷郴地。彥賓死之。

暨・陶 〔宋〕崇安人。字粹夫。長於聲律。以賦知名。登元豐進士第一。臚唱者以洎聲呼之。不應。蘇頌奏必三國暨豔之裔。當以入聲呼之。及問陶籍貫。云建州。帝喜曰。果吳人也。官至奉議郎。

暨・遜 〔晉〕餘杭人。字茂言。仕爲廣昌長。封關內侯。以孝行聞。咸康中旌表門閭。

暨・豔 〔三國吳〕吳郡人。字子休。張溫引致之。以爲選曹郎。至尙書。性狷厲。好爲淸議。見郎署多非其人。欲臧否區別。彈射百僚。覈選三署。率皆貶高就下。降損數等。由是怨憤聲積。競言豔專用私情愛憎。不由公理。坐自殺。

曇一 〔唐〕高僧。蓋韓張氏子。景龍中出家。精通內外學。前後講四分律三十五徧。刪補鈔二十餘徧。蔚著靈異。時稱人中師子。有發正義記。

曇延 〔隋〕高僧。桑泉王氏子。隱太行百梯寺。宇文泰深敬之。爲立雲居寺。周建德中授爲國統。及武帝廢佛教。遂屏迹人世。文帝卽位。曇延面申宏理。奉敕住延興寺。拜平等沙門。有涅槃義疏及寶性・勝鬘・仁王等疏。

曇柯迦羅 〔三國魏〕高僧。中天竺人。家世大富。幼穎悟。自言天下文理。盡在腹中。後知佛教宏曠。俗書所不能及。乃棄捨世榮。出家精苦。嘉平中至洛陽。諸僧共請譯出戒律。中夏戒律始此。後不知所終。

曇崇 〔隋〕高僧。咸陽孟氏子。學行爲同輩所推。號爲無上士。周武帝以爲三藏。兼任陟岵寺主。入隋住清禪寺。臨終曰。吾有去處。今須付囑。卽以衣資施於三寶。無疾而逝。

曇備 〔晉〕女僧。建康陶氏女。年及笄。出家。精勤戒行。何后爲立永安寺。聲譽日廣。弟子三百人。泰元中卒。

曇陽子 〔明〕王錫爵女。名燾貞。曇陽子其號也。字徐景韶。未嫁景韶死。幼奉觀音大士。世傳其得道化去。王世貞有曇陽大師傳。紀其事甚詳。

曇無最 〔後魏〕高僧。武安董氏子。通經論。奉敕住洛都融覺寺。正光中孝明帝召曇無最與道士姜斌對辯。斌至無以對。佛法中興。曇無最有力焉。後不知所終。有大乘義章。

曇無竭 〔宋〕高僧。幽州李氏子。幼爲沙彌。修苦行。聞法顯等躬踐佛國。慨然有志。乃入流沙。經龜茲・疏勒諸國。進至罽賓。求得觀世音受記經梵文。後西入月氏國天竺界。惟齎石蜜爲糧。隨舶泛海。達廣州而歸。後不知所終。

曇無讖 〔北涼〕高僧。一作曇摩讖。中天竺人。幼出家。聰敏出羣。年二十。誦大小乘經二百餘萬言。明解呪術。所向皆驗。西域號爲大呪師。尋由龜茲至姑臧。沮渠蒙遜接待甚厚。爲譯涅槃經前後分及大集等經。魏太武聞其名。遣使迎請。蒙遜終不遣。曇無讖固辭西歸。蒙遜怒。遣刺客於路害之。

曇瑗 〔陳〕高僧。金陵人。有才術。能詩文。以持律名於時。宣帝時授僧正。住光宅寺。辭不就。有十誦疏・戒本羯磨疏・僧家書儀及別集等。

曇華 〔宋〕高僧。黃梅江氏子。號應菴。年十七出家。通徹大法。晚居明州天童寺。機辯明妙。世稱曇華與宗杲爲二甘露門。隆興初卒。

曇超 〔南齊〕高僧。清河張氏子。居錢塘靈隱山。常夜講經。有老人來聽。詰其姓。曰。我龍也。曇超曰。吾此地無水。汝能致之乎。老人撫掌。泉自湧出。今玉泉也。嘉定中賜號靈悟大師。

曇暉 〔梁〕女僧。成都青陽氏女。俗名白玉。住長樂寺。有德行。明經論。諸名師莫能屈。門徒至千數百人。天監初卒。

曇摩拙叉 〔隋〕高僧。天竺人。善畫。文帝時自本國來。徧禮中夏阿育王塔。至成都雒縣大石寺。空中見十二神形。便一一貌之。刻木爲十二神形於寺塔下。

曇摩羅 後魏高僧。西域烏場國人。聰慧利根。學窮釋氏。至中國卽曉魏言隸書。凡所聞見。無不通神。

曇瑩 宋僧。嘉興人。號蘿月。以談易名。時稱易僧。有路彖子三卷消息賦註。

曇・遷 南朝宋雅與范曄善。曄以宜城太守坐誅。家有十二喪。知交無敢近者。遷悉力營葬。孝武聞而異之。語徐爰曰。卿著宋書。勿遺此事。

曇遷 隋高僧。饒陽王氏子。通詩書。明周易。隱林慮山淨國寺。精研華嚴・十地・維摩・棱伽・地持・起信等經。開皇初入京講經。從受業者千餘人。聲名遂著。主勝光寺及禪定道場。有攝論・棱伽・起信・唯識・如實等疏。九識・四明等章・及華嚴明難品玄解。

曇霍 南涼高僧。蔬食苦行。專以神力化物。禿髮利鹿孤時從河南來。行步如風雲。言人死生貴賤。無毫髮差。嘗諫禿髮傉檀窮兵好殺之非。傉檀爲之節殺。後兵亂。不知所在。(按十六國春秋作雲霍。此從晉書。)

曇曜 後魏高僧。少出家。攝行堅貞。和平中任北臺昭玄統。住恆安石窟通樂寺。於武周山谷鐫石崖爲靈巖寺。窮極巧麗。大可容三千人。譯有法藏傳・淨土經。

曇顯 北齊高僧。魏末游鄴中。居無定所。常至法會。天保中敕釋道角法。道士陸靜修以術咒僧衣鉢及宮殿梁柱皆震動。時曇顯居下座。乃取僧裯衣鉢置地。使咒之。逾時不能動。由是黜道崇釋。曇顯後不知所終。

曇鸞 後魏高僧。亦作曇巒。雁門人。窮究佛性。通內外經籍。魏主重之。號爲神鸞。住汾州玄中寺。時往介山之陰。聚徒講經。後號其山爲鸞公巖。有禮淨土十二偈・續龍樹偈後。安樂集等。

曉瑩 宋高僧。字仲溫。歷參講席。頓明大事。晚歸羅湖之上。杜門卻掃。不與世通。惟以生平之所見聞。與諸方尊宿提唱之語。及友朋談說議論宗教之言。成羅湖野錄一書。爲時所寶。

樵青 唐憲宗賜張志和奴婢各一人。志和配爲夫婦。奴曰漁童。婢曰樵青。漁童使捧釣收綸。蘆中鼓枻。樵青使蘇蘭薪桂。竹裏煎茶。

樹洛干 晉鮮卑吐谷渾視羆子。繼從父烏紇堤而立。率所部奔歸莫何川。自稱大單于吐谷渾王。化行所部。衆庶樂業。號爲戊寅可汗。雜種歸附之。爲乞伏乾歸所忌。攻之於赤水。樹洛干敗降。拜爲平狄將軍・赤水都護。其後屢爲乞伏熾磐所破。慚憤而卒。在位九年。

樹・國楨 明江陰人。字予寧。工詩。善楷書。

橋・仁 漢梁人。字季卿。與楊榮並受禮於戴聖。仁著禮記章句四十九篇。成帝時爲大鴻臚。家世傳業。由是小戴禮有橋楊氏之學。

橋・玄 後漢睢陽人。字公祖。仁七世孫。少爲縣功曹。桓帝時爲度遼將軍。邊境安靜。靈帝初屢遷司徒。素與南陽太守陳球有隙。及在公位。薦球爲廷尉。光和初遷太尉。以疾罷。玄性剛急。然謙儉下士。當時稱之。

橋・庇 戰國魯人。字子庸。受易於商瞿。以授江東馯臂子弓。其後傳授不絕。(按史記仲尼弟子傳。商瞿傳楚人馯臂子弘。弘傳江東人蟜子庸疵。疵傳燕人周子家豎。此從漢書儒林傳。)

橋・瑁 後漢玄族子。字元瑋。官東郡太守。與袁紹起兵討董卓。爲兗州刺史。甚有威惠。劉岱惡而殺之。

澤旺 清雍正時以舊土司主小金川事。會大金川莎羅奔謀兼併鄰部。以女妻澤旺。旋奪其職。爲清吏干涉。始還故地。遂服屬於清。莎羅奔既敗降清。其兄子郎卡掌大金川。屢侵鄰境。川督阿爾泰使返侵地。聽其釋仇結約。由是兩金川相結。而邊事愈亟。後阿桂軍至美諾。澤旺被俘。尋瘐死。

澹臺・敬伯 後漢會稽人。師薛漢習韓詩。漢弟子中。敬伯與杜撫・韓伯高最知名。

澹臺・滅明 春秋魯武城人。孔子弟子。字子羽。行不由徑。非公事不謁邑宰。子游稱之。嘗齎千金文璧渡河。陽侯波起。兩蛟夾舟。滅明曰。吾可以義求。不可以威劫。操劍斬蛟。蛟死波休。乃投璧於河。三投。璧輒躍出。因毀璧而去。

燕・子獻 北齊下洛人。字季則。宇文氏稱霸關中。用爲典籤。後歸神武帝。尙陽翟公主。甚被待遇。官至右僕射。乾明初與楊愔同被誅。

燕・公楠 元江西建昌人。字國材。十歲能屬文。居父喪廬墓。世祖平江南。以功遷同知吉州路。召對稱旨。賜名賽因囊加帶。命僉江淮行尙書省事。令民墾廢田。勸導有方。除大司農。領八道勸農營田司事。按行郡縣。興利除弊。累遷湖廣行省右丞。召還卒。

燕太子丹 戰國燕燕王喜子。質於秦。亡歸。見秦且滅六國。秦兵臨易水。禍且至。乃陰養壯士。使荆軻獻督亢地圖及樊于期頭於秦。因襲刺秦王。秦王覺。殺軻。使王翦擊燕。王喜亡。徙居遼東。斬丹以獻秦。又三年。秦拔遼東。遂滅燕。

燕文公 戰國燕立二十八年。蘇秦始來見。說公。公予車馬金帛以至趙。趙肅侯用之。因約六國爲從長。

祭惠王以其女爲燕太子姬。在位二十九年。卒謚文。

燕·文貞　元吳興人。一作文季。隸軍中。入圖畫院。善人物山水。細碎清潤。自成一家。有燕家景致之稱。所繪紺船渡海圖。人不盈尺。舟如葉。人如蔘。而檣帆緞纜。指呼奔踴。盡得情狀。至於島嶼相望。蛟蜃雜出。咫尺千里。尤爲精妙。

燕王喜　戰國燕惠王曾孫。立四年。伐趙。命栗腹攻鄗。卿秦攻代。大夫將渠力諫。王蹴之以足。趙使廉頗將。擊破栗腹。卿秦軍。令將渠處和。燕相將渠以處和。圍以解。在位三十三年。爲秦所虜。燕遂滅。參看燕太子丹條。

燕王噲　戰國燕易王子。中蘇代之計。以子之爲相。大信之。因屬國於子之。子之南面行王事。噲爲臣。國大亂。將軍市被與太子平謀攻子之。不克。反攻太子平。市被死。構難數月。死者數萬人。齊伐燕。噲死。醢子之。二年而燕人共立太子平。

燕·伋　春秋字思。孔子弟子。

燕易王　戰國燕文公子。初立。齊宣王因燕喪伐之。取十城。蘇秦說齊。使復歸燕十城。立十年。僭稱王。在位十二年卒。謚易。

燕姞　春秋鄭文公之賤妾。夢天使與己蘭。曰。余而祖也。以是爲而子。以蘭爲國香。人服媚之如是。旣而文公見之。與之蘭而御之。辭曰。妾不才。幸而有子。將不信。敢徵蘭乎。公曰諾。生穆公。名之曰蘭。

燕·度　宋肅子。字唐卿。登進士第。知陳留縣。歲饑盜發。勸邑豪出粟以濟民。又行保伍法以察盜。善狀日聞。後累官右諫議大夫。知潭州卒。

燕昭王　戰國燕王噲子。名平。時燕爲齊破。王即位。卑身厚幣。以招賢者。爲郭隗築黃金臺。師事之。於是樂毅自魏往。鄒衍自齊往。劇辛自趙往。士爭趨燕。王弔死問孤。與百姓同甘苦。國以富強。以樂毅爲上將軍。伐齊。入臨淄。下齊七十餘城。在位三十三年卒。謚昭。

燕·若冲　宋元豐中知南陽縣。政治清平。修陂堰。闢田土。比屋殷富。歲登豐稔。

燕·倉　漢以假稻田使者。先發覺上官桀等反謀。封宜城侯。卒謚敬。

燕·崇　北魏廣寧人。字元略。幼聰悟。日誦數千言。神麚中爲國學博士。以嘗士先達。縱飲長酣。以爲高達。乃作土鑒以訓。諸生悅服。仕終河內太守。封下洛侯。

燕莊公　春秋燕召公十七世孫。山戎侵燕。齊桓公救之。公送桓公出境。桓公因割燕所至地予公。使共貢天子。修召公之法。如成周時職。在位三十三年卒。謚莊。

燕·善　明江西廬陵人。永樂舉人。授武陵令。以循良稱。擢太僕寺丞。

燕惠公　春秋燕莊公八世孫。公多寵姬。欲去諸大夫。而立寵姬宋。大夫共誅姬宋。公懼。奔齊。齊與晉共納公。公至燕卒。在位六年。謚惠。

燕惠王　戰國燕昭王子。王爲太子時。與樂毅有隙。及即位。疑毅。使騎劫代將。毅亡走趙。齊田單以即墨擊敗燕軍。騎劫死。燕兵引歸。齊悉復得其故城。在位七年。爲其相安成君所弒。謚惠。

燕·欽融　唐偃師人。爲許州司戶參軍。再上書斥韋后擅政。逆節已萌。后怒。撲殺之。

燕·瑛　宋肅孫。字仁叔。以蔭爲瑕丘尉。累官至戶部尚書。瑛在嶺嶠七年。括商海賈珠香藥奉安相內侍。人目之爲香燕。靖康初以龍圖閣學士知河陽。金兵入寇。瑛出奔。爲亂兵所殺。

燕·筠　五代工畫天王。筆法師周昉。頗臻其妙。

燕·肅　宋益都人。家曹州。字穆之。父峻慷慨任俠。肅舉進士。累官禮部侍郎致仕。性精巧。嘗造指南記里二鼓及欹器以獻。又上蓮花漏法。分刻不差。人服其精。立石載其法。工畫。入神品。尤善古木折竹。

燕·達　宋開封人。字達辰。善騎射。以材武選隸親衛。哲宗時官至武信軍節度使。達起行伍。嘗讀書。神宗以其忠實可任。每燕見。未嘗不從容。嘗問用兵當何先。對曰。莫如愛。帝曰。愛克厥威可乎。曰。威非不可。要以愛爲先。帝嘉其言。卒謚毅敏。

燕·寧　金初爲莒州提控。守天勝寨。以破紅襖賊功。累官山東安撫副使。封東莒公。益都府路皆隸焉。與蒙古綱等保金東平。以功遷金紫光祿大夫。還天勝。戰死。

燕·榮　隋弘農人。字貴公。性嚴酷有武藝。仕周爲內侍上士。從武帝伐齊。以功授開府儀同三司。文帝受禪。進位大將軍。從擊突厥。遷青州總管。數盜屛跡。境內肅然。累官幽州總管。以贓穢狼籍。徵還京師賜死。

燕·鳳　北魏代人。字子章。博綜經史。明習陰陽讖緯。昭成素聞其名。使人以禮迎致之。鳳不應聘。乃命諸軍圍代城。謂城人曰。燕鳳不來。吾將屠汝。代人懼。送鳳。與語大悅。待以賓禮。拜代王左長史。參決國事。道武即位。歷行臺尚書。太武初以勳舊賜爵平舒侯。加鎮遠將軍卒。

燕·廣　後漢永平中發楚王英反狀。封析鄉侯。

燕燕　明錢塘范氏女。爲靈隱富民陵氏妾。後陵貧且病。羣妾皆散。

燕燕獨不去。因食貧十餘年。陸死。自鬻以葬之。

燕鐵木兒 元牀兀兒子。武宗鎮朔方。備宿衛十餘年。特愛幸之。致和中累進僉書樞密院事。泰定帝崩。定策立武宗子文宗。捕治奸黨。討平叛亂。勳勞甚偉。封太平王。官中書右丞相。加太師。先是奉命逆文宗兄明宗於漠北。比還。暴崩。燕鐵木兒實與逆謀。文宗崩。子幼。立明宗子。意不自安。自柄大權後。肆意無忌。取泰定帝后爲夫人。前後尙宗室之女四十人。後房充斥。不能盡識。至是荒淫過甚。溺血死。諡忠武。

獨吉·思忠 金本名千家奴。泰和中宋渝盟。以思忠充淮南宣慰使。及宋人請和。進拜尙書右丞。後將兵屯邊。元兵奄取烏月營。思忠不能守。坐解職。

獨吉·義 金曷速館人。本名鶻魯補。世宗時爲參知政事。後罷爲益都尹。兼本路兵馬都總管。善女直、契丹文字。性辨給。善談論。服玩不尙奢侈。食不兼味。

獨孤·及 唐洛陽人。字至之。天寶末舉高第。補華陰尉。代宗以左拾遺召。既至。上疏陳政要。改太常博士。歷濠舒二州刺史。以治課加司封郎中。徙常州。卒諡憲。及喜鑒拔後進。性孝友。爲文彰明善惡。長於論議。有毗陵集。

獨孤·永業 北齊中山人。字世基。本姓劉。幼孤。隨母改適獨孤氏。從其姓。有才幹。便弓馬。擢補定州六州都督。解書計。善歌舞。甚爲文宣所知。乾明初出爲洛州刺史。治邊甚有威信。累封臨川王。幷州陷。降周。授上柱國。宣政末出爲襄州總管。大象中爲行軍總管從彥睦所殺。

獨孤后 隋信女。年十四歸文帝。周宣帝崩。后使人謂帝曰。大事已然。騎獸之勢。必不得下。勉之。及帝受禪。立爲后。每事唯后言是用。廢太子勇。立晉王廣。皆后之謀。卒諡獻。

獨孤·陁 隋羅弟。字黎邪。文帝受禪。拜郢州刺史。進位大將軍。好左道。其妻母先事貓鬼。因轉入其家。會獻皇后及楊素妻鄭氏俱有疾。召醫者視之。皆曰。此貓鬼疾也。帝意陁所爲。左遷遷州刺史。出怨言。將賜死。尋得免。除名爲民。以其妻楊氏爲尼。

獨孤·信 北周雲中人。本名如願。善騎射。魏正光末與賀拔度等同斬衛可瓌。由是知名。孝武西遷。信單騎從之。進爵浮陽郡公。荊州陷。東魏以信都督三荊州諸軍事。後奔梁。大統中除隴右十一州大都督、秦州刺史。數年。公私富實。信著遐邇。因賜名信。孝閔踐祚。遷太宗伯。進封衞國公。爲宇文護所逼。自殺。信風度弘雅。有奇謀大略。所至爲百姓所懷。聲振鄰國。長女爲周明帝后。四女爲唐高祖母元貞后。七女爲隋文帝后。歷周隋唐三代俱爲外戚。隋文帝踐極。追諡景。

獨孤·庠 唐郁子。字賢府。十歲喪父。有至性。聞呼父官及弔客來。輒號慟幾絕。後舉進士。仕至尙書丞。

獨孤·郁 唐朗弟。字古風。元和初舉制科高等。有雅名。最爲權德輿所稱。以女妻之。官右補闕。挺議鯁固。號稱職。擢翰林學士。致仕卒。

獨孤·朗 唐及子。字用晦。元和中擢右拾遺。建言宜除百姓之患。不聽。盜殺武元衡。朗請罷兵。貶與元戶曹。後拜殿中侍御史。累遷工部侍郎。出爲福建觀察使卒。

獨孤·盛 隋楷弟。性剛烈有膽氣。煬帝嗣位。累轉屯衞將軍。宇文化及作亂。裴虔通引兵至成象殿。盛不及被甲。與左右十餘人逆拒之。爲亂兵所殺。越王侗稱制。諡武節。

獨孤·楷 隋字修則。本姓李氏。父屯從齊神武與周師戰。爲獨孤信所禽。配爲仕伍。給使信家。因賜姓獨孤氏。楷少謹厚。數從征伐。以功賜爵廣阿縣公。文帝受禪。進封汝陽郡公。仁壽初出爲原州總管。時蜀王秀鎮益州。帝徵之。猶豫未發。朝廷恐秀生變。拜楷爲益州總管。馳代之。甚有惠政。仕至長平太守。卒諡恭。

獨孤·綬 唐大曆間登進士第。舉博學弘詞。嘗試騶象賦。德宗稱之。特書第三。

獨孤·樂善 明泰和人。永樂進士。由庶吉士歷官禮部郎中。居官三十年。以廉直自持。時稱爲清白吏。

獨孤·懷恩 唐信孫。父整。仕隋爲涿郡太守。高祖平京師。拜懷恩長安令。頗嚴明守職。帝受禪。擢工部尙書。擊賊不利。帝切讓之。由是怨望謀亂。下獄死。（按整爲獨孤信子。懷恩當爲信孫。信四女爲唐高祖母元貞皇后。而唐書本傳。稱懷恩元貞皇后弟。當有訛脫。今從舊唐書。）

獨孤·羅 隋信子。字羅仁。信西歸長安。羅爲高氏所囚。及信爲宇文護所誅。羅始見釋。周武帝以羅功臣子。拜楚安郡太守。入隋累官左武衞大將軍。封蜀國公。卒諡恭。

盧·上銘 明東莞人。字爾新。崇禎中官南京國子監典簿。有辟雍紀事。

盧·士宏 宋新鄭人。字子高。歷吏州縣。所至著清名。歷知洋州。先是圭田多虛籍。士宏隨實以輸。自部使者而下。皆十損七八。文彥博、包拯皆薦其廉能。後以光祿卿致仕卒。

盧·士宗 宋昌樂人。字公彥。舉五經。歷提點江西刑獄。仁宗時知審刑院。累進銀臺司。仁宗崩。神主祔廟。與禮官議不合。出知青州。英宗召對。論知人安民之要。勸帝守祖宗法。熙寧初以禮部侍郎致仕卒。士宗以儒者長刑名之學。故在刑部審刑。前後十數年。主於仁恕。

盧・士玫 唐山東人。以文儒進。端厚無競。爲吏部員外郎。累遷知京兆尹。劉總入朝。請析瀛鄚兩州。用士玫爲觀察使。詔可。幽州亂。朱克融縶之。士玫空家貲助軍。克融入。士玫闔府見囚。朝廷赦克融。得還。後終太子賓客。

盧・士杰 清光州人。咸豐進士。光緒間累官漕運總督。時河決徐淮間。家置船筏。夜不安枕。士杰周歷河隄。多方備禦。民以無患。卒官。

盧・士叡 唐客韓城。隋亂。結納英豪歸高祖。累功擢右光祿大夫。爲瀛州刺史。劉黑闥破其郛。拒戰被禽。欲使說下城堡。不從。見殺。

盧・之頤 清錢塘人。字子繇。號晉公。自稱蘆中人。精醫理。有痎瘧論疏・本草乘雅半偈・摩索金匱・傷寒金鎞疏鈔等書。

盧・之翰 宋祁州人。字維周。少貧篤學。太平興國進士。歷遷殿中丞。通判洛州。會契丹入寇。之翰決漳御河。以固城壁。虜不能攻。召還。歷西京轉運使。先是朝廷議城故原州。以張守備。之翰阻罷之。其後西鄙不寧。之翰坐橫議黜知歸州。無廉稱。徙知永州。未行卒。

盧・元昌 清江蘇華亭人。字文子。諸生。有春秋分國左傳・杜詩闡・稀餘留稿・半林詞。

盧・元明 後魏昶子。字幼章。涉歷羣書。兼有文義。少時。中山王熙見之。曰。盧郎有如此風神。惟須誦離騷。飲美酒。自爲佳器。天平初拜尚書右丞。兼黃門郎・本州大中正。善自標置。不妄交游。性好玄理。作史子雜論數十篇。

盧・元輔 唐杞子。字子望。少以清行聞。擢進士。授崇文館校書郎。杞死。德宗念之不已。拜元輔左拾遺。歷杭常絳三州刺史。課最。進兵部侍郎。出爲華州刺史卒。元輔端靜介正。能紹其祖。人士歸美。故歷顯劇而人不以杞之惡爲累。

盧・內 後魏魯元子。給侍東宮。景穆帝深昵之。常與臥起同衣食。父子有寵兩宮。勢傾天下。正平初宮臣伏誅。太武以魯元故。惟殺內而厚撫其兄弟。

盧・太翼 隋河間人。字協昭。本姓章仇氏。閒居味道。不求榮利。博綜羣書。尤善占候曆算之術。居五臺山。地多藥物。與弟子廬於巖下。以爲神仙可致。太子勇聞而召之。及太子廢。配爲官奴。久乃釋。後目盲。以手摸書而知其字。言事多奇中。煬帝賜姓爲盧氏。卒於雒陽。

盧・文弨 清存心子。籍餘姚。字召弓。號磯漁。又號抱經。乾隆進士。官至侍讀學士。乞養歸。卒年七十有九。好校書。歸田後。主講書院二十餘年。孶孶無怠。所刊抱經堂彙刻書十五種。最稱精審。又合經史子集三十八種。摘字而注之。名曰羣書拾補。自著有儀禮注疏詳校・廣雅注・鍾山札記・龍城札記・抱經堂文集。

盧・文政 明江夏人。自幼嗜學。溫雅異常。領洪武鄉薦。爲吏部主事。累官太僕丞致仕。年八十餘。手不釋卷。有歷代一覽。

盧・文紀 後周嗣業子。字子持。舉進士。唐明宗時爲太常卿。形貌魁偉。語音琅然。廢帝素奇之。及入立。欲擇相。悉書清望官名。納琉璃瓶內。焚香祝天。以筯挾之。首得文紀。乃拜中書侍郎・同中書門下平章事。晉時以吏部尚書致仕。周太祖入立。即家拜司空。未任卒。

盧・文偉 北齊涿人。字休族。少孤。有志尙。頗涉經史。舉秀才。除本州北平府長流參軍。說刺史裴儁修督亢陂。溉田萬餘頃。民賴其利。韓樓據薊城。文偉率鄉閭守范陽。樓平。以功封大夏縣男。除范陽太守。神武時累官青州刺史。輕財愛客。善於撫接。所在頗得人情。卒諡孝威。

盧・文進 五代范陽人。字大用。初爲劉守光騎將。已而降後唐。莊宗拜壽州刺史。莊宗弟存矩強納其女爲側室。文進恨之。因襲殺存矩奔契丹。契丹使守平州。明宗時復率衆歸唐。仕至安遠節度使。歷有善政。晉高祖立。與契丹約爲父子。文進懼不自安。乃送款於李昪。昪以文進爲天威統軍。宣潤節度使。文進狀貌偉然。其在契丹。數引兵攻邊。爲唐患者十餘年。及其南奔。始屈身晦迹。務爲恭謹。禮接文士。後以左衞上將軍卒於金陵。

盧・世昌 清桂陽人。號絅齋。乾隆進士。知豐縣。善畫蘭。工隸書。

盧・世漼 清涞水人。字德水。一字紫房。晚號南村病叟。明崇禎進士。官監察御史。入清拜原官。徵詣京師。以病廢辭歸。讀書劇飲。佯狂肆志以終。素好杜詩。有杜詩胥鈔・讀杜微言。詩亦清迥絕倫。有尊水園集。

盧・世榮 元大名人。阿哈馬特專政。世榮以賄進。爲江西榷茶運使。後以罪廢。會世祖喜言財利。有僧格者。薦世榮有才術。召對稱旨。授右丞。奉旨整治鈔法。遍行中外。官吏奉法不虔者。加以罪。居中書纔數月。恃委任專。視丞相猶虛位。左司郎中周戭與世榮稍不合。坐以廢格詔旨殺之。朝中凜凜。民怨沸騰。奸發伏誅。

盧・他之 漢綰孫。孝景時以東胡王降。封亞谷侯。卒謚簡。(按漢書盧綰傳作它人。此從史記。)

盧・仝 唐濟源人。隱少室山。自號玉川子。博覽工詩。徵諫議不起。嘗爲月蝕詩。譏元和逆黨。韓愈稱其工。好飲茶。爲茶歌。句多奇警。後死甘露之變。

盧・可久 明浙江永康人。字一松。諸生。聞王守仁倡道。偕同邑程粹・應典往師之。及歸。守仁曰。吾道東矣。邑有五峯書院。祀守仁其中。三人聚諸生講學焉。及卒。鄉人祀之書院。以配守仁。

盧・宁忠 明南海人。字獻甫。號冠巖。嘉靖進士。官至登州知府。受業於香山黃佐。佐講王守仁・湛若水之學。宁忠以不及王門爲憾。於若水則移書求敎。有獻子講存・五鵲壘集。(按四庫全書總目作盧宁。字獻子。此從明儒學案。)

盧・弘止 唐簡辭弟。字子彊。元和進士。累擢侍御史。華州刺史宇文鼎・戶部員外郎盧允中坐贓。文宗怒。將殺鼎。弘止謂罪由允中。鼎乃連坐。不應死。帝釋之。會昌末李德裕薦爲邢洺磁觀察留後。後官武寧節度使。在鎭期年。勞來撫䘏。訖於受代。軍旅無譁。徙宣武卒。(按舊唐書作弘正。此從新唐書。)

盧・弘宣 唐字子章。元和進士。開成中拜劍南東川節度使。徙義武。性寬厚。政簡而民安之。然犯者不甚貸。初詔賜其軍粟三十萬斛。貯飛狐。弘宣計輓費不能滿直。敕吏守之。明年春大旱。敎民隨力往取。至秋悉收所貸。軍食以饒。歷工部尚書・祕書監。以太子少傅致仕卒。

盧・必陞 清浙江山陰人。字家臣。號玉茗。事父至孝。寇亂。父竄失。歷百險尋訪。奉父歸。父又陷於賊。冒血刃救父歸。父子俱被重傷。旋卒。

盧・玄 後魏偃孫。字子眞。太武辟召天下儒儁。以玄爲首。授中書博士。外兄司徒崔浩每曰。對子眞使我懷古之情更深。後賜爵固安子。位散騎常侍。卒謚宣。

盧生 秦燕人。始皇使入海求神仙藥。不獲。盧生與侯生謀。遁去。始皇聞之大怒。使人悉案問諸生。阬之咸陽。◉唐僧友人李生讀書太白山。李告去。爲橋園吏。欺折官錢困甚。忽於揚州遇盧生。邀至城南朱門中。有名花異木。須臾。置酒北亭。命佐酒者出。容貌極麗。兼善箜篌。盧生曰。爲君作婚姻可乎。又與一拄杖曰。所負官錢。可將此於波斯店取之。明日以杖往。果得錢。後至汴州。行軍洿道源以女妻之。卽北亭佐酒女也。

盧・亘 元汲郡人。字彥威。幼穎悟。爲文雄逸。尤工於詩。元貞中以擬著滕王閣記。受知於顯達。薦爲國史院編修。官至待制。有彥威集。

盧・光 北周辯弟。字景仁。博覽羣書。研精三禮。善陰陽。解鍾律。魏大統中攜家西入周。宇文泰深禮之。除丞相府記室參軍。明帝時累官陝州總督府長史。賜爵燕郡公。卒謚簡。光崇佛道。好玄言。嘗撰道德經章句。

盧・光祖 清遼東海州人。明總兵。順治間降清。隸漢軍鑲藍旗。隨豪格平張獻忠於四川。署夔州總兵。明桂王陷順慶。光祖復其城。後與孫可望戰。敗於敘州。詔令圖功自贖。尋官川北鎭總兵。

盧・光啓 唐字子忠。第進士。爲張濬所厚。累擢兵部侍郎。從昭宗幸鳳翔。拜同中書門下平章事。俄罷爲太子少保。改吏部侍郎。帝還京師。坐事賜死。

盧・光稠 後梁南康人。唐末羣盜起南方。光稠與譚全播起兵。衆立光稠爲帥。取虔韶二州。尋取潮州。梁初江南嶺表悉爲吳與南漢分據。而光稠獨以虔韶請命於京師。太祖爲置百勝軍。以光稠爲防禦使。開平中卒。

盧・同 後魏玄族孫。字叔倫。太和中起家北海王常侍。累遷尙書左丞。明帝時人多竊冒軍功。同閱吏部勳書。得竊階者三百餘人。表乞刊定。從之。以招降叛民就德興功封章武縣伯。除儀同三司。卒謚孝穆。

盧・多遜 宋億子。周顯德初舉進士。官集賢校理。太宗時拜中書侍郎平章事。尋加兵部尙書。多遜博涉經史。文辭敏捷。好任數。有謀略。以交通秦王廷美。流崖州卒。

盧・存心 清錢塘人。字敬甫。號玉巖。恩貢生。乾隆間舉鴻博。未遇。工詩。有白雲集。

盧・宅仁 明四會人。字伯居。弘治進士。授都水主事。管濟寧閘河。議修仲家淺諸閘。咸底績。時劉瑾擅權。有所需。同列皆曲徇。宅仁獨不應。累官福建廣西按察使。善決獄。以父憂歸。工吟詠。時稱其博雅。

盧・守懃 宋祥符人。字君錫。以內侍爲榮州防禦使。兼邠寧環慶路安撫都監。元昊寇保安軍。守懃率兵擊走之。特遷左騏驥使。移陝西鈐轄。劉平・石元孫被執。守懃擁兵觀望。奪防禦使。爲湖北都監。後以左衞大將軍致仕。卒謚安恪。

盧・安世 明赤水衞人。萬曆舉人。爲富順教諭。天啓初奢崇明反。超擢僉事監軍。討賊屢有戰功。進貴州右參議。遷四川副使。遵義監軍。又數有功。崇禎初進右參政。致仕卒。

盧・有常 明滙池人。性明敏。博通經史。洪武間以才行卓越薦任山東右布政使。

盧汝舟　宋大庾人。幼治易。長習律令。政和間以陸藻薦。隸御史府。廉約守正。不喜深刻。紹興中地震。上疏推本劉向、京房之意。無慮數千言。官至武翼大夫。

盧汝弼　後唐簡求子。字子諧。工書畫。文采秀麗。第唐景福進士。以祠部員外郎知制誥。後依李克用。克用表爲節度副使。太原使府有龍果亭。簡求節制時。手書詩於亭西壁。及汝弼復爲亞帥。每晏亭中。未嘗居賓位。西向俛首。人美其有禮。莊宗嗣晉王位。平定趙魏。汝弼勸進。尋卒。

盧臣忠　宋黟人。字仲信。政和進士。累遷右正言。扈駕建康。金使有近御舟者。臣忠叱退之。失足墜水中。數日。高宗使人得其尸。拱立如生。

盧亨　明商河人。成化進士。擢兵科給事中。累官太常寺卿。亨性醇厚。未嘗與人相忤。居諫垣十餘年。多所建白。劉瑾用事。欲亨往見。啗以美官。亨不屈。致仕歸。

盧亨嗣　金璣子。字繼祖。以蔭補閤門祗候。崇慶初累遷定遠大將軍。入爲戶部員外郎。與定中卒。亨嗣與弟亨益盡友愛之道。初以祖蔭得官。及父璣爲同知宣徽院事。當蔭子。以讓亨益。亨益早卒。子劝。亨嗣盡以舊業與之。

盧何生　明南豐人。字允迪。洪武間知溧陽縣。治事期月。刑政爲清。有刺事官校過縣。挾勢索賂。何生密以聞。帝立誅之。由是賢何生。縣積逋稅萬計。民貧無從出。何生諭富家代輸。又令籍荒田以爲己業。逋皆完。在邑四年。有不悅者屢言其短。帝卒不聽。益勞勉之。

盧克忠　金貴德人。初從金源郡王斡魯。授世襲謀克。其後定燕伐宋。皆與有功。天德間累遷同知保大軍節度使。能察冤獄。大定初除北京副留守。民艱食。令有蓄積者留一歲。悉平其價糶之。由是無捐瘠之患。後以靖難軍節度使致仕卒。

盧孝儉　金宣德州人。天眷進士。累官太原少尹。大定中陝西用兵。尚書省發本路稅粟。赴平涼充軍實。期甚嚴迫。孝儉輒易以金帛。馳至平涼。用省而不失期。涼人稱之。用廉進官二階。累遷山東路轉運使。後以子私用官幣被逮。自縊死。

盧岐嶷　明長泰人。字希稷。號璧山。嘉靖進士。爲兵部郎。條上平倭三策。出爲江西僉事。賊寇臨江。親與接戰。斬獲數千級。平之。轉雲南參議。以平鳳繼祖功。擢貴州按察使。

盧延讓　前蜀范陽人。字子善。唐光化間登進士第。朗陵雷滿辟爲從事。滿敗。歸王建。授水部員外郎。累遷給事中。終刑部侍郎。

盧廷璋　清東莞人。乾隆武進士。以參將發四川。嘉慶間湖北教匪延及四川。廷璋轉戰有功。累擢松潘鎮總兵。卒。

盧志　晉欽從子。字子道。善書。法鍾繇。初爲鄴令。成都王穎鎮鄴。愛其才。表爲中書監。留鄴參署相府事。蕩陰之敗。志督兵迎惠帝。及王浚攻鄴。勸穎奉帝還洛陽。帝幸張方壘。惟志不離左右。從至長安。穎卒。百官奔散。志親自殯送。時人嘉之。永嘉末爲劉粲所害。

盧杞　唐奕子。字子良。有口才。體陋甚。鬼貌藍色。惡衣菲食。以蔭歷虢州刺史。德宗奇其才。擢門下侍郎、同中書門下平章事。既得志。險賊寖露。小忤己。不置死地不止。又創爲間架除陌之稅。恨誹之聲滿天下。李懷光暴言杞罪惡。乃貶爲新州司馬。徙澧州別駕死。初。郭子儀病。百官造省。不屏姬侍。及杞至則屏之。家人問故。子儀曰。彼外陋內險。左右見之必笑。使後得權。吾族無類矣。

盧見曾　清德州人。字抱孫。號雅雨。康熙進士。官兩淮鹽運使。愛才好客。四方名士咸集。極一時之盛。刻雅雨堂叢書、金石三例。著有出塞集。

盧言　清常熟人。字欲揚。號寧齋。諸生。善畫山水花鳥。書學董其昌。工詩。

盧侗　宋海陽人。字元伯。博習經術。尤粹於易。嘉祐中蔡抗以經學薦。授國子監直講。熙寧初力言新法不便。請補外。出知柳循二州。以太子中舍致仕卒。

盧叔仁　後魏晏孫。年十八。州辟主簿。舉秀才。除員外郎。以親老辭歸。父母既沒。哀毀六年。躬營墳壠。遂有終焉之志。景明中被徵入洛。授武賁中郎將。出爲幽州司馬。辭歸鄉里。當時稱其高尚。

盧叔武　北齊文偉從子。少機悟。豪率輕俠。好奇策。爲賀拔勝荆州開府長史。勝不用其計。棄城奔梁。叔武歸本縣。孝昭召爲中庶子。叔武勸討關西。撰平西策一卷。武成時出爲金州刺史。遷太子詹事。自奉儉約。每食惟粟飧葵菜。齊滅。以寒餒死。(按北史作叔彪。此從北齊書。)

盧坦　唐洛陽人。字保衡。爲壽安令。憲宗時累遷戶部侍郎。判度支。河毀西受降城。宰相李吉甫議徙天德。坦以爲城當磧口。得制北敵之要。奈何以一時省費。墮萬世策。吉甫不悅。出爲東川節度使卒。

盧坤　清涿州人。字靜之。號厚山。嘉慶進士。道光時官至兩廣總督。究心經世學。所蒞有名績。卒諡敏肅。

盧宗回　唐南海人。字望淵。少

時讀書忘寢食。同舍人嫉之。假他事毆宗回。宗回遜謝不與校。舉元和進士。官至集賢校理。以父疾歸卒。

盧・宗哲 〔明〕德州衛人。字濬卿。嘉靖進士。選庶吉士。嚴嵩秉政。欲籠致之。不可。累官光祿卿。時上供値不時予。賈人苦之。宗哲悉發羨金償之。擢戶部侍郎。爲嵩所格。罷歸。

盧・宗道 〔北齊〕恭道弟。性麤率。動作狂佚。位南營州刺史。嘗置酒。中書舍人馬士達目其彈箜篌妓云。手甚纖。宗道卽以遺之。士達固辭。宗道將解妓腕。乃受之。後坐酷濫除名。

盧・宗邁 〔宋〕年十三。隸御史府。樞密使汪澈臨邊視師。檄以自隨。熟知險阸。澈深嘉之。歷館職。文雅練達。官至武翼大夫。晚年藏書萬卷。

盧・宜 〔清〕鄞人。字公弼。號函赤。康熙舉人。工書畫。尤長墨蘭。知鎭遠縣。兵燹後。遺黎無幾。大吏招湖廣民實之。宜恤新撫舊。有威德。以病歸。有鴻遠堂集。

盧・承泰 〔唐〕承業弟。字齊卿。長安初爲雍州參軍。拜幽州刺史。號知人。喜飲酒。踰斗不亂。寬厚樂易。士友以此親之。終太子詹事。

盧・承欽 〔明〕餘姚人。天啓中由中書舍人擢御史。諂附魏忠賢。劾罷戶部侍郎孫居相等。因言東林自顧憲成・李三才。趙南星而外。如王圖・高攀龍等。謂之副帥。曹於汴・湯兆京・史記事・魏大中・袁化中。謂之先鋒。丁元薦・沈正宗・李朴・賀烺。謂之敢死軍人。孫丕揚・鄒元標。謂之土木魔神。請以黨人姓名罪狀。榜示海內。忠賢大喜。敕所司刊籍。凡黨人已罪未罪者悉編名其中。官至太僕少卿卒。

盧・承業 〔唐〕承慶弟。有學識。貞觀末官至雍州長史。檢校尚書左丞。戡坐事左遷。顯慶初復爲雍州長史。前後皆有能名。總章中卒於揚州大都督府長史。謚簡。

盧・承慶 〔唐〕思道孫。字子餘。博學有才辯。少襲爵。累官民部侍郎。太宗問歷代戶版。承慶敍夏商至周隋增損曲折。引據該詳。帝嗟賞。後拜刑部尚書。卒謚定。

盧・政 〔宋〕文水人。以神衛都頭從劉平與夏人戰。兵敗。平被執。政脫歸。仁宗引問狀。因自陳失主將當死。帝義其言。以供奉官討貝州賊。率勇敢登堞。大軍乘之以入。賊平。遷內殿承制。累官至武泰軍節度使卒。

盧・昌衡 〔隋〕道虔子。字子均。博涉經史。工行草書。開皇初拜尚書禮部侍郎。文帝嘗大集羣下。令自陳功。人皆競進。昌衡獨無所言。高熲目而異之。出爲徐州總管。有能名。吏部尚書蘇威考之曰。德爲世表。行爲士則。論者以爲美談。終太子左庶子。

盧・明諏 〔明〕黃巖人。字君教。萬曆進士。官戶科右給事中。疏請起用閣臣王家屏・尙書沈鯉・員外鄒元標等。時家屏方以諫忤旨。由是失帝意。會枚卜。銓部首列家屏。選司顧憲成坐譴。明諏復疏救之。神宗益怒。命降雜職。迨遜中立疏進。竟削籍。後撫按交章推薦。不起卒。

盧・東美 〔唐〕苑陽人。大曆中爲吳令。歷太常博士・考工員外郎。咸舉其職。與韓會・張正則・崔造爲友。好談經濟之略。常以王佐自許。士大夫謂之四夔。

盧・法原 〔宋〕知原弟。字立之。自知雍丘縣積官至吏部尙書。以官秩次第履歷。總爲一書。功過殿最。開卷瞭然。吏不能欺。紹興中累進端明殿學士・川陝宣撫副使。金人攻關輔。法原視山川險阻。分地置將。前後屢捷。素與吳玠不睦。玠劾之。帝手詔詰問。憂恚卒於軍。

盧・知原 〔宋〕德清人。字行之。以父任累官梓州路轉運副使。忤王黼罷去。後爲江西轉運副使。過闕入奏。徽宗勉之曰。卿在蜀道。功效甚著。遂賜三品服。高宗卽位。知溫州。帝東幸。知原由海道轉粟及金繒十餘萬。召見稱獎。官至徽猷閣待制。奉祠卒。

盧・知猷 〔唐〕簡能子。字子謨。中進士第。登弘辭。補祕書省正字。出爲饒州刺史。以政最聞。僖宗時歷官戶部尙書・太子太師。昭宗爲劉季述所幽。感憤卒。知猷器量渾厚。善書。有楷法。文辭贍麗。

盧・秉 〔宋〕革子。字仲甫。弱冠有異。嘗謁蔣堂。堂方築園。謂秉曰。亭沼粗適。恨林木未就耳。秉曰。亭沼如爵位。時來或有之。林木非培植根株弗成。大似士大夫立名節也。堂深器之。中進士甲科。累官兩浙淮東制置發運副使。請罷獻羨餘。後知渭州。討夏人有功。遷龍圖閣直學士。乞解官終養。神宗數賜詔慰勉。時以爲榮。後被論。提舉洞霄宮卒。

盧・芳 〔後漢〕三水人。字君期。王莽時天下咸思漢德。芳由是詐稱武帝曾孫劉伯始。起兵據安定。自稱西平王。匈奴迎之。立爲漢帝。光武旣卽位。五原人李興等迎芳入塞。居九原縣。與匈奴連兵。掠有五原・朔方・雲中・定襄・雁門諸郡。其將隨昱欲脅之降。乃亡入匈奴。後復入居高柳。使使請降。詔立芳爲代王。使和集匈奴。未幾。仍叛亡。死匈奴中。

盧・邵義 〔宋〕博羅人。結廬大屏山下。讀書其中。躬耕以養母。鄉人稱其孝。皇祐中以特科授都官員外郎。

盧・俊 〔北漢〕尙公主。爲駙馬都尉。廣進中宋師壓境。俊詣遼乞師有功。國亡。遂奔遼。尙遼景宗女淑哥。久之。與淑哥不協。詔離之。出後爲興國軍節度卒。

盧·俌 唐臨漳人。中宗時歷右補闕。默啜入寇。詔百官陳破賊策。俌上疏請募人徙邊。結諸蕃以圖攻取。擇邊州刺史蒐乘積粟以備守。帝善其言。然無施行者。終祕書少監。

盧·勇 北齊景裕從弟。字季禮。年十八。幽州反者僕骨邢以爲范陽王。葛榮又以爲燕王。爾朱氏滅。乃赴晉陽。高歡署勇丞相主簿。守法不虧。歡嘉之。後行洛州事。元象初官軍圍廣州。數旬未拔。勇進觀形勢。率百騎擒西魏儀同程華。斬儀同王征蠻而還。再遷揚州刺史。卒諡武貞。

盧·奐 唐懷愼子。早修整。爲吏有清白稱。天寶初爲南海太守。前郡守率以贓敗。奐至。貪吏斂迹。中官領市舶者。亦不敢干以私。終尙書右丞。

盧·奕 唐奐弟。謹重寡欲。與奐齊名而剛毅過之。天寶初爲鄠令。治稱最。累遷御史中丞。俄留臺東都。安祿山兵至。奕朝服罵賊死。諡貞烈。

盧·奎 宋邵武人。字公奎。政和進士。仕至江西運判。嘗作毋我論。爲衆所推。號爲盧毋我。其學多得於楊時。晚寓黔中。有筆錄。

盧·度 南齊始興人。字孝章。有道術。隱居廬陵西昌三顧山。鳥獸隨之。夜有鹿觸其壁。度曰。汝壞我壁。應聲去。屋前有池養魚。皆名呼之。次第來食。逆知死期。永明末以壽終。

盧·度世 後魏玄子。字子遷。幼聰達有計數。爲中書學生。應選東宮。學行爲流輩所重。以崔浩事棄官。逃於高陽鄭羆家。會赦乃出。拜中書侍郎。除濟州刺史。州接邊境。將士數相侵掠。度世禁勒所統。還其俘虜。邊境以寧。後坐事免。卒諡惠。

盧·彥倫 金臨潢人。初仕遼爲團練使。天輔中降金。授夏州觀察使。遼將耶律馬哥以兵取臨潢。彥倫拒守者七月。會援至得解。天會間知新城縣。時城邑初建。彥倫爲經畫民居公宇。皆有法。累官禮部尙書卒。

盧·彥卿 唐懷仁子。有學尙。仕隋爲御史。撰後魏紀三十卷。貞觀中位石門令·東宮學士。

盧·思道 隋道將弟子。字子行。聰爽俊辯。師事河間邢子才。復從魏收借異書。才學兼著。仕齊爲散騎常侍。直中書省。文宣帝崩。令朝士各作輓歌。擇其善者用之。魏收。祖孝徵等。止得一二首。惟思道獨八首。時稱八米盧郎。周武帝平齊。授儀同三司。隋初復爲散騎侍郎卒。有集。

盧·昶 後魏敏弟。字叔達。小字師顏。學涉經史。早有時譽。太和初累遷吏部尙書。與侍中元暉等更相朋附。爲世宗所寵。除徐州刺史。永平中表請取朐。失利免官。未幾。除雍州刺史。加散騎常侍。卒諡穆。昶居吏部。守職而已。其在徐州。善於撫綏。民吏稱之。

盧·柔 北周涿人。字子剛。性聰敏好學。未弱冠解屬文。但口吃不能持論。王羆見而器之。賀拔勝出牧荆州。柔爲掌書記。軍旅機務多與之。宇文泰引爲行臺郎中。與蘇綽並掌機密。沙苑之役。軍書旁午。日百餘牒。柔隨機報答。皆合事宜。孝閔帝時。拜內史大夫。進位開府卒。（按盧柔見周書。萬姓統譜於南北五代分列二人。尙友錄列於五代。皆誤。）

盧·柟 明濬縣人。字少楩。一字次楩。又字子木。以貲爲國學生。博聞強識。負才忤縣令。令誣以殺人。搒掠論死。繫獄數年。謝榛走京師。爲稱冤。適平湖陸光祖代爲縣令。乃平反其獄。後徧遊吳會。落魄病酒而卒。柟騷賦最爲王世貞所稱。詩眞氣坌涌。不隨七子步趨。有蠛蠓集。

盧·洪春 明東陽人。字思仁。萬曆進士。授旌德知縣。擢禮部祠祭主事。神宗久不視朝。洪春上疏極諫。帝怒。廷杖六十。廢於家卒。

盧·珍 唐爲內供奉。工畫人物及佛經變相。

盧眉娘 唐生而眉如線且長。人以眉娘呼之。永貞時南海貢於朝。時年十四。能於尺絹繡法華經七卷。字如粟粒。而點畫分明。又能以五彩絲一縷分爲三縷。於掌中結飛蓋五重。中有十洲三島天人玉女臺殿麟鳳之象。外有執幢捧節之童。順宗歎其工。謂之神姑。元和中眉娘不願在禁中。遂度爲道士。放歸南海。後人常見其乘紫雲遊於海上。

盧·秋 明新淦人。任監察御史。天順中巡撫眞定等府。修眞定縣學。并建府學尊經閣讀書樓。以勵士子。秩滿。軍民具疏保留。不果。人盛稱之。

盧·若虛 唐藏用弟。多才博物。隴西辛怡諫爲職方。有獲異鼠者。豹首虎臆。大如拳。怡諫謂之鼮鼠而賦之。若虛曰。非也。此許愼所謂鼨鼠。豹文而形小。一坐驚服。官終起居郎。集賢院學士。

盧·迥 明仙居人。字士恭。洪武中以貢入太學。爽朗不拘細行。喜飲酒。飲酣輒長歌。人謂迥狂。既仕。折節恭愼。建文時拜戶部侍郎。燕兵入。縛就刑。長謳而死。

盧·革 宋德清人。字仲辛。少舉童子。知杭州馬亮見其詩異之。時値貢舉。戒主司勿遺革。革聞。語人曰。以私得薦。吾恥之。去弗就。後二年。遂首選。至登第。年才十六。慶曆中知襲州。變入寇。革經畫軍需。先事而集。累官福建湖廣轉運使。神宗稱其廉退。宜與嘉郡。遂知宣州。以光祿卿致仕。退居於吳卒。

盧・原質　明浙江寧海人。字希魯。方孝孺姑子。洪武進士。授編修。歷官太常少卿。建文時屢有建白。燕兵至。與弟原朴皆不屈死。福王時追謚節愍。

盧・恭道　北齊文偉子。性溫良。頗有文學。文偉據范陽。屢經寇難。恭道常助父防守。高歡聞其名。特除范陽太守。有德惠。先文偉卒。謚定。

盧・晏　後魏涿人。博學善隸書。有名於世。仕慕容垂。給事黃門侍郎。營丘成周二郡太守。

盧・格　明東陽人。字正夫。成化進士。除貴溪知縣。多惠政。擢江西道御史。以母老乞歸。築荷亭三楹。日取古人書讀之。持論多與朱子異同。詩亦有風格。有荷亭集。

盧・浙　清江西武寧人。字讓瀾。號容齋。嘉慶進士。由戶部主事累遷工科給事中。請禁緝捕及請以湯斌從祀孔廟二疏。傳誦一時。後遷太僕寺卿卒。有周易說約・春秋三傳評注・讀史隨筆・三惜齋詩文・周易經義審等書。

盧・浮　晉欽子。字子雲。起家太子舍人。病疽截手遂廢。朝廷器重之。以爲國子博士・祭酒・祕書監。皆不就。

盧・益修　元天台道士。善畫水仙。學趙子固。

盧・祖尙　唐樂安人。字季良。家饒財好施。以俠聞。隋末據州稱刺史。王世充僭位。以州歸高祖。授刺史。所至有能名。貞觀中以才備文武。使爲交州刺史。以瘴癘辭不往。太宗怒。命斬朝堂。旣而悔之。復其官。

盧・祖皐　宋永嘉人。字申之。又字次夔。號蒲江。慶元進士。嘉定中以軍器少監直北門。號稱職。俄卒於官。祖皐工樂府。意度清遠。有蒲江集。

盧・紘　清蘄州人。字元度。號澹巖。順治進士。官蘇松督糧道。有四照堂集。

盧・耽　晉爲南康治中。少習仙術。善解雲飛。每夕颯淩虛歸家。曉則還州。

盧・軒　清海寧人。字素功。號日堂。康熙進士。官國子監司業。有日堂文鈔・春秋三傳纂凡表。

盧・郢　宋金陵人。好學有才藝。膂力過人。善吹鐵笛。南唐後主時試賦擢第一。嘗代徐鉉爲文。鉉以文進。後主曰。語勢似非卿所作。鉉以實對。郢由是知名。後歸宋。累官至南全守。有治績。

盧・偃　後魏諶子。與子邈並仕於慕容垂。偃爲營丘太守。邈爲范陽太守。皆以儒雅見稱。

盧・商　唐范陽人。字爲臣。元和進士。開成初以大理卿爲蘇州刺史。吏以鹽法求贏貲。民愈困。商令計口受鹽。無常額。人便之。宣宗即位。累擢中書侍郎・同中書門下平章事卒。

盧・崇峻　清漢軍鑲黃旗人。順治間由佐領累擢廣東總督。時多土寇。依險竊發。崇峻遣兵平之。康熙間官至山陝總督。

盧・崇興　清奉天廣寧人。字斗瞻。康熙間官嘉興知府。遷台州巡道。有治禾紀略。

盧・庸　金豐潤人。字子憲。大定進士。至寧初累官陝西按察副使。夏人犯邊。庸繕治平涼城池。積芻粟。團結土兵爲備。夏人圍平涼。庸出府庫賞有功者。人樂爲死。平涼賴以完。貞祐中遷按察轉運使。上書言防秋之際。首宜清野。掌軍之官。不宜臨時易代。言皆切要。後改定海軍節度使。致仕卒。

盧・彬　明長安人。字文質。篤學過人。登宣德進士。授戶部主事。時命將伐麓川。彬督餉。因擒數賊。餘皆奔潰。陞貴州參議。水西酋爲亂。彬單騎往見。威聽撫化。一方以安。官至山西參政。

盧・從史　唐少好騎射。遊澤潞間。節度使李長榮署爲督將。長榮卒。擢拜昭義節度副大使。旣得志。寖恣不道。憲宗令領兵討賊。而從史陰與王承宗通。勒兵逗留。上書求兼宰相。吐突承璀受帝密旨。乘間縛之以獻。詔貶驩州司馬。賜死。

盧・從愿　唐臨漳人。字子龔。昶六世孫。擢明經。又舉制科。累拜吏部侍郎。銓總六年。以平允聞。開元中出爲豫州刺史。政嚴簡。奏課爲天下最。召爲工部侍郎。擢刑部尚書。性好殖產。占良田數百頃。帝自此薄之。目爲多田翁。屢欲用爲相。卒以是止。後以吏部尚書致仕。卒謚文。

盧・敏　後魏淵弟。字仲通。小字紅崖。少有大量。太和初拜議郎。卒謚靖。

盧・敖　秦爲博士。避難隱於盧山。今山有盧敖洞。

盧・斌　宋開封人。以筆札事晉邸。太宗即位。補殿直。累授閤門祗候。尋爲梓遂十二州都巡檢使。在陝六年。以孤軍禦寇。屢立戰功。及代還。帝親加勞問。拜檢校左僕射。授靈環路鈐轄。討李繼遷。以疾召還卒。

盧・淵　後魏度世子。字伯源。小名陽烏。性溫雅。敦尙學業。襲爵。拜主客令。累加祕書監・本州大中正。孝文將立馮后。淵固請更卜。及議伐齊。又表諫。後爲徐州長史。以誠信御物。甚得民和。景明初卒於祕書監。

諡懿。初·盧志法鍾繇書。子孫傳業。世有能名。淵習家法。代京宮殿。多其所題。(按北史作盧伯源。此從魏書。)◉明新建人。永樂中貢入太學。擢兵部主事。陞員外郎。以材稱。特遷本部侍郎。端重謹飭。始終不渝。卒諡恭順。

盧·詳 明東莞人。字仲和。正統進士。授南禮科給事中。改吏科。以言事謫蒲州通判。天順初擢禮科都給事中。章疏剴切。多見聽納。後以僉都御史巡撫延綏致仕。有行素集。

盧·章 宋汴人。工畫花鳥。

盧·陵 唐龍門人。舉進士。官至工部尚書。讀書龍門山。注春秋孝經。時有大議。陵每以經義決之。

盧·循 晉諶曾孫。字于先。小名元龍。神采清秀。善草隸弈棋之藝。娶孫恩妹。恩亡。餘衆推循爲主。寇東陽。攻永嘉。尋泛海寇廣州。時朝廷新定。未暇征討。以循爲廣州刺史。義熙中劉裕伐慕容超。循乘虛而出。連陷南康、廬陵、豫章諸郡。進逼建康。後爲劉裕擊退。南奔交州。投水死。

盧·斐 北齊同子。字子章。性殘忍。以彊斷知名。高澄引爲相府刑獄參軍。天保中稍遷尚書左丞。別典京畿詔獄。枉陷酷濫。致死者前後百數人。朝士目爲校事。後以謗史死獄中。

盧·景亮 唐范陽人。字長晦。學無不覽。第進士弘辭。德宗時官右補闕。數上書言事。鯁毅無所回。貶朗州司馬。歷抑二十年。至憲宗時召還。再遷中書舍人卒。景亮屬文。根於忠仁。有經國志。嘗謂人君足食足兵而又得士。天下可爲也。乃撮治道之要。著三足記。又作答問。言輓運大要。及陝西戎利害。公卿服其通達古今。

盧·景裕 後魏同兄子。字仲孺。小字白頭。少敏。專經爲學。避地大寧山。貞素自得。世號居士。高澄特徵。使敎諸子。先是景裕嘗注周易尚書孝經論語禮記老子。澄令解所注易。景裕理義精微。吐屬閒雅。從容往復。無際可尋。士君子嗟美之。興和中補齊王開府屬。卒於晉陽。

盧·曾 後梁范陽人。字孝伯。頗好書。有所執守。太祖辟爲宣義幕職。性忠狷。好貢直。每勸府讌語稍洽。輒率然糾正。後罷職。爲王師範所害。

盧·植 後漢涿人。字子幹。少事馬融。通古今學。融左右多列美姬。植侍講數年。未嘗轉盼。融甚敬之。學終。辭歸敎授。性剛毅有大節。常懷濟世志。建寧中徵爲博士。累遷尚書。黃巾賊起。拜植北中郎將。破賊帥張角。時董卓凌虐朝廷。議欲廢立。衆皆唯唯。植獨抗論。卓將殺之。議郎彭伯諫曰。盧尚書海內人望。今先害之。天下震怖。卓乃止。免植官。隱於上谷以終。

盧·欽 晉毓子。字子若。清澹有遠識。篤志經史。仕魏爲吏部尚書。封大梁侯。武帝受禪。以爲都督沔北諸軍事。在鎭寬猛得中。疆埸無虞。入爲尚書僕射。加侍中。清貧高潔。不營資產。所著詩賦論難數十篇。名曰小道。卒諡元。

盧·渭 明長洲人。字渭生。諸生。史可法出鎭淮揚。渭伏闕上書。言秦檜在內。李綱在外。宋終北轅。不納。後居可法幕。監守揚州鈔關。城陷。投河死。

盧·焯 淸益都人。隸奉天鑲黃旗。字光植。號漢亭。乾隆時以勳裔累官湖北巡撫。坐事落職者再。自州縣至封疆。所歷皆有治績。有觀津錄·牧亳政略·乘臬中州錄·撫閩略·撫浙略。◉淸寧波人。字書船。善畫山水松石。兼工小楷鐵筆。有日課編·印譜。

盧·琰 宋淄川人。字錫圭。太平興國進士。眞宗時累官河北轉運使。勤於吏職。所至以幹集聞。卒於官。

盧·琦 元惠安人。字希韓。號立齋。至正進士。尹永春。有惠政。安溪寇亂。琦率邑人大破之。時兵興。列郡洶洶。獨永春晏然。歷官漕司提舉。除平陽州。命下而卒。有圭峯集。

盧·程 後唐故唐右族。天復末舉進士。唐亡。變服爲道士。遊諸侯間。豆盧革薦爲河東節度推官。莊宗卽位。以爲中書侍郎·同平章事。程無他才。惟恃門第以進。拜命之日。肩輿導從。喧呼道中。莊宗視之笑曰。此所謂似是而非者也。後奉皇太后册。自魏至太原。沿途爲暴。莊宗怒曰。朕誤相此癡物。罷爲右庶子卒。

盧·絳 南唐宜春人。字晉卿。好縱橫兵家言。亡命江湖。以屠販爲事。樞密使陳喬用爲本院承旨。授沿江巡檢。募人習水戰。屢獲吳越舟艦。開寶中密說後主圖吳越。後主不能從。尋授昭武軍節度留後。守潤州。宋師入金陵。絳獨不降。謀南據閩中。以圖恢復。久之始出降。太祖斬之。

盧·象 唐汶水人。字緯卿。開元中由進士補祕書郎。轉右衛倉曹掾。張九齡深器之。擢左補闕司勳員外郎。名盛氣高。少所卑下。爲飛語所中。左遷齊邠鄭三郡司馬。入爲膳部員外郎。安祿山之亂。象受僞署。貶永州司戶。起爲主客員外郎。道病卒。

盧·象昇 明宜興人。字建斗。天啓進士。歷大名·廣平·順德兵備。擧卓異。進按察使。象昇善射。嫻將略。能治軍。山西賊入畿輔。連破之。以右僉都御史撫治鄖陽。與總督分道擊賊。皆捷。漢南寇幾盡。威名爲賊所憚。進兵部侍郎。賜尙方劍。李自成勢甚盛。象昇大破之。會京師警。召入衞。

尋遷督宣大山西。大興屯利。時宰臣楊嗣昌·中官高起潛主和議。與象昇議不合。遇事掣其肘。象昇名雖督天下兵。實不及二萬。師次蒿水橋。與清兵遇。象昇礮盡矢窮。奮鬬而死。福王時追諡忠烈。淸諡忠肅。有忠肅集。

盧·象晉 明象昇弟。字錫侯。象昇既殉難。或誣以不死。棺不得斂。象晉訟於朝。并請祭葬。及國變。爲僧以終。

盧·象觀 明象晉弟。字幼哲。崇禎進士。英略似其兄。而文采過之。後殉國難。赴水死。

盧·貢 隋光子。字子徵。涉獵書記。頗解鍾律。在周襲父爵。仕至太子少宮尹。文帝爲大司馬。貢深自推結。及受禪。命貢典宿衞。尋拜散騎常侍。以謀廢立皇太子。坐當死。除名。歲餘復爵。爲檢校太常卿。删定周齊音律。歷齊州刺史。坐怨言廢。卒於家。

盧·鈞 唐范陽人。徙藍田。字子和。元和進士。歷監察御史。以爭宋申錫獄知名。出爲華州刺史。擢嶺南節度使。異時海道商舶始至。帥府爭先售其珍。鈞一不取。時稱廉節。以清靜治下。不懲而化。累官檢校司空·同中書門下平章事·山南西道節度使。以太保致仕。卒諡元。鈞所居官必有績。大抵根仁恕至誠而施於事。位將相。沒而無贏財。

盧·順密 後晉汶陽人。初事梁將戴思遠。後歸唐。明宗時歷數郡刺史。臨諸軍。撫百姓。皆有仁愛之譽。范延光據鄴城叛。高祖命諸將討之。順密亦預其行。會白奉進爲滑帥符彥饒所殺。軍大亂。順密撫諸軍。執彥饒送闕。滑城遂定。高祖以爲涇州留後。至鎭未幾卒。

盧·嗣業 唐簡求子。登進士第。與弟汝弼皆知名。累辟使府。廣明初以長安尉直昭文館。王鐸徵兵收兩京。辟爲都統判官。檢校禮部郎中卒。

盧·愷 隋柔子。字長仁。性孝友。能屬文。仕周至東京吏部大夫。開皇初除吏部侍郎。攝尙書左丞。每有敷奏。侃然正色。喜怒不改其常。文帝親考百僚。以愷爲上。拜禮部尙書。攝吏部事。坐與蘇威相連。除名卒於家。

盧·慤 唐范陽人。少以門蔭入仕。累遷侍御史·金州刺史。宰相楊炎頗厚遇之。入爲左司郎中·京兆尹。慤無學術。善事權要。爲政苛躁。坐貶撫州司馬。終福建觀察使。

盧·損 後周范陽人。少學爲文。性頗剛介。梁開平初與任贊·劉昌素等同年擢第。所在相訴。時人謂之相罵牓。歷仕唐晉。以戶部尙書致仕。卜居陽翟。爲服氣導引之術。自稱具茨山人。周廣順中卒。

盧·暉 唐開元末爲魏州刺史。徙永濟渠自石灰窠引流至貴鄉。西注魏渠。以通江淮之貨。

盧·楚 隋范陽人。少有才學。大業中爲尙書左司郎。正色立朝。甚爲公卿所憚。越王侗稱尊號。以楚爲內史令。攝尙書左丞。與元文都同心輔政。及王世充作亂。或呼楚同去。楚曰。吾與元公誓以俱死。今舍去不義。遂被害。

盧·熙 明熊弟。字公暨。洪武中以薦授睢州同知。有惠愛。命行知府事。適御史奉命搜舊軍籍。睢民濫入伍者千人。檄熙追送。熙得嘗隸尺籍者數人畀之。御史必欲盡得。熙曰。州已無軍籍。今民且散走。獨有同知在。請以充役。御史知不能奪。乃罷。卒於官。吏民挽哭者塞道。

盧·照鄰 唐范陽人。字昇之。十歲從曹憲·王義方受蒼雅。調鄧王府典籤。轉新都尉。病去官。居太白山。後疾甚。手足攣廢。因居具茨山下。照鄰自以當高宗時尙吏。己獨儒。武后尙法。己獨黃老。后封嵩山。屢聘賢士。己已廢。著五悲文以自明。病既久。自沈潁水。其文章與王勃·楊炯·駱賓王齊名。稱四傑。有盧昇之集。（按照隣亦作照鄰。）

盧·瑀 明鄞人。成化進士。爲刑科給事中。疏覈淮揚逋課十餘萬。清西北勒市戰馬宿弊。終廣平知府。

盧·稜伽 唐長安人。一作楞伽。吳道玄弟子。精畫佛像山水。一日道玄見所畫。驚歎曰。此子筆力常不及我。今乃類我。精爽盡矣。居一月果卒。

盧·粲 唐彥卿孫。擢進士第。神龍中累遷給事中。節愍太子立。韋后諷中宗以衞府封物給東宮。粲駁奏太子不可與諸王等夷。武崇訓死。詔墓視陵制。粲固爭得罷。卒於邠王傅。諡景。

盧·羣 唐范陽人。字載初。曹王臯節度江西。奏爲判官。以勁正聞。入爲侍御史。郭子儀家與嬖人張昆弟訟。德宗促按之。羣謂子儀有大功。請赦勿問。人謂識大體。累遷兵部郎中。淮西吳少誠擅決洧水漑田。使者止之。不奉詔。命羣臨詰。少誠懼悅聽命。官至鄭滑節度使卒。

盧·義僖 後魏敏子。字遠慶。早有學尙。年九歲喪父。便有至性。起家祕書郎。歷太中大夫。散秩多年。澹然自得。靈太后臨朝。黃門侍郎李神軌勢傾朝野。求結婚姻。義僖慮其必敗。拒不許。普泰中除都官尙書·驃騎大將軍。卒諡孝簡。

盧·萬 明吳人。字經遠。景定中爲定海令。築塘捍海。濬河墾田。聞俗行善。無間寒暑。所至輒理。聽訟咸得其情。及卒。民甚悼之。

盧·詢祖 【北齊】恭道子。襲祖爵大夏男。有術學。文章華美。舉秀才入京。朝廷有大遷除。同日催拜。詢祖立於東止車門外。爲二十餘人作表。天保末出爲築長城子使。自負其材。好臧否人物。衆共嫉之。後頗折節。歷司徒記室卒。

盧·詹 【後唐】長安人。字楚玨。唐明宗時仕至工部尚書。性剛直。不避權貴。天福初拜禮部尚書。分司洛下。與右僕射盧質。散騎常侍盧重俱在西都。三人俱嗜酒。常同遊山水。洛中人士目爲三盧會。委順性命。不營財利。開運初卒於洛陽。

盧·道約 【後魏】道虔弟。字季恭。起家員外郎。天平中開府儀同高岳轉除青冀二州。以道約爲長史。有毗佐之稱。興和末除兗州刺史。在州頗得民和。武定初卒。

盧·道悅 【清】德州人。字喜臣。號夢山。康熙進士。官偃師知縣。多善政。有公餘漫草・清福堂遺稿。

盧·道虔 【後魏】道裕弟。字慶祖。粗閑經史。兼通算術。尚孝文女濟南長公主。天平中歷都官尚書・幽州刺史。卒諡文恭。道虔好禮學。嘗難王儉喪服集記七十餘條。爲尚書同寮於草屋下設雞黍之膳。談者以爲高。

盧·道將 【後魏】淵子。字祖業。應襲父爵而讓其弟。涉獵經史。風氣審諤。歷燕郡太守。優禮儒生。厲勸學業。入爲司徒司馬。卒諡獻。

盧·道裕 【後魏】道將弟。字寧祖。少以學尚知名。風儀兼美。尚獻文女樂浪長公主。拜駙馬都尉。累官左將軍・涇州刺史。卒諡文。

盧·道寧 【宋】工畫人物山水。

盧·達 【清】新建人。字瑞芝。康熙間以行伍從征江西。授明威將軍。定雲貴。滅馬寶於四川。累戰輒勝。官至左都督。

盧·雍 【明】江寧人。字廷佐。天順進士。自武庫主事累官湖廣布政使。皆有政績。居父喪。廬墓三年。有產芝之異。成化中旌其門。◎【明】吳縣人。字師邵。正德進士。授御史。武宗北狩宣府。欲建行宮。雍上疏罷役。出按四川。有惠政。遷本省提學副使。未任卒。有古園集。

盧·毓 【三國魏】植子。字子家。少以學行見稱。文帝踐阼。拜黃門侍郎。歷安平・廣平太守。所在有惠化。累擢吏部尚書。作考課法。選舉務先德行而後才藝。高貴鄉公卽位。遷司空。封容城侯。卒諡成。

盧·熊 【明】崑山人。字公武。博學工文章。尤精篆籀。元季爲吳縣教諭。洪武初以故官起。除工部照磨。以能書授中書舍人。遷兗州知府。時兵革甫定。大役並興。熊盡心調度。民以不擾。後坐累死。有說文字原章句・鹿門隱書・蘇州兗州二志・孔顏世系譜・蓬蝸・幽憂・石門・清溪等集。

盧·綰 【漢】豐人。與高祖同里同日生。及壯。又相愛。高祖起沛。綰以客從。入漢爲將軍。擊破臧荼。立爲燕王。後以陳豨事見疑。亡入匈奴。匈奴以爲東胡盧王。居歲餘。死胡中。

盧·綸 【唐】蒲人。字允言。大曆初數舉進士不第。渾瑊鎮河中。辟爲元帥判官。累遷檢校戶部郎中。韋渠牟表其才。德宗召見禁中。有所作。輒使賡和。與吉中孚・韓翃・錢起・司空曙・苗發・崔峒・耿湋・夏侯審・李端皆工詩齊名。號大曆十才子。

盧·維禎 【明】漳浦人。字瑞峯。號水竹居士。隆慶進士。官至戶部侍郎。有醒後集。

盧·肇 【唐】宜春人。字子發。會昌中與黃頗同舉。郡牧獨餞頗。明年。肇以狀元及第歸。郡牧迎接。因觀競渡。肇賦詩云。向道是龍人不信。果然奪得錦標歸。初李德裕謫袁州長史。殊遇肇。及德裕入相。肇絕無倚附。後官歙宣池吉四州刺史。有文標集。

盧·蒲就魁 【春秋齊】大夫。景公時欲賦民一丘出車一乘。有邑宰弗奉令。公使人讓之。且召與俱來。宰至。頓首曰。臣無罪。就魁在側斥曰。汝烏得無罪。立國養民古也。瘠民肥國今也。爾不朘民膏血以媚公。爾罪一也。公既棄民。汝反欲愛民。使諸侯不敢侵伐。爾罪二也。通國之宰皆徇公。汝獨以正自匡。爾罪三也。汝烏得無罪。公笑而釋之。

盧·蒲嫳 【春秋齊】慶封屬大夫。崔成・崔彊殺東郭偃・棠無咎。崔杼怒而出。遂見慶封。慶封告嫳。嫳曰。彼君之讎也。彼實家亂。子何病焉。崔之薄。慶之厚也。慶封使嫳帥甲以攻崔氏。遂滅崔氏。殺成與彊而盡俘其家。杼妻縊。嫳復命於杼。且御而歸之。至則無歸矣。乃縊。慶封遂當國。

盧·誕 【北周】叔仁子。本名恭祖。幼而通亮。博學有詞彩。起家侍御史。宇文泰以誕儒宗。爲當世所推。拜國子祭酒。魏恭帝初除祕書監。後以疾卒。

盧·齊卿 【唐】承慶從子。長安初爲雍州刺史。有人倫鑒。喜飲酒。踰斗不亂。寬厚樂易。士友以此親之。終太子詹事・廣陽縣公。

盧·億 【宋】河南人。字子元。少篤學。以孝悌聞。舉明經。晉天福中景延廣留守西洛。表爲判官。時國用窘乏。取民財以助軍。延廣欲緣以圖羨利。億曰。公位兼將相。既富且貴。今不得已取賞於民。何忍利之乎。延廣慚而止。歷仕漢周。宋初遷少尹。億性恬退。其子多遜知制誥。卽上章求解。乾德中以少府監致仕。

盧·履冰 唐范陽人。義僖五世孫。開元中仕歷右補闕。建言古者父在爲母期。徽鑑而心喪。武后始請同父三年。非是。請如禮。玄宗下百官議。越二年。乃下詔服紀一如古制。卒官。

盧·廣 梁涿人。自云諶後。少明經有儒術。天監中歸梁。官步兵校尉。兼國子博士。徧講五經。言論清雅。累遷尋陽太守。武陵王長史。卒官。

盧·徽 唐幽州人。少涉獵書記。劉晏薦爲殿中侍御史。晏得罪。貶珍州司戶參軍。後徙華州。厚結權近冀進用。徽厚賦斂。有所奉入。輒加常數。人不堪其求。疾病臥理。卒於官。

盧·摯 金涿州人。字處道。號疎齋。仕至翰林學士。元初稱能詩者以摯與劉因爲首。有疎齋集。

盧·樞 五代吳仕楊溥爲御史臺主簿。溥禁民間兵器。盜賊益繁。樞上言今四方分爭。宜教民戰。且善人畏法禁。而奸民弄干戈。是欲偃武而反招盜也。宜團結民兵。使之習戰。自衞鄉里。從之。

盧·潛 北齊玄曾孫。容貌魁偉。善言談。初爲清河王岳行臺郎。歷魏郡丞。江州刺史。所在有善政。先是。梁王琳擁其主蕭莊歸壽陽。朝廷以琳爲揚州刺史。勅潛與琳爲南討經略。潛在淮南十三年。大樹風績。爲陳人所憚。後與琳同陷。尋死建業。

盧·積 宋杭州人。字叔微。七歲能詩。及長。曉五經大義。端拱初登進士第。調補眞定東鹿主簿。未赴卒。有五帝皇極志。孺子問。翼聖書數十篇。

盧·質 後唐河南人。字子徵。幼聰慧善屬文。事唐爲祕書郎。後遊太原。晉王以爲河東節度掌書記。與張承業等定議立莊宗爲嗣。莊宗卽位。歷右僕射。權河南府事。晉高祖入立。以疾分司西京。拜太子太保。卒謚文忠。(按舊五代史作字子徵。此從新五代史。)

盧·魯元 後魏徒河人。寬和有雅度。明元時選爲通直郎。以忠謹給侍東宮。太武親愛之。及卽位。寵待彌深。而魯元益加謹肅。以工書有文才。累遷中書監。領祕書事。賜爵襄城公。後遷太保。錄尚書事。卒謚孝。

盧·儒 明崑山人。字爲己。博學能文。善筆札。文學韓柳。書學歐顏。自負甚高。天順初以薦拜中書舍人。有重齋稿。

盧·學古 明夏縣人。舉於鄉。崇禎時官承天府同知。攝荊門州事。李自成寇荊門。學古誓死守。城陷。罵賊死。

盧·導 後晉范陽人。字熙化。唐末舉進士。唐亡事梁。累遷左司郎中。侍御史。以病免。唐明宗召拜諫議大夫。遷中書舍人。潞王從珂以兵犯京師。宰相馮道請導草疏勸進。導固拒之。後事晉。終吏部侍郎。

盧·璣 金彥倫子。字正甫。以蔭補閤門祗候。明昌中歷定武軍節度使。左宣徽使致仕。時璣年已七十餘。章宗以其老而康強。會生皇子。命以所杖策爲洗兒禮物。後預天壽節。帝命璣與大臣握槊戲。璣獲勝。帝以名馬賜之。曰。酬卿博直。其眷遇如此。卒年八十。◉明松楊人。字舜用。天順進士。李賢當國。欲羅致之。不可。上疏請正宮闈名分。不報。復劾權奸。謫戍銅鼓。益厲志理學。其闢元劉謐三教平心論。人謂可與佛骨表並垂不朽。

盧·翰 明潁州人。字子羽。嘉靖舉人。官兗州府推官。有易經中說。月令通考。鑑易。

盧·諶 晉志子。字子諒。清敏有思理。善屬文。事劉琨爲司空從事中郎。琨敗。往投遼西段末波。遼西破。爲石虎所得。以爲中書侍郎國子祭酒。冉閔誅石氏。諶隨軍遇害。諶才高行潔。雖顯於石氏。恆以爲辱。每詔諸子曰。吾身沒之後。但稱晉司空從事中郎爾。撰祭法。注莊子。又有文集。皆行於世。(按北史盧玄傳。玄爲諶之曾孫。而伯源又爲玄之孫。相距六世。伯源。淵字也。尚友錄·萬姓統譜以伯源爲諶字。謬甚。)

盧·錫晉 清單縣人。字子弓。康熙進士。官正定知府。有尚志堂集。

盧·龍雲 明南海人。字少從。萬曆進士。補郫縣令。治行爲諸郡邑最。復補長樂。以忤權要左遷江西藩幕。累遷貴州參議。撫苗夷功最多。有四留堂稿。尚論全篇。易經補義。談詩類要諸書。

盧·濬 明天台人。字希哲。成化進士。授刑部主事。出知黃州府。改南安。邵武。以耿介忤上官去職。有澀粟稿。黃州集。

盧·襄 宋衢州人。初名天驥。字駿元。徽宗朝避天字。改名襄。字贊元。大觀進士。靖康間拜吏部侍郎。建炎初安置衡州。有西征記。◉明吳縣人。雍弟。字師陳。嘉靖進士。累官兵部郎中。以爭大禮下詔獄。事白。陞陝西右參議。自號五塢山人。有五塢草堂集。石湖文略。

盧·謙 明廬江人。字吉甫。一字默存。萬曆進士。授永豐知縣。擢御史。出爲江西右參政。引疾歸。崇禎中流賊犯廬江。城陷。罵賊死。謙官永豐時。得信州學五經圖石本。廬江知縣章達刻以行世。謙曾孫雲英以原本行款參差。復釐定增補爲重編五經圖。

盧·邁 唐洛陽人。字子玄。性孝

友。舉明經。補太子正字。累遷諫議大夫。數條當世利病。貞元中以尙書右丞同中書門下平章事。進中書侍郞。時陸贄·趙憬專大政。邁居中。冶身循法無他過。後罷爲太子賓客卒。

盧·醜 〔後魏〕徒河人。昏元之族。太武監國。醜以博學入授經。後以師傅舊恩。賜爵濟陰公。位尙書。加散騎常侍。卒於河內太守。

盧·鴻 〔唐〕范陽人。字顥然。善篆籀。畫山水樹石。得平遠之趣。筆意位置。清氣襲人。與王維埒。隱嵩山。玄宗備禮徵之。至東都。拜諫議大夫。固辭還山。賜隱居服。官營草堂。聚徒至五百人。號其居曰寧極。有草堂十志圖詩。（按舊唐書作鴻一。字浩然。此從新唐書。）

盧·儲 〔唐〕舉進士第一。嘗投卷謁尙書李翺。翺置文卷案間。翺長女閱其卷。謂小青衣曰。此人必爲狀元。翺乃招爲壻。明年果首唱。成婚之夕。儲作催妝詩曰。昔年曾向玉京遊。第一仙人許狀頭。今日已成秦晉約。早教鸞鳳下妝樓。

盧·簡方 〔唐〕盧鈞鎭太原。表爲節度府判官。會党項羌叛。鈞使簡方督兵乘邊。樹堡障。自神山至鹿泉縣三百里。歷遏其衝。賊不得逞。候邏便之。累遷太僕卿。領大同節度。徙鎭武軍。道病卒。

盧·簡求 〔唐〕弘止弟。字子臧。第進士。會昌中歷蘇壽二州刺史。大中中党項擾邊。拜涇原渭武節度使。徙義武鳳翔河東三鎭。爲政長權變。居邊善綏御。人皆安之。以太子少師致仕卒。

盧·簡能 〔唐〕綸子。字子拙。第進士。太和中累官檢校司封郞中。充鳳翔節度判官。時鄭注得幸。李訓與之謀誅宦官。使注鎭鳳翔。仍妙選當時才傑以爲賓佐。簡能爲訓所選。從注。及訓敗注誅。簡能爲監軍使所害。

盧·簡辭 〔唐〕簡能弟。字子策。第進士。歷佐帥府。入遷侍御史。習知法令及臺閣舊事。後以檢校工部尙書爲忠武節度使。坐事貶衢州刺史卒。

盧·藏用 〔唐〕承慶從孫。字子潛。舉進士。不得調。隱居終南山。長安中召授左拾遺。武后作興泰宮。上疏切諫。歷官黃門侍郞·尙書右丞。坐附太平公主。流驩州。會交阯叛。藏用有捍禦勞。遷黔州長史。卒於始興。藏用善蓍龜。工草隸琴弈。士貴其多能。始隱山中。有意當世。人目爲隨駕隱居。晚乃徇權利。務爲驕縱。嘗指終南謂司馬承禎曰。此中大有佳處。承禎曰。以僕觀之。仕宦之捷徑耳。藏用慚之。

盧·鎬 〔淸〕鄞人。字配京。號月船。乾隆舉人。官平陽教諭。工書能詩。醉後作畫。興盡即已。有月船居士詩集。

盧·懷仁 〔後魏〕道將子。字子友。博學能文。性恬靜。歷太尉記室·弘農郡守。皆不之任。卜居陳留界。所著詩賦銘頌二萬餘言。撰中表實錄二十卷。懷仁有行檢。善與人交。嘗語瑯邪王衍云。昔太丘道廣。許劭知而不顧。嵇生峭立。鍾會過而絕言。吾處季孟之間。去其太甚。衍然之。

盧·懷忠 〔宋〕河間人。少有膂力。善騎射。仕周至如京副使。宋初遷內酒坊副使。太祖討朗州。以懷忠爲前軍步軍都監。荆湖平。遷判四方館事。知江陵府。後以客省使使江南。還卒於途。

盧·懷愼 〔唐〕滑州人。第進士。歷監察御史。神龍中遷右御史臺中丞。上疏陳時政。不報。遷黃門侍郞·漁陽縣伯。開元初進同紫微黃門平章事。改黃門監。自以才不及姚崇。故事皆推而不專。時譏爲伴食宰相。卒諡文成。懷愼清儉不營產。及治喪。家無留儲。帝悼歎之。

盧·瓊 〔明〕浮梁人。字獻卿。正德進士。由固始知縣入爲御史。嘉靖改元。出按畿輔。桂萼疾璽諫排己。考察京官旣竣。令科道互糾劾。瓊言互相批抵報復。非盛世事。帝怒。奪俸三月。而命部院考之。竟以劾勳貴謫戍邊。赦還卒。

盧·贊 〔北漢〕事劉鈞。積官至宣徽使。周臣李筠之降。鈞使贊監其軍。筠內不平。謀事多與贊忤。宋將石守信破筠軍。贊遂以身殉。

盧·鏜 〔明〕汝寧衛人。嘉靖時由世蔭歷都指揮僉事。備倭福建。尋以副總兵協守江浙。屢敗江北北洋諸倭。擢江南浙江總兵官。以誅汪直功。進都督同知。倭復犯浙東。水陸十餘戰。斬首千四百有奇。總督胡宗憲以蕩平聞。復增俸賚金。宗憲旣敗。給事丘橓劾鏜八罪。逮治免歸。鏜勇敢有將略。在備倭諸將中。名亞俞大猷·戚繼光。

盧·蘋 〔五代吳〕洛陽人。博學善應對。楊溥時官至司農卿。嘗使唐。還言唐主荒於遊畋。嗇財拒諫。內外皆怨。不數年亡矣。後果如所言。

盧·攜 〔唐〕鄭人。字子升。擢進士第。乾符中進同中書門下平章事。拜中書侍郞·弘文館大學士。攜姿陋而語不正。內倚田令孜而外寄戎政於高駢。賄賂顯行。與奪惟所愛惡。初。黃巢已破廣州。表求天平節度使。攜素惡王鐸。欲駢立功而激巢使戰以敗鐸。持不可。及巢破潼關。人皆咎攜。乃以太子賓客罷。分司東都。仰藥死。

盧·譽士 〔淸〕平湖人。字肆成。諸生。有古狂隨筆·古狂小言等書。

盧辯 【北周】景裕弟。字景宣。博通經籍。魏正光初舉秀才。爲太學博士。以大戴禮未有解詁。乃注之。齊高歡起兵。魏節閔帝遣辯持節勞之。歡令辯見其所奉中興主。辯抗節不從。孝武入關。事起倉卒。辯不及至家。單騎從至長安。封范陽郡公。時朝儀湮墜。凡朝廷憲章。乘輿法服。金石律呂。晷刻渾儀。俱辯創制。悉合軌度。宇文泰甚優禮之。明帝即位。累遷少宗伯。卒諡獻。

盧鑑 【宋】金陵人。字正臣。累舉進士不第。眞宗時授三班奉職。爲鄜延路走馬承受公事。李繼遷寇邊。敗走之。歷鳳翔・秦・隴・階・成等州都巡檢使。善於料敵。蕃族不敢逞。後知丹秦等州。遷西上閤門使卒。

盧觀 【後魏】涿人。字伯舉。少好學有儁才。舉秀才。射策甲科。除太學博士。著作佐郎。與李神儁等撰定朝儀。遷尚書儀曹郎中。孝昌初卒。

盧觀象 【明】贛縣人。字子占。萬曆中授河間府通判。天啟初上屯政條議。陞河間府屯田同知。左光斗巡撫南畿。議復汪應蛟所創屯政。論者以濱海斥鹵。旱澇不時。勞不償費。觀象力贊之。張愼言代爲巡撫。嘉其才。力薦之。値魏璫勢熾。告歸。後起爲員外郎。崇禎甲申之變。死之。

磨勒 【唐】崔家崑崙奴。崔爲顯僚。其子崔生。嘗省勳臣疾。與一紅綃妓目成。既歸。凝思不食。磨勒詢知其故。曰。是不難。夜負生逾十重垣入。達紅綃所。復負生與紅綃出。寂無形跡。踰二歲。紅綃因花時駕小車遊曲江。爲勳臣家人潛識。以告。勳臣召生詰其事。生不敢隱。勳臣命甲士圍崔生院。磨勒持匕首飛去。不知所之。後十餘年。人見磨勒賣藥洛陽市中。容髮如舊。

穆子容 【後魏】泰孫。少好學。無所不覽。求天下書。所在寫錄。得萬餘卷。武定中官汲郡太守。齊受禪。終司農卿。

穆元休 【唐】河內人。世以儒聞。元休以文學有名開元間。獻書天子。擢偃師丞。

穆孔暉 【明】堂邑人。字伯潛。號玄菴。弘治進士。累官太常寺卿。嘉靖中卒。諡文簡。孔暉爲王守仁試山東時所取士。其學宗守仁。頗浸淫入於釋氏。既乃潛心理學。有讀易錄・尚書困學・前漢通紀・玄菴晚稿等書。

穆世傑 【明】涇陽人。字文英。正德進士。明春秋。通法律。知江西樂安縣。平桃源洞賊。以功蔭子爲千戶。

穆占 【清】滿洲正黃旗人。姓納喇氏。康熙間以前鋒統領從討吳三桂。轉戰雲貴間。諸亂悉平。凱旋。授正黃旗蒙古都統。列議政大臣。後以奏軍事不實革職。尋卒。

穆尼閣 【清】泰西人。久居白門。喜與人言曆。作天步眞原・四綫比例。淄川薛鳳祚傳其學。

穆生 【漢】魯人。楚元王交少時。與生受詩於浮丘伯。既王楚。以爲中大夫。生不嗜酒。元王常爲設醴。及王戊嗣位。忘設。生曰。醴酒不設。王之意怠矣。遂去。

穆后 【蜀漢】陳留人。姓吳氏。初嫁劉焉子瑁。瑁死寡居。先主定益州。而孫夫人還吳。羣下勸先主聘后。先主疑之。法正曰。論其親疏。何異晉文之於子圉乎。遂納之。章武初立爲皇后。延熙中卒。諡穆。◎【北齊】名邪利。小字黃花。後字舍利。本斛律后從婢。或云宋欽道奸私穆子倫婢所生女。初入宮。有幸於後主緯。宮內稱爲舍利大監。以生皇子恆。立爲后。後主自是荒飲無度。時童謠云。黃花勢欲落。清觴滿杯酌。爲后及後主言也。

穆克登布 【清】滿洲正白旗人。姓穆爾扎氏。乾隆間以護軍校隨征金川。積功累擢參將。嘉慶間貴州叛苗竄入粵境。穆克登布扼守西隆州。累官正藍旗蒙古都統。卒諡勇肅。

穆克登阿 【清】滿洲鑲紅旗人。乾隆中任松潘鎮總兵。征林爽文及廓爾喀。皆有功。官至四川提督。嘉慶間從征川楚教匪無功。奪職。旋以擒王三槐。復署松潘鎮總兵。致仕。

穆克譚 【清】世居哈達。姓戴佳氏。後隸滿洲鑲藍旗。太祖時屢從征伐。所向陷陣先登。征瓦爾喀及朝鮮俱有功。授二等男。太宗時居十六大臣之列。後戰死。諡忠勇。

穆廷栻 【清】臨榆人。康熙武進士。授守備。擢四川提標游擊。破生番。殲碉九十餘。累官福建陸路提督。朱一貴據臺灣。廷栻赴廈門防守。卒於軍。諡清恪。

穆里瑪 【清】滿洲鑲黃旗人。姓瓜爾佳氏。衛齊六子。官一等侍衛。順治間征金聲桓。連敗之。授都統。康熙間勦平李來亨。論功封一等男。其兄鼇拜敗。坐同惡棄市。

穆亮 【後魏】羆弟。字幼輔。早有風度。獻文時。起家侍御中散。尚中山長公主。封長樂王。孝文時。以征南大將軍領護西戎校尉。擊走吐谷渾。宣武即位。拜尚書令・司空。封頓丘公。卒諡匡。

穆姬 【春秋晉】獻公女。秦穆公夫人。秦晉戰於韓原。獲晉惠公以歸。姬聞之。乃與太子登臺而履薪焉。使以免服衰絰迎。告穆公曰。晉君朝以入。婢子夕以死。君其圖之。公懼。改館晉君。饋以七牢而遣之。

穆相 【明】三原人。字伯寅。正德進士。授沂水令。外書六事內書四知以自勵。政績著聞。陞監察御史。抗言直諫。人稱眞御史。

穆·衍 【宋】河內人。字昌叔。以進士調華池令。有政聲。後知淳化。從韓絳宣撫陝西。遇慶卒潰亂。衍母在耀州。亟謁歸。卒知衍名。不敢近。元祐初大臣有議棄熙蘭者。衍以爲不可。議乃止。累官直龍圖閣。知慶州。徙秦州卒。

穆·修 【宋】鄆州人。字伯長。性剛介。與衆多齟齬。大中祥符中賜進士出身。累官潁州文學參軍。徙蔡州。時學者從事聲律。修獨以古文稱。蘇舜欽兄弟多從之游。故一時士大夫言能文者。必曰穆參軍。歐陽修尤稱之。明道中卒。有文集。

穆·修己 【唐】以善畫管謨。玄宗以畫者流擬之。不甚禮。會內殿牡丹開。帝問修己曰。今京邑盛傳牡丹詩。誰爲首出。對曰。中書舍人李正封詩曰。國色朝酣酒。天香夜染衣。帝嗟賞。(按全唐詩話作陳修己。此從杜荀鶴松窗雜記。)

穆·員 【唐】質弟。字與直。工文辭。杜亞留守東都。署佐其府。早卒。員與兄贊·質·弟賞皆和粹。世以珍味目之。贊俗而有格。爲酪。質美而多入。爲酥。員爲醍醐。賞爲乳腐云。

穆·泰 【後魏】眞子。本名石洛。孝文賜今名。尚章武長公主。封馮翊侯。出爲定州刺史。初文明太后幽孝文於別室。將謀黜廢。泰切諫乃止。孝文德之。甚見寵待。後以與定州刺史陸叡圖叛。伏誅。

穆·眞 【後魏】崇曾孫。尚長城公主。後敕離婚。納文明太后姊。位南部尚書·侍中。卒諡宣。孝文追思崇勳。令著作郎韓顯宗與眞撰定碑文。建於白登山。

穆·崇 【後魏】代人。少以盜竊爲事。道武帝居獨孤部。崇往來奉給。窟咄之難。賴崇力得免。甚見寵待。道武爲魏王。崇從平中原。官至太尉。賜爵宜都公。卒諡丁。

穆·紹 【後魏】亮子。字永業。尚琅邪長公主。宣武帝時爲殿中尚書。資性方重。罕接賓客。以與元順忤。謝事還家。孝莊帝立。爾朱榮徵之。紹見榮。捧手不拜。榮謂人曰。穆紹不虛作大家兒。授尚書令·司空公。尋除都督青齊兗光諸軍事·驃騎大將軍。未行卒。諡文獻。

穆·弼 【後魏】崇玄孫。有風格。涉獵經史。與長孫承業·陸希道等齊名。宣武初爲廣平王懷國郎中令。數有匡諫。孝明時官至平西將軍·華州刺史。卒諡懿。

穆·提婆 【北齊】漢陽人。本姓駱。父超。以謀叛誅。母陸令萱。配入掖庭。鞠養後主。遂爲胡后所昵。令萱奸巧多機辨。獨擅威福。天統初奏引提婆入侍。錄尚書事。令萱又佞媚穆昭儀。養之爲女。是以提婆改姓穆氏。晉州軍敗。提婆奔周軍。令萱自殺。周武帝以提婆爲宜州刺史。以起兵應後主伏誅。

穆·僖 【清】工畫。有松石長春。松亭雲岫等圖。

穆圖善 【清】吉林人。隸滿洲鑲黃旗。姓那哈塔氏。咸豐間從攻洪楊軍。轉戰直隸山東湖北安徽諸省。所在有功。光緒間官至福州將軍。法人內犯。穆圖善扼之於長門。伏兵敗之。卒諡果勇。

穆·壽 【後魏】觀子。尚樂陵公主。明敏有父風。太武帝愛重之。累遷侍中·中書監。景穆帝監國。壽與崔浩等輔政。自矜無禮。爲時所鄙。太平眞君中卒。諡文宣。

穆·寧 【唐】元休子。性剛正。以明經調鹽山尉。安祿山反。寧檄州縣幷力捍禦。顏眞卿拒祿山。署寧河北採訪支使。寧以息屬其母弟。馳謁眞卿請俱死。肅宗召見行在。異之。上元初佐鹽鐵轉運。李光弼檄取資糧。寧不與。曰。命寧主糧者敕也。可以檄取乎。時重其能守官。以祕書監致仕卒。寧嘗撰家令訓諸子。先是韓休家訓子姪至嚴。貞元間言家法者稱韓穆二門。

穆彰阿 【清】滿洲鑲藍旗人。姓郭佳氏。字鶴舫。道光間官至文華殿大學士。管戶部。當國十餘年。權傾一時。大學士王鼎自河防歸。以穆彰阿欺君誤國。服毒自盡。遺疏劾之。穆彰阿使人以危言怵其子。竟不得上。粵中禁烟之役。英艦進逼江寧。求取甚苛。宣宗憤甚。穆彰阿力言宜和。議乃定。文宗卽位。首黜之。

穆爾哈齊 【清】宗室。驍勇無前。常隨征哲陳部。以八十人略地深入。敵兵八百人猝至。太祖率穆爾哈齊直前衝擊。敵衆敗走。追至吉林岡。立其巔。潰卒十餘人忽趨上。太祖射一人。貫其脊顚。穆爾哈齊又射一人。殪之。餘衆驚。悉墜崖死。還卒。順治間追封多羅貝勒。諡壯勇。

穆赫林 【清】滿洲正藍旗人。姓博爾濟吉特氏。康熙間授正藍旗滿洲副都統。列議政大臣。與傑書等會攻耿精忠。平台溫等府。移師延平。敗鄭錦。戰於澄海。城陷。自經死。

穆·槙 【宋】爲衡陽縣尉。元將兀良哈入寇。槙提兵相拒七晝夜。城賴以完。仕至湖北提刑。

穆蔭 【清】滿洲正白旗人。姓托和洛氏。咸豐間由侍讀累遷鑲白旗滿洲副都統。洪楊軍擾河南。畿輔戒嚴。穆蔭偕僧格林沁盡力籌禦。官至兵部尚書。英人內犯。以穆蔭爲欽差大臣。偕載垣至通州定約。尋以辦理不善。

召還。同治初載垣竊奪政柄。不能力爭。坐革職。尋卒。

穆·質　唐贊弟。性強直。舉賢良方正。條對詳切。擢給事中。時政得失。未嘗不盡言。元和時鹽鐵轉運諸院。多擅繫囚。有笞掠至死者。質奏請與州縣吏參決。自是不冤。後論吐突承璀不宜爲將。憲宗不悅。改太子左庶子。出爲開州刺史卒。

穆·賞　唐員弟。官監察御史。兄贊被誣受金。捕送獄。賞上冤狀。得釋。

穆·醜善　後魏代人。道武帝初率部歸附。與宗人崇戮力同心。擢禦左右。拜天部大人。居東番。其子孫多居顯位。

穆·羆　後魏壽孫。尚新平長公主。拜虎牢鎮將。汾州刺史。州人詣闕稱羆恩德。孝文以羆政和人悅。增秩。徵爲光祿勳。穆泰反。羆與潛通。事發。削爲民。

穆·贊　唐寧子。字相明。累官御史中丞。裴延齡欲曲貸吏。贊執不可。延齡白贊深文。貶饒州別駕。憲宗立。進宣歙觀察使。卒官。

穆·顗　後魏觀弟。以侍御郎從太武征赫連昌。勇冠一時。拜司衞監。從太武田崞山。有虎突出。顗搏而獲之。後從征白龍。討蠕蠕。以功進爵建安公。拜尚書。出鎮涼州。文成時督諸軍西征吐谷渾。坐擊賊不進。免官爵。徵爲內都大官。卒諡康。

穆騰額　清滿洲正白旗人。初由馬甲累擢防禦。嘉慶間隨勦川陝楚教匪。轉戰三省。積功擢黑龍江副都統。道光中卒。

穆·觀　後魏崇子。字闥拔。少以文藝知名。明元卽位。綰門下中書。尙宜陽公主。位太尉。太武監國。觀爲右弼。出則總攝朝政。入則應對左右。勞謙善誘。不以富貴驕人。卒諡文成。

積福　清蒙古鑲黃旗人。姓克勒特氏。乾隆間由侍衞官至寧夏將軍。任邊事二十餘年。能稱其職。以年邁改正白旗蒙古都統。

積慶　清漢軍正黃旗人。姓馬氏。道光間由二等侍衞累擢大同鎭總兵。咸豐間坐事奪職。粵捻分擾直隸山東。積慶從勝保督軍進攻。連戰皆捷。積功官至河北鎭總兵。

窺基　唐高僧。長安尉遲氏子。字洪道。出家爲玄奘弟子。受瑜伽唯識宗。著論凡百部。時號百本論師。性豪侈。出必三車。亦號三車法師。從玄奘譯經於慈恩寺之翻經院。勸著述。謂之慈恩教。後尊爲法相顯理宗。有彌勒上生經·法華經等疏。

縣·子石　戰國墨子弟子。

縣·成　春秋魯字子祺。孔子弟子。（家語作縣成。字子橫。此從史記。）

縣·賁父　春秋魯莊公及宋人戰於乘丘。縣賁父御。卜國爲右。馬驚敗績。縣賁父曰。他日不敗績。而今敗績。是無勇也。遂死之。圉人浴馬。有流矢在白肉。公曰。非其罪也。遂誄之。士之有誄。自此始也。

耨盌溫敦·兀帶　金思忠從子。天會間充女眞字學生。累官吏部尙書。世宗卽位。授咸平尹。爲北邊行軍都統。時初定窩斡。人心未安。兀帶爲治寬簡。多備禦。諸斥候。邊郡以寧。改北京留守。官至參知政事卒。

耨盌溫敦·思忠　金斯水人。本名乙剌補。太祖伐遼。是時未有文字。凡軍事。諸將皆口授思忠。思忠面奏受詔。還軍傳致。往復數千言。無少誤。及遼人議和。思忠爲行人。貞元間封齊國王。拜太師。進尙書令。海陵遂非拒諫。而思忠盡言無所避。性讀貨。與參知政事贊謨交惡。構殺之而取其妻。盡取其家財。章宗卽位。以思忠原取家貲付之。正隆間卒。

耨盌溫敦·謙　金思忠子。本名乙迭。累官御史中丞。太和神龍殿被火。謙表乞權紓修建。擢濟州猛安。利涉軍節度副使。烏林答鈔兀追捕逃軍至猛安中。謙畏其擾。醵民財買銀賂鈔兀。事覺奪職。遇赦免。

興·永朝　清漢軍鑲黃旗人。由筆帖式授吏部主事。康熙間吳三桂反。從莫洛軍。累官漕運總督。坐事奪職。再起。終副都統。

興·安　明英宗朝宦者。帝北狩。郕王召廷臣問計。侍讀徐珵倡議南遷。安叱之。白太后勸郕王任于謙治戰守。安有廉操。且知于謙賢。力護之。英宗復辟。安僅獲免。

興倫　清滿洲鑲黃旗人。姓薩克達氏。嘉慶初隨軍四川。追勦教匪。均有功。官至江寧副都統。

興·渠　後漢安帝時。閻顯·江京等相比附。廢太子爲濟陰王。渠爲濟陰王謁者長。安帝崩。顯等立北鄉侯。未幾疾甚卒。孫程與渠等共誅京顯。迎立濟陰王。是爲順帝。封渠高望亭侯。

興肇　清宗室。滿洲鑲藍旗人。乾隆間從征金川。嘉慶間勦湖南苗。攻川楚教匪。屢戰皆捷。積功累官正藍旗漢軍都統致仕。

興鼐　清滿洲鑲白旗人。姓納喇氏。順治間從攻李自成。自延安追勦至武昌。旋從攻江南。克池州。積功累擢工部侍郎。爵二等男。尋坐事罷。

蔿·掩　春秋楚蔿子馮子。敖之孫。仕爲司馬。子木爲令尹。使掩庀賦。數甲兵。於是書土田。度山林。鳩藪澤。辨京陵。表淳鹵。數疆潦。規偃豬。町原防。牧隰皋。井衍沃。量入修賦。賦車籍馬。賦車兵徒卒甲楯之數。既成。以授子木。後爲公子圍所殺。

蔿敖 春秋楚 蔿賈子。一名艾獵。即孫叔敖。見孫叔敖條。（按左傳宣公十一年傳有蔿艾獵。十二年傳有蔿敖。杜注並謂即孫叔敖。正義曰。服虔亦云艾獵。蔿賈之子。此年云令尹蔿艾獵。明年曰令尹孫叔敖。明一人也。史記則稱孫叔敖爲楚之處士。荀子．呂氏春秋並以爲期思之鄙人。毛奇齡據其說。以爲氏孫字叔名敖。與蔿賈之子爲兩人。世本則云蔿艾獵爲叔敖之兄。諸說互歧。今以杜注爲主。並存諸說。以備參考。）

蔿賈 春秋楚 字伯嬴。仕爲大夫。子玉治兵於蔿。終日而畢。鞭七人。貫三人耳。國老皆賀子文。賈年尚幼。後至不賀。曰。不知所賀。子玉剛而無禮。不可以使民。過三百乘。其不能以入矣。苟入而賀。何後之有。後果爲晉師所敗。令尹子文卒。鬭般爲令尹。子越爲司馬。蔿賈爲工正。譖子揚而殺之。子越爲令尹。己爲司馬。子越又惡之。乃以若敖氏之族圄伯嬴於轑陽而殺之。

蕃嚮 後漢 魯國人。字景嘉。仕爲郎中。爲八廚之一。

蕳忌 漢 爲淮南王長中尉。長非漢法。不聽天子詔。大夫但．士伍開章等謀反。吏覺。往捕開章。王匿不予。與忌謀殺以閉口。按嚴助傳作閒忌。字音同。或作簡。非是。）

蕳卿 漢 東平人。受尚書於兒寬。夏侯勝嘗師事之。

蕢尚 春秋魯 居喪。哀公使人弔之。遇諸道。辟於路。畫宮而受弔。曾子聞之。以爲不知禮。

蕩意諸 春秋宋 昭公之臣。初司城蕩卒。蕩子公孫壽辭司城。請使子意諸爲之。既而告人曰。君無道。吾官近。懼及焉。棄官則族無所庇。子身之貳也。姑紓死焉。雖亡子。猶不亡族。後昭公被弒。蕩意諸死之。

衛一鳳 明 陽城人。字伯瑞。萬曆進士。授刑部主事。歷青州知府。濟寧河道。皆有治績。累遷鄖陽巡撫。會秦寇嘯聚。遣裨將諭以禍福。遂解散。進南京刑部尚書卒。

衛九鼎 元 天台人。字明鉉。工界畫山水。

衛大經 唐 解人。卓然高行。口無二言。武后召之。固辭以疾。學邃於易。人謂之易聖。預筮死日。鑿墓自爲誌。如言終。

衛子夫 漢 武帝之后。本爲平陽主謳者。武帝過平陽主。悅之。入宮後生太子據。立爲后。巫蠱事起。太子討江充。兵敗亡走。詔收璽綬。后自殺。宣帝立。追謚思。

衛之玄 唐 伊闕人。字造微。嘗欲得奇藥。煉砂汞爲黃金。至嶺南訪求之。不可得。容管經略使房啓因辟爲從事。以功再遷監察御史。從啓徙桂。啓坐事免。之玄尋亦捨去。嶺南節度馬總復徵之。卒於南海。

衛仁近 元 松江華亭人。字叔剛。一字子剛。好學能文。尤工書法。至正中嘗遊吳興。守將送餼米百斛。舉爲幕官。並辭。張士誠闢延賓館。幣使聘焉。亦謝免。有敬聚齋集。

衛元君 戰國衛 嗣君弟。爲魏壻。故魏立之。秦拔魏東地。徙衛野王縣。立二十五年卒。

衛元嵩 北周 蜀郡人。好言將來事。天和中著詩預論周隋廢興。頗有徵驗。不信釋教。嘗上疏極論之。仿太玄經。著有元包。

衛公佐 宋 嘉興華亭人。字輔之。事繼母以孝聞。族里有不能婚嫁者。悉助資遣之。禮賢下士。藏書甚富。邑未設學。乃捐地爲址。與弟公亮．公望並惇行義。神宗時官至揚州助教卒。

衛夫人 晉 恆從女。汝陰太守李矩之妻。名鑠。字茂猗。工隸書。得法於鍾繇。王羲之少嘗師之。

衛文公 春秋衛 戴公弟。名燬。齊桓公以衛遭狄亂。乃率諸侯伐狄。爲衛築楚丘。立燬爲衛君。公既立。大布之衣。大帛之冠。務材訓農。通商惠工。敬教勸學。授方任能。元年革車三十乘。季年乃三百乘。在位二十五年卒。謚文。

衛毋擇 漢 由隊卒從高祖起沛。爲郎。擊陳餘有功。以衛尉封樂平侯。卒謚簡。

衛出公 春秋衛 靈公孫。蒯聵子。名輒。靈公卒。夫人命子郢爲太子。郢曰。亡人太子蒯聵之子輒在。不敢當。於是衛乃立輒爲君。在位十二年。孔悝立蒯聵。公出奔。在外四年。衛更三君。公乃自齊復歸。立九年而卒。

衛包 唐 天寶中爲集賢學士。受詔改古文尚書從今文。

衛玄 隋 洛陽人。字文昇。少有器識。仕周爲京兆尹。入隋遷淮州總管。封同軌郡公。仁壽初爲資州刺史。山獠作亂。玄單騎往說之。渠帥感悅。解兵去。煬帝朝拜刑部尚書．京兆內史。唐師入關。憂懼稱疾歸。未幾卒。（按衛玄。字文昇。萬姓統譜以玄爲南北朝人。文昇爲晉人。誤。）

衛立鼎 淸 陽城人。字愼之。康熙間知盧龍縣。以清廉著。魏象樞疏薦治行第一。官至福建知府。

衛光遠 宋 工畫花鳥。

衛次公 唐 河東人。字從周。舉進士第。潘炎目爲國器。歷殿中侍御史．翰林學士。順宗立。王叔文等弄威柄。次公多所持正。後以檢校工部尚書爲淮南節度使。卒諡敬。

衞·汝貴　淸合肥人。字達三。從李鴻章攻髮捻。官至寧夏鎭總兵。統淮軍之盛軍。駐直隸小站。隨援朝鮮。守平壤。日本軍由城北入。汝貴與葉志超俱遁歸。所部悉潰。逮治伏誅。

衞·伯玉　唐少習武技。天寶中積功至員外諸衞將軍。肅宗初領神策兵馬使。出鎭陝州行營。屢敗史思明。代宗朝拜荆南節度使。進封城陽郡王。

衞伯姬　春秋衞莊公蒯聵之姊。孔文子之妻。文子卒。與其豎渾良夫通。伯姬使良夫於蒯聵。蒯聵曰。子苟能納我。免子三死。與盟。許以伯姬爲之妻。良夫喜告伯姬。伯姬乃迫其子悝立蒯聵。後爲衞大夫所殺。

衞·佐邦　淸博羅人。咸豐間以守備與洪楊軍戰。累有功。官至陽江鎭總兵。

衞君角　秦元君子。立二十一年。二世廢君角爲庶人。衞祀遂絕。

衞·宏　後漢東海人。字敬仲。一曰字次仲。光武時爲議郎。少從九江謝曼卿受毛詩。作詩序。善得風雅之旨。後更受古文尙書於杜林。爲作訓旨。時濟南徐巡師事宏。亦以儒顯。由是古學大興。宏又作漢舊儀四篇。以載西京雜事。

衞成公　春秋衞文公子。名鄭。晉文公假道救宋。公不許。晉更從南河渡。徵師於衞。諸大夫欲許。公不肯。大夫元咺攻公。公出奔。如周求入。周爲請於晉。卒入之。誅元咺及公子瑕。在位三十五年卒。諡成。

衞成侯　戰國衞名遬。父聲公訓。成侯時衞弱小。貶號曰侯。屬於趙。在位二十九年卒。諡成。（按世本作名不逝。以穆公已名遬。不當與之同也。）

衞·芊　唐工畫花鳥松石。兼長寫眞。

衞·協　晉以畫名於時。師曹不興。作道釋人物。冠絕當代。世目爲畫聖。

衞·叔卿　漢中山人。服雲母得仙。武帝使其子度世往華山尋之。亦仙去。

衞·周允　淸曲沃人。字斯咸。明崇禎進士。官御史。順治間累官兵部右侍郎。坐事降調。以疾歸。性簡重。與人不設城府。而臨事不爲利害惑。人咸重之。

衞·周祚　淸曲沃人。字文錫。號聞石。明崇禎進士。爲戶部郎中。世祖初召補原官。累擢保和殿大學士。兼戶部尙書。自列卿薦列臺閣。踐家揆。才及數年。終世祖之世。恩遇冠於百僚。卒諡文清。

衞·宗武　宋嘉興華亭人。字淇父。自號九山。淳祐間歷官尙書郎。出知常州。罷歸。以詩文自娛。宋亡不仕。有秋聲集。

衞·承芳　明達州人。字君大。隆慶進士。萬曆中知溫州府。公廉善撫字。累遷至江西巡撫。嚴絕餽遺。屬吏爭自飭。入爲戶部尙書。有淸名。卒諡清敏。

衞·昇　宋工畫花鳥。

衞·松　宋趙伯駒家皂隸。工畫。傳色宗伯駒。多靑綠山水。所畫神仙故實。尤能亂眞。

衞武公　春秋衞康叔八世孫。名和。旣卽位。修康叔之政。百姓和集。犬戎殺周幽王。公將兵佐周平戎。甚有功。周平王命爲公。作抑詩以自儆。在位五十五年卒。年九十五。諡武。

衞·泳　明蘇州人。字永叔。與弟皆有文名。時稱雙珠。嘗仿馬總意林之體。採明人雜說二十五種。爲枕中祕一書。

衞·玠　晉恆子。字叔寶。風神秀異。總角乘羊車入市。見者皆以爲玉人。其舅王濟歎曰。珠玉在側。覺我形穢。又曰。與玠同游。若明珠之在側。朗然照人。及長。好談玄理。王澄每聞其言。歎息絕倒。時人語曰。衞玠談道。平子絕倒。玠妻父樂廣。有海內重名。時以爲婦公冰清。女壻玉潤。劉惔論中朝人士。稱叔寶神清。其爲識者所重如此。仕爲太子洗馬。後移家建業。京師人士聞其姿容。觀者如堵。年二十七卒。時人謂玠被人看殺。

衞·青　漢平陽人。字仲卿。本姓鄭。其父與平陽侯家妾衞媼通。生青。冒姓衞。少時父使牧羊。適母之子皆奴畜之。有一鉗徒相之曰。貴人也。當封侯。青同母姊衞子夫。得幸於武帝。因以青爲太中大夫。元光中擊匈奴。有功。封長平侯。元朔中將三萬騎出高闕。擒右賢裨王等十餘人。卽軍中拜大將軍。侯其三子。青凡七出擊匈奴。威震絕域。爲人仁善退讓。元封中以大司馬卒。諡烈。◎明松江華亭人。字明德。永樂中爲山東備倭都指揮。善撫士卒。妖婦唐賽兒等攻掠安丘。青率千騎馳至城下。奮擊敗之。賊遁去。山東平。擢山東都指揮使。英宗朝進都督僉事卒。

衞姬　春秋齊桓公夫人。衞侯之女。桓公好淫樂。姬爲之不聽鄭衞之音。其後桓公立姬爲夫人。號管仲爲仲父。曰。夫人治內。管仲治外。寡人雖愚。足以立於世矣。

衞·宣　晉恆弟。尙繁昌公主。數有酒色之過。楊駿謀陷衞瓘。諷帝奪宣公主。後事白。欲還主而宣已亡。◎明陽城人。善篆及草。名亞父兄。有孝行。母卒。廬墓三年。縣失庫金。有誣及宣者。拘下獄。忽雷晦。風雨交作。令疑而釋之。其夕霽。人謂至孝所感。

衞宣公　春秋衞桓公弟。名晉。

烝庶母夷姜。生急子。屬之右公子。爲之娶於齊而美。公取之。生壽及朔。屬壽於左公子。夷姜失寵而縊。公夫人宣姜與朔構急子。公使急子之齊。而令盜遮殺之。壽告之。使行。不可。及行。飲以酒。壽載其旌以先。盜殺之。急子至。盜又殺之。公乃以朔爲太子。在位十九年卒。諡宣。

衞宣夫人 春秋衞 齊侯之女。嫁於衞。至城內而衞君死。保母曰。可以還矣。女不聽。遂入。持三年之喪畢。弟立請曰。衞。小國也。不容二庖。請願同庖。終不聽。衞君使人愬於齊。齊兄弟皆欲與君。使人告女。女終不從。作詩曰。我心匪石。不可轉也。(按詩見邶風柏舟章。詩序云。柏舟言仁而不遇也。衞頃公之時。仁人不遇。小人在側。故作是詩以絕之。朱熹集傳云。婦人不得於其夫。故以柏舟自比。此見列女傳。不知所本。)

衞・律 漢 父本長水胡人。生長於漢。與協律都尉李延年善。以延年薦使匈奴。還。會延年家被誅。律懼。亡降匈奴。匈奴愛之。以爲丁靈王。

衞・恆 晉 瓘子。字巨山。仕至太子庶子。黃門郎。善書。得汲冡古文論楚事者最妙。常玩之。作四體書勢。并造散隸。後與瓘同遇害。追諡蘭陵貞世子。

衞・炳 宋 句容人。字晦仲。從竇從周兄弟游。落落不苟。劉宰稱其氣爾言質。空谷足音。早卒。論者惜之。

衞・胠 漢 以梁將軍從高祖舉兵。擊韓信。陳豨。英布有功。封武原侯。卒諡靖。

衞・英 明 洪洞人。字時獻。景泰舉人。弘治初知開封府。蒞政清簡。居官不以妻子自隨。歲俸皆付庫民掌籍。以河南參政致仕。

衞・述 明 蒲州人。性聰敏端重。外和內剛。受業於薛瑄。治學以力行爲本。景泰間由鄉舉知武定州。廉能公勤。豪強斂避。以才調莒。武定民遮留不忍舍。尋棄官歸。

衞・哲治 清 濟源人。字我愚。號鑑泉。雍正間由拔貢署贛榆縣。乾隆時累官廣西巡撫。所至有政績。在安徽用沈石聚沙之法。以移無爲州急溜。瀕江郡縣多遵用之。

衞・展 晉 瓘族子。字道舒。永嘉中爲江州刺史。元帝初爲廷尉。疏請復肉刑。卒官。

衞桓公 春秋衞 莊公子。名完。弟州吁驕奢。公絀之。州吁出奔。後州吁收聚衞亡人以襲殺公。在位十六年。諡桓。

衞・涇 宋 膚敏從子。字清叔。晚號西園居士。徙居崑山。淳熙中舉進士第一。開禧中官至參知政事。封秦國公。嘗曰。官爵自有定分。名論千古不磨。誅韓侂胄。其力也。爲史彌遠所忌。罷歸卒。諡文節。有後樂集。

衞・浩 明 常熟人。字季洪。永樂初以太學生與修國史。擢監察御史。力持議論。無所顧忌。遷江西按察副使。

衞・茲 後漢 襄邑人。字子許。有大志。不應三公辟召。曹操初至陳留。與語異之。數詣茲議大事。從討董卓。戰死滎陽。茲弱冠與同郡圈文生俱稱盛德。郭泰與二人共至市。茲隨價讎值。文生減價乃取。泰曰。子許少欲。文生多情。此二人非徒兄弟。乃父子也。後文生以穢貨損。茲以節烈著。

衞・健 明 官孝義縣丞。讀書達吏事。膽智過人。與徐讓同應募使北平。不答。健曰。願殿下熟思之。亦不聽。還授衞鎭撫。並赴軍前差遣。後戰沒。

衞・培 元 涇曾孫。字寧深。號月山。性端恪。博通經史。尤諳前代典故。爲州學訓導卒。有過耳集。

衞・執蒲 清 楨固子。字禹濤。順治進士。知新樂縣。有惠政。擢御史。時西南用兵。秦民困於輸輓。執蒲請改水運。自湖廣直達漢中。公私交便。官至左副都御史。

衞・旌 三國吳 廣陵人。字子旗。與淮陰步騭善。家貧。以種瓜自給。晝勤夜讀。後官至尙書。

衞・既齊 清 猗氏人。字伯嚴。康熙進士。由檢討調霸州判官。超擢山東布政使。官至貴州巡撫。坐事謫黑龍江。尋命分修永定河。改修南河。卒於淮上。其學以存誠主敬爲本。發諸心。措諸事。無毫髮欺妄。有四書心悟。小學家訓。道德經解。南華經删註。韻通等書。

衞・紹欽 宋 宦者。開封人。太宗朝遷崇儀副使。從討李順。有戰功。眞宗朝爲皇城使。

衞莊公 春秋衞 武公子。名楊。取齊女爲夫人。美而無子。又取於陳。生子蚤死。其女弟生子完。公令夫人子之。立爲太子。公有寵妾生子州吁。長好兵。公使將。石碏諫公曰。庶子好兵。使將。亂自此起。公不聽。在位二十三年卒。諡莊。◎春秋衞 靈公子。見蒯聵條。

衞莊姜傅母 春秋衞 莊公夫人莊姜之傅母也。莊姜姣好。有淫泆之心。傅母諭之。作碩人之詩。莊姜遂感而自修。(按詩序云。碩人。閔莊姜也。莊公惑於嬖妾。使驕上僭。莊姜賢而不答。終以無子。國人憂之。此見劉向列女傳。與詩序異。)

衞・洮 唐 陽羨人。少習詩書。學劍。遊并汾間。唐初以勇藝進。拜將軍宿衞。以母老乞歸。

衞・博 宋 乾道中以樞密院編修官致仕。工爲文。嘗參戎幕。有定菴類稿。

衛·富鎰 宋 崇德人。學於金履祥。許謙。洞究性理。宋亡。日夜悲泣。爲文祭故相文天祥。陸秀夫。辭極哀慘。遂隱居石八涇講學。所謂白社書院也。其學規。凡薦紳仕元者。不許聽講。至大中有司薦。不就。遂遭構毀其書院。乃還居湖之金蓋山。授徒不輟。有四書考證·性理集義·易說·讀史纂要·耕讀怡情錄等書。至治中還里。別署耕讀居士。疾篤。取所著書焚之。乃卒。門人謚正節先生。

衛惠公 春秋衛 宣公子。名朔。立四年。左右公子怨公之讒殺急子·壽而代立。乃攻公。立急子弟黔牟爲君。公奔齊。黔牟立八年。齊襄公率諸侯奉王命共伐衛納公。誅左右公子。黔牟奔周。公復立。怨周之容黔牟也。與燕伐周。周惠王奔溫。而立王弟穨爲王。在位三十一年卒。謚惠。

衛·景瑗 明 韓城人。字仲玉。天啓進士。崇禎中官御史。累遷右僉都御史。巡撫大同。聲績甚著。李自成來犯。城陷被執。不屈死。福王時追謚忠毅。

衛·湜 宋 涇弟。字正叔。官武進令。嘗集禮記諸家傳註。爲書一百六十卷。名曰集說。寶慶中上於朝。擢直祕閣。終寶謨閣直學士。知袁州。學者稱櫟齋先生。

衛·雄 後魏 操從子。字世遠。勇健多計畫。與操俱入魏。桓帝以爲將。從征有功。稍遷至左將軍。封雲中侯。穆帝初爲輔相。拓跋六脩之亂。雄率晉人及烏丸三百餘家。南奔并州依劉琨。琨使雄攻石勒。雄諫琨。不納。後爲勒敗。雄奔代郡。勒遣將追滅之。

衛嗣君 戰國衛 成侯孫。立五年更貶號曰君。獨有濮陽。在位四十二年卒。

衛·楨固 明 韓城人。字紫嵐。崇禎進士。官至雲南道監察御史。有眞定奏疏。

衛·道 明 葉縣人。正德進士。初任推官。有治績。徵爲給事中。會武宗南巡。抗疏陳請回鑾。帝嘉納之。累官南京刑部右侍郎。

衛·靖 明 崑山人。字以嘉。洪熙初以能書薦。授中書舍人。宣德中預修宣宗實錄。善畫枯木竹石。謹厚能詩。有公餘清與集。

衛·榮光 清 新鄉人。咸豐進士。授編修。洪楊軍起。從胡林翼率軍轉戰湖北安徽。歷著勞勣。林翼肅清江漢。經略鄰疆。榮光贊畫之功居多。同治間勦捻於河南山東。屢獲克捷。官至山西巡撫。

衛·滿 秦 燕人。秦末中原多故。滿起兵擊敗朝鮮。遂自立爲王。都王險城。再傳至孫右渠。國滅。

衛·福 後漢 仕爲漁陽太守張顯功曹。顯率吏士出塞。寇射中顯。墮馬。福以身擁蔽。倂見殺。

衛·綰 漢 大陵人。以戲車爲郎。事文帝。遷中郎將。文帝且崩。屬孝景曰。綰長者。善遇之。景帝立。綰日以謹力事帝。不與他將爭功。帝以綰爲廉忠。拜河間王太傅。擊吳楚有功。封建陵侯。後爲太子太傅。遷御史大夫。至丞相。罷歸卒。謚哀。

衛·颯 後漢 修武人。字子詹。家貧好學。隨師無糧。常傭以自給。建武中除侍御史·襄城令。遷桂陽太守。理恤民事。居官如家。修教明禮。期年。邦俗從化。視事十年。郡內清理。徵還。將拜少府。以疾卒。

衛齊 清 滿洲鑲黃旗人。姓瓜爾佳氏。費英東九弟。太祖時從征虎爾哈。又從太宗攻明。略地至遵化。遮擊明兵。數敗之。後留守盛京。官八門提督。卒謚端勤。

衛殤公 春秋衛 成公孫。名秋。一云穆公孫。名剽。字子叔。獻公出奔。孫林父·甯殖共立爲君。甯喜與林父爭寵相惡。公使喜攻林父。林父奔晉。復求納獻公。晉伐衛。誘與盟。公會晉平公。平公執公與甯喜。獻公入衛。誅甯喜。在位十二年。卒謚殤。

衛·膚敏 宋 嘉興華亭人。字商彥。宣和進士。累官校書郎。假給事中使金。時金人將舉兵大入。膚敏論難往復。不稍爲屈。靖康初始還。歷右諫議大夫·中書舍人。力持正議。坐事斥。未幾召赴行在。言及時事泣下。請帝早幸金陵。因陳守長江之策。帝善其言。力疾扈蹕至臨安。遷禮部侍郎。尋卒。

衛·賢 南唐 京兆人。善畫。爲內供奉。師事尹繼昭。長於樓觀殿宇盤車水磨。見稱於時。

衛·憲 唐 畫師周昉。所畫花木蜂蟬雀竹。爲希世之珍。

衛·操 後魏 代人。字德元。少通俠。有才略。晉衛瓘以爲牙門將。數使於魏。遂歸魏。說桓穆二帝招納晉人。於是晉人附者稍衆。桓帝以爲輔相。任以國事。稍遷至右將軍。封定襄侯卒。

衛·穎 明 青子。初襲濟南衛指揮使。景泰中總兵宣府。天順初以奪門功封宣城伯。予世劵。出鎮甘肅。征西番馬吉思冬沙諸族有功。憲宗朝召還。徙遼東總兵官。尋引疾罷。

衛·臻 三國魏 茲子。字公振。初爲漢黃門侍郎。曹操表參丞相軍事。轉戶曹掾。文帝受禪。遷侍中·吏部尚書。時羣臣多頌魏抑漢。臻獨明禪授之義。稱揚漢美。帝數目臻曰。天下之珍。當與山陽共之。明帝時轉右僕射。加侍中。正始中進爵長垣侯。曹爽輔政。固乞遜位。卒謚敬。

衞·融 宋博興人。晉天福初進士。北漢劉崇稱帝。授中書侍郎·平章事。太祖伐北漢。融被擒。責問不屈。曳出將戮之。融大呼死得其所。太祖以爲忠。釋之。命爲書諭劉鈞降。尋授太府卿。乾德中改司農卿。出知陳舒黃三州卒。

衞·衡 後漢南鄭人。字伯梁。少師事同郡隱士樊季齊。以高行聞。郡九舉孝廉。公府州十辟。公車三徵。皆不應。

衞·覬 三國魏安邑人。字伯儒。少以才學稱。漢末爲司空掾。累遷尚書。魏國旣建。拜侍中。與王粲並典制度。明帝卽位。進封閿鄕侯。受詔典著作。又爲魏官儀。覬以文章顯。好古文。鳥篆隸草。無所不善。歷仕漢魏。時獻忠言。卒諡敬。

衞戴公 春秋衞黔牟弟昭伯頑之子。名申。自惠公譖殺急子代立。至於懿公。國人皆不服。懿公敗死。國人思立急子之後。急子同母弟黔牟·昭伯皆已卒。乃立戴公。在位一年卒。諡戴。

衞懷君 戰國衞嗣君子。立三十一年。朝魏。魏囚殺之。更立嗣君弟爲元君。

衞懿公 春秋衞惠公子。名赤。好鶴。鶴有乘軒者。狄伐衞。公欲戰。國人受甲者皆曰使鶴。余焉能戰。狄人遂入殺公。在位九年。諡懿。

衞獻公 春秋衞成公曾孫。名衎。公令師曹教宮妾鼓琴。妾不善。曹笞之。妾訴於公。公亦笞曹三百。後公戒孫林父·甯殖食。皆往。日旰不召。而射鴻於囿。二子怒。如宿。林父之子蒯數侍公飮。公使師曹歌巧言之卒章。師曹怨公之笞三百。乃歌之。欲以怒林父報公。林父遂攻公。公出亡於齊。在外十二年。復入。前後在位十五年。卒諡獻。

衞·繼 蜀漢嚴道人。字子業。父爲縣功曹。縣長張君無子。乞養爲子。繼敏達夙成。學識通博。歷職淸顯。時法禁以異姓爲後。復爲衞氏。屢遷奉車都尉。忠信篤厚。爲衆所敬。死鍾會之亂。

衞·權 晉臻孫。字伯輿。汝南王亮輔政。以爲尙書郞。嘗爲左思序吳都賦及作注。

衞·瓘 晉覬子。字伯玉。以明識淸允稱。仕魏爲中書郞。轉廷尉卿。鄧艾·鍾會伐蜀。瓘以本官持節監軍。蜀平。會懷異志。密白艾反狀。使瓘稱詔收艾。實欲藉艾殺瓘。因以罪艾。艾旣見收。會至蜀。發兵反。瓘陽稱疾。陰檄諸軍共攻會。殺之。艾將士追破檻車。出艾還成都。瓘自以與會共陷艾。懼爲變。又欲專誅會之功。乃遣人襲斬艾於緜竹。事平。封菑陽公。性嚴整。以法御下。明習文藝。與尙書郞索靖俱善草書。人號一臺二妙。太康初遷司空。與楊駿不洽。遜位。惠帝立。以瓘錄尙書事。輔朝政。賈后素怨瓘。謗瓘欲爲伊霍之事。因坐誅。後追封蘭陵郡公。諡成。

衞靈公 春秋衞獻公孫。名元。太子蒯聵與公夫人南子有惡。欲殺南子。公怒。蒯聵奔宋。已而之晉。公遊於郊。令少子郢御。公怨太子。謂郢曰。我將立汝爲後。對曰。郢不足以辱社稷。君更圖之。未幾公卒。在位四十二年。諡靈。

衞·咸 漢齊人。字長賓。從五鹿充宗學。後爲王莽講學大夫。

衞·胡 漢莒人。以通易至二千石。

禰·明德 明保昌人。字志學。洪武中入胄監。性至孝。歷分宜海寧龍陽三縣。皆有聲。遷寧國知府。以德化民。不尙刑罰。後坐逮降刑部主事。

諳都剌 元凱烈氏。字瑞芝。通經史。習諸國語。成宗時爲翰林院札爾里赤。至元初累遷襄陽路達魯花赤。元統初除益都路總管。歷官皆有稱績。

諶·佑 宋南豐人。字自求。寧宗朝家於旰江。蕭然萬山中。工詩文。爲時人所稱重。

諶·重 後漢南昌人。一作仲。字文疊。舉有道科。歷官至荊州刺史。政績懋著。執親喪。哀號悲慕。廬於墓側。有白兔馴擾之異。人感其化。（按諶重一作諶仲。後漢和帝時人。見江西通志。萬姓統譜以爲宋人。誤。）

諶·賁 宋宜春人。初爲郡吏。妻與同郡彭佩妻。兄弟也。佩登第。親族往賀。座中皆名士。獨飯賁於後閣。賁感憤力學。尋擢上第。

諶·賤生 明邵武人。洪武中以國子生爲岳池縣典史。廉介有守。薦陞四川按察司僉事。

諶·聰 明南昌人。成化舉人。任推官。操持淸謹。士民稱慕。

諶·禮 三國吳南昌人。字秀登。大帝時舉德行。拜尙書倉部郞中。撰書儀十二卷。

諸·九鼎 淸錢塘人。字駿男。一名鏨。字鐵庵。有諸鐵庵集·樂淸集。

諸仙 宋高僧。祁縣裴氏子。居仙幽寺。嘗遊汴。徽宗詔入朝。賜號諸仙。設讌不食。問之。云聞本寺鐘聲方食。少頃果聞鐘聲。帝遣兵衞取其鐘。鐘飛西崖。今名墜鐘崖。踰百歲。髮尙黑。不食百日而化。

諸·弘道 明洪武中以人才官滑縣令。課農興學。治績一時稱最。

諸·匡鼎 淸九鼎弟。字虎男。號橘叟。工詩。有橘苑詩鈔。

諸·昇 淸仁和人。字日如。號曦菴。工畫蘭花竹石。

諸·茂卿 明諸城人。字子茂。有

今古鈞玄。

諸娥 明浙江山陰人。父士吉。洪武初爲糧長。被誣論死。二子亦羅罪。娥年八歲。晝夜號哭。與舅走京師訴冤。時令冤者臥釘板。方與勘問。娥輾轉其上幾死。僅戍一兄而止。娥傷重卒。里人哀之。肖像配曹娥廟。

諸祖潛 明青浦人。初名濂。字璞山。號南村。善畫山水。工詩。有南村吟稿。

諸御己 春秋楚莊王築層臺。延石千重。大臣因諫而死者七十二人。時諸御己遂楚百里而耕。謂耦曰。吾將諫王。其耦曰。子草茅之人耳。何諫爲。諸御己曰。若與余並耕。則比力也。至於說人主。不與子比智矣。委其耕入諫。楚王遂解層臺而罷民役。楚人歌之曰。薪乎萊乎。無諸御己。訖無子乎。萊乎薪乎。無諸御己。訖無人乎。

諸御鞅 春秋齊大夫。諫簡公曰。田常與宰予。此二人者。甚相憎也。臣恐其相攻。願君去一人。簡公曰。非細人之所敢議也。居無何。田常攻宰予於庭。賊簡公於朝。公喟然歎曰。予不用鞅之言。以至此患也。

諸發 戰國越大夫。奉使於梁。執一枝梅以遺梁王。梁之臣韓子曰。惡有以一枝梅以遺列國之君者乎。出謂發曰。客冠則以禮見。不然則否。發曰。越處海垂。蛟龍與爭。剪髮文身。避水神也。大國之使。時過敝邑。寡君亦命客如是。然後見之。於大國何如。梁王聞之。披衣見發。逐韓子。

諸葛元聲 明會稽人。所著兩朝平攘錄。紀隆慶朝封倭答。萬曆朝平都掌蠻·寧夏賊·定朝鮮·平播州賊事。所紀得諸目覩爲多。

諸葛平 明陽朔人。洪武間爲應山知縣。有循績。終湖廣參議。

諸葛伯衡 明太平鄉人。少清介。持名節。洪武初以薦授北平雜造局大使。出入無車馬。遇雨輒草履行泥塗中。遷隨州吏目。以大學士董倫薦。召問治道。對曰。聖明之世。紀綱正而法度修。民皆安業。但廉恥之道輕耳。帝大悅。擢陝西參議。

諸葛廷瑞 宋泉州南安人。字麟之。紹興進士。擢起居舍人。充弔祭金國使。虜伴使以三節人衣帶服飾爲非。請易之。詰難數四。廷瑞曰。高宗升遐。北朝遣使弔祭。純用吉服。本朝惡其非禮。今已易服帶而來。他豈敢擅。虜露刃恐以禍福。廷瑞厲聲曰。臣子之心。有死無二。豈遑他恤。虜不能奪。使還。除吏部侍郎。所上章奏。皆見嘉納。

諸葛尙 蜀漢瞻長子。督諸軍至涪。與魏鄧艾戰。大敗。歎曰。父子荷國重恩。不早斬黃皓以致傾敗。用生何爲。乃馳赴魏軍而死。

諸葛長民 晉陽都人。初爲桓玄參軍。累官豫州刺史。領淮南太守。劉裕討劉毅。以長民監太尉留府事。驕縱貪侈。所在殘虐。爲百姓所苦。及毅被誅。謀欲爲亂。裕潛歸殺之。

諸葛亮 三國蜀漢陽都人。字孔明。少孤。避難荆州。躬耕隴畝。自比管仲·樂毅。徐庶謂先主曰。諸葛孔明者。臥龍也。先主詣亮。三往乃見。後從先主敗曹操於赤壁。收江南。及成都平。策爲丞相。先主崩。受遺詔輔後主。建興初。封武鄉侯。領益州牧。志在攻魏以復中原。乃東和孫權。南平孟獲。而後出師北伐。六出祁山。與魏相攻戰者累年。後以疾卒於軍。年五十有四。諡忠武。亮性長於巧思。損益連弩。作木牛流馬。推演八陣圖。咸得其要。有諸葛武侯集。

諸葛恪 三國吳瑾子。字元遜。少知名。建興初進封陽都侯。加荆州牧。督中外諸軍事。發衆圍新城。不拔。士卒疲勞。孫峻因民怨。構恪欲爲變。與其主亮謀。置酒請恪。殺之。

諸葛恢 晉靚子。字道明。初試守卽丘長。避地江左。名亞王導·庾亮。導嘗謂曰。明府當爲黑頭公。時潁川荀闓·陳留蔡謨與恢俱字道明。有名譽。號曰中興三明。元帝爲安東將軍。以恢爲江寧令。討周馥有功。封博陵亭侯。累遷尙書右僕射。成帝踐阼。加侍中。卒諡敬。

諸葛晉 元字仲昭。以明經授福建中書省檢校。兵興。省檄分治尤溪縣。保障境內。民賴以安。元亡。不應徵辟。徙居潁上以終。

諸葛殷 唐方士。牛弘徽薦於高駢。爲長年方。署牙將。性陰狡。流毒無不至。後駢爲畢師鐸等所逼。殷被擒。百姓交唾。拔須髮無遺。再縊乃絕。市人投瓦礫擊尸。俄而成冢。

諸葛泰 元晉江人。字亨甫。少聰敏。有學行。以父蔭授汀州路明溪巡檢。未幾告歸。居家力學。經傳與義。多所發明。

諸葛高 宋宣城人。世工製筆。至高尤有名。爲雞毛鼠鬚老兔散卓諸種。書久而力不衰。梅聖俞·黃魯直均有詩詠之。

諸葛勗 南朝宋瑯邪人。爲國子生。作雲中賦。指祭酒以下皆有形似之目。坐繫東冶。作東冶徒賦。孝武帝見而赦之。

諸葛爽 唐博昌人。爲縣伍伯。令笞苦之。乃亡命沈浮里中。龐勛反。入盜中爲小校。勛勢蹙。率百餘人自歸。累遷汝州防禦使。黃巢犯京師。爽入衞。次同州。間道奉表僖宗以自明。歷東南面招討使。爽雖與庸斷。善吏治法令。官至檢校司空卒。

諸葛·塡 宋丹陽人。親喪哀毁。絕酒肉。手茈墓。朸瘁骨立。歲饑。民共伐墓木。塡不能拒。抱木痛哭而卒。人稱諸葛孝子。

諸葛·誕 三國魏豐後。字公休。由尙書郎累遷御史中丞·尙書。與夏侯玄·鄧颺等相善。明帝惡之。免官。正始中起歷征東將軍。誕旣與玄颺等至親。又王淩·毌丘儉累見夷滅。懼不自安。傾帑藏振施。厚養親附及輕俠者數千人爲死士。甘露中徵爲司空。誕被詔愈恐。遂反。司馬昭討斬之。麾下數百人坐不降見斬。皆曰。爲諸葛公死不恨。其得人心如此。

諸葛·說 宋永嘉人。字寧叟。登紹興進士第。丁父母艱。慨祿養不逮。退而力學。晚年授長樂簿。卒官。

諸葛·潁 隋建康人。字漢。八歲能屬文。初仕梁。侯景亂。奔齊。煬帝卽位。遷著作郎。甚見親倖。時人謂之冶葛。後從駕北巡。卒於道。有鑾駕北巡記·幸江都道里記·洛陽古今記·馬名錄·文集。

諸葛·瑾 三國吳亮兄。字子瑜。爲孫權長史。轉中司馬。漢建安中權遣瑾使蜀通好。與其弟亮俱公會相見。退無私面。與權談說諫喻。未嘗切愕。權意往往而釋。後先主伐吳。或言瑾別遣親人與蜀相聞。權曰。子瑜之不負孤。猶孤之不負子瑜也。瑾爲人有容貌思度。於時服其弘雅。累拜大將軍·左都護·領豫州牧卒。

諸葛·靚 三國吳誕子。奔吳爲大司馬。吳亡。逃竄不出。晉武帝與靚有舊。因就見焉。靚逃於廁。帝逼見之。靚流涕曰。不能漆身皮面。復覩聖顏。詔爲侍中。固辭歸鄉里。終身不向晉而坐。

·諸葛·興 宋會稽人。字仁叟。嘉定進士。爲彭澤·奉化兩縣丞。嘗作會稽九頌。有梅軒集。

諸葛·融 三國吳恪弟。字叔長。襲爵。攝兵駐公安。孫亮立。徙奮威將軍。恪征淮南時。假融節鉞。令引軍入沔。以擊西兵。恪還。爲孫峻所誅。遣人收融。融懼。服金屑而死。

諸葛·應科 明晉江人。字弼甫。喜讀離騷。家貧嗜酒。負氣節。萬曆間舉孝廉。歷湖口令。忤上官。左遷益府審理。尋乞歸。

諸葛·璩 晉陽都人。字幼玫。世居京口。幼事闞康之。博涉經史。復事臧榮緒。榮緒著晉書。稱璩有發擿之功。齊建武初以薦爲議曹從事。辭不赴。性勤於誨誘。學者日至。太守張友爲起講舍。旦夕孜孜。講誦不輟。

諸葛·瞻 蜀漢亮子。字思遠。年十七。尙公主。拜騎都尉。景耀中行都護衞將軍·平尙書事。魏鄧艾自陰平進窺成都。瞻督諸軍至涪。艾遣書誘瞻降。瞻怒。斬其使。戰死綿竹。

諸葛·豐 漢琅邪人。字少季。以明經爲郡文學。爲人特立剛直。元帝時擢爲司隸校尉。刺舉無所避。京師爲之語曰。間何闊。逢諸葛。時侍中許章以外屬貴幸。奢淫不法。豐欲奏其事。適逢章。舉節欲收之。章窘迫馳入宮門。豐上奏。於是收豐節。後免爲庶人。終於家。

諸·壽賢 明崑山人。字延之。萬曆進士。甫釋褐。卽疏請歸田。力學十年。然後從政。章寢不行。會南畿督學房寰詆海瑞事起。壽賢偕同年生顧允成·彭遵古抗疏劾寰。坐妄奏奪冠帶。後起爲教授。洊擢禮部主事。遘疾歸。授徒自給以終。

諸·福坤 清長洲人。字元簡。有杏廬文鈔。

諸樊 春秋吳壽夢長子。名遏。壽夢卒。諸樊立。已除喪。讓位於弟季札。季札辭。後伐楚。門於巢。巢牛臣隱於短牆以射之卒。在位十三年。

諸稽·郢 春秋越大夫。吳王夫差伐越。句踐使郢行成於吳。

諸·質 明吳人。字叔義。洪武初由舉人擢翰林院編修。尋乞歸。質爲人誠信端愨。平居恂恂若不足。至於論斷曲直。侃侃不撓。人以是多之。

諸·錦 清秀水人。字襄七。號草廬。雍正進士。官金華府教授。乾隆初舉鴻博。授編修。遷贊善。博聞強識。詩法山谷·後山。而志節皦然。甘守寂寞。有毛詩說·饗禮補亡·絳跗閣集。

諸·觀 明餘姚人。字民瞻。成化進士。歷守數郡。有威惠。一介不取。嘗自誓曰。貪墨之吏。猶不貞之女。一有點汚。何以見人。在官六年。清苦如一日。

諸岷 清滿洲正藍旗人。姓納喇氏。康熙間由筆帖式授戶部主事。雍正間累官山西巡撫。首創耗羨歸公分給各官養廉之議。詔從之。

諸曷鉢 唐吐谷渾主伏允孫。貞觀間嗣立。時年幼。國內亂。太宗遣兵援之。封爲河源郡王。號烏地也拔勒豆可汗。諸曷鉢入朝謝。帝以弘化公主妻之。及還。其相專權。謀劫諸曷鉢奔吐蕃。諸曷鉢知之。引輕騎走鄯善城。高宗立。拜爲駙馬都尉。尋爲吐蕃所敗。走涼州。乾封初更封青海國王。咸亨中內徙靈州。拜安樂州刺史。垂拱間卒。

諸敏 清滿洲正黃旗人。姓馬佳氏。圖海子。康熙間以三等侍衞從政吳三桂。滇平還京。累遷禮部尙書。以修明禮制與起文教爲務。諸所設施。皆崇尙惇大。勿事苛細。論者謂得政體。後官蒙古都統。卒官。

諦輝 清僧。湖州孫氏子。名旭。

耿精忠反。隨征福建。以招安功任貴州糧道。後爲僧。住持靈隱寺。雍正中以募化入閩死。

豫且 春秋宋漁人。豫且漁於泉陽。舉網而得神龜。白龍下清冷之淵。化爲魚。豫且射中其目。

豫·讓 戰國晉初事范中行氏。無所知名。去而事智伯。甚見尊寵。智伯爲趙襄子所滅。讓遁逃山中曰。嗟乎。士爲知己者死。因變姓名爲刑人。挾七首欲刺襄子。不果。又漆身爲癩。吞炭爲啞。伏於橋下。爲襄子所獲。襄子面數讓曰。子不嘗事范中行氏乎。智伯滅范中行氏而子不爲報讎。反委質事智伯。智伯已死。子獨何爲報讎之深也。讓曰。臣事范中行氏。范中行氏以衆人遇臣。臣故以衆人報之。智伯以國士遇臣。臣故以國士報之。且今日之事。臣故當誅。然願請君之衣而擊之。雖死不恨。襄子義之。乃使使者持衣與讓。讓拔劍三躍。呼天擊之曰。可以報智伯矣。遂伏劍而死。

賴·天賦 明福建人。洪武初任興寧主簿。屯兵於龍母砦。出與賊戰。兵敗。至馬公坑被執。不屈死。

賴·文光 清同治間與任柱同爲東捻之魁。稱遵王。竄擾河南湖北山東江蘇。後在濰縣·壽光間。屢爲官軍所敗。率衆竄揚州。被擒伏誅。東捻肅清。

賴·文俊 宋處州人。字太素。嘗官於建陽。好相地之術。棄職浪遊。自號布衣子。世稱賴布衣。有紹興大地八鈐及三十六鈐·催官篇等書。

賴·世隆 明清流人。字德受。宣德進士。官編修。有才略。鄧茂七亂。世隆疏請擇智勇大臣征討。并陳山川險易。進兵方略。朝命同寧陽侯陳懋往閩。道擒賊首陳美九·蔡田等。招集散亡十餘萬人。民賴以安。

賴·以邠 清仁和人。字損庵。又字水西。號迂翁。諸生。善寫蘭。雨晴風雪。各盡其態。兼長詩詞。有塡詞圖譜。

賴·用賢 清清流人。字鴻逵。母病癇。用賢躬調湯藥。衣不解帶者十年。母沒。哀毀骨立。五世同居。爲時所稱。

賴·先 明永定人。字伯啓。號中峯。弘治進士。爲戶部員外郎。著賢聲。忤劉瑾致仕。瑾誅。起知常德府。告歸。以行誼稱。

賴·良 元天台人。字善卿。所編大雅集。采錄元末人詩。去取精審。元末詩人無集行世者。頗賴以考見。

賴·珍 清永安人。字成九。貢生。詩文書畫。俱臻其勝。蘭竹尤擅長。兼精岐黃術。

賴·原裕 明處州人。洪武間爲章丘縣丞。有治績。官至戶部員外郎。

賴·紱 宋清流人。字冕仲。紹興進士。爲程鄉尉。會盜起。紱畫策招捕。境內悉平。遷鎭南軍節度使推官。改京秩。終清遠軍節度使判官。

賴·棐 唐雩都人。字忱甫。七歲能文。弱冠通九經百氏。乾元中舉進士。拜崇文館校書郎。不就。退居田里。人稱其居曰祕書里。

賴·瑛 明廣昌人。字世傑。永樂進士。擢御史。剛直明亮。遇事敢言。累官至參政。

賴·祿孫 元寧化人。延祐間贛寇作。祿孫守母不去。寇至。寇將刃其母。祿孫以身蔽母曰。寧殺我。毋傷我母。時母病渴乏水。祿孫含唾呴之。盜不忍害。有掠其妻去者。衆盜責之曰。奈何辱孝子婦。使歸之。

賴·禮 明南康人。字同文。永樂進士。歷武功·興寧·沅江知縣。廉介不阿。所至有稱。卒官。

賴·鏡 清城西人。字孟容。號白水山人。工畫山水。筆力遒勁。作詩清削幽異。兼工書。時稱三絕。

賴·鯤升 清會昌人。字滄嶠。其父方勃與弟方度闢霞綺園。讀書其中。一時多爲題詠。後鯤升兄弟。復讀書園中。因輯投贈之作。爲友聲集。

辨女 春秋陳採桑女。晉大夫解居聘於吳。過陳之墓門。見女採桑。欲亂之。女歌墓門有棘之詩以刺之。

辨才 唐僧。姓袁氏。居越州永欣寺。初王羲之蘭亭眞跡。藏於七代孫智永所。智永傳辨才。辨才鑿梁貯之。保惜甚至。太宗求之不得。召辨才面問數四。固以亡失對。帝令蕭翼充使詭取。翼改服稱山東書生。攜二王雜帖數通。赴越州。徑造辨才院。一見親密。留宿。設缸面酒。各探韻賦詩。經旬朔。談論翰墨。出所攜帖示之。辨才云此未佳。因言藏有蘭亭。於梁上出視之。翼伺其出徑取之。乘驛歸報。太宗授翼員外郎。賜辨才物三千段。穀三千石。辨才驚悸。歲餘卒。◎唐高僧。襄陽李氏子。年十六削髮。天寶中玄宗以北人稟剛氣。詔以辨才爲教誡。臨壇度人。大曆中充章信寺大德。卒謚能覺大師。

遵式 宋高僧。天台葉氏子。字知白。居下天竺寺。著淨土懺法金光明觀音諸本懺儀行世。號慈雲懺主。天聖中滅度。紹興中賜號懺主禪慧大法師。又有天竺靈苑集。

遼仁宗 西遼德宗子。名夷列。德宗沒。仁宗年幼。遺命皇后塔不煙權國。號感天皇后。稱制改元咸清。在位七年。仁宗卽位。改元紹興。在位十二年。廟號仁宗。

遼太宗 遼太祖次子。名德光。字德謹。小字堯骨。卽位後。助石敬瑭破唐兵。後晉割十六州與之。敬瑭死。其子重貴背約。大舉南伐。入大梁。遂滅後晉。改國號曰遼。在位二十一年。廟號太宗。紀元三。天顯·會同·大同。

遼太祖 〔遼〕姓耶律氏。名億。字阿保機。小字啜里只。國號契丹。唐時契丹本分爲八部。至梁時。諸部相謀。立太祖爲王。豪雄善騎射。遂併七部。破奚及渤海。侵室韋及女眞。又取突厥故地。其勢漸強。遂稱皇帝。都臨潢。時梁貞明三年也。在位十九年。卽帝位十三年。廟號太祖。紀元三。神册·天贊·天顯。

遼天祚帝 〔遼〕耶律濬子。名延禧。字延寧。小字阿果。道宗崩。帝卽位。羣臣上尊號曰天祚皇帝。天慶中伐金。戰於混同江。遼師大敗。遣使如金議和。金不從。取黃龍府。保大中金陷中京。帝走雲中。後如党項。爲金所獲。降封海濱王。以疾終。國亡。在位二十五年。紀元三。乾統·天慶·保大。

遼世宗 〔遼〕耶律倍子。名阮。小字兀欲。太宗崩。帝卽位。孝友寬慈。有君人之度。數南伐。耶律察割反。帝遇弒。在位五年。廟號世宗。年號天祿。

遼末主 〔西遼〕仁宗次子。名直魯古。承天后既誅。遂卽位。改元天禧。在位三十四年。會秋出獵。乃蠻王屈出律以伏兵八千擒之。據其位。尊爲太上皇。末主死。遼遂絕。

遼景宗 〔遼〕世宗次子。名賢。字賢寧。小字明扆。穆宗遇弒。遂卽帝位。帝任人不疑。信賞必罰。然竭國之力以助漢禦宋。破軍殺將。得不償失。在位十四年。廟號景宗。紀元二。保寧·乾亨。

遼聖宗 〔遼〕景宗長子。名隆緒。小字文殊奴。帝卽位。復國號曰契丹。時年尚幼。蕭太后臨朝聽政。統和間伐宋。深入內地。與宋眞宗盟於澶州。定和議。帝勤於內政。擧才行。察貪殘。國治兵強。在位四十九年。廟號聖宗。紀元三。統和·開泰·太平。

遼道宗 〔遼〕興宗長子。名洪基。字涅鄰。小字査剌。初卽位。求直言。訪治道。勸農興學。粲然可觀。其後禁誹訕。賞告訐。羣小並進。諸部反側。用兵無寧歲。在位四十六年。廟號道宗。紀元五。清寧·咸雍·太康·大安·壽隆。

遼德宗 〔西遼〕太祖八代孫。名大石。字重德。通遼漢字。善騎射。天慶中第進士。累官遼興軍節度使。保大中天祚播越。與諸大臣立晉王淳。淳死。自立爲王。率鐵騎二百北行。兵行萬里。歸者數國。西至起兒漫。立爲帝。改元延慶。是爲西遼。班師東歸。得善地建都城。號虎思斡耳朵。在位十一年。廟號德宗。紀元二。延慶·康國。

遼穆宗 〔遼〕太宗長子。名璟。小字述律。世宗遇害。帝卽位。荒耽於酒。畋獵無厭。以獲鴨除鷹坊刺面腰斬之刑。復其徭役。虞人偵鵝失期。加炮烙而死。在位十九年。爲近侍所弒。廟號穆宗。年號應曆。

遼興宗 〔遼〕聖宗長子。名宗眞。字夷不堇。小字只骨。帝卽位。母耨斤自立爲皇太后。聽政。三年。帝出太后。始親政。遣使如宋議增歲幣。帝時屬國六十。幅員萬里。政治內修。號稱賢君。在位二十四年。廟號興宗。紀元二。景福·重熙。

遺則 〔唐〕高僧。長安長孫氏子。善屬文。工草書。能詩。出家從牛頭山慧忠。後居天台山佛窟巖。傳其道者號爲佛窟學。有無生等義及詩文等。

醞落尸逐鞮單于 〔後漢〕南匈奴單于。名比。烏珠留子。初爲右奧鞬日逐王。部領南邊及烏桓。建武末因不得立。以所屬內附。願禦北虜。遂自立爲單于。敗北單于。却地千里。匈奴始分爲南北。詔聽南單于入居雲中。復徙居西河美稷。使中郞將段郴擁護之。南單于亦列置諸部捍戍。分屯各邊郡。立九年卒。

錢一本 〔明〕武進人。字國瑞。萬曆進士。除廬陵知縣。徵授御史。出按廣西。上論相建儲二疏。時廷臣相繼爭國本。惟一本言最戇直。神宗銜之。因斥爲民。一本罷歸。潛心六經濂洛諸書。尤精於易。與顧憲成輩分主東林講席。學者稱啓新先生。有像象管見·像鈔·四聖一心錄·黽記·範衍·遯世編。

錢乙 〔宋〕本吳越王俶支屬。北遷鄆州。字仲陽。父穎善醫。東之海上不返。乙方三歲。母死。姑收養之。及長。告以家世。卽泣請迹尋。積數歲。迎父以歸。遂紹父業。以顱顖方著名。擢太醫。

錢九韶 〔清〕密縣人。字太和。號南淳。乾隆貢生。工詩賦。其蘆花詩爲名流所重。時稱錢蘆花。晚主檜陽書院講席。從游甚衆。有四書正字·南淳詩文集。

錢九隴 〔唐〕長城人。字永業。善騎射。積功累擢右武衞將軍。從平洛陽。佐皇太子建成討劉黑闥。力戰破賊。封巢國公。卒諡勇。

錢人麟 〔清〕武進人。字鑄菴。康熙舉人。官蕭山知縣。有聲韻圖譜。

錢千秋 〔明〕海鹽人。字眞長。天啓舉人。有靑崖集。

錢士升 〔明〕嘉善人。字抑之。萬曆中殿試第一。授翰林修撰。魏大中·趙南星被難。並爲營護。崇禎中累官禮部尚書。兼東閣大學士。參預機務。

莊烈帝操切。溫體仁以刻薄佐之。士升因撰寬簡虛平四箴以獻。大指譏切時政。以此失帝意。引罪乞休。國變後七年卒。有周易揆・南宋書・明表忠記・遜國逸書。

錢・士晉　明士升弟。萬曆中由進士除刑部主事。恤刑畿輔。平反者千百人。崇禎時官雲南巡撫。築師宗・新化六城。濬金針・白沙等河。平土官岑儂兩姓之亂。經歷吳鯤化訐其營賄。溫體仁卽擬嚴旨。欲因其弟以逐其兄。命下而士晉已卒。事乃已。

錢・士貴　明松江華亭人。字元沖。萬曆進士。官御史。時有移宮紅丸梃擊三大案。獄久弗決。廷臣會議。士貴請以李可灼付東市。論政府容姦之罪。會魏忠賢竊政。悉反其議。以傾搢紳。士貴遂謝病歸。崇禎初起本官。遷南大理寺丞。以疾歸。又起爲刑部侍郎卒。

錢・士璋　淸仁和人。字章玉。明季諸生。少明習朝廷典故。負經濟才。工給事。嘗作雲林畫。見者目爲神仙中人。明亡後。隱居西湖赤霞山。自號赤霞山人。屢徵不起。有赤霞山莊集。

錢・士馨　明平湖人。字稚拙。又字稚農。貢生。韶年倜儻不羈。游白門。眷一妓。欲挾以歸。妓曰。觀君譚論。讀書尙少。因約以異日。士馨恥之。歸假東湖僧舍以居。夜讀昭明文選。爲沙彌所譏。由是發憤研究經史。嘗據尙書大小戴記春秋內外傳以補冬官。有賓筎集・甲申傳信錄。

錢・士鰲　明錢塘人。字季梁。號石庵。萬曆間以進士知福寧。吏治精明。獄訟蝟集。片言立斷。待理者晨往夕歸。閩閩山陬。夫征無擾。及卒。百姓罷市三日。立祠祀之。

錢・大年　淸江蘇通州人。字松苓。渡海遇風。舟截爲兩。大年樓於後得救。因號半舟。雍正間領鄉薦。所畫山水。筆意軒爽輕快。兼知天文。

錢・大昕　淸玉炯孫。字曉徵。號辛楣。又號竹汀。乾隆進士。累官少詹事。督學廣東。丁艱歸。不復出。歷主鍾山・婁東・紫陽書院。精研羣籍。於經史文義音韻訓詁典章制度氏族地理金石畫像篆隸。無不洞晰疑似。兼通中西曆算。用以讀史。自太初三統諸曆。盡能得其測算之法。卒年七十有七。有唐石經考異・經典文字考異・聲類・廿二史考異・唐書史臣表・唐五代學士年表・宋學士年表・元史氏族表・元史藝文志・三史拾遺・諸史拾遺・通鑑注辨正・三統術衍・四史朔閏考・吳興舊德錄・先德錄・洪文惠洪文敏王伯厚王弇州年譜・疑年錄・恆言錄・十駕齋養新錄・竹汀日記鈔・金石文跋尾・元詩記事・潛揅堂詩文集。

錢・大昭　淸大昕弟。字晦之。一字竹廬。嘉慶初舉孝廉方正。賜六品服。淹貫經史。著書滿家。刊行者惟後漢書補注。

錢・子正　明無錫人。工詩。有綠苔軒集。

錢・子義　明子正弟。與子正皆以詩名。有種菊庵集。

錢・山　明字靜夫。成化進士。拜監察御史。陞浙江僉事。築海岸以禦水患。陞本司副使。致仕歸。囊橐蕭然。

錢・中諧　淸吳縣人。字宮聲。號庸亭。順治進士。康熙中舉鴻博。授編修。纂修明史。乞假歸。中諧學問淹貫。爲諸生時。請減蘇松浮賦。條議三吳水利。皆切於國計民生。詩文雄贍。多散失不存。

錢・之望　宋武進人。字表臣。少放達。喜奇計。金主亮入寇。以策干虞允文。謂虜有內潰之勢。允文用其言。亮果殞。符離之敗。道謁張浚。請出邊並進。使敵疲於奔命。大功可立。浚不從。乾道中登進士第。累官知廣州。所至有禦盜功。遷文華閣待制。知廬州卒。

錢・仁夫　明常熟人。字士弘。號東湖。弘治進士。歷官工部員外郞。劉瑾專政。引疾歸。後瑾誅逮中外有清望者。人始服其明決。幼嗜性理。好著書。學者稱東湖先生。畫山水竹石有逸致。字四體皆善。晚納詩稿生壙中。銘曰詩冢。有歸閒文藁・水部詩曆。

錢・仁熙　宋佐從子。歸宋。歷倅信泰光三州。善畫。尤工水牛。

錢・允文　宋時從子。字竹間。研精義理。尤善屬文。登咸淳進士。歷武岡令。有威惠。權豪有犯。執法不少貸。強猾斂避。學者稱竹間先生。

錢・允治　明穀子。初名府。後以字行。更字功甫。貧而好學。年八十餘。隆冬病瘍。映日鈔書。薄暮不止。沒無子。遺書皆散失。有少室先生集。

錢・元昌　淸海鹽人。字朝采。號埜堂。又號一翁。康熙舉人。官至貴州糧道。工詩。善書畫。弱冠卽以三絕名京師。好作折枝花。能以拙取媚。以生取致。超脫矜貴。饒書卷氣。

錢・元球　五代吳越鏐子。數有軍功。累官靜江節度使。兼中書令。元瓘時恃恩驕橫。元瓘頗不平。銅官廟吏承元瓘指。密告元球圖危社稷。因被誅。（按晉高祖實錄及十國紀年作元球。此從吳越備史及九國志。）

錢・元章　淸嘉定人。字子新。號拜石。工篆隸。善畫山水。兼精鐵筆。

錢・元弼　五代吳越鏐子。字德之。官秀州刺史。蒞政有方。以課最稱。

錢・元璣　五代吳越鏐次子。性寬厚。沈靜寡言。尙儒釋。不喜奢侈。敭歷中外。所在安之。累官寧國軍節度使。封寧國公卒。

錢元璝 【五代吳越】鏐二十八子。少彊直。好詩學武。及長。從征有功。歷官至知福州彰武軍事。號令嚴明。麾下無敢犯者。處兄弟間能盡禮。卒追封寧明王。

錢元璙 【五代吳越】鏐六子。一曰第四子。初名傳璙。字德輝。儀狀瑰傑。累遷蘇州刺史。性儉約恭謹。便弓馬。元瓘時進檢校太師中書令。作金谷園以娛老。又建煙雨樓於湖之上。後封廣陵郡王。卒諡宣義。

錢元懿 【五代吳越】鏐五子。初名傳璹。改名傳懿。後更今名。字秉徽。性至孝。母疾。躬親煎煸。歷判婺州。有異政。州每歲三月大風爲患。壞民廬舍。元懿至。風雨自山南過。官至太師中書令。封金華郡王。卒諡宣惠。

錢元瓘 【五代吳越】鏐七子。初名傳瓘。嗣位後更今名。字明寶。鏐卒。襲封吳越國王。善撫將士。好儒學。善爲詩。嘗置擇能院。選吳中文士錄用之。然性奢侈。好治宮室。在位十年。因火焚其宮。驚懼病狂卒。諡文穆。

錢公輔 【宋】武進人。字君倚。第進士。爲集賢校理。進知制誥。英宗即位。陳治平十議。王疇擢副樞密。公輔不肯草制。坐謫。神宗立。拜天章閣待制。以忤王安石出知江寧府。徙揚州。改提舉崇福觀卒。

錢天引 【明】嘉興人。字法鎏。萬曆進士。居鄉孝友。授攸縣令。以循良稱。陞兵部郎中卒。

錢孔芳 【明】桐城人。字含仲。以明經授蕭山學博。勤於訓士。時署邑篆。嘗決一疑獄。蕭人頌其神明。署有古松一株。構亭蔭其下。自號松亭翁。卒官。

錢文 【宋】鏐裔。字文叔。第進士。除知循州。興學校。重風俗。愷悌宜民。所居不蔽風雨。饘粥不給。晏如也。⊙【明】無錫人。字章靖。諸生。試不遇。遂隱居不出。工詩。有鶴叟詩集。

錢文子 【宋】樂清人。字文季。入太學有盛名。嘉定後諸儒無一存者。文子巋然爲正學宗師。仕至宗正少卿。後退居白石山下。自號白石山人。學者稱白石先生。有補漢兵志、白石詩傳。

錢文奉 【五代吳越】元璙子。字廉卿。善射。能上馬運槊。涉獵經史音律圖籍醫藥。皆冠絕一時。嗣元璙爲中吳等軍節度使。累加太尉、中書令。卒諡威。有資談三十篇。

錢世莊 【明】嵊人。字異齋。工畫騾。色態飛動如生。尤善禽鳥。

錢世楨 【明】春沂子。字三持。少負奇氣。爲文操筆立就。工騎射。應武闈。中進士。初任浙江運總。會朝鮮被倭。朝廷發兵東征。進世楨游擊將軍。隸爲前鋒。遂克平壤。踰年援浙江游擊。會與餉司有隙。棄官歸。後以參將起用。然尙氣徑直。不合於時。旋起旋躓。卒老於家。

錢世徵 【清】松江人。字聘侯。號雪樵。國子生。博學能文。善寫蘭。工篆刻。有含翠軒印存。

錢世錫 【清】秀水人。字嗣伯。一字慈伯。號百泉。乾隆進士。官檢討。有麂山老屋文集。

錢以塏 【清】嘉善人。字蔗山。康熙進士。雍正間累擢少詹事。江浙海水爲患。疏請致祭晉封。河海之神。始列入祀典。官至禮部尙書。卒諡恭恪。有羅浮外史、嶺海見聞。

錢可則 【明】天台人。字正己。知睢州。浙右大水。粟價騰湧。可則亟發廩賑之。飭俗儲蓄運糴。移檄旁郡。弛糴禁。平市價。民以全活。

錢古訓 【明】餘姚人。洪武進士。官湖廣布政司參政。百夷會思倫發與緬人構兵。古訓奉詔往諭。倫發聽命而還。因述其山川人物風俗。爲書以進。名百夷傳。

錢弘仰 【五代吳越】元瓘十三子。善騎射。通儒術。尤精書法。累官台州刺史。性嚴急而政事寬簡。吏民畏服。卒諡成顯。

錢弘偓 【五代吳越】元瓘十二子。字寶堯。性仁孝。事母以恭勤聞。官衢州刺史。爲政寬恕厚重。民多愛之。

錢弘偡 【五代吳越】元瓘八子。字惠達。明吏術。能爲詩。官湖州刺史。有妖巫登大樹。恣爲鬼神語。州人驚畏。弘偡嚴治之。州人咸服。累授同中書門下平章事。封吳興郡王。卒諡恭義。

錢弘僔 【五代吳越】元瓘五子。元瓘年四十。冢嗣未建。及弘僔生。甚鍾愛之。累授太尉。立爲世子。早卒。諡孝獻。

錢弘億 【五代吳越】元瓘十子。字延世。小字和尙。天資俊拔。善屬文。刺明州。有善政。屢剴切言事。以彊正稱於時。遷奉國軍節度使。卒諡康獻。(按順存錄、杭州志俱作諡忠獻。此從十國春秋。)

錢弘儇 【五代吳越】元瓘二子。本名弘倜。字智仁。性喜簡儉。善騎射。能書。有文而自晦。官溫州刺史。洞曉政術。吏不敢欺。後移福州。溫人百姓皆攀哭。有攜家以從者。謂之隨使百姓。累授太尉。拜丞相。卒諡節惠。

錢本中 【明】武進人。字德文。洪武初以材能薦知吉水縣。小民爲强豪侵奪。嘯聚山谷間爲盜。朝議將勦捕之。本中單騎往諭。衆羅拜歸命者數萬人。調知樂安。以註誤歸。吉水胡廣時爲學士。奏請復任吉水卒。(按萬姓統譜作字文德。此從江南通志。)

錢本誠　清海鹽人。字惟寅。號樵翁。工行楷書。精鑒書畫碑版。性和易坦率。喜奬掖後進。

錢亢　明海鹽人。嘉靖中由進士任威縣令。居官振作士類。明禮義。興教化。士民信服。後擢工部主事卒。

錢民　清嘉定人。字子仁。早孤。棄書學賈。既長。有志於學問。青浦有孔子衣冠墓。齋戒往禱。其夕夢一丈夫告之曰。子欲爲學。屏去漢以後書其可。歸乃取四子書力究之。題所居曰存養齋。反觀默識。日有省發。嘗與陸隴其論學不合。謂之曰。公從朱子入。民從尼父入耳。康熙中卒。

錢永　明工畫花鳥。

錢玉炯　清嘉定人。字青文。一字陳人。乾隆時諸生。事親孝。家貧。以教授自給。於百家書無不研究。兼通卜筮祿命之術。尤精音韻之學。有字學海珠。星命瑣言。

錢用壬　明廣德人。字成夫。元末南榜進士第一。授翰林編修。出使張士誠。留之。授以官。歸明。累官御史臺經歷。預定律令。洪武初拜禮部尚書。與諸儒臣議乘輿以下冠服諸式。用壬考證尤詳確。尋告歸。挈妻子居湖州卒。

錢仲益　明子正從子。名永昇。以字行。元末舉進士。明初爲華亭令。進翰林修撰。官終王府長史。雅好碁。待詔禁中。成祖常呼爲碁仙。自號錦樹山人。卒官。有錦樹集。

錢仲鼎　元通州人。字德鈞。宋末以詩經發解。入元教授鄉里。不復仕進。嘗客甫里陸行直家。行直爲卜築於分湖。人稱水村先生。趙孟頫爲作水村圖以記之。

錢全袞　元華亭人。通涉書史。元末張士誠據吳。誓不爲其用。杜門著書。有韻府羣玉掇遺。續松江府志。

錢同愛　明長洲人。字孔周。號野亭。博學好結納。與唐寅文徵明等善。工文。尤長尺牘。六試應天不售。性喜蓄書。所積甚富。

錢名世　清武進人。字綱庵。康熙進士。官至翰林院侍講學士。有崇雅堂集。

錢后　明海州人。正統中立爲后。英宗北狩。后哀泣籲天。倦卽臥地。損一股一目。英宗在南宮不自得。后曲爲慰解。憲宗立。尊爲皇太后。卒諡孝莊。

錢好德　元吉水人。元季羣盜起。好德父保鄣其鄉。羣盜謀殺其父。好德奮身當之。盜執好德去。日加搒箠。終不言其父所在。賊義而釋之。

錢如京　明桐城人。字公溥。弘治進士。正德中以御史按畿輔。孝靜皇后父慶陽伯夏儒乞清河地三千三百頃。如京言清河止德府退地七百頃。足以畀儒。他皆民產。不當畀。嘉靖時累擢刑部尚書卒。

錢守俊　宋雷澤人。少勇鷙。嘗爲盜陂澤中。稱轉陂鶻。周顯德間應募爲鐵騎卒。早事太祖。屢立戰功。官至左領軍衞大將軍卒。

錢守廉　明信陽人。字陸石。舉進士。選御史。巡廣東。黎人煽亂。守廉奏合粵贛諸兵平之。再巡陝西卒。

錢守讓　宋惟濬子。字希仲。天禧中錄諸國後。加領滎州刺史。改東染院使卒。守讓勤學爲文章。退居多閉關讀書。眞宗優詔褒奬。有集。

錢安　明鄞人。字靜能。後以字行。由臨安訓導遷韓府紀善。永樂初召至京。固以老辭。放還。有東畦集。

錢旭　明杭人。字東白。工畫山水人物。

錢汝霖　清海鹽人。本姓何。初名青。字雲士。號芸甩。明諸生。隱居澉浦紫雲村。學者稱商隱先生。有紫雲遺稿。

錢江　清歸安人。字東平。使酒負氣。好談經世之略。咸豐間洪楊據金陵。江以策投雷以諴。倡收百貨釐捐。不旬日得數十萬。釐捐之設自此始。後以誠以謀反誣之。坐誅。

錢百川　明文子。字東之。少豪邁不羈。資稟聰慧。弱冠學琵琶。半日度四十曲。人以爲神解。既長。好讀書。不習舉業。工詩。有寒齋狂稿。

錢伯垧　清陽湖人。字魯斯。乾隆時國子生。工書。宗李邕。爲時所重。嘗游學京師。從桐城劉大櫆受古文義法。以師說稱誦於其鄉惲敬。張惠言。遂有陽湖派古文之目。所居近僕射山。因自號僕射山樵。有僕射山莊詩集。

錢佃　宋倶弟。字仲耕。第進士。累官婺州守。州饑。勸分移粟。活七十餘萬口。政爲諸郡最。朱熹極稱之。佃忠信篤厚。根於天性。臨政不求赫赫聲。恆以字民爲先。官至中奉大夫。祕閣修撰。有易解。詞科類要。文集。

錢佐　五代吳越國元瓘六子。字祐。初名弘佐。年十三。襲封吳越國王。諸將皆欺其幼。佐初尙優容。後輒以法治之。由是諸將皆畏服。在位七年。卒諡忠獻。（按舊五代史十國春秋皆作字元祐。此從新五代史。）

錢希孔　清青陽人。字書山。號三峯。諸生。通繪事。善詩文。有書山文集。閒農集。三峯詩草。

錢希言　明常熟人。字簡棲。博覽好學。刻意爲聲詩。恃才負氣。人爭避之。以窮死。有劍筴。戲瑕。獪園等書。

錢延慶　南朝宋長城人。泰始中父仲期爲同縣奚慶思所殺。延慶手刃慶思。自繫烏程縣獄。吳興太守郗顒表釋之。

錢·志立 明桐城人。字爾卓。爲趙鴻賜·顏素高弟。邑令劉時俊聘修邑志。母卒。出所著舉子業盡焚之。泣曰。沾學半生。爲老母也。今已矣。因闔館叢桂閣。聚徒講易以終。

錢·忱 宋景臻子。字伯誠。徽宗喜其端謹。除瀘州軍節度使。高宗書忠孝之家四字賜之。官至少師。封榮國公。致仕卒。

錢·杜 清錢塘人。原名榆。字叔美。號松壺。又號壺公。一號卍居士。攬勝好游。足迹幾徧天下。工詩。深通畫法。人物士女花卉靡不精。尤擅山水。有松壺畫贅·畫憶·詩贅·詩存。

錢·良右 元平江人。字翼之。自號江村民。至大中署吳縣儒學教諭。受代後。不復出。一室蕭然。工書。篆隸眞行小草無不精絕。有江村先生集。

錢·良臣 宋松江華亭人。字文魏。紹興進士。累官參知政事。德望甚著。拜資政殿大學士。孝宗詢以時事。稱旨。書通儒二字賜之。卒諡文惠。

錢·良擇 清陸粲族孫。字玉友。一字木菴。游歷遍天下。爲詩豪放。有撫雲集。又選唐詩審體行世。

錢·邦芑 清丹徒人。字開少。明季走閩粵爲僧。號大錯。嘗本郭忠恕佩觿·李文仲字鑑諸書。爲他山字學。

錢·邦寅 清邦芑弟。字馭少。明亡。棄諸生。日以著書爲樂。每登高望遠。輒思其兄而哭。及卒。門人私諡介節先生。有歷代輿地徵信編·明詩鈔·若華堂詩草·楚游草·稽古稗鈔。

錢·佳選 清密縣人。字升階。號西齋。拔貢生。髫齡以孝聞。後受業孫奇逢。有志聖賢之學。器識高邁。好友能施。所居超化郵。有山水林木之勝。奇逢諸弟子多依之。康熙中卒。

錢·侗 清繹弟。字趙堂。一字同人。嘉慶舉人。議叙知縣。以憂歸。經史傳志。無所不通。於說文用力尤深。能書。篆刻亦古雅。有孟子正義·九經補韻考·說文音韻表·說文重文小箋·說文孳乳表·方言義證·釋聲·吳語詮·羣經古音鉤沈·正名錄·至聖世系表·金石錄·續隸續·讀書日疏·趙堂日記·斯樂堂印存·歷代錢幣圖考·古錢待訪錄·集古印證·客杭日記·斯樂堂詩文集·蓬萊山館詩草·斯樂堂詞·唐宋文集錦。

錢·其恆 清棨子。字子方。工畫山水。

錢·受益 明仁和人。字謙之。天啓進士。歷官至少詹事。明末寇起。念杭城素無儲蓄。議移米船於城內。有驚則內有所恃。居民得省遠販之勞。生平喜積書。自輯類書千卷。燬續纂緻。靡不備載。

錢·周材 宋溧陽人。七歲能屬文。登建炎進士。累官侍講。出知常州。奉祠歸。孝宗卽位。以舊學召對便殿。直學士院。丁母憂歸。屢起不就卒。

錢·坫 清塘弟。字獻之。號十蘭。乾隆中以副貢游關中。居畢沅幕。與歙方子雲·陽湖洪亮吉·孫星衍。討論訓故輿地之學。累官知乾州。兼署武功縣。擊卻教匪有功。以疾歸。卒於蘇州。坫工小篆。不在李陽冰·徐鉉下。晚年右體偏枯。左手作篆尤精絕。兼善鐵筆。畫墨梅。有詩音表·車制考·論語後錄·十經文字通正書·史記補注·新斠注地理志。

錢·宗韓 清太倉人。字學之。號雨桐。諸生。工詩善畫。有綺望詩草。

錢·尙衡 清烏程人。字雲林。有孝史。

錢·忠 宋治平中過吳遊賞。遙見一好女子。獨棹煙波間。忠悅之。贈以詩。有句云。滿目生涯千頃浪。全家衣食一綸竿。女攜詩呈父。父以女妻忠。汎舟同入煙波。不知所往。

錢·昆 宋倧子。字裕之。歸宋。登淳化進士。仕至祕書監。爲治寬簡便民。性嗜蟹。嘗求補外職。曰。但得有蟹無通判處。足慰素願也。善草隸。能詩賦。有文集。

錢·昌 明吳人。字允言。喜爲詩。與武功徐有貞·學士錢溥·僉憲劉鉦·大參祝惟清輩結吟社。有未齋集。

錢·昕 明迪孫。成化間知永州。蒞政精勤。平賦役。審獄訟。作興士類。人皆感勵。尋陞參政。

錢·明逸 宋彥遠弟。字子飛。由殿中丞策制科。擢右正言。首劾范仲淹·富弼。二人皆罷。累官翰林學士。神宗立。御史論其傾險儉薄。傾附賈昌朝·夏竦以陷正人。文辭淺繆。不宜冒居翰院。乃罷學士。久之知永興軍卒。諡修懿。

錢·易 宋昆弟。字希白。刻志讀書。以才藻知名。蘇易簡謂易有李白才。眞宗朝舉進士。除通判蘄州。奏請除肉刑。帝嘉納其言。景德中舉賢良方正。累遷至翰林學士卒。易才學贍敏過人。數千百言援筆立就。畫羅漢極古怪。尤善山水。兼工行草。有青雲總錄·青雲新錄·南部新書·洞微志及金閨瀛州西垣制集共二百五十卷。

錢·東 清杜從兄。字東皐。號袖海。又號玉魚生。畫倣惲壽平。工詩。尤長詞曲。

錢·東垣 清大昭子。字旣勤。號亦軒。嘉慶舉人。歷知松陽上虞縣。皆有聲。卒官。有勤有堂文集。

錢·東塾 清大昕子。字學仲。號東橋。自號石丈。廩生。好書畫。喜寫山水。書工分隸。樸茂得漢人氣息。

錢·松 清錢塘人。字叔蓋。號耐青。晚號西郭外史。善古琴。精鐵筆。

工畫山水花卉篆隸。咸豐庚申之變。闔門飲酖死。

錢林 【漢】徐州人。字元茂。建平中爲諫議大夫。元始中王莽專政。林遂棄爵隱長與陂門里以終。◎【清】仁和人。原名福林。字東生。一字志枚。號金粟。嘉慶進士。官至侍讀學士。學問淵博。於書無所不覽。有文獻徵存·玉山草堂集。

錢泮 【明】常熟人。字鳴教。嘉靖進士。歷侯官·慈谿知縣。累遷江西左參政。所至皆有能聲。里居與知縣王鐵禦寇。力戰而死。

錢泳 【清】金匱人。字梅溪。官府經歷。工八法。尤精隸古。兼長詩畫。有說文識小錄·守望新書·履園金石目·述德編·登樓雜記·梅花溪詩鈔·蘭林集。

錢芳標 【清】士貴子。字葆馚。號寶汾。博聞宏覽。與同里董俞齊名。人稱錢董。又與族人金甫稱二錢。康熙舉人。授內閣中書。工詩歌。尤精倚聲。舉鴻博。丁內艱不赴。有金門稿·湘瑟詞。

錢芹 【明】吳縣人。字繼忠。少好奇節。洪武初辟大都督府掾。從中山王出北平至大漠。還解職家居。燕兵南下。芹出守禦策示蘇州知府姚善。署行軍斷事。從李景隆北行奏事。道病卒。◎【明】琦子。字懋文。號泮泉。嘉靖進士。官至永州知府。有錢永州集。

錢金甫 【清】江蘇華亭人。字越江。康熙進士。舉鴻博。授編修。典試江西。稱得人。官至侍講學士卒。金甫少負才藻。工詩古文詞。有保素堂集。

錢亮 【五代吳】江淮布衣。人皆稱爲錢處士。善爲讖語。說未來事多中。南唐禪代。封爲霸國先生。

錢俁 【宋】觀復子。字廷碩。一字惟人。紹興進士。除太學正。從容修養。斂以靜退。人莫窺其際。官至朝請郎。於書無所不讀。尤精於易。喜藏書。著有諸經講解·易說·文集。

錢即 【宋】宜興人。字中道。舉進士。累官顯謨閣學士。知延安府。所至有聲。童貫宣撫陝西。患物價騰貴。嚴設科條。又行均糴法。陝西騷然。即上疏極陳其害。坐貶永州團練副使。後以龍圖閣學士致仕。卒諡忠定。

錢厚 【宋】字德載。號竹巖懶翁。嘉定中爲常熟令。工詩。有竹巖拾稿。

錢奐 【明】鄞人。字文煥。正統進士。累官廣西左布政使。時都御史韓雍征大藤峽。值歲祲。奐措置得宜。上下充給。所獲俘虜。必詳讞無冤濫。得活者甚衆。致仕卒。

錢封 【清】士璋子。號松崖。諸生。隱西湖。工畫山水。落筆高古。年十三。執母喪盡哀。里人呼爲小孝子。父沒。封年已六十。哀號如嬰兒。子彥儁孫暴皆工畫。

錢彥遠 【宋】易子。字子高。舉進士。知潤州。因地震勸帝順天修德。以答天戒。召爲右司諫。遷起居舍人。數有建明。卒官。

錢春 【明】一本子。字若木。萬曆進士。授御史。巡按湖廣。甚有聲。魏忠賢黨劾春倚東林。父作子述。削籍歸。崇禎初累遷南戶部尚書。疏請改折白糧。忤旨罷歸卒。有湖湘五略。

錢春沂 【明】嘉定人。字仲與。父被冤繫獄。春沂慷慨陳詞。出父於獄。嘉靖中舉於鄉。任德化令。吏以羨餘進。春沂卻不受。尋求歸。上官弗許。遂書林下清風四字。置諸馬首而去。學者稱一菴先生。

錢昭度 【宋】弘俶子。字九齡。仕至供奉官。俊敏工爲詩。多驚人句。有集十卷。蘇易簡嘗爲之序。

錢昱 【宋】佐長子。字就之。佐卒昱幼。國人立佐弟倧。遂以昱爲咸寧大安二宮使。後從俶入朝。授白州刺史。昱好聚書。喜吟咏。工尺牘。兼能書畫琴碁。生子百數。晚食猥縱肆。無名節可稱。知宋州。歷壽泗宿三州。率無善政。至道中進郢州團練使。入朝。以病卒。

錢界 【清】綸光子。字主恆。號曉村。雍正間以諸生舉授醴泉知縣。遷施南府同知。見倪雲林細竹怪石。愛而習之。又工寫生。一秉家法。

錢相 【宋】武進人。字君玉。嘉定進士。以眞德秀薦。累遷御史右正言。有直聲。理宗大書經畬二字賜之。官至吏部尚書卒。

錢美恭 【清】紹興人。父士驌仕明。知雲南陽宗縣。攜僕妾及仲子行。世亂久無音耗。康熙中美恭空囊徒步。尋親滇南。值父已死。與仲兄負骨歸。好事者爲演尋親記傳奇以美之。

錢若水 【宋】新安人。字澹臣。一字長卿。雍熙中登第。累遷諫議大夫·同知樞密院事。眞宗時從幸大名。陳禦敵安邊之策。後拜幷代經略使。若水有器識。能斷大事。事繼母以孝聞。所至推誠待物。委任僚佐。總其綱領。無不稱治。卒諡宣靖。

錢茂律 【明】臨海人。字大呂。舉人。景泰初守同州。爲政持大體。增設學舍至百八十楹。嘗勒居官箴於石。人以比之甘棠。

錢迪 【明】常熟人。性聰明。未冠若老成人。洪武初父黈坐事當死。迪年十八。慨然詣執政。求以身代。所司上其事。許之。黈得以壽終。

錢俶 【五代吳越國】元瓘九子。字文德。初名弘俶。晉開運中爲台州刺史。胡進思既廢俶兄倧。迎俶嗣吳越國王。歷漢周。累授天下兵馬大元帥。宋太祖時入朝。平江南有功。太平興國中以所管十三州來獻闕下。恩禮甚至。累封鄧王。卒諡忠懿。俶任太師尚書令兼中書令國王凡四十年。爲元帥三十五年。性寬和。頗知書。雅好吟咏。有政本集。

錢·倧 五代吳越元瓘七子。字隆道。初名弘倧。兄佐卒。倧以次立。卑侮宿將胡進思。進思不能平。倧大閱兵於碧波亭。方第賞。進思前諫。以賞太厚。倧怒。進思大懼。歲除。擁衞兵廢倧。立倧弟俶。徙倧於東府。居二十餘年卒。諡忠遜。

錢·唐 明象山人。字惟明。博學敦行。洪武初舉明經。對策稱旨。特授刑部尚書。帝覽孟子至土芥寇讎之說。謂非臣子所宜言。議罷其配享。詔敢諫者罪以不敬。唐抗疏諫。曰。臣爲孟軻死。死有餘榮。帝見其誠懇。不之罪。孟子配享得不廢。後謫壽州卒。

錢·宰 明會稽人。字子予。一字伯均。元至正間中甲科。學有原本。時推爲宿儒。洪武初徵修禮樂書。授國子助教。進博士。後命訂正尚書蔡氏傳。書成賜歸。有臨安集。

錢·振倫 清歸安人。字崙仙。道光進士。官至國子監司業。有示樸齋文集。

錢·時 宋淳安人。字子是。號融堂。幼奇偉不羣。絕意科舉。究明理學。江東提刑袁甫作象山書院。招主講席。其學大抵發明人心。議論宏偉。指摘痛快。聞者皆有得焉。以薦授祕閣校勘。召史館檢閱。求去。授江東帥屬歸。人稱融堂先生。有周易釋傳·尚書演義·學詩管見·春秋大旨·四書管見·兩漢筆記·蜀阜集·冠昏記·百行冠冕集。◎明桐城人。字時中。洪武舉人。任刑部主事。執法不阿。與部郎白李善長之冤。坐罪死。

錢·時敏 宋溧陽人。少聰慧。讀書一覽成誦。屬文敏捷。政和中登第。累官敷文閣待制。國有禮制。皆令掌之。

錢·栻 清仁和人。字希南。號次軒。乾隆進士。官廣西桂平梧鬱道。有眞意齋文稿。

錢·泰吉 清儀吉從弟。字輔宜。號警石。廩膳生。官海寧州訓導。好古書。假人善本。校勘數過。著曝書雜記。以志所得。學古文於儀吉。時稱嘉與二石。有甘泉鄉人稿·學職禾人考·海昌備志。

錢·浦 明磁子。字北郊。性剛直。里中有不孝不弟者。必親至其家督責之。親黨有勃谿者。相戒勿使浦知。時方之王彥方·陳仲弓。嘉靖中邑遭倭難。浦散家財募勇士。保障一方。得免於難。

錢·涓 宋海陵人。勰孫。字仲伯。事親孝。家貧。甘旨獨豐。母病。藥必嘗而進。居喪哀毀骨立。悲動鄰里。廬墓三年。誦佛書。

錢·珝 唐徽孫。字瑞文。善文辭。宰相王摶薦知制誥。進中書舍人。摶得罪。珝貶撫州司馬。有舟中錄。

錢·益 宋東莞人。刻苦讀書。淳祐中登進士第。性剛介。不可干以私。親喪。三年居廬。足迹不入寢室。歷知與國縣。平峒寇。在官有惠政。民稱爲錢佛子。終靜江府通判。

錢·祚徵 明拔縣人。字錫吉。崇禎舉人。歷官汝州知州。蕩平土寇。民賴以安。李自成來寇。祚徵乘城死守。中流矢卒。

錢·能 明梁芳黨。憲宗時鎭雲南。恣縱驕橫。嘗遣指揮使郭景等往干崖·孟密諸土司索貨寶。至逼淫曩罕弄女孫。事發。帝宥能而命致其黨九人於法。尋安置南京。後復夤緣爲守備。久之卒。

錢·貢 明吳人。字禹方。號滄洲。善畫山水人物漁翁野景。間倣文徵明·唐寅兩家。皆能亂眞。

錢·起 唐吳與人。字仲文。工詩。大曆十才子之一。天寶中舉進士。與郎士元齊名。時稱錢郎。起嘗赴舉。夜聞空中歌云。曲終人不見。江上數峯青。及賦湘靈鼓瑟。末句取此二句足之。主司以爲有神助。凡公卿出牧奉使。起與士元無詩祖行。衆以爲恥。官終考功郎中。有錢仲文集。

錢·陞 明海鹽人。字元履。萬曆舉人。嘗采自古廉吏及隱逸者流。爲壺天玉露。

錢·偲 清錢塘人。號堅瓠老人。雍正副貢。嘗以卦爻分配史事。著周易緯史。

錢·國佐 明連城人。性篤孝。母王氏喪明。流寇陷城。焚其居。負母奔避。母免而身殉。人稱其孝。

錢·國養 唐開元時人。工寫眞。

錢·培名 清熙祚從子。官縣丞。熙祚刻守山閣叢書。世稱善本。培名又搜輯放佚以補其缺。爲小萬卷樓叢書。工未竣而洪楊亂作。僅刻成十七種。其中如越絕書·申鑒·中論·陸士衡集等。均附札記。校勘頗精。

錢·崙 明海鹽人。字懋穀。性嗜古。待貧交敬愛出肺腑。當時名士如金華吳孺子等。恆經歲主其家。飲酒賦詩以爲樂。

錢·惟治 宋倧長子。字和世。俶養爲己子。俶入朝。惟治數權國事。太宗時累進檢校太師。善草隸。尤好二王書。家藏書帖圖書甚衆。晚年頗貧匱。帝憫之。特轉右武衞上將軍。月給俸十萬。累加左神武統軍卒。

錢·惟善 元錢塘人。字思復。自

號心白道人。寓居華亭。至元初省試羅刹江賦。時鎖院三千人。獨惟善據枚乘七發。辨錢塘之曲江卽羅刹江。由是得名。號曲江居士。官副提舉。張士誠據吳。遂不仕。旣沒。與楊維楨。陸居仁同葬干山。人目爲三高士墓。有江月松風集。

錢惟演 宋俶次子。字希聖。從俶歸宋。爲右神武軍將軍。博學能文辭。眞宗召直祕閣。知制誥。爲翰林學士。尋罷。復遷工部尚書。仁宗朝拜樞密使。初附丁謂逐寇準。謂禍旣萌。復擠謂以自解。後坐事出爲崇信軍節度使卒。諡文僖。嘗採鏐及元瓘·佐。倧·俶之詩。合爲一編。名傳芳集。

錢惟濟 宋俶六子。字嚴夫。仁宗時累遷武昌軍節度觀察留後。有吏幹。能戢下而性苛忍。所至牽蔓滿獄。或斷手足採肝膽以示威。觀者色動。而惟濟自若也。卒諡宣惠。（按錢氏家乘云第八子。此從十國春秋。）

錢惟濬 宋俶嫡子。字禹川。開寶初大兵征金陵。惟濬從父下毗陵。以功加平章事。後隨俶入朝。從平太原。征幽薊。皆有功。端拱初封蕭國公。兼中書令。性輕財好施。以縱酒暴卒。諡安僖。

錢朗 五代吳越南昌人。字內光。讀書西山。以五經登科。仕唐累官光祿卿。文宗時歸隱廬山。得補臘還元法。錢鏐迎至臨安。師事之。雲孫數人。以明經爲縣宰。皆皓首矣。而朗猶如童子。後尸解。年百七十餘歲。

錢梓林 清江蘇通州人。字季良。嘉慶舉人。以文行著於鄉。及卒。私諡文慤先生。有十錦堂古文集。

錢清 明青陽人。字公清。元末集義旅衛鄉邑。民多賴之。常遇春遣趙忠下青陽。清率衆來歸。擢萊州衛指揮使。吳元年從征張士誠。戰死。

錢紳 明吳縣人。字孟書。少讀書修行。後領鄉薦。授蘇州儒學訓導。陞教諭。平生無世情。與人交無町畦。家藏書甚富。

錢習禮 明吉水人。名幹。以字行。永樂進士。授檢討。英宗開經筵。爲講官。與修宣宗實錄。累擢禮部侍郎。王振用事。達官多出其門。習禮恥爲屈。乞歸。習禮篤行誼。好古秉禮。動有矩則。卒諡文肅。

錢陳羣 清嘉興人。綸光子。字主敬。號香樹。又號柘南居士。幼時家貧。母陳書教工六法。課讀於紡車旁。紡入不足。則鬻畫以繼。康熙末第進士。雍正乾隆時久直南書房。充經筵講官。高宗嘗與考論今古。稱爲故人。官至刑部左侍郎。以疾罷歸。詔在籍食俸。高宗常寄詩相與倡和。恩賚極渥。與沈德潛並稱爲東南二老。卒諡文端。

錢陸燦 清常熟人。字湘靈。號圓沙。順治舉人。好藏書。教授常州。金陵間。從游甚衆。康熙中徐乾學等爲耆年會。陸燦年八十四。齒尊名高。會中人皆兄事之。有調運齋集。

錢傳瑛 五代吳越鏐三子。天性英敏。頗敦儒學。善騎射。工草隸。徐許之叛。拒寇有功。授兩浙副大使。天祐末選尚壽昌公主。授大同軍節度使。公主未及降而卒。傳瑛夢與公主語。因得疾。旋卒。

錢傳瓘 五代吳越鏐八子。性仁厚。明敏好學。累官明州刺史。封餘姚侯。在官有善政。及卒。民立祠祀之。

錢博 明溥弟。字原博。正統進士。授南京刑部主事。擢四川按察卒。博在刑曹。多所全活。工古文辭。善楷書行草。旁通醫卜陰陽諸書。好急人患難。人樂與交焉。

錢善揚 清載孫。字慎甫。號几山。又號麂山。善畫墨竹山水。

錢喜起 明養度子。字賓明。崇禎進士。授工部屯田司。出爲南昌守。以母憂歸里。聞崇禎之變。一慟而絕。弟繭起救之得甦。構一小樓。坐臥其間者三十六年。年八十四卒。

錢堯卿 宋樂清人。字熙載。年數歲。居父喪如成人。廬墓終制。母卒。哀毀過禮。歲歉。捐穀價以濟饑民。紹興間舉孝廉。未幾卒。

錢復 明常熟人。善書畫。山水師董源。入能品。

錢復亨 明松江華亭人。官牖山教諭。工詩。有講餘集。

錢景諶 宋惟演從子。中進士第。初赴開封解試。因王安石譽其文於公卿間。自是執弟子禮。執喪居許。聞安石得政喜。因事來京師謁之。安石問青苗助役如何。景諶曰。利少害多。異日必爲民患。又問孰爲可用之人。曰。居喪不交人事。而知人尤難事也。遂辭出。後調官至京師。安石已作相。又往詣之。安石欲令治峽路役書。且委以戎瀘蠻事。景諶請擇知兵愛人者。安石大怒。景諶遂與之絕。熙寧末知瀛州。終身爲外官。僅至朝請郎而卒。

錢曾 清常熟人。字遵王。號也是翁。少學於族祖謙益。謂能紹其緒。撰吾炙集。標曾詩爲首。絳雲樓燼餘書籍及詩文稿。悉付藏弆。所居述古堂。多善本書。撰讀書敏求記。識其源委。又有述古堂書目。交盧判春諸集。

錢朝彥 明杭州人。字殷求。崇禎進士。知句容縣。蒞任甫數月。有飾金珠爲藥餌以獻者。朝彥置之法。調旌德。投劾歸。與喜起雅相引重。時稱武林二錢。

錢朝鼎 清常熟人。字禹九。號黍谷。順治進士。官至太常卿。善畫蘭竹及折枝花。得法於孫克宏。能詩。有三瑞樓集。

錢·棨 清長洲人。字振威。一字湘舲。乾隆時鄉會殿試皆第一。授修撰。御製三元詩紀瑞。累官侍讀學士。典試雲南。命提督學政。拔擢公明。士論翕服。卒於官。

錢·棻 清士升子。一作芬。字仲芳。號滌山。崇禎舉人。善畫山水。博通經史。著書滌山以終。嘗推衍士升易揆未盡之意。著讀易緒言。

錢·琦 明海鹽人。字公良。正德進士。知盱眙縣。力禦流賊。邑賴以全。後陞臨江知府。調思南。請老歸。有錢子測語·臨雨錄·東畬集。◎清仁和人。字相如。號璵沙。乾隆進士。官布政使。平生以虛心實力四字自勉。好為詩。有澄碧齋詩鈔。

錢·琪 清希孔子。字竹齋。嘉慶進士。為國子監助教。善畫工詩。有竹齋題畫詩。

錢·琳 清錢塘人。汪瑚妻。字玉林。從兄東學花卉。從兄杜繪山水。均楚楚有致。嘗集閨秀於西湖寶石山莊。為畫會。

錢·策 明無為人。字國猷。萬曆進士。由南京刑部主事出守貴陽。多惠政。陞光祿卿。回籍。遭寇圍城。城陷。不屈死。

錢·象先 宋蘇州人。字資元。第進士。歷龍圖閣直學士。長於經術。侍邇英十餘年。有所顧問。必依經以對。反覆諷諭。遂及當世之務。仁宗禮遇甚渥。屢為刑官。條令多所裁定。以吏部侍郎致仕卒。

錢·象坤 明會稽人。字弘載。萬曆進士。累官禮部右侍郎。魏忠賢私人指為繆昌期黨。落職。崇禎初召拜禮部尚書。京師戒嚴。奉命登陴分守。祁寒不懈。帝覘知。遂與何如寵並相。累進少保。引疾歸。卒諡文貞。

錢·象祖 宋端禮孫。淳熙中知撫州。修郡學。置祭器。出帑賑貧民。郡人德之。嘉定初拜左丞相。

錢·貴 明海州人。英宗睿皇后之父。宣德中官都指揮僉事。委管京營。操練有法。士卒悅服。正統中以外戚陞中軍府都督同知。為人恭謙小心。不以富貴驕人。◎明長洲人。字元抑。有吳越紀餘。

錢·逵 國臨安人。字通甫。梁大同中為廬陵王國侍郎羽林監。武帝立。遷東海太守。生九子。皆掌郡符。故其地所居之山。號九州山。◎明吳縣人。字伯行。刻意力學。工書。洪武初選諳太常議禮。為人淳厚雅飭。稽古考訂。至老不倦。

錢·鈞 明嘉興人。字志衡。以明經授本府學司訓。廣東參議喻艮奉命治水。甫按郡。即與鈞講求水利。籌畫頗多。後以疾辭。扁舟放浪雲水間。自號小西湖漁者。徵至京卒。有半隱集。

錢·塘 清大昕族子。字學淵。一字禹美。號溉亭。乾隆進士。官江寧府教授。肆力經史。於聲音文字律呂推步。尤有神解。體素羸弱。夏月常畏寒擁絮。而考辯不輟。有律呂考文·史記三書釋疑·淮南天文訓補注·述古編等書。

錢·塤 宋鄞人。字深雲。讀書尚節概。晚別築一室。植松竹以自況。日與同里高友文談論經史。得一善。則服膺弗忘。鄉人敬慕之。

錢·廉 清鄞人。字稚廉。別號東廬。少以名節自任。參帥幕。從攻耿精忠。謀畫有功。授官。以母老固辭。隱居以終。有東廬集。

錢·敬忠 明鄞人。字孝直。號玉壓。父若賡。坐事當誅。繫獄。敬忠多方營救不能得。萬曆末成進士。熹宗即位。草三疏辨冤。囚服伏禁門外。法司憫之。得釋歸。累遷刑部郎。有偶存集。

錢·暄 宋惟演子。字載陽。以蔭累官駕部郎中。知撫台二州。有治績。累擢寶文閣待制卒。暄好學。皇祐間嘗撰後漢功臣年表。藏之祕閣。

錢·楷 清嘉興人。字宗範。又字裴山。乾隆進士。累官安徽巡撫。歷更數省。俱有政績。善書。兼工篆隸。又能畫。有家法。有綠天書舍詩集。

錢·溥 明松江華亭人。字原溥。正統進士。試薔薇露詩。稱旨。授檢討。歷南京吏部尚書。卒諡文通。有使交錄·祕閣書目。

錢·熙 宋南安人。字大雅。幼穎悟。及長。博貫羣籍。陳洪進辟為巡官。雍熙初登甲科。宰相李昉深加賞重。授殿中丞。直史館。淳化中參知政事寇準掌吏部選。熙坐事削職。通判衡州。尋通判杭州。薦試中書。累遷右司諫。以數罷職。憤恚卒。熙負氣好學。精筆札。嘗擬古樂府。著雜言十數篇及措刑論。為識者所許。有集。◎清崑山人。字暉如。號巽峯。工畫山水。善分書。◎清武水人。字閬修。善畫花卉。工詩。

錢·熙祚 清熙輔弟。字雪枝。一字錫之。敍選通判。刊守山閣叢書及指海珠叢別錄·素問·靈樞凡數百種。世稱善本。後以謁選病沒京師。

錢·熙輔 清金山人。字鼎卿。官蕪湖教諭。婦翁吳省蘭刊藝海珠塵。至八集而止。熙輔續輯壬癸二集以竟其業。

錢·瑛 元吉水人。字可大。祖本和。以篤行稱。瑛生八月而孤。元末大亂。奉祖及母避難。遇賊縛本和。瑛奔救。并縛之。本和哀告貰其孫。瑛亦泣請代其祖。賊兩釋之。事定。

有司知興賢。凡三薦。並以親老辭。

錢瑞徵 清海鹽人。字鶴庵。一字野鶴。又字髯公。康熙舉人。授西安教諭。好畫松石。工書。有忘憂草、南樓詩草。

錢鎬 明紹興人。字飛卿。嘗偕錢籥錄錢氏一家詩。爲吳越錢氏傳芳集。蓋增益惟演仙芝前後集之作也。

錢義方 元湖州人。字子宜。進士。有周易圖說。

錢肅圖 清肅樂弟。字肇一。號退山。明季以諸生倡義。歷官監察御史。翁洲之役。被俘。尋釋之。康熙間卒。有東村集。

錢肅樂 明鄞人。字虞孫。一字希聲。崇禎進士。知太倉州。有政績。進刑部員外郎。以憂歸。清兵下杭州。屬郡多迎降。肅樂建議起兵。士民應者數萬人。遣張煌言奉表請魯王監國。會王赴紹興行監國事。召肅樂爲右僉都御史。厄於方國安、王之仁。棄軍披緇於閩。江上破。鄭彩奉王至閩門。晉肅樂大學士。彩專柄。肅樂憂憤絕食。卒於舟。諡忠介。學者稱止亭先生。有正氣堂集、越中集、南征集。

錢肅潤 清無錫人。字礎日。有尚書體要、道南正學編、十峯草堂集。

錢葆唐 清嘉興人。字鐵江。以舉人官什方知縣。卒於官。初爲尊經書院教習。以注疏課士。蜀人始知有經學。葆唐學問淹博。專治周禮。爲補注補疏正義勘誤。簡而得要。

錢輅 明全椒人。字廷用。初爲永寧衞指揮同知。有才略。以薦協輔都指揮王倫總督軍務。時海寇嚴啓盛爲亂。輅率舟師追七日夜。至黑水洋。賊敗走。以功遷都指揮僉事。

錢載 清秀水人。字坤一。號蘀石。又號瓠尊。晚號萬松居士。乾隆間舉鴻博未用。成進士。由編修累官禮部左侍郎。詩精於韓杜蘇黃。脫去畦町。自成一家。工書。善水墨畫。

錢過庭 金工畫山水。

錢道戢 陳長城人。字子韜。少以孝行著。及長。有材幹。初從文帝平張彪於會稽。封永安縣侯。天嘉初爲臨海太守。後以討賊功累官都督郢州刺史。卒諡肅。

錢道寧 明望江人。正統初舉明經。除福建順昌令。時鄧茂七攻邑。道寧集民保境。屢戰却賊。當道上其功。命未下而卒。

錢鉞 明弘治初任浙江按察使。尋陞都御史。巡撫山東河南。貴苗寇擾。復巡撫貴州。勦撫有功。

錢鈺 清長興人。康熙舉人。知涇陽縣。行取御史。劾晉撫穆爾賽。特擢左僉都御史。官至山東巡撫。

錢鼎銘 清太倉人。字新之。號調甫。道光舉人。咸豐時洪楊軍陷金陵。上海孤懸一隅。鼎銘走安慶乞師。請保上海。後佐李鴻章南規蘇浙。北平捻寇。官至河南巡撫。

錢嘉徵 明徵孫。字孚于。天啓中以國子監生中順天副榜。晚選授松溪知縣。嘗劾魏忠賢十大罪。其疏爲世所傳。有松龕剩稿。

錢寧 明幼鬻太監錢能家爲奴。能嬖之。冒姓錢。正德初曲事劉瑾。得幸於帝。瑾敗。以計免。嘗請於禁內建豹房新寺。恣聲伎爲樂。復誘帝微行。後江彬白其通宸濠狀。乃籍其家。世宗即位。磔寧於市。妻妾發功臣家爲奴。◉清常熟人。字厚裕。與馬元馭、楊晉爲友。畫花卉無俗筆。

錢廓 宋浦江人。字叔因。沈靜和雅。語如不能出諸口。初廓兄任家事。督廓以學。而一錢不以假之。或言汝兄私自爲計。則怒曰。汝離間友昆耶。兄愛我者也。性淡泊。科舉之事。亦不甚習。獨求有得於學。其卒也。葉適甚惜之。

錢福 明松江華亭人。字與謙。所居近鶴灘。因以自號。弘治中試禮部廷對皆第一。授翰林修撰。詩文藻麗敏妙。登第後。名聲烜赫。遠近以牋版乞題者無虛日。有鶴灘集。

錢端回 宋威里人。工畫山水。

錢端禮 宋忱子。字處和。知臨安府。孝宗銳意恢復。詔張浚出師會符離。稍失利。湯思退遂倡和議。端禮奏有用兵之名。無用兵之實。買怨生事。無益於國。思退大喜。奏除戶部侍郎。官至觀文殿學士。諡忠肅。有諸史提要。

錢維城 清武進人。字幼安。一字宗磐。號紉庵。又號稼軒。乾隆進士第一。由修撰累官刑部左侍郎。卒諡文敏。書法蘇軾。畫得元人筆意。落筆蒼潤。秀骨天成。有茶山集。

錢維喬 清維城弟。字樹參。號竹初。乾隆舉人。知鄞縣。善詩文。工畫山水。茂密峭秀。幾擅其勝。有竹初詩文鈔。

錢綺 清元和人。字映江。號竺生。諸生。好左氏傳。專宗賈服。著左札。又熟明季遺事。著南明書。咸豐中卒。

錢綸光 清瑞徵子。字珠淵。一字廉江。太學生。工書。有詩名。

錢聞詩 宋成都人。字子言。淳熙中知南康軍。工詩。有廬山雜著。

錢棻 明海鹽人。字澂登。萬曆貢生。官於潛訓導。著有厚語。所采皆長厚之事。可爲世法者。

錢遜 明字謙伯。性至孝。母病。侍湯藥久不怠。及卒。廬墓終喪。洪武中膺薦。授寧夏水利提舉。修河防。實邊餉。遷孟津知縣。益盡心民事。

坐累謫戍交南。復以薦。對策稱旨。
授文昌主簿。有遜齋集。
錢・鳳 晉武康人。字世儀。王敦
以爲鎧曹參軍。數得進見。知敦有不
臣之心。因進邪說。遂相朋構。遭父
喪。外託還葬。密爲敦使。與沈充交
構。敦敗。伏誅。
錢・鳳綸 清仁和人。黃式序妻。
字雲儀。有古香樓詞。
錢・儀吉 清陳羣曾孫。字藹人。
號衎石。一號心壺。嘉慶進士。由庶
吉士改主事。官至戶科給事中。治經
講求故訓。讀史長地理。工文章。罷
官後。主講廣東學海堂。河南大梁書
院。凡數十年。嘗集清代文集千餘家。
節錄名人事狀。輯碑傳集。又搜刻宋
元以來經說爲經苑。自著有鳳山樓集・
衎石齋記事稿・刻楮集・旅逸小稿。
錢・勰 宋彥遠子。字穆父。五歲
日誦千言。以蔭知尉氏縣。神宗時召
對稱旨。以不附王安石。命權鹽鐵判
官。奉使高麗。凡餽饟皆不納。元祐
初知開封府。老吏畏其敏。欲困以事。
導人訴牒至七百。勰簡不中理者緘而
識之。戒以無來。閱一月人又至。勰
曰。吾戒爾毋來矣。其人曰。無有。
勰出所緘示之。信然。上下皆驚咤。
歷翰林學士。罷知池州卒。勰藏書甚
富。工行草書。文章得西漢體。
錢・廣 晉長城人。字敬仲。陳敏
據有吳越地。廣爲敏弟昶廣武將軍。
周玘與廣同鄉。密使圖昶。廣遣其屬
何康・錢象投募。送白事於昶。乘間斬
之。廣陳兵朱雀橋南。敏敗死。廣尋卒。
錢・德承 清歸安人。字愼庵。官
至江蘇道員。有求治庸言・愼庵詩集。
錢・德洪 明餘姚人。本名寬。以
字行。改字洪甫。與王畿同受業於王
守仁。舉嘉靖進士。累官刑部郎中。
坐論郭勛死罪。斥爲民。遂周游四方。
以講學爲事。學者稱緒山先生。有平
濠記・緒山會語。
錢・德謙 宋褒孫。字牧仲。慶元
進士。知無錫。以法裁豪右。諸司號
強項令。竟罷。復知華亭縣。益有聲。
累遷知建寧府。卒官。
錢・概 明慈谿人。字宗節。少孤。
事母孝。讀書必究大旨。不務枝葉。
應選貢。司訓常州。遷定與教諭卒。
錢・樂之 南朝宋官太史令。初張
衡所造渾天儀。傳至魏晉。中原覆敗。
沈沒北方。晉義熙中。武帝平長安。
得衡舊器。儀狀雖舉。不綴經星七曜。
元嘉中詔樂之更鑄。後又作小渾天儀。
錢・穀 明吳縣人。字叔寶。號罄
室。少孤貧。游文徵明之門。得點染
水墨法。好讀書。聞有異書。雖病必
強起請觀。手自鈔寫。窮日夜校勘。
至老不衰。所錄古文金石書幾萬卷。
有三國類鈔・南北史摭言・隱逸集・長
洲志。
錢・潤徵 明薇曾孫。字侗菴。崇
禎間舉鄉薦。與修熹宗實錄。晚年絕
意仕進。築蓄園於廬溪。自爲生壙。
日徜徉其間。易簀時。作自省歌。擲
筆而逝。有大政廣考・啄紅集・弋獲鈔。
錢・澄之 清桐城人。原名秉鐙。
字飲光。生當明季。以經濟自負。國
變後。杜門課耕。自號田間老人。嘗
問易於黃道周。著田間易學。言數最
詳。後乃兼求義理。以朱子爲宗。又
撰田間詩學・莊屈合詁。考證精核。
詩得香山劍南之神髓。有藏山閣稿・
田間集。
錢・銶 五代吳越鏐從弟。龍紀時。
淮南六合鎭遏使徐約已得蘇州。鏐命
銶將兵攻之。約勢窘。入海死。銶由
是拔蘇州。久之授銶蘇州招輯使。頗
以戰功稱。
錢・養度 明養庶弟。號如阜。萬曆
中舉於南京。授永豐令。豐故瘠土。
人俗悍薄。胥吏爲窟穴。尤好指斥帷
薄。養度廉得其弊。不務擊斷。民皆
化之。遷秋曹主政。遂告歸。
錢・養庶 明養廉弟。字國華。萬
曆中舉於鄉。歷遷南兵部郎。備兵臨
安。未至疾作。遂乞歸。時值丁巳兩
計典。南北齮齕。養庶曰。毋已甚。
已甚傷天下心。至治之世。未能無徼
倖。特不使小人在尊位與賢者分柄耳。
後門戶角立。幾成黨禍。世稱爲知言。
錢・養廉 明仁和人。字國維。萬
曆進士。累遷吏部考功郎中。少聘黃
氏。後失明。養廉請於父。卒娶瞽女。
里黨多之。有貽淸堂日鈔。
錢・學孔 明金華人。字以時。嘉
靖進士。由大名府推官擢御史。巡視
皇城。京師肅淸。屢疏陳事。切中時
宜。累官僉都御史。巡撫保定。引疾
歸。家居以孝友稱。
錢・嚳 宋歙人。與弟鸒讀書尙氣
槪。宣和中方臘餘寇尙熾。嚳兄弟率
鄉兵勦平之。建炎中金人入寇。復迎
戰敗之。事聞。並補承信郎。
錢・曄 明常熟人。字允輝。官浙
江都司經歷。工詩。有避菴集。
錢・樹 清仁和人。字寶庭。號梅
谿。分司滄州。工詩畫。有西陲紀游
草。
錢・樾 清嘉善人。字黼堂。乾隆
進士。累官吏部左侍郎。雖用文學起
家。然特裕經世略。有古大臣風槪。
生平風裁峻整。人莫敢干以私。
錢・璞 清昭文人。張騏妻。字壽
之。號蓮因。畫花草師改琦。有耦耕
硯館・小題襟館諸集。
錢・璠 明常熟人。嘉靖中由舉人
知奉化。臨民一以忠誠。秋毫不取。
留心書史。有五經旁註・續古文會編・
詩韻釋義。

錢・積中 明字彥華。任廣西賓州判官。俗獷悍。積中以禮讓化導。民始知學。州歲苦猺獞侵掠。躬冒矢石追捕之。推本州知州。及卒。州人立祠祀之。

錢・興祖 宋上虞人。字國材。少若成人。長探理學。母疾二年。竭力致養。及卒。貧不能葬。孺子泣者五年。旣葬。白烏千百。集墓木上。大鸛馴擾墓旁。百日而後去。人以爲孝感。

錢選 元吳興人。字舜舉。號玉潭。又號巽峯。宋景定間鄉貢進士。元初有八俊之號。以趙孟頫爲稱首。及孟頫登朝。諸人皆相附致顯宦。選獨齟齬不合。流連詩畫以終。家有習嬾齋。因自號習嬾翁。又號霅川翁。清臞老人。⊙清餘姚人。字成三。號一靑。諸生。工詩畫。

錢・遹 宋浦江人。字德循。熙寧進士。通判越州。攝府事纔二日。獄爲一空。建中靖國初擢殿中侍御史。出提舉湖北常平。興利除害。發奸摘伏。風采凜然。以述古殿直學士致仕。方臘陷婺。遹奔蘭溪。爲賊所殺。

錢・錞 明鍾祥人。字鳴叔。嘉靖進士。出知江陰。倭寇至。錞提狠兵戰死九里山。詔贈光祿少卿。

錢・霖 元松江人。字子雲。後爲黃冠。更名抱素。號素庵。工樂府。有醉邊餘興・漁樵譜。

錢・龍錫 明松江華亭人。字稚文。萬曆進士。累官吏部右侍郎。天啓時忤魏忠賢削籍。崇禎初起禮部尙書。兼東閣大學士。初御史高捷・史䒺罷。王永光力引之。頻爲龍錫所扼。及袁崇煥殺毛文龍。捷䒺疏言文龍之死。龍錫實主之。遂逮戍定海衞。福王時復官還里卒。

錢・徽 唐起子。字蔚章。第進士。累遷中書舍人。加承旨。諫罷無名貢獻。後拜禮部侍郎。段文昌・李紳各以所善託徽求第。徽不應。文昌與紳共擠之。貶江州刺史。或勸出二人私書自直。徽曰。苟無愧於心。安事辨證。文宗立。召拜工部尙書。俄以吏部尙書致仕。

錢・應高 宋溧陽人。景定進士。元兵陷建康。故人趙淮被執。宿於其家。翼日卽北行。應高追送至江口。聞淮瓜州之變。憤不食。至荆溪。赴水死。

錢・應婁 明丹徒人。字慕黔。少尙名節。好持淸議。與弟應旂同學於顧憲成之門。憲成深器之。考訂經史。旁及鼎彝諸書。無不精審。

錢・應溥 清泰吉子。字子密。道光拔貢。洪楊軍起。入曾國藩幕。章奏多出其手。光緒間値軍機。歷官工部尙書。卒諡恭勤。

錢・櫝 明會稽人。字岳陽。舉進士。以文章名。萬曆中知袁州。後督學江西。公明廉仁。所取士皆登貴顯。當時誦學政者。以櫝稱首。

錢・薇 明海鹽人。字懋垣。嘉靖進士。由行人擢禮科給事中。因星變極言主失。世宗深銜之。已又疏諫南巡。斥爲民。旣歸。務講學。足跡不及公府。有承啓堂稿。

錢・褒 宋晉江人。性純孝。母卒。負土成墳。結廬居山。形容毀瘠。終制方還。

錢・謙益 清常熟人。字受之。號牧齋。明萬曆進士。官至禮部侍郎。坐事削籍歸。福王時召爲禮部尙書。多鐸定江南。謙益迎降。授禮部右侍郎。旋歸鄉里。以文章標榜東南。後進奉爲壇坫。嘗輯明人詩爲列朝詩集。所著初學・有學二集。乾隆時以其語涉誹謗。板被禁燬。淸末始復有印行者。未幾盡燬於火。中有宋刻孤本。劫後不可再得者甚多。論者謂絳雲一炬。實爲江左圖書之一厄。

錢・鍪 宋慶元間爲衡州守。趙汝愚謫永州。至衡道病。鍪窘之。遂暴卒。天下聞而冤之。

錢・鈇 淸大昕族孫女。字瀞人。歸寶山陳鴻。未幾寡居。工刺繡。長於繪事。有湘靑閣詩。

錢・鎭 明歸安人。字濬安。進士。仕郞中。卒。以理學名儒。配祀唐樞。有國計邊防風俗書・古今通史・經正錄・學術書內外篇。

錢・鎡 明嘉定人。幼聰穎。長益好學。博涉經史。性仁慈。弘治間屢試不遇。遂以詩酒自娛。遇歲荒。出粟賑饑。全活甚衆。

錢・馥 淸海寧人。字廣伯。號幔亭。又號綠窗。幼讀張履祥楊園集。服膺之。性通敏。凡傳注譌文疑義。一經尋索。必得其解。盧文弨・錢大昕甚重之。於姚陳兩家年譜。辨證爲多。有詩文集及雜著數種。

錢・鏐 五代吳越臨安人。字具美。唐僖宗時黃巢亂。鏐率鄉兵破走之。劉漢宏反。復率八都兵破越州。歸董昌。昌爲裨將。累遷同中書門下平章事。封開國公。昌反。鏐執之。昭宗拜鏐鎭海鎭東軍節度使。賜鐵券。擁兵兩浙。統十二州。旋封越王。又封吳王。唐亡。受後梁太祖之封。稱吳越國王。是爲十國之一。鏐嘗築捍海塘。怒潮急湍。版築不就。鏐乃造竹箭三千隻。羽鐵備具。於疊雪樓命水犀軍架強弩五百以射潮。潮頭東趨西陵。遂定其基。以鐵絙貫幢用石鍵之而塘成。世賴其利。在位四十一年。卒諡武肅。年八十一。年號三。天寶・寶大・寶正。

錢・鏢 五代吳越鏐三弟。少驍勇善戰。鏐巡湖州。署鏢爲刺史。鏢嗜酒殺人。懼鏐之督己也。遂奔吳。吳武義初以爲右龍武統軍。終於其職。

錢顗 宋 無錫人。字安道。治平末爲殿中侍御史。二年而貶。將出臺。於衆中責同列孫昌齡媚事王安石。後徙秀州。蘇軾遺以詩。有烏府先生鐵作肝之句。世因目之爲鐵肝御史。

錢寶甫 清 載孫。原名昌齡。以字行。更字子壽。號恬齋。嘉慶進士。官山西布政使。善畫。尤工寫蘭。有恬齋遺稿。

錢寶琛 清 太倉人。字伯瑜。嘉慶進士。官至江西巡撫。有存素堂文集。

錢寶廉 清 嘉善人。原名鍰。道光進士。官至吏部右侍郎。疏陳防禦洪楊方略。並請禁浙江火葬。多議行。

錢獻卿 明 武進人。字鳳麓。父歿。事母至孝。母病。醫藥不效。獻卿潛割左股以進。母病得愈。郡守聞其事。欲白之。獻卿曰。是吾以母博名也。乃止。萬曆間以貢當得官。因創重病聾。不仕。邑人孫愼行爲作隱孝公傳。

錢篩 明 紹興人。字章卿。與錢鎬同編吳越錢氏傳芳集。參看錢鎬條。

錢繼章 明 嘉善人。字爾斐。崇禎舉人。有菊農詞。

錢繼登 明 嘉興人。字爾先。又字龍門。萬曆進士。累官僉都御史。巡撫淮陽。矜氣亢節。不合於俗。致仕後精心經史。尤邃於易。晚年精禪乘之學。作生壙記。多達生超悟之談。有鑒專堂集。東郊問耕錄。易窺。南華拈笑。孫武子繹。經世環應編等書。

錢藻 宋 明逸從子。字醇老。幼孤。刻厲於學。舉進士。又中制科。爲祕書校理。三上書乞慈聖后歸政。歷遷侍讀學士。知審官東院卒。居官廉靜。爲人清謹寡過。人稱長者。

錢鏵 五代吳越 鏐五弟。字輔軒。多藝能。善繪畫。尤精音律。累遷順化軍節度使。封楚國公。卒謚忠簡。

錢騰蛟 明 仁和人。字子雨。號霽川。嘉靖舉人。由邑令擢知海州。忤當軸。左遷潞安別駕。會西寇告警。騰蛟厲兵治餉。寇望風遁去。尋引歸。有歸田集。

錢澧 清 昆明人。字東注。號南園。乾隆進士。官御史。時和珅用事。澧疏摘其奸。直聲震天下。直軍機處。以勞卒。澧詩文蒼鬱勁厚。書法逼平原。嘗與酣畫馬。識者珍之如拱璧。

錢鐸 明 海門人。字振之。正德進士。嘉靖初任刑部主事。以諫大禮廷杖。後進員外郎。勳戚有擅役黑窰廠官軍者。鐸鞫問。罪家人管句數十輩。皆發編伍。勳戚爲之斂跡。累官廣西副使。功績甚著。

錢儼 宋 俶異母弟。字誠允。本名信。俶襲國。爲鎭東軍安撫使。歸宋。歷官愼隨金等州觀察使。儼博涉經史。爲文敏速富贍。當時國中詞翰。多出其手。歸京師日。與朝廷文士游。唱咏不絕。太宗朝出判和州。咸平間卒。

錢龢 宋 勰弟。字邑仲。居杭州九里松。建傑閣。藏書甚富。蘇軾榜曰錢氏書藏。仕至直祕閣。知荊南府。

錢瓚 明 奐子。字廷祐。弘治進士。知潛山、青陽。皆有惠政。歷官廣西副使。在秋曹。善決疑獄。不爲權勢所屈。治滇治粵。政化大行。及歸。囊無長物。處之澹如。因自號恬庵。

錢觀復 宋 常熟人。字知原。政和進士。紹興間守廣德。歲饑。發常平倉賑之。民賴以生。觀復深於易。急於爲義。鄉里推之。號正靜居士。有文集、論語解。

錫卜臣 清 滿洲鑲白旗人。姓瓜爾佳氏。費英東從孫。崇德間屢從攻明。有戰功。順治間從擊李自成。滅張獻忠。敗賀珍。克姜瓖。逐孫可望。破鄭成功。均有功。康熙間擢鎭西將軍。攻吳三桂於四川。戰敗。罷歸卒。

錫光 後漢 漢中人。字長沖。爲交趾太守。教導民夷。漸以禮義。王莽末閉境拒守。建武初遣使貢獻。封鹽水侯。

錫伯 清 滿洲正藍旗人。姓瓜爾佳氏。康熙中從攻王輔臣及吳三桂。有功。雍正初官至寧夏將軍。卒謚襄壯。

錫罕 清 滿洲鑲白旗人。姓棟鄂氏。隨征朝鮮。攻義州。先登取其城。後遇敵於三塔。力戰死。

錫納海 清 滿洲鑲藍旗人。姓瑚爾喀氏。崇德間隨攻明。克錦州。敗敵松山。順治初從入關。勦李自成。隨平湖南。官至鑲藍旗滿洲副都統。

錫圖庫 清 滿洲正白旗人。姓烏扎拉氏。天聰、崇德間。從攻明大凌河城、寧遠、兗州等地。屢有戰功。擢前鋒統領。順治間從攻李自成及明桂王。積功封一等子。坐事被誅。

錫縝 清 滿洲正藍旗人。榜名錫淳。姓博爾濟吉特氏。字厚安。號滌矼。咸豐進士。光緒間官至駐藏大臣。乞病罷。有退復軒詩文隨筆、金貞祐銅印題詞、感舊拾遺集。

錫霖 清 滿洲正藍旗人。姓博爾濟吉特氏。由貢生捐筆帖式。咸同間累陞塔爾巴哈台參贊大臣。死於回亂。謚武烈。

閻一德 宋 嘉定初以朝請郎知眞州。有古今政事錄。

閻士安 宋 宛丘人。官四門助教。善畫墨竹及草樹荊棘蟹燕蒲藻等。爲人疎蕩嗜酒。兼精醫術。

閻士選 明 綏德州人。字立吾。萬曆進士。官至山東按察使。守萊州時。採蘇軾在膠西詩文刻之。名曰東城守膠西集。

閻·元明 後魏安邑人。太和中除北豳郡太守。以違親養。泣喪明。悲號上訴。許歸奉養。一見母。目復明。母亡服終。心喪不輟。每忌日。悲慟旁隣。昆弟雍和。百口同居。

閻·公貞 金宛平人。字正之。大定進士。明昌中累進大理卿。遷翰林侍讀學士。居法寺幾十年。詳愼周密。未嘗有過舉。被命校定律令。多所是正。人以爲法家之祖。

閻·文應 宋開封人。給事掖庭。積遷至入內副都知。仁宗初親政。與宰相呂夷簡謀罷范雍。晏殊。以郭后言。并罷夷簡。夷簡素與文應相結。詷知之。怨后。及再相。楊尙二美人方寵。尙美人於仁宗前語侵后。后批其頰。帝自起救之。誤中帝頸。帝大怒。文應乘隙遂與謀廢后。旣而帝悔。有復郭后意。文應大懼。會后有小疾。挾醫診視數日。后暴卒。實文應爲之也。後官相州鈐轄卒。

閻·文顯 宋醫官。咸平中有軍士嚮中流矢。自頰貫耳。衆醫不能取。文顯以藥傳之。信宿而鏃出。帝嘉其能。命賜緋。

閻·日新 宋臨渙人。少爲本州牙職。眞宗時累遷文思使。日新起胥吏。銳於進取。屢有請對。多所建白。官至昭州團練使。知單州卒。

閻·巨源 唐貞元中以勝州刺史振武行軍司馬。屬范希朝入覲。遂代爲節度。以材力進。初不知書而好文。其言輒乖誤。然以寬厚爲將卒所懷。後爲邠寧節度使。檢校左僕射卒。

閻·弘魯 後周寶子。歷事唐明宗。晉高祖。慕容彥超謀逆。以弘魯子在世宗幕下。惡而殺之。

閻·生斗 明汾西人。字文斕。由歲貢生歷保安知州。淸兵入保安。生斗集吏民固守。城破。死之。

閻·立本 唐立德弟。工於寫眞。太宗與侍臣泛舟春苑池。見異鳥容與波上。悅之。詔坐者賦詩。而召立本侔狀。閤外傳呼畫師。時立本已爲主爵郎中。俯伏池左。硏吮丹粉。望坐者羞悵汗下。歸戒其子曰。吾少讀書。今獨以畫見知。與廝役等。若曹愼毋習。總章初拜右相。時姜恪以戰功擢左相。故時人有左相宣威沙漠。右相馳譽丹靑之嘲。卒諡文貞。

閻·立德 唐萬年人。毗子。名讓。以字行。貞觀中歷將作大匠。從征遼。攝殿中監。規築土山。破安市城。師還。擢工部尙書。立德有巧思。繪人物故實稱名手。卒諡康。

閻·仲 宋紹興時補承直郎。畫院待詔。工人物及絳色山水。尤工畫牛。

閻·仲宇 明隴州人。字參甫。成化進士。弘治初以按察副使備兵臨淸。素節淸介。臨行。軍民號泣者數千人。後歷官太子太保。兵部尙書。

閻后 後漢滎陽人。名姬。安帝后。有才色。專房妬忌。帝幸宮人李氏。生皇子保。遂鴆殺李氏。已與江京等譖太子保。廢爲濟陰王。帝卒。后臨朝。立北鄉侯懿。懿卒。中黃門孫程謀殺京等。立濟陰王。遷后於離宮。卒諡思。

閻·守恭 宋榆次人。徙大名。太宗時應募擢殿前押班。明道中爲并代路兵馬鈐轄。守恭性沈勇。御軍嚴。雖家居如對賓客。所得俸祿。悉散與人。

閻·次平 宋仲子。隆興初進畫稱旨。補將仕郎。世其學而過之。善畫山水人物。尤工牛。弟次于。次安。皆以畫名。

閻·佐 明商州人。字文輔。天順進士。授御史。嘗以中官勘事。不合。正色厲辭。中官憚其直。不敢違。陞浙江副使。

閻·伯嶼 唐天寶中爲起居舍人。上表以唐承漢。黜隋以前帝王。廢介酅二公。尊周漢爲二王後。以商爲三恪。楊國忠爲右相。自承隋後。復用魏爲三恪。周隋爲二王後。介酅二公復舊封。貶伯璵涪川尉。

閻·廷謨 淸孟津人。順治進士。以工部主事督理河工。有北河續記。蓋因謝在杭舊志修之。所紀形勢頗詳。

閻·沒 春秋晉魏舒屬大夫。舒將受梗陽女樂。閻沒與女寬入諫。舒召之食。比至。三歎。舒問故。沒等託辭以諷。遂辭梗陽人。

閻·秀卿 明長洲人。有睿資。沈深好書。爲文婉麗典則。逸情翩翩。尤喜推轂後進。有人倫之鑒。

閻·其相 明長沙人。字石可。一字追甫。諸生。有追甫詩集。

閻·忠 金滑州人。歷官開州刺史。始賽哥叛。忠單騎入城。縛賽哥以出。由是有聲。元師圍城。力戰死。⊙元平陽人。父衎仕金。沒於王事。忠避兵山東。家於高唐。善屬文。累官翰林學士承旨。

閻·承翰 宋眞定人。咸平初以內侍累遷眞定高陽關三路排陣都鈐轄。時中山屯兵甚衆。艱於飛輓。承翰請鑿渠引唐河水。自嘉山至定州三十二里。又至蒲陰東六十二里。合沙河。經邊吳泊。入界河。以濟饋運。亦可旁爲方田。眞宗嘉而從之。渠成。人以爲便。官終南作坊使。入內都知。

閻·知微 唐立德孫。聖曆初爲豹韜衛將軍。武后時突厥默啜請和親。后遣知微持金帛護送武延秀。聘其女。默啜怒非天子子。囚延秀。挾知微入寇。朝廷以知微賣國。夷其族。知微不知。逃還。武后業已然。乃曰。惡臣疾子。賜百官甘心焉。於是骨斷體分。非要職者不能得。子則先以武三恩增免死。

閻·俊烈 清濟陽人。乾隆武舉人。嘉慶間從勦川陝楚豫教匪。屢戰有功。累官至湖南提督。

閻·思光 隋畫家名手。

閻·毗 隋慶子。少襲父爵。煬帝時拜朝請大夫。從征遼東。還至高陽。暴卒。毗畫筆臻絕。能篆隸。性巧。諳練故事。凡鑾路增損。長城運河。皆總其事。

閻·相師 清高臺人。雍正中由行伍累遷參將。厄魯特降人謀叛。討平之。又勦回會霍集占於庫車。力戰被創。官至甘肅提督。卒諡桓肅。

閻·禹錫 明洛陽人。字子與。從薛瑄受濂洛之學。躬行深造。以明道淑人爲務。正統中由舉人授昌黎訓導。累擢御史。督畿內學政。取濂洛遺書。親爲講說。士多興感。有自信集。

閻·若璩 清太原人。字百詩。號潛丘。研究經史。深造自得。年二十讀尚書至古文二十五篇。卽疑其僞。沈潛三十餘年。乃盡得其癥結所在。作古文尚書疏證。復爲朱子尚書古文疑。以申其說。康熙中以廩膳生應博學鴻詞科。報罷。尚書徐乾學延爲上客。及乾學奉敕修一統志。開局洞庭東山。若璩相從最久。局中人輯其緒論一編。曰閻氏碎金。生平於地理尤精審。所著四書釋地。至於三續。旁參互證。多所貫通。世宗在潛邸聞其名。延至京師卒。所著又有孟子生卒年月考·潛丘劄記·毛朱詩說·日知錄補正·喪服翼注·博湖掌錄諸書。詩有眷西堂諸集。

閻·晉卿 五代漢忻州人。家世富豪。少仕幷門。高祖在鎭。頗見信用。乾祐中爲內客省使。李業等謀殺楊邠·史弘肇。晉卿潛知其事。詣弘肇。弘肇拒不見。遲明戎服入朝。內難旣作。以晉卿權侍衞馬軍都指揮使。北郊兵敗。晉卿自殺於家。

閻·從 元爲新安縣尉。有鬻麥商爲賊所殺。莫知主名。從因集吏民至尸傍跪聽。忽一人屏樹而立。引詰之。遂服罪。嘗於道中遇數人踽從若貴游者。從曰。此巨盜也。邏致之。果得其實。人稱神明。

閻·敖 春秋楚大夫。武王克權。使鬬緡尹之。以叛。圍而殺之。遷權於那處。使敖尹之。及文王卽位。與巴人伐申而驚其師。巴人叛楚而伐那處。取之。遂門於楚。敖游涌而逸。楚子殺之。

閻·淑震 清項城人。字省齋。諸生。年少篤行。銳意爲劉宗周·孫奇逢愼獨養性之學。嘗著洗心譜以自勵。咸豐中捻匪難作。死之。

閻·復 元忠子。字子靖。弱冠入東平學。王用磐薦爲翰林應奉。改修撰。成宗卽位。除集賢學士。上疏言京師宜首建宣聖廟。用釋奠雅樂。從之。累拜翰林學士承旨。武帝踐祚。復首陳三事。言皆剴切。進階榮祿大夫。授平章政事。乞歸。卒諡文康。有靖軒集。

閻·循琦 清昌樂人。乾隆進士。由工部主事累官工部尚書。功名出入。與工部相終始。生平讀書能見其大。爲文亮拔深至。如其爲人。卒諡恭定。

閻·循觀 清昌樂人。字懷庭。號伊蕃。乾隆進士。官吏部主事。初好佛氏。旣讀宋儒書。乃一以程朱爲宗。與濰縣韓夢周講學於程符山。省身克己。刻苦自立。於河津之派爲近。治經歸於自得。有困勉齋私記·西澗文集·尚書讀記·毛詩讀記·春秋一得。名人小傳。

閻·敞 漢字子張。爲郡五官掾。太守第五常被徵。以俸錢百三十萬寄敞。敞埋置堂上。後常舉家病死。惟餘孤孫九歲。常未死時。嘗說有錢三十萬寄敞。及孫長大求敞。敞見之。卽取錢還孫。孫曰。祖惟言三十萬。無百三十萬。敞曰。府君病困謬言耳。郎君勿疑。

閻·曾 晉武陵人。避地涼州。時張茂專伯隴右。築靈鈞臺。人苦其役。曾夜叩門諫之。遂罷役。涼人大悅。

閻·朝隱 唐欒城人。字友倩。少有名。連中進士孝悌廉讓科。補陽武尉。中宗爲太子。朝隱以舍人幸。性滑稽。屬辭奇詭。爲武后所賞。累官著作郎。先天中遷祕書少監。坐事貶通州別駕卒。

閻·進 宋隸宣武軍。建炎初遣使通問。進從行。旣至雲中府。金人拘留使者散處之。進亡去。凡三亡。乃見殺。臨刑。南向受刃死。

閻·敬銘 清朝邑人。字丹初。道光進士。授戶部主事。遷員外郎。乞病歸。胡林翼撫鄂。令總管軍需。時政府方疑湘軍。敬銘說林翼交驩官文。用成平皖贛功。林翼奇其才。疏薦之。四遷爲山東巡撫。以嫉惡甚嚴。所用多酷吏。時有議其過於殺戮者。乞歸。光緒間復起用。官至東閣大學士。諸奄嫉其持正。譖於孝欽后。遂罷歸。卒諡文介。

閻·溫 三國魏西城人。字伯儉。守上邽令。馬超圍州城。州遣溫密出告急於夏侯淵。爲超所執。超解其縛。令語城中東方無救。溫僞許之。至城下乃大呼曰。大軍不過三日至。勉之。超怒。殺之。

閻·瑜 唐廣德末爲袁州刺史。當兵革後。專務德化。招集叛亡。四民復業。改撫州。袁民蟻從。吏莫能止。

閻·詢 宋天興人。字議道。少時

以學問著聞。擢進士第。累遷鹽鐵判官。使遼。詢頗諳北方疆理。迓者王惠導詢由松亭往。詢曰。胡不經燕嶺而迂枉若是。豈非夸大國地廣以相欺耶。惠慚不能對。官至右諫議大夫。知同州。提舉上清太平宮卒。

閻．詠　金高唐人。字子秀。承安中擢詞賦魁選。應奉翰林文字。氣節豪邁。以第一流自負。居翰苑十年。終河南治中。有後軒集。

閻．鼎　晉天水人。字台臣。少有大志。爲東海王越參軍。轉行豫州刺史事。京師失守。秦王出奔密。鼎乃與撫軍長史王毗等謀翼戴秦王。會賈疋迎王至長安。立爲皇太子。以鼎爲詹事。麴允．索綝並害其功。遂攻鼎。鼎出奔雍。爲氐竇首所殺。

閻．察　明平定人。洪武中進士。除禮科給事。改監察御史。遇事敢言。太祖甚器之。轉浙江布政司參議。有中官使浙侵察。察擊殺之。太祖赦不問。尋擢爲左布政使卒。

閻．爾梅　清沛縣人。字調鼎。號古古。明崇禎舉人。工詩。長於七律。鎔鑄史事最工。明亡後。奔走國事。當事物色之。禍將及。顧橫波匿之側室中。始得免。陳名夏欲令就會試。使親信許以會元。爾梅令伸掌書一嚇字示之。上名夏詩。又有誰無生死終難必．各有行藏兩不如之句。名夏見之。遂不復言。有白耷山人集。

閻．鳴泰　明清苑人。萬曆進士。累官兵部尙書。進少保。鳴泰由魏忠賢再起。專事諂諛。每陳邊事。必頌德稱功。崇禎初爲言者劾罷。後麗逆案。遣戍死。

閻．慶　北周河陰人。字仁慶。善撫士卒。能得其死力。初仕西魏。後歸周。孝閔踐阼。進爵石保縣公。出爲河州刺史。歷雲寧二州。性寬和。不苛察。百姓悅之。隋開皇中卒。諡成。

閻．慶胤　後魏天水人。爲敦城太守。在郡五年。清勤厲俗。頻年饑饉。慶胤歲以家粟千石賑䘏貧者。民賴以濟。

閻．穀年　清揚州人。字貽孫。能詩。工書。

閻．鼐　明深州人。守正不撓。由進士任監察御史。成化中以忤中貴改諸城知縣。愛民養士。捐俸建滄濱書院。卒於官。

閻．憲　蜀漢爲綿竹令。邑人有夜行得遺錦者。平明送縣。憲曰。夜行得錦。是天賜也。對曰。縣有明府。犯此則慚。其德化多類此。

閻．樸　明山西人。嘉靖進士。官右春坊。力主復河套之議。舉朝壯之。歷南國子監祭酒。致仕。居家以詩文自娛。有文集．通鑑逸旨。

閻．輿邦　清直隸宣化人。字雙仲。號梅公。康熙舉人。選廣西馬平知縣。累官貴州巡撫。好爲詩。得大曆間風味。所爲古文詞。皆端雅有體。有冰玉堂集。

閻．選　後蜀故布衣。善小詞。時人目爲閻處士。

閻．應元　明順天通州人。字麗亨。爲江陰典史。崇禎末海賊顧三麻入黃田港。應元往禦。以功遷英德主簿。道阻不赴。寓居江陰。清兵下江南。典史陳明遇請應元入城。屬以兵事。應元誓衆固守凡八十日。城破死之。

閻．濟美　唐第進士。有長者名。貞元末爲福建觀察使。先時觀察使於閩中置監牧馬。百姓甚苦。濟美奏罷之。以工部尙書致仕。卒諡溫。

閻．璽　明壽陽人。凝重寡言笑。幼讀書。即能默會其意。爲文不事雕琢。第成化進士。授戶部主事。監理鈔關。陞河南潁州兵備副使。修明軍政。煥然改觀。爲劉瑾所陷。瑾誅。交薦不起。以疾卒於家。

閻．寶　後唐鄆州人。字瓊美。少爲朱瑾牙將。瑾走淮南。寶降於梁。末帝時爲保義軍節度使。貞明中晉軍圍邢州。寶遂降晉。拜檢校太尉。同中書門下平章事。已而晉軍討張文禮於鎭州。以寶爲招討使。兵戰敗。退保趙州。慚憤卒。

閻．顯　金樂平人。天會間充義兵千戶。性剛勇。有才略。時干戈甫定。闢草萊。招離散。一境以安。官至沁南節度使。

閻．纘　晉安漢人。字續伯。博覽墳典。慷慨有大節。爲楊駿舍人。轉安復令。駿誅。棄官葬駿而去。河間王顒引爲西戎校尉司馬。有功。封平樂鄉侯。皇太孫立。屢上疏直言。朝廷嘉其忠烈。擢漢中太守。卒於官。

隨．何　漢以辨稱於時。仕漢王爲謁者。時楚封英布爲淮南王。何說布歸漢。楚旋破滅。後諸將論功。何曰。陛下常日發步卒五萬人騎五千。不能取淮南。是臣之功賢於步卒五萬人騎五千也。高祖以何爲護軍中尉。

隨．但　漢武帝時官太醫令。巫蠱獄起。貳師將軍李廣利家室被誅。但泄其事。廣利遂從軍中亡歸匈奴。詔捕但。

隨．巢　戰國墨翟弟子。著隨巢子六篇。闡明師說。

隨．鵾　明魚臺人。幼穎異。善屬文。與兄鸞俱有聲。嘉靖中由舉人任儀封令。勤於政事。尋告歸。自課二子。俱以文章政績顯。

雕．延年　漢匈奴王。降漢。封臧馬侯。卒諡康。

霍．子衡　明南海人。字覺商。舉萬曆鄉試。歷袁州知府。唐王聿鍔立於廣州。召爲太僕卿。清兵克廣州。

子衡召三子。訓以死節。先赴井死。子及妻妾繼之。有小婢亦赴井死。

霍・小玉 [唐]大曆間名妓。本霍王婢所出。易姓曰鄭。與隴西李十郎益有盟約。後益負約不往。小玉積思致疾。一日有黃衫客挾益至。小玉旣見益。一慟而絕。

霍・山 [漢]雲弟。地節初以光功封樂平侯。坐反誅。

霍・弋 [三國][蜀]峻子。字紹先。先主末年。爲太子舍人。後主踐阼。除謁者。遷黃門侍郎。時永昌郡夷獠恃險反。以弋領永昌太守。討平之。郡界寧靜。景耀末拜安南將軍。領建寧太守。蜀亡降魏。仍前官。

霍・元鎭 [元]畫山水雲物。規模董米。殊有標致。

霍・仙鳴 [唐]宦者。始與竇文場並隸東宮事德宗。帝自山南還。忌宿將難制。詔文場・仙鳴分總左右神策。權震朝廷。凡諸方節度大將。多出其軍。後暴卒。帝爲誅小使數十人。

霍・去病 [漢]平陽人。衛青姊子。武帝朝爲嫖姚校尉。凡六出擊匈奴。封狼居胥山。禪於姑衍。登臨瀚海。封冠軍侯。加驃騎大將軍。去病爲人。少言不洩。有氣敢往。帝嘗欲教以孫吳兵法。對曰。顧方略何如耳。不必學古兵法。帝爲治第。令視之。對曰。匈奴未滅。何以家爲。由是益重之。卒。諡景桓。

霍・光 [漢]去病異母弟。字子孟。武帝朝爲奉車都尉。後元初爲大司馬・大將軍。受遺詔。輔幼主。封博陸侯。政事一決於光。訖十三年。百姓充實。四夷賓服。昭帝崩。立昌邑王賀。多淫行。廢之。復迎立宣帝。地節初卒。諡宣成。光出入禁闥二十餘年。未嘗有過。然不學亡術。闇於大理。族黨滿朝。權傾內外。光卒。宣帝親政。收霍氏兵權。遂以謀反致夷族。當宣帝始立。光從驂乘。帝內嚴憚之。若有芒刺在背。及光死而宗族竟誅。故俗傳之曰霍氏之禍。萌於驂乘。甘露中。帝思股肱之美。圖形麒麟閣。光居第一。

霍后 [漢]光女。母顯旣弒許后。因勸光內之宮。遂立爲后。及許后男立爲太子。顯怒恚不食。曰。此民間時子。安得立。復教后毒太子。后數召太子賜食。保阿輒先嘗。后挾毒不得行。弒許后事泄。廢處昭臺宮。自殺。

霍・存 [後唐]曲周人。少從黃巢。巢敗降梁。驍勇善騎射。從朱珍掠淄青・龐師古攻時溥。皆有功。從攻潞州。敗晉人。遂東攻魏。得曹州。太祖以存爲刺史。兼諸軍都指揮使。梁攻鄆州。朱瑾來救。存發伏擊之。遂敗瑾等於石佛山。尋中流矢卒。

霍・守典 [明]沁州人。萬曆進士。官禮科給事中。天啓間魏忠賢以生祠額名請。守典劾之。忠賢恚甚。除太常少卿。實以杜其口。尋罷職歸。

霍・安國 [宋]靖康初知懷州。路允迪表其治狀。加直龍圖閣。金騎至。扞禦不遺餘力。拜徽猷閣待制。後城陷。不屈死。

霍里・子高 [漢]朝鮮人。晨起刺船。見一白首狂夫。被髮攜壺。亂流而渡。其妻止之。不及。竟溺死。妻乃攜箜篌鼓之。歌曰。公無渡河。公竟渡河。公墮而死。將奈公何。音甚淒切。曲終亦投河死。子高還。以其聲語妻麗玉。麗玉傷之。引箜篌寫其聲。爲箜篌引。

霍叔處 [周]武王之弟。封於霍。與管叔・蔡叔同監紂子武庚。後以管蔡之亂。降爲庶人。

霍・昂 [明]杞縣人。字時舉。由明經授盱眙縣簿。尋棄歸。好讀書。精研字學。妙達卜筮之理。有字學正傳。

霍・俊 [梁]邵陵王綸討侯景。俊爲軍主。軍敗見獲。賊送於城下。逼云已獲邵陵王。俊不從。賊以刀背毆其髀。色不變。賊義而捨之。

霍・彥威 [後唐]曲周人。字子重。少遭兵亂。梁將霍存養爲己子。事梁太祖。累遷天平節度使。後降爲陝州留後。莊宗滅梁。彥威自陝來朝。賜姓名曰李紹眞。徙鎭武寧。從明宗擊契丹。遂以兵屬明宗。莊宗卒。彥威從明宗入洛陽。首率羣臣勸進。徙鎭平盧。天成中卒。諡忠武。

霍・禹 [漢]光子。宣帝時拜右將軍。光卒。嗣侯。遷大司馬。後坐反誅。

霍・原 [晉]廣陽人。字休明。少有志力。叔父坐法當死。原入獄訟之。楚毒備加。終免叔父。元康末與王褒等俱以賢良徵。不至。後王浚稱制謀僭。使人問之。原不答。浚銜而殺之。

霍・峻 [三國][蜀]枝江人。字仲邈。仕先主爲中郎將。先主襲劉璋。留峻守葭萌城。被圍一年。張魯遣人誘之。峻不從。伺隙大破之。遷梓潼太守。及卒。先主率羣僚弔祭。留宿墓上。

霍・恩 [明]易州人。字天錫。弘治進士。正德中歷知上蔡縣。時流寇竊發。羣賊四起。恩悉力守禦。城陷。與妻劉均不屈死。諡忠烈。

霍・适 [宋]渭州人。字南仲。工畫竹。

霍・淮 [明]平定人。由舉人任寶坻知縣。嘉靖中累陞通州知州。性警敏有機變。遇事有爲。陞延安府同知。

霍・球 [明]南海人。字廷獻。正德中中舉人。署晉江縣學訓導。性度夷坦。一意講學。陞武陵知縣。卒官。

霍集占 [清]一名小和卓木。乾隆間與兄大和卓木博羅尼都同爲準部噶爾丹策零所執。迨準部內亂。清軍定伊犂。釋之。留居伊犂。使統率天山北路之回教徒。阿睦爾撒納之叛。小和卓木以兵助之。及清軍再定伊犂。遁歸喀什噶爾。與大和卓木同舉兵叛。累爲清將雅爾哈善所敗。未幾。喀什噶爾及葉爾羌復爲清將兆惠。富德所奪。兩和卓木遁至巴達克山。爲土酋所殺。函首來獻。新疆全屬於清。

霍雲　漢光從孫。昭帝時官中郎將。本始中封冠陽侯。坐反誅。

霍暐　宋南海人。字明甫。篤志問學。爲文淵雋奇古。不與俗合。元祐初入太學。舉篤行。以暐應命。

霍瑄　明鳳翔人。字廷璧。由鄉舉入國學。授大同通判。正統中就擢知府。英宗北狩。車駕至城下。瑄出謁。悉括金帛以獻。帝嘉歎。及復辟。拜工部侍郎。成化初被劾致仕卒。

霍與瑕　明韜子。字勉衷。嘉靖進士。任慈谿知縣。鄢懋卿巡鹽行部。與瑕不禮。劾罷。起知鄞縣。終廣西僉事。

霍達　清武功人。明崇禎進士。官御史。巡按應天。順治間授監察御史。擢大理寺少卿。請日講帝鑒圖說貞觀政要。大學衍義諸書。帝嘉納之。官至工部尚書。

霍榮　明盩厔人。字文華。正統進士。自幼聰明。過目成誦。不妄與人言語。及任工科給事中。抗言直諫。爲世欽仰。◉明藤縣人。正統舉人。廬墓盡禮。娶瞽婦。終身不置妾。置義田以恤宗族。知陽江縣。以禮義諭賊。賊爲解散。

霍端友　宋武進人。字仁仲。徽宗卽位。策進士第一。授宣義郎。累遷禮部侍郎。請補郡。乃以顯謨閣待制知平江。改陳州。爲政以寬。不立聲威。內侍石燾傳詔索瑞香花數十本。端友不可。疏罷之。官至通議大夫卒。

霍維華　明東光人。萬曆進士。除金壇知縣。天啓中官兵科給事。性險邪。與崔呈秀同爲魏忠賢謀主。力攻東林。累進兵部尚書。加太子太保。逆案既定。戍徐州。憂憤死。

霍德行　明東光人。字道本。少有文名。舉明經。授瀋陽教授。有碩寬堂詩文集。淵源錄。游涉錄。循環說。家訓等書。

霍毅　明大寧知縣。公平忠厚。剖決詳明。以縣地磽瘠。諭民藝桑棗以治生。興利除害。民安其業。

霍嬗　漢去病子。字子侯。嗣父爲冠軍侯。武帝愛其壯勇。爲奉車都尉。從封泰山卒。

霍諝　後漢鄴人。字叔智。少明經。以救舅宋光獄顯名。舉孝廉。稍遷金城太守。性明達篤厚。能以恩信化誘殊俗。入爲尚書僕射。梁冀秉權。諝因陛見陳冀罪失。冀誅。桓帝嘉其忠。封鄴都亭侯。累遷少府。廷尉卒。

霍韜　明南海人。字渭先。始號兀厓。後更號渭厓。正德進士。告歸。讀書西樵山。經史淹洽。世宗踐阼。除職方主事。及大禮議起。毛澄力持考孝宗。韜測知帝意。爲大禮議駁之。累官禮部尚書。韜學博才高。先後多所建白。亦頗涉國家大計。惟量褊隘。所至與人競。帝頗心厭之。卒謚文敏。有詩經解。象山學辨。程朱訓釋。渭厓集。西漢筆評。渭厓家訓。

霍蠡　宋紹興中爲京西運副。遷知潭州。樞密陳誠之稱其有風力。高宗臨幸禁衞省部。蠡供億曲盡其道。有事即直奏。中官咸畏憚之。

霍顯　漢光妻。奢淫虐害。不循軌度。愛小女成君。欲貴之。宣帝許后當產。顯陰使乳醫淳于衍以藥弑后。勸光納成君。代立爲后。光卒。顯與監奴馮子都淫亂。及弑后事泄。子禹與從孫雲。山等謀反發覺。皆坐誅。顯棄市。

靜福　明僧。錢塘人。嘗鈔撮諸家說部。及所聞見之緇徒惡蹟。爲發未夏鈔一書。

靜端　隋高僧。一名慧端。雍州人。以靜操知名。周武帝廢佛。靜端力護諸經像。得以不毀。住大禪定道場。大業初卒。

靜藹　北周高僧。滎陽鄭氏子。武帝用道士張賓言。欲廢佛法。靜藹詣闕理訴。不得直。遂攜其門人入終南山。依巖附險。造寺二十七所。使逃逸諸僧住之。宣政初趺坐石上。自割其肉而死。有三寶集。

頭曼　秦匈奴單于。秦強。頭曼北徙。迨諸侯畔秦。復度河南。與中國界於故塞。太子冒頓有智略。頭曼以愛閼氏故。欲立少子。爲冒頓所殺。

餘崇　後燕嵩子。字子厚。仕慕容寶。爲建威將軍。寶被圍於中山。慕容會表求赴難。以崇爲前鋒。遇魏軍。鼓譟直進。手殺數十人。勇冠一時。後會謀殺慕容農。欲襲寶走龍城。崇固諫。寶嘉其忠。拜中堅將軍。封潁陰公。蘭汗之亂。爲加難所執。不屈死。

餘祭　春秋吳王。壽夢次子。諸樊卒。有命授弟餘祭。欲傳以次。必致國於季札。以稱先王之意。在位十七年卒。

餘嵩　後燕仕慕容垂。爲光祿大夫。平規叛於魯口。嵩以鎮東將軍討之。軍敗見殺。

餘蔚　後燕故扶餘王。滎陽太守。降慕容垂。垂以蔚爲征東大將軍。統府左長史。仍封扶餘王。慕容寶卽位。以爲太傅。

餘巖　後燕宦建節將軍。以武邑叛。北趨幽州。乘勝入薊。所過寇暴。

遂據令支。慕容農討平之。(按晉書後燕載記作徐巖。此從十六國春秋。)

駮馬．少伯 晉胡人。素剛壯。率種人叛。長史陳訢擊之。少伯乃降。

駱山人 唐濟源人。長慶初王庭湊使河陽回。及沇水。酒困寢於道。山人熟視之曰。貴當列土。在今年秋。既歸。遇田弘正之難。軍士擁爲留後。訪山人。待以函丈之禮。乃別構一亭。去則懸榻。號駱氏亭。

駱．元光 唐官華州節度使。貞元中吐蕃犯涇隴邠寧數道。召元光率衆戍咸陽以援之。

駱．文盛 明武康人。字質甫。嘉靖進士。授翰林院編修。兩典文衡。號爲得士。時權相當路。每竊憤之。値內艱。服除不起。結茅山中。足跡不及城市。人咸高之。有駱兩溪集。

駱．日升 明泉州人。字台晉。萬曆進士。官至四川布政使參政。殉奢崇明之難。有駱台晉文集。

駱．牙 陳臨安人。字旗門。文帝爲吳興太守。引牙爲將帥。從平杜龕．張彪。勇冠三軍。文帝卽位。封臨安縣侯。累遷散騎常侍。入直殿省。至德中卒。(案南史作文牙。此從陳書。)

駱．世華 宋珍州人。大觀間與駱文貴等以其地內附。授爲奉訓大夫．內殿崇班使。忠國愛民。久而勿替。

駱．仕廉 明浙江山陰人。洪武中由進士知崇陽。操守廉介。撫字有方。陞太原知府。卒官。

駱．奉先 唐三原人。以宦者事代宗。歷右驍衛大將軍。數從征伐。監僕固懷恩軍。侍恩貪甚。懷恩懼其譖。遂叛。永泰初以吐蕃數驚京師。始城鄠。以奉先爲使。悉毀縣外廬舍。累封江國公卒。

駱．秉章 清花縣人。字籲門。道光進士。累擢湖南巡撫。洪楊軍起。與曾國藩練兵籌餉。內守外戰。湖南賴之。後官四川總督。平羣寇。擒大酋。以知兵聞於天下。卒諡文忠。

駱．俊 後漢烏傷人。字孝遠。有文武才幹。少爲郡吏。擢拜陳留相。値袁術僭號。羣賊並起。俊厲威保疆。賊不敢犯。後術軍衆飢困。就俊求糧。俊不應。術怒。密使殺之。

駱指揮 明佚其名。工畫人物。

駱．國挺 清鄞人。字天植。號寒匡。明諸生。官職方。以起義被逮。後得脫。杜門不出。憔悴三十餘年以卒。有寒匡草堂集。

駱．從宇 明武康人。號乾沙。萬曆進士。歷仕詞林迄典禮。忤魏忠賢。奪職里居。忠賢敗。陞南宗伯卒。有澹然齋存集。

駱．問禮 明諸暨人。字纘亭。嘉靖進士。歷南京刑科給事中。隆慶初陳皇后移別宮。問禮偕同官張應治爭之。不報。張居正請行大閱。御史詹仰庇以直言褫官。問禮皆力諫。帝不悅。宦寺構之。謫楚雄府知事。萬曆初官至湖廣副使卒。

駱．朝貴 清臨桂人。初從田姓。後復本姓。嘉慶初隨攻南籠苗及猓玀。有功。又從征四川教匪。轉戰川陝等省。官至湖北提督卒。

駱．巽孫 後漢馮翊人。雒人段恭嘗從之受學。

駱．統 三國吳俊子。字公緒。年二十。試爲烏程相。有惠政。孫權召爲功曹。出爲建忠郎將。隨陸遜破蜀。遷偏將軍。曹仁攻濡須。統與嚴圭共拒破之。封新陽亭侯。後爲濡須督。數陳便宜。所言皆善。黃武中卒。

駱．翔 清杭州人。字漢飛。工畫人物。

駱．象賢 明諸暨人。字則民。篤行好學。嘗酌六禮之要。表帥鄉俗。鄉人化之。有羊棗集．篤終易覽．溪園遺稿．歸全集等書。

駱．瑒 陳博涉經史。尤便書翰。仕梁爲邵陵王中兵參軍。梁亡歸陳。累官都督荆州刺史。出鎮公安。懷服邊遠。爲鄰境所憚。後主嗣位。歷度支尚書．侍中．祠部尚書卒。諡桓。

駱．綺蘭 清句容人。字佩香。嫁江寧龔氏。早寡。工詩。有聽秋軒詩稿。

駱．賓王 唐義烏人。七歲能賦。號與王勃．楊炯．盧照鄰以文章齊名。號爲四傑。歷武功．長安主簿。武后時數上書言事。除臨海丞。棄官去。李敬業起兵。署爲府屬。爲敬業傳檄天下。斥武后罪。后見之歎曰。有如此才。坐使流落不遇。宰相之過也。敬業敗。亡命不知所之。或云被誅。中宗時詔求其文。得數百篇。有駱丞集。

駱．養性 清嘉魚人。明崇禎間官至左都督。周延儒與吳甡同秉政。欲引用養性。甡持不可。養性遂構陷甡。謫戍金齒。幷日騰蜚語構延儒。遂盡削其職。李自成陷京師。養性從之。多爾袞入京。養性又迎降。令總督天津軍務。以擅迎明福王使臣左懋第等革職。後降浙江掌印都司。尋卒。

駱．鍾麟 清浙江臨安人。字挺生。號蓮浦。順治間中進士副榜。知盩厔縣。爲政先教化。臨事裁決如流。遷常州知府。創延陵書院。迎李顒講學其中。率紳民北面聽講。以憂去官。數千人號哭乞留。至罷市。既歸。以毀卒。

駱．騤曾 明武康人。字象先。萬曆進士。官監察御史。巡按應天。纘輯牛渚磯謫仙樓題詠爲謫仙樓集。

駱．騰鳳 清江蘇山陽人。字鳴岡。號春池。嘉慶舉人。授舒城訓導。未一年。告養歸。性敏銳。好讀書。尤精曉人之術。有開方釋例。

鮑·山　明婺源人。字元則。號在齋。嘗入黃山。築室白龍潭上。備嘗野蔬諸味。因次其品彙。別其性味。詳其調製。著野菜博錄。

鮑·之鍾　清阜子。字論山。號雅堂。乾隆進士。官戶部郎中。少負俊才。文采秀逸。居官以風骨聞。爲和珅所抑。浮沈郎署。流連詩酒以終。有論山詩鈔。

鮑·元　晉上黨人。爲南海太守。有內學。逆占將來。葛洪師事之。

鮑·元康　元歙人。字仲安。少嗜學。自經籍子史及百家之書。無不研究。尤盡心於易。至正間郡中被寇。元康倡義兵。從官軍克復之。以勞卒。

鮑·令暉　南朝宋鮑照之妹。工文詞。嘗賦者。照自以爲其才不及左思。而妹才則遠勝左芬。

鮑·出　後漢新豐人。字文才。興平中三輔亂。母爲賊所掠。出獨追斫賊十餘人。見其母與比舍嫗同貫相連。遂復奮擊賊。賊乃解還其母。比舍嫗遙望出哀求。出指嫗曰。此吾嫂也。賊復解還之。遂相扶以歸。鄉里士大夫嘉其孝烈。欲薦州郡。出曰。田民不堪冠帶。至魏青龍中母年百有餘歲乃終。出時年七十餘。行喪如禮。

鮑·永　後漢宣子。字君長。少有志操。事後母至孝。初爲郡功曹。更始時官尙書僕射。徵行大將軍事。持節安集河東·并州·朔部。封中陽侯。光武卽位。拜諫議大夫。累以功封關內侯。爲司隸校尉。以事劾趙王良。朝廷肅然。尋出爲東海相。終兗州牧。

鮑·由　宋處州龍泉人。字欽止。舉進士。嘗從王安石學。又親炙蘇軾。其文汪洋閎肆。詩尤高妙。高宗召對。除工部員外郎。出知海州。奉祠卒。嘗注杜甫詩。有文集五十卷。

鮑·生　漢楚漢相距京索間。漢王數使使勞苦丞相蕭何。生謂何曰。王暴衣露蓋。數勞苦君者。有疑君心也。莫若遣君子孫昆弟能勝兵者。悉詣軍所。何從其計。漢王大悅。

鮑·同仁　元歙人。字國良。泰定初試蒙古翰林院。授全州學正。歷會昌州同知。所至有治蹟。旁通鍼砭之術。凡四末受邪。癰疽瞶眩。治無不中。有通玄指要賦注·經驗鍼砭法。

鮑·旭　明池州人。字景升。正統間知興國州。以慈愛稱。修常平倉六所。撙節出納。郡以殷富。朝天隄圮。甃以石。人名爲鮑公橋。

鮑·老　明邵武人。事母至孝。母病革。鮑插刃於脅。取肝以進。母病隨愈。

鮑·行卿　梁東海人。博學有才。官步兵校尉。上玉璧銘。武帝褒賞。有文集及皇室儀·乘輿龍飛記等書。

鮑·作雨　清瑞安人。字雲樓。道光舉人。有周易擇言·六吉齋詩鈔。

鮑·君福　五代吳越餘姚人。性純厚有膽氣。能馬上舞雙劍。從錢鏐征伐有功。官至檢校太尉。兼領侍中。卒諡忠武。

鮑·君徽　唐字文姬。善詩賦。與宋若昭姊妹齊名。德宗召入禁中。試文章。留與侍臣賡和。賞賚甚厚。

鮑·宏　隋郯人。字潤身。善屬文。嘗和梁湘東王繹詩。繹嗟賞不已。引爲中記室。後仕周。甚爲明帝所禮。陳伐齊之策。文帝受禪。進爵爲公。歷利邛二州刺史。有遺集。

鮑·廷博　清歙人。字以文。號淥飲。諸生。流寓桐鄉之鄔鎮。藏書極富。四庫館開。進書六百餘種。又校刊知不足齋叢書三十集。時稱善本。嘉慶中欽賜舉人。年已八十六。逾年卒。有花韻軒詠物詩存。

鮑·防　唐襄陽人。字子慎。第進士。代宗時官太原尹兼節度使。人樂其治。詔圖形別殿。德宗時進禮部侍郎。策賢良方正。得穆質·裴復·柳公綽等。世美防知人。以忤知雜御史竇參。及參爲相。防尹京兆。迫使致仕。卒諡宣。防工詩。每譏切時弊。與中書舍人謝良弼友善。時號鮑謝。

鮑·叔牙　春秋齊大夫。與管仲相友善。公子糾死。因薦管仲於桓公。管仲嘗曰。生我者父母。知我者鮑子。

鮑·奇謨　明神宗時巡按河南。建魏忠賢生祠於開封。名麗逆案。

鮑·季詳　北齊渤海人。明禮。兼通左氏春秋。少時恆爲李寶鼎都講。後亦自有徒衆。天統中卒於太學博士。

鮑·宗巖　宋歙人。字傳叔。宋末盜起。宗巖避地山谷間。爲賊所得。將殺之。子壽孫拜前。願代父死。宗巖曰。吾老矣。僅一子奉祀。豈可殺之。吾願自死。盜兩釋之。

鮑·忠　明鄞人。字克禮。以明經辟授定海學訓導。洪武間應直言詔。疏治道十策。擢監察御史。巡按廣東。平反連州冤獄至七十二人。人稱神明。

鮑·承先　清應州人。明副將。天命間清軍入廣寧。承先兵敗乞降。授副將。天聰間從征永平·遷安·灤州·大淩河。累官祕書院大學士。順治間卒。

鮑·昂　後漢德子。字叔雅。有孝義節行。德被病數年。昂備伏左右。衣不緩帶。及處喪。毀瘠三年。抱負乃行。服闋。遂潛於墓次。不關時務。舉孝廉。辟公府。連徵不至。卒於家。

鮑·虎　清應州人。順治初以行伍隨征江南江西。累擢游擊。與李成棟耿精忠戰。屢有功。官至黃巖總兵。加右都督。以勞卒官。

鮑·長暄　北齊季詳從弟。兼通禮傳。武平末爲任城王湝丞相掾。恆在都敎授貴游子弟。齊亡。歸鄉里講經。

卒於家。

鮑·信 [後漢]泰山陽平人。字允誠。少有大節。沈毅有謀。大將軍何進辟拜騎都尉。董卓始至。勸袁紹襲之。不從。乃歸鄉里收徒衆。與弟韜以兵應曹操。表爲濟北相。與黃巾賊戰。陷陣死。

鮑·宣 [漢]高城人。字子都。好學明經。哀帝初徵爲諫大夫。時丁傅子弟俱進。董賢貴幸。宣上書切諫。後拜司隸。尋以罪下廷尉。太學諸生千餘人守闕上書。乃減死一等。髡鉗徒上黨。王莽秉政。陰除漢忠直臣不附己者。宣及何武等皆遇害。

鮑·恢 [後漢]扶風人。建武中鮑永爲司隸校尉。朝廷肅然。莫不戒愼。乃辟恢爲都官從事。恢亦抗直。不避彊禦。帝常曰。貴戚且宜斂手。以避二鮑。其見憚如此。

鮑·恂 [明]崇德人。字仲孚。元至元進士。受易於吳澄。至正中授溫州路學正。尋召入翰林。不就。洪武初以明經老成召至京。除文華殿大學士。固辭歸鄉里。學者稱西溪先生。有易傳大義。西溪漫稿。

鮑·昱 [後漢]永子。字文泉。有智略。署守高都長。以平劇賊知名。後爲泚陽長。政化仁愛。境內清靜。中元初拜司隸校尉。奉法守正有父風。累遷司徒。拜太尉卒。◉[宋]浮梁人。字季明。家貧苦節。未嘗以色下人。登政和進士。歷融州通判。時軍務叢脞。昱戢奸貪。謹出入。用日以饒。歷江南安撫制置使。

鮑·泉 [梁]東海人。字潤岳。博涉史傳。兼有文筆。少事元帝爲常侍。謂曰。我文之外。無出卿者。累遷信州刺史。元帝以長子方諸爲郢州刺史。泉爲長史。侯景密遣將襲郢。城陷。執泉送景所。被殺。泉明於儀禮。有新儀三十卷。

鮑·洵 [宋]京西人。工畫花鳥。

鮑·洋 [宋]洵弟。亦工畫。

鮑·若雨 [宋]永嘉人。字商霖。從程頤學。宣和中方臘之亂。率鄉人捍禦。有司奏功第一。不受賞擢。學者稱敬亭先生。有伊川問答錄。敬亭集。

鮑·若虛 [宋]涇縣人。字仲實。挾策京師。補國子生。值兵興。以軍功補官。靖康初使金。與爭論疆圉。不屈被囚。後釋歸。以武翼郎致仕。

鮑·剛 [宋]括蒼人。字弱翁。少負大節。善屬文。尤長於詩。舉進士不第。郎毅然曰。此非吾所學也。遂徜徉於東南山水間。俗事略不關意。

鮑·原弘 [明]名仁濟。以字行。博通羣書。爲文精密雄健。洪武間授樂清訓導。永樂初陞伊府紀善。進治國要道十二章。遇事輒面爭不少隱。王不悅。欲逐之。尋疾卒。

鮑·原禮 [明]四明人。善畫山水人物花鳥。尤工畫菜。

鮑·桂星 [清]歙人。字雙五。一字覺生。嘉慶進士。累官工部右侍郎。中蜚語落職。宣宗即位。以編修召對。歷詹事。卒官。性質直敢任事。邃於文學。初從吳定學詩古文。後師姚鼐。爲詩能合唐宋之長。有進奉文鈔。覺生詩鈔。詠史懷人詩。又用司空圖說。輯唐詩品八十五卷。

鮑·桂孫 [清]黟人。字古香。善篆隸。八分尤入妙。家貧不樂仕進。隱居以終。有石鼓文考。仿漢印譜。

鮑·祇 [宋]紹興間知建州。明決如神。吏民畏服。既去。民圖其像祠祀之。

鮑·起豹 [清]六安人。咸豐初由守備累官湖南提督。洪楊軍起。起豹轉戰湖南。有功。後以洪楊勢日盛。坐褫職。

鮑·康 [清]桂星從子。字子年。道光舉人。官至夔州知府。忤上官歸里。考藏古泉。海內推爲專家。有清朝諡法考。泉注。泉錄。

鮑·彪 [宋]縉雲人。字文虎。官尙書郎。有鮑氏戰國策注。

鮑·深 [元]元康從子。字伯原。同知會昌。師鄭玉。玉被搆。元康爲行財。深冒死入城自任其事。遂得免。元兵復新安。深與元康以義兵應之。明師下徽州。鄧愈復搆玉。深令玉遁去。而使己子頂代入獄。玉挺身出。死獄中。深號哭躃踊。痛無以救其師也。至正末爲師山書院山長卒。鄉人祀之。

鮑·牽 [春秋][齊]叔牙曾孫。仕爲大夫。慶克通於聲孟子。與婦人蒙衣乘輦而入於閎。牽以告國佐。佐將責之。慶克告夫人。夫人怒。遂譖諸靈公。刖牽。孔子曰。鮑莊子之知不如葵。葵猶能衛其足。莊子。牽諡也。

鮑·琢 [宋]旌德人。宣和中方臘寇旌德。琢糾義兵擊破之。以功補承信郎。越年寇涇。復率兵力戰。中流矢死。

鮑·皐 [清]丹徒人。字步江。號海門。善繪禽魚花竹。尤以詩賦名。尹會一守揚州。甚敬禮之。乾隆初舉鴻博不就。晚年益頹放。多吟詩於茶寮酒肆。或謳吟道上。有海門集。

鮑·勛 [三國][魏]信子。字叔業。建安中官中庶子。守正不撓。文帝爲太子時。已與之忤。及受禪。以諫諍益失帝意。尋緣事誅之。

鮑·弼 [明]歙人。字以忠。能詩。與李夢陽等結社談文。時稱梅山先生。有梅山集。

鮑·琚 [宋]字德彰。以進士令安仁。福建勤王兵謀作亂。琚諭之乃止。召除軍器監。使鉤考東南財賦。琚分收閩兵。入置宿衛。進値敷文閣。知廬州。兼淮西安撫使卒。

鮑象賢　明歙人。字復之。嘉靖進士。累官右副都御史。巡撫雲南。那鑑叛。以土漢兵討平之。總督兩廣。又討平賊魁徐銓、黃父將等。官至兵部左侍郎。隆慶初卒。

鮑超　清奉節人。字春霆。初從塔齊布。後以哨官從曾國藩。轉戰湖北江西安徽各省。戰無不克。世號霆軍。宿松、太湖之戰。與多隆阿齊名。領兵十餘年。大小七百餘戰。斬首三十餘萬級。降二十餘萬衆。官至提督。封子爵。卒諡忠壯。

鮑雲龍　宋歙人。字景翔。精易學。篤行義。登景定進士。入元不仕以終。有天元發微。

鮑敬　元紹興山陰人。善畫人物花木禽魚卉丹。姿態天然。畫牛得李迪法。

鮑楹　清餘杭人。字覺庭。康熙舉人。官知縣。輯青溪先正詩集。

鮑楷　清常熟人。字筠菴。號仙根。畫花卉山水。疎朗秀潤。工書能詩。◎清嘉興人。字端人。號去邪子。僑居揚州。善畫。

鮑溶　唐字德源。元和進士。工詩。有鮑溶詩集。

鮑源深　清和州人。字華潭。號穆堂。晚又號澹庵。道光進士。咸豐間以編修視學貴州。時苗亂甚熾。首發王安國之難。以全遵義。乞援於丁寶楨。以救貴陽。故黔亂十餘年。遵義、貴陽俱得保全無恙。同治間官至山西巡撫。掃除淫祀。風俗丕變。尋以疾歸。有補竹軒文集。

鮑照　南朝宋東海人。字明遠。文辭贍逸。文帝時爲中書舍人。帝好文章。自謂人莫及。照悟其旨。爲文多鄙言累句。咸謂照才盡。實不然也。臨海王子頊爲荊州。照爲前軍參軍。子頊敗。照爲亂軍所殺。有鮑參軍集。(按唐人避武后嫌名。以照爲昭。故亦作鮑昭。)

鮑當　宋景德中爲河南法掾。時薛映知郡。因事怒之。獻孤雁詩云。天寒稻粱少。萬里孤雁進。不惜充君庖。爲帶邊城信。映大稱賞。時目之爲鮑孤雁。

鮑倧　元深子。師鄭玉。玉被囚。日侍側。一日請曰。先生素愛靈山之秀。近得西山釣石極佳。當俟先生事定後。築草堂以講學。玉歎曰。吾且死矣。子好爲之。

鮑詩　清平湖人。字令暉。張錦雲妻。畫花卉宗白陽。工詩。有舞鶴堂、吾亦愛吾廬等詩鈔。

鮑鈖　清應州人。隸漢軍。字冠亭。一字西岡。號辛圃。自號夢嶂居士。晚號待翁。乾隆間由貢生歷官嘉興府海防同知。有道腴堂全集。

鮑嘉賓　清杭州人。僑寓揚州。字鹿門。號卒野。工畫花卉禽蟲。尤長蝴蝶。

鮑寧　明歙人。雲龍族人。字廷謐。經史百家。靡不通究。景泰間以薦纂修郡志。晚年本趙汸之說。於雲龍所著天元發微。附入辨正百餘條。頗多發明。

鮑德　後漢昱子。累官南陽太守。時歲多荒旱。惟南陽豐穰。吏民號爲神父。以郡學久廢。修起橫舍。備俎豆黻冕。行禮奏樂。又尊饗國老。宴會諸儒。百姓觀者。莫不悅服。在職九年。徵拜大司農。卒官。◎明舒城人。景泰舉人。知華容縣。興學勸農。懲奸理冤。治稱湖湘第一。

鮑頫　明深次子。字尙絅。洪武初以薦入尙賓館。修元史。累官翰林修撰。同知制誥。兼國史院編修官。坐事誣逮。卒於獄。

鮑輗　宋括蒼人。字以行。性嗜酒。授簡萬言。教授得錢。悉送酒家。遇客盡飲乃去。晚益傲誕。衲衣鬉結。游青城不返。

鮑靚　晉東海人。字太玄。年五歲。語父母云。本是曲陽李家兒。九歲墜井死。其父母尋訪得李氏。推問皆符驗。及長。學兼內外。明天文河洛書。爲南海太守。嘗行部入海。遇風飢甚。取白石煮食之。百餘歲卒。

鮑瀟　宋永嘉人。字清卿。乾道進士。嘗知新昌。中貴人衛士求宋紛雜。瀟取小胥所執鬱籤削之。瀕運河立曰。大行在道。卒士悲隕。小縣排設既一一應法。而誅責不已。吾搶兩目蹈此水。爲百姓請命。衆大驚謝過。民免橫斂。

鮑應鰲　明歙人。字山父。萬曆進士。歷禮部郎中。皇太子生母王氏卒。詔喪禮視世廟沈貴妃。應鰲以沈妃禮簡。考穆宗生母孝恪太后故事上之。應鰲端亮有學識。議事持正不阿。羣小忌之。謝病歸。所著明臣謚彙考。以精核稱。

鮑濟　清秀水人。字汝舟。畫花鳥山水。極雋秀靈變之致。早卒。

鮑駿　後漢九江人。與丁鴻同事桓榮。甚相友善。及鴻讓爵出亡。與駿遇於東海。駿止而讓之。鴻感悟。乃還就國。開門教授。駿又上書言鴻經學至行。明帝甚賢之。◎清平湖人。字聲來。號桐石。諸生。有台游集。

鮑蘇妻　周適宋鮑蘇。養姑甚謹。鮑蘇仕衛三年。而娶外妻。女養姑愈敬。因往來者請問其夫。賂遺外妻甚厚。其姒勸之去。女曰。七去之道。妒正爲首。吾姒不教吾以居室之道。反欲吾爲見棄之行乎。不聽。宋公聞之。表其閭。號曰女宗。

鮑蘭　清濟從子。字楚來。畫有詩意。

鮑鑑　淸錢祥人。字冰士。善畫梅及寫生。兼工篆刻。

鮑‧觀　元元康從子。字以仁。與弟備師鄭玉。孝友稱於鄕里。玉之死。觀營救最力。

黔‧夫　戰國齊威王與魏惠王會田於郊。魏王問齊有寶乎。威王曰。吾有黔夫者。使守徐州。則燕人祭北門。趙人祭西門。徙而從者七千餘家。

黔‧婁　春秋齊高士。魯恭公聞其賢。遣使致禮。欲以爲相。辭不受。齊王又禮之。聘爲卿。又不就。貧甚。沒而衾不蔽體。曾子曰。邪其被則斂矣。其妻曰。邪而有餘。不若正而不足。先生以不邪之故。能至於此。死而邪之。非先生意也。曾子不能應。著書四篇。言道家之務。號黔婁子。

黔‧敖　春秋齊時大饑。敖爲食於路。以待饑者而食之。有饑者蒙袂輯屨。貿貿然來。敖左奉食。右執飲曰。嗟來食。揚其目而視之曰。予唯不食嗟來之食。以至於斯也。從而謝焉。終不食而死。

默啜　唐突厥主。繼兄骨咄祿而立。武后時爲唐擊敗契丹。册爲立功報國可汗。由此浸強。屢寇邊。武后怒。購斬默啜者封王。改默啜爲斬啜。開元間默啜年老。部落漸散。北討九姓拔曳固。恃勝不設備。爲九姓迸卒所殺。

龍‧上登　明三部長官司。性嗜學。穎悟警敏。萬曆間至京師。遍訪名宿。及歸。學問益進。始興學校。立孔廟。夷人化之。時沙定洲父沙源。與上登聯婚姻。覘交岡武氏兵勢甚盛。屢爲邊患。約附武氏。上登不從。

龍‧幺妹　淸貴州水典土司龍躍之妹。勒保征狆苗。檄調土兵。躍病。命幺妹馳抵軍門。年十八。有將略。出入矢石間。每戰必捷。時大輿舒位爲勒保記室。勒保爲幺妹執柯。將歸舒。舒婉辭。因作詩以紀其事。

龍‧大淵　宋與曾覿同爲建王內知客。孝宗受禪。大淵自左武大夫除樞密副都承旨。知閤門事。未幾。爲宜州觀察使。兼皇城司。累被寵遇。勢焰張甚。帝與觴詠唱酬。字而不名。羣臣有言其害政者。皆得罪去。後出爲浙東總管卒。

龍子　古賢人。謂治地莫善於助。莫不善於貢。孟子嘗舉其語以告滕文公。（按龍子見孟子。其事跡不詳。焦循曰。列子有龍叔。謂文摯曰。吾鄕譽不以爲榮。國毀不以爲辱。得而不喜。失而弗憂。視生如死。視富如貧。視人如豕。視吾如人。處吾之家。如逆旅之舍。觀吾之鄕。如戎蠻之國。或其人歟。）

龍‧子甲　明望江人。字汝成。以貢生宜濟陽知縣。妖賊鄒勝作亂。陷邑無堅城。獨濟陽守禦有方。得不破。晚年好著書。尤邃於易。

龍‧子昂　明泰和人。嘉靖舉人。官知縣。有看易凡例圖說。

龍‧仁夫　元吉安人。字觀復。博究經史。以道自任。用薦爲江浙儒學副提舉。不就。爲文奇逸流麗。所著周易集傳。多發前儒所未發。晚年僑居黃州。學者稱麟洲先生。

龍‧升　宋工畫小景花竹。兼善山水。

龍‧太初　宋以詩人謁王安石。安石與郭功父坐。功父叱曰。相公前敢稱詩人。令賦沙詩。龍答曰。茫茫黃出塞。漠漠白鋪汀。鳥去風平篆。潮回日射星。郭爲閣筆。

龍‧孔然　淸湘鄕人。字簡卿。明季舉人。國變後。閉門授徒。洪承疇欲延之幕府。不就。有拯湘錄、蹟糧逸案。

龍‧孔蒸　明湘鄕人。字季霞。崇禎舉人。流寇破長沙。授僞職。誓死不出。尋扶母避寇山中。已奮躍上峻坂。顧老母在坂下。援之。遂遇害。

龍‧文光　明馬平人。天啓進士。崇禎間以吏部郎督學貴州。擢右僉都御史。巡撫四川。値張獻忠寇蜀。勵兵守禦。力竭城陷。不屈死。

龍‧文彬　淸江西人。官吏部主事。家居好學。淹通掌故。有明會要八十卷。

龍‧且　秦項羽將。韓信擊齊。楚使龍且救齊。與信夾濰水而陳。信囊沙壅水上流。引兵半渡。陽不勝還走。龍且追之。信決壅囊。水大至。遂擊殺龍且。

龍丘‧萇　後漢吳人。隱居太末山中。王莽連辟不至。更始初任延爲會稽都尉。掾吏白請萇。延曰。龍丘生躬德履義。有伯夷、原憲之節。都尉掃灑其門。猶懼辱焉。召之不可。遣功曹奉謁。使相望於道。歲餘乃詣府。署儀曹祭酒。尋病卒。

龍‧正　明武都人。正德中萊陽藍章巡撫四川。駐兵漢中。遣人至魚復江圖八陣壘石。正時在章幕。遂推演撰八陣合變圖說。

龍‧在田　明石屏州土官舍人。天啓初安效良等作亂。在田征討有功。後屢率所部擊賊。累擢都督同知。爲忌者所中。罷歸。沙定洲之變。在田走大理。尋孫可望至貴州。在田說可望攻破之。終老於家。

龍‧汝言　淸桐城人。字錦珊。一字子嘉。嘉慶進士。官修撰。後改內閣中書。有賜硯齋集。

龍‧宏戴　淸湘鄕人。字駿工。明季諸生。國變後。徧游名山。隱居南直棲霞寺。自號楚雲上人。有旃檀集、西江游草。

龍昌期　宋陵州人。字起之。大中祥符中遊京師。著書傳經。以詭辨惑衆。文彥博薦諸朝。賜五品服。劉敞與歐陽修乞追還詔書。昌期懼。不敢受賜。後官至殿中丞。有竹軒小集。

龍威　古仙人。吳王闔閭遊包山。見一人自言姓山名隱居。闔閭叩之。乃入洞庭取素書一卷。其義不可識。令人齎問孔子。孔子曰。某聞童謠曰。吳王出遊觀震湖。龍威丈人山隱居。北上包山入靈墟。乃入洞庭竊禹書。天帝大文不可舒。此文長傳百六初。(按龍威。郡國志作靈威。此從雲笈七籤及靈寶記。)

龍述　後漢京兆人。字伯高。光武時爲山都長。馬援戒兄子書曰。龍伯高敦厚周愼。口無擇言。謙約節儉。廉公有威。吾愛之重之。願汝曹效之。帝見援書。擢述爲零陵太守。

龍晉　明吉水人。字邇度。由進士授御史。左遷嘉定令。天順中擢知本府。公勤廉恕。撫民有方。開渠堰溉田三千餘畝。成化中改知常州府。民皆思之。

龍祐那　蜀漢諸葛亮南征。斬雍闓。封龍祐那爲酋長。賜姓張氏。割永昌。益州地。置雲南郡於白崖。諸詔慕化。徙居平地。建城邑。務農桑。唐時其十六世孫曰張樂進求。遜位於蒙氏。

龍袞　宋所著江南野史。皆記南唐事。與五代史頗有異同。足資考證。

龍啓瑞　清臨桂人。字輯五。號翰臣。道光進士。官至江西布政使。有經德堂文內外集。

龍崇　宋字升之。讀書好著述。嘗游眞德秀之門。陳愷帥九江。重加禮聘。建議築永新城。人民賴以保障。京尹趙與權表監酒米稅。修中興政要書成。與權檄進。薦授從仕郎。復修宋朝帝學增釋二百卷。再進儒林郎。史館校勘。卒於京邸。與權取詔語表其墓曰忠勤先生。

龍從雲　元永新人。一作雲從。字子高。負經濟才。歷官福建儒學副提舉。性曠達。工詩歌。後之慈谿。僦屋溪上以居。日釣其中。名曰釣魚軒。有釣魚軒詩集。

龍敏　後唐幽州永清人。字欲訥。素善馮道。仕唐爲吏部侍郎。入晉官太常卿。使於吳越。是時使吳越者。見王皆下拜。敏獨揖之。還遷工部侍郎。乾祐初卒。

龍章　宋京兆人。字公絢。性厚靜好古。大中祥符中詔入圖畫院。善繪虎兔。工佛道及冕服。尤長裝染。

龍勝奴　晉姚秦時。居禪林寺。寺前潭水一泓。時有毒龍出沒。人相戒莫敢往來。勝奴年十四。爲寺沙彌。輒有慧行。於潭前龜石上趺坐經宿。龍旋繞久之乃去。

龍復本　唐開成時人。無目。善聽聲揣骨。每言休咎。無不中。凡有象簡竹笏。以手捻之。必知官祿年壽。

龍景昭　宋奉節人。少有武勇。初仕孟蜀。以功擢施州刺史。入宋授永州刺史。改千牛衞將軍。開寶中卒。

龍爲霖　清成都人。字雨蒼。由拔貢官至潮州知府。嘗以所定新韻。著本韻一得。

龍華民　明意大利亞人。善天文曆算。萬曆間至北京。與徐光啓等同撰新法算書。崇禎末始成。

龍陽君　戰國魏幸臣。王與龍陽君共船而釣。龍陽君得十餘魚而涕下。王問之。曰。臣始得魚甚喜。後得益多。而遂欲棄前所得也。今臣以惡質得拂枕席。四海之內。美人甚多。聞臣得幸。褰裳趨王者衆矣。則臣亦猶前所得魚。且將棄矣。王於是下令有敢言美人者族。

龍會　晉焉耆國王。母娠身十二月。剖脅而生。少而勇傑。其父龍安謂會曰。我嘗爲龜茲王白山所辱。汝能雪之。乃吾子也。會後果襲滅白山。遂霸西胡。葱嶺以東。莫不率服。子龍熙嗣位。降於呂光。遣子入侍。

龍瑄　明宜春人。字克温。自號牛閒居士。博涉經史。遨遊四方。與丘仲深·羅彝正·陳公甫爲布衣交。重然諾。尙風義。有聲江湖間。工詩。

龍遇奇　明吉安人。字才卿。號紫海。萬曆進士。官至監察御史。有聖學啓關臆說。爲巡按陝西時與諸生講學之語。

龍誥　明攸人。正德進士。知臨川縣。東鄉民聚爲盜。積歲不能平。誥被檄往討。賊皆棄兵羅拜就撫。累遷廣西參政。有東洲奏議·廬揚荒政錄。

龍廣寒　元江西人。寓居錢塘。行服氣導引之術。事母至孝。卒年百有餘歲。

龍德厚　宋字子仁。中書判拔萃科。授龍圖閣待詔。出知潭州。有善政。

龍澄　宋嘗游濮水。見水中一石盒。獲玉印五。文字如星霞。旁有人形貌甚異。曰我九天使者也。此上帝所寶。可投原處。澄驚。如言投之。返顧忽不見。

龍應鼎　明望江人。字禹九。崇禎舉人。知海門縣。性至孝。以養親歸。歲饑。罄家財賑濟。全活甚衆。有五經四書講義。

龍膺　明武陵人。字君御。萬曆進士。官至南京太常寺卿。兄襄爲選定所作詩賦。取卷首九芝賦名曰九芝集選。

龍燮　〔清〕望江人。字理侯。號石樓。又號雷岸。康熙中舉鴻博。授檢討。官至中允。有詩名。工詞曲。所作瓊華夢、芙蓉城諸傳奇。頗稱於時。

龍鯤　〔清〕高郵人。字圖南。號天池。少習舉子業。長而棄去。工詩善畫。尤精書法。

龍鐔　〔明〕萬載人。字德剛。年十九。選入南宮。太祖召對稱旨。命隨春坊官分班直講。擢浙江按察使。爲忌者所中。左遷歸。後爲晉王濟熺左長史。委以兵事。靖難師起。徵晉兵。鐔泣拒不從。成祖卽位。械鐔下獄。不屈死。

龍錫　〔宋〕字琢成。乾德中由鄉舉授邠州州守。州人感之如父母。一日羣鶴來下。自旦及夕不去。州人繪來鶴圖以頌其德。致仕歸。卒年八十。

龍顯　〔宋〕章子。工畫。有父風。

龍體剛　〔清〕永新人。號鐵芝。嘗編輯歷朝史事。各撰爲歌。綴以略言。曰牛篋史略。殆爲課蒙之本。

十七畫

優孟 春秋楚樂人。長八尺。多辯。常以談笑諷諫莊王。楚相孫叔敖知其賢。善待之。叔敖死。其子困窮負薪。逢優孟。曰。我叔敖子。父死時囑我困貧往見優孟。孟曰。若無遠有所之。即爲叔敖衣冠。抵掌談語。歲餘。莊王置酒。孟前爲壽。王大驚。以爲叔敖復生。欲以爲相。孟曰。叔敖盡忠於楚。王得以霸。今死。其子無立錐之地。負薪以自飲食。如叔敖不如自殺。於是莊王謝孟。召叔敖子。封之寢丘。（史記淳于髡傳末云。其後百餘年。楚有優孟。按孟爲春秋楚莊王時人。髡乃戰國齊威王時人。孟在髡前二百餘年。髡傳云孟在髡後百餘年。誤。）

優施 春秋晉獻公之優。名施。通於驪姬。爲姬畫廢嫡立庶之策。姬用其言。殺太子。逐二公子。

優旃 秦樂人。侏儒。善爲笑言。然合於大道。始皇嘗欲大苑囿。東至函谷關。西至雍陳倉。優旃曰。善。多縱禽獸於其中。寇從東方來。令麋鹿觸之足矣。始皇乃止。二世又欲漆其城。優旃曰。善。漆城蕩蕩。寇來不能上。即欲就之。易爲漆耳。二世亦止。後歸漢數年而卒。

勵·廷儀 清杜訥子。康熙進士。雍正初累擢刑部尚書。遷吏部。疏言盤查倉穀·團練及分別內監外監諸法。皆如所議行。卒諡文恭。

勵·杜訥 清靜海人。字近公。善書。康熙間舉鴻博。授編修。官至刑部右侍郎。出入禁闥數十年。前後疏奏。多所建白。居憲職詳讞刑獄。無所瞻徇。朝野推爲正人。卒諡文恪。

勵·宗萬 清廷儀子。字滋大。號衣園。康熙進士。授編修。雍正間視學山西。先後條具便宜數十事。多見施行。乾隆間兩任刑部侍郎。再起再斥。生平好詩詞。尤工書。然負氣縱恣。遇事疏率。故爲人捃摭。屢致顛頓。後以光祿寺卿終。

孺子嬰 漢宣帝玄孫。元始五年。王莽酖弒平帝。選宣帝玄孫爲嗣。嬰以年二歲最幼。得立爲皇太子。號曰孺子。莽自攝政。改元爲居攝元年。立二年。莽篡位。廢嬰爲定安公。遣就國。更始三年。平陵人方望以嬰稱帝於臨淄。更始遣兵擊斬之。

獄·思忠 明榆次人。弘治舉人。知通渭縣。有循績。

彌·子瑕 春秋衞靈公之嬖大夫。衞國法。竊駕君車者罪刖。彌子瑕母病。矯駕君車以出。公聞而賢之。曰。孝哉。又從游果園。食桃而甘。以半啖君。公曰。愛我哉。及色衰愛弛。得罪於公。公曰。是固嘗矯駕吾車。又嘗昭我以餘桃。數其罪而黜之。

彌·僕 漢酷吏。爲東郡太守。創鋸項之刑以立威。

彌·遜 宋徽宗時知冀州。金人犯河朔。諸郡警備。遜捐金。募勇士。修城堞。決河護塹。邀擊其游騎。斬獲甚衆。兀朮北還。戒衆無犯其境。

應·大猷 明仙居人。字邦升。正德進士。歷官刑部尚書。時年九十六。隆慶·萬曆。兩詔存問。子八人。孫曾孫至六十餘人。

應·子和 宋工詩。嘗有句云。兩岸夕陽紅。燭炬短燒紅。風過落花紅。時人謂爲三紅秀才。後登淳熙進士。

應之 南唐僧。其先閩人。姓王氏。能文章。習柳氏筆法。以善書冠江左。初舉進士。一黜於有司。遂學爲浮屠。保大中授文章應制。李景喜楞嚴經。敕應之書鏤板。由是書名益振。還右街僧錄。

應·元徵 明字敬之。由舉人教諭武寧。轉國子學錄。以文學有聲於時。丘濬敬禮之。武宗幸太學。進講大學平天下章。拜錦衣白金之賜。官終興化同知。有濬菴稿。

應·本仁 元鄞人。字本立。以世爲宋臣。義不仕元。隱居城南。博學好施。慷慨有大志。嘗慕范仲淹之爲人。規建義莊。又即其中爲義塾。黃溍爲紀其事於石。世傳爲應家館。

應·用 後周江南人。以書法名。善寫細字。微如毛髮。嘗於一錢上寫心經。又於一粒麻上寫國泰民安四字。

應·伯和 明洪武間知荆門州。性廉介。居官仁惠。去任惟琴書而已。州人德之。

應·劭 後漢奉子。字仲遠。少篤學博覽。舉孝廉。拜泰山太守。連破黃巾。郡內以安。獻帝遷都於許。詔劭爲袁紹軍謀校尉。時舊章湮沒。書記罕存。劭綴集所聞。著漢官儀及禮儀故事。又撰風俗通。以辨物類名號。釋時俗嫌疑。文雖不典。後世服其洽聞。卒於鄴。（按隋書經籍志·唐書藝文志。俱作風俗通義。本傳作風俗通。省文也。）

應·廷育 明浙江永康人。字仁卿。嘉靖進士。官至按察司僉事。有金華先民傳。

應·志和 明名律。以字行。邃於性理之學。黃淮一見。遂定爲忘年之交。由是聲譽日起。遠近交辟。官終知鄱陽縣。尤篤意風教。未及引年。遽乞休歸。有復菴存稿。

應·良 明仙居人。字元忠。正德進士。官編修。王守仁在吏部。良從學焉。親老歸養。講學山中垂十年。嘉靖初還任。伏闕爭大禮。廷杖。終廣東右布政使。有聞存集。

應·典 明浙江永康人。字天彝。性沈篤。刻志學問。登正德進士。授職方司主事。與友論學有悟。引疾歸。與應良·黃綰相講切。又從王守仁講致良知之旨。建書院於壽山。集諸生講學。再起車駕司主事。以母病不起。

應·奉 後漢順曾孫。字世叔。少聰明。讀書五行俱下。自幼至長。凡所經履。莫不暗記。嘗詣袁賀。賀時出行。閉門造車。匠於內開扇出半面視之。後數十年。路逢車匠。識而呼之。累官武陵太守。有威恩。爲蠻夷所服。桓帝時爲司隸校尉。黨人事起。慨然以疾自退。追思屈原。作感騷三十篇。諸公多薦舉。會病卒。

應·孟明 宋婺州永康人。字仲實。隆興進士。後累官太府卿。孟明以儒學奮身。受知人主。韓侂胄嘗誘以諫官。俾誣趙汝愚。孟明不從。士論以此重之。

應·宗祥 明黃巖人。字尚履。少好學。讀書達旦。懸髻屏床以自警。爲諸生。未久卽棄去。詩文好古。不自貶以趨世。卒後弟子私謚文貞先生。

應·承完 明奉化人。舉進士。授吉安太和令。俗悍好訟。素號難治。承完摧強振弱。羣姦歛跡。民賴以安。

應·昌士 明仙居人。崇禎舉人。以特恩賜進士。授安定知縣。流賊破潼關。城陷。被執。賊殺其妻與女。脅之不從。遂遇害。

應·明德 明海寧人。字養虛。嘉靖進士。授刑部主事。時楊繼盛奏劾嚴嵩被杖。送刑部擬罪。瀕死再蘇。提牢皆奸黨。明德獨檢湯藥。視飲食者十四日。或怵以重禍。勿懾也。

應·亮 明福州人。字熙載。嘉靖進士。早負詩名。有經世之志。累官戶部侍郎。

應·是 淸宜黃人。號敬齋。康熙舉人。篤學力行。絕意進取。雍正初舉賢良方正。以老病辭。有讀孝經及縱釣居文集。

應·貞 晉璩子。字吉甫。善談論。以才學稱。初爲武帝參軍。及帝踐阼。遷給事中。累官散騎常侍。與太尉荀顗撰定新禮。有文集。

應·振黼 明象山人。字繡夫。性資敏慧。端嚴不苟。由歲貢任泗州判官。有能聲。家居以厚德稱。有尋樂稿·紀年錄。

應·時盛 明遼陽人。字泰宇。諸生。爲山西巡撫蔡懋德所知。拔隸麾下。累官副總兵。李自成來攻城。城破。懋德欲自刎。爲其下所救。時盛擁之突西門而出。顧謂懋德曰。請與公俱死。懋德遂就縊。時盛俟其旣絕。再拜訖。抽弓弦自絞死。

應·純之 宋孟明子。字純甫。嘉泰進士。歷知楚州。兼京東經略安撫使。見北軍屢捷。謂中原可復。密聞於朝。丞相史彌遠懲開禧之事。不欲大舉。第勅立忠義軍。令就節制。已而擢兵部侍郎。金人內侵。力戰死之。

應能 明僧。鈞州楊氏子。名行祥。正統中自雲南至廣西。自稱建文皇帝。思恩知府岑瑛以聞於朝。下獄。閱四月死。（此本明史。按明高僧傳據國朝典故·皇明通載·憲章錄·思恩志等書。謂應能實建文帝。僞姓楊氏。又謂取入西內供養。卒於宮中。與史異。）

應·傃 宋昌國人。字自得。紹興進士。調烏程尉。議毀淫祠。惟存徐孺子廟。鄰邑有沈氏兄弟訟財。郡檄傃按實。傃委曲開諭。適沈有子魁鄉薦。因賦詩儆之。有云。嘉木滋叢春意好。可憐不種紫荊花。兄弟感悟。其爭遂息。官至文林郎。

應·智頊 隋建城人。隋末。蕭銑·林士弘攻掠江南。智頊召義兵。保靖一方。入唐爲靖州刺史。功德及民。民甚愛之。

應·朝卿 明仙居人。字行叔。萬曆進士。擢御史。巡按貴州有聲。轉兩淮巡鹽。復巡按湖廣。風裁益著。官終按察司廉使。

應·舜臣 宋婺州人。徙貴溪。字仁伯。少卓犖不羈。及長篤志向學。登慶曆進士。官太常少卿·三司判官。極言新法不便。忤王安石。出知洪州。與曾鞏相友善。卒官。

應·雲鸑 明象山人。字瑞伯。嘉靖進士。知臨川。搜剔吏弊。清理稅課。爲時成式。疏千金文昌二陂以興水利。官終武庫司郎中。

應·象翁 元黃巖人。字景則。生宋季。嘗隨車若水·黃超然游。時稱聖泉先生。延祐間歷官昌國州判官。致仕。有易學直旨本源·聖泉文集。

應·順 後漢南頓人。字華仲。舉孝廉。累官冀州刺史。廉直無私。事後母孝。和帝時爲河南尹·將作大匠。公廉約己。明達政事。生十子。咸以才學名。

應·瑒 三國魏劭從子。字德璉。以文學名。識治體。曹操辟爲丞相掾。後爲五官將文學。多識朝廷制度。爲建安七子之一。

應·與權 宋淳安人。性孝友。嘉定間游太學。以親老乞歸養。帝美其意。授本邑令。公勤廉恕。興學勸農。人甚稱之。

應·詹 晉璩孫。字思遠。以才藝文章知名當世。仕爲太子舍人。累官光祿勳。王敦叛。明帝以詹爲都督前鋒軍事。賊平。以功封觀陽縣侯。都督江州諸軍事。領江州刺史。卒謚烈。

應·綽 晉爲揚州刺史。吳人佃皖城爲邊患。安東將軍王渾遣綽督淮南諸軍。攻破諸屯。焚其積聚。

應·履平 明奉化人。字錫祥。洪武進士。歷泉州德化令·常德知府。興廢舉墜。爲民所懷。宣德初遷貴州按察使。以征麓川功。擢雲南左布政使。時有太監造剔漆器皿。供費百出。民不能堪。履平密疏其別造私物。逐去之。一方以寧。

應·撝謙　清仁和人。字嗣寅。事母至孝。殫心理學。以不自欺爲本。明亡。自以故國諸生。絕意進取。康熙間閣學李天馥以博學鴻儒薦。稱病不出。性介特。家貧。授徒自給以終。學者稱潛齋先生。有周易集解。詩傳翼。書傳拾遺。春秋傳考。禮樂彙編。古樂書。論孟拾遺。學庸本義。孝經辨定。幼學蒙養篇。性理大全。教養全書。潛齋文集。凡十餘種。

應·節嚴　宋平陽人。字和父。淳祐間登武第。尋換文學。累官吏部侍郎。寶謨閣待制。在六館時。上疏論巨璫蠹政。言至切直。尤善古文。有文集。

應·檟　明遂昌人。字子材。嘉靖進士。授刑部主事。拒絕私謁。累遷山東布政使。擢兵部右侍郎。總督兩廣軍務。諭降樊家屯馬江等劇賊。討破七山諸寇。卒官。

應·璩　三國魏瑒弟。字休璉。博學好屬文。善爲書記。文明二帝世。歷官散騎常侍。齊王芳即位。遷侍中。大將軍長史。曹爽專政。璩作詩諷之。復爲侍中。典著作。

應·曜　漢隱於淮陽山中。高帝時與四皓俱被徵命。曜獨不至。時人語曰。商山四皓。不如淮陽一老。

應·繇　宋昌國人。字之道。嘉定進士。遷祕書郎。入對。言甚切至。累官兵部侍郎。兼直學士院。一夕召繇草麻。夜四鼓。五制皆就。帝奇其才。累拜參知政事。終資政殿學士。

應·寶時　清浙江永康人。字敏齋。道光舉人。官至江蘇按察使。署布政使。幼工吟詠。詩律甚細。任蘇松太道時。創建書院。專宗宋儒之學。士習一變。有射雕館集。

應·澧　清海寧人。字仔傳。號藕莊。官訓導。書法遒勁。工詩古文辭。

應·顥　明淳安人。字文明。正統進士。以監察御史巡視福建。平銀場賊林開三等。累陞湖廣副使。修築江岸千餘丈。功就而民不知勞。官終福建左布政。

應·麟　清是子。字囿呈。康熙舉人。雍正間舉品行端方。以親老辭。有易經粹言。春秋臆義。詩經旁參。

應·讓　清丹徒人。原名謙。字地山。號退菴。工書法。幕遊數十年。卒於揚州。

戲·志才　三國魏潁川人。工籌畫。曹操甚器之。早卒。

戲陽·速　春秋衞大夫。靈公爲夫人南子召宋朝。會於洮。太子蒯聵羞之。謂速曰。從我而朝少君。少君見我。我顧乃殺之。速曰諾。乃朝夫人。夫人見太子。太子三顧。速不進。夫人見其色。啼而走。曰。蒯聵將殺余。公執其手以登臺。太子奔宋。

檀子　戰國齊威王臣。王使守南城。楚人不敢爲寇。東取泗上。十二諸侯皆來朝。魏惠王問齊國誰寶。威王舉四臣。檀子其一也。

檀·弓　戰國魯善於禮。禮有檀弓篇。

檀·日茂　明池州建德人。字仲培。庠生。深明理學。動必古處。屢舉不第。家居授徒。多所成就。兄弟早逝。撫諸姪如己子。

檀·世仁　明貴池人。字良貴。爲縣學生。母多病。乃舍經史。讀醫書。一意養親。母卒。哀毀盡禮。奉父不離左右。至居鄉交友。尤能謹守繩墨。

檀石槐　後漢鮮卑部人。勇健有智略。爲部落所畏服。立庭於彈汗山。盡據匈奴故地。延熹間寇北邊。中郎將張奐擊之乃去。漢欲封爲王。檀石槐卻之。分其地爲東西中三部。各置大人。服屬於己。靈帝立。屢寇幽并涼三州。光和中卒。

檀·伯達　周武王臣。與蘇忿生俱封於河內。

檀·良翰　明池州建德人。字少中。由舉人兩任邑令。遷京判。調左府經歷。居官清廉。愛民如子。

檀·和之　南朝宋金鄉人。孝建中歷始興太守。豫州刺史。所在有威名。盜賊屏跡。

檀·因　宋池州建德人。字以忠。熙寧進士。紹聖初極言朝廷罷呂大防。蘇轍。范純仁。用章惇。曾肇。蔡卞之失。書奏。報罷。及蔡京用事。遂不復用。

檀·武臣　明池州建德人。號忠吾。喜讀書。登武進士。歷官北京神樞營參將。以無子棄官歸。里居數十年。眺遊山水以自樂。賙恤貧困。沒無餘貲。

檀·昭　明靈山人。監生。有勇略。景泰間盜起。昭糾鄉勇禦賊。斬馘甚衆。後廣西龍山賊流劫入境。攻陷城邑。昭戰死。

檀·郁　明桐城人。字道清。一字子復。幼孤家貧。奉母甚謹。母卒。廬墓側三載。旦夕號泣。墓傍無水。須下山自汲。忽泉水湧出墓傍。終喪歸。泉忽涸。人異之。正統中詔旌其門。

檀特師　後魏僧。一名慧豐。居武威。率略無檢制。飲酒啖肉。語默無常。言事多有奇驗。

檀·珪　南朝宋韶孫。字伯玉。初爲沅南令。元徽中王僧虔以爲征北板行參軍。珪訴僧虔求祿不得。與書譏之。僧虔乃表爲安成郡丞。

檀·祗　南朝宋韶弟。字恭叔。初

從武帝平京邑。參建武軍事。季父憑之戰沒。以所領兵配祗。追討桓玄。每戰克捷。歷封西昌縣侯。進右衛將軍。宋國初建。爲領軍將軍。加散騎常侍。祗性矜豪。不顧內潤。甚不得志。卒諡威。

檀・章 【元】善畫山水。曲盡其能。

檀・凱 【明】池州建德人。字伯和。號攀齋。永樂進士。授思州通判。九載當陞。民詣闕乞復任。命給五品俸以優之。遣還任。後歷陞應天府丞。致仕歸。

檀・智敏 【唐】爲振武校尉。善畫。師董展。畫棟宇樓臺尤佳。時號檀生。

檀・萃 【清】望江人。號默齋。乾隆進士。官祿勸知縣。有法書。

檀・超 【南齊】道鸞從子。字悅祖。少好文學。放誕任氣。自比晉郗超。言高平有二超。覺我爲優。仕宋至國子博士。高帝賞愛之。遷司徒右長史。及置史官。以超與江淹同掌史職。功未就而卒。

檀・道濟 【南朝宋】祗弟。少孤。居喪備禮。奉兄姊以和謹稱。從武帝平京邑。參建武軍事。累遷太尉參軍。又從武帝征洛陽。獲秦人四千餘。議者欲盡坑之。道濟曰。弔民伐罪。正在今日。皆釋而遣之。夷夏感悅。所至望風降附。文帝卽位。進封武陵郡公。討謝晦。事平。拜征南大將軍。江州刺史。命督師伐魏。三十餘戰多捷。食盡引還。有亡卒降魏。具告以食盡。魏人追之。衆洶懼將潰。道濟夜唱籌量沙。以所餘少米覆其上。及旦。魏人視之。見資糧有餘。以降者爲妄。斬之。道濟全軍而返。進司空。鎭尋陽。道濟立功前朝。威名甚重。朝廷疑畏之。帝疾篤。彭城王義康召入朝。收而誅之。道濟見收。怒目如炬。脫幘投地曰。乃壞汝萬里長城。魏人聞之喜曰。道濟死。吳子不足憚矣。

檀・道鸞 【南朝宋】金鄉人。字萬安。位國子博士。永嘉太守。有文學。撰續晉陽秋。

檀・韶 【南朝宋】憑之從子。字令孫。初從武帝討桓玄。行參軍事。復從討盧循。以功封宜陽縣侯。拜江州刺史。有罪免官。宋初以佐命功增秩。韶嗜酒貪橫。所莅無績。帝嘉其合門從義。特見寵授。尋卒。

檀・敷 【後漢】瑕丘人。字文有。爲八及之一。少爲諸生。家貧而志淸。立精舍教授。遠方至者數百人。靈帝時擧方正對策。補蒙令。以郡守非人。棄官去。家無產業。子孫易衣而出。年八十。卒於家。

檀・翥 【後燕】金鄉人。字鳳翔。幼孤寒。不與隣人來往。好讀書。解屬文。能鼓琴。早歲知名。年十九以名家子爲孝明帝挽郎。歷官著作佐郎。兼中書舍人。修國史。後坐談論輕躁被糺。死於獄。

檀・憑之 【晉】金鄉人。字慶子。少有志力。閨門雍肅。爲世所稱。撫從兄子。若己所生。初爲會稽王驃騎行參軍。領東莞太守。劉毅等擧兵討桓玄。憑之以私艱墨絰而赴。與玄軍戰於羅落橋。遇害。追封曲阿縣公。

檀・觀 【明】池州建德人。宣德中以貢任永川令。廉能愛民。課最當遷。邑人一再乞留。官至雲南按察使僉事。告歸。甕止一石。人號之曰淸白石。

濟什哈 【清】滿洲正黃旗人。姓富察氏。初管佐領事。崇德間從征索倫部。敗明松山兵。順治初隨入關。追擊流賊。從定河南江南。征浙江福建。屢立戰功。累官刑部尚書。加三等男。後授靖東將軍。剿山東土賊于七。平之。卒諡勇壯。

濟火 【蜀漢】牂牁人。聞諸葛亮南征。積糧通道以迎師。遂佐亮平西南夷。擒孟獲。封羅甸國王。

濟納 【清】宗室。號淸修道人。封鄭親王。善畫蘭。工詩。有淸修堂稿。

濟爾哈朗 【清】太祖母弟舒爾哈齊之子。封和碩鄭親王。征蒙古。降朝鮮。屢有功。世祖嗣位。與多爾袞輔理國政。封輔政王。以定遠大將軍平湖南貴州。尋卒。追諡獻。

濟顚 【宋】高僧。見道濟條。

濮・仲謙 【清】江寧人。善刻竹。旬勒數刀。便與凡異。於友人坐間。見有佳竹佳犀。輒自爲之。意所不屬。雖以勢劫利動。終不可得。

濮・有容 【明】分水人。崇禎末由擧人知安陸縣。李自成蘸陷安陸。有容一門十九人皆死。

濮・英 【明】廬州人。以勇力爲百夫長。積功至西安衞指揮。英所練兵稱勁旅。太祖因命率所部隨馮勝北征。抵金山。降納哈出。遂班師。餘衆竄匿者尙數十萬。聞師旋。設伏於途。英後至。猝爲所乘。馬蹈見執。英乘間引佩刀剖腹死。追諡忠襄。贈樂浪公。

濮陽・成 【明】廣德人。字子義。沈毅有遠志。膂力絕人。太祖兵往宣州大閱。成從焉。試射角力。充靈璧侯湯和麾下百戶。後累立戰功。封武德將軍。世襲金山衞百戶。

濮陽・涑 【明】廣德人。號眞庵。嘉靖擧人。任南昌府通判。操履淸白。致政歸。有四書貞義・禮記貞義・韻學大成・圖書性理訂疑。

濮陽・瑾 【明】廣德人。字良玉。號西峯。天順中貢試第一。授山東寧陽縣丞。政尙寬平。賑饑有功。遠近賴以全活。以親老乞歸。

濮陽・與 【三國吳】陳留人。字子元。少有士名。孫權時使蜀。還爲會稽太守。與琅邪王休深相結。及休卽位。

封外黃侯。官至丞相。永安中休卒。萬或勸興迎立烏程侯皓。加侍郎。領青州。皓爲或所譖。徙廣州。道追殺之。夷三族。

濮・萬年 〔宋〕善畫古人像。弟道興。善畫人物列女故實。

濮・璜 〔清〕嘉興人。字成章。工寫生。

濮・璵 〔明〕英子。以父功封西涼侯。洪武中先後練兵東昌。臨清。能修父職。復令籍山西民兵。所籍州縣最多。事集而不擾。尋坐藍玉黨。戍五開死。

濮・鑑 〔元〕桐鄉人。字明之。大德中大水渰禾。鄉民苦饑。鑑捐米千餘石以食饑者。所活甚衆。有司上其事。授富陽稅務官。階將仕郎。淮安路屯田打捕司提舉。

營・世寶 〔明〕太祖時知眞州。值元季百務頹弛。城塹湮廢。世寶抵任。即從事營築。樓櫓濠隍。於是粗備。

營伯 〔周〕爲成王卿士。

營・終 〔漢〕隱士。

燧人氏 〔上古〕帝王。鑽木鐩取火。始教民烹飪。故曰燧人。

燭・之武 〔春秋〕〔鄭〕大夫。秦晉圍鄭。鄭文公用佚之狐言。使之武夜縋而出。說秦穆公。穆公說。與鄭人盟。使杞子・逢孫・楊孫戍之。乃還。

燭庸 〔春秋〕〔吳〕王僚母弟。與公子掩餘伐楚。闔廬弑王僚。燭庸奔鍾吾。

環淵 〔戰國〕〔楚〕老子弟子。學黃老道德之術。因發明序其指意。著上下篇。

璩・光岳 〔明〕江西新城人。字山仲。號三谷。進士。官兵部職方司員外郎。推陞吏部卒。光岳善草書。有石波館集・老子解說。

璩・伯崑 〔明〕桐城人。字山甫。少有才名。崇禎間以明經中副車。授江西武寧令。政平訟簡。文教尤著。以治行徵試廣東道御史。因病乞歸。

嬌・愼 〔漢〕茂陵人。字仲彥。少好學黃老。隱遯山谷。因穴爲室。慕松喬導引之術。與馬融・蘇章同里並時。融以才博顯。章以廉直稱。然皆推先於愼。汝南吳蒼甚重之。遺書觀其志。愼不答。年七十餘。忽歸家。自言死日。及期果卒。後人有見之者。以爲仙。

篋叟 〔宋〕蜀之隱君子。程頤兄弟游成都。見治篋箍桶者。挾册。就視之。則易也。欲擬議致詰。叟先曰。若嘗學此乎。因指未濟男之窮以發問。二程遜而問之。則曰。三陽皆失位。兄弟渙然有所省。翊日再過之。則去矣。

檗・信 〔三國〕〔魏〕官樂平太守。有春秋說要・春秋穀梁傳註・春秋漢議。

縮・高 〔戰國〕〔魏〕安陵人。魏攻管不下。高子爲管守。信陵君使人謂安陵君。欲其遣高說管。高不從。信陵君欲生致高。高聞之。詣使者舍。刎頸而死。信陵君聞之。服縞素避舍。使使謝安陵君。

繁・仲皇 〔後漢〕襄陽人。爲青州刺史。自仲皇以後。雖無名德重位。世世以書生門戶稱。

繁・欽 〔後漢〕潁川人。字休伯。以文才機辯。得名於汝潁間。長於書記。尤善爲詩賦。其所與太子書記。喉轉意率。皆巧麗。爲丞相主簿。建安末卒。

繆・大亨 〔明〕鳳陽定遠人。初糾義兵爲元攻濠。元兵潰。獨率衆屯橫澗山。太祖諭降之。從征數有功。擢元帥總兵。克揚州。以功爲同僉樞密院事。總制揚州・鎭江。大亨有治略。寬厚不擾。而治軍嚴肅。禁暴除殘。民甚悅之。尋卒。

繆・元吉 〔明〕常熟人。字伯旋。諸生。精繪事。工小楷。通星命之術。以篤行稱。年九十餘。猶能作畫。

繆・曰藻 〔清〕彤子。字文子。號南有居士。康熙進士。官至洗馬。性孝友。善鑑別書畫。有寓意錄。

繆・主一 〔元〕永嘉人。字天隱。少從葉味道學。博聞強記。爲太學生。嘗上書攻賈似道。宋亡。隱居教授。雙目晚瞽。當事輿致之。爲學舍經師。大德間初製大成樂器。皆以詢之。有論學規範・尚書說・禮記通考・天隱集。

繆生 〔漢〕蘭陵人。申公弟子。爲博士。官至長沙內史。

繆・仲冀 〔明〕福安人。字醇之。號淡如。諸生。精繪事。有倪瓚筆意。工詩。有一瓢稿。

繆・希雍 〔明〕常熟人。徙居金壇。字仲醇。爲人電目戟髯。有奇氣。遇羽人劍客。輒喜談古今成敗事。與東林諸人相友善。精醫術。屢著奇效。有先醒齋廣筆記・本草經疏・本草單方諸書。

繆・彤 〔後漢〕召陵人。字豫公。少孤。兄弟四人。皆同財產。及娶婦。各求分異。彤掩戶自撾。弟及諸婦悉謝罪。更爲雍睦。仕縣爲主簿。縣令被章見考。彤獨證據其事。掠考苦毒。令卒以免。太守梁湛卒。彤送喪還隴西。會西羌叛。彤獨不去。爲起墳冢。隴西咸稱之。卒於中牟令。◎〔清〕吳縣人。字歌起。康熙進士。殿試第一。官侍講。憂歸。閉門不干時事。立三畏書院。刊曹月川家規・蔡虛齋密箴・劉念臺人譜。以教學者。所造就甚多。卒年七十一。有雙泉堂集。

繆・沅 〔清〕泰州人。康熙進士。官至刑部侍郎。視學楚中。得人極盛。工詩。有餘園詩鈔。

繆・宗周 〔明〕通海人。字惟靜。正德進士。任戶部主事。以議大禮廷杖。後陞浙江布政使。所至有聲績。既歸里。三十餘年。絕跡公庭。清約如寒士。

繆・昌期 〔明〕江陰人。字當時。萬

曆進士。授檢討。時有東林之目。給事中劉文炳疏攻之。移疾去。天啓初還朝。遷左贊善。進諭德。憫漣劾魏忠賢。有言漣疏乃昌期代草者。忠賢恨之。昌期乞假歸。尋以汪文言獄詞連及。削職提問。竟斃於獄。福王時追諡文貞。有從野堂集。

繆・泳 清嘉興人。原名永謀。字天自。更今名。字于野。又字潛初。諸生。有荇溪集。

繆姜 春秋魯宣公夫人。齊女。生成公。聰慧而行亂。通於叔孫僑如。僑如與繆姜謀去季孟。魯人逐僑如。而擯繆姜於東宮。卒諡繆。

繆・彥植 後魏蘭陵人。父承先歸魏。賜爵襄賁子。宣武帝末彥植襲爵。稍遷伏波將軍・羽林監。恭愼長厚。爲時所稱。

繆・炳泰 清江陰人。字象賓。號蘇堂。善寫像。被徵入都。繪紫光閣功臣及平臺灣功臣像。名譟都下。

繆・胤 晉播從弟。字休祖。與播名譽略齊。累遷太弟左衛率。轉魏郡太守。懷帝卽位。拜散騎常侍・太僕卿。與播幷參機密。同時爲東海王越所害。

繆・貞 元常熟人。字仲素。善篆隸眞行書。好古博識。隱居不仕。有書學明辨。

繆・恭 明天台人。字思敬。通春秋。弘治初詔求直言。恭以諸生上書陳六事。曰保神器・崇正學・紹絕屬・懷舊勳・廣賢路・革冗員。指斥忌諱。皆人所不敢道者。疏入。敕有司遣還家。

繆・梓 清溧陽人。字南卿。少好學。爲文宗周秦。道光舉人。咸豐間累官金衢嚴道。署按察使。洪楊軍陷杭州。不屈死。諡武烈。有文集。

繆・斐 後漢東海人。字文雅。該覽經傳。事親色養。徵博士。六辟公府。獻帝在長安。公卿博舉名儒。時舉斐任侍中。幷無所就。

繆・朝宗 宋淮陰人。以環衛官知梅州。嘗從文天祥於平江。天祥歸福安。自婺間道以從。孜孜奉公。軍府政令。悉出其手。空坑之敗。自經死。

繆・瑜 明江西人。仕爲進賢令。工詩。有崆峒集。

繆・嘉蕙 清雲南女子。字素筠。通書史。善篆隸書。尤工畫。歸陳氏。蚤孀。光緒間入宮供奉繪事。孝欽后甚寵之。內監皆稱爲繆先生。相傳孝欽之畫。多嘉蕙代作。

繆・播 晉蘭陵人。襲孫。字宣則。才思清辨。有意氣。惠帝時累官太弟中庶子。太弟卽帝位。以播爲給事黃門侍郎。徙中書令。帝以播有公輔之量。又盡忠於國。故委以心膂。東海王越懼爲己害。以兵入宮。執播於帝側。害之。朝野憤惋。

繆・樗 明溧陽人。字全之。成化進士。官給事中。孝宗初陳時政八事。劾大學士尹直等。時號敢言。終營州判官。

繆・鍾理 明江陰人。字守恆。幼失怙恃。事祖至孝。居喪哀毀咯血。性樂善好施。善醫。有化機淵微。

繆・謨 明婁縣人。字丕文。又字虞皋。號雪莊。貢生。以薦入律呂館。旋告歸。詩文清麗。善畫山水。尤長樂府。有雪莊詞・雪莊樂府。

繆・襲 三國魏斐子。字熙伯。有才學。多所述敍。辟御史大夫府。歷事魏四世。官至尙書光祿勳。

繆・鑑 元其先汴人。占籍江陰。字君寶。居瓠岱橋。不求仕進。躬行孝弟。樂於施與。嗜書。耽吟詠。有效顰集。

繆・觀國 明祁縣人。洪武進士。永樂中以給事中出知龍南縣。公敏愷悌。激勸耕讀。民俗以變。

羲・仲 陶唐氏堯命宅嵎夷。曰暘谷。寅賓出日。平秩東作。爲治東方之官。

羲・叔 陶唐氏堯命宅南交。平敍化育之事。敬行其敎以致其功。爲治南方之官。

聯元 清滿洲人。字仙蘅。素治宋學。光緒間由安徽按察使擢三品京卿。拳禍作。力陳攻擊使館之非。語甚激切。逆旨幾罹法。及歸。爲拳匪所害。和議成。復原官。宣統間追諡文節。

聯昌 清滿洲鑲黃旗人。博清曾孫。咸豐間襲一等子。與洪楊軍戰。屢有功。累官重慶鎭總兵。署四川提督卒。

聲姬 春秋齊靈公之夫人。魯侯之女。號孟子。又名聲孟子。與大夫慶克通。齊國因之大亂。及靈公卒。高鮑皆復。遂殺孟子。齊亂乃息。

臨川公主 唐太宗女。下嫁周道務。工籀隸。能屬文。高宗立。上孝德頌。帝下詔襃答。進長公主。永淳初卒。

臨・孝存 後漢北海人。博學知名。早卒。孔融以不及見爲恨。命與甄子然同配食縣社。

臨・孝恭 隋京兆人。明天文算術。文帝甚親遇之。每言災祥之事。未嘗不中。帝因令考定陰陽。官至上儀同。有欹器圖・地動銅儀經・九宮五墓・遁甲月令・元辰經・元辰厄・百怪書・祿命書・九宮龜經・太乙式經・孔子馬頭易卜筮書。

臨淮老妓 明東平侯劉澤清府中淨持。甲申之變。澤清欲偵兩宮音息。而賊騎充斥。麾下無一人肯往。妓奮然請行。遂易靺鞈。持七首。間關數千里。穿賊壘而還。吳偉業有臨淮老妓行。

臨濟 元高僧。南華邢氏子。名義。

元初。在黃龍和尚坐下。行業純一。得佛法大意。後住鎮州臨濟院坐化。

蕭·一中 明華容人。字執夫。正德進士。知新城縣。擢監察御史。以疏按馬錄逮繫詔獄。謫廣西按察使照磨。遷分宜知縣。忤大學士嚴嵩。幾罹禍。累遷南刑部郎中。復以在新城時劾夏良勝大禮疏草。再貶饒州府通判。後歷官右副都御史。巡撫四川。未上而卒。

蕭·乙薛 遼字特免。天慶中討破劇賊董龐兒。以功爲北府宰相。金兵陷上京。詔兼上京留守。東北路統軍使。爲政寬猛得宜。衆咸愛之。及天祚播遷。拜殿前都點檢。復爲上京留守。盧彥倫以城叛。乙薛被執數月。以居官無過得釋。後爲耶律大石所殺。

蕭·丁泰 明良有長子。字吉甫。萬曆進士。累遷陝西右布政使。天啓中魏忠賢柄政。乃謝官歸里。忠賢敗。起故官。終貴州左布政使。

蕭·九成 清日照人。字韶亭。乾隆進士。入詞垣。工畫山水。守婁東法。爲山左第一。

蕭·乂理 梁會理弟。字季英。封建安侯。慷慨慕立功名。每讀書見忠臣烈士。輒歎曰。一生之內。當無媿古人。後爲侯景所害。

蕭·十三 遼蔑古乃部人。辨黠善揣摩人意。出入耶律乙辛家。太康中勸乙辛廢太子。累官北院樞密副使。復陳陰害太子計。乙辛從之。後出爲保州統軍使卒。乾統間剖棺戮屍。二子皆伏誅。

蕭·兀納 遼六院部人。一名撻不也。字特免。太康初爲北院宣徽使。時耶律乙辛已害太子。因言宋魏國王和魯斡之子淳。可爲儲嗣。羣臣莫敢言。唯兀納及蕭陶隗諫。自是輔導燕王。益見尊寵。天慶中歷上京留守。耶律章奴叛。攻京城。兀納以死拒戰。以功授副元帥。尋爲契丹都宮使。卒官。

蕭·大心 梁簡文帝二子。字仁恕。封潯陽王。幼聰朗善屬文。歷位侍中。太清初出爲江州刺史。貪冒財賄。不能綏輯百姓。侯景寇京邑。大心赴援。城陷。蕭韶南奔。宣密詔加散騎常侍。景將任約略地至湓城。大心將從衆議。輕騎往建州。以圖後舉。其母不從。遂與約和。尋遇害。

蕭·大亨 明泰安人。字夏卿。號嶽峯。嘉靖進士。授榆次令。累官兵部侍郎。擁扈潞藩之國。一裁以法。中官斂衽。累進少保。有兩鎮奏議。藩封紀略。夷俗記。

蕭·大成 梁簡文帝八子。字仁和。封桂陽王。性凶麤。便弓馬。至江陵。披甲夜出。人謂爲劫。斫之。遂失左髻。魏克江陵。遇害。 ◉明陝州人。累官淮安同知。陝州陷。投井死。

蕭·大昕 梁簡文帝十八子。字仁朗。封義安王。年四歲。母陳夫人卒。哀慕毀悴。有若成人。及武帝崩。大昕奉慰簡文帝。嗚咽不能自勝。大寶中出爲琅邪彭城二郡太守。未之鎭。遇害。年十一。

蕭·大威 梁簡文帝十五子。字仁容。封武寧王。美風儀。眉目如畫。大寶初出爲丹陽尹。遇害。年十三。

蕭·大封 梁簡文帝九子。字仁叡。太清中封宜都王。大寶初奔江陵。湘東王承制改封汝南王。魏克江陵。遇害。

蕭·大春 梁簡文帝六子。字仁經。封安陸王。少博涉書記。天性孝。謹體貌瓌偉。大同中爲寧遠將軍。知石頭戍事。侯景內寇。戰於鍾山。軍敗。肥大不能行。爲賊所獲。大寶初遇害。年二十二。

蕭·大訓 梁簡文帝十六子。字仁德。少有腳疾。不敢踰履。太清初未封而卒。年十歲。

蕭·大球 梁簡文帝十七子。字仁珽。封建平王。性明慧。好禮佛。七歲時發誓曰。凡有衆生。應獲苦報。悉大球代受。大寶初出爲輕車將軍。兼石頭戍事。遇害。年十一。(按南史作字仁玉。此從梁書。)

蕭·大莊 梁簡文帝十三子。字仁禮。封新興王。大寶初出爲徐州刺史。遇害。年十八。

蕭·大連 梁簡文帝五子。字仁靖。封南郡王。少俊爽能屬文。妙達樂音。兼善丹青。與兄大臨俱入國學射策甲科。拜中書侍郎。太清初出爲東揚州刺史。大寶初爲賊所獲。逾年遇害。年二十五。

蕭·大款 梁簡文帝三子。字仁師。官中書侍郎。太清中封江夏王。大寶間奔江陵。湘東王承制改封臨川王。魏剋江陵。遇害。

蕭·大鈞 梁簡文帝十四子。字仁輔。封西陽王。性厚重。不妄戲弄。年七歲。武帝問讀何書。對曰。學詩。因令諷誦。音韻清雅。大寶初出爲丹陽尹。明年監揚州。遇害。年十三。(按南史作字仁博。此從梁書。)

蕭·大雅 梁簡文帝十二子。字仁風。封瀏陽公。少聰警。美姿儀。特爲武帝所愛。臺城陷。大雅猶命左右格鬬。賊至漸衆。乃自縋而下。因發憤感疾卒。年十七。

蕭·大賓 明江陵人。字敬夫。嘉靖進士。以直節自負。由上虞知縣遷南道御史。糾彈不避權貴。後以副都御史巡撫雲南。發總鎭沐朝弼不法事。錮之。羣黨悉治以罪。陞工部侍郎卒。

蕭·大摯 梁簡文帝十九子。字仁瑛。封綏建王。幼雄壯有膽氣。及京城陷。乃歎曰。大丈夫會當滅賊虜。嫻嫗驚掩其口曰。勿妄言。禍將及。大器笑曰。禍至非由此言。大寶中爲寧遠將軍。遇害。年十歲。

蕭·大器 [梁]簡文帝嫡長子。字仁宗。太清中侯景寇京邑。勅爲臺內大都督。帝卽位。立爲皇太子。大寶中侯景廢帝。大器亦遇害。年二十八。承聖初追謚哀。

蕭·大圜 [梁]簡文帝二十子。字仁顯。四歲能誦三都賦及論語孝經。大寶初封樂梁王。除丹陽尹。侯景肆虐。簡文見弑。大圜潛遁獲免。後客長安。宇文泰以客禮待之。保定中加車騎大將軍·儀同三司。隋開皇初拜內史侍郎。出爲河西郡守卒。有梁舊事·寓記·士喪儀注·文集等書。

蕭·大臨 [梁]簡文帝四子。字仁宣。封南海王。少敏慧。年十一。遭左夫人憂。哭泣毀瘠。以孝聞。入國學。明經射策甲科。拜中書侍郎。出爲琅邪彭城二郡太守。侯景亂。都督城南諸軍事。大寶初累除吳郡太守。尋遇害。年二十五。

蕭·子文 [南齊]武帝十七子。字雲儒。封西陽王。永泰初見殺。年十四。

蕭·子罕 [南齊]武帝十一子。字雲華。封南海王。永明中爲北中郎將·南琅邪·彭城二郡太守。帝初以白下地帶江山。徙琅邪郡自金城治之。子罕始鎭此城。宦至護軍將軍。建武初見殺。年十七。

蕭·子良 [南齊]武帝二子。字雲英。封竟陵王。少有清尙。禮才好士。天下才學皆遊集焉。帝親視政。子良啟陳寬刑息役。輕賦省徭。正位司徒。集學士鈔五經百家。依皇覽例爲四部要略千卷。篤好釋氏。招致名僧。講語佛法。數於邸園營齋戒。或躬親其事。世頗以爲失宰相體。勸人爲善。未嘗厭倦。以此終致盛名。位至太傅。卒謚文宣。有內外文筆數十卷。

蕭·子岳 [南齊]武帝十六子。字雲嶠。封臨賀王。明帝誅武帝諸子。唯子岳及弟六人在。後世呼爲七王。朔望入朝。帝還後宮。輒歎息曰。我諸兒皆不長。高武子孫日長大。永泰初帝疾甚。絕而復蘇。於是誅子岳等。延興·建武中三誅諸王。每一行事。帝輒先燒香火嗚咽涕流。衆以此知其夜當相殺戮也。子岳死時年十四。

蕭·子明 [南齊]武帝十子。字雲光。永明初封武昌王。三年失國璽。改封西陽。累進左將軍。爲會稽太守。子明風姿明淨。士女觀者。咸嗟歎之。建武中誅蕭諶。誣子明及弟子罕·子貞與諶同謀。見害。年十七。

蕭·子建 [南齊]武帝二十一子。字雲立。封湘東王。母謝氏無寵。武帝度爲尼。明帝卽位。使還母。永泰初見殺。年十三。

蕭·子恪 [梁]子廉弟。字景沖。永明中封南康縣侯。年十二。和從兄竟陵王子良高松賦。衛軍王儉見而奇之。建武中官吳郡太守。王敬則舉兵反。以奉子恪爲名。明帝召子恪弟兄親從七十餘人將殺之。會子恪奔歸乃止。武帝朝累官寧遠將軍·吳郡太守。卒謚恭。

蕭·子珉 [南齊]武帝二十子。字雲璵。封永陽王。繼衡陽元王道度爲孫。永泰初見害。年十四。

蕭·子貞 [南齊]武帝十四子。字雲松。封邵陵王。永明中爲東中郎將·吳郡太守。鬱林卽位。進號征虜將軍。還爲後將軍。建武初見殺。年十五。

蕭·子倫 [南齊]武帝十三子。字雲宗。封巴陵王。永明中遷北中郎將·南琅邪·彭城二郡太守。鬱林卽位。以南彭城祿力優厚。奪與中書舍人綦毋珍之。更以南蘭陵代之。延興初遣中書舍人茹法亮殺子倫。子倫正衣冠出受詔曰。先朝滅劉氏。今日之事。理數固然。君是身家舊人。今銜此使。當由事不獲已。法亮不敢答而退。子倫遂仰鴆死。年十六。

蕭·子夏 [南齊]武帝二十三子。字雲廣。封南郡王。最幼。寵愛過諸子。初帝夢金翅鳥下殿庭。搏食小龍無數。乃飛上天。永泰初見殺。年七歲。

蕭·子峻 [南齊]武帝十八子。字雲嵩。封衡陽王。永泰初見殺。年十四。

蕭·子晉 [南齊]映子。歷東陽吳興二郡太守。永元初爲侍中。遷左民尙書。入梁爲輔國將軍·高平太守。謀反。伏誅。

蕭·子眞 [南齊]武帝九子。字雲仙。封建安王。歷豫州郢州刺史。鬱林立。進號安西將軍。延興初爲鎭軍將軍。見殺。年十九。

蕭·子卿 [南齊]武帝三子。字雲長。封廬陵王。營造服飾。多違制度。永明中遷南豫州刺史。之鎭。道中戲部伍爲水軍。帝聞之大怒。殺其典籤。遣宜都王鏗代之。還第。鬱林卽位。爲侍中·驃騎將軍。代鄱陽王鏘爲司徒。領兵置佐。尋復見殺。年二十七。

蕭·子游 [南齊]子晉弟。歷琅邪晉陵二郡太守·黃門侍郎。好音樂。解絲竹雜藝。梁初坐閨門淫穢及殺人。爲有司所奏。請議禁錮。子晉謀反。遂伏誅。

蕭·子琳 [南齊]武帝十九子。字雲璋。封南康王。母荀氏有盛寵。因鍾愛子琳。永泰初見殺。年十四。

蕭·子雲 [梁]子顯弟。字景喬。年十二。齊建武中封新浦縣侯。自製拜章。便有文采。天監初降爵爲子。以晉代無全書。留心撰著。書成表奏之。性沈靜不樂仕進。風神閑廣。而兄弟不睡。乃至吉凶不相弔。時論以此少之。仕至國子祭酒。善草隸。爲時楷法。嘗飛白大書蕭字。李約得之。建一室曰蕭齋。太淸中侯景寇逼。子雲逃民間。宮城失守。東奔晉陵。餓死於顯靈寺僧房。年六十三。有東宮新記。

蕭子隆　南齊武帝八子。字雲興。封隨郡王。有文才。累轉中軍大將軍。子隆年二十一。而體過充壯。常服蘆茹丸以自銷損。明帝輔政。謀害諸王。武帝諸子中。子隆最以才貌見憚。故與鄱陽王鏘。同夜先見殺。有文集。

蕭子廉　南齊嶷子。字景藹。初嶷養子響爲嗣子。子廉封永新侯。子響還本。子廉爲世子。位淮陵太守・太子中舍人・前軍將軍。善撫諸弟。卒謚哀。

蕭子敬　南齊武帝五子。字雲端。封安陸王。永明中累遷南兗州刺史。延興初加侍中。明帝除諸藩王。遣中護軍王玄邈襲殺之。年二十三。

蕭子暉　梁子雲弟。字景光。性恬靜。寡嗜好。少涉書史。亦有文才。起家員外散騎侍郎。出爲臨安令。累轉儀同從事・中騎長史卒。

蕭子範　梁子操弟。字景則。齊永明中封祁陽縣侯。天監初降爵爲子。遷司徒主簿。丁所生母憂去職。有孝性。居喪以毀聞。服闋累遷大司馬・南平王從事中郎。以文學偏被恩遇。簡文即位。召爲光祿大夫。以逼賊不拜。卒謚文。有文集。

蕭子操　南齊子恪弟。封泉陵侯。建武中解褐爲吳郡太守。永元中爲黃門郎。義師圍城。子操與弟宜陽侯子光卒於尚書都座。

蕭子懋　南齊武帝七子。字雲昌。封晉安王。廉讓好學。於諸子中最爲清恬。七歲時母阮淑媛病篤。有獻蓮花供佛者。子懋流涕。願花不萎。七日花更鮮紅。人稱孝感。隆昌初爲都督江州刺史。延興初加侍中。聞鄱陽隨郡二王見殺。起兵赴難。兵敗遇害。年二十三。有春秋例苑。

蕭子鵬　明新淦人。字宜沖。居家以孝友稱。師事吳與弼。與弼沒。以嶺南陳獻章得與弼之傳。卒業其門。弘治初徵遺逸。補嘉興府訓導。長於詞賦。嘗演天地自然圖。有太極說・雪丘集。

蕭子寶　北周泰子。美風儀。善談笑。年未弱冠。名重一時。隋文帝輔政。引爲丞相府典籤。深被識遇。開皇中官至吏部侍郎。後坐事被誅。

蕭子響　南齊武帝四子。字雲音。封巴東郡王。累官鎭軍將軍・荊州刺史。少好武。在西豫時。令內人私作錦袍絳襖。欲餉蠻。交易器仗。長史劉寅等連名密啓。帝勅精檢。寅等懼。欲祕之。子響聞臺使至。不見。敕劉寅等於後堂殺之。帝怒。遣胡諧之等檢捕羣小。子響乃殺牛具酒饌餉臺軍。而諧之等疑畏。執戮其吏。子響怒。遣凶黨與臺軍戰。臺軍大敗。帝又遣丹陽尹蕭順之領兵繼至。部下恐懼。各逃散。子響乃白服降。賜死。年二十二。削爵土爲蛸氏。貶爲魚復侯。

蕭子顯　梁子範弟。字景陽。齊封寧都縣侯。天監初降爲子。偉容貌。好學工文。嘗著鴻序賦。尚書令沈約見而稱之。累遷吏部尚書。加侍中。子顯性凝簡。負才氣。及掌選。見九流賓客。不與交言。但舉扇一撝而已。衣冠竊恨之。大同間出爲吳興太守卒。及葬請謚。武帝手詔恃才傲物。宜謚曰驕。有後漢書・南齊書・普通北伐記・貴儉傳・文集。

蕭不疑　戰國楚爲春申君上客。

蕭中行　明萬安人。字復菴。太學生。有復菴集。

蕭之敏　宋字好學。乾道間知建陽縣。下車首崇學校。以邑人游酢・陳淵・陳師錫皆有學行可師。乃立三賢祠祀之。以風勵後學。卒官。邑人合祠祀於三賢祠。

蕭介　梁惠開從子。字茂鏡。少穎悟。博通經史。善屬文。仕至光祿大夫。所至著聲績。太淸中侯景入壽陽。帝納之。介極言不可。帝不能用。介性高簡。惟與諸兄弟文酒賞會。時人以比謝氏烏衣之遊。武帝嘗置酒賦詩。介染翰便成。文不加點。

蕭允　陳介子。字叔佐。始仕梁爲太子洗馬。侯景陷臺城。百僚奔散。允獨整衣冠坐宮坊。景軍敬焉。弗之逼。尋出居京口。閉門靜處。并日而食。卒免於患。天嘉中除丹陽尹丞。宣帝時入爲光祿卿。及隋師濟江。允遷於關右。尋以疾卒於長安。

蕭公伯　明泰和人。善寫照。染色處。可占人榮枯。不但肖之而已。時有畫師寓邑之普覺寺。公伯事之。盡得其法。

蕭匹敵　遼恆德子。字蘇隱。尚秦晉王公主・太平中東京平。以功封蘭陵郡王。欽哀皇后與仁德皇后有隙。以匹敵常爲仁德后所愛。忌之。時護衛馮家奴上變。誣弟浞卜與匹敵謀逆。公主竊聞其謀。勸匹敵奔女眞國以全其生。匹敵不從。及欽哀攝政。被殺。

蕭太虛　宋道士。善畫松柏竹梅雜樹。所繪之梅。有山林淸幽氣象。題名多作陰文篆字。

蕭引　陳允弟。字叔休。方正有器局。博學善屬文。侯景之亂。與宗親百餘人奔嶺表。依廣州刺史歐陽頠。及章昭達平番禺。引始北還。宣帝召引問嶺事。引具陳始末。帝甚悅。即拜金部侍郎。引善隸書。帝嘗披奏事。

指引署名曰。此字筆勢翩翩。似鳥之欲飛。引謝曰。此乃陛下假其羽毛耳。後官貞威將軍・建康令。坐飛書免官。卒於家。

蕭・文 遼外戚。字國華。篤志力學。喜慍不形。太康中歷國舅都監。壽隆末知易州。悉去舊弊。務農桑。崇禮教。民皆化之。遷唐古部節度使。後不知所終。

蕭・文琰 梁與丘令江洪並以文稱。竟陵王子良夜集。令賦詩四韻。刻燭一寸。文琰曰。是不難。乃與洪共叩銅鉢。響絕而詩就。

蕭・方矩 梁元帝四子。字德規。承聖初立爲皇太子。及西魏師陷荊城。方矩與元帝同爲魏人所害。方矩聰穎。頗有元帝風。而凶暴猜忌。敬帝承制追諡愍懷。

蕭・方等 梁元帝長子。字實相。聰敏有俊才。善騎射。尤長巧思。武帝欲見諸王長子。元帝遣方等入侍。行至繇水。値侯景亂。乃配步騎一萬使援京都。賊每來攻。方等必身當矢石。宮城陷。方等歸荊州收集士馬。甚得衆和。後乞征河東王。拜都督。軍敗溺死。諡忠壯。有三十國春秋。靜住子。又嘗注范曄後漢書。未就。

蕭・方諸 梁元帝二子。字智相。幼聰警博學。明老易。善談玄。風彩清越。辭辯鋒生。特爲元帝所愛。及兄方等敗沒。拜爲中撫軍。出爲郢州刺史。鎮江夏。以鮑泉爲行事。不恤軍政。日靡酒爲樂。侯景遣將宋子仙襲之。執方諸以歸。王僧辯軍至蔡洲。景遂害之。諡貞惠。(按南史作字明智。此從梁書。)

蕭・日高 明平樂人。字旭祥。崇禎中任峨嵋縣主簿。流賊張獻忠圍城。日高悉力拒守。城破殉難。

蕭・日瓚 清江都人。母病且殆。封胸割肝。令婦虞氏和藥進母。母病愈而日瓚死。虞氏恐悲其姑。詭謂日瓚遠出。十餘年姑死。虞氏守節以終。

蕭・月潭 元淮人。道士。善白描道釋人物。

蕭・王家奴 金奚人。魁偉多力。未冠仕遼。天輔中定奚地。王家奴率其鄉人來降。嘗從完顏宗望伐宋。敗郭藥師於白河。天會中從完顏宗弼征伐。以功爲五院部節度使。

蕭・世京 宋龍泉人。字昌儒。皇祐進士。爲廣東路提舉常平公事。蔡京爲戶部尚書。矜己自任。世京多與之忤。因奏京十事罷歸。後徽宗於禁中得世京所上書。卽擢爲吏部員外郎。

蕭・世廉 隋摩訶子。少警俊敢勇有父風。性至孝。摩訶凶終。世廉終身不執刀斧。時人嘉焉。服闋後。追慕彌切。

蕭・世顯 宋字道夫。天禧初任奉化令。廉公節儉。値大旱。躬親禱雨。教民築堤捍水。於長壽鄉鑿河五里。引湖水以溉田。次年又旱且蝗。復教民捕蝗。以勞卒。民立祠祀之。

蕭・史 春秋善吹簫。作鳳鳴。秦穆公以女弄玉妻之。作鳳樓。教弄玉吹簫。感鳳來集。弄玉乘鳳。蕭史乘龍。共飛昇去。

蕭・札剌 遼排押弟。字虛輦。保寧間以戚屬進。累遷寧遠軍節度使。秩滿里居。淡泊自適。統和末召爲南京馬步軍都指揮使。遷夷離畢。以疾辭。遂入顓山。杜門不出。耶律資忠重之。目曰顓山老人。

蕭・朮哲 遼孝穆從子。字石魯隱。重熙中將衞兵討趙元昊。有功。遷興聖宮使。後坐事下獄。以太后言。杖而釋之。清寧中兩爲西北路招討使。訓士卒。嚴號令。邊境晏然。拜北府宰相。出鎮順義軍卒。

蕭・正仁 梁宏子。字公業。爲吳興太守。有治能。天監中卒。諡哀。

蕭・正立 梁正則弟。字公山。初封羅平侯。母江氏有寵。立爲世子。父宏卒。表求讓兄。帝佳之。改封實土建安縣侯。官丹陽尹。卒諡敏。

蕭・正表 後魏正立弟。字公儀。鎮鍾離。侯景渡江。梁武帝詔正表入援。正表率衆次廣陵。盤桓不進。景以正表爲南兗州刺史。封南平王。斷武帝援軍。蕭會理遣兵擊破之。正表狼狽失據。走還鍾離。武定中據州屬魏。封蘭陵郡開國公。官太子太保。卒諡昭烈。

蕭・正信 梁正表弟。字公理。封武化侯。幼不慧。常執白團扇。湘東王取題八字銘玩之。正信不知嗤之。終常搖握。官至給事中。

蕭・正則 梁正德弟。字公衡。封樂山侯。累遷太子洗馬舍人。大通間坐匿劫盜削爵。徙鬱林。招誘亡命。將襲番禺。事發伏誅。

蕭・正義 梁正仁弟。字公威。位南徐州刺史。屬武帝幸朱方。正義修解宇以待輿駕。初京城之西。有別嶺曰北固。登降甚狹。及帝升之。下輦步進。正義乃廣其路。傍施欄楯。翌日帝幸。遂通小輿。帝悅。改曰北顧。賜正義束帛。後爲東揚州刺史卒。

蕭・正德 梁正義弟。字公和。少麤險。不拘禮節。初武帝未有男。養之爲子。及帝踐祚。便希儲貳。後立昭明太子。封正德爲西豐侯。自此怨望。恆懷不軌。大通中侯景至江。正德潛運空舫濟景。與景俱進。景推正德爲帝。改年爲正平。景爲丞相。臺城沒。復太清之號。降正德爲大司馬。正德有怨言。景矯詔殺之。

蕭・正模 清福建長樂人。字端木。號深谷。順治拔貢。有後知堂文集。

蕭·永祺 〔金〕本名蒲烈。字景純。少好學。通契丹大小字。廣寧尹耶律固奉詔譯書。辟置門下。固作遼史未成。永祺繼之。作紀三十卷·志五卷·傳四十卷上之。加宣武將軍。除太常丞。天德初遷翰林學士。同修國史。海陵欲相永祺。固辭不可。人多其讓。永祺曰。執政繫天下休戚。縱欲貪冒榮寵。如蒼生何。時稱長者。卒官。

蕭·永藻 〔清〕漢軍鑲白旗人。康熙間由筆帖式累擢廣東巡撫。一介不取。以清潔著稱。官至文華殿大學士。

蕭·玉 〔金〕奚人。從蕭裕誣宗本罪。海陵喜甚。自尚書省令史擢禮部尚書。分宗本家貲賜之。使其子尚公主。累官左丞相。封吳國公。世宗立。降太原尹。因事解職卒。

蕭·生 〔元〕吉水人。字彝翁。用御史薦。爲建昌州儒學正。寇亂家居。江西參政全子仁率師平袁州。辟生爲參謀。會陳友諒陷廬陵。子仁遁去。生即赴井死。士友私謚貞節。

蕭·用道 〔明〕泰和人。建文中舉懷才抱德。詣闕試文章。擢靖江王府長史。召入翰林。永樂初預修太祖實錄。改右長史。從王之藩桂林。作端禮體仁遵義廣智四門箴以獻。後以疾乞歸。成祖怒。貶宣府鷄兒嶺巡檢卒。

蕭·由 〔晉〕咸弟。字子驕。舉賢良。累遷江夏太守。平江賊有功。元始中徵爲大鴻臚。會病。不及賓贊。還歸故官。病免。復爲中散大夫卒。

蕭·立 〔唐〕南蘭陵人。年十七。射策甲科。仕爲廷尉評。再遷殿中侍御史。文學政事。爲臺閣領袖。

蕭·企昭 〔清〕漢陽人。尊法朱熹。詆斥王守仁。著性理譜。論讀書之序甚詳。又有闇修齋稿。

蕭·仲宣 〔金〕仲恭母弟。本名野里補。遼主留仲宣侍母。遂與其母皆見獲。太宗嘉之。以仲宣能知遼國故事。命權宜徽使。皇統中特授鎭國上將軍。歷順義永定昭義武寧四鎭節度使。爲政平易。小吏不敢爲姦。朔潞百姓皆爲立祠。刻石頌之。

蕭·仲恭 〔金〕撻不也孫。本名朮里者。能被甲超橐駝。遼故事。宗戚子弟別爲一班。號孩兒班。仲恭嘗爲班使。後與遼主俱被獲。太宗以仲恭忠於主。特加禮待。天會間使宋。宋人意仲恭與耶律余睹。皆有亡國之感。而余睹有兵權。乃以蠟丸書。令仲恭致之。約爲內應。仲恭陽許之。還以告完顏宗望。於是再舉伐宋。執二帝以歸。累封越國公。除燕京留守。卒謚貞簡。

蕭·吉 〔隋〕懿孫。字文休。博學多通。尤精陰陽算術。江陵陷。歸周。爲儀同。及隋受禪。進上儀同。以本官太常。考定古今陰陽書。吉性孤峭。與楊素不協。由是擯落於世。鬱鬱不得志。煬帝嗣位。拜太府少卿卒。有金海·相經要錄·宅經·葬經·樂譜·帝王養生方·相手版要訣·太一立成。

蕭·合卓 〔遼〕突呂不部人。字合魯隱。累遷北院樞密使。嘗伐高麗還。時求進者多附之。然其服食僕馬。不加於舊。帝知其廉。以族屬女妻其子。太平中有疾。帝欲臨視。合卓辭曰。臣無狀。猥蒙重任。今形容毀瘁。恐陛下見而動心。帝從之。會北府宰相蕭朴問之。合卓執其手曰。吾死。君必爲樞密使。愼勿擧勝己者。朴出而鄙之。尋卒。

蕭·同善 〔元〕萬安人。任安慶府經歷。元末攝本縣事。時寇攻城。城陷。同善督衆力戰。被執。罵賊死。

蕭后 〔隋〕歸女。煬帝后。好學。解屬文。頗知占候。帝甚寵敬之。后見帝失德。不敢屑言。因爲述志賦以自寄。及宇文氏之亂。后沒入虜庭。唐貞觀中破滅突厥。乃以禮致之。歸於京師。◎〔遼〕思溫孫女。小字菩薩哥。美而才。有巧思。統和中冊爲齊天皇后。所乘車置龍首鴟尾。飾以黃金。夏秋從行山谷間。花木如繡。車服相錯。人望之以爲神仙。生二子。早卒。養宮人耨斤子爲子。聖宗崩。耨斤子立。是爲興宗。耨斤遣人逼后死。後追尊仁德皇后。◎〔遼〕阿古只五世孫。小字耨斤。黝面狠視。入宮。嘗拂承天太后榻。獲金雞吞之。膚色遂光澤。後生興宗。及興宗即位。后誣仁德后謀亂。害之。自立爲皇太后。攝政。召諸弟謀廢立。帝遷之於慶州。旋迎還。卒謚欽哀。◎〔遼〕惠少女。小字觀音。姿容冠絕。工詩。尤善琵琶。道宗爲太子時。納爲妃。及即位。冊爲皇后。以諫獵見疏。作回心院詞。令伶官趙維一被之管絃。以寓望幸之意。耶律乙辛誣后與惟一通。更令人作十香詞爲證。以陷害之。帝賜后自盡。乾統初追謚宣懿。

蕭妃 〔遼〕國舅大父房之女。小字瑟瑟。天祚帝幸耶律撻葛第。見而悅之。立爲文妃。帝畋遊不恤政事。忠臣多被疏斥。妃作歌諷諫。帝見而銜之。爲蕭奉先所誣。賜死。◎〔遼〕繼先五世孫。小字貴哥。年十七冊爲元妃。性沈靜。嘗晝寢。近侍盜貂裀。妃覺而不言。宮掖稱其寬厚。從天祚西狩。以疾卒。

蕭·如薰 〔明〕延安衞人。字季馨。萬曆中歷官寧夏參將。守平虜城。哱拜·劉東暘據寧夏鎭城反。如薰堅守不下。擢副總兵。天啓初以總兵官鎭守保定。魏忠賢黨劾其與李三才聯姻。遂奪職。如薰爲將持重。輕財愛士。所在見稱。

蕭·存 〔唐〕穎士子。字伯誠。亮直

有父風。能文詞。浙西觀察使李棲筠表爲常熟主簿。顏眞卿在湖州。與存及陸鴻漸等討摭古今韻字所原。作書數百篇。建中初由殿中侍御史四遷比部郎中。張滂主財賦。辟存留務京師。裴延齡與滂不協。存疾其姦。去官卒。

蕭守中 明保昌人。字必常。永樂舉人。授戶部主事。核餉鳳陽諸衛。留守司餽百金。力拒之。歷南吏刑二部郎中。景泰中出守黎平。千戶姜洪誣砦民通苗。守中雪其冤。全活甚衆。

蕭朴 遼國舅少父房之族。字延寧。父勞古。以善屬文。爲聖宗詩友。朴幼如老成人。及長。博學多智。太平中累拜北府宰相。遷樞密使。興宗時拜東京留守。封魏王。

蕭至忠 唐德言曾孫。爲監察御史。劾奏蘇味道贓貪。超拜吏部員外郎。神龍初累遷侍中・中書令。至忠嘗以女妻韋后舅子。唐隆初以后黨應坐。太平公主爲言。出爲晉州刺史。治有名。後參主逆謀。主敗。至忠遁入南山。捕誅之。

蕭自開 明中行子。由廕生官詹事府主簿。輯其先世所作文集合刊之。名奕世文集。

蕭伯游 梁數子。字士仁。美風神。善言玄理。天監初爲會稽太守。襲封永陽郡王。卒謚恭。

蕭余里也 遼阿剌子。字訛都椀。便佞滑稽。善女工。重熙間以外戚進。清寧初尚鄭國公主。太康初封遼西郡王。耶律乙辛擅恣。引爲北府宰相。助乙辛謀構皇太子。後坐乙辛黨。以天平軍節度使歸第。尋拜西北路招討使卒。

蕭何 漢沛人。初爲沛主吏掾。高祖爲亭長。何嘗佑之。及從入關。諸將皆爭取金帛。何獨收秦相府律令圖書藏之。漢以是知天下阨塞。戶口多少。又進韓信以爲大將。楚漢相距。何常守關中。轉給饋餉。軍中無乏。天下定。以功第一封酇侯。爲開國名相。何居家置田宅。必窮僻處。不治垣屋。曰。後世賢。師吾儉。不賢。毋爲勢家所奪。卒謚文終。

蕭克翁 宋燧四世孫。隱居不仕。學行爲州里所稱。李朮魯翀從之學。

蕭孚泗 清湖南人。咸豐間隨曾國藩轉戰江西湖北。所向克捷。累擢福建陸路提督。同治間隨克江寧。首先入城。獲李秀成。封一等男。

蕭孝友 遼孝忠弟。字撻不衍。小字陳留。以戚屬累官北府宰相。封豐國王。坐子胡覩首與耶律重元作亂。伏誅。

蕭孝先 遼孝穆弟。字延寧。小字海里。太平中歷東京留守。會大延琳反。被圍數月。穴地而出。延琳平。留守上京。帝不豫。欽哀皇后召孝先總禁衛事。興宗諒陰。欽哀弑仁德皇后攝政。孝先等謀居多。在樞府好惡自恣。權傾人主。欽哀與孝先謀廢立。帝知之。遷欽哀於慶州。孝先恒鬱鬱不樂。後爲南京留守。卒謚忠肅。

蕭孝忠 遼孝先弟。字撒板。小字圖古斯。志行慷慨。開泰中補祗候郎君。尙越國公主。重熙中累遷東京留守。封楚王。拜北院樞密使。未行卒。

蕭孝穆 遼阿古只五世孫。小字胡獨堇。太平中大延琳以東京叛。孝穆爲都統討之。其將擒延琳降。遼東悉平。改東京留守。重熙中爲北院樞密使。更王齊。卒謚貞。孝穆雖椒房親。位高益謹畏。太后有賜。輒辭不受。妻子無驕色。與人交。始終如一。有寶老集。

蕭孝儼 梁業子。字希莊。聰慧有文。射策甲科。除祕書郎。太子舍人。從幸華林園。於座獻相風烏華光殿景陽山等頌。其文甚美。武帝深賞異之。普通初卒。謚章。

蕭宏 梁武帝弟。字宣達。天監中封臨川王。位揚州刺史。加都督。詔令伐魏。宏以帝介弟。所領皆器械精新。軍容甚盛。北人以爲數百年所未有。及見敵。畏懦不敢進。呂僧珍請班師。魏人知其不武。遺以巾幗。北軍歌曰。不畏蕭娘與呂姥。但畏合肥有韋武。武謂韋叡。姥謂僧珍也。軍潰。宏與數騎遁歸。累遷太尉。領揚州如故。卒謚靖惠。宏沈湎聲色。侍女千人。皆極綺麗。性愛錢。百萬一聚。黃牓標之。千萬一庫。懸一紫標。豫章王綜作錢愚論譏之。

蕭岑 北周詧八子。字智遠。位至太尉。性簡貴。御下嚴整。及兄子琮嗣位。自以望重屬尊。頗有不法。隋文帝徵入朝。拜大將軍。封懷義郡公。

蕭岐 明泰和人。字尙仁。五歲而孤。事祖父母以孝聞。有司累舉不赴。洪武中詔徵賢良。強赴之。上十便書萬餘言。時帝刑罰過中。訐告風熾。岐語皆指切。授潭府長史。力辭忤旨。謫楚雄訓導。改平涼。復召考定書傳。給驛歸。嘗輯五經要義。又取刑統八韻賦。引律令爲之解。合爲一集。學者稱正固先生。

蕭希甫 後唐宋州人。有機辯。多矯激。少舉進士。袁象先以爲巡官。希甫不樂。乃棄其母妻。變姓名。亡之鎮州。謁趙王王鎔。鎔以爲參軍。尤不樂。又亡之易州。削髮爲僧。莊宗即帝位。以薦爲駕部郎中。明宗時召爲諫議大夫。坐事貶嵐州司戶參軍卒。

蕭序 梁子顯子。少知名。太清中歷官太子家令・中庶子。並掌管記。及侯景亂。卒於城內。

蕭杞 宋萬載人。宣和進士。邃於易。精大衍之數。歷官通判廣州軍州事。有治聲。稍遷至市舶提舉。

蕭·秀 梁宏弟。字彥達。年十三。生母吳太妃亡。居喪以孝聞。天監中封安成郡王。歷南徐·江·荊·郢·定諸州刺史。咸有惠政。遷雍州刺史。道卒。四州民裂裳爲白帽哀哭以迎送之。諡康。秀性仁恕。精意術學。尤篤於昆弟之誼。時議歸之。

蕭·良有 明漢陽人。字以占。號漢沖。生而穎異。以神童名。萬曆中會試第一。進修撰。領國子祭酒。在史局十五年。負公輔之望。自閣部卿寺以至臺省。凡關國家大計。靡不咨詢。給事中葉繼美劾良有侵六部權。遂再章乞歸。有玉堂遺稿。

蕭·良昌 清邵陽人。事親至孝。伯仲兩兄沒。各遺一子。叔兄又攜子遠出。不知所之。父念其叔兄。良昌徒步萬餘里。入滇尋訪。獲與俱歸。

蕭良娣 唐高宗時爲良娣。帝信昭儀武氏之讒。廢良娣爲庶人。已而帝念良娣。武氏促詔杖之百。與王皇后並截手足投釀甕中。曰。令二嫗骨醉。數日死。初詔旨到。良娣罵曰。武氏狐媚。翻覆至此。我後爲貓。使武氏爲鼠。吾當扼其咽以報。武氏聞之。詔後宮毋畜貓。

蕭·良幹 明涇人。字以寧。隆慶進士。授戶部主事。権稅崇文門。例有羨金。斥不納。累遷布政使。歸監義田以贍宗族。待以舉火者數百人。

蕭·見理 梁正仁子。字孟節。性甚麤。長劍短衣。出入廛里。不爲宗室所齒。嘗招聚羣盜。每夜輒掠劫於大航。爲流矢所中死。

蕭·赤斧 南齊高帝從祖弟。以和謹爲帝所知。歷官錢唐令正員郎。治政爲百姓所安。累遷雍州刺史。在州不營產利。勤於奉公。封南豐縣伯。官至太子詹事。夙患渴利。永明初會武帝使甲伏衛三廂。赤斧不敢辭。疾甚。數日卒。諡懿。

蕭·迂魯 遼五院部人。字胡突堇。清寧中既平耶律重元之亂。其黨郭九等亡。迂魯追捕獲之。咸雍初使宋。議邊事稱旨。阻卜叛。爲行軍都監。擊敗之。累遷東北路統軍都監卒。

蕭·和尚 遼國舅大父房之後。字洪寧。忠直多智略。開泰初補玉盞郎君。累官唐古部節度使卒。

蕭·命官 明廬陵人。字搢修。萬曆進士。授編修。分校禮闈。所取皆知名士。官南京吏部侍郎。以忤璫乞休歸。杜門著書。獎拔士類。璫誅。起禮部右侍郎。未任卒。

蕭·固 宋新喻人。字幹臣。天聖進士。授太常博士。通判虔州。諸邑剽劫。固授成算。不逾月誅縛殆盡。擢廣西轉運使。知儂智高凶狡。預陳一羈縻之策於樞府。不果用。後智高果叛。人服其識。官終集賢殿修撰。

蕭·坦之 南齊高帝絕服族子。字君平。初爲東宮直閤。以勤直稱。累遷晉郡太守。少帝以坦之武帝舊人。親信不離。坦之見帝不可奉。乃改計奉明帝。密爲耳目。明帝遂廢少帝。坦之力也。東昏侯時江祏兄弟欲立始安王遙光。密謂坦之。坦之不從。遙光起事。遣人夜掩取之。坦之科頭著褌。踰牆走。從東冶僦渡。間道還臺。假節督衆軍討遙光。事平。遷尙書右僕射。丹陽尹。進爵臨汝縣公。性剛狠專執。羣小畏而憎之。後二十餘日。帝遣黃文濟領兵圍坦之宅殺之。

蕭·奉先 遼天祚元妃兄。外寬內忌。因元妃爲帝眷。累官樞密使。封蘭陵郡王。帝欲藉事誅阿骨打。奉先不從。阿骨打犯寧州。弟嗣先爲都統。討之敗績。軍將往往遁去。奉先懼弟誅。設辭乞帝赦免。由是士無鬬志。天祚播遷。奉先父子爲左右執送女眞兵。尋奪歸。並賜死。

蕭·定 唐瑀曾孫。字梅臣。以蔭起家陝州參軍事·金城丞。蒞事清挺。歷左右司郎中。爲元載所惡。外遷袁·潤等六州刺史。以淸著。大曆中累遷太常卿。朱泚反。變姓名匿里中。不浼於賊。事平。擢太子少師卒。

蕭·定基 宋廬陵人。字守一。天禧進士。累官監察御史。極爲仁宗所稱。宣州蠻入寇。以定基爲廣西安撫使。召還。除淮浙荊湖制置發運使卒。

蕭·尙之 南齊梁武帝從父。字茂先。敦厚有德器。爲建安王中兵參軍。一時稱爲長者。遷步兵校尉。卒官。梁天監初追諡文宣。

蕭·忽古 遼字阿斯憐。性忠直。趫捷有力。咸雍初召爲護衛。時耶律乙辛以狡佞得幸。肆行兇暴。忽古匿欲殺之。不果。乙辛知而械繫之。考劾不服。流於邊。及太子廢徙於上京。召忽古至。殺之。

蕭·拔剌 遼敵烈弟。字別勒隱。多智善騎射。太平末大延琳叛。拔剌將北南院兵往討。力戰破之。官終國舅詳穩。

蕭·抱珍 金天眷中道士。傳太一三元法籙之術。因名其教曰太一。

蕭·放 北齊祗子。字希逸。隨祗至鄴。祗卒。居喪以孝聞。武平中待詔文林館。性好文詠。頗善丹青。監畫工作屛風等雜物。遂被眷待。累遷散騎常侍。

蕭·明 北齊懿五子。字靖通。在梁封須陽侯。太清中旣納侯景。詔明率軍趨彭城圖進取。度淮未幾。魏軍破之。盡俘其衆。執明送晉陽。天保中梁元帝爲西魏所滅。文宣帝詔立明爲梁主。遂稱尊號。改承聖四年爲天成元年。後梁太尉陳霸先襲殺王僧辯。

復奉晉安王方智。是爲敬帝。以明爲太傳。奉表朝廷。詔徵明仍稱藩。將遣使送之。會疽發背死。追謚閔帝。

蕭・明哲 宋泰和人。字元甫。性剛有膽氣。明大節。少舉進士。文天祥開府汀州。辟充督幹架閣監軍。師出嶺。明哲以贛縣民。義復萬安。遂結諸砦拒守。兵敗被執。不屈死。

蕭・昌 梁景弟。字子建。齊豫章末爲晉安王子懋左常侍。天監中歷廣州衡州刺史。昌爲人明悟。然性好酒。酒後多過。爲有司所劾。入留京師。遂縱酒虛悸。在石頭東齋引刀自刺。左右救之不殊。年三十九卒。

蕭・昂 梁昌弟。字子明。天監初累遷司徒右長史。出爲輕車將軍。監南兗州。初兄景再爲南兗。德惠在人。及昂來代。時人方之馮氏。官終江州刺史。卒謚恭。

蕭・昕 唐河南人。字中明。中博學弘詞科。累遷禮部侍郎。大曆中持節使回紇。有折衝之功。回紇厚禮之。遣使約和。德宗幸奉天。昕年八十餘。步出城。崎嶇至行在。遷太子少傅。封晉陵郡公。以太子少師致仕。卒謚懿。

蕭・服 宋廬陵人。字昭甫。第進士。知望江高安二縣。治以教化爲本。召爲將作少監。論人主聽言之要。徽宗謂有爭臣風。擢監察御史。偕沈畸鞫蘇州錢獄。以平反七百人忤蔡京。竄管處州。後爲吏部員外郞。知蘄州卒。

蕭・欣 北周機子。幼聰警。博綜墳籍。善屬文。蕭督踐位。令襲機爵。累官尙書令。與柳信言俱爲一時文宗。

蕭・注 宋諤從孫。字巖夫。磊落有大志。尤喜言兵。慶曆間舉進士。攝番禺令。儂智高圍廣州。注突圍出募海濱壯士與格鬬。破其衆。擢知邕州。結溪洞酋長。擒智高母及二弟。復募死士入大理。取智高。函首歸獻。熙寧中知桂州。罷歸道卒。

蕭・秉 漢梁人。從胡常受穀梁春秋。王莽時爲講學大夫。

蕭・育 漢望之子。字次君。少以父任爲太子庶子。歷泰山・南郡等太守。哀帝時官至執金吾。爲人嚴猛尙威。居官數免稀遷。少與陳咸・朱博爲友。著聞當世。後遂並列刺史郡守。相及爲九卿。而往者有王陽・貢禹。故長安語曰。蕭朱結綬。王貢彈冠。言其相薦達也。

蕭・芮 宋爲吉州牧。政平訟理。結庵金鳳山之界。讀老子書。自號蕭道者。既解任。郡人即庵立祠。宋周必大重其風節。書之朝。賜廟曰剛介。

蕭・近高 明廬陵人。字抑之。萬曆進士。擢禮科給事中。甫拜官。卽上疏言罷礦釋囚起廢三事。遷刑科都給事中。劾遼東稅使高淮激變。得撤還。歷太僕卿。預議三案。謂崔文昇・李可灼當斬。方從哲當勒還故里。張差謀逆有據。不可蔽以風顚。衆韙其言。官至工部左侍郞。卒於家。

蕭・長懋 南齊武帝長子。字雲喬。武帝卽位。爲皇太子。與弟竟陵王子良俱好釋氏。立六疾館以養平民。風韻甚和。而性頗奢麗。卒謚文惠。鬱林立。追尊爲文帝。廟號世宗。

蕭・阿古只 遼敵魯弟。字撒本。刺葛之亂。淳欽皇后軍黑山。阻險自固。太祖命阿古只統百騎往衞之。刺葛既北走。與敵魯追擒於榆河。神策中以功拜北府宰相。世其職。天贊初太祖西征。悉委以南面邊事。病卒。

蕭・阿剌 遼孝穆子。字阿里懶。幼養宮中。興宗尤愛之。淸寧初拜北府宰相。兼南院樞密使。進王韓。與蕭革同掌國政。革諂諛不法。阿剌爭之不得。告歸。帝由此惡之。除東京留守。革以事中傷。帝怒。縊殺之。

蕭・阿魯帶 遼烏隗部人。字乙辛隱。少習騎射。曉兵法。大安中爲山北副部署。達里得拔思母二部來侵。阿魯帶戰卻之。以功加平章事。封蘭陵郡公。後坐事免官。

蕭・俛 唐華孫。字思謙。貞元進士。又以賢良方正對策異等。元和中以右拾遺召爲翰林學士。進知制誥。穆宗立。授同中書門下平章事。以劾王播忤旨。分司東都。性簡潔。以勢利爲汙。疾邪太甚。故輕去位無所藉。文宗卽位。屢召堅辭。以壽卒。

蕭・亮 明新喩人。郡學生。銳志韜略。有膽氣。正德中華林盜起。亮奮勇破賊寨。失援遇害。

蕭・咸 漢育弟。字仲。爲丞相史。舉茂材。歷官河東太守。所居有跡。後免官。哀帝時董賢貴顯。賢父恭慕咸。使咸壻王閎求婚。咸力卻乃罷。

蕭・奕輔 明東莞人。字翌猷。天啓進士。由知縣擢廣西道御史。按浙著聲。遷撫福建。吏治民安。明亡。悲憤以卒。

蕭・建功 宋新淦人。字懋德。少好學。從陳瓘游。瓘器重之。李朴被謫時。貧不能自給。建功爲築室居之。朴死。以女妻其子綱。累官知衡州。

蕭・彥 明涇縣人。字思學。隆慶進士。官戶科都給事中。後以右僉都御史巡撫貴州。改雲南。時用師隴川。兵素驕。給餉少緩。遂作亂。彥調土漢兵夾攻之。脅從皆撫散。累官兵部右侍郞。總制兩廣軍務。彥有志行。服官明習天下事。所在見稱。卒謚定肅。有按垣人鑑。

蕭・恢 梁武帝九子。字弘達。幼聰穎。年七歲。能通孝經論語義。既長。美風表。涉獵史籍。齊隆昌中明帝作相。以恢爲寧遠將軍。天監初封鄱陽郡王。官至都督荆州刺史。政咸可紀。卒謚忠烈。

蕭・思溫【遼】敵魯族弟。小字寅古。通書史。尙燕國公主。爲南京留守。穆宗酗酒嗜殺。思溫以密戚預政。無所匡輔。士論不與。保寧初景宗册思溫女爲后。加尙書令。封魏王。從帝獵閭山。爲賊所害。

蕭・思話【南朝宋】南蘭陵人。孝懿皇后弟子。少未知書。以博誕遨遊爲事。好騎屋棟。打細腰鼓。侵暴鄰曲。人患毒之。後乃折節。好書史。遂有令譽。武帝一見。便以國器許之。元嘉中爲靑州刺史。孝武時徵爲尙書左僕射。後拜郢州刺史。卒謚穆。思話歷十二州。杖節監督者九焉。愛才好士。人咸歸之。

蕭・恆德【遼】排押弟。字遜寧。尙越國公主。授北面林牙。統和中攻宋。圍沙堆。攻長城口。皆有功。又率兵拔高麗邊城。賜號啓聖竭力功臣。從討兀惹。未戰。兀惹請降。恆德利其俘獲。不許。進擊東南諸部。道遠糧絕。士馬死傷者衆。坐削功臣號。尋除行軍都部署。坐事賜死。

蕭・拱【金】仲恭子。本名迪輦阿不。初爲蘭子山猛安。海陵爲宰相。以拱爲禮部侍郎。海陵將納拱妻女弟耶律彌勒爲妃。使拱自汴取之。彌勒至。見身形不類處子。入宮卽遣出。召拱詰問無狀。海陵終疑之。罷歸。後爲阿納所誣。海陵遣使往鞫。授意殺之。

蕭・拜住【元】契丹石抹氏。嘗從成宗北征。爲禮部郎中。延祐中累官中書平章政事。英宗卽位。右丞相鐵木迭兒怨拜住在省中牽制其所爲。又發其姦贓專制等事。請依皇太后旨。幷前御史中丞楊朶兒只。皆殺之。追謚忠愍。

蕭・昭秀【南齊】長懋子。字懷尙。封巴陵王。延興初由荆州刺史徵爲車騎將軍。衞京師。明帝大誅武帝後。永泰初昭秀亦見殺。年十七。

蕭・昭冑【南齊】子良子。字景胤。建元初封巴陵王。陳顯達起事。昭冑懲往時之懼。逃奔江西。變形爲道人。崔慧景擧兵。出投之。兵敗。首出投臺軍。後謀反。事泄伏誅。

蕭・昭粲【南齊】昭秀弟。封桂陽王。延興初出爲荆州刺史。明帝立。轉右將軍・中書令。永泰初見殺。年八歲。

蕭・昱【梁】昂弟。字子貞。天監中累遷給事黃門侍郎。表解職。坐免官。後爲晉陵太守。旬日之間。郡中大化。暴疾卒。謚恭。⊙【明】浙江山陰人。字用光。天順擧人。性至孝。母喪明。昱日以舌舐之。復有見。以易詩三禮教授生徒。歷知貴溪。高密縣。有古循吏風。

蕭・映【南齊】高帝三子。字宣光。爲使持節都督荆湘等八州諸軍事・荆州刺史。封臨川王。永興中入爲侍中。驃騎將軍・開府儀同三司。映善騎射。解聲律。工左右書。左右射。應接賓客。風韻韶美。年三十三卒。謚獻。⊙【梁】憺子。字文明。性聰解。有孝行。普通中封廣信侯。歷北徐州刺史。在任弘恕。人吏懷之。常載粟帛遊境內。遇貧者。卽以賑焉。終廣州刺史。卒謚寬。（按南史作蕭暎。此從梁書。）

蕭・柯【明】萬安人。字升欒。弘治進士。授雲南御史。遷陝西馬政。奏養馬之害。旋巡西蜀。勦松潘賊。征黔中苗。皆破之。忤權貴出守濟南。以課最授浙江參議。

蕭・柳【遼】阿古只五世孫。字徒門。多智能文。膂力絕人。統和中詔入侍衞。伐宋。柳中流矢。裹創而戰。衆皆披靡。爲北女眞詳穩。政濟寬猛。部民畏愛。柳好滑稽。雖君臣燕飲。詼諧無所忌。時人比之俳優。

蕭・洵【明】吉水人。洪武中爲工部主事。奉命毀元故宮。因記其制度。著故宮遺錄。後爲長興令。廉勤明恕。修學校。建縣治及坊巷街道。百務具擧。

蕭・洪治【淸】常寧人。字自本。諸生。博學多才藝。尤精易理。吳三桂之叛。遣將造訪。不應。晚築精廬。覃思撰述。作五十學易圖等書。

蕭・洽【梁】惠基子。字宏稱。幼悟敏。七歲能誦楚辭。好學善屬文。累遷臨海太守。爲政淸平。不尙威猛。民俗便之。拜司徒左長史卒。有文集。

蕭・炳【五代】蘭陵人。邃於醫學。於書無所不讀。終身隱居不仕。有四聲本草。

蕭・省身【明】泰和人。永樂進士。洪熙初官至河南右布政。居河南十二年。治行與李昌祺埒。

蕭・紀【梁】武帝八子。字世詢。少而寬和。勤學有文才。天監中封武陵郡王。特爲帝所愛。大同中爲都督益州刺史。貢獻方物。十倍前人。侯景亂。紀不赴援。帝崩後。紀僭號於蜀。改元天正。率軍東下。以討景爲名。將圖京陝。巴東民符昇・徐子初等斬紀硤口。幷其第三子圓滿殺之。

蕭・胡覩【遼】孝穆從子。字乙辛。口吃視斜髮鬈。及壯。魁梧桀傲。多揚人惡。重熙中尙齊國公主。爲西北路招討使。同知北院樞密事。耶律乙辛知北院樞密事。胡覩位在乙辛下。意快快不平。與涅魯古謀逆。事敗。單騎遁走。至十七濼。投水死。

蕭・胡篤【遼】太和宮分人。字合朮隱。爲人便佞。與物無忤。長於騎射。見天祚帝好游畋。每言從禽之樂。以逢其意。天祚悅而從之。國政墮廢自此始。官至知北院樞密使事卒。

蕭衍 〔梁〕見梁武帝條。

蕭迭里得 〔遼〕國舅少父房之後。字胡覩菫。幼警敏不羈。好射獵。重熙中夏人來侵。帝遣迭里得督戰。以功命知漢人行宮都部署事。族弟黃八家奴告其主私議宮掖事。迭里得寢之。事覺。削爵爲民。清寧中起爲南京統軍使。從重元子涅魯古等亂。敗走。被擒伏誅。

蕭革 〔遼〕和尙子。字胡突菫。小字滑哥。警悟多智數。太平初累遷官職。游近習間。以詼悅相比昵。爲流輩所稱。由是名達於上。清寧中官至南院樞密使。累封鄭國王。帝知革奸。寵遇漸衰。革以其子爲耶律重元壻。重元謀反。革預其謀。陵遲殺之。

蕭述祖 〔明〕沅陵人。字玉臺。弱冠以詩文著。天啓間由歲薦授恩南府經歷。多惠政。崇禎末寇屠掠辰郡。述祖罵賊遇害。

蕭重望 〔明〕恩南人。萬曆進士。擢御史。多所建白。凡四爲巡按。歷官有異政。後至僉都御史卒。

蕭修 〔梁〕諮弟。字世和。封宜豐侯。性至孝。年十一。丁母徐氏艱。自荆州反葬。中江遇風。修抱柩長號。血淚俱下。武帝嘉之。以班告宗室。敬帝立。授太保。時王室浸微。修力弱不能振。疽發背。嘔血而卒。

蕭倣 〔唐〕華孫。字思道。太和進士。遷散騎常侍。懿宗奉佛。上疏切諫。尋拜嶺南節度使。性公廉。月俸之外。珍賄不以入門。後遷司空。封蘭陵縣侯。時天下盜起。宦人持兵柄。倣以鯁直爲權近所忌。卒年八十。

蕭原 〔明〕順昌人。字本初。永樂中授廣西道御史。糾劾不避強禦。爲人所擠。謫交趾新安府推官。單騎之任。時交趾復叛。強之降。不屈死。

蕭家芝 〔清〕河內人。字紫眉。順治進士。官至刑部郎中。持正不阿。爲忌者所中。拂衣歸。有丹林集。

蕭恭 〔梁〕偉子。字敬範。天監中遷湘州刺史。善解吏事。所在見稱。以雍州蠻文道拘引魏寇。詔恭赴援。仍除持節仁威將軍。寧蠻校尉。雍州刺史。百姓立碑頌德。後坐事免官削爵。侯景亂。卒於城中。謚僖。◎〔唐〕奚王之後。字敬之。貞元間爲兵部尙書。經畫夏國邊界。還過臨潼。失所佩金牌。至太原憂恚成疾卒。

蕭悅 〔唐〕官協律郎。善畫竹。有雅趣。名擅當時。白居易題詩。有舉頭忽見不似畫。低耳靜聽疑有聲之句。

蕭振 〔宋〕瑞安平陽人。字德起。政和進士。歷信州饑曹。婺州兵曹。俱有異績。任滿歸。以執政薦。拜監察御史。累官敷文閣學士。知成都府。好獎善類。在蜀威行惠孚。卒之日。民老稚聚哭於道。振家居瀕江。見渡者多溺死。造大舟。傭工以濟。人感其德。名其江爲蕭家渡。有文集。

蕭挼蘭 〔遼〕耶律中妻。聰慧謹愿。事夫敬順。親戚咸譽之。中官五院都監。金兵至。守節死。挼蘭躍馬突出。至中死所自殺。

蕭晃 〔南齊〕高帝四子。字宣明。小字白象。封長沙王。永明初爲南徐州刺史。罷還。私載數百人仗還都。爲禁司所覺。投之江水。武帝聞之大怒。將糾以法。豫章王嶷泣救得免。尋加晃鎭軍將軍。年三十一卒。謚威。

蕭暄 〔明〕泰和人。字仰善。宣德進士。累官湖廣布政使。重厚廉靜。有方面聲。天順中召拜禮部尙書。調南京。

蕭泰 〔北周〕恢子。字世怡。仕梁爲譙州刺史。及侯景亂。被執。尋得免。承聖中爲郢州刺史。後奔齊爲永州刺史。保定中歸周。天和中授蔡州刺史。政存簡惠。不尙苛察。吏民安之。

蕭海璨 〔遼〕字寅的哂。貌魁偉。膂力過人。應曆中預北府宰相選。尋總知軍國事。時諸王多坐反逆。海璨廉謹達政體。每被命案獄。多得其情。人無冤者。年五十卒。

蕭烏野 〔遼〕字草隱。性孝悌。尙禮法。重熙中官護衞太保。平耶律重元亂。以功加團練使。時敵烈部叛爲鄰部侵擾。民多困弊。命烏野爲敵烈部節度使。不數月。部人以安。尋以母老乞歸。後歷官興聖延慶二宮使卒。

蕭特 〔梁〕子雲子。字世達。早知名。善草隸。歷官著作佐郎。出爲海鹽令。早卒。

蕭特末 〔遼〕和尙弟。字何寧。爲人機辨任氣。太平中累遷安東軍節度使。有能稱。後加同政事門下平章事。終北院宣徽使。

蕭特烈 〔遼〕遙輦洼可汗宮分人。字訛都椀。乾統中入宿衞。保大中歷隗古部節度使。尋爲天祚中軍都統。天祚決意奔夏。從臣切諫不聽。特烈遂劫梁王雅里奔西北諸部。立爲帝。特烈自爲樞密使。雅里卒。復立朮烈。尋俱爲亂兵所殺。

蕭益 〔南漢〕倣孫。大有初累官崇文使。時交州亂。皎公羨與吳權相攻。劉龑欲乘其亂取之。命子弘操爲交王。將兵救公羨。益力言不可輕進。龑不聽。弘操果敗死。

蕭眎素 〔梁〕惠明子。早孤貧。爲叔父惠休所收卹。天監中任丹陽尹丞。賜錢八萬。一朝散之親友。性靜退。少嗜欲。好學能清言。徵爲中書侍郎。辭不就。因還山宅。獨居屏事。旣卒。親故迹其事行。謚曰貞文先生。

蕭祗 〔北齊〕恭弟。字敬模。在梁

封定襄侯。位東揚州刺史。時江左承平。政寬人慢。祗獨莅以嚴切。梁武悅之。遷北兗州刺史。及侯景圍郢。祗聞臺城失守。遂奔東魏。封清和郡公。齊天保初授右光祿大夫卒。

蕭・祜　唐蘭陵人。字祐之。少貧窶。隱居以孝養聞。司農卿李賓薦於朝。以處士拜左拾遺。終桂州觀察使。祜善鼓琴。精書畫。自鍾王蕭張以來。皆能識其眞。蕭然不以塵事自蒙。

蕭・翀　明泰和人。字鵬舉。少孤好學。洪武中以賢良應制。賦指佞草詩。稱旨。授蘇州府同知。歷山東運副使。以勤儉廉介稱。

蕭・素颯　遼五院部人。字特免。歷官左皮室詳穩。右夷离畢。咸雍中剖阿里部叛。素颯討降之。徙北院林牙。改南院副部署卒。

蕭・討古　遼幹從子。字括寧。性忠簡。冀王敵烈等謀反。討古密告於帝。帝嘉其忠。詔尙朴謹公主。乾亨初宋侵燕。討古拒之敗。旋援兵至。討古奮力以敗宋軍。帝釋其罪。降爲南京侍衛親軍都指揮使卒。

蕭・貢　金咸陽人。字眞卿。大定進士。除翰林修撰。上書言時政五弊。言路四難。詞意切至。累官戶部尙書致仕。貢好學。讀書至老不倦。有註史記一百卷。

蕭・退　北齊忻子。在梁封湘潭侯。位青州刺史。建業陷。與從兄祗俱入東魏。爲天保中位金紫光祿大夫卒。

蕭・陞高　清湘潭人。字榮階。讀書通大義。洪楊事起。從左宗棠轉戰浙閩間。累功爲河州總兵。治軍寬猛相濟。性孝友。父嘗患瘍劇甚。輒口吮呼天乞代。未幾瘡合。人謂孝感。

蕭・乾　陳子範子。字思惕。善隸書。得叔父子雲之法。舉明經。累遷建安太守。天嘉中劉異反。陳寶應助之。閩中守宰。並受其迫脅。乾獨不屈。徙居郊野。屛絕人事。及寶應平。乃出。授五兵尙書。卒謚靜。

蕭・乾元　明萬安人。字必克。弘治進士。爲御史。上疏數官官劉瑾等姦狀。逆旨。廷杖罷歸。瑾誅。起爲建兵備僉事。陞雲南副使。尋引疾去。

蕭・偉　梁文帝八子。武帝弟。字文達。天監初封建安王。有惡疾。所生母陳太妃卒。毀頓過禮。水漿不入口累日。惡疾轉增。因求改封。封南平。官至大司馬。卒謚元襄。偉性端雅。持軌度。少好學。趨賢重士。四方知名者多歸之。◎明長沙人。字豈凡。崇禎中武舉。授王會都司。威德並著。時峒蠻爲寇。偉單騎深入。死之。

蕭・國寶　元紹興山陰人。寓吳江。字君玉。號輝山。工詩。有輝山存稿。

蕭・堅　梁綸子。字長白。以例封汝南侯。善草隸。性頗庸短。侯景圍城。堅屯太陽門。終日蒱飲。不撫軍政。士咸憤怨。書佐董勛華等以繩引賊登樓。遂陷。堅遇害。

蕭・執　明泰和人。字子所。洪武初舉於鄕。爲國子學錄。太祖有事北郊。召執等齋宮賦詩。特加寵眷。以親老乞歸。親沒。廬墓側。鄧鎭統兵勦龍泉寇。蔓及泰和。執往責之。鎭爲禁止。邑人以安。

蕭・崇之　南齊尙之弟。字茂敬。以幹能顯。爲政尙嚴厲。官至冠軍將軍・東陽太守。永明中錢唐唐寓之反。別衆破東陽。崇之遇害。梁天監初追謚忠簡。

蕭・崇業　明建水人。字允修。隆慶進士。由庶常授兵科給事。歷戶工二垣。先後封事數十上。奉使册封琉球。及還。記其山川風俗。爲使琉球錄。後官南京右僉都御史。以養母告歸卒。

蕭・崑　明將樂人。字叔岡。嘗從蔡清受業。正德中舉於鄕。教諭績溪。聘入粵闈。遂爲宸濠所執。欲降之。崑慷慨言曰。殿下違祖訓。干天命。復欲辱義士乎。卒不屈死。

蕭・常　宋廬陵人。鄕貢進士。父壽朋。病陳壽三國志帝魏黜蜀。欲爲更定。未及成書而卒。常因述父志作續後漢書。義例精審。爲後人所稱。

蕭・常哥　遼國舅之族。字胡獨堇。魁偉寡言。年三十餘。始爲祗候郎君。壽隆中以女爲燕王妃。拜永興宮使。累官侍中。卒謚欽肅。

蕭・得里底　遼孝先孫。字糺鄰。短而僂。外謹內倨。歷寧遠軍節度使。知北院樞密事。天慶中封蘭陵郡王。女眞初起。朝議多欲擧兵往討。得里底獨阻之。以至敗衄。尋官樞密使。時諸路飛章告急。得里底不即上聞。阻過功賞。人無鬭志。保大中天祚西遁。怒逐得里底。後爲耶律九斤所得。送之耶律淳。自知不免。詭曰吾不能事僭竊之君。不食數日卒。

蕭・得裏特　遼遙輦洼可汗宮分人。善阿意順色。清寧初耶律乙辛用事。甚見引用。皇太子廢。得裏特監送上京。數加陵侮。至則築圜堵囚之。歷官國舅詳穩。後坐怨望。以老免死。

蕭・推　梁機弟。字智進。少淸敏好屬文。普通中以王子例封南浦侯。歷淮南。晉陵。吳郡太守。所臨必赤地大旱。吳人號旱母。侯景之亂。推守東府。城陷。握節死。

蕭・排押　遼國舅少父房之後。字韓隱。多智略。能騎射。統和中破宋將曹彬・米信兵於望都。凡軍事有疑。每預參決。開泰中以宰相知西南面招討使。進王東平。再伐高麗。至開京。敵奔潰。縱兵俘掠而還。渡茶陀二河。

敵夾射。排押委甲仗走。坐免官。太平中復王豳卒。

蕭・掄 【清】太倉人。字子山。諸生。工詞。有判花閣詞。

蕭・授 【明】華容人。以千戶從成祖起兵。積功至都督僉事。永樂中充總兵官。鎭守湖廣貴州。在鎭二十餘年。討平苗蠻數十部。威信大行。進左都督。卒諡靖襄。

蕭・捷三 【清】武陵人。字敏南。道光間武舉人。以戰功累擢至都司。咸豐間從曾國藩領水師。轉戰湖北江西。攻湖口。中飛礮卒。諡節愍。

蕭・惟信 【遼】楮特部人。字耶寧。資沈毅。篤志於學。重熙中遷北面樞密副使。兼北面林牙。清寧中耶律重元作亂。犯灤河行宮。惟信從耶律仁先破之。賜號竭忠定亂功臣。歷南京留守。再爲北院樞密副使。守司徒卒。

蕭・啓 【明】江西龍泉人。字斯暘。宣德進士。累官僉都御史。巡撫山西。減冗軍以甦民困。募富民以實邊儲。凡政有利害。罷行惟宜。

蕭・啓江 【清】湘鄉人。字濬川。耳重聽。人呼爲蕭聾。咸豐間從羅澤南禦洪楊軍。尋獨將一軍。克茶陵。復萬載。克臨江。解桂林圍。積功官至按察使。石達開由黔竄蜀。啓江入川截勦。卒於軍。諡壯果。

蕭・啓聖 【清】江西樂安人。父喪日。年七齡。弟鳳騰才四齡。同盡哀禮如成人。事母至孝。力田奉養。至老不衰。雖妻子無所私。沒後。其家五世未嘗析爨。

蕭・晩 【明】吉水人。字啓旦。正德進士。授南刑部主事。以持法律忤近貴。高隆誣奏晩。尙書李承勳爲白其冤。得免。累官至布政使。

蕭・晨 【清】揚州人。字靈曦。號中素。工寫山水人物。師法唐宋。畫雪尤推名手。亦善詩賦。隱梓人中。人以工役之。往役受直。待以詩人。則行朋友之禮。

蕭・望之 【漢】東海蘭陵人。徙杜陵。字長倩。仕至太子太傅。宣帝疾篤。受遺詔輔政。領尙書事。元帝卽位。望之以師傅見重。多所匡正。後爲弘恭・石顯所陷。飲鴆自殺。帝聞之涕泣。哀動左右。

蕭・淵 【宋】廬陵人。寧宗時襄州兵亂。藉岳州爲根本。制閫辟淵爲通判。攝州軍。規畫整肅。外壓湖寇。內控江南。一時倚賴。◎【明】堂邑人。字文靜。第進士。由行人擢御史。多所彈劾。出爲山西僉事。以忤逆璫謫鄭州。流賊萬騎攻城。淵登陴禦之。賊引去。遷潼關兵備副使。商洛番夷亂。率兵討平之。旋以疾致仕卒。

蕭・淮 【明】桂林中衛人。字東之。正德進士。由行人擢御史。時宸濠將作難。人無敢言者。淮奏宜勅錦衣衛究治。帝遣內臣賴義等往戒諭之。革其護衛。不數日反書聞。世宗嗣位。淮請裁汰錦衣冗員數千。歷僉都御史。巡撫延綏卒。

蕭・琅 【隋】千乘縣尹。有惠愛。及卒。民立祠祀之。諡曰信公。

蕭・球 【明】廬陵人。邑諸生。崇禎末賊破城。球隱重壁間。聞弟瓚被執。泣而出曰。願以死代弟。瓚爭就死。兵怒。兩殺之。

蕭・痕篤 【遼】軫迭剌部人。字元里。少慷慨。以才能自任。早隸太祖帳下。數從征討。旣踐阼。余北府宰相。痕篤事親孝。爲政尙寬簡。

蕭・翊 【元】讓子。爲無爲路學教授。親沒廬墓。事聞。旌其門。

蕭・訛里 【遼】耶律朮者妻。性端慤。有容色。朮者死。居喪極哀毀。旣葬。自刃死。

蕭・訛都斡 【遼】國舅少父房之後。咸雍中補牌印郎君。耶律乙辛陰懷逆謀。訛都斡附之。後與乙辛議不合。銜之。復以車服僭擬人主。坐誅。

蕭・貫 【宋】謂子。字貫之。俊邁能文。尙氣槪。舉進士甲科。仁宗時累遷兵部員外郎。召試知制誥。未及試而卒。貫臨事敢爲。不苟合於時。有文集。

蕭・逢辰 【宋】泰和人。開慶初金兵自廣右湖北逼吉州。詔起逢辰爲江西副。拜命之日。警報卒至。逢辰挈家入城。城中始有固志。或言當清野以待敵。逢辰力持不許。卒賴以安。

蕭・速撒 【遼】突呂不部人。字禿魯菫。太康初知北院樞密使。耶律乙辛權寵方盛。速撒未嘗造門。乙辛銜之。誣速撒首謀廢立。出爲上京留守。乙辛復令蕭訛都斡以前事誣告。帝怒。遣使殺之。

蕭・陶隗 【遼】字烏古鄰。太康中累官契丹行宮都部署。陶隗剛直有威重。每有大議。必毅然決之。見權貴無少屈。爲耶律阿思所誣。免官。後起爲塌母城節度使。未行卒。

蕭・陶蘇斡 【遼】突呂不部人。字乙辛隱。謹愿不妄交。補筆硯小底。天慶中爲漢人行宮副部署。累立戰功。以太子太傅致仕卒。

蕭・頃 【後唐】廩子。字子澄。聰悟善屬文。唐昭宗朝擢進士第。歷右補闕。歷梁爲禮部侍郎。知貢舉。有能名。拜中書門下平章事。明宗時以太子少保致仕卒。

蕭・凱 【後魏】寶夤子。仕至司徒左長史。妻長孫稚女。輕薄無禮。凱母南陽長公主數加譴責。天平中凱遣奴害公主。乃轘凱於東市。妻梟首。家遂殄滅。

蕭・幾 【梁】遙欣子。字德玄。年十

戯。能屬文。早孤。有弟九人。皆稚。撫恩愛篤睦。聞於朝野。累官尚書左丞。末年專尚釋教。卒於新安太守。

蕭·復 唐嵩孫。字履初。常衣垢敝居一室。以清操顯。廕爲宮門郎。歷歙池二州刺史。潔己愛民。父老立碑頌德。與元初進門下侍郎。臨事方嚴。素啣帝意。後廢居饒州卒。

蕭·惠 遼阿古只五世孫。字伯仁。小字脫古思。從伯父排押征高麗。惠力戰破之。重熙中帝征夏國。惠自河南進。不設備。夏師至。惠幾不免。軍士死傷尤衆。師還。以惠子慈氏奴沒於陳。詔釋其罪。封魏王卒。

蕭·惠休 南齊惠基弟。永元初由吳興太守徵爲尚書右僕射。時朝士多見殺。惠休還至平望。帝令服藥而卒。

蕭·惠明 南朝宋惠開弟。亦有時譽。泰始初爲吳興太守。元徽末卒官。

蕭·惠基 南齊惠明弟。幼以外戚見江夏王義恭。歎其詳審。以女結婚。歷湘東武陵豫章東陽四郡。無所蓄聚。永明中以久疾徙爲侍中。累遷太常。加給事中卒。

蕭·惠朗 南齊惠休弟。善騎馬。同桂陽賊叛。高帝赦之。永明中爲西陽王征虜長史。行南兗州事。坐法免官卒。

蕭·惠開 南朝宋思話子。初爲祕書郎。累遷襄陽太守。襲封封陽縣侯。累官都督益寧二州刺史。嚴用威刑。蜀人號曰臥虎。晉安王子勛反。惠開應之。子勛敗。明帝以蜀土險遠。釋惠開不治。後除少府加給事中卒。

蕭·斌 南朝宋摹之子。彭城王義康鎭豫章。以爲大將軍諮議參軍。豫章太守。歷輔國將軍。青冀二州刺史。元嘉中坐滑臺退敗免官。後起爲南平王鑠右軍長史。與元凶劭爲逆。伏誅。

蕭·晶 唐俛五世孫。賢而有謀。任雅相伐高麗。表爲記室。越王貞舉兵。杖策詣之。陳三策。王不用。乃亡去。客死廣陵。

蕭·景 梁武帝從父弟。字子昭。八歲居喪。以毀聞。既長好學。才辯能斷。齊建武中爲永寧令。政爲百城最。中興初爲南兗州刺史。淸恪有威。吏人敬畏如神。天監中累轉安右將軍。監揚州。尤以明斷稱。卒諡忠。

蕭·景先 南齊高帝從子。累官至領軍將軍。丹陽尹。建元中蒼人桓天生引蠻寇雍州。人情騷動。帝以景先諳究司土。假節司州諸軍。景先至鎭。屯軍城北。百姓乃安。卒於軍。諡忠。

蕭·景茂 元龍溪人。性剛直孝友。家貧力農。至元中南勝縣民李智甫作亂。掠龍溪。景茂與兄佑集鄉丁拒之。據險與賊戰。衆敗被執。不屈死。

蕭·普達 遼字彈隱。開泰中爲烏古部節度使。敵烈部叛。討平之。歷西南面招討使。党項叛入西夏。普達討之。中流矢沒於陣。

蕭·朝貴 清桂平人。洪秀全之妹壻。咸豐間秀全起事。封西王。犯湖南。聞長沙無備。由醴陵進攻。爲江忠源所敗。中礮死。

蕭·棟 梁歡子。字元吉。簡文廢。侯景奉以爲主。棟方與妃張氏鋤葵。而法駕奄至。棟驚不知所爲。泣而升輦。即帝位。年號天正。未幾行禪讓。封淮陰王。鎖於密室。景敗。得出。後爲宜猛將軍朱買臣沈於水。

蕭·渤 宋皇祐中知南雄州。渤精敏過人。不撓於法。民安其政。

蕭·琮 隋巋子。字溫文。性寬仁。博學有文藝。兼善弓馬。巋卒嗣位。年號廣運。文帝即位。徵入朝。廢梁國。拜琮爲柱國。賜爵莒國公。煬帝立。以琮皇后弟故。甚見親重。改封梁公。後廢於家。

蕭·琛 梁惠開從子。字彥瑜。少明悟。有才辯。武帝在西邸。與琛有舊。天監中累遷平西長史。江夏太守。琛頻涖大郡。不事產業。特進金紫光祿大夫。卒諡平。有漢書文府。齊梁拾遺。文集。

蕭·盛 明陽武人。七歲母沒。號慟幾絕。後舉於鄉。父及繼母沒。並廬墓三年。成化中旌其門。

蕭·統 梁武帝長子。字德施。小字維摩。生而聰睿。五歲遍讀五經。讀書數行並下。過目皆憶。天監中立爲皇太子。東宮有書三萬卷。引納賢士。相與商榷古今。一時名才並集。性至孝。母丁貴嬪有疾。朝夕奉侍。衣不解帶。體素壯。腰帶十圍。居喪哀毀。減削過半。士庶見者。莫不下泣。性寬和。明於庶事。帝使省萬機。內外百司奏事者塡塞於前。皆卽辯析。示其可否。平斷法獄。多所全宥。天下皆稱仁。年三十一而卒。男女奔走宮門。號泣滿路。諡昭明。有文集及文章英華等書。所撰文選三十卷。眞集秦漢以來詩文甚富。實爲總集之祖。自唐以來。甚寶重之。

蕭·舜俞 宋揚子人。宣和中金人南侵。劉豫棄官避亂眞州。建炎初起知濟南府。遂降兀朮。僭立僞齊。舜俞三表諫豫。乞反命南歸。豫不從。遂貶舜俞淮陽軍。

蕭·舜咨 宋舜俞弟。慶元進士。剛介特立。累官江西提刑。所至有聲。

蕭·華 唐嵩子。天寶末爲兵部侍郎。安祿山亂。陷賊。逼守魏州。郭子儀攻安慶緖於相州。華欲舉魏以應。爲賊所執。崔光遠得魏州。出之。詔授刺史。上元初遷同中書門下平章事。李輔國用事。求宰相。華拒之。輔國怨。會肅宗大漸。矯詔罷爲禮部尚書。再貶爲峽州司馬卒。

蕭·象 梁懿子。字世翼。容止閑

雅。善於交游。事母以孝聞。授明威將軍·丹陽尹。參生長深宮。逮親庶政。擧無失德。朝廷稱之。累遷太常卿。加侍中。官至祕書監。卒諡敦。

蕭·賁 [梁]子良孫。字文奐。好學有文才。善書工畫。好著述。爲湘東王法曹參軍。後坐事收付獄餓死。有西京雜記·辯舊傳。◎[梁]正立子。字世文。性躁湯。伯父正德爲侯景所立。賁出投之。專監造攻具。以攻臺城。常爲賊耳目。南康王會理謀襲京。賁與子邕告之。賊矯封賁竟陵王。子邕隨郡王。並改姓侯氏。爲宗正卿。專權陵蔑朝政。俄而賊惡其翻覆。殺之。

蕭·賀 [宋]謂子。字慶之。咸平進士。累官御史。負直聲。鑒有樗木。或曰。是凡材也。宜易以柏。賀曰。道有不直。宜惟其人。何物之忌乎。作宥樗賦以見志。終職方員外郎。

蕭·鈞 [南齊]高帝十一子。字宣禮。出繼伯父衡陽王道度。性至孝。好學善屬文。嘗手自細書五經。置巾箱中。吳郡張融清抗絕俗。唯雅重鈞。謂從兄緒曰。衡陽王飄飄有淩雲氣。其風情素韻。彌足可懷。歷位祕書監·撫軍將軍。延興初爲明帝所殺。◎[唐]瑶從子。有才譽。爲諫議大夫。盧文操盜庫財。高祖以自盜罪。命有司殺之。鈞曰。若是則天下謂陛下重貨輕法。帝曰。眞諫議也。詔原死。尋爲太子率更令。兼崇文館學士。有韻旨及集。

蕭·開泰 [明]雅安人。初名汝階。好數學。充同文館編書官。著算書十餘種。

蕭·雲從 [明]蕪湖人。字尺木。號無悶道人。明崇禎副貢。不赴銓選。以詩文自娛。兼工畫。得倪黃筆法。有梅花堂遺稿。

蕭·雲舉 [明]宣化人。字允升。萬曆進士。歷官禮部尙書。平居嗜古著書。卒諡文端。有青藜集。

蕭·雅 [宋]吉州人。僑寓樂昌。字安正。徽宗朝與弟雄·維。俱擢高第。雅以承事郎倅廣州。雄以奉議郎守桂陽。維以宣教郎宰吉水。皆有政績。時稱蕭氏三令君。

蕭·陽阿 [遼]字稍隱。識遼漢字。通天文相法。乾統中歷烏古·涅里·順義·彰信等軍節度使。權知東北路統軍使事。耶律耶不鐸·耆幹等叛。陽阿生擒十餘人送行在。坐不獲首惡免官。後權南京留守卒。

蕭·嗣 [梁]範子。字長胤。性驍果。有膽略。倜儻不護細行。而傾身養士。皆得死力。範卒。嗣猶據晉熙。城中食盡。士皆乏絕。侯景遣任約攻嗣。時賊衆方盛。咸勸且止。嗣按劍叱之。及戰。流矢中頸死。

蕭·嗣立 [明]番禺人。字而權。萬曆擧人。事繼母孝。初爲穎上宰。發奸摘伏。崇禎朝流氛日熾。嗣立製火礮火器爲守城具。賊憚之。陞穎州牧。河南賊數十萬合圍攻穎。嗣立臥食城頭八十餘日。衣不解帶卒。

蕭·圓正 [梁]紀二子。字明允。美風儀。善談論。寬和好施。封江安侯。歷西陽太守。有惠政。侯景作逆。圓正收兵衆且一萬。遂跋扈中流。不從王命。南平嗣王恪等醉而囚之。紀敗。與兄圓照俱於獄絕食死。

蕭·圓照 [梁]紀長子。字明周。中大同中爲宋寧宋興二郡太守。武帝特愛紀。紀之構釁。皆其謀也。紀敗。付廷尉獄。絕食死。

蕭·圓肅 [北周]紀五子。字明恭。紀稱尊號。封宜都王。紀率兵下峽。令圓肅副蕭撝守成都。尉遲迥至。與撝俱降。授驃騎大將軍。遷咸陽郡守。寬猛相濟。甚有政績。隋開皇初授貝州刺史。以母老請歸卒。有文集及文海·淮海亂離志等書。

蕭·塔列葛 [遼]五院部人。字雄隱。累遷西南面招討使。重熙中使西夏諭伐宋事。約元昊出別道以會。後授東京留守。以世選爲北府宰相。尋卒。

蕭·塔剌葛 [遼]六院部人。字陶哂。素剛直。太祖時坐事沒入弘義宮。世宗卽位。以舅氏故出其籍。補國舅別部敝史。天祿末爲北府宰相。察割作亂。爲所害。

蕭·嵩 [唐]鈞孫。貌偉秀。開元中以兵部尙書領朔方節度使。吐蕃陷瓜州。河隴大震。徙嵩河西節度使。嵩遣副將杜賓客與吐蕃戰。大敗之。授同中書門下三品。兼中書令。在公愼密。人莫見其際。以尙書右丞相罷歸。後復拜太子太師。乞歸卒。

蕭·幹 [遼]敵魯子。幹一作斡。字婆典。小字項烈。性質直。察割之亂。其黨胡古只與幹善。使人召之。幹不從。縛其人送壽安王。帝嘉其忠。復以伐烏古功。遷北府宰相。累加政事令卒。

蕭·愷 [梁]子顯子。才學譽望。時論以方其父。太清初遷御史中丞。侯景亂。愷於城內遷侍中。尋卒。

蕭·意文 [清]湘鄕人。字章甫。咸豐間從羅澤南。以功敍外委。克武昌。拔小池口。平湖口·九江。累官參將。從李續賓征皖。死於三河鎭之難。諡剛勇。

蕭·敬 [明]爲司禮太監。歷事英宗憲宗。諳習典故。善鼓琴。世宗時卒。年九十餘。

蕭·會理 [梁]績子。字長才。累遷南兗州刺史。侯景圍京邑。臺城陷。景遣董紹先以武帝手敕召會理至京。以爲侍中·司空。兼中書令。雖在寇手。每思匡復。潛布腹心。事覺。爲景所害。

蕭·暘 [明]萬安人。字惟賓。嘉靖擧人。官零陵知縣。有小石集。

蕭楚　〔宋〕泰和人。字子荊。元符鄉舉。其學以窮經爲本。尤深春秋。時蔡京專國。禁春秋學。楚隱居三顧山下。自號三顧隱客。著經辨四十九篇。弟子百餘人。趙暘·胡銓·馮澥皆師之。卒後。門人私謚清節先生。

蕭源　〔明〕福建人。成化末由監生知南康。守己廉介。遇事有守。奸頑不得遂其欲。間以他事誣訐。當道詬曰。蕭知縣惟飲爾一勺水。爾乃敢蠹毒耶。痛笞之。在任九年。始終不變。後致仕去。

蕭照　〔宋〕濩澤人。工畫山水人物。靖康中流入太行。隨李唐南渡。盡以所能授之。紹興中補迪功郎。畫院待詔。賜金帶。

蕭猷　〔梁〕藻弟。封臨汝侯。爲吳興郡守。性倜儻。與楚王廟神交。飲至一斛。每酹祀。盡歡極醉。神影亦有酒色。所禱必從。後爲益州刺史。頗僭濫。武帝知之。還都憂懣卒。謚靈。

蕭瑀　〔唐〕琮弟。字時文。好經術。善屬文。性褊急。鄙遠浮華。仕隋歷河池郡守。高祖入京師。絜郡自歸。親寵無比。封宋國公。累拜左僕射。貞觀初房玄齡。杜如晦新得君。任稍分。瑀乘嫭切詆。辭旨疏躁。數廢復起。歷御史大夫。參與朝政。議論明辨。然不能容人短。後拜同中書門下三品。加特進卒。謚貞褊。

蕭瑞　〔明〕涇縣人。字吉甫。正德進士。除靖安知縣。奉新華林賊起。以有備不敢犯。調廬陵。亦有循績。官終福建右參議。

蕭肄　〔金〕本奚人。有寵於熙宗。復詔事悼后。累官參知政事。憑恃恩倖。倨視同列。遂與海陵有惡。海陵篡立。除名放歸田里。禁錮不得出百里外。

蕭業　〔梁〕懿子。字靜曠。仕齊爲著作郎·太子舍人。武帝以爲寧朔將軍。天監初襲長沙王。累遷湘州刺史。性敦篤。所在留惠。卒謚元。有文集。

蕭裕　〔金〕奚人。本名遙折。海陵篡立。以裕爲祕書監。海陵心忌太宗諸子。欲除之。與裕密謀。裕因構致太傅宗本等反狀。海陵殺宗本等。及太宗子孫七十餘人。秦王宗翰子孫三十餘人。以功爲平章政事。監修國史。後爲右丞相。兼中書令。勢傾朝廷。以謀廢立事覺。伏誅。

蕭詧　〔北周〕統三子。字理孫。好學善屬文。尤長佛義。大通中封岳陽王。爲東揚州刺史。初統卒。武帝舍詧兄弟而立簡文。詧常懷不平。遷雍州刺史。境內稱治。侯景亂後。詧與江陵構隙。恐不能自固。乃遣使稱藩請爲附庸。魏恭帝初。宇文泰令柱國于謹伐江陵。詧以兵會之。及江陵平。泰立詧爲梁主。居江陵東城。詧乃稱皇帝於其國。年號大定。唯上疏則稱臣。奉正朔。在位八載。卒謚宣。廟號中宗。有文集及華嚴般若法華金光明義疏。

蕭誄　〔南齊〕諶弟。字彥文。與諶同預廢立。爲寧朔將軍。建武初封西昌侯。轉太子左率領軍。解司州圍還。同伏誅。

蕭該　〔隋〕恢孫。梁荊州陷。與何妥同至長安。開皇初賜爵山陰縣公。拜國子博士。奉詔與妥正定經史。然各執所見。遞相是非。久而不能就。帝譴而罷之。該又撰漢書及文選音義。

蕭詩　〔清〕松江人。字中素。號芷崖。世業匠。家貧從先業。少穎悟。喜讀書。後爲諸生。工吟詠。精音律。兼善書畫。常自稱蕭木匠。有釋可集。南村詩稿。

蕭資　〔宋〕吉水人。爲文天祥幕下書吏。天祥起兵。資於患難中扶持甚至。空坑兵敗。以全督府印功。升閤門路鈐轄。資性和厚。臨機應變。輯睦將士。總攝細務。任腹心之寄。潮陽移屯。與元兵遇。死之。

蕭道生　〔南齊〕高帝次兄。字孝伯。宋世爲奉朝請卒。建元初追封始安王。謚貞。

蕭道成　〔南齊〕見齊高帝條。

蕭道度　〔齊〕高帝長兄。與高帝俱受學於雷次宗。其父問二兒學業。次宗曰。其兄外朗。其弟內潤。皆良璞也。仕宋至安定太守卒。建元中追封衡陽王。謚元。

蕭道壽　〔元〕興平人。家貧。躬爨以自給。母年八十餘。道壽事養盡禮。每旦候母起。侍盥櫛。凡飲食。必待母食。然後敢食。或母怒。必進杖伏地。受責謝過。候母色霽。乃敢退。母嘗有疾。醫不能療。道壽封股肉啖之而愈。至元中賜羊酒表其門。

蕭達　〔宋〕燧子。淳熙間舉進士。累官至太常卿。嘗知貢舉。於落卷中取眞德秀。時稱其知人。

蕭達魯古　〔遼〕遙輦嘲古可汗宮分人。性姦險。清寧間耶律乙辛爲樞密使。竊權用事。陰懷逆謀。達魯古比附之。遂見獎拔。乙辛欲害太子。以達魯古兒果可使。擢爲國舅詳穩。乾統間大索乙辛黨人。達魯古以賂獲免。後以疾卒。

蕭酬斡　〔遼〕國舅少父房之後。字訛里本。父別里剌以后父封趙王。酬斡貌雄偉。性和易。年十四。尚越國公主。母入朝。坐巫蠱事伏誅。詔酬斡與公主離婚。流烏古敵烈部。天慶中以妹復尊爲太皇太妃。召酬斡爲南女直詳穩。遷征東副統軍。東京叛。遇敵來擊。師潰。獨酬斡率麾下數人力戰。沒於陣。

蕭鉅　〔隋〕琮弟子。小名藏。煬帝甚

呢之。以爲千牛。與宇文晶出入宮掖。伺察內外。帝每有遊宴。鉅未嘗不從。遂於宮中多行淫穢。江都之變。爲宇文化及所殺。

蕭·鉉 南齊高帝十九子。字宣胤。封河東王。隆昌初歷中書令。明帝誅諸王。以鉉年少才弱。故不加害。建武之世。高武子孫憂危。鉉每朝見。常鞠躬俯僂。不敢平行直視。遷侍中。衞將軍。尋免官。以王還第。禁不得與外人交通。永泰初帝疾暴甚。遂害鉉。時年十九。◎明許州人。崇禎初父被讐誣陷死。及葬。夫婦躍入壙中。親戚解救歸。至晚。與妻盧氏並縊。

蕭·雍 明彥弟。萬曆進士。爲廣東按察使。官績亞於彥而學過之。時稱二蕭。

蕭·雷龍 宋建昌新城人。字顯辰。景定進士。通判衢州。權知府事。元兵薄城下。不降。脫去還建昌。建昌已降。雷龍與同里人黃巡檢起兵。勢不支。將趨入閩。爲同安武人獲送縣。縣尹劉聖仲與雷龍有怨。殺之。

蕭·飲 北齊梁宗室子。封安城王。博學善屬文。天保時爲一代文宗。專掌詞令。歷侍中。僕射。尚書令。有集三十卷。梁史百卷。

蕭·鼎 明海陽人。字伯鉉。天順進士。任工部虞衡司主事。總理遵化鐵冶。革宿弊。完舊逋課以萬計。歷溫州知府。毀淫祠百餘。僧尼少者諭使還俗。歲餘以疾歸。

蕭·僧珍 南朝宋元嘉末爲山陽太守。魏人入寇。僧珍蓄陂水令滿。待其至。決以灌之。魏人至山陽不敢攻。

蕭·嘉祐 明永樂間知恭城縣。處事公平。待人以信。雖山谷猺獞。以片紙招之。無敢後期者。暇輒與諸生講學。士風大振。

蕭·圖古辭 遼褚特部人。字何寧。仕重熙中以能稱。清寧中拜南府宰相。北院樞密使。許便宜從事。爲人姦佞。專愎好聚斂。變更法度。爲樞密數月。免爲庶人。後沒入興聖宮卒。

蕭·圖玉 遼海瓈子。字兀衍。統和中爲烏古部節度使。尚金鄉公主。拜駙馬都尉。加同政事令門下平章事。上言阻卜服化。宜治以節度使。帝從之。後節度使往往非材。部民怨而思叛。開泰初阻卜復叛。圖玉遣人誘諸部皆降。坐事罷使相。尋起爲烏古敵烈部詳穩。以老代還卒。

蕭·奪刺 遼遙輦洼可汗宮人。字挼懶。體貌豐偉。騎射絕人。乾統初以久練邊事。爲西北路招討使。北阻卜耶覩刮率鄰部來侵。奪刺逆擊。追奔數十里。明年乘耶覩刮無備。以輕騎襲之。獲馬萬五千匹。牛羊稱是。後爲東北路統軍卒。

蕭·愿 後周頃子。字惟恭。弱冠舉進士第。歷給事中。右常侍。祕書監。性純謹。事父母未嘗不束帶而見。然嗜酒無節。職事弛慢。卒時年七十餘。其母猶在。一門壽考。人罕及者。

蕭·慨 北齊退子。深沈有體表。好學。工草隸書。歷著作佐郎。待詔文林館。卒於司徒從事中郎。

蕭·暢 梁武帝弟。有美名。仕齊爲太常。封江陵縣侯卒。天監初追封衡陽王。諡宣。

蕭·暠 南齊高帝六子。字宣曜。封安成王。累遷散騎常侍。祕書監。領石頭戍事。性清和。多疾。卒年二十四。諡恭。

蕭·滴冽 遼遙輦鮮質可汗宮人。字國寧。重熙初奉詔使宋。傷足而跛。不告遂行。帝怒。及還。降同簽南京留守事。累遷右夷離畢。以才幹見任使。會西征。元昊乞降。帝以前後反覆。遣滴冽往覘誠否。因爲元昊陳逆禍福。聽命乃還。拜西京留守卒。

蕭·澄 明以畫水名。常於波濤轉折處寓一蕭字。或一澄字。以爲款識。

蕭·漢 明南豐人。字雲濤。崇禎進士。知鍾祥縣。流賊薄城。漢佐巡撫宋一鶴拒之。殺傷甚多。元旦突圍謁獻陵。賊騎挾之去。明日城陷。送漢吉祥寺。自剄死。

蕭·漢中 元泰和人。字景元。所著讀易考原。推闡卦序。頗具精理。

蕭·禎 明陝西人。正德初由監生任清流縣丞。廉介剛明。愛民如子。鄰寇竊發。警報至。率民夫斷龍津鳳翔二橋以拒之。不數日。賊衆來攻。橋絕不能渡。民賴保全。

蕭·福祿 清河州人。乾隆中由行伍隨征金川及蘭州回。以功擢守備。嘉慶間隨勦川陝楚教匪。每戰輒勇往直前。疾馳追踪。擢巴里坤鎮總兵。又平西寧口外黑番。道光間仕至浙江提督。卒諡襄恪。

蕭·碁 後漢隆慮人。修道天平山延壽宮。善吹簫。能致鳳鸞翔集於前。號碧霄眞人。道成。白日沖舉。

蕭·綜 梁武帝二子。字世謙。有才學。善屬文。封豫章郡王。歷郢徐二州刺史。普通初入爲侍中。初其母吳淑媛自齊東昏宮得幸於帝。七月而生綜。宮中多疑之者。綜遂懷異志。奔魏。以爲侍中。太尉。封丹陽王。改名纘。字德文。追爲東昏服斬衰。大通初蕭寶寅在魏據長安反。綜自洛陽北遁。將赴之。爲津吏所執。魏人殺之。（按魏書北史俱作蕭贊。又謂綜既被執。朝議明其不相干預。拜齊州刺史。爾朱兆入洛。綜棄州爲沙門。潛趣白鹿山至陽平病卒。與梁書稍異。）

蕭·綸 梁武帝六子。字世調。博學善屬文。尤工尺牘。天監中封邵陵王。歷揚郢等州刺史。太清中以征討大都督討侯景。兵敗。奔還京口。復與史大連等入援。進位司空。元帝遣師逼綸。綸軍潰。走汝南。爲西魏大將軍楊忠儀等所執。不屈死。諡攜。

蕭維禎 明廬陵人。宣德進士。累官刑部尚書。練達事體。老於斷獄。

蕭蒲奴 遼奚人。字留隱。幼孤貧。傭醫家。牧牛傷人稼。數遭笞辱。醫者嘗見蒲奴熟寐有蛇繞身。異之。教以讀書。不數年。涉獵經史。習騎射。重熙中累官奚六部大王。致仕卒。

蕭蒲离不 遼惠四世孫。字桵懶。性孝悌。祖父兀古匿卒。哀毀踰禮。力學。於文藝無不精。乾統間累徵皆以疾辭。晚年謝絕人事。卜居抹古山。屏遠葷茹。潛心佛書。無疾而逝。

蕭誠 唐工書。李邕常不許誠書。誠乃詐爲古帖。示邕曰。右軍眞跡。邕歎爲眞。誠以實告。邕復取視曰。細看殊未佳。

蕭誕 南齊高帝絕服族子。字彥偉。延興初自徐州刺史爲持節督司州刺史。封安德侯。建武初魏攻司州。誕盡力拒守。遷左衞將軍。弟諶誅。誕東身受戮。

蕭遘 唐復曾孫。字得聖。咸通中擢進士第。僖宗時累拜司空。封楚國公。遘負大節。以王佐自任。旣當國。風采峭整。田令孜討王重榮。兵敗。帝幸鳳翔。朱玫立嗣襄王熅。而召遘作册。遘苦辭。熅罷遘爲太子太保。移疾不出。帝還宮。宰相孔緯劾其嘗爲僞臣。卽賜死。時人哀之。

蕭遙光 南齊鳳子。字元暉。襲父爵。永泰初爲大將軍。帝不豫。遙光數入侍疾。河東王鉉等七王一夕見殺。遙光意也。帝崩。少主卽位。遙光輔政。潛結江祏兄弟謀自樹立。弟遙欣在鎭。亦密相影響。會遙欣死。祏誅。遙光不自安。遂反。被誅。

蕭遙昌 南齊遙欣弟。字季暉。建武初進號冠軍將軍。豫州刺史。封豐城縣公。元宏寇壽春。遙昌遣參軍崔慶遠說卻之。永泰初卒。諡憲。

蕭遙欣 南齊遙光弟。字重暉。建武初歷荆州刺史。封曲江公。遙欣好勇。聚畜武士。永泰初以雍州敵寇。詔遙欣以本官領刺史。寧蠻校尉。移鎭襄陽。寇退不行。永元初卒。諡康。

蕭銑 唐巖孫。少貧傭書。事母孝。隋煬帝以外戚擢爲羅川令。大業末岳州校尉董景珍等謀反。推銑爲梁公。僭稱皇帝。建元鳳鳴。一用梁故事。武德初徙都江陵。詔趙郡王孝恭與李靖率兵討之。銑敗。率官屬詣軍門謝。孝恭受之。送京師。斬於都市。自開國至滅凡五年。

蕭韶 梁猷子。字德茂。太清初爲舍人。城陷。奉詔西奔。及至江陵。人士多令韶說城內事。韶疏爲一卷。客問者便示之。後更爲太清紀。多非實錄。湘東王德之。改封長沙王。韶幼時庾信愛之。有斷袖之歡。衣食所資。皆信所給。後爲郢州刺史。信西上江陵。途經江夏。韶接信甚薄。引信入宴。坐信別榻。有自矜色。信不堪。因酒酣。乃徑上韶牀。踐蹋肴饌。直視韶面謂曰。官今日形容大異近日。時賓客滿坐。韶甚慚恥。⊙明常熟人。字鳳儀。宣德間諸生。有俊才。嘗集藥名作桑寄生傳。

蕭鳳 南齊道生子。字景慈。宋時官至正員郎卒。追諡靖世子。建元初追封始安王。

蕭鳴和 元工畫人物。

蕭鳴鳳 明浙江山陰人。字子雝。少從王守仁游。舉正德進士。授御史。督學南畿。人士以比前御史陳選。曰陳泰山蕭北斗。歷官河南廣東兵備副使。督學政。廉潔無私。然性剛狠。以憤撻肇慶知府鄭漳。坐降調。鳴鳳遂不出。

蕭鳴霄 明漢川人。崇禎時武舉。巡撫宋一鶴辟爲參軍。殺賊有功。授辰州府參將。弗就。家居。寇至圍城。鳴霄力戰卻之。一城獲全。

蕭儀 明江西樂安人。字德容。永樂進士。任吏部主事。初與主事陳良因建言謫戍。當道疏救。還職。又言罷營繕·惜名器等事。下獄死。儀有文學。好節義。談者稱之。有襪線集。

蕭德 遼褚特部人。字特末隱。性和易。篤學好禮法。淸寧初以德爲先朝眷遇。拜南府宰相。耶律重元之亂。推鋒力戰。論功封漢王。加尙父。致仕卒。

蕭德妃 遼耶律淳妻。淳死。遺命立秦王定以存社稷。德妃爲皇太后。以守燕。及金兵至。德妃歸天祚。天祚怒。遂誅德妃。

蕭德言 唐引子。字文行。明左氏春秋。陳亡。徙關中。詭浮屠服。亡歸江南。貞觀時歷著作郎。弘文館學士。詔魏徵·虞世南·褚遂良及德言。裒次經史百氏帝王所以興衰者上之。帝愛其書博而要。賚賜尤渥。德言晚節學愈苦。每開經輒祓濯束帶危坐。高宗立。拜銀靑光祿大夫。卒年九十七。諡博。

蕭德祥 元杭州人。號復齋。以醫爲業。凡古文俱櫽栝爲南曲。街市盛行。有雜劇東堂老及南曲戲文。

蕭慶 漢何曾孫。元狩中以酇戶二千四百封慶爲酇侯。卒諡共。

蕭撝 北周秀子。字智遐。年十二入國學。博覽經史。雅好屬文。仕梁歷益州刺史。守成都。文帝遣大將軍尉遲迥入劍閣。至成都。撝見兵少。遂請降。以城歸魏。孝閔帝踐阼。出爲上州刺史。爲政仁恕。元旦放囚歸家。如期而至。秩滿。部民上表乞留。累官少傅。卒謚襄。攜善草隸。名亞於王褒。有詩賦雜文數萬言。

蕭撒八　【遼】孝穆子。字周隱。重熙初補祇候郎君。性廉介。風姿爽朗。善毬馬馳射。每燕飲。喜諧謔。雖承寵顧。常以禮自持。時人稱之。重熙末出為西北路招討使。封武寧郡王卒。

蕭摹之　【南朝宋】蘭陵人。元嘉中為丹陽尹。上言佛入中國。已歷四代。形像塔寺。所在千數。材竹銅綵。靡損無極。無關神祇。有累人事。不為之防。流患未息。自今欲鑄銅像。皆得列言。須報乃行。帝從之。

蕭摩訶　【陳】南蘭陵人。字元胤。少孤。果毅有勇力。從吳明徹北伐。領騎深入敵城。縱橫奮擊。無不披靡。明徹謂其才不減關張。以功累官侍中。驃騎大將軍。封綏遠郡公。入隋。授開府儀同三司。尋從漢王諒詣并州。同諒作逆。伏誅。

蕭敵烈　【遼】字涅魯袞。識度弘遠。為鄉里推重。始為牛羣敞史。帝聞其賢。召入侍。遷國舅詳穩。敵烈寬厚達政體。廷臣皆謂有王佐才。為中京留守卒。

蕭敵魯　【遼】字敵輦。世為決獄官。性寬厚。膂力絕人。習軍旅事。太祖潛藩。日侍左右。凡征討必與行陣。既即位。敵魯與弟阿古只皆總宿衛。拜敵魯北府宰相。世其官。神冊中卒。

◎【遼】太和宮分人。精醫術。人有疾。觀其形色。即知病所在。統和中宰相韓德讓貴寵。敵魯希旨言德讓宜賜國姓籍橫帳。由是世預太醫選。

蕭敷　【南齊】梁武帝次兄。字仲達。累遷隨郡內史。招懷遠近。黎庶安之。建武中卒。武帝即位。追封永陽郡王。謚昭。

蕭毅　【南齊】景先子。建武初守琅邪城。性奢豪。好弓馬。為明帝所疑忌。王晏事敗。遣軍圍毅宅。收殺之。

蕭毅中　【明】公安人。字元衡。萬曆進士。授安福令。考授監察御史。魏璫擅權。毅中抗疏廷爭。因被逐。後起為南贛巡撫。

蕭樂音奴　【遼】字婆丹。三歲居父母喪。毀瘠過甚。既長。有遠志。不樂仕進。隱於奚王嶺之插合谷。就拜舍利軍詳穩。年四十始為護衛。平耶律重元亂。以功累遷五蕃部節度使卒。

蕭確　【梁】綸子。字仲正。少驍勇有文才。大同初封正階侯。徙封永安。侯景圍臺城。帝使出見景。景愛其膂力。恆令在左右。後與景獵鍾山。引弓射景。弦斷不得發。景覺殺之。

蕭範　【梁】恢世子。字世儀。溫和有器識。累官雍州刺史。得將士心。甚有時譽。太清初改鎮合肥。侯景陷京邑。入援。遷開府儀同三司。臺城陷。範棄合肥請兵於魏。魏據合肥而不出師。範進退無計。乃引軍至湓城。尋陽王大心疑範。市糴不通。衆多餓死。範恚。疽發背卒。

蕭緬　【南齊】鳳弟。字景業。封安陸王。歷吳郡太守。大著風績。累遷雍州刺史。加都督。留心辭訟。人人呼至案前。親自顧問。有不得理者。勉諭之。退皆無恨。及卒喪還。百姓沿沔水而哭。設祭於峴山。為立祠。謚昭。（按南史作蕭緬。此從南齊書。）

蕭賚　【隋】有雋才。住青楊巷。何妥少機警。住白楊巷。語曰。世有兩雋。白楊何妥。青楊蕭賚。

蕭鋒　【南齊】高帝十二子。字宣穎。封江夏王。隆昌初入為侍中。領驍騎將軍。鋒好琴書。有武力。明帝殺諸王。鋒遺書誚責。左右不為通。明帝深憚之。不敢於第收鋒。使兼祠官於太廟。夜遣兵於廟中害之。時年二十。

蕭銳　【南齊】高帝十五子。字宣毅。封南平王。永明中為湘州刺史。鬱林即位。進號前將軍。延興初害諸王。遣裴叔業平尋陽。仍進湘州。銳防閤周伯玉勸銳拒叔業。而府州力弱不敢動。銳見害。年十九。

蕭銶　【南齊】高帝十八子。字宣攸。封晉熙王。永明中除驍騎將軍。延興初進號征虜將軍。尋見害。年十六。

蕭叡明　【南齊】諶從祖兄弟。字景濟。初仕員外殿中將軍。母病躬禱。夕不假寐。及亡。不勝哀而卒。

蕭廩　【唐】倣子。字富侯。咸通進士。累遷尚書郎。為人退約少合。廣明初遷京兆尹。田令孜養子有罪。捕繫獄。請救踵門。廩不納。杖殺之。內外畏懾。令孜拒黃巢。以廩為糧料使。辭疾。貶賀州司戶參軍。後挈族逃河朔。光化中以給事中召。不至卒。

◎【明】萬安人。字可發。嘉靖進士。擢御史。萬曆初巡按浙江。請祀建文朝忠臣十二人。從祀王守仁於文廟。以田。大吏爭希張居正指增賦。廩令如額而止。累官兵部左侍郎卒。

蕭憺　【梁】武帝十一子。字僧達。齊和帝時以憺為荊州刺史。天監初加安西將軍。封始興郡王。時軍旅之後。公私空乏。憺勵精為治。廣屯田。省力役。民有訟者。決於俄頃。曹無留事。卒謚忠武。

蕭撻不也　【遼】字斡里端。性剛直。太康中尚趙國公主。為同知漢人行宮都部署。與耶律撻不也善。耶律乙辛嫉之。令人誣告謀廢立事。不勝搒掠誣服。遂見殺。

蕭撻凜　【遼】思溫再從姪。字駝寧。幼敦厚有才略。通天文。統和中夏人梗邊。皇太妃受命討之。撻凜為阻卜都詳穩。凡軍中號令。皆委撻凜。師還。

以功加兼侍中。封蘭陵郡王。後伐宋至澶淵。中伏弩卒。

蕭曅 【南齊】高帝五子。字宣照。封武陵王。建元中爲會稽太守。武帝卽位。爲中書令。遷祠部尙書。帝崩。太孫未立。衆論喧疑。曅衆中言曰。若立長。則應在我。立嫡則應在太孫。鬱林既立。甚見憑賴。隆昌初卒。諡昭。

蕭曄 【梁】映弟。字通明。封上黃侯。爲晉陵太守。美才伏氣。言多激揚。常乘折角牛。穀木履。被服必於儒者。名盛海內。爲宗室推重。特被簡文友愛。與新喻·建安·南浦並預密宴。號東宮四友。卒諡替。(曅曄本一字。此從南齊書南史之舊。)

蕭機 【梁】秀長子。字智通。普通初襲封安成郡王。歷會稽太守·丹陽尹·湘州刺史。機美姿容。善吐納。博學彊記。好弄。近小人。爲州專意聚斂。卒諡煬。

蕭穆 【清】桐城人。字敬孚。諸生。著古文。有敬孚類稿。

蕭翰 【後晉】契丹諸部之長。妹嫁於契丹主德光。契丹入東京。以翰爲宣武節度使。契丹比無姓氏。翰將有節度之命。乃以蕭爲姓。翰爲名。及契丹主北去。留翰鎭河南。時漢高祖已建號太原。翰懼將北歸。慮京師無主。迎唐明宗幼子許王從益知南朝軍國事。從益至。翰盡其實貨鞍轡。歸本國。爲永康王烏裕所鎖。尋卒。◉【遼】宰相敵魯子。一名敵烈。字寒眞。天贊初唐兵圍鎭州。節度使張文禮遣使告急。翰受詔往救。克之。會同初爲宣武軍節度使。天祿中尙帝妹阿不里。後與天德謀反下獄。復與公主以書結明安王端反。伏誅。

蕭翰慶 【清】清泉人。字輔臣。咸豐間投効軍中。後從彭玉麐充水師營官。復武昌。拔湖口。援湖南。積功官至道員。援湖州戰死。諡壯節。

蕭融 【梁】武帝弟。仕齊爲太子洗馬。與長兄懿俱遇害。天監初追封桂陽王。諡簡。

蕭諮 【梁】範弟。字世恭。位衞尉卿。封武林侯。簡文帝卽位後。侯景周衞轉嚴。諮不忍離帝。賊惡之。令其仇人刁戍刺殺諮於廣莫門外。

蕭諶 【南齊】誕弟。字彥孚。累遷後軍將軍。鬱林卽位。深委信諶。明帝輔政。諶勸行廢立。海陵立。進爵衡陽郡公。建武初諶恃勳重。干預朝政。帝深相疑阻。幸華林園宴諶。賜死。

蕭謣 【宋】新喻人。以詩易教授閭里。而尤篤於教子。其四子賀·貫·貧·實。後皆博學有名。俱登進士第。

蕭選 【明】三河人。字廷舉。弘治進士。初尹盩厔。摘發幽伏。人以包孝肅稱之。爲立生祠。因與巨璫抗禮。左遷揚州衞經歷。擢獲嘉尹。累官都察院右僉都御史。

蕭鄴 【唐】懿九世孫。字啓之。及進士第。懿宗時以平章事節度河東。在官無足稱道。尋卒。

蕭靜 【梁】恭子。字安仁。少有美名。號爲宗室後進。有文才。而篤志好學。多聚經史。散書滿席。手自讐校。何敬容欲以女妻之。靜忌其太盛。拒而不納。然好戲笑。輕論人物。時以此少之。官至給事黃門侍郎卒。

蕭穎士 【唐】穎川人。晶孫。字茂挺。年十九舉開元進士。對策第一。補祕書正字。名播天下。盧異等皆執弟子禮。號蕭夫子。史官韋述薦穎士自代。召詣史館待制。以不屈李林甫。更調河南府參軍事。時安祿山寵恣。穎士卽託疾游太室山。祿山反。穎士往見河南採訪使郭納言禦守計。納忽不用。因走山南。節度使源洧辟掌書記。繼上書宰相崔圓。圓以爲揚州功曹參軍。至官信宿去。後客死汝南逆旅。門人共諡文元先生。穎士樂聞人善。以推引後進爲已任。高才博學。有奴事穎士十年。箠楚嚴慘。或勸其去。答曰。非不能去。愛其才耳。著有蕭茂挺集。

蕭穎胄 【南齊】赤斧子。字雲長。建武中爲持節督南兗徐青冀荊五州諸軍事·南兗州刺史。和帝爲荊州。以穎胄行荊州府州事。時東昏肆虐。方鎭各懷異計。東昏遣將軍劉山陽領兵就穎胄。共襲雍州。雍州刺史梁王將起義兵。書與穎胄。勸同舉義。穎胄斬送山陽首於梁王。共進兵。和帝卽位於江陵。穎胄爲侍中·尙書令·荊州刺史。以不能拒制蕭璝兵。梁天監中憂恚發疾卒。諡獻武。追封巴東郡公。

蕭穎達 【梁】穎胄弟。好勇使氣。齊建武末爲西中郎外兵參軍。時多難。頗不自安。因與穎胄舉兵。武帝受禪。封穎達作唐侯。位侍中·衞尉。出爲豫章內史。意甚憒憒。遷江州刺史。或傳穎達謀反。帝防之。穎達知朝廷意。唯飲酒不知州事。後卒於左衞將軍。諡康。

蕭勵 【梁】景子。字文約。仕太子洗馬。母憂去職。殆不勝喪。每一思至。必徒步之墓。天監初襲封吳平侯。爲廣州刺史。及去。吏人悲泣。數百里中。舟乘塡塞。各齎糧食以送。勵人爲納受。隨以錢帛與之。性率儉而器度寬裕。聚書至三萬卷。略皆誦憶。劉顯執卷策。勵酬應如流。乃至卷次行數亦不差失。卒諡光。

蕭嶷 【南齊】高帝二子。字宣儼。封豫章王。武帝以事失旨。高帝頗有代嫡之意。而嶷事武帝恭悌盡禮。未嘗違忤。故武帝友愛尤深。高帝崩。哭泣過度。眼耳皆出血。爲政寬厚。

得朝野懽心。進位大司馬。卒謚文獻。

蕭懋烈　明歸化人。崇禎間官鳳陽照磨。流賊破鳳陽。懋烈提兵奮擊。殺賊數十。以無援被執。罵賊不屈死。

蕭濟　隋蘭陵人。字孝康。少好學。博通經史。仕梁爲太子舍人。以預平侯景功。封松陽縣侯。文帝卽位。授侍中。歷揚州長史。宣帝見濟條理詳悉。文無滯害。歎其精練繁劇。遷祠部尙書卒。⊙北周撝子。字德成。蕭紀承制授蜀郡太守。從紀東下。至巴東。聞尉遲迥圍成都。紀命濟率所部赴援。比至。撝已降。仍從撝入朝。孝閔踐阼。除中外府記室參軍。後至儀同三司。

蕭燧　宋臨江軍人。字照鄰。生而穎異。幼能屬文。紹興中擢進士高第。授平江府觀察推官。秦檜嘗遣人密告燧曰。公秋試必主文衡。秦相公有子就舉。欲以屬公。燧怒曰。敢欺心至是邪。檜怒。不與校試。浮沈州縣十餘年。始遷國子祭酒。孝宗朝官至資政殿學士。卒謚正肅。

蕭績　梁武帝四子。字世謹。天監中封南康郡王。授徐州刺史。績時年七歲。主者有受貨。洗改解書。長史王僧儒弗之覺。績見而輒詰之。便卽時首服。衆咸歎其聰警。歷南兗州刺史。在州著稱。徵授安右將軍。羸瘠不堪視事。大通中卒。謚簡。

蕭韓家　遼性端簡謙愿。動循禮法。太康中由護衞遷知北院樞密副使。經畫西南邊天地舊塹。立堡砦。正疆界。刻石而還。爲漢人行宮都部署。會秋獵。墮馬卒。

蕭韓家奴　遼涅剌部人。字休堅。少好學。弱冠入南山讀書。博覽經史。通遼漢文字。重熙初遷天成軍節度使。徙彰愍宮使。帝與語才之。命爲詩友。拜歸德軍節度使。以善治聞。有六義集。⊙遼奚人。字括寧。性孝友。清寧中歷北院宣徽使。帝獵太子山。聞耶律重元亂。馳詣行在。重元誘奚獵夫來。韓家奴出諭之。獵夫投仗首服。以功封荊王。賜號資忠保義奉國竭貞平亂功臣。官至西南面招討使。改封蘭陵王卒。

蕭璥　梁韶弟。字德款。善草隸。工文章。晚更習武。膂力絕人。與永安侯確相類。位尙書殿中郎。封南安侯。城陷。爲賊任約所讎。謀召鄱陽嗣王範襲約。反爲所害。

蕭燾夫　宋永新人。與兄敬夫俱文天祥客。燾夫爲詩尤豪俊。度宗時天祥起兵。補從事郎。及彭震龍謀復其縣。燾夫贊之。縣受屠。兄弟俱死。

蕭簡　南朝宋斌弟。歷位長沙內史。廣陵王誕爲廣州。未之鎭。以簡爲安南諮議參軍。南海太守。行府州事。東海王禕代誕。簡仍爲前軍諮議。武帝入討元凶。遣劉玩討簡。固守經時。城陷伏誅。

蕭翼　唐梁元帝曾孫。本名世翼。負才藝。多權謀。太宗時爲監察御史。嘗奉勅取王右軍蘭亭序眞蹟於越僧辨才。稱旨。授員外郎。賞賚甚厚。⊙明永新人。字體全。正統進士。知滑山。教民種苧。民因謂之蕭公苧。改知長垣。黃河漂民舍十常八九。翼浚河築堤。發粟賑貸。踰二稔而水定民安。陞順德知府。

蕭翼宗　南齊坦之從兄。爲海陵郡。將發。會黃文濟奉命收坦之。幷收之。檢家赤貧。唯有質錢帖子數百。還以啓帝。原死。繫尙方。

蕭鎡　明狆子。字孟勤。宣德進士。歷太子少師。戶部尙書。兼翰林學士。學問該博。文章爾雅。然性猜忌。遇事多退避。有尙約居士集。

蕭懷忠　金奚人。本名好胡。爲西北路招討使。蕭裕等謀立遼後。使蕭招折往結懷忠。幷結耶律朗。懷忠與朗有隙。遂執招折。遣使上變。裕等旣誅。懷忠爲西京留守。封王。契丹撒八反。以懷忠爲兵馬都統討之。無功。海陵以懷忠與蕭裕皆契丹人。本同謀。逾年乃執招折上變。而撒八亦契丹部族。恐其合。卽軍中殺之。

蕭𣂏　元奉元人。字維斗。性至孝。出爲府史。上官語不合。卽引退。讀書南山三十年。博極羣書。前後累徵。皆辭不赴。大德中拜太子右諭德。扶病至京師。俄除集賢學士。國子祭酒。疾作辭歸。卒謚貞敏。𣂏制行甚高。其教人。一以洙泗爲本。濂洛考亭爲據。稱一代醇儒。有三禮說。小學標題駁論。九州志。勤齋集。

蕭曠　明武昌人。諸生。永明王時爲劉承允坐營參將。何騰蛟題爲總兵官。管黎平參將事。及承允降淸。令降將陳友龍招曠。曠不從。城破死之。

蕭藥師奴　遼兀哲從子。幼穎悟。謹禮法。太康中累遷右夷离畢。夏王李乾順爲宋所攻。求解。帝命藥師奴持節使宋。請罷兵通好。宋從之。乾統初出爲安宋軍節度使卒。

蕭鏘　南齊高帝七子。字宣韶。封鄱陽王。累遷至領軍將軍。有寵於武帝。在官理事無壅。當時稱之。延興初進位司徒。後爲明帝所害。年二十六。

蕭鏗　南齊高帝十六子。字宣儼。封宜都王。永明中爲南豫州刺史。鎭姑熟。時有盜發桓溫女冢。得金蠶銀繭等物。以啓聞。敕以物賜之。鏗曰。今取往物。後取今物。如此循環。豈可熟念。使長史蔡約自往修復。纖毫不犯。延興初見害。年十八。

蕭顗　宋浦城人。字子莊。少孤。以孝聞。母喪廬墓。有靈芝之異。與李郁·陳彥·羅從彥同受業楊時之門。後爲清流主簿。終歲而歸。朱松嘗師事之。

蕭·鵬摶　元契丹人。字圖南。博學多能。善梅竹墨戲。尤長山水。

蕭·繼元　明黃岡人。父爲酷吏所斃。與其弟繼芃詣闕鳴冤。書不得達。而酷吏疑其從弟繼忠爲翼。誣爲盜。搒笞且死。宗族牽累者甚衆。繼芃復具疏。詞甚哀切。繼元懷入。自剄闕下。得旨下繼芃刑部獄。行撫按勘問。抵酷吏罪。出繼芃·繼忠於獄。

蕭·繼先　遼思溫從子。字楊隱。小字留只哥。幼穎悟。睿智皇后尤愛之。統和中宋人來侵。繼先多所俘獲。拜北府宰相卒。

蕭·寶玄　南齊明帝三子。字智深。封江夏王。永元初進車騎將軍。使持節都督南徐兗二州軍事。崔慧景舉兵。寶玄密與相應。兵敗。坐誅。

蕭·寶攸　南齊明帝九子。字智宣。封邵陵王。累遷鎮虜將軍。領石頭戍事。丹陽尹。陳顯達事平。出爲江州刺史。還京。授祕書監。中興初謀反。宣德太后令賜死。(按南史作寶修。此從南齊書。)

蕭·寶貞　南齊明帝十一子。封桂陽王。永元初爲中護軍·北中郎將。領石頭戍事。中興中謀反。伏誅。

蕭·寶嵩　南齊明帝十子。字智靖。封晉熙王。中興初和帝以爲中書令。謀反。伏誅。

蕭·寶源　南齊明帝五子。字智淵。封廬陵王。遷右將軍。領石頭戍事。徙會稽太守。永元初進號安東將軍。和帝即位。以爲侍中·車騎將軍·開府儀同三司。未拜卒。

蕭·寶義　南齊明帝長子。本名明基。字智勇。封巴陵王。永元中進位司徒。和帝西臺建。以爲侍中·司空。梁王定京邑。宣德太后令以寶義爲太尉。領司徒。梁受禪。封巴陵郡王。奉齊後。天監中卒。諡隱。

蕭·寶夤　後魏齊明帝六子。字智亮。封鄱陽王。梁武帝既克建業。將害寶夤。寶夤潛逃。景明中至京師。請兵南伐。正始初姜慶眞圖逼壽春。寶夤力戰破走之。封梁郡開國公。及中山王英南伐。寶夤又表求征。會淮水泛溢。與英狼狽引退。詔免官削爵還第。尋尚南陽長公主。神龜中出爲徐州刺史。勤於政治。吏民愛之。以西討無功。出軍累年。糜費尤廣。內不自安。朝廷亦頗疑阻。遂反。僭舉大號。稱隆緒元年。立百官。事敗。奔万俟醜奴。醜奴以爲太傅。永安中都督爾朱天光遣賀拔岳擒醜奴·寶夤。並送京師。賜死。

蕭·懿　南梁武帝長兄。字元達。少有令譽。仕齊歷晉陵太守。以善政稱。崔慧景入寇。懿率銳卒入援。慧景平潰。追斬之。授中書令。時東昏肆虐。舊將并見誅夷。徐曜甫勸令西奔。不從。尋賜藥殞。天監中追封長沙郡王。諡宣武。

蕭·藻　梁懿弟。字靖藝。小名迦葉。封西昌縣侯。性謙退。不求聞達。善屬文。尤好古體。頻蒞州鎮。人吏咸稱之。官至散騎常侍·大將軍。侯景亂。或勸奔江北。藻不從。因不食卒。

蕭·巋　北周詧三子。字仁遠。詧卒。巋嗣位。機辯有文學。兼好內典。善於撫御。能得其下歡心。武帝時累爲陳所敗。失江南諸郡地。文帝受禪。巋來朝。帝甚禮之。罷江陵總管。巋專制其國。在位二十三年卒。諡明帝。廟號世宗。年號天保。有孝經周易義記·文集·大小乘幽微。(按周書作諡文。此從隋書。)

蕭·繢　南梁武帝五子。字世訢。天監中封廬陵郡王。繢少英果。膂力絕人。馳射游獵。應發命中。歷南徐雍江荊等州刺史。卒諡威。

蕭·譽　梁統二子。字重孫。封河東郡王。出爲湘州刺史。侯景寇京邑。譽率兵入援。至青草湖。臺城沒。有詔班師。譽還湘鎭。時雍州刺史張纘密報元帝曰。河東起兵。岳陽聚米。共爲不逞。將襲江陵。元帝懼。遣周弘至譽所督其糧衆。譽不從。元帝遣子方等征之。爲譽所敗。又遣王僧辯討之。僧辯入城斬譽。傳首荊鎭。元帝反其首以葬焉。

蕭·護思　遼字延寧。世爲北院吏。應曆中累遷御史大夫。時諸王多坐事繫獄。帝以護思有才幹。詔窮治。稱旨。改北院樞密使。仍命世預宰相選。護思辭。帝晚歲酗酒。用刑多濫。護思居要地。未嘗一言匡救。議者少之。

蕭·鐸盧斡　遼迂魯弟。字撒板。幼警悟異常兒。三歲失母。哭盡哀。見者傷之。及長好學。善屬文。有才幹。年三十始仕。爲朝野推重。給事北院知聖旨事。太康中坐皇太子事。禁錮終身。在戍十餘年。太子事稍直。得歸鄉里卒。

蕭·露豐　明臨湘人。字春年。張獻忠陷城。露豐與其妻沈氏。奉父母走避。父被執。露豐出身救父。賊釋其父而執之。沈氏聞夫被執。亦奔救。夫婦俱爲賊所害。

蕭·韡　宋龍溪人。字棠仲。登大觀第。調古田尉。獲盜三十餘人。爲減贓以免死。或告以減贓不應賞格。韡曰。利囚死以取官。非吾志也。遷福清丞。有誣告平民事妖術者。韡爲伸雪。保全數百家。知南恩州。道遇賊。曰。聞公德政。願與更生。韡招徠之。其他惠政甚多。

蕭·儼　南唐廬陵人。十歲以童子

汾禪第。累遷給事中。方直不回。貴戚斂袵之。後主於宮中作高樓。召侍臣觀之。衆皆歎美。巖獨歎恨樓下無井。問其故。曰。以此不及景陽樓耳。貶舒州觀察使。宋平江南。遂謝病不出卒。⊙明內江人。字畏之。第進士。歷刑部郎中。審讞冤滯。多所平反。累陞貴州左布政。有竹軒稿・明風雅廣選。

蕭・歡　梁統長子。字孟孫。初封華容公。武帝既廢嫡立庶。海內噂𠴲。乃改封豫章郡王。以慰其心。位至雲麾將軍・江州刺史。卒諡安。

蕭・鑑　南齊高帝十子。字宣徹。封始興王。性聰警。年八歲喪所生母。號慕過人。永明初為益州刺史。督益寧二州軍事。性甚清。在蜀積年。未嘗有所營造。遷左衛將軍。未拜。遇疾卒。諡簡。

蕭・巖　後梁詧五子。字義遠。性仁厚。善於撫接。歷荊州刺史・尚書令。入陳。授東揚州刺史。及陳亡。百姓推巖為主。以禦隋師。為總管宇文述所破。伏誅於長安。

蕭・巖壽　遼乙室部人。性剛直尚氣。道宗即位。皇太后屢稱其賢。由是進用。太康中累遷北面林牙。數面折延爭。多與耶律乙辛忤。乙辛誣巖壽與謀廢立事。殺之。

蕭・鑠　南齊武帝八子。字宣朗。封桂陽王。時鄱陽王鏘好文章。鑠好名理。人稱為鄱桂。隆昌間鏘見害。遷鑠中軍將軍。鑠不自安。入見明帝請處分。出語侍讀山崇曰。吾前日覲王。王流涕嗚咽。而鄱陽見誅。今日見王。王又流涕。而有愧色。其在吾耶。其夜果被殺。

蕭・顯　明山海衛人。字文明。成化進士。擢兵科給事中。以正直稱。累官福建按察僉事。為詩清雋有思致。書尤沈著頓挫。自成一家。

蕭・瓛　後梁巋三子。字欽文。幼有令譽。能屬文。特為巋所愛。位至荊州刺史。初隋師至鄴州。瓛與叔巖南奔。入陳。授吳州刺史。及陳亡。吳人推為主。以禦隋師。戰敗。與叔巖同時被殺。

蕭・讓　元武陟人。字仲謙。以才行稱。仕至山南河北道提刑按察使。卒諡忠肅。

蕭・禎　明萬安人。字昌禎。成化舉人。官潛江知縣。有二休居士集。

蕭・觀音奴　遼字耶寧。統和中累遷奚六部大王。先是俸秩外給獐鹿百數。皆取於民。觀音奴奏罷之。後伐宋為先鋒有功。賞同知南院事卒。

蕭・鑾　明瀏陽人。字景和。宣德進士。授行人。使甘肅。卻餽遺。擢監察御史。雪冤獄百餘人。為都御史王文所格。鑾爭之愈力。事竟得白。

出為廣西提學。終山西副使。

薄・珏　明長洲人。居嘉興。字子珏。崇禎中流寇犯安慶。巡撫張國維令珏造銅礮。設千里鏡以覘敵遠近。所當輒糜爛。又製水車水銃地雷地弩等器。殲賊無算。國維薦於朝。不報。退歸吳門。以窮死。有運天儀圖說・格物測地論。

薄・姬　漢吳人。秦末魏豹立為王。姬母納姬於魏宮。及豹被虜。姬輸織室。高祖見之。內後宮。召幸。生文帝。八歲立為代王。從子之代。為代太后。帝立。尊為皇太后。

薄・彥徽　明陽曲人。弘治進士。正德中為四川道監察御史。論道士崔志端不可為尚書。正德中又上疏請留劉健・謝遷。罪馬永成・劉瑾等。被杖除名歸。未及起官卒。

薄・昭　漢薄姬弟。以中大夫迎文帝於代。封軹侯。後坐殺使者自殺。

薄・紹之　南朝宋丹陽人。字敬叔。官至給事中。善書。行草倜儻。時越羊欣。

薊・子訓　後漢建安中。客濟陰宛句。有神異之道。嘗抱鄰家嬰兒。故失手墮地死。家驚懼之。月餘抱兒歸。於是流名京師。士大夫皆承風向慕。既到京師。公卿以下候之者。坐上恆數百人。皆為設酒脯。終日不匱。旋遁去。後有人於長安東霸城。見子訓與一老翁共摩挲銅人。相謂曰。適見鑄此。而已近五百歲矣。後不知所終。

薛・一鶚　明定興人。字百當。由貢生為黃州通判。荊王姬誣他姬欲世子。一鶚白其誣。遷蘭州知州。清兵攻定興。一鶚方里居。佐趙善繼城守。城陷被難。

薛・三才　明定海人。字仲儒。萬曆進士。授兵科給事中。數論邊事。詆李成梁冒功欺罔。遷禮科給事中。張濤言事被謫。三才論救。累官宣府巡撫・薊遼保定總督。召為兵部尚書。卒諡恭敏。

薛・三省　明三才弟。字魯叔。萬曆進士。由庶吉士累官禮部尚書。忤魏忠賢落職。崇禎時起用。不赴。卒諡文介。有薛文介文集。

薛・士珩　清三才子。字長輿。別署白榆。明時以明經貢國子。入清後。杜門園居。長年謝客。有白榆集。

薛・士通　隋義興人。為隋鷹揚郎將。江都亂。與州民聞人暉安據城拒賊。武德初持地自歸。授東武州刺史。以平輔公祏功。封臨汾侯。

薛・大烈　清皋蘭人。由行伍擢千總。乾隆間從攻臺灣及廓爾喀。嘉慶間從攻教匪。轉戰川陝楚各省。並力戰有功。官至直隸提督。卒諡襄恪。

薛・大猷　元瀍陰人。早中甲科。棄而不仕。隱居教授。學者多宗之。

有四書講義。

薛·大鼎　唐汾陰人。字重臣。高祖時以功爲山南道副大使。開屯田以實倉廩。累遷滄州刺史。浚無棣渠通之海。商賈流行。民食其利。是時鄭德本爲瀛州。賈敦頤爲冀州。皆有治名。故河北稱鐺腳刺史。永徽中遷行荆州大都督長史。卒諡恭。

薛·大觀　明昆明人。字尙望。諸生。永明王由榔走緬甸。大觀歎息曰。不能背城戰。同死社稷。顧欲走蠻邦以苟活。不重可羞耶。遂與子之翰及妻侍女幼子五人。偕赴城北黑龍潭死。其次女已適人。亦於同日赴火死。

薛·己　明鎧子。字新甫。號立齋。初本瘍醫。後以內科名。正德時選爲御醫。擢南京院判。嘉靖間進院使。有薛氏醫案。所自著者九種。訂正舊本而附以己說者十四種。其大旨以命門爲眞陰眞陽。而氣血爲陰陽所化。常用者不過十餘方。而隨機加減。變化不窮。

薛·仁杲　隋舉子。多力善騎射。軍中號萬人敵。性賊悍好殺人。及繼立。諸將素與有隙者咸猜懼。秦王世民率諸將壁高墌。閉壁以折之。久之。仁杲糧乏。挑戰不許。遂降。王以仁杲歸京師斬之。

薛·仁貴　唐龍門人。少貧賤。以田爲業。貞觀中帝征遼東。仁貴應募。敵兵二十萬拒戰。仁貴著白衣持戟腰兩弓。呼而馳。所向披靡。敵遂奔潰。帝召見歎異。遷右領軍中郎將。高宗幸萬年宮。山水暴至。仁貴登門大呼。帝遽出。乘高獲免。嘉其忠。賜以御馬。顯慶中屢破高麗及契丹。拜左武衛將軍。擊突厥於天山。時九姓衆十餘萬。先令驍騎來挑戰。仁貴發三矢。輒殺三人。於是虜氣懾服。遂降定以歸。軍中歌曰。將軍三箭定天山。壯士長歌入漢關。九姓遂衰。乾封初以降扶餘等四十城。拜本衛大將軍。封平陽郡公。永淳初年七十卒。

薛·仁輔　宋官廷尉。岳飛獄成。仁輔不署奏牘。明飛無罪。秦檜怒。謫饒州。仁輔遂卜居樂平。宅傍有塘。後人因號曰薛家塘。

薛·仁謙　後周浚儀人。字守訓。爲唐莊宗通事舍人。歷仕晉漢。周初改太子賓客致仕。封侯爵。顯德中卒。初仁謙隨莊宗入汴。有舊第爲梁六宅使李賓所據。後復得其第。或告云。賓之家屬厚藏金帛在其第內。仁謙立命盡出所藏而後入。論者美之。

薛·元　元下邽人。占籍河南永寧。字敬之。爲學窮理以教授。累遷轉運使。謝病歸。與建義塾。子弟各授一經。教化大行。累徵不起卒。後以子友諒貴追諡文靖。

薛·元超　唐收子。好學善屬文。高宗卽位。爲給事中。數陳當世得失。累轉弘文館學士。所薦士皆以才自名於時。上元中拜中書令。帝幸東都。留輔太子監國。太子稍怠政事。元超力諫。帝遣使厚賜慰其意。及政出武后。因佯瘖乞骸骨卒。（按萬姓統譜有薛元超。薛元紹二人。元紹卽元超之誤也。）

薛·元敬　唐收從子。少與收及族兄德音齊名。世稱河東三鳳。武德中爲天策府記室參軍。是時收與房玄齡杜如晦更相附結。元敬性謹畏。未嘗申款曲。秦王爲皇太子。除舍人。號稱職。卒官。

薛·元鼎　宋興化人。字叔雲。紹興進士。初調惠州教授。歷官提舉浙西路。被旨相視太湖。奏開運河五十四里。公私稱便。授戶部左曹郎官。時部長有獻貢籍之說者。元鼎奉命往秀州。議以一州歲計綜核其贏縮。以爲天下準平。孝宗然之。進吏部尙書。以母喪歸卒。有講義及詩文集。

薛·元賞　唐太和初自司農少卿出爲漢州刺史。治最。遷司農卿。京兆尹。出爲武寧節度使。會昌中復拜京兆尹。元賞長吏事。能推言時弊。宣宗時官終昭義節度使。

薛·元穎　北齊循義從子。廉謹有信義。起家永安王參軍。行秀容縣事。有清名。累轉定州別駕。舉清平勤幹。除漁陽太守。

薛公　戰國趙隱於賣漿家。魏公子無忌客於趙。欲見之。匿不肯見。無忌聞所在。乃間步往從之游。與毛公俱爲無忌所重。秦以無忌在趙。日夜出兵伐魏。魏王使還無忌。無忌不可。薛公與毛公諫無忌。因歸魏。爲上將軍。諸侯聞之。咸來救魏。因大敗秦軍。◎漢故楚令尹。淮南王黥布反。高祖召見薛公。言布形勢。帝善之。封千戶。

薛·友諒　元元子。號直齋。以明經擢用。累官翰林院直學士。歷官所至。興學崇教。嘗請升周程諸儒。從祀孔子廟庭。又構夏禹廟於長淵山。以箕子配。風概著稱於時。

薛·天生　南朝宋無錫人。母遭喪。蔬食。天生亦蔬食。母未免喪而逝。天生終身不茹葷。齊建元中表其閭。

薛·天定　元蘄水人。宋末聚義兵保鄉里。世祖下江南。拜爲防守官。擢先鋒使。戰功甚著。累遷兩淮防禦都招討。至治中寇至淮。力戰死。諡威武。

薛·文　晉和州人。母老篤。與弟化禮傭力以養。相代侍母。歌舞侑食。歲以爲常。母喪。兄弟以毀卒。

薛·方　漢齊人。字子容。爲郡掾祭酒。嘗徵不至。王莽秉政。以安車迎之。方謝曰。堯舜在上。下有巢由。

莽悅其言。不強致。方居家以經教授。善屬文。光武卽位。徵之。道卒。

薛世雄 隋汾陰人。字世英。年十七。從周武帝平齊。以功拜師都督。開皇中累遷儀同三司。煬帝嗣位。討平番禺獠。遷右監門郎將。從帝征吐谷渾。進位通議大夫。性廉謹。凡所行軍破敵之處。秋毫無犯。爲玉門道行軍大將。領涿郡留守。李密逼東都。詔世雄率幽冀精兵擊之。軍次河間。爲竇建德所襲。慚恚發病卒。

薛令之 唐長溪人。字珍君。神龍進士。開元初爲左補闕。兼太子侍讀。謝病歸。玄宗聞其貧。令有司給其歲賦。令之量受。不肯多取。肅宗卽位。思東宮舊德。召之。已卒。帝嘉其廉。名其鄉曰廉村。水曰廉溪。

薛包 後漢汝南人。字孟嘗。好學篤行。喪母。以孝聞。及父娶後妻。憎包出之。包日夜號泣。不忍去。至被毆杖。乃廬於里門。定省不廢。積歲餘。父母慚而還之。及諸弟求析產。包悉取朽敗者。弟數破產。復分給之。建光中徵拜侍中。稱疾不起。年八十餘卒。

薛半千 宋漳浦人。字子中。性孝友。母病。嘗藥視膳。割股以進。病隨愈。兄弟日侍親側。爲鄉里所重。鄉人教子弟。皆以半千爲法。

薛四家奴 元軍勝子。軍勝卒。四家奴年十六。請從軍自効。世祖壯而許之。襲父爵。降襄陽。繼從丞相伯顏南伐。以功授武節將軍。與宋將夏貴戰於峪谿口。奪其船二百餘艘。又歷常州。取蘇州。攻鎮巢。圍揚州。平浙東諸郡。從征福建灘江。皆有功。進階鎮國將軍。鎮揚州卒。

薛平 唐嵩子。字坦塗。年十二爲磁州刺史。宰相杜黃裳擢刺汝州。有能聲。王師討蔡。授鄭滑節度使。數戰有功。始河溢瓠子。東泛滑。距城纔二里許。平求故道出黎陽西南。疏道四十里。以殺水勢。由是滑人無患。入爲左金吾衞大將軍。未幾。復帥鄭滑。徙平盧軍節度使。封魏國公。在鎮兵鎧完礪。徭賦均一。寶曆中召拜太子太保。以司徒致仕卒。

薛永譽 明吳堡人。歲貢。崇禎中賊犯吳堡之川口。永譽先奉母居城中。率衆守虎頭二寨。力不能支。永譽促老幼渡河。自斷後禦賊。賊衆蝟集。矢石如雨。溺而死。

薛玄曦 元河東人。徙居貴溪。字玄卿。自號上清外史。年十二。辭家入龍虎山。至正中授弘文裕德崇仁眞人。佑聖觀主持。兼領杭州諸宮觀。爲文負才氣。倜儻不羈。尤長於詩。有上清集。

薛生白 淸蘇州人。名雪。以字行。號一瓢。舉鴻博。以母老不仕。能詩。工書畫。精醫。與葉天士齊名而不相能。自名所居曰掃葉山莊以寓意。然見天士方。未嘗不稱善。善拳勇。置一銅杖。銘曰銅婢。常攜以自隨。有周易粹義，掃葉莊詩稿，吾以吾鳴集。

薛用弱 唐河東人。字中勝。太和中自儀曹郎出守弋陽。爲政嚴而不殘。所著集異記。頗有文采。足資引據。

薛田 宋河東人。字希稷。少師种放。與魏野友善。以進士起家。累遷右諫議大夫。知延同二州。徙永興軍卒。田性和厚。以幹敏數爲大臣所稱。

薛甲 明江陰人。字應登。嘉靖進士。官至廣西按察司副使。有易象大旨。

薛匡倫妻 明商州人。姓郤氏。歸洛南薛匡倫。流賊將至。避之母家。商州陷。賊驅使執爨。罵不屈。賊怒。斫其足。罵益厲。斷舌寸磔之。

薛向 宋顏孫。字師正。以蔭爲太廟齋郎。永壽主簿。元豐初累官同知樞密院事。向幹局絕人。尤善商財計。時王安石從中主之。以是益得奮展其材業。舒亶論向反覆。斥知隨州卒。謚恭敏。

薛存誠 唐寶鼎人。字資明。中進士第。累官給事中。遇事不可。輒執敕不下。憲宗悅。遣使勞之。拜御史中丞。窮劾浮圖鑒虛關通姦狀。當以大辟。詔釋之。存誠以死爭。卒抵罪。性和易。於人無所不容。及莅官。毅然不可奪。以暴疾卒。

薛存慶 唐珏子。字嗣德。第進士。爲給事中。與韋弘景封駁詔書。時稱其直。劉總以幽州歸。穆宗謂宰相曰。必用薛存慶。可以宣朕意。對延英一刻遣之。至鎮州卒。

薛安都 南朝宋汾陰人。字休達。仕魏爲雍秦二州都統。元嘉中歸宋。孝武板爲北弘農太守。孝武卽位。除右軍將軍。斬魯爽。平臧質。屢建戰功。累遷平北將軍·徐州刺史。明帝弒子業自立。安都舉兵應晉安王子勛。事敗復降魏。魏以爲鎮南大將軍。皇興中卒。

薛安靖 宋以父奕死事補官。靖康初假河北制置使。京城失守。安靖降金。知海州事。紹興初乘間殺其守將。舉郡來歸。高宗以宗室女妻之。仕至知全州。兼充本州沿溪洞事都巡檢使卒。

薛戎 唐寶鼎人。字元夫。客毗陵陽羨山。福建觀察使柳冕辟佐其府。馬總貶泉州。冕欲陷總附倖家。使戎攝刺史按其罪。戎不從。冕怒。囚戎。環兵脅辱之。終不屈。冕死得解。累遷浙東觀察。所部苛禁悉弛之。

薛收 唐道衡子。字伯褒。出繼從父孺。年十二。能屬文。以父不得死於隋。不肯仕。歸高祖。官秦王府主簿。為書檄露布。或馬上占辭。該敏如素構。授天策府記室參軍。從平劉黑闥。封汾陰縣男。嘗上書諫王止畋獵。武德中卒。年三十三。王哭之慟。

薛・初古拔 後魏謹子。一作車轂拔。本名洪祚。太武帝賜名。沈毅有器識。從太武討平蓋吳・薛永宗。除中散。賜爵永康侯。又討反氐仇傉檀・強免生平之。後除南豫州刺史。有善政。改爵河東公。卒謚康。

薛・均 明徵子。少有奇節。好讀書。太祖召赴南畿。上十策。除知合州。治行為天下第一。成祖時擢應天府尹。致仕歸。行篋甚重。有疑之者。中途發其篋。惟紙馬板一副。帝知其貧。命有司賜官湖一頃。曰薛家湖。其後子孫守湖鬻紙馬以為生。

薛・孝通 後魏聰子。字士達。博學有儁才。蕭寶夤引參驃騎大將軍府事。禮遇甚隆。及寶夤有異志。孝通求歸。寶夤果為逆。從爾朱天光平關中。賜爵汾陰侯。節閔帝立。以首創大義。封藍田縣子。遷中書郎。賀拔岳鎮關西。孝通乃為行臺右丞。太昌初因使至鄴。為高歡所留。與和初卒於鄴。有文集。

薛・延年 元臨汾人。為安西王文學士。有四書引證・小學纂圖・竹軒文集。

薛・廷老 唐存誠子。字商叟。及進士第。鯁正有父風。寶曆中為右拾遺。敬宗政日僻。廷老與舒元褒・李漢入閤論奏。中人切齒。出為臨晉令。文宗立。召為殿中侍御史。累官至給事中卒。

薛・廷珪 唐逢子。進士及第。累官尚書左丞。朱全忠兼四鎮。廷珪以官告使至汴。客將先見。諷其拜。廷珪佯不曉曰。吾何德。敢受令公拜乎。及見。卒不肯加禮。

薛・希璉 明麗水人。字廷器。宣德進士。任貴州道監察御史。正統間巡撫江西。才望大著。嘗勸大庾南康上猶三縣義民。出穀儲於義倉。以時賑恤。民甚德之。累陞刑部尚書卒。

薛・志 宋字子尚。為畫院待詔。長於水墨。雲山樹石。稍近李成。

薛・志勤 後唐奉城人。小字鐵山。初為李國昌帳中親信。乾符中與康君立共推李克用定雲州。累官先鋒右軍使。從克用救陳許。平黃巢。每戰。先登陷陣。光化初官昭義節度使卒。

薛・良貴 宋良顯弟。字貴全。居白門。初名天球。字次公。後改今名。入太學。坐元符上書議朝政謫籍。登政和第。歷知光州復州。宣和間方臘寇城。與良顯率鄉民控扼要害。邑賴以全。終朝議大夫。

薛・良顯 宋瑞安人。字貴勛。崇寧進士。累官大宗正丞。出為江東轉運使。江寧軍校周德作亂。良顯聞變。率衆與戰。斬十餘級。力不勝死之。

薛・侃 明俊弟。字尚謙。性至孝。成正德進士。以侍養歸。師王守仁於贛州。與俊率子姪宗鎧等往學。自是王氏學盛行於嶺南。世宗立。授行人。請祀陸九淵・陳獻章於文廟。未幾上疏請早定皇儲。帝震怒。下獄廷鞫究主使。侃惟引咎。坐落職歸。居中離山。自號中離。講學自娛卒。門人記所聞曰研幾錄。

薛・叔似 宋季宣兄子。字象先。游太學。解褐國子錄。對論稱旨。除樞密院編修。時倣唐制置補闕拾遺。孝宗自除叔似左補闕。遂劾首相王淮去位。光宗受禪。歷除兵部尚書。時韓侂胄開邊。叔似亦以功業自期。而委任失當。侂胄誅。謫福州。嘉定中卒。謚恭翼。改謚文節。叔似雅慕朱熹。窮道德性命之旨。於天文地理鍾律象數之學。無所不通。有稿二十卷。

薛・和 後魏聰弟。字導穆。除太尉府主簿。遷諫議大夫。永平中討山賊劉龍駒平之。行正平潁川二郡事。除通直散騎常侍。又破齊將張齊軍於晉壽。正光初除右將軍・南青州刺史卒。

薛・始亨 清廣東順德人。字剛生。諸生。博學好奇。嘗謂遇異人授以論劍一篇。又稱劍公。有南枝堂集。

薛孤・延 北齊代人。少驍果有武力。隸高歡為都督。從起義。破爾朱兆。因從平鄴。又破宇文泰於邙山。齊受禪。賜爵都昌縣公。性好酒。勇決善戰。每征討。常為前鋒。天保中除肆州刺史。加開府儀同三司卒。

薛・季昌 唐河東人。遇司馬承禎於南嶽。授以玉洞經籙。明皇召入問道德。恩寵優異。辭還山。帝贈以詩。丹成。仙去。

薛・季宣 宋徽言子。字士龍。號艮齋。年十七。從荊南帥辟書寫機宜文字。獲事袁溉。溉嘗從程頤學。盡以學授之。召為大理寺主簿。除大理正。出知湖州。改常州。未上卒。學者稱艮齋先生。有書古文訓・詩性情說・春秋經解指要・大學說・論語小學約說・浪語集等書。

薛・季昶 唐龍門人。武后時上書。以布衣拜監察御史。後為洛州長史。與桓彥範等誅張易之。昌宗有功。進戶部侍郎。季昶請收諸武。不見聽。五王失柄。貶儋州司馬。仰藥死。

薛・宗鎧 明俊子。字子修。嘉靖進士。賓建陽令。求朱熹後復之。以主祀事。徵為給事中。時汪鋐擅權。宗鎧抗疏劾之。奪職杖死。

薛・尚功 宋錢塘人。字用敏。紹興中以通直郎僉定江軍節度判官廳事。善古篆。又深通篆籀。有歷代鐘鼎彝器款識。蒐輯較考古博古二圖爲廣。所識爲諸器之文字。頗有裨於小學。又有鐘鼎篆韻。

薛・居正　宋仁謙子。字子平。少好學。有大志。後唐清泰初登第。乾德初官兵部侍郎。以本官參知政事。監修五代史畢。進平章事。太平興國初進位司空。卒諡文惠。居正性孝行純。爲相任寬簡。不好苛察。好讀書。爲文落筆不能自休。子惟吉集爲三十卷上之。賜名文惠集。

薛・居州　戰國宋善士。戴不勝使居於王所。孟子謂不勝曰。一薛居州。獨如宋王何。

薛・放　宋戎弟。端厚寡言。第進士。累擢兵部郎中。穆宗爲太子。拜侍讀。及即位。參贊機要。帝問學經安得其要。放曰。論語六經之菁華。孝經人倫之本。帝然之。終江西觀察使。卒諡簡。

薛・所蘊　明孟縣人。字子展。號行屋。明崇禎進士。官至司業。李自成陷京師。降之。順治初又迎降。累官禮部左侍郎。仕宦三十年。家無遺金。有澹友軒集。桴庵集。

薛・昌　唐幽薊人。爲道士。天寶中棲止於蜀之青城洞天觀。忽得商陸酒。飲之。耳鼻流血死。經三日翛然而甦。身輕目明。勢欲飛舉。洞冕遠近。節度使欲送至京師。忽失所在。

薛・昂　宋杭州人。元豐進士。崇寧初歷太學博士。升給事中。兼大司成。昂寡學術。士子有用史記西漢語者。輒黜之。哲宗時嘗請罷史學。哲宗斥爲俗佞。政和中遷門下侍郎。尋知應天府。昂始終諂附蔡京。至舉家爲京諱。或誤及之。輒加笞責。昂嘗誤及。即自批其頰。靖康初言者斥其罪。詔以金紫光祿大夫致仕。又坐事責徽州居住。

薛・昌朝　宋字景庸。張載門人。爲殿中丞。充秦鳳熙洛路句當。陳襄薦之於朝。稱其才質俱美。持法端正。可置臺閣。

薛・朋龜　宋鄞人。字彥益。政和進士。授仙居縣尉。有惠政。改楚州司錄。靖康之變。楚師勤王者歸。道州境。以犒薄鼓噪爲亂。朋龜走軍中諭之。軍始帖服。後知衡州致仕。與汪思溫等結社林下。稱四明五老。

薛・況　漢陽翟人。以游俠名。◎漢宣子。官右曹侍郎。以博士申咸毀宣。令人遮斫咸斷鼻。徙燉煌。其母敬武長公主附丁傅而疏王氏。又出言非莽。莽矯太皇太后詔賜主藥。迫主飲而死。況梟首於市。

薛・虎子　後魏野睹子。姿貌壯偉。明斷有父風。爲內行長。典奏諸曹事。居官正直。內外憚之。及文明太后臨朝。出爲枋頭鎮將。累遷開府徐州刺史。在州多惠政。百姓便之。卒諡文。（按北史作彪子。此從魏書。）

薛・近兗　明與鄭若庸同時。工樂府。若庸作玉玦記。曲院中人惡之。共醵金求近兗作繡襦記以雪其事。

薛・俊　宋揭陽人。字尙節。性孝友。聞鄉人陳瑆有理學。往從之。領弘治鄉薦。授連江訓導。陞玉山教諭。嘗師事王守仁。有所得。擢國子學正。聞母喪。奔至貴溪。卒於邸。

薛・奕　宋興化人。字世顯。熙寧中武舉第一。時同郡徐鐸亦冠文科。神宗賜以詩。有一方文武魁天下。萬里英雄入彀中之句。授鳳翔府都監。遷正將。元豐中死於銀川寨之役。

薛・奎　宋正平人。字宿藝。第進士。由隰州推官累歷中外。咸著政聲。仁宗朝擢參知政事。卒諡簡肅。奎性剛。不苟合。遇事敢言。及參政事。謀議無所避。善知人。時范仲淹・龐籍方在下位。皆以公輔許之。

薛・宣　漢郯人。字贛君。舉茂材。爲冤句令。王鳳聞其能。薦爲長安令。以明習文法。詔補御史中丞。數言政事便宜。舉奏刺史郡國二千石。白黑分明。尋爲御史大夫。代張禹爲丞相。封高陽侯。坐子況事。免爲庶人。歸故郡卒。◎清嘉善人。一作婁東人。字屐令。工畫。參婁東虞山。並學宋元諸家。

薛・庠　宋稷宗朝擢第。時李宗閔與貢舉。取庠及唐沖・袁都等。皆知名之士。世謂之玉筍。

薛・彥晦　宋善畫墨竹。

薛・映　宋元超八世孫。後家於蜀。字景陽。及進士第。累官右諫議大夫。知杭州。臨決遲銳。庭無留事。仁宗時爲集賢院學士。知曾州。映好學有文。該覽強記。爲治嚴明。吏不能欺。卒諡文恭。

薛・春黎　明全椒人。字淮生。一字稚農。咸豐進士。由編修改御史。抗章籌防夷。劾權貴。以敢言稱。治經有家法。邃三禮之學。銳志經世。不事冠蓋徵逐。有味經得雋齋集。

薛・洽　宋永嘉人。字子周。入太學。會齋舍疫作。鮑粹然疾尤篤。同舍皆棄去。洽獨移臥具與俱。蚤晚治藥餌。三月乃愈。粹然每告人曰。子周生我。登淳熙第。終通判邵武軍。

薛・珏　唐寶鼎人。字溫如。以蔭爲懿德太子廟令。累遷乾陵臺令。以清白聞。課第一。建中初召拜中散大夫。除司農卿。時詔舉堪刺史縣令者百人。宰相欲校以文辭。珏曰。求良吏不可責文學。宜以愛人之心爲本。宰相多其計。所用皆稱職。歷官至嶺南觀察使卒。

薛・冑　隋端子。字紹玄。少聰明。每覽異書。便曉其義。周明帝時襲爵爲公。累遷司金大夫。後加開府。文帝受禪。累轉鄀州刺史。有惠政。徵拜大理卿。持法寬平。遷刑部尙書。後以事除名。配防嶺南。道卒。

薛胤　後魏初古拔子。字寧宗。襲父爵。除河北太守。至郡之日。郎收其奸魁二十餘人。一時戮之。郡中清肅。卒謚敬。

薛英　清樂清人。本姓侯。字雪涵。康熙舉人。爲蕭山教官。書畫宗董其昌。工詩文詞。有春曉園・雪堂詩文集。

薛苹　唐寶鼎人。以長安令歷虢州刺史。憲宗時擢湖南觀察使。徙浙東。以治行遷浙西。加御史大夫。封河東郡公。所居守法度。務在安人。治身穀嗇。所得祿分散故人。除左散騎常侍。卒謚宣。

薛軍勝　元塔剌海子。襲兄奪失剌爲都元帥。憲宗時從世祖征討。破重慶・馬湖・天水。賜以白金鞍馬等物。中統中李璮叛濟南。又以礮破其城。至元中從圍襄陽卒。

薛兼　晉瑩子。字令長。清素有器宇。少與紀瞻・閔鴻・顧榮・賀循齊名。號爲五儁。入洛。除比陽相。蒞任有能名。歷官太子少傅。明帝即位。加散騎常侍卒。

薛夏　三國魏天水人。字宣聲。博學有才。武帝甚禮遇之。召署軍謀掾。文帝嘉其才。黃初中爲祕書丞。帝每與夏推論書傳。未嘗不終日。呼薛君而不名。欲用之。會帝崩不果。太和中卒。

薛師石　宋弼曾孫。字景石。號瓜廬。卓犖有大志。築室會昌湖上。工小楷。繼篆斯隸。深造其極。至有銘祖父以不得師石書爲恨者。尤工詩。有瓜廬集。

薛師邵　宋撫州人。字希賢。黃榦官臨川。從之游。謂其超然獨得。皆自胸中流出。無蹈襲語。

薛悌　三國魏東郡人。字孝威。以兗州從事爲泰山太守。初曹操定冀州。以悌及東平王國爲左右長史。後至中領軍。忠貞練事。爲世吏表。

薛時雨　清春黎弟。字慰農。一字澍生。晚號桑根老人。咸豐間與春黎同科登進士第。知嘉興縣。有治績。洪楊事起。參李鴻章軍幕。授杭州知府。以招撫流亡振興文教爲任。罷官後。主講崇文書院。浙人士築室西湖曰薛廬。以識不忘。旋改主江寧尊經・惜陰書院。從游者益盛。亦爲築薛廬於盋山。有藤香館詩刪・詞刪・札記等書。

薛珩　宋興化人。字景行。紹興進士。歷湖北憲司檢法官。嘗疑鼎州所上盜十餘人不當死。輒以去就爭之。已而辰州果獲眞盜。憲臣交章薦之。珩前後四爲法官。平反全活者百餘人。官至梅州守。

薛眘惑　隋善投壺。背後投之。龍躍隼飛。百發百中。推爲絕藝。

薛眞度　後魏安都從祖弟。初與安都南奔。及從安都降魏。爲上客。太和初進爵河北侯。後降爲伯。歷荊州東荊州刺史。初。遷洛後。眞度嘗獻計勸先取樊鄧。後攻南陽。故大爲孝文所賞。累官金紫光祿大夫。改封敷西縣開國公。卒謚莊。

薛破胡　後魏初古拔弟。少有節操。篤於學。好以德義服人。或有兄弟忿鬩。鄰里爭訟者。恐破胡聞。皆自悔改。官至本州從事別駕。除河東太守。(按北史作名湖。字破胡。此從魏書。)

薛素素　明吳妓。號素卿。能畫蘭竹。作小詩。善挾彈走馬。以女俠自命。置彈於小婢額上。彈去而婢不知。爲李征蠻所嬖。其畫像傳入蠻峒。傾動蠻夷。中年長齋繡佛。數嫁皆不終。晚歸吳下富家翁。爲房老以死。

薛翁　宋富順人。以賣香自給。宦漑造謁。與之縱論六經。翁曰。經所以載道。而言所以明道。何以多爲。漑受教。翁因以所學授之。(按宋史隱逸傳作賣醬薛翁。宦漑作宦滋。此從宋元學案。)

薛能　唐汾州人。字大拙。會昌進士。咸通中以監部擢嘉州刺史。累遷至工部尙書。爲政嚴察。絕私謁。癖於詩。政暇日賦一章。有江山集。許昌集。

薛起蛟　清廣東順德人。字牟山。貢生。務爲有用之學。爲文力追柳州。尤淹貫史學。年九十八卒。有木末山房稿。

薛起鳳　清吳縣人。字皆三。號香聞居士。乾隆舉人。性孤冷。非其意所深契。終日相對無一言。家貧而好急人困。人以爲難。有香聞遺集。

薛高　宋永嘉人。字寧仲。任連城簿。棄官而隱。讀書作文。至老不休。家有讀書樓。郡守樓鑰爲之記。

薛國用　明洛南人。萬曆進士。歷官山東右參政。分守遼海道。以右僉都御史代袁應泰巡撫遼東。進兵部右侍郎。又代爲經略。歷官純謹。嘗請兵不至。賴以苟安。卒於位。

薛國觀　明韓城人。字賓廷。萬曆進士。天啓中擢戶科給事中。數有建白。皆附魏忠賢。及崇禎改元。爲東林所訐。告終養去。旋用薦起兵科都給事中。累進吏部尙書・武英殿大學士。國觀爲人陰鷙谿刻。不學少文。溫體仁因其素仇東林。密薦於帝。遂獲大用。後以通賄爲東廠所發。賜自盡。

薛崑　清上海人。字荊山。工寫眞。善琴精醫。

薛崇譽 南漢曲江人。仕劉鋹。累官開府儀同三司・僉書點檢司事。宋太祖命師克廣州。崇譽被執。死之。

薛從 唐平子。字順之。累官濮州刺史。嘗諸粟二萬斛備凶災。及山東大水。得賑民饑。終左領軍衛上將軍。

薛惟吉 宋居正假子。字世康。少有勇力。與京師少年追逐。角觝蹴踘。縱酒不謹。居正不能治。以蔭補西頭供奉。及居正卒。盡革故態。時論翕然稱之。太祖知其改行。令知澶州。歷遷左領軍衛大將軍。輕財好士。所至有能聲。後移知延州。未行卒。

薛淵 南齊安都從子。本名道淵。避高帝諱改。安都入北。時高帝鎭淮陰。淵遁來南。委身自結。果敢有氣力。以勳封竟陵侯。帝卽位。除淮陵太守。隆昌初出爲司州刺史卒。

薛祥 明無爲人。字彥祥。從俞通海歸太祖。渡江爲水寨管軍鎭撫。數從征有功。轉漕運河南。夜半抵蔡河。賊驟至。祥不爲動。好語諭散之。帝聞大喜。授京畿都漕運使。分司淮安。及考滿還京。皆焚香祝天。願薛公再來。或寫眞生祠之。授工部尚書。時造鳳陽宮。帝以諸匠用厭鎭法。將盡殺之。祥爲分別。活者以千數。出爲北平鎭守使。治行第一。復召爲工部尚書。坐累杖死。天下冤之。

薛章憲 明江陰人。字堯卿。自號浮休居士。少爲諸生。隱鄧暘溪上。洽聞博物。稱古作者。性喜佳山水。有鴻泥堂集。

薛紹 宋永嘉人。字承之。乾道間登第。歷守慶元・眞州。有政聲。時有女媼流溺自言其祖爲先朝諫臣。偶墜落至此。無面目見天日。紹物色其世良是。優與金帛。其妻捐奩擇士人嫁之。

薛紱 宋龍游人。字仲章。幼穎悟。日誦萬言。舉進士。爲成都教授。累遷祕書監。因陛對極言韓侂冑之奸。坐劾去。與魏了翁講明易學。著則書十卷。了翁歎服不逮。紱嘗知黎州。州爲羣蠻所居。紱與起其民。築玉淵書院以講學。學者稱符谿先生。

薛訥 唐仁貴子。字愼言。突厥擾河北。武后以訥世將。詔爲安東經略使。歷處邊任。皆有戰功。開元初召爲左軍節度。吐蕃寇臨洮。訥擊破之。拜左羽林大將軍。封平陽郡公。訥沈勇寡言。臨大敵益壯。卒諡昭定。

薛逢 唐河東人。字陶臣。會昌進士。歷侍御史・尚書郎。持論鯁切。以謀略高自標顯。累遷祕書監卒。

薛野䐗 後魏達頭子。少失父母。養於宗人利家。及長。好學善射。文成帝召補羽林。遷給事中。稱職。賜爵順陽子。進河東公。累遷至泰州刺史。在任有聲。卒諡簡。

薛善 北周和子。字仲良。少爲司空府參軍事。累轉鹽池都將。魏孝武西遷。善從弟馥・弟濟斬關引李弼軍。闔門大小。俱叨封邑。與弟愼並固辭不受。文帝嘉之。以善爲汾陰令。幹用強明。一郡稱最。封博平縣公。拜少傅。卒諡繆。

薛嵎 宋永嘉人。字仲止。一字賓日。寶祐進士。官長溪簿。詩宗永嘉一派。有雲泉詩。

薛嵓 明閿鄉人。洪武初累官大理卿。謫廣西。永樂初安南國王爲黎季犛所殺。其孫陳天平自老撾來歸。季犛表請還國。帝命廣西總兵黃中將兵送歸其國。中舉嵓爲輔。行至芹站。伏發。劫天平。嵓力戰被擒。死之。

薛弼 宋永嘉人。字直老。政和進士。金人寇汴。李綱定議堅守。衆不悅。弼同綱意。圍解。遷光祿丞。後爲湖廣通判。畫策贊岳飛。討平羣寇。累遷敷文閣待制。初秦檜居永嘉。弼游其門。及飛死。凡爲飛謀議者。皆奪職。弼獨免。且爲檜用。世以此少之。卒諡忠簡。

薛強 前秦汾陰人。字威明。幼有大志。與王猛友善。桓溫入關中。與猛皆署軍謀祭酒。欲與俱南。強察溫無成功。乃勸猛止。先是中原傾覆。強父陶與同族薛祖・薛洛分立部衆。世號三薛。強領父衆。爲民所歸。及苻堅伐晉軍敗。強遂總宗室。威震河輔。姚興聞而憚之。重加禮命。年九十八卒。諡宣。

薛循義 北齊汾陰人。字公讓。少輕財重氣。招召豪猾。魏北海王顥引爲墨曹參軍。正光末拜龍門鎭將。以天下紛擾。遂爲亂。自號黃鉞大將軍。後降。封汾陰侯。高歡起義信都。循義從至晉陽。天平中拜晉州刺史。在州擒西魏正平太守段榮。天保初封藍田縣公。拜太子太保卒。（按北史作薛修義。此從北齊書。）

薛惠 漢宣子。始爲彭城令。宣從臨淮遷至陳留。過其縣。橋梁郵亭不修。宣知惠不能。留彭城數日。案行舍中。處置什器。觀視園菜。終不問惠以吏事。惠自知治縣不稱宣意。遣門下掾送宣至陳留。令掾進見。問宣不教戒惠吏職之意。宣笑曰。吏道以法令爲師。可問而知。及能與不能。自有資材。何可學也。衆人傳稱以宣言爲然。後官至二千石。

薛提 後魏太原人。皇始中補太學生。拜侍御史。累遷冀州刺史。封太原公。所任有政績。太武崩。尚書左僕射蘭延等議立秦王翰。提不可。中常侍宗愛矯皇后詔殺之

薛斌 明蒙古人。本名脫歡。父薛台。洪武中歸附。賜姓薛。累官燕山右護衛指揮。斌嗣職。從起兵。累

遷都督僉事。從北征有功。進都督同知。永樂中進封永順伯卒。

薛・極 [宋]武進人。字會之。以蔭調上元主簿。中銅科。累官兵部侍郎。嘉定中疏奏願以今日遇災警懼之心。永爲異時暇逸之戒。後賜同進士出身。累遷知樞密院事。兼參知政事。封毗陵郡公。端平中封和國公。致仕卒。

薛・琡 [北齊]虎子子。字曇珍。仕魏爲典客令。行洛陽令。都內肅然。遷吏部尚書。天平初高歡引爲丞相長史。深被禮遇。軍國之事。多所聞知。累遷尚書僕射卒。琡久在省闥。當官剖斷。敏速如流。然受納貨賄。曲法舞文。士民畏惡之。

薛・登 [唐]士通子。本名謙光。以與太子同名。賜今名。通貫文史。善議論。天授中爲左補闕。上疏言皆切中。出爲常州刺史。屬宣州賊鍾大眼亂。登嚴勅守備。闔境以安。再遷尚書左丞。景雲中爲御史大夫。僧慧範怙太平公主勢。奪民邸肆。登劾奏。反爲所構。遂出爲岐州刺史。開元初爲太子賓客。坐子累歸里卒。有四時記。

薛・舜俞 [宋]同安人。字欽父。紹熙進士。知金華縣。郡守督宿逋峻甚。舜俞請寬其期。民悉樂輸。罷歸卒。有易抄。詩書指。文集。

薛・舜庸 [宋]舜俞弟。字惠父。紹熙進士。知古田縣。民間死牛。例輸錢於官。舜庸歎曰。民不幸牛死。又責輸錢。是重困也。立除之。徙通判興化軍卒。

薛・貴 [明]斌弟。本名脫火赤。以舍人從燕王起兵。屢脫王於險。積官都指揮使。再從北征。進都督僉事。宣德初進封安順侯。卒謚忠壯。

薛・貽矩 [後梁]聞喜人。字熙用。仕唐爲兵部侍郎。坐事左遷。乃自結於太祖。累遷御史大夫。天祐中太祖自長蘆還軍。哀帝遣貽矩來勞。貽矩稱臣拜舞。還遂趣哀帝遜位。太祖卽位。累拜司空。爲相五年卒。

薛・超 [宋]平城人。少有勇力。乾德初應募爲虎捷卒。太平興國初以天武指揮使從征太原。時契丹寇鎭定。從劉廷翰御之。雍熙中又從潘美北征契丹敗之。官至澄州團練使。至道初卒。

薛・遠 [明]祥孫。字繼遠。以祥謫瓊州。遂爲瓊州人。正統進士。官至南京兵部尙書。遠敏而好學。於禮樂兵刑天官曆算。無不涉其要。尤熟典故。在戶部最久。均劑出納。一切報罷。時論譏之。以忤汪直免官。

薛・開 [宋]徽言族子。字彥明。宣和末兪寇猖獗。開與兄闓。闓及闓子居實謀。白郡將預計守禦。弗許。乃與里人鮑若雨。包汝諧議鳩財積穀。陰計里少年族子弟分番自保。寇瀕城。開夜縋引壯士斫其營。寇輒棄去。事平。不言功。鄉人高之。

薛・雲 [後魏]忻州人。性嗜學。不樂仕進。隱於州西南二十五里。鑿舟山谷。讀書自適。以終其身。後名其谷曰薛雲。

薛・傳均 [清]江蘇甘泉人。字子韻。嘉慶時諸生。博覽羣籍。於十三經注疏及資治通鑑。功力最深。尤精於小學。以錢大昕說文問答深明通轉假借之義。博引經史以證之。成說文答問疏證一書。道光中游幕福建卒。

薛・嗣昌 [宋]向子。以吏材奮。崇寧中歷知太原府。以撫納西羌功。拜禮刑二部尙書。坐擬啓反覆。罷知延安府。當還官。丐回授其子昶京秩。嗣昌前後六七貶。多以欺罔獲罪。至是言者併論之。降爲待制卒。

薛・塔剌海 [元]燕人。金貞祐中太祖引兵至北口。塔剌海帥所部歸之。帝命爲礮水手元帥。以功進金紫光祿大夫。礮水手軍民諸色人匠都元帥。從征回回諸國。俱以礮立功。太宗時從容宗敗金師。復破南京及唐鄧均許諸州。取鄢陵。扶溝。尋卒。

薛・寘 [北周]汾陰人。性至孝。從魏孝武西遷。累官中書令。江陵平。進爵郃陽縣伯。朝廷方改制行周禮。令寘與盧辯斟酌古今。共詳定之。孝閔帝踐阼。進爵爲侯。除淅州刺史。卒謚理。有文筆及西京記。◎[宋]昌國人。字持志。少有文。及長。領鄉薦。調衡陽簿。時史彌堅帥湖南。一日。寇起黑風洞。徵寘往諭。將至。有道其姓名者。其酋遂投戈而退。

薛・嵩 [唐]訥從子。生燕薊間。以騎射膂力自將。從安祿山亂。晚爲史朝義守相州。僕固懷恩破朝義。嵩迎降。懷恩奏爲相衛洺邢等州節度使。頗有治名。大曆中累官尙書右僕射。封平陽郡王卒。

薛・愼 [北周]善弟。字佛護。好學能屬文。善草書。少起家丞相府墨曹參軍。文帝於行臺省置學。以愼爲學師。保定中爲湖州刺史。政聲大著。爲蕃部中大夫。以疾去職卒。

薛・敬 [明]朋龜九世孫。字原禮。號退庵。容儀魁偉。稽古好修。元至正中典教象山。秩滿調鄞。時元政不綱。退隱於鄉。以醫術自晦。洪武初舉茂才。授龍泉司稅。致仕卒。

薛・敬之 [明]渭南人。字顯思。號思菴。少從秦州周蕙游。究心理學。憲宗初以歲貢生入太學。與陳獻章並有盛名。成化末選應州知州。課績爲天下第一。弘治中遷金華同知。致仕卒。有道學基統。洙泗言學錄。爾雅便音。思菴野錄諸書。

薛・暉 [北周]河東人。有才略。形貌甚偉。嘗督禁旅爲蕭詧爪牙。常與侮之任。與尹正攻獲杜岸於南陽。嘗承制拜將軍。尋加大將軍。進位柱國。天保初卒。

薛業 【唐】天寶間處士。獨孤及嘗稱其敦於詩。困於學。敏於行。口弗言祿。祿亦不及。

薛溫 【北周】道衡兄。字尼卿。沈敏有器局。博覽墳典。尤善隸書。歷官燕郡太守。以簡惠稱。賜爵齊安縣子。

薛熙 【清】常熟人。字孝穆。布衣。游孫永祚·汪琬之門。肆力古文辭。有依歸集·練閱火器陣紀。

薛煥 【清】興文人。字覲堂。道光舉人。選金山知縣。咸豐時洪楊事起。率川勇力保上海。累擢江蘇巡撫。權兩江總督。皆以留辦洋務居上海。後入為工部右侍郎。總理各國事務大臣。坐與言事者互劾。兩罷。仍留總理衙門。光緒間以病歸。

薛瑄 【明】河津人。字德溫。號敬軒。永樂進士。宣德中授御史。忤中官王振。下獄論死。尋得釋。景帝嗣位。召起大理寺丞。英宗復辟。拜禮部右侍郎。兼翰林院學士。入閣預機務。致仕卒。諡文清。瑄學一本程朱。以復性為主。嘗謂自朱子後斯道大明。無煩著作。直須躬行。有讀書錄·從政名言·薛文清集。

薛當時 【明】順德人。字與可。性穎悟。七歲能詩。長益肆於學。親老。力貧為養。嘗答張詡論心書曰。心為氣主。主於靜則靜。而靜未始不動。主於動則動。而動未始不靜。一動一靜。互為始終。要皆以敬為主。詡善之。

薛萬均 【唐】世雄子。客幽州。後徙咸陽。有材武。與羅藝歸款高祖。著戰功。累轉沃沮道行軍副總管。從李靖討吐谷渾。勇蓋三軍。還左屯衛大將軍。又副侯君集擊高昌。降麴智盛。封潞國公。太宗幸芙蓉園。坐清宮不謹下獄。憂憤卒。(按舊唐書作薛萬鈞。此從新唐書。)

薛萬備 【唐】萬徹弟。有至行。居母喪。廬墓前。太宗詔表異其門。以尚輦奉御從伐高麗。將軍契苾何力以八百騎與虜苦戰。中槊創甚。萬備進救獲免。仕至左衛將軍。

薛萬徹 【唐】萬均弟。與萬均歸高祖。以功授統軍。進爵武安郡公。貞觀中以青丘道行軍總管帥師三萬伐高麗。拔其城。永徽中授寧州刺史。入朝。與房遺愛謀輔荊王。事洩誅。

薛虞畿 【明】海陽人。字舜祥。初為諸生。後棄去。隱韓山之麓。以農圃自娛。郡長吏欲致之。鑿垣而逃。有春秋別典·聽雨篷稿。

薛裕 【北周】端弟。字仁友。少以孝悌聞。辟丞相參軍事。是時京兆韋敻志安放逸。不干世務。裕慕其恬靜。數載酒餚從之。談宴終日。敻遂以女孫妻之。尋遇疾卒。

薛道光 【宋】陝府雞足山人。一名式。又名道原。嘗為僧。法號紫賢。又號毘陵禪師。雲游長安。留開福寺。有省悟。崇寧中寓郿。遇石杏林傳授口訣眞要。乃注解悟眞篇。作復命篇及丹髓歌。壽至一百十四歲尸解。

薛道衡 【隋】孝通子。字玄卿。專精好學。齊武平初詔與諸儒修定三禮。除尚書左外兵郎。齊亡。仕周至邛州刺史。文帝受禪。除內史舍人。會伐陳。與高熲論事成敗。熲曰。本以才學相期。不意籌略乃爾。後為內史侍郎。進上開府。才名益顯。一時無比。煬帝卽位。深忌之。拜司隸大夫。尋令自盡。縊殺之。天下稱冤。有集七十卷。

薛達頭 【後魏】代人。姚萇時率部落歸道武。賜爵聊城侯。賜妻鄭氏。閑雅恭慎。道武深器之。卒謚悼。

薛嘉言 【宋】弼兄。字獻可。性謹樸嗜學。為文立成。進諸弟以學。相繼登科。靖康末聞汴京失守。一日忽不告而去。搜奩器失一金珥。弼曰。必徒步往京師赴難為路資。居數日。果得書。既至臨安。聞高宗卽位。乃歸。後終司封郎中。知台州。

薛壽 【清】江都人。字介伯。晚字硯伯。道光時諸生。專力許書。於音韻尤有深造。詩以聲情為宗。張之洞督學湖北。聘主經心書院。有續文選·古字通·讀經劄記·學詁齋詩文集。

薛愿 【唐】汾陰人。天寶末為穎川太守。安祿山反。以愿與長史龐堅共守穎川。賊將阿史那等攻之急。二人死守。後糧乏援絕。城陷死之。

薛敷教 【明】應旂孫。字以身。號玄臺。萬曆進士。以名教自任。官國子助教。以救趙南星謫光州學正。省母歸。與顧憲成·高攀龍講學以卒。有泉上雜語·續憲章錄·浮弋集。

薛漢 【後漢】淮陽人。字子公。世習韓詩。尤善說災異讖緯。建武初為博士。當時言詩者。推漢為長。遷千乘太守。有異績。後坐楚事辭相連。下獄死。◎【元】永嘉人。字宗海。幼力學有令譽。以青田教諭遷諸暨州學正。泰定初選國子助教。精鑑古物。工詩文。有宗海集。

薛瑤 【唐】東明國女子。年十五。剃髮出家。閱六年。返初服。歸郭元振為妾。

薛瑤英 【唐】元載寵姬。攻詩書。善歌舞。其母趙娟。幼以香啗之。肌香體輕。姿質美豔。載惑之。怠於庶務。而瑤英之父兄。與其母遞相出入。以構賄賂。號為關節。載之喪德。論者謂實瑤英所致也。

薛疑之 【宋】瑞安平陽人。字季常。號玉成。學於楊簡。刊華據實。偽學禁興。作伊洛源流。各爲譜傳。以明道統。後以所學授其子璜。

薛·祿　明膠州人。行六。軍中呼曰薛六。既貴。乃更名祿。祿起行伍。從成祖起兵。功最著。累擢右都督。封陽武侯。仁宗立。累加太保。祿爲將。勇智兼資。紀律嚴明。又善撫士卒。人樂爲用。歸然爲時宿將。卒謚忠武。

薛·福成　清無錫人。字叔耘。一字庸盦。講求經世之學。爲古文辭有義法。光緒間以副貢參曾國藩·李鴻章幕府。除寧紹台道。內擢卿寺。出使英法義比諸國。嘗爭於英廷。創設南洋各島領事。歸陞右副都御史卒。有庸盦全集。

薛·福保　清福成弟。字季懷。同治間佐丁寶楨幕。官至四川知府。能文章。邃於經史諸子。有青萍軒文鈔。

薛·端　北周汾陰人。字仁直。本名沙陁。年十七。司空高乾辟爲參軍。以天下擾亂。棄官歸鄉里。文帝徵爲大丞相府戶曹參軍。從擒竇泰。復弘農。戰沙苑。並有功。孝閔時封文城縣公。出爲蔡州刺史。有惠政。尋轉基州刺史。卒謚質。

薛·綜　三國吳竹邑人。字敬文。樞機敏捷。善於辭令。孫權召爲五官郎中。除合浦·交趾太守。赤烏中官至太子少傅卒。所著詩賦雜論。凡數萬言。名曰私載。又定五宗圖。注張衡二京賦。

薛·綱　明字之綱。以進士起家。拜監察御史。巡按陝西。其所建明。皆邊防大計。歷官至雲南布政。皆著其職。綱簡直夷坦。不矯激而能持正。爲文醇雅。有三湘集·松陰蛙吹等篇。

薛·綬　明斌子。本名壽童。仁宗賜名綬。驍勇善戰。正統中與成國公朱勇等遇敵於鷂兒嶺。軍敗。猶持空弓擊敵。敵怒。支解之。謚武毅。

薛·聞禮　明武進人。由府吏官黃陂典史。張獻忠陷黃陂。愛聞禮才。挾與俱去。暮即亡歸。會賊所設官爲士民殺死。聞禮令士民遠避。而已獨留以當之。賊至。挺身自認。遂見殺。

薛·肇璜　清金匱人。字莎亭。爲龍溪縣丞。善書畫。喜吟詠。

薛·賓　明夏縣人。洪武間貢士。累官刑部右侍郎。建文嗣位。改北平布政司參政。燕邸有異謀。賓與左布政使張昺密奏。帝命先發制之。事洩。賓等入見被執。賓抗辨不服。令武士以金瓜擊之。落其齒。俱見殺。

薛·鳳祚　清淄川人。字儀甫。嘗師事鹿善繼·孫奇逢。著聖學心傳。尋從魏文魁學天文。順治中本穆尼閣天步眞原。作天學會通。謹守繩墨。又著兩河清彙。援據古今。疏證頗明。

薛·鳳翔　明亳州人。字公儀。由例貢仕至鴻臚寺少卿。亳州牡丹最盛。鳳翔家園藝尤多。因著牡丹史。

薛·廣德　西漢相人。字長卿。以魯詩教授。楚國龔勝·龔舍師事焉。蕭望之薦廣德經行。除諫議大夫。代貢禹爲御史大夫。廣德溫雅有蘊藉。及爲三公。直言諫諍。未幾乞骸骨。賜安車駟馬東歸。

薛·徽　明天定孫。元末爲兩淮水陸都統制。太祖遣左司郎中吳明遠齎手詔召之。遂渡江。太祖屏人與語。大悅。令參幕府。董奇贊靈中。命督軍事。軍政修飭。

薛·慶　宋起羣盜。歸誠守高郵。累官承州天長保寧鎮撫使。金兀朮欲會兵攻楚州。眞陽鎮撫郭仲威約慶俱往迎敵。至揚州。仲威無行意。慶上馬疾馳去。轉戰十餘里。爲金騎所獲。被殺。

薛·慶之　後魏驎駒子。字慶集。頗有學業。官廷尉丞。嘗與廷尉正崔纂戲判城狐。詞義可觀。累遷滄州刺史。爲葛榮攻圍。城陷。尋病卒。

薛·憕　北周汾陰人。字景猷。早孤。家貧。躬耕以養祖母。暇則覽文籍。手抄將二百卷。魏普泰中拜給事中。文帝踐阼。拜中書侍郎。加安東將軍。封夏陽縣伯。時儀制多闕。憕與盧辯·檀翥等參定之。後坐事死。

薛·播　唐寶鼎人。早孤。伯母林通經史。躬授經諸子及播兄弟。故開元天寶間播兄弟七人。皆擢進士第。累遷殿中侍御史。播溫敏善與人交。李栖筠·常袞·崔祐甫皆引擢之。官至禮部侍郎卒。

薛·歐　漢以舍人從高祖起豐。至霸上爲郎。入漢。以將軍擊項籍將鍾離昧。封廣平侯。卒謚敬。

薛·瑩　晉綜子。字道言。吳孫皓時歷選曹尚書·光祿勳。入洛陽。爲散騎常侍。答問處當。皆有條理。太康中卒。著書八篇。名曰新議。

薛·稷　唐道衡曾孫。字嗣通。擢進士第。以辭章自名。景龍末爲昭文館學士。善書。結體遒麗。畫又絕品。官至禮部尚書。竇懷貞誅。稷以知謀賜死萬年獄。

薛·震　北齊汾陰人。字文雄。元象中除廣州刺史。後從慕容紹宗討侯景。以功封膚施縣男。天保中從討山胡。破茹茹。並有功績。累遷譙州刺史。

薛·頤　唐滑州人。隋大業時爲道士。善天文律曆。尤曉雜占。武德初秦王表爲太史丞。遷太史令。貞觀中丏爲道士。帝爲築觀九嵕山。號曰紫府。拜頤太中大夫。往居之。數歲卒。

薛·據　唐寶鼎人。開元間登第。官尚書水部郎中卒。據骨鯁有氣魄。能詩。與王維·杜甫最善。

薛·融　後晉平遙人。少以儒學知

名。高祖鎭太原。融爲觀察判官。高祖徙鄆。欲據太原拒命。問賓佐可否。對曰。進退存亡之理。豈易言哉。高祖不之責。及入立。召拜左諫議大夫。時詔修洛陽大內。融上書切諫。高祖詔罷其役。改尙書右丞。分司西京卒。

薛蕙　【明】亳州人。字君采。年十二能詩。舉正德進士。累官吏部考功司郎中。大禮議起。蕙撰爲人後解。爲人後辨。及辨張璁·桂萼所論七事。合數萬言上於朝。以忤旨獲罪。又爲陳洸所譖。遂解仕歸。學者重其學行。稱西原先生。有西原遺書·約言·考功集。

薛蕙英　【元】蘭英妹。與蘭英並能詩。有聯芳集。參看薛蘭英條。

薛孺　【隋】道衡從弟。清貞孤介。不交流俗。涉獵經史。有才思。開皇中爲侍御史。歷揚州總管司功參軍。每以方直自處。所經並有惠政。終襄城郡掾。

薛徽言　【宋】永嘉人。字德老。從胡安國學。登建炎進士第。紹興初以監察御史宣諭湖南。後遷起居舍人。時秦檜與金人議和。徽言拜疏爭之。一日檜於帝前論和。徽言直前引義固爭。反覆數刻。中寒疾而卒。

薛應旂　【明】武進人。字仲常。嘉靖進士。歷遷南京考功郎中。忤嚴嵩。謫建昌通判。歷浙江提學副使。以大計罷歸。有宋元資治通鑑·考亭淵源錄·甲子會紀·四書人物考·高士傳·薛子庸語·薛方山紀述·憲章錄·方山文錄。

薛濬　【隋】胄從子。字道賾。少孤。養母以孝聞。開皇中歷考功侍郎。帝聞其孝。賜其母几杖輿服四時珍味。時母喪。命鴻臚監護喪事。歸葬夏陽。時隆冬極寒。濬徒跣霜雪中。足墮指凍。朝野爲之痛傷。尋起令視事。竟不勝哀而卒。

薛濤　【唐】長安女子。字洪度。隨父流落蜀中。遂入樂籍。工詩。韋皐鎭蜀。召令侍酒賦詩。稱爲女校書。暮年屛居浣花溪。著女冠服。好製松花小箋。時號薛濤箋。

薛燭　【春秋越】善相劍。勾踐以純鉤湛盧二劍示之。燭定爲歐冶子所造。

薛璩　【宋】疑之子。字叔容。性明敏。有志於學。淳祐間臺省交薦。賜出身。嘗採諸子百家稗官緯紀之書。輯爲孔子集語。又摭古今輔相經略開濟之業。爲宅揆成鑑。進之朝。時人稱之。(按溫州府志及四庫提要均作薛據。此從宋元學案。)

薛績　【明】吳江人。字汝嘉。號古岩。善畫山水。能書。

薛聰　【後魏】破胡子。字延智。方正有理識。太和中爲治書侍御史。彈劾不避強禦。孝文嘗以心膂。每欲進位。苦辭不受。帝曰。卿天爵自高。非人爵所能榮也。後除都督徐州刺史。卒謚簡懿。

薛膺　【唐】萃子。太和初爲右補闕。內供奉。其弟齊佐與元李絳幕府。絳遇害。齊死於難。膺聞。不及請。馳赴之。哀甚。後歷工部員外郎。

薛舉　【隋】金城人。武敢善射。殖產鉅萬。好結納邊豪爲雄長。隋大業末爲金城校尉。與子仁杲起兵。自號西秦霸王。建元秦興。盡有隴西地。衆十三萬。遂僭帝號於蘭州。武德初秦王擊之。大敗。謀乘勝直趨長安。方行。病死。仁杲立。謚舉武皇帝。未葬而仁杲滅。

薛謹　【後魏】辯子。字法順。貌魁偉。高才博學。隨宋武帝渡江。位相府記室參軍。歸魏歷河東太守·秦州刺史。封涪陵公。謹在州郡。並著威惠。風化大行。後從駕北討。後期見殺。謚元。

薛鎧　【明】吳縣人。字良武。少爲諸生。兼精醫理。療病必本五行生尅。不按方施治。弘治間徵入太醫院。屢著奇驗。有保嬰撮要等書。

薛鎔　【清】福清人。字子燮。一字依南。明季貢生。入清守節不仕。爲文清幽遒勁。推尊道德經甚至。有南窗草·筠陽詩集·繹書·禮經微解。

薛顏　【宋】萬泉人。字彥回。舉三禮中第。歷河東陝西轉運使。河中浮橋歲爲水所敗。顏上流爲支渠。以殺水怒。因取渠水漑田。民頗利之。仁宗時遷給事中。以光祿卿分司西京卒。

薛懷義　【唐】鄠人。本馮氏。名小寶。偉岸淫毒。武后時佯狂洛陽市。千金公主嬖之。上言可入侍。后召與私。欲掩迹。得通籍祝髮爲浮屠。拜白馬寺主。詔與太平公主壻薛紹通昭穆。紹父事之。時毀乾光殿爲明堂。以懷義爲使督作。堂成。拜左威衛大將軍。延載中懷義寵衰失望。因火明堂。后密詔擊殺之。

薛懷讓　【宋】本戎人。徙居太原。勇敢善戰鬭。仕唐晉。歷沂遼密懷四州刺史。所至無善政。頗事誅斂。歸漢擢安國軍節度使。漢敗降周。加同平章事。受賄枉殺。釋不問。餓爲左屯衞上將軍。累拜太子太師致仕。恭帝時封杞國公。建隆初卒。

薛譚　古之歌者。學歌於秦青。詳秦青條。

薛獻　【唐】太宗時爲定州刺史。以循良稱。

薛繼先　【金】河東人。字曼卿。南渡後。隱居洛西山。課童子讀書。事母孝。所居化之。

薛鑾　【明】字全卿。起家進士。歷知旌德·績溪·建平縣。累遷都運使。時總督江彬·太監丘得需索無厭。鑾力爲阻抑。商民咸賴之。尋以病乞休歸。

薛蘭英 元吳郡女子。與妹蕙英皆秀穎能詩。父建一樓以處之。名曰蘭蕙聯芳樓。有詩數百首。號曰聯芳集。楊維楨作西湖竹枝詞。二女效其體作蘇臺竹枝詞。名播遐邇。崑山鄭生泊舟樓下。依薛爲主。二女與潛通。後爲父所覺。贅鄭爲壻。

薛辯 後魏強子。字允白。倜儻多大略。初仕姚秦。後歸魏。立功於河際。位平西將軍。賜爵汾陰侯。在鎭務農敎戰。恆以數千之衆。摧抗赫連氏。明元甚褒獎之。除并州刺史。徵授大羽眞。泰常中卒。

薛穰 明敬曾孫。字有年。聰明好問學。舉天順鄉薦。授涿州知州。改知灤州。所至有績。致仕歸。置業與昆弟共之。博學能詩文。又善書。

薛驎駒 後魏初古拔從子。好讀書。舉秀才。除中書博士。齊使至。詔驎駒兼主客郎以接之。卒諡宣。

薛顯 明蕭人。趙均用據徐州。以顯守泗州。均用死。顯來降。授指揮。從平吳。進行省右丞。從徐達取中原。太祖稱其勇略冠軍。可當一面。封永城侯。卒諡桓襄。

薛靈芸 三國魏文帝之美人。帝改名曰夜來。妙於鍼工。雖處深帷之內。不用燈燭。裁製立成。宮中號爲鍼神。

薛觀 元鄞人。字景荀。在宋時聚族千指。同居合食者五世。號義門薛氏。觀讀書強記。爲詩文多不留稿。至治中領鄉薦。累考補沅江縣主簿。攝尉事。盜息民安。以丹陽尹致仕卒。

薩布素 清滿洲鑲黃旗人。姓富察氏。康熙間由協領擢寧古塔副都統。討俄羅斯。克雅克薩。征噶爾丹。亦克之。還任黑龍江將軍。奏請於墨爾根兩翼各立一學。敎習書藝。爲黑龍江建學之始。後坐事奪職歸卒。

薩克愼 清滿洲鑲黃旗人。姓齊他拉氏。咸豐中任御前侍衞。林鳳祥據直隸連鎭。隨僧格林沁克之。擒鳳祥。轉戰山東河南安徽湖北江南等省。均有功。官至呼倫貝爾副都統。

薩哈璘 清代善三子。天姿聰敏。通滿漢蒙古文。屢從征伐。所向有功。天命間封貝勒。征喀爾喀札嚕特部。斬獲甚衆。天聰間從攻明。勳績尤著。崇德初封多羅郡王。卒諡毅。

薩理彌實 元字謙齋。以御史出爲建昌太守。著瑞竹堂經驗方。頗醇正周備。

薩喇勒 清厄魯特人。隸蒙古正黃旗。乾隆間以功授內大臣。尋爲定邊右副將軍。進征達瓦齊。定伊犂。封一等公。後遇賊。首先奔竄。諸軍悉潰。革職監禁。尋釋出。復授內大臣。封二等超勇伯。卒於官。

薩弼圖 清滿洲正白旗人。姓他塔喇氏。崇德間從征瑚爾哈部。圍明錦州。略地至山東。順治間從入關。擊李自成。定山西。征陝西。積功封二等男卒。

薩琦 明其先西域人。後著籍閩縣。字廷圭。宣德進士。入翰林爲庶吉士。爲人耿介持正。學有源委。授編修。預修仁宗實錄。陞禮部右侍郎。兼詹事府少詹事。卒於官。

薩都剌 元本答失蠻氏。祖父以勳留鎭雲代。遂爲雁門人。字天錫。號直齋。登泰定進士。官御史。以彈劾權貴。左遷淮西北道廉訪司經歷。尋致仕。都剌文詞雄健。詩流麗淸婉。最長於情。尤喜遊佳山水。嘗登安慶司空山太白臺。歎曰。此老眞山水精。遂結廬其下。年八十餘卒。有雁門集。

薩載 清滿洲正黃旗人。姓伊爾根覺羅氏。乾隆繙譯舉人。累擢江南河道總督。在任多年。以練達河防稱。官至兩江總督。卒諡誠恪。

薩穆什喀 清滿洲正白旗人。姓佟佳氏。隸漢三弟。少從太祖征伐。天聰間攻旅順。率衆先入。身被百創。戰益厲。遂破之。復征黑龍江虎爾哈部。攻皮島。官至議政大臣。坐事奪職。以從克錦州。復騎都尉世職。

薩璧翰 清滿洲正藍旗人。姓納喇氏。崇德間官至吏部右參政。列議政大臣。從圍錦州。明兵自松山誘戰。被創卒於軍。

褒姒 周幽王之后。生子伯服。王廢申后及太子宜臼。立褒姒爲后。伯服爲太子。褒姒不好笑。王悅之萬方。故不笑。乃舉烽燧以徵諸侯。諸侯至而無寇。褒姒乃大笑。後申侯與犬戎攻周。幽王舉烽燧。而諸侯不至。遂被殺。

襄仲 春秋魯莊公子。本名遂。字仲。襄爲其諡。後子孫以諡爲氏。仲居東門。亦曰東門氏。事僖公文公爲卿。文公卒。仲殺太子惡及其母弟視而立庶長子接。是爲宣公。後如齊。卒於垂。

襄老 春秋楚仕莊王爲連尹。邲之戰。楚熊負羈囚晉知罃。其父荀首反戰。射襄老死。獲其尸。又射公子穀臣。囚之以還。後十年。晉以穀臣與襄老之尸歸於楚。易知罃以歸。

襄伊 春秋齊事莊公。有勇力。爲嬖臣。崔杼弑公。襄伊死之。

襄城公主 唐太宗女。下嫁蕭銳。動循矩法。帝勅諸公主視爲師式。有司告營別第。辭曰。婦事舅姑如父母。異宮則定省闕。銳卒。更嫁姜簡。永徽中卒。

襄楷 後漢隰陰人。字公矩。好學博古。善天文陰陽之術。桓帝時宦官專政。災異尤數。楷詣闕上書。不旨。復上書極言之。因付獄。靈帝時舉方正及博士。俱不就。卒於家。

謝·一魯 【元】瀏陽人。字至道。至元進士。嘗爲石林書院山長。賊陷潭州。一魯奉親匿巖谷中。官兵復郡邑。亡者稍歸。乃還理故業。俄而賊復至。縛一魯。一魯罵賊甚厲。舉家咸遇害。

謝·乃寶 【清】福山人。字華函。福山有峇嵦山。因號峇嵦山人。康熙進士。官興寧知縣。有峇嵦山人集。

謝·三秀 【明】貴陽人。字君采。一字元瑞。萬曆中以貢生官教諭。後棄去。詩精警。有正始遺音。天末才子之目。著雪鴻堂遠條堂二集。

謝·于宣 【明】鄞人。字宣子。崇禎進士。授行人。闖賊破京師。于宣慟哭投繯。爲僕從所解。遂被執不屈死。

謝·士元 【明】福州長樂人。字仲仁。景泰進士。知建昌府。涖事明敏。民有圖券訟田宅者。士元叱曰。僞也。券今式。而所訟乃二十年事。民驚服。訟漸止。官至右副都御史。巡撫四川。坐事下獄。事白。遂致仕。

謝·士毅 【明】洪武初知嘉興府。時吳亂初平。士毅勤於撫字。每遇芳辰。則騎從出遊。使民知太平氣象。

謝·大昌 【宋】嘉興人。工平畫。

謝·子強 【宋】永嘉人。字強學。嘉定進士。起州縣。累遷至兵部侍郎。擢待制。出守潭廣越明四州。加寶章閣直學士。卒諡清惠。

謝·子德 【明】工畫山水花鳥。能傳神。

謝·子襄 【明】新淦人。名袞。以字行。建文時以薦授青田知縣。永樂中擢知處州。叛卒吳米據山谷爲亂。朝廷發兵討之。一郡洶洶。子襄力止軍毋出。而自以計掩捕之。獲其魁。餘悉解散。歷官三十年。不以家累自隨。

謝·小娥 【唐】豫章人。段居貞妻。夫與父同賈江湖。爲盜申蘭·申春所殺。小娥詭服爲男子。託傭申家二年。手刃蘭。擒春鳴官。復父夫仇。還豫章。人爭聘焉。不許。祝髮事浮屠終身。

謝·丰 【明】字天湖。由舉人爲信宜縣令。與父還俱有才名。好遊山水。有六虛樓集。

謝·允昌 【宋】字孝孫。熙寧間以太學生上書。召對。賜進士出身。以言忤執政。不至顯官。倅曲江。有惠利及民。司馬光欲起爲大理丞。不赴。遂致政。家居綽有風節。

謝·元 【南朝宋】靈運從祖弟。字有宗。以才學見知。位尚書左丞。素與何承天不相善。元嘉中除太尉諮議參軍。未拜。爲承天所糾。遺歸田里。禁錮終身。

謝·元超 【唐】武德初官潤州刺史。築南北二塘以溉田。民賴其利。

謝·升賢 【宋】仙游人。字景芳。號恕齋。與陳沂爲友。端平中登進士。爲滄光尉。漕使方大琮·提刑楊大異皆薦升賢宜充師儒之選。官至循州興寧令。有太極圖西銘訣·學庸語孟解。

謝天地 【宋】不知姓名。絕粒不食。居武當山石室中。石壁萬仞。下臨深澗。人莫能往來而飛行自若。人有問者。但應曰謝天地。餘無他語。人以是名之。後仙去。

謝·天游 【清】閩人。字爾方。畫得米倪法。下筆奇古。不同流俗。

謝·天錫 【明】吳人。字純父。官嘉興簿。時兵後田多荒蕪。天錫勸勉墾種。繫囚病疫。爲湯藥饘粥以濟。有殺人情眞而未獲尸。久繫稱冤。天錫廉得之。具服。民稱神明。

謝·少南 【明】上元人。字應午。一字與槐。嘉靖進士。官至河南布政司參政。以文才顯。有粵臺稿·河垣稿·讁臺稿。

謝·文洧 【清】南豐人。字秋水。號約齋。生當明季。見天下方亂。遂棄諸生入廣昌之香山。閱佛書。初喜陽明之學。後一意程朱。闢程山學舍於城西。名其堂曰尊洛。著大學中庸切己錄及講義數十篇。發明張子主敬之言。人推其篤躬行。識道本。康熙中卒。又有初學先言·大臣法則·左傳濟變錄·謝程山集。

謝·文祥 【明】耒陽人。字元吉。成化進士。選庶吉士。遷監察御史。數上封事。以直言得罪。謫南陵縣丞。李東陽·劉大夏·陳獻章輩俱壯其節。贈以詩。年三十七卽致仕。

謝·文節 【南唐】福州人。初仕閩爲侯官令。後入南唐爲忠烈都虞候·饒州團練使。以驍勇聞。周世宗南征。文節獨擐甲渡大江。滑覘敵壘。吳人號爲鐵龍。後守鄂州。拒宋師戰沒。

謝·文龍 【宋】惠安人。字德翔。學問該博。文詞敏贍。陳覺民深器重之。范祖禹·莊公岳稱以國士。嘗著野議十篇。有蘷溪集。

謝·文瓘 【宋】陳州人。字聖藻。第進士甲科。教授大名府。哲宗時用薦爲主簿。三年不詣執政府。徽宗立。擢起居舍人·給事中。崇寧初出知濮州。尋治黨事。坐元豐間上疏斥新法及嘗貽呂公著書。再調邵武軍。移處州。徽宗披黨籍出之。以爲集英殿修撰。知濟州卒。

謝·方叔 【宋】威州人。字德方。嘉定進士。歷官監察御史。敷言得失。淳祐中知樞密院事。拜左丞相。封惠國公。以御史洪天錫論擊權璫。議者幷劾方叔。遂罷相。竄廣南。後請致仕。得復職。度宗卽位。以一琴一鶴金丹一粒來進。賈似道恐其希望。諷人論之。再奪官爵。咸淳中敘復。致仕卒。

謝·方明 [晉][劉][宋]陽夏人。初隨伯父吳興太守邈在郡。邈爲孫恩所害。逃竄還都。晉元興中除著作佐郎。累遷晉陵太守。入宋爲會稽太守。深明政體。不拘文法。闊略苛細。務綜綱領。貴族豪士。莫敢犯禁。卒於官。

謝·方琦 [清]宜興人。字應雲。康熙舉人。有東墅集。

謝·王寵 [清]陝西人。字愚齋。有愚齋反經錄。

謝·弘微 [南][朝][宋]韶孫。本名密。犯所繼內諱。以字行。叔父混異之。嘗與弘微及族子靈運·瞻·曜等。以文義賞會。謂之烏衣之游。特敬貴弘微。號曰微子。晉義熙中混被誅。詔混妻晉陵公主改適。與謝氏離絕。公主以混家事委弘微。武帝受禪。公主降東鄉君。得還。田疇墾闢。有加於舊。見者感弘微之義。至爲流涕。宋初位黃門侍郎。遷尙書吏部郎。領中庶子卒。弘微每有獻替及論時事。必手書焚草。人莫之知。

謝·札 [梁]僑弟。字世高。博習文史。官湘東王諮議。

謝·玄 [晉]奕子。字幼度。少穎悟。及長。有經國才略。屢辟不起。苻堅數入寇。時求文武良將。可以鎭禦北方者。叔父安乃以玄應舉。徵拜建武將軍。兗州刺史。監江北諸軍事。後以前鋒都督。卒精銳八千。大破堅衆百萬於肥水。肥水爲之不流。加都督徐兗青司冀幽并七州軍事。封康樂縣公。尋詔還鎭淮陰。遇疾求解職。疏十餘上。乃授會稽內史。輿疾之郡。卒諡獻武。

謝·用 [明]祁門人。字希中。生母馬氏方娠。用父永貞客外。嫡母汪氏妒而嫁之。永貞還大恨。抱用歸。寄乳隣媼。汪氏收而自鞠之。既冠。始知所生。遍覓幾一載。卒遇之。迎歸別室。孝養二母。曲盡其誠。後汪感悔。令迎馬同居。訖無間言。

謝·用賓 [宋]祁陽人。少跌宕。負才氣。嘗讀張栻希顏錄而慕之。求一言可以終身行之者。栻以敬告。自是守之不替。以特奏名。任橫州法曹。

謝·石 [晉]萬弟。字石奴。初拜祕書郎。累遷尙書僕射。淮肥之役。以將軍假節征討大都督。苻堅敗。以功遷尙書令。封南康郡公。在職務存文刻。無他才望。直以宰相之弟。兼有大勳。遂居清顯。卒諡襄。◎[宋]蜀人。字潤夫。以術得名。善相字。使人書一字。卽知其人用意。以卜吉凶甚驗。宣和間至都。名動公卿。徽宗密使人書一朝字示之。石曰。此非人臣也。上以十月十日生。朝字十月十日也。帝悅。召見賜金帶。高宗時以相春字謂秦頭太重壓日無光。忤秦檜。死於戍所。

謝·伋 [宋]良佐從孫。字景思。官至太常少卿。有四六談麈。

謝·仲初 [宋]萬載人。修煉於閣皂山。得道。歸過縣西。見無水。拔劍刺地。湧泉甘潔。過江無舟。以竹葉渡之。後登謝山仙去。

謝·仲溫 [元]豐州人。字君玉。略涉書史。父睦歡從征有功。世祖命仲溫備宿衛。中統間遷順德路總管。歷湖廣淮東宣慰使。所至有政績。

謝·兆申 [明]建寧人。字保元。號耳伯。又號太弋山樵。萬曆貢生。爲文奮棘幽晦。喜交異人。購異書。所藏幾五六萬卷。客死麻城。有耳伯詩文集。

謝·夷吾 [後][漢]山陰人。字堯卿。少爲郡吏。學風角占候。太守第五倫擢爲督郵。舉孝廉。除壽張令。永平間蝗發泰山。過壽張。飛逝不集。累遷鉅鹿太守。所在愛育人物。有善績。後以行春乘柴車從兩吏。冀州刺史上其失儀。左轉下邳令。豫剋死日。如期卒。

謝后 [宋]深甫女孫。名道清。生而黧黑。瞖一目。理宗卽位。議擇中宮。楊太后德深甫有援立功。命選謝氏諸女。后就道。旋病疹。良已。膚蛻。瑩白如玉。醫又藥去目瞖。遂立爲后。帝㬎卽位。尊爲太皇太后。臨朝稱制。宋亡。以疾留杭。元以后與帝㬎北去。降封壽春郡夫人。越七年卒。

謝·存儒 [明]蒲圻人。字懋玠。嘉靖進士。授行人。遷給事中。論事落職。尋擢知南昌府。涖政精勤。奸豪歛手。歷山東布政。以年饑穀貴。令民兼錢輸漕穀。省漕費過半。擢右副都御史。巡撫河南。政績多可紀。陞兵部侍郎卒。

謝·安 [後][漢]下邳人。順帝末揚徐盜賊羣起。爲滕撫所破。賊徐鳳等復將餘衆攻燒東城縣。安應募。率其宗親設伏擊鳳。斬之。封平鄉侯。邑三千戶。◎[晉]尙從弟。字安石。少時神識沈敏。風宇條暢。善行書。累辟。以疾辭。寓居會稽。放情丘壑。每遊必以妓女自隨。時人每言安石不出。將如蒼生何。及弟萬被黜。安年四十餘。始應桓溫徵爲司馬。溫北征。出爲吳興太守。頃之。徵拜侍中。遷吏部尙書。簡文帝崩。溫入赴山陵。止新亭。大陳兵衛。將移晉室。呼安及王坦之。欲於坐害之。坦之甚懼。安神色不變。從容笑語。溫卒不能加害。尋爲尙書僕射。孝武親政。進中書監。錄尙書事。苻堅師次淮肥。京師震恐。安爲征討大都督。指授將帥。各當其任。兄子玄等既破堅。驛書至。安方對客圍棊。看書竟。了無喜色。棊如故。既罷還內。過戶限。心喜甚。不覺屐齒之折。其矯情鎭物如此。封建昌縣公。拜太保。出鎭廣陵。疾篤還都卒。贈太傅。諡文靖。

謝・安時 〔宋〕政和人。字尙可。博通經傳。涉筆成文。崇寧・大觀間以兩優貢入辟雍。謁告歸。復預鄉薦。靖康之變。攜家隱四坑別墅。庭植三桂。號桂堂居士。後以累舉得官。卒不拜。終於家。

謝・宇 〔明〕衡陽人。字伯寬。宣德時爲工部侍郎。掌通政司事。畫山水法諸大家。花木鳥獸。悉到妙處。

謝・汝明 〔宋〕建寧人。字如晦。嘉泰進士。辟宜章令。邑有大盜號飛虎。頗難馴馭。汝明結以恩信。卒不敢爲患。有巫祀神曰武靈侯。假以惑衆。汝明置之獄。遂服罪。民惑以解。◎〔明〕宇子。字晦卿。號東岩。官中書舍人。善畫山水。

謝・汝韶 〔明〕福州長樂人。字其盛。嘉靖舉人。除知武義・安仁。以持正與時忤。左遷吉府長史。復忤張居正。掛冠歸。有碎金集。天池存稿。

謝・汝儀 〔明〕鄞人。字國正。正德進士。授餘干知縣。擢監察御史。劾外戚陳萬年・宦官王堂・時春及奸黨何明等罪狀。又疏乞寬假議禮諸臣。請誅巨璫谷大用等。直聲大著。後自雲南參政遷江西按察使。便道歸省。遭祖母喪。遂以哀毀卒。汝儀在官清廉。卒之日。家無以爲養。聞者悼之。

謝・自然 〔唐〕貞觀中女冠。嘗泛海將詣蓬萊。見道人。指言天台山司馬子微。名在丹臺。身居赤城。眞良師也。自然乃回師子微。得道術於金泉山。仙去。

謝・伯宜 〔宋〕龍溪人。字希聖。熙寧進士。知長興縣。拓闢水利。蝗不入境。其後四司讞獄。平反甚多。官至承議郎。

謝・伯景 〔宋〕晉江人。字景山。天聖進士。爲許州法曹。詩文雄健高逸。爲歐陽修所稱。

謝・佃 〔宋〕瑞安人。字用休。一名天申。居謝奧里。游洛。從程頤學。永嘉洛學自許景衡始。而佃與潘旻繼之。後以賢良薦知閤門事卒。

謝・佑 〔明〕桐城人。字廷佐。少孤貧。性至孝。躬耕以養。刻苦求學。於牛背上讀書。成正統進士。歷官山西右布政使。致仕卒。母喪未終。遺言以衰絰爲殮。

謝・佑之 〔元〕居鄱下。工畫折枝花卉。

謝・君錫 〔明〕潮州海陽人。以貢生爲召安訓導。嘉靖間倭寇破城。君錫集諸生。申明大義。具衣冠拜廟。觸石死。

謝・孚 〔明〕山東人。字以誠。少穎悟。讀書強記。登永樂進士。累官陝西道監察御史。督運口北。扈從還。陞福建按察司副使。卒官。

謝・岐 〔陳〕山陰人。少機警好學。仕梁爲尚書金部郎。侯景之亂。流寓東陽。依於張彪。彪敗。文帝引爲兼尚書右丞。俾參預機密。深被知遇。及即位。擢給事黃門侍郎・中書舍人。天嘉初卒。

謝・希孟 〔宋〕伯景妹。陳安國妻。與兄並工詩賦。歐陽修稱其隱約深厚。守禮不釋。有古幽閒淑女之風。

謝・希曾 〔清〕吳縣人。字孝基。號安山。諸生。潛心理學。尤邃於易。工畫山水。精鑒賞。以家藏墨蹟刻石。曰契蘭堂帖。著有易學指南。

謝・希逸 〔清〕宜興人。字野臣。寄居江都。善曆算之學。休寧戴震論推步。惟服梅文鼎及希逸。著述不傳。

謝・廷玉 〔清〕如皋人。字雪吟。精畫。好以水墨寫生。仿米氏雲山。世尤珍之。兼工篆刻。

謝・廷柱 〔明〕士元子。字邦用。弘治進士。除大理評事。歷官湖廣按察司僉事。善屬文。能詩。有雙湖集。

謝・廷桂 〔明〕蒲州人。景泰中鄉舉第一。會試時。曹石輩爭館之。廷桂拒曰。君危如朝露。欲浼我耶。成化初同知常州。廉明果斷。治行爲江左第一。陞河南知府。未任。上十餘章。被謫卒。

謝・廷寀 〔明〕金谿人。字思遠。隆慶進士。司理濟南。御史嘉其廉謹。薦補蘄州。有海防捕百餘人。獻幕府冒功。廷寀察其爲買人。亟爲白免。累遷吏部文選郎。移疾歸。有西堂草。

謝・廷蒞 〔明〕富順人。字子佩。嘉靖進士。除新喻知縣。徵授吏科給事中。諫南巡忤旨。謫雲南典史。歷遷浙江僉事。以侍養歸。隱居三十年。家徒四壁。樂道著書。萬曆初卽家進太僕少卿。

謝・廷諒 〔明〕相子。字友可。萬曆進士。授南刑部主事。會李廷機・王錫爵將奉召入閣。上疏劾之。不報。終順慶知府。有清輝館集・帶檔編・起東草・薄遊草・縫掖集。

謝・廷讚 〔明〕廷諒弟。字曰可。萬曆進士。授刑部主事。疏言閣員當補。臺省當選。礦稅當撤。冠婚册立當速。詔令當信。持疏跪文華門候命。神宗震怒。褫職爲民。遂僑寓維揚。授徒自給。久之卒。

謝・忱 〔明〕金華永康人。字惟壽。由太學生成永樂進士。授監察御史。遇事敢言。九爲巡按。詰奸禁暴。無所假借。人稱謝閻王。因忤尙書蹇義。出爲四川按察僉事。多善政。卒官。

謝・成 〔明〕濠人。字德用。少有勇略。從太祖克滁・和。定集慶。授總管。征伐中原。所向有功。進都督僉事。封永平侯。坐事死。◎〔明〕道齡子。字仲美。善寫眞。兼長山水花鳥。

謝・沈 〔晉〕山陰人。字行思。一曰

字靜思。少孤。事母孝。博學多識。不受人事。耕耘之暇。研精墳典。康帝時以太學博士徵。母憂服闋。除尚書度支郎。何充·庾冰共稱其有史才。遷著作郎。撰後漢書百卷。晉書三十餘卷。時謂其學在虞預之右。

謝玖 晉惠帝夫人。家本貧賤。父以屠羊爲業。玖清惠貞正。有淑姿。選入後庭爲才人。惠帝在東宮。武帝遣玖往侍寢。得幸有身。生愍懷太子遹。及立。拜爲淑媛。未幾。賈后矯詔殺太子。玖亦被害。永康初贈夫人。

謝良佐 宋上蔡人。字顯道。從程顥受學。後卒業於程頤。與游酢·呂大臨·楊時在程門號四先生。登元豐進士。知應城縣。徽宗立。召對。有意用之。良佐退曰。上意不誠。乃求監局。得西京竹木場。坐口語下獄。廢爲民。良佐記問該贍。稱引前史。至不差一字。與頤別一年。復來見。頤問其所進。曰。但去得一矜字。頤歎其善學。曰。是切問而近思者也。卒謚文肅。世稱上蔡先生。有論語說。又有上蔡語錄。則曾恬·胡安國所錄良佐之語也。

謝良琦 清全州人。號石臞。明崇禎舉人。入清官常州府通判。有醉白堂文集。

謝谷 清江蘇通州人。字石農。工畫山水人物。白描像尤酷肖。能詩。

謝身灌 清野臣子。字曉山。性精巧。工畫著色山水。

謝邦翰 清湘鄉人。字春池。諸生。咸豐間從羅澤南援江西。戰死南昌。

謝叔方 唐萬年人。爲巢王元吉親將。從征有功。歷伊州刺史。善治軍。累加銀青光祿大夫。徙洪廣二州都督。卒謚勤。

謝奉 晉字弘道。歷安南將軍·廣州刺史·吏部尚書。後免官東還。道遇謝安。停三日共語。安欲慰其失官。奉輒引以他端。雖信宿竟不及言此事。安謂同舟曰。謝奉固是奇士。

謝季成 宋晉江人。字子立。以父蔭歷大理寺評事·衞尉丞。熙寧中累遷內藏庫使·知宜廉融邕四州·廣西鈐轄。峒蠻侵叛。悉討平之。合浦築城浚隍。備禦之具。爲一路最。邕管外寨。戍兵戕亡者多。乃請以峒丁代戍。民以爲便。元祐中卒於官。邕人廟祀之。號清戎將軍。

謝定住 明蔚州廣昌人。年十二。家失牛。母抱幼子追逐。虎躍出噬其母。定住奮前擊虎。母子三人幷全。永樂中召見嘉獎。賜鈔米旌其門。

謝尙 晉鯤子。字仁祖。幼有至性。八歲時。鯤嘗攜之送客。或曰。此兒一座之顏回也。尙應聲曰。坐無尼父。焉別顏回。席賓歎異。及長。辨悟絕倫。脫略細行。不爲俗事。善音樂。博綜衆藝。王導器之。比之王戎。辟爲掾。累遷歷陽太守·中郎將。永和中拜尚書僕射。出爲豫州刺史。在任有政績。尋進號鎭西將軍。鎭壽陽。制石磬以備太樂。江表有鍾石之樂自尙始。徵拜衞將軍。未至卒。謚簡。

謝承 三國吳山陰人。字偉平。博學洽聞。嘗所知見。終身不忘。女兄爲孫權夫人。早卒。承拜五官中郎將。稍遷長沙都尉·武陵太守。有後漢書百餘卷。

謝承任 明茶陵人。以指揮使。崇禎末調貴陽。粵寇萬餘。蹂躪猖獗。令委城去。承任奮羸卒誓守。城陷。不屈死。

謝昇 宋杭人。字東暉。景定間爲畫院待詔。善畫花竹士女。◎明諸城人。建文中官御史。燕師入。不屈。從容就戮。

謝昌 明純弟。字石屏。四齡能識字音平仄。辨棋先後。性至孝。善詩文。諳韜略。知瓊州。黎寇亂。昌自督兵。縱火勦平之。瓊人歌其德。以憂歸。築芙蓉庵思親亭。終身哀慕不已。

謝昌元 宋開慶初知施州。自備緡錢米麥。創築城壁於椅子山。詔進官一秩。

謝昌寓 南齊陳郡人。爲劉悛廣州參軍。性甚孝。嘗養一鴿。昌寓病二旬。鴿不食二旬。昌寓亡。鴿遂飛去。

謝東山 明射洪人。字少安。自號高泉子。嘉靖進士。歷貴州提學副使。累遷右副都御史。巡撫山東。性慷慨。好奇博雅。有近譬軒集·黔中小稿。

謝東陽 明保寧千戶所人。登進士第。爲人忠信端方。居官廉潔自矢。母族甚貧。分俸給之。事兄極愛敬。撫孤姪成人。讓以己產。

謝枋得 宋弋陽人。字君直。號疊山。寶祐進士。爲人豪爽。覩書五行俱下。好直言。每掀髯抵几。跳躍自奮。以忠義自任。應吳潛辟。團結民兵以扞饒信。尋應試建康。語侵賈似道。乃誣以居鄉不法。謫居興國軍。咸淳中赦歸。德祐初以江東提刑知信州。元兵東下。信州不守。乃變姓名入建寧唐石山。日麻衣躡屨。東鄉哭。已而賣卜建陽市。惟取米屨。委以錢謝不取。宋亡。居閩中。留夢炎薦之不起。遺書有曰。吾年六十餘。所欠一死耳。豈有它哉。福建參政魏天祐強之而北。至都。遂不食死。年六十四。門人私謚文節。世稱疊山先生。有文章軌範·疊山集。

謝枋得母 宋姓桂氏。賢達明大義。自枋得逋播。母與孫幽遠方。處之泰然。無一怨語。人問之。曰。義當然也。人以賢母稱之。

謝枋得妻 [宋]饒州安仁人。姓李氏。色美。通女訓。奉舅姑。奉祭祀。皆有禮。枋得兵敗。李攜二子匿貴溪山中。採草木而食。元兵踪跡至山。令曰。苟不獲李氏。屠而城。李聞之曰。豈可以我故累人。遂出就俘。囚建康獄。有廉帥欲妻之。李一夕自經死。

謝林 [明]應芳子。字璠樹。隱居教授。家無儲粟。而不爲愁苦無聊之言。有雪樵集、煮雪窩稿。

謝杰 [明]福州長樂人。字漢甫。萬曆進士。除行人。累遷右副都御史。巡撫南贛。屬吏被薦者以賄謝。杰曰。賄而後薦。干戈之盜。薦而後賄。衣冠之盜。人以爲名言。進南刑部右侍郎。疏陳十規。言甚切至。終戶部尚書。杰爲行人時。偕蕭崇業同使琉球。撰使琉球錄。

謝泌 [宋]歙人。字宗源。少好學。有志操。太平興國進士。端拱間爲殿中丞。獻所著文十篇。古今類要三十卷。以直史館改左正言。數上疏陳得失。太宗稱其任直敢言。官至右諫議大夫卒。

謝炎 [宋]濤弟。字化南。慕韓柳爲文。與盧稹齊名。時謂之盧謝。端拱進士。除知華容公安二縣。有文集。

謝采伯 [宋]深甫子。字元若。嘉泰進士。官至大理寺正。性淡榮利。所著密齋筆記。援據史傳。足以考鏡得失。

謝金鑾 [清]侯官人。字退谷。乾隆舉人。官教諭。喜讀宋儒書。畢力性命之學。既復求之易書詩周官禮記。篤好胡渭、顧棟高、任啓運、方苞四家書。謂其博通傳注。而有稗於倫常日用。非訓詁鈔錄者比。有泉漳治法、蛤仔難紀略、退谷文集。

謝皐 [明]字少岡。十歲能詩。爲涇縣令。旋棄官歸。築餞漢樓以居。每屬詩文。筆不加點。時人稱爲謝東坡。有歷代大事記。

謝俊民 [元]祁門人。字章甫。號適齋。元季隱居不仕。築雲深塢樂安莊書舍。與汪克寬爲友。講明道學。有玉泉寓意二集。

謝垣 [清]嘉善人。字東君。號漫叟。乾隆進士。爲刑部主事。工畫山水花果。性凝靜。淡於榮利。善鑒古。又善琴。

謝奕 [晉]安兄。字無奕。初爲剡縣令。桓溫辟爲安西司馬。猶推布衣之好。在溫坐。岸幘笑詠。無異常日。溫目爲方外司馬。從兄尙卒。朝議以奕代。遷都督豫兗冀幷四州軍事、安西將軍、豫州刺史。未幾卒。

謝彥章 [後梁]許州人。爲騎將。善騎兵。多而益辦。累遷匡國軍節度使。好禮儒士。晉人望其行陣齊整。相謂曰。謝彥章必在此也。其名重敵中如此。招討使賀瓌、馬步都虞候朱珪。皆與之有隙。誣以將反。伏甲殺之。

謝恂 [明]武進人。宣德中知臨海縣。一介不取。究心民事。民以事至庭。諄諄告諭。凡利當興害當去者。雖沮以權力弗顧。後知平陽府。

謝昶 [明]黃岡人。字永明。正統進士。由御史出知九江府。有循聲。巡撫貴州。平麻陽擊子坪蠻有功。後致仕歸。

謝朏 [梁]莊子。字敬沖。幼聰慧。莊甚器之。十歲能屬文。莊遊土山。使朏賦詩。攬筆便成。宋孝武帝稱爲奇童。及齊高帝輔政。引爲左長史。引魏晉故事諷使勸進。朏不附和。高帝不悅。轉侍中。受禪之日。不肯解璽。尋免官。永明中起義興太守。歷都官尙書。仍出守吳興。梁受齊禪。徵之不屈。已而詣闕自陳。乃以爲侍中、司徒、尙書令。禮遇優渥。遁節不全。遂爲時論所少。卒諡靖孝。

謝洪 [宋]武官人。與弟淳俱博學有文行。人稱二鳳。凡朝士遷謫此州者。多館其家。

謝相 [明]金谿人。字大卿。嘉靖舉人。授安東知縣。初歲饑。吏僞增戶口冒賑。繼者遂按籍征賦。民困甚。相爲請。得減戶千三百。邑人德之。

謝省 [明]黃巖人。字世修。景泰進士。授兵部員外郎。出知寶慶。政尙仁恕。嘗書眞德秀四事十害爲僚屬戒。上言民隱十事。在官三年。政舉教行。致仕歸。

謝約 [南朝宋]爲衛尉參軍。善畫山水士女。

謝英 [宋]潭州寧鄉人。字楚華。讀書於石柱山。博學好古。聞岳飛被害。乃隱居道林。教授子弟。累辟不起。有志伊錄、白雲稿、循吏龜鑑。

謝貞 [陳]藺子。字元正。幼聰明有至性。七歲時祖母苦風眩。每發不能食。貞亦不食。親族奇之。八歲嘗爲春日閒居詩。有風定花猶落之句。舅尙書王筠奇之。曰。追步惠連矣。年十三。通左氏春秋。工草隸蟲篆。初沒於周。太建中還國。始與王叔陵辟爲主簿。貞度叔陵將有異志。每有宴游。未嘗參預。及叔陵肆逆。貞獨不坐。遷南平王友。掌記室府事。以母憂去職。徐祚往候之。見其形體骨立。出而謂人曰。信哉孝門有孝子。遂以哀毀卒。

謝述 [南朝宋]景仁弟。字景先。小字道兒。少有至行。初爲景仁所憎。及景仁疾。盡心營視湯藥。不盥櫛者累旬。景仁深感愧。友愛遂篤。奉兄純喪還。途遇暴風。喪舫漂沒。述乘小船。冒浪尋求。號叫呼天。幸而獲免。武帝臨豫州。以述爲主簿。甚被器遇。元嘉中拜中書侍郎。彭城王義康入相。以爲司徒左長史。轉左衛將軍。補吳興太守。在郡清省。為吏民所懷。卒官。

謝・亘 〔晉〕朗子。字景重。明秀有才名。為會稽王道子驃騎長史。嘗侍坐。於時月夜明淨。道子歎以為佳。重率爾曰。意謂乃不如微雲點綴。道子因戲重曰。卿居心不淨。乃復強欲滓穢太清耶。

謝・重暉 〔清〕陞子。字千仞。號方山。官刑部郎中。工詩。王士禛稱其去留存骨。去枝葉存老幹。有杏庄集。

謝・哲 〔陳〕靈子。字頴豫。美風儀。舉止醞藉。襟情豁朗。為士君子所重。仕梁至廣陵太守。入陳累官中書令。司徒左長史。卒贈中書監。諡康。

謝・師稷 〔宋〕邵武人。字務本。淳熙中為集英殿修撰。知平江府。有善政。以中大夫致仕。平居謙履端潔。治家有法。

謝・庭芝 〔元〕崑山人。字仲和。號雪樹。畫山水竹石俱妙。工詩。善書。

謝・庭循 〔明〕永嘉人。名環。以字行。嗜詩善畫。永樂中供奉內庭。宣德中授錦衣千戶。有夢吟堂集。

謝・恕 〔晉〕牂牁人。為本郡太守。咸和中寧州刺史尹奉為李雄弟壽所破。南中地盡為雄有。惟恕保郡。獨為晉官。及壽僭位。遣李奕攻之。終不得拔。官至撫夷中郎將。寧州刺史。

謝・恭 [illegible]善畫。◉〔明〕敏弟。字元功。詩文俊麗。有蕙庭集。

謝・恩詔 〔清〕永春人。乾隆間由行伍歷擢千總。從福康安征臺灣。屢戰有功。嘉慶間從勦海盜蔡牽。擊破牽坐船。落海淹斃。以功累擢黃巖鎮總兵。兼署提督。

謝・振定 〔清〕湘鄉人。字一之。號薌泉。負經世才。尚氣節。能古文辭。乾隆進士。嘉慶初官御史。巡視東城。有乘違制車者。擒而訊之。則和珅妾弟也。其人恃勢橫甚。振定痛杖之。焚其車於通衢。坐罷官。直聲震天下。人稱燒車御史。和珅敗。以主事起用。累遷通州坐糧廳卒。有知恥堂集。

謝・朓 〔南齊〕述孫。字玄暉。少好學。有美名。文章清麗。善草隸。長五言詩。沈約嘗云。二百年來。無此作也。初為齊隨王子隆文學。明帝輔政。以為驃騎諮議。領記室。轉中書郎。出為宣城太守。建武中為尚書吏部郎。兼知衛尉事。東昏失德。江祏等謀立始安王遙光。謀於朓。朓不肯。祏白遙光。遙光怒。使范岫奏收朓。下獄死。有謝宣城集。

謝・殷 〔漢〕元始中為中郎將。與陳崇等八人。使行風俗。齊同萬國。封章鄉侯。

謝・海 〔明〕衡州安仁人。字文淵。童時父為流賊所掠。每念其父。輒泣血。成化中第進士。親詣苗界贖父。知父已沒。乃思像刻木。針取指血漬之。歸葬。廬墓三年。誓不謀仕。母強之。始授嘉州通判。苗賊叛。平之。

謝・泰交 〔清〕定海人。字時際。號天童。順治舉人。為文縱橫瑰麗。名稱一時。每縱談刺坐中。旁若無人。自命為狂生。有詩文稿。

謝・祐 〔明〕南海人。字天錫。陳獻章弟子。築室雲山之下。并日而食。讓不擁匱。名利之事。纖毫不能入。卒後附祀於白沙。

謝・純 〔晉〕景仁弟。字景懋。為劉毅衛軍長史。王鎮惡奉軍襲毅。時毅疾病。佐吏皆入參承。純參承畢。出聞兵至。驅還入府。左右引車欲還。純叱曰。我人吏也。逃何之。乃入。及毅兵敗。為人所殺。◉〔明〕臨寧人。字樵岐。天性聰穎。能文章。善畫。諳兵法星占。正德舉人。仕為滁州守。倣造木牛流馬。一轍可行數十步。邑人奉若神明。卒以清廉為上官所嫉。遂致仕。

謝・起龍 〔清〕餘姚人。字天愚。康熙歲貢。考授教職不就。以著述為事。有毛詩訂韻。東山志。俗禮解。蕉雨軒詩文集。

謝・躬 〔後漢〕南陽人。字子張。更始中為尚書令。率軍攻王郎不能下。與光武共定邯鄲。光武深忌躬。然每慰安之。嘗稱曰。謝尚書眞吏也。故躬不疑。其妻諫之。亦不納。後躬還屯鄴。光武誘之擊尤來。而遣將襲鄴。降其衆。躬還。為伏兵所殺。

謝・陛 〔明〕歙人。字少連。嘗宗朱子帝蜀之意。作季漢書。以蜀承正統。列魏吳為世家。甚為王士禛所稱。

謝・陞 〔明〕德州人。明萬曆進士。崇禎時溫體仁柄政。陞與善。累官吏部尚書。兼建極殿大學士。坐事被劾。罷歸。順治間迎降。仍官吏部尚書。卒諡清義。

謝・偃 〔唐〕衛州人。本姓直勒氏。其祖仕北齊。改姓謝。偃在隋為散從正員郎。貞觀初應詔對策高第。太宗引為弘文館直學士。遷魏王府功曹。受詔獻賦。能得規諷之意。帝善之。時李百藥工詩。而偃善賦。人稱李詩謝賦。終湘潭令。

謝・啓光 〔明〕章丘人。明萬曆進士。累官南京兵部左侍郎。順治間降清。官至太子太保。工部尚書。以任戶部時不奏銷錢糧。督倉場時苦累運官。英究多實。奪職。尋起用。以年老致仕。

謝・啓昆 〔清〕南康人。字蘊山。號蘇潭。乾隆進士。嘉慶間累官廣西巡撫。內治吏民。外撫夷猺。政績甚著。為詩不名一家。而詳於詠史。有樹經堂集。西魏書。小學考。粵西金石志。晚修廣西通志。以博洽稱。

謝・國光 〔清〕嘉興華亭人。字覲夫。

宋亡不仕。元治書侍郎程鉅夫奉詔使江南。搜訪遺賢。以國光薦。杜門稱疾。堅辭不赴。棲隱終身。

謝·國章 清山陽人。字雲倬。號西村。由太學生授縣丞。善畫山水蟲魚。

謝·堂 宋號恕齋。官樞密使。畫蘭竹松石。清雅可愛。

謝·常 明吳江人。字彥銘。少師事楊維禎。學識該博。尤長四六。洪武中舉秀才。試賦稱旨。帝欲官之。以母老辭歸。遂隱震澤之東溪。教授生徒。有桂軒稿·東溪集。

謝·彬 清上虞人。家錢塘。字文侯。善傳神。爲曾鯨高弟。

謝·晦 南朝宋瞻弟。字宣明。涉獵文義。博贍多通。事武帝爲太尉主簿。遷右衛將軍。加侍中。深見愛賞。嘗與從叔混同在帝前。帝目之曰。一時頓有兩玉人耳。及宋受禪。以佐命功封武昌縣公。少帝卽位。加中書令。與徐羨之·傅亮同輔政。已而共定廢立之策。羨之以晦領荊州刺史。加都督。欲令居外爲援。文帝立。誅羨之等。幷討晦。晦發兵反。軍潰伏誅。

謝·曼卿 後漢九江人。善毛詩。爲詩訓。衛宏從之受學。

謝·朗 晉安從子。字長度。父據早卒。朗善言玄理。文義豔發。名亞於從弟玄。官終東陽太守。

謝·淵 三國吳會稽人。字休德。少修德操。躬秉耒耜。既無慼容。又不易慮。由是知名。舉孝廉。稍遷至建武將軍。雖在軍旅。猶留意人物。騎統子秀被謗。淵爲昭雪。時人稱之。

謝·混 晉琰子。字叔源。小字益壽。少有美譽。善屬文。尙晉陵公主。父及兩兄爲張猛所害。後劉裕生擒猛送混。混剖肝生食之。襲父封爵。歷中書令·中領軍·尙書左僕射。以黨劉毅誅。國除。

謝·淳 宋瀏陽人。字景祥。建炎間潭州賊杜彥叛。戕通判孟彥卿。淳率衆擊賊。不克被害。贈成忠郎。

謝·淳培 明江夏人。字應侯。天啓舉人。博學能文。張獻忠陷城。被執不屈死。

謝·深甫 宋臨海人。字子肅。少穎悟力學。乾道初登進士。知青田縣。孝宗召見。稱其奏對雍容有古人風。慶元中參知政事。進拜右丞相。封魯國公。時有上書言朱熹·蔡元定爲僞學者。深甫擲書。斥爲狂妄。以少傅致仕卒。後其孫女爲理宗后。追封信王。諡惠正。

謝·淞洲 清長州人。字滄湄。號林村。布衣。工書畫。精於鑒古。世宗特召。以內府所藏命其鑒別。留一載。以疾罷歸。

謝·皐 宋開封人。爲鎭撫使統制官。李成陷虢州。皐自剖其心以死。

謝·章鋌 清福建長樂人。字枚如。光緒進士。不殿試而歸。大吏聘爲致用書院山長。有賭棋山莊文集。

謝·莊 南朝宋弘微子。字希逸。七歲能屬文。文帝見而異之。歎曰。藍田生玉。豈虛也哉。後爲隨王誕後軍諮議。領記室。元嘉中除太子中庶子。時南平王鑠獻赤鸚鵡。徧詔羣臣爲賦。袁淑文冠當時。作賦畢。示莊。及見莊賦。歎曰。江東無我。卿當獨秀。我若無卿。亦一時之傑。遂隱其賦。歷官吏部尙書·吳郡太守·金紫光祿大夫。泰始中卒。諡憲。

謝·訥 明文祥子。字尙敏。弘治進士。授戶科給事中。奉勅稽兩廣糧儲。人不敢干以私。遷刑科給事中。値劉瑾擅權。糾合言路。首發大奸。武宗嘉其直。瑾誅。擢工科都給事。道卒。

謝·野臣 清先世陝州人。徙家宜興。字庭逸。畫龍神妙。明天文理數之學。

謝·善勛 梁會稽人。能爲八體六文。方寸千言。爲湘東王錄事參軍。胸襟坦夷。飲酒至數斗。醉後輒張眼大罵。貴賤親疏無所擇。時稱謝方眼。

謝·幾卿 梁超宗子。清辯有神童之譽。年十二。召補國子生。及長。博學有文采。長於玄理。仕齊爲晉安王主簿。入梁歷尙書左丞·太子率更令。性通脫。好飲。嘗預樂游苑宴。不得醉而還。因詣道邊酒壚。停車褰幔。與車前三騶對飲。又在省署夜著犢鼻褌。與門生登閣道飲酒酣呼。卒於左光祿長史。有文集。

謝·弼 後漢東武陽人。字輔宣。一作輔鸞。中直方正。爲鄉邑所宗師。靈帝時舉有道。對策除郎中。時青蛇見殿前。大風拔木。弼上封事。左右惡其言。出爲廣陵府丞。去官歸家。曹節從子紹爲東郡太守。疾弼。遂收考。死於獄。(後漢書作東郡武陽人。謝承書作東郡濮陽人。按武陽後漢屬犍爲郡。濮陽爲東郡治所。東郡有東武陽。武陽當是東武陽之誤。)

謝·復 明祁門人。字一陽。與陳獻章從崇仁吳與弼學。身體力行。務求自得。居家孝友。冠婚喪祭。悉遵古禮。或問學。曰。知行幷進。否則落記誦詁訓矣。晚卜室西山之麓。學者稱西山先生。弘治末卒。有西山類稿。

謝·復莞 清吉水人。字菁來。有周易纂解正宗。

謝·惠連 南朝宋方明子。十歲能屬文。書畫並妙。族兄靈運特賞之。云每有篇章。對惠連輒得佳句。嘗於永嘉西堂思詩。竟日不就。忽夢見惠連。卽得池塘生春草之句。大以爲工。嘗云彼有神助。非吾語也。元嘉中爲司徒彭城王義康法曹行參軍。爲雪賦。

以高麗見奇。靈運見其新文。每曰。張華重生。不能易也。惠連輕薄多尤累。故官不顯。年三十七卒。

謝景 【三國吳】宛人。字叔發。大帝權立登爲太子。以景爲賓客。侍中胡綜稱其凝辯宏達。言能釋結。官豫章太守。在郡有治迹。吏民稱之。以爲前有顧劭。其次即景。數年卒官。

謝景仁 【南朝宋】安從孫。名裕。與武帝同。故以字行。博聞強識。年三十爲著作郎。桓玄深重之。以爲黃門侍郎。及篡位。領驍騎將軍。玄每與言不倦。武帝平建業。見景仁。目之曰。此名公孫也。引爲鎮軍司馬。義熙中位至左僕射卒。景仁性矜嚴整潔。居宇靜麗。武帝雅相重。申以婚姻。及卒。深痛惜之。

謝景初 【宋】絳子。字師厚。慶曆進士。知餘姚縣。有政績。以屯田郎致仕。博學能文。尤長於詩。黃庭堅其壻也。有宛陵集。

謝景章 【元】祁門人。號樵隱。學問該洽。嘗提領浙右田賦。厭俗而歸。與同儕設詩社。率其子弟。卜居邑之小壺天。有聚德堂。汪克寬爲之記。

謝景溫 【宋】景初弟。字師直。中進士第。與王安石善。自京西淮南轉運使驟擢侍御史。誣劾蘇軾。以阿安石。知潭州日。章惇開五溪。景溫協力招築。論功進官。元祐中知永興軍。徙知河陽卒。

謝朝恩 【清】華陽人。嘉慶間隨征川楚教匪有功。官至狼山鎮總兵。英吉利寇浙。朝恩防堵鎮海。在金雞山陣亡。

謝湜 【宋】金堂人。字持正。程頤高弟。元豐進士。官至國子博士。或云實以布衣終。湜嘗自蜀入京。過洛見頤。頤問何之。曰將試學官。頤曰。求爲人師而試之乎。湜遂不行。有易記。

謝爲憲 【清】鄞人。字孝定。一字恕齋。康熙舉人。知蓬萊縣。精畫。隨意潑墨。生意迴出。工書能詩。有自然之韻。以不諳吏事罷歸。

謝琰 【晉】安子。字瑗度。弱冠以貞幹稱。累官散騎常侍·侍中。安以琰有軍國才。苻堅淮肥之役。出爲輔國將軍。與從兄玄俱陷陣破敵。以勳封望蔡公。後與劉牢之共討孫恩。恩敗逃。琰以衞將軍爲會稽內史。恩復寇浹口。戰敗遇害。謚忠肅。

謝登之 【明】巴陵人。嘉靖進士。累官工部尚書。立朝清介自持。同列咸憚之。

謝皓 【宋】詷從子。字德夫。一字商老。幼孤。學於詷。詷器之。既冠。入太學。與游櫨老·龔吉老齊名。時人目爲三老。元豐中第進士。歷瑞州司理。召爲金部郎。大觀中假太常少卿使遼。及還。悉舉其山川地理名物人情以聞。遷司農少卿。出守建昌南劍絳州三郡。以公廉稱。

謝綯 【南朝宋】重子。字宣映。位至鎮軍長史。嘗於公坐戲調其舅袁湛。湛甚不堪。謂曰。汝父昔已輕舅。汝今復來加我。可謂世無渭陽情也。重爲王胡之外孫。與舅亦有不協之論。湛故有此語。

謝絳 【宋】濤子。字希深。以文學知名。爲人修潔醞藉。善議論。喜談時事。舉進士甲科。仁宗時累遷知制誥。判吏部太常禮院。請知鄧州。卒之日。家無餘資。有文集。

謝詷 【宋】建寧人。字誠甫。幼聰穎。九歲能屬文。未冠舉於鄉。治平中舉進士。初調臨川令。人謂之謝冰壺。又謂之謝銅釘。言其清且剛也。改知清江。歲大饑。詷出賑濟。除夕不歸。後守汀州卒。

謝晛 【宋】文瓘子。宣和中爲駕部員外郎。知汝州。欽宗時使金還。擢點西北路刑獄。金人犯汝州。晛自襄陽領兵往援。戰死。

謝貴 【明】洪武間爲河南衞指揮僉事。建文初廷議削燕。更置守臣。乃以貴爲都指揮使。并受密命。俾覘變異。至則燕王稱疾不出。知其有變。因部署在城七衞及屯田軍士。列九門防守。事洩。燕王伏兵端禮門。紿貴入。執殺之。

謝超宗 【南朝齊】靈運孫。少隨父鳳徙嶺南。宋元嘉末還。好學有文辭。盛得名譽。補新安王國常侍。王母殷淑儀卒。超宗作誄奏之。帝大嗟賞。謂謝莊曰。超宗殊有鳳毛。靈運復出矣。入齊爲黃門郎。仗才使酒。多所陵忽。坐失儀。出爲南郡王中軍司馬。以怨望免官。後賜自盡。

謝逸 【宋】臨川人。字無逸。號溪堂。少孤。博學工文詞。操履峻潔。從呂希哲學。再舉進士不第。遂不仕卒。淳熙中太守捎燁繪其像於學祀之。嘗作蝶詩三百首。多佳句。人呼爲謝蝴蝶。有春秋廣微·樵談·溪堂集·溪堂詞。

謝階樹 【清】宜黃人。字子玉。號向亭。嘉慶進士。官至侍講學士。有守約堂集。

謝廉 【明】河源人。字子清。永樂中以監生令交趾。境內賊起。廉提兵抵穴。悉俘之。後去任家居。交趾復叛。守吏駭竄。廉適鋤圃。聞之厲聲曰。使廉在。當以身殉國。何偷生爲。不覺揮鋤中武。流血不止。其忠憤如此。

謝暉 【元】本貴陽人。徙家於鄞。字彥實。識見通敏。從永康胡長孺學。或勸習舉子業。答曰。學以通古今。資文行耳。仕奚所急哉。所爲詩文。簡淡雋永。又從趙孟頫受書法。人以得其片楮爲榮。

謝源 【宋】邁孫。字資源。以進士官建昌軍教授。累遷邵武丞。詩秀潤和雅。有空齋詩稿。◎【明】閩縣人。字潔甫。弘治進士。累官浙江道監察御史。按治廣東。發姦摘伏。羣吏畏服。事竣。經江西。時寧藩部下竄逸。從都御史王守仁帥兵討之。俘斬千餘衆。還所掠百餘人。後以直言得罪。謫判秦州。

謝琰 【晉】玄子。少不慧。有子靈運。文藻豔逸。玄嘗稱曰。我尙生琰。琰那得不生靈運。仕終祕書郞。早卒。

謝瑜 【明】上虞人。字如卿。嘉靖進士。由南御史改北。時嚴嵩未入相。瑜疏劾之。爲嵩所惡。假大計除名。遂廢棄終於家。隆慶初贈太僕少卿。

謝儋 【唐】龍溪人。淸心藻思。迥拔流俗。當僖宗西幸。恥於事逆。晦跡窮巖中。與弟修著書自適。至光啓過變。乃出登第。後人以其所居之圃爲文圃山。

謝玶 【明】會稽人。字爾翼。號恕圖。明末諸生。嘗言晉爲友三破家。而終不言其姓名。康熙間從姚啓聖攻臺灣。贊畫有功。不受官。工吟詠。善草書。有尺瀆紗·中朝疏稿·甲乙新聞。

謝肅 【明】上虞人。字原功。學問賅博。與山陰唐肅齊名。時號會稽二肅。元至正末張士誠據吳。肅慨然欲見宰相。獻偃兵息民之策。卒無所遇。歸隱於越。洪武中舉明經。授福建按察司僉事。以事下獄死。有密菴集。

謝萬 【晉】安弟。字萬石。才器儁秀。早有時譽。工言論。善屬文。簡文帝作相。召爲撫軍從事中郞。萬著白綸巾。鶴氅裘。履版而前。與帝共談移日。再遷豫州刺史。假節監司冀豫井四州軍事。王羲之與桓溫箋。稱萬處廊廟。參諷議。故是後來之一器。今屈其邁往之氣。以俯順荒餘。近是違才易務。溫不能從。萬旣受任北征。矜豪傲物。以嘯詠自高。未嘗撫衆。諸將恨之。軍潰被廢。後復以爲散騎常侍。會卒。

謝萬程 【清】河南唐縣人。父儀。諸生。屢困場屋。家屢空。萬程與妻李氏耕織以養。曲盡孝道。康熙中儀卒。不克殮。李氏自鬻於鄰村王全以葬翁。李至全所。請供織紝以全節。全感其義。許之。全子遭寇掠脫歸。全兄誣爲逃人。萬程爲辯其誣。郡丞張三異廉得其情。乃斃全。還李氏。而旌萬程門曰。節孝雙奇。好事者演爲傳奇。

謝該 【後漢】章陵人。字文儀。明春秋左氏。爲世名儒。門徒數千人。建安中河東人樂詳。條左氏疑滯數十事以問該。皆爲通解之。名謝氏釋。仕爲公車司馬。以父母老去官。會荆州道斷。不得歸里。孔融薦於朝。徵還拜議郞。以壽終。

謝道承 【清】閩縣人。字又紹。號古梅。康熙進士。官至內閣學士。性篤孝。善書。有小蘭陔詩集。

謝道韞 【晉】安從女。王凝之妻。聰識有才辨。値天雪。安曰。何所似也。安兄子朗曰。撒鹽空中差可擬。道韞曰。未若柳絮因風起。安大悅。初適凝之。還甚不樂。曰。一門叔父。則有阿大中郞。羣從兄弟。則有封胡羯末。不意天壤之中。乃有王郞。凝之弟獻之。嘗與賓客談議。詞理將屈。道蘊遣婢白獻之曰。欲爲小郞解圍。乃施靑綾步障自蔽。申獻之前議。客不能屈。時同郡張玄妹亦有才質。適於顧氏。有濟尼者。游於二家。嘗曰。王夫人神情散朗。故有林下風。顧家婦淸心玉映。自是閨房之秀。

謝道齡 【明】吳縣人。移寓江寧。字彬臺。善畫山水。兼工折枝花鳥。

謝靖孫 【清】成子。字大令。能紹父藝。善畫山水花卉及小影。

謝僑 【梁】舉兄子。字國美。僑素貴。嘗一朝無食。其子啓。欲以班史質錢。答曰。寧餓死。豈可以此充食乎。太淸初卒。

謝嘏 【梁】舉子。字含茂。風神淸雅。頗善屬文。仕梁爲太子中庶子。出爲建安太守。入陳位至都官尙書。卒謚光。

謝墉 【清】嘉善人。字崑城。號金圃。又號東墅。乾隆進士。官至吏部左侍郞。先後凡九掌文衡。作文以經史小學爲本。有安雅堂詩文集·四書義·六書正說。

謝夢生 【宋】永嘉人。字性之。一字孟頤。少力學。與陳埴·葉味道爲同志友。私淑朱熹之學。登嘉定進士。累官祕書丞。知汀州。以疾致仕卒。

謝寧 【明】惠安人。字安世。成化進士。知江陰縣。有政聲。徵拜刑部主事。

謝慈 【三國吳】彭城人。字孝宗。嘗撰喪服圖及變除。爲齊王奮傅相。因諫奮。爲奮所殺。

謝榛 【明】臨淸人。字茂秦。自號四溟山人。又號脫屣山人。刻意爲歌詩。有聞於時。西游彰德。趙康王賓禮之。嘉靖間遊京師。脫昌黎盧柟於獄。朝士多其誼。時李攀龍·王世貞等結社燕市。榛以布衣爲之長。稱五子。秦晉諸王爭延致之。河南北皆稱謝先生。有四溟集。

謝甄 【後漢】召陵人。字子微。有明識人倫之稱。與邊讓俱善談論。每共候郭泰。輒連日達夜。泰謂其英才有餘。惜不入道。卒以不拘細行。爲時所毀。仕爲豫章從事。

謝端 【元】遂寧人。徙江陵。字敬

德。幼穎異。十歲能作賦。弱冠爲古文。以文學名。姚樞嘗見歎之。延祐中擢進士乙科。累官翰林直學士。端善爲政。筮仕湘陰。猾吏豪民。不敢舞文玩法。至順。元統以來。朝廷制策。多出其手。元世蜀士以文名者。咸集而下。端其亞焉。

謝·綬 明輔子。字維章。性孝友。景泰進士。授工部主事。歷廣西右布政使。陝西參政。弘治中巡撫湖廣。正荆藩之不法者。蠻寇奪土司印。爲追還之。進南禮部尚書。卒官。◎明朝城人。字朝章。成化進士。累官南監察御史。時宦官蔣琮恬寵恣肆。起第金陵。壓雨花臺。綬劾之。琮死獄中。出按兩浙。織造羅綺。費累巨萬。悉奏止之。後以僉都御史巡撫雲中。練軍士。理屯田。增池塹。逐貪暴。軍聲大振。

謝·維新 宋建安人。字去咎。太學生。所著古今合璧事類備要。足資考證。

謝·維藩 清長沙人。字麐伯。以進士授編修。工文章。有器識。爲時輩所重。官翰林日。師事倭仁。因爲宋儒之學。與張之洞交誼頗篤。而論政學則與異趣。

謝·肇 唐興國人。字景初。唐末從父帥義兵征蠻。功第一。後又經制容管叛卒。盡赦脅從。事平。優詔獎諭。

謝·肇淛 明福州長樂人。字在杭。博學能詩文。萬曆進士。除湖州推官。累遷工部郎中。視河張秋。作北河紀略。具載河流原委。及歷代治河利病。終廣西右布政。有善政。著有五雜俎。滇略·方廣巖志·長溪瑣語·文海披沙。游宴集·小草齋稿。

謝·蓀 清金陵人。以畫名。

謝·賓王 清臨淄人。字起東。順治進士。官南康府推官。有鬭雪堂詩集。

謝·赫 南齊善貌人物。不須對看。所祇一覽。便歸操筆。點刷精研。意存形似。目想毫髮。皆無遺失。有古畫品錄。分六品。以等差畫家優劣。

謝·輔 明撫州樂安人。字廷輔。號守拙。正統進士。累官浙江左參政。遷右布政。嘗招撫金華盜劉大用等。盡心荒政。民食其德。有守拙稿。

謝·韶 晉萬子。字穆度。少有名。時謝氏尤彥秀者。稱封胡羯末。封謂韶。胡謂朗。羯謂玄。末謂川。皆其小字也。官至車騎司馬。早卒。

謝·鳳 南朝宋元嘉中爲鄞令。在任未幾。惠政大孚。於縣東二里。造方勝碶以畜水。溉湖田五千餘頃。碶北阻大溪。復架石爲梁。民不病涉。因名曰謝鳳橋。

謝·履 宋惠安人。字履道。嘉祐進士。調南安主簿。歷清溪令。熙寧中主都水監。治河有功。不自書。後知婺州。乞致仕。著行錄。有雙峯集。

謝·廣 明祁門人。字志浩。父忠求仙不返。廣娶婦七日。卽別母求父。遇於開封逆旅中。父乘間復脫去。廣跋涉垂二十年。終不可得。聞者哀之。

謝·徵 梁璟子。字玄度。美豐采。好學。善屬文。爲豫章王記室。兼中書舍人。與河東裴子野。沛國劉顯同官友善。時魏中山王元略北還。武帝餞於武德殿。賦詩三十韻。限三刻成。徵二刻便就。文甚美。帝再覽焉。官至北中郎。南蘭陵太守卒。有文集。(按南史作謝微。此從梁書。)

謝·德權 宋文節子。字士衡。初仕南唐。署莊宅副使。入宋補殿前承旨。大中祥符初遷西染院使。知泗州。卒官。德權清苦幹事。好興功利。見官吏徇私者。必面斥。所至整肅。然喜采察纖微。以聞於帝。朝論惡之。

謝·敷 晉會稽人。字慶緒。性澄靜寡欲。入太平山十餘年。召爲主簿。徵博士。皆不就。初月犯少微。少微一名處士星。占者以隱士當之。時譙國戴逵有美才。人或憂之。俄而敷死。會稽人嘲吳人云。吳中高士。求死不得死。

謝·模 清江蘇華亭人。字宏徵。工畫山水。得子久之神。兼以詩文字學重於世。

謝·濬 宋長汀人。字致虛。讀書過目不忘。崇寧中應博學宏詞。調瀛州教授。上封事。譏切時事。坐元祐黨籍。建炎初畫二聖圖進。終奉議郎。

謝·潤 明祁門人。字德澤。精春秋學。天順進士。歷刑部員外郎。以剛介質直聞。遷浙江按察司僉事卒。

謝·璡 明鄞人。字庭蘭。永樂進士。仕至廣西按察使。政聲卓異。尤長於詩文。有蝸濡集。

謝·璉 明龍溪人。字重器。宣德進士。授翰林編修。進侍講。上治安策十五事。遷南戶部右侍郎卒。◎明監利人。字君實。累官登萊巡撫。孔有德反。詔璉駐萊州調度兵食。後被擒遇害。

謝·穉 南朝宋景仁孫。字穉子。少與族兄莊齊名。多藝能。工畫人物。尤善聲律。嘗與王彧宴桐臺。穉吹笙。彧自起舞。既而歎曰。今日眞飄飄有伊洛間意。累官司徒主簿。後以家貧求西陽太守。卒官。(按南史作謝孺子。圖繪寶鑑作謝稚。此從宋書。)

謝·緒 宋會稽人。謝后之族。兄弟四人。紀綱統緒。緒最少。慷慨好讀書。不求仕進。隱錢塘之金龍山。宋亡。赴水死。(按世傳金龍四大王卽緒。矩齋雜記云。明太祖與蠻子海牙戰於呂梁。雲中有天將揮戈驅河逆流。元兵大敗。帝夢儒生素服前謁。曰。臣謝緒也。上帝命爲河伯。今助眞人破敵。次日封爲金龍四大王。)

謝·適 淸瑞金人。字怡古。一字士介。諸生。好聲韻之言。督學侯廣成以巒古臺詩試士。拔適第一。名遂起。其詩好深思苦吟。有蓮峯樵遺稿。

謝·震 淸侯官人。字甸男。乾隆舉人。治經宗漢學。尤熟三禮。旁逮篆隸金石星卜形法醫術。靡不通曉。嘗約閩縣林芳林等。倡爲通經復古之業。號會所曰殖樹。思以功名自見。後以大挑補順昌教授卒。有禮案。四書蠡小。四聖年譜及詩集等。

謝·勳 宋建安人。字致遠。少孤貧。及長。膂力過人。舉進士。累歷邊任。黃安俊叛於黃州。近臣薦勳才武可任。召對稱旨。命會兵進擊。遂平之。轉右武大夫。邊郡團練使卒。

謝·暹 後漢牂牁人。爲本部功曹。時公孫述據蜀。暹與大姓龍傅尹董氏保境爲漢。聞光武在河北。遣使從番禺奉貢。光武嘉之。號爲義郎。

謝·澹 南朝宋安孫。字景晦。任達伏氣。不營當世。與順陽范泰爲雲霞之交。侍武帝宴。酣飲大言。帝以澹爲方外士。不宜繩以規矩。然意不悅。不以任寄。元嘉中位侍中卒。

謝·澤 明上虞人。字時用。永樂進士。歷廣西參政。考績赴闕。値英宗北狩。遂以澤爲通政使。提督居庸白洋等關。時守關士卒皆散。敵大入。澤猶率羸卒以禦。勢不支。遇害。

謝·璡 宋祁門人。字公玉。嘗從朱熹學。篤行醇正。爲世名儒。寶慶中授迪功郎。爲饒州助教。有語錄。日錄。

謝·璟 梁稺子。少與從叔朓俱知名。齊竟陵王子良開西邸。璟亦預焉。天監中爲左戶尙書。終侍中卒。

謝·縉 明吳縣人。一作晉。字孔昭。號葵邱。工畫山水。嘗自戲爲謝疊山。又自號深翠道人。以繪工起買京師。僑寓金陵二十餘年。以目眚放歸。亦能詩。永樂中卒。有蘭庭集二卷。(按無聲詩史。謝晉。字孔昭。謝縉。號葵邱。分列二人。考明詩綜作晉。集末贈盛啓東一首。自題葵邱謝縉。又附見沈大本詩一首。題作寄謝縉。則謝晉卽謝縉也。)

謝·諼 梁朏子。位司徒右長史。黜爲東陽內史。秩滿去官。郡民送錢一萬。止留一百。答曰。數多劉寵。更以爲愧。入陳復爲東陽內史。

謝·諤 宋新喩人。字昌國。幼敏慧而愿愨。日記千言。有志聖賢之學。紹興末舉進士。歷樂安尉。吉州錄事參軍。知分宜縣。所至有惠政。三遷至監察御史。上其所創義役法。詔行於諸路。光宗登極。獻十箴。累遷御史中丞。得請奉祠。諤爲郭忠孝門人。時伊洛之說盛行。各有門牆。諤則不言而躬行。教弟子數百。未嘗與世之講學者角同異。初居縣南之竹坡。名其燕坐曰艮齋。學者稱艮齋先生。晚居桂山。故亦稱桂山先生。有聖學淵源。詩書解。論語解。左氏講義。柏臺諫垣奏議。經筵總錄。孝史。艮齋集等。

謝·遷 明餘姚人。字于喬。成化進士第一。授修撰。弘治中以少詹事入內閣參預機務。尋加太子少保。兵部尙書。兼東閣大學士。遷秉節直亮。與劉健。李東陽同心輔政。而見事尤敏。天下稱賢相。武宗嗣位。加少傅。請誅劉瑾不納。遂與健同致仕。嘉靖中手敕促起。入相數月。仍以老辭歸。卒謚文正。有歸田稿。

謝·徽 明長洲人。字玄懿。一作元逸。洪武初應詔修元史。授翰林編修。兼教功臣子弟。辭歸。改吏部郎中。再起國子助教卒。徽博學工詩文。與高啓齊名。有蘭庭集八卷。

謝·徽明 宋枋得伯父。官當陽尉。攝縣事。拒元師戰敗。死之。

謝·應芳 明武進人。字子蘭。自幼篤志好學。潛心性理。以道義名節自勵。至正中隱白鶴溪。築小室曰龜巢。因以爲號。授徒講學。元末避地吳中。亂定歸里。居芳茂山。年益高。學行益劭。達官縉紳過郡者。必造請之。應芳布衣韋帶。與之抗議。論必關世教。切民隱。德望重於東南。有辨惑編。思賢錄。毘陵續志。龜巢集。

謝·應芝 淸陽湖人。字子階。號浣村。晚號蒙泉子。廩貢生。生平精研經學。擴漢儒之奧。而立身制行。一以宋儒爲準則。著書義。詩義。春秋義。夏小正觀義。均遭亂散佚。其存者有會稽山齋集。

謝·應瑞 宋泉州人。淳祐中郡饑。自出私錢四十餘萬。糴米以賑。全活甚衆。詔補進義校尉。

謝·懋 宋字勉仲。有靜寄居士樂章。蘊藉風流。爲世所貴。

謝·濤 宋富陽人。字濟之。以文學稱。淳化初登第。爲梓州榷鹽判官。李順反成都。濤畫計守禦。以功遷觀察推官。權知華陽縣。亂後理民田廬。盡歸舊主。改知興國軍。以治行召對長春殿。賜五品服。知曹州。時曹屬縣稅。多輸睢陽助軍食。百姓苦之。濤悉留不遣。嘗使蜀選。舉所部官三十餘人。宰相疑其多。濤乃陳諸吏治狀。願連坐。官至太子賓客卒。

謝·濟世 淸全州人。字石霖。號梅莊。康熙進士。授檢討。雍正間官御史。直聲振天下。以劾田文鏡遣戍。又以注釋大學不宗程朱。坐怨望論死。得旨寬免。高宗登極。授湖南糧道。復坐事解任。事白。改授驛鹽道。有西陲十經史評。西北域記。纂言內外篇。

謝·曈 唐福州人。字子明。咸通末舉進士不第。黃巢陷長安。依朱全忠。署右職。勸全忠定策歸順。僖宗召見。大悅。授朝散大夫。陵州刺史。在任四考。頗有政績。累遷至檢校右僕射卒。

謝·績　〔明〕省弟。字世懋。少與兄自相師友。潛修力學。行履端方。人以古迂目之。有玉城山人詩集。

謝·舉　〔梁〕覽弟。字言揚。幼好學。與兄齊名。江淹一見。並相欽挹。曰。所謂馭二龍於長塗者也。起家祕書郞。累遷仁威將軍·晉陵太守。在郡清靜。百姓化其德。太清中位尚書令卒。舉尤長玄理及釋氏義。注淨名經。常自講說。爲晉陵時。屢與義學僧遞講經論。徵士何胤自虎丘山出赴之。時以爲盛會。

謝·舉廉　〔宋〕新喻人。字民師。元豐進士。知南康。有政績。尤工於詩。有藍溪集。

謝·邁　〔宋〕逸弟。字幼槃。號竹友。工詩文。與兄齊名。同學於呂希哲。時稱二謝。呂本中稱無逸詩似康樂。幼槃似玄暉。終身勵行。在崇觀間。一無所污云。有竹友集。

謝·鍾英　〔清〕武進人。光緒舉人。官知縣。性兀傲。不諧於時。工古文。精輿地之學。有三國疆域志補注。

謝·黻　〔宋〕詷子。字彥章。少有文名。紹聖進士。提舉河北常平。因改鑄當十大錢。奏言誘民爲奸利。舊錢且盡。不可。蔡京惡其不附己。連竄。後通判潭州。除吏部郞中。復以不肯附和權貴出判興化軍。以親老歸。

謝·瞻　〔南朝宋〕絢弟。字宣遠。一曰名檐。字通遠。六歲能屬文。與從叔混·族弟靈運。俱有盛名。嘗作喜霽詩。靈運寫之。混詠之。王弘在座。以爲三絕。宋臺建。爲中書侍郞。時弟晦爲右衛將軍。權遇已重。自彭城還都迎家。賓客輻輳。瞻驚駭。以爲非門戶福。乃以籬隔門庭曰。吾不忍見此。復言於武帝。特乞降黜。乃爲豫章太守。晦遂建佐命功。瞻益憂懼。在郡遇疾不療。未幾卒。

謝·翱　〔宋〕長溪人。徙浦城。字皐羽。倜儻有大節。會丞相文天祥開府延平。率鄉兵數百人。杖策詣軍門。署諮議參軍。已復別去。及聞天祥死節。悲不能禁。隻影行游浙水。過嚴陵。登西臺。設天祥主。酹奠號泣。以竹如意擊石。歌招魂之詞。竹石俱碎。因作西臺慟哭記。性嗜佳山水。凡雁山·天姥·四明。搜奇抉祕。足跡殆遍。元元貞初卒於杭。年四十七。其友方鳳·吳思齊輩葬之釣臺南。以文稿殉。翱自號晞髮子。所著曰晞髮集。又有天地間集·浦陽先民傳·楚辭芳草圖補·浙東西遊記等。

謝·邈　〔晉〕安從子。字茂度。性剛鯁。頗有理識。累遷侍中。後爲吳興太守。孫恩之亂。爲賊所執。逼令北面。邈厲聲曰。我不得罪天子。何北面之有。遂遇害。

謝·譓　〔梁〕朏子。不妄交接。門無雜賓。有時獨醉。曰。入吾室者。但有清風。對吾飲者。唯當明月。官至右光祿大夫。

謝·鯤　〔晉〕陽夏人。字幼輿。少知名。通簡有高識。任達不拘。好老易。能歌。善鼓琴。東海王越辟爲掾。轉參軍。謝病去。大將軍王敦引爲長史。敦有不臣之迹。鯤知不可以道匡弼。乃優游寄遇。不屑政事。從容諷議而已。嘗使至都。明帝在東宮見之。甚相親重。問曰。卿自謂何如庾亮。答曰。端委廟堂。使百僚準則。鯤不如亮。一丘一壑。自謂過之。後爲豫章太守。蒞政清肅。百姓愛之。卒官。

謝·獻恂　〔清〕寧化人。事親至孝。父先卒。事嫡母雷克盡子職。雷病。刲股以進。立愈。

謝·藺　〔梁〕陽夏人。字希如。五歲時。父未食。乳媼欲令先飯。藺終不進。舅阮孝緒聞之。歎曰。此兒在家則曾子之流。事君則藺生之匹。因名曰藺。稍長。授經史。過目成誦。孝緒每曰。吾家陽元也。及丁父憂。晝夜號慟。毀瘠骨立。服闋。吏部尚書蕭子顯表其至行。擢爲王府法曹行參軍。累遷外兵記室參軍。太清初遷散騎侍郞。遭母喪。號慟嘔血。月餘而卒。

謝·騫　〔明〕孚子。字鵬舉。幼穎敏。刻志問學。登正統進士。累官河南道監察御史。立朝務持大體。督察浙江鹽課。私販絕跡。

謝·蘭生　〔清〕南海人。字佩士。又字灃浦。嘉慶進士。入詞館。乞養。善詩文及畫。深工六法。筆法雄俊。

謝·覽　〔梁〕瀹子。字景滌。尚齊錢唐公主。年二十餘爲太子舍人。武帝平建業。覽詣之。長揖而已。意氣閑雅。視瞻聰明。帝目送良久。曰。覺此生芳蘭竟體。想謝莊政當如此。天監初爲中書侍郞。累遷吏部尚書。出爲吳興太守。以廉潔稱。卒官。

謝·鐸　〔明〕浙江太平人。字鳴治。天順進士。授編修。進侍講。直經筵。遭喪服除。遂不起。弘治初言者交薦。以原官召修憲宗實錄。擢南京國子祭酒。明年謝病去。家居將十年。薦者益衆。特擢禮部右侍郞管祭酒事。屢辭不許。居五年引疾歸。鐸經術湛深。文章有體要。兩爲國子師。嚴課程。杜請謁。增號舍。卒諡文肅。有赤城論諫錄·伊洛淵源續錄·赤城新志·桃溪淨稿。

謝·顥　〔南齊〕朏弟。字仁悠。少簡靜。宋末爲豫章太守。至石頭。遂白服登烽火樓。坐免官。詣高帝自謝。言辭清麗。容儀端雅。左右爲之傾目。

永明初選文學。以爲竟陵王友。歷吏部郎。有簡秀之目。卒於北中郎長史。

謝・瞬 〔南朝宋〕晦弟。字宣鏡。年數歲。所生母郭氏久疾。晨昏溫凊。勤容戚顏。承譬暫改。恐僕役懈倦。躬自執勞。母爲疾畏驚。家人感瞬至性。咸納屨行。屏氣語。如此者十餘年。累官黃門侍郎。徐羨之之誅。從坐死。

謝・襲 〔晉〕陽夏人。徙居建安。字智崇。師謝亘佐。能傳其學。

謝・嚴 〔晉〕辟召不就。善畫。

謝・顯 〔元〕大名人。字耀卿。號隱麓。工畫墨竹。

謝・麟 〔宋〕甌寧人。字應之。嘉祐進士。調會昌令。再調石首。壘石障江。人號謝公堤。通判辰州。猺賊來犯。竭施勸撫。一方以寧。元祐初累官直龍圖閣。歷知江寧・鳳翔府・潭桂二州。以計平融江夷。戍兵不利水土。麟部土人使極南而北。兵止屯近郡。賴以全活者衆。卒官。◉〔明〕高安人。字秀瑞。正德中華林賊劫其家。麟負母以避。追且迫。家人速之走。麟曰。母在。顧棄之可乎。旣而賊執其母。麟奮奪之。母得免。麟爲所殺。

謝・瀹 〔南朝齊〕顥弟。字義潔。性敏瞻。累遷吏部尙書。明帝廢鬱林王。領兵入殿。左右驚報瀹。瀹對客圍棋如故。竟局。乃還齋臥。竟不問外事。明帝卽位。稱疾不知公事。以兵臨起之。初弟朏出守吳興。與瀹別。朏指瀹口曰。此中惟宜飲酒。故明帝之世。瀹專以長酣爲事。飲輒至數斗。卒於太子詹事。謚簡。

謝・讓 〔元〕潁昌人。字仲和。幼穎悟好學。及壯爲吏。擢南臺御史。劾江浙省臣不法者。臺綱益振。累官刑部尙書。詳定律令。仁宗卽位。凡六部疑事。俱令共議。後拜侍御史。卒謚憲穆。

謝・靈運 〔南朝宋〕玄孫。小名客兒。少好學。博覽羣書。工書畫。文章之美。與顏延之爲江左第一。性奢侈。車服鮮麗。襲封康樂公。咸稱謝康樂。初爲武帝太尉參軍。宋受晉禪。遷太子左衞率。自以未參權要。常懷憤惋。少帝卽位。出爲永嘉太守。性好山水。旣不得志。遂肆意遨遊。所至輒爲題詠。以致其意。踰歲稱疾去。移居會稽。放蕩爲娛。每一詩至。都下貴賤。莫不競寫。文帝徵爲祕書監。遷侍中。賞遇甚厚。然唯以文義相接而已。靈運意不平。多稱疾不朝。尋賜假東歸。行益狂易。與族弟惠連・東海何長瑜・潁川荀雍・太山羊璿之以文章賞會。共爲山澤之遊。時人謂之四友。太守孟顗爲靈運所輕。恨之。表其異志。靈運詣闕自陳。帝寘不罪。以爲臨川內史。在郡游放。不異永嘉。爲有司所糾。徙廣州。有言其謀叛者。奏收之。於廣州棄市。有文章傳世。

謝・讜 〔明〕上虞人。號海門。有可喜記傳奇。

賽天香 〔元〕妓。善歌舞。美風度。性嗜潔。纖塵不染。

賽沖阿 〔淸〕滿洲正黃旗人。姓赫舍里氏。隨征臺灣林爽文有功。嘉慶間協勦川楚教匪。轉戰三省。時歷八年。功頗偉。嗣往臺灣督勦海盜蔡牽。敗之。肅淸陝西教匪餘黨。封二等男。從軍五十餘年。未嘗挫折。道光間官至正黃旗蒙古都統。卒謚襄勤。

賽典赤贍思丁 〔元〕回回人。一名烏馬兒。世祖時拜平章政事。行省雲南。雲南俗無禮儀。男女往往自相偶配。無秔稻桑麻。子弟不知讀書。賽典赤贍思丁敎之拜跪之節婚姻行媒。創建孔子廟堂。講經史。授學田。由是文風稍興。及卒。百姓巷哭。謚忠惠。

賽尙阿 〔淸〕蒙古正藍旗人。姓阿魯特氏。嘉慶繙譯舉人。道光間由筆帖式升主事。累官文華殿大學士。咸豐間洪楊事起。以欽差大臣赴廣西。師久無功。奪職。發軍臺效力。尋釋回。官至正紅旗滿洲都統。

賽音不花 〔元〕息州人。幼卓犖不羈。善騎射。有膽略。至正間紅巾陷郡邑。倡義剿捕。常單騎斬數十級。裂背一吒。所向辟易。城邑望風皆下。復從平章擴廓帖木兒。討孛羅帖木兒於大同。破之。遂於漠北拓地數千里。累進太傅・中書左丞相・河南江北知樞密院事。

賽・從儉 〔明〕文登人。字時菴。父寶。世襲靖海鎭撫。上世皆武貴。從儉始以文學起家。仕三河知縣。廉介不阿。三載考最。致政歸。撫兄子如己出。長爲完娶。乃承襲。

賽・維垣 〔明〕文登人。字磐石。家貧力學。初仕廣信通判。署篆弋陽。會赤旱。步禱仙姑井。距邑二十餘里。無倦容。改判池州。有善政。卒官。

賽弼翰 〔淸〕滿洲鑲藍旗人。姓納喇氏。康熙間從討王輔臣於甘肅。鄭錦於福建。皆有功。又從討吳世璠於雲南。平之。累官本旗滿洲副都統。

賽爾赫 〔淸〕宗室。亦作塞爾赫。字曉亭。一字慄庵。號北阡。累官總督倉場侍郎。詩氣格淸曠。有曉亭詩鈔。

蹇・序辰 〔宋〕周輔子。字授之。亦有文。善傅會。深文刻覈似其父。哲宗朝官中書舍人。同修國史。請類編元祐章牘。由是縉紳之禍。無一得脫。徽宗立。除名。蔡京爲相。累拜刑部禮部侍郎。坐事移永州。會赦。復官中奉大夫卒。

蹇叔 〔春秋秦〕仕穆公爲大夫。穆公將襲鄭。訪諸蹇叔。蹇叔曰。勞師以襲遠。非所聞也。無乃不可。公不聽。

蹇叔之子與師。哭而送之曰。晉人禦
師必於殽。殽有二陵焉。其南陵。夏
后皐之墓也。其北陵。文王之所避風
雨也。必死是間。余收爾骨焉。其後
晉果敗秦於殽。

蹇周輔 宋雙流人。字歸翁。舉
進士。神宗朝累官刑部侍郎。哲宗初
罷知利州。徙廬州。周輔彊學善屬文。
神宗嘗命作答高麗書。屢稱善。爲吏
深文刻覈。故老而獲戾。

蹇昌仁 唐註陰符經一卷。

蹇脩 上古伏羲氏之臣。一作賽脩。

蹇重 戰國魏文侯觴大夫於曲陽。
飲酣。文侯喟然歎曰。吾獨無豫讓以
爲臣。重擧酒進曰。臣請浮君。文侯
曰。何以。曰。臣聞之。有命之父母。
不知孝子。有道之君。不知忠臣。夫豫
讓之君。亦如何哉。文侯曰。善。受浮
而飲之。嚼而不讓。曰。無管仲鮑叔
以爲臣。故有豫讓之功也。

蹇義 明巴縣人。字宜之。初名
瑢。洪武進士。授中書舍人。奏事輒
稱旨。帝問汝蹇叔後乎。頓首不敢對。
帝嘉其篤誠。爲更名義。義熟典故。
達治體。成祖朝輔皇太子監國。軍國
事皆倚辦。歷事五朝。並見委重。累
遷少師。卒謚忠定。

蹇賢 明巴縣人。永樂中由鄉舉
擢監察御史。持憲公平。累官湖廣右
布政使。

蹇霆 明義孫。字克遠。成化進
士。歷御史。陞僉事。剛方清儉。處
事從容。民甚德之。

蹇遵 三國魏著左傳斷義。

蹋頓 後漢烏桓部人。世據遼西。
有武略。總攝三郡。建安初助冀州牧
袁紹擊公孫瓚。破之。賜單于印綬。尋
遼東諸部共奉其從弟樓班爲單于。蹋
頓爲王。紹子尙敗奔蹋頓。幽冀人奔烏
桓者衆。欲憑之以圖中夏。爲曹操破於
柳城。被斬。其餘衆悉徙居中國。

轅生 漢失其名。高祖自成皐入關。
收兵欲復東。轅生說之曰。願君王出武
關。項王必引兵南走。王深壁。令滎
陽成皐間。且得休息。使韓信等得輯
河北趙地。連燕齊。君王乃復走滎陽。
如此則楚所備者多。力分。漢得休息。
復與之戰。破之必矣。帝從其計。

轅固 漢齊人。治詩。景帝時爲
博士。竇太后好老子書。召問固。固曰。
此家人言耳。太后怒。使固入圈擊彘。
帝知固直言無辜。乃假固利兵。固刺
彘。應手而倒。太后無以復罪。後以
固廉直。拜爲清河太傅。疾免。武帝
立。復以賢良徵。諸儒多嫉毀之。曰
固老。罷歸之。年已九十餘矣。時公
孫弘亦被徵。深憚敬固。固語弘曰。
公孫子務正學以言。毋曲學以阿世。
諸齊以詩顯者。皆固之弟子也。(按史
記作轅固生。漢書作轅固。師古云。
固者其名。生其號也。)

轅終古 漢武帝時以軍卒斬東越
徇北將軍。封禦兒侯。卒謚嚴。

轅濤塗 春秋陳大夫。齊侯以諸
侯之師伐楚。次於召陵。將還。濤塗
謂鄭申侯曰。師出於陳鄭之間。國必
甚病。若出於東方。觀兵於東夷。循
海而歸。其可也。申侯曰。善。濤塗
以告。齊侯許之。申侯見曰。師老矣。
若出於東方而遇敵。懼不可用也。若
出陳鄭之間。共其資糧屝屨。其可也。
齊侯悅。執濤塗。後叔孫戴伯會諸侯
之師侵陳。陳成。歸濤塗。

轅豐 漢建始間爲長安令。治有
能名。擢拜司隸校尉。

邁里古思 元寧夏人。字善卿。
至正進士。授紹興路錄事司達魯花赤。
民愛之如父母。方國珍據紹興屬縣。
邁里古思遣部將黃中取上虞。御史大
夫拜住哥與國珍情好甚厚。召邁里古
思撾殺之。中率衆復讐。盡殺拜住哥
家人。

邁柱 淸滿洲鑲藍旗人。姓喜塔拉
氏。康熙間由筆帖式授國子助教。雍
正間累擢湖廣總督。秉公持正。無一
毫瞻顧。修築江隄。戡定苗疆。頗有
治績。官至武英殿大學士。兼吏部尙
書。卒謚文恭。

邁圖 淸滿洲正白旗人。姓佟佳氏。
順治間從攻明桂王。破李成蛟。敗李
定國。康熙間先後攻耿精忠。鄭錦。
積功擢正白旗蒙古副都統。勦尼督特。
沒於陣。謚忠毅。

還無社 春秋蕭大夫。楚子伐蕭。
蕭潰。無社因司馬卯。號申叔展。目
於眢井而拯之。(還。音旋。)

鍼子 春秋陳大夫。鄭公子忽如陳
逆婦嬀氏歸。鍼子送女。先配而後祖。
鍼子曰。是不爲夫婦。誣其祖矣。非
禮也。何以能育。

鍾人傑 明錢塘人。字瑞先。有
性理會通。輯刊唐宋叢書。

鍾士昌 明通海人。字汝樸。敏
慧絕人。天啓間試畫。爲畫品中書。
亦善書。

鍾士雄 隋嶺南酋帥。初仕陳爲
伏波將軍。陳主慮其反覆。質其母蔣
氏於都下。隋平江南。乃遣蔣氏歸。
旣而同郡虞子茂等作亂。士雄將應之。
以母言遂止。蔣氏復爲書與子茂諭禍
福。不從。尋爲官軍所敗。事聞。封蔣
安樂郡君。

鍾子期 春秋楚伯牙鼓琴。子期
聽之。意在高山。曰巍巍乎若高山。志
在流水。曰蕩蕩乎若流水。子期死。
伯牙擗琴絕絃。終身不復鼓琴。

鍾允章 南漢番禺人。劉龔時第
進士。累遷中書舍人。以文思敏捷。
見知於劉晟。誥敕碑記。操筆立就。
命教長子鋹。及鋹即位。頗見敬重。任

爲參知政事。因祀天南郊。爲官者許彥眞譖死。

鍾元鼎　宋晉江人。字和卿。乾道進士。知鄞縣。政尙愷悌。通判福州卒。

鍾化民　明仁和人。字維新。萬曆進士。宰惠安·樂平。均報最。徵授御史。累官河南巡撫。居官勤厲。所至有聲。行部輒延父老問疾苦。勞瘁卒官。諡忠惠。

鍾友諒　明官部門令。能理煩劇。時値寇亂。縣境初平。友諒薙榛莽。開市井。招逋逃。辟蕪田。理冤抑。治聲大振。

鍾天緯　清江蘇華亭人。字鶴笙。同治間肄業廣方言館。殫精西國文字。發肆力於古文辭。後隨使歐西。旋入翻譯館。與英人傅蘭雅譯述。成書數十種。自著有則足集。

鍾夫人　晉繇曾孫。王渾妻。字琰。聰慧弘雅。美容止。善嘯詠。禮儀法度。爲中表所則。生濟。渾嘗共坐。濟趨庭而過。渾曰。生子如此。足慰人心。琰笑曰。若使新婦得配參軍。生子故不翅如此。參軍。謂渾中弟淪也。渾弟湛妻郝氏。亦有德行。琰雖貴門。與郝雅相親重。郝不以賤下琰。琰不以貴陵郝。時稱鍾夫人之禮。郝夫人之法。

鍾文烝　清嘉善人。字子勤。道光舉人。性孝友。學問博洽。初治鄭氏三禮。通小學。後專精春秋。有穀梁補注。

鍾世美　宋旌德人。字公實。元豐初游上庠。上萬言書。紹聖中歷諫議大夫。有陵陽集。

鍾令嘉　清南昌人。字守箴。事父母甚謹。有孝女之目。工詩。父有所吟。輒令指其疵。年十八。歸蔣氏。生士銓。家貧。常手任績紡而口授士銓讀。後士銓成進士。母教爲多。晚號甘茶老人。有柴車倦游集。

鍾正甫　宋武陵人。治平進士。與米芾友善。樞密蔣之奇器之。後爲廣東轉運。有善政。蔡京置之黨碑中。坐謫。

鍾同　明復子。字世京。復欲偕劉球上疏。未果而卒。同嘗伸父志。登景泰進士。任御史。遇事敢言。卒以直諫死。成化中追謚恭愍。

鍾如愚　宋湘潭人。字師顏。張栻弟子。年十六。以書問仁。因留受業。弱冠中進士科。刻意學而不仕。晚官嶺海。引年而歸。除南嶽書院山長。監南嶽廟。

鍾守一　南唐譙女。感家禍不嫁。博通孔老書。尤善講說。後爲同眞宮女道士。

鍾羽正　明益都人。字叔濂。萬曆進士。除滑縣令。時甫弱冠。多惠政。行取給事中。屢建讜言。累官工部尙書。會羣奄用事。遂自劾歸。旋奪官。崇禎初復職。有崇雅堂集。

鍾伷　宋龍南人。字少游。性至孝。元豐進士。歷知溽州·陽山。考課爲天下第一。除廣西轉運使。以平蠻功。進龍圖閣學士。

鍾宏　宋饒州樂平人。字遠之。一字子虛。嘉定進士。歷建德主簿。貴溪丞。著惠政。累官太學錄。有論語約說·了齋綴稿。

鍾岏　梁長社人。字長岳。官至府參軍。有良史傳。

鍾成　明當塗人。少穎敏。苦志積學。登景泰進士。歷官大理寺正。著聲明允。門舍蕭然。歷擢江西副使。兩督學政。士經品題者。多爲令器。晚歸鄉里。門下執經問難踵接。年八十餘卒。

鍾季玉　宋饒州樂平人。淳祐進士。知萬載縣。歷遷江西轉運判官。皆有治行。改都大提點坑冶。北兵渡江。季玉徙寓建陽。兵至。不屈死。

鍾宗之　南唐一作宗裴。善畫古人像。

鍾芳　明崖州人。改籍瓊山。字仲實。正德進士。累官戶部侍郎。致仕家居十餘年。有干以私者。謝曰。吾豈晚而改節哉。芳學至精極博。有學易疑議·春秋集要·皇極經世圖贊·古今紀要·崖志略·鍾筠溪家藏集。

鍾近衡　清湘鄉人。字苔洲。師事羅澤南。與聞宋儒飭躬克己之緒。自立課程。日注言動見聞於冊。咸豐間洪楊事起。募湘軍從王鑫與戰。死之。弟近濂及從子愼閣。再庭俱戰沒。

鍾建　春秋楚大夫。吳師入郢。楚子奔鄖。鍾建負楚子之妹季芊以從。後楚子將嫁季芊。季芊辭曰。所以爲女子。遠丈夫也。鍾建負我矣。以妻鍾建。以爲樂尹。

鍾柔　元龍南人。字元剛。幼孤。長篤學。融貫經史。下筆千言。署雩州學正。辭歸。講授於鄉。從者數百人。成悅服。稱一峯先生。有諸經纂說·易詩書衍義·斂帚集。

鍾炤之　宋饒州樂平人。字彥昭。紹興進士。尉善化。令宿松。甚爲士民敬愛。遷知潭州。日受教於張栻。爲書淇澳一章。炤之服膺終身。有文集。

鍾若玉　清崑山女子。字文貞。號元圃女史。工寫墨梅。書亦蒼古。無閨閣纖弱柔媚之習。

鍾音　清滿洲鑲藍旗人。姓覺羅氏。乾隆進士。官至禮部尙書。在滿洲科目中。以通達事體稱。扈駕盛京。卒於途。諡文恪。

鍾師紹　蜀人。善畫釋像及人物犬馬。

鍾浩　清長興人。字養圻。號小

吾。又號玲瓏山樵。歷知全椒・桑植縣。以指墨名。工詩。能篆隸。長鐵筆。

鍾・泰章　五代吳合肥人。仕爲左監門衛將軍。勇敢有膽略。徐溫遣刺張顥。泰章選壯士三十輩。椎牛刺血。相飲爲誓。遂殺顥。擢刺滁州。遷壽州團練使。旋以事復改刺饒州。或令其自辨。泰章曰。吾義不負國。雖黜爲縣令亦行。況刺史乎。

鍾・祖　漢功臣。以捕得反者樊並。封童鄉侯。卒諡釐。

鍾・勛　明慈谿人。字士懋。幼孤力學。洪武初教授郡學。舉任番禺令。有惠政。官至兵部侍郎。

鍾・啓韶　清新會人。字鳳石。乾隆舉人。性灑脫不羈。詩有雋語。喜吹笛。自號笛航生。有讀書樓詩鈔・笛航游草。

鍾・梁　明海鹽人。字彥材。正德進士。爲工部郎。諫武宗南巡。杖闕下幾死。嘉靖初錄囚江南。平反者數百人。出知濟南・南昌。俱有聲績。年四十即乞歸。

鍾・清卿　宋旌德人。字表臣。嘉祐進士。知歙縣寧化分宜漣水四縣。皆著善政。闔門三百口。同居共爨。歲時會於一堂。

鍾・淵映　清秀水人。字廣漢。有歷代建元考。

鍾・祥　清漢軍鑲黃旗人。嘉慶進士。知浙江龍泉縣。道光間累官閩浙總督。議合巡洋面章程。以防官弁畏險偷安之弊。尋坐事奪職。起爲河東河道總督。復以壩工遭風蟄動奪職。

鍾・紹安　宋嘉熙進士。初仕分宜簿。以勞擢上杭令。文天祥舉兵勤王。紹安從之。

鍾・紹京　唐贛人。繇十世孫。字可大。以善書直鳳閣。時號爲小鍾。以繇爲大鍾也。武后時諸宮殿牓及九鼎銘。皆紹京所書。家藏羲獻虞褚眞跡至數十百卷。從玄宗平韋氏難。遷中書。封越國公。後以怨望得罪。久之。還少詹事卒。

鍾・傅　宋饒州樂平人。字弱翁。本書生。用李憲薦爲蘭州推官。紹聖中累以破西夏功。進集賢殿修撰。知熙州。尋以詐增首虜。連貶連州別駕。崇寧初起知河中府。歷龍圖閣直學士。將兵出蕭關。擊西夏。坐別將爲虜所乘。奪學士。未幾。復爲杭州・延安等府。以故職卒。傅從布衣致通顯。所行事。大抵欺妄。故屢起屢僨云。

鍾・善經　明廣東順德人。字理夫。正德進士。由興化推官擢御史。屢諫武宗北巡。嘉靖初給事中劉最以劾中官崔文謫外。善經等抗疏論救。且劾文。不納。遂告歸侍養。親沒。廬墓三年。不御酒食。衰衣未嘗去身。

鍾・復　明永豐人。字彥章。號雲川。宣德進士。歷官翰林院侍講。與劉球善。球上封事。約復與俱。復妻詈球曰。汝自上疏。何累他人爲。球出歎曰。彼乃謀及婦人。遂獨上奏。竟死。未幾復亦病卒。妻深悔之。有雲川文集。

鍾・惺　明竟陵人。字伯敬。萬曆進士。官至福建提學僉事。爲人嚴冷。不接俗客。嘗官南都。僦秦淮水閣。讀史恆至丙夜。有所見即筆之。名曰史懷。愛名山水。所至必遊。不極幽邃不止。晚逃於禪。說詩以幽深孤峭爲鵠。與同里譚元春。評選古詩歸・唐詩歸。當時謂之竟陵體。又有諸經圖・詩合考・毛詩解・鍾評左傳・隱秀軒集・名媛詩歸・周文歸・宋文歸。

鍾・期　清松江人。字解伯。畫有煙雲動蕩水月空濛之趣。

鍾・棐　宋字子翼。秀出人羣。雅有器量。蘇洵南遊。不喜飲酒。棐每爲設醴。及卒。洵誄之。

鍾・湘　明興國人。字用秀。弘治進士。歷官漳州知府。有平海寇功。

鍾・皓　後漢長社人。字季明。少有篤行。隱密山。以詩律教授。門徒千餘人。前後九辟公府。徵爲林慮長。俱不就。李膺歎曰。鍾君至德可師。與陳寔・荀淑・韓韶。稱爲潁川四長。子迪・敷。並以黨錮不仕。

鍾・雅　晉長社人。字彥胄。少孤好學。有才志。累遷御史中丞。直法繩違。百僚憚之。蘇峻之難。百僚奔散。惟雅與劉超並侍衛天子。或勸雅退。雅曰。吾懼董狐執簡而至矣。及帝幸石頭。雅流涕步從。爲賊所害。追贈光祿勳。◉明歸善人。字大章。成化進士。性聰敏。善屬文。尤長於詩。每即席賦詩。刻炬限韻。時人服其工捷。

鍾・雲瑞　明東莞人。字天慶。正德進士。累官湖廣按察副使。秉正執法。申理冤抑。不避豪右。尋謝病歸。時循寇連歲流劫。雲瑞糾衆防禦。寇遂引去。鄉人德之。

鍾・順　明廣東順德人。字必華。景泰中知沔陽縣。廉慎愛民。時江西周禮洪侵擾荆沔。順討擒之。民爲立生祠於滄浪亭。

鍾・傳　唐高安人。少業貧販。或勸以爲盜必大顯。時王仙芝作亂江南。衆遂推傳爲長。自稱高安鎮撫使。遂有洪州。朝命拜爲鎮南節度。爵南平郡王。傳少射獵。醉與虎鬭。虎搏其肩。傳亦持虎不釋。會人斬虎得免。既貴。悔之。戒諸子曰。士處世尙智與謀。勿效吾暴虎也。乃畫搏虎狀以示子孫。

鍾・嗣成　元大梁人。字繼先。號醜齋。工樂府。嘗作錄鬼簿。錄名家所製劇目。幷繫以小傳。

鍾會 三國魏繇弟。字士季。敏惠夙成。精練名理。累官至司徒。封縣侯。與鄧艾、諸葛緒統兵分道伐蜀。降之。會內有異志。因鄧艾承制專事。密白艾有反狀。艾既禽。會獨統大衆。遂謀反。爲亂軍所殺。有道論二十篇。

鍾瑛 明高安人。字汝器。子史百家。靡不該洽。登永樂進士。授編修。與祕閣之選。居禁近。不殊韋布。母憂歸。以毀卒。

鍾獅 清番禺人。字伸韶。雍正舉人。乾隆初薦試鴻博不遇。後以進士授靈壽知縣。乞病歸。父瓚。名諸生。所居曰獻玉堂。名流題詠甚富。獅歸。重與壇坫。越三十年乃卒。

鍾筠 清仁和人。字賁若。仲某妻。有梨雲榭詩餘。

鍾輅 唐太和中。官崇文館校書郎。有前定錄。(按唐書藝文志作鍾簵。此從四庫提要。)

鍾道 明廣東長樂人。嘉靖舉人。歷官戶部員外。監北津關稅。有黃門以數十艘自隨。匿不估算。道曰。黃門貴人。乃與商賈爭十一之利。又不算賈。其謂我何。悉算如法。受代。贏二千餘金。盡輸大農。進戶部郎中。竟爲黃門所傾。免官歸。

鍾遐齡 明江寧人。字子宜。隆慶進士。知井陘縣。釐剔精敏。尤以文鑒擅名。分校順天日。有一卷已黜。遐齡力薦之。曰。此天下士也。拆視乃高邑趙南星。後果爲名臣。

鍾鼎 宋上猶人。字文昭。嘗慕范仲淹義田事。偕姪日新。置義莊。建書院。延師以教鄉族子弟。

鍾毓 三國魏繇子。字稚叔。機捷談笑有父風。累官都督徐州、荊州諸軍事。卒謚惠。

鍾韶 明海鹽人。字牙臺。所著論語逸編。雜采孔叢子、韓詩外傳、説苑、新序諸書所載孔子問答之語也。

鍾儀 春秋楚鄖公。爲鄭所獲。獻諸晉。景公見於軍府。問曰。南冠而縶者誰也。曰。楚囚也。問其族。曰。泠人。先父之職官也。與之琴。操南音。曰。君王如何。曰。其爲太子也。師保奉之。以朝於嬰齊。而夕於側也。不知其他。范文子曰。楚囚。君子也。言稱先職。不背本也。樂操土風。不忘舊也。稱太子。抑無私也。名其二卿。尊君也。不背本。仁也。不忘舊。信也。無私。忠也。尊君。敏也。有此四德。雖大必濟。重爲之禮。使歸求成。

鍾瑾 後漢皓兄子。好學慕古。有退讓風。與李膺同年。俱有令名。辟州府未嘗屈志。瑾母乃膺之姑。膺祖太尉脩。言瑾似我家性。邦有道不廢。邦無道免於刑戮。復以膺妹妻瑾。

鍾震 宋湘潭人。師事朱熹。築主一書院以講學。眞德秀帥潭。延典郡教。稱爲主一先生。端平初詔授侍讀。

鍾穎 宋丹陽人。字元達。嘉定進士。通判濠州。行守事。金人內犯。豐有俊帥淮西。薦穎強敏廉白。已而金人至。穎內固城守。外成曹莊之捷。自是金人凡三至濠。皆不得逞。召赴都堂。尋除知建昌軍。以疾不能赴。

鍾興 後漢汝陽人。字次文。從丁恭受春秋。光武召拜左中郎將。詔定春秋章句以授皇太子。又使宗室諸侯從受章句。封關內侯。興自以無功。不敢受爵。帝曰。生訓教太子及諸王侯。非大功耶。興讓其師丁恭。於是復封恭。興遂固辭不受爵。卒官。

鍾輻 宋江寧人。年少有才氣。樊若水愛其才。以女妻之。後輻中甲科。樊氏蚤世。輻遂隱終南山。終身不仕。

鍾嶼 梁嶸弟。字季望。官永嘉郡丞。天監中詔學士撰華林徧略。嶼預焉。

鍾嶸 梁屼弟。字仲偉。好學有思理。明於周易。仕齊爲南康王國侍郎。天監中官西中郎、晉安王記室。著詩品三卷。列古今五言詩。自漢魏以來一百有三人。論其優劣。分爲上中下三品。每品之首。各冠以序。妙達文理。與文心雕龍並稱。

鍾嶽 宋徽宗時人。字堯俞。政和進士。仕爲桂陽令。平生不事生產。清介苦節。歸田後至無廬可居。

鍾應奇 明永平人。天順間母臥病姚營。叛兵入其家。應奇泣涕求以身代。兵感其孝。母子俱得全。

鍾繇 三國魏皓曾孫。字元常。漢末舉孝廉。累遷侍中、尚書僕射。封東武亭侯。魏受禪。進太傅。封定陵侯。太和間卒。謚成。繇善書。與胡昭並師劉德升。世傳胡肥鍾瘦。臨終。探囊授子會曰。吾精思學書。學其用筆。每見萬類。皆畫像之。其專學如此。

鍾隱 後晉天台人。字晦叔。隱居江南。少淸悟。不嬰俗事。結茅閑曠。以畫自娛。畫鷙鳥竹木。師郭乾暉。深得其旨。舉筆精絕。時無倫擬。(按米芾論畫。謂鍾隱爲李後主寓名。宣和畫譜云。李煜自稱鍾峯隱居。又署其言曰鍾隱。後人遂與鍾隱畫混淆稱之。夢溪筆談云。李後主題跋。未嘗題書畫人姓名。惟鍾隱畫背。後主親題鍾隱筆三字。畫苑云。隱畫在江南者。悉爲李煜所有。煜親筆題署。以贋識之。是當時實有鍾隱其人也。)

鍾禮 明上虞人。字欽禮。號南越山人。題其所居曰一塵不到處。少孤力學。工書畫。弘治中直仁智殿。

鍾謨 南唐崇安人。一作會稽人。字仲益。博學能文。李景時爲戶部侍郎。保大中周師南侵。奉使軍前。盡獻淮甸十四州之地。朝議以爲賣國。謨因留周不得歸。周世宗授爲衞尉少卿。甚見親信。景憾之而不敢如何。世宗遣諭景。以爲禮部侍郎。勢頗赫然。人多切齒。及世宗卒。再貶著作佐郎。尋賜死。

鍾・懷 清江蘇甘泉人。字保其。一字蔵厓。嘉慶優貢生。與阮元・焦循善。討論經學。實事求是。爲人篤實敦善行。有蔵厓考古錄。

鍾・鏜 宋銅陵人。十一世同居。鏜幼開悟如成人。後官至汀州守。宦游五十餘年。卒無贏資。

鍾離子 戰國齊處士。其爲人。有糧者亦食。無糧者亦食。有衣者亦衣。無衣者亦衣。耆隱而好行其德。助國君以養民者。

鍾離・岫 周楚人。撰會稽後賢傳。

鍾離・松 宋字其紹。紹興中登進士第。乾道間以朝請郎知興化軍事。爲人退然自下。治郡如治劇邑。窮日之力而繼以火。善馭吏。如造父之於馬。善牧民。如卜式之於羊。嘗奏蠲民租。詔爲蠲除之。

鍾離・牧 三國吳山陰人。字子幹。少居永興。躬自墾田。種稻臨熟。縣民認之。牧遂推與縣民 縣長召民。欲繩以法。牧爲請釋。民慚悔。舂所取稻送還。牧不受。民輸置道旁。莫有取者。牧由此發名。累遷南海・武陵太守。平五溪夷。封都鄉侯卒。

鍾離・徇 三國吳盛弟。領兵爲將。拜偏將軍。戍西陵。與監軍使者唐盛論地形勢。謂宜城信陵。爲建平援。不從。後晉果遣將修信陵城。晉平吳。徇督水軍戰死。

鍾離・昧 漢家在伊廬。爲項羽將。素與韓信善。羽亡。昧亡歸信。漢詔楚捕之。有告信欲反。高祖僞游雲夢。信欲發兵。自度無罪。欲謁恐見禽。人或說信斬昧謁上。上必喜。信見昧計事。昧曰。漢所以不擊取楚。以昧在公。吾今死。公隨手亡矣。卒自剄。信持其首謁。高祖令武士縛信。

鍾離・春 戰國齊無鹽邑之女。貌極醜。年四十。衒嫁不售。乃自詣宣王。陳四殆之義。願備後宮之掃除。王與之言。遂拜爲后。而國大安。君子謂春正而有辭。

鍾離・盛 三國吳牧子。亦履恭讓。爲尚書郎。

鍾離・意 後漢山陰人。字子阿。少爲郡督郵。太守賢之。任以縣事。値會稽大疫。死者萬數。意獨身自隱。親經給醫藥。所部多蒙全濟。舉孝廉。明帝時徵爲尚書。交阯太守張恢坐贓。籍其資。詔頒賜羣臣。意得珠璣。悉以委地。帝問故。對曰。贓穢之寶。臣不敢拜。乃更賜以庫錢。意敢諫諍。數封還詔書。臣下過失。輒救解之。出爲魯相。卒官。

鍾離・瑾 宋合肥人。字公瑜。第進士。知德化縣。將嫁女。市婢得前令女。遂與己女同嫁。仁宗時累遷龍圖閣待制。權知開封府卒。

鍾離・權 唐咸陽人。號和谷子。一號眞陽子。又號雲房先生。生而奇異。美髯俊目。身長八尺餘。遇老人授仙訣。又遇華陽眞人・上仙王玄甫。傳道入崆峒山。後仙去。(按鍾離權與呂洞賓同時。嘗自稱天下都散漢鍾離權。見宣和書譜。今人稱漢鍾離。此誤以漢字屬下。因遂傳會以鍾離權爲漢將鍾離昧。且漢鍾離。地名。非人名。杜甫詩。近聞韋氏妹。迎在漢鍾離。是也。見訂譌雜錄。)

鍾・鯨 明廬陵人。字躍海。少游學白鹿洞。知名當世。弘治中知新興縣。抑豪強。恤黎庶。身無盛衣。廚無魚肉。侍無媵妾。六年去官。民共惜之。

闞里吉思 元蒙古按赤歹氏。曾祖八思不花。在太祖時多戰功。至元中闞里吉思由宿衞累拜榮祿大夫。行湖廣平章。將兵討海南生黎諸峒寨。平之。成宗時陞征東省平章政事。多所建白。官至雲南諸路行中書省左丞相卒。◎元阿刺兀思剔吉忽里子。性勇毅。習武事。尤篤於儒術。築萬卷堂於私第。日與諸儒討論經史。性理陰陽術數。靡不該貫。尚公主。宗王也不干叛。率精騎千餘大破之。成宗卽位。封高唐王。西北不安。請於帝。願往平之。大德初遇敵於伯牙思之地。大敗之。明年敵大至。被執。不屈死。追封忠憲王。

闊闊 元本蔑里吉氏部族。字子淸。國初舉族內附。世祖居潛邸。選爲近侍。嘗奉命僉諸路軍籍。以丁壯產多者充之。所至編籍無擾。人皆德之。及卽位。遷大名路宣撫使卒。

闊闊不花 元按攤脫脫里氏。爲人魁岸有膂力。以善射知名。太祖命木華黎伐金。分探馬赤爲五部。以闊闊不花爲五部前鋒都元帥。所向無敵。然不嗜殺。故所至無殘破。太宗時領益都・濟南卒。

闍那崛多 隋高僧。揵陀囉國人。姓金步氏。譯名德志。歷游諸國。周武成中至長安。武帝爲造四天王寺。尋還西。爲突厥所留。開皇中召居大興善寺翻經。所翻有佛本行集・法炬・威德・護念・賢護等經一百七十六卷。

隰・朋 春秋齊以公族爲大夫。助管仲相桓公。成霸業。嘗平戎於晉。管仲寢疾。桓公往問其代。仲曰。隰朋可。朋之爲人。好上識而下問。於國有所不死政。於家有所不死事。必朋乎。是歲仲・朋皆卒。朋諡成子。

隰·斯彌　戰國齊　嘗見田常。常與登臺四望。三面皆暢。南望。斯彌家之樹蔽之。常亦不言。斯彌歸。使人伐之。斧離數創。斯彌止之。相室問其故。彌斯曰。知淵中之魚者不祥。夫田子將有大事。而我示之知微。我必危矣。不伐樹。未有罪也。知人之所不言。其罪大矣。乃不伐也。

隸首　上古　黃帝臣。始作算。

鞠夫人　宋　善歌舞。高宗時爲仙韶院第一。時稱鞠部頭。

鞠·仲謀　宋　常子。字有開。雍熙進士。有材幹。歷官兵部員外郎。

鞠·杲　宋　吳川人。元祐進士。元符中入汴京上書。陳章惇等罪。惇怒。以杲隸黨籍。

鞠·武　戰國燕　爲太子丹太傅。欲拒秦而無策。乃介太子見田光。光因薦荆軻。

鞠·常　宋　高密人。字可久。少好學。善屬文。舉南漢乾祐進士。開寶中趙普爲相。擢爲著作佐郎。與楊徽之·李若拙·趙隣幾皆有名於時。後爲清河令卒。

鞠·嗣復　宋　錢塘人。宣和初知休寧。方臘黨破縣。欲逼降。嗣復罵賊求死。賊以嗣復有善政。委之而去。後擢知睦州。爲賊所傷。將渡江。乞師於宣撫。未及而卒。(按宋史本傳。不詳籍貫。今據萬曆杭州府志。)

鞠·詠　宋　開封人。字詠之。少孤好學。舉進士。仁宗時爲監察御史。有直聲。以忤王欽若。出通判信州。欽若卒。還爲殿中侍御史。判登聞檢院卒。詠嘗別構淨室以居。自號深寧子。有釋道雜言。

鞠·鉞　明　文登人。諸生。正德中流賊破城。鉞與妻于氏俱被虜。至城南寺。逼鉞以從。要使其剃髮。鉞拒之。遂被殺。于觸石死。副使馮世雍令有司禮祭。碣其墓曰雙節。

鞠·履厚　清　江蘇華亭人。字坤皐。有坤皐鐵筆·印文考略。

韓·一古　明　靑城人。嘉靖進士。授行人。選南御史。巡視下江。疏列嚴嵩罪。權貴忌之。出守揚州。遷四川副使。被讒去官。

韓·一光　明　高淳人。字季孚。崇禎進士。授行人。選御史。劾魏黨。直聲震於朝。出按四川。禁投獻。革冗役。官屬貪穢一清。外轉浙江僉事。以山東副使致仕卒。

韓·上桂　明　番禺人。字孟郁。號月峯。幼穎異。好讀書。家貧不能給。借人二十一史。瀏覽一月。即默識大略。萬曆中舉於鄉。授國子監丞。轉永平通判。巡撫方一藻薦稱其才。崇禎末聞京師陷。憤而得疾卒。

韓·千秋　明　烏程人。字聖開。嘗與董斯張等同編吳興藝文補。采錄自漢至明藝文之有關湖州者。蒐輯頗詳。

韓·士奇　明　繁峙人。永樂舉人。歷任陝西分巡關內道。天順間賊首定山等攻漢中。士奇募兵飭械。設伏梳洗橋西岸下。候賊半渡。縱擊之。賊大潰。亂平。薦陞本司副使。

韓·士英　明　南充人。字廷延。正德進士。以南戶部郎中知岳州府。溫雅有度。政尙明恕。重創郡堂。修葺廢墜。不擾於民。官至戶部尙書。

韓·大敏　唐　長安人。武后時爲鳳閣舍人。梁州都督李行褒爲部人告變。詔大敏鞫治。或言后方欲去行褒。無列其冤。恐累公。大敏曰。豈顧身枉人以死乎。至則驗出之。后怒。殺行褒而賜大敏死。

韓·大寧　宋　玉山人。字孝先。紹興進士。有經世志。乾道間上書言時事。詞甚剴切。帝覽而異之。除知德興縣。有惠政。有續百將傳·周易集註。

韓·子高　陳　山陰人。本名蠻子。家世微賤。年十六。貌美麗似婦人。文帝方出守吳興。遇之於淮渚。使爲近侍。爲改名焉。性勤謹。又善會意旨。帝甚寵愛之。及長。稍習騎射。有膽決。願爲將帥。因配以士卒。文帝即位。除右軍將軍。積功至都鎭領軍府。進爵文招縣伯。廢帝立。遷散騎常侍。宣帝入輔。子高以兵權過重。深不自安。求出爲鎭。人告其謀反。乃召入尙書省。執送廷尉。賜死。

韓·子熙　後魏　麒麟孫。字元雍。少修整有學識。父興宗以爵讓弟顯宗。顯宗不受。子熙緣父素懷。卒亦不襲。愛顯宗子伯華。等於同生。初爲清河王懌郎中令。懌甚眷之。懌爲元叉誣害。子熙屛居田野。憂悴不釋。卒上書理其冤。靈太后義之。引爲中書舍人。累除國子祭酒。在官儉素安貧。清白自守。元象中加衞大將軍卒。

韓·子誕　隋　文水人。親沒。負土築墳。居喪適禮。聞者褒之。及卒。視其脊骨皆毀。大業末表其門閭。

韓·川　宋　陝人。字元伯。進士上第。元祐初爲監察御史。極論市易之害。遷殿中侍御史。疏陳用才之道。累進吏禮二部侍郎。以龍圖閣待制守虢州。貶坊州。再謫道州安置。徽宗立。復故官。知靑襄二州卒。

韓·介　唐　會弟。愈仲兄。爲人孝友。官率府參軍。

韓·元吉　宋　元龍從弟。字无咎。紹興間歷南劍州主簿。建安令。遷守建州。大興學校。累官吏部尙書。龍圖閣學士。封潁川郡公。歸老於上饒。自號南澗翁。符離之役。嘗上書張浚。勸勿輕舉。浚不能聽。元吉師事尹焞。所輯河南師說。以焞居首。有桐陰舊話·南澗甲乙稿·焦尾集。

韓·元傑　宋　開封人。億六世孫。

字漢臣。少有大志。靖康中以蔭選知臨潁。寇暴至。度力不支。單騎潰圍而出。宣撫劉光世奇其才。薦知亳州。兀朮入寇。大破其衆。凱旋晉秩。未嘗自伐其功。

韓・元善 元太康人。字大雅。由國子生釋褐新州判官。至正中拜參知政事。進中書左丞卒。元善性純正。明達政體。以文學治才羽翼廟謨。論議之際。秉義陳法。不徇鄉上官。居家嘗效范仲淹遺規。置田百畝爲義莊。以周貧族。復爲義塾。延名士以教族人子弟。

韓・元象 宋元傑弟。字仲父。以蔭補官。嗜書。尤工吟咏。善論古今成敗。令聽者忘倦。少以功名自負。邵宏淵辟置幕中。宏淵北伐。元象謀居多。孝宗召對便殿。擢通判嚴州。

韓・元龍 宋維玄孫。字子雲。以蔭補將仕郞。歷天台令。縣久不治。元龍悉力區畫。至忘家事。有疏豪猾姓名來愬者。謝不納。曰。此一入耳。卽不以良民待之。彼何以自新。聞者感化。邑遂大治。仕終直龍圖閣・浙西提刑。元龍性純孝。與從弟元吉俱以文學顯。

韓・公武 唐弘子。字從偃。爲宣武行營兵馬使。弘入朝。授右金吾將軍。固辭。改右驍衞大將軍。性恭遜。不以富貴自處。時人多之。卒諡恭。

韓・公裔 宋開封人。字子展。以三館吏補官。充康王府內知客。金兵犯京。王出使。公裔從行渡河。次磁州。與公裔謀。間道潛師向南。自是親愛日篤。旣卽帝位。累遷武功大夫・貴州防禦使。以岳陽軍節度使致仕。公裔給事藩邸三十餘年。恩寵優厚。每置酒慈寧宮。必召與會。而律身謹飭。以事屢與黃潛善・秦檜忤。爲言者所論劾。賴帝念舊。眷之不衰。論者服其忠藎貞固。卒諡恭榮。

韓・公麟 元眞定人。字國瑞。號雪谷。爲太醫副使。寫竹簡當有生意。

韓・友 晉舒人。字景先。受易於會稽伍振。善占卜。多神效。能圖宅相冢。亦行厭勝之術。元康間舉賢良。元帝渡江。以爲廣武將軍。永嘉末卒。

韓・友范 明保德人。字一咸。萬曆舉人。授鹿邑知縣。累遷神木道副使。闖賊陷城。友范以金簪自刺不死。後罵賊被殺。

韓夫人 漢更始夫人。佞諂媚邪。嗜酒無禮。更始醉飲沈湎。夫人於幕中詐爲更始。與羣臣語。羣臣知非更始聲。莫不怨恨。後爲赤眉所殺。◉唐僖宗時宮人。于祐於御溝中拾一葉。上有詩。祐亦題詩於葉。置溝上流。韓拾之。後值帝放宮女。韓氏嫁祐成禮。各於笥中取紅葉相示曰。可謝媒矣。韓氏有方知紅葉是良媒句。(此本青瑣高議。按雲溪友議作盧渥得紅葉娶韓氏。北夢瑣言作李茵得紅葉娶韓氏。三說不同。侍兒小名錄則謂是王鳳兒事。疑本一事。而所傳或異耳。)

韓・孔當 清餘姚人。字仁父。沈國模弟子。主講姚江書院。其學兼綜諸儒。以名教經世。臨講必默對良久始發語。聞者輒內媿汗下。退而相語曰。比從韓先生來。不覺自失。

韓・少卿 唐仲卿弟。感慨重然諾。死於節義。

韓・心淵 元磁州武安人。以文學徵入國子監。至正間任衡水縣尹。以德化民。調眞定縣。會掃地王作亂。心淵與子拒守。城陷。父子俱死之。

韓・文 明保定新城人。天順進士。授行人。擢給事中。使琉球。嚴禮度。辭餽物。遷戶部郞中。會畿內山東水災。疏陳十事。陞陝西參議。岷番作亂。出奇兵勦之。轉參政。進右布政。權茶易米。以備儲蓄。終副都御史。◉明洪洞人。琦後。字貫道。生時父夢紫衣人抱送文彥博至其家。故名曰文。成化初舉進士。除工科給事中。遇事敢言。以劾都御史王越被杖。弘治中累官至戶部尙書。文凝厚雍粹。居常抑抑。至臨大事。剛斷無所撓。司國計二年。力持大體。務爲國惜財。力遏權倖。武宗立。馬永成・劉瑾等八人用事。文率同官疏論之。瑾等恨之甚。伺隙坐以罪。降級致仕。復罹他罪罰米。至家業蕩然。瑾誅。復官致仕。卒諡忠定。

韓・文布 後漢太原人。爲郭泰所識。因以成名。

韓・方 明一作芳。字中直。號鶴仙。官歸德衞指揮。善寫梅竹草蟲。

韓・日纘 明博羅人。字緒中。萬曆進士。除檢討。累遷禮部尙書。值宦豎竊政。獨澹然處之。充經筵講官。講洪範無偏無陂一節。疏釋詳明。熹宗稱善。卒諡文格。有敬梓錄・詢芻錄・代言草・詩文集。

韓王安 戰國韓桓惠王子。秦攻韓。韓急。使韓非使秦。秦留非。因殺之。在位九年。爲秦所虜。盡入其地爲潁川郡。韓遂亡。

韓王信 漢故韓襄王孼孫。張良徇韓地。得信以爲韓將。從入武關。拜爲韓太尉。將兵略韓地。得十餘城。立爲韓王。從破項羽。高祖與信剖符王潁川。尋以信所居爲天下勁兵處。徙太原。後爲匈奴所圍。數使使求和。帝疑有二心。賜書責之。信恐。亡走匈奴。漢遣柴武擊殺之。

韓・丕 宋鄭人。字太簡。幼孤貧。有志操。通周易禮記。太平興國進士。擢著作佐郞。直史館。端拱初拜右諫議大夫。歷知河陽・濠州。丕起寒素。以沖淡自處。不奔競於名宦。太宗甚霓之。召爲翰林學士。官至工部侍郎。

韓·世忠　宋延安人。字良臣。目瞬如電。驚勇絕人。宣和中以偏將從王淵討方臘。擒之。高宗卽位。授平寇左將軍。屯淮陽。苗傅·劉正彥反。世忠以所部發平江。賊敗遁。追擒送行在誅之。帝手書忠勇二字。揭旗以賜。使守鎭江。兀朮分道渡江。世忠俟其歸。邀擊之。以八千衆與金師十萬。相持黃天蕩四十八日。兀朮絕江遁去。建炎中金兵與劉豫分道入侵。世忠軍次大儀。設伏二十餘所。及戰。伏兵四起。金兵大潰。論者以此舉爲中興武功第一。授京東淮東路宣撫處置使。置司楚州。在楚十餘年。兵僅三萬。而金兵不敢犯。秦檜收三大將權。拜樞密使。疏詆檜誤國。罷爲醴泉觀使。自此杜門謝客。時跨驢攜酒。縱遊西湖以爲樂。自號清涼居士。及卒。進拜太師。孝宗朝追封蘄王。謚忠武。世忠性勇敢忠義。事關廟社。必流涕極言。岳飛冤獄。世忠獨詰檜曰。莫須有三字。何以服天下也。抵排和議。觸檜尤多。持軍嚴重。器仗更精絕過人。克敵弓。連鎖甲。狻猊鍪。及跳澗以習騎。洞貫以習射。皆其遺法。

韓·世能　明長洲人。字存良。隆慶進士。選庶吉士。館師趙貞吉目爲佛地位中人。授編修。與修世宗·穆宗實錄。充經筵日講官。官至禮部左侍郎。以疾歸。世能恬於榮利。奉使朝鮮。册封楚藩。餽遺一無所受。嘗自言無一事無一語不實。而亦不務矯抗以博譽。有雲東拾草。

韓·世諤　隋擒虎子。倜儻驍捷有父風。楊玄感擧兵。引世諤爲將。每戰先登。玄感敗。爲吏執送高陽行在。世諤以計醉吏。得逃去。不知所終。

韓仙君　唐洪洞人。龍朔初在蜀村山中煉丹。丹成。化爲白鶴飛去。

韓·令坤　宋武安人。少隸周太祖帳下。世宗時從征淮南。下揚州壽州有功。恭帝卽位。加檢校太尉·侍衞馬步軍都虞候。防守北邊。宋初移領天平軍節度。改成德軍。將之鎭而卒。令坤有才略。識治道。與太祖同事周室。情好最密。鎭常山凡七年。北邊以寧。及聞其卒。甚悼惜之。

韓·弘　唐匡城人。莊重寡言。沈謀勇斷。擧明經不中。學騎射。由大理評事累官宣武節度使。憲宗用兵淮西。拜爲諸軍行營都統使。吳元濟平。以功加兼侍中。封許國公。及李師道誅。弘大懼。因請入朝。拜司徒·中書令。卒謚隱。◎明福清人。字士毅。永樂進士。授戶部主事。轉寧府長史。好直諫。王不悅。誣以事。被逮至京。江西耆臣爲白其情。得釋。調永平府同知。以績最陞揚州知府。終浙江左參政。

韓·必　五代吳越唐末與吳崧·羅隱等八人同居長城八座山。號八友。已而稍稍散去。錢鏐時與崧偕隱於洛塢。日以煉丹爲事。鏐遣羅隱招之。兩人隱入石壁中。後人名爲二仙石壁。

韓·永　明陝西西安人。或曰浮山人。狀貌魁梧。音吐洪亮。每慷慨論兵事。建文時官給事中。燕王入。欲官之。抗辭不屈死。福王時追謚莊介。

韓·玉　宋本金人。爲北方之豪。司馬朴使金不屈。生子名通國。通國有大志。嘗結玉擧事。未得要領。紹興初玉挈家而南。授江淮都督府計議軍事。工詞。嘗與康與之·辛棄疾相唱和。有東浦詞。◎金錫曾孫。字溫甫。以經義詞賦兩科進士。入翰林爲應奉。應制一日百篇。文不加點。大安中以鳳翔判官敗夏人於北原。當事者忌其功。誣以與夏寇有謀。乃授玉河平軍節度副使。使人覘其軍。時中都爲蒙古所圍。玉方傳檄勤王。使者實其罪。被囚死。士論冤之。子不疑。字居之。以父死非罪。誓不祿仕。

韓·休　唐大敏弟子。工文辭。擧賢良。玄宗在東宮。令條對國政。與趙冬曦並中乙科。擢左補闕。開元中累拜黃門侍郎。同中書門下平章事。爲人峭鯁。於時政得失。言之未嘗不盡。宋璟歎爲仁者之勇。玄宗小有過差。輒問左右。韓休知否。言終。諫疏已至。左右曰。自韓休爲相。陛下殊瘦於舊。何不逐去之。帝曰。吾貌雖瘦。天下則肥矣。後以工部尚書罷。遷太子少師。封宜陽縣子。卒謚文忠。休頭銳。時有筆頭公之稱。

韓·企先　金燕京人。徙居柳城。知古九世孫。中乾統進士。累官尚書左僕射。兼侍中。天會間始定官制。以爲尚書右丞相。時方議禮。企先博通經史。知前代故事。典章制度。因革損益。咸取折衷。企先爲相。專以培植後進爲己任。務推轂士類。甄別人物。一時臺省多君子。世稱賢相。皇統初封濮王。卒謚簡懿。

韓·仲孝　明邦憲子。字君陳。弱冠食廩郡庠。守身嚴謹。金川令唐某。以澹臺滅明稱之。人因稱爲澹明先生。有非齋集。

韓·仲良　唐三原人。武德初與定律令。建言請崇寬簡。以示維新。乃采開皇律。宜於時者定之。官至刑部尚書·秦州都督府長史。封潁川縣公。

韓·仲卿　唐叡素子。爲武昌令。有美政。既去。縣人刻石頌德。終祕書郎。

韓·充　唐弘弟。本名璀。初爲昭義節度李元牙將。元甚重之。弘領宣武。召主親兵。人服其謙愼。以弘在鎭久不朝。乃固請入宿衞。單騎走洛。擢右金吾衞將軍。歷鄜坊等州節度使。

徙義成軍。汴軍變。擁李夼主留事。乃詔充節度宣武。兼統義成軍。討夼破之。爲汴人所愛賴。充性節儉。仕歷三鎭。服處如儒素。乘機決策無餘悔。世推善將。卒諡肅。

韓·全義 唐起家卒伍。以巧佞事宦者。累擢夏綏銀宥節度使。素懦貪。無紀律。及受詔合十七鎭兵討吳少誠。無它方略。號令悉稟監軍。卒致師潰。諸宦共掩其敗。憲宗在藩。疾之。及嗣位。廢不用。以太子少保致仕卒。

韓·全誨 唐昭宗時宦者。爲內樞密使。昭宗旣反正。誅劉季述。以全誨爲左神策中尉。拜驃騎大將軍。憑勢恣暴。時崔胤欲盡誅宦官。因召朱全忠兵入朝討全誨。全誨等懼。逼帝西幸鳳翔。全忠進攻鳳翔。圍城日急。乃斬全誨以謝全忠。全忠挾帝東還。

韓·匡嗣 遼知古子。初以善醫見幸。景宗在藩。善之。及卽位。拜南京留守。保寧末攝樞密使。與宋師戰於滿城。敗還。帝數其罪。杖而免之。後授西南面招討使卒。

韓·同卿 宋琦五世孫。知泰州。累遷慶遠軍節度使。加太尉。卒諡恭靖。同卿女爲寧宗后。其季父侂胄。以有定策功。聲勢薰灼。同卿每懼盈滿。不敢干政。以故天下皆知侂胄爲后族。而不知同卿。沒一年而后崩。侂胄敗。人始服其善遠權勢。

韓·因 元汴梁人。字可宗。少習舉子業。負氣不羣。盜據汝寧。久討不下。因應命假唐州判官往撫。賊渠不能聽。而縱因歸報。因乃周賊屯大言曰。汝輩好百姓。奈何從賊驅使。賊渠追因。責其所言。因極口肆詈。賊寸劘之。

韓·夷 明奕弟。少失母。奕育之。初名詒孫。字伯翼。亦精醫術。爲郡醫學正科。永樂中召授御醫。改名夷。字公達。繼陞院判。奕卒。陳情得假歸葬。後扈駕北巡歸。病不能朝。特命中貴視疾。卒賜葬祭。

韓·如愈 明揚州興化人。字唐山。崇禎進士。歷兵科給事中。劾都給事中曾應遴。或謂散員不當劾都諫。如愈正色曰。都諫賢則敬之。不賢則糾之。敢恤儕誼。而欺明主哉。後劾總兵劉澤清。爲所害。

韓·存中 宋潁川人。字持正。爲蔡京所不喜。宣和間知鄭州。蝗不入境。建炎初卒。

韓·守英 宋祥符人。字德華。初爲入內高品。從征河東。取隆州。又隨王繼恩招安西川。爲先鋒。戰於劍門有功。累授并代路都鈐轄。建言本路宿兵多。百姓困於飛輓。請留騎軍千餘人。悉徙內地。眞宗嘉其能體朝廷卹民之意。詔諸路仿行。後爲延福宮使·入內都知。復提舉諸司庫務卒。

韓·守益 明石首人。字仲珍。號樗壽。以儒士擢教宣都。累官河南道御史。因直言忤旨。充國子膳夫供事。不以人代。尋命復御史。後補重慶太守。謫臨江。坐貢舉事。貶安慶府判。復取爲御史。凡三歷臺諫。多激帝怒。嘗命力士用鐵鎚擊令仆地。怒平。命太醫院調治。限三日入朝。乃改春坊中允。以病歸卒。有樗壽稿。

韓·守愚 明鼎子。字希哲。正德進士。選庶吉士。補兵部主事。調濟寧通判。時流寇猖獗。當事以守愚知兵。且邊產。命率民兵禦賊。賊屢不利。相戒趨他境。一方賴以保全。終四川按察僉事。

韓·安國 漢梁成安人。徙睢陽。字長孺。事梁孝王爲中大夫。吳楚反。安國捍吳兵於東界。名由此顯。武帝時累遷御史大夫。安國多大略。智足以當世取舍。而出於忠厚。貪嗜財利。然所推舉皆廉士。士以此稱慕之。後爲衞尉。會匈奴大入。以安國爲材官將軍。屯漁陽。請罷軍屯。因敗於匈奴。詔責讓。徙屯右北平。安國旣見疏遠。意忽忽不樂。嘔血死。

韓·旭 明淮陽人。字荆山。善畫花鳥。繪雞雛圖尤得神。◎明浙人。善畫草蟲翎毛。

韓·老成 唐介子。伯父會無子。以老成爲後。老成行十二。厚謹以文。叔父愈目爲克家覓子。及卒。愈爲文祭之。卽世所傳祭十二郞文是也。老成有子二。湘·滂。

韓·伸 前蜀渠州人。善飲酒。長於龜卜。遊謁王侯之門。常懷一龜甲。先期卜來日之兆。吉則博。凶則否。性落魄不羈。一日聚博豪飲。其妻率女僕自後擊伸首。伸不知。方唱池水清辭。宛轉繞梁。世因戲呼爲池水清。

韓·伯 晉長社人。字康伯。幼穎悟。家貧。冬月母爲作襦。令捉熨斗。云當更作複褌。伯謂不須。母問故。對曰。火在斗中。而柄尙熱。令旣著襦。下亦當煖。及長。清和有思理。留心文藝。其舅殷浩。稱以出羣之器。仕至吏部尙書·領軍將軍。改太常。未拜而卒。

韓·伯兪 漢梁人。性至孝。時有過。母杖之大泣。母曰。往者杖汝。常悅受之。今者杖汝。何爲悲泣。伯兪曰。往者杖常痛。知母康健。今杖不痛。知母力衰。是以悲泣。

韓·伯高 後漢鉅鹿人。聞淮陽薛漢世習韓詩。以章句著名。往師事之。漢教授數百人。惟伯高與犍爲杜撫·會稽澹臺敬伯最知名。

韓·伯通 唐畫蹟精妙。善塑像。

韓·伯達 晉善畫馬。筋骨氣力如眞。

韓·克忠 明武城人。字守信。洪

武間廷對第一。授行在翰林院修撰。太祖稱其學行淳實。僅三月擢國子司業。自宋訥後。學政多隳。克忠創立法制。興廢補壞。編刊監規。學政自此大振。建文時陞河南按察僉事。永樂改元。謫涿鹿令。洪熙初起爲監察御史卒。

韓・君恩 【明】沁水人。嘉靖進士。任廬州府推官。陞御史。天性孝友。居官以氣節稱。終浙江副使。

韓・均 【後魏】茂子。字天德。少善射。有將略。兄備卒無子。均襲爵安定公。累遷散騎常侍。歷青冀二州刺史。恤民廉謹。甚有治稱。再爲定州刺史。輕徭薄賦。百姓安之。卒諡康。

韓・孝彥 【金】眞定人。字允中。有四聲篇海。

韓・岌 【唐】紳卿子。少好奇。喜文章。樂虢州土田山水。求掾其州。之官。甚有能聲。致仕卒。

韓・希孟 【宋】巴陵人。襄陽賈尙書子瓊之婦。開慶初年十八。元兵至岳陽。希孟爲卒所掠。赴水死。越三日得其屍。有詩在裙帶中。

韓・延之 【後魏】赭陽人。字顯宗。晉後。仕晉爲平西府錄事參軍。劉裕伐司馬休之。密書招延之。延之報書。辭甚激厲。以裕父名翹字顯宗。遂字顯宗。名子曰翹。以示不臣劉氏。與休之俱奔姚興。復入魏。爲武牢鎭將。賜爵昝陽侯。

韓・延壽 【漢】燕人。字長公。父義爲燕刺王郎中。以諫死。燕人憫之。昭帝時魏相言宜賞其子。遂擢延壽爲諫大夫。遷淮陽太守。徙潁州。又徙東郡。爲吏尙禮義。好古教化。所至必聘其賢士。以禮待用。廣謀議。納諫諍。在東郡三歲。治行爲天下最。入守左馮翊。爲蕭望之所劾。坐棄市。吏民莫不流涕。

韓・延徽 【遼】安次人。字藏明。太祖時累官崇文館大學士。中外事悉令參決。以功拜左僕射。太祖初元。庶事草創。凡營建制作。法度井然。延徽力也。爲佐命功臣之一。世宗朝遷南府宰相。穆宗時致仕卒。

韓・忱 【宋】會稽人。字義行。琦後。於冠卿爲孫行。博極羣書。研精性理之學。能承冠卿遺緒。宋亡不仕。與從弟性自相師友。當世共推爲師表。

韓・志淸 【唐】常州人。一作至淸。官侍御史。以學藝書畫。有聲於上元中。

韓・成 【明】虹縣人。從太祖親征陳友諒。官左副指揮。於康郎山戰死。追封高陽忠壯侯。

韓・求 【後唐】陝人。一作虬。與李祝同學吳道玄釋道畫。並有聲譽。負才能。退藏不仕。後李克用聽讒。誘至中流溺之。

韓・秀 【後魏】昌黎人。字伯虎。歷位尙書郎。文成稱其聰敏淸辯。才任喉舌。遂命出納王言。并掌機密。行幸游獵。皆侍左右。獻文卽位。轉給事中。終靑州刺史。

韓・秀實 【明】涿州人。善畫馬。人物亦佳。

韓・肖胄 【宋】忠彥孫。字似夫。以蔭補官。假給事中使遼還。父治方以太僕少卿知相州。丐祠。肖胄乞外補侍疾。遂除直祕閣。代父知相州。初曾祖琦守相。作晝錦堂。治作榮歸堂。至肖胄又作榮事堂。三世守鄉郡。人以爲榮。建炎初爲祠部郎。遷左司。應詔陳五事。請屯田淮南。又召問戰守計。肖胄條奏千餘言。帝稱其事理簡當。紹興初拜端明殿學士・同僉書樞密院事。充通問使。行人危之。肖胄慨然受命。至金。金人知其家世。甚重之。後以資政殿學士知紹興府。尋奉祠。與弟膺胄寓居於越。以孝友聞。卒諡元穆。

韓・良卿 【淸】良輔弟。由武進士歷官參將。雍正間青海羅卜藏丹津叛。良卿隨總兵楊盡信擊敗之。官至甘肅提督。卒諡勤毅。

韓・良輔 【淸】甘州人。徙重慶。康熙武進士。雍正間官至廣西巡撫。招民開墾。興陂渠塘堰之利。收撫猺獞多處。地方寧謐。後坐事奪職。

韓・言 【明】好讀書。手不釋卷。洪武初以文學見推於時。因編其家爲儒戶。著作甚多。

韓・邦 【晉】暨孫。字長休。少有才學。武帝時爲野王令。有稱績。遷新城太守。坐舉野王故吏爲新城計吏。武帝怒。殺之。

韓・邦奇 【明】朝邑人。字汝節。號苑洛。正德進士。歷吏部員外郎。會地震。疏論時政闕失。謫平陽通判。稍遷浙江按察僉事。中官採富陽茶魚爲民害。作歌哀之。遂被誣奏怨謗。逮繫奪官。嘉靖初起山西參議。再乞休去。自後屢起屢罷。終以南兵部尙書致仕。卒諡恭簡。邦奇剛直尙節概。性嗜學。自諸經子史及天文地理樂律術數兵法之書。無不通究。有易學啓蒙意見・禹貢詳略・苑洛志樂・洪範圖解・易占經緯・樂律舉要・苑洛集。

韓・邦問 【明】會稽人。字大經。成化進士。官淮安知府。節宂費。辨滯獄。所設施不苛察而人畏服。累擢江西巡撫。中官駐饒燒供御磁器。邦問力言小民凋敝狀。疏請止之。遷南京刑部尙書致仕。卒諡莊僖。

韓・邦靖 【明】邦奇弟。字汝度。號五泉。幼聰悟。年十四舉於鄉。與邦奇同年成進士。拜工部主事。乾淸宮災。指斥時政甚切。下獄。尋得釋。斥爲民。嘉靖初起山西左參議。分守大同。力請發帑賑饑。不得報。遂乞歸。軍民遽道泣留。抵家病卒。邦靖性孝友。邦奇病戲餘。藥必分嘗。飲食皆手進。郡人重之。爲立孝弟碑。有朝邑志・五泉詩集。

韓邦憲 明叔陽子。字子成。嘉靖進士。授工部主事。佐理大工。絕中貴侵冒。累遷知衢州府。甫至。問民疾苦。首陳明大義・正職守・實節省・復成法・議賦役・講實政・廣儲蓄・修武備八事。而尤以教化風俗人才爲先。疾既篤。猶強起視案牘。發粟賑荒。沒於官。有集。

韓侂胄 宋琦曾孫。字節夫。以蔭入官。爲汝州防禦使。知閤門事。孝宗崩。光宗疾不能執喪。趙汝愚議定策立寧宗。請憲聖吳太后垂簾。因侂胄以入白。及寧宗立。遂以傳導詔旨見幸。時弄威福。侂胄自以預定策功而賞不厚。怨汝愚。諷其黨劾去之。朱熹・彭龜年等皆以言侂胄得罪。多至數十人。侂胄復設僞學之目。請下詔嚴禁。一時善類悉罹黨禍。史稱慶元黨案。或勸侂胄立功名以自固。於是恢復之議興。請詔中外諸將。爲用兵計。侂胄遂以太師平章軍國事。封平原郡王。序班丞相上。總三省印。一時羣小阿附。勢燄薰灼。乘輿服御。僭妄無軌。已而師屢潰敗。侂胄懼。使北請和。金人以縛送首議用兵之臣爲言。自開禧用兵而還。民不聊生。公私力屈。中外憂懼。乃用史彌遠議誅侂胄。嘉定初斬其首。函以遺金人。

韓佽 唐朝宗孫。字相之。性清簡。第元和進士。累遷桂管觀察使。詔置五管監兵。盡境賦不足充其費。佽處以儉約。遂爲定制。衆以爲難。

韓卓 後漢陳留人。字子助。臘日。奴竊食祭其先。卓義其心。即日免之。

韓叔陽 明高淳人。字進甫。少聰慧。有遠志。登嘉靖進士。授浦江令。釐弊戢姦。以政績著。歷戶部郎中。出守嚴州。有惠政。擢湖廣副使。不赴。

韓宗武 宋縝子。第進士。辟河間令。徽宗卽位。爲祕書丞。哲宗將祔廟。中旨索省中書畫甚急。宗武言先帝祔廟。陛下哀慕方深。而丹青之玩。取索不已。播之於外。惟損聖德。太后聞而獎歎。除都官員外郎。改淮南轉運判官。坐貶秩罷歸卒。

韓宗師 宋絳子。字傳道。以父任歷州縣。既登第。王安石薦爲度支判官。累進集賢殿修撰。知河中府卒。宗師在神宗朝。數賜對。常弗忍去親側。屢辭官不拜。世以孝稱之。

韓宜可 明浙江山陰人。字伯時。洪武初薦授本縣教諭。擢監察御史。彈劾不避權貴。丞相胡惟庸・御史大夫陳寧・中丞涂節侍帝坐。方從容燕語。宜可直前。出懷中彈文劾三人。帝怒。呼爲快口御史。命下錦衣衛獄。尋釋之。出爲陝西按察司僉事。罷歸。已復徵至。命撰祀鍾山大江文諭日本征烏蠻詔。皆稱旨。特授山西右布政。尋以事謫安南。建文帝立。薦起雲南參政。入拜左副都御史卒。

韓居仁 宋開封人。徙家明州。字君美。師事劉昆。講學甚醇。嘗官慶元經歷。視城渠水脈。疏之瀹之。民無旱澇之患。仕至禮部郎中。

韓性 元翼甫子。字明善。弱冠博綜羣書。於先儒性理之說。尤深造其閫域。爲文一主於理。四方學者多受業於門。隸卒斷役。皆稱韓先生。薦爲慈湖書院山長。謝不起。及卒。月魯不花請於朝。諡莊節先生。有禮記說・詩音釋・書辨疑・五雲漫稿。

韓忠彥 宋琦長子。字師樸。少以父任補官。復舉進士。徽宗卽位。以吏部尚書召拜門下侍郎。疏陳廣仁恩・開言路・去疑似・戒用兵四事。帝用其言。數下詔蠲逋負。盡還流人而甄敘之。進尚書左僕射。封儀國公。與曾布不協。言者排之。以觀文殿大學士知大名府。論劾者猶不已。遂謫磁州團練副使。以宣奉大夫致仕。名入元祐黨籍。

韓拙 宋南陽人。字純全。一作全翁。號琴堂。善畫山水窠石。紹聖間至都下進藝。以薦授翰林書藝局祇候。累遷忠訓郎。有山水純全集。

韓政 元益都人。字君用。幼業醫。弱冠從軍。有戰功。從達春鎭遼東。授嘉議大夫・漢軍元帥監軍事。善治軍。紀律嚴整。後改樞密院判官。累轉淮東道按察使。以明決稱。卒諡威敏。◎明睢人。以元義兵元帥歸明。授江淮行省平章政事。攻濠州。降張士誠將李濟。破安豐。獲元將忻都。敗走竹貞。淮東西悉平。已從大軍平吳。又從北伐。取益都・濟寧・濟南。皆有功。克東平功尤多。洪武中封東平侯。鎭河北。招撫流民。復業甚衆。及卒。追封鄆國公。

韓昉 金燕京人。字公美。天慶初進士第一。補右拾遺。累加衞尉卿。充高麗國信使。高麗不肯進誓表。昉與力爭。卒如約。遷翰林侍講學士。禮部尚書。時方議禮。制度医革。多出所定。拜參知政事。封鄆國公致仕。昉性仁厚。待物甚寬。人稱長者。善屬文。長於詔册。嘗作太祖睿德神功碑。

韓昇 元隰州人。太祖時爲本州刺史。以策干木華黎。署千夫長。經略有功。授戶部尚書。佩金虎符。

韓旻 清杭州人。字克章。善畫花鳥。兼長寫眞。

韓昌箕 明烏程人。字仲弓。嘗

考南朝王謝二家人物。各爲之傳。冠以譜系及同名考。爲王謝世家一書。

韓．果　北周武川人。字阿六拔。仕魏封石城公。性強記。有權略。善伺敵虛實。文帝以爲虞候都督。戰竝有功。除河東郡守。從破稽胡於北山。稽胡憚果勁健。號爲著翅人。帝聞笑曰。著翅之名。寧減飛將。累遷大都督。車騎大將軍。保定中拜少師。進位柱國。出爲華州刺史。爲政寬簡。吏民稱之。卒官。

韓．林兒　明欒城人。或言實李氏子。元末其父山童以妖言煽愚俗。潁人劉福通和之。謂山童當主中國。事覺。山童見誅。林兒逃入山中。而福通遂入潁州反。衆至十餘萬。勢甚張。繼訪得林兒。乃迎至亳州。立爲皇帝。稱小明王。建國號曰宋。改元龍鳳。爲元將所擊敗。走安豐。福通攻下汴梁。迎林兒都汴。後又敗還安豐。張士誠遣將呂珍圍之。殺福通。太祖擊珍。而以林兒歸。置之滁州。又三年。林兒卒。或曰太祖命廖永忠迎林兒歸應天。至瓜步。覆舟沈於江。凡立十二年。

韓．知古　遼玉田人。善謀有識量。太祖與語賢之。命參謀議。神册初遙授彰武軍節度使。久之信任益篤。總知漢兒司事。兼主諸國禮儀。知古援故典。酌參國俗。與漢儀雜就之。拜左僕射。以征渤海功。遷中書令。爲佐命功臣之一。

韓．旽仁　明沁水人。字伯倫。萬曆進士。授大理評事。累轉寺正。出知青州府。除供億。興學校。清滯獄。抑豪右。旌節孝。禮士夫。吏畏民服。聞仲弟喪。悲思不已。遂告終養歸。

韓．靑　明全椒人。永樂中北征。靑爲前鋒。甚著戰績。宣德中討平甘延諸羌。陞都指揮僉事。景泰初命守紫荊關。也先猝至。戍奔潰。靑招得勁騎百餘。諭以忠義。縱兵突出。交戰於升兒灣。敵悉衆來迎。靑爲流矢所中。被圍數重。遂引劍自刎。

韓．非　戰國韓諸公子。喜刑名法律之學。爲人口吃。不能道說。而善著書。與李斯俱事荀卿。數以書諫韓王。王不能用。迺發憤。作內外儲說。說林。說難。孤憤。五蠹。共五十餘篇。號韓非子。秦王見其書而悅之。因急攻韓。韓遣非使秦。李斯。姚賈毀之。王下吏治非。斯使人遺非藥。使自殺。

韓．信　漢淮陰人。爲布衣時。貧不能治生。釣於城下。有漂母憐而飯之。淮陰屠中少年有侮信者。衆辱之曰。信能死。刺我。不能死。出我袴下。於是信出袴下。人皆笑。以爲怯。及項梁渡淮。信仗劍從之。梁敗。又屬項羽。爲郎中。羽弗用。亡楚歸漢。滕公爲言於漢王。以爲治粟都尉。數與蕭何語。何奇之。信亡。何自追之。曰。諸將易得。如信國士無雙。必欲爭天下。非信無可與計事者。於是漢王拜信爲大將。高祖定天下。信功居多。與張良。蕭何稱三傑。及齊平。遂立信爲齊王。將兵會垓下。羽死。高祖徙信爲楚王。後有告信謀反。帝用陳平謀。僞游雲夢。信謁於陳。縛之至洛陽。赦爲淮陰侯。陳豨反。帝自將。信稱病不從。欲襲呂后太子。其舍人弟告變。后紿信入長樂宮。斬之。夷三族。◎漢見韓王信條。

韓．信同　元福寧人。字伯循。號中村。陳普在閩。以道學倡。士未有信之者。信同獨與其友楊琬。黃裳執弟子禮。刊落舊聞。貫穿周程張朱之說。條分縷析。爲雲莊書院山長。以四書六經爲課試。從者甚衆。至順中卒。學者稱古遺先生。有四書標註。易詩三禮旁註。書集解。書講義。諸史類纂。詩文集。

韓．係伯　南齊襄陽人。事父母謹孝。襄陽俗。隣居種桑樹於界上爲誌。係伯以桑枝蔭妨他地。遷界上開數尺。隣畔隨復侵之。係伯輒更改種。久之隣人慚愧。還其所侵地。躬往謝之。建元中蠲租表閭。

韓．保正　後蜀長子人。字永吉。初爲押衙。孟知祥稱號。以爲豐德庫使。累遷檢校太尉。以峽路都指揮制置使屯夔州。經畫邊事。宋伐蜀。保正拜山南節度。出拒宋師。爲史延德所擒。送置闕下。宋太祖升殿勞問。賜袍笏鞍馬甲第。未及命官而卒。(按十國春秋作韓保貞。此從宋史。)

韓．保昇　後蜀保正弟。積官至翰林學士。博洽無所不窺。尤詳於名物之學。孟昶命保昇取唐本草參校增注爲圖經。謂之蜀本草。昶自爲製序。

韓．俊　明文昌人。字克彰。弘治進士。爲刑部員外。以忤劉瑾歸。瑾誅。起官。累遷刑部郞中。河南副使。廉能爲天下第一。◎清長洲人。儒居琴川。字餘堂。善畫梅。通音律。能書。

韓．俊娥　隋煬帝侍兒。帝沈湎失度。每睡須搖頓勞動。方就一夢。俊娥尤得意。每就枕。必令振聳支節。常得美睡。因呼之爲來夢兒。

韓．兪　唐雲卿子。卓越豪縱。不治資業。喜酒色狗馬。官開封尉。

韓．冠卿　宋琦五世孫。字貫道。知饒州。嘗受學於廬陵劉淸之。淸之教以一字。曰實。

韓．咸　淸會稽人。字無我。以畫負重名。詩有唐人致。有青琳堂詩鈔。

韓哀侯　戰國韓景侯曾孫。與趙魏分晉國。滅鄭。因徙都鄭。在位六年。爲韓嚴所弒。諡哀。

韓．奕　明陝西後衛人。字大之。

家貧失學。以賦役見辱於軍吏。始奮志讀書。成正德進士。授新都令。持躬廉愼。蒞政平易。權監察御史。巡鹽兩浙。値礦徒嘯聚。奕多方招撫。衆卒解散。陞四川僉事。致仕。隱居城南。教授生徒。講明性理之學。一時俊彥。多出門下。◉明吳縣人。字公望。號蒙齋。琦之後裔。幼端重簡默。好游覽山水。博學工詩。父凝精醫理。奕傳其術。隱於醫。郡守姚善禮致。終不往。一日詣之。奕走楞伽山。善隨往。又泛小舟入太湖。善歎曰。韓先生所謂名可得而聞。身不可得而見也。有易牙遺意。韓山人集。

韓·宣 三國魏渤海人。字景然。爲人短小。明帝時官至尙書大鴻臚。宣前後當官。在能否之間。然善以己恕人。始南陽韓曁。以宿德在宣前。爲大鴻臚。曁爲人賢。宣亦稱職。故人爲之語曰。大鴻臚。小鴻臚。前後治行曷相如。

韓宣惠王 戰國韓昭侯子。自稱爲王。秦敗韓脩魚。虜韓將鯁申差。王恐。韓相公仲請賂秦。與之南伐楚。楚王聞之懼。興兵救韓。王聞之大悅。止公仲之行。公仲不可。王弗聽。秦大怒。益甲伐韓。楚救不至。大破韓於岸門。太子倉質於秦以和。其後與秦共攻楚。大破之。在位二十一年。卒謚宣惠。

韓·度 宋冠卿從子。字百洪。與父宜卿俱從劉淸之游。隱居講學。風節高峻。學者稱蕺山先生。

韓·建 後梁長社人。字佐時。少爲軍校。唐僖宗時爲華州刺史。時諸鎭皆武夫。獨建撫緝兵民。又好學。李茂貞犯京師。昭宗將奔太原。建迫帝及於富平。請幸華州。乃率兵圍行宮。迫帝散殿後軍及三都衞兵。殺李筠及諸王。欲因以行廢立。以諸藩多發兵言欲迎天子者。懼而止。帝還京。封許國公。梁太祖以兵嚮長安。建出降。梁受禪。拜司徒同中書門下平章事。罷相。出鎭許州。爲亂軍所殺。

韓·弇 唐愈弟。貞元閒累官殿中侍御史。平涼之盟。弇以判官偕馬燧預議。吐蕃劫盟。弇死之。

韓·彥古 宋彥直弟。知平江府。有士人持吏短長。投狀以占能否。彥古曰。此狀汝不能爲。必有吏人爲者。其人錯愕。以實告。於是捕吏杖之。一部以爲神明。官至戶部尙書。

韓·彥直 宋世忠子。字子溫。六歲從世忠入見。高宗令作大字。卽跪書皇帝萬歲四字。帝喜。拊其背曰。他日令器也。登紹興進士。累遷工部郎。使於金。抗節不屈。幾罹禍者數。官至龍圖閣學士。提舉萬壽觀。以光祿大夫致仕卒。彥直嘗摭宋朝事。分爲類目。名水心鏡。又著有橋錄。

韓·恆 晉灌津人。字景山。少能屬文。博通經籍。永嘉末避亂遼東。參慕容廆軍事。廆議表請大將軍燕王之號。恆駁之。由是出爲新昌令。後復參慕容皝軍。遷營丘太守。政化大行。慕容儁爲大將軍。徵拜諮議參軍。儁僭位。恆與李產俱傅東宮。儁顧謂左右曰。此二傅一代偉人。未易繼也。

韓·悉 明瀘州人。號飛霞道人。少爲諸生。因不第。褫縫掖。往峨嵋山訪醫。楊愼稱之曰眞隱。有醫通。

韓·思彥 唐南陽人。字英遠。游大學。萬年令乾祐異其才。舉下筆成章志烈秋霜科擢第。授監察御史。數昌言當世得失。巡察劍南。益州高貲兄弟相訟累年。思彥勅廚宰飫以乳。二人悟。曰。公將謂兄弟共乳而生耶。泣請輟訟。李義府及諸武忌其剛直。謫之。出爲山陽丞。自免去。後復召爲御史。未幾再謫外。終賀州司馬。

韓·思復 唐長安人。字紹出。祖倫。貞觀中封長山縣男。思復少孤篤學。志行廉介。値歲饑。併日而食。人餉以百縑。完封不發。擧秀才高第。襲祖封。永淳中累轉汴州司戶。仁恕不行鞭罰。親喪去官。鬻薪自給。姚崇薦之。爲五經博士。累遷中書舍人。數指言得失。進爵爲伯。自吏部侍郎出刺襄州。治行名天下。還拜太子賓客。卒謚文。玄宗親題其碑曰。有唐忠孝韓長山之墓。

韓·昶 唐愈子。小字符。幼聰穎。爲集賢校理。長慶進士。

韓·昭 五代蜀長安人。字德華。性便佞。善覘人意。王衍引爲狎客。日夕侍宴於昭華苑。累官禮部尙書。衆成都尹。進文思大學士。唐師入蜀。王宗弼責昭佞諛僨事。梟斬之。昭粗有文章。至於琴弈書算。悉皆涉獵。有朝士李台瑕譏之曰。韓八座事藝。如拆襪線。無有寸長。時人韙焉。

韓昭侯 戰國韓哀侯孫。以申不害爲相。修術行道。國內以治。諸侯不敢侵伐。在位二十六年卒。謚昭。

韓·昭暐 元燕人。字子華。官御衣局使。善畫山水墨竹。

韓·洄 唐滉弟。字幼深。有學尙。蔭補弘文生。除章懷太子陵令。安祿山亂。家人多遇害。遂避難江南。蔬食不聽樂。德宗朝擢戶部侍郎。判度支。請鑿銅鑄錢。省胥吏。積穀粟。多所建白。貞元中終國子祭酒。

韓·洪 隋擒虎季弟。字叔明。少驍勇。善射。膂力過人。仕周。以軍功拜上開府。封甘棠縣侯。隋初進爵爲公。平陳之役。授行軍總管。以功加柱國。拜蔣州刺史。突厥爲患。特拜代州總管以備禦之。仁壽初遇敵於長安。以衆寡不敵。僅潰圍而免。坐除名。煬帝時復拜隴西太守。討王萬昌兄弟平之。師未旋。遇疾卒。◎〔唐〕浩弟。爲司庫員外郎。坐累貶。後爲華州長史。安祿山陷京師。逼以官不從。出奔。將走行在。爲賊擒殺。洪善與人交。有節義。名藉甚於時。

韓・洎 〔宋〕溥弟。舉進士。與兄俱有文名。洎常輕溥曰。吾兄爲文。繩樞草舍。庇風雨而已。吾之文。直是修五鳳樓手。溥聞之。因人遺蜀牋。題詩寄洎曰。十樣蠻牋出益州。新來寄自浣溪頭。老兄得此全無用。助汝添修五鳳樓。

韓・洙 〔宋〕鉛山人。字宗魯。海南黎安祚宿其家。旣去。遺橐金數十兩。洙謹識之。未幾。安祚復至。悉還之。州以事聞。詔賜束帛。洙性孝。事父母能竭其力。鄉人稱爲孝廉。

韓・洽 〔明〕長洲人。字君望。諸生。有蠙香堂集。

韓・紃 〔宋〕字子禮。紹興中任潭州判官。上書論和議之非。知州李昭祖得其副本申諸朝。帝以紃小官。動搖國是。降秩編管循州。

韓・約 〔唐〕武陵人。本名重華。志勇決。略涉書。有吏幹。歷虔州刺史。交阯叛。領安南都護。再遷太府卿。太和中代崔鄯爲左金吾衛大將軍。與李訓謀誅宦官仇士良等。不克死之。

韓・約素 〔清〕梁千秋之侍兒。字鈿閣。善鐫印章。有以數寸大石章求鐫者。約素輒顰蹙曰。欲儂斲山骨耶。

韓・茂 〔後魏〕安武人。字元興。善騎射。膂力過人。值大風。能於馬上持幢不倒。初爲虎賁中郎將。從太武討赫連昌。征統萬。平平涼。伐蠕蠕。皆有功。拜散騎常侍。殿中尚書。封安定公。文成帝時拜尚書令。加侍中。征南大將軍。茂沈毅篤實。雖無文學。每議論合理。爲將善於撫衆。勇冠當世。爲朝廷所稱。卒謚桓。

韓・范 〔明〕沁水人。字思兢。萬曆進士。累官武選郎中。適選軍政。嚴毅廉靖。凜不可犯。黜中璫所私。權貴銜之。借事左遷金縣典史。丁艱歸。里居不出。泰昌初起南兵部郎中。後官至通政致仕。

韓・若拙 〔宋〕洛陽人。善畫翎毛。稱絕筆。又能傳神。宣和末應募使高麗。爲國王寫眞。會用兵不果行。

韓・若愚 〔元〕滿城人。字希賢。起武衛府史。皇慶初擢中書左司郎中。參政曹鼎新辭職。帝曰。若效韓若愚廉勤足矣。何用辭爲。後拜河南省左丞。會文宗平內難。若愚畫策中機要。累遷淮西江北道廉訪使。卒謚貞肅。

韓・貞 〔明〕興化人。字以中。號樂吾。以陶瓦爲業。時泰州朱恕。樵薪養母。從王艮講學。貞慕其行。從之游。後乃師事艮子襞。粗識文字。有茅屋三間。以之償債。遂處窰中。自詠曰。三間茅屋歸新主。一片烟霞是故人。久之覺有所得。遂以化俗爲任。農隙則歷各村。聚徒談學。從游甚衆。

韓・軌 〔北齊〕狄那人。字伯年。少有志操。性深沈。喜怒不形於色。神武起兵信都。軌以鎭城都督贊畫其謀。遷秦州刺史。甚得邊和。神武之巡秦州。賜居民絹布。並欲以軌還。州人辭賜而乞留軌。齊受禪。封安德郡王。復以勳庸歷登臺鉉。常謙恭自處。後拜大司馬。從文宣征蠕蠕。卒於軍。謚肅武。

韓・郁 〔明〕建文時官御史。時用事者方議削諸王。郁獨與遼州高巍。先後請加恩。謂南北易封。藩權自削。燕師渡江。棄官遁。不知所終。

韓・重 〔明〕絳州人。字淳夫。成化進士。歷禮科都給事中。遇事敢言。諫萬妃之過寵。斥西僧之煽惑。人爲悚懼。屢遷右副都御史。巡撫遼陽。首劾奸宦梁玘。物論稱快。移撫湖廣。進南工部尚書。爲劉瑾所嫉。遂致仕。

韓・重贇 〔宋〕武安人。少以武勇隸周太祖麾下。從世宗征淮南。以功積遷控鶴軍都指揮使。宋初以翊戴功授龍捷左廂都校。後爲彰德軍節度。太祖征太原。以爲北面都部署。重贇率軍士銜枚夜發。擊破契丹兵於定州。優詔褒美。尋卒。

韓・勑 〔後漢〕字叔節。永壽間爲魯相。有造孔廟禮器碑。其文雜用讖緯。不可盡通。

韓・娥 古之善歌者。東之齊。過雍門。鬻歌假食。旣去。餘音繞梁欐。三日不絕。◎〔明〕韓成之女。少失怙恃。鞠於叔父。元季亂。易男子裝。爲寇擄。變名爲韓關保。出入軍中十二年。人不知其爲女。後其叔父贖之歸。嫁於馬復宗。

韓・晃 〔明〕南海人。字賓仲。萬曆舉人。官青田令。有羅浮野乘。

韓・晉明 〔北齊〕軌子。襲父爵。少負俠氣。留心學問。好酒誕縱。招賓客。一席之費。動至萬錢。猶恨儉率。朝廷欲處之貴要地。必以疾辭。告人云。廢人飲美酒。對名勝。安能作刀筆吏。披反故紙乎。武平末除尚書左僕射。百餘日便謝病解官。

韓・晉卿 〔宋〕安丘人。字伯修。以明經中第。歷知同州壽州。有循聲。元祐中爲大理卿。持平考核。無所上下。士大夫間推其忠厚。不以法家名之。嘗被詔按獄。故事當入對。晉卿曰。三尺法具在。豈可刺候主意。輕重其心乎。受命卽行。後卒於官。

韓桓惠王 〔戰國〕韓釐王子。秦擊韓於太行上黨。郡守馮亭以上黨降趙。秦拔趙上黨。又拔韓十三城。在位三十四年卒。謚桓惠。

韓・般 〔明〕番禺人。字阜民。號雪

鴻。景泰進士。歷刑部郎中。伸理冤抑。不避權要。人號韓鐵筆。嘗偕給事中白鑾赴閩鞫御史朱榮獄。守正不阿。有雪鴻稿。

韓．浩 〔三國〕〔魏〕河內人。字元嗣。漢末聚徒衆爲縣藩衛。太守王匡以爲從事。將兵拒董卓於盟津。卓執浩舅杜陽。使使招浩。浩不從。袁術聞而壯之。以爲騎都尉。夏侯惇聞其名。請與相見。大奇之。使領兵從征伐。以忠勇顯。破柳城。改官中護軍。從討張魯。魯降。議者以浩智略足以綏邊。欲留使鎮漢中。曹操曰。吾安可以無護軍。乃與俱還。其見親任如此。及卒。操愍惜之。◎〔宋〕琦孫。建炎中以奉直大夫守濰州。金人攻城。浩率衆死守。城陷。力戰死。◎〔元〕蔚州人。任便宜都元帥。兼應州彰國軍節度使。撫馭有方。軍民愛戴。

韓．浚 〔明〕淄川人。字濬之。萬曆進士。授嘉定知縣。擢御史。時神宗靜攝日久。浚疏諫有積怠成玩。積玩成弛之語。世論稱之。佐察典大計。激揚不遺餘力。轉大理丞。陞右僉都御史。巡撫保定。以疾歸。

韓．海 〔清〕番禺人。字緯五。一字橋村。家貧勤學。爲鄭際泰。梁佩蘭所知。雍正末成進士。官封川教諭。年已六十。舉鴻博不赴。爲文浸淫史漢。尤工駢體。詩出入李杜。旁及於西崑。有東皐詩文集。族兄嘉謀。嘉謀子鶴。並有詩名。嘉謀有復初集。鶴有止亭詩鈔。

韓．泰 〔唐〕字安平。有籌畫。能決大事。爲王伾．王叔文所倚重。累官戶部郎中。神策行營節度司馬。貶虔州司馬。終湖州刺史。

韓．泰華 〔清〕仁和人。字小亭。道光時官潼關道。晚居金陵。築玉雨堂。藏書甚富。有無事爲福齋隨筆。

韓．珩 〔後漢〕代郡人。字子佩。袁紹辟爲別駕。曹操計破袁尙。尙部將焦觸。驅率諸部太守。背袁向曹。殺白馬盟。令曰違者斬。以次歃。至珩。獨不可。一坐爲失色。操高其節。屢辟不至。卒於家。

韓．畕 〔清〕宛平人。字經正。號石耕。琴操北音。終身不娶。游覽江湖以終。有天樵子集。

韓．祇和 〔宋〕名醫。尤專於傷寒。有傷寒微旨。

韓．祜 〔宋〕石城人。紹興中畫院祇候。善寫生。

韓．純玉 〔清〕歸安人。字子邃。別號蘧廬居士。諸生。明翰林韓敬之子。敬以黨附湯賓尹見擯於時。純玉以是抱憾。終身不仕。有蘧廬詩詞。

韓．翃 〔唐〕南陽人。字君平。有詩名。爲大曆十才子之一。以駕部郎中知制誥。時有兩韓翃。其一爲刺史。宰相請執與。德宗曰。與詩人韓翃。終中書舍人。初翃落魄時。與一李生善。李有幸姬柳氏。與翃通意。李乃以柳贈翃。且佐以資。明年翃擢第。回家省親。會二京覆。柳以豔懼見辱。翦髮爲尼。是時侯希逸節度淄青。辟翃爲記室。亂定。翃遣人奉金并章臺柳之詩以求柳。柳亦以詩答。無何。柳爲蕃將沙吒利劫去。翃從希逸至京。已失柳所在。一旦遇之於途。具知始末。沮喪而已。希逸府中有虞候許俊。素負材力。聞而憤之。徑造沙吒利第。以計劫柳歸。翃遂得與柳偕老焉。許堯佐有章臺柳傳。

韓．起 〔春秋〕〔晉〕厥子。卽韓宣子。事悼公爲卿。平公時宋向戌欲弭諸侯之兵以爲名。先以告趙武。武謀於諸大夫。宣子曰。兵。民之殘也。將或弭之。雖曰不可。必將許之。以召諸侯。則我失爲盟主矣。於是晉楚合諸侯之大夫盟於宋。後代武爲政。聘於魯。觀書於太史氏。見易象與魯春秋。曰。周禮盡在魯矣。頃公時卒。諡宣子。

韓．迥 〔宋〕昭州人。仕至太子中舍。嘉祐中引疾歸。轉運使李師中高其氣概。爲詩贈之。

韓．退 〔宋〕稷山人。師事种放。母死。負土成墳。徒跣終喪。去隱嵩山。吳遵路．石延年論其高節。詔賜粟帛。號安逸處士。

韓．偓 〔唐〕萬年人。字致堯。小字冬郎。十歲能詩。龍紀進士。昭宗時官兵部侍郎．翰林學士承旨。宰相韋貽範遭喪。李茂貞欲貽範還相。偓執不草麻曰。腕可斷。麻不可草。及帝反正。皆處決機密。甚合帝意。屢欲相之。皆固讓。朱全忠惡之。累貶鄧州司馬。天祐中復故官。畏全忠逆節。不肯入朝。避閩依王審知以卒。偓爲詩慷慨激昂。迥異當時靡靡之響。舊稱其善香奩體。因唐藝文志著錄偓香奩集一卷也。今所傳者僅韓內翰別集。（唐書本傳字致光。計有功唐詩紀事作字致堯。胡仔漁隱叢話作字致元。按劉向列仙傳稱偓佺堯時仙人。堯從而問道。則偓字致堯。於義爲合。致光致元。皆以字形相近而誤。）

韓．務 〔後魏〕秀子。字道世。性端謹有治幹。初爲中散。以從討楊霸珍有功。授後軍長史。征蠻都督李崇引爲司馬。崇征服羣蠻。務有力焉。後爲平北長史。頗有受納。劾付廷尉。會赦免。除郢州刺史。復坐詐表破賊免。久之。拜冠軍將軍．大中大夫卒。

韓．國華 〔宋〕安陽人。字光弼。太平興國進士。性純直。有容奪。累官左司諫。淳化初契丹請和。朝廷疑其非實。遣國華使河朔以察之。國華盡得其詐以聞。官至右諫議大夫。知泉州。代還。道卒。

韓崇訓 [宋]重贇子。字知禮。以蔭補官。知麟州。屢李繼遷犯境。崇訓屢討破之。以行營鈐轄屯鎮州。值契丹將寇威武軍。崇訓陳兵唐河。扼其要路。敵以饑乏遁。景德中又與王超追襲契丹至鎮州。爲人長厚謙畏。未嘗忤物。累拜檢校太傅。大中祥符中授右龍武軍大將軍。領防禦使。以本官分司西京卒。

韓康 [後漢]霸陵人。字伯休。賣藥長安市。三十餘年。口不二價。有女子從康買藥。康守價不移。女子怒曰。公是韓伯休邪。乃不二價乎。康歎曰。我本欲避名。今小女子皆知焉。何用藥爲。乃遯入霸陵山中。博士公車連徵不至。桓帝以安車聘之。康不得已。辭安車。自乘柴車。因道遯。

韓棫 [宋]世忠孫。紹熙初以朝請大夫直祕閣。知婺州事。葺州志七卷。能獎拔人才。時司法劉宰蔚有重望。棫舉以充練達科。宰後果有聞於世。

韓梓材 [唐]字利用。元稹觀察浙東。辟府皆知名士。梓材其一也。善書。筆蹟希顏眞卿。而加遒麗。

韓淲 [宋]元吉子。字仲止。號澗泉。有高節。仕不久卽歸。嘉定中卒。有澗泉日記。澗泉集。

韓臯 [唐]滉子。字仲聞。資質重厚。有大臣器。知音律。善屬文。策賢良方正異等。累遷考功員外郎。父喪。德宗遣使弔問。俾論譔滉行事。號泣承命。立草數千言以進。帝嘉之。後歷東都留守。鎭海軍及忠武軍節度使。以簡儉治。所至有績。長慶中自檢校尙書左僕射復爲東都留守。道卒。諡貞。臯貌類父。旣孤。遂終身不復引鏡。

韓祥 [宋]玉山人。字履善。好學嗜文。與弟補同登嘉定進士。累官吏部侍郎。兄弟皆宗程朱之學。世稱二韓。理宗書翕和堂以榮之。

韓紹 [明]烏程人。字光祖。隆慶進士。知寧德縣。豁陷海虛糧數千石。調長樂。報最。擢給事中。出爲廣東兵備。府江五百里。夾岸山木叢密。猺獞出沒。歲設戍兵。紹募商刊木。遂成坦途。省兵糧萬計。人呼韓公塘。遷蘄黃參政。終太僕寺卿。

韓紹芳 [遼]紹勳弟。重熙間參知政事。兼侍中。時廷議征李元昊。力諫不聽。出爲廣德軍節度使。聞敗。嘔血卒。

韓紹勳 [遼]延徽孫。仕至東京戶部使。會大延琳反。被執不屈。賊鋸解之。

韓紳卿 [唐]雲卿弟。文而能官。爲揚州錄事參軍。節度崔圓狎愛州民。至顧省其家。値大衙會。紳卿趨前大言曰。請舉公過。公與小民狎。害於政。圓驚謝。遷涇陽令。破豪家水磑。利民田百萬。甚爲民所懷。致仕卒。

韓通 [後周]太原人。字仲達。以勇力聞。初從漢祖爲軍校。累遷奉國指揮使。太祖鎭大名。奏通爲天雄軍都校。委以心腹。及入汴。通甚有力焉。廣順初爲右廂都巡檢。築城濬渠禦遼。屢著功績。官至檢校太尉。同平章事。宋太祖至陳橋。爲諸軍推戴。通在殿閣聞變。遽歸。爲軍校王彥昇所害。通性剛而寡謀。言多忤物。肆威虐。衆謂之韓瞠眼。

韓厥 [春秋][晉]萬玄孫。卽韓獻子。景公時與楚師戰於邲。厥爲司馬。鞍之戰。厥幾獲齊侯。晉作六軍。厥爲卿。晉人謀去故絳。厥曰。郇瑕氏土薄水淺。不如新田。公說。從之。晉討趙同趙括。以其田與祁奚。厥稱趙衰之功。爲言趙武於公。復其田邑。悼公立。厥爲政。救宋伐鄭。復霸諸侯。後告老。卒諡獻子。

韓崶 [清]元和人。字旭亭。一字桂舲。乾隆拔貢。以刑部七品小京官累擢至刑部尙書。精於律法。中正和平。爲秋官之最。有還讀齋集。

韓惲 [後晉]太原人。字子重。性謹厚。好爲歌詩。聚書數千卷。署交城文水令。唐莊宗卽位。授右散騎常侍。晉初爲兵部尙書卒。

韓揆 [後漢]緜竹人。字伯彥。爲縣主簿。黃巾賊入界。揆扶縣令錡裒走入草中。裒遣求隱翳處。未還而裒爲賊所害。揆殯葬訖。詣從事賈龍求兵討賊。賊破。揆曰。本報令君。而苟自活。非忠。遂自殺。

韓曾駿 [明]烏程人。字人穀。有悟雪齋集。

韓景侯 [戰國][韓]起六世孫。名虔。與趙魏列爲諸侯。在位九年。卒諡景。

韓朝宗 [唐]思復子。歷左拾遺。累遷荆州刺史。喜識拔後進。當時士咸歸重從之。李白與書云。生不願封萬戶侯。但願一識韓荆州。其稱慕如此。開元中爲襄州刺史。襄州有昭王井。傳言汲者必死。朝宗移書諭神。自是飲者無恙。人號韓公井。天寶初自京兆尹出爲高平太守。時訛言兵當興。多潛遯。朝宗亦廬終南山。玄宗怒。貶吳興別駕卒。

韓湘 [唐]老成子。愈從孫。字北渚。第進士。官大理丞。(青瑣高議云。湘字清夫。愈姪。落魄不羈。自云能開頃刻花。嘗於愈前聚土覆盆。良久現碧花二朵。葉間有小金字云。雲橫秦嶺家何在。雪擁藍關馬不前。愈不曉詩意。湘曰。事久可驗。後愈貶潮陽。中途遇雪。湘忽冒雪而來。曰。憶花上句乎。乃今日事也。朱子考異云。酉陽雜俎亦載是事。獨不載湘名。然愈逸詩有徐州贈族姪云。擊門者誰子。問言乃吾宗。自言有奇術。探妙知天工。意若指是事。隨園隨筆則云。湘乃會昌三年進士。非好道者。其好道者則是一族子。且引逸詩爲證。按愈左遷至藍關所作。係示姪孫湘。而非姪湘。又愈集有宿曾江口示姪孫湘詩二首。考略云。湘字北渚。老成之子。元和十四年赴潮州作。則所謂愈姪字清夫者。殆別一人歟。)

韓·滂 〔唐〕湘弟。伯父百川無子。從祖愈命滂爲百川後。滂少聰明和順。穎記好文。時少與比。愈移袁州。滂與湘俱從。年十九卒於袁。愈哭而葬之。

韓·游瓌 〔唐〕靈武人。始爲郭子儀裨將。從破安祿山。累進邠寧節度使留後。德宗狩奉天。以兵赴難。朱泚兵奔門。游瓌殊死戰。乃解。拜邠寧節度使。泚平。論功與渾瑊等皆第一。累遷右龍武統軍。卒諡襄。

韓·無忌 〔春秋晉〕起兄。有廢疾。韓獻子告老。將立之。辭曰。無忌不才。請立起也。從之。悼公謂無忌仁。使掌公族大夫。卒諡穆子。

韓·無辟 〔漢〕梁人。以游俠名。

韓·琬 〔唐〕思彥子。字茂貞。喜交酒徒。少崖檢。擢第。又舉文藝優長賢良方正。拜監察御史。景雲中上書言時政。不報。出監河北軍。兼按察使。先天中賦絹非時。穀賤縑貴。丁別二縑。人多徙亡。琬疏陳其弊。開元中遷殿中侍御史。坐事貶官卒。

韓·琦 〔宋〕國華子。字稚圭。自號贛叟。天聖中舉進士。方唱名。太史奏五色雲見。初授將作監丞。趙元昊反。進樞密直學士。歷官陝西經略安撫招討使。與范仲淹在兵間久。名重一時。人心歸之。朝廷倚以爲重。天下稱韓范。邊人謠曰。軍中有一韓。西賊聞之心膽寒。軍中有一范。西賊聞之驚破膽。及元昊稱臣。召爲樞密副使。嘉祐中拜同中書門下平章事。請建立皇嗣。擇宗室之賢者。以爲宗廟社稷計。英宗嗣位。拜右僕射。封魏國公。神宗立。拜司徒。兼侍中。判相州。相人愛之如父母。換節永興軍。卒諡忠獻。琦天資樸忠。識量英偉。嘉祐治平間。再決大策。以安社稷。時朝廷多故。琦處危疑之際。知無不爲。在魏都久。遼使每過。移牒必書名。曰韓魏公在此故也。其見重於外國如此。有安陽集。

韓·盛 〔北周〕清陽人。字文熾。幼有操行。涉獵經史。兼善騎射。積年征討。每有戰功。累遷至大都督。封臨淄縣子。保定中爲新平郡守。居官清靜。嚴而不殘。矜恤孤貧。抑挫豪右。郡治肅然。尋以本官從晉公宇文護東征。戰沒於洛陽。

韓·絳 〔宋〕綜弟。字子華。第進士。神宗朝韓琦薦絳有公輔器。拜樞密副使。尋參知政事。夏人犯塞。絳請行邊。乃以爲陝西宣撫使。卽軍中拜同中書門下平章事。昭文館大學士。絳素不習兵事。措置乖方。慶卒作亂。議者罪絳。罷知鄧州。後復代王安石爲相。事多稽留不決。且數與呂惠卿爭論。乃密請帝再用安石。未幾出絳知許州。哲宗朝封康國公。爲北京留守。請老。以司空·檢校太尉致仕。卒諡獻肅。

韓·菼 〔淸〕長洲人。字元少。別字慕廬。康熙間會試殿試皆第一。由修撰累官禮部尙書。在官持論侃侃。不爲兩可之說。其所不爲。不可以利害禍福動。性恬曠。好山水。暇則徜徉泉石間。點勘經史。以文章名世。卒諡文懿。有有懷堂詩文稿。

韓·超 〔淸〕昌黎人。字寓仲。號南溪。道光間副貢。署貴州三腳屯州同。捕盜有聲。咸豐間胡林翼守黎平。招令訓練勇丁。後轉戰貴州境內。賊見其軍輒避之。稱爲韓家軍。部勇多不過二千。能以少擊衆。累官貴州巡撫。以病免。卒諡果靖。

韓·階 〔晉〕長沙人。性廉謹篤愼。爲閭里所愛敬。刺史譙王承辟爲議曹祭酒。轉西曹書佐。承爲魏乂執送武昌。階隨在左右。及承遇禍。階親營殯斂。送柩還都。朝夕哭奠。葬畢乃還。

韓·陽 〔明〕經子。字伯陽。永樂舉人。歷蘇松二郡司訓。轉丹陽教諭。用薦擢南監察御史。論奏不避權要。楊溥時長禮部。推陽學行可師表一方。乃授湖廣按察僉事。提督學政。後以廣西左布政使致仕。有思庵集。

韓·雄 〔北周〕東垣人。字木蘭。少勇敢。有將材。魏孝武西遷。雄便慨然有立功之志。大統初舉兵洛西。抄掠東魏。所向克獲。爲東魏洛州刺史韓賢所破。遁至弘農。謁宇文泰。封武陽縣侯。遣還鄉里。更圖進取。雄乃招衆從獨孤信入洛陽。其後河橋·芒山之役。皆以戰功顯。孝閔帝立。進爵新義郡公。賜姓宇文氏。除中州刺史。卒諡威。

韓·雲卿 〔唐〕少卿弟。工文章。當大曆世。文詞獨行中朝。時人欲銘述其先世功行。取信來世者。多屬雲卿爲之。官終禮部侍郎。

韓·順 〔後漢〕天水人。字子眞。志行淸白。辟州宰。不赴。王莽末隱於南山。漢起兵於南陽。順同縣隗囂等起兵自稱上將軍。西州大震。順修道山居。執操不回。囂重順道術。遣人聘順。欲以爲師。順因使謝囂曰。禮有來學。義無往教。卽欲相師。但入深山來。囂聞嘿然。不敢強屈。其後囂等皆滅。惟順山棲安然。以貧潔自終。

韓·嵩 〔後漢〕義陽人。字德高。少好學。貧不改操。知世將亂。不應三公之命。隱居酈西山中。黃巾起。避難南方。劉表逼以爲別駕。轉從事中郎。表郊祀天地。嵩正諫不從。漸見違忤。說表附曹操。奉使到許。以觀虛實。還說操威德。表大怒。欲殺之。繼知嵩無他意。乃止。荆州平。嵩疾病在家。就拜大鴻臚。

韓・幹 唐大梁人。一作藍田人。又作長安人。善寫貌人物。尤工鞍馬。初師曹霸。後乃別自成家。王維見其畫。極推奬之。官至太府寺丞。玄宗好大馬。西域大宛。歲有來獻。命幹悉圖其駿。有玉花驄照夜白等。時岐薛申寧王廄中皆有善馬。幹並圖之。遂爲古今獨步。

韓・廉 明餘姚人。字守清。弘治進士。授監察御史。出按八閩。風裁凜然。劉瑾矯詔謫知高安縣。累遷山東副使致仕。廉端謹老成。爲政能達大體。所至有聲。(按萬姓統譜作韓濂。此從紹興府志。)◉明婺源人。字仲廉。號樵墅。好學能詩文。兼工翰墨。時人目爲三絕。

韓・愈 唐昌黎人。字退之。介弟。生三歲而孤。嫂鄭鞠之。自知讀書。比長。盡通六經百家學。擢進士第。張建封辟爲府推官。調四門博士。遷監察御史。上疏極論宮市。貶山陽令。元和中復爲博士。累進中書舍人。憲宗將平蔡。命裴度宣慰淮西。奏愈行軍司馬。愈請乘遽先入汴。說韓宏使協力。吳元濟平。遷刑部侍郎。憲宗遣使往鳳翔迎佛骨入禁中。愈上表極諫。貶潮州刺史。改袁州。召拜國子祭酒。轉兵部侍郎。鎭州亂。詔愈宣撫之。歸轉吏部侍郎。長慶中卒。贈禮部尙書。謚文。愈性弘通。與人交。榮悴不易。成就後進士。往往知名。內外親故交友無後者。爲嫁遺孤女而邮其家。大抵以興起名教弘仁義爲事。文章宏深奧衍。佐佑六經。卓然成一家言。後學之士。取爲師法。故世稱韓文。門人李漢編其文。爲昌黎先生集。(按新唐書以愈爲鄧州南陽人。朱熹考異。以爲南陽者乃河內之脩武。新唐書因李白作文公父仲卿去思碑稱南陽人。而誤加鄧州也。舊唐書及李翺作愈行狀均云昌黎人。)

韓・會 唐仲卿子。善清言。有文章。名最高。以故多謗。累官起居舍人。大曆間坐黨元載。貶韶州刺史。卒官。孤幼。妻鄭氏浮海走陸。爲返其喪。會弟愈生三歲而孤。鄭恩育甚至。及卒。愈爲服期。而祭之以文。稱其在死而生。實惟嫂恩云。(按會無子。以弟介子老成爲後。萬姓統譜遂以鄭爲介妻。謬甚。)

韓・楓 明滿城人。字滿江。諸生。性戇直。以孝友聞。每聞賊陷城。及降賊事。輒憤恨切齒。賊薄城。力守五晝夜。城陷。偕妻投井死。

韓・楷 明江夏人。字以正。號夏浦。正德進士。任禮科都給事中。以議大禮受廷杖幾死。出守揚州。累遷右副都御史。巡撫雲南。致仕。

韓・楫 明蒲州人。嘉靖進士。授刑科給事中。穆宗登極。上君道三劄。首相稱爲中興第一疏。累官通政。

韓・歆 後漢南陽人。字翁君。爲大司徒。以從攻伐功封扶陽侯。好直言無隱諱。光武每不能容。嘗於帝前證歲將饑。指天畫地。言甚剛切。坐免歸田里。帝復遣使宣詔責之。歆及子嬰皆自殺。歆素有重名。死非其罪。衆心不厭。帝乃追賜錢穀。具禮葬之。

韓・滉 唐休子。字太沖。幼有美名。至德中歷吏部員外郎。性強直。明吏事。以戶部侍郎判度支數年。德宗時爲鎭海軍節度使。遣將破走李希烈。調發糧帛。以濟朝廷。當時賴之。貞元初加檢校左僕射・同中書門下平章事・江淮轉運使。封晉國公。劉玄佐不朝。滉過汴諷之。爲辦裝犒軍。玄佐遂入朝。卒謚忠肅。滉性節儉。衣裘茵衽。十年一易。居處僅蔽風雨。不爲家人資產。初判度支。李晟以裨將白軍事。滉待之加禮。使其子拜之。後晟終立大功。

韓・溥 宋休裔孫。周顯德初第進士。仕宋至司門郎中。淳化中以病乞去。溥博學善持論。詳練臺閣故事。多知唐朝氏族。與人談。娓娓可聽。號爲近世肉譜。搢紳頗推重之。尤善筆札。人多藏其尺牘。

韓・準 元沛人。字公衡。第進士。官至福建侍御史。明兵下閩。城陷不屈。及病。不服藥而卒。準爲文簡古。工書畫。不尙華藻。有小學兩疑・永利通編。

韓・熙載 南唐北海人。字叔言。唐同光中舉進士。善爲文。工書畫。名聞京洛。父光嗣坐事誅。熙載奔江南。仕爲祕書郎。傅東宮。李景立。拜虞部員外郎・史館修撰。數言朝事。無所回隱。權知制誥。書命典雅。與徐鉉齊名。人稱韓徐。李煜時累官至中書侍郎・光政殿學士承旨。熙載好蓄姬妾。多至四十餘人。恣其出入。所得俸錢。悉爲諸姬分去。乃著衲衣負筐於諸姬院乞食。以爲笑樂。卒謚文靖。有格言後述・擬議集・定居集。

韓・瑗 唐仲良子。字伯玉。少負節行。博學曉吏事。貞觀中以兵部侍郎襲爵。永徽中官侍中。高宗廢王后。瑗泣諫不納。褚遂良諫立武后坐貶。瑗爲涕泣力救。亦不聽。憂憤表歸。又不報。後許敬宗・李義府誣瑗通遂良謀不軌。貶振州刺史卒。

韓・當 三國吳令支人。字義公。便弓馬。有膂力。從孫堅征伐。數犯危難。昭敵擒虜。爲別部司馬。從孫策東渡討三郡。遷先登校尉。後以與周瑜等破曹操。又與呂蒙襲取南郡。遷偏將軍。領永昌太守。當善撫將士。奉遵法令。孫權甚善之。黃武中加昭武將軍。封石城侯。

韓·棱 後漢舞陽人。字伯師。積當之後。早孤。以孝友稱。爲郡功曹。五遷爲尙書令。數舉亙吏。以才能稱。章帝賜以寶劍。和帝立。大將軍竇憲威震天下。憲詣長安。衆議欲下拜稱萬歲。棱獨拒之。竇氏敗。棱典案其事。數月不休沐。遷南陽太守。發擿姦盜。政號嚴平。後爲司空卒。

韓萬 春秋晉曲沃莊伯弟。武公伐翼。韓萬御戎。獲翼侯。封於韓原。後遂以韓爲氏。卒諡武子。

韓·萬鍾 明蘄州人。有象緯彙編。性理三書圖解。

韓·經 明浙江山陰人。琦十二世孫。字本常。號恆軒。以行誼稱於鄉。屢徵不出。家居教授以終。有恆軒集。

韓·補 宋祥弟。字復善。嘉定進士。知徽州。爲政廉明。尋除淮西總領。遣使南邪。還對稱旨。以忤時宰出知太平。治尙清靜。民皆安之。

韓·詩 清三原人。字聖秋。明崇禎舉人。入清官同知。有學古堂集。

韓·道昭 金松水人。字伯暉。有五音集韻。

韓·遂 後漢金城人。字文約。與同郡邊章俱著名西州。奉計詣京師。說何進誅諸閹。進不從。乃求歸。會涼州舉章遂爲主。章等病卒。遂爲衆所劫。不得已阻兵爲亂。積三十二年。爲曹操所滅。

韓·雍 明長洲人。字永熙。正統進士。授御史。巡按江西。踔厲風發。景泰時擢廣東副使。尋巡撫江西。有才望。天順中歷官兵部右侍郎。憲宗立。坐累貶官。會廣西猺獞爲寇。改左僉都御史。贊理軍務。直擣大藤峽。破賊三百二十四砦。擒賊魁。分擊餘黨悉定。威震南方。遷左副都御史。提督兩廣軍務。丁憂歸。復以右都御史蒞故任。致仕卒。兩廣人念雍功。立祠奉祀。正德間追諡襄毅。有襄毅文集。

韓·鼎 明合水人。字廷器。成化進士。爲給事中。負直聲。治水安平。有勞績。以通政司家居。爲劉瑾所引。拜戶部右侍郎。以年老。拜起不如儀。罷歸。遂失其素望。有斗菴集。

韓·鼎晉 清四川長壽人。字樹屏。乾隆進士。官至工部左侍郎。歷官一十四任。未履外臺。於農田水利漕務賑荒詰戎諸大政。講求不遺餘力 其學以窮經致用爲本。有樹屏文集。

韓·僧壽 隋擒虎弟。字元慶。以勇烈知名。周武帝時爲侍伯中旅下大夫。從平尉遲迥有功。拜大將軍。隋初拜安州刺史。再徙蔚州。數討破突厥。敵甚憚之。進位上柱國。封江都郡公。煬帝卽位。不復任用。

韓·境 宋燮從弟。字仲容。與燮齊名。稱二仲。亦傳劉清之之學。官至直史館祕閣。

韓·壽 晉暨曾孫。字德眞。敦尙家風。美姿貌。初爲司空賈充掾。充每讌賓寮。其女午於靑瑣中窺見壽而悅之。潛修音好。呼壽夕入。壽勁捷過人。踰垣而至。家中莫知。時西域貢奇香。一著人則經月不歇。帝惟賜充。充女密盜以遺壽。充覺之。考問女左右得實。遂以午妻壽。官至散騎常侍·河南尹。元康初卒。

韓·夢周 清濰縣人。字公復。一字理堂。乾隆進士。知來安縣。縣故產椿槲。夢周手訂育蠶及種樹法。募工師教其民。民用以饒。罷歸。講學程符山中。其教士以恥求利達爲尙。尤工古文。表章名賢忠節。皆有關於世道。有理堂集。

韓·嫣 漢穨當庶孫。字王孫。武帝爲膠東王時。與嫣學書相愛。嫣又能騎射。善佞。及帝卽位。欲伐匈奴。以嫣習兵。故益尊貴。官至上大夫。常與帝同臥起。江都王入朝。從獵於上林。見嫣乘副車過。以爲天子。伏謁道傍。嫣驅不見。王怒。言於太后。太后由是銜之。嫣侍帝。出入永巷不禁。以姦聞。太后怒。使使賜死。（按韓嫣。史記漢書皆有傳。尙友錄以爲唐人。誤。）

韓·榮 元陽信人。倜儻有奇節。家素饒。積而能散。衆德之。樂爲聽命。以濱棣軍馬隸丞相史天澤麾下。屢有戰功。授濱棣路元帥。

韓·演 後漢棱孫。字伯南。歷河內·丹陽太守。政有能名。桓帝時爲司徒。坐阿黨梁冀抵罪。以減死論。遣歸。後復徵拜司隸校尉。

韓·福 漢涿人。以行義修潔著。昭帝時霍光秉政。表顯義士。徵至京兆。病不得進。賜帛五十疋。遣歸。終身不仕。◎明西安前衛人。字德夫。成化進士。累官右副都御史。坐累下詔獄。劉瑾以同鄉故出之。召與語大悅。用爲戶部左侍郎。福故強幹吏。所在著能聲。至是感瑾恩。頗爲効力。命理湖廣餉。希瑾意旨。務爲嚴苛。復命覈遼東屯田。以刻深激成軍變。瑾迫公論。勒福致仕。瑾敗。籍其貲。遣戍固原。◎明膠州人。字以德。年二十餘。始發憤向學。成進士。知鞏昌府。廉能考最。巡撫寧夏。屢建邊功。致仕歸。

韓·綱 宋億子。慶曆中知光化軍。性苛急。不能撫循士卒。因激變。棄城走。除名。編管英州。

韓綜 [三國吳]當子。襲侯。領兵守武昌。淫亂不軌。孫權以其父故不問。綜內懼。遂奔魏。魏以爲將軍。封廣陽侯。數犯吳境。權常切齒。後爲諸葛恪所敗。斬送其首。◎[宋]綱弟。字仲文。第進士。通判鄧州天雄軍。累遷刑部員外郎。知制誥卒。綜嘗爲契丹館伴使。使者欲爲書稱北朝。而去契丹號。綜曰。自古未有建國而無號者。使慚不復言。後朝廷擇館伴契丹使者。帝曰。孰有如韓綜者乎。

韓維 [宋]絳弟。字持國。以父輔政。不試進士。父沒。閉門不仕。宰相薦其好古嗜學。安於靜退。召試學士院。不就。神宗封淮陽郡王、潁王。維皆爲記室參軍。嘗與論天下事。語及功名。維曰。聖人功名。因事始見。不可有功名心。王稱善。遷起居注。侍邇英講。神宗立。累遷翰林學士。知開封府。歎下情蔽。後爲學士承旨。値天旱。請陳青苗之害。哲宗立。拜門下侍郎。以太子少傅致仕。紹聖中入元祐黨籍。請均州安置。諸子乞納官爵。聽父里居。許之。維嘗封南陽郡公。所著曰南陽集。

韓說 [漢]嫣弟。以校尉從大將軍衞青擊匈奴。封龍頟侯。坐酎金失爵。復以待詔爲橫海將軍。擊東越有功。爲按道侯。太初中爲游擊將軍。屯五原外列城。還爲光祿勳。坐巫蠱事。爲太子所殺。◎[後漢]山陰人。字叔儒。博通五經。尤善圖緯之學。舉孝廉。與議郎蔡邕友善。稍遷侍中。光和中數先期言災眚。皆中。遷江夏太守。以公事免。

韓遜 [五代]起靈武軍校。唐末據有其地。唐即以爲節度。後臣屬於梁。開平中累官至中書令。封潁川郡王。遜善撫其部。部人愛之。

韓詔 [後魏]舞陽人。字仲黃。少仕郡。太山賊擾。以爲贏縣長。賊聞其賢。相戒不入境。流民入縣界者甚衆。詔愍其饑。開倉賑之。太守重詔名德。竟無所坐。以病卒官。

韓鳳 [北齊]昌黎人。字長鸞。少聰察。有膂力。善騎射。稍遷都督。被選侍衞東宮。時後主尚幼稚。勅喚共戲。因獲寵倖。及即位。累遷侍中。領軍。總知內省機密。封昌黎郡王。行幸游獵。皆在御傍。與高阿那肱、穆提婆共處衡軸。號曰三貴。損害國政。嫉訴朝士。後從後主走度河。到青州。爲周軍所獲。仕隋。終於隴州刺史。

韓億 [宋]雍丘人。字宗魏。舉進士。歷知永城、洋州、相州。有治聲。仁宗時累官尚書左丞。以太子少傅致仕。卒謚忠獻。億性方重。治家嚴飭。雖燕居未嘗有惰容。親舊之孤貧者。嘗給其婚葬。有八子皆貴顯。世稱桐樹韓家。

韓增 [漢]說子。一作曾。字季君。嗣爵。昭帝時官前將軍。與霍光定策立宣帝。神爵初爲大司馬、車騎將軍。領尚書事。增世貴。事三主。名重於朝。爲人寬和自守。保身固寵。不能有所建明。五鳳中卒。謚安。

韓德源 [遼]匡嗣子。性愚而貪。統和間官崇義、興國二軍節度使。以賄名。後加同門下平章事。乾亨初卒。

韓德樞 [遼]延徽子。年十五。太宗見之。謂延徽曰。是兒卿家之福。朕國之寶。眞英物也。後授遼興軍節度使。整紛剔蠹。恩煦信孚。勸農桑。興教化。民獲蘇息。入爲南院宣徽使。行侍中。拜門下平章事。加開府儀同三司。封趙國公。保寧初卒。

韓德凝 [遼]德源弟。性謙遜廉謹。保寧中爲護軍司徒。累遷廣德軍節度使。秩滿。部民請留。從之。終於大同軍節度使。

韓澄 [唐]南海人。瑗曾孫。字伯源。勵志讀書。祈復世讐。李義府死後。始以秀才得薦。官至汲郡太守。郭英乂作變。澄有軍功。自普州刺史進尚書兵部郎中。嘗巡歷至義府墓。私發其尸。鞭而刑之。

韓寶 [北魏]石門人。字普賢。壯健有武用。初在爾朱榮左右。榮死。爲爾朱度律帳內都督。魏普泰中爲廣州刺史。高歡舉兵。寶遣使通誠焉。拜建州刺史。天平初移洛州。州人韓雄等起兵。寶擊破之。親自按檢。欲收甲仗。一賊藏尸間。見寶至。忽起斫之。斷其腰而卒。

韓醇 [宋]臨邛人。字仲韶。有韓集集解、柳宗元文集音釋。其書蓋與張敦頤韓柳音辨同時並出。而詳博實過之。

韓駒 [宋]仙井監人。字子蒼。少有文稱。政和中召試。賜進士出身。除祕書省正字。累官著作郎。校正御前文籍。與三館士分撰親祠明堂圜壇方澤等樂曲。多出其手。遷中書舍人。權直學士院。制詞簡重。爲時所推。駒嘗從蘇轍學。其詩似儲光羲。後坐鄉黨曲學。以集英殿修撰提舉江州太平觀。紹興中知江州。卒於撫州。有陵陽集。

韓勷 [清]良輔子。康熙武舉。雍正間烏蒙猓擾雲南永善縣。勷以參將與張耀祖、哈元生分三路進勦。以四百人抗賊衆數千。破寨百餘。乘勝復鎮雄、永善。又平定諸苗。官至貴州提督。卒謚果壯。

韓叡素 [唐]南陽人。愈祖。官桂州長史。化行南方。子四。仲卿、少卿、雲卿、紳卿。（宋子京異云。文公號州司戶韓府君墓誌。桂陽君有子四人。其事跡皆可考。唐史世系表乃以桂州君爲有七子。無少卿。而有晉卿。季卿。子卿。升卿。甚不足信。）

韓・憑　戰國宋大夫。一作韓朋。娶妻何氏色美。康王奪之。憑被囚自殺。妻乃陰腐衣。與王登臺。自投下。王速牽衣。衣裂。遺書於帶。願以尸與憑合葬。王怒。令兩塚相望。經宿。忽梓木生於二塚。根連於下。枝連於上。有二鳥如鴛鴦。常棲其上。旦暮悲鳴。時謂二人之精魂。

韓・擒虎　隋雄子。唐人避諱改作擒。字子通。少慷慨。以膽略見稱。容貌魁岸。性好書。於經史百家。略知大旨。在周襲父爵。以軍功累遷利州刺史。屢挫陳師。開皇初文帝欲并江南。以擒虎有文武才用。特拜廬州總管。委以平陳之任。及大舉伐陳。擒虎爲先鋒。以精騎五百直取金陵。執陳主歸。進位上柱國。別封壽光縣公。終涼州總管。徵還京卒。

韓・擇　元奉元人。字從善。天資超異。信道不惑。其教學者。雖中歲以後。亦必自小學等書始。尤邃於禮學。有質問者。口講指畫無倦。世祖嘗召赴京。疾不果行。及卒。門人爲服緦麻者百餘人。

韓・曁　三國魏堵陽人。字公至。嘗殺人報親讐。由是顯名。不應徵辟。變姓名隱居魯陽山中。山民化之。遂袁術召。徙居山都。荊州牧劉表禮辟。遂遁逃。表深恨之。曁懼而應命。除宜城長。曹操平荊州。辟爲丞相士曹屬。後徙監冶謁者。在職七年。器用充實。黃初中遷太常。封南鄉亭侯。崇明正禮。廢去淫祀。多所匡正。以疾遜位。卒諡恭。

韓・璜　宋億之後。字叔夏。南渡後居衡山。從胡安國講學。累官廣西提刑。峻節壁立。無所汙染。後知諫院。以忤秦檜歸。與胡寅・向子忞友善。時相過從。稱三友。

韓・璒　明高陽人。弘治進士。授戶部主事。屢督運餉。出納稱平。陞山東僉事。分巡遼東。平妖賊李眞等有功。擢陝西按察副使。避謗歸。起四川副使。整飭威茂兵備。茂寔萬山中。由疊溪達松潘。五寨蠻據山負固。運道弗通。璒調兵攀木緣崖夜襲之。五寨悉平。以湖廣參政致仕。

韓・穎　唐肅宗時上言大衍曆或誤。帝疑之。以穎爲太子宮門郎。直司天臺。乃損益舊術。每節增二日。更名至德曆。起乾元元年。訖上元三年。

韓・縝　宋維弟。字玉汝。登進士第。元豐中自龍圖閣直學士進知樞密院事。哲宗立。拜尙書右僕射。兼中書侍郎。首相蔡確與章惇誣東朝。縝暴其姦狀。以太子太保致仕。卒諡莊敏。縝所至以嚴稱。嘗知秦州。以鐵裹杖箠殺人。秦人語曰。寧逢乳虎。莫逢玉汝。其暴酷如此。

韓・縉　明隴西人。永樂進士。任給事中。官至郎中。居官淸謹。不畏權奸。積學能文。人稱隴西韓夫子。

韓・融　後漢韶子。字元長。獻帝時仕至大鴻臚。融少能辨理而不爲章句之學。時人名曰窮神知化。兄弟同居。至於沒齒。處卿相之位垂二十年。奉身守約。不隕厥聞。

韓・衡　明通山人。字克佐。洪武間任興國府訓導。舉文學赴京。作鍾山應制詩。除知廬州。改湖州。明經博覽。才堪時用。

韓・錫　金漁陽人。字難老。以蔭補閤門祗候。天德初擢尙書工部員外郎。領燕都營繕。特賜進士第。大定中同知河間府事。世宗面誡之曰。閭里族居彼者縱甚。卿當以法繩之。錫下車宣布詔言。後無有撓政害民者。累拜絳陽軍節度使。改知濟南府致仕。

韓・錫胙　淸青田人。字介圭。號湘巖。乾隆舉人。官至蘇松糧道。工書畫。詩古文尤俊拔。有滑疑集。

韓・嬰　漢韓王信孫。文帝時與穨當俱降漢。封襄城侯。◉漢燕人。文帝時爲博士。景帝時至常山太傅。推詩人之意。作內外傳數萬言。授淮南賁生。其語頗與齊魯間殊。燕趙間言詩者從之。嬰又推易意而爲之傳。燕趙間好詩。故其易微。武帝時嬰與董仲舒論於帝前。其人精悍。處事分明。仲舒不能難也。今惟外傳十卷傳世。外傳者。雜引古事古語。而證以詩詞。非說經之書也。

韓・孺　漢池陽人。以游俠名。（按漢書作韓幼孺。此從史記。）

韓・嶷　唐工婦女雜畫。善設色。

韓・應龍　明光化人。字五雲。萬曆舉人。授南川令。平白仙臺有功。轉青州運同。尋擢長蘆運使回籍。李自成據襄陽。自縊死。

韓・擢　明博羅人。字叔捷。萬曆進士。除南戶部主事。遷知漳州府。爲政寬平。陞四川按察副使。廉靜率屬。進參政。改下南川道。命專治永寧土酋亂事。乃單騎招撫酋婦奢世統。世績。事竣。復故秩。告歸。

韓・燮　宋冠卿子。字仲和。能傳家學。知滁州。

韓・績　晉廣陵人。字興齊。少好文學。以潛退爲操。布衣蔬食。不交當世。東土並宗敬之。王導辟爲掾。不就。咸康末召拜博士。稱老病不起。卒於家。

韓・褒　北周昌黎人。字弘業。涉獵經史。深沈有遠略。宇文泰爲丞相。引爲錄事參軍。賜姓侯呂陵氏。魏大統初拜丞相府司馬。出爲北雍州刺史。天和中以鳳州刺史致仕。封三水縣公。襃歷仕三朝。以忠厚見知。武帝深相敬重。常以師道處之。令坐而論政焉。卒諡貞。

韓璹　宋汲人。字君玉。第進士。知聞喜縣。爲政彊力。熙寧初爲梓州路轉運使。首建併綱減役之制。後以右諫議大夫知澶州。禦河有勞。改大中大夫。以正議大夫致仕。璹敏於吏事。所閱案牘。終身不忘。澶州民懷思之。

韓簡　春秋晉大夫。萬孫。秦伯伐晉。惠公逆秦師。使韓簡視師。戰於韓原。晉侯陷於濘。公號慶鄭。慶鄭曰。愎諫違卜。固敗是求。又何逃焉。遂去之。梁由靡御韓簡。虢射爲右。輅秦伯。將止之。鄭以救公誤之。遂失秦伯。秦獲晉侯以歸。韓簡侍。

韓翼甫　宋會稽人。字惇齋。歷官朝奉郎。大理寺主簿。宋亡。挈家而東。杜門講學。不交人事。門人陳普巨。聽韓先生夜誦四書。如奏九韶。令人不知肉味。

韓襄王　戰國韓宣惠王子。名倉。秦使甘茂攻韓。拔宜陽。後與秦伐楚。敗楚將唐眛。太子嬰死。公子咎。公子蟣虱爭爲太子。時蟣虱質於楚。遂立咎爲太子。在位十六年卒。諡襄。

韓謹　宋晉江人。字去華。崇寧進士。調南海尉。以捕盜有功。改宣義郎。除處州教授。擢國子博士。改廣西東路提舉學事。罷歸。有詩禮義解。

韓贊　宋長山人。字獻臣。第進士。授殿中侍御史。改知諫院。宰相梁適。以私容姦。內侍王守忠。遷官不次。皆舉劾無所避。權開封府。政簡而治。神宗稱之。後知徐州。以吏部侍郎致仕。家居十五年。以讀書賦詩自娛。所得祿賜。悉買田以贍族黨。

韓釐王　戰國韓襄王子。名咎。時秦勢浸彊。屢侵韓。壤地日削。在位二十三年卒。諡釐。

韓馥　後漢潁川人。字文節。爲御史中丞。董卓舉爲冀州牧。同袁紹舉兵討卓。馥軍安平。爲公孫瓚所敗。瓚以討卓爲名。內欲襲馥。馥懷不自安。紹使人說馥。以冀州讓於紹。馥素恇怯。乃遜位齎印綬與紹。馥猶憂怖。報紹索去。往依張邈。後紹遣使詣邈。有所計議。與邈耳語。馥在坐上。謂見圖構。起至溷。自殺。

韓騏　清吳縣人。字其武。號補瓠。貢生。事母以孝聞。博覽載籍。工吟詠。有補瓠存稿。

韓懷明　南朝梁上黨人。客居荊州。年十五。居父喪。哀毀滅性。負土成墳。免喪。師事南陽劉虬。虬以外祖盲廢講。獨居涕泣。懷明聞其故。卽日罷學。還家養母。家貧。常肆力以供甘脆。母終。水漿不入口者一旬。蔬食終身。衣衾無改。天監中州累辟不就。

韓爌　明蒲州人。字象雲。萬曆進士。由編修累擢禮部尚書。兼東閣大學士。入參機務。光宗疾大漸。與方從哲。劉一燝同受顧命。中外倚以爲重。進少傅。太子太傅。建極殿大學士。尋代葉向高爲相。每事持正。而魏忠賢勢張。乃抗疏乞休。忠賢黨復誣劾之。削籍。坐贓責償。至破其家。崇禎初召復故官。復爲首輔。與李標。錢龍錫共定逆案。尋引疾罷。爌先後作相。老成愼重。引正人。抑邪黨。天下稱其賢。李自成陷蒲州。執其孫。脅令出見。爌止一孫。乃出。憤鬱而卒。

韓璽　明潁州太和人。永樂進士。任工科給事中。侍宣宗講讀。日承顧問。遷山東按察司僉事。歷廣東左參政。所至廉謹自持。政聲大著。

韓穨當　漢韓王信之子。信入匈奴。至穨當城生子。因取以名焉。文帝時穨當率衆降漢。封弓高侯。吳楚反時。功冠諸將。

韓鏞　元濟南人。字伯高。延祐進士。累除僉浙西廉訪司事。擊姦暴。黜貪墨。郡縣肅然。拜侍御史。以剛介爲時所忌。乃罷去。會朝廷愼選守令。帝以鏞賢。復起授饒州路總管。至則毀淫祠。選俊秀子弟入學宮。求宿儒爲經師。由是人人自力於學。遷西行臺中丞。卒於官。⊙明福清人。字文亮。成化進士。歷南戶部郎中。遷雲南參議。總督銀場。奏除宿弊。轉貴州參議。平蠻之役。饋運有功。陞陝西參政。歷官所至。人懷其德。

韓麒麟　後魏棘城人。幼好學。善騎射。參慕容白曜軍事。表爲冀州刺史。白曜誅。麒麟亦停滯多年。孝文時拜齊州刺史。爲政尚寬。寡於刑罰。從事劉普慶說曰。公仗節方夏。無所斬戮。何以示威。麒麟曰。人不犯法。何所戮乎。若必斬斷以立威名。當以卿應之。普慶慚懼而退。卒諡康。

韓蘭英　南朝齊吳郡婦人。有文辭。宋孝武帝時獻中興賦。被賞入宮。明帝時用爲宮中職僚。入齊。武帝以爲博士。教六宮書學。以其年老多識。呼爲韓公。

韓鐸　金企先次子。字振安。以大臣子授武義將軍。熙宗聞其有儒學。賜進士第。歷刑部員外郎。獄或有疑。據經議讞。累遷中都路都轉運使。改順天軍節度使卒。

韓權　元莘縣人。字公衡。幼業儒。天性孝友。父鵬遠適。久不歸。權晝夜哀思。涉險尋訪經年。卒遇於雲南。行省嘉其孝。以聞。授臨安府教授。俾祿養其父。後乞侍歸於莘。得便養。授山東宣慰司照磨。歷官成都路知州。所至有能聲。

韓璀　宋億曾孫。字德全。從劉安居游。好學博雅。元豐間知秀州。

政和初。爲於潛令。所至興利除弊。事無壅滯。吏不敢欺。人稱其有忠獻家法。

韓・瓚 明絳州人。正德舉人。歷官漢中通判。會妖人劉烈作亂。瓚督軍擒斬多賊。獲僞詔及妖書。得旨襃獎。遷知濟寧州。節愛有聲。補通州。忤京兆尹。調寧州。致仕。

韓・顯宗 後魏棘陽人。麒麟子。字茂親。有才學。太和初舉秀才。對策甲科。除著作佐郎。後兼中書侍郎。性剛直。能面折廷爭。數上書言事。孝文皆嘉納之。後以右軍府長史從駕伐齊。軍次赭陽。擊斬敵將。詔爲鎭南廣陽王嘉諮議參軍。顯宗表訴前勳。帝以其有虧清風。詔付尙書推列。爲尙書張彝奏免官。尋卒。有馮氏燕志及孝友傳。

韓・顯符 宋少習三式。善察視星象。補司天監生。累加冬官正。淳化初。表請造銅渾儀候儀。至道初渾儀鑄成。上渾儀法要十卷。官至殿中丞。兼翰林天文。

韓・靈敏 南齊剡人。早孤。與兄靈珍並有孝性。母亡。家貧無以營葬。兄弟共種瓜半畝。朝采瓜子。暮已復生。以此遂辦葬事。靈珍亡無子。妻卓氏守節。靈敏事嫂如母。

韓・觀 三國魏薊人。字曼游。有鑒識器幹。與同郡徐邈齊名。爲豫州刺史。甚有治績。卒官。◎明成子。字彥寶。以宿衛忠謹見知。授桂林右衛指揮僉事。屢討平羣蠻。拜征南左副將軍。數出兵長間。有勇略。性鷙悍。誅罰無所假。得賊必處以極刑。永樂中總兵鎭交阯。威震南中。蠻人無不惴惴奉命者。

鮮于・天 宋蓬城人。登嘉定鄉薦。幼日誦數千言。通天文曆數地理方技。所學甚博。制行和雅。一時名儒皆師事之。（按四川通志作鮮于天一。劍州人。玆從四川總志。）

鮮于・文宗 漢漁陽人。七歲喪父。父以種芋時亡。每於芋時對芋嗚咽。如此終身。

鮮于・世榮 北齊漁陽人。沈敏有器幹。累官鄭州刺史。武平中以平信州賊。官至太子太傅。封義陽王。周武帝入代。遺以瑪瑙酒鍾。世榮碎之。周兵入鄴。諸將皆降。世榮獨不屈死。

鮮于・仲通 唐新政人。字向。與弟叔明皆涉學明經。輕財務施。仲通舉進士。天寶末爲京兆尹。歷御史中丞。劍南節度使。以忤楊國忠被貶。有鮮于向集。

鮮于・仲權 金樂亭人。登明昌間進士。博學好古。以道義自重。時樂亭無學舍。仲權慨然倡義。增建黌宮。設立學館。汲引後學。人皆知以禮義自閑。數年之間。人物彬彬稱盛。

鮮于・侁 宋閬州人。叔明裔孫。字子駿。舉進士。神宗時累官利州路轉運判官。時王安石有重名。侁惡其沽激要君。乃上書論時政。專指安石。陞副使。兼提舉常平。蘇軾稱其上不害法。中不廢親。下不傷民。以爲三難。後除集賢殿修撰。知陳州卒。侁尤長於楚辭。刻意經術。爲詩平澹淵粹。有詩傳易斷。

鮮于・叔明 唐仲通弟。詳李叔明條。（按叔明本鮮于氏。故亦稱鮮于叔明。或言叔明本殿氏。少孤。養外家。冒鮮于姓。後請還宗。詔可。叔明初不知。意醜之。表乞宗姓列屬籍。代宗從之。見新唐書李叔明傳。萬姓統譜以李叔明・鮮于叔明爲兩人。誤。）

鮮于・修禮 後魏五原降戶。孝昌中反於定州。號魯興元年。未幾。賊帥元洪業斬修禮降。

鮮于・輔 後漢漁陽人。爲劉虞從事。公孫瓚破虞。輔率州兵。迎虞子和。與袁紹將麴義共攻破瓚。將衆歸曹操。拜度遼將軍。封都亭侯。

鮮于・樞 元漁陽人。字伯機。至元間以材選。爲江浙行省都事。後官太常寺典簿。大德間卒。樞意氣雄豪。善詞賦。工行書及畫。善鑒定法書名畫及古器物。文望與趙孟頫相伯仲。晚年杜門謝客。築困學齋。自號困學民。又號直寄老人。有困學齋集。困學齋雜錄。

鮮・大年 宋灊縣人。令精竹。不爲豪猾所撓。凡有廢墜。前人逡巡不敢爲者。大年悉成之。

鮮・弘 明閬中人。舉正科。天順中寇掠南部。府檄弘率民兵禦之。道遇賊。奮擊死。

鮮・延年 明犍爲人。知順慶府。廉靜寡欲。爲政治民。一出於誠。尤加意學校。去官。郡民懷之。

鮮卑・仲吉 元中山人。徙居燕。元兵定中原。仲吉嘗率平灤路軍民詣軍門降。太祖命爲灤州節度使。攻取信安州諸城。以功賜虎符。授河北等路漢軍兵馬都元帥。平蔡有功。封開國侯卒。

鮮・原 明馬湖府人。永樂初以國子生擢階州知州。有善政。後陞山東都轉鹽運使同知。

鴻・楚 唐僧。永嘉唐氏子。字方外。住溫州大雲寺。嘗刺血寫法華經一部。太祖賜以紫衣。人咸以爲異寶。有上生經鈔。

麋・竺 蜀漢東海人。字子仲。家世貨殖。貲產巨億。初爲徐州牧陶謙別駕。奉迎先主於小沛。遂相款洽。先主下邳之敗。亡失妻子。困匱日甚。竺進妹爲夫人。奴客二千。金銀貨幣以給軍資。賴以復振。曹操表爲嬴郡太守。竺棄官從先主入蜀。後益州平。拜安漢將軍。竺雍容敦雅。而幹翮非其所長。先主待以上賓之禮。未嘗有所統御。弟芳叛。竺面縛請罪。先主崇待如初。慚恚發病卒。

麋芳 【蜀漢】竺弟。初爲彭城相。與兄同棄官。從先主入益州。後拜南郡太守。怨私相攜貳。叛迎孫權。遂致荊州之敗。

麋弇 【宋】彝弟。字仲昭。以父任入官。歷仕郡縣。所至吏不敢欺。豪右屏跡。內轉度支郎官。遷尚書右郎中。立朝議政知大體。以守正不阿爲丁大全所中。罷去。再起知吉州。兼提舉江西常平。弇性孝友清約。無燕遊玩好之奉。知吉州日。葺浮梁以濟衆。州人名曰麋公橋。

麋師旦 【宋】鐺子。字周卿。年十七。登紹興進士第。歷知富陽·秀州。賑荒卹災。多所全活。累官顯謨閣學士。封咸安郡開國侯卒。

麋溧 【宋】師旦子。字子長。慶元進士。歷州郡。所至有惠政。知騤濟日。民爲立生祠。寶慶中累遷祕閣修撰致仕。溧學問充實。操守清介。居諫職。不肯順旨劾眞德秀。以此名重當世。

麋彝 【宋】溧子。字伯升。以祖蔭入官。監撫爲軍。習射訓兵。士氣一新。嘉熙初以兵射發策。彝即所閱歷。敷陳其要。擢進士第。北兵至通州。時議以防江爲急。彝上言五事。歷知來安縣。擢知安慶府。皆有循績。景定中轉朝議大夫。封吳縣開國男卒。

麋鐺 【宋】吳縣人。字公範。其先朐山人。建炎間始來平江。登政和進士。爲確山縣市易務。由博士持使節。與秦檜議不合。棄官去。自號知止居士。

十八畫

儲·大文 清雄文弟。字六雅。號畫山。康熙進士。官編修。初以制藝名。歸田後乃潛心古學。尤精輿地形勢。有存硯樓集。

儲子 戰國齊相。孟子在平陸。儲子致幣以交。孟子受之而不報。

儲·方慶 清宜興人。字廣期。號遯菴。康熙進士。舉鴻博。未遇。知清源縣。多善政。有遯菴文集。

儲·可求 明宜興人。幼穎悟。年十五能屬文。及長。潛心理學。洪武初舉明經。任常州府訓導。累官禮部侍郎。有五松清響文集。

儲·用 宋晉江人。字行之。淳熙中知建陽縣。有惠政。朱熹極稱之。會黨禁起。罷去。後直徽文閣。出知廣州卒。

儲·企范 元新泰人。字天章。有文學。以材薦補從仕郞。中書省部事。出知沂州。多惠政。仕終兩浙都轉運使。

儲·光羲 唐兗州人。登開元進士第。又詔中書試文章。歷監察御史。安祿山反。陷賊自歸。有正論。文集。詩集。

儲·在文 清欣從子。字禮執。學於欣。工制舉業。康熙進士。官編修。

儲老 漢宮人。王莽亂。以五百人據大庾嶺。

儲·良材 明直隸人。弘治進士。任御史。巡按江西。舒國裳死於諫。爲經紀其喪。築室以居其妻孥。

儲·欣 清宜興人。字同人。博通經史。早歲以制藝負東南時望。年六十。始領康熙鄉薦。一試禮部不遇。遂杜門著書。及門多達者。選唐宋十家文。風行海內。有在陸草堂集。

儲·泳 宋嘉興華亭人。字文卿。有詩名。精陰陽五行。有袪疑說。

儲·玫躬 清湘鄉人。字石友。以諸生從戎。爲曾國藩所識拔。援寧鄉。力戰死。諡忠壯。

儲·洵 明巏猶子。字平甫。正德進士。嘉靖初以兵部郎中左遷沔陽守。郡多水患。請修隄防。言甚剴切。陞漳南僉事。致仕卒。門人私諡爲文貞子。

儲·晉觀 清在文子。字寬夫。號恕齋。雍正進士。官編修。有雙溪草堂集。

儲·祕書 清在文孫。字玉函。乾隆進士。累官郎陽知府。所至稱職。以事罷官。性淡泊。博涉經史。有緘石齋集。華嶼詞。

儲·國鈞 清雄文子。字長源。博覽強記。能文章。尤喜爲詩。屢試不售。乃浪遊山水。晚年復精詞律。有一壑風烟集。抱碧齋集。放歌集。

儲·惟德 明宜興人。字希崇。有文名。洪武初舉授國子助教。嘗預修春秋本末。

儲·研璘 清宜興人。字硯峯。號偏圍。乾隆舉人。有偏圍文集。

儲·掌文 清欣孫。字越漁。號雲溪。康熙舉人。官納溪知縣。有雲溪文集。

儲·敦敍 宋晉江人。字彥倫。崇寧進士。歷龍溪丞。寧德令。皆有惠政。民爲立祠。性閒退。奉祠館十年。通判賀州。秩滿。復請祠歸里。有玉泉集。

儲·雄文 清在文弟。字汜雲。康熙進士。亦以文名。

儲·嗣宗 唐大中進士。工詩。

儲·福 明無錫人。隸籍燕山衞。以好義聞。靖難兵起。挈母妻逃去。永樂初簿錄亡卒入伍。福在錄中。謫曲靖衞。仰天哭曰。吾雖一介賤卒。義不爲叛逆之臣。在舟中日夜泣不輟。竟不食死。福王時追諡貞義。

儲·懋 明丹陽人。字世績。永樂中領鄉薦。歷吏科給事中。英宗時以學行充經筵官。轉翰林修撰。與修實錄。進侍講。累官戶部尙書卒。

儲·櫂 宋溫陵人。淳祐間知雷州。有善政。官終海州刺史。

儲·巏 明泰州人。字靜夫。號柴墟。九歲能屬文。母疾。封股療之。卒不起。家貧。力營墓域。旦哭冢。夜讀書不輟。成化中鄉會試皆第一。授南京吏部主事。歷戶部左侍郎。改吏部。卒官。巏淳行清修。介然自守。工詩文。好推引知名士。避遠非類。不惡而嚴。嘉靖初賜諡文懿。有柴墟齋集。

儲·麟趾 清宜興人。字梅夫。乾隆進士。官至宗人府府丞。居諫院。有直聲。晚年習靜。得內養。有雙樹軒集。

叢·叔模 明文登人。號湯谷。博學善書。詩文流傳甚廣。萬石山棲山千眞洞諸石刻。皆其遺跡。

叢·思湯 明文登人。字新銘。官安肅知縣。工行楷。爲時珍重。

叢·春 明文登人。字元育。父實榮。偶儻尙義。冬暖病熱欲冰。春夜出。去家二十里取之。有醉人臥風雪中垂斃。衆畏累不敢前。春奮然負之歸。醉者得無恙。嫡母性嚴。春曲意事之。得其歡心。

叢·蘭 明春子。字廷秀。博學嗜書。登弘治進士。官戶科給事中。淸謹伉直。屢有論列。劉瑾惡之。會瑾誅獲免。累官至南京工部尙書。乞休卒。

戴·三錫 清丹徒人。字晉藩。號竣門。乾隆進士。由知縣累官四川總督。官蜀甚久。治績頗著。嗜翰墨。工行楷。尤工漢隸。篤好讀書錄。呻吟語二書。終身不厭。

戴士衡 明莆田人。字章尹。萬曆進士。歷吏科給事中。屢有建白。皆裨時政。上備倭八策。後皆如所言。其後以力爭國本。謫戍二十餘年。釋還卒。

戴大有 清杭州人。字書年。善畫人物花鳥。蘭竹尤佳。

戴大賓 明莆田人。字賓仲。正德中廷對第三。授編修。劉瑾兄女有才姿。瑾欲妻之。爲飭邸舍。大賓徉狂得免。

戴中 明字師中。成化進士。知黃梅縣。考最。召補御史。按河南。值水荒。發儲賑活百萬。老幼德之。孝宗初擢廣東僉事。轉憲副。卒官。

戴之邵 宋安福人。字才美。寓居鹿門山。紹興末京西招討吳琪以書招之。充忠義軍破虜統制。之邵率所募千人。入西京。修葺祖宗諸陵。且創置永安軍。收復鄭州・密縣。卒以兵糧不繼而歸。

戴仁 明雲南太和人。成化中知饒遠府。府有羨稅四千餘金。仁裁罷之。亦不白於上官。人問之。曰。暴前人之短。非吾心也。後爲松茂兵備。歸不治第。館賓於門。設榻於扉。自號無懷先生。卒之日。家無餘貲。

戴元益 唐桐廬人。五世同居。家有紫薇木連理。刺史以聞。咸通中詔旌其門。

戴文璧 元琅邪人。字君章。少負經濟。仕爲兩浙轉運判官。釐剔宿弊。有廉潔稱。

戴仔 宋蒙子。字守鏞。嘗以孝廉薦。年近四十。卽棄去場屋。肆力於學。

戴令言 唐官左補闕。嘗作兩足狐賦以譏楊再思。出爲長社令。

戴弘正 唐每得密友。書於編簡。焚香告祖考。號金蘭簿。（按金蘭簿事。見雲仙雜記及宣武盛事。皆作戴弘正。尙友錄於漢戴和之下。亦繫以金蘭簿事。未知何據。今存弘正而删和。）

戴弁 明浮梁人。字士章。領鄉薦。以教職擢禮科給事中。累官廣西參政。時黃蕭養作亂。弁卒與賊遇。登岸據胡牀諭之曰。我戴參政也。來撫爾輩。賊遂麾衆羅拜。密護弁歸。尋令參將武毅通謀。斬蕭養。捷聞。陞左布政。

戴本孝 清休寧人。號鷹阿山樵。善畫山水。以枯筆寫元人法。

戴永植 清歸安人。字予庭。號農南。雍正舉人。乾隆時舉鴻博未遇。官龍陽知縣。改餘姚教諭。工詩文。有汀風閣集。

戴永槐 清歸安人。字庭蔭。號秋堂。工詩。畫山水花鳥。超逸有致。有澄翠齋詩稿。

戴休顏 唐夏州人。字休顏。家世尙武。志膽不常。郭子儀引爲大將。從諭平党項羌。以功封咸寧郡王。累朔方節度副使。朱泚反。率兵赴行在。合渾瑊兵破泚偏師。加檢校尙書右僕射卒。

戴光遠 元嘉興人。知鎭遠縣。邑中學校未立。光遠至。乃闢地爲黌宮。設學舍。聚生徒。延名儒黃玠主之。邑人始知學。

戴名世 清桐城人。字田有。號褐夫。別號憂庵。康熙進士。官編修。少年才思豔發。尤留心有明一代史事。網羅放失。時訪明季遺老。考求故事。後因所著南山集。用明永曆年號。左都御史趙申喬劾爲狂妄。事下刑部。竟坐大逆伏法。株連獲譴者數十人。

戴圭 明鄞人。字秉誠。潛心易學。踐履篤實。每語人曰。學要謹獨誠意以修身。不怨天。不尤人。久之則與天爲一。人稱野樵先生。有易經大旨・四書要略等。

戴安 南唐字寧叔。守饒州日。甚有威惠。保大中積功至檢校國子祭酒・監察御史・上柱國。卒諡忠恭。

戴安仲 明鄞人。字仲莊。耿介有氣節。冠婚喪祭。悉本朱子家禮。復集羣從子弟。延師講學。行義重於鄉里。郡守王璡薦授訓導。尋致仕。自號識國老人。有歸田集。

戴羽 元江西德安人。隱居積學。徵辟不就。著武侯通傳三卷・許一卷。

戴至德 唐胄子。乾封中遷西臺侍郎・同三品。閱十數年。父子繼爲相。高宗以汎洪源侯舟楫六字作飛白書賜之。遷尙書右僕射。不顯私恩。時劉仁軌爲左僕射。人有所訴。率予優容。人多稱之。號解事僕射。嘗更日聽訟。有嫗詣省投牒而復取。曰。初以爲解事僕射。今乃非。至德笑還之。人服其長者。卒諡恭。

戴亨 宋良齊從子。字子元。從丘漸學。教人以毋自欺爲第一義。嘗銘於座曰。莫見乎隱。莫顯乎微。欲人弗知。莫若弗爲。自號蠢翁。有太極圖說・人心道心說・近思錄補註・朱子詩解・北溪字義辨正。

戴伯鸞 後漢遵曾孫。名不詳。性至孝。母卒。居廬啜粥。非禮不行。

戴君恩 明澧州人。字紫宸。萬曆進士。歷工部主事。督修永陵。有功。奢酋之變。監軍討平之。歷官都御史。巡撫山西。計擒賊王綱等三百餘人。

戴均元 清第元弟。字修原。號可亭。乾隆進士。以刑部侍郎出視河南衡工。官吏畏其清。斂手蔵事。嘉慶末官至文淵閣大學士。加太子太師。道光時以寶華峪地宮水滲。除名。

戴宏 後漢剛人。字元襄。世稱

儒宗。知名東夏。年十六從父在官舍。吳舶聞其諷誦之音。奇而厚之。遂與爲友。年三十二爲郡督郵。嘗以職事見詣府君。欲撻之。宏曰。今鄙郡遭明府。咸以爲仲尼之君。國小人少。以宏爲顏回。豈聞仲尼有撻顏回之義。府君異其對。卽日教署主簿。後至酒泉太守。

戴・廷槐 明長泰人。隆慶中貢生。有學易舉隅。

戴・希賢 明永樂間知河南府。禮賢士。抑豪強。盜賊屏息。及去。吏民送者塞路。

戴・良 後漢伯鸞弟。字叔鸞。才既高達。而議論尙奇。嘗曰。我獨步天下。誰與爲偶。舉孝廉不就。再辟司空府不至。州郡迫之。遂將妻子逃入江夏山中。優遊不仕。嫁五女惟賢是與。疏裳布被竹笥木屐以遣之。五女能遵其訓。皆有隱者之風。艮以壽終。◎元浦江人。字叔能。通經史百家。暨醫卜釋老之說。初習科舉業。已棄去。學古文於黃溍。柳貫。吳萊。學詩於余闕。至正中以薦擢儒學提舉。後至吳中依張士誠。知士誠不足與謀。挈家浮海至膠州。欲間道歸王保保。會道梗不達。僑居昌樂。元亡。南還。變姓名隱四明山。明太祖物色得之。召至京師。欲官之。以老疾固辭忤旨。踰年暴卒。蓋自裁也。艮世居金華九靈山下。自號九靈山人。爲詩風骨高秀。晚懷宗國。多磊落抑塞之音。有九靈山房集。

戴・良齊 宋黃巖人。字彥肅。嘉熙進士。累官祕書少監。以古文鳴。尤精性理之學。有中說辨妄。通鑑前紀。曾子遺書。論語外書。孔子年譜。世譜。七十子說。

戴・見元 清婁縣人。字凌雲。號雲樵。工書畫。能詩。事母至孝。不婚不試。有書窗遺稿。

戴・迅 宋述弟。字幾仲。私淑洛學於其兄。時稱大小戴。門人合其文曰二戴集。迅所著別有晉史屬辭。

戴・侗 宋仔弟。字仲達。淳祐進士。由國子簿出守台州。遷軍器少監。辭疾不赴。有易書四書家說。六書故。

戴・叔倫 唐金壇人。字幼公。以文章著。嘗刺撫州。作均水法。一郡便之。累官容管經略使。聲振夷落。有詩集。

戴・孟 後漢明帝時人。本姓燕。名濟。字仲微。入華山及武當山。受裴君玉佩金璫經。及受石精金光符。復有太微黃書。能周遊名山。

戴・易 清浙江山陰人。字南枝。少從劉宗周學。與徐枋極相得。稱老友。枋沒。貧甚。爲經營葬事。賣字以給之。易故善八分。非其人不與。至是榜門鬻字。銖積寸累。不妄費一錢。寄食僧舍中。葬貲遂集。

戴・明說 清滄州人。字道默。號巖犖。善畫山水墨竹。工詩文。明崇禎進士。官至兵科都給事中。李自成陷京師。明說從賊。賊遁。逃歸原籍。順治初起原官。累擢戶部右侍郎。坐不奏銷錢糧降調。後官至太僕寺卿。被劾革職。尋死。

戴・明寶 南朝宋丹徒人。孝武帝時與戴法興幷見寵幸。內外雜事悉委之。歷南清河太守。前廢帝立。權任稍輕。明帝朝以明寶舊人。復委任之。遷晉陵太守。坐多納貨賄繫獄。尋被宥。昇明初拜太中大夫卒。

戴・法興 南朝宋碩子子。好學能文。頗通古今。孝武帝時封吳昌縣男。領南魯郡太守。凡大處分。悉令法興參預。緣是多納貨賄。門外成市。家累千金。廢帝立。遷越騎校尉。益執權。事無大小專斷之。閹人華願兒每爲法與所裁抑。恨之。譖於帝。謂外間云。宮中有兩天子。帝怒。免法與官。尋賜死。

戴・表元 元奉化人。字帥初。一字曾伯。宋咸淳中進士。爲建康教授。元初寓居於鄞。授徒賣文自給。大德中薦起信州教授。遷婺州。以疾辭。再以修撰博士薦。不起。終於家。表元憫宋季文章萎薾。慨然以振起斯文爲己任。至元・大德間。東南數文章大家者。羣推之。有剡源集。（按元史作建寧教授。此從寧波府志。）

戴・金 明漢陽人。字純甫。正德進士。世宗時擢御史。獨立敢言。與黃梅石金同表儀朝署。時人目之曰楚有二金。臺中錚錚。歷官至兵部尙書。有三難軒質正。

戴・冠 明長洲人。字章甫。好古篤學。淹貫百家。文章奮迅淩轢。尙書王恕雅重之。嘗訪以時務。大學士李東陽。亦深愛其文。弘治初以選貢授紹興府訓導。罷歸。有禮記集說辨疑。濯纓亭筆記。◎明信陽人。一作吉水人。字仲鶡。正德進士。爲戶部主事。上疏極諫。貶廣東烏石驛丞。嘉靖初起官。歷山東提學副使。以清介聞。嘗從何景明學詩。有邃谷集。

戴・勃 晉逵子。有父風。善琴。父沒。不忍復奏。乃造新弄。義熙初以散騎常侍徵。不起。桐廬多名山。與弟顒共游之。因留居止。

戴・咸弼 清嘉善人。字鰲峯。道光舉人。官溫州府教授。有東甌金石志。

戴・奎 明黃巖人。字文祥。工詩。元末爲錢塘餘事。明初徙濠。以薦爲齊河主簿。有介軒集。

戴・封 後漢剛人。字平仲。卒業太學。嘗遇賊。財物悉被奪。餘縑七匹。賊不知處。封追以與之。賊驚歎以爲賢人。盡還其器物。會詔求賢良方正直言之士。應公車徵。對策第一。拜議郎。遷西華令。蝗不入境。歲旱禱雨不獲。乃積薪自焚。火起而大雨至。遷中山相。永元中拜太常。卒官。

戴．思恭　明浦江人。字原禮。以字行。受學於義烏朱震亨。震亨愛其才敏。盡以醫術傳之。遂以醫鳴。洪武時徵爲御醫。永樂初引老歸。有校補金匱鉤元。證治要訣。證治類方。類證用藥。所錄皆震亨之祕旨微言。

戴．思望　淸休寧人。字懷古。能詩詞。工書法。畫宗元人。每一藝成。輒自矜爲希世之寶。性狷介。有潔癖。妻死不再娶。扁舟往返三吳兩浙間。遇佳山水輒留戀不忍去。

戴．思遠　後唐初事梁。末帝時以邢州節度使鎭滄州。莊宗兵臨滄德。思遠棄鎭去。後降明宗。授宣化軍留後。移洋州節度使。旋請代入朝。以老致仕。

戴．昺　宋復古從孫。字景明。號東野。嘉定進士。授贛州法曹參軍。少工吟詠。爲復古所稱。有東野農歌集。

戴．洋　晉長城人。字國流。善風角。好道術。妙解占候卜數。吳末爲臺吏。知吳將亡。託疾不仕。後爲祖約中典軍。主簿王振以洋爲妖。白約收洋。約知其有神術赦之。而讓振。振後被收。洋爲力救。約甚義之。約敗。往依陶侃。留住武昌。復佐庾亮。庾翼爲占候。所占驗者極多。

戴．泉　明進子。字宗淵。善畫山水。得其家傳。

戴．珊　明浮梁人。字廷珍。天順進士。擢御史。督南畿學政。正身率教。士皆愛慕之。歷浙江按察使。福建布政使。終任不攜一土物。弘治中爲左都御史。以老疾數求退。輒優詔勉留。正德中卒於位。諡恭簡。

戴．胄　唐安陽人。字玄胤。性堅正。幹局明強。隋末王世充課篡。胄切諫不納。太宗引爲府士曹參軍。擢大理少卿。胄犯顏據正。參處法意。至析秋毫。隨類指摘。言若泉湧。帝益重之。遷尙書左丞。檢校吏部尙書。卒諡忠。追封道國公。

戴．英　明宜興人。字上愼。崇禎進士。有禹門寺志。

戴．逑　宋永嘉人。字明仲。孝友直諒。少工於文。嘗從程頤學。登元符進士。不樂爲簿監等官。辭之不得。投檄去。起臨江教授。居母喪。病於倚廬。或請遷於內。不可。遂卒。

戴．重席　唐工畫士女。

戴．峻　淸吳縣人。字古峻。畫山水專橅唐六如。未嘗自題其名。一生之畫。皆託六如以傳。

戴．時宗　明長泰人。字宗道。正德進士。官吏部主事。武宗南巡。疏諫忤旨。罰跪受杖。歷文選郎中。塞倖門。淸選法。出撫鄖襄。奏薛侃獄。附釋株連甚衆。入爲左僉都御史歸。

戴．栩　宋溪族子。字文子。一作字立子。嘉定進士。爲太學博士。遷祕書郎。後爲湖南安撫司參議官。學於葉適。得其旨要。故明經之外。亦高於文。有五經說。諸子辯論。東都要略。浣川集。

戴．浩　明安仲從孫。字彥廣。號默菴。永樂舉人。初判東昌。遷雷州守。海瀕病潦。築堤以捍之。改永州。又改鞏昌府。歲饑。矯發邊儲三萬七千餘石以賑。上疏自劾。優詔原之。天順初乞歸。鞏昌民詣闕請留。尋致仕。工詩及書畫。有默庵詩稿。

戴．泰一　明永樂初以隱逸應召。知和州。以淸白稱。

戴．珙　明滙池人。字廷璧。景泰進士。累遷御史。按治眞定。斷獄詳明。官終布政使。

戴．祖啓　淸休寧人。字敬咸。別字東田。號未堂。乾隆進士。官國子監學正。篤志經籍。議論一以宋儒爲宗。陝西巡撫畢沅延主關中書院。從游甚衆。有尙書涉傳。春秋測義。史記協異。師華山房文集。

戴．祚　晉江東人。字延之。從劉裕西征姚秦。撰西征記。

戴．乾　三國魏丹陽人。陳羣薦於曹操。操用之。後死難。

戴．啓宗　元上元人。字同父。官龍興路儒學教授。潛究內經諸書。盡得其祕。著五運六氣之旨若干篇及脈訣刊誤。辟邪說。正本源。有功醫道。

戴．國忠　宋光化人。慶曆進士。歐陽修稱其忠信篤於朋友。孝悌孚於宗族。禮義達於鄉里。終屯田郎中。

戴．埴　宋桃源人。字仲培。所著鼠璞。考證經史疑義及名物典故之異同。持論精審。

戴．崇　漢沛人。字子平。官至九卿。受易於張禹。

戴．敏　宋天台人。字敏才。博學強記。以詩自適。號東皐子。平生不應試。終窮不悔。且死。一子尙幼。惟以其詩不傳爲念。語不及他。

戴．望　淸德淸人。字子高。諸生。棄舉子業。從宋翔鳳治尙書今文之學。性倨傲。門戶之見。持之甚力。論學有不合家法者。必反覆辨難而後已。同治中任金陵書局校勘。嘗取公羊義例作論語注。又有管子校證。顏氏學記。謫麐堂遺集。

戴．梓　淸蒼子。字文開。好兵法。康熙間傑書勦耿精忠。駐浙。梓以布衣從軍。有功。事平。召試授侍講。造衝天礮以征噶爾丹。大捷。後爲怨者所構。謫戍黑龍江。以文字自給。

自稱耕煙老人。遇赦還。卒於旅邸。工詩。謫戍後尤佳。兼善寫照及山水。

戴·淵　晉廣陵人。字若思。少好游俠。不拘操行。舉孝廉。累官豫章太守。加振威將軍。領義軍都督。以討賊功。賜爵秣陵侯。王敦舉兵。進驃騎將軍。築壘於大桁之北。尋而王師敗績。敦素忌淵。害之。諡簡。

戴·淳　元錢塘人。字厚夫。工畫山水。

戴·清　清儀徵人。字靜齋。嘉慶歲貢生。候選訓導。性耽典籍。凡有關實學者。勤加采錄。異同疑似。尤所究心。有四書典故考辨·羣經釋地·雙柑草堂詩文集。

戴·章甫　明江西人。字元禮。性穎敏和易。家貧力學。登嘉靖進士。授戶部主事。管太倉。出納惟慎。積蠹爲清。有吏胥爲部尚書所屬。恃勢弗職。章甫鞭之。胥騰謗。部尚書怒。因不允章甫告休沐。以勞卒官。

戴·笠　清吳江人。字耘野。明諸生。國變後。入秀峯山爲僧。旋反初服。隱居朱家港。教授生徒以終。有永陵傳信錄·香骨集·行在陽秋等書。

戴·第元　清大庾人。字正宇。號質圃。乾隆進士。官至太僕寺少卿。與弟均元·長子心亨·次子衢亨。相繼入翰林。時稱西江四戴。

戴·陵濤　清江都女子。字文淑。適蔣曠生。早卒。有綠窗草。

戴·凱之　晉武昌人。字慶預。有竹譜。

戴·善甫　元眞定人。江浙行省務官。工曲。有風光好等雜劇。

戴·就　後漢上虞人。字景成。爲郡倉曹掾。揚州刺史歐陽參。奏太守成浮贓罪。遣部從事薛安案究。收就。酷刑考問。終不稍屈。安深奇其壯節。即解械與談。事得解。後舉孝廉。官光祿主事。卒官。

戴·復古　宋天台人。字式之。以字行。篤志古學。嘗從林景思游。又登陸游之門。以詩鳴。好游歷。所居有石屏山。因以爲號。有石屏集。

戴·惠　明邢臺人。字君澤。任平陽訓導。當道遇他師儒不以禮。惠見之。曰。可以行矣。遂歸。郡守張潤身贈以官騾。卒不受。

戴·敦元　清浙江開化人。字金溪。幼有神童之譽。乾隆進士。由刑部主事累官刑部尚書。治獄無縱無濫。克持情法之平。性廉潔。卒之日。庀其產不能百金。諡簡恪。

戴·景文　明漢陽人。字布敬。洪武中舉於鄉。擢寧府伴讀。以輔導自任。動規以正。遂與世子不合。不數月解組。年甫四十。棲隱三十年。授徒講學。力田自給。

戴·欽　明馬平人。字時亮。正德進士。官至刑部郎中。以諫大禮廷杖。創重卒。有鹿原存稿。

戴·焴　元婺源人。字晉翁。號瑤山。以孝友聞。弟焗字召翁。號蒼山。炯字恕翁。號絜矩。父卒。兄弟相與廬墓三年。朝夕致盥沃上食。服除不廢。家藏書萬卷。靡不究觀。客過門。兄坐弟立。至老不懈。嘗著歷代人臣正邪龜鑑。世號三戴。

戴·琬　宋京師人。工畫翎毛花竹。政宣間入閣供奉。徽宗封其臂。不令私畫。故傳世者鮮。

戴·琥　明浮梁人。字廷節。舉景泰鄉薦。授南京監察御史。歷知紹興府。有惠政。嘗奉詔進弭盜安民選將練兵之策。而歸本恭儉。時以爲名言。擢廣西右參政。乞歸卒。琥性孝友。急公義。每以古人自期。有太極圖說·編定八陣圖·青峯拾稿。

戴·璟　明奉化人。字孟光。號石屏。嘉靖進士。官至僉都御史。巡撫廣東。致仕卒。有廣東通志初稿·五經會同·羣史品藻·漢唐通鑑品藻。

戴·葵　明鄞都人。有仙都山志。

戴·逵　晉銍人。字安道。少博學。善屬文。工書畫。能鼓琴。其餘巧藝。靡不畢綜。太宰武陵王晞聞其善鼓琴。使人召之。逵對使者破琴曰。戴安道不爲王門伶人。後徙居會稽之剡縣。性高潔。以禮度自處。武帝時累徵不就。郡縣敦逼不已。乃逃於吳。太元中病卒。

戴·進　明錢塘人。字文進。號靜庵。又號玉泉山人。善畫。名馳海內。人稱浙畫第一流。尤善寫眞。嘗至金陵。行李爲一傭肩去。初未究其姓名。不可識。傭人不至。乃借紙筆圖其形。集衆傭示之。衆曰。是某也。跡之果得。宣宗喜繪事。進寫秋江獨釣圖以進。待詔謝廷循指紅爲品官服色。以釣魚失大體。宣宗頷之。遂放歸。以窮死。

戴·鈞衡　清桐城人。字存莊。號蓉洲。道光舉人。從方東樹游。工古文。嘗與同邑蘇惇元重訂望溪文集。增集外文十之四。爲功甚鉅。有味經山館集。

戴·嵩　唐初韓滉鎮浙西時。嵩爲巡官。師滉畫。獨於牛過滉遠甚。山澤水牛及田家川原風景。時稱獨步。

戴·新　明平度人。字景壹。永樂進士。以庶吉士侍東宮講讀。累官雲南右布政。兩征麓川。皆佐理督糧事。有勞績。

戴·楫　清丹徒人。字汝舟。諸生。咸豐初舉孝廉方正。有純甫古文鈔。

戴·殿泗　清浦江人。號東珊。嘉慶進士。官編修。有風希堂集。

戴·溪　宋永嘉人。字肖望。淳熙中爲別頭省試第一。領石鼓書院山長。

開禧時官太子詹事。兼祕書監。景獻太子命類易詩春秋論語孟子資治通鑑。各爲說以進。權工部尚書。以龍圖閣學士致仕卒。紹定間追諡文端。學者稱岷隱先生。有續呂氏家塾讀詩記·春秋講義·石鼓論語問答。

戴·煦 【清】熙弟。字鄂士。號鶴墅。又號仲乙。初名邦棣。諸生。絕意進取。好疇人學。張福僖·李善蘭輩皆與訂交。著船機圖。又續成項名達象數原始。咸豐中洪楊軍陷杭州。煦亦投井以殉。

戴·熙 【清】錢塘人。字鹿牀。號醇士。道光進士。官至兵部右侍郎。咸豐間洪楊軍陷杭州。熙賦絕命詞。投池殉難。贈尚書銜。諡文節。詩書畫並有名於時。畫尤入神品。著有畫絮。其粵雅集。尤巉削雄健。

戴·經 【明】嘉興人。字孟常。成化舉人。正德間任本府推官。居官執法。清苦自持。官至泰安州知州。有滹陽餘稿。

戴·聖 【漢】德從子。字次君。以博士論石渠。至九江太守。與德俱受禮於后蒼。時號小戴。傳禮四十六篇。謂之小戴記。

戴·蜀 【南齊】工畫。有孝子圖息嬀圖傳於世。

戴·廣皐 【清】崑山人。號邇軒。有周易闡理。

戴·遂 【晉】逵弟。字安丘。驍果多權略。常從謝玄征伐。以武勇顯。謝安嘗謂逵曰。卿兄弟志業何殊。逵曰。下官不堪其憂。家兄不改其樂。以軍功封廣信侯。位至大司農。

戴·僧朔 【陳】錢唐人。有膂力。勇健善戰。從征數有功。官至巴州刺史。假節壯武將軍。後從華皎反。事敗見誅。

戴·僧靜 【南齊】會稽永興人。少有膽力。便弓馬。幼爲高帝所撫愛。除游擊將軍。及卽位。以功封建昌侯。累官淮南太守。永明中巴東王子響殺僚佐。武帝召僧靜領軍向江陵。對曰。天子兒過誤殺人。忽遣軍西上。人情惶懼。臣不敢奉敕。帝不答而心善之。徙高平太守。卒諡壯。

戴·嘉猷 【明】績溪人。字猷之。嘉靖進士。知烏程縣。毀淫祠。崇正學。濬泮池。新倉庾。政化大行。時歸安有戚賢。郡守有萬雲鵬。人稱三循吏。

戴·槃 【清】丹徒人。字澗鄰。號銘新。道光舉人。官嚴州知府。有賜禮堂集·聽鸝山館文賦詩鈔·宦游紀略。

戴·瑱 【明】字守溫。少孤。事母極孝。母病。醫言宜得鮮魚和劑。時隆冬。瑱解衣入水捕得之。服之果愈。母沒。以毀卒。

戴·碩子 【南朝宋】山陰人。業販紵。同邑有陳載。家富。積錢三千萬。鄉人云。戴碩子三兒。敵陳載三千萬錢。三子延壽·延興·法興。俱能修立。

戴·綬 【明】世居釆石。磊落有大志。早歲試不遇。遂棄舉子業。肆力於古。爲文數千言立就。家貧。奉母以孝聞。用薦爲河州學正。以足疾辭。葺釆石書院。授徒四十餘年卒。

戴·綸 【明】高密人。永樂中自昌邑訓導遷禮科給事中。仁宗時遷洗馬。侍太子講讀。太子好出騎射。時進諫。又具疏言於仁宗。太子怨之。及卽位。擢綸爲侍郎。復以諫獵忤旨。謫外。坐怨望。逮下獄。臨鞫抗辯。立箠死。

戴·蒙 【宋】永嘉人。字養伯。紹興中用閤門舍人戴勳牒。改名埜。應試成進士。調麗水尉。從朱熹於武夷。再調鳴鶴場運鹽官。丁父艱歸。服除。自念假名易途之非。復舊名應舉。再試不中。黃度帥金陵。辟爲幕僚。不就。御史王穎叔言諸朝。詔以初名復官。

戴·蒼 【清】武陵人。字葭湄。善寫照。

戴·豪 【明】台州太平人。字師文。成化進士。拜兵部主事。擢職方郎中。時邊報旁午。而措置裕如。公退仍讀書不輟。卒於廣東右參政。有贅言錄。

戴·邈 【晉】淵弟。字望之。好學。尤精漢史。永嘉中爲元帝征南軍司。於時凡百草創。學校未立。邈上疏請修禮樂。帝納焉。擢丹陽尹。王敦作逆。淵遇害。邈坐免官。敦誅。拜尚書僕射。卒諡穆。

戴·遠 【清】新安人。字士宏。號穀齋。僑寓吳門。工畫人物花卉。早歲游都門。與修南巡盛典。

戴·銑 【明】婺源人。字寶之。弘治進士。授兵科給事中。數有建白。以便養調南京戶科。武宗朝以奏留劉健·謝遷。且劾中官高鳳。廷杖除名卒。嘉靖中追贈光祿少卿。有朱子實紀。

戴·德 【西漢】梁人。字延君。與從子聖俱受禮於后蒼。爲信都王太傅。人號德爲大戴。聖爲小戴。德傳禮八十五篇。謂之大戴記。⊙【明】盱眙人。洪武初任湖廣行省參知政事。取武昌有功。復從克荆·常·澧·衡·潭·漵·寶慶·襄陽·辰州諸郡溪蠻。卒封譙郡伯。

戴·德孺 【明】臨海人。字子良。弘治進士。累遷臨江知府。宸濠反。遣使收府印。德孺斬之。誓死守。旋與王守仁共滅宸濠。以憂去。世宗以德孺馭軍最整。獨增三秩。爲雲南右布政使。舟次徐州。覆水死。贈光祿寺卿。

戴·德彝 【明】奉化人。字邦倫。洪武進士。授翰林編修。尋陞侍講。以直聲震於朝。改監察御史。建文中改左拾遺。燕師起。與黃子澄·齊泰等日夕畫策防禦。後俱死難。萬曆初追諡毅直。

戴·慶炣 宋永嘉人。字彥可。淳祐進士。累官殿中侍御史。開慶中同知樞密院事。兼參知政事。未幾守本官致仕卒。

戴·慶祖 明溧陽人。官至太常少卿。土木之變。殉難。贈太常卿。

戴·潛 清笠孫。字梅村。善畫梅。每幅就。必題一詩。敏捷而工穩。

戴·澄 明字憲清。穎敏不羣。弘治初任東昌推官。操履廉潔。讞獄明允。擢肇慶通判。益勵初節。民懷之。

戴·瑾 明黃岡人。字可懷。明末叅義兵。禦寇於馬鞍山之隘。賊招之不降。積薪焚之。子孫及勇士三百餘人俱燼。

戴·震 明馬平人。博覽羣書。淵源理學。崇禎時以鄉薦任常山教諭。建青雲樓。立館舍以造士。後陞開化知縣。土寇竊發。被執不屈。死之。◉清休寧人。字東原。乾隆舉人。少從婺源江永游。禮經制度名物及推步天象。皆洞徹原本。既乃究精漢儒傳注及說文諸書。由聲音文字以求訓詁。由訓詁以尋義理。實事求是。不主一家。四庫館開。薦充纂修。旋賜同進士出身。授庶吉士。性介特。無嗜好。惟喜讀書。館中有奇文疑義。輒就諮訪。以積勞致疾卒官。有詩經二南補注·毛鄭詩考正·考工記圖·孟子字義疏證·方言疏證·原善·原象·句股割圜記·策算·聲韻考·聲類表·儀禮正誤·爾雅文字考·屈原賦注·九章補圖·古曆考·曆問·水地記·東原文集等書。所校大戴禮記·水經注。尤精核。

戴·嶧 唐高弟。工畫牛。善作奔逸狀。

戴·憑 後漢平輿人。字次仲。習京氏易。舉明經。徵試博士。拜郎中。遷侍中。建武中正旦朝賀。帝令羣臣能說經者。更相難詰。義有不通。輒奪席以益通者。憑遂重坐五十餘席。故京師語曰。解經不窮戴侍中。卒於官。

戴·璜 明新蔡人。字宗儀。諸生。正德中流寇猝至。璜方與其子奎讀書村墅。賊得璜欲用之。不從。脅以刃。璜瞋目詈賊。賊怒殺之。掠奎去。賊帥詢其故。歎曰。壯士也。何爲害之。遂斬害璜者。釋奎還葬璜。面如生。

戴·璣 清長泰人。字利衡。號紫杓。順治進士。康熙間官至廣西右江道。尋致仕歸。會耿精忠叛。脅之降。不屈。幽之密室。嘔血數升而死。

戴·縉 明南海人。工側媚。成化進士。授御史。九年秩滿不得遷。會西廠罷。宦官汪直寵猶不衰。縉探知之。上疏盛頌直功。西廠復。益諂事直。不數年。至南京工部尚書。直敗。斥爲民。◉明蘇州人。字冠卿。以繪事稱。

戴·義 明字馭長。崇禎中官光祿寺典簿。有養餘月令。

戴·興 宋雍丘人。少以勇力聞。事太宗於藩邸。後累官定武軍節度使。徙夏州行營都部署。知州事。討李繼遷。所部深入千里。咸平初出知京兆府卒。

戴·遵 後漢愼陽人。字子高。平帝時爲侍御史。王莽篡位。稱病歸里。家富。好施尙俠。食客常三四百人。時稱爲關東大豪。

戴·融 宋天聖中知歸安縣。未期大治。先是邑人困於茶賦。融乃第戶之豐乏而均之。以絕追捕之苦。又澤居者不務力穡。融教之業農。遂有恆產。及卒。鄉民立祠祀之。

戴·錡 清嘉興人。字坤鑒。監生。詞兼南北宋之長。有魚計莊詞。

戴·檟 明浩子。字青之。號茂軒。性孝友。淡於利祿。弘治中以貢授興化訓導。陞連城教諭。乞免。既歸。足迹不入公府。閉戶讀書。有茂軒稿。

戴·璐 清歸安人。字敏夫。號菔塘。乾隆進士。官至太僕寺卿。性謹飭。奉職四十年。不求表異。有藤陰雜志·石鼓齋雜志·吳興詩話·秋樹山房詩稿。

戴·聯奎 清如皐人。字紫垣。乾隆進士。道光間官至兵部尚書。風節峻整。在翰林時久不遷。掌院嵇璜令謁滿掌院。不往。璜咨之。聯奎曰。有命。苟不得。屢往無益。其自守如此。

戴·謙 唐開元初爲文水令。於縣東北鑿甘泉蕩沙靈長千畝四渠。引文谷水溉田數千頃。邑民德之。

戴·鴻慈 清南海人。字少懷。光緒進士。拳匪之變。鴻慈扈從至西安。尋與載澤等往歐西各國考察政治。官至法部尙書·協辦大學士。卒諡文誠。

戴·璹 元浮梁人。字仲才。從吳迂游。元季避兵深山。以講學爲事。明初累薦不起。時定賦稅法。浮梁獨重於他邑。璹上章言之。得減。有東山集。

戴·禮 漢雅有威重。拜侍御史。以能治劇出爲丹陽東部尉。◉清江蘇興化人。字右屏。畫師李鱓。

戴·簡 唐長沙人。以文行累爲連帥所賓禮。累薦不仕。好儒書。旁及莊老。嘗有堂。因東城爲池。環之九里。頗饒游覽之勝。柳宗元爲作記。

戴·翼 宋三山人。字汝諧。紹定進士。擢南康縣事。政績著聞。

戴·鎬 清吳興人。字芭塘。喜畫墨竹。得風梢雨籜之致。

戴·顒 南朝宋勃弟。字仲若。有高名。初偕勃隱於桐廬。幷善琴。勃卒。以桐廬僻遠。乃游吳下。吳下士人共爲築室。聚石引水植林開澗以居之。乃述莊周大旨。著逍遙論。注禮記中庸篇。永初元嘉中屢徵不就。尋卒。

(一)明豪弟。字師觀。正德進士。入翰林。由庶吉士拜兵科給事中。嘗劾奏光祿卿馮闓不職。章再上。竟謫闓。武宗議南巡。百官伏闕哭諫。大理少卿吳堂喝令毋哭。顯又上章劾之。直聲著於朝。卒官。有倦歌集、璜溪雜稿。

戴・顏老 宋饒州人。字榮之。初名松。試晬。獨取禮記一帙。稍長。日記數千百言。十歲善屬文。嘉熙初舉神童科第一。後省中敎賜免解進士。年十三卒。

戴・瀚 清上元人。字巨川。號雪村。未遇時。流寓建寧爲蒙師。朱仕琇兄弟從之學。弟瀚雍正進士。官至侍讀學士。仲以事謫居吳江。善畫馬。工詩。性愛梅。常放權太湖。恣意探討。有探梅集、雪村詩稿。

戴・鯨 明鱀弟。字時鳴。號南江。嘉靖進士。知番禺縣。累官至福建左參議。治行卓著。性孝友好學。手不釋書。嘗輯四明文獻錄。著有閩廣集、東白樓稿。(按浙江通志。鯨增輯宋宏之之四明雅集而爲四明文獻錄。鄞縣志亦同。四庫總目有四明風雅集。爲宏之編鯨增刪者。無四明文獻錄。字作時霖。號作南楚。與通志縣志皆小異。)

戴・鵬 明洪武初知會稽縣。時大軍駐四明。鵬往供饋餉。期限嚴急。率民步行。日暮飢甚。從者進餅。卻不受。掬道傍水飲之。其清愼自守如此。

戴・蘭英 清嘉興女子。字瑤珍。適袁氏。早寡。有瑤珍吟草。

戴・護 唐婺源人。字邦衛。性剛果有武力。黃巢亂後。盜賊蠭起。護結鄉人設防自守。陶雅鎭歙州。聞其名。薦補先鋒突將都押衙兵馬使。

戴・鰲 明鱀弟。字時化。號少山。嘉靖進士。授工部主事。出治徐州洪。通商利漕。頗著政績。性仁孝。會赴試。同舟者疾篤。友各散去。鰲獨周旋其間。湯藥斂含。靡不盡力。太僕少卿陳侃。道徐暴殂。出己貲爲治喪。人以是義之。先諸兄卒。

戴・鱀 明鯨弟。字時重。號東石。正德進士。歷遷至四川僉事。以忤時宰奪職。家居八年。復起河南僉事。累擢左都御史。巡撫四川。常輕車詣諸部問民疾苦。爲之興罷。鱀精於吏事。而負氣高亢。故動見沮抑。未竟所施。以飛謗落職歸卒。有戴中丞遺集。

戴・衢亨 清第元子。字荷之。一字蓮士。乾隆進士第一。累擢侍讀學士。仁宗嗣位。凡大典禮詣巨製。悉出其手。累官體仁閣大學士。管理工部。前後直樞廷三十年。知無不言。言無不盡。卒諡文端。

戴・纓 明長洲人。字清之。畫水壘梅鶴。頗得生趣。

戴・鱉 明纓子。字時鎭。號靜山。弘治進士。授太和知縣。調興化。有政聞。陞溥甸知府。溥故蠻方。鱉至。興學課士。百廢具舉。被論歸。孝友慈惠。人稱長者。

擴廓帖木兒 元沈丘人。本王姓。小字保保。平章察罕帖木兒之甥。養爲子。順帝賜名擴廓帖木兒。拜太尉。中書平章政事。封河南王。總天下兵。爲太子所銜。順帝亦忌之。詔盡削官爵。元旣滅於明。順帝北走。太子嗣立。任以國事。敗大將軍徐達等十五萬衆於和林。明兵遂不敢出塞。後從其主徙金山卒。

擾龍・宗 後漢爲侍御史。詣董卓白事。不解劍。卓立撾殺之。

檮戭 上古高陽氏才子。爲八愷之一。舜舉之。使主后土。以揆百事。

歸・子慕 明有光少子。字季思。幼有文行。萬曆舉人。再試禮部不第。屛居江村。與無錫高攀龍、嘉善吳志遠最善。所居陶庵。權臨茅屋。詠歌以爲樂。學者稱清遠先生。

歸・子顧 明蘇州嘉定人。字春陽。一字貞復。萬曆進士。由中書舍人累官刑部左侍郎致仕。帝嘗題歸佛子三字於御屛。以子顧恬澹寡欲。入呼佛子。語徵禁中故也。子顧爲有光族子。爲文有師法。有刪正綱目通鑑・備我集・天絢集。

歸・允肅 清巳先子。字孝儀。號惺厓。康熙中進士第一。官至少詹事。持正不阿。以疾歸卒。有歸宮詹集。

歸・有光 明崑山人。字熙甫。九歲能屬文。弱冠盡通五經三史。嘉靖間舉鄉試。上春官不第。徙居嘉定安亭江上。讀書談道。學徒常數百人。稱爲震川先生。晚乃以進士授長興令。用古教化爲治。每聽訟。引婦女兒童案前。刺刺作吳語。斷訖遣去。不具獄。大吏令不便。輒寢閣不行。大吏多惡之。調順德通判。名爲遷。實重抑之也。隆慶中始用高拱等薦爲南京太僕寺丞。卒官。有光爲古文。原本經術。好太史公書。得其神理。爲有明一代大家。有震川集、三吳水利錄。

歸・昌世 明有光孫。字文休。號假菴。諸生。十歲能詩歌。有聲詞苑。與李流芳、王志堅稱三才子。又工書畫篆刻。崇禎間以待詔徵。不應。有假庵詩草。

歸・珧 唐寶曆間爲餘杭令。因漢陳渾故迹。置上下湖。又開北湖。溉田千頃。建築甬道。通西北大路。行旅無山水之患。人稱賢令。

歸・起先 明常熟人。字裔興。號律庵。晚號易民。崇禎進士。官刑部主事。以父病歸。明亡。杜門不出。著書自遣。卒於家。有易聞、學庸語孟大旨·老莊略·參同契悟眞篇考證。

歸·崇敬 唐吳人。字正禮。治禮家學。多識容典。遭父喪。孝聞鄉里。天寶中擧博通墳典科。對策第一。授左拾遺。代宗幸陝。召問得失。崇敬極陳生民疲敝。當以儉化天下。以兵部尚書致仕。卒謚宣。

歸·淑芬 明嘉興女子。許某妻。字素英。有靜齋詩餘。

歸·莊 歸昌世子。一名祚明。字元恭。號恆軒。明諸生。工文辭書畫。國變後。野服終身。往來湖山。性好奇。或稱歸藏。或稱歸乎來。或稱懸弓。或稱圜公。嘗僧裝。稱普明頭陀。墨鑿鉅山人。與同邑顧炎武善。有歸奇顧怪之目。晚年寄食僧舍。非素交。雖厚弗納。卒年六十一。有恆軒集·懸弓集·山游詩。

歸·登 唐崇敬子。字沖之。事繼母篤孝。擧孝廉。貞元中策賢良爲右拾遺。同列有所諫爭。輒自請聯署。無所迴避。時憲宗問政所先。登勸順納諫諍。累官工部尚書。封長沙縣男。登性溫恕。有文學。工草隸。嘗慕陸象先之爲人。人亦以爲近之。

歸·暘 元汴梁人。字彥溫。學無師傳。精敏過人。登至順進士。授同知穎州事。鋤奸擊強。人不敢以年少易之。杞縣人范孟謀不軌。使暘北守黃河口。暘力拒不從。繫獄。賊敗。汚賊者皆獲罪。暘獨免。拜監察御史。養親汴上。後累遷翰林直學士。至正間以集賢學士致仕卒。

歸·鉞 明蘇州嘉定人。字汝威。失愛於繼母。譖於父而逐之。父卒。母擯不納。因販鹽市中。時私其弟。問母飲食。致甘鮮。正德初大饑。鉞迎母奉養。每得食。先母弟而後已。母爲感悅。弟尋沒。鉞孝養終其身。

歸嶼 後梁高僧。壽春湄氏子。住相國寺。精大小乘。幼與末帝同學。末帝卽位。召入賜紫衣。號演法大師。有會要章字。

歸·融 唐登子。字章之。元和進士。歷官左拾遺。文宗時爲翰林學士。累官兵部尚書。封晉陵公。在官持大體。不附權要。會昌後。朝廷禮典。多本融議。以太子少傅分司東都卒。

歸·繡 明鉞族子。亦販鹽。與二弟紋·緯友愛。緯數犯法。繡輒傾貲營護之。終無慍色。妻朱。每製衣必三襲。曰。二叔無室。豈可使郞君獨暖耶。里人稱繡與鉞爲歸氏二孝子。

歸·藹 後唐融孫。字文彥。登進士第。唐昭宗朝爲侍御史。時朱全忠擅命。討邠鳳還。賜宴文思毬塲。全忠入時。百官有坐於廊下者。全忠怒其傲。藹坐謫登州司戶。入後唐。官至太子賓客致仕。

獵驕靡 漢烏孫國主。史稱昆莫。其王號也。擊破大月氏。居烏孫。與中子大祿·嫡孫岑陬各將萬騎別居。而統屬之。武帝時欲與共拒匈奴。使張騫往。諭以東居故地。昆莫年老國分。不能專制。送騫還。因獻馬報謝。後匈奴怒其與漢通。欲擊之。元封中尙漢江都公主。匈奴亦遣女妻之。以爲左右夫人。後昆莫使岑陬尙公主。尋卒。

瞻·思 元其先大食國人。家眞定。字得之。博極羣籍。踐履篤實。泰定中徵至上都。以養親辭歸。天曆中召爲應奉翰林文字。進所著帝王心法。文宗稱善。至元中拜陝西行臺御史。上封事十條。皆羣臣所不敢言者。分巡雲南。除僉浙西肅政廉訪司事。改浙東。以病歸。歷官臺憲。以理冤澤物爲己任。平反大獄甚衆。卒謚文孝。有四書闕疑·五經異問等。

瞿·九思 明晟子。字睿夫。十歲從父官吉安。事羅洪先。十五作定志論。從同郡耿定向游。學益進。擧萬曆鄉試。爲縣令張維翰所誣構。長流塞下。子甲及罕訟冤當道。張居正援之。乃獲釋歸。後以撫按疏薦。授翰林待詔。力辭不受。詔有司歲給終其身。乃撰樂章及萬曆武功錄。遣罕詣闕上之。卒年七十一。九思學極奧博。其文章不雅馴。然一時嗜古篤志之士。亦鮮其儔。又有春秋以俟錄·樂經以俟錄·孔廟禮樂考。

瞿·中溶 淸蘇州嘉定人。字萇生。號木夫。官湖南布政使理問。博綜羣籍。富收藏。工畫花卉。善篆隸行楷。尤精金石考訂之學。有湖南金石志。

瞿·元鏡 淸式耜子。字端叔。諸生。善寫花鳥。兼精篆刻。

瞿夫人 唐豫章人。隋末。兄爲辰州刺史。有黃元仙者。亦自豫章來。刺史高其行。以夫人妻之。後薦其才德以自代。隋亡。元仙棄官。與夫人隱於州西之羅山。貧甚。夫人爲人傭織以養姑者十年。一日忽謂元仙曰。昨日聞帝命。當與君別。俄頃翀擧。

瞿·甲 明九思子。字釋之。年十三。爲書數千言。歷抵公卿訟父冤。一日赴臬司處。臬司問何能。曰。能詩賦。時大雪。卽令詠雪。人大奇之。十九鄉試掄魁。不壽而卒。巡撫郭惟賢爲建祠。題曰孝子才人。

瞿·式耜 明汝說子。字起田。萬曆進士。崇禎初擢戶科給事中。詔會推閣臣。錢謙益謀沮周延儒。式耜言於當事。擯勿推。事發。坐貶謫。廢於家。福王立。擢右僉都御史。巡撫廣西。平靖江王亨嘉之亂。唐王監國。擢兵部右侍郞。協理戎政。退居廣東。淸兵破汀州。式耜與丁魁楚等立永明王由榔於肇慶。及王奔全州。以大學士留守桂林。尋封臨桂伯。在軍與士卒同甘苦。閧時政闕失。必疏諫。兩粤皆倚以爲重。城破。端坐府中。與總督張同敞俱死之。淸謚忠宣。有姚林漫錄·及雲濤·松丸等集。

瞿·汝說　【明】汝稷弟。字星卿。五歲而孤。每構文成。輒跪薦父木主前。舉萬曆進士。官至湖廣提學僉事。以剛正聞。有皇明臣略百卷。

瞿·汝稷　【明】景淳子。字元立。好學工屬文。以廕補官。三遷刑部主事。扶溝知縣扶宗人。神宗令予重比。汝稷曰。是微服至邑庭。官自挾扶溝民耳。讞上得釋。歷長州知府。長蘆鹽運使。以太僕少卿致仕卒。有石經大學質疑·兵略纂要·指月錄·冏卿集等。

瞿·佑　【明】錢塘人。一作祐。字宗吉。學博才贍。洪武中爲臨安教諭。永樂間官周王府長史。以詩禍編管保安。洪熙中釋歸。復原職。內閣辦事。有春秋貫珠·閱史管見·存齋詩集·樂府遺音·餘清詞·歸田詩話。

瞿·君武　【宋】彭山人。七歲絕粒。服黃精紫芝。入峨嵋山得道。乘龍還家。繫龍於潭。後復乘龍而去。

瞿·罕　【明】甲弟。字曰有。七歲能文。偕甲伏闕上書白父冤。往返徒步。不避寒餒。天下稱雙孝。崇禎間以所著孝經進。辟舉崖州知州。

瞿·杲　【淸】常熟人。字炳暘。號醉漁。善畫花鳥及蘆雁。嗜酒落魄。能詩。（按常熟舊志作明人。瞿氏譜謂爲淸康熙時人。今從之。）

瞿·信　【元】太倉人。字實夫。好學矜行。與兄智齊名。號二瞿先生。至正間台寇作。負母避地靑龍海上。築室曰閒野。御史李烈舉孝廉。不應。

瞿·俊　【明】常熟人。字世用。號學古。成化進士。由侍御史遷廣東按察副使。工書畫。性廉介。不可干以私。嘗見市幣者呼而入。分幣給諸僚素乏淸譽者。人問故。曰。君庭多穢耳。僚捉硯擲之。以病致仕歸。比舍皆漁戶。時時席地與飲。善爲詩。卒祀名宦鄉賢祠。有留餘堂集·學古齋集。

瞿·能　【明】通子。字世賢。嗣父官。以四川都指揮使從藍玉擊西番。又以副總兵討建昌叛酋月魯帖木兒。俱有功。燕師起。從李景隆北征。能父子奮擊。所向披靡。會旋風起。王突入馳擊。斬能父子。南軍由是不振。

瞿·晟　【明】黃梅人。字景明。嘉靖進士。授戶部員外郎。有邊譽。晟晝計軍儲。凡六十晝夜。鬚髮盡白。出知廣平府。鑿長渠三百里。築四牐蓄洩。得田數十萬畝。卒官。

瞿硎先生　【晉】逸其姓氏。太和末嘗居宣城郡界文山中。脊山有瞿硎。因以爲名。桓溫嘗往造之。見先生被鹿裘。坐於石室。神無忤色。溫及僚佐數十人。皆莫測之。乃命伏滔爲之銘贊。竟卒於山中。（按太倉州志載瞿硎先生。廣川人。字鶴子。流寓直塘。此從晉書。）

瞿·章　【五代吳】事楊行密。積功至先鋒指揮使。乾寧初權黃州刺史。汴將朱友恭引兵進攻。章棄城保武昌寨。未幾。爲友恭所執。遂失黃州。

瞿·紹基　【淸】昭文人。字蔭棠。廩貢生。權陽湖訓導。喜藏書。廣購善本。築恬裕堂以藏之。子鏞。著鐵琴銅劍樓書目。其書至今猶存。與聊城楊氏並峙。同爲道光時大藏書家。世稱南瞿北楊。

瞿·紹勳　【淸】如皋人。居常熟。號楠園。善書。工畫山水。筆甚蒼秀。

瞿·通　【明】合肥人。元末江淮兵起。通善長鎗。號長鎗千戶。後歸明。積功至鳳陽指揮使。以大都督府僉事致仕卒。

瞿·景淳　【明】常熟人。字師道。號昆湖。嘉靖中舉會試第一。殿試第二。授編修。典制誥。淸介自持。錦衣陸炳先後四妻。欲封其最後者。屬景淳撰詞。不可。嚴嵩爲請。亦不應。累官禮部左侍郎。兼翰林院學士。總校永樂大典。修嘉靖實錄。以疾累疏乞歸。卒謚文懿。有制敕稿·詩文集。

瞿·嗣興　【明】常熟人。字華卿。事母至孝。母思食芰。時芰始花。求之不得。嗣興入水半日。忽得三芰。人稱孝感。

瞿·源洙　【淸】宜興人。字時夏。有笠洲文集。

瞿·潛　【淸】江蘇華亭人。字又陶。善畫花鳥。水墨若具五采。有易元吉規範。

瞿·頡　【淸】常熟人。字孚若。號菊亭。以舉人知酆都縣。好古文詞曲。有四書質疑·酆都縣志·秋水閣古文·秋水吟。又演瞿式耜事成曲本曰鶴歸來。爲藝林所賞。

瞿曇·悉達　【唐】開元中官太史監。所著唐開元占經。徵引古籍。極爲浩博。

瞿曇·羅　【唐】武后時造光宅曆。

瞿·龍躍　【淸】武陵人。字天門。明崇禎拔貢。性嗜遊。兀傲自喜。鼎革後。常出亡不歸。所至有題詠。鐫絕壁上。納稿瓢中。自號一杓行腳道人。詩有奇氣。多慷塞之音。

瞿·鏞　【淸】紹基子。字子雍。歲貢生。承父志收藏宋元善本。積十餘萬卷。尤喜金石文字。辨析精當。有續海虞文苑詩苑稿·續金石萃編稿·鐵琴銅劍樓藏書目錄·集古印譜·鐵琴銅劍樓詞稿。

瞿·騰龍　【淸】善化人。字在田。道光間以征猺功。累擢遊擊。咸豐間洪楊軍起。轉戰廣西湖南湖北江蘇等省。官至鄖陽鎭總兵。戰死瓜洲。謚威壯。

瞽瞍 有虞氏舜之父。有目不能分別好惡。時人謂之瞽。配字曰瞍。瞍。無目之稱也。

禮至 春秋衛大夫。衛將伐邢。禮至曰。不得其守。國不可得也。我請昆弟仕焉。乃往得仕。明年果滅邢。

禮宗 唐高僧。會稽宋氏子。聞長壽寺和尚通達禪觀。往叩其關。遂多通解。有涅槃經注八十卷。

禮敦 清景祖長子。創業之初。所向克敵。破碩色納子九人。滅加虎子七人。盡收五嶺迤東蘇克蘇滸河迤西二百里內諸部。太宗時追封武功郡王。

禮震 後漢平原人。字仲威。受業歐陽歙。歙下獄當死。震年十七。自繫上書求代。光武嘉其行義。拜郎中。

簡上 清巴縣人。字謙居。順治舉人。知鉅鹿縣。以廉能累擢廣西右江道。所入俸錢。多分贍族黨之貧者。有四書彙解。

簡仁瑞 明滎縣人。字季麟。崇禎間以舉人歷官西安同知。遷平涼知府。流賊入關。諸王及監司以下謀遁去。仁瑞力爭不從。乃撤四關居民入城。以土石塞門爲死守計。賊至。士民草降書乞僉名。仁瑞厲聲叱責之。正衣冠自經死。

簡文會 南漢南海人。幼穎異。工詩。性耿直。劉龑初開進士科。擢第一人及第。累官尚書右丞。劉晟暴酷。文會切諫。謫禎州刺史卒。

簡世傑 宋進賢人。字伯俊。隆興進士。任清江司理參軍。范成大辟入幕府。改知蒲圻縣。不設科條。民不忍犯。遷知賀州卒。

簡正理 宋新喻人。字西碧。以薦爲御史。歷永興·桃源·新野令。居官廉介。以儒術飭吏治。時譽翕然。

簡生 元蜀人。善畫山水。

簡而廉 明邵陽人。通五經。舉孝行。以明經任監利訓導。念母棄官歸。每晨起。跪誦孝經。有孝經解。

簡克己 宋南海人。少師事張栻。得其傳。退歸杜門。以眞知實踐爲事功。務啓迪後進。士無少長。咸稱簡先生。

簡狄 上古有娀氏之女。帝嚳之妃。堯時與其妹娣浴於玄丘之水。有玄鳥銜卵過而墜之。五色甚好。簡狄得而含之。誤吞之。娠而生契。爲殷商之祖。

簡芳 明上高人。字德馨。幼穎敏。弘治進士。任南京刑部主事。性耿介。執法明允。陞兵部郎中卒。

簡祖英 明東莞人。字世英。學問該博。有才略。徵赴京。授建平知縣。以母老辭歸。

簡敬臨 清長沙人。原名桂林。咸豐間與洪楊軍轉戰江西浙江福建等省。以功累擢衢州鎮總兵。同治間從左宗棠征回。攻金積堡。中砲沒於陣。諡勇節。

簡雍 三國蜀漢涿郡人。字憲和。少與先主善。從至荊州。爲從事中郎。往來使命。先主圍成都。雍入城說劉璋歸命。拜昭德將軍。性簡傲跌宕。滑稽諷諫。爲先主所親重。（按三國志注云。或曰雍本性耿。幽州人語謂耿爲簡。遂隨音變之。蓋耿簡聲母同也。）

簡輔 明馬平人。字汝欽。由進士任永新知縣。正德中謫判秦州。性果毅。遇事當爲者。奮前不恤時論。

簡籍 明巴縣人。嘉靖舉人。官秦州學正。性廉介。喜推解。年近百歲。誦四箴而卒。

繒賀 漢從高祖起晉陽。爲連敖。擊項籍。高祖敗走。賀擊楚追騎。以故不得進。後戰彭城。斬籍。封祁穀侯。

繞朝 春秋秦大夫。晉士會奔秦。晉人患秦用士會。乃使魏壽餘僞以魏歸於秦以誘之。士會將行。繞朝贈之以策曰。子無謂秦無人。吾謀適不用也。

翼奉 漢下邳人。字少君。治齊詩。好律曆陰陽之占。元帝即位。徵待詔宦者署。數言事。以中郎爲博士·諫議大夫卒。

聶士成 清合肥人。字功亭。起自行伍。性勇敢公廉。同治間隨勦太平軍及捻匪。光緒間中法越南之役。防守臺灣有功。中日之戰。士成以孤軍守摩天嶺。屢卻日兵。復連山關。殲其軍官。和議成。授直隸提督。總統武毅軍。拳匪起。獨主痛勦。爲當國者所阻。英法諸國聯軍攻天津。士成力戰。拳匪復乘之。沒於陣。

聶大年 明臨川人。字壽卿。博學善詩古文。書得歐陽率更法。宣德末薦授仁和教諭。母卒歸葬。哀感行路。里人列其母子賢行上之。詔旌其門。景泰中以修史徵入翰林卒。

聶子述 宋南城人。字善之。紹熙進士。累官吏部侍郎。尋以制置使出帥西蜀。勤名甚著。致政歸。會盜殺郡守。朝廷遣將屠城。子述力陳民冤。乃止。民賴以安。卒諡文定。

聶友 三國吳豫章人。字文悌。有材辯。少爲縣吏。虞翻與語奇之。爲書與豫章太守謝斐。以爲功曹。使至都。諸葛恪友之。由是知名。後爲將討儋耳。拜丹陽太守卒。

聶天驥 金五臺人。字元吉。至寧進士。興定中爲衞州。行尚書六部事。慶陽圍急。遣牙古塔救之。以天驥充經歷官。圍解。從別帥守邠。帥欲棄州而東。天驥力止之。不從。帥坐是被繫逮。天驥降京兆治中。哀宗遷歸德。以右師員外郎留汴中。崔立之變。天驥被創甚。其女欲求醫。止之。遂鬱鬱以死。

聶文進　〔五代漢〕并州人。少爲軍卒。善書算。給事高祖帳中。高祖卽位。歷拜領軍·屯衞將軍·樞密院承旨。周太祖爲樞密使。頗親信之。及謀殺楊邠等。文進指揮殺戮以爲己任。隱帝遇弒。文進亦見殺。

聶氏　〔南宋〕太平鄉民女。父早沒。一日隨母入山採薪。母爲虎攫。聶持柴刀。自後躍登虎背。用手按頭。連割其項。同樵見者。呼噪助斫之。虎奮擲死。時年十三也。

聶古柏　〔元〕官吏部侍郎。嘗奉使安南。宣仁宗卽位詔。工詩。有侍郎集。

聶用人　〔明〕豐城人。正統間以監察御史出知鄧武府事。公平廉介。撫民有方。

聶夷中　〔唐〕字坦之。擢進士。工詩。其田家詩云。二月賣新絲。五月糶新穀。醫得眼前瘡。剜卻心頭肉。我願君王心。化作光明燭。不照綺羅筵。偏照逃亡屋。孫光憲謂其有三百篇之旨。

聶季寶　〔後漢〕襄城人。欲見李膺。自以小家子不敢見。杜密知季寶賢。以語膺。膺呼與言。卽決曰。此人當作國士。後卒如膺言。

聶政　〔戰國〕軹人。避仇隱於屠。聞韓卿嚴遂與相韓傀有隙。欲報之。聞政勇敢。乃奉黃金百鎰爲政母壽。政以母在不許。及母死。獨行仗劍刺殺傀。因自皮面抉目而死。暴尸於市。購問莫識。其姊聞而往哭之曰。是軹深井里聶政也。妾奈何畏沒身之誅。而沒賢弟之名。遂自殺於尸旁。

聶昌　〔宋〕臨州人。字幸遠。由太學上舍累官戶部尙書。領開封府。遇事奮然不顧。敢誅殺。李綱之罷。太學生陳東等撾鼓伏闕。王時雍欲寘東等獄。昌力言不可。乃止。京師戒嚴。拜同知樞密院。入謝。卽陳扞敵之策。金人再議和。割兩河。詔耿南仲及昌報聘。至絳。絳人閉壁拒之。昌持詔抵城下。縋而登。州鈐轄趙子淸害之。諡忠愍。

聶松　〔宋〕工畫人物。爲張僧繇之亞。

聶芳聲　〔淸〕江西永豐人。字晦之。輯有豐陽人文紀略。

聶冠卿　〔宋〕歙州新安人。字長孺。咸平進士。授連州軍事推官。大臣交薦。召試學士院。校勘館閣書籍。預撰景祐廣樂記。特遷刑部郎中。奉使契丹。契丹主慕其文詞。禮遇甚厚。累遷翰林院侍讀學士。告歸卒。冠卿嗜學好古。尤工詩。有蘄春集。

聶炳　〔元〕江夏人。字韞夫。元統進士。至正間知荆門州。適淮漢賊起。荆門不守。炳召募士兵復荆門及江陵。未幾。賊復來攻。炳晝夜血戰。城陷被執。罵不絕口。遇害。

聶致堯　〔宋〕邵陽人。事親孝。臨財廉。周給貧困。邦人德之。列舉節義十事。守宰以聞。詔旌其廬。

聶師道　〔五代吳〕歙州人。字宗微。少好道。唐末事道士於方外。居郡南問政山中。人號問政先生。楊行密平歙州。聞其名。召至廣陵。建紫極宮居之。久之卒。時方遣使湖湘。使還。遇師道於途。及入境。知卒已數月矣。相傳爲異。

聶珪　〔元〕平定人。字延器。初授招撫司副使。以破武仙功。授都元帥。自守令以下。任賢使能。各盡其長。喜賓客。好詠吟。與元好問友善。

聶豹　〔明〕吉安永豐人。字文蔚。號雙江。正德進士。爲平陽知府。嘉靖間俺答頻寇山西。豹修關練卒。先事以待。寇來被卻。後犯通州。京師戒嚴。禮部尙書徐階言豹才可大用。召拜右僉都御史。累官太子太保。然實無應變才。竟以中旨罷。旋卒。隆慶初諡貞襄。豹初好王守仁之說。聞守仁沒。爲位哭。以弟子自處。及著困辨錄。於守仁說頗有異同。

聶崇義　〔宋〕洛陽人。少舉三禮。善禮學。漢乾祐中累官國子禮記博士。校定公羊春秋。周顯德中累遷太常博士。命摹畫郊廟祭器以聞。建隆間考正三禮圖表上之。下工部尙書竇儀裁定。三禮圖遂行於世。

聶從政　〔元〕大德中守南豐州。性耐淸苦。巡行境內。必自齎糧。夙興晏罷。修水利。盡地力。惠政甚多。

聶紹元　〔南唐〕字伯祖。好書史。尤精老莊文列。詣金陵。師道士高朗昭受戒籙。後居問政山。自號無名子。時後主酷好浮屠學。紹元上書切諫。尋病卒。有宗性論·修眞祕訣。

聶勝瓊　〔宋〕名妓。李之問詣京師。與結好。別後。勝瓊作鷓鴣天詞以寄之。爲之問妻所見。愛其詞。爲娶歸。

聶壹　〔漢〕雁門馬邑豪。武帝使壹間闌出物。與匈奴交易。陽爲賣馬邑城。以誘單于。

聶欽　〔淸〕泰安人。字劍光。有泰山道里記。

聶鉉　〔明〕淸江人。字器之。洪武進士。爲廣宗丞。疏免旱災稅。秩滿入覲。獻南都賦及洪武聖德詩。授翰林院待制。歷遷國子典籍。與張美和同賜歸。復召典會試。欲留用之。乞便地自養。令食廬陵教諭俸終身。時稱鉉與美和及嘉興貝瓊爲成均三助。

聶際茂　〔淸〕長山人。號松巖。諸生。性淳篤。通六書。尤工篆刻。宋弼招至京師。紀昀一見。獨心賞焉。有司空表聖詩品印譜。

聶·緝槼　清衡陽人。字仲芳。曾國藩之壻。歷官江蘇巡撫。致仕歸養。母喪。以毀卒。

聶·賢　明長壽人。字承之。弘治進士。爲御史。有清操。嘉靖時歷副都御史。會御史馬錄奏妖賊李福達獄。并劾武定侯郭勛。賢覆如錄奏。言勛黨逆罪。勛激怒帝反前獄。奪賢官。後用薦起工部尚書。改刑部致仕。卒諡榮襄。

聶·嶼　後唐鄴中人。少爲僧。後依郭崇韜爲鎮州書記。明宗時爲起居舍人。性氣乖僻。人多惡之。累官河東節度使。明宗惡其貪穢。賜死。

聶·隱娘　唐女俠。貞元中魏博大將聶鋒之女。十歲。有老尼偷之去。授以劍術。既成還家。嫁磨鏡少年。元和間夫妻之許。節度使劉悟留之左右。後不知所之。

聶·繼模　清衡山人。字樂山。學以實用爲主。期於濟人利物。事親至孝。善醫。乾隆間子燾以進士出爲縣令。繼模作誡子書三千言貽之。燾遵其教。以治績聞。有朱氏家訓證釋、樂庵集。

薳子馮　春秋楚蔿敖從子。康王使爲令尹。馮訪於申叔豫。叔豫曰。國多寵而王弱。國不可爲也。馮遂以疾辭。後復爲令尹。有寵於馮者八人。皆無祿而多馬。叔豫以子南寵觀起。子南得罪。觀起車裂爲言。馮懼。辭八人者。而後王安之。(按蔿敖卽孫叔敖。杜注謂薳子馮爲叔敖從子。正義曰。按世本。蔿艾獵是叔敖之兄。馮是艾獵之子。釋例謂艾獵叔敖爲一人。馮是叔敖之子。各書徵異。又薳蔿本一字。左襄二十二年傳作薳子馮。又十五年傳作蔿子馮。是薳蔿一姓。當時史册互易。故分兩族耳。)

薳·罷　春秋楚字子蕩。嘗如晉涖盟。晉侯享之。將出。賦既醉。叔向曰。薳氏之有後於楚國也宜哉。承君命。不忘敬。子蕩將知政矣。後爲令尹。

藍·七孃　明隸南京樂籍。善鞦韆蹴踘。入楚宮。亂後爲尼於蘄春。顧景星有楚宮老妓行。

藍·二順　清大順弟。同治間踞陝西山陽。游弋楚豫邊界。後疾攻西安。爲穆圖善、劉蓉、德興阿等所滅。

藍·千秋　清宜黃人。字長清。號石塢。以諸生薦舉。官盛京戶部員外郎。有藍戶部集。

藍·大順　清雲南人。同治間踞盩厔。多隆阿圍攻。大順百計守禦。久不能拔。後力攻克之。大順遁至漢陰。爲團練所截殺。

藍·仁　明崇安人。字靜之。元時清江杜本隱武夷。崇尙古學。仁與弟智俱往師之。謝科舉。一意爲詩。後辟武夷書院山長。遷邵武尉。不赴。有藍山集。(按崇安縣志作藍山。此從明史。)

藍·元枚　清廷珍孫。字簡侯。康熙間由世職累擢江南提督。臺灣林爽文之亂。命元枚往泉州。署陸路提督。督師進勦。卒於軍。諡襄毅。與廷珍諡同。時稱小襄毅公以別之。

藍尹亹　春秋楚大夫。昭王奔隨。將涉於成臼。亹涉其帑。不與王舟。及寧。王欲殺之。子西曰。子常惟思舊怨以敗。君何效焉。王曰。善。使復其所。

藍·方　宋修道南嶽。自號養素先生。

藍·玉　明鳳陽定遠人。初隸常遇春帳下。臨敵勇敢。所向皆捷。累功官大都督府僉事。以征西番功。封永昌侯。與世券。遷征虜左副將軍。從馮勝征納哈出。代勝爲大將軍。時元順帝孫脫古思帖木兒嗣立。擾塞上。命玉帥師十五萬征之。元主遁去。獲其次子地保奴、妃公主以下百餘人。降獲官屬三千人。男女七萬七千餘人。進封涼國公。繼破哈剌章。平都勻安撫司散毛諸洞。師還。命爲太子太傅。玉饒勇略。有大將才。數總大軍。多立功。寖驕蹇自恣。動多不法。遂坐謀反誅。列侯以下連坐者數百家。元功宿將。相繼以盡。

藍·田　明章子。字玉甫。號北泉。嘉靖進士。官至河南道監察御史。張璁等希旨議大禮。田反覆抗論。凡七上章。受杖幾殆。復糾劾陳洸不法事。直聲震一時。璁掌都察院。落職歸。先後論薦三十餘疏。終不赴。有北泉集。

藍·田玉　明鐵柱觀道士。嘉靖中與羅萬象並以扶鸞術供奉西內。因交歡內官趙楹。後論死。

藍·光　元江西人。字仲晦。嘗受業於吳澄之門。初爲安南路知事。江西陷。光入閩。轉行省照磨。尋陞檢校。綜理閩清邑事。邑民懷之。改行省都事。明兵南下。光隱居教授以卒。

藍·廷珍　清漳浦人。字荊璞。康熙間由把總累擢溫州游擊。屢敗海賊。威名甚盛。賊聞風破膽。皆曰謹避老藍。後擢南澳鎮總兵。從施琅入臺灣。平朱一貴。官至福建水師提督。加左都督。卒諡襄毅。

藍采和　唐末逸士。夏服絮衫。冬臥冰雪。常於長安市攜籃而歌。自號藍采和。人有自兒童時見之者。及斑白見之。顏色如故。後於濠梁酒樓上飲酒。有五色雲覆其上。飲畢。乘雲鶴去。世所傳八仙之一也。

藍·奎 【明】程鄉人。字秉文。家貧。借書而讀。過目成誦。越宿即歸之。第進士。官博士。受詔校文於福州。以文章氣節名。學者稱藍夫子。

藍拜 【清】滿洲鑲藍旗人。世居佟佳。以地爲氏。崇德間征索倫部。圍錦州。攻松山。累戰皆捷。順治間從入關。擊李自成。征湖南。定廣東。官至本旗都統。加太子太保。致仕卒。

藍·洄 【清】錢塘人。字青文。工畫山水。

藍·郁 【明】鹽城人。字國馨。弘治進士。初知祁陽。改崇安。操履清白。愛民好士。其爲政率以敦風俗袪民患爲急。民有訟者。往往以義言動之。不俟刑罰而自服。甫一歲。以疾卒官。

藍·珪 【宋】宦者。初爲康王府都監。王即帝位。恃恩用事。帝幸浙。道吳江。其黨競以射鴨爲樂。比至杭州江下觀潮。中官供帳。赫然遮道。統制苗傅等捕珪編置遠州。傅等誅。珪自武功大夫擢內侍省押班。尋陞內侍省都知。以壽終。

藍·純 【明】江陵人。應貢將赴南雍。念父老不行。父卒廬墓。時人稱之。

藍·偉 【明】南陽人。舉嘉靖鄉試。爲湖州府丞。以捍寇功擢按察司僉事。督山西鹽法。致仕歸。推產讓兄。分俸恤族。有梅亭稿·三藍詩。

藍·深 【清】瑛子。字謝青。諸生。工繪事。雖得祖父之傳。而錯綜變化。自得其巧。

藍·理 【清】漳浦人。字義甫。號義山。力舉八百斤。足追奔馬。能曳其尾倒行。康熙間耿精忠反。理迎謁傑書。陳平閩策。破曾養性於溫州。授建寧游擊。後從施琅攻臺灣。拖腸血戰。以首功加左都督。累官福建提督。以左右互爲姦利被劾。坐斬。從寬免死。尋卒。

藍·章 【明】即墨人。字文繡。成化進士。擢御史。屢遷右僉都御史。忤劉瑾。左遷撫州通判。瑾敗。復起巡撫陝西。時蜀保兒寇掠漢中。章選將練兵。殲其首惡。餘黨悉平。終南京工部侍郎。

藍·智 【明】仁弟。字明之。洪武中以明經舉。任廣西按察司僉事。以清廉仁惠稱。有藍澗集。（按崇安縣志作藍澗。此從明史。）

藍·渠 【明】莆田人。字志張。正德進士。官南京兵部郎中。初知隨州。清刑獄。裁冗費。鋤強植弱。居七年。調欽州。民肖像祀之。

藍·瑞 【明】鄧州人。字伯麟。正德進士。任青州府推官。莅政廉明。轉南京刑部郎。鞫獄多所平反。數歲疑獄。能以數言決之。陞知漢中府。單騎赴任。二年。百廢具舉。性樸直自執。不爲時所容。比歸。囊無餘貲。惟讀書課子。尤喜玩易及陶杜詩。有日省篇·求仁錄·名言錄·滿南稿。

藍·瑛 【明】錢塘人。字田叔。號蝶叟。晚號石頭陀。畫山水法宋元。自成一格。極北宗雄獷之觀。浙派山水。至瑛爲極盛。

藍·道行 【明】嘉靖中以扶鸞得幸。帝問今天下何以不治。道行假乩仙言嚴嵩奸罪。會御史鄒應龍劾嵩疏上。帝即放嵩還。已嵩詗知道行所爲。厚賂帝左右。發其怙寵招權諸不法事。下詔獄坐斬。死獄中。

藍·鼎元 【清】廷珍從弟。字玉霖。號鹿洲。父卒。母年十九。授鼎元讀。長工詩古文。通達治體。嘗佐廷珍討朱一貴於臺灣。著書曰平臺紀略。雍正時以拔貢生授普寧知縣。斷獄如神。暇則與邑人士講明正學。俗爲之變。以忤監司削籍歸。所著古文曰鹿洲集。又有棉陽學準·女學·修史試筆·鹿洲公案。

藍·漣 【清】侯官人。字公漪。康熙間布衣。工書畫。兼精篆刻。遨遊江湖。與吳偉業·毛奇齡·陳恭尹·梁佩蘭友善。詩磊落有奇氣。年八十餘卒。有采飲集。

藍·橋 【宋】龍川人。一作喬。舉進士不第。隱於霍山。常吹鐵笛。一日飛昇而去。後有人見之於洛陽。

藍·濤 【清】深弟。號雪坪。善畫小景。衰梧叢菊。頗得舊法。

藍·繼宗 【宋】南海人。字承祖。事劉鋹爲宦者。歸宋遷中黃門。仁宗時歷昭宣·宣政·宣慶使·邕州觀察使。以景福殿使家居養疾。卒諡僖靖。繼宗歷事四朝。謙謹自持。每領職未久。輒請罷。家有園池。退朝即歸。曰。我欲歸種花卉。弄游魚爲樂爾。

蟒吉圖 【清】滿洲人。以任子起家。隨征滇黔。力戰奪鐵索橋有功。康熙間吳三桂反。佩鎮南大將軍印。削平兩粵。將進取滇黔。瘍發於項。竟卒。民思其功。祔祀伏波將軍廟中。

蟲·達 【漢】功臣。以西城戶將三十七人從高祖起碭。後定三秦。以都尉破項籍。封曲成侯。卒諡圉。

豐干 【唐】高僧。居天台山國清寺。晝則舂米供僧。夜則扃房吟詠。或騎虎巡廊唱道。人或借問。止對隨時而已。更無他語。又嘗於京師爲閭丘太守治疾。閭丘牧台州。乞豐干一言。曰。到任後謁文殊普賢。在淸國寺執爨滌器者。寒山拾得是也。閭丘訪之。二人笑曰。豐干饒舌。

豐申額 【清】滿洲鑲黃旗人。姓鈕祜祿氏。阿里袞子。乾隆間平金川有功。官至步軍統領。卒諡誠武。

豐·存芳 【宋】稷孫。字公茂。爲太平州倅。端宗景炎初。蒙古兵至。知州孟知縉謀以城降。存芳諫不聽。怒詈不屈。知縉引蒙古兵屠其家。同死者十八人。

豐有俊　宋稷四世孫。字宅之。紹熙進士。累官知揚州。所至有聲。改知鎮江卒。有俊好義。少時登青樓見小娼。疑故人女。詰之果然。遂白京尹王佐。佐嘉其義。爲擇良士嫁之。

豐伸布　清蒙古鑲紅旗人。姓唐古忒氏。乾隆間以從攻臺灣林爽文功。累官西安右翼副都統。嘉慶間堵禦湖北教匪。創重死。諡壯勇。

豐坊　明熙子。字存禮。後更名道生。字人翁。別號南禺外史。嘉靖進士。除吏部主事。以吏議謫通州同知免歸。坊博學工文。尤善書。家有萬卷樓。蓄書萬卷。性介僻。滑稽玩世。居吳中。貧病以死。有易辨·古書世學·魯詩世學·春秋世學·詩說等書。

豐施　春秋鄭大夫。字子旗。初晉侯以州田賜其父公孫段。至是豐施因子產歸州田於韓宣子。曰。吾子取州。是免敝邑於戾。而建置豐氏也。晉侯遂以歸宣子。

豐寅初　明鄞人。字復初。博學篤行。恥事胡元。隱居句章之墟。洪武中徵爲國子司業。後上書諫觀燈。謫德化縣學教諭。成祖入金陵。棄官躬耕。年百五歲卒。有古易略說。

豐紳　清滿洲鑲黃旗人。姓佟佳氏。乾隆間由護軍校從攻湖南苗。累有戰功。嘉慶間從勦湖北教匪。所至克捷。官至成都將軍。卒諡勤襄。

豐越人　明坊孫。字正元。號天放野人。博雅工詩。寄情蕭散。有豐正元集。一作天放野人集。

豐熙　明慶孫。字原學。弘治中舉進士第一。世宗時累官翰林學士。大禮議起。熙數力爭。禮定。又上疏諫。伏哭左順門。帝怒。下獄遣戍卒。

豐慶　明寅初子。字文慶。正統進士。授給事中。諫景帝南城及易儲事。言甚剴切。繫獄七年。英宗復辟。復官。累遷河南布政使。以清節著。

豐稷　宋鄞人。字相之。舉進士。爲穀城令。徽宗時累官御史中丞。入對。即論蔡京姦狀。又乞辨宣仁誣謗之禍。積忤貴近。以樞密直學士守越。蔡京得政。除名。徙建州卒。諡清敏。

豐點　春秋魯孟莊子之御騶。好其庶子羯。構成孟孫氏廢適立庶之禍。

鄺子輔　明宜章人。字雄德。以明經任本縣訓導。陞安福令。改句容教諭。謝職歸。子埜。官陝西按察副使。嘗以俸錢易一絨褐。寄奉子輔。子輔怒而還之。貽書責讓。人服其義方之訓。

鄺文　明南海人。字載道。成化進士。歷監察御史。嚴帑通州。劾外戚掊尅。謫黃巖令。挫豪猾。完逋賦。捕劇盜。以最擢淮安同知。知漳州卒。

鄺日廣　明番禺人。字居郎。崇禎進士。授襄陽推官。廉介自持。賊獻忠寇襄陽。日廣勒士卒守城。身被重創。罵賊死。妻妾及二女俱被害。

鄺彥譽　明臨武人。字美中。英宗時以薦授四川布政司檢校。西番寇邊。彥譽轉餉有功。累升浙江按察司僉事。分巡金衢。湖處二州盜起。彥譽赴部平之。陞廣東按察使。平獞猺之亂。修學校。闢地爲射圃。集羣弟子以較射。文化大行。後家居數年卒。

鄺約　明文孫。弘治進士。歷監察御史。巡按應天·貴州。所至有聲。終河南按察副使。

鄺埜　明子輔子。字孟質。永樂進士。官至兵部右侍郎。也先入寇。王振主親征。埜疏諫不聽。既扈駕出關。力請回鑾。又不報。師覆於土木。埜死之。成化初諡忠肅。

鄺達禮　明新會人。恩平縣學生。以孝友聞於鄉。嘉靖間友人何希淵爲流賊所擄。達禮憫焉。出金詣賊贖之。賊目爲奇士。欲脅之從。達禮不屈死。兵備僉事王大用榜其門曰義士。

鄺璠　明任丘人。字廷瑞。正德進士。知吳縣。以能稱。擢守瑞州。蒞任日。華林盜猝至。璠率子弟僕從嬰城固守。賊退。多方勦捕。築城堡。謹坊巷。稽逆旅。民人以安。又毀淫祠。興學校。善政甚多。忤時貴罷歸。

鄺露　明南海人。字湛若。爲諸生。工詩及書。慷慨自負。歷游粵西吳越間。唐王在福州。仕爲中書舍人。永曆帝時奉使還廣州。清兵來攻。城破。幅巾抱所蓄古琴。徐還所居海雪堂。擁古器圖籍與琴殉焉。有赤雅·嶠雅。

醫和　春秋秦良醫。晉平公有疾。求醫於秦。秦伯使醫和視之。曰。疾不可爲。趙孟稱爲良醫。（按通志。或曰緩即和也。音訛耳。）

醫竘　春秋秦良醫。有張子求療背疾。謂之曰。非吾背。任君治之。竘醫之。即愈。

醫緩　春秋秦良醫。晉景公有疾。求醫於秦。秦伯使緩爲之。未至。公夢疾爲二豎子。曰。彼良醫也。懼傷我。焉逃之。其一曰。居肓之上。膏之下。若我何。緩至。曰。疾不可爲也。在肓之上。膏之下。攻之不可。達之不及。藥不至焉。不可爲也。公曰。良醫也。厚禮而歸之。晉侯不逾十日卒。

鎖南嘉穆錯　明一作鎖南堅錯。西藏達賴第三世。生於前藏。有高德。青海河套諸蒙古。罔不懾服。俺答躬入藏迎至青海。建仰華寺奉之。鎖南嘉穆錯戒其好殺。勸令東還。俺答亦勸其通中國。乃自甘州遺書張居正。自稱釋迦牟尼比丘。中國始知有活佛。紅教中大乘大寶諸法王皆稱弟子。東西數萬里。奉若天神。

鎦·珏 【明】見劉珏條。

鎦·炳 【明】見劉炳條。

鎦·師邵 【明】績子。性超邁。亦工詩古文辭。鎦氏祖父孫皆以文學高於世。世稱爲三鎦。師邵有盧湖稿·紀游稿。

鎦·泰 【明】錢塘人。字士亨。正統景泰間。隱居不仕。以詩詞名一時。其門人以陸昂·馬洪爲冠。昂得其詩。洪得其詞。

鎦·崧 【明】見劉崧條。

鎦·渙 【明】字彥亨。號石田。世家雒陽。後徙浙江山陰。通毛氏詩。元至正間薦爲三茅書院山長。道梗不赴。以詩酒自娛。

鎦·績 【明】渙子。字孟熙。方數歲。能爲詩。既長。遂擅名一時。同郡蔡肅·毛鎦·唐之淳皆有文名。相與友善。時稱唐鎦毛蔡。家貧。轉徙無常地。所至書鬻文榜於門。得所酬物。輒市酒樂賓客。不事生產。有詩律·嵩陽集·霏雪錄·穿雲集。

鎮海 【元】怯烈台氏。初以軍伍長從太祖同飲班朱尼河水。與諸王百官大會兀難河。上太祖尊號曰成吉思皇帝。屢從征有功。及破燕。太祖命登城中大悲閣環射四箭。凡箭所至園池邸舍之處。悉以賜之。定宗時拜中書右丞相卒。

闕·士琦 【明】湖廣桃源人。字褐公。崇禎進士。知南安縣。數月以艱歸。杜門著書。絕意仕進。尋以望重授編修。未上卒。有鑑蜞館文·蝌蚪詩·餘仙草·闕也草·郎當草等集。

闕門·慶忌 【漢】鄒人。譽中公弟子。以詩顯。爲膠東內史。

闕·清 【明】河南人。弘治舉人。知平涼府。天性純孝。爲政務本愛民。

闕·嵐 【清】桐城人。字雯山。性伉直。常面折人過。工繪事。尤善寫眞。

闕·膺 【明】奉新人。宣德間爲豐令。篤於民事。邑人稱之。

闕·禮 【宋】高宗朝宦者。淳熙末提舉重華宮。孝宗崩。光宗疾。不能執喪。趙汝愚·韓侂胄等建禪位之議。因禮入告慈烈太后。遂命寧宗卽帝位。尋除禮內侍省都知。遷中侍大夫。禮不以功自居。爲南渡後內侍之可稱者。

闔廬 【春秋吳】王。諸樊子。一作闔閭。名光。王僚既立。光以己當立。陰納賢士。使專諸刺殺王僚而自立。用楚亡臣伍子胥之言伐楚。大敗之。威振中國。後與越王句踐戰。敗於檇李。傷指卒。在位十九年。

雙林 【清】滿洲正紅旗人。姓富察氏。乾隆間從勦黔楚苗。所向克捷。嘉慶間連敗南籠狆苗。勦滅廣順州等處青苗。擊平貴州石峴苗。掃除臨安江外竄泥夷民。官至江南提督。

雙·泰貞 【南朝宋】隨郡人。有幹力。沈攸之鎮荊州。招集才俊。召之不肯往。後泰貞行買至江陵。留補隊副。少日叛走。攸之遣二十騎被甲追之。泰貞殺數人。餘不敢近。追者錄其母去。泰貞聞失母。乃出自歸。攸之不罪。曰此孝子也。賜錢一萬。轉補隊主。

雙·漸 【宋】無爲人。慶曆進士。博學能文。知本軍。後知漢陽。爲政和易。吏民見思。有古循吏風。

額司泰 【清】額色赫弟。康熙時任護軍統領。吳三桂反。額司泰先後參贊勒爾錦及尙善軍務。戰於城陵磯及洞庭湖。皆破之。旋卒於軍。

額色赫 【清】滿洲鑲白旗人。姓富察氏。初事太宗。授兵部理事。順治間列議政大臣。世祖命修資政要覽。充總裁官。累擢保和殿大學士。加太子太師。卒諡文恪。

額宜都 【清】長白山人。姓鈕祜祿氏。一作額亦都。從太祖征討。身經百戰。尤善以少擊衆。討尼堪外蘭。襲塞克濟。平哈達·輝發·烏拉·葉赫。用兵垂四十餘年。未嘗挫衄。每克敵受賜。輒分給士卒。不以私。官至一等大臣。爵左總兵。卒於遼陽。太宗時追封弘毅公。

額勒布 【清】滿洲正紅旗人。姓索佳氏。字履豐。號約齋。嘉慶時由筆帖式累擢戶部右侍郎。性廉介。嗜易。通志堂所刻七十家易說。皆能條列而纏舉之。偶爲小詩。栩栩有蘇陸之意。

額勒伯克 【清】蒙古正白旗人。姓卓特氏。乾隆中從征金川。額勒伯克乘險奮擊。遂獲勝。嘉慶初以功官至黑龍江將軍卒。

額勒登保 【清】滿洲正黃旗人。姓瓜爾佳氏。字珠軒。乾隆間從征緬甸·金川·臺灣·廓爾喀·苗疆諸部落有功。嘉慶間平三省教匪。官至御前大臣·太子太保。封三等公。卒諡忠毅。用兵專用出其不意。攻其不備之法。故追敵必窮所向。每戰皆克。

額勒精額 【清】滿洲鑲紅旗人。字瑞亭。道光間苗疆事亟。額勒精額轉戰數省。積功官至松江提督。治軍寬嚴並濟。性光明。不阿權貴。以剛正著稱。

額棱特 【清】滿洲鑲紅旗人。姓科奇哩氏。佛尼埒子。康熙間征噶爾丹。隨費揚古由西路進。大敗賊衆於昭穆多。累擢湖廣總督。署西安將軍。統兵駐西寧。自青海入藏。屢敗賊衆。旋以衆寡不敵。力戰死。諡忠勇。

額琳奇岱青 【清】蒙古正白旗人。姓博爾濟吉特氏。崇德間從多爾袞攻明。越燕京。趨山東。皆有功。後又從圍錦州。與洪承疇戰於松山。敗之。積功封一等子。

額森 清滿洲正黃旗人。姓烏雅氏。初任膳正。洊至內大臣。崇德初征朝鮮。攻濟南。大同俱有功。雍正初追封一等公。

額森特 清滿洲正白旗人。姓台積勒氏。乾隆間從征緬甸及金川。功甚偉。每戰。輒與海蘭察奮力合擊。雖負傷。猶力戰不休。故所至輒下。後從討甘肅回。破華林山。亦有功。官至參贊大臣。封三等子。

額爾古倫 清錫伯營鑲紅旗人。姓伊拉哩氏。道光間征喀什噶爾回。生擒張格爾。官至喀什噶爾領隊大臣。

額爾克戴青 清滿洲正黃旗人。姓博爾濟吉特氏。襲三等子。多爾袞欲其附己。許以改入正白旗。當晉封三等侯。額爾克戴青不從。世祖嘉其不阿。累封一等公。加少保。兼太子大保。卒諡勤襄。

額爾德尼 清滿洲正黃旗人。姓納喇氏。從太祖討蒙古諸部。能因其土俗語言文字。傳宣詔令。招納降附。著有勞績。從攻明。取撫順。敍功授男爵。創立清書。以蒙古字合滿洲音。聯綴成句。清書傳布自此始。卒諡文成。

額赫里 清額宜都孫。順治間以參領隨征湖廣。敗流賊一隻虎。後征鄭成功於福建。連戰勝之。累擢兵部侍郎。封一等男。官至工部尚書。

顏・丁 春秋魯善居喪。始死。皇皇焉如有求而弗得。既葬。慨焉如不及其反而息。爲檀弓所稱。

顏・中和 清吳縣人。父爲仇家周昌所殺。中和年十三。陳斧殺昌於市。自首繫獄。巡撫錄囚。釋之。

顏・之推 北齊協子。字介。世善周官・左氏學。之推博覽羣書。詞情典麗。梁湘東王繹以爲其國左常侍。繹既立。除散騎侍郎。後奔齊。文宣帝一見悅之。卽除奉朝請。歷遷中書舍人。之推處事勤敏。帝甚加恩接。尋除黃門侍郎。周兵陷晉陽。勸帝奔陳。不從。以爲平原太守。齊亡。入周爲御史上士。隋開皇中太子召爲學士。深見禮重。尋卒。有文集・家訓・還冤志。

顏・之僕 春秋魯字子叔。孔子弟子。

顏・之儀 北周之推弟。字子升。博涉羣書。好爲詞賦。辭致雅贍。梁亡。隨例北遷。明帝以爲麟趾學士。宣帝時遷上儀同大將軍・御正中大夫。常犯顏驟諫。爲帝所忌。然以東宮恩舊。每優容之。帝崩。劉昉等矯詔以隋文帝爲丞相。輔少主。之儀拒弗從。隋文索符璽。之儀正色曰。此天子之物。自有主者。宰相何故索之。隋文怒。欲殺之。卒以其人望而止。開皇中拜集州刺史。致仕卒。有文集。按北史作字升。此從周書。)

顏・元 清博野人。字渾然。號習齋。明末。父戍遼東。沒於關外。元家貧。百計覓骨歸葬。世稱孝子。順治中補諸生。後棄去。主講肥鄉漳南書院。其學主於忍嗜慾。苦筋力。以勤家而養親。而以其餘習六藝講世務。以備國家之用。大抵源出姚江。而亦介然自成一家。有存性存學存治存人四編。後德清戴望輯爲顏氏學記。

顏・元孫 唐萬年人。字聿修。十歲試石榴賦。立就。嗣聖舉進士。歷官太子舍人・濠滁沂諸州刺史。玄宗嘗出諸家書跡。令定眞僞。有干祿字書。

顏・公袞 宋唐臣曾孫。字鼎卿。以父澤補官。紹定間爲興寧令。時強寇陳三鎗・羅動天逼境。公袞躬赴賊營。諭以禮義。賊怒不聽。公袞厲聲罵賊。被執。死之。

顏・太初 宋彭城人。字醇之。少博學有雋才。慷慨好義。喜爲詩。多譏切時事。第進士。爲莒縣尉。累官南京國子監說書。著書號洙南子。自號鳧繹處士。有集及淳曜聯英。

顏・文選 明宣城人。字巽之。萬曆進士。由江夏知縣擢戶科給事中。在諫垣十一月。疏十三上。其請建儲尤激直。尋推鄒元標府丞。疏入久不下。文選力爲請。遂謫外卒。

顏・日愉 明上虞人。字華陽。萬曆舉人。知葉縣。有惠政。爲上官所惡。劾去之。部民爭詣闕訟冤。後爲靜寧知州。遷開封同知。嘗攝澠池・滎陽二縣事。撫卹瘡痍。政績甚著。擢南陽知府。大治守具以防流賊。賊猝至。日愉擊退之。城獲全。日愉手中矢。頭項被二刃。遂殞。

顏・木 明應山人。字惟喬。正德進士。知許州。以薦調亳州。懲武人石氏之肆。坐中傷免。性嗜書。爲文怪奇。晚年始爲詩。近體得唐人意。退居馬坪二十年。吟誦不輟。有隨州志・家政集・七禮解・選詩評・燼餘稿。

顏・令賓 唐南曲妓。舉止風雅。喜文詞。見士人尤盡禮。多乞歌詩以爲留贈。後病甚。值春暮。顧落花長歎。因題詩一絕。教小童持邀新第郎君及舉子數輩。張樂歡飲。酒罷。令賓泣曰。我不久矣。幸各制哀挽以送我。及卒。有劉驅驅者。因取其詞。教挽柩者唱之。自是盛傳於長安。

顏・孕紹 明曲阜人。一作引紹。字賓明。崇禎進士。除知鳳陽縣。遷眞定同知。守城勦寇有功。擢河間知府。比歲大饑。拊循甚至。清兵臨城。孕紹率衆堅守。城破。率全家自焚死。

顏・光敏 清光猷弟。字遜甫。一字修來。號樂圃。康熙進士。官吏部郎中。好讀書。善鼓琴。尤耽山水。性孝友。勤於睦族。詩文有重名。年甫四十而卒。有樂圃集。

顏·光猷 清 光斆弟。字秩宗。康熙進士。以翰林改刑部郎中。出爲安順守。郡大治。轉河東鹽運使。時山西河南行引鹽。引尾各州縣俱設關防。民墝壤相錯。跬步罹法。光猷疏請通省設一關防。民以永利。有易經說義·水明樓詩集。與兄光斆·弟光敏稱曲阜三顏。

顏·光斆 清 伯璟子。生而奇嶷。專精學術。兼好琴射。康熙進士。授檢討。充浙江學政。以清廉聞。忤權貴意鐫級。引疾歸。世稱學山先生。

顏·回 春秋魯 無繇子。字子淵。孔子弟子。天資明睿。貧而好學。列孔門德行科。於弟子中最賢。孔子稱其不遷怒。不貳過。年二十九。髮盡白。三十二卒。孔子哭之慟。後世稱爲復聖。

顏·安樂 漢 薛人。字公孫。家貧力學。師事眭孟治公羊春秋。孟弟子百餘人。惟安樂與嚴彭祖爲明。孟曰。春秋之意。在二子矣。後安樂顓門教授。由是公羊春秋有顏嚴之學。安樂官至齊郡太守丞。後爲仇家所殺。

顏·何 春秋魯 字冉。或云卽琴冉。孔子弟子。

顏·伯璋 明 廬陵人。名瓌。以字行。建文初舉賢良。知沛縣事。燕兵來攻城。固守不下。會指揮王顯迎降。伯璋冠帶升堂南向拜。遂自經。子有爲亦自刎父旁。福王時諡忠惠。有爲諡孝節。

顏·伯璟 清 孕紹子。字士瑩。補四氏學生員。明季孕紹殉難。伯璟時居兗州。間關走河間。拾父骸骨。與幼弟伯珣偕歸。治家甚嚴。而兄弟篤友。終身不仕。

顏·伯錄 元 永春人。字曙叔。所居亭館多種梅。故自號梅野。蒲壽庚薦於朝。授從仕郎。除南海尹。辭不赴。

顏·伯燾 清 檢子。嘉慶進士。授編修。道光中累官閩浙總督。疏請練海軍。並陳林則徐守粵功罪。累數千言。英人陷廈門。坐奪職。

顏·孝初 宋 永春人。力學起家。嘉祐中第進士。初廷對有陞黜。孝初凡兩中南宮。以文名世。尤工於詩。

顏·岐 宋 復子。字夷仲。嘗從呂希哲學。建炎中累官門下侍郎。

顏·希孔 宋 彭澤人。爲縣主簿。元師南下。取安慶·江州。希孔率民兵八百人。聚舟馘石。戰於江中。飛石四擊。敵舟幾敗。已而石盡。力屈被害。

顏·希深 清 連平人。字若愚。乾隆間由太原同知累擢江西布政使。征金川。以轉運糧儲有功。官至貴州巡撫。

顏·延之 南朝宋 臨沂人。含曾孫。字延年。少孤貧。好讀書。文章之美。冠絕當時。與謝靈運齊名。江左稱顏謝。宋初爲太子舍人。歷始安永嘉二郡太守·祕書監·光祿勳·太常。孝建中加金紫光祿大夫。孝建末卒。諡憲。延之居身儉約。澹志財利。嗜酒。不護細行。文帝嘗召之。不見。但於酒店狂歌。了不應對。他日醉醒。乃見。帝問諸子才能。對曰。竣得臣筆。測得臣文。㚟得臣義。躍得臣酒。何尚之曰。誰得卿狂。曰其狂不可及。性激直。所言無忌諱。論者謂之顏彪。

顏·廷榘 明 永春人。字鏈卿。嘉靖歲貢。授九江府通判。有兵民交鬨。當道欲罪民媚兵。廷榘執不可。以此見忤。調太寧都司斷事。遷岷府長史。王甚重之。有杜律意箋·叢桂堂集。

顏·見遠 南齊 臨沂人。博學有志行。仕爲治書侍御史。兼中丞。及梁武帝受禪。發憤絕食卒。

顏·佩韋 明 吳縣人。吏部主事周順昌乞假里居。數詆訾魏忠賢。忠賢聞而惡之。誣順昌以罪。命逮入京。順昌有德於鄉人。比逮者至。衆咸憤怒。執香乞命者數萬人。旗尉語不遜。衆益憤。遂毆斃一人。巡撫毛一鷺飛章告吳人反。已而言縛得倡亂者爲佩韋及馬傑·沈揚·楊念如·周文元等五人。遂論大辟。臨刑。延頸就刃。曰爲周吏部死何恨。監司張孝流涕而斬之。吳人感其義。合葬於虎丘旁。題曰五人之墓。

顏·協 梁 見遠子。字子和。少以器局稱。博涉羣書。工草隸飛白。爲湘東王記室。與吳郡顧協才學相亞。府中稱爲二協。及卒。元帝爲懷舊詩以傷之。有文集。(北齊書顏之推傳作勰。)

顏·叔子 戰國魯 嘗獨處於室。鄰之釐婦。又獨處於室。夜暴風雨至而室壞。婦人趨而至。叔子納之。而使執燭。至平旦而薪盡。抽屋而繼之。(按詩小雅巷伯毛傳。顏叔子獨處。鄰室壞。婦人趨之。叔子納之而使執燭。魯男子獨處。鄰室壞。婦人趨而託之。男子閉戶不納。顏叔子與魯男子。似係二人。家語載魯男子事。不及顏叔子。滋陽縣志則云。鄰舍崩。一女子投之。叔子不容。女子宿於門下。則又似顏叔子與魯男子爲一人矣。)

顏·含 晉 莘人。字弘都。少有操行。以孝友聞。兄畿得疾。躬親侍養。足不出戶者十三年。嫂患失明。含自嘗省藥饌。東海王越以爲太傅參軍。與討蘇峻功。封西平縣侯。成帝時遷光祿勳。致仕。含雅重行實。抑絕浮僞。年九十三卒。諡靖。

顏·奇宿 清 永春人。字應侯。康熙舉人。知平遠縣。建學修志。革里役。除耗羨。歲饑賑貸。全活無算。

其後告歸。有四書解醒。

顏宗　【明】南海人。字學淵。永樂舉人。授邵武令。爲政平易豈弟。以救荒憫旱爲先。招撫鄧茂七餘黨。所活甚衆。考滿。擢兵部主事。署員外郎。奔母喪歸。卒於途。

顏宗儀　【清】海鹽人。字挹甫。號雪廬。咸豐進士。官至翰林院侍讀學士。少負文名。尤工詩賦。嘗主講詁經精舍。遠近之士多宗之。有夢笠山房詩存·瑯華仙館詩集。

顏幸　【春秋魯】字子柳。孔子弟子。(按顏幸見家語及史記。尙友錄·萬姓統譜俱作辛。誤。)

顏杲卿　【唐】元孫子。字昕。初以陰調遂州司法參軍。性剛正。蒞事明濟。安祿山鎭范陽。表爲營田判官。假常山太守。祿山反。潛謀圖賊。以策殺祿山假子李欽湊。擒賊將高邈等械送京師。拜衞尉卿。兼御史中丞。祿山遣人急攻常山。杲卿未及爲守計。糧矢盡。城陷。爲賊所執。祿山曰。吾擢汝爲太守。何所負而叛。杲卿瞋目罵曰。我爲國討賊。世唐臣。守忠義。恨不斬汝以謝上。乃從爾反耶。祿山縛之天津橋柱。節解。以肉啖之。杲卿詈不絕口。賊鉤斷其舌曰。復能詈否。杲卿含胡而絕。乾元初追謚忠節。

顏直之　【宋】吳人。字方叔。號樂閒。工畫人物。善小篆。

顏邵　【南朝宋】延之族人。剛正有局力。謝晦鎭江陵。請爲諮議參軍。領錄事。軍府之務。悉見委任。會晦見討。飲藥死。

顏則孔　【明】忻州人。字泗源。以恩貢任歸德同知。治聲著聞。流賊破城。被執。罵賊死。

顏度　【宋】崑山人。字曾子。歷臨海令。有循績。拜監察御史。終祕閣修撰。孝宗時度每出一言。毅然不可奪。因以如山自號。

顏昭甫　【唐】勤禮子。字周卿。少聰穎。工篆籀草隸。特爲伯父師古所賞。凡所注釋。必令參定。爲曹王侍讀。曹王屬有獻古鼎者。篆書二十餘字。舉朝莫能讀。昭甫盡能讀之。

顏春卿　【唐】杲卿弟。偶儻通世務。年十六。舉明經拔萃高第。調犀浦主簿。轉蜀尉。嘗爲魏瞻謀脫罪。人高其節。終偃師丞。

顏泉明　【唐】杲卿子。有孝節。喜振人之急。拜郫令。政化清明。誅宿盜。人情翕然。課最。遷彭州司馬。家貧。居官廉。而孤藐相從百口。飦粥不給。無慍歎。居母喪。哀毀骨立。其行義當世以爲難。

顏相時　【唐】師古弟。字睿。以學聞。貞觀中累遷諫議大夫。有爭臣風。轉禮部侍郎。師古死。哀毀而卒。

顏茂猷　【明】平湖人。字壯其。又字仲子。崇禎時特賜進士。有迪吉錄·六經纂要。

顏衎　【後周】曲阜人。字祖德。梁龍德中擢第。歷北海簿·臨濟令。以治行聞。唐末佐房知溫幕下。勸知溫歸晉高祖。高祖嘉其功。累遷河陽三城節度副使。知州事。聞父疾。不待奏。棄官去。侍疾歲餘。躬親汚穢。開運末拜御史中丞。執憲頗有風采。乞罷。周初起爲尙書右丞。顯德初以工部尙書致仕。卒於家。衎守章句學。無文藻。然直諒孝弟。爲時所推。

顏唐臣　【宋】龍溪人。所居里有綠石渡。潮退則濘。爲行者病。唐臣集貲築隄。長二千八百七十尺。又爲垂虹亭以憩涉者。子敏若。繼築南隄。歲久淤深。孫戴。更砌石增高。里有謠云。渡不難。待三顏。及卒。里人德而祠之。

顏容暄　【明】漳浦人。字孚孺。號太屏。萬曆進士。由工部郎出守南陽。尋移太平及維揚。所至有治績。後守鳳翔。值張獻忠之亂。城陷。不屈自刎死。

顏師古　【唐】萬年人。之推孫。字籀。少博覽。精訓詁學。善屬文。高祖時授朝散大夫。累遷中書舍人。專典機密。性敏給。明練治體。詔令一出其手。太宗卽位。拜中書侍郎。晉祕書少監。封琅邪縣男。嘗受詔於祕書省考定五經文字。多所釐正。又譔定五禮。爲太子承乾注漢書。時謂顏祕書爲班孟堅忠臣。與所注急就章。俱大顯於時。終祕書監·弘文館學士。卒謚戴。永徽中其子表上所著匡謬正俗八篇。考據極爲精審。

顏師伯　【南朝宋】邵子。字長淵。少孤貧。涉獵書傳。頗解聲樂。孝武爲徐州。以爲主簿。及卽位。累遷尙書右僕射。親幸隆密。羣臣莫貳。帝崩。受遺詔輔幼主。尙書侍中事。專以委之。師伯居權日久。多納貨賄。驕奢淫佚。爲衣冠所疾。廢帝欲親朝政。漸奪其權。師伯懼。乃謀廢立。事泄見誅。明帝追謚荒。

顏師勝　【明】興化人。以人才薦知峨眉縣。洪武初苗賊攻城。師勝與賊戰連捷。追賊。被刺而死。

顏師魯　【宋】龍溪人。字幾聖。紹興進士。累官監察御史。遇事進言。無所阿撓。爲國子祭酒。學行粲孚。規約率以身先。遷吏部尙書兼侍講。尋以龍圖閣直學士再知泉州。專以恤民爲政。首蠲舶貨。商賈尤服其清。卒謚定肅。

顏息　【春秋魯】定公時從侵齊。射人中眉。退而自矜曰。我無勇。吾志其目也。

顏振仲　【宋】耆仲季弟。字彔玉。宰安溪。釋冤獄。邑以神稱。倅莆陽。

篤意學校。籍廢田以贍士。飛雄軍譟於市。振仲躬出撫諭。皆懽拜而去。官至朝散郎。

顏晃 陳臨沂人。字元明。少孤貧。好學有辭采。下筆立成。介然修行。爲世所知。仕梁爲中書侍郎。入陳。累遷員外散騎常侍。兼中書舍人。卒諡貞。有文集。

顏烏 漢烏傷人。以純孝著。有羣烏銜鼓。集顏所居之村。烏口皆傷。人以爲慈烏銜鼓。欲令至孝遠聞也。置縣名曰烏傷。王莽改爲烏孝。

顏眞卿 唐師古五世從孫。字清臣。博學工辭章。事親孝。開元中舉進士。又擢制科。累遷侍御史。爲楊國忠所惡。出爲平原太守。度安祿山必反。乃陰爲備。祿山叛。平原獨完。眞卿乃召募士。與從父兄杲卿等起兵討賊。河朔諸郡共推爲盟主。拜戶部侍郎。加河北招討使。賊勢甚銳。河北諸郡多陷。乃間關至鳳翔。謁肅宗。授憲部尙書。遷御史大夫。方朝廷草昧不暇給。而繩治如平日。出爲馮翊太守。坐譏貶。代宗朝再遷至尙書右丞。封魯郡公。德宗立。盧杞惡之。改太子太師。會李希烈反。杞建言遣眞卿往諭。希烈脅之。終始不屈。卒遇害。贈司徒。諡文忠。眞卿正色立朝。剛而有禮。天下不以姓名稱。謂爲魯公。善正草書。筆力遒婉。世寶傳之。有顏魯公集。

顏祖 春秋魯字子襄。孔子弟子。（家語作顏相。此從史記。）

顏素 明安慶人。字質卿。號輿樸。萬曆進士。授中書舍人。移疾歸。尋起南大理卿。歷尙寶卿。至應天府丞。素窮究古今。尤邃於易。及卒。學者私諡簡一先生。

顏耆仲 宋徹子。字景英。初以廕入官。倅臨安府。第寶慶進士。除知江陰軍。政績卓著。累官太府少卿。力丐祠。提舉沖祐觀。

顏高 春秋魯高一作刻。字子驕。孔子弟子。孔子在衞。南子招孔子爲次乘過市。高爲御。⊙春秋魯定公侵齊。門於陽州。士皆坐列。曰顏高之弓六鈞。皆取而傳觀之。陽州人出。高奪人弱弓。籍丘子鉏擊之。與一人俱斃。偃。且射子鉏。中頰殪。

顏惟貞 唐昭甫子。字叔堅。少孤。育舅殷仲容家。教以筆法。家貧無紙。與兄元孫以黃土掃壁。木石畫而習之。以草隸擅名。歷長安尉。太子文學。

顏敏德 宋唐臣子。字克和。乾道進士。歷知循州。除邕管安撫使。邕素有峒寇。敏德遇以威信。不敢犯。朝旨嘉之。官至朝散大夫。

顏欲章 明安福人。號雲溪。萬曆進士。授寧海令。歷知荆州府。會貴州土司安邦彥叛。廷臣薦欲章才可戡亂。擢貴州監軍副使。欲章間道入境。擒邦彥。事平。遷河南參政。再晉浙江右布政。致仕歸。

顏琇 明吳縣人。字季栗。洪武初父濟民戍鳳翔。母從行。母卒。琇奔赴。函骨歸。行數千里。父放免。奉事尤謹。逮卒。日夕哀哭。竟以瘁死。

顏彪 明鹽城人。爲眞定衞指揮同知。正統中累擢指揮僉事。充右參將。守十八盤。有勇略。屢立邊功。

顏博文 宋德州人。字持約。政和中登甲科。長於水墨人物花卉。

顏復 宋太初子。字長道。嘉祐中詔訪遺逸。試中書第一。賜進士。元祐初爲太常博士。請會萃古今典籍。爲五禮書。又請考正祀典。朝廷多從之。拜中書舍人。兼國子祭酒卒。

顏惻 南朝宋竣弟。以文章見知。官至江夏王義恭傅。大司徒錄事參軍卒。

顏斐 三國魏濟北人。字文林。有才學。初爲太子洗馬。累官京兆太守。民多不務農殖。斐到官。令屬縣整阡陌。樹桑果。教民作車買牛。又興起文學。吏民欲讀書者。免其徭役。於是風化大行。後遷平原太守。吏民啼泣遮道。車不得前。十餘日乃出界。時稱良二千石。

顏棫 宋永春人。字叔堅。淳熙中上舍登第。除國子正。出知池州。以治幹聞。提舉江東常平。救荒績最。累遷中書舍人。工部尙書卒。

顏游秦 唐師古叔父。武德初爲廉州刺史。撫恤境內。禮讓大行。高祖作璽書奬之。終鄆州刺史。游秦嘗譔漢書決疑。後師古注漢書。多資取其義焉。

顏無繇 春秋魯字路。一曰名繇。孔子弟子。少孔子六歲。與子回各異時事孔子。回卒。無繇貧。請孔子車以葬。孔子不許。

顏竣 南朝宋延之子。字士遜。孝武時歷吏部尙書。丹陽尹。自以藩朝舊臣。每極陳得失。諫爭懇切。無所回避。帝意不悅。多不見從。竣疑懼。求出。乃以爲東揚州刺史。會母喪還都。竣深不自安。頗懷怨憤。帝知之。乃使御史中丞庾徽之奏免官。及竟陵王誕謀反。因誣竣通於誕。賜死。

顏筆仙 宋建炎初鬻筆。遇異人。會轉運使過境。見之。問能飲乎。曰。可飲一斗。飲畢。長揖而去。遺所攜筆一枝。凡售其筆者。剖筆視之。管中必有一詩。記其成毀歲月及人姓氏。故號筆仙。年九十二。積薪自焚。人以爲仙去。

顏階 明龍溪人。字德升。正德舉人。署香山教諭。莊重溫雅。士咸向風。嘉靖初徵修實錄。官至工部員外郎。

顏渾 明懷寧人。字伯通。號紫芝。崇禎進士。召對稱旨。授吏部主事。鉤覈詳愼。宿弊頓清。陞員外郎。予告歸。

顏勤禮 唐相時弟。字敬。幼朗悟。識量宏遠。工篆籀。尤精訓詁。解褐校書郎。與兩兄弟師古、相時。同時爲弘文崇賢學士。

顏敠 宋敏德子。字子治。歷仕多在海外。以安黎蠻有功。改京秩。會諸峒剽掠昌化軍。敠討捕悉平。詔改昌化爲南寧。命敠守之。就除瓊管安撫使。未行。除直祕閣。後以寶謨閣學士致仕。

顏暉 元江山人。字秋月。善畫道釋人物。畫鬼尤奇絕。

顏瑜 元曲阜人。字德潤。以行誼薦爲鄒縣教諭。遷陽曲。至正中山東盜起。瑜攜家走鄆城。道遇賊。知其爲書生。使之寫旗。瑜厲聲詬罵。賊刺殺之。妻子皆被害。

顏盞門都 金隆州帕里千山人。天會間從其兄羊艾在軍中。兄戰沒。代其兄充軍。累官寧州刺史。大定初宋將吳璘等據秦隴。門都爲勇烈軍都總管。領軍討之。秦隴平。以功授通遠軍節度使。後改慶陽尹。卒官。

顏翮 宋永新人。眞卿後。少孤。兄弟數人。事繼母以孝聞。一門千指。家法嚴肅。少長輯睦。數十年如一日。

顏道耕 明安鄉人。讀書好古。工詩詞。善草書。不樂仕進。築室黃山以居。自號林泉野老。

顏隆 明永春人。字文盛。應貢入太學。正統初授吉安府推官。廉明有威。當道交薦。累官河南按察僉事。景泰初乞歸卒。

顏慥 宋龍溪人。以德行文章名世。與蔡襄爲金石交。讀書西湖白蓮院。襄爲郡幕。與慥倡和頗多。慶曆中辟本州教授。

顏髦 晉含子。字君道。雅惇學行。父喪在殯。鄰家失火。髦與二弟謙、約。抱棺叫號。烟焰垂至。忽爾頓絕。時人以爲孝感。歷黃門郎、侍中、光祿勳。卒謚宣。

顏徹 宋師魯子。字介叔。一字子通。少警敏莊重。力學尚志節。以茂才辟授南外睦宗院。後宰永福。有政聲。官至奉議郎。

顏槺 宋泉州人。字子養。開禧進士。教授滕州。歷宰會昌、南海、南康。並有政聲。知梅州。贛寇陳三逼城。槺激厲將士拒之。賊遁去。尋病卒。

顏標 唐咸通中鄭薰主試。誤以爲眞卿後。取之。後知非是。舉子賦詩嘲之。有主司頭腦太冬烘。錯認顏標作魯公之句。

顏璉 明長樂人。性好施。言動有則。嘉靖間貢士。司鐸灌陽。造士一以性理之學。轉興業令。吏畏民懷。致仕歸。

顏賢 明萬安人。洪武初爲泉州府司獄。性溫良果毅。卹囚備至。郡人翁彥立在獄。通判胡釗挾私恨欲害之。力拒獲免。其他折獄持正多類此。獄囚病餓。給衣食無闕。重囚引決。必詣賢拜謝而去。時稱賢能守官稱職。

顏銳 明蘭州人。字進之。歲貢。爲人剛毅。博學通經。善楷書。嘉靖中令新鄭。剖決如流。權奸斂手。

顏頤仲 宋書仲弟。字景正。以蔭補寧化尉。歷西安令。皆有善政。淳祐中知泉州。以祕閣修撰兼福建提刑。減商稅。除盜賊。養孤老。掩骸骼。民甚德之。累遷吏部尚書。以寶章閣學士提舉玉隆萬壽宮歸。

顏頤壽 明巴陵人。字天和。弘治進士。授知縣。累官都御史。宸濠謀不軌。副使胡世寧發其奸。命偕駙馬都尉崔元往勘處。未至卽舉兵反。因會師紀功。嘉靖中爲刑部尚書。妖賊李福達獄起。頤壽受詔鞫問。忤旨下獄。尋革職閒住卒。隆慶初復官。

顏駟 漢文帝時爲郎。武帝輦過郎署。見駟厖眉皓髮。問何其老也。對曰。文帝好文而臣好武。景帝好美而臣貌醜。陛下好少而臣已老。是以三世不遇。老於郎署。帝感其言。擢拜會稽都尉。

顏噲 春秋魯人。字子聲。孔子弟子。

顏斶 戰國齊處士。宣王見斶。曰斶前。斶亦曰王前。王不悅。斶曰。斶前爲慕勢。王前爲趨士。與使斶爲慕勢。不如使王爲趨士。王忿然作色。斶復引伸其說。王悅。請爲弟子。欲寵貴之。斶再拜辭去。當時稱其知足。

顏澤 明江陰人。永樂進士。累官鎭遠知府。府治新設。澤爲立學與教。風化一變。數遷至福建參政。亦有政績。閩人稱爲佛子。

顏應祐 明泉州人。字孝先。以兵難遷徙。失母許氏所在。訪求二十六年。足跡幾遍海內。後得遇於雲南蜻蛉嶺。迎歸。時人多爲詩歌美之。

顏應焱 宋茶陵人。字正伯。第進士。潭帥李芾薦爲湖南安撫節度判官。德祐中元兵圍潭州。城將陷。芾舉家以火自焚。應焱亦赴火死。

顏檢 清連平人。字惺甫。乾隆拔貢。官至直隸總督。坐事奪職發烏魯木齊。道光間復擢直隸總督。爲政持大體。折獄以明允稱。

顏曜卿 唐杲卿弟。開元中與杲卿并以書判超等。吏部侍郎席豫咨嗟歎服。

顏闔 戰國魯守道不仕。魯君遣使致幣。闔曰。恐聽誤而遺使者罪。

不若審之。使者還問復來。求之則不得矣。

顏・懷禮 【清】曲阜人。字約亭。襲世職爲五經博士。好學。喜爲詩。早卒。有帶月草堂詩集。

顏・鯨 【明】慈谿人。字應雷。號沖宇。嘉靖進士。擢御史。巡視倉場。論殺姦人馬漢。上漕政便宜六事。出按河南。發伊王典楧十大罪。王坐廢。兩河人鼓舞相慶。錦衣衛校尉爲民害。列侯使王府。道路驛騷。王府內官進奉翼龍舟。所過恣橫。皆以鯨言得裁抑。改畿輔學政。以劾都督朱希孝忤旨。謫安仁典史。隆慶中累遷山東參議。改行太僕卿。忤高拱落職。萬曆中以湖廣副使致仕。

顏・寶 【明】龍溪人。字太和。永樂進士。知四會縣。溫厚公正。寬猛得宜。奏除詭名糧。減鹽鈔。尤篤意學校。歷刑部郎中。

顏・繼祖 【明】漳州人。萬曆進士。歷工科給事中。嘗論工部冗員及三殿敍功之濫。所建白甚多。歷蒙採納。累擢太常少卿。以右僉都御史巡撫山東。流賊擾河南。頻遣兵扼之。境內得無患。會淸師大入。畿輔戒嚴。本兵楊嗣昌令繼祖專防德州。濟南由此空虛。援師又逗留不進。濟南卒陷。繼祖遂下獄棄市。

顏・讎由 【春秋魯】一作顏濁鄒。賢大夫。孔子於衛。嘗主其家。

顓孫・師 【春秋陳】字子張。孔子弟子。少孔子四十八歲。爲人有容貌。資質寬沖。博接從容。不務立於仁義之行。孔子門人友之而弗敬。

顓頊 【上古】帝王。黃帝孫。年十歲。佐少昊。二十卽帝位。初國於高陽。故號高陽氏。都於帝丘。北至幽陵。南至交阯。西至流沙。東至蟠木。動靜之物。小大之神。日月所照。莫不砥屬。在位七十八年崩。(按白虎通顓者專也。頊者正也。能專正天人之道。故謂之顓頊。)

騅甥 【春秋鄧】鄧侯之甥。仕於鄧。楚文王伐申過鄧。鄧侯曰。吾甥也。止而享之。騅甥與聃甥・養甥請殺楚子。曰。亡鄧國者。必此人也。鄧侯不從。後十年而楚滅鄧。

騅・歂 【春秋晉】晉大夫。與左行共華等。均黨於里克・丕鄭。秦伯將納公子重耳。使冷至報問。呂甥・郤稱・冀芮曰。是誘我也。遂殺丕鄭。祁舉及七輿大夫。歂與焉。

騎劫 【戰國燕】燕將。田單縱反間於燕。惠王疑樂毅。使騎劫代將。田單設詐誑燕軍。騎劫遂爲所敗。

魏・一鼇 【明】保定人。字蓮陸。明崇禎舉人。爲忻州牧。多惠政。及去官。囊無長物。再補泗州。不就。從容城孫奇逢・睢州湯斌游。勉以知性誠身之學。有四書偶錄・詩經偶錄・北學編・雪亭詩草。

魏・了翁 【宋】蒲江人。字華父。慶元進士。以校書郎出知嘉定府。丁父憂解官。築室白鶴山下。開門授徒。士爭從之。學者稱鶴山先生。起知漢州。徙眉州・瀘州。在蜀凡十七年。入爲兵部郎中。累官至權工部侍郎。朱端常誣劾之。降三官。靖州居住。築鶴山書院。學者雲集。史彌遠死。以權禮部尚書。還朝入對。首乞明君子小人之辨。又上章論十弊。帝將引以共政。而忌者台謀擯之。以端明殿學士同僉書樞密院事。督視京湖軍馬。甫二旬。復召還。未幾。除知紹興府・浙東安撫使。卒贈太師。謚文靖。南宋之衰。學派變爲門戶。詩派變爲江湖。了翁獨窮經學古。自爲一家。有鶴山集・九經要義・古今考・經外雜鈔・師友雅言等書。

魏・大中 【明】嘉善人。字孔時。萬曆進士。累遷至吏科都給事中。疏劾魏忠賢結黨樹威。忠賢大怒。矯旨切讓。大學士魏廣微結納忠賢。表裏爲奸。大中復劾之。廣微慍。陰伺其隙。嫉所親陳九疇以他事劾大中。貶三秩出外。逆黨梁夢環・許顯純等復構陷之。誣大中受楊鎬・熊廷弼賄。矯旨逮下詔獄。酷刑拷訊。指使獄卒。斃之獄中。及忠賢誅。追謚忠節。

魏・大斌 【清】廣東長樂人。乾隆武進士。累擢溫州鎮總兵。破臺灣林爽文有功。嘉慶間官至廣東提督。旋因事降補千總。以疾歸卒。

魏・子平 【金】弘州人。字仲均。登進士第。世宗時累遷戶部尚書。拜參知政事。帝問民不足何也。對曰。古一易再易之田。今乃一切與上上田稅之。此民之所以困也。後以平陽尹致仕。

魏・子建 【後魏】下曲陽人。字敬忠。以奉朝請累遷東益州刺史。布以恩信。風化大行。正光中南北二秦城人謀反。召居城老壯曉示。來者聽免。潛使騎破賊。斬獲甚衆。威震蜀土。受代還。羣氐戀戀。斷道相留。還拜常侍・衛尉卿。元顥內逼。退居洛南。顥平。除右光祿大夫。尋加散騎常侍・驃騎大將軍。卒謚文靖。

魏・中立 【元】濟南人。字伯時。官至陝西行臺御史中丞。遷守饒州。城陷於賊。被執。罵賊遇害。

魏・之琇 【清】錢塘人。字玉璜。塡詞多雅音。有柳州樂府。又著續名醫類案。以博贍稱。

魏・之璜 【明】上元人。字考叔。性孝友。工畫。每月必畫大士像。施諸寺院。山水宗宋人。花卉宗王淵。詩清迴絕俗。而詩名爲畫所掩。

魏・仁浦 【宋】汲人。字道濟。晉末爲小史。漢祖起太原。仁浦迎謁。遷兵房主事。從周祖鎮鄴。及即位。以爲樞密承旨。甚倚重焉。世宗朝爲相。宋初進右僕射。仁浦性寬厚。初與鄭元昭有宿憾。及大用。以元昭典五郡。人稱長者。卒謚宣懿。

魏允中 明允貞弟。爲諸生。副使王世貞器之。歲鄉試。戒門吏曰。非魏允中第一。無伐鼓以傳也。已而果然。時無錫顧憲成·漳浦劉廷蘭并爲舉首。負儁才。時人稱三解元。舉萬曆進士。官至吏部考功主事。

魏允札 清允枚弟。字州來。才充學贍。不急榮進。晚歲好衣道士服。有東齋詩文集。

魏允孚 明允中弟。與兄允貞·允中并負時名。世稱南樂三魏。第進士。官刑部郎中。

魏允枏 清嘉善人。字交讓。明亡。高蹈不出。閉戶讀書。家甚貧。非義不取。有詩穀·詩玉諸書。

魏允枚 清允枏從弟。字卜臣。順治舉人。授西安教諭。未及上事而卒。有楚游集。

魏允貞 明南樂人。字懋忠。號見泉。萬曆進士。官御史。陳時弊四事。言輔臣侵部權以行私。詔責其言過當。貶許州判官。累遷右副都御史。屢疏陳時政缺失。乞侍養歸。以守邊勞卽家進兵部右侍郞。卒謚介肅。

魏允迪 清江西廣昌人。字功夏。號懋堂。雍正舉人。舉鴻博。未遇。後官內閣侍讀。性豪邁不羈。長於考證。辨著甚多。

魏元 明朝城人。字景善。天順進士。授禮科給事中。成化初萬貴妃兄弟驕橫。元列其罪。疏七上。不報。官至福建右參政。母憂歸。廬墓三年。復除江西左參政卒。

魏元忠 唐宋城人。初名眞宰。爲太學生。跌蕩少檢。好兵術。儀鳳中吐蕃數盜邊。元忠上封事。言命將用兵之要。高宗善之。累遷殿中侍御史。聖曆中同鳳閣鸞臺平章事。中宗在東宮。爲檢校左庶子。時二張勢傾朝廷。元忠嘗奏曰。臣不能徇忠。使小人在君側。易之等恨怒。因譖元忠下獄。貶高安尉。中宗復位。拜中書令。後宗楚客傳致其罪。貶務川尉。卒謚貞。

魏元烺 清昌黎人。字麗泉。嘉慶進士。除洪洞知縣。歷官閩浙總督。臺灣匪民張丙·陳辨之亂。遣兵渡臺勦辦。十戰而臺平。官至禮部尚書。卒謚文恪。

魏公子乳母 戰國魏公子之乳母。秦攻魏破之。殺魏王。誅諸公子。而一公子不得。令曰。得公子者。賜金千鎰。匿之者。罪至夷。乳母曰。見利而反上。逆也。畏死而棄義。亂也。遂抱公子逃於深澤之中。或以告秦軍。秦軍追而射之。與公子俱死。秦王聞之。以卿禮葬之。

魏公壽 宋行可孫。字元齡。爲龍游尉。時大將劉寶屯三衢。所需無不給。寶甚喜之。太守張嵲馭下嚴。每見公壽。爲降詞色。調莆陽法掾。執政黃祖勝聞其賢。招以書。欲論薦之。公壽曰。招其來而薦之。非知我者。竟不往。後爲韶州推官。

魏夫人 晉舒女。名華存。字賢安。幼好道。志慕神仙。嘗棲衡山。仰天峯白雲潭。其遺跡也。後託劍化形而去。爲南嶽夫人。陶弘景眞誥所謂南眞。卽夫人也。

魏太武帝 後魏明元帝長子。名燾。宋文帝元嘉元年立。自將擊柔然。走之。并夏地。滅北燕馮弘。伐北涼。降沮渠牧犍。又降鄯善。通西域。侵宋。攻盱眙不克。帝聰明雄斷。清儉率素。臨敵常與士卒同甘苦。以是所向無前。嚴刑賞。雖大臣犯法。無所寬假。在位二十八年。爲宦官宗愛所弒。謚太武。廟號世祖。紀元六。始光·神䴥·延和·太延·太平眞君·正平。

魏天祐 宋丁翁族兄。字德先。少與兄天啓齊名。年四十餘。嘗以恩補官。辭不受。年七十。益肆力於學。有論孟中庸大學說·卮言·贅言·信心錄·雜肋編等書。◉元益都人。字吉甫。至元中爲福建路管軍總管。兼知邵武軍事。以平亂全邑功。升軍爲府。劍寇入境。復平之。後爲福建行省參政。獻計發民一萬。鑿山鍊銀。乃賦民鈔市銀輸官。而私其一百七十錠。爲臺臣所按罷。

魏天應 宋建安人。號梅墅。鄉貢進士。受業於謝枋得。有論學繩尺。

魏少游 唐鉅鹿人。字少游。有幹才。四爲京兆。善任人。大曆中官至刑部尚書。封趙國公卒。

魏文成帝 後魏景穆帝長子。名濬。初宦官宗愛弒逆。立南安王余。復殺之。源賀·劉尼共迎立帝。時承太武用兵久。國內虛耗。帝與民休息。養威布德。懷輯中外。在位十四年崩。謚文成。廟號高宗。紀元四。興安·興光·太安·和平。

魏文昌 元壺關人。能隱形變化。有事被逮。縮入瓶中。碎瓶。呼之。片片皆應。遣人捕之。已過縣南八里川矣。人以左慈方之。後尸解。◉明華容人。有至性。事親孝。父獲死罪繫獄。文昌詣闕上書。願以身代。憲宗許之。遂就刑。時年十有八。

魏文侯 戰國魏駒孫。名斯。史記作都。周威烈王時與韓趙列爲諸侯。受子夏經藝。客段干木。過其閭。未嘗不軾。秦嘗欲伐魏。或曰。魏君賢人是禮。國人稱仁。上下和合。未可圖也。文侯由此得譽於諸侯。使樂羊攻拔中山。任西門豹守鄴。河內稱治。在位三十八年卒。諡文。

魏文帝 【三國魏】曹操長子。名丕。字子桓。操卒。嗣爲丞相、魏王。漢建安末廢獻帝爲山陽公。篡漢。都洛陽。國號魏。改元黃初。性好文學。博聞強識。以著述爲務。有典論詩賦百餘篇。卽位後。蜀與吳亦相繼稱帝。凡兩伐吳。皆無功。在位六年崩。諡文。◉【後魏】神元帝子。名沙漠汗。景元間神元與曹魏和親。帝以國太子留洛陽。爲魏賓之冠。晉武帝時以父老求歸。諸大人受晉賂。譖帝。因矯害焉。帝英姿瓌偉。在晉之日。英俊多與親善。爲人物歸仰。後追諡文。◉【西魏】元愉子。名寶炬。初封南陽王。宇文泰旣弒孝武。遂立之。伐東魏。關中留守兵少。所虜東魏士卒作亂。帝止閿鄉。泰討破之。帝以西遷以來。禮樂散逸。命周惠達、唐瑾等損益舊章。禮樂稍備。在位十七年崩。諡文。年號大統。

魏文翁 【宋】了翁從弟。字嘉父。嘉定進士。歷知上津、新繁縣。通判成都。所至有政聲。徙知敘州。以病卒。文翁氣方行和。見義必爲。雅不喜陸氏之學。學者稱果齋先生。有讀書日記中庸大學講義及雜錄。

魏文焌 【明】侯官人。字德章。嘉靖進士。宜至廣西按察使。有石室祕紗。

魏方泰 【淸】江西廣昌人。字日乾。康熙進士。選庶吉士。西事興。與領軍餉。往還絕漠。號令明肅。撫循徒旅。人忘其勞。官至禮部侍郎。

魏王假 【戰國魏】景愍王子。立三年。秦灌大梁。虜王假。遂滅魏。以爲郡縣。

魏丕 【宋】相州人。字齊物。頗涉學問。仕周歷頓丘冠氏元城三縣令。遷供備庫副使。入宋改作坊副使。修整積弊。在職盡力。歷黃汝鄧復諸州刺史。好歌詩。與士大夫游接。有時稱。

魏世傑 【淸】際瑞子。字興士。從禧學古文辭。爲邑諸生。際瑞遇難。世傑拔佩刀自刎。呼號二十日而死。有梓室詩文集。

魏令望 【明】武鄉人。字于野。崇禎進士。爲商丘令。轉輸有功。調太康。流賊方熾。旣至。練兵攻守。城破。爲賊所執。遂遇害。子與及家口二十餘人同日死。士民死者二萬餘人。太康人私諡忠烈。

魏以敬 【明】一作魏敬。善畫花鳥禽竹。

魏冉 【戰國秦】昭王母宣太后之異父弟。自惠王武王時任職用事。昭王卽位。以爲將軍。衞咸陽。時昭王少。宣太后自治。任冉爲政。封於穰。復益封陶。號曰穰侯。冉四登相位。擧白起爲將。先後伐韓魏齊楚。使秦東益地。以弱諸侯。功最高。後昭王用范睢。冉免相就封邑卒。

魏平帝 【後魏】章帝少弟。名綽。旣嗣立。雄武有智略。威德復擧。在位七年崩。諡平。

魏平文帝 【後魏】思帝子。名鬱律。嗣爲代王。資質雄壯。甚有威略。西兼烏孫故地。東吞勿吉以西。控弦百萬。晉元帝遣使加崇爵服。帝拒絕之。治兵講武。有吞南夏之意。在位五年。爲桓帝后所害。諡平文。天興初尊曰太祖。

魏必昌 【宋】晉江人。字世復。授福州懷安尉三山尸。通法律。知詩書。豪家訟田。數年不能決。折以禮法。兩爭遂息。移興化錄事。有新貴人挾中官勢。羅織仇吏於獄。囑必昌斃之。且脅以危語。不爲動。吏得免。人服其廉正。

魏玄 【北周】承祖子。字僧智。少慷慨有膽略。魏普泰中除奉朝請。孝武西遷。玄立義於關南。以拒東魏。周文帝手書勞之。除洛陽令。封廣川縣子。嗣是屢著戰功。天和中遷熊州和州刺史、伏流防主。進爵爲公卒。

魏玄同 【唐】鼓城人。字和初。擢進士第。累官司列大夫。坐事流嶺外。赦還。以薦遷吏部侍郎。永淳初進平章事。封鉅鹿男。上疏言選擧法弊。不納。遷地官尙書、檢校納言。爲周興所誣。賜死。玄同與裴炎締交。能保終始。時號耐久朋。

魏仲擧 【宋】建安人。慶元中書賈。嘗編韓柳年譜。及五百家註音辯昌黎先生文集、五百家註音辯柳先生集。

魏光緒 【明】雲中從兄弟。字武韜。萬曆進士。由行人擢御史。疏論張差梃擊。言甚切。巡按山東。招撫寇擘數十萬。陞太僕卿。爭本寺牧地十萬餘頃。陞湖廣巡撫。殲倡亂渠魁。計平土司彭元景。爲忌者所中。罷歸。

魏全 【金】壽州人。宋季爽圍壽州。刺史徒單鎰募人往斫爽營。全在選中。爲爽兵所執。爽謂全曰。若爲我罵金主。免若死。全至城下。反罵宋主。爽乃殺之。

魏兆鳳 【明】寧都人。字聖期。號天民。以孝行聞。家故饒於財。以施濟爲務。義聲動邑中。崇禎初薦擧徵聘皆不就。人以徵君稱之。丘維屏輯其行事附於子禧集。名魏徵君雜錄。

魏安行 【宋】饒州樂平人。字彥成。擧進士。歷弋陽令。以張浚薦知滁州。並有能聲。改京西漕。言事忤時相謫官。復起知吉州。治行稱最。累官直徽文閣、淮南運副。提領營田事請祠卒。

魏安釐王 【戰國魏】昭王子。名圉。扼於彊秦。屢爲所敗。後齊楚相約攻魏。使唐雎說秦救魏。魏復定。遂欲親秦而伐韓。信陵君無忌諫而止。秦圍趙邯鄲。無忌率五國兵攻秦。敗之河內。走蒙鷙。在位三十四年卒。諡安釐。

魏・式 宋新喻人。字叔度。明春秋公穀之學。南唐舉進士。時張洎主文。獨放式一人。宋平江南。歷官鴻臚。大理丞。終刑部侍郎。江淮間舊有橫賦。逋積至多。式奏免之。人以爲便。

魏・收 北齊子建子。字伯起。小字佛助。年十五。能屬文。在魏除太學博士。節閔帝立。以北主客郎中召試。下筆便就。與溫子昇・邢邵齊譽。世稱三才。又稱邢魏。然收心實陋邵。互相譏毀。又以子昇・邵不能作賦。常曰。須作賦始成大才士。高歡召赴晉陽。以爲中外府主簿。高澄深重其才。及齊受禪。詔冊皆出收手。除中書令。仍兼著作郎。尋詔令專撰魏史。收性頗急。夙有怨者。多沒其善。每言何物小子。敢共魏收作色。舉之則使上天。按之當使入地。以是衆怨沸騰。時有穢史之號。武成帝立。仕至開府右僕射。武平中以開府中書監卒於位。諡文貞。收以文才顯。然性褊。見當途貴游。每以言色相悅。昔在洛京。輕薄尤甚。人號驚蛺蝶。有集。

魏・羽 宋婺源人。字垂天。少能文。仕南唐爲雄遠軍判官。以城降宋。成平中以戶部度支使辭疾去。拜禮部侍郎卒。羽有吏幹。尤小心謹事。出入計司。凡十八年。習知金穀之事。然頗傷煩急。不違大體。太宗嘗稱其有心計明吏道。而惜其無執守。

魏・行可 宋建安人。字當時。建炎中以太學生應募。假朝奉大夫。禮部侍郎使金。留不遣。嘗遺書金人。誓以不戕自焚之禍。金人欲官之。不從。飲泣而死。紹興中追贈祕閣修撰。

魏・伯陽 漢吳人。性好道術。與弟子三人入山作神丹。丹成。知弟子心懷未盡。乃試之。服丹入口卽死。一弟子取丹服之。亦死。餘二弟子遂不服。共出山。二子去後。伯陽及死弟子皆起。作參同契五行相類等書。其說似周易。實假借爻象以論作丹之意云。

魏・克愚 宋了翁子。號靖齋。寶祐中知徽州。爲政知先務。民安其化。

魏・初 元璠從孫。字太初。璠無子。以初爲後。初好讀書。爲文簡而有法。始爲中書省掾吏。以祖母老辭歸。隱居教授。中統間起爲國史院編修官。尋擢監察御史。疏陳時政。多見嘉納。官至南臺御史中丞。有青崖集。

魏・呈潤 明龍溪人。字中嚴。崇禎進士。由庶吉士改兵科給事中。疏陳兵屯之策及北方水政。帝皆嘉納。中官王坤偵巡按御史胡良機。詔令坤按劾。呈潤疏言不可。帝責以黨比。貶三秩出之外。以養母歸。母服除。起補光祿署丞卒。

魏・孝友 宋甌寧人。字移可。入太學應詔。論時政。語皆鯁切。傳亮撤爲幕府從事。高宗卽位。授迪功郎。令定遠。郡寇犯境。孝友死之。

魏・孝文帝 後魏獻文帝長子。名宏。後改姓元。性至孝。善射。有膂力。好爲文。卽位之後。大興文治。均民田。制戶籍。修明堂辟雍靈臺。行郊廟之禮。舉養老籍田之制。又憎國俗之陋。遷都洛陽。冀變舊風。禁胡服胡語。在位二十九年崩。諡孝文。廟號高祖。紀元三。延興・承明・太和。

魏・孝明帝 後魏宣武帝二子。名詡。六歲嗣位。母胡太后臨朝聽政。逼幸清河王懌。領軍元叉殺懌。幽太后。孝昌初太后復臨朝。自是朝政疏緩。委用非人。賞罰乖舛。元鑒・蕭寶夤・葛榮・杜洛周並反。帝亦爲太后所害。在位十二年。諡孝明。廟號肅宗。紀元五。熙平・神龜・正光・孝昌・武泰。

魏・孝武帝 後魏孝文帝孫。名修。字孝則。父爲廣平王懷。帝性沈厚少言。好武事。初封平陽王。高歡入洛。廢恭及朗。立之。永熙末歡自晉陽舉兵向洛。帝奔長安。是謂西魏。爲宇文泰酖死。諡孝武。史稱出帝。年號三。太昌・永興・永熙。

魏・孝莊帝 後魏元勰三子。名子攸。初封長樂王。孝明崩。爾朱榮立之。榮爲天柱大將軍・大丞相・太原王。賴榮武力。削平諸叛亂。元顥內逼。帝奔河內。顥敗走。始還洛。帝懲榮河陰之事。常懷畏惡。因其入朝殺之。幷其黨元天穆。榮從弟世隆從子兆俱反。洛京破。兆遷帝於晉陽。弑之。在位三年。太昌中追諡孝莊。廟號敬宗。年號建義・永安。

魏・孝靜帝 後魏元懌孫。名善見。父爲清河王亶。帝初爲世子。梁大同初高歡立之。遷都鄴。政由高氏。歡父子相繼秉柄。帝好文學。美容儀。多力善射。高澄忌之。常使人監察動靜。帝不堪憂辱。密謀濳行。事覺被幽。高洋篡位。降封中山王。東魏亡。明年遇酖而崩。在位十七年。諡孝靜。紀元四。天平・元象・興和・武定。

魏・宏 宋字損之。景祐進士。爲岳州司理。有囚閉口不食。宏曰。吾能使之食。引問曰。塞若鼻能久不食乎。囚懼。承訊服罪。人問故。曰。彼必善服氣。塞鼻則氣閉。故懼耳。後遷朝奉郎。

魏・岑 南唐須城人。字景山。好諛佞。善揣人意。自校書郎驟遷至諫議大夫。李景自以唐子孫。慨然有定中原復舊都之意。岑與諸使臣相倡和。爲拓境事。嘗因侍燕。言臣少游元城。樂其風土。陛下遷長安日。乞爲魏博節度使。景欣然許之。岑趨下殿再拜謝。侍衞皆竊笑。其諂媚率類此。累拜樞密副使。自謂得主眷。益無所憚。尋死。

魏希文 【明】高密人。深於理學。薛瑄嘗師事之。

魏延 【三國漢】義陽人。字文長。以部曲隨先主入蜀。數有功。累遷爲征西大將軍。封南鄭侯。延每隨諸葛亮出。輒欲請兵與亮異道。亮不許。延常歎恨己才。用之不盡。延勇猛過人。又性矜高。人皆下之。亮卒。長史楊儀按亮成規退軍。延怒。先南歸。所過燒絕閣道。延儀各相表叛逆。延據南谷口逆擊儀等。軍散。逃奔漢中。儀遣馬岱追斬之。

魏廷式 【宋】宗城人。字君寶。少明法學。有膽氣。登太平興國進士。累官益州路轉運使。嘗入奏事。太宗詰有事當白中書。廷式曰。臣遠乘驛而至。以機事上聞。願取斷宸衷。非爲宰相來也。卽不時召對。稱旨。歷知宋潭桂涇諸州。所至以嚴明剛果稱。然性傾險。喜中傷人。人憚而鄙之。

魏成 【清】無錫人。字西疇。號耕雲子。善畫山水。蒼秀融渾。自成一家。

魏成帝 【後魏】始祖。姓拓跋氏。名毛。聰明武略。遠近所推。統國三十六。大姓九十九。威振北方。莫不率服。卒諡成。

魏成憲 【清】仁和人。字寶臣。號春松。乾隆進士。官至御史。有清愛堂集。

魏杞 【宋】壽春人。字南夫。以受經於趙敦臨。移居鄞之碧溪。學者稱碧溪先生。紹興中進士。孝宗朝以宗正少卿爲金通問使。正敵國體。損歲幣。還遷參知政事。右僕射。兼樞密使。時帝方銳意恢復。杞入相。左右其論。會郊祀冬雷。用漢制災異策免。出知平江府。王希呂劾罷之。後以端明殿學士奉祠告老。遂居溪上。絕口不道時事。卒諡文節。

魏良臣 【宋】溧水人。字道弼。高宗嘗稱其可屬大事。累官參知政事。

魏良政 【明】良弼弟。字師伊。王守仁撫江西。與良弼弟良器・良貴咸學焉。良政功尤專。孝友淳朴。燕居無惰容。嘗曰。不尤人何人不可處。不累事何事不可爲。舉鄉試第一而卒。良弼嘗言。吾夢中見師伊。輒汗流浹背。其爲兄敬憚如此。

魏良弼 【明】新建人。字師說。號水洲。嘉靖進士。歷刑科給事中。巡視京營。劾罷保定侯梁永福・太僕卿曾直等。直聲大著。南京御史馬揚等以劾吏部尚書王瓊被逮。良弼請釋之。帝怒。下詔獄。贖還職。遷禮科都給事。彗星見。劾罷大學士張璁。踰月復劾吏部尚書汪鋐。忤旨奪俸。及璁再起柄政。與鋐修前隙。遂以考察削籍。隆慶初卽家拜太常卿卒。天啓初追謚忠簡。有水洲文集。

魏良輔 【明】崑山人。能喉轉音聲。始變弋陽海鹽故調爲崑腔。邑人梁辰魚填浣紗記付之。是爲崑曲之始。

魏良器 【明】良政弟。字師顏。號藥湖。性超穎絕人。王守仁亟稱之。主白鹿書院。生徒至數百人。其學雖宗良知而踐履平實。學者稱藥湖先生。

魏谷倚 【唐】官太原主簿。與富嘉謨・吳少微友善。皆以文辭著名。時稱北京三傑。（按萬姓統譜作宋人。誤。此據唐書文藝傳。）

魏京 【宋】高安人。天禧進士。博學能文。鄉里以魏夫子稱之。名其所居曰儒榮坊。

魏叔瑜 【唐】徵少子。一云名壽。字叔瑜。官豫州刺史。善草隸。以筆意傳其子華及甥薛稷。世稱善書者。前有虞褚。後有薛魏。

魏咎 【戰國魏】諸公子。封寧陵君。秦滅魏。爲庶人。陳勝稱王。下魏地。立咎爲魏王。秦將章邯擊敗之。咎爲其民約降。約定自殺。

魏坤 【清】嘉善人。字禹平。號水村。康熙舉人。善古文詩詞。有倚晴閣詩鈔・秦淮雜詠・歷山唱酬集・粵遊紀程詩・水村琴趣。

魏奉古 【唐】初仕爲雍丘尉。九日公宴。有客草序五百言。奉古曰。此舊文也。援筆倒疏之。徐笑曰。適覽記之耳。由是知名。人稱爲聰明尉。終兵部侍郎。

魏季景 【後魏】蘭子。博學有文才。弱冠名與族兄子收相亞。洛中稱二魏。莊帝時爲中書侍郎。後歷官至大司農卿・魏郡尹。季景善附會宰要。爾朱世隆特賞愛之。才名甚盛。頗過其實。有文筆二百餘篇。

魏定國 【清】方泰子。字步于。號慎齋。康熙進士。宰應城。得民和。有魏青天之稱。累擢直隸按察使。坐事謫戍黑龍江。雍正初再起。官至吏部侍郎。

魏尚 【漢】字文仲。高帝時爲太史。◉【漢】槐里人。文帝時爲雲中太守。其軍市租。盡以給士卒。出私俸錢。五日一殺牛。以享軍吏。匈奴不敢近雲中塞。坐上功首虜差六級。吏議削爵。馮唐因間言於帝。帝立令唐持節赦尚。復以爲雲中守。

魏忠賢 【明】肅寧人。少無賴。爲博徒所苦。恚而自宮。變姓名爲李進忠。後乃復姓。萬曆中選入宮。詔事魏朝。朝素與皇長孫乳媪客氏私。及忠賢入。又通焉。客氏薄朝而愛忠賢。忠賢因得長孫歡。長孫繼位。是爲熹宗。遷忠賢司禮秉筆太監。尋掌東廠事。深見信任。屢矯中旨。傾害公卿。諸不見容於東林者。相率依附。稱義兒。結黨以擠東林。遂誣殺楊漣・左光斗等。其削籍遺戍者又數十人。善類一空。民間偶語。或觸忠賢。輒遭擒圖。進爵上公。章疏及票旨。稱廠臣不名。媚之者拜伏呼九千歲。爭請立生祠。族黨盡蒙恩蔭。有繈褓中封師保者。莊烈帝卽位。發其奸。安置鳳陽。尋命逮治。行至阜城。縊死。詔磔其屍。

魏・承柷 清衡陽人。字將侯。原名槐。字黃生。道光舉人。歷知曾定・天柱等縣。殉寇難。有文集。

魏・承祖 後魏廣陵人。依裴叔業。壯健善事人。叔業厚待之。及出爲州。以爲防閤。善撫士卒。頗有將用。景明以後。屢立戰功。歷太原太守至光祿大夫。梁將圍義陽。承祖行撫軍將軍。率衆敗之。還復三關。遂爲名將。終於幷州刺史。

魏明帝 三國魏文帝子。名叡。字元仲。嗣位。以司馬懿拒蜀。孫權攻合肥。帝自將擊卻之。公孫淵反於遼東。命司馬懿討斬之。帝口吃少言。而沈毅好斷。深疾浮華之士。初曹眞等受遺詔輔政。帝皆處以方任。政自己出。容納直言。有君人之量。未幾。大營宮館。耽於內寵。沒後政權遂歸司馬氏。在位十三年崩。諡明。紀元三。太和・靑龍・景初。

魏明元帝 後魏道武帝長子。名嗣。以晉義熙五年誅拓跋紹卽位。簡賢任能。內和外輯。擊走柔然。築長城。自赤城至五原二千餘里。置戍衛。立子燾爲太子。監國。命奚斤伐宋。下靑兗司豫諸郡。拔虎牢。帝禮愛儒生。好覽史傳。撰新集三十篇。在位十五年崩。諡明元。廟號太宗。紀元三。永興・神瑞・泰常。

魏・明德 明洪武中爲慶元縣丞。愛民如子。時靑田縣賊葉香等作亂。統兵者欲盡誅慶元連境民。明德抵軍門涕泣請。主將乃止。邑人咸感其德。

魏武侯 戰國魏文侯子。名擊。與韓趙三分晉地。滅其後。在位十六年卒。諡武。

魏武帝 後漢見曹操條。

魏・知古 唐陸澤人。方直有雅才。擢進士第。睿宗朝累官黃門侍郎。時盛夏。造金仙玉貞觀。知古諫罷之。帝嘉其直。以左散騎常侍同中書門下三品。先天初爲侍中。封梁國公。竇懷貞謀亂。密發其姦。懷貞誅。帝賞其功。後與姚崇不協。罷政。卒諡忠。宋璟歎曰。叔向古遺直。子產古遺愛。兼之者其魏公乎。

魏・矼 宋歷陽人。字邦達。宣和中上舍及第。紹興初遷考功郎。屢上書言得失。劉豫挾金人入寇。趙鼎決議親征。矼請扈從。因命督江上諸軍。矼說劉光世。請貽書韓世忠・張俊二帥以謀交歡。由是衆戰屢捷。軍威大振。其後力挽和議。疏一再上。辭至激切。丁父憂去。免喪。除知宣州。不就卒。

魏・郃 後漢河東人。舉孝廉。太守史弼受誣下詔獄。郃毀服變形。詐爲家僮護送。弼論棄市。郃與同郡人賣邸路侯覽。得減死。

魏・長齊 晉雅有體量。而才學非所經。初宦當出。虞存嘲之曰。與卿約法三章。談者死。文筆者刑。商略抵罪。長齊怡然而笑。

魏・長賢 北齊彥子。博涉經史。詞藻清華。初舉秀才。魏除爲汝南王悅參軍。入齊。平陽王淹辟爲法曹參軍。轉著作佐郎。河清中上書譏刺時政。大忤權幸。出爲屯留令。處之怡然。旋引疾去。齊亡。不復仕。

魏哀王 戰國魏襄王子。王立。張儀歸秦。秦使樗里疾伐取曲沃。又拔蒲坂・晉陽・封谷。秦後復予魏河外及封陵爲和。在位二十三年。卒諡哀。

魏・咸信 宋咸熙弟。字國寶。開寶中選尙永慶公主。知澶州。天禧初爲陝州大都督府長史・保平軍節度。以疾告歸卒。咸信知書善待士。然性吝喜利。至與諸姪爭產。時人恥之。

魏・咸熙 宋仁浦子。性仁孝。以父蔭爲屯田郎中。累遷至太僕少卿。嘗會賓客。家童覆案碎器。客驚愕。咸熙色不變。令更設饌具。其寬厚若此。

魏宣帝 後魏成帝之後。名推寅。南遷大澤。方千餘里。厥土昏冥沮洳。更謀南徙。未行而崩。諡宣。

魏宣武帝 後魏孝文帝二子。名恪。雅愛經史。尤長釋氏之義。每至講論。連夜忘疲。而寬以攝下。從容不斷。魏業始衰。在位十六年崩。諡宣武。廟號世宗。紀元四。景明・正始・永平・延昌。

魏・彥 後魏釗子。字惠卿。博學善屬文。陳留公李崇・中山王英先後辟爲記室參軍。孝明帝朝仕至光州刺史卒。嘗以晉書作者多家。體制繁雜。欲刪正別爲一書。卒不果。

魏・彥明 宋開封人。通判延安府。金人來攻。彥明率衆力守。傾家貲以賞戰士。城陷。死之。

魏・持衡 明密縣人。累官太僕卿。致仕家居。流賊陷城。執之使跪。持衡挺立抗罵。遂遇害。

魏思帝 後魏文帝少子。名弗。聰哲有大度。爲諸父兄所重。政崇寬簡。百姓懷服。享國一年而崩。諡思。

魏昭王 戰國魏哀王子。名遫。秦將白起敗魏軍二十四萬。拔城大小六十一。後與秦趙韓燕共伐齊。敗之濟西。在位十九年卒。諡昭。

魏昭帝 後魏神元帝子。名祿官。分國爲三部。帝自以一部居東。在上谷北・濡源之西。東接宇文部。自神元以來。百姓乂安。財畜富實。在位十三年崩。諡昭。

魏昭成帝 後魏平文帝次子。名

什翼犍。繼烈帝爲代王。移都於雲中之盛樂。能修祖業。始制百官。又興師征伐外國。擊走劉衛辰。東自穢貊。西至破落那。南至陰山。北盡沙漠。罔不歸附。後爲苻堅所并。在位三十九年崩。諡昭成。年號建國。道武帝卽位。尊爲高祖。

魏・昭亮 宋咸信子。字克明。幼聰敏。太宗召入禁中。命賦賞花詩。詩成。太宗大悅。酌以上尊酒。且賜名爲。累官至四方館使。兼掌客省。居官噭察。多遣人偵伺僚輩。時人惡之。天禧中數遣人求進用。加端州防禦使。未及拜命死。

魏・相 漢定陶人。字弱翁。少學易。爲郡卒史。舉賢良。以對策高第爲茂陵令。宣帝時累官御史大夫。霍光卒。相請損奪霍氏權。以全功臣之世。又請上書者去副封以防壅蔽。韋賢免。代爲丞相。宣帝始親萬機。勵精爲治。數上便宜。皆納用焉。封高平侯。卒諡憲。

魏・衍 宋彭城人。字昌世。不事舉業。家貧。惟以經籍自娛。見異書必手自鈔寫。名所居室曰曲肱軒。自號曲肱居士。

魏・峴 宋鄞人。嘉定間官朝奉郎。提舉福建路市舶。坐事罷。居家好講求水利。淳祐初起知吉州軍事。兼管內勸農使。有四明它山水利備覽。

魏恭帝 西魏文帝四子。名廓。初封齊王。在位三年。爲宇文覺所廢。封宋公。宇文護尋弒之。諡恭。西魏亡。

魏・晉孫 唐工畫花鳥。

魏・時光 明南昌人。崇禎時爲廣濟典史。邑遭殘破。長吏設排兵三百人。委之教練。流賊據蘄州河口。憚時光不敢渡。時光募死士。乘夜襲其營。手殺數賊。賊不敢逼。餓賊大至。部卒皆散。時光單騎據高坡。又殺數人。賊環繞之。矟絕被執。不屈死。

魏・時亮 明南昌人。字工甫。嘉靖進士。授中書舍人。擢兵科給事中。屢上疏諫爭。仕至南京刑部尚書。初好交游。負意氣。中遭挫抑。乃潛心性理之學。卒諡莊靖。有大儒學粹。

魏・時敏 明莆田人。字時敏。官無錫縣丞。改桃源。未幾致仕歸。善畫山水。尤篤意於詩。有竹溪詩集。

魏・書 清禧宗人。字石牀。明諸生。明亡。肆情著述。或劇飲大醉。仰天痛哭。工書能詩。善繪事。皆入能品。

魏・桓 後漢汝南安陽人。字仲英。桓帝時數被徵。鄉人勸之行。桓曰。夫干祿求進。所以行其志也。今後宮千數。其可損乎。廄馬萬匹。其可減乎。左右權豪。其可去乎。皆對曰。不可。桓乃歎曰。使桓生行死歸。於諸子何有哉。遂隱身不出。

魏桓帝 後魏文帝長子。名猗㐌。令帝英傑魁岸。昭帝既分國爲三部。帝以一部居代郡之參合陂北。嘗度漠西略。諸降附者二十餘國。劉淵反。晉來乞師。帝數敗淵兵。凡統部十一年而崩。諡桓。

魏・校 明崑山人。字子才。其先本李姓。居蘇州葑門之莊渠。因自號莊渠。弘治進士。授南京刑部主事。歷遷郎中。不爲太監劉瑯所屈。召爲兵部郎。移疾歸。嘉靖初起爲廣東提學副使。官至太常寺卿。掌祭酒事。致仕卒。諡恭簡。校私淑胡居仁主敬之學。而貫通諸儒之說。擇執尤精。有周禮沿革傳・大學指歸・六書精蘊・春秋經世・經世策・官職會通・莊渠遺書。

魏・浣初 明常熟人。字仲雪。萬曆進士。官至布政司參政。有詩經脈・四如山樓集。

魏・浚 晉東阿人。寓居關中。爲度支校尉。有幹用。永嘉末與流人數百家東保河陰之硤石。時京邑荒儉。浚掠得穀麥。獻之懷帝。帝以爲揚威將軍・平陽太守。以亂不之官。及洛陽陷。屯石梁塢。撫養遺衆。其附賊者。皆先解喻。遠近感悅。至者甚衆。劉琨承制假浚河南尹。劉曜忌浚得衆。率衆擊破之。浚夜遁。爲曜所得。死之。

魏・泰 宋襄陽人。字道輔。嘗於試院中因上請忿爭。毆主文幾死。坐是不得取。爲人無行而有口。工文章。尤能談朝野可喜事。崇觀間章惇爲相。欲官之。不就。有臨漢隱居集。東軒筆錄。

魏・浩 明咸陽人。隱居龍巖。遂號龍巖先生。學問賅博。尤長於詩賦。

魏烈帝 後魏平文帝長子。名翳槐。嗣爲代王。與後趙石氏通和。前後在位八年崩。諡烈。參看魏煬帝條。

魏・益德 梁襄陽人。有才幹。膽勇過人。以戰功累遷至郡守。岳陽王詧以爲王府司馬。詧稱帝。進位柱國。封上黃縣侯。卒諡忠壯。

魏・眞 明永寧王世子妃彭氏之從婢。年未及笄。有勇力。善騎射。妃旣死。其一從婢名金保者自刭。眞竄山谷間十數日。兵退乃出。竊妃與保尸葬之。遂去爲尼。不知所終。

魏神元帝 後魏聖武帝子。名力微。既卽位。有雄傑之度。攻併沒鹿回部。兵力甚強。遷於定襄之盛樂。魏晉之間。信使不絕。推誠任眞。遐邇歸仰。因中離間。殺太子沙漠汗。旣而悔之。烏丸王復離間諸大人。諸大人各散走。尋崩。凡饗國五十八年。年一百四歲。道武卽位。尊爲始祖。諡神元。

魏・純粹 明柏鄉人。字仲乾。萬

曆進士。知永城縣。開墾荒田。招集流民。士民歌頌之。官至監察御史。有開荒十二政・隆德堂詩文集。

魏・耕 清慈谿人。原名璧。又名時珩。字楚。別字白衣。自甲申後。改名耕。又名甦。以世胄少失業。學爲衣工於湖州。能讀書。尋以贅壻隸歸安籍。成諸生。國亡棄去。志圖大事。與於苕上之役。兵敗。亡命江湖。久之事解。與歸安錢纘曾居苕溪。閉戶爲詩。尤與祁理孫・班孫善。耕喜談兵。有奇癖。非酒不甘。非妓不飲。理孫輩皆曲奉之。後遣死士致書鄭成功。又遮道留張煌言入焦湖圖再舉。復不克。被捕不屈死。有息賢堂集。

魏・荔彤 清嵩介子。字念庭。官至江蘇常鎭道。有大易通解・懷舫集。

魏・能 宋鄆人。少應募隸雲騎軍。七遷散員左班都知。太宗稱其材勇過人。特進用之。屢征契丹。以與孫全照互訐。責貶。旋起爲鎭州都監。累遷加領康州團練使卒。

魏・豹 秦咎弟。魏之諸公子。咎敗自殺。豹走楚。楚懷王予之兵。使復徇魏地。下魏二十餘城。立爲魏王。引兵從項羽入關而欲有梁地。徙豹河東。爲西魏王。及漢王定三秦。以國屬焉。已而畔漢。漢王使酈生說之。豹謝曰。人生一世間。如白駒過隙。今漢王嫚侮人。罵詈諸侯羣臣如奴耳。吾不忍復見也。漢王遣韓信擊豹。虜之。令守滎陽。楚圍之急。周苛曰。反國之臣。難與共守。遂殺豹。

魏・釗 後魏下曲陽人。字顯義。博涉羣書。兼資文武。有當世才。太武帝南下。召與語。大悅。授內都直。師次淮南。請間行入城說降。帝喜曰。卿之一言。踰於十萬師。卽授義陽太守。尋加建忠將軍卒。

魏・偁 明字達卿。由郡庠生貢春官。廷試第一。授石城訓導。幼穎慧。稍長。博涉羣書。以詩文名於世。性孝友。與人交。溫厚樂易。有經書僅悟・毅充子・茶餘詩話・聞見類纂小史・雲松詩略・讀史編。

魏・冕 明永豐人。建文時御史。燕兵至金川門。都督徐增壽徘徊殿庭。有迎納意。冕率諸御史毆之幾死。帝倉皇輟朝。冕與鄒瑾大呼。請速誅增壽。明日宮中火起。冕自殺。

魏・庸 明字宗道。少孤勤學。長於詩。恬退不仕。自號止齋。嘗以父沒不及見。母存莫能報。構思親春暉二堂。太守陳璉爲作記以表之。少司寇劉廉又許其能談時務。有王猛風。

魏・惇 後魏收族兄弟。字仲讓。貌魁偉。性通率。永安末除安東將軍。爾朱仲遠以事捕惇。遇出外。執惇兄子胤而去。惇見仲遠曰。家事在惇。胤何知也。乞以身罪。仲遠義而捨之。天平中拜衞將軍・右光祿大夫卒。

魏・掞之 宋建陽人。字子實。初字元履。師胡憲。與朱熹同游。試禮部不第。遂不復出。築室讀書。榜以艮齋。人稱艮齋先生。乾道中詔舉遺逸。力辭。宰相陳俊卿雅知掞之。招之甚力。乃以布衣入見。極陳當時之務。賜同進士出身。爲太學錄。請廢王安石父子從祀。追爵二程。列於祀典。復請罷詞賦。皆不報。遂丐去。倖臣曾覿召還。累疏諫。又遺書責俊卿甚切。罷爲台州教授。居家謹喪祭。重禮法。行古社倉。民賴以濟。

魏・曼多 春秋晉舒孫。定公時與范吉射相惡。與荀躒・韓不信伐范氏而逐之。卒謚襄子。(按左傳杜注。襄子。舒孫曼多也。世本謂舒生簡子取。取生襄子多。卽曼多也。史記作魏侈。此從左傳及世本。)

魏・朗 後漢上虞人。字少英。少爲縣吏。操刀報兄讐。遂亡命到陳國。從博士郤仲信學春秋圖緯。又詣太學受五經。累官尚書。屢陳便宜。有所補益。爲八俊之一。時稱天下忠貞魏少英。以黨議免歸。尋被急徵自殺。著書數篇。號魏子。

魏・章帝 後魏神元帝子。名悉鹿。諸部離叛。國內紛擾。饗國九年而崩。謚章。

魏・紹 宋雍子。字承之。性孝友和謹。以父任爲將作監主簿。嘗知虞城縣。禁籍博而盜止。留守下其法。歲大饑。度請報不及事。乃先發廩。後以聞。通判絳州。行州事。振興教化。爲時所稱。後以右朝散郎知嘉州。嘉州自唐開元以來貢荔。後世產益微而誅求甚苦。嘉祐中有賢守哀之。刻二詩於石以諷。紹將去任。諸貴有賂者求之者。乃摹其詩報之。在官有能聲。勞多而賞不及。亦不自言。紹聖初卒。

魏・紳 明曲阜人。字廷佩。性至孝。成化進士。拜刑部主事。廣西有冒稱外戚者。事覺被逮。皆避弗敢承。紳一訊卽得其狀。累遷都御史。歲旱。奏減民稅四分之一。築邊牆四十里。增墩堡五十餘所。武宗初進刑部右侍郎卒。

魏・連 後漢事父至孝。和帝時拜昌邑令。百姓不忍欺。大蝗連熟。

魏・野 宋蜀人。字仲先。嗜吟咏。不求聞達。居陝州之東郊。自築草堂。彈琴賦詩其中。號草堂居士。著草堂集。大中祥符初遼使至。言本國得其上帙。願校全部。詔與之。與李瀆並被薦。遣陝令招之。野上言願守畎畝。永荷帝力。詔州縣長吏常加存撫。卒贈祕書省著作郎。(按宋史云野陝人。四川通志據東都事略。以爲蜀人居陝。今從之。)

魏・勝 宋宿遷人。字彥威。多智

勇。善騎射。金人南侵。勝聚義士三百渡淮。取漣水軍。遂取海州。屢敗金兵。奏功授閤門祗候。兼山東路忠義都統。勝善用大刀。能左右射。旗揭曰山東魏勝。金人望見卽退走。隆興中知楚州。時和議未決。金兵乘其懈侵邊。勝拒於淮陽。中矢墜馬死。謚忠壯。

魏·喻義 【清】桂陽人。字賀卿。咸豐末從陳士杰戰郴永間。數有功。同治間從左宗棠定浙江。官至溫處道。

魏·富 【明】龍溪人。字仲禮。成化進士。授御史。巡按廣東。時林蠻洞蜒爲厲。富廉不法吏置於理。蠻蜒皆隸編戶。遷浙江副使。明愼庶獄。賑濟饑民。皆有實政。累擢刑部右侍郎。致仕卒。

魏·幾 【宋】福清人。字天隨。師事林光朝。以克己復禮問。答曰。五湖明月。因大悟。嘗賦丹霞夾明月。有半白在梨花之句。人以半白梨花郎目之。

魏惠王 【戰國魏】武侯子。名罃。與趙攻韓。韓告急於齊。齊宣王用孫臏計擊魏。戰於馬陵。虜太子申。殺將軍龐涓。其後數爲秦破。自安邑徙治大梁。故亦稱梁惠王。王軍數敗。乃卑禮厚幣以招賢者。鄒衍·淳於髡·孟軻皆至梁。輒請王弗言利。力行仁義。王不能從。在位三十六年卒。諡惠。

魏惠帝 【後魏】桓帝仲子。名賀傉。嗣爲代王。以平文帝五年爲元年。未親政事。太后臨朝。越四年始親政。徙都東木根山。在位五年崩。諡惠。

魏景愍王 【戰國魏】安釐王子。名增。初質於秦。歸國卽位。秦拔魏二十城。其後又拔三城。在位十五年卒。諡景愍。

魏景穆帝 【後魏】太武帝長子。名晃。幼明慧強識。及長。通經史大義。言軍國事多見納用。太武征梁州。詔晃以太子監國。正平中卒於東宮。文成立。追尊爲景穆帝。廟號恭宗。

魏·無忌 【戰國魏】昭王子。安釐王異母弟。封信陵君。仁而下士。致食客三千人。諸侯以其賢。不敢加兵焉。秦圍趙。趙求救於魏。魏王畏秦。使晉鄙將兵救趙。而留軍於鄴以觀望。無忌用侯生言。盜兵符。使朱亥椎殺晉鄙而奪其軍。破秦以存趙。由是留趙十年。秦伐魏。無忌歸救魏。率五國之兵逐秦軍至函谷關。威振天下。秦使人毀之於魏王。王卒使人代無忌將。乃謝病不朝。飲醇酒。多近婦女。日夜爲樂。竟病酒而卒。

魏·無知 【漢】嘗薦陳平於漢王。絳灌讒平盜嫂。受諸將金。漢王讓無知。無知對曰。臣所言者。能也。陛下所問者。行也。今有尾生·孝己之行。無益於成敗之數。陛下何暇用之乎。帝善之。後平封戶牖侯。辭曰。非魏無知。臣安得進。乃復賞無知。

魏·琰 【宋】瓘弟。字子浩。以父恩授祕書省正字。爲吏強敏。名齊於兄。通判陳州。歲饑。民强取人粟。琰僅坐其首。黥之。晚昏眊。知江寧府。日皆扑無罪吏。監司劾奏。召判刑部。仍致仕。進衛尉卿卒。

魏·琯 【清】壽光人。明崇禎進士。官御史。順治初授湖廣道御史。累官大理寺卿。以請寬竄逃之禁。降通政司參議。尋革職流徙。死於遼陽。

魏·舒 【春秋晉】絳子。頃公時繼韓起爲政。取祁氏羊舌氏邑爲十縣。舉其庶子戊爲梗陽大夫。謂成鱄曰。舉無他。唯善所在。親疏一也。孔子義之。稱其近不失親。遠不失舉。卒諡獻子。（按史記魏世家謂魏獻子是絳孫。又索隱云。獻子名荼。此從左傳。）◎【晉】樊人。字陽元。少養於外家甯氏。甯氏起宅。相宅者曰。當出貴甥。舒曰。當爲外氏成此宅相。年四十餘。察孝廉。對策升第。以浚儀令入爲尚書郎。時欲沙汰郎官。舒曰。吾卽其人也。襆被而出。同寮有愧色。鍾毓辟爲長史。毓初不知其善射。後遇朋人不足。以舒滿數。發無不中。舉坐莫敵。毓歎賞再三。謂舒曰。吾之不足以盡卿才。有如此射矣。轉相國參軍。封劇陽子。能斷大事。司馬昭深器重之。每朝罷。目送之曰。魏舒堂堂。人之領袖也。武帝卽位。累官司徒。爲時宗仰。後以災異遜位。詔以劇陽子就第。賜安車駟馬。卒諡康。

魏·象樞 【清】蔚州人。字環極。順治進士。官至刑部尚書。以病乞休。卒諡敏果。平生立朝端勁。爲人望所歸。講學亦醇正篤實。無空談標榜之習。嘗言大臣之誼。在以人事君。故於君子小人進退消長之際。爭之尤力。爲清初直臣之冠。聖祖賜額曰寒松堂。遂自號寒松老人。有儒宗錄·知言錄·寒松堂集。

魏·閑 【宋】野子。字雲夫。喜爲詩。不樂仕進。恬淡有父風。皇祐中賜號清逸處士。年八十四終於家。

魏·陽 【晉】孝子。父有刀戟。市南少年求之。陽曰。老父所服。不敢相許。少年怒。道逢陽父毆之。陽叩頭請罪。父沒。陽斷少年頭。以謝父冢前。

魏·雲中 【明】武鄉人。字定遠。萬曆進士。除項城知縣。擢御史。數月。排擊史繼偕等八九人。天啓中累遷右僉都御史。巡撫寧夏。繕堡鑿渠。與屯練士。魏忠賢惡其爲東林。罷歸。崇禎中召拜兵部右侍郎。總督宣大山西軍務。尋被劾罷。家居修城築臺以禦寇。鄉人賴之。

魏·傳弓 【周】鉅鹿人。官監察御史。嫉中人輔信義。欲劾奏其姦。語人曰。

王綱墜矣。正坐此屬。今日殺之。明日誅。無所悔。終司農丞。

魏·愷 北齊蘭根族弟。抗直有才辨。天保中自散騎常侍拜青州長史。固辭。帝怒曰。何物漢子。與官不就。死與長史。任卿所擇。答曰。能殺臣者陛下。不受長史者愚臣。放還。由是積年沈廢。久之。楊愔爲言於上。除霍州刺史。在職有治方。邊民悅服。徙膠州卒。(按北史以愷爲蘭根族子。此從北齊書。)

魏·敬益 元容城人。字士友。性至孝。好施與。嘗買四莊村田十六頃。民不能自給。敬益乃呼四莊村民歸其田。

魏·新之 宋桐廬人。字德夫。號石川。受業於方逢辰。咸淳進士。爲鄞教授。德祐中元兵入臨安府。游軍至鄞。時學設兩教授。號東西廳。教授王覺憤甚曰。吾儕死生。決於今日矣。新之從容答曰。非止今日。有生之初已定。不若聽之。顏色不少變。宋亡。遂不仕。與同里孫潼發·袁易稱爲三先生。

魏·準 南齊會稽人。以太學生爲王融所賞。融欲奉竟陵王子良繼位。準實鼓成其事。及融誅。召準入舍人省詰問。懼而死。

魏·源 明南城人。字文淵。永樂進士。官御史。多建白。累官刑部尚書。出理宣府大同邊務。易將卒。增亭障。實軍伍。邊備大飭。稱一時能臣。致仕卒。⊙清邵陽人。字默深。道光進士。官高郵州知州。文筆奧衍。熟於掌故。尤精輿地之學。治經以西漢今文爲宗。與仁和龔自珍並稱龔魏。有曾子章句·詩古微·書古微·公羊微·春秋繁露注·聖武記·海國圖志·古微堂文集·清夜齋詩集。

魏·溫仁 南齊上虞人。僕射徐孝嗣爲東昏所殺。故人莫敢收視。獨溫仁奔赴。以私財營其喪。當時稱之。

魏·照 漢童子時求事郭泰。供給洒掃。泰曰。當精議講書。何來相近。照曰。經師易獲。人師難遭。欲以素絲之質。附近朱藍。於是泰名顯。士爭歸之。

魏煬帝 後魏惠帝弟。名紇那。嗣爲代王。立三年。石虎來寇。帝禦之失利。遷於大寧。時烈帝居於舅賀蘭部。帝遣使求之。部帥不遣。帝擊之。衆敗還。尋出居於宇文部。賀蘭及諸部大人共立烈帝。立七年。國人復貳。諸部更奉帝。帝復出居慕容部。已石虎復遣人納烈帝。前後在位八年卒。諡煬。

魏·煥 明長沙人。字原德。嘉靖進士。授嘉興府推官。歷兵部員外郎。擢四川僉事。明習世務。留心邊防。有九邊圖考·蜀東撫苗實錄。

魏·絳 春秋晉魏犨子。仕爲卿。悼公弟揚干亂行。絳戮其僕。悼公怒。謂羊舌赤曰。必殺絳。無失也。言終絳至。授僕人書。將伏劍。公讀其書。跣而出曰。寡人之言。親愛也。吾子之討。軍禮也。敢以爲請。與之禮食。使佐新軍。絳說和戎五利。又悼公好田。因諫及之。公說。使絳盟諸戎。修民事。田以時。卒諡莊子。(按史記魏世家。絳諡昭子。此從左傳。)

魏聖武帝 後魏獻帝子。名詰汾。獻帝命南移。始出居匈奴故地。與天女會。生力微。卽始祖。故諺曰。詰汾皇帝無婦家。力微皇帝無舅家。卒諡聖武。

魏·萬 唐後名顥。居王屋山。號王屋山人。上元初登進士第。愛文好古。浪迹不仕。嘗自嵩走數千里入吳。訪李白不遇。因下江東。尋諸名山。觀謝公石門。後於廣陵與白相見。白作詩贈之。因盡出其文命萬集之。爲李翰林集。

魏·裔介 清柏鄉人。字石生。號貞庵。一號崑林。順治進士。由庶常改給諫。累官吏部尚書·保和殿大學士。太子太保。自入諫垣。先後二百餘疏。內贊政典。外襄軍務。皆中機要。尋致政。家居十六年卒。諡文毅。生平服膺於窮理盡性之指。有約言錄內外篇·聖學知統錄·知統翼錄·致知格物解·論性書·重訂周程張朱正脈·薛文清讀書錄纂要·易經大全纂要·四書精義彙解·惺心篇捷解·孝經注義經世編·輿舫集·兼濟堂集·希賢錄等書。

魏·該 晉浚族子。一名亥。劉曜圍洛陽。該隨浚赴難。浚敗死。曜引去。餘衆依之。荀藩卽以該爲武威將軍。使討曜。元帝承制加冠軍將軍·河東太守。及蘇峻反。率衆救臺。峻未平。病卒。

魏·詠之 晉任城人。字長道。家貧躬耕。好學不倦。初爲州主簿。見桓玄。玄鄙之。早與劉裕游款。及玄篡位。詠之協贊義謀。玄敗。授建威將軍。義熙初轉荆州刺史。詠之初在布衣。不以貧賤爲恥。及居顯位。亦不以富貴驕人。論者稱之。卒諡桓。

魏·資敬 明良臣後。字之覲。洪武初以通經薦授棗強丞。有政譽。擢監察御史。以敢言稱。後謫戍夔州。晚歸故里卒。資敬負才略。重名檢。尤不惑於流俗。爲時良吏。

魏·達 漢平陵人。爲河陽長。與同郡韋孟達·公孫伯達齊名。世號三達。

魏道士 宋工畫道釋人物。

魏·道明 金易縣人。字元道。少工詩。舉進士。累官至安國軍節度使。晚居近雷溪。自號雷溪子。有鼎新詩話。

魏道武帝 後魏昭成帝嫡孫。名

珪。代滅時尙幼。母賀氏。攜帝依劉庫仁。及庫仁子顯立。欲殺帝。帝因奔賀蘭部。更依其舅。既而諸部大人推爲代王。以晉太元十一年。改國號爲魏。卽帝位。都平城。討破劉顯・劉衛辰諸部落。伐燕。圍中山。破慕容寶。武功頗盛。在位二十三年。爲子清河王紹所弑。諡道武。廟號太祖。紀元四。登國・皇始・天興・天賜。

魏道虔　【後魏】清河人。官奉車都尉。長於陰陽卜筮。

魏寧　【北齊】鉅鹿人。以善推祿命徵爲館客。武成帝親試之。皆中。

魏渠　【宋】昌國人。隱居不仕。治楊簡・袁燮之學。

魏滿　【後漢】南陽人。字叔牙。習京氏易。教授生徒。永平中仕至弘農太守。

魏漢津　【宋】本蜀黥卒。自言師事唐人李八百。得鼎樂之法。曉陰陽術數。多奇中。皇祐中以善樂薦。獻樂議。言得黃帝夏禹聲爲律身爲度之說。又云聲有太少。於是請先鑄九鼎。次鑄帝坐大鐘。及二十四氣鐘。鼎成。賜號沖顯處士。大晟樂成。徽宗御大慶殿受賀。加封虛和沖顯寶應先生。頒其樂書於天下。卒諡嘉晟。

魏裳　【明】蒲圻人。字順甫。嘉靖進士。性質直。博學工詩文。以刑部郎出守濟南。治盜均賦。濟人德之。晉山西副使罷歸。杜門著書。後進之士爭師事之。王世貞稱爲後五子之一。有雲山堂集・湖廣通志草。

魏銀河　【清】慈谿人。字星槎。號秋浦。乾隆間貢生。工詩古文辭。有桂巖小隱集・心和書屋文稿。

魏際瑞　【清】南豐人。初名祥。字善伯。號伯子。明諸生。性敏強記。於兵刑禮制律法。皆窮析原委。入清。客浙撫范承謨幕。有材稱。旋死劉大任之難。有伯子文集及雜俎。

魏齊　【戰國魏】諸公子。相昭王。嘗因須賈言。笞擊范雎。折脅摺齒。及雎相秦。齊恐。走趙。匿平原君家。秦昭王欲爲雎報讎。遺書趙王。索齊頭。趙王發卒圍平原君家急。齊夜亡出。見趙相虞卿。虞卿解相印與齊復走大梁。欲因信陵君以走楚。信陵君畏秦。猶豫未肯見。齊怒而自剄。趙王卒取其頭予秦。

魏廢帝　【後魏】見魏節閔帝條。◎【後魏】章武王融三子。名朗。字仲哲。爲渤海太守。高歡起義討爾朱氏。立帝於信都。尋幸鄴。勦破爾朱氏。帝至河陽遜位。降封安定王。後坐事死。史稱後廢帝。在位一年。年號中興。◎【西魏】文帝長子。名欽。尙書元烈謀殺宇文泰。事覺。泰殺之。帝有怨言。密謀誅泰。謀洩。泰遂廢帝。尋弑之。在位二年。無年號。

魏廣微　【明】允貞子。萬曆進士。累遷南京禮部右侍郎。性狡無氣節。魏忠賢新用事。廣微以同鄉同姓滑結之。遂召拜禮部尙書。兼東閣大學士。參機務。益諂附忠賢。傾陷善類。以札通忠賢。簽其函曰內閣家報。人稱外魏公。崇禎初削奪。尋遣戍。

魏徵　【唐】曲城人。字玄成。好讀書。多所通涉。隋亂。詭爲道士。初從李密。入京見高祖。自請安輯山東。乃擢祕書丞。太宗時拜諫議大夫・檢校侍中。令狐德棻・孔穎達等撰周隋各史。徵受詔總加撰定。多所損益。時稱良史。書成。進左光祿大夫。封鄭國公。徵貌不揚。有志膽。犯顏敢諫。雖帝怒甚。神色自若。帝亦爲之霽威。嘗曰。人言徵擧動疏慢。我但見其嫵媚。徵謁告上冢。還奏言聞陛下有關南之行。既辦而止。何也。帝曰。畏卿遂停耳。帝嘗得佳鷂。自臂之。望見徵。匿懷中。徵奏事故久不已。鷂竟死懷中。徵自以不世遇。乃展盡底蘊。陳十漸。前後二百餘疏。無不剴切當帝心者。拜太子太師。以疾卒官。帝歎曰。以銅爲鑑。可正衣冠。以古爲鑑。可知興替。以人爲鑑。可知得失。徵沒。朕亡一鑑矣。諡文貞。

魏德深　【隋】鉅鹿人。初爲文帝挽郎。累遷貴鄉長。爲政清淨。不嚴而治。遼東之役。徵稅百端。民不堪命。惟貴鄉有無相遙。而百姓不擾。尋轉館陶長。貴鄉人詣闕請留。館陶人爭之。詣郡使相訟。乃斷歸貴鄉。貴鄉歌呼滿道。館陶合境悲哭。有因而徙居者。後與賊戰。沒於陣。

魏慶之　【宋】建安人。字醇甫。號菊莊。有才名。不求科第。嘗種菊千叢。日與騷人逸士。觴詠其間。所著詩話曰詩人玉屑。多南宋人語。

魏模　【唐】江都人。從同郡曹憲受文選學。

魏樞　【清】承德人。字又弼。一字慎齋。雍正進士。官永平府教授。乾隆初舉鴻博。未與試卒。究心經學。尤邃於易。有東易問・春秋管見。

魏滕　【三國吳】朗孫。字周林。性剛直。行不苟合。雖遭困偪。終不回撓。初爲功曹。忤孫策幾殆。太妃救得免。歷鄱陽太守。

魏節閔帝　【後魏】廣陵王羽子。名恭。字修業。初襲爵。除儀同三司。以元叉擅權。託稱瘖疾不起。孝莊崩。爾朱世隆以長廣王曄分屬疏遠。迎立帝。頗有雅量。高歡討爾朱氏入洛。廢帝。立孝武。尋被弑。諡節閔。史稱前廢帝。在位一年。年號普泰。

魏質　【北齊】收族兄弟。字懷素。年十四。啓母。求就徐遵明受業。母以其年幼。不許。質遂留書一紙。置所臥牀。密將一奴遠赴遵明學。五六年問。便通諸經大義。自學言歸。生徒輻輳。後避葛榮亂居趙國飛龍山。爲賊所害。興和中追謚貞烈先生。

魏震 宋官至東上閤門使。歷知保秦盧澶定代諸州。雍熙初溫州進瑞木成文。獻詩賦。特賜白金褒之。咸平初卒官。

魏駒 戰國魏曼多子。即桓子。知伯瑤來索地。桓子從任章之言。與之萬家之邑一。知伯說。桓子後與韓虎。趙無恤共滅知伯。分其地。(按史記桓子爲魏侈孫。此從世本。)

魏學洢 明大中子。字子敬。爲諸生。好學工文。大中被逮。微服入都刺探起居。稱貸以完父贓。贓未竟而大中斃。扶櫬歸。晨夕號泣死。崇禎初詔旌爲孝子。有茅簷集。

魏學曾 明涇陽人。字惟貫。嘉靖進士。累遷至吏部右侍郎。忤張居正罷歸。居正沒。起南京戶部右侍郎。以尚書致仕。火落赤眞相犯洮河。起兵部尚書。總督陝西延寧甘肅軍務。以功加太子少保。哱拜反。煽諸部爲亂。學曾連戰失利。人劾其玩寇。逮至京。奪職爲民。未踰月賊破滅。仍敘功。以原官致仕。

魏學渠 清嘉善人。字子存。號青城。順治舉人。官至湖西道。貢詩才。工騈儷。兼善書法。

魏學誠 清象樞子。字無僞。號一齋。博覽工詩。康熙進士。官至右諭德。勵節操。諳吏才。象樞在官。以清望稱一時。得學誠之贊助者實多。

魏學禮 明長洲人。字季朗。諸生。才名籍甚。劉鳳以博學自負。子威一見心折。敦禮爲子弟師。與共唱酬。合刻其詩爲比玉集。後以歲貢累官廣平府同知。以不受私囑被劾。罷歸卒。

魏澹 隋季景子。字彥深。專精好學。善屬文。仕齊歷殿中郎。中書舍人。與修國史。入周爲納言中士。隋初爲太子舍人。遷著作郎。文帝以魏收所撰後魏書。褒貶失實。平繪中興書。事不倫序。詔澹別成魏史。甚得史體。時稱其善。有文集。

魏澤 明高淳人。字彥恩。洪武中官刑部尚書。建文時謫寧海縣丞。成祖誅方孝孺族黨。孝孺幼子德宗甫九歲。澤百計匿之。得免。孝孺有後。澤之力也。

魏璘 遼以卜名。應曆中在烏古部節度使座。有獻鱣鯉者。戲謂璘卜此魚何時得食。璘良久答曰。公與僕有不測禍。奚暇食魚。急命烹之。未及食。寇至。俱遇害。

魏璠 元順聖人。金貞祐進士。補尚書省令史。金將武仙逗軍不進。授璠朝列大夫。翰林修撰往諭之。至則仙已遁。璠撫循招集。得數千人。推其中材勇者爲帥。金亡。北歸。元世祖徵至和林。璠條陳三十餘事。舉名士六十六人。世祖方之古直。卒謚靖肅。

魏穆帝 後魏桓帝弟。名猗盧。昭帝既分國爲三部。令帝以一部居定襄之盛樂故城。帝天姿英特。勇略過人。昭帝崩。遂總攝三部爲一。晉懷帝進帝大單于。封代公。明刑峻法。威嚴服衆。助晉討破劉聰。愍帝時進代王。在位九年。因討長子六修失利。微服民間。遂崩。謚穆。

魏諷 後漢沛人。一曰濟陰人。字子京。鍾繇辟爲西曹掾。與長樂衞尉陳禕共謀襲鄴。攻曹操。未及期。禕懼。告操。諷遂見害。

魏錫曾 清仁和人。字稼孫。貢生。官福建鹽大使。少好篆刻。嗜金石拓本。收藏甚富。在官樸拙。日事筆硯。光緒間卒。有績語堂碑錄。稼孫集。

魏應 後漢任城人。字君伯。少好學。習魯詩。舉明經。永平初爲博士。累官光祿大夫。建初中拜五官中郎將。經明行修。弟子著錄數千人。章帝重之。時會諸儒於白虎觀。講論五經同異。使應專掌問難。帝親臨稱制如石渠故事。再遷騎都尉。卒官。

魏懋 宋甌寧人。字覺民。宣和進士。紹興初調虔州雩都令。時江西盜起。虔諸邑多失守。懋出私帑犒士卒。誓與死守。賊遁去。岳飛率兵過。見其井邑獨完。稱賞之。後鄉邑爲范汝爲所寇。有發掘懋之先墓者。懋號慟棄官歸。緝得二賊。梟之墓右。上狀自劾。郡將義之。釋不問。後知南昌卒。

魏濬 明松溪人。字禹卿。號蒼水。萬曆進士。累官湖廣按察使。時苗蠻礦徒爲患。濬諭以德意。礦徒解散。焚其巢千七百餘所。再擢右僉都御史。巡撫湖廣卒。有易義古象通。方言據。西事珥。緯譚。峽雲閣存草。

魏禧 清寧都人。字叔子。又字冰叔。號裕齋。又號勺庭。明末棄諸生。結廬翠微峯。與兄際瑞弟禮皆以文章稱。時人號寧都三魏。又與南昌彭士望。林時益。同邑李騰蛟。丘維屏。彭任。曾燦及兄際瑞。弟禮等九人。爲易堂學。以古文實學爲歸。士風丕變。稱易堂九子。禧才學尤高。康熙中舉博學鴻詞。以疾辭。尋卒。有文集詩集及左傳經世。

魏臨洮王 後魏孝文帝孫。臨洮王寶暉世子。名釗。胡太后既弒孝明帝。迎帝即位。爾朱榮舉兵晉陽。立長樂王子攸。沈太后及帝於河。在位一月。年號武泰。

魏襄王 戰國魏惠王子。名嗣。追尊父惠王爲王。以張儀爲相。秦屢敗魏軍。王予秦以河西地。又盡入上郡於秦。在位十六年。卒諡獻。

魏．顆 春秋晉犨子。仕爲卿。犨有嬖妾無子。及疾。命顆曰。必嫁是。疾篤。則曰。必以爲殉。及卒。顆嫁之。曰。疾病則亂。吾從其治也。後顆拒秦師於輔氏。見老人結草以亢秦將杜回。回躓而顚。遂獲之。夜夢之曰。余。而所嫁婦人之父也。爾用先人之治命。余是以報。

魏．謩 唐徵五世孫。字申之。擢進士第。文宗訪徵後。楊汝士薦爲右拾遺。屢有獻納。擢右補闕。諫議大夫。宣宗時累遷御史中丞。同中書門下平章事。以吏部尙書．檢校尙書右僕射卒。謩爲宰相。議事帝前。他相或委抑規諷。惟謩讜切無所回畏。有魏氏手略。文集。

魏．禮 清禧弟。字和公。與兄際瑞及禧齊名。故更爲伯子叔子季子以自號。世亦遂稱禮爲魏季子。性慷慨。工詩文。窮諸生遠游。足跡幾徧天下。晚居翠微峯頂。榜曰吾廬。因以自號。有季子文集。

魏．學徵 清溧陽人。康熙進士。官至邵武知府。有石屋詩鈔。

魏．犨 後魏鉅鹿人。時稱明達之士。聞高邑眭夸。高尙不仕。以女妻之。情同朋好。未嘗備翁壻之禮。

魏．夔 宋字彥密。長於水墨梅竹雜畫。工詩。高宗見其畫。除浙西參議。

魏．譚 後漢琅邪人。字少閑。値亂。爲饑寇所獲。等輩數十人。皆以次當烹。賊見譚謹厚。獨令主爨。暮則執縛。賊有夷長公。特哀譚。密爲解縛令去。譚曰。譚爲諸君執爨。恆得遺餘。餘人皆茹草萊。不如食我。長公義之。並得免。永平中爲主家令。

魏．鏡 明慈谿人。生有絕力。善格鬭。聞倭寇至海濱。輒自奮曰。誰無死者。死而能衞桑梓。庶幾爲義鬼矣。會賊至嗚鶴。縣令曹本率衆禦之。兵敗。鏡負令脫走。賊追之。鬭死。

魏．獻帝 後魏宣帝之後。名隣立。時有神人言於國曰。此土荒遐。未足以建都邑。宜復徙居。帝時年衰老。乃以位授子。卒諡獻。

魏．獻文帝 後魏文成帝長子。名弘。初立。丞相乙渾謀反。馮太后密謀誅之。遂臨朝聽政。皇興初帝親政。取宋淮北四州及豫．淮西．東徐．兗．青等州。在位六年。傳位太子宏。自稱太上皇。又五年爲馮太后酖死。諡獻文。廟號顯祖。紀元二。天安．皇興。

魏．藻德 明順天通州人。崇禎進士第一。授修撰。疏陳兵事。召對稱旨。驟擢東閣大學士。入閣輔政。居位一無建明。但倡令百官捐助而已。流賊陷京師。被執。勒令輸金。受酷刑五日夜。腦裂死。

魏．蘭根 後魏收族叔。機警有識悟。居喪以孝聞。歷司徒掾．本郡太守。並有當官之能。孝昌初轉岐州刺史。從蕭寶夤討破宛州。俘其人爲奴婢。以美女十人賜蘭根。蘭根盡遣歸。中興初爲右僕射。時高歡廢立未決。令蘭根觀察廢帝神采。蘭根固請廢之。歡遂立武帝。廢帝素有德業。爲蘭根等所構毀。深爲時論所非。太昌初除儀同三司。加開府。封永興縣侯。高乾之死。蘭根憂怖。乃移疾歸。卒諡文宣。

魏．霸 後漢句陽人。字喬卿。少喪親。兄弟同居。州里慕其雍和。建初中舉孝廉。和帝時爲鉅鹿太守。以簡樸寬恕爲政。掾吏有過。先誨其失。不改者乃罷之。吏或相毀訴。霸稱他吏之長。終不及人短。譖訟遂息。延平初爲太常。以光祿大夫致仕。

魏．瓘 宋羽子。字用之。眞宗時爲開封府倉曹參軍。持法精審。明吏事。後知滑州。以吏部侍郎致仕卒。

魏．顯國 明南昌人。字汝忠。隆慶舉人。有歷代相臣傳．儒林全傳．歷代守令傳．元相臣傳。

魏．觀 明蒲圻人。字杞山。元末隱居蒲山。太祖下武昌。聘授平江學正。洪武初建大本堂。命觀侍太子說書。授諸王經歷。累遷祭酒。廷臣薦觀才。出知蘇州府。有惠政。後以讒被誅。帝尋悔之。命致祭歸葬。

魏．犫 春秋晉畢萬之後。卽武子。從文公出亡十九年。公反國。犫爲戎右。公入曹。令毋入僖負羈之宮而免其族。犫怒。爇僖負羈氏。傷於胸。公欲殺之而愛其材。使問。且視之。犫束胸見使者曰。以君之靈。不有寧也。距躍三百。曲踊三百。乃舍之。後列爲大夫。治於魏。卒諡武。

魏．驥 明蕭山人。字仲房。號南齋。永樂進士副榜。授松江訓導。召修永樂大典。擢太常卿。正統初進吏部侍郎。居官清介渾厚。時王振怙寵凌公卿。獨嚴重驥。帝深器之。累進南京吏部尙書。景泰初致仕。卒諡文靖。有南齋摘稿。

魏．鸞 後魏下曲陽人。字雙和。有器幹。孝文時爲奉車都尉。車駕南征漢陽。除鸞統軍。帝歷幸其營。歎賞之。景明中六輔之廢。鸞破預其事。後除光州刺史。卒諡夷。

鼂．錯 漢潁川人。學申商刑名。以文學爲太常掌故。受尙書於伏生。累遷太子家令。以辯得幸太子。號曰智囊。數上書言邊事。遷中大夫。景帝時爲御史大夫。請削諸侯枝郡。吳楚七國反。以誅錯爲名。袁盎進說。衣朝衣斬東市。（按漢書景帝紀作晁錯。此從本傳。晁鼂皆古朝字。）

十九畫

寵·遵 晉與羊松齡有酒輒要陶潛飲。或共至酒坐。雖不識主人。亦欣然無忤。

盧·坦 明解城知縣。剛果善斷。縣境嚮圖盜攻劫鄉村。坦率兵勦之。縣境藉然。

盧俗 周卽匡俗。見匡俗條。

懶牧 金高僧。忻州人。住興國寺。戒行精嚴。後遇南來高僧。彌聞名諦。天德中書偈而逝。

懶殘 唐高僧。卽明瓚禪師。天寶初居衡嶽寺爲衆僧執役。食退。卽收所餘。性懶而食殘。因名懶殘。李泌寓衡。嘗夜往見之。懶殘方撥火煨芋。出半芋食之。曰。勿多言。領取十年宰相。後示寂。敕諡大明禪師。

懷仁可汗 唐回紇酋長。名骨力裴羅。天寶初突厥亂。懷仁助拔悉密。擊走烏蘇可汗。復襲破拔悉密。斬頡跌伊施可汗。遣使入朝。居突厥故地。徙牙烏德鞬山。昆河之間。總十一部落。詔授骨咄祿毗伽闕懷仁可汗。又攻殺突厥白眉可汗。境地東極室韋。西至金山。南控大漠。盡得古匈奴地。

懷丙 宋僧。眞定人。巧思出天性。非學所能至。郡有木浮圖十三級。久而中級大柱壞。欲西北傾。他匠不能爲。懷丙別作柱。命衆工維而上。已而卻衆工。閉戶良久。易柱下。趙州渡河石橋鎔鐵貫其中。歲久鄉民盜鑿鐵。橋遂欹。計千夫莫能正。懷丙不役一人。以術正之。使如故。其靈異多類此。

懷恩 明高密人。兵部侍郎戴綸族弟。宣宗殺綸。籍戴氏。懷恩方幼。被宮爲小黃門。賜名懷恩。憲宗朝掌司禮監。汪直理西廠。梁芳·韋興等用事。懷恩班在前。性忠鯁無所撓。諸奄咸敬憚之。憲宗惑萬貴妃言。欲易太子。懷恩固爭。帝不懌。斥居鳳陽。孝宗立。召歸。仍掌司禮監。力勸帝逐萬安用王恕。一時正人彙進。懷恩之力也。卒賜祠額曰顯忠。

懷海 唐高僧。閩人。馬祖道一之高弟。住新吳之百丈山。故又號百丈。著有百丈清規一書。以勵禪僧戒行。元和中諡大智禪師。

懷素 唐僧。長沙錢氏子。字藏眞。嗜酒善草書。自言得草聖三昧。貧無紙可書。嘗於故里種芭蕉萬餘株。以供揮灑。名其庵曰綠天。棄筆堆積。埋山下曰筆塚。世傳有草書千字文等。

懷賢 宋僧。永嘉何氏子。字潛道。天禧中受具戒。多才藝。工於詩。字畫有法。賜號圓通大師。

懷都 元阿朮曾孫。至元中南渡江。至無錫。與宋兵遇。大戰殲其衆。累官鎮國上將軍。授行省參知政事。至處州。以疾卒。

懷暉 唐高僧。一作懷惲。泉州謝氏子。號柏岩。禮馬祖道一。頓明心要。上中條山行禪法。爲法者躡跡而往。蒲津人皆化之。元和中詔居雍京章敬寺。玄徒輻湊。卒諡大宣教禪師。

懷璉 宋僧。龍溪陳氏子。皇祐中召對稱旨。賜號大覺。詔住淨因院。所賜問答詩頌凡十有七篇。治平中丐歸。英宗許之。渡江入四明。郡守迎致。建大閣。榜曰宸奎。蘇軾爲撰碑。

懷嬴 春秋秦秦穆公女。惠公太子圉之妃。圉質於秦。穆公以嬴妻之。圉將逃歸。謂嬴氏曰。與子歸乎。對曰。從子而歸。棄君命也。不敢從。亦不敢言。圉遂逃歸。其後楚送公子重耳於秦。穆公納女五人。懷嬴與焉。

懷·應聘 清秀水人。字莘皐。諸生。有冰齋文集。

懷濬 唐僧。秭歸人。邃於術數之學。知來藏往。皆有神驗。愛草書。或經或釋或老。至於歌詩鄙瑣之言。靡不集其筆端。與之語。阿唯而已。

懷讓 唐高僧。全州杜氏子。慧能之高弟。先天中住南嶽山。故稱南嶽懷讓。門下。有馬祖道一。禪家凡七宗。除曹洞·雲門·法眼三派外。皆出於懷讓。天寶初示寂。諡大慧禪師。三傳至靈祐。住潭州溈山。溈山傳慧寂。住袁州仰山。是爲溈仰宗之始。

曠·敏本 清衡山人。字魯之。乾隆進士。以經學教授里中。學者稱岣嶁先生。有岣嶁集。弟敭本與兄齊名。時有軾轍之目。

櫝子 漢鄴人。少在黑山採松子茯苓餌服之。且數百年。陽都沽酒家有女。生而連眉。衆以爲異。會櫝子牽一黃牛過。女悅之。遂隨櫝子出門。共牽犢而走。人不能追也。後有人於潘山下見其冬賣桃李云。

犢牧子 戰國齊宣王時人。年五十無妻。見雉朝飛。雌雄相隨。因撫琴而歌。故琴曲有雉朝飛操。

瓊枝 明惠府樂戶。張獻忠破荊州。召樂戶行酒。瓊枝色藝出羣。獻忠命之歌。曰。我雖賤。豈肯以歌侑賊觴。以刃挾之。曰。汝技止此耳。奈我何。獻忠臠之以喂犬。

禰·衡 後漢般人。字正平。少有才辨。而氣尙剛傲。矯時慢物。建安初游許下。惟善孔融及楊修。常稱曰。大兒孔文舉。小兒楊德祖。餘子碌碌。莫足數也。融亦深愛其才。上疏薦之云。鷙鳥累百。不如一鶚。又數稱述於曹操。衡不肯往。操召爲鼓史。因大會賓客。使爲鼓史之飾。欲以辱之。衡方爲漁陽參撾。蹀躞而前。音節悲壯。聽者莫不慷慨。進至操前。解衣裸身而立。徐取岑牟單絞而著之。復參撾而去。融退而數之。勸衡趨謝。又造操門外大罵。操怒其狂傲。遣人送與劉表。未幾。表又以侮慢不能容。以江夏太守黃祖性急。乃送衡與之。卒被殺。時年二十六。

繻・君賓　漢馬領人。以俠名聞州郡。恂恂謙退。有君子之風。

羅・一貫　明甘州衛人。天啓初以參將守西平堡。遼陽陷。西平地最衝。一貫悉力捍禦。清軍招之降。不從。流矢中目。火藥矢石盡。乃北面再拜自到死。

羅・人琮　清湖廣桃源人。字宗玉。順治進士。官至四川道御史。有紫蘿山人集。篤於內行。爲鄉人所稱。

羅卜藏丹津　清蒙古和碩特部固始汗之孫。康熙間襲親王爵。居青海。陰覬復先人霸業。雍正初約準噶策妄阿拉布坦爲後援。窺西寧。劫執常壽。衆屢敗。懼而請罪。時年羹堯已分防諸路。別將岳鍾琪。出不意襲擊之。丹津倉猝遁。北投準部、青海遂屬於清。後清軍定準部。丹津被俘。

羅卜藏多爾濟　清阿拉善蒙古阿寶子。乾隆間授多羅額駙。襲札薩克多羅貝勒。從征準部阿睦爾撒納。擒巴雅爾。又從征哈薩克錫喇及布庫察罕等。平定回疆。以功晉和碩親王。

羅卜藏嘉穆錯　明西藏達賴喇嘛第五世。生於前藏。由蒙古喀爾喀之介紹。始與滿洲通使。時後藏尙信奉紅教。第巴桑結假和碩特固始汗兵力。擊殺藏巴汗。徙班禪治其地。由是全藏均奉黃教。順治間至京師。建西黃寺居之。及行。授金冊印。封西天大善自在佛。

羅・于宁　明儀邑人。讀書能強記。性孝友。崇禎舉人。有重訂心學叢說、辛巳救荒策二書。晉城破。被執不屈。死之。

羅・士信　隋歷城人。年十四。助張須陁破賊濰水上。後降高祖。拜陝州道行軍總管。士信行則先鋒。反則殿。有所獲。悉散麾下。有功者或脫衣解馬賜之。然持法嚴。親舊無少貸。其下亦不甚附。以功授絳州總管。後爲劉黑闥所敗。死之。諡勇。

羅・士琳　清江蘇甘泉人。號茗香。有句股截積算術・春秋朔閏異同・比例會通。

羅・大　清嘉應人。流寓婆羅洲。乾嘉間與昆甸土蠻戰。破之。王其國。

羅・大紘　明吉水人。字公廓。號匡吾。萬曆進士。選禮科給事中。言事甚切直。以劾申時行誤國賓友。忤旨斥爲民。大紘志行高卓。鄉人以配里先達羅倫・羅洪先。號三羅。

羅・大經　宋廬陵人。字景綸。嘗登第。爲容州法曹掾。有鶴林玉露。

羅・之紀　宋瑞陽人。字國張。號筠心居士。孝宗朝攝雲夢縣事。旋棄官歸。遇方士授丹經修養法。葺一室以居。靜逸成趣。有易傳及文集。

羅・友　晉襄陽人。字它仁。博學能文。桓溫辟爲掾。會有得郡者。溫集僚佐餞之。友後至。溫問之。友曰。中路逢鬼揶揄云。只見汝送人作郡。不見人送汝作郡。溫表爲襄陽太守。歷廣益二州刺史。不存小察。吏民安之。

羅・天尺　清廣東順德人。字履先。乾隆舉人。幼工詩。督學惠士奇。手錄其荔枝賦・珠江竹枝詞。聲譽斐然。舉鴻博。不就。所居里名石湖。因以自號。世因稱後石湖。以比宋之范成大。有五山志林・癭暈山房集。

羅・天西　宋新昌人。字恭甫。饒魯門人。開慶進士。以格非心去非人對策忤丁大全。擯外。歷官知懷柔縣。有惠政。有栢岡文集。

羅・天益　元眞定人。精醫術。嘗師李杲。居門下者十餘年。潛心力學。盡得其妙。杲死。作祠以奉之。歲時致祭。三十年不少衰。有衛生寶鑑・內經類編。

羅・天祐　明漢州人。居長寧寺。常遊市中。若顚若狂。先知得失。後入成都。於司戶薛瑗坐上化去。

羅・天闓　清湘潭人。字開九。一字雲皐。性篤孝。恬淡不樂仕進。居西塘精舍。講性道之學。學者稱西塘先生。有周易補注・學古初稿・西塘草。

羅・尹凱　明益陽人。字志成。嘉靖舉人。父養二鶴。父既沒。聞鶴唳則仰天大哭。初令饒平。政簡無私。在官未嘗肉食。饒人祀之。遷鬱林知州。清操益勵。歸橐蕭然。

羅・文俊　清南海人。字泰瞻。自號蘿村先生。道光進士。官至工部左侍郎。乞病歸。穆彰阿秉政。文俊會試隸其門。謝不往。自始仕以至移病。遇事廼頸持一節。以風誼高一時。

羅・斤　後魏結子。明元時爲侍御中散。後從太武討赫連昌有功。又平涼州。累除長安鎭都大將。以機辨與王俊使蠕蠕。迎女備後宮。卒諡靜。

羅・曰琮　清高郵人。字宗玉。號梅溪。工畫山水。善彈琴。人品高澹。書法晉人。

羅・世濟　明平利人。字虛舟。萬曆舉人。爲沔池教諭。流賊入關。以死自誓。沔池陷。力戰被執。不屈死。子得鴻練鄉兵守平利。城破。與妻子俱死。

羅・以禮　明桂陽人。永樂進士。歷知西安紹興建昌三郡。所至皆有惠愛。凡二十七年致仕。

羅・可　晉性度寬弘。嘗有竊刈其園蔬者。可見之。卻避草間。又有攘殺其雞者。可攜壺就之。呼其妻孥環坐。盡醉而歸。由是相誡無犯。

羅·弘信 唐貴鄉人。字德孚。善騎射。狀貌雄偉。爲魏裨將。主馬牧。趙文玢死。衆立之。詔擢知留後。再加節度使。朱全忠亟討兗鄆。懼弘信貳。兄事之。弘信以爲厚己。故推心焉。累加侍中。封臨淸郡王。卒謚莊肅。

羅·必元 宋進賢人。字亨父。嘉定進士。淳祐中通判贛州。上疏論賈似道。似道銜之。改知汀州。度宗卽位。以直寶章閣致仕。必元嘗從危稹·包遜學。見理甚明。風節甚高。鄉人咸尊慕之。

羅·永符 清歙人。字子信。乾隆進士。選庶吉士。善讀書。通經史。工詩古文。時推疏儁奇士。

羅·玉斌 清咸豐間由江西武營洊升副將。駐六合。城陷。督勇巷戰。遇害。麾下三百餘人。無一存者。

羅·立言 唐宣州人。貞元進士。魏博節度田弘正表佐其府。改陽武令。以治劇遷河陰。政令嚴明。又毀鎖絕汴流。奸盜屏息。然倨下傲上。人皆惡之。召爲司農卿。以財事鄭注。亦與李訓厚善。累遷京兆少尹。

羅·企生 晉豫章人。字宗伯。爲殷仲堪諮議參軍。仲堪敗。文武無送者。惟企生從焉。桓玄至荆州。或勸其詣玄。企生曰。殷侯遇我以國士。不能共殄醜逆。亦何面目復求生乎。玄聞之大怒。卽收企生。問所欲言。惟乞一弟以養母。遂遇害。

羅·伊利 後魏敦子。文成帝時除內行長。以沈密小心領御食羽獵諸曹事。後爲兗州刺史。善撫導。在州數年。邊民歸者五千餘戶。卒謚靜。

羅·仲通 宋汴人。工畫墨竹。頗自珍惜。傳世者少。

羅·伏龍 明餘干人。字佐才。崇禎舉人。福王時參史可法幕。爲江都知縣。淸兵圍揚州。可法謂伏龍亟去。伏龍不可。城破死之。

羅·光烈 清什邡人。字揚庭。光緒進士。授編修。以國史纂修晉侍講銜。歸主尊經書院卒。光烈好求古訓。沈通小學。精算數。有幾何學發微。

羅·如墉 明廬陵人。字本崇。進士。授行人。從英宗北征。瀕行訣妻子。誓以死報國。屬翰林劉儼銘其墓。儼驚拒之。如墉笑曰。行當驗耳。後數日果死。

羅·存 宋開封人。字仲通。內臣。官武德大夫。文州團練使。充殿中省尚食局奉御。喜作小景山水。披圖便如登高望遠。魚鳥往還。浩然有江湖之思。

羅·存理 清廣西人。好游。自號五岳游人。畫山水縱橫馳驟。喜作窮巖絕壑灌木叢莽。衣冠古樸淸癯。喜談吐納之術。家貧。以賣畫自給。

羅·安 明益陽人。字時泰。成化進士。授戶部主事。使兩廣。以淸幹名。爲山東僉事。轉四川副使。咸有善政。苗蠻兇虐懼罪。以金賂安。安御而誅之。終貴州參政。

羅·守成 宋紹定中知廣州。愛民禮士。百廢修舉。郡人立祠祀之。

羅·有高 清瑞金人。字臺山。乾隆舉人。少習技擊。力敵數十人。後見雩都宋道原。乃潛心理學。旣又師事寧化雷鋐。爲學凡數變。晚交長洲彭紹升。遂長齋讀佛乘。欲溝通儒釋之郵。爲文章旁通曲鬯。能抒其所獨得。有尊聞居士集。

羅·江 明富明人。字孔殷。正德進士。爲建昌府推官。直身厲操。不畏強禦。卒官。民哀之。立祠以祀。◎清湘潭人。字秋浦。原名世棻。諸生。有桂笠齋詩文集。

羅·江泰 清黃巖人。字靜波。嘉慶間官至定海鎮總兵。追勦海盜蔡牽於盡山洋。遇風溺於水。

羅·江鱗 清湖南桃源人。乾隆間由武舉發貴州。補千總。隨征金川。身經百餘戰。疊被重傷。功甚偉。官至鶴麗鎮總兵。

羅·汝才 明陝西人。混名曹操。從張獻忠爲盜。就撫於總督洪承疇。未幾復叛。寇擾山陝河南湖廣四川。旋歸李自成。號善戰。自成倚若左右手。自成旣克中州。忌汝才。出不意斬之。兼其衆。

羅·汝芳 明南城人。字維德。號近溪。嘉靖進士。除太湖知縣。召諸生論學。公事多決於講座。官至布政使參政。初從永新顏鈞講學。後鈞繫獄。汝芳鬻產救之。及罷官。鈞亦赦歸。汝芳事之。飲食必躬進。人以爲難。有孝經宗旨·明通寶義·廣通寶義·一貫編·近溪子明道錄·會語續錄。識仁編·近溪子文集。

羅·汝敬 明復仁孫。名簡。以字行。號寅菴。永樂進士。選庶吉士。就文淵閣誦書。不稱旨。卽日遣戍。自此刻厲爲學。累遷侍講。仁宗時陳時政缺失十五事。忤旨下獄。旣而改御史。直聲震一時。宣宗時擢工部右侍郎。兩使安南。還督兩浙漕運。理陝西屯田。多所建置。以疾告歸卒。有寅菴集。（按林志及四庫提要汝敬名簡。此從明史。）

羅·汝楫 宋歙人。字彥濟。政和進士。阿附秦檜。以侍御史累官龍圖閣學士。知嚴州卒。

羅·汝懷 清湘潭人。字念生。道光拔貢。官龍山訓導。有綠漪草堂詩文集。湖南文徵。褒忠錄。

羅·羽豐 清上虞人。字習齋。康熙諸生。性穎悟。讀書多有特見。晚主福山書院。有燃犀集。

羅·衣輕 遼興宗時伶官。滑稽通變。一時諧謔。多所規諷。興宗與太弟重元狎呢。因雙陸賭居民城邑。帝屢不競。前後已償數城。朝臣無敢言者。一日復博。羅衣輕指其局曰。雙陸休癡。和你都輸去也。帝始悟。不復戲。遼史爲特立伶官傳。謂其能因詼諧示諫。以消未形之亂云。

羅·亨信 明東莞人。字用實。永樂進士。英宗時擢右都御史。巡撫宣府。土木之變。有議棄宣府城者。官吏軍民紛然。亨信仗劍坐城下。令曰。敢出城者斬。人心始定。也先挾上皇至。亨信不納。以孤城外禦強寇。內屏京師。勞績甚著。景帝立。進左副都御史。致仕歸卒。有覺非集。

羅·佛童 明甌寧人。字均善。有膽力。重然諾。正統間與馮宣等協力拒賊。從征高陽。遇賊死。

羅·克開 宋字達甫。知袁州。事至立斷。無留滯。洞寇李元勵猖獗。軍事亟。克開處以鎮靜。民不驚擾。

羅·克應 清日琮子。諸生。以畫名。

羅·含 晉耒陽人。字君章。弱冠。州三辟不就。後爲州主簿。桓溫極重其才。以爲江左之秀。累遷廷尉·長沙相。致仕卒。

羅·孝芬 宋平江人。字廷揚。舉甲科第三人。擢吏部郎中。靖康初致仕。建畫錦橋·秀野亭。時人榮之。

羅·希古 宋諸城人。以經術登第。歷爲大理審刑官。明達平恕。所至有遺愛。元豐間遷中散大夫。

羅·希奭 唐錢塘人。天寶中以李林甫姻家自御史臺主簿再遷殿中侍御史。與吉溫共事。相勗以虐。時號羅鉗吉網。林甫死。出爲始安太守。溫既謫。依希奭以居。楊國忠奏遣蔣沇臨按。希奭擅稽留人。貶海康員外尉。俄遣使殺之。

羅·廷彥 清衡山人。字湘舟。乾隆進士。假歸不出。主石鼓城南書院。有湘洲詩草。

羅·志沖 宋合州人。潛心六經。最精於易。作易解。發明程氏爲多。

羅·成功 明高要人。字惟一。萬曆舉人。崇禎時爲永平推官。時兵餉叢雜。成功綜核廉平。三輔倚以爲重。城破。自縊死。

羅·玘 明南城人。字景鳴。博學好古文。務爲奇奧。成化末領京闈鄉試第一。舉進士。授編修。臺諫以救劉遜盡下獄。玘言當優容以全國體。正德初遷南京太常。劉瑾亂政。李東陽依違其間。玘爲東陽所舉士。貽書責以大義。且請削門生籍。累擢南京吏部右侍郎。遇事嚴謹。僚屬畏憚。考績赴都。遂致仕。宸濠慕其名。遣使餽。玘遯之深山。及叛。玘已病。馳書守臣約討賊。事未舉而卒。諡文肅。學者稱圭峯先生。有類說·圭峯奏議·圭峯文集。

羅·良 元長汀人。字彥溫。至正中以平漳寇功授縣尉。累官行省右丞。鎮漳州。時江淮阻絕。良以樓船載糧由海道抵遼東。給行在軍餉。順帝嘉其忠。封晉國公。世襲漳州路總管。後死於陳友定之難。合門皆殉。壯士從死者百餘人。

羅·虬 唐台州人。與鄴·隱齊名。號三羅。累舉不第。爲鄜州從事。籍中有紅兒。有聲色。虬請之歌。不答。虬怒。拂衣而去。詰旦爲絕句百篇。號比紅兒詩。

羅·典 清湘潭人。字徽五。號慎齋。乾隆進士。由編修官鴻臚少卿。督四川學政。以經學造士。文體爲一變。歸主嶽麓書院二十有七年。從游甚衆。卒年九十。有凝園五經說及詩文集。

羅·其鼎 清湖廣桃源人。字耳臣。明崇禎進士。官行人。貞介有守。國變後隱居不仕。門人私諡貞易先生。有月江·仙掌草等集。

羅·其綸 明茶陵人。字彝伯。萬曆舉人。授太康教諭。徵修熹宗實錄。遷瓊州推官。黎人騷動幾二十年。綸單騎宣諭。殲其渠。累擢郎中。年八十四卒。笥篋蕭然。僅有遺稿。

羅·周敬 後晉周翰弟。梁乾化中代周翰爲宣義軍節度使。時年十歲。未幾改授許州節度使。莊宗即位。歷左右金吾大將軍。明帝時四遷諸衞上將軍。天福初卒。

羅·周翰 後梁紹威子。襲父位。乾化初爲楊師厚所逐。徙爲宣義軍節度使。卒於官。年十四。

羅·坤 清會稽人。字宏載。號夢村。諸生。康熙間舉鴻博。未遇。工詩古文。善畫。精小學。尤工篆刻。有夢村詩詞集·平山圖集。

羅·孟郊 宋興寧人。少孤。及長。讀書羅浮。從游者甚衆。舉天聖進士。累官諫議大夫·翰林院學士。掌制誥。

羅·尚 晉憲兄子。字敬之。泰康末爲梁州刺史。時趙廞反於蜀。尚表曰。廞非雄才。計日聽其敗爾。乃假尚節爲西平將軍·益州刺史。性貪少斷。蜀人言曰。蜀賊尚可。羅尚殺我。李特叛於蜀。尚以計破斬之。尚卒。特子雄遂據有蜀土。

羅·尚友 宋萍鄉人。字明善。少負俊才。登進士第。授武昌軍節度推官。時李常以中丞爲帥。每燕集。必召尚友。凡樂語詩詞。皆即席而成。因目爲席上才子。

羅尙賓　明長汀人。字晉卿。父病。嘗糞驗甘苦。父沒。偕弟尙賢廬墓下。萬曆間領應天鄉薦。知武陵縣。執法不避權貴。後官工部主事卒。

羅居通　宋成都人。母死。廬墓三年。有甘露芝草之瑞。開寶中詔以爲延長主簿。

羅性　明泰和人。字子理。博學有行誼。洪武初舉於鄉。授德安同知。有善政。坐事謫戍西安。時四方老師宿儒在西安者數十人。吳人鄒奕曰。合吾輩所讀書。庶幾羅先生之半。年七十卒。

羅拔　後魏敦弟。歷殿中尙書。孝文帝時封趙郡王。卒諡康。

羅承之　宋清化人。幼雄特。好兵略。乾德中文偕率衆攻閬巴。承之竭貲募兵擒文偕。太祖召見。賜感義軍節度使。兼知巴州。

羅昇　宋宜春人。少貧。業屠狗。晩乃貨藥市中。遇異人。授以方術。年幾百歲。政和間一日辭親友奄然而逝。後有人見其在瀏陽市貨藥。有書寄鄉人。驗其日。乃沒之明日也。

羅明　明崇仁人。字元亮。景泰進士。除御史。改廣西按察使僉事。奉敕專理軍政。時蠻猺寇賓州。主帥畏卻。明率所募兵民梓戰。俘馘甚衆。又平賊韋諫誠。陞本司副使。◉明南平人。字文昭。成化進士。授御史。巡按廣西。時密詔鎭守中官貢禽鳥。明抗疏止之。帝範白金爲眞武像。遣使送武當山。又疏諫。遷陝西副使。累遷右副都御史。巡撫甘肅。所至有聲。弘治初召拜工部右侍郎卒。

羅明祖　明延平人。字宣明。幼穎悟絕人。博極羣書。第進士。補繁昌令。流賊方大椿橫甚。計殲之。後調襄陽。以不慊於中官。罷歸卒。

羅明遠　元廬陵人。名輝。以字行。元季寇犯吉安。明遠率敢死士四百。大呼巷戰。殺賊數千。郡城恢復而明遠死。郡人立廟祀之。吉安義士死寇者自明遠始。

羅牧　清寧都人。僑居南昌。字飯牛。工畫山水。筆意空靈。在黃董之間。江淮間祖之者謂之江西派。爲人敦古道。重友誼。能詩善飲。楷法亦工。又善製茶。卒年八十餘。

羅泌　宋廬陵人。字長源。著路史四十七卷。遠涉皇古。多採緯書及道家言。不免龐雜。然引據浩博。文采塊麗。其國名紀考證尤精核。

羅知悌　宋錢塘人。內侍。善醫。其學得之荊山浮屠。戴思恭師朱震亨從之學醫。

羅秉忠　明初名克羅俄。父困卽來占沙州衞都督僉事。英宗時其兄喃哥以番部內附。喃哥卒。秉忠爲都指揮使。代領其衆。以援勦貴州苗。積功至左都督。天順初始賜姓名。後從討山都掌蠻。大破之。封順義伯。卒諡榮壯。

羅阿奴　後魏伊利子。忠實寡言。有智度。除中散大夫。

羅雨春　清銅仁人。咸豐中與洪楊軍轉戰安徽江西。從攻江寧。累克要隘。地雷發。拔幟先登。功尤偉。官至提督。捻擾畿南。雨春率數人偵探。在保定戰死。

羅信東　清湘鄉人。字介山。咸豐間從羅澤南援江西。戰死南昌城下。

羅威　宋番禺人。字德仁。性至孝。遇寒則以身溫席。鄰牛犯其稼。威刈芻納其門。牛家相諭莫犯。每出。遇老稚負戴於途。卽爲代其任。邑人化之。令長召爲門下史。威乃奉母遁於增城。

羅度　清南海人。字濟川。知內江縣七年。丁寶楨稱其能。以母憂去官。時推爲蜀中循吏第一。服闋不起。

羅彥輔　宋當塗人。字經世。嘉祐進士。歷江都湖口令。皆以廉稱。後知池州。屬歲旱。以荒政奏課第一。嘗誡子曰。我以淸白遺爾曹。萬一至饘粥不給。亦不可少屈。人以姑溪水況其淸德。

羅彥瓌　宋太原人。仕晉迄周。官至指揮都虞候。顯德末太祖自陳橋入。彥瓌曰。吾輩無主。今日須得天子。宰相范質等由是降階聽命。累遷安國軍節度使。與李繼勳大破契丹。移鎭華州。開寶中卒。

羅思遠　唐鄂州人。有隱形術。玄宗學之。不肯盡其術。帝怒。裹以幞。壓殺之。數日中使自蜀還。逢思遠駕而西。笑曰。上爲戲何虐也。以蜀當歸寄獻。及玄宗西幸。始悟其寓意云。

羅思舉　清東鄉人。字天鵬。又字子江。少亡賴。嘉慶中以鄉勇從軍四川。平教匪。積功官至湖北提督。軍中號爲羅必勝。言晦夜劫營必勝。崖濟間道必勝。冒旗誘敵必勝也。卒諡壯勇。

羅拯　宋祥符人。字道濟。第進士。歷官江淮發運副使。所至有政績。加天章閣待制。徙知永興軍青穎秦三州卒。拯爲發運使時。與副使皮公弼不協。公弼徙他道。御史劾其貸官錢。拯力爲辨理。錢公輔爲諫官。嘗論拯短。而公輔姻黨多在拯部內。往往薦進之。或譏以德報怨。拯曰。同僚不協。所見異耳。諫官所言。職也。又何怨乎。時論咸服其長者。

羅洪元　明宜州人。諸生。儀表雄偉。嫻騎射。崇禎間賊薄城。洪元倡義備戰守。爲賊所扼。衆破膽。洪元率兩力士以背相倚。矢無虛發。矢盡。猶手刃數賊。身被數十創乃死。

羅·洪先 明循子。字達夫。號念庵。好王守仁學。舉嘉靖進士第一。授修撰。即請告歸。洪先事親孝。父每肅客。洪先冠帶行酒。拂几授席甚恭。親沒。苦塊蔬食。不入室者三年。後召拜春坊左贊善。罷歸。益尋求王學。甘淡泊。鍊寒暑。躍馬挽強。考圖觀史。其學靡所不窺。隆慶初卒。諡文莊。有冬游記·念庵集。

羅·致福 晉黃梅人。修道於縣北鳳臺觀。丹成。有老人來告曰。某病龍也。願得丹療之。致福與之。後於觀池中濯足。龍負之飛昇去。

羅·衍 後漢成都人。公孫述據蜀。衍說述脩書解文卿。鄭文伯歸漢。爲子孫福。文卿。文伯從之。述怒。閉二子於薄室。遂以憂死。

羅·倫 明永豐人。字彝正。號一峰。好學家貧。樵牧挾書。諷誦不輟。成化初廷試對策萬餘言。直斥時弊。擢第一。授修撰。大學士李賢遭喪奪情。倫詣賢沮之不聽。乃上疏極論。謫福建市舶司提舉。賢卒。復官。改南京。居二年。引疾歸。遂不復出。倫爲人剛正。嚴於律己。義所在。毅然必爲。於富貴名利泊如也。里居倡行鄉約。相率無敢犯。衣食粗惡。或遺之衣。見道殣。解以覆之。晨起留客飯。妻子貸粟鄰家。及午方炊。不爲意。以金牛山人跡不至。築室著書其中。四方從學者甚衆。卒年四十八。嘉靖初追諡文毅。學者稱一峯先生。有一峯集。

羅·彧 宋長汀人。字仲文。太平興國進士。歷知惠筠成三州。所至有惠愛。眞宗親征契丹。彧以太子贊善扈從。與宰相寇準參機務。契丹乞和。遣彧爲報使。還京乞歸。賜錦衣金帶錦旆還鄉。領本州刺史。道卒。

羅·晏 宋閬州人。兒時牧山下。見二道人弈。晏捨牧觀之。道人出囊中餅與之。晏食已歸家。覺腹中如燎。因發狂累日。自是惟飲水。數日不一食。稍稍預言禍福。無不驗。宣和中賜號靜應處士。張浚延至軍中。晏曰。相公勿恐。明日虜退。已而果然。加號太和沖夷先生。壽至一百八十歲。

羅·晉君 宋必元從子。字晉伯。早從危稹·柴蒙堂·歐陽鎮學。所居東偏萬竹中。作樓聚書萬卷。扁曰經訓。

羅·烈 宋長汀人。字子剛。建炎進士。紹興初令興寧。羣盜突入縣執烈去。烈不爲動。以理諭之。賊不敢加害。乃送還邑。未幾賊黨又復合。烈率民兵千餘大破之。遷宣教郎卒。

羅·珦 唐會稽人。寶應初詣闕上書。授太常寺太祝。署曹王皋幕府。累遷荆襄副使。皋卒。軍亂。珦取首惡斬以狥。召爲奉天尹。奸吏屏息。擢廬州刺史。再遷京兆尹。皆有惠政。以老疾求解。徙太子賓客。封襄陽縣男。卒諡夷。

羅·祝 宋長汀人。字叔和。元祐間以明經中第。調漳州法曹。嘗釋六經及註唐書。尤精於律數。終明州觀察推官。

羅·素 明進賢人。號墨狂。嘉靖中以畫遊江右。花鳥寫生倣呂紀。人物倣吳偉。能亂眞。兼長山林樹石。

羅·健亨 淸湘潭人。字伝谷。以親病究心醫術。所治輒效。有方書數種。

羅·國俊 淸湘鄉人。字賓初。號九峯。乾隆進士。尚氣節。恥奔競。性剛決。遇事無所依違。官至禮部左侍郎卒。有館閣存餘集。

羅·國瓛 明嘉定人。崇禎進士。孫可望等破曲靖。國瓛方爲巡按。被執不屈。擄至昆明。自焚死。

羅·從彥 宋南劍人。字仲素。從學楊時於蕭山。建炎間授博羅主簿。官滿。入羅浮山靜坐。絕意仕進。朱熹謂龜山倡道東南。士之游其門者甚衆。然潛思力行。任重詣極。惟仲素一人而已。學者稱豫章先生。卒諡文質。有遵堯錄·春秋毛詩語解·中庸說·春秋指歸·豫章集。

羅·惟遠 元永豐人。元季盜起殺掠。與友張光遠建議欲殲之。寇知之。執惟遠去。授紙筆使寫首謀者。惟遠瞋目大書一死字。賊反接於樹。窮其腹。惟遠嚼齒大罵。三日而後死。

羅·惇衍 淸廣東順德人。字星齋。號椒生。道光進士。同治間官至戶部尚書。有風節。卒諡文恪。惇衍生平講學。與倭仁齊名。時有北倭南羅之目。兼工書。

羅·晟 唐南詔王。細晟羅子。上元初嗣立。姚州蠻先附吐蕃。景雲中御史李知古擊降之。築城置州縣。重稅賦。羣蠻怨怒。引吐蕃攻殺知古。於是姚巂路絕。羅晟猶奉唐正朔。

羅·研 梁廣漢人。字深微。武帝時爲益州刺史鄧元起屬吏。蕭藻以私憾殺元起而誣其反。研詣闕訟之。後刺史蕭悈聞其名。辟爲別駕。及藻重爲刺史。州人爲之懼。研舉止自若。大通間爲散騎侍郎。復爲別駕。數年卒。

羅·紳 明宜春人。天順初知廉州石康縣。淸介公勤。西寇至。紳苦戰。力不能支。爲賊所縶。不屈死。

羅·紹威 後梁弘信子。字端己。弘信死。領留後。封鄴王。形貌魁偉。有英傑氣。工筆札。曉音律。性復精悍明敏。服膺儒術。明達吏理。好招延文士。聚書萬卷。開學館。置書樓。每歌酒宴會。與賓佐賦詩。傾心太祖。在鎭凡十七年。累拜太師。兼中書令。

卒諡貞壯。時江東羅隱工詩。紹威厚幣結之。通譜系昭穆。因目己所爲詩爲偸江東集。

羅處約 【宋】濟子。字思純。有詞學。太宗時登第。知吳縣。與長洲令王禹偁相唱酬。蘇杭間多傳誦。召直史館。尋巡撫荆湖路。欲以苛察立名。所奏劾甚衆。雖有文采。而急於進用。士論薄之。有東觀集。

羅貫 【後唐】第進士。歷臺省官。自禮部員外郎爲河南令。強直奉法。一時宦官伶人用事。請託之書盈閣。一無所報。皆以示郭崇韜。由是左右每言貫之失。又不慊於張全義。爲全義所譖。莊宗怒。以他事誅死。

羅貫中 【明】杭州人。名本。有三國演義·後水滸。

羅通 【明】吉水人。字學古。永樂進士。授御史。言事忤旨。出爲交阯清化知州。宣德初黎利反。禦賊有功。後以兵部員外守居庸關。進右副都御史。也先別部來攻。會天大寒。通令汲水灌城。冰堅滑不得近。七日遁走。通追擊破之。景泰中進左都御史卒。

羅通微 【唐】臨晉人。貞觀時母趙娠通微。有雙鶴翼行。既生。骨相嶮削。稍長。入山樵薪。過閭宋授以幻養之術。遂冠褐於五老峯之遊仙觀。後宋牧吉州。召通微。及境。有雙鶴及樂聲自玉笥山來迎。既就館。一夕。月色皎然。忽騰空咏嘯而去。

羅逢元 【清】湘潭人。咸豐間以武生從軍。隸水師。轉戰湖南湖北江西浙江安徽。從克金陵。與粵事相終始。用兵多奇略。常以少擊衆。未嘗挫失。其以孤軍守金柱關。衛江寧大軍後路。尤爲曾國藩所稱。官至記名提督。

羅勝先 【宋】蜀山道士。自號雲和山長。善地理。偏歷諸山。故又善畫山水。

羅博文 【宋】沙縣人。字宗禮。嘉泰進士。從學李侗。得道學之傳。歷知瑞金縣。汪應辰制置全蜀。辟爲參議官。成都之政。遂最天下。累遷承議郎。主管台州崇道觀卒。

羅善同 【宋】上高人。字信達。自幼勤詩書。友善類。程頤嘗貽書勗之。自號純古先生。

羅喩義 【明】益陽人。字湘中。萬曆進士。天啓間官諭德。直經筵六年。莊烈帝時充日講官。性嚴冷。閉戶讀書。不輕接一客。見中外多故。將吏不習兵。銳意講武事。推演陣圖獻之。以忤溫體仁革職閒住。卒諡文介。

羅品 【清】鄞人。字友山。一字品山。性至孝。嘗代父戍邊。時稱羅孝子。能詩善畫。尤精傳眞。有詩集。

羅循 【明】吉水人。字遵道。弘治進士。歷兵部武選郎中。會考選武職。有指揮二十餘人素出劉瑾門。循黜其管事。歷知鎭江淮安二府。遷徐州兵備副使。咸有聲。

羅復仁 【明】吉水人。少嗜學。通天文。爲陳友諒編修。後歸太祖。授中書諮議。從圍武昌。說降陳理。遷國子助教。擢編修。奉使安南。卻其王所贈。帝賢之。置弘文館。以爲學士。在帝前每率意陳得失。帝喜其質直。呼爲老實羅而不名。問幸其舍。復仁方自堊壁。急呼妻抱杌以坐帝。帝稱歎。遂賜第城中。尋致仕。賜大布衣。題詩襟上。褒美之。後召至。奏減江西秋糧及兵餉。帝皆允行。以壽終。

羅提 【後魏】結從孫。歷通顯。從太武討赫連昌有功。賜昌女爲妻。

羅敦 【後魏】斤子。襲爵。有姿貌。善擧止。自太子洗馬稍遷散騎常侍·庫部尚書。卒諡恭。

羅景莊 【元】萬安人。應武擧。爲參軍兵馬。從曾元裕追寇黃梅。大捷。改招討使。進驍騎將軍。

羅椅 【宋】廬陵人。字子遠。號澗谷。寶祐進士。以秉義郎爲江陵教官。累遷提轄榷貨。編放翁詩選前集。

羅森 【清】大興人。字約齋。順治進士。累官四川巡撫。有能吏聲。吳三桂犯四川。森降之。後不知所終。有麻姑山丹霞洞天志。

羅欽順 【明】泰和人。字允升。號整庵。弘治進士。授編修。遷南京國子司業。與祭酒章懋務以實行造士。乞養歸。劉瑾怒。奪職爲民。瑾誅復官。累遷南吏部右侍郎。世宗立。擢吏部尚書。時張璁·桂萼以議禮驟貴。樹黨屏逐正人。欽順恥與同列。乃辭不拜。里居二十餘年。潛心格物致知之學。著困知記。辨析精審。學者稱整庵先生。卒諡文莊。有整庵存稿。

羅爲賡 【清】南充人。號西溪。康熙中官烏程知縣。嘗顏其書室曰古小學。與門人講論其中。其弟子吳學孔錄其講學語爲苕西問答。

羅琥 【明】茶陵人。正統中通判南陽。積粟麥二十萬石。撫流民萬餘戶。築封丘隄八十餘里。改衢州。以捕寇功進侍郎。

羅登選 【清】衡山人。字升之。號謙齋。乾隆時諸生。少溺苦於學。閉戶讀書者五十餘年。自經史百家律算醫卜老釋之書。無所不通。卒年八十五。有京房易傳解·大戴禮記訓詁·春秋三傳辨異·律呂新書箋義·敦本堂詩文集。

羅竦 【宋】靖弟。字叔恭。詳羅靖條。

羅結 【後魏】代人。道武時以功賜爵屈蛇侯。太武初累遷侍中·外都大官。總三十六曹事。時年一百七歲。精爽不衰。帝以其忠慤。甚見信待。除長信卿。詔聽歸老。有大事。馳驛詢訪。年一百二十歲卒。謚貞。

羅裒 漢成都人。以貨殖名。成哀間貲至鉅萬。初。裒賈京師。往來巴蜀間。致千餘萬。舉其半賂定陵侯。又依其權力。賒貸郡國。人莫敢負。又擅鹽井之利。遂殖其貨。

羅開禮 宋永豐人。字正甫。爲袁州教授。江上兵起。文天祥辟知永豐。後軍潰。元兵追及空坑。天祥幸脫。開禮坐隱巖中。執囚吉安不屈。八日不食而死。

羅雅谷 明意大利人。入西安傳教。天啓中與湯若望同應召至京。修正曆法。

羅塞翁 五代吳越隱子。官鎭海節度推官。畫筆精妙卓絕。

羅愛愛 元妓。嘉興人。色藝俱絕。嘗與諸名士賦詩於鴛湖淩虛閣。由是才名日盛。同郡趙氏子與之狎。遂託終身。後參政楊完欲納之。愛愛自經死。

羅會恩 清石屏人。字際叔。號南耕。乾隆舉人。嘗輯法帖數十種。自著有過庭彝訓·南耕詩文集。

羅源漢 清長沙人。字方城。號南川。雍正進士。累官工部尚書。文章事業。朝野推重。書法蒼古遒勁。卓然成家。

羅瑛 清善化人。字仲昭。嘉慶進士。貧走四方。好爲詩。沖微淡遠如其人。有詩文集。

羅疇 宋沙縣人。字疇老。熙寧進士。坐忤使者投檄歸。紹聖間歷兵部郎中·祕書少監。崇寧中辟雍成。命詞臣賦詩頌。疇頌居第一。以右文殿修撰出知廬州福州卒。有文海·道山集·祕閣祕錄。

羅義 明山西人。靖遠衞戍卒。靖難兵起。義詣闕上書。乞息兵講和。又上燕王書。言宜謹守燕土。法周公輔成王。而以夷齊諷國爲鑒。書上。乃下義獄。成祖即位。義歸附。累遷鴻臚卿。

羅聘 清歙人。字遯夫。號兩峯。別號花之寺僧。爲金農弟子。畫入高格。王昶稱其畫羅淡。足與陳洪綬·崔丹頡頏。尤喜畫鬼。有鬼趣圖。爲時所重。詩亦超然物外。嘉慶中寓江都。以布衣終。妻號白蓮。亦能詩。

羅萱 清湘潭人。字伯宜。咸豐間從曾國藩戰江西。官至知府。同治間從黃潤昌入貴州征苗。戰死。有儀鄭堂文箋注·粵游日記·蓼花齋詩詞。

羅萬象 明世宗時以扶鸞術爲帝所幸。供奉西內。官左演法。後伏誅。

羅萬藻 明臨川人。字文止。天啓舉人。與艾南英等以興起斯文爲任。唐王立於閩。擢禮部主事。南英卒。哭而殯之。居數月亦卒。萬藻雖僅以時文名家。而所學具有原本。有此觀堂集。

羅虞臣 明順德人。嘉靖進士。歷吏部稽勳司主事。好剛疾惡。坐事斥爲民。既歸。結廬山中。讀書纂述。早卒。有司勳集。

羅輅 明江寧人。字質台。器宇疏豁。有風幹。知袁州。至即均差役。繕城隍。置文廟樂器。考正雅樂。校試生徒。親爲課督。作指掌圖懸之。以革糧長隱射。終大理少卿。

羅道宗 唐虞鄉人。慷慨尚義。貞觀末以上書忤旨徙嶺南。有同斥者死於荊襄間。臨終泣曰。人生有死。獨委骨異壤邪。道宗慰之曰。吾若還。終不使君留此。後果還葬於其家。仕至太學博士。稱名儒。

羅靖 宋開封人。字仲恭。嘗官教授。私淑程氏。南渡初。呂叔問·廣問兄弟講學婺源。靖與弟竦往從焉。淵源相合。以河洛微言共相發明。婺源人呼爲四先生。

羅頎 明浙江山陰人。字儀甫。以宋高承著事物紀源。不能黜妄崇眞。作物原一書。後人謂其不著出典。疏舛彌甚云。

羅僑 明吉水人。字維升。弘治進士。爲大理評事。正德中因旱饑上言。時朝士久以言爲諱。僑疏上。輿櫬待命。劉瑾果大怒。欲抵極刑。李東陽力救。得改原籍教官。瑾敗復職。以病歸。宸濠反。王守仁起兵吉安。僑首赴義。世宗即位。授台州知府。境內大治。擢廣東左參政。踰年謝病去。

羅戩 宋達州人。以剛直聞於鄉。游太學。進孫吳二書。徽宗特命爲武學諭。帝幸學。百官先集。蔡京於坐談兵。衆皆拱聽。戩獨仰視屋角。京大怒。奪其官。

羅榮光 清初從曾國藩治河有功。擢至總兵。王文韶檄管大沽礮台。洊涉提督。服食若老兵。見人侈靡者。必面斥之。拳亂作。外兵攻沽。以書告榮光讓礮台。榮光不應。還擊益厲。彈罄台燬。殉焉。

羅毓珉 清嘉應人。字奇珍。官臺灣。能製器。唐景崧令爲製造廠總辦。臺陷還粵。屢薦不出。製小車容二人。能飛馳山間。又嘗製汽球。功未竟卒。

羅綺 明磁州人。宣德進士。授御史。有能名。正統中擢大理右寺丞。參贊寧夏軍務。以忤王振謫戍遼東。景帝立。復官。進右少卿。使瓦剌。上皇還。以勞擢刑部左侍郎。尋鎭守松潘。累有破賊功。在鎭七年。威名甚震。天順初召爲左副都御史。復忤石亨坐貶。

羅蒙正 元新會人。字希呂。博學強記。弱冠學詩。有名於時。以薦授南恩州教授州判。吳元眞陰謀割據。用爲幕官。力辭不就。有希呂集。

羅碩 [清]滿洲正白旗人。姓棟鄂氏。順治初從入關。破李自成。以參領駐太原。姜瓖叛。羅碩屢戰破之。擢工部侍郎。以征湖南失利解職。尋卒。

羅鳳 [明]上元人。字子交。號印岡。弘治進士。出守兗州。被劾改守鎭遠。復忤巡方。再移石阡。致仕歸卒。有延休堂漫錄。

羅鳳翔 [明]蒲州人。嘉靖舉人。由學正選御史。監臨山東。多知名士。歷都御史。巡撫寧夏。設防禦。綏士民。寧夏賴以安堵者十年。

羅履泰 [清]衡州人。工畫山水。備諸家之長。

羅敷 [戰國][趙]邯鄲女子。姓秦。趙王家令王仁妻。嘗出採桑陌上。趙王登臺見而悅之。欲奪焉。羅敷不從。作陌上桑詩以自明。有使君自有婦。羅敷自有夫之句。趙王乃止。

羅澄 [明]興寧人。里長。始知縣舒韶出禦賊。澄從行。韶敗墜馬。衆散盡。澄翼韶上馬去。自徒步走。被執。罵賊死。

羅瑋 [明]遂寧人。諸生。母爲賊所執。手刃拒戮三賊。賊舍其母追瑋。瑋力捍賊。使母行遠。瑋遂被害。

羅賢 [明]清源人。字大用。弘治進士。授福建道御史。按河南。貪汙望風解組。有眞閻羅之稱。

羅適 [宋]寧海人。字正之。胡瑗私淑弟子。登治平進士。歷知五縣。官至京西北路提點刑獄。慷慨建白。務恤民隱。嘗與蘇軾論水利。凡與復者五十有五。秩滿去。民爲立祠。有易解・赤城集・傷寒救俗方。

羅憲 [晉]襄陽人。字令則。師事譙周。性方亮嚴整。初仕蜀漢。爲太子舍人。以不附黃皓。左遷巴東太守。歸晉。持節領武陵太守。力抗吳師者經年。卒諡烈。

羅澤南 [清]湘鄉人。字仲岳。號羅山。少篤志正學。好性理書。洪楊兵起。犯湖南。澤南以廩生率鄉勇與戰。所向皆捷。積功官至布政使。嘗言其兵法在大學知止而后有定一語。所部將弁。半屬其弟子。李續賓・續宜兄弟最有名。後援武漢。親出搏戰。中礮卒。臨沒書曰。亂極時站得定。方是有用之學。諡忠節。

羅璟 [明]泰和人。字仲明。天順進士。官修撰。預修元通鑑綱目。孝宗時終南京祭酒。

羅遵生 [晉]企生弟。殷仲堪走。企生從焉。路經家門。遵生曰。作如此分離。何可不執手。企生迴馬授手。遵生有勇力。便牽下之。謂曰。家有老母。去將何之。企生不可。遵生抱之愈急。遂留焉。

羅遵殿 [清]宿松人。字有光。號澹邨。道光進士。咸豐間官至浙江巡撫。洪楊軍由安徽入浙。援絕城陷。自經死。諡忠節。其學以不欺爲本。以大節爲體。以窮理致知爲用。而義利之辨尤嚴。

羅鄴 [唐]隱弟。工詩。累舉進士不第。光化中以韋莊奏追賜進士及第。贈官補闕。

羅龍文 [明]嚴世蕃客。官中書。交關爲奸利。爲法司所奏。戍邊。

羅彌 [後魏]結宗人。善射有膂力。太武時爲將軍。數從征伐有功。官至范陽太守。

羅濟 [宋]華陽人。事蜀孟昶。歷官寧江軍都巡檢判官。宋師陷夔。夔帥高彥儔以符印授濟而死。濟降宋。累遷太常丞。

羅聲皐 [清]雙流人。嘉慶間以守備從勦教匪於達州。奮勇力擊。擒斬無算。官至松潘鎭總兵。勦瞻對。以辦理輕縱革職。道光初卒。

羅薦可 [宋]沙縣人。字養豪。政和進士。爲高郵軍司理。汴京陷。張邦昌以僞赦至。高郵守欲拜之。薦可持不可。高宗卽位。歷監登聞鼓院。忤秦檜。出知灃州。州稱治。移知筠州。民輸納。令自槩量。除知常州卒。

羅隱 [五代][吳越]新城人。字昭諫。本名橫。貌寢陋。凡十上不中第。遂更名。能詩。光啓中爲錢塘令。有善政。錢鏐辟爲從事。朱全忠篡唐。以諫議大夫召隱。隱不行。且勸鏐舉兵討梁。鏐雖不能用。心甚義之。累官鹽鐵發運使・著作佐郎。遷諫議大夫・給事中卒。年七十七。隱爲文章多氣力。而性傲睨。所著多散失。其傳者有讒書・羅昭諫集・兩同書。（世傳隱出語成讖。閩中書筒灘・玉髻峯。皆留異迹。見吳任臣十國春秋。又黎士宏仁恕堂筆記云。今豫章兩越八閩人。凡事俗近怪者。皆曰。此羅隱秀才說過。後訛爲羅衣秀才云。）

羅隱之 [後唐]賣藥以自給。與鄭遨・李道殷並稱三高士。

羅點 [宋]崇仁人。字春伯。淳熙進士。累遷校書郎。兼國史院編修。歲旱詔求言。點上封事。爲皇孫教授。摭古事勸戒。爲鑑古錄以進。遷兵部尙書。光宗不朝重華宮。點與侍從同列奏請過宮者凡三十五疏。自上奏者又六十章。寧宗立。拜端明殿學士。簽書樞密院。卒諡文恭。

羅壁 [宋]新安人。字子蒼。自號默耕。嘗參證經史疑義。爲識遺一書。⊙[元]鎭江人。字仲玉。至元間歷官淮西宣慰使事。請兩淮荒閑之田。給貧民耕墾。三年而後量收其入。從之。歲得粟數十萬斛。大德間除廣東道宣慰使。誘致諸洞蠻夷酋長。假以官位。

論以禍福。由是率衆來歸。終正奉大夫。

羅・繞典 清湖南安化人。字蘇溪。道光進士。由編修累擢湖北巡撫。以憂歸。洪楊事起。奉詔辦理湖南防務。擢雲貴總督。東川回亂。平之。桐梓楊隆喜作亂。圍遵義。督師征勦。卒於軍。諡文僖。有詩文集。

羅・繡錦 清遼陽人。後隸鑲藍旗漢軍。天聰間授國史院學士。順治間累官湖廣四川總督。時何騰蛟據湖南。李自成餘黨一隻虎等寇湖北。繡錦督兵防勦。奏捷者屢。後卒於官。

羅・藝 唐襄陽人。字子延。性剛愎不仁。勇攻戰。隋大業中以戰功補虎賁中郎將。從伐遼。勇常冠諸軍。萃執留守趙什住等。自稱幽州總管。以地歸高祖。封燕王。數敗竇建德及突厥軍。拜左馮翊大將軍。藝負其功。嘗辱秦王左右。及太宗卽位。進開府儀同三司。藝內懼。又惑於術者言。因舉兵反。兵敗。爲其下所殺。

羅・願 宋汝楫子。字端良。號存齋。乾道進士。博學好古。法秦漢爲詞章。高雅精鍊。朱熹特稱重之。知鄂州。有治績。有爾雅翼・鄂州小集・新安志。

羅・鑒鎰 清長沙人。字鶴齡。諸生。有思貽堂文稿。

羅・讓 唐珦子。字景宣。舉進士。弘辭。賢良方正皆高第。爲咸陽尉。父喪。布衣糲飯。不應辟署十餘年。累遷福建觀察使。有仁惠名。

羅・覲 明桐廬人。字用賓。洪武中游太學有聲。選署陝西按察使事。歷官廣東按察使。所至以清愼稱。

翾風 晉石崇之婢。一作翔風。姿態美妙。崇侍姜數千人。翾風最以文詞擅愛。及年三十。爲妙年者所排毀。退爲房老。使主羣少。

藝・元 元寶坻人。始爲黃冠。師事青州把道錄。傳其藝。至元中凡兩都名刹。塑土範金爲佛像。出元手者。神鬼妙合。百態生動。

藥・三德 明永和人。崇禎時闖賊攻城。督其子科率衆堅守。手持火具繞城。斃賊甚衆。賊懼而遁。

藥・元福 宋晉陽人。有膽氣。善騎射。事後唐爲軍都指揮使。晉開運中爲深州刺史。擊敗契丹。歷漢及周。屢著戰功。授建雄軍節度。加檢校太尉。宋初加檢校太師。卒贈侍中。元福雖老。筋力不衰。人言其尙堪領兵。必大喜。時稱驍將。

藥・玩 唐撰有諸姓世家。

藥・彥稠 後唐沙陀三部落人。初爲騎將。長興中爲靜難軍節度使。党項阿埋屈悉保等族抄掠方渠。彥稠會兵擊之。盡誅其族。潞王從珂反。彥稠爲招討副使。兵潰。爲潞王所殺。

藥・崧 後漢河內人。天性樸忠。嘗爲郎。獨直臺上。家貧無衾枕。每食糟糠。明帝入臺。見而嘉之。詔太官賜朝夕飧。給帷被皁袍及侍史二人。歷官南陽太守。

藥僧 元唐兀人。至正中自中書任稷山達魯花赤。才識過人。時賊寇逼境。人懼欲潰。僧與縣尹張名昭等同謀備禦。卒賴保安。

藥・縱之 後唐太原人。明宗刺代州。署爲軍事衙推。從明宗鎭邢州。爲掌書記。及卽位。累授吏部侍郎。銓總之法。惘然莫知。淸泰初以曹州刺史受代卒。

譙・令雍 宋熙載子。以恩充平陽郡王府內知客。小有才。王甚愛重之。及寧宗卽位。累拜保成軍節度使。書得閑知止四字以名其堂。進太尉卒。

譙・玄 後漢閬中人。字君黃。少好學。能說易春秋。成帝時對策高第。拜議郎。數上疏切諫。平帝時遷中散大夫。王莽居攝。變易姓名。歸家隱遯。公孫述僭號。徵之不起。時兵戈累年。莫能修尙學業。玄獨訓諸子勤習經書。光武平蜀。玄已卒。詔本郡祠以中牢。

譙・仲午 宋臨邛人。字仲甫。以進士爲隆州教授。魏了翁以書責隆守曰。有賢寮而不舉。何也。守謝曰。非敢遺之。先生不欲也。有孟子旨義・漢書補注・三國名臣諸論戰。

譙・同 晉周子。頗好周業。亦以忠篤質素爲行。舉孝廉。除錫令・東宮洗馬。召不就。

譙・秀 晉熙子。字元彥。性淸靜。不交於世。知天下將亂。預絕人事。及李雄據蜀。略有巴西。雄叔父驤・驤子壽皆慕秀名。具束帛安車徵之。皆不應。常冠皮弁。敝衣躬耕山藪。桓溫滅蜀。上疏薦之。朝廷以秀篤老。兼道遠。故不徵。遣使勑所在四時存問。及蕭敬叛亂。避難宕渠。鄉里宗族憑依者以百數。年九十餘卒。

譙・周 蜀漢岍子。字允南。幼孤。耽古篤學。善書札。頗曉天文。建興中諸葛亮命爲勸學從事。後主立太子。周爲家令。徙中散大夫。遷光祿大夫。位亞九列。周雖不與政事。以儒行見禮。時與大議。輒據經以對。景耀末鄧艾長驅入陰平。後主使羣臣會議。周以爲當降。後主遂從周策。魏以周有全國之功。封陽城亭侯。入晉。累徵不起。自陳無功。求還爵土。泰始中卒。凡所著述撰定法訓・五經論・古史考書之屬百餘篇。

譙・定 宋涪陵人。字天授。少喜學佛。後學易於郭曩氏。一日至汴。聞程頤講道於洛。潔衣往見。造詣愈至。靖康初召爲崇政殿說書。以論不合辭不就。高宗立。定猶在汴。詔詣行在。將用之。會金兵至。定復歸蜀。隱靑城山。蜀人稱之曰譙夫子。自號涪陵居士。後不知所終。樵夫牧童。往往有見之者。世傳其爲仙云。

譙·玠　淸沅江人。諸生。七世同居。每食。男女異席。終事無譁。一夕火起。兄弟先入祖祠抱主避火。火亦隨息。嘗作家訓二十條。子孫世守之。

譙·岍　蜀漢西充國人。字榮始。治尙書。兼通諸經及圖緯。州郡辟請皆不應。

譙·登　晉周孫。字順明。爲梓潼內史。李驤拔涪城。登食盡援絕。驤攻之益急。登不屈死之。

譙·隆　漢閬中人。爲上林令。武帝欲廣苑囿。隆以忠諫拜侍中。

譙·熙　晉周子。察孝廉。爲本郡大中正。後遷沔陽令。

譙·熙載　宋爲平陽王邸伴讀。光宗卽位。與姜特立皆以春坊舊人用事。侍恩無所忌憚。官至忠州防禦使。視特立頗廉勤。

譙·瑛　後漢玄子。善說易。以授明帝。爲北宮衞士令。

譙·縱　晉南充人。少謹愼。蜀人愛之。爲安西府參軍。義熙初刺史遣縱及侯暉等領諸縣氐進兵東下。暉有武志。將圖益州。刺史毛璩等共逼縱爲主。璩死。縱率兵屯白帝城。自稱成都王。尋遣使稱藩於姚興。將順流東寇。以討劉裕爲名。裕遣朱齡石等率衆討縱。縱衆瓦解。自縊死。

譙·謨　明華容人。號雪蓮。能詩。隱居不仕。以吟咏自娛。天順初游京師。石亨欲薦之。乃逃歸鄉里。邑搢紳學士咸禮重焉。

譚·上達　淸湖南人。咸豐間投効湘軍。與洪楊軍轉戰湖北安徽江南。驍勇善戰。後隨劉松山·劉錦棠勦平陝捻及甘肅新疆回。功甚偉。累官喀什噶爾提督。

譚·士珌　淸沔陽人。字慕鄴。好讀書。嗜弈。性傲岸。嫉權貴如仇。

譚·子發　明茶陵人。洪武中領鄉薦。授國子博士。歷陞祭酒。文章爲一時推重。

譚·仁芳　淸湘陰人。咸豐間由武童隸湘軍。與洪楊軍戰於安徽。有功。尋從多隆阿擊陝西。連敗回捻。還援湖北。轉戰楚皖贛豫各省。所向有功。光緒間官至延綏鎭總兵卒。

譚·元春　明竟陵人。字友夏。天啓末鄉試第一。與同里鍾惺評選唐人之詩爲唐詩歸。又評選隋以前詩爲古詩歸。鍾譚之名滿天下。謂之竟陵體。然兩人學不甚富。其識解多僻。大爲通人所譏。元春名輩後於惺。以詩歸故與齊名。自著有嶽歸堂稿·鵠灣集。

譚·夫吾　周吳人。與張胥鄙前交而後絕。胥鄙有罪。拘將死。夫吾命徒取之。至於道。知夫吾所爲。輟行而辭曰。義不同於子。故前交而後絕。今從吾子。是吾聞君子不爲危易行。安則肆志。危則易行也。遂觸牆死。夫吾曰。我任而不受。佞也。不知而出之。愚也。佞不可以接士。愚不可以事君。吾行虛矣。人惡吾生。吾亦恥以此立於世。乃絕頸而死。

譚·太初　明始興人。字宗元。嘉靖進士。累官江西按察副使。獨振風紀。時嚴嵩專柄。其親黨屢奪人產。太初悉置於法。擢廣西參政。解職歸。築拙逸軒。讀書其中。後起爲河南右參政。仕至南京戶部尙書。致仕歸。卒謚莊懿。

譚·世勣　宋申從子。字彥成。元符進士。教授郴州。時王氏學盛行。世勣卻其書不覩。又中詞學兼茂科。除祕書省正字。蔡京子攸領書局。同舍郎多爲附以取貴仕。世勣在館六年不遷。上六事。爲當路所疾。再扈駕至金帥帳。以十害說其用事者。言講和之利。詞意忠激。金人聳聽。張邦昌僭國。令同直學士院。稱疾不起。以憂卒。建炎初追謚端潔。有文集奏議及師陶集。

譚布　淸滿洲正黃旗人。姓舒穆祿氏。揚古利從弟。天聰·崇德間征索倫部。攻錦州·寧遠。皆奮戰有功。順治間從入關。破李自成·張獻忠。討姜瓖。敍功封一等男。累官工部尙書。

譚·必　宋樂昌人。字子思。七歲通經。日誦萬言。舉慶曆進士。調邕州推官。交趾破邕。必死之。明景泰中追謚忠愍。

譚·正賓　明巴東人。崇禎末容美土司寇巴東。正賓率鄉勇堵禦奮擊。蠻死者千餘人。蠻憾甚。陰使人刺殺正賓。

譚·玉龍　淸麻陽人。咸豐間由行伍從征。轉戰安徽有功。同治間勦回於陝甘。官至提督。在邠州戰死。謚武壯。

譚·申　宋長沙人。政和進士。張邦昌以爲屯田郎中。力拒之。紹興中知筠州事。有惠政。及歸。民立祠祀之。號曰古譚。

譚·光祜　淸尙忠子。字子受。一字鐵簫。官敍州馬邊同知。總司金川屯田。示各部落以威信。衆皆畏服。擢寶慶知府。光祜少嫺文事。兼工騎射篆隸。又善度曲。

譚·全播　五代梁南康人。勇敢有識略。唐末聚兵爲盜。衆推全播爲主。全播勸衆擇良帥。衆乃立盧光稠爲帥。全播爲取虔韶二州。太祖以光稠爲防禦使。光稠病。以符印屬全播。不受。後拜防禦使。治虔州七年。有善政。楊隆演遣將破虔州。以全播歸廣陵卒。

譚吉璁 清嘉興人。字舟石。監生。官延安府同知。副將朱龍叛。守城有功。康熙時召試鴻博未遇。遷登州知府。有延綏志、肅松錄、爾雅廣義、嘉樹堂集。

譚守眞 明鎭遠衞人。習先天道教。逐魅驅邪。有奇驗。

譚旭 清新建人。字東白。康熙副貢。授瀘溪教諭。守程朱之道以教人。有謀道錄。

譚有德 明衡州安仁人。洪武間由貢歷揚州、廬州知府。後陞四川按察使。詳愼刑獄。廉介有聲。

譚行義 清三台人。康熙武舉人。雍正、乾隆間。先後勦平貴州及楚粵苗。官至福建陸路提督。卒諡恭毅。

譚宏 宋成都人。工畫花果。

譚希思 明茶陵人。字子誠。萬曆進士。擢南御史。抗直敢言。謫外任。尋授僉都御史。巡撫四川。致仕卒。有明大政纂要、四川土夷考。

譚延美 宋朝城人。少爲盜於鄉里。周世宗鎭澶淵。募置帳下。卽位。從征淮南。以勞遷控鶴軍副指揮使。建隆初補指揮使。端拱初知寧遠軍。契丹兵抵城下。延美開門以示之。不敢入。遂引去。咸平中以左領軍衞上將軍致仕卒。

譚廷襄 清浙江山陰人。字竹崖。道光進士。外任淸河道。累擢直隸總督。以英法兵陷海口礮台奪職。旋授山東巡撫。同治間以明習例案。且首贊后垂簾。遂內用。官至刑部尙書。卒諡端恪。

譚見龍 清常熟人。字湛升。又字濬初。乾隆舉人。官龍門知縣。能寫水墨山水。善書。工詩。

譚咏昭 清武威人。字仲回。一字雲生。同治舉人。敘江西知縣。改教職。選洮州廳訓導。卒於官。咏昭在同光間稱隴文人第一。制行堅潔。有看雲書屋詩文集。

譚季蕭 宋工畫水墨梅竹。

譚宗 明餘姚人。字公子。客揭州。飲李寅家。値俗客至。徙坐面壁。待其人去。方入坐。善書。意所不可。雖金帛弗爲動。

譚宗浚 清瑩子。字叔裕。同治進士。授編修。官至雲南鹽法道。工詩文。熟於掌故。有遼史紀事本末、希古堂詩文集。

譚尙忠 清南豐人。字因夏。乾隆進士。由戶部主事累擢安徽巡撫。忤和珅。降福建按察使。屢以事與督撫爭。丰采峻厲。所至必興利去害。性甚儉。嘗爲五蠹約。以風率僚屬。官至吏部左侍郎卒。

譚忠 唐憲宗時爲燕牙將。嘗爲燕使魏。適朝廷出禁兵越魏伐趙。魏牧田季安欲興兵。忠說曰。若興兵。則抗王師。其罪大矣。季安然之。及歸燕。又說燕牧劉濟出軍佐朝廷伐趙。遂拔饒陽、束鹿。時皆服其善斷。

譚性教 明萊蕪人。字生伯。號笠石。又稱黃雪居士。萬曆進士。補襄城令。救荒多異政。累遷陝西寧夏道、兵糧學政副使。時魏璫熾甚。寧夏獨無璫祠。人重其節概。引疾歸。軍民遮留哭送者數萬人。

譚昌言 明嘉興人。字聖俞。萬曆進士。初令常熟。有惠政。更令婺源。邑故有金竺、坦徑久壅。行者遶芙蓉嶺。險同蜀棧。昌言闢新嶺。往來者德之。號譚公嶺。累官參政。督餉登萊。白蓮教匪據鄒滕。官兵敗衂。昌言部發新練馬兵救之。匪敗走。遂得蕩平。後爲島帥所陷。嘔血卒。

譚知柔 宋金壇人。字勝中。舉進士。歷官通判邵州。終祕書少監。善爲詩。有華陽居士集。

譚知禮 宋長沙人。字子立。初習舉子業。胡安國至衡山。知禮往從之。盡掃前日氣習。抱春秋研其旨。餘力治資治通鑑。安國卒。知禮歸省。遂還衡山。居蕭寺。讀書不輟。以壞器盛粗飯菜羹。若將終身。會親卒奔喪。未及除服亦卒。

譚青 明南豐人。字彥白。建文中領鄉薦。訓導雷州三載。永樂中陞旌德知縣。述職京師。課最。擢工科給事。命往江淮。復奏稱旨。旌德父老望青轍不返。詣闕請留。詔還青旌德。以內秩往。再調龍陽卒。

譚思敬 明湘潭人。與子清遠俱以義勇聞。張獻忠陷湘潭。掠村落。思敬父子大殲賊。獻忠怒。夜督千騎圍其家。思敬父子力戰潰圍去。後被執。爲賊所磔。

譚拜 清滿洲正白旗人。姓他塔喇氏。天聰、崇德間從圖大凌河。略明邊。屢戰皆捷。順治間從入關。定燕京。敗賀珍。破張獻忠。累官吏部尙書。封二等男卒。

譚星景 元茶陵人。幼失父。追念之。廬於墓十年。泰定初旌其門。

譚洪 清萬縣人。明總兵。隸川東。奉桂王約束。後降清。授川北總兵官。加慕義侯。康熙間吳三桂叛。洪附之。清令其姪譚天敘往撫。洪詣降。尋復叛。爲清軍所擊。旋死。

譚紀 明蓬州人。字廷憲。父有足疾。左右扶持四十年不少間。父沒。泣血三年。不御酒肉。建思親堂望雲臺。時復悲哀。至老不替。

譚峭 南唐泉州人。字景昇。父洙。爲國子司業。峭幼聰敏。好仙術。居嵩山十餘年。得辟穀養氣之術。夏則裘。冬則單衣。既而入南嶽煉丹。相傳丹成入水不濡。入火不灼。後登靑城山仙去。亦稱紫霄眞人。有譚子化書。大旨多出黃老而附合於儒言。宋齊丘擴爲已作。故亦謂之齊丘子。

譚·悅道 明茶陵人。少有大志。勇力絕人。元至正中紅巾寇亂、悅道設柵延和寨。修戰守之具。太祖既克江西。遂以全城歸附。授千戶。召至京。賜名本。調龍江千戶。

譚泰 清滿洲正黃旗人。姓舒穆祿氏。揚古利從弟。崇德間屢與明軍戰。擒斬俘獲。爲諸軍最。順治初從入關。勦李自成、敍功授一等公。坐事論死下獄。以素附多爾袞得出。平金聲桓。李成棟。積功授吏部尚書。仍封一等公。後以陳名夏爲張煊所劾。譚泰袒名夏殺煊。並坐阿附多爾袞及把持六部等事伏誅。

譚烈婦 宋永新人。姓趙氏。元兵破永新。婦抱嬰兒隨舅姑匿文廟。兵至。殺其舅姑。執婦欲活之。大罵不屈。乃殺之。血漬於兩楹間。入甎爲婦與嬰兒狀。久而宛若寫形在地。或磨以沙石。煅以灰土。終不滅。煅以熾炭。狀益鮮明。邑人賀貽孫有文記其異。至清道光間。其形始滅。

譚·祐 明淵曾孫。嗣新寧伯。充京營總兵。恭慎守法。累加太子太傅。卒謚莊僖。

譚·啓宗 明字敬先。知安慶府。寇至鎭。卒不戰已潰。寇退。啓宗撫殘傷遺民。固守三越月。或曰。郡府無兵甲。寇出沒難測。未若還請命於省府。不聽。會明師大捷。陳友諒中流矢死。江夏頻年困於戰鬬。啓宗諭之。悉降。

譚·國泰 清湘鄉人。咸豐間從攻洪楊軍。轉戰江西安徽等省。有功。同治間從克江寧。官至記名提督。

譚·惟寅 宋高要人。字子欽。紹興進士。讀書一覽。終身不忘。嘗夜入衢州祥符寺。閱古碑。待燭不至。以手摸之。歸錄所記。不差一字。應博學弘詞科。除太學博士。累官至江西提刑卒。有四書本旨。蛻齋講學。

譚·掞 宋曲江人。字文初。與王安石同學。安石爲相。引爲郎官。方行新法。掞不苟從。累遷廣文館學士。

譚·淵 明勝子。有膂力。引兩石弓。發無不中。洪武中嗣父職爲燕山衛副千戶。燕兵起。從奪九門破雄縣。驍勇善戰。然性嗜殺。滄州降卒未遣者三千餘人。成祖命待明給牒。淵一夜盡殺之。夾河之戰。以馬蹶被殺。謚壯節。

譚·清海 明東莞人。字永明。嘗走京師。上三大禮疏。不報。仗劍出塞。時戚繼光爲邊帥。築隘滅戍。皆用其策。過柘林。守備某爲之張燕。酒方酣。而部兵以索餉反。露刃庭下。守備閩室逃竄。清海從容說以利害。給橐中裝散遣之。大變立定。年八十四卒。有詩文雜著數十種。

譚·紹琬 清茶陵人。字琰卿。明季貢生。入清。遯迹巖壑。以逸民終。有涉園詩文集。

譚·處端 元寧海人。字通正。初名玉。號長眞子。生而骨相不凡。居家以孝義稱。博學。尤工草隸。後師王重陽眞人。仙去。有水雲前後集。

譚·勝 明滁州人。元至正中累戰功爲總旗守衛。洪武初授樂安州百戶。累官燕山右護衛致仕。

譚·進頗 五代閩鄴人。具文武才。馬殷召爲左殿大將軍。殷死。子希範立。進頗父喪母疾。乞治喪不許。遂歸。希範怒。自將兵討之。進頗不爲備。曰生以忠。死以孝。吾何恨焉。乃以指血寫書自陳無叛意。書畢而刎。

譚·鈞培 清鎭遠人。字寶寅。一字序初。同治進士。由編修擢御史。居臺諫五年。多所建白。出知常州府。累擢江蘇巡撫。端本善俗。躬行節儉。蘇人比之湯文正。然用法嚴酷。曾國荃疏言其操切。移雲南。卒於官。

譚·嗣同 清繼洵子。字復生。號壯飛。能文章。好任俠。善劍術。自甲午戰事後。發憤提倡新學。官江蘇知府。以徐致靖薦。加四品卿銜。充軍機章京。與楊銳、林旭、劉光第同參預新政。時號爲軍機四卿。孝欽后垂簾。被誅。爲戊戌六君子之一。有仁學。石菊隱廬筆識。寥天一閣文。莽蒼蒼齋詩。遠遺堂集外文。

譚·愛蓮 清新化人。字淨方。乾隆歲貢。家貧。刻苦自勵。治經精於易。著周易精蘊匯解。翼傳質疑。翼傳圖說。督學盧文弨甚稱賞之。

譚·溥 明昌邑人。字澤民。宣德進士。任刑部主事。陞山東苑馬寺少卿。劾除馬政之弊。邊用充給。累官陝西左布政使。清介自持。天順間爲南京戶部侍郎卒。

譚·瑄 清嘉興人。字左羽。康熙舉人。官至禮科給事中。有涵萬樓疏稿。

譚·資榮 元懷來人。字茂卿。敦厚寡言。頗知讀書。仕金爲縣令。歸元。授元帥左都監。後從征。以功陞行元帥府事。復以其弟資用代充元帥左監軍。從攻汴梁有功。既而舉資用自代。退而耕田讀書。時年四十。

譚·僑 明衡州人。字冰寶。天資穎異。嘗語人曰。吾州三十年後。必有兵禍。後果羅郝永忠之變。屠殺數千人。

譚·瑱 陳始興人。頗讀書知大義。饒有膂力。侯景之亂。稍集智勇以衛州邑。衆推爲戍主。永定初破留異兵於桃枝嶺。拜假節雲旗將軍。異投陳寶應於閩。瑱復率舟師討之。俘寶應及異。以功擢本郡太守。

譚端伯 〔宋〕茶陵人。字應元。平生以忠義自許。文天祥舉贛兵勤王。端伯亦起兵應之。後爲元兵所獲。不屈死。

譚綺 〔宋〕萍鄉人。字德新。勇健過人。游京師。有堂吏奇之。妻以女。應募從康王使河北。授承事郎。及王卽位。綺掌飛龍內廐。積資官至團練使。

譚綸 〔明〕宜黃人。字子理。嘉靖進士。以兵備副使勦倭於福清・仙遊・同安・漳浦諸處。皆殲之。遂無倭患。後以兵部侍郎撫兩廣。至卽平七山諸賊。尋總督薊遼。陞兵部尚書。卒謚襄敏。綸終始兵事。垂三十年。與戚繼光齊名。稱譚戚。有譚襄敏奏議。

譚維鼎 〔明〕新會人。字朝鉉。號甑臺。少遊湛若水門。翌年舉鄉薦。知同安縣。當倭寇及饒漳鏜盜。動以千萬。多設間諜。令自仇殺。累擢廣西左江兵巡僉事。又擒土官黃賢相。遷本道副使。以勞卒。

譚廣 〔明〕丹徒人。字仲宏。初爲燕山護軍百戶。從燕王起兵。積功爲大寧都指揮僉事。永樂中兩從出塞。進都督僉事。仁宗初擢左都督。鎭宣府。以守邊勞封永寧伯。卒謚襄毅。廣從行伍至大將。大小百餘戰。未嘗挫衄。在宣府二十年。修屯堡。嚴守備。撫士卒有恩。邊徼帖然。稱名將。

譚德化 〔明〕黃陂人。字君明。性孝友。父疾。嘗糞爲驗。兄被誣繫獄。德化願以身代。事卒白。友人遊蜀三年不歸。給其家薪米。塗遇凍餓者垂斃。負之歸。給衣食。後爲流寇所害。

譚澄 〔元〕懷來人。字彥清。襲父職爲交城令。時年十九。有惠政。世祖卽位。擢懷孟路總管。歲旱。令民鑿唐渠。引沁水以溉田。遂爲永利。西南夷羅羅斯內附。帝以澄爲副都元帥。同知宣慰使事。比至。以疾卒。

譚瑩 〔清〕南海人。字兆仁。號玉生。道光舉人。官化州訓導。工詞賦。好搜輯祕籍。伍崇曜刻粵雅堂叢書・嶺南遺書等。瑩皆爲編訂而助成之。卒年七十二。有樂志堂詩文集。

譚賢 〔後漢〕太原人。字伯升。守節不仕王莽。建武中徵。不起。

譚學元 〔清〕清泉人。字少微。通羣籍。善書畫。尤工琴。偶得諸葛武侯遺書。用木牛流馬法變通之爲渾天儀・窺遠鏡。及木雞木犬之類。見者詫爲天授。晚年殫心步算占驗六壬奇遁諸數。有推曆指掌・星曜增攷・九章算法適中・三角形綱目・琴譜管見。

譚衡 〔清〕衡山人。字壽仙。督學張裕釗。得其神似。遊遼瀋燕趙間。鬻紙筆爲生。旋入粵。長壽寺僧恆一授以刻石法。能閉目以手捫石刻之。書細篆若蠅頭鐵絲。剛健婀娜。並世無兩。後卒於九江。

譚濟 〔明〕湘潭人。字濟翁。少力學。元末湖湘騷動。濟集捍鄉邑。尋歸胡大海。署爲萬戶。敗陳友諒。擊張士誠。皆有功。洪武初戰功尤著。時從征者多乘時剽掠。惟濟秋毫無犯。

譚鍾麟 〔清〕茶陵人。字文卿。咸豐進士。以翰林擢御史。累官甘肅布政使。時左宗棠督陝甘。稱其才。密疏薦之。歷督陝甘閩浙兩廣。光緒戊戌。抗變法。受知孝欽后。寵遇優渥。以衰老乞歸。卒謚文勤。

譚翼 〔明〕大庾人。字南宿。洪武進士。授龍溪丞。彗星見。論時政。語涉諸王。謫戍南寧。建文初復官。陞龍溪知縣。尋擢兵部郎中。與同年黃子澄・練子寧善。燕師至。同郎署諸人赴火死。妻子俱自縊。

譚寶煥 〔明〕江西樂安人。號樵海。少好講學。爲文多涉理趣。有樵海集・性理吟。

譚獻 〔清〕仁和人。原名廷獻。字仲修。號復堂。同治舉人。官含山知縣。通古今治亂。言天下得失如指掌。詩文均得古法。家藏前人詞曲甚富。詞尤有名。有復堂類集。

譚繼洵 〔清〕瀏陽人。字敬甫。由進士外任甘肅道員。譚鍾麟言於左宗棠。屢疏薦之。光緒間官至湖北巡撫。時張之洞督兩湖。每約聯銜陳奏新政。繼洵不敢附從。皆謝不敏。戊戌政變。坐嗣同父。戴鈌歸。憂懼卒。

贊寧 〔宋〕僧。德清高氏子。出家靈隱寺。習南山律。時謂之律虎。吳越王錢鏐署爲兩浙僧統。太宗嘗召對於滋福殿。詔修高僧傳。咸平中加右街僧錄。卒謚圓明大師。著有物類相感志・筍譜・內典集・外學集。

邊一椿 〔明〕峽江人。字汝壽。家貧。授經於楚。忽夢神告父病。覺而泣。徒步千里歸。侍父病。尋愈。後三年父卒。葬山中。躬守墓側。有虎吼其前。叱之。掉尾而去。人以爲孝感。

邊大受 〔明〕靜海人。舉人。爲米脂令。汪喬年撫陝西。奉詔發李自成先塚。大受詗得其族人爲縣吏者。掠之。言去縣二百里曰李氏村。亂山中十六塚。環而葬。中其始祖也。如其言發之。喬年函其顱骨。焚其餘。雜以穢。棄之。自成聞之。嚙齒大恨。曰吾必致死於喬年。未幾。大受解職歸里。甲申四月。爲賊執去。行至壽陽。脫身歸。著虎口餘生記。

邊文進 〔明〕福建沙縣人。字景昭。工畫花鳥。永樂間召至京師。授武英殿待詔。宣德間仍供事內殿。與呂紀齊名。爲人夷曠灑落。博學能詩。

邊永 〔明〕任丘人。字仕遠。正統進士。授行人。出使安南・占城。安南爲樂卻金館。及典蕃祀。總糧儲。所在有績。以戶部郎中致仕。

邊·光範 宋陽曲人。字子儀。爲人謙退和雍。有吏材。起家榆次令。開寶初拜御史中丞。性至孝。母病疽。嘗親吮之。

邊·完 明杞縣人。字克修。景泰舉人。歷廣西道御史。憲宗時按直隸。修理邊備。鎭定疆埸。事竣。繪圖以進。帝覽大悅曰。宜乎名邊完也。官終雲南參議。

邊·孟屯 明福建沙縣人。善畫山水人物。

邊·居誼 宋隨州人。初事李庭芝。積功至都統制。咸淳中守新城。能得士心。凡戰守具。治之皆有法。呂文煥引元兵來攻。力竭。赴火死。詔立廟死所。

邊·岡 唐處士。撰有景福崇玄曆。

邊·昌 元蘇州人。字伯盛。張士誠據吳。以禮招致。誓死弗就。

邊·武 元京兆人。字伯京。工畫。行草學鮮于樞。能亂眞。

邊·知白 宋裕次子。字公式。宣和進士。紹興中歷戶吏二部侍郎。直學士院。嘗使金。聞欲寇蜀。歌蜀道難以諷之。遂輟西南之役。官至吏部尙書。封同安縣開國侯。

邊·知章 宋裕子。字公望。崇寧進士。通判開封府。靖康初金人犯闕。或勸知章遁去。不從。城陷遂死之。

邊·彥駱 明杞縣人。字國龍。嘉靖進士。授行人。時修內殿。命採木江南。乃盡力經營。復捐金五百。以襄國事。內殿告成。帝優詔襃之。有使職昭鑒、陰陽圖說、元會運世解。

邊·洵 明任丘人。字文允。嘉靖進士。累陞潼關副使。政體詳明。不附權勢。時人雅重之。

邊·洞元 唐涿人。幼於紫陽觀修行。後白日上昇。玄宗有御製碑記。

邊·倣 宋華州人。珝從子。雍熙初錢氏納土。倣首爲吳縣令。璽書獎勞。仕至殿中丞。

邊·浴禮 淸任丘人。字袖石。道光進士。官至河南布政使。有健修堂詩集、空靑詞集。

邊·珝 宋鄭縣人。蔚子。字待價。晉天福進士。宋初爲洛陽令。累遷知開封府卒。珝有吏才。太宗方欲用之。及聞其卒。歎息數四。

邊·珣 宋楚丘人。字仲寶。性孝弟。與人交有終始。在官有能名。公卿皆所推重。歷任蘇州太守。遂家於吳。

邊·珪 明字廷玉。其先汝陽人。元末避亂。徙居禹州。洪武初辟擢稷山縣尹。教養有法。甚得牧民之體。

邊·貢 明歷城人。字廷實。號華泉。弘治進士。與李夢陽等號弘治十才子。授兵科給事中。峻直敢言。劾璫擅權。貢出守衞輝、荆州。治行稱最。嘉靖時官至南京戶部尙書。貢早負才名。美風姿。久官留都。優閒無事。游覽江山。揮毫浮白。夜以繼日。都御史劾其縱酒廢職。罷歸。平生癖於聚書。一夕燬於火。仰天大哭。遂病卒。有華泉集。

邊·偉 明任丘人。字朝儀。號雲丘。正德進士。授工部主事。歷山東驛運使。政務寬平。恥尙奔競。博洽能文。儒者宗焉。

邊·惇德 宋裕從子。字公辨。才思敏給。以能詩名。

邊·習 明貢子。字仲學。有邊仲子詩。

邊·連寶 淸任丘人。字趙珍。一字肇畛。號隨園。雍正拔貢。乾隆初試鴻博不遇。後復舉經學。辭不赴。人勸之行。答曰。吾自審未能如漢伏生、董仲舒。敢矯誣以倖取哉。自是益肆力於古學。爲詩直達胸臆。才力縱恣。有隨園集。又有古文病餘草、續草、長語。

邊·景元 元珣八世孫。家長洲。字長卿。性端謹力學。累世明春秋。廷臣交薦。爲國子伴讀。以病辭。

邊·賀 明禹州人。字文慶。天資穎慧。閱詩過目成誦。祠宇碑銘。多所譔記。隱處靈泉里。耕灌吟詠。略無外慕。自號箕山遯夫。

邊·雲鵠 明杞縣人。早失父母。依大母常氏。大母病篤。雲鵠嘗糞以覘燥濕。大母思啖鴿肉。時方大雪。雲鵠度不可得。刲左股。充鴿羹以獻。大母食之疾愈。後數年卒。雲鵠廬墓。負土成丘。嘉靖時詔旌其門。

邊·楚芳 明文進子。一作楚祥。占籍錦衣。畫得其父法。弟楚善。亦工畫。

邊·瑀 明霑化人。字朝佩。剛直仁孝。事繼母朱以孝聞。舉於鄉。授兵部司務、員外郎。以廉著聲。出守石阡。致政歸。

邊·肅 宋楚丘人。字安國。第進士。眞宗時累遷工部郎中。出知曹州。徙邢州。先是地震。城堞摧圮。無守備。會契丹大入。帝密詔聽便宜。肅匿詔。闢諸門。陣以待。敵遂引去。官終秦寧軍節度副使、知泰州卒。

邊·裕 宋珣子。字道夫。累遷開封新城左廂公事。銳於決遣。庭無留人。廂素號難理。至是相戒無犯。除管句南京留司御史臺公事卒。歷仕四十餘年。所至無不畏服。

邊·壽民 淸江蘇山陽人。字頤公。號葦間居士。諸生。工詩詞。精書法。善繪蘆雁。不與塵事。爲淮上高士。

邊·寧 明禹州人。字定之。少有文名。舉鄉試。任綿州、鄜州學正。詔入文淵閣。纂修永樂大典。校正七館書文。鄉人稱爲邊夫子。

邊·榮　〔南朝宋〕金城人。沈攸之在郢州。榮參軍事。爲府錄事所辱。攸之自爲榮鞭殺錄事。攸之自江陵下。以榮爲留府司馬守城。張敬兒將至。人或勸之降。榮不從。城破。敬兒命斬之。歡笑而去。容無異色。

邊·維明　〔明〕任丘人。號朴雲。萬曆中以舉人知郝縣。時郝被寇。土人流散。維明悉心招撫。流亡漸集。賦性嚴明。吏不敢欺。境內大治。

邊·維垣　〔明〕彭縣人。字師甫。隆慶間知福州。簡靜敦愼。有清介之守。郡人愛之。累陞工部侍郎卒。

邊·維新　〔明〕靜海人。字鉉鑒。性耿介。有節操。以舉人任鞏縣令。庭無冤獄。野無追呼。後擢邠州守。以疾予告。時中璫欲致之爲璧援。歆以大用。維新竟不爲屈。

邊·韶　〔後漢〕浚儀人。字孝先。以文學知名。教授數百人。韶口辯。嘗晝日假寐。弟子私嘲之曰。邊孝先。腹便便。懶讀書。但欲眠。韶潛聞之。應聲對曰。邊爲姓。孝爲字。腹便便。五經笥。但欲眠。思經事。寐與周公通夢。靜與孔子同意。師而可嘲。出何典記。嘲者大慚。桓帝時官至尙書令。後爲陳相。卒官。著詩頌碑銘書策凡十五篇。

邊·鳳　〔後漢〕陳留人。字子章。爲京兆尹。有能名。與延篤並爲時所稱。

邊·億　〔明〕憲從子。字本一。號東濂。弘治進士。累陞陝西僉事。值安化王寘鐇之變。奉敕撫輯。寧夏諸郡。賴以保全。陞漢南兵備副使。除廖曹鄢俞四巨寇。陞湖廣左參政。

邊·毅　〔明〕峽江人。字德弘。號南岡。嘉靖進士。爲台州推官。多所平反。擢御史。疏論時政。屢忤權貴。出守湖州。再謫判廣德。補宣城令。稍遷大理評事。轉刑部郎卒。

邊·澄　〔明〕寧波人。有膂力。常客山東。聞少林寺僧以搏名天下。托身居炊下者三年。遂妙悟搏法。後游行江湖間。莫有敵者。市人不識者或侮之。多不校。若無技能。人以是多之。

邊·蔚　〔後周〕長安人。字德昇。幼孤篤學。有鄉里譽。辟爲晉陝華三府從事。唐莊宗伐蜀。時華方闕帥。蔚爲記室。詔令權領軍府事。供億軍儲。甚有幹濟之稱。歷事晉漢。太祖卽位。遷太常卿。以足疾辭位。

邊·魯　〔元〕宣城人。字至愚。號魯生。爲南臺宣使。善墨戲花鳥。工古文奇字。

邊·勳　〔清〕峽江人。字子猷。少從施閏章講學於吉州。康熙舉人。知太平縣。平生質直。言行一出於至誠。尤熟於史。有集藝山房詩·古文雜著。

邊·憲　〔明〕鏞子。字汝成。成化進士。授靑州府推官。發姦讞獄如老吏。郡中畏服。擢監察御史。按山西。巡撫山東及寧夏。遇敵於花馬池紅兒山。五日七捷。累官至左都御史卒。

邊·歸讜　〔宋〕薊人。字安正。弱冠以儒學名。歷事晉漢周。以亮直累官御史中丞。性剛介。言多忤物。宋初遷戶部尙書。致仕。

邊·鎬　〔南唐〕昇州人。李景時以行營招討洪撫饒信歙等州都虞候。攻取建州。王延政降。諸將皆爭功。鎬獨無一言。尋平湖南馬氏。進武安軍節度。鎬御下無法。行師惟以活人爲務。時稱邊菩薩。會有孫朗之亂。竟喪楚地。坐削官。後周師至。鎬起爲將。軍潰被執。世宗命爲右千牛衛上將軍。及劉淮南請盟。乃歸鎬。景置而不用。後卒於金陵。

邊·寵　〔明〕任丘人。字汝嘉。弘治進士。任刑部主事。敷奏平允。改吏部文選司主事。簡拔精明。時稱知人。

邊·鏞　〔明〕永子。字克振。景泰舉人。選授御史。成化時監武靖伯趙輔軍於遼東。師還。以功再遷右僉都御史。巡撫山西。虜寇大同。鏞據險設伏。敵遁去。終南刑部侍郎致仕。

邊·寶泉　〔清〕漢軍正紅旗人。字瑞民。同治進士。擢御史。李鴻章希孝欽后寵。進瑞麥。寶泉嚴疏彈之。有聲於時。官至閩浙總督。賄賂不入。以清操稱。嘗兼署福州將軍五閱月。私入至十餘萬。寶泉悉貯其資。以畀後任。一無所染。

邊·讓　〔後漢〕浚儀人。字文禮。善屬文。作章華賦。多豔麗之詞。而終之以正。爲九江太守。初平中王室大亂。讓去官還家。恃才氣。不屈曹操。多輕侮之言。操殺之。文多遺失。

邊·鸞　〔唐〕京兆人。爲右衛長史。少攻丹靑。最長花鳥。折枝之妙。古所未有。

關·天培　〔清〕江蘇山陽人。字仲因。一字滋圃。道光間由行伍累官廣東水師提督。禁煙事起。與林則徐協力防禦。功甚著。後琦善督粤。與和議。撤海防。英吉利乘釁進攻。天培扼守虎門炮臺。兵少援絕。戰死。謚忠節。有籌海集。

關·文衍　〔南朝宋〕爲散騎常侍。畫九華山圖於白綾半臂。號九華半臂。自云令吾此身常在雲泉之內。

關·可成　〔明〕歸善人。洪武中貢入太學。拜監察御史。以言事謫知寧德縣。愛民禮士。擢爲湖廣僉事。

關·仝　〔後梁〕長安人。亦作同。工畫山水。好作秋山寒林圖。從荆浩學。有出藍之美。馳名當代。世稱荆關。

關·永傑　〔明〕鞏昌人。字人孟。崇禎進士。授開封推官。強直不阿。民長愛之。累遷睢陳兵備僉事。陳故賊衝。歲被蹂躪。永傑繕城修備。李自成數十萬衆來攻。城破。罵賊死。贈光祿卿。

關玉 〔元〕行唐人。字子玉。中統中調曲陽令。爲民興利除弊。尋改高陽令。治聲益振。至元中改藁城。以疾卒。兩邑吏民咸哀慕之。

關羽 〔三國蜀漢〕解人。字雲長。本字長生。美鬚髯。好左氏傳。諷誦略皆上口。亡命奔涿。先主爲平原相。以羽與張飛爲別部司馬。分統部曲。恩若兄弟。初守下邳。先主爲曹操所敗。奔袁紹。時羽爲操所執。拜偏將軍。禮之甚厚。後羽斬紹將顏良。以報操德。操表封羽爲漢壽亭侯。羽盡封所賜。拜書告辭而奔先主。先主既收江南諸郡。以羽守襄陽。及西定益州。羽乃督荆州事。拜前將軍。攻敗曹仁。威震一時。孫權用呂蒙計。襲破荆州。羽與子平皆被害。追謚壯繆。宋加封武安王。明萬曆中封協天護國忠義大帝。民國三年。與岳飛合祀於武廟。

關其思 〔周〕鄭武公欲伐胡。乃以其子妻之。因問羣臣曰。吾欲用兵。誰可伐者。思曰。胡可伐。公曰。胡。兄弟之國也。子言伐之。何也。乃戮之。胡君聞之。以鄭爲親己而不備鄭。鄭人襲胡取之。

關注 〔宋〕景仁子。字子東。號香巖居士。紹興進士。嘗教授湖州。與胡瑗之孫滌。裒瑗遺書。得易解中庸義。藏之學宮。又錄瑗言行爲一帙。汪藻爲之序。官至太學博士卒。有關博士集。

關保 〔清〕滿洲正藍旗人。姓烏扎拉氏。道光時從征喀什噶爾有功。咸豐間從征洪楊。轉戰直隸安徽江蘇。勦捻於河南。官至黑龍江副都統。

關思 〔明〕烏程人。字何思。一名九思。字仲通。號虛白。萬曆間以畫名海內。

關盼盼 〔唐〕妓。徐州人。善歌舞。雅多風態。張尙書納之。尙書沒。獨居彭城故燕子樓。歷十五年不嫁。白居易贈詩諷其死。盼盼得詩。泣曰。妾非不能死。恐我公有從死之妾。玷清範耳。乃和白詩。旬日不食而死。(按張尙書名愔。建封子。舊說以盼盼爲建封妾殊謬。白香山年譜。居易於貞元十九年以拔萃選登科。二十年授校書郎。元和元年罷。又居易燕子樓詩序。予爲郎時。遊淮泗間。張尙書宴予。出盼盼以佐歡。考其時當在貞元二十年之後。建封官司空。於貞元十六年沒。其子愔爲留後。官至尙書。則居易所云之張尙書。其爲張愔可知。)

關康之 〔南朝宋〕河東人。字伯愉。少積學。下邳趙繹以文義見稱。康之與友善。晉陵顧悅之。難王弼易義四十餘條。康之申王難顧。遠有情理。又爲毛詩義。經籍疑滯。多所論釋。累徵辟一無所就。棄絕人事。守志閒居。泰始初復徵聘。以疾辭。

關敏 〔明〕南海人。明初廖永忠下廣州。敏以城降。授巡檢。後爲蘇世祿攻陷。合家二十口悉遇害。事聞。贈兵馬指揮。命有司立廟歲祭之。

關朗 〔後魏〕解州人。字子明。太和末王虬署爲記室。與談易。歎爲奇才。薦於孝文帝。頻引見。帝崩。遂不仕。有關氏易傳。

關景仁 〔宋〕魯子。字彥長。治平進士。知豐縣。性多能。鐘律曆數。草隸圖畫。無所不學。尤長於詩。

關漢卿 〔元〕大都人。號己齋叟。金末解元。後爲太醫院尹。工曲。與馬致遠・鄭光祖・白樸。稱四大家。而漢卿爲之首。嘗續王實甫西廂記。又有救風塵等雜劇。凡六十種。

關銓 〔明〕清溪人。字子衡。由吏員歷官至浙江理問。四十餘年。清操如一。

關播 〔唐〕汲人。字務先。第進士。累官吏部侍郎。德宗求宰相。盧杞雅知播韋柔可制。因從容言播材任宰相。乃拜同中書門下平章事。政事一決於杞。後從幸奉天。以太子少師致仕。

關魯 〔宋〕杭人。以進士起家。盡力於官。歷守池洺兩州。爲尙書郎。年八十。歸老錢塘。

關興 〔三國蜀漢〕羽子。字安國。少有令聞。諸葛亮深器異之。弱冠爲侍中・中監軍。數歲卒。

關龍逢 〔夏〕桀爲長夜之飲。龍逢常引黃圖以諫。立而不去。桀曰。子又妖言矣。於是焚黃圖。殺龍逢。(按關龍。一作豢龍。謂爲古豢龍氏之後。)

關禮 〔宋〕高宗朝宦者。積官至親衞大夫・保信軍承宣使。孝宗頗親信之。後命提舉重華宮。寧宗卽位。以功遷中侍大夫。南渡後。內侍可稱者。惟邵成章與禮而已。

關騰 〔清〕滿洲鑲黃旗人。姓瓜爾佳氏。嘉慶間從攻湖北教匪。積功授延綏鎭總兵。偕劉之仁分防漢江。尋以防禦不力。降調湖南永綏協副將。以老病休致。

隴政 〔明〕四川芒部人。與其兄土舍隴壽爭襲仇殺。嘉靖初壽襲知府。政恃烏撒土舍安寧兵力。仇殺如故。參將何卿發土兵討之。敗奔烏撒。又誘殺壽。奪其印。後爲水西土司所擒。隴氏失襲。

離朱 〔上古〕黃帝時人。一稱離婁。古之明目者。能於百步之外。見秋毫之末。黃帝亡其玄珠。使離朱索之。事見孟子趙注。亦見莊子天地篇。漢書古今人表以離朱・公輸般並列春秋時。廣韶以離婁爲孟子門人。皆誤。孟子集注考證曰。婁朱。古聲雙疊。如邾謂之邾婁。故離朱謂之離婁。又景祐集韻作矓瞜。)

離·班　【後燕】慕容雲之幸臣。與桃仁共弒雲。馮跋斬之。

韜光　【唐】僧。蜀人。穆宗時結茅杭州靈隱寺西峯巢枸塢。刺史白居易重其道。題其堂曰法安。居易嘗具饌飯之。邀以詩。韜光亦以詩報之。不赴。今靈隱有韜光庵。其遺蹟也。

願船　【清】僧。字秋航。居皖中梁家園壽佛寺。以弈爲禪。爲道咸時十八國手之一。性和易。不與人競。亦茹葷酒。年九十餘示寂。

顛頡　【春秋晉】從文公出奔十九年。後返國。封爲大夫。晉侯入曹。令無入僖負羈之宮。而免其族。顛頡與魏犫怒曰。勞之不圖。報於何有。爇僖負羈氏。魏犫傷於胸。公欲殺之。而愛其材。乃舍之。殺顛頡以徇於師。

類犴·反　【漢】睢陽人。人有辱其父而與淮陽太守同車者。太守下車。反殺其仇於車上而去。淮陽太守怒。以讓梁二千石。二千石以下求反甚急。執反親戚。反知梁國陰事。乃上變事。梁王因得罪。

鬷·戾　【春秋魯】叔孫氏之司馬。昭公伐季氏。鬷戾言於衆曰。我家臣也。不敢知國。凡有季氏與無。於我孰利。皆曰。無季氏。是無叔孫氏也。乃帥徒救季孫意如。公敗。奔齊。

鬷·蔑　【春秋齊】大夫。爲莊公外嬖。莊公被弒。崔杼殺蔑於平陰。◎【春秋鄭】大夫。字然明。晉叔向如鄭。蔑貌惡。執器堂下。一言而善。叔向曰。必然明也。下執其手以上曰。子少不揚。若無言。吾幾失子矣。然明始見知於子產。子產問爲政焉。曰。吾他日見蔑之面而已。今吾見其心矣。

麒慶　【清】滿洲正白旗人。字寶臣。號玉符。姓輝發那拉氏。道光進士。官至熱河都統。謚莊敏。有詩詞集。

麗玉　【周】朝鮮津卒霍里子高妻。子高晨起刺船。有狂夫亂流而渡。其妻隨呼止之。不及。墜河死。其妻援箜篌而歌。曲終。亦投河死。子高以語麗玉。麗玉傷之。引箜篌而寫其聲。聞者莫不墮淚。

麗娟　【漢】武帝宮人。年十四。玉膚柔軟。吹氣勝蘭。每歌。李延年和之。唱迴風之曲。庭中花皆翻落。帝嘗以衣帶縛麗娟之袂。閉於重幕之中。恐其隨風而去也。

麴·允　【晉】金城人。與游氏世爲豪族。西州爲之語曰。麴與游。牛羊不數頭。南開朱門。北望青樓。永嘉中允累官至左僕射。嘗破劉曜兵。斬殷凱於陣。曜復攻長安。愍帝出降。至平陽。爲劉聰所幽辱。允發憤自殺。

麴·文泰　【唐】高昌國主。武德間嗣立。累遣使貢獻。貞觀中入朝。後漸不馴。稍壅絕西戎諸國來朝貢者。又與西突厥擊焉耆。焉耆來訴。太宗徵之入朝。竟不至。乃命侯君集等往征。及臨磧口。文泰惶駭無計。發病死。

麴·伯雅　【隋】高昌國主。嘉孫。大業間遣使貢獻。帝優待之。旋入朝。因從擊高麗還。尙宗女華容公主。歸藩後。令國中庶人以上皆解辮削衽。帝聞而善之。詔賜車服冠帶。而伯雅以畏鐵勒故。竟不敢改。

麴·信陵　【唐】吳人。貞元中爲望江令。有惠政。亢旱祈雨卽應。百姓爲之立祠。白居易爲作秦中吟。(按尙友錄作麯信陵。此據長慶集作麴。)

麴·珍　【北齊】酒泉人。字舍洛。善騎射。以帳內從高歡。封安康郡王。

麴·崇裕　【唐】著有郊祀集。武平中官豫州刺史卒。

麴·祥　【明】直隸永平人。字景德。父亮。永樂中爲金山衞百戶。祥年十四。被倭掠。改名元貴。遂仕其國。宣德中與貢使偕來。上疏乞歸養母。帝初不從。後再入貢。申前請。乃許之。

麴·紹　【北齊】滎陽人。善占。侯景欲試之。使與郭生俱卜二伏牛。何者先起。卜得火光。郭生曰。赤者先起。紹曰。青者先起。景問其故。郭生曰。火色赤。故知赤牛先起。紹曰。火將然。煙先起。煙上色青。故知青牛先起。旣而如紹言。

麴·聖卿　【後漢】河南人。善爲丹書符劾。使命鬼神。

麴·嘉　【北魏】榆中人。字靈鳳。初爲高昌國長史。國人殺高昌王馬儒而立之。旣立。臣於茹茹。又臣於高車。會焉耆爲挹怛所破。復以其第二子爲焉耆王。由是益爲國人敬服。

龐·大堃　【清】常熟人。字子方。一字厚甫。道光中以舉人官國子監學錄。博通諸經。晚乃專心說文。於音韻之說。尤所自喜。著有形聲輯略備考。古音輯略備考。唐韻輯略諸書。

龐·山民　【三國魏】德公子。有令名。娶諸葛亮姊。爲黃門吏部郎。

龐·元英　【宋】籍子。字懋賢。官朝散大夫。所著文昌雜錄。可以證宋史之舛漏。

龐·天祐　【宋】江陵人。以經籍教授里中。父疾。天祐刲股食之。疾愈。復病目喪明。天祐號泣祈天。舐之。父年八十餘卒。天祐負土封墓。結廬其側。晝夜號泣。眞宗時詔旌其門。

龐·世　【南燕】仕於慕容德。爲光祿勳。奏按豪強。時論咸懼疾之。及卒。門無弔客。

龐·玉　【唐】涇陽人。初仕隋。李密據洛。玉以關中銳兵擊之。百戰不衄。

後秦王東循洛。玉率萬騎降。累官梁州總管。有戰功。太宗以書厚。召主東宮兵。雖老不怠。卒贈幽州都督。

龐・安 明博興人。洪武中嘉興通判。獲私鬻鹽徒送京師。而以鹽賞其獲者。戶部以其違例。命償鹽入官。且責取罪狀。安上言。律者萬世之常法。例者一時之指意。不當以一時之例。壞萬世之法。今欲依例而行。則於律內非應捕人給賞之言。自相違背。是失信於天下也。帝然之。詔論如律。

龐・安仁 宋晉陵人。字宅道。通五經。尤長於易。張正素。周道卿皆游其門。

龐・安時 宋蘄水人。字安常。兒時讀書過目輒記。家世醫。靈樞太素太乙諸祕書。及經傳百家之涉其道者。靡不通貫。著難經解數萬言。又作本草補遺。傷寒總病論。爲人治病。率十愈八九。踵門求診者。爲辟邸舍居之。親視飦粥藥物。必愈而後遣。

龐・佑 清長洲人。字中甫。早喪母。事父至孝。父病蠱。便溺閉結。佑爲吮咂得愈。又八年而卒。喪葬盡禮。兄弟友睦。性嚴介不苟。有遺金而死者。跡而還之。

龐・孝泰 唐博白人。龍朔中以左驍衞將軍。爲遼東道行軍總管。與蘇定方等征高麗嶺西。兵逼蛇水。蓋蘇文來攻。孝泰手殺數十人。力屈死。

龐・宏 蜀漢統子。字巨師。剛簡有臧否。官涪陵太守卒。

龐・秀之 南朝宋河南人。以蕭斌故吏。爲元凶劭所信任。孝武帝入討。秀之納款於新亭。時劭諸將未有降者。惟秀之先至。事平。以爲梁州刺史。

龐・尚鴻 明尚鵬弟。字少夔。以貢入國學。上書政府。復獻飛車飛舟諸疏。擢知英山縣。以進治河三策謫西安教諭。終崑山縣丞。有治水或問。

龐・尚鵬 明南海人。字少南。嘉靖進士。由樂平令行取御史。按事各省。所至搏擊豪強。後朝議與九邊屯鹽。擢右僉都御史領其事。美利大興。諸鹽政御史咸不便之。被劾斥爲民。萬曆初起爲福建巡撫。旋忤張居正罷歸。卒諡惠敏。有百可亭摘稿。

龐・昌允 明西充人。崇禎進士。授青陽知縣。南京覆。走匿九華山。謀舉兵。事洩被執。夜死旅店中。

龐林妻 三國魏龐統弟林妻。姓習氏。曹操破荆州。習氏與林分隔。守養弱女十餘年。後林降魏。始復聚集。文帝聞而賢之。賜牀帳衣服。以顯其義節。

龐・泮 明天台人。字元化。成化進士。授給事中。一時中官勳戚貪縱不法者。泮皆極論其罪。直聲甚著。累遷廣西左布政使。致仕。

龐・迪 三國魏扶風人。爲河南尹。以清賢稱。◎金延安人。字仲由。少倜儻。喜讀兵書。善騎射。應募從軍。嘗從百餘騎。經行山谷。遇夏人數千來。迪躍馬犯陣。敵皆披靡。歷汾陽絳陽軍節度使。所至以治最聞。

龐迪我 明依西把尼亞國人。萬曆間以深明天算。在欽天監同測驗。著有七克一書。發明天主伏傲・平妬・解貪・熄忿・塞饕・坊淫・策怠七禁之義。

龐降 上古高陽氏才子。爲八愷之一。舜舉之使主后土。以揆百事。

龐・師古 五代曹州人。微時事太祖甚謹。從戰數有功。每出兵。必受方略以行。軍中非太祖命不妄動。後攻楊行密。營清口。地勢卑。或請就高爲柵。師古以非太祖命不聽。淮人決水浸之。遂見殺。

龐・恭孫 宋籍孫。字德孺。官施州通判。崇寧中以斬叛蠻向文彊功。擢知涪州。以開邊爲己任。每開一城。輒褒遷。五年間至徽猷閣待制。前後在西南二十年。所得州縣。多張名籍。地實瘠鹵。縉治轉餉。爲蜀人病。無幾時皆廢。

龐・晃 隋榆林人。字元顯。初仕北周。以上儀同事衞王。隋文帝時爲隨州刺史。路經襄陽。衞王令晃詣之。晃知文帝非常人。深自結納。及踐祚。拜右衞將軍。卒諡敬。

龐・時雍 明汶上人。萬曆進士。歷官戶兵二部主事。大學士沈一貫庇姦擅權。時雍疏攻一貫欺罔者十。誤國者十。坐除名。光宗即位。同罷者皆起用。時雍已前卒。

龐・涓 戰國魏與孫臏同學兵法。涓仕魏惠王爲將軍。自以能不及孫臏。乃陰使召臏。而以法刑斷其兩足。臏逸入齊。後魏與趙攻韓。韓告急於齊。齊出師直走大梁。涓聞之。去韓而歸。與孫臏戰於馬陵道。臏使人斫大樹。白而書之曰。龐涓死此樹下。涓夜至。齊伏兵起。萬弩俱發。涓戰敗。自剄。

龐・參 後漢緱氏人。字仲達。舉孝廉。拜左校令。坐法輸作若盧。永初中鄧騭討畔羌。樊準薦之。拜漢陽太守。以惠政得民。累官太尉。

龐・堅 唐涇陽人。安祿山反。堅以長史守潁州。賊將悉衆攻之。堅晝夜戰。糧盡援絕。被執不降而死。

龐・崇穆 宋北平人。字季和。大中祥符初召畫昭應宮山水列壁。詔入圖畫院。不就。

龐・惟方 明延安人。洪武間知臨海縣。爲政平恕。民有爭訟。必從容理諭。民自悅服。時督造海船。徭役有條。民不知擾。

龐・淯 三國魏酒泉人。字子異。初以涼州從事守破羌長。會張猛反。殺刺史邯鄲商。淯聞之。棄官奔哭。

衷七首欲殺猛。猛知其義士。赦遣不殺。後太守徐揖請爲主簿。郡人黃昂反。圍城。淯冒圍出。告急於張掖燉煌二郡。軍未至而城陷。揖死。淯乃收斂揖喪。送還本郡。行服三年乃還。曹操聞之。辟爲掾。文帝時賜爵關內侯。

龐・悳 〔三國魏〕南安人。字令明。少爲郡吏・州從事。初平中從馬騰擊氐羌有功。力拒魏師。爲軍鋒。拜中郎將。後歸曹操。拜立義將軍。封關門亭侯。屯樊城。拒關羽。悳常乘白馬。羽軍謂之白馬將軍。皆憚之。會漢水暴溢。兵敗不屈死。諡壯。

龐・景華 〔明〕上元人。九歲喪父。哀毀若成人。奉母訓。力學。母疾。封股嘗糞。鄰火將及。抱母號呼。火遂息。母卒。廬墓。盜聞哭聲而去。

龐・森 〔元〕北流人。字茂卿。至順中歷官台州通判。制行廉潔。以古名賢自期。嘗手書漢循吏傳於壁以見意。

龐・渙 〔晉〕德公孫。太康中爲牂牁太守。去官歸鄉。鄉人宗敬之。里中化其德讓。

龐・統 〔蜀漢〕德公從子。字士元。司馬徽稱爲南州士之冠冕。先主使守耒陽令。不治。免官。魯肅曰。士元非百里才。使處治中別駕之任。始得展其驥足耳。諸葛亮亦以爲言。因召爲治中從事。親待亞於亮。從先主入蜀。謀策居多。爲流矢所中卒。年三十六。諡靖。顧邵嘗與統宿。問曰。聞子名知人。吾與足下孰愈。曰。陶冶世俗。與世浮沈。吾不如子。論王霸之餘策。覽倚伏之要害。吾似有一日之長。邵雖其言。

龐・雄 〔後漢〕巴郡人。有勇略。永初中爲中郎將。與梁瑾・耿夔大破單于。封都亭侯。官終大鴻臚。

龐・塏 〔清〕任丘人。字爨公。號雪崖。康熙舉人。舉鴻博。授檢討。改工部主事。出爲建寧知府。浦城令以嚴苛激變。邑人乘夜焚册局。殺吏胥。罷市。將興大獄。塏力弭之。僅坐重罪一人流二人而亂定。浦人立書院。祀之九仙山。工詩。平正沖澹。不求文飾。有叢碧山房集五十七卷。

龐・嵩 〔明〕南海人。字振卿。早游王守仁門。嘉靖間舉於鄉。講學羅浮山。從游甚衆。通判應天凡八年。屢攝尹事。有惠政。歲時單騎行縣。以壺漿自隨。所至集諸生講習。累遷曲靖知府。忌者中之。以老罷。年僅五十。復從湛若水遊。久之卒。應天民爲立祠秣陵路口。

龐・敬 〔明〕嘉興人。正統中知廬州。蒞政嚴明。立己廉介。壇壝鋪舍祠廟。皆其建置。一時賢令稱敬爲最。

龐・瑜 〔明〕公安人。字堅白。家貧。躬耕自給。夏轉水灌田。執書從牛後朗誦不輟。崇禎初由貢授陝西崇信知縣。縣無城。止貧民百餘戶。時流寇已逼。瑜集士民築土垣以守。流涕誓死。會天大雨。土垣盡圮。賊掩至。不屈死之。

龐・儉 〔三國魏〕少失父母。後鑿井得錢千餘萬。又買得一老蒼頭。乃父也。時人語曰。鑿井得錢。買奴得翁。

龐・履温 〔唐〕開元末爲元氏令。公平清儉。有善政。

龐・德公 〔後漢〕襄陽人。居峴山南。未嘗入城市。劉表在荆州。延請不屈。乃就候之。德公耕隴上。妻耘於前。相敬如賓。表問曰。先生不肯受官祿。將何以遺子孫乎。德公曰。人皆遺之以危。我獨遺之以安。司馬德操嘗謁之。值其上冢。徑入其室。妻子羅拜堂下。命速作黍。徐元直當來。乃設具。須臾。德公還。直入相對。不知何者爲客也。諸葛亮每造之。獨拜床下。德公初不令止。建安中攜妻子隱鹿門山。因採藥不返。

龐・憲 〔明〕蘄州人。號鹿門生。萬曆時人。賅洽經史。熟於靈樞・素問。用藥多奇中。

龐・遺 〔晉〕寧州人。舉秀才。咸和中李雄據蜀。李讓入建寧。遺起義兵攻讓。讓乃遁去。

龐・遵 〔元〕永平人。母病腫三年。忽思食魚。遵求於市不得。歸途歎恨。忽有魚躍入其舟。作羹以獻。母病瘥。

龐・鍾璐 〔清〕常熟人。字寶生。治經守師法。兼善詞賦。道光進士。由編修累擢內閣學士。以憂歸。洪楊亂作。起爲團練大臣。常熟陷。至上海。請援於曾國藩。乞保上海。其後卒從上海以規復蘇常。識甚偉。光緒間官至刑部尚書。卒諡文恪。有孔廟祀典考・古文辭・奏議。

龐・嚴 〔唐〕壽春人。字子肅。舉賢良方正。策第一。辭章峭麗。太和中累官京兆尹。強幹不阿。後爲翰林學士。

龐・蘊 〔唐〕衡陽人。元和中北遊襄陽。因家焉。字道元。以舟盡載珍橐數萬。沈之湘流。舉室修行。嘗謁江西馬祖。洞達禪宗。臨終。刺史于頔問疾。蘊謂之曰。但願空諸所有。愼勿實諸所無。言訖而化。世稱龐居士。

龐・籍 〔宋〕武城人。字醇之。舉進士。夏竦以爲有宰相器。累官同平章事・觀文殿大學士。儂智高叛。狄青爲宣撫使。籍力贊其可用。且言號令不專。不如不遣。仁宗然之。捷書至。仁宗謂籍曰。非卿執議。豈能成功。後封潁國公。致仕。卒諡莊敏。

龐・鑄 〔金〕遼東人。字才卿。號默翁。少擢第。仕有聲。南渡後爲翰林待制。遷戶部侍郎。坐事出倅東平。明昌中歷京兆轉運使。善畫山水禽鳥。博學能文。工詩。造語奇健。書亦蘊籍。

二十畫

嚴九齡　【宋】新喻人。字德延。質敏嗜學。教授里塾。高蹈不仕。紹興間齊薦不出。年九十四卒。

嚴士貞　【元】崇陽人。隱於廬山。博洽經史。善詩文。

嚴仁　【宋】邵武人。字次山。好古博雅。吳曦叛。楊巨源誅曦。安丙碁而殺之。仁嘗作長憤歌。爲時傳誦。所爲詞極能道閨閣之趣。有集曰清江款乃歌。

嚴元照　【清】歸安人。字久能。諸生。聚書數萬卷。多宋元槧本。有娛親雅言・爾雅匡名。

嚴允肇　【清】歸安人。字修人。號石樵。順治進士。官壽光知縣。以忤同官去官。後與同官遇。益厚禮之。人服其長者。工詩。有宜雅堂集。

嚴升　【明】繁昌人。字仲升。建文進士。歷官大理少卿。清軍蘇松。執法不撓。調南京僉都御史。剛果自信。嘗爲神羊賦以見志。

嚴尤　【漢】王莽遣十二將軍出擊匈奴。尤以討穢將軍出漁陽。後封武建伯。爲大司馬。尤有智略。非莽征伐四夷。數諫忤莽。策免尤。下江兵起。以納言大將軍擊荆州。後自昆陽敗走。至沛郡。自稱漢將。降鍾武侯劉聖。聖以爲大司馬。十餘日敗。并死。

嚴世父　【宋】新喻人。字時亨。一字亨父。隱居不仕。師事朱熹。有疑義問答往復書帖。及卒。鄉人祀之於學。

嚴世期　【南朝宋】山陰人。好施慕善。元嘉中有司奏榜其門曰義行嚴氏之門。

嚴世蕃　【明】嵩子。號東樓。短項肥體。眇一目。由父任入仕。累官工部左侍郎。剽悍陰賊。然頗通國典。曉暢時務。嵩耄昏。且旦夕直西內。朝事一委世蕃。世蕃遂招權納賄。貪利無厭。尤好古尊彝奇器書畫。蒐取不遺餘力。其所欲得。往往假總督撫按之勢以脅之。至有傾家殞命者。被鄒應龍劾戍雷州。未至而返。大治園亭。日縱淫樂。御史林潤發其罪。斬於市。籍其家。（飛鳧語略。載世蕃以欲得王思質中丞所藏之清明上河圖致與大獄。按思質。名忬。爲王世貞之父。弇州山人集中。述及清明上河圖者凡數見。然皆不及其事。或讀言之歟。）

嚴可均　【清】烏程人。字景文。號鐵橋。嘉慶舉人。邃於許氏書。有說文聲類・鐵橋漫稿。

嚴可求　【五代吳】同州人。少通敏有心計。以徐溫客爲楊行密幕僚。參與籌畫。張顥弒楊渥。欲自立。可求以計阻之。隆演乃得嗣位。既又聯溫以殺顥。權略百變。謀無不售。累官左僕射。太和中卒。

嚴本　【明】江陰人。字志道。精究法律。著刑統輯義。永樂中薦至京。試律議中式。授刑部主事。再用薦改大理寺正。本故以律學起家。而持身方正。不苟阿徇。所平反至多。

嚴永　【五代吳越】永嘉人。初仕南唐。歷顯官。一日避地歸。藏衣冠於平陽青華山穴中。爲人傭作自給。使者以王命物色得之。永不得已。於穴間取衣冠以行。已復遯去。不知所之。土人名其處曰嚴公巖。

嚴永濬　【明】華容人。字宗哲。成化進士。授戶部主事。督餉宣大。陝西大饑。奏蠲稅四十萬。接濟邊儲。全活數萬人。擢郎中。出守西安府。先是西安歲織絨服進用。中官橫取。百姓苦之。永濬疏論其害。不報。擢浙江參政卒。

嚴用和　【宋】字子禮。精醫。所著濟生方。用意謹嚴。可與張從正・劉完素諸家互相調劑。

嚴光　【後漢】餘姚人。本姓莊。避明帝諱改。一名遵。字子陵。少有高名。與光武同游學。及帝卽位。乃變姓名。隱身不見。帝思其賢。物色之。後齊國上書。有一男子。披羊裘釣澤中。乃遣使聘之。三反而後至。車駕卽日幸其館。光臥不起。帝卽其臥所撫光腹曰。咄咄子陵。不可相助爲理耶。後引入論道故舊。因共偃臥。光以足加帝腹。明日太史奏客星犯帝座甚急。帝笑曰。朕與故人嚴子陵共臥耳。除諫議大夫。不屈。耕於富春山。年八十餘卒。後人名其釣處爲嚴陵瀨。妻梅福女。元始中福變姓名。爲吳市門卒。梅氏從光偕隱富春山。蓋與福遙相聞云。

嚴如熤　【清】溆浦人。字炳文。號樂園。嘉慶間黔苗作亂。佐姜晟幕。多所贊助。後試孝廉方正科第一。授知縣。累官陝西按察使。有洋防備覽・苗防備覽・屯防書・三省邊防備覽・漢中府志・樂園詩文集。

嚴安　【漢】臨淄人。武帝朝。以故丞相史上書。陳擊匈奴之非利。帝召見。問曰。公安在。何相見之晚也。拜郎中。終騎馬令。

嚴安之　【唐】玄宗時爲河南丞。帝嘗賜酺三日。御五鳳樓。觀者喧溢。樂不得奏。高力士奏河南丞嚴安之爲理嚴。請試止之。安之至。以手板畫地曰。犯此者死。於是三日指其畫以相戒。無敢踰者。

嚴年　【明】嚴嵩之奴。最黠惡。士大夫競稱爲萼山先生。世蕃戍邊。年錮於獄。

嚴有芑　【明】歸安人。字豐思。年十六。補博士弟子。父令居巢。有芑往省。流寇破巢邑。父爲賊所害。有芑以身蔽父屍。號慟罵賊。亦被殺。

嚴有穀 (明)歸安人。字既方。有嗜退菴語存。

嚴有翼 (宋)建安人。紹興間嘗爲荊泉二郡教官。所著藝苑雌黃。今所傳者。已非其舊。蓋係後人僞託。

嚴羽 (宋)邵武人。字儀卿。一字丹丘。自號滄浪逋客。與嚴仁、嚴參齊名。號三嚴。有滄浪詩集、滄浪詩話。

嚴自明 (清)鳳翔人。明參將。順治初降清。豪格取四川。以自明爲副將。防守保寧。積戰功。官至廣東提督。尚之信叛應吳三桂。自明附之。糾衆逼南康。爲清軍所敗。仍乞降。終鑾儀使。

嚴助 (漢)忌子。或云忌族子。郡舉賢良對策。武帝擢爲中大夫。令助等與大臣辯論。中外相應以義理之文。大臣數詘。建元中拜會稽太守。淮南王安來朝。厚賂遺助。交私論議。及安反。事相連。坐誅。

嚴君平 (漢)蜀人。名遵。以字行。卜筮於成都市。每依蓍龜。與人言利害。日閱數人。得百錢足自養。則閉肆下簾。讀老子。揚雄少從之學。益州牧李強欲畀以從事。既相見。不敢言。年九十餘卒。所著老子指歸。已佚。今所傳之道德指歸論。曾巽佺疑爲贗託。

嚴宏 (清)常熟人。字公偉。工畫山水。

嚴希孟 (宋)沿海人。博通文史。尤長於詩。父早卒。事母至孝。元祐中嘗割股肉愈母疾。及母沒。喪葬如禮。與人相接。未嘗見其有笑容。

嚴延 (唐)朝邑人。通儒術。該曉圖讖。◎(清)吳郡人。字子敬。工畫人物士女。

嚴延年 (漢)下邳人。字次卿。少學法律。宣帝時爲侍御史。劾霍光擅廢立。朝廷憚之。後爲河南太守。敏於政事。吏忠盡節者厚遇之。然疾惡泰甚。又巧爲獄文。善史書。冬月論囚。流血數里。河南號曰屠伯。後坐怨望非謗不道。棄市。延年爲河南太守時。其母從東海來。適見報囚。便止都亭。不肯入府。責延年曰。天道神明。人不可獨殺。我不自意老當見壯子被刑戮也。行矣。去汝東歸。掃除墓地耳。遂歸。歲餘。延年果敗。東海莫不賢其母。延年兄弟五人。皆至大官。東海號其母曰萬石嚴嫗。

嚴忌 (漢)吳人。本姓莊。避明帝諱改。與司馬相如俱好詞賦。哀屈原受性忠貞。不遇明主。乃作詞歎述之。曰哀時命。遭景帝不好詞賦。無所得志。去仕吳。久之。吳王濞有邪謀。知不可諫。又去之梁。受知孝王。與鄒陽、枚乘俱見尊重。而忌名尤著。世稱嚴夫子。

嚴我斯 (清)歸安人。字就斯。一字存庵。康熙進士。官至禮部侍郎。文章操行。爲時所重。有尺五堂詩刪。

嚴沆 (清)餘杭人。字子餐。號灝亭。順治進士。官至戶部侍郎。能詩善畫。性謙退。有譏彈其詩者。應時改定。遠近目爲德人。有古秋堂集。

嚴秀 (明)溆浦人。正統中貴州香爐苗叛。命將征討。募敢死士。縣令以秀應。累獲賊級。聞於朝。將官之。秀曰。吾爲地方驅亂耳。豈以軀命博一官耶。不就歸。

嚴辰 (清)桐鄉人。字淄生。號達叟。咸豐進士。有墨花吟館文鈔。

嚴季寔 (唐)爲掖廷局博士。大中時有宮人謀弒宣宗。是夜季寔直咸寧門下。聞變入。射殺之。擢北院副使。終內樞密使。

嚴孟衡 (明)分宜人。字衡中。登永樂進士。授監察御史。累疏大臣不法。百司憚其風采。陞浙江按察副使。改四川。所至。貪濁悉自引去。擢四川右布政使。卒於官。

嚴忠嗣 (元)忠濟弟。充東平路管軍萬戶。從忠濟略地揚州。取邵伯埭。渡淮。與宋兵相拒。既渡江。分部攻城。斬獲甚衆。師還。授金虎符。累立戰功。後朝廷懲青齊之亂。居大藩者子孫不得親政。乃罷官家居卒。

嚴忠濟 (元)實子。一名忠翰。字紫芝。襲東平路行軍萬戶。治爲諸道最。世祖南伐。詔率師。所向無前。大臣有言其威權太盛。召還。命弟忠範代之。忠濟治東平日。借貸於人。代部民納逋賦。及謝事。債家執文券來徵。帝聞之。悉發內藏代償。卒諡莊孝。

嚴怪 (清)華陽人。本名戭。字滄醅。性怪。工畫山水。好立奇境。兼長花鳥。家極貧。意所不可。雖贈以多金不屈也。

嚴昌裔 (宋)零陵人。字慶曾。張浚謫永州。昌裔登其門而受學焉。

嚴杰 (清)餘杭人。字厚民。號鷗盟。潛研經術。得漢唐經師家法。嘗佐阮元編經籍籑詁、皇清經解。自著有小爾雅疏證、蜀石經殘本、毛詩考證。

嚴果 (明)震澤人。字毅之。嘉靖時布衣。有天隱子遺稿。◎(清)錢塘人。字敏中。號古緣。作書眞行瘦挺。隸法漢魏。並爲時所珍。

嚴武 (三國吳)畯再從子。字子卿。圍棋莫與爲輩。與皇象等八人。世皆稱妙。謂之八絕。◎(唐)挺之子。字季鷹。幼豪爽。母裴不爲挺之所答。獨厚其妾英。時武八歲。袖鐵椎碎英首。左右驚。以爲戲殺。武曰。安有大臣厚妾而薄其妻者。兒故殺之。非戲也。父奇之曰。眞挺之之子也。至德中以蔭累遷黃門侍郎。與元載厚相結。求宰相不遂。再爲劍南節度使。破吐蕃七萬衆於當狗城。封鄭國公。頗放肆。

用度無藝。然虜亦不敢近境。房琯以故宰相爲巡內刺史。武倨不爲禮。最厚杜甫。甫嘗登武牀。瞪視之曰。嚴挺之乃有此兒。因此畧欲殺甫。母救得免。李白作蜀道難。爲房與杜危之也。永泰初卒。

嚴長明 清江寧人。字冬友。一字道甫。幼有奇慧。乾隆時以諸生獻賦行在。召試賜舉人。累官內閣侍讀。詩文奇縱。工奏牘。博通古今。儲藏金石文字甚富。歷充通鑑輯覽·一統志·熱河志·平定準噶爾方略纂修官。有歸求草堂詩文集。雜著二十六種。

嚴青 後漢會稽人。居貧。常於山中作炭。忽遇神人授書一卷。青受之。即見左右常有數十人侍之。每載炭出。神便爲引船。他人但見船自行。後辟穀入小霍山去。

嚴侶 元桐廬人。字君友。宋亡不仕。嘗與謝翺等哭文天祥於西臺。居親喪。一用朱子禮。比卒。楊維楨志其墓。門人私謚曰高節先生。

嚴信厚 清慈谿人。字小舫。以鹽莢起家。東南推爲鉅商。喜交名流。書入趙董之室。善畫蘆雁。鑑藏書畫。類多精品。官直隸道員。贈內閣學士。有小長蘆館集帖。

嚴思義 宋臨川人。字仲和。乾道進士。誨人以踐履爲先。朱熹稱之。仕至寧國府倅。全活淮民流徙者甚衆。以老歸。卒年九十四。

嚴英 清烏程人。字臥山。工畫松竹山水。

嚴衍 清江蘇嘉定人。字永思。一字午庭。又號拙道人。明諸生。專心古學。以資治通鑑詳於朝章國政。而家乘世譜或略。乃採正史及他書補之。歷三十年而成書。時稱胡三省後所僅見。工詩文。渾灝有蘇氏風。書法褚米。作擘窠大字更奇偉。明亡。避地不仕而卒。有易說·詩書說·名谿亭問答·詩文集。

嚴首升 清華容人。字平子。明歲貢。國變後遯迹不出。有瀨園詩文集。

嚴挺之 唐華陰人。名浚。以字行。少好學。姿質軒秀。舉進士。并擢制科。歷右拾遺。開元中進給事中。典貢舉。時號平允。以忤宰相李元紘出爲濮汴二州刺史。累遷太府卿。張九齡用爲尚書左丞。知吏部選。爲李林甫所擠。除洛州刺史。復以爲員外詹事。詔歸東都。鬱鬱成疾卒。

嚴晃 宋溧水人。字昇之。精於周禮。舉武進士。元兵渡江。負其母避難。寇欲刃其母。晃以身蔽之。中頸。幾死。尋得免。以此終身不能仰視。年七十有八卒。

嚴栻 明訥孫。字子張。晚號髻珠頭陀。崇禎進士。仕爲職方。善畫山水。能詩。工篆刻。卒年七十九。

嚴泰 明汾陽人。弘治進士。任戶部主事。峻潔不妄取。嘗鈔蘇州滸關。舊有便民小閘。後併御税。泰至罷之。後知登州府。廉平爲山東最。卒以介直忤時罷歸。服母喪。終身不除。

嚴烜 明懷安人。字熙叔。永樂進士。拜監察御史。按山東。復按畿甸及四川河南。皆有聲。陞浙江按察司僉事。以養親乞典學校。除金華教授卒。性至孝。有章齋集。

嚴起恆 明浙江山陰人。字秋野。崇禎進士。除刑部主事。歷廣州知府·衡永兵備副使。所至民懷其德。唐王時擢戶部右侍郎。督湖南錢法。永明王時拜文淵閣大學士。從王奔南寧。以阻孫可望王封。爲其將所殺。投屍於江。流十餘里。泊沙渚間。虎負之登崖。葬於山麓。

嚴郢 唐華陰人。字叔敖。及進士第。爲江陵判官。方士申泰芝以術得幸肅宗。郢具言泰芝左道。坐流建州。代宗初召爲監察御史。大曆末進拜京兆尹。號稱職。宰相楊炎惡異己。罷爲大理卿。盧杞引爲御史大夫。共謀逐炎。遣河中觀察趙惠伯下獄。鍛成其罪。卒逐炎崖州。然杞內忌郢才。因出郢爲費州刺史。道逢殯柩。問之。或曰趙惠伯之殯。郢內慙。忽忽歲餘卒。

嚴參 宋羽族人。字少魯。志氣崖岸。外無廉稜。或勸廣交延譽。則掩耳不答。自號三休居士。

嚴啓隆 清烏程人。字爾泰。明諸生。有春秋傳註。

嚴授 後漢漁陽人。爲郡兵馬掾。元初中鮮卑寇漁陽。從太守張顯率吏士追出塞。伏兵發。授身被十創。沒於陣。虜射中顯。顯墜馬。主簿衞福·功曹徐咸。以身擁蔽。并被害。

嚴望 漢九江人。傳朱雲之學。宣帝時爲博士。後至泰山太守。

嚴清 明雲南後衞人。字公直。嘉靖進士。由富順令歷官四川右布政使。並以清望著。隆慶初以右僉都御史巡撫四川。僚吏憚其風采。相率厲名行。累遷刑部尚書。張居正當國。尚書不附麗者獨清。卒謚恭肅。

嚴烺 清仁和人。嘉慶間以主簿發南河。道光間歷官河東河道總督·江南河道總督。其治運河北路。以蓄汶敵衞爲最要。論江南河務。以蓄清敵黃爲最要。後以病乞休。坐事降運同。

嚴珽 宋字玉甫。性嗜學。才識高邁。爲劍南節度使。剖析無滯。卒於官。

嚴球 明雩都人。字文器。弘治中領鄉薦。授杭州府推官。辯冤獄。清鹽弊。民德之。以薦爲北太僕寺丞。

陞知平樂府事。皆有政績。謝病歸。卒於家。提學蔡克廉顏其門曰。清白吏嚴太守之門。

嚴・訥　明常熟人。字敏卿。號養齋。嘉靖進士。授編修。遷侍讀。尋與李春芳入直西苑。撰青詞。由翰林學士累官吏部尙書・武英殿大學士。入參機務。訥晝花草有奇致。晨出理部事。暮宿直廬。供奉青詞。小心謹愼。至成疾。久不愈。遂乞歸。卒諡文靖。有文靖集。

嚴・卿　晉會稽人。善卜筮。

嚴・善思　唐延子。名譔。以字行。傳其父業。褚遂良等奇其能。高宗封泰山。舉銷聲幽藪科及第。調襄陽尉。居親喪。廬墓。因隱居十年。武后時擢監察御史。方酷吏構大獄。以善思爲詳審使。平活八百餘人。原千餘姓。來俊臣等疾之。誣以罪。謫交趾。五歲得還。累遷汝州刺史。坐與譙王重福關通。流靜州。遇赦還卒。

嚴・尊　後漢閩中人。爲長安令。政治嚴明。遷揚州刺史。後當遷。吏民遮道止之。凡三遷。輒不得行。卒於官。

嚴・彭祖　漢下邳人。字公子。與顏安樂俱事眭孟。受公羊春秋。由是公羊春秋有顏嚴之學。宣帝時爲博士。歷河南東郡太守。入爲左馮翊。拜太子太傅。廉直不事權貴。人或勸其少自勉強。彭祖曰。凡通經術。固當修行。何可委曲從俗。苟求富貴乎。竟以太傅官終。

嚴・曾榘　清沆子。字方貽。康熙進士。官至兵部右侍郎。居官廉謹自勵。善行楷書。有詩文集。

嚴・植之　梁秭歸人。字孝源。少善莊老。能玄言。精解喪服孝經論語。及長。徧習鄭氏禮・周易・毛詩・左氏春秋。性純孝謹厚。不以所長高人。少遭父憂。因菜食二十三載。仕齊爲廣漢王國右常侍。後爲康樂令。在縣清白。民吏稱之。天監中以植之兼五經博士。生徒常數百人。遷中撫軍記室參軍卒。植之性慈仁。好行陰德。在暗室未嘗怠。所撰凶禮儀注四百七十九卷。

嚴・湛　清浙江山陰人。字水子。師陳洪綬。工畫花草。不讓其師。

嚴・琥　明四川開縣人。成化末爲高州同知。時石城信宜二縣大饑。琥捐俸賑濟。化州・吳川等縣歲採礦鐵。民苦賠補。無敢言者。琥力請停止。民歌頌之。

嚴・畯　三國吳彭城人。字曼才。少耽學。善詩書三禮。又好說文。性質直純厚。其於人物。忠告善導。志存補益。張昭薦之於孫權。爲騎都尉・從事中郎。魯肅卒。權以畯代肅。爲橫江將軍。鎭陸口。畯以書生不閑軍事固辭。後爲尙書令。卒官。

嚴・童子　唐字照朗。十歲能賦詩。往往有奇句。書題有成人風。元稹嘗贈之以詩。

嚴・嵩　明分宜人。字惟中。弘治進士。授編修。移疾歸。讀書鈐山十年。爲詩古文辭。頗著清譽。世宗時累官太子太師。居首輔。構殺夏言。恃寵攬權。貪賄賂。親僉邪。凡直陳時政者皆斥戮之。嵩子世蕃。爲太常寺卿。父子濟惡。楊繼盛劾嵩十大罪五奸。嵩殺之。徧引私人居要地。久之。帝寖厭嵩而親徐階。御史鄒應龍極論嵩父子不法。帝令嵩致仕歸。下世蕃於理。籍其家。嵩老病。寄食墓舍以死。有鈐山堂集。其詩在流輩中。獨爲迥出云。

嚴・滋　宋臨川人。字泰伯。端重明敏。從陸九淵學。九淵曰。始吾聞泰伯賢。今觀氣象。聽談論。可與適道。舉進士不第。著十論叩閽。晚主郴陽簿而卒。有寄松齋稿・守軒草錄・東征雜著。

嚴・煥　元常熟人。字子文。舉進士。終朝奉大夫。晝不苟作。文章儁雅。尤工詩。

嚴・瑀　宋江山人。字元瑜。紹興進士。官平江府錄事參軍。卜居汎仙山之陽。工文章。有溪上翁耳集。

嚴・稜　後魏臨晉人。遇亂。避地河南。劉裕以爲陳留太守。泰常中奚斤南討。軍至潁川。稜詣斤降。明元嘉其誠款。拜平遠將軍。賜爵郃陽侯。太武踐祚。除中山太守。有清廉之稱。年九十。卒於家。

嚴・粲　宋邵武人。字明卿。一字坦叔。官淸湘令。精毛詩。嘗自註詩。名曰嚴氏詩緝。朱熹詩傳。多采其說。

嚴・虞惇　清栻孫。字寶成。號思菴。康熙進士。殿試第二人。授編修。館閣文字。多出其手。科場獄興。虞惇以子姪連售有嫌。坐鐫秩。尋起大理寺副。累官太僕寺少卿。著讀詩質疑。折衷毛朱。有功詩學。爲文與歐曾爲近。江南人士。刻爲嚴太僕集。以繼明歸有光。論者以爲無愧。

嚴・詡　漢陵陽人。哀帝時爲潁川太守。詡本以孝行爲官。謂掾史爲師友。有過輒閉閤自責。終不大言。郡中亂。王莽遣使徵詡。以何並代之。官屬數百人。爲設祖道。詡據地哭。掾史曰。明府吉徵。不宜若此。詡曰。吾哀潁川士。身豈有憂哉。我以柔弱徵。必選剛猛代。代到。將有僵仆者。故相弔耳。其後並捕治不法甚嚴。詡至。拜爲美俗使者。

嚴・遂　戰國韓韓傀相韓。遂重於君。二人相害也。遂舉韓傀之過。傀叱之於朝。遂拔劍趨之。以救解。遂懼誅亡去。陰交聶政。刺殺韓傀。

嚴・遂成　清烏程人。字崧瞻。號

海珊。雍正進士。乾隆時舉鴻博。未與試。官嵩明知州。工詩。有海珊詩鈔。所作明史雜詠。時稱詩史。

嚴鈺　清江蘇嘉定人。字式如。號香府。國子生。畫山水淡遠有致。高宗南巡。製江南好詞十二闋。山水十二幅以進。命供奉內廷。後官揚州白駒司閘官。

嚴嘉賓　宋嘉謀弟。字造道。乾道進士。強學不倦。爲後進師表。篤於孝友。父子昆弟。俱以孝行聞於時。

嚴嘉謀　宋九齡子。字造遠。教授里中。兩預計偕。郡守嘗以其經術孝廉薦於朝。三邑士大夫又列其行誼。乞加旌表。帝可其請。

嚴實　元長清人。字武叔。略知書。志氣豪放。宋時官濟南治中。尋挈所部歸元。拜金紫光祿大夫。行尚書省事。有功。授東平路行軍萬戶。約束諸將。毋敢妄有殺掠。會大饑。實作糜粥置道傍。全活者衆。卒諡武惠。

嚴瑴　清無錫人。字佩之。號生軒。家貧。屏跡不出。性孝友。篤學好古。尤潛心於易春秋。其學以高攀龍爲宗。嘗講道東林。輯高忠憲年譜。高子節要。東林書院志。又著生軒易說。易同。春秋論。春秋集說。尚書講義。四書講義。生軒存稿。以布衣終。

嚴福孫　清無錫人。字祺先。甲申後。棄諸生。專意古學。尤邃於易。積十五年。成通義一書。又著太極大衍象數之學。著易象圖義。

嚴維　唐山陰人。字正文。至德進士。授校書郎。擢辭藻宏麗科。調諸暨尉。辟河南幕府。終於校書郎。與劉長卿善。長卿爲睦州司馬。以詩寄之。維答詩。有柳塘春水漫。花塢夕陽遲之句。爲世所重。

嚴綬　唐挺之從孫。擢進士第。以侍御史副劉贊爲宣歙團練使。擢河東節度使。憲宗立。楊惠琳反夏州。劉闢反蜀。綬建言始即位。不可失威。請必誅。選銳兵遣李光顏助討賊。二賊平。進司空。後節度荆南。徙山南東道。進少傅卒。綬才不踰中人。歷三鎭。所奏辟及綬時位將相者九人。

嚴誠　清杲弟。字立庵。號鐵橋。乾隆舉人。畫山水法大癡。工詩。善隸書。

嚴賓　明江寧人。字子賓。一字鶴丘。諸生。與文徵明友善。畫蘭竹小景酷似之。多蓄古書畫。工書能詩。

嚴鳳　明歸安人。字季祥。弘治舉人。歷知府。所至有惠政。積學砥行。一時士大夫翕然宗之。稱爲溪亭先生。

嚴德　明濠人。從太祖起兵。積功爲海寧衞指揮。從朱亮祖討方國珍。戰沒於台州。追封天水郡公。

嚴德珉　明吳人。洪武中由御史擢左僉都御史。以疾求歸。帝怒。黥其面。戍南丹。遇赦放還。布衣徒步。自齒齊民。宣德末猶存。嘗以事爲御史所逮。德珉跪堂下。自言曾在臺句當公事。曉三尺法。御史問何官。答言洪武中曾爲臺長。所謂嚴德珉是也。御史大驚。揖起之。次日往謁。則擔簦徙矣。

嚴毅　明洪武中爲侯官主簿。以清愼著。邑嘗旱。禱雨輒應。有盜剽掠。毅遣捕之。其徒甚衆。盜魁欲害毅。乃詐爲武官之任。置酒延飲。毅悟。就席擒之。盜遂息。

嚴澂　明訥子。字道澈。以蔭任至邵武知府。所著松絃館琴譜。最爲近理。又因燕几圖而變通之。以句股之形。作三角相錯。形如蝶翅。爲蝶几譜。較燕几爲巧。

嚴震　唐鹽亭人。字遐聞。至德。乾元中。數出貲助邊。爲州長史。嚴武知其才。署押衙。歷鳳州刺史。號稱清嚴。遷山南西道節度使。朱泚反。遣人誘之。震斬以聞。帝欲駐蹕山南。震奉表迎。李懷光以騎追襲。賴山南兵以免。加戶部尙書。封馮翊郡王。進同中書門下平章事。卒諡忠穆。◎明雲南人。永樂間官工部尙書。爲安南使。因密訪建文。忽遇於雲南道中。相對而泣。建文曰。何以處我。對曰。上從便。臣自有處。是夜縊死於驛亭中。

嚴震直　明烏程人。字子敏。洪武初以富民推糧長。歲部糧至京師。無後期。帝才之。特授通政司參議。累遷工部尙書。坐事降御史。數雪冤獄。命修廣西興安縣靈渠。審度地勢。浚渠建閘。漕運悉通。歸奏。帝稱善。尋復爲工部尙書。已而致仕。成祖即位。命以故官巡視山西。至澤州病卒。

嚴學淦　清丹徒人。字麗生。嘉慶舉人。官澉浦知縣。有海雲堂文集。

嚴樽　宋新琴名手。

嚴樹森　清新繁人。道光舉人。咸豐間由知縣累遷河南巡撫。敗陳玉成。肅清豫省邊界。同治間調湖北巡撫。石達開及捻匪相繼攻楚。樹森派兵迎戰。屢獲克捷。光緒間終廣西巡撫。樹森直果敢言。任事不避艱險。初起。潔身自好。胡林翼極愛重之。後任疆圻。頗納賄賂。晚節不終。論者惜焉。

嚴遵美　唐季寔子。歷左軍容使。嘗歎曰。北司供奉官。以胯衫給事。今執笏過矣。樞密使無廳事。唯三楹舍藏書而已。今堂狀帖黄決事。此楊復恭奪宰相權之失也。蓋疾時中官肆橫云。後從昭宗遷鳳翔。求致仕。隱青城山。年八十餘卒。

嚴遂　清仁和人。字十區。雍正進士。改翰林庶吉士。卒於京邸。年三十一。生有異稟。覆九經如瀉瓶水。極意步天。嘗著論以發丹元子之疑。又集唐史能書人爲一卷。

嚴顏 後漢劉璋使守巴郡。爲張飛所擒。飛呵曰。何不降。顏曰。我州但有斷頭將軍。無降將軍。飛怒。令牽去斫頭。顏色不變。曰。斫頭便斫頭。何怒耶。飛壯而釋之。引爲賓客。

嚴繩孫 清無錫人。字蓀友。早棄諸生。以詩古文擅名。康熙中舉鴻博。力辭不獲。賦一詩而出。授檢討。修明史。尋遷中允。乞歸。自號藕蕩漁人。工書。善繪事。尤精畫鳳。卒年八十。有秋水集。子浤曾。能世其學。

嚴譔 唐震從孫。與宰相楊收善。咸通中由桂管觀察使。擢爲江西節度使。改鎮南軍。後坐賕賄賜死。

嚴礪 唐震從祖弟。字元明。輕躁多姦謀。以便佞自將。累官興州剌史。擢本道節度使。貪沓苟得。士民復不勝其苦。劉闢反。以儲備有素。進檢校尚書左僕射。節度東川卒。

嚴續 南唐可求子。字興宗。李昪以女妻之。少長富貴。性恭恪持正。累官司空同平章事。自以肺腑。盡忠不貳。然寡學識。聽用多非其人。不能稱職。拜鎮海軍節度使致仕。卒諡懿。

嚴顗 宋吉水人。字威卿。皇祐進士。爲河源令。持身以廉。去官。邑人餞以海錯。舟行十餘里。家人發缶得金。以告顗。亟命停舟。召饋者還之。其清正類此。

嚴觀 清長明子。字子進。太學生。好金石刻。常忘寢廢食求之。有江寧金石記·金石待訪目·湖北金石詩。

壤父 無名氏唐虞氏賢人。失其姓名。時天下太和。百姓無事。壤父年八十餘。擊壤於道中。觀者曰。大哉帝之德也。壤父曰。吾日出而作。日入而息。鑿井而飲。耕田而食。帝力何有於我哉。

壤駟赤 春秋秦字子徒。孔子弟子。長於詩書。（家語作穰駟赤。字子從。此從史記。）

孅阿 上古善御者。（按孅阿舊有三說。一·美女姣好貌。二·欒彥曰。孅阿。山名。有女子處其巖。躍入月中。因爲月御。三·郭璞云。孅阿。古之善御者。見史記索隱。）

寶公 隋高僧。開皇中居正定解慧寺。嘗甃石爲柱。作門三楹。上爲樓。坐臥其上。後北寇來。縱火焚寺。寶公從樓隕身而下。毫髮無傷。寇刃之。刃自斷。又舉火焚樓。火自滅。寇駭愕。稽顙而去。⊙金高僧。磁州武氏子。慧性超絕。胸次不凡。大定初於滏陽造仰山寺。殿宇華麗。柱上作金龍像蟠之。忽有題詩於柱上曰。人道斑鳩拙。我道斑鳩巧。一根兩根柴。便是家園了。寶公大悟。卽入西山。結茅以居。後徧歷諸山。仵峴峪寶巖寺。一夕大風震地。晏然而逝。

寶安 宋高僧。蘇州夏氏子。親運土石於嘉興精嚴寺。立五臺院。時僧臘八十餘歲。不衣絲纊。寢臥亂草中。深明宗旨。示寂後。肉身不壞。

寶廷 清宗室。字竹坡。同治進士。光緒間官至禮部侍郎。與黃體芳·張之洞等主持清議。有大政。必具疏論其是非。典試福建。歸途經浙江。納榜人女爲妾。還朝自劾罷。工詩好飲。家極貧。之洞等時濟以資。到手卽治飲。或以贈其更貧者。後中酒病卒。有偶齋詩草內外集·尙書持平。

寶金 明高僧。永壽石氏子。號璧峯。嘗趺坐大樹下。漢水橫溢。人意其已死。越七日水退。視之燕坐如平時。惟衣濕耳。洪武初奉詔至南京。召問佛法及鬼神情狀。奏對稱旨。御製詩賜之。後卒。宋濂爲撰舍利塔銘。

寶思惟 唐高僧。北印度迦溼蜜羅國人。本名阿你眞那。專精律品。尤妙呪術。長壽中至洛陽。於龍門山造天竺寺居之。年百餘歲卒。譯有不空·羂索·陀羅尼經等七部。

寶崖 明高僧。涪陵人。自幼寡言。不嬉戲。出家爲僧。以布褁五指。燒之曰。信佛如此可也。人以爲有風疾。何不治之。答曰。身皆空耳。四大五枝。復何有耶。爲四衆說法。闡切義要。後投火滅身而心不壞。

寶唱 梁高僧。吳郡岑氏子。住莊嚴寺。天監中奉敕爲新安寺主。掌華林園寶雲經藏。後不知所終。有經律異相·飯聖僧法·華林佛殿經目·續法輪論·法集·名僧傳·比丘尼傳。

寶琳 清滿洲正黃旗人。姓伊爾根覺羅氏。乾隆間助勦金川有功。累官杭州將軍。卒諡勤恪。⊙清滿洲鑲黃旗人。姓馬佳氏。字夢蓮。廩生。道光間累官保定知府。署清河道。有知足知不足齋詩草。

寶誌 梁高僧。一作保誌。世稱寶公。亦稱誌公。金城朱氏子。宋泰始中往來都邑。語默不倫。豫言未兆。還近驚赴。其言有似讖記。世稱誌公符。齊武帝忿其惑衆。收付獄。旦日咸見游行市里。既而檢校。猶在獄中。梁武帝乃迎入華林園。禁其出入。解其禁。尤敬事之。呼爲誌公。天監中無疾而終。

寶賢 南朝宋女僧。陳郡陳氏女。年十九出家。住建安寺。操行精修。博通禪律。泰始中爲普賢寺主。遷都邑僧正。在任清簡。僧衆肅然。世人高之。

寶鋆 清滿洲鑲白旗人。姓索綽絡氏。字佩蘅。道光進士。光緒間官至武英殿大學士致仕。執政多年。不植黨。不黷貨。時論多之。卒諡文靖。有佩蘅詩草。

竇·魯 元高平人。泰定初授東平路儒學教授。後爲宋史局官。書成。遷授燕南山東道奉使宣撫幕官。考績居最。遷中書省檢校官。

竇興 清滿洲鑲黃旗人。字見山。嘉慶進士。由編修累遷少詹事。林清遣其黨突禁城。竇興適下直。入乾清門告警。因得卽時殲獲。道光時官至四川總督、文淵閣大學士。卒諡文莊。

竇瓊 陳高僧。曲阿徐氏子。師事沙門法通。博貫經論。受戒五年。卽爲法主。住揚州大彭城寺。累著靈異。文帝時受大僧正。有玄義文疏等數十卷。◎陳高僧。宣帝命爲僧統。屢入重雲殿講道。尊爲帝師。海東諸國慕其名。遣使奉金帛。求竇瓊畫像。

竇·子偁 明合肥人。字燕雲。萬曆進士。授大理評事。抗疏請建儲。後守泉州。課最。督學湖廣。大計註廉明第一。累遷福建布政使。

竇·允 晉始平人。字雅。清尙自修。察孝廉。除浩亹長。勤於爲政。遷謁者。泰始中拜臨水令。遷鉅鹿太守。皆有政績。卒於官。

竇·卞 宋冤句人。字彥法。第進士。通判汝州。適役兵叛。卞撫定之。熙寧初知深州。河決。擅發常平粟賑流民。吏恐獲罪。卞曰。吾寧以一身活數萬人。累官天章閣待制。判昭文館將作監。坐事奪職。提舉靈仙觀卒。

竇·文場 唐宦者。涇原師亂。德宗召近衛。無至者。惟文場從至奉天。帝因以文場典禁衛軍。與元初詔監神策左廂兵馬。權震朝廷。累擢驃騎大將軍。致仕卒。

竇·申 唐參族子。爲給事中。參親愛之。及參柄政。每除吏多訪申。申因得招賂。漏禁密語。人目爲喜鵲。帝得其姦。逐爲道州司馬。尋杖殺之。

竇·光鼐 清諸城人。字元調。號東皋。幼有神童之目。乾隆進士。由編修累官左都御史。充上書房總師傅。立朝五十年。風節挺勁。無所阿附。高宗深重之。歷督河南浙江學政。所取皆知名士。詩文宗韓杜。工擘窠書。尤以制舉業負天下重名。卒年七十六。有省吾齋詩文集。

竇后 漢觀津人。呂太后時。以良家子選入宮。太后出宮人以賜諸王。各五人。后在行中。以家在清河。願如趙。主遣宦者吏。誤置籍代伍中。至代。代王獨幸后。生景帝。文帝卽位。立爲皇后。◎後漢融曾孫女。章帝后。宋貴人生皇太子慶。梁貴人生和帝。后既無子。並疾忌之。數間於帝。宋貴人自殺。慶坐廢。既養和帝爲己子。又誣害帝外家。宮房惵息。及和帝卽位。尊后爲皇太后。卒諡恭懷。◎後漢武女。桓帝后。名妙章。既立。御見甚稀。帝所寵惟采女田聖等。帝崩無嗣。后臨朝。定策立靈帝。后素忌忍。桓帝梓宮尙在前殿。遂殺田聖。又欲盡誅諸貴人。中常侍管霸等苦諫。乃止。卒諡思。◎周平陵人。父毅。仕周爲上柱國。母爲武帝姊襄城長公主。后聞隋文帝受禪。自投牀下曰。恨我非男子。不能救舅家禍。父以后識不凡。不可妄與人。因畫二孔雀於屏間。請昏者使射。陰約中目者許之。高祖射中各一目。遂歸於帝。工爲文。又善書。與帝書柏雜。人不辨也。崩於涿郡。諡太穆。

竇·存亮 唐長安人。爲秀才時。聞韓愈名。心慕之。後愈以言事黜爲山陽令。存亮裹糧數千里往從之游。事愈甚謹。

竇·牟 唐常弟。字貽周。貞元進士。累官虞部郎中。轉洛陽令。愼法寬惠。數佐節度府。晚從昭義盧從史。從史寖驕。牟度不可諫。移疾歸東都。從史敗。擢國子司業卒。

竇·攸 後漢舉孝廉爲郎。光武大會靈臺。得鼠如豹文。熒熒光澤。光武異之。以問羣臣。莫能知者。攸對曰。鼷鼠也。見爾雅。詔案祕書。如攸言。賜帛百匹。（事見文選注引三輔決錄。爾雅注以此爲終軍事。）

竇·伯輝 元中山人。從學於國子祭酒孛朮魯翀。翀爲名所居曰醉經堂。伯輝年既艾而力學不倦。累官郡博士。所至以經術教授子弟。

竇·克勤 清柘城人。字敏修。號遯齋。一號靜庵。徧治諸經。從耿介於嵩陽。中康熙鄉舉。爲泌陽教諭。仿白鹿洞遺規。分立五社長。月朔稽善過而勸懲之。又立童子社。每月五日。集童子習禮儀。令讀孝經小學。旋以進士授檢討。踰年歸。創立朱陽書院。倡導正學。學者稱盛。及卒。柘城人祠祀之。有理學正宗、孝經闡義、事親庸言、泌陽學條規、尋樂堂家規等書。

竇·宏果 唐武后時官尙方丞。畫蹟精妙。

竇·廷琬 後唐世爲青州牙將。同光初爲復州游奕。姦盜屏跡。遷慶州防禦使。嚴刑峻法。屢撓邊人。詔移金州。廷琬據州叛。後討平之。

竇·抗 唐榮定子。字道生。在隋以帝甥早貴。累遷幽州總管。所至以寬惠聞。煬帝時坐事廢。抗與高祖少相親狎。聞高祖定京師。喜曰。此吾家壻。豁達有大度。眞撥亂主也。因歸長安。高祖見之大悅。拜將作大匠。尋罷爲左武候大將軍。帝每延入臥內。從容談笑。極平生懽。以兄呼之。後從秦王平薛舉。功第一。又從征王世充。與從弟軌幷册勳於廟。卒諡密。

竇·沔 宋蘄城人。喜儒學。有遠識。招賢俊以教子姪。四方賢士。日游其門。仕爲光澤簿。蕭縣學舊在城西北。境僻人不樂居。洒出己財市邑東南明爽之地遷之。晁端中爲記。

竇・固 後漢融從子。字孟孫。少尙光武女涅陽公主。爲黃門侍郎。好覽書傳。喜兵法。中元初襲父封顯親侯。明帝時以固明習邊事。拜奉車都尉。出屯涼州。擊呼衍王。加位特進。復出玉門。遂破白山。降車師。在邊數年。羌胡服其恩信。章帝卽位。徵爲大鴻臚。累遷光祿勳・衛尉。性謙儉。愛人好施。士以此稱之。卒諡文。

竇・承芳 明永樂間由太學生授監察御史。直言觸忌。下錦衣衛獄。赦出。復以言事謫龍江左衛吏。卽日就吏列。尋復官。屢挫益奮。後謫工部。役滿較還職。陞浙江僉事。致仕。

竇・明 明武鄉人。字惟遠。正德進士。任給事中。上疏言時政四事。悉見嘉納。後出知裕州。累陞陝西右布政使。所至俱有政聲。

竇・易直 唐始平人。字宗玄。擢明經。補校書郎。元和中累遷宣歙浙西觀察使。長慶中入爲戶部侍郎・同平章事。文宗立。進左僕射。易直以公潔自喜。方執政。未嘗引用親黨。後爲鳳翔節度。以疾還京卒。諡恭惠。

竇・武 後漢融玄孫。字游平。少以經行著名關西。延熹中以長女立爲桓帝后。封槐里侯。拜城門校尉。在位多辟名士。清身疾惡。禮賂不通。李膺・杜密等坐黨事瀕死。武獨抗疏出之。靈帝立。拜大將軍。論定策功。更封聞喜侯。與太傅陳蕃同心輔政。天下想望太平。謀誅宦官。爲曹節等所害。

竇・況 漢王莽時爲護羌校尉。西海郡反。莽遣況擊之。後官執金吾。爲司威陳崇劾奏死。

竇・威 唐熾子。字文蔚。沈邃有器局。博覽羣言。諸兄詆爲書癡。擧秀異。授祕書郎。隋大業中轉考功郎中。坐事免。高祖入關。召補丞相府司錄參軍。使裁定制度。稱之曰。今之叔孫通也。武德初授內史令。每論政事得失。必陳古爲喩。卒諡靖。

竇・庠 唐羣弟。字胄卿。釋褐國子主簿。吏部侍郎韓皐出鎭武昌。辟爲推官。皐移鎭浙西。奏庠爲節度副使・殿中侍御史。歷信婺二州刺史卒。

竇・建德 隋漳南人。少任俠。材力絕人。隋大業末募兵伐遼東。補隊長。時羣盜大起。郡縣疑建德與賊通。族其家。建德率麾下亡歸高士達。士達擢爲軍司馬。以兵屬焉。傾身接物。隋郡縣吏多以地歸之。勢日張。遂定都樂壽。自號長樂王。後稱夏王。改元五鳳。煬帝遇弒。建德引兵討宇文化及斬之。遣使朝越王侗。王世充廢侗。遂稱帝。國號夏。秦王世民伐世充。建德發兵助世充。軍敗。竄牛口谷被獲。斬長安市。其妻奉山東地降。建德自起兵至滅。凡六年。

竇・禹鈞 後周漁陽人。以詞學名。唐天祐末起家幽州掾。入周累官太常少卿・右諫議大夫。高義篤行。家法爲一時表式。嘗建義塾數十楹。聚書萬卷。延名儒以教遠近。士貧無供者。咸衣食之。及在宦。四方賢士賴以擧者甚衆。由其門登貴顯者接跡。五子儀・儼・侃・偁・僖。相繼登科。時稱燕山竇氏五龍。

竇・苹 宋汶上人。字子野。學問精博。有酒譜・新唐書音訓。

竇・貞固 後周白水人。字體仁。後唐同光中進士。晉祖在藩。以貞固廉介重之。及卽位。累擢門下侍郎。出帝卽位。遷刑部尙書。入漢。拜司空・門下侍郎平章事。加司徒。太祖卽位。加兼侍中。俄罷相。守司徒。封沂國公。世宗時歸洛陽。宋初卒。

竇・軌 唐威兄子。字士則。隋大業中爲資陽郡東曹掾。去官歸。後從高祖起兵。討王世充。平蜀盜。皆有功。軌性剛果有威。旣貴。益嚴酷。貞觀初授右衛大將軍。出爲洛州都督。頗著威信。卒官。

竇・垿 清羅平人。字蘭泉。道光進士。官貴州知府。有銖寸錄。

竇・師綸 唐字希言。爲秦王府諮議・相國錄事參軍。封陵陽公。善圖繪。尤善闘雞鳥獸諸圖。

竇・桂 明全州人。世業農。性節儉。事親以孝聞。親疾。刲臂以進。及卒。廬墓三年。事聞。提學僉事黃佐召之見。桂樸野一無所言。第頓首而已。乃禮而遣之。

竇・桂娘 唐父良。爲汴州戶曹參軍。桂娘美顏色。讀書甚有文。李希烈破汴。取桂娘去。以才色甚見寵信。桂娘密結部將陳仙奇。謀復仇。希烈死。桂娘密告仙奇。率兵斬希烈妻子以獻。帝拜仙奇淮西節度使。俄爲吳少誠所殺。桂娘亦死。

竇・泰 北齊大安捍殊人。字世寧。少善騎射。有勇略。高歡爲晉州。以泰爲鎭城都督。參謀軍事。累遷侍中・京畿大都督。領御史中尉。百寮畏憚。天平中與宇文泰戰於小關。衆盡沒。泰遂自殺。諡武貞。

竇・神寶 宋初爲黃門。蒞職精恪。太平興國中從征太原。稍遷入內高品。監并州戍兵。後屢立戰功。大中祥符初遷西京左藏庫使。領密州刺史。天禧初以皇城使罷內職卒。

竇・偁 宋儼弟。字日章。漢乾祐進士。在周爲絳州防禦判官。宋初拜右補闕・知宋州。太宗領開封尹。選偁判官。一日與推官賈琰會宴。琰言矯誕。偁面叱之。太宗愕然。太平興國中遷左諫議大夫。參知政事。太宗曰。卿能以公直責寶琰。朕旌直臣耳。未幾卒。

竇·參 唐誕四世孫。字時中。學律令。爲人矜嚴悻直。以蔭累遷御史中丞。舉劾無所回忌。德宗數召見。語天下事。器之。然由是率情制事。人稍惡其事。俄以中書侍郎同平章事。參無學術。惟樹黨多所詷察。帝左右爭短之。後坐族子申有罪貶郴州別駕。賜死於邕州。

竇·常 唐金城人。字中行。大曆進士。不肯調。客廣陵。結廬種樹。以講學著書爲事。凡二十年不出。杜佑鎭淮南。奏授校書郎。爲節度參謀。歷朗夔江撫四州刺史。以國子祭酒致仕。與弟牟·羣·庠·鞏均以詩名。有竇氏聯珠集。

竇·從周 宋丹陽人。字文卿。爲人醇朴。深居簡出。足不及城市。年過五十。往建陽。從學於朱熹。歸而築室講道。專以爲己之學爲學者倡。一夕盜入其室。知爲從周所居。轉而之他。熹聞而歎曰。忠信可行於蠻貊。於此可見。

竇·章 後漢融玄孫。字伯向。少好學。有文章。永初中避羌寇亂。家於外黃。躬勤孝養。講讀不輟。用太僕鄧康薦。入東觀爲校書郎。順帝初章女入掖庭爲貴人。擢羽林郎將。遷屯騎都尉。謙虛下士。甚得名譽。轉大鴻臚。建康初自免。卒於家。

竇·景庸 遼中京人。聰敏好學。清寧中第進士。大安初累官南院樞密副使。監修國史。知樞密院事。封陳國公。授武定軍節度使。招流亡。輯奸猾。審決冤滯。以獄空聞。拜中京留守。卒諡肅憲。

竇·琰 唐長安人。爲北海令。甚有治聲。穿渠引水。曲折三十里。以漑田。時號竇公渠。

竇·琮 唐軌弟。有武幹。隋大業末犯法。亡依高祖。秦王降禮接之。引爲統軍。數從征伐有功。武德初爲右屯衛大將軍。詔留陝護饋道。東都平。檢校晉州總管。復從平劉黑闥。以功封譙國公。卒諡敬。

竇·臮 唐蒙弟。字靈長。官至檢校戶部員外郎·宋汴節度參謀。工書。嘗作述書賦。精窮旨要。詳辨祕義。起自上古。迄於幷時。而終以其兄蒙。品題精核。蒙爲之註。一云臮自註也。

竇·舜卿 宋安陽人。字希元。以蔭累官邠寧環慶路副都總管。數立戰功。嘗使契丹。主客馬祐置酒請射。舜卿發輒中。祐使奴持二弓示之。一挽皆折。熙寧中求退。且丐易文階。改刑部侍郎。卒諡康敏。

竇·瑗 後魏遼陽人。字世珍。爲爾朱榮所知。表爲行臺左丞。天平中除廣宗太守。以清白著。轉中山太守。平州刺史。治績如初。除大宗正。按法推治。無所顧避。官雖通顯。貧窘如布衣。清儉之操。爲時所重。領本州大中正。兼廷尉卿。卒諡明。

竇·羣 唐牟弟。字丹列。少有孝行。通春秋。以處士徵爲左拾遺。累遷御史中丞。性狠戾自用。初李吉甫與羣善。召爲吏部郎中。及用人論不合。乃怨吉甫。反擠之。坐事將誅。賴吉甫救。得免。出爲黔中觀察使。以羣蠻作亂。不能討平。貶開州刺史。稍遷容觀經略使。召還道卒。

竇·兢 唐懷貞從子。字思愼。舉明經。官鄭令。修郵舍道路。設冠昏喪紀法。百姓德之。

竇·夢徵 後唐同州人。登進士第。自拾遺遷爲翰林學士。莊宗入汴。例貶沂州。感梁舊恩。因爲祭故君文。爲時所稱。天成初復爲翰林學士。遷工部侍郎卒。有東堂集。

竇·榮定 隋熾從子。深沈有器局。從周文帝擊齊師。以功拜上儀同。尋除忠州刺史。其妻爲隋文帝長姊。帝與榮定情契甚厚。及帝受禪。以佐命功拜上柱國。右武衛大將軍。進爵安豐郡公。卒諡懿。

竇·漢卿 金仕至太師。善醫。妙於鍼。有死去經日者。胸前稍溫。鍼之立起。有鍼經指南·標幽賦。

竇·蒙 唐扶風人。字子全。與弟臮幷以書法名。官至國子司業。兼太原令。

竇·誕 唐靜弟。從太宗征薛舉。爲元帥府司馬。累遷太常卿。高祖諸子幼。未出宮者十餘王。國司家事。皆誕主之。出爲梁州都督。貞觀初進莘國公。爲宗正卿。以衰耗罷就第。卒諡安。

竇·輔 後漢武孫。武遇害。輔年二歲。武府掾胡騰匿以爲己子。逃之零陵界。後舉桂陽孝廉。荊州牧劉表辟爲從事。始復姓。曹操定荊州。辟丞相府。從征馬超。中流矢死。

竇·儀 宋禹鈞子。字可象。學問優博。風度峻整。晉天福中進士。周顯德中拜端明殿學士。入宋遷工部尚書。太祖欲得宿儒處禁中。范質以儀清介重厚對。乃再入翰林。爲學士。俄加禮部尚書。太祖欲相之。趙普忌儀剛直。不果。及卒。帝深憫惜之。

竇·廣國 漢觀津人。字少君。孝文帝皇后之弟。家貧。幼爲人所略賣。聞后新立。上書自陳。乃與兄長君俱厚賜田宅。家於長安。周勃·灌嬰等曰。兩人所出微。不可不爲擇師傅。乃選士之有節行者與居。兩人由此爲退讓君子。不敢以富貴驕人。景帝立。封章武侯。

竇·德明 唐威從孫。通知文史。

綜涉武事。仕隋爲齊王府屬。武德初拜考功郎中。從擊王世充。頗有戰功。封顯武男。貞觀初歷常愛二州刺史卒。

竇·毅 〔隋〕熾從子。字天武。魏孝武初起家員外散騎侍郎。從帝西遷。屢有戰功。進幽州刺史。封神武郡公。入周。歷同州刺史。蒲金二州總管。加上柱國。入爲大司馬。毅性溫和。每以謹慎自守。時人稱焉。開皇中卒於定州總管。累居藩鎮。咸得人和。謚肅。

竇·澄 〔宋〕從周弟。字叔濤。從周從朱熹學。澄亦負笈以隨。兄弟齊名。

竇·瑾 〔後魏〕衞國人。字道瑜。少以文學知名。自中書博士爲中書侍郎。與參軍國之謀。屢有軍功。遷祕書監。初定三秦。拜散騎常侍。都督秦雍二州諸軍事。封毗陵公。鎮長安八年。威惠甚著。還爲殿中都官尚書。出刺冀州。清約沖素。著稱當時。遷內都大官。與光初坐誹謗誅。

竇·鞏 〔唐〕庠弟。字友封。元和進士。累佐節度府。元稹觀察浙東。奏爲副使檢校祕書少監。兼御史中丞。鞏能五言詩。昆仲之間。與牟詩俱爲時所賞重。性溫雅。多不能持論。士友言議之際。吻動而不發。人目爲囁嚅翁。從積移武昌卒。

竇·憲 〔後漢〕融曾孫。字伯度。以女弟立爲后。拜爲郎。稍遷侍中·虎賁中郎將。寵貴日盛。和帝即位。太后臨朝。憲以侍中內幹機密。外宣誥命。懼都鄉侯暢分權。遣客刺殺之。事覺。太后閉憲於內宮。憲自求擊匈奴贖死。乃拜車騎將軍。大破北單于於稽落山。出塞三千餘里。遂登燕然山。刻石勒功。紀漢威德而還。拜大將軍。威震朝廷。復出鎮涼州。遂滅北單于。是時竇氏父子兄弟充滿朝廷。多驕縱不法。帝乃與中常侍鄭衆定議。收憲印綬。更封冠軍侯。遣就國。迫令自殺。

竇·熾 〔北周〕代人。字光成。性嚴明。有謀略。仕魏爲朱衣直閤。隨孝武西遷。數從周文帝征伐。皆有功。歷涇原二州刺史。甚有政績。入周。拜柱國大將軍。封鄧國公。軍國大謀。常與參議。齊平。進位上柱國。隋文帝受禪。拜太傅。加殊禮。開皇中卒。謚恭。

竇·璡 〔唐〕抗弟。字之推。隋末爲扶風太守。高祖定京師。以郡歸。歷民部尚書。從太宗平薛仁杲。尋鎮益州。屢討平寇賊。授祕書監。封鄧國公。貞觀初遷將作大匠。修洛陽宮。務極侈浮。太宗怒。免官。以女爲鄷王妃復位。卒謚安。璡有巧思。工書。曉音律。嘗與祖孝孫受詔定雅樂。是正鍾律云。

竇·覦 〔唐〕昭成皇后族姪。以親蔭累官戶部侍郎。爲人無他才。竇參秉政。力薦於朝。數月間。官至淮南節度副大使。知節度事。既非德舉。人咸薄之。赴鎮旬日暴卒。

竇·遵 〔後漢〕瑾子。善楷篆。官至尚書郎·濮陽太守。多所受納。坐子僧演有罪。免官。後以善書拜庫部令卒。

竇·遴奇 〔清〕大名人。字松濤。順治進士。官至僉都御史。有倚雉集。

竇·靜 〔唐〕抗子。字元休。在隋佐親衞。高祖入京師。擢幷州大總管府長史。表請屯田太原。以省餽運。從之。歲收粟十萬斛。又請斷石嶺以爲障塞。太宗時遷夏州都督。深明虜中虛實。由是大克獲。又開其部落。皆內附。再遷民部尚書。卒謚肅。

竇·融 〔後漢〕平陵人。字周公。更始時以薦爲鉅鹿太守。融見東方尚擾。而祖父累世在河西。知其土俗。乃辭鉅鹿。得爲張掖屬國都尉。既到。撫結雄傑。懷輯羌虜。河西翕然歸之。及更始敗。酒泉太守梁統等推融行河西五部大將軍事。聞光武即位。遂決策歸漢。授涼州牧。從破隗囂。封安豐侯。拜冀州牧。又遷大司空。加位特進。行衞尉事。子弟多蒙封賜。每朝會進見。容辭卑恭。數讓爵位。帝益親厚之。卒謚戴。

竇·默 〔元〕肥鄉人。字子聲。初名傑。字漢卿。幼嗜書。有大志。令習吏事。不肯。金末轉徙兵亂之中。業醫以自給。走德安。孝感令謝憲子以伊洛性理之書授之。北歸大名。與姚樞·許衡講明道學。尋還鄉。以經術教授。由是知名。世祖在潛邸。聞其賢召之。訪以治道。及即位。以爲翰林侍講學士。加昭文館大學士。默爲人樂易。與人居。溫然儒者。至論國家大計。面折廷諍。不少撓屈。卒謚文正。

竇·嬰 〔漢〕廣國從子。字王孫。景帝朝爲詹事。因病免。吳楚反。拜大將軍。七國平。封魏其侯。栗太子立。以嬰爲傅。太子廢。爭之不能得。謝病。武帝立。以嬰爲丞相。務隆推儒術。以忤竇太后意免。嬰喜賓客。天下游士多歸之。及帝舅武安侯田蚡爲丞相。嬰益疏不用。嬰客灌夫。得罪於蚡。蚡收捕諸灌。嬰銳爲救。以孝景后怒。遂劾繫嬰。坐棄市。

竇·懷貞 〔唐〕德明姪。字從一。累官左御史大夫。性諂詐。善諧結權貴。畏奉宦者。中宗以韋后乳媼王氏妻之。懷貞不辭。欲以自媚於后。世謂媼婿爲阿奢。懷貞每謁見奏請。輒自署皇后阿奢。人或謂爲國奢。后敗。斬妻獻其首。貶濠州司馬。景雲初起故官。再遷侍中。太平公主干政。懷貞傾己附離。在位半歲。無所事。罷爲左御史大夫。玄宗受內禪。進左僕射。封魏國公。與太平公主謀逆。事敗。投水死。追戮其尸。改姓毒氏。

竇・犨 春秋晉賢大夫。字鳴犢。一作鳴鐸。孔子將入晉。見趙簡子。聞簡子殺犨及舜華。臨河而返。乃息乎陬鄉。作陬操以哀之。

竇・儼 宋儀弟。字望之。幼能屬文。性夷曠。好賢樂善。於昆弟中尤號才俊。晉天福進士。周顯德中拜翰林學士。判太常寺。受詔考正雅樂。宋初轉禮部侍郎。當時祀事樂章。宗廟諡號。多所撰定。議者服其該博。有文集。

籍・少公 漢臨晉人。郭解亡至臨晉。少公素不知解。解因出關。及解至太原。所過輒告主人處。吏逐跡至。少公自殺。口絕。（按漢書作少翁。此從史記。）

籍・福 漢建元初武帝議置丞相・太尉。福說田蚡。讓魏其侯竇嬰爲相。

籍・談 春秋晉大夫。字叔。昭公使荀躒如周葬穆后。談爲介。既葬。王宴之。樽以魯壺。王曰。諸侯皆有以鎭撫王室。晉獨無有。何也。談言晉不能獻器之故。王折之。談不能對。賓出。王曰。籍父其無後乎。數典而忘其祖。談歸。以告叔向。叔向以王樂憂非禮。疑其不終。其後王室大亂。定公時晉人敗范中行氏之師。幾誅子孫。談亦遂無後。

籍・孺 漢高祖時倖臣。與帝臥起。公卿皆因關說。

籍・馨芳 明內黃人。痛父早亡。即坐寢墓中。晝負土起墳。夜焚香柩側。誦經三年。鄉人共迎回家。

繼昌 清滿洲正白旗人。姓拜都氏。字蓮龕。嘉慶舉人。累官江西布政使。有定軒讀萃。◎清漢軍正黃旗人。字蓮溪。光緒進士。官至甘肅布政使。署安徽巡撫。熟於樞垣事例。能鑑別書畫。有行素齋雜記・忍齋叢說・左庵詞話。

繼曉 明江夏僧人。憲宗時以祕術因梁芳進。累進右善世。日誘帝爲佛事。後以科臣林廷玉言。逮治棄市。

藺・以權 明襄陽人。博學能詩。洪武初以才選授中書省照磨。時廣西未靖。遣以權撫之。至則宣布德威。獞人感化。遷應天府尹。以端謹稱。

藺・芳 明夏縣人。字仲文。洪武舉人。永樂中知吉安府。有惠政。坐事謫辦事官。以治河有功。復爲工部主事。遷工部右侍郎卒。芳自奉甚約。事母孝。且所治事。暮必告母。有不當。母加教誡。則受命唯謹。

藺・亮 隋歙人。開皇中廢歙置新安鎭。文帝愛亮驍勇。命將兵守之。大業之亂。賴其保障。民不識干戈之苦。嘗屯兵於浦口山上。鄉人呼爲藺將軍巖。

藺・相如 戰國趙初爲繆賢舍人。趙得楚和氏璧。秦昭王欲之。以十五城易璧。趙求得相如。使奉璧入秦。秦王無意償城。相如紿秦王復取璧。使其從者衣褐懷璧從徑道亡歸趙。秦王賢而弗誅。禮而歸之。其後秦伐趙。秦王告趙王願爲好會於澠池。相如從。及會。酒酣。秦王請趙王鼓瑟。相如亦請秦王擊缶。罷酒。秦終不能有加於趙。歸國拜上卿。位在廉頗右。頗曰。我見相如必辱之。相如聞之。每朝常稱病。不欲爭列。出而望見。輒引車避匿。其舍人皆以爲恥。相如曰。吾先國家之急而後私讎也。頗聞之。肉袒負荊。至門謝罪。遂爲刎頸之交。趙以兩人故。所征伐輒有功。稱強於海內。

藺・剛中 明陵縣人。字坦生。崇禎進士。由太常博士擢南京給事中。遷山西副使。甫抵任而城陷。罵賊死。

藺・挺達 清偃師人。字金芝。順治進士。官至吏科左給事中。有存心堂奏疏・文集。

藺・從善 明磁州人。字從善。洪武舉人。初爲陵縣教諭。遷揚州府學教授。永樂中授翰林院編修。侍皇太孫講讀。轉贊善。宣宗卽位。遷學士。致仕卒。

藺・敏修 宋龍游人。幼敏悟。博通羣書。紹興進士。官至朝奉郎。人稱中山先生。有論語解・書解。

蘇・大年 元眞定人。居揚州。字昌齡。以字行。號西澗。別號林屋洞主。工畫竹石窠木。兼善八分。能詩文。至正間爲翰林編修。張士誠開藩。用爲參謀。稱爲蘇學士。先吳亡而卒。

蘇・大有 清襄陽人。雍正初以副將隨張廣泗擊丹江苗。有戰功。官至古州總兵卒。大有忠勇過人。與士卒同甘苦。不爲家計。時稱其有名將風。

蘇・大璋 宋占田人。字顒之。少穎悟。年十三通周易。成慶元進士。召爲道州教官。以闡揚正學爲己任。召試館職。累遷著作郎。力言禁錮道學之非。忤大臣意。出知吉州歸。自號雙溪。

蘇・小小 南齊錢唐名妓。樂府有蘇小小歌。◎宋錢塘名妓。俊麗工詩。其姊盼奴爲太學生趙不敏所眷。不敏命弟娶小小焉。

蘇・小妹 宋軾女弟。能詩。（按俗訛小妹爲秦少游妻。考淮海集徐君主簿行狀。徐君女三人。以文美妻余。則少游妻乃徐氏。非蘇也。又按老泉祭亡妻文・歐陽公蘇明允志。東坡與李方叔柬。老泉之女。皆亡於東坡兄弟未得第之前。而秦少游則東坡既仕之後。相與而莫逆者也。見戒庵漫筆。）

蘇・不韋 後漢謙子。字公先。謙爲李暠所殺。不韋謀刺暠不克。乃馳到魏郡。掘其父冢。斷其頭以祭父。

嵩捕求不得。憤恚嘔血死。不韋遇赦還家。乃始改葬行喪。後太傅陳蕃辟爲郡五官掾不應。段熲與嵩素善。因收不韋害之。

蘇・之林　清常熟人。字珍木。號小樵。諸生。善畫山水花木。秀逸有致。工書能詩。有閩游草。

蘇・元老　宋軾族孫。字子廷。幼孤力學。長於春秋。善屬文。舉進士。歷太常少卿。外和內勁。不妄與人交。梁師成欲因緣見。且求其文。拒不答。言者遂論元老蘇軾從孫。且爲元祐邪說。罷爲提點明道宮。後累官太常少卿。時禁元祐學術。元老歎曰。昔顏子附驥尾而名顯。元老以家世坐累。榮矣。未幾卒。有九峯集。

蘇・元春　清鬱林人。字子熙。以綠營千總從征粵桂兩省匪。擢至提督。光緒初授廣西提督。安南之役。諒山失守。元春與馮子材肅清關內法軍。出鎮南關。敗敵於陸岸。和議成。調湖北提督。以所部潰亂。仍任廣西提督。元春統軍桂邊三十餘年。善養緣。通聲氣。軍律廢弛。以致兵匪合一。徧地皆匪。被劾奪職遣戍。尋釋歸卒。

蘇・友龍　元金華人。字伯夔。號栗齋。學經於許謙。以才推擇爲吏。擢令蕭山。轉行樞密院照磨。陞行省都事。多著能績。入明而卒。

蘇・天爵　元眞定人。字伯修。由國子生授薊州判官。累遷吏部尙書。參議中書省事。時庶務多所弛張。天爵夙夜謀畫。鬚髮皆白。充京畿宣撫。都人有包韓之譽。後以江浙行省參政總兵於饒信。卒於軍中。天爵爲學博而知要。長於記載。晚歲復以釋經爲任。學者因其所居。稱之爲滋溪先生。有元文類・元朝名臣事略・劉文靖公遺事・治世龜鑑・滋溪文稿。

蘇・丕　宋青州人。有高行。少時一試禮部不中。即拂衣去。曰。此中最易短英雄之氣。因築室瀰水之濱。五十年不踐城市。歐陽修言於朝。賜號沖退居士。

蘇・世長　唐武功人。周武帝時年十餘歲上書言事。令於獸門館讀書。隋文帝受禪。又屢上便宜。頗有補益。累官都水少監。江都難作。世長爲煬帝發喪。哀慟感行路。王世充署爲太子太保。洛陽平。遂降。高祖擢拜諫議大夫。侍宴披香殿。以奢侈爲諫。帝益重其言。貞觀初使突厥。與頡利爭禮。不受賂遺。出爲巴州刺史卒。

蘇・代　戰國秦弟。亦習縱橫家言。侍燕質子於齊。後之宋。宋善待之。齊伐宋。代遺燕昭王書。昭王善之。召代與謀伐齊。破之。燕使約諸侯從親如蘇秦時。天下由此宗蘇氏之縱約。代以壽死。名顯諸侯。

蘇・仙公　漢桂陽人。文帝時得道。將仙去。告母曰。明年天下大疫。庭中井水。簷邊橘樹。可以代養。井水一升。橘葉一枚。可療一人。言畢。有白鶴數十降於門。遂仙去。後果疫。母用其言以療疾。皆愈。（事見神仙傳。水經注引桂陽列仙傳謂仙公名耽。漢末人。御覽引此傳。謂名林。字子元。周武王時濮陽曲水人。）

蘇・去疾　清常熟人。字顯之。乾隆進士。官貴州直隸州知州。有蘇園仲文集。

蘇・四十三　清循化廳回人。爲新教派首領。乾隆間擁衆爲亂。陷河州。犯蘭州。爲清軍所敗。退據龍尾山。清軍蹙之於華林寺。盡殲之。

蘇尼失　唐啓民可汗弟。姓阿史那氏。設帳於靈州西北。驍雄有恩惠。種落歸之。頡利政亂。其部獨不貳。頡利敗。蘇尼失遂舉衆歸唐。令其子忠擒頡利以獻太宗。拜北寧州都督。右衞大將軍。封懷德郡王。貞觀中卒。

蘇・平　明海寧人。字秉衡。永樂中舉賢良方正。不就。與弟正遊京師。並有詩名。與劉溥・湯胤績等稱景泰十才子。有雪溪漁唱。

蘇布通阿　清蒙古鑲白旗人。姓吳里揚罕氏。道光間從攻張格爾。連戰皆捷。克復喀城及和闐。以功授塔爾巴哈臺領隊大臣卒。

蘇・弁　唐冕弟。字元容。擢進士。調奉天主簿。德宗出狩。官吏懼恐欲遁。弁止之。衆乃定。帝嘉之。試大理司直。累擢度支郎中。副知度支事。承裴延齡之後。以寬簡代煩虐。人甚稱之。坐事貶汀州司戶參軍。起爲滁州刺史卒。弁少博學。聚書二萬卷。手自讐定。當時稱與祕府埒。

蘇・正　明平弟。字秉貞。景泰十才子之一。有雲壑集。

蘇・民　明泰州人。字天秀。弘治進士。授榆次知縣。有惠績。徵爲兵部主事。劉瑾構之。落職爲梓潼驛丞。從勦叛蠻有功。瑾誅。復官工部主事。累遷南京兵部右侍郎。考滿入都。道經榆次。百姓要迎入縣。遮道不得行。旋補刑部右侍郎卒。

蘇・亦瞻　南朝宋休寧人。年十六即善弈。著弈藪行世。推古今第一。後來棋譜。皆從此脫胎。

蘇・仲簡　明伯厚弟。名境。以字行。善文辭。與兄及弟叔敬・季雅自相講授。洪武初以明經薦授崇安縣訓導。有敬所小集。

蘇・兆熊　清鄱陽人。道光間由武生累官廣西提督。時廣東猺叛。兆熊一戰滅之。以病致仕歸卒。

蘇・在鎔　宋郫人。字和父。受學范仲黼之門。淹貫羣書。晚而歛華就實。以主敬教學者。由進士官潼川常平司幹。以白冤獄忤上官。遂請致仕。

退居七年。益講學。臨終。以五峯遺書授其子。題詩而逝。

蘇．安恆 唐武邑人。博學。尤明周官春秋左氏學。武后時嘗投匭上書。言太子春秋鼎盛。當統宸極。今若敵元良以據神器。他日何顏面見唐家宗廟。書聞不報。時論韙之。神龍初爲習藝館內教。爲人譏死獄中。

蘇．伯材 宋晉江人。字延構。紹聖進士。知潮陽縣有聲。擢知韶州。雪冤獄。懲墨令。如治潮陽時。有周易解義。

蘇．伯阿 後漢能望氣。光武至河北。見伯阿問曰。卿前過春陵。何用知其氣佳也。伯阿對曰。見其鬱鬱蔥蔥耳。

蘇．伯厚 明建安人。名坤。以字行。工詩畫。洪武初以明經授建寧府訓導。永樂初擢翰林侍書。與修太祖實錄。復與修永樂大典。遷檢討。備講東宮。伯厚學本誠實。議論皆有根據。有素履集。

蘇．伯衡 明友龍子。字平仲。博洽羣籍。爲古文有聲。元末貢於鄉。太祖置禮賢館。伯衡與焉。擢翰林編修。乞省親歸。學士宋濂致仕。薦伯衡自代。太祖卽徵之。復以疾辭。後聘主會試。爲處州教授。坐箋表誤下吏死。有蘇平仲集。

蘇克薩哈 清滿洲正黃旗人。姓納喇氏。白爾赫圖之族人。少隨征錦州。松山。杏山。並著戰功。順治末受顧命爲輔政大臣。時鼇拜專權。蘇克薩哈論事多與之忤。積以成仇。聖祖親政。蘇克薩哈慮鼇拜之逼。請守先帝陵寢。鼇拜誣以怨望。坐處絞。鼇拜敗。復原官。

蘇．利涉 宋廣州人。字公濟。初爲入內內品。賞激加等。慶曆中衞士之變。以護衞有勞。神宗時歷內侍押班副都知。海州團練使。嘗幹當皇城司。廂卒遯報。不皆以聞。人以爲賢。卒諡勤僖。

蘇．妙 唐南海人。字觀妙。幼奇穎。讀書通大義。累官至泉州刺史。多惠政。有鵲巢門樓。見妙出。每飛集車蓋上。泉民歌頌之。

蘇．孝慈 隋扶風人。少沈謹有器幹。仕周至工部上大夫。封臨水縣公。文帝受禪。進爵安平郡公。拜工部尚書。先是。百寮以供費不給。臺省寺府。咸置廨錢收息。孝慈以爲官與百姓爭利非是。表請給職田。帝納之。出爲浙州刺史。遷洪州總管。俱有惠政。又平桂林山越之亂。卒官。

蘇．宏祖 清遼陽人。隸漢軍正紅旗。崇德舉人。順治間累官南贛巡撫。勦平土賊。地方以寧。康熙初致仕。

蘇．廷玉 清同安人。字鼇石。嘉慶進士。官至四川布政使。護總督。降大理寺少卿。有亦佳室詩文鈔。

蘇．志皐 明固安人。字德明。號寒村。嘉靖進士。官至副都御史。有寒村集。

蘇．沙羅 隋孝慈兄子。字子粹。仕周。以破尉遲迥功。封通秦郡公。開皇中歷檢校利州總管。擊西爨有功。進位大將軍。尋檢校益州總管長史。除名卒於家。

蘇．良貞 明思恩人。崇禎中以貢生任濱州州判。遷衞經歷。後家居。羣盜入城。與弟良輔．良臣拒戰被害。

蘇．良嗣 唐世長子。高宗時爲周王府司馬。遷荆州長史。帝遣宦者採怪竹江南。所過縱暴。良嗣囚之以聞。帝爲下詔慰獎。垂拱中累遷文昌左相。同鳳閣鸞臺三品。遇薛懷義於朝。懷義偃蹇。良嗣叱左右批其頰。武后聞之。戒懷義出入北門。毋犯南衙宰相。後加特進卒。

蘇．侃 南齊武邑人。字休烈。涉獵書傳。高帝鎮淮陰。取爲冠軍錄事參軍。深自勤勵。爲高帝所委付。後爲帝太尉諮議。與丘巨源撰蕭太尉記。載帝征伐之功。封新建縣侯。齊臺建。爲黃門郎。領射聲校尉。任以心膂。帝卽位。侃撰聖皇瑞命記奏之。卒諡質。

蘇．味道 唐欒城人。九歲能屬辭。與里人李嶠俱以文翰顯。時號蘇李。舉進士。累官吏部侍郎。武后朝以鳳閣舍人。檢校侍郎同鳳閣鸞臺平章事。在相位脂韋自營。未嘗有所發明。嘗曰。決事不欲明白。誤則有悔。摸稜持兩端可也。故世號摸稜手。後坐張易之黨貶眉州刺史卒。

蘇．定方 唐武邑人。名烈。以字行。驍悍有氣決。貞觀初從李靖襲突厥頡利於磧口。爲前鋒。馳殺數百人。餘黨悉降。與程明振討高麗破之。從程知節征賀魯。率精騎搗其營。賊衆大潰。復爲大總管。縛賀魯以還。由是唐之州縣極西海。策功拜左驍衞大將軍。封邢國公。又降思結闕俟斤都曼。平百濟。凡滅三國。皆生執其王。累拜涼州安集大使。卒諡莊。（按萬姓統譜薛姓中別有薛烈。卽蘇烈之誤。）

蘇．忿生 周武王時司寇。能敬獄事。封於蘇。

蘇．易簡 宋銅山人。字太簡。才思敏贍。太宗時進士第一。以文章知名。累官翰林學士承旨。眷遇甚隆。帝飛白書玉堂之署四字賜之。嘗直禁中。以水試欹器。帝聞。命試之。易簡奏曰。器盈則覆。物盛則衰。願陛下持盈守成。以固丕基。歷參知政事。以禮部侍郎出知鄧州。移陳州卒。有文房四譜。續翰林志及文集。

蘇．旻 明嘉定人。字舜夫。事父以孝聞。及卒。獨負土治墓。結廬其側。父有遺產。悉讓諸弟。時人稱其孝友。

蘇昌 清滿洲正藍旗人。姓伊爾根覺羅氏。滿丕孫。康熙末授中書。乾隆間累官閩浙總督。督兩廣時。屬縣有巨室模斃人母。反誣其子毆死者。獄已具。蘇昌親鞫得實。將縣令抵法。爲當時督撫之罕能者。卒諡恪勤。

蘇林 三國魏外黃人。字孝友。博學多通古今字指。凡諸書傳文間危疑。林皆釋之。建安中爲五官將文學。黃初中遷博士·給事中。封安成亭侯。官至散騎常侍。以老歸第。帝每遣人就問之。年八十餘卒。

蘇武 漢建子。字子卿。以父任爲郎。天漢初以中郎將使匈奴。單于欲降之。武不屈。迺幽武置大窖中。絕飲食。武齧雪與旃毛並咽之。又徙北海上無人處。使牧羝。廩食不至。掘野鼠去屮實而食之。杖漢節牧羊。臥起操持。節旄盡落。留匈奴凡十九歲。昭帝時匈奴與漢和親。漢求武等。匈奴詭言武死。常惠教使者謂單于。言天子射上林中。得雁。足有係帛書。言武等在某澤中。使者如惠言讓單于。單于驚謝。武乃得還。拜典屬國。宣帝立賜爵關內侯。圖形麒麟閣。

蘇洞 宋紹興山陰人。字召叟。頌四世孫。爲詩鑱刻淬鍊。有泠然齋集。

蘇玭 宋同安人。字訓直。累官尚書吏部郎。屬文有體制。筆法簡遠。其尺牘尤爲時所珍愛。

蘇金 元字用之。號淨信居士。少因荒亂無師。逢人輒捧書質問。稍長。文藝皆通。明兵下吳。人物凋耗。金貿舟往訊親友。逢底獲布囊一。中有金銀器數事。金艤舟以俟。失者至。悉還之。嘗夜有盜踰牆。金覺。與錢一千。俾作生理。盜感愧。卒爲善。

蘇陀室利 唐高僧。住中印度那爛陀寺。慕清涼文殊住處。與弟子七人航海而來。殞者三。還者三。惟蘇陀室利六載始達臺山。時年八十五矣。經一臺頂。誦華嚴十部。禪寂七日。不息不食。後化於靈鷲峯。弟子佛陀闍毗收舍利八合。持歸西土。

蘇亮 北周武功人。字景順。少通敏博學。好屬文。善章奏。舉秀才。魏齊王蕭寶夤引爲參軍。寶夤作亂。以亮爲黃門侍郎。亮善處人間。與物無忤。及寶夤敗。唯亮獲全。大統中累官中書監。領著作。修國史。有所鑒識。卒多會旨。薦達後進。常如弗及。故當世敬慕。以侍中卒官。

蘇保衡 金天成人。字宗尹。賜進士出身。累遷工部尚書。海陵治兵伐宋。保衡爲浙東道水軍都統制。僕散忠義伐宋。保衡行戶部於關中。還遷禮部尚書。拜參知政事。進右丞。在朝以忠直稱。

蘇則 三國魏武功人。字文師。少以學行聞。舉孝廉茂才。辟公府。皆不就。歷酒泉·金城太守。所在有威名。聞魏氏代漢。發服悲哭。後徵拜侍中。文帝憚其直。左遷東平相。卒諡剛。

蘇奎章 明錫山人。嘉靖中諸生。事父至孝。嘗從父入山。猝遇虎。奎章倉皇泣告。願舍父食己。虎曳尾徐去。後爲徐府教授。

蘇威 隋綽子。字無畏。仕周位至開府。文帝受禪。徵拜太子少保。與高熲同心協贊。天下稱平。煬帝時歷尚書右僕射·開府儀同三司。從征吐谷渾·遼東。當時尊重。朝臣莫與爲比。以奏對失旨除名。宇文化及弑逆。以威爲光祿大夫。開府儀同三司。化及敗。歸李密。密敗。歸東都。越王侗以爲上柱國。王世充僭署太師。威自以隋室舊臣。所經之處。皆與時消息。以求容免。及唐太宗平世充。威欲請見不許。歸卒於家。

蘇庠 宋澧州人。字養直。工詩。蘇軾見其清江曲。謂置太白集中。誰疑其非。自是聲名藉甚。紹興間居廬山。與徐俯同召不起。卒年八十餘。庠號後湖居士。有後湖集。

蘇建 漢杜陵人。以校尉從衛青擊匈奴有功。封平陵侯。後爲游擊將軍出朔方。爲右將軍出定襄。以代郡太守卒官。

蘇思恭 宋晉江人。字欽甫。嘉定進士。篤意朱氏之學。踐履堅確。除興化軍教授。以理義之實。革詞藻之華。士風翕然爲變。調韶州教授。有省齋文稿·曲江志。

蘇拜 清滿洲正白旗人。姓瓜爾佳氏。年十五。從太祖征蒙古。天聰·崇德間。從征察哈爾及朝鮮。圍錦州屢有功。順治間入關。勦李自成。滅張獻忠。累官護軍統領。封二等子。坐阿附多爾袞論死。尋得免。起封一等男。授領侍衛內大臣。卒諡勤僖。

蘇昞 宋武功人。字季明。始學於張載。後事二程。元祐末呂大忠薦之。爲太常博士。坐元符上書入黨籍。編管饒州卒。

蘇洸 宋仙游人。字澄老。知臨穎縣。修治述陂。民號蘇公陂。歷官雷州。秩滿赴闕。進三劄。皆切時務。改新州。有惠政。

蘇洵 宋眉山人。字明允。祐曾孫。年二十七。始發憤爲學。通六經百家之說。下筆頃刻數千言。至和·嘉祐間。與二子軾·轍同至京師。翰林學士歐陽修上其所著權書衡論等二十二篇。士大夫爭傳之。宰相韓琦奏於朝。除祕書省校書郎。與姚闢同修建隆以來禮書。爲太常因革禮一百卷。書成而卒。有諡法·嘉祐集。洵家有老人泉。梅堯臣爲之作詩。故自號老泉。

世以其父子俱知名。稱洵爲老蘇。軾爲大蘇。轍爲小蘇。

蘇洹 【明】甌寧人。字景濟。成化初以經明行修薦。預修憲宗、孝宗實錄。以疾辭歸。寫染精妙。書法備諸體。有貽拙集、燕游倡和錄。

蘇禹珪 【後周】高密人。字元錫。以五經中第。漢高祖作鎭并門。奏爲幾判。累官尙書左僕射。與蘇逢吉等受顧命立少主。太祖入立。加守司空。世宗嗣位。封莒國公。受代歸卒。禹珪純厚長者。遭遇漢祖。及蘇逢吉夷滅。禹珪恬然無咎。人以爲積善之報。

蘇致中 【明】西蜀人。由科第仕爲郡守。畫山水宗馬夏。行筆如草書。書法鍾王懷素而有天趣。

蘇茂杓 【明】晉江人。字宏濟。萬曆中知封丘。救荒有善政。進開封府同知。署府事。闖賊大舉圍汴。汴水決。賊乘筏蟻進。茂杓度不免。赴水死。

蘇倫保 【清】滿洲正黃旗人。姓富察氏。嘉慶間隨征川楚教匪。積功官至英吉沙爾領隊大臣。張格爾之亂。城陷死之。謚質毅。

蘇唐卿 【宋】官寺丞。宰費縣。善小篆。嘉祐中嘗書歐陽修醉翁亭記。刻石於費之縣齋。記後有倡和詩。

蘇峻 【晉】掖人。字子高。少爲書生。有才學。永嘉之亂。糾合流民數千家。結壘於本縣。遠近推峻爲主。元帝聞之。假峻安集將軍。累除臨淮內史。王敦肆逆。峻率衆赴京師。大破之。進使持節冠軍將軍、歷陽內史。器械甚精。朝廷以江外委之。而峻潛有異志。庾亮徵峻爲大司農。峻素疑亮欲害己。遂舉兵反。以討亮爲名。與王師戰。頻捷。遂陷宮城。自爲驃騎領軍將軍、錄尙書事。縱兵大掠。朝政一皆由之。後遷帝於石頭。溫嶠、庾亮、陶侃會師討之。峻逆戰敗死。

蘇庫 【清】滿洲正紅旗人。姓覺羅氏。康熙間官至禮部尙書。雍正初致仕。性儉約。每飯惟一餚。客至則四之。嘗曰肉不宜二種。味雜無補於身。年至八十有八。視聽不衰。

蘇恩 【明】松江華亭人。字從仁。正德進士、知秀水縣。召爲御史。風節甚厲。巡按廣東。首抑權豪。革和買。均差徭。民甚便之。以事罷歸卒。

蘇恭則 【明】樂昌人。洪武舉人。累官廣西參政。寬恤柔服。猺獠率從。永樂中新城侯張輔征交阯。選督海運。糧餉不乏。時征南將軍韓觀鎭廣西。勦柳慶猺。性躁好殺。恭則數諫止之。全活甚衆。

蘇恭讓 【明】玉田人。洪武時舉聰明正直。授漢陽知府。爲治嚴明而不苛。每遇重役。必詣上官請簡省。民賴以安。

蘇晉 【唐】珦子。數歲知爲文。作八卦論。房穎叔、王紹宗歎曰。後來之王粲也。舉進士及大禮科。皆上第。先天中爲中書舍人。玄宗監國。所下制命。多晉及賈曾稿。屢獻讜言。累遷吏部侍郎。典選事。有時譽。終太子左庶子。

蘇烈 【南齊】倪弟。字休文。累官山陽太守、寧朔將軍。袁粲起事。高帝遣烈助防城。仍隨諸將平石頭。封吉陽縣男。永明中至平西司馬、陳留太守。卒官。◎【唐】見蘇定方條。

蘇珦 【唐】藍田人。擢明經。垂拱中累官左肅政臺御史大夫。遇事挺直敢言。忤武三思意。出爲岐州刺史。復爲右臺大夫。節愍太子敗。詔株索支黨。時睿宗居藩。被牽逮。珦密啓保釋。擢戶部尙書。封河內郡公。卒謚文。

蘇珥 【清】廣東順德人。字瑞一。乾隆舉人。與勞孝輿等同爲督學惠士奇所知。稱惠門八君子。性簡易。不慕浮名。詩古文皆不苟作。尤工書法。得者稱爲二絕。大吏以鴻博薦。母老不與試。

蘇祐 【宋】眉山人。昧道後。少穎悟過人。至成都。遇道士異之。屏人謂曰。吾能變化百物。將以授子。祐固辭。道人笑曰。是果有以過人矣。自是隱名益彰。子杲亦以施予顯名。杲子序讀書通大義。爲詩務遠志。教其子濬、渙、洵。◎【明】濮州人。字允吉。一字舜澤。嘉靖進士。初以廣東道御史按宣大。授計平大同亂軍。歷兵部侍郎。總督宣大軍務。屢敗強寇。進兵部尙書。坐不請兵餉失事削籍。尋復官卒。祐喜爲詩。粗豪伉浪。奔放自喜。有穀原集。

蘇秦 【戰國】洛陽人。字季子。師鬼谷子。習縱橫家言。出游數歲。裘敝金盡。憔悴而歸。妻不下機。嫂不爲炊。父母不子。乃發陰符經讀之。欲睡。引錐刺股。揣摩之術成。說秦惠王不用。於是往說燕趙韓魏齊楚。合縱抗秦。以秦爲縱約長。并相六國。秦既歸趙。趙肅侯封爲武安君。乃投縱約於秦。秦兵不敢窺函谷關者十五年。後縱約爲張儀所敗。秦客於齊。齊大夫使人刺殺之。

蘇純 【後漢】平陵人。字桓公。有高名。性強切而持毀譽。士友咸憚之。相謂曰。見蘇桓公患其教責人。不見又思之。三輔號爲大人。永平中擊匈奴有功。封中陵鄉侯。官至南陽太守卒。◎【明】湘陰人。字草亭。弘治舉人。事父母及繼祖母盡孝。先後居喪。不入內寢者七載。葬母百事躬親。中寒疾卒。

蘇納 【清】滿洲正白旗人。姓納喇氏。太祖時從征有功。擢副都統。太宗時從征察哈爾。朝鮮。圍大淩河。授正白旗蒙古都統。坐事罷任卒。

蘇納海 〔清〕滿洲正白旗人。姓他塔喇氏。順治間由王府護衛累擢國史院大學士。兼管戶部尚書事。康熙時鼇拜擅權。蘇納海不肯阿附。鼇拜請以正白旗屯莊改隸鑲黃旗。而別圈民地與正白旗。蘇納海力持不可。鼇拜銜之。矯旨處絞。鼇拜敗。特旨昭䘏。謚襄愍。

蘇·冕 〔唐〕瓌從孫。字元佩。與弟弁。袞皆以友愛文學見稱於時。仕終信州司戶參軍。嘗纂國朝政事。撰會要一書。

蘇勒當阿 〔清〕滿洲鑲白旗人。姓蘇木克起氏。嘉慶間以參將從攻陝西三才峽廂匪。大敗之。道光間官至廣州將軍卒。

蘇勒達 〔清〕滿洲鑲黃旗人。姓瓜爾佳氏。巴哈子。康熙間累遷鑲黃旗蒙古都統 從征噶爾丹有功。卒謚恪僖。

蘇·國士 〔清〕常熟人。字公卞。號西田。畫花鳥法馬元馭。尤長於詩。有西田詩稿。

蘇·堅 〔宋〕焯子。慶元間待詔。善畫釋道人物。

蘇·寀 〔宋〕滏陽人。字公佐。擢第。嘗以侍御史使契丹。還及半道。聞英宗晏駕。契丹置晏仍用樂。寀謂送者曰。兩朝兄弟。君臣之義。吾與君等一也。此而可忍。孰不可忍。遂爲之徹樂。累官給事中。知審刑院卒。寀長於刑名。故屢爲法官。數以讞議受詔奬焉。

蘇·崑生 〔清〕蔡州人。善歌。客於楚。左良玉駐武昌。崑生與柳敬亭爲幸舍重客。良玉沒於九江。衆皆潰。敬亭已先期東下。崑生削髮入九華山。久之。從武林汪然明之吳中。均以善歌名海內。

蘇·彬 〔明〕湖廣桃源人。以縣多荒田。賦額累民。上疏請蠲。不報。洪武中擊登聞鼓。自縊其下。得疏懷中。詔免糧二萬二千石。併里爲五十六。萬曆間有司立廟以祀。

蘇·從 〔春秋〕〔楚〕大夫。莊王卽位。三年不出。日夜爲樂。下令諫者殺。伍舉隱諫。王淫益甚。從乃入諫。王曰。若不聞令乎。從曰。殺身以明君。臣之願也。王乃罷淫樂聽政。誅數百人。進數百人。任伍舉及從以政。國大治。

蘇·從善 〔明〕當塗人。字晉卿。明初爲長興州知州。廉介警敏。善於治理。民懷其德。

蘇·淑 〔後魏〕武邑人。字仲和。熙平中襲兄爵爲晉陽男。後除樂陵內史。甚有人譽。謝病乞解。人吏老幼訴乞淑者甚衆。後歷滎陽中山二郡。皆爲吏人所思。當時稱良二千石。卒謚懿。

蘇清阿 〔清〕滿洲鑲白旗人。姓瓜爾佳氏。嘉慶間從勦河南教匪。克道口。道光間從赴喀什噶爾。勦捕張格爾。克復回疆四城。生擒張格爾。累官吉林將軍。卒謚剛懿。

蘇·祥 〔明〕揚州人。工畫人物山水。

蘇·竟 〔後漢〕平陵人。字伯況。平帝時以明易爲博士講書祭酒。善圖緯。通百家言。拜代郡中尉。時匈奴擾亂。竟完輯一郡。光武卽位。就拜代郡太守。後詣京拜侍中。以病免。初鄧仲況與劉龔據南陽爲寇。竟以書曉之。仲況與龔遂降。竟終不伐其功。潛樂道術。作記誨篇。卒於家。

蘇·章 〔漢〕北海人。字游卿。儒生。去官不仕王莽。◎〔後漢〕純孫。字孺文。少博學能屬文。安帝時舉賢良方正。出爲冀州刺史。有故人任清和太守。章行部按其奸贓。太守爲設酒殽。陳平生之好。喜曰。人皆有一天。我獨有二天。章曰。今日蘇孺文與故人飲者。私恩也。明日冀州刺史案事者。公法也。遂舉正其罪。州境肅然。改并州刺史。以摧折權豪忤旨免官。後徵爲河南尹。不就卒。◎〔南漢〕以牙校事劉龔。積功至左右街使。楚人舉水軍侵封州。章沈鐵絙於賀江。爲巨輪兩岸上。輕舟迎敵。陽敗。楚人逐之。章舉巨輪挽絙鎖楚舟。用強弩夾江射之。楚人大敗。龔改章封州團練使。章驍勇善戰。而行軍多合古法。遂爲一時名將。子五人。俱爲中郎將。豪俠任氣。當時號爲五郎將云。◎〔明〕餘干人。字文簡。號雲崖。成化進士。官武選主事。會星變求言。章疏陳宦官妖僭罪。請亟誅竄。帝怒。下吏貶姚安通判。再遷延平知府。有政績。終浙江參政。有滇南行稿。

蘇·紹 〔晉〕愉子。字世嗣。爲吳王師。石崇妻。紹之兄女也。紹有詩在金谷集。

蘇·紹威 〔宋〕德化人。隱於北山。朱熹嘗造其廬。書廉靜二字與之。且銘其琴曰。養君中和之正性。去子忿慾之邪心。乾坤無言物有則。我獨與汝鉤其深。

蘇·紳 〔宋〕晉江人。字儀甫。天禧進士。累官三司鹽鐵判官。時以災異求直言。紳上疏言時事。遷翰林學士。出知河陽。徙河中。未行卒。紳博學多智。喜言事。善中傷人。與梁適同在兩禁。人以爲險詖。故語曰草頭木腳。陷人倒卓。

蘇·逢吉 〔五代〕〔漢〕長安人。少嫻筆札。高祖鎮河東。以爲節度判官。甚愛之。然爲人貪詐無行。喜爲殺戮。高祖嘗以生日遣疏理獄囚以祈福。逢吉入獄中閱囚。無輕重曲直悉殺之。以報曰。獄靜矣。高祖建號。拜中書侍郎・同中書門下平章事。朝廷大事。皆出其手。然素不學問。隨事裁決。出其意見。尤納賄賂。市權鬻官。乾祐中加拜司空。周太祖至北郊。逢吉素與有隙。與隱帝出走。自殺。

蘇勗 唐 威孫。字慎行。武德中為秦王諮議典籤。遷魏王泰府司馬。博學有美名。泰重之。勸開館引文學士。著書名家。歷吏部侍郎卒。

蘇循 後梁 為人巧佞無廉恥。第咸通進士。累官禮部尚書。時太祖已弒昭宗立哀帝。唐之舊臣。皆憤惋切齒。而循特倡言梁王功德。宜即受禪。以希進用。太祖即位。循為冊禮副使。尋勒歸田里。乃依朱友謙於河中。友謙叛降晉。遣循至魏州。是時梁未滅。晉諸將相多不欲晉王即帝位。循至。望州廨即拜。及入謁。舞蹈稱臣。晉王大悅。因以循為節度副使。已而病卒。

蘇愉 三國魏 則子。字休豫。咸熙中為尚書。歷位太常。光祿大夫。忠篤有智意。

蘇渙 唐 善放白弩。巴中號為弩跖。後變節從學。擢第。累遷至侍御史。佐湖南崔瓘幕府。瓘遇害。遂踰嶺南。扇動哥舒晃跋扈交廣。伏誅。

蘇湛 後魏 亮弟。字景儁。少有器行。舉秀才。蕭寶夤西討。以湛為行臺郎中。深見委任。寶夤將謀反。使人告湛。時湛方病。舉聲大哭。願乞骸骨還鄉里。寶夤知不為己用。聽還武功。後寶夤果敗。莊帝即位。徵補尚書郎。尋遷中書侍郎。出帝初病終於家。

蘇焯 宋 漢臣子。隆興間畫院待詔。世其家學。

蘇竦 宋 龍溪人。字延儀。登慶元第。調肇慶府推幕。有廉介聲。天姿好學。凡所未見書。必借閱或手抄不輟。博通經史。玩心理學。集先儒詩易二禮傳。折衷己見。履行純篤。士流慕之。

蘇舜元 宋 易簡孫。字子翁。為人精悍任氣。歌詩豪健。尤善草書。官至尚書度支員外郎・三司度支判官。

蘇舜欽 宋 舜元弟。字子美。少慷慨有大志。當天聖中。學者為文。多病偶對。獨舜欽與河南穆修好為古文歌詩。一時豪俊多從之游。初以父任補太廟齋郎。尋舉進士。累遷大理評事。康定中河東地震。舜欽詣匭通疏。范仲淹薦其才。召試集賢校理。監進奏院。坐用鬻故紙公錢召妓樂會賓客除名。流寓蘇州。買水石作滄浪亭。自號滄浪翁。益讀書。時發憤於歌詩。其體豪放。往往驚人。善草書。酒酣落筆。爭為人所傳。後得湖州長史以卒。有蘇學士集。

蘇雲卿 宋 廣漢人。紹興間客豫章東湖。結廬獨居。鄰無良賤老稚。皆敬愛之。稱曰蘇翁。布褐草屨。終歲不易。種蔬織屨以自給。暇則閉門高臥。或危坐終日。人莫能測。少與張浚為布衣交。浚為相。馳書函金幣屬豫章帥漕致之。帥漕乃屏騎從入其圃。出書函金幣。力請共載。辭以詰朝上謁。旦遣使迎伺。則扃戶闃然。不知所往。

蘇順 後漢 霸陵人。字孝山。和安間以才學見稱。好養生術。隱處求道。晚乃仕。拜郎中。卒官。

蘇幹 唐 勗子。擢明經。授徐王府記室參軍。王好畋。每諫止之。垂拱中遷魏州刺史。以治稱。累遷冬官尚書。為來俊臣所忌。被誣繫獄卒。

蘇椿 北周 綽弟。字令欽。性廉慎。沈勇有決斷。討關右賊。破槃頭氏。俱有功。為宇文泰所知。歷仕武功郡守。以清儉自居。小大之政。必盡忠恕。保定中位驃騎大將軍卒。◎金大名人。以元帥守許州。時元兵南下。節度使石倫遣提控高琎往斥堠。琎降元。引兵至城下。使人持檄招降。倫・椿斬之。城陷。椿被擒。元將怒其不屈。殺之。倫亦投井死。

蘇楷 後唐 循子。舉乾寧進士。覆試落第。常慙恨。及昭宗遇弒。唐政出於梁。楷為起居郎。與柳璨・張廷範等相結。請改諡昭宗曰恭靈莊閔皇帝。廟號襄宗。以雪前恨。後隨父至魏州。莊宗以為尚書員外郎。明宗即位。大臣欲理其駁諡之罪。以憂死。

蘇源生 清 鄢陵人。字泉沂。號菊村。道光副貢。從嘉興錢儀吉學。喜讀宋儒書。反躬實踐。事母以孝聞。主講文清書院十五年。教人一以朱子為法。興起者衆。用薦授教諭。不就卒。所著記過齋書五種。曰省身錄・大學臆說・文稿・貞壽堂贈言・師友札記。又有中州文徵・鄢陵文獻志。

蘇源明 唐 武功人。初名預。字弱夫。少孤。工文辭。第天寶進士。累官國子司業。安祿山陷京師。源明稱病不受偽署。肅宗時擢知制誥。數陳時政得失。終祕書少監。

蘇照 元 建安人。字明遠。至正間以明經薦至京。除僉事。任福建按察使。善畫墨菊竹石。工詩文。有詩集・飯牛菴錄。

蘇葵 明 廣東順德人。字伯誠。成化進士。弘治中以翰林編修陞江西提學僉事。性剛介不苟合。太監董讓構陷之。理官附讓欲加之刑。南昌諸生百人。號泣白冤。擁入扶輿去。事竟得雪。歷福建布政使卒。

蘇詵 唐 頲弟。字廷言。舉賢良方正高第。補汾陰尉。累遷給事中。後出為徐州刺史。有治績。

蘇軾 宋 洵子。字子瞻。博通經史。嘉祐中試禮部。歐陽修擢置第二。

日。吾當避此人出一頭地。對策入三等。簽書鳳翔府判官。召直史館。熙寧中王安石創行新法。軾上書論其不便。安石怒。使御史謝景溫論奏其過。窮治無所得。軾遂請外。通判杭州。再徙知湖州。言者摭其詩語以爲訕謗。逮赴臺獄。欲寘之死。鍛鍊久不決。以黃州團練副使安置。軾築室於東坡。自號東坡居士。移汝州。元祐中累官翰林學士兼侍讀。尋以龍圖閣學士知杭州。召爲翰林承旨。歷端明殿翰林侍讀兩學士。出知惠州。紹聖中累貶瓊州別駕。赦還。提舉玉局觀。復朝奉郎。建中靖國初卒於常州。諡文忠。軾師父洵爲文。既而得之於天。嘗自謂作文如行雲流水。初無定質。其體涵渾光芒。雄視百代。有易書傳・論語說・仇池筆記・東坡志林・東坡全集・東坡詞等凡數百卷。又善書。兼工繪事。

蘇過　〔宋〕邁弟。字叔黨。任右承務郎。性至孝。父軾帥定武。謫英州惠州。遷儋耳。徙廉永。獨過侍。凡生理晝夜寒暑所須。一身百爲。不知其難。軾卒於常州。過葬軾汝州郟城小峨眉山。遂家潁昌。營湖陰水竹數畝。名曰小斜川。自號斜川居士。善書畫。時稱小坡。歷通判中山府卒。有斜川集。

蘇鈺　〔明〕伯厚從子。字良璧。號竹坡。畫竹石花木山水。皆極精妙。工書。喜吟咏。閉門終日。不干世事。有竹坡吟稿。

蘇頌　〔宋〕紳子。徙居丹陽。字子容。第進士。累遷集賢校理。富弼稱爲古君子。與韓琦同表其廉退。英宗時遷度支判官。元祐中拜右僕射。兼中書門下侍郎。爲相務在使百官遵職。杜絕僥倖之源。戒疆埸之臣要功生事。巍然獨立。爲時雅望。以太子少師致仕卒。有新儀象法要。

蘇壽元　〔元〕福安人。字仁仲。號北溪。弱冠游太學。負文名。宋亡。隱居建陽。以講學自任。有春秋經世。春秋大旨。

蘇夢暘　〔明〕萬曆間爲雲南祿豐知縣。武定賊鳳騰霄反。寇祿豐。夢暘率民兵戰退之。明年元旦。方朝服祝釐。賊襲陷其城。執之去。不屈死。

蘇漢臣　〔宋〕開封人。宣和中畫院待詔。隆興初補承信郎。工畫道釋人物。尤善嬰孩。

蘇爾相　〔清〕靈州人。乾隆中以守備隨征緬甸。有功。緬甸既求和。仍不至。遣爾相投遞檄文。被拘八年。後送還。官至騰越鎮總兵卒。

蘇爾愼　〔清〕滿洲正黃旗人。姓蘇都里氏。乾隆間從征廓爾喀。嘉慶間從勦川陝楚教匪。轉戰有功。河南山東教匪亂。又平之。積功官至鑲藍旗蒙古都統。道光間坐事罷歸卒。

蘇綽　〔北周〕讓從弟。字令綽。少好學。博覽羣書。尤善算術。宇文泰召爲行臺郎中。僕射周惠達稱其有王佐才。泰與語大悅。卽拜大行臺左丞。參典機密。始制文案程式朱出墨入及計帳戶籍之法。遷度支尚書。兼司農卿。時泰方欲革易時政。弘強國富人之道。綽贊成其事。性忠儉。常以喪亂未平爲己任。積勞成疾而卒。

蘇翠　〔宋〕妓。咸淳間供奉樂部。善寫墨竹。亦工梅蘭。

蘇銓　〔明〕洪武初爲柳州衞指揮僉事。謀略過人。賊攻掠融縣。銓率兵勦擊。賊敗散。後復聚衆剽掠。銓設法擒之。民賴以安。

蘇劉義　〔宋〕貴池人。景定中以鄂州戰守及城鄂常澧州功賜緡錢。知吉州軍事。元兵至臯亭山。與張世傑等扶益廣二王出嘉會門。渡浙江去。厓山敗績。劉義等以三十餘艘乘潮而遁。尋爲其下所殺。

蘇厲　〔戰國〕代弟。亦習縱橫術。嘗因燕質子求見齊王。齊王怨蘇秦。欲囚厲。燕質子爲謝。遂委質爲齊臣。以壽死。

蘇德勝　〔清〕咸豐間以行伍隨勦太平軍。轉戰江蘇浙江山東湖北。迭著功績。光緒間累官建寧鎮總兵。患瘴卒於軍。

蘇德馨　〔明〕廣通人。父寵異母。逐之於外。益盡孝。躬耕養親。萬曆中任茂州學正卒。

蘇澄隱　〔宋〕眞定人。字棲眞。爲道士。得養生術。年八十餘不衰老。五代唐晉屢聘之。並辭疾不至。太祖征太原。還駐鎭陽。召見問其術。對曰。臣之養生。不過精思煉氣耳。帝王養生。則異於是。老子曰。我無爲而民自化。我無欲而民自正。黃帝・唐堯。享國永年。得此道也。帝大悅。年百歲而卒。

蘇緘　〔宋〕紳從弟。字宣甫。寶元進士。仁宗時知英州。破儂智高有功。熙寧中以皇城使知邕州。交阯入寇。緘率吏民固守凡四旬。城陷。闔門皆自焚死。神宗賜諡忠勇。緘沒後。交人謀寇桂州。見大軍從北來。呼曰。蘇城隍督兵報怨。懼而引去。邑人爲緘立廟。元祐中賜額懷忠。

蘇誼　〔清〕杭州人。字仲瞻。工畫山水。

蘇遲　〔宋〕轍子。字伯克。建炎中以右朝請大夫直祕閣。知婺州。奏減稅額。父老爲立生祠。因家焉。卒葬蘭溪靈洞。

蘇遯　〔清〕婁縣人。初名綵。字澤民。又字遺民。性迂僻。不娶。好謾罵人。工畫。尤長佛像。

蘇震　〔唐〕詵子。十餘歲。強學有成人風。官殿中侍御史・長安令。安祿山陷京師。震棄家出奔。一晝夜至靈武。肅宗嘉之。拜御史中丞。累遷太常卿。封岐國公卒。

蘇·魯邁 清滿洲正藍旗人。姓嵩佳氏。天命間攻撫順。天聰間攻朝鮮義州。圍明永平。皆先登克之。後從攻北京。中砲。以殘疾家居。封三等男。卒諡勤勇。

蘇·曉 宋武功人。字表東。後唐長興初辟鄧州從事。歷仕漢周。以讞獄功。至大理少卿。宋初。詔詳定刑統及編敕。累遷左諫議大夫卒。曉深文少恩。當時號爲酷吏。

蘇·蕙 前秦武功人。字若蘭。扶風竇滔妻。滔仕符堅爲秦州刺史。有寵姬趙陽臺。蕙嫉之。因與滔相忤。及滔移襄陽。遂獨攜陽臺之任。斷蕙音問。蕙悔恨自傷。因織錦爲文。五采相宣。題詩二百餘首。縱橫反覆。皆成章句。名曰璇璣圖。以寄滔。滔省覽。感其妙絕。遂送陽臺之關中。而具禮迎蕙。（按此本唐武后璇璣圖序。晉書作竇滔爲秦州刺史。被徙流沙。妻蘇氏思之。織錦爲迴文旋圖詩以贈滔。凡八百四十字。與此稍異。）

蘇·澹 明祐子。字子沖。登鄉舉。早歲隨其父宦吳。卽學爲詩。有青出於藍之目。有蘇仲子集。

蘇·隨 宋晉江人。嘉祐進士。任博羅令。棄官歸里。號紫雲先生。葆神鍊氣。不與俗接。後端坐而逝。

蘇·頲 唐瓌子。字廷碩。幼敏悟。一覽至千言。輒覆誦。第進士。累遷中書舍人。玄宗平內難。書詔塡委。獨頲在太極後閣。所占授功狀。百緒輕重無所差。書吏至白腕脫。襲父封爵。號小許公。開元中進同紫微黃門平章事。與宋璟同當國。璟剛正多所裁決。頲能推其長。在帝前數奏。璟有未及或少屈。頲輒助成之。罷爲禮部尚書卒。諡文憲。頲以文章顯。與燕國公張說稱望略等。故時號燕許大手筆。

蘇·總龜 宋泉州德化人。字待問。居太學。紹興中試上舍第一。孝宗登極。恩賜釋褐登第。授衡州教授。累遷參淮東議幕奉祠。總龜有文學。有論語解·大學儒行篇·詩文雜著。

蘇·邁 宋軾子。字伯達。善爲文。軾貶惠州。邁求潮之安化令。以便饋親。卒官。

蘇·謙 後漢章從孫。初爲郡督郵。時李暠爲美陽令。與中常侍具瑗交通貪暴。前後監司莫敢糾。謙案得其贓。論輸左校。累遷至金城太守。去郡歸里。私至洛陽。時暠爲司隸校尉。因報宿怨。收謙掠死獄中。

蘇·簡 宋緘弟。字伯業。有山堂集。

蘇·鎰 明伯厚子。字亘玉。永樂間以明經舉。拜中書舍人。歷吏部員外郎。與纂修事。尋轉郎中。有金臺寓稿。

蘇·瓊 北齊武強人。字珍之。幼時隨父在邊。文襄引爲刑獄參軍。累遷南清河太守。其郡多盜。及瓊至。民吏肅然。有鄰郡富豪。將財物寄置界內以避盜。爲賊攻急。曰。我物已寄蘇公矣。賊遂去。在郡六年。人庶懷之。累遷三公郎中。行徐州事。後爲大理卿。齊亡。仕周爲博陵太守。隋開皇初卒。

蘇·轍 宋軾弟。字子由。與軾同登進士科。又同策制舉。以直言置下等。授商州軍事推官。神宗朝王安石以執政領三司條例。命轍爲之屬。安石行青苗法。轍力陳其不可。出爲河南推官。哲宗召爲右司諫。蔡確·韓縝·章惇皆在位。窺伺得失。轍皆論去之。又論竄呂惠卿。累遷御史中丞。拜尚書右丞。進門下侍郎。紹聖初廷試進士。中書舍人李清臣撰策題。爲紹復之說。轍疏諫。哲宗不悅。落職知汝州。累謫雷州安置。移循州。徽宗立。徙永州岳州。已而復大中大夫致仕。築室於許。號潁濱遺老。卒諡文定。轍性沈靜簡潔。爲文汪洋澹泊。似其爲人。有詩傳·春秋傳·論語拾遺·孟子解·古史·老子解·龍川志略·欒城集。

蘇·夔 隋威子。字伯尼。博覽羣言。尤以鍾律自命。起家通事舍人。後與鄭譯·何妥議樂得罪。議寢不行。著樂志十五篇以見志。仕至通議大夫。

蘇·瓌 唐幹從弟。字昌容。擢進士第。歷朗歙同三州刺史。神龍初入爲尚書左丞。明曉法令。多識臺省舊章。一朝格式。皆所刪正。累拜尚書右僕射·同中書門下三品。封許國公。睿宗卽位。進左僕射。瓌爲宰相。陳當世利病甚多。卒諡文貞。

蘇·繼歐 明許州人。字抑堂。萬曆進士。天啓中爲吏部考功郎中。將調文選。魏忠賢惡之。謂爲楊漣私黨。削籍歸。時緹騎四出。有人怵以逮者至。繼歐自經死。

蘇·耀素 元至元間爲平谷縣尹。操守廉潔。民有善鬪律挾害善良者。耀素召至。取其情狀書之粉壁。其人遂改行。由是政聲日著。不數年拜內臺御史。

蘇·鶚 唐類族人。字德祥。光啓進士。所著杜陽雜編。鋪陳縟麗。特小說家言。又有蘇氏演義。於典制名物。具有考證。

蘇·籀 宋遲子。字仲滋。年十餘歲。侍祖轍於潁昌。首尾九載。未嘗去側。官至監丞。有欒城遺言·雙溪集。

蘇·韡 明江陰人。字廷茂。成化中任韶州知府。仁恕嚴明。軍民悅服。

歷副使。

蘇權　宋洗子。字元中。侍洗官賓州。因學於張栻。淳熙中登第。歷梧州推官。調福州教授。改秩知餘干縣。終辰州守。有春秋解。

蘇瓚　明河間人。字文玉。洪武中諭令崇明。莅官勤廉。尤致意於農事。官終工部侍郎。以才能著稱。

蘇顯祖　宋錢塘人。嘉定間畫院待詔。畫山水人物。筆法類馬遠。

蘇麟　宋爲杭州屬縣巡檢。范仲淹鎭錢塘。兵官皆獲薦書。獨麟在外邑。未見收錄。獻詩云。近水樓臺先得月。向陽花木易爲春。仲淹薦之。

蘇讓　北周亮弟。字景恕。好學有人倫鑒。初爲本州主簿。宇文泰爲丞相。引爲府屬。甚見親待。出爲南汾州刺史。有善政。尋卒官。

蘇靈　淸大興人。乾隆中任永州總兵。黔楚苗亂。轉戰累年。功最。官至廣西提督。

蘇觀生　明東莞人。字宇霖。崇禎中由保舉歷戶部員外郞。福王時進郞中。南京破。偕唐王聿鍵入福建。與鄭芝龍等擁立王。超拜東閣大學士。參機務。見鄭氏不足有爲。請王赴贛州。經略江西湖廣。及贛州破。唐王死於汀州。觀生退入廣州。與何吾騶等擁立唐王弟聿𨮁。王封觀生建明伯。掌兵部事。時永明王由榔已立於肇慶。因發兵互攻。觀生既敗肇慶兵。頗務粉飾。諱敗報。淸兵至。死之。

蘊能　宋高僧。號慧目。眉州呂氏子。出家後抵大溈。參瑃禪師。瑃問收劍因緣。蘊能答如旨。瑃笑曰。三十年弄驍馬。今日被驢撲。由是有名。歸居中巖寺三十餘年。說法不許入錄。臨終書偈坐化。

覺昌安　明福滿第四子。明人稱爲叫場。淸尊爲景祖翼皇帝。初與兄弟五人分居興京。幷計地不過數十里。覺昌安居赫圖阿喇。多才智。率諸貝勒收五嶺東蘇克蘇滸河西二百里內之地。稍強盛。後與董鄂部構釁。勢不支。借哈達兵攻之。自是益示弱。嘉靖末覺昌安服屬於建州王杲。而潛通款於朝。陰導李成梁攻杲之子阿台。以阿台爲其孫壻。入城勸之降。阿台不從。時尼堪外蘭亦同導成梁攻阿台。以計破其城。射死阿台。覺昌安及子塔克世皆死於難。然非其罪也。淸太祖詰明兵濫殺之故。成梁無以應。乃歸其喪。

覺來　明高僧。本嘉魚諸生。博綜內典。結草獨居。不受人一縷半菽。後坐逝。

覺岸　元僧。字寶洲。博通古今。住烏程寶相寺。嘗考釋氏事實。年經國緯。著爲手鑑。名釋氏稽古略。

覺救　唐高僧。罽賓國人。本名佛陀多羅。止洛陽白馬寺。譯有大方廣圓覺了義經。

覺朗　隋高僧。河東人。住大興善寺。明四分律及大涅槃。大業末任爲大禪定道場主。鎭壓豪橫。帖然向風。不久卒。

覺善　淸滿洲正紅旗人。姓李佳氏。太祖時滅葉赫。取明瀋陽遼陽。以功任參領。順治間入關。擊李自成被傷。仍奮戰敗賊。隨定江南湖廣。平金聲桓。累遷左都御史。卒諡敏勇。

覺澄　明僧。號古溪。姓張氏子。年十歲爲牧牛童。十四出家。景泰中宗伯胡濙命住南陽香嚴寺。後住金陵高座寺。工詩。有雨華集。

觸讋　戰國趙官左師。孝成王新立。太后用事。秦攻趙。趙求救於齊。齊欲以長安君爲質。太后不肯。讋見太后曰。媼尊長安之位而封以膏腴之地。不令及今有功於國。何以自託於趙。太后曰諾。於是長安君質於齊。齊兵乃出。

瞻思　元其先大食國人。後家眞定。字得之。九歲。日記古經傳至千言。由是博極羣籍。泰定中以遺逸徵至上都。累官僉浙東肅政廉訪司事。以病免歸。卒諡文孝。有四書闕疑·五經思問·奇偶陰陽消息圖·老莊精詣·鎭陽風土記·續東陽志·重訂河防通議·西國圖經·西域異人傳·金哀宗記·正大諸臣列傳·審聽要訣及文集等書。

釋家奴　明女直酋長。阿哈出子。永樂中陞職都指揮。賜姓名曰李顯忠。移居建州。

鐔承　蜀漢廣漢人。字公文。歷郡守右職。爲少府太常。時費禕·姜維秉政。孟光·來敏皆棲遲。承以和介獨立。特進關內侯。

鐔顯　後漢鄯人。字子誦。師事司徒魯恭。以孝舉。安帝時爲豫州刺史。時天下饑荒。競爲盜賊。州界收捕且萬餘人。顯愍其窮困。自陷刑辟。輒擅赦之。因自劾奏。有詔勿理。後官至長樂衞尉。

闞文興　元建康人。從軍漳州。爲萬戶府知事。至元中陳弔眼作亂。攻漳州。率衆與戰死。諡英烈。

闞止　春秋齊悼公家臣。字子我。有寵於簡公。及卽位。使爲政。陳恒憚之。陳豹爲子我臣。有寵。子我謂之曰。我盡逐陳氏而立汝。豹以告陳逆。陳恒兄弟如公。子我出逆之。遂入閉門。子我歸。屬徒攻闈與大門。不勝。乃出。豐丘人執之以告。殺諸郭關。陳恒遂執簡公於舒州而弑之。

闞稜　唐章丘人。貌魁雄。善用兩刃刀。其長丈。名曰陌刀。一揮殺數人。前無堅對。杜伏威據江淮。以戰功署左將軍。治軍甚嚴。從伏威入朝。拜越州都督。破輔公祏。稜功最多。然頗自伐。王孝恭誣以謀反。遂伏誅。

闞·澤　三國吳山陰人。字德潤。家貧。爲人傭書。所寫既畢。誦讀亦遍。追師論講。究覽羣籍。兼通曆數。察孝廉。除錢唐長。嘉禾中爲中書令。加侍中。進拜太子太傅。每朝廷大議。經典所疑。輒咨訪之。以儒學勤勞封都鄉侯。

闞·駰　後魏敦煌人。字玄陰。博通經傳。聰敏過人。三史羣言。經目則誦。時人謂之宿讀。嘗注王朗易傳。撰十三州志。沮渠蒙遜重之。常侍左右。訪以政事。拜祕書考課郎中。典校經籍。勘定諸子三千餘卷。還尚書。樂平王丕鎮涼州。引爲從事中郎。還京卒。

騰機思　清內蒙古喀爾喀蘇尼特部長。太宗時號墨爾根台吉。率屬自喀爾喀降清。尚郡主。授和碩額駙。封札薩克多羅郡王。順治間因與攝政王不協。挈衆北走。投土謝圖·車臣二部。爲清所敗。走色楞格河。尋乞降。比至卒。清以其弟襲職。

騶朱儒　漢武帝時東方朔待詔公車。以俸祿薄。未得省見。給朱儒言帝將殺之。令見帝請罪。帝知朔多口。召問朔何恐朱儒爲。朔曰。朱儒長三尺餘。一囊粟。錢二百四十。臣長九尺餘。亦奉一囊粟。錢二百四十。朱儒飽欲死。臣飢欲死。臣言可用。幸異其禮。不可用。罷之。無令但索長安米。帝因使待詔金馬門。(按朱儒。禮記作侏儒。短小人之稱。漢書注。文穎曰。朱儒之爲騶者也。師古曰。騶。本廐之御騶也。考百官表有騶僕射。此朱儒蓋屬於騶僕射。漢時取短人備供御戲弄。若幸倡之類。)

騶·忌　戰國齊以鼓琴干威王。因及國政。封爲成侯而受相印。與騶衍。騶奭並稱三騶子。而忌獨先焉。(騶。一作鄒。)

騶·衍　戰國齊睹有國者益淫侈。乃深觀陰陽消息。而作怪迂之變。終始大聖之篇。都十餘萬言。見尊於諸侯。其術迂大而閎辯。齊人頌曰談天衍。(騶。一作鄒。)

騶·無諸　漢閩粵王。秦廢爲君長。從諸侯滅秦。漢復立爲閩粵王。王閩中。其後子孫數反。爲武帝所滅。

騶·搖　漢東海王。秦廢爲君長。從諸侯滅秦。漢復立爲東海王。都東甌。世號東甌王。武帝時徙其民於江淮間。國亡。

騶·奭　戰國齊頗采騶衍之術以紀文。齊王嘉之。自淳于髡以下。皆命曰列大夫。爲開第康莊之衢。高門大屋。尊寵之以示天下諸侯賓客。然其說文具難施。齊人頌曰雕龍奭。(騶。一作鄒。)

騶·餘善　漢閩粵王後。建元末餘善兄郢擊南越。漢兵至。餘善殺郢。時漢已立無諸孫繇君丑爲越繇王。復立餘善爲東越王。元鼎間南越反。餘善陰持兩端。爲繇王所殺。詔徙其民於江淮間。國遂亡。

鶡冠子　周楚人。不詳姓氏。居深山。以鶡鳥羽爲冠。故名。有鶡冠子。

黥布　漢見英布條。

黨·茂　明忻州人。弘治間知武功。譽來不喜。謗至不怒。有長者之道。

黨·威　明神木人。字振玉。崇禎間擊賊西雒。擒賊首賽阿婆。後以總兵從汪喬年拒李自成。軍潰死之。

黨·崇雅　清寶雞人。明天啓進士。官至戶部侍郎。福王時以崇雅曾附李自成。定入從賊案。順治間授原官。累擢至國史院大學士。加太保。兼太子太傅。以衰老免。

黨·還醇　明三原人。字子貞。天啓進士。知休寧縣。有善政。崇禎間知良鄉。清兵至。乘城拒守。救兵不至。或勸避去。還醇不可。城破死之。

二十一畫

囀春鶯 宋王晉卿歌姬。晉卿投南。春鶯為勢家所得。晉卿北還。於汝陰道中聞歌聲。曰。此囀春鶯也。訪之果然。賦詩曰。佳人已屬沙吒利。義士今無古押衙。回首風光雖向在。春鶯休囀上林花。

攝摩騰 後漢高僧。中天竺人。亦稱迦葉摩騰。嘗往附庸小國講金光明經。會敵國侵境。乃躬往和勸。二國交歡。由是顯名。明帝夜夢金人飛空而至。遣郎中蔡愔等往天竺訪佛法。遇攝摩騰。要還漢地。以白馬馱經至洛。舍於鴻臚寺。遂取寺為名。置白馬寺處之。為中國有僧寺之始。

灌夫 漢潁陰人。字仲孺。父張孟為灌嬰舍人得幸。薦為二千石。遂蒙姓灌氏。吳楚反時。孟從征死軍中。夫時從。不肯隨喪歸。奮曰。願取吳王若將軍頭。以報父仇。遂被甲持戟馳入吳軍。殺傷數十人。以此名聞天下。武帝時拜淮陽太守。入為太僕。徙燕相。坐法免歸。為人剛直使酒。好任俠。重然諾。魏其侯竇嬰既失勢。得夫與游。驩甚。酒後屢忤武安侯田蚡。為蚡所惡。劾夫使酒罵坐不敬。族誅。

灌頂 隋高僧。義興吳氏子。字法雲。有才識。為智顗高足弟子。住天台山國清寺。隋煬帝為設千僧齋。賜賞甚厚。有義記雜文等。貞觀中卒。臨終。室有異香。

灌嬰 漢睢陽人。少以販繒為業。以中涓從高祖定天下。封潁陰侯。呂后崩。呂祿等欲為亂。嬰與周勃陳平共誅諸呂。立文帝。進太尉。旋代勃為丞相。卒謚懿。

續牙 上古虞氏舜七友之一。

續咸 晉上黨人。字孝宗。性孝謹敦厚。履道貞素。好學。師事京兆杜預。專春秋鄭氏易。教授常數十人。博覽羣言。高才善文論。又修陳杜律。明達刑書。永嘉中為東安太守。後仕石勒為理曹參軍。持法平詳。當時稱其清裕。年九十七。死於石虎之世。

續相如 晉太始中以使西域發外有遠遊志・異物志・汲冢古文釋。

續執中 元義陵人。第進士。大德初任絳州儒學教授。勤於教誨。人才輩出。後徵為國子助教。

續鳳 明臨汾人。執中曾孫。宣德中諸生。居母喪。廬墓三年。有白燕集墳林木復生之異。正統中旌為孝子。後官雲南布政司照磨。

續豐 南齊荊州人。母老家貧。無以充養。遂不食肉。詔給豐月米二斛。錢一千。

蘧伯玉 春秋衛大夫。名瑗。以字行。年五十而知四十九年之非。靈公與夫人南子夜坐。聞車聲轔轔。至闕而止。夫人曰。此伯玉也。公曰。何以知之。曰。君子不為冥冥墮行。伯玉。賢大夫也。是以知之。

蘭以權 明襄陽人。博學能詩。洪武初以才能選授中書省照磨。廣西寇起。遣以權安撫。至則宣布威德。夷人感化。朝廷嘉之。陞禮部員外郎。進應天府尹。以端謹著。

蘭完植 明偃師人。字無驕。萬曆進士。知韓城縣。性方正。有以試場關節相託者。峻拒之。謫河間教授。數遷至衡州守。

蘭沖虛 唐涪州人。為道士。居精思觀。神龍中得道仙去。

蘭宗周 唐撰永氣略三卷。

蘭茂 明楊林人。字廷秀。潛心理道。淹通經史術數之書。後尚書王驥征麓川。茂佐以方略。遂成功。有元壺集・鑑例折衷諸書。

蘭殊 前秦事苻洛為將。從洛舉兵圖長安。苻堅遣竇衝等擊敗之。執殊。堅赦之。署為將軍。

蘭國徵 明中部人。舉明經。授乾州訓導。卻諸生餽贈。値歲歉。分俸米以食諸生之貧者。遷榆林衛教授。告歸。居鄉溫謹退讓。為人所欽。

蘭第錫 清吉州人。乾隆舉人。以授鳳臺教諭。累擢河東河道總督。以清慎稱。卒官。

蘭陵老人 唐京兆尹黎幹祈雨。觀者數千。老人不避。幹怒杖之。如擊鞔革。幹疑其非常人。命坊老卒尋之。至蘭陵里入一門。大言曰。我困辱甚。可具湯也。卒返白。幹大懼。因衣壞服。與坊卒至其處。見老人與語。知可以理奪。徐曰。某為京尹。威損則失官政。丈人埋形雜跡。非證慧眼。不能知也。老人笑曰。老夫過也。乃具酒設席。招坊卒令坐。因曰。老夫有一技。請為尹設。遂取劍七口。舞於庭中。時時及幹之鬚。幹叩頭不已。舞罷。揖幹而入。幹歸。氣色如病。臨鏡方覺鬚剃落寸餘。翌日復往。室已空矣。

蘭欽 梁中昌魏人。字休明。趫捷過人。初授東宮直閤。從征北魏。屢著戰功。歷位衡州刺史。有惠政。甚得民心。進號平南將軍。封曲江縣公。改授廣州刺史。至任。為人毒害。

酆去奢 宋龍丘人。少為崇仙宮道士。精思忘疲。居茅山。得道仙去。

酆舒 春秋潞執政於潞。晉景公將伐之。諸大夫皆曰不可。舒有三儁才。不如待後之人。伯宗曰。必伐之。是有五罪。儁才雖多。何補焉。遂滅潞。殺舒。

鐵木兒塔識 元脫脫子。字九齡。至正中為左丞。修飭紀綱。郡邑賢能吏。次第甄拔。補弊救偏之政。以次興舉。中外大悅。爲人天性忠亮。學術正大。伊洛諸儒之書。深所研究。時修遼金宋三史。鐵木兒塔識爲總裁。多所協贊。卒諡文忠。

鐵木迭兒 【元】亦作特們德爾。歷事世祖成宗。仁宗時累官右丞相。進位太師。怙勢貪虐。凶穢滋甚。英宗不悅其所爲。漸見疏外。以疾卒於家。御史蓋繼元等追論其罪。詔奪官爵。籍其家。

鐵木眞 【元】詳元太祖條。

鐵失 【元】亦作特克實。至治初由太醫院使爲御史大夫。英宗委任拜珠爲右丞相。鐵失以姦黨不安。潛蓄異志。殺拜珠。手弒英宗於臥所。泰定帝立。鐵失及其黨皆伏誅。

鐵保 【清】滿洲正黃旗人。姓覺羅氏。後改棟鄂。字冶亭。一字梅庵。乾隆進士。嘉慶時官至兩江總督。坐事遣戍者再。道光初以三品卿銜致仕。少以詩名。與百齡·法式善稱三才子。尤工書法。北人論書者。以與劉墉·翁方綱並稱。所刻惟淸齋帖。藝林寶之。有惟淸齋全集·白山詩介·淮上題襟集。

鐵哥 【元】迦葉彌兒人。姓迦乃氏。至元間累官資善大夫。遇事多所匡救。從征乃顏。至撒兒都。塔不台率兵至。鐵哥請設疑以退敵。於是帝張曲蓋。據胡牀。鐵哥從容進酒。塔不台懼有伏。引去。累官中書右丞相。卒諡忠獻。

鐵哥朮 【元】高昌人。至元中爲德安府達魯花赤。土人蔡知府以衆叛。鐵哥朮討平之。主將將屠其城。力請得免。官至婺州路達魯花赤。所在成著政績。卒諡簡肅。

鐵連 【元】乃蠻人。魁偉寡言。有謀略。宿衛王府。歷平陽馬步站達魯花赤。至元初海都叛。廷議欲伐之。世祖不從。使鐵連往。海都乃帖然。凡四往返。歷十四年。終絳州達魯花赤。加宣武將軍卒。

鐵·鉉 【明】鄧人。洪武中由國子生授禮科給事中。調都督府斷事。嘗讞疑獄立白。太祖喜。字之曰鼎石。建文初爲山東參政。燕兵攻濟南。鉉乘城守禦。以計焚其攻具。已僞降。伏壯士城上。俟王入。下鐵板擊之。會失約。王未入而板下。遂策馬馳去。圍遂解。進兵部尚書。已而燕師渡江。鉉猶屯淮上。兵潰被執。反背坐廷中慢罵。令一回顧。終不得。遂磔於市。福王時追諡忠襄。

鐵邁赤 【元】姓合魯氏。善騎射。累有戰功。世祖即位。命從征叛王於失木土之地。勞績益著。授蒙古諸萬戶府奧魯總管卒。

鐸·椒 【周】楚太傅。通春秋學。有鐸氏微三篇。

露筋女 【唐】高郵女子。與嫂避亂。行郭外。天暮。嫂顧湖邊田舍。挽女投宿。女不從。獨露坐草中。爲蚊嚼死。血竭筋露。後人立祠祀之。號露筋祠。

霸突魯 【元】木華黎孫。從世祖征伐。爲先鋒。累立戰功。嘗率諸軍由蔡伐宋。五戰皆捷。遂渡江。會憲宗崩。師還。卒諡武靖。

顧·九思 【明】長洲人。字與睿。隆慶進士。知豐城。以治行第一擢戶科給事中。官至通政司右通政。有掖垣題稿。多切軍國大計。時咸推其讜直。

顧·九苞 【清】江蘇興化人。字文子。乾隆進士。洽聞強記。長於毛詩三禮。母任氏。任大椿之祖姑也。博通經史。九苞之學。得諸母敎爲多。

顧二娘 【清】德麟子婦。姓鄒氏。傳德麟之藝。以製硯稱。非端溪老坑佳石。不肯奏刀。其辨石之法。以鞋尖點石。即能知之。

顧·于觀 【清】江蘇興化人。字萬峯。一字澥陸。精書法。與李鱓·鄭燮友。數奇不偶。恬然無怨尤意。

顧·人龍 【明】定番州人。孫可望等攻城。人龍率士民固守。殺賊甚衆。城陷。與妻李氏對縊。子大元抱父母尸哭不去。賊幷殺之。◎【清】平湖人。字雲馭。歲貢生。官太平訓導。有思樂軒文集·流憩軒詩草·征途雜詠詩。

顧八代 【清】滿洲鑲黃旗人。姓伊爾根覺羅氏。字文起。康熙間以廕生充護軍。隨征雲南。還授筆帖式。吳三桂反。以學士協贊軍務。克復粵西滇南。俱有功。累擢禮部尚書。卒諡文端。

顧·士俊 【清】元和人。字奕千。號逸仙。善畫墨菊。時稱顧墨菊。

顧·士璉 【清】太倉人。字殷重。諸生。順治間婁江塞。水無所歸。士璉佐知州白登明開鑿朱涇舊迹。而水以安。州人名曰新劉河。以婁江舊名劉河也。康熙中再濬劉河之淤。仍以士璉任其事。有新劉河志·婁江志。

顧·大中 【宋】江寧人。善畫人物牛馬。兼工花竹。

顧·大中 【清】松江華亭人。本名鏞。字震雉。號見山。順治進士。官至工部郎中。博雅喜文辭。善畫山水。尤工沒骨。有堪齋詩存·詩原·鶴巢樂府。

顧·大典 【明】吳江人。字道行。號衡寓。隆慶進士。官至福建提學副使。力拒請託。爲忌者所中。謫知禹州。自免歸。家有諧賞園。工書畫。詩宗唐人。妙解音律。嘗自按紅牙度曲。有靑彩記傳奇·淸音閣集·海岱吟·閩游草·閒居稿。

顧·大信 【清】字成之。一字天目。晚號佚老人。諸生。性通脫。善鑒別古器物。喜作詩及書。嗜茶。有茗爐隨筆·蓼萱堂稿·白門社刻·梅菊新篇·菼響·菜約諸集。

顧大章 明常熟人。字伯欽。萬曆進士。累遷刑部員外郎。魏忠賢欲借事株累劉一燝。大章力辯其非。熊廷弼下吏。大章援議賢議勞例論戍。廷弼卒坐死。大章亦遷兵部。尋奪俸引歸。復起歷禮部郎中·陝西副使。爲忠賢黨所構陷。坐贓論大辟。投繯卒。福王時追諡裕愍。

顧大猷 明江都人。字所建。補勳衛。旋謝病歸。折節讀書。東事告急。以薦募江淮水師勤王。兵甫出。被讒謫戍。尋赦還。居常恨國勢日蹙。邑邑不得志卒。大猷事母孝。敍述先人勳績。撰鎭遠先獻記。又搜採國家掌故。條列時政。著書數千卷。後多散失。

顧大韶 明大章弟。字仲恭。老於諸生。通經史百家及內典。於詩禮儀禮周官。多所發明。將死。始繕所箋詩禮莊子。名曰炳燭齋隨筆。

顧小虎 清武進顧秀才女。秀才落拓不顧家。流寓他所。小虎年十二。被賣於李刑部家作婢。以從嫁萱以寧。以寧爲擇嫁於王秀才。無何王死。轉爲村人婦。自悼命薄。邑人陳玉璂傷之。爲作小虎詞。

顧山山 元妓。人呼顧四姊。姿性明慧。技藝絕倫。再適人。復入樂籍。老於松江。花旦雜劇。猶少年時體態。人競稱之。

顧之逵 清元和人。字抱沖。諸生。藏書甚富。爲嘉慶時吳中大藏書家。有一瓻錄。

顧予咸 清長洲人。字小阮。順治進士。歷知寧晉·江陰。皆有政績。官至吏部員外郎。移疾歸。哭廟獄起。巡撫朱國治求援不許。乃強入之。坐絞。事白。得復官。尋以奏銷案落職歸卒。

顧仁效 明武宗時結廬陽山下。好吟詠。兼工繪事。喜藏書。

顧允成 明憲成弟。字季時。號涇凡。性耿介厲名節。舉萬曆會試。殿試對策。語侵鄭妃。執政駭且恚。寘末第。會房寰疏詆海瑞。允成偕同年生抗疏劾寰。坐奪冠帶還家。後起南京教授。累遷禮部主事。三王並封。偕同官合疏諫。不報。後以忤閣臣張位。謫光州判官。乞假歸。與憲成講學東林。不復出。有小辨齋偶存。

顧元熙 清長洲人。字麗丙。號耕石。嘉慶進士。官至翰林院侍讀。督學廣東卒。爲詩古文辭俱雋雅。尤工書。

顧元慶 明長洲人。字大有。家陽山大石下。學者稱曰大石先生。名其堂曰夷白。藏書萬卷。擇其善本刻之。其行世者有文房小說四十二種·明朝四十家小說。著有瘞鶴銘考·雲林遺事·山房清事·夷白齋詩話等十餘種。

顧元鏡 明歸安人。萬曆進士。官池州知府。有九華山志。

顧公燮 清吳郡人。字丹午。號澹湖。又號擔瓠。諸生。性放曠。不事舉子業。好蒐羅稗野。著書自娛。有消夏閑記·致疑奇書。

顧升 清仁和人。原名峒。字虞東。因掌文有升字。改名升。更字隅東。號斗山。又號石帆。國子生。書畫篆隸俱工。

顧太清 清高宗玄孫奕繪側室。名春。字子春。號太清。其族望曰西林。自署名曰太清西林春。豐才美貌。工詞翰。爲世所寶。有天遊閣集·東海漁歌。

顧天朗 清吳縣人。字開一。號雪淵。順治副貢。性至孝。母卒。號哭而死。天朗肆力經史。易春秋皆有纂述。尤究心禮書。有三禮集解·燕游草·吟碧集。

顧天錫 清蘄州人。字重光。博學。尤邃於經史。明季國子生。入清。隱居著書以終。有三禮三傳集解·戴禮·歷代改元考·二十一史評論·五經說·素問靈樞直解等書。

顧少連 唐吳人。字夷仲。舉進士。爲監察御史。德宗幸奉天。徒步詣謁。授翰林學士。再遷中書舍人。閱十年。以讜密稱。歷吏部侍郎。嘗與裴延齡會田儼第。酒酣。挺笏曰。段秀實笏擊賊臣。今吾笏擊奸臣。奮且前。會解而止。改京兆尹。政尚寬簡。不爲灼灼名。遷兵部尚書。爲東京留守。卒諡敬。

顧文 明長卿從孫。字在中。幼穎敏。日記四五千言。及長。該貫經史。爲文簡朗秀整。洪武中爲興化府學訓導。遷教諭。典試江西湖廣。皆稱得士。宣德初致仕。

顧文敍 明蘇州人。工畫山水。

顧文彬 清元和人。字子山。道光進士。官至寧紹台道。於學無所不窺。工書。尤工倚聲。有眉綠樓詞·過雲樓書畫記·過雲樓帖。

顧文淵 清常熟人。字文寧。號湘源。一號雪坡。又號海粟居士。工畫山水。見王翬山水日進。改畫竹石。遂臻絕藝。又工詩。有海粟集。

顧文煜 明蘇州嘉定人。字光遠。元季以才辟鎭江掾。明師渡江。謁太祖於建康。官至吳王副相。以事逮問。得疾卒。文煜爲吏有聲。能詩。晚號蔗境翁。有蔗鏡吟稿。

顧文鉷 清長洲人。字蘆汀。工詩文書畫。尤嗜金石。

顧方 宋丹陽人。字正夫。皇祐進士。爲象山令。召父老詢利病。建學課士。親爲講授。民大悅服。卒官。

民祠祀之。

顧日新 清吳江人。字劍峯。嘉慶貢生。才氣豪邁。以經濟自負。客游公卿間。阮元、曾燠皆禮重之。有寸心樓詩文集。

顧氏 明景星之姑。夫死無依。仍歸於家。家惟一小弱弟。父死。族人利其產。顧氏挺身措拄。卒全其家。崇禎時避張獻忠亂。爲賊所及。顧氏曉以義。賊大慚去。

顧王霖 清琮子。字稚圭。號容堂。乾隆進士。官員外郎。工詩文。兼善書畫。

顧仕隆 明溥子。字仲勳。管神機營左哨。得士心。正德初出爲漕運總兵。鎮淮安十餘年。以清白聞。武宗南巡。江彬橫索諸大吏。仕隆獨不爲屈。嘉靖初加太子太傅。掌中軍都督府事。卒諡榮靖。

顧可久 明可學弟。字與新。正德進士。授行人。嘉靖初官戶部員外郎。議大禮忤旨。兩遭廷杖。後以廣東兵備副使致歸。可久好學工書。有洞陽詩集。

顧可學 明信孫。以進士官浙江參議。被劾斥歸。嗣世宗好長生。乃自言能延年術。厚賄嚴嵩以求進。官至太子太保。帝惑其言。採芝求藥。中使四出。人咸惡之。卒諡榮僖。

顧平甫 宋學於詹阜氏。爲陸九淵之學。陳淳與人書。稱其資質莊靜。叩其所學。乃絕口不出一言。累叩。但叉手唱喏而已。其堅默如此。

顧正誼 明松江華亭人。字仲方。號亭林。仕爲中書舍人。畫山水得元人精意。稱華亭派。有亭林集、詩史、顧氏叢書。

顧生 唐吳人。大曆中以畫游諸侯之門。每畫。先貼絹數十幅於地。多研墨汁及諸采色。各貯一器。使人吹角擊鼓。數十人齊聲大噪。顧生著錦襖。飲酣。遶絹十餘匝。取墨汁瀉絹上。次傾諸色。乃以長巾一頭覆於所瀉處。使人坐壓。已執巾角曳之。迴環既徧。然後以墨筆隨勢開決。峯巒島嶼。妙不可言。

顧企 清松江人。字宗漢。善畫士女山水。兼工寫眞。

顧仲清 清嘉興人。字成三。又字閑山。號松巒。又號中村。能詩。工畫人物。尤長於蝶。時稱顧蝴蝶。有詠蝶詩三百首。又有喝月詞、歷代畫家姓氏韻編。

顧仲禮 明保定人。幼孤。事母至孝。遇歲凶。負母就養他郡。七年始歸。見蝗食田苗。泣曰。吾將何以爲養乎。俄疾風。蝗盡去。苗得不傷。母卒。廬墓三年。洪武初旌其門。

顧充 明上虞人。字回瀾。隆慶舉人。官至南京工部都水司郎中。有字義總略、古雋考略。

顧光旭 清無錫人。字華陽。號晴沙。乾隆進士。官甘肅甘涼道。工書。能詩文。有梁溪詩鈔、響泉集。

顧光遠 明蘇州嘉定人。從太祖入集慶。監太倉軍。從征陳友諒。督饋運有功。歷龍陽、太和、和州。丁憂入京。留翰林。編大明律。復命監造天下均工圖籍。始還鄉持服。起廣東行省郎中。性淡泊。食取充口。衣僅蔽體。以廉潔稱。

顧全武 五代吳越餘姚人。事錢鏐爲武勇都知兵馬使。董昌亂。蘇州告急。全武請先取越。後復姑蘇。遂引兵攻昌。擒之。航海至嘉興。破淮南十八營。乘勝取蘇州。拔松江、無錫、常熟、華亭諸郡縣。終指揮使。

顧存仁 明長洲人。字伯剛。號懷東。嘉靖進士。歷禮科給事中。疏請赦戍臣楊愼、馬録等。召用累年言事譴責之臣。且請懲吳瑾、葉凝秀。忤旨廷杖。編管保安州。穆宗立。起歷南太僕卿。致仕卒。有太僕寺志、東白草堂集。

顧安 元字定之。嘗仕泉州路判官。工書畫。

顧有孝 清吳江人。字茂倫。諸生。居釣雪灘。以選詩爲事。所選唐詩英華。盛行於世。又有五朝詩鈔、明文英華諸選。自著有雪灘釣叟集。

顧朱 清嘉興人。字自公。明季進士。福王時官行人。清師東下。乃航海歸。杜門不出。生平銳意六經。有詩禮解、春秋本義。

顧汝敬 清吳江人。字蔚雲。嘉慶間賜舉人。有研漁莊集。

顧佖 明四川儀衛司人。字民表。正德進士。知豐城縣。興學校。省刑罰。治水患。值宸濠叛。協謀擒獲之。仕至大理寺少卿。以大獄事免。

顧佐 明太康人。字禮卿。建文進士。永樂初入爲御史。轉應天尹。及北京建。改尹順天。剛直不撓。人比之包孝肅。累遷至右都御史。糾黜貪縱。朝綱肅然。每旦趨朝。入內直廬。獨處小夾室。非議政不與諸司羣坐。人稱爲顧獨坐云。◎明臨淮人。字良弼。成化進士。授刑部主事。歷官左副都御史。巡撫山西。多善政。改戶部尙書。前任韓文以劾劉瑾等去職。瑾銜之。更欲捃摭細事。以爲文罪。佐持不可。尋乞歸。瑾憾不置。三罰米輸塞上。至千餘石。家貧。稱貸以償。

顧作霖 清吳縣人。號雨亭。廩貢生。工詩。善書畫。

顧君恩 明爲李自成從事。多謀略。自成既據襄陽。議兵所向。君恩說以先取關中立業。然後資其兵力以向京師。爲萬全之策。自成從之。及京師陷。君恩乞以禮改殯崇禎帝后。

顧囦 〔明〕蘇州人。字子囦。號牛癡老人。元至元末嘗爲海漕萬戶。入明。遁隱北山。工繪事。尤善設色。多蓄古今名畫。（按蘇州府志作顧困。此從常熟縣志。）

顧昐 〔明〕吳縣人。字麗堂。官至南安知府。有海槎餘錄。

顧廷琦 〔清〕長洲人。字佩堅。諸生。父繩詒。明時知蜀仁壽縣。死於張獻忠之亂。順治時廷琦徒步入蜀。閱四年。屢瀕於死。卒扶父櫬歸。有入蜀記。

顧廷對 〔明〕泰州人。嘉靖中爲平湖知縣。創均徭法以便民。龐尙鵬按浙。頒其制行之各郡。

顧忻 〔宋〕泰興人。十歲喪父。以母病。葷辛不入口者十載。每雞初鳴。率妻子。詣母室問所欲。如此者五十年。母目不能視物。忻日夜號泣祈天。母目忽明。年九十餘。無疾而終。

顧成 〔明〕江都人。字景韶。狀貌魁偉。膂力絕人。太祖渡江。選爲帳前親兵。數從征有功。累遷右軍都督僉事。自洪武八年守貴州。凡十餘年間。討平諸苗洞寨以百數。建文中禦燕師。被執。燕王釋其縛。送北平。輔世子居守。及卽位。論功封鎭遠侯。命仍守貴州。卒諡武毅。

顧成天 〔清〕上海人。字良哉。號小匡。康熙舉人。雍正間籍婺嵩家。得成天詩稿。中有詠皇城草詩。疑其語涉譏諷。索全集以進。有輓聖祖詩六章。世宗覽之墮淚。賜進士。授編修。官至少詹事。有離騷解、金管集、東浦草堂文集。

顧我鈞 〔清〕我錡弟。字陶元。一字髮千。乾隆舉人。館秦蕙田家。與纂五禮通考。輯有松陵耆舊集。

顧我錡 〔清〕吳江人。字湘南。廩生。鄂爾泰任江蘇布政時。以古學試士。得五十三人。我錡爲冠。遂有南邦黎獻集之刻。雍正中聘修江南通志。以母喪哀毀卒。有通鑑綱目志疑、浣松軒集。

顧見龍 〔清〕太倉人。一作吳江人。居虎丘。字雲臣。以善畫祇候內廷。名重京師。尤工人物故實。

顧卓 〔清〕震澤人。字爾立。善書工詩。康熙初游京師。爲安親王所重。年七十餘卒。王令葬後園中。有雲笥稿。

顧⊙ 〔清〕崑山人。字元章。諸生。畫師王翬。

顧協 〔梁〕和六世孫。字正禮。舉秀才。沈約覽其策。歎曰。江左以來。未有斯作。臨川王聞其名。辟掌書記。普通中有詔舉士。湘東王表薦之。召拜通直散騎侍郎。守鴻臚卿。卒諡溫。協清介有志操。初爲廷尉正。冬服單薄。寺卿蔡法度謂人曰。我願解身上襦與顧郎。顧郎難衣食者。竟不敢以遺之。在省十六載。器服飲食。不改其常。博極羣書。於文字及禽獸草木。尤稱精詳。有異姓苑、瑣語、文集。

顧叔潤 〔明〕常熟人。工畫山水。能詩。

顧和 〔晉〕衆族子。字君孝。幼有清操。王導爲揚州。累辟從事別駕。由是知名。成康初拜御史中丞。劾奏尙書左丞戴抗贓汙百萬。付法議罪。百僚憚之。遷侍中。轉吏部尙書。領國子祭酒。母憂去職。居喪以孝聞。旣練。起爲尙書令。和每見催逼。輒號咷慟絕。表疏十餘上。竟不起。服闋。然後視職。居任多所獻納。永和中以疾篤辭位。卒諡穆。

顧孟喬 〔明〕長洲人。正統間會試中式。引病告歸。治經學。遠近爭造門受業。越三年赴廷試。授刑部主事。歷戶部郎中。改南京刑部。致仕卒。

顧宗 〔明〕廣州人。字學源。官至中書舍人。善畫。

顧宗泰 〔清〕元和人。字景嶽。號星橋。乾隆進士。官高州知府。工詩文。家有月滿樓。文酒之會無虛日。有月滿樓集。

顧宗瑋 〔清〕吳江人。字廷敬。有春秋左傳事類年表。

顧岱 〔清〕無錫人。嘉定籍。字泰瞻。一字輿山。號止庵。順治進士。官雲南府同知。値吳三桂縱兵淫掠。岱實按其狀。追還所掠子女三千餘人。民德之。建祠尸祝。官至杭州知府。有灣雪齋集。

顧承 〔清〕長洲人。字燕謀。號辟經。布衣。能詩文。有行素居集。

顧昉 〔清〕江蘇華亭人。字若周。號日方。一號耕雲。又號晚阜。畫山水師董巨及元四家。淸雋高厚。別有逸致。

顧昌 〔明〕長洲人。字德輝。正統間領鄉薦。歷淮王長史。遷思恩都尉。性剛峻。與人造次無所通。有所過。雖遠必徒返。未嘗就人食。

顧昌衍 〔南齊〕吳人。有至行。居喪幾致滅性。王儉言於朝。以爲尙書庫部郎。

顧杲 〔明〕憲成從孫。字子方。爲人豪邁。工詩文及草書。好使酒罵座。與吳應箕等爲留都防亂公揭。討阮大鋮。南都失守。散家財募士千人。取道江陰。鄉人以爲賊。集衆禦之。被殺。

顧況 〔唐〕蘇州人。字逋翁。至德進士。長於歌詩。工書畫。爲韓滉節度判官。德宗時徵爲著作郎。性詼諧。好狎侮人。坐事貶饒州司戶。結廬茅山。自號華陽眞逸。隱居以終。有畫評、華陽集。（按尙友錄及四庫提要均作海鹽人。名畫記作吳興人。江南通志作吳郡人。舊唐書亦作蘇州人。今從之。）

顧炎武 清崑山人。初名絳。字寧人。居亭林鎮。號亭林。自署蔣山傭。明諸生。性耿介絕俗。與同里歸莊有歸奇顧怪之目。魯王時與莊共起兵。官兵部職方郎中。明亡。周游四方。載書自隨。所至輒墾田度地。以備有事。康熙時舉鴻博。薦修明史。均不就。後卜居華陰以終。其學主博學有恥。斂華就實。凡國家典制。郡邑掌故。天文儀象河漕兵農之屬。莫不窮究原委。晚益篤志六經。精研考證。遂開清代樸學之風。所著日知錄。最為精詣。又有左傳杜解補正。九經誤字。石經考。音學五書。吳韻補正。天下郡國利病書。肇域志。二十一史年表。歷代帝王宅京記。昌平山水記。山東考古錄。求古錄。金石文字記。譎觚。菰中隨筆。救文格論。亭林詩文集等數十種。炎武本生父同應。有同祖弟同吉。早世。聘崑山王氏。未婚守志。以炎武為後。母性純孝。嘗斷指療姑疾。崇禎間旌於朝。明亡。謂炎武曰。我雖婦人。然已受國恩矣。遇變。我必死之。聞兩京破。遂不食卒。遺命誡炎武勿事二姓。故炎武入清不仕。

顧知 清錢塘人。字爾昭。號野漁。善畫山水。狂放不拘。如作草書。梅竹亦佳妙。

顧秉智 清南匯人。字元亞。號若水。諸生。工畫山水。學問淹雅。

顧秉源 清南匯人。字潤齋。幼有神童之目。長益探討經史。藏書萬卷。人擬之小瑯嬛。

顧秉謙 明崑山人。萬曆進士。授編修。天啓中仕至禮部尚書。以諂附魏忠賢。入參機務。既而同黨傾軋。不自安。乞歸。崇禎初入逆案。論徙。贖為民。

顧邵 三國吳雍子。字孝則。博覽書傳。好樂人倫。少與舅陸績齊名。孫權妻以兄女。起家為豫章太守。下車祀徐穉墓。舉善以教。風化大行。在郡五年。卒官。

顧長卿 元字子元。少有大志。博覽羣籍。人目之為書廚。歷安溪.南平教諭。福州路教授。及調選京師。會修遼金宋三史。以所著稿上。得辟史屬。以論議不合。移疾去。

顧長發 清江蘇人。字君源。精算學。有圓徑眞旨。

顧非熊 唐況子。性滑稽。有詩名。好淩轢。困舉場三十年。長慶中登進士第。累佐使府。大中間為盱眙尉。慕父風。棄官隱茅山。或傳其得長生術。

顧亮 宋紹興人。畫師郭熙。工山水人物。宣和間官畫院待詔。◎明長洲人。字寅仲。有文名。徧游江淮間。力學行義。還入林屋山。正德中況鍾知蘇州。亮入其幕。著有辯惑續編。專為鄉俗之弊而作。以元謝應芳先有辯惑編。亮申明其說。故名續編。又有東齋集.家範匡正錄。

顧信 元字善夫。大德初為浙江軍器提舉。以能書稱。作亭顏曰墨妙。晚號樂善處士。◎明無錫人。祖福五。父壽。嘗集義旅捍禦里中盜俞貫。永樂時詔旌雙義。信少孤貧。寄食其姻邵氏。早起。見富人鄒雲過門外。遺笥溷中。裝值千金。信守其人還之。分贈十一不受。

顧咸建 明鼎臣曾孫。字漢石。崇禎進士。知錢塘縣。南都失守。出私財賂潰兵。民得無擾。潞王既降。被執。死之。

顧奎光 清宸曾孫。字星五。博學多識。詩古文俱有名於時。乾隆進士。歷瀘溪.桑植知縣。頗著循績。有春秋隨筆.然疑錄。

顧彥朗 唐豐州人。初為天德軍小校。討黃巢有功。累遷右衞大將軍。光啓中拜東川節度使卒。

顧彥暉 唐彥朗弟。亦起天德軍小校。偕討黃巢。及彥朗拜東川節度。署彥暉為漢州刺史。彥朗卒。彥暉自知留後。旋詔為節度使。王建有吞噬心。遣將華洪攻敗之。彥暉有佩劍號疥瘡賓。嘗詔諸將曰。與公等生死同之。違者先齒疥瘡賓。及圍急。先聚親信及諸將飲於梓州之鏡堂。然後自刎。諸將皆同死。

顧思遠 隋鍾離人。年一百一十二歲。家貧彌養。行役部伍中。北徐州刺史蕭映見而異之。召賜食。食畢於人。載還都。召對。與言往事。多異所傳。釋散騎侍郎。賜以俸宅。朝夕進見。卒年一百二十歲。

顧昭君 後漢沈伯陽妻。早寡無嗣。盡禮供養。其父陰以許人。姑聞而哭。昭君乃剪髮割耳以明志。

顧洪祝 宋工畫人物。

顧汧 清天朗子。字伊在。號芝巖。康熙進士。累官河南巡撫。坐事罷。起歷宗人府丞。致仕卒。有鳳池園集。

顧炳 明錢塘人。字黯然。號懷泉。徵授中祕。善畫花鳥。

顧胤 唐吳人。永徽中歷遷起居郎。兼修國史。撰太宗實錄及武德貞觀兩朝國史成。封餘杭縣男。龍朔中遷司文郎中卒。有漢書古今集。

顧苓 清存仁後。字云美。潛心篆隸。精鑒金石碑版。居虎丘山塘。室懸明莊烈帝御書。時竊衣冠再拜。欷歔太息。有塔影園稿。

顧若璞 清錢塘人。字和知。文學黃東生之妻。讀書能古文辭。有臥月軒合集。

顧·英 明慈谿人。字順中。由進士知萬載縣。改南御史。清操凜然。陞四川建昌兵備副使。以剛直忤時致仕。嗜書成癖。弱冠至老。無一日廢。有四書正義·南蠻奏稿·發齋集等書。

顧·貞觀 清與沐曾孫。字華峰。號梁汾。康熙舉人。官祕書院典籍。善塡詞。與吳江吳兆騫交極篤。兆騫以順治丁酉科場案謫戍寧古塔。貞觀爲之求援於明珠之子性德。未卽許。貞觀作金縷曲二闋以寄兆騫。性德見之泣下。爲言於明珠。兆騫遂得生還。有積書巖集·彈指詞·纑塘詩·宋詩刪。

顧·宸 明無錫人。字修遠。崇禎舉人。有盛名。藏書甚富。輯有宋文選·杜律註解。

顧·師顏 宋杭州人。景定中官待詔。工畫道釋人物。

顧·悌 三國吳雍族人。字子通。以孝悌廉正聞於鄉黨。年十五爲郡吏。遷偏將軍。言事切直。朝廷憚之。悌父以縣令致仕。悌每得父書。常灑掃整衣服。更設几筵。舒書其上。拜跪讀之。每句應諾。讀畢再拜。父有疾耗。則臨書垂涕。父卒。哀毀逾恆。自以不見父喪。常畫壁作棺。下設神坐。每對之哭泣。服未闋卒。

顧·悅之 晉無錫人。字君叔。少有義行。與簡文同年而髮早白。帝問其故。答曰。松柏之姿。經霜猶茂。蒲柳常質。望秋先零。帝悅其對。悅之故爲殷浩吏。浩被黜卒。悅之上疏訟浩。親故多謂非宜。而意獨決。疏上。詔追復浩本官。人以是稱之。歷尙書右丞卒。

顧·時 明濠人。字時舉。倜儻好奇略。從太祖渡江。破張士誠。定山東河南。取元都。轉戰山西陝西。皆有功。累官大都督同知。封濟寧侯。出鎭北平。卒謚襄靖。

顧·海 清常熟人。字靜涵。號香雪。工畫山水人物。善篆籀。

顧·烈星 清秀水人。字樊渠。號退飛。諸生。性豪邁。貧而好讀。工詩詞。有風雨閉門詞·舊雨遺音·苦雨堂集。

顧·祖辰 明吳縣人。字子武。世居臨頓里。破榻竹几。焚香煮茗。翛然自得。工詩畫。年七十有四卒。

顧·祖禹 清隱子。字景范。沈敏有大略。家奇貧。性廉介樸厚。不求名於時。學者稱宛溪先生。著讀史方輿紀要。據正史考訂地理。於山川形勢險易。古今戰守攻取成敗得失之迹。皆有折衷。

顧納岱 清滿洲鑲黃旗人。姓覺羅氏。拜山子。襲三等男。順治初從入關。勦李自成。從定陝西。徇河南。下江南。定浙江。功甚著。後攻金聲桓於南昌。沒於陣。

顧·能 明定遼前衛人。天順進士。授戶部主事。有清操。嘗監收通州糧。盡革諸弊。再往淮安。計一歲所入。九倍於昔。尋遷本部員外郎。至京卒。成化初天下清官四員。能居都御史楊繼宗之次。憲宗刻其名於殿柱。惜其不及大用云。

顧·荃 清豐潤人。字芳若。馬雄鎭之妾。善書法。工畫梅竹。

顧·豹文 清錢塘人。字季蔚。號且菴。順治進士。官至監察御史。切直敢言。發姦摘伏。人畏其神明。康熙中舉鴻博。以老疾辭。有三楚奏議·六書古韻·顧圃日記·世美堂集。

顧·起元 明江寧人。字太初。萬曆進士。官至吏部左侍郎。卒謚文莊。有金陵古金石考·客座贅語說略·蟄菴日記。

顧·起經 明可學從子。字長濟。又字玄緯。號羅浮外史。好藏書。從可學官京師。嚴嵩知其才。要置直廬。屬爲應制之文。起經逡巡謝去。以國子生謁選。授廣東鹽課副提舉。

顧·起綸 明起經弟。字更生。號元言。從父可學挈之京師。代爲祝釐應制之文。多稱帝意。以國子生累官鬱林州同知致仕。起綸豪於文酒。善書法。有句漏集·國雅·赤城集。

顧·偉 清吳江人。字英伯。有樁軒遺書四十五種。

顧·問 明蘄州人。字子承。嘉靖進士。累官浙江僉事。恬靜清謹。人稱爲蒓菜顧公。丁內外艱。廬墓六年。隆慶間任福建參政。乞歸。講明理學。極爲耿定向所稱。

顧·培 清無錫人。字畇滋。從宜興湯之錡問學。築共學山居。延之錡弟子金敞晨夕講習。遵高攀龍靜坐法。以整齊嚴肅爲入德之方。晚歲來學者日衆。春秋大會山居。行復七規。七日期畢。釋奠習禮歌詩以爲常。學者稱俟齋先生。年七十九卒。

顧·堃 清長洲人。字堯峻。舉人。有覺非庵筆記·乃吾廬詩。

顧·寅 明蘇州人。字叔明。號友雲。又號無心。善畫山水竹石松樹。

顧·彪 隋餘杭人。字仲文。明尙書春秋。大業中爲祕書學士。有古文尙書疏。

顧·從義 明上海人。字汝和。號硯山。嘉靖中詔選端行善書。從義名第五。授中書舍人。隆慶初以修國史擢大理評事。篤志摹古。又精賞鑒。好文愛士。吳越間推爲風雅藪。有閣帖釋文考異。

顧·從德 明上海人。字汝修。嘗搜羅古印。摹刻成譜。著印藪一書。凡前人所集。並采掇以備考訂。

顧·惇量 清崑山人。字萬陶。號壽峯。以明經歷南匯·甘泉教諭。善詩文。兼長書畫。家貧力學。夜無油燈。掛一編於籬落間。月上誦百遍。始就寢。有金陵·愛日·與時·偕鳴等集。

顧·惟敬　明吳縣人。永樂中以薦授中書舍人。累遷大理少卿。仰瞻得罪。用事者意在瞻及薛瑄。詞不及惟敬。惟敬曰。吾與瑄瞻同事。豈可獨罪二人。因自請逮治。顧與俱謫。然迄無所坐。止降四川知州。乞歸卒。

顧·敏恆　清奎光子。字立方。號笠舫。工詩文。乾隆進士。官蘇州教授。少游貴池。撰昭明太子廟碑。袁枚歎爲六朝高手。有笠舫詩集。

顧·晟　清常熟人。字鈍伯。號耕巖。善畫能詩。有彙芬集。

顧·淸　明松江華亭人。字士廉。弘治進士。授編修。正德初劉瑾柄政。淸獨不與通。出爲南兵部員外郎。瑾誅。累擢禮部員外郎。與尙書毛澄請建儲宮。罷巡幸。疏凡數十上。嘉靖初以南禮部尙書致仕。卒諡文僖。有松江府志·傍秋亭雜記·東江家藏集。

顧·琇　明吳縣人。字季栗。洪武初父充軍鳳翔。母隨行。留琇視丘墓。比聞母沒。奔赴。負骨行數千里歸葬。父釋歸。尋卒。琇以哀毀死。(按蘇州府志作顏琇。此從明史。)

顧·皐　淸金匱人。字緘石。一字歎齋。又字晴芬。嘉慶進士。累官戶部左侍郎。考覈利病。愼稽出納。不可干以私。於詩文書畫。皆淨古得其自然之趣。

顧·衆　晉吳人。字長始。元帝鎭江東。命爲參軍。以討華軼功。辟丞相掾。及踐祚。徵拜駙馬都尉。除鄱陽太守。王敦構逆。令衆出軍。衆遲迴不發。敦怒。召還詰之。聲色俱厲。衆不爲動。敦意漸釋。及敦平。除太子中庶子。出爲義興太守。蘇峻反。王師敗績。還吳潛圖義舉。吳中人士。同時響應。峻平。拜丹陽尹。穆帝時終尙書僕射。卒諡靖。

顧·章志　明濟子。字行之。嘉靖進士。授行人。時嚴嵩父子竊權。人爭趨之。章志獨不往。歷刑部員外郎中。出知饒州府。饒瀕湖多盜。民悍好鬪。章志平心鉤校。庭無滯獄。累擢南京兵部侍郎。以勤幹著。

顧·符稹　淸興化人。字悉如。號小癡。能詩善畫。山水人物學小李將軍。工細入毫髮。王士禛嘗贈詩云。丹青金碧妙銖黍。近形遠勢窮毫芒。

顧·紹芳　明章志子。字實甫。萬曆進士。官左春坊左贊善。假歸卒。紹芳孝友廉介。尤工詩。朱彝尊稱其工於五律。不露新穎。出以矜鍊。頗近孟襄陽·高蘇門。有寶菴集。

顧·逢　宋吳郡人。字君際。宋末舉進士不第。學詩於周弼。稱顧五言。署其居爲五字田家。後辟吳縣學官。別號梅山樵叟。有船窗夜話·買瞶雜錄·詩集。

顧·野王　陳吳人。字希馮。七歲讀五經。略知大旨。九歲能屬文。長而遍觀經史。精記默識。天文地理蓍龜占候蟲篆奇字。無所不通。又善丹青。與王褒同爲梁宣城王賓客。王於東府起齋。命野王畫古賢像。褒作贊。時人稱爲二絕。梁亡入陳。天嘉初補撰史學士。仕終黃門侍郎。光祿卿。有玉篇·輿地志·符瑞圖·分野樞要·續洞冥記·玄象表·文集。

顧·陳垿　淸鎭洋人。字玉停。號賓暘。康熙舉人。官行人司行人。性侃直。學宗程朱。堅勁不移。字學算學樂律俱極精詣。兼精醫學。康熙時以算學應試。列第一。稱算狀元。有七經訓詁異同·土風錄·識字略·陳檢討四六補註·洗桐集·抱桐集·八矢注字圖說·鍾律陳數·旋宮知義等書。

顧·巽　明慈谿人。字與權。工詩文。永樂進士。歷江西按察使僉事。公廉仁恕。有青天之目。遷山東參議。恪守清白。始終不渝。卒官。

顧·復　明靖江人。成化中以貢入京就選。念母不置。請告歸。母促之授官。乃再至京。未幾卒。柩還。以故所服員帽。披諸柩上。母哭則員帽輒墜地。妻子哭則否。人稱死孝。

顧·復初　清元和人。字子遠。號竹耕。拔貢生。官光祿寺署正。歷爲吳棠·丁寶楨·劉秉璋幕客。通詞章。工書。間作山水。合宋元人法。有樂靜廉餘齋文集。

顧·景秀　南朝宋工畫。侍武帝。武帝賜何戢蟬雀扇。爲景秀之筆。時稱巧絕。

顧·景星　淸蘄州人。字赤方。號黃公。明貢生。康熙時薦舉鴻博。以病辭。記誦淹博。才氣尤橫肆不羈。詩文雄贍稱霸才。有白茆堂集·讀書集論·蹲池錄·南渡集·來耕集。

顧·棟高　淸無錫人。字震滄。又字復初。康熙進士。授內閣中書。以奏對越次罷職。乾隆時舉經明行修。授國子監司業銜。南巡召見。加祭酒銜。卒年八十有一。所學合宋元明諸儒而一之。調停朱陸之說。治經長於春秋。有大儒粹語·春秋大事表·毛詩類釋·尙書質疑。

顧·湄　淸太倉人。字伊人。本惠安令程新子。新與婁麟善。婁麟無嗣。幼鞠湄。遂冒姓顧。爲陳瑚高弟。愼交同聲社興。皆以得湄爲重。値奏銷案被累。遂絕意進取。專力詩古文。與黃與堅等稱婁東十子。有水鄉集。

顧·琛　南朝宋和曾孫。字弘瑋。謹確不尙浮華。起家州從事。元嘉中爲義興太守。徙東陽。元凶劭弑立。

瑮以起義功封永新縣侯。前廢帝時爲吳郡太守。明帝初與四方兵同反。兵敗。奉母奔會稽。臺軍既至。歸降。終員外常侍。中散大夫。

顧琳　明字渼玉。少治春秋。善屬文。正統中以歲貢任南京大理寺副。多所平反。有徐玉者。爲閹豎誣陷論死。琳核駁之。竟釋。同官惡其異己。使人訟琳。下琳於獄。窮治無所得。英宗復位。起故官。未幾。乞致仕。◎明上虞人。字雲屋。仕爲知州。工畫山水。◎清箕子。字吉山。諸生。畫山水類王鑑。

顧琮　清顧八代孫。字用方。聖祖開算學館。議敍得吏部員外郎。累官東河總督。剛正孤介。百折不回。有顧鐵牛之稱。有靜廉堂詩文集。

顧琮　清鎮洋人。字玉山。號琴軒。畫入能品。耽吟咏。有倚雲閣集。

顧筤　清青浦人。字頴東。諸生。善畫工詩。

顧詒祿　清長洲人。字祿百。號花橋。又號緩堂。貢生。以古文辭鳴於時。爲沈德潛高弟。德潛乞休後。詒祿構記室。應酬之作。多出其手。有虎丘山志。寒讀偶編。吹萬閣集。緩堂文述。緩堂詩話。

顧越　陳鹽官人。字允南。幼明慧。勵精學業。遍該經藝。尤精毛詩。善持論。與賀文發俱爲梁南平王偉所重。人稱發越。累遷國子博士。歸鄉棲隱於虎丘山。天嘉中詔侍東宮講讀。遷給事中黃門侍郎。時朝廷草創。疑義多所取決。被譖坐免。卒於家。有喪服毛詩老子孝經論語等義疏四十餘卷。（按陳書作字思南。此從南史。）

顧遠　元吳人。字周道。善畫山水人物及寫照。

顧閎中　宋江南人。初事南唐李景父子爲待詔。善畫人物。嘗圖繪故實。入宋。爲圖畫院祗候。

顧階升　清蘇州人。字步瀛。家素封。喜藏書。以圖籍書畫自娛。尤精簿錄之學。

顧雄　明通州人。字時俊。成化進士。授戶部主事。犒軍遼東。大同。監守者欲餌以利。雄怒卻之。轉員外郎中。督江西福建道稅。釐剔宿蠹。以病乞歸。

顧雲　唐池州人。字垂象。風韻詳整。與杜荀鶴。殷文圭友善。同肄業九華山。有文名。咸通間登第。爲高駢淮南節度從事。後退居霅川。杜門著書。大順中預修宣懿僖三朝實錄。書成。加虞部員外郎。乾寧初卒。有鳳策聯華編。昭亭雜筆。

顧黑子　明揚州人。其主顧圭。洪武初坐事久繫獄。黑子採薪以養。圭釋歸。復以甘旨進。圭死。黑子爲酒家傭。得錢以贍圭子。并爲娶妻。時人義之。

顧嗣立　清予咸子。字俠君。康熙進士。選庶吉士。改中書。以疾歸。博學有才名。喜藏書。尤工詩。所居秀野草堂。極水木亭臺之勝。一時名士畢集。性豪於飲。終其身無與抗者。時目爲酒帝。輯元詩選。詩林韶濩。注韓昌黎。溫飛卿詩。皆盛行於世。自著有秀野集。閭丘集。

顧愷之　晉悅之子。字長康。博學有才氣。嘗爲桓溫及殷仲堪參軍。深被眷接。善丹青。圖寫特妙。謝安重之。以爲有蒼生以來。未之有也。每畫人成。或數年不點睛。人問故。曰。傳神寫照。正在阿堵中。義熙初爲散騎常侍。世傳其有三絕。才絕畫絕癡絕也。嘗爲虎頭將軍。人號顧虎頭。有文集及啓蒙記行世。

顧源　明金陵人。字清父。號寶幢居士。少豪雋不羈。詩與書畫。皆不泥古法。家藏宋元名筆甚夥。尤究心禪理。非勝流名僧不與接。

顧溥　明興祖從弟。弘治初拜平蠻將軍。鎮湖廣。都勻蠻作亂。溥討之。斬首萬計。加太子太保。卒諡襄恪。居官淸愼守法。卒之日。囊無餘貲。

顧煜　清無錫人。字銘柏。順治進士。知象山縣。淸勤自飭。邑以大治。忤上官罷歸。有尙書講義。經濟鉅文。古文粹。射書。

顧瑛　明鳳正子。號玉山道人。工山水花卉翎毛。能繼父行。卓然以詩畫隱。

顧盟　元甬東人。字仲贄。高才好學。嘗館於杞菊軒。工詩。有仲贄集。

顧祿　明松江華亭人。初名天祿。字謹中。能詩。善書畫。尤工分隸。洪武初以太學生除太常典簿。遷蜀府教授。有經進集。

顧與沐　明憲成子。由舉人官至夔州知府。編顧端文年譜。其孫澄。曾孫貞觀續成之。簡核有體。

顧道　明慈谿人。字恭復。工詩。性剛直。以行義聞於鄉。永樂中邑令余瑄薦於朝。授右春坊司諫。東宮侍讀。卒官。

顧道洪　明無錫人。字嗣圖。嘗采孟浩然詩並諸家詩話。著襄陽外編。

顧遂　明餘姚人。字德伸。正德進士。授刑部主事。武宗南巡。伏闕疏諫。廷杖幾死。嘉靖初歷郎中。出知惠州。法嚴政平。遷廣西副使。歷陞南京刑部右侍郎。以理冤戢暴爲事。

顧鉞　清太倉人。字念公。工畫山水。與王鞏齊名。

顧雍　三國吳吳郡人。綜後。字元歎。孫權領會稽太守。雍爲丞。行太守事。吏民歸服。雍寡言語。舉動時當。權嘗歎曰。顧君不言。言必有中。至宴飲之際。人有酒失。雍必見之。是以不敢肆情。權曰。顧君在坐。使人不樂。其見憚如此。封醴陵侯。爲丞相十九年。所選用文武將吏。各隨其能所任。心無適莫。時訪逮民間及政職所宜。輒密以聞。若見納用。則歸之於上。不用。終不宣洩。卒諡肅。

顧鼎臣 明崑山人。字九和。弘治進士第一。授修撰。累遷禮部右侍郎。世宗好神仙術。內殿設齋醮。鼎臣進步虛詞七章。優詔襃答。明代詞臣。以青詞結主知。自鼎臣始。尋以禮部尚書兼文淵閣大學士。入參機務。時夏言當國專甚。鼎臣素柔媚。不能有爲。充位而已。崑山舊無城。鼎臣言當壽城之。後倭亂獲全。尋卒官。諡文康。有未齋集。

顧鼎銓 清杭州人。字逢伯。以舉人爲知縣。工畫山水。氣韻生動。

顧嘉穎 清長洲人。字庭如。精於摹刻。一時碑碣咸出其手。嘗爲安岐摹勒孫過庭書譜。遠勝停雲館刻本。汪琬贈以詩。稱爲絕藝。

顧圖河 清江都人。字書宣。康熙進士。官編修。工詩。有雄雉齋集。

顧壽南 清武進人。字菊友。性至孝。父病。焚香籲天。願減己算以代。母病。割股和藥以進。尋愈。鄉人稱顧孝子。

顧壽楨 清浙江山陰人。初名以文。字祖香。咸豐舉人。有孟晉齋文集。

顧壽潛 明上海人。字旅仙。工畫山水。能詩。性高介。不求聞達。有煙波叟詩集。

顧夢圭 明崑山人。字武祥。號雍里。嘉靖進士。官至江西右布政使致仕。有就正編．疣贅錄。

顧夢游 清江寧人。字與治。明季諸生。性慧。十歲作荷花賦。任俠好義。工詩。善行草書。有茂綠軒集。

顧夢麟 清太倉人。字麟士。明崇禎副貢。集三吳名士爲應社。詩文雅馴。爲時所宗。稱織簾先生。鼎革後。絕迹城市。客授汲古毛氏。潛心著述。有四書說約．詩經說約．四書十一經通考．織簾居詩文集。

顧愿 南朝宋覬之從子。字子恭。好學有文辭。大明中舉秀才。對策稱旨。擢著作佐郎．太子舍人。卒官。初．覬之嘗謂命有定分。非智力所移。以其意命愿著定命論。

顧榮 晉雍孫。字彥先。機神朗悟。仕吳爲黃門侍郎。吳平。與陸機兄弟同入洛。時號三俊。拜郎中。歷遷廷尉正。趙王倫．齊王冏．長沙王乂先後辟爲僚屬。惠帝徵爲散騎常侍。以世亂不應。還吳。廣陵相陳敏反。假榮丹陽內史。榮陽爲恭遜。而潛與甘卓．紀瞻等謀。起兵攻敏。敏舟南岸。敏衆萬餘。出不獲濟。榮麾以羽扇。其衆潰。後人因名其地曰麾羽渡。元帝鎮江東。以爲軍司。加散騎常侍。凡所謀畫。皆以諮焉。卒諡元。

顧槐三 清江寧人。字秋碧。幼著才名。工詩賦。有補五代史志．然松閣賦鈔．詩鈔。

顧爾行 明歸安人。萬曆進士。官大名府推官。初．張翰撰疏議輯略。所載止武宗以前。爾行復錄世宗穆宗朝諸疏爲兩朝疏鈔。

顧爾邁 明淮安人。有明璫彰癉錄。

顧瑤華 清錢塘人。字畹芬。裘某妻。工詞。有自怡草。

顧綜 三國吳人。字文偉。明帝時辟有道。歷官至尚書令。帝舉三代之禮。以正月上日幸辟雍。延綜爲三老。設几杖。從綜乞言焉。

顧維 清苕溪人。字師王。工傳神。大者益妙。

顧聞 明吳縣人。字行之。號九夔山人。工畫。擅詩文。有聲嘉靖間。公車不第死。

顧蒓 清吳縣人。字希翰。一字吳羹。號南雅。晚號息廬。嘉慶進士。學術深邃。通政教之源。官至通政司副使。屢疏言事。多切直。工詩文。兼善書畫。有滇南釆風錄．思無邪堂詩文集。

顧銘 清嘉興人。字仲書。畫筆瀟灑。尤精寫眞。

顧鳳毛 清九苞子。字超宗。乾隆副貢。少受經於祖母。年十一。通五經。有毛詩集解．楚辭韻考．入聲韻考。

顧鳳正 明秀水人。字聖徵。礪行績學。天啓中辟賢良方正。不就。聞國變。痛哭成疾卒。有濟荒書．榮樹堂集。

顧廣圻 清元和人。字千里。號澗蘋。嘉慶諸生。受業於吳縣江聲。穎敏博洽。通經學小學。尤精校讐。孫星衍．張敦仁．黃丕烈．胡克家．秦恩復．吳鼒輩。先後延主刻書。每一書刻竟。必綜其所正定者。爲考異或校勘記於後。人稱精確。其持論謂凡天下書。皆當以不校校之。嘗以邢子才日思誤書更是一適語。自號思適居士。有思適齋集。

顧廣譽 清平湖人。字惟康。號訪溪。優貢生。咸豐初舉孝廉方正。經術湛深。尤精詩禮。同治間主講龍門書院。以正學教生徒。遠近聞風興起。有學詩詳說．四禮權疑．鄉黨圖考補正．悔過齋文集。

顧德玉 晉字潤之。嘗從俞觀光學。觀光無子。嘗語人曰。吾昔寢疾。潤之侍湯藥。情若父子。我老。必託之以死。及覲光卒。德玉奉其屍斂於家。衰絰就位。葬顧氏先人之旁。歲時享祭惟謹。

顧德輝　〔元〕崑山人。一名阿瑛。字仲瑛。少輕財結客。豪宕自喜。年三十。始折節讀書。築別業於茜涇西。曰玉山佳處。日夜與客置酒賦詩。四方文學士咸主其家。嘗舉茂才。授會稽教諭。不就。張士誠據吳。欲強以官。乃去隱於嘉興之合溪。母喪歸。士誠再辟之。遂祝髮。稱金粟道人。洪武初隨其子元臣徙臨濠。有玉山璞稿・草亭館篇詠・草堂名勝集。

顧德謙　〔南唐〕江寧人。工畫人物道像及動植諸品。風格特異。

顧德麟　〔清〕蘇州人。號顧道人。工琢硯。自然古雅。名重於世。德麟死。藝傳於子。子不壽。媳鄒氏傳其業。尤工辨石。所稱顧二娘者是也。

顧慶恩　〔明〕大典子。字世稱。號畬堂。爲徽江通判。畫宗倪黃。

顧樞　〔明〕憲成孫。字所止。一字庸菴。明天啓舉人。少從高攀龍講朱學。入清。韜形遁迹。惟心體力行而已。淹貫五經。尤深於易尚書。晚作易稿。折衷至當。又有西疇日鈔。

顧潛　〔明〕崑山人。字孔昭。弘治進士。官至直隸提學御史。以伉直忤尚書劉宇。宇譏之於劉瑾。改馬湖知府。未任罷歸。有靜觀堂集。

顧磐　〔明〕南直隸通州人。字子安。正德舉人。工詩文。有海涯集。

顧諒　〔元〕吳江人。字季友。博通經史。作儀禮注。値元季兵亂。隱居不仕。性坦夷。不事畛畦。結廬曰怡齋。自號凝叟。

顧震　〔清〕錢塘人。字華田。乾隆進士。官郎中。能詩。尤工書法。◎〔清〕江蘇通州人。字大震。號瀛雷。父述亭以畫名。震世其學。工寫梅竹。

顧養謙　〔明〕南直隸通州人。字益卿。嘉靖進士。由戶部郎中歷遷杭嚴道。徙薊鎭兵備。尋拜右僉都御史。巡撫遼東。著勳績。遷南戶部侍郎。憂去。時議謂養謙必能辦倭。起爲兵部侍郎。總督薊遼諸軍務。膽氣過人。臨事多智略。所在著聲。乞歸卒。諡襄敏。有沖庵撫遼奏議・督撫奏議。

顧凝遠　〔明〕九思孫。號青霞。工畫。於古今典籍。無所不窺。愛蓄商周秦漢法物。一時名士。多與之交。

顧憲之　〔南齊〕覬之孫。字士思。舉秀才。仕宋爲建康令。人稱神明。京師飲酒者得醇旨。輒號爲顧建康。言其清且美也。入齊。歷官衡陽內史。風化大行。累遷至尚書吏部郎中。永元初除豫章太守。梁武帝爲揚州牧。徵爲別駕從事。比至。梁已受禪。以疾乞還。憲之雖累經宰郡。而資無儋石。及歸。猶不免饑寒。天監中卒。有詩賦銘贊并衡陽郡記數十篇。

顧憲成　〔明〕無錫人。叔時。別號涇陽。萬曆進士。授戶部主事。因上疏語侵執政。被旨切責。謫桂陽州判官。歷遷至吏部郎中。以廷推閣臣忤帝意。削籍歸。久之起光祿少卿。辭不就。憲成姿性絕人。幼卽有志聖學。既廢。與弟允成。倡修邑之東林書院。偕同志講學其中。講習之餘。往往諷議朝政。裁量人物。士大夫翕然應和。由是東林名大著。而忌者亦多。魏忠賢用事。羣小附之。作東林點將錄。舉凡正人君子。率目爲東林。抨擊無虛日。遂成朋黨之禍。卒諡端文。學者稱涇陽先生。有小心齋劄記・涇皐藏稿・顧端文遺書。

顧樵　〔清〕吳江人。字樵水。號若邪。工畫。山水入能品。有詩名。兼善書法。志尚沖素。與顧有孝等並稱高人。有詩書畫三絕之譽。

顧橫波　〔清〕上元人。龔鼎孳之妾。名媚。字眉生。又名眉。橫波其號也。莊妍靚雅。通文史。善畫蘭。獨出己意。不襲前人法。時人推爲南曲第一。家有眉樓。設筵無虛日。初與劉芳約爲夫婦。後背約歸鼎孳。芳以情死。鼎孳得橫波。號曰善持。寵愛甚至。後竟以爲亞妻。受封誥。橫波輕財好施。憐才下士。見朱彝尊詞。傾奩以千金贈之。適鼎孳後改姓徐氏。故世又稱徐夫人。康熙閒病卒。

顧璘　〔明〕蘇州人。寓居上元。字華玉。弘治進士。授廣平知縣。仕至南京刑部尚書。璘少負才名。詩以風調勝。與同里陳沂・王韋號金陵三俊。後寶應朱應登繼起。稱四大家。虛己好士。如恐不及。歷官有吏能。晚罷歸。構息園。大治幸舍居客。客常滿。有浮湘集・山中集・憑几集・息園詩文稿・國寶新編・近言。

顧瑮　〔明〕璘從弟。字英玉。正德進士。歷南京兵部郎中・河南副使。以正直爲同官所惡。罷歸。居一小樓。教授自給。璘時與客豪飲。伎樂雜作。呼瑮。瑮終不赴。其孤介如此。

顧與祖　〔明〕成孫。仁宗時以總兵官先後討平潯州・平樂・思恩・宜山諸苗。正統末守備紫荊關。終南京守備。

顧與裔　〔宋〕錢塘人。善畫。淳祐間爲畫院待詔。

顧衡　〔清〕婁縣人。字孝持。號鑑南。以恩貢司鐸臨淮。善書畫。工詩。

顧錫祉　〔清〕炎武裔孫。字竹樓。善鑒別法書名畫。所藏宋元眞跡甚富。嘗刻炎武宅京記行世。晚年不與世相接。獨居來賢堂。焚香讀畫以自娛。咸豐中卒。年八十四。

顧錫疇　〔明〕崑山人。字九疇。萬曆進士。授檢討。天啓中與魏忠賢不協。創籍。崇禎中起歷禮部侍郎。後進尙書。請補建文帝．景皇帝廟號及建文朝忠臣贈諡。又請奪溫體仁諡。與馬士英不協去。後寓溫州江心寺。爲總兵賀君堯所害。有綱鑑正史約．秦漢鴻文。

顧．徽 三國吳 雍弟。字子歎。少游學。有才辯。孫權召署主簿。嘗出行。見營軍縛一男子。至市行刑。問何罪。云盜百錢。徽語使住須臾。馳詣闕陳啓。乞哀原。權許之。或傳曹操欲東。拜徽輔義都尉。使北。應對得宜。還拜巴東太守卒。

顧．應泰 清 無錫人。字雲鵠。工書。法褚河南。極冷逸之致。

顧．應祥 明 長興人。字惟賢。號箬溪。弘治進士。授饒州府推官。桃源洞寇亂。掠樂平令去。應祥單身詣賊壘出之。賊亦解。歷廣東僉事。擒勦海寇雷振等。半歲三捷。累遷刑部尙書。奏定律例。時嚴嵩專政橫甚。應祥以耆舊自處。嵩不悅。以原官改南京。尋致仕歸卒。有惜陰錄．人代紀要．尙書纂言．歸田詩選．南詔事略等書。尤精算學。又有授時曆撮要．測圓海鏡分類釋術．弧矢算術諸書。應祥嘗受業於王守仁。守仁沒。應祥見傳習續錄．門人問答。多有未當於心者。因作傳習錄疑．龍溪致知議略。

顧．濟 明 崑山人。字舟卿。正德進士。歷刑科給事中。武宗自南都還。臥病豹房。惟江彬等侍左右。濟請愼擇廷臣。更番入直。不報。世宗即位。劾司禮太監蕭敬等。不聽。帝欲加興獻帝皇號。濟疏言不可。未幾乞養歸卒。

顧．禧 宋 吳郡人。字景繁。居光福山。閉戶誦讀。博極墳典。紹興間以遺逸薦。不起。築室邳村。顏曰漫莊。自號癡絕叟。田居者五十年。與吳興施宿合注蘇軾詩。陸游稱其賅洽。

顧．臨 宋 會稽人。字子敬。學於胡瑗。通經學。長於訓詁。歷官館閣校勘．同知禮院。神宗以臨喜論兵。詔編武經要略。因條十事以獻。元祐中擢給事中。拜河北都轉運使。蘇軾等言臨資性方正。學有根本。封駁議論。有古人風。宜留左右。以補闕遺。不報。尋召還。歷翰林學士。紹聖初知定州。徙應天．河南府。忌者指爲黨人。斥饒州居住卒。

顧．覬之 南朝宋 吳人。字偉仁。爲山陰令。政尙清簡。案無留牘。日垂簾端坐而已。大明中爲吏部尙書。幸臣戴法興權傾人主。而覬之未嘗降意。或嫌其風節過峻。覬之曰。辛毗有云。孫劉不過使吾不爲三公耳。泰始中歷散騎常侍．湘州刺史。卒諡簡。

顧．謙 明 儀眞人。字仲謙。洪武進士。以御史出按南詔。宣布德意。寃咸向化。歷通政司參議。改浙江僉事。爲時名吏。能詩。有晉齋稿．愛楙軒集。

顧．隱 清 無錫人。贅於常熟。故或作常熟人。初名柔謙。字剛中。明季諸生。入清後。更名隱。字耕石。工篆書。家貧。常閉戶默坐。或竟日不食。有補韻略．六書考定．和蛩草．山中吟．湖東雜詠．釣濱集．知非集．平山稿．耕石草。

顧．駿之 南朝宋 工畫。師張墨。嘗構高樓爲畫所。每登樓去梯。家人罕見。融朗全景。然後下筆。

顧．彝 清 仁和人。字名六。善畫水墨蘭菊。詩詞小篆尤佳絕。

顧．禮 明 崑山人。字元禮。洪武初以材能徵。官刑曹。久之擢侍郎。以例免。尋起爲戶部侍郎。進尙書。改刑部。能稱其職。卒官。

顧．簡 明 歸安人。字默孫。號蘧園居士。萬曆舉人。不樂仕進。年五十卒。有蘧園集。

顧．翺 宋 會稽人。少失父。事母孝。母好食雕胡飯。翺常率子女躬自採擷供養。家近太湖。湖中乃生雕胡。無復雜草。郡邑表其閭舍。

顧．鎭 清 昭文人。字備九。號古湫。又號虞東。乾隆進士。官宗人府主事。性惇樸。研精經術。善誨人。歷主白鹿鍾山書院。有虞東學詩．三禮剳記及詩古文。

顧．闕 明 問弟。字子良。嘉靖進士。授刑部郎。居喪同閭廬墓。累遷福建副使。年四十致仕。兄弟俱以道學相劘切。

顧．譚 三國吳 邵子。字子默。弱冠與諸葛恪等爲太子四友。官中庶子。後遷左節度。每省簿書。徒屈指心計。盡發疑謬。祖雍卒。代拜平尙書事。與督王霸有隙。又全寄父子共恨譚。構之。坐徙交州卒。有新言二十篇。

顧．鏊 清 培族弟。字雋生。晚號恆惺。遵湯之錡敎。舉行復七規。坐至三日。心地頓覺開明。自此一意習靜。擯棄俗學。後與培同主共學山居事。每春秋大會。四方來就者百餘人。海內指爲錫山學派。（按碑傳集作鼇。此從耆獻類徵及無錫縣志。）

顧．寶先 南朝宋 琛子。一作寶光。大明中爲尙書水部員外郞。善畫。法陸探微。尤善行書。王僧虔嘗作飛白書寄之。寶先曰。下官今爲飛白屈矣。

顧．藻 清 長洲人。字懿樸。號覲廬。康熙進士。官至工部左侍郞。出視河淮工程。著勞績。以病乞休。精書法。在米芾．趙孟頫間。

顧．藹吉 清 吳縣人。字畹先。號大山。又號南原。以歲貢生元書畫譜纂修官。任儀徵敎諭。善畫山水。精隸篆八分書。有隸辨。

顧·藴玉 清崑山人。主事彭希涑妻。字紉霞。工書法。有得其練素便面者。甚珍寶之。

顧·鐸 明博興人。字孔振。正德初流賊入境。邑民皆他徙。鐸父沒未殮。獨居守。見賊躃踊無懼容。賊曰。空城中惟此一人。必孝子也。舍去。後登進士。爲刑部郎中。率同官抗疏論大禮。被廷杖。出爲汝寧知府。歷官太僕卿。

顧·韡 清長洲人。字開林。明季諸生。入清後。奉母隱居不仕。性嗜書。力不能購。則手自鈔寫。尤嗜古金石文字。有詩文集。

顧·驄 明南直隸通州人。字雲車。或作雲章。以畫名。墨竹仿東坡。

顧·黯 南齊鹽官人。字長孺。爲散騎侍郎。有隱操。與顧歡俱不就徵。

顧·權 宋崑山人。字用衡。力學。博通墳典。爲文有古作者矩度。隱居不仕。及卒。門人私謚靖夷先生。

顧·歡 南齊鹽官人。字景怡。一字元平。家世寒微。歡獨好學。鄉中有學舍。貧無以受業。歡於舍壁後倚聽。無遺忘者。及長。篤志不倦。母亡。水漿不入口者七日。廬於墓次。遂隱不仕。於剡天台山開館聚徒。受業者常近百人。歡早孤。每讀詩至哀哀父母。輒執書痛泣。學者由是廢蓼莪。高帝輔政。徵爲揚州主簿。及踐阼。乃至。自稱山谷臣。進政綱一卷東歸。歡口不辨而善於著論。嘗作三名論。甚工。又注王弼易二繫。學者傳之。性好黃老。有道術。及卒。身體柔軟。道家謂之尸解。

顧·顒 晉榮兄子。字孟著。少有重名。太興中爲散騎侍郎。早卒。顒嘗以酒勸周顗。顗不受。因移勸室中柱。而語柱曰。詎可傾作棟梁自遇。顗得之欣然。遂爲衿契。

顧·龍 清吳縣人。年十二。父爲仇家金瑞甫所殺。龍長。時挾刃瞰瑞甫。刺之不死。瑞甫遂誣龍爲盜。官廉得實。卒誅瑞甫。

饒·一辛 清江西廣昌人。一作南城人。字冶人。雍正舉人。乾隆時舉鴻博未遇。官新建教諭。覃鞏經學。有經義管見。

饒·大振 明震元從孫。諸生。酒酣。縱筆作山水人物極精。

饒·子儀 宋臨川人。字元禮。從胡瑗受經。力學不倦。構寶光庵。杜門著書。王安石多所論薦。子儀獨不爲屈。崇寧中以經明行修薦。有編年史要·周易論語解·詩文集。

饒·之初 明廣濟人。字子復。嘉靖舉人。嘗游南雍。買舟行未及一舍許。念父老。遽感異夢。心動歸。父果病卒。服闋。選孟縣令。問民疾苦。計畫遠利。會有齮齕之者。左遷岷府審理歸。

饒·介 元臨川人。字介之。自號華蓋山樵。又號醉翁。倜儻豪放。能詩工書。自翰林應奉出僉江浙廉訪司事。張士誠據吳。以爲淮南行省參知政事。士誠敗。俘至京師。死之。有右丞集。

饒·允坡 清進賢人。字右蘇。號介岡。雍正拔貢生。乾隆時舉鴻博未遇。詩才清綺。有近代詩鈔。

饒·天民 明崇陽人。字明先。嘉靖進士。授中書舍人。選河南道御史。疏請祀薛瑄。增楚榜額。劾郭勛。議河套。尋按蘇松。奏表節義。祀文天祥·吳泰伯。治澱山·吳淞諸水。爲名御史。後守鳳陽。謫判合州卒。

饒·可久 明應城人。字甌寧。萬曆舉人。崇禎初知大興縣。以疏諫改三朝要典。謫光祿寺典簿。累遷知府。守制歸。流賊薄城。可久率衆堅守。城陷。被執不屈死。

饒·安 明崇仁人。字用中。永樂進士。由庶吉士出爲陝西僉事。三秦故艱於水。安爲開河導水至城下。勢豪占軍田。奪以還屯。厥功尤著。有中庵集。

饒·位 明進賢人。萬曆進士。累官工部右侍郎。母年百歲。與弟伸先後以侍養歸。時以爲榮。

饒·伸 明位弟。字抑之。萬曆進士。授工部主事。時黃洪憲典順天試。首録閣臣王錫爵子衡。申時行壻李鴻亦預焉。禮部郎中高桂發其事。反奪俸。伸抗疏爭之。下詔獄削籍。旋起南京工部主事。累遷刑部侍郎。熹宗時魏忠賢亂政。告歸。輯學海六百餘卷。時稱浩博。

饒·延年 宋崇仁人。家臨川。字伯永。號止翁。魁岸倜儻。游陸九淵之門。九淵稱其開豁有力量。以經學稱。篤信自守。隱居不仕。輕財好義。鄉人德之。紹定中微疾。屏藥弗御。一夕明燭焚香。趺坐而逝。年八十有一。魏了翁題其銘曰有宋長者饒止翁之墓。

饒·廷直 唐南城人。第進士。嘗過武昌。游黃鶴樓。遇異人得祕術。自是不近妻妾。後爲鄧州通判卒。舉柩甚輕。蓋尸解云。

饒·廷選 清閩縣人。字枚臣。道光間從軍臺灣。官漳州游擊。咸豐間洪楊軍起。援廣信。復淳安·餘杭。官至總兵。援杭州。困守七十餘日。城陷死之。謚壯勇。

饒·宗魯 元臨川人。字心道。性孝友。生五歲母沒。恆以不逮養爲恨。春秋展墓。涕泗交集。既去。猶嗚咽不自禁。事繼母孝養備至。隱居不仕。天曆間大旱。發廩賑貸。所活甚衆。有易傳·庸言及雜文若干篇。又輯其所嘗聞於平山曾子頁者。爲周易輯說。

饒・政　明望江人。字文質。永樂進士。奉敕運江西糧。三年竣役。還朝授御史僉事。性高澹不樂仕進。上章自陳願受教職。歷壽昌、雞山教諭。爲人莊重謹飭。教有成規。雖祁寒盛暑不輟。年八十歸里卒。

饒・松　宋沙縣人。少入山樵採。遇異人。自是落魄不羈。爲人傭工。時亢旱。主家試其術。欲令水溢。松以鋤掘地。水須臾漲溢。後坐化於毗山。宋末追封祐眞天師。

饒・秉鑑　明江西廣昌人。字憲章。號雯峯。正統舉人。官至廉州知府。以循良稱。有春秋提要。

饒・虎臣　宋寧國人。字宗召。嘉定進士。理宗時累官參知政事。立朝無可稱道者。

饒・威　漢魯陰太守。有惠政。得吏民心。

饒・若蒙　明敬承子。字完白。萬曆舉人。授清河知縣。考最。進戶部主事。改員外。忤權貴。左遷長蘆鹽運司知事。陞知仙游縣。左遷紹興府經歷。終六合縣令。所至有惠政。

饒・烈　宋臨川人。字丕承。號巢雲。世業春秋。潛心經學。理欲之辨甚嚴。嘗揭聖賢法言於軒檻以自警。晚遷居父墓之側。時與門人子弟徜徉原野間。班荊剖論。緩步行歌。翛然自得。有巢雲稿。

饒・祖堯　宋臨川人。字述古。以恩授靖江司理。時相媚家自海道來。舟没溺。所司連逮甚衆。祖堯辨證而釋之。漕臺有廐卒刃其徒於野。圃夫被誣。久不白。祖堯委曲鉤索。不待榜笞而伏。後轉儒林郎。調建寧推官。致仕卒。

饒・景　五代吳越淄水人。廣明時杭州建八都。景爲唐山都將。事錢鏐爲鎭海軍紫溪鎭遏使。累有防禦功。

饒・竦　宋臨川人。字異林。初與王安石友善。及安石力行新法。朝議沸騰。竦極言更張太驟。動搖民心。安石不能用。遂歸。卜居玉湖別墅。著述自娛。元祐間或勸之出。曰。人非水火不生。然踏水火必死。奈何犯之。後黨禍興。人服其先見。

饒・欽　明祁門人。字克恭。天順進士。授戶部陝西司主事。以剛介清謹見稱。尋遷澂江知府。民俗爲之丕變。秩滿請歸。作書舍茅山下萬松間。自號萬松散人。有萬松遺稿。

饒・幹　宋邵武人。字廷老。淳熙進士。知長沙縣。適朱熹爲守。幹夙與治事。暇即聽講。官終知懷安軍。

饒・敬承　明浦圻人。字象賢。嘉靖中鄉貢。令蒙城南部二邑。改賓州。時八寨猺賊阻險攻掠。敬承督兵奮戰。殲其渠。陞平樂同知。旋解任歸。

饒・瑄　明臨川人。字文璧。號行齋。舉正德鄉試。南宮不第。遂無仕進意。授徒自給。少時好馳馬試劍。弱冠習星曆算數山經地志九流百家之書。已乃覺其泛而不統。初善橫渠以禮爲先之教。中慕邵子靜坐之學。最後服膺象山。爲文俊潔有程法。學者稱行齋先生。

饒・鳳翔　明安陸人。諸生。事父母盡孝。逮喪。晝夜號。寢柩側三年。既葬廬墓。越六年始歸。朔望猶徒步參泣。雖雨雪不廢。服衰麻終身。有司以孝行獎。

饒・節　宋撫州人。字德操。嘗爲曾布客。後與布書論新法不合。乃祝髮爲浮屠。更名如璧。掛錫靈隱。晚主襄陽之天寧寺。嘗作偈云。間攜經卷倚松立。試問客從何處來。遂號倚松道人。有倚松老人集。陸游稱爲當時詩僧第一。

饒・震元　明旌德人。字登之。萬曆舉人。爲綿州知州。畫宗小米。翛然絕塵。

饒・魯　宋餘干人。字伯輿。一字仲元。幼從黃榦游。榦甚器之。嘗赴試不遇。遂專意聖學。以致知力行爲本。當事累薦不起。四方聘講無虛日。作朋來館以居學者。又作石洞書院。前有兩峯。因號雙峯。及卒。門人私諡文元。有五經講義・論孟紀聞・春秋節傳・學庸纂述・太極三圖・庸學十二圖・西銘圖・近思錄註。

饒・應子　宋延年孫。字定夫。紹定進士。累官監察御史。兼崇政殿說書。時江西湖南北受兵。詔淮兵赴援。應子上疏淮不可弛備。又言洪天錫有犯無隱。監學小臣如徐庚金輩叩閽去國。宜旌異之。累疏丁大全及董宋臣等罪。遷大理少卿。居官以戇直稱。有南麓集。

饒・應龍　宋應子弟。字翔夫。端平進士。除監察御史。有風節。遷顯謨閣直學士。出爲浙東安撫。淑萬年倉以惠饑民。致仕歸。有詩文類編・史討・奏稿・靈心錄。

饒・禮　明南城人。字景節。永樂中爲國子生。授浙江道監察御史。得風憲體。累陞河南左布政使。爲政寬恕。民咸愛之。

鶻謀琶　金吉水斜卯部人。性忠直寬厚。勇於戰。穆宗時鶻謀琶內附。先遣子寧吉從間道送款。遂使活里疃與鶻謀琶合軍攻降諸部。因領其衆。

罶缺　上古堯時賢人。學於王倪。許由嘗師事之。

二十二畫

囊加歹 元乃蠻人。幼從父庶察習戰陣。有謀略。累戰功爲都元帥。襲蒙古軍都萬戶。成宗崩。太后與仁宗在懷州。內外洶洶。囊加歹定策立武宗。以功授矸縣萬戶府達魯花赤。仁宗卽位。特授河南江北行省平章政事。封浚都王。

囊瓦 春秋楚莊王子子囊後。字子常。仕平王爲令尹。平王卒。立昭王。蔡昭侯有佩與裘。唐成公有兩肅爽馬。二君如楚。囊瓦欲之。弗與。皆止之。及唐人獻馬。蔡人獻佩。乃歸蔡侯唐侯。後二君從吳伐楚。囊瓦三戰不克。遂奔鄭。吳人入郢。

權妃 明朝鮮人。永樂時朝鮮貢女充掖庭。妃與焉。姿質穠粹。善吹玉簫。帝愛憐之。封賢妃。卒諡恭獻。

權·安 明正統間任興隆指揮使。性儉素。勤於政理。御屬吏嚴而不苛。爲時名將。

權·邦彥 宋河間人。字朝美。崇寧中上舍登第。建炎中知東平府。金人圍急。邦彥誓以死守。城破。猶力戰不已。改江淮等路制置發運使。以治辦稱。紹興初召簽書樞密院事。嘗獻十議以圖中興。又言宜乘機者三。尋兼權參知政事。與政一年。碌碌無所建明。又助呂頤浩攻李綱。君子少之。有遺稿。號瀛海殘編。

權·武 隋襲慶子。字武揆。以忠臣子起家。拜開府。武少果勁。勇力絕人。能重甲上馬。嘗倒投於井。未及泉。躍而出。其拳捷如此。以平陳功拜豫州刺史。進位大將軍。後坐事除名。

權·倫 明謹子。字民彝。性沈靜。學行修明。永樂中以易經舉於鄉。養親二十年。親沒。遂隱居教授。以壽終於家。子宇。父母卒。並廬墓。

權·倕 唐略陽人。徙丹徒。與席豫·蘇源明以藝文相友。官至羽林軍參軍。

權·皐 唐倕子。字士繇。擢進士第。在安祿山幕府。度祿山且叛。將行。慮禍及親。遂僞死。得逸去。旣渡江而祿山反。天下聞其名。爭取以爲屬。玄宗在蜀聞之。召拜監察御史。會母疾。客洪州。浙西節度顏眞卿表爲行軍司馬。召拜起居舍人。固辭。嘗曰。吾潔身亂世。以全吾志。欲持是受名耶。復以著作郎召。並不就。卒諡貞孝。

權·景宣 北周顯親人。字暉遠。曉兵權。有智略。在西魏歷南陽郡守。遷廣豫幷安四州刺史。戰功甚著。入周拜大將軍。天和初授荊州刺史。進爵千金郡公。受敕統水軍至夏口。坐驕縱納賄致敗。幾獲罪。卒諡恭。

權·會 北齊鄚人。字正理。少受鄭易詩書三禮。文義該洽。兼明風角。妙識玄象。策孝廉上第。累遷國子博士。性甚儒愞。似不能言。臨機答難。酬報如響。由是爲儒宗所推。有一子。字子毅。聰敏精勤。幼有成人之量。先亡。送者傷痛。會惟一哭而罷。時人尙其達命。武平末墮馬暴卒。

權·萬紀 唐萬年人。太宗時以悻直廉約。自潮州刺史擢治書侍御史。劾房玄齡·王珪。爲帝所獎。萬紀旣以言得進。頗掉罄自肆。後爲吳王長史。王畏其直。善遇之。徙齊王祐長史。祐暱羣小。萬紀驟諫不入。卽條過失以聞。遂爲祐所害。諡敢。

權·德輿 唐皐子。字載之。幼居父喪。哭踊如成人。未冠以文章稱諸儒間。德宗聞其材。召爲左補闕。知制誥。憲宗時累拜禮部尙書·同中書門下平章事。徙刑部。出爲山南西道節度使。卒諡文。德輿善辨論。開陳古今本末以覺悟人主。不爲察察名。綜貫經術。老不廢書。其文雅正贍縟。雖動止無外飾。風流醞藉。自然可慕。貞元·元和間。爲搢紳羽儀云。有權文公集。

權·衡 明吉安人。字以制。號葛溪。元末避兵隱居太行黃華山。作庚申帝大事記。洪武初中書省遣官訪庚申帝三十六年史事。得此書上之於朝。又著庚申外史。後寓居臨川以終。

權·璩 唐德輿子。字大圭。元和進士。歷監察御史。有美稱。宰相李宗閔薦爲中書舍人。時李訓挾寵以周易博士居翰林。璩連章劾訓傾覆險巧。不聽。及宗閔貶。璩屢表辨解。貶閬州刺史。徙鄭州。訓誅。時人多璩明禍福大體。能世其家。

權·翼 前秦洛陽人。字子良。仕苻堅爲右僕射。與北海王猛·太原薛讚。並稱王佐之才。

權·謹 明徐州人。字仲常。十歲喪父。哀毀幾絕。永樂中以薦歷光祿署丞。母年九十卒。廬墓三年。仁宗召拜文華殿大學士。以風勵天下。尋改通政司右參議。致仕。

權·懷恩 唐萬紀族孫。以蔭累遷萬年令。賞罰明決。見惡輒斥。時語曰。寧飮三斗塵。無逢權懷恩。每盛服。妻子不敢仰視。更歷萊衞邢宋五州刺史。所居威名赫然。吏胥重足屛息。官終益州大都督府長史。

權·襲慶 北周天水人。仕爲開府。與齊戰於幷州。被圍百餘重。力戰矢盡。短兵相接。殺傷甚衆。刀稍皆折。脫胄擲地。大罵曰。何不來斫頭。遂被殺。

籛鏗 周見彭祖條。

龔·蓋卿 宋常寧人。字夢錫。以明經擢第。師事朱熹。明義理之學。入諫垣爲右正言。以直道事君。（按萬姓統譜作襲盍卿。長寧縣志作龔蓋卿。氏族典兩收之。誤一爲二。此從湖南通志。）

酈光祖 〔明〕洙孫。字均儀。以明經仕至邵武令。有範世全書·定性論·四書木舌·禹貢注等書。

酈希誠 〔元〕燕城天寶宮道士。傳金季劉德仁之教。以苦節危行爲要。見知憲宗。名其教曰眞大道教。授希誠太玄眞人。領教事。

酈炎 〔後漢〕范陽人。食其後。字文勝。有文才。解音律。靈帝時州郡辟命皆不就。性至孝。遭母憂。風病發。妻始產驚死。妻家訟之。遂繫死獄中。

酈洙 〔明〕諸暨人。號白岩。諸生。講學於稽山書院。一時名士。皆出其門。有教家輯略等書。

酈食其 〔漢〕陳留高陽人。好讀書。家貧落魄。爲里監門。人皆謂之狂生。沛公略地陳留。至高陽傳舍。食其入謁。沛公方踞牀。使兩女子洗足。食其長揖不拜。曰。足下必欲誅無道秦。不宜倨見長者。於是沛公輟洗起衣。延之上座。定計下陳留。號爲廣野君。常爲說客。使諸侯。後說齊。憑軾下齊七十餘城。及韓信襲齊。齊以食其賣己。遂烹之。漢封其子疥爲高梁侯。

酈商 〔漢〕食其弟。高祖爲沛公。略地至陳留。商以四千人屬沛公于岐。從擊項羽。又從擊黥布。以功遷右丞相。封曲周侯。卒諡景。

酈寄 〔漢〕商子。字況。與呂祿善。高后崩。大臣欲誅諸呂。太尉周勃使人劫商。令寄紿呂祿。與出遊。勃乃得入據北軍。天下稱其賣友。景帝時吳楚齊趙反。爲將軍。嗣侯。以罪免。

酈惲 〔後魏〕範從子。字幼和。好學有文才。尤長吏幹。舉秀才。射策高第。歷位尙書外兵郞·行臺郞。武泰中與唐州刺史崔元珍固守平陽。爲爾朱榮將樊子鵠所攻。城陷被害。

酈琥 〔明〕諸暨人。字仲玉。號元匡。師錢德洪。恪守王守仁之學。以貢生官績溪主簿。以蘇轍嘗官績溪。著和蘇集。又有彤管遺編。

酈滋德 〔清〕諸暨人。字黃芝。讀書鄙章句。工詩。尤留心鄉邦文獻。辨別最明。於衣冠閥閱。詩文宗派。有半情居遺稿·諸暨詩存。

酈道元 〔後魏〕範子。字善長。太和中由尙書主客郞累遷東荊州刺史。威猛爲治。蠻民詣闕訟其刻峻。坐免官。久之爲河南尹·安南將軍·御史中尉。收汝南王悅嬖近丘念。悅啓靈太后。敕赦念。道元竟誅之。因劾悅。時雍州刺史蕭寶夤反狀稍露。悅諷朝廷遣道元爲關右大使。寶夤反。力屈被執。瞋目叱賊而死。道元好學。歷覽奇書。撰水經注四十卷·本志十三篇。又爲七聘及諸文。皆行於世。然兄弟不能篤穆。又多嫌忌。時論薄之。

酈道約 〔後魏〕道愼弟。字善禮。質樸遲鈍。頗愛琴書。性多造請。歷東萊·魯郡太守。爲政淸淨。吏民安之。

酈道愼 〔後魏〕道元弟。字善季。涉歷史傳。有幹局。位正平太守。有能名。遷長樂相卒。

酈範 〔後魏〕涿鹿人。字世則。小名記祖。太武時給事東宮。文成踐阼。賜爵永寧男。爲征南大將軍慕容白曜司馬。及定三齊。範多進策。白曜皆用其謀。表爲青州刺史。以撫新民。入爲尙書右丞。除青州刺史。假范陽公。還朝卒。諡穆。

酈瓊 〔金〕臨漳人。字國寶。補州學生。習擊刺挽強。初隸宋宗澤軍。歷淮南東路兵馬鈐轄。後率所領步騎十餘萬附金。完顏宗弼命爲山東路弩手千戶。知亳州事。以母憂去官。瓊去未幾。宋兵陷亳。及宗弼復至。下其城。瓊請勿戮州人。因復命守亳。亳人德之。貞元初累遷歸德尹。加金紫光祿大夫卒。

酈權 〔金〕臨漳人。字元輿。號披軒。善爲詩。與王庭筠·党懷英齊名。登大定進士。仕至著作郞。

鑒眞 〔唐〕高僧。江陽淳于氏子。住揚州大雲寺。以戒律化誘。開元中日本國遣使延之。遂東渡。其王子捨宅爲招提寺居之。教法大行。號大和尙。爲日本國傳戒律之始祖。卒於日本。

鬻拳 〔春秋〕〔楚〕大夫。嘗強諫文王。王勿從。臨之以兵。懼而從之。鬻拳曰。吾懼君以兵。罪莫大焉。遂自刖。楚人以爲大閽。謂之大伯。及王禦巴師敗還。鬻拳勿納。王遂伐黃。敗之。還以疾卒。鬻拳葬王於夕室。亦自殺。

鬻熊 〔周〕楚之先祖。年九十知道。爲周師。自文王以下嘗問焉。後人裒其遺言。凡二十二篇。名鬻子。成王時封其玄孫熊繹於荊蠻之丹陽。

龔大壯 〔宋〕夬弟。與夬齊名。從夬官河陽。曾布欲見之不可得。夬爲御史。大壯勸使早去。夬以爲畏友。

龔士燕 〔清〕武進人。字武仕。少能文。講求性理。發明蔡氏律呂新書。推衍黃鍾圜徑開方密率諸法。康熙中詔募天下知曆之士。入都授曆科博士。有象緯考·曆言大略·天體論及闓虛中星交食定朔五星諸論。

龔大萬 〔清〕武陵人。字體六。號荻浦。乾隆進士。官編修。有賜扇樓詩集。

龔之伊 〔明〕澧州人。字覺先。一字茹溪。萬曆進士。博綜羣籍。熟記廿一史。不差篇次。尤精內典。歷知常山·錢塘縣。以憂歸卒。有甲寅·桃花庵諸集。

龔·之安 明天申子。字伯恭。萬曆舉人。知德陽縣。崇禎中張獻忠寇蜀。嬰城死守。城破死之。弟之吉。字鹿坡。性孝友。聞訃。徒步數千里。負骨歸葬。人以東門龔氏。忠孝節義稱之。

龔·元玠 清南昌人。字鳴玉。一字㻏山。號畏齋。舉鴻博未遇。中乾隆進士。知銅仁縣。緣事降撫州教授。復以承審失實罷職。元玠好讀書。性至孝。尤留心河務。有黃淮安瀾先資編。十三經客難。

龔·元祥 明長洲人。字子禎。舉於鄉。崇禎初爲霍山教諭。與訓導姚允恭友善。賊陷鳳陽。元祥偕縣令守禦。賊至。令遁。元祥罵賊死。子炳銜並被殺。允恭斂其屍畢。亦死之。

龔·夬 宋瀛州人。字彥和。清介自守。有重名。舉進士。簽書河陽判官。紹聖初擢監察御史。以親老求通判相州。知洛州。徽宗立。召拜殿中侍御史。始上殿。卽論章惇·蔡卞奸邪。又論蔡京罪惡。於是三人皆去。後坐事編管房州。徙化州。徒步適貶所。持扇乞錢以自給。遇赦歸卒。

龔·天申 明灃州人。字子德。嘉靖舉人。潛心理學。歷嚴兖二州同知。俱有聲。在兖時開永濟新河以便漕運。又築汶上城及大行隄二百餘里。

龔·弘 明蘇州嘉定人。字元之。成化進士。正德中累官湖廣布政使。中貴縱僕從殃民。弘盡收繫之。黃河溢。弘由應天尹擢右副都御史。總督河道。武宗南巡。稱爲幹事老臣。再遷工部尚書。並領河事。河道之設專官自弘始。嘉靖初卒。

龔·玄之 晉漢壽人。字道玄。好學潛默。安於陋巷。舉秀才辟公府皆不就。孝武徵爲散騎常侍。郡縣備禮敦遣。固辭疾篤。不行。尋卒。弟子元壽。亦有德操。徵辟不就。卒於家。

龔·石 三國吳豫章人。字顯光。謝斐爲會稽太守。獲罪於孫權。石爲具表陳訴。頓首流血。時天大風雪。流血成冰。權感動。爲釋斐。

龔·仲賢 明光澤人。少孤家貧。母紡績撫養。洪武初母卒。仲賢痛念不已。刻木肖像以奉。飲食衣服。出入有事。必以告。凡十八年如一日。

龔·吉 宋善畫兔。爲時人所不及。

龔·有成 明蘇州嘉定人。字子完。學於歸有光。不攜臥具。講論達旦。嘉靖中舉於鄉。上春官。友病疫。衆爭避去。有成獨護視醫藥。沒送其喪以歸。選詔安令。有政績。累遷蜀府長史卒。

龔·百藥 清武進人。字介眉。順治舉人。有介眉詩選·湘篁閣草·吹萬閣草。

龔·自珍 清麗正子。字璱人。號定盦。更名鞏祚。道光進士。官禮部主事。博學負才氣。於經通公羊春秋。於史長西北輿地。晚尤好佛乘。其文導源周秦諸子。沈博奧衍。自成一家。同光之際。盛行一時。有定盦集。

龔·作梅 明陳州人。性至孝。年十七。父母俱亡。兩柩在殯。流賊破城。火延及舍。作梅跪柩前。焚死。

龔·克和 清克庸弟。字西麓。與妻馬荃俱工書畫。早卒。

龔·克庸 清常熟人。字叔度。由教習爲竹溪知縣。工畫能詩。又工駢體文。居官嘗修廢堰。邑人德之。名曰渤海堰。卒官。

龔·廷祥 明無錫人。字伯輿。崇禎進士。福王時爲中書舍人。知國祚必移。作書與子。以死自誓。城陷。投武定橋下死。

龔·廷歷 清武進人。字玉成。別號震西氏。順治進士。嘗任湖南推官。有稽古訂譌。

龔·壯 晉巴西人。字子瑋。潔己自守。與鄉人譙秀齊名。父叔爲李特所害。壯積年不除喪。卒假李壽手。討特孫期。私仇以雪。後諫壽僭僞不從。遂稱聾。終身不至成都。惟研考經典。覃思文章。至李勢時卒。

龔·來富 明光州人。宣德間以軍功襲錦衣衛指揮。正德中帝數出遊。來富犯顏極諫。帝怒殺之。時年一百三十八歲。

龔·佳育 清仁和人。初名佳胤。後改今名。字祖錫。又字介岑。初仕爲龍驤衞經歷。康熙間累官光祿寺卿。其爲政持利未可遽興。當先祛其弊之論。故所至有異績。

龔·孟舒 梁東陽人。通毛詩。善談名理。爲潯陽郡丞。元帝在江州。遇之甚重。躬師事焉。陳天嘉中官至大中大夫。

龔·孟夔 元臨川人。字龍友。宋咸淳進士。除隆興監察推官。斷決如流。賈似道欲見之。孟夔不往。棄官歸。宋亡。避地野外四十年。論文講學。遠近師之。自號楚清居士。有集及宦游擬稿。

龔·宗元 宋識子。字會之。天聖進士。爲句容令。擿伏發姦如神。楊紘持使節行部。號深酷。至境曰。龔君已治。我往徒爲擾耳。遂不入縣境。官至都官員外郎致仕。居崑山。作中隱堂。與程適·陳之奇皆以耆德稱。吳人謂之三老。有武丘居士遺稿。

龔·明之 宋況從子。字熙仲。性至孝。年六十。始舉鄉貢。授高州文學。年八十致仕。鄉人舉行義。擢宣教郎。生平不摘人短。不作貌言。自號五林居士。有中吳紀聞。

龔·況 宋程子。字潛之。崇寧進士。文章學術。與蘇過齊名。號襲蘇。因其先中隱堂。自稱起隱子。官至祠部員外郎。

龔・舍　【漢】武原人。字君倩。通五經。以魯詩教授。與龔勝俱以明經高第。世謂之楚兩龔。勝爲吏而舍不仕。以勝薦。徵爲諫大夫。病免。復徵爲博士。又病去。哀帝時拜太山太守。數月乞骸骨。再徵竟不起。卒於家。

龔・祈　【南朝宋】玄之從孫。字孟道。玄之及祈父黎民。並不應徵辟。祈風姿端雅。容止可觀。中書郎范述見之。歎曰。此荊楚之仙人也。自少及長。徵辟一無所就。

龔・茂良　【宋】興化軍人。字實之。紹興進士。歷遷吏部郎官。江浙大水。詔陳闕失。茂良疏請先去心腹疾。內侍梁珂・曾覿・龍大淵皆用事。故茂良及之。淳熙中累拜參知政事。尋求去。爲御史謝廓然所構。責降安置英州卒。後復官。諡莊敏。有靜泰堂集。

龔・原　【宋】遂昌人。字深之。第進士。元豐中爲國子直講。徽宗初進給事中。時除郎官五人。皆執政姻戚。原悉舉駁之。以論哲宗喪服事。謫知南康軍。再起歷兵工二部侍郎。又奪職居和州。起爲亳州。命下而卒。原少師王安石。爲國子司業時。以王氏父子所撰經義刊板傳學者。一時學校舉子之文。靡然從之。其敝自原始。

龔・海　【明】遂子。舉於鄉。官韶州知府。廉靜剛直。有父風。

龔・泰　【明】義烏人。字叔安。洪武中以鄉薦入太學。授戶科給事中。建文時遷都給事中。燕師渡江。泰與其妻訣曰。國事至此。吾自分死矣。俄宮中火起。自投城下死。

龔・健陽　【清】天門人。號惕齋。雍正進士。官至御史。有直聲。諸經四書皆有編纂。尤好春秋。作胡傳辨十餘篇。

龔・培雍　【清】杭州人。字蘭臣。諸生。工詩文書畫。

龔・烱　【明】晉江人。字延璋。刻志爲學。工詩文。洪武中膺薦。以親老歸。

龔・理　【明】崑山人。字彥文。正統進士。性方正。歷官山東左布政。興禮勸學。表子貢墓於叢莽中。封而祭之。及卒。鄉人私諡清惠。有最美集。

龔・郯　【宋】寧德人。字壘伯。師朱熹。不務口耳。一意躬行。晚與楊復辯論理氣先後之說。尤有造詣。自號南峰居士。有詩文雜著。

龔・勝　【漢】彭城人。字君賓。爲郡吏。三舉孝廉。再爲尉。一爲丞。勝輒至官迺去。州舉茂才。爲重泉令。病免。哀帝時徵爲諫大夫。數上書求見。遷光祿大夫・諸吏給事中。出爲渤海太守。謝病免歸。後復徵爲光祿大夫。王莽秉政。乞歸。莽遣使徵之。勝因敕門人爲棺斂喪事。語畢。遂不復開口飲食。積十四日死。年七十有九。有老父來弔。哭甚哀。既而曰。嗟虖。薰以香自燒。膏以明自銷。龔生竟夭天年。非吾徒也。遂趨而出。莫知其誰。

龔・景瀚　【清】閩縣人。號海峯。乾隆進士。嘉慶間官合州知州。時教匪蔓延。官軍不能平。景瀚上堅壁清野議。經略勒保以爲然。命行於川東川北。次行於陝甘湖北各省。先後三四年。堡寨告成。教匪遂以次盪平。官至蘭州知府。有澹靜齋文鈔。

龔・琴徵　【清】武進女子。字月鄰。能詩。善寫生。尤工畫蛺蝶。

龔・程　【宋】宗元子。字信民。熙寧進士。歷官西安丞。知桐廬縣。少讀書支硎山下。淡泊自勵。治家遵古儀法。精記問。鄉人號爲有腳書廚。

龔・策　【清】武進人。字晉之。明諸生。究心史學。尤長於詩賦。明亡。作金陵燕臺懷古絕句各百首。爲時所重。順治中以貢入太學。除鄖州同知。初策嘗客關陝間。題名華山巔。因號天岳山人。既仕清。猶以山人自命。人謂其不忘故國。之官未數月卒。

龔・翔麟　【清】佳育子。字天石。號蘅圃。康熙間副貢。歷官御史。晚號田居。工詩詞。有田居詩稿・紅藕山莊詞選・浙西六家詞。

龔・開　【宋】淮陰人。字聖予。號翠巖。又號龜城叟。景定間爲兩淮制置司監官。宋亡不仕。家益貧。賓客造訪。至無几席。一子名浚。每令伏榻上。就背按紙作唐馬圖。甚工。尤工詩文及古隸。

龔・愷　【明】松江華亭人。字友元。嘉靖進士。官御史。以馬市事疏劾尚書史道。爲仇鸞所陷。被廷杖。官至湖廣副使。

龔・慎儀　【宋】邵武人。字世則。初仕南唐。隨李煜歸宋。以駕部郎刺歙州。宜春盧絳欲據福建。領衆數千由新安入歙。城陷。死之。

龔・楫　【宋】和州人。字濟道。原孫。文儒如不勝衣。建炎初聞金人陷郡縣。輒忿恚不食。金兀朮據和州。楫率家僮禦之。獲千戶二。繫累者數百人。俄金兵大至。楫麾其衆曰。今日屬死。亦足爲義士。遂死之。年僅二十二。

龔・煥　【元】進賢人。字幼文。通五經。師饒應中。以明體返躬爲務。居泉峯下。人稱泉峯先生。

龔・祿　【蜀漢】安漢人。字德緒。先主定益州。爲郡從事牙門將。建興中爲越嶲太守。隨諸葛亮南征。爲蠻夷所害。

龔・萬祿　【明】貴州人。目不知書。有膽志。膂力過人。嘗從劉綎征楊應龍有功。遷守備。戍建武。奢崇明反。衆推萬祿爲游擊將軍。主兵事。先後殺賊無算。嗣以兵少敗。城陷死之。

龔・詡　明 譬子。字大章。一名翊。年十七。爲金川門卒。燕兵至。慟哭去之。隱居教授。巡撫周忱重其人。欲薦之。謝曰。詡仕固無害。恐負往日金川門一慟耳。竟以隱終。門人私謚安節先生。有野古集。

龔・詧　明 太倉人。字叔言。資性絕人。嘗讀史記。未匝歲。人試之。盡卷不差一字。洪武中以歲薦授岳州學正。累遷兵科給事中。坐言事忤帝意。籍其家。僅賜絹二匹。謫戍五開衞卒。

龔・遂　漢 南平陽人。字少卿。以明經仕爲昌邑王郎中令。剛毅有大節。引經義諫爭至涕泣。昌邑廢。坐輸城旦。宣帝初勃海盜賊並起。郡守不能制。帝以遂爲勃海太守。召問息盜之術。遂曰。治亂民。猶治亂繩。唯緩之然後可治。願無拘文法。從之。至則悉罷逐捕盜賊吏。持田器者皆爲良民。持兵者乃爲盜賊。因勸民務農桑。有帶刀劍者。使賣劍買牛。賣刀買犢。曰。何爲帶牛佩犢。郡遂大治。徵爲水衡都尉。卒官。

龔・遂榮　明 官錦衣千戶。時英宗已入塞。遂榮寓書大學士高穀。言奉迎禮當從厚。主上當辟位懇辭而後受命。穀袖其書入朝。以示廷臣曰。武夫尙知此禮。況儒臣乎。陳循言遂榮非分妄言。請治罪。遂下獄。會赦得釋。

龔・雍　元 邵武人。字行簡。宋咸淳進士。至元・延祐間充史館編修。累遷崇文閣大學士。泰定帝時以受佛戒事再疏切諫。獲罪幾死。尋出爲江西中書參議。致仕。

龔・鼎臣　宋 須城人。字輔之。景祐進士。授平陰主簿。以薦爲泰寧軍節度掌書記。擢起居舍人。同知諫院。歷吏禮二部郞中。在言路累歲。闊略細故。至大事無所顧忌。然其言優游和平。不爲峻激。使人主易聽。神宗朝官終大中大夫。請老歸卒。有東原錄。

龔・鼎孳　淸 合肥人。字孝升。號芝麓。明崇禎進士。授兵科給事中。李自成陷京師。受僞直指使。順治初迎降。以原官起用。屢起屢仆。康熙間官至禮部尙書。卒謚端毅。爲人放曠。頗爲時所譏。而治聞博學。詩古文並工。淸初與吳偉業・錢謙益齊名。稱爲江左三大家。有定山堂集。

龔・端　宋 瑞州新昌人。字德莊。元符進士。靖康中極論時事之失。除將作監。時金師大入。以端爲河東路奉使參議官。京畿戒嚴。憂恚成病。及聞兩宮北狩。憤惋而卒。

龔・寬　漢 洛陽人。能畫人物。尤工牛馬飛鳥。

龔・履素　國 南昌人。居南譽山三十餘年。傾產買書。聚徒教授。講肄之暇。荷鋤躬耕。弟子自遠而至者。與均衣食。世稱譽山先生。貞元間卒。（按南昌書舊記作熊履素。此從南昌府縣志。

龔・德　漢 梁國人。知音。善雅琴。宣帝時丞相魏相薦。召見待詔。

龔・潗　宋 高郵人。徙吳。字深之。累官司農卿。國亡。士大夫居班行者。隨例北上。潗行至莘縣。不食卒。

龔・賢　淸 崑山人。又名豈賢。號半畝。一號半千。又號野遺。晚號柴丈人。流寓金陵。善畫山水。爲八家之一。能詩。黃周星・周亮工・朱彝尊皆推許之。嘗梓中晚唐詩紀行世。兼工書法。行草雄奇奔放。仍不失矩矱。有畫訣・香草堂集。

龔・輝　明 餘姚人。字實卿。嘉靖進士。時營仁壽宮。輝以營繕司主事督木四川。得大木五千餘株。部劄欲再倍其數。民情洶洶。輝乃繪山川險惡轉運艱苦等狀。爲圖以進。竟得停止。具詳所著西槎彙草中。官至工部左侍郎。又著全陝政要略。

龔・霆松　宋 貴谿人。號艮所。潛心理學。時朱陸議論不一。霆松折衷其說。作四書朱陸會同注釋。時稱朱陸忠臣。入元不仕。聚徒講學以終。

龔・橙　淸 自珍子。字公襄。後卽以字行。號石匏。更號孝拱。少以才自負。應試久不遇。閒以策干大帥。不能用。遂好奇服。流寓上海。依英人威妥瑪以居。咸豐中英兵入京師。或曰橙爲導。後卒於上海。治經宗晚周西漢。多非常異誼。有詩本誼。

龔・穎　南唐 宋 遂寧人。少好學。益州刺史毛璘辟爲從事。璘爲謀縱所殺。故吏並逃亡。穎號哭奔赴。殯送以禮。後縱僭號。備禮徵辟不應。脅以兵刃。不屈。蜀平。迭見辟引。竟不被朝命。終於家。◉宋 愼儀從子。字同秀。初仕南唐。歸宋爲御史大夫。愼儀爲盧絳所殺。絳旋降宋。與穎同朝。穎私袖鐵簡。擊之於朝。太祖遂誅絳。義穎而釋之。太宗時官至檢校司徒・持節營州諸軍事。卒謚端。

龔・頤正　宋 原孫。字養正。本名敦頤。因避諱改。光宗時爲國史檢討官。歷宗正丞。有芥隱筆記。考證博洽。而舛謬處亦時有之。

龔・懋　宋 順昌人。字君美。少俊偉。仁宗朝舉茂才異等。授房州推官。與張方平友善。慶曆初薦授館職卒。

龔・謙　明 高郵人。字廷益。舉進士。授御史。巡鹽兩浙。執法除姦。及清軍湖藩。甚得大體。都御史牒行各省。令清軍以謙爲式。名重一時。

龔・璛　元 潗子。字子敬。少爲徐琬辟置幕下。後充和靖學道兩書院山長。以江浙儒學副提舉致仕。璛善屬文。刻意學書。詩格伉爽。有存悔齋集。

龔·鎭和 明樂昌人。正德間從知縣李增督兵禦寇。調勦華林砦。擣其巢。復解乳源之圍。戰死。

龔·鎭海 清江蘇華亭人。字文滐。號秋舫。嘉慶間以武生累擢定海總兵。連獲海盜。廓清洋面。士民多受其惠。爲作東隅錄以頌之。

龔·識 宋愼儀子。徙居吳。字獻甫。端拱進士。大中祥符中薦擢監察御史。遷殿中侍御史。宋襲唐制。御史不專言職。至是始擇學術醇正操履端方可綱紀朝廷者。俾入臺言事。識首被選。逾年以目疾求退。授檢校司封郎中。平江軍節度副使。

龔·鏜 清陽湖人。字聲甫。嘉慶進士。官至內閣學士。降鴻臚寺卿。時廷臣以諫止東巡奉旨切責。衆懼莫敢言。鏜時爲御史。齋沐繕封事。瀕行顧閽者曰。明午不歸。若當於西市視吾耳。詰朝啓奏。留中不之罪。

龔·麗正 清仁和人。字闇齋、嘉慶進士。官郎中。段玉裁之女夫。師玉裁。能傳其學。有國語韋昭注疏。

龔·斆 明鉛山人。洪武中以明經分教廣信。御史葉孟芳薦其學行。入爲四輔官。以老乞歸。又召爲祭酒。卒官。有經野類鈔·鵝湖集。

龔·鎡 明南昌人。字子諫。洪武中由鄉薦入國學。永樂中歷雲南僉事。秩滿還朝。言時政闕失。忤旨下獄。宣德末擢四川按察使。決淹獄。杜牽連。居官四十餘年。家無儲蓄。

龔·鑑 清錢塘人。字齡上。又字明水。雍正拔貢。知甘泉縣。有僧明慧者。曾與內廷法會。以書幣關白於鑑。鑑杖其使而遣之。聲震天下。精經學。有毛詩疏說·龔甘泉集。

二十三畫

巙巙 元不忽木子。字子山。幼肄業國學。博通羣書。長襲宿衛。文宗時累官學士院大學士。知經筵。提調崇文監。文宗勵精圖治。巙巙嘗以聖賢格言講誦帝側。順帝既立。巙巙仍侍經筵。多所啓沃。官終翰林學士承旨。卒諡文忠。

欒·大 漢初爲膠東王尙方。爲人長美。言多方略。而敢爲大言。會武帝求仙方。大因樂成侯丁義求見。自言嘗往來海中。見安期羨門之屬。臣之師曰。黃金可成。河決可塞。不死之藥可得。僊人可致。帝悅之。拜爲五利將軍。封樂通侯。賜甲第。又以衞長公主妻之。數月佩六印。貴振天下。後治裝行。言將東入海求其師。實不敢入海。而之泰山祠。帝使人微隨驗。實無所見。帝知其妄。乃誅之。

欒·巴 後漢蜀郡人。一云內黃人。字叔元。好道。性質直。博涉經典。初爲黃門令。後擢拜郎中。四遷桂陽太守。定禮與學。政事明察。巴有道術。能役鬼神。帝元旦大會羣臣。巴爲尙書。獨後到。又含酒西南噀。有司劾巴不敬。巴云。臣本縣成都失火。故因酒爲雨以救。數日。成都果奏火災。云是日火時。有雨從東北來。火息。雨皆酒臭。後以諫得罪。禁錮還家。靈帝卽位。竇武·陳蕃輔政。拜巴議郎。蕃武見誅。巴以其黨復謫永昌太守。辭病不行。上書理陳竇冤。下詔切責。收付廷尉。乃自殺。

欒·文博 後魏長安宿儒。有門徒數千人。

欒·布 漢梁人。幼爲人所略賣。爲奴於燕。臧荼舉爲都尉。後以爲將。漢擊荼擄布。梁王彭越嘗與布游。乃請贖布爲大夫。越被誅。梟首洛陽。下令曰。有敢收視者輒捕之。布使齊還。收越頭。祠而哭之。吏捕以聞。帝欲烹之。布曰。彭王反形未見。以苛小案誅滅之。臣恐功臣人人自危也。今彭王已死。臣生不如死。請就烹。帝壯其義。拜爲都尉。孝文時爲燕相。至將軍。吳軍反。布以功封俞侯。復爲燕相。燕齊之間。皆爲立社。號欒公社。

欒·弗忌 春秋晉賢大夫。三郤害伯宗。譖而殺之。并及弗忌。韓獻子曰。郤氏其不免乎。善人。天地之紀也。而驟絕之。不亡何待。

欒·成 春秋晉爲翼侯輔。曲沃武公伐翼。殺哀侯。謂成曰。苟無死。吾令子爲上卿。辭曰。報生以死。報賜以力。人之道也。從君而貳。君焉用之。遂鬬而死。諡共子。又稱共叔。

欒·枝 春秋晉成子。文公蒐於被廬。作三軍。趙衰讓枝爲卿。乃使枝將下軍。踰年。晉與楚戰於城濮。旣陣。枝使輿曳柴而僞遁。楚師馳逐。晉人橫擊之。楚師大潰。卒諡貞子。

欒·施 春秋齊大夫。字子旗。齊惠公後。施與高彊嗜酒多怨。彊於陳鮑氏而惡之。陳無宇·鮑國遂伐欒高氏而分其室。施及彊奔魯。

欒·盈 春秋晉黶子。平公時爲下卿。母欒祁爲范宣子女。有淫行。盈患之。祁懼而愬於宣子。誣盈怨范氏。欲以死作難。范宣子畏其好施多士。乃使城於著而遂逐之。盈奔楚。復適齊。潛入晉。戰敗。奔曲沃。晉人圍而克之。盡滅其族。諡懷子。

欒·書 春秋晉枝孫。景公時將下軍。敗齊師於鞌而歸。晉侯勞之。對曰。士用命也。書何力之有焉。代郤克將中軍。楚伐鄭。書救之。荀首·士燮·韓厥不欲戰。或勸書戰。從之果有功。後敗楚師於鄢陵。厲公失政。書與中行偃使程滑弒之而立悼公。卒諡武子。

欒·崇吉 宋封丘人。字世昌。少爲吏部令史。上書言事。補臨淄主簿。累遷殿中丞。明習文法。清白勤事。

至道初擢度支員外郎·度支副使。眞宗時以將作監致仕卒。

欒·惠　明浙江西安人。字子仁。師王守仁。母患瘋疾十三年。飲食搔摩。必躬必親。母卒。與妻負土築墳。廬墓三載。聘充南靑六堂學長。辭。龍游郡守請往布行鄉約。四方學者雲集。

欒·惲　明齊河人。永樂舉人。歷官通政使。土木之變。惲佐兵部尙書于謙同心籌畫。卒成回興之功。

欒·暄　明膠州人。正統進士。官刑部員外郎。有中貴逮獄。同官不敢鞫。暄按之。卒置之法。衆推服。尋出知大同府。境內晏然。

欒·肇　晉爲尙書郎。嘗撰論語釋疑及駁序。

欒·鳳　元高郵人。字秉德。爲諸暨知縣。廉謹愛民。院判謝再興叛降方國珍。鳳被執不屈。與妻皆被害。

欒·鍼　春秋晉欒黶弟。晉與楚遇於鄢陵。步毅御厲公。鍼爲右。陷於淖。欒書將載晉侯。鍼曰。書退。國有大任。焉得專之。且侵官。冒也。失官。慢也。離局。姦也。有三罪焉。不可犯也。乃掀公以出於淖。其後晉人伐秦。鍼恥無功。馳入秦師死焉。

欒·黶　春秋晉欒書子。悼公立。以黶果敢。使爲公族大夫。後爲下軍帥。伐秦。惡荀偃自專。遂欒之歸。以弟鍼之死。謂范鞅實召之。逐鞅。卒諡桓子。

灝嵩　宋高僧。銅梁李氏子。住巴州之宣密院。三十餘年。足迹不出鄉里。紹興中集衆告以將逝。作頌畢。端坐而寂。

麟慶　淸滿洲人。字見亭。嘉慶進士。授中書。道光間累官江南河道總督。在任十年。功最多。以河水溢崔鎭。論罷。後再起。官四品京堂。有黃運河口古今圖說·河工器具圖說·凝香室集。

二十四畫

贛·遂　漢琅邪人。成帝時耆老大儒。教授數百人。朱博爲琅邪守。遂以門下掾謁。拜起舒遲。博以其不習吏禮。告主簿嫺習之。

靄·霞　明河南唐縣人。由舉人知陽穀縣。政尙寬厚。在職無赫赫名。去後多令人思。歸里後課子孫讀書。凡鄉人之貧不能婚葬者。輒周給之。

靄·顯　明河南唐縣人。貢生。勵志行。修儒術。厚重中和。不以毀譽介意。平居寓意棋酒。世慮不攖其心。

靈一　唐僧。廣陵吳氏子。居餘杭宜豐寺。禪誦之暇。輒賦詩歌。與朱放·張繼·皇甫曾爲塵外友。有詩集。

靈山　明高僧。安隨人。祝髮跣足居草庵中。流寇至不避。賊問曰。如何成佛。曰。不殺人不放火。便是活佛。賊棄弓矢羅拜去。

靈氏夫人　戰國衞秦滅衞。封靈氏。奉衞祀。靈氏死。夫人無子。而妾有子。妾事夫人謹。夫人曰。我無子。於禮斥絀之人也。願居外。以時相見。妾不可。欲自殺。夫人懼。遂留。妾供養不衰。

靈甫　有虞與雄陶·方回·續牙·伯陽·東不訾·秦不虛爲舜之七友。並爲雷澤之遊。

靈姑·浮　春秋越國大夫。吳伐越。越子句踐禦之。大敗吳師。靈姑浮以戈擊闔廬。闔廬傷將指。取其一屨。還卒於陘。

靈祐　唐高僧。福州趙氏子。遊江西參百丈。遂居參學之首。元和末住長沙潙山七載。裴休爲建寺居之。奏請賜額曰密印。爲五宗第一。大中中盥漱趺坐。怡然而逝。諡大圓禪師。

靈·常　漢以荊令尹從高祖擊鍾離眛及陳公利幾。取韓信。遷中尉。後討平英布。以功封陽羨侯。卒諡定。

靈幹　隋高僧。金城李氏子。開皇初住興義寺。爲譯經證義沙門。志奉華嚴。臨終。見蓮華藏世界。卒年七十八。

靈裕　隋高僧。鉅鹿趙氏子。出家於趙郡應覺寺。博學多通。人號爲裕菩薩。一時多從受戒。文帝召爲國統。辭不就。後住演空寺。卒年八十八。有十地疏·地持疏·維摩疏·般若疏·華嚴疏·涅槃疏·大集疏·四分律疏·大乘義章·聖迹記·佛法東行記·安民論·陶神論·齊世三寶記·滅法論·光師弟子十德記·寺破報應記·孝經義記·詩評雜集等。

靈詢　後魏高僧。漁陽傅氏子。少年入道。博知羣籍。能文章。工書畫。初爲國都。魏末爲并州僧統。有成實論注釋·維摩經疏記。

靈澈　唐僧。越州湯氏子。字源澄。常與皎然游。得見知於包佶·李紓。名振輦下。緇流疾之。造蜚語激中貴人。貶徙汀州。後赦歸。元和中卒於宣州。有詩集·律宗引原。

靈潤　唐高僧。虞鄉梁氏子。年十三。初聽涅槃。卽通文旨。貞觀中住弘福寺。所講涅槃·攝大乘論。各有義疏玄章。

靈·輒　春秋晉趙宣子田於首山。舍於翳桑。見靈輒餓。食之。舍其半。問之。曰。請以遺母。因與之簞食與肉。後靈公伏甲攻宣子。靈輒爲公甲士。倒戟以禦公徒而免之。問其故。對曰。翳桑之餓人也。問其名居。不告而退。遂自亡也。

靈璧　淸僧。吳江人。號竹懃。善畫山水蘭花竹石果品。脫略恣肆。逸品之亞也。兼工草書。

靈辨　後魏高僧。住懸甕山。熙平初頂戴華嚴。日夜行道於五頂之間。

足破血流。曾無少懈。一夕松下坐。忽爾心光凝湛。見異比丘。摩其頂曰。子勤苦且久。當以信心入三摩地矣。自是一切文字。觸目冰釋。造華嚴論一百卷。孝明帝請於式乾殿敷揚奥旨。宰輔重臣皆北面而聽。後終於淸涼。

靈藏 〔唐〕高僧。新豐王氏子。住京師大興善寺。與文帝爲布衣交。帝嘗手勅曰。弟子是俗人天子。律師是道人天子。有樂離俗者。任師度之。靈藏由是前後度人至數萬。

鬭·伯比 〔春秋楚〕大夫。芈姓。若敖熊儀之後。武王侵隨。隨少師侈。伯比請羸師以張之。後二年。隨少師有寵。伯比因請伐隨。遂敗隨師。屈瑕伐羅。伯比送之。還。謂其御曰。莫敖必敗。擧趾高。心不固矣。莫敖果敗死。

鬭·克黃 〔春秋楚〕鬭穀於菟孫。爲箴尹。楚人殺越椒。克黃適使於齊。還聞難。人曰。不可以入。克黃曰。棄君之命。獨誰受之。君天也。天可逃乎。遂歸復命。自拘於司敗。王思子文之功。曰。子文無後。何以勸善。使復其所。改命曰生。

鬭·成然 〔春秋楚〕鬭克黃曾孫。亦稱蔓成然。字子旗。父韋龜以公子棄疾有當璧之命。使成然事之。靈王奪成然邑。而使爲郊尹。王次乾谿。成然與棄疾帥陳蔡之師以入楚。立公子比。比自殺。棄疾立。是爲平王。子旗爲令尹。恃有德於王。貪求無厭。爲王所殺。

鬭·辛 〔春秋楚〕成然子。成然爲平王所殺。使辛居鄖。是爲鄖公。後吳伐楚。入郢。昭王奔鄖。辛弟懷將弑王。曰。平王殺吾父。我殺其子。不亦可乎。辛曰。君討臣。誰敢讎之。乃與其弟巢以王奔隨。王復入郢。賞從王有功者九人。而辛懷皆與焉。

鬭·宜申 〔春秋楚〕大夫。字子西。城濮之役。子西將左。晉狐偃·狐毛以上軍夾攻子西。楚左師潰。遂敗績。及還。子玉自殺。子西縊而縣絕。成王使止之。使爲商公。掌工尹。後與子家謀弑穆王。爲王所殺。

鬭·椒 〔春秋楚〕鬭穀於菟從子。字子越。亦作越椒。又字伯棼。椒初生。子文謂其父子良曰。是子熊虎之狀。豺狼之聲。必殺之。弗殺。必滅若敖氏。子良不可。及子文卒。其子鬭般繼爲令尹。子越爲司馬。蔿賈譖殺般。而椒代爲令尹。椒又惡賈。殺之。擧師攻楚王。王禦之。遂滅若敖氏。

鬭·穀於菟 〔春秋楚〕伯比子。字子文。初若敖氏娶於䢵。生鬭伯比。若敖卒。從母畜於䢵。淫於䢵子之女。生子文。䢵夫人使棄諸夢澤。虎乳之。䢵子田。見之。懼而歸。夫人以告。使收之。楚人謂乳爲穀。謂虎於菟。故命之曰穀於菟。事成王爲令尹。自毀其家。以紓國難。未明而立朝。日晡而歸食。朝不謀夕。家無盈積。三仕不喜。三已不慍。不爲爵勸。不爲祿勸。孔子稱之曰忠。

鼇拜 〔淸〕滿洲鑲黃旗人。姓瓜爾佳氏。衞齊三子。初爲驍軍校。屢有功。後從征察哈爾。平李自成·張獻忠。累官議政大臣。封一等公。晉太師。康熙初受顧命輔政。後以結黨專橫。凡朝政皆就其家取進止。革職籍沒。

鼇圖 〔淸〕漢軍鑲紅旗人。于宗瑛子。字伯麟。號滄來。乾隆擧人。官至江蘇按察使。有習靜軒詩文集。

二十五畫

觀成 〔淸〕滿洲鑲白旗人。姓富察氏。乾隆中隨征烏什·緬甸·金川。積功累擢成都將軍。嘉慶間攻勦教匪。屢敗之。尋坐事革職。再起官西安副都統。

觀保 〔淸〕滿洲正白旗人。姓索綽絡氏。字伯容。號補亭。乾隆進士。官至禮部尙書。左遷左都御史。以文章受知遇。屢典貢擧。爲詞林耆舊。卒謚文恭。有補亭詩稿。

觀音奴 〔元〕唐兀人。字志能。泰定進士。知歸德府。廉明剛斷。發擿如神。民有銜冤不直者。雖數十年前事。皆千里奔走來訴。觀音奴立爲剖決。一日悉淸。後官都水監。

觀音保 〔淸〕滿洲正黃旗人。姓瓜爾佳氏。乾隆間從征回部。勦烏什。所向披靡。積功累擢領隊大臣。從明瑞勦緬甸。沒於陣。

觀·射父 〔春秋楚〕大夫。事昭王。王孫圉聘於晉。趙簡子問圉以楚之白珩。圉言白珩未嘗爲寶。楚所寶者。有觀射父與左史倚相。蓋賢之也。

觀·起 〔春秋楚〕臣。有寵於令尹子南。未益祿而多財。康王殺子南於朝。幷執起。車裂以徇。

觀·從 〔春秋楚〕起子。字子玉。起被誅。從在蔡。事朝吳。會靈王伐徐。次於乾谿。從在蔡。蘧居·許圍·蔡洧·蔓成然等作亂。從乃召公子比·公子黑肱於晉鄭。驅蔡公而與之盟。帥陳蔡之師入楚。以比爲王。靈王尋縊死。從勸公子比殺公子棄疾。比不忍。從曰。人將忍子。吾不忍俟也。乃行。已而棄疾脅比·黑肱自殺。棄疾繼位。是爲平王。召從爲卜尹。

觀祥 〔淸〕蒙古鑲白旗人。姓什布忒氏。乾隆中從征小金川有功。嘉慶間川楚教匪起。觀祥轉戰湖北陝西。官至宣化鎭總兵。

觀喜 〔淸〕滿洲鑲紅旗人。姓瓜爾佳氏。本名觀音喜。後改今名。字吉閭。乾隆間從征金川。嘉慶間從征教匪。俱有功。官至荊州將軍。卒謚果毅。

觀瑞 〔淸〕觀保從子。字竹樓。嘉慶擧人。累官江西糧道。有竹樓詩集。

觀鵠　〔後漢〕零陵人。中平間自稱平天將軍。寇桂陽。長沙太守孫堅擊斬之。

釁夏　〔春秋〕魯仕爲宗人。公子荊之母嬖於哀公。將以爲夫人。使釁夏獻其禮。對曰無之。公怒曰。汝爲宗司。立夫人。國之大禮也。何故無之。對曰。周公及武公娶於薛。孝惠娶於商。自桓以下娶於齊。此禮也則有。若以妾爲夫人。則固無其禮也。公卒立之。而以荊爲太子。

二十八畫

鸜鵒　〔南朝宋〕元凶劭姊東陽公主之婢。與女巫嚴道育並爲巫蠱事。公主有奴曰陳天與。鸜鵒與之淫。主卒。鸜鵒應出嫁。劭慮事洩。嫁始興王濬府佐沈懷遠爲妾。及劭誅。鸜鵒、道育並誅死。

二十九畫

爨能　〔蜀漢〕以才聞。從交阯太守楊稷自蜀出交阯。破吳軍於古城。後軍敗。被擒。執送建業。爲孫皓所殺。

爨深　〔晉〕興古郡人。武帝時爲郡太守。永嘉中與將軍姚岳同破李雄兵。後雄遣其弟壽攻朱提郡。太守董炳、寧州刺史尹奉檄建寧太守霍彪及深援之。壽怒。攻寧州破之。奉彪炳皆降。惟深與謝恕始終不拔。官終交州刺史。

爨習　〔蜀漢〕建寧郡人。諸葛亮平南中。收其俊傑。習與焉。官至領軍。

爨雲　〔後魏〕建寧郡人。累官驃騎大將軍、開府儀同三司、南寧州刺史。封同樂郡侯。

爨龍顏　〔南朝宋〕南寧州人。一名士德。元嘉中累官龍驤將軍、鎮蠻校尉、寧州刺史。封邛都縣侯。

爨歸王　〔唐〕本南寧州西爨白蠻。有才略。貞觀中爲南寧都督。忠於唐。

爨瓚　〔梁〕武帝時爲南寧州刺史。有政聲。

驪山老母　古女仙。世俗小說往往稱之。（按漢書謂殷周之際。有驪山女爲天子。意其爲人必有非常材藝。爲時所推服。故傳聞於後世。迨唐宋以後。遂以爲女仙。尊曰姥。或曰老母。唐李筌嘗遇驪山姥。爲釋黃帝陰符祕文。自言受此符已一千八十年。見集仙傳。又神仙感遇傳。亦有唐少室書生遇驪山老母事。宋鄭所南有驪山老母磨鐵杵欲作繡針圖詩。知小說所稱。非無自矣。）

驪姬　〔春秋〕晉驪戎之女。獻公伐驪戎。獲驪姬歸。以爲夫人。生奚齊。姬欲立之。賂外嬖梁五與東關嬖五。譖羣公子而出之。奚齊將立。姬又譖殺太子申生。逐二公子。重耳奔蒲。夷吾奔屈。獻公卒。里克殺奚齊及卓子。鞭殺驪姬。

三十畫

鸞徼　〔春秋〕晉趙簡子臣。簡子沈之於河。曰。吾嘗好聲色矣。而鸞徼致之。吾嘗好宮室臺榭矣。而鸞徼爲之。吾嘗好良馬善御矣。而鸞徼來之。今吾好士六年矣。而鸞徼未嘗進一人也。是長吾過而絀善也。

中國人名大辭典補遺

二畫

丁·夫人 漢 復孫。太初中伐大宛。夫人與雒陽虞初等以詛軍爲功。(按丁夫人爲男子。漢書郊祀志韋昭注。丁姓。夫人名也。)

丁·昕 南朝宋 諸葛長人將謀亂。武帝還東府。長人到門。引前。卻人閑語。𢟪命左右。昕自幔後出。於座拉焉。輿尸付廷尉。昕驍勇多力。時人語曰。弗䟦扈。付丁昕。

刀·幹孟 明 雲南平緬部長。洪武末不服宣慰使思倫發所爲。攻而逐之。朝廷遣西平侯沐春及何福等往討。俘斬頗衆。閱年春卒。幹孟卒爲福所破擒。

三畫

于·宗堯 清 盛京廣寧人。字二巍。康熙初以父蔭除常熟知縣。年甫十九。聽斷明察。雖老吏勿及。性孤介。屏絕餽遺。搏擊豪強無遺力。而待頁民慈恕。三年如一日。卒於官。闔邑罷市巷哭。喪將歸。民號泣挽留。葬之虞山南麓。題其阡曰萬民留葬。

士·匄 春秋晉 弱子。卽文伯。字伯瑕。平公時悼夫人食輿人之城杞者。絳縣老人無子而往。與於食。同食者使言其年。曰。臣小人。不知紀年。臣生之歲。正月甲子朔。四百有四十五甲子矣。吏走問諸朝。文伯曰。然則二萬二千六百有六旬也。

士·弱 春秋晉 渥濁子。卽莊子。悼公問於士弱曰。宋災。於是知有天道。何故。對曰。陶唐氏之火正閼伯。居商丘。祀大火而火紀時焉。相土因之。故商主大火。商人閱其禍敗之釁。必始於火。是以日知其有天道也。

士·渥濁 春秋晉 卽貞子。悼公立。以爲太傅。使修范武子之法。

士·彌牟 春秋晉 文伯士匄子。卽景伯。頃公時周王子朝爭立。敬王出居狄泉。公使景伯涖周問故。景伯立於乾祭。而問於介衆。乃辭王子朝。不納其使。定公時諸侯之大夫城成周。景伯計丈數。揣高卑。度厚薄。仞溝洫。物土方。議遠邇。量事期。計徒庸。慮財用。書餱糧。以令役於諸侯。城三旬而畢。

大隗 上古 居具茨山。黃帝往訪以至道。

子淳 宋 高僧。劍州賈氏子。徵詣芙蓉之室。嗣其法。住鄧州丹霞。

子嚴 明 高僧。南陽人。躬耕自給。嘗作力田偈。洪武間開法萬安。王公以下皆師尊之。

四畫

仇氏 明 英女。號杜陵。畫山水人物。綽有父風。以精工秀麗稱。

允礽 清 聖祖次子。年二歲立爲太子。比壯。得狂疾。詔廢之。幽禁咸安宮。旣復立。閱三年。以狂疾未除。仍廢黜禁錮。雍正初卒。追封理親王。諡密。

允禔 清 聖祖長子。封直郡王。嘗副裕親王福全出古北口征噶爾丹。以信讒。與福全不協。召回京。後坐令蒙古喇嘛呪詛廢太子允礽。革爵禁錮。

允禟 清 聖祖九子。封固山貝子。坐事與允禩最洽。雍正初遣住西寧。坐事奪爵。以結黨構逆事覺。削籍禁錮。詔改其名曰塞思黑。臣僚復劾以二十八大罪。請誅之。帝召回。禁於保定。尋卒。或云世宗密遣人死之也。

允禩 清 聖祖八子。封貝勒。太子允礽被廢。大臣請立爲太子。帝不從。雍正初封廉親王。後坐希冀非望。奪爵禁錮。削宗籍。令自改名爲阿其那。臣僚復劾其四十大罪。請誅之。旋卒。與允禟之死相距僅十有六日。或云亦世宗遣人死之也。

允禵 清 聖祖十四子。世宗同母弟。有寵於聖祖。封固山貝子。授撫遠大將軍。出師西寧。送第六世達賴喇嘛胡必爾汗入藏。世宗立。名還。封郡王。以與允禩等相比。責守景陵。坐前爲大將軍時糜費侵擾。削爵。禁錮壽皇殿。臣僚等復劾以十四大罪。請正法。帝宥之。高宗立。釋出。封貝勒。晉恂郡王。尋卒。諡勤。

元天完帝 元 詳見脫古思帖木兒條。(補遺)

元長 元 高僧。嗣中峯。住萬壽。內而齊魯燕趙秦隴閩蜀。外而日本三韓八番。羅甸交趾琉球。莫不奔走羅拜。杳決心要。臨終說偈。投筆而逝。

元昭宗 元 見愛猷識理達臘條。(補遺)

元順宗 元 武宗之父。名答剌麻八剌。

元裕宗 元 見眞金條。

元睿宗 元 見拖雷條。

元·暐 後魏 英弟怡子。字華興。小字盆子。輕躁有膂力。莊帝初封長廣王。守太原。爾朱榮死。爾朱世隆等推暐爲主。年號建明。尋廢之。前廢帝封爲東海王。出帝初以事賜死。

元・鑒 後魏 詮子。字長文。襲爵。除相州刺史。孝昌末見天下多事。遂反。降附葛榮。爲源子邕。裴衍所討斬。

元顯宗 元 見甘麻剌條。

公子申 春秋楚 平王庶長子。字子西。平王卒。令尹子常欲立子西。子西怒曰。是亂國而惡君王也。乃立昭王。吳公子掩餘・燭庸奔楚。昭王大封而定其徙。將以害吳。子西諫。弗聽。已而吳謀伐楚。楚於是始病。及吳入郢。王奔隨。子西與子期收聚散卒。會秦軍敗吳師。昭王反國。子西爲令尹。遷郢於鄀。而改紀其政以定楚國。惠王時召白公勝處吳境。沈諸梁諫。弗從。勝作亂。子西以袂掩面而死。

公子貞 春秋楚 莊王子。字子囊。共王時爲令尹。與晉爭鄭。又與秦庶長無地伐宋。師於楊梁。以報晉之取鄭。共王卒。吳聞楚喪來侵。康王使子囊伐吳。以吳爲不能而弗儆。吳人要擊之。子囊敗還。將卒。遺言謂子庚必城郢。左氏謂子囊忠。君薨不忘增其名。將死不忘衛社稷。

公子側 春秋楚 字子反。事莊王爲司馬。邲之戰。與子重俱將。大敗晉師而還。共王時使公子成以汝陰之田求成於鄭。鄭因叛晉從楚。盟於武城。晉人伐鄭。共王救之。子反將中軍。戰於鄢陵。王傷目。召子反謀。子反醉而不能見。楚師宵遁。王還及瑕。子反以亡師故。死之。

公子騑 春秋鄭 穆公子。字子駟。僖公立。不禮於子駟。子駟使賊夜弒之。立簡公。楚子囊伐鄭。子駟・子國・子耳欲從楚。子孔・子蟜・子展欲待晉。子駟曰。民急矣。姑從楚以紓吾民。晉師至。吾又從之。犧牲玉帛。待於二境。以待彊者而庇民焉。乃及楚平。於是子駟當國。羣不逞之徒作亂。殺子駟・子國・子耳於西宮之朝。

公子鱄 春秋衛 獻公母弟。字子鮮。從獻公奔齊。公使子鮮爲復。辭。敬姒強命之。對曰。君無信。臣懼不免。敬姒曰。雖然。以吾故也。許諾。以公命與甯喜言。喜攻孫氏。克之。孫林父以戚如晉。公既復國。患喜專。殺之。子鮮曰。逐我者出。納我者死。賞罰無章。何以沮勸。遂出奔晉。公使止之。止使者而盟於河。託於木門。不向衛國而坐。曰。晉不可以立於人之朝矣。終身不仕。

公孫・揮 春秋鄭 字子羽。事簡公爲行人。楚令尹圍聘於鄭。且娶於公孫段氏。將入館。子羽與之言。乃館於外。既聘。將以衆逆。子產患之。使子羽辭曰。小國無罪。恃實其罪。將恃大國之安靖己。而無乃包藏禍心以圖之。小國失恃而懲諸侯。使有所壅塞不行是懼。伍舉知其有備也。請垂櫜而入。乃許之。

公儀・伯 周 以力聞於諸侯。堂谿公言之於宣王。王備禮以聘之。至而觀其形。懦夫也。王問曰。女折春螽之股。堪秋蟬之翼。而力聞天下。何也。公儀伯曰。臣之名不以負其力者也。以能用其力者也。不猶愈於負其力者乎。

孔・悝 春秋衛 圉子。圉卒。代爲卿。衛侯輒之父蒯聵不得立。居於戚。蒯聵之姊伯姬。悝之母也。伯姬潛入蒯聵於孔氏。逼悝與之盟。悝乃出輒而立蒯聵。是爲莊公。明年莊公逐悝。悝出奔宋。

孔・圉 春秋衛 達四世孫。卽文子。事靈公及出公輒。嘗欲攻太叔疾。訪於仲尼。仲尼曰。胡簋之事。則嘗學之矣。甲兵之事。未之聞也。退命駕而行。遽止之。曰。圉豈敢度其私。訪衛國之難也。

孔・達 春秋衛 大夫。卽莊叔。晉合諸侯伐衛。成公使告於陳。陳共公曰。更伐之。我辭之。達帥師伐晉。陳侯爲衛請成於晉。執達以說。後二年。晉歸達於衛。以爲衛之良也。故免之。穆公三年。從晉宋曹同盟於清丘。既而陳貳於楚。故宋師伐陳。達救之。曰。先君有約言矣。若大國討。我則死之。及晉來討。達縊而死。衛人以說於晉而免。

尹・宙 漢 潁川人。字周南。治公羊春秋經。博通書傳。歷主簿督郵。州辟從事。

尹・鶚 前蜀 成都人。工詩詞。仕爲翰林校書。與賓貢李珣友善。珣本波斯種。鶚性滑稽。常作詩嘲之。珣名爲頓損。

戈・載 清 吳縣人。字順卿。工詞。考韻辨律。尤極精當。有翠微雅詞。詞林正韻。

文・及翁 宋 綿州人。徙居吳興。字時學。號本心。第進士。歷官資政殿學士。景定間言公田事。有名朝野。入元。世祖累徵不起。有文集。

文泰 元 高僧。嗣雪庭。住少室。開堂少林祖刹。臨終示微疾。謂門人曰。古人坐脫立化卽不無。於衲僧分上皆餘事也。言畢。掩息右脇而寂。

文偃 南漢 高僧。嘉興張氏子。居韶州雲門山光奉院。乾和中示寂。後人名其派曰雲門宗。

文康 清 勒保孫。以貲爲理藩院郞中。擢道員。以憂歸。特起駐藏大臣。遘疾未任卒。有小說名兒女英雄傳。

文・淑 明 吳人。字端容。高士趙靈均室。工畫。奇花異草。小蟲怪蝶。信筆渲染。鮮妍生動。至畫蒼松怪石。則又極生動之致。

文載 明 高僧。字月舟。嗣定國。

初住少室。後隱烟霞。著洞山緒餘傳世。後人稱爲嵩少祖。以別於僧改之少室。

文·靜玉 淸吳中女子。字湘霞。本高氏女。慕文淑。因改姓文。錢塘陳文述側室。善畫能詩。書學晉人。有小停雲館詩鈔。

文簫 唐太和末書生。嘗遊西山。過吳彩鸞。與俱歸。後得仙。參看吳彩鸞條。

方·功惠 淸巴陵人。字柳橋。光緒間官至廣東道員。在粵三十年。於粵城北築館舍。顏曰碧琳琅館。後有樓。藏書幾二十萬卷。文采風流。擅一時之盛。晚年出其所藏。輯刊碧琳琅館叢書。

方·貞觀 淸桐城人。字履安。工詩。以鄉人戴名世南山集案。牽連入旗籍。歷十年放歸。詩益造平淡。有南堂詩鈔。

方·道章 淸苞子。字用安。號定思。舉鄉薦。爲古文辭雅有家法。性落落不妄可人。苞以直言得罪。道章亦爲當道所畏忌。不得顯。先苞一年卒。

毋鹽氏 漢長安人。吳楚兵起。長安中列侯封君從軍旅。齎貸子錢家。多莫肯與。惟毋鹽氏出捐千金貸其息十之。三月吳楚平。用此富關中。

毛·鳳翔 淸嘉興人。字貞所。工醫。尤精於傷寒。年二十知名。卒年九十九。

王·也園 淸上海人。字沛亭。工畫山水。並善製器物。無不精巧。

王·大娘 唐教坊妓。玄宗御勤政樓。大張音樂。大娘善戴竿。於百尺上爲木山。狀瀛洲方丈。命小兒持絳節。出入其間。舞亦不輟。

王·大國 淸南昌人。字邑郊。屢舉不第。精醫術。同時有何遜樵者。精於痘科。人稱二仙。

王·大善 淸歙縣人。監生。精算學。凡數過百億。人多苦茫昧。大善不持籌。但屈指唱曰。若干算。持籌者必往復詳核。始應曰。如若言。大善之算。蓋由天授云。

王子晉 周見王子喬條。

王·巾 梁臨沂人。亦作屮。字簡栖。有學業。爲頭陁寺碑。文詞巧麗。爲世所重。仕齊爲郢州從事。征南記室。天監初卒。

王·之明 明駙馬都尉王昺孫。李自成陷京師。莊烈帝太子慈烺北走。不知所終。福王時有北來稱太子者。詔移入大內。尋下獄。楊維垣言之明貌類太子。給事中龔其語入奏。言之明假冒太子。勅百官會審。眞僞莫能知。南京士民。譁然不平。左良玉起兵。亦以救太子爲名。福王奔太平。亂卒入獄擁立之。越五日。降於淸。（按顧炎武聖安本紀云。太子一事。朝廷之上皆曰僞。草野之間皆曰非僞。在內諸臣皆曰僞。在外諸臣皆曰非僞。或曰。移入大內者是眞。百官會審者非眞。是年北都亦有稱太子者。指謝陞爲徵。尋被害。人皆謂北之太子眞。南之太子僞。是在當時已眞僞莫辨矣。）

王·升 後魏洛兒孫。爲侍御中散。有寵於獻文帝。孝文初爲長安鎭將卒。

王·仲旉 宋洛陽人。作南都賦。一時傳誦之。

王·向 宋侯官人。回弟。字子直。嘉祐進士。工爲古文。尤長於序事。

王·灼 淸桐城人。字濱麓。乾隆舉人。官東流教諭。性至孝。講學窮經。貫通漢唐宋諸家而折衷於義理。著悔生詩文鈔。輯有樅陽詩選。

王·岡 淸睿章子。字南石。畫山水極高古。嘗游京師。爲董邦達客。凡畫苑供奉之作。半出其手。

王·承錄 淸承基弟。字鐵卿。號鐵史。諸生。以助餉功特賜舉人。授沭陽訓導。抵任三月。念母老。乞歸。改內閣中書。不謁選。工書法。性嗜酒。嘗蓄瓦硯。自爲銘識。又善音律。母喪。以毀卒。

王·咸 後漢博士弟子。鮑宣下獄。咸舉幡太學曰。欲救鮑司隸者會此。會者千人。

王·星誠 淸浙江山陰人。本名章。字平子。一字孟調。以家貧遊河南北爲書記。咸豐間應京兆試。中副車。越一日卒。星誠工詩。幽咽多哀怨。有西鳧殘草。

王·柷 唐爲常州刺史。避難江湖。昭宗聞柷剛鯁。以給事中召。道出陜。王珙爲節度使。謂且柄任。厚禮之。柷鄙其武暴。不降意。旣宴。珙請於柷曰。僕今日得在子弟列。大賜也。三請。柷不答。珙勃然曰。天子召公。公不可留此。須罷。遣吏就道殺之。帝不能詰。

王孫賈母 戰國齊大夫王孫賈之母。賈年十五。事閔王。國亂。王出見弒。國人不討賊。母謂賈曰。汝事王。王出走。汝不知其處。汝尚何歸乎。賈遂出呼於市。市人從者四百人。與之誅淖齒。

王·振綱 淸直隸新城人。字重三。道光中進士第一。隱居不仕。博習多通。後乃研窮性理。有禮記通義。羣經筆記。先儒粹語。地理擇言。

王·埜 明浙江山陰人。字貞翁。肆力經史。絕意仕進。築室臥龍山。教授自給。晚號蜺巖道人。自爲生壙。題曰小芙蓉城。爲詩沖澹自得。著有周易衍義。蜺巖詩集。詩話。百別詩。弦誦新聲。埜無子。有女曰蘂屛。適胡氏而寡。依父居。亦能詩。嫠居十餘年。先父卒。

王·涵 清太倉人。字浣雲。上海安瀾道院住持。善書畫。兼工墨竹。畫法雄健。光緒初無疾坐化。

王·處一 金東牟人。過王嚞。授道法三十卷。修眞於崑崙山之烟霞洞。嘗臨危崖。翹足駐立。人目爲跌脚仙人。承安中召見問道。與定末蛻逝。元至元中贈玉陽體元廣度眞人。

王·莽 漢天水人。字稚叔。昭帝時爲右將軍。與霍光同輔政。先是武帝崩。以前捕反者功。遺詔封金日磾·上官桀·霍光爲侯。莽子忽侍中。揚言無遺詔封三子事。光切讓莽。莽酖殺忽。

王·嘉福 清長洲人。字穀之。諸生。官江西文英營都司。工詩。有二波軒詩稿。

王·毓曾 清江蘇華亭人。字紫霞。上海喬壇園婓。畫蘭竹風致韻絕。詩宗南宋。

王滿生 周齊人。見周公。周公曰。先生遠辱。何以敎之。王滿生藉筆牘書之曰。社稷且危。傳之於膺。周公見書。曰唯唯。謹聞命矣。明日誅管蔡。

王·練 晉珉子。字玄明。眼識一梵沙門。每瞻珉風采。甚敬悅之。語同學云。我後生得爲此人子足矣。頃沙門亡而練生。始能言。便解外國語及絕國奇珍。生所不見。即能名之。識其產出。咸謂沙門審其前身。故珉字之曰阿練。

王·養粹 清蠡縣人。字法乾。少狂放。爲諸生。李明性語以道。奮然以作聖自期。嘗規顏元爲雜霸。元亦規其腐曠云。

王·錫振 清馬平人。字定父。一字少鶴。官通政使。有龍壁山房詩鈔。

王·徽 南朝宋字景玄。少好學。年十六舉秀才。除南平王鑠右軍咨議。引疾不就。江湛舉爲吏部郎卒。

王·磵 金本臨洺人。徙汴梁。字逸濱。博學能文。不就科舉。明昌中丞相馬惠迪以德行才能薦。詔授鹿邑主簿。未幾乞歸。趙秉文嘗刻七家詩。名曰明昌嗣人雅製。磵其一也。

王·環石 明休寧人。號石農。從金聲游。以古文爲制藝。明亡。絕意仕進。游覽四方。足跡幾徧海內。有高雪堂集·詩獄初集。

王·瓚 晉義陽人。字正長。博學有俊才。辟司空掾。歷散騎侍郎卒。

五畫

丘·仲 漢武帝時人。工造笛。

丘鳩 戰國中山人。以多力稱。趙氏攻中山。丘鳩衣鐵甲操鐵杖以戰。所擊無不碎。所衝無不破。

令宗 後蜀僧。工畫山水。人物佛像皆絕妙。

北宮·佗 春秋衞大夫。成公之後。即文子。相襄公如楚。過鄭。入聘。鄭子羽爲行人。馮簡子與子太叔逆客。事畢。文子言於公曰。鄭有禮。其數世之福也。其無大國之討乎。及楚。見令尹圍之威儀。言於公曰。令尹似君矣。將有他志。雖獲其志。不能終也。後皆如其言。

句龍 上古炎帝十一世孫。能平九州。辨土地之宜。爲顓頊土正。後祀爲后土之神。

可從 明高僧。字無方。嗣嵩山。住西京定國。

史·妠 三國魏文帝時樂工。繁欽與文帝牋。有左騏史妠·謇姐名倡之語。

司馬·睦 晉遜弟。字子友。魏安平亭侯。歷侍御史。武帝受禪。封中山王。咸寧間以招誘逋亡貶丹水縣侯。太康初封高陽王。尋卒。

尼堪外蘭 明建州衞人。爲蘇克蘇滸河部圖倫城主。萬曆中導李成梁攻古勒城主阿台。阿台守禦甚堅。未能下。尼堪外蘭自往城下招撫。城中遂殺阿台以降。尼堪外蘭復使明兵殺覺昌安及子塔克世。建州諸部皆歸之。惟清太祖以祖父故不肯從。後清太祖吞併建州諸部。尼堪外蘭失勢。走明邊。明人執付清太祖。遂被殺。

左·圭 宋字禹錫。號古鄒山人。輯有百川學海。爲宋人彙刻書之僅存於今者。凡十集。一百種。明吳永續之。凡三十集。馮可賓又續之以十集。

左·峴 清鄞人。字襄南。一字我庵。康熙進士。官工部郎中。提學廣東。爲學有根柢。尤嗜經學。說經能融會諸家。和齊而出之。手校宋元鈔本百數十種。徐乾學通志堂所雕。均峴書架中物。其詩沈厚有魄力。有蜀道吟。

左·騏 三國魏樂工。文帝嘗令與杜夔等於賓客之中吹笙鼓琴。

弗父何 周宋湣公共長子。湣公卒。弟煬公熙立。湣公庶子鮒祀弑煬公。以讓弗父何。弗父何不受。鮒祀立。是爲厲公。（按家語本姓篇。丁公申生緡公共及襄公熙。熙生弗父何及厲公方祀。方祀以下。世爲宋卿。弗父何生送父周。周生世子勝。勝生正考甫。考甫生孔父嘉。五世親盡。別爲公族。故後以孔爲氏。史記宋世家緡公作湣公。襄公作煬公。考左傳杜注。弗父何。孔父嘉之高祖。宋愍公之長子。厲公之兄也。家語觀周篇注。弗父何。緡公世子。厲公兄也。是弗父何當爲湣公共子。本姓篇作襄公熙子。誤。）

弘曉 清世宗子。封怡親王。卒諡僖。好藏書。建堂名樂善。大樓九楹。積書皆滿。絳雲樓未火以前。其宋元精本。大半爲毛子晉·錢遵王所得。毛錢兩家散出。半歸徐健菴·季滄葦。徐季之書。由何義門之紹介。盡歸於弘曉。

本光　清僧。文震孟孫。字於宋。生卽茹素。年二十皈依靈巖。後游京師。卓錫盤山禪院。工書畫詩文。雍正間歸葬親卒。

本瑞　明高僧。鍾陵江氏子。字天奇。別號箬絕。嗣金陵高峯祖。

正·伯僑　秦燕人。爲方僊道。因以爲名。

永慈　明高僧。金陵余氏子。生蜀之成都。字海舟。住金陵翼善寺。嗣東明。

玄囂　上古黃帝子。其後有高辛氏。是爲帝嚳。

甘·鏞　明休寧人。爲四川郡丞。洪武中與高斗南等坐事被逮。川民走闕下。具列善政以聞。太祖嘉之。賜衣鈔遣還任。

田·仲　漢楚人。以俠聞。喜劍。父事朱家。自以爲行弗及。

田·君孺　漢東陽人。以俠聞。(按漢書田作陳。此從史記。陳田聲相近。亦本同姓也。)

田·常　春秋齊見陳恆條。

田·牆　漢關中富豪有田牆·田蘭。時關中富商大賈盡諸田也。

白漢　明高僧。字省也。號覺徵。又號眉道人。住西湖南高峯。畫山水但皴重染。雖一樹一石。過於重巒疊嶂之妙。亦精寫照。能書。

石·文　清上虞人。字貞石。爲詩悽戾幽怨。自成一家。早卒。有貞石詩鈔。

六畫

仲丁　商王。太戊子。既立。亳都有河決之害。乃自亳遷於囂。在位十三年。

仲孫·速　春秋魯蔑子。卽孟莊子。幼以勇聞於諸侯。襄公時數從師伐齊。

仲孫·穀　春秋魯慶父孫。卽文伯。父公孫敖。聞周內史叔服善相人。見其二子焉。叔服曰。穀也食子。難也收子。穀也豐下。必有後於魯國。及穀卒。文伯已死。惠叔葬之。文伯子名蔑。卽孟獻子。

任氏　漢宣曲人。秦敗。以窖倉粟致富。折節爲力田。善富者數世。其家約非田畜所生不衣食。不得飲酒食肉。以此爲閭里率。故富而主上重之。

任·預　清熊子。字立凡。工畫山水。別闢蹊徑。性疏懶落拓。非酬以金。不肯應。

共工　唐虞堯臣。以官爲稱。善爲官語。用意邪僻。堯言其不可用。舜爲天子。流之於幽州。(按左氏傳季文子對公問曰。少皞氏有不才子。毀信廢忠。崇飾惡言。天下謂之窮奇。杜預注。謂共工。)

共工氏　太古女媧氏之末。有諸侯共工氏。任知刑以彊。故伯而不王。見帝王世紀。楚辭注云。共工氏名康回。又漢書注云。女媧末年。共工氏戰而不勝。觸不周之山。天柱折。地維缺。女媧氏乃鍊五色以補天。

共伯　周衛釐侯世子。名餘。早卒。(按史記言衛武公殺兄共伯而代立。司馬貞索隱·蘇子古史。皆辨其誣。茲從詩序。)

共伯和　周封於共。伯爵。和其名也。好行仁義。諸侯賢之。厲王無道。國人作難。王奔於彘。諸侯奉和以行天子事。號曰共和。及厲王死。共伯使諸侯奉王子靖爲宣王。共伯復歸於衛。(按魯連子·呂氏春秋·竹書紀年·莊子多言共伯和。史記則云周公召公二相行政。號曰共和。)

印·廷寶　清上海人。字華甫。號儒珍。亦號茹村。善畫山水人物。繪蜀道尤工。蜀棧多策蹇。故又善畫驢。

向壽　戰國秦宣太后之外族。與昭襄王少相長。故任用向壽如楚。楚聞向壽貴。乃厚事之。向壽爲秦守宜陽。取韓武始。范蜎說楚王。使使請秦相向壽。秦從之。

向摯　商內史。見紂之迷亂。於是載其圖法。出亡之周。

向·鎬　宋河內人。字豐之。有樂齋詞。

夷光　春秋越美女。越王以貢於吳。

如淨　宋高僧。號長翁。歷主名剎。後住天童。嗣宗珏。

如滿　唐僧。居龍門香山寺。白居易致仕。與如滿結香火社。入九老會。

存獎　唐高僧。孔子後。住甘泉縣。棄講參臨濟。嗣法。住魏州興化。

守溫　唐僧。朝代無可考。嘗在神珙之後。呂介孺同文鐸云。大唐舍利剏字母三十。溫益以孃牀幫滂微奉六母爲三十六母。玉海載有守溫三十六字母圖一卷。爲宋以後言等韻者所祖。又有清濁韻鈐一卷。見宋史藝文志。

守端　宋高僧。衡陽葛氏子。幼事翰墨。冠依茶陵郁山主得度。參楊岐嗣法。住舒州白雲。

有扈氏　夏諸侯。叛啓。啓率六卿以伐之。戰於甘。遂滅有扈氏。

朱·公節　明浙江山陰人。字允中。幼孤。事母孝。登嘉靖鄉舉。歷知彭澤·泰州。皆有循績。解組歸。講學稽山以終。有東武集。

朱氏　明金陵史忠妻。號樂清道人。喜畫小景。工篆書。解音律。

朱·聿鐭　明聿鍵弟。嗣封唐王。時丁魁楚等立朱由榔於肇慶。蘇觀生欲預擁戴功。魁楚拒之。觀生遂立聿鐭於廣州。年號紹武。與肇慶相拒。立月餘。清兵入廣州。聿鐭被擒。自經死。

朱·記榮 清吳縣人。字懋之。號槐廬。以販鬻書籍爲業。光緒間僑居松江。築槐廬以藏書。輯刊槐廬叢書·校經山房叢書·金石全例行世。

朱·嶠 清上海人。字赤城。號巨山。工畫山水及草蟲花卉。又善寫眞。年八十餘。終日臨池無倦色。

朱·彝 清蕪湖人。字小尊。別號鐵岸道人。傳神極妙。並工花卉。

汝·應元 明松江華亭人。字善長。少讀書。善料事。爲張肯堂麾下總兵官。夏允彝·吳志葵等倡義兵。應元盡發張氏家丁出家財爲支軍。與志葵合。浮海入閩。唐王敗走。肯堂至舟山。以孫茂滋託之。應元遂爲僧於普陀。更名行誠。字無凡。肯堂死節。詣清帥乞葬其遺骸。許之。調茂滋羈鄞獄中。百計脫之。茂滋病卒。終身守肯堂墓。死於普陀。

江·湜 清長洲人。字韜叔。以佐貳官浙。善詩。有擊於同光間。有伏敔堂詩錄。

江·順詒 清旌德人。字秋珊。浙江候補縣丞。需次杭州時。所居東平巷。有花塢夕陽樓。著願爲明鏡室詞·詞學集成。

江·肇 明休寧人。字德初。善畫翎毛。自謂其筆意飄飄若海雲。因自號海雲。當事欲見之。輒不往。遇山人墨客。則欣然揮毫。有膂力。能持矛舞劍。遇酒以鼻飲。嘗誤附賊舟。賊飲以酒。肇乃爲象飲以自豪。賊不敢害。因得脫。

江·德新 清德中兄。字懋昭。進士。官中書。有尙德堂詩文集。

池州匠 宋畫師董源。有意趣。

羊·文森 清海昌人。吳門趙似雲妻。工畫山水人物。雄健無脂粉氣。

臣扈 商與伊陟共事太戊。能率伊尹之職。使其君不隕祖業。

艾·能奇 明張獻忠養子。獻忠入蜀僭號。能奇爲定北將軍。賜姓張氏。分徇諸府縣屬之。名曰草殺。獻忠爲清兵敗死。能奇等潰入川南。從孫可望降於永明王。封侯爵。早卒。部將馮雙禮主其兵。服屬於可望。（按王夫之永曆實錄作艾雲枝。黃宗羲永曆紀年作艾奇能。此從明史。）

行秀 宋高僧。嗣雪巖。住萬松。通孔老百家之學。三閱藏教。恆業華嚴。撰祖燈錄·鳴道集·辨宗說等書。

行思 唐高僧。吉州劉氏子。幼出家。初見六祖慧能。深器異之。後居青原山靜居寺。與南岳懷讓並重於世。傳法於希遷。開元中示寂。門徒尊爲七祖。

七畫

伯翳 唐虞 一作柏翳。即伯益。（按羅泌路史。以伯翳伯益爲二人。金仁山謂羅說誤。）

伯靡 夏事羿。羿死。逃於有鬲氏。收斟尋二國餘燼。殺寒浞。立少康。滅羿於過。

何·大圭 宋廣德軍人。字晉之。年十八試禮部第一。徽宗朝舉進士。以文章著名。重和間爲館職。（按安徽通志引萬姓統譜作太圭。此從廣德州志。）

何·洛 宋義烏人。字茂恭。性好古。藏書至萬餘卷。工文。爲陳亮所稱賞。登紹興進士。詣闕上萬言書。與朝論不合。歸里。有南湖集。

何·曇 明金陵史忠妾。字玉仙。號白雲道人。喜畫小景。幷作飛白竹石。能詩。兼工篆書。解音律。

佘·香 清黟縣人。少穎悟。業石工。製石簫石篴皆中律。上鐫書畫。並有家法。人稱絕技。

佘·紹祉 明婺源人。字子疇。年十二。封股療母疾。善古文。工行草。築室著書。自號凝庵居士。有詩草·賦草·山居瑣談·元丘素話·訪道日錄諸書。

佘·藩卿 明紹祉子。字翰臣。明亡。棄諸生。寄情山水三十年。以詩歌古文見志。有家居四禮·天經堂文集·頑石居詩集。

佛馱跋陀羅 南朝宋高僧。天竺國人。晉義熙間。隨姚秦沙門智嚴至長安。與鳩摩羅什議論。後渡江入匡山見慧遠。議論不爲遠屈。譯華嚴梵本六十卷。及觀佛三昧經·泥洹經·修行方便論·大僧祇律。凡十五部。元嘉中卒。

克勤 宋高僧。彭州駱氏子。字無著。參五祖嗣法。住成都昭覺寺。建炎初賜號圜悟。卒謚眞覺禪師。

努爾哈赤 清詳清太祖條。

吳二娘 唐妓。白居易詩云。吳娘暮雨蕭蕭曲。自別江南更不聞。自注。江南吳二娘曲詞云。暮雨蕭蕭郎不歸。

吳·山 明洪子。字靜之。正德進士。授刑部主事。歷贛豫川三省巡撫。所至以廉靜長厚稱。入爲刑部尙書。以論翊國公郭勛觸帝怒。免官歸。道卒。謚忠襄。工詞。有治河通考。尙書疏議。

吳·文柔 清兆騫女。字昭質。工詞。

吳·文煥 清長樂人。字觀侯。一字劍虹。第進士。官御史。以病乞歸。有劍虹詩鈔。

吳·孝宗 宋撫州人。字子經。少落拓不謹細行。爲文俊拔。作書謁歐陽修。且贊其所著法語十餘篇。修歎異之。於其行贈以詩。登熙寧進士第。忤王安石。遂以主簿終。

吳·志忠 清吳縣人。英子。字有堂。號妙道人。長於目錄校勘之學。

輯刊經學叢書·眞意堂三種行世。

吳邦楨 明山子。字子寧。嘉靖進士。授刑部主事。累擢湖廣按察使。政績頗著。後改陝西。致仕卒。

吳坦 清江寧人。字履吉。嘉慶進士。以編修典試山西。著述甚富。

吳宗達 明武進人。字青門。萬曆進士。授編修。歷東閣大學士。時帝懲諸臣積玩。政尙嚴厲。宗達劑量於寬嚴間。裨益殊多。卒諡文端。

吳承勳 清仁和人。字子述。諸生。性孤冷不諧於俗。詩有宗法。尤好詞曲。

吳保初 清長慶子。字彥復。號君遂。以廕補刑部郎中。工詩古文。性瀟灑。書撫褚趙。蘊藉如其人。有未焚草·北山樓詩集。

吳拭 明休寧人。字去塵。性豪縱。有潔癖。嘗持千金。一日都盡。善書畫。製墨及漆器精妙。人爭寶之。又精琴理。有訂正秋鴻譜。嘗自入山擇琴材。故相傳有去塵琴云。

吳朏 清江蘇華亭人。嘉善曹焜妻。字華生。又字凝眞。號冰蟾子。工詩畫。與媳李玉燕·孫女鑑冰。合編集曰三秀。有忘憂草·采石篇·風獅獨嘯三集行世。

吳英 清銓孫。字簡舟。篤好甲部書。中歲棄舉業。專事著述。年八十卒。有經句說。

吳娟娟 明清溪女子。字眉仙。號槊仙。自號翠玉山人。工書畫尺牘。有詞有萍居草。

吳淑姬 宋嫁士人楊子治。有詞五卷。名陽春白雪。

吳琪 清吳中人。字蕊仙。號佛眉。管勳妻。善畫工詩。能文章。與周飛卿著比玉新聲集。夫死於官。遂薙度。名上鑒。號輝宗。其詞集曰瑣香集。

吳感 宋吳縣人。字應之。天聖初省試第一。又中拔萃科。仕至殿中丞。以詠紅梅詞得名。

吳敬義 清錢塘人。字駕六。一字孟暘。號薇客。又號恬庵。道光進士。官贊善。有首撰欲羅致門下。拒不應。大考左遷編修。卒於官。有紫薇仙館詩鈔。

吳瑗 清無錫妓。字大青。工詩。善水墨花卉。

吳鼎芳 明吳之洞庭人。字凝父。爲詩蕭閒簡遠。有出塵之致。與烏程范汭。有披襟倡和集。後薙染爲僧。號喚噯。

吳嘉猷 清元和人。字友如。擅工筆畫。光緒中以繪克復金陵功臣戰績圖得名。點石齋書局延繪畫報。後創飛影閣畫報。頗傳於世。

吳銓 清休寧人。字容齋。僑居上海。老而還蘇。遂爲吳縣人。以生於新安之璜源。顏其書屋曰璜川。世稱璜川吳氏。雍正時官吉安知府。尋乞歸。築遂初園讀書其中。藏書甚富。多宋元善本。沒後。其子爭析產。出藏書貨之。并售其園。

吳憐憐 明杭妓。善畫著色山水。工緻細潤。不讓趙大年。兼工詩。

吳銳 宋大中祥符中史館校刊。與陳彭年·丘雍等重修玉篇。

吳澥 宋沆弟。隆興進士。以薦召對。除太學錄。改西外宗教授。有宇內辨·疆域志等書。

吳衡照 清海寧人。籍仁和。字夏治。號子律。嘉慶進士。官金華教授。性蕭淡。精倚聲按譜之學。有蓮子居詞話·辛卯生詩。

吳禮之 宋錢塘人。字子和。號順受老人。以詞著稱。有順受老人詞。

告子 戰國與孟子同時。嘗以性理與孟子辨難。孟子又稱爲告子先我不動心。在當時亦自成爲一家之學者。(按孟子趙注。告。姓也。子。男子之通稱也。名不害。正義云。告子名不害者。盡心篇有浩生不害。疑爲告子姓告。名不害。以浩生爲字。然趙氏浩生注。又云浩生姓。不害名。則浩生非告子矣。)

呂伋 周尙子。嗣爲齊侯。事成王。成王崩。召公奭命仲桓 南宮毛俾爰齊侯呂伋。以二千戈虎賁百人。逆康王釗入即位。卒諡丁公。

呂采芝 清武進人。趙鏞謨妻。字壽華。早寡。能詩。多幽怨纏綿之旨。有幽竹齋詩草·秋笳詞。

呂侯 周穆王時爲司寇。以王命作書。訓夏禹贖刑之法。更從輕。以布告天下。作呂刑。後封於甫。史記作甫侯。

呂靜 晉撰有韻集。

妙喜 宋僧。工寫貌。

宋子侯 後漢有董嬌嬈樂府。

宋毋忌 秦燕人。爲方僊道。慕古僊人。因以爲名。

宋禕 晉石崇妓綠珠弟子。有國色。善吹笛。

宏瑜 清僧。會稽王氏子。名作霖。字月章。明中書舍人。畫山水學大癡。兼長仙佛。書眞草俱佳。

延沼 後唐高僧。餘杭劉氏子。親炙南院六年。住汝州風穴寺。嗣南院。

戒聞 清僧。江蘇華亭人。字解三。畫山水仿元人筆法。署名姜睿。

李玄霸 唐高祖三子。早卒。無子。武德元年追贈衛王。諡懷。(按玄霸。唐書一無事實。小說家傳其神勇。不知所自。)

李如璋 清南豐人。字子孚。幼通敏。五官並用。尤精九章數學。順治中度田令下。疆域新定。田域紛錯。民緣爲姦。邑中集工算者數十人。月餘不能璭。如璋年十五。製珠盤左右撥。數日畢事。江右旬稽金穀。皆出其手。謁選。得嘉定江灣司巡檢。以不能俯仰上官。投劾歸。

李・克 戰國魏 子夏弟子。文侯拔中山。翟璜進克。使守之。文侯嘗問克以爲國之道。又嘗問相於克。曰。今所置非成則璜。二子何如。克曰。居視其所親。富視其所與。達視其所舉。窮視其所不爲。貧視其所不取。五者足以定之矣。文侯曰。先生就舍。寡人之相定矣。克趨而出。過翟璜。曰。魏成子爲相矣。璜忿然。克曰。魏成子以食祿千鍾。什九在外。什一在內。是以東得卜子夏。田子方。段干木。此三人者。君皆師之。子惡得與魏成子比也。翟璜曰。璜。鄙人也。失對。願卒爲弟子。克後亦爲文侯相。(按漢書食貨志。李悝爲魏文侯作盡地力之數。史記平準書作魏用李克。盡地力。貨殖傳亦同。世遂疑李悝・李克爲一人。考漢書藝文志。法家有李子十三篇。注云名悝。相魏文侯。富國強兵。儒家有李克七篇。注云子夏弟子。爲魏文侯相。古今人表。李悝三等。李克四等。是悝與克當爲二人。又釋文云。子夏傳詩於曾申。申傳魏人李克。則克爲子夏再傳弟子。漢書注亦似有誤。)

李・克正 淸 洪洞人。字端勸。自署梅村。博雅嗜古。工詩。善篆刻。尤長分隸。嘗游紫雲山。得漢武梁石室畫像。多洪邁隸釋所未及者。晚所手拓古碑八十餘種。頗資考核。

李・赤 唐 江湖浪人。嘗曰吾善爲歌詩。類李白。故自號曰李赤。

李・季蘭 唐 女子。工詩。劉長卿稱爲女中詩豪。

李・旻 明 錢塘人。字子陽。成化中廷試第一。授修撰。歷祭酒。明習典禮。終南吏部侍郎。

李・康 三國魏 中山人。字蕭遠。性介立不能和俗。著遊山九吟。明帝異之。起家爲尋陽長。政有美績。病卒。

李・晛 西夏 清平郡王子。封南平王。嗣德旺立。宋寶慶末。蒙古滅之。國亡。自李曩霄至晛。傳十主。凡一百九十五年。

李・處全 宋 字粹伯。淳熙中歷官侍御史。有晦菴詞。

李・彭老 宋 字商隱。號篔房。有篔房詞。

李・朝 後漢 南昌人。字伯丞。有文才。桓帝時爲魏郡監。黎陽營謁者。和平初立張公神道碑於黎陽。朝作歌九章頌之。

李・琳 元 長沙人。號梅谿。工詞章。嘗游汴京。有六么令・木蘭花慢等詞傳於世。

李・登 三國魏 撰有聲類。

李・萊老 宋 彭老弟。字周隱。號遯翁。有秋崖詞。

李・陽 晉 京師大俠。爲幽州刺史。王衍妻郭氏好干預人事。衍患之。郭素憚陽。衍謂郭曰。非但我言卿不可。李陽亦謂不可。郭氏爲之小損。

李・誠 淸 黃巖人。字師林。號靜軒。嘉慶拔貢。官順寧知縣。告歸。嘗居雲南志局五載。通志稿出其手者十之八九。說經參酌漢宋。尤精地理。有十三經集解・微言管窺・萬山綱目・水道提綱補訂。

李・德旺 西夏 遵頊子。宋嘉定末。受內禪卽位。時蒙古來攻。夏遂與金人平。立四年卒。廟號獻宗。年號乾定。

李・質醇 淸 洪洞人。字厚庵。博雅好古。工書畫。又精鍛銅之法。尋常鑪器。經其手玩。光采奪目。著有燒鑪新語。性慷慨好施。嘗寓淄川。有德於人。淄人爲建祠肖像祀之。

李・學曾 淸 克正子。字省齋。有印譜行世。弟學高。字愚山。亦工篆刻。所藏金石書畫甚富。嘗拓鏡銘成册。手自箋注。鐫題印文。並皆精妙。

李・錫齡 淸 三原人。字孟熙。道光時官中書。藏書九萬餘卷。取世不恒見者彙刻之。曰惜陰軒叢書。

李・謩 唐 長安人。善擫笛。玄宗嘗於上陽宮夜後。按新翻一曲。屬明夕正月十五日。潛遊燈下。忽聞酒樓上有笛奏前夕新曲。大駭。明日密遣捕捉笛者詰驗之。自云。其夕竊於天津橋玩月。聞宮中度曲。遂於橋柱上插譜記之。臣卽長安少年善笛者李謩也。玄宗異而遣之。

李・謹思 宋 餘干人。字養吾。幼穎異。日記數千言。咸淳中試禮部第一。宋亡。隱居著述。爲文古奧。自成一家言。

杜・之松 唐 曲阿人。初仕隋爲起居舍人。貞觀中爲河中刺史。

汪・日章 淸 仁和人。字雲倬。號首禾。晚號遲雲。乾隆舉人。由中書入直樞垣。兩從阿桂征回。又從福康安征安南。官至江蘇巡撫。有書畫偕觀錄。

汪・休日 明 歙人。字扶光。崇禎舉人。後入吳爲僧。名正濟。號悆然。晚以故人迎歸黃山。自知死日。集故友爲詩而逝。有易解・莊通諸書。

汪・宗臣 元 婺源人。字公輔。號紫巖。咸淳中兩中選。宋亡不仕。年九十二卒。有紫巖集及詞。

汪・洋 淸 浙江奉化人。字叔度。有愁吟集。

汪・斌 元 績溪人。字以質。有雲坡集。

汪・紹成 淸 揚州人。鮑氏刻六經及太平御覽。皆紹成爲之讎校。自刻者有正誼齋叢書。

汪・善浩 清杭州人。字蘭久。登鄉舉。善畫山水。出入四王。兼長篆刻。

汪・渢 明錢塘人。字魏美。崇禎舉人。嶔崎磊落。奉母至孝。明亡。隱居湖上。嘗道迫見。排牆遁。黃宗羲過訪。送至清波門。不入郭。時人目曰汪冷。臨沒。悉舉生平著作焚之。

汪・濤 清休寧人。字山來。小字參龍。工四體書。一字方丈。徑寸千言。鐵筆之妙。包羅百家。一時無與抗手。

沃丁 商王。太甲子。既卽位。伊尹卒。乃委任賢臣咎單。遂訓伊尹事。作沃丁篇。在位二十九年。

沈・子徹 明桐鄉人。居青鎭。善製磁壺文具。與宜興時大彬齊名。

沈尹戌 春秋楚莊王曾孫。事平王爲左司馬。昭王時。費無極。鄢將師譖殺郤宛等。滅其族。國人多謗於令尹子常。戌爲言於令尹。於是子常殺費鄢以說於國。謗言乃止。十年。蔡侯吳子唐侯伐楚。戌與子常拒吳師。子常遽戰而敗。戌聞之亦還。遇吳師於雍澨。三戰皆傷。吳句卑布裳。剄而裹之。藏其身而以其首免。

沈・自炳 明吳江人。字君晦。博學工文詞。在復社號爲眉目。福王立。獻賦闕下。以恩貢授中書舍人。參揚州史可法幕。歸與吳易起兵。及敗。與弟自駉均赴水死。

沈・宗塙 明仁和人。字以同。號定山。性至孝。登崇禎進士。魏藻德招之仕。語不合。策蹇徑歸。

沈・涵 清歸安人。字度汪。號心齋。康熙進士。仕至內閣學士兼禮部侍郎。立朝勤敏謹恪。督學福建。至則嚴禁鹽菜銀。去取一秉至公。去任。閩人肖像祀之。晚號灸餘居士。有賜硯齋詩存。

沈・磊 清歸安人。字石長。爲人端慤。以經術教授。敦實詣。黜浮華。與桐鄉張履祥交最契。性孝友。居喪不用浮屠。學者稱誠庵先生。

沈・楙德 明嘉善人。字雲嵩。有坊表錄及湖目齋詩詞。

沈・禧 元吳興人。字廷錫。有竹窻詞。

沈・豐垣 清仁和人。字遹聲。號柳亭。諸生。工詞。有蘭思詞。

沈・闢闢 清吳江人。字宮音。工詞。

沙・馥 清長洲人。字山春。工畫。師馬根仙。人物花鳥皆精妙。有名於時。

辛・延年 後漢有羽林郎樂府。

辛・櫟 戰國嘗見魯穆公曰。周公不如太公之賢也。穆公曰。子何以言之。櫟對曰。周公擇地而封曲阜。太公擇地而封營丘。爵土等。其地不若營丘之美。人民不若營丘之衆。不徒若是。營丘又有天固。穆公慚不能應。

防風氏 夏禹平天下。會諸侯於會稽。防風氏後至。禹殺之。

八畫

垂 有虞氏舜臣。主百工之事。堯時爲工師。（說苑作倕。）

來・鵠 唐南昌人。咸通進士。有詩才。聲籍甚。爲文師韓柳。有來公集。

兒・長卿 漢臨淮人。以俠聞。

叔牙 春秋魯莊公弟。卽僖叔。莊公無適嗣。愛孟女。欲立其子般。公疾。問後於叔牙。對曰。慶父材。公病其言。以般屬季友。季友以公命鴆叔牙。而立其後爲叔孫氏。

叔孫・州仇 春秋魯婼孫。卽武叔。定公十年。侯犯以郈叛。武叔圍之。弗克。郈工師駟赤受武叔命。謀去侯犯。侯犯奔齊。齊人乃致郈。及仲由爲季氏宰。欲墮三都。於是武叔墮郈。

周・大璋 清桐城人。字聘侯。雍正進士。知龍陽縣。改華亭教諭。嗜古力學。有四書精言。左傳翼。朱子古文注。

周・心如 清浦江人。道光時輯刊紛欣閣叢書。

周文帝 北周見宇文泰條。

周・白山 清餘姚人。字雙庚。號四雪。諸生。嘗從姚燮游。有狂生之目。詩文奇詭怪特。不作凡語。兼工書法。善刻石。晚落拓以終。

周・淑祜 明江陰人。金沙潘聖瑞妻。臨文淑畫稱絕品。花卉蟲鳥。用筆如春蠶吐絲。設色鮮麗。氣韻生動。（一作淑祜。亦作周祜。）

周・淑禧 明淑祜妹。自號江上女史。適同邑黃生。藝與姊同。尤聰慧。兼寫大士像。工詩。（一作周禧。）

周・篔 清嘉興人。初名筠。字青士。別字篔谷。遭亂棄儒。受廛鬻米。有鬻書於市者。篔買得一船。城破。校讀甚勤。工爲詩。四方名士過者輒留飲。又好急人難。生計日窘。往來嘉善・桐鄉。以詩格授人。晚年詩乃趨率易。有采山堂詩鈔。

周・鏞 清錢塘人。字備笙。爲張熊高弟。山水得四王神韻。兼精圍棋雜藝。嘉定張頤以芥子園山水畫傳付鏞重臨。畫成。精力以耗。年未三十卒。有心蓮華室詩稿。

奇首 後魏契丹始祖。生八子。其後族屬漸盛。分爲八部。居松漠之間。

始均 上古仕於堯。逐女魃於弱水之北。民賴其勤。帝舜嘉之。命爲田祖。積六十七世。至拓跋毛。是爲後魏成帝。

孟・宗獻 金開封人。字友之。大

定中鄉府省御四試皆第一。時號孟四元。除供奉翰林。轉曾王府文學。兼記室。工詞。自號虛靜居士。尋授同知單州軍事。丁母憂。哀毀卒。

孟・昉 元 本西域人。寓北平。字天偉。工詞。至正中爲翰林待制。後官至江南行臺監察御史。

季咸 周 鄭人。神巫。能知人生死禍福。

宗珏 宋 高僧。嗣長蘆。住明州天童。

宗書 明 高僧。號小山。初住少林。遷宗鏡。嗣嵩少。

居寧 宋 僧。毘陵人。醉後好爲戲墨。工圖寫草蟲。筆力勁俊。不專形似。每自題曰居寧醉筆。

庚辰 夏 禹之臣。治水怪巫之祁。淮水以安。

念奴 唐 天寶中名倡。善歌。時每歲樓下酺宴。萬衆喧溢。嚴安之・韋黃裳輩。闢易不能禁。衆樂爲之罷奏。明皇遣高力士大呼樓上曰。欲遣念奴唱。邠二十五郎吹小管。逐看人能聽否。皆悄然奉詔。元稹連昌宮詞有力士傳呼覓念奴。念奴潛伴諸郎宿之句。

昇日南 明 僧。浙江人。號照庵。工畫枯木竹石及水仙。尤善音律。

明弘光帝 見朱由崧條。

明永曆帝 見朱由榔條。

明隆武帝 見朱聿鍵條。

明聰 明 高僧。光澤奚氏子。字無聞。號絕學。嗣金陵祖。住隨州關子嶺龍泉寺。祖得法弟子三百四十有奇。未及百年。湮沒殆盡。獨明聰傳持正脈。

昌意 上古 黃帝子。降居若水。娶蜀山氏女。生高陽。是爲顓頊。

東東 宋 伎。竇鞏詩有惟有側輪車上鐸。耳邊常似叫東東之句。

林・罕 前蜀 西江人。字仲緘。博通經史。獻車駕還都賦。除溫江主簿。遷太子洗馬。落拓不羈。文多譏刺。嘗爲顧在珣著十臣文以進。執政惡之。不得大用而卒。罕善六書學。嘗注說文二十篇。目曰林氏小說。刻石蜀中。

林愿女 宋 世居莆田之湄洲。五代閩時都巡簡林愿第六女。幼神異。比笄不字。能乘席渡海。衆稱龍女。兄商海上。遇暴風。女瞑目出神救之。雍熙末卒。自宋以來。累著靈蹟於海上。渡海者皆禱祀之。明永樂中封天妃。清加封天后。祠宇遍江海各省。

法順 唐 高僧。杜如晦族人。住因聖寺。時稱杜順和尚。道化異類。靈蹟甚多。夙愛道俗。遠近癃癘淫邪所惱者。無不投造。法順坐而對之。輒愈。以集華嚴法界觀門。又稱華嚴法師。年八十四。坐定於義善寺。

法演 宋 高僧。綿州鄧氏子。幼出家。習百法唯識。窺其奧。嗣白雲。晚住太平。移東山。崇寧中無疾而逝。

稱蘄州五祖。亦簡稱五祖。

河亶甲 商 王。仲丁弟。時囂都有河決之患。遷於相。在位十年。

狐・射姑 春秋晉 偃子。字季佗。食邑於賈。故曰賈季。詳賈季條。

知果 春秋晉 國語作知果。國策作知過。詳見輔果條。

芮・伊 清 宣城人。字與權。性多巧思。能手製自鳴鐘及諸測量器。

芮伯 周 姬姓。武王臣。封於芮。巢伯來朝。芮伯作旅巢命。成王時爲司徒。受顧命。後事康王。

金・玥 清 崑山女子。字曉珠。號圓玉。如皋冒辟疆妾。工畫山水。與女蘿同稱爲兩畫史。

金淑修 清 明殉節隨州牧徐譽森妻。畫山水局度偉岸。入元人室。短章尺牘。淹雅可觀。有合響集。

金・溶 清 大興人。字廣蘊。雍正進士。歷監察御史。性忠純鯁亮。乾隆初上培養元氣疏。後坐事奪職。未幾起知漳州府。有善政。累擢浙江糧儲道。忤上官。致仕歸。

金・寶田 清 上海人。字仲雲。工畫山水。荒寒疏古。自成一家。學使唐雲楣按試江蘇。寶田以畫試第一。

阿速吉八 元 泰定帝太子。史稱幼主。泰定帝殂。嗣立於上都。文宗遣兵陷上都。阿速吉八不知所終。

青琴 古神女。

九畫

侯・敞 清 上海人。字梅杉。道光中諸生。隱居不仕。工詩古文詞。兼長書畫及音樂。晚號淞南居士。有賓畫錄・勝蹟聯珠。

俞・廷瑛 清 吳縣人。字小甫。官鄞縣縣丞・浙江候補通判。安貧樂道。不干人。有瓊華室詩詞。與江寧鄧笏臣・陽湖吳晉壬・任丘邊竺潭・鐵嶺宗嘯吾之詞。合刻爲侯鯖詞。

俞・彥 明 金陵人。字仲茅。萬曆進士。性至孝。甫登第。即疏乞終養。閱十六年母終。授兵部主事。歷光祿少卿。彥長才玩世。事至立斷。而性高亢。故屢起屢躓。

俞・鼎孫 宋 太學生。嘉泰間與兄經同輯石林燕語辨・演繁露・傾眞子・攷古編・捫蝨新語・螢雪集說七書。爲儒學警悟四十卷。在左圭百川學海前七十二年。爲中國叢書之祖。

南郭先生 戰國齊 宣王好竽。必三百人合吹。南郭先生不竽者而之三百人之中。以吹竽食祿。宣王薨。後王曰。寡人好竽。欲一一吹之。南郭乃逃。

咸傑 宋 高僧。福州鄭氏子。嗣曇華。住蔣山華藏。未幾詔住徑山靈隱。晚居太白。

契斌 明 高僧。字俱空。覲秦封槐樹。豁然省契。參少室。嗣法。住嵩山。

姚士陞 清桐城人。字別峯。負異才。聰穎絕世。爲詩不名一家。康熙中應京兆試獲雋。以急友人之難。赴閩道卒。有空明閣詩鈔。

姚延啓 清烏程人。字季迪。號敬存。順治進士。授山西稷山知縣。報最。擢給諫。歷掌戶工吏三科。封章剴切。皆關治體。

姚述唐 宋錢塘人。字進道。紹興進士。工詞。有蕭臺公餘詞。(一作述堯。)

姚登孫 元鄞人。字廷禮。幼穎異。登景定鄉貢。宋末退隱雙峯別墅。窮究經史百氏。爲文淵奧宏博。元初爲國子助教。諸生辨疑質徵者日數百人。稱爲東南遺老。

姚際恆 清仁和人。字立方。號首源。諸生。少折節讀書。旋盡棄詞章之學。專事於經。年五十。屏絕人事。閱十四年。成九經通論一書。持論與閻若璩暗合。毛奇齡頗歎服之。又著庸言錄。古今僞書考。

宣太后 戰國秦惠文君之后。昭襄王之母。楚人。姓羋氏。昭襄王立。年少。宣太后自治。任其弟魏冉爲政。號穰侯。又以弟羋戎爲華陽君。王用范睢言。廢太后。免穰侯。太后嘗愛魏醜夫。及病將死。出令曰。必以魏子爲殉。魏子患之。庸芮爲說於太后乃止。

帝摯 上古帝嚳長子。嗣帝嚳而立。封異母弟放勳爲唐侯。在位九年。政微弱。而唐侯德盛。諸侯歸之。摯乃禪位焉。或云。摯立未久而崩。

弈秋 古之善弈者。名秋。

施天章 清江蘇嘉定人。字煥文。工畫。尤以刻竹名。巧若神助。雍正間織造以所刻進。命供奉如意館。乾隆初官鴻臚寺序班。被酒獲譴。養馬翁山。後得回籍。性癖。能月餘不食。但飲清水。人無貴賤。皆爾汝之。

查籥 宋泰州人。祖父許國。以奉職郎贊帥幕。僑寓荆南。教授門徒多成名。籥廷試中首選。乾道中攝貳夏卿。出典大藩。

段明光 晉見劉伯玉妻條。

段業 北涼京兆人。博涉史傳。爲杜進記室。累官建康太守。沮渠蒙遜叛呂光。推業爲涼州牧。據張掖。稱涼王。業忌蒙遜雄武。寖疏遠之。以殺其從兄男成。爲蒙遜所討斬。凡立四年。年號神璽。天璽。

段巘生 清常寧人。字相山。康熙進士。博學多通。令上杭。被誣獲罪。不肯屈。旋補新安令。坐條陳言事。削籍歸里卒。有柱湖詩鈔。

洪焱祖 元歙人。字潛夫。天曆中官遂昌主簿。以休寧縣尹致仕。有爾雅翼音釋。

珍遠 閩僧。善畫人物故實。

皇甫松 唐湜子。字子奇。工詞。(松。一作嵩。)

省念 宋高僧。萊州狄氏子。受業於本郡南禪寺。常密誦法華。人稱爲念法華。晚於風穴嗣法。歷住首山廣教寶應。

秋娘 唐朱崖李太尉姬。姓謝氏。太尉鎮浙西日。爲製望江南曲。

紅兒 唐鄜州伎。善爲音聲。參看羅虬條。

紅紅 唐女子。張姓。唱歌丐於市。韋青納爲姬。敬宗召入宮。號記曲娘子。

羿 陶唐氏善射。堯時十日並出。焦禾稼。殺草木。民無所食。猰貐。鑿齒。九嬰。大風。封豨。脩蛇皆爲民害。堯乃使羿誅鑿齒於疇華之野。殺九嬰於凶水之上。繳大風於青丘之澤。上射十日而下殺猰貐。斷脩蛇於洞庭。禽封豨於桑林。萬民皆喜。◎夏有窮之君。善射。夏后太康盤於遊田。不恤民事。羿逐之而篡其位。淫於田獸。信用伯明氏之讒子寒浞。爲寒浞所殺。

胡夫人 宋平江胡尙書元功女。吳江黃由妻。自號惠齋居士。畫梅竹不凡。又善筆札。精琴工書。詩文可觀。

胡用中 清歙人。能於桃核上刻人物。小如黍豆。而栩栩欲活。嘗製渾天球徑尺。度數時刻。絲毫不爽。

胡香昊 清新安人。徙常州。字李莊。棄舉子業。爲詩三十年。卓然成家。不自收拾。多散佚。沒後邑人搜刻之爲香草堂詩鈔。

胡傳 清績溪人。字鐵華。爲經世之學。官臺東直隸州。兼工詩。有遺集。

胡樹聲 清休寧人。遷居蘇州。字震之。又字雨棠。父業鹺。以商籍補仁和諸生。善藏書。所購多宋元舊本。題其居曰琳琅祕室。

若芬 宋僧。婺州曹氏子。字仲石。號玉澗。又號芙蓉峯主。爲上竺寺書記。善畫山水及竹。兼工詩。

范鞅 春秋晉士匄子。卽獻子。悼公時晉伐秦。無功而還。欒黶之弟鍼。爲戎右。恥之。與鞅馳秦師。死焉。鞅反。黶謂士匄逐之。鞅奔秦。秦伯爲之請於晉而復之。旣歸。怨欒氏。欒盈敗亡。鞅實有力焉。定公時代魏舒爲政。

茆泮林 清高郵人。字雩水。道光間諸生。篤學好古。積二十年之力。輯錄唐月令注。世本。楚漢春秋。伏侯古今注。趙岐三輔決錄。古孝子傳。司馬彪莊子注。淮南萬畢術。計然萬物錄。郭氏元中記逸書十種行世。

計六奇 清無錫人。字用賓。康熙間人。所著明季南北略。紀南渡諸王及神宗朝迄思宗朝事。自謂於當時興廢之由。及其微緒餘燼。咸在於是。

郁·永河 清仁和人。字滄浪。諸生。性愛硯。所藏大小數十枚。客八閩。有稗海紀遊略。又名採硫日紀。於全臺形勢。論列極詳。

韋·琳 齊天保中爲舍人。有才藻。善劇談。常爲餛表。以譏刺時人。

韋·瓘 唐夏卿從子。字茂弘。及進士第。累官中書舍人。與李德裕善。李宗閔惡之。德裕罷相。瓘貶明州長史。終桂管觀察使。

十畫

倶·文珍 即劉貞亮。見劉貞亮條。

倪·正 清宣城人。字方公。父元浿。著約譜一書。極奧博。正古文高邁。書法蒼勁。尤精天文曆算。梅文鼎嘗從受交食法。

原妙 元高僧。嗣仰山。住高峯。誨人和易。及至室中行祖令。盡情勘覈。絲粟無貸。天下信士稱爲古佛。

唐山夫人 漢高帝姬。有安世房中歌。韋昭曰。唐山。姓也。

唐太祖 唐見李虎條。◎後唐見李克用條。

夏·承 後漢字仲兗。治詩及尚書。兼覽羣藝。歷官冀州從事 淳于長。建寧間卒官。蔡邕爲書墓碑。今存永年縣紫山書院。漢碑中獨此碑最完好。

夏侯·孜 唐譙人。字好學。累官兵部侍郎。諸道鹽鐵轉運使。拜同平章事。懿宗時出爲西川節度使。後坐事以太子少保分司東都卒。

孫·不二 金馬鈺之婦。與鈺同師王嚞。詣金蓮堂出家。大定中居洛陽之鳳仙姑洞。越八年坐化。時鈺居萊陽遊仙宮。忽拂衣起。謂門徒曰。孫姑已仙去矣。及信至。時日不爽。

孫·因 宋慈谿人。寶慶進士。隱居四明山。博綜古今。善屬文。嘗采會稽遺事作越問。以補王十朋風俗賦之缺。

孫·良夫 春秋衛大夫。即桓子。穆公時與石稷等侵齊。遇齊師。戰於新築。衞師不利。新築人仲叔于奚救桓子。桓子得免。遂如晉乞師。以郤獻子之有宿憾於齊也。主於郤獻子。遂從敗齊師於鞌。

孫·林父 春秋衛大夫。良夫子。即文子。定公惡之。出奔晉。後公如晉。旣歸。晉侯使郤犨送林父。公薨。獻公立。不禮於文子及甯惠子。二子怒。共謀出之。公奔齊。衞人立殤公。二子相之。以聽命於諸侯。惠子之子喜納獻公。伐孫氏。孫氏敗。遂弑殤公。林父以戚如晉。春秋書入於戚以叛。罪之也。

孫·愐 唐天寶中官陳州司法。重刊隋陸法言切韻。增加字數爲唐韻。今書已佚。惟廣韻中尙存愐所作唐韻序一篇。徐鉉本說文解字注所附反語。係用愐書音切。

孫·雲鳳 清仁和人。字碧梧。程某妻。隨園女弟子。工倚聲。佳者絕似北宋人語。通音律。兼工點染花卉。有湘雲館詩。

孫·雲鶴 清雲鳳妹。字蘭友。縣丞金瑋妻。工塡詞。兼長駢體文。與雲鳳齊名。

孫·馮翼 清承德人。字鳳墀。乾隆間刊有問經堂叢書。

孫·會宗 漢西河人。有知略。仕爲安定太守。與楊惲厚善。惲失爵位。家居治產業。以財自娛。會宗作書誡之。惲內懷不服。作書以報。後惲坐事要斬。會宗亦免官。

孫·道絢 宋黃銖之母。號沖虛居士。著詞甚富。晚以火燬。有流傳人口者。銖復訪求得之。手錄以藏。

宮·鴻歷 清泰州人。字友鹿。別字恕堂。工詩。晚歲成進士。入詞館。有恕堂詩鈔。

徐·三庚 清上虞人。字辛穀。號袖海。別號金罍山民。工篆隸。刻印與書法相通。體勢逸宕。似趙之謙。

徐·之瑞 清錢塘人。字蘭生。明季舉人。國變後。遯居北烏山。有司推遐。不行。迫之。舉所佩帨示之曰。此我磬懸之具也。浙中以與汪渢·萬泰·巢鳴盛並稱爲四先生。其詩長於樂府。妻女均能詩。身後稿卷盡散失。

徐·夫人 戰國趙人。燕太子丹求天下利匕首以刺秦皇。得夫人匕首。取之百金。以藥淬之。試人立死。（按史記荆軻傳索隱。徐姓。夫人名。謂男子也。）

徐·玉映 清錢塘人。字若冰。工詞。歸長洲孔氏。早卒。有南樓集。

徐甲 周老子客。少賃於老子。約日顧百錢。計欠甲七百二十萬錢。甲見老子出關遊行。速索償。不可得。乃倩人作辭。詣關令尹喜以言老子。老子問甲曰。汝久應死。吾以太玄清生符與汝。乃使甲張口向地。符立出。甲成一具枯骨矣。喜爲甲叩頭請命。老子復以符投之。甲立更生。喜以錢二百萬與甲。遣之而去。◎漢齊悼惠王有宦者徐甲。入事漢皇太后。

徐·本立 清德清人。字子堅。號誠菴。道光舉人。官南匯知縣。工詩詞。有詞律拾遺。

徐·如翰 明上虞人。字檀燕。萬曆進士。歷大同參政。疏劾方從哲誤國。削籍歸。魏忠賢以大官邀之。如翰峻拒。崇禎初起平涼道。與曹文詔殺流賊有功。巡撫江北。以疾辭歸。講學蕺山。有檀燕集。

徐·昌圖 宋莆陽人。與兄昌嗣並有才名。陳洪進歸宋。令昌圖奉表入汴。太祖命爲國子博士。累遷殿中丞。

悟新 宋高僧。韶州王氏子。氣節蓋衆。好面折人。初謁黃龍謁寶覺。

談辨得悟。自號死心叟。出住雲岩。晚還黃龍。學者雲集。

桓·發　〔漢〕以博戲致富。（按漢書作稽發。此從史記。）

桓鸞女　〔後漢〕沛人。劉長卿妻。生一男而長卿卒。桓氏防遠嫌疑。不肯歸寧。兒復夭死。乃豫刑其耳以自誓。沛相王吉上奏高行。顯其門閭。號曰行義桓嫠。

殷·崢　〔清〕高郵人。字桐高。少工駢體。尤邃於詩。以貢入太學。中副榜。令太原。不能事上官。告歸十餘年。年九十卒。有竹渠山莊詩鈔。

殷·寶龢　〔清〕丹徒人。字紀平。工楷書。父業箋扇。設肆於海上之豫園得月樓。即以爲名。寶龢樓居鬻字。彈琵琶稱高手。後目失明輟筆。惟以琵琶自娛。

浩生·不害　〔戰國齊〕與孟子同時人。嘗問樂正子爲何人於孟子。（按一說浩生不害卽告子。詳告子條。）

涂·居仁　〔清〕南昌人。生而穎慧。通音律。善鼓琴。康熙中以薦累擢刑部郎中。遷興化知府。力辭。遂留直內庭。分輯律呂諸書。食三品俸。

涂·岫　〔清〕南昌人。字平山。工畫人物花卉。同時蔡秉質工畫鶴。閔應銓工畫蟹。臨江黎坤工畫山水。彭廷謨擅長題詠。時有涂蘭蔡鶴閔蟹彭詩之稱。

涂·乾吾　〔清〕六安人。隱居龍門山。性嗜茶。恆苦製者傷其性。親爲製量。迥異常品。六霍之間。率冒其名。涂後戒子孫弗習。其法遂絕。

烏·王路　〔清〕慈谿人。名思道。以字行。參田文鏡幕。世宗知其名。批摺尾曰。朕安。烏先生安否。中外詫爲奇遇。文鏡驕倨而遇王路甚恭。一日微忤意。辭歸。疏稿爲他人所撰。世宗謂非烏先生手筆。斥之。文鏡邀王路頓首謝過。遂復留。卒於幕中。有游梁草。

眞空　〔明〕僧。號清泉。萬曆中京師慈仁寺僧。著篇韻貫珠集一卷。共分八門。其分目有創安玉鑰匙捷徑門法歌訣。所論反切。破碎支離。頗爲清代講音韻家所詬病。故玉鑰匙亦特著名。

眞慧　〔宋〕僧。杭州人。工畫。山水佛像爲佳品。翎毛林木。有江南氣象。

祖先　〔宋〕高僧。嗣華藏。住臥龍。將示涅槃。手書別交游。作偈端坐而逝。

祖欽　〔宋〕高僧。嗣徑山。後住仰山。法席爲天下第一。

祝·昌泰　〔清〕浦城人。嘉慶間輯刊浦城遺書。

神珙　〔唐〕西域沙門。玉篇末有神珙所撰四聲五音九弄反紐圖。其序言引及元和韻譜。知爲唐憲宗元和以後人。序中四聲讀法前。附五音聲論。分喉舌齒唇牙五聲。爲後世用字母論音韻之始。

秦·朝釪　〔清〕金匱人。字大樽。乾隆進士。由禮部郎中出爲楚雄知府。丰裁峻厲。人不可干以私。左遷歸。有詩古文集。

秦·陽　〔漢〕以田農致富。

秦·雲　〔清〕長洲人。字膚雨。別號西脊山人。諸生。工書。學褚河南。詩得宋人神韻。有西脊山人詩稿。

秦·嘉　〔漢〕廣陵人。陳勝起事。嘉自與董緤等亦將兵圍東海守於郯。嘉自立爲大司馬。惡屬人。矯王命殺武平君畔。勝敗死。嘉乃立景駒爲楚王。軍彭城東。欲以距項羽。時羽軍下邳。進兵擊之。嘉軍敗。走至胡陵。戰死。羽并其軍。◎〔後漢〕隴西人。字士會。爲郡上計掾。妻徐淑寢疾。還家不獲面別。贈以詩。嘉亦以詩答之。參看徐淑條。

秦·覯　〔宋〕觀弟。字少章。舉進士。有才名。

耿先生　〔南唐〕爲女道士。自稱天自在山人。又自稱比大先生。李景號之曰先生。善畫好學。爲詩往往有佳句。雅通黃白之術。

袁·棠　〔清〕錢塘人。枚從妹。汪孟翊妻。字雲扶。號秋卿。工詩。有繡餘吟稿·楹書閣遺稿。

袁·寶兒　〔隋〕煬帝幸江都。爲御車女。洛陽人獻合蒂迎輦花。帝令寶兒持之。號司花女。

郝·大通　〔金〕寧海人。隱於卜筮。後從王嘉學道。修眞崑崙山。年七十三羽化。有太古集·太易圖·示教眞言。元至元中贈廣寧通玄太古眞人。

馬·之驯　〔清〕雄縣人。字君習。諸生。性磊落不苟同流俗。喜聲氣。結交多奇士。甲申春提學校試。之驯待試。結諸生爲壇盟易水上。約入深山避亂。盟訖徑歸。翌日賊至。尋陷都城。既敗。乃號召邑中賓客子弟。縛僞縣令僞教諭。立前訓導韓應節掌縣事。南行謁史可法。見事不可爲。北游山左。卜居諸城九里山之陽。慕晉仲連高義。改名晉。教授生徒以終。有詩文集及琴譜。

馬·俊良　〔清〕石門人。字嶸山。乾隆進士。官內閣中書。博極羣書。通籍後以著書自娛。以育材自任。歷主書院講席。成就甚多。輯刊龍威祕書十集。自著者有易家要旨·春秋傳說薈要·禹貢圖說·嶸山詩草等書。

馬·國翰　〔清〕歷城人。字竹吾。道光進士。有玉函山房輯佚書。凡六百二十九種。所輯皆宋以前古書。後世久無傳本者。或云此書實山陰章宗源輯。國翰攘爲己有耳。

馬·熙　〔元〕衡州人。字初明。官右衛率府教授。嘗與安陽許有壬兄弟唱酬。所著樂府。附圭塘雜詠中。

馬·維騏 清阿迷人。字介堂。咸同間滇亂。隨岑毓英轉戰三迤。出師越南。平猓夷。闢地千餘里。爲岑部後起名將。光緒間官至四川提督。收復巴塘·裏塘。改建川邊各縣。績甚偉。卒諡果肅。

馬·體孝 清山西鳳臺人。字翁恆。一少補諸生。敦篤嗜學。雅好山水。一旦厭家事。棄巾服遠游。遂隱於丐。或贈以財。辭多受少。嘯歌徜徉。如病如顚。傷於犬。餓死道旁。宿遷令臨驗。於懷中得一詩。尾署其字。徧訪無識者。令甚惋歎。爲起冢立石。題曰丐詩人翁恆之墓。並勒其詩。高宗南巡和其韻。江淮間傳爲美談。

高·士談 金燕人。瓊之後。字子文。一字季默。宋宣和末任忻州戶曹參軍。入金爲翰林直學士。宇文虛中以圖書得罪。連及士談。時論惜之。有蒙城集。

高·永 金流陽人。字信卿。號應菴。初名夔。字舜卿。又名撰。倜儻尙氣。輕財好交遊。喜談兵。文詞豪放。南渡居嵩州。游李純甫之門。累舉不第。正大末上書言事。不報。卒於汴京。

高·憲 金遼東人。字仲常。天資穎悟。博學強記。泰和中登進士乙科。官博州防禦判官。遼陽城破。死於難。

高·樹森 清仁和人。字又村。原名誥然。工書。爲蘇松太道吳煦記室。後入李鴻章幕。官至道員。

高·鍇 唐銖弟。字弱金。連中進士弘辭科。歷中書舍人。開成初權知貢舉。文宗語侍臣曰。比年文章卑弱。今所上差勝於前。乃以鍇爲禮部侍郎。閱三歲頗得才實。終鄂岳觀察使。

商高宗 見武丁條。

十一畫

商·景蘭 明會稽人。字媚生。祁彪佳妻。工詩。

商·濬 明見商維濬條。(按本書從四庫提要作商維濬。惟各書多題商濬。茲複見於此。)

婁·逞 南齊東陽女子。變服詐爲丈夫。粗知圍棊。解文義。徧游公卿間。仕至揚州議曹從事。事發。明帝驅令還東。逞始作婦人服而去。歎曰。如此伎還爲老嫗。豈不惜哉。時謂人妖。

崇侯虎 商紂臣。西伯昌聞紂醢九侯。脯鄂侯。竊歎。崇侯虎知之。譖於紂曰。西伯積善累德。諸侯皆嚮之。將不利於帝。紂乃囚西伯於羑里。及西伯脫歸。伐崇侯虎而作豐邑。西伯昌卽周文王也。

崔·君苗 晉與陸機同時。機弟雲嘗與機書云。君苗見兄文。輒欲燒其筆硯。(丹鉛總錄。唐人云君苗無姓。呂安無字。困學紀聞云。考雲集有與平原書云。前登城門。意有懷。作登臺賦未成。而崔君苗作之。聊復成前意。始知其爲崔君苗也。)

崔·涓 唐珙子。大中中第進士。性開敏。爲杭州刺史。吏卒數百人。一閱盡識。呼指無誤。終御史大夫。

崔·銑 唐行功孫。尙定安公主。爲太府卿。

常儀 上古帝嚳之妃。姓曾陬氏。生帝摯。

康·愷 清綬子。字飲和。號起山。工詩文。擅書法。兼善寫眞及山水士女。有三硯齋吟草。

康·綬 清上海人。字鎭卿。工傳神。書法二王。能製鴿鈴。刻象牙爲簪。嵌紫檀管。或大鵝翎。上識以名。目曰晴雷。曰九霄環佩。每具値錢十千。其製爲古所無。

張·士俊 清吳縣人。自號六浮閣主人。合刻宋本廣韻·玉篇·及佩觿·字鑑·羣經音辨。爲澤存堂五種。

張·大烈 明錢塘人。字言沖。有詩餘類函。

張·太素 唐精於醫。有太素脈一卷。能以診脈決人壽命吉凶。始由隱者董威等以授太素。太素始行其術。

張·必剛 清滑山人。字健夫。乾隆進士。知澄邁縣。未幾告歸。鍵戶著述。有三禮會通·濬元書。

張·仲素 唐建封子。字繪之。工詞。元和中爲翰林學士。韋貫之謂學士所以備顧問。不宜專取詞藝。奏罷之。後終中書舍人。

張·好好 唐妓。善歌。杜牧有贈張好好詩。

張·希復 唐常山人。字善繼。牛僧孺之壻。爲集賢校理。歷學士。有與段成式·鄭符聯句詩。

張·里 漢以馬醫致富。

張·泌 南唐淮南人。字子澄。官句容尉。上書陳治道。李煜徵爲監察御史。歷內史舍人。隨煜歸宋。仍入史館。遷郎中。工詞。有集。(泌一作佖。)

張·孟談 戰國趙襄子家臣。嘗勸襄子定居晉陽。及知伯攻晉陽急。奉使韓魏。約共滅知氏而分其地。(按史記作張孟同。史遷以父名談。故改。)

張·秉曜 清雞俊從孫。號老圃。痛祖父死流寇。躬耕著書以終其身。王餘佑·李塨皆稱之。有老圃詩草。

張·茂良 宋臨桂人。有著作才。文氣高潔。無宋季朽壞之態。仕爲潭州善儀主簿。

張·悛 晉吳人。字士然。元康中吳令謝詢表爲孫氏置守冢人。悛爲其文。詔從之。仕爲太子庶子。

張·袞 後魏沮陽人。字洪龍。篤實有文才。從道武征伐。常參大謀。決策帷幄。道武深器之。官至幽州刺史。賜爵臨渭侯。卒諡文康。

張楚 元之翰子。字楚夫。官翰林修撰。有古山樂府。

張猛龍 後魏南陽白水人。軌八世孫。字神囧。父喪。哀毀過禮。家貧。奉母以孝稱。延昌中出身除奉朝請。熙平間除魯郡太守。時朝野崇高佛老。獨猛龍克循祖父。修聖人之學。興禮教以化民。郡人立碑頌之。（金石史云。猛龍字神囧。囧呼骨切。日出氣也。其名字險怪不雅馴。金石萃編謂石墨鐫華。載此碑作囧字。亦不詳其音義。今細按搨本只字之上。有丷形。不盡是只字。或疑是𦥑字之別體。古淵字也。碑中雖有淵字。然或猛龍平日自稱其字作神囧。則碑文當仍之矣。）

張造 前蜀龍州人。唐僖宗時拜衞將軍。尋授神策軍使。帝幸興元。命造與晉暉領四都兵。屯黑衣。修棧道以通往來。楊復恭忌之。斥爲萬州刺史。秦宗權黨奔萬州。造百計拒之。城得全。後事王建。官茂州刺史卒。

張景祁 清錢塘人。字蘊梅。號蘩甫。又號新蘅主人。同治進士。官連江知縣。工詩詞。有研雅堂詩。新蘅詞。

張景修 宋常州人。字敏叔。工詩文詞。登治平進士。元豐末爲饒州浮梁令。後遷祠曹郎中卒。

張貴謨 宋遂昌人。字子智。由進士歷知江山縣。會亢旱。遂蠲其賦大半。陳其害於郡守。守不能奪。光宗時累疏言時弊。帝皆嘉納之。官至朝議大夫。封遂昌縣開國男。奉祠歸。有九經圖述。韻略補遺。

張義方 南唐始名元達。李昪令改名義方。昪受吳禪。用爲侍御史。義方既就職。卽上疏直言。昪大稱賞。賜衣一襲。義方嘗令道士陳友合丹於牛頭山。未成。會遘疾。餌丹病瘖而卒。

張榘 宋潤州人。字方叔。有芸牕詞。

張綽 唐咸通初進士。下第後。遊江淮間。頗有道術。養氣絕粒。嗜酒耽棋。後人傳其得仙。

張翼 明嘉興人。字翊南。博極羣書。作文奇捷。好爲奇語。元至正間與金絅俱以龍門賦鄉舉高第。明初徵入禮局。事竣。賜金歸里。有梓宇集。（翼。一作翼。）

張震 宋益寧人。字東父。紹興中高宗命陳俊卿擇文士掌內制。俊卿以震及范成大對。孝宗朝官中書舍人。

張興芝 清上海人。字蓮君。工書畫。善鐵筆。有名道咸間。弟之樹。字希棠。亦善書畫鐵筆。

張謂 唐河南人。字正言。登天寶初進士第。大曆間歷官禮部侍郎。三典貢舉。有詩集。

張輯 宋鄱陽人。字宗瑞。自號東澤。受詩法於姜夔。有長短句二卷。名東澤綺語債。

張遷 後漢陳留己吾人。字公方。治景氏易。少爲郡吏。徵拜郎中。除穀城長。有聲。黃巾之亂。穀城獨全。遷蕩陰令。務以寬化民。吏民懷之。爲立碑焉。

張曙 唐成都人。小字阿灰。登龍紀初進士。官至右補闕。工詞。

惟儼 唐高僧。絳州韓氏子。住澧州藥山。博通經論。嚴持戒律。得法於石頭。

曹冏 三國魏芳族祖。字元首。仕爲弘農太守。齊王芳年幼。政在司馬氏。冏撰六代論。冀以感悟曹爽。爽不能納。

曹奕霞 清嘉善人。字秉生。號晢庭。徧游五嶺。歸隱白牛村。自號白牛居士。工詩。在香山·東坡間。雍正中舉博學鴻詞。以老疾辭。有白牛村集。

曹楙堅 清吳縣人。字艮甫。官至湖北按察使。工詞。與趙函齊名。函亦字艮甫。時稱楙堅爲平艮。函爲仄艮。以其姓別之也。有曇雲閣詩集。

曹錫璜 清上海人。字伯熊。號書圃。諸生。父傑士能書。錫璜亦工書善談。並精壬遁。

梁后 後漢烈皇后女弟。名女瑩。建和中立爲后。時太后秉政。梁冀專朝。故后獨得寵幸。自下莫得進見。后藉姊兄蔭勢。恣極奢靡。及皇太后崩。恩愛稍衰。后既無子。潛懷怨忌。見御轉稀。憂恚而卒。

梁安世 宋麗水人。字次張。少穎異。讀書過目成誦。與張孝祥爲忘年友。淳熙間以進士自大農丞出守韶州。累官轉運使。有遠堂集。

梁啓心 清文瀾子。初名詩南。字首存。號詩林。乾隆進士。官庶吉士。乞歸。卽家授編修。詩文意境夐邈。嘗與鄭江·厲鶚等結社倡和。有南香草堂詩集。

梁應達 清安徽建德人。工爲鐵花。凡畫工所不能傳者。皆能以鐵傳之。其技在湯鵬前。今人但知鵬。不復知應達矣。

梁靄 清南海人。字佩瓊。一字飛素。番禺潘飛聲妻。伉儷甚篤。爲詩幽曲纖峭。感人肺腑。題顏長離閣。卒年二十六。飛聲刻其遺詩。曰飛素閣集。

梅五娘 唐涇縣女子。黃巢之亂。爲寇所執。欲汙之。不從。被殺。里人立廟祀之。

梵隆 宋僧。吳興人。字茂宗。號無住。善畫白描人物。山水師李公麟。高宗極賞其畫。見輒題之。

淸了 宋高僧。嗣丹霞。九坐道場。

四嶺詔命。高宗曾贈以詩。住眞州長蘆。

畢・昭文 【清】新安人。幼隨宦京師。能詩。善鼓琴。工畫仕女花卉。明崇禎中以才色選入宮。清初流落至吳地。適崑山王聞聖。聞聖沒。昭文課徒自給。有織楚吟詩集。

畢・誼 【清】婁縣人。籍天津。字元復。康熙進士。乾隆初設總理事務處。誼以給事中入直。在軍機多年。號稱職。出爲鳳陽道。後以事鐫級。充平定金川方略館纂修卒。

衆仲 【春秋】【魯】事隱公爲大夫。衞州吁弑君自立。宋陳蔡從州吁伐鄭。公問衆仲曰。州吁其成乎。對曰。州吁不務令德。而欲以亂成。必不免矣。是歲衞石碏使殺州吁。無駭卒。羽父請謚與族。公問之。對曰。諸侯以字爲謚。因以爲族。官有世功。則有官族。邑亦如之。公命以字爲展氏。是爲賜族之始。

祭公謀父 【周】穆王將征犬戎。祭公謀父諫曰。不可。先王耀德不觀兵。王不聽。遂征之。得四白狼四白鹿以歸。自是荒服者不至。

祭仲 【春秋】【鄭】字仲足。嘗從鄭伯敗王師於繻葛。有寵於莊公。使爲卿。爲公娶鄧曼。生昭公。昭公嘗有功於齊。齊侯請妻之。昭公固辭。祭仲曰。必取之。君多內寵。子無大援。將不立。三公子皆君也。弗聽。終如祭仲之言。

章・金牧 【清】德清人。字雲李。號萊山。順治間拔貢。博聞多識。工詩文。知柏鄉縣。以廉恕稱。有萊山堂集及遺稿。

章・壽康 【清】會稽人。原名貞。字碩卿。善飲。喜鑒別書畫。光緒初爲張之洞幕客。知嘉魚縣。未幾。忤上官落職。輯刊式訓堂叢書三十六種。

章・謙亨 【宋】吳興人。字牧叔。仕爲鉛山令。爲政寬平。人號生佛。家置像而祀。勒石章巖。以志不忘。

章・麗眞 【宋】宮人。隨謝太后入燕。有送汪元量南歸詞。

紹隆 【宋】高僧。含山人。嗣昭覺。住平江虎丘。

習・忍 【清】武進女子。寫生師惲格。娟媚雅潔。甚有意致。

脫古思帖木兒 【元】愛猷識理達臘子。明洪武十一年繼位爲元主。號天完帝。屢寇明邊。明太祖使藍玉征之。脫古思帖木兒從間道馳至百眼井。玉乘其不備大敗之。脫古思帖木兒以其太子天保奴等遁。至土剌河。爲其下也速迭兒所襲。衆復散。將往依闊闊帖木兒。也速迭兒兵猝至。縊殺之。

莊・舃 【戰國】【越】仕楚而病。王曰。舃。故越人也。亦思越否。中謝對曰。凡人之思故。在其病也。彼思越則越聲。不思越則楚聲。使人往聽之。猶尙越聲也。

莊・肇麟 【清】新昌人。僑居南昌。字木生。林則徐取致虛雜組語。顏其居曰長恩書室。肇麟邃於古。不求聞達。托跡書賈中。藏書極富。鑒別甚精。得未見書。輒手自繕錄。尤留意世事。輯有長恩書室叢書。

莫・璠 【明】錢塘人。字仲璵。號樗隱。晚號櫟齋老人。隱西湖。與劉菊莊爲詩酒友。有讀史詩・西湖十景詞。

許后 【漢】成帝后。大司馬許嘉女。聰慧善史書。後失寵。以祝詛事坐廢。復坐路淳于長求復立。賜自殺。

許・有孚 【元】有壬弟。字可行。登進士第。歷中憲大夫。同僉太常禮儀院事。有壬嘗買得康氏園池。名圭塘別墅。偕馬熙及子弟觴詠其中。有孚裒其唱和之作。爲圭塘欸乃集。

許・雲封 【唐】樂工。善笛。貞元初韋應物爲和州牧。夜泊靈壁驛。聞雲封笛聲。謂酷似李謩所吹。召雲封問之。乃李外孫也。

許・楨 【元】有壬子。字元幹。官太祝。應奉翰林。著作見圭塘欸乃集。

許・鴻磐 【清】濟寧人。字漸逵。乾隆進士。官江蘇同知。深於輿地。淩次仲亟稱之。有雪帆雜著。

郭・應祥 【宋】臨江軍人。字承禧。號遯齋。嘉定進士。嘗官楚越間。有笑笑詞。

陰・中夫 【宋】時夫弟。一作時夫兄。名幼達。時夫作韻府羣玉。中夫註之。

陰・時夫 【宋】奉新人。一作幼遇。又作時遇。時夫其字也。登寶祐九經科。入元不仕。撰韻府羣玉。摘錄故實詞藻。隸於各韻之下。爲類書以韻隸事之始。劉淵增修禮部韻略。省併同用各部爲一百七部。時夫又幷爲一百六部。元以來皆仍之。故今韻或稱陰韻。

陳・允升 【清】鎭海人。字紉齋。號壺舟。工草隸。畫山水幽峭。筆力堅凝。有紉齋畫賸。

陳・元鼎 【清】錢塘人。字實庵。號芰裳。道光進士。官編修。工詩詞。天才儁敏。窮愁放誕。浪迹江淮以終。有同夢樓詞草。

陳・以莊 【宋】建安人。字漪叟。號月溪。詩句清新。詞尤擅名。有月溪集。

陳・宏典 【清】長沙人。字鐵農。少刻苦勵學。與兄宏藩・宏亮俱有文名。宏典尤淹貫古今。爲文原本經術。學使姚頤得其文。以爲陶庵而後無此作者。登乾隆鄉舉第一。仕至安鄉教諭。

陳・其揚 【清】益陽人。字禹封。登雍正中武舉。通經史百家。兼工書法。有習是齋文集・注古本參同契。年百齡始卒。

陳·昌齊 清海康人。字賓臣。一字觀樓。乾隆進士。累官浙江溫處道。坐事鐫級歸。昌齊歷官中外數十年。以氣節稱。歸里後。歷主雷陽粵秀講席。生平精考據之學。輯有經典釋文附錄·歷代音韻流變考·楚辭音辨。及大戴記·淮南子·荀子·管子·呂氏春秋諸書正誤。又長於天文算法。著天學脞說·測天約術二書。其詩文有賜書集若干卷。

陳·春 清蕭山人。字東爲。好讀書。與同里汪蘇潭交甚契。輯刊湖海樓叢書。

陳·英猷 清潮陽人。字式謨。諸生。淹貫經史。旁及百家。尤精於易。晚築室疊石山。僅容一榻。終日危坐。歷十四載。著演周易一書。門人稱疊石先生。

陳·從吉 宋金壇人。字晞顏。舉進士。歷知衡饒信三州。入直祕閣。力學工文。有洮湖集。(一作從古。)

陳·謀道 清嘉善人。字心微。諸生。工詩。尤善詩餘。王漁洋稱其斂枝紅杏斜勝於宋子京。時有紅杏秀才之目。有百尺樓稿。

陳·鍊 清武進人。字道柔。諸生。工爲制義。兼工詩古文。困頓以死。所居曰西林。學者稱西林先生。有西林詩鈔。

陳·雅 後漢城固人。字伯臺。靈帝時爲諫大大。閹宦用事。雅上疏不省。出爲巴郡太守。臨終。戒子薄葬。

陳·煥 元豐城人。字詩可。博學和易。宋季兩與鄉漕薦。入元。隱居巉山不仕。學者稱巉山先生。有易傳宗·書傳通·詩傳微·禮記釋·四書補注。

陳·黯 唐潁川人。字希孺。舉進士。避黃巢亂。隱居終南山。後徙同安。讀書終身。有辨謀等篇·禆正書。

陶·珽 清姚安人。順治間增輯陶宗儀說郛。迄於元代。復雜鈔明人說部五百二十七種以續之。珠櫟兼收。冗濫殊甚。

陸·可教 明蘭谿人。字敬承。萬曆進士。以編修掌誥敕。使者餽遺悉卻之。累官右宗伯。以亮節稱。父喪。以毀卒。

陸終氏 上古顓頊之後。顓頊產老童。老童產重黎及吳回。吳回產陸終。陸終氏娶於鬼方氏。坼剖而產六子。一昆吾。二參胡。三彭祖。四鄶人。五曹姓。六季連。後分爲衞韓彭鄭邾芈六氏。

陸·進 清仁和人。字藎思。歲貢。官溫州訓導。工制舉業。尤嗜詩。與弟儁稱大陸子小陸子。有巢青閣集·付雪詞。

雪兒 隋李密之愛姬。能歌舞。每見賓客文章有奇麗入意者。卽付雪兒叶音律以歌之。

十二畫

傅大士 陳烏傷人。名翕。棄妻子。捨宅於松下建寺。名雙林寺。隱焉。精研釋典。梁中大通中武帝迎居同泰寺。徙鍾山定林寺。學徒雲集。嘗講經於重雲壽光諸殿。常現異相。大建初示寂。徐陵有傅大士碑。

善昭 宋高僧。太原俞氏子。住汾州太平寺三十年。天下道俗。仰慕不敢名。同曰汾州。

喬·世埴 清上海人。字子方。號遺民。工詩古文詞。尤精八法。爲幾復二社耆宿。順治中以歲貢廷對。未官卒。有玉版陽秋·紉蘭草詩集。

單穆公 周襄公五世孫。名旗。爲王官伯。景王將鑄大錢大鐘。穆公曰。不可。作重幣以絕民資。又鑄大鍾以鮮其繼。若積聚既喪。又鮮其繼。生何以殖。王弗聽。

單襄公 周卿士。名朝。食采於單。定王使襄公聘宋。過陳。見其川不梁。田不闢。及陳。見靈公與孔寧儀行父南冠以如夏氏。留賓不見。歸告王曰。陳侯不有大咎。國必亡。既而靈公被弑。楚入陳。

奡 夏亦作澆。寒浞殺羿。因羿室以生奡。多力。能陸地行舟。寒浞使帥師滅斟灌斟尋。殺帝相。封於過。後爲少康所滅。

屠·兆鵬 清蠡縣人。字古鳳。號喬雲。晚號了道人。廩生。究心六書之學。嘗評校段注古文。頗有前哲所未發明者。工畫竹。筆意蒼勁。有金石氣。

屠羊說 春秋楚昭王去國。屠羊說從行。昭王反國。賞及說。辭曰。君所失者國。臣所失者屠。君反國。臣亦反其屠。何賞之有。竟去。

庾·傳素 前蜀工文詞。事王建爲蜀州刺史。累官同平章事。罷爲工部尙書。王衍時加太子少保。降後唐。授刺史。

彭·通 明南海人。字萬里。力學工詩。隱居教授。洪武初由儒士舉。累官山西布政使參政。爲人恭謹。外柔而中實剛直。爲政若不事皦察。所舉剌動無遺失。一時稱賢監司。

彭咸 商賢大夫。直諫不聽。自投水而死。

惡來 商飛廉子。有力。能裂虎兕。與飛廉俱事紂。武王伐紂。并殺惡來。

普明 元僧。松江曹氏子。號雪窗。住吳中承天寺。畫蘭與柏子庭齊名。

普持 明高僧。字寶藏。參萬峯悟旨。住聖恩。

普荷 明僧。寧州唐氏子。字大來。號擔當。諸生。天啓中以明經入對。國變後。薙髮爲僧。結茅雞鳴山下。畫法雲林。亦善米家雲山。工詩。有修圃集。諸生時作。擫庵韋則出世後詩也。

景·覃 〔金〕華陰人。字伯仁。工文詞。病不就舉。博極羣書。爲人誠實樂易。隱居西陽里中。以種樹爲業。落拓嗜酒。自號渭濱野叟。有集。

智永 〔宋〕僧。住成都四大天王院。工畫小景。長於傳摹。能亂眞。

智舷 〔明〕僧。嘉興人。字葦如。號秋潭。住秀水金明寺。善行草書。工詩。自稱黃葉老人。有黃葉菴集。

智源 〔宋〕僧。遂寧人。字子豐。傳法牛頭山。工雜畫。尤善人物山水。

智瑄 〔明〕高僧。俗姓范。字寶峯。初爲梓人。因建屋創足。聞提誨有省。遂出家力參。充火頭。偶因火燄燎眉。照鏡。忽然大悟。住金陵高峯寺。嗣翼善。

智瑰 〔唐〕僧。畫山水鬼神。氣韻灑落。

智蘊 〔後周〕僧。嘗賜紫衣。工畫。佛像人物學曹體。

智鑑 〔宋〕高僧。滁州吳氏子。嗣長蘆。住雪竇。

曾·參 〔春秋魯〕費人。與曾子同名族。曾子處費。曾參殺人。人告曾子母曰。曾參殺人。曾子之母曰。吾子不殺人。織自若。有頃人又告。其母尙織自若。頃之一人又告。其母懼。投杼踰牆而走。

曾·紹孔 〔淸〕益陽人。字泗英。號我山。貢生。晚精岐黃。性甘淡泊。詩文雄博淵永。根抵理要。年七十餘。授桑植訓導。不就卒。有我山詩文刻。

湯·坤 〔淸〕長洲女子。沈伯鑾室。善畫蘭。伯鑾善漢隸。精篆刻。人稱雙絕。

焦·仲卿 〔後漢〕建安中爲廬江府小吏。妻劉氏。爲仲卿母所遣。自誓不嫁。其家逼之。乃投水而死。仲卿聞之。亦自縊於庭樹。時人作詩以傷之。

甯·速 〔春秋衞〕大夫。卽莊子。懿公無道。狄伐衞。公將戰。與石祁子玦。甯莊子矢。使守。懿公敗死。狄滅衞。莊子立戴公申以廬於曹。戴公卒。復立文公燬。遷於楚丘。晉公子重耳過衞。文公有邢狄之虞。不能禮焉。莊子曰。晉公子。善人也。晉衞。親也。君不禮焉。棄三德矣。晉公子若復而修其德。必獲諸侯。以討無禮。小人是懼。公弗聽。卒如莊子之言。

甯·喜 〔春秋衞〕大夫。殖子。卽悼子。獻公亡在齊。使與悼子言曰。苟反。政由甯氏。祭則寡人。悼子告右宰穀。穀曰。不可。獲罪於兩君。天下誰畜之。悼子曰。吾受命於先人。不可以貳。與右宰穀伐孫氏。不克。出舍於郊。國人召悼子。復攻孫氏。克之。遂殺殤公而納獻公。獻公復立而甯喜專。公患之。公孫免餘攻甯氏。殺喜及右宰穀。尸諸朝。

甯·殖 〔春秋衞〕大夫。卽惠子。定公有疾。使惠子與孔烝鉏立獻公。獻公無禮。惠子與孫文子怒。共謀出之。公奔齊。二子立殤公。旣而悔之。將死。召悼子曰。吾得罪於君。悔無及也。名在諸侯之策。若能掩之。則吾子也。悼子許諾。惠子遂卒。

盛姬 〔周〕盛氏。穆王妃。王賜之上姬之長。是曰盛門。又爲之釁。是曰重璧之釁。

盛·謨 〔淸〕武寧人。字斗抱。性狷介。爲身體力行之學。築樓以居。曰字雲巢。人稱字雲先生。按察使黃岳牧以經學薦。辭不赴。後官安義訓導。課士以讀書立品爲先。

盜跖 〔春秋魯〕柳下惠之弟。日殺不辜。肝人之肉。暴戾恣睢。聚黨數千人。橫行天下。(按史記正義曰。跖者。黃帝時大盜之名。以柳下惠弟爲天下大盜。故世放古謂之盜跖。)

策零 〔淸〕見噶爾丹策零條。

舒·遜 〔元〕頔弟。字士謙。有搜枯集。

華·周 〔春秋齊〕大夫。莊公伐莒。與杞梁進鬬而死。(按漢書古今人表作華州。說苑作華舟。音同字異。左傳作華還。還音旋。周名。還字也。此從孟子。)

華封人 〔陶唐氏〕堯觀乎華。華封人曰。嘻。祝聖人壽·富·多男子。堯辭曰。多男子則多懼。富則多事。壽則多辱。是三者。非所以養德也。封人曰。多男子而授之職。則何懼之有。富而使人分之。則何事之有。天下有道。則與物皆昌。天下無道。則修德就閒。三患莫至。身常無殃。則何辱之有。

象 〔有虞氏〕舜異母弟。性傲。父瞽瞍愛之。日以殺舜爲事。及舜爲天子。封之有庳。

賀·雙卿 〔淸〕綃山女子。字秋碧。世農家。色殊麗。生有夙慧。性瀟灑。十餘歲習小楷。能於一桂葉寫心經。工詩詞。嫁村夫。貧而陋。姑復悍戾。雙卿力疾作勞。孝敬彌摯。史震林西青散記中載雙卿詩詞頗多。

雲鼎 〔淸〕僧。住秀山崇林寺。嘗以藥濟人。通知術數。凡乞藥者。能知其病之吉凶。孩提有疾者遇之。摩其頂輒愈。後集衆說偈而逝。

項·名達 〔淸〕錢塘人。字梅侶。道光進士。官國子監學正。襟懷沖濟。未幾乞歸。主講紫陽書院。工詩詞。晚耽白業。其沒也。預知時日。沐浴具衣冠而逝。著述多散失。惟下學齋算術傳世。

項·鴻祚 〔淸〕錢塘人。原名繼章。字蓮生。道光舉人。沈默寡言。不喜酬應。善塡詞。尤工小令。有憶雲樓詞甲乙丙稿。

馮·小寶 唐見薛懷義條。

黃·中堅 清吳縣人。字震生。為諸生有聲。後棄舉子業。肆力古文。有蓄齋集。

黃·百穀 清宗炎子。字農師。幼能文。業醫。嘗居西湖之濱。弔古感傷。發於吟詠。卒以窮餓死。有素問難經本草注·蕙江緣·返魂香詞曲·稼軒詩稿。俱散佚。◉清仁和人。字稼登。雍正進士。能詩。

黃·承藻 清上海人。字玉華。同邑李仁在妻。工畫花卉。下筆勁秀。尤善巨幅竹石。蒼古突過前人。郭頻迦嘗為題畫竹一絕。

黃·師參 宋三山人。字子參。號曾菴。工詞。

黃·紹第 清紹箕弟。字叔頌。光緒進士。以編修官道員。通訓詁。習史記前後漢書。

黃·會 清錢塘人。字菊人。道光舉人。官香河知縣。工詩。詞新警詭麗。獨絕一時。其守律之嚴。尤一字不苟。有瓶隱山房詩鈔。

黃·旛綽 唐明皇好走馬擊毬。內廐所飼者。意猶未愜。適會黃旛綽戲語相解。因曰。吾欲良馬久矣。誰能通於馬經。旛綽曰。三丞相悉善馬經。臣日日沙堤上。見丞相所乘馬。皆良馬也。以是知必通馬經。帝因大笑而語他。

十三畫

傳古 宋僧。四明人。建隆間畫龍稱獨步。弟子德饒·無染。並工畫。

圓悟 宋僧。號枯崖。住崇安開善院。喜作竹石。能詩。

廉·兆綸 清寧河人。字琴舫。道光進士。歷工部侍郎。視學江西。洪楊軍陷撫州·建昌·饒州。進逼廣信。兆綸適按試在郡。日與知府沈葆楨力籌防禦。檄衢州總兵饒廷選越省來援。城賴以全。官至戶部侍郎倉場總督。致仕歸。有深柳堂集。

愛猷識理達臘 元順帝太子。明太祖克應昌。愛猷識理達臘以數十騎遁去。卽帝位於和林。先後攻明白登·保德·河曲。屢為守將所敗。尋卒。諡昭宗。

楊·文瑩 清錢塘人。字雪漁。光緒進士。授編修。工書。宗宋四大家。行筆矯健。以瘦硬取姿。

楊·伯潤 清嘉興人。字佩甫。別號南湖。又號茶禪。幼承家學。工書畫。鬻藝以養母。晚年畫平淡雅秀。為諸家所不及。書近顏米。秀骨天成。工詩。有南湖草堂集·語石齋畫識。

楊·妹子 宋寧宗皇后妹。(或曰趙清獻女。或又曰清獻媳。)工詩畫。書法極似寧宗。

楊·尚文 清靈石人。字墨林。道光間輯刊連筠簃叢書。

楊·果 明興化人。字實夫。弘治進士。歷戶部侍郎。卒官。果性孝友。以母老。居官不挈妻子。自處恬退。嘗謂人曰。吾平生無所長。惟不識劉瑾·錢寧·江彬三人。差自慰耳。

楊·絳子 清柳如是之妹。如是既歸錢謙益。絳子猶居吳門。鄙姊之行。遂皈心禪悅。嘉興薛素素慕其行。訪之。一見傾倒。相約不嫁。以詩文吟答。禪梵討論為日課。遂同入峨嵋終隱。後素素背盟復出。絳子一人居川中。如是屢招之。不應。未幾卒。有鷗靈閣小集。

楊·澤民 宋樂安人。有續和清眞詞。時人合周邦彥·方千里詞刻之。號三英集。

楊·夔生 清芳燦子。字伯夔。官薊州知州。敦敏嗜學。著述甚富。尤工倚聲。有眞松閣詩詞集。

楚圓 宋高僧。清湘李氏子。嗣汾州。後住石霜。稱慈明禪師。臨終患風痺疾。口吻喎斜。侍者以足頓地曰。當奈何。平生呵佛罵祖。今乃爾。師以手整之如故。尋示寂。塔全身於石霜。

榆罔 上古帝。神農氏之後。政務束急。諸侯攜貳。蚩尤氏始作亂。榆罔弗能正。益侵陵諸侯。諸侯皆畔歸黃帝。在位五十五年。

義存 唐高僧。泉州曾氏子。號雪峯。年十七出家。咸通中登福州象骨山雪峯。剏院居之。玄侶奔萃。僖宗賜號眞覺大師。居閩川四十餘年。法席稱盛。開平初卒。

義靑 宋高僧。青社李氏子。從浮山圓鑑悟旨。嗣續太陽正脈。初住海會。次遷投子。

脩然 唐僧。俗姓裴。工畫山水。為人恢誕強學。縱情詩酒。曉絲竹。卒年三十九。(按唐詩紀事以脩然為道士。茲從列代名畫記。)

萬·承勳 清言子。字開遠。號西郭。雍正初年十。補諸生。以薦授磁州牧。為人內行醇篤。有冰雪詩鈔。嘗自謂生平時文不如古文。古文不如詩。詩不如人。時服為篤論。

葉·小紈 明紹袁次女。字蕙綢。適同邑沈永楨。工詞。

葉·申薌 清福建人。字小庚。一字維彧。官知府。工詞。嘗輯宋元六十餘家詞為閩詞鈔。自著有小庚詞存。

葉·宏緗 清崑山女子。字書城。工詞。有繡餘詞草。

葉·逢春 明餘姚人。字叔仁。嘉靖進士。出高拱門。初倅撫州。擢工部郎。守郡日數擊強宗。家居絕請寄。孤行己意。有工部集。

葉·筠 宋烏程人。字守行。嘉泰間知延平州。性慈惠。州俗家貧生子多不舉。筠請立舉子倉給焉。州人德之。

葉·蘭錫　〔清〕吳縣人。字蕙芬。上海趙仙槎妻。畫花卉傳色妍妙。風致嬋娟。畫稍光精雅儁妙。深得朱巨山渲染法。

葛·一龍　〔明〕吳之洞庭人。字震甫。以讀書好古破其家。後入貲爲郎。選授雲南布政使理問。尋謝病歸。作詩有名吳下。時呼葛髯。

董·大倫　〔清〕武進人。字叔魚。工詩及舉子業。年二十爲諸生。以苦吟病且死。猶日向藥鼎繩牀間索句。卒年三十六。有梅坪詩鈔。

虞·景璜　〔清〕鎮海人。字澹初。名其居曰澹園。人稱澹園先生。光緒舉人。一試禮部不第。遂絕意進取。其學以經爲宗。以禮爲本。無門戶派別之習。著書凡十餘種。已刊者有澹園詩文集。

虞·義　〔齊〕會稽人。字子陽。七歲能屬文。後始安王遙光引爲侍郎。尋[illegible]達安征虜府主簿功曹。梁天監中卒。

解·揚　〔春秋晉〕大夫。字子虎。景公時楚子圍宋。宋來告急。公使解揚如宋。使無降楚。鄭人囚而獻諸楚。楚子厚賂之。使反其言。不許。三而許之。登諸樓車。使呼宋人而告之。遂致其君命。楚子將殺之。既而舍之以歸。晉以爲上卿。

道宏　〔晉〕僧。峨嵋楊氏子。號龍巖。工畫。多神異之跡。年八十餘坐化。

道悟　〔唐〕高僧。住荊州城西天王寺。嗣馬祖。◉〔唐〕高僧。住荊州城東天皇寺。嗣石頭。精修梵行。或風雨昏夜。宴坐丘塚。身心安靜。離諸怖畏。先期告終說法而逝。

道虔　〔五代吳〕高僧。福州人。初爲慶諸侍者。慶諸寂。衆請道虔繼住持。後遊石門。遂成法席。爲泐潭第一代。楊溥時示寂。諡大覺禪師。

道欽　〔唐〕高僧。住徑山。代宗時召至京。賜號國一禪師。後辭歸。貞元中示寂。諡大覺禪師。

道楷　〔宋〕高僧。沂水崔氏子。嗣投子。賜紫。辭。以忤旨受刑。住東京芙蓉庵。道俗川湊。臨終書偈。有生不愛天堂死不怕地獄之語。

道膺　〔唐〕高僧。幽州王氏子。初參翠微。尋謁洞山。爲入室高弟。嗣其法。住洪州雲居。

鄔·仁卿　〔明〕丹徒人。字汝元。嘉靖舉人。好爲駢語。嚴嵩乞作青詞。幣聘者再。卒不許。選知湘潭縣。改龍陽。有駢語集。

雷開　〔商〕紂佞臣。紂賜以金玉而封之。

十四畫

僧丕　〔唐〕高僧。住洪州鳳棲山同安寺。嗣道膺。

僧志　〔唐〕高僧。住洪州同安。嗣同安。後人稱爲鳳棲祖。以別於僧丕之同安。

僧改　〔明〕僧。嗣法萬安。出世少室。當時佛事雲興。一二傳持祖脈者。冷然格外。故少室及聖恩諸祖。語錄不傳。

僧超　〔宋〕僧。北地人。宣和畫院名手。工道釋人物。

僧滿　〔宋〕高僧。嗣王山。住雪巖。

僧寶　〔宋〕高僧。嗣普照。住磁州大明。

僧覺　〔宋〕高僧。住鹿門。嗣如淨。其示衆有盡大地是學人一卷經。盡乾坤是學人一隻眼。以如是眼。讀如是經。千萬億劫。常無間斷。諸人還看讀得麼云云。

僧體　〔宋〕高僧。嗣大明。住王山。

榮夷公　〔周〕厲王說榮夷公。芮良夫曰。王室其將卑乎。夫榮公好專利而不知大難。榮公若用。周必敗。既榮公爲卿士。諸侯不享。王流於彘。

榮伯　〔周〕姬姓。爲成王卿士。封於榮。成王既伐東夷。肅愼來賀。王俾榮伯作賄愼之命。

榮譽　〔清〕滿洲人。輯有得月簃叢書正續編。

熊·忠　〔元〕昭武人。字子中。撰古今韻會舉要。其書字紐遵韓道昭五音集韻之法。部分從劉淵新刊禮部韻略之例。兼二家所變而用之。韻書舊第。盡變無遺。援引浩博。一字一句。必舉所本。無臆斷僞撰之處。

瑤姬　〔上古〕仙人。赤帝女。未行而卒。葬於巫山之陽。楚襄王游於高唐。夢與神遇。自稱巫山之女。遂爲置觀。號爲朝雲。

福裕　〔宋〕高僧。嗣萬松。住雪庭。嘉熙初奏對稱旨。詔總領釋教。博洽融通。善翰墨吟詠。

福遇　〔元〕高僧。嗣少室。住寶印。

端端　〔唐〕妓。李姓。時崔涯、張祜每題詩倡肆。譽之則車馬繼來。毀之則盂盤失措。有嘲端端詩。端端再拜乞憐。乃重贈一絕。有一朶能行白牡丹之句。或戲之曰。李家娘子纔出墨池。便登雪嶺。何爲一日黑白不均。

管·萬敵　〔唐〕會昌中左軍壯士。有膂力。扛鼎挾輈。衆所推伏。一日與儕輩會於東市酒肆。忽有廝衣張蓋者。直入其座。欲與較力以定強弱。萬敵怒其輕己。盡力拳之。如扣木石。既而其人奮臂而起。拳大如箕。高及丈餘。屹屹而下。衆擁萬敵謝而去之。萬敵寢瘵月餘。力遂消滅。俄失所在。

管·鳳苞　〔清〕海寧人。字桐南。康熙進士。官直隸高陽知縣。以事罷歸。晚號長耐老人。有讀經筆記·三禮纂要·杜詩纂注·塞外紀行草·愼餘堂文集。

蒲·華 【清】秀水人。字作英。善畫竹。學東坡。花卉在青藤白陽間。精草書。筆意奔放。時罕其匹。寓滬上。鬻藝自給。不自矜重。有索輒應。好色。居滬上逆旅。越數夕必召妓。其死也。以進食時假齒墮喉間悶死。年九十。

裴·鉶 【唐】爲高駢從事。著有傳奇三卷。

趙·元 【金】定襄人。字宜之。一名宜祿。幼舉童子科。後調鞏西簿。以病失明去官。有詩名。自號愚軒居士。南渡後。往來洛陽西山中。既病廢。詩益工。有愚軒詞。

趙·企 【宋】南陵人。字循道。工文詞。神宗朝舉進士。大觀中知績溪。歷員外郎。

趙·汝馭 【宋】樂清人。嘉定進士。淳祐中守惠州。政務安靜。而飾以文學。興利剔蠹。士民慕之。

趙·函 【清】震澤人。寄籍金匱。字艮甫。工詞。與曹楙堅齊名。楙堅亦字艮甫。時稱楙堅爲平艮。函爲仄艮。以其姓別之也。有樂滔堂集。

趙·高 【秦】宦者。始皇崩於沙丘。高矯詔賜長子扶蘇死。立二世。旋殺李斯。爲丞相。事無大小皆決之。關東盜起。高欲爲亂。乃獻鹿於二世曰。馬也。二世笑曰。丞相誤矣。問左右。左右或默或言馬。或言鹿。高因陰中諸言鹿者以法。羣臣皆畏高。遂弒二世。立子嬰。子嬰既立。乃族誅之。

趙·聞禮 【宋】臨濮人。字立之。著釣月軒詞。編有陽春白雪詞。

趙·慶熺 【清】仁和人。字秋舲。性倜儻。工詩詞。家貧好讀書。第道光進士。遲回二十年。選延川知縣。不果往。改金華教授。亦未履任。有楚游草·蘅香館詩稿。

趙·調 【漢】南陽人。以俠聞。

趙·磻老 【宋】東平人。居吳江。字渭師。娶歐陽懋女。以懋待制恩補官。從范成大使金還。擢知臨安府。坐事謫饒州。有拙菴雜著及外集。

趙·攄 【金】宛平人。字子光。工詩。自號醉全老人。

齊·世南 【清】召南弟。字英風。號蓀圃。學貫經史。乾隆進士。榜後諸公爭物色之。世南閉戶不應。遂改寧波府教授。秩滿罷歸。自號戩松居士。有玉芝堂詩文稿。

十五畫

劉·乙 【五代閩】泉州人。字子眞。事王繼鵬爲鳳閣舍人。晉使盧損來聘。繼鵬遣乙勞之。尋棄官隱鳳山。與詹敦仁爲友。工詩。嘗乘醉與人爭妓。既醒慚悔。集古人因酒致失者編以自警。題曰百悔經。自後終身不飲。

劉·子頤 【宋】道士。住驪山。仁宗嘗召見。賜號凝眞大師。

劉·光暘 【清】旌德人。工篆刻。順治初尙書馮詮招之至京。令鐫快雪堂法帖。進呈稱旨。授鴻臚序班。其族子玉標亦工篆刻。河撫汪灝有贈劉剞士歌。即玉標也。

劉·守憲 【清】旌德人。懋吉裔孫。能製日月自鳴鐘。下報時刻。中列節氣。上懸日月。其運行出沒。盈虛長短。與節氣時刻無少差謬。他奇器皆有心巧。

劉伯玉妻 【晉】段氏。字明光。性妒忌。伯玉嘗於妻前誦洛神賦。明光曰。吾死何患不爲水神。乃自沈而死。後七日。見夢伯玉曰。君本願神。吾今得爲神矣。伯玉遂終身不復渡水。婦人渡此津。皆壞衣枉妝。然後敢濟。不爾。風波暴作。若醜婦。雖妝飾而渡。其神亦不妒也。後人名其津曰妒婦津。

劉·昂 【金】濟南人。字次霄。承安進士。歷鄠·鄒平二縣令。同時先有一劉昂。人稱小劉昂。

劉·采春 【唐】妓。浙人。作囉嗊曲。元稹廉問浙東。有因循歸未得不是戀鱸魚之句。或曰。爲好鑑湖春色耳。謂采春也。

劉康公 【周】定王母弟。亦稱王季子。食采於劉。爲卿士。簡王時。使康公與成肅公會晉侯伐秦。成子受脤於社。不敬。康公曰。國之大事。在祀與戎。今成子惰。棄其命矣。其不反乎。反役。成肅公卒於瑕。

劉·淵 【宋】平水人。宋以前韻書。皆依切韻分二百六部。惟間注獨用同用字樣。淵於淳祐間增修禮部韻略。始併同用各韻爲一百七部。後陰時夫又省併爲一百六部。元以來通用詩韻皆仍之。故今韻或稱陰韻。或稱平水韻。

劉·處元 【金】東萊人。字通玄。師事王嚞。得其傳。注有黃庭·道德·清淨諸經。玄旨祕奧。人不能喩。元至元中贈長生轉化明德眞人。

劉·著 【金】皖城人。字鵬南。宋宣政間進士。入金歷仕州縣。年六十餘。始入翰林。充修撰。出守武遂。終忻州刺史。自號玉照老人。

劉·福通 【元】潁州人。元季大亂。福通詭言韓林兒爲宋徽宗後。奉之以惑衆。紅巾爲號。破潁州·汝寧及光息二州。衆至十餘萬。尋推林兒爲帝。國號宋。改元龍鳳。自爲丞相。官軍圍之。走安豐。分遣其黨毛貴等。齊趙。降田豐。破上都。已則出沒河南北。破汴梁。迎林兒都焉。及察罕帖木兒復關隴。遂圍汴城。福通復走安豐。張士誠將呂珍攻殺之。凡閱十餘年而亡。

劉·鳴玉 【明】浙江山陰人。字封山。號鳳岡。諸生。工詩及繪事篆刻。與宣鈺·陳芝圖稱越中三子。有梅芝館詩集。

劉·履芬 清江山人。字彥清。號泖生。工詩詞。為文淵雅雄厚。官嘉定知縣。有古紅梅閣遺集·漚夢詞。

德寶 明高僧。金臺吳氏子。嗣龍泉。住圓通。

慕容·泓 前燕暐弟。初為北地長史。燕破。聞慕容垂攻鄴。亡奔關東。收鮮卑衆數千。自稱大將軍·雍州牧。大破苻堅軍。衆至十餘萬。進向長安。以持法苛峻。為其臣高蓋等所殺。

慧旵 明高僧。嗣聖恩持祖法。隱杭州安溪。緇素奔湊。誨迪不倦。安溪遂成叢林。宣德間賜額東明禪寺。建文遜位南游。嘗駐錫三年。今御像在焉。

慧顒 唐高僧。河北人。嗣興化。住汝州南院。

摯·網 漢茂陵人。以貨殖名。

暴·昭 清長沙人。字方子。以軍功積官知縣。善書。氣骨開張。略似古摩崖。並工詩。有鐃歌小唱·塞上寒吟。

樂正·克 戰國魯人。孟子弟子。為魯臣。魯欲使為政。孟子聞之。喜而不寐。公孫丑問焉。曰。其為人好善。浩生不害問樂正子何如人。曰。善人也。信人也。

樊·少翁 漢長安人。以賣豉致高訾。

樊·嘉 漢杜陵人。以貨殖名。

樊·衡 北周河東北猗氏人。性至孝。喪父。負土成墳。植柏方數十畝。朝夕號慕。

歐陽·炯 後蜀益州人。善文章。後尤工詩詞。初事王衍為中書舍人。後事孟知祥及昶。累官同平章事。從昶歸宋。授左散騎常侍。

潘·仕成 清番禺人。字德畬。道光間官兵部。好藏書。輯刊海山僊館叢書。

潘·希白 宋永嘉人。字懷古。號漁莊。寶祐進士。仕為幹辦臨安節制司公事。德祐中起為史館檢校。不赴。希白早學詩於趙汝回。復工樂府。俱著稱於時。卜築柳塘。極山水之勝。

潘·鍾瑞 清吳縣人。字麐生。別字瘦羊。晚號香禪居士。諸生。書法魏隋。精雅罕匹。長於金石考證。有香禪精舍外集·詩集。

潘·巒 明婺源人。字碧井。經緯象數及書畫。皆窺其奧。尤精於音律。荆益諸王聘為紀善。考古樂章製器。聚徒按歌舞。頗臻其妙。有禮樂志·八家行草·君臣圖鑑·切韻指南。子中孚。能世其藝。

瑩娘 唐平康妓。善梳掠。畫眉日作一樣。唐斯立戲之曰。西蜀有十眉圖。汝眉癖若是。可作百眉圖。更假數年。當率同志為修眉史矣。

緣觀 宋高僧。住郢州梁山。嗣同安。

蓮溪 清僧。揚州人。工畫竹石。飛禽走獸。並皆佳妙。

蔡·上翔 清金溪人。字元鳳。乾隆進士。知四川東鄉縣。在任八年。政尚嚴肅。致仕歸。上翔早歲喜為縱橫馳驟之文。晚沈潛於唐宋大家。有王安石年譜。

蔡·舍 清見女蘿條。

蔡·枬 宋南城人。字堅老。號雲盤。有雲盤隱居集。所著詞名浩歌集。

蔣·坦 清錢塘人。字平伯。號藹卿。諸生。肆力詩古文詞。別築枕湖吟館。中有夕陽紅半樓。日與朋舊聯吟。為一時盛事。其妻關鍈卒。落拓無聊。咸豐庚申劫後。走慈谿。尋還杭。餓死。有息影菴初存稿·集外詩·愁鸞集。

虢石父 周為人佞巧善諛。好利。幽王以為卿。用事。國人皆怨。

虢叔 周文王弟。叔其字。與虢仲同封於虢。為文王卿士。有勳於王室。

鄧·茂七 明沙縣佃人。素無賴。正統間倡其黨令無餽田主。自往受粟。田主訴於縣。逮茂七。不赴。遂殺知縣及巡檢為亂。偽稱鏟平王。設官屬。黨數萬人。陷二十餘縣。東南騷動。朝命丁瑄往招討。瑄誘賊攻延平。督軍擊斬之。

鄭·三才 清侯官人。字廷贊。別號參亭。第進士。以薦入武英殿修書。令東光。補上元。未赴。以齮齕。轉徙燕趙三十年。晚病痿。歸里遽卒。三才詩有捷才。叉手即成。有居易軒詩鈔。

鄭·方城 清閩人。字則望。績學工詩文。雍正進士。令新繁。坐事罷。主錦江書院。尋卒。有綠痕書屋詩鈔。

鄭·年 唐新羅人。與張保皋皆為徐州小將。並善戰鬬。年復能沒海五十里不噎。保皋差不及。常不相下。後保皋歸鎮清海。年失職饑寒。歸謁保皋。會國王被殺。保皋分兵與年誅反者立王。保皋相之。後以年代保皋。

鄭·梁 清慈谿人。字禹梅。又字寒村。嘗從黃宗羲游。宗羲亟稱之。第康熙進士。官至高州知府。工詩文。善畫。晚得疾。右體不隨。遂以左筆驅染。跌宕文史。人目為仙吏。有寒村詩文選。

鄭·梓 明武進人。字野洲。輯刊明人所著書為明世學山。凡九十種。

鄭·符 唐滎陽人。字夢復。工詞。官祕書監。

鄭·復光 清歙縣人。字瀚香。監生。以明算知名海內。凡天元四元中西各術。無不研究入微。尤篤風義。有鏡鏡詅癡等書。

鄭・意娘 【宋】楊思厚妻。工文詞。被擄不辱。以節烈稱。

十六畫

曇誠 【唐】高僧。建昌王氏子。參百丈二十年。因緣不契。後嗣藥山。住潭州雲巖。

橋・姚 【漢】以斥塞畜牧致富。（按漢書作橋桃。此從史記。）

盧・生甫 【清】平湖人。字仲山。以進士知定陶縣。官遵義知府。有惠政。著孝經注・讀律質疑・東湖乘・受中編。

盧・炳 【宋】字叔陽。號醜齋。有哄堂詞。

衡・方 【漢】字興祖。家於平陸。州舉孝廉。歷會稽東部都尉。召拜議郎。爲右北平潁川兩太守。再除議郎。遷太醫令・京兆尹。以政績稱。卒後門生故吏爲立碑焉。

諸葛・祚 【清】蕪湖人。善鐫銅章。腕力深入。蒼老秀健。沈歸愚極重之。

錢・枚 【清】仁和人。字枚叔。一字實庭。號謝盦。嘉慶進士。官吏部文選司主事。好讀書。少時嘗手鈔漢書一過。工詞。以清麗稱。縱酒成疾卒。有心齋草堂集・微波詞。

錢・懋安 【清】寶山人。又名貴昌。字吉生。別號清谿樵子。善工筆畫。專長人物仕女。間作花卉山水。亦能自出機杼。清末著名滬上。

錢・應金 【明】嘉興人。字星白。有古堂集。

錢・繹 【清】東垣弟。初名東墉。字以成。一字小廬。諸生。少承家學。善眞行篆籀。有十三經斷句攷・方言箋疏・釋大釋小。

錢・韞素 【清】嘉興人。陳羣玄孫女。字定嫻。適上海李尙暲。通經史文辭。佐夫食貧。課徒以助。工書畫。守南樓老人家法。故自號又樓。有月來軒詩稿。

閻・修齡 【清】太原人。僑居淮安。字再彭。父世科。明寧化兵備。修齡補郡文學。性篤孝。甲申後棄諸生。以詩名江淮間。自號牛叟。寧都魏禧雅重之。

鮑・焦 【周】隱士。飾行非世。廉潔而守。不臣天子。子貢譏之。因抱木而死。

黔牟 【春秋】【衛】宣公太子急子之弟。立八年。出亡於周。

龍 【有】【虞】【氏】舜臣。舜命作納言。出入帝命。

龍・湛霖 【清】攸縣人。字芝生。同治進士。授編修。光緒中典試滇閩。督學贛蘇。均有名績。性忠謇。達治體。論議皆中機要。歷內閣學士・刑部右侍郎。乞歸卒。

十七畫

嶽蓮 【清】女僧。字韻香。號玉井道人。又號清微道人。住無錫雙修庵。畫蘭竹清韻有骨。書法二王。能詩。

應・君苗 【三國】【魏】璩從弟。志樂棲隱。邑人念之不已。欲州郡崇禮。官師授邑。璩嘗與之書云。

應眞 【唐】高僧。住吉州耽源山。爲國師慧忠法嗣。世稱耽源禪師。

濮・澄 【清】當塗人。字仲謙。有巧思。工鏤刻。一切犀玉髹竹皿器。經其手即古雅可愛。公卿爭募致之。凡賈造者皆致富。而仲謙獨貧。以詩酒吟嘯終其身。

營蕩 【周】爲齊太公司寇。太公問以治國之要。對曰。仁者愛人。義者敬老。太公曰。愛人敬老奈何。營蕩曰。愛人者。有子不食其力。敬老者。妻長而夫拜之。太公曰。寡人欲以仁義治齊。子今以仁義亂齊。立誅之以定齊國。

燭過 【春秋】【晉】趙簡子圍衛乳郭。犀楯・犀櫓立於矢石之所。及鼓之而士不起。簡子投枹曰。烏乎。吾之士數弊也。行人燭過免胄而對曰。亦君之不能耳。士無弊者。簡子乃去楯櫓鼓之。而士乘之。戰大勝。簡子曰。與吾得革車百乘。不如聞行人燭過之一言也。

蕭后 【遼】思溫女。名綽。小字燕燕。景宗即位。選爲貴妃。尋册爲皇后。生聖宗。景宗崩。攝國政。上尊號曰承天皇太后。卒謚宣獻。後改睿知。后明達治道。習知軍政。澶淵之役。指揮三軍。賞罰信明。將士用命。聖宗稱遼盛主。后教訓爲多。

蕭・泰來 【宋】字則陽。號小山。工詞。有集。

蕭・淵明 【梁】即蕭明。梁書敬帝本紀・王僧達傳均作淵明。封貞陽侯。北齊書作明。封須陽侯。詳蕭明條。

蕭・莊 【梁】孝元帝孫。封永嘉王。敬帝時出質於齊。王琳迎立於郢州。年號天啓。明年。琳爲陳將吳明徹所敗。莊遂入齊。許以興復。及齊後主亡。莊在鄴飲氣而卒。

蕭・德藻 【宋】閩清人。字東夫。紹興進士。爲烏程令。遂家焉。居屏山。自號千巖老人。楊萬里稱千巖詩以工緻稱。有千巖擇稿。

薛・子仲 【漢】雒陽人。以賈殖財。王莽以爲納言士。

薛訪車子 【三國】【魏】年十四。爲都尉薛訪車士。善歌。能喉囀引聲。與笳同音。繁欽與文帝牋。極稱之。

薩克達氏 【清】滿洲人。字介文。大學士英和妻。嘗顏所居曰觀生閣。自號觀生閣主人。工書畫。尤喜素問靈樞本草。

謇姐 【三國】【魏】名倡。參看史妠條。

謝・浦泰 【清】太倉人。字心傳。一作心纔。諸生。爲人篤厚。研窮理學。喜鈔書。輯四子書講易爲圖注。又輯毛詩闡注。(按太倉州志作浦泰。本姓謝。然其署名多作謝浦泰。今從之。)

謝·啓祚 清高要人。字泰申。號立山。乾隆中膺鄉薦。時年九十四。明年會試未第。賜檢討。追一百二歲。詔加編修。朱珪有詩紀其事。

謝·鳴謙 清南豐人。字致恭。諸生。客於大學士陳宏謀。宏謀亟稱之。與弟鳴盛·鳴篁。並以古文鳴世。有愧于文稿。

鍾·鋑 清博野人。字金若。顏元門人。諸生。老而不遇。學者稱爲逸叟。年六十四。母卒。猶蔬食。寢苫爨冬。人皆難之。卒年七十九。門人私謚孝端先生。有習齋言行錄·農書·一隅集等。

鍾·謙鈞 清巴陵人。字雲卿。同治間官至兩廣鹽運使。嘗取四庫全書總目。自十三經注疏外。凡經部著錄唐以前之書盡刻之。爲古經解彙函。又有小學彙函。

韓·終 古仙人。亦作韓衆。服菖蒲。冬袒不寒。

十八畫

戴·以恆 清熙從子。字用伯。畫承家學。工山水。水墨畫尤精。

戴·有祺 清休寧人。徙居婁縣。字丙章。號瓏巖。康熙進士。授修撰。左遷知縣。假歸。不復出。性孤介。爲文奇古似柳州。詩學林和靖·范石湖。晚年顏其室曰慵齋。作慵齋野老傳以寄意。有尋樂齋詩集。

歸·懋儀 清上海人。字佩珊。同邑李學璜妻。擅詩書畫。有三絕之稱。有繡餘草·聽雪詞。

瞿·淳 清上海人。字瀛若。康熙時諸生。後選鳳陽訓導。博學工詩。善書法。並精武技。與甘鳳池齊名。

瞿·應紹 清上海人。字陛春。號子冶。又號月壺。嘉慶時諸生。性耽古。雅善鑒別金石文字。畫宗南田。尤工畫竹及篆刻。所刻茗壺。摹陳曼生。製極精雅。詩才清逸。有月壺題畫詩。

蘧·啓疆 春秋楚蔿氏之族。事靈王爲太宰。晉韓起來逆女。叔向爲介。王以晉楚世仇。欲辱之。問於諸大夫。以啓疆言。厚禮而歸之。王成章華之臺。願與諸侯落之。啓疆曰。臣能得魯侯。王使召之。果至。享於新臺。與公大屈之弓。既而悔之。啓疆見公拜賀。曰。齊與晉越欲此久矣。君其備禦三鄰。愼守寶矣。公懼而反之。

蟣虱 戰國韓襄王子。太子嬰死。與公子咎爭爲太子。時蟣虱質於楚。不得歸。韓遂立咎爲太子。

顏·率 戰國嘗見公仲。公仲不見。率謂謁者曰。公仲必以率爲陽也。故不見率也。公仲好內。率曰好士。公仲嗇於財。率曰散施。公仲無行。率曰好義。自今以來。率且正言而已矣。謁者以告。公仲遽見之。

魏·子敬 宋工詞。有雲谿樂府。

魏·承班 前蜀王宗弼子。工文詞。爲駙馬都尉。官至太尉。(按宗弼本姓魏。)

鯀 陶唐氏禹父。爲崇伯。堯使治洪水。鯀障之。九載。績用弗成。舜卽天子位。殛之於羽山。(按左氏傳。季孫行父曰。顓頊氏有不才子。不可教訓。不知話言。天下謂之檮杌。杜預注。謂鯀。又漢書律曆志云。顓頊五代而生鯀。)

十九畫

寵姐 唐寧王樂妓。甚美。不以示人。惟李白至。爲設七寶帳。令隔障而歌。

懷塔布 清瑞麟子。字紹先。以廕歷官泰寧鎮總兵。擢禮部尙書。戊戌政變。屬官王照上書言事。懷塔布格不上聞。坐罷官。未幾復授左都御史。理藩院尙書。殉庚子拳匪之亂。謚恪勤。

譚·之綱 清茶陵人。字雩山。乾隆舉人。知溧陽縣。以經術飾吏治。凡所張弛。皆當人心。及告歸。不名一錢。

邊·保樞 清浴禮子。字竺潭。以舉人官浙。嘗爲仁和場大使。工詞。有劍虹龕詞。嘗與江寧鄧劬臣·陽湖吳晉壬·鐵嶺宗嘯梧·吳縣俞小甫五人之詞合刻爲侯鯖詞。

闞·鍈 清錢塘人。字秋芙。蔣坦之妻。嫻倚聲。解彈琴。工愁善病。性尤好佛。坦譏客關詩。鍈輒命侍兒取觀。評以甲乙。飲久瓶罄。脫金釧爲沽酒資。以故西泠才人多樂就之。未幾卒。坦爲秋鐙瑣憶以哭之。有三十六芙蓉詩序·夢影詞。

二十畫

嚴·金清 清無錫人。字紫卿。爲人克苦沈毅。同治間以軍功隨左宗棠。魏光燾平定甘回。所向克捷。累官延榆綏道。權陝西按察使。坐事降秩。遂引疾歸。工詩。有閑閑草堂集。

夔 有虞氏舜臣。舜命之典樂。教冑子。和神人。說苑云。堯時爲樂正。

竇公 戰國魏文侯時爲樂人。至漢孝文時猶在。年一百八十歲。

繼肇 宋僧。吳人。畫山水與巨然相類。

蘇·汝謙 清靈川人。字虛谷。工詩。

蘇伯玉妻 後漢有盤中詩。一出於柔婉而無怨怒。冀以感悔伯玉。或曰。伯玉出使在蜀。其妻居長安思念之。因作詩寫之盤中。屈曲成文。故曰盤中詩。

蘇·李秀 清茂名人。本姓李。字俊升。性孝友。刻苦自勵。爲人不矜式而自能實踐。督學惠士奇極稱之。以拔貢應廷試歸。閉門教授以終。學者稱霞滄先生。

蘊能 五代吳越僧。工畫佛像。

覺心 宋僧。嘉州農家子。字虛聯。善畫山水。兄工草蟲。南僧稱爲心草蟲。能詩。無蔬筍氣。

警玄 宋高僧。江夏張氏子。嗣梁山。後住太陽山明安寺。臨終書偈寄侍郎王曙。投筆而化。年八十五。

二十一畫

蘭・廷秀 明字止菴。正統時人。爵里未詳。著韻略易通。併三十六母爲東風破早梅等二十字。爲後世據方言刪併等韻字母之始。

鐵舟 清僧。江夏人。名可韻。自號木石山人。書法近蘇米。寫竹石花卉近青藤。間作山水。仿倪黃。善鼓琴。爲王文治所歎賞。有名吳越間。寓滬甚久。後示寂於吳門。

顧・沅 清長洲人。字湘舟。道光間官教諭。收藏舊籍及金石文字。甲於三吳。庚申之劫。其書盡爲丁日昌所得。沅之先世蒙世祖頒賜古硯。因顏所居曰賜硯堂。輯刊賜硯堂叢書四集。

顧・貞立 清貞觀女弟。字碧汾。工詞。

顧・脩 清石門人。居桐鄉。字仲歐。號松泉。又號蓉涯。諸生。工詩畫。好藏書。目鑒手鈔無虛日。以其所藏者彙刻爲讀畫齋叢書。又有南宋羣賢小集。彙刻書目。自著有讀畫齋學語草。百疊蘇韻詩。

顧・深 元嘉興人。字淵白。一字文琛。元季入京。獻燕都賦。不得志歸。晚年領教岳陽。

顧・湘 清常熟人。字翠嵐。爲季錫疇弟子。喜蓄古印。精篆刻。尤嗜搜羅未刻之書。有小石山房印譜。輯刊小石山房叢書。玲瓏山館叢書。

顧・翰 清無錫人。字蒹塘。嘉慶舉人。以教習官京師。出知涇縣。工詩。性狷潔。晚歲主講東林書院。洪楊之亂。受傷而沒。有拜石山房詩詞集。

二十八畫

驩兜 陶唐氏堯臣。舜即位。以其黨於共工。放之於崇山。（按左氏傳。季孫行父曰。帝鴻氏有不才子。掩義隱賊。好行凶慝。天下謂之渾沌。杜預注。謂驩兜。賈逵曰。帝鴻。黃帝也。）

附 本書各條所附辨證。有未盡者。補綴於此。

不窋 （按史記周紀云。后稷卒。子不窋立。帝王世紀亦云。后稷納姞氏而生不窋。司馬貞索隱。張守節正義。均以后稷至文王歷千二百歲僅十五世爲疑。羅泌路史亦謂稷之後世多矣。不窋不得爲稷子。清戴震謂后稷不窋之間。世次脫落。蓋可信也。）

石濤 （按張庚畫徵續錄。謂爲明楚藩後。莫詳其由來。阮元所藏石公冊。後有江都員燉題識。謂石濤於畫後往往鈐靖江後人印。靖江王係明高皇伯兄南昌王孫守謙。以洪武三年封。至末季。嗣王亨嘉僭號於桂林。丁魁楚討平之。石濤名若極。應是亨嘉的嗣。見十二硯齋隨錄。）

姓氏考略

一畫

一 代北姓。後魏一那蔞氏之後。望出譙郡。見〔姓觿〕。〔邵思姓解〕「姓書無一氏。今江西彭澤有之。當是乙訛爲一」。明有一炫宗。靈壽縣丞。

乙 殷湯字天乙。子孫以王父字爲氏。見〔姓苑〕。又後魏改乙弗氏爲乙氏。見〔魏書〕。又後唐明宗賜奚王副使格斯齊宜姓乙。見〔五代史〕。望出襄陽・河南・黎陽・平原。

乙力 勿吉國有乙力氏。見〔太平寰宇記〕。

乙干 〔元和姓纂〕後魏獻文帝弟姓乙干氏。居武川。

乙支 〔隋書〕高麗國有乙支姓。

乙弗 〔北史〕「吐谷渾北有乙弗勿敵國。」胡三省曰。鮮卑種。〔魏書官氏志〕「乙弗氏。孝文改爲乙氏」。又西魏賜趙肅・趙貴爲乙弗氏。

乙旃 〔魏書官氏志〕「後魏獻文帝命叔父之胤曰乙旃氏。孝文改爲叔孫氏」。又高車十二姓。三曰乙旃氏。

乙速孤 〔魏書官氏志〕「魏賜太原王顯爲乙速孤氏」。一云。乙速孤代郡津名。居此津旁者以爲氏。

二畫

丁 〔太公金匱〕「武王伐紂。丁侯不朝」。丁姓始此。一云。齊太公子伋謚丁公。其後爲氏。望出濟陽・濟陰。又〔江表傳〕孫權因孫匡燒損茅芒以乏軍用。別其族爲丁氏。又〔楓窗小牘〕宋有無賴子于慶。欲依丁謂。一老儒教其改姓丁。後果得意。又〔楊士奇東里文集〕丁鶴年其先西域人。西域人多名丁。既入中國。因以爲姓。

丁若 姜姓。齊丁公子懿伯。食采於若。因氏焉。見〔風俗通〕。晉有遂與令丁若堅。高密人。

七 明有七希賢。施州衛人。正德中官永春縣訓導。

乜 彌也切。番姓。望出晉昌・趙郡。見〔通志氏族略〕。又山東之乜。係也先後所改。見〔山左詩集〕。

九 神農師九靈。爲九姓之始。〔路史〕「紂三公九侯。即鬼侯。爲紂所殺」。隋圖經。臨水縣有九侯城。子孫或以爲氏。

九方 居於九方者。以地爲氏。

九百 以所封之里數爲氏。如百里之類。漢代縣有九百里。爲小吏。見〔通志氏族略〕。

八 西域姓。班勇上八滑爲後部親漢侯。見〔後漢書西域傳〕。又四川打沖河右所土千戶姓八。見〔明史〕。明有禮部主事八通。見〔續通志〕。

刀 〔楊愼希姓錄〕王驥平麓川。賜夷人以怕刀剁三姓。後染華風。改爲刀氏。

刁 貂勃之後。〔復古編〕刀貂聲同而字異。本一姓。宜作刀。作刁非。

力 黃帝臣力牧之後。望出臨安。

卜 〔風俗通〕氏於事者。巫卜陶匠是也。〔路史〕「夏啓後有卜氏」。晉卜偃・秦卜徒父・魯卜楚丘。皆以卜筮官。其後遂以爲氏。望出西河・武陵・河南。

卜成 見〔抱朴子〕。張澍云。卜成猶云卦成。取此義爲姓。後漢書作上成。

卜梁 楚文王子。食采卜梁。爲卜梁氏。見〔姓苑〕。莊子有卜梁倚。

三畫

万 與萬同。〔齊東野語〕方巨山名岳。爲南仲丞相。幕客趙父。名方。乃改姓爲万。

万俟 讀如墨其。〔姓譜〕万俟氏。因万俟部落而爲姓。〔姓纂〕拓跋氏後有万俟氏。又〔魏書官氏志〕「獻帝季弟之後爲万俟氏」。望出開封。

万紐于 〔于烈碑〕「遠祖之在幽州者。世有部落。陰山之北有山號万紐于者。奕葉居之。遂以爲氏」。又唐蘊・樊深俱賜姓万紐于氏。

三川 以三川地爲姓。此姓見〔楊震碑陰〕。

三伉 〔路史〕子姓。微子之後。

三州 以地爲氏。〔通志氏族略〕孝子傳有三州昏。

三苗 顓頊之後。一云。姜姓。炎帝之後。爲侯國。因爲氏。

三烏 〔風俗通〕凡氏於職者。三烏五鹿是也。又〔潛夫論〕三烏。因居也。

三飯 〔通志氏族略〕三飯繚之後。

三閭 以官爲氏。〔風俗通〕三閭大夫屈原之後有三閭氏。

三鱙 〔周書史記篇〕「三鱙氏。或云即三苗」。路史國名記。三苗作三鱙。

上 齊上之登之後。

上成 〔路史〕楚有上成氏。〔宋玉高唐賦〕「有方之士。上成鬱林」。後漢有宓縣人上成公。見〔後漢書方術傳〕。上成一作卜成。

上官 楚莊王少子蘭爲上官大夫。後以爲氏。見〔姓纂〕。望出天水。

上郡 秦有上郡氏。以郡爲氏。

上陽 以邑爲氏。〔路史〕劉康公後有上陽氏。又云。虢叔後有上陽氏。

上衡 〔周書史記篇〕上衡氏與林氏爭

檣。林氏再戰弗克。上銜爲義弗克。俱亡。

下門 周景王大夫下門子之後。因以爲氏。見〔姓纂〕。

下軍 晉欒黶爲下軍大夫。支孫以爲氏。見〔通志氏族略〕。

下陽 姬姓。虢叔之後。以邑爲氏。見〔姓氏尋源〕。

丌 音姬。一作亓。爲丌官氏所改。晉有丌姓。見〔孔宙碑〕。

丌官 孔子年十九。娶於宋之丌官氏。見〔家語〕。丌與笄同。掌笄官之後。

久 見〔姓苑〕。

久且 唐有久且洛生。爲廓州刺史。破羌人拓跋赤辭。見〔唐書党項傳〕。

乞 氏羌乞姓。伯夷之後。見〔山海經〕。〔路史〕「玄氏。乞姓也」。又後唐明宗賜奚王副使埸失訖宜姓乞。名懷有。見〔册府元龜〕。

乞力 吐番酋有乞力氏。見〔唐書郭知運傳〕。

乞乞 渤海有乞乞氏。見〔唐書〕。

乞四 靺鞨酋有乞四氏。見〔唐書〕。

乞伏 西秦乞伏國仁。本隴西鮮卑乞伏部酋帥。因以爲氏。見〔通志氏族略〕。一作乞佛。

乞佛 後魏有乞佛成龍。爲幷州刺史。見〔魏書文成帝紀〕。

乞利咥 中天竺國。其王姓乞利咥氏。見〔唐書〕。或云。姓利咥氏。一云。姓剎利氏。

乞活 以部落爲姓。〔水經注〕陳留縣有吹臺。方一百許步。晉世喪亂。乞活憑居。削墮故基。遂成二層。世謂之乞活臺。

乞特 慕容氏別部有乞特氏。見〔後燕錄〕。

乞袁 高車十二姓。十一曰乞袁氏。見〔魏書〕。張澍云。作乞袁・紇袁皆誤。宜作袁紇氏。

乞悉 吐蕃大將有乞悉氏。見〔唐書〕。

乞連 卽出連氏。見〔西秦錄〕。

乞藏 吐蕃青海大酋有乞藏姓。見〔唐書韋臯傳〕。

也 蒙古姓。明洪武初有訓導也伯先。見〔奇姓通〕。

亍 讀如矗。〔風俗通〕河東有亍氏。〔姓氏尋源〕亻亍義通於躑躅。或爲行氏所改。

于 周武王第三子邘叔。子孫以國爲氏。後去邑旁爲于。見〔廣韻〕。望出東海。〔路史〕「東海于公裔孫隨拓跋陵徙代爲万忸于氏。至魏孝文復爲于」。又淳于氏避唐諱改爲于。

于類 古諸侯國。以國爲氏。一作千類。

兀 後魏改安樂王元鑒曰兀氏。見〔通志氏族略〕。又環州屬羌有如兀二族。見〔范文正集〕。

兀顏 金姓。望出隴西。

凡 周公子凡伯之後。以國爲氏。見〔通志氏族略〕。

凡閭 周康叔後有凡閭氏。見〔姓苑〕。

勺 晉地名。以爲氏。見〔姓譜〕。一云保長勺尾勺氏之後。改爲勺氏。

千 氏王楊千萬入蜀。故蜀有千姓。見〔洛宮舊事〕。

千乘 〔姓譜〕其先食千乘邑者。因以爲氏。

口 羌姓。今同州有之。見〔姓苑〕。一云。口引氏所改。

口引 〔路史〕口引氏。黃帝後。

土 帝鴻妻土敬氏曰炎融。生驩頭。爲堯司徒。是土姓所始。見〔路史〕。一云。土。古杜字。土杜本一氏也。

土難 一作吐難。〔魏書官氏志〕土難氏改爲山氏。

士 周宣王時杜伯子隰叔奔晉。爲士師。後以官爲氏。見〔通志氏族略〕。

士尹 士慶爲楚莊王令尹。子孫以官爲氏。

士丏 晉大夫士丏之後。見〔姓纂〕。

士吉 晉士蔿後有士吉射。別爲士吉氏。見〔世本〕。

士成 莊子有士成子。

士季 晉士蔿之後有士彌牟。別爲士季氏。見〔姓氏英賢傳〕。

士貞 晉康公支子士貞之後。見〔穀梁傳〕。一說。當爲士渥濁貞子之後。

士孫 齊大夫有士孫氏。〔左傳崔杼葬公於士孫之里注〕士孫。人姓。因名里。

士弱 晉士莊子弱爲獄官。晉人謂之士弱氏。見〔姓纂〕。

士彊 〔路史〕齊後有士彊氏。

士蔿 晉隰叔爲士氏之祖。士蔿其子也。爲晉士官。故以爲氏。見〔通志氏族略〕。

夕 〔漢書〕巴郡蠻渠帥七姓。有羅朴督鄂度夕龔。

夕姑 〔路史〕蔡仲後有夕姑氏。〔姓氏尋源〕夕姑卽夜姑・射姑。

大 大庭氏之後。見〔風俗通〕。又唐渤海王姓大氏。爲高麗別種。見〔續通志〕。

大士 見太士條。

大夫 古爲大夫者。以官爲氏。博古圖有大夫始鼎。卽大夫氏。漢書有大夫但。亦爲姓。

大心 〔英賢傳〕楚有大心。令尹得臣之子。其孫以王父字爲氏。

大戊 晉公子大戊之後。見〔世本〕。

大戎 〔左傳〕大戎狐姬生重耳。〔杜注〕大戎。唐叔子孫。別在戎狄者。

大利稽 〔周書蔡祐傳〕「祐以戰功賜姓大利稽氏」。後改部氏。見〔魏書官氏志〕。

大成 禹師大成執之後。見〔新序〕。春秋晉有大成氏。

大拔 〔通志氏族略〕「唐有突騎施首領開元左武衛大將軍燕山王大拔石

失畢。生歸仁。襲燕山王」。按唐書。石失畢及歸仁均姓火拔氏。

大法 宋有大法樂霖。武進人。中咸淳丁卯科榜。見〔武進縣志〕。

大狐 晉大夫狐突之後。别爲大狐氏。見〔古今姓氏書辯證〕。

大季 鄭穆公之子有二子孔。此大子孔謂之大季氏。卽公子志之後。見〔通志氏族略〕。

大洛稽 〔魏書官氏志〕南方大洛稽氏。後改爲稽氏。

大食 大食國王之後。見〔姓纂〕。唐永徽中。大食王遣使朝貢。自言王姓大食氏。見〔唐書西域傳〕。

大孫 楚大孫伯之後。

大庭 〔英賢傳〕「大庭氏。古天子號」。一云。炎帝時諸侯。大庭。魯地。〔左傳〕魯有大庭氏之庫。

大彭 〔國語〕「大彭豕韋爲商伯。」韋昭注。大彭。陸終第三子。曰籛。爲彭姓。封於大彭。謂之彭祖。後有大彭氏。

大莫于 周末。尉遲迥有將軍大莫于玄章。〔魏書官氏志〕「大莫于氏後改爲郃氏」。一云。卽侯莫于氏。

大連 〔魏書〕「高車十二姓。四曰大連氏」。一云。出古賢人大連之後。

大野 後魏賜謝總爲大野氏。見〔唐書〕。閻慶賜姓大野氏。見〔周書〕。

大陸 齊大夫東郭賈。字子方。食邑大陸。號大陸子方。見〔左傳〕。後以爲氏。

大賀 〔唐書〕契丹姓大賀氏。

大隗 〔姓源韻譜〕天水有隗氏。出於大隗氏。

大臨 高陽才子有大臨。見〔左傳〕。後以爲氏。一云。衞大夫大臨之後。

大贅 王莽時有大贅官。主乘輿服御物。見〔漢書本傳〕。後以官爲氏。

大羅 周有大羅氏。掌鳥獸。其後以官爲氏。見〔廣韻〕。

女 天皇封弟㛹於女水陽。後爲天子。因稱女皇。其後爲女氏。見〔世本〕。商有女鳩。女方。

女奚烈 金姓。望出隴西。

子 虞舜命契爲司徒。封於商。姓子氏。〔禮緯〕以玄鳥生子。故爲氏。

子人 鄭穆公之弟語。字子人。爲大夫。其孫九。以王父字爲氏。見〔世本〕。

子士 魯叔孫成子之後。見〔世本〕。

子干 〔潛夫論〕魯姬姓。有子干氏。

子弓 子夏門人有子弓。後爲氏。見〔風俗通〕。

子之 見〔姓苑〕。張澍云。衞公孫彌牟文子。名木。字子之。其後以爲氏。

子孔 鄭穆公生公子嘉字子孔之後。見〔世本〕。

子公 齊頃公子子公之後。見〔世本〕。

子午 楚公子午之後。齊有大夫子午明。見〔世本〕。

子文 〔路史〕衞後有子文氏。

子木 楚令尹屈建。字子木。見〔左傳〕。後以爲氏。

子占 陳桓子生書。字子占。後以爲氏。見〔通志氏族略〕。

子功 〔路史〕「齊後有子功氏」。一作子工氏。

子玉 〔路史〕衞後有子玉氏。〔姓譜〕秦穆公大夫有子玉旁。

子石 陳桓公生子石雝。自别爲子石氏。見〔世本〕。

子仲 陳宣公子子仲之後。以字爲氏。見〔詩疏〕。

子州 堯讓天下於子州支父。見〔莊子〕。

子有 魯有若。字子有。其後爲氏。見〔姓纂〕。

子羽 〔辯證〕衞鄭皆有行人子羽。晉韓起庶子曰子羽。其後以字爲氏。

子行 衞有子行敬子。見〔急就篇注〕。

子西 楚平王子公子申。字子西。爲令尹。死於白公之難。其後以王父字爲氏。見〔世本〕。

子伯 衞大夫子伯季之後。見〔通志氏族略〕。

子宋 陳宣公生子楚。其後爲子宋氏。見〔世本〕。

子尾 齊惠公孫公孫蠆字子尾之後。見〔世本〕。

子我 魯叔孫成子生申。字子我。因氏焉。見〔英賢傳〕。

子成 魯季平子生子成叔彭侯之後。見〔世本〕。

子罕 鄭穆公子喜。字子罕。其後爲氏。亦爲罕氏。

子芒 陳僖公生盈。盈字子芒。其後爲氏。見〔世本〕。

子言 魯季平子生昭伯。字子言。其後爲氏。見〔世本〕。

子車 秦大夫有子車氏。見〔左傳注〕。

子叔 出自姬姓。衞公孫剽字子叔。其孫黑背。以王父字爲氏。見〔姓譜〕。又魯大夫聲伯。亦曰子叔嬰齊。其後去子爲叔氏。

子孟 魯公子子孟之後。見〔英賢傳〕。

子季 楚公族有子季氏。見〔世本〕。衞後亦有子季氏。見〔路史〕。

子尙 陳僖公生慶丘子尙意茲。因氏焉。見〔世本〕。

子庚 楚令尹公子午。字子庚。其孫以王父字爲氏。見〔姓纂〕。

子服 姬姓。魯公族仲孫蔑子佗别爲子服氏。見〔韻譜〕。

子枋 陳僖子生穆子安。爲子枋氏。見〔姓纂〕。

子沮 陳桓公生子輿爲子沮氏。見〔通志氏族略〕。

子南 衞靈公子昭子郢。字子南。其子木。字彌牟。以父字爲氏。爲子南彌牟。見〔世本〕。又楚莊王子追舒。字子南。其後亦爲子南氏。見〔姓纂〕。

子建　楚大夫子建之後。見〔英賢傳〕。

子扁〔姓纂〕莊子有子扁子。〔姓氏辯證〕莊子有子扁慶子。曰子扁子。正如子列子之例。非以子扁爲姓。

子泉　卽子淵氏。姓纂避唐諱作子泉。

子重　楚公子嬰齊字子重之後。見〔通志氏族略〕。

子革　鄭穆公子然字子革。奔楚爲右尹。後爲子革氏。

子乘〔姓纂〕楚屈蕩生子乘。因氏焉。

子剡〔路史〕齊大夫後有子剡氏。

子夏〔通志氏族略〕陳公子少西字子夏之後。

子家〔姓纂〕出自姬姓。魯莊公曾孫公孫歸父。字子家。其孫以王父字爲氏。

子師〔風俗通〕出自鄭大夫子師僕之後。

子庭〔姓纂〕晉大夫子庭。以字爲氏。

子旅　周大夫氏。敬王卽位。館於子旅氏。見〔左傳〕。

子桑〔姓纂〕晉大夫子桑伯子之後。〔通志氏族略〕秦公孫枝字子桑。其後亦氏焉。

子軒〔路史〕「鄭公族有子軒氏」。張澍謂卽子罕氏。故罕虎亦作軒虎。

子郘　衞公族昭子郘之後。見〔世本〕。

子高〔姓纂〕衞大夫子高魴之後。

子國　鄭穆公生子國發。其後爲子國氏。見〔世本〕。按春秋止謂之國氏。

子淵　齊頃公之子公子淵。字子淵之後。見〔世本〕。姓纂避唐諱作子泉。

子奢〔路史〕宋微子後有子奢氏。

子晳〔姓纂〕「鄭穆公孫駟氏之子曰駟黑。字子晳。別以字爲氏」。一說。楚共王子公子黑。字子晳。爲棄疾所殺。其孫氏焉。

子期〔姓氏辯證〕楚平王子結。字子期。爲大司馬。死於白公之難。後世以其字爲氏。

子游〔世本〕「鄭穆公生子偃字子游之後」。張澍云。左傳鄭游氏。無子字。

子然〔世本〕「鄭穆公子子然之後。又爲然氏」。張澍云。鄭七穆然氏。無子字。

子牽〔路史〕齊大夫後有子牽氏。

子華〔姓源〕莊子韓有子華子。因以子華爲氏。〔路史〕晉有子華氏。

子陽〔世本〕魯公族有名子陽者。其後以王父字爲氏。

子雅〔世本〕齊惠公之孫公孫竈字子雅之後。〔姓纂〕魯季桓子生武叔竈。亦爲子雅氏。

子楊〔世本〕季桓子生穆叔。其後爲子楊氏。

子禽〔姓氏辯證〕陳僖子之子字子禽。其子孫以王父字爲氏。

子鉏　魯有公鉏氏。又有子鉏氏。漢書古今人表有子鉏商。

子寤〔通志氏族略〕陳僖公生宣子。其後爲子寤氏。

子旗〔姓譜〕「齊惠公曾孫欒施字子旗之後」。又鄭七穆豐施。亦字子旗。其後或以爲氏。

子臧〔姓譜〕出自姬姓。曹公子欣時。字子臧。遜國於負芻。子孫以王父字爲氏。

子鞅〔世本〕陳僖公生簡子齒。爲子鞅氏。

子齊〔潛夫論〕衞姬姓。有子齊氏。

子儀　宋向魋之臣曰子儀克。見〔左傳〕。其先必以王父字爲氏。

子寬〔路史〕鄭公族有子寬氏。

子履〔路史〕蔡仲後有子履氏。

子翟〔路史〕魯有子翟氏。

子駟〔姓纂〕鄭穆公子騑字子駟。後以爲氏。〔姓氏辯證〕駟氏本無子字。

子駒　魯之公族有子駒氏。見〔左傳〕。

子彊〔姓纂〕衞公族昭子郢之後。

子穆〔世本〕陳僖子生子穆安。因爲子穆氏。

子蕩〔世本〕宋桓公生子蕩。因氏焉。

子襄〔世本〕齊桓公子子襄之後。一作齊襄公子公子襄之後。

子輿〔世本〕陳烈子生子沮輿。爲子輿氏。

子韓〔世本〕「齊頃公子子韓之後。以王父字爲氏」。左傳有子韓晳。

子豐　鄭公子去疾。字子豐。其後爲氏。亦爲豐氏。見〔世本〕。

子獻〔風俗通〕「陳桓公之孫子獻之後」。一云。齊大夫子獻之後。

子囊〔姓纂〕齊大夫子囊帶之後。

子　見〔奇姓通〕。明有子金。東昌人。宣德中知分宜縣。

寸　雲南浪穹夷人有寸姓。見〔姓氏尋源〕。

小〔路史〕「小氏宜出於小顛」。楚亦有小氏。小惟子是也。見〔左傳〕。

小王　晉大夫有小王桃甲。見〔左傳〕。

小戎　卽小狐氏。〔左傳〕「小戎子生夷吾」。杜注。小戎。允姓之戎。後以爲氏。

尸〔風俗通〕「其先封於尸鄉。因以爲氏」。周有尸佼。

尸突　代北姓。後改屈氏。見〔魏書官氏志〕。

尸逐〔英賢傳〕南匈奴尸逐鞮裔孫。歸漢。以國爲氏。

山〔風俗通〕山氏。古烈山氏之後。〔廣韻〕周有山師之官。掌山林。以官爲氏。望出河內。又〔魏　官氏志〕吐難氏後改爲山氏。

川　見〔姓苑〕。張澍云。古有三川姓。川姓宜爲三川氏所改。

工　春秋時魯宋齊楚皆有工正官。掌作車服。其子孫以官爲氏。

工尹〔姓氏辯證〕「楚工尹壽之後」。蓋以世官爲氏。
工師 掌工匠之官。晉有郈工師駟赤。其子孫以官爲氏。
己〔詩鄭箋〕顧昆吾皆己姓。〔路史〕「金天氏子蓋貽之後有己氏」。又黃帝子青陽・夷鼓。同爲己姓。
己氏〔潛夫論〕宋微子後有己氏氏。〔姓纂〕宋大夫司馬己氏之後。
干〔通志氏族略〕宋大夫干犨之後。陳有干徵師。漢有蜀郡尉干猷。吳有軍師干吉。望出滎陽・潁川。又〔魏書官氏志〕魏紇干氏改爲干氏。一云。吳有干隧之地。故多干姓。殆以邑爲氏。
干己〔姓苑〕陳大夫干徵師食采於干己。因氏焉。
干將〔路史〕干將善鑄劍。故後以爲氏。
干類〔路史〕青陽取干類氏。生少昊。後有干氏類氏。
幺 見〔姓苑〕。明弘治中有幺謙。湯陰人。爲通州訓導。
弋 詩鄘風有孟弋。毛傳以爲姓。望出河東。明史有弋謙。
弋門〔姓苑〕「漁陽人有弋門氏」。蓋居於弋門。以爲氏。
弓 黃帝子揮造弧矢。受封於張。後爲弓氏張氏。望出太原。
弓如〔姓譜〕晉大夫叔弓之後。
弓里 以所居爲氏。
彡 所廉切。讀如纖上聲。西羌姓。當爲彡且氏所改。〔姓源〕彡。姜姓之裔。
彡且〔漢書〕「隴西羌彡且」。師古注。今西羌尚有此姓。且音紫。〔通志氏族略〕今合二字爲⿰彡且。音陜。唐有隴西節度使⿰彡且復弟震貫。
才 高陽氏之後。

四畫

不 甫鳩切〔通志氏族略〕晉有汲郡人不準。姚興時有安滇將軍不蒙世。〔正字通〕不姓之不轉注。古音音彪。
不夷〔路史〕微子後有不夷氏。
不更〔路史〕微子後有不更氏。〔英賢傳〕「秦大夫不更女夫之後」。秦簡公時有不更首。爲執法。
不茅〔路史〕商後有不茅氏。
不第〔潛夫論〕宋有不第氏。子姓。
不蒙 即夫蒙。一作不夢。西羌姓。王維集有送不蒙都護詩。
亓 古其字。又音姬。亦作亣。〔通志氏族略〕唐有亓志紹。宋有亓贇。
丐〔路史〕東樓公之後有丐氏。
丑 見〔奇姓通〕。南齊有丑千。滎陽人。元有丑閭。明時鬱林・三山・武陵等處。皆有此姓。
中〔姓纂〕「呂氏春秋云。中常。魏公子牟之後。魏得中山。以邑與之。子孫因以爲氏」。一云。逸周書有中旄父。中姓當出此。
中山 中山。鮮虞國。以地爲氏。
中央〔邵思姓解〕古帝號中央氏。後以爲姓。
中行〔左傳〕「晉侯作三行以禦狄。荀林父將中行」。後以爲氏。本姓荀。漢文帝時有宦者中行說。
中里 以所居爲氏。齊國有之。見〔墨子〕。
中叔〔姓纂〕「中叔圉之後」。中叔即仲叔也。
中英〔廣韻〕虞有五英之樂。掌中英者。因以爲氏。〔姓纂〕少昊氏有六英之樂。掌中英者。以官爲氏。
中容 山海經有中容之國。以國爲氏。又八愷仲容之後。中仲古今字。
中梁〔英賢傳〕「古隱者中梁子後」。鄖名世云。中仲通。必仲梁氏之後。
中野〔潛夫論〕宋微子之後。〔路史〕党項別部有中野氏。
中黃 黃帝時有中黃丈人。一作中臯氏。
中壘〔風俗通〕劉向爲漢中壘校尉。子孫以官爲氏。
丹〔路史〕丹朱子陵。以父封爲氏。
云〔姓譜〕「祝融之後爲邧國。後去邑爲云」。又後魏牒云氏改爲云氏。見〔魏書官氏志〕。
五 黃帝臣有五聖配下台。是五姓之祖。又五伍字通。伍奢・伍舉・伍子胥。史傳亦作五。蜀有五姓。五方。五梁。皆犍爲人。
五斗 夷姓。
五王〔風俗通〕齊自威・宣・湣・襄至王建爲五王。因以爲氏。〔英賢傳〕東萊有五王氏。
五里 見〔姓苑〕。張澍云。漢書南蠻傳有五里精夫。南蠻有五里六亭。蓋以地爲氏。
五相〔姓纂〕吳相五員子孫。吳人號之五相之後。一作伍相氏。
五鹿〔風俗通〕五鹿。晉邑。舅犯封於五鹿。支孫氏焉。
五鳩〔姓源〕少昊氏以五鳩爲鳩民之官。其後以官爲氏。
井 炎帝姜姓之後。見〔姓源〕。望出扶風・南陽。穆天子傳有期大夫井利。左傳有虞大夫井伯。
亢 當爲伉姓所改。或以地爲氏。見〔姓氏尋源〕。
什 出拓跋氏什翼犍之後。一云。什伍。軍之行列。或掌軍者以此爲氏。
仁〔姓氏尋源〕「文王之後有虞仁氏。仁姓出於虞仁」。望出彭城。又回鶻姓仁氏。見〔五代史〕。
仇〔姓源〕「宋大夫仇牧之後」。望出南陽。又後魏仇洛齊本姓侯。改姓仇。見〔魏書〕。
仇尼 鮮卑有仇尼氏。北燕有此姓。多爲顯官。見〔後燕錄〕。

仇由 周末時小國。爲智伯所滅。後人以國爲氏。一作仇繇。

仉 音掌。見〔姓苑〕。卽掌氏。孟子母仉氏。或卽黨氏之訛。

今 見〔姓苑〕。明有嘉興府學教授今穎伯。

介 〔姓纂〕「出晉介之推」。一云。紂臣介之閱。爲介姓之始。望出太原。今山西解縣多此姓。

介山 介之推亦曰介山子推。見〔大戴禮〕。又作介山子然。見〔史記〕。介山氏出此。

介斛 杜預云。介斛氏。夏同姓。

仍 〔姓苑〕「夏侯國有仍氏之後」。以國爲氏。

允 少昊孫允格之後。見〔姓纂〕。一云允姓之戎。居於瓜州。其後以爲氏。

元 〔風俗通〕「魏武侯公子元之邑。其後爲元氏」。望出河南、太原。張澍云。荒史。帝乙駿罪立受辛。太史元銑據法力爭。是商時卽有元氏。又後魏本姓拓跋。至孝文帝更爲元氏。見〔魏書高祖紀〕。又宋避玄字諱。改爲元氏。見〔路史〕。又後魏紇骨氏是云氏均改爲元氏。見〔魏書官氏志〕。

元咺 〔路史〕衞有元咺氏。

內史 周內史過之後。以官爲氏。

公 〔通志氏族略〕姬姓。左傳魯昭公子公衎、公爲之後。以爵爲氏。

公上 〔潛夫論〕衞後有公上氏。漢功臣表有汲侯公上不害。

公士 〔通志氏族略〕公士。古爵。久居是爵者。子孫氏焉。

公子 〔姓纂〕春秋列國公子之後。

公山 〔潛夫論〕「魯公族有公山氏」。時有公山不狃。爲季氏宰。

公之 季悼子之子鞅。字公之。後爲公之氏。見〔世族譜〕。左傳有公之魚。

公仇 〔姓苑〕後漢零陵太守公仇稱。出自零稺侯太子仇之後。爲公仇氏。

公戶 卽公扈氏。漢書儒林傳有公戶滿意。

公文 〔潛夫論〕鄭共叔後有公文氏。又衞公族有公文氏。

公父 〔姓觿〕「魯季悼子之子靖字公父之後」。國語有公父文伯。

公牛 〔姓源〕「齊公子牛之後」。一云。周官牛人掌養國之公牛。後以職爲氏。

公丘 〔路史〕「滕後有公丘氏」。左傳杜注。滕在公丘縣東南。是以地爲氏。

公冉 〔姓源〕魯公冉務人之後。

公右 〔姓氏辯證〕春秋國君戎右。謂之公右。以世官爲氏。

公左 左公子之後。

公正 周官名。其後氏焉。宋有朝邑令公正鎡。

公玉 齊滑王臣有公玉冉。漢時濟南人公玉帶上黃帝明堂圖。爲其後。見〔史記武帝紀索隱〕。

公甲 魯季氏之族。魯有公甲叔子。見〔左傳〕。

公石 〔通志氏族略〕魯悼公子堅字公石之後。

公仲 韓之公族有公仲氏。晉有公仲連。趙烈侯以爲相。見〔史記〕。又〔續通志〕子華子曰。程子聚徒著書。門人公仲承。最能傳其道。

公休 彭城有此姓。見〔姓苑〕。

公朱 〔世本〕宋公子子朱之後。楚大夫有公朱高。

公羊 系出姬姓。魯公孫羊孺之後。因以公羊爲氏。望出頓丘。

公行 晉成公時以卿之庶子爲公行大夫。見〔左傳〕。後以爲氏。

公西 魯同族。季孫氏之支。

公伯 列國公子。以次第爲氏。如公叔之類。魯有公伯寮。

公何 魯叚孫之族。見〔左傳杜注〕。

公佗 〔世本〕蒲邑大夫公佗世卿後。

公治 季氏之族子季治。字公治。爲季氏屬大夫。子孫以公治爲氏。見〔國語注〕。孔子弟子有公冶長。

公巫 〔姓氏辯證〕左傳魯大夫有公巫召伯。其子孫以官爲氏。

公成 晉穆公子成師之後。見〔姓纂〕。

公沙 以王父字爲氏。後漢膠東有公沙穆。

公良 陳公子眞之後。

公車 〔姓氏辯證〕秦桓公子鍼。字伯車。後世別爲公車氏。

公罔 周有公罔之裘。見〔禮記〕。

公宣 魯公子宣叔之後。

公若 〔邵思姓解〕季孫宿武子之子公亥。字公若。其孫藐以王父字爲氏。

公叔 〔姓氏辯證〕衞獻公少子發。國人謂之公叔。因以爲氏。

公孟 〔姓氏辯證〕衞襄公子公子縶。字公孟。其孫彄以王父字爲氏。

公季 以次第爲氏。如公孟、公伯、公仲之類。

公房 〔姓考〕「楚公子房之後」。漢書古今人表有公房皮。

公明 周康王封唐叔虞子公明於賈。後有賈氏。又有公明氏。

公林 魯季孫之族。見〔史記〕。

公析 〔路史〕「衞後有公析氏」。孔子弟子有公析哀。一云。公析卽公晳。

公肩 魯有此姓。見〔史記〕。孔子弟子有公肩定。亦作公堅。一說。係衞公子共叔堅之後。

公金 〔世本〕秦公子金之後。

公南 〔姓譜〕衞獻公子楚。字公南。後爲公南氏。

公帥 〔姓譜〕本公師氏。避晉景帝諱。改爲公帥。

公建 楚公子建之後。

公思 〔姓氏辯證〕魯季氏之族曰公思

展。後人以字爲氏。

公施 魯惠公之子尾。字施父。生施伯。其後以爲氏。

公乘 秦爵二十。八曰公乘。久居是爵者。子孫以爲氏。見〔通志氏族略〕。

公夏 魯有此姓。見〔史記集解〕。孔子弟子有公夏首。

公孫 〔路史〕一神農同母弟勗。嗣少典國君。世爲諸侯。後以公孫爲姓。軒轅帝初姓公孫。後改姬」。按春秋時國君之孫。皆謂之公孫。

公師 〔世本〕晉穆公之子桓叔成師之後。

公旅 見〔姓苑〕。一云。主公之軍旅者。以其官爲氏。

公祖 魯有孔子弟子公祖句茲。見〔通志氏族略〕。一云。當爲亞圉子公祖叔類之後。〔路史〕吳後有公祖氏。

公索 魯有公索氏。將祭而亡其牲。見〔家語〕。

公荆 〔姓纂〕衞大夫公子荆之後。

公務 魯人公冉務人之後。

公扈 邾婁之族。見〔公羊傳〕。

公族 〔姓氏辯證〕驪姬亂後。晉無公族。及成公自周歸。始宦卿之嫡子以爲公族。故趙盾請以括爲公族大夫。韓厥子無忌謂之公族穆子。其後遂以官爲氏。

公皙 〔姓考〕齊公皙之後。

公期 孟氏支子有公期氏。見〔左傳注〕。

公爲 春秋魯昭公子公爲之後。見〔世本〕。

公牽 〔世本〕齊公子牽之後。

公華 魯季孫之族。見〔史記〕。

公都 楚公子田食采於都邑。後氏焉。見〔廣韻〕。

公幹 神農之後有公幹。仕齊爲大夫。其後氏焉。見〔姓源〕。

公愼 魯有公愼氏。見〔通志氏族略〕。一云。魯愼公溽之後。

公鉏 魯季悼子庶兄公彌。字公鉏。後爲氏。見〔姓觿〕。

公旗 〔風俗通〕齊悼公子公旗之後。

公綦 後漢有公綦稠。官護烏桓校尉。見〔後漢書靈帝紀〕。

公賓 〔風俗通〕魯大夫公賓庚之後。

公儀 魯之同姓。見〔鄭玄禮記注〕。

公劉 〔世本〕后稷曾孫公劉之後。〔路史〕吳後有公劉氏。

公德 〔路史〕鄭後有公德氏。

公緒 後漢藏人有公緒恭。見〔急就篇〕。

公閱 周有公閱休。見〔莊子〕。

公彊 蔡仲後。見〔路史〕。又曹叔開伯之後亦有公彊氏。

公輸 〔通志氏族略〕魯匠師公輸若。其後爲氏。

公斂 魯公斂陽字處父之後。見〔路史〕。

公襄 〔世本〕魯襄公太子野之後。

公檮 漢書藝文志有公檮生終始十四篇。傳鄒奭終始書。後以爲氏。

六 〔姓源〕偃姓。皋陶之後。封於六。後以爲氏」。又江陰有六氏。相傳爲方孝孺之後。

冘 〔路史〕姑冘二水在即墨。有冘氏。

勾 本句氏。避宋高宗諱改爲勾。見〔宋史〕。望出平陽。

勿 鮮卑姓。見〔後漢書南匈奴傳〕。

勿吉 金之先出靺鞨氏。靺鞨本號勿吉。古肅愼地。在後魏曰勿吉。在唐曰靺鞨。見〔金史〕。是以國爲氏。

勿忸于 〔魏書官氏志〕「勿忸于氏。改爲于氏」。勿又作万。弔比干文碑作万忸于。

勿鄧 雲南六姓蠻有勿鄧氏。見〔唐書〕。

化 望出南越。黃帝臣化狐之後。見〔姓源〕。一作貨狐。古貨化字通。又段氏說文注作化狄。

匹 鮮卑姓。見〔西秦錄〕。

匹婁 夷姓。〔魏書官氏志〕「匹婁氏後改爲婁氏」。匹一作疋。

升 見〔姓苑〕。宋有升元。高安人。官瑞州路參軍。

午 楚公子午之後。

卞 周曹叔振鐸後。其支子封卞。遂以建族。見〔姓纂〕。一云。魯莊子爲卞邑大夫。後因氏焉。望出濟陰。

卬 〔姓源〕宋公子卬之後。〔姓考〕「周大夫卬叔之後」。望出滎陽。

及 〔路史〕及氏。殷姓之分。又云。「晉大夫以采爲氏」。望出清河。

及木 〔路史〕微子後有及木氏。

友 魯公子季友之後。望出河南。

反 〔統譜〕「河南懷慶府有反氏」。張澍云。汳水。即汴水。居於汳水者以爲氏。

壬 〔路史〕齊太公後有壬氏。

天 〔姓考〕「黃帝臣天老之後」。湯臣有天根。

太 〔姓纂〕「文王四友太顚之後」。望出京兆。

太士 〔姓氏辯證〕古獄官曰大士。以官爲氏。後訛而爲太。

太山 黃帝相有太山稽。見〔列子注〕。

太公 姜姓。太公望之後。後以爲氏。

太史 以官爲氏。〔姓纂〕齊太史子餘之後。〔路史〕蔡仲後有太史氏。

太伯 〔姓氏辯證〕周古公之長子讓國季歷。爲周之太伯。故以爲氏。

太叔 〔姓氏辯證〕「衞文公子太叔儀之後」。一云。鄭莊公之弟段。封於京。謂之京城太叔。其後以爲氏。

太征 〔姓苑〕「下邳人有太征氏」。張澍云。必其先有征伐大功。故以爲氏。

太室 〔姓氏辯證〕太室山。在河南陽城縣西南。其先民人因山爲氏。

太宰 〔姓考〕吳太宰嚭之後。

太師 殷太師疵之後。見〔廣韻〕。

太祝 〔姓譜〕古者擇先聖之後有光烈而能知山川之號。高祖之主。肅恭明神者。以爲太祝。故後世以官爲氏。

太傅 〔通志氏族略〕漢太子太傅疏廣曾孫彥則。避王莽亂於太原。因氏焉。

夫 音扶。吳後有夫氏。見〔路史〕。又南匈奴亦有夫氏。見〔後漢書〕。望出河南。

夫蒙 羌姓。〔姓纂〕今同蒲二州多此姓。

夫餘 〔風俗通〕「吳太子夫概王奔楚。其子在吳。以夫餘爲氏」。望出吳興。又百濟國王姓夫餘氏。見〔北史〕。此以國爲姓。一作扶餘。

孔 殷湯之後。湯名履。字天乙。後世以子加乙。始爲孔氏。見〔廣韻〕。又〔家語〕「正考甫生孔父嘉。五世親盡。別爲公族。故以孔爲氏」。望出魯國。張澍云。黃帝史孔甲作盤盂之戒。是孔姓不起於以子加乙。又〔姓考〕左傳鄭有孔張。出於子孔。衞有孔悝。出於姬姓。陳有孔寧。出於嬀姓。與孔子子姓之系不同。

孔父 以字爲氏。〔姓纂〕微子之後。宋大司馬孔父嘉後有孔父氏。亦爲孔氏。

少 〔姓纂〕「少姓出於少典」。一云。少昊氏之後。又或少正、少施等氏所改。望出曲阜。

少正 官名。以官爲氏。魯有少正卯。

少西 〔世本〕陳公子夏之後。別爲少西氏。

少室 見〔國語〕。一云。居於少室者以爲氏。如太室之類。

少施 〔世本〕魯惠公子施叔之後有少施氏。

少師 少師。樂官。以官爲氏。〔姓纂〕殷少師陽。少師彊之後。

尤 系出沈姓。五代王審知據閩。閩人姓沈者避沈音。去水爲尤氏。見〔梁谿漫錄〕。望出吳興。

尹 少昊之子殷。爲工正。封尹城。後因氏焉。見〔姓源〕。望出天水、河間。又〔風俗通〕師尹。三公官也。以官爲姓。周有尹吉甫。

尹公 〔姓氏辯證〕衞大夫尹公佗之後。又〔路史〕周尹公之後有尹公氏。

尹午 〔通志氏族略〕楚大夫敖尹午之後。楚有大夫尹午子叔。

尹文 周穆王時有尹文先生。見〔列子〕。〔路史〕出葉公子高之子尹文之後。

屯 〔姓苑〕「渾沌氏之後。去水爲屯」。望出常山。

巴 〔路史〕「巴本伏羲之後」。或以爲出春秋巴子」。望出高平。東漢有巴肅。

引 〔路史〕晉後有引氏。又〔魏書官氏志〕古口引氏改爲引氏。

心牟 西羌姓。見〔宋史〕。

戈 禹之後。分封於戈。以國爲姓。見〔姓譜〕。望出臨海。明時景州戈姓多顯達。

戶 〔路史〕「昆吾氏後有戶氏。本巴姓」。望出京兆。

戶盧提 吐蕃乞立贊立爲贊普。姓戶盧提氏。見〔唐書吐蕃傳〕。

支 堯舜時有支父。見〔高士傳〕。又〔路史〕「周後有支姓」。望出琅邪。又月支國人以國爲氏。

支離 以形骸支離爲氏。莊子有支離益、支離疏、支離叔、支離無脤。

文 〔風俗通〕周文王支庶以諡爲氏。〔路史〕「太岳後有文氏」。一云。當出衞將軍文子之後。又〔續通志〕「文彥博本姓敬。其先以避後晉石敬瑭諱。更姓文」。望出鴈門。

斗 爽姓。宋史有長寧人斗蓋。

斤 〔姓解〕「帝嚳子亡斤。後以爲氏」。又爽姓。後魏去斤氏奇斤氏庫六斤氏之後。改爲單姓。

方 〔風俗通〕「方雷氏之後」。方雷爲黃帝次妃女節。一云。榆罔之子曰雷。封於方山。後人以地爲氏。一云。周方叔之後。以字爲氏。見〔廣韻〕。望出河南。

方叔 〔世本〕鼓方叔之後。

方相 黃帝巡行。嫘祖道死。帝令嫫母監護。立以方相氏。見〔史記〕。

方雷 黃帝妃西陵氏名方雷之後。

日 〔左傳〕「天子有日官。諸侯有日御」。注。皆典曆數者。〔史記日者傳注〕「卜筮占候時日。通謂之日者」。日姓當本此。

日律 鮮卑有此姓。見〔魏略〕。

月 〔姓氏尋源〕當是夕月之官。以爲氏。又爲金元時之姓。元有月乃和。祖爲金馬步指揮使。因改姓馬。名祖常。

木 端木賜之後。避仇改爲木。見〔姓纂〕。又宋孔金父字子木。其後以爲氏。見〔潛夫論〕。望出吳興。又百濟八姓有木氏。見〔唐書〕。麗江土官有木氏。見〔明史〕。

木易 後魏多闕部率有木易姓。見〔魏書〕。

木門 〔英賢傳〕「宋公子居食采木門。因氏焉」。或曰。左傳衞子鮮奔晉。託於木門。爲衞鱄之支裔。

木骨閭 蠕蠕書姓。後改爲郁久閭。見〔魏書官氏志〕。

止 〔潛夫論〕宋子姓有止氏。〔路史〕「太岳皋陶微子後並有止氏」。一云。古止國在首陽北。故曰止陽。以地爲氏。

歹 夷姓。居雲南。又〔池北偶談〕山東有歹姓。

殳 舜臣有殳斨。後以名爲氏。望出武功。一說。或以器爲姓。

毌丘 衛邑。以地爲氏。魏有毌丘儉。毌音冠。本毌丘複姓。後去丘爲毌氏。

毋 堯臣有毋句。作磬。〔通志氏族略〕「蜀蓬州多此姓」。張澍謂蜀之毋氏。爲父母之母。鄭說非。按字書無毋氏。仍從鄭說作毋。

毋車 因其無車而以爲姓。猶之高車者卽爲高車氏。漢有毋車伯奇。爲下邳相。

毋將 取人臣毋將。將則必誅之言爲姓。

毋樓 卽毋婁氏。一作無樓。〔姓考〕無婁。莒邑。卽古牟夷國。莒子食邑。因氏。望出琅邪。匈奴有毋樓且渠王。

毋鹽 齊無鹽邑大夫之後。

比 〔世本〕「商裔。比干之後」。又饒何種有比姓。比銅鉗是也。見〔後漢書西羌傳〕。又郗善國王亦比姓。見〔十六國春秋〕。

比人 〔姓纂〕漢桓帝時有比人交。爲四門博士。〔姓氏辯誤〕比人當是北人。魏時有北人無擇。且四門博士起於後魏。漢無之。

比丘 代北姓。後改爲呂氏。見〔魏書官氏志〕。

毛 〔姓源〕周文王第八子鄭封於毛。〔左傳周大夫毛伯是也。後因氏〕。望出西河·滎陽。又氐酋有毛氏。苻健將有毛貴。見〔前秦錄〕。明有伏羌侯毛忠。爲賜姓。

毛伯 〔路史〕周毛叔鄭之後有毛伯氏。

氏 〔路史〕「齊大夫之後有氏氏」。望出北海。

氏叔 氏姓之叔。以伯仲叔季分第爲氏叔氏。見〔姓氏尋源〕。後梁有氏叔琮。

水 見〔姓苑〕。張澍云。「當指水爲姓。如河氏淮氏湖氏之類。浙江鄞縣多水姓。或水丘氏所改」。望出吳興。

水丘 居水之丘者。因以爲姓。〔姓苑〕漢有司隸校尉水丘岑。今爲臨安著姓。

火 出古掌火之官後。一云。後漢南蠻王齊火。從諸葛亮征孟獲有功。封羅甸王。其後以爲氏。

火拔 突厥有火拔部。以部爲氏。見〔唐書〕。

火尋 以國爲氏。〔唐書西域傳〕康居支庶分王有九姓。六曰火尋。

父 〔姓源〕「管仲稱仲父。其後爲氏」。張澍云。博古圖。商周時有父己·父丁·父舟·父舉諸人。是父氏不起於管仲父。

牙 〔風俗通〕「周穆王大司徒君牙之後。以王父字爲氏」。〔路史〕太公後有牙氏。

牛 出自子姓。宋微子後。司寇牛父子孫。以王父字爲氏。見〔唐書世系表〕。望出隴西。又隋牛弘本姓寮。父允仕魏。賜姓牛氏。見〔隋書〕。

王 王姓派別甚多。〔通志〕「京兆·河間之王。出周文王第十五子畢公高。河南者此姬姓之王。出北海·陳留者。舜之後。此嬀姓之王。出汲郡者。王子比干後。此子姓之王。出河南者爲可頻氏。出馮翊者爲鉗耳族。出營州者本高麗。出安東者本阿史布。此皆虜姓之王」。大抵子孫以王者之後。號曰王氏。廣韻所載。有二十一望。太原·琅邪·北海·陳留·東海·高平·京兆·天水·東平·新蔡·新野·山陽·中山·章武·東萊·河東·金城·廣漢·長沙·堂邑·河南。以太原·琅邪爲尤著。其餘又有賜姓冒姓者。如漢書燕王丹之玄孫嘉。王莽時獻符命。賜姓王氏。又王世充本西域胡支氏。冒姓王。又五代王保義。卽劉去非。冒姓王。

王人 〔風俗通〕王人子突之後。以官爲氏。〔路史〕王子晉子宗敬之後有王人氏。

王子 〔通志氏族略〕王子本姬姓。以爵系爲氏。周大夫王子狐·王子城父之後。

王父 〔路史〕微子後有王父氏。

王史 〔風俗通〕周宣王太史號王史氏。〔英賢傳〕周共王生圉。圉曾孫滿生簡。簡生業。業生宰。世傳史職。因以官爲氏。〔路史〕晉亦有王史氏。

王叔 〔姓譜〕出自姬姓。周襄王季父王子虎爲太宰。諡文。賜族曰王叔氏。謂之王叔文公。

王官 晉地名。其大夫食邑者以爲氏。

王孫 〔通志氏族略〕「出自周王之孫仕諸侯者。別爲王孫氏。吳有王孫雒。齊有王孫揮。而頃王之後。王孫賈之子王孫齊諡昭子。皆以爲氏」。一云。周大夫王孫滿之後。又伍子胥託其子於齊鮑氏。爲王孫氏。又申包胥亦氏王孫。

五畫

且 足於切。〔姓苑〕「高陽氏臣且鳩氏之後」。望出渭陽。一云。苴姓所改。音沮。俗讀七野切。誤。

且干 〔姓考〕莒大夫食邑。因氏。

且末 西域有且末國。見〔漢書〕。後以爲氏。

丕 〔路史〕「仲虺之後有丕氏」。又有邳氏伾氏秠氏。

世 黃帝臣大封玄孫世晉爲司馬。其後以爲氏。又家語本姓解有宋父周生世子勝。其後或以爲氏。一云。

衞世叔氏之後。去叔爲世氏。望出九江。

世叔 鄭衞公族並有世叔氏。見〔路史〕。左傳衞太叔儀·鄭太叔游吉俱稱世叔。後以爲氏。

丘 〔風俗通〕「齊太公封營丘。支孫以地爲氏」。望出吳興·河南。又烏桓有丘氏。見〔後漢書烏桓傳〕。又後魏丘敦氏改爲丘氏。見〔魏書官氏志〕。

丘目陵 〔後周書〕「賜陰嵩爲丘目陵氏。至隋復姓」。亦作丘穆陵。〔魏書官氏志〕丘穆陵氏後改爲穆氏。

丘林 代北姓。後改爲丘氏。見〔魏書官氏志〕。

丘敦 後魏獻文帝七分國人。以次弟豆眞析爲丘敦氏。孝文改爲丘氏。

丙 神農臣丙封。〔一作屏封〕爲丙姓之始。一云。齊懿公臣丙茂之後。望出平陽。又〔魏書〕李陵裔自匈奴歸魏。見於丙殿。賜姓丙氏。

主 〔姓苑〕出自嬴姓。卽主父氏。或單姓主氏。

主父 〔姓譜〕出自嬴姓。趙武靈王號主父。支孫因以爲氏。

仕 關中有仕姓。見〔三輔決錄〕。

付 〔姓纂〕鄭人史付之後。

付里 春秋時有付里乙。爲管仲所誅。見〔荀子〕。按付里乙。一作史附里。一作付乙。

仙 居於仙源縣者。以地爲氏。望出漢陽。

仝 卽同氏。俗寫作仝。後人因以爲姓。河南郟縣多此姓。

代 〔姓氏辯證〕「古代君爲趙襄子所滅。子孫以爲氏」。戰國時趙人代擧。卽其後。

令 〔風俗通〕「令尹子文之後」。望出上郡。

令狐 出自姬姓。畢萬曾孫顆。以功別封令狐。子孫因以爲氏。見〔姓譜〕。望出太原。又唐時狐氏有改爲令狐者。

冉 周文王子季載封於冉。以地爲氏。又〔姓纂〕楚大夫叔山冉之後。以名爲氏。一云。高辛氏之後。又〔漢書顏注〕。今夔州開州首領多姓冉者。皆冉駹種。

冉相 古聖王有冉相氏。見〔莊子〕。

冊 盤瓠之後有冊氏。唐有黃國公冊安昌。見〔唐書〕。

冬 古掌冬官者之後。以官爲氏。又蜀夷姓。三國時南夷有冬逢。見〔蜀志〕。慕容皝有左司馬冬壽。見〔前燕錄〕。

冬日 〔姓苑〕伯益之後。〔通志氏族略〕晉趙衰之於人。如冬日之可愛。因氏焉。

出 〔姓氏尋源〕當爲出連氏所改。亦或出大汗氏所改。

出大汗 代北姓。後改爲韓氏。見〔魏書官氏志〕。姓纂作步大汗氏。

出連 〔西秦錄〕乞伏國仁之先。如弗斯引出連叱盧三部。自漢北出陰山。因姓出連氏。〔魏書官氏志〕出連氏後改爲畢氏。

功 博古圖周有功仲之盤。爲功姓之始。望出營陵。

加 出自夷姓。漢孔廟碑陰有番人加進。後漢順帝紀有車師後部王加特奴。

包 〔路史〕包犧氏後有包氏。又〔通志氏族略〕「楚大夫申包胥後。以字爲氏」。望出丹陽。一云。丹陽包氏。本鮑氏。避王莽亂改包。

北 〔姓苑〕「北氏。高麗姓」。一云。北姓當爲北門北宮北郭北人北野等姓所改。

北人 莊子有北人無擇。堯時人。後以爲氏。作比人非。

北丘 淮南子有東海北丘氏。一云。居於北丘者以爲氏。如東丘之類。

北門 以所居爲氏。黃帝臣有北門成。湯佐有北門側。

北唐 〔英賢傳〕晉有高人越者。隱伏於北唐。因氏焉。

北宮 〔姓纂〕「出自姬姓。衞成公曾孫括。世爲衞卿。別以所居爲北宮氏。又後漢靈帝時湟中義從胡有北宮氏。北宮伯玉是也。見〔後漢書〕。

北旄 〔世本〕「北髦氏。子姓」。一云。卽北髦氏。亦卽北殷氏。

北殷 契爲子姓。後分封。以國爲姓。有北殷氏。見〔史記〕。索隱云。北殷氏。蓋秦寧公所伐亳王湯之後。

北海 〔英賢傳〕古有劉河者。處於北海。其後以爲氏。

北郭 以所居爲氏。〔姓源〕出自齊大夫北郭子車之後。

北野 見〔姓纂〕。以所居爲氏。如東野之類。

北鄉 見〔姓苑〕。以所居爲氏。如南鄉之類。

占 〔姓氏辯證〕出自媯姓。陳公子完裔孫書。字子占。後人以字爲氏。

占尹 古主占之官。以世官爲氏。齊有占尹德及占尹應聲。見〔通志氏族略〕。

卯 〔路史〕楚公族有卯氏。

去 去疾氏之後。又後漢書南匈奴傳有右賢王去卑。其後或以爲氏。

去斤 代北姓。後魏孝文時改爲艾氏。見〔魏書官氏志〕。

去疾 〔世本〕鄭穆公子去疾之後有去疾氏。

古 〔風俗通〕「古公亶父之後。因氏焉。古公者。猶言先公也」。望出新安·新平·河內。〔潛夫論〕「古成氏之後分爲古氏」。又代北姓。後魏吐奚氏改爲古氏。見〔魏書官氏志〕。

古口引 代北姓。後改爲引氏。見〔魏書官氏志〕。

古治 齊有勇士古治子。見〔呂氏春秋〕。張澍云。當爲古冶官之後以爲氏。一作古野。又作固野。

古成 苦成之後。以邑爲氏。後隨音改古成氏。見〔風俗通〕。

古沁 後魏時有古沁氏。見〔魏書官氏志〕。

古里 劉靜脩古里氏名字序云。吳景。本姓古里氏。以女眞諸姓。今各就其近似者易從中國姓。故古里氏例稱吳。

古里甲 金姓。望出廣平。

古孫 〔姓苑〕賈孫氏之後。訛爲古孫氏。音亦隨變。

古野 卽古冶。

古龍 扶南國王姓古龍。見〔隋書〕。

句 山海大荒東經有困民之國。句姓。〔路史〕「句氏出句芒。少昊氏叔子重也爲木正。世不失職。以官爲句氏」。望出平陽。

句章 〔姓源〕左傳越有句章昧。以邑爲氏。

句龍 炎帝十一世孫句龍。能平九州。辨土地之宜。爲顓頊土正。其後爲氏。又後漢時南匈奴大人有句龍氏。卽句龍吾斯。見〔南匈奴傳〕。宋有句龍廷實。句龍如淵。蜀州多此姓。皆其後。

召 〔姓譜〕「系出姬姓。周太保奭食采於召。其後爲氏」。望出魏郡。

召伯 〔姓纂〕召伯奭之後。

可 代北姓。阿伏干氏可地干氏可地延氏並改爲可氏。見〔魏書官氏志〕。

可地干 後改爲可氏。見〔魏書官氏志〕。

可地延 後改爲可氏。見〔魏書官氏志〕。一說。改爲延氏。見〔通志氏族略〕。

可朱渾 代北姓。後居懷朔。隨魏南遷。見〔通志氏族略〕。後魏孝文改爲朱氏。見〔魏書官氏志〕。

可足渾 代北姓。南燕慕容儁皇后爲可足渾氏。一云。卽可朱渾氏。

可沓 夷姓。梁有河南王可沓振。

可奚 後魏酋帥之姓。

可單 代北姓。後改爲單氏。見〔魏書官氏志〕。

可達 〔姓苑〕世爲武川人。隨魏南徙。

可頻 王雄仕西魏。賜姓可頻氏。見〔周書本傳〕。

可邏 突厥酋帥有此姓。

台 出有台氏之後。后稷母姜嫄。有台氏女。望出武功。又音怡。出自[illegible]台氏。去黑爲台。見〔姓苑〕。望出安平。或云。駘氏後改焉。

叱 係叱干氏所改。陝西蒲城有叱氏。

叱力 吐谷渾酋長之姓。見〔魏書〕。

叱干 代人。後魏獻帝定姓叱干氏。居武川。見〔通志氏族略〕。又叱干氏有改爲薛氏者。見〔魏書官氏志〕。

叱奴 本部落名。拓跋興於代北。并他部。以本部中別族爲內姓。其他諸部隨方分之。北方有叱奴氏。又叱奴氏後改爲狼氏。並見〔魏書官氏志〕。

叱列 〔姓譜〕代北西部大人。世爲酋帥。以其部爲氏。

叱列伏 代郡西部人。其先第一領民酋長有叱列伏龜。見〔周書〕。一說。叱列姓。伏龜名。

叱利 〔魏書官氏志〕「後魏叱利氏。後改爲利氏」。又西魏賜楊紹爲叱利氏。

叱呂 代北姓。後改爲呂氏。見〔魏書官氏志〕。一作叱閭氏。

叱呂引 〔隋書〕覩德王雄初名惠。父納仕周。賜姓叱呂引氏。

叱豆 鮮卑有叱豆氏。叱豆渾是也。見〔西秦錄〕。

叱門 代北姓。後改爲門氏。見〔魏書官氏志〕。一作吐門氏。

叱茅 琅邪有此姓。見〔姓苑〕。

叱溫 代北姓。後改爲溫氏。見〔魏書官氏志〕。

叱雷 〔姓氏尋源〕卽叱盧氏。古雷字音與盧同。

叱盧 高車十二種。有叱盧氏。見〔魏書〕。後改爲祝氏。一云卽叱靈氏。

叱羅 代北姓。後改爲羅氏。見〔魏書官氏志〕。又張姓所改。魏張蕤從孝武入關。周時賜姓叱羅氏。見〔北史〕。

叱靈 部落名。西秦乞伏國仁之先。有叱靈部。見〔西秦錄〕。

史 〔急就篇注〕周大夫史佚之後。周又有史籀。晉有史黯。秦有史顆。衞有史狗・史鰌。其後並稱史氏。〔路史〕「倉頡後有史氏」。望出宣城・武昌。又隋時康國支庶分王有史國。卽以史爲氏。又唐時阿史那氏改爲史氏。又史繼先本夏后氏之苗裔。肅宗時賜姓史。

史朝 〔世本〕衞史朝之後。

史華 〔博物志〕「昔夏后筮乘龍而登於天。而枚占史華陶。陶曰吉」。史華氏卽陶之後。

右 右行・右師・右宰之後。改爲右氏。

右公 〔姓氏辯證〕衞右公子之職。後以官爲右公氏。

右尹 〔通志氏族略〕楚公子辛爲右尹。子孫氏焉。

右主 秦有右主氏。爲主車右之官。以爲氏。見〔呂覽〕。

右史 〔世本〕古者右史記事。有右史氏。

右行 〔風俗通〕晉賈華爲右行。因官爲氏。〔姓纂〕晉有屠擊將右行。子孫因爲氏。

右叔沛 高車十二姓。十二曰右叔沛氏。見〔魏書〕。一作右叔師。

右宰 衞大夫有右宰穀。見〔左傳〕。世其官者氏焉。

右師 宋莊公生公子申。世爲右師氏。見〔世本〕。漢有中郎將右師譚。後漢有博士右師細君。

右歸 〔路史〕宋微子後有右歸氏。

司 神農時有司怪。主卜。見〔元命苞〕。春秋時鄭有大夫司戚。見〔左傳〕。一云。司馬司徒司寇司城等姓。或有改爲單氏者。望出頓丘。

司士 古官名。以官爲氏。春秋時有司士賁。見〔禮記檀弓〕。

司工 〔通志氏族略〕周宣王時有司工錡。因官氏焉。

司功 〔世本〕晉士匄弟佗爲晉司功。以官爲氏。

司空 〔通志氏族略〕禹爲堯司空。支孫氏焉。堯後有隰叔孫士蔿爲晉司空。亦因氏焉。

司城 〔姓譜〕宋以武公名司空。故改爲司城。公子蕩爲司城。其後曰蕩氏。世爲司城。因氏焉。

司寇 〔風俗通〕蘇忿生爲周武王司寇。其後氏焉。〔世本〕衞靈公子公子郢之子孫爲衞司寇。以官爲氏。

司徒 〔帝王世紀〕舜爲堯司徒。支孫氏焉。

司馬 〔姓纂〕周宣王時程伯休父爲司馬。克平徐方。錫以官族爲司馬氏。又晉元帝姓牛。冒姓司馬氏。流人許穆之改姓司馬。郝恢之亦改姓司馬。並見〔魏書〕。

司國 見〔姓苑〕。張澍云。「當係古之司國政者。後以爲氏」。漢有朝議郎司國吉。

司褐 周有司褐拘。見〔漢書古今人表〕。又楚靈王大夫司褐扶。見〔韓子〕。司褐氏始此。

司鴻 〔風俗通〕「古有司鴻術」。張澍云。當爲古司鴻祀者之後。或司射鴻者。以其職爲氏。

司鐸 見〔姓苑〕。古官名。以官爲氏。周時有司鐸射。爲晉大夫。

四 〔路史〕子姓有四氏。

四飯 〔通志氏族略〕四飯缺之後。

失利波羅 一作矢黎婆羅。〔寰宇記〕盤盤國。有哥羅王。姓失利波羅。名米失鉢羅。

奴 〔統譜〕「盧奴之後。盧州府六合縣有奴氏。明有湖廣都司奴管」。張澍云。盧奴。地名。水黑曰盧。蓄而不流曰奴。居於此者以爲氏。

它 楚平王孫有田公它成。見〔世本〕。當爲它氏之始。戰國有它囂。見〔荀子〕。

尒 即爾。見爾字注。

尒朱 夷姓。即爾朱。見爾朱條。

尒綿 即爾綿。

尼 以尼山爲氏。又夷人亦有尼姓。

尼厖古 金姓。以部族爲氏。一作尼忙寤。一作尼瑪哈。望出隴西。

左 黃帝小臣有左徹。見〔呂覽〕。爲左姓之始。一云。左史倚相之後。又周穆王時有左史戎夫。亦左姓之所出。望出濟陽。

左人 以地爲氏。〔路史〕黃帝子夷彭之後有左人氏。

左公 〔姓纂〕「衞左公子洩之後」。左公子。官。洩其名。

左尹 楚左尹子蘢之後。

左丘 左丘明之後。〔姓纂〕齊國臨淄縣有左丘。〔通志氏族略〕「論語之左丘明。居於左丘。以地爲氏」。一說。左氏。丘明名。

左史 周時官名。以官爲氏。

左行 〔英賢傳〕晉先蔑爲左行。其後爲氏。

左伯 爲左姓之伯。以次第爲左伯氏。

左師 春秋時宋官名。爲此官者之後以爲氏。又魯亦有左師氏。

巧 〔夢谿筆談〕天竺四姓有巧氏。

巨 黃帝師封鉅之後有巨氏。一云。出炎帝後。望出南昌。

巨母 漢有巨毋霸。莽惡之。更其姓曰巨母氏。見〔漢書王莽傳〕。

巨辰經 〔潛夫論〕宋微子後有巨辰經氏。

市 周禮地官有司市。其後以官爲氏。

市南 楚有熊宜僚。居市南。後裔以所居爲氏。見〔姓纂〕。

布 西羌有此姓。〔風俗通〕「趙有布子。善相馬」。望出江夏。又唐龜茲王姓布。名失畢。

布叔滿 〔路史〕「高車十二姓有布叔滿氏」。一作布叔沛氏。

平 〔路史〕「出自韓哀侯少子婼。食采於平邑。後以爲氏」。一云。齊相晏平仲之後。望出河內、燕郡。又日本巨族有平氏。明萬曆時。倭王姓平。名秀吉。

平州 〔周書史記篇〕平州氏功大不賞。功臣怒而生變。平州出奔。〔盟會圖疏〕「平州在介休西」。是以地爲氏。

平林 地名。在湖北隨縣。史記有平林老。以地爲氏。

平寧 見〔姓苑〕。張澍云。「祝其平寧。因以爲氏」。

弁 與卞同。以地爲氏。卞莊子。亦作弁嚴子。見〔史記東方朔傳〕。

弗 禹後有弗氏。見〔史記〕索隱云。世本費作弗。是弗費本一姓。又代北姓。後魏黜弗氏、鐵弗氏、燕弗氏。皆改爲弗氏。見〔魏書官氏志〕。

弗忌 〔姓纂〕晉大夫欒弗忌後。

弗邪 占畢國之姓。見〔唐書〕。

弗斯引 乞伏部帥有弗斯引氏。見〔西秦錄〕。

弘〔風俗通〕衞大夫弘演之後。〔姓纂〕唐避諱改李氏。

必　見〔姓苑〕。張澍云。燧人氏四佐必育之後。又必字古與畢通。必姓或卽畢。

戊〔路史〕晉後有戊氏。又太戊氏改。

戊地　以國爲氏。〔唐書西域傳〕康居九姓。九曰戊地氏。

扑　夷姓。〔魏志〕建安二十年。巴夷朴胡舉巴夷來附。〔裴松之注〕朴音浮。〔集韻〕「扑。披尤切。」字宜从扌。不从木。

打　夷姓。丹眉流國使臣有打吉。打獵。見〔宋史〕。今蜀有打姓。

斥　音柘。〔姓纂〕「蔡州有此姓」。一云。出於斥章。以地爲氏。

旦〔姓氏辯證〕「宋紹興三年。以國諱改桓爲旦氏」。一云。齊桓公之後桓氏。避仇改爲亘氏旦氏。或又謂周公旦之後。

未　吐蕃尙恐熱姓未。名農力。見〔唐書〕。一作末。

末〔姓苑〕本姝秣。避難去禾爲末氏。望出襄城。〔寰宇記〕「末祿國。在亞梅國西南七百餘里。胡姓末者。土人也」。又吐蕃尙恐熱姓末。末一作未。

末那樓　夷姓。後燕有襄城公末那樓雷。

本　見〔姓苑〕。望出河西。張澍云。又爲明本雅失里之後。甘肅西寧有本姓。

尤〔章丘志〕縣有尤姓。自云金丞相尤虎高琪之後。

尤甲　金姓。一作尤要。望出彭城。

尤虎　金姓。望出金源。

正〔姓苑〕「正。之盛切。子姓。宋正考父之後。以字爲氏」。一云。「穆天子傳有正公郊父。郭注。正公。謂上三公。天子所取正者。正姓出此」。望出永昌。又音征。古仙人有正伯僑。見〔史記封禪書〕。惟此讀平聲。

正令〔姓纂〕其先周官太僕。掌貳車正令。後世氏焉。

正輿　春秋時。齊有萊人正輿子。見〔左傳〕。

母　見毋字注。

氏　夷姓。〔山海經〕「鼓延生靈恝。靈恝生氏人」。是氏羌爲炎帝之後。

永〔姓考〕「楚大夫采邑。因氏」。望出零陵。列仙傳有永石公。

汜〔通志氏族略〕「音凡。周大夫食采於汜。因以爲氏」。望出敦煌・濟北。

玄〔姓氏尋源〕玄氏當出自黃帝子玄囂。或帝嚳子玄元之後。又或黃帝臣玄囂之後。

玄氏〔山海經〕「太岳生先龍。先龍生玄氏」。是玄氏姜姓之後。

玄都〔風俗通〕古諸侯國。子孫以國爲氏。

玉〔山堂肆考〕「漢武帝時公玉帶後改爲玉氏。玉況其後也」。望出彭城。

王　音肅。後漢有司徒王況。見〔後漢書侯霸傳〕。按玉石之玉作玉。攻玉之王工作王。見〔正 〕。玉王相沿混用。故王況多作玉況。

瓜田　家有瓜田。因以爲氏。見〔姓氏尋源〕。漢書王莽傳有瓜田儀。

瓦〔路史〕楚有瓦氏。以邑爲姓。

甘〔姓譜〕武丁臣甘盤之後。〔史記索隱〕「出春秋時甘昭公子帶之後」。望出渤海・丹陽。

甘士　見甘莊條。

甘先　見甘莊條。

甘莊〔路史〕甘昭公子成公。世官王所。有甘先氏・甘莊氏・甘士氏。

生〔姓源〕蔡大夫歸生之後。〔通志氏族略〕呂甥卽瑕呂飴生。亦卽陰飴生。故又爲生氏。望出太原。

用　古有用國。今高唐乃用地。故有用姓。〔姓考〕「古有用國。見毛詩。後以國爲氏」。按毛詩無用國。鄘風。美孟庸矣。正義。庸當時列國姓。蓋用與庸通。故有用姓。漢書有高唐令用蚪。望出高唐。

田　系出嬀姓。〔史記田完世家〕「陳公子完奔齊。以陳氏爲田氏」。田陳聲相近。故可互稱。望出北平。又有黃姓改爲田者。黃子澄之子。變姓名爲田經。見〔列卿錄〕。

由〔風俗通〕「秦相由余之後。又楚大夫王孫由于。有忠勇之節。楚人亦謂其族爲由氏」。望出長沙。

由余〔姓氏辯證〕秦相由余之後有由余氏。

由吾〔姓纂〕由余之後仕吳。子孫入越。因號由吾氏。

由章〔潛夫論〕衞姬姓後有由章氏。

甲〔風俗通〕太甲之後」。一云。鄭大夫石甲父之後。〔路史〕「楚公族之後有甲氏」。望出滎陽。

甲父　古諸侯國名。見〔左傳注〕。以國爲氏。

申　系出姜姓。神農之後。有申呂封於申。見〔史記三皇本紀〕。後以國爲氏。周有申伯。望出魏郡・丹陽。又楚亦有申氏。

申公〔姓纂〕楚有申公氏鬬克。字子儀。謂之申公子儀。後以爲氏。

申叔　楚大夫申叔時食采於申。後以爲氏。見〔通志氏族略〕。

申徒　湯時有申徒狄。見〔莊子〕。〔風俗通〕「本申屠氏。隨音改申徒氏」。一云。申徒楚官號。以官爲氏。

申章〔路史〕「鄭後有申章氏」。又楚有申章氏。見〔新序〕。

申屠〔英賢傳〕周申侯後。支子居安定之屠原。因以爲氏。

申都　卽申徒氏。一作信都。見〔楚漢春秋〕。

白　出自姬姓。白乙丙之後。見〔唐

書世系表」。〔元命苞〕「炎帝臣有白皐怪義之子。爲神農通水脈」。當爲白姓之始。又或以地爲氏。唐置白州。卽逸周書所云白民之國。又吐谷渾酋長有白承福。莊宗賜姓李。又陳永貴胡人。本姓白。爲行軍總管。李可久爲吐谷渾寧朔兩府留後。本姓白氏。賜姓李。並見〔五代史〕。望出南陽。

白乙〔路史〕齊公族之後。春秋時有秦將白乙丙。

白公〔姓解〕楚白公勝之後。有爲氏者。

白狄〔杜預左傳注〕狄之別種。故西河郡有白狄部。

白亞 西河饑胡有白亞姓。〔見魏書〕。

白南〔路史〕楚有白南氏。

白侯〔姓譜〕白楚邑。爲舊侯國。楚人取而邑之。子孫因氏。〔路史〕「柏皇氏之後。有白侯氏」。一云。漢有柏侯氏。白侯爲柏侯聲轉。

白冥 嬴姓十四氏之一。見〔史記秦本紀贊〕。

白馬〔風俗通〕宋微子乘白馬朝周。後有白馬氏。又氏於職者。青牛白馬是也。〔潛夫論〕白馬氏。因地也。

白鹿〔風俗通〕「白鹿先生。古賢人。著書」。一云。周書王會解有白鹿國。或以地爲氏。

白象〔風俗通〕白象先生。古賢人。蓋隱者也。

白楊提 吐谷渾別帥。有白楊提姓。見〔魏書〕。楊。一作揚。

白鷺 印藪有白鷺氏。注云白卽伯字。是白鷺氏卽伯鷺氏。

皮〔風俗通〕周卿士樊仲皮後。〔姓譜〕「出鄭大夫子皮」。望出下邳。

目 見〔姓苑〕。張澍云。宋公子目夷之後。以王父字爲氏。

目夷〔史記殷本紀〕契爲子姓。其後分封。以國爲姓。有目夷氏。〔姓纂〕出自子姓。宋公子目夷之後。別爲目夷氏。

矢黎婆羅 見失利波羅條。

石〔春秋公子譜〕石駘仲之後。〔路史〕「石碏也」。望出武威·渤海。〔魏書官氏志〕後魏烏石蘭氏改爲石氏。又張姓冉姓有改石氏者。張智督改石會。冉閔冒石閔。均見〔後趙錄〕。婁姓有改石氏者。齊武明皇后用巫媼言改石氏。見〔北史〕。按駘仲爲石碏之族。見〔禮記鄭注〕。路史謂卽石碏。誤。

石戶 居於石戶者。因以爲氏。見〔姓氏尋源〕。

石牛 見〔姓苑〕。

石伯〔路史〕衞後有石伯氏。

石作 孔子弟子有石作蜀。見〔英賢傳〕。一云。當是攻石之工。以業爲氏。

石弟〔潛夫論〕宋石弟之後。子姓。

石抹 金姓。

石治 張澍云。漢碑有此姓。疑卽石駘氏。又或石作氏改。作與治義同。

石盞 金姓。望出廣平。

石駘〔姓考〕衞大夫石駘仲之後。

示 見〔姓苑〕。晉示眯明之後。

禾 博古圖。周有禾父巳鼎。列子有禾生。一云漢田禾將軍之後有禾氏。望出朔方。

穴〔路史〕楚穴熊之後有穴氏。

立 魯賢人立如子之後。後漢時北海有立氏。見〔景君碑〕。望出東魯。

立如〔風俗通〕魯有賢人立如子。

六畫

亘 宋紹興中。避諱改桓字爲亘。音宣。又音古鄧切。望出河南。

交 楚有交子。見〔符子〕。鄭亦有交姓。見〔張衡南都賦注〕。又博古圖。周有交父彝。

亥 出夏禹臣竪亥之後。又〔魏書官氏志〕後魏俟亥氏後改爲亥氏。

亦 見〔姓苑〕。張澍云。奕姓所改。又或元亦憐眞之後以爲氏。

仰 舜時仰延益瑟八絃爲二十五絃。見〔呂氏春秋〕。爲仰姓之始。錢鏐時湖州有仰氏。望出汝南·錢塘。

仲〔通志氏族略〕「高辛氏才子仲熊仲堪之後」。一云。仲山甫之子孫。以字爲氏。一云。出子姓。宋仲幾之後。望出樂安·中山。

仲行 左傳宋司馬仲行寅之後。見〔姓源〕。一云。嬴秦之後。見〔路史〕。

仲叔〔姓譜〕衞大夫仲叔于奚。其後以王父字爲氏。

仲長〔路史〕齊後有仲長氏。望出河南。

仲孫 魯公子慶父之後。慶父曰共仲。其後子孫以仲孫爲氏。見〔姓纂〕。又齊亦有仲孫氏。

仲梁 魯有仲梁氏。亦作仲眞。見〔韓非子〕。

仲雄〔路史〕「楚公族之後」。雄。一作熊。

仲熊〔潛夫論〕「楚公族有仲熊氏」。張澍云。當是八愷仲熊之後。一作仲雄。

仲顏 爲顏氏之仲。因以爲氏。魯有仲顏莊叔。齊亦有仲顏據。並見〔通志氏族略〕。

仵〔路史〕楚公族有仵氏。〔姓苑〕襄陽·莆田多此姓。

任 黃帝少子禺陽受封於任。以國爲氏。見〔唐書世系表〕。一云。系出風姓。太昊後。謝章薛舒呂祝終泉畢過。此十國皆任姓也。見〔左傳正義〕。望出樂安。又魏書巴賨夷帥有任氏。又元王信爲山東行省平章事。其子宣繼居父職。元亂。避居輿化。改姓任。

企 宕昌種人梁企定之後。見〔魏書〕。

佒 〔路史〕微子後有佒氏。〔風俗通〕衞大夫三佒之後。

伊 堯初生。依伊侯長孺。因以爲氏。見〔三輔舊事〕。一云。有莘氏女採桑伊川。故伊尹以邑爲氏。見〔姓譜〕。望出陳留及河南・山陽。又拓跋鄰以次弟爲伊婁氏。後改姓伊。見〔魏書官氏志〕。

伊力 西羌姓。

伊祁 堯生於伊祁山。故以爲姓。見〔帝王世系〕。

伊秩 伊尹之孫。又爲伊秩氏。見〔路史〕。

伊耆 〔周禮秋官伊耆氏鄭注〕伊耆。古王者號。後王識伊耆之德。故以名官。今姓有伊耆氏。

伊婁 鮮卑姓。後魏可汗拓跋鄰次弟爲伊婁氏。後改伊氏。或曰改婁氏。見〔魏書官氏志〕。周書有伊婁穆。

伋 〔路史〕「衞後有伋氏」。一云。丁公伋之後有伋氏。

伍 芈姓。黃帝臣有伍胥。見〔玄女兵法〕。當爲伍氏之始。望出安定・武陵。

伍參 〔世本〕楚伍參之後。子孫以爲氏。

伏 本風姓。伏羲之後。望出太原・高陽。見〔姓纂〕。一云。漢濟南多伏姓。孔子弟子虙不齊之後。虙伏宓並通。

伏羅 阿至國王姓伏羅。見〔魏書〕。

伐 周時有伐子。張澍云。必以有戰伐之功。因爲氏。

休 漢封楚元王子爲休侯。以邑爲氏。見〔史記年表〕。望出濟陰。又羌姓有休氏。又于寘國亦有休姓。

兆 見〔姓苑〕。望出趙郡。明有蓬萊縣丞兆元亨。

全 當以地爲氏。一說。全氏之先出於泉。見〔鮚埼亭集〕。望出京兆。又元阿魯渾薩里以父字萬全。遂爲全氏。

充 〔姓譜〕「出周官充人之後。以官命氏」。望出贊皇。

先 〔通志氏族略〕晉隰叔初封於先。故以爲氏。

先縠 〔姓纂〕晉大夫先縠之後。以爲氏。

先賢 匈奴日逐王姓先賢。見〔漢書〕。

光 〔路史〕黃帝庶子姞姓後。封光。因氏。〔姓考〕燕人田光後。秦末子孫避地。以光爲氏。

共 音恭。〔姓纂〕共工氏之後。〔姓譜〕「文王侵阮徂共。子孫以國爲氏」。一云。鄭共叔段之後。一云。出黃帝臣共鼓。望出河內。

共叔 〔通志氏族略〕鄭武公子共叔段之後有共叔氏。

冰 爲淩氏所改。河間有冰姓。

刑 出自古刑官之後。不與〔邢通。漢楊震碑有刑升高。望出五壑。又夷姓。匈奴有用事貴人刑未央。見〔漢書〕。

刑史 刑史爲主刑之史。如後世之決曹。以職爲氏。郳有刑史子臣。見〔古文瑣語〕。

列 〔風俗通〕古帝列山氏之後。鄭有列禦寇。〔路史〕「出列宗氏。楚公族」。望出滎陽。

列山 〔風俗通〕「古列山氏之後」。一曰厲山氏。卽連山氏。又卽烈山氏。

列宗 〔潛夫論〕楚公族後有列宗氏。芈姓。

刕 音梨。廣韻引字書云。出蜀刀逵之後。避難改刕氏。望出渤海。

劦 〔北史〕「百濟國大姓有八族。三曰劦氏」。劦音協。一本作刕。平聲。〔姓氏辯證〕劦音俠。朝鮮大姓有劦氏。

匠 〔風俗通〕「氏於事者。巫卜陶匠是也」。古有匠石。望出河東。

匠僂 代北姓。後改爲僂氏。見〔魏書官氏志〕。

匠麗 晉大夫有匠麗氏。見〔左傳〕。以官爲氏。

匡 〔風俗通〕匡。魯邑。句須爲之宰。其孫氏焉。〔姓氏辯證〕「宋避太祖諱。改爲主氏。政和間以民姓主爲嫌。又改爲康氏」。一云。改爲羌氏。望出晉陽。

印 〔姓纂〕「鄭穆公子睔。字子印。其孫印段。以王父字爲氏」。望出馮翊。

危 〔潛夫論〕三苗之後」。望出汝南・齊郡。又明危素之祖本姓黃。冒姓危。見〔宋學士集〕。

合 〔姓譜〕「出自子姓。宋向戌爲左師。食采於合。謂之合左師。後世氏焉」。望出馮翊。

合傅 〔路史〕「胡不害封合傅侯。因氏」。胡不害。漢功臣。

吉 〔唐書世系表〕「出自姞姓。黃帝裔孫伯鯈封於南燕。賜姓曰姞。後改爲吉」。望出馮翊・洛陽。

吉白 〔潛夫論〕吉白氏。華姓後。〔路史〕「楚有吉白氏」。是又爲芈姓。華芈字相近而訛。

吉夷 吉夷。古帝。在因提記。〔姓譜〕吉夷氏後有吉氏。

同 〔春秋圖〕商之支庶封郈。卽今同州。以國爲氏。〔姓氏辯證〕周官典同之後。

同官 見〔姓苑〕。一云。取同官爲寮之義。或取同官縣爲氏。

同蹄 〔廣韻〕「羌複姓。望出勃海」。唐有同蹄智壽。張澍云。當出於銅鞮。周造像記作同琋。字書無琋字。或蹄字之別體。

同羅 〔唐書〕「回紇九姓。五曰同羅氏」。按同羅。鐵勒之別部。以部爲氏。

名 〔姓考〕「楚大夫彭名之後」。望出楚郡。

后〔風俗通〕共工氏之子句龍爲后土。自三代以來。祀爲社神。子孫以后爲氏。〔潛夫論〕「魯之公族有后氏」。與郈厚均通。望出東海。

吐火 唐永徽初。吐火羅國遣使獻大鳥。是以國爲氏。

吐火羅 突騎施酋長有吐火羅姓。見〔唐書突厥傳〕。蓋以國爲氏。

吐伏盧 代北姓。後改爲盧氏。見〔魏書官氏志〕。

吐缶 代北姓。後改爲祝氏。見〔魏書官氏志〕。

吐谷渾 讀如突欲魂。〔前燕錄〕吐谷渾者。慕容廆庶長兄。因氏其字。以爲首領之稱號也。後將所部居西零以西甘松之南。極乎白蘭數千里。其孫葉延。以王父字爲氏。自號其國曰吐谷渾。遂爲吐谷渾氏。

吐門 代北姓。後改爲門氏。見〔魏書官氏志〕。一作叱門氏。

吐突 以部族爲氏。後魏時有吐突鄰部在女水上。見〔北史〕。

吐奚 代北姓。後改爲古氏。見〔魏書官氏志〕。

吐賀 代北姓。後魏有吐賀眞。見〔通志氏族略〕。

吐萬 代北姓。後改爲萬氏。見〔魏書官氏志〕。又鮮卑姓有吐萬氏。見〔隋書〕。

吐難 代北姓。後改爲山氏。見〔魏書官氏志〕。

向〔通志氏族略〕「祁姓。附庸之國。子孫以國爲氏。又宋桓公之後。公子肸。字向父。其後以字爲氏」。望出河南。

吁 與哔同。楚姓。〔路史〕唐扶碑有吁氏。

回〔姓氏辯證〕出自妘姓。祝融孫吳回之後。〔姓源〕「出古賢者方回之後」。望出臨安。明史有回滿住。

回紇〔唐書〕回紇九姓。一曰回紇氏。

因〔穆天子傳〕天子西征。至於因氏。〔郭注〕「國名」。是以國爲氏。一云。逐人四族有因氏。見〔左傳〕。望出齊郡。

圭〔姓考〕「圭國。舜後。左傳鄭穆公妃曰圭嬀是也。一作邽。因氏」。望出陳留。

地 黃帝臣有地典。見〔羣輔錄〕。爲地姓之始。〔姓考〕地。後魏夷姓。

地倫〔廣韻〕後魏有地倫氏。

地連〔廣韻〕後魏有地連氏。

地駱拔 代北姓。後改爲駱氏。見〔魏書官氏志〕。一作他駱拔。

夙〔姓苑〕古夙沙氏之後。〔廣韻〕魯大夫季孫夙之後。〔路史〕「晉逝遨後有夙氏」。望出魯郡。

夙沙 炎帝時侯國。見〔英賢傳〕。後以國爲氏。齊有夙沙衞。其後也。一作宿沙。

多 商有多父鼎。多姓始此。一云。漢多軍之後。望出丹陽。〔寰宇記〕「唐坻丘郡六姓。一曰多氏」。雲南夷亦有多姓。係剁氏改。

多利思 倭國王之姓爲多利思氏。見〔隋書〕。

多蘭 代北多蘭部大人。因以爲姓。見〔廣韻〕。

多蘭葛〔唐書〕「回紇九姓。一曰多覽葛」。亦作多濫葛。又作多臘葛。在薛延陀東北。瀕同羅水。以部族爲氏。

夷 黃帝之臣夷牟作矢。爲夷姓之始。一云。夷。妘姓。爲詭諸采邑。卽城父。見〔姓苑〕。望出城陽。尸子以夷逸爲夷詭諸之後。

夷吾〔通志氏族略〕晉惠公名夷吾。其後支庶以名爲氏。

夷門〔姓纂〕侯嬴爲夷門抱關。後因氏焉。

夷鼓〔英賢傳〕黃帝子夷鼓之後。

夷陽 晉國有夷陽午。古今人表作夷羊五。蓋取獸名爲姓。

夷維 應劭云。密州高密縣古夷安城。故萊夷維邑。蓋因邑爲姓。

夸〔路史〕姜姓後有夸氏。

如 鄭公子班。字子如。見〔左傳〕。鄭公族多以王父字爲氏。漢時平陵有如氏。望出馮翊。

字 天竺國有字氏。見〔康泰扶南傳〕今甘肅慶陽有此姓。

宇〔路史〕「周申伯之後有宇氏」。望出河南。一云。係宇文氏所改。

宇文 其先爲鮮卑君長。有名普回者。因狩得玉璽。有文曰皇帝。以爲天授。其俗謂天子曰宇。因以爲氏。見〔周書〕。

守 宋有守紊。與蘇軾爲詩友。望出西河。

安 出自姬姓。黃帝生昌意。昌意次子安居於西方。自號安息國。後入中國。以安爲姓。見〔唐書世系表〕。望出姑臧、河內。又後魏安遲氏改爲安氏。見魏書官氏志〕。又安祿山本姓康。冒姓安。李抱玉本姓安。恥與祿山同姓。賜姓李氏。並見〔唐書〕。

安丘 北海密縣西南有安丘城。以邑爲氏。漢時有此姓。

安平〔姓纂〕齊將軍田單封安平君。因氏焉。

安金 見〔姓纂〕。唐有安金全。安金俊。

安是 晉厲公有大夫安是叔施。見〔英賢傳〕。

安國〔姓氏尋源〕漢侯公濟太上皇於鴻溝之阨。謚曰安國君。必其子孫以安國爲氏。

安陵 戰國時。楚王嬖臣封於安陵。是爲安陵君纏。見〔國策〕。子孫氏焉。

安期　琅邪人有安期氏。見〔英賢傳〕。以地爲姓。

安都　漢悼惠王子志封安都侯。其後爲安都氏。

安遲　代北姓。後改爲安氏。見〔魏書官氏志〕。

寺　〔姓纂〕「古寺人之後有寺氏。有寺人氏」。越有寺區。

寺人　古寺人之後。

州　周有州邑。後屬晉。春秋時之州綽．州賓。其先食采於州。因以爲氏。見〔風俗通〕。望出武陵。又淳于公謂之州公。其後亦爲氏。

州來　〔路史〕吳後有州來氏。州來。古國。楚滅之。吳取以封季子。

年　齊太公後有年氏。見〔路史〕。又嚴姓訛爲年。見〔明史年富傳〕。

幵　音堅。罕羌幵羌。羌之別種。降漢。處之天水。名其地爲罕幵縣。因以爲姓。見〔漢書趙充國傳注〕。

忖　齊有忖乙。爲管仲所誅。見〔通志氏族略〕。

忙　見〔姓苑〕。一云。元有忙哥撒兒。封兗公。其後以爲氏。

戍　博古圖周有戍命之彝。〔姓譜〕唐河陽令有戍盈孫。

戎　宋微子後。見〔潛夫論〕。望出江陵．扶風。烏桓亦有戎姓。曰戎朱庾。見〔漢書〕。

戎子　〔路史〕炎帝參盧之後。

戎胥　〔路史〕商仲衍之後戎胥軒。娶酈山氏。後有戎胥氏。

旬　〔路史〕晉逝遨之後有旬氏。〔姓考〕郇姓去邑爲旬。

旭　見〔姓苑〕。

曲　〔風俗通〕「晉穆侯封少子成師於曲沃。後氏焉」。張澍云。「曲氏爲桀臣曲逆之後。不始成師。」又唐奚契丹之酋領有曲氏。望出雁門．陝郡。

曲阜　〔姓纂〕大庭氏居曲阜。有阜氏。曲阜氏。

有　〔路史〕「古帝有巢氏之後」。望出東晉。明之有日興。洪武時於有上加宀。賜姓爲宥。

有山　〔姓考〕「魯大夫采邑。因氏」。左傳。魯哀公卒於有山氏是也。

有仍　有仍氏生女曰緡。黰髮而美。夏后相立爲后。見〔左傳〕。

有男　姒姓。禹後分封。用國爲姓。有有男氏。見〔史記〕。一作有南。

有施　〔帝王世記〕「夏桀妃妹喜。爲蒙山有施氏之女」。韋昭云。有施國。喜姓。

有偃　〔姓纂〕皐陶偃姓之後。

有巢　〔姓纂〕古帝有巢氏後。

有扈　禹同姓。其後分封。用國爲姓。有有扈氏。見〔史記〕。

有莘　〔帝王世紀〕湯先娶有莘氏女爲妃。

有鬲　〔姓氏辯證〕「夏諸侯國。少康之臣靡常奔焉。收二國之燼。以滅寒浞」。後爲有鬲氏。一云。仲康封弟叔能於河洛。曰有鬲氏。

有黃　〔歸藏易〕羿妻竊藥。筮於有黃氏。

有窮　〔姓源〕后羿自鉏遷於窮石。號有窮氏。

有蟜　〔路史〕魯伯禽後有有蟜氏。

朱　本高陽氏後。周封於邾。子孫去邑爲氏。見〔姓苑〕。望出沛國．義陽．吳郡．河南。一云。舜臣朱虎之後。又後魏渴濁渾氏．可朱渾氏。並改爲朱氏。見〔魏書官氏志〕。

朱邪　西突厥部族之號。世居沙陀。唐憲宗時自號沙陀。而以朱邪爲姓。唐後賜姓李。卽後唐李氏之先也。見〔五代史唐本紀〕。

朱襄　〔姓解〕古天子朱襄氏之後。

朴　板楯七姓蠻。有朴氏。高麗亦有朴氏。元順帝時。宦官朴不花。高麗人。其先本王氏。

朵　見〔姓苑〕。亦作朶。一云。或係元人朶兒赤．朶耳厤．朶顏之後。

次　〔路史〕「楚公族有次氏」。楚有勇士次非。見〔呂氏春秋〕。一作佽。又作茲。

汎　卽氾氏。

汝　〔姓源〕「周平王少子封於汝州。其後有汝氏」。一云。殷賢人汝鳩之後。一云。以水名爲氏。望出江陵．潁川．渤海。

江　〔姓譜〕「系出嬴姓。伯益之後。封江陵。子孫以國爲氏」。望出濟陽。

池　〔風俗通〕「氏於地者。城郭園池是也」。陳留有池氏。秦丞相池子華是。望出西平。

牟　〔風俗通〕牟子國。祝融之後。因氏焉」。望出鉅鹿。

牟孫　〔路史〕小邾子後有牟孫氏。

物　音鳩。路史引世本云。子姓國有物氏。

犴　吳大夫胥犴後。漢有犴友。見〔漢書梁孝王傳〕。或作豻。望出睢陽。

甪　見角字注。

甪里　見角里條。

百　〔說文〕「百儵。黃帝之後。姞姓」。左傳作伯儵。望出南陽。又高麗八姓。其一曰百氏。

百里　〔風俗通〕秦百里奚之後。出自姬姓。其先虞人。入秦。受邑於百里。因氏焉」。望出京兆。

乩　音伽。西夏有乩姓。字亦作卬。〔字彙補〕「罕東衞姓也」。蓋以地爲氏。

竹　〔姓譜〕「本姜姓。孤竹君二子伯夷叔齊。有讓國之賢。子孫以國爲氏」。望出東莞。又漢夜郎侯生於竹中。以竹爲姓。見〔江漢叢談〕。

米　〔胡三省通鑑注〕「米姓出自西域

康居支庶。分爲米國。後入中國。子孫遂以爲姓」。望出隴西。高平。宋米芾以米爲楚國之後。

米禽 〔唐書〕党項以姓別部。有米禽氏。

羊 〔姓氏辯證〕出自周官羊人之後。以官爲氏。〔姓譜〕「出自晉羊舌氏」。望出泰山。又零陵蠻有羊氏。

羊舌 〔姓纂〕晉靖侯之後。食采於羊舌邑。因氏焉。〔杜預左氏釋例〕「羊舌氏姓李名果。有人盜殺羊而遺其頭。受而埋之。後盜事發。掘示之。羊舌尙存。因得免。遂以爲氏」。望出河東。

羊角 〔姓譜〕春秋衞大夫食采於羊角。以邑爲氏。

羽 鄭穆公之子揮。字子羽。其孫頡。奔晉爲任大夫。見〔左傳〕。以王父字爲氏。望出河南。

羽弗 代北姓。後魏改爲弗氏。見〔魏書官氏志〕。

羽眞 高琳之五世祖宗。率衆歸魏。拜第一領民酋長。賜姓羽眞氏。見〔周書〕。

老 〔風俗通〕「顓頊子老童之後」。〔姓源〕「老聃之後」。又宋之老氏。爲戴公之孫。以地爲氏。望出河南。

老成 宋有老氏。出戴公。後有老成氏。宋大夫老成方。見〔姓考〕。

老男 〔路史〕宋微子後有老男氏。

老商 列子師於老商子。

老萊 〔英賢傳〕老萊子後。有老萊氏。

老龍 莊子有老龍吉。

考 〔姓苑〕「開封有此姓」。一云。周考王之後。當係考成氏所改。

考成 〔姓纂〕「老成氏或爲考成氏」。一云。濟陽有考城。或以城去土而爲氏。

耳 見〔姓苑〕。張澍云。李耳之後。或魏如耳之後。

聿 博古圖周有聿遠之鬲。鐘鼎款識有聿速。商人。當爲聿氏之始。

肶 音尺。〔統譜〕浙江武康縣有肶姓。

臣 商太戊時有臣扈。又馬韓國官名。大者名臣智。或後人以官爲氏。

自 〔世本〕自。子姓。

自死獨膊 代北四字姓有自死獨膊氏。見〔魏書官氏志〕。

臼 晉胥臣食采於臼。稱臼季。見〔左傳〕。後以邑爲氏。

臼季 晉胥臣字季。食邑於臼。謂之臼季。其後有臼季氏。

舌 〔路史〕「越之後有舌氏」。一云。周官舌人之後。

舟 〔姓源〕姜姓。炎帝之裔有舟國。因氏」。一云。舟。楚地。齊地有舟道。又按舟牧爲主舟之官。以地或官爲氏。望出絳郡。

艮 見〔姓苑〕。漢有艮當。注樂經。

艾 夏少康臣汝艾之後。望出天水・隴西・汝南。一云。齊大夫艾孔之後。又後魏去斤氏改爲艾氏。見〔魏書官氏志〕。

艾歲 〔路史〕宋微子之後有艾歲氏。

虫 古虺字。〔路史〕顓頊後有虫氏。

血 茂州夷姓。

行 〔風俗通〕「周禮大行人之後。以官爲氏」。望出平襄。

行人 以官爲氏。春秋時。陳有行人之儀。吳有行人儀。鄭有行人子羽。

衣 齊人言殷聲如衣。衣姓爲殷之胄。見〔禮記鄭注〕。

西 〔姓苑〕「西門豹之後改爲西氏」。望出魏郡。

西乞 〔世本〕秦帥西乞術之後。

西方 〔姓纂〕少昊金天氏。位主西方。子孫以爲氏。

西王 以地爲氏。卽爾雅四荒之西王母國也。

西申 〔通志氏族略〕瑞應圖。周成王時西申國獻鳳留中國。因氏焉。

西周 〔姓源〕周末分爲東西二周。西周武公庶子以西周爲氏。

西河 以所居地爲氏。漢有西河子儀。

西門 〔通志氏族略〕鄭大夫居西門。因氏焉。

西宮 見〔姓苑〕。一云。諸侯子弟居西宮者以爲氏。如南宮之類。

西夏 古國名。〔穆天子傳〕「自陽紆西至於西夏氏」。是以國爲氏。

西郭 〔英賢傳〕齊有隱者居西郭。因氏焉。

西野 見〔姓苑〕。一云。居於西野者以爲氏。如東野之類。

西陵 〔淮南王蠶經〕「西陵氏黃帝妃嫘祖。始勸蠶」。西陵氏祖此。春秋時有西陵高。

西都 〔潛夫論〕「西都氏。因居也」。當爲周後。

西鄉 宋大夫西鄉錯之後。見〔世本〕。尸子有隱者西鄉曹。

西鉏 〔英賢傳〕宋大夫有西鉏氏。西鉏吾是也。

西樓 出自姒姓。杞東樓公之子曰西樓公。子孫以號爲氏。

西閭 居於邑之西閭者以爲氏。

邗 〔姓考〕「周武王子封邗。因氏」。望出上谷。漢有邗侯。爲上谷太守。

邘 〔姓氏辯證〕周武王子封於邘。因氏。

邛 周大夫邛叔食邑。因以爲氏。見〔路史〕。望出蜀郡。

阡 蜀有阡姓。或氏王楊千萬之後。加邑爲阡。見〔姓氏尋源〕。望出臨邛。

⿰凡阝 〔路史〕周公子凡伯之後。有凡氏⿰凡阝氏。

七畫

伯 〔風俗通〕嬴姓。伯益之後。〔姓氏辯證〕姜姓。伯夷之後。望出河東。

伯比 〔姓氏辯證〕「楚若敖之後」。伯比姓闞氏。復以伯比爲氏。所以別族也。

伯州 〔姓源〕晉伯州犂奔楚。因爲伯州氏。

伯有 〔姓纂〕「鄭穆公玄孫良霄。字伯有。子孫氏焉」。伯有爲良氏。復爲伯有氏。亦所以別族。

伯成 莊子有伯成子高。當爲伯成氏之始。一作柏成。

伯宗 〔世本〕「晉大夫伯起生伯宗。因氏焉」。起當作糾。

伯封 大禹臣有伯封叔。後以爲氏。見〔列子〕。

伯昬 列禦寇友有伯昬瞀人。

伯夏 〔姓纂〕畢公高之後。〔路史〕魏後有伯夏氏。

伯常 齊有伯常氏。伯常騫是也。見〔晏子春秋〕。一作柏常。

伯德 夷姓。〔遼金元姓譜〕金大定時。定奚姓爲五。曰姚里。曰伯德。曰奧里。曰梅智。曰揣。皆遼姓也。

伶 〔通志氏族略〕「伶人。掌樂之官。以爲氏」。一作泠。

伸 宋有伸意。莆田人。政和進士。

似 高麗族有似先氏。後改爲似氏。見〔通志氏族略〕。又後魏時姒氏改爲似氏。見〔魏書官氏志〕。亦作佀。

似先 〔通志氏族略〕本高麗餘種。唐有右驍衛大將軍似先英問。後改爲似氏。

似和 唐時西域酋有似和姓。開元間有左威衛大將軍似和舒。見〔通志氏族略〕。

伾 〔路史〕仲虺之後有伾氏。

但 〔通志氏族略〕但平聲。漢有西域都護但欽。濟陰太守但巴」。張澍云。當出自且姓。

位 〔漢書西域傳〕「匈奴以其弟位侍爲于寘王」。其後或有以爲氏者。陝西寧羌縣有此姓。

住 〔姓苑〕「今江東有此姓」。一云。當係庫住氏所改。

何 周武王弟叔虞封於韓。韓滅。子孫分散江淮間。轉音爲何氏。望出廬江。東海。陳郡。見〔廣韻〕。又漢何苗本姓朱。冒姓何。見〔漢書五行志〕。又吐谷渾亦有何氏。見〔五代史〕。又元永吐蕃宣慰使鎭南。其子銘入明爲河州衛指揮同知。賜姓何。見〔蘭州府志〕。

何丘 卽衛丘氏。以地爲姓。

何奈 〔姓譜〕匈奴單于之裔。歸漢爲何奈氏。

何魯 金姓。

佗 晉大夫公佗世卿之後。一云。衞庾公之佗之後。

佘 〔姓苑〕「佘南昌郡人。今新安有之」。張澍云。古有余無佘。佘之轉音爲禪遮切。音蛇。今人妄作佘。非也。

佘丘 〔路史〕「齊後有佘丘氏」。佘丘。公族采地。卽蛇丘。亦作余丘。

余 〔風俗通〕秦由余之後。〔姓苑〕今新安大族。望出下邳。吳興。

余丘 齊公族食采余丘。因氏。漢有侍御史余丘炳。見〔通志〕。按蛇丘爲齊公族采地。見應劭風俗通。後以音同作佘丘。通志作余丘。當爲字訛。

佚 〔姓譜〕「周史佚之後」。一云。逸周書武王俘佚侯。或其子孫以國爲氏。

佛 〔姓氏尋源〕晉之葬肸。論語作佛肸。佛姓宜出此。又或出佛圖氏。

佛圖 〔姓氏尋源〕習佛圖之教。因以爲氏。亦作佛屠。浮屠。

作 〔路史〕「祭公後有作氏」。一云。周公之子胙侯。子孫避地改爲作氏。

佟 〔路史〕「夏太史終古歸商。後有佟氏」。又遼東亦有佟姓。

克 見〔姓苑〕。明洪武中有穎上縣丞克明。山西人。

兌 音銳。〔路史〕宋微子後有兌氏。

免 〔姓纂〕衛大夫免餘之後。或王父字爲氏。

冏 周太僕伯冏之後。

冶 周官冶氏。掌爲兵器。以其世官爲氏。

冷 〔路史〕康叔後有冷氏。〔山堂肆考〕「古伶倫之後。音訛爲冷。望出新蔡。臨安。

初 見〔姓苑〕。望出南郡。

別 〔姓苑〕「別氏。京兆人。望出天水。京兆」。一云。別成子之後。

利 〔路史〕老子之後有利氏。老子祖名利貞。後爲氏。〔姓纂〕「楚公子食采於利。因以爲氏」。望出河南。又後魏有叱利氏。後改爲利氏。見〔魏書官氏志〕。

利非 卽荔非。亦卽麗飛。

利孫 〔路史〕楚有利孫氏。〔姓氏辯證〕晉大夫公孫食邑於利。因爲利孫氏。

君 堯師有君疇。見〔白虎通〕。又西域莎車有君姓。

吳 顓頊時有吳權。通阿女緣婦。見〔山海經〕。舜後封虞。虞音近吳。故舜後亦有吳氏。見〔史記索隱〕。少康時吳賀與羿期射。見〔帝王世紀〕。廣韻云。泰伯之後。始封於吳。因以命氏。吳氏不始於泰伯。望出延陵。

吳丘 〔路史〕「顓帝後有吳丘氏」。一云。吳與虞通。卽虞丘氏。

吾 〔路史〕「系出己姓。夏昆吾之後」。春秋時楚有吾氏。三國時吳有吾粲。

吾丘 中山有吾丘姓。見〔說苑〕。一云。吾音虞。卽虞丘氏。以地爲氏。

告 〔路史〕告氏。文王之後。與郜同。〔鼠璞〕郜氏省文爲告氏。

呂 出自姜姓。共工氏從孫伯夷佐堯掌四岳。佐禹治水。封爲呂侯。爲呂氏之始。見〔呂氏世系表〕。望出河東・東平。又晉之呂錡・呂相。本魏氏所分。見〔姓源〕。又後魏叱呂氏。後周俟呂陵氏。均改爲呂氏。見〔通志氏族略〕。

呂相 〔姓纂〕「秦相呂不韋。本陽翟賈人。子孫以貴氏焉。」張澍云。左傳晉呂相有絕秦書。安知非其子孫以爲姓乎。

困沒長 〔唐書南詔傳〕驃國。其王姓困沒長。名摩羅惹。

均 州名。以爲氏。見〔通志氏族略〕。

坊 〔潛夫論〕「坊氏。陳敬仲之後」。一說。以州爲氏。

坎 宋微子後有坎氏。以地爲氏。望出睢陽。

夾 漢書藝文志有春秋夾氏傳。一云。夾氏卽郟氏・俠氏・莢氏。

夾谷 金姓。其先出女眞加古部。後訛爲夾谷。

妘 國名。嬴姓子爵。祝融之後。封於羅。號妘子。後以爲氏。見〔通志氏族略〕。

妙 西羌有妙姓。見〔宋史〕。

玫 〔說文〕「玫。姓也」。廣韻作妞。玫古文好字。高麗人有此姓。

孛 同悖。〔路史〕「籛鏗之後有孛氏」。望出豫章。一云。或係宋孛朮魯・元孛魯歡之後。

孛朮魯 金泰和間女眞姓氏。望出廣平。

孝 〔風俗通〕齊孝公之後。支孫以謚爲氏。

宋 周武王封微子於宋。其後以國爲氏。見〔唐書宰相世系表〕。望出西河・廣平・敦煌・河南・扶風。又宋姓改爲李者。宋文通賜姓名李茂貞。見〔唐書〕。又辰州蠻酋有宋姓。宋鄴是也。見〔五代史〕。

完 〔路史〕「微子後有完氏」。張澍云。今完顏氏皆去完爲顏。惟曲阜不敢冒兖國之姓。特稱完氏。

完顏 金國姓。以部落爲氏。望出大興。又完顏仲元・完顏阿林。本姓郭氏。完顏霆・完顏耀珠。本姓李氏。完顏佐本姓梁氏。並賜姓完顏氏。

尾 〔潛夫論〕微子後有尾氏。〔路史〕魯後有尾氏。

尾勺 成王分魯公以商民六族。一曰尾勺氏。見〔左傳〕。

尾生 古尾生之後。卽微生也。〔古字通〕尾生者。晉生之末也。因以爲氏。

岐 〔陳留風俗傳〕「岐氏。黃帝師岐伯之後」。望出安化。

岑 〔風俗通〕「周文王異母弟耀。武王封爲岑子。後因爲氏。望出南陽」。又兩越狸人多岑姓。

巫 黃帝時巫彭作醫。爲巫氏之始。商臣有巫咸・巫賢。其後並以巫爲氏。望出平陽。

巫臣 〔姓纂〕「晉大夫屈巫臣之後」。一說。楚申公巫臣之後。

巫咸 〔通志氏族略〕「巫咸。商卿。其後以官爲氏。」張澍云。唐堯時卽有巫咸。不自商始。

巫馬 〔周禮夏官〕「巫馬。掌養疾馬而乘治之」。是以官爲氏。

希 〔路史〕「希氏。伏羲氏之後」。希義古通用。

序 〔路史〕楚附敘之後有序氏。

廷 楚大夫廷臣之後。

延 出吳公子札。札食采延陵及州來。故稱延州來季子。見〔左傳〕。望出河南。又西域亦有延氏。見〔漢書西域傳〕。又後魏有可地延氏。改爲延氏。

延丘 地名。在濮陽縣東。因延陵季札葬於此丘得名。後乃以地爲氏。

延州 〔通志氏族略〕吳季札又封於州來。曰延陵州來。因氏焉。

延陀 唐時有武候將軍延陀梯眞。見〔唐書〕梯眞。薛延陀種。因氏焉。

延陵 〔路史〕吳季札居延陵。因氏。亦爲延州來氏。

弄 漢西南夷弄棟之後。

弟 〔池北偶談〕「山東章丘有弟氏」張澍云。上古醫有弟父。又或漢人趙弟之後。今山西曲沃多此姓。

形成 〔姓解〕史記有形成氏。

彤 〔路史〕周成王封支子於彤。後以爲姓。〔史記夏本紀索隱〕周有彤伯。蓋彤城氏之後。

彤城 禹之後分封。以國爲姓。有彤城氏。見〔史記〕。

彤魚 彤魚氏生夷鼓。黃帝三妃也。見〔國語〕。

忌 〔風俗通〕周公忌父之後。以王父字爲氏。

忽 西羌大豪有此姓。見〔後漢書西羌傳〕。望出西平。

志 見〔姓苑〕。元有歸德知府志能。

成 〔通志氏族略〕「周文王五子郕叔武之所封。其後以國爲氏。或去邑爲成氏」。望出上谷・東郡。又屠各有成氏。見〔北涼錄〕。又南蠻有成氏。見〔宋書夷蠻傳〕。

成公 〔路史〕昭王子成公男。後有成公氏。〔姓譜〕姬姓。衛成公之後。

成王 〔通志〕芈姓。楚成王之後。

成功 〔姓苑〕禹治水告成功。後人以爲氏。

成紀 居於成紀。以地爲氏。

成陽 秦有成陽君。後以爲氏。

我 春秋齊公子子我之後。戰國時有我子。著書。爲墨子之學。見〔漢書藝文志〕。

戒 見〔姓苑〕。

扶 禹臣有扶登氏。見〔路史〕。望出河南。蜀有扶姓。爲漢廷尉扶嘉之後。

扶餘 見夫餘條。

技 〔路史〕周後有技氏。

抄 明永樂時有舉人抄思。歸善人。

把 〔廣韻〕「本杞東樓公之後。杞康避董卓難。改把氏」。一云。把利氏後。改爲單姓。

把利 党項部慶州有把利氏族一。見〔唐書〕。

投 〔風俗通〕郇伯。周畿内侯。桓王伐鄭。投先驅以策。其後氏焉。〔路史〕「晉逝敖之後有投氏」。望出平陽。

投壺 〔風俗通〕晉中行穆子相投壺。因以氏焉。

抗 〔通志氏族略〕「抗氏望出丹陽。後漢泰山都尉抗徐」。亦作杭徐。按抗杭本一字。參看杭字注。

折 〔通志氏族略〕「折氏望出西河。宋爲大姓。世守麟州。猶古諸侯」。一云。出匈奴折闒王之後。支孫有折氏。闒氏。

折婁 〔魏書〕折婁氏。本鮮卑。隨魏南徙。

折掘 西羌姓。〔南涼錄〕「禿髮傉檀立其妻折掘氏爲皇后」。一作折屈。

折逋 吐蕃首領有折逋氏。見〔宋史〕。胡三省云。折逋。羌族也。因以爲姓。

折闒 〔漢書霍去病傳〕「合短兵殺折闒王」。顏師古曰。折闒。匈奴中姓也。今鮮卑有是闒姓者。即其種。

攸 〔路史〕召公後有攸氏。

改 〔世本〕改。子姓國」。秦有大夫改產。望出咸陽。

更 戰國時魏有更嬴。見〔國策〕。更氏當出此。一云。當爲五更者之後。以爲氏。

杌 〔姓纂〕「左傳楚檮杌之後。檮杌惡獸。後以爲氏」。張澍云。當爲高陽不才子檮杌之後。林說誤。

李 出自嬴姓。皋陶之後。世爲大理。以官命族爲理氏。見〔唐書宰相世系表〕。一云。理李古字通。老子因祖爲理官。以爲姓。望出隴西。又趙郡李氏。爲趙將武安君之後。李左車其先也。見〔北史李士謙傳〕。又李特。蜀竇人。見〔晉書後蜀載記〕。又後魏有叱李氏改爲李氏。見〔魏書官氏志〕。又徐氏邴氏安氏杜氏胡氏弘氏郭氏麻氏鮮于氏張氏阿布氏阿跌氏舍利氏朱邪氏董氏羅氏。並以立功從唐國姓爲李氏。見〔路史〕。

李闒 代北姓有李闒氏。見〔魏書官氏志〕。

杜 〔世本〕杜康作酒。〔注〕黃帝時人。〔通志氏族略〕「陶唐氏裔孫劉累之後。在周爲唐杜氏。成王滅唐。遷封杜伯。子孫居杜城」。爲其得姓之始。望出京兆。漢陽。南陽。又後魏獨孤渾氏改爲杜氏。見〔魏書官氏志〕。

杞 周封禹後於杞。以國爲氏。見〔姓纂〕。望出齊郡。

束 漢疏廣之後。王莽末。廣曾孫孟達自東海避難沙鹿山。因去疎之足改姓束氏。見〔晉書束皙傳〕。望出南陽。

步 晉大夫步揚食采於步。後因氏焉。見〔潛夫論〕。望出平陽。又後魏步鹿根氏後改爲步氏。見〔魏書官氏志〕。

步大汗 〔姓纂〕步大汗氏出塞北。遷中土河南。北齊書有步大汗陵。太安狄那人。後改爲韓氏。

步六孤 後魏時代北姓。孝文改爲陸氏。見〔魏書官氏志〕。又西魏賜陸通爲步六孤氏。見〔通鑑注〕。又北齊天保中大誅元氏。賜元蠻步六孤氏。見〔北齊書〕。

步叔 〔姓纂〕「孔子弟子步叔乘。字子車。齊人。後以爲氏」。望出魯郡。

步鹿根 代北姓。後改步氏。見〔魏書官氏志〕。

步揚 〔姓苑〕晉大夫步揚之後。

步溫 〔姓苑〕晉大夫郤至初食采於步。後徙溫。爲步溫氏。

求 本仇氏。避難改求。見〔姓苑〕。一云。裘氏轉爲求。見〔急就篇注〕。一云。陸終第四子求言之後。

汪 〔通志氏族略〕「汪芒氏之後」。一云。魯成公支子食采於汪。因以爲氏。按唐汪華封越國公。世居於歙。其族最繁。望出平陽。

汪罔 一作汪芒。〔路史〕「汪罔氏。防風所改」。一云。夏爲防風。釐姓。商爲汪罔。漆姓。或曰。即鄋瞞。周之長狄也。

汲 〔風俗通〕「衞宣公太子伋之後。居汲。因以爲氏」。望出濮陽。淸河。〔路史〕齊宣公之子孫封汲。爲汲氏。

汴 見〔姓苑〕。張澍云。以水名爲氏。汴本作汳。隋時改汴。

汶 見〔姓苑〕。張澍云。居於汶水者。指汶爲姓。如濟氏淮氏之類。

沁 爲魏古沁氏所改。

沂 魯水名。居其側者以爲氏。

沂相 〔英賢傳〕魯沂大夫爲相。因氏焉。

沃 〔風俗通〕「商太甲子沃丁之後」。一云。微子後。一云。以沃州爲氏。望出太原。

沈 〔姓譜〕沈姓出吳興。本周文王子聃季。食采於沈。即汝南平輿沈亭。以國爲氏。〔左傳沈姒蓐黃注〕「四國臺駘之後。系出金天氏」。又楚有沈尹戌。沈諸梁。並公族。以封於沈鹿得姓。則係芈姓。非一族。

沈 直深切。爲實沈之後。與音審者不同。

沈尹〔姓譜〕沈姓之尹官也。沈尹之後世爲之。因氏焉。

沈猶〔廣韻注〕沈。直深切。魯販羊者有沈猶氏。蓋以地爲氏者。

沈纖沈。直深切。〔潛夫論〕楚有沈纖氏。

沐端木賜之後。避難改爲沐氏。見〔沐氏狀〕。一云。沐。水名。在青州。疑以水爲氏。望出河間。

沐蘭〔姓苑〕「今任城人有此姓」。或作沐簡。通志及姓氏辯證。均作闌。一云。蓋取浴蘭湯爲姓。亦可作蘭。蘭卽蘭也。

沒高平鮮卑有沒氏。吐蕃亦有沒姓。

沒鹿回〔魏書官氏志〕紇豆陵氏。本沒鹿回部大人。因氏。或爲沒鹿氏。孝文帝改爲竇氏。

沒路眞代北姓。後改爲路氏。見〔魏書官氏志〕。一作沒鹿眞。又作末路眞。

沒盧吐蕃倚婢婢。姓沒盧。見〔唐書〕。

沙〔潛夫論〕微子後有沙氏。〔姓苑〕「神農時夙沙氏之後。」望出東莞・汝南。又夷姓百濟國八族。一爲沙氏。

沙吒夷姓。北番酋帥。見〔通志氏族略〕。唐有沙吒義。

沙陀亦作沙陁。西北番突騎施首領。唐有沙陁金山・沙陁輔國・沙陁盡忠。見〔通志氏族略〕。

沛〔路史〕「沛。徐也。有沛氏。商人六族有沛氏徐氏。子姓國」。望出吳興。

汧〔廣韻〕汧。呼廣切。涇州有此姓。

牡丘〔姓氏辯證〕其先食邑牡丘。因以爲氏。

牢〔姓苑〕古牢子國。後有牢氏。〔姓源〕「孔子弟子琴牢之後」。望出魯郡。

狂〔潛夫論〕黃帝後狂犬任姓分爲狂氏。〔路史〕「宋後有狂氏」。張澍云。黃帝傳有狂屈暨。是軒轅時已有狂姓。又水經。狂水經綸氏城。或有以水爲氏者。望出豫章。

狄〔唐書宰相世系表〕周成王封母弟孝伯於狄城。因以爲氏。〔路史〕炎帝參盧後有狄氏。〔廣韻〕「春秋時狄國之後。望出天水」。又高車種有狄氏。見〔北史〕。又唐昭宗賜所俘契丹將惕隱姓狄名懷忠。見〔五代史〕。

狄歷〔路史〕狄歷氏爲勑勒・紇骨・烏護・薛延陀等皆是。又云。赤狄餘種。初號狄歷。北曰勑勒。

甫〔風俗通〕「出自炎帝裔孫伯夷。爲堯太岳。封其後爲甫侯。子孫以國爲氏」。望出新蔡。

甫奚〔英賢傳〕晉厲公大夫甫奚叔施之後。

甫爽〔世本〕宋大夫甫爽文叔之後。

甬甬東。越地名。當以地爲氏。

男禹後有男氏。見〔史記夏本紀〕。又與南通。見〔世本〕。

矣雲南蠻有矣姓。近世雲南尙有此姓。

禿〔國語〕「祝融之後。彭祖之別也」。一云。當有爲禿髮氏改者。

禿髮拓拔匹孤自塞北遷河西。妻胡掖氏因寢產子壽闐於被中。鮮卑謂禿髮爲被覆之義。因以爲氏。後禿髮傉檀之子賀歸魏。改姓源氏。並見〔魏書〕。

秀〔姓考〕「宋大夫秀老之後」。一云。秀才之名。始於賈誼。後光武名秀。改茂才。此姓必因秀士秀才而起。

私漢有私匡。見〔姓苑〕。張澍云。「天子以下之官皆曰私。後漢書百官志。中官私府令一人。私姓宜因此」。又西域有私姓。見〔漢書〕。

系楚臣系益之後。見〔廣韻〕。望出譙郡。

罕亦作罕。出自姬姓。鄭穆公之子公子喜。字子罕。其孫以王父字爲氏。見〔姓苑〕。望出滎陽。又唐明宗賜契丹將罕只姓名曰罕友通。見〔五代史〕。

罕父史記。孔子弟子有罕父黑。又趙世家有罕父祺。

罕幵〔後漢書〕「罕幵氏。西羌姓」。通志氏族略訛作幵井。

肖漢有肖安國・肖培。

肜〔姓纂〕本肜氏。周卿士肜伯之後。裔孫避難改爲肜。

良〔姓考〕「鄭穆公去疾。字子良。後以王父字爲氏」。望出滎陽。一云。下邳有古良城。幽州有良鄉。必有以地爲氏者。

良臣〔路史〕虢公族有良臣氏。

芒伏羲臣有芒氏。初作雞。見〔世本〕。芒氏宜始此。〔潛夫論〕芒氏齊敬仲後。〔姓氏辯證〕夏王帝芒之後。

見〔姓苑〕同州人有此姓。

角〔路史〕「齊太公後有角氏」。一云。角氏。角里先生之後。又或衞元君角之後。東漢時。關中有角氏。〔賓暇錄〕角音祿。今多讀覺。誤。改角里爲甪里。尤謬。〔池北偶談〕山東有角姓。

角里角音祿。漢初商山四皓有角里先生。因所居地名以爲氏。亦作祿里氏。

言博古圖。周有言肇之鼎。又孔子弟子言偃。吳人。今江蘇常熟・山東鄒平多此姓。望出汝南。

谷其先出自顓頊。益爲舜虞。賜姓嬴氏。至於非子。封於秦谷。因而氏焉。見〔谷朗碑〕。望出上谷。又爲谷會氏所改。見〔魏書官氏志〕。又郤姓省文爲谷氏。見〔鼠璞〕。

谷孤〔路史〕尸利單于之裔。

谷那 夷姓。唐昌樂縣有此姓。

谷渾 代北姓。後魏改爲渾氏。見〔孔至雜錄〕。一云。吐谷渾歸化。改爲谷渾氏。望出河西。張澍云。今魏書官氏志作谷吐氏。後改爲渾氏。疑誤。宜作吐谷渾氏。

谷會 代北姓。後改爲谷氏。見〔魏書官氏志〕。

谷蠡 音鹿離。〔路史〕漢沛獻王孫進伯。囚孤山下。生尸利單于。以爲谷蠡王。號谷孤部。七世羅辰從魏徙洛爲谷孤氏。又爲谷蠡氏。

豆 漢校尉豆如意之後。〔路史〕楚有豆氏。又〔魏書官氏志〕「赤小豆氏改爲豆氏」。望出代郡。又鮮卑亦有豆氏。

豆盧 本慕容氏。慕容萇降魏。賜姓豆盧。北人以歸義爲豆盧也。見〔姓纂〕。隋有豆盧通。

豖韋 〔路史〕祝融之後。彭姓。爲商伯。又劉累之後。承其國爲豖韋氏。

貝 〔姓苑〕「貝出清河貝丘」。蓋以地爲氏。今吳越多此姓。

赤 〔風俗通〕「帝嚳師赤松子之後」。一云。神農臣有赤冀。顓頊時有赤誦。即赤氏。黃帝時有赤將子輿。即繳父。赤姓始此。望出河東。

赤小豆 〔魏書官氏志〕赤小豆氏後改爲豆氏。

赤松 〔路史〕赤松子。即赤誦。因以爲氏。〔神仙傳〕皇初平之兄初起得道。易姓爲赤松。

赤烏 〔穆天子傳〕赤烏氏之先。出自周宗。〔郭璞注〕與周同始祖。

赤將 黃帝時有赤將子輿。時與市中貨繳。亦謂之繳父。見〔列仙傳〕。

赤張 卽赤章。姓氏急就篇以赤章・赤張爲二姓。莊子有赤張滿稽。

赤章 卽赤張氏。周時有此姓。晉智伯時有赤章蔓枝。見〔史記〕。

赤盞 金姓。〔周春遼金元姓譜〕赤盞卽顏盞。

赤誦 〔孝經援神契〕獲麟之兒。姓赤誦。名子喬。字受紀。孔子親問之。

足 〔姓考〕「鄭祭足之後」。望出闞陵。一云。指足爲姓。如手氏首氏腹氏之類。

身 舜友續身之後。或係身毒國人以國爲氏。又龜茲國亦有身氏。

車 黃帝臣車區占星氣。見〔世本〕。漢丞相田千秋以年老。得乘小車出入省中。時謂之車丞相。見〔漢書車千秋傳〕。後以爲氏。望出魯國・南平・淮南・河南。又後魏車焜氏車非氏均改爲車氏。見〔魏書官氏志〕。

車成 郤犨食采於苦。曰苦成。齊人改曰車成。見〔潛夫論〕。後遂有車成氏。

車門 〔世本〕齊臨淄大夫車門邁。

車非 後魏獻帝次兄爲普氏。孝文改爲周氏。至金水公搖。周閔帝賜姓車非氏。見〔通志氏族略〕。

車焜 〔魏書官氏志〕「獻帝以疏屬車焜氏。改爲車氏」。一作車䀀。通鑑作車惃。

車遽 〔世本〕齊有臨淄大夫車遽氏。

辛 〔廣韻〕「夏啓封支子於莘。莘辛聲近。遂爲辛氏」。望出隴西。又辛氏改爲計氏。計然是也。見〔史記貨殖傳注〕。

辛廖 〔英賢傳〕晉大夫辛廖之後。

辰 〔路史〕「蔡仲胡之後有辰氏」。張澍云。辰韓。國名。馬韓人亦自立爲辰王。辰氏必有以國爲氏者。又辰州。地名。或以爲氏。望出河南。又〔魏書官氏志〕辟歷辰氏改爲辰氏。

辰放 古帝有辰放氏。見〔春秋命曆序〕。

邑 〔姓考〕「黃帝臣邑夷之後」。晉時陽平有邑姓。

邑由 〔英賢傳〕楚大夫養由基之後。避仇改邑由氏。

邥 〔姓苑〕周太王居邥。因氏焉。

邢 〔世本〕周公第四子邢侯之後。〔姓考〕「晉大夫韓宣子之族。食采於邢。後以爲氏」。望出河間。

邢莫 代北姓。後改爲莫氏。見〔魏書官氏志〕。

那 〔姓譜〕「左傳。楚武王克權。遷權於那處。因氏」。望出丹陽・天水。又夷姓。〔風俗通〕東夷朝那有那氏。又大宛國之破落那氏。改爲那氏。又燒當羌有那氏。見〔漢書〕。

那色波 康國九姓。皆支庶分王。第九曰那色波。見〔唐書〕。

那蔞 後魏時代北姓。後改爲蔞氏。見〔魏書官氏志〕。

那羅 天竺國人之姓。見〔唐書〕。

邙 〔通志氏族略〕古子爵國。春秋時國小而近楚。若敖父子娶焉。後以國爲氏。

邦 見〔姓苑〕。一云。出孔子弟子邦選。一作邽選。誤。

郊 同岐。〔姓纂〕周文王封支子於郊。因以爲氏。

郄 音紅。河南信陽州有郄氏。

酉 〔姓考〕「伏羲之裔分王黔中之酉陽。後因氏」。戰國時魏有酉牧。望出太原。

里 本理氏。春秋時改。晉里革。晉里克・里析。楚里史皆是。見〔姓考〕。

阪上 〔元和姓纂〕上黨屯留人其先居阪上。因氏焉。望出相城。

阪泉 〔路史〕姜姓。炎帝之裔。〔汲冢周書〕阪泉氏用兵無已而亡。

阬 〔左傳〕司馬牛卒於魯郭門之外。阬氏葬諸丘輿。〔注〕「阬氏 魯人」。一云。當是居於阬。遂以爲氏。

阮 〔姓譜〕「殷有阮國。在涇渭之間。

子孫以國爲氏」。望出陳留。一云。皐陶之後。見〔路史〕。又有石姓改阮者。見〔南史〕。

防 〔路史〕防。丹朱後。〔姓源〕魯臧氏采邑。因氏。後漢書鍾離意傳有防廣。

防風 防風氏。釐姓。守封禺之間。見〔史記孔子世家〕。後以爲氏。又〔述異記〕吳越防風廟。其神龍首牛耳。連眉一目。足長三丈。今南中有姓防風氏者。卽其後。

八畫

事父 〔路史〕微子後有事父氏。

亞 〔路史〕「亞。周公族之後」。一云。周有亞圉。亞姓出此。

亞飯 〔通志氏族略〕周末賢人亞飯干之後。

京 〔路史〕老子之後有京氏。〔風俗通〕「鄭武公子段封於京。其後氏焉」。望出譙國。又有李姓改京者。京房是也。見〔漢書本傳〕。

京兆 以地名爲氏。見〔敦煌實錄〕。

京相 望出濟南。見〔英賢傳〕。一云。當爲京地相者。以官爲氏。

京城 〔姓纂〕鄭京城太叔之後爲京城氏。

佳 明正統中有訓導佳正。沂州人。見〔沂州志〕。

佴 〔通志氏族略〕佴。奴代切。晉山公集有佴湛。

佼 周大夫原伯佼之後。見〔後漢書蓋延傳〕。

使 以謚爲氏。漢有使樂成。見〔漢書霍光傳〕。使。或作史。恩澤侯表作便樂成。

來 系出子姓。商之子孫食采於郲。因氏。後去邑爲來。見〔路史〕。望出江都·平陽。

侍 漢官有侍中常侍。後人以官爲氏。又侍其氏改爲侍氏。其族盛於泰縣。

侍其 漢酈食其後。賜姓食其。曾孫平。武帝時爲侍中。因合官與氏而稱之。見〔姓氏辯證〕。

侏 〔路史〕小邾子後有侏氏。

侔 〔路史〕小邾子後有侔氏。

供 明有供仲序。南海人。洪武中爲湖廣攸縣丞。見〔奇姓通〕。

依 黃帝子二十五宗。其得姓者十二。中有依氏。見〔國語〕。

佫 見〔姓苑〕。佫或作恪。

佮 見姓苑〕。一云。卽合氏。後加人。

兒 音倪。系出曹姓郳黎來之後。省文從兒。〔山堂肆考〕「郳武公封次子於郳。失國。子孫避仇。改爲兒氏」。又後魏賀兒氏亦改姓兒。

兒先 後魏時有涇州貞女兒先氏。卽似先氏也。

其 〔姓苑〕其。地名。以地爲氏。〔路史〕齊太公後有其氏。

具 〔風俗通〕春秋晉大夫具丙之後。

具 〔姓纂〕「鄭公子具。食采開封。因氏焉」。一作封具氏。

典 太昊娶少典氏。其後疑封者。以爲氏。見〔姓纂〕及〔路史〕。望出陳留。一云。司典籍者之子孫以爲氏。如籍氏之類。

函 〔廣韻〕「太岳後有函氏」。函氏。春秋時許地。見〔左傳杜注〕。蓋以人姓名地。望出豫章。

函井 爲羌姓罕幵氏所變。周四面像碑有函井姓六人。

函治 以官爲氏。後漢有黃門侍郎函冶子覺。見〔英賢傳〕。

函與 〔路史〕「晉范皐夷食采函輿。因氏焉」。一作函輿。

到 楚大夫屈到之後。見〔南史〕。望出彭城。

制 〔路史〕「虢叔後有制氏」。蓋制爲虢邑。以地爲氏。

剎 〔潛夫論〕嵬姓。饒攝剎是也。〔路史〕「鬼騩氏之後有剎氏」。注作利。

剎利 〔夢溪筆談〕天竺貴姓有剎利氏。〔隋書〕南詔單單國王姓剎利。又師子國王亦姓剎利。見〔通典〕。

剎利邪伽 〔唐書〕「南蠻波利國姓剎利邪伽」。一作剎剝誤。

剎帝利 酤蘭石國人有剎帝利氏。見〔宣和畫譜〕。

卑 〔姓譜〕「卑耳國人之後」。望出雁門。

卑徐 〔路史〕小邾子後。

卑梁 楚國邊邑。見〔史記吳太伯世家〕。後以爲氏。

卓 楚大夫卓滑之後。見〔國策〕。望出西河。

郄 讀如綌。〔正字通〕「郄譌。晉大夫郤縠之後」。參看郄字注。

卷 〔潛夫論〕衛姬姓後。〔陳留風俗傳〕本圈氏。避仇去口爲卷。

卷子 〔世本〕衛文公之後卷子子州氏焉。

厓 西夏·吐蕃皆有崖氏。蜀有厓氏。一云。當爲吐蕃之後。去山存厓。

叔 〔路史〕顓帝後有叔氏。又曰。大岳後。〔姓纂〕「八凱叔達後」。一云。顓頊之孫名叔歇。後以爲氏。又魯文公少子叔肸。宣公篡立。叔肸不義其所爲。不食其祿。別其族爲叔氏。望出魯國。

叔山 〔姓譜〕「楚大夫叔山冉之後」。又魯有叔山無趾。見〔莊子〕。

叔仲 魯桓公子叔牙。後爲叔孫氏。牙孫叔仲惠伯彭生。別爲叔仲氏。見〔世本〕。望出博平。

叔先 後漢有犍爲孝女叔先雄。其父叔先泥和。見〔後漢書列女傳〕。按華陽國志無叔字。

叔向 〔姓纂〕晉羊舌大夫之後。羊舌肸。字叔向。後以字爲氏。
叔夙〔世本〕羊舌職生叔夙。爲叔夙氏。
叔夜〔姓譜〕周八士叔夜之後。
叔服〔姓譜〕周內史叔服之後。
叔孫〔姓譜〕出自姬姓。魯桓公第三子叔牙。謚僖叔。立其後爲叔孫氏。〔魏書官氏志〕拓拔鄰命叔父之胤曰乙旃氏。後改爲叔孫氏。
叔帶〔路史〕伯益後。〔英賢傳〕趙夙。字叔帶。其後以字爲氏。
叔梁〔姓解〕魯有叔梁氏。〔路史〕紇字叔梁。
叔魚〔姓纂〕羊舌鮒。字叔魚。後以字爲氏。
叔達〔路史〕顓頊帝後有叔達氏。〔姓纂〕八愷叔達之後。
取 讀陬平聲。取慮氏之後。
取慮 音秋閭。一音陬閭。〔姓纂〕徐偃王子食邑取慮。因氏焉。
受 見〔姓苑〕。一云。甘肅靜寧州有受氏。州有受家山。以地爲氏。或爲受晳氏所改。
受晳〔姓解〕後魏書有受晳氏。
周 黃帝將有周昌。見〔河圖運錄法〕。商太史有周任。見〔逸周書〕。後以爲氏。望出汝南·廬江·尋陽·臨川·陳留·沛國·泰山·河南。又魏獻帝次兄普氏改爲周氏。又代北賀魯氏改爲周氏。並見〔魏書〕。又〔周書〕「周瑤初姓普屯。後改姓周」。又唐先天中。姬氏避明皇嫌名。改周氏。又上元中暨佐時准制改爲周氏。又梁賜成汭爲周氏。
周史〔姓纂〕周史之後。其後氏焉。
周生〔路史〕帝堯之後有周生氏。〔魏志注〕周生。姓。
周陽 漢趙兼封周陽侯。其子由因改姓周陽。爲河東都尉。見〔漢書酷吏傳〕。
味〔魏書官氏志〕後魏烱渾氏改爲味氏。
呼 漢有漢中卜師呼子先。見〔列仙傳〕。呼當爲其後。今陝西有呼姓。
呼延〔漢書〕匈奴四姓有呼衍氏。〔顏註〕「呼衍。卽今鮮卑姓呼延者是也」。又鮮卑姓。晉稽胡楚賜姓呼延氏。
呼盧 西域姓。匈奴有呼盧訾王。
命 出於燧人氏臣知命。
和〔姓纂〕出自羲和。爲堯時和仲·和叔之後。一云。卞和之後。又後魏有素和氏改爲和氏。卽和士開是。見〔魏書〕及〔北齊書〕。
和拔 後魏代北人姓。見〔魏書官氏志〕。
和速嘉 金姓。望出廣平。
和稽 西魏賜鉅鹿人雍州刺史耿豪爲和稽氏。見〔周書〕。
咎 告餘之後。亦作皋。
咎 卽舅氏。告與舅通。見〔穆天子傳〕。
固 見〔姓苑〕。望出河東。晉平公時有舟人固來。按固來。古今人表作固乘。新序作固桑。說苑作古乘。此本通志。
坦 望出略陽。宋時有紹興進士坦中庸。
坴 係陸氏睦氏所改。望出河南。
夜 挈壺氏掌夜官者之後。漢雒陽有此姓。見〔漢書五行志〕。又蜀松潘蠻有夜氏。
岁 讀如婆去聲。雲南夷有岁氏。卽些氏也。安州有麼些地。因以爲氏。
奄〔風俗通〕「周成王旣伐奄 其子孫以國爲氏。奄。國號。卽商奄也」。
奄里 卽淹里。本邑名。居其地者以爲氏。
奇〔姓苑〕「出於尹氏。尹吉甫子伯奇之後」。一云。魯昭公子奇之後。望出河南。又後魏奇斤氏改姓奇。見〔魏書官氏志〕。
奇斤〔魏書官氏志〕蠕蠕別部有奇斤氏。歸中國後。改姓奇。
奇渥溫 元代姓。
奈 見〔姓苑〕。明宣德初有戶部侍郎奈亨。字彥通。香河人。
奉 奉春君之後。以號爲氏。
妾 漢有妾胥·妾志。見〔印藪〕。
姁 見〔姓苑〕。一云。呂后字姁娥。或呂氏之後以姁爲氏。
始〔路史〕者林。姬姓。生始均。居北狄。爲始氏。
姐 音紫。漢時西羌有姐姓。見〔漢書洪奉世傳注〕。西魏時羌酋姐璧。當卽漢彡姐之後。
姑 越有大夫姑浮。
姑布 春秋時晉有姑布子卿。善相。見〔史記〕。望出東平。
姒〔論衡〕禹母吞薏苡而生禹。因姓姒氏。
姓〔姓苑〕「望出臨淄。今南海有此族」。張澍云。其人本無姓氏。因卽以姓爲姓。又或蔡公孫姓·射姓·丁姓之後。以名爲氏。
姓利 党項別部有姓利氏。一作往利。
委〔風俗通〕周禮有委人。掌斂甸稍芻薪之賦。以供委積。後以世官爲氏。
姙〔路史〕仲虺之後有姙氏。卽邳也。
㚿 與包同。亦作郇·庖·泡·鮑。
姖〔姓氏尋源〕山海經有女姖之尸。姖姓或出此。
孟〔姓纂〕「魯桓公子慶父之後。號孟孫。因氏」。望出昌平·武威。又衞靈公兄公孟縶之後。亦曰孟氏。見〔急就篇注〕。又與芒通。芒卯卽孟卯。見〔史記〕。

孟孫 〔姓纂〕魯桓公之子慶父之後。

孟獲 〔姓纂〕齊力人孟獲之後有孟獲氏。

季 魯桓公子季友之後爲季孫氏。亦曰季氏。見〔姓氏辯證〕。望出魯國·壽春。又齊楚魏皆有季氏。又唐書西趙渠帥有季氏。

季尹 周有季尹然。楚人。季尹明。齊人。見〔通志氏族略〕。

季似 漢有季似忠。

季瓜 〔世本〕周八士季騧之後。騧或作瓜。

季夙 〔潛夫論〕晉靖侯孫季夙之後。

季老 〔世本〕宋華氏有華季老。其子氏焉。

季老男 〔路史〕宋後有季老男氏。

季孫 〔世本〕魯公子季友之後。爲季孫氏。

季連 〔姓纂〕陸終子季連之後。

季寤 〔世本〕季平子生昭伯寤。其後爲季寤氏。

季融 〔世本〕楚鬻熊生季融。子孫氏焉。

季隨 〔世本〕周八士季隨之後。

季嬰 〔世本〕晉樓季嬰後有季嬰氏。

季騧 〔通志氏族略〕周時八士季騧之後。以名爲氏。

孤 〔潛夫論〕孤。衛姬姓也。〔路史〕孤氏出自宛齊之後。又云。鄭後有孤氏。

孤竹 〔姓纂〕夷齊讓國。餓死首陽。子孫以國爲氏。亦單稱竹氏。

宓 音密。亦音伏。考孟康漢書注。宓今伏字。即伏羲氏之後。又顏氏家訓云。帝王世紀。伏羲或謂之宓羲。宓當作虙。傳寫之譌。虙子賤即虙羲之後。俗字亦爲宓。是知虙與伏。古字通用。後誤以爲宓。按宓與虙古音各異。凡虙羲虙子賤作宓。而合宓虙爲一字者。皆爲字譌。惟今姓氏通作宓。相沿已久。故本書亦從之。

宕 〔路史氏族略〕夏禹之後有宕氏。

宗 四岳之後。見〔漢宗俱碑〕。望出河東。

宗正 〔姓考〕漢楚元王交之孫郢客孫德。世爲宗正。子孫以爲氏。

宗伯 〔姓纂〕周卿宗伯之後。以官爲氏。

官 〔左傳〕「官有世功。邑亦如之」。古人以官命族。故有官氏。

官師 〔路史〕鑪康公之後有官師氏。

定 〔路史〕周公子伯齡後有定氏。

宛 〔姓氏尋源〕伏羲師有宛華。黃帝時有宛朐。此宛姓之始。楚之宛。郤氏之別也。春秋時。齊楚晉鄭皆有宛氏。

宜 〔潛夫論〕「宋子姓有宜氏」。按當爲宜僚之後。

宜春 漢王訢封宜春侯。子咸嗣。咸女爲王莽妻。莽諱娶同姓。故以侯邑爲氏。見〔張晏漢書注〕。

尙 周太師尙父之後。見〔姓譜〕。望出京兆·清河·上黨。又唐尙可孤。爲東部鮮卑宇文之別種。

尙方 見〔姓苑〕。張澍云。凡典司進御之物皆曰尙。漢官儀有尙食尙醫尙方。尙方係以官爲氏。

居 〔姓譜〕「晉大夫先且居之後」。望出渤海·信都。今江蘇之高郵江陰句容多此姓。

屈 〔楚辭注〕「楚武王子瑕。食采於屈。因氏焉。屈原其後也」。望出臨海·河南。一云。淮南子。屈商拘文王於羑里。呂氏春秋。夏啓伐屈驁。則屈姓不始於楚。又北魏屈突氏。改爲屈氏。屈遵是也。參看屈突條。

屈男 〔集韻〕「屈男。西羌部族」。一云。卽屈南。屈原之後。

屈侯 〔風俗通〕「魏賢人屈侯鮒後」。一云。楚武王子瑕。食邑於屈。號屈侯。後氏焉。望出魏郡。

屈南 〔姓纂〕「楚屈原之後。原裔孫仕後魏。魏重複姓。以自南來。乃加南字」。一作屈男。作屋南者訛。

屈突 代北人姓。孝文改爲屈氏。見〔魏書官氏志〕。望出河內。胡三省通鑑注·及謝啓昆西魏書作尸突氏。誤。

屈盧 代北人姓。一云。淮南子有屈盧之劍。當以地名爲氏。

岡 本高麗人姓。今易州有之。

岳 望出山陽。見〔姓苑〕。一云。當是四岳之後。又宋岳飛子霖·震。避難改鄂氏。

岸 西羌姓。見〔後漢書張奐傳〕。一云。當是東岸之後。以名爲姓。

帖 明有帖晏。馬平人。正德中知龍川縣。

帛 〔姓譜〕「紀大夫裂繻。字子帛。其後以王父字爲氏」。望出吳郡。

幷 見〔姓苑〕。以地爲氏。

幷官 〔路史〕「宋微子後」。按魯國先賢傳。孔子娶幷官氏。韓勑孔廟禮器碑作井官氏。蓋幷官氏隸寫作井耳。

幸 望出南昌·雁門。見〔通志〕。張澍云。其先得幸於君。因以爲姓。如寵氏賞氏之類。

底 〔漢書功臣表〕魯侯奚涓無子。封母底爲侯。〔姓苑〕「底。人姓」。唐時寧州羅川山下有底老。

庖 〔潛夫論〕「太昊之後有庖國。姒姓」。後以國爲氏。

庚 〔路史〕「小邾子後有庚氏」。一云。魯地有庚宗。或以地爲氏。

庚市 見〔莊子〕。一云。居於庚市者以爲氏。庚市。西市也。

庚桑 老子徒庚桑楚之後。

府 周官有內府外府。世其官者以爲

氏。

庲 〔廣韻〕音本。戎姓。

弧 楚有弧父。名續長。爲弧姓之始。閬中汲郡皆有弧姓。

弦 〔風俗通〕弦子後。楚滅弦。弦子奔黃。以國爲氏。〔路史〕齊後有弦氏。

弡 劉歆有弡仲匜銘。弡。其物反。歆誤釋爲張字。見〔東觀餘論〕。

往利 〔路史〕「拓拔八姓之一有往利氏」。一作姓利氏。

征 宋時儀徵有征姓。當以征伐爲氏。爲四征將軍者之後。望出河南。

㐆 〔廣韻〕㐆。蕃姓。音閃。本合多姐二字爲一姓。

忠 以謚爲氏。或以地名爲氏。

念 爲金城枹罕之姓。吐谷渾樹洛干之母念氏。見〔北史〕。又河南苲符縣有念氏。

忽 〔姓苑〕「仲忽之後」。一云。蒲城多忽氏。當爲元忽都・忽辛之後。

怕 〔希姓錄〕怕。南中夷姓。王驥征麓川。賜降夷三姓曰怕・刀・剁。

怡 神農後有怡氏。見〔史記索隱〕。又北周怡峯本姓獸怡。避難改怡。見〔周書〕。

性 見〔姓苑〕。望出齊郡。

怪 〔元命苞〕「古有司怪。主卜」。怪姓當出此。一云。炎帝臣怪義之後。

或柯 〔路史〕吳後有或柯氏。

房 〔廣韻〕堯子丹朱。舜封爲房邑侯。子陵以父封爲氏。望出清河・濟南・河南。

房當 拓跋八姓之一有房當氏。又唐党項以姓別爲部。亦有房當氏。見〔唐書〕。

所 〔穀梁傳〕俠卒。俠者。所俠也。〔范甯注〕俠。名也。所其氏。〔風俗通〕宋大夫華所事之後。

所夫 高麗大酋有所夫氏。見〔唐書〕。

承 〔世本〕「衛大夫成叔承之後」。望出千乘。

承桑 〔帝王世紀〕神農取承桑氏。

抱 其先姓杞。漢靈帝時。杞匡爲安定太守。董卓爲暴。懼誅。因易姓抱。見〔魏書抱嶷傳〕。

抹撚 金姓。望出廣平。

拓拔 拔亦作跋。〔南齊書〕匈奴女名托跋。妻李陵。胡俗以母爲姓。故爲李陵之後。而甚諱之。有言是陵後者。輒見殺。〔魏書〕黃帝子昌意少子悃。受封北土。黃帝以土德王。北俗謂土爲拓。謂后爲拔。故以拓拔爲氏。後孝文帝改爲元氏。自是拓拔降爲庶姓。

拔也 回紇姓。一作拔野古。亦曰拔野固・拔曳固。居磧北。在僕固東。與斛律同祖。號拔也部。後改斛律爲拔也氏。

拔列蘭 〔魏書官氏志〕「拔列蘭氏。後改爲梁氏」。按謝啓昆西魏書引作拔列。脫蘭字。

拔曳固 〔唐書〕「回紇九姓。四曰拔曳固氏」。卽拔野古。一曰拔野固。或爲拔曳固

拔拔 〔魏書官氏志〕獻帝次兄爲拔拔氏。後改爲長孫氏。

拔略 〔魏書官氏志〕拔略氏後改爲蘇氏。

招 〔姓譜〕「陳侯之弟招放於越。其子孫以王父字爲氏」。望出南海。〔通志〕曾步招之後。以名爲氏。

放 〔姓苑〕堯臣放齊之後。

政 〔路史〕微子後有政氏。

於 〔世本〕「黃帝臣有於則。始作履。封於內鄉。有於村。與商近。史記楚商於地是也」。後以爲氏。望出廣陵・京兆。

於丘 於餘丘。周時國名。見〔左傳〕。後世省去餘字。以於丘爲氏。

於陵 〔風俗通〕陳仲子。齊之世家。辭爵灌園於陵。子孫氏焉。

旺 都祿夷姓。見〔宋史〕。又西夏姓。見〔遼史〕。

旻 〔寰宇記〕中山郡五姓有旻氏。

昂 見〔姓考〕。一云。今合肥有昂氏。宜爲西夏昂星之後。否則元人昂吉兒之後。

昆 〔纂要〕夏諸侯昆吾之後。

昆吾 夏時已姓國。祝融之後。見〔世本〕。後以國爲氏。

昆連 〔路史〕古帝有昆連氏。

昇 宋有昇元中。撰海外使臣程記三卷。

昊 〔路史〕昊英氏後有昊氏。

昌 〔風俗通〕出自黃帝子昌意之後。〔路史〕「任姓後亦有昌氏」。望出汝南・東海。

明 〔姓苑〕「秦孟明視之後」。一云。燧人四佐有明由。明姓始此。望出平原・河南。又後魏壹斗眷氏改爲明氏。見〔魏書官氏志〕。

易 太公後有易氏。見〔盧若虛錄〕。又以地爲氏。望出濟陽。

昔 〔風俗通〕「邑名。周大夫封昔。因氏焉」。通作夕。

昋 音桂。〔姓苑〕昋氏望出弘農。〔宋濂桂氏家乘序〕桂本姬姓。周末有季楨者。爲秦博士。被害。弟眭懼禍。卽其名各命四子爲姓。伯曰桂奕。居幽州守墳墓。仲曰昋突。遷濟南朱虛。叔曰炅奘。徙齊之歷山。季曰炔奘。移河南城陽。五代之亂。乃南渡居廣信上饒諸郡。

盼 音分。山海經有深目之國。盼姓。又云。黃山。盼水出焉。或其人以水爲姓。

朋 〔姓考〕齊大夫隰朋之後。

服 〔風俗通〕周內史叔服之後。〔路史〕伏羲後。望出西平。又後唐明宗賜契丹將裕勒古宜姓服。名懷遠。

見〔五代史〕。

杭 〔姓苑〕杭氏望出丹陽。漢有長沙太守杭徐〕。按後漢書度尙傳作抗徐。江南通志作杭徐。尙友錄抗徐杭徐並收。圖書集成氏族典承之。通志氏族略抗氏下云。後漢泰山都尉抗徐。杭氏下云。宋杭開。饒州人。是杭姓始於宋時。考說文杭爲抗之重文。徐鉉云。俗作胡郞切。是抗杭本一字也。

杯 見〔姓苑〕。宋有杯承寵。元豐間知洪州。

東 伏羲氏後。舜七友有東不訾。見〔尸子〕。望出平原。

東山 以所居爲氏。一云。東山皐落氏之後。

東丹 〔五代史〕契丹阿保機長子突欲爲東丹王。及德光立。突欲奔唐。明宗賜姓東丹。後更姓李。

東方 〔風俗通〕「伏羲之後。帝出於震。位主東方。子孫因氏焉」。或以爲出女媧。一說。東方朔始明而生。因以爲姓。按東方朔父姓張 名夷。字少平。或云名平。母田氏。朔以東方爲姓。其說不一。見洞冥記。列仙傳。時鏡新書。又王充論衡云。朔姓金氏。改姓東方。

東十 明鹿邑縣有東王四。官中義後衛百戶。

東丘 以所居爲氏。鄭縣人有東丘姓。

見〔姓苑〕。

東里 禹時有處士東里槐。見〔路史〕。又鄭子產居東里。支庶亦以爲氏。見〔世本〕。

東門 〔通志〕魯莊公子公子遂。字襄仲。居東門。號東門襄仲。因以爲氏。

東宮 〔姓纂〕「齊大夫得臣之後」。得臣居東宮。故後以爲氏。

東皐 居於東皐者。以地爲氏。

東郭 〔姓譜〕出姜姓。齊公族大夫居東郭南郭西郭北郭者。以地爲氏。

東野 周公之後。伯禽之少子名魚。食采於東野。因以爲氏。見〔東野志〕。又魯季平子邑東野。以爲氏。

東陵 〔風俗通〕秦東陵侯召平之後。又齊景公時有隱居東陵者。因以爲氏。

東萊 見〔姓苑〕。一云。周東萊子之後。

東陽 爲春秋時齊魯晉邑名。其先列國大夫。以邑爲氏。見〔姓氏辯證〕。

東鄉 〔世本〕「宋大夫東鄉爲人之後」。封於東鄉。以邑爲氏。

東蒙 見〔路史〕。一云。山名。主其山之祀者。因以爲氏。

東樓 〔姓纂〕夏禹後東樓公封於杞。因以爲氏。

東閭 〔姓氏辯證〕左傳東閭。齊之門名。當時大夫以所居爲氏。〔路史〕秦之後。

東盧 後魏時瘻姓。見〔魏書〕。

東關 〔風俗通〕周時晉東關嬖五後。

東灌 〔潛夫論〕東灌氏。羸姓。

松 〔姓纂〕「秦始皇遇雨避松下。封松爲五大夫。後人因氏焉」。望出東莞。

杠 〔廣韻〕「虢州有杠姓」。一云。當因杠渚杠人山爲氏。

析 〔姓纂〕「衞穆公生公析黑臀。其孫武子朱鉏以王父字爲氏」。〔風俗通〕齊大夫析歸父之後。〔後漢書方術傳〕析像。其先張江封析侯。曾孫國爲鬱林太守。徙居廣漢。子孫以國爲氏。望出西河、廣漢。〔姓氏辨誤〕析屬弘農郡。字从木不从手。今漢書析像傳。刊本皆誤作折。

析成 春秋時齊有析成鉏。

析龜 〔路史〕衞後有析龜氏。

枕 〔姓苑〕枕姓出下邳。張澍云。指枕爲姓。如被氏繻氏之類。

林 〔風俗通〕林放之後。〔姓纂〕周平王次子林開之後。〔路史〕「殷比干子避難長林之山。因氏焉」。望出南安。又〔魏書官氏志〕。丘林氏改爲林氏。〔開元錄〕今建州皆蛇種。有五姓。黃。林等是其裔。

林閭 〔路史〕莒子之後。

枚 〔路史〕商後有枚氏。〔史記索隱〕「蓋以周官銜枚氏而得姓」。望出淮南。

果 周書史記篇有果氏。〔姓纂〕果姓出古巴子國。

枝 〔路史〕「楚公族有枝氏」。〔通志〕晉欒枝或秦大夫公孫枝之後。以名爲氏。一云。曾枝。楚地。以地爲氏。

枝如 〔姓苑〕楚大夫枝如子躬之後。

欣 〔路史〕「曹公子欣時。字子臧。後有欣氏。又蔡仲後有欣氏」。一作忻。或元時忻都之後。

武 〔世本〕出夏臣武羅。〔風俗通〕「宋武公之後。以謚爲氏」。望出太原、沛國。又唐賀蘭敏爲武十彠之嗣。冒姓武。見〔唐書〕。

武仲 〔通志〕姬姓。臧武仲之後。

武安 〔英賢傳〕出秦將武安君白起之後。〔路史〕顓帝後有武安氏。

武信 〔路史〕宋義事懷王。封武信君。後氏焉。

武城 〔風俗通〕「趙平原君勝封武城君。因氏武城」。一云。春秋時楚有武城黑。見左傳。武城氏宜出此。

武陵 以地爲氏。見〔風俗通〕。

武都 氐羌姓。見〔西秦錄〕。

武彊 〔風俗通〕漢武彊侯王梁。其後因封爲氏。〔姓考〕周頃王孫滿封武彊。因氏。

武羅 〔世本〕夏時有武羅國。其後氏焉。

毒 〔唐書〕宰相竇懷貞與太平公主謀

遡。戰敗。投水死。追戮其尸。改姓逄氏。

杳 〔風俗通〕「賨人七姓有杳氏」。又杳盧氏改爲杳氏。

杳盧 代北人姓。後改爲杳氏。見〔魏書官氏志〕。

沮 〔世本〕沮誦。黃帝時史官。後有沮氏。又音敘。〔路史〕楚附敘之後有沮氏。沮音敘。

沮渠 〔魏書〕其先世爲匈奴左沮渠。遂以官爲氏。

河 出自河伯之後。或河宗柏天之後。郭璞山海經注云。河伯僕牛。皆人姓名。是河爲姓也。甘肅涇州有河姓。明河源之後。占籍襄陽。見〔姓氏尋源〕。

河只 獠姓。〔太平寰宇記〕「河只水在務川縣東二十里」。姓當出此。

河宗 〔穆天子傳〕河伯無夷之所都居。是爲河宗氏。又河宗柏天。逆天子於燕然之山。〔郭注〕河。四瀆之宗。主河者因以爲氏。

治 〔路史〕「周後有治氏」。又夷姓。涼州盧水胡有治元多。治無戴。見〔魏志〕及〔蜀志〕。

況 蜀況長寧之後。見〔三國蜀志〕。明有況鍾。本黃姓所改。別爲一族。

泄 周有泄冶。陳人。靈公時爲大夫。以諫死。又泄柳。魯賢人。

泊 〔潛夫論〕「夏禹後有泊氏」。一作泃。

法 齊襄王法章之後。秦滅齊。子孫不敢稱田姓。故以法爲氏。見〔後漢書法雄傳〕。望出扶風。

泠 一作伶。〔風俗通〕黃帝時典樂伶倫之後。〔姓譜〕周大夫泠州鳩。泠倫之後。

泡 〔潛夫論〕庖姓之分也。

波 〔姓譜〕其先事王莽爲波水將軍。子孫以爲氏」。望出鉅鹿。又月氏王姓波。魏之波調是也。

波大龜 〔佛經〕摩訶迦葉姓波大龜氏。乃訶維摩竭陀國人也。

波美稅 〔宋史〕波美稅陽布印茶。占城國王也。使除逋厮琅珈耶來貢。

波斯 大月氏之別裔。其先有波斯匿王。其子孫以王父字爲氏。又爲國號。見〔唐書西域傳〕。

泣伏利 〔魏書〕高車十二姓。一曰泣伏利氏。

泥 〔世本〕宋大夫泥車之後。

泥丘 見〔姓苑〕。一云。以所居爲氏。或卽尼丘。

注吾 回鶻戛黠斯國有注吾氏。見〔唐書〕。

泫 〔竹書紀年〕「晉列公元年。趙宣子城泫氏」。後漢書郡國志。泫氏縣屬上黨郡。蓋因人姓以氏縣。

炎 古帝炎慶甲之後。蜀有炎姓。

炅 音桂。秦末季楨叔子炅熒之後。參看昋字注。

炔 亦音桂。秦末季楨季子炔熒之後。參看昋字注。

爬 一作杷。本杞氏。東樓公之後。後漢靈帝時。杞康避董卓難。改爲杷氏。見〔廣韻〕。

爬利 党項部有爬利氏。一作把利。

爭 國名。見〔玉篇〕。爭氏當以國爲氏。

牧 〔風俗通〕黃帝臣力牧之後。〔路史〕「康叔後有牧氏」。望出弘農。

牧師 〔風俗通〕漢依周禮置牧師令。主養馬。後世因以爲氏。

牧犢 齊處士有牧犢子。見〔琴操〕。一云。以牧犢爲氏。如死羊趣馬之類。

狐 驩兜有佞臣狐功。見〔墨子〕。堯友有狐不諧。見〔莊子〕。一云。出自唐叔。與晉同祖。見〔國語注〕。一云。周平王子王子狐之後。見〔姓譜〕。

狐丘 卽壺丘。〔世本〕晉大夫狐丘林之後。〔英賢傳〕出自狐丘封人之裔。

甾 〔路史〕「戴後有甾氏。菑氏」。甾。漢縣名。以地爲氏。

盂 〔通志〕左傳宋公爲右盂。食采於盂。因氏。

盱 音于。〔路史〕蔡仲後有盱氏。

直 〔國語〕「晉之先有直柄」。爲直氏之所出。杜預左傳注。謂直柄爲舜後。陳氏之先。望出楚郡。

直勒 〔唐書文藝謝偃傳〕偃。衛州衛人。本姓直勒氏。改姓謝。

知 〔姓纂〕「左傳晉有知季。卽荀首也。別食知邑。又爲知氏」。亦作智。

社北 〔風俗通〕齊倡有居社北者。因以爲氏。

社南 〔風俗通〕齊倡徙居社南。因以爲氏。

祁 出太原。黃帝二十五子之一。見〔廣韻〕。一云。堯姓伊祁。祁氏或出伊祁。春秋時晉多祁氏。望出扶風。

祁成 〔姓纂〕晉隰叔後有祁成氏。

祁夜 〔英賢傳〕「晉有祁夜氏。祁夜大夫之後」。卽祁射氏。

秉 〔路史〕「楚公族有秉氏」。左傳齊邴意茲。史記作秉意茲。是邴秉字通。

空同 〔世本〕「空同氏。子姓」。蓋因空同山也」。亦作空桐。〔史記殷本紀〕有空桐氏。

空相 〔路史〕「宋微子後」。張澍云。契爲子姓。其後分封。以國爲姓。空桐之訛。猶相里訛爲桐里也。

空桑 〔英賢傳〕伊尹生於空桑。後世以爲氏。

竺 漢宣帝時有謁者竺次。見〔漢書西域傳〕。爲竺氏之始。望出東海。

芈 陸終第六子曰季連。爲芈姓。見〔世本〕及〔大戴禮〕。

芈尹 〔通志氏族略〕楚大夫芈尹申無宇之後。

罔 〔潛夫論〕宋微子後有罔氏。〔路史〕伏羲後有罔氏。

羌 〔路史〕泰岳生先龍。先龍生玄氏。玄氏乞姓。其別爲青白蝟之三氏。後有羌氏。〔通志氏族略〕宋有姓匡者。避諱改羌氏。

羌戎 〔路史〕玄氏後有羌氏羌戎氏。

羌師 〔世本〕衞公族有羌師氏。

羌憲 〔世本〕衞公族羌之孫憲爲羌憲氏。

耷 音噯。〔風俗通〕耷氏。新鄭人。楊耷村在縣西二十五里。

肥 〔風俗通〕其先有封於肥鄉者。以地爲氏。望出趙郡。

肩吾 〔通志〕「莊子。肩吾。古賢者。晉袁宏集有東海太守肩吾民」。張澍云。莊子之肩吾。姓肩名吾。後世之肩吾氏。乃合古人之姓名而氏之。

育 亦作鬻。堯時有育唐。見〔莊子〕。育姓出此。望出汲郡。

臾 〔路史〕「伏羲後有臾氏」。一云。臾氏蓋出顓臾之後。望出太原。

舍 〔路史〕微子後有舍氏。〔夢谿筆談〕。天竺貧四姓有舍氏。〔唐書〕大食國有舍氏。

舍利 以部落爲氏。北方酋帥有舍利部大人。因氏焉。

芝 匈奴姓。見〔漢書西域傳〕。

芮 〔通志〕「系出姬姓。望出扶風。周卿士芮伯後。以國爲氏」。望出扶風。

花 木蘭姓花。見〔述異記〕。是花姓唐以前卽有之。望出東平。唐有花敬定。又金范用吉改姓花。

芳 〔路史〕「周有芳氏。芳姓出方氏。」一云。出於方叔。望出新豐。

芸 〔姓纂〕引〔風俗通〕。晉有大夫芸賢。本雲姓。春秋時改芸。〔路史〕邧國爲楚所滅。後有云氏員氏雲氏鄖氏芸氏。

虎 〔風俗通〕「八元伯虎之後」。望出晉陽。

虎夷 以國名爲氏。秦末有虎夷渠帥助番君攻秦。

近 〔路史〕微子後有近氏。

邯 〔路史〕顓帝後有邯氏。

邯鄲 〔通志氏族略〕晉趙盾從父昆弟子曰穿。食采邯鄲。因以爲氏。

邰 出自姬姓。后稷爲堯大司農。以功封邰。支孫氏焉。見〔說文〕。又大利稽氏後改爲邰氏。見〔周書〕。

邲 音必。〔姓源〕鄭大夫食邑。後以地爲氏。

邳 讀如皮。〔風俗通〕「奚仲爲夏車正。自薛封邳。後因氏焉」。望出信都。

邴 一作祊。泰山下邑。居此者以爲氏。望出魯國。

邴意 〔姓纂〕齊大夫邴意茲之後。

邵 〔姓源〕周召公奭後。〔氏族博考〕召與邵。春秋本一姓。後分爲二。汝南安陽之族皆從邑。〔姓譜〕「文王子季載之後」。望出博陵。

邵皓 邵姓有皓首者以爲氏。見〔姓氏尋源〕。

邶 亦作鄁。〔詩譜〕邶。商都。武王封其弟爲三監。自紂城而東謂之邶。子孫以國爲氏。

邸 〔姓苑〕「邸。縣名。望出中山」。一云。當係漢大月氏貴霜翖侯邸就卻之後。

鄁 卽鄁氏。

郙 〔路史〕「聃季載之後有郙氏」。冉郇鄅。見〔國語〕。

郇 通作包。郇包姓也。後人加邑。

采 〔姓考〕「黃帝子夷鼓始封於采。爲左人。有采氏」。望出北平。又後魏獻帝次弟僕氏。後改爲采氏。見〔魏書官氏志〕。

金 〔風俗通〕「少昊金天氏之後」。望出彭城。又漢休屠王太子日磾事武帝。帝以休屠作金人祭天。賜姓金氏。見〔廣韻〕。又符秦時羌酋有金氏。見〔前秦錄〕。又唐時新羅國王姓金。見〔唐書〕。又吳越避錢鏐嫌名。改劉爲金。見〔吳越備史〕。元金履祥。其先本劉氏。亦改金氏。見〔元史儒學傳〕。

金留 見〔姓苑〕。一云。金日磾降漢。留於休屠者。因以金留爲氏。

長 〔路史〕「黃帝子揮之後有長氏」。望出河內。

長 知養切。晉有長克畓。死智伯之難。見〔史記〕。一云。以長幼之次爲氏。

長勺 〔左傳〕「殷民六族。有長勺氏」。望出河南。

長沙 以地爲氏。漢扶風萬年縣有此姓。見〔倉頡廟碑〕。

長狄 〔路史〕「帝鴻氏後有長狄氏」。卽鄋瞞也。

長兒 〔姓氏尋源〕長兒者。生而巨壯。震而矜之。故以爲氏。

長柳 壘子有長柳朔。漢藝文志有長柳子占書。一云。當以家有長柳而爲氏。

長孫 〔魏書〕出自拓拔氏。孝文帝以拓拔爲皇枝之長。改爲長孫氏。〔姓氏尋源〕「漢藝文志。孝經有長孫氏說二篇。儒林傳。王吉授韓詩於長孫順。是長孫氏不始拓拔也」。望出濟陽。

長桑 戰國有長桑君。見〔史記扁鵲傳〕。一云。蓋居有長桑以爲氏。如長梧之類。

長梧 莊子有長梧丘。一云。家有長梧。因以爲氏。如長柳長桑之類。

長魚 卽修魚氏。嬴秦之後。左傳晉有長魚嬌。

長盧〔漢書藝文志〕「長盧子。楚人。著書九篇」。莊子作長廬。渚宮舊事作長廬。以地爲氏。

門〔通志〕周禮公卿之子。入王端門。教以六藝。謂之門子。其後爲氏。望出河南。廬江。又〔魏書官氏志〕叱門氏吐門氏庫門氏。均改爲門氏。

門尹　湯得其司御門尹登恆。見〔莊子〕。門尹氏始此。

阜〔姓纂〕「大庭氏居曲阜。後有阜氏曲阜氏」。一云。魯有堂阜。漢地理志有阜城阜陵。阜氏或有以地爲氏者。

阿〔風俗通〕「伊尹爲阿衡。支孫以官爲氏」。望出河南。又後魏阿伏氏阿賀氏阿伏干氏。並改爲阿氏。見〔魏書官氏志〕。

阿勿嘀〔唐書〕回紇九姓。五曰阿勿嘀。

阿史那〔通志〕夏氏之裔。居兜牟山。北人呼爲突厥窟。歷魏晉十代爲君長。後屬蠕蠕。阿史那最爲首領。後周末。遂滅蠕蠕。霸彊北土。蓋百餘年。至處羅蘇尼失等歸化。號阿史那。唐開元中更爲史氏。

阿史德〔姓譜〕突厥始善可汗之苗裔。別號阿史德氏。

阿伏干　代北人姓。後改爲阿氏。見〔魏書官氏志〕。一作阿溥干。阿步干。

阿步干　卽阿伏干氏。

阿那〔魏書〕丞相阿那肱。本姓高阿那。時人倒呼。止曰阿那。

阿里　金姓。望出廣平。

阿思沒　契丹首領之姓。見〔舊唐書〕。

阿勒根　金姓。望出廣平。

阿崙〔魏書〕高車十二姓。七曰阿崙氏。

阿鹿桓　代北人姓。後改爲鹿氏。見魏書官氏志〕。一說。改爲桓氏。

阿單　代北人姓。後改爲單氏。見〔魏書官氏志〕。

阿賀　代北人姓。後改爲阿氏。見〔魏書官氏志〕。

阿跌　本種族名。敕勒諸部之一。亦曰訶咥。或曰跌跌。後以阿跌爲氏。唐有單于都護振武節度使阿跌光進。元和中賜姓李。見〔唐書回鶻傳〕。

阿逸多〔姓譜〕西域人姓有阿逸多氏。

阿會〔周書〕阿會氏。宇文氏之別族。阿會氏者。最爲豪帥。五部皆受其節度。役屬於突厥。

阿熱〔唐書回鶻傳〕黠戞斯。古堅昆國。自言李陵之後。其君曰阿熱。遂姓阿熱氏。駐牙青山。

阿溥干　卽阿伏干氏。

阿維　車師後部王阿羅多。見〔漢書〕。蓋姓阿羅名多。

陀滿　金姓。

⿰阝冉〔路史〕聃季載之後有⿰阝冉氏。

附〔太平寰宇記〕新平三姓有附氏。〔路史〕「楚附祖之後有附氏」。望出新平。

附庸　周封非子於秦爲附庸。後有附庸氏。

青〔路史〕「齊太公後有青氏」。一云。黃帝子少昊青陽後有青氏。亦或青烏子之後。又西夏亦有青氏。

青牛〔潛夫論〕青牛氏白馬氏。因地也。

青史〔英賢傳〕晉太史董狐之子受封於青史之田。因氏焉。

青唐　西夏有青唐部。以爲氏。

青烏　神仙傳有青烏公。爲彭祖之徒。漢有青烏子。當卽其後。見〔風俗通〕。

青萍〔呂氏春秋〕「豫讓之友青荓」。一本作青萍。青萍氏或本此。

青陽〔風俗通〕黃帝之子孫始姓之。

非〔風俗通〕非子伯益之後。〔路史〕非氏卽翟氏。

九畫

亭　見〔姓苑〕。張澍云。當爲亭長者之後。或封亭侯者之後。

亮　顓頊師柏夷亮父。見〔漢書古今人表〕。亮氏當出此。望出濮陽。又亮與諒通。或卽諒姓。

侯〔唐書宰相世系表〕「出自姬姓。晉侯緡爲曲沃武公所滅。子孫適他國。以侯爲氏」。一云。出自姒姓。夏后氏之裔。封於侯。子孫以爲氏。又云。鄭大夫侯宣多。侯羽之後。望出上谷。〔魏書官氏志〕胡古口引氏後改爲侯氏。〔路史〕魏侯奴氏渴侯氏古引氏侯伏侯氏並改爲侯氏。

侯引〔魏書〕賀蘭之餘部有侯引氏。一作侯引氏。

侯史〔風俗通〕董狐爲晉侯史官。後因氏焉。

侯奴〔路史注〕魏之侯奴氏。亦爲侯氏。

侯伏〔北史侯植傳〕植從魏孝武西遷。賜姓侯伏氏。又賜姓賀屯氏。其後復舊。

侯呂陵　後魏時有侯呂陵部。見〔魏書〕。是以部落爲氏。又後周太祖賜韓褒姓侯呂陵氏。後改爲呂氏。一作侯呂陵。

侯岡〔周地記〕倉頡姓侯岡氏。名頡。其後居馮翊衙縣。

侯叟〔風俗通〕膠叔安後有侯叟氏。

侯莫于　卽大莫于氏。見〔魏書〕。

侯莫陳　其先後魏別部。居庫斛真水。世爲渠帥。隨魏南遷。號侯莫陳氏。見〔周書侯莫陳崇傳〕。又西魏賜劉亮爲侯莫陳氏。

侯幾　魏有侯幾氏。以部落爲氏。

便　〔姓纂〕以國爲姓。〔國名紀〕「古便國在桂陽」。望出東晉。一云。與蛸古字通。便氏卽蛸氏。

係　卽系姓。河南穀城縣有此姓。

俎　後魏有鮑俎氏。見〔魏書〕。俎氏當爲鮑俎氏所改。

保　〔姓譜〕「周禮保章氏。因官以爲姓」。又楚國族有保氏。

兪　黃帝臣有兪柎。見〔周禮疏〕。當爲兪姓之始。望出河間·河東。

俟　漢書藝文志有俟子一篇。俟氏當爲其後。望出河南。又後魏俟奴氏改爲俟氏。見〔魏書官氏志〕。

俟力伐　代北人姓。後改爲鮑氏。見〔魏書官氏志〕。伐一作戊。一作代。均誤。

俟斤　〔唐書〕突厥大臣曰俟斤。世其官而無員限。其先世官者爲俟斤氏。後改爲艾氏。

俟奴　代北人姓。後改爲俟氏。見〔魏書官氏志〕。

俟伏　〔路史〕俟植從魏孝武西遷。賜姓俟伏氏。按周書作賜姓俟伏侯氏。北史作俟伏氏。

俟伏斤　代北人姓。後改爲伏氏。見〔魏書官氏志〕。

俟伏侯　代北人姓。後改爲侯氏。見〔魏書官氏志〕。一作侯伏侯。

俟利　後魏匹孤之後。其官有俟利。後以爲氏。見〔魏書官氏志〕。

俟呂陵　〔周書〕「太祖賜韓褒姓曰俟呂陵氏。後改爲呂氏」。一作俟呂阿。一作俟呂陵。

俟汾　〔姓譜〕神農爲黃帝所滅。子孫遁居北方。鮮卑俗呼草爲俟汾。以神農有嘗草之功。因自號爲俟汾氏。其後音訛。遂爲宇文氏。〔魏書〕高車十二姓。九曰俟汾氏。

俟豆　〔路史〕「俟汾氏後有俟豆氏」。一作佚豆。

俟幾　代北人姓。後改爲幾氏。見〔魏書官氏志〕。通鑑作俟幾氏。

俠　韓相俠累。見〔史記〕。俠氏爲其後。〔路史〕漢鴆侯國後有俠氏。

信　〔風俗通〕「魏公子信陵君無忌之後」。望出魏郡。一云。或申氏訛爲信氏。

信成　漢有信成縣。以地爲氏。

信都　〔風俗通〕張敖尙漢魯元公主。封於信都。因以爲氏。〔路史〕畢萬後有信都氏。一云。本申屠氏。古信申音同。故爲信都。

兗　以國爲氏。〔與地廣記〕「兗。少昊之裔」。望出東郡。

冒　楚蚡冒之後。如皋冒姓。自宋至今爲茂族。望出滎陽。一云。爲娟姓所改。

冠　〔風俗通〕古賢者鶡冠子之後有冠氏。

冠　音貫。冠氏。春秋晉邑。以地爲氏。

冠軍　〔漢書地理志注〕「南陽郡冠軍縣。武帝置」。以封霍去病。去病征匈奴。功冠諸軍。故曰冠軍。後人以邑爲氏。

剌門　見〔姓苑〕。張澍云。居於剌門者以爲氏。一作勅門。

勃　〔世本〕「宋右師勃之後」。望出頓丘。又罽賓國王姓勃名匐準。見〔唐書〕。

勃窣野　〔唐書〕「勃窣野氏。其先發羌之祖曰勃窣野。健武多智。稍幷諸羌。據其地。蕃發聲近。故其子孫曰吐蕃。而姓勃窣野」。或曰。南涼禿髮利鹿孤之後。

勅　當卽勅勒國之後。

勅力　代北複姓。高車別帥有勅力犍。見〔魏書〕。

勅門　見〔姓苑〕。一云。以所居爲氏。一作剌門。

勇　〔姓源〕楚子熊勇之後。望出南越。

勉　〔路史〕康叔後有勉氏。

匽　〔辯證〕「皋陶之後。本偃氏。去人爲匽」。後漢孝桓帝母匽氏。名明。

南　〔史記〕南氏。禹之後。〔姓源韻譜〕商盤庚妃姜氏生子曰南赤龍。曾孫南仲。爲周大夫。其後晉有南遺子。南蒯。〔通志氏族略〕「衞公子郢。字子南。其後爲南氏。楚有子南氏。亦爲南氏」。或曰。晉高士隱於南鄉。因改爲南氏。望出汝南。

南公　〔路史〕衞後有南公氏。

南丘　鮮卑有南丘姓。見西秦錄。

南史　齊有南史氏。見〔左傳〕。後爲氏。

南伯　〔路史〕虢叔之後有南伯氏。

南門　湯七佐有南門蝡。見〔鶡子〕。張澍云。必居南門者以爲氏。或啓閉南門之官以爲氏。

南宮　周文王時八士。有南宮氏。〔世本〕魯有南宮閱。居南宮。因爲氏。

南郭　〔路史〕虢叔之後有南郭氏。

南野　南野。縣名。見〔吳錄〕。一云。以所居爲氏。

南鄉　〔風俗通〕南國高士全隱遯於南鄉。因以爲氏。

南榮　〔姓譜〕古有善暴背於南榮者。獻之於君。其後爲氏。

卽　〔路史〕楚公族有卽氏。又云。晉後有卽氏。〔風俗通〕其先食采卽墨。因以爲氏。

卽利　〔路史〕宋微子後有卽利氏。

卽墨　齊大夫食采於卽墨。以爲氏。

厖　高辛氏才子厖降之後。其子孫以字爲氏。望出平陽。

匩　〔路史〕盧連氏之後有匩氏。

厙　見庫字注。

厚　〔世本〕「惠伯革者。孝公子。其後爲厚氏」。一云。魯有厚成叔。卽后氏。亦作郈。

厚丘 以地爲氏。厚丘故城在海州沭陽縣。

咸 〔姓苑〕「商巫咸之後」。望出汝南。

咸丘 〔姓纂〕魯大夫食邑於咸丘。因以爲氏。〔路史〕「齊後有咸丘氏」。望出齊郡。

咽 突厥三姓有咽麪部。見〔唐書〕。咽姓出此。

哀 〔姓譜〕「以謚爲氏」。望出南康·東陽。

哀駘 衞有哀駘它。見〔莊子〕。

品 博古圖周有品伯之彝。品姓本此。

晗 〔正字通〕「楊升庵希姓錄有晗永森」。今湖北有此姓。

咼 音戈。又與和同。淮南子有咼氏璧。卽卞和之和。或云。女媧氏之後。去女以咼爲姓。明時公安多咼姓。

垣 〔風俗通〕「垣。秦邑。因以爲姓」。胡三省云。垣。氏姓。隨宋武南歸。累世爲將家。

壴 〔姓譜〕音紵。本姓樹。改作壴。望出河東·河南。

奐 召伯奐之後。

契 音薛。舜臣司徒契。契姓出此。一作禼。

契 古計切。〔姓解〕宋微子之後。

契苾 以部落爲氏。同鶻匈奴之苗裔。其一曰契苾部。見〔唐書〕。

奔 〔世本〕神農娶奔水氏之子。後有奔氏。〔通鑑釋文〕古有賁姓。音肥。又音奔。後遂爲奔。

奔水 〔路史〕神農娶奔水氏爲妃。一作承桑氏。又作桑水氏。

奕 博古圖。商有奕車之觚。又〔姓譜〕周伯鹵之孫仲奕。武王封之於圖。晉滅之。後有奕氏。

姚 舜生於姚虛。因以爲姓。見〔帝王世紀〕。望出吳興·南安。

姚李 金有山西盂縣姚李安隆。姚李紹先等兄弟四人。皆擧人。

姜 〔姓纂〕炎帝神農氏。生於姜水。因以姜爲姓。〔古史考〕呂尙。姓姜名牙。掌四岳有功。封之於呂。子孫從其封姓。

姞 黃帝子得姓者十四人。有姞氏。見〔國語〕。

姣 卽佼氏。

姬 〔帝王世紀〕「黃帝生於壽丘。長於姬水。因以爲姓」。又梁周弘正諂附王偉。避侯景諱。改姓姬氏。周石珍亦改姓姬氏。

姺 音莘。商諸侯之姓。〔左傳〕「商有姺㚢」。一作侁。亦音銑。望出潁川。

娍 古諸侯有娍氏。以國爲氏。

娍陵 女媧臣有娍陵氏。見〔帝系譜〕。

威 〔風俗通〕齊威王之後。以田氏始王。故其後以爲氏」。望出南安。

威王 出自齊威王之後。見〔風俗通〕。

姶 〔姓苑〕姶。姓也。〔通志氏族略〕姓於文女生爲姓。故姓之賜多從女。姬姜嬴姒姚嬀姞妘姻姶姙嫪之類是也。

客 見〔姓苑〕。漢有客孫。廣德人。

宣 〔風俗通〕周宣王後。〔路史注〕「宋宣公後。以謚爲氏」。望出東郡。又〔通志氏族略〕魯大夫叔孫僑如之後。僑如謚宣伯。以謚爲氏。

宣于 前趙錄有劉淵之太史令宣于修之。

室 秦時有西域沙門室利房聘秦。見〔帝王世紀〕。是秦時已有室姓。望出隴西。

室中 漢書功臣表有室中同。藝文志有室中周。著書十篇。張澍云。卽以居室中爲氏。

室孫 〔姓苑〕「王室之孫也。古賢人有室孫氏。著書」。一云。室孫氏卽宮孫氏。

宥 〔正字通〕明洪武時有有日興。上加宀。賜姓宥。爲宥姓之始。

宥連 本以部爲氏。〔魏書官氏志〕宥連氏後改爲雲氏。

宦 〔姓苑〕「宦姓望出東陽」。張澍云。常取意於仕宦。不以宦奄爲姓。今貴州遵義縣有宦姓。江蘇丹陽縣亦多。

封 系出姜姓。炎帝裔孫鉅爲黃帝師。胙土命氏而爲封鉅。至夏時封父列爲諸侯。以地爲氏。見〔姓苑〕。望出勃海。又後魏是賁氏改爲封氏。見〔魏書官氏志〕。

封人 周官封人之後。以官爲氏。

封父 〔辯證〕夏諸侯封父之後。

封具 〔辯證〕鄭公子具食采開封。因氏焉。

屋 〔魏書官氏志〕「屋引氏後改爲房氏」。一云。改屋氏。一云。或漢西域屋蘭所改。

屋引 出自房氏。晉初有房乾。使北虜。留不遣。北俗謂房爲屋引。遂改爲屋引氏。子孫隨魏南遷。復爲房氏。

屋廬 孟子弟子有屋廬連。望出任城。張澍云。以所居屋廬爲氏。如圈氏室中氏之類。

屋蘭 以地爲氏。漢北匈奴有屋蘭儲。屋蘭。地名。見〔漢書地理志〕。

巷 〔姓纂〕周寺人巷伯之後。

帥 本姓師。避晉司馬師諱。改爲帥氏。見〔廣韻〕。

帥靈 苗姓有帥靈干。見〔南中紀聞〕。

幽 〔姓苑〕「以謚爲氏」。一云。或居幽州者。以地爲氏。望出京兆。

度 其先出自顓頊。與楚同姓。見〔度尙碑〕。〔姓纂〕古掌度之官。因以命氏。又〔後漢書南蠻傳〕板楯蠻七姓。有度氏。

建 〔風俗通〕楚平王太子建之後。

弭 〔三輔決錄〕「弭以地爲氏」。望出新豐。

彥 〔路史〕齊太公後有彥氏。

律 王莽時有律人。見〔夢谿筆談〕。律人。官名。或以爲氏。一云。或斛律氏耶律氏後改爲單姓。

後 太皞孫後照之後。今開封有此姓。望出東海。

思 以謚爲氏。又突厥有思姓。見〔唐書〕。雲南土司亦有思姓。見〔明史〕。

思力 爲突厥首領之姓。隋時有思力俟斤。見〔隋書〕。

思結 回紇九姓有思結氏。在延陀故牙。見〔隋書〕。

急 南詔有急姓。見〔南詔德化碑〕。

恆 〔世本〕「楚有大夫恆思公。其後有恆氏常氏」。望出東海。

恤 魯有恤由。見〔禮記〕。恤氏。恤由之後。望出東魯。一云。蓋以善於賙恤人而得氏。如救氏赦氏之類。

恪 〔路史〕「齊田和之後」。望出陳留。

恬 羌種姓。見〔東觀漢紀〕。

扁 扁鵲之後。望出渤海·南陽。

屋 古鬮字。〔路史〕吳後有屋氏。

拜 宋拜瑚·拜延之後。見〔萬姓統譜〕。

拱 博古圖。周有拱日之彝。〔辯證〕「撫州臨川有此姓」。今廣西桂林此姓猶多。

拾 見〔姓苑〕。

指 齊太公之後有指氏。

按 見〔姓苑〕。元有按攤。官海北海南宣慰使。有威望。

振 音義。同旅。〔海篇〕姓也。

施 夏諸侯有施氏。國亡。以國爲氏。一云。魯惠公之子尾。字施父。後以爲氏。

施屠 漢有施屠渾都。爲燕王盧綰御史大夫。

星 宋司星子韋之後。

昨和 關西羌人有昨和氏。

春 楚相春申君黃歇之後。

昭 禹臣昭明作衍曆。又春秋楚同姓。與屈、景並爲三族。

昭武 〔隋書西域傳〕康國舊居祁連山北昭武城。因被匈奴所破。西踰葱嶺。遂有其國。支庶各分王。故康居左右諸國。並以昭武爲姓。示不忘也。

昭涉 漢初有昭涉掉尾。見〔希姓錄〕。

是 齊大夫之後。本氏姓。後改。見〔三國吳志是儀傳〕。又隸釋有是盛·是遷。則順帝前已有是姓。不始季漢。或當時氏是兩字本通。是儀之改氏爲是。亦以此。又後魏是云氏改爲是氏。

是云 〔魏書官氏志〕「是云氏後改爲是氏」。一云。是云氏。任城王澄子孫。避爾朱榮難。入是云家冒其姓。至隋。乃復姓云氏。

是婁 〔魏書官氏志〕「是婁氏改爲婁氏」。一作是樓。改爲高氏。

是連 代北是連氏。隨魏南徙。太和中改爲連氏。見〔魏書官氏志〕。

是賁 〔魏書官氏志〕是賁氏改爲封氏。

是蘭 氏羌姓。

映 夏國有此姓。

曷 吐番大首領有曷氏。

曷薩 〔隋書〕突厥有曷薩那部落。〔唐書〕突厥有曷薩部。蓋以部爲姓。

昝 音攢。〔姓苑〕昝氏。蜀人也。望出太原。又後魏叱盧氏後改爲昝氏。見〔魏書官氏志〕。一作叱盧氏後改爲祝氏。

枯 西羌有枯姓。見〔南涼錄〕。又契丹酋長有枯莫離。唐武后時賜姓李。見〔舊唐書北狄傳〕。

柄 晉直柄之後。

柏 古帝柏皇氏之後。又春秋柏國爲楚所滅。子孫或以爲氏。望出魏郡·濟陰。

柏侯 柏皇之後有柏侯氏。聲轉爲白侯。又訛爲桓侯。

柏高 唐虞時之姓。

柏常 〔路史〕柏皇之後有柏常氏。即伯常氏。

染 即冉氏。望出魏郡。

柔 柔僕嬴土。帝嚳之末裔。〔山海經〕「柔僕之國。帝俊之生」。俊。古夋字。帝嚳名夋。柔姓本此。

柘 〔姓纂〕「楚大夫以地爲氏」。望出武陵。

柞 〔路史〕「柞。柞卜邑。是柞以邑爲氏」。按柞卜。顓頊臣。

查 〔姓譜〕「查望出齊郡」。五代時南唐有查文徽。文徽孫道始徙家海陵。至今查氏爲海陵望族。見〔陸游南唐書〕。

柯 〔廣韻〕吳公子柯盧之後。〔路史〕「齊太公後有柯氏」。望出錢唐·齊郡。又羌及鮮卑俱有柯姓。又後魏柯拔氏後改爲柯氏。

柯拔 〔魏書官氏志〕後魏南方有柯拔氏。後改爲柯氏。

柱 〔姓苑〕「出自古烈山氏之柱爲稷神。後世以爲氏」。一云。周老聃爲柱下史。其後氏焉。

柳 〔廣韻〕「魯展禽食采於柳」。後因爲氏」。望出河東。〔淮南子注〕展禽之家樹柳。行惠德。因號柳下惠。一曰邑名。

柴 〔姓譜〕系出姜姓。齊文公子高之後。裔孫高柴爲仲尼弟子。孫舉以王父名爲氏。

段 〔風俗通〕段干木之後。〔唐宰相世系表〕「段氏姬姓。鄭武公少子共叔段。其孫以王父字爲氏」。望出武威。又段氏有出遼西者。本鮮卑檀石槐之後。晉將段匹磾是也。

段干 〔史記〕「老子之子宗爲魏將。封於段干。後爲姓」。按老子之子封於段。又封於干。因以爲姓。風俗通注云。姓段。名干木。呂覽亦云。干木光於德。唐書世系表又云。封段爲干木大夫。俱誤。

呲 魯邑。後人以邑爲氏。

呲沙〔通志氏族略〕百濟國人姓有呲沙氏。

泉〔世本〕泉。任姓。〔姓苑〕「吳全琮之孫暉降魏。封南陽。食采白水。改爲泉氏」。張澍云。國語潞洛泉余滿。皆赤狄隗姓。是泉氏不始全暉。一云、周官泉府之後。以官爲氏。望出上洛。又高麗蓋蘇文姓泉氏。見〔新唐書〕。

洗 南海番禺多洗氏。蓋高涼蠻酋姓。

洛〔姓苑〕本落氏。去草爲洛氏。

洛下 漢有洛下閎。諸姓氏書皆引洛下爲複姓。按史記律書註引益都耆舊傳。閎字長公。曉明天文。隱居洛下。是洛下爲巴郡閬中之地名也。非姓。桓譚新論以爲黃閎。是閎姓黃。顏師古以爲姓洛下。名閎。遂相沿承謬。不知是正。見〔姓氏辯誤〕。

洞 漢有洞沐。見〔元和姓纂〕。後魏有洞林。朔方人。字敬叔。爲同州都官從事。

洞沐 漢有洞沐孟陽。普易。

洩 魯大夫洩聲子之後。鄭有洩駕。陳有洩冶。後爲氏。一作泄。鮮卑亦有洩姓。洩尼歸是也。

洪〔姓纂〕「共工氏之後。本姓共。後推本水德之緒。加水於左」。一云。以國爲氏。又豫章宏氏。避唐明皇諱改爲洪。望出敦煌．豫章．宣城。又曲阿弘氏。亦避諱改姓洪。

洼 漢時南陽育陽有洼姓。當以水爲氏。

炭〔漢書西域傳〕「車師後部侯炭遮。領萬餘人。畔阿羅多。詣漢吏降」。故漢人有此姓。

爰〔急就篇注〕「其先本與陳同姓。爰諸生．爰濤塗。因而命氏。其後或爲轅氏。又作袁氏。本一族也」。望出濮陽。

⿱爫丈〔廣韻〕音到。〔集韻〕「音號。後魏河南姓」。望出河內。字從丈不從又。

界〔漢書注〕「今貝州宗城縣東有古界城」。是界以地爲氏。

畏 見〔姓苑〕。

癸〔姓苑〕「出姜姓。齊癸公之後」。一云。癸比氏之後。

癸比〔山海經〕「舜三妃癸比氏。生宵明燭光」。後爲氏。一作登比氏。

皇〔風俗通〕「三皇之後。因氏焉」。一云。出自子姓。宋戴公子充石。字皇父。其孫以王父字爲皇父氏。或去父稱皇氏。

皇子 周宣王之後。見〔神仙傳〕。

皇甫〔姓譜〕周太師皇甫之後。〔廣韻〕宋有皇父充石。公族也。漢有皇父鸞。自魯徙居茂陵。改父爲甫。

盆〔辯證〕「盆成括子逃難。去成爲盆氏」。望出齊郡。

盆尼末換〔買耽四夷述〕隋開皇中大食族中有孤列種。代爲酋長。種有二姓。一曰盆尼末換。二曰奚深。

盆成〔廣韻〕「盆成括仕齊。其子避難改氏成」。一作改氏盆。

盈〔姓苑〕「嬴姓。少昊氏之後」。望出河東。

相〔姓苑〕相音湘。〔姓譜〕「商丘有相氏。蓋帝相之後」。望出西河。張澍云。韻會以爲平聲者非姓。此說誤。今分平仄二姓。相宜出相土。

相 細瀼切。故殷城。以地爲氏。一云。相土之支以爲氏。望出巴郡。

相夫 見〔韓非子〕。亦作相芬。

相里〔姓譜〕皋繇之後。爲理氏。商末有理徵孫仲師。遭難去王爲里。至晉大夫里克。爲惠公所戮。克妻攜少子季連逃居相城。因爲相里氏。〔法苑珠林〕「出鄭子產之裔。子產之生。執拳而出。啓手視之。文成相里。因以爲氏」。望出西河。

省 宋國之姓。見〔左傳〕。

眉 見〔姓氏急就篇注〕。以州名爲氏。少儀外傳有眉浩。

眅 鄭游眅之後。以名爲氏。

研骨 北齊有此姓。研骨光弁是也。或作所胥．研胥。皆誤。

祈 黃帝之子得姓者十四人。祈其一。見〔通鑑胡三省注〕。

祋 音掇。漢有祋祤縣。以縣爲氏。

禹〔風俗通〕禹之支庶以爲氏。〔廣韻〕鄅子之後。以國爲姓。後去邑爲禹。望出隴西。

禺〔姓苑〕禺疆之後。〔莊子注〕「黃帝玄孫」。是禺氏出於黃帝。望出南海。

秋〔路史〕少昊後有秋氏。〔姓譜〕「秋胡之後」。望出天水。

秋伯〔路史〕少昊後有秋伯氏。

科 見〔姓苑〕。

种〔姓源〕「仲山甫之後。避仇改爲种」。望出河南。

穿〔路史〕「楚公族有穿氏」。係穿封氏所改。

穿封 楚有穿封戌。當以地爲氏。

突地〔唐書〕北狄靺鞨酋長有突地稽降唐。賜姓李氏。

突黎人 西域人姓。見〔通志氏族略〕。

突騎施 以部落爲氏。見〔唐書〕。

紀〔姓纂〕「出自姜姓。炎帝之後。封爲紀侯。爲齊所滅。因以國爲氏」。望出天水．高陽。又有爲舒氏改者。紀邁本姓舒。改姓紀。見〔宗躬孝子傳〕。

約 古賢者約續之後。見〔韓非子〕。

約尼〔唐書〕武后時遣將攻契丹。濆其衆。天寶間德埒勒部長聶時。立逵年嘉哩爲蘇嚕威汗。更號約尼氏。

紅 〔姓纂〕出自劉氏。漢楚元王交子紅侯富之後。支姓或以國爲氏。

紅陽 地名。以所封邑爲氏。

紇 〔魏書官氏志〕紇單氏改爲紇氏。

紇干 〔西秦錄〕「初自漢北南入陰山。遇大蟲於路。狀如龜。大如阜陵。乃殺馬祭之。俄而不見。有小兒焉。乞伏部老父。自以爲有所依憑。字曰紇干。紇干。華言依倚也。後因爲氏」。又北周田弘。賜氏紇干氏。見〔周書〕。又後魏代北姓。後改爲干氏。見〔魏書〕。

紇石烈 金姓。望出廣平。

紇豆陵 〔路史〕少康子龍留居仍。爲竇氏。其後裔入鮮卑拓拔部。居南境代郡。號沒路回。爲沒鹿氏。魏武命爲紇豆陵氏。其歸華也。魏孝武復之爲竇氏。又西魏賜竇熾之先爲紇豆陵氏。〔周書〕梁禦因官北邊。家於武川。改姓爲紇豆陵氏。

紇突隣 一作紇突陵。以部落爲氏。後改爲隣氏。見〔魏書〕。

紇奚 以部落爲氏。後改爲嵇氏。見〔魏書官氏志〕。

紇骨 高車種有紇骨氏。見〔北史〕。後魏獻帝以兄爲紇骨氏。後改爲胡氏。見〔魏書官氏志〕。一云。紇骨氏改爲胥氏。一作護骨。

紇單 代北人姓。後改爲單氏。見〔魏書〕。唐有日者紇單瑞。

級 吳興郡四姓有級氏。

羑 地名。卽文王所囚之地。居於此地者以爲氏。〔姓纂〕羑里。殷秋官。子孫因以爲氏。

羿 〔路史〕后羿後有羿氏窮氏。

者 係堵姓所改。又雲南苗種有者氏。

者舌 〔北史〕「破落那者舌等國。遣使朝貢」。是以國爲氏。

耏 音而。〔姓譜〕「宋有耏班。以其守耏門。故以爲氏」。望出睢陽。

耶 見〔姓苑〕。

耶律 遼姓。望出遼西。又耶律隆運本姓韓氏。耶律儼本姓李氏。並賜姓耶律氏。又道宗時行營都部署李仲禧。北院宣徽使劉霂。樞密副使王觀。都承旨楊興工。皆賜姓耶律氏。

朐 音劬。〔路史〕「伏羲後有朐氏」。朐以地爲氏。〔漢書地理志〕。朐城在壽昌西北。

背 以國爲氏。〔鼠璞〕「鄁姓書文爲背氏」。

胙 〔通志〕周公之後。今滑州胙城是其國。爲南燕所幷。子孫以國爲氏。〔路史〕祭公後有胙氏。

胡 〔姓譜〕「系出嬀姓。舜裔胡公滿之後。望出安定。新蔡。又後魏獻帝以兄爲紇骨氏。後改爲胡氏。見〔魏書官氏志〕。又胡廣本姓黃。後改姓胡。見〔楚國先賢傳〕。又勅勒有胡姓。後周胡琛是。見〔周書李遠傳〕。

胡古口引 後魏有此姓。後改爲侯氏。見〔魏書官氏志〕。

胡母 〔風俗通〕本陳胡公後。齊宣王母弟。別封母鄉。遠本胡公。近取母邑。故爲胡母氏。

胡沙 金姓。

胡咄葛 〔唐書〕回紇九姓。二曰胡咄葛。

胡非 〔風俗通〕陳胡公後有公子非。其後子孫爲胡非氏。戰國有胡非子。

胡掖 鮮卑姓。南涼禿髮壽闐之母胡掖氏。

胡祿屋 〔唐書〕突厥三姓。有胡祿屋氏。

胤 〔姓苑〕夏時侯國。仲康命胤侯掌六師是也。後因氏」。望出河東。

胥 〔通志〕晉大夫胥臣之後。以字爲氏。

胥門 〔路史〕吳後有胥門氏。

胥餘 莊子有胥餘紀他。

苑 〔姓纂〕「殷武丁子文封苑侯。其後以爲氏」。望出范陽。永寧。馬邑。一云。齊大夫苑何忌之後。

苑羊 〔通志〕左傳莒大夫苑羊牧之之後。

苑庚 〔路史〕「祖庚弟文之後有苑庚氏」。一云。楚莊王以常侍苑庚爲上卿。苑庚氏乃其後。

苗 〔風俗通〕「楚大夫伯棼後。賁皇奔晉。食采於苗。因氏焉」。望出東陽。

苞 卽包姓。古包苞字通。

苞丘 楚有苞丘先生。見〔史記〕。或云。卽荀丘氏。國名。

苟 〔國語〕「黃帝之後」。望出河南。河內。西河。〔路史〕「舜後亦有苟氏」。一云。苟。草名。河內多杞。所居饒之。因以爲氏。又句氏避宋高宗諱。加艹爲苟。又後魏若干氏改爲苟氏。見〔魏書官氏志〕。又後晉高祖名敬瑭。析敬字爲文氏苟氏。見〔齊東野語〕。

若 〔路史〕「顓帝後有若姓」。又蜀西南夷有若姓。見〔漢書王莽傳〕。

若久 後燕鮮卑有若久氏。見〔晉書載記〕。

若口引 後魏代北姓。後改爲寇氏。見〔魏書官氏志〕。

若干 後魏代北姓。後改爲若氏。一作改爲苟氏。苟積是也。見〔魏書〕。又〔周書若干惠傳〕其先與魏俱起。以國爲姓。

若敖 〔姓纂〕出芈姓。楚子熊鄂生熊儀。謂之若敖。後以爲氏。

若羅 鮮卑姓有若羅氏。見〔晉書〕。

苦 以地爲氏。〔姓源〕「老聃五世祖碩宗事康王。封於苦。因氏」。望出會稽。

苦成 〔潛夫論〕郤犨號苦成叔。苦爲別封之邑。遂以爲氏。

苦 左傳有季氏家臣苦夷。苦氏當爲其後。望出晉郡。

英 〔姓譜〕「出自偃姓。皐陶之後。封國於英。子孫以國爲氏」。望出晉陵。

英賢 〔路史〕顓帝後有英賢氏。

苴 〔姓譜〕司馬穰苴之後。〔路史〕「太岳後有苴氏」。望出平陵。

苴人 〔路史〕太岳後有苴人氏。

苻 出有扈氏。後人代爲氏酋。本姓蒲。至晉蒲洪改爲苻。見〔十六國春秋〕。

苾悉 郁射施大酋有苾悉姓。見〔唐書突厥傳〕。

茀 音弼。〔辯證〕「齊宣王時有作履者。茀氏。姓書云。茀翰胡之後」。茀與佛古字通。論語佛肹。古今人表作茀肹。

茂 爲後魏茂眷氏所改。

茂眷 〔魏書官氏志〕南方有茂眷氏。後改爲茂氏。

范 〔唐書宰相世系表〕「出自祁姓。帝堯裔孫劉累之後。在周爲唐杜氏。周宣王滅杜。杜伯之子隰叔奔晉爲士師。曾孫士會。食采於范。子孫遂爲范氏」。望出高平。

范師 見〔姓苑〕。一云。范與笵同。范師。爲范金之工師。以爲氏。

茄 〔玄中記〕「黄帝之臣茄豐氏有罪。刑而放之。扶伏而去。是爲扶伏氏」。爲茄氏之始。

茄羅 出〔姓苑〕。西夏有此姓。一作茹羅。

茅 〔世本〕「周公第三子茅叔封於茅。子孫以國爲氏」。望出陳留·晉陵。

茅地 〔路史〕郳子後有茅地氏。

茅夷 〔姓纂〕邾大夫茅夷鴻之後。〔姓氏辯證〕「春秋夷鴻姓茅氏。子孫何至以茅夷爲氏」。一云。或墨夷目夷氏因聲轉而致誤。

茅成 〔路史〕「小邾子後有茅成氏」。按茅成子。卽茅夷鴻。

茆 〔路史〕「祭公後有茆氏」。按茆氏卽茅氏。

茌 一作荏。漢太山郡有茌平縣。以爲氏。見〔廣韻〕。

虺 〔路史〕「宋微子後有虺氏」。又鼈虺。春秋時楚邑。見〔左傳〕。或以邑爲氏。又唐武后削越王貞。瑯邪王沖等屬籍。俱改其姓爲虺氏。見〔唐書〕。

衍 〔姓苑〕「出子姓。宋微仲衍之後」。望出睢陽。

衎 〔路史〕「衞後有衎氏」。一云。宋樂甫衎之後。

表 見〔姓苑〕。張澍云。漢書地理志。表縣屬酒泉郡。或以地爲氏。

要 〔姓苑〕吳人要離之後。

訇 音轟。漢中西城有訇鄉。見〔說文〕。當以鄉名爲氏。李特時有關中流人訇琦。訇廣·訇氏。見〔蜀錄〕。

計 〔路史〕「禹後有計氏」。一說。計。地名。周武王封少昊之後於莒。初都計斤。或以地爲氏。望出京兆·齊郡。

貞 以邑爲氏。〔路史〕「貞。郇也。貞氏出此」。一云。楚公子貞之後。又百濟八姓有貞氏。

負 舜之後。舜遷於負。以國爲氏。

軌 後周有軌革。精曆算。傳於費孝先。見〔姓苑〕。按軌革。卽易占術也。以圖畫示吉凶。猶今雀銜牌之類。費孝先。蜀人。精軌革之術。東坡志林云。眉山費孝先游青城山。有老人授以軌革卦影之術。其非人姓名可知。且費孝先事見搜神記。干寶。晉人。安有紀後周之事乎。尙友錄列軌革爲人名。誤。

軍 〔潛夫論〕鄭共叔段之後有軍氏。〔姓苑〕冠軍氏之後。因氏軍。

軍車 〔姓纂〕代北複姓有軍車氏。

迦葉 西域天竺姓。見〔唐書〕。

迦魯 元姓。世祖時有迦魯納答思。

迪古 金姓。

迪姑 金姓。

迭 見〔姓苑〕。

迭里 回回姓。元有迭里彌實。

迮 望出隴西。一云。卽笮氏。亦卽笮氏。江南有此姓。

述 〔世本〕「魯大夫仲孫述之後」。一云。仲述卽仲遂。述遂古字通。又契丹有述姓。

述律 〔五代史〕契丹阿保機之皇后述律氏。又〔元史〕蕭后之族留於遼者爲述律氏。後訛爲石抹氏。

邽 一作圭。〔路史〕「魯成伯後有邽氏」。以地爲氏。望出晉郡。一云。嬀國後。

郳 〔通志〕「顓帝玄孫陸終第五子曰安。賜姓曹。周武王時封安之裔曰郳挾爲附庸。居於郳。後爲楚滅」。子孫以地爲氏。

郳婁 〔姓考〕郳子遷婁。後有郳婁氏。

邿 音詩。春秋時國。〔姓解〕邿國之後。因以爲氏。望出東平。

郁 〔姓考〕「古有郁國。後因氏」。張澍云。「西域有郁立國。或其國之人以爲姓。扶風有郁夷縣。膠東有郁秩縣。北地有郁致縣。或亦以地爲氏」。望出黎陽·魯國。

郁久閭 蠕蠕。東胡之別種。姓郁久閭氏。見〔魏書〕。後從省稱閭。魏之閭大肥·閭龍駒·閭根·閭文祖等皆是。

郁朱 後魏代北複姓。見〔魏書〕。

郁原甄 郁原甄氏後魏改爲甄氏。見〔魏書官氏志〕。按今本作郁都甄氏。

郁閭〔路史〕吳後有郁閭氏。
郁鄭〔路史〕吳後又有郁鄭氏。
郃　郃氏。郃合氏。以地爲氏。後魏大莫干氏改爲郃氏。見〔魏書官氏志〕。
郅〔風俗通〕商時侯國。後以爲氏。
郇〔姓苑〕「周文王子封郇。晉武公滅郇。以賜大夫原氏。是爲郇叔。因氏」。望出平陽。
郇瑕　郇瑕氏。見〔左傳〕。〔服虔左氏解詁〕郇國在解縣東。郇瑕氏之墟也。
郈〔世本〕「魯孝公八世孫成叔爲郈大夫。因以爲氏」。望出東海。又與后·厚通。
郊〔路史〕「莒後有郊氏。楚亦有郊氏」。又穆天子傳有正公郊父。郊姓或始此。
䢼　音恭。亭名。以亭爲氏。見〔海篇直音〕。
郄　郤俗作郄。今與郗混。見郗字注。
重〔姓譜〕南正重之後。
重丘〔路史〕曹叔荀伯之後。有重丘氏。
革〔姓源〕「蜚廉之子名革。後因氏」。張澍云。「革與棘同姓。棘子成。人表作革子成。或湯臣夏革之後。宋史夏國有革氏」。望出清河。
韋〔唐宰相世系表〕顓頊孫大彭爲夏諸侯。少康封其別孫元哲於豕韋。其裔以國爲氏」。漢疏勒國亦有韋姓。見〔漢書西域傳〕。又唐中宗賜桓彥範爲韋氏。見〔唐書本傳〕。
音　見〔姓苑〕。一云。當係古太史掌五音者之後以爲氏。或其子孫以字爲氏。
陌　見〔姓苑〕。當取阡陌爲氏。望出代郡。
降　黎陽有降氏。以地爲氏。
風〔姓纂〕「伏羲氏之後」。女媧氏亦風姓。黃帝臣有風后。春秋時任·宿·須句·顓臾四國皆風姓。
風胡　黃帝時善劍者風胡之後。
飛　卽蜚氏。嬴姓。見〔潛夫論〕。
飛廉　秦嬴姓。後分封。以國爲姓。見〔史記〕。
飛龍　朱襄後裔。
食　音嗣。〔風俗通〕「食我。韓公子也。見戰國策。漢有食子公。爲博士」。望出河南。
食我〔路史〕晉後有食我氏。
食其〔路史〕黃帝後有食其氏。〔姓纂〕廣野君酈食其孫賜以食其爲氏。
首〔夢谿筆談〕「天竺之貧四姓有首氏」。張澍云。當出於首陽首止。或卽以首爲氏。如腹氏肝氏之類。
香〔姓氏辯證〕「二廣有香氏」。一云。宜出自齊香居之後。或西域香國之人以國爲氏。

十畫

乘〔山海經〕咸鳥生乘釐。伏羲孫也。〔世本〕「乘睢　古賢人」。此乘姓之始。〔風俗通〕楚大夫子乘之後。以王父字爲氏。
乘丘〔括地志〕「乘丘在瑕丘縣西北。居之者以爲氏」。望出平陽。
乘馬　晉官名。見〔左傳〕。子孫以官爲氏。望出張掖。
亳　以地爲姓。有南亳北亳西亳。亳亦作薄。見〔漢書〕。望出河南。
修〔英賢傳〕「修出自少昊氏子修。爲帝嚳玄冥師。掌水官。其後氏焉」。望出臨川。
修魚　秦之先爲嬴姓。其後分封。以國爲姓。有修魚氏。見〔史記秦本紀〕。一云。卽蕭魚氏。蕭魚。鄭地。以地爲氏。
俱　姚秦時有俱姓。當爲俱羅氏所改。望出潁川。
俳〔池北偶談〕「山東新城有俳姓」。一云。或係非姓所改。
俸〔姓氏尋源〕卽奉姓。後加人。
倉　黃帝史臣倉頡之後。見〔路史注〕又周禮地官有倉人倉吏。因以官爲姓。望出武陵。
倉頡〔姓纂〕倉頡之後。
倍　少昊元妃生倍伐。帝欲傳位高陽。先降處長子於緡淵。其後有倍氏。
倍俟　爲斛律部別帥之姓。見〔魏書〕。
候　周禮有候人。其後氏焉。見〔通志〕。
倚〔姓苑〕「楚左史倚相之後」。望出楚郡。一云。出古帝倚。
倚相〔姓纂〕楚左史倚相之後。
倪　卽郳氏。兒氏。避仇改爲倪。望出千乘。
倫〔風俗通〕「黃帝時樂人伶倫之後。或單爲倫氏」。望出京兆。
倭　倭王姓倭。見〔宋書〕。
倲　見〔玉篇〕。一云。係東氏。因事加人以爲氏。
俞〔姓氏辯證〕今衡州有此姓。音丑。〔路史〕俞。勑救切。漢有俞連。
俞豆　芈姓。楚公子食采於南陽俞豆亭。因氏焉。見〔通志〕。
劍〔姓纂〕劍。音丑。姓也。漢有劍東。
党　本西羌姓。姚秦將党耐虎曰。祖本夏后氏。後爲羌豪。見〔廣韻〕。〔路史〕拓拔後有党氏。
兼〔風俗通〕衞公子兼之後。
兔〔姓苑〕兔句。縣名。因以爲氏。
冥〔周禮〕「冥氏掌設弧張爲阱擭。以攻猛獸」。當以官爲氏。〔風俗通〕禹後有冥氏。因國爲氏。
凋〔路史〕夏禹後有凋氏。
凍　且凍羌之後。望出平陽。
凌〔姓譜〕衞康叔支子爲周凌人。子孫以官爲氏。望出渤海。三國志有浚統。廣韻引作浚。後多混用。康熙字典列姓於浚字注。謂與浚別。浚姓遂多從浚。

剛 〔史記穰侯傳〕伐齊取剛壽。〔徐廣注〕「即濟北剛縣」。剛氏當以地爲氏。望出馮翊。

剡 〔陳留風俗傳〕「伯翳後有剡氏」。望出南昌。

厝 「路史」清陽東南有故厝城。土人曰鵲城。有厝氏。

原 周文王子封於原。爲原伯。晉滅之。封先軫。號原軫。其後並姓原。見〔姓氏急就篇注〕。

原仲 〔英賢傳〕陳大夫原仲之後。

原伯 〔通志氏族略〕原莊公後有原伯氏。〔英賢錄〕周原伯絞之後。

員 音運。〔姓苑〕「員出南陽。與楚同族。顓頊之後」。一云。楚伍員之後。又宋劉凝之奔魏。慕伍員忠烈。改姓員。見〔南史〕。

哥 爲哥舒氏所改。又勃尼國有哥姓。見〔宋文憲集〕。

哥舒 突騎施有哥舒部。番人多以部落稱姓。因以爲氏。見〔舊唐書〕。

威 西域部姓。見〔明史〕。

哲 見〔姓苑〕。

唆 夷姓。元時有金將唆蠟。

唐 〔姓源〕陶唐氏之後。〔世本〕「武王子叔虞封於唐。後爲氏」。望出晉昌·北海·魯國。或曰。唐氏有二。堯之後爲唐以封晉。此晉之唐也。伊祁姓釁父之後封於唐。爲楚所幷。此楚之唐也。又白狼王有唐姓。見〔後漢書南蠻傳〕。隴西羌亦有唐姓。見〔三國志郭淮傳〕。

唐山 高祖姬有唐山夫人。見〔漢書禮樂志〕。〔韋昭注〕「唐山。姓也」。一云。或宋司馬唐山之後。

唐杜 〔路史〕帝堯後有唐杜氏。

唐括 金姓。一作同古。望出彭城。

唐孫 〔世本〕祁姓。帝堯之後。其孫仕晉。自爲唐孫氏。

唃厮羅 唐時西蕃姓。見〔唐書〕。〔宋史〕唃厮羅氏緒出贊普之後。〔夢谿筆談〕唃厮華言佛。羅華言男。佛男。猶中國稱天子。

圃 見〔姓苑〕。一云。石圃之後。或即以田圃爲氏。如園氏池氏之類。

圁 音銀。係居圁水者以爲氏。

城 〔風俗通〕「氏於事者。城郭園池是也」。戰國策有城渾。周人。

城陽 以地爲氏。周武王封弟載於郕。其後遷於城之陽。故曰城陽。見〔史記〕。一作成陽。

夏 〔姓譜〕夏后氏後。周封夏後於杞。其不得封者。以夏爲氏。又出嬀姓。陳宣公庶子子西。字子夏。其孫徵舒以王父字爲氏。望出會稽。

夏丁 〔姓氏辯證〕衛大夫太叔悼子之甥曰夏戊。其孫字丁。以王父字爲夏丁氏。

夏父 〔姓源〕出曹姓。邾婁顏公之子曰夏父。其後以王父字爲氏。

夏戊 〔路史〕衛後有夏戊氏。

夏后 〔姓纂〕史記夏禹爲夏后。因國氏焉。

夏侯 〔姓譜〕本姒姓。夏禹之後。杞爲楚滅。簡公弟佗奔魯。魯公以佗夏後。受爵爲侯。因以爲氏。望出譙國。魯國。

夏陽 〔姓譜〕晉大夫夏陽說。其先以所食邑爲氏。

奚 〔姓源〕「夏車正奚仲遷於邳。其後遂稱奚氏」。望出譙國。〔路史〕拓拔氏之後有奚氏」。又薄奚氏達奚氏均改奚氏。見〔魏書官氏志〕。

奚計盧 〔魏書官氏志〕「奚計盧氏後改爲索盧氏」。按今本作奚斗盧。

奚容 周有奚容蒧。魯人。孔子弟子。

奚深 大食國之後有奚深氏。見〔賈耽四夷述〕。

奚結 敕勒之别部。在同羅北。僕固東。以部爲氏。

娑婆 〔唐書〕天竺有娑婆姓。

娥 娥陵氏。女媧臣。製都良管。見〔帝系譜〕。娥姓當爲其後。或云。舜妃娥皇後有此姓。又後魏代郡有娥氏。以侯莫陳部有太娥谷。以地爲氏。

孫 周衛康叔後。又出芈姓。孫叔敖後。又齊陳無宇之子書。伐莒有功。景公賜姓孫。食采於樂安。子孫因亂奔吳。孫武爲吳將。其後也。並見〔唐宰相世系表〕。望出太原·東莞·吳郡·樂安。又漢孫根碑謂其先出自殷比干。則又別一支派。又荀卿避漢宣帝諱改孫氏。見〔漢書注〕。又夏侯嬰爲滕令奉車。號滕公。其曾孫頗尙主。主隨外家姓號孫公主。故滕公子孫又爲孫氏。見〔漢書〕。

孫伯 〔路史〕逝敖後有孫伯氏。

孫叔 孫叔敖之後。

孫陽 〔姓纂〕「秦穆公時孫陽伯樂之後」。孫陽姓名。伯樂其字也。

宮 〔辯證〕「周官掌宮門者。以世官爲氏」。通志謂爲宮之奇後。望出河東。

宮孫 漢書藝文志有宮孫子。顏師古注。宮孫。姓也。

宰 〔姓解〕「周卿士宰孔之後。又周太宰後。以官爲氏」。望出西河。

宰父 孔子弟子有宰父黑。見〔家語〕。史記作罕父。

家 〔姓苑〕「周大夫家父之後。又魯有子家駒。亦爲家氏」。望出南安·京兆。宋時蜀之眉州多家姓。爲望族。

家僕 周有家僕徒。爲晉大夫。見〔左傳〕。

容 古有容氏國。見〔穆天子傳〕。以國爲氏。又禮樂之官曰容。見〔禮記注」。一云。禮官之後。以官爲氏。望出敦煌。

容成 〔路史〕容成。太岳後。

射 〔姓譜〕「出觀射父之後」。一云。出自古司射官之後。又有謝氏改者。射咸是也。見〔三輔決錄〕。

展 帝嚳時有展上公得道。見〔列仙傳〕。爲展姓之始。又魯公子展之後。見〔左傳〕。望出河東。又後魏輾遲氏改爲展氏。見〔魏書官氏志〕。

展輿 〔路史〕莒後有展輿氏。

峯 取山峯爲氏。山西有之。

島 山西陽曲有島氏。因避居島嶼而爲姓。

差 〔路史〕「夏後有差氏」。一云。差氏必官差車者之子孫以爲氏。

師 〔風俗通〕周師尹之後。〔姓譜〕「古者掌樂之官曰師。因以爲氏」。望出太原·琅邪·平原。

師尹 〔風俗通〕三公官也。以官爲氏。

師延 紂時樂工師延之後。

師宜 宋師延宜之後。其子孫去延存宜爲師宜。

師祁 〔辯證〕楚國有師祁氏。

席 〔姓苑〕「晉大夫籍談之祖伯黶。司晉典籍。因爲籍氏。後避項羽名。改爲席」。望出安定。一云。出堯時擊壤之席老師。

庫 音舍。〔姓苑〕「天台括蒼有此姓」。後漢竇融傳有金城太守庫鈞。張澍云。俗作庫。非。仍當作庫。以救音讀。

庫 〔風俗通〕「古守庫大夫之後。以官爲氏」。望出河南·魯國。又〔魏書官氏志〕庫門氏庫傉官氏後改爲庫氏。

庫六斤 〔姓纂〕庫六斤氏後改爲斤氏。

庫汗 西魏賜武川人王勇爲庫汗氏。見〔北史〕。

庫成 〔風俗通〕本苦成氏。方言音變爲庫成。

庫狄 〔路史〕慕容氏之後有庫狄氏。〔周書庫狄峙傳〕本段氏。匹磾之後。因避難改姓庫狄。

庫門 代北姓。後改爲庫氏。見〔魏書官氏志〕。一引云。改爲門氏。

庫若干 代北姓。後改爲干氏。見〔魏書官氏志〕。

庫莫奚 〔魏書〕「庫莫奚者。本屬宇文部。與契丹同類而異種」。是以部爲氏。

庫傉官 代北姓。烏桓東部大人庫傉之餘種。後以爲氏。

庭 見〔姓苑〕。

徐 〔路史〕伯益佐禹有功。封其子若木於徐。後以爲氏。〔姓纂〕「徐偃王之後」。望出東海·高平·東莞·琅邪·濮陽。又五代時李昪冒姓徐。名知誥。見〔五代史〕。

徐吾 鄭公子有食采於徐吾之鄉者。後以爲氏。見〔廣韻〕。

徒 當係司徒徒人徒何氏所改。見〔姓氏尋源〕。

徒人 左傳齊有徒人費。〔姓考〕「齊公族」。一云。當以其職爲氏。

徒父 趙有徒父祺。見〔史記〕。當是漆雕憑徒父之後。以王父字爲氏。

徒何 出遼西鮮卑。以地爲氏。又後周柱國太尉李弼。賜姓徒何氏。

徒單 金姓。望出代郡。

恩 〔風俗通〕陳大夫成仲不恩之後。〔路史〕舜後有恩氏。老子之後有恩氏。

恭 〔韻譜〕「晉申生諡曰恭。後人以諡爲氏」。又敬姓避梁諱。改姓恭。

恭叔 〔潛夫論〕趙嬴後有恭叔氏。望出絳郡。

息 〔姓苑〕「息侯之後。子孫以國爲氏」。望出襄陽。

息夫 息公子邊爲大夫。因氏焉。見〔風俗通〕。

悅 亦作說。傳說之後。以名爲氏。見〔廣韻〕。望出昌黎。

悅力 後魏有悅力氏。見〔魏書官氏志〕。

悝 見〔姓苑〕。一云。李悝之後。以名爲氏。或秦公子悝之後。

拳 衞大夫有拳彌。見〔左傳〕。彌之先蓋以地爲氏。

挐 〔路史〕「莒後有挐氏」。又金鳥姑酒姓挐氏。

振 見〔姓苑〕。宋有振紀。爲廣州轉運使。

挾 〔路史〕「小邾子之後有挾氏」。一云。出曹挾之後。

揑古 〔姓氏尋源〕正韻。揑。魚列切。音孽。俗作捏。是揑捏一姓。拂菻國人多此姓。

旁 〔路史〕「嬴秦之裔」。一云。陳涉相國旁君之後。望出西平。又西羌亦有旁姓。見〔唐書〕。

旃 乙旃氏之後改爲旃。

旅 〔風俗通〕「周大夫子旅之後」。望出南安。一云。亞旅。官名。以官爲氏。〔路史〕呂侯之後有旅氏。

晁 〔鼠璞〕「朝姓改爲晁。以音同改」。鼂亦作晁。見〔漢書景帝紀〕。望出潁川·京兆。

時 〔世本〕「子姓。出於殷」。胡三省云。「楚大夫申叔時之後」。望出隴西·陳留。

晃 見〔姓氏急就篇〕。一云。當出漢末韋晃之後。晃與耿紀·吉平謀誅曹操。不果被殺。後人以名爲氏。

晉 〔廣韻〕一本唐叔虞之後。以晉爲氏」。一云。三家滅晉。靜公遷爲家人。子孫因以爲氏。望出虢郡·平陽。

晏 〔世本〕「陸終第五子曰晏安」。唐堯臣有晏龍。見〔山海經〕。當爲晏氏所自出。一云。齊公族之後。見〔急就篇注〕。望出齊國。
書　〔姓解〕尙書。官名。以官爲氏。
朔　〔路史〕「仲衍之後」。一云。宋樂朔之後。〔姓苑〕南陽人有此姓。
栒　〔路史〕范文子燮能穆宗族。受栒櫟。故氏栒氏櫟。
栗　〔風俗通〕「古栗陸氏之後」。望出長安。
校　〔姓譜〕周禮校人之後。以官爲氏。〔路史〕周公族之後有校氏。
校師　〔韻譜〕「鄭人欲毀鄉校。子產曰。是晉師也。因有校師氏」。張澍云。校人。官名。以官爲氏。韻譜說誤。
栩　陳留先賢傳有栩氏。董賢傳有栩丹。當是以木爲氏。
根　〔風俗通〕根。魯邑名。以爲氏。
根水　「世本」老童娶根水氏女曰驕福。
根牟　〔姓氏辯證〕出自東夷。根牟。小邑。在琅邪陽都縣東之牟縣。春秋魯宣公九年取其國。子孫氏焉。
格　〔路史〕「出自金天氏裔允格之後。以字爲氏」。望出北海。後漢有東平相格班。
桀　春秋時有桀溺。又漢書功臣表有襄城侯桀龍。乃匈奴相國來降受封者。望出襄城。
桂　系出姬姓。魯公族季孫後。秦時季楨爲秦博士。被害。弟眭懼禍。命伯子奕改姓桂。居幽州。五代亂。始南渡散居廣信等郡。見〔宋文憲集〕。望出天水·燕郡。
桃　〔辯證〕「周官攻金之工有桃氏。爲劍。以官爲氏」。胡三省云。「春秋魯邑。以邑爲氏」。一云。古高士左伯桃之後。望出山陽。
桐　春秋時桐國之後。魯定公二年。楚滅桐。子孫以國爲氏。一云。黃帝時桐君之後。
桐里　因所居之里有桐。以爲氏。又或相里訛爲桐里。
桐門　〔姓纂〕宋北城門名。樂大心爲右師。居桐門。後爲氏。
桑　〔姓譜〕出自少昊窮桑氏。子孫以桑爲氏。〔姓苑〕「秦穆公時。公孫枝字子桑。其孫以王父字爲氏」。一云。神農取承桑氏。亦作桑水氏。桑姓所出也。
桑水　卽承桑氏。
桑丘　〔王嘉拾遺記〕少昊號窮桑氏。亦曰桑丘氏。六國時桑丘子著陰陽書。卽其裔。
桑扈　古有九扈之官。桑扈以官爲氏。
桓　黃帝臣有桓常。審地利。桓氏宜出此。望出譙郡。又後魏改烏丸氏爲桓氏。見〔魏書官氏志〕。
桓侯　見〔英賢傳〕。張澍云。晉曹杞皆有桓侯氏。蓋桓叔初封桓。後封韓。
殷　系出子姓。契後。武王克紂。子孫分散。以殷爲氏。見〔世本〕。望出汝南。〔急就篇注〕殷水在潁川。居之者以爲氏。
泰　泰顚之後。
泰伯　〔路史〕吳後有泰伯氏。卽太伯氏。
泰豆　〔集仙傳〕「黃帝時邑夷後裔。造父師之」。亦作太豆。
浦　太公之後有浦氏。見〔盧若虛刻石記〕。
浩　本郜氏。改爲浩。望出安定。
浩生　卽浩星氏。古生星字通。
浩羊　齊有大夫浩羊嘉。見〔風俗通〕。
浩星　出於浩生氏。亦卽皓星氏。漢時魯有浩星氏。見〔漢書儒林傳〕。
浪　以水爲氏。一云。或浪我氏莊浪氏所改。
浪我　生羌酋長之姓有浪我氏。見〔唐書〕。
浮　共工臣有浮游。見〔古文瑣語〕。〔路史〕萊共公浮柔之後有浮氏。又云。商萊朱之後有浮氏。
浮丘　〔路史〕萊朱後有浮丘氏。
浮屠　卽佛佗。一作浮圖。習浮屠法者以浮屠爲氏。
浮萊　〔路史〕萊共公浮柔奔棠。晏弱遷之郳。有浮萊氏·浮氏。
浯　水名。在琅邪。以水爲氏。見〔通志氏族略〕。
浴　明有浴沂。略陽人。永樂舉人。任通州。
海　衞靈公臣海春之後。蓋指海爲氏。望出薛郡。
涂　南昌洪州有涂氏。因水爲姓。見〔通志氏族略〕。
涇陽　涇陽亦作陘陽。見陘陽條。
涉　晉大夫涉佗。其先食采于涉。以邑爲氏。見〔姓源〕。望出河南。
涓　〔抱朴子〕「黃帝入金谷而咨涓子心」。是涓姓之始。一說。涓子姓劉。齊人。御龍氏之後。
涅　見〔姓苑〕。一云。涅氏縣。在上黨郡。有闞與聚。當以地爲氏。
烈　〔氏族考〕國語炎帝號烈山氏。烈姓出此。
烈山　〔路史〕烈山氏。炎帝之裔。
烏　〔唐書宰相世系表〕「出自姬姓。黃帝之後。少昊氏以鳥命官。有烏鳥氏。其後爲烏姓」。望出潁川·汝南·鄱陽。又烏石蘭氏改爲烏氏。見〔魏書官氏志〕。又安定國。其王姓烏。見〔宋書外夷傳〕。
烏丸　本作烏桓。西域國名。後以爲氏。〔通鑑胡注〕「烏丸蓋出於東胡烏桓之種。因以爲姓」。後魏王神念父冏爲譙烏丸校尉。因號烏桓王氏。見〔元和姓纂〕。又後周王德王軌皆賜姓烏丸氏。見〔周書〕。
烏氏　本爲縣名。屬安定。以爲氏。

秦有烏氏倮。〔史記索隱〕烏氏。姓。氏音支。
烏古孫 金姓。其先有女直烏古部。因以爲氏。
烏古論 金姓。望出隴西。
烏石蘭 代北姓。後改爲石氏。見〔魏書官氏志〕。烏石蘭之先本姓石。晉石仲容苞之後。見〔庚子山集〕。
烏延 金姓。
烏林荅 金姓。望出廣平。
烏那羅 〔廣韻〕虜三字姓。北齊有烏那羅愛。
烏孫 金姓。望出河西。
烏程 縣名。〔後漢書郡國志〕「古有烏程氏居此。善醞酒。故以名縣」。是以人姓名地也。
烏落蘭 代北姓。後改爲蘭氏。見〔魏書官氏志〕。
烏護 〔路史〕「炎帝參盧之後有烏護氏」。又北狄七姓之一。
烏質 突厥酋長有烏質氏。
烜 見〔姓苑〕。周官有司烜氏。掌取水火。後人或以爲氏。
特 晉大夫特宮之後。望出昌平鉅鹿。
特勒 突厥酋長爲特勒。見〔舊唐書〕。蓋以官爲氏。
狠 〔姓源〕「周成王封嬴姓孟增於皋狠。因氏」。又先零羌·南夷均有狠氏。見〔後漢書〕及〔蜀志〕。又後魏叱奴氏改爲狠氏。見〔魏書官氏志〕。

狶韋 古有狶韋氏。因以爲氏。一云。當卽豕韋氏。
班 楚若敖生鬬伯比。伯比生子文。爲虎所乳。謂虎有斑文。因以爲氏。望出扶風。〔西溪叢語〕班氏以鬬穀於菟得姓。凡班姓皆當從斑。史作班。誤。
班丘 地名。以地爲氏。
牲 〔路史〕夏啓後有牲氏。
畜 〔路史〕出炎帝後。望出天水。
疾 疾六眷之後。疾六眷卽就六眷。本段姓。
益 〔姓纂〕嬴姓伯益之後。〔太平寰宇記〕「成陽郡三姓有益氏。成陽郡有益都縣。蓋以地爲氏」。望出馮翊。
益壽 老子之母益壽氏。名嬰敷。
盍 音蛤。春秋齊地。以地爲氏。見〔路史〕。一云。卽闔姓所改。
盎 以器爲姓。一云。爰盎子孫以爲氏。望出河南。
眞 眞窺。禹之佐。見〔呂氏春秋〕。又宋眞德秀。本姓愼。避孝宗諱改姓眞。見〔宋史〕。望出上谷。又百濟八姓。四曰眞氏。見〔北史〕。
眞人 〔急就篇注〕唐時日本使者眞人興能。因官爲氏。眞人。日本官名。
眞郭 唐有眞郭待。封總管。與薛仁貴同擊吐蕃。見〔續通志氏族略〕。
破丑 〔舊唐書〕党項部破丑氏族三。居雪山下。慶州人。貞觀初嘗朝貢。

破六汗 卽破六韓氏。唐書作破落汗。
破六韓 〔魏書〕破六韓氏。單于之苗裔。初呼廚泉貌。入朝漢。爲魏武所留。遣其叔父去卑監國。魏氏方興。率部南轉。去卑遣弟潘六奚率軍北禦。軍敗。奚沒於魏。其子孫以潘六奚爲氏。後人譌爲破六韓氏。
破多羅 代北姓。後改爲潘氏。見〔魏書官氏志〕。一作改羅氏。
破野頭 〔隋書宇文述傳〕述本姓破野頭。
破落那 〔通志氏族略〕破落那氏。大宛之後。改爲那氏。
祕 漢有祕祝之官。以官爲氏。望出天水。
祖 〔姓譜〕「系出子姓。殷祖甲祖乙祖己祖丁。支庶氏焉」。望出范陽。京兆。
祖龍 齊臨淄有祖龍始。見〔孔叢子〕。一云。必其祖爲龍氏。子孫因以祖龍爲氏。
祝 〔姓纂〕古有巫史祝之官。其子孫因以爲氏。又〔唐書世系表〕「武王封黄帝之後於祝。因以爲氏」。望出太原。河南。
祝丘 〔姓譜〕祝融氏之後。
祝史 〔姓譜〕衞有祝史揮。因氏焉。
祝其 〔風俗通〕宋戴公之子公子祝其。爲大司寇。因氏焉。〔路史〕海之懷仁。故祝其也。或以地爲氏。

祝宗 〔姓苑〕祝融氏之後。
祝圉 〔風俗通〕衞祝圉之後。
祝融 〔世本〕古天子祝融氏之後。
祝龢 〔路史〕祝融氏之後有祝龢氏。
神 〔風俗通〕神農氏後。〔丹徒縣志〕神農氏裔榆罔失帝位。子孫遂以神爲氏。
秘 西羌姓。出南安爲豪族。見〔西秦錄〕。
秣 〔路史〕「古秣陽國後有秣氏·末氏」或云。秣陵以國爲氏。
秦 舜七友有秦不虛。見〔羣輔錄〕。一云。本顓頊後。子嬰旣滅。支庶以秦爲氏。見〔廣韻〕。一云。伯禽受封魯國。裔孫以公族爲大夫者。食采於秦。以邑爲氏。見〔辯證〕。望出太原。
秩 見〔姓苑〕。一云。漢鄉有秩之後。以官爲氏。
窅 一作窊。又作窅。〔姓苑〕今豫章有此姓。
紗 音沙。陝西高陵有此姓。
納 〔姓苑〕臨湘有納湖。本屬納氏。
納合 金姓。望出廣平。
納智 元有納智睦丁。武進人。至正舉人。
納蘭 金姓。
紐 望出吳興。隋有孝子紐回。字孝政。河東安邑人。

純 純狐氏。字姮娥。羿妻。見〔國名記〕。後有純氏。又西羌有純姓。見〔唐書〕。又天竺庶姓有純氏。見〔夢谿筆談〕。

紙 後魏渴侯氏改爲紙氏。見〔魏書官氏志〕。一云。禹後改爲紙氏。

紛 夷姓。望出魏郡。戰國時有魏臣紛彊。

素 〔穆天子傳〕「盛姬殯禮祀。除喪始樂。素服而歸。是曰素氏」。此素氏之始。一云。素和氏所改。

素利 鮮卑檀石槐東部大人有素利。後有素利氏。見〔魏志〕。

素和 〔唐嘉善府左果毅都尉晉狀〕「其先出自顓帝。帝子稱晉孫重黎。誅共工氏有功。堯命其子和仲居春官。代爲岳牧。和仲之孫宗處。世以清素自守。百姓號曰素和。子孫氏焉」。一云。魏晉有素和國。或以國爲姓。

素黎 代北姓。後改爲黎氏。見〔魏書官氏志〕。

索 〔姓譜〕「殷人七族索氏之後。望出武威·敦煌」。又胡人有索氏。唐之索元禮是。

索陽 見〔姓苑〕。張澍云。滎陽有索水。居索水之陽者以爲氏。

索盧 以地爲氏。禽滑釐弟子有索盧參。見〔呂氏春秋〕。一作索纍。又後魏奚斗（一作計）盧氏。改爲索盧氏。

見〔魏書官氏志〕。

翁 〔姓纂〕「周昭王庶子食采於翁。因以爲氏」。望出錢塘。又夏后啟時有翁難乙。

耆 〔辯證〕「伊耆氏之後。單爲耆氏」。望出太原·樂陵。

耽 〔路史〕老子之後有耽氏。

耿 〔史記殷本紀〕商祖乙遷邢。〔索隱〕「邢音耿」。顏師古云。「在河北。舊居之者以爲姓」。望出高陽·扶風·河東。

能 音耐。〔能氏狀〕「楚熊摯之後。避難改爲能氏」。望出太原·華陰。

脂 望出京兆。漢末有中大夫脂習。

舀 音尤又音余。〔路史〕舜後有舀氏。

芻 〔姓考〕「本姓鄒。去邑或爲芻」。一云。「楚君貢芻之後。貢芻失國。後人以爲氏。又或掌芻稿者。以職爲氏」。望出隴西。

荔 出自荔非氏。改爲荔氏。一云。或大荔戎之後。又或鮮卑大人荔游之後。

荔非 〔廣韻〕「羌複姓有荔非氏」。一作荔非。又作麗飛。或作利非。

茨 以草爲氏。又或茨芘氏改茨氏。漢人有此姓。望出桂陽。

茨芘 取茨芘爲屋。因以爲氏。

茳 夷姓。以號爲氏。〔唐書南蠻傳〕「茳𧗠。本關南種。茳其君號也。」

茲 周武王封少昊子重之後茲於期於莒。其後爲茲氏。

茲毋 〔姓纂〕魯大夫茲毋還之後。

茶 〔潛夫論〕茶氏。殷舊姓。〔路史〕子姓有茶氏。即鄘。郤陽鄘城是。又齊太公後有茶氏。〔宋史〕三佛齊國有茶姓。

茹 蠕蠕入中國爲茹氏。見〔通志氏族略〕。〔魏書官氏志〕普六茹氏後改爲茹氏。胡三省云。「南齊有茹法亮。蓋南國自有茹氏」。望出河內。

茹茹 〔姓源〕其先蠕蠕種類。爲突厥所破。入中國爲茹茹氏。

荀 黃帝臣有荀始爲冠。是荀姓之始。又〔廣韻〕「系出姬姓。文王子郇伯。其後去邑爲荀」。望出河內。後又分爲荀氏程氏知氏智氏輔氏。

荆 〔通志氏族略〕系出羋姓。楚舊號荆。此未改國號前受氏也。望出廣陵」。又有慶姓改荆者。荆軻是也。

草 周官草人之後。

虔 〔風俗通〕黃帝之後。

虔仁 〔路史〕顓頊之孫虔仁。又文王之後有虔仁氏。

蚩 〔路史〕蚩尤之後。

蚡 楚之國姓。蚡冒之後。字亦作蚠。〔說苑〕楚有盆黃之晉。治七十二縣。

衰 〔姓譜〕趙衰之後。

衷 〔姓纂〕「漢哀帝之後。哀愉仕南唐。賜改姓衷」。望出汝南。〔姓譜〕「哀景元守豫章。因家焉。其三子避亂居寧都。賜姓衷」。又明哀貞吉亦改姓衷。見〔明史〕。

袁 〔唐書世系表〕「胡公滿裔孫諸。字伯爰。其孫濤塗。以王父字爲氏」。望出陳郡·汝南·彭城。亦作轅。爰·袁·轅均通。

袁紇 北狄姓。〔唐書回鶻傳〕回鶻先曰袁紇。亦曰烏護。

討 契丹酋帥姓。

訓 〔通志氏族略〕周禮有訓方氏。子孫以官爲氏。

託 〔唐書南蠻傳〕「乞託主馬。祿託主牛。巨託主倉廩」。皆南詔官名。其後以官爲氏。

訋 音弔。〔潛夫論〕羋姓之裔有訋氏。楚蠻熊後也。

豗 音灰。〔姓纂〕古有豗傀氏。後有傀氏豗氏。

豹 〔風俗通〕八元叔豹之後。

貢 〔姓譜〕端木賜。字子貢。其後以字爲氏。

躬 漢書人表有躬吾君。當爲其後。

軒 〔黃帝本行記〕「軒氏。黃帝軒轅氏之後」。望出汝南。

軒丘 〔風俗通〕楚文王庶子食采於軒丘。其後爲氏。

軒轅 〔姓纂〕軒轅氏之後。

辱 〔路史〕壘黜之後。又田和之後。〔姓苑〕「廣陵多辱姓。自云本姓陸氏」。一云。奚契丹酋領稱辱紇主。

或以官爲氏。

迷〔路史〕舜後有迷氏。

追 春秋時晉有追喜。爲范鞅御。見〔左傳〕。張澍云。當因追敵有功。故以爲氏。

适〔姓纂〕南宮适之後。以名爲氏。

逄 字本作逢。後世分逄逢爲二字。詳見逢字注。

邕〔路史〕邕．雝。皆雍伯之後。

郕〔通志氏族略〕「周文王第五子郕叔武之所封。其後以國爲氏。亦作成」。望出弘農。

郗〔路史〕「蘇氏之子封於郗。爲郗氏」。望出高平。〔黃長濬法帖刊誤〕「晉郗姓。自太尉鑒以後。遂爲江右名宗。讀如尙書絺繡之絺。世人俗書郗訛作郄。呼爲郄詵之郄。此大謬也。郄詵。晉大夫郤縠之後。郗鑒。爲漢御史大夫郗慮之後。姓源既異。音讀自分」。按郗郄本二字。說文。郗。周邑。在河內。即左傳王與鄭蘇忿生之田溫原絺樊之絺。春秋晉文公時有絺虎。戰國策有絺疵。當皆郗氏所出。郄爲郤之別體。玉篇。郤俗从谷。說文。郤。晉大夫叔虎邑。隸書漢學師宋恩題名。師郗涖。偏旁从肴。與谷相似。俗遂變作郄。致與郗字相混。史炤釋文。郗慮之郗音綺戟反。至晉元帝時郗鑒。乃音丑之反。與黃氏之說不同。大涅槃經音義引聲類。郤鄉在河內。桂馥說文義證引作郄。轉與說文郄字注合。則其時郗郄二字已混可知。後人編書。更多出入。據史姓韻編．萬姓統譜．尙友錄。二姓雖並見。所收互異。韻編凡重要人物。均列陌韻郄姓。萬姓統譜尙友錄適與相反。氏族典兩姓複見。靡所適從。兩姓人物。亦無從一一考訂分辨。因郄係俗體。未便列入郤姓。故並附入郗姓內。幸閱者以意鑒別之。

郚〔姓苑〕郚。縣名。周封紀侯之邑。因以爲氏。

郜〔通志氏族略〕「周文王子封於郜。子孫以爲氏」。望出京兆。

郝〔唐書世系表〕「郝出自郝骨氏。太昊之佐。裔孫有子期。殷帝乙時。封太原鄉。因以爲氏」。又烏桓有郝姓。又唐時土蠻。有郝楊劉三姓。見〔唐書南蠻傳〕。望出太原．京兆。

郝骨〔路史〕郝骨氏之裔孫封於郝。後有郝氏．郝骨氏。

郎〔通志氏族略〕「姬姓。魯懿公孫費伯城郎。因居之。子孫氏焉」。望出中山．魏郡。又南匈奴亦有郎氏。

郟〔姓纂〕周成王定鼎於郟。居此者以爲氏。望出滎陽．武陵。〔姓苑〕出自鄭大夫郟張。其先以所封邑爲氏。

鄍 春秋莒邑。以地爲氏。

郹〔路史〕楚鬻熊之後有郹氏。

郤〔姓氏辯證〕「郤音隙。俗作郄」。郤氏姬姓。晉公族大夫食采於郤。以邑爲氏。望出濟陰．山陽。

郤州〔世本〕「晉郤豹孫步揚。生郤州。因氏焉」。郤州即郤犨。

郿 古國名。宛丘西南有郿亭。郿氏以地爲氏。見〔玉篇〕。

酒〔路史〕「楚公族有酒氏」。一云。周官酒正。因官命氏。

釗 周康王名釗。或其子孫以爲氏。又或金姓所改。見〔姓氏尋源〕。

針 即鍼姓。後人改鍼爲針。明時濟寧有之。

閃〔統譜〕「河南杞縣有閃氏」。一云。即陝姓所改。滇南永昌舊有閃姓。係夷族。

陵 音峻。〔穆天子傳注〕陖翟。隗姓國。〔廣韻〕「陖。亭名。在馮翊」。是陵以地爲姓。

陘 晉大夫以邑爲氏。見〔廣韻〕。〔姓纂〕晉大夫有陘氏之後。

陘陽〔英賢傳〕「秦宣太后弟封陘陽君。因氏焉」。亦作涇陽。〔路史〕顓帝後有陘陽氏。

院 元有院孝思。爲院姓之始。一云。係完姓所改。涼州武威縣有此姓。

除 見〔通志氏族略〕。一云。係余姓所改。又一說。以除月生。因爲氏。

馬〔姓譜〕「系出嬴姓。伯益後。趙王子奢封馬服君。子孫以爲氏」。後改爲單姓。望出扶風。又金之馬慶祥。西域人。入居臨洮狄道。遂以馬爲氏。見〔金史〕。又元之月乃和。以祖爲金馬步指揮使。因改姓馬。名祖常。見〔元史〕。

馬矢 漢有大司徒馬宮。本馬矢氏。改爲馬氏。見〔漢書本傳〕。

馬服〔姓解〕趙奢封馬服君。子孫氏焉。

馬師〔通志氏族略〕姬姓。鄭穆公之孫公孫鉏爲馬師。因以爲氏。子羽之孫羽頡爲馬師。亦氏焉。列仙傳有馬師皇。

馬適 馬氏之適子。別其族爲馬適氏。

骨 穆天子傳有骨飦氏。骨姓始此。後改爲單姓。又或匈奴骨都侯之後。望出河南．郃陽。又後魏紇骨氏亦改爲骨氏。見〔魏書官氏志〕。又百濟大姓八。其六曰骨氏。見〔北史〕。

骨利幹 勅勒別部有骨利幹。其地晝長夜短。以部爲氏。

骨咄祿 後魏代北姓。後改爲祿氏。見〔魏書官氏志〕。

骨崙屢骨思〔路史〕「回紇九姓。九曰骨崙屢骨思」。屢。一作屋。

高〔世本〕「黃帝臣高元作宮室」。當爲高氏之始。〔廣韻〕齊太公之後食采於高。因以爲氏。〔通志氏族略〕「惠公之子公子祁。字子高。其後亦爲高氏」。蓋春秋以後之高氏出於齊也。望出勃海・漁陽・遼東・廣陵・河南。又北齊文宣帝賜元景安・元文遙皆爲高氏。高隆之本姓徐氏。其父爲高氏所養。因從其姓。均見〔北齊書〕。又有高句麗之後。後燕慕容雲之祖和。自云高陽氏之後。故以高爲氏。見〔魏書〕。

高丘 居於高丘者以爲氏。

高式 林邑國王之姓。見〔梁書〕。

高車 〔通志氏族略〕「高車氏卽九姓回鶻種。入中國者號高車氏」。一云。漢婁敬爲高車使者。或其後以爲姓。後魏時有高車或如。望出金山。

高阿那 北齊丞相肱。本姓高阿那氏。後省爲阿那氏。

高唐 遼有高唐英。爲昭德軍節度使。

高堂 〔風俗通〕「齊卿高敬仲後。食采於高堂。因氏焉」。望出齊郡。

高梁 晉有高梁之墟。晉人殺懷公於高梁。見〔左傳〕。後爲大夫采邑。因以爲氏。

高陵 〔通志氏族略〕嬴姓。秦昭王弟封高陵君。因氏焉。

高陽 〔姓纂〕「高陽氏之後」。望出濟陽。

鬲 〔路史〕皐陶後有鬲氏。〔姓苑〕「殷末賢人膠鬲之後」。一云。鬲。夏諸侯國名。夏遺臣靡。奔有鬲氏。近鬲津。後有鬲氏。望出平原。

鬼 黃帝時有鬼臾區。一作鬼容區。又商有鬼侯。卽九侯。鬼姓或出此。

鬼方 〔世本〕陸終娶鬼方女嬇。生六子。

鬼騩 〔路史〕「古帝有鬼騩氏。後有鬼騩氏和菟」。騩。一作鬼。

十一畫

乾 居寒切。見〔路史〕。張澍云。出昌意子乾荒之後。乾荒卽韓流。

乾 張澍云。此姓宜出於竺乾。與昌意子乾荒之乾不同。

偃 〔帝王世紀〕皐陶生於曲阜。曲阜。偃地。帝因之賜姓曰偃。

偃州 春秋時吳有偃州員。見〔左傳〕。一云。州姓亦偃姓所分。蓋合本姓與分姓而爲氏。

偃師 〔姓纂〕「陳太子偃師之後」。一云。周穆王時巧人偃師之後。亦或以地爲氏。

假 漢有假倉。〔徐廣漢書注〕「假。人姓」。望出陳留。

偉 望出河南。後漢有光祿勳偉璋。

偏 〔顏師古急就篇注〕「楚之軍帥使主偏者。因以爲氏」。胡三省云。高辛後。〔路史〕周公族之後。

偓 仙人偓佺之後。見韋昭說。

偪 〔路史〕偪。姞姓之後。晉襄公母偪氏。

偪陽 〔世本〕偪陽。妘姓國。爲晉所滅。子孫因氏焉。

側 〔路史〕楚公族有側氏。

偶 明有偶桓。太倉州人。張澍云。偶姓不載姓譜。未詳所出。風俗通。漢有侍中耦嘉。偶殆耦之改字。

偰 音屑。其先本高車人。唐時爲回紇人。從其主居偰輦河。因以偰爲氏。見〔元詩選〕。望出河南。後徙居溧陽。

偰伯 元有偰伯寮遜。爲單州守。

偑 〔何氏纂文〕偑。伏羲之後。

冕 〔姓考〕黃帝臣冕侯之後。

⿱艹㒼 〔路史〕「帝鴻之後」。一云。說文蠻音⿱艹㒼。⿰齒㒼谿。今作樠谿。卽五谿蠻之後。

副 〔路史〕副氏。周桓公之後。又〔魏書官氏志〕副呂氏改爲副氏。

副伏羅 以部落爲氏。高車十二姓。十日副伏羅氏。見〔魏書〕。

副呂 說見副氏。

勒 〔姓譜〕「疏勒。西域國名。以爲氏」。又漢渤海有勒氏。見冀州刺史王純碑陰。

動 漢西南夷有白狼動黏諸種。明帝時慕義貢獻。或留中國者。以號爲氏。見〔姓氏尋源〕。

務 堯時務成子之後。一云。務光之後。望出河南。

務婁 〔路史〕莒後有務婁氏。

匏 漢有匏敏。爲山陽令。

⿰曾卩 卽鄫。〔路史〕鄫氏。微子後。

區 〔風俗通〕「歐冶子之後。轉爲區氏。又音歐」。漢有區博。宋有區適。今廣東多此姓。

卨 同契。見〔漢書〕。〔姓解〕契音薛。契之後以爲氏。

參 〔世本〕陸終第二子參胡。參氏其後也。〔路史〕皐陶實沈之後。皆有參氏。

唯 唯徐盧之後。漢世河東有唯娃。見楊震碑陰。

商 黃帝之昆孫。以地得姓。或謂紂賢臣商容之後。〔通志氏族略〕武王滅商。子孫以國爲氏。〔姓纂〕「衞鞅封商。子孫氏焉」。望出汝南・濮陽。

商丘 〔風俗通〕春秋衞大夫食邑於商丘。因以爲氏。

商密 〔通志氏族略〕楚大夫食采於商密。以爲氏。〔路史〕顓頊後有商密氏。

商陵 以所居地爲氏。

啓 亦作啟。〔姓苑〕夏后啓之後。〔路史〕楚公族有啓氏。

啖 夷姓。望出河東。晉時有啖青。爲氏羌名將。

問 〔姓氏尋源〕「問弓氏問薪氏之後。改爲單姓」。望出襄陽。

問弓 見〔姓苑〕。一云。因問人以弓。以爲氏。

問薪 見〔姓苑〕。一云。因問人以薪。以爲氏。

啜　〔姓氏尋源〕當出折惟昌所部啜訛之後。

啜剌　突厥首領之姓。見〔通志氏族略〕。

嗢羅勿　回鶻九姓。三曰嗢羅勿。見〔唐書〕。

圈　〔風俗通〕「圈氏。鬻熊之後。望出陳留」。漢有圈稱。

圉　〔辯證〕周禮夏官圉師。養馬者。後以官爲氏。又左傳楚大夫圉公陽。乃以邑爲氏。

國　〔路史〕禹之御有國哀。〔姓源〕春秋時國氏爲齊之卿族。世爲上卿。子孫沿其氏。〔姓纂〕「鄭穆公子發。字子國。孫僑以王父字爲氏」。望出下邳。又衛亦有國氏。又百濟大臣八姓有國氏。

國筮　主國之卜筮者以爲氏。見〔隋書經籍志〕。

執　〔姓源〕「祖己七世孫成遷於摯。後有摯氏。執氏」。隨巢子有執無鬼。

執失　〔通志氏族略〕「北蕃酋帥有咄密支頡利發。姓執失氏。生思力。降唐。爲定襄州都督」。望出定襄。又突厥姓。即執失之後。

執失代　〔通志氏族略〕執失代。三字姓。

堂　楚邑。大夫伍尙封此。其後氏焉。見〔風俗通〕。亦作棠。望出漢陽。

堂邑　以地爲氏。漢有堂邑父。見〔漢書〕。

堂陽　〔路史〕商王太丁封母弟才於堂陽。爲堂陽氏。

堂谿　〔風俗通〕吳王夫槪奔楚。封堂谿。因以爲氏。

堅　〔史記酷吏傳〕「燕趙間有堅盧」。當出自古庭堅之後。

堅昆　〔路史〕本李姓。出於老子。黠戛斯有堅昆氏。居賀蘭山下。自云李陵之後。

婌　〔姓解〕「婌嚳。辰名。蓋古之天官。因以爲氏」。一說。帝嚳三妃婌嚳氏之後有婌氏。

婁　〔風俗通〕「邾婁之國子孫。或以婁爲氏」。一云。離婁之後。又後魏匹婁氏伊婁氏乙那婁氏並改爲婁氏。

婆和　〔南史〕阿羅單國有婆和姓。見〔魏書官氏志〕。

婆施　〔唐書〕頡利之母。婆施氏也。

婆衍　〔傅餘頤復姓錄〕代北人姓。

婆羅門　〔魏書〕天竺烏萇國。婆羅門爲上族。〔夢溪筆談〕「天竺貴姓二。有婆羅門氏」。又林邑國亦有婆羅門氏。

婤　音周。〔左傳〕衛襄公嬖人婤姶。〔姓苑〕婤。姓也。生子曰元。

婋　音虎。姓書云。黃帝後有婋氏。

宿　〔風俗通〕「伏羲風姓之後。以國爲氏」。望出東平。河南。又後魏賜劉子文爲宿氏。見〔魏書〕。又有音訛改粟氏者。蜀宿進之後。見〔程啓充墓誌銘〕。

宿六斤　後魏代北姓。後改爲宿氏。見〔魏書官氏志〕。

宿沙　即夙沙。宿夙通。又作質沙。

宿勤　夏州羌姓。亦作宿歡。字相似而易。廣韻作勤宿。誤。

寅　見〔姓苑〕。元有寅午辰。延祐初爲嘉興教授。

密　〔姓氏尋源〕「黃帝後有密氏。亦出密須氏之後。或密康公之後。諸姓書謂與虙同音伏。非。路史謂伏羲後有密氏。亦誤。或以地爲氏」。

密如　〔路史〕「秦後有密如姓」。一云。以地爲氏。瑯邪費縣北。有密如亭。

密茅　〔姓苑〕瑯邪人有此姓。

密革　〔姓苑〕瑯邪人有此姓。

密貴　西羌有密貴氏。見〔西秦錄〕。

密須　〔世本〕商時姞姓國也。文王滅之。其後以國爲氏。

寇　〔風俗通〕「蘇忿生爲周武王司寇。其後以官爲氏」。〔韻譜〕衛康叔爲周司寇。支孫以官爲氏。〔陳留風俗傳〕浚儀有寇氏。黃帝之後。望出馮翊。河南。又烏桓有寇姓。遼東北平烏丸單于寇婁敦是也。見〔魏略〕。又後魏改古口引氏爲寇氏。見〔魏書官氏志〕。

將　春秋時宋有將氏。〔左傳〕「鄭子罕伐宋。獲將鉏」。將氏當爲其後。望出常山。

將匠　漢官有將作少府。改爲將作大匠。子孫以官爲氏。見〔風俗通〕。

將具　〔英賢傳〕齊公子將具之後。以字爲氏。漢章帝時有謁者將具彌。

將軍　〔世本〕衛靈公子郢。生文子彌牟。爲將軍氏。

將梁　〔史記〕「嬴姓之後分封。以國爲姓。有將梁氏」。亦作將良。

將鉅　漢書藝文志有將鉅子五篇。六國時人。

將閭　〔姓譜〕「秦公子將閭之後」。望出京兆。

專　吳有專諸。宜以地爲氏。望出吳郡。字又作鱄。又或衛公子鱄之後。

尉　音畏。以官爲氏。〔漢書地理志應劭注〕古獄官曰尉氏。〔顏師古注〕「鄭大夫尉氏。亦以掌獄之官。故爲族耳」。望出太原。又音鬱。〔通志氏族略〕鄭有尉止。尉翩。古賢有尉繚。著書。號尉繚子。亦作蔚。

尉遲　尉音鬱。〔通志氏族略〕尉遲與後魏同起。號尉遲部。如中華之諸侯國。孝文改爲尉遲氏。

屏　以地爲氏。〔困學紀聞〕屏氏。晉邑。趙衰子括食采於屏。稱屏括。又號屏季。

崇　商時諸侯國名。崇侯虎不道。周文王滅之。子孫以國爲氏。見〔姓源〕。

崔　本邑名。齊丁公伋子食采於崔。因爲氏。望出淸河·博陵。見〔廣韻〕。

巢　〔姓譜〕有巢氏之後。堯時有巢父。〔又〕一巢國名。殷諸侯。子孫以國爲氏」。望出彭城·魯國。

帶　見〔姓苑〕。一云。甘昭公帶之後。一云。出魯叔帶。

常　〔唐書世系表〕出康叔支孫。食采於常。因以爲氏。〔路史〕吳後有常氏。〔通志氏族略〕「恆氏避宋諱改爲常」。望出平原。一云。黃帝使常儀占月。又有常先爲大司空。常姓宜出此。

常丘　卽商丘氏。

常壽　〔世本〕有熊氏之後有常壽氏。〔路史〕吳仲雍之後有常壽氏。

常儀　出常儀占月者之後。

庶　〔辯證〕本出衞之公族。以非正嫡。號庶氏。〔姓氏急就篇注〕郲庶其奔魯。其後爲庶氏。

庶其　〔姓纂〕郲庶其之後。以爲氏。

庶長　〔姓纂〕庶長。秦爵。後以爲氏。

康　〔姓纂〕衞康叔之後。以謚爲氏。〔梁書康絢傳〕「漢臣西域。康居遣侍子待詔河西。因留。其後氏焉」。望出京兆·東平·會稽。又突厥有康姓。見〔隋書〕。又宋避匡氏改爲康氏。見〔宋史〕。

庸　〔辯證〕商時諸侯國。以國爲氏。仕衞爲世族。

庹　〔海篇〕「庹音佗。姓也」。一云。蜀中多庹姓。宜爲度姓所改。

張　〔風俗通〕張王李趙。黃帝賜姓。〔唐書世系表〕「黃帝子少昊靑陽氏第五子揮爲弓正。賜姓張」。〔通志氏族略〕「晉有解張。字張侯。自此晉國始有張氏」。出淸河·南陽。吳郡·安定·敦煌·武威·范陽·犍爲·沛國·梁國·中山·汲郡·河內·高平十四望。張氏譜圖云。有四十三望。又漢諸葛亮賜龍佑那爲張氏。見〔方輿紀要〕。魏張遼由聶姓改張。見〔魏志〕。

強　〔姓苑〕「左傳鄭大夫強鉏之後」。望出丹陽。又夷姓。前秦苻堅后強氏。

彪　〔路史〕「彪氏。康叔後。左傳有衞大夫彪傒」。望出齊郡。今河南均州有彪氏。

彬　見〔姓苑〕。唐有彬靈。撰祕苑狀啓四卷。

從　〔姓纂〕「漢將軍從公之後」。望出東莞。從一作樅。

御　〔姓纂〕「周禮御人。因官命氏」。一云。以邑爲氏。一云。以爵爲氏。

御魚　〔路史〕宋微子之後有御魚氏。

御龍　〔左傳〕劉累事孔甲。學擾龍於豢龍氏。夏后嘉之。賜氏曰御龍。

悉　神農師悉諸之後。或爲悉雲悉羅悉居諸氏改者。

悉什盧　後魏代北姓。後改爲索盧氏。見〔魏書官氏志〕。一作悉斗盧氏。一作奚什盧氏。

悉多　吐蕃臘城酋。有悉多姓。見〔唐書宦皐傳〕。

悉居　西掖國人姓。見〔通志氏族略〕。

悉怛　吐蕃首領有悉怛姓。見〔舊唐書〕。

悉雲　後魏代北姓。後改爲雲氏。見〔魏書官氏志〕。

悉獨官　宇文部大人有悉獨官氏。見〔魏書〕。

悉諾　吐蕃酋長有悉諾姓。見〔唐書吐蕃傳〕。

悉羅　鮮卑姓。見〔南燕錄〕。

悼　〔路史〕晉後有悼氏。

惟　春秋楚有小惟子。見〔左傳〕。惟姓爲其後。又後魏拓拔猗㐌妻惟氏。專制國政。見〔魏書〕。望出代郡。

戚　〔姓譜〕「衞大夫孫林父食采於戚。其支庶以爲氏」。望出東海。

扈　〔風俗通〕「夏有扈氏之後。以國爲氏」。望出京兆·河南。

扈地干　後魏代北姓。後改爲扈氏。一云改爲干氏。見〔魏書官氏志〕。

捷　〔風俗通〕捷氏。郲公子捷菑之後。〔路史〕「莒後有捷氏」。又黃帝臣有捷掇。見〔淮南子人間訓〕。

掖　縣名。以地爲氏。一云。宮掖之官掖庭令之後。

接　接氏卽捷氏。三輔決錄有接昕。王應麟謂卽漢書藝文志之捷子。一云。蓋齊國之姓。爲子淵捷之後。

接輿　〔路史〕楚後有接輿氏。〔高士傳〕「接輿姓陸名通」。張澍云。接輿係陸通之號。後人以爲氏。

掩　〔路史〕秦後有掩氏。

敍　〔路史〕出楚附敍之後。與序同。

教　〔潛夫論〕宋微子後有教氏。

敏　〔涑水紀聞〕環原之間屬羌敏珠密藏康諾三種最強。故今甘肅多敏姓。

救　〔風俗通〕「漢有諫議大夫救仁」。一云。因遭難而得救。因以爲氏。如赦氏之類。

敕　〔姓苑〕敕音棘。望出遼東。

敖　〔風俗通〕「顓頊師大敖之後」。望出譙國。

斛　爲斛律斛斯等氏所改。

斛律　〔路史〕叄盧後有斛律氏。〔通志氏族略〕斛律。代人。世爲部落統帥。號斛律部。因爲氏。

斛斯　〔通志氏族略〕「其先居廣牧。世襲莫弗大人。號斛斯部。因氏焉」。一云。代北斛粟氏所改。

斛粟　〔孔至姓氏錄〕斛粟氏。後改爲斛斯氏。

斛嗢素　〔唐書〕回紇九姓。七曰斛嗢素。

斛瑟羅　後魏代北姓。後改爲羅氏。見〔魏書官氏志〕。唐時有此姓。

斛穀 卽斛粟氏。見〔晉書〕。
斛薛〔唐書〕「鐵勒十一姓。有斛薛。以部爲姓」。一作斛薩。
斜 系出姜姓。田和篡齊。遷太公於海上。穴居野食。以斜爲氏。見〔氏姓譜〕。望出遼陽。
斜卯 金姓。望出彭城。
斬 崇效寺碑陰有斬姓。見〔隴蜀餘聞〕。一云。或係漸氏所改。
旋〔姓源〕黃帝後有旋氏。卽儇姓也。
旣〔風俗通〕吳王夫槪之後。子孫因避仇改爲旣氏。〔潛夫論〕微子後有旣氏。〔路史〕彭祖後有旣氏。
晝〔通志氏族略〕齊大夫食采晝邑。後以爲氏。
曹 顓頊玄孫陸終之子安。是爲曹姓。見〔廣韻〕。望出譙國，彭城·高平·鉅野。又後漢曹騰。本姓夏侯。冒姓曹。見〔晉書〕。康國支庶分王有曹國。卽以曹爲氏。見〔隋書〕。
曹丘 以地爲氏。漢有曹丘生。
曼〔黃帝傳〕顓頊時以少昊之子一人有德業者。賜姓曼氏。〔路史〕武丁季父虆侯之後有曼氏。望出南陽。
曼丘 戰國時齊有曼丘不擇。或謂貫丘改爲曼氏。尸子有曼丘氏。〔顏師古漢書注〕曼丘貫丘。本一姓也。語有緩急耳。
曼多 魏肈。字曼多。後以爲氏。見〔世本〕。

朗 見〔姓苑〕。一云。「以朗州爲氏。亦或郞姓所改」。望出滎陽。
望〔風俗通〕「齊太公望之後」。望出魏興。
栖 望出安陽。漢時有栖育。
梁 秦仲有功。周封其少子康於夏陽梁山。因爲氏。望出安定·天水·河南。見〔廣韻〕。〔路史〕平王子唐封南梁。安定梁氏出此。又〔魏書官氏志〕後魏拔列蘭氏改爲梁氏。
梁丘 以地爲氏。春秋時齊有梁丘據。
梁可 後魏有梁可頤。上谷人。又代郡太守梁可滙。
梁由〔姓考〕「左傳晉大夫梁由靡之後」。由一作繇。
梁其〔英賢傳〕魯伯禽庶子梁其後。
梁垣〔陳留風俗傳〕周畢公之後新垣衍。居大梁之垣。子孫因氏焉。
梁餘〔姓纂〕晉下軍大夫梁餘子養之後。本衞人。一作梁于。
梅 系出子姓。殷紂時有梅伯。後以國爲氏。望出汝南。見〔唐書世系表〕。又南蠻有梅姓。見〔魏志〕。北狄奚酋長有梅姓。見〔舊唐書〕。
梅伯 梅伯之後。見〔歐陽修梅氏銘〕。
梓 梓人之官。後以官爲氏。一云。鄭梓愼之後。
梗〔姓氏尋源〕金時史詠之妻梗氏。或爲梗陽氏所改。
梗陽〔姓譜〕晉大夫食采於梗陽。其後氏焉。

條 殷民六族有條氏。見〔左傳〕。胡三省云。「周亞父封條侯。其後以爲氏」。望出安定。
梟 隋煬帝誅楊玄感。改其姓爲梟。見〔隋書本傳〕。又唐武后改蕭良娣姓爲梟。見〔唐書〕。
梧〔潛夫論〕陳敬仲後有梧氏。〔路史〕「鄭公族後有梧氏」。梧本鄭地。晉取之。左傳。晉師城梧是也。以地爲氏。望出濮陽。
梧下 戰國魏策有梧下先生。高誘注。家有大梧樹。因以爲號。若柳下惠。
梵 宋有梵禹俞。紹興進士。
欲 見〔姓苑〕。元有欲廣城。寨社人。成宗時官至元帥府左輔監軍。領兵鎭守亳州。
殺 見〔姓苑〕。馬韓官有殺奚。見〔後漢書東夷傳〕。後人或以官爲氏。
涪 當以涪水爲氏。
液〔急就篇注〕「上古有道術之士。善於鍊化。能作湯液。後因以爲姓」。
涼 出於周惠王涼。又或以州爲氏。望出河南。
淄〔姓苑〕州名。以地爲氏。望出山陽。
淄丘 齊有勇士淄丘訢。見〔英賢傳〕。與菑丘同。
淠〔路史〕齊太公後有淠氏。
淇 以淇水爲姓。

淑 出自高陽。顓頊子有淑士。
淖〔路史〕楚淖齒先爲淖氏。淖。楚公族。
淝〔姓譜〕邑名。在廬江。以邑爲氏。
淡〔姓譜〕「但姓音訛爲淡」。一云。同州劉姓。恥與劉瑾同姓。改爲淡氏。望出嚴陵。
淥 淥。水名。在湘東。必其先以水爲氏。
淦 以水爲氏。江西建昌多此姓。〔池北偶談〕金日磾後有金賤者。爲制置使。宋高宗爲加點水。遂有淦姓。
淩 見淩字注。
淮 以水爲姓。又博古圖。周有師淮父。淮姓或出於此。
淮夷〔姓纂〕淮夷小國。入周因氏焉。
深〔路史〕應侯之後有深氏。
淳〔姓苑〕「吳有此姓」。一云。出於夏后氏之裔淳維之後。或淳于氏之後。去于爲淳氏。
淳于〔水經注〕「淳于縣。故夏時斟灌國。周武王以封淳于公。號淳于國」。後以國爲氏。〔姓譜〕出於姜姓州公之後。
淵 世本有齊大夫淵湫。左傳齊頃公孫子淵捷。淵姓當出此。
混 卽渾沌氏。風俗通作混沌氏。後去水爲昆氏屯氏。
清 出於少昊。以國爲氏。見〔國名紀〕。〔辯證〕出晉大夫。食邑於清。

至厲公嬖大夫淸沸魋。始以邑爲氏。

淸尹 〔通志氏族略〕楚大夫淸尹弗忌之後。

淹 〔辯證〕豫章人多此姓。爲奄氏所改。

添 宋有添穎。爲循州司馬。

涳 望出南海。廣東番禺有此姓。

焉 〔路史〕偃侯之後有偃氏焉氏鄢氏隔氏。

焉耆 〔姓纂〕本焉耆部。爲國。後以國爲姓。

爽 〔姓苑〕「少昊官名有爽鳩氏。國於齊土。因氏焉」。一云。宋大夫甫爽之後。又大理國有爽氏。見〔宋史〕。

爽鳩 〔姓纂〕古爽鳩氏之後。〔路史〕「爽鳩。齊地。見左傳。卽今靑州」。是以地爲氏。

率 〔路史〕齊後。一云。率。衞地。以地爲氏。望出安平。

猗 〔路史〕今晉之冀。卽猗氏。伯明寒國之君。猗姓。寒浞之子澆封於過。亦猗姓。

猛 〔路史〕「宋微子後」。望出城陽。

猨 犬戎之後以爲氏。

率 〔路史〕劉康公後有率氏。〔姓苑〕本姓師。避晉諱改帥。帥與率同。望出南陽。河南。范陽。

琅邪 遼時人姓。見〔盤山志〕。

理 〔辯證〕「皋陶爲堯理官。子孫遂爲理氏。望出河南」。又明末中州李乜和聆與李闖同姓。上書請改理氏。見〔東林傳〕。又淸初揚州李嘉兆不忍與李自成同姓。改理氏。見〔鮚埼亭集〕。

產 〔姓苑〕產氏。彭城人。〔池北偶談〕「山東有產姓」。一云。出鄭子產。又或出秦大夫改產之後。

瓠 瓠丘。卽壺丘。見〔左傳注〕。瓠出瓠丘。以地爲氏。列子有楚人瓠巴。

畢 〔唐書世系表〕「文王第十五子高。封於畢。以國爲氏」。望出河內。東平。太原。又〔魏書官氏志〕出連氏後改爲畢氏。

略 〔姓纂〕姜姓。太公之後。望出武陵。〔魏書官氏志〕拔略氏改爲略氏。一作撥略氏攷爲略氏。

略陽 以縣名爲氏。見〔漢殺亢碑〕。

畦 張澍云。居於町畦者以爲氏。

疏 與疏通。後世分爲二姓。〔通志氏族略〕望出長安。

皋 〔姓源〕「皋陶之後」。望出廣陵。又吳郡有皋姓。爲越大夫皋如之後。

皋落 〔左傳〕晉侯使太子申生伐東山皋落氏。〔杜注〕皋落。其氏族。〔路史〕炎帝參盧之後。東山皋落氏。赤狄別種。

皎 南漢交州牙將皎公羨之後。

眭 音雖。〔姓纂〕趙大夫食采眭邑。因以爲氏。

眷 〔路史〕康叔後有眷氏。〔姓纂〕代北茂眷氏改爲眷氏。

衆 音終。〔世族譜〕晉孝公子益師。字衆父。其孫仲。以王父字爲氏。

研 〔路史〕「舜後有研氏」。一云。無弋爰劍之後。爰劍五世至研。最豪健。自後以研爲種號。因以爲姓。

祥 取祥瑞爲氏。

祭 梓械切。周公子祭伯之後。見〔廣韻〕。望出太原。

祭公 〔路史〕周公子祭公後。因氏。

离婁 卽離婁。一作璃膢。彭祖有弟子離婁公。見〔抱朴子〕。

移 〔風俗通〕齊高傒采高堂。公子雍采於移。其後氏焉。

移剌 金姓。望出金源。

移門 張澍云。居於移門者以爲氏。

窒中 〔風俗通〕「人有窒中姓」。漢藝文志有室中周。著書十篇。注。室一作窒。

竟 〔路史〕楚公族後有竟氏。

章 系出姜姓。齊太公支孫封國於鄣。後爲齊所滅。子孫去邑爲章氏。見〔姓氏辯證〕。望出豫章。又〔元史孝友傳〕章卿孫。本姓劉。幼爲章氏養子。遂姓章。

章仇 出雍王章邯。邯爲漢所併。子孫處仇山。因號章仇氏。見〔唐章仇玄素神道碑〕。

章商 禹臣有章商氏。見〔岳瀆經〕。

笙 古主笙竽之官。其後以職爲氏。

符 魯頃公孫公雅。仕秦爲符節令。因以爲氏。見〔廣韻〕。望出琅邪。

笪 〔姓苑〕「笪音妲。今建州多此姓」。一云。音如闥。今句容多此姓。

第 齊諸田。漢初徙園陵者多。故以次第爲氏。見〔後漢書第五倫傳〕。後或改單姓。

第一 〔風俗通〕其先齊諸田。徙園陵者多。故以次第爲氏。有第一氏。

第二 〔姓譜〕田廣之孫爲第二氏。

第三 〔姓譜〕田廣孫田癸爲第三氏。

第四 齊田氏之後。見〔潛夫論〕。

第五 〔潛夫論〕「漢高祖徙齊諸田。而有第一至第八氏。後漢第五倫。其後也」。望出隴西。

第六 齊諸田後。見〔潛夫論〕。

第七 齊諸田後。見〔潛夫論〕。

第八 〔風俗通〕一亦齊諸田後。田廣弟英爲第八門。因以爲氏」。望出陳留。

笮 音窄。一作逽。亦作莋。〔水經注〕「太湖西南兩小山如卷笮。長老云。是笮嶺山」。或居其側者以爲姓。一云。蜀有笮夷。或笮夷之後入中國以爲氏。

粘 出金粘合氏之後。或元粘罕之後。

粘合 卽粘葛。金姓。元有粘合重山。

粘哥 金姓。一作粘葛。亦作粘合。爲金源貴族。

粘割 金姓。

粘葛 金姓。一作粘合。一作粘哥。望出彭城。

紮 卽姐姓。音紮。西羌有此姓。見〔漢書馮奉世傳注〕。一云。或指色以爲姓。如紅氏赤氏之類。

細 〔池北偶談〕「山東章丘有細姓」。一云。細封氏之後。改爲單姓。

細封 〔通志氏族略〕唐党項剧部有細封氏。

細農 南蠻蒙舍酋長姓細農氏。見〔姓氏尋源〕。

紹 〔路史〕齊太公後有紹氏。

終 〔風俗通〕顓頊裔孫陸終後。望出濟南·南陽。

終古 〔風俗通〕桀內史終古。後氏焉。

終利 秦之先爲嬴姓。其後分封。以國爲姓。有終黎氏。見〔史記秦本紀〕。東觀漢記作終利。本一姓。又漢上谷太守郝賢。封爲終利侯。後以封爲氏。

終葵 成王封晉公以殷民七族。有終葵氏。見〔左傳〕。

組 〔路史〕周後有組氏。

絇 音劬。宋絇紡。開封人。登科。本姓句。因避國諱加糸。見〔揮塵錄〕。

習 少習。本地名。析縣東之武關。見〔左傳杜注〕。是習氏以地爲氏。望出襄陽。

聊 〔姓纂〕「齊大夫食采於聊。子孫以邑爲氏」。望出潁川。

聃 〔世系譜〕周文王第十七子聃季載之後。〔路史〕武丁季父蔓侯之後有聃氏。老子後有聃氏。

脫 〔纂要〕湖州有脫姓。

脫脫 明有脫脫卜花。永昌衞上人。永東中發兀馬兒沙等謀叛。以志弗伸。自刎死。事聞。官其子帖木兒。

船 出〔姓苑〕。一云。「或主船之官船司空之後。以職爲氏」。望出京兆。

荷丘 〔路史〕楚有荷丘子。或云卽苞丘。亦卽何丘氏。

荷訾 讀如苛。後魏代北人姓有荷訾氏。見〔魏書官氏志〕。

荻 見〔姓苑〕。一云。居於荻蘆。因以爲氏。或逃難荻中以爲氏。

荼 〔潛夫論〕殷氏舊姓。卽郚陽鄅城。

莆 占城國姓。見〔宋史〕。

莉 〔姓苑〕淮南人有此姓。音墀。

莊 〔急就章〕楚莊王之後。氏於謚。胡三省曰。「莊氏有出於宋者。左傳所謂戴武莊之族是也。有出於楚者。楚莊王後莊蹻是也。漢明帝諱莊。故莊氏或改爲嚴氏」。望出天水·會稽·東海。

莊丘 以地爲氏。

莒 秦之先嬴姓。其後分封。以國爲姓。有莒氏。見〔史記〕。望出高密。

莒子 〔英賢傳〕春秋時楚滅莒。子孫以莒子爲氏。

莘 〔潛夫論〕祝融之後分爲八姓。已禿彭姜妘曹斯莘。〔後漢書郡國志〕「郃陽南有古莘國。湯妃有莘氏後」。一云。莘辛音相近。莘氏卽辛氏。見〔唐書辛替否傳〕。望出天水。

莞 音官。楚莞蘇之後。

莠尹 楚大夫以官爲氏。

莢 〔世本〕「晉有大夫莢成僖子」。食采於莢成。因以爲氏。

莧 楚文王臣有莧譆。見〔呂氏春秋〕。楚國多以草名爲氏。如芈氏蒍氏薳氏藍氏之類。

莫 以地爲氏。顓頊造鄚城。後去邑爲莫。見〔邢子顯三郡記〕。〔廣韻〕楚莫敖之後。〔通志氏族略〕「莫卽幕氏省文」。望出鉅鹿·江陵。又後魏邢莫氏莫那婁氏均改爲莫氏。見〔魏書官氏志〕。

莫允 高車十二姓。八曰莫允氏。見〔魏書〕。

莫且婁 代北人姓。見〔魏書官氏志〕。

莫弗 以部落爲氏。北部勅勒有莫弗庫。見〔魏書〕。又莫弗。官名。以官爲氏。

莫多婁 〔魏書〕莫多婁氏。代人。隨後魏遷洛陽。

莫折 〔通志氏族略〕本西羌。世居渭州襄武縣。

莫那婁 一作莫耐婁。代人。後魏有中山太守高邑公莫那婁題。見〔通志氏族略〕。後改莫氏。見〔魏書官氏志〕。

莫侯 西羌姓。見〔南涼錄〕。又鮮卑姓。見〔西秦錄〕。

莫侯盧 代北人姓。見〔魏書官氏志〕。姓纂作莫侯蓋。

莫者 夷姓。西秦有莫者氏。見〔三秦錄〕。

莫耐 後魏有此姓。

莫耶 〔漢書賈誼傳〕莫耶爲頓兮。鉛刀爲銛。〔注〕莫耶。吳大夫也。

莫胡盧 周太祖賜廣寧楊纂爲莫胡盧氏。見〔廣韻〕。周書·北史均作莫胡盧。

莫賀弗 契丹酋帥有莫賀弗。見〔魏書〕。周書有莫賀弗氏。

莫賀咄 突厥有莫賀咄氏。見〔唐書〕。一云。當卽莫賀弗氏。

莫盧 代北姓。後改爲盧氏。見〔魏書官氏志〕。一作莫蘆氏改爲蘆氏。

莫輿 代北姓。後改爲輿氏。見〔魏書官氏志〕。

菼 〔路史〕越王後有菼氏。

處 〔風俗通〕漢有北海太守處興。蓋處子之後。〔路史〕「伯益之後有處氏」。望出潁川·沛國。

處師 「陳有富人處師氏」。見〔韓詩外傳〕。一云。當爲古之大夫處而爲太師少師教於閭左者以爲氏。或云卽褚師。

𢓜 〔姓苑〕「沛人有此姓」。張澍云。庳卽呼姓。

虙 〔史記注〕宓妃。伏羲女。〔集韻〕虙與伏同。〔顏氏家訓〕孔子弟子虙子賤爲單父宰。卽虙羲之後。俗字爲宓。今永昌郡東門有子賤碑。漢世所立。云濟南伏生卽子賤之後。乃知古字虙與伏通。俗誤以爲宓也。

蛇 〔姓源〕「齊公族蛇丘氏之後」。望出雁門。南安多蛇姓。姚萇后蛇氏。見〔後秦錄〕。

蛇丘 〔辯證〕春秋齊人滅遂。遂國在濟北。漢建爲蛇丘縣。受封者以爲氏。

術 共工生術器。術姓出此。望出萊陽。

被 鄭有大夫被瞻。見〔通志氏族略〕。爲被姓之始。〔越絕書〕吳亦有被姓。被離是也。

訛 虁姓。

訪 唐有進士訪式。字叔矜。吳人。舉進士。官至轉運使。

設 突厥以別部典兵者。曰設大臣。見〔唐書突厥傳〕。是以官爲氏。

許 〔姓源韻譜〕「許。姜姓。堯四岳伯夷之後。與齊同宗。周武王封其裔孫文叔於許。子孫以國爲氏」。望出高陽。汝南。〔急就篇注〕許由之後。

訢 〔萬姓統譜〕「漢章帝時訢梵。治曆數」。訢字下又載訴梵。按後漢書律曆志有編訢。李梵。章帝時人。治曆數。淩譜誤引爲訢梵。合二人爲一。又皆去其姓。且既於訢字下列訢梵。又於訴字下列訴梵。大誤。

豚 楚有揚豚尹官。見〔左傳〕。一云。或係揚豚尹之後。以豚爲氏。

貨 黃帝臣貨狐之後。一作化狐。化卽古貨字。

貫 周初分魯侯以貫國之鼎。見〔左傳〕。當以地爲氏。望出上谷。西河。一云。原伯貫之後。又元時小雲石海涯以父名貫只哥。因以爲氏。

赦 趙簡子臣有赦厥。見〔說苑〕。一云。獲罪而得赦。因以爲氏。

通 〔姓纂〕「巴大夫食采通川。因氏焉」。望出西河。

逞 〔路史〕「楚鬻熊後有逞氏」。一云。晉欒逞之後。

速 見〔姓苑〕。宋有速希覺。知連州。

造 〔姓苑〕「造父之後有造氏」。又西羌亦有造氏。造頭是也。

逢 商諸侯逢伯陵之後。望出北海。按左傳有逢伯陵。逢丑父。東漢有逢萌。逢絲。莊子羿逢蒙不能睥睨。皆作逢迎之逢。後之言姓者。皆作逄。石刻有故博士趙傳逢府君神道逢童之碑。其篆文皆從夆。顏師古匡謬正俗云。逢姓者。蓋出於逢蒙之後。讀當如其本字。更無別音。據此則書作逄。讀若龐者非是。見〔隸辨〕。

逢公 楚有大夫逢公子仲。見〔廣韻〕。

逢門 〔路史〕「逢蒙。炎帝之後」。古今人表作逢門子。後世有逢門氏。

逢侯 出自南匈奴。後漢元初中。逢侯詣朔方降。鄧遵奏徙逢侯於穎川。見〔後漢書南匈奴傳〕。後遂有逢侯姓。

逢孫 〔英賢傳〕秦大夫逢孫之後。

連 出自陸終三子惠連之後。又楚連尹。連敖皆官名。連姓必有以官爲氏者。望出上黨。又鮮卑有連氏。見〔漢書〕。又是連氏太連氏皆改連氏。

連尹 〔姓纂〕芈姓。楚屈氏之後有連尹襄老。後世子孫以官爲氏。

部 南匈奴姓。後漢書南匈奴傳有右賢王部抑鞮。又章丘縣志有部姓。

鄄 地名。〔氏姓譜〕漢章帝徙宋公於此。因以爲氏。

郪 春秋時晉邑。大夫食采於此。後以爲氏。望出成都。

郭 夏有郭支。見〔抱朴子〕。商有郭崇。見〔三一經〕。此郭氏之始。〔風俗通〕「氏於居者。城郭園池是也」。又郭與虢同。周文王季弟封於虢。或稱郭公。望出太原。華陰。馮翊。

郰 音鄒。〔姓考〕「叔梁紇爲郰大夫。孟皮之裔有郰氏」。亦作鄹。望出魯郡。

郱 〔路史〕紀侯後有郱氏。

郲 出自子姓。以所食之邑爲氏。見〔廣韻〕。

郳 〔通志氏族略〕「郳。以國爲氏」。一云。卽小邾國。以居郳故。又稱郳國。子孫以國爲氏。

郴 音琛。〔通志氏族略〕楚懷王孫心都郴。子孫氏焉。

郵 王良爲趙簡子御。食采於郵。號郵良。子孫以邑爲氏。見〔姓考〕。

鄃 音周。〔路史〕虞封黃帝之後得鄃者爲鄃氏。

郯 出自嬴姓。少昊之後。封國於郯。春秋時郯子朝魯。其後國亡。子孫以爲氏。一云。通作談。望出下邳。按郯氏出於少昊。少昊氏或云姬姓。見帝王世紀。或云紀姓。見路史。或云已姓。見輿地記。或云嬴姓。見古史考。姓氏尋源據其說。茲從之。

野 〔姓考〕「東野氏之後」。魯有野洩。見〔左傳〕。望出廣陵。

野利 〔唐書党項傳〕「慶州有破丑氏族三。野利氏族五。把利氏族一」。亦作葉里。

野咥 後魏姓。一作虵咥。又作吔咥。

野律 党項以姓別爲部落。有野律氏。見〔唐書〕。

野詩 爲野利越詩之後。係吐蕃姓。

野辭 〔姓譜〕唐時党項以姓別爲部。有野辭氏。〔路史〕野辭氏。拓拔八姓之一。

鈔 音鏇。夷姓。晉書西夷傳有沙樓國帥鈔加。

閉 邕管蠻姓。嶺南及章丘縣有之。

閉珊 霑益州烏蠻之姓。見〔唐書〕。

閆 音鹽。〔正字通〕「說文有閻無閆。今姓譜分爲二姓」。山西陝西多此姓。

陰 史記龜策傳有陰兢。商末人。〔姓氏急就篇〕陰。周采地。大夫陰忌。陰不佞。陰里。其後氏焉。〔後漢書陰識傳〕「其先出自管仲七世孫修。自齊適楚。爲陰大夫。因以爲氏」。望出南陽。

陳 〔廣韻〕「舜後胡公嬀滿之後。公子完奔齊。爲陳氏。望出潁川。汝南。下邳。廣陵。東海。河南」。又後魏侯莫陳氏改爲陳氏。見〔魏書官氏志〕。又安南國王姓陳。陳日煚。日煊是。又元陳友諒本姓謝。祖贅於陳。因冒陳姓。俱見〔元史〕。

陳方 宋濂集有鳳陽定遠陳方亮。官鎮國將軍。本姓陳。育於方翁。太祖賜姓曰陳方。以繼二家之宗。

陳亟 〔英賢傳〕陳亟。姬姓國。因以爲氏。

陳豐 〔路史〕「帝嚳父僑極。取陳豐氏曰裒。生嚳。嚳次妃陳豐氏女曰慶都。生堯」。史記作陳鋒。

陵 見〔姓苑〕。一云。當出伏羲裔孫夏諸侯逢伯陵之後。或丹朱孫陵之後。

陵尹 〔通志氏族略〕楚大夫陵尹喜。陵尹招之後。

陵娥 女媧臣有陵娥氏。一作娥陵氏。見〔帝系譜〕。

陵陽 〔列仙傳〕沛國陵陽子明。止陵陽山。釣得白魚。腹內有穀。服之登仙。其後因山爲氏。

陶 〔姓苑〕「陶姓。陶唐氏之後」。又虞閼父爲周陶正。後爲氏。望出丹陽。溧陽。

陶丘 因地以爲氏。見〔姓纂〕。春秋時齊大夫有陶丘德。

陶叔 〔姓纂〕周司徒陶叔之後。

陸 〔唐書世系表〕「出嬀姓。田完裔孫齊宣王少子通。封於平原般縣陸鄉。因以爲氏」。望出平原。河內。吳郡。〔陳留風俗傳〕春秋時陸渾國之後。又後魏步陸孤氏改爲陸氏。見〔魏書官氏志〕。

陸終 〔姓氏源流〕吳回生陸終。其支庶爲陸終氏。

陸費 〔姓氏尋源〕浙江有此姓。本姓陸。繫於外家費氏。後承費姓。遂合爲陸費氏。陸費墀是也。猶陳方氏羅曾氏黃周氏之類。

雪 〔路史〕楚公族後。

飢 左傳。殷民七族有飢氏。又漢時西羌沈氏大豪有飢恬。又常煎種大豪有飢五。飢均爲姓。見〔漢書〕。

魚 系出子姓。宋公子魚之後。以字爲氏。見〔風俗通〕。望出馮翊。又唐尙可孤冒姓魚。曰魚智德。見〔唐書〕。

魚孫 〔通志氏族略〕子姓。宋公子目夷。字子魚。其後以魚孫爲氏。

鳥 〔姓考〕伏羲臣鳥明之後。

鳥俗 〔史記秦本紀〕大費生子二人。一曰大廉。實鳥俗氏。〔索隱〕以仲衍鳥身人言。故爲鳥俗氏。

鹵 史記太原有鹵公孺。一云。晉有大鹵。地名。必以地爲氏。

鹿 〔風俗通〕「衞大夫食采五鹿。因氏焉」。又後魏改阿鹿桓氏爲鹿氏。見〔魏書官氏志〕。

鹿門 鹿門。齊城門。見〔左傳〕。一云。以所居爲氏。如桐門雍門之類。

麥 〔姓纂〕麥丘老人之後。〔嶺表錄異〕「南海麥氏。皆麥鐵杖之後」。麥鐵杖。隋將。望出汝南。

麥丘 〔英賢傳〕齊桓公至麥丘。麥丘人年八十三。祝桓公壽。公封之麥丘。其後因以爲氏。

麻 〔風俗通〕「齊大夫麻嬰之後」。〔姓考〕楚大夫食采於麻。卽今麻城。因氏」。望出上谷。

十二畫

傀 〔姓纂〕傀。出自歷傀氏。

傅 出自傅說。見〔廣韻〕。〔唐書世系表〕「出姬姓。黃帝裔孫大由封於傅邑。因以爲氏」。漢晉之世。北地靈州傅姓最盛。

傅其 漢有傅其義。見〔續通志氏族略〕。

傅餘 〔英賢傳〕傅說旣爲相。有留居傅巖者。因謂之傅餘氏。秦亂。自清河入吳。漢興。還本郡。餘不還者曰傅餘氏。

傍 宕昌羌酋姓。見〔魏書〕。

傒 〔路史〕齊卿高傒之後。以字爲氏。

備 〔風俗通〕宋封人備之後有備氏。

傌 〔章丘志〕洪武初。翰林編修吳沈奉旨撰千家姓。得姓一千九百六十八。而此邑如朮如傌。尙未之錄。

傿 〔路史〕傿。妘姓國。滅於鄭。後以爲氏。

勝 〔姓源〕「舜裔勝屠氏之後」。周公時有勝書。見〔呂氏春秋〕。

勝奔 高陽氏妃勝奔氏。一作勝濆氏。又作勝墳氏。

勝屠 〔風俗通〕「勝屠。卽申屠也」。路史云。卽申徒。皆舜後。

勞 〔姓譜〕「其先居東海勞山。因氏焉」。望出松陽。一云。當爲勞民勸相之官者。以職爲氏。

博 〔通志氏族略〕望出淮南。廣平。〔姓氏辯證〕博以地爲氏。

卿 〔風俗通〕「趙相虞卿之後」。或云。項羽將卿子冠軍之後。望出渤海。

厥 以地爲氏。

善 〔姓源〕「呂氏春秋有善卷。爲堯師。後因氏」。望出河內。〔路史〕楚公族有善氏。

喜 〔國語〕桀伐有施氏。有施氏以妹喜女焉。〔韋昭注〕有施。喜姓國。〔路史〕燕後有喜氏。

喩 東晉有諭歸。諭同喩。音樹。今多作俞。見〔姓苑〕。宋有喩樗。爲梁愈樂後。賜姓喩。見〔宋史儒林傳〕。

喪 〔姓考〕楚大夫喪左之後。

喬 〔唐書世系表〕「系出姬姓。本橋氏。其後去木爲喬氏」。望出梁國·馮翊。又匈奴貴姓有喬氏。代爲輔相。見〔前代錄〕。

單 〔路史〕周成王封少子臻於單邑。因以爲氏。又〔魏書官氏志〕可單氏阿單氏渴單氏。後並改爲單氏。

單于 〔姓氏尋源〕後周時有此姓。必其先曾爲單于。子孫以爲氏。

單父 史記有單父望。見〔功臣表〕。當以地爲氏。

單伯 〔路史〕周成王封幼子臻於單爲伯。因以爲氏。

圍 〔路史〕楚公族有圍氏。

圍龜 〔潛夫論〕宋子姓有圍龜氏。

堪 〔風俗通〕八元仲堪之後有堪氏。

堯 〔辯證〕「帝堯之後。以諡爲氏」。望出上黨。

堵 〔姓苑〕「鄭大夫洩伯采邑。後以爲氏」。望出河南。

堵敖 〔路史〕楚有堵敖氏。

壹斗眷 代北姓。後改爲明氏。見〔魏書官氏志〕。一作一斗眷氏。

壹利咥 薛延陀姓。見〔唐書回紇傳〕。路史作一利吐氏。云參盧後。寰宇記作壹利吐氏。

壹那蔞 代北姓。後改爲蔞氏。見〔魏書官氏志〕。壹或作一·乙。蔞一作婁。

壺 〔姓譜〕「晉大夫食采壺邑。因以爲氏」。望出黎城。

壺丘 〔世本〕晉大夫壺丘林之後。〔英賢傳〕「出自壺丘封人之裔」。亦作狐丘。望出滎陽。

奢 黃帝臣有奢比。見〔路史〕。爲黃帝七輔之一。國名記有奢比國。奢氏出此。又明永寧土司有奢氏。奢崇明是也。見〔明史〕。

婼 〔路史〕韓哀侯少子婼。後爲氏。〔又〕「魯後有婼氏」。一云。西域有婼羌。或其後有爲氏者。

媒 周官有媒氏。後以官爲氏。

媧 〔路史〕女媧氏之後有媧氏。

媣 〔姓苑〕「姓也。音甘」。路史引姓苑作染女氏。複姓。

嬙 音覽。〔潛夫論〕白狄。嬙姓也。

寋 音蹇。〔路史〕「太昊臣寋修後有寋氏」。又晉有李特將寋碩。唐有寋道會。今蜀州多寋姓。卽道會後。

富 「周大夫富辰之後」。見〔通志氏族略〕。望出齊郡·陳留。〔姓纂〕晉大夫富父終甥之後。

富父 〔路史〕「炎帝後有富父氏」。又魯有富父氏。見〔左傳〕。

富宜 〔路史〕堯取富宜氏。

寒 黃帝臣寒哀作御。見〔世本〕及〔呂覽〕。爲寒姓之始。一云。夏時諸侯寒浞之後。望出尋陽·潁川。

尊 〔風俗通〕太昊時諸侯尊盧之後。

尊盧 尊盧氏。古太昊時諸侯。見〔三皇紀〕。後有尊盧姓。

尋 夏同姓諸侯斟尋氏之後。見〔廣韻〕。〔路史〕「少昊後嬴姓國有尋氏」。望出河內。

尞 隋牛弘之先本姓尞。弘父允賜姓牛。見〔隋書本傳〕。

就 後漢有太常就耽。見〔後漢書律曆志〕。後魏西方諸姓有就氏。爲莪賴氏所改。見〔魏書官氏志〕。

屠 〔拾遺記〕軒轅逐蚩尤。遷其民善者於鄒屠之地。後分爲鄒氏屠氏。〔潛夫論〕「殷之舊族有屠氏。卽荼也」。望出廣平。又夷姓。武都氏有屠飛。見〔北史〕。

屠三 宋微子之後。見〔世本〕。

屠住 〔英賢傳〕芈姓。楚公子居食采於住鄉。因氏焉。

屠羊 以技爲氏。周有屠羊說。楚人。見〔韓詩外傳〕。

屠岸 晉大夫有屠岸氏。當以食邑爲姓。漢書古今人表作屠顏。岸與顏通。

屠門 秦時有屠門高。見〔風俗通〕。一云。當以所居爲氏。

嵇 〔姓譜〕夏少康封子季杼於會稽。後遂爲會稽氏。漢初徙譙之嵇山。故爲嵇氏。又〔文章敍錄〕「嵇康本姓奚。由會稽遷譙之銍縣。取稽字之上以爲姓」。望出河南·譙郡。

幾 山海經有小人。名曰焦僥之國。幾姓。〔風俗通〕宋大夫仲幾之後。以王父字爲氏。又後魏俟幾氏改爲幾氏。見〔魏書官氏志〕。

庾 〔姓纂〕「堯時有掌庾大夫。以官命氏」。望出潁川·新野。一云。周有司庾廩之官。故有庾氏。見〔庾子山集〕。

庾公 衞庾公子斯之後。

彘 春秋時晉士魴食采於彘。後以爲氏。見〔姓氏辯證〕。

彭 〔姓源〕「大彭之後」。張澍云「顓頊曾孫祝融之弟吳回。生陸終。陸終子六人。其三曰籛。爲彭姓。封於大彭」。望出宜春。又安定胡氷胡有彭氏。見〔晉書〕。又西羌南蠻皆有彭氏。

彭祖 〔氏族譜〕大彭支孫。以號爲氏。

復 楚有期思公復遂。見〔左傳〕。〔杜注〕「復遂。楚期思邑公」。其後或以爲氏。

復陸 漢書功臣表有復陸支。封杜侯。

復隆 匈奴有復隆氏。史記作復陸。

悲 〔姓譜〕孺悲之後。

惠 〔姓纂〕「周惠王之後。以諡爲氏」。一云。陸終第二子惠連後。望出瑯邪·扶風。

惠叔 〔辯證〕「魯大夫孟惠叔難後」。一云。當爲衞司寇惠叔蘭之後。

惠牆 〔左傳〕宋寺人惠牆伊戾爲太子內師。〔杜注〕惠牆氏。伊戾名。

憚 漢楊憚之後。其子避難。以父名爲氏。見〔茗柯文編〕。或云。其先出楚成王。爲熊姓。蓋以成王名憚故也。

扉 〔路史〕伯益非子之後。

掌 〔通志氏族略〕魯大夫黨氏之後。以音掌。故從音改。望出瑯邪·燉煌。

掾 見〔姓苑〕。一云。漢世爲曹掾者之子孫以爲氏。

提 〔姓源〕「晉大夫提彌明之後」。河間有提姓。

揚 周宣王子尙父。幽王時封爲揚侯。其後爲氏。傳言霍揚韓魏。皆周同姓之國。及爲晉所滅。晉以爲羊舌氏之邑。凡銅鞮揚氏平陽三縣。揚雄自敍云。叔向食采揚氏。生伯石。字食我。以邑爲氏。曰揚石。並見〔通志氏族略〕。爲揚氏得姓之始。按左傳。楊從木。漢郎中鄭固碑。揚烏之揚亦從木。蓋漢楊與揚兩用。故其稱揚食我與揚雄氏族。或皆作楊。一說。揚爲楊之誤字。子雲好奇。特自標異。考雄自序。當爲揚食我之後。三國楊德祖云。脩家子雲。老不曉事。則揚楊同姓可知。

揚于 〔路史〕「晉後以采爲氏者有揚于氏」。一云。宜作揚干。

揣 奚五族著姓有揣氏。見〔金史〕。

揭 漢揭陽定之後。改爲單氏。

揭陽 漢書功臣表有揭陽定。按廣東通志。定姓史。爲揭陽令。因謂之揭陽定。從所令邑配名。今揭陽史氏猶盛。是揭陽非姓也。茲據姓氏尋源採入。

敞 匈奴姓。見〔漢書功臣表〕。

散 周有散宜生。孔安國書傳及論語孟子疏皆云。散氏。宜生名。散姓出此。

散宜 〔大戴禮帝繫篇〕「堯娶散宜氏之女」。古今人表同。是皆作複姓。

敦 〔陳留風俗傳〕姞姓之後。〔急就篇注〕秦史敦之後。

敦洽 陳有惡人曰敦洽讎麋。見〔呂氏春秋〕。

斐 見〔姓苑〕。春秋時有斐豹。晉人。

斯 蜀之西南夷種。遂以爲姓。見〔通鑑胡注〕。望出東陽·渤海。

斯引 十六國時。西秦有此姓。見〔西秦錄〕。

普 後魏獻帝次兄爲普氏。後改爲周氏。見〔魏書官氏志〕。

普六茹 〔周書〕楊忠。弘農人。西魏恭帝賜姓普六茹氏。〔北史〕「楊尙希。弘農人。周文帝賜姓普六茹氏」。一云。卽普陋茹氏。

普屯 〔周書〕辛威。隴西人。遷驃騎大將軍儀同三司。賜姓普屯氏。

普陋茹 〔魏書官氏志〕普陋茹氏後改爲茹氏。

景 芈姓。楚公族之後。望出晉陽·馮翊。一云。齊景公之後。以諡爲氏。又明景清。本姓耿。改姓景。見〔明史〕。

晳 見〔姓苑〕。一云。爲公晳氏所改。

智 〔姓纂〕「出自荀林父之弟荀首。食邑於智。謂之智莊子。以邑爲氏」。望出天水·河東·陳留。又穆天子傳有智氏。則西域姓。

曾 〔世本〕「系出姒姓。夏少康封少子曲列於鄫。後爲莒滅。鄫太子巫仕魯。去邑爲曾氏」。望出魯國·廬陵。

朝 〔潛夫論〕宋微子後有朝氏。〔姓氏急就篇〕蔡大夫朝吳聲子之後。

朝臣 〔通志氏族略〕日本國使人朝臣眞人。唐長安中拜司膳卿同正。副使朝臣大父拜率更令同正。

期 〔姓氏辯證〕楚期思公復遂之後。有去思單爲期氏者。

期思 〔風俗通〕楚大夫居期思城。因以爲氏。

棄疾 〔姓纂〕楚平王初名棄疾。卽位改名熊居。子孫以爲氏。

棓 音裴。棓塑。秦末賢士。漢爰盎從之問占。見〔漢書注〕。

棗 〔文士傳〕「本棘姓。衞大夫棘子成後。避難改焉」。望出潁川。

棘 〔文士傳〕棗祗。本姓棘。衞大夫棘子成後。一云。與革字通。棘子成。亦作革子成。又春秋齊楚皆有棘邑。或大夫食采以邑爲氏。

棟 見〔姓苑〕。一云。西南夷姓。棟蠶之後。

棠 〔通志氏族略〕「姜姓。齊桓公之後。邑於棠。曰棠公。後以爲氏」。又楚邑。大夫伍尙所封。號曰棠君。後亦爲棠氏。

棣 漢世定陶有棣姓。見〔魯峻碑〕。王莽時有司馬棣立。

棧 〔池北偶談〕「章丘有棧姓」。張澍云。賈子五美篇有機奇。卽棘蒲侯柴武子奇也。淮難篇作棧奇。柴棧字通。魏棧潛。當卽棧奇之後。

棲 〔潛夫論〕「棲。猗姓」。一作倚。

棲疏 〔潛夫論〕棲疏氏。倚姓也。〔路史〕夏世侯伯。

棼 棼冒氏所改。

棼冒 楚之同姓。卽蚡冒。見〔戰國策補〕。

植 〔路史〕越王後有植氏。〔辯證〕「天笠胡人之姓。蓋釋種也」。又南海番禺東莞清遠間多此姓。

植黎　蠕蠕別帥有植黎氏。見〔魏書〕。

椒　澆之臣椒。澆使求少康者。見〔左傳〕。其後爲氏。又伍參之子伍舉。謂之椒舉。以食邑爲氏。

椒丘　張澍云。土高四墮曰椒丘。離騷所謂馳椒丘且焉止息。此以所居爲氏。

棸　音鄒。〔詩小雅〕棸子內史。〔鄭箋〕棸。氏也。〔姓苑〕「江南有此姓。出郥」。望出襄陽。

欽　〔姓譜〕「今吳與新安歙雲均有此姓」。又烏桓有欽姓。〔魏書〕漁陽烏丸大人欽志賁。

殖　春秋時。齊有殖氏。見〔左傳〕。一云。豐於貨殖。因以爲氏。

減　〔急就篇注〕減氏之先。爲晉公族大夫。驪姬之難。晉廢公族。因謂其人爲減氏。〔路史〕「楚公族有減氏」。一云。巫咸氏之後。

渝　〔路史〕鄭後有渝氏。通作喩。

渠　〔路史〕康叔之後。

渠丘　莒有渠丘公。因邑爲氏。見〔廣韻〕。

渠復　匈奴屬酋有渠復氏。見〔漢書〕。

渦　〔楚公族氏於邑者有渦氏〕見〔路史〕。一云。渦出淮陽扶溝浪蕩渠。是渦以水爲氏。

渫　古有賢人渫子。見〔韓非子〕。明有渫昇。爲鄧州知州。

渴侯　代北姓。後改爲緱氏。見〔魏書官氏志〕。緱。一作紙。

渴單　代北姓。後改爲單氏。見〔魏書官氏志〕。

渴燭　卽渴燭渾氏。省一字爲姓。見〔魏書〕。

渴燭渾　代北姓。後改爲朱氏。見〔魏書官氏志〕。一作渴獨渾。卽可足渾氏。

游　〔姓纂〕鄭公子偃。字子游。子孫以王父字爲氏。

游水　漢郊祀志有游水發根。師古注。游水。姓也。發根。名也。蓋因水名爲姓。

渼　見〔姓苑〕。一云。鄠縣有渼陂。居其旁者以爲氏。

渾　〔辯證〕戰國鄭大夫渾罕之子寬。別爲渾氏。〔唐書世系表〕出自匈奴渾邪王。隨拓跋氏徙河南。因以爲氏。〔通志氏族略〕吐谷渾氏後改爲渾氏。

渾沌　〔路史〕渾沌氏。是爲渾敦。後有渾氏沌氏屯氏。一作渾屯。〔風俗通〕渾屯氏。太昊頁佐。

湖　居於湖上。因以爲氏。如河氏濮氏之類。

湛　〔姓氏尋源〕以地爲氏。望出豫章。新淦。路史云。河陽軹有湛水。傍有湛城。左傳襄十六年有湛阪。非江西湛氏所出也。

湛盧　見〔姓苑〕。以劍爲姓。

湫　見〔姓苑〕。一云。當爲楚椒舉之後。古椒湫字通。

湯　成湯之後。見〔廣韻〕。望出中山。范陽。

湯滂　〔唐書〕武德時東女國王姓湯滂氏。

湳　〔水經注〕湳水出西河郡美稷縣。東南流。羌人因水以氏之。

滑　〔路史〕晉後有滑氏。

湆　齊大夫有湆籠。一云。居於湆丘者因以爲氏。

無　河南新鄭縣有無氏。見〔萬姓統譜〕。當係無庸無忌無鉤等氏所改。

無弋　〔路史〕舜後有無弋氏。

無宇　出自楚芈姓。見〔廣韻〕。

無忌　〔路史〕韓萬後有無忌氏。

無知　〔路史〕「齊公子無知之後」。作毋知。

無圉　出自楚芈姓。見〔廣韻〕。

無婁　〔路史〕小邾子後有無婁氏。

無庸　〔英賢傳〕楚熊渠生無庸。因氏。

無終　晉大夫有舒鮑無終。見〔世本〕。後以爲氏。一云。無終地爲今之玉田縣。以地爲氏。

無鉤　〔潛夫論〕楚蚡冒生薳章。爲王子無鉤。氏焉。

無懷　〔姓纂〕無懷氏之後。有懷氏無懷氏。

焦　焦姓有三。一爲神農之後。一爲周同姓之後。子孫皆以國爲氏。見〔廣韻〕及〔通志氏族略〕。南中夷四姓有焦氏。別爲一派。見〔華陽國志〕。望出中山。廣平。馮翊。

然　〔世本〕「鄭穆公子子然之後。有子然氏然氏」。一云。然姓之祖。禹臣然子堪。望出山陽。

爲　〔風俗通〕魯昭公子公爲之後。以字爲氏。望出南郡。

犂　卽黎字。齊有犂彌犂鉏。見〔左傳〕。以食邑爲氏。

犂比　〔姓纂〕莒後有犂比氏。

犂婁　夏禹臣有犂婁氏。見〔岳瀆經〕。

犀　〔姓氏辯證〕「魏將犀武之後」。望出河南。

猶　先零大豪有猶氏。蜀多猶氏。見〔漢宋恩題名碑〕。望出西平。

奜　音非。鄭地。以地爲氏。左傳作裴。

琥　〔辯證〕琥氏。黃帝後。

琮　本宗姓。或因事加玉爲琮。望出開封。

琴　琴牢之後。一云。以所執之業爲氏。望出天水。

甥　一作生。〔風俗通〕晉大夫呂甥之後。

甯　〔姓纂〕「衞康叔之後。至成公生季亹。食采於甯。以邑爲氏」。望出齊郡。又與寗通。漢甯成。史記作寧成。

番〔詩小雅〕番維司徒。〔箋〕「周幽王后族黨」。番姓始此。

畫 見〔姓苑〕。明有畫芳。知宜黃縣。

巽 唐鳳迦巽之子巽牟尋歸唐。封南詔王。見〔唐書〕。以父名爲姓。一云。爲巽奇斤氏所改。

巽奇斤〔姓纂〕「高車十二姓有巽奇斤氏」。路史作巽其斤。謂爲炎帝參盧後。

酉〔路史〕丹朱庶兄九。其封於酉者爲酉氏。〔姓源韻譜〕「出自周封內大夫食采王畿之酉。以邑爲氏」。望出會稽。

酉吁 春秋赤狄之國。爲晉所滅。見〔左傳〕。其後爲氏。

酉昆 穆天子傳有酉昆氏歸玉。竹書紀年云。酉昆。國名。是以國爲氏。

疏〔潛夫論〕「疏。猗姓」。一云。出自棲疏氏。望出南陽。

痛〔急就篇注〕盛國之後。姬姓。周穆王嬖寵盛姬。早死。穆王哀痛不已。改其族爲痛氏。見〔穆天子傳〕。

登 湯御門尹登恆。後有登氏。見〔姓考〕。望出始平·南陽。

登北 帝舜三妃登北氏。〔山海經〕「登北國在鉅燕之南。倭之北。屬燕」。是以國爲氏。

登徒〔宋玉登徒子好色賦注〕「登徒。姓也」。國策有登徒直。

皓〔姓氏尋源〕越大夫皓進之後。

皓星 郎浩星氏。亦郎浩生氏。星生字古通用。

皖 偃姓。皋陶後。春秋時楚滅之。見〔史記〕。後以爲氏。一作晥。

盛〔姓考〕「周穆王時盛國之後」。望出汝南·梁國。又東漢盛苞。其先姓奭。避元帝諱。改姓盛。見〔後漢書西羌傳〕。

晳 周禮有晳蔟氏。以官命氏。

硯 以硯爲姓。如釜氏杯氏之類。

稂 江西永新多稂姓。爲狼姓所改。

稅〔路史〕「蜀王見麋君兵彊。結好飲宴。以稅氏五千人遺麋君」。稅氏始此。今蜀多稅姓。望出河間。

程 商封顓頊重黎之後於程。因以爲氏。望出廣平·安定。見〔廣韻〕。又晉荀氏支子。食采於程。以邑爲氏。見〔左傳杜注〕。

童〔姓纂〕「顓頊子老童之後」。望出勃海。

答 列女傳有陶答子治陶。張澍云。蓋姓答而官陶邑大夫。

答祿 夷姓。明洪武時有答祿與權。永寧人。

策 古有策彊。策氏當爲其後。

粟〔姓纂〕「漢有治粟都尉。因官以爲氏」。按治粟都尉。爲治粟內史之誤。望出江陵。

結 黃帝子有結姓。結卽姞也。見〔世本〕。又突厥有結氏。

絞〔姓苑〕左傳有絞國。在隨唐之南。楚伐絞取之。以國爲氏。一云。說苑。文王師絞時子斯。是絞姓所出。

絜 郎挈姓。漢書張敞傳有絜舜。顏注。絜。姓也。李奇注。絜。音挈。

統 見〔姓苑〕。一云。「今之統氏。當爲元統古與之後」。望出河南。

統奚 東胡宇文之部族。魏書官氏志作紇奚。

統萬 代北人姓。後改爲萬氏。見〔魏書官氏志〕。一作吐萬。

統稽 代北人姓。後改爲嵇氏。見〔魏書官氏志〕。

絳〔姓苑〕晉穆公遷都於絳。後以邑爲氏。〔姓纂〕絳縣老人之後。

舄 見〔姓苑〕。一云。古主舄履之官。以職爲氏。

舒 系出任氏。黃帝後。見〔潛夫論〕。一云。舒子之後。楚滅之。以國爲姓。見〔唐書世系表〕。望出鉅鹿。

舒子〔世本〕舒子之後。以國爲姓。〔路史〕任姓後有舒子氏。

舒堅〔潛夫論〕楚公族有舒堅氏。有舒堅文叔爲大夫。

舒鳩 春秋時國名。〔通志氏族略〕「偃姓。皋陶之後。爲楚所滅。子孫以國爲氏」。望出鉅鹿。

舒蓼〔世本〕偃姓。皋陶之後。楚東境小國。後以爲氏。

舒鮑〔世本〕偃姓小國。晉悼公時有大夫舒鮑無終。

舜〔姓苑〕「舜姓出河東」。一云。晉賢人舜華之後。或虞舜之支庶以舜爲氏。

莽 本姓馬。馬何羅以反誅。後漢明德馬皇后惡其先人有反者。易姓莽。見〔漢書武帝紀注〕。

菅 春秋宋地。見〔左傳〕。是以地爲氏。望出趙郡。

菑〔路史〕「戴後有菑氏」。望出北海。

菑丘 齊地。以地爲氏。

菟 路史有菟氏。

菟和〔左傳〕「楚司馬軍於菟和」。是以地爲氏。

菟裘〔史記〕秦嬴姓之後。

菟賴 代北人姓。後改爲就氏。見〔魏書官氏志〕。

華 系出子姓。宋正考父食采於華。後以爲氏。見〔廣韻〕。望出武陵·平原·沛國。一云。夏仲康封觀於西嶽。曰華氏。

華胥 以國爲氏。〔路史〕伏羲母國。

華原 以地爲氏。在閬中。

華陽〔姓纂〕秦宣太后弟封華陽君。子孫氏焉。

萇 周敬王大夫萇弘之後。望出魏郡·東平。又蜀之夷侯有萇氏。見〔張禪題名碑〕。

萇伯　〔路史〕周世卿後有萇伯氏。

萊　〔世本〕商裔。封萊。〔路史〕商國萊侯與太公爭營丘。後萊子浮柔奔棠。有萊氏郲氏。

萌　〔姓苑〕州名。以爲氏。出葭萌之後。

虛　見〔姓苑〕。一云。北匈奴有虛𧇖。是虛爲匈奴姓。

虛連題　南匈奴單于姓。見〔後漢書南匈奴傳〕。

蛭　見〔姓苑〕。望出延吉。

裂　〔路史〕姜姓後有裂氏。

覃　蠻姓。梁有東寧州刺史覃元先。〔辯證〕「覃氏本譚姓。避難改」。張澍云。今蜀中此姓皆音尋。閼龍此姓則如本音。

垔　音哇。〔說文〕「垔。人姓」。亦作蜀·嵐·蠝。望出大梁。

視　〔論語摘象輔〕「伏羲六佐。其一曰視墨」。一作䙷默。爲視姓之始。

觚　〔路史〕「姬姓之後」。一說。鹽臺有鷄觚。或以地爲氏。

訴　見訢字注。

訾　音紫。〔姓苑〕「今齊人本姓祭氏。以不祥改爲訾」。望出渤海。一云。㳄訾氏所改。

訾辱　〔潛夫論〕秦伯翳後有訾辱氏。

訾陬　三皇時諸侯。以國爲氏。〔風俗通〕帝嚳妃。訾陬氏女。

象　〔姓苑〕潁川望族。今南昌有此姓。

貂　辯證引風俗通云。貂勃之後。

貳　〔山海經〕「貳負之臣曰危殺窫窳」。貳姓始此。望出河東。一云。楚小國貳軫之後。見〔姓考〕。又夷姓。魏有將軍貳塵。見〔後秦錄〕。

貴　〔風俗通〕出自陸終之後。〔路史〕楚公族有貴氏。

買　〔潛夫論〕買氏。微子之後。〔路史〕一太岳後有買氏」。一云。莒子密州。字買朱鉏。其子孫或以字爲氏。今蜀中多買姓。爲元人買住之後。

費　音祕。魯桓公子季友爲大夫。有功封費。因氏焉。見〔梁相費汎碑〕。

費　附胃切。〔姓纂〕一系出姒姓。禹後」。夏末有費仲·費昌。望出江夏。〔急就篇注〕楚大夫費無極之後。

費連　代北人姓。後魏孝文改爲費氏。見〔魏書官氏志〕。

費野頭　代北人姓。後改爲宇文氏。見〔魏書官氏志〕。

費聽　〔姓纂〕党項以部爲姓。有費聽氏。

貿　郎鄮。〔姓苑〕東莞人有此姓。〔路史〕今明州鄞縣有貿氏鄮氏。

賀　本爲慶氏。後漢慶純避安帝父孝德皇帝諱。改爲賀氏。見〔虞預晉書〕。望出會稽·河南。又〔魏書官氏志〕賀蘭氏·賀賴氏·賀敦氏。後俱改爲賀氏。

賀屯　〔周書〕魏賜侯植爲侯伏侯氏。後賜爲賀屯氏。

賀吐　魏孝武賜侯植爲賀吐氏。一作賀屯氏。

賀谷　〔姓纂〕今關中有此姓。

賀兒　後改爲兒氏。見〔魏書官氏志〕。

賀拔　其先與魏俱出陰山。代爲酋長。北方謂土爲拔。其魏有土地時。人相賀。因爲賀拔氏。見〔魏書賀拔勝傳〕。

賀若　北俗謂忠貞爲賀若。魏孝文以先祖有忠貞之稱。遂以爲氏。見〔魏書〕。

賀悅　〔通志氏族略〕郎賀遂氏之訛。〔姓纂〕「今隴西有此姓」。又後周賜李弼爲賀悅氏。

賀婁　〔姓譜〕本代人。以國爲氏。孝文改爲婁氏。亦作賀樓。

賀術　魏書蠕蠕傳有賀術國。以國爲氏。

賀敦　〔孔至姓氏雜錄〕後魏賀敦氏改爲賀氏。

賀葛　代北姓。後改爲葛氏。見〔魏書官氏志〕。

賀遂　〔辯證〕晉州稽胡。晉初賜姓呼延。居西夏州。後魏正始中。呼延勤爲定州刺史。賜姓賀遂氏。因住南汾州。音訛者又爲賀悅。

賀魯　代北姓。後改爲周氏。見〔魏書官氏志〕。

賀賴　〔通典〕晉史。北狄各以部落爲類。其入居塞者。有賀賴等種。是賀賴以部落爲氏。

賀蘭　鮮卑族之居賀蘭山者。以山爲氏。見〔寰宇記〕。又西魏賜裴文舉爲賀蘭氏。周賜梁臺爲賀蘭氏。

賁　音肥。又有墳奔二音。〔風俗通〕秦非子之後有賁氏。

賁　音奔。〔姓纂〕魯縣賁父之後。

赧　望出長安·沛國。一云。當爲周赧王之後。

超　望出臨淄。漢有超喜。官太僕。

越　〔賈逵國語註〕「夔越皆芈姓」。實夏后之苗裔。少康之庶子。封於會稽。自號於越」。後以國爲氏。望出晉陽。

越勒　〔魏書〕其先庫狄越勒部酋長。因氏焉。又〔官氏志〕越勒氏。改爲越氏。

越椒　〔姓纂〕楚大夫鬬越椒之後以爲氏。〔潛夫論〕微子後有越椒氏。

越質　鮮卑姓。見〔西秦錄〕。

越彊　代北人姓。後魏改爲越氏。見〔魏書官氏志〕。

跋　後梁有跋異。汧陽人。

軫　〔姓苑〕出自軒轅氏造車。車後橫木爲軫。因賜姓軫氏。〔姓纂〕「春秋軫國之後。以國爲氏」。望出吳郡。

軻　羌酋軻比能之後。見〔姓氏尋源〕。

軲　音枯。〔何承天纂要〕「軲。人姓」。又一云。軲。車也。或以業爲氏。

山海經有依軲之山。或其人以所居爲姓。

辜 〔姓纂〕「泉州晉安有此姓」。一云。其先因被辜自悔。以辜爲氏。如救氏赦氏訴氏之類。

逯 音錄。〔風俗通〕逯。秦邑。其大夫封於逯。因氏焉。〔路史〕「楚公族有逯氏」。望出廣平。

逮 〔漢書顏注〕今河朔有逮姓。

進 〔路史〕晉後有進氏。

逸 東夷牟奴國之帥。有逸姓。逸芝惟是也。見〔晉書〕。

逸 〔路史〕吳後有逸氏。

鄎 春秋蔡邑。以地爲氏。

都 〔通鑑胡注〕鄭公孫閼。字子都。後以爲氏。

都尉 以官爲氏。秦有都尉墨。見〔華陽國志〕。

鄀 〔姓解〕出自春秋鄀國。秦滅之。子孫以國爲氏。

鄂 〔通志氏族略〕「晉鄂侯之後。支庶以爲氏。又巴郡蠻七姓有鄂氏。望出武昌」。一云。楚王弟鄂君封武昌東鄂。子孫以國爲氏。又岳鄂王子霆。震避難。不敢以岳爲氏。子孫在黃梅者。悉宗鄂姓。

鄃 以地爲氏。〔姓苑〕清河有鄃氏。

鄄 音絹。〔通志氏族略〕周敬王之子封於鄄。爲鄄氏。

鄅 〔姓考〕「惠連妘姓之裔。封於鄅。卽春秋鄅國。其後爲氏」。望出琅邪。

鄆 音運。〔姓譜〕晉大夫食邑於鄆。後以爲氏。

郢 音盈。〔姓苑〕「嬴之後有郢氏」。望出曲沃。

鄁 音佩。周封武庚於鄁。後以國爲氏。見〔路史〕。

鄈 音葵。以地爲氏。見〔姓苑〕。

量 〔華陽國志〕南中夷人大姓。有孟爨量朴夕五姓。

鈔 遼金姓有之。遼有猛安鈔兀。與宋戰。見〔遼史徒單克寧傳〕。

鈕 晉有鈕滔。見〔晉書〕。望出吳興。

鈞 〔風俗通〕「楚大夫元鈞之後」。元爲无之誤。一作無鈞。望出楚郡。

鈄 安毆切。〔通志氏族略〕「今臨海有此姓」。宋有處州刺史鈄滔。

開 〔姓纂〕「衞公子開方之後」。望出隴西。又宋趙山。增姓爲開趙山。見〔朝野雜記〕。

閎 〔風俗通〕「周文王四友閎夭之後。以名爲氏」。漢有廣陵相閎孺。望出廣陵。

閏 〔姓氏尋源〕王者之後。取王居門中爲氏。

閒 〔姓苑〕閒姓卽藺姓。藺。藺草也。

閔 〔路史〕「晉後有閔氏」。一曰。周大夫閔子馬之後。望出隴西。

陽 古仙人有陽陵。見〔司馬相如子虛賦注〕。〔姓考〕陽。古國名。周惠王時。齊人遷陽。子孫以國爲氏。〔廣韻〕「周景王封少子於陽樊。後裔避周亂適燕。因邑命氏」。望出玉田。

陽丘 〔姓纂〕楚大夫食采陽丘。以爲氏。

陽成 以地爲氏。河東有此姓。

陽門 宋有陽門介夫。見〔禮記〕。子孫以所居爲氏。

陽城 以所封邑爲氏。漢世多此姓。

陽翁 〔路史〕周景王之孫陽翁伯之後有陽翁氏。

陽樊 〔路史〕周景王之孫封陽樊。有陽樊氏。

隄 〔路史〕「隄姓出於銅鞮」。張澍云。前漢地理志。高隄平隄皆縣名。是隄以縣爲氏。又或河隄謁者之後。以官爲氏。

隆 春秋魯地。以邑爲氏。望出南陽。又匈奴有隆姓。隆彊是也。見〔史記〕。

隋 本作隨。隋文帝去辵作隋。遂分二姓。元史有隋世昌。又明宣德中王驥征麓川。土司乞姓。以怕刀剁爲三酋姓。後改剁爲隋。見〔通雅〕。

雁 見〔姓苑〕。一云。當是以善射雁。因爲氏。

雄 舜七友雄陶之後。見〔通志氏族略〕。望出廣陵。

雅 〔路史〕鄭後有雅氏。

雒 〔姓苑〕雒音洛。秦士雒之後。

雲 〔姓苑〕縉雲氏之後。〔路史〕「顓頊後妘姓之分有雲氏」。望出琅邪。河南。

雲陽 〔遁甲經〕雲陽之墟。可以避時。可以隱居。雲陽。古之仙人姓氏。因以名山。

項 本姬姓國。爲齊桓公所滅。子孫以國爲氏。見〔廣韻〕。望出遼西。

順 見〔姓苑〕。明有順境。嘉靖進士。

須 〔風俗通〕太皞之裔。須句國之後。〔史記索隱〕「密須氏之後」。望出渤海。

須卜 匈奴大族。見〔漢書匈奴傳〕。

須句 古國名。太昊之後。見〔左傳〕。其子孫以國爲氏。或省句爲須氏。或省須爲句氏。一作須朐。

須遂 遂人四族有須遂氏。見〔左傳〕。

馮 畢公高之後。食采於馮城。因而命氏。望出杜城及長樂。見〔廣韻〕。〔姓纂〕馮氏出穎川者。漢征西大將軍馮異之後。出上黨者。左將軍馮奉世之後。出長樂者。宜都侯馮參之後。出京兆者。燕王馮宏之後。出宏農者。西魏寧州刺史馮寧之後。出河間者。唐監察御史馮師古之後。

黃 〔通志氏族略〕「嬴姓。陸終之後。受封於黃。子孫以國爲氏」。又臺駘封於汾州。其後爲沈姒蓐黃諸國。爲晉所滅。後亦以黃爲氏。見〔宋學士集〕。望出江夏。櫟陽。安定。房陵。漢東。上谷。譙郡。又邕管蠻有黃姓。唐黃少卿少高少溫是也。見〔唐書〕。

黃公 黃帝之後。見〔黃帝本行記〕。

黃周 〔湖廣志〕黃周星。字九煙。湘潭人。本姓周氏。父逢泰。宦江南。生星於金陵。爲上元黃氏撫養。遂冒其姓爲黃周。國變後。改姓名曰黃人。字略似。

黃摑 金姓。望出隴西。

黑 〔潛夫論〕宋微子後有黑氏。

黑肱 〔路史〕周後有黑肱氏。〔姓考〕出芈姓。楚共王之子公子黑肱之後。

黑肩 〔路史〕周公黑肩之後爲氏。

黑齒 倭國東四千餘里有裸國。裸國東南有黑齒國。見〔魏志東夷傳〕。當以國爲氏。唐時百濟西部有黑齒姓。

十三畫

亶 古公亶父之後。漢有亶誦。望出河南。

傳 見〔姓苑〕。

傷 春秋時有傷省。宋人。

傶 音族。又音足。邑名。以爲氏。〔路史〕康叔後有傶氏。

傰 與朋鄘均通。又音崩去聲。穆天子傳有傰伯絮。郭注。伯爵。絮名。是傰以地爲氏。

勤 魯大夫勤成之後。見〔風俗通〕。

嗇 〔風俗通〕古嗇夫子孫。因氏焉。〔路史〕周桓王之後有嗇氏。

嗢石蘭 後魏大姓九十九之一。見〔魏書〕及〔周書〕。或作烏石蘭。

嗢沒 唐有回紇酋長嗢沒斯。會昌中賜姓李。名思忠。見〔唐書武宗紀〕。

嗣 〔風俗通〕「衞嗣君之後」。又宋之胤氏。避諱改爲嗣。

嗣汾 〔路史〕「神農後有嗣汾氏」。按卽侯汾氏。

園 〔風俗通〕氏於事者。城郭園池是也。又云。楚鬻熊之後爲園。鄭穆公之子園。其後爲姓。後以避難改爲圉。

圓 〔池北偶談〕「山東有圓氏」。一云。圓或係圈姓所改。

塔 元有塔海。爲廬州路總管。有惠政。

塗 〔風俗通〕「塗山氏之後」。望出豫章。

塗山 夏禹后塗山氏之後。

塞 漢書西域傳有塞種。塞姓卽塞種之後。〔姓苑〕南越人有塞氏。

奧 匈奴有奧鞬王。奧姓出此。又或爲奧屯奧魯所改。

奧屯 金姓。望出彭城。

奧敦 金姓。

奧魯 夷姓。元有奧魯赤。

媢 妘亦作媢。博古圖。周有媢氏鼎。

寘 〔路史〕「嬴姓有寘氏」。又音田。一云。當爲于寘王之後。

嵩 〔路史〕帝嚳次妃有娀氏之後有嵩氏。

幹 萬姓統譜有幹勒忠。幹道沖等。按幹勒忠。金史作斡勒忠。幹道沖。奇姓通作斡道沖。是幹當爲斡之誤。又元有幹欒。見〔甘肅通志〕。

幹獻 〔世本〕宋司徒華定之後爲幹獻氏。

廉 〔姓苑〕「顓帝孫秦大廉之後。以王父字爲氏」。又元廉希憲。其父布魯海牙。拜廉使而希憲適生。遂以官爲氏。見〔元史〕。望出河東。

雁 卽應姓。又西域有雁姓。音鷹。雁疪是也。見〔漢書衞青傳〕。

徭 〔風俗通〕東越王徭句踐之後。其後以徭爲姓。亦作搖。

微 〔潛夫論〕「宋微子微仲之後」。望出東魯。

微生 魯公族有微生氏。見〔路史〕。一云。因生於微家。故以微生爲姓。

想 〔姓氏尋源〕周禮春官眡祲。掌十煇之法。以觀妖祥。辨吉凶。十曰想。想氏當以此爲氏。又或相氏之後加心。

愈豆 〔路史〕「顓帝後有愈豆氏」。通志作俞豆。

意 〔路史〕「魯後有意氏」。望出齊郡。

意如 〔路史〕魯後有意如氏。季孫意如之後。

愛 唐時回鶻國相有愛邪勿。賜姓愛。名弘順。

愼 春秋楚有愼縣。白公之邑。見〔九域志〕。後人以地爲氏。望出天水。

愼潰 魯國之姓。係愼公嚊之後。

戢 〔國語〕廬戢棃殺二子以復王。〔韋昭注〕「廬。楚邑。戢棃。廬大夫」別犁。以戢爲氏」。此戢姓之始。蜀簡州多戢氏。

搖 〔山海經〕叔戲生搖氏。搖民居越。是爲搖氏。〔風俗通〕東越王搖句踐之後。

撖 見〔姓苑〕。今河內有之。

敬 〔姓苑〕黃帝孫敬康後。〔風俗通〕「陳厲公子敬仲之後。以諡爲氏」。望出平陽。一云。蜀之敬華南。本苟姓。清高宗改爲敬。

斟 禹後有斟氏。見〔史記〕。〔國語賈逵注〕「曹姓之後」。望出南海。

斟戈 〔姓苑〕「人姓」。一云。斟灌氏。一名斟戈。

斟尋 〔姓譜〕「夏同姓諸侯。以國爲氏」。望出河西。

斟灌 〔姓譜〕「夏同姓諸侯。以國爲氏」。望出安邑。

新 武王臣有新荒。見〔逸周書〕。〔姓纂〕出莒氏。新穆子之後。別爲新氏。

新和 以地爲氏。見〔姓氏源流考〕。

新垣 〔陳留風俗傳〕畢公封於新垣。後因氏焉。

新孫 見〔姓苑〕。一云。爲新氏之孫者以新孫爲氏。如經孫氏牟孫氏利孫氏之類。

新稺 〔通志氏族略〕「國語新稺穆子之後」。亦作單姓。無稺字。

睞 〔路史〕以國爲氏。

曼 〔路史〕「楚公族有曼氏」。唐時荆州多此姓。

鄡 〔海篇直音〕「鄡音唐。國名。以爲氏」。按字書無此字。字彙補。有鄡字。與唐同。見扶風縣夫子廟碑。

會 〔風俗通〕陸終第六子會人之後。妘姓。〔路史〕「皐陶之後有會氏」。望出武陽。

會庌 〔姓纂〕「衞靈公子郢。生寵。爲會庌氏」。一云。必子雅（寵字）父子食采於會庌。以爲氏。

會稽 〔姓纂〕夏少康封少子於會稽。遂爲會稽氏。

檜 一作樝。〔姓氏辨證〕眞宗與檜道語及姓氏。謂曰。宜求音之近而美者稱之。又問姓之所起。引春秋會吳於柤以對。自是改音如柤。

楊 周宣王少子尙父封於楊。號曰楊侯。後幷於晉。因爲氏。望出弘農·天水。見〔廣韻〕。又揚食我。亦作楊食我。故一云楊氏出楊食我。參晉揚氏注。又氐有楊氏。世居仇池。見〔晉書〕。又莫胡盧氏改爲楊。見〔魏書〕。又楊光遠。沙陀部人。別爲一派。見〔唐書〕。

楊食 〔路史〕「楊食氏。晉後」。一作揚石。

楊孫 〔英賢傳〕「楊。晉邑。其先有食於楊者。猶臧孫然。秦有下大夫楊孫氏」。一作揚孫。

楚 〔姓苑〕「熊繹封楚。其後以國爲氏」。一云。晉有林楚。其後以名爲氏。望出江陵。

楚丘 晉掌卜大夫楚丘。見〔左氏閔公傳注〕。其後或以爲氏。又楚丘。地名。或以地爲氏。

楚且 〔路史〕小邾子後有楚且氏。

楚季 〔世本〕楚若敖生楚季。因氏焉。陳大夫有楚季融。

楚宗 〔路史〕小邾子後有楚宗氏。

楡 是以地爲氏。〔路史〕楡氏出姜姓。炎帝楡罔之後。〔博物志〕「楡州孤而無使。曲沃伐之而亡」。又西域疏勒有楡姓。西羌亦有楡姓。均見〔漢書〕。

業 見〔姓苑〕。一云。宜爲古掌巨業之官。以職爲氏。

極 〔路史〕極。姬姓之後。

楀 〔姓氏急就篇注〕楀。木名。因樹以得姓。

歆 烏桓有歆姓。見〔後漢書鮮卑傳〕。蓋以大人之名字爲姓。

歂 〔通志氏族略〕歂氏卽顓氏。〔路史〕舜後有歂氏。又鄭國有歂氏。

歲 戎歲氏之後。以歲爲氏。

殿 〔路史〕殿氏。湯後。江南湯悅。本殷崇義。後改爲殿。

源 後魏源賀。河西王禿髮傉檀子。太武帝賜姓源氏。見〔魏書本傳〕。望出西平。

準 見〔姓苑〕。一云。古守準之官。以職爲氏。

溺 見〔姓苑〕。一云。或係桀溺之後。

滇 西羌姓。見〔後漢書西羌傳〕。又〔通鑑集覽〕楚莊蹻國於滇。漢武帝時滇王降。後因以滇爲氏。

滑 〔英賢傳〕周公族後。有滑氏。〔通志氏族略〕「滑爲晉滅。子孫以國爲氏」。望出京兆·安陸·下邳。

滑伯 〔英賢傳〕周同姓國。爲晉所滅。子孫以國爲氏。

溫 顓頊裔。爲已姓。見〔唐溫信碑〕。又晉大夫郤至。食采於溫。號溫季。因以爲氏。見〔廣韻〕。望出太原·汲郡·清河。又唐時康居國王亦姓溫。又劉易從之子昇流嶺表。免歸。改姓溫。均見〔唐書〕。又後魏叱溫氏溫盆氏溫孤氏均改爲溫氏。見〔魏書〕。

溫伯 周邑。以地爲氏。莊子有溫伯雪子。

溫孤 後魏代北姓。後改爲溫氏。見〔魏書官氏志〕。

溫盆 後魏代北姓。後改爲溫氏。見〔魏書官氏志〕。

溫迪罕 金姓。望出金源。

溫敦 金姓。望出廣平。

熙 〔辯證〕出自已姓。高陽氏之後有脩及熙。帝嚳使脩爲玄冥。熙佐之。後世皆以爲氏。

煙 〔池北偶談〕三法司爰書有煙姓。

照 出后照之後。

牒 牒云氏所改。見〔姓觿〕。蒲城有此姓。

牒云 魏內入諸姓有牒云氏。後改爲云氏。見〔魏書官氏志〕。北齊時武威有此姓。

猷 見〔風俗通〕。望出隴西。張澍云。猷氏當卽猶氏。先零大豪猶非。卽隴西人。

瑕 〔辯證〕出自周大夫。瑕禽食采於瑕。因以爲氏。望出汝南。

瑕丘 本姬姓。〔風俗通〕「魯桓公庶子食采瑕丘。因以爲氏」。漢有瑕丘申陽。

瑕呂 春秋晉有瑕呂飴甥。〔左傳注〕瑕呂飴甥卽呂甥。蓋姓瑕呂。名飴甥。

瑞 見〔姓苑〕。一云。當是古者主瑞之官。子孫以爲氏。

瓶 河南郡有瓶丘聚。見〔後漢書郡國志〕。當以地爲氏。一作缾。望出北海。漢書有太子少傅瓶守。

甞 音嘗。出西羌。華同州多此姓。

當 匈奴官有當戶。或改爲當氏。苻秦時。寧戎有當姓。羌族。見(鄧艾祠碑)。

當于 匈奴大族有當于氏。見(漢書匈奴傳注)。

當塗 以地爲姓。見(東觀記)。

睢 齊莊公時有睢休相。當以地爲氏。

督 (姓苑)宋大夫華父督之後。望出巴郡。(路史)微子後。又督亢。地名。或以地爲氏。又後漢板楯七姓蠻有督氏。見(後漢書)。

睦 (路史)「古渠陸氏之後」。一云。西胡姓。

祿 (風俗通)「紂子祿父之後」。一云。宜出周官司祿之後。以官爲氏。望出扶風。

祿失畢 西突厥五姓之一。見(唐書)。

禁 (姓苑)今吳興有此姓。巫祝善禁術者以爲氏。

禽 (辯證)「出自管仲之孫。仕魯者別爲禽氏。禽鄭是也」。望出魯國。(潛夫論)「陳敬仲後有禽氏」。又曹後吳後皆有禽氏。見(路史)。

稚 殷湯之後分封。因國爲姓。有稚氏。見(史記殷本紀贊)。

稠 匈奴大當戶有稠姓。一作雕。見(漢書)。

窟 突厥酋長。契丹酋長。皆有窟氏。見(隋書)及(唐書)。

窟賀 高車十二姓。五曰窟賀氏。見(魏書)。

窠 即窩姓。契丹有窩斡。窠即其後。今蘭州有此姓。見(姓氏尋源)。

筦 望出平昌。楚有筦蘇。漢有筦路。見(國語)及(漢書)。

粲 (姓苑)粲氏。隴西族也。

絺 (急就章)「周有絺邑。以邑爲氏。晉智伯臣有絺疵」。亦作郗疵。

綏 (姓苑)州名。以爲氏。

經 魏有經侯。見(說苑)。經氏當爲其後。望出平陽。

經孫 見(姓苑)。一云。經氏之孫。因以爲氏。又光武族父泗水王歙。字經孫。或其後以字爲氏。

蜀 音攝。(篇海)「梁四公子有蜀闖」。亦作嵐·聖·霽。

羨 出(姓苑)。今直隸冀縣有此姓。

羨門 古有仙人羨門子高。見(列仙傳)。一云。以所居爲氏。

義 商書誼伯仲伯作典寶。古今人表作義伯。義姓始此。望出平原·河東。

義渠 (風俗通)狄國。爲秦所滅。子孫氏焉。

聖 女媧臣聖氏。製斑管。見(帝系譜)。聖氏始此。一云。黃帝臣五聖之後。(路史)宋微子後有聖氏。

肆 (風俗通)宋大夫肆臣之後。

肅 (韻譜)八元中之仲堪謚肅。後世以爲氏。(姓纂)「周卿士成公肅之後。以謚爲氏」。一說。肅愼氏之後。歸化中國。改國肅氏。

腹 趙有腹擊。見(國策)。一云。指腹爲姓。如足氏首氏手氏之類。又焉耆國相有腹氏。見(後漢書班超傳)。

腰 即要姓。明有腰加諧。河南尉氏縣人。

舅 晉大夫狐偃。爲文公重耳之舅。因以爲氏。見(通志氏族略)。

與 (潛夫論)陳敬仲後有與氏。

萬 (姓纂)「晉畢萬之後」。一云。芮伯萬之後。以字爲氏。望出扶風·河南。又吐萬氏改爲萬氏。見(魏書官氏志)。

蔿 (急就篇注)「蔿亦作構。構者。木名。因樹以得姓」。漢有蔿章。

落 (路史)「炎帝參盧後。有落氏。出任姓後。又春秋赤狄皐落氏後。單爲落氏」。又鮮卑姓。檀石槐之西部大人有落羅。

落姑 (英賢傳)魯大夫食采落姑。因氏焉。(左傳注)落姑。齊地。

葆 即保氏。

葉 (風俗通)「楚沈諸梁。字子高。食采於葉。因氏焉」。望出下邳·南陽。按葉本音攝。今讀如枝葉之葉。音變也。又日南蠻有葉姓。吳志有都尉葉雄。即其後。

葉大夫 (路史)魏後有葉大夫氏。

葉陽 (姓纂)秦葉陽君之後。

著 音宁。以邑爲氏。

著丘 (姓纂)出自巳姓。莒丘公之後。

葛 (風俗通)古葛天氏之後。(通志氏族略)「夏時諸侯有葛伯。子孫以國爲氏」。又漢洪讎祖子浦盧。(一作葛盧)起兵佐光武有大功。封下邳僮縣侯。盧讓封於弟文。南渡江。家於句容。爲吳中葛氏所出。望出梁國。又後魏時賀葛氏改爲葛氏。見(魏書官氏志)。

葛伯 (姓纂)夏諸侯。爲商所滅。子孫因以爲氏。

葛沙 渴盤陀國王。姓葛沙氏。見(南史)。

葛薩 回紇九姓。六曰葛薩。見(唐書)。

葛邏祿 本突厥諸部。與車鼻部接。見(唐書)。是以部族爲氏。

董 出巳氏。飂叔安之裔董父。事舜。賜姓曰董。見(廣韻)。又周大夫辛有二子。適晉爲太史。與籍氏俱董督晉典。因爲董氏。董狐其後也。

葭 見(急就篇注)。望出隴西·瀹陰。(姓譜)「蜀志。帝俈支子封蜀。秦滅之。蜀侯弟葭萌封苴。有苴氏葭氏」。按華陽國志。蜀王封其弟葭萌於漢中。號曰苴侯。命其邑曰葭萌。清一統志。四川昭化縣南有葭萌故城。是以地爲氏。

葰 音瑣。葰人。古地名。以地爲氏。

葵 葵丘。地名。受封者以爲氏。又殷氏七族有終葵氏。後或改爲葵氏。

葵丘 地名。大夫食其邑者以爲氏。〔路史〕齊大夫後有葵丘氏。

蒂 卽蔕氏。字因轉寫而訛。

藏 音尉。黃帝之子得姓者十四人。藏爲其一。見〔國語〕。

虞 系出嬀姓。舜後封虞。以國爲氏。望出會稽。濟陽。見〔廣韻〕。

虞丘 〔世本〕楚大夫采邑。以邑爲氏。

號 西羌姓。見〔漢書〕。

蛸 音蕭。齊武帝以其子巴東王子響叛逆。改爲蛸氏。見〔南史〕。

蛾 晉大夫有蛾析。見〔左傳〕。蛾氏當爲其後。一云。以蟲爲姓。如蚳氏之類。又音蟻。

蜀 〔路史〕帝嚳支子封蜀爲蜀侯。有蜀氏。

蜀山 蜀之爲國。始自人皇。其始蠶叢柏濩魚鳧。各數百歲。號蜀山氏。見〔世本〕及〔揚雄蜀記〕。

蜎 〔路史〕「楚公族有蜎氏」。老子弟子有蜎淵。楚人。漢書藝文志有蜎子十三篇。

衙 〔姓譜〕秦穆公子食采於衙。因氏焉。

裒 漢時有裒騰。見〔叔孫敖碑〕。又後魏達勃氏改爲裒氏。見〔魏書官氏志〕。

裔 春秋時齊有裔款。見〔左傳〕。

裕 鮮卑姓。見〔西秦錄〕。

裘 〔周 賈公彥疏〕官有世功。若章氏裘氏冶氏之類。以官爲氏。〔急就章〕衛大夫食采於裘。後以爲氏。〔廣韻〕本仇氏。避讎改裘」。望出渤海。

補 見〔姓苑〕。張澍云。「出自神農時補遂之後。以國爲氏」。望出滎陽。

解 〔急就篇注〕「解。地名。在河東。因地爲姓。故晉國多解氏」。一云。唐叔虞子良食采於解。因以爲氏。望出雁門。

解批 〔路史〕「參盧之後有解批氏」。魏書官氏志作解毗氏。後改爲解氏。

解拔 鐵勒部有解拔氏。見〔周書〕。

觟 戶瓦切。張澍云。古有觟鮭二姓。單姓宜從魚。複姓宜從角。今人多混。

觟陽 漢有中山觟陽鴻。以孟氏易教授。見〔後漢書儒林傳〕。一云。當以地爲氏。

詩 春秋時有詩國。亦作邿。見〔左傳杜注〕。是以國爲姓。望出合浦。

該 見〔姓苑〕。一云。出少昊子該之後。該爲金正。卽蓐收。

詹 〔路史〕虞封黃帝之後得詹者爲詹氏。〔姓苑〕「周宣王支子賜姓詹。封詹侯」。望出渤海。河間。又春秋時晉有詹嘉。鄭有詹伯。蓋以邑爲氏。

詹葛 〔世本〕「有熊氏之後。齊人語訛以詹葛爲諸葛」。一云。虞封黃帝之後於詹。自詹移葛。爲葛氏。詹葛氏。

豢龍 董父好龍。畜龍以事帝舜。賜氏曰豢龍。見〔左傳〕。

貉 音鶴。鄭靈公字子貉。見〔左傳注〕。一云。或其子孫以王父字爲氏。孟子時有貉稽。或其後。

貊 音陌。〔詩其追其貊注〕「貊。國名」。或以國爲氏。

貊歌息訖 回紇九姓。四曰貊歌息訖。見〔唐書〕。

賨 〔陳留風俗傳〕「黃帝之後食采益州賨中。因以爲氏」。望出南陽。會稽。

賈 〔姓苑〕「系出姬姓。康王封唐叔虞少子公明於賈。爲附庸。謂之賈伯。後以爲氏」。望出武威。又賈佗。狐偃之子。食采於賈。後亦爲賈氏。

賈孫 衛大夫王孫賈之後。見〔世本〕。見〔國語注〕。

跪 周大夫原伯絞弟公子跪尋之後。見〔姓源〕。

路 帝嚳高辛氏孫曰玄元。有功於唐堯。封路中侯。建德賜氏。見〔唐太原令路公碑〕。又出妘姓。爲陸終子求言之後。見〔困學紀聞〕。又路。水名。因以名縣。居者氏焉。見〔急就篇注〕。望出陽平。襄城。陳留。安定。東陽。河南。又後魏沒路眞氏改爲路氏。見〔魏書官氏志〕。

路中 〔英賢傳〕漢路中大夫之後。以路中爲氏。〔路史〕炎帝參盧之後有路中氏。

路俗 大廉子鳥俗氏之分。見〔路史〕。俗史作浴。或作洛。

載 〔風俗通〕姬姓之後。春秋有載國。陳留外黃是。〔通志氏族略〕「疑卽戴姓之訛」。一云。係聃季載之後。

辟 音璧。春秋衛有辟司徒。主壘壁者。見〔左傳〕。辟氏當出此。〔路史〕周有辟氏。康叔後有辟氏。一云。溥古圖有宰辟父。辟氏或其後。

辟閭 〔姓纂〕「衛文公曾孫居楚丘。營辟閭里。後世因爲辟閭氏」。一云。辟閭。劍名。工鑄者以爲氏。

辟歷辰 後魏代北姓。後改爲辰氏。見〔魏書官氏志〕。望出河南。

農 〔風俗通〕神農氏之後。

逯 〔姓源〕「逯。子爵國。齊滅之。子孫以爲氏」。望出鉅野。

遇 〔姓譜〕「黃帝子任姓之裔封於遇。左傳晉襄公救戎。至遇。卽其地也。以國爲氏」。望出東莞。漢有河內太守遇沖。

游 〔辯證〕「魏河南尹遊逃。始居廣平」。今游氏望出廣平。遊氏望出馮翊」。張澍云。魏游逃碑作游不作遊。蓋古游遊字通。

運 〔路史〕「魯後有運氏」。京相璠云。今東郡廩丘東故運城。卽鄆城也。

是以邑爲氏。望出東莞。

運奄 秦之先嬴姓。其後分封。以國爲姓。有運奄氏。見〔史記秦本紀〕。

運期 後漢梁鴻。易姓運期。名曜。見〔後漢書逸民傳〕。

過 〔風俗通〕「過國。夏諸侯。後因爲氏」。望出高平。

遏 〔辯證〕出自嬀姓。虞遏父爲周陶正。支孫以字爲氏。

道 〔通志氏族略〕道。姬姓國。爲楚所滅。子孫以國爲氏。望出蔡州。

達 〔姓苑〕八凱叔達之後。〔路史〕「顓帝後有達氏。叔達氏」。又齊大夫有達子。見〔呂氏春秋〕。望出代郡。

達步干 周文帝妃達步干氏。茹茹人。見〔周書〕。亦作達薄干。

達呼哩 契丹姓。卽綽羅也。見〔唐書〕。

達勃 後魏代北姓。後改爲襃氏。見〔魏書官氏志〕。一作改襃氏。

達奚 後魏獻帝以弟爲達奚氏。後改爲奚氏。見〔魏書官氏志〕。一云。後魏孝文帝以獻帝第三兄之後爲達奚氏。尋又改爲奚氏。望出京兆。

達野 唐有達野氏。爲夷姓。卽薄野氏。

達薄干 高車十二姓。六曰達薄干氏。見〔魏書〕。卽達步干氏。

遆 〔通志氏族略〕遆音帝。本銅鞮氏。避事改焉。

鄍 〔春秋公子譜〕鄍出姒姓。〔路史〕鄍卽冥。〔姓考〕虞大夫食采於鄍。又爲陳邑。因氏。

鄐 〔風俗通〕楚雍子奔晉。晉與之鄐。以爲謀主。因以邑爲氏。

鄒 〔說文〕「鄒本邾婁國。改爲鄒。後以爲氏。帝顓頊之後所封」。望出范陽。

鄒屠 〔拾遺記〕帝嚳妃。鄒屠氏之女也。軒轅去蚩尤之凶。遷其民善者於鄒屠之地。遷惡者於有北之鄉。其先以地命族。後分爲鄒氏屠氏。

鄔 以邑爲氏。〔國語〕陸終第四子求言爲妘姓。別封鄔。〔通志氏族略〕「晉大夫鄔臧之後。食邑於鄔」。望出南昌。撫州。崇仁。

鄖 春秋時國名。見〔左傳〕。後以爲氏。亦省作䢵。一云。鄖姓出於妘。

䣓 音離。戎國名。以爲氏。後去邑爲鬲。望出河南。

鉅 〔姓纂〕黃帝師封鉅之後。〔路史〕炎帝後。

鉉 後世有鉉氏。當因宋避玄字時。加金旁以別之。如句字加草爲茍。加系爲絇之類。見〔姓氏尋源〕。

鉏 地名。見〔左傳〕。當以地爲氏。亦或爲公鉏氏鉏丘氏所改。

鉏丘 〔路史〕炎帝後有鉏丘氏。〔又〕齊後有鉏丘氏。〔姓纂〕以附庸爲氏。

鉏從 〔路史〕小邾子後有鉏從氏。

鉗 古有善御者鉗且。見〔淮南子〕。一云。爲鉗耳氏所改。

鉗耳 西羌姓。爲羌中強族。其先姓王。後改姓鉗耳。見〔魏書王遇傳〕。一云。周王季第四子虔仁。居湟水。西羌音訛爲鉗耳。隨改爲王氏。

鉛 當爲鉛陵氏所改。

鉛陵 呂氏春秋有鉛陵卓子。鉛陵以地爲氏。

鉤 〔姓苑〕鉤弋之後。或爲鉤氏。〔揮麈錄〕本句氏。宋避高宗諱加金爲鉤。鉤光祖是也。

鉤弋 〔英賢傳〕漢昭帝母鉤弋夫人後有鉤弋氏。

鉆 〔姓苑〕「子木切。亦作鏃」。張澍云。卽鏇氏。字轉寫而爲二。必係治銅之人以爲氏。

隕 燧人四佐有隕蘧。隕當出此。一說。隕氏卽鄖氏。出於妘。

隗 音危上聲。〔姓苑〕「出於古帝大隗氏」。又春秋時狄與廧咎如均隗姓。見〔左傳注〕。望出西河。

雋 絕選切。上聲。〔辯證〕長沙有上雋下雋。漢雋不疑之先。或以邑爲氏。

雍 〔風俗通〕文王子雍伯後。〔辯證〕「黃帝之後。商周間有食采於雍者。因氏焉」。望出京兆。平原。

雍人 周禮掌食之官有內饔外饔。雍人係以官爲氏。雍饔通。

雍丘 以地爲氏。〔路史〕東樓公之後有雍丘氏。

雍門 〔通志氏族略〕引〔世本〕齊頃公子公子勝居雍門。故爲雍門氏。

雂 音戎。〔玉篇〕雂。戎姓。

零 音憐。西羌姓。西羌傳有零昌。滇零之子。蓋以父名爲姓。

雷 黃帝臣有雷公。見〔姓苑〕。〔辯證〕「古諸侯國有方雷氏。後以國爲氏。單姓雷」。望出馮翊。豫章。又溇山蠻南安羌並有雷氏。見〔後漢書〕及〔十六國春秋〕。

靖 齊靖郭君之後。見〔廣韻〕。一云。單靖公之後。以謚爲氏。見〔風俗通〕。望出中山。臨海。

靳 楚靳尙之後。食采於靳。以邑爲氏。見〔姓氏辯證〕。望出河西。

埀 音歃。一作乘。〔何承天纂文要〕今北海有此姓。

頊 〔風俗通〕顓頊氏之後有頊氏。

頌 音容。〔漢書儒林傳〕「魯徐生善爲頌」。頌與容同。謂善爲禮容也。其子孫以爲氏。

頑 〔路史〕康叔後有頑氏。

頓 〔風俗通〕「頓。姬姓國。楚滅之。子孫以國爲氏」。望出魏郡。雲陽。

颯 〔姓苑〕颯音尋。汝南人。〔玉篇〕姓也。或作颬。

馯 音寒。又音悍。楚有馯姓。當以馬馯爲氏。

馳 見〔姓苑〕。〔晉書地道志〕「梓潼五婦山。馳水所出」。是以水名爲氏。

嵬 〔賈逵周禮疏〕嵬氏出於考工嵬人之後。以官爲氏。

嵬臾 〔路史〕吳有嵬臾氏。〔通志氏族略〕百濟之夫餘。音轉爲嵬臾氏。

鳩夷 〔路史〕「宋徽不後有鳩夷氏」。一作鴻夷。

鳩摩 〔辯證〕西域天竺人姓。又赤土國有鳩摩姓。見〔隋書〕。眞臘國亦有鳩摩姓。見〔宋史〕。

郻 音萌。郻鄳。邑名。以地爲氏。漢有郻初宮。見〔印藪〕。

鼓 春秋有鼓國。白狄別種。爲晉荀吳所滅。見〔左傳〕。子孫以爲氏。望出博陵。

十四畫

像 羌姓。

僑 〔風俗通〕黃帝孫僑極之後。〔路史〕鄭公族國僑之後。

僕 〔風俗通〕「周禮僕人之後」。春秋楚有僕析父。鄭有僕展。均見〔左傳〕。其後或以爲氏。望出河南。

僕固 一作僕骨。唐貞觀中。鐵勒九姓大首領率衆降。分置瀚海九都督府。以僕骨歌濫拔延爲右武衛大將軍金微都督。諡爲僕固氏。見〔唐書〕。

僕散 金姓。望出金源。

僕蘭 後魏內入諸姓之一。後改爲僕氏。見〔魏書官氏志〕。

僖 黃帝之子得姓者十四。一曰僖。見〔國語〕。〔姓苑〕魯僖公之後。望出彭城。〔急就篇〕出自姬姓。曹僖公之孫負羈爲大夫。以祖謚爲氏。

僚 〔姓苑〕「宋侍人宜僚之後」。張澍云。晉楊氏大夫僚安。魯昭公之侍人僚柤。俱見左昭二十五年傳。在宜僚之前。

僛 〔姓考〕黃帝臣僛貸季之後。

僮 郇童氏。或從人以別其族。漢有交阯刺史僮尹。望出丹陽。

僰 見〔姓苑〕。一云。僰。僰國。今戎州之僰道。宜音追。蓋以地爲氏。

匱 郇蒯氏。劉通韓詩外傳作匱生。望出廬江。

嘉 晉大夫嘉父之後。望出晉陽。宋有嘉正．嘉承。

嘗 〔風俗通〕「孟嘗君之後氏焉」。一云。秦臣嘗類之後。

壽 〔風俗通〕吳王壽夢之後。〔路史〕「彭祖後有壽氏」。望出京兆．博陵。

壽西 漢有壽西長。見〔漢書燕王旦傳〕。一云。當是壽氏居於西者。因以爲氏。

夢 〔姓源〕曹公孫封於夢。以邑爲氏。〔路史〕吳後有夢氏。

嫘 〔姓纂〕西陵氏女嫘祖爲黃帝之正妃。後世以嫘爲氏。

嫪 音澇。見〔姓纂〕。望出邯鄲。

察 〔姓氏尋源〕察氏不知得姓之由。或爲審察之職者以爲氏。

察失利 〔太平寰宇記〕婆陁洹國在火羅西北。其王姓察失利。

實 〔路史〕實沈之後。以名爲氏。有實氏。參氏。

寧 〔急就篇注〕「寧與秦同姓。秦襄公曾孫謚寧公。支庶因以爲氏」。一曰。寧甯本一姓。衞大夫甯俞之後。

對 見〔姓苑〕。望出河南。

幕 〔風俗通〕「虞幕之後」。一云。以地爲氏。

廐 〔姓氏考〕「楚令尹子文曾孫棄疾爲宮廐尹。因以爲氏」。望出楚郡。

廐尹 〔姓考〕楚大夫棄疾之後。

廖 〔風俗通〕「古有廖叔安。左傳作飂。蓋其後也」。一云。周文王子伯廖之後。見〔廣韻〕。望出鉅鹿。

廖叔 〔姓譜〕古廖叔安之後。

彄 謳彄切。〔韻會〕魯公子彄之後。

彰 見〔姓苑〕。漢有新章。齊人。

慈 以地爲氏。漢殺阮碑陰有慈仁。按姓苑姓纂均云。慈氏。高陽氏才子之後。美其宣慈惠和。因以爲氏。通志．爾雅翼均駁之。此從張澍說。

慈毋 〔路史〕「慈氏．慈毋氏。齊王之後」。一云。郇茲毋氏。亦郇兹無氏。

摎 音留。系出邯鄲。見〔漢書注〕。〔史記〕南越王趙嬰齊在長安時。娶邯鄲摎氏女。

數 讀如駛平聲。〔姓纂〕「數出自高陽氏才子八愷隤數。其後以字爲氏」。望出高陽。

斡 唐有斡道中。爲靈武將。

斡勒 夷姓。金有斡勒忠。

旗 〔風俗通〕「出自姜姓。齊惠公孫竈。字子雅。生欒施。字子旗。子孫以王父字爲氏」。望出九江。

暢 〔風俗通〕「暢出姜姓。齊後」。望出魏郡。

㬎 爲顯姓所改。〔齊東野語〕顯字省作㬎。

榮 〔呂氏春秋〕「黃帝命榮援鑄十二鐘」。當爲榮氏之祖。一說。周成王卿士榮伯之後。以邑爲氏。見〔風俗通〕。望出樂安．上谷。

榮伯 〔路史〕「周有榮伯氏」。

榮叔 周大夫榮叔之後。見〔廣韻〕。

榮錡 周地名。見〔左傳昭二十一年注〕。大夫食采其地者以爲氏。

槍 見〔姓苑〕。漢有槍傅。

槐 〔姓苑〕「商帝槐之後」。一云。晉大夫富父槐之後。以王父字爲氏。

歌濫 唐金微州部落之姓。見〔唐書〕。

歌邏 回紇賀魯部有歌邏氏。新唐書作葛邏祿。

歌咄施 突厥首領之姓。見〔李德裕集〕。

滎 以地爲氏。或以水爲氏。見〔漢劉寬碑」。

滿 胡公滿之後。望出山陽．汝南．河東。

漁 以所業爲氏。如樵氏之類。見〔姓氏尋源〕。

漆 鄭𪊲防風氏之後。見〔左傳注〕。一云。漆雕開後。單爲漆氏。一云。邠之新平有漆水。或以水爲氏。望出南昌．青州．北海。

漆雕 〔路史〕「吳後有漆雕氏」。一云。魯國姓。望出東魯。

漏 〔姓譜〕古掌漏之官。因以爲氏。吳興有此姓。

漕 〔姓考〕「衞大夫食邑。因氏」。漢有漕中叔。西河人。望出西河。

漚 〔路史〕漚氏。越王無疆之後。

漢 漢亡。子孫以國爲氏。望出東莞。

熊 〔姓纂〕黃帝有熊氏之後。〔世本〕「鬻熊爲文王師。成王封其曾孫熊繹於楚。子孫以熊爲氏」。望出南昌．江陵。

熊相 芈姓。〔姓纂〕楚威王時有熊相季文。爲士官。後因氏。

熊率 〔通志氏族略〕楚大夫熊率且比之後。

㬥 〔姓苑〕㬥。音暴。姓也。

爾 爾朱氏之後。去朱爲爾氏　望出代郡。

爾朱 夷姓。其先契胡部落大人。世爲酋帥。居爾朱川。因以爲氏。見〔通志氏族略〕。按北史．北齊書．隋書。皆作尒朱。此從魏書。

爾緜 蠕蠕部帥之姓。西魏賜段永爲爾緜氏。後改爲緜氏。並見〔魏書〕。

瑣 古有瑣國。見〔左傳注〕。後以爲氏。又唐時奚族有瑣姓。瑣高是也。見〔唐書〕。

甄 〔姓纂〕皐陶次子仲甄後。〔陳留風俗傳〕舜陶甄河濱。其後爲氏。望出中山．河南。又後魏郁都甄氏改爲甄氏。見〔魏書官氏志〕。

監 〔風俗通〕「衞康叔爲連屬之監。其後氏焉」。一云。丹朱兄監明之後。望出河西。

監尹 〔通志氏族略〕「楚監尹大心之後」。按大心爲監馬尹。見〔左昭三十年傳〕。

碧 〔姓苑〕「出自碧陽君之後」。明代涿州有此姓。

碩 武都氐姓。見〔西秦錄〕。

福 春秋齊大夫有福子丹。見〔國語〕。當爲福氏之始。氏族略以爲複姓。作福子氏。又百濟國有福姓。唐福富順是。見〔唐書突厥傳〕。

種 〔姓考〕「齊威王臣田種首之後」。又後漢有種羌。敗車騎將軍鄧騭。見〔後漢安帝紀〕。其後當亦以爲氏。

稱 〔路史〕「魯公族之後」。望出新山。

竭 〔辯證〕「今撫州臨川細民有竭氏。不知所出」。張澍云。當卽揭氏所改。或傳寫之譌。子孫不知。遂以竭爲姓耳。望出襄城。

竭水 〔帝系〕「老童娶於竭水氏」。世本作根水氏。

端 〔路史〕「晉旣分。乃封其君於端氏。因爲姓」。又出於孔門弟子子貢。本姓端木。後以省文稱端氏。見〔端氏家譜〕。

端木 孔子弟子端木賜之後。見〔姓纂〕。望出東魯。

箕 〔姓譜〕「殷箕子之後。又晉大夫有箕鄭父」。望出太原。

算 以善算爲姓。〔隴蜀餘聞〕陳戶部弈禧言眞定有算氏。

箝耳 〔路史〕王季之後有鉗耳氏．箝耳氏。

管 周文王子管叔鮮之後。望出平原。見〔廣韻〕。一云。管仲之後。見〔傳子〕。

精 見精縱條。

精縱 〔英賢傳〕周平王長子名精。封於縱。爲精縱氏．精氏。

綠 〔姓氏尋源〕「綠。玉篇作淥。水名。當以水爲氏。又或顓頊師綠圖之後」。望出扶風。

綦 義與人有此姓。見〔姓苑〕。後漢有將軍綦儁。望出河南。又綦連氏改爲綦氏。見〔魏書官氏志〕。

綦毋 春秋晉大夫綦毋張之後。望出會稽。匈奴亦有綦毋氏。按綦毋或作綦母。如晉書之綦母邃．綦母𪊲。北史藝術傳之綦母懷文。唐書之綦母潛。均作母。然左傳綦毋張。石本宋本淳熙本岳本均作毋。不作母。廣韻注及通志氏族略亦同。今從之。

綦連 代人。號綦連部。卽以爲氏。史家謂其先姬姓。六國末。避亂出塞。保祁連山。因以山爲姓。北人語訛。故曰綦連。見〔通志氏族略〕。望出代郡。

維 以地爲氏。明陝西慶陽府有維氏。望出河南。

綸 〔世本〕「夏少康居綸。後因氏」。亦音䌫。見〔集韻〕。

綺 綺里。地名。因所居爲號。後有綺氏。

綺里 綺里季之後。以所居爲氏。

綝 吐蕃首領姓。見〔唐書吐蕃傳〕。

絣 詳拖字注。

署 〔路史〕署氏本御姓國。

翟 音狄。〔潛夫論〕「翟。黃帝後」。春秋時世居北地。後滅於晉。秦時子孫分散。居晉地及江南。今翟氏出汝南。音宅。又別爲二氏。見〔賈逵國語注〕。

翠 〔急就篇注〕楚景翠之後。因避難以祖名爲氏。

聞 〔風俗通〕「本聞人氏之後」。望出吳興。

聞人 〔風俗通〕「少正卯。魯之聞人。

其後遂以爲氏」。漢世沛人多此姓。望出河南。

肇 本作肁。〔說文〕「肁。戸之始也」。當以戸爲氏。今通作肇。國策有趙大夫肇賈。望出趙郡。

臧 其先出自魯孝公之子彄。字子臧。其孫以王父字爲氏。見〔姓苑〕。望出東海。

臧文 〔通志氏族略〕姬姓。魯大夫臧文仲之後。

臧孫 〔通志氏族略〕姬姓。魯公子彄食采於臧。其後謂之臧孫。因氏。

臧馬 匈奴王雕延年降漢。武帝封爲臧馬侯。見〔漢書〕。當以封邑爲氏。

臧會 〔姓源〕魯大夫昭伯從弟臧會之後。

臺 〔風俗通〕「金天氏裔孫曰臺駘。其後氏焉」。望出平盧。

舞 〔路史〕「舞。周公族之後」。一云。舞嚚氏所改。望出沛郡。

舞嚚 見〔古文瑣語〕。一云。卽無嚚氏。舞無古字通。當是禁軍士喧嘩之官之後。

蒙 〔姓纂〕「高陽氏後封蒙雙。有蒙氏，雙氏」。望出安定。

蒙山 〔風俗通〕東蒙主以蒙山爲氏。

蒙古 本部落名。遂以爲氏。又元察罕本姓唐古鄂摩克氏。太平本姓賀氏。並賜姓蒙古氏。

蒙括 金姓。

蒨 見〔姓苑〕。

蒯 〔風俗通〕晉大夫蒯得之後。〔辨證〕「蒯蓋以食邑爲氏。河南縣西南蒯鄉是也」。望出襄陽。

蒲 〔路史〕「一系出嬀姓。有扈氏後。世爲西羌酋長」。一云。夏封舜後於蒲州蒲。因氏。望出河東。

蒲如 〔路史〕「蒲，侯國。齊地有蒲如氏」。一云。卽蒲姑。蓋其分派也。

蒲成 周有蒲成南。爲晉大夫。

蒲姑 蒲姑氏。殷周之間諸侯。見〔左傳注〕。以地爲氏。亦作薄姑。望出齊郡。

蒲侯 〔左傳〕魯襄公與莒子遇於蒲侯氏。〔杜註〕「邑名」。蓋以邑爲氏。

蒲圃 〔姓苑〕蒲圃以所居之地爲氏。〔路史〕少昊之裔。

蒲城 晉有步揚。食采於步。因氏焉。揚子雉居食采於蒲城。故稱蒲城雉居。後以爲氏。見〔廣韻〕。

蒲察 金姓。望出河西。

蒲盧 〔路史〕蒲盧氏。炎帝後。〔廣韻〕齊人蒲盧胥善弋。亦姜姓。

蒲鮮 金姓。望出廣平。

蒼 〔風俗通〕「黃帝子蒼林。高陽才子蒼舒。蒼姓本於此」。望出武陵。漢時有江夏太守蒼英。

蒼吾 一作蒼梧。以地爲氏。

蒼舒 〔路史〕顓帝後有蒼舒氏。

蒿 春秋時齊地。以地爲氏。〔池北偶談〕大同有蒿姓。

蓋 歌盍切。〔辯證〕齊大夫食采於蓋。以邑爲氏。又盧水胡有蓋氏。又蓋樓氏改爲蓋氏。並見〔魏書〕。

蓋樓 代北姓。後改爲蓋氏。見〔魏書官氏志〕。氏族略作蓋婁氏改爲婁氏。

蓐 〔左傳沈姒蓐黃注〕「四國。臺駘之後」。當以國爲氏。

裨 〔路史〕鄭大夫裨諶之後。

裴 〔唐書世系表〕「系出嬴姓。伯益後非子之支孫封𨚕鄉。因以爲氏。後徙封。乃去邑從衣爲裴」。一云。晉平公封顓帝之孫鍼於周川之裴中。號裴君。後有裴氏。望出河東。

裴滿 金姓。望出廣平。

語 見〔姓苑〕。一云。出鄭穆公弟語子人氏後。

說 音悅。傅說之後。望出河南。見〔廣韻〕。又言說之說亦爲姓。

話 音適。漢有洛陽令話施。吳郡人。明有話寵。

豪 宋有豪彦。儀龍人。乾道進士。

貌 〔姓氏尋源〕貌氏。齊貌辨之後。

貍 〔路史〕「出於丹朱房之後裔子大貍。夏后氏封之傅。爲傅氏」。望出河東。

賓 〔路史〕「周桓王之後有賓氏」。或云。綵賓之後。望出梁國。

賓牟 〔姓纂〕「楚臧孫之後」。樂記有賓牟賈。

赫 〔風俗通〕古天子赫胥氏之後。有赫氏，赫胥氏。

赫胥 〔路史〕赫胥氏。古天子。後有赫胥氏。

赫連 其先匈奴右賢王去卑之後。劉淵之族。姓鐵弗。勃勃稱王於朔方。國號夏。改姓爲赫連氏。見〔夏錄〕。又吐谷渾大姓有赫連氏。

趙 伯益孫造父善御。幸於周穆王。賜以趙城。因封爲氏。望出天水，南陽，金城，下邳，潁川。見〔廣韻〕。又漢有趙安稽。匈奴人。見〔漢書〕。唐有趙曳夫。南蠻人。見〔舊唐書〕。又趙國珍。牂柯蠻酋之裔。

趙陽 〔潛夫論〕衞公子趙陽之後。見〔五代史〕。

跌跌 音頡蠢。〔通鑑胡注〕「跌跌與回紇同出鐵勒而異種」。北蕃首領姓有跌跌氏。見〔通志氏族略〕。

輒 〔風俗通〕衞出公輒之後。

輔 〔路史〕有虞氏後有輔氏。又〔國語〕晉智果別族於太史氏爲輔氏。

遜 見〔姓苑〕。唐有遜揆。爲李克用所擒。死難。

鄁 古國名。〔通志氏族略〕「武王伐紂。分其地爲三監。自紂城而南謂之鄁。三監叛。周公幷其地爲衞。子孫以國爲氏」。望出膠東。

鄙 〔路史〕鄙。古國。後以爲氏。

鄭〔姓考〕「古有鄭國。卽河間之鄭縣。後因氏」。唐開元中命衞包改古文。以鄭類鄭。去邑作奠。望出河間。

郿音爭。〔史記初爲郿時注〕「時縣屬馮翊。於郿地作時。故曰郿時」。是郿以地爲氏。宛平有此姓。

鄝卽蓼氏。蓼鄝古通。

鄞見〔姓苑〕。鄞。縣名。以地爲氏。

鄟〔通志氏族略〕「魯附庸國。魯取之。子孫以國爲氏。去邑作專。又作鱄。刺客專諸。亦作鱄諸。卽其裔」。望出魯郡。

鄠以地爲氏。戶扈鄠三字同。見〔姚察訓纂〕。是鄠氏卽戶氏扈氏。

鄡音曉。〔辯證〕「趙大夫食采於鄡。因以爲氏」。史記有鄡單。孔子弟子。望出太原・鉅鹿。

鄢〔國語唐注〕「鄢。妘姓國。後以爲氏。其地在鄢。故楚有此姓」。望出太原。

鄤〔左傳〕楚殺鄤子。〔後漢書郡國志〕「河南郡新城有鄤聚。古鄤氏國」。是鄤以邑爲氏。

鄬音裴。〔通志氏族略〕引〔穆天子傳〕鄬。伯綮之後。

銀〔姓氏尋源〕「今廣西多銀姓。係金銀朮可之後」。望出西河。

銅匈奴大當戶有銅姓。見〔漢書霍光傳〕。一云。或銅鞮氏後改爲單姓。

銅鞮〔風俗通〕晉銅鞮伯華之後。〔姓氏辯證〕晉羊舌赤食采銅鞮。謂之銅鞮伯華。

銚〔韋昭國語注〕「銚。國名」。蓋以國爲氏。漢書有銚期。望出潁川。

閣〔姓纂〕「周閣人守王宮者。所以止扉。謂之閣。因以爲氏」。望出河內。一云。南詔王閣羅鳳後。必有以爲氏者。亦或閣都尉之後。以官爲氏。

閩〔路史〕越王無彊爲楚所滅。子孫散居閩地。因氏焉。

隔〔路史〕「妘姓後有隔氏」。隔卽鄗字。

雒古今人表有舜友雒陶。爲雒姓之始。一作雄陶。〔姓氏辯證〕漢書注。漢火行忌水。故去水加佳。此姓乃以水爲氏。

鞅〔潛夫論〕陳敬仲後有鞅氏。〔姓苑〕出趙鞅之後。

韶〔姓苑〕「開封有此姓。望出太原」。當以州名爲氏。

頔〔路史〕吳後有頔氏。

頗超拓拔八姓有頗超氏。見〔魏書〕。一云。唐時党項以姓別爲部。有頗超氏。

領〔程氏世譜〕吳郡有領氏。又邛部土司亦有領姓。見〔邊防考〕。

馝邗音弼寒。後魏姓。後改爲邗氏。見〔魏書官氏志〕。一作馝邦。誤。

髦〔史記〕子姓分封。有北殷氏。〔索隱〕「世本作髦氏。子姓」。一作旄。古字通。

魁見〔姓苑〕。一云。當爲魁傀氏所改。亦或鄜魁壘之後。

魁傀〔路史〕神農氏長八尺有七寸。生而牛首人身。怪異之相。乃曰魁傀氏。

鳳高辛氏時。鳳鳥氏爲曆正。見〔左傳〕。鳳蓋以官爲氏。望出平陽・郃陽。

鳴〔姓纂〕趙賢人竇犨。字鳴犢。非罪被殺。子孫以字爲氏。

齊太公望封於齊。子孫以國爲氏。又衞大夫齊子之後。以字爲氏。見〔通志氏族略〕。望出汝南・高陽・中山。又武都氏人有齊姓。齊萬年是。見〔晉書〕。

齊季〔世本〕齊公子季奔於楚。楚遂號爲齊季氏。

十五畫

儀〔潛夫論〕舜後有儀氏。故禹臣有儀狄。〔通志氏族略〕「衞大夫儀封人之後」。望出晉陽。

儂唐西原蠻居廣容之南。邕桂之西。首領有儂氏。儂金意・儂金勒等是也。見〔唐書南蠻傳〕。一云。南人自稱爲儂。因以爲姓。

儇絢平聲。〔路史〕「黃帝之後有儇氏」。一作嬛。又作還。亦作旋。

儈陸終第六子會人之後。有儈氏會氏鄶氏。妘姓。見〔路史〕。

儉馬韓國渠帥官名有儉側。見〔後漢書東夷傳〕。後人或以官爲氏。

儋擔平聲。〔姓考〕周簡王少子曰儋季。以字爲氏。〔路史〕老子之後有儋氏。

偖〔集韻〕「偖。陟略切。音著。姓也」。望出清河。

劇〔廣韻〕齊大夫食采於劇。因氏焉。〔通鑑胡注〕「劇姓莫知所出。班志北海郡有劇縣。蓋其先以縣爲姓」。望出洛陽。

劉〔通志氏族略〕「帝堯陶唐氏之後。受封於劉。其地今定州唐縣。裔孫劉累以能擾龍。事夏后孔甲。在周爲杜伯。宣王時國滅。杜伯子隰叔奔晉爲士師。故爲士氏。孫士會適秦。後歸晉。其處於秦者爲劉氏。此祁姓之劉也。以國爲氏。又成王封王季之子於劉邑。因以爲氏。今河南偃師。此姬姓之劉也。以邑爲氏」。望出彭城・沛國・弘農・河間・中山・梁郡・頓丘・南陽・東平・高堂・高密・竟陵・長沙・河南。見〔廣韻〕。又漢高祖賜婁敬・項伯纏爲劉氏。見〔漢書〕。又東郡河南雕陰三族。俱出匈奴之族。漢高祖以公主妻冒頓。其俗貴者皆從母族爲劉氏。亦見〔氏族略〕。

厲〔風俗通〕齊厲公後。〔辯證〕厲國在義陽隨縣北之厲鄉。以國爲氏。望出范陽。又孫秀奔晉。孫皓追改秀姓爲厲氏。見〔江表傳〕。又唐玄宗改新興王晉之姓曰厲。見〔唐書〕。

瞰　與啖同。武都氏姓。見〔晉書〕。唐有啖鱗。避諱改澹氏。

噎　見〔姓苑〕。一云。共工垂生噎鳴。是爲伯夷。後有噎氏。

墨〔姓考〕「孤竹君本墨胎氏。改爲墨氏」。望出梁郡。又禹師有墨如。見〔潛夫論〕。是墨姓不止孤竹一派。

墨台〔路史〕「宋成公子墨台之後」。台一音怡。

墨夷〔世本〕「宋襄公子墨夷須爲大司馬。其後有墨夷皐」。一云。墨夷。卽目夷。音轉也。按左傳杜注。目夷爲襄公茲父之庶兄。與世本異。

墨胎〔風俗通〕孤竹國君姓墨胎氏。

奭〔路史〕召公之後有奭氏。〔姓譜〕漢北海太守奭偉。避元帝諱改盛氏。

嬀〔史記陳杞世家〕「舜爲庶人。堯妻之二女。居於嬀汭。後因爲氏」。

嬉　卽喜姓。望出吳興。

嬿　音然。〔說文〕「嬿。人姓。蒼梧有嬿氏」。又奴甸切。見〔姓苑〕。

審〔路史〕楚公族有審氏。〔華陽國志〕「蜀郫縣有審氏」。望出魏郡。

寬　明有寬徹。洪武進士。

寮〔路史〕宋微子後有寮氏。

屪〔路史〕屪氏。秦之後。〔集韻〕「裴音非。後轉爲匪。又爲屪」。是屪氏卽裴氏。望出汝陽。

廚　晉魏錡食采於呂。又食采於廚。故呂錡稱廚武子。後人以爲氏。見〔姓氏尋源〕。望出河東。

廚人　春秋宋廚人濮之後。

廣〔風俗通〕「廣成子之後有廣氏」。望出丹陽。

廣成〔姓纂〕廣成子之後。

廣武〔姓纂〕出廣武君李左車之後。〔姓苑〕出廣武君陳餘之後。

徵〔路史〕嬴秦之後。〔漢書王莽傳〕「莽遣大司馬嚴尤與廉丹擊匈奴。皆賜姓徵氏」。望出吳郡。又音止。〔三國吳志程秉傳注〕「徵崇本姓李。遭亂更姓」。張澍云。徵宜音止。姓氏辯證引徵崇入蒸韻。誤。

德　以諡爲氏。又漢西域有德若國。或後人以國爲氏。

徹〔正字通〕「徹。姓也」。一云。徹氏改爲通氏。

慕〔姓氏辯證〕今開封有慕氏。〔路史〕「慕容氏之後有慕氏」。望出吳興。

慕利〔通志氏族略〕吐谷渾王慕利延與慕容氏同祖。

慕容　番姓。三國魏志注引魏書云。「漢桓帝時。鮮卑檀石槐分其地爲中東西三部。中部大人曰柯最闕。居慕容寺。爲大帥」。是爲慕容部之始。〔晉書前燕載記〕慕容廆之先。世居北夷。號曰東胡。魏初。莫護跋率部落入居遼西。時燕代多冠步搖冠。跋好之。乃斂髮襲冠。諸部因謂之步搖。其後音訛。遂爲慕容焉。〔前燕錄〕涉歸爲鮮卑單于。自云慕二儀之德。繼三光之容。卽以慕容爲姓。

慕輿〔姓纂〕鮮卑慕容氏。音訛爲慕輿氏。〔通鑑胡注〕慕輿亦鮮卑之種。別爲一氏。

慕護　見〔通志氏族略〕。一云。當爲莫護跋之後。以慕護爲氏。

慶　系出姜姓。〔通志氏族略〕齊公子無虧生慶克。其後爲慶氏。〔潛夫論〕出嬀姓。陳桓公五世孫。亦爲慶氏。

慶父〔世本〕魯大夫慶父之後。

慶忌〔姓纂〕吳王子慶忌之後爲氏。

慶師〔路史〕吳後有慶師氏。

憂〔路史〕「偃國後有鄾氏。偃氏。憂氏」。望出南陽。

憍如〔南史〕婆利國王姓憍如。自古未通中國。梁天監中。遣使朝獻。

憍陳如〔晉書〕憍陳如本天竺婆羅門。晉末爲扶南國王。其子闍黎邪跋遂以憍陳如爲號。因姓氏焉。

戩　音衍。見〔姓苑〕。一云。當出八元檮戩之後。

摩耶〔異域傳〕身毒國王姓刹利。后姓摩耶氏。

摯〔風俗通〕「摯疇。古諸侯國。摯。任姓。奚仲。仲虺之後。有摯氏。摯疇氏」。望出京兆。

摯疇〔風俗通〕古諸侯國之後有摯疇氏。

撒　金姓。金有大將撒離喝。五代唐明宗賜契丹將撒羅姓名曰羅寶德。又撒爲夏國姓。折平族首領撒逋渴爲順州刺史。又西南夷亦有撒氏。

撥略　後魏有撥略氏。後改爲略氏。

撿拔　撿音吸。又音拉。〔魏書〕西魏賜李穆爲撿拔氏。見〔魏書官氏志〕。

摽〔潛夫論〕摽氏。帝堯後。

負　湖廣松滋縣有負氏。見〔姓譜〕。

暴〔風俗通〕商諸侯暴辛公之後。

槩〔路史〕「吳王弟夫槩之後」。亦作概。

樂〔急就篇注〕樂氏之先。與宋同姓。戴公生樂父術。是稱樂氏。〔廣韻〕「宋戴公四世孫樂莒。爲大司寇。子孫以爲氏」。望出南陽。按樂莒。左傳作樂呂。

樂尹〔姓纂〕楚昭王以鍾建爲樂尹。後氏焉。

樂王〔英賢傳〕晉大夫樂王鮒之後。

樂正　周官有樂正。以官爲氏。

樂羊　後漢列女傳有樂羊子。

樂利 〔姓纂〕齊胡公支子爲樂利氏。

樂師 楚姓。見〔吳越春秋〕。以職爲氏。

樅 趨邕切。樅陽。地名。其先以地爲氏。漢有樅公。

樊 殷民七族有樊氏。見〔左傳〕。一云。系出姬姓。虞仲支孫仲山甫封於樊。後因以爲氏。見〔廣韻〕。望出上黨・南陽。

樊仲 〔路史〕虞仲之後有樊仲氏。

樓 〔姓譜〕夏少康之裔。周封爲東樓公。子孫因氏焉。望出東陽。又後漢白馬羌豪有樓氏。見〔後漢書西羌傳〕。又後魏蓋樓氏・賀樓氏。並改爲樓氏。見〔魏書官氏志〕。

樓季 〔潛夫論〕晉穆侯之庶子樓季之後。〔路史〕柏翳後有樓季氏。

樗 〔姓考〕「秦樗里子之後」。望出京兆。一云。以木爲氏。如桐氏・松氏之類。

樗里 〔姓纂〕「樗里子。名疾。秦惠王之弟。居渭南陰鄉之樗里。故號樗里子」。樗里氏當出此。望出西河。

樛 音鳩。望出邯鄲。韓非子有樛留。漢時有樛樂。又南越王子嬰齊娶邯鄲樛氏女。

樠 音門。亦音瞞。楚有樠木。地名。見〔左傳〕。呂氏春秋有纖樠。國名。當以地爲氏。

樣 南蠻姓。見〔唐書〕。

歐 〔路史〕「越王無疆之次子。封烏程歐餘山之陽。後有歐氏・歐陽氏・歐侯氏」。望出平陽。

歐侯 〔路史〕出越王無疆後。

歐陽 〔姓譜〕越王句踐之後。支孫封烏程歐陽亭。因以爲氏。望出渤海。

潁 鄭有潁考叔。爲潁谷封人。後遂以潁爲氏。望出陳留。按廣韻及諸姓氏書皆作潁。此從左傳校勘記。

潘 畢公子季孫食采於潘。因以爲氏。望出廣宗・河南。見〔廣韻〕。又楚公族芈姓之後。以字爲氏。潘崇是也。見〔姓氏尋源〕引〔潘岳家譜〕。又後魏改破多羅氏爲潘氏。見〔魏書官氏志〕。

潛 古潛國在楚地。以地爲氏。望出臨川・雁門。

滕 黃帝子十二姓之一。後周封文王子錯叔繡於滕。均見〔史記索隱〕。

滕叔 〔姓纂〕滕叔繡之後爲氏。望出開封。

滕濆 顓頊娶滕濆氏。見〔大戴禮帝繫篇〕。一作滕墳。又作勝奔。

潭 武陵蠻姓。粵之曲江亦有潭姓。見〔姓氏尋源〕引〔桂陽太守周憬碑〕。

澄 陝西澄城縣。卽漢徵縣。澄與徵宜同姓。是以地爲氏。宋有澄子。見〔呂覽〕。

澆 出自寒浞之子澆。

潚 見〔姓苑〕。漢有潚何。官雁門太守。

熱 宋有熱煥。紹興中爲殿使。以工畫人物得名。

璨 〔姓氏尋源〕璨係苶姓所改。

畿 後魏俟畿氏改爲畿氏。見〔魏書官氏志〕。

盤 〔通志氏族略〕出盤瓠氏之後。與冉・元・巴・李・田爲巴南六姓。

盤古 〔述異記〕盤古氏。夫婦陰陽之始也。天地萬物之祖也。今南海中盤古國人以盤古爲姓。

皞 〔姓譜〕皞姓出於西方。〔姓源〕「太皞氏之裔」。望出蜀郡。

碩 音公。〔明太常寺志〕「太祖妃碩氏」。按碩氏。高麗人。

禚 音灼。以地爲氏。〔姓考〕「齊大夫采邑。因氏」。望出齊郡。

稷 〔風俗通〕堯時棄爲后稷。子孫以官爲氏。一云。神農氏之後。〔通志氏族略〕「漢稷嗣君叔孫通。支孫亦以稷爲氏」。望出東郡。

稷丘 見〔姓苑〕。一云。居於稷丘者以爲氏。如閭丘・葘丘之類。

稻 〔路史〕「秦後有稻氏」。一云。周官有稻人。掌稼下地者。其後以官爲氏。

穀 〔路史〕周公族之後。〔姓纂〕嬴姓。穀伯綏之後。望出襄城・廣陵。

穀梁 以地爲氏。〔水經注〕「博陵有穀梁城」。一云。魯有穀梁氏。梁宜作粱。當以穀種爲氏。望出西河。

穀陽 以地爲氏。

禡 〔路史〕田和之後。廣信禡氏。本陸氏。避事改禡。亦作禡。

窮 〔拾遺記〕「少昊處窮桑。號窮桑氏。後人以爲姓」。一說。少昊不才子窮奇之後。

窮桑 〔古史考〕窮桑氏。嬴姓。

箴 〔姓苑〕楚大夫箴尹鬬克黃之後。主箴規之官。子孫以官爲氏。

箴尹 〔通志氏族略〕楚大夫箴尹克黃之後。

節 〔姓纂〕周禮掌節上士。子孫以官爲氏。〔姓氏尋源〕「姜姓後有節氏。炎帝居生節莖。節姓宜出此。或符節令。以官爲氏」。望出京兆。

篇 〔通志氏族略〕「周大夫史篇後」。望出河南。

線 見〔姓苑〕。元有線榮。爲縣尹。以剛介稱。

緜 〔姓苑〕「晉大夫食采緜上。子孫氏焉」。望出河南・梓潼。〔魏書官氏志〕爾朱氏後改爲緜氏。又爾緜氏亦改緜氏。

緡 有仍之姓。見〔賈逵國語注〕。

編 係扁姓所改。亦或史華編之後。又南郡有編縣。或以地爲氏。

緩 後魏緩稽氏改緩氏。一作改稽氏。

緩稽 〔魏書官氏志〕「緩稽氏後改爲緩氏」。一本緩稽作和稽。

緵　周卿士食采之邑。以邑爲氏。又後魏渴侯氏改爲緵氏。

練　〔姓苑〕「其先仕閩。食邑閩之練鄉。因以爲氏」。又唐練何。本東姓。從李勣伐高麗有功。以精練軍戎賜姓練氏。見〔練氏譜〕。望出河內。

罷敵　〔路史〕「楚公族有罷敵氏」。楚公子罷敵。靈王子。後以爲氏。

羯　西域龜茲人姓。見〔唐書〕。

耦　〔風俗通〕「宋卿華耦之後」。望出廣平。

膠　〔通志氏族略〕「商末賢人膠鬲之後」。望出朝歌。

蓬　晉有蓬球。北海人。當是以草爲姓。

蓼　音了。〔潛夫論〕皋陶庭堅之後。封於蓼。子孫以國爲氏。〔路史〕「蓼。姬姓。與舒蓼不同。舒蓼。偃姓」。望出太原。

蔑　古史云。太昊元妃生倍伐。降處緡淵。封於蔑。爲蔑氏。一云。蔑。晉附庸。嬴姓。以地爲氏。

蔓　穆天子傳有蔓伯。郭注。蔓。國名。又〔路史〕一武丁封季父於河北蔓口。曰蔓侯。有曼氏。蔓氏。鄤氏」。望出巴郡。

蔚　以邑爲氏。蔚州。代地。周宣帝置。望出瑯琊。一作尉。參看尉字注。

蘘　〔魏書官氏志〕一那蘘氏後改爲蘘氏。

蔡　周文王子叔度封蔡。遷死。其子曰胡。續封。是爲蔡仲。後因氏焉。見〔姓纂〕。望出濟陽。

蔡仲　〔姓纂〕蔡仲胡之後。

蔣　〔唐書世系表〕「周公第三子伯齡封於蔣。子孫以國爲氏」。望出樂安。

蔣閭　〔姓氏尋源〕當以閭多菰蔣。遂爲氏。如蒲圜氏之類。亦或秦公子將閭之後。訛爲蔣閭。

蔾　〔姓苑〕「淮南有蔾姓」。一云。當卽黎姓所改。又或作莉。

虢　〔姓譜〕出自姬姓。周成王叔父虢叔。封於西虢。虢仲封於東虢。子孫以虢爲氏。〔高誘國策注〕虢氏。卽古郭氏。〔禮記注〕「郭或作虢」。是郭虢同姓。

虢射　〔姓纂〕晉大夫虢射之後。

蝮　〔唐史補〕乾封初。武后改從兄武惟良・武懷運爲蝮氏。

褐　〔路史〕畢萬後有褐氏。

褐餘　〔潛夫論〕曲沃桓叔之後。

褚　〔左傳〕王宿於褚氏。〔注〕洛陽縣南有褚氏亭。〔後漢郡國志〕「洛陽有褚氏聚」。蓋周有褚地。居之者以爲氏。望出河南。

褚師　春秋宋・衞・鄭皆有褚師之官。以官爲氏。

誰　〔姓氏尋源〕當因官大誰長。子孫以爲氏。大誰。本以誰何稱。因用名官。有大誰長。蜀之南充有誰姓。見張納碑。

閭　〔姓苑〕今廣平人。卽閭姓也。

調　〔姓苑〕周禮調人。掌司萬民之難而和合之。其世官者氏焉。

談　〔姓苑〕「殷帝乙長子微子啓。周武王封之於宋。傳國三十六代至談君。爲楚滅。子孫以國爲氏」。望出梁國・廣平。一云。卽郯也。

諒　卽亮氏。戰國時。趙有諒毅。見〔國策〕。

論　西秦錄有將軍論叔仁。後以爲氏。又〔唐書〕「吐蕃稱宰相曰論。太宗時吐蕃大論薛祿東贊始入朝」。後以官爲氏。望出武威。

諀　〔路史〕鄭有諀氏。〔姓氏辯證〕裨諶之氏亦作諀。

豎　黃帝臣有豎亥。見〔淮南子〕。豎姓始此。

賜　〔世本〕齊大夫簡子賜之後。〔姓解〕「孔子弟子端木賜之後」。望出清河。

賞　〔姓苑〕「吳中八姓有賞氏」。一云。西夏亦有賞氏。望出吳郡。

賢　見〔姓苑〕。張澍云。「會川衞土官有賢氏。本雲南景東僰種。當係漢建武時哀牢王賢栗之後」。望出武陽。

賤　虙子賤之後。以字爲氏。〔風俗通〕「漢有北平太守賤瓊」。望出北平。

賨　〔路史〕楚熊繹之後有賨氏。〔寰宇記〕「江流縣東北有古賨國。滅於楚」。後遂以爲氏。

質　〔路史〕質氏出夙氏。〔世本〕「夙沙。卽帝魁所伐之質沙也」。一云。呂氏春秋。堯臣有質。或其後以爲氏。

趣　此毆切。趣馬氏之後。改爲單姓。

趣馬　以官爲氏。〔英賢傳〕周趣馬蹶父之後。

踏　卽蹋氏。或出蹋頓之後。回紇有踏姓。見〔李德裕文集〕。

踏實力　〔唐書〕葛邏祿三族。三曰踏實力。

輦　漢官有輦郎。〔漢書劉向傳〕向以父德。任爲輦郎。當以官爲氏。

輪　〔路史〕「故登封縣西南有輪氏城。漢置輪氏縣」。是地因人姓而名。一云。輪扁之後。

適　見〔姓苑〕。

遲　商賢人遲任之後。望出太原。又後魏尉遲氏。後改姓遲。見〔魏書官氏志〕。

鄧　殷武丁封叔父於河北。是爲鄧侯。後以爲氏。望出南陽・安定。見〔廣韻〕。〔急就篇注〕鄧。古國名。本曼姓。其後稱鄧氏」。又南唐李從鎰。後主煜第八子。封鄧王。宋太宗詔捕南唐宗室甚急。其子天和逃。以父封爲氏。見〔安化鄧氏譜序〕。

鄧侯　〔路史〕武丁季父蔓侯之後有鄧

侯氏。

鄧陵 〔姓氏辯證〕楚公子食采於鄧陵。後以爲氏。

鄩 〔說文〕「鄩。周邑」。在鞏縣。周大夫食采者以爲氏」。望出河南。

鄶 〔路史〕少康之後有鄶氏。〔姓氏辯證〕「出自妘姓。鄶子之後。仕魯者以國爲氏」。望出魯郡。

鄬 春秋鄭地。大夫食采於鄬者。以爲氏。

鄭 周宣王封母弟友於鄭。及韓滅鄭。子孫播遷陳宋之間。以國爲氏。見〔唐書世系表〕。望出滎陽。

鄭丘 〔竹書紀年〕「晉文侯同子多父伐鄶。克之。乃居鄭父之丘。是爲鄭公」。鄭丘卽鄭父之丘。以所居地名爲氏。晉有鄭丘緩。見〔左傳〕。

鄮 縣名。漢屬會稽郡。〔輿地志〕「邑人以其海中物產。於山下貿易。因名鄮縣」。是以地爲氏。

鄯 鄯姓。見〔魏書〕。以國爲氏。

鄯善 〔姓纂〕西域國名。以國爲氏。

鄲 以地爲氏。〔路史〕古鄲國。卽亳之鹿邑。漢功臣表。周應封鄲侯。卽其地。後因氏。

鄣 卽章氏。鄣氏。或從人以別其族。見〔路史〕。

銳 齊有銳司徒。主銳兵者。見〔左傳〕。以官爲氏。〔路史〕銳爲微子後。

銷 帝鴻生白民。白民銷姓。見〔山海經〕。

閬 宜以閬中郡爲姓。或周惠王閬之後。見〔姓氏尋源〕。

閭 〔姓氏辯證〕齊大夫閭丘嬰之後。或單姓閭氏。〔廣韻〕出周官閭師之後。望出衛國·頓丘。又〔通鑑胡注〕楚平王之子啓。字子閭。其後以字爲氏。

閭公 〔盧若虛石錄〕太公之後有閭公氏。

閭丘 〔世本〕齊閭丘嬰之後。〔從征記〕閭丘本邾地。食邑於此。因以爲氏。

閭葵 閭丘·葵丘。皆齊地。張澍云。閭葵氏。當是居於閭丘葵丘之間者以爲氏。

隤 〔路史〕顓頊後有隤氏。

隣 人姓。見〔隋書經籍志〕。又西羌姓。見〔魏志張既傳〕。又紇突隣氏後改爲隣氏。見〔魏書官氏志〕。

霄 左傳。鄭有行人夏霄。〔史記楚世家〕「是謂霄敖」。其後人以爲氏。

霅 音撍。〔博物志〕「孟舒。國名。人首鳥身。女先生爲霅氏」。一作其先主爲霅氏。

鞏 以地爲氏。〔潛夫論〕「鞏姓。周之世家公卿」。又晉大夫有鞏朔。望出山陽。又生羌亦有鞏姓。鞏廉至是也。見〔魏書〕。

鞏伯 晉大夫鞏朔。稱鞏伯。後有鞏伯氏。

領 音閣。〔左傳〕因氏·領氏·工婁氏·遂氏。饗齊戍。醉而殺之。齊人殲焉。〔注〕四族。遂之彊宗。

頡 〔路史〕倉頡之後。又云。鄭公族後有頡氏。

頡利 以官爲氏。回紇酋長有頡利姓。見〔舊唐書〕。

頤 以鄉爲氏。漢時苦縣有頤鄉。見〔史記灌嬰傳注〕。

養 〔姓氏考〕「楚邑名。食采者以爲氏。有養由基」。望出山陽。

養由 〔姓纂〕楚大夫養由基之後。

駒 〔左傳類解〕「晉大夫郤克。食采於駒。稱駒伯。克子錡亦稱駒伯。因氏」。望出河東。

駘 出自少昊氏臺駘之後。

駙馬 見〔尸子〕。一云。當爲掌駙馬之官。子孫以爲氏。

駟 〔世本〕「鄭公子騑。字子駟。其孫乞。以王父字爲氏」。望出滎陽。

駢 音冉。〔路史〕駢季載之後有駢氏。又云。駢乃駢驪國。故雲安冉姓。本巴東蠻。

髮 漢有髮福。東海人。治詩。

魯 〔姓譜〕「魯出姬姓。周公子伯禽所封。至魯頃公滅於楚。遷下邑。子孫以國爲氏」。望出扶風·新蔡。

魯步 西羌有魯步氏。見〔廣韻〕。

魯陽 〔姓纂〕「出自魯陽公之後」。魯陽公。楚將。見〔淮南子〕。望出楚郡。

魴 以邑爲氏。〔穆天子傳〕穆王里圃田之路。東至於房。〔郭注〕房。子國。紀年作魴。卽高邑之地。〔路史〕「晉士魴之後」。望出東平。

麃 〔風俗通〕麃。秦邑。秦始皇將軍麃公之後。

黎 〔路史〕「西伯戡黎。武王復以封湯後。黎侯豐舒之後。有黎氏·犂氏」。望出京兆·九眞·宋城。又後魏素黎氏。後改爲黎氏。見〔魏書官氏志〕。

黎伯 明有黎伯滚。大足人。事母至孝。

齒 見〔姓苑〕。一云。百濟國有黑齒氏。當爲黑齒氏所改。又或墨者己齒之後。

十六畫

儒 左儒之後。或尹儒之後以爲氏。

冀 〔路史〕「唐堯後有冀氏」。望出渤海。〔姓纂〕晉大夫冀芮食采於冀。其子孫後以爲氏。

器 鐘鼎款識。商有器市尊。薛尙功曰。「器。姓也。市。名也」。望出河南。

噲 〔辯證〕燕王噲之後爲氏。

壁 〔辨證〕齊壁司徒之後爲氏。

奮 〔姓纂〕高辛氏才子八元伯奮後。〔路史〕「楚公族有奮氏」。望出楚郡。

嫯 與華同。有嫯。國名。湯妃有嫯氏女。生太丁。見〔漢書古今人表〕。
後以爲氏。

學 見〔姓苑〕。張澍云。出自學校官者之後。

導 見〔姓苑〕。南北朝有導龍。官華州刺史。

隗 卽隗氏。

廩 周官廩人之後。以官爲氏。

廩丘 〔英賢傳〕齊大夫廩丘子。其先以所食邑爲氏。〔路史〕炎帝之後。

廧 見牆字注。

彊 〔路史〕禺彊氏後有彊氏。〔潛夫論〕「彊氏姜姓」。望出天水。一云。彊卽強字。舊分二族非。又略陽氏多彊姓。爲傾族。卽蜀漢時彊端之後。見〔十六國春秋〕。

彊梁 〔潛夫論姓氏志〕鄭共叔之後爲彊梁氏。

憑 〔姓考〕夔子國後有憑氏。望出馮翊。又夫蒙氏改爲憑氏。一云。古讀馮爲憑。憑馮或一姓。

憲 〔路史〕衞康叔後。〔急就篇注〕「憲氏之先。本爲周之布憲。司寇之屬。其後以爲氏」。望出河南。

憲丘 卽獻丘。以所居之地爲氏。

戰 〔姓氏尋源〕「畢戰之後。又或主戰陳之官。以官爲氏」。後漢有諫議大夫戰兢。五代有戰貽慶。

操 見〔姓苑〕。望出鄱陽。漢有操乘。隋有操天成。鄱陽人。

據 〔潛夫論〕宋微子後有據氏。

整 〔路史〕「晉曲沃後有整氏」。一云。殷王整甲之後。

暨 〔姓考〕「大彭之裔封於暨。因以爲氏」。望出餘杭・渤海。〔鼠璞〕暨爲概姓所改。〔吾丘衍學古編〕暨鱙之暨音姞。

曡 爲疊曡氏所改。望出河南。

曉 見〔姓苑〕。明有曉枝。爲墊江縣丞。

樹 犬戎姓。周穆王時有犬戎樹敦。見〔國語〕。望出河南。又後魏樹洛干氏改爲樹氏。見〔魏書官氏志〕。

樹洛干 吐谷渾之後有樹洛干氏。後改爲樹氏。一作樹若干氏。

檻 〔唐韻〕檻音檻。姓也。〔通志氏族略〕望出河內。

橋 〔唐書世系表〕橋。姬姓後。〔急就篇注〕「黃帝葬橋山。羣臣守冢不去者爲橋氏」。望出梁國。又西域有拘彌王橋塞提。

橫 〔荀子成相篇〕「橫革佐禹」。橫姓當始此。〔風俗通〕「韓王子成。號橫陽君。其後爲氏」。望出潁川。

歷 〔姓氏尋源〕當爲狄歷氏之後。

澤 見〔姓苑〕。一云。居於澤者。以所居爲氏。符子有澤火。又或居於澤州者。以邑爲氏。

澧 見〔姓苑〕。或居於澧水之濱。因以爲氏。望出武陵。

澹 讀平聲。或澹臺氏所改。又唐睒鱗避武宗諱。改爲澹氏。

澹臺 以地爲氏。孔子弟子有澹臺滅明。

激 〔姓纂〕「齊太史激之後」。一云。宜爲激里且之後。或亦出於激公宜。

濂 漢有濂汝。見〔印藪〕。

濁 〔辯證〕「濁水在齊郡厲鉅山。以水爲氏」。一曰。穆天子傳有濁繇氏。濁爲濁繇氏之後。望出京兆。

潞 〔路史〕潞同路。參盧之封。〔通志氏族略〕「赤狄別種隗姓。子爵。晉滅之。子孫以國爲氏」。望出內黃。

熾俟 回紇葛邏祿有三族。二曰熾俟。見〔唐書〕。

燕 出自姬姓。召公奭封於北燕。後以國爲氏。又南燕姞姓。黃帝之後。其國先亡。亦以爲氏。此異姓而同氏者。望出上谷・范陽。見〔通志氏族略〕。又鮮卑有燕氏。見〔後漢書鮮卑傳〕。

獨 見〔姓苑〕。又夷姓。〔通志氏族略〕「獨氏出自北蕃右賢王劉去卑」。望出高陽。

獨吉 金姓。望出隴西。

獨孤 〔唐書世系表〕「其先本姓劉。出自漢光武子沛獻王輔之後。裔孫度遼將軍進伯敗沒匈奴。囚之獨山下。生尸利單于。爲谷蠡王。號獨孤部。六世孫羅辰。從魏孝文徙洛陽。爲河南人。初以其部爲氏」。望出高陽。

獨孤渾 代北姓。後改爲杜氏。見〔魏書官氏志〕。

獦 〔太平寰宇記〕獦。音獵。犬戎之姓。唐貞觀所定坻丘六姓。其一曰獦氏。

璞 明有璞俊。以舉人任知縣。

璞陽 望出陳留。漢有長沙太守璞陽逸。

甌 〔路史〕「越王無彊之後有甌氏」。望出平陽。

盧 〔通志氏族略〕「系出姜氏。齊文公之子高。高之孫傒食采於盧。因邑爲姓。又盧蒲氏出自桓公。亦爲盧氏」。望出范陽。又後魏莫盧氏改爲盧氏。復去草改爲盧氏。又吐伏盧氏改爲盧氏。並見〔魏書官氏志〕。

盧奴 濟陽人有此姓。見〔廣韻〕。〔漢書地理志〕「盧奴。縣名。屬中山」。是以縣爲氏。

盧伽 西域有盧伽氏。見〔唐書郝處俊傳〕。

盧門 〔路史〕齊大夫後有盧門氏。

盧蒲 姜姓。齊桓公之後。見〔通志氏族略〕。望出齊郡。

瞞 〔風俗通〕「瞞氏。荆蠻之後。本姓蠻。其支裔隨音變改爲瞞」。一云。長狄鄋瞞之後。望出荆南。

磨 〔逸周書〕陳本命伐磨。〔路史國名記〕「鄭。商時侯國」。鄭磨通。是以國爲氏。
磨離 吐蕃首領之姓。見〔唐書〕。
穆 〔姓纂〕宋穆公之後。支孫以謚爲氏。〔路史〕「穆。炎帝後」。望出河南。又後魏丘穆陵氏改爲穆氏。見〔魏書官氏志〕。
穎 見穎字注。
築 係鮮卑鬱築鞬之後。見〔三國魏志〕。
篤 見〔姓苑〕。明有篤自誠。爲順義縣丞。
糗 漢有糗宗。見〔風俗通〕。或其先主糗糧之官。因以爲氏。望出河間。
縉 出古帝魁縉雲氏之後。
縉雲 古官名。黃帝以雲紀官。夏官爲縉雲氏。見〔服虔左傳注〕。後以爲氏。
縢 〔路史〕叔繡之後有縢氏。又有滕氏。
縣 〔路史〕康叔之後有縣氏。又楚後有縣氏。〔通志氏族略〕縣氏其先有爲縣大夫者。望出扶風。
縣孫 〔路史〕楚公族有縣孫氏。
耨 一作檽。〔姓考〕廣信有耨氏。其先本姓陸。避仇改姓耨。望出信都。
耨盌溫敦 金姓。阿補斯水人。
膳 〔詩〕仲允膳夫。〔鄭箋〕「仲允。字也」。人表作膳夫仲逑。膳氏當爲仲允之後。〔姓纂〕掌膳羞之官。其後爲氏。

䏰 〔路史〕「尉姓有䏰氏。又有尋氏」。䏰氏當爲尋氏所改。
輿 〔路史〕衞後有輿氏。又〔北史慕容白曜傳〕「慕容氏破後。種族仍繁。天賜末。頗忌而誅之。時有免者。不敢姓慕容。皆以輿爲氏」。望出武都。
蔿 〔辯證〕「蔿出羋姓。楚公族大夫食邑於蔿。因以爲氏」。按蔿與薳爲一姓。參看本書薳子馮條。
蕃 卽藩氏。畢公高之後。後漢書黨錮傳有蕃嚮。
蕳 望出淮南。漢有蕳忌。官中尉。
蕢 與蒯同音。卽蒯氏。今臨海有此姓。見〔辯證〕。
蕩 出子姓。宋桓公御說生公子蕩。其孫以王父字爲氏。見〔姓考〕。望出睢陽。
蘁 〔路史〕小邾子後有蘁氏。
融 〔世本〕祝融氏之後。
衞 周文王子康叔封於衞。後因氏焉。望出河東·陳留。見〔廣韻〕。又昌黎鮮卑有衞姓。見〔後燕錄〕。
衡 〔風俗通〕阿衡伊尹之後。子孫以官爲氏。又〔姓譜〕「袁紹敗後。支孫避於衡山。改爲衡氏」。望出汝南。
衡伯 〔風俗通〕伊尹之後。
襧 亦作褟音達。望出南越。〔通雅〕襧音喧。廣東多此姓。
覩 金有覩令孤。賜姓爲和速嘉氏。

覩斯 戰國魏策有覩斯贊。注引春秋後語作堵師。是覩斯卽堵師也。或爲鄭堵師叔之後。
親 見〔姓纂〕。周末有親弗。齊人。相秦。
謣 〔姓氏尋源〕卽鄠氏。西夏有謣氏。亦作謣千秋。漢鄠千秋。
諫 周禮有司諫。子孫以官爲氏。望出歙郡。
諶 〔姓苑〕陶侃母諶氏。今南昌多此姓。張澍云。「今晉書作侃母湛氏。係譌字」。望出豫章。
諸 春秋時魯有諸邑。大夫食采其地者。子孫以爲氏。望出琅邪。或言閩越王無諸之後。見〔姓考〕。又五代周諸葛十朋。當陳橋兵變後。易姓諸。隱於會稽山。是今會稽諸姓。出自諸葛。
諸兒 〔路史〕齊後有諸兒氏。
諸將 〔路史〕楚有諸將氏。
諸梁 〔通志氏族略〕楚莊王之後。食邑諸梁。因以爲氏。
諸御 〔姓考〕「齊簡公臣諸御鞅後」。一云。以官爲氏。齊楚均有諸御。掌君所御之器服飲食諸事。
諸葛 〔吳書〕其先葛氏。爲琅邪諸縣人。後徙陽都。陽都先有姓葛者。時人謂徙居者爲諸葛氏。因氏焉。〔風俗通〕「葛嬰爲陳涉將軍有功。非罪而誅。漢文追錄其孫封諸縣侯。因以爲氏」。望出琅邪。
諸稽 彭祖後別封。越有諸稽郢。〔國語〕彭姓諸稽。則商滅之。〔注〕彭祖後別封。〔路史〕「諸蟹氏。彭姓分也」。是諸稽卽諸蟹氏。
諾 見〔姓苑〕。一云。漢書匈奴傳有諾水。顏注。諾眞水也。當以水爲氏。
謀 〔風俗通〕「周卿士祭公謀父後」。望出管城。
謀落 回紇葛邏祿有三族。一曰謀落。見〔唐書〕。
謁 古謁者。以官爲姓。望出汝南。漢有汝南太守謁環。
謂 〔姓氏尋源〕「夏王赫連定之弟謂以代之後」。望出開封。
豫 〔呂覽高誘注〕晉畢陽之孫。因族以爲氏。
貓 〔寰宇記〕巴陵郡四姓有貓氏。〔通雅〕湖廣江鄂岳三州人尙有貓姓。
賴 〔風俗通〕「春秋時有賴國。其後以國爲氏」。望出潁川·南康·河南。
踣 〔路史〕踣姓出於銅鞮。
輸 淮南子有輸子陽。是漢姓。又西域匈奴部亦有輸氏。輸樊是也。一作榆樊。
遴 見〔姓苑〕。一云。古文吝字。又掄才謂之遴選。或取此義爲姓。
遵 見〔姓苑〕。
遷 見〔姓苑〕。一云。毛伯遷之後。以名爲氏。

遺〔辯證〕周禮地官有遺人。其後以官爲氏。又〔急就章〕魯季氏家臣南遺之後。
遼〔路史〕宋微子後。以邑爲氏。
鄝 操去聲。〔姓纂〕鄝姓。以邑爲氏。
鄶 祝融之後。妘姓所封。地在溱洧之間。爲鄭武公所滅。見〔說文〕。子孫以國爲氏。望出新鄭。
錡 殷民七族有錡氏。見〔左傳〕。
錢〔姓譜〕「彭祖之孫孚。爲周錢府上士。因以官爲氏」。望出彭城・下邳・吳興。
錦 出於錦官之後。
錫〔辯證〕「春秋鄭宋之間。有隙地六邑。其一曰錫。宋人城之。以處元公之孫。其後以地爲氏」。望出樂安。又漢世西域有錫姓。錫光是也。
錫我〔路史〕太岳後有錫我氏。
錫理 宋勃泥國王姓錫理氏。見〔宋濂集〕。
錯 雌郝切。〔世本〕宋有大夫西鄉錯。後爲氏。
閻〔唐書世系表〕周武王封太伯曾孫仲奕於閻鄉。因爲氏。〔通志氏族略〕「晉閻邑大夫。以邑爲氏」。望出天水・河南。
閼 音遏。〔路史〕高辛氏子閼伯之後。有閼氏遏氏。
隨〔世本〕隨作笙。〔注〕「女媧臣」。隨姓當出此。春秋時有隨國。楚滅之。有隨氏。見〔路史〕。〔潛夫論〕士會食采隨。故氏隨。望出河內。
雕 考工雕人之後。又漢時匈奴罕幵均有雕姓。如雕延年・雕庫是。並見〔漢書〕。
霍 文王子霍叔武之後以爲氏。望出太原・河東。見〔廣韻〕。又〔寰宇記〕唐貞觀定果州武都郡七姓。一曰霍氏。
霍里 居於霍里以爲氏。見〔琴操〕。
霒 古文陰字。〔路史〕陰康氏後有霒氏。一作黔。
韰 音械。漢時北海都昌有此姓。見〔泰山都尉孔宙碑〕。
頭 見〔姓苑〕。張澍云。晉文公之豎頭須。頭氏或出此。
頵〔姓源〕周大夫頵叔之後。
頻 頻陽。秦地。當以邑爲氏。望出酒泉。
頻伽〔寰宇記〕婆利國王姓頻伽。隋大業唐貞觀時來朝。
餘〔路史〕吳後有餘氏。又云。「越王無疆之次子蹄守甌餘亭之陽。有餘氏」。望出雁門。
餘推〔路史〕楚公族有餘推氏。
駁馬〔容齋隨筆〕「後漢時有駁馬少伯」。一云。當以中曲山之獸爲姓。否則係駁馬國之人。以國爲氏。
駱〔姓譜〕齊太公後有公子駱。子孫以王父字爲氏。望出內黃・會稽。〔史記〕惡來革之玄孫曰大駱。子孫以名爲氏。〔魏書官氏志〕。佗駱拔氏。後改爲駱氏。
駱雷 代北人姓有駱雷氏。見〔複姓錄〕。
鮑 系出姒姓。夏禹後。春秋時杞公子有仕齊者。食采於鮑。因以命氏。見〔姓苑〕。望出上黨・泰山・東海・河南。又後魏俟力伐氏改爲鮑氏。見〔魏書官氏志〕。
鮑丘 以地名或水名爲氏。〔水經注〕鮑丘水出塞外。
鮑俎 代北複姓。見〔魏書官氏志〕。
鴟夷〔風俗通〕范蠡適齊爲鴟夷子皮。後人以爲氏。
鴨〔太平寰宇記〕魏郡五姓有鴨氏。
鴘 郎弁氏。見〔博古圖〕。
黔〔路史〕「衞康叔後」。望出齊郡。
默怡〔路史〕「禹有天下。封炎帝之後默於怡以紹列山。是爲默怡氏」。一作墨台。張澍云。默卽墨。古字通。默怡。卽墨台。禹封姜姓後於台。是爲默台。
默容 見〔複姓錄〕。
龍 舜納言龍之後。見〔廣韻〕。或曰。出於御龍氏。望出武陵・天水。又牂牁大姓有龍氏。見〔華陽國志〕。且彌王焉耆國王均龍姓。見〔北史〕。
龍丘〔姓苑〕「少昊之裔」。望出吳郡。一云。因龍丘山爲氏。見〔東觀漢記〕。

十七畫

償 音上。〔姓苑〕「吳中八族。其一償氏」。一作賞氏。
優〔寰宇記〕「優。子國」。是以國爲氏。〔潛夫論氏姓志〕「舜臣晏龍優姓」。當爲晏龍後。
勵 本厲氏。清初賜改厲杜訥姓爲勵氏。
嚈噠〔太平寰宇記〕西域挹怛國。漢大月支之種。嚈噠。王姓也。後裔以姓爲國。訛爲挹怛。亦曰挹闐。
嬰〔風俗通〕晉大夫趙嬰齊之後氏焉。〔路史〕「仲衍之後有嬰氏」。望出河南。
嬰齊〔通志氏族略〕楚穆王子公子嬰齊之後。
嬴〔古史考〕少昊氏嬴姓。〔姓譜〕「伯翳佐舜主畜。畜多息。賜姓嬴。周孝王使非子畜馬汧渭之間。馬大蕃息。因分土爲附庸。邑之秦。使續嬴氏祀。號曰秦嬴」。望出河東・太原。
孺〔續文獻通考〕顓頊長子孺帝之後有孺氏。
嶽 見〔姓苑〕。明有嶽崇。知上杭縣。
響 音犴。見〔姓苑〕。〔集韻〕「響。姓也。或作謝」。陳州有響姓一族。呼曰庵。望出睢陽。

彌〔通志氏族略〕「衛公孫彌牟孫子瑕以王父字爲氏」。望出新豐。又後魏時鮮卑有彌姓。卽彌加是。見〔魏書〕。

彌牟〔姓苑〕出衛大夫公孫彌牟之後。

彌姐 西羌姓。後秦元魏時。多有爲大將者。

懃 見〔姓譜〕。一云。湖南瀏陽有此姓。卽勤氏。後人因事加心。

應 去聲。周武王子封應。其後以國爲氏。望出汝南·潁川。見〔廣韻〕。

懀 音愛。〔華陽國志〕江州冠族有然氏懀氏。

戲〔廣韻〕「虙戲氏之後」。一云。地名。新豐有戲亭。以地爲氏。

戲陽〔姓譜〕衛太子蒯聵之僕戲陽遬。其先以邑爲氏。

斂〔姓苑〕「羌眘姓」。姚興時有將軍斂憲。斂方。斂岐。並南安人。皆羌眘也。見〔通志氏族略〕。

檀 周克商。蘇忿生與檀伯達封於河。見〔左傳〕。檀姓始此。一云。太公後。望出清河·平盧·高平。又鮮卑亦有檀氏。檀石槐是也。見〔魏志〕。

檢 漢末有勾章尉檢某。見〔姓苑〕。張澍云。以檢察得姓。

歇〔姓氏尋源〕歇出顓頊子叔歇之後。

氈 明有氈求。宜陽人。永樂中爲廣西右參議。

濕〔封氏聞見記〕邢州內丘縣西古中丘城寺有碑云。六和上佛圖澄願者。天竺大國附庸小國國賓小王之元子。本姓濕。

濟〔姓苑〕襄陽有此姓。以所居近濟水。因以爲姓。〔路史〕「箴姓之分」。望出襄陽。

濡 望出河間。見〔姓苑〕。

濮〔路史〕濮氏。楚之族。卽百濮。熊姓。又云。「舜帝子散封者」。望出魯國·濮陽。

濮陽〔陳留風俗傳〕「以地爲氏。地在澶州」。望出平陵。

濯〔風俗通〕「古賢人濯輯之後」。一云。出鄭人子濯孺子之後。

營〔風俗通〕「周成王卿士營伯後」。一云。當以營丘爲氏。望出成陽。

燭 以邑爲氏。〔水經注〕「七里溝水南歷燭城西。卽鄭大夫燭之武邑」。望出滎陽。

燭庸〔路史〕吳後有燭庸氏。

燭龍 吐蕃有燭龍氏。見〔唐書〕。

燮 見〔姓苑〕。一云。出燮父之後。宋有御史燮玄圖。

牆 卽廧。〔左傳〕劉子取廧人直人。〔杜注〕「春秋時周地」。是牆姓以地爲氏。蜀之墊江多牆姓。

獲〔廣韻〕「宋大夫尹獲之後」。尹一作猛。望出睢陽。

環〔風俗通〕「出楚環列之尹。後以爲氏」。望出淮南。

璿〔路史〕燕後有璿氏。

璩 卽蘧氏。或以器爲姓。如琮氏之類。

瞫 音審。武落鍾山有黑穴四姓。瞫氏相氏樊氏鄭氏也。見〔後漢書〕。望出晉陽。

瞯 音閑。濟南有瞯氏。見〔史記酷吏傳〕。又與瞷同。一云。齊景公有勇臣成瞷。其後以名爲氏。

矯〔風俗通〕「晉大夫矯父之後」。望出扶風。

竃〔路史〕「竃氏。晉大夫邑」。張澍云。左傳作竃。史記作竈。是竃氏以邑爲氏。卽蘧氏也。

穈〔姓氏尋源〕秬黍之類有穈。卽穈芑也。當取此爲氏。如麥氏禾氏穀氏稷氏之類。

糟 明有糟士奇。鳳翔人。嘉靖舉人。

縮 戰國安陵人有縮姓。張澍云。當爲主縮酒之職者以爲氏。

縱〔英賢傳〕平王之子三。長曰精。封於縱。後爲縱氏。

縻〔太公金匱〕紂臣有縻元。後人以爲氏。

繁 音婆。殷民七族有繁氏。見〔左傳〕。望出潁川·上黨。漢有繁延壽。

繆〔姓纂〕音木。秦繆公之後。以謚爲氏。或作穆。〔正字通〕「今姓繆讀若妙。變音非本音也」。望出蘭陵。

繇 音謠。〔風俗通〕皐繇之後。

羲〔風俗通〕「堯臣羲仲之後」。望出平陽。

翳〔姓苑〕史記秦伯翳之後有翳氏。

聯 晉有聯謙。爲輔國將軍。

聲〔通志氏族略〕蔡大夫聲子之後。公子歸生子朝。故爲朝氏。謚聲子。故又爲聲氏。〔路史〕「楚公族有聲氏。魯亦有聲氏」。望出東魯。

臨〔路史〕顓帝高陽才子大臨。子孫以爲氏。〔辯證〕「臨。晉邑。以邑爲氏」。望出西河。

舉〔姓解〕「楚椒舉之後。以名爲氏」。一說。楚伯舉之後。

蕭 殷民六族。一爲蕭氏。見〔左傳〕。〔風俗通〕宋樂叔以討南宮萬立御說之功。受封於蕭。列附庸之國。漢相國蕭何卽其後」。望出蘭陵·廣陵。又伯翳之後孟虧。作土於蕭。是爲蕭孟虧。

薄〔潛夫論〕姜姓後。又薄城。宋大夫食邑。見〔左傳杜注〕。後以爲氏。一云。商諸侯薄姑氏之後。望出雁門·譙郡。又蜀郡徼外羌及北羌均有薄氏。見〔東觀漢記〕及〔晉書〕。又〔魏書官氏志〕薄奚氏改爲薄氏。

薄姑〔姓苑〕「夏殷時諸侯。後以薄姑爲氏」。書序作蒲姑。

薄奚 代北姓。後改爲薄氏。見〔魏書官氏志〕。一云改爲奚氏。

薄野 代北人姓有薄野氏。見〔魏書〕。

薊 〔路史〕武王封黃帝之後於薊以復鄭。又云。「范陽地多薊。因以名」。是以地爲氏。望出內黃。

薑 〔路史〕鄭公族後。

薔 〔路史〕唐堯後有薔氏。

薛 本自黃帝任姓之後。裔孫奚仲居薛。歷夏殷周六十四代爲諸侯。周末爲楚所滅。後遂氏焉。望出河東・新蔡・沛國・高平。見〔廣韻〕。〔吳錄〕「孟嘗君封於薛。秦滅六國而失其祀。子姓遂氏薛」。此與任姓之薛不同。又後魏西方諸部叱干氏。後改爲薛氏。見〔魏書官氏志〕。又有馮姓改薛者。唐之薛懷義。本馮小寶。見〔唐書〕。

薛延陀 匈奴單于賀剌頭之後。與薛部雜居。後滅薛有之。因號薛延陀。姓一利咥氏。見〔唐書〕。

薛孤 代北人。以部落爲姓。見〔北齊書〕。一作薩孤。

薩 出自代北薩孤氏。西域亦有薩氏。徙閩。見〔明史〕。

薩孤 代北姓。見〔魏書〕。一作薛孤。以古薛字作薩也。

薪 夷姓。

褒 夏禹分封之國有褒氏。見〔史記〕。望出興元。又後魏達勃氏改爲褒氏。見〔魏書官氏志〕。一作改爲蹇氏。

襄 〔風俗通〕楚大夫襄老之後。〔廣韻〕「魯莊公子襄仲之後。子孫以謚爲氏」。望出太原。張澍云。左傳齊有襄伊。淮南子楚恭王時有襄微。俱在襄老襄仲之前。是襄姓不始於襄仲襄老也。

襄老 〔路史〕楚有襄老氏。

鼰 音遐。〔丹鉛總錄〕本唐員半千之後。宋百家姓加見作鼰。

謇 即蹇姓。伏羲臣蹇脩。亦作謇脩。

謝 〔姓譜〕「周宣王時。申伯作邑於謝。後爲氏」。望出陳留・會稽。又謝偃之祖孝政。本姓直勒氏。改姓謝。見〔舊唐書文苑傳〕。

謝丘 〔風俗通〕周宣王支子食采於謝丘。因以爲氏。

謙 望出河西。西秦有謙屯。宋有謙開善。

諸 即繇氏。〔潛夫論〕「偃姓後有諸氏」。蓋以諸姓出咎繇也。

谿 〔世本〕「案谿氏之後」。一云。嘗以居於谿谷者爲氏。淮南子劍有谿子。或工作劍者以器爲氏。如干將之類。望出西河。

豳 〔姓苑〕「公劉所邑。以國爲氏」。望出隴西。

賸 〔路史〕鄭公族後有賸氏。

賽 〔統譜〕「南陽有賽氏」。一云。金賽剌之後。

蹇 〔路史〕「太昊臣蹇脩國後。有蹇氏蹇巷氏」。諸姓書均以爲秦蹇叔之後。

蹉 彭濮大酋之姓。見〔唐書段文昌傳〕。一作嵯。又作鑒。

蹋 〔姓氏尋源〕奚厥部有蹋氏。亦或鮮卑蹋頓之後。

輾遲 代北姓。後改爲展氏。見〔魏書官氏志〕。

輿 〔姓考〕「周大夫伯輿之後。以王父字爲氏」。望出河南。又後魏慕輿氏改爲輿氏。見〔魏書官氏志〕。

轅 陳大夫轅濤塗之後。見〔路史〕。望出彭城。

轅絃 即袁絃氏。

邁 明有邁文麟。慈利人。正統中爲江西右參政。

還 〔路史〕「微子後。宋樂大心采桐門。爲還氏」。一云。蕭大夫還無社之後。或曰即儇氏。黃帝之後。望出彭城。

鄸 音蒙。〔姓解〕曹公孫封於鄸。有鄸氏。

醜 後漢有醜長。見〔袁紹傳〕。一云。所醜姓宦以謚爲氏。又或爲醜門氏所改。

醜門 夷姓。西秦錄有將軍醜門子弟。

鍼 音箝。〔姓纂〕陳僖公之孫鍼子。以所食邑爲氏。〔路史〕康叔後。

鍼尹 鍼音斟。即箴尹氏。

鍼巫 魯大夫有鍼巫氏。見〔左傳〕。

鍾 〔辯證〕「鍾儀之爲仕楚。以食邑爲氏」。望出潁川。

鍾丘 〔路史〕紫仲後有鍾丘氏。

鍾吾 〔通志氏族略〕左傳鍾吾子之後。

鍾巫 魯隱公立鍾巫之主。以尹氏爲大夫。賜姓鍾巫。

鍾期 楚官。以官爲氏。見〔淮南子高誘注〕。

鍾離 〔唐書世系表〕「宋伯宗仕晉。爲三郤所殺。子州犂奔楚。食采鍾離。因氏焉」。望出會稽。一云。嬴姓。徐之別號。鍾離與秦同祖。其後因封爲姓。見〔世本〕。

鏃 音族。集韻字作鉃。〔急就篇〕鏃氏。望出彭城。

闔 春秋時有闔與罷。仕楚爲大夫。爲吳子所囚。

闞 見〔姓苑〕。一云。爲大闞者之子孫。以官爲氏。

隰 〔潛夫論〕「齊莊公子廖封於隰陰爲大夫。以爲氏」。望出濟南。

隱 魏安釐王時有隱游。見〔國策〕。三國時有青州人隱蕃。自云魯隱公之後。以謚爲氏。見〔吳志〕。望出北海。

隸 〔姓氏尋源〕「黃帝臣隸首作算數。爲隸姓之始」。望出齊郡。

雖 〔路史〕雖。姞姓之分。又云。卽詩所謂思須與曹者。由聲轉爲雖。

霜〔姓考〕「楚熊嚴子伯霜之後」。望出江陵。又西羌帥有貴霜王。或其後以爲氏。

霞露　漢姓有之。必其家有霞露之瑞。因以爲氏。見〔姓氏尋源〕。

鞠〔姓纂〕「后稷孫鞠陶。生而有文在手曰鞠。因以名之。支裔氏焉」。張澍云。「姓纂說本姓譜。附會不可從。當是以字爲氏」。望出汝南。

韓〔風俗通〕韓之先與周同姓。武子事晉獻公。封於韓原。因以爲氏。〔韋昭國語注〕宣王命韓侯爲侯伯。後爲晉所滅。以爲邑。以賜桓叔之子萬。因爲氏。〔左傳疏〕「韓爲秦滅。復以國爲氏」。一云。「韓氏宜出於昌意之子韓流。故堯時有仙人韓終。望出南陽・潁川。又後魏出大汗氏改爲韓氏。見〔魏書官氏志〕。

韓言〔世本〕晉韓厥生無忌。無忌生襄。襄生子魚。爲韓言氏。〔潛夫論〕韓桓叔之後有韓言氏。

韓信〔姓纂〕韓王信之後有韓信氏。

韓侯〔姓纂〕周宣王錫命韓侯。支孫氏焉。

韓厥〔姓纂〕韓獻子厥支孫以爲氏。

韓褐〔英賢傳〕晉韓厥後有韓褐氏。

韓餘〔世本〕晉韓宣子之後有餘子奔齊。爲韓餘氏。

韓嬰〔潛夫論〕韓桓叔之後有韓嬰氏。

韓籍〔姓纂〕晉韓起之子籍。字叔禽。爲韓籍氏。

騂　見〔姓苑〕。

鬴〔姓苑〕「鬴姓出襄陽」。鬴卽釜字。見〔纂文要〕。蓋以器爲氏。

鮭〔路史〕澄城縣有鮭氏。自云鞮氏。避事改之。

鮭陽　後漢有少府鮭陽鴻。傳孟氏易。通志氏族略作鮭陽。

鮮〔風俗通〕「武王封箕子於朝鮮。因氏焉」。一云。蜀有鮮姓。係鮮于氏所改。望出南安。

鮮于〔辯證〕「系出子姓。殷後。周武王封箕子於朝鮮。支子仲食采於于。子孫因合鮮于爲氏」。望出太原。又定州丁零亦有鮮于姓。見〔魏書〕。

鮮卑　金元時有此姓。鮮卑種落當以此爲氏。

鮮陽　湟中有鮮水。見〔漢書〕。張澍云。居於鮮水之陽者以爲氏。

鮮虞　春秋時小國。晉滅之。子孫以國爲氏。見〔姓纂〕。

鴻〔纂文要〕「帝鴻氏之後有鴻氏」。按尙友錄有鴻安。漢成都人。作嚴君平誄云。無營無欲。澹然淵清。萬姓統譜・四川通志皆同。考東晳補亡詩注。梁鴻安丘嚴平頌曰。無營無欲。澹爾淵清。後漢書梁鴻傳。仰慕前世高士。而爲四皓以來二十四人作頌。是梁鴻爲安丘・嚴君平二人作頌也。安丘。複姓。名望之。前漢成帝時人。見〔嵇康聖賢高士傳〕。文選雪賦注云。鴻安丘嚴平頌。脫梁字。後遂以安丘之安與鴻字連讀。誤爲人名。失之遠矣。

鴻夷〔潛夫論〕「宋微子之後有鴻夷氏」。一作鴟夷。

鴻蒙　夏禹臣有鴻蒙氏。見〔岳瀆經〕。

麋〔姓纂〕「楚大夫封南郡麋亭。因以爲氏」。一云。工尹麋之後。以名爲氏。望出東海・南陽。

麯　見〔姓苑〕。一云。卽麴姓所改。

黜弗　以部落爲氏。後魏太平登國中。遣元儀元虔討黜弗部。黜弗氏後改爲弗氏。均見〔魏書〕。

黜容　代北人姓。〔見魏書官氏志〕。

十八畫

儲〔風俗通〕齊大夫儲子之後。望出河東。

儱〔路史〕周後有儱氏。

儱蒙　羌姓。見〔廣韻〕。

叢　堯時有叢枝。見〔莊子〕。叢姓始此。又相傳漢金日磾之後。遷山東文登縣之叢家峴。遂以爲姓。見〔池北偶談〕。望出許昌。

壘　出中壘校尉之後。以官爲氏。一云。秦後。又〔後趙錄〕「壘澄本姓裴氏。改爲壘」。望出河東。

嫪〔姓氏尋源〕嫪氏。卽壘氏。因事加女。

嶲　杞侯之後有嶲氏。

戴〔姓纂〕「宋戴公之後。以諡爲氏」。望出譙國・廣陵・清河。又〔鼠璞〕殷氏有改爲戴者。以義改也。

擾龍〔風俗通〕陶唐氏之後有劉累。學擾龍。事夏孔甲。賜擾龍氏。

斷〔路史〕姞姓之後有斷氏。〔姓考〕黃帝庶子姞姓之裔封於斷。左傳晉地有斷道是也。後以國爲氏。

檮〔路史〕「八元之後有檮氏」。一云。公檮氏之後改爲檮氏。

歸　胡子國歸姓。爲楚所滅。後以爲氏。見〔世本〕。

歸生〔路史〕蔡仲後有歸生氏。

爵　見〔姓苑〕。一云。漢官有主爵都尉。子孫以其官爲氏。

璧〔路史〕康叔後有璧氏。

甕　明有甕蕙。嘉靖進士。任知府。

瞻　或瞻葛氏所改。莊子有瞻子。

瞻葛〔英賢傳〕有熊氏之後。〔世本〕宋景公時有瞻葛祁。爲大夫。

瞿　商器有瞿父鼎。見〔博古圖〕。蓋以地爲氏。望出松陽・高平。

瞿曇〔姓纂〕西國姓。〔世說注〕僧伽提婆。罽賓人。姓瞿曇氏。〔釋迦譜〕淨飯遠祖。捨國修行。受瞿曇姓。故曰瞿曇氏。

瞿鵠　莊子有瞿鵠子。廣韻引作鸜鵒。以鳥名爲氏。如鳳氏鶡氏之類。

禮〔路史〕「禮氏出康叔後」。一云。

古典禮者之後。以職爲氏。望出平原。
穢 卽授字。見〔姓苑〕。唐武后改授作穢。或爲沮授之後。
簡 〔姓纂〕「出於晉狐鞠居續簡伯」。一云。簡氏出於簡師父。晉有簡叔。其後亦或以爲氏。望出范陽·涿郡。又〔蜀志〕簡雍。本姓耿。因音訛改爲簡。又有檢氏避諱改爲簡者。見〔姓苑〕。
繒 少康子曲列封於繒。是曰繒衍。後有繒氏鄫氏晉氏。見〔路史〕。
繞 以地爲氏。
鐏 〔路史〕「尊盧氏之後有鐏氏」。一作鐏。
翼 〔風俗通〕晉翼侯之後。〔路史〕「郟子後有翼氏」。望出東海。
䌇 音昨。亦音籍。〔李斯倉頡篇〕「䌇地在蜀。亦姓也」。是以地爲姓。
聶 〔急就篇注〕聶本地名。因以爲姓。〔姓纂〕「衛大夫食采於聶。因氏焉」。廣韻韻譜均作楚大夫。望出河東·新安。
職 〔風俗通〕「周禮有職方氏。其後因官爲氏」。望出山陽。
薰 見〔姓苑〕。望出河南。
蘧 〔通志氏族略〕「出自芈姓。楚蚡冒之後有蘧章。食邑於蘧。故以命氏」。望出江陵。按蘧蔿爲一字。蘧氏卽蔿氏。當時史册互易。分爲兩族。參看本書蘧子馮條。
藍 〔竹書紀年〕「梁惠王三年。秦子向命爲藍君」。卽藍田。子孫以地爲氏。望出中山·東莞·汝南。
藍尹 〔通志氏族略〕楚大夫藍尹亹之後。
藏 見〔姓苑〕。南北朝有藏凝之。官尙書左丞。
蟒 武后改中宗王皇后姓爲蟒氏。見〔唐書〕。
蟲 〔路史〕徐偃王後有蟲氏。〔辯證〕「春秋邾國有蟲邑。魯昭公時。宋取蟲。其大夫以邑爲氏」。望出曲成。
蟜 〔國語〕「少典取有蟜氏。生黃帝炎帝。卽蟜極也」。蟜姓出此。〔姓纂〕「出高陽氏玄孫蟜牛之後」。又晉有蟜固蟜疵。爲莊公之族。望出扶風。
謬 〔路史〕燕後有謬氏。
謳 〔路史〕越王無疆之後有謳氏。〔姓譜〕「越大夫謳陽之後」。望出會稽。
豐 〔廣韻〕鄭穆公子豐之後。以王父字爲氏。望出松陽。
豐將 〔潛夫論〕鄭穆公之子各以其字爲姓。有豐將氏。
覽 音帝。漢有中常侍覽惲。見〔漢書王莽傳〕。張澍云。當因不見於行而姓覽。
蹤 〔辯證〕今開封市人有蹤姓。莫知所出。
遂 〔路史〕鄭後有遂氏。
鄘 〔路史〕古鄘國後有鄘氏。鄘卽曠字。〔姓苑〕「廣東南海高安多此族」。望出廬江。
鄾 以地爲氏。〔辯證〕「鄾大夫食采南鄾鄾邑。楚并其地。子孫氏焉」。望出南陽。
蟞 〔路史〕蟞連之後有蟞氏。又云。「燕後有蟞氏」。又與傳通。〔史記孔子世家〕汪罔氏之君守封禺之山。爲蟞姓。〔索隱〕「蟞音傳」。望出隴西。
蟞子 〔世本〕出楚蟞子觀起之後。芈姓。楚有大夫蟞子班。
鎖 與瑣姓同源。宋有鎖政。遂寧人。登政和進士。
鎬 以地爲氏。見〔姓苑〕。
鎮 見〔姓苑〕。一云。當出鎮東鎮西鎮南鎮北將軍之後。
闔 〔路史〕吳後有闔氏。
闕 〔風俗通〕「闕黨童子之後」。一云。傳有闕鞏之甲。或以地爲氏。望出下邳。
闕門 漢有闕門慶忌。見〔漢書儒林傳〕。一云。係居闕門者以爲氏。
闕啜 西域姓。烏質勒之將有闕啜氏。見〔唐書〕。
雙 〔姓纂〕「顓頊之後。封於雙蒙城。因以命氏」。望出天水。又夷姓亦有雙氏。唐時有雙舍。見〔新唐書〕。
雝 〔路史〕雝伯入周後。有雝氏。〔姓纂〕「宋之雝氏本姞姓」。與雍同。
雞 周官有雞人。或其後以爲氏。西夏靑唐族有雞氏。見〔宋史〕。
雞彌沒 倭王妻姓雞彌沒氏。見〔北史〕。
鞠 晉有續鞠居。卽續簡伯。狐氏之族。見〔左傳注〕。子孫或以鞠爲氏。
鞮 音提。〔路史〕出於晉之銅鞮。
題 〔路史〕「東樓公之後」。又漢書功臣表有題侯張富昌。或以縣爲氏。
顏 顏氏所出有二。一。顓頊玄孫陸終第五子曰安。周武王封其苗裔於邾。後邾武公名夷父。字曰顏。公羊傳謂之顏公。後遂爲顏氏。見〔陳留風俗傳〕。一。魯伯禽支子有食采顏邑者。因以爲氏。望出瑯邪。見〔王儉姓譜〕。
顏成 〔辯證〕曹姓邾婁之後有諡成者。其後以爲氏。
顏盞 金姓。望出隴西。
顓 〔姓纂〕「顓帝之後。或顓臾之後」。望出濟陽。
顓玉 帝高陽氏。黃帝之孫。後有顓玉氏。見〔通志氏族略〕。
顓孫 〔風俗通〕「陳公子顓孫仕晉。子孫氏焉」。孔子弟子顓孫師。當爲其後。望出汝陽。
顓臾 〔通志氏族略〕風姓伏羲氏後。封顓臾。爲魯附庸國。子孫以國爲氏。

顓渠 匈奴有此姓。見〔漢書匈奴傳〕。

顓頊 〔姓考〕〔高陽顓頊之後〕。宋有顓頊自愿。

雝 〔路史〕武丁季父甍侯之後有雝氏。

騈 齊有騈邑。或取邑名爲氏。

騏 春秋時有楚將騏瘠夫。見〔渚宮舊事〕。漢有騏侯國。屬河東郡。見〔漢書地理志〕。騏或以地爲氏。

騎 春秋時主騎之官。子孫以爲氏。

魏 畢公高後畢萬爲晉大夫。封魏。以國爲氏。見〔史記〕。望出鉅鹿。任城。又芈姓改魏者。秦之穰侯魏冉是也。亦見〔史記〕。又宋之魏了翁。本高氏。見〔宋稗錄〕。

魏彊 〔姓纂〕魏武子支孫莊子快生彊。爲魏彊氏。

鵝治 姓。見〔路史〕。

䳘 〔統譜〕〔河南鄭州有䳘氏〕。一云。爲榮駕鵞之後。

鶡 鶡氏望出東海。見〔通志氏族略〕。張澍云。取鳥名以爲姓。如鳳氏鵰氏鵬氏雞氏之類。又鶡。曲沃地。詩所云從子于鶡。或有以地爲氏者。

鼂 〔風俗通〕衞大夫史鼂之後。〔通志氏族略〕〔鼂亦作晁。又作朝。周景王子王子朝之後〕。望出南陽。

鼬 〔山海大荒南經〕有國曰顓頊。生伯服。食黍。有鼬姓之國。

十九畫

疆 〔路史〕〔越王無疆之後〕。望出天水。

寵 見〔姓苑〕。五代時有寵令圖。爲中門使。

廬 〔風俗通〕〔古廬子國。後有廬氏〕。以地爲氏。望出頓丘。

懷 〔路史〕微子後有懷氏。一云。無懷氏之後。又懷。楚國姓。漢高帝徙齊楚大族昭氏屈氏景氏懷氏田氏五姓關中。見〔漢書高帝紀〕。望出河內。

曠 〔風俗通〕師曠之後。〔路史〕〔曠郎鄺字。鄺。古國〕。是以國爲姓。

櫟 〔路史〕范文子燮。能穆宗族。受邑栒櫟。故有栒氏櫟氏。

櫟陽 〔風俗通〕後漢景丹封櫟陽侯。曾孫汾避亂隴西。因封爲氏。

瀛 見〔姓苑〕。一云。以地爲氏。瀛州卽鄭州。今之河間。

瀧 〔姓氏尋源〕瀧。古無此姓。今鎭遠府有之。或係龍姓加水。或卽以瀧水爲氏。

璽 明有璽書。見〔姓譜〕。一云。爲符璽郎者之後。以官爲氏。

疇 疇國之後。見〔韋昭國語注〕。一云。任姓。仲虺之後。見〔史記正義〕。望出會稽。

禰 父廟爲禰。此從父而別姓也。望出平原。又百濟國有禰姓。見〔唐書〕。

積 東周大夫有積叔。惠王使與桃子出狄師。見〔左傳〕。當爲積氏所出。

藺 〔姓氏尋源〕呂氏春秋云。邯鄲以壽陵困於藺氏。而衞取藺氏。是姓有藺氏。邑以人姓爲名。

繳 黃帝時有繳父。繳姓始此。

繹 〔路史〕小邾子後有繹氏。又云。楚公族有繹氏。

繡 漢書游俠傳有馬嶺繡君賓。

羅 〔世本〕〔羅。熊姓〕。一云。祝融之後。妘姓。〔廣韻〕〔本自顓頊末胤。受封羅國。子孫以爲氏。望出豫章。長沙〕。又後魏破多羅氏斛瑟羅氏叱羅氏皆改爲羅氏。見〔魏書官氏志〕。

羅多 〔太平寰宇記〕。羅多水在務川縣東八十里。羅多。獠姓也。

羅侯 〔通志氏族略〕羅君之後。支孫氏焉。其國在宜城山中。後遷枝江。晉中山王司馬服妃。蜀郡羅侯氏。

藝 周公次子仲桓之後。望出河東。

藥 〔路史〕〔姜姓後〕。望出河南。又爲夷姓。華陽國志有巴夷藥何。又西夏亦有藥氏。

藥勿葛 回紇九姓。八曰藥勿葛氏。見〔唐書〕。

藥葛羅 回紇姓藥葛羅氏。見〔唐書回鶻傳〕。

藩 〔路史〕畢公高之後有藩氏。

蟻 卽蛾姓。望出河東。

譙 周召公奭子盛封譙侯。子孫因以爲氏。見〔李利涉盛氏譜〕。望出巴西。譙國。

譚 周有譚國。齊桓公滅之。譚子奔莒。子孫以國爲氏。又巴南大姓有譚氏。盤瓠之後。並見〔姓譜〕。望出弘農。

繺 音戀。漢有繺祕。爲南郡太守。見〔姓苑〕。一云。北地郡有參繺。或以地爲氏。

贊 以官爲氏。一云。相馬贊君之後。又南詔亦有此姓。有判官贊衞。見〔十國春秋〕。

䣛 䣛父之後。見〔困學紀聞〕。望出河南。

邊 宋平公公子戌。字子邊。其後爲邊氏。見〔陳留風俗傳〕。望出陳留。金城。

鏡 漢有河內令鏡斂。後唐同光中有滕臣鏡新磨。見〔姓苑〕。一云。指器爲姓。如杯氏鬴氏硯氏之類。

鏤 漢有鏤方縣。屬樂浪郡。見〔漢書地理志〕。當以地爲氏。〔姓苑〕〔今遼東有此姓〕。望出遼東。

關 〔姓源〕〔夏臣關龍逢之後〕。望出隴西。東海。

關其 周有關其思。爲鄭武公所戮。見〔史記韓非傳〕。

關龍 〔通志氏族略〕夏桀忠臣關龍逢之後。〔路史〕關龍逢。高陽氏之後。

隴 〔姓苑〕〔宣城人有此姓〕。宋史有隴楼。蓋以隴逵部爲姓。〔夷堅志〕青唐羌㖿氏之孫𪘏䕵。崇寧中賜姓名曰趙懷德。〔姓觿〕「今四川鑾芒部士知府。皆𪘏氏世襲」。望出天水。

離 黃帝時明目人離婁之後。見〔路史〕。望出平昌。

雛 漢靈帝時有烏桓大人雛樓。見〔漢書烏桓傳〕。是烏桓有雛氏。

龐 〔周書世俘篇〕「武王伐龐及陳」。後當以國爲氏。望出西平。又羿幵豪有龐氏。見〔漢書趙充國傳〕。

龐父 漢有龐父樂陽。

韻 〔路史〕「楚公族有韻氏」。〔姓氏尋源〕「均字。卽古韻字。古掌五音之官。以均爲氏。後轉爲韻氏」。望出齊郡。

顛 〔姓纂〕「周臣太顛之後」。又顛軨。虞地。後爲晉地。見〔左傳〕。故晉有顛姓。望出絳郡。

類 〔路史〕「青陽取干類氏。生少昊。後有類氏」。望出高密。

類犴 史記梁孝王世家有類犴反。索隱。反字或作友。

騶 〔姓解〕季騶之後有騶氏。

鬷 出自董姓。鬷夷氏之後。望出滎陽。

鬷夷 祝融後董父事舜。舜賜姓曰董氏。封諸鬷川。鬷夷氏其後也。見〔左傳〕。

鵲 三城胡酋之姓。見〔魏書〕。

麗 〔姓苑〕晉匠麗之後有麗氏。〔路史〕「姜姓後有麗氏」。望出河東。

麗山 歸藏易有麗山氏之子鼓。春秋時有酈山氏。卽麗山氏。

麗飛 卽荔菲氏。亦作利非氏。西羌姓。

麴 〔路史〕晉後有麴氏。〔姓纂〕「漢有鞠譚生閎。避難湟中。因居西平。改姓麴氏」。望出吳興。

龎 周文王子畢公高後。封於龎。因氏焉。望出南安·南陽。見〔廣韻〕。

二十畫

嚴 〔通志氏族略〕「本芈姓。楚莊王後。以謚爲氏。避漢明帝諱改爲嚴。魏晉之際。有復本姓者。故有莊嚴二氏」。望出天水·馮翊·華陰。

壤 〔姓纂〕「堯時壤父之後」。一云。孔子弟子壤駟赤之後。以壤駟赤之壤爲單姓。望出上邽。

壤駟 孔子弟子有壤駟赤。家語英賢傳。皆以壤駟爲複姓。望出京兆。

孅 古善御者孅阿之後。望出汝寧。

夔 〔姓譜〕「芈姓國。熊繹六世孫熊摯有疾。自棄於夔。其子孫有功。王命爲子。後以國爲氏」。望出京兆。

寶 見〔姓苑〕。後漢光武時有寶忠。望出丹陽。

懿 〔風俗通〕「齊懿公之後」。路史引云齊懿公妾之後。又晉陳衞皆有懿氏。並見〔左傳杜注〕。望出齊郡。

攘 〔路史〕攘。嵬姓。卽穰也。今鄧之穰縣。

獻 〔風俗通〕晉獻公之後。〔唐盧若虛刻石記〕「齊太公之後有獻氏」。望出河東。

獻丘 以地爲氏。

矍 〔禮記〕「孔子射於矍相之圃」。矍姓當出此。望出齊郡。

竇 〔風俗通〕「夏帝相遭有窮氏之難。其妃方娠。逃出自竇。而生少康。其後氏焉」。望出扶風·觀津·河南。一云。古地以竇名者甚多。竇氏必以地爲氏。又氐有竇氏。氐王曰竇茂。見〔魏志〕。

竇公 〔風俗通〕魏文侯時樂人竇公之後。

籍 〔通志氏族略〕「晉大夫荀林父孫伯黶。司晉之典籍。以官爲氏」。一云。上邽有籍水。衞地有籍圃。或以地爲氏。望出廣平。

籍丘 〔姓纂〕左傳齊大夫籍丘子鉏之後。〔路史〕籍丘。炎帝之後。

繻 音須。鄭成公兒繻之後。見〔姓纂〕。

繼 宋儒有繼賢。廣安人。

纂 〔姓苑〕「義與人有此姓」。一云。爲史官纂述者之後。

罌 〔路史〕畢萬之後有罌氏。

羺羊 見〔四分律〕。以羊名爲氏。

藺 〔通志氏族略〕「姬姓。晉韓厥玄孫曰康。仕趙。食采於藺。因以爲氏」。望出中山·華陰。

蘄 〔姓苑〕「蘄春侯之後。以國爲氏」。望出弘農。

蘆 後魏莫蘆氏後改爲蘆氏。見〔魏書官氏志〕。

蘇 祝融後。昆吾之子封於蘇。因氏。周司寇。後以爲氏。望出扶風·武邑·武功。又出藍田·洛陽。又遼東烏桓有蘇氏。見〔漢書〕。通志氏族略引魏書官氏志。後魏拔略氏改爲蘇氏。按今官氏志無此文。

蘇拔 鮮卑有蘇拔氏。見〔後漢書南匈奴傳〕。

蘇毗 女國世以女爲王。姓蘇毗。見〔北史西域傳〕。

蘇農 西羌有蘇農氏。見〔唐書〕。

蘇色匿 西域大宛王姓。見〔漢書西域傳〕。

覺 見〔姓苑〕。

觸 紂臣左師曹觸龍之後。戰國時趙有觸龍·觸舒祺。望出齊郡。

酃 音零。見〔姓苑〕。酃邑在楚。以地爲氏。

酁 音讒。〔路史〕「宋微子後」。按左傳。宋皇瑗之子欒奪其兄酁般田以與田丙。酁般名般。食邑於酁。是以地爲氏。

釋 〔廣韻〕釋。姓也。〔通志氏族略〕悉達太子成道姓釋。〔姓氏尋源〕晉沙門道安說佛氏釋迦。今爲佛子。宜從佛姓。請皆姓釋。

釋利 占城國王姓釋利。名因德縵。見〔南史〕。

鐂 與畱通。詩。彼畱子嗟。毛傳云。「畱。大夫氏」。畱蓋周大夫采邑。因氏焉。宋有修職郎鐂文讜。一說。鐂乃劉之訛字。

鐔 音尋。以地爲氏。〔通志氏族略〕「鐔望出廣漢。今蜀中有此姓。訛呼爲蟳」。三國志有鐔承。

闞 音瞰。齊邑。魯昭公在乾侯取闞是也。齊大夫食采者氏焉。望出天水・會稽。

露 姜姓之後。見〔史記三皇紀〕。漢有上黨都尉露平。

鄝 音劉。古國名。已姓。左傳有鄝叔安。杜注。鄝。國名。叔安。君名。後以國爲氏。望出鉅鹿。

飂叔 〔路史〕飂叔安之後有飂叔氏。

飄 明有飄雄。太和人。正德中爲長陽尉。

騫 〔風俗通〕「魯閔損子騫之後。其孫文以王父字爲氏」。望出濟陽。

騰 本滕氏。避難改爲騰。見〔困學紀聞〕。

騶 〔史記〕越王句踐之後。〔路史〕「小邾子後」。望出范陽。

騶馬 國語有齊大夫騶馬繻。當以職爲氏。

鶡冠 〔風俗通〕「鶡冠氏。賓〕。以鶡冠爲姓」。按鶡性健鬬。故以其羽飾武士冠。楚人有鶡冠子。見〔漢書藝文志〕。其後當以爲氏。或亦作褐冠。

黨 音掌。魯大夫有黨氏。周公族之後。見〔左氏釋例〕。望出馮翊。

黥 漢英布少時以罪被黥。後遂爲黥氏。見〔通志氏族略〕。

二十一畫

囂 〔世本〕玄囂之後。〔路史〕帝嚳後有囂氏。又云。楚有囂氏」。一云。囂卽敖。地名。在陳留。蓋以地爲氏。

囂尹 〔姓源〕「楚大夫囂尹之裔。因氏」。周有囂尹喜。見〔續通志氏族略〕。

攝 春秋齊地。晏子曰。聊攝以東。今聊城東北有故攝城。是以地爲氏。又楚有攝叔。亦見〔左傳〕。望出楚郡。

蠡 〔急就篇註〕「蜀有蠡氏。世傳嚴君平易」。望出蜀郡。

灌 〔風俗通〕「古諸侯斟灌氏之後。子孫氏焉」。望出睢陽。

灌檀 〔路史〕「齊後有灌檀氏」。檀當作壇。以邑爲氏。

甗 〔路史〕齊後有甗氏。

纈那 以地爲氏。見〔魏書官氏志〕。

續 〔姓纂〕舜七友有續身。其後爲氏。〔姓譜〕晉大夫狐鞫居。食采於續。號續簡伯。後以爲氏」。望出河東・襄陽・雁門。

續祈 〔姓纂〕姬姓。晉隰叔之後。與士氏同族。祈奚舉子午自代。父子相續爲政。因氏焉。〔路史〕由祈易續爲續祈氏。

纍 〔風俗通〕「纍祖之後。或爲纍氏」。望出晉陽。

纏 漢有纏子。著書。見〔漢書藝文志〕。

蘖 〔姓苑〕蘖。今東莞人。本姓薛。避仇改爲蘖氏。

灑 以邑爲氏。望出黎陽・汲郡。

蘭 〔通志氏族略〕「鄭穆公名蘭。支庶以王父名爲氏。後漢書南匈奴國姓有蘭氏」。又烏落蘭氏改爲蘭氏。見〔魏書官氏志〕。

覽 〔路史〕彭祖之後有覽氏。望出彭城。

譴 〔姓苑〕「譴氏。遼東人」。一云。以獲譴而得氏。如辜氏救氏赦氏之類。

譽 晉有譽辨。爲平原太守。

護骨 高車種有護骨氏。見〔魏書〕。一作紇骨氏。

護諾 後魏西河胡人有此姓。見〔北史〕。

辯 〔姓氏尋源〕下辯。地名。在武都。當以地爲氏。漢有辯武・辯買。

[illegible] 音攝。春秋齊地。以邑爲氏。望出河東。

酆 周文王第十七子酆侯之後。見〔姓纂〕。望出京兆。

鐵 〔世本〕鐵氏。子姓。又云。「鐵衛地。在戚城。或以地爲氏」。望出淮南。

鐵力 明有鐵力必失。爲鴻臚寺序班。見〔續通志氏族略〕。

鐵弗 鐵弗劉武。南單于苗裔。居新興。北人謂父爲鮮卑。母爲鐵弗。因以號爲氏。後武曾孫勃勃稱夏王。恥姓鐵弗。遂改赫連氏。見〔北史僭僞附庸傳〕。

鐵伐 赫連勃勃既改姓赫連氏。又號其支庶爲鐵伐氏。言其剛銳如鐵。皆堪伐人。見〔北史〕。

鐸 〔路史〕「齊太公之後」。一云。以官爲氏。或以地爲氏。望出絳州。又姚州夷亦有鐸氏。見〔唐書〕。

鐸遏 晉大夫有鐸遏寇。當爲鐸遏氏所自出。

霸 〔路史〕豕韋之後有霸氏。

顥 與昊皓通。〔姓譜〕顥姓出西方。

顧 〔唐書宰相世系表〕「出己姓。顧伯。夏商侯國。成湯伐韋顧。顧之子孫散亡。以邑爲氏」。一云出姒姓。越王句踐之支庶。封於顧邑。子孫遂氏焉。世爲吳著姓。望出武陵。

飀 〔路史〕飀叔安之後有飀氏。

饒 戰國時齊大夫有食采於饒者。子孫以邑爲氏。見〔姓氏辯證〕。望出平陽、臨川。

鶴　〔姓氏尋源〕今之鶴姓。出於元鶴壽之後。

鶻也　見〔複姓錄〕。即鶻野氏。按通志氏族略既列鶻也氏，又列鶻野氏。張澍云。分爲二姓者誤。鶻也作鶻野。猶賀也頭作賀野頭耳。

鶻屈　〔唐書突厥傳〕都射施大會有鶻屈姓。

鶻突　代北人姓。見〔魏書〕。

鶻提悉補野　〔太平寰宇記〕「教野至今號其主曰贊府。貴臣曰主簿。或云始祖贊普，自云天神所生。號鶻提悉補野。因以爲姓」。唐書吐蕃傳作鶻提勃悉野。按教野即勃野。爲補野之音轉。

鬶　〔姓源〕「衛大夫食采於鬶桑。後因氏」。望出楚郡。

二十二畫

囊　出楚莊王公子貞。字子囊。其孫囊瓦。字子常。爲令尹。以王父字爲氏。又齊亦有囊氏。囊帶是也。均見〔通志氏族略〕。望出楚郡。

孋　國名。以國爲姓。見〔通志氏族略〕。一云。與驪同。

攢　以地爲氏。〔左傳杜注〕脩武縣西北有攢城。

權　顓頊後。楚武王使鬬緡尹權。後以爲氏。見〔廣韻〕。一云。出子姓。

商武丁裔孫封於權。後以爲氏。見〔唐書世系表〕。望出天水。

歡斯　流求國王姓歡斯。見〔太平寰宇記〕。

穰　〔風俗通〕田穰苴。諸田之後。穰所食之邑。因以氏焉。〔路史〕「楚有穰氏。以邑爲姓」。望出上郡。

籛　彭祖姓籛。名鏗。陸終氏之子。見〔姓苑〕。望出彭城。

糴　〔路史〕陳封黃帝後有糴氏。春秋時晉國有此姓。見〔左傳〕。

聽　見〔姓苑〕。

蘬　〔路史〕吳後有蘬氏。又云。鄭公族後亦有蘬氏。

鼙　〔風俗通〕賨人七姓有鼙氏。

酇　音贊。又音鹺。地在南陽。以地爲氏。見〔姓苑〕。望出潁西。又南詔亦有此姓。即鄭嵋是。見〔唐書〕。

酈　音歷。〔姓譜〕「夏禹封黃帝子孫於酈。後以爲氏」。望出新蔡。

酈山　〔路史〕「仲衍孫戎胥軒之妻。酈山氏也。蓋即酈侯」。一云。即驪山氏。亦作麗山氏。

鑄　〔左傳〕臧宣叔娶於鑄氏。〔風俗通〕鑄國。堯後。〔呂氏春秋〕「周武王封黃帝之後於鑄」。望出濟北。禮傳鑄皆作祝。鑄祝古音通。

鑒　〔路史〕甘昭公之後有鑒氏。

龢　音萬。〔廣韻〕「梁四公子龢杰之後」。龢杰。天齊人。見〔文昌雜錄〕。

號爨　梁武陵王蕭紀舉兵反。敗後。有司請絕屬籍。元帝賜姓號爨氏。見〔南史〕。

鬻　羋出羋姓。祝融之後。周文王師鬻熊受封於楚。後因爲氏。見〔通志氏族略〕。望出南康。

龔　〔姓纂〕共工後有共龔二氏。〔姓譜〕「龔之先共氏。避難加龍爲龔」。望出武陵。

二十三畫

攣鞮　匈奴單于姓攣鞮氏。見〔史記〕。後漢書作虛連題氏。亦作虛連提氏。

欒　晉靖侯孫欒賓。食采於欒。因爲氏。見〔世本〕。又姜姓亦有欒氏。齊惠公子堅。字子欒。子孫以字爲氏。見〔姓觿〕。望出西河、魏郡。

瓚　〔蠻蜀餘聞〕「真定人有瓚姓」。一云。當係贊氏。因事加玉爲瓚氏。

蠭　〔路史〕逢伯陵之後。有逢氏蠭氏。

蠭逢　史記有曲成侯蠭逢。漢表作蠱逢。是蠭姓古有之。

鑠　爲鑠子氏所改。

鑠子　〔世本〕陳桓公生昭子來將。孫畢爲鑠子氏。

鑢　〔通志氏族略〕「音慮。又音盧。楚大夫有鑢金」。當以職爲氏。望出江陵。

靐　〔姓氏尋源〕「黃帝次妃有方靁氏。後有靁氏儡氏纍氏。又作累、傫、嫘、靁」。按史記索隱作方雷氏。靁

雷古今字。

顯　〔風俗通〕「周卿士顯甫之後」。望出河南。

驌　〔姓苑〕「驌。呼朗切。溫州有之」。一云。驌即驌字。東南夷驌僚。隋時封和義王。或其後以爲氏。

鱗　〔潛夫論〕鱗。子姓。〔姓源〕「宋公子鱗之後」。宋大夫有鱗矔、鱗朱。見〔左傳〕。望出彭城。

二十四畫

羈　〔路史〕祭仲之後。

衢　江陵人有衢氏。見〔姓苑〕。當以州名爲姓。望出江陵。

贛　即貢氏。漢有贛遂。見〔漢書朱博傳〕。

贛婁　周時有贛婁子。見〔續通志氏族略〕。

鑪　楚國有此姓。釋文鑪本作鑪。即鑪字。見鑪字注。

靄　明有土司靄翠。爲苗部陶畫之後。見〔明一統志〕。

靈　〔姓考〕古有靈國。齊七友有靈甫。爲其後。〔路史〕姜姓後有靈氏。〔辯證〕宋公子圍龜字子靈。其後不㩁爲左師。以王父字爲氏。又晉有靈輒。見〔左傳〕。望出河南。

靈姑　越王餘善後有靈姑氏。〔左傳〕靈姑浮以戈擊闔閭。傷將指。

鬬　黃帝臣有鬬苞。按規。當爲鬬氏之始。〔春秋人譜〕鬬出羋姓。楚若敖

娶邧氏女。生伯比。別爲鬭氏。望出江陵。

鬭于 見〔姓苑〕。楚鬭穀於菟之後。

鬭文 〔姓纂〕楚若敖生鬭子文。因氏焉。

鬭比 〔英賢傳〕鬭伯比孫耆仕晉。因以爲氏。

鬭乳 卽鬭穀於菟之後。

鬭門 〔路史〕舜後有鬭門氏。〔世本〕陳鬭父之後。楚大夫有鬭門陽。

鬭班 〔世本〕楚若敖鬭彊生班。因氏焉。

鬭耆 〔世本〕芈姓。〔英賢傳〕鬭伯比之孫鬭耆仕晉。因氏焉。

鬭穀 楚鬭穀於菟之後。

鬭彊 〔世本〕若敖生鬭彊。因氏焉。

鱣 〔姓考〕黃帝臣鱣先之後。

鹽 出自齊毋鹽大夫之後。望出北海。又或掌鹽池者之子孫以爲氏。

鼈 〔揚雄蜀本紀〕「荆人鼈令尸亡。隨江至郫。與望帝相見。望帝以爲相而禪國。號曰開明」。一作鼈靈。爲鼈姓之祖。〔池北偶談〕壽光有鼈姓。

二十五畫

蠻 〔通志氏族略〕芈姓荆蠻之後。因氏焉。

觀 〔左傳〕「夏有觀扈」。觀爲夏同姓之諸侯國。卽國語之五觀。國滅後氏焉。望出魏郡。

釁 〔姓氏辯證〕「釁氏出晉宗人釁夏之後」。一云。釁祭也。殺牲以血塗鼓曰釁。太史掌釁龜。或太史之後。取此爲氏。望出武都。

二十六畫

驢 〔池北偶談〕「河北有此姓」。一云。係元人狗驢買驢之後。

二十七畫

犨 〔風俗通〕「晉大夫郤犨之後」。望出陳留。一云。古州犨字通。犨姓卽州姓。

二十八畫

驩 驩兜之後。

二十九畫

爨 國策魏有爨襄。當爲爨氏之始。又爨爲南夷著姓。以國爲氏。昌寧大姓有領軍爨習。見〔華陽國志〕。建寧大姓有交趾刺史爨琛。見〔蜀錄〕。望出晉昌。

驪 〔姓苑〕驪。戎國之後。〔路史〕「驪連氏之後」。望出新豐。

鬱 〔姓苑〕「鬱氏出太原。與蔚姓通」。一云。禹師有鬱華。是鬱姓由來已久。上古仙人有鬱林。見〔宋玉高唐賦〕。

異名表

略例

一本編所錄。以本書所收諸人之字號較習用者爲限。

一字號之外。以官稱以地稱以封謚稱者。亦擇要綴錄。

一特著之人名。往往有稱名而不及姓者。如相如．了翁之類。本編擇尤錄入。

一遼金冠姓諸人。史文恆僅稱其名。如耶律乙辛之稱乙辛。朮虎高琪之稱高琪之類。本編亦兼及之。

一其人以別號著稱。而姓氏轉不顯者。如一壺先生．八大山人之類。已從其別號。收入正書。本編不復列入。

一畫

一如居士 清弘昕
一拂居士 宋鄭俠
一峯 元黃公望
清康呂賜
一峯山人 清吳晉元
一峯先生 元鍾柔
明羅倫
一笑居士 元張昱
一梅先生 宋蔣重珍
一衲 清阮濬
一菴 明王棟 清彭瓏
一菴先生 明唐樞
明錢春沂
一舒 明劉陽
一陽 明謝復
一愚 元子賢
一瓢 清翁森
清薛生白
一齋 明朱善 明婁諒
明陳第 清晏斯盛
乙辛 遼耶律乙辛
金完顏秉德

二畫

丁戊山人 明傅汝舟
丁將軍 漢丁寬
七松處士 唐鄭薰
七星居士 明劉溥
七省翁 宋劉玶
七薌 清改琦
九江 唐葉一源
九江先生 清朱次琦
九成 明陶宗儀
九沙 清萬經
九谷 清方殿元
九峯先生 宋區仕衡
宋蔡沈
九峯道人 明徐霖
九匏道人 清黃中理
九梅居士 清孫延
九華 宋員興宗
九華山人 後梁杜荀鶴
九華先生 南唐宋齊丘
九溪 清王文清
九龍山人 明王紱
九龍山樵 明朱邦
九鎖山人 宋鄧牧
九靈山人 元戴良
了凡 明袁黃
了翁 宋何時
宋魏了翁 宋陳瓘
了葊 清王岱
了齋 宋鍾宏
了齋先生 宋陳瓘
二水 明張瑞圖
二田 清計光炘
二石居士 清周寶偀
二曲先生 清李顒
二岑 清馬嗣煜
二酉 清姜紹書
二亭 清朱篔
二泉先生 明邵寶
二泉寓客 清王澍
二祖 後魏慧可
二銘 清翁心存
二樹 清童鈺
二瞻 清查士標
二癡 清王玖
人屋 明八大山人
人瑞 清金聖歎
人齋 清祝淦
人齋先生 宋胡一桂
八一道人 明任道遜
八行先生 宋史詔
宋徐中行
力田 清潘檉章
十桐 清李懷民
十洲 明仇英
十郎 唐李益 清李漁
十二郎 唐韓老成
十蘭 清錢坫
厂隱山人 清王玉璋
又陵 清徐石麒

三畫

三外野人 宋鄭思肖
三白和尚 唐元慧
三立 清上官鉉
三車和尚 唐窺基
三保太監 明鄭和
三原 明王恕
三祖 隋僧粲
三無道人 清李封
三溪 元林廣發
三經處士 宋易充
三儂 清汪价
三閭大夫 戰國楚屈原
三橋 明文彭
三藏法師 唐玄奘
三嬾 梁劉令嫻
三顧隱客 宋蕭楚
上元弟子 清陳書
上生 明秦㷜
上均 清姜兆錫
上清外史 元薛玄曦
上蔡 宋謝良佐
下賢 唐沈亞之
个亭和尚 清陳梁
久軒 宋蔡抗
久庵 明黃綰
于山 清于成龍
于岡 清趙起
于庭 清宋翔鳳
于湖居士 宋張孝祥
于鱗 明李攀龍
兀不喝 金完顏兀不喝
兀朮 金完顏宗弼
兀厓 明霍韜
兀典 金徒單兀典
兀涯 明張邦奇
凡民 清沈鳳
千子 明艾南英
千石道人 清周世德
千里 晉阮瞻
千家奴 金獨吉思忠
清顧廣圻
士元 蜀漢龐統
士安 唐劉晏
士行 晉陶侃
士伯 春秋晉先蔑
士宗 梁阮孝緒
士賢 明陳選
士衡 晉陸機 元張衡
士選 明熊卓
士龍 晉陸雲
宋薛季宣
士齋 明鄒養貞

大土 明陳際泰
大中 漢東方朔
宋呂本中
大井逸人 清王維珍
大毛公 漢毛亨
大令 晉王獻之
大可 明朱維京
清毛奇齡
大可山人 清李觀
大石 宋德宗
大石先生 明顧元慶
大年 宋馬永卿
大宋 宋宋庠
大迂山人 宋俞德鄰
大防 宋樓鑰
大匡 明李承箕
大呪師 北涼曇無讖
大和卓木 清博羅尼都
大宗 清杭世駿
大明 宋僧寶
大明禪師 唐懷讓
大律禪師 唐玄素
大春 後漢井丹
大家 後漢班昭
大徐 宋徐鉉
大夏侯 漢夏侯勝
大寂禪師 唐道一
大樗山人 清陳詩
大紳 明解縉
大通禪師 唐神秀
大悲和尚 唐神會
大智禪師 唐懷海
大隱先生 宋滕枋
大同禪師 唐寶祐
大洮翁 宋任中師
大愚 宋呂祖儉
大經 明李經綸
大達法師 唐端甫
大慈 唐寰中
大滌子 清石濤
大滌山人 清徐國祥
大滿禪師 唐弘忍
大鄣山人 明吳子玉
大慧禪師 唐一行
唐懷讓 宋宗杲
大器 明張鼎
大錯 清錢邦芑
大隱翁 宋朱翼中
大隱山人 明朱載堉
大隱先生 宋楊適
大隱居士 宋田闢
大戴 漢戴德
大醫禪師 唐道信
大癡道人 元黃公望
大蘇 宋蘇軾
大覺禪師 清通琇
大瀛洞主 明王翃
大癯先生 明程邦賢
大鑑禪師 唐慧能
女齊 春秋晉女叔齊
女寬 春秋晉女叔寬
女登歎 金石盤女登歎
子上 戰國衞孔白
宋鄭可學
子久 元黃公望
子大 清沈起元
子山 北周庾信
子才 北齊邢劭
明魏校 清袁枚
子中 宋林希
子仁 明林春
子公 春秋鄭公子宋
漢陳湯 後漢薛漢
子升 明徐階
子反 春秋楚公子側
子太叔 春秋鄭游吉
子文 春秋楚鬭穀於菟
宋邵伯溫
子方 宋金若洙
宋黃裳 明王縉
清陶樸
子木 春秋楚屈建
明蔡汝楠
子步 漢呂倚
子布 三國吳張昭
子平 後漢向長
宋章衡 元陳謙
子犯 春秋晉狐偃
子玄 晉郭象
唐劉知幾
子玉 春秋楚成得臣
後漢崔瑗
子田 清任大椿
子由 宋蘇轍
子皮 春秋鄭罕虎
子石 春秋楚公孫龍
春秋鄭印段
子充 宋周必大
明王褘
子光 明杜惟熙
子夷 宋范正平
子安 唐王勃 宋楊畏
子有 春秋魯冉求
春秋魯有若
南齊何求 元張九思
子羽 春秋魯澹臺滅明
春秋鄭公孫揮
子西 春秋楚公子申
春秋楚鬭宜申
子初 蜀漢劉巴
子成 明孟秋
清曹繩祖
子我 春秋魯宰予
春秋齊闞止
子罕 春秋宋樂喜
子京 宋宋祁
明項元汴
子固 宋曾鞏
宋趙孟堅
子孟 漢胡建 漢霍光
子居 清惲敬
子房 漢張良
子昂 三國魏邢顒
元趙孟頫
子政 漢劉向
子直 宋趙汝愚
明徐樾
子長 春秋齊公冶長
漢司馬遷 元張樞
明李孔修
子青 清張之萬
子厚 唐柳宗元
宋張載 宋章惇
宋黃銖
子建 三國魏曹植
子思 春秋魯孔伋
春秋魯原憲 漢平當
南齊何憲 宋李舜臣
宋蔡齊
子昭 宋陸九皋
子畏 明唐寅
子相 明宗臣
子約 宋呂祖儉
子美 唐杜甫
宋陸九韶 宋蘇舜欽
元鄭玉
子若 春秋魯漆雕開
子貞 清何紹基
子重 宋石墩
子夏 春秋衞卜商
漢孔光 漢杜欽
漢杜鄴 漢萬章
漢郭彭祖
子家 春秋鄭公子歸生
春秋魯東門歸父
春秋齊析歸父
春秋齊慶封
子容 春秋魯南宮括
子展 春秋鄭公孫舍之
子恭 宋何基
子桑 春秋秦公孫枝
子溫 宋戚綸
子真 漢梅福
子純 元王科
子素 元潘純
子羔 春秋衞高柴
子荊 晉孫楚
子貢 春秋衞端木賜
子高 春秋楚沈諸梁
戰國孔穿
子偲 清莫友芝
子將 後漢許劭
子常 春秋楚囊瓦
子康 後漢卓茂
子庸 明李中
明耿定理
子張 春秋衞琴牢
春秋陳顓孫師
宋姚闢
子淵 春秋魯顏回

漢王褒 北周王褒
子產 宋傅夢泉 春秋鄭公孫僑
春秋魯冉季
後漢唐檀
子祥 清張熊
子野 春秋晉師曠
宋馬從先 明陳芹
宋張先(博州人)
宋張先(烏程人)
子陵 後漢嚴光
子魚 春秋衛史鰌
春秋宋目夷
三國魏華歆
子傳 明吳與弼
子卿 漢蘇武
子期 春秋魯巫馬施
春秋楚鍾子期
子楨 明王時槐
晉向秀
子淵 清邵長蘅
子游 春秋吳言偃
漢鄭崇
子華 春秋魯公西赤
子虛 明孫樓
子開 春秋衛琴牢
宋曾肇
子雲 漢谷永 漢終軍
漢揚雄
子幹 後漢盧植

子敬 三國吳魯肅
晉王獻之 明婁樞
子源 後漢臧洪
子猷 晉王徽之
子瑜 三國吳諸葛瑾
子輿 明閻禹錫
子路 春秋魯仲由
後漢爰曾
子壽 宋陸九齡
宋彭龜年
子旗 春秋魯巫馬施
春秋鄭豐施
春秋齊欒施
子構 元李材
子臧 春秋曹公子欣時
子遠 宋江萬里
子韶 宋張九成
子鳴 明童佩
子儀 宋陸九敘
子澄 宋劉清之
子賤 春秋魯宓不齊
漢伏勝 宋潘良貴
子駟 春秋鄭公子騑
子駒 宋劉芮
子疆 宋陸九思
子積 明余祜
子衡 明王廷相
子靜 宋周端朝
宋翁谷 宋陸九淵

宋萬鎮
子龍 蜀漢趙雲
子穉 後漢孫堪
子輿 春秋魯曾參
戰國魯孟軻
子颺 元陳贄
子鍾 明崔銑
子駿 漢劉歆
宋鮮于侁
子瞻 宋蘇軾
子禮 宋許忻
子藎 明張元忭
子蘅 清孫原湘
子騫 春秋魯閔損
子齡 清洪齮孫
子囊 春秋楚公子貞
小山 宋晏幾道
元張可久 明宗書
小丹丘 清柯維楨 清鄒一桂
清王時翔
小毛公 漢毛萇
小令 晉王珉
小白 春秋齊桓公
小疋 清丁杰
小池 清董洵
小米 宋米友仁
清汪遠孫
小西湖漁者 明錢鈞
小宋 宋宋祁 清何璟
小李將軍 唐李昭道

小杜 唐杜牧
小和卓木 清霍集占
小坡 宋蘇過 明陳沂
小松 清黃易
小松山人 明朱纓
小長蘆釣魚師 清朱彝尊
小弇山人 清王昭麟
小泉先生 明周蕙
小紅豆 清惠棟
小香居士 清宗元鼎
小徐 南唐徐鍇
小師道人 清方士庶
小海 明馮觀
小峴山人 清秦瀛
小夏侯 漢夏侯建
小雲 清朱壬林
小陽先生 宋陽巴
小綠天庵僧 清達受
小歐陽 唐歐陽通
小戴 漢戴聖
小瀛 清岳起
小蘇 宋蘇轍
小釋迦 唐慧寂
山夫 清吳玉搢
山木居士 清魯九皋
山史 清王宏撰
山舟 清梁同書
山甫 晉袁瓌 晉庾峻
宋鄭汝岡

山谷道人 宋黃庭堅
山來 清張潮
山房 宋周南
山房先生 宋方逢振
宋林夢英
山松 清黃經
山南先生 元劉應龜
山屋先生 宋許月卿
山泉 宋汪儀鳳
山堂 清蔣仁
明劉澄甫
山堂先生 宋章如愚
山陰道士 元劉永之
山尊 清吳鼒
山陽公 漢獻帝
山漁 清朱乔
山齋 宋易祓
山蘿子 清田雯
工部 唐杜甫
己山 清王步青
己畦 清葉燮
巾石 明呂懷
弋陽山樵 元李穀
才老 宋吳棫
才伯 明黃佐
才甫 清劉大櫆
才叔 宋張庭堅
清管樂

四畫

不寐道人 明金俊明
不繫舟漁者 元陳高
中山王 明徐達
中山靖王 漢劉勝
中立 宋楊時
中孚 清王宗誠
清李顒
中岳先生 後魏鄭道昭
中東門君 後漢張湛
中林 清吳廷華
中峯 元明本
中條先生 明陸寶
中郎 後漢蔡邕
明袁宏道
中庸先生 金張特立
中散 晉嵇康
中陽老人 元王珪
中齋 宋鄧剡
中壘 漢劉向
中離 明薛侃
中巖 清宋振麟
丹山 清盛楓
丹山樵者 明崔植
丹丘先生 明朱權
明姚綬
丹初 清閻敬銘
丹陽 宋馬鈺
宋葛勝仲
丹溪先生 元朱震亨
丹霞 宋子淳

之純 金李純甫
之道 宋晁詠之
五公山人 清王餘佑
五岳山人 明黃省曾
五岳游人 清羅存理
五柳先生 晉陶潛
五泉 明韓邦靖
五峯 元李孝光 明文伯仁 清周堪賡
五峯先生 宋胡宏
五峯居士 宋翁挺
五祖 唐弘忍 宋法演
五羖大夫 春秋秦百里奚
五郎 唐張易之
五湖 明陸師道
五湖長 明朱華國
五視居士 清李嘗之
五雲先生 清余世本
五雲溪人 唐范攄
五塢山人 明盧襄
五經先生 明張傑
仁山先生 元金履祥
仁仲 宋胡宏
仁先 遼耶律仁先
仁甫 宋李燾 元白樸 元趙復
仁圃 清趙國麟
仁卿 明唐伯元
仁德皇后 遼蕭后

仁錫 清蔡德晉
仁齋 宋陳駿
仁簡先生 清彭瓏
仁寶 明郎瑛
介山 清王又樸 清羅信東
介夫 宋林石 宋孫立節 宋鄭俠 明蔡清
介石 清李馥 清耿介 清張懋建
介存 清周濟
介甫 宋王安石 元程恩廉
介邱山人 清尹紹
介侯 清張澍
介軒 宋董夢程 明花潤生
介菴 宋趙彥端 明王恕 明李錦 明章衮 明黃淮
介祺 清王餘佑
介孺 明呂維祺
允上 清雷大升
允升 明羅欽順
允初 清彭紹升
允恭 金完顏允恭
允從 元甘立
元凶 南朝宋劉劭
元公 宋周敦頤 明黃端伯

元方 後漢陳紀
元奴 金完顏永元 金完顏綱
元玉 明徐有貞
元用 宋沈晦
元同 清黃以周
元吉 宋葉祐之
元伯 後漢張劭
元孚 清尹會一
元谷道人 明王佑
元亞 宋鄧名世
元忠 金烏古論元忠
元明 明湛若水
元放 後漢左慈
元直 蜀漢徐庶 宋李植
元長 宋蔡京
元長先生 宋范沖
元亮 晉陶潛
元度 宋蔡卞
元美 明王世貞
元音 清楊瑝
元城 宋劉安世
元宰 明董其昌
元振 唐郭震
元恭 明歸莊
元海 前趙劉淵
元晦 宋朱熹
元朗 唐陸德明 清李文炤

元章 宋米芾 明王冕
元規 晉庾亮 宋狄遵度
元凱 晉杜預 明陳勳
元善 宋詹體仁 明南大吉
元渚 明王心一
元鈞 宋呂陶
元馭 明王錫爵
元幹 南朝宋宗愨
元瑜 三國魏阮瑀 晉郭瑀 梁呂僧珍
元著 明張煌言
元道 宋趙介如
元賓 唐李觀 宋舒璘
元德 宋張洽
元毅 金石抹元毅
元潔 宋陳藻
元質 宋舒璘
元澤 宋王雱
元龍 三國魏陳登 晉盧循 南朝宋庾登之 清惠周惕
元龜 宋王大寶
元膺 明呂復
元禮 後漢李膺 宋劉安上
元鎮 宋趙鼎 元倪瓚

元獻 宋宋庠 宋晏殊
內翰 唐韓偓
公子 漢暴勝之 漢嚴彭祖 後漢劉平
公之于 清張庚
公休 三國魏孟康 南朝宋申恬 宋司馬康
公孝 後漢岑晊
公甫 明陳獻章
公明 三國魏管輅
公非先生 宋劉攽
公度 清黃遵憲
公是先生 宋劉敞
公茂 元姚樞
公振 元馬廖
公祖 後漢橋玄
公廓 明羅大紘
公掞 宋朱光庭
公凱 清李鎧
公復 清韓夢周
公弼 金徒單公弼
公超 後漢張楷
公幹 三國魏劉楨
公肅 清徐元文
公路 後漢袁術
公輔 明林右
公齊 宋陳均
公瑾 三國吳周瑜
公閭 晉賈充

公擇 宋李常
公謹 宋周密 明夏言
公闢 宋周希孟
公權 宋沈銖
六一居士 宋歐陽修
六如 明唐寅
六舟 清陳彝 清達受
六幸翁 清金安清
六枳 清唐仲冕
六峯居士 金李澥
六祖 唐慧能
六郎 唐張昌宗 宋楊延昭
六清散人 明呂學簡
六湖 清張文瑞
分宜 明嚴嵩
勿軒 宋熊禾
勿菴 清梅文鼎
勿齋 清王立階
勿齋先生 宋程若庸
化哥 遼耶律化哥
升庵 明楊慎
升卿 後漢虞詡
午坡 明江以達
午亭 清陳廷敬
午橋 清袁甲三 清端方
友石生 明王紱
友石山人 元王翰
友梅山人 清俞瑩

壬叔　清李善蘭
天台　北齊慧文
明耿定向
天台山人　明何適
天民　清張問達
天生　清李因篤
天目山樵　清張文虎
天如　明張溥
天宇　明王承裕
天池　明陸采　清周鯤
清湯鵬
天岳山樵　清李元度
天岸　元弘濟
天牧　清惠士奇
天南遯叟　清王韜
天皇　唐道悟
天悅　宋王豫
天授　宋譙定
天童　宋如淨　宋宗玨
天都散人　清江玨
天祺　宋張戩
天隱山人　清馬元馭
天寥道人　明葉紹袁
天慵先生　元熊朋來
天徵　清孔尚典
天錫　元薩都剌
天隨　清張闓臯
明謝祜
天隨子　唐陸龜蒙
天隱　宋阮逸　宋曾恬

天彝　宋繆主一
明[illegible]應典
天饒居士　五代吳越毛
勝
太弋山樵　明謝光申
太公望　周呂尚
太丘　後漢陳寔
太史公　漢司馬遷
太白　唐李白
太白山人　明孫一元
太初　元倪道原
元董朴
太初道人　金趙淇
太沖　晉左思
清黃宗羲
太和先生　唐王玄宗
太岳　明張居正
太倉　清陸世儀
太眞　晉溫嶠
唐楊太眞
太素道人　清奕繪
太常　晉摯虞　晉潘尼
清王時敏
太傅　漢賈誼　晉謝安
太華歸雲叟　清張開福
太虛　宋秦觀
太陽　宋警玄
太僕　明歸有光
清嚴虞惇
太瘦生　明金湜

清孫立綱
太鴻　清厲鶚
太鶴山人　清端木國瑚
孔才　三國魏劉劭
孔伯　清湯斌
孔明　蜀漢諸葛亮
明鄭伉
孔暘　明莊昶
孔璋　後漢陳琳
少文　南朝宋宗炳
少平　後漢董宣
少白山人　清張宜尊
少君　漢蔡千秋
漢翼奉
少谷山人　明鄭善夫
少林　梁達摩
少保　宋岳飛　明于謙
少南　宋陳鵬飛
少室　宋文泰　明僧改
少室山人　明錢允治
少翁　漢韋玄成
漢貢禹
少荃　清李鴻章
少章　宋朱弁
少陵　唐杜甫
少卿　漢任安　漢李陵
少游　宋秦觀
少湖先生　明王敬臣
少華　明詹泮
少陽　宋陳東

少溫　唐李陽冰
少董　宋畢良史
少墟先生　明馮從吾
少監　唐姚合
少穆　清林則徐
少嶽　明項元淇
尺木　清彭紹升
清蕭雲從
屯田　宋柳永
幻住老人　元明本
幻花居士　清張梁
幻園居士　清奕繪
心田　清李文耕
心白道人　元錢惟善
心吉　清莊怡孫
心吾　明呂坤
心泉　明何源
心壺　清錢儀吉
心餘　清蔣士銓
心齋先生　宋董德修
明王艮
支硎　晉支遁
支離子　宋黃希旦
支離先生　宋陸祐
文子　春秋晉士燮
春秋晉荀寅
春秋晉趙武
春秋魯季孫行父
春秋衞公叔發
春秋衞孔圉

春秋衞北宮佗
春秋衞孫林父
春秋齊陳須無
文山　宋文天祥
文山先生　明吾冔
文中子　隋王通
文介　明孫愼行
明劉儼　明薛三省
清閻敬銘
文元　宋楊簡　宋饒魯
文公　後魏鄭羲
唐李翺　唐韓愈
唐權德輿　宋王安石
宋朱熹　元姚燧
元歐陽玄
文木　清吳敬梓
文外布衣　清王樹穀
文正　宋王旦　宋王曾
宋司馬光　宋范仲淹
宋蔡沈　元吳澄
元耶律有尚
元耶律楚材　元許衡
元廉希憲　元貫居貞
明方孝孺　明倪元璐
清朱珪　清李鴻藻
清杜受田　清曹振鏞
清孫家鼐　清曾國藩
清湯斌　清劉統勳
文光大師　五代吳越希
覺

文安　宋陸九淵
宋趙景緯　元金履祥
元揭傒斯　清何凌漢
文年　明過百齡
文仲　春秋魯臧孫辰
文伯　春秋魯仲孫穀
春秋晉士匄
文成　明王守仁
宋丁黼
明劉基　清阿桂
文孝先生　清孫博雅
文叔　宋李格非
宋黃度
文和　清張廷玉
文岡　明陳棐
文定　宋何基　宋吳獵
宋李燔　宋汪應辰
宋胡安國　宋張方平
宋許將　宋曾鞏
宋劉克莊　宋蘇轍
元郝天挺　明于愼行
明申時行　明何瑭
明徐光啓　明張邦奇
明楊溥　清李天馥
清徐元夢　清孫廷銓
清孫嘉淦　清梁國治
清楊名時　清劉綸
文明太后　後魏馮后
文忠　唐裴度
唐顏眞卿　宋江萬里

宋周必大　宋胡寅
宋眞德秀　宋張九成
宋陳堯叟　宋富弼
宋歐陽修　宋蘇軾
元耶律鑄　元郝經
元敬儼　明張居正
明陳子壯　明楊廷和
明葉向高　清李鴻章
清林則徐　清胡林翼
清周天爵　清傅恆
清駱秉章
文忠先生　元包希魯
文長　明徐渭
文姬　後漢蔡琰
文宣王　春秋魯孔子
文思　明彭華
文恪　明王鏊
明朱國祚　清宋德宜
清沈荃　清高士奇
清高其位　清孫毓汶
清董邦達　清勵杜訥
清羅惇衍
文昭　五代楚馬希範
宋朱黼　宋胡瑗
元陳麟
文泉　清翟云升
文若　後漢荀彧
文貞　元同恕
元曹伯啓　明徐階
清李光地　清張玉書

文貞子　明儲淘
文修　宋葉味道
文恭　宋曹豳
明程文德　明陳獻章
清王頊齡　清官文
清秦蕙田　清翁同龢
清陳弘謀　清嵇璜
清程景伊　清董誥
清潘世恩　清蔡新
清勵廷儀
文恭先生　明朱之瑜
文海　元程鉅夫
文殊奴　遼聖宗
文康　宋葉時　清宋權
文授　宋李孟傳
文敏　元元明善
元趙孟頫　明李國𣚴
明崔銑　明楊榮
明董其昌　明霍韜
清百齡　清嵇曾筠
清張照　清錢維城
文清　宋呂本中
宋徐僑　宋游九言
宋湯漢　宋董槐
宋劉宰　宋薛瑄
元袁桷　元徐毅
清格爾古德　清劉墉
清李棠階
文終　漢蕭何
文莊　宋汪洙　宋曾漸

明王鴻儒　明丘濬
明汪俊　明陳仁錫
明葉盛　明鄒守益
明歐陽德　明羅洪先
明羅欽順　清梁詩正
文通　梁江淹　明費寀
清金之俊
文卿　宋倪璞　明宋儒
清洪鈞
文惠　宋喬行簡
宋楊長孺
文智大師　後唐可止
文勤　清王文韶
清李霨　清阿克敦
清潘祖蔭　清蔡世遠
文園　漢司馬相如
文敬　明胡居仁
文裕　明桂彥良
明黃佐
文肅　宋包恢　宋吳敏
宋李壼　宋曹叔遠
宋章穎　宋黃榦
宋蔡抗　宋鄭伯熊
元暢師文　元鄧文原
明王錫爵　明朱國禎
明吳儼　明趙貞吉
清范文程　清沈葆楨
清蔣廷錫
文裕　清陳綽
文達　宋陸九齡

清阮元　清紀昀
清張百熙　清裘曰修
文靖　晉謝安
宋史彌忠　宋呂夷簡
宋李侗　宋舒璘
宋楊時　宋魏了翁
元李朮魯翀　元貢奎
元虞集　元劉因
明嚴訥　清史貽直
清孫士毅
文僖　明倪謙
清姚文田
文榮　明袁煒
文瀛　清張燕昌
文端　宋戴溪
明吳一鵬　明沈鯉
明焦竑　明劉一燝
清尹繼善　清王杰
清田從典　清朱軾
清杜立德　清汪由敦
清卓秉恬　清祁寯藻
清倭仁　清張英
清湯金釗　清鄂爾泰
清熊賜履　清錢陳羣
清戴衢亨　清顧八代
文誠　清丁寶楨
文慤　清沈德潛
文毅　宋洪天錫
宋陳亮　明金聲
明商輅　明羅倫

明羅毅　清那彥成
清陶澍　清勞崇光
清魏裔介
文潛　宋張耒
文潔　宋黃震
明鄧以讚
文節　宋林光朝
宋林希　宋倪思
宋陳傅良　宋楊萬里
宋趙卯發　宋趙蕃
宋劉光祖　宋蔡元定
宋薛叔似　宋謝枋得
宋魏杞　明舒芬
清戴熙
文蔚　明聶豹
文質　宋羅從彥
文憲　宋王柏　宋張洽
元程鉅夫　元楊奐
明宋濂　明彭時
明費宏　明楊慎
文穆　五代吳越錢元瓘
元李[illegible]　元雷膺
元滕安上
文舉　後漢孔融
文襄　明桂萼
清于敏中　清左宗棠
清兆惠　清洪承疇
清張之洞　清舒赫德
清靳輔　清圖海
清福康安

文齋　明余祚徵
文簡　宋尤袤
宋向敏中　宋朱之才
宋曹彥約　宋畢士安
宋劉爚　明陶望齡
明湛若水　明黃淮
明穆孔暉　清王士禛
文懿　唐虞世南
宋李壁　宋陳居仁
宋蔡幼學　元許謙
元傅立　明楊起元
明章懋　清韓菼
文獻　五代南平高從誨
元姚樞　元黃溍
文饒　唐李德裕
宋張行成
文靈　後魏鄭羲
斗田先生　清劉斯組
斗南先生　明胡奎
方山　宋杜知仁
明薛應旂
方山子　宋毛璞
宋陳慥　明鄭作
方平　後漢王方平
南朝宋王弘之
方平九友　宋李覺
方立　清董祐誠
方回　晉郗愔　宋賀鑄
方舟　明徐舫
清沈用濟

方來　清楊錫紱
方叔　宋李廌
方是閒居士　宋劉學箕
方洲　明張寧
方峯先生　明程粹
方慶　唐王綝
方諸生　明王驥德
方齋　明林文俊
无妄先生　宋曹建
无咎　宋晁補之
　宋揚无咎
日生　明吳易
日華子　明大明
日觀子　清朱邇邁
日仁　明徐愛
月川先生　明曹端
月天　清黃龍士
月石老人　宋余安行
月舟先生　宋范仲黼
月函　清董說
月峯　明孫鑛
月湖　宋何異
月湖先生　明楊廉
月滄　清呂璜
月樵　清張漢
月嬌　明馬湘蘭
月澗　宋劉南甫
月潭居士　元吳簡
月巖　清周禮
木叔　宋王枏

止亭先生　明錢肅樂
止泉　清朱澤澐
止翁　宋饒延年
止堂　宋彭龜年
止菴　明楊時喬
止谿　清朱嘉徵
止齋　宋陳傅良
止齋先生　宋徐琦
水心　明項煜
水心先生　宋葉適
水田居士　清賀貽孫
水西道人　明郁逢慶
水村先生　元錢仲鼎
水村隱者　明黃賓
水東先生　宋史泳
水南　元金道源
水洲　明魏良弼
水部　梁何遜　唐鄭虔
水雲　清曹秉鈞
水雲子　宋汪元量
水雲居士　明楊溥
水雲漫士　清潘奕雋
水簷　宋朱元昇
片玉　宋周邦彥
牙吾塔　金紇石烈牙吾
　塔
牛頭　唐法融
牛頭六祖　唐惠忠
王山　宋僧體
王政君　漢元后

王屋山人　唐魏萬
王孫　清畢振姬
王陽　漢王吉　漢王崇

五畫

且園　清高其佩
世玉　元俁玉立
世貞　遼耶律世貞
世英　元奧敦世英
世傑　金蒲察世傑
世卿　明李承箕
世龍　後趙石勒
主一　宋張洽　明馬經綸
　清黃百家
主父　戰國趙武靈王
主石道人　明王佑
主靜先生　宋汪深
仕驥　清魯九皋
仙舟　清戈源
仙槎　清何淩漢
令公　唐郭子儀
令伯　晉李密
令君　後漢荀彧
令則　晉荀羨
令遠　晉荀蕤
以忠　明萬廷言
以道　宋晁說之
以齋　清任陳晉
先之　宋唐廣仁
　清楊雍建

充甫　宋楊宏中
充宗　漢五鹿充宗
　清萬斯大
充齋　清沈荃
冬心　清金農
冬郎　唐韓偓
功千　清趙昱
功父　宋郭祥正
功甫　明錢允治
包山子　明陸治
北山　元陳瀧
北山先生　宋何基
　宋陳孔碩
北山學士　宋徐大正
北平　清黃叔琳
　清孫承澤
北江　清洪亮吉
北村老民　元湯炳龍
北沙　清來蕃
北林　清張翥
北海　後漢孔融
　唐李邕　明崔子忠
　清孫承澤
北海野人　明黃禎
北軒　清郎廷極
北苑　南唐董源
北郭生　明徐賁
北郭先生　後漢廖扶
北湖　清張朝晉
北湖居士　宋吳則禮

北源先生　元李闓
北溟　清陳鵬年
北溪　清于成龍
北溪先生　宋陳淳
北磵　明邵圭潔
北齋　元吳定翁
北黟山人　清吳苑
半山　宋王安石
半石山人　清武億
半村　宋厲元吉
半谷　清李伍渶
半閒居士　明龍瑄
半園　清唐禹昭
半禪野叟　明王心一
去非　宋王遂　宋熊禾
去華　明潘士藻
古公亶父　周太王
古古　清閻爾梅
古民　清陳梓
古直先生　元傅定保
古則　明趙謙
古城　明張吉
古菴先生　明毛憲
古湫　清顧鎮
古愚　清彭鵬
古溪先生　宋熊剛大
古鉢山人　清王士祜
古遺先生　元韓信同
古靈先生　宋陳襄
句山　清陳兆崙

句曲山人　明朱載堉
句曲外史　元張雨
召弓　清盧文弨
召父　漢召信臣
可久　明段堅
可大　明馮應京
可之　唐孫樵
可立　元項炯
可亭　清朱軾
可堂先生　元吳迂
可閒先生　明姚鏽
可道　後周馮道
台晉　明駱日升
史魚　春秋衛史鰌
史雲　後漢范冉
右丞　唐王維
右吉　清俞汝言
右甫　清朱爲弼
右軍　晉王羲之
司空　梁丘遲
司空季子　春秋晉臼季
司馬　唐王建
司馬侯　春秋晉女叔齊
司業　唐張籍
司農　後漢鄭衆
　後漢鄭玄
司勳　明皇甫汸
四休居士　宋孫昉
四如　宋黃仲元
四明狂客　唐賀知章

四祖 唐道信
四喜 金徒單四喜
四溟山人 明謝榛
奴申 金完顏奴申
金烏古孫奴申
左尹 清查繼佐
左史 宋劉安節
左司 唐韋應物
左原 清陳學洙
左海 清陳壽祺
左溪 唐法朗
左黶 金完顏守貞
巨公 後漢宣秉
巨君 漢王莽
巨翁 宋徐應鑣
巨卿 後漢范式
巨源 晉山濤 宋孫洙
清徐世溥
平子 春秋魯季孫意如
後漢張衡
平山 宋曾子良
平山先生 清仝軌
平父 宋項安世
宋劉坪
平仲 春秋齊晏嬰
宋寇準 元許衡
明蘇伯衡
平西王 清吳三桂
平初 金趙淇

平甫 宋陳槩 金李通
平叔 三國魏何晏
宋張伯端 宋劉光世
平南王 清尚可喜
平泉 明陸樹聲
平原 晉陸機
唐顏眞卿
平原君 戰國趙趙勝
北齊顏之推
平庵 清黃世成
平湖 清陸隴其
平園老叟 宋周必大
平齋 宋洪咨夔
平巖 宋葉采
幼丹 清沈葆楨
幼玄 明黃道周
幼安 三國魏管寧
晉索靖 宋辛棄疾
幼度 晉謝玄
幼殷 明楊豫孫
幼常 蜀漢馬謖
幼清 元吳澄
幼輿 晉謝鯤
幼植 清任大椿
弁山小隱 元黃玠
弘山 明張後覺
弘仁 清江韜
弘古 遼耶律弘古
弘毅 清額宜都
未谷 清桂馥

未軒先生 明黃仲昭
未庵 清周濟
本初 後漢袁紹
本思 明朱得之
本堂 宋陳著
本淸 明章潢
本齋 元王都中
朮里者 金蕭仲恭
朮者 遼耶律朮者
朮魯 金完顏朮魯
正之 宋孫傅
明黃弘綱
正介先生 宋周穎
正公 宋程頤
正夫 明曹端
正平 後漢禰衡
正立 明李挺
正仲 宋王存
正希 明金聲
正甫 宋倪思 明胡直
正叔 晉潘尼 宋程頤
清惲壽平
正宗普覺大師 後魏慧
可
正則 宋葉適
正素先生 宋張擧
正傳 元吳師道
正惠 宋呂端
宋林大中
正愍 宋呂大防

正肅 宋王遂
宋吳柔勝 宋袁甫
清郭磊卿
正節先生 宋徐應鑣
宋衛富益
正學先生 明方孝孺
明蔣信
正獻 宋呂公著
宋范祖禹 宋袁燮
宋陳俊卿
民望 明萬表
永光 清冉覲祖
永叔 宋歐陽修
永明王 明朱由榔
永興 唐虞世南
玄仁 晉卞粹
玄妙先生 宋林靈素
玄成 唐魏徵
玄沙 後梁師備
玄悟大師 元溥光
玄眞子 唐張志和
玄庵 明穆孔暉
玄虛 晉木華
玄陽山人 明王逢年
玄暉 南齊謝朓
玄儒先生 漢婁壽
玄德 蜀漢昭烈帝
玄德先生 後漢法眞
玉几 清陳撰
玉山先生 宋汪應辰

玉山逸史 清李士瓌
玉山樵人 唐韓偓
玉川子 唐盧仝
玉田 宋張炎
玉池 明史孟麟
玉汝 明倪元璐
玉吾 宋兪琰
玉局 宋蘇軾
玉京道人 明卞玉京
玉叔 清宋琬
玉林 清臧琳
玉泉山人 明戴進
玉圃 清黃叔璥
玉峯 宋車若水
宋張宗說
玉峯散人 金趙可
玉笥 清傅王露
玉笥生 元張憲
玉壺外史 清改琦
玉琳國師 清通琇
玉華外史 明朱應祥
玉華庵主 宋劉几
玉華居士 元楊準
玉遮山樵 清汪琬
玉霄 元滕斌
玉樵 清鈕琇
玉環 唐楊太眞
玉谿 清齊學裘
玉谿生 唐李商隱

玉谿叟 宋李覯
玉齋 宋胡方平
明潘潤
玉巖居士 宋陽孝本
瓜山先生 宋潘柄
瓜田逸史 清張庚
瓜圃鋤雲 明邵誼
甘泉子 明吳琉
甘泉先生 明湛若水
甘茶老人 清鍾令嘉
生軒 清嚴穀
用中 宋廖剛 明徐問
用之 宋陳祥道
用六居士 清刁包
用成 宋張百端
用修 明楊愼
用晦 唐白敏中
明朱多㸅 清呂留良
用徵 清潘平格
田叔 明居本晙
明藍瑛
田居 清龔翔麟
田居子 宋黃晜昌
田間老人 清錢澄之
申公 宋呂公著
申耆 清李兆洛
申齋先生 元劉岳申
白水山人 清賴鏡
白水先生 宋劉勉之
白牛居士 宋陳舜兪

白田 [清]王懋竑
白石 [宋]黃景說 [宋]蔡和 [明]蔡汝楠
白石山人 [宋]錢文子
白石衲子 [明]蓮儒
白石翁 [明]沈周
白石道人 [宋]姜夔 [明]何適
白沙 [清]江璧
白羊山樵 [明]張簡
白沙先生 [明]陳獻章
白岳山人 [明]朱完 [明]詹景鳳
白門 [明]寇湄
白苧村桑者 [清]張庚
白洋 [明]吳湘
白洋散人 [清]徐溶
白耷山人 [清]閻爾梅
白浦 [明]朱節
白華 [清]吳省欽
白華山人 [清]厲志
白雲 [宋]守端 [元]僧英
白雲子 [元]房皞
白雲山人 [清]吳榮光
白雲外史 [清]惲壽平
白雲先生 [宋]邵炳 [宋]章旻 [宋]張庠 [宋]郭雍 [元]許謙 [明]金華 [明]唐桂芳 [明]陳昂 [清]張怡

白雲道人 [元]朱仕俊 [明]何壘
白陽山人 [明]陳道復
白蓮 [晉]慧遠
石山農 [清]呂潛
石山先生 [明]汪機
石川 [宋]魏新之
石古乃 [金]完顏石古乃 [金]完顏仲
石民 [明]茅元儀
石田 [明]沈周 [明]鎦渙
石田子 [元]周霆震
石田先生 [清]黃宗會
石生 [清]魏裔介
石西 [明]汪子祜
石君 [清]朱珪
石村 [清]孔衍栻
石甫 [明]董穀 [清]姚瑩
石谷 [明]張節 [清]王翬
石和 [清]王瑚
石居 [明]吳理
石帚 [宋]姜夔
石東居士 [明]唐詩
石林 [宋]葉夢得 [清]喬萊
石林畫史 [明]王純
石亭 [明]陳沂
石屋 [元]清珙
石柱 [元]完顏石柱

石柳 [遼]耶律石柳
石泉先生 [元]張宇
石倉 [明]曹學佺
石城先生 [宋]石待旦
石峯 [明]邵錫
石耕小隱 [清]艾顯
石甕 [清]張開福
石堂先生 [宋]陳普
石崖居士 [明]黃溥
石屏 [宋]戴復古
石庵 [清]劉墉
石船 [清]髡殘
石莊 [清]胡承諾 [清]陳弘緒
石袍 [清]王大經
石陵 [宋]倪樸
石渠 [明]王恕
石渠居士 [元]張天英
石湖 [清]羅天尺
石湖居士 [宋]范成大
石園 [清]萬斯同
石溪 [清]髡殘
石鼓山聾 [明]呂不用
石潭先生 [明]汪俊
石澗先生 [宋]俞琰
石頭陀 [明]藍瑛
石頭和尚 [宋]希遷
石霜 [唐]慶諸 [宋]楚圓
石齋 [明]黃道周
石壇 [宋]丁易東

石簣 [明]陶望齡
石癡 [清]佘覲國
石颿 [清]呂堅
石颿山人 [清]劉文蔚
石臞 [清]程可則
石臞先生 [清]王念孫
立之 [宋]郭忠孝
立夫 [宋]趙必愿 [元]吳萊
立谿 [清]黃宗炎 [明]張傑
立齋 [明]鄒智 [清]徐元文

六畫

肎齋 [清]張穆
亦韓 [清]陳祖范
仰山 [唐]慧寂 [宋]祖欽
仰晦 [清]孫希朱 [元]原妙
仲山先生 [明]王問
仲弓 [春秋魯]冉雍 [後漢]陳寔 [後漢]何湯
仲升 [後漢]班超 [宋]章穀
仲文 [唐]錢起
仲木 [明]呂柟
仲尼 [春秋魯]孔子
仲平 [元]許衡
仲弘 [元]楊載
仲圭 [元]吳鎮

仲好 [明]馮從吾
仲至 [宋]王欽臣 [宋]留正
仲孚 [明]鮑恂
仲車 [宋]徐積
仲弢 [清]黃紹箕
仲林 [清]余蕭客
仲虎 [清]徐建寅
仲則 [清]黃景仁
仲姬 [宋]管道昇
仲宣 [三國魏]王粲
仲約 [清]李文田
仲若 [晉]戴顒
仲倫 [清]吳德旋
仲容 [晉]石苞 [晉]阮咸
仲眞 [晉]梅賾
仲素 [宋]羅從彥
仲將 [三國魏]韋誕
仲常 [明]薛應旂
仲晦 [唐]許渾 [宋]朱熹
仲景 [後漢]張機
仲欽 [宋]李燾
仲塗 [宋]柳開
仲愈 [元]彭寀
仲溫 [金]石抹仲溫 [金]烏古論仲溫
仲達 [三國魏]司馬懿
仲雍 [商]虞仲
仲鳧 [明]崔銑
仲嘉 [清]張文嘉

仲端 [金]烏古孫仲端
仲誠 [清]張沐
仲蔚 [明]俞允文
仲穎 [清]王之銳
仲謀 [後漢]第五訪 [三國]吳大帝
仲默 [宋]蔡沈
仲孺 [漢]灌夫
仲禧 [遼]耶律仲禧
仲舉 [後漢]陳蕃
仲輿 [明]郝敬
仲謙 [元]張文謙
仲瞿 [清]王曇
仲蘭 [清]戚人鏡
仲夔 [清]陳大章
伊川先生 [宋]程頤
伊蒿 [清]閻循觀
伊璜 [清]查繼佐
伎陵 [明]張鳳翔
伏生 [漢]伏勝
伏波 [後漢]馬援
伏虎禪師 [唐]行儒 [南唐]惠寬
伏侯 [後漢]伏無忌
休文 [梁]沈約
休哥 [遼]耶律休哥
休璉 [三國魏]應璩
先主 [蜀漢]昭烈帝 [南唐]李昪
先鄭 [後漢]鄭衆

光信　明朱昶
光祿　南朝宋謝莊
南朝宋顏延之
全甫　明楊天民
全歸子　宋吳思齊
共子　春秋晉欒成
共父　宋劉珙
冰川子　明梁橋
冰壺　宋趙湘
冰壺散人　宋劉欽
冰壑　清党成
冰蘗翁　明孫需
匠門　清張大受
匡吾　明羅大紘
合住　遼耶律合住
金完顏合住
合肥　清李鴻章
合理只　遼耶律合理只
合喜　金赤盞合喜
金徒單合喜
合魯　遼耶律合魯
吉甫　宋呂惠卿
元金履祥
吉祥佛　元普喜
吉陽　明何遷
吉羅居士　清蔣仁
同人　清儲欣
同安　唐僧丕
同甫　宋陳亮

同叔　宋史彌遠
宋晏殊　宋傅寅
清許桂林
同庵先生　宋葉祐之
吏部　晉畢卓　唐韓愈
在中　明李錦
在辛　清笪重光
在東　清臧庸
在倫　明耿定向
圭峯先生　明羅玘
圭峯定慧禪師　唐宗密
圭庵　清吳觀禮
圭齋　元歐陽玄
夷白　元陳基
夷仲　宋顏岐
夷吾　春秋晉惠公
春秋齊管仲
夷甫　晉王衍
夷臘葛　遼耶律夷臘葛
如岡　明陳大科
如是翁　元周馳
存之　明高攀龍
清方宗誠
存吾　清余廷燦
存雅　元方鳳
存齋　宋牟子才
元烏沖
字綠　清朱書
守中　明朱節
守貞　金完顏守貞

守眞　明馬湘蘭
金劉完素
守純　金完顏守純
守軒　宋嚴滋
守道　金完顏守道
安仁　晉潘岳
安丘　晉戴逵
安丘丈人　漢安丘望之
安石　晉謝安
宋王安石
安吳　清包世臣
安孝先生　清張嘉玲
安定先生　宋胡瑗
安貞　金僕散安貞
安退處士　清劉師正
安國　宋張孝祥
安晚　宋鄭清之
安卿　宋陳淳
安逸處士　宋何羣
安陽　宋韓琦
安溪　清李光地
安道　晉戴逵
宋姚宏中　宋張方平
明王履
安樂公　蜀漢後主
安樂先生　宋邵雍
安齋　明朱裳
安禮　金唐括安禮
金耶律安禮
屺瞻　清何焯

式之　宋戴復古
式齋　明陸容
曲全道人　元葉審言
曲江　唐張九齡
曲江居士　元錢惟善
曲肱先生　宋樂洪
曲肱居士　宋魏衍
曲阜先生　宋曾鞏
曲逆侯　漢陳平
曲陽　後漢馮衍
曲園　清俞樾
曲廬　清朱霞
有涯　明孟洋
有道　後漢張芝
後漢郭泰
朱衣道人　清傅山
朱園山人　清鞏建豐
朱陳村民　明朱同
朱虛侯　漢劉章
次山　唐元結
次公　漢桓寬　漢黃霸
漢蓋寬饒
次回　明王彥泓
次仲　後漢衛宏
清淩廷堪
次君　漢蕭育　漢戴聖
次尾　明吳應箕
次明　清蔡新
次青　清李元度
次侯　清熊伯龍

次風　清齊召南
次倩　漢江充
次崖　明林希元
次卿　漢嚴延年
次閑　清趙之琛
次道　宋宋敏求
此山　元周權
汝中　明王畿
汝止　明王艮
汝立　明華允誠
汝南　晉王湛
汝陰老民　宋王銍
汝愚　明鄒智
汝極　明鄧元錫
汝德　明呂懷
明鄧以讚
汝節　明韓邦奇
江上外史　清笪重光
江上蹇叟　清夏燮
江令　陳江總
江左外史　明克新
江州　唐韋應物
江村　清高士奇
江村山人　清劉青芝
江村先生　元錢良右
江東布衣　清程邃
江香　清馬荃
江郎　梁江淹
江陵　明張居正
江都　漢董仲舒

江寧　唐王昌齡
江漢先生　元趙復
百川　清方舟
百丈　唐懷海
百史　清陳名夏
百本論師　唐窺基
百拙老人　元朱良實
百衲居士　宋蔡絛
百源　宋邵雍
百詩　清閻若璩
竹山先生　宋蔣捷
竹友　宋謝邁
竹汀　清錢大昕
竹西　清佘觀國
竹西先生　宋王居正
竹初　清錢維喬
竹君　清朱筠
竹邨居士　宋林師點
竹坡　宋黃疇若
明吳節　明蘇鉦
清寶廷
竹坡居士　宋周紫芝
竹所先生　明俞敏德
竹林先生　宋翁易
竹林處士　元陳堯道
竹垞　清朱彝尊
竹洲　宋吳儆
竹軒　宋林季仲
竹埜愚叟　宋葉時
竹間　宋錢允文

竹溪 宋林希逸
竹溪老人 清李華國
竹溪逸民 宋陳洵
竹筠 清許景澄
竹鄰 清張若筠
竹隱 梁傅伯成
竹廬 清錢大昭
竹嬾 明李日華
竹鶴老人 明何澄
竹巖 明柯潛
竹巖嬾翁 宋錢厚
米顛 宋米芾
羽王 明張鳴鳳
羽京 清姚宋
羽南 清朱倚雲
老子 周李耳
老杜 唐杜甫
老泉 宋蘇洵
老聃 周李耳
老蓮 清陳洪綬
老蘇 宋蘇洵
考夫 清張履祥
考功 唐錢起
考古 明趙謙
考亭 宋朱熹
而農 清王夫之
耳北 清孫承澤
耳伯 明謝兆申
自在先生 明張鼎
自牧 遼馬景約

自梁 明曹于汴
自然 宋夏希賢
至聖 春秋魯孔子
艮山 宋孫嵩
艮庭 清江聲
艮齋 宋薛季宣 清尤侗 清王峻 清倭仁
艮齋先生 宋謝鍔 宋魏掞之
舟屋 明郭文
艾軒先生 宋林光朝
行之 宋蔡幼學
行父 宋張忠恕
衣白山人 清鄒之麟
西士 宋曹豳
西山 宋葉味道
西山先生 宋李郁 宋眞德秀 宋蔡元定 元吳應澍 元陳紹大 明謝復
西山老人 宋胡直孺
西川先生 明尤時熙
西川翁 明孫艾
西伯 周文王
西村先生 明史鑑 清晉瑗
西沚 清王鳴盛
西谷 清蔣廷錫
西厓 清湯右曾

西坡 宋黃灝
西林先生 宋趙鞏
西河先生 清毛奇齡
西空老人 明朱鷺
西陂 清宋犖
西亭先生 明朱睦㮮
西郊老人 宋俞靖
西原 明薛蕙
西塘 宋鄭俠
西塘先生 清羅天閶
西軒子 宋陳昭度
西堂 宋范應鈴 清尤侗
西莊 清王鳴盛
西郭外史 清錢松
西野 明李璣
西湖先生 宋樓郁
西湖醉老 明杜庠
西園 宋宋甡 明張萱 清高鳳翰
西圃居士 宋衛涇
西溟 清姜宸英
西涯 明李東陽
西溪 後魏李肯堂
西溪先生 宋鮑恂
西雝 清沈濤
西樓 明王田 明王磐
西樵 清王士祿 清邵玘
西嶺和尙 唐道標

西齋 清錢佳選
西廬老人 清王時敏
西疇居士 宋崔子方
西麓 宋陳允平
西巖老人 元張之翰
西巖道人 明朱恬烷

七畫

岦山 清杜芥
岦菴 明郭都賢
亨父 宋羅必元
亨泉先生 宋張方
伯子 清魏際瑞
伯中 元解觀
伯仁 晉周顗
伯元 清阮元
伯升 後漢劉縯
伯牛 春秋魯冉耕
伯玉 春秋衞蘧伯玉 晉衞瓘 唐陳子昂
伯申 明金鉉 清王引之
伯生 元虞集
伯休 後漢韓康
伯安 明王守仁
伯先 明劉元珍
伯光 明劉曉
伯年 清任頤
伯有 春秋鄭良霄
伯言 清梅曾亮

伯足 清高心夔
伯始 後漢胡廣
伯昂 清姚元之
伯虎 明唐寅
伯厚 宋王應麟
伯春 後漢召馴
伯紀 宋李綱
伯約 蜀漢姜維
伯英 後漢張芝
伯莆 清壽富
伯倫 晉劉伶
伯原 元杜本
伯恭 宋呂祖謙
伯起 後漢楊震
伯將 元陳肅 北齊魏收 宋任希夷
伯淳 宋程顥
伯淮 後漢姜肱
伯符 三國吳孫策
伯逢 宋胡大原
伯魚 春秋魯孔鯉
伯喈 後漢第五倫 後漢蔡邕(圉人)
伯微 後漢蔡邕(上虞人) 宋陸持之
伯淳 宋程顥
伯陽 周李耳 漢魏伯陽
伯順 明鹿善繼
伯敬 明鍾惺

伯業 後漢袁遺
伯溫 明劉基
伯熙 清盛昱
伯達 宋蘇邁
伯道 三國魏郝昭 晉鄧攸
伯樂 春秋秦孫陽
伯滑 明穆孔暉
伯穀 明王穉登
伯勵 明許世卿
伯機 元鮮于樞
伯韓 清朱琦
伯鎭 宋章岷
伯顏 元移剌伯顏 元賀勝
伯鸞 後漢梁鴻
似村 清慶蘭
似武 清任陳晉
位三 清紀磊
位山 清沈近思 清徐文靖
位存 清史承謙
位西 清邵懿辰
位辛 宋熊禾
位齋 清封濬
何郎 三國魏何晏
佛印 宋了元
佛窟 唐遺則
佛鑑禪師 宋師範
佞宋居士 清黃丕烈

克貞　明婁諒
克修　明張吉
克恭　明賀欽
克猷　清劉子壯
克寧　金徒單克寧
克齋　宋陳琦
　宋程公說　宋楊泰之
　宋董楷　明何祥
　清沈廷勵
克齋先生　宋石墩
　宋陳文蔚
兌泉先生　明馮友
兌齋　宋郭磊卿
冶亭　清鐵保
冶秋　清張百熙
初文　明林章
初白　清查愼行
初成　秦茅濛
初祖　梁達摩
初菴先生　元傅立
初寮　宋王安中
努爾哈赤　清太祖
君公　後漢杜詩
君平　漢孔坦
　漢嚴君平
君叔　後漢來歙
君房　漢石顯
　漢賈捐之　後漢侯霸
君直　宋謝枋得
君采　明薛蕙

君長　漢桑欽
君亮　明劉邦采
君信　清胡承諾
君美　元施惠
　明何宗彥
君苗　晉崔君苗
君倚　宋錢公輔
君章　後漢郅惲
君卿　漢馮野王
　漢樓護　唐杜佑
君嗣　後漢劉德升
君實　宋司馬光
　宋陸秀夫　明李日華
君錫　宋趙希館
君舉　宋陳傅良
君謨　宋蔡襄
吟川　清黃掌綸
含貞　清白煥彩
含素子　明朱清仁
含齋　明曹大章
吳乞買　金太宗
吳門老圃　宋史正志
吳門野樵　明史謹
吾里不　金完顏從憲
吾里補　金夾谷吾里補
　金烏延吾里補
吾都　金完顏鵠壽
吾都補　金完顏昂
呂祖　唐呂洞賓
均瑞　元黃復圭

壯飛　清譚嗣同
壯繆　蜀漢關羽
夾漈先生　宋鄭樵
孚如　明鄒觀光
孚孟　清申涵光
孚敬　明張璁
孝公　後漢丁鴻
孝先　後漢邊韶
　晉宋質之　清張伯行
孝直　蜀漢法正
孝侯　晉周處
孝拱　清龔橙
孝貞后　清慈安太后
孝章　明金俊明
孝欽后　清慈禧太后
孝肅　宋包拯
孝達　清張之洞
孝靖先生　清倪會鼎
孝慈皇后　明馬后
孝端先生　明桑愈高
孝懿先生　清李明性
孝標　梁劉峻
孝節先生　明張世偉
孝穆　陳徐陵
孝轅　明胡震亨
宋瑞　宋文天祥
完白山人　清鄧石如
完菴　明劉珏
宏父　宋包恢
宏蘧　清張尚瑗

岐山先生　元魯淵
岐王　後唐李茂貞
巫臣　春秋楚屈巫
希仁　宋包拯
希文　宋范仲淹
希白　宋錢易
希夷先生　宋陳摶
希呂　元羅蒙正
希泌　宋劉應李
希直　明方孝孺
希亮　元耶律希亮
希淵　明蔡宗兗
希逸　南朝宋謝莊
希聲　明錢肅樂
希顏　金雷淵
延之　宋尤袤
　明祝世祿
延平王　明鄭成功
延平先生　宋李侗
延年　南朝宋顏延之
延君　漢戴德
延陵季子　春秋吳季札
廷秀　宋楊萬里
廷芳　明周蕙
廷美　元黃元實
廷祥　明張元禎
廷實　明張詡
忍古頭陀　清楊山松
忍菴　清黃與堅
忽頭陀　清陶汝鼐

志仁　明張後覺
成子　春秋晉郤缺
　春秋晉趙衰
　春秋齊陳恆
成之　宋李性傳
成公　宋呂祖謙
成吉思汗　元太祖
成伯　春秋魯榮駕鵝
成季　春秋魯季友
成哲親王　清永瑆
成容若　清納蘭性德
我堂　清何其偉
我齋　明蔡宗兗
我疆　明孟秋
戒菴老人　明李詡
投子　宋義青
改亭　明方鳳　清計東
改堂　清唐紹祖
攻媿主人　宋樓鑰
旴里子　元揭佑民
更生　漢劉向
更生居士　清洪亮吉
更始　後漢劉玄
杉泉先生　清徐善建
李將軍　唐李思訓
李頓先生　宋汪雄圖
杏林布衣　元方炯
杏溪先生　宋傅寅
杜田生　漢田何
杜圻山人　清范必英

杜洲先生　宋童居易
杜陵　明仇氏
杜陵布衣　唐杜甫
杜順和尚　唐法順
步兵　三國魏阮籍
求齋　宋鄧傳之
汪來子　明易爲鼎
汲仲　元胡長孺
汲庵　清楊象濟
汾州　宋善昭
汾陽王　唐郭子儀
沅甫　清曾國荃
沐齋先生　明金洲
沖和先生　宋吳戭
沖退處士　宋童譽
沖素處士　宋邵餗
沖晦先生　宋徐奭
沖晦處士　宋徐復
沙溪　明孫緒
沙隨先生　宋程迥
甫里先生　唐陸龜蒙
甬川　明張邦奇
矣鮮　明來知德
肖望　宋戴溪
芍農　清李文田
芑堂　清張燕昌
見山　明杜惟熙
　清楊峴
見亭　清麟慶
見泉　明魏允貞

見素 明林俊
見堂 清丁子復
見齋先生 清呂崇烈
見羅 明李材
言夏 清陳瑚
言潔 清劉齊
谷口 清鄭簠
谷平先生 明李中
谷神 金完顏希尹
豸青山人 清李錯
赤岸 清胡春生
赤松山農 明金琮
赤城先生 宋羅適
赤崖 清孫暘
赤溟 清吳炎
赤霞山人 清錢士璋
身之 元胡三省
辛楣 清錢大昕
迂村 清周準
迂齋 清法坤宏
迂齋先生 宋李樗
邠老 宋潘大臨
邠卿 後漢趙岐
邦彥 宋陳亘翰
邦憲 明朱察卿
酉山 清許三禮
阮亭 清王士禛
阮齋 清勞孝輿

八畫

乖崖 宋張詠
亞子 後唐莊宗
亞聖 戰國鄒孟軻
京少 清蔣景祁
京兆 漢張敞
京叔 元劉祁
佩之 清嚴瀫
佩兮 清馬曰璐
佩蔥 清張嘉玲
佩觿子 明莫藏
來相如 明朱多炡
來應 清曹仁虎
侃叔 清吳東發
侍中 後漢戴憑 晉嵇紹
命者山翁 清陳梁
兔牀 清吳騫
兩山 元李思衍
兩山居士 明毛亘
兩峯 明劉文敏 清羅玘
兩峯先生 元陳德永
兩崖 明朱廷立
兩曉山樵 清莊元辰
其年 清陳維崧
具川道人 元王士元
具茨 宋晁沖之
具茨山人 清茅星來
函山 明劉天民
函谷山人 明許誥

劼剛 清曾紀澤
匋齋 清端方
叔大 明張居正
叔子 晉羊祜 清魏禧
叔元 後漢桓焉
叔心 明胡居仁
叔方 宋陳昉
叔平 明陸治 清翁同龢
叔未 清張廷濟
叔皮 後漢班彪
叔禾 明田汝成
叔向 春秋晉羊舌肸 宋陳葵
叔用 宋晁沖之
叔夜 晉嵇康 宋張叔夜 明周思兼
叔明 南齊陸慧曉 宋邢昺 明王蒙
叔易 宋陳恬
叔肸 春秋晉羊舌肸
叔虎 春秋晉羊舌虎
叔度 後漢黃憲 後漢廉范
叔美 清錢杜
叔重 後漢許慎 晉辛謐
叔原 宋晏幾道
叔夏 宋張炎
叔時 明顧憲成

叔耘 清薛福成
叔耕 宋汪莘
叔晦 宋沈煥
叔淵 元方瀾
叔通 金宇文虛中
叔陵 後漢蔡玄
叔魚 春秋晉羊舌鮒
叔然 三國魏孫炎
叔暘 宋黃昇
叔蓋 清錢松
叔澐 清江聲
叔節 後漢楊秉
叔賢 明黃綰
叔鮒 春秋晉羊舌鮒
叔龍 明孟化鯉
叔臨 宋康淵
叔謙 明張元沖
叔簡 明呂坤
叔寶 晉衛玠 陳後主 唐秦瓊
叔黨 宋蘇過
受之 清錢謙益
受先 明張采
受齋先生 宋游九功
周臣 金趙秉文
周郎 三國吳周瑜
周望 明陶望齡
咒林明大師 清祁班孫
味辛 清趙懷玉
味經 清秦蕙田

和仲 宋趙順孫
和伯 宋李柟
和甫 宋王安禮
和叔 宋呂大鈞 宋林大中 宋袁燮
和貴 清臧禮堂
和靖先生 宋林逋
和靖處士 宋尹焞
固齋先生 宋郭頤
坦菴先生 明馮厚
坦然居士 明任道遜
坦溪 宋鄭宗強
夜來 三國魏薛靈芸
奇章 隋牛弘
奉先 後漢呂布
奉春君 漢劉敬
奉倩 三國魏荀粲
奉常 明王世懋
始豐 明徐一夔
姑溪先生 宋李之儀
委順翁 宋袁長吉
孟中 明許孚遠
孟公 漢陳遵
孟玉 後漢徐璆
孟亭 清馮浩
孟侯 後漢張酺
孟起 蜀漢馬超
孟堅 後漢班固
孟彪 清張文虎
孟清 明黃潤玉

孟博 後漢范滂
孟陽 晉張載
孟塗 清劉開
孟載 明楊基
孟慈 清汪喜孫
孟嘗 後漢薛包
孟嘗君 戰國齊田文
孟誠 明李材
孟德 後漢曹操
孟靜 明趙貞吉
季子 周蘇秦 清魏禮
季友 清王鴻緒
季方 後漢陳諶
季永 宋吳昌裔
季甫先生 宋陳烈
季和 後漢荀淑
季長 後漢馬融 後漢許武
季美 明尤時熙
季迪 明高啓
季重 三國魏吳質
季倫 晉山簡 晉石崇
季時 明顧允成
季眞 唐賀知章
季高 清左宗棠
季常 蜀漢馬良 宋陳慥
季適 宋蔡元定
季野 清萬斯同
季路 春秋魯仲由

季歷 春秋魯顏無繇 周王季
季隨 宋胡大時
季默 金雷淵
季龍 後趙石虎
季鷹 晉張翰 唐嚴武
孤雲處士 元王振鵬
孤蓬倦客 元陳方
宗元先生 唐吳筠
宗尹 金完顏宗尹
宗吉 明瞿佑
宗伯 明孫繼皐
宗浩 金完顏宗浩
宗海 元薛漢
宗望 金完顏宗望
宗敏 金完顏宗敏
宗貫 明王恕
宗傳 清盛敬
宗卿 宋丘崈
宗弼 金完顏宗弼
宗雄 金完顏宗雄
宗聖 春秋魯曾參
宗道 金完顏宗道
宗翰 金完顏宗翰
官奴 遼耶律官奴 金蒲察官奴
定九 清梅文鼎
定山先生 明莊㫤
定川 宋沈煥
定夫 宋游酢

定生 清陳貞慧
定宇 明鄧以讚 清惠棟
定宇先生 元陳櫟
定叟 宋張杓
定翁 宋胡宗伋
定峯 清沙張白
定國 宋王鞏 明可從
定陶共王 漢劉康
定遠 後漢班超
定盦 清龔自珍
定濤 清金祖靜
定齋 元汪一龍 清陳法
宛君 明沈宜修
宛叔 明楊宛
宛陵先生 宋梅堯臣
宛斯 清馬驌
宛溪先生 明梅守德
宛鄰 清顧祖禹 清張琦
宜充 明劉文敏
宜田 清方觀承
宜孫 元石抹宜孫
宜軒 清勒保
宜遷 明楊時喬
尙父 周呂尙
尙左生 唐郭子儀 元鄭元祐 清高鳳翰

尙若 清張溍
尙德 元陳普
尙謙 明薛侃
居仁 宋呂本中
居父 宋吳琚
居來山人 明張佳胤
岳嵐 清岳虞巒
岳陽 明錢檟
岵瞻 清張嘉玲
岷樵 清江忠源
岷隱先生 宋戴溪
庚申帝 元順帝
庚笙 清徐鼎
庚齋 清沈映輝
弢甫 清桑調元
弢廬處士 清汪宗沂
征南 晉杜預
征虜 後漢祭遵
徂徠先生 宋石介
忠介 宋唐震 明海瑞 明淩義渠 明楊爵 明鄒元標 明劉宗周
忠公 宋呂祖儉 宋高稼 宋游仲鴻 宋鄒浩 宋劉漢弼
忠文 宋王十朋 宋周端朝 宋洪咨夔 宋范鎮 宋徐誼 宋黃裳 宋蔣重珍 明王禕

忠文先生 明包希魯
忠甫 宋張淳
忠壯 清鮑超
忠定 宋丘崈 宋史浩 宋安丙 宋李綱 宋張詠 宋葉適 宋趙汝愚 宋劉安世
忠武 宋鄭清之 蜀漢諸葛亮 唐李晟 唐郭子儀 宋岳飛 宋郭守文 宋韓世忠 元木華黎 元史天澤 元伯顏 清向榮 清多隆阿 清李續賓 清張國樑 清塔齊布 清楊遇春
忠果 清甘文焜
忠亮 宋呂祖謙
忠宣 宋史彌堅 宋洪皓 宋范純仁 宋留正 元余闕 元張文謙 明劉大夏 明瞿式耜
忠貞 清范承謨 明黃道周
忠烈 明楊漣 清江忠源 清程學啓
忠敏 宋任伯雨 宋孫嶸叟 明祁彪佳
忠惠 宋宇文紹節

宋吳琚 宋翟汝文 宋蔡襄 宋鄭僑
忠順夫人 明三娘子
忠愍 宋李若水 明周起元 明楊繼盛 清莫洛
忠肅 宋吳昌裔 宋陳韡 宋陳瓘 宋傅察 宋彭龜年 宋虞允文 宋趙方 宋劉珙 宋劉摯 元呂思誠 明于謙 明盧象昇
忠靖 宋趙葵 明史可法
忠端 明黃尊素
忠誠 清劉坤一
忠毅 宋何子韶 明左光斗 明周宗建 明趙南星 清孟喬芳 清傅弘烈
忠節 宋李芾 宋曾三聘 明呂維祺 明金鉉 明鹿善繼 清葉映榴 清羅澤南
忠憲 五代閩章仔鈞 宋种師道 元劉宣 明高攀龍
忠襄 宋李植 宋孟珙 清辰泰 清李率泰

清曾國荃
忠簡 宋王介 宋宗澤 宋胡銓 宋許景衡 宋趙鼎 宋劉欽
忠懿 五代閩王審知 五代吳越錢倧
忠獻 五代吳越錢佐 五代吳越錢弘億 宋史彌遠 宋張浚 宋趙普 宋韓琦
念庭 清魏荔彤
念菴 明羅洪先
念臺先生 明劉宗周
念魯 清邵廷采
忽土 金僕散師恭
忽必烈 元世祖
忽督火孫 元許扆
怡亭 清張紳
怡賢親王 清允祥
性之 明何廷仁
性善 宋度正
性德 清納蘭性德
性齋 宋楊應龍
戾太子 漢劉據
房山 元高克恭
所安 元陳泰
所性 宋時少章
所南 宋鄭思肖
所翁 宋陳容
所寄先生 宋黎立武

承天 明方九敍
承天太后 遼蕭后 西遼承天后
承旨 宋趙孟堅 元趙孟頫
承庵 明姚舜牧
抱山 清張雲鶴
抱朴子 晉葛洪 清楊賓彝
抱朴居士 唐伍洪
抱眞子 明李孔修
抱經 清盧文弨
抱璞山人 清方琛
抱犢山農 清嵇永仁
拙存 清蔣衡
拙修老人 清吳廷棟
拙菴 元王士元
拙菴老人 明杜斅
拙齋 宋王過 宋林之奇 宋張忠恕
放翁 宋陸游 清朱奇齡 清周嗣明
放勳 陶唐氏唐堯
放齋先生 宋曹粹中
於越先生 宋黃震
昇之 唐盧照鄰
昌父 宋趙蕃
昌谷 唐李賀 宋曹彥約
昌國君 戰國燕樂毅
昌黎 唐韓愈
明山先生 明馬元吉
明公 宋張載
明元太后 三國魏郭后
明允 宋蘇洵
明月 北齊斛律光
明水先生 明陳九川
明白先生 明王桓
明仲 宋李誡 宋胡寅 宋曾公亮
明妃 漢王嬙
明甫 宋方暹
明叔 宋賈易
明明和尚 清髡殘
明所先生 元朱公遷
明叟 宋王覿
明教大師 後周義楚
明卿 元王鑑
明善 元韓性
明復 宋孫復
明道先生 宋程顥
明遠 南朝宋鮑照
明德 明季本 宋晁迥
明德皇后 後漢馬后
明瓚禪師 唐懶殘
易安居士 宋李清照
易直 宋呂端
易門 清趙繼序
易堂 清吳鼎 清魏禧
易庵 宋陳謙
易庵先生 明吳自守
易疇 清程瑤田
昉思 清洪昇
東山 唐弘忍 唐道信 宋楊長孺 宋賀鑄 元朱清 明趙汸 明劉大夏 清金門詔 清潘安禮
東川 清李樹穀
東丹王 遼耶律倍
東平王 後漢劉蒼
東平生 宋萬規
東平先生 宋馬伸
東田 清戴祖啓
東白 明張元禎
東石 明戴鱀
東老 宋沈思 宋曾覿
東甫 清沈炳震 清鄭杲
東谷 宋王汶 宋王樞 清白允謙
東谷居士 宋鄭汝諧
東匡 元劉岳
東坪 清胡慶豫
東坡居士 宋蘇軾
東所 明張詡
東明 明慧昷
東注 清錢灃
東皐老人 元陳樑
東亭 清黃湖
東昏侯 南齊東昏侯
東郊先生 明胡明通
東原 明杜瓊 清戴震
東城 明林春
東海 明張弼
東海一老 清徐枋
東浦 宋黃簡
東軒 宋魏泰
東堂 宋毛滂
東埭居士 清郭麐
東崖 明王襞
東庵 元滕安上
東皐 清張右民 清竇光鼐
東皐子 唐王績 宋戴敏 明殷仲春
東皐漁父 清博爾都
東部 三國吳張紘
東野 唐孟郊
東野居士 宋徐詡
東野遺民 宋楊璞
東卿 清葉志詵
東發 宋黃震
東湖 明錢仁夫
東湖先生 宋王遇 清鄧裝
東湖居士 宋余韶
東萊先生 宋呂本中 宋呂祖謙
東園 明鄭紀
東園客 清惲壽平
東園草衣生 清惲壽平
東塘 清孔尚任
東溪先生 宋高登
東墅 清謝墉
東廓先生 明鄒守益
東閣先生 明甘澤
東樓 明嚴世蕃
東潤 宋湯漢 清任瑗
東樵 清胡渭
東甌王 漢騶搖
東壁 清吳廷華 明湯和
東澤 宋張輯 清崔述
東齋 宋陳覯
東廬 清錢廉
東癡 清徐夜
東巖 明夏尙朴
東巖老人 明孫適
東籬 元馬致遠
杵臼 春秋晉公孫杵臼 春秋齊景公
松下先生 清丘維屏
松心子 清張維屏
松生 清丁丙
松石 清上官鉉 清李汝珍
松君 清童叶庚
松谷 元程顯道
松坪 清孫致彌
松岡 明姜洪
松林先生 明徐公益
松林居士 宋侯宣
松亭翁 明錢孔芳
松泉 清江昱
松泉老人 清安岐
松崖 清惠棟
松巢外史 清毛玉璋
松雪道人 元趙孟頫
松喬老人 清王頊齡
松壺 清錢杜
松雲 明姚綸
松靄居士 明夏季遴
松雲道人 元熊夢祥
松卿 前蜀牛嶠 元任士林
松溪 明程文德 清汪梧鳳
松寥山人 清張際亮
松澗先生 元趙弘偉
松隣 明朱鶴
松禪 清翁同龢
松隱居士 宋卞大亨
松濤 清黃石翁
松廬 清王協夢
松靄 清周春
板橋 清鄭燮

枕易道人 明朱厚熜
枕烟老人 清文從簡
林汲山人 清周永年
林宗 後漢郭泰
林屋 清王愫
林屋山人 宋俞琰
元富恕 明蔡羽
清勞徵 清鄒元斗
林泉野老 明顏道耕
枚叔 漢枚乘
果堂 清沈彤
果敏 清將益澧
果親王 清弘瞻
果齋 宋史蒙卿
果齋先生 宋魏文翁
枝山 明祝允明
枝指生 明祝允明
武子 春秋魯季孫宿
春秋衞甯俞
春秋晉士會
春秋晉韓萬
春秋晉魏犨
春秋晉欒書
春秋齊崔杼 晉車胤
武功 明徐有貞
武仲 上古許由
春秋魯臧孫紇
後漢傅毅
武夷 宋胡安國
武安君 戰國秦白起
戰國趙李牧
戰國蘇秦
武壯 清孔有德
清海蘭察
武叔 春秋魯叔孫州仇
武承 清張烈
武信 五代荊南高季興
武侯 蜀漢諸葛亮
武庫 晉杜預
武惠 宋曹彬 宋潘美
武愍 清劉長佑
武鄉侯 蜀漢諸葛亮
武肅 五代吳越錢鏐
武穆 五代楚馬殷 宋岳飛
唐李光弼
宋高懷德 宋劉錡
武襄 宋狄青
河內先生 宋尹源
河內郡君 唐宋若莘
河東 明薛瑄
河東先生 宋柳開
河東君 清柳如是
河南 唐褚遂良
河南先生 宋尹洙
河間 後漢張衡
金劉完素
河間獻王 漢劉德
河濱夫子 清李楷
治先 宋呂大器
泐潭 五代吳道虔
泔翁 清湯修
法曹 南朝宋謝惠連
法章 戰國齊襄王
法眼 南唐文益
法雲公 唐萬迴
沛公 漢高祖
泗源 清陳厚耀
炙轂子 唐王叡
牧之 唐杜牧 明王諫
牧心 宋鄧牧
牧石 清郭錦章
牧仲 宋錢德謙
清宋犖
牧菴 元姚燧
牧齋 清錢謙益
玩齋 元貢師泰
盱江先生 宋李覯
盲左 春秋魯左丘明
直翁 宋史浩 宋淩浩
直卿 宋黃榦
直齋 宋陳振孫
直齋先生 宋鄧約禮
元薩都剌
知伯 春秋晉知瑤
郇公 宋杜衍
秉常 明陳庸
秉器 明朱孟震
秉鐙 清錢澄之
空同子 明李夢陽
空谷山人 元俞遠
空青老人 宋曾紆
叔蘭 清李佩金
臥子 明陳子龍
臥雲先生 宋管師復
臥龍 蜀漢諸葛亮
宋祖先
臥龍山人 清葛芝
臥廬先生 明劉觀
芝山 清宋葆淳
芝房 清孫鼎臣
芝庭 清彭啓豐
芝廛 清王撰
芝麓 清龔鼎孳
芥子 清王太岳
芥舟 清戈濤
清沈宗騫
芥航 清張井
芥軒 清李崧
花之寺僧 清羅聘
花見羞 後唐王淑妃
花酒頭陀 清姜思周
花翁 宋孫惟信
花菴詞客 宋黃昇
花溪老人 清周荃
花農 清許遇
芸叟 宋張舜民
芸楣 清彭元瑞
芸臺 清阮元
芹澗先生 宋蔣芸
芙初 清劉嗣綰
芙蓉 宋道楷
芳谷 元徐明善
虎丘 梁紹隆
虎癡 宋朱泰
虎頭 晉顧愷之
虯髯客 隋張仲堅
表聖 唐司空圖
近夫 清丘鍾仁
近峯 明皇甫錄
近谿 明羅汝芳
近齋 明朱得之
邵菴先生 元虞集
邵陵厲公 三國魏曹芳
金竹先生 清胡方
金波處士 梁李靄之
金門大隱 清方象瑛
金門畫史 清冷枚
金圃 清謝墉
金陵 明本瑞 明智瑄
金粟山人 清張燕昌
金粟道人 元顧德輝
長山先生 明胡翰
長公 漢夏侯勝
長史 宋蘇軾
南齊張融
長民 宋劉牧
長吉 唐李賀
長江 唐賈島
長君 漢路溫舒
長沙 漢賈誼
長沙桓王 三國吳孫策
長春子 元丘處機
長康 晉顧愷之
長魚 後漢樊儵
長卿 漢司馬相如 漢施讐
長樂老 後周馮道
長孺 漢汲黯
漢韓安國 南齊顧歡
長蘆 宋清了
阜長 清任薰
阿士古 金完顏宗寧
阿士 梁劉孝綽
阿斗 蜀漢後主
阿灰 唐張曙
阿里不山 金夾谷衡
阿里出虎 金徒單阿里
出虎
阿其那 清允禩
阿保機 遼太祖
阿骨打 金太祖
阿瑛 元顧德輝
阿麼 隋煬帝
阿犖山 唐安祿山
阿魯補 金完顏阿魯補
金完顏光英
金完顏宗敏
阿瞞 後漢曹操
陂門 明馮惟健

雨山 清陳大章
雨生 清丁日昌 清湯貽汾
雨村 明周東 清李調元
青士 明周篔
青山 元趙文
青丘子 明高啓
青主 清傅山
青田 明劉基
青村先生 元劉涓
青崧居士 宋俞灝
青門山人 明沈仕 清邵長衡
青岳 清熊賜履
青原 唐行思 清沈永年
青城山人 明王汝玉
青城山樵 明虞堪
青峯 明江柏
青溪 明徐楚
青溪先生 宋汪革
青溪居士 清程廷祚
青蓮居士 唐李白
青蓑老漁 清徐逢吉
青霞 明李時行
青霞亭長 明杜堇
青藤 明徐渭
青蘿子 明王漸逵
青靈山人 清吳應棻
非文 清張斐
非熊 明吳兆

九畫

亭林 明顧正誼 清顧炎武
俊甫 宋鄒斌
保元 後蜀孟昶
保堂 清葉廷甲
保緒 清周濟
俞邰 清黃虞稷
俟庵 清董說
俟庵先生 元李存
俟齋 清徐枋
俟齋先生 清顧培
信天翁 清傅王露
信民 宋汪革
信國公 宋文天祥
信陵君 戰國魏魏無忌
信道 宋舒亶
信齋先生 宋楊復
冠九 明王業 清如山
冠雲 清沈彤
冠巖 明盧宁忠
則所 清徐穎柔
則堂 宋家鉉翁
則誠 明高明
勇毅 清李續宜
勁草先生 清周西
勉之 明黃省曾
勉齋 明茅暘
勉齋先生 宋黃榦
南山 唐道宣 明林有臺 明潘府 清張維屏
南山先生 明黃潤玉
南山居士 明伍福
南山道人 明朱胤栘
南夫 宋魏杞
南皮 清張之洞
南田 清葉數
南田老人 清惲壽平
南仲 宋周南 宋翁升 宋趙獎
南安居士 唐秦系
南有 清崔紀
南池 宋王洋
南羽 明丁雲鵬
南沙 清任廷貴
南岑道人 明朱胤榠
南村 元陶宗儀 清高其佩 清諸祖濬
南厓 清朱珪
南叔 宋高稼
南坡 宋葉秀發
南岡先生 明尚志
南阜老人 清高鳳翰
南亭亭長 清李寶嘉
南容 春秋魯南宮括
南昀 清彭定求
南禺外史 明豐坊
南耕 清羅會恩
南軒先生 宋張栻
南院 唐慧顒
南堂先生 宋鄒斌
南屏 清吳敏樹
南屏先生 明潘辰
南屏隱叟 清正嵒
南皐 明鄒元標
南窗居士 明茅鏞
南野 明歐陽德
南郭先生 宋雍存
南渟 清錢九韶
南湖先生 宋杜爗 金靖天民
南華 清張鵬翀
南越王 漢趙佗
南雲先生 清文點
南陽 宋韓維
南陽先生 元葉儀
南園 清錢灃
南園老人 清陳奐
南溪 宋柴中行 明朱伯驥 清鄭性
南雷 清黃宗羲
南閣祭酒 後漢許慎
南樓老人 清陳書
南潛 清董說
南澗翁 宋韓元吉
南樵 清梁無技
南嶽 唐懷讓
南齋 明魏驥
南豐 宋曾鞏
南隱 宋董熠
厚石 清汪孟鋗
厚軒先生 宋王自中
厚庵 清李光地 清曹本榮
厚齋 宋馮椅
居山 清阮葵生
杳伯 明林堯俞
成六先生 明石續
成齋 清查旭
哀伯 春秋魯臧孫達
姤道人 清程邃
姚江 明王守仁
姬傳 清姚鼐
客星散人 清張斐
宣子 春秋晉士匄 春秋晉趙盾 春秋晉韓起
宣公 唐陸贄 宋張栻
宣文君 前秦韋逞母
宣州老兵 明姜埰
宣叔 春秋魯臧孫許
宣明君 漢夏恭
宣城 南齊謝朓
宣惠 五代吳越錢元懿
宣義 五代吳越錢元璙
宣簡 宋趙不息
宣獻 唐杜黃裳 宋任希夷 宋宋綬 宋樓鑰
宥涵 清吳啓昆
屋質 遼耶律屋質
峚山先生 清李謨
峇嶁山人 清謝乃實
幽棲居士 宋朱淑真
度支 梁庾肩吾
弇州山人 明王世貞
建文帝 明惠帝
建霞 清江標
彥先 宋高登
彥回 南齊褚淵
彥沖 宋劉子翬
彥和 梁朱异 梁劉勰
彥明 宋尹焞 宋邵清
彥昇 梁任昉
彥直 宋趙方
彥威 元盧亘
彥昺 明劉炳
彥海 後魏鄧淵
彥高 金吳激
彥國 宋富弼
彥執 宋施德操
彥章 宋汪藻
彥輔 晉樂廣 清潘德輿
彥遠 宋趙善應
彥標 梁江蒨

彥霖 〔宋〕王巖叟
彥鸞 〔後魏〕崔鴻
待制 〔元〕柳貫 〔元〕趙雍
待軒 〔明〕張次仲
待菴居士 〔清〕王大經
待詔 〔明〕文徵明
後山 〔宋〕陳師道 〔清〕任陳晉
後主 〔蜀漢〕後主 〔陳〕後主 〔北齊〕後主 〔前蜀〕王衍 〔後蜀〕孟昶 〔南唐〕李煜 〔南漢〕劉鋹
後村 〔宋〕劉克莊
後林 〔唐〕李義山
後渠 〔明〕崔銑
後湖居士 〔宋〕蘇庠
後溪 〔宋〕劉光祖
後鄭 〔後漢〕鄭玄
思白 〔明〕董其昌
思宗 〔明〕莊烈帝
思退 〔明〕孫成
思庵 〔明〕薛敬之
思齋 〔宋〕胡常 〔明〕鄭洛書
思默 〔明〕萬廷言
恂九 〔清〕郝懿行
恂叔 〔清〕查禮
恂齋 〔元〕韓翼甫
恆軒 〔明〕韓經 〔明〕歸莊 〔清〕吳大澂
恆齋 〔清〕李文炤 〔清〕周龍藻
恪敏 〔清〕方觀承
恪勤 〔清〕陳鵬年
拜經 〔清〕臧庸
拾遺 〔唐〕杜甫 〔唐〕陳子昂
持正 〔唐〕皇甫湜
持正先生 〔宋〕施德操
持國 〔宋〕韓維
持齋 〔宋〕鄭可學
按答 〔金〕移剌按答
按答海 〔金〕完顏按答海
星五 〔清〕顧奎光
星伯 〔清〕徐松
星坡 〔清〕陸奎勳
星渚 〔宋〕趙景緯
星溪 〔清〕汪佑
星實 〔清〕馮應榴
星齋 〔清〕羅惇衍
星巖先生 〔清〕傅以漸
春山 〔宋〕蔡希點 〔清〕郭善鄰
春申君 〔戰國〕黃歇
春伯 〔宋〕羅點
春風先生 〔明〕烏本良
春圃 〔清〕祁寯藻
春浮居士 〔清〕允禧
春草 〔明〕烏斯道
春卿 〔後漢〕桓榮
春農 〔清〕蔣宗海
春霆 〔清〕鮑超
春疊 〔清〕程川
春麓 〔清〕吳寶枚
昭子 〔春秋〕〔魯〕叔孫婼
昭伯 〔春秋〕〔魯〕子服回 〔春秋〕〔魯〕臧賜
昭君 〔漢〕王嬙
昭成太子 〔宋〕趙元傑
昭明太子 〔梁〕蕭統
昭聖太后 〔五代〕〔漢〕李后
昭齊 〔明〕葉紈紈
昭質 〔清〕吳文柔
昭勳 〔清〕圖賴
昭諫 〔五代〕〔吳越〕羅隱
昭覺 〔宋〕克勤
是菴 〔清〕程大中
映然子 〔清〕王端淑
曷魯 〔遼〕耶律曷魯 〔元〕石抹曷魯
朏明 〔清〕胡渭
柏山先生 〔明〕張鄰
柏岩 〔唐〕懷暉
柏峯居士 〔宋〕潘希宗
柏軒 〔元〕范祖幹
柏堂先生 〔清〕方宗誠
柏齋 〔明〕何瑭
柏廬 〔清〕朱用純
染香庵主 〔清〕王鑑
柔謙 〔清〕顧隱
柘西 〔清〕沈皞日
柘坡 〔清〕萬光泰
柚堂 〔清〕盛百二
查山先生 〔元〕汪時中
柯古 〔唐〕段成式
柯庭 〔清〕汪文柏
柳川 〔明〕王釗
柳州 〔唐〕柳宗元
柳東 〔清〕馮登府 〔明〕章世純
柳東先生 〔明〕方澥
柳峯 〔明〕齊述
柳庭 〔清〕孫蘭
柳堂 〔清〕吳可讀
柳莊 〔明〕袁珙
柳漁 〔清〕張湄
柴丈人 〔清〕龔賢
柴世宗 〔後周〕世宗
柴墟 〔明〕儲巏
泉谷 〔宋〕徐兆卿
泉南山人 〔清〕秦道然
泉峯先生 〔元〕龔煥
洛村 〔明〕黃弘綱
洞山 〔唐〕良价
洞微山人 〔明〕范越鳳
洞源先生 〔宋〕胡泳
津逮 〔清〕劉逢源
洨長 〔後漢〕許慎
洨濱先生 〔明〕蔡靉
洪甫 〔明〕錢德洪
洪喬 〔晉〕殷羨
洪道 〔宋〕周必大
洛水遺民 〔宋〕程珌
活埋庵道人 〔清〕徐樹丕
流塘 〔宋〕詹初
洮漁子 〔清〕馬伯繩
炳霞 〔清〕葉映榴
珂月 〔明〕卓人月
珊士 〔清〕陳壽祺
昫叔 〔清〕周星譽
畏也 〔金〕蒲察世傑
畏齋 〔金〕蒲察思忠 〔元〕程端禮 〔明〕周孟中
畏齋先生 〔宋〕吳獵
畏壘山人 〔清〕徐昂發
皆山樵者 〔明〕王恭
癸巳老人 〔清〕馮舒
皇太極 〔清〕太宗
皇象山人 〔明〕姚咨
盈川 〔唐〕楊炯
相山居士 〔宋〕王之道
相之 〔宋〕豐稷
相如 〔戰國〕〔趙〕藺相如 〔漢〕司馬相如
省三 〔清〕劉銘傳
省軒 〔清〕柴紹炳
省齋 〔宋〕蘇思恭 〔清〕丘仰文
省齋先生 〔宋〕吳獬
省廬 〔清〕彭師度
眉山 〔宋〕蘇洵
眉公 〔明〕陳繼儒
眉生 〔清〕李鴻裔 〔清〕顧橫波
眉叔 〔清〕馬建忠
眉庵 〔明〕楊基
眉道人 〔明〕白漢
禹門 〔明〕正傳
禹美 〔清〕錢塘
禹卿 〔清〕王文治
秋士 〔清〕彭績 〔清〕黃鞠
秋水 〔明〕陳汝言 〔清〕王祖昌 〔清〕馮如京 〔清〕謝文洊
秋史 〔清〕王苹
秋玉 〔清〕馬曰琯
秋田老人 〔清〕秦大士
秋帆 〔清〕畢沅
秋池老人 〔清〕李鑾
秋谷 〔清〕趙執信
秋岳 〔清〕華嵒
秋室 〔清〕余集
秋泉居士 〔清〕汪士鋐
秋娘 〔唐〕杜秋娘 〔宋〕朱希眞
秋崖 〔宋〕方岳
秋紹 〔清〕張夏
秋莊 〔清〕都四德
秋農 〔清〕姚文田

秋澗先生　元王惲
秋㵎　清曹溶
秋巖　元柴淯道
突呂不　遼耶律突呂不
紅友　清萬樹
紅杏村樵　清周寶偀
紅豆先生　清惠士奇
紅豆村人　清袁樹
紅豆詞人　清吳綺
紅洲　清張宏敏
紅茵館主人　清姜曛
紅𥞊道人　明陸孟琁
紅橋　清朱鍾
紅蘭主人　清岳端
約齋　宋張鎡　清謝文洊
美成　宋周邦彥
耐辱居士　宋司空圖
耐庵　清賀長齡
耐雲　清金輅
胡土　金烏林答胡土
胡土門　金陀滿胡土門
胡沙虎　金紇石烈執中
胡沙補　金完顏胡沙補
胡里改　金烏延胡里改
胡刺　金夾谷胡刺　金紇石烈胡刺　金烏古論仲溫
胥山樵　清項聖謨
胥母山人　清翁澍
胥餘　商箕子
致曲先生　宋俞浙
致能　宋范成大
致堂先生　宋胡寅
致虛　明樊良樞
茗文　清汪琬
茗生　清蔣士銓
茗溪漁隱　宋胡仔
若水　宋傅夢泉
若汀　清華蘅芳
若冰　清徐玉映
若思　晉戴淵
若菴　清程庭
若粲　清王澍
若膺　清段玉裁
若谿　清華世芳
若蘭　前秦蘇蕙
苦瓜和尚　清石濤
苦成叔　春秋晉郤犫
英公　唐李勣
英親王　清阿濟格
茂先　晉張華
茂京　清王原祁
茂叔　宋周敦頤　宋熊蕃
茂明　宋范浚
茂挺　唐蕭穎士
茂陵先生　宋馬之純
茂獻　宋章穎
茅岡　宋倪天隱
茅堂先生　宋胡寧
苑洛　明韓邦奇
虹橋居士　清沈祚昌
衎石　清錢儀吉
衎存　清史承豫
袠聖　宋司空圖
要叔　宋黃銮
貞一先生　唐司馬承禎
貞子　春秋晉士渥濁　春秋晉欒枝
貞白先生　南齊陶弘景　宋戚如琥　元危復之　元王原傑　元吾衍
貞孝先生　元王文淵　元戚紹
貞居子　元張雨
貞翁　明周倫
貞庵　清魏裔介
貞敏　元蕭㪺
貞復　明楊起元
貞期生　元張渥
貞愍　清湯貽汾
貞憲先生　明徐獻忠
貞蹇　明聶豹
貞隱先生　宋吳秉鈞
貞曜先生　唐孟郊
貞獻　元趙弘偉
貞懿　五代南平高保融
迦陵　清陳維崧
迪功　明徐禎卿
迪臣　清林啓
述古　宋陳襄
郇公　唐韋陟
重光　南唐李煜
重耳　春秋晉文公
重華　有虞氏虞舜
重陽子　金王嚞
韋齋　宋朱松
風月處士　宋范啓
風穴　後唐延沼
飛卿　唐溫庭筠
飛濤　清丁澎　金宋九嘉
食苦和尚　清唐訪
首山　宋省念
香山居士　唐白居易
香山老人　清彭啟豐
香石　清黃培芳
香光　明董其昌
香谷　清任蘭枝
香亭　清吳玉綸
香南　清朱荃　清袁樹
香泉　清程兆熊　清淩瑚
香雪　清王貽燕
香湖　清李堯文
香溪　宋范浚
香墅　清曾廷枚
香樹　清錢陳羣
香濤　清張之洞
香嚴　元文才
香巖居士　宋關注

十畫

修園　清陳念祖
修微　明王微
倉山舊主　清袁祖志
倉公　漢淳于意
倉部　宋呂大器
倚松道人　宋饒節
倚中　後漢荀彧
借閒漫士　清汪遠孫
倥侗子　元練晉
倪迂　元倪瓚
俙翁　宋岳珂
兼山　宋黃裳
兼山先生　宋郭忠孝
剡源　元戴表元
剛主　清李塨
剛直　清彭玉麟
剛峰　明海瑞
匪石　元鄧文玄
原一　清徐乾學
原父　宋劉敞
原功　元歐陽玄
原仲　宋胡憲
原明　宋呂希哲
原思　春秋魯原憲
原博　明吳寬
原軫　春秋晉先軫
原靜　明陸澄
哥奴　唐李林甫
唐王　明朱聿鍵　明朱聿鏄
唐卿　宋掌禹錫
唐鑑公　宋范祖禹　明余堯臣　明孫胤伽
城陽景王　漢劉章
夏重　清查慎行
夏峯先生　清孫奇逢
宮音　清沈闕闕
宮詹　清歸允肅
宸濠　明朱宸濠
容父　宋葛洪
容可　清莊有恭
容甫　清汪中
容思　明段堅
容若　清納蘭性德
容庵　明潘賜
容莊　清史致儼
容齋　宋洪邁　清李天馥　清葉榮梓
射澤老農　宋廉布
展成　清尤侗
峨嵋　清曹禾
峯泖浪仙　明施紹莘
峪泉子　清馮雲程
峴莊　清劉坤一
峻之　明洪垣

我甫 [清]桑調元
師山先生 [元]鄭玉
師川 [宋]徐俯
師伊 [明]魏亘政
師恭 [金]僕散師恭
師說 [明]魏亘弼
師魯 [宋]尹洙 [元]劉汶
師顏 [明]魏良器
席帽山人 [明]王逢
庭堅 [宋]黃庭堅
[宋]潘枋
庭植 [宋]董洮
庭懷 [明]耿橘
庠堂 [清]黃之雋
弱侯 [明]焦竑
[清]姚文然
弱翁 [漢]魏相
[唐]孔巢父 [宋]鍾傅
徐都講 [清]徐昭華
徑山 [宋]師範
恕谷 [清]李塨
恕庵 [清]任瑗
恕齋 [宋]謝升賢
[清]弘旿
恥菴 [明]陳煒
恭定 [明]馮從吾
[清]郝惟訥
恭忠親王 [清]奕訢
恭勤 [清]粟毓美
[清]裘行簡

恭愍 [明]陳選
恭義 [五代吳越]錢弘倧
恭肅 [明]周用 [明]胡松
恭毅 [明]溫純 [清]李湖
[清]李侍堯 [清]趙申喬
恭節 [明]周怡
恭簡 [明]耿定向
[明]韓邦奇 [明]魏校
恭獻 [宋]范純禮
息庵 [宋]湯中
[宋]葉武子
息菴老人 [宋]郭知運
息齋 [宋]余芑舒
息齋先生 [宋]高閌
[清]任源祥
息廬 [清]張光緯
悅堂 [宋]楊楫
悟達國師 [唐]知玄
悔餘 [清]何栻
[清]查慎行
拳時 [清]程大中
挺臣 [宋]宇文紹節
捏兒 [元]移剌捏兒
旃然漁隱 [明]張民表
旅堂 [清]胡介
時帆 [清]法式善
時見 [明]呂潛
時周 [明]陳茂烈
時振 [明]何廷矩
時發 [宋]楊庭顯

時齋 [宋]趙綸
[清]汪承霈
晃斡出 [金]完顏宗弼
晉公 [北周]宇文護
[唐]裴度 [宋]丁謂
晉安王 [南朝宋]劉子勛
晉竹 [清]梁紹壬
晉叔 [明]臧懋循
晉卿 [宋]王詵 [宋]黃溍
[元]耶律楚材
[清]董士錫
書山 [清]葉酉
書城 [清]邢典
[清]葉宏湘
栗夫 [明]趙寬
栗菴 [明]鄭環
栗齋 [宋]鞏豐
[清]史積琦
栲栳山人 [元]岑安卿
根石 [清]朱上林
格菴 [明]章正宸
格齋先生 [宋]趙順孫
桂山 [清]王嗣槐
桂山先生 [宋]謝諤
桂王 [明]朱由榔
桂岡先生 [元]吳師尹
桂峯 [唐]樓隱
桃谷先生 [宋]余季芳
桃花山人 [清]郎葆辰
桃花夫人 [春秋楚]息夫

人
桃都漫士 [清]宮偉鏐
桐丘 [明]曹鏷
桐威 [清]沈起鳳
桐鄉 [清]張履祥
桑苧翁 [唐]陸羽
桑根老人 [清]薛時雨
桑棗園丁 [清]邵士燮
桓子 [春秋魯]季孫斯
[春秋衛]孫良夫
[春秋晉]荀林父
[春秋晉]欒黶
[春秋齊]陳無宇
[春秋齊]晏弱
[戰國魏]魏駒
桓侯 [蜀漢]張飛
桓魋 [春秋宋]向魋
泰山先生 [宋]孫復
泰宇居士 [宋]曹悅
泰州 [明]王艮
泰伯 [宋]李覯 [宋]嚴滋
泰甫 [元]貢悅
泰泉先生 [明]黃佐
泰然 [宋]呂祖泰
泰發 [宋]李光
浦山 [清]張庚
浚谷 [明]趙時春
浩然先生 [明]浦大順
浩齋 [宋]楊子謨
[宋]過源

浪仙 [唐]賈島
浮玉山人 [清]潘煇
浮休 [元]允若
浮休子 [唐]張鷟
浮休居士 [宋]張舜民
[明]薛章憲
浮峯 [明]張元沖
浯溪眞隱 [金]元嚴
海印 [明]德清
海帆 [清]卓秉恬
海年漁長 [明]陳士京
海西公 [晉]廢帝
海門 [清]鮑皋
[清]張金鏞
海秋 [清]許宗衡
[清]湯鵬
海屋子 [明]姚翼
海珊 [清]嚴遂成
海峯 [清]劉大櫆
海峯野逸 [宋]張慶之
海桑先生 [明]陳謨
海野 [宋]曾覿
海陵王 [南齊]海陵王
[金]廢帝
海粟居士 [清]顧文淵
海澄公 [清]黃梧
海樵生 [明]陳鶴
海嶽外史 [宋]米芾
海嶽游人 [清]吳大柱
海瓊子 [宋]葛長庚

海鷗 [清]馮雲程
海鶴先生 [明]黃居中
涅魯古 [遼]耶律涅魯古
涇凡 [明]顧允成
涇野 [明]呂柟
涇陽 [明]顧憲成
涑水先生 [宋]司馬光
烏目山人 [清]王翬
烏目山僧 [清]魚翼
烏野 [遼]蕭烏野
[金]完顏勛
烏程侯 [三國吳]孫皓
烎虛 [清]明中
特离補 [金]伯德特離補
特進 [北齊]邢卲
[北齊]魏收
珠海老漁 [清]張維屏
眞如子 [明]王化隆
眞谷 [清]牛運震
眞長 [晉]劉惔
[明]黃尊素
眞常子 [宋]任源
眞隱 [宋]史浩
眞覺大師 [唐]玄覺
益之 [宋]柴元裕
[明]何遷
益王 [宋]端宗
益德 [蜀漢]張飛
益齋 [清]許增
神光 [後魏]慧可

祕校　宋方惟深
祕書　梁劉孝綽
　唐顏師古
祕書外監　唐賀知章
祕監　宋王柟
祗平居士　清王元啓
秦王　唐太宗
秦亭老民　清杭世駿
秦餘山人　明徐枋
純公　宋程顥
純老　宋曹粹中
純孝先生　宋易延慶
純甫　宋曾覿
　元范祖幹
純陽子　唐呂洞賓
純節先生　元胡長孺
索軒　宋蔡格　元鄭洪
素庵　元安煦
素卿　明薛素素
翁子　漢朱買臣
翁山　清屈大均
翁君　漢尹更始
翁叔　後漢馬日磾
翁孫　漢趙充國
耆卿　宋柳永
耕石　清顧元熙
耕叟　宋尹穀
　清顧隱
耕閒先生　宋孫銳
耕煙　清王翬　清戴梓

耕餘居士　清鄭世元
耕讀居士　元衛富益
耘老　宋賈收
耘松　清趙翼
耘叟　宋李文子
耽源　唐應眞
耽巖　清沈衎
耽堂　宋高斯得
舫齋　明李貢
　清祖望之
茗柯　清張惠言
荔田　清江珏
荔裳　清宋琬
莅林　清梁章鉅
茱山老人　元沈貞
茱山居士　宋曾幾
荃翁　宋張端義
荊山　清向璿
荊山居士　北齊陸法和
　明孟淑卿
荊川先生　明唐順之
荊公　宋王安石
荊州　唐韓朝宗
荊門先生　宋侯仲頁
荊峴　清湯斌
荊卿　戰國衛荊軻
荊溪　唐湛然
　宋吳子良
荇農　清周壽昌
草衣道人　明王微

草亭　清周篆
草庭先生　明許鯤
草堂　宋方秉白
草堂先生　宋張煇
　宋張覺民
草堂居士　宋魏野
草堂逸老　宋葛密
草窗　宋周密
草窗先生　宋黃智深
草聖　後漢張芝
　唐張旭
草澗居士　明胡宗華
草廬　元吳澄　清諸錦
莫稗道人　清朱彝
託園　清吳任臣
記室　三國魏陳琳
　梁何遜
豹人　清孫枝蔚
貫父　宋劉攽
起東　明劉宗周
起庵　清張沐
退之　唐韓愈
退谷　清汪士鋐
　清孫承澤　清謝金鑾
退省庵主人　清彭玉麟
退叟　宋朱昂
退翁　宋劉彌正
退翁先生　宋柴蘊
退庵　宋吳淵
　清王之銳

退齋　宋熊禾
逃辛老人　明朱紳
逃虛子　明姚廣孝
逃禪老人　清揚无咎
郕王　明景帝
郘亭　清莫友芝
酒民　唐皮日休
馬父　春秋魯閔子馬
馬伶　清馬錦
馬服君　戰國趙趙奢
馬祖　唐玄素　唐道一
馬蹐　宋法寧
高密　後漢鄭玄
高峯　宋廖剛　明智瑄
高琪　金朮虎高琪
高貴鄉公　三國魏曹髦
高陽　明孫承宗
　清李鴻藻　清李霨
高節先生　元嚴侶

十一畫

乾文　清都四德
乾乾居士　元陸仁
假庵　明歸昌世
健男　清陸錫熊
健庵　清徐乾學
健餘　清尹會一
務觀　宋陸游
匏廬　清沈濤
參之　明葉茂才

參軍　南朝宋鮑照
參廖子　宋道潛
唯室先生　宋陳長方
商君　戰國衛公孫鞅
商卿　宋林彖
商潛　明朱亮
商隱先生　清錢汝霖
問政山樵　清汪溥
問政先生　五代吳聶師道
問亭　清方觀承
　清博爾都
啓我　清汪佑
啓南　明沈周
啓泰　明孫奇逢
啓新　明錢一本
啓新先生　明史孟麟
國一禪師　唐道欽
國華　金董文甫
國瑞　明錢一本
國裳　明舒芬
國器　宋芮煜
基平　清王太岳
執中　宋游復
執柔　明丘吉
執齋先生　明吳璋
堅白道人　宋何時
堅素先生　宋戚同文
堅瓠老人　清錢偲
堅磨生　清胡中藻

蓋浦　清杭世駿
婁東　清王時敏
婁東散人　明朱亮
婁室　金完顏婁室（完顏部人）
　金完顏婁室（內族）
　金完顏婁室（中婁室）
　金完顏婁室（小婁室）
　金完顏永成
　金紇石烈良弼
　金浦察婁室
婉紃　清張綸英
寄奴　南朝宋武帝
寄園　清孫玉庭
寄庵　清張應昌
　清劉大紳
寄庵老人　金李遹
寄閒　宋張樞
寄夢　明張肩
密之　明方以智
寅夫　元吳克恭
寅旭　清王錫闡
屛山　清許田
屛山先生　宋劉子翬
崆峒夫人　隋吳絳仙
崆峒生　明沈愚
崇一　明歐陽德
崇如　清劉墉
崑山　清顧炎武
崑圃　清黃叔琳

崑崙山人 明王叔承
崑崙奴 唐磨勒
崧老 宋許翰
巢民 清冒襄
巢松 清吳慈鶴
巢林 清汪士慎
巢阿 清莊鳳威
巢雲 宋饒烈
巢睫山人 清童叶庚
常甫 明張邦奇
常侍 唐高適 宋徐鉉
常道鄉公 三國魏曹奐
庶善先生 宋翁巖壽
庶齋 元盛如梓
康子 春秋魯季孫肥
康王 宋高宗
康成 後漢鄭玄
康甫 清吳廷康
康良親王 清傑書
康侯 宋胡安國
明易三接 清張晉
康敏 宋黃超然
康靖先生 宋崇大年
康僖 明王承裕
元孟夢恂
康樂 晉謝玄
南朝宋謝靈運
康節 宋邵雍
康齋先生 明吳與弼

康藏國師 唐法藏
庸三 清盛世佐
庸盦 清薛福成
庸齋 宋趙汝騰
清楊峴
庸齋先生 宋陸九皐
張祿 戰國秦范睢
張顛 唐張旭
強恕先生 宋柴元裕
彪西 清范鄗鼎
得天 清張照
得全居士 宋趙鼎
得得和尚 前蜀貫休
從吾道人 明董澐
從軒先生 宋章節夫
悼子 春秋衛甯喜
惕齋 清王節 清向璿
惜抱先生 清姚鼐
惟中 明唐樞
惟升 明羅僑
惟心居士 宋周葵
惟乾 明冀元亨
惟賢 明顧應祥
惟曉 宋尹渙
惟濬 明陳九川
授衣 清陳章
捫膝先生 宋喻汝礪
敏果 清魏象樞
敏惠 清潘思榘
救貧先生 唐楊筠松

敦曹 北齊高昂
敦漢先生 清彭楚克林沁
斜峯 宋李伯玉
斜也 金完顏杲
金徒單恭
斜川居士 宋蘇過
旌陽 晉許遜
旣庭 宋宋寘
晚村 清呂留良
晚聞居士 清王宗炎
晚學居士 清吳熙載
晞髮子 宋謝翱
晞顏 宋張庶
晦夫 明陳眞晟
晦木 清黃宗炎
晦叔 宋王炎 宋王曙
宋呂公著 宋吳翌
晦堂 宋祖心
晦菴 宋朱熹
晦巖 宋沈清臣
曹山 唐耽章
曹洞 唐良价 唐本寂
曹將軍 唐曹霸
曹溪 唐慧能
曼生 清陳鴻壽
曼持老人 清余懷
曼卿 宋石延年
曼倩 漢東方朔
漢雋不疑

曼碩 元揭傒斯
朗夫 清陸燿
朗公 明吳執御
朗齋 清張曜
望之 明宋儀望
望溪 清方苞
望諸君 戰國燕樂毅
桴亭 清陸世儀
梁山 宋綠觀
梁山先生 清蔡世遠
梁公 唐房玄齡
唐狄仁傑 唐姚崇
梁石 明周瑛
梁孝王 漢劉武
梁村 清蔡世遠
梁汾 清顧貞觀
梁國夫人 唐宋若昭
梁棐 清田蘭芳
梁溪先生 宋李綱
梅山先生 宋周屋
梅山樵叟 宋顧逢
梅公 清李元鼎
梅妃 唐江采蘋
梅西先生 元郭鄴
梅伯 清姚燮
梅君 清居仁守
梅岑 清宗元鼎
梅村 清吳偉業
清李克正 清汪士鐸

梅谷 清陸烜
梅谷老人 清張紹齡
梅里 清吳經
梅坡先生 宋彭蠡
梅花古衲 清江韶
梅花屋主 明王冕
梅花庵主 清吳鎮
梅花道人 元吳鎮
梅坨 清劉元燮
梅屋 宋許棐
梅泉 明王人佐
梅崖 清朱仕琇
梅庵 清趙之謙
清李基和
清鐵保
梅野 元顏伯錄
梅野先生 明溫璜
梅溪 宋王十朋
宋史達祖 清錢泳
清羅曰琮
梅磵 元胡三省
梅隱 宋喻南強
梅邊 宋王炎午
梅顛道人 明周履靖
梅麓 清朱之錫
梅巖野人 元郭豫亨
梓溪先生 明舒芬
條侯 漢周亞夫
梧岡 明陳堯
梭山居士 宋陸九韶

浩翁 宋黃庭堅
浩陵居士 宋譙定
涵山 清鄭振圖
涵虛子 明朱權
淇澳 明孫愼行
淡軒 宋葉士龍
淡巖 宋蔣復
淥飲 清鮑廷博
淨峯 明張岳
淨智先生 宋洪擬
淨德 宋呂陶
淩陽先生 宋牟巘
淮南夫子 明劉永澄
淮南王 漢劉安
漢劉長
淮海 宋秦觀
淮陰侯 漢韓信
淮陽王 後漢劉玄
深之 唐李絳
深甫 明高濂
深源 晉殷浩
深寧 宋王應麟
淳夫 宋范祖禹
淳叟 宋劉堯夫
淳欽皇后 遼述律后
淵如 清孫星衍
淵孝 明杜瓊
淵甫 清張履
淵明 晉陶潛
淵穎先生 元吳萊

淵默叟　元余日強
清于　清惲冰
清夫　清吳賢湘
清白生　明袁珪
清臣　唐顏眞卿　宋車若水
清伯　明陸澄
清谷居士　宋晁子眞
清忠　宋牟子才
清河　晉陸雲
清恪　清張伯行
清修道人　清濟納
清容　清蔣士銓
清容先生　宋查深
清容居士　元袁桷
清眞　宋周邦彥
清常道人　明趙琦美
清敏　宋陳卓　宋豐稷
清涼國師　唐澄觀
清卿　清吳大澂
清徽道人　清揆蓮
清惠　宋陳昉　明劉麟
清湘老人　清石濤
清暉主人　清王翬
清溪　明陸彥良
清溪子　唐李涉
清溪布衣　宋夏乾錫
清溪道人　清程正揆
清碧先生　元杜本
清嘯　清于成龍

清遠先生　明歸子慕
清節　宋蕭楚
清獻　宋杜範　宋趙抃　元王都中　清陸隴其
清耀老人　元錢選
爽山　宋孫嚴
爽秋　清袁昶
犀匡　清易學實
犀首　戰國魏公孫衍
率更　唐歐陽詢
率道人　明吳元
理初　清俞正燮
理堂　清焦循　清韓夢周
瓠閒居士　清史震林
瓠尊　清錢載
瓠尊山人　清夏熙臣
畦樂　明梁蘭
皐文　清張惠言
皐羽　宋謝翺
瞑叟　清莫友芝
眭弘　漢眭孟
衆仲　元陳旅　清孔廣森
衆甫　明方應選
研山山人　明方旿
研北生　元陸友
研北翁　清朱景英
祭酒　清吳偉業
移剌都　金蒲察移剌都

移室瀹　金溫迪罕移室瀹
移特輦　金完顏元宜
秺侯　漢金日磾
竟陵王　南齊蕭子良
章泉　宋趙蕃
章敏　宋滕元發
章懷太子　唐李賢
章獻太后　宋劉后
笠山　清孫蕙
笠夫　清王禮　清蔡顯
笠亭　清傅爕詗
笠翁　清李漁
笠雲　清柳應墀
笥河　清朱筠
符倉　清楊方達
符谿先生　宋薛紱
粘沒曷　金烏古論粘沒曷
粘沒喝　金完顏宗翰
粘罕　金完顏宗翰
紫山　清徐逢吉
紫房　清盧世㴶
紫芝　唐元德秀
紫芝生　明俞和
紫柏大師　明可眞
紫峯　明陳琛　清杜越
紫庭　清張僧乙
紫虛子　明朱柏
紫超　清高愈

紫陽　宋朱熹
紫陽山樵　明朱同
紫陽先生　元楊奐
紫雲　唐崔紫雲
紫微　宋呂本中
紫筼　清徐燦
紫綸　明杜詔
紫篔生　元李升
紫巖　宋張浚　宋潘枋　元于石
紫巖先生　元周潤祖
細侯　後漢郭伋
終童　漢終軍
紹弓　清盧文弨
紹衣　清全祖望
習之　唐李翺
習室　金完顏習室
習庵先生　宋陳塤　宋曾逮
習靜先生　宋劉彌邵
習齋　清顏元
習懶翁　元錢選
緗卿　清李光坡
聊齋　清蒲松齡
脩朗　後魏傅永
船山　清張問陶
船山先生　宋楊與立　清王夫之
荷屋　清吳榮光
荻溪翁　元王儔

莊子　春秋魯仲孫速　春秋晉魏絳　春秋衛甯速　春秋齊鮑牽
莊叔　春秋魯叔孫得臣　春秋衛孔達
莊定　宋黃祖舜
莊恪　清甘汝來
莊渠　明魏校
莊裕　明徐問
莊靖先生　元李俊民
莊節先生　宋韓性
莊簡　宋李光　宋章楶　宋游九功　明喬宇
莘田　清蔣伊
莘老　宋孫覺　宋劉摯
處仲　晉王敦
處道　元盧摯
處默　晉吳隱之　後魏宋隱
袖石　清邊浴禮
袖東　清徐觀海
被褐先生　南齊臧榮緒　明張應文
訛出虎　金兀顏訛出虎
訛可　金完顏訛可
訛古乃　金完顏訛古乃
訛里也　金烏古論元忠
訛論　金烏孫訛論
訥庵　宋趙師淵

訥溪　明周怡
許公　唐蘇瓌　唐蘇頲
許由東鄰　唐田游巖
許眞君　晉許遜
欿父　宋曾惇
貫一　清雷鋐
貫之　宋李道傳
貫齋　宋陳沂
逋翁　唐顧況
逋道人　明吳栻
逍遙子　宋潘閬
逍遙公　北周韋夐
逍遙先生　後唐鄭遨
通玄先生　唐張果　後晉張薦明
通玄處士　金劉完素
通甫　清魯一同
通齋先生　宋葉由庚
逢吉　宋危稹
逵雲先生　宋方還
野王　晉桓伊
野里補　金蕭仲宣
野翁　清吳光
野航　元姚文奐
野擴　清姚燮
野橋先生　明戴書
野齋先生　元李謙
釣臺先生　清任啓
釣磯翁　宋丘葵
閉戶先生　漢孫敬

陳思王　三國魏曹植
陳留王　魏獻帝
三國魏曹奐
陳道人　宋陳起
陵川　元郝經
陵陽山人　清姜宸熙
陶山　宋陸佃
明唐仲勉
陶朱公　春秋越范蠡
陶苑公　明朱華圉
陶堂　清高心夔
陶菴　清曹續祖
陶齋　清翁大年
清端方
陸堂　清陸奎勳
雪木　清李柏
雪村　清徐壽　清戴瀚
雪屋　清范明徵
雪屋老人　清余正元
雪松　明潘士藻
雪門　清許瑤光
雪客　清周在浚
雪庭　宋福裕
雪浪　明洪恩
雪海　清郝浴
雪巢先生　宋林憲
雪莊　清繆謨
雪琴　清彭玉麟
雪窗　宋孫夢觀
元溥光　宋張頁臣

雪菴和尚　明葉希賢
雪溪先生　宋宋耕
雪箇　明八大山人
雪樓　元程鉅夫
雪蓬先生　明黃哲
雪蕉道人　明胡昺
雪濤散人　元吳叡
雪篷　宋姚鏞
元張天永
雪磯　元孫庚
雪磯先生　宋樂雷發
雪齋　宋孫介　明石鎚
雪廬和尚　明克蘄
雪顛道人　清王武
雪竇　宋重顯　宋智鑑
雪灘釣叟　清顧有孝
雪巖　清胡光墉
雪婁農　清吳其濬
魚山　明熊開元
魚門　清程晉芳
魚亭　清汪軔　清汪憲
鳥鼠山人　明胡纘宗
鹿公　清王樹穀
鹿皮子　元陳樵
鹿岡　清汪後來
鹿牀　清戴熙
鹿門　宋僧覺　明茅坤
鹿門先生　唐唐彥謙
鹿冠道人　明杜瓊
鹿泉　清趙佑

鹿洲　清藍鼎元
鹿園　明萬表、
鹿潭　清蔣春霖
麻衣先生　元李堅

十二畫

備九　清顧鎮
剩夫　明陳眞晟
勝力　清徐嘉炎
勝欲　宋蔣捷
博望山人　明曹履吉
博望侯　漢張騫
卿實　明蔣信
卿謀　明湯傳楹
善山先生　明何廷仁
善夫　元杜仁傑
善長　後魏酈道元
明李善長
善卷子　清任源祥
喬年　宋朱松
堯夫　宋邵雍
宋范純仁
堯民　元朱凱
堯峯　清汪琬
堯章　宋姜夔
壺山　宋宋自遜
婺源　宋朱熹
富山先生　宋方一夔
寒支道人　清李世熊
寒村　明蘇志皐

寒谷先生　明丘集
寒松老人　清魏象樞
寒拾里人　元行端
寒柯　清沈景修
寒泉　清童能靈
寒溪　清盛敬
尊古　清黃鼎
尊生老人　清沈金鼇
尊道先生　宋施璣亭
尊聞居士　清羅有高
尊魯　清朱右曾
尊彝　清吳鼎
尊樂翁　明習經
巽川　明祁順
巽之　宋范育
巽甫　宋稅與權
巽坡先生　宋鄧泳
巽峯　明尹襄
巽隱　明程本立
巽齋　宋危稹
宋歐陽守道
巽巖　宋李燾
幾亭　明陳龍正
幾叟　宋陳淵
彘子　春秋晉先縠
彊旃　清高世泰
彭山　宋宋德之
明季本
彭澤　晉陶潛
復之　宋劉朔

復生　清譚嗣同
金段克己
復初　元元明善
復宗　明董澐
復翁　宋洪覺老
復軒先生　宋章憲
復庵　明呂淵
復堂　清譚獻
復聖　春秋魯顏回
復齋　宋陸九齡
宋黃營　明許浩
清史調　清李文耕
清康呂賜
復齋先生　宋黃㮚
宋趙彥肅
復齋居士　宋蔡沆
復孺　元邵亨貞
悲盦　清趙之謙
惕龍　明陳龍正
惠子　春秋宋惠施
惠伯　春秋魯子服椒
惠叔　宋鄭僑
惠姬　後漢班昭
惠敏　清曾紀澤
惺堂　明史桂芳
惺惺道人　元喬吉
惺園　清王杰
惺齋　清潘曾瑩
掌亭　清侯涵
斯庵　宋任希夷

斯道　明姚廣孝
敦夫　明夏尚朴
清秦恩復
敦復　清張英
曾荷　清唐泰
景山　元方鳳
景仁　宋范鎭
景元　宋李甲
宋眞德秀
景升　後漢劉表
景文　宋宋祁　明夏凱
景伯　春秋魯子服何
春秋晉士彌牟
後漢賈逵
景迂生　宋晁說之　宋洪适
景叔　宋游師雄
景岳　明張介賓
景范　清顧祖禹
景倩　南齊宋袁粲
景純　晉郭璞　宋郝質
景望　宋鄭伯熊
景略　前秦王猛
景逸　明高攀龍
景陽　宋吳葵
景實　明史桂芳
景濂　明宋濂
景韜　清李爵
曾潭先生　宋傅夢泉
智者大師　隋智顗
智藏國師　唐不空三藏

朝宗 清侯方域
朝陽 宋吳暾
朝陽先生 元戚崇僧
梨洲 清黃宗羲
棠川先生 明殷士儋
棠村 清梁清標
森碧 元孟夢恂
森齋 清馮至
棲霞 清馬元馭
棲霞山人 元白珽
椒山 明楊繼盛
椒生 清羅惇衍
椒堂 清朱爲弼
椒畦 清王學浩
椒園 清沈廷芳
椒園道人 明徐源
椒巖 清彭開祜
棕亭 清金兆燕
欽哀皇后 遼蕭后
殘道者 清髠殘
渭川居士 宋呂勝己
渭公 清曹亮武
渭先 明寗韜
渭厓 明霍韜
渭長 清任熊
渭南 宋陸游
渼陂 明王九思
游卿 漢馬宮
湍石 宋喻樗
湖州 宋文同

湘夫人 有虞氏女英
湘北 清李天馥
湘洲 明李騰芳
湘舟 清顧沅
湘君 有虞氏娥皇
湘東王 梁元帝
湘舲 清錢棨
湘南 清顧我錡
湘涵 清彭兆蓀
湘淘 清朱澤澐
湘皋 清鄧顯鶴
湘鄉 清曾國藩
湘碧 清王鑑
湘蘋 清徐燦
湘蘅 清畢沅
湘蘭 明馬守貞
湘靈 清錢陸燦
湛若 明鄺露
湛淵 元白珽
湛然居士 宋吳表臣
元耶律楚材
湛溪 清黎世序
無己 宋陳師道
無功 明祝世祿
無事老人 金董文甫
無垢居士 宋張九成
無爲子 宋楊傑
無異 清王宏撰
無逸 宋謝逸
無愧 宋趙君錫

無聞 明明聰
無諸 漢騶無諸
無鹽 戰國齊鍾離春
然明 春秋鄭鬷蔑
琢堂 清石韞玉
琴士 清趙紹祖
琴山 宋傅子雲
琴山樵者 清高雲
琴西 清孫衣言
琴軒 宋劉剛中
琴隝 清屠倬
番君 漢吳芮
畫亭 清朱黼
畫堂 清徐用錫
畫嫘 有虞氏敤首
異之 清管同
畱仙 清秦松齡
清蒲松齡
畱侯 漢張良
疏山 明吳悌
疏寮 宋高似孫
疏齋 元盧摯
确山 清宋世犖
硯山居士 宋徐林
硯亭居士 明安紹芳
筆山 清王士譽
粥翁 清湯貽汾
絜非 清魯九皐
絜齋先生 宋袁燮
絳侯 漢周勃

翔甫 清袁祖志
舒章 清李雯
舜水 明朱之瑜
舜俞 宋洪咨夔
舜城漫士 明朱承爵
舜徒 宋呂好問
舜從 宋呂切問
舜數 明桯文德
莽大夫 漢揚雄
蒓涯 清顧脩
蒓濱居士 清丁詠淇
菊公 清景星杓
菊坡 明單宇
菊坡先生 宋陳居仁
菊客 清壽富
菊溪 清百齡
菘耘 清季錫疇
華山老人 元賈銘
華父 宋魏了翁
華玉 清顧璘
華亭 明董其昌
華亭逸人 宋李甲
華泉 明邊貢
華表山人 金張浩
華峰 清顧貞觀
華陰先生 宋侯可
華陽 宋范祖禹
華陽老人 宋張綱
華陽君 戰國韓馮亭
華陽居士 宋譚知柔

華陽眞逸 南齊陶弘景
唐顧況
華陽處士 宋林頤壽
華陽隱居 南齊陶弘景
華蓋山樵 元饒介
華嶽 清劉青蓮
華藏 宋咸傑
華頤老人 清胡志仁
華嚴先生 清張裕葉
華嚴法師 唐法順
華隱 隋徐嘉炎
萊山 清孫毓汶
清章金牧
萊公 唐杜如晦
宋寇準
萍齋 宋林彖
菣厓 清鍾懷
虛一子 宋代淵
虛白 清劉淳
虛州 清王澍
虛谷 清武億
虛谷先生 元黃翔鳳
虛齋先生 明祝萃
明蔡清
蛟峯先生 宋方逢辰
覃溪 清翁方綱
視庵 清陶世徵
評事 明常倫
詞隱 宋万俟雅言
詞隱先生 明沈璟

詠春 清楊沂孫
詠莪 清彭蘊章
象山先生 宋陸九淵
明張摛
象先 宋薛叔似
貳師 漢李廣利
賁與 宋馬端臨
買奴 元移剌買奴
貽上 清王士禛
超宗 晉杜軫
超然 清張遠
越石 晉劉琨
越椒 春秋楚鬬椒
越縵 清李慈銘
進伯 宋呂大忠
逸少 晉王羲之
唐皮日休
逸平翁 宋徐存翁
逸菴 清耿介
逸齋 宋范處義
都官 唐鄭谷
宋周長孺
鄂公 唐尉遲敬德
鄂王 宋岳飛
鄂州 宋羅願
鈍吟 清馮班
鈍菴 清汪琬
開士 清李圖南
開平王 明常遇春
開府 北周庾信

閑邪公　元李秉彝
間氣布衣　唐皮日休
閒翁　清周厚基
閒閒老人　金趙秉文
閩中　宋鄭穆
陽山　清陳炳
陽平先生　宋吳雄
陽和　明張元忭
陽明先生　明王守仁
陽烏　後魏盧淵
陽貨　春秋魯陽虎
陽巖　宋洪天錫
隆山先生　元牟應龍
隆先　遼耶律隆先
隆吉　明王棟
隆池山樵　明彭年
隆祐太后　宋孟后
階平　清牛運震
雁門　元薩都刺
雁湖居士　宋李璧
雅宜山人　明王寵
雅雨　清盧見曾
集之　明阮大鋮
集生　明陳子壯
雲一　清姜國霖
雲士　清陸次雲
雲丘道人　明張簡
雲石　明岳倫
雲浦　清楊煥緯
雲谷老人　宋朱熹

雲居　唐道膺
雲居山人　明鄭昭甫
雲岫居士　宋林子沖
雲房先生　唐鍾離權
雲林　元貢奎　明危素
雲林居士　宋杜綰
元倪瓚
雲東逸史　明姚綬
雲門　南漢文偃
清何凌漢　清金禮嬴
雲門山樵　明張紳
雲長　蜀漢關羽
雲峯先生　元胡炳文
雲客　清彭瓏
雲涇　清丘永
雲浦　明孟化鯉
雲屏　清翟大坤
雲庵　宋克文
雲巢先生　宋曾三異
雲巢散人　清葉數
雲淵子　明周述學
雲莊　宋劉爚　元陳澔
雲卿　金劉從益
明莫是龍
雲樓大師　明祩宏
雲湖山人　明陶成
雲華生　清李[illegible]
雲溪　清儲掌文
雲溪外史　清惲壽平
雲濮居士　宋華鎮

雲槎　漢吳復
雲樵　清吳芳培
雲壑　宋吳琚
清汪如洋
雲壑山人　清李覲正
雲壑老人　明唐容
雲翼　清鈕夢鵬
雲龕居士　宋李邴
雲巖　唐龜誠
順之　明周怡
順宗　明王駿
順庵　宋康與之
順鄉　清戈載
順寧先生　宋劉芮
須溪　宋劉辰翁
馮翊　晉孫楚
黃山　金趙渢
清法若眞
黃山樵者　清湯燕生
黃公　明賀裳
黃門　晉潘岳
黃梅　唐弘忍
黃湄　清王又旦
黃華老人　金王庭筠
黃龍　唐祖心
後唐超慧　宋慧南
黃蘗　唐希運
黃鶴山人　元翟耆年
黃鶴山樵　明王蒙
黍谷山樵　清吳麟

十三畫

傳師　宋孫覺
傳密居士　宋晁公邁
傳貽先生　宋輔廣
僊岩　清保達泰
勤果　清張曜
勤愍　清楊錫紱
勤襄　清方維甸
勤齋　元蕭𣂏
嗇廬　清傅山
嗣宗　三國魏阮籍
圓次　清吳綺
圓適　明葉茂才
圓沙　清錢陸燦
圓通　明德寶
塔不也　遼耶律塔不也
金移刺塔不也
塔烈葛　遼蕭塔烈葛
塗山　金耶律塗山
塗山氏　夏啓母塗山氏
塘南　明王時槐
塘奧先生　宋林石
塞思黑　清允禟
塞翁　清吳山濤
媿齋先生　明陳音
嵩山　明契斌
嵩山居士　宋晁公遡
嵩少　明文載
幹臣　宋徐伸

清張貞生
廌山先生　宋游酢
廉夫　明楊維楨
廉州　清王鑑
廉江　清錢綸光
廉卿　清張裕釗
微之　唐元稹
微仲　宋呂大防
愈愚　清孫燮
愍懷太子　晉司馬遹
梁蕭方矩
意林　清趙信
意城　清郭崑燾
愚山　清施閏章
愚谷　明李舜臣
愚迂翁　宋方疇
愚泉先生　宋蔡汝揆
愚菴　清朱鶴齡
愚齋　元林靜
愛禮先生　明劉宗道
愛廬　清甘禾
愧軒　明呂滑
愷功　清揆敘
愷似　清孫致彌
慎伯　清包世臣
慎修　清江永
慎修先生　明余胤緒
慎涵　清劉綸
慎靖郡王　清允禧
慎齋先生　宋王夢松

慤齋　清吳大澂
損之　唐李宗閔
清趙文哲
敬一道人　清高塞
敬子　春秋魯叔弓
唐李嬌
敬夫　宋張栻
敬仲　春秋齊高傒
春秋齊陳完
春秋齊管仲
後漢蔡倫　宋楊簡
元王圭　元柯九思
敬身　清丁敬
敬叔　元程端禮
敬所　明王宗沐
敬亭山人　明姜埰
敬亭先生　宋鮑若
敬美　明王世懋
敬修　清熊賜履
敬軒　明薛瑄
敬庵　明許孚遠
清張伯行
敬義先生　宋童伯羽
敬輿　唐陸贄
敬齋　元李治
明胡居仁
新山道人　元曹文晦
新安　宋朱熹
新甫　明王宗沐
新羅山人　清華嵒

會之 宋秦檜
會侯 清毛際可
會通君 明華燧
會稽山人 唐孫位
會稽王 三國吳孫亮
楊岐 宋方會
楊園先生 清張履祥
楓山先生 明章懋
楓林先生 明朱升
楚元王 漢劉交
楚天漁叟 清賀壽慈
楚金 南唐徐鍇
楚香 清熊之垣
楚倥 明耿定理
楚望 明郝敬
楚清居士 元龔孟夔
楚雲上人 清龍宏載
楝亭 清曹寅
楞伽山人 清王芑孫
榆山先生 金王去執
榆樓先生 清奚疑
滇南先生 元張端
溟滓 宋廖應淮
溪東先生 宋鄭厚
溪堂 宋謝逸
溪齋 宋滕璘
滄江先生 唐陳剛簡
滄洲 宋程公許
清陳鵬年
滄洲病叟 宋朱熹

滄浪逋客 宋嚴羽
滄溟 明李攀龍
滄葦 清季振宜
滄曉 清胡煦
清鄭祖培
滋圃 清莊有恭
滋溪先生 元蘇天爵
滏山老人 清郭士璟
滏水 金趙秉文
滌笙 清曾國藩
溫公 宋司馬光
溫季 春秋晉郤至
煮石山人 清樊鎮
煮石山農 明王冕
熙甫 明歸有光
熙道先生 宋士建中
煥吾 明劉魁
煙客 清王時敏
煙波釣徒 唐張志和
猿叟 清何紹基
瑁湖居士 元陸居仁
瑞卿 明王鳳翾
瓶城居士 清林喬蔭
瓶菴 清孟超然
瓶菴居士 清翁同龢
當時 宋陳次升
當陽 唐神秀
睢州 清湯斌
睢陽 唐張巡
督師 明袁崇煥

稗村 清洪昇
稚川 晉葛洪
稚圭 宋韓琦
稚存 清洪亮吉
清周之琦
稚威 清胡天游
稚珪 漢匡衡
稚黃 清毛先舒
稚繩 明孫承宗
筠仙 清郭嵩燾
筠翁 宋李彌遜
筠園 清朱仕琇
筠潤先生 明解開
經行先生 宋丁昌期
經略 明袁崇煥
羣玉峯叟 後晉孟賓于
羨門 清彭孫遹
義山 唐李商隱
義仍 明湯顯祖
義行 宋韓忼
義門先生 清何焯
義帝 秦楚懷王
義烏 唐駱賓王
聖公 後漢劉玄
聖木 清潘檉章
聖求 宋呂渭老
聖俞 宋梅堯臣
聖泉先生 宋盛象翁
元應象翁
聖恩 明普持

聖華居士 明丁雲鵬
聖瑞 元姚雲
聖僕 明郭天中
聖與 宋王沂孫
聖嘆 清金聖嘆
聖錫 宋汪應辰
肅翁 宋林希逸
肅敏 明王廷相
肅親王 清豪格
肅簡 宋李祥
與也 清文點
與之 宋柴中行
與可 宋文同
與竹山人 清葛我愚
與叔 宋呂大臨
與政 宋唐仲友
與然 清孫自修
與礪 元傅若金
舅犯 春秋晉狐偃
艇齋 宋曾季貍
葛山 清蔡新
萬石 晉謝萬
萬石君 漢石奮
萬石嚴嫗 漢嚴延年母
漢馮揚
萬安 明子嚴
萬竹山人 元柳楷
萬竹先生 宋高元之
萬里 宋王萬
宋楊萬里

萬松 宋行秀
萬松老人 元楊彝
萬松居士 清錢載
萬頃 宋汪深
萬道人 清萬壽祺
萬壽 元元長
萼山先生 明嚴年
著齋 宋高定子
葑谷 清孔繼涵
葑亭 清王友亮
葆光子 宋孫光憲
葆光處士 宋張弼
葆馚 清錢芳標
葵衣老人 清黃安濤
葵尊 清任宏嘉
葦杭子 明唐元
葦堅先生 清曹鑑冰
葦間居士 清邊壽民
葦溪翁 宋趙鼎臣
葦齋先生 明范遲
虞山 明錢謙益
清王鞏
虞東 清顧鎮
蛻庵先生 元張翥
蛻巖 元張翥
蜀公 宋范鎮
蔓園先生 清李天植
裕之 金元好問
裕軒先生 元朱同善
補之 宋晁補之

補亭 宋揚无咎 清潘希甫
補峯 清許尚遠
補堂 清潘思榘
補庵 清劉香
補過先生 清唐紹成
補樵 清董說
解林居士 宋趙文鼎
詩舲 清張祥河
會事 南齊孔珪
梁王筠
賈生 漢賈誼
載福 清楊岳斌
辟疆 清冒襄
遂初先生 宋尤袤
遂初老人 明王厚孫
過庭 唐孫虔禮
遐叔 唐李華
遐周 明董斯張
道子 唐吳道玄
道山 清陳舒
道川先生 元倪士毅
道元 後魏酈道元
元本誠
道父 宋吳淵
道生 明豐坊
道行 明楊子庭
道君皇帝 宋徽宗
道甫 宋王自中
清嚴長明

道林　晉支遁　明蔣信
道威　清陸世儀
道原　宋劉恕　元舒頔
道峯　明章适
道將　晉荀晞
道遜　明周衡
道鄉先生　宋鄒浩
道園　元虞集
道暉　宋徐照
道潔　宋袁溉
道鄰　明史可法
達夫　唐高適
　明羅洪先
達卿　明方學漸
鄒陽子　明朱右
鄖城　元硯彌堅
隘軒　宋車似慶
雍王　秦章邯
零陵王　晉恭帝
雷州　清王玉璋
雷谿居士　清長海
電發　清徐釚
靖南王　清耿明仲
　清耿精忠
靖修　明曹端
靖郭君　戰國齊田嬰
靖逸　宋葉紹翁
靖節先生　晉陶潛
　宋蕭楚
頤伯　清鄧石如

飯牛　清羅牧
飲水　清納蘭性德
飲光　清錢澄之
黽盟　清申涵光
黽繹處士　宋顏太初
鳩巢　元李京
鼎石　明鐵鉉
鼎翁　宋王炎午

十四畫

僕射　唐鄭愚
僕射山樵　清錢伯坰
僑子　春秋齊仲孫貜
　春秋齊陳乞
僖伯　春秋魯臧彄
僖叔　春秋魯叔牙
僧忠親王　清僧格林沁
厭原山人　明朱謀垔
嘉州　唐岑參
嘉言　明習經　清喻昌
嘉祥大師　唐吉藏
嘉慶先生　宋沈祺
圖南　清孫鵬
壽州　清孫家鼐
壽朋　宋喬行簡
壽孫　金完顏璹
壽翁　宋劉彌邵
壽雲　元黃超然
夢白　明趙南星
夢吉　元聞人夢吉

　元劉因
夢得　唐劉禹錫　宋孫抃
　宋范祖禹
　宋葉夢得
夢窗　宋吳文英
夢溪　宋沈括
夢樓　清王文治
夢餘道人　清金學詩
夢覺道人　清周學霆
夢觀　明守仁
嫖姚　漢霍去病
察割　遼耶律察割
寤生　春秋鄭莊公
實菴　清曹貞吉
實魯剌　金完顏永中
實齋　清章學誠
寧人　清顧炎武
寧王　明朱宸濠
寧南　明左良玉
寧鳩山人　清甯溎
寧獻王　明朱權
對山　明康海
對巖　清秦松齡
嶁山先生　明吳道行
愿中　宋李侗
慈山居士　清曹廷棟
慈明　後漢荀爽
慈明禪師　宋楚圓
慈恩　唐窺基
慈湖先生　宋楊簡

　元王幼學
慈雲懺主　宋遵式
慨菴　清文柟
斡出　金女奚烈斡出
　金完顏宗弼
斡特剌　遼耶律斡特剌
　金粘割斡特剌
斡啜　金完顏宗弼
斡离不　金完顏宗望
斡魯古　金完顏斡魯古
　金唐括安禮
斡魯補　金完顏宗望
　金溫迪罕斡魯補
榕村　清李光地
榕門　清陳弘謀
榕莊老人　清史致儼
榕園　清吳應和
榮安　宋王銑
槃澗先生　宋董銖
槃隱　宋林湜
槎客　清吳騫
槎溪　宋廖德明
槐卿　清沈衍慶
槲窗居士　宋黃景昌
槐塘　清汪沆
渠菴　元同恕
歎齋　清傅維鱗
滸東　明張鹵
漁山　清吳歷
漁川　清張四科

漁仲　宋鄭樵
漁洋山人　清王士禛
漁璜　清周起渭
漚舫　清范金鏞
漢上先生　宋朱震
漢公　唐孫何
漢王　漢高祖
漢石　清秦松齡
漢池　清彭紹豐
漢卿　宋輔廣
漢槎　清吳兆騫
漪亭　清李治運
漫士　明高廷禮
漫恬　清袁棟
漫堂　清宋犖
漫塘　宋劉宰
漱玉　宋李清照
漱芳居士　清趙青藜
漳南布衣　元陳眞晟
漳浦　明黃道周
漳餘子　元岳岱
漸江　清江韜
漸磐野老　元趙時遠
漸齋　明丁之鴻
爾嵌　清錢陸燦
爾緝　清王心敬
爾翰　清徐世沐
爾瞻　明鄒元標
瑤石山人　明黎民表
瑤星　清張怡

瑤華道人　清弘旿
睿親王　清多爾袞
碧山　宋王沂孫
　元湯彌昌
碧汾　清顧貞立
碧里山樵　明董穀
碧峯先生　清劉謙
碧崖　清劉元炳
碧崖先生　元吳雄
碧梧　清孫雲鳳
碧溪先生　宋魏杞
碩士　清陳用光
碩州　清張穆
福王　明朱由崧
福清先生　宋王蘋
種水　清曹言純
種菊道人　元高鑑
窩闊台　元太宗
端己　唐韋莊
端文　明顧憲成
端伯　宋李之純
　宋李籲　宋曾慥
端甫　元姚燧
端叔　宋李之儀
端重親王　清博洛
端敏　明胡世寧
端潔　明楊時喬
端毅　明王恕
端憲　宋沈煥
端臨　元馬端臨

淸劉台拱
端獻 宋葛洪
端懿先生 宋梁百揆
箕山遯夫 明邊賀
箕仲 宋林師說
管村 淸萬言
粹夫 明何瑭
綠蘿山人 明江盈科
維喬 明張岳
網山先生 宋林亦之
綺川 宋倪稱
綿莊 淸程廷祚
緋隱 宋申屠有涯
聚所 明鄒德涵
聞之 淸蔡世遠
聞斯 明孫愼行
翠元子 宋石泰
翠庭 淸雷鋐
翠屏 宋鄭儀孫
翠屏先生 明張以寧
翠渠先生 明周瑛
翠微 唐恆月 宋華岳
翠微子 元華廉
臺山 明葉向高
淸羅有高
臺溪先生 宋何鎬
蒙山 明陳嘉謨
蒙吉 淸刁包
蒙谷 宋林夔孫
蒙谷遺老 宋邵整

蒙叔 淸沈景修
蒙泉 元鄭守仁
明郭郛
蒙泉子 淸謝應芝
蒙泉道人 明詮修
蒙菴先生 明林獬
蒙齋 宋袁甫 淸田雯
蒙齋先生 宋范端臣
蒲江居士 淸盧祖皐
蒲剌 金溫敦蒲剌
蒲剌都 金孛朮魯海裕
金完顏蒲剌都
金納合蒲剌都
蒲魯虎 金尼厖古蒲魯
虎 金烏古論蒲魯虎
蕭塘 淸顧翰
蒼水 明張煌言
蒼峴山人 淸秦松齡
蒼梧王 南朝宋後廢帝
蒿庵 淸張爾岐
淸馮甦
蓀友 淸嚴繩孫
蓉山 明董燧
蓉洲 淸戴鈞衡
蓉湖散人 淸惲珠
蓉璽 淸戚人鏡
蓉裳 淸余集
蒓齋 淸黎庶昌
蟄子 淸張鵬翼
誌公 梁寶誌

誠之 金段成己
誠夫 淸趙一淸
誠伯 宋田腴
誠甫 明黃宗明
誠庵 淸徐本立
誠意伯 明劉基
明劉嘉
誠齋 宋楊萬里
元林坤 明朱有燉
誠懸 唐柳公權
說之 唐張說
說齋 宋唐仲友
說巖 淸陳廷敬
賓之 宋劉夙
明李東陽
賓王 唐馬周
唐駱賓王 宋高觀國
賓谷 淸江昱 淸曾燠
賓客 唐劉禹錫
賓實 淸楊名時
趙州和尙 唐從諗
遙溪先生 元熊凱
遯菴 淸惲日初
遯齋 淸甘汝來
遺庵 宋方士繇
宋趙師復
遠齋 宋虞復
遠颿 淸郭錦章
鄘渠 淸程川
鄞江先生 宋王致

酸齋 元貫雲石
銀朮可 金完顏永蹈
金完顏銀朮可
銀塘生 元楊彝
銅梁山人 淸王汝璧
銅鞮伯華 春秋晉羊舌
赤
閣部 明史可法
閩粵王 漢騶無諸
際明 明史孟麟
韶溪 宋車安行
蛽塘 淸倪承茂
飴山老人 淸趙執信
髯仙 元高𤀹
髯翁 元徐霖
鳳山先生 宋呂人龍
鳳岡 明沈良才
鳳林 明王從善
鳳洲 明王世貞
鳳喈 淸王鳴盛
鳳樓祖 唐僧志
鳳超 明華允誠
鳴犢 春秋晉竇犨
鳴鶴 晉荀隱
齊子 春秋魯叔老
齊王 三國魏曹芳
齊悼惠王 漢劉肥

十五畫

儀可 元趙文

儀周 淸安岐
儀封 淸張伯行
儀卿 宋嚴羽
儉堂 淸查禮
劍人 淸蔣敦復
劍山 淸盛樂
劍南 宋陸游
墨井道人 淸吳歷
墨汀 淸徐廷槐
墨林山人 明項元汴
墨香 淸馮金伯
墨莊 宋張邦基
墨卿 淸伊秉綬
墨湖 明李著
墨琴 淸曹貞秀
墨麟 淸馬維翰
寬夫 淸趙御衆
審律 宋吳儀
審齋 宋王千秋
寫十三經老人 淸劉庠
履常 宋趙崇憲
履善 宋文天祥
履菴 明萬士和
履道 宋王安中
履節 宋趙崇度
履齋 宋吳潛
嶢山 淸田從典
廣文先生 明仝敬
廣平 唐宋璟 宋舒璘
廣仲 宋胡實

廣廷 淸阿桂
廣成先生 唐杜光庭
廣武 晉張華
廣武君 趙李左車
廣基 晉郤詵
廣野君 漢酈食其
廣期 淸焦袁熹
廣陽子 淸劉獻廷
廣微 晉束晳 宋袁甫
徵仲 明文徵明
德夫 明潘潤
德尹 淸查嗣瑮
德甫 明余曰德
德明 宋歐陽澈
德修 宋劉光祖
德祖 後漢楊修
德純 明周瑩
德翁 宋任伯雨
德淵 晉楊泉
德溫 明薛瑄
德遐 淸王鵬運
德遠 宋張浚 宋黃績
德鄰 宋潘畤
德璉 三國魏應瑒
德孺 宋范純粹
德操 蜀漢司馬徽
德懋 明章懋
德耀 後漢孟光
德麟 宋趙令畤
慕岡 明馮應京

慕廬 清韓菼
蕊妃 後蜀花蘂夫人
慰農 清薛時雨
慶湖遺老 宋賀鑄
摩詰 唐王維
摯甫 清吳汝綸
撒改 金完顏撒改
　金完顏思敬
撝叔 清趙之謙
　清應撝謙
撝約 清孔廣森
撝謙 明趙謙
敵烈 遼耶律敵烈
　遼蕭敵烈
敵魯 遼耶律敵魯
　遼蕭敵魯
槲園居士 明葉憲祖
樂天 唐白居易
樂全居士 宋張方平
樂名 清湯祿名
樂吾 明韓貞
樂圃先生 宋朱長文
樂笑翁 宋張炎
樂軒 宋陳藻
樂菴 宋李衡
樂清道人 明朱氏
樂善居士 金完顏永成
樂善處士 元顧信
樂閒居士 宋顏直之
樂園 清嚴如熤

樂靜先生 宋李昭玘
樂齋 宋張栻 元向壽
樊山王 明朱翊鈺
樊川 唐杜牧
樊榭 清厲鶚
樓山先生 清王懋
樓村 清王式丹
樓船將軍 漢楊僕
樗里山樵 清姜堯
樗翁 清史致儼
樗園 宋劉莊孫
樟坡居士 宋宋晉之
毅夫 宋吳潛 宋鄭獬
毅菴 明孫懋
毅齋 宋徐僑
毅齋先生 宋沈貴瑤
滕公 漢夏侯嬰
潁川 後漢陳寔
潁濱遺老 宋蘇轍
潏水先生 宋李復
潔古 金張元素
潔躬 清曹溶
潘安 晉潘岳
潛夫 宋劉克莊
　清李天植 清浦龍淵
潛丘 清閻若璩
潛村 清孫見龍
潛谷 明鄧元錫
潛室先生 宋陳埴
潛庵 宋輔廣 清湯斌

潛圃 清屠倬
潛齋 宋何夢桂
　元陳剛 清應撝謙
澗上丈人 宋陳恬
澗泉 宋韓淲
澗蘋 清顧廣圻
潤之 清湯世澍
潤生 清路德
潤民 清汪如洋
潤芝 清胡林翼
澂甫 明卓明卿
澄衷 清葉成忠
澄齋 宋吳堅
潙山 唐靈祐
瑩中 宋陳瓘
盤洲 宋洪适
盤峯 宋孫瀛發
盤溪 清王廷魁
盤龍 晉劉毅
瞎牛 元偶桓
瞎尊者 清石濤
確士 清沈德潛
確庵 清陳瑚
確慵 清唐鑑
磊石山樵 清翁陵
磐溪先生 宋李孟傳
穆若 清張鵬岐
穆嗣君 漢叔孫通
稼村 元王義山
　清盛禾

稼書 清陸隴其
稼軒 宋辛棄疾
　清錢維城
稽留山人 清陳祚明
稽留山民 清金農
穀人 清吳錫麒
穀城 宋黃銖
箬溪 明顧應祥
節孝先生 明桂伯諒
節孝處士 宋徐積
節庵 元黃異
節卿 宋鄭伯謙
節惠 五代吳國錢弘俶
節愍 明申佳胤
　明夏完淳
節齋 宋趙崇度
　宋蔡淵 元潘榮
篁村 清程嗣立
緒山先生 明錢德洪
緘若 清管世銘
緝熙 明林光
緱山先生 元陳天祥
緩齋 清曹玉珂
緯堂 清湯大奎
練江 明劉永澄
練情子 清周文泉
練湖居士 宋武允蹈
練溪 明淩震
耦耕 清賀長齡
膠西 漢董仲舒

蓬門 金劉從益
蓮生 清項鴻祚
蓮池大師 明袾宏
蓮西 清王維珍
蓮佩 清莊盤珠
蓮坡 清查為仁
蓮峯先生 宋周綰
蓮陸 清魏一鼇
蓮溪 清繼昌
蓮裳 清樂鈞
蓮蕊居士 明黃翼聖
蓴客 清李慈銘
蔗林 清董誥
蔗畦先生 清王敔
蔗菴 明胡滅
蔗境翁 明顧文煜
蔣山傭 清顧炎武
蔭甫 清俞樾
蝶園 清徐元夢
蝸寄老人 清唐英
蝯叟 清何紹基
褐夫先生 清萬斯大
調父 明劉元卿
論山 清鮑之鍾
質夫 宋章楶 宋劉絢
質甫 清蔣溥
適齋先生 宋汪大猷
遯翁 宋石余亨
　宋朱熹 宋李萊老
　明全彥

遯齋 宋汪汝懋
鄭公 宋富弼
鄭王 後周恭帝
鄭堂 清周中孚
鄭獻親王 清濟爾哈朗
醇士 清戴熙
醇甫 清劉嗣綰
醇賢親王 清奕譞
醉士 唐皮日休
醉吟先生 唐皮日休
醉吟野老 明俞焉
醉翁 宋歐陽修
閎道 宋趙抃
閬石 清董含
閬風先生 宋舒嶽祥
閬源 清汪士鐘
霅川翁 元錢選
霅川先生 明歸有光
霞滄 清江筠
　清顧棟高
頤山 明吳仕
頤庵 明胡儼
　清喬大凱
養知先生 明郭嵩燾
養直 宋蘇庠
養貞 明詹事講
養齋先生 明徐問
駒父 宋洪芻
駒伯 南北朝西魏郤寬
　南北朝西魏郤錡

魯川 清馮志沂
魯山 唐元德秀
　明曾泰
魯山子 明宗周
魯公 唐顏眞卿
魯王 明朱以海
魯直 宋黃庭堅
魯南 明陳沂
魯恭王 漢劉餘
魯班 春秋魯公輸班
魯望 唐陸龜蒙
魯新 清錢伯坰
魯源 明徐用檢
魯齋 宋王柏 元許衡

十六畫

儒志先生 宋王開祖
儒林先生 後魏常爽
冀缺 春秋晉郤缺
凝始子 元本誠
凝菴 明唐鶴徵
凝熙先生 元聞人夢吉
凝齋 清楊名時
器之 宋陳塤
器遠 宋曹叔遠
噉香 清宗山
噉亭 清昭槤
噉笠 清王大鶴
學士 宋蘇舜欽
　宋蘇軾 明危素
學子 清沈大成
學山 清胡光北
學在 明姜宗節
學齋 清喬崇烈
導江先生 元張𩔗
嶰谷 清馬曰琯
嶰筠 清鄧廷楨
憨山大師 明德清
憲公 清党成
憲敏 宋高閌
憶翁 宋鄭思肖
憶雲 清項鴻祚
撻不也 遼耶律撻不也 金完顏宗亨
　遼蕭撻不也
　遼蕭兀納
撻不野 金大臭
擇之 宋陳琦
擇齋先生 宋徐明叔
擔峯 清孫詮
整菴先生 明羅欽順
曉菴 清王錫闡
曉嵐 清紀昀
曉樓 清費丹旭
樵園老人 明戴安仲
樵野 清張蔭桓
樵雪生 元陸仁
樵雲 明李質
樸山 清方楘如
樸村 清張雲章
樸齋 清胡匡衷
樹屋儲 明申居衡
樹峯 清秦蕙田
樹屏 清韓鼎晉
橘山 宋李廷忠
橘齋 宋杜旟
橘齋道人 元史杠
橡村 清朱緗
橫山先生 清葉燮
橫浦居士 宋張九成
橫渠先生 宋張載
橫雲山人 清王鴻緒
橫雲山民 清胡遠
橫塘先生 宋許景衡
澤民 宋毛滂
澣雲 清汪梅鼎
澹人 清高士奇
澹心 清余懷
澹如 清秦緗業
澹初 清沈翼機
澹泊居士 明茅瑞徵
澹亭 清林堯英
澹軒 宋李呂
澹然居士 明陳敬宗
澹菴 宋胡銓 元張珪
　清華玉淳
澹園 明焦竑
澹餘 清曹申吉
濂溪先生 宋周敦頤
潞公 宋文彥博
潞王 後唐末帝
潞國公 隋恭帝
燕公 唐張說
燕王 漢臧荼 漢劉旦
　明成祖
獨山翁 宋徐徽
獨善先生 宋熊蕃
獨樂先生 宋章詡
獨樹老夫 清吳懋謙
璞函 清趙文哲
甌北 清趙翼
甌香 清許友
　清惲壽平
禦兒鄉農 清方熏
穆子 春秋魯叔孫豹
　春秋晉荀吳
穆父 宋錢勰
穆伯 春秋魯公孫敖
穆堂 清李紱
　清許寶善
積之 宋宋之源
積齋 元程端學
穎彥 宋王庭秀
築巖 清音定保
篔房 宋李彭老
篔牕 宋陳耆卿
篤齋 清黃叔璥
篛林 清王澍
縉紳 明解縉
縉雲 宋馮時行
縮齋 宋高稼
翰臣 清龍啓瑞
翰風 清張琦
翰遊擔夫 清周鐸
興公 晉孫綽
興化 唐存獎
興齋 宋田疇
興霸 三國吳甘寧
蕃遠 元祝蕃
蕉林 清梁清標
蕉雪 清汪承霈
蕊淵道人 明張民表
蕘圃 清黃丕烈
蕖田 清孫鏘鳴
蕙綢 元葉小紈
蕙齋居士 宋胡夫人
融堂 宋錢時
融堂先生 宋章元崇
融齋 清劉熙載
螽隱 宋吳仁傑
衞公 唐李靖
衞王 宋帝昺
衡山 明文徵明
衡州 唐呂溫
衡陽 宋何承天
衡齋 清汪萊
謀良虎 金完顏宗雄
　金完顏玠
　金烏林答暉
豫石 明呂維祺
豫章王 梁蕭棟
豫章先生 宋羅從彥
豫親王 清多鐸
辨才 宋元淨
遵王 清錢曾
遵教 明劉秉監
遵道 宋楊迪
遵巖居士 明王愼中
遜聲 清沈豐垣
遺山 金元好問
　清高詠
鄴侯 唐李泌
鄴都 後魏慧可
醒齋 清王元復
錦溪先生 宋洪揚祖
　宋張巽
錦溪老人 金張天錫
錦樹山人 明錢仲益
錫公 清孫嘉淦
錫鬯 清朱彝尊
錫疇 清潘天成
隨如 宋劉鎭
隨州 唐劉長卿
隨季 春秋晉士會
隨園 清袁枚
　清邊連寶
霍伯 春秋晉先且居
靜一先生 宋湯泳
靜子 清安致遠
靜山 清黃永年

靜之　明劉永澄
靜夫　清陰承方
靜正先生　元牟楷
靜厓　清汪學金
靜明先生　明陳苑
靜春先生　宋劉清之
靜者　清丁煜
靜香　清周荃
靜修　元劉因
靜恭先生　宋楊匯
靜軒　宋蔡權　明陳宜
靜奇居士　宋謝懋
靜清處士　宋史蒙卿
靜涵　清趙元益
靜華翁　元趙淇
靜菴　明戴進　清竇克勤
靜菴先生　宋曾機　清李經世
靜菴居士　宋裴叔泳
靜誠先生　元陳過
靜樂先生　五代吳越方吳
靜學　元余仲敬
靜餘　明許世卿
靜齋　宋劉垕　明葉子奇
頻伽　清郭麐
餘山先生　清勞史
駱丞　唐駱賓王
醫山先生　清宋之盛
鴛鴦亭長　清姜皞
鴟夷子皮　春秋越范蠡
黔寧王　明沐英
默成　宋潘良貴
默堂先生　宋陳淵
默深　清魏源
默菴　元安熙　清汪琬
默齋　清范驤　清馮舒
默齋　明張傑
默齋先生　宋游九言
龍川　宋陳亮
龍友　明楊文驄
龍光先生　元雷光霆
龍池山人　清李秉德
龍岡先生　元董朴
龍坡先生　宋孫調
龍泓山人　清丁敬
龍門　漢司馬遷
龍亭居士　宋方闡
龍泉　明明聰
龍泉老牧　清徐子苓
龍洲道人　宋劉過
龍浤　明周綸
龍眠山人　宋李公麟
龍眠後身　明李麟
龍庵　清潘士權
龍皐　明陸簡
龍莊　清汪輝祖
龍湫山人　清李天植
龍超　明華允誼
龍陽子　明冷謙
龍溪先生　明王畿　明張勉
龍儔　清童能靈
龜山先生　宋楊時
龜父　宋洪朋
龜津先生　宋何兌
龜巢　元謝應芳
龜齡　宋王十朋
龜鶴山人　明方澗

十七畫

勵志先生　宋朱元龍
孺子　後漢徐穉　南朝宋謝稱
孺文　後漢蘇章
應元　晉江統
應雷　明顏鯨
應德　明唐順之
懋功　唐李勣
懋翁　宋方儀
懋堂　清段玉裁
懋學　明王鴻儒
戲魚翁　宋劉次莊
檀河先生　清李世熊
檉居古狂　明杜堇
檗菴　明汪禔
檗齋　清金榜
濮王　宋趙允讓
濟之　明王鏊
濟南王　北齊廢帝
濟溪老人　宋李迎
濟道　宋朱桴
濠叟　清楊沂孫
濯錦先生　宋方絢
營陽王　南朝宋少帝
燭湖先生　宋孫應時
牆東先生　元陸文圭
牆東居士　清項奎
環山　清方士庶
環中居士　宋胡銓
環谷先生　明汪克寬
環極　清魏象樞
瑟人　清龔自珍
甑山先生　明劉若宜
矯齋　宋潘好謙
磵東　清歐陽輅
縮齋　清黃宗會
總持　陳江總
總得翁　宋張邴
繆醜　宋秦檜
擊子　春秋楚公孫歸生
聲伯　春秋魯公孫嬰齊
臨川　宋王安石　明湯顯祖
臨海　唐駱賓王
臨淮王　唐李光弼
臨皐　明楊寅秋
臨漢居士　宋曾紘
臨濟　唐義玄
舉安　元賀勝
蕭亭　清張實居
蕭遠　宋李祁
蕺山　宋韓度　明劉宗周　清黃庭
蕺園　清程晉芳
薇山先生　宋虞薦法
薇客　清吳敬義
薌沚　清李富孫
薌林　宋向子諲
薌室居士　宋史容　清梁詩正
薑塢先生　清姚範
薑齋　清王夫之
邁孫　清許增
邁堂　清李祖陶
闇次　清吳綺
螺浮　清張惟赤
螺溪　宋義寂
襄公　唐段志玄
襄成君　漢孔霸
襄七　清諸錦
襄子　春秋晉趙無恤　春秋晉魏曼多
襄文　明唐順之
襄敏　明王越
襄惠　明張岳
襄陽　唐孟浩然　宋米芾
襄勤　清于成龍　清岑毓英　清岳鍾琪
襄毅　明朱燮元　清藍元枚　清藍廷珍
襄愍　明毛伯溫
謙之　宋林光朝
謙甫　宋宋自遜
謙齋　明周坦　明葉廷秀　清王侚辰
謝山　清全祖望
謝湖　元袁裒
謝倉　清錢枚
谿田　明馬理
賽因不花　元楊賽因不花
轅文　清宋徵輿
還獨老人　元王壽康
醜齋　元鍾嗣成
鍾山公　南唐李建勳
鍾元　明孫奇逢
闇章　清李生光
闇齋　明冀元亨　清沈近思　宋金歐
闇母　金完顏闇母　金完顏安國
隱玄先生　唐鄧世隆
隱居　梁陶弘景
隱侯　漢王玄　梁沈約
霜橋　清宮國苞

霞仙 清劉蓉
霞舟 明吳鍾巒
霞居子 元高巖
霞客 明徐宏祖
霞間老人 元曹文炳
鞠隱先生 元朱嗣壽
韓青老農 宋何遷
韓掾 晉韓壽
駿公 清吳偉業
駿孫 清彭孫遹
鴻洲先生 明徐三重
鴻漸 唐陸羽
鴻慶居士 宋孫覿

十八畫

彝正 明羅倫
彝仲 明夏允彝
彝叟 宋范純禮
彝嘆 清張自超
彝齋居士 宋趙孟堅
簑笠山人 清王禮
歸正 宋梁觀國
歸來子 宋晁補之
歸命侯 三國吳孫皓
歸軒 宋鄒近仁
歸庸 清白允謙
歸愚 清沈德潛
歸愚先生 宋汪莘
歸德老農 清宋犖
歸廬 清俞岳
瓊章 元葉小鸞
瞻園 清託庸
瞿塘 明來知德
禮山 清李來章
禮堂 清多隆阿
禮烈親王 清代善
禮親王 清永恩
簠齋 清陳介祺
簡子 春秋晉趙鞅
簡恪 清戴敦元
簡菴 清李圖南
簡肅 宋胡憲
簡齋 清袁枚
簣山 清田蘭芳
清張貞生
織簾先生 南齊沈驎士
清顧夢麟
翼善 明永慈
翼聖 清任啓運
藍田先生 宋呂大臨
藍村 清沈進
藎思 清陸進
藏春散人 元劉秉忠
藐翁 清楊峴
薲漁 清沈起鳳
蟠松 宋石一鼇
蟫菴 清冉覲祀
謫仙 唐李白
謹翁 元葉審言
謹獨先生 宋楊瑨
豐麓 清吳兆璧
贅世翁 宋王樵
邇可 清張遠
醫閭 明賀欽
鎮惡 晉桓石虔
闖王 明李自成
雙文 唐崔鶯鶯
雙池 清汪紱
雙江 明聶豹
雙流先生 宋范子長
雙峯 宋車垓 宋饒魯
雙湖先生 元胡一桂
雙溪 宋蘇大璋
雙溪醉隱 元耶律鑄
雙槐老人 明黃瑜
顓士 清王顓齡
騎省 宋徐鉉
魏公 宋張浚 宋韓琦
鵝池生 明宋登春
元趙孟頫
黟南生 元程文

十九畫

廬山 晉慧遠 明胡直
廬陵 宋歐陽修
廬陵民 宋李珏
懶拙老人 宋米友仁
懶眞子 宋馬永卿
懶庵 清吳成佐
懶庵居士 元吳方
懶漁 清周綵
懷子 春秋晉欒盈
懷州 隋李德林
懷庭 清閻循觀
懷祖 清王念孫
懷祖居士 宋曾恩
懷獻世子 明朱見濟
曠亭 清黃鼎
櫟下先生 清周亮工
櫟園 清周亮工
瀘溪先生 宋王庭珪
瀞華道人 清侍蓮
犢山 清周鎬
癡癡道人 明史忠
穩臥先生 清李夢箕
繩伯 清趙紹祖
繩庵 清劉綸
羅山 清羅澤南
羅浮 隋僧粲
羅浮山人 明梁孜
繡谷 清吳焯
羹湖 清王繼統
藕船 清董潤
清劉青蓮
藕蕩漁人 清嚴繩孫
藝堂先生 宋湯建
藥山 唐惟儼
藥地和尚 清方以智
藥郵 清郭人麟
藥岡 清湯大紳
藥房 清翁同書
清張錦芳
藥林 清符曾
藥亭 清梁佩蘭
藥洲 宋廖瑩中
清淩揚藻
藥師 唐李靖
宋郭藥師
藥湖先生 明魏良器
藥園 清丁澎
蟾塘 宋危和
贊皇公 唐李栖筠
鏟平王 明鄧茂七
鏡海 清唐鑑
鏡野 清法坤宏
鏡塘先生 清姚學塽
鏡潭 清張鈞
關西夫子 明祝萬齡
關西孔子 後漢楊震
離婁 上古離朱
韶文 清畢著
韶甫 清周騰虎
韞山 清張錫瑰
清管世銘
韻皐 清吳慈鶴
韻鄉贅翁 宋黃仲元
願船 清何秋濤
鵲池先生 明李闕芳
鵬雲 梁胡翼
鵬舉 宋岳飛
鵶觚 晉傅玄
鵶兒 後唐李克用
麓村 清安岐
麓臺 清王原祁
麓樵 明朱方華
麗京 清陸圻
龐眉生 明于愼思

二十畫

寶公 梁寶誌
寶印 元福遇
寶成 清嚴虞惇
寶峯先生 宋趙偕
寶罏居士 元顧源
寶摩 明徐石麒
寶蓮山人 宋虞似良
寶藏 明普持
懿子 春秋魯仲孫何忌
懿文太子 明朱標
懿伯 春秋魯子家羈
懿齋 清孫嘉淦
懸溪和尚 清孫自修
攖擰生 宋滑壽
櫰三 清王植
獻子 春秋魯仲孫蔑
春秋晉范鞅
春秋晉荀偃
春秋晉郤克
春秋晉韓厥
春秋晉魏舒

獻公 宋 張載
獻甫 宋 牟巘
 明 盧宁忠
獻武 北齊 高歡
 元 張洪範
獻肅 宋 柴中行
 宋 胡沂 宋 陳良翰
獻簡 宋 孫逢吉
繼齋 元 成秉彝
 明 王祖庚
籍溪先生 宋 胡憲
繼元 明 周汝登
繼翁 宋 楊璜
繼起大師 清 洪儲
繼莊 清 劉獻廷
繼璟 明 吳仁度
藹卿 清 蔣坦
蘀石 清 錢載
蘄王 宋 韓世忠
蘄州 唐 道信
蘄州五祖 宋 法演
蘅洲 清 范家相
蘅圃 清 龔翔麟
蘆川居士 宋 張元幹
蘆花散人 明 朱俊櫛
蘆隱 宋 俞偘
蘇州 唐 韋應物
蘇鄰 清 李鴻裔
蘊山 清 謝啓昆
蘊齋 清 柏謙
蘋香 附 吳藻
蠙衣生 明 郭子章
覺山 明 洪垣
覺生 清 鮑桂星
覺軒先生 宋 蔡模
覺範 宋 惠洪
警石 清 錢泰吉
警菴 清 張鵬翼
醴陵 梁 江淹
醴陵先生 宋 汪阜會

二十一畫

灃川 清 王心敬
灌園先生 宋 呂南公
灌山叟 宋 黃孝紳
罍菴 清 朱朝瑛
蠡可 宋 祖可
蠡園居士 明 顧簡
蠡廬居士 清 韓純玉
蘭士 清 方薰
蘭友 清 孫雲鶴
蘭成 北周 庾信
蘭甫 清 陳澧
蘭坡 清 朱珔
蘭室 明 丁禮
蘭泉先生 清 王昶
蘭泉老人 金 張崧
蘭畦道人 清 盛大士
蘭皋 明 吳旦
蘭雪 清 吳嵩梁
蘭陵王 北齊 高長恭
蘭渚 清 張師誠
蘭臺 後漢 李尤
 後漢 班固
辯翁 宋 [illegible]亭
辯菴 明 殷衡
酇國公 隋 煬帝
鐵丐 清 吳六奇
鐵夫 清 王芑孫
鐵木真 元 太祖
鐵牛翁 元 何景福
鐵生 清 奚岡
鐵君 清 李鍇
鐵冠子 明 張中
鐵冠道人 明 傅中
 明 詹僖
鐵崖 明 楊維楨
 清 史貽直
鐵笛道人 明 楊維楨
鐵菴 清 翁叔元
鐵雲 清 舒位
鐵橋 明 張穆
 清 嚴可均 清 嚴誠
鐵瓢道人 清 周農
鐵廬 清 潘天成
鐵隱道人 清 鄭掄選
霸王 楚 項籍
露仲 清 王大樞
顧實汗 清 固始汗
顨軒 清 孔廣森
驃卿 清 馬驌
鶴山先生 宋 魏了翁
 清 褚致恢
鶴田 清 端木國瑚
鶴林先生 元 吳元真
鶴舫 清 穆彰阿
鶴皐 清 臧學標
鶴壽 金 完顏鶴壽
 金 紇石烈鶴壽
鶴嶺山人 清 王澤宏
鶴灘 明 錢福
鶴谷補 金 獨吉義

二十二畫

儼山 明 陸深
巒稚 明 吳鍾巒
權甫 元 傅立
歡都 金 完顏歡都
疊山先生 宋 謝枋得
癭瓢山人 清 黃慎
穰侯 戰國 秦 魏冄
穰卿 清 汪康年
籜庵 清 裘干令
聽松道人 元 過鑄
聽菴 明 鄒鈺
臞仙 明 朱權
臞軒 宋 王邁
臞菴 宋 敖陶孫
襲美 唐 皮日休
讀易先生 宋 李光
讀易翁 清 馮培
酇侯 漢 蕭何
鑄花 清 孫蓋舟
霽青 清 黃安濤
霽峯先生 宋 李洧孫
鷓鴣先生 清 黃宗炎
鷗堂 清 周星譽
鷗塘 清 周篔
龔春 明 供春

二十三畫

巖夫民伯 宋 李韡中
巖頭 唐 全豁
巖壑 宋 朱敦儒
纓薇 清 畢沅
蘿石 明 董澐
顯思 明 薛敬之
顯道 宋 謝良佐
顯謨 宋 潘畤
體仁 宋 詹儀之
體主 清 孔繼涵
鷦林 明 梁以樟
麟洲先生 元 龍仁夫

二十四畫

讓之 清 吳熙載
靈均 戰國 楚 屈原
靈芝 宋 元照
靈泉山人 宋 劉濤
靈泉先生 明 章士麟
靈胎 清 徐大椿
靈悟大師 高麗 義超
靈淵 宋 徐璣
靈扉 清 方樾
靈暉 宋 徐照
靈巖山人 清 畢沅
靈沙 明 孫偉
靈洲 明 林瀚封

二十五畫

觀物先生 宋 張行成
觀物老人 宋 祝泌
 宋 龔允恭
觀音 遼 蕭后
觀過 宋 程迥
觀樂生 元 許謙

二十七畫

鑽金 唐 程知節

二十八畫

戇菴先生 元 黃叔英

二十九畫

鬱岡齋墨道人 明 管宣
光
鬱林王 南齊 廢帝
鬱洲 明 梁儲

三十二畫

籲門 明 臨秉璐

中國歷代紀元表

本表揭載帝王即位之元年及改元之元年以與民國紀元互相對照　本表附注朝代歷年之總數及帝王歷年之總數　易代之際一年有兩年號者本表則揭載改元之首年略去舊元之末年其新君未逾年而改元者亦同　間有易君而不改元者則於年號下注明年數以別之　三國南北朝遼金五代并立其紀年以備檢查五胡十六國五代十國均從略

民國紀元前	朝代年數	帝王年數	年號
四六〇八		黃帝(一〇〇)	
四五〇八		少昊(八四)	
四四二四		顓頊(七八)	
四三四六		帝嚳(七〇)	
四二七六		帝摯(八)	
四二六八	唐	帝堯(一〇〇) 後有堯喪二年	
四一六六	虞	帝舜(四八) 後有舜喪二年	
四一一六	夏(四二二)	禹(八)	
四一〇八		啓(九)	
四〇九九		太康(二九)	
四〇七〇		仲康(一三)	
四〇五七		相(二八)	
四〇二九		少康(六一)	

民國紀元前	朝代年數	帝王年數	年號
三九八六	夏	杼(一七)	
三九五一		槐(二六)	
三九二五		芒(一八)	
三九〇七		泄(一六)	
三八九一		不降(五九)	
三八三二		扃(二一)	
三八一一		廑(二一)	
三七九〇		孔甲(三一)	
三七五九		皋(一一)	
三七四八		發(一九)	
三七二九		桀(三五)	
三六九四	商(六六一)	湯(三〇)	
三六六四		太甲(三三)	
三六三一		沃丁(二九)	
三六〇二		太康(二五)	
三五七七		小甲(一七)	
三五六〇		雍己(一二)	
三五四八		太戊(七五)	
三四七三		仲丁(一三)	

民國紀元前	朝代 數年	帝王 數年	年號
三四六〇	商	外壬(一五)	
三四四五		河亶甲(九)	
三四三六		祖乙(一九)	
三四一七		祖辛(一六)	
三四〇一		沃甲(二五)	
三三七六		祖丁(三二)	
三三四四		南庚(二五)	
三三一九		陽甲(七)	
三三一二		盤庚(二八)	
三二八四		小辛(二一)	
三二六三		小乙(二八)	
三二三五		武丁(五九)	
三一七六		祖庚(七)	
三一六九		祖甲(三三)	
三一三六		廩辛(六)	
三一三〇		庚丁(二一)	
三一〇九		武乙(四)	
三一〇五		太丁(三)	
三一〇二		帝乙(三七)	

民國紀元前	朝代 數年	帝王 數年	年號
三〇六五	商	紂(三二)	
三〇三三	周(八六七)、	武王(一三—一九)	
三〇二六		成王(三七)	
二九八九		康王(二六)	
二九六三		昭王(五一)	
二九一二		穆王(五五)	
二八五七		共王(一二)	
二八四五		懿王(二五)	
二八二〇		孝王(一五)	
二八〇五		夷王(一六)	
二七八九		厲王(五一)	
二七三八		宣王(四六)	
二六九二		幽王(一一)	
二六八一		平王(五一)	
二六三〇		桓王(二三)	
二六〇九		莊王(一五)	
二五九二		釐王(五)	
二五八七		惠王(二五)	
二五六二		襄王(三三)	

二五二九	周	頃王(六)
二五二三		匡王(六)
二五一七		定王(二一)
二四九六		簡王(一四)
二四八二		靈王(二七)
二四五五		景王(二五)
二四三〇		敬王(四三)
二三八七		元王(八)
二三七九		貞定王(二八)
二三五一		考王(一五)
二三三六		威烈王(二四)
二三一二		安王(二六)
二二八六		烈王(七)
二二七九		顯王(四八)
二二三一		愼靚王(六)
二二二五		赧王(五九)
二一六六	秦	秦昭王(五三—五六)
二一六一		秦孝文王(一)
二一六〇		秦莊襄王(三)
二一五七		秦始皇(一—二五)

二一三二	秦(一五)	始皇(二六—三七)	
二一二〇		二世皇(三)	
二一一七	漢(四二五)	高祖(一二)	
二一〇五		惠帝(七)	
二〇九八		呂后(八)	
二〇九〇		文帝(二三)	前
二〇四七			後
二〇六七		景帝(一六)	前
二〇六〇			中
二〇五四			後
二〇五一		武帝(五四)	建元
二〇四五			元光
二〇三九			元朔
二〇三三			元狩
二〇二七			元鼎
二〇二一			元封
二〇一五			太初
二〇一一			天漢
二〇〇七			太始
二〇〇三			征和

民國紀元前	朝代	年數	帝王	年數	年號
一九九九	漢				後元
一九九七			昭帝(一三)		始元
一九九一					元鳳
一九八五					元平
一九八四			宣帝(二五)		本始
一九八〇					地節
一九七六					元康
一九七二					神爵
一九六八					五鳳
一九六四					甘露
一九六〇					黃龍
一九五九			元帝(一六)		初元
一九五四					永光
一九四九					建昭
一九四四					竟寧
一九四三			成帝(二六)		建始
一九三九					河平
一九三五					陽朔
一九三一					鴻嘉

民國紀元前	朝代	年數	帝王	年數	年號
一九二七	漢				永始
一九二三					元延
一九一九					綏和
一九一七			哀帝(六)		建平
一九一三					元壽
一九一一			平帝(五)		元始
一九〇六			孺子嬰(二)		居攝
一九〇四			王莽(一五)		初始
一九〇三					建國
一八九八					天鳳
一八九二					地皇
一八八九			淮陽王(二)		更始
一八八七			光武帝(三三)		建武
一八五六					中元
一八五四			明帝(一八)		永平
一八三六			章帝(一三)		建初
一八二八					元和
一八二五					章和
一八二三			和帝(一七)		永元

一六八九		後主(四一) 建興	
一六九〇			吳(五九) 大帝(三〇) 黃武
一六九一		蜀漢(四三) 昭烈帝(三) 章武	
一六九二	魏(四六) 文帝(七) 黃初		
民國紀元前	三國魏	蜀漢	吳
一七六六		質帝(一)	本初
一七六七		沖帝(一)	永嘉
一七六八			建康
一七七〇			漢安
一七七六			永和
一七八〇			陽嘉
一七八六		順帝(一九)	永建
一七九〇			延光
一七九一			建光
一七九二			永寧
一七九八			元初
一八〇五		安帝(一九)	永初
一八〇六		殤帝(一)	延平
一八〇七	[illegible]		元興

一六七九	青龍		
一六八〇			嘉禾
一六八三			黃龍
一六八五	明帝(一三) 太和		
民國紀元前	三國魏	蜀漢	吳
一七一六			建安
一七一八			興平
一七二二		獻帝(三〇)	初平
一七二八			中平
一七三四			光和
一七四〇			熹平
一七四四		靈帝(二二)	建寧
一七四五			永康
一七五四			延熹
一七五七			永壽
一七五九			永興
一七六一			元嘉
一七六二			和平
一七六五	[illegible]	桓帝(二一)	建和

民國紀元前	三國魏	蜀漢	吳
一六七五	景初		
一六七四		延熙	赤烏
一六七二	齊王芳(一四)正始		
一六六三	嘉平		
一六六一			太元
一六六〇			會稽王亮(六)建興 神鳳

民國紀元前	朝代數年	帝王數年	年號
一六四七	晉(一五五)	武帝(二五)	泰始 吳 甘露
一六四六			寶鼎
一六四三			建衡
一六四〇			鳳皇
一六三七			咸寧 天冊
一六三六			天璽
一六三五			天紀
一六三二			太康 (吳亡)
一六二二		惠帝(一七)	永熙
一六二一			元康
一六一二			永康

民國紀元前	三國魏	蜀漢	吳
一六五八	高貴鄉公髦(六) 正元		五鳳
一六五六	甘露		太平
一六五四		景曜	景帝休(六) 永安
一六五二	常道鄉公奐(六) 景元		
一六四九		炎興 (蜀亡)	
一六四八	咸熙 (魏亡)		烏程侯皓(一七) 元興

民國紀元前	朝代數年	帝王數年	年號
一六一一	晉		永寧
一六一〇			太安
一六〇八			永興
一六〇六			光熙
一六〇五		懷帝(六)	永嘉
一五九九		愍帝(四)	建興
一五九五		元帝(六)	建武
一五九四			大興
一五九〇			永昌
一五八九		明帝(三)	太寧
一五八六		成帝(一七)	咸和

民國紀元前			
一五七七	晉		咸康
一五六九		康帝(二)	建元
一五六七		穆帝(一七)	永和
一五五五			升平
一五五〇		哀帝(四)	隆和
一五四九	晉		興寧
一五四六		海西公(五)	太和
一五四一		簡文帝(二)	咸安
一五三九		孝武帝(二四)	寧康
一五三六			太元

民國紀元前	晉	後魏	
一五二六	晉	後魏(一四九) 道武帝(二三) 登國	
一五一六		皇始	
一五一五	安帝(二二) 隆安		
一五一四		天興	
一五一〇	元興		
一五〇八		天賜	
一五〇七	義熙		
一五〇三		明元帝(一五) 永興	
一四九八		神瑞	
一四九六		泰常	
一四九三	恭帝(一) 元熙(晉亡)		
一四九二	南朝 宋(五九) 武帝(三) 永初	北朝 後魏	
一四八九	少帝(一) 景平		

民國紀元前	南朝	北朝	
一四八八	宋 文帝(三〇) 元嘉	後魏 太武帝(二八) 始光	
一四八四		神䴥	
一四八〇		延和	
一四七七		太延	
一四七二		太平眞君	
一四六一		南安王 正平 永平	
一四六〇		景穆帝 文成帝(一四) 興安 興光	
一四五八	孝武帝(一一) 孝建		
一四五七		太安	
一四五五	大明		
一四五二		和平	
一四四七	廢帝 明帝(八) 永光 泰始		
一四四六		獻文帝(五) 天安	

民國紀元前	南朝	北朝	
一四四五	宋	後魏 皇興	
一四四一		孝文帝(二九)延興	
一四四〇	泰豫		
一四三九	蒼梧王(四) 元徽		
一四三六		承明	
一四三五	順帝(三)昇明(宋亡)	太和	
一四三三	齊(二三) 高帝(四) 建元		
一四二九	武帝(一一) 永明		
一四一八	鬱林王 隆昌 海陵王 延興		
一四一四	明帝(五) 建武 永泰		
一四一三	東昏侯(二) 永元		
一四一二		宣武帝(一六)景明	
一四一一	梁(五五) 和帝(一)中興(齊亡)		
一四一〇	武帝(四八) 天監		
一四〇八		正始	
一四〇四		永平	
一四〇〇		延昌	
一三九六		孝明帝(一二)熙平	
一三九四		神龜	

民國紀元前	南朝	北朝	
一三九二	梁 普通	後魏 正光	
一三八七		孝昌	
一三八五	大通		
一三八四		臨洮王 武泰 孝莊帝(三) 建義 永安	
一三八三	中大通		
一三八二		東海王曄 建明	
一三八一		節閔帝(一) 普泰 後廢帝 中興	
一三八〇		孝武帝(三) 太昌 永興 永熙	
一三七八			東魏(一六) 孝靜帝(一六)天平
一三七七	大同	西魏(二三) 文帝(一七) 大統	
一三七四			元象
一三七三			興和
一三六九			武定
一三六六	中大同		
一三六五	太清		
一三六二	簡文帝(一) 大寶		北齊(二八) 文宣帝(一〇)天保(東魏亡)
一三六一	豫章王(一) 天正		
一三六〇	元帝(三) 承聖	廢帝(二)	
一三五八		恭帝(四)	

民國紀元前	朝代	年號	帝王	年號	帝王	年號
一三五七	梁 貞陽侯 敬帝(三)	天成 紹泰	西魏		北齊	
一三五六		太平(梁亡)				
一三五五	陳(三三) 武帝(三)	永定	北周(二五)(西魏亡) 孝閔帝 明帝(四)			
一三五三				武成		
一三五二	文帝(七)	天嘉			廢帝 孝昭帝(一)	乾明 皇建
一三五一			武帝(一八)	保定	武成帝(四)	太寧
一三五〇						河清
一三四七					後主(一一)	天統
一三四六		天康		天和		
一三四五	廢帝(二)	光大				
一三四三	宣帝(一四)	太建				
一三四二	陳		北周		北齊	武平
一三四〇				建德		
一三三六					安德王(一)	隆化 德昌
一三三五					幼主(一)(北齊亡)	承光
一三三四			宣帝(二)	宣政		
一三三三			靜帝(一)	大成 大象		
一三三一			隋(三七)(北周亡)	大定		
一三三〇			文帝(二四)	開皇		
一三二九	後主(六)	至德				
一三二四		禎明(陳亡)				
一三二三	隋		文帝			開皇(九—二〇)
一三一一						仁壽
一三〇七			煬帝(一二)			大業
一二九五			恭帝(一)			義寧
一二九四	唐(二八九)		高祖(九)			武德
一二八五			太宗(二三)			貞觀
一二六二			高宗(三四)			永徽
一二五六	唐					顯慶
一二五一						龍朔
一二四八						麟德
一二四六						乾封
一二四四						總章
一二四二						咸亨
一二三八						上元

民國紀元前	朝代數年	帝王數年	年號
一二三六	唐		儀鳳
一二三三			調露
一二三二			永隆
一二三一			開耀
一二三〇			永淳
一二二九			弘道
一二二八		中宗(一) 睿宗(五) 武后稱制	嗣聖 文明 光宅
一二二七			垂拱
一二二三			永昌
一二二二		武后(一五) 改國號周	天授
一二二〇			如意
一二一九			長壽
一二一八			延載
一二一七			證聖 天册萬歲
一二一六			萬歲登封 萬歲通天
一二一五			神功
一二一四			聖曆
一二一二			久視
一二一一			大足 長安

民國紀元前	朝代數年	帝王數年	年號
一二〇七	唐	中宗復辟(五)	神龍
一二〇五			景龍
一二〇二		睿宗復辟(三)	景雲
一二〇〇			先天
一一九九		玄宗(四三)	開元
一一七〇			天寶
一一五六		肅宗(七)	至德
一一五四			乾元
一一五二			上元
一一五〇			寶應
一一四九		代宗(一七)	廣德
一一四七			永泰
一一四六			大曆
一一三二		德宗(二五)	建中
一一二八			興元
一一二七			貞元
一一〇七		順宗(一)	永貞
一一〇六		憲宗(一五)	元和
一〇九一		穆宗(四)	長慶

民國紀元前	五代		遼	
一〇八七	唐		敬宗(二)	寶曆
一〇八五			文宗(一四)	太和
一〇七六				開成
一〇七一			武宗(六)	會昌
一〇六五			宣宗(一三)	大中
一〇五二			懿宗(一四)	咸通
一〇三八			僖宗(一五)	乾符
一〇三二				廣明
一〇三一				中和
一〇二七	唐			光啟
一〇二四				文德
一〇二三			昭宗(一五)	龍紀
一〇二二				大順
一〇二〇				景福
一〇一八				乾寧
一〇一四				光化
一〇一一				天復
一〇〇八			昭宣帝(三)	天祐

民國紀元前	五代		遼	
一〇〇五	(後梁)(一六)太祖(六)	開平		
一〇〇一		乾化		
九九九	末帝(一〇)	乾化		
九九七		貞明	(遼此時名契丹)(二〇九)太祖(一一)	神冊
九九一		龍德(梁亡)		
九九〇				天贊
九八九	(後唐)(一三)莊宗(三)	同光		
九八六	明宗(八)	天成	太宗(二一)	天顯
九八二	(後唐)	長興		
九七八	閔帝(一) 末帝(二)	應順 清泰(後唐亡)		
九七六	(後晉)(一一)高祖(八)	天福		
九七五				會同(始改國號為遼)
九六八	出帝(三)	開運(後晉亡)		
九六五	(後漢)(四)高祖(二)	天福	世宗(四)	天祿
九六四	隱帝(二)	乾祐(後漢亡)		
九六一	(後周)(九)太祖(三)(五代)	廣順	穆宗(一八)	應曆
九五八	世宗(六)	顯德(後周亡)		

民國紀元前	宋	遼	金
九五二	宋(三二〇) 太祖(一六) 建隆		
九四九	乾德		
九四四	開寶		
九四三		景宗(一四) 保寧	
九三六	太宗(二一) 太平興國		
九三三		乾亨	
九二九		聖宗(四八) 統和	
九二八	雍熙		
九二四	端拱		
九二二	淳化		
九一七	至道		
九一四	眞宗(二五) 咸平		
九〇八	景德		
九〇四	大中祥符		
九〇〇		開泰	
八九五	天禧		
八九一		太平	
八九〇	乾興		
八八九	仁宗(四一) 天聖		
八八一		興宗(二四) 景福	
八八〇	明道	重熙	
八七八	景祐		
八七四	寶元		
八七二	康定		
八七一	慶曆		
八六三	皇祐		
八五八	至和		
八五七		道宗(四六) 淸寧	
八五六	嘉祐		
八四八	英宗(四) 治平		
八四七		咸雍	
八四四	神宗(一八) 熙寧		
八三七		太康	
八三四	元豐		
八二七		大安	
八二六	哲宗(一五) 元祐		
八一八	紹聖		

	宋	遼	金
八一七		壽隆	
八一四	元符		
八一一	徽宗(二五)建中靖國	天祚帝(二四)乾統	
八一〇	崇寧		
八〇五	大觀		
八〇一	政和	天慶	
七九七			金(一二〇) 太祖(八) 收國
七九五			天輔
七九四	重和		
七九三	宣和	保大	
七九一			
七八九			太宗(一二) 天會
七八六	欽宗(一) 靖康		
七八五	高宗(三六) 建炎		
七八一	紹興		
七七七			熙宗(一四) 天會
七七四			天眷
七七一			皇統

	宋		金
七七〇			
七六三			廢帝(一二) 天德
七五九			貞元
七五六			正隆
七五一			世宗(二九) 大定
七四九	孝宗(二七) 隆興		
七四七	乾道		
七三八	淳熙		
七二二	光宗(五) 紹熙		章宗(一九) 明昌
七一七	寧宗(三〇) 慶元		
七一六			承安
七一一	嘉泰		泰和
七〇七	開禧		
七〇四	嘉定		
七〇三			衛紹王(五) 大安
七〇〇			崇慶
六九九			宣宗(一一) 至寧 貞祐
六九五			興定

民國紀元前	宋 帝王年數	宋 年號	金 帝王年數	金 年號
六九〇				元光
六八八			哀宗(一〇)	正大
六八七	理宗(四〇)	寶慶		
六八四		紹定		
六八〇				開興 天興 (金亡)
六七八		端平		
六七五		嘉熙		

民國紀元前	朝代年數	帝王年數	年號
六一七	元	成宗(一三)	元貞
六一五			大德
六〇四		武宗(四)	至大
六〇〇		仁宗(九)	皇慶
五九八			延祐
五九一		英宗(三)	至治
五八八		泰定帝(四)	泰定
五八四		文宗(五)	天歷
五八二			至順
五七九		惠宗即順帝(三五)	元統

民國紀元前	宋 帝王年數	宋 年號	元	金
六七一		淳祐		
六五九		寶祐		
六五三		開慶		
六五二		景定		
六四七	度宗(一〇)	咸淳		
六三七	恭帝(二)	德祐		
六三五			元(九一) 世祖(二三—三一)至元	

民國紀元前	朝代年數	帝王年數	年號
五七七	元		至元
五七一			至正
五四四	明(二七六)	太祖(三一)	洪武
五一三		惠帝(四)	建文
五〇九		成祖(二二)	永樂
四八七		仁宗(一)	洪熙
四八六		宣宗(一〇)	宣德
四七六		英宗(一四)	正統
四六二		代宗(七)	景泰
四五五		英宗復辟(八)	天順

年號	帝號	朝代	紀元
成化	憲宗(二三)		四四七
弘治	孝宗(一八)		四二四
正德	武宗(一六)		四〇六
嘉靖	世宗(四五)		三九〇
隆慶	穆宗(六)		三四五
萬曆	神宗(四七)		三三九
泰昌	光宗(一)		二九二
天啓	熹宗(七)		二九一
崇禎	毅宗(一六)		二八四
順治	世祖(一八)	清(二六八)	二六八
康熙	聖祖(六一)		二五〇
雍正	世宗(一三)		一八九
乾隆	高宗(六〇)		一七六
嘉慶	仁宗(二五)		一一六
道光	宣宗(三〇)		九一
咸豐	文宗(一一)		六一
同治	穆宗(一三)		五〇
光緒	德宗(三四)		三七
宣統	宣統帝(三)		三
			民國紀元

右表凡一統各代。均就其統一中國之年數列入。若元世祖淸世祖以前諸帝。宋末之二王。明末之三王。均從略。

民國紀元			
四四七		憲宗(二三)	成化
四二四		孝宗(一八)	弘治
四〇六		武宗(一六)	正德
三九〇		世宗(四五)	嘉靖
三四五		穆宗(六)	隆慶
三三九		神宗(四七)	萬曆
二九二		光宗(一)	泰昌
(二九一)		熹宗(七)	天啓
二八四		思宗(一六)	崇禎
二六八	清(二六八)	世祖(一八)	順治
二五〇		聖祖(六一)	康熙
一八九		世宗(一三)	雍正
一七六		高宗(六〇)	乾隆
一一六		仁宗(二五)	嘉慶
九一		宣宗(三〇)	道光
六一		文宗(一一)	咸豐
五〇		穆宗(一三)	同治
三七		德宗(三四)	光緒
三		宣統帝(三)	宣統

右表凡一統各代。皆就其統一中國之年數列入。若元世祖滅宋。清世祖入關。以前年數概未列入。以非統一故也。

中國人名大辭典勘誤

頁數	人名	原文	補正
六	丁義	以神方授吳猛義女秀英	以神方授吳猛。義女秀英
三九	印疏		與印疏重本條衍
五二	巴奇闌	姓納喇氏	姓伊巴丹那喇氏
一四一	王維德	字洪緒	字洪緒號林屋山人精醫術
又		著有林屋民風	有林屋民風外科證治全生集
二二〇	石濤	明楚藩後	明靖江王後一作楚藩後
三二二	吳騫	有西崑發微	有西崑發微圍爐詩話
三二三	吳絳雪	永康人	永康人名宗愛
五七〇	拉布敦	官至左都御史	官至左都御史授二等子
五八六	林師蔵		與林師點重本條衍
六一三	金鶚	字秋史	字秋史號誠齋
又		有鄉黨正義	有鄉黨正義求古錄禮說
六二四	侯喜	字叔迡	上谷人字叔迡
六二五	侯楨	有古杼秋館遺稿	有禹貢古今注通釋古杼秋館遺稿
六三六	姚世鈺	有孱守齋遺稿	有孱守齋遺稿蓮花莊集
六五二	施念曾	閏章孫	閏章曾孫
六六〇	柳宗元	第進士	第貞元進士
又		龍城錄	龍城錄永州八記
七三二	倪瓚	自號雲林居士	自號雲林居士亦稱嬾瓚倪迂
又	党懷英	諡文獻	諡文獻有竹溪集
七三六	唐庚	第進士	第紹聖進士
又	唐明宗	帝嗣立	帝嗣立改名亶
七三九	唐堯	因以爲號	因以爲號都平陽
七四六	夏姬	鄭女	鄭穆公女陳大夫御叔之妻
又	夏倪	自府曹左官祈陽監酒	自府曹左官祈陽監酒稅
七四八	夏燮	明通鑑	明通鑑夏仲子集
七五八	孫洙	時人皆傷其早世	時人皆傷其早世有孫賢良集
七六〇	孫堅	追諡武烈皇帝	追諡武烈皇帝廟號始祖
七九一	徐渭仁	收藏甚富	收藏甚富刊有春暉堂叢書法帖及隋軒金石文字
八〇二	晁沖之	沖之與焉	沖之與焉舉進士
八〇四	晉文侯	在位三十五年	幽王爲犬戎所殺文侯與鄭武公迎立平王王以文侯爲方伯作文侯之命在位三十五年
八二三	祖翌之	祖翌之	祖之翌
八二五	祝龜	南鄭人	南鄭人字元靈

八二九	秦湛	善畫著色山水	善畫著色山水兼工詞官宣教郎
八四三	袁去華	豫章人	豫章人一云奉新人
又		字宣卿	字宣卿紹興進士知石首縣
又		有袁宣卿詞	有袁宣卿詞適齋類稿
八四七	袁郊	又舊唐書袁傳作都	又舊唐書袁滋傳作都
八九七	啟母塗山氏	禹之妃	禹之妃名女嬌
九〇〇	寇準	謚忠愍	謚忠愍有巴東集
九二五	張天錫	降於苻堅	降於苻堅封歸義侯國亡卒謚悼年號太清
九二七	張弘範	卒謚獻武	卒謚獻武封淮陽王
九二八	張玄靚	在位九年	在位九年謚沖年號三太始建興升平
九三二	張行孚	安吉人	安吉人字子中號乳伯
又	張雨	嘗居茅山	年二十棄家爲道士嘗居茅山
九四六	張茂	在位五年卒	在位五年卒私謚成廟號太宗年號永元
又	張重華	在位九年	在位九年卒謚桓年號永樂
九四九	張祚	在位三年	在位三年謚威年號和平
九五二	張掄	紿未詳考其文耳	紿未詳考其文耳自號蓮社居士有蓮社詞
九六五	張綱	其篤行如此	其篤行如此自號華陽老人
九七五	張鎡	字功甫	西秦人字功甫
九八八	曹冠	字宗臣	東陽人字宗臣
	又	自號雙溪居士	自號雙溪居士爲秦檜門下客登進士第仕至知彬州
一〇二九	許古	以左司諫致仕	以左司諫致仕卜居伊陽
一〇三〇	許由	字武仲	陽城槐里人字武仲
一〇五九	鄒韶	善畫山水	善畫山水有雲壑集
一〇七二	陳仲孚	字剛中	字剛中號芻齋
一〇八六	陳康祺	鄞人	鄞人字鈞堂號紹士
一一二一	陸費墀	桐鄉人	桐鄉人字丹叔
	又	尋以四庫全書有譌謬處革職	後官至禮部侍郎丁憂歸坐事落職
一二一八	馮文蔚	官至翰林院侍講	官至禮部侍郎有觀雲軒詩文集
一三一三	董其昌	號思白	號思白又號香光
一三六六	福興	姓穆爾察氏	穆克登布曾孫
一四六七	劉逢祿	有公羊何氏釋例	有尙書今古文集解公羊何氏釋例
一五〇一	慶都	堯之母	帝嚳之妃陳豐氏之女堯之母
一六九一	闊里吉思	阿剌兀思剔吉忽里子	阿剌兀思剔吉忽里曾孫

中國人名大辭典索引

〇四六〇〇 謝(一二—一六八)

0742 郭(00—44)

1020_1丁 姓2.2

1020_7歹 姓9.1

丐 姓5.2

雩

1021_0兀 姓2.2

1021_1元 姓6.1

~誼	32.1	~檝	33.1	~太祖	25.4		姓6.1
07~毅	異4.4	23~獻	異4.5	~太興	25.4	~顯和	33.2
~韶	31.3	24~德	異4.4	~直	異4.3	~顯宗	補2.1
08~放	異4.3	~德秀	31.3	~希聲	27.1	~顥	33.1
~銓	30.4	~德明	31.3	~志	27.2	64~曄	補1.4
~詳	30.4	~德昭	31.4	~嘉	31.1	66~嚴	33.1
~詳賽	30.4	~偉	28.3	~吉	異4.3	67~明	異4.3
10~正	26.2	~結	29.4	~奇	27.3	~明宗	27.3
~玉	異4.3	~稹	31.4	~壽	31.1	~明善	27.4
~亞	異4.3	25~仲景	26.2	~壽興	31.1	~暉	30.2
~丕	26.1	26~伯	異4.3	42~彬	28.4	~暉業	30.3
~天穆	25.4	27~凱	異4.4	43~城	異4.3	~昭	28.1
~天完帝	補1.4	~龜	異4.4	~載	30.4	~昭宗	補1.4
~鷸	33.2	~修義	29.2	44~鷙	33.2	~略	29.2
11~麗	32.4	~愍	31.2	~恭	異4.3	~照	30.3
12~延祖	27.1	~彝	32.3	~孝友	27.1	68~晦	異4.3
~延明	27.1	~絳	29.4	~孝矩	27.1	71~願平	32.4
13~武宗	27.4	~紹	29.2	~萬頃	30.3	~願達	32.4
~弘嗣	26.2	28~徽	32.2	~英	28.2	~匡	26.3
14~珪	28.3	~復	29.3	~英宗	28.2	~長	補1.4
~璝	31.2	30~淮	29.1	~著	異4.4		異4.3
~劭	26.4	~寧宗	31.2	~世儁	26.2	~長樂	27.4
15~融	32.2	~憲宗	32.1	~世祖	26.1	~長先生	異4.3
16~璟	32.2	~宰	異4.3	~世遵	26.2	~頤	32.1
17~羽	26.4	~定	27.3	~甚	30.1	72~后	26.3
~琛	29.4	~定宗	27.3	~樹	32.2	~質	異4.4
~務光母	28.4	~賓	31.2	46~坦	27.2	77~用	異4.3
~夠	29.3		異4.4	~謐	31.3	~同	異4.3
~子孝	25.3	32~澄	31.4	47~猛	29.2	~展成	28.2
~子華	25.3	~淨	29.1	~奴	異4.3	~熙	30.3
~子思	25.3	33~法僧	27.4	~好問	26.3	~馭	異4.4
18~瑜	異4.4	~法壽	27.4	48~幹	30.2	78~鑒	33.1
20~孚	27.1	~溥	30.3		異4.4		補2.1
	異4.3	~渚	異4.4	~敬	30.2	80~美	異4.3
~禹	28.1	~浩	28.3	50~泰定帝	28.3	~善	29.2
~集虛	30.1	~禧	32.3	~胄	28.1		異4.4
21~順	30.1	34~達	30.4	~孝宗	27.3	~谷道人	異4.3
~順帝	30.1	35~禮	異4.4	~忠	27.3	~公	異4.2
~順宗	補1.4	36~澤	異4.4		異4.3	84~鎮	異4.4
~仁宗	25.3	~還	32.1	~貴平	30.1	87~鈞	異4.4
~仁惠	25.3	37~汎	26.4	51~振	異4.3	~欽	29.4
~行沖	26.4	~淑	29.1	53~彧	28.3	88~簡	32.3
~行欽	26.4	~潔	異4.4	~成宗	27.2	90~懷景	32.3
~衍	28.2	~深	29.1	55~懋	31.4	92~忻之	27.2
~衡	32.2	~遙	31.2	56~規	異4.4	93~悰	28.4
~處真	29.2	~朗	29.1	~暢	31.2	96~懌	32.1
~睿宗	補1.4		異4.3	60~思敬	28.1	97~恂	28.1
22~嵩	30.2	38~海	異4.3	~景山	29.3	98~悅	22.2
~巖	33.1	~裕宗	補1.4	~景安	29.3	~愉	28.3
~驚	33.2	~道	異4.4	~羅	32.4	**1021₄霍**	姓74.2
~囚	異4.2	40~义	25.2	~羅侯	32.4	00~彥威	1626.3
~崇	28.4	~太宗	25.4	61~恒	28.1		

(1060₀)百

西

~治	940.3	~昶	944.2	~裕釗	962.1	~士隆	922.1
~黷	974.8	~遇	962.4	~遴	971.4	~奎	942.4
~述	946.3	37~渥	956.3	~遵誨	972.1	~直	940.3
~梁	953.1	~洞	945.1	~道岸	963.1	~直方	940.4
34~篤	956.4	~湖	968.3	~道源	963.2	~醻	964.1
~澍	968.3	~潤	968.2	~道浚	963.1	~墉	963.4
~滿	956.3	~潤身	968.2	~道混	963.2	~培	951.3
~法孔	940.2	~潤之	964.3	~道洽	963.1	~堯佐	954.4
~法受	940.2		968.2	~道古	963.1	~堯恩	954.4
~法真	940.2	~鴻	974.2	~道陵	963.2	~在辛	930.3
~漢	964.3	~鴻烈	974.2	~犖岑	965.3	~克戩	933.3
~漢卿	964.3	~鴻逑	974.3	39~逍遙	954.1	~克嶷	933.3
~浹	949.2	~澹	970.3	40~雄	958.3	~克儉	933.3
~汝元	931.3	~澹然	970.3	~雄飛	958.3	~克公	933.2
~汝霖	931.4	~洛型	945.1	~九一	921.1	~希顏	934.4
~汝瑚	931.3	~湄	956.3	~九哥	921.2	~希崇	934.4
~汝弼	931.3	~凝	969.4	~九皐	921.2	~希復	補14.4
~汝瀛	931.4	~次立	931.2	~九齡	921.3	~希良	934.3
~汝士	931.3	~次元	931.2	~九宗	921.2	~有	931.2
~汝明	931.3	~次高	931.3	~九成	921.1	~南伯	942.8
~浩	949.1	~次仲	931.2	~九思	921.2	~南史	942.8
~洪	945.1	~次夔	931.3	~九鍏	921.3	~南本	942.8
~淇	953.1	~次公	931.2	~九鉞	921.3	~存	930.8
~沐	936.2	~深	953.2	~九鍵	921.3	~存信	930.3
~樟	964.4	~深	970.3	~九鎰	921.3	~存仁	930.3
~祐	949.3	~祖武	949.4	~大亨	922.2	~存紳	930.3
~祜	949.3	~祖年	949.4	~大烈	補14.3	~存敬	930.4
~禕	973.3	~祁	940.4	~大受	922.2	~志和	935.3
~逵	958.1	~冒	932.1	~大經	922.3	~志淳	935.3
~遠	966.2	~祿	異22.2	~大純	922.3	~志寬	935.4
~逵	963.1	~逸	958.1	~大復	922.3	~志道	935.4
~造	補15.1	~邈	975.2	~大九	922.2	~志林	935.4
~遼	971.4	~迥	946.3	~大有	922.2	~爽	975.1
35~冲	936.1	~通	954.1	~大觀	922.3	~奔兒	937.2
~津	945.1	~通古	962.4	~大中	922.2	~嘉玲	963.4
~澄中	970.4	~遐	962.4	~大振	922.2	~嘉貞	963.4
~清雅	953.2	~運	962.4	~大隱	922.3	~嘉祐	963.4
~漣	964.3	~運蘭	963.1	~大年	922.2	~嘉昺	963.4
~神武	949.4	~運柱	963.1	~大猷	922.3	~右民	927.2
~禮	975.1	~選	972.1	~大節	922.3	~吉	930.1
~迪	946.4	~朗	952.4	~太華	924.4	~喬	971.1
36~洎	944.4	38~瀚	976.1	~太素	補14.3	~奇	937.2
~溫	960.1	~游卿	956.3	~友正	924.4	~壽卿	963.4
~湯	956.2	~海珊	949.1	~士誠	922.1	~壽榮	964.1
~湯母	956.2	~海鵬	949.1	~士元	921.4	~去為	927.1
~渭	956.3	~洽	944.4	~士衡	922.1	~去華	927.1
~湜	953.1	~祚	949.4	~士嚴	922.2	~賁	958.1
~澤	970.4	~祥	953.3	~士俊	補14.3	~森	956.2
~澤璣	970.4	~祥河	953.3	~士佩	921.4	41~顗	969.3
~澤槃	970.4	~祥藹	953.3	~士遜	922.1	~頫	異22.2
~渫	970.3	~裕	962.1	~士鄴	922.1	~桓	948.8
~裼	965.4	~裕葉	962.1	~士貴	922.1	~樞	968.1

一一二三三張(四一—五四)

二八二九四徐(三三一六〇)

(3090$_4$)窠 姓61.2

3090$_6$寮 姓68.2

3094$_7$寂

3111$_0$江 姓17.4

4762₇都 姓58.1

5580₁典 姓24.3

5580₆費 姓57.2

五五八〇$_6$—五七九〇$_3$ 費(四〇—八六) 薒耕棘捏揚揭暢摞擇攖提損操蜎螺耦抱握把拘搠捫摎邦鄦掾轘投擔招搖探蝸蟾郕靜鄟郙鄹契謟絜

(7722_0)陶

(8060₆)會 姓60.1

8060₇含

倉 姓38.3

8060₈谷 姓22.4

8062₇命 姓25.2

8071₇乞 姓2.1

8073₀公 姓6.1

8752₀翔